Gädtke · Temme · Heintz · Czepuck

**BauO NRW**

**Kommentar**

# BauO NRW

## Kommentar

begründet von
Dipl.-Ing. Horst Gädtke (†)

fortgeführt von
Ministerialrat a.D. Prof. Dipl.-Ing. Heinz-Georg Temme
Ltd. Stadtbaudirektor Dr.-Ing. Detlef Heintz
Regierungsbaudirektor Dipl.-Ing. Knut Czepuck

unter Mitarbeit von
Oberamtsrat Dipl.-Ing. Andreas Pollner

11. überarbeitete und erweiterte Auflage 2008

1. Auflage 1964
2. Auflage 1966
3. Auflage 1970
4. Auflage 1973
5. Auflage 1977
6. Auflage 1979
7. Auflage 1986
8. Auflage 1989
9. Auflage 1998
10. Auflage 2003
11. Auflage 2008



**Bibliografische Information der Deutschen Bibliothek**
Die Deutsche Bibliothek verzeichnet diese Publikation in der Deutschen Nationalbibliothek; detaillierte bibliografische Daten sind im Internet über **http://dnb.ddb.de** abrufbar.

ISBN 978-3-8041-1827-0



Abbildungen 5.1, 6.24 - 6.26, 6.28 - 6.33, 6.35, 6.38, 6.40 - 6.43, 33.1 - 33.2 und 37.1 - 37.10 von Moritz Temme



**www.werner-verlag.de**



Umschlag: Martina Busch, Fürstenfeldbruck
Satz: Stahringer Satz GmbH, Grünberg
Druck und Weiterverarbeitung: L.E.G.O. Lavis, Italy

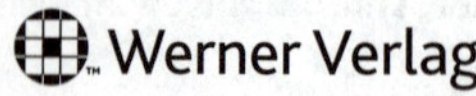

## Vorwort

Eine **grundlegende Novellierung** des nordrhein-westfälischen Bauordnungsrechts

- zur Umsetzung der europäischen Bauproduktenrichtlinie,
- zur Ausweitung des vereinfachten Genehmigungsverfahrens,
- zur Einführung einer Genehmigungsfreistellung für bebauungsplankonforme Wohngebäude geringer und mittlerer Höhe und
- zur Einführung der Rechtsfigur des staatlich anerkannten Sachverständigen

erfolgte mit der **BauO NW 1995**. Vor allem die Genehmigungsfreistellung für bebauungsplankonforme Wohngebäude in Verbindung mit der Ausweitung des Sachverständigenwesens bildete den Einstieg in eine Reduzierung bauaufsichtlicher Aufgaben mit dem Ziel der Entstaatlichung von Teilbereichen des Bauordnungsrechts. Seitdem setzt das Bauordnungsrecht auf die **Privatinitiative** und die **Eigenverantwortung** der am Bau Beteiligten. **Präventive Prüfpflichten** wurden aus Gründen der **Verwaltungsmodernisierung** und des **Abbaues staatlicher Einflussnahme** erheblich **reduziert**.

Als die neuen Vorschriften am 1.1.1996 in Kraft traten, zeichnete sich bereits ab, dass weitere Rechtsänderungen erforderlich sein würden, um zu erwartende Vollzugsprobleme ausräumen zu können, da noch keine langjährigen Erfahrungen anderer Bundesländer mit vergleichbaren Regelungen vorlagen und auch die Kritik am neuen Recht in der Fachöffentlichkeit recht deutlich ausfiel. Das Ergebnis der zwischen der obersten und den oberen und unteren Bauaufsichtsbehörden durchgeführten Dienstbesprechungen und auch die Fortschreibungen der Musterbauordnung in den Jahren 1996 und 1997 erforderten Rechtsänderungen. Schließlich musste die **Prüfung des baulichen Brandschutzes** im Falle von **Sonderbauten** aufgrund der Lehren aus der **Brandkatastrophe** im Düsseldorfer Flughafen verschärft werden.

Das Änderungsgesetz vom 9.11.1999 passte das nordrhein-westfälische Bauordnungsrecht an diese Erkenntnisse an. Die Landesbauordnung und auch die Verordnung über bautechnische Prüfungen erfuhren umfangreiche Änderungen. Aufgrund der Ermächtigung des Änderungsgesetzes wurde die Landesbauordnung neu bekannt gemacht. **Schwerpunkte** der **BauO NRW 2000** waren

- die Anpassung des **vorbeugenden baulichen Brandschutz** an moderne Sicherheitserkenntnisse und in Verbindung damit auch die Wiedereinführung des erst mit der BauO NW 1995 abgeschafften Bauleiters,
- die Änderung der **brandschutzrechtlichen Anforderungen**, um der rasch fortschreitenden technischen Entwicklung Rechnung zu tragen,
- die Einführung des **Brandschutzkonzepts** als zusätzliche Bauvorlage für Sonderbauten, das grundsätzlich von einem **staatlich anerkannten Sachverständigen** zu erarbeiten und von der Bauaufsichtsbehörde zu prüfen ist,
- die Aufwertung des für **Wohngebäude** und „**kleine**" **Sonderbauten** geltenden **vereinfachten Genehmigungsverfahrens**, so dass nur noch „**große**" Sonderbauten im **normalen** Genehmigungsverfahren einer Vollprüfung unterliegen,
- die **Neufassung der Stellplatzpflicht** und die **Verschärfung der Anforderungen** an das **barrierefreie** Bauen.

Seit dem Erscheinen der 10. Auflage zu Beginn des Jahres 2003 änderte der Landtag die BauO NRW mehrfach:

- das **Gesetz zur Ausführung und Ergänzung des Bundes-Bodenschutzgesetzes in Nordrhein-Westfalen** vom 9. 5. 2000 (GV. NRW. S. 439) ergänzte **§ 63 Abs. 2 BauO NRW** um die Verbindlichkeitserklärung eines Sanierungsplanes nach § 13 Abs. 6 Bundes-Bodenschutzgesetz oder nach § 15 Abs. 3 Landesbodenschutzgesetz,
- das **Gesetz zur Änderung der Landesbauordnung** vom 22. 7. 2003 (GV. NRW. S. 434) ergänzte den **Freistellungskatalog** des **§ 65 Abs. 1 BauO NRW** in **Nr. 18** um die mit der Errichtung einer **Mobilfunkanlage** verbundene **Nutzungsänderung** in nicht gewerblich genutzten Gebäuden und fügte **§ 74a – Ausnahmen und Befreiungen nach dem Bauplanungsrecht** in die BauO NRW ein,
- das **Gesetz zur Gleichstellung von Menschen mit Behinderung und zur Änderung anderer Gesetze** vom 16. 12. 2003 (GV. NRW. S. 766) fasste **§ 55 BauO NRW** neu und nahm zusätzlich die Prüfung der Anforderungen an die Barrierefreiheit in den Katalog des **§ 68 Abs. 1 Satz 4 Nr. 2 BauO NRW** auf,
- das **Gesetz zur Umsetzung der UVP-Änderungsrichtlinie im Lande Nordrhein-Westfalen** vom 4. 5. 2004 (GV. NRW. S. 259) fügte **§ 63 Abs. 1 BauO NRW** einen **Satz 2** an, der für bestimmte Vorhaben die Durchführung einer Umweltverträglichkeitsprüfung oder einer Vorprüfung des Einzelfalls vorschreibt,
- das **Vierte Gesetz zur Befristung des Landesrechts Nordrhein-Westfalen** vom 5. 4. 2005 (GV. NRW. S. 332) ergänzte die BauO NRW um **§ 91 – Berichtspflicht**,
- das **Zweite Gesetz zur Änderung der Landesbauordnung** vom 12. 12. 2006 (GV. NRW. S. 615) fasste **§ 6 BauO NRW** unter Einbeziehung von Regelungen des **aufgehobenen § 7 BauO NRW** neu und fügte in **§ 73 Abs. 1 BauO NRW** einen neuen **Satz 4** ein, um **Abweichungen** von den Regeln des § 6 zu erleichtern,
- **§ 2 Nr. 4 Bürokratieabbaugesetz I** vom 13. 3. 2007 (GV. NRW. S. 133)
  - **a)** regelt die **Ersetzung** des von der Gemeinde **rechtswidrig verweigerten Einvernehmens** neu,
  - **b)** erweitert in **§ 65 Abs. 1 Nr. 33a BauO NRW** die **Freistellung** von **Werbeanlagen**,
  - **c)** führt abweichend von **§ 63 Abs. 1 Satz 1 BauO NRW** für **Nutzungsänderungen** und die **Errichtung von Kleingaragen** ein **Anzeigeverfahren** ein.

Die **11. Auflage** geht auf diese **Rechtsänderungen** sowie auf den mit dem **Bürokratieabbaugesetz II** bewirkten **Fortfall des Widerspruchsverfahrens** ausführlich ein.

Berücksichtigung fand die bis Dezember 2007 erschienene **Rechtsprechung** und **Literatur** zu dem sich ständig wandelnden Bauplanungs- und Bauordnungsrecht.

Köln im Dezember 2007 Die Verfasser

## Inhaltsverzeichnis


Seite

**Abkürzungsverzeichnis** . . . . . . . . XI

**Literaturverzeichnis** . . . . . . . . XXI

**Fundstellenverzeichnis zitierter Vorschriften** . . . . . . . . XXIII

**Einleitung** . . . . . . . . 1

**Kommentar zur BauO NRW**
unter Berücksichtigung der Vorschriften der BauPrüfVO und der Vorschriften des WEG zur Abgeschlossenheit von Sondereigentum . . . . . . . . 41

**I. Teil** **Allgemeine Vorschriften**
**Vor §§ 1 bis 3** . . . . . . . . 42
§ 1 Anwendungsbereich . . . . . . . . 43
§ 2 Begriffe . . . . . . . . 97
§ 3 Allgemeine Anforderungen . . . . . . . . 191

**II. Teil** **Das Grundstück und seine Bebauung**
**Vor §§ 4 bis 11** . . . . . . . . 226
§ 4 Bebauung der Grundstücke mit Gebäuden . . . . . . . . 227
§ 5 Zugänge und Zufahrten auf den Grundstücken . . . . . . . . 275
§ 6 Abstandflächen . . . . . . . . 289
Anhang – Synopse mit Gesetzesbegründung . . . . . . . . 471
§ 7 Übernahme von Abstandflächen auf andere Grundstücke . . . . . . . . 492
§ 8 Teilung von Grundstücken . . . . . . . . 493
§ 9 Nicht überbaute Flächen, Spielflächen, Geländeoberfläche . . . . . . . . 513
§ 10 (Einfriedung der Grundstücke) aufgehoben . . . . . . . . 539
§ 11 Gemeinschaftsanlagen . . . . . . . . 540

**III. Teil** **Bauliche Anlagen**
**Vorbemerkungen** . . . . . . . . 545
**1. Abschnitt** **Allgemeine Anforderungen an die Bauausführung**
**Vor §§ 12 bis 19** . . . . . . . . 546
§ 12 Gestaltung . . . . . . . . 547
§ 13 Anlagen der Außenwerbung und Warenautomaten . . . . . . . . 563
§ 14 Baustellen . . . . . . . . 613
§ 15 Standsicherheit . . . . . . . . 628
§ 16 Schutz gegen schädliche Einflüsse . . . . . . . . 638
§ 17 Brandschutz . . . . . . . . 655
§ 18 Wärmeschutz, Schallschutz und Erschütterungsschutz . . . . . . . . 691
§ 19 Verkehrssicherheit . . . . . . . . 709

**2. Abschnitt Bauprodukte und Bauarten**
**Vor §§ 20 bis 28** . . . . . 713
§ 20 Bauprodukte . . . . . 733
§ 21 Allgemeine bauaufsichtliche Zulassung . . . . . 765
§ 22 Allgemeines bauaufsichtliches Prüfzeugnis . . . . . 771
§ 23 Nachweis der Verwendbarkeit von Bauprodukten im Einzelfall . . . . . 775
§ 24 Bauarten . . . . . 778
§ 25 Übereinstimmungsnachweis . . . . . 781
§ 26 Übereinstimmungserklärung des Herstellers . . . . . 788
§ 27 Übereinstimmungszertifikat . . . . . 791
§ 28 Prüf-, Zertifizierungs- und Überwachungsstellen . . . . . 793

**3. Abschnitt Wände, Decken und Dächer**
**Vor §§ 29 bis 35** . . . . . 799
§ 29 Wände, Pfeiler und Stützen . . . . . 804
§ 30 Trennwände . . . . . 811
§ 31 Gebäudeabschlusswände . . . . . 817
§ 32 Gebäudetrennwände . . . . . 824
§ 33 Brandwände . . . . . 828
§ 34 Decken . . . . . 836
§ 35 Dächer . . . . . 841

**4. Abschnitt Treppen, Rettungswege, Aufzüge und Öffnungen**
**Vor §§ 36 bis 41** . . . . . 853
§ 36 Treppen . . . . . 854
§ 37 Treppenräume . . . . . 862
§ 38 Notwendige Flure und Gänge . . . . . 890
§ 39 Aufzüge . . . . . 899
§ 40 Fenster, Türen, Kellerlichtschächte . . . . . 910
§ 41 Umwehrungen . . . . . 913

**5. Abschnitt Haustechnische Anlagen**
**Vor §§ 42 bis 47** . . . . . 917
§ 42 Lüftungsanlagen, Installationsschächte und Installationskanäle . . . . . 918
§ 43 Feuerungsanlagen, Wärme- und Brennstoffversorgungsanlagen . . . . . 925
§ 44 Wasserversorgungsanlagen . . . . . 947
§ 45 Abwasseranlagen (aufgehoben) . . . . . 956
§ 46 Abfallschächte . . . . . 961
§ 47 Anlagen für feste Abfallstoffe (aufgehoben) . . . . . 966

**6. Abschnitt Aufenthaltsräume und Wohnungen**
**Vor §§ 48 bis 50** . . . . . 967
§ 48 Aufenthaltsräume . . . . . 968
§ 49 Wohnungen . . . . . 979
Anhang – Wohnungs- und Teileigentum . . . . . 990
§ 50 Bäder und Toilettenräume . . . . . 1021

**7. Abschnitt Besondere Anlagen**
**Vor §§ 51 bis 55** . . . . . 1023
§ 51 Stellplätze und Garagen, Abstellplätze für Fahrräder . . . . . 1024
§ 52 Ställe, Dungstätten und Gärfutterbehälter . . . . . 1079
§ 53 Behelfsbauten und untergeordnete Gebäude . . . . . 1086
§ 54 Sonderbauten . . . . . 1090
§ 55 Barrierefreiheit öffentlich zugänglicher baulicher Anlagen . . . . . 1123

**IV. Teil Die am Bau Beteiligten**
**Vor §§ 56 bis 59 a** . . . . . 1133
§ 56 Grundsatz . . . . . 1135
§ 57 Bauherrin, Bauherr . . . . . 1141
§ 58 Entwurfsverfasserin, Entwurfsverfasser . . . . . 1155
§ 59 Unternehmerin, Unternehmer . . . . . 1167
§ 59 a Bauleiterin, Bauleiter . . . . . 1178

**V. Teil Bauaufsichtsbehörden und Verwaltungsverfahren**
**Vorbemerkungen** . . . . . 1187
**1. Abschnitt Bauaufsichtsbehörden**
**Vor §§ 60 bis 62** . . . . . 1188
§ 60 Bauaufsichtsbehörden . . . . . 1189
§ 61 Aufgaben und Befugnisse der Bauaufsichtsbehörden . . . . . 1196
§ 62 Sachliche Zuständigkeit . . . . . 1253

**2. Abschnitt Genehmigungsbedürftige und genehmigungsfreie Vorhaben**
**Vor §§ 63 bis 68** . . . . . 1257
§ 63 Genehmigungsbedürftige Vorhaben . . . . . 1261
§ 64 Besondere bauliche Anlagen (aufgehoben) . . . . . 1293
§ 65 Genehmigungsfreie Vorhaben . . . . . 1295
§ 66 Genehmigungsfreie Anlagen . . . . . 1359
§ 67 Genehmigungsfreie Wohngebäude, Stellplätze und Garagen . . . . . 1377
§ 68 Vereinfachtes Genehmigungsverfahren . . . . . 1413

**3. Abschnitt Verwaltungsverfahren**
**Vor §§ 69 bis 83** . . . . . 1445
§ 69 Bauantrag . . . . . 1447
§ 70 Bauvorlageberechtigung . . . . . 1495
§ 71 Vorbescheid . . . . . 1519
§ 72 Behandlung des Bauantrages . . . . . 1539
§ 73 Abweichungen . . . . . 1589
§ 74 Beteiligung der Angrenzer . . . . . 1609
Anhang – Öffentliches Nachbarrecht . . . . . 1623
§ 74 a Ausnahmen und Befreiungen nach dem Bauplanungsrecht . . . . . 1661
§ 75 Baugenehmigung und Baubeginn . . . . . 1665
§ 76 Teilbaugenehmigung . . . . . 1741
§ 77 Geltungsdauer der Genehmigung . . . . . 1747
§ 78 Typengenehmigung . . . . . 1753
§ 79 Fliegende Bauten . . . . . 1761

§ 80 Öffentliche Bauherren . . . . . . . . . . 1777
§ 81 Bauüberwachung . . . . . . . . . . 1789
§ 82 Bauzustandsbesichtigung . . . . . . . . . . 1805
§ 83 Baulast und Baulastenverzeichnis . . . . . . . . . . 1823

**VI. Teil Bußgeldverfahren, Rechtsvorschriften, bestehende Anlagen und Einrichtungen**
**Vor §§ 84 bis 87** . . . . . . . . . . 1861
§ 84 Bußgeldvorschriften . . . . . . . . . . 1862
§ 85 Rechtsverordnungen und Verwaltungsvorschriften . . . . . . . . . . 1885
§ 86 Örtliche Bauvorschriften . . . . . . . . . . 1897
§ 87 Bestehende Anlagen und Einrichtungen . . . . . . . . . . 1921

**VII. Teil Übergangs-, Änderungs- und Schlussvorschriften**
**Vor §§ 88 bis 91** . . . . . . . . . . 1933
§ 88 Übergangsvorschriften . . . . . . . . . . 1934
§ 89 Änderung des Baukammerngesetzes . . . . . . . . . . 1935
§ 90 Inkrafttreten, Außerkrafttreten, eingeleitete Verfahren . . . . . . . . . . 1936
§ 91 Berichtspflicht . . . . . . . . . . 1937

**Stichwortverzeichnis** . . . . . . . . . . 1938

## Abkürzungsverzeichnis

**A**

a. A. = anderer Auffassung
a. a. O. = am angegebenen Ort
aaRdT = allgemein anerkannte Regeln der Technik
Abb. = Abbildung
AbfG = Abfallgesetz
AbgrabG = Abgrabungsgesetz
ABl. = Amtsblatt
ABl. EG = Amtsblatt der Europäischen Gemeinschaften
Abs. = Absatz
AEG = Allgemeines Eisenbahngesetz
AG VwGO = Gesetz zur Ausführung der Verwaltungsgerichtsordnung
Anm. = Anmerkung
ArbSchG = Arbeitsschutzgesetz
ArbStättV = Arbeitsstättenverordnung
ARGEBAU = Bauministerkonferenz - Konferenz der für Städtebau, Bau- und Wohnungswesen zuständigen Minister und Senatoren der Länder
Art. = Artikel
AS = Amtliche Sammlung der Entscheidungen der Oberverwaltungsgerichte Lüneburg und Münster, Band 1–9 (ab Band 10 = OVGE)
ASR = Arbeitsstätten-Richtlinien
AtomG = Atomgesetz
Aufl. = Auflage
AVerwGebO NRW = Allgemeine Verwaltungsgebührenordnung

**B**

BAnz. = Bundesanzeiger
BArbBl. = Bundesarbeitsblatt
BASchulR = Bauaufsichtliche Richtlinien für Schulen
BauGB = Baugesetzbuch
BauGB-MaßnahmenG = Maßnahmengesetz zum Baugesetzbuch
BauKaG NRW = Baukammerngesetz Nordrhein-Westfalen
BauNVO = Baunutzungsverordnung
BauO Bln = Bauordnung für Berlin
BauO LSA = Bauordnung für Sachsen-Anhalt
BauO NW/NRW = Bauordnung für das Land Nordrhein-Westfalen
BauPG = Bauproduktengesetz
BauPG-PÜZ – Anerkennungsverordnung = Verordnung über die Anerkennung als Prüf-, Überwachungs und Zertifizierungsstelle
BauPGHeizkesselV = Verordnung über das Inverkehrbringen von Heizkesseln und Geräten nach dem Bauproduktengesetz
BauPrüfVO = Verordnung über bautechnische Prüfungen
BauR = Baurecht, Zeitschrift

| | |
|---|---|
| BauROG | = Bau- und Raumordnungsgesetz 1998 |
| BaustellV | = Verordnung über Sicherheit und Gesundheitsschutz auf Baustellen |
| BauVorlVO | = Bauvorlagenverordnung |
| BayBO | = Bayerische Bauordnung |
| BayObLG | = Bayerisches Oberstes Landesgericht |
| BayVBl | = Bayerische Verwaltungsblätter |
| BayVerfGH | = Bayerischer Verfassungsgerichtshof |
| BayVGH | = Bayerischer Verwaltungsgerichthof |
| BB | = Der Betriebsberater, Zeitschrift |
| BBauBl. | = Bundesbaublatt, Zeitschrift |
| BBauG | = Bundesbaugesetz |
| BBergG | = Bundesberggesetz |
| BbgBO | = Brandenburgische Bauordnung |
| BBodSchG | = Gesetz zum Schutz vor schädlichen Bodenveränderungen und zur Sanierung von Altlasten |
| Bd. | = Band |
| BDSG | = Bundesdatenschutzgesetz |
| Bek. | = Bekanntmachung |
| BekanntmVO | = Bekanntmachungsverordnung |
| ber. | = berichtigt |
| BestG NRW | = Bestattungsgesetz |
| BetrSichV | = Betriebssicherheitsverordnung |
| BeVO | = Beherbergungsstättenverordnung |
| BewG | = Bewertungsgesetz |
| BFH | = Bundesfinanzhof |
| BGB | = Bürgerliches Gesetzbuch |
| BGBl. | = Bundesgesetzblatt |
| BGH | = Bundesgerichtshof |
| BGHZ | = Sammlung von Entscheidungen des Bundesgerichtshofs in Zivilsachen |
| BGV | = Berufsgenossenschaftliche Vorschriften für Sicherheit und Gesundheit bei der Arbeit |
| BImSchG | = Bundes – Immissionsschutzgesetz |
| BImSchV | = Verordnung zur Durchführung des Bundes – Immissionsschutzgesetzes |
| Bln | = Berlin |
| BK | = Brandschutzklasse |
| BKleingG | = Bundeskleingartengesetz |
| BlfGBuWR | = Blätter für Grundstücks-, Bau- und Wohnungsrecht |
| BMBau | = Bundesminister für Raumordnung, Bauwesen und Städtebau |
| BNatSchG | = Bundesnaturschutzgesetz |
| BOStrab | = Straßenbahn- Bau- und Betriebsordnung |
| BPR | = Bauproduktenrichtlinie |
| BR-Drucks. | = Drucksache des Bundesrates |
| BremLBO | = Bremische Landesbauordnung |
| BRS | = Baurechtssammlung |

| | |
|---|---|
| BSHG | = Bundessozialhilfegesetz |
| BStBl. | = Bundessteuerblatt |
| BT-Drucks. | = Drucksache des Deutschen Bundestages |
| BVerfG | = Bundesverfassungsgericht |
| BVerfGE | = Sammlung von Entscheidungen des Bundesverfassungsgerichts |
| BVerwG | = Bundesverwaltungsgericht |
| BVerwGE | = Sammlung von Entscheidungen des Bundesverwaltungsgerichts |
| B-W | = Baden-Württemberg |
| BWaldG | = Bundeswaldgesetz |
| bzw. | = beziehungsweise |

**C**

| | |
|---|---|
| CEN | = Comité Européen de Normalisation/Europäisches Komitee für Normung |
| CENELEC | = Comité Européen de Normalisation Electrotechnique/ Europäisches Komitee für elektrotechnische Normung |
| ChemG | = Chemikaliengesetz |
| ChemVerbotsV | = Chemikalien-Verbotsverordnung |
| CW VO | = Camping- und Wochenendplatzverordnung |

**D**

| | |
|---|---|
| DAB | = Deutsches Architektenblatt |
| DB | = Der Betrieb, Zeitschrift |
| DDR | = Deutsche Demokratische Republik |
| ders. | = derselbe |
| DIBt | = Deutsches Institut für Bautechnik |
| DIBt-Abkommen | = Abkommen über das Deutsche Institut für Bautechnik |
| DIBt-ÜtVO | = DIBt-Übertragungsverordnung |
| DIN | = Deutsches Institut für Normung |
| DÖV | = Die Öffentliche Verwaltung, Zeitschrift |
| DSchG | = Denkmalschutzgesetz (NRW) |
| DSG NRW | = Datenschutzgesetz Nordrhein-Westfalen |
| DVBl. | = Deutsches Verwaltungsblatt |
| DVGW | = Deutsche Vereinigung des Gas- und Wasserfaches |
| DVO | = Durchführungsverordnung |
| DVO BauGB | = Verordnung zur Durchführung des Baugesetzbuchs |
| DWW | = Deutsche Wohnungswirtschaft, Zeitschrift |

**E**

| | |
|---|---|
| EAG Bau | = Europarechtsanpassungsgesetz Bau |
| EBO | = Eisenbahn-Bau- und Betriebsordnung |
| EG-BGB | = Einführungsgesetz zum Bürgerlichen Gesetzbuch |
| EildStNW | = Eildienst des Städtetages Nordrhein-Westfalen |
| EltBauVO | = Verordnung über den Bau von Betriebsräumen für elektrische Anlagen |

EMVG = Gesetz über die elektromagnetische Verträglichkeit von Geräten
EnEG = Energieeinsparungsgesetz
EnEV = Energieeinsparverordnung
EnEV-ÜVO = Verordnung zur Umsetzung der Energieeinsparverordnung
EnWG = Energiewirtschaftsgesetz
EOTA = European Organisation for Technical Approvals/Europäische Organisation für technische Zulassungen
Erl. = Erlass
ETA = European Technical Approval/Europäische technische Zulassung
EuGH = Europäischer Gerichtshof
evtl. = eventuell
EWR = Europäischer Wirtschaftsraum

**F**

f./ff. = folgende/fortfolgende
FCKW = Fluorchlorkohlenwasserstoff
FeuVO NW = Feuerungsverordnung
FlBauVV = Verwaltungsvorschriften über Ausführungsgenehmigungen für Fliegende Bauten und deren Gebrauchsabnahme
FlurbG = Flurbereinigungsgesetz
Forum = Zeitschrift des Bundes der Öffentlich bestellten Vermessungsingenieure e.V.
FSHG = Gesetz über den Feuerschutz und die Hilfeleistung
FStrG = Bundesfernstraßengesetz

**G**

G = Gesetz
GarVO = Garagenverordnung
GastBauVO = Gaststättenbauverordnung
GastG = Gaststättengesetz
GBO = Grundbuchordnung
g.d. = geändert durch
GebG NRW = Gebührengesetz für das Land Nordrhein-Westfalen
GefStoffV = Gefahrstoffverordnung
Gem. RdErl = Gemeinsamer Runderlass
GenTG = Gentechnikgesetz
GewArch = Gewerbearchiv, Zeitschrift
GewO = Gewerbeordnung
GFZ = Geschossflächenzahl
GG = Grundgesetz für die Bundesrepublik Deutschland
GmS-OGB = Gemeinsamer Senat der obersten Gerichtshöfe des Bundes
GO NRW = Gemeindeordnung für das Land Nordrhein-Westfalen
GPSG = Geräte- und Produktsicherheitsgesetz
GRZ = Grundflächenzahl
GS = Gesetzsammlung
GSGV = Verordnung zur Durchführung des Gerätesicherheitsgesetzes

GVBl. = Gesetz- und Verordnungsblatt
GVG = Gerichtsverfassungsgesetz
GV. NRW. = Gesetz- und Verordnungsblatt für das Land Nordrhein-Westfalen

**H**
Hamb. OVG = Hamburgisches Oberverwaltungsgericht
HAVO = Verordnung über Anforderungen an Hersteller von Bauprodukten und Anwender von Bauarten
HBauO = Hamburgische Bauordnung
HBauStatG = Hochbaustatistikgesetz
HBO = Hessische Bauordnung
HeimG = Heimgesetz
HeimMindBauV = Heimmindestbauverordnung
HeizkostenV = Verordnung über Heizkostenabrechnung
Hess. VGH = Hessischer Verwaltungsgerichtshof
HOAI = Honorarordnung für Architekten und Ingenieure
HochhVO = Hochhausverordnung

**I**
i.d.F.d.B. = in der Fassung der Bekanntmachung
IfBt = Institut für Bautechnik
IFG NRW = Informationsfreiheitsgesetz Nordrhein-Westfalen
ILS = Institut für Landes- und Stadtentwicklungsforschung Nordrhein-Westfalen
IndBauR = Industriebaurichtlinie
IngG = Ingenieurgesetz Nordrhein Westfalen
Inv-WoBaulG = Investitionserleichterungs- und Wohnbaulandgesetz
i.S. = im Sinne
i.V.m. = in Verbindung mit

**J**
JMBl. NRW. = Justizministerialblatt für das Land Nordrhein-Westfalen
JuS = Juristische Schulung, Zeitschrift

**K**
KAG = Kommunalabgabengesetz für das Land Nordrhein-Westfalen
KG = Kammergericht
Kfz = Kraftfahrzeug
KhBauVO = Krankenhausbauverordnung
KrO = Kreisordnung für das Land Nordrhein-Westfalen
KrW-/AbfG = Kreislaufwirtschafts- und Abfallgesetz
KÜGebO = Kehr- und Überprüfungsgebührenordnung
KÜO = Kehr- und Überprüfungsverordnung
kW = Kilowatt

**L**

| | |
|---|---|
| LAbfG | = Landesabfallgesetz |
| LasthandhabV | = Lastenhandhabungsverordnung |
| LBauO/LBO | = Landesbauordnung |
| LBauO M-V | = Landesbauordnung Mecklenburg-Vorpommern |
| LBauO Rh-Pf | = Landesbauordnung Rheinland-Pfalz |
| LBG | = Landesbeamtengesetz |
| LBO B-W | = Landesbauordnung Baden-Württemberg |
| LBodSchG | = Gesetz zur Ausführung und Ergänzung des Bundes-Bodenschutzgesetzes in Nordrhein-Westfalen |
| LBO Saar | = Bauordnung für das Saarland |
| LBO Schl-H | = Landesbauordnung Schleswig-Holstein |
| LEPro | = Landesentwicklungsprogramm |
| LFoG | = Forstgesetz für das Land Nordrhein-Westfalen |
| LG | = Landgericht/Landschaftsgesetz |
| LImschG | = Landes-Immissionsschutzgesetz |
| Lkw | = Lastkraftwagen |
| LMBG | = Lebensmittel- und Bedarfsgegenständegesetz |
| LOG NRW | = Gesetz über die Organisation der Landesverwaltung |
| LPlG | = Landesplanungsgesetz |
| LT-Drucks. | = Landtagsdrucksache |
| LuftVG | = Luftverkehrsgesetz |
| LVerf NRW | = Verfassung für das Land Nordrhein-Westfalen |
| LWG | = Landeswassergesetz |
| LZG | = Landeszustellungsgesetz für das Land Nordrhein-Westfalen |

**M**

| | |
|---|---|
| MBl. NRW. | = Ministerialblatt für das Land Nordrhein-Westfalen |
| MBO | = Musterbauordnung für die Länder der Bundesrepublik |
| MDR | = Monatsschrift für Deutsches Recht |
| MI | = Mischgebiet |
| MK | = Kerngebiet |
| M-V | = Mecklenburg-Vorpommern |

**N**

| | |
|---|---|
| NachbG NRW | = Nachbarrechtsgesetz Nordrhein-Westfalen |
| NBauO | = Niedersächsische Bauordnung |
| Nds. OVG | = Niedersächsisches Oberverwaltungsgericht |
| NdsRpfl. | = Niedersächsische Rechtspflege |
| NdsVBl. | = Niedersächsische Verwaltungsblätter |
| NJW | = Neue Juristische Wochenschrift |
| NN | = Normalnull |
| NuR | = Natur und Recht, Zeitschrift |
| n.v. | = nicht veröffentlicht |
| NVwZ | = Neue Zeitschrift für Verwaltungsrecht |
| NVwZ-RR | = Neue Zeitschrift für Verwaltungsrecht-Rechtsprechungsreport |

NW, NRW = Nordrhein-Westfalen (s. hierzu den RdErl. vom 17. 2. 1999, MBl. NRW. S. 160)
NWVBl. = Nordrhein-Westfälische Verwaltungsblätter

**O**
OBG = Ordnungsbehördengesetz
ÖBVI = Öffentlich bestellter Vermessungsingenieur
OLG = Oberlandesgericht
ÖPNV = öffentlicher Personennahverkehr
OVG = Oberverwaltungsgericht
OVG Bbg = Oberverwaltungsgericht für das Land Brandenburg
OVG Bln = Oberverwaltungsgericht für das Land Berlin
OVG Bln-Bbg = Oberverwaltungsgericht Berlin-Brandenburg (seit 1. 7. 2005)
OVG Bremen = Oberverwaltungsgericht für die Freie Hansestadt Bremen
OVGE = Sammlung von Entscheidungen der Oberverwaltungsgerichte Lüneburg und Münster
OVG Lüneburg = Oberverwaltungsgericht für die Länder Niedersachsen und Schleswig- Holstein
OVG LSA = Oberverwaltungsgericht für das Land Sachsen-Anhalt
OVG M-V = Oberverwaltungsgericht für das Land Mecklenburg-Vorpommern
OVG NRW = Oberverwaltungsgericht für das Land Nordrhein-Westfalen
OVG Rh-Pf = Oberverwaltungsgericht für das Land Rheinland-Pfalz
OVG Saar = Oberverwaltungsgericht für das Saarland
OVG Schl-H = Oberverwaltungsgericht für das Land Schleswig-Holstein
OWiG = Ordnungswidrigkeitengesetz

**P**
PBefG = Personenbeförderungsgesetz
PCB = Polychlorierte Biphenyle
PCP = Pentachlorphenol
Pkw = Personenkraftwagen
PlanzV 90 = Planzeichenverordnung 1990
POG NRW = Polizeiorganisationsgesetz
PolG NRW = Polizeigesetz des Landes Nordrhein-Westfalen
PrALR = Preußisches Allgemeines Landrecht
PrEBO = Preußische Einheitsbauordnung für Städte
PrOVG = Preußisches Oberverwaltungsgericht
PrOVGE = Sammlung von Entscheidungen des Preußischen Oberverwaltungsgerichts
PrVBl. = Preußisches Verwaltungsblatt
PÜZÜVO = Verordnung über die Anerkennung als Prüf-, Überwachungs- oder Zertifizierungsstelle und über das Übereinstimmungszeichen

**R**
RArbBl. = Reichsarbeitsblatt
RdErl. = Runderlass

Rdn. = Randnummer
RegBl. = Regierungsblatt für Württemberg-Baden
RG = Reichsgericht
RGaO = Reichsgaragenordnung
RGBl. = Reichsgesetzblatt
RGSt = Sammlung von Entscheidungen des Reichsgerichts in Strafsachen
RGZ = Sammlung von Entscheidungen des Reichsgerichts in Zivilsachen
Rh-Pf = Rheinland-Pfalz
RöV = Röntgenverordnung
ROG = Raumordnungsgesetz
RoV = Raumordnungsverordnung

**S**

s. = siehe
S. = Seite
SächsBO = Sächsische Bauordnung
Sächs. OVG = Sächsisches Oberverwaltungsgericht
SchallschutzV = Schallschutzverordnung
SchfG = Schornsteinfegergesetz
Schl-H = Schleswig-Holstein
SchulBauR = Schulbaurichtlinie
SeilbG NRW = Gesetz über die Seilbahnen in Nordrhein-Westfalen
SGB = Sozialgesetzbuch
SGV. NRW. = Sammlung des bereinigten Gesetz- und Verordnungsblattes für das Land Nordrhein-Westfalen
SMBl. NRW. = Sammlung des bereinigten Ministerialblattes für das Land Nordrhein-Westfalen
SprengG = Sprengstoffgesetz
StBauFG = Städtebauförderungsgesetz
StGB = Strafgesetzbuch
StPO = Strafprozessordnung
StrlschV = Strahlenschutzverordnung
StrWG NRW = Straßen- und Wegegesetz des Landes Nordrhein-Westfalen
StVG = Straßenverkehrsgesetz
StVO = Straßenverkehrsordnung
SV-VO = Verordnung über staatlich anerkannte Sachverständige nach der Landesbauordnung

**T**

TA Lärm = Technische Anleitung zum Schutz gegen Lärm
TA Luft = Technische Anleitung zur Reinhaltung der Luft
TFaVO = Verordnung über technische Bühnen- und Studio-Fachkräfte
ThürBO = Thüringer Bauordnung
Thür. OVG = Thüringer Oberverwaltungsgericht
TKG = Telekommunikationsgesetz

TPrüfVO = Technische Prüfverordnung
TRA = Technische Regeln für Aufzüge
TRbF = Technische Regeln für brennbare Flüssigkeiten
TRD = Technische Regeln für Dampfkessel
TRGI = Technische Regeln für Gasinstallationen

**U**

ÜTVO = Verordnung über die Überwachung von Tätigkeiten mit Bauprodukten und Bauarten
UIG = Umweltinformationsgesetz
UPR = Umwelt- und Planungsrecht, Zeitschrift
usw. = und so weiter
UVPG = Gesetz über die Umweltverträglichkeitsprüfung
UVPG NW = Gesetz über die Umweltverträglichkeitsprüfung im Lande Nordrhein-Westfalen
UVV = Unfallverhütungsvorschriften der Berufsgenossenschaften

**V**

v. = vom
V = Verordnung (Abkürzung im Bundesrecht)
VAwS = Verordnung über Anlagen zum Umgang mit wassergefährdenden Stoffen und über Fachbetriebe
VBlBW = Verwaltungsblätter für Baden-Württemberg
VDE = Verband der Elektrotechnik, Elektronik, Informationstechnik
VDI = Verein Deutscher Ingenieure
VerfGH NRW = Verfassungsgerichtshof Nordrhein-Westfalen
VermKatG NRW = Vermessungs- und Katastergesetz
VersR = Versicherungsrecht, Zeitschrift
VerwArch = Verwaltungsarchiv, Zeitschrift
VerwGebO = Verwaltungsgebührenordnung
VerwRspr. = Verwaltungsrechtsprechung, Entscheidungssammlung
VG = Verwaltungsgericht
VGH B-W = Verwaltungsgerichtshof für das Land Baden-Württemberg
VGHE = Sammlung von Entscheidungen des Bayerischen Verwaltungsgerichtshofes
vgl. = vergleiche
VkBl. = Verkehrsblatt
VkVO = Verkaufsstättenverordnung
VO = Verordnung (Abkürzung im Landesrecht NRW)
VOB = Vergabe- und Vertragsordnung für Bauleistungen
Vorb. = Vorbemerkung
VR = Verwaltungsrundschau, Zeitschrift
VStättVO = Versammlungsstättenverordnung
VV = Verwaltungsvorschrift
VV BauO NRW = Verwaltungsvorschrift zur Landesbauordnung NRW
VV BauPrüfVO = Verwaltungsvorschrift zur Verordnung über bautechnische Prüfungen

| | |
|---|---|
| VwGO | = Verwaltungsgerichtsordnung |
| VwR | = Verwaltungsrundschau, Zeitschrift |
| VwVfG | = Verwaltungsverfahrensgesetz |
| VwVfG. NRW. | = Verwaltungsverfahrensgesetz für das Land Nordrhein-Westfalen |
| VwVG | = Verwaltungs-Vollstreckungsgesetz |
| VwVG NRW | = Verwaltungsvollstreckungsgesetz für das Land Nordrhein-Westfalen |
| VwZG | = Verwaltungszustellungsgesetz |

**W**

| | |
|---|---|
| WaffG | = Waffengesetz |
| WasBauPVO | = Verordnung zur Feststellung der wasserrechtlichen Eignung von Bauprodukten und Bauarten durch Nachweise nach der Landesbauordnung |
| WaS-VO | = Wassersicherstellungsverordnung |
| WaStrG | = Bundeswasserstraßengesetz |
| WE | = Wohnungseinheit |
| WEG | = Wohnungseigentumsgesetz |
| WertV | = Wertermittlungsverordnung |
| WFB | = Wohnungsbauförderungsbestimmungen Nordrhein-Westfalen |
| WHG | = Wasserhaushaltsgesetz |
| WoBauErlG | = Wohnungsbau-Erleichterungsgesetz |
| II. WoBauG | = Zweites Wohnungsbaugesetz |
| WoBindG | = Wohnungsbindungsgesetz |
| WoG | = Wohnungsgesetz |
| WoFG | = Wohnraumförderungsgesetz |
| WoFlV | = Wohnflächenverordnung |
| WRV | = Verfassung des Deutschen Reiches – Weimarer Verfassung |
| WSG | = Wohnsiedlungsgesetz |
| WuM | = Wohnungswirtschaft und Mietrecht, Zeitschrift |

**Z**

| | |
|---|---|
| z. B. | = zum Beispiel |
| z.g.d. | = zuletzt geändert durch |
| ZfBR | = Zeitschrift für Baurecht |
| ZfW | = Zeitschrift für Wasserrecht |
| ZMR | = Zeitschrift für Miet- und Raumrecht |
| ZPO | = Zivilprozessordnung |
| ZustVO ArbtG | = Verordnung zur Regelung von Zuständigkeiten auf dem Gebiet des Arbeits- und technischen Gefahrenschutzes |
| ZustVOtU | = Verordnung zur Regelung von Zuständigkeiten auf dem Gebiet des technischen Umweltschutzes |
| ZustVU | = Zuständigkeitsverordnung Umweltschutz |

## Literaturverzeichnis

Die **angegebenen Werke** sind in der Kommentierung nur mit der **Verfasserangabe** zitiert.


| | |
|---|---|
| **Allgeier/von Lutzau** | Die Bauordnung für Hessen, Kommentar, 7. Auflage 2003 |
| **Baltz/Fischer** | Preußisches Baupolizeirecht, 6. Auflage, Nachdruck 1954 |
| **Battis/Krautzberger/Löhr** | Baugesetzbuch, Kommentar, 10. Auflage 2007 |
| **Boeddinghaus** | Baunutzungsverordnung, Kommentar, 5. Auflage 2005 |
| **Boeddinghaus/Hahn/Schulte** | Bauordnung für das Land Nordrhein-Westfalen, Kommentar, Loseblattwerk |
| **Böckenförde/Temme/Krebs** | Musterbauordnung, 6. Auflage 1999 |
| **Buntenbroich/Voß** | Bauordnung Nordrhein-Westfalen, Kommentar, Loseblattwerk |
| **Ernst/Zinkahn/Bielenberg/ Krautzberger** | Baugesetzbuch, Kommentar, Loseblattwerk |
| **Engelhardt/App** | Verwaltungs-Vollstreckungsgesetz, Verwaltungszustellungsgesetz, Kommentar, 6. Auflage 2004 |
| **Fickert/Fieseler** | Baunutzungsverordnung, Kommentar, 10. Auflage 2002 |
| **Finkelnburg/Ortloff** | Öffentliches Baurecht, Band I Bauplanungsrecht, 5. Auflage 1998<br>Band II Bauordnungsrecht, Nachbarschutz, Rechtsschutz, 5. Auflage 2005 |
| **Gieseke/Wiedemann/ Czychowski** | Wasserhaushaltsgesetz, 6. Auflage 1992 |
| **Göhler** | Gesetz über Ordnungswidrigkeiten, Kommentar, 12. Auflage 1998 |
| **Große-Suchsdorf/Lindorf/ Schmaltz/Wiechert** | Niedersächsische Bauordnung, Kommentar, 8. Auflage 2006 |
| **Hahn/Schulte** | Öffentlich-rechtliches Baunachbarrecht, 1998 |
| **Honert/Rüttgers/Sanden** | Landeswassergesetz Nordrhein-Westfalen, 4. Auflage 1996 |
| **Hoppe/Bönker/Grotefels** | Öffentliches Baurecht, 3. Auflage 2004 |
| **Jäde** | Musterbauordnung (MBO 2002), 2003 |
| **Jäde/Dirnberger/Weiß** | Baugesetzbuch – Baunutzungsverordnung, Kommentar, 5. Auflage 2007 |

| | |
|---|---|
| **Jeromin** (Herausgeber) | Kommentar zur Landesbauordnung Rheinland-Pfalz, 2005 |
| **Klingsohr/Messerer** | Vorbeugender baulicher Brandschutz,. 6. Auflage 2002 |
| **Knaup/Stange** | Kommentar zur Baunutzungsverordnung, 8. Auflage 1997 |
| **Kodal/Krämer** | Straßenrecht, 5. Auflage 1995 |
| **König/Roeser/Stock** | Baunutzungsverordnung, 2. Auflage 2003 |
| **Kopp/Ramsauer** | Verwaltungsverfahrensgesetz, Kommentar, 9. Auflage 2005 |
| **Kopp/Schenke** | Verwaltungsgerichtsordnung, Kommentar, 14. Auflage 2005 |
| **Krautzberger/Söfker** | Baugesetzbuch, Leitfaden mit Synopse, 8. Auflage 2007 |
| **Locher** | Das private Baurecht, 7. Auflage 2005 |
| **Maurer** | Allgemeines Verwaltungsrecht, 15. Auflage 2004 |
| **Memmesheimer/Upmeier/ Schönstein** | Denkmalrecht Nordrhein-Westfalen, 2. Auflage 1989 |
| **Rabe/Heintz** | Bau- und Planungsrecht, 6. Auflage 2006 |
| **Reichel/Schulte** (Herausgeber) | Handbuch Bauordnungsrecht, 2004 |
| **Scheerbarth** | Das Allgemeine Bauordnungsrecht, 2. Auflage 1966 |
| **Schlichter/Stich/Driehaus/ Paetow** (Herausgeber) | Berliner Kommentar zum Baugesetzbuch, 3. Auflage als Loseblattwerk |
| **Schlotterbeck/von Arnim/ Hager** | Landesbauordnung für Baden-Württemberg, Kommentar, 5. Auflage 2003 |
| **Schulte** | Rechtsgüterschutz durch Bauordnungsrecht, Schriften zum öffentlichen Baurecht, Band 404, 1982 |
| **Upmeier/Brandenburg** | Neues Baugesetzbuch 2006, 7. Auflage 2007 |
| **von Bernstorff/Kiehne/ Molitor** | Bauprodukte, 1998 |
| **Voß/Buntenbroich** | Das neue Baurecht in der Praxis, 2. Auflage 2007 |
| **Weirich** | Grundstücksrecht, 2. Auflage 1996 |
| **Wenzel** | Baulasten in der Praxis, 2006 |
| **Werner/Pastor/Müller** | Baurecht von A–Z, 7. Auflage 2000 |
| **Wilke/Dageförde/Knuth/ Meyer** | Bauordnung für Berlin, Kommentar, 5. Auflage 1999 |

## Fundstellenverzeichnis zitierter Vorschriften

Die aufgeführten Vorschriften sind in der Kommentierung nur mit der Abkürzung zitiert.

**Nichtamtliche** Abkürzungen und Zusätze sind in ***kursiver Schrift*** gesetzt.

### I. Bundesrecht

| | |
|---|---|
| Allgemeines Eisenbahngesetz – **AEG** | v. 27.12.1993 (BGBl. I S. 2378, 2396),<br>z. g. d. G v. 8.11.2007 (BGBl. I S. 2566) |
| Arbeitsschutzgesetz – **ArbSchG** | v. 7.8.1996 (BGBl. S. 1246),<br>z. g. d. V v. 31.10.2006 (BGBl. I S. 2407) |
| Arbeitsstättenverordnung – **ArbStättV** | v. 12.8.2004 (BGBl. S. 2179),<br>z. g. d. G v. 20.7.2007 (BGBl. S. 1595) |
| Atomgesetz – **AtomG** | i. d. F. d. B. v. 15.7.1985 (BGBl. S. 1565),<br>z. g. d. V v. 31.10.2006 (BGBl. S. 2407) |
| Baugesetzbuch – **BauGB *1986*** | i. d. F. d. B. v. 8.12.1986 (BGBl. S. 2253) |
| Baugesetzbuch – **BauGB *1997*** | i. d. F. d. B. v. 27.8.1997 (BGBl. S. 2141) |
| Baugesetzbuch – **BauGB *2004*** | i. d. F. d. B. v. 23.9.2004 (BGBl. S. 2414),<br>z. g. d. G v. 21.12.2006 (BGBl. S. 3316) |
| Baunutzungsverordnung – **BauNVO *1962*** | v. 26.6.1962 (BGBl. S. 429) |
| Baunutzungsverordnung – **BauNVO *1968*** | i. d. F. d. B. v. 26.11.1968 (BGBl. S. 1237) |
| Baunutzungsverordnung – **BauNVO *1977*** | i. d. F. d. B. v. 15.9.1977 (BGBl. S. 1763),<br>g. d. V v. 19.12.1986 (BGBl. S. 2665) |
| Baunutzungsverordnung – **BauNVO *1990*** | i. d. F. d. B. v. 23.1.1990 (BGBl. S. 132),<br>g. d. G v. 22.4.1993 (BGBl. S. 466) |
| Bauproduktengesetz – **BauPG** | i. d. F. d. B. v. 28.4.1998 (BGBl. S. 812),<br>z. g. d. V v. 31.10.2006 (BGBl. S. 2407) |
| Baustellenverordnung – **BaustellV** | v. 10.6.1998 (BGBl. S. 1283),<br>g. d. V v. 23.12.2004 (BGBl. S. 3758) |
| Bau- und Raumordnungsgesetz 1998 – **BauROG** | v. 18.8.1997 (BGBl. S. 2081) |
| Betriebssicherheitsverordnung – **BetrSichV** | v. 27.9.2002 (BGBl. S. 3777),<br>z. g. d. V v. 31.10.2006 (BGBl. S. 2407) |
| Bürgerliches Gesetzbuch – **BGB** | i. d. F. d. B. v. 2.1.2002 (BGBl. S. 42),<br>z. g. d. G v. 23.11.2007 (BGBl. I S. 2614) |
| Bundesberggesetz – **BBergG** | v. 13.8.1980 (BGBl. S. 1310),<br>z. g. d. G v. 9.12.2006 (BGBl. S. 2833) |
| Bundes-Bodenschutzgesetz – **BBodSchG** | v 17.3.1998 (BGBl. S. 502),<br>z. g. d. G v. 9.12.2004 (BGBl. S. 3214) |

| | |
|---|---|
| Bundesdatenschutzgesetz – **BDSG** | i. d. F. d. B. v. 14. 1. 2003 (BGBl. S. 66),<br>z. g. d. G v. 22. 8. 2006 (BGBl. S. 1970) |
| Bundesfernstraßengesetz – **FStrG** | i. d. F. d. B. v. 28. 6. 2007 (BGBl. S. 1206), |
| Bundes-Immissionsschutzgesetz – **BImSchG** | i. d. F. d. B. v. 26. 9. 2002 (BGBl. S. 3830),<br>z. g. d. G v. 23. 10. 2007 (BGBl. I S. 2470) |
| Bundeskleingartengesetz – **BKleingG** | v. 28. 2. 1983 (BGBl. S. 210),<br>z.g.d. G v. 19. 9. 2006 (BGBl. S. 2146) |
| Bundesnaturschutzgesetz – **BNatSchG** | v. 25. 3. 2002 (BGBl. S. 1193),<br>z. g. d. G v. 12. 12. 2007 (BGBl. S. 2873) |
| Bundeswaldgesetz – ***BWaldG*** | v. 2. 5. 1975 (BGBl. S. 1037),<br>z. g. d. V v. 31. 10. 2006 (BGBl. S. 2407) |
| Bundeswasserstraßengesetz – **WaStrG** | i. d. F. d. B. v. 23. 5. 2007 (BGBl. S. 962),<br>g. d. V v. 13. 12. 2007 (BGBl. S. 2930) |
| Chemikaliengesetz – **ChemG** | i. d. F. d. B. v. 20. 6. 2002 (BGBl. S. 2090)<br>z. g. d. V v. 13. 12. 2007 (BGBl. S. 2930) |
| Chemikalien-Verbotsverordnung<br>**ChemVerbotsV** | i. d. F. d. B. v. 13. 6. 2003 (BGBl. S. 867)<br>z. g. d. V v. 6. 3. 2007 (BGBl. S. 261) |
| Energieeinsparungsgesetz – **EnEG** | i. d. F. d. B. v. 1. 9. 2005 (BGBl. S. 2684) |
| Energieeinsparverordnung – **EnEV *2001*** | v. 16. 11. 2001 (BGBl. S. 3085),<br>g. und neugefasst d. V vom 2. 12. 2004<br>(BGBl. I S. 3144, 3146) |
| Energieeinsparverordnung – **EnEV *2007*** | v. 24. 7. 2007 (BGBl. S. 1519) |
| Energiewirtschaftsgesetz – **EnWG** | v. 7. 7. 2005 (BGBl. S. 1970),<br>z. g. d. G v. 26. 3. 2007 (BGBl. S. 358) |
| Europarechtsanpassungsgesetz Bau –<br>**EAG Bau** | v. 24. 6. 2004 (BGBl. S. 1359) |
| Flurbereinigungsgesetz – **FlurbG** | i. d. F. d. B. v. 16. 3. 1976 (BGBl. S. 546),<br>z. g. d. G v. 12. 12. 2007 (BGBl. S. 2840) |
| Gefahrstoffverordnung – **GefStoffV** | v. 23. 12. 2004 (BGBl. S. 3758),<br>z. g. d. V v. 6. 3. 2007 (BGBl. S. 261) |
| Gentechnikgesetz – **GenTG** | i. d. F. d. B. v. 16. 12. 1993 (BGBl. S. 2066),<br>z. g. d. G v. 13. 12. 2007 (BGBl. S. 2930) |
| Geräte- und Produktsicherheitsgesetz –<br>**GPSG** | v. 6. 1. 2004 (BGBl. S. 2),<br>z. g. d. G v. 7. 7. 2005 (BGBl. S. 1970) |
| Gesetz über die Umweltverträglichkeits-<br>prüfung – **UVPG** | i. d. F. d. B. v. 25. 6. 2005 (BGBl. S. 1757),<br>z. g. d. G v. 23. 10. 2007 (BGBl. I S. 2470) |
| Gesetz über Ordnungswidrigkeiten – **OwiG** | i. d. F. d. B. v. 19. 2. 1987 (BGBl. S. 602),<br>z. g. d. G v. 7. 8. 2007 (BGBl. S. 1786) |
| Gewerbeordnung – **GewO** | i. d. F. d. B. v. 22. 2. 1999 (BGBl. S. 202),<br>z. g. d. G v. 21. 12. 2007 (BGBl. S. 3089) |
| Grundbuchordnung – **GBO** | i. d. F. d. B. v. 26. 5. 1994 (BGBl. S. 1114),<br>z. g. d. G v. 23. 11. 2007 (BGBl. I S. 2614) |

| | |
|---|---|
| Grundgesetz für die Bundesrepublik Deutschland – **GG** | v. 23.5.1949 (BGBl. S.1), z.g.d. G v. 28.8.2006 (BGBl. S.2034) |
| Heimmindestbauverordnung – **HeimMindBauV** | i.d.F.d.B. vom 3.5.1983 (BGBl. S.550), z.g.d. V v. 25.11.2003 (BGBl. S.2346) |
| Hochbaustatistikgesetz – **HBauStatG** | v. 5.5.1998 (BGBl. S.869), z.g.d. G v. 22.6.2006 (BGBl. S.1970) |
| Honorarordnung für Architekten und Ingenieure – **HOAI** | i.d.F.d.B. v. 4.3.1991 (BGBl. S.533), z.g.d. G v. 10.11.2001 (BGBl. S.2992) |
| Investitionserleichterungs- und Wohnbaulandgesetz – ***Inv-WoBaulG*** | v. 22.4.1993 (BGBl. S.466) |
| Kreislaufwirtschafts- und Abfallgesetz – **KrW-/AbfG** | v. 27.9.1994 (BGBl. S.2705), z.g.d. G v. 19.7.2007 (BGBl. S.1462) |
| Luftverkehrsgesetz – **LuftVG** | i.d.F.d.B. v. 10.5.2007 (BGBl. S.698), g.d. G v. 1.6.2007 (BGBl. S.986) |
| Maßnahmengesetz zum Baugesetzbuch – **BauGB-MaßnahmenG** | v. 28.4.1993 (BGBl. S.622), aufgehoben d. BauROG v. 18.8.1997 (BGBl. S.2081) |
| Personenbeförderungsgesetz – **PBefG** | i.d.F.d.B. v. 8.8.1990 (BGBl. S.1690), z.g.d. G v. 7.9.2007 (BGBl.I S.2246) |
| Planzeichenverordnung 1990 – **PlanzV 90** | v. 18.12.1990 (BGBl. 1991 S.58) |
| Raumordnungsgesetz – **ROG** | v. 18.8.1997 (BGBl. S.2081), z.g.d. G v. 9.12.2006 (BGBl. S.2833) |
| Raumordnungsverordnung – **RoV** | v. 13.12.1990 (BGBl. S.2766), z.g.d. G v. 18.6.2002 (BGBl. S.1914) |
| Röntgenverordnung – **RöV** | i.d.F.d.B. v. 30.4.2003 (BGBl. S.604) |
| Schallschutzverordnung – **SchallschutzV** | v. 5.4.1974 (BGBl. S.903) |
| Schornsteinfegergesetz – **SchfG** | i.d.F.d.B. v. 10.8.1998 (BGBl. S.2071), z.g.d. V v. 31.10.2006 (BGBl. S.2407) |
| Sportanlagenlärmschutzverordnung – **18. BImSchV** | v. 18.7.1991 (BGBl. S.1588), g.d. V v. 9.2.2006 (BGBl. S.324) |
| Sprengstoffgesetz – **SprengG** | i.d.F.d.B. v. 10.9.2002 (BGBl. S.3518), z.g.d. V v. 31.10.2006 (BGBl. S.2407) |
| Strafgesetzbuch – **StGB** | i.d.F.d.B. v. 13.11.1998 (BGBl. S.3322), z.g.d. G v. 12.12.2007 (BGBl. S.2840) |
| Strafprozessordnung – **StPO** | i.d.F.d.B. v. 7.4.1987 (BGBl. S.1074), z.g.d. G v. 16.7.2007 (BGBl. S.1327) |
| Strahlenschutzverordnung – **StrlschV** | v. 20.7.2001 (BGBl. S.1714), z.g.d. G v. 13.12.2007 (BGBl. S.2930) |
| Straßenverkehrsgesetz – **StVG** | i.d.F.d.B. v. 5.3.2003 (BGBl. S.310), z.g.d. G v. 7.9.2007 (BGBl. S.2246) |
| Straßenverkehrs-Ordnung – **StVO** | v. 16.11.1970 (BGBl. S.1565), z.g.d. V v. 28.11.2007 (BGBl. S.2774) |

| | |
|---|---|
| Technische Anleitung zum Schutz gegen Lärm – **TA Lärm** | v. 26. 8. 1998 (GMBl. S. 503) |
| Technische Anleitung zur Reinhaltung der Luft – **TA Luft** | v. 24. 7. 2002 (GMBl. S. 511) |
| Telekommunikationsgesetz – **TKG** | v. 25. 7. 1996 (BGBl. S. 1120), z. g. d. 18. 2. 2007 G v. (BGBl. S. 106). |
| Umweltinformationsgesetz – **UIG** | v. 22. 12. 2004 (BGBl. S. 3704) |
| Verkehrslärmschutzverordnung – **16. BImSchV** | v. 12. 6. 1990 (BGBl. S. 1036), g. d. G v. 19. 9. 2006 (BGBl. S. 2146) |
| Verordnung über das Genehmigungsverfahren – **9. BImSchV** | i. d. F. d. B. v. 29. 5. 1992 (BGBl. S. 1001), z. g. d. G v. 23. 10. 2007 (BGBl. I S. 2470) |
| Verordnung über die Anerkennung als Prüf-, Überwachungs- und Zertifizierungsstelle nach dem Bauproduktengesetz – **BauPG-PÜZ-Anerkennungsverordnung** | v. 6. 6. 1996 (BGBl. S. 798) |
| Verordnung über genehmigungsbedürftige Anlagen – **4. BImSchV** | i. d. F. d. B. v. 14. 3. 1997 (BGBl. S. 504), z. g. d. G v. 23. 10. 2007 (BGBl. I S. 2470) |
| Verordnung über kleine und mittlere Feuerungsanlagen – **1. BImSchV** | i. d. F. d. B. v. 14. 3. 1997 (BGBl. S. 490), z. g. d. d. V v. 14. 8. 2003 (BGBl. S. 1614) |
| Verwaltungsgerichtsordnung – **VwGO** | i. d. F. d. B. v. 19. 3. 1991 (BGBl. I S. 686), z. g. d. G v. 21. 12. 2007 (BGBl. I S. 2840) |
| Verwaltungsverfahrensgesetz – **VwVfG** | i. d. F. d. B. v. 23. 1. 2003 (BGBl. S. 102), g. d. G v. 5. 5. 2004 (BGBl. S. 718) |
| Verwaltungs-Vollstreckungsgesetz – **VwVG** | v. 27. 04. 1953 (BGBl. S. 157), z. g. d. G v. 17. 12. 1997 (BGBl. S. 3039) |
| Verwaltungszustellungsgesetz – **VwZG** | v. 12. 8. 2005 (BGBl. S. 2354) |
| Waffengesetz – **WaffG** | v. 11. 10. 2002 (BGBl. S. 3970), z. g. d. G v. 5. 11. 2007 (BGBl. I S. 2557) |
| Wasserhaushaltsgesetz – **WHG** | i. d. F. d. B. v. 19. 8. 2002 (BGBl. S. 3245), z. g. d. d. G v. 10. 5. 2007 (BGBl. S. 666) |
| Wertermittlungsverordnung – **WertV** | v. 6. 12. 1988 (BGBl. S. 2209), g. d. G v. 18. 8. 1997 (BGBl. S. 2081) |
| Wohnflächenverordnung – **WoFlV** | v. 25. 11. 2003 (BGBl. S. 2346) |
| Wohnraumförderungsgesetz – **WoFG** | v. 13. 9. 2001 (BGBl. S. 2376), z. g. d. G v. 15. 12. 2006 (BGBl. S. 2748) |
| Wohnungseigentumsgesetz – **WEG** | v. 15. 3. 1951 (BGBl. S. 175), z. g. d. G v. 26. 3. 2007 (BGBl. S. 370) |
| Zivilprozessordnung – **ZPO** | i. d. F. d. B. v. 5. 12. 2005 (BGBl. S. 3202), z. g. d. G v. 12. 12. 2007 (BGBl. S. 2840) |

## II. Landesrecht

| | |
|---|---|
| Abgrabungsgesetz – **AbgrabG** | i. d. F. d. B. v. 23. 11. 1979 (GV. NRW. S. 922), z. g. d. G v. 19. 6. 2007 (GV. NRW. S. 226) |
| Abkommen über das Deutsche Institut für Bautechnik – **DIBt-Abkommen** | Bekanntmachung v. 26. 10. 1993 (GV. NRW. S. 866) |
| Allgemeine Verwaltungsgebührenordnung – **AVerwGebO NRW** | i. d. F. d. B. v. 3. 7. 2001 (GV. NRW. S. 262), z. g. d. G v. 27. 11. 2007 (GV. NRW. S. 589) |
| Ausführungsgesetz zur Verwaltungsgerichtsordnung – **AG VwGO** | v. 26. 3. 1960 (GV. NRW. S. 47), z. g. d. G v. 30. 10. 2007 (GV. NRW. S. 445) |
| Baukammerngesetz – **BauKaG NRW** | v. 16. 12. 2003 (GV. NRW. S. 786), g. d. G v. 3. 5. 2005 (GV. NRW. S. 498) |
| Beherbergungsstättenverordnung – **BeVO** | v. 20. 9. 2002 (GV. NRW. S. 454), g. d. G v. 5. 4. 2005 (GV. NRW. S. 351) |
| Bekanntmachungsverordnung – **BekanntmVO** | v. 26. 8. 1999 (GV. NRW. S. 516), z. g. d. G v. 5. 4. 2005 (GV. NRW. S. 332) |
| Bestattungsgesetz – **BestG NRW** | v. 17. 6. 2003 (GV. NRW. S. 313) |
| Camping- und Wochenendplatzverordnung – **CW VO** | v. 10. 11. 1982 (GV. NRW. S. 731), g. d. G v. 5. 4. 2005 (GV. NRW. S. 274) |
| Datenschutzgesetz Nordrhein-Westfalen **DSG NRW** | i. d. F. d. B. v. 9. 6. 2000 (GV. NRW. S. 542), z. g. d. G v. 5. 4. 2005 (GV. NRW. S. 332) |
| Denkmalschutzgesetz – **DSchG** | v. 11. 3. 1980 (GV. NRW. S. 226), z. g. d. G v. 5. 4. 2005 (GV. NRW. S. 274) |
| Denkmallisten-Verordnung – ***DenkmVO*** | v. 6. 3. 1981 (GV. NRW. S. 135), z. g. d. G v. 5. 4. 2005 (GV. NRW. S. 274) |
| DIBt-Übertragungsverordnung – **DIBt-ÜtVO** | v. 28. 10. 2004 (GV. NRW. S. 686) |
| Erstes Gesetz zum Bürokratieabbau **Bürokratieabbaugesetz I** | v. 13. 3. 2007 (GV. NRW. S. 133), g. d. G v. 9. 10. 2007 (GV. NRW. S. 393) |
| Feuerungsverordnung – **FeuVO NW** | v. 21. 7. 1998 (GV. NRW. S. 481), z. g. d. G v. 5. 4. 2005 (GV. NRW. S. 332) |
| Garagenverordnung – **GarVO** | v. 2. 11. 1990 (GV. NRW. S. 600), z. g. d. G v. 5. 4. 2005 (GV. NRW. S. 306) |
| Gebührengesetz für das Land Nordrhein-Westfalen – **GebG NRW** | i. d. F. d. B. v. 23. 8. 1999 (GV. NRW. S. 524), z. g. d. G v. 31. 10. 2006 (GV. NRW. S. 474) |
| Gemeindeordnung für das Land Nordrhein-Westfalen – **GO NRW** | i. d. F. d. B. v. 14. 7. 1994 (GV. NRW. S. 666), z. g. d. G v. 9. 10. 2007 (GV. NRW. S. 380) |
| Gesetz über den Feuerschutz und die Hilfeleistung – **FSHG** | v. 10. 2. 1998 (GV. NRW. S. 122), z. g. d. G v. 11. 12. 2007 (GV. NRW. S. 662) |

| | |
|---|---|
| Gesetz über die Seilbahnen in Nordrhein-Westfalen – **SeilbG NRW** | v. 16. 12. 2003 (GV. NRW. S. 774), z. g. d. G v. 13. 2. 2007 (GV. NRW. S. 107) |
| Gesetz über die Umweltverträglichkeitsprüfung im Lande Nordrhein-Westfalen – **UVPG NW** | v. 29. 4. 1992 (GV. NRW. S. 175), z. g. d. G v. 13. 2. 2007 (GV. NRW. S. 107) |
| Hochhausverordnung – **HochhVO** | v. 11. 6. 1986 (GV. NRW. S. 522), z. g. d. G v. 5. 4. 2005 (GV. NRW. S. 274) |
| Informationsfreiheitsgesetz Nordrhein-Westfalen – **IFG NRW** | v. 27. 11. 2001 (GV. NRW. S. 806), g. d. G v. 5. 4. 2005 (GV. NRW. S. 351) |
| Ingenieurgesetz – **InG** | v. 5. 5. 1970 (GV. NRW. S. 312), z. g. d. G v. 5. 4. 2005 (GV. NRW. S. 274) |
| Kehr- und Überprüfungsgebührenordnung – **KÜGebO** | v. 1. 12. 2000 (GV. NRW. S: 711), z. g. d. G v. 5. 4. 2005 (GV. NRW. S. 332) |
| Kehr- und Überprüfungsordnung – **KÜO** | v. 29. 3. 1999 (GV. NRW. S. 138), z. g. d. VO v. 29. 11. 2005 (GV. NRW. S. 948) |
| Krankenhausbauverordnung – **KhBauVO** | v. 21. 2. 1978 (GV. NRW. S. 154), z. g. d. G v. 5. 4. 2005 (GV. NRW. S. 274) |
| Kommunalabgabengesetz für das Land Nordrhein-Westfalen – **KAG** | v. 21. 10. 1969 (GV. NRW. S. 712), z. g. d. G v. 9. 10. 2007 (GV. NRW. S. 380) |
| Landesabfallgesetz – **LAbfG** | v. 21. 6. 1988 (GV. NRW. S. 250), z. g. d. G v. 11. 12. 2007 (GV. NRW. S. 708) |
| Landesbauordnung – **BauO NW *1962*** | v. 25. 7. 1962 (GV. NRW. S. 373) |
| Landesbauordnung – **BauO NW *1970*** | i. d. F. d. B. v. 27. 1. 1970 (GV. NRW. S. 290) |
| Landesbauordnung – **BauO NW *1984*** | v. 26. 6. 1984 (GV. NRW. S. 455) |
| Landesbauordnung – **BauO NW *1995*** | v. 7. 3. 1995 (GV. NRW. S. 218) |
| Landesbauordnung – **BauO NRW *2000*** | i. d. F. d. B. v. 1. 3. 2000 (GV. NRW. S. 256), z. g. d. G v. 11. 12. 2007 (GV. NRW. S. 708) |
| Landesbodenschutzgesetz – **LBodSchG** | v. 9. 5. 2000 (GV. NRW. S. 439), z. g. d. G v. 11. 12. 2007 (GV. NRW. S. 662) |
| Landesentwicklungsprogramm – **LEPro** | i. d. F. d. B. v. 5. 10. 1989 (GV. NRW. S. 485), z. g. d. G v. 19. 6. 2007 (GV. NRW. S. 225) |
| Landesforstgesetz – **LFoG** | i. d. F. d. B. v. 24. 4. 1980 (GV. NRW. S. 546), z. g. d. G v. 11. 12. 2007 (GV. NRW. S. 662) |
| Landesimmissionsschutzgesetz – **LImschG** | v. 18. 3. 1975 (GV. NRW. S. 232), z. g. d. G v. 12. 12. 2006 (GV. NRW. S. 622) |
| Landesplanungsgesetz – **LPlG** | v. 3. 5. 2005 (GV. NRW. S. 446), g. d. G v. 13. 3. 2007 (GV. NRW. S. 133) |
| Landeswassergesetz – **LWG** | i. d. F. d. B. v. 25. 6. 1995 (GV. NRW. S. 926), z. g. d. G v. 11. 12. 2007 (GV. NRW. S. 708) |

| | |
|---|---|
| Landeszustellungsgesetz – **LZG NRW** | v. 7.3.2006 (GV. NRW. S. 94) |
| Landschaftsgesetz – **LG** | i. d. F. d. B. v. 21.7.2000 (GV. NRW. S. 568), z. g. d. G v. 19.6.2007 (GV. NRW. S. 226) |
| Nachbarrechtsgesetz – **NachbG NRW** | v. 15.4.1969 (GV. NRW. S. 190), z. g. d. G v. 5.4.2005 (GV. NRW. S. 274) |
| Ordnungsbehördengesetz – **OBG** | i. d. F. d. B. v. 13.5.1980 (GV. NRW. S. 528), z. g. d. G v. 5.4.2005 (GV. NRW. S. 274) |
| Polizeigesetz des Landes Nordrhein-Westfalen – **POlG NRW** | i. d. F. d. B. v. 5.7.2003 (GV. NRW. S. 441), z. g. d. G v. 29.3.2007 (GV. NRW. S. 137) |
| Polizeiorganisationsgesetz – **POG NRW** | i. d. F. d. B. v. 5.7.2002 (GV. NRW. S. 308), z. g. d. G v. 29.3.2007 (GV. NRW. S. 140) |
| Straßen- und Wegegesetz des Landes NRW – **StrWG NRW** | i. d. F. d. B. v. 23.9.1995 (GV. NRW. S. 1028), z. g. d. G v. 13.3.2007 (GV. NRW. S. 133) |
| Technische Prüfverordnung – **TPrüfVO** | v. 5.12.1995 (GV. NRW. S. 1236), z. g. d. G v. 5.4.2005 (GV. NRW. S. 306) |
| Umweltinformationsgesetz Nordrhein-Westfalen – **UIG NRW** | v. 29.3.2007 (GV. NRW. S. 142) |
| Verfassung für das Land NRW – **LVerf NRW** | v. 28.6.1950 (GV. NRW. S. 127), z. g. d. G v. 22.6.2004 (GV. NRW. S. 360) |
| Verkaufsstättenverordnung – **VkVO** | v. 8.9.2000 (GV. NRW. S. 639), g. d. G v. 5.4.2005 (GV. NRW. S. 332) |
| Vermessungs- und Katastergesetz – **VermKatG NRW** | i. d. F. d. B. v. 1.3.2005 (GV. NRW. S. 174) |
| Verordnung über Anforderungen an Hersteller von Bauprodukten und Anwender von Bauarten – **HAVO** | v. 7.3.2000 (GV. NRW. S. 251), z. g. d. VO v. 27.4.2005 (GV. NRW. S. 487) |
| Verordnung über Anlagen zum Umgang mit wassergefährdenden Stoffen und über Fachbetriebe – **VAwS** | v. 20.3.2004 (GV. NRW. S. 274) z. g. d. G v. 11.12.2007 (GV. NRW. S. 662) |
| Verordnung über bautechnische Prüfungen – **BauPrüfVO** ***1995*** | v. 6.12.1995 (GV. NRW. S. 1241) grundlegend geändert d. VO |
| – **BauPrüfVO** ***2000*** | v. 20.2.2000 (GV. NRW. S. 226), z. g. d. G v. 5.4.2005 (GV. NRW. S. 306) |
| Verordnung über den Bau von Betriebsräumen für elektrische Anlagen – **EltBauVO** | v. 15.2.1974 (GV. NRW. S. 81), g. d. G v. 5.4.2005 (GV. NRW. S. 274) |
| Verordnung über die Anerkennung als Prüf-, Überwachungs- oder Zertifizierungsstelle und über das Übereinstimmungszeichen – **PÜZÜVO** | v. 6.12.1996 (GV. NRW. S. 505), z. g. d. G v. 5.4.2005 (GV. NRW. S. 332) |

| | |
|---|---|
| Verordnung über die Überwachung von Tätigkeiten mit Bauprodukten und bei Bauarten – **ÜTVO** | v. 8.3.2000 (GV. NRW. S.252), z.g.d. VO v. 27.4.2005 (GV. NRW. S.488) |
| Verordnung über staatlich anerkannte Sachverständige nach der Landesbauordnung – **SV-VO** | v. 29.4.2000 (GV. NRW. S.422), z.g.d. G v. 5.4.2005 (GV. NRW. S.332) |
| Verordnung zur Durchführung des Baugesetzbuchs – ***DVO BauGB*** | v. 7.7.1987 (GV. NRW. S.220), z.g.d. VO v. 27.9.2005 (GV. NRW. S.818) |
| Verordnung zur Durchführung des Baukammerngesetz – ***DVO BauKaG NRW*** | v. 23.10.2004 (GV. NRW. S.612), g.d. VO v. 12.1.2006 (GV. NRW. S.39) |
| Verordnung zur Feststellung der wasserrechtlichen Eignung von Bauprodukten und Bauarten nach der Landesbauordnung – **WasBauPVO** | v. 6.3.2000 (GV. NRW. S.251), g.d. G v. 5.4.2005 (GV. NRW, S.332) |
| Verordnung zur Regelung von Zuständigkeiten auf dem Gebiet des Arbeits- und technischen Gefahrenschutzes – **ZustVO ArbtG** | v. 14.6.1994 (GV. NRW. S.360), z.g.d. VO v. 7.8.2007 (GV. NRW. S.321) |
| Verordnung zur Umsetzung der Energieeinsparungsverordnung – **EnEV-ÜVO** | v. 31.5.2002 (GV. NRW. S.210), g.d. G v. 5.4.2005 (GV. NRW. S.351) |
| Versammlungsstättenverordnung – **VStättVO** | v. 20.9.2002 (GV. NRW. S.454), z.g.d. VO v. 14.11.2006 (GV. NRW. S.567) |
| Verwaltungsverfahrensgesetz für das Land Nordrhein-Westfalen – **VwVfG. NRW.** | i.d.F.d.B. v. 12.11.1999 (GV. NRW. 2000, S.602), z.g.d. G v. 3.5.2005 (GV. NRW. S.498) |
| Verwaltungsvollstreckungsgesetz für das Land Nordrhein-Westfalen – **VwVG NRW** | i.d.F.d.B. v. 19.2.2003 (GV. NRW. S.156), z.g.d. G v. 9.10.2007 (GV. NRW. S.379) |
| Verwaltungsvorschrift zum Vollzug der Verordnung über Anlagen zum Umgang mit wassergefährdenden Stoffen und über Fachbetriebe – **VV-VAwS** | RdErl. v. 16.7.2007 (MBl. NRW. S.434) |
| Verwaltungsvorschrift zur Landesbauordnung – **VV BauO NRW** | RdErl. v. 12.10.2000 (MBl. NRW. S.1432) mit Ablauf des 31.12.2005 ausgelaufen |
| Verwaltungsvorschrift zur Verordnung über bautechnische Prüfungen – **VV BauPrüfVO** | RdErl. v. 8.3.2000 (MBl. NRW. S.478), z.g.d. RdErl. v. 23.1.2006 (MBl. NRW. S.57) |
| Wohnungsgesetz – **WoG** | v. 6.11.1984 (GV. NRW. S.681), z.g.d. G v. 5.4.2005 (GV. NRW. S.274) |
| Zuständigkeitsverordnung Umweltschutz – **ZustVU** | v. 11.12.2007 (GV. NRW. S.662) |
| Zweites Gesetz zum Bürokratieabbau **Bürokratieabbaugesetz II** | v. 9.10.2007 (GV. NRW. S.393) |

# Einleitung

## **Anmerkungen** (Autor: Heintz)

**Übersicht**

| | | Rdn. |
|---|---|---|
| 1 | Bedeutung der Rechtsentwicklung für die tägliche Praxis | 1– 9 |
| 2 | Rechtssystem und Rechtsentwicklung | |
| 2.1 | Einordnung des Baurechts | 10– 21 |
| 2.2 | Differenzierung zwischen öffentlichem und privatem Recht | 22– 29 |
| 2.3 | Eigentum und Bestandsgarantie | 30– 36 |
| 2.4 | Bau-, Umwelt- und Technikrecht als Fortentwicklungsprozess | 37– 43 |
| 3 | Baurechtsentwicklung bis zur Neuordnung nach dem II. Weltkrieg | |
| 3.1 | Ausformung des Baupolizeirechts | 44– 48 |
| 3.2 | Reichsrechtliche Regelungen | 49– 54 |
| 3.3 | Nachkriegsentwicklung | 55– 58 |
| 4 | Baurechtsneuordnung | |
| 4.1 | Gesetzgebungszuständigkeit nach dem Grundgesetz | 59–64a |
| 4.2 | Bauplanungsrecht des Bundes | 65– 68 |
| 4.3 | Musterbauordnung und Landesbauordnungen | 69– 72 |
| 5 | Fortentwicklung des Bauplanungs- und Bauordnungsrechts | |
| 5.1 | Erweiterung und Neuordnung des Städtebaurechts | 73– 89 |
| 5.2 | Wirkung der MBO 1981 auf das Bauordnungsrecht | 90– 95 |
| 5.3 | Reform des Bauordnungsrechts ab 1990 | 96–108 |

## 1 Bedeutung der Rechtsentwicklung für die tägliche Praxis

Seit der Novellierung des Baurechts im Jahre 1995 bestehen baurechtliche Vorschriften, die in höherem Maße auf die **Privatinitiative** und die **Eigenverantwortung** der am Bau Beteiligten setzen. **Präventive Prüfpflichten** wurden aus Gründen der **Verwaltungsmodernisierung** und des **Abbaues staatlicher Einflussnahme reduziert**. In stärkerem Maße als früher, tragen die Bauwilligen Verantwortung für die ordnungsgemäße Bauausführung und für die bauleitplanerische Vorbereitung der Bebauung und Erschließung über **vorhabenbezogene Bebauungspläne** und **städtebauliche Verträge**. 1

Der **Abbau präventiver Prüfungen** im bauaufsichtlichen Verfahrensrecht stellt **keine Besonderheit** dar. Auch in anderen Rechtsbereichen vertraut der Gesetzgeber auf die Beachtung des materiellen Rechts und entbindet die Handelnden von präventiven Verfahren; so wurden z. B. durch Änderung der 4. BImSchV Anlagen aus dem immissionsschutzrechtlichen Verfahren entlassen, ohne dass damit eine Reduzierung der Beachtungspflicht materieller immissionsschutzrechtlicher Vorschriften verbunden wäre. 2

**Freistellung von präventiver Prüfung** bedeutet **keine Freistellung vom materiellen Recht**, es sei denn, dass sich die materiellen Anforderungen ausdrücklich nur auf genehmigungsbedürftige Vorhaben beziehen. Dieser Grundsatz gilt gleichermaßen für alle Rechtsbereiche. Grundstückseigentümer und Bauherren, aber nicht selten auch Fachleute am Bau, verkennen mitunter diese Rechtslage. So sagt beispielsweise die verfahrensrechtliche Freistellung von Nebengebäuden unter 30 m³ Brutto – Rauminhalt 3 noch nichts darüber aus, ob dieses unmittelbar an der Nachbargrenze errichtet werden darf. Die materielle Zulässigkeit richtet sich vielmehr danach, ob ein Bebauungsplan derartige Nebenanlagen außerhalb der überbaubaren Grundstücksflächen ausschließt, ob die abstandrechtlichen Vorgaben über an der Grundstücksgrenze privilegierte Nebenanlagen beachtet sind und ob sonstige Bestimmungen des „Baunebenrechts" entgegenstehen. Wird z.B. die Beseitigung einer naturschutzrechtlich geschützten Hecke erforderlich, so besteht eine materielle Unzulässigkeit des Nebengebäudes am geplanten Standort, wenn dieses an anderer Stelle auf dem Grundstück eben so gut errichtet werden könnte.

4 Die seit langem unternommenen Versuche zur „**Deregulierung**" des Bauplanungs- und Bauordnungsrechts sowie des Baunebenrechts sind nicht entscheidend vorangekommen. Der **Begriff „Baunebenrecht**" darf nicht als „nebensächliches Baurecht" verstanden werden, sondern zielt auf die außerhalb des engeren Baurechts in **sonstigen öffentlich-rechtlichen Vorschriften** enthaltenen, **auf das Bauen einwirkenden Bestimmungen** ohne die Regelwerke der Normungsorganisationen (vgl. Bericht der Arbeitsgruppe „Baunebenrecht", Vorlage 12/1097 vom 29.11.1996 an den Landtag NRW, S.7). Ob ein Rechtsgebiet als Haupt- oder Nebenrecht eingeordnet wird, ist eine Frage des Standortes des Betrachters. Der Konservator wird das Denkmalrecht wohl kaum als „Nebenrecht" verstanden wissen.

5 Die Wünsche zur wirksamen **Reduzierung des materiellen Baurechts** und des **materiellen Baunebenrechts** stehen in einem gewissen **Gegensatz** zu den Vorstellungen, möglichst jeden Lebenssachverhalt zu regeln. Das hängt unter anderem damit zusammen, dass an und für sich Selbstverständliches geregelt werden muss, um im Ausnahmefall hoheitlich eingreifen zu können (vgl. Schmidt-Eichstaedt/Löhr, Das Baunebenrecht – oder: Was die Architekten schon immer hätten wissen sollen, aber nicht gerne wissen wollten, DÖV 2004, S.282ff.). Es ist ein **Trend zur Erweiterung und Vervollkommnung des öffentlichen Rechts** festzustellen. Neben **Bund, Ländern** und **Selbstverwaltungskörperschaften** nimmt die **Europäische Union** seit dem Maastrichter Vertrag vom 7.2.1992 verstärkt Einfluss auf die Entwicklung des öffentlichen Rechts.

6 Die Beachtung der von den verschiedenen Rechtsetzungsebenen erlassenen Vorschriften bereitet in der Praxis Probleme, weil die **Ausbildung** der am Bau Beteiligten in rechtlicher Hinsicht **kaum geeignet** ist, um unmittelbar nach dem Studium bereits baurechtliche Fragen zutreffend einschätzen und beurteilen zu können. Die **Kenntnis des aktuell geltenden öffentlichen Baurechts** und einzelner Bestimmungen des **Baunebenrechts** ist aber unverzichtbar und wird in den bauaufsichtlichen Verfahren benötigt, um ein Bauwerk in Übereinstimmung mit der Rechtslage planen und ausführen zu können. Die **Kenntnis des außer Kraft getretenen älteren Baurechts** ist wichtig, um bei Änderungen oder Nutzungsänderungen damit im Zusammenhang stehende schwierige **Fragen des Bestandsschutzes** hinreichend genau beurteilen zu können.

7 Weiter ist auf einen Aspekt aufmerksam zu machen, dessen Bedeutung gar nicht hoch genug eingeschätzt werden kann. Das **derzeit geltende öffentliche Baurecht** ist nicht etwa „plötzlich und unvermittelt" an einem bestimmten Stichtag in Kraft getreten, sondern **hat Vorläufer** und steht daher in einer **Rechtstradition** (zur historischen Entwicklung s. Reichel/Schulte, S.10ff.). Die meisten Vorschriften sind nicht ohne weiteres aus sich heraus auf Anhieb zu verstehen. Ihr Sinn und Zweck erschließt sich erst, wenn man das Vorgängerrecht betrachtet. Gerade das macht es dem mit der älteren Baurechtsma-

terie nicht vertrauten Rechtsanwender so schwer, durch aktuelle Rechtsänderungen bewirkte Zielsetzungen richtig erfassen zu können. Aus diesem Grunde ist es wichtig, die **Entwicklungslinien des öffentlichen Baurechts** zu kennen.

Schließlich darf die **Aufteilung der Rechtsetzungsbefugnis nach der Kompetenzordnung des Grundgesetzes** nicht unberücksichtigt bleiben. Bundes- und Landesrecht können sich auf den gleichen Gegenstand beziehen, ohne dass die unterschiedlichen Zielsetzungen vom Wortlaut der Vorschriften her deutlich werden. Wenn § 6 Abs. 11 BauO NRW bestimmte Nebenanlagen an der Nachbargrenze für „zulässig" erklärt, so gilt dies nur in Bezug auf die Vorgaben dieser Vorschrift. Die „Zulässigkeit" nach dem Bauplanungsrecht ist damit nicht geregelt. Schließt ein Bebauungsplan Nebenanlagen auf den nicht überbaubaren Grundstücksflächen aus, so ist die Nebenanlage daher trotz Erfüllung der bauordnungsrechtlichen Anforderungen unzulässig. 8

Das **deutsche Rechtssystem** weist deutliche **Unterschiede** zu dem **benachbarter, föderaler Staaten** auf. So liegt z.B. in Österreich das Baurecht nach Artikel 15 Abs. 1 Bundesverfassungsgesetz im selbständigen Wirkungskreis der Bundesländer, die so das Baurecht umfassend regeln konnten (vgl. Ax/Bender-Säbelkampf, Österreichisches öffentliches Baurecht, BauR 2006, S. 1689 ff.). Dass die Baugesetze der österreichischen Bundesländer ebenfalls die Bezeichnung „Bauordnung" tragen, geht auf die gemeinsame frühere Rechtsentwicklung zurück, sagt aber nichts über den umfassenderen Regelungsumfang im Vergleich zu den Bauordnungen der deutschen Bundesländer aus. 9

## 2 Rechtssystem und Rechtsentwicklung

### 2.1 Einordnung des Baurechts

Das **Recht heutiger Prägung unterscheidet sich vom Gewohnheitsrecht** früherer Zeiten. Über Jahrhunderte hinweg war es üblich, überkommene Regeln zu sammeln und in Gesetzesbüchern zusammenzustellen. So bemerkte der Verfasser des Sachsenspiegels Eike von Repchow zu Beginn des 13. Jahrhunderts: 10

*„Dieses Recht habe ich nicht selbst erdacht, unsere guten Vorfahren haben es aus älteren Zeiten an uns überliefert."*

Mit der Industrialisierung im 19. Jahrhundert setzte ein starker gesellschaftlicher Wandel ein, der nach neuen rechtlichen Regelungen verlangte, um das Zusammenleben der Menschen zu ordnen (vgl. Reichel/Schulte, S. 34 ff.). Zunehmend forderte dieser Wandel vom Inhaber der Herrschaftsgewalt die „Setzung" von schriftlich fixiertem Recht, auch als **„positives" Recht** bezeichnet.

| Gewohnheitsrecht | Positives Recht |
|---|---|
| beruht auf allgemeiner Grundübereinstimmung und langandauernder Anwendung | vom Gesetzgeber beschlossenes - „gesetztes" - und anschließend im Gesetzblatt verkündetes Recht |

**Abbildung E 1 Rechtsüberzeugungen und Rechtsquellen**

11 Das **Baurecht** kann sowohl **privates** als auch **öffentliches Recht** sein. Auch das private Baurecht kennt Regelungen, welche die vertragsschließenden Parteien untereinander vereinbaren. „Bauvorschriften" des öffentlichen Rechts sind dagegen hoheitlicher Natur. Die Summe der Regelungen öffentlich-rechtlicher Art zur Ordnung der Bebauung bildet das von den Bauaufsichtsbehörden zu überwachende „**Bauaufsichtsrecht**". Es ist **grundstücks- und bauwerksorientiert** im Gegensatz zum **Raumplanungsrecht** (s. Rdn. 20 und 21), das den **Gesamtraum zum Gegenstand der Betrachtung** macht.

12 Neben dem von **Bund** und **Ländern** gesetzten Recht gewinnt die **Europäische Union** bei der Rechtsetzung an Bedeutung. Die europäischen „**Richtlinien**" bedürfen der Umsetzung durch die Mitgliedsstaaten. Bundes- und Landesgesetzgeber ordnen das Zusammenleben in vielfältiger Weise durch **Gesetz**. In den Gesetzen vorgesehene Ermächtigungen bilden die Grundlage zum Erlass von **Rechtsverordnungen** oder **ordnungsbehördlichen Verordnungen** durch die hierzu bestimmten Verordnungsgeber.

13 Schließlich verfügen auch die rechtlich selbständigen Körperschaften, Stiftungen und Anstalten des öffentlichen Rechts, vor allem die **Gemeinden** und **Gemeindeverbände**, denen **Artikel 28 GG** die **Selbstverwaltungsgarantie** zubilligt, über eine eingeschränkte Rechtsetzungskompetenz. **Gemeinden und Gemeindeverbände** sind als **Träger öffentlicher Gewalt** in die staatliche Aufgabenerfüllung integriert und schaffen Recht in Form von **Satzungen** (vgl. Maurer, S. 71 ff. Rdn. 20–24).

14 Mit der fortschreitenden **europäischen Integration** wird die Entwicklung des deutschen Rechts immer stärker von europarechtlichen Vorgaben beeinflusst. Bezieht man die Kompetenzen der Europäischen Union und die Satzungsbefugnis der Gemeinden ein, ist von einem **vierstufigen System** auszugehen (vgl. Maurer, S. 28 ff. Rdn. 25–38).

| **Europäische Union** |
|---|
| staatsübergreifende Rechtsetzungskompetenz aufgrund abgetretener Befugnisse der Mitgliedsstaaten |

| **Bund** |
|---|
| Ausschließliche und konkurrierende Gesetzgebungskompetenz nach Art. 70 - 74 GG |

| **Länder** |
|---|
| Grundsätzliche Gesetzgebungskompetenz nach Art. 70 GG, soweit nicht dem Bund zustehend |

| **Gemeinden und Gemeindeverbände** |
|---|
| Selbstverwaltungsgarantie nach Art. 28 GG und durch Gesetz übertragene Rechtsetzungskompetenz |

**Abbildung E 2 Schichtung der Rechtsetzungskompetenz**

Die **Rechtsetzung ist das originäre Mittel der Politik**, die Auffassung der Parlamentsmehrheit im Rahmen der Wertmaßstäbe des Grundgesetzes in **verbindliche Normen** zu fassen. **Aufgabe der Verwaltung** ist es, die Rechtsvorschriften in **Einzelfallentscheidungen** umzusetzen, die der **gerichtlichen Kontrolle** unterliegen. Das in Art. **20 Abs. 3 GG** verankerte **Rechtsstaatsprinzip** bindet die Träger öffentlicher Gewalt. 15

Die **Verwaltung** ist an **Rechts-** und **Verwaltungsvorschriften** gebunden. Die Bindung stellt ein tragendes Element der durch das GG geschaffenen staatlichen Ordnung dar, wobei den Verwaltungsvorschriften, **keine Allgemeinverbindlichkeit** zukommt. Die Verwaltungsvorschriften sind mit wenigen Ausnahmen lediglich „**Innenrecht**". 16

Die **allgemein anerkannten Regeln der Technik** werden überwiegend von den Normungsorganisationen erarbeitet, wie z.B. DIN-Normen. Technische Regeln können auch als **Technische Baubestimmungen** von der obersten Bauaufsichtsbehörde eingeführt werden. Den in **Einführungserlassen** oder **Bauregellisten** bekannt gemachten Regeln kommt Allgemeinverbindlichkeit zu, obwohl sie **keine Rechtsvorschriften** sind. 17

Es ist **kaum möglich**, das **Anschwellen des Bestandes an Rechtsvorschriften einzudämmen**, da die politischen Entscheidungen eben der Rechtsform des Gesetzes, der Verordnung oder der Satzung bedürfen, um verbindlich zu werden. Die Rechtslehre stellt diese Regeln in eine **Hierarchie** zueinander (vgl. Maurer, S. 63 ff. Rdn. 1–8). 18

**Europäische Rechtsakte**
„Richtlinien" und „Verordnungen"

**Bundes**gesetze
**Bundes**rechtsverordnungen

**Landes**gesetze
**Landes**rechtsverordnungen

**Ordnungsbehördliche Verordnungen**
und **Satzungen** nach Bundes- oder Landesrecht

**Nationale** und **europäische** Normen
**Bauregellisten**, **Technische Baubestimmungen**

**Allgemeine Verwaltungsvorschriften**
des **Bundes** nach Artikel 84 GG
**Verwaltungsvorschriften** der **Länder**

**Abbildung E 3 Vorschriftenhierarchie im öffentlichen Baurecht**

19 Zahllose **Einzelvorschriften des besonderen Verwaltungsrechts** enthalten Regelungen in Bezug auf das Bauen. Zunächst denkt man hierbei nur an die Vorschriften über die Errichtung, Änderung, Instandhaltung und Beseitigung von Bauwerken, die verwendbaren Bauprodukte und einen sicheren Bauablauf. Einen erheblichen Umfang nehmen aber auch die Vorschriften über die zulässige Nutzung von Grund und Boden ein, da es der Staat infolge der Ansprüche der Allgemeinheit an die Nutzung des Gesamtraums dem Einzelnen nicht einfach überlassen kann und will, ob ein Grundstück bebaut oder eben nicht bebaut werden darf und wie gegebenenfalls die Bebauung zu erfolgen hat. Der **engere Bestand des öffentlichen Baurechts** mit einem direkten Bezug zum Bauen – ohne das „Baunebenrecht" – lässt sich so vereinfachend in das **Bauwerksrecht** und das **Raumplanungsrecht** aufteilen. Häufig werden aus diesem umfangreichen Rechtsbereich stark verkürzend nur das **Bauplanungsrecht** und das **Bauordnungsrecht** hervorgehoben; in der Literatur findet sich folgende **vereinfachende Umschreibung** (s. Gelzer/Birk, Bauplanungsrecht, 5. Aufl. 1991, S. 3 Rdn. 7):

– das **Bauplanungsrecht** regelt das **Einfügen** eines Vorhabens **in seine Umgebung**,

– das **Bauordnungsrecht** regelt die **Ausführung** eines Vorhabens **auf dem Grundstück**.

Diese Unterscheidung kann im Einzelfall **Unsicherheiten in der Beurteilung** verursachen, da beide Rechtsbereiche der baulichen Ordnung dienen und sich überschneiden (vgl. hierzu grundlegend Dittus, Baupolizei?, DVBl. 1956, S. 249 ff., S. 281 ff., S. 320 ff.). Auch das Umweltrecht und das Fachplanungsrecht normieren Anforderungen an Vorhaben. Diese Rechtsgebiete werden aus Sicht des „Baurechtlers" unter der unscharfen Bezeichnung „**Baunebenrecht**" (s. Rdn. 4) zusammengefasst. Aus Sicht des jeweiligen Fachgebietes sind sie aber kein „Nebenrecht" sondern „Hauptrecht".

20 Das **Raumplanungsrecht** (zum Begriff s. Battis, Öffentliches Baurecht und Raumordnungsrecht, 3. Aufl. 1992, S. 28 ff.), das den Gesamtraum zum Gegenstand hat, umfasst das **Raumordnungsrecht**, das **Landesplanungsrecht** sowie das **Bauplanungsrecht**. Mit dem Bauplanungsrecht hat der Bund aufgrund von Artikel 28 Abs. 2 GG den Gemeinden die Verantwortung für die räumliche Gestaltung ihres Gemeindegebietes übertragen. Die „**Planungshoheit der Gemeinden**" ist durch landesplanerische und fachgesetzliche Vorgaben eingeschränkt. Eine andere Einteilung ordnet dem Begriff des Raumplanungsrechts deshalb nicht nur das Gesamtplanungsrecht (Raumordnungs- und Landesplanungsrecht, Bauleitplanungsrecht), sondern auch das Fachplanungsrecht zu, soweit es sektorale Planungsaufgaben regelt, wie beispielsweise für Anlagen des Schienenverkehrs. Unter Raumplanung wird dabei die räumliche Planung der öffentlichen Hand auf allen Ebenen und Sachgebieten verstanden, soweit sie sich auf den Raum auswirkt (vgl. Hoppe/Bönker/Grotefels, S. 1 f. Rdn. 3–5).

21 Das **Bauwerksrecht** umfasst auch das aufgrund europäischer Regelungsbefugnis entstandene **Bauproduktenrecht** und das **Energieeinsparungsrecht** des Bundes sowie das aus dem früheren Baupolizeirecht – nach Abspaltung des Bauplanungsrechts des Bundes – den Ländern noch zur Regelung verbliebene **Bauordnungsrecht** (s. Rdn. 61). Als relativ junge Materie hat das Bauproduktenrecht des Bundes, das ursprünglich allein im Bauordnungsrecht der Länder geregelt war, erst im Rahmen des Vollzugs an Bedeutung gewonnen. Dagegen beeinflusste das Energieeinsparungsrecht das Bauen sofort mit jeder weiteren Verschärfung der Wärmeschutzanforderungen.

| **Raumplanungsrecht** | **Bauwerksrecht** |
|---|---|
| **Raumordnungsrecht**<br>Raumordnungsgesetz<br>Raumordnungsverordnung | **Bauproduktenrecht**<br>Bauproduktengesetz<br>BauPG-PÜZ-AnerkennungsVO<br>Harmonisierte (europäische) Normen |
| **Landesplanungsrecht**<br>Landesplanungsgesetze<br>Landesentwicklungsprogramm<br>Landesentwicklungspläne<br>Regionale Raumordnungspläne | **Energieeinsparungsrecht**<br>Energieeinsparungsgesetz<br>Energieeinsparverordnung<br>Heizkostenabrechnungsverordnung<br>Umsetzungsverordnung NRW |
| **Bauplanungsrecht**<br>Baugesetzbuch<br>Baunutzungsverordnung<br>Planzeichenverordnung<br>Wertermittlungsverordnung | **Bauordnungsrecht**<br>Landesbauordnung<br>Sonderbauverordnungen<br>Nationale Normen, Bauregellisten<br>Technische Baubestimmungen |
| **Örtliches Städtebaurecht**<br>Flächennutzungsplan, Bebauungsplan<br>Veränderungssperre<br>Innen- oder Außenbereichssatzung<br>Erschließungsbeitragssatzung<br>Erhaltungs- oder Sanierungssatzung | **Örtliche Bauvorschriften**<br>Gestaltungssatzung<br>„Schutz"satzung<br>Kinderspielflächensatzung<br>Stellplatzeinschränkungssatzung<br>Stellplatzablösesatzung |

**Abbildung E 4 Kernbestand öffentlichen Baurechts ohne das „Baunebenrecht"**

## 2.2 Differenzierung zwischen öffentlichem und privatem Recht

In **früheren Rechtsordnungen** bildete das **„Baurecht"** noch eine **Einheit**. Hierunter 22 ist die Gesamtheit öffentlicher und privater Vorschriften zu verstehen, welche die Rechtsverhältnisse der an einem Bauwerk Beteiligten untereinander sowie die Ordnung der Bebauung und des Bauvorganges regeln (vgl. Werner/Pastor/Müller, S. 243 ff.). Unter den am Bau Beteiligten werden hierbei die Grundstückseigentümer, Bauherren, Entwurfsverfasser (Architekten, Bauingenieure), Fachplaner (Vermessungsingenieure, Baustatiker), Unternehmer (Bauunternehmer, Fachunternehmer) und Bauleiter verstanden. Der Begriff „Ordnung der Bebauung" steht hierbei für die im öffentlichen Interesse nach Artikel 14 Abs. 1 Satz 2 GG erlassenen Vorschriften zur Inhalts- und Schrankenbestimmung des Grundeigentums (**Eingrenzung der Baufreiheit**). Die **Trennung von privatem und öffentlichem Baurecht** setzte erst mit dem Entstehen des **liberalen Rechtsstaats** und einer umfassenderen **Baurechtskodifikation im 19. Jahrhundert** ein, als unter dem Einfluss der einsetzenden Industrialisierung das starke Siedlungswachstum eine ordnende Einwirkung des Staates erforderte (vgl. Reichel/Schulte, S. 34 ff.).

23 **Öffentliches** und **privates Baurecht** unterscheiden sich in erster Linie **nach ihrem Zweck**. Das öffentliche Baurecht regelt die Rechtsbeziehungen zwischen der öffentlichen Gewalt und dem Einzelnen, aber auch die Rechtsbeziehungen von Bund, Ländern, Gemeinden und Kreisen sowie sonstiger öffentlicher Körperschaften, Anstalten und Stiftungen untereinander. Insofern ist es durch ein **Unterordnungsverhältnis** der bauwilligen Person oder der bauwilligen öffentlichen Dienststelle zu den von den Trägern hoheitlicher Gewalt erlassenen öffentlich-rechtlichen Bauvorschriften gekennzeichnet.

24 Im Gegensatz dazu stehen sich **im privaten Baurecht** die beteiligten **Parteien gleichberechtigt** gegenüber; es herrscht der **Grundsatz der Vertragsfreiheit** bei der Ausgestaltung der Rechtsbeziehungen. Die Unterscheidung lässt sich wie folgt vereinfachen:

- das **private Baurecht** zielt auf **Koordination der Interessen** der an einem Bauvorhaben beteiligten Partner,
- das öffentliche Baurecht zielt auf **Subordination der Bauwünsche unter die im öffentlichen Interesse erlassenen Bauvorschriften**.

Das **private Baurecht** ist in das **öffentliche Baurecht eingebettet**, da nur unter Beachtung der öffentlich-rechtlichen Vorschriften gebaut werden darf (so Locher, S. 1 Rdn. 1).

25 Beide **Rechtsbereiche** haben **eigenständige Bedeutung**, da auch die öffentliche Hand als Partner bei der Errichtung eines Bauwerks das private Baurecht zu beachten hat. Es kommt jeweils darauf an, in welcher Funktion der Staat oder eine Körperschaft, Stiftung oder Anstalt des öffentlichen Rechts tätig wird, um beurteilen zu können, ob öffentliches oder privates Baurecht zur Anwendung gelangt. **Beispiel**: Eine kreisangehörige Gemeinde beabsichtigt den Bau eines Kindergartens auf der Grundlage des von ihr erlassenen Bebauungsplans, der öffentliches Baurecht darstellt, da er die Baufreiheit der Grundstückseigentümer einschränkt. Die Beauftragung eines Architekten mit der Erstellung der Entwurfspläne und der Ausschreibungsunterlagen für die Bauarbeiten zählt zum privaten Baurecht, da ein Rechtsverhältnis gleichrangiger Partner im Rahmen der Vertragsfreiheit entsteht. Die Einholung der Baugenehmigung für den Bau des Kindergartens bei der Kreisverwaltung als untere Bauaufsichtsbehörde durch die Gemeinde erfolgt auf der Basis des öffentlichen Baurechts, da die Gemeinde ebenso wie ein privater Bauherr einer Baugenehmigung bedarf. Bei der Auftragsvergabe der Bauarbeiten an ein Bauunternehmen handelt die Gemeinde wiederum im Rahmen des privaten Baurechts.

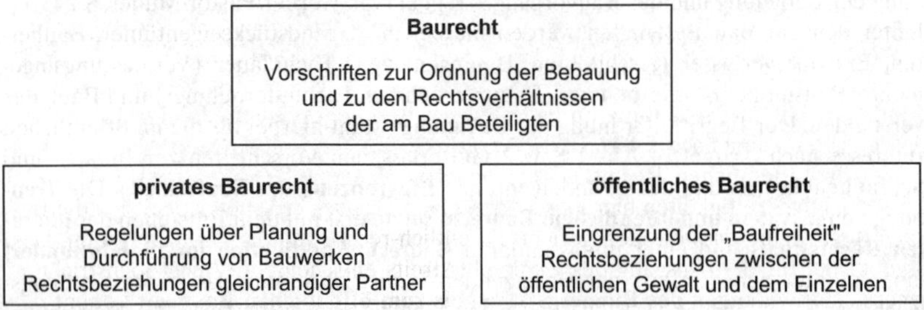

**Baurecht**
Vorschriften zur Ordnung der Bebauung und zu den Rechtsverhältnissen der am Bau Beteiligten

| **privates Baurecht** | **öffentliches Baurecht** |
|---|---|
| Regelungen über Planung und Durchführung von Bauwerken<br>Rechtsbeziehungen gleichrangiger Partner | Eingrenzung der „Baufreiheit"<br>Rechtsbeziehungen zwischen der öffentlichen Gewalt und dem Einzelnen |

**Abbildung E 5 Funktion von privatem und öffentlichem Baurecht**

Das **Subordinationsprinzip als Merkmal** des öffentlichen Baurechts ist **nicht in allen Fällen** zur Charakterisierung **geeignet**. Auch das öffentliche Baurecht kennt **Verträge** in vielfältiger Form. Diese reichen vom **städtebaulichen Vertrag** (zu den möglichen Inhalten s. Battis/Krautzberger/Löhr, zu § 11 Rdn. 6–20 a) über den **Erschließungsvertrag** (hierzu Richarz/Steinmetz, Erschließung in der kommunalen Praxis, 2. Aufl. 2000, S. 8 u. 16 ff.), den **Durchführungsvertrag** zum Vorhaben- und Erschließungsplan (hierzu Schliepkorte, Der Vorhaben- und Erschließungsplan, 2. Aufl. 1998, S. 41 ff.), den **Ablösevertrag** zur Ablösung von Stellplätzen bis hin zum **Dispensvertrag** (vgl. Finkelnburg/Ortloff, Bd. II, S. 68 und Rabe/Heintz, S. 355 Rdn. 217 und S. 397 Rdn. 320). Diese öffentlich-rechtlichen Verträge werden ebenfalls von gleichrangigen Partnern eingegangen, da niemand hierbei zum Vertragsabschluss gezwungen werden kann. Dennoch werden diese Verträge dem öffentlichen Baurecht zugeordnet, da sie der **Vorbereitung hoheitlicher Entscheidungen** dienen oder diese vollständig ersetzen. Die Rechtslehre hat hierzu die „**Subjektionstheorie**" entwickelt, die besagt, dass ein öffentlich-rechtliches Rechtsverhältnis vorliegt, wenn beim Vertragsabschluss **einer der Vertragspartner als Träger der Hoheitsgewalt** tätig wird (vgl. Maurer, S. 49 Rdn. 16). 26

Zwischen dem öffentlichen und dem privaten Baurecht bestehen zahlreiche **Berührungspunkte**. Diese erschweren die Abgrenzung beider Rechtsbereiche voneinander, so dass hierzu Rechtsprechung der obersten Bundesgerichte vorliegt (vgl. die Beispiele bei Locher, S. 4 f. Rdn. 8). So rechnet das **Wohnungseigentumsgesetz zum privaten Baurecht**. Die in diesem Gesetz angeordnete Mitwirkung der Baubehörden bei der Prüfung der **Abgeschlossenheit** von Wohnungen als Voraussetzung für die Eintragung des Wohnungseigentums im Grundbuch stellt dagegen **öffentliches Baurecht** dar; für Streitigkeiten zwischen Antragsteller und Behörde ist der **Verwaltungsrechtsweg** eröffnet. 27

Eine weitere Eigenart des öffentlichen Rechts besteht in der **Heranziehung zivilrechtlicher Vorschriften**, so z. B. bei der **Berechnung von Fristen** nach § 31 VwVfG, die bei der Einlegung von Rechtsbehelfen eine Rolle spielen. Die öffentlich-rechtlichen Vorschriften nehmen auch sonst auf Zivilrecht ausdrücklich Bezug, wie z. B. in § 12 VwVfG bezüglich der Handlungsfähigkeit unter Heranziehung von § 1903 BGB und §§ 53–55 ZPO (vgl. Kopp/Ramsauer, zu § 12 Rdn. 5–6 und 17–18). Unbestritten ist darüber hinaus die Geltung privatrechtlicher **Grundsätze**, wie dem über **Treu und Glauben** nach § 242 BGB im öffentlich-rechtlichen Verfahren (vgl. Maurer, S. 58 ff. Rdn. 28–37). Beide Rechtsbereiche ergänzen sich somit. Weder kann eine korrekte Anwendung des öffentlichen Baurechts ohne Kenntnis der Privatrechtsordnung erfolgen, noch ist eine privatrechtliche Vereinbarung unter Außerachtlassung entgegenstehender öffentlich-rechtlicher Vorschriften tragfähig. Darum schuldet z. B. ein Architekt – aufgrund des mit dem Bauherrn abgeschlossenen Architektenvertrages – eine Planung, die dem öffentlichen Baurecht voll entspricht (s. die Anmerkungen zu § 58 Rdn. 15–22). 28

Dem **BGB** kommt Bedeutung im Falle **fehlerhafter Behördenentscheidungen** zu. Ein Geschädigter kann nach **§ 839 BGB Ansprüche aus Amtspflichtverletzung** auf dem Gebiet des öffentlichen Rechts geltend machen (hierzu s. Hoppe/Bönker/Grotefels, S. 624 ff.). Für Streitigkeiten hierüber ist der **Zivilrechtsweg** eröffnet, wobei sich die Besonderheit ergibt, dass die Zivilgerichte öffentlich-rechtliche Vorschriften prüfen. Das Ergebnis ist für den Ausgang des Zivilrechtsstreits entscheidend. Auch höchstrichterlichen **Entscheidungen des Bundesgerichtshofs zum öffentlichen Baurecht** kommt daher, neben denen des Bundesverwaltungsgerichts, die ihnen zustehende **Beachtung** zu. 29

### 2.3 Eigentum und Bestandsgarantie

30 Die **Eigentumsgarantie des GG** steht in der Tradition des Eigentumsbegriffs, wie er unter anderem als Folge des Frühkonstitutionalismus bereits gegen Ende des 19. Jahrhunderts bei den Beratungen des BGB festgelegt wurde (hierzu s. Kroeschell, Deutsche Rechtsgeschichte Band 3, 2. Aufl. 1993, S. 161 f.). Die so genannte „**Baufreiheit**" fand danach ihre Grenze in wenigen öffentlich-rechtlichen Vorschriften, vor allem aber in den Maßgaben der §§ 906–924 BGB und in dem aufgrund von Art. 124 EG BGB erlassenen Nachbarrecht der Länder. Die in Artikel 14 Abs. 1 GG enthaltene Eigentumsgarantie will dem Bürger einen Freiheitsraum im vermögensrechtlichen Bereich sichern und ihm eine eigenverantwortliche Gestaltung des Lebens ermöglichen. Die **Privatnützigkeit** und die **Substanzgarantie des Eigentums** machen den **Kern des Eigentumsrechts** aus, dessen **Inhalt und Schranken** nach Art. 14 Abs. 1 Satz 2 GG der **Ausformung durch den Gesetzgeber** bedürfen (vgl. Maurer, S. 710 ff. Rdn. 28–30).

31 Die Rechtsprechung des Bundesverfassungsgerichts stellt heraus, dass Art. 14 GG **zwei unterschiedliche Garantiebereiche** umfasst:

- die **Bestandsgarantie** des Art. 14 Abs. 1 **Satz 1** GG schützt vor Eingriffen aufgrund der Gesetze in den Bestand an vermögenswerten Rechten und ist als unmittelbar geltendes Recht vom Eigentümer gerichtlich durchsetzbar,
- die **Institutsgarantie** des Art. 14 Abs. 1 **Satz 2** GG betrifft die Inhalts- und Schrankenbestimmung und wendet sich an den Gesetzgeber, der durch die Gesetze den Umfang des Eigentumsrechts festzulegen hat.

32 Geschützt werden alle von Gesetzes wegen gewährten vermögenswerten Rechte, wie das Eigentum an Sachen, insbesondere an Grundstücken, dingliche Rechte, Ansprüche und Forderungen, Bergbau-, Vorkaufs-, Urheber- und Patentrechte, Rechte am Gewerbebetrieb sowie öffentlich-rechtliche Positionen vielfältigster Art. Der **Schutzumfang** des verfassungsrechtlich garantierten Eigentumsrechts kann jedoch nicht Art. 14 GG unmittelbar entnommen werden, sondern bestimmt sich erst nach den **Inhalts- und Schrankenvorgaben der Rechtsvorschriften**, wobei der Gesetzgeber quasi als Balanceakt sowohl die Privatnützigkeit als auch die aus Art. 14 Abs. 2 GG resultierende Sozialpflichtigkeit des Eigentums beachten muss, um im zulässigen Rahmen der Verfassungsvorgaben zu bleiben (BVerfG, Beschluss vom 12. 6. 1979 – 1 BvL 19/76, BVerfGE 52, 1 = DÖV 1980, 92 = DVBl 1980, 158 = NJW 1980, 985 = ZfBR 1979, 249).

33 Bei der **Inhalts- und Schrankenbestimmung des Grundeigentums** spielt dessen **Situationsgebundenheit** eine wichtige Rolle. Grundstück ist nämlich nicht gleich Grundstück, da sich durch Lage, Beschaffenheit und Einbettung in die Umgebung eine Vorprägung ergibt. Schreibt eine Rechtsvorschrift die Nutzbarkeit eines Grundstücks entsprechend der vorgefundenen Nutzung lediglich fest, liegt darin noch keine Enteignung, sondern eine zulässige Inhalts- und Schrankenbestimmung des Eigentums, die weder Entschädigungs- noch Übernahmeansprüche auslösen kann (BVerwG, Beschluss vom 17. 1. 2000 – 6 BN 2/99, NVwZ-RR 2000, 339 zu den Regelungen in einer Naturschutzverordnung, welche die Nutzbarkeit von Grundstücken situationsbedingt einschränkt; so auch BGH, Urteil vom 18. 2. 1993 – III ZR 20/92, BRS 55 Nr. 217). Die Inhaltsbestimmung ist auf die Normierung objektiv-rechtlicher Vorschriften gerichtet, die den Inhalt des Eigentumsrechts vom Inkrafttreten des Gesetzes an für die Zukunft bestimmen (BVerfG, Beschluss vom 12. 6. 1979 – 1 BvL 19/76, a. a. O. Rdn. 32). Bei der Neuregelung

eines Rechtsgebiets ist es dem Gesetzgeber dabei nicht ausnahmslos verwehrt, in bestehende Rechtspositionen einzugreifen. Hierzu ist er legitimiert, wenn das öffentliche Interesse Eingriffe in den tatsächlichen Bestand des Eigentums unter Berücksichtigung des Verhältnismäßigkeitsgrundsatzes rechtfertigt (BVerfG, Beschluss vom 25.3.1998 – 1 BvR 1084/92, NVwZ 1998, 725 zu Bepflanzungsverboten einer Deichschutzverordnung).

Nach Artikel 14 Abs. 3 GG darf eine **Enteignung nur zum Wohle der Allgemeinheit** und **nur durch Gesetz oder aufgrund eines Gesetzes** erfolgen, das Art und Ausmaß der Entschädigung regelt. Enteignung in diesem Sinne ist eine auf die vollständige oder teilweise Entziehung konkreter subjektiver Eigentumspositionen zur Erfüllung bestimmter öffentlicher Aufgaben gerichtete Maßnahme (BVerfG, Beschluss vom 15.7.1981 – 1 BvL 77/78, BRS 45 Nr. 142 = DÖV 1982, 543 = DVBl 1982, 340 = NJW 1982, 745 = UPR 1982, 158). Die Eigentumsgarantie schützt den konkreten Bestand, so dass der Eigentümer einen Eigentumsentzug nur hinzunehmen braucht, wenn der Eingriff in jeder Hinsicht den Voraussetzungen des Art. 14 Abs. 3 GG entspricht. Dies gilt jedoch nicht bei einer rechtsmissbräuchlich begründeten Eigentümerstellung (BVerwG, Urteil vom 27.10.2000 – 4 A 10.99, UPR 2001, 143). In Falle eines rechtmäßigen Eigentumsentzugs tritt an die Stelle der Bestands- eine **Wertgarantie**, die sich auf die Gewährung einer vom Gesetzgeber dem Grunde nach zu bestimmenden **Entschädigung** richtet. **Folge einer verfassungswidrigen Enteignung** ist nicht die Entschädigung, sondern die **Aufhebung des Eingriffsaktes** (BVerfG, Urteil vom 10.3.1981 – 1 BvR 92/71 und 96/71, BRS 45 Nr. 1 = DÖV 1981, 373 = DVBl. 1981, 542 = NJW 1981, 1257 = UPR 1982, 14). 34

Mit der Errichtung eines Bauwerks in Übereinstimmung zum geltenden Baurecht erwächst diesem eine **Bestandsgarantie** (BVerwG, Urteil vom 21.1.1972 – IV C 212.65, BauR 1972, 152 = BRS 25 Nr. 155 = DÖV 1972, 494 = DVBl 1972, 129; BGH, Urteil vom 20.9.1984 = III ZR 58/83, BauR 1985, 287 = BRS 42 Nr. 164 = UPR 1985, 123), die verhindert, dass nachfolgende Rechtsänderungen zur Beseitigung des vormals legalen Bauwerks zwingen. Ohne den auf Artikel 14 Abs. 1 Satz 1 GG beruhenden Bestandsschutz wäre ein rechtmäßig errichtetes Bauwerk schutzlos einem behördlichen Beseitigungsverlangen ausgesetzt. Denn die Entwicklung des öffentlichen Baurechts ist in den letzten Jahrzehnten durch die Verschärfung materieller Anforderungen an bauliche Anlagen gekennzeichnet. Noch vor wenigen Jahren realisierte Vorhaben entsprechen heute schon nicht mehr dem materiellen Recht, z.B. den Festsetzungen einer inzwischen neu erlassenen Gestaltungssatzung oder neuen ökologischen Anforderungen. 35

Der **Bestandsschutz ermöglicht** erst eine an neuesten Erkenntnissen ausgerichtete **Bauleitplanung** (zur **Entwicklung der Bestandsschutzrechtsprechung** s. die Erläuterungen zu § 75 Rdn. 105–128). Müsste die Gemeinde bei der Überplanung bebauter Gebiete die Fortentwicklung von Baubeständen bis in die Einzelheiten hinein vorausschauend in ihre Überlegungen einbeziehen, so käme dies einem Planungsverbot für derartige Gebiete gleich, da die Festsetzungen von Bebauungsplänen in Bezug auf künftige Rechtsänderungen im öffentlichen Baurecht nicht ausreichend flexibel sein können. Das Wesen der Bauleitplanung liegt nämlich gerade darin, ein planerisches Leitbild zum Zeitpunkt seiner Umsetzung in rechtsverbindliche Festsetzungen festzuschreiben, so dass die Bebauungspläne in gewissen Zeitabständen der Überarbeitung bedürfen. Der Bestandsschutz verhindert dabei, dass die Gemeinden aus Angst vor Entschädigungsansprüchen der Grundstückseigentümer eine an und für sich erforderliche Aufstellung, Änderung oder Aufhebung von Bebauungsplänen unterlassen. 36

### 2.4 Bau-, Umwelt- und Technikrecht als Fortentwicklungsprozess

37 Das **Bauaufsichtsrecht** erfuhr nach dem II. Weltkrieg eine tief greifende **Wandlung**. Die **Ökologisierung** und der **Einfluss Europas** auf die Baugesetzgebung, vor allem die Etablierung des Bauproduktenrechts, aber auch die Neuordnung des bauaufsichtlichen Verfahrensrechts führten zu einem **Aufgabenwandel der Bauaufsichtsbehörden** (s. Jäde, Das Bundesbaurecht und die neuen Landesbauordnungen, ZfBR 1996, S. 18 ff.).

38 Bei der Rechtsanwendung bereitet die aufgrund der Verfassungslage vorgenommene Aufteilung in **Bundes-** und **Landesbaurecht** Schwierigkeiten (vgl. Schulte, S. 61 ff.). Das frühere „**Baupolizeirecht**" behandelte die heute nach Bauplanungs- und Bauordnungsrecht unterschiedene Materie einheitlich. Demgegenüber regelt das **Städtebaurecht** die Vorbereitung und Leitung der Bodennutzung, während das **Bauordnungsrecht** hauptsächlich den Bauvorgang unter Gesichtspunkten der Gefahrenabwehr regelt.

39 So wie das Städtebaurecht aus dem Baupolizeirecht abgespalten wurde, gingen dem **Bauordnungsrecht als Rest-Baupolizeimaterie** im Laufe der Jahre weitere Bereiche als eigenständige Rechtsmaterie verloren. Als Beispiel hierfür kann das Denkmalrecht genannt werden. Mit der Abspaltung ging in der Regel ein **Ausbau der entsprechenden Rechtsbereiche** einher. So obliegt der Vollzug den unteren Denkmalbehörden, die als eigenständige Verwaltungsbehörden neben die Bauaufsichtsbehörden getreten sind und die nach Denkmalrecht erlaubnispflichtigen Vorgänge selbständig prüfen.

40 Die **Spezialisierungstendenz** berührt mehr oder weniger stark sämtliche bauaufsichtlich relevanten Rechtsbereiche. So erfuhr das Städtebaurecht infolge der Stärkung des Umweltschutzrechts wesentliche Einschränkungen durch die Einführung der **Umweltverträglichkeitsprüfung** und der **naturschutzrechtlichen Eingriffsregelung**. Es zeichnet sich ab, dass die noch ausstehende Zusammenfassung des Umweltrechts in einem **Umweltgesetzbuch** wiederum bestimmte Teile des Baurechts abspalten wird.

41 Ähnlich dem Baupolizeirecht hat auch das rund 150 Jahre alte **Gewerberecht** eine Phase der **Spezialisierung** durchlaufen, die noch in der Fortentwicklung begriffen ist. Mit dem **Bundes-Immissionsschutzgesetz** wurden die Vorschriften über die Erlaubnis für gefährliche Anlagen aus dem Gewerberecht ausgegliedert und durch Regelungen zum Schutz vor Luftverunreinigungen, Lärm und Erschütterungen ergänzt.

42 In gleicher Weise wurde das **Recht der technischen Gefahrenabwehr** ausgebaut. Mit dem **Geräte- und Produktsicherheitsgesetz wurde** eine Spezialmaterie geschaffen, die das Inverkehrbringen und den Betrieb gefahrenträchtiger technischer Anlagen reglementiert. Mit der **Betriebssicherheitsverordnung** wurden die **materiellen** und **verfahrensrechtlichen Anforderungen** an Dampfkesselanlagen, Druckbehälteranlagen, Tankstellen, Aufzugsanlagen und andere Anlagen zusammengefasst.

43 Auf dem Gebiet des Umwelt- und Technikrechts besteht eine **Tendenz zur Ausbildung eigenständiger Genehmigungsverfahren** unter Einschluss sonstiger öffentlich-rechtlicher Erlaubnisse und damit auch der Baugenehmigung. Ein Beispiel hierfür bildet das Genehmigungsverfahren für **gentechnische** Anlagen nach dem Gentechnikgesetz (vgl. Jäde, Aktuelle „Nahtstellenprobleme" des Bauordnungsrechts, ZfBR 1997, S. 171 ff.). Diese Tendenz wird noch verstärkt durch neue EU-Richtlinien im Bereich der Umweltvorsorge und deren erforderliche Umsetzung in nationales Recht.

## 3 Baurechtsentwicklung bis zur Neuordnung nach dem II. Weltkrieg

### 3.1 Ausformung des Baupolizeirechts

Zu Beginn der Neuzeit erstarkten die freien Reichsstädte infolge der wirtschaftlichen Blüte, was wiederum zu planmäßigen Stadterweiterungen Anlass bot. In den **Städten** bestand eine **Erlaubnispflicht** zum Bauen. Einzelne Landesherren erließen nach dem Vorbild der Städte **landesweit geltende Baugesetze**, so z. B. für das Herzogtum Württemberg. Die Württembergische Bauordnung von 1568 enthielt bereits Anforderungen an Feuerstätten, Dachdeckung und Brandwände. **44**

**Preußen** hatte mit dem **Allgemeinen Landrecht – PrALR** – von **1794** ein Gesetz geschaffen, das es der **Baupolizei** ermöglichte, **Bauvorschriften** zu erlassen. Die Regelungen des PrALR eröffneten den Bürgern eine begrenzte gerichtliche Kontrolle von Verwaltungsentscheidungen. Teil I, Titel 7 umfasste mit den §§ 35–82 öffentlich-rechtliche Vorschriften, die als **Vorläufer** des Bau-, Naturschutz- und Denkmalschutzrechts gelten. Die §§ 65–82 betrafen Bestimmungen für die Errichtung von Gebäuden, es folgten zivilrechtliche dem Nachbarschutz dienende Vorschriften, die erst nach dem II. Weltkrieg abgelöst wurden (s. § 54 NachbG NRW). Der Erlass von Bauvorschriften zur Steuerung der baulichen Entwicklung war der „**Baupolizei**“ übertragen (vgl. Baltz/Fischer, S. 14 f.). **45**

Die **städtebauliche Planung** durch **Fluchtlinienfestlegung** wurde allgemein anerkannt und praktiziert; Baden erließ als erster deutscher Staat am 20. 2. 1868 ein Gesetz die Anlage von Ortsstraßen und die Feststellung von Baufluchten betreffend; das **preußische Fluchtliniengesetz** folgte am 2. 7. **1875**. Um die Gemeinden, die für die Unterhaltung der Straßen zuständig waren, vor Folgekosten zu schützen, hatte Preußen für einzelne Provinzen das **Ansiedlungsgesetz** vom 25. 8. **1876** erlassen, das 1923, auf die restlichen Provinzen ausgedehnt wurde, und die Einholung einer „**Ansiedlungsgenehmigung**“ für Bauvorhaben „**außerhalb des Bebauungszusammenhangs**“ vorschrieb. Das preußische **Wohnungsgesetz** vom 28. 3. **1918** ermöglichte die Baulandumlegung durch Ortsstatut und erweiterte den zulässigen Inhalt von Baupolizeiverordnungen. Die bauliche Ausnutzbarkeit der Grundstücke war fortan nicht mehr nur aus Gründen der baupolizeilichen Gefahrenabwehr, sondern auch aus städtebaulichen Gesichtspunkten regelbar. **46**

Am 25. 4. **1919** wurde der Entwurf zu einer Bauordnung für Städte und stadtähnliche Landgemeinden, die „**Einheitsbauordnung für Städte**“ veröffentlicht (Preußisches MBl. der allgemeinen und inneren Verwaltung S. 236). Mit RdErl. vom 22. 3. **1931** erging der Entwurf zu einer „**Bauordnung für das platte Land**“ (ABl. des preußischen Ministeriums für Volkswohlfahrt S. 319). Die Neuaufstellung der Polizeiverordnungen auf der Grundlage dieser Entwürfe wurde zur Pflicht gemacht, so dass sich schon bald eine weitgehende Einheit des Baupolizeirechts ergab (so Baltz/Fischer, S. 273). **47**

Die preußische Verwaltung veranlasste die Ausarbeitung besonderer Vorschriften für Theater und wies die Regierungspräsidenten am 6. 4. **1909** an, nach dem **Muster einer Theaterverordnung** entsprechende Polizeiverordnungen in Kraft zu setzen. Für ganz Preußen erließ dagegen der Minister für Volkswohlfahrt am 8. 12. **1931** die **Polizeiverordnung über den Bau und die Einrichtung von Waren- und Geschäftshäusern** (vgl. Schürmann, Sonderbauordnungen, 1955, S. 15, 82 und 113 sowie Baumgartner, Versammlungsstätten und Geschäftshäuser, 2. Aufl. 1986, S. 1 f. und S. 439 f.). **48**

### 3.2 Reichsrechtliche Regelungen

49 Das Reich war aufgrund der Weimarer Reichsverfassung (WRV) in der **Gesetzgebungskompetenz eingeschränkt** und nach Art. 10 Nr. 4 WRV nur für die Grundsatzgesetzgebung zuständig. Daneben führten Art. 7 und Art. 155 WRV das **Enteignungsrecht** und das **Bodenrecht** auf. Eine Zuständigkeit für das Baupolizeirecht bestand nicht. Das Erliegen des Wohnungsbaus als Folge der Kriegsereignisse führte zu Wohnungsmangel, dem durch folgende Neuregelungen entgegengewirkt werden sollte:

– das **Reichssiedlungsgesetz** vom 11. 8. **1919** (RGBl. S. 1429),

– das **Reichsheimstättengesetz** vom 10. 5. **1920** (RGBl. S. 926) und

– die **Beamtensiedlungsverordnung** vom 11. 2. **1924** (RGBl. I S. 53).

50 Der auf Ersuchen des Reichstages vom Reichsarbeitsministerium 1931 vorgelegte **Entwurf eines Reichsstädtebaugesetzes** (RArbBl I, 1931, S. 266) **scheiterte** aufgrund verfassungsrechtlicher Bedenken der Länder. Eine Aufsehen erregende Entscheidung (**Bethke-Urteil**) des Reichsgerichtes vom 18. 2. 1930 (RGZ 128, 18) zur Verfassungswidrigkeit von § 13 des Preußischen Fluchtliniengesetzes zwang dann doch noch zu einer städtebaulichen Teilregelung. Der Reichspräsident reagierte hierauf durch Erlass der Zweiten Notverordnung vom 5. 6. 1931 (RGBl I S. 279), mit der im Wesentlichen die frühere Rechtslage wiederhergestellt wurde. Kurz danach folgte die Dritte Notverordnung vom 6. 10. 1931 (RGBl I S. 537), um die Landbeschaffung für Kleinsiedlungen auf dem Enteignungswege zu erleichtern. Dieses **Notverordnungsrecht** basierte auf Art. 48 WRV das dem Reichspräsidenten eine „begrenzte Diktaturgewalt" gewährte.

51 **Nach 1933** spielten im nationalsozialistischen Staat **verfassungsrechtliche Bedenken keine Rolle** mehr. Die damaligen politischen Vorstellungen gipfelten **1942** in dem das gesamte Baurecht erfassenden **Entwurf eines „Deutschen Baugesetzbuches"**, der infolge der Kriegsereignisse nicht mehr rechtskräftig wurde. Das Baurecht erfuhr jedoch auf anderem Wege eine Teilvereinheitlichung. Einen ersten Schritt bildete das

– **Wohnsiedlungsgesetz** (WSG) vom 22. 9. **1933** (RGBl. I S. 659),

das Elemente des später in das Bundesbaugesetz übernommenen Städtebaurechts neu regelte. Es führte in § 2 WSG den **Wirtschaftsplan** ein, der für zum Wohnsiedlungsgebiet erklärte Gebiete die Nutzung des Bodens in den Grundzügen regeln sollte. Nach § 4 WSG unterlag der **Bodenverkehr** einem **Genehmigungsvorbehalt**.

52 Mit dem Gesetz über einstweilige Maßnahmen zur Ordnung des deutschen Siedlungswesens – **Siedlungsordnungsgesetz** – vom 3. 7. **1934** (RGBl. I S. 568) wurden die Zuständigkeiten für das Baurecht dem Reichsarbeitsminister übertragen. Die Ermächtigung nach § 1 des Siedlungsordnungsgesetzes lautete:

*„Der Reichsarbeitsminister wird ermächtigt, bis zur reichsgesetzlichen Regelung des Planungs-, Siedlungs- und öffentlichen Baurechts diejenigen Maßnahmen zu treffen, die erforderlich sind, um das deutsche Siedlungswesen zu überwachen und zu ordnen."*

53 Aufgrund dieser Ermächtigung ergingen in der Folge bis Kriegsende zahlreiche **Verordnungen**, die nach heutiger Einteilung des öffentlichen Baurechts auch Teile des **Bauplanungsrechts** erfassten, überwiegend jedoch dem **Bauproduktenrecht** bzw. dem **Bauordnungsrecht** zuzuordnen sind:

- DurchführungsVO zu dem Gesetz über einstweilige Maßnahmen zur Ordnung des Siedlungswesens vom 5.7.1934 (RGBl. I S. 1253),
- Verordnung zur Regelung der Bebauung vom 15.2.1936 (RGBl. I S. 104),
- Verordnung über die Landbeschaffung für Kleinsiedlungen vom 17.10.1936 (RGBl. I S. 896),
- Verordnung über die Zulässigkeit befristeter Bausperren vom 29.10.1936 (RGBl. I S. 933),
- Verordnung über Baugestaltung vom 10.11.1936 (RGBl. I S. 938),
- Verordnung über baupolizeiliche Erleichterungen für Signalhochbauten der Landesaufnahme vom 19.1.1937 (RGBl. I S. 22),
- Verordnung über den Abbruch von Gebäuden vom 3.4.1937 (RGBl. I S. 440),
- Verordnung über baupolizeiliche Maßnahmen zur Einsparung von Baustoffen vom 30.6.1937 (RGBl. I S. 728),
- Verordnung über die allgemeine baupolizeiliche Zulassung neuer Baustoffe und Bauarten vom 8.11.1937 (RGBl. I S. 1117),
- Verordnung über die Belichtung und Belüftung von Stallungen landwirtschaftlicher Betriebe vom 19.1.1938 (RGBl. I S. 37),
- Verordnung über die baupolizeiliche Behandlung von öffentlichen Bauten vom 20.11.1938 (RGBl. I S. 1677),
- Verordnung über Garagen und Einstellplätze – Reichsgaragenordnung vom 17.2.1939 (RGBl. I S. 219),
- Verordnung über Baubeschränkungen zur Sicherung der Gewinnung von Bodenschätzen vom 28.2.1939 (RGBl. I S. 381),
- Verordnung über Fettabscheider vom 10.4.1940 (RGBl. I S. 634),
- Verordnung über Grundstückseinrichtungsgegenstände vom 19.1.1942 (RGBl. I S. 53),
- Verordnung über die statische Prüfung genehmigungspflichtiger Bauvorhaben vom 22.8.1942 (RGBl. I S. 546),
- Verordnung zur Hebung der baulichen Feuersicherheit vom 20.8.1943 (RGBl. I S. 497),
- Verordnung über Lehmbauten – Lehmbauordnung vom 4.10.1944 (RGBl. I S. 248).

Die vorstehend aufgeführten **Verordnungen** wiesen aufgrund ihres **umfassenden** und für damalige Verhältnisse auch für die Fachwelt **neuartigen Regelungsinhalts** größtenteils **Gesetzescharakter** auf. Diese Vorschriften haben, obwohl sie durch die Verfassungsrechtslage nicht gedeckt und daher mit rechtsstaatlichen Grundsätzen nicht vereinbar waren (so ausdrücklich das BVerfG in seinem Rechtsgutachten vom 16.6.1954 – 1 PBvV 2/52, BVerfGE Bd. 3, 407 = NJW 1954, 1474; s. auch Rdn. 61 und 62), dennoch die **spätere Baugesetzgebung nachhaltig beeinflusst**. Ihr **Regelungsgehalt** war größtenteils **baufachlich** begründet. Daher bestanden diese Rechtsvorschriften nach Kriegsende aufgrund der Notwendigkeit eines geordneten Wiederaufbaus bis zur Neuregelung des Baurechts durch den Bund und die Länder noch lange fort. 54

### 3.3 Nachkriegsentwicklung

55 Nach Kriegsende bedurfte die Wiederherstellung der zerstörten Städte und Gemeinden neuer Vorschriften. Der Deutsche Städtetag griff den Entwurf eines Deutschen Baugesetzbuches aus dem Jahre 1942 auf und ließ im Jahre **1946** unter Verwendung von Teilbereichen den **Entwurf eines „Wiederaufbaugesetzes“** ausarbeiten. Diese Vorleistungen nutzend, veröffentlichte die Militärverwaltung für die britische Zone am 12.8.**1947** den Entwurf eines Gesetzes über den Aufbau der deutschen Gemeinden – **Aufbaugesetz** –, nach dem Sitz des Zentralamtes für Arbeit als „**Lemgoer Entwurf**“ bezeichnet (s. hierzu Pathe, Die westdeutschen Aufbaugesetze, DVBl. 1950, S. 33 ff.).

56 Mit dem Inkrafttreten des Grundgesetzes am 23.5.1949 ergaben sich keine unmittelbaren Auswirkungen auf das öffentliche Baurecht. Die Bundesregierung bemühte sich zunächst um die Regelung des Wohnungsrechts. Die Arbeiten an den Aufbaugesetzen nahmen Fortgang; lediglich Bayern und Bremen erließen keine Aufbaugesetze. **Berlin** (**West**) und das **Saarland** regelten das **gesamte Baurecht** in neuen **Baugesetzen**, die **übrigen Länder** beschränkten sich auf das **Städtebaurecht**. Es ergingen:

- Aufbaugesetz Württemberg-Baden vom 18.8.1948 (RegBl. S. 127),
- Hessisches Aufbaugesetz vom 25.10.1948 (GVBl. S. 139),
- Gesetz über den Aufbau der Hansestadt Hamburg vom 11.4.1949 (GVBl. S. 45),
- Niedersächsisches Aufbaugesetz vom 9.5.1949 (GVBl. S. 107),
- Aufbaugesetz Schleswig-Holstein vom 21.5.1949 (GVBl. S. 93),
- Aufbaugesetz Rheinland-Pfalz vom 1.8.1949 (GVBl. S. 317),
- Badisches Aufbaugesetz vom 25.11.1949 (GVBl. 1950, S. 29),
- Baulandgesetz Württemberg-Hohenzollern vom 28.11.1949 (RegBl. 1950, S. 1),
- Aufbaugesetz Nordrhein-Westfalen vom 29.4.1952 (GVBl. S. 454).

57 Das **nordrhein-westfälische Aufbaugesetz** schrieb den Gemeinden erstmalig die **zweistufige Bauleitplanung** als **Selbstverwaltungsaufgabe** vor (vgl. Ernst/Friede, Kommentar zum Aufbaugesetz von Nordrhein-Westfalen, 4. Aufl. 1958, S. 73 ff.). Im **Leitplan** war die beabsichtigte Entwicklung des städtebaulichen Aufbaues der Gemeinde als Ganzes darzustellen. **Durchführungspläne** regelten die Aufteilung des Plangebietes in Grünflächen, Verkehrsflächen und Bauflächen, sowie Nutzungsart und Nutzungsgrad der Bauflächen. Leit- und Durchführungspläne sind als Vorläufer der heutigen Flächennutzungs- und Bebauungspläne nach dem Bundesbaurecht anzusehen.

58 Die **Baupolizeiverordnungen** büßten ihre Bedeutung nicht ein, da wegen des Fehlens einer Baunutzungsverordnung die Baugebietsfestsetzungen der Durchführungspläne nur anhand deren **Nutzungsregeln für Baugebiete** bestimmbar waren. Auch beschränkte sich das Aufbaugesetz auf städtebauliche Vorschriften. Vorschriften über Abstände, Brandschutz, Standsicherheit und Verkehrssicherheit blieben den Baupolizeiverordnungen vorbehalten. Hinzu kam, dass Durchführungspläne mit Baugebietsfestsetzungen, keineswegs flächendeckend erlassen wurden, da für Flächen ohne Aufbaumaßnahmen eine Durchführungsplanung nicht vorgesehen war. Dagegen enthielten die Baupolizeiverordnungen für alle Baugebiete verbindliche Regelungen zur Art und zum Maß der baulichen Nutzung.

## 4 Baurechtsneuordnung

### 4.1 Gesetzgebungszuständigkeit nach dem Grundgesetz

Der Deutsche Bundestag beauftragte mit seiner Entschließung vom 28. 3. 1950 im Rahmen der Beratungen zum Wohnungsbaugesetz die Bundesregierung zur Vorlage weiterer Gesetze zur Erleichterung des Wohnungsneubaus. Der **Entwurf** eines „**Baugesetzes für die Bundesrepublik Deutschland**", der noch im Jahre **1950** an die Öffentlichkeit gelangte (s. Dittus, Entwurf zu einem Baugesetz für die Bundesrepublik Deutschland, 2. Aufl. 1950), erfasste die Landesplanung, das Städtebaurecht sowie Teilgebiete des Baupolizeirechts und glich im Aufbau, teilweise sogar im Wortlaut, dem Bayerischen Baugesetzentwurf und dem Baugesetzentwurf für Berlin (hierzu vgl. Wambsganz, Stand der Baugesetzgebung, BBauBl 1952, S. 99 ff.). Die Veröffentlichung dieses Entwurfs löste eine Diskussion über die Gesetzgebungskompetenz des Bundes aus. 59

Die unterschiedlichen Standpunkte drohten zu einem Scheitern einer Baugesetzgebung des Bundes zu führen. Auf Vorschlag der bayerischen Staatsregierung kam es jedoch zu einer Zusammenarbeit von Bund und Ländern, um letztendlich herauszufinden, welche gesetzgeberischen Möglichkeiten eine tragfähige Mehrheit finden würden. Ein in diesem Zusammenhang beauftragter Gutachterausschuss legte am 30. 4. **1952** seinen Abschlussbericht vor (Gutachten über die Erforderlichkeit der Bau- und Bodengesetzgebung – **Weinheimer Gutachten**, Band 1 der Schriftenreihe des Bundesministers für Wohnungsbau). Das Gutachten kam zu dem Ergebnis, dass sich die entscheidenden Erfordernisse einer einheitlichen Regelung des Baurechts nur auf die Stufen der Planung, der Ordnung des Bodens und der Erschließung beziehen, nicht jedoch auf das Bauwerksrecht selbst. 60

Das Grundgesetz enthält in Artikel 74, der die Gegenstände der konkurrierenden Gesetzgebung aufzählt, nicht den umfassenden Begriff Baurecht. In der damaligen Fassung führte Artikel 74 **Nr. 18** GG den Grundstücksverkehr, das Bodenrecht und das landwirtschaftliche Pachtwesen, das Wohnungswesen sowie das Siedlungs- und Heimstättenwesen auf. Bundestag, Bundesrat und Bundesregierung ersuchten deshalb 1952 das **Bundesverfassungsgericht** um Erstellung eines **Rechtsgutachtens** zur Frage der **Gesetzgebungszuständigkeit**. In seinem Rechtsgutachten vom 16. 6. 1954 – 1 PBvV 2/52, BVerfGE 3, 407 = NJW 1954, 1474 kam das Bundesverfassungsgericht zu dem Ergebnis, dass die Zuständigkeit des Bundes sich nur auf folgende Bereiche erstreckt: 61

- das Recht der städtebaulichen Planung,
- das Recht der Baulandumlegung und der Zusammenlegung von Grundstücken,
- das Bodenverkehrs- und Bodenbewertungsrecht,
- das Erschließungsrecht.

Eine **Zuständigkeit des Bundes für das „Baupolizeirecht im bisher gebräuchlichen Sinne" wurde ausgeschlossen**. Hierunter versteht das Bundesverfassungsgericht das „was als Aufgabenbereich der Polizeibehörden mit Bezug auf die Errichtung und Erhaltung von Bauwerken herkömmlich anerkannt wurde". Zur **Begründung** der fehlenden Bundeszuständigkeit für das Baupolizeirecht führt das Bundesverfassungsgericht im Gutachten unter C.-III. aus: 62

*„7. Baupolizeirecht*

*Gefragt ist, ob die Gesetzgebungskompetenz des Bundes sich erstreckt auf „das Baupolizeirecht im bisher gebräuchlichen Sinne."*

*Man könnte zweifeln, ob diese Fragestellung jenen Grad von Bestimmtheit besitzt, den § 97 BVerfGG als Voraussetzung eines Gutachtens fordert. In der ursprünglichen Fassung des Antrages hatte die Bundesregierung diese Materie bezeichnet als „Bauordnungsrecht" und näherhin definiert als Bestimmungen über:*

*a) die aus der Planung sich ergebenden Auswirkungen auf Bauvorhaben und auf bestehende Gebäude,*

*b) grundsätzliche Anforderungen baukonstruktiver, baugestalterischer und bauwirtschaftlicher Art an Bauwerke und Baustoffe,*

*c) die Grundlagen des Genehmigungsverfahrens und der Ordnung des Bauvorgangs,*

*d) die Pflicht zur ordnungsgemäßen Unterhaltung und Instandsetzung oder Beseitigung bei gefährlichen oder ordnungswidrigen Zuständen."*

*Der Bundesrat ersetzte diese Fassung durch die Bezeichnung „Baupolizeirecht im bisher gebräuchlichen Sinne" und begründete diese Änderung damit, dass die Regelung der Baugestaltung und die mit der Bausicherheit zusammenhängenden Anforderungen in bauwirtschaftlicher Hinsicht ebenso wie die zu c) und d) von der Bundesregierung genannten Regelungen von dem Begriff des Baupolizeirechts im bisher gebräuchlichen Sinne erfasst würden während die von der Bundesregierung unter a) angeführten Bestimmungen zum Recht der städtebaulichen Planung im Sinne von Nr. 1 des Gutachten-Antrages gehörten.*

*Die Schwierigkeit, die in Frage stehende Materie der Gesetzgebung zu bezeichnen, ist auf die neueren Bestrebungen zurückzuführen, bestimmte Aufgaben der Verwaltung zu „entpolizeilichen" und ihre Erledigung Verwaltungsbehörden zuzuweisen, die nicht mehr als Polizeibehörden bezeichnet werden, sondern unter der Bezeichnung „Ordnungsbehörden" oder „Verwaltungsbehörden" ihre Aufgaben erfüllen (vergl. z. B. Niedersächsisches Gesetz über die öffentliche Sicherheit und Ordnung vom 21. März 1951, GVBl. Nds. S. 79). Diese Tätigkeitsbereiche der Verwaltung haben jedoch ihren materiell-polizeirechtlichen Charakter in dem Sinne behalten, in dem die traditionelle deutsche Verwaltungsrechtswissenschaft den Bereich der Polizei als die Abwehr von Gefahren bestimmt, die der Allgemeinheit oder dem einzelnen drohen. Unter Berücksichtigung der Erläuterungen, die der Bundesrat der Neufassung des Gutachten-Antrages gegeben hat, lässt sich also die Materie, um die es sich hier handelt, hinreichend deutlich bestimmen als das, was als Aufgabenbereich der Polizeibehörden mit Bezug auf die Errichtung und Erhaltung von Bauwerken herkömmlich anerkannt wurde. Diese Befugnisse sind grundsätzlich begrenzt durch die Generalvollmacht der Polizei, wie sie z. B. in § 14 des Preußischen Polizeiverwaltungsgesetzes vom 1. Juni 1931 umschrieben worden ist: „Die Polizeibehörden haben im Rahmen der geltenden Gesetze die nach pflichtgemäßem Ermessen notwendigen Maßnahmen zu treffen, um von der Allgemeinheit oder dem einzelnen Gefahren abzuwehren, durch die die öffentliche Sicherheit oder Ordnung bedroht wird." Darüber hinaus sind gerade im Bereiche des Bauwesens den Polizeibehörden durch Sondergesetze weitere Befugnisse eingeräumt worden, die nicht mehr der Gefahrenabwehr im engeren Sinne dienen, sondern ästhetische oder der allgemeinen Wohlfahrt dienende Absichten verfolgen. Immer aber handelt es sich um Maßnahmen der Polizei- oder Ordnungsbehörden, die sich auf zu erstellende oder bereits bestehende Bauwerke beziehen.*

*Vom Baupolizeirecht wurde ein besonderes Planungsrecht früher in der Regel nur insoweit unterschieden, als es sich um die Festsetzung von Straßen- und Baufluchtlinien handelte. Im übrigen wurde unter weiter Auslegung der allgemeinen Polizeiermächtigung ein großer Teil dessen baupolizeilich geregelt, was inzwischen als Planungsrecht zu einer selbständigen Rechtsmaterie herangewachsen ist. So wurden z. B. entsprechend dem Preußischen Entwurf zu einer Bauordnung für Städte – §§ 7ff. – (Baltz-Fischer, Preußisches Baupolizeirecht, 6. Aufl. 1934, S. 309ff.) im Wege der Polizeiverordnung die Bauklassengebiete durch eine Bauzonenordnung oder Baunutzungsordnung bestimmt, die Baustufen durch einen Bauklas-*

*senplan, Bauzonenplan oder Ortsbauplan eingeteilt. In der modernen Baugesetzgebung aber ist es nicht mehr Sache der Baupolizei- oder Bauordnungsbehörden, Flächennutzungspläne oder Bebauungspläne festzustellen, sondern diese Aufgabe ist den Planungsbehörden zugefallen.*

*Da für das Recht der städtebaulichen Planung im Sinne der Frage Nr. 1 oben unter C III 1 die Zuständigkeit des Bundes bejaht worden ist, muss die Zuständigkeit des Bundes für das „Baupolizeirecht im bisher gebräuchlichen Sinne" insoweit bejaht werden, als es Bestandteile des heutigen Planungsrechtes enthielt.*

*Offenbar zielt die Frage Nr. 7 aber auf den Bereich des Baupolizeirechts, der übrig bleibt, wenn das Planungsrecht ausgeschieden wird. Für diesen Bereich kann eine Zuständigkeit der Bundesgesetzgebung nicht anerkannt werden.*

*Im Abschnitt C II des Gutachtens ist abgelehnt worden, das Baurecht schlechthin als eine Gesamtmaterie anzuerkennen, deren Regelung dem Bund zustünde. Aus der Tatsache, dass das Baupolizeirecht ein Teil des Baurechtes ist, kann also die Gesetzgebungszuständigkeit des Bundes nicht abgeleitet werden. Für die Frage der gesetzgeberischen Zuständigkeit ist es vielmehr entscheidend, dass das Baupolizeirecht ein Teil des Polizeirechts ist. Das Polizeirecht ist aber nach wie vor Sache der Landesgesetzgebung.*

*Um das Baupolizeirecht in der Zuständigkeit der Länder zu belassen, hatte es die Weimarer Nationalversammlung vermieden, den Begriff Bauwesen in den Kompetenzkatalog des Art. 10 Nr. 4 der Weimarer Reichsverfassung aufzunehmen. Wie oben bereits dargelegt, hat sich der Parlamentarische Rat bei der Bestimmung der Bundeskompetenzen im Bereiche des Boden- und Bauwesens an die Regelung der Weimarer Verfassung angeschlossen. Da er ebenfalls das Baurecht oder Bauwesen nicht unter die Zuständigkeiten des Bundes aufgenommen hat, muss gefolgert werden, dass das Baupolizeirecht mit dem allgemeinen Polizeirecht weiterhin zur Zuständigkeit der Länder gehört.*

*Da die Ordnungsgewalt ein Annex des Sachgebietes ist, auf dem sie tätig wird, umfasst die Zuständigkeit zur Gesetzgebung in einem Sachbereich auch die Regelung der Ordnungsgewalt (Polizeigewalt) in diesem Sachgebiet. Soweit der Bund ein Recht zur Gesetzgebung auf bestimmten Lebensgebieten hat, muss er daher auch das Recht haben, die dieses Lebensgebiet betreffenden spezial-polizeilichen Vorschriften zu erlassen. Da aber das „Bauwesen" nicht in den Katalog der Bundeszuständigkeiten aufgenommen worden ist, fehlt es für das Baupolizeirecht als Ganzes an einer derartigen Voraussetzung.*

*Der Bund ist allerdings nach Art. 74 Nr. 18 GG zuständig, Gesetze über das „Wohnungswesen" zu erlassen. Daraus muss gefolgert werden, dass der für die Regelung des Wohnungswesens zuständige Bund auch einzelne spezifisch das Wohnungswesen berührende baupolizeiliche Vorschriften erlassen könnte. Unter diesem Titel des Wohnungswesens könnte der Bund aber solche baupolizeiliche Vorschriften höchstens für Gebäude erlassen, die Wohnzwecken dienen. Diese Zuständigkeitsbestimmung kann schon deshalb nicht das gesamte Baupolizeirecht umfassen, weil Bestimmungen, die sich z. B. auf Fabriken, gewerbliche Anlagen, beruflichen und öffentlichen Zwecken dienende Bauwerke beziehen, nichts mit Wohnungswesen zu tun haben. Es wäre deshalb unzulässig, das Baupolizeirecht als solches und als Gesamtmaterie in einem Gesetz zu regeln, das sich auf die Zuständigkeit des Bundes für das Wohnungswesen stützt.*

*Das Baupolizeirecht ist eine Rechtsmaterie für sich, und eine Bundeskompetenz lässt sich nicht durch Auslegung der damit in Zusammenhang stehenden Einzelmaterien begründen. Ausschlaggebend ist, dass das von jeher zur Landeskompetenz gehörende Baupolizeirecht im Kompetenzkatalog des Grundgesetzes nicht enthalten ist, obgleich die baurechtlichen Notwendigkeiten speziell im Hinblick auf den Wiederaufbau der kriegszerstörten Städte in den Beratungen des Parlamentarischen Rates keineswegs außer acht gelassen worden sind."*

**63** Das Bundesverfassungsgericht hat an seiner **Auslegung** des Art. 74 Nr. 18 GG auch **später festgehalten** (vgl. Beschluss vom 28. 10. 1975 – 2 BvL 9/74, BVerfGE 40, 261 = NJW 1976, 141 zur bauordnungsrechtlichen Teilungsgenehmigung). Die Auffassung des Bundesverfassungsgerichts wurde in der Literatur überwiegend geteilt und ist herrschende Meinung. Doch äußerten Autoren auch **Kritik**, weil ein untrennbarer Zusammenhang von Bauplanungs- und Bauordnungsrecht besteht, der von der Natur der Sache her eher für eine in sich geschlossene Regelung des öffentlichen Baurechts spricht (so bereits Dittus, Baupolizei?, DVBl 1956, S. 249 ff, S. 281 ff, S. 320 ff.). Es wird darauf hingewiesen, dass die Probleme der Baupolizei schon lange nicht mehr mit dem Maßstab des allein an der Gefahrenabwehr orientierten allgemeinen Polizeibegriffs gelöst werden konnten (Werner, Die Zuständigkeit des Bundes für ein Bundesbaugesetz, DVBl 1954, S. 481 ff.). Die vom BVerfG vorgenommene Trennung bedingen **Überschneidungen** beider Rechtsbereiche und führen zwangsläufig zu Problemen in der Rechtsanwendung (vgl. Weyreuther, Bundes- und Landesbaurecht, BauR 1972, S. 1 ff.). Schließlich wird auf Fehler in der Argumentation des Bundesverfassungsgerichts hingewiesen (vgl. Schulte, Rechtsgüterschutz durch Bauordnungsrecht, 1982, S. 68 ff.).

**64** Vorschläge zur Neuregelung des Baurechts haben Bund und Länder nicht zu einer Reform bewegen können (vgl. z. B. Ziegler, Ein formulierter Vorschlag zur Aufnahme des Bauordnungsrechts in ein (Bundes-) Baugesetzbuch, DVBl 1984, S. 378 ff.), zumal von ernsthaften Vollzugsproblemen nicht die Rede sein kann. Die **Aufteilung** ist lästig, **hindert** aber **nicht eine praxisorientierte Rechtsanwendung**, solange die Länder über die Zusammenarbeit in der ARGEBAU die in den Grundzügen einheitliche Ausrichtung des Landesbauordnungsrechts beibehalten. Auch lassen sich **Verbesserungen der Abstimmung beider Rechtsbereiche** zur Erleichterung der praktischen Handhabung erzielen, z. B. durch eine bundesrechtliche Begriffsbestimmung des Vollgeschosses, anstelle des Verweises in § 20 Abs. 1 BauNVO 1990 auf das Landesbauordnungsrecht.

**64 a** Spätere **Grundgesetzreformen** hielten an der Aufteilung des Baurechts fest. Mit dem

– **Gesetz zur Änderung des Grundgesetzes** vom 27. 10. **1994** (BGBl. I S. 3146)

wurde Artikel 72 GG neu gefasst, um den Vorrang des Bundesrechts in zeitlicher Hinsicht klarer abzugrenzen und einer Auszehrung der Länderkompetenzen zu begegnen. In Artikel 74 Abs. 1 Nr. 18 GG erhielt das „Bodenrecht" den Klammerzusatz „ohne das Recht der Erschließungsbeiträge". Im Zuge der **Föderalismusreform** erfolgte mit dem

– **Gesetz zur Änderung des Grundgesetzes** vom 28. 08. **2006** (BGBl. I S. 2034)

die **Auflösung** der **Rahmenrechtskompetenz** nach Artikel 75 GG unter Neuordnung der ausschließlichen und konkurrierenden Gesetzgebung nach den Artikeln 73 und 74 GG (vgl. Degenhart, Die Neuordnung der Gesetzgebungskompetenzen durch die Föderalismusreform, NVwZ 2006, S. 1209 ff.). Auch Artikel 72 GG erfuhr erneut Änderungen, um die Erforderlichkeitsprüfung nach Absatz 2 auf bestimmte Materien des Artikels 74 Abs. 1 GG zu beschränken und durch einen neu eingefügten Absatz 3 den Ländern die Möglichkeit zu eröffnen, von bestimmten Bundesgesetzen abweichen zu können, die aus der Rahmenkompetenz übernommene Materien betreffen. Ergänzend wurde mit dem

– **Föderalismusreform-Begleitgesetz** vom 5. 9. 2006 (BGBl. I S. 2098)

ein Antragsrecht des Bundesrates, einer Landesregierung oder der Volksvertretung eines Landes in Bezug auf das Vorliegen der Voraussetzungen des Art. 72 Abs. 2 GG in

§ 13 des Bundesverfassungsgerichtsgesetzes aufgenommen (vgl. Klein/Schneider, Art. 72 GG n. F. im Kompetenzgefüge der Föderalismusreform, DVBl. 2006, 1549 ff.)

Die in Art. 74 GG Abs. 1 enthaltene Nr. 18 erfuhr folgende Änderungen: 64 b

| **alte** Fassung (*kursiv* = gestrichen) | **neue** Fassung (**fett** = neu aufgenommen) |
|---|---|
| den Grundstücksverkehr,<br>das Bodenrecht (ohne das Recht der Erschließungsbeiträge) und<br>*das landwirtschaftliche Pachtwesen,*<br>*das Wohnungswesen,*<br>*das Siedlungs- und Heimstättenwesen* | den städtebaulichen Grundstücksverkehr,<br>das Bodenrecht (ohne das Recht der Erschließungsbeiträge) und<br>**das Wohngeldrecht**,<br>**das Altschuldenhilferecht**,<br>**das Wohnungsbauprämienrecht**,<br>**das Bergarbeiterwohnungsbaurecht und das Bergmannssiedlungsrecht** |

Infolge dieser Neuregelung sind künftig ausschließlich die **Länder** für den landwirtschaftlichen Grundstücksverkehr und das landwirtschaftliche Pachtwesen sowie das Siedlungs- und Heimstättenwesen zuständig. Ferner fallen aus dem Wohnungswesen das Recht der sozialen Wohnraumförderung, der Abbau von Fehlsubventionierung im Wohnungswesen, das Wohnungsbindungsrecht, das Zweckentfremdungsrecht im Wohnungswesen sowie das Wohnungsgenossenschaftsvermögensrecht in die ausschließliche Gesetzgebungskompetenz der Länder (vgl. BT-Drucks. 16/813, S. 13, zu Artikel 74 Abs. 1 Nr. 18). Infolge der **Streichung des Begriffs Wohnungswesen** verlor der Bund auch seine Kompetenz für die Wohnungsgesetzgebung und zum Erlass einzelner spezifisch das Wohnungswesen berührender baupolizeilicher Vorschriften (s. Rdn. 62).

### 4.2 Bauplanungsrecht des Bundes

Der 1956 überarbeitete Baugesetzentwurf konnte nach vierjähriger Beratungszeit in 65
Bundestag und Bundesrat als

– **Bundesbaugesetz – BBauG** vom 23. 6. **1960** (BGBl. I S. 341)

bekannt gemacht werden. Es folgten die

– **Wertermittlungsverordnung – WertV** vom 7. 8. **1961** (BGBl. I S. 1183),

– **Baunutzungsverordnung – BauNVO** vom 26. 6. **1962** (BGBl. I S. 429),

– **Planzeichenverordnung – PlanzV** vom 19. 1. **1965** (BGBl. I S. 21).

Kernstück des neu geschaffenen Planungsrechts bildete die **zweistufige Bauleitplanung** 66
mit dem vorbereitenden und dem verbindlichen Bauleitplan, das sind der **Flächennutzungsplan** und der **Bebauungsplan**. Diese Planungsinstrumente lösten eine Fülle unterschiedlichster Planarten aufgrund früheren Reichs- und Landesrechts ab. Hierbei handelte es sich um Leit-, Wirtschafts-, Generalbebauungs-, Fluchtlinien-, Durchführungs-, Baugebiets-, Bauklassen-, Baustufen- oder Bauzonenpläne. Ein Bruch mit der älteren Planungstradition trat dennoch nicht ein, da § 173 BBauG 1960 **Überleitungsregelungen** für die dem Flächennutzungsplan entsprechenden vorbereitenden Pläne und für die dem Bebauungsplan verwandten verbindlichen Pläne enthielt (hierzu ausführlich Ernst/Zinkahn/Bielenberg/Krautzberger, zu § 233 Rdn. 7–27).

67 Das BBauG 1960 übertrug das Recht und die Pflicht zur Planung, auch als „**Planungshoheit**" bezeichnet, endgültig auf die **Gemeinden** als **Selbstverwaltungsaufgabe** (vgl. Wambsganz, Die Bauleitplanung, DVBl. 1961, S. 461 ff., S. 494 ff. und S. 533 ff.). Bauaufsichts-, Umlegungs-, Enteignungs- und Erschließungsverfahren waren an den Bebauungsplan gebunden. Für Gebiete ohne Bebauungsplan enthielten die §§ 34 und 35 BBauG „**Planersatzvorschriften**". Diese waren als Übergangslösung für einen begrenzten Zeitraum konzipiert, da der Bundesgesetzgeber davon ausging, dass das Bauland durch Bebauungspläne beplant werde. Später erwies sich diese Vorstellung als unrealistisch. Der zulässige Inhalt von Bebauungsplänen wurde gegenüber dem der Aufbaugesetzgebung wesentlich erweitert, so dass die städtebauliche Entwicklung eines Plangebietes bis in alle erforderlichen Einzelheiten hinein festgelegt werden konnte.

68 Die Bedeutung des neuen Rechts für die Rechtsvereinheitlichung ergab sich in eindrucksvoller Weise aus § 186 BBauG; diese Vorschrift führte insgesamt 67 Gesetze und Verordnungen des Reiches und der Länder auf, die das Planungsrecht erfassten und mit dem **Inkrafttreten des BBauG 1960 am 29. 6. 1961** außer Kraft traten. Die ihm zustehenden **Gesetzgebungsbefugnisse** hat der Bund **nicht vollständig ausgeschöpft**. Teile des Gesetzentwurfs wurden im Zuge der Beratungen gestrichen, wie das Zusammenlegungsrecht für Grundstücke und das bauliche Nachbarrecht. Bundesrechtlich ungeregelt blieben auch das Baulastenrecht und das baupolizeiliche Wohnungsrecht.

### 4.3 Musterbauordnung und Landesbauordnungen

69 Das Rechtsgutachten des Bundesverfassungsgerichts stellt die Gesetzgebungskompetenz der Länder für das „**Baupolizeirecht im bisher gebräuchlichen Sinne**" heraus (s. Rdn. 62). Aufgrund des Gutachtens ließ sich auch die Fortgeltung von Reichsrecht als Bundes- oder Landesrecht einordnen. **Reichsrecht mit bauordnungsrechtlichem Inhalt**, galt als **Landesrecht** fort. Die Rechtslage war allerdings nur schwer überschaubar. Deutlich wird dies an der RGaO, da nur deren §§ 9–13 als Bundesrecht anzusehen waren. Diese „Gemengelage" in Vorschriften machte eine Neuordnung der Materie unumgänglich. Erforderlich war ebenso eine Abstimmung des Bauordnungsrechts auf die Baugesetzgebung des Bundes. Hinzu trat, dass die technischen Vorschriften hinter der Entwicklung zurückblieben; den neuen Baumethoden und Baustoffen wurde das alte in vielen Einzelvorschriften aufgesplitterte Bauordnungsrecht nicht mehr gerecht.

70 Im Sachverständigenausschuss des Bundes und der Länder für das Bauordnungsrecht wurde in den Jahren 1950 bis 1955 unter Verwendung des Entwurfs eines Deutschen Baugesetzbuches von 1942 ein Musterentwurf für das Bauordnungsrecht aufgestellt (Wedler-Entwurf), den Hessen 1958 vorab als Hessische Bauordnung umsetzte. Die Bauminister der Länder erkannten bald, dass ohne Zusammenarbeit auf dem Gebiet des Bauordnungsrechts eine einheitliche Handhabung zu scheitern drohte. Mit Schreiben vom 26. 10. 1954 regte der Bundesminister für Wohnungsbau die gemeinsame Ausarbeitung einer Musterbauordnung an, um eine drohende Rechtszersplitterung zu vermeiden und bot an, die zuerkannte Kompetenz auf dem Gebiet des Bauordnungsrechts in Bezug auf das Wohnungswesen nicht zu nutzen. Die Vertreter von Bund und Ländern beschlossen am 21. 1. 1955 die Bildung einer **Musterbauordnungs-Kommission** als Gremium der ARGEBAU (nach dem Tagungsort „**Bad-Dürkheimer Vereinbarung**" genannt). Der Sitzungsbericht vom 24. 2. 1955 nennt als Aufgaben die Ausarbeitung der „**Musterbauordnung**" und von „**Musterentwürfen**" für **Ausführungsvorschriften**.

Mitte 1959 konnten die Beratungen endlich abgeschlossen und folgende **Mustervorschriften** einschließlich **Begründung** vorgelegt werden: 71

- **Musterbauordnung Fassung Januar 1960** für die Länder des Bundesgebietes einschließlich des Landes Berlin, veröffentlicht als Band 16 der Schriftenreihe des Bundesministers für Wohnungsbau; eine Einführung in die Musterbauordnung enthalten Band 17 (Teil A – allgemein) und Band 18 (Teil B – einzelne Vorschriften),
- **Musterentwürfe von Rechtsverordnungen zur Musterbauordnung** (Durchführungsverordnung, Bauvorlagenverordnung, Garagenverordnung, Warenhausverordnung, Prüfingenieur-Verordnung, Güteüberwachungsverordnung und Prüfzeichenverordnung), veröffentlicht als Band 20 der Schriftenreihe des Bundesministers für Wohnungswesen, Städtebau und Raumordnung; eine Erläuterung der Musterentwürfe enthält Band 21.

Die Länder erließen aufgrund der MBO 1960 **neue Bauordnungen**:

- **Landesbauordnung für Baden-Württemberg – LBO** vom 6.4.1964 (GBl. S.151),
- **Bayerische Bauordnung – BayBO** vom 1.8.1962 (GVBl. S.179, ber. S.250),
- **Bauordnung für Berlin – BauO Bln** vom 29.7.1966 (GVBl. S.1175),
- **Bremische Landesbauordnung – BremLBO** vom 15.5.1973 (GBl. S.109),
- **Hamburgische Bauordnung – HBauO** vom 10.12.1969 (GVBl. S.249),
- **Hessische Bauordnung – HBO** vom 4.7.1966 (GVBl. S.171),
- **Niedersächsische Bauordnung – NBauO** vom 23.7.1973 (GVBl. S.259),
- **Bauordnung für das Land Nordrhein-Westfalen – BauO NW** vom 25.6.1962 (GV. NRW. S.373),
- **Landesbauordnung für Rheinland-Pfalz – LBO** vom 15.11.1961 (GVBl. S.229),
- **Bauordnung für das Saarland – LBO** vom 12.5.1965 (ABl. S.529),
- **Landesbauordnung für das Land Schleswig-Holstein – LBO** vom 9.2.1967 (GVBl. S.51).

Die Umsetzung der MBO 1960 gelang jedoch nicht ohne vom Muster abweichende Formulierungen oder sogar abweichende Vorschriften, was später heftige Kritik hervorrief (vgl. Schellhoss, Zur Musterbauordnung, ihren Erfolgen und ihren Chancen, BBauBl. 1980, S.424ff. und Stich, Das Bauordnungsrecht der Länder in der Sackgasse, DVBl. 1981, S.354ff.).

Die auf der Grundlage der Musterbauordnung erlassenen Gesetze der Länder regeln die Bauordnungsrechtsmaterie abschließend, so dass die **früheren Vorschriften insgesamt aufgehoben** werden konnten. Nach § 108 BauO NW 1962 waren dies z.B. 42 unterschiedliche Gesetze, Verordnungen, Bauordnungen und Baupolizeiverordnungen, darunter 18 Baupolizeiverordnungen auf der Grundlage der preußischen Einheitsbauordnung für die verschiedenen Regionen des Landes. Im Gefolge der Bauordnungsnovellen stand ebenfalls der Erlass von **Rechtsverordnungen** nach den Musterentwürfen der ARGEBAU. Schließlich sind von den Ländern Zug um Zug zahlreiche DIN-, VDE- und DVGW-Vorschriften als **Technische Baubestimmungen** eingeführt worden. 72

### 5 Fortentwicklung des Bauplanungs- und Bauordnungsrechts

#### 5.1 Erweiterung und Neuordnung des Städtebaurechts

73 Für die Aufgaben der **Stadtsanierung** und der **Stadterneuerung** bot das BBauG 1960 keine ausreichende gesetzliche Grundlage. Diese Lücke schloss das

– **Städtebauförderungsgesetz – StBauFG** – vom 27.7.**1971** (BGBl. I S. 1125),

um die Durchführung städtebaulicher **Sanierungsmaßnahmen** durch Satzung der Gemeinde nach § 5 StBauFG in förmlich festgelegten Sanierungsgebieten und von **städtebaulichen Entwicklungsmaßnahmen** in durch Rechtsverordnung der Landesregierung nach § 53 StBauFG förmlich festgelegten Entwicklungsbereichen zu ermöglichen.

74 In beiden Bereichen bestand nach §§ 10 und 54 StBauFG eine **strikte Rechtspflicht** zur unverzüglichen **Aufstellung qualifizierter Bebauungspläne**. Auf deren Grundlage sollten die Sanierungs- bzw. Entwicklungsmaßnahmen notfalls zwangsweise durchgeführt werden. Hierzu enthielten die §§ 19–21 StBauFG als Novum **Abbruch-, Bau- und Modernisierungsgebote**; die § 22–24 StBauFG regelten besondere Enteignungs-, Ausgleichs-, Entschädigungs- und Ersatzmaßgaben und die §§ 26 und 32 StBauFG die Änderung und Aufhebung von Miet- und Pachtverhältnissen.

75 Bestrebungen zur **Verfeinerung der planungsrechtlichen Instrumente**, zum **Ausbau der „Planersatzvorschriften“** und zur **Korrektur der Rechtsprechung zum Einfügungsgebot** (vgl. BVerwG, Urteil vom 23.4.1969 – IV C 12.67, BRS 22 Nr. 42 und vom 25.1.1974 – IV C 72.72, BRS 28 Nr. 26) führten zur **Neufassung des BBauG und des StBauFG** im Jahre **1976** (Neubekanntmachung vom 18.8.1976, BGBl I S. 2256 und S. 2318). Da auch diese Maßnahmen nicht die Erwartungen erfüllten, wurden BBauG und StBauFG mit dem Gesetz zur Beschleunigung von Verfahren und zur Erleichterung von Investitionsvorhaben im Städtebaurecht vom 6.7.**1979** (BGBl. I S. 949) erneut geändert.

76 In der Fassung von 1979 bot das BBauG **zusätzliche planerische Instrumente**, um wieder eine verstärkte Hinwendung zur Planung zu erreichen (so ausdrücklich BT-Drucks. 7/4793, S. 35), und enthielt **stark modifizierte Regelungen über das Bauen im Innen- und Außenbereich**. Die „Entwicklungsplanungs-Klausel“ des § 1 Abs. 5 erzwang eine Bindung der Bauleitplanung an eine von der Gemeinde beschlossene **Entwicklungsplanung**. An zusätzlichen Instrumenten boten sich unter anderem:

– Satzungen nach § 9 a zur Sicherung der Infrastruktur,

– Satzungen nach § 34 Abs. 2 und 2 a zur Innenbereichsfestlegung und -abrundung,

– Erhaltungssatzungen nach § 39 h.

77 Die Regierungserklärung von 1983 kündigte die Vorlage von Leitlinien für ein Baugesetzbuch an. Schon diese **Bezeichnung** des Städtebaurechts als „**Baugesetzbuch**“ ist **irreführend**, lässt sie doch vermuten, dass dieses Werk das gesamte öffentliche Baurecht enthält. Kompetenzrechtlich war der Bund aber beschränkt (s. Rdn. 62). Das

– **Baugesetzbuch – BauGB** – vom 8.12.**1986** (BGBl. I S. 2253)

trat am 1.7.1987 in Kraft. Rechtstechnisch ist das BauGB kein neues Gesetz unter Aufhebung des Vorgängerrechts, sondern ein Änderungsgesetz zum BBauG, das unter der geänderten Bezeichnung „Baugesetzbuch“ weiter fortbesteht.

78 Mit dem Inkrafttreten des BauGB ergab sich eine stärkere Hinwendung zum Gebrauch der **Planersatzvorschriften anstelle der Bauleitplanung**. Damit wurden die Intentionen vorausgegangener Novellen rückgängig gemacht. Die „Entwicklungsplanungs-Klausel" nach § 1 Abs. 5 BBauG, die „Infrastruktursatzung" nach § 9a BBauG und die Bundesförderung nach §§ 71–75 StBauFG entfielen. Die §§ 165–171 BauGB betrafen nur noch die Fortführung bereits eingeleiteter Verfahren für städtebauliche Entwicklungsbereiche, erlaubten aber keine neue Entwicklungsmaßnahmen. Neu eingeführt wurde mit § 22 BauGB die „**Fremdenverkehrssatzung**" zur Erhaltung der Fremdenverkehrsfunktionen von Kur- und Erholungsorten. **Erweiterungen** erfuhren die **Zulässigkeitsvorschriften der §§ 34 und 35 BauGB**. Erleichtert wurden Befreiungen nach § 31 BauGB und vorzeitige Baugenehmigungen nach § 33 BauGB.

79 Auch die zum BBauG bzw. BauGB ergangenen Verordnungen erfuhren Änderungen:

- **Planzeichenverordnung** vom 30. 7. **1981** (BGBl. I S. 833) und vom 18. 12. **1990** (BGBl. I 1991, S. 58)
- **Wertermittlungsverordnung** vom 6. 12. **1988** (BGBl. I S. 2209).

Besonders die **Baunutzungsverordnung** wurde mehrfach geändert, so dass folgende **Fassungen nebeneinander** bestehen:

- BauNVO **1962** vom 26. 6. 1962 (BGBl. I S. 429),
- BauNVO **1968** vom 26. 11. 1968 (BGBl. I S. 1237, ber. 1969, S. 11),
- BauNVO **1977** vom 15. 9. 1977 (BGBl. I S. 1763),
- BauNVO **1986** vom 19. 12. 1986 (BGBl. I S. 2665),
- BauNVO **1990** vom 23. 1. 1990 (BGBl. I S. 132).

Da die Vorschriften der BauNVO mit der Festsetzung eines Baugebietes in den Bebauungsplan inkorporiert werden, entstand mit jeder Änderung der BauNVO eine **neue „Generation" von Bebauungsplänen**. Diese anwenderfeindliche Regelung führte im Laufe der Jahre zu einer unübersichtlichen Rechtslage.

80 Der Zustrom deutschstämmiger Aussiedler aus Ost- und Südosteuropa sowie von DDR-Bürgern erreichte 1989 ein beängstigendes Ausmaß und fiel zusammen mit den Wohnraumansprüchen junger Personen. Um den Wohnraummangel zu beheben, trat das

- **Wohnungsbau-Erleichterungsgesetz – WoBauErlG** vom 28. 5. **1990** (BGBl. I S. 926)

am 1. 6. 1990 in Kraft. Es gliederte sich in zehn Artikel, von denen die ersten beiden das **Städtebaurecht**, die übrigen miet- und wohnungsrechtliche Vorschriften betrafen.

**Artikel 1** WoBauErlG befristete die im Ersten Teil des Artikels 2 getroffenen Regelungen bis zum 31. 5. 1995. **Artikel 2** enthielt das aus 19 Paragraphen bestehende

- **Maßnahmengesetz zum Baugesetzbuch – BauGB-MaßnahmenG**,

von denen die §§ 1–10 des Ersten Teils anstelle der Vorschriften des BauGB oder ergänzend dazu galten. Die §§ 11–19 des zweiten Teils enthielten Überleitungsvorschriften für die im Ersten Teil angeordneten Sonderregelungen. Rechtstechnisch trat das Sonderrecht des BauGB-MaßnahmenG **neben** das BauGB, ohne dieses abzuändern. Diese Rechtskonstruktion war nur durch den gravierenden Wohnraummangel gerechtfertigt.

81 Die Vorschriften des Ersten Teils betrafen folgende Schwerpunkte:

- Beschleunigung der **Bebauungsplanverfahren** zur Deckung des Wohnungsbedarfs,
- **Modifizierungen des Zulässigkeitsrechts** und Einführung von **Fristen für Prüfung**,
- „**Außenbereichssatzung**" zur Erleichterung von Wohnbauten in Splittersiedlungen,
- Wiederbelebung der **städtebaulichen Entwicklungsmaßnahme**.

Die **Modifizierungen des Zulässigkeitsrechts** sollten Abweichungen von Festsetzungen des Bebauungsplans und Wohnbauvorhaben im unbeplanten Bereich erleichtern.

82 Aus Anlass der **Wiedervereinigung** Deutschlands wurden mit dem **Einigungsvertrag** vom 31. 8. 1990 (BGBl. II S. 889) **Überleitungsregelungen** in das BauGB und die BauNVO eingefügt. Die Maßgaben des § **246a BauGB** übernahmen Sonderregelungen der noch 1990 von der DDR-Regierung erlassenen BauZVO, wie den Vorhaben- und Erschließungsplan und den städtebaulichen Vertrag, allerdings beschränkt auf das Beitrittsgebiet und unter Ausklammerung der Einführung des BauGB-MaßnahmenG. Hierdurch ergab sich im Bundesgebiet ein **räumlich** und **zeitlich differenzierter Anwendungsbereich des Städtebaurechts**, der in der Praxis nicht befriedigte. Das

- **Investitionserleichterungs- und Wohnbaulandgesetz** – (nichtamtliche Abkürzung: **Inv-WoBaulG**) – vom 22. 4. 1993 (BGBl. I S. 466)

trat am 1. 5. 1993 in Kraft und änderte unter anderem das BauGB, das WoBauErlG, das ROG, das BNatSchG, das BImSchG, die BauNVO 1990 und die 4. BImSchV.

83 Der Schwerpunkt des Inv-WoBaulG lag in Änderungen des BauGB und des WoBauErlG (vgl. Heintz/Lenz/Lüttgau, Investitionserleichterungs- und Wohnbaulandgesetz, 1993). Die unterschiedliche Geltung des Städtebaurechts in den alten und neuen Bundesländern wurde weitgehend beseitigt und der zeitliche Anwendungsbereich des BauGB-MaßnahmenG auf den 31. 12. 1997 ausgedehnt. Von den Rechtsänderungen bewährte sich die Vereinfachung der **naturschutzrechtlichen Eingriffsregelung** und die Stärkung **vertraglicher Regelungen** zur Baulandbereitstellung nach §§ 6 und 7 BauGB-MaßnahmenG. Die bislang nur im Beitrittsgebiet anwendbare **Satzung über den Vorhaben- und Erschließungsplan** fand rasch Anwendung in den alten Bundesländern (vgl. Heintz, Vorhaben- und Erschließungspläne als private Planungsinitiative, 1995).

84 Der Entwurf der **Städtebaurechtsnovelle 1998** sollte das BauGB und das BauGB-MaßnahmenG wieder zusammenführen sowie das ROG und die BauNVO novellieren (vgl. Krautzberger, Schwerpunkte der Städtebaurechtsnovelle 1998, NVwZ 1996, S. 1047 ff.). Im Gesetzgebungsverfahren wurde die Absicht zur Novellierung der BauNVO aufgrund heftigen Widerstands der Praxis wieder aufgegeben. Das Gesetz zur Änderung des Baugesetzbuches und zur Neuregelung des Rechts der Raumordnung

- **Bau- und Raumordnungsgesetz 1998 – BauROG** vom 18. 8. 1997 (BGBl. I S. 2081)

trat am 1. 1. 1998 in Kraft. Das Artikelgesetz änderte das BauGB, das ROG, die WertV, die RoV, das BNatSchG, das UVPG, die VwGO und das BKleingG. Aufgrund der Ermächtigung des Artikels 10 Abs. 1 BauROG wurde das BauGB unter Berichtigung von Unstimmigkeiten des Wortlauts bekannt gemacht als

- **Neufassung des Baugesetzbuches** vom 27. 8. 1997 (BGBl. I S. 2141).

Mit dem Inkrafttreten des BauROG ergab sich wieder ein im BauGB **zusammengefasstes einheitliches Städtebaurecht**. Der **Vorhaben- und Erschließungsplan** sowie der **städtebaulicher Vertrag** wurden in die §§ 11 und 12 BauGB übernommen. Mit **§ 1 a BauGB** erfolgte eine Integration **umweltschützender Maßgaben für die Abwägung** in das Städtebaurecht bei gleichzeitiger Abänderung des BNatschG und des UVPG unter Berücksichtigung der Prüfung nach der **Fauna-Flora-Habitat-Richtlinie** (Richtlinie 92/43/EWG vom 21. 5. 1992, ABl. EG Nr. L 206 S. 7 und 79/409/EWG vom 2. 4. 1979, ABl. EG Nr. L 103 S. 1). Die **Planerhaltung** wurden verbessert (§§ 214 – 217 BauGB, § 47 Abs. 5 VwGO). Durch **Neufassung des § 29 BauGB** wurde die Geltung des materiellen Bauplanungsrechts **vom Verfahrensrecht der Landesbauordnungen abgekoppelt**. Die §§ 30 bis 37 BauGB sind unabhängig von einem landesrechtlich geregelten oder nicht geregelten Zulassungsverfahren beachtlich. Weitere wichtige Änderungen betreffen: 85

- Berücksichtigung des in § 12 BauGB geregelten **vorhabenbezogenen Bebauungsplans** (Vorhaben- und Erschließungsplan) **als alleinige Beurteilungsgrundlage** für Vorhaben nach § 30 Abs. 2 BauGB,
- **Erleichterung von Befreiungen nach § 31 Abs. 2 BauGB**, die nicht nur im Einzelfall zulässig sind (eine „Atypik" im Sinne der Rechtsprechung wird nicht verlangt),
- **Einbeziehung** der Satzung zur **„erweiterten Abrundung**" von im Zusammenhang bebauten Ortsteilen in das Dauerrecht,
- **Neufassung** des § 35 BauGB **über Außenbereichsvorhaben** unter Berücksichtigung des Strukturwandels in der Landwirtschaft,
- **Einbeziehung** der **Außenbereichssatzung** in das Dauerrecht (§ 35 Abs. 6 BauGB).
- **Fortfall** der bodenrechtlichen **Teilungsgenehmigung im Innen- und Außenbereich**,
- **Fortfall der aufschiebenden Wirkung** von **Widerspruch** und **Anfechtungsklage eines Dritten** gegen bauaufsichtliche Zulassungen nach **§ 212 a BauGB**.

EU-Richtlinien, darunter die Richtlinie 85/337/EWG des Rates vom 27. 6. 1985 über die Umweltverträglichkeitsprüfung bei bestimmten öffentlichen und privaten Projekten (ABl. EG Nr. L 175 S. 40), zuletzt geändert durch „Richtlinie 2003/35/EG des Europäischen Parlaments und des Rates vom 26. 5. 2003 (ABl. EU Nr. L 156 S. 17)" und die „Richtlinie 2001/42/EG des Europäischen Parlaments und des Rates vom 27. 6. 2001 über die Prüfung der Umweltauswirkungen bestimmter Pläne und Programme (ABl. EG Nr. L 197 S. 30)" erforderten weitere Novellierungen des Städtebaurechts. Am 3. 8. 2001 trat das 86

- **Gesetz zur Umsetzung der UVP-Änderungsrichtlinie, der IVU-Richtlinie und weiterer EG-Richtlinien zum Umweltschutz** vom 27. 7. 2001 (BGBl. I S. 1950)

in Kraft. Die Novelle bezweckte eine stärkere Verzahnung des Aufstellungsverfahrens der Bauleitpläne mit der Umweltverträglichkeitsprüfung. Augenfällig wird die Integration der Berücksichtigung umweltrechtlicher Aspekte durch den **Umweltbericht als Teil der Begründung** des Bebauungsplans. Die mit dieser Novelle für die Bauleitplanung eingeführten Vorschriften wurden kurze Zeit später durch das am 20. 7. 2004 in Kraft getretene

- **Gesetz zur Anpassung des Baugesetzbuchs an EU-Richtlinien – Europarechtsanpassungsgesetz Bau – EAG Bau** – vom 24. 6. 2004 (BGBl. I S. 1359)

erneut geändert.

87 Durch das **EAG Bau** wurde die Durchführung einer **Umweltprüfung** bei der Aufstellung, Änderung oder Ergänzung von Flächennutzungs- und Bebauungsplänen allgemein vorgeschrieben. Die Vorgaben der EU-Richtlinien erforderten es, als zusätzliche Aufgabe der Gemeinde ein spezielles **Überwachungsverfahren** hinsichtlich der Umweltauswirkungen der Bauleitplanung mit **§ 4c** BauGB neu einzuführen. Neben dieser Umgestaltung des Verfahrensrechts wurde die Novelle für weitere **Rechtsänderungen** genutzt (vgl. Krautzberger, Europarechtsanpassungsgesetz Bau – EAG Bau 2004: Die Neuregelungen im Überblick, UPR 2004, S. 241 ff. sowie Jäde, Bauordnungsrechtliche Schnittstellenprobleme des EAG Bau, ZfBR 2005, S. 135 ff.):

- Einführung einer Pflicht zur **Überprüfung des Flächennutzungsplans** spätestens nach 15 Jahren (§ 5 Abs. 1 Satz 3 BauGB),
- Einführung **befristeter** oder **bedingter Festsetzungen** (§ 9 Abs. 2 BauGB; vgl. Jäde, Bauordnungsrechtliche Schnittstellenprobleme des EAG Bau, ZfBR 2005, S. 135 ff. und Schieferdecker, Baurecht auf Zeit im BauGB 2004, BauR 2005, S. 320 ff.),
- Einführung der Möglichkeit zur **Zurückstellung bestimmter Außenbereichsvorhaben** im Falle der Aufstellung, Änderung oder Ergänzung des Flächennutzungsplans (§ 15 Abs. 3 BauGB),
- **Abschaffung der bodenrechtlichen Teilungsgenehmigung** und Ersetzung der präventiven Prüfung durch eine materielle Beachtungspflicht (§ 19 Abs. 2 BauGB),
- Verschärfung der **Zulässigkeitsanforderungen für Einzelhandelsnutzungen im Innenbereich** (§ 34 Abs. 3 BauGB),
- Einführung einer **Abweichung vom Einfügungsgebot** für bestimmte Vorhaben von Gewerbe- oder Handwerksbetrieben (§ 34 Abs. 3 a BauGB),
- **Privilegierung von Biomasseanlagen** im Außenbereich (§ 35 Abs. 1 Nr. 6 BauGB),
- **Rückbauverpflichtung** für Außenbereichsvorhaben (§ 35 Abs. 5 Satz 2 BauGB),
- Ersetzung der Grenzregelung durch die **Vereinfachte Umlegung** (§§ 80–84 BauGB; vgl. Stock, Städtebauliche Grundstücksneuordnung – Überblick über die Änderungen des Baugesetzbuchs durch das EAG Bau 2004, ZfBR 2004, S. 536 ff.),
- Vorschriften über den **Stadtumbau** und die **Soziale Stadt** (§§ 171 a–171 e BauGB; vgl. Goldschmidt, Stadtumbau und Soziale Stadt, DVBl. 2005, S. 81 ff.),
- Verbesserung der **Bestandskraft von Bauleitplänen** (§ 215 Abs. 1 BauGB).

88 Eine weitere Änderung erfolgte mit dem am 10. 5. 2005 in Kraft getretenen

- **Gesetz zur Verbesserung des vorbeugenden Hochwasserschutzes** vom 3. 5. 2005 (BGBl. I S. 1224).

Das Gesetz änderte das WHG, das BauGB und das ROG und zielt auf eine wirksamen Bekämpfung von Hochwassergefahren durch die Länder und eine darauf abgestimmte Siedlungsentwicklung. Der zweite Teil des WHG wurde um einen neuen vierten Abschnitt „Hochwasserschutz“ ergänzt. An die Stelle des alten § 32 WHG, der in der neuen Fassung die Zusammenarbeit der Länder regelt, traten die **§§ 31 a bis 31 d WHG** mit Bestimmungen zu den **Grundsätzen des Hochwasserschutzes** sowie zu **Überschwemmungsgebieten, überschwemmungsgefährdeten Gebieten** und **Hochwasserschutzplänen**. Der geänderte § 7 ROG stellt klar, dass zur Freiraumstruktur auch die Freiräume zur Gewährleistung des vorbeugenden Hochwasserschutzes gehören. Der **Katalog** der bei der Bauleitplanung zu berücksichtigenden **öffentlichen Belange** des § 1 Abs. 6 BauGB wurde unter der **neuen Nr. 12** um den Hochwasserschutz ergänzt, in die Darstellungs- und Festsetzungskataloge der §§ 5 und 9 BauGB jeweils Gebote zur nachrichtlichen Übernahme von Überschwemmungsgebieten und zum Vermerk von überschwemmungsgefährdeten Gebieten aufgenommen und im Katalog der zu berücksichtigenden öffentlichen Belange bei der Zulassung von Außenbereichsvorhaben in § 35 Abs. 3 Nr. 6 BauGB ausdrücklich der Hochwasserschutz hervorgehoben (s. hierzu Stüer, Hochwasserschutz in der Bauleitplanung und bei der planungsrechtlichen Zulässigkeit von Vorhaben, ZfBR 2007, S. 17 ff.). **Vorgaben für die Bauleitplanung** und die **Zulässigkeit von Vorhaben** enthält **§ 31 b WHG**:

- die Länder setzen bis zum 10. 5. 2012 Überschwemmungsgebiete fest, in denen statistisch einmal in 100 Jahren Hochwasser zu erwarten ist (Bemessungshochwasser),
- für Überschwemmungsgebiete mit hohem Schadenspotential, insbesondere Siedlungsgebieten, endet die Festsetzungsfrist bereits am 10. 5. 2010,
- Überschwemmungsgebiete sind in ihrer Funktion als Rückhalteflächen zu erhalten, neue Baugebiete in Bauleitplänen dürfen grundsätzlich nicht ausgewiesen werden,
- in Überschwemmungsgebieten bedarf die Errichtung und die Erweiterung baulicher Anlagen nach den §§ 30, 34 und 35 BauGB der Genehmigung der Wasserbehörde.

Den vorläufigen Schlusspunkt städtebaulicher Reformen bildet das 89

- **Gesetz zur Erleichterung von Planungsvorhaben für die Innenentwicklung der Städte** vom 21. 12. 2006 (BGBl. I S. 3316),

das am 1. 1. 2007 in Kraft getreten ist und mit dem das BauGB erneut geändert wurde, um die Innenentwicklung der Städte voranzutreiben und räumlich begrenzte Planungsvorhaben zu vereinfachen und zu beschleunigen (hierzu s. Upmeier/Brandenburg, S. 1–8). Zur Erreichung dieses Ziels wurde die erst im Jahre 2004 mit dem EAG Bau eingeführte Pflicht zur Umweltprüfung (hierzu s. Krautzberger/Söfker, S. 391–397) teilweise wieder zurückgenommen (vgl. Krautzberger, BauGB 2007: Stärkung der Innenentwicklung, DVBl. 2007, S. 160 ff.). Die Schwerpunkte der Novelle betreffen

- ein **beschleunigtes Verfahren** für **Bebauungspläne der Innenentwicklung**, wobei der Begriff nicht definiert ist und offensichtlich als bekannt vorausgesetzt wird,
- neue **Festsetzungsmöglichkeiten zu Tiefen der Abstandflächen**, um abweichend von den Landesbauordnungen, städtebaulich gebotene Abstände regeln zu können,
- die **Sicherung zentraler Versorgungsbereiche** im Interesse der verbrauchernahen Versorgung der Bevölkerung durch Einführung eines **neuen Planungsinstruments**,
- die **Verbesserung der Handhabung des Vorhaben- und Erschließungsplans** durch erweiterte Festsetzungsmöglichkeiten vorhabenbezogener Bebauungspläne,
- die Verbesserung der Bestandskraft der Bauleitpläne durch **Verkürzung der Fristen für die Geltendmachung von Fehlern** und für **Normenkontrollanträge**,
- Änderungen des besonderen Städtebaurechts, um **private Initiativen** – z. B. zur Entwicklung zentraler Versorgungsbereiche – nach Maßgabe landesrechtlicher Vorschriften zu ermöglichen und **Sanierungsverfahren beschleunigen** zu können.

### 5.2 Wirkung der MBO 1981 auf das Bauordnungsrecht

90 Die Landesbauordnungen erfuhren vergleichbar dem Bauplanungsrecht des Bundes mehrfach Änderungen, um Forderungen der Praxis, aber auch gewandelten Auffassungen gerecht zu werden. Da zur Ausführung der Landesbauordnungen eine große Zahl von Rechtsverordnungen, Verwaltungsvorschriften und Erlassen bestand, die komplizierten verfahrensrechtlichen Regelungen nicht mehr überschaubar waren und darüber hinaus die Vorschriften teilweise nicht mehr mit der technischen Entwicklung übereinstimmte, beschloss die 48. Ministerkonferenz der ARGEBAU am 7. 5. 1976 die **Fortschreibung der MBO 1960**. Hierbei sollten besonders Effizienz, Rechtseinheit, Verfahrensvereinfachung und Kostenminderung berücksichtigt werden (vgl. hierzu Böckenförde/Temme/Krebs, Einführung S. X ff.). Die fortgeschriebene Musterbauordnung wurde nach Beteiligung von 41 Verbänden und Stellen sowie Diskussion in der Fachöffentlichkeit nach einem zwölftägigen Hearing 1981 von der Ministerkonferenz als **MBO – Fassung Dezember 1981** verabschiedet (hierzu s. Ley, Die Fortschreibung des Bauordnungsrechts durch die neue Musterbauordnung, NVwZ 1983, S. 599 ff.). Vorausgegangen war eine Diskussion zur Reform des Bauordnungsrechts. Eine Arbeitsgruppe der ARGEBAU hatte eine **Muster-Rahmenbauordnung** vorgelegt, die nur noch Grundsätze enthielt und die Einzelheiten des Bauordnungsrechts Rechtsverordnungen vorbehalten sollte; diese Vorstellungen wurden jedoch **nicht weiter verfolgt**, vielmehr konzentrierte man sich auf eine **inhaltliche Straffung der MBO**. Eine bloße Umschichtung des materiellen Rechts aus dem Gesetz in Rechtsverordnungen hätte nicht zur Vereinfachung beigetragen. Es war gerade Ziel der ARGEBAU, das Bauordnungsrecht zu straffen und zu vereinfachen. Die Musterbauordnung Fassung Dezember 1981 umfasste denn auch nur noch 84 Paragraphen gegenüber der Fassung Januar 1960 mit 118 Paragraphen.

91 Ein großer Fortschritt lag trotz der Reduzierung des Umfangs in der Konkretisierung von Einzelregelungen, was wiederum den **Verzicht auf eine Durchführungsverordnung zu den materiellen Vorschriften** ermöglichte. Materielle Änderungen betrafen in erster Linie die **Neuregelung der Abstandvorschriften**, die die planungsrechtlichen Bestimmungen des § 22 BauNVO zur Bauweise ergänzen. Die **Neufassung** der §§ 6 und 7 MBO, die geringere Gebäudeabstände im Interesse verdichteter Bauformen ermöglichte, machte die **Abstandflächenverordnung entbehrlich**, wie sie bis dahin in den meisten Ländern erlassen worden war. Weitere materielle Änderungen betrafen die Lockerung der Anforderungen an Aufenthaltsräume in Keller- und Dachgeschossen, die insbesondere die Schaffung zusätzlichen, kostengünstigen Wohnraums erleichtern sollte. Schließlich wurden in Abkehr vom bis dahin geltenden Muster im Bereich des baulichen Brandschutzes mehrere Befreiungs- in Ausnahmetatbestände und Ausnahme- in Zulässigkeitstatbestände umgewandelt. Eine dieser Erleichterungen betraf die neu eingeführten Ausnahmetatbestände des § 67 Abs. 2 MBO für Baudenkmäler und bei Modernisierungsvorhaben für Wohnungen.

92 Zum **bauaufsichtlichen Verfahren** brachte die MBO 1981 ebenfalls Änderungen durch **Abschaffung des Bauanzeigeverfahrens**, um im Wesentlichen nur noch die Freistellung und die Baugenehmigungsbedürftigkeit beizubehalten. Rohbau- und Schlussabnahme wurden durch entsprechende **Bauzustandsbesichtigungen** ersetzt, die Pflicht zur Bauüberwachung in das Ermessen der Bauaufsichtsbehörden gestellt. Diese Änderungen sollten dazu beitragen, eine Verwechslung mit der Abnahme im Sinne des § 640 BGB auszuschließen (hierzu s. Locher, Das private Baurecht, 7. Aufl. 2005, S. 38 ff. Rdn. 81–

98). Vielfach glaubten nämlich Bauherren, dass die Abnahme nach den bauordnungsrechtlichen Bestimmungen eine Qualitätskontrolle der Ausführung beinhalte, während das Ziel der Kontrolle lediglich eine Übereinstimmungsprüfung mit dem öffentlichen Baurecht beinhaltet.

Wegen der grundlegenden Reform der MBO entschlossen sich die Bundesländer zum Teil mit erheblicher Zeitverzögerung zur **Neufassung der Landesbauordnungen**: **93**

- **Landesbauordnung Baden-Württemberg – LBO** vom 28.11.1983 (GBl. S.770),
- **Bayerische Bauordnung – BayBO** vom 2.7.1982 (GVBl. S.419),
- **Bauordnung für Berlin – BauO Bln** vom 28.2.1985 (GVBl. S.522),
- **Bremische Landesbauordnung – BremLBO** vom 23.3.1983 (GBl. S.89),
- **Hamburgische Bauordnung – HBauO** vom 1.7.1986 (GVBl. S.183),
- **Hessische Bauordnung – HBO** vom 20.7.1990 (GVBl. I S.476),
- **Niedersächsische Bauordnung – NBauO** vom 6.6.1986 (GVBl. S.157),
- **Bauordnung für das Land Nordrhein-Westfalen – BauO NW** vom 26.6.1984 (GV. NRW. S.419),
- **Landesbauordnung Rheinland-Pfalz – LBO** vom 28.11.1986 (GVBl. S.307),
- **Bauordnung für das Saarland – LBO** vom 10.11.1988 (ABl. S.1373),
- **Landesbauordnung für das Land Schleswig-Holstein – LBO** vom 24.2.1983 (GVBl. S.86).

Die Auswirkungen der Neufassung der MBO sollen nachfolgend am **Beispiel der BauO NW 1984** verdeutlicht werden, auch um zu belegen, dass **Innovationen des Bauordnungsrechts** nicht nur von der Musterbauordnung ausgehen. Vielmehr zeigt die Entwicklung, dass neue Ansätze der einzelnen Landesbauordnungen später in die MBO eingingen. Die BauO NW 1984 sollte die Musterbauordnung weitgehend übernehmen, jedoch bereits in Nordrhein-Westfalen geltende liberalere, d.h. günstigere Regelungen berücksichtigen und dabei zu einer Rechtsbereinigung führen. Der Aufbau der BauO NW 1984 entspricht in etwa der BauO NW 1962/1970, wobei unter Kürzung der Paragraphenfolge mehrere Rechtsverordnungen in das Gesetz selbst eingearbeitet wurden und daher ersatzlos aufgehoben werden konnten: **94**

- Abstandflächenverordnung vom 20.3.1970 (GV. NRW. S.249),
- Allgemeine Verordnung zur Landesbauordnung vom 16.6.1975 (GV. NRW. S.482),
- Freistellungsverordnung vom 5.9.1978 (GV. NRW. S.526),
- Bauanzeigeverordnung vom 20.9.1978 (GV. NRW. S.534).

Damit traten Verfahrenserleichterungen ein, da das Bauanzeigeverfahren entfiel und es nur noch **genehmigungsfreie** und **genehmigungsbedürftige Vorhaben** gab, mit zwei Unterarten: „Benutzungsgenehmigung“ und „Vereinfachtes Genehmigungsverfahren“. Letzteres schränkte die präventive Prüfung ein und fand später Eingang in die MBO. Im Gegenzug wurde das Bauvorlagerecht und der Verantwortlichkeit der am Bau Beteiligten verschärft. Materiell-rechtlich traten bei den Abstandvorschriften durch Begünstigung verdichteter Bauformen Änderungen ein. Die **Rechtssprache** im Bereich der Brandschutzvorschriften wurde **an die technischen Fachausdrücke** angeglichen und besonders die Brandschutzanforderungen auf fünf unterschiedliche Gebäudetypen ausgerichtet (Begründung zum Regierungsentwurf – Allgemeiner Teil, LT-Drucks. 9/2721).

**95** Als Folge der BauO NW 1984 ergab sich das Erfordernis zur **Novellierung der Ausführungsvorschriften**. Auch auf diesem Gebiet wurden Fortschritte erzielt, die bis heute fortwirken. Mit dem Inkrafttreten am 1. 1. 1985 der Verordnung über bautechnische Prüfungen – **BauPrüfVO** – vom 6. 12. 1984 (GV. NRW. S. 774) wurden aufgehoben:

- die PrüfingVO vom 19. 7. 1962 (GV. NRW. S. 470),
- die Überwachungsverordnung vom 4. 2. 1970 (GV. NRW. S. 138),
- die VO zur Übertragung von Zuständigkeiten auf das Institut für Bautechnik in Berlin vom 6. 4. 1970 (GV. NRW. S. 272),
- die VO zur Übertragung von Zuständigkeiten für Ausführungsgenehmigungen Fliegender Bauten vom 2. 8. 1974 (GV. NRW. S. 879),
- die BauVorlVO vom 30. 1. 1975 (GV. NRW. S. 174),
- die PrüfzVO vom 23. 11. 1982 (GV. NRW. S. 761).

Die Zusammenfassung sämtlicher Weisungen zum Vollzug der Rechtsvorschriften in zwei **Verwaltungsvorschriften** zur Landesbauordnung und zur BauPrüfVO ermöglichte die Aufhebung von 42, zum Teil umfangreichen Einzelerlassen. Zusätzlich ergab sich für die am Bau Beteiligten der Effekt einer besseren **Übersichtlichkeit** und damit einer **Berechenbarkeit des Verwaltungshandelns**. Es ergingen:

- die Verwaltungsvorschrift zur Landesbauordnung **VV BauO NW** – vom 29. 11. 1984 (MBl. NRW. S. 1954) und
- die Verwaltungsvorschrift zur Verordnung über bautechnische Prüfungen **VV BauPrüfVO** – vom 10. 10. 1985 (MBl. NRW. S. 1786).

### 5.3 Reform des Bauordnungsrechts ab 1990

**96** Nach dieser Novellierung des Bauordnungsrechts sah sich die Ministerkonferenz der ARGEBAU zu weiteren Änderungen und Ergänzungen der MBO veranlasst. Auslösend hierfür war das Streben nach **Verfahrensvereinfachungen** und der **Einfluss Europas** auf die Baugesetzgebung. Hier sind hervorzuheben:

- die „Richtlinie des Rates für die gegenseitige Anerkennung der Diplome, Prüfungszeugnisse und sonstigen Befähigungsnachweise auf dem Gebiet der Architektur und für Maßnahmen zur Erleichterung der tatsächlichen Ausübung des Niederlassungsrechts und des Rechts auf freien Dienstleistungsverkehr" – **EG-Architektenrichtlinie** – vom 10. 6. 1985 – 85/384/EWG (ABl. EG Nr. L 223 S. 15) und
- die „Richtlinie des Rates zur Angleichung der Rechts- und Verwaltungsvorschriften der Mitgliedsstaaten über Bauprodukte" – **EG-Bauproduktenrichtlinie** – vom 21. 12. 1988 – 89/106/EWG (ABl. EG Nr. L 40 S. 12).

Schließlich sind die Reformbemühungen zur Berücksichtigung **ökologischer Belange** und des **barrierefreien Bauens** zu nennen. Diese Beweggründe erforderten **Ergänzungen** der **MBO** in den Jahren **1990**, **1992** und **1993** (vgl. Böckenförde/Temme/Krebs, Einführung S. XIV ff.). Auf die Bemühungen des Landes Baden-Württemberg zur Reform des Verfahrensrechts, reagierte die ARGEBAU zunächst noch nicht. Mit dem in Baden-Württemberg im Jahre 1990 eingeführten „**Kenntnisgabeverfahren**" entfiel erstmals im Bundesgebiet für bestimmte kleinere Wohngebäude das Baugenehmigungsverfahren. Daraufhin diskutierte auch die ARGEBAU über eine grundlegende Verfahrensreform der MBO, konnte sich jedoch nicht zu einer Neufassung durchringen und schuf stattdessen mit § 81 Abs. 2 MBO 1993 nur eine **Verordnungsermächtigung**, die vom Baugenehmigungsverfahren abweichende Verfahren ermöglichen sollte (vgl. hierzu Böckenförde/Temme/Krebs, Einführung S. XV f.). Bayern und Thüringen ergänzten daraufhin noch 1994 ihre Bauordnungen um „**Freistellungsregelungen**" für Wohngebäude.

Der nordrhein-westfälische Gesetzgeber reagierte auf die geänderten Vorgaben der 97
MBO und die Änderungen im Verfahrensrecht anderer Bundesländer mit vier Änderungsgesetzen zur BauO NW 1984 und einer daran anschließenden **grundlegenden Novellierung** im Jahre **1995**. Die

- **BauO NW** vom 7. 3. **1995** (GV. NRW. S. 218, ber. S. 982)

trat am 1. 1. 1996 in Kraft und brachte schwerpunktmäßig folgende Änderungen:

- **Umsetzung der EG-Bauproduktenrichtlinie** in Landesbauordnungsrecht unter Berücksichtigung der bundesrechtlichen Vorgaben des Bauproduktengesetzes – BauPG,
- Aufnahme von **Vorschriften zum Schutz der natürlichen Lebensgrundlagen,**
- Einführung der **Genehmigungsfreistellung** für bebauungsplankonforme Wohngebäude geringer und mittlerer Höhe,
- **Ausweitung des vereinfachten Genehmigungsverfahrens** auf Wohngebäude mittlerer Höhe,
- Einführung von **staatlich anerkannten Sachverständigen**, die anstelle der Bauaufsichtsbehörden bautechnische Nachweise prüfen oder erstellen,
- **Zusammenführung der Ausnahme- und Befreiungsvorschriften** in einer **Abweichungsvorschrift.**

Die zentralen Anliegen der BauO NW 1995 waren die Ausweitung des vereinfachten 98
Genehmigungsverfahrens sowie die Einführung einer **Freistellungsvorschrift für Wohngebäude nach bayerischem Vorbild** (Art. 64 BayBO 1994). Mit der Novellierung der bayerischen und der nordrhein-westfälischen Bauordnung endete ab 1994 bzw. 1995 unter der Überschrift „**Genehmigungsfreistellung von Wohnbauvorhaben**" die präventive Prüfung von Wohngebäuden, die im Geltungsbereich eines qualifizierten oder vorhabenbezogenen Bebauungsplans liegen und dessen Festsetzungen entsprechen (vgl. Jäde, Abschied von der Baugenehmigung – Beginn beschleunigten Bauens?, NVwZ 1995, S. 672 ff. und Böckenförde/Hindermann, Novellierung der Bauordnung NW, 1996, S. 13 f., Rdn. 29 ff.). Diesem Beispiel schlossen sich kurz danach weitere Länder an (s. die Anmerkungen zu § 67 Rdn. 2), so dass insoweit die MBO an Aktualität einbüßte und ihre Vorbildfunktion für das Bauordnungsrecht der Bundesländer verlor.

Die Neuregelung bestimmter Prüfaufgaben durch vom Bauherrn privatrechtlich zu be- 99
auftragende **staatlich anerkannten Sachverständige** diente dem Ziel, Teilbereiche des Bauordnungsrechts zu entstaatlichen. Diese Sachverständigen erhielten erstmals nach Maßgabe der Verordnung über staatlich anerkannte Sachverständige nach der Landes-

bauordnung – **SV-VO** vom 14.06.**1995** (GV. NRW. S. 592) ihre staatliche Anerkennung in den Fachbereichen Standsicherheit, baulicher Brandschutz sowie Schall- und Wärmeschutzes durch die Baukammern (Architektenkammer, Ingenieurkammer-Bau). Die Einführung staatlich anerkannter Sachverständiger stand im Zusammenhang mit der Freistellung bestimmter Wohngebäude und der Ausdehnung des vereinfachten Genehmigungsverfahrens auf Wohngebäude mittlerer Höhe. Der Gesetzgeber konnte nicht auf die Prüfung der Standsicherheit, des baulichen Brandschutzes sowie des Schall- und Wärmeschutz verzichten. Andererseits sollten aber die Bauaufsichtsbehörden entlastet werden. Eine solche Entlastung wäre durch Ausweitung der Befugnisse der Prüfingenieure für Baustatik nicht eingetreten, da deren Beauftragung nicht direkt durch den Bauherrn, sondern durch die Bauaufsichtsbehörde erfolgt. Da ohnehin wegen der Einbeziehung risikoträchtiger Wohngebäude mittlerer Höhe in die Freistellungsregelung und in das vereinfachte Genehmigungsverfahren das Prüffeld baulicher Brandschutz zu berücksichtigen war, entschloss man sich zur Privatisierung dieser Prüfaufgaben.

**100** Die mit der BauO NW 1995 bewirkten Änderungen des Bauordnungsrechts führten anfänglich zu Vollzugsproblemen und riefen infolge des geänderten Rechtsschutzes Kritik hervor (vgl. Preschel, Abbau der präventiven bauaufsichtlichen Prüfung und Rechtsschutz, DÖV 1998, S. 45 ff.). In den Jahren 1996 und 1997 durchgeführte Dienstbesprechungen zwischen der obersten und den unteren Bauaufsichtsbehörden führte zu Überprüfungen einzelner Vorschriften. Die Brandkatastrophe des Düsseldorfer Flughafens und die Empfehlungen der hierzu eingesetzten Sachverständigenkommission bewogen dazu, die Anforderungen an die Prüfung des baulichen Brandschutzes im Falle von Sonderbauten zu überdenken. Schließlich erforderten **Fortschreibungen** der **MBO** in den Jahren **1996** und **1997** (vgl. Böckenförde/Temme/Krebs, Einführung S. XVI ff.) eine Reaktion des Gesetzgebers. Auf eine erste Änderung folgte mit dem

- **Zweiten Gesetz zur Änderung der Landesbauordnung** vom 9. 11. 1999 (GV. NRW. S. 622) und der anschließenden
- **Neubekanntmachung der BauO NRW 2000** vom 1. 3. 2000 (GV. NRW. S. 256)

neben **Änderungen im materiellen Recht** die **Verbesserung der Freistellungsvorschrift** für Wohngebäude sowie eine Zusammenfassung und inhaltliche **Ausweitung der Freistellungsvorschriften** für kleinere Vorhaben. Als Hauptpunkte der Novelle sind zu nennen:

- **Neufassung der Stellplatzpflicht**, um diese zu vereinfachen und bei der Stellplatzermittlung stärker den örtlichen Gegebenheiten unter Berücksichtigung des öffentlichen Personennahverkehrs Rechnung tragen zu können,
- **Verschärfung der Vorschriften über das barrierefreie Bauen**, um den Bedürfnissen von Menschen mit Behinderungen, von alten Menschen und Personen mit Kleinkindern an die Zugänglichkeit von Gebäuden zu entsprechen,
- **Aufwertung des vereinfachten Genehmigungsverfahrens zum Regelverfahren** und die Beschränkung des normalen Genehmigungsverfahrens auf so genannte „große Sonderbauten“,
- **Pflicht zur Vorlage von Brandschutzkonzepten für „große“ Sonderbauten**,
- **Wiedereinführung** der mit der Novelle 1995 gestrichenen **Bauleitervorschrift**, um den Schutz der öffentlichen Sicherheit bei der Ausführung von Bauvorhaben besser zu gewährleisten.

Mit der Aufwertung des vereinfachten Genehmigungsverfahrens zum Regelverfahren verblieben für das „normale" Genehmigungsverfahren nur gefahrenträchtige **„große" Sonderbauten**, wie Hochhäuser, Versammlungsstätten, Geschäftshäuser, Krankenhäuser, um einige Beispiele zu nennen. Die **Abgrenzung** zwischen „großen" und „kleinen" Sonderbauten erfolgte in § 68 Abs. 1 **Satz 3** BauO NRW 2000 durch einen abschließenden Katalog von Vorhaben. Für „große" Sonderbauten wurde die Erstellung eines **Brandschutzkonzepts als Bauvorlage** zur Pflicht gemacht, das von einem staatlich anerkannten Sachverständigen für die Prüfung des Brandschutzes aufgestellt werden soll und der bauaufsichtlichen Prüfung unterliegt. Die inhaltliche Ausgestaltung von Brandschutzkonzepten wurde in der BauPrüfVO geregelt.

Die **BauO NRW 2000** wurde mehrfach geändert und ergänzt: **101**

- Die **1. Änderung** erfolgte mit dem **Gesetz zur Ausführung und Ergänzung des Bundes-Bodenschutzgesetzes in Nordrhein-Westfalen** vom 9. 5. 2000 (GV. NRW. S. 439). Durch **Artikel 7** dieses Gesetzes wurde **§ 63 Abs. 2 BauO NRW** geändert und in die Aufzählung der die Baugenehmigung einschließenden Entscheidungen nach anderen öffentlich-rechtlichen Vorschriften zusätzlich die Verbindlichkeitserklärung eines Sanierungsplanes nach § 13 Abs. 6 Bundes-Bodenschutzgesetz oder § 15 Abs. 3 Landesbodenschutzgesetzes aufgenommen.
- Die **2. Änderung** erfolgte mit dem **Gesetz zur Änderung der Landesbauordnung** vom **22. 7. 2003** (GV. NRW. S. 434) zur Entlastung der Bauaufsichtsbehörden von einer großen Zahl notwendiger Baugenehmigungsverfahren für die Errichtung von **Mobilfunkanlagen**. Im Freistellungskatalog des **§ 65 Abs. 1 BauO NRW** wurde **Nr. 18** so ergänzt, dass auch die mit der Errichtung einer Mobilfunkanlage regelmäßig verbundene **Nutzungsänderung** in nicht gewerblich genutzten Gebäuden ohne Durchführung eines Baugenehmigungsverfahrens erfolgen kann, auch wenn dies bei Standorten in einem Kleinsiedlungsgebiet, einem reinen oder einem allgemeinen Wohngebiet eine **bauplanungsrechtliche Abweichungsentscheidung** erfordert. Um eine entsprechende Verfahrensregelung zur Verfügung zu stellen, wurde **§ 74 a – Ausnahmen und Befreiungen nach dem Bauplanungsrecht** neu in die BauO NRW aufgenommen.
- Die **3. Änderung** erfolgte mit dem **Gesetz zur Gleichstellung von Menschen mit Behinderung und zur Änderung anderer Gesetze** vom 16. 12. 2003 (GV. NRW. S. 766). Durch **Artikel 8** dieses Gesetzes wurden die Überschrift sowie die Absätze 1 und 2 des **§ 55 BauO NRW** neu gefasst, um die Bestimmungen über die Barrierefreiheit zu verschärfen. Die Prüfung der Anforderungen an die Barrierefreiheit wurde in den Katalog des **§ 68 Abs. 1 Satz 4 Nr. 2 BauO NRW** aufgenommen.
- Die **4. Änderung** erfolgte mit dem **Gesetz zur Umsetzung der UVP-Änderungsrichtlinie im Lande Nordrhein-Westfalen** vom **4. 5. 2004** (GV. NRW. S. 259). Durch Artikel 9 dieses Gesetzes wurde dem **§ 63 Abs. 1 BauO NRW** ein **Satz 2** angefügt, der für bauliche Vorhaben nach § 1 in Verbindung mit Anlage 1 Nummern 20, 21, 27 und 28 des UVPG NW die Durchführung einer Umweltverträglichkeitsprüfung oder einer Vorprüfung des Einzelfalls vorschreibt.
- Die **5. Änderung** erfolgte mit dem **Vierten Gesetz zur Befristung des Landesrechts Nordrhein-Westfalen** (Viertes Befristungsgesetz – Zeitraum 1996 bis Ende 2000) vom **5. 4. 2005** (GV. NRW. S. 332). Durch **Artikel 91** dieses Gesetzes wurde ein neuer **§ 91 – Berichtspflicht** der BauO NRW angefügt, nach dem die Landesregierung dem

Landtag bis Ende 2009 über die Notwendigkeit und Zweckmäßigkeit der Regelungen der Bauordnung zu berichten hat.

- Die **6. Änderung** erfolgte mit dem **Zweiten Gesetz zur Änderung der Landesbauordnung** vom 12. 12. **2006** (GV. NRW. S. 615) und bezweckte **Vereinfachungen des Abstandflächenrechts**. Die Vorschriften des **§ 6 BauO NRW** wurden unter Einbeziehung von Regelungen des **aufgehobenen § 7 BauO NRW** gestrafft und neu gefasst. Dem **§ 73 Abs. 1 BauO NRW** wurde ein neuer **Satz 4 angefügt**, um **Abweichungen** von den Regeln des § 6 zu erleichtern.
- Die **7. Änderung** erfolgte mit dem **Ersten Gesetz zum Bürokratieabbau – Bürokratieabbaugesetz I** vom 13. 3. 2007 (VG. NRW. S. 133), g. d. G vom 9. 10. 2007 (GV. NRW. S. 393) um Maßnahmen zum Bürokratieabbau bis zum 31. 12. 2010 **landesweit** erproben und sie gegebenenfalls in das Dauerrecht übernehmen zu können. Das Bürokratieabbaugesetz I ersetzt das Gesetz zum Bürokratieabbau in der Modellregion Ostwestfalen-Lippe vom 16. 3. 2004 (GV. NRW. S. 134), geändert durch Gesetz vom 3. 5. 2005 (GV. NRW. S. 484), das nur beschränkt auf die Modellregion Anwendung fand und enthält – vergleichbar der Rechtskonstruktion des BauGB-MaßnahmenG (vgl. Rdn. 81) – in § 2 **Nr. 3** eine **Parallelregelung** zum **AG VwGO**, nach der unter anderem das **Widerspruchsverfahren** bei Entscheidungen der Bauaufsichtsbehörden und der Baugenehmigungsbehörden **entfällt**; mit dem kurze Zeit später am 1. 11. 2007 in Kraft getretenen **Bürokratieabbaugesetz II** vom 9. 10. 2007 (GV. NRW. S. 393) wurde die Regelung zum **Widerspruchsverfahren** wieder aufgehoben, jedoch inhaltlich unverändert nach **§ 6 AG VwGO** überführt. § 2 **Nr. 4** Bürokratieabbaugesetz I enthält eine Parallelregelung zur **BauO NRW**:

  Buchstabe **a)** betrifft eine Regelung zur **Ersetzung** des von der Gemeinde im **Zustimmungsverfahren** nach **§ 80 BauO NRW rechtswidrig verweigerten Einvernehmens** unter Ausschluss des § 119 GO NRW,

  Buchstabe **b)** erweitert die **Freistellungsregelung** des **§ 65 Abs. 1 Nr. 33a BauO NRW** für **Werbeanlagen**,

  Buchstabe **c)** führt für **Nutzungsänderungen** und die **Errichtung von Kleingaragen** abweichend von **§ 63 Abs. 1 Satz 1 BauO NRW** ein **Anzeigeverfahren** ein.
- Die **8. Änderung** erfolgte mit dem **Gesetz zur Änderung des Landeswassergesetzes, der Landesbauordnung und des Landesabfallgesetzes** vom 11. 12. 2007 (GV. NRW. S. 708). **Artikel 1** änderte in insgesamt 56 Nummern Vorschriften des **LWG; mit Nr. 33** wurde **§ 61 a Private Abwasseranlagen** eingefügt, der § 45 BauO NRW inhaltlich übernimmt. **Artikel 2** betrifft die **Aufhebung des § 45 BauO NRW.**

**102** Die nachfolgende Abbildung E 6 zeigt den Weg vom erstmaligen Erlass der Landesbauordnung im Jahre 1962 bis zur jüngsten Änderung der Bauordnung. In der Abbildung finden sich unterschiedliche **Abkürzungen für Nordrhein-Westfalen**. Ein Wechsel der amtlichen Abkürzung Nordrhein-Westfalens von **NW** in **NRW** erfolgte durch Beschluss der Landesregierung vom 20. 10. 1998; vgl. hierzu den Runderlass vom 17. 2. 1999 (MBl. NRW. 1999 S. 160). Nach und nach wird bei jeder Änderung einer Rechts- oder Verwaltungsvorschrift des Landes die alte Abkürzung durch die neue ersetzt. Bei der Angabe der Fundstellen (im Gesetz- und Verordnungsblatt und im Ministerialblatt) ist nach Nr. 3 des Runderlasses ausnahmslos die neue Abkürzung zu verwenden.

**BauO NW 1962**
vom 25.6.1962 (GV. NRW. S. 373)
in Kraft getreten am 1.10.1962

geändert durch Gesetz vom 2.12.1969 (GV. NRW. S. 860)
aufgrund Artikel III neu gefasst als

**BauO NW 1970**
vom 27.1.1970 (GV. NRW. S. 96, ber. 1971 S. 331)
in Kraft getreten am 1.7.1970

1. Änderung vom 15.7.1976 (GV. NRW. S. 264)
2. Änderung vom 11.7.1978 (GV. NRW. S. 290)
3. Änderung vom 27.3.1979 (GV. NRW. S. 122)
4. Änderung vom 6.4.1982 (GV. NRW. S. 170)
5. Änderung vom 18.5.1982 (GV. NRW. S. 248)

**BauO NW 1984**
vom 26.6.1984 (GV. NRW. S. 419, ber. S. 532)
in Kraft getreten am 1.1.1985

1. Änderung vom 18.12.1984 (GV. NRW. S. 803)
2. Änderung vom 21.6.1988 (GV. NRW. S. 319)
3. Änderung vom 20.6.1989 (GV. NRW. S. 432)
4. Änderung vom 24.11.1992 (GV. NRW. S. 467)

**BauO NW 1995**
vom 7.3.1995 (GV. NRW. S. 218, ber. S. 982)
in Kraft getreten am 1.1.1996

1. Änderung vom 24.10.1998 (GV. NRW. S. 687)
2. Änderung vom 9.11.1999 (GV. NRW. S. 622)

aufgrund Artikel III Abs. 4 neu gefasst als

**BauO NRW 2000**
vom 1.3.2000 (GV. NRW. S. 256)
in Kraft getreten am 1.6.2000

1. Änderung vom 9.5.2000 (GV. NRW. S. 439)
2. Änderung vom 22.7.2003 (GV. NRW. S. 434)
3. Änderung vom 16.12.2003 (GV. NRW. S. 766)
4. Änderung vom 4.5.2004 (GV. NRW. S. 259)
5. Änderung vom 5.4.2005 (GV. NRW. S. 332)
6. Änderung vom 12.12.2006 (GV. NRW. S. 615)
7. Änderung vom 13.3.2007 (GV. NRW. S. 133)

**Abbildung E 6 Von der BauO NW 1962 zur BauO NRW 2000**

**103** Wie sich aus § 85 BauO NRW ergibt, ist das Gesetz darauf ausgerichtet, durch **Rechtsverordnungen** und **Verwaltungsvorschriften** ergänzt zu werden, um es nicht zu überladen und flexibel auf Entwicklungen reagieren zu können. Verwaltungsvorschriften sind allgemein zum Vollzug des Gesetzes oder einer Rechtsverordnung, wie z. B. die Verwaltungsvorschrift zur Verordnung über bautechnische Prüfungen, aber auch zu speziellen Themen ergangen, wie z. B. in Bezug auf die Ausführungsgenehmigung und die Gebrauchsabnahme Fliegender Bauten. Verwaltungsvorschriften erhalten in Nordrhein-Westfalen die Abkürzung **VV**. Unter Berücksichtigung des nahezu abgeschlossenen Ausbaus des Bauproduktenrechts lassen sich diese Ausführungsvorschriften vereinfachend – nach dem **Rechtsstand vom 31. 4. 2006** – in **zwei Gruppen** einteilen:

- Vorschriften, die vorrangig unter **Verfahrensgesichtspunkten** oder zum **Vollzug des Bauproduktenrechts** benötigt werden,
- Vorschriften, die nähere Bestimmungen zu **materiellen Anforderungen** enthalten, darunter die so genannten **Sonderbauvorschriften**.

Die **Verwaltungsvorschrift zur Landesbauordnung – VV BauO NRW** vom 12. 10. 2000 (MBl. NRW. S. 1432) ist infolge Befristung mit Ablauf des 31. 12. 2005 **ausgelaufen**. Sie wird von den Bauaufsichtsbehörden und den am Bau Beteiligten weiter herangezogen, da die Hinweise zu den materiellen Vorschriften, die Muster für das Baustellenschild, die Muster für die Bescheinigungen nach den §§ 66 und 70 BauO NRW, aber auch die Richtzahlen für den Stellplatzbedarf von erheblicher Relevanz für die Praxis sind.

**104** Zur **ersten Gruppe** rechnen:

**a) Verfahrensvorschriften**

- **Verordnung über bautechnische Prüfungen – BauPrüfVO** vom 6. 12. 1995 (GV. NRW. S. 1241), grundlegend g. d. VO vom 20. 2. 2000 (GV. NRW. S. 226), z. g. d. G vom 5. 4. 2005 (GV. NRW. S. 306),
- **Verwaltungsvorschrift zur Verordnung über bautechnische Prüfungen – VV BauPrüfVO** vom 8. 3. 2000 (MBl. NRW. S. 57), z. g. d. RdErl. vom 23. 1. 2006 (MBl. NRW. S. 57),
- **Verordnung über staatlich anerkannte Sachverständige nach der Landesbauordnung – SV-VO** vom 29. 4. 2000 (GV. NRW. S. 422), z. g. d. G vom 5. 4. 2005 (GV. NRW. S. 332),
- **Verordnung über die Prüfung technischer Anlagen und Einrichtungen von Sonderbauten durch staatlich anerkannte Sachverständige und durch Sachkundige – Technische Prüfverordnung – TPrüfVO** vom 5. 12. 1995 (GV. NRW. S. 1236), z. g. d. G vom 5. 4. 2005 (GV. NRW. S. 306),
- **Verwaltungsvorschriften über Ausführungsgenehmigungen für Fliegende Bauten und deren Gebrauchsabnahme – FlBauVV**, RdErl. vom 8. 9. 2000 (MBl. NRW. S. 1228), g. d. RdErl. vom 6. 8. 2007 (MBl. NRW. S. 563).

**b) Vorschriften zum Bauproduktenrecht**

- Bekanntmachung über das **DIBt-Abkommen** vom 26. 10. 1993 (GV. NRW. S. 886),
- Bekanntmachung der **DIBt-Finanzierungsvereinbarung** vom 22. 3. 2005 (GV. NRW. S. 606),

- **Verordnung zur Übertragung von Befugnissen auf das Deutsche Institut für Bautechnik – DIBt-Übertragungsverordnung – DIBt-ÜtVO** vom 29. 10. 2004 (GV. NRW. S. 686),
- **Verordnung über die Anerkennung als Prüf-, Überwachungs- oder Zertifizierungsstelle und über das Übereinstimmungszeichen – PÜZÜVO** vom 6. 12. 1996 (GV. NRW. S. 505), z. g. d. G vom 5. 4. 2005 (GV. NRW. S. 332),
- **Verordnung zur Feststellung der wasserrechtlichen Eignung von Bauprodukten und Bauarten durch Nachweise nach der Landesbauordnung – WasBauPVO** vom 6. 3. 2000 (GV. NRW. S. 251), g. d. G vom 5. 4. 2005 (GV. NRW. S. 332),
- **Verordnung über Anforderungen an Hersteller von Bauprodukten und Anwender von Bauarten – Hersteller- und AnwenderVO – HAVO** vom 7. 3. 2000 (GV. NRW. S. 251), z. g. d. VO vom 27. 4. 2005 (GV. NRW. S. 487),
- **Verordnung über die Überwachung von Tätigkeiten mit Bauprodukten und bei Bauarten – ÜTVO** vom 8. 3. 2000 (GV. NRW. S. 252), z. g. d. VO vom 27. 4. 2005 (GV. NRW. S. 488),
- **Bekanntmachung der Bauregelliste A, Bauregelliste B und Liste C – Ausgabe 2007/1** (DIBt-Mitteilungen 2007, Sonderheft 34).

Zur **zweiten Gruppe** rechnen: 105

**a) Konkretisierung materielle Anforderungen**

- **Verordnung über den Bau und Betrieb von Betriebsräumen für elektrische Anlagen – EltBauVO** vom 15. 2. 1974 (GV. NRW. S. 81), g. d. G vom 5. 4. 2005 (GV. NRW. S. 274),
- **Feuerungsverordnung – FeuVO NW** vom 21. 7. 1998 (GV. NRW. S. 481), z. g. d. G vom 5. 4. 2005 (GV. NRW. S. 332),
- **Einführung Technischer Baubestimmungen**, RdErl. vom 8. 11. 2006 (MBl. NRW. S. 582, ber. MBl. NRW. 2007 S. 166),

**b) Sonderbauvorschriften**

- **Verordnung über den Bau und Betrieb von Krankenhäusern – Krankenhausbauverordnung – KhBauVO** vom 21. 2. 1978 (GV. NRW. S. 154), z. g. d. G vom 5. 4. 2005 (GV. NRW. S. 274),
- **Verordnung über Camping- und Wochenendplätze – Camping- und Wochenendplatzverordnung – CW VO** vom 10. 11. 1982 (GV. NRW. S. 731), g. d. G vom 5. 4. 2005 (GV. NRW. S. 274),
- **Verordnung über den Bau und Betrieb von Hochhäusern – Hochhausverordnung – HochhVO** vom 11. 6. 1986 (GV. NRW. S. 522), z. g. d. G vom 5. 4. 2005 (GV. NRW. S. 274),
- **Verordnung über den Bau und Betrieb von Garagen – Garagenverordnung – GarVO** vom 2. 11. 1990 (GV. NRW. S. 600), z. g. d. G vom 5. 4. 2005 (GV. NRW. S. 306),
- **Verordnung über den Bau und Betrieb von Verkaufsstätten – Verkaufsstättenverordnung – VkVO** vom 8. 9. 2000 (GV. NRW. S. 639), g. d. G vom 5. 4. 2005 (GV. NRW. S. 332),

- **Verordnung über den Bau und Betrieb von Versammlungsstätten – Versammlungsstättenverordnung – VStättVO** vom 20.9.2002 (GV. NRW. S. 454), z.g.d. VO vom 14.11.2006 (GV. NRW. S.567),
- **Verordnung über den Bau und Betrieb von Beherbergungsstätten – Beherbergungsstättenverordnung – BeVO** vom 20.9.2002 (GV. NRW. S.454), g.d. G vom 5.4.2005 (GV. NRW. S.351),
- **Richtlinie über bauaufsichtliche Anforderungen an Schulen – Schulbaurichtlinie – SchulBauR**, RdErl. vom 29.11.2000 (MBl. NRW. S.1608), g.d. RdErl. vom 15.11.2005 (MBl. NRW. S.1310),
- **Richtlinie über den Bau und Betrieb Fliegender Bauten – FlBauR** – Fassung Dezember 1997, RdErl. vom 8.9.2000 (MBl. NRW. S.1228), g.d. RdErl. vom 6.8.2007 (MBl. NRW. S.563).

**106** Die 102. Bauministerkonferenz beriet im August 2000 einen **Diskussionsentwurf** zur Überarbeitung der MBO 1997, der vor allem zu einer (Wieder-) Annäherung des Verfahrensrechts der Landesbauordnungen beitragen sollte, darüber hinaus aber auch für die Brandschutzvorschriften eine neue Konzeption verfolgte (s. die Anmerkungen zu § 17 Rdn. 30 e). Weiter wurden die materiellen Vorschriften gestrafft. Zum Diskussionsentwurf führte die Fachkommission „Bauaufsicht" im Jahre 2001 auf Bundesebene eine **Verbändebeteiligung** durch. Auf der 106. Bauministerkonferenz am **8.11.2002** wurde die **Neufassung der Musterbauordnung** als **MBO 2002** verabschiedet (hierzu s. Jäde, Grundlinien der Musterbauordnung 2002, ZfBR 2003, S. 221 ff. und die Kritik von Schulte, Die Reform des Bauordnungsrechts in Deutschland, DVBl. 2004, S. 925 ff.).

**107** Da es das erklärte Ziel der MBO 2002 ist, wieder einen aktuellen Rahmen für die Landesgesetzgebung zu schaffen, mussten die Reformansätze einzelner Bundesländer zur Genehmigungsfreistellung aufgegriffen und das Baugenehmigungsverfahren insgesamt neu strukturiert werden. Zwischen dem materiellen Recht und den Vorschriften über das Genehmigungsverfahren und die Freistellung vom Genehmigungsverfahren besteht ein direkter Zusammenhang (vgl. Jäde, Einleitung S. 3 III.). Ein weiterer Verzicht auf präventive Prüfungen erforderte eine **Vereinfachung des materiellen Bauordnungsrechts**. Die im Laufe von Jahrzehnten allzu kompliziert geratenen Regeln des Abstandflächenrechts und andere materielle Bestimmungen wurden mit der MBO 2002 gestrafft.

Die **MBO 2002 mit Begründung** und sonstige **Muster von Rechtsvorschriften** und **Verwaltungsvorschriften** wurden von der ARGEBAU unter der Internet-Adresse

**www.is-argebau.de**

veröffentlicht. Neu verabschiedete Muster werden ebenfalls dort eingestellt.

**108** Seit nunmehr zwanzig Jahren berichtet **Ortloff** über die **Entwicklung des Bauordnungsrechts** (s. die letzten Berichte in NVwZ 2004, S. 934 ff., NVwZ 2005, S. 1381 ff. und NVwZ 2006, S. 999 ff.). Die Berichte behandeln jeweils das materielle Bauordnungsrecht, das Verfahrensrecht, den Rechtsschutz des Bauherrn, der Gemeinde und des Nachbarn sowie die Ersatzansprüche und die bauaufsichtlichen Eingriffsbefugnisse.

## Kommentierte Vorschriften

**Bauordnung für das Land Nordrhein-Westfalen**
**Landesbauordnung – BauO NRW**
vom 7.3.1995 (GV. NRW. S.218, ber. S.982)
in der Fassung der Neubekanntmachung
vom 1.3.2000 (GV. NRW. S.256)
zuletzt geändert durch Gesetz vom 11.12.2007 (GV. NRW. S.708)
mit zugeordneter
**Verwaltungsvorschrift zur Landesbauordnung**
**VV BauO NRW**
RdErl. vom 12.10.2000 (MBl. NRW. S.1432)
infolge Befristung mit Ablauf des 31.12.2005 ausgelaufen
*Anmerkung: die für die Praxis bedeutsamen Teile der VV BauO NRW*
*sind im Kommentar wieder mit abgedruckt und besprochen*

**Verordnung über bautechnische Prüfungen**
**BauPrüfVO**
vom 6.12.1995 (GV. NRW. S.1241)
grundlegend geändert durch Verordnung vom 20.2.2000 (GV. NRW. S.226)
zuletzt geändert durch Gesetz vom 5.4.2005 (GV. NRW. S.306),
mit zugeordneter
**Verwaltungsvorschrift zur Verordnung über bautechnische Prüfungen**
**VV BauPrüfVO**
RdErl. vom 8.3.2000 (MBl. NRW. S.478)
zuletzt geändert durch RdErl. vom 23.1.2006 (MBl. NRW. S.57),

**Abgeschlossenheitsvorschriften**
nach dem
**Gesetz über das Wohnungseigentum und das Dauerwohnrecht**
**Wohnungseigentumsgesetz – WEG**
vom 15.3.1951 (BGBl. I S.175, ber. S.209)
zuletzt geändert durch Gesetz vom 26.3.2007 (BGBl. I S.370)
mit zugeordneter
**Allgemeiner Verwaltungsvorschrift**
**für die Ausstellung von Bescheinigungen gemäß § 7 Abs. 4 Nr. 2**
**und § 32 Abs. 2 Nr. 2 des Wohnungseigentumsgesetzes**
Bekanntmachung vom 19.3.1974 (BAnz Nr.58 S.2)

# Erster Teil
# Allgemeine Vorschriften

## Vor §§ 1 bis 3

**Anmerkungen** (Autor: Heintz)

1 Die BauO NRW gliedert sich vom Grundsatz her in **zwei** große **Themenkomplexe**, die ihrerseits wieder nach Teilen und Abschnitten geordnet sind, nämlich die **materiellen Vorschriften** der §§ 4 bis 55 und die **Verfahrensvorschriften** der §§ 56 bis 91. Diese Grobaufteilung der Gesetzesmaterie, die nicht immer lückenlos durchgehalten wird, wie einige in den materiellen Themenkomplex eingestreute verfahrensrechtliche Bestimmungen belegen (vgl. z.B. § 8 Abs. 2 bis 4, § 11 Abs. 3, § 13 Abs. 6, einzelne Absätze der §§ 20 bis 28, § 51 Abs. 5 BauO NRW), lässt sich allerdings so dem § 1 BauO NRW vorangestellten Inhaltsverzeichnis nicht unmittelbar entnehmen. Die allgemeinen Vorschriften des ersten Teils mit den **§§ 1 bis 3** eröffnen, diesen beiden Themenkomplexen vorangestellt, den Gesetzestext. Sämtliche Landesbauordnungen folgen hierbei in Aufbau und Inhalt der MBO; lediglich die NBauO hat die §§ 1 und 3 abweichend vom Muster untereinander vertauscht.

2 Die §§ 1 bis 3 können keinem der beiden Themenkomplexe zugeordnet werden, da sie sowohl materiell-rechtliche als auch verfahrensrechtliche Regelungen enthalten. Sie sind vielmehr die **zentralen Vorschriften** des Bauordnungsrechts schlechthin. Als solche lenken sie nämlich nicht nur die Handhabung der einzelnen Vorschriften der BauO NRW selbst, sondern weisen darüber hinaus erhebliche **Bedeutung für die untergesetzlichen Vorschriften** auf. So greifen z.B. die Vorschriften der Sonderbauverordnungen erst, wenn das Bauordnungsrecht nach Maßgabe des § 1 BauO NRW überhaupt **Anwendung** findet. Die Begriffsbestimmungen, wie z.B. die des Hochhauses bzw. die der Garage nach § 2 Abs. 3 Satz 3 bzw. Abs. 8 Satz 2 BauO NRW, sind unmittelbarer **Anknüpfungspunkt** verschiedener Sonderbauverordnungen, so in den beiden Beispielen für die Hochhausverordnung und für die Garagenverordnung. An der **bauordnungsrechtlichen Generalklausel** des § 3 Abs. 1 Satz 1 BauO NRW orientieren sich auch die materiellen Anforderungen des untergesetzlichen Regelwerks.

3 Die Vorschriften der §§ 1 bis 3 entfalten auch **Bedeutung für andere Rechtsvorschriften**, die auf einzelne Bestimmungen der Landesbauordnung Bezug nehmen, wie beispielsweise § 2 Abs. 2 DSchG oder § 4 Abs. 2 LG (s. die Anmerkungen zu § 2 Rdn. 20 und 25). Dies sind keineswegs nur landesrechtliche Vorschriften, sondern auch das Bundesrecht. Beispielsweise verweisen § 18 BauNVO in den Fassungen von 1962, 1968 und 1977 sowie § 20 Abs. 1 BauNVO 1990 hinsichtlich der Begriffsbestimmung des Vollgeschosses auf das Landesrecht. Zwischen dem Bauordnungsrecht einerseits und dem Straßen-, Wasser-, Landschafts- und Denkmalrecht andererseits ergeben sich zahlreiche, zum Teil komplizierte Berührungen und Überschneidungen, die ihre Ursache in der Rechtskonstruktion des jeweiligen Anwendungsbereichs und in den Verweisungen oder sogar Rückverweisungen einzelner Vorschriften finden. Es ist deshalb unabdingbar, sich eingehend mit den Eingangsvorschriften der BauO NRW zu befassen, um bei der Rechtsanwendung **sachgerechte Ergebnisse** erzielen zu können.

## § 1
## Anwendungsbereich

**(1) [1]Dieses Gesetz gilt für bauliche Anlagen und Bauprodukte. [2]Es gilt auch für Grundstücke sowie für andere Anlagen und Einrichtungen, an die in diesem Gesetz oder in Vorschriften aufgrund dieses Gesetzes Anforderungen gestellt werden.**

**(2) Dieses Gesetz gilt nicht für**

1. **Anlagen des öffentlichen Verkehrs einschließlich Zubehör, Nebenanlagen und Nebenbetriebe, mit Ausnahme von Gebäuden,**
2. **Anlagen, soweit sie der Bergaufsicht unterliegen, mit Ausnahme von Gebäuden,**
3. **Leitungen, die der öffentlichen Versorgung mit Wasser, Gas, Elektrizität, Wärme, der öffentlichen Abwasserbeseitigung oder dem Fernmeldewesen dienen, einschließlich ihrer Masten, Unterstützungen sowie unterirdischen Anlagen und Einrichtungen,**
4. **Rohrleitungen, die dem Ferntransport von Stoffen dienen, einschließlich ihrer unterirdischen Anlagen und Einrichtungen,**
5. **Kräne.**

**Anmerkungen** (Autor: Heintz)

**Übersicht** Rdn.


| | | Rdn. |
|---|---|---|
| 0 | Änderungen gegenüber der BauO NW 1984 und der BauO NW 1995 | 01– 02 |
| 1 | Allgemeines | |
| 1.1 | Gesetzgebungskompetenz, MBO, BauO NRW und „Baufreiheit“ | 1– 9 |
| 1.2 | Aufgabenbereich der Bauaufsicht, Abgrenzung zum Privatrecht | 10– 20 |
| 2 | Zu Absatz 1 – Anwendungsbereich | |
| 2.1 | Sachlicher, räumlicher und zeitlicher Anwendungsbereich | 21– 24 |
| 2.1.1 | Bauliche Anlagen und Bauprodukte | 25– 26 |
| 2.1.2 | Grundstücke | 27– 36 |
| 2.1.3 | Andere Anlagen und Einrichtungen | 37– 38 |
| 2.2 | Geltung der materiellen Anforderungen | 39– 41 |
| 3 | Zu Absatz 2 – Ausnahmen vom Anwendungsbereich | 42– 43 |
| 3.1 | Anlagen des öffentlichen Verkehrs (Nr. 1) | 44– 47 |
| 3.1.1 | Bauplanungs- und Fachplanungsrecht im Verhältnis zur BauO NRW | 48– 55 |
| 3.1.2 | Öffentliche Straßen, Wege und Plätze | 56– 71 |
| 3.1.3 | Öffentliche Eisenbahnen und Magnetschwebebahnen | 72– 94 |
| 3.1.4 | Öffentliche Straßenbahnen und ähnliche Bahnen, Busse, Taxen | 86– 94 |
| 3.1.5 | Öffentliche Wasserstraßen | 95–106 |
| 3.1.6 | Öffentliche Flugplätze | 107–112 |
| 3.1.7 | Zubehör, Nebenanlagen, Nebenbetriebe, Gebäude | 113–119 |
| 3.2 | Anlagen, die der Bergaufsicht unterliegen (Nr. 2) | 120–129 |
| 3.3 | Leitungen für die öffentliche Ver- und Entsorgung (Nr. 3) | 130–136 |
| 3.3.1 | Wasser-, Gas-, Elektrizitäts- und Wärmeversorgung | 137–146 |
| 3.3.2 | Abwasserbeseitigung | 147–151 |
| 3.3.3 | Fernmeldewesen (Telekommunikation) | 152–153 |
| 3.4 | Rohrleitungen für den Ferntransport von Stoffen (Nr. 4) | 154–157 |
| 3.5 | Kräne (Nr. 5) | 158–160 |

**0 Änderungen gegenüber der BauO NW 1984 und der BauO NW 1995**

01 Die **BauO NW 1995** hat § 1 **BauO NW 1984** im Wesentlichen **übernommen**. Im **Absatz 1 Satz 1** verdeutlicht der neu aufgenommene Begriff „**Bauprodukte**", dass die Bauordnung auch Regelungen hierüber enthält und neben dem Bauproduktengesetz des Bundes der Umsetzung der EG-Bauproduktenrichtlinie dient. In **Absatz 2 Nr. 1** wurde einerseits durch die Aufnahme der Begriffe „**Zubehör**" und „**Nebenbetriebe**" nur klargestellt, was bislang schon die Auslegung des alten Textes ergeben hatte. Zum anderen wurden die **Rückausnahmen für Überbrückungen und Stützmauern gestrichen**, da diese der Prüfung im Planfeststellungs- bzw. Plangenehmigungsverfahren unterliegen (vgl. die Begründung in LT – Drucks. 11/7153 S. 145).

02 Die **BauO NRW 2000** hat § 1 BauO NW 1995 **übernommen**, jedoch die **Rückausnahme** in **Absatz 2 Nr. 5** für **Kranbahnen und deren Unterstützungen gestrichen**. Die Anlage 1 zum Ausschussprotokoll 12/1331 vom 15. 09. 1999 führt hierzu aus: „Das Gerätesicherheitsgesetz und die auf seiner Grundlage erlassene Maschinenverordnung enthalten die Anforderungen für das Inverkehrbringen von Kränen. Da auch die Unfallverhütungsvorschriften auf Kräne angewendet werden, sind darüber hinaus Regelungen in der Bauordnung nicht erforderlich."

**1 Allgemeines**

**1.1 Gesetzgebungskompetenz, MBO, BauO NRW und „Baufreiheit"**

1 Seit dem Rechtsgutachten des Bundesverfassungsgerichts vom 16. 6. 1954 – 1 PBvV 2/52 BVerfGE 3, 407 = NJW 1954, 1474 ist geklärt, dass dem **Bund** verfassungsrechtlich **keine umfassende Gesetzgebungskompetenz für das gesamte Baurecht** zusteht (vgl. Einleitung Rdn. 59–64; s. auch Hoppe/Bönker/Grotefels, S. 13 f., Rdn. 3–10 sowie die kritische Würdigung dieser Rechtsauslegung bei Schulte, S. 61 ff). Unter den Voraussetzungen des Art. 72 Abs. 2 GG hatte der Bund nach der im Jahre 1954 geltenden Fassung des Art. 74 Nr. 18 GG die konkurrierende Zuständigkeit für die Regelung des Grundstücksverkehrs, des **Bodenrechts**, des landwirtschaftlichen Pachtwesens, des **Wohnungswesens** und des Siedlungs- und Heimstättenwesens. Daneben bestanden zum damaligen Zeitpunkt im Bereich der konkurrierenden Gesetzgebung noch zahlreiche, **nicht speziell baurechtliche Gesetzgebungszuständigkeiten des Bundes** die **baurechtliche Regelungen als Annexregelungen** ermöglichten.

2 Der Bund machte von seiner Gesetzgebungskompetenz für das **Bodenrecht** mit dem **BBauG** und mehreren Rechtsverordnungen nahezu umfassend Gebrauch (s. die Einleitung Rdn. 65–68 und 73–89). Seine ebenfalls auf Art. 74 Nr. 18 GG beruhende **Gesetzgebungszuständigkeit für das Wohnungswesen**, die ihn auch befugt hätte, bauordnungsrechtliche Vorschriften für Wohngebäude zu erlassen, nutzte er nie umfassend. Ausschlaggebend hierfür war die **Bad Dürkheimer Vereinbarung** vom 21. 1. 1955 (s. die Einleitung Rdn. 70). Der Bund verzichtete hierdurch auf seine Gesetzgebungskompetenz, solange die **Länder** das **Bauaufsichtsrecht möglichst einheitlich und umfassend regeln**. Die Länder schufen mit der **Musterbauordnung** – **MBO** – und deren Fortschreibungen (vgl. Einleitung Rdn. 90–92 und 96; s. auch Böckenförde/Temme/Krebs, Einführung S. VII–XVIII) die **Grundlage für die Landesbauordnungen** (vgl. Scheerbarth, S. 112 ff.), so dass es aufgrund Art. 72 Abs. 2 GG an den notwendigen Voraussetzungen für eine bundesrechtliche Regelung fehlt (vgl. Schmehl, Die erneuerte Erforderlichkeitsklausel in Art. 72 Abs. 2 GG, DÖV 1996, S. 724 ff.).

Die **BauO NW 1995** folgte weitgehend der MBO 1993; allerdings wurden die mit der BauO NW 1984 übernommenen „liberaleren" Vorschriften des Vorgängerrechts beibehalten und eine gewisse Rechtsbereinigung angestrebt (vgl. LT-Drucks. 11/7153 S. 135 ff.). Die im Wesentlichen bestehende Einheitlichkeit des materiellen Bauordnungsrechts im Bundesgebiet wurde hierdurch nicht gefährdet; im Gegenteil: bei einer Reihe von Vorschriften wurden die Formulierungen weitestgehend der MBO angepasst (z. B. bei den §§ 20–28 oder bei § 65 BauO NW 1995). Die Neuordnung der Verfahrensvorschriften durch die BauO NW 1995 und andere Landesbauordnungen führte zu einer unübersichtlichen Vielfalt der Regelungen in den Bundesländern (s. die Einleitung Rdn. 98). 3

Die **BauO NRW 2000** übernahm die Neuregelungen der MBO 1997. Auch wurde das Verfahrensrecht fortentwickelt (s. die Einleitung Rdn. 100). Der Gesetzgeber wertete das vereinfachte Genehmigungsverfahrens, vergleichbar dem bayerischen Bauordnungsrecht, durch Einbeziehung „kleiner" Sonderbauten zum Regelverfahren auf. Überhaupt zeigte die jüngere Entwicklung des Bauordnungsrechts, dass die verschiedenen Bauordnungen zwar hinsichtlich des Verfahrensrechts von der MBO 1993 bzw. 1997 abwichen, untereinander aber wiederum manche Gemeinsamkeiten aufwiesen. Diese Entwicklung führte zur MBO 2002, die unterschiedliche Reformansätze aufgriff und das Verfahrensrecht neu strukturierte, um wieder ihre Vorbildfunktion erlangen zu können (s. die Einleitung Rdn. 106–107). 4

Aus dem Eigentumsrecht des Art. 14 GG wird das **materielle, subjektive Recht zum Bauen**, die „**Baufreiheit**" abgeleitet (s. Hoppe/Bönker/Grotefels, S. 36 ff.; BGH, Urteil vom 25. 1. 1973 – III ZR 256/68, BauR 1973, 104 = NJW 1973, 616), die nie uneingeschränkt bestanden hat (vgl. Finkelnburg/Ortloff, Bd. II S. 140 ff.). Sie ist nur insoweit gewährleistet, als nicht die Einschränkungen des Art. 14 Abs. 2 GG (Sozialpflichtigkeit des Eigentums) in Verbindung mit Art. 14 Abs. 1 Satz 2 GG greifen, das sind vor allem die Bestimmungen des Bau- und Baunebenrechts. Nur insoweit besteht die Freiheit zum Bauen (BVerwG, Urteil vom 28. 6. 1955 – I C 146/53, BVerwGE 2, 172 = BBauBl 1955, 583 = BRS 4 VB2, S. 222; vgl. Hoppe/Bönker/Grotefels, S. 36 ff.). Aus der Baufreiheit folgt das subjektiv-öffentliche Recht auf Erteilung einer Baugenehmigung für ein baurechtlich zulässiges Bauvorhaben sowie der Bestandsschutz für baulichen Anlagen, die im Einklang mit dem materiellen Baurecht errichtet wurden oder, sofern sie bei der Errichtung baurechtswidrig waren, in einem späteren, nicht unerheblichen Zeitraum dem materiellen Baurecht entsprochen haben (zum Bestandsschutz s. § 75 Rdn. 105–128). Hieraus ergibt sich ferner, dass die **Baufreiheit nur durch eine Rechtsvorschrift eingeschränkt werden darf**. 5

Die Landesbau**ordnung** ist trotz ihrer insofern irreführenden Bezeichnung ein **Gesetz**. Neben der BauO NRW als Gesetz und gestützt auf deren Verordnungsermächtigungen insbesondere in § 85 BauO NRW, sind **Rechtsverordnungen** ergangen (s. die Einleitung Rdn. 103), die auf Mustervorschriften der ARGEBAU basieren. Sie sollen das Gesetz vor allem hinsichtlich detaillierter Vorschriften über Sonderbauten (§ 54 Abs. 1 Satz 1 BauO NRW – Bauliche Anlagen und Räume besonderer Art oder Nutzung) entlasten und bieten die Möglichkeit, das Recht dem technischen Wandel schneller anzupassen, weil nicht bei jeder Änderung ein Gesetzgebungsverfahren durchzuführen ist. Die **Rechtsverordnungen** lassen sich vereinfachend **zwei Gruppen** zuordnen: 6

- Verordnungen zum **Verfahrensrecht**, wie z. B. die SV-VO und die BauPrüfVO,
- Verordnungen zum **materiellen Recht**, wie z. B. die GarVO und die VkVO.

7 Bedeutung kommt neben den aufgrund der BauO NRW erlassenen Rechtsverordnungen den **örtlichen Bauvorschriften** zu (s. § 86 BauO NRW, aber auch § 9 Abs. 2, § 45 Abs. 6 sowie § 51 Abs. 4 und 5 Satz 7 BauO NRW). Sie werden von der Gemeinde als **Satzung** erlassen und geben ihr die Möglichkeit, durch eigenes Ortsbaurecht den **örtlichen Verhältnissen** Rechnung zu tragen. Der Satzungserlass fällt in den eigenen Wirkungskreis der Gemeinde (Art. 28 GG), setzt jedoch die genaue Beachtung der **gesetzlichen Ermächtigungsgrundlage** voraus.

8 **Verwaltungsvorschriften** zur BauO NRW sind zur Wahrung des **einheitlichen Gesetzesvollzugs** notwendig. Verwaltungsvorschriften der obersten Bauaufsichtsbehörde zur Ausführung der BauO NRW binden als **allgemeine Weisung** nach § 9 Abs. 2 Buchstabe a Ordnungsbehördengesetz – OBG – die nachgeordneten Behörden, nicht jedoch den Bürger, ebenfalls nicht die Gerichte. Sie entfalten aber mittelbar aufgrund des Gleichbehandlungsgrundsatzes nach Art. 3 GG über eine entsprechende Verwaltungspraxis rechtliche Wirkungen. Eine Besonderheit gilt hinsichtlich der durch die VV BauPrüfVO amtlich bekannt gemachten **Antragsvordrucke** zum Verfahren. Hier entfaltet die Verwaltungsvorschrift in Ausführung einer Rechtsverordnung ausnahmsweise Rechtswirkungen für den Bürger (s. die Anmerkungen zu § 69 Rdn. 47).

9 **Technische Baubestimmungen** spielen neben den Rechtsvorschriften im Baurecht eine wichtige Rolle, indem sie diese ergänzen. Die allgemeinen Anforderungen der §§ 15–19 BauO NRW, darüber hinaus auch viele materielle Einzelbestimmungen, enthalten **unbestimmte Rechtsbegriffe**, die nur unter Heranziehung Technischer Baubestimmungen sinnvoll ausgelegt werden können. Technische Baubestimmungen sind im Hinblick auf die durch die materielle Grundnorm des § 3 Abs. 1 Satz 1 BauO NRW geschützten Belange, insbesondere Leben, Gesundheit oder die natürlichen Lebensgrundlagen, gemäß § 3 Abs. 1 Satz 2 BauO NRW zu beachten, soweit sie den Status von **allgemein anerkannten Regeln der Technik** besitzen. Weiter sind die aufgrund einer **bauaufsichtlichen Einführung** gemäß § 3 Abs. 3 BauO NRW bekannt gemachten Technischen Baubestimmungen zu beachten (s. die Anmerkungen zu § 3 Rdn. 85–90).

### 1.2 Aufgabenbereich der Bauaufsicht, Abgrenzung zum Privatrecht

10 Die BauO NRW beinhaltet das frühere Baupolizeirecht (ohne das Bauplanungsrecht), das nach 1945 als Folge der „Entpolizeilichung“ in Bauaufsichts- bzw. Bauordnungsrecht umbenannt wurde (vgl. § 49 Abs. 1 OBG). Das **Bauordnungsrecht** regelt die **Ausführung baulicher Anlagen auf dem Grundstück** und die ordnungsrechtlichen **Vorgaben** für die **Anordnung**, **Errichtung**, **Änderung**, **Nutzung**, **Nutzungsänderung** und **Instandhaltung** sowie für den **Abbruch von baulichen Anlagen** und **sonstigen Anlagen und Einrichtungen** im Sinne des § 1 Abs. 1 Satz 2 BauO NRW. Die bauordnungsrechtlichen Vorschriften enthalten **materiell-rechtlichen Anforderungen**, die aus Gründen der öffentlichen Sicherheit oder Ordnung an die baulichen Anlagen, an die Grundstücke sowie an bestimmte sonstige Anlagen und Einrichtungen, die nicht unter den Begriff der baulichen Anlagen fallen, gestellt werden müssen. Die Vorschriften sollen ferner die **sozialbedingten Mindesterfordernisse** an Baugestaltung und Bauausführung sicherstellen. Schließlich regelt die BauO NRW das **bauaufsichtliche Verfahren**, die **behördlichen Zuständigkeiten**, die **Pflichten der am Bau Beteiligten** und **sonstige öffentlich-rechtlich zu erfassende, regelungsbedürftige Sachfragen** unter dem **Grundgedanken** der allgemeinen **Ordnung des Baugeschehens**.

Das **Bauordnungsrecht** ist als ein wichtiges **Spezialgebiet des Rechts der technischen Gefahrenabwehr** anzusehen (s. § 60 Abs. 2 Satz 1 BauO NRW). Als **sondergesetzlich geregelte Materie** geht die **BauO NRW als spezielle Rechtsgrundlage** dem OBG als generelle Rechtsgrundlage für die Gefahrenabwehr vor (s. § 1 Abs. 2 OBG und Nr. 1.2 VV OBG). Allerdings bleibt das **OBG subsidiär** anwendbar, was insbesondere für § 15 (Verhältnismäßigkeitsgrundsatz), §§ 17 – 19 (Ordnungspflicht), § 21 (Wahl der Mittel) und § 24 OBG (Verweisung auf bestimmte Befugnisse des Polizeigesetzes des Landes Nordrhein-Westfalen) gilt. Auch die Regelung des **Weisungsrechts der Aufsichtsbehörden** in § 9 OBG weist in der Praxis Bedeutung auf. 11

Die **Zielsetzung des Bauordnungsrechts** wurde bereits mit der **MBO 1960** gegenüber dem ursprünglich gegebenen polizeilichen Ansatz des früheren preußischen Baupolizeirechts wesentlich **erweitert**. Die „Allgemeine Einführung in die Musterbauordnung" bemerkt hierzu (Schriftenreihe des Bundesministers für Wohnungsbau, Bd. 17 S. 23): 12

*„Die Aufgaben der Bauaufsicht bei der Errichtung, Änderung, Nutzung und dem Abbruch baulicher Anlagen lassen sich in folgende Gruppen einteilen:*

1) *Abwehr von Gefahren für die öffentliche Sicherheit und Ordnung sowie die Verhinderung unzumutbarer Belästigungen,*
2) *Sozial- und Wohlfahrtsaufgaben,*
3) *Baugestaltung,*
4) *Vollzug der städtebaulichen Planung,*
5) *Vollzug von Anforderungen, die auf Grund anderer Rechtsvorschriften an bauliche Anlagen gestellt werden, soweit hierfür nicht andere Behörden zuständig sind."*

Diese Aufgabenstruktur besteht vom Grundsatz her auch heute noch. Hinzugetreten sind **weitere Sozial- und Wohlfahrtsaufgaben**. Damit hat der **polizeiliche Aufgabenkern** des Bauordnungsrechts weiter **an Bedeutung eingebüßt** (vgl. Schulte, S. 27 ff.).

Die **Gefahrenabwehr** umfasst die Gewährleistung der öffentlichen Sicherheit und Ordnung in Bezug auf das Bauen sowie auf Nutzung und Unterhaltung baulicher Anlagen und der bebauten Grundstücke, wie dies **§ 3 Abs. 1 Satz 1 BauO NRW als materielle Grundnorm** (Generalklausel) für das Bauen zum Ausdruck bringt. Zur **Gefahrenabwehr im engeren Sinne** rechnen insbesondere die allgemeinen Vorschriften über **Standsicherheit** (§ 15 BauO NRW), **Schutz gegen schädliche Einflüsse** (§ 16 BauO NRW), **Brandschutz** (§ 17 BauO NRW), **Wärme-, Schall- und Erschütterungsschutz** (§ 18 BauO NRW) und **Verkehrssicherheit** (§ 19 BauO NRW). Es liegt im Zuge der Zeit, nicht zuletzt als Folge der Verwaltungsrechtsprechung, dass die Gefahrenschwelle weiter absinkt und die ordnungsrechtlich relevanten Gefahren bereits eintreten, wo früher noch „polizeilich" nicht zu beachtende Belästigungen gesehen wurden. 13

Neben der Gefahrenabwehr im engeren Sinne traten bereits seit langer Zeit **Sozial- und Wohlfahrtsaufgaben** hinzu (s. auch die Formulierung in § 60 Abs. 2 Satz 1 BauO NRW **„gelten als solche der Gefahrenabwehr"**). Dies ist auch eine Folge der **Sozialstaatsklausel** des **GG**. Ihren Niederschlag fanden diese Aspekte in § 9 Abs. 1 BauO NRW (Begrünung der nicht überbauten Fläche), § 9 Abs. 2 BauO NRW (Kinderspielflächen), §§ 48–50 BauO NRW (Aufenthaltsräume, Wohnungen, Bäder und Toiletten), § 51 (Stellplätze und Garagen sowie Abstellplätze für Fahrräder) und § 55 BauO NRW (Barrierefreiheit öffentlich zugänglicher baulicher Anlagen). 14

15 Aufgaben der **Baugestaltung** nehmen die Bauaufsichtsbehörden wahr, wenn sie verhindern, dass die Bauten selbst wegen Vernachlässigung oder Missachtung der allgemein anerkannten handwerklichen und gestalterischen Regeln verunstaltet wirken (§ 12 Abs. 1 BauO NRW) oder die Bauten ihrerseits das Straßen-, Orts- oder Landschaftsbild verunstalten (§ 12 Abs. 2 BauO NRW). Eine Rechtsgrundlage für das Einschreiten gegen verunstaltende Werbung bietet § 13 BauO NRW. Nach § 86 BauO NRW können die Gemeinden örtliche Bauvorschriften als **Satzung** erlassen.

16 Der **Vollzug der städtebaulichen Planung** umfasst die Beurteilung der bauplanungsrechtlichen Zulässigkeit eines bestimmten Vorhabens nach den §§ 29 bis 38 BauGB. Diese Prüfung rechnet zum Bauordnungsrecht und obliegt im Rahmen der verschiedenen bauaufsichtlichen Zulassungsverfahren den Bauaufsichtsbehörden (zum Verhältnis von Bauplanungs- und Bauordnungsrecht s. die Anmerkungen zu § 72 Rdn. 22 ff.).

17 Der **Vollzug baurechtlicher Vorschriften in anderen Gesetzen** rechnet ebenfalls zu den Aufgaben der Bauaufsicht, soweit nicht die Zuständigkeit einer anderen Behörde ausdrücklich bestimmt ist (vgl. § 75 BauO NRW Rdn. 81–99). Die Zahl der Gesetze, in denen an die Errichtung, die Änderung, die Nutzung und den Abbruch baulicher Anlagen Anforderungen gestellt werden, ist beklagenswert groß. Hinsichtlich des Verhältnisses der bauaufsichtlichen Genehmigungsverfahren zu anderen gesetzlich geregelten Genehmigungsverfahren gilt vorbehaltlich einer besonderen Regelung (s. § 63 Abs. 2 und 3 BauO NRW und die dort zitierten Vorschriften) der Grundsatz, dass die nach diesen anderen Gesetzen erforderlichen Verfahren unberührt bleiben, also neben dem Baugenehmigungsverfahren durchzuführen sind (s. die Anmerkungen zu § 75 Rdn. 168–171).

18 Das Bauordnungsrecht lässt das **private Baurecht**, zu dem auch das NachbarG NRW zählt, **unberührt** (vgl. Locher, S. 1 ff.; s. auch § 49 Abs. 2 NachbG NRW). Die Baugenehmigung setzt nach § 75 Absatz 1 Satz 1 BauO NRW die Feststellung voraus, dass **öffentlich-rechtliche Vorschriften** nicht entgegenstehen; § 75 Abs. 2 BauO NRW bestimmt aber ausdrücklich, dass die Baugenehmigung unbeschadet privater Rechte Dritter ergeht (s. die Anmerkungen zu § 75 Rdn. 165–167). Das **Privatrecht** ist deshalb im bauaufsichtlichen Verfahren **kein Prüfungsmaßstab** (OVG NRW, Beschluss vom 12. 2. 1976 – X B 820/75, BRS 30 Nr. 150).

19 Das **private Baurecht**, vor allem das BGB, regelt die **privaten Rechtsbeziehungen** der am Bau Beteiligten. Diese dürfen nicht mit den öffentlich-rechtlichen Pflichten der am Bau Beteiligten (§§ 56–59 a BauO NRW) verwechselt werden. Auch enthält das private Baurecht, vor allem das NachbG NRW, Vorschriften über Bauteile an der gemeinsamen Grundstücksgrenze (Überbau, Nachbarwand, Grenzwand, Schornstein, Dachtraufe, Bodenerhöhung, Einfriedung) sowie über Grenzabstände für Gebäude und Pflanzen, die unbeschadet der öffentlich-rechtlichen Vorschriften zu beachten sind. Hinzu kommen die Regelungen des § 24 NachbG NW zum Hammerschlags- und Leiterrecht, ohne die Bau- und Instandsetzungsarbeiten wesentlich erschwert würden.

20 **Öffentliches** und **privates Baurecht** sind insoweit **verknüpft**, als eine Verletzung öffentlich-rechtlicher Vorschriften die privatrechtliche Sachmängelhaftung aus Vertrag oder Schadensersatzansprüche nach § 823 BGB (öffentliches Baurecht als Schutzgesetz) auslösen kann. Auch bei Abwehransprüchen nach § 1004 BGB zeigt sich diese besondere Verbindung, da diese nicht gegen rechtmäßige Bauvorhaben geltend gemacht werden können.

## 2 Zu Absatz 1 – Anwendungsbereich

### 2.1 Sachlicher, räumlicher und zeitlicher Anwendungsbereich

**Absatz 1** grenzt den **sachlichen Anwendungsbereich** des Bauordnungsrechts ein, indem er die Gegenstände bezeichnet, für die es überhaupt gilt: **bauliche Anlagen**, **Bauprodukte**, **Grundstücke sowie andere Anlagen und Einrichtungen**, **an die das Bauordnungsrecht Anforderungen stellt**. Die sachliche Anwendbarkeit des Gesetzes besteht sowohl in materiell-rechtlicher als auch in verfahrensrechtlicher Hinsicht. **Absatz 2** nennt die **Ausnahmen vom Anwendungsbereich** und führt – verbunden mit Rückausnahmen für Gebäude – zahlreiche Anlagen auf, die nach der generellen Abgrenzung des Absatzes 1 ansonsten unter die BauO NRW fallen würden. Der Anwendungsausschluss des Absatzes 2 ist allerdings nicht abschließend, ohne dass die Vorschrift dies zum Ausdruck bringt. Daneben enthält nämlich **§ 13 Abs. 6 BauO NRW** für bestimmte Werbeanlagen, Werbemittel und Anschläge sowie Auslagen und Dekorationen eine weitere **Ausnahme vom Anwendungsbereich** der BauO NRW, die infolge ihrer versteckten Anordnung im Gesetzestext und des fehlenden Hinweises in Absatz 2 leicht übersehen werden kann (s. die Anmerkungen zu § 13 Abs. 6 Rdn. 135–140). 21

Der **räumliche Anwendungsbereich** der BauO NRW deckt sich mit dem Landesgebiet. Auch Missionsgebäude nach dem Diplomaten- und Konsularrecht auf dem Gebiet des Landes Nordrhein-Westfalen unterliegen grundsätzlich dem Anwendungsbereich der BauO NRW. Es bestehen jedoch im Hinblick auf das Übereinkommen über diplomatische Beziehungen vom 18. 4. 1961 (BGBl. II 1964, S. 958) und das Übereinkommen über konsularische Beziehungen vom 24. 4. 1963 (BGBl. II 1969, S. 1586) verfahrensrechtliche Besonderheiten (hierzu s. Grams/Pitschas, Bindung ausländischer Staaten bei der Grundstücksnutzung an das öffentliche [Bau-] Recht, ZfBR 1996, S. 75 ff.). 22

Der **zeitliche Anwendungsbereich** der BauO NRW 2000 beginnt gemäß Artikel III Abs. 1 des Zweiten Gesetzes zur Änderung der Landesbauordnung vom 09. 11. 1999 (GV. NRW. S. 622) mit dem **Zeitpunkt des Inkrafttretens am 1. 6. 2000** und reicht bis zu einem in der Zukunft liegenden, derzeit noch nicht bekannten Aufhebungszeitpunkt. Vom neuen Recht der BauO NRW 2000 erfasst werden grundsätzlich nur Vorhaben, die erstmals am Tage des Inkrafttretens genehmigt worden sind, es sei denn, dass die Vorschriften des Artikels III Abs. 2 und 3 des Zweiten Gesetzes zur Änderung der Landesbauordnung Anwendung finden (vgl. die Anmerkungen zu § 90). Aufgrund des Bestandsschutzes (hierzu s. die Anmerkungen zu § 75 Rdn. 105–128) kann in bestehende rechtmäßige bauliche Anlagen nur nach Maßgabe des § 87 BauO NRW eingegriffen werden (vgl. die Anmerkungen zu § 87). 23

Den **gleichen Anwendungsbereich** wie § 1 BauO NRW haben unter sachlichen, räumlichen und zeitlichen Aspekten auch alle **Rechtsvorschriften** (**Rechtsverordnungen** und **Satzungen**), die **aufgrund** einer in **der BauO NRW 2000** enthaltenen Ermächtigung (s. insbesondere §§ 85 und 86 BauO NRW) noch erlassen werden, soweit sich nicht aus ihrem Inhalt weitere Einschränkungen des Anwendungsbereichs ergeben. Untergesetzliche Rechtsvorschriften aufgrund älterer Fassungen der Landesbauordnung (BauO NW 1962, 1970 und 1984) haben insoweit ihre Geltung verloren, als der Gesetzgeber mit der BauO NW 1995 und der BauO NRW 2000 den Anwendungsbereich durch Erweiterung der Ausnahmetatbestände nach Absatz 2 enger gefasst hat. 24

### 2.1.1 Bauliche Anlagen und Bauprodukte

25 Das Bauordnungsrecht gilt nach § 1 Abs. 1 Satz 1 BauO NRW für **bauliche Anlagen**. **Der Anlagenbegriff** findet im gesamten **Bau-**, **Umwelt- und Technikrechtrecht** mit jeweils anderem Inhalt Anwendung (s. die Anmerkungen zu § 2 Rdn. 4–26). Der **Begriff der baulichen Anlage** reicht weiter als der Gebäudebegriff und ist für das Bauordnungsrecht in § 2 Abs. 1 BauO NRW definiert (s. die Anmerkungen zu § 2 Abs. 1 Rdn. 27–54). Es sind nicht nur die „**echten**" baulichen Anlagen gemäß § 2 Abs. 1 Satz 1 und 2 BauO NRW gemeint, sondern auch die „**fiktiven**" baulichen Anlagen gemäß § 2 Abs. 1 Satz 3 BauO NRW (s. die Anmerkungen zu § 2 Rdn. 55–99).

26 Das Bauordnungsrecht gilt nach § 1 Abs. 1 Satz 1 BauO NRW auch für **Bauprodukte**. Mit der BauO NW 1995 wurde die Richtlinie 89/106/EWG des Rates vom 21. 12. 1988 (ABl. EG Nr. L 40 vom 11. 02. 1989, S. 12) hinsichtlich der **Verwendung von Bauprodukten** in Landesrecht umgesetzt. Der **landesrechtliche Begriff** des Bauproduktes nach § 2 Abs. 9 BauO NRW ist **deckungsgleich** mit dem **bundesrechtlichen Begriff** nach § 2 Abs. 1 BauPG. Das BauPG regelt das **Inverkehrbringen von** und den **freien Warenverkehr mit Bauprodukten** (s. die Anmerkungen zu § 2 Abs. 9 Rdn. 246–257 sowie die Vorbemerkungen zu den §§ 20–28). Der Anwendungsbereich des Bauordnungsrechts ist auf bauliche Anlagen, Grundstücke bzw. andere Anlagen und Einrichtungen ausgerichtet, die normalerweise **ortsgebunden** sind. Auch Bauprodukte werden durch ihre Verwendung in baulichen Anlagen nach ihrem Einbau zu Teilen derselben und damit ortsgebunden. Es besteht jedoch die **Besonderheit**, dass Bauprodukte bereits im **Herstellungsprozess** nicht nur unter Gesichtspunkten des Inverkehrbringens und des freien Warenverkehrs, sondern auch unter **Gesichtspunkten ihrer späteren Verwendbarkeit in baulichen Anlagen** überwacht werden müssen.

### 2.1.2 Grundstücke

27 Das Bauordnungsrecht gilt nach § 1 Abs. 1 Satz 2 BauO NRW auch für „**Grundstücke**". Nicht eindeutig ist, ob der zweite Halbsatz mit den Worten „an die in diesem Gesetz oder in Vorschriften aufgrund dieses Gesetzes Anforderungen gestellt werden" sich nur auf andere Anlagen und Einrichtungen oder auch auf Grundstücke bezieht. Es kann die Auffassung vertreten werden, dass das hinter dem Begriff Grundstücke folgende „sowie" distanzierend gemeint ist und sich deshalb der nachfolgende Halbsatz nur auf den Begriff andere Anlagen und Einrichtungen bezieht (so Wilke/Dageförde/Knuth/Meyer, zu § 1 Rdn. 7). Schlüssiger erscheint das Argument, dass bei einer unbeschränkten Anwendbarkeit des Grundstücksbegriffs die Einbeziehung in Satz 1 nahegelegen hätte (so Boeddinghaus/Hahn/Schulte, zu § 1 Rdn. 2). Hierfür spricht auch, dass das Bauordnungsrecht keinerlei Anforderungen an unbebaute Grundstücke enthält. **Bauordnungsrechtliche Anforderungen an Grundstücke** finden sich vorrangig in den das Bauplanungsrecht ergänzenden §§ 4–11 BauO NRW, daneben auch an anderen Stellen im Gesetz, wie z. B. in § 31 Abs. 1 und § 35 Abs. 2 BauO NRW. Bei **Änderungen der Grundstücksgrenzen** und bei **Grundstücksteilungen** können sich gemäß § 7 Abs. 2 BauO NRW Folgen für die Abstände und Abstandflächen ergeben. **Grundstücksteilungen** von bebauten Grundstücken setzen nach § 8 BauO NRW eine **bauordnungsrechtliche Teilungsgenehmigung** voraus. Schließlich können die Grundstückseigentümer gemäß § 83 Abs. 1 BauO NRW zu ihrem **Grundstück** öffentlich-rechtliche Verpflichtungen in der Form der **Baulast** übernehmen.

Da eine **Legaldefinition des Grundstücks** in der BauO NRW **fehlt**, können Zweifel darüber aufkommen, in welchem Sinne der Begriff zu verstehen ist: 28

- im **grundbuchrechtlichen Sinne** (§§ 2 und 3 Grundbuchordnung – GBO),
- im **wirtschaftlichen Sinne** (§§ 2 und 70 des Bewertungsgesetzes),
- im **bauplanungsrechtlichen Sinne** oder etwa davon losgelöst,
- in einem **durch Auslegung zu ermittelnden bauordnungsrechtlichen Sinne**?

Für die Beantwortung dieser Frage ist von Bedeutung, dass viele Vorschriften der BauO NRW nicht nur allgemein auf das Grundstück, sondern darüber hinaus auf die **Grundstücksgrenze** abstellen. Beispielsweise kommt es bei der Übernahme der Abstandfläche durch Baulast nach §§ 7 Abs. 1 BauO NRW auf den **genauen Verlauf der Grundstücksgrenze** an, um die Baulastfläche zentimetergenau feststellen zu können. Derartige Anforderungen sind nur erfüllbar, wenn ein Grundstücksbegriff Anwendung findet, der auf das **Liegenschaftskataster als vermessungstechnische Grundlage** abstellt. Diesen **Genauigkeitsanspruch** erfüllt nur der **Grundstücksbegriff im grundbuchrechtlichen Sinne**, da einerseits § 2 Abs. 2 GBO an das Liegenschaftskataster ausdrücklich anknüpft und andererseits § 11 Abs. 8 Satz 1 VermKatG NRW das Liegenschaftskataster als das amtliche Verzeichnis der Grundstücke im Sinne des § 2 Abs. 2 GBO bezeichnet. Auf den zivilrechtlichen Grundstücksbegriff kann als **Ausgangspunkt** nicht verzichtet werden, weil bei einer **natürlichen Betrachtung** – unter Einbeziehung baurechtlicher und wirtschaftlicher Erwägungen – **Rechtsunsicherheit** eintreten würde.

Ein **Grundstück im Sinne des bürgerlichen Rechts** ist ein **räumlich abgegrenzter Teil der Erdoberfläche**, der im Bestandsverzeichnis des Grundbuchblatts unter **einer** Nummer eingetragen ist, ohne Rücksicht darauf, wie es genutzt wird und ob es eine wirtschaftliche Einheit mit anderen Grundstücken bildet (s. auch die Anmerkungen zu § 4 Abs. 2 Rdn. 88–97). Das **Buchgrundstück** besteht aus einem oder mehreren Flurstücken, deren Bezeichnung, Lage und Größe dem **Liegenschaftskataster** entnommen wird (BGH, Beschluss vom 19. 12. 1967 – V BLw 24/67, BGHZ 49, 145 = NJW 1968, 791; OVG NRW, Urteil vom 3. 10. 1968 – X A 989/67, BRS 20 Nr. 39; BVerwG, Urteil vom 16. 4. 1971 – IV C 82.69, BVerwGE 38, 35 = BRS 37 Nr. 178; vgl. Weirich, Rdn. 19–22). Nach § 11 Abs. 1 Satz 1 VermKatG NRW enthält das **Liegenschaftskataster** die Liegenschaften, das sind die **Flurstücke** und die **Gebäude** (s. auch § 8 der Durchführungsverordnung zum VermKatG NRW vom 25. 10. 2006, GV. NRW. S. 462). Das Liegenschaftskataster erfasst im Gegensatz zum Grundbuch **alle** Liegenschaften im Landesgebiet, ist also **flächendeckend**; anders ausgedrückt setzt sich das Landesgebiet lückenlos aus Flurstücken zusammen. Gemäß § 11 Abs. 2 Satz 1 VermKatG NRW ist ein **Flurstück** ein begrenzter Teil der Erdoberfläche, der im Liegenschaftskataster unter einer besonderen Bezeichnung geführt wird. Somit kann **ein** Grundstück im Rechtssinne zwar aus mehreren Flurstücken zusammengesetzt sein, nicht jedoch ein Flurstück aus mehreren Grundstücken im Rechtssinne bestehen. Für die Ermittlung des Grundstücks im Rechtssinne kommt es nur auf den unter **einer** Nummer im Bestandsverzeichnis erfassten Flurstücksbestand an. Es reicht nicht aus, allein die Flurkarte heranzuziehen, um die Grundstücke im Rechtssinne feststellen zu können, da diese lediglich den Flurstücksbestand darstellt, jedoch keinen Aufschluss darüber bietet, ob Flurstücke für sich allein oder zusammen mit anderen Flurstücken ein Grundstück bilden. Dieser Sachverhalt kann nur durch **Einsichtnahme in das Grundbuch** ermittelt werden. 29

**30** Gemäß § 3 Abs. 1 GBO erhält jedes **Grundstück** im **Grundbuch** eine **besondere Stelle** (Grundbuchblatt). Jedoch können nach § 3 Abs. 2 GBO die Grundstücke des Bundes, der Länder, der Gemeinden und anderer Kommunalverbände, der Kirchen, Klöster und Schulen, der Wasserläufe, die öffentlichen Wege sowie die öffentlichen Bahnanlagen im Grundbuch **buchungsfrei** bleiben. Statt der Eintragung im Grundbuch, die – soweit vorhanden – immer maßgeblich ist, genügt zur ausreichenden **Individualisierung der buchungsfreien Grundstücke** die **Eintragung unter einer Bestandsnummer im Bestandsblatt des Liegenschaftsbuchs**. Die buchungsfreie Belassung öffentlicher Grundstücke hat an Bedeutung eingebüßt, da zunehmende öffentliche Flächen, die nicht mehr für öffentliche Zwecke benötigt werden, veräußert werden.

**Eintragungen im Grundbuch**

Amtsgericht Altdorf **Grundbuch von** Kleinscheid **Blatt** 1412 **Bestandsverzeichnis**

| lfd. Nr. der Grundstücke | bisherige lfd. Nr. der Grundstücke | Bezeichnung der Grundstücke und der mit dem Eigentum verbundenen Rechte | | | | | Größe |
|---|---|---|---|---|---|---|---|
| | | Gemarkung | Karte Flur | Flurstück | Liegenschaftsbuch | Wirtschaftsart und Lage | |
| | | a | b | | c/d | e | ha a qm |
| 1 | 2 | 3 | | | | | 4 |
| **1** | – | Auenfeld | 18 | 23 | * | Freifläche | 3 10 |
| | – | Auenfeld | 18 | 24 | * | Hof- u. Gebäudefläche Bachweg 3 | 5 31 |
| **2** | | Auenfeld | 18 | 25 | * | Hof- u. Gebäudefläche Bachweg 5 | 6 12 |

* Angabe nur, wenn das Liegenschaftsbuch nicht auf das Grundbuch Bezug nimmt

**Liegenschaftskataster – Flurkarte**

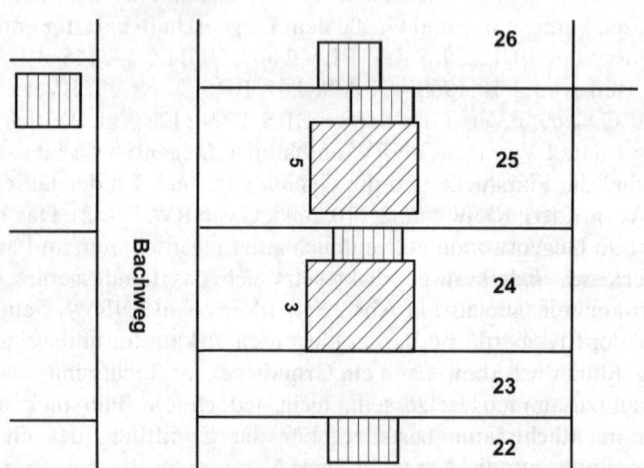


**Abbildung 1.1 Zusammenspiel von Grundbuch und Liegenschaftskataster**
Die im Bestandsverzeichnis des Grundbuchs unter der laufenden Nummer **1** eingetragenen beiden Flurstücke 23 und 24 – Bachweg 3 – bilden ein einheitliches Grundstück im Rechtssinne. Ein weiteres Grundstück im Rechtssinne bildet das unter der laufenden Nummer **2** eingetragene Flurstück 25 – Bachweg 5 – (s. Rdn. 29).

Das Grundstück im Rechtssinne ist zu unterscheiden vom **Grundstück im wirtschaftlichen Sinne**. Nach § 70 des **Bewertungsgesetzes** – BewG – i.d.F. d. B. vom 1. 2. 1991 (BGBl. I S. 230), z. g. d. G vom 13. 12. 2006 (BGBl. I S. 2878) bildet jede **wirtschaftliche Einheit des Grundvermögens** ein **Grundstück im Sinne des BewG**. Was als wirtschaftliche Einheit zu gelten hat, ist gemäß § 2 Abs. 1 Satz 2 BewG nach den Anschauungen des Verkehrs zu entscheiden. Diesen Grundstücksbegriff legt die Rechtsprechung nur ausnahmsweise zugrunde, wenn dies erschließungs- bzw. abgabenrechtlich oder aus besonderen bauplanungsrechtlichen Erwägungen geboten ist (BVerwG, Urteil vom 20. 6. 1973 – IV C 62.71, BVerwGE 42, 269 = BauR 1973, 243 = BRS 37 Nr. 173 und Urteil vom 12. 12. 1986 – 8 C 9.86, DVBl. 1987, 630 = NVwZ 1987, 420 und VGH B-W, Urteil vom 26. 9. 2003 – 2 S 793/03, DÖV 2004, 258 zum Erschließungsbeitragsrecht; BayVerfGH, Beschluss vom 7. 2. 1985 – Vf. 22-VII/83, NVwZ 1986, 117; OVG M-V, Beschluss vom 20. 11. 2003 – 1 M 180/03, DÖV 2004, 259 und OVG NRW, Beschluss vom 22. 3. 2005 – 15 A 300/05, UPR 2005, 315 zum kommunalen Abgabenrecht und BVerwG, Beschluss vom 3. 2. 1989 – 4 B 14.89, BRS 49 Nr. 92 zur Anrechnung von Pachtland eines landwirtschaftlichen Betriebs bei der Beurteilung der Privilegierung; vgl. auch Schlichter/Stich/Driehaus/Paetow, zu § 131 Rdn. 3–7 und zu § 200 Rd. 9–10). Da das Bauordnungsrecht einen hohen Genauigkeitsgrad voraussetzt, ist der **Grundstücksbegriff im wirtschaftlichen Sinne zu konturenlos**, um Verwendung finden zu können (so Boeddinghaus/Hahn/Schulte, zu § 1 Rdn. 70). 31

Im **Bauplanungsrecht** ist das Grundstück durchgängig Anknüpfungspunkt zahlreicher Einzelvorschriften, so beispielsweise in § 14, § 19, § 24, § 45, § 80, § 125, § 144, § 163, § 172, § 175, § 189 oder § 192 BauGB, um nur einige Bestimmungen aufzuzählen. Nach § 200 Abs. 1 BauGB sind die für Grundstücke geltenden Vorschriften auch entsprechend auf Grundstücksteile anzuwenden. Eine Legaldefinition des Grundstücks enthält das BauGB nicht, da es den Begriff unterschiedlich versteht (so Battis/Krautzberger/Löhr, zu § 200 Rdn. 2 und Jäde/Dirnberger/Weiss, zu § 200 Rdn. 1). Grundsätzlich ist vom **Buchgrundstück** auszugehen, es sei denn, dass diese **Maßgeblichkeit im Einzelfall widerlegbar** ist (BVerwG, Urteil vom 6. 11. 1968 – IV C 47.68, BRS 20 Nr. 38; Beschluss vom 5. 12. 1968 – IV B 191.68, BRS 20 Nr. 95 = DVBl. 1969, 276; Urteil vom 26. 6. 1970 – IV C 73.68, BRS 23 Nr. 45; Urteil vom 3. 3. 1972 – IV C 4.69, BRS 25 Nr. 39; Urteil vom 14. 12. 1973 – IV C 48.72, BVerwGE 44, 250 = BRS 27 Nr. 82 und Urteil vom 9. 4. 1976 – IV C 75.74, BauR 1976, 259 = BRS 30 Nr. 82). 32

**Ausnahmen** vom Buchgrundstücksbegriff sind für das **Bauplanungsrecht** allerdings nur dort vertretbar, wo bei Verwendung des grundbuchrechtlichen Begriffs die Gefahr bestünde, dass der **Sinn einer bestimmten bau- oder bodenrechtlichen Regelung handgreiflich verfehlt** würde (BVerwG, Beschluss vom 11. 4. 1990 – 4 B 62.90, BRS 50 Nr. 108). Die Abweichung vom Buchgrundstücksbegriff kann im Einzelfall sogar **geboten** sein, um zu verhindern, dass die Zielsetzung des Bebauungsplans unterlaufen wird (BVerwG, Beschluss vom 30. 11. 2000 – 4 BN 57.00, BRS 63 Nr. 94 = ZfBR 2001, 421). Der **bauplanungsrechtliche Grundstücksbegriff** ist **eigenständiger Natur** und auch **durch landesrechtliche Baulasten nicht veränderbar** (BVerwG, Urteil vom 14. 02. 1991 – 4 C 51.87, BVerwGE 88, 24 = BauR 1991, 582 = BRS 52 Nr. 161). Wird bei der Anwendung bauplanungsrechtlicher Vorschriften eine Abweichung vom Buchgrundstücksbegriff erforderlich, weil z. B. ein Teil des Grundstücks im Außenbereich liegt (s. Abbildung 1.2), so kann sich dennoch auf dieser Teilfläche eine bauliche Anlage befinden, wie z. B. eine Versickerungsmulde für das Regenwasser oder eine unterirdische Kleinkläranlage, die 32 a zwar nicht optisch in Erscheinung tritt aber dennoch bauordnungsrechtliche Belange berührt. In einem solchen Fall ist der bauplanungsrechtliche mit dem bauordnungsrechtlichen Grundstücksbegriff nicht deckungsgleich. Daraus folgt, dass der **bauplanungsrechtliche Grundstücksbegriff für die Anwendung des Bauordnungsrechts im Einzelfall** ebenso **ungeeignet** sein kann, wie der wirtschaftliche Grundstücksbegriff.

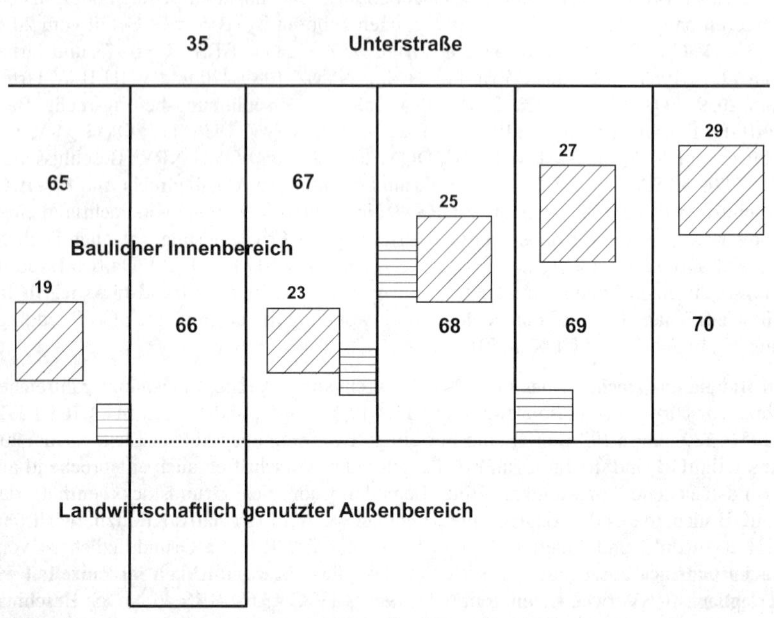


**Abbildung 1.2 Abweichung vom Buchgrundstücksbegriff im Bauplanungsrecht**
Für die Ermittlung des Innenbereichs im Sinne des § 34 Abs. 1 BauGB kommt es nicht immer auf die Buchgrundstücksgrenzen an, da ungewöhnlich große oder tiefe Grundstücke teilweise im Außenbereich liegen können. Das Grundstück im bauplanungsrechtlichen Sinne (Baugrundstück) weicht dann vom Buchgrundstück ab. Im Beispiel reicht das noch unbebaute Baugrundstück **Flurstück 66** nur bis zu der punktierten Linie; der Rest des Flurstücks liegt bereits im Außenbereich (s. Rdn. 32–32 a).

33 Vom Grundstücksbegriff ist im Bauplanungsrecht der **Begriff der maßgebenden Grundstücksfläche im Sinne der §§ 19 – 21 BauNVO** zu unterscheiden, der benötigt wird, um das Maß der baulichen Nutzung berechnen zu können. Maßgebende Grundstücksfläche ist gemäß § 19 Abs. 3 Satz 1 BauNVO die Fläche des Baugrundstücks, die im Bauland und hinter der im Bebauungsplan festgesetzten Straßenbegrenzungslinie liegt (s. Abbildung 1.3). Fehlt im Bebauungsplan eine Straßenbegrenzungslinie, so ist gemäß § 19 Abs. 3 Satz 2 BauNVO die Fläche maßgebend, die hinter der tatsächlichen Straßenbegrenzungslinie liegt oder die als maßgebend für die Ermittlung der zulässigen Grundfläche festgesetzt ist (vgl. Boeddinghaus, zu § 19, Rdn. 6 ff. sowie Fickert/Fieseler, zu § 19 Rdn. 2 ff. und König/Roeser/Stock, zu § 19 Rdn. 12 ff.).

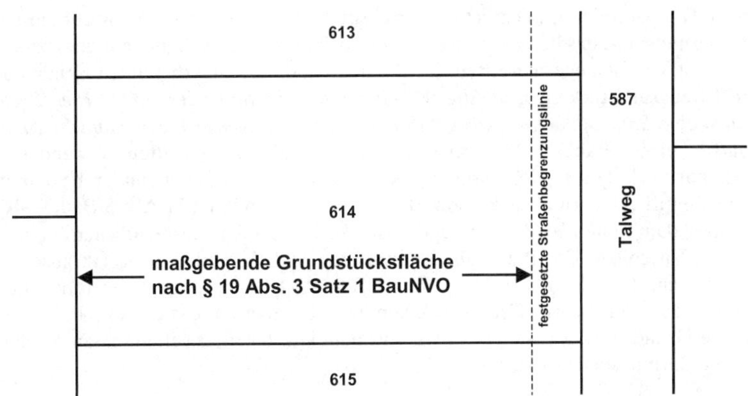


**Abbildung 1.3 Maßgebende Grundstücksfläche nach § 19 Abs. 3 Satz 1 BauNVO**
Als Grundlage für die Ermittlung des zulässigen Maßes der baulichen Nutzung ist von der Gesamtfläche des Buchgrundstücks (Flurstück 614) die Fläche zwischen der festgesetzten Straßenbegrenzungslinie und der vorderen Grundstücksgrenze abzuziehen.

34 Das Bauplanungsrecht kennt neben dem Grundstücksbegriff den **Begriff Baugrundstück**, so z. B. in § 9 Abs. 1 Nr. 3 und § 32 BauGB sowie § 19 Abs. 2 und 3 BauNVO, ohne aber diesen Begriff in bauplanungsrechtlicher Hinsicht näher zu bestimmen; dabei verwendet ihn die Vorschrift des § 19 Abs. 3 BauNVO sogar weiter eingrenzend mit Bezug auf das **Bauland**. In den zitierten Vorschriften wird der Begriff als eine **Fläche** verstanden, **auf der bauliche Nutzungen realisiert werden sollen** und an die deshalb bestimmte planungsrechtliche Anforderungen gestellt werden (so Jäde/Dirnberger/Weiss, zu § 200 Rdn. 5). Sowohl die Regelung in § 9 Abs. 1 Nr. 3 BauGB zur Festsetzungsbefugnis für Größe, Breite und Tiefe von Baugrundstücken, als auch die Anrechnungsregel von Grundstücksflächen zur Bestimmung des Baugrundstücks in § 19 Abs. 3 BauNVO verdeutlichen, dass das Bauplanungsrecht sich hier ersichtlich vom Grundstücksbegriff im Sinne des bürgerlichen Rechts löst. So kann z. B. durch Festsetzung nach § 9 Abs. 1 Nr. 3 BauGB eine Mindestgröße des Baugrundstücks festgesetzt sein, die es zum Zwecke der Bebauung erforderlich machen kann, mehrere kleinere Buchgrundstücke zusammenzufassen. Die Vorschrift des § 19 Abs. 3 BauNVO verlangt die nicht im Bauland liegenden Flächen bei der Ermittlung der maßgebenden Grundstücksfläche ebenso abzuziehen, wie die künftigen Verkehrsflächenanteile (vgl. Boeddinghaus, zu § 19 Rdn. 8; Fickert/Fieseler, zu § 19 Rdn. 6; Knaup/Stange, zu § 19 Rdn. 16).

35 Eine an das Bauplanungsrecht anknüpfende **bauordnungsrechtliche Definition des Begriffs Baugrundstück**, wie sie § 2 Abs. 1 BauO NW 1970 enthielt („*Baugrundstücke sind Grundstücke, die nach den öffentlich-rechtlichen Vorschriften mit Gebäuden bebaubar oder bebaut sind*") wurde schon nicht mehr in die BauO NW 1984 übernommen, da dieser Begriff für das Bauordnungsrecht **wenig hilfreich** war (vgl. die Anmerkungen zu § 2 Rdn. 2). Die sich auf Grundstücke beziehenden Vorschriften stellen Anforderungen unabhängig davon, ob die Grundstücke nach öffentlich-rechtlichen Vorschriften, insbesondere nach dem Bauplanungsrecht, bebaubar sind oder nicht (so Große-Suchsdorf/Lindorf/Schmaltz/Wiechert, zu § 4 Rdn. 3 und Wilke/Dageförde/Knuth/Meyer, zu § 1

Rdn. 8). Die bauordnungsrechtlichen Vorschriften beziehen sich vielmehr auf ein konkretes Grundstück, das bereits bebaut ist oder bebaut werden soll und auf dem bauordnungsrechtliche Belange zu wahren sind. Deshalb definiert § 4 Abs. 1 Satz 1 NBauO den Begriff Baugrundstück eigenständig als *„Grundstück im Sinne des bürgerlichen Rechts, auf dem eine Baumaßnahme durchgeführt wird oder auf dem sich eine bauliche Anlage befindet"*. In § 1 BauO NRW und in zahlreichen Einzelvorschriften verwendet das Gesetz nur noch den Begriff „Grundstück". Dennoch findet sich an anderer Stelle der engere Begriff „Baugrundstück", so z.B. in § 16 Satz 2 und in § 51 Abs. 3 BauO NRW, ohne dass damit einengend nur Baugrundstücke im bauplanungsrechtlichen Sinne erfasst werden sollen. Die Wortwahl ist zwar unglücklich, weil das Gesetz ansonsten – wenn auch, wie z.B. in § 9 Abs. 1 Satz 1 BauO NRW mit Adjektiven („bebautes" Grundstück) – den Begriff Grundstück benutzt, zielt aber auf das bebaute bzw. zu bebauende Grundstück, was sich unschwer aus dem jeweiligen Regelungszusammenhang der angeführten Vorschriften ergibt.

36 **Zusammenfassend** ergibt sich: Wenn die BauO NRW ohne nähere **Begriffsbestimmung vom Grundstück** spricht, ist vom **Grundstück im Sinne des Bürgerlichen Rechts** auszugehen (so auch Jeromin, zu § 1 Rdn. 6). Eine Heranziehung des Grundstücksbegriffs im wirtschaftlichen Sinne scheidet aus, da dann die Vereinigungsbaulast nach § 4 Abs. 2 BauO NRW keinen Sinn machen würde (s. Boeddinghaus/Hahn/Schulte, zu § 1 Rdn. 7 und Wilke/Dageförde/Knuth/Meyer, zu § 1 Rdn. 9). Der **Begriff des Grundstücks** kann in seiner **bauordnungsrechtlichen Anwendung** in seltenen Einzelfällen – ähnlich der bauplanungsrechtlichen Anwendung (s. Rdn. 32) – **offen für Modifikationen** sein, die aufgrund von spezifisch bauordnungsrechtlichen Erwägungen geboten sind. So bilden z.B. auf einem Grundbuchblatt unter einer Nummer des Bestandsverzeichnisses stehende **Flurstücke**, die durch eine Straße **getrennt** sind, **kein Grundstück im bauordnungsrechtlichen Sinne**, selbst wenn sie wirtschaftlich einheitlich genutzt werden, da der für das Bauordnungsrecht wichtige **räumliche Zusammenhang** fehlt. Insofern stellt das Aneinandergrenzen der Flurstücke **für das Bauordnungsrecht** – anders als im Planungsrecht – ein **entscheidendes Kriterium** dar (s. die Anmerkungen zu § 4 Abs. 2 Rdn. 100 u. 103). Inwieweit ein **buchungsfreies Grundstück** (siehe vorausgehende Rdn. 30) auch eines im bauordnungsrechtlichen Sinne ist, kann im Einzelfall zweifelhaft sein und muss dann unter bauordnungsrechtlichen Aspekten, insbesondere unter Berücksichtigung der §§ 4–11 BauO NRW, geklärt werden (vgl. Große-Suchsdorf/Lindorf/Schmaltz/Wiechert, zu § 4 Rdn. 5).

### 2.1.3 Andere Anlagen und Einrichtungen

37 Die BauO NRW findet wegen des Sachzusammenhangs aus Gründen der Gefahrenabwehr und Gestaltung auch auf **andere Anlagen und Einrichtungen** Anwendung, die nicht selbst bauliche Anlagen im Sinne der Begriffsbestimmung des § 2 Abs. 1 BauO NRW sind, für die aber in der BauO NRW oder in Vorschriften aufgrund der BauO NRW (Rechtsverordnungen und Satzungen aufgrund der §§ 85 und 86 BauO NRW) Anforderungen formuliert sind. Sie müssen in der BauO NRW oder in einer aufgrund der BauO NRW erlassenen Rechtsverordnung oder Satzung ausdrücklich genannt sein. Bei den „anderen Anlagen und Einrichtungen" muss es sich um **selbständige Gegenstände** handeln, die **keine baulichen Anlagen** oder **keine Teile baulicher Anlagen** sind, da sie sonst dem Begriff der baulichen Anlage unterfallen würden (s. Allgeier/von Lutzau, S. 87f., Anmerkung 1.1 und Boeddinghaus/Hahn/Schulte, zu § 1 Rdn. 10). So

sind z.B. Abwassergruben, Kinderspielflächen oder Stellplätze bauliche Anlagen. Fest in Gebäude eingebaute Anlagen, wie z.B. Aufzüge oder haustechnische Anlagen, sind als Teile baulicher Anlagen zu werten; sie unterfallen ohnehin dem Begriff des Bauprodukts. Hieraus wird deutlich, dass es sich bei „anderen Anlagen und Einrichtungen" um einen **Auffangtatbestand** handelt, der nur **selten eingreift**, weil fast immer der Begriff der baulichen Anlage oder der des Bauprodukts erfüllt ist. „**Andere Anlagen**" sind beispielsweise **Hecken als Einfriedung**, wenn eine Satzung nach § 85 Abs. 1 Nr. 5 BauO NRW gestalterische Anforderungen enthält (s. die Anmerkungen zu § 85 Rdn. 53) oder **Werbeanlagen in Form von Beschriftungen und Bemalungen** (§ 13 Abs. 1 Satz 2 BauO NRW) und **Warenautomaten** (OVG NRW, Urteil vom 10. 2. 1966 – VII A 421/65, BRS 17 Nr. 99). Warenautomaten, die an einer Hauswand befestigt sind, rechnen ebenfalls dazu (OVG NRW, Urteil vom 10. 2. 1966 – VII A 421/65, BRS 17 Nr. 99). Zu den „**Einrichtungen**" gehören z.B. **Ausschmückungen** (§ 33 Abs. 5 und 6 VStättVO).

Zur **Vermeidung eines Zirkelschlusses** können im Zusammenhang mit „anderen Anlagen und Einrichtungen" nur solche „**Anforderungen**" gemeint sein, die **speziell** und **detailliert auf bestimmte „andere** (als bauliche) **Anlagen und Einrichtungen" bezogen** sind, nicht aber schlechthin die „allgemeinen Anforderungen" des § 3 BauO NRW (s. die Anmerkungen zu § 3 Rdn. 11). Die allgemeinen Anforderungen können allerdings zu beachten sein, wenn wegen spezieller Anforderungen das Bauordnungsrecht gemäß § 1 Abs. 1 BauO NRW überhaupt für „andere Anlagen und Einrichtungen" gilt. 38

## 2.2 Geltung der materiellen Anforderungen

Die **materiellen Anforderungen gelten** im Rahmen des zuvor beschriebenen Anwendungsbereichs **unabhängig davon, ob** das **Vorhaben genehmigungsbedürftig** ist oder nicht (§§ 63–67 und 85 Abs. 2 Nr. 1 BauO NRW). Diesen schon stets geltenden **Grundsatz** findet sich unmissverständlich in **§ 65 Abs. 4 BauO NRW** formuliert: danach entbindet die Genehmigungsfreiheit nicht von der Verpflichtung zur Einhaltung der materiellen bauordnungsrechtlichen und sonstigen öffentlich-rechtlichen Anforderungen. Es besteht eine Vergleichbarkeit mit dem Zulässigkeitsrecht für Vorhaben nach den §§ 29 bis 37 BauGB. Seit der Neufassung des § 29 BauGB durch das BauROG sind die materiellen Anforderungen des Bauplanungsrechts unabhängig von einem landesrechtlichen Genehmigungserfordernis anzuwenden (vgl. Jäde/Dirnberger/Weiss, zu § 29 Rdn. 1). 39

Schließlich ist es für die Anwendung der BauO NRW und der auf sie gestützten Vorschriften **gleichgültig, welche Behörde** für die Erteilung einer erforderlichen Genehmigung **zuständig** ist. Wird z.B. für eine Industrieanlage eine immissionsschutzrechtliche Genehmigung nach § 4 oder § 15 Abs. 1 BImSchG erforderlich, die gemäß § 63 Abs. 2 BauO NRW die Baugenehmigung einschließt, so muss die für diese immissionsschutzrechtliche Genehmigung zuständige Behörde neben den immissionsschutzrechtlichen Vorschriften auch die materiellen Vorschriften der BauO NRW beachten. 40

Die materiellen Vorschriften der BauO NRW sind ferner in gleicher Weise auf **private** wie auf **öffentliche Vorhaben** anzuwenden. Auch der Bund, die Länder, die Gemeinden und Gemeindeverbände sowie Körperschaften, Anstalten und Stiftungen des öffentlichen Rechts haben bei der Ausführung öffentlicher Bauvorhaben die materiellen bauordnungsrechtlichen Vorschriften uneingeschränkt zu beachten, selbst wenn sie verfahrensrechtlich durch § 80 BauO NRW privilegiert sind. 41

### 3 Zu Absatz 2 – Ausnahmen vom Anwendungsbereich

42 Die **BauO NRW 2000 gilt** nach Absatz 2 **nicht** für bestimmte Anlagen, die selbst den Begriff der baulichen Anlage erfüllen und deshalb nach Absatz 1 eigentlich vom Anwendungsbereich erfasst würden. Der allen Ausnahmen gemeinsame **Grund für den Anwendungsausschluss** liegt in der hinreichenden **speziellen gesetzlichen Regelung** dieser Vorhaben auch unter **Gefahrenabwehrgesichtspunkten**. Die Ausnahmen vom Anwendungsbereich in § 1 Abs. 2 BauO NRW sind, vergleichbar dem Fachplanungsprivileg des § 38 BauGB, als **Kollisionsnorm** zwischen Bauordnungsrecht und Fachplanungsrecht zu verstehen; jedenfalls gilt dies in Bezug auf Anlagen, die einer Planfeststellung oder Plangenehmigung zugänglich sind (zum Fachplanungsprivileg als Kollisionsregelung vgl. Ernst/Zinkahn/Bielenberg/Krautzberger, zu § 38 Rdn. 9–20). Die Ausnahmen vom Anwendungsbereich des Bauordnungsrechts bewirken damit auch eine für die Praxis wichtige Klarstellung, da Bundesrecht generell dem Landesrecht und damit auch der Landesbauordnung vorgeht (Art. 31 GG) oder spezielle landesrechtliche Regelungen die Landesbauordnung nach dem Grundsatz, dass das speziellere das generelle Gesetz verdrängt, zurücktreten lassen. Ansonsten bezwecken die Vorschrift schlicht die **Vermeidung von Doppelregelungen** und **Doppelprüfungen**, die das fachgesetzliche Zulassungsverfahren nur unnötig belasten würden.

43 Die Ausnahme der in Absatz 2 aufgeführten Anlagen vom Anwendungsbereich der BauO NRW hat zur Folge, dass **weder** das **materielle**, **noch** das **formelle Bauordnungsrecht anwendbar** ist. Dieser Grundsatz gilt allerdings nicht absolut, da die in Nr. 1 und Nr. 2 enthaltenen **Rückausnahmen für Gebäude** den Ausnahmeumfang insoweit nicht unerheblich einschränken, als hinsichtlich der Gebäude das **materielle** Bauordnungsrecht **zu beachten** bleibt. Ob dann für diese Gebäude **verfahrensrechtlich** die BauO NRW gilt, **richtet sich nach** den jeweiligen **fachgesetzlichen Vorschriften**. Während z. B. die bundesfernstraßenrechtliche Planfeststellung auch hinsichtlich der Gebäude Konzentrationswirkung entfaltet, lässt die luftverkehrsrechtliche Planfeststellung die Pflicht zur Einholung der Baugenehmigung für Gebäude unberührt.

### 3.1 Anlagen des öffentlichen Verkehrs (Nr. 1)

44 Die mit Abstand bedeutendste Ausnahme vom Anwendungsbereich enthält aufgrund der Vielzahl fachgesetzlicher Vorschriften die Nr. 1. Sie erfuhr bereits durch die BauO NW 1995 insoweit eine Änderung, als öffentliche Verkehrsanlagen **„einschließlich Zubehör, Nebenanlagen und Nebenbetriebe“** von der Geltung der BauO NRW ausgenommen wurden. Der zusammenfassende **Begriff „öffentliche Verkehrsanlagen“** umfasst alle Arten von Verkehrsanlagen, nicht nur **Straßenanlagen**, sondern auch **Gleiskörper** oder **Spuranlagen** des schienengebundenen bzw. spurgeführten Verkehrs, **Wasserstraßen** und **Flugplätze**, soweit sie überhaupt **dem öffentlichen Verkehr zu dienen bestimmt sind**. Es ist dabei nicht erforderlich, dass der Bund, das Land oder eine kommunale Gebietskörperschaft als Bauherr oder Betreiber auftritt, da auch öffentliche Verkehrsanlagen in Privatregie gebaut und betrieben werden können (vgl. Reidt/Stickler, Das Fernstraßenbauprivatfinanzierungsgesetz und der Baukonzessionsvertrag – das „Pilotprojekt“ der Warnow-Querung in Rostock, BauR 1997, S. 241 ff.). Auch im kommunalen Bereich erlauben die **bauplanungsrechtlichen Vorschriften über Erschließungs- bzw. Durchführungsverträge** die Herstellung von öffentlichen Erschließungsanlagen durch Private (§§ 11, 12 und 124 BauGB).

Eine **öffentliche** Verkehrsanlage liegt vor, wenn sie nach ihrer durch das Fachrecht festgelegten **Zweckbestimmung** (**Widmung**) grundsätzlich **von jedermann benutzbar** ist. Im **Straßenrecht** wird Zweckbestimmung durch **förmliche Widmung** (§ 2 Abs. 1 FStrG, § 6 Abs. 1 StrWG NRW) festgelegt, die in der Regel durch eine öffentlich bekannt zu machende **Widmungsverfügung** erfolgt (vgl. Kodal/Krämer, S. 197 ff.). Für die anderen öffentlichen Verkehrsanlagen bestehen hiervon abweichende Regelungen. **Voraussetzung** der **straßenrechtlichen Widmung** ist grundsätzlich, dass die der Verkehrsanlage dienenden **Grundstücke im Eigentum des Baulastträgers** stehen (vgl. z. B. § 2 Abs. 2 FStrG und § 6 Abs. 5 StrWG NRW). Außer den Fahrbahnen, Gehwegen und Grünstreifen einer Straße kann auch ein **Parkplatz** für den allgemeinen Besucherverkehr, z. B. eines Stadtzentrums oder einer Naherholungsanlage, straßenrechtlich gewidmet sein. Ein im Bebauungsplan als öffentliche Verkehrsfläche festgesetzter Parkplatz (Park + Ride-Anlage), der auch als Messeparkplatz zugunsten einer Messegesellschaft gewidmet werden soll, unterfällt als Anlage des öffentlichen Verkehrs nicht dem sachlichen Geltungsbereich der BauO NRW (OVG NRW, Beschluss vom 19. 8. 2002 – 10 B 1321/02, n. v.). Fehlt es jedoch an der für eine Einordnung als öffentliche Verkehrsfläche erforderlichen Bebauungsplanfestsetzung, so unterliegt auch eine tatsächlich als öffentlicher Parkplatz genutzte, jedoch nicht gewidmete Stellplatzanlage dem Bauordnungsrecht (OVG M-V, Beschluss vom 24. 2. 2005 – 3 M 185/04, BauR 2005, 1889 = BRS 69 Nr. 167). Die Größe der Anlage spielt für die Einordnung als öffentlicher Parkplatz oder private Stellplatzanlage keine Rolle. Selbst eine große Stellplatzanlage für ein Fußballstadion kann dem Bauordnungsrecht unterliegen (s. die Fallgestaltung im Beschluss des OVG NRW vom 15. 11. 2005 – 7 B 1823, BRS 69 Nr. 168). 45

Die öffentliche Verkehrsanlage verliert ihre Eigenschaft durch **Entwidmung** (Einziehung oder Abstufung bei klassifizierten Straßen, vgl. § 9 Abs. 4–6 FStrG und §§ 7 und 8 StrWG NRW) gemäß dem jeweiligen Fachgesetz oder, wenn das jeweilige Fachgesetz das Rechtsinstitut der Widmung nicht kennt, durch für jedermann erkennbare **dauernde Außerdienststellung**. Der Fachplanungsträger kann eine solche Außerdienststellung nur durch **eindeutige** und **bekannt gemachte Erklärung** (**Freigabeerklärung**), die für jedermann klare Verhältnisse schafft, herbeiführen; die Gemeinde hat aufgrund ihrer Planungshoheit Anspruch darauf, dass der Fachplanungsträger seine in Bezug auf die Verkehrsanlage beabsichtigten Dispositionen in einer **eindeutigen hoheitlichen Willensäußerung** möglichst frühzeitig und umfassend offen legt (BVerwG, Urteil vom 16. 12. 1988 – 4 C 48/86, NVwZ 1989, 655 zum Verhältnis von Bauleitplanung und Fachplanung). Die Entwidmung bzw. Freigabeerklärung ist eine **Allgemeinverfügung** im Sinne des § 35 Satz 2 VwVfG (BVerwG, Urteil vom 27. 11. 1996 – 11 A 2.96, NVwZ 1997, 920). Die Anforderungen an eine Freigabeerklärung können im Einzelfall geringer sein, wenn es nur noch darum geht, eine bereits eingetretene tatsächliche Entwicklung nachzuvollziehen (OVG NRW, Urteil vom 27. 4. 1998 – 7 A 3814/96, BauR 1999, 365 = BRS 60 Nr. 153). **Nach der Entwidmung** bzw. **Freigabeerklärung** einer öffentlichen Verkehrsanlage ist die **BauO NRW wieder anwendbar** (vgl. Wilke/Dageförde/Knuth/Meyer, zu § 1 Rdn. 19). 46

Für **private Verkehrsanlagen** gilt die **BauO NRW uneingeschränkt**, da die Ausnahme des Absatzes 2 nur auf die Zweckbestimmung „**öffentlich**" abstellt. Das äußere **Erscheinungsbild** einer Verkehrsanlage ist allein für sich **kein Indiz für die öffentliche Zweckbestimmung**. Auf privaten Verkehrsanlagen findet häufig, vor allem, wenn es sich um Pkw-Stellplatzanlagen zu Einzelhandelsbetrieben handelt, faktisch ein öffentlicher Ver- 47 kehr statt, da durch vom Betreiber angebrachte Schilder kenntlich gemacht wird, dass die Vorschriften der StVO gelten sollen. Eine solche **Beschilderung ersetzt** jedoch **nicht die straßenrechtliche Widmung**. Zu **privaten** Verkehrsanlagen rechnen insbesondere die durch Baulast gesicherten **Zufahrten** von öffentlichen Verkehrsflächen zu den Grundstücken (s. die Anmerkungen zu § 4 Rdn. 33–40), die **privaten Parkplätze**, die **Gemeinschaftsstellplätze oder -garagen** und die **privaten Tief- oder Hochgaragen**. Ferner rechnen hierzu die **Anschlussbahnen** und **Anschlussgleise**, die den Verkehr eines einzelnen Unternehmens oder einer bestimmten Anzahl von Unternehmen von und zu Eisenbahnen des öffentlichen Verkehrs vermitteln.

### 3.1.1 Bauplanungs- und Fachplanungsrecht im Verhältnis zur BauO NRW

48 Die BauO NRW regelt selbst nicht, welche Verkehrsanlagen dem öffentlichen Verkehr dienen. Sie stellt – ohne dies ausdrücklich zum Ausdruck zu bringen – auf das **BauGB** und die entsprechenden **Fachgesetze** ab. Die Herstellung der **örtlichen Verkehrsanlagen** als **Erschließungsanlagen** richtet sich nach den Vorgaben des **BauGB**. Für die Aufstellung der Bebauungspläne und die Realisierung der Erschließung sind die **Gemeinden** zuständig. Bei den in den Fachgesetzen geregelten öffentlichen Verkehrsanlagen handelt es sich überwiegend um solche **überörtlicher Art**, die der **Aufsicht besonderer Fachbehörden** unterliegen und die grundsätzlich nur aufgrund eines **Planfeststellungs- oder Plangenehmigungsverfahrens** angelegt werden dürfen, soweit nicht ein **planfeststellungsersetzender Bebauungsplan** vorliegt (vgl. hierzu Ronellenfitsch, Das Zusammentreffen von qualifizierten Straßenbauplänen [isolierten Bebauungsplänen] mit Fachplanungen, DVBl. 1998, S. 653 ff. und OVG NRW, Urteil vom 10. 8. 2000 – 7 a D 162/98.NE, BauR 2001, 202 = BRS 63 Nr. 22). In seltenen Fällen besonderer Bedeutung für das Allgemeinwohl besteht daneben noch die Möglichkeit zur anlagenbezogenen Fachplanung durch Gesetz, der sog. **Legalplanung** (vgl. hierzu Blümel, Fachplanung durch Bundesgesetz [Legalplanung], DVBl. 1997, S. 205 ff. und BVerfG, Beschluss vom 17. 7. 1996 – 2 BvF 2/93, DÖV 1997, 117), wie sie der Bund beispielsweise mit dem Gesetz über den Bau der Südumfahrung Stendal der Eisenbahnstrecke Berlin–Oebisfelde vom 29. 10. 1993 (BGBl. I S. 1906) ausgeübt hat.

49 Im **Bebauungsplanverfahren** ist die Planung gemäß § 1 Abs. 4 BauGB den Zielen der Raumordnung anzupassen; nach § 1 Abs. 6 und 7 BauGB sind die öffentlichen und privaten Belange einschließlich der umweltschützenden Belange in der Abwägung zu berücksichtigen. Die **Erschließung** ist gemäß § 123 Abs. 1 BauGB **Aufgabe der Gemeinde**, soweit sie nicht nach anderen gesetzlichen Vorschriften oder öffentlich-rechtlichen Verpflichtungen einem anderen obliegt. Die Herstellung neuer Erschließungsanlagen im Sinne des § 127 Abs. 2 BauGB setzt grundsätzlich gemäß § 125 Abs. 1 BauGB einen **Bebauungsplan** voraus. Liegt ein Bebauungsplan nicht vor, so dürfen gemäß § 125 Abs. 2 BauGB die Erschließungsanlagen nur hergestellt werden, wenn sie den in § 1 Abs. 4 bis 7 BauGB bezeichneten Anforderungen entsprechen.

50 Im **Planfeststellungsverfahren** sind die von dem Vorhaben berührten öffentlichen und privaten Belange einschließlich der Umweltverträglichkeit im Rahmen der Abwägung zu berücksichtigen. An Stelle der Planfeststellung kann eine **Plangenehmigung** erteilt werden, wenn Rechte anderer nicht oder nicht wesentlich beeinträchtigt werden oder die Betroffenen sich mit der Inanspruchnahme ihres Eigentums oder eines anderen Rechts schriftlich einverstanden erklärt haben und mit den Trägern öffentlicher Belange, deren Aufgabenbereich berührt wird, das Benehmen hergestellt worden ist. Der

Planfeststellungsbeschluss und die Plangenehmigung entfalten gemäß § 75 Abs. 1 in Verbindung mit § 74 Abs. 6 Satz 2 VwVfG NRW **Konzentrationswirkung**, soweit das jeweilige Fachplanungsrecht hierzu keine Sonderregelungen trifft. Die Konzentrationswirkung hat zur Folge, dass neben der fachgesetzlichen Entscheidung keine weiteren behördlichen Entscheidungen, insbesondere keine öffentlich-rechtlichen Genehmigungen, Verleihungen, Erlaubnisse, Bewilligungen, Zustimmungen oder sonstigen Planfeststellungen erforderlich sind.

Nur wegen der **umfassenden Prüfungspflicht des öffentlichen Rechts** im Bebauungs- 51
planaufstellungsverfahren und im Planfeststellungs- bzw. Plangenehmigungsverfahren oder im Gesetzgebungsverfahren bei der Legalplanung, welche auch die **Aspekte der öffentlichen Sicherheit und Ordnung** einschließt, ist die Ausnahme vom Anwendungsbereich der BauO NRW überhaupt gerechtfertigt. Insoweit besteht eine Vergleichbarkeit mit § 38 BauGB, der das **Fachplanungsrecht** gegenüber den Vorschriften über die Zulässigkeit von Vorhaben (§§ 29–37 BauGB) **privilegiert**, weil im Planfeststellungs- oder Plangenehmigungsverfahren auch die städtebaulichen Belange zu prüfen sind (vgl. Battis/Krautzberger/Löhr, zu § 38 Rdn. 6–8 und Ernst/Zinkahn/Bielenberg/Krautzberger, zu § 38 Rdn. 83–90).

Die in § 1 Absatz 2 Nr. 1 BauO NRW aufgeführten **öffentlichen Verkehrsanlagen** sind 52
**dem Anwendungsbereich nicht völlig entzogen**, vielmehr tritt das Bauordnungsrecht nur insoweit zurück, als das im Bereich einer Verkehrsanlage zuzulassende **Vorhaben** den **erschließungsrechtlichen Bestimmungen** bzw. den **verkehrsanlagenrechtlichen Spezialvorschriften unterworfen** ist. Nach § 9 Abs. 1 Nr. 11 und 21 BauGB können für die Erschließungsanlagen unterschiedliche Festsetzungen getroffen werden, von denen nur nach Maßgabe des § 125 Abs. 3 BauGB abgewichen werden darf. Weiterhin regelt das jeweilige Fachplanungsrecht, was **Gegenstand der Planfeststellung** oder der **Plangenehmigung** sein kann; dies sind im Falle fachgesetzlicher Regelungen nur die **dem öffentlichen Verkehr dienenden Anlagen**.

Infolge der **Beschränkung des Fachplanungsrechts auf öffentliche Verkehrsanlagen**, ist 53
eine **Planfeststellung verkehrsfremder Anlagen** ebenso **ausgeschlossen**, wie ein **bauaufsichtliches Verfahren für verkehrsfremde Anlagen entgegen dem Planfeststellungszweck vor der Entwidmung** (s. Rdn. 46). So ist es einem Fachplanungsträger verwehrt, unter Umgehung der Planungshoheit der Gemeinde für Verkehrszwecke nicht mehr benötigte Grundstücksflächen in der Form zu vermarkten, dass er Interessenten veranlasst, einen Vorbescheid für ein Vorhaben zu beantragen und hierzu lediglich eine bedingte Freigabeerklärung für den Fall der positiven Bescheidung genau dieses Vorhabens gegenüber der Bauaufsichtsbehörde und der Gemeinde abgibt (BVerwG, Beschluss vom 27. 4. 1998 – 4 B 33/98, BRS 60 Nr. 155 = NVwZ-RR 1998, 542 zur Unzulässigkeit eines Vorbescheids für eine Tankstelle auf einem Güterbahnhofsgelände und Hess. VGH, Urteil vom 29. 4. 1997 – 4 UE 1349/92, BRS 59 Nr. 153 = ZfBR 1998, 163 zur Unzulässigkeit eines Vorbescheids für einen Lebensmittelmarkt auf einem Rangierbahnhofsgelände; OVG NRW, Urteil vom 27. 4. 1998 – 7 A 3818/96, BauR 1999, 383 = BRS 60 Nr. 165) zu einem bahnfremden Schrottplatz). Über eine solche Voranfrage kann nur dann entschieden werden, wenn eine Entwidmungsverfügung oder eine **uneingeschränkte** Freigabeerklärung die Sperre des § 38 BauGB für die Anwendbarkeit der §§ 29–37 BauGB und damit für die Bauleitplanung der Gemeinde beseitigt.

Von der Frage der Entwidmung einzelner Flächen für verkehrsfremde Nutzungen zu 54
trennen ist die Frage der **eingeschränkten Anwendbarkeit des Fachplanungsrechts auf**

**Vorhaben, die keinen verkehrlichen Zwecken dienen, dem Zweck der Verkehrsanlage aber auch nicht zuwiderlaufen.** Dient ein solches Vorhaben im Bereich einer öffentlichen Verkehrsanlage keinen spezialgesetzlich normierten und damit planfeststellungsfähigen Zwecken, so unterliegt es weiterhin dem Regime des Bauordnungsrechts (OVG NRW, Urteil vom 6. 10. 1988 – 4 A 2966/86, NVwZ 1989, 576 zu einer Spielhalle im Bahnhofsgebäude und Urteil vom 3. 7. 1997 – 11 A 1566/94, BRS 59 Nr. 134 zu einer Werbetafel für Fremdwerbung an einer Eisenbahnbrücke; Nds. OVG, Urteil v. 31. 5. 1996 – 6 L 3564/93, BauR 1997, 101 = BRS 58 Nr. 198 und BayVGH, Urteil vom 20. 10. 1998 – 20 A 98.40022, BauR 1999, 162 = BRS 60 Nr. 199 = UPR 1999, 76 zu Läden in Bahnhofsgebäuden mit einem über den Reisebedarf hinausgehenden Sortiment).

55 **Bauliche Anlagen** sowie **andere Anlagen und Einrichtungen ohne spezielle verkehrliche Funktion** im Bereich von nach § 9 Abs. 1 Nr. 11 und 21 BauGB festgesetzten Flächen oder im Bereich von planfestgestellten Verkehrsanlagen, insbesondere auf den dem Straßenverkehr dienenden Verkehrsflächen, **unterliegen** infolge der bauplanungsrechtlichen bzw. fachgesetzlichen Beschränkungen nach wie vor dem **Bauordnungsrecht**. So bedarf z. B. die zeitlich beschränkte Einrichtung einer **Außengastronomie auf Platz- oder Gehwegflächen** neben der **gaststättenrechtlichen Erlaubnis** und der **straßenrechtlichen Sondernutzungserlaubnis** auch der **Baugenehmigung**. Auf öffentlichen Verkehrsflächen dauerhaft angebrachte bauliche Anlagen bzw. andere Anlagen und Einrichtungen ohne verkehrliche Funktion, wie z. B. Werbeanlagen oder Warenautomaten, findet das Bauordnungsrecht Anwendung. Bei baulichen Anlagen, die den Gebäudebegriff erfüllen, greift ohnehin die **Rückausnahme für Gebäude**. Deshalb ist es für die Geltung des **materiellen** Bauordnungsrechts unerheblich, ob es sich um ein Gebäude ohne verkehrliche Funktion (z. B. Zeitschriftenkiosk oder Trinkhalle) oder um eines mit verkehrlicher Funktion (z. B. Überdachung eines U-Bahneingangs, Fahrgastunterstand an einer Bushaltestelle oder Raststätte an einer Bundesautobahn) handelt. Die **Unterscheidung** nach der Funktion in Abhängigkeit von der Zweckbestimmung der öffentlichen Verkehrsanlage besitzt lediglich **verfahrensrechtliche Bedeutung**.

### 3.1.2 Öffentliche Straßen, Wege und Plätze

56 Das **Straßenrecht** ist eines der **ältesten Rechtsgebiete** überhaupt und war ursprünglich Landesrecht, wie sich eindrucksvoll aus § 69 des Landesstraßengesetzes vom 28. 11. 1961 (GV. NRW. S. 305) ergibt; die Bestimmung nennt insgesamt 20 aufgehobene Vorschriften, die teilweise bis ins Jahr 1554 zurückreichen. Erst ab 1933 trat das Reich infolge des Reichsautobahnbaus als Gesetzgeber für das Straßenrecht auf. Unter Außerachtlassung der durch die Reichsverfassung gezogenen Grenzen für die Gesetzgebung ergingen das Gesetz über die einstweilige Neuregelung des Straßenwesens und der Straßenverwaltung vom 26. 3. 1934 (RGBl. I S. 243), die Durchführungsverordnung zu diesem Gesetz vom 7. 12. 1934 (RGBl. I S. 1237), die Verordnung über die Straßenverzeichnisse vom 27. 9. 1935 (RGBl. I S. 1193) und das Reichsautobahngesetz vom 29. 5. 1941 (RGBl. I S. 313) einschließlich Durchführungsverordnung vom 29. 5. 1941 (RGBl. I S. 315). Mit dem Inkrafttreten des Grundgesetzes erlangte der Bund nach Art. 74 Nr. 22 die konkurrierende Gesetzgebungsbefugnis nur für „den Bau und die Unterhaltung der Landstraßen für den Fernverkehr", von der er mit dem **Bundesfernstraßengesetz** vom 6. 8. 1953 (BGBl. I S. 903) Gebrauch machte. Die Gesetzgebungsbefugnis für alle anderen Straßen, die keine Landstraßen für den Fernverkehr sind, steht nicht dem Bund, sondern den Ländern zu. Art. 90 GG bestimmt ferner, dass der **Bund Eigentümer** der bisherigen

Reichsautobahnen und Reichsstraßen ist (s. hierzu das Gesetz über die vermögensrechtlichen Verhältnisse der Bundesautobahnen und sonstigen Bundesstraßen des Fernverkehrs vom 2. 3. 1951, BGBl. I S. 157) und dass die **Verwaltung** dieser Straßen **durch die Länder** oder die nach Landesrecht zuständigen Selbstverwaltungskörperschaften im Auftrag des Bundes erfolgt.

Die dem **öffentlichen Straßenverkehr** dienenden Verkehrsanlagen können für die Benutzung durch Kraftfahrzeuge, Fahrräder und Fußgänger oder für nur einzelne Benutzergruppen, also nur für Kraftfahrzeuge, nur für Fahrräder oder nur für Fußgänger bestimmt sein. Vom Umfang her am größten ist der in der Verantwortung der Kommunen liegende Anteil des Straßennetzes, der dem **örtlichen Straßenverkehr** dient. Hierbei handelt es sich um die kommunalen Straßen, Wege und Plätze, die als **Erschließungsanlagen** nach den Bestimmungen des **BauGB** aufgrund der **Festsetzungen** der Bebauungspläne über die **örtlichen Verkehrsflächen** nach § 9 Abs. 1 Nr. 11 und 21 BauGB hergestellt werden. **57**

Die so genannten „**klassifizierten**" Straßen, die vorrangig dem **überörtlichen Straßenverkehr** dienen und im Bereich der **Ortsdurchfahrten** auch **Erschließungsfunktionen** übernehmen (zum Begriff Ortsdurchfahrt s. BVerwG, Urteil vom 3. 4. 1981 – 4 C 41.77, DÖV 1981, 762; Urteil vom 18. 3. 1983 – 4 C 10.80, DÖV 1983, 682 und Beschluss vom 28. 5. 1997 – 4 B 91/97, NVwZ 1998, 172), sind im **FStrG** und im **StrWG NRW** geregelt. Das StrWG NRW gilt auch für die **nicht klassifizierten Straßen** (**Gemeindestraßen** und **sonstige öffentliche Straßen**). Für **Bau** und **Unterhaltung** dieser **örtlichen Verkehrsflächen** ergeben sich die bauplanungs-, erschließungs- und straßenrechtlichen Vorschriften aus dem BauGB und dem StrWG NRW. **58**

Der **Begriff der öffentlichen Straße** ist **bundesfernstraßenrechtlich** in den §§ 1 und 2 FStrG definiert. Nach §§ 1 Abs. 2 FStrG gliedern sich die **Bundesstraßen des Fernverkehrs** in die **Bundesautobahnen** (ohne Ortsdurchfahrten) und die **Bundesstraßen mit den Ortsdurchfahrten**. Für die Bundesautobahnen und die Bundesstraßen außerhalb der zur Erschließung der anliegenden Grundstücke bestimmten Teile der Ortsdurchfahrten bestehen gemäß § 9 Abs. 1 FStrG **gesetzliche Anbauverbotszonen** (40 m bzw. 20 m) und gemäß § 9 Abs. 2 FStrG **gesetzliche Anbaubeschränkungszonen** (100 m bzw. 40 m), die jeweils vom äußeren Rand der befestigten Fahrbahn aus zu messen sind. Von diesen Beschränkungen des Anbaus kann unter den Voraussetzungen des § 9 Abs. 8 FStrG **im Einzelfall** eine **Ausnahme** zugelassen werden (vgl. BVerwG, Urteil vom 4. 4. 1975 – IV C 55.74, DVBl. 1976, 106). **59**

Zu den **Bundesfernstraßen** gehören gemäß § 1 Abs. 4 FStrG folgende **Bestandteile**: **60**

- der **Straßenkörper** (Straßengrund, Straßenunterbau, Straßendecke, Brücken, Tunnel, Durchlässe, Dämme, Gräben, Entwässerungsanlagen, Böschungen, Stützmauern, Lärmschutzanlagen, Trenn-, Seiten-, Rand- und Sicherheitsstreifen),
- der **Luftraum** über dem Straßenkörper,
- das **Zubehör** (Verkehrszeichen, Verkehrseinrichtungen und -anlagen aller Art, die der Sicherheit oder Leichtigkeit des Straßenverkehrs oder dem Schutz der Anlieger dienen, und die Bepflanzung),
- **Einrichtungen** zur Erhebung von **Maut** und zur Kontrolle der Mautpflicht,
- die **Nebenanlagen** (Straßenmeistereien, Gerätehöfe, Lager, Lagerplätze, Entnahmestellen, Hilfsbetriebe und -einrichtungen) und

– die **Nebenbetriebe an den Bundesautobahnen** im Sinne des § 15 Abs. 1 FStrG (z. B. Tankstellen, Parkplätze, Werkstätten, Verlade- und Umschlaganlagen, Raststätten).

Die **Anbauverbots- und Anbaubeschränkungszonen** nach § 9 FStrG, die **Schutzwaldungen** nach § 10 FStrG und die **Schutzmaßnahmen** nach § 11 FStrG auf Grundstücken an Bundesfernstraßen sind, wie sich aus der abschließenden Aufzählung des § 1 Abs. 4 FStrG ergibt, **keine Bestandteile** der Bundesfernstraßen.

**61** Die **Straßenbaulast** umfasst nach § 3 Abs. 1 Satz 1 FStrG alle mit dem Bau und der Unterhaltung der Bundesfernstraßen zusammenhängenden Aufgaben. Gemäß § 5 Abs. 1 FStrG ist der **Bund grundsätzlich Träger der Straßenbaulast für die Bundesfernstraßen**, soweit keine anderen gesetzlichen Vorschriften oder öffentlich-rechtlichen Verpflichtungen bestehen. Nach § 5 Abs. 2 FStrG sind die **Gemeinden mit mehr als 80.000 Einwohnern** Träger der Straßenbaulast für die **Ortsdurchfahrten** im Zuge von Bundesfernstraßen; Gemeinden mit mehr als 50.000, aber weniger als 80.000 Einwohnern können gemäß § 5 Abs. 2 a FStrG die Straßenbaulast für die Ortsdurchfahrten übernehmen. Allen übrigen Gemeinden obliegt gemäß § 5 Abs. 3 FStrG die Straßenbaulast für die Gehwege und Parkplätze in den Ortsdurchfahrten der Bundesfernstraßen.

**62** Die gesetzliche Rechtfertigung für den Neu- oder Ausbau von **Bundesfernstraßen** ergibt sich aus dem **Bedarfsplan** nach dem **Gesetz über den Ausbau der Bundesfernstraßen – Fernstraßenausbaugesetz** i. d. F. d. B. vom 20. 1. 2005 (BGBl. I S. 201), z. g. d. G vom 9. 12. 2006 (BGBl. I S. 2833), der als gesetzgeberische Entscheidung für den Bedarf in die Abwägung im Rahmen der Planfeststellung eingeht (BVerwG, Urteil vom 18. 6. 1997 – 4 C 3.95, NVwZ-RR 1998, 292). Die Bedarfsplanung erfährt ihre konkrete Umsetzung in einem **zweistufigen Planungsverfahren**, der Linienbestimmung und der sich daran anschließenden Planfeststellung.

**63** Die **Linienbestimmung** gemäß § 16 FStrG entfällt nur beim Neubau von Ortsumgehungen; bei ihrer Bestimmung sind die von dem Vorhaben berührten öffentlichen Belange einschließlich der Umweltverträglichkeit und des Ergebnisses des Raumordnungsverfahrens in der Abwägung zu berücksichtigen. Bundesfernstraßen dürfen gemäß § 17 Abs. 1 und 1 a FStrG nur gebaut oder geändert werden, wenn zuvor eine **Planfeststellung** oder in Fällen von unwesentlicher Bedeutung eine **Plangenehmigung** erfolgt ist. Die Planfeststellung und die Plangenehmigung entfalten beide **Konzentrationswirkung** (s. Rdn. 50), da das FStrG keine Einschränkungen enthält. Die der Sicherheit und Ordnung dienenden Anlagen an Bundesfernstraßen, wie Polizeistationen, Einrichtungen der Unfallhilfe, Hubschrauberlandeplätze und Zollanlagen, können gemäß § 17 a FStrG in die Planfeststellung einbezogen werden, wenn sie eine unmittelbare Zufahrt haben. **Bebauungspläne** nach § 9 BauGB können gemäß § 17 Abs. 3 Satz 1 FStrG die **Planfeststellung ersetzen** (zu den Anforderungen an einen solchen Bebauungsplan vgl. BVerwG, Beschluss vom 22. 3. 1999 – 4 BN 27.98, BRS 62 Nr. 5 = ZfBR 1999, 348). Im Falle **notwendiger Ergänzungen** oder **Abweichungen von den Festsetzungen des Bebauungsplans** ist gemäß § 17 Abs. 3 Satz 2 FStrG **insoweit** die **Planfeststellung zusätzlich** durchzuführen.

**64** Der **Träger der Straßenbaulast** hat gemäß § 4 Satz 1 FStrG dafür **einzustehen**, dass der **Bau allen Anforderungen an die Sicherheit und Ordnung genügt**. Diese **straßenrechtliche Generalklausel** entspricht der bauordnungsrechtlichen Generalklausel des § 3 Abs. 1 Satz 1 BauO NRW und gilt für alle Bestandteile einer Bundesfernstraße, also auch für die Gebäude als Nebenanlagen oder Nebenbetriebe, die der Rückausnahme des § 1 Abs. 2 Nr. 1 BauO NRW unterliegen. Materiell-rechtlich werden die unbestimmten Rechtsbegriffe Sicherheit und Ordnung durch die Regelungen des Bauordnungsrechts ausgefüllt (vgl. BVerwG, Beschluss vom 21. 2. 1997 – 4 VR 13.96, NVwZ-RR 1997, 344 zu den Wirkungen einer Lärmschutzwand an einem Autobahnzubringer, wobei das Gericht zur Beurteilung der Auswirkungen auch die landesrechtlichen Abstandvorschriften heranzieht), soweit keine straßenrechtlichen Bestimmungen, wie z. B. „Technische Vorschriften“ oder „Richtlinien“ der Forschungsgesellschaft für das Straßenwesen, bestehen (vgl. Kodal/Krämer, S. 1208 Rdn. 2.32). Das Erfordernis zur Heranziehung bauordnungsrechtlicher Vorschriften gilt in besonderem Maße für Gebäude, die zu den nicht-typischen Bauten der Straßenbauverwaltung rechnen (so Kodal/Krämer, S. 1029 Rdn. 36.3). Gemäß § 4 Satz 2 FStrG bedarf es keiner behördlichen Genehmigungen, Erlaubnisse und Abnahmen durch andere als die Straßenbaubehörden. Für **Baudenkmäler** gilt dies gemäß § 4 Satz 3 FStrG nur, soweit ein Planfeststellungsverfahren durchgeführt worden ist.

Die **verfahrensrechtliche Privilegierung** stellt im Hinblick auf das Bauordnungsrecht eine Sperre dar, um zu erreichen, dass bei der Realisierung der Straßenbauten, insbesondere auch von für verkehrliche Zwecke benötigten Gebäuden, keine bauordnungsrechtlichen Verfahrensvorschriften greifen (vgl. Kodal/Krämer, S. 1210 Rdn. 3.1). Die Privilegierung erfasst alle Abschnitte von Bundesfernstraßen, auch die Ortsdurchfahrten, für die nach Maßgabe des § 5 Abs. 2, 2 a und 3 FStrG bestimmten Gemeinden die Straßenbaulast obliegt. Die **Straßenbaulastträger** unterliegen gemäß § 20 FStrG im Hinblick auf die Erfüllung ihrer Aufgaben der **Überwachung** durch die **Straßenaufsicht**, die von den Ländern ausgeübt wird.

Auch das **Landesstraßenrecht** enthält in § 2 StrWG NRW eine **Begriffsbestimmung der** 65
**öffentlichen Straße**. Nach § 2 Abs. 1 StrWG NRW sind öffentliche Straßen, die dem öffentlichen Verkehr gewidmeten Straßen, Wege und Plätze. Die öffentlichen Straßen werden gemäß § 3 Abs. 1 StrWG NRW eingeteilt in

- **Landesstraßen**,
- **Kreisstraßen**,
- **Gemeindestraßen**,
- **sonstige öffentliche Straßen**.

Die **Gemeindestraßen** werden nach § 3 Abs. 4 StrWG NRW nochmals unterteilt in:

- Straßen, bei denen die **Belange des Verkehrs** überwiegen (**Hauptverkehrsstraßen**, **Zubringerstraßen**),
- Straßen, bei denen die **Belange der Erschließung** der anliegenden Grundstücke überwiegen (**Anliegerstraßen**, **verkehrsberuhigte Bereiche**, **Fußgängerbereiche**),
- alle **sonstige für den öffentlichen Verkehr gewidmete Straßen**.

Ähnlich dem Bundesrecht bestimmt § 2 Abs. 2 StrWG NRW, dass der **Straßenkörper**, der **Luftraum über dem Straßenkörper**, das **Zubehör** und die **Nebenanlagen** zur öffentlichen Straße gehören. Das **Landesstraßenrecht** kennt – anders als das Bundesfernstraßenrecht – **keine Nebenbetriebe**. Die **Anbaubeschränkungszonen** nach § 25 StrWG NRW, die **Schutzmaßnahmen** nach § 30 StrWG NRW und der **Schutzwald** nach § 31 StrWG NRW sind **keine Bestandteile** der öffentlichen Straßen.

66 Nur die **Landes-** und **Kreisstraßen** weisen gemäß § 3 Abs. 2 und 3 StrWG NRW **überörtliche Verkehrsbedeutung** auf und verfügen gemäß § 5 StrWG NRW über **Ortsdurchfahrten** zur Erschließung anliegender Grundstücke. Außerhalb der Ortsdurchfahrten bestehen für Landes- und Kreisstraßen gemäß § 25 Abs. 1 StrWG NRW **gesetzliche Anbaubeschränkungszonen** (40 m), die vom äußeren Rand der für den Kraftfahrzeugverkehr bestimmten Fahrbahn aus gemessen werden, und in denen die Errichtung, die erhebliche Änderung und die Nutzungsänderung baulicher Anlagen der **Zustimmung** der Straßenbaubehörde bedürfen. Anbauverbotszonen kennt das StrWG NRW dagegen nicht (mehr). Für bestimmte **Gemeindestraßen** außerhalb der geschlossenen Ortslage können die Gemeinden **durch Satzung** gemäß § 25 Abs. 6 StrWG NRW bestimmen, dass sie vom Anbau und von Zufahrten zu Bauanlagen freizuhalten sind.

67 Die **Straßenbaulast** obliegt gemäß § 43 Abs. 1 StrWG NRW dem **Land** für die **Landesstraßen** und dem **Kreis** oder der **kreisfreien Stadt** für die **Kreisstraßen**. Träger der Straßenbaulast für die **Ortsdurchfahrten** von Landesstraßen und Kreisstraßen sind gemäß § 44 Abs. 1 StrWG NRW die **Gemeinden mit mehr als 80.000 Einwohnern**; gemäß § 44 Abs. 3 StrWG NRW können Gemeinden mit mehr als 50.000, aber weniger als 80.000 Einwohnern die Straßenbaulast für die Ortsdurchfahrten übernehmen. Die Straßenbaulast für die **Gemeindestraßen** obliegt gemäß § 47 Abs. 1 StrWG NRW den **Gemeinden**. Der jeweilige Träger der Straßenbaulast soll gemäß § 11 Abs. 1 StrWG NRW das **Eigentum** an den der Straße dienenden Grundstücken erwerben. Sonstige öffentliche Straßen können als **Eigentümerstraßen** und **-wege** im Privateigentum stehen (s. § 3 Abs. 4 Satz 2 Nr. 3 und Abs. 5 StrWG NRW); gemäß § 50 Abs. 1 StrWG NRW wird der Träger der Straßenbaulast sodann in der Widmungsverfügung bestimmt.

68 Die gesetzliche Rechtfertigung für den Neu- oder Ausbau von **Landesstraßen** ergibt sich aus dem **Bedarfsplan** nach dem **Landesstraßenausbaugesetz** i. d. F. d. B. vom 20. 4. 1993 (GV. NRW. S. 297), z. g. d. G vom 12. 12. 2006 (GV. NRW. 2007 S. 92). Die Planung ist für die Straßengruppen unterschiedlich geregelt. Für die **Landes-** und **Kreisstraßen** sowie für die **Gemeindestraßen mit überwiegend verkehrlicher Funktion** (Hauptverkehrsstraßen und Zubringerstraßen) besteht ein **zweistufiges Planungsverfahren**, die Linienabstimmung und die anschließende Planfeststellung. Bereits bei der **Linienabstimmung** erfolgt gemäß § 37 Abs. 2 StrWG NRW eine Beteiligung der Träger öffentlicher Belange und der Bürger sowie eine Prüfung der Umweltverträglichkeit. Die Linienabstimmung entfällt nur beim Neubau von Ortsumgehungen.

69 Landesstraßen und Kreisstraßen sowie Gemeindestraßen, sofern für letztere eine Umweltverträglichkeitsprüfung durchzuführen ist, dürfen gemäß § 38 Abs. 1 und 1 a StrWG NRW nur gebaut oder geändert werden, wenn zuvor eine **Planfeststellung** oder in Fällen von unwesentlicher Bedeutung eine **Plangenehmigung** erfolgt ist. Die der Sicherheit und Ordnung dienenden Anlagen an Landes- und Kreisstraßen, wie Polizeistationen, Einrichtungen der Unfallhilfe und der Verkehrsüberwachung, können gemäß § 38 Abs. 6 StrWG NRW in die Planfeststellung oder Plangenehmigung einbezogen werden, sofern diese Anlagen eine unmittelbare Zufahrt zu diesen Straßen haben. Bau oder Änderung von **Gemeindestraßen im Außenbereich** im Sinne des § 35 BauGB, für die keine Umweltverträglichkeitsprüfung durchzuführen ist, können nach § 38 Abs. 5 StrWG NRW ebenfalls im Wege der Planfeststellung oder Plangenehmigung zugelassen werden. **Bebauungspläne** nach § 9 BauGB können nach § 38 Abs. 4 StrWG NRW die **Planfeststellung ersetzen**; **notwendige Ergänzungen** oder **Abweichungen von den Bebauungsplanfestsetzungen** erfordern eine **ergänzende Planfeststellung**.

Das Straßenrecht (FStrG und StrWG NRW) regelt ebenfalls den **Gemeingebrauch**, den **Sondergebrauch** und die **Sondernutzung** (s. hierzu die Anmerkungen zu § 13 Rdn. 37–44). Eine über den Gemeingebrauch hinausgehende Sondernutzung, wie z. B. das Aufstellen von Tischen und Stühlen für eine Außengastronomie oder das Errichten einer Werbeanlage auf einer Straßenfläche, bedarf der Erlaubnis der Straßenbaubehörde. Durch **Satzung der Gemeinde** können gemäß § 8 Abs. 1 Satz 4 FStrG und § 19 StrWG NRW bestimmte Sondernutzungen in den Ortsdurchfahrten und in den Gemeindestraßen von der Erlaubnispflicht befreit werden. Das Straßenrecht wird ergänzt durch das **Straßenverkehrsgesetz** und die **Straßenverkehrsordnung**, die weitere Vorschriften zum Schutz des Straßenverkehrs vor Beeinträchtigungen durch bauliche Anlagen und Werbeanlagen enthalten (vgl. die Anmerkungen zu § 13 Rdn. 54–57). Diese Regeln sind nicht abschließend (BVerwG, Urteil vom 13. 12. 1967 - IV C 146.65, BRS 18 Nr. 94), so dass **daneben § 19 BauO NRW anwendbar** bleibt. 70

Nach § 9a Abs. 2 Satz 1 StrWG NRW sind Straßen so herzustellen und zu unterhalten, dass sie den **Erfordernissen der Sicherheit und Ordnung** genügen. Gemäß § 9a Abs. 2 Satz 2 StrWG NRW bedarf es, **ausgenommen** für **Gebäude**, keiner behördlichen Genehmigung, Zustimmung, Anzeige, Erlaubnis, Überwachung und Abnahme, wenn die baulichen Anlagen zur Erfüllung der Straßenbaulast unter verantwortlicher Leitung einer Straßenbaubehörde erstellt werden; für Gemeinden gilt dies nach § 9a Abs. 2 Satz 3 StrWG NRW nur, wenn diese selbst untere Bauaufsichtsbehörde sind. § 9a Abs. 3 StrWG NRW ermächtigt die Straßenbaubehörde, bestimmte Aufgaben, die ihr anstelle der Bauaufsichtsbehörde nach Absatz 2 obliegen, nach den bauordnungsrechtlichen Vorschriften auf Sachverständige zu übertragen. Diese Bestimmungen sind § 4 FStrG nachgebildet (vgl. insoweit Rdn. 64; s. auch Kodal/Krämer, S. 1210f. Rdn. 3.2 und 3.3). Gegenüber § 4 FStrG gilt jedoch die Besonderheit, dass **Gebäude von der Verfahrensprivilegierung ausgenommen** sind, so dass für diese die **Verfahrensvorschriften der BauO NRW** greifen, vorausgesetzt, es findet keine Planfeststellung oder Plangenehmigung Anwendung, die infolge der Konzentrationswirkung ein Baugenehmigungsverfahren entbehrlich macht (vgl. § 63 Abs. 3 BauO NRW). 71

### 3.13 Öffentliche Eisenbahnen und Magnetschwebebahnen

Der **Begriff Eisenbahn** ist nur unter Berücksichtigung der **historischen Entwicklung** der **Bahnsysteme** verständlich (vgl. Ronellenfitsch, Privatisierung und Regulierung des Eisenbahnwesens, DÖV 1996, S. 1028). Zu unterscheiden ist zwischen **Eisenbahnen**, **Straßenbahnen** und den **nach ihrer Bau- und Betriebsweise ähnlichen Bahnen**, **Bergbahnen** sowie **Magnetschwebebahnen** und sonstigen **Bahnen besonderer Bauart**. Für die schienengebundenen oder spurgeführten Bahnen gelten jeweils **unterschiedliche Vorschriften**, selbst wenn die einzelnen Strecken in einem Verkehrsverbundgebiet liegen, dem gleichen Nahverkehrszweck dienen und mit einheitlichem Tarifsystem ausgestattet sind, wie dies bei den beiden großen Verkehrsverbünden der Fall ist. In beiden Verbundgebieten wurden **neue Formen der Schienenbahnen** (**Stadtschnellbahnen** und **Stadtbahnen**) in Betrieb genommen, wie z. B. das Stadtbahnsystem Köln/Bonn, in dem sowohl Straßenbahn- als auch Eisenbahnstrecken zu einem einheitlichen Netz zusammengefasst wurden, so dass Mischformen entstanden, welche die rechtliche Zuordnung erschweren. Die fortschreitende Privatisierung ehemals staatlicher Eisenbahnen trägt dazu bei, dass die **Rechtslage unübersichtlich** geworden ist (vgl. Wegener, Bahnprivatisierung und Eisenbahnverkehrsverwaltung, DÖV 1996, S. 305). 72

73 Ab 1835 entwickelte sich ein **Eisenbahnnetz** privater Eisenbahngesellschaften auf der Grundlage von **Gesetzen** der **Ländern des Reiches**, z.B. dem **Preußischen Gesetz über die Eisenbahn-Unternehmungen** vom 3.11.1838 (GS Nr. 35). Um die **technische Einheit im Eisenbahnwesen** sicherzustellen, einigten sich die Staaten Mitteleuropas 1882 auf ein internationales Eisenbahnübereinkommen, zu dessen Umsetzung später die **Eisenbahn-Bau- und Betriebsordnung** vom 4.11.1904 (RGBl. I S. 387) erging. Ab 1870 wurden die privaten Eisenbahngesellschaften durch die Länder verstaatlicht, schließlich 1920 aufgrund eines Staatsvertrags zu den **Reichseisenbahnen** zusammengefasst und mit Gesetz vom 30.8.1924 (RGBl. II S. 272) in die **Deutsche Reichsbahngesellschaft** (DRG) umgewandelt. Nach dem II. Weltkrieg ging die DRG in die Staatsbahnen der beiden deutschen Teilstaaten auf (**Deutsche Bundesbahn** und **Deutsche Reichsbahn**). Der **Bund** erließ erstmals mit dem **Allgemeinen Eisenbahngesetz (AEG)** vom 29.3. 1951 (BGBl. I S. 225), dem **Bundesbahngesetz** vom 13.12.1951 (BGBl. I S. 955) und der **Eisenbahn-Bau- und Betriebsordnung (EBO)** vom 8.5.1967 (BGBl. II S. 1563) neue Rechtsgrundlagen.

74 Die heutige **Trennung der Rechtsbereiche** des schienen- bzw. spurgeführten Verkehrs geht auf die unterschiedlichen **technischen Ansätzen des Bahnbaus** zurück. Die ersten **Eisenbahnen** dienten dem **überörtlichen Güter- und Personenverkehr** und waren auf **eigenen Trassen** über Land geführt. Dagegen dienten die ersten **Straßenbahnen** innerhalb der Städte dem **Personennahverkehr** und benutzten den bereits **vorhandenen öffentlichen Straßenraum**. Hinzu trat ein Unterschied in der Eigentumsfrage: die **Eisenbahnen** befanden sich nach Abschluss des Netzaufbaus mit Ausnahme weniger Privatbahnstrecken im **Staatsbesitz**, die **Straßenbahnen und** die nach ihrer Bau- und Betriebsweise **ähnlichen Bahnen** (Hoch- und Untergrundbahnen, Schwebebahnen) befanden sich im **Kommunalbesitz**. Aus diesen unterschiedlichen Ansätzen ergaben sich zwangsläufig **unterschiedliche technische Lösungen**, die ihren Niederschlag später im **Eisenbahnrecht** und im **Personenbeförderungsrecht** fanden. Das Reich und später der Bund hatten dabei nicht zuletzt infolge der Eigentumsverhältnisse ein Interesse daran, das Eisenbahnrecht mit Privilegien auszustatten, um die Interessen der Reichsbahn (Bundesbahn) gegenüber den Kommunen und anderen Trägern öffentlicher Belange durchsetzen zu können. Aufgrund dieser Privilegien und ausgestattet mit eigener Polizeihoheit (Bahnpolizei) erklärt es sich, dass die Staatseisenbahn sich auch noch lange Zeit nach Gründung der Deutschen Bundesbahn als „Staat im Staat" verstand.

75 In der Folge der Wiedervereinigung wurden mit dem **Eisenbahnneuordnungsgesetz** vom 27.12.1993 (BGBl. I S. 2378) die beiden Sondervermögen zu einem einheitlichen Bundeseisenbahnvermögen zusammengefasst (Art. 1 § 1) und die Teile, die zur Erbringung von Eisenbahnverkehrsleistungen und zum Betreiben der Eisenbahninfrastruktur notwendig sind, in die Deutsche Bahn AG ausgegliedert (Art. 2 § 1). Bei der von der Deutschen Bahn AG unterhaltenen Eisenbahninfrastruktur handelt es sich also nur um das **bundeseigene** Schienennetz. Daneben bestehen aber auch Schienennetze **nichtbundeseigener** Eisenbahnen. Aus dem regelmäßig die Gemeindegrenzen überschreitenden Verkehr ergibt sich die Eigenschaft der Eisenbahn als **überörtliches Verkehrsmittel** (BVerwG, Beschluss vom 31.10.2000 – 11 VR 12.00, BauR 2001, 928 = BRS 63 Nr. 35). Auch die Stadtschnellbahnen (S-Bahnen), die größtenteils parallel zu den Fernbahnstrecken verlaufen, dienen dem überörtlichen Personenverkehr, da ihnen eine städteverbindende Funktion zukommt, die über das hinausgeht, was § 4 Abs. 2 PBefG noch als Personenbeförderung im Orts- oder Nachbarschaftsbereich ansieht.

Die wesentliche Rechtsgrundlage für den **Bau** und **Betrieb** von **Eisenbahnanlagen** bildet das **AEG**. Die Anforderungen des AEG werden konkretisiert durch die 76

- **Eisenbahn-Bau- und Betriebsordnung** – **EBO** vom 8.5.1967 (BGBl. II S. 1563), z.g.d. V vom 31.10.2006 (BGBl. I S. 2407).
- **Eisenbahn-Bau- und Betriebsordnung für Schmalspurbahnen** – **ESBO** vom 25.2. 1972 (BGBl. I S. 269), z.g.d. V vom 31.10.2006 (BGBl. I S. 2407).

**Eisenbahnen** im Sinne des § 2 Abs. 1 AEG sind **öffentliche Einrichtungen** oder **privatrechtlich organisierte Unternehmen**, die **Eisenbahnverkehrsleistungen** erbringen (Eisenbahnverkehrsunternehmen) oder eine **Eisenbahninfrastruktur** betreiben (Eisenbahninfrastrukturunternehmen). Bei den nicht von Absatz 1 erfassten Eisenbahnen handelt es sich nach § 3 Abs. 2 AEG um **nichtöffentliche** Eisenbahnen. Das Eisenbahnrecht gilt gemäß § 1 Abs. 2 AEG für Schienenbahnen mit Ausnahme von Magnetschwebebahnen, Straßenbahnen und der nach ihrer Bau- oder Betriebsweise ähnlichen Bahnen, Bergbahnen und der sonstigen Bahnen besonderer Bauart. Eisenbahnen dienen dem öffentlichen Verkehr, wenn sie als

1. Eisenbahnverkehrsunternehmen gewerbs- und geschäftsmäßig betrieben werden und jedermann sie nach ihrer Zweckbestimmung zur **Personen-** oder **Güterbeförderung** benutzen kann (öffentliche Eisenbahnverkehrsunternehmen),
2. Eisenbahninfrastrukturunternehmen Zugang zu ihrer Eisenbahninfrastruktur gewähren müssen (öffentliche Eisenbahninfrastrukturunternehmen),
3. Betreiber der Schienenwege Zugang zu ihren Schienenwegen gewähren müssen (öffentliche Betreiber der Schienenwege).

Die gesetzliche Rechtfertigung für den Neu- oder Ausbau der Bundesschienenwege ergibt sich aus dem **Bedarfsplan** nach dem **Bundesschienenwegeausbaugesetz** vom 15.11.1993 (BGBl. I S. 1874). Das **eisenbahnrechtliche Planungsverfahren** ist **in zwei Schritte unterteilt**. Das Betreiben einer Eisenbahninfrastruktur bedarf nach § 6 AEG einer in der Regel auf 50 Jahre begrenzten **Genehmigung des Eisenbahnunternehmens**. Der **Bau** und die **Änderung von Eisenbahnbetriebsanlagen** bedürfen der **Planfeststellung** oder der **Plangenehmigung**, die beide **Konzentrationswirkung** entfalten. Planfeststellungsersetzende Bebauungspläne kennt das Eisenbahnrecht nicht. Die **Betriebsanlagen** der Eisenbahn umfassen nach § 18 Abs. 1 AEG die Schienenwege von Eisenbahnen einschließlich der für den Betrieb notwendigen Anlagen, wie Bahnstromfernleitungen und Funkstationen (zu letzteren s.d. Anmerkungen zu § 65 Rdn. 78). Der Begriff Betriebsanlagen ist weit auszulegen und umfasst alle Anlagen zur Abwicklung des „äußeren Eisenbahndienstes", wie Bahnhofshallen, Fahrkartenverkaufsstellen, Gepäck- und Güterabfertigungsanlagen, Parkplätze an Bahnhöfen, Lagerplätze und die dem Güterumschlag und Ladeverkehr dienenden Flächen einschließlich Zufahrtswege (BVerwG, Urteil vom 29.8.1961 – I C 167.59, DVBl. 1962, 178 und Urteil vom 16.12.1988, – 4 C 48/86, NVwZ 1989, 655; s. auch Steenhoff, Planfeststellung für Betriebsanlagen von Eisenbahnen, DVBl. 1996, S. 1236). Die für die **Eigenschaft** einer Betriebsanlage vorausgesetzte **Eisenbahnbetriebsbezogenheit** fehlt bei Anlagen, die einem privatwirtschaftlichen Unternehmen dienen, das weder Eisenbahnverkehrsdienstleistungen erbringt noch eine Eisenbahninfrastruktur betreibt (VGH B-W, Beschluss vom 10.12.2001 – 5 S 2274/01, BauR 2002, 1217 = BRS 64 Nr. 176 zur Lagerhalle eines privaten Gewerbebetriebs). 77

78 Anders als im Straßenrecht, das die Widmung durch besonderen Verwaltungsakt vorsieht, ist die **Widmung im Eisenbahnrecht** nicht klar geregelt. Sie ergibt sich aus einer **Kombination** von **rechtlichem Planfeststellungsbeschluss** und **tatsächlicher Indienstnahme nach aufsichtsbehördlicher Abnahme** der Betriebsanlagen der Eisenbahn (vgl. Lahr, Die eisenbahnrechtliche Widmung, UPR 1998, S. 182). Soll eine Bahnanlage künftig nach dem Willen der Bahn „bahnfremden" Nutzungen offen stehen, so kann eine solche „**Entwidmung**", sofern dafür kein Planfeststellungsverfahren erfolgt, nur durch **eindeutige** und **bekannt gemachte Erklärung der Bahn** geschehen, die für jedermann klare Verhältnisse schafft (BVerwG, Urteil vom 16. 12. 1988 – 4 C 48/86, BRS 49 Nr. 3 = NVwZ 1989, 655). Die Entwidmung ist ausgeschlossen, solange die Betriebsanlagen ihre Funktion beibehalten; **zuständig** für die Entwidmung ist das **Eisenbahn-Bundesamt** (BVerwG, Urteil vom 27. 11. 1996 – 11 A 2.96, DÖV 1997, 508 = UPR 1997, 150). Mit dem Dritten Gesetz zur Änderung eisenbahnrechtlicher Vorschriften vom 27. 4. 2005 (BGBl. I S. 1138) hat der Gesetzgeber einen neuen **§ 23 „Freistellung von Bahnbetriebszwecken"** in das AEG eingefügt, um unter Berücksichtigung der Rechtsprechung das Verhältnis von eisenbahnrechtlicher Fachplanung und kommunaler Bauleitplanung klarer zu regeln und insbesondere der **Gemeinde** in Form eines **Antragsrechts** die Klärung zu ermöglichen, wann eine nicht mehr für Bahnzwecke genutzte Fläche wieder ihrer kommunalen Planungshoheit unterliegt (vgl. hierzu Schmitt, Das Ende der eisenbahnrechtlichen Widmung, UPR 2005, S. 427 ff.).

79 So weit die **sachliche** und **zeitliche Reichweite der eisenbahnrechtlichen Planfeststellung** geht, können Betriebsanlagen der Eisenbahn weder einem bauaufsichtlichen Genehmigungsverfahren unterworfen werden, noch können bauaufsichtliche Eingriffsmaßnahmen auf sie Zugriff nehmen (BVerwG, Beschluss vom 13. 10. 1994 – 7 VR 10.94, DÖV 1995, 198 = NVwZ 1995, 379; OVG NRW, Beschluss vom 9. 9. 1994 – 11 B 1447/94, BauR 1995, 371 = BRS 56 Nr. 135; Nds. OVG, Urteil vom 31. 5. 1996 – 6 L 3564/93, BauR 1997, 101 = BRS 58 Nr. 198). Für eine bahnfremde Nutzung auf planfestgestelltem Gelände kann **vor dem Verlust der Zweckbestimmung** der Fläche als Bahnanlage auch **kein Vorbescheid** erteilt werden, wenn die Gemeinde nicht in der Lage ist, ihre Planungshoheit in Bezug auf das zur Beurteilung gestellte Vorhaben wahrzunehmen. Dies schließt die Erteilung eines Vorbescheides unter dem Vorbehalt aus, dass das Vorhaben bebauungsrechtlich zulässig ist, wenn das Grundstück als Bahngelände entwidmet ist (BVerwG, Beschluss vom 27. 4. 1998 – 4 B 33.98, BRS 60 Nr. 155).

80 Nach § 4 Abs. 1 AEG sind die **Eisenbahnen verpflichtet**, den Betrieb sicher zu führen und die **Eisenbahninfrastruktur**, Fahrzeuge und Zubehör **sicher zu bauen** und **betriebssicher** zu halten. **Bauliche Anforderungen** an die regelspurigen Eisenbahnen des öffentlichen Verkehrs ergeben sich aus der **EBO** (s. Rdn. 76). Nach § 2 EBO müssen **Bahnanlagen** und Fahrzeuge so beschaffen sein, dass sie den Anforderungen der **Sicherheit und Ordnung** genügen; diese Anforderungen gelten als erfüllt, wenn sie den Vorschriften der EBO und **anerkannten Regeln der Technik** entsprechen. Die EBO enthält bauliche Anforderungen **an die Bahnstrecken** (Trassierung, Oberbau, Regelquerschnitt, Kreuzungen, Bahnsteige, Rampen), trifft jedoch **keine Regelungen über Gebäude**. Die **eisenbahnrechtliche Generalklausel** des § 2 EBO entspricht in ihrem Wesensgehalt der bauaufsichtlichen Generalklausel des § 3 Abs. 1 Satz 1 BauO NRW. Materiell-rechtlich werden die allgemeinen Anforderungen des § 2 EBO in Bezug auf Gebäude in Ermangelung spezieller eisenbahnrechtlicher Vorschriften durch die Anforderungen des Bauordnungsrechts ausgefüllt.

Ein **Verfahrensprivileg** enthält § 4 Abs. 2 AEG. Nach dieser mit Gesetz vom 11. 2. 1998 (BGBl. I S. 342) neu gefassten Vorschrift obliegen **Baufreigaben**, **Abnahmen**, **Prüfungen**, **Zulassungen**, **Genehmigungen** und **Überwachungen** für Errichtung, Änderung, Unterhaltung und Betrieb der **Betriebsanlagen von Eisenbahnen des Bundes** auf Grund **anderer Gesetze und Verordnungen** ausschließlich dem **Eisenbahn-Bundesamt – EBA**. Das aufgrund des Gesetzes über die Eisenbahnverkehrsverwaltung des Bundes vom 27. 12. 1993 (BGBl. I S. 2378, 2394) als selbständige Bundesoberbehörde errichtete EBA ist nicht nur zuständige Planfeststellungs- bzw. Plangenehmigungsbehörde, sondern auch für die **Ausübung der Eisenbahnaufsicht** zuständig. Auf **Gebäude als Betriebsanlagen** der Eisenbahn finden daher die bauordnungsrechtlichen **Verfahrens**vorschriften keine Anwendung. **81**

Den Eisenbahnen vergleichbar sind spurgeführte überörtliche Verkehrsmittel. Zur Regelung der **Magnetschwebetechnologie** erließ der Bund das **82**

- Gesetz über den Bau und Betrieb von **Versuchsanlagen zur Erprobung von Techniken für den spurgeführten Verkehr** vom 29. 1. 1976 (BGBl. I S. 241), z. g. d. V vom 31. 10. 2006 (BGBl. I S. 2407) und das
- **Allgemeine Magnetschwebebahngesetz** vom 19. 7. 1996 (BGBl. I S. 1019), z. g. d. V vom 31. 10. 2006 (BGBl. I S. 2407).

Die Rechtslage bezüglich Planung und Bauaufsicht entspricht der des AEG (s. Rdn. 77).

Der noch auf die „**Nicht-Bundeseisenbahnen**“ des öffentlichen Verkehrs erstreckte **Anwendungsbereich** des Landeseisenbahngesetzes wird **durch Bundesrecht verdrängt** (OVG Rh-Pf, Urteil vom 2. 3. 2001 – 1 A 1447/00, DVBl. 2001, 1301). Mit Artikel 1 des Gesetzes zur Bereinigung des Eisenbahnrechts vom 13. 2. 2007 (GV. NRW. S. 107) wurde daher das **Landeseisenbahngesetz** vom 5. 2. 1957 (GV. NRW. S. 11) **aufgehoben**. Die dem Land nach dem AEG verbliebenen Zuständigkeiten regelt die **Eisenbahnzuständigkeitsverordnung** vom 21. 11. 2006 (GV. NRW. 2007, S. 105). **83**

Der **Bau** und **Betrieb** von **Grubenbahnen** als Betriebsanlagen im Sinne des § 2 Abs. 1 Nr. 3 BBergG, die überwiegend einer der in den Nummern 1 oder 2 bezeichneten Tätigkeiten dienen, richtet sich nach den **bergrechtlichen Vorschriften**. Nach § 2 Abs. 4 BBergG gilt das Bergrecht dagegen **nicht** für das Verladen, Befördern und Abladen von Bodenschätzen, Nebengestein und sonstigen Massen im Sinne des Absatzes 1 Nr. 1 im Schienenverkehr der Eisenbahnen des öffentlichen Verkehrs. **84**

Für den **Bau** und **Betrieb** von **Seilbahnen** und **Zahnradbahnen** des öffentlichen Verkehrs ist das **Gesetz über die Seilbahnen in Nordrhein-Westfalen – SeilbG NRW** vom 16. 12. 2003 (GV. NRW. S. 774), z. d. G vom 13. 2. 2007 (GV. NRW. S. 107) maßgebend. Der **Bau** dieser Bahnen bedarf gemäß § 3 SeilbG NRW der **Planfeststellung** oder **Plangenehmigung**. Gemäß § 3 Abs. 6 SeilbG NRW ersetzen **Bebauungspläne** nach § 9 BauGB die Planfeststellung. Ferner bedürfen Bau und Betrieb einer Seilbahn oder Zahnradbahn gemäß § 4 Abs. 1 SeilbG NRW der Genehmigung der **Aufsichtsbehörde**, das ist gemäß § 18 Abs. 1 SeilbG NRW die **Bezirksregierung**, in deren Bereich die Bahn liegt. Als Besonderheit regelt § 8 SeilbG NRW **Baubeschränkungen** und **Schutzmaßnahmen**; nach Absatz 1 dürfen bauliche Anlagen **längs der Trasse** nicht errichtet oder geändert werden, wenn dadurch die **Betriebssicherheit** der Bahn **beeinträchtigt** wird. **85**

### 3.1.4 Öffentliche Straßenbahnen und ähnliche Bahnen, Busse, Taxen

86 **Ab 1881** erhielten fast alle größeren Städte **Straßenbahnen**. Neben den die öffentlichen Straßen benutzenden Straßenbahnen entstanden auch unabhängig geführte städtische Bahnsysteme, wie die Wuppertaler Schwebebahn, aber auch in die Außenbezirke führende Überlandstraßenbahnen auf eigenem Bahnkörper. Der Ausbau der Straßenbahnnetze nahm einen ungeahnten Aufschwung, so dass mit dem **Gesetz über die Beförderung von Personen zu Lande** vom 4. 12. 1934 (RGBl. I S. 705) eine **reichseinheitliche Rechtsgrundlage** erging. Der **Bund** ersetzte mit dem **Personenbeförderungsgesetz – PBefG** vom 21. 3. 1961 (BGBl. I S. 1513) die reichsrechtlichen Bestimmungen.

87 Das **Personenbeförderungsrecht** erfasst schwerpunktmäßig die **entgeltliche** oder **geschäftsmäßige Beförderung von Personen** mit Verkehrsmitteln, welche die öffentlichen Straßen mitbenutzen, wie Straßenbahnen, Obusse und Kraftfahrzeuge (Busse, Taxen). Die Anforderungen des PBefG werden konkretisiert durch die

- **Straßenbahn-Bau- und Betriebsordnung – BOStrab** vom 22. 12. 1987 (BGBl. I S. 2648), z. g. d. V vom 8. 11. 2007 (BGBl. I S. 2569).

Der **Begriff der öffentlichen Straßenbahnen** nach § 4 Abs. 1 PBefG umfasst Schienenbahnen, die den Verkehrsraum öffentlicher Straßen benutzen und sich mit ihren baulichen und betrieblichen Einrichtungen sowie in ihrer Betriebsweise der Eigenart des Straßenverkehrs anpassen oder einen besonderen Bahnkörper haben und in der Betriebsweise den vorgenannten Bahnen gleichen oder ähneln und ausschließlich oder überwiegend der Beförderung von Personen **im Orts- oder Nachbarschaftsbereich** dienen. Als Straßenbahnen **gelten** gemäß § 4 Abs. 2 PBefG auch **Hoch-**, **Untergrund-** und **Schwebebahnen** oder **ähnliche Bahnen besonderer Bauart**, die **ausschließlich oder überwiegend** der **Beförderung von Personen im Orts- oder Nachbarschaftsbereich** dienen und nicht Bergbahnen oder Seilbahnen sind (für Letztere besteht eine Landeszuständigkeit, s. Rdn. 85). Oberleitungsomnibusse (**Obusse**) sind nach § 4 Abs. 3 PBefG **elektrisch angetriebene**, **nicht an Schienen gebundene Straßenfahrzeuge**, die ihre Antriebsenergie einer **Fahrleitung** entnehmen.

88 Die **Ausbaumaßnahmen des öffentlichen Personennahverkehrs** sind in **ÖPNV-Infrastrukturplänen** des Landes bzw. der Zweckverbände nach den §§ 7 und 8 des Gesetzes über den öffentlichen Personennahverkehr in Nordrhein-Westfalen – ÖPNVG NRW vom 7. 3. 1995 (GV. NRW. S. 196), z. g. d. G vom 19. 6. 2007 (GV. NRW. S. 258), vorzubereiten. Das personenbeförderungsrechtliche **Planungsverfahren** für **spurgebundene Straßenbahnen und Obusse** ist in **zwei Schritte** aufgeteilt (hierzu s. OVG NRW, Beschluss vom 1. 9. 1997 – 20 B 713/95.AK, UPR 1998, 196). Die Planung der **nicht spurgebundenen** Kraftfahrzeuge ist dagegen **einstufig** angelegt. Für Straßenbahnen, Obusse, Kraftfahrzeuge im Linienverkehr und im Gelegenheitsverkehr besteht nach § 2 PBefG eine personenbeförderungsrechtliche **Genehmigungspflicht** im Sinne einer „**Unternehmergenehmigung**" (so Gaentzsch, Baugesetzbuch – BauGB, Kommentar, 1991, zu § 38 Rdn. 14). Der **Bau** von **Betriebsanlagen der Straßenbahnen** erfordert **zusätzlich** gemäß § 28 PBefG die **Planfeststellung** oder **Plangenehmigung**. Gemäß § 41 PBefG finden die Vorschriften über die Planfeststellung und Plangenehmigung auch Anwendung auf die **Bau- und Betriebsanlagen für den Obusverkehr**. Die Planfeststellung bzw. Plangenehmigung nach dem PBefG entfaltet ihre **Konzentrationswirkung** nur hinsichtlich der Betriebsanlagen.

Was unter **Betriebsanlagen** zu verstehen ist ergibt sich aus § 1 Abs. 4 BOStrab, der den **Betriebsbegriff** definiert: „Betrieb ist die Gesamtheit aller Maßnahmen, die der Personenbeförderung dienen, einschließlich der Ausbildung der Betriebsbediensteten und der Instandhaltung der Betriebsanlagen und Fahrzeuge". Hierunter fallen neben der Strecke mit dem Bahnkörper, den Brücken, Stützmauern, Tunneln, Fahrstromversorgungsanlagen, Sicherheitseinrichtungen und Haltestellen auch die Betriebshöfe; zu den Betriebsanlagen rechnen ferner die Betriebsgebäude, wie z. B. Fahrgastunterstände, Abfertigungsgebäude, Unterwerke für die Bahnstromeinspeisung, Stellwerke und Wartungshallen. **89**

**Bebauungspläne** nach § 9 BauGB können gemäß § 28 Abs. 3 Satz 1 PBefG die **Planfeststellung** und die **Plangenehmigung ersetzen** (hierzu s. VGH B-W, Beschluss vom 9. 10. 1990 – 3 S 2696/88, NVwZ-RR 1991, 400). Im Falle **notwendiger Ergänzungen** oder **Abweichungen von den Festsetzungen des Bebauungsplans** ist gemäß § 28 Abs. 3 Satz 2 PBefG **insoweit** die **Planfeststellung** zusätzlich durchzuführen. Da Bebauungspläne auf die **Festsetzungsmöglichkeiten** nach § 9 BauGB **beschränkt** sind, bedarf es hinsichtlich der nicht durch diese Festsetzungsmöglichkeiten erfassten Teile der Betriebsanlagen regelmäßig einer **ergänzenden** Planfeststellung (vgl. Schrödter, Baugesetzbuch, Kommentar, 5. Aufl. 1992, zu § 38 Rdn. 22). **90**

Der **Unternehmer** ist gemäß § 36 Abs. 1 PBefG **verpflichtet**, die ihm genehmigten **Betriebsanlagen** für Straßenbahnen (Obusse) zu bauen und während der Geltungsdauer der Genehmigung den öffentlichen Verkehrsinteressen und **dem Stand der Technik entsprechend zu unterhalten**. Die **Betriebsanlagen** müssen gemäß § 3 Abs. 1 Satz 1 BOStrab so gebaut sein, dass ihr **verkehrsüblicher Betrieb niemanden schädigt oder mehr als unvermeidbar gefährdet oder behindert**. Diese **personenbeförderungsrechtliche Generalklausel**, die durch die materiellen Anforderungen des § 3 Abs. 1 Satz 2 und die der Absätze 3 bis 6 BOStrab ergänzt wird, entspricht in ihrem Wesensgehalt der bauaufsichtlichen Generalklausel des § 3 Abs. 1 Satz 1 BauO NRW. Das **Bauordnungsrecht** der Länder **bleibt** gemäß § 1 Abs. 1 Satz 2 PBefG **unberührt**. Materiell-rechtlich werden deshalb die allgemeinen Anforderungen des § 3 BOStrab in Bezug auf Gebäude erst durch die Regelungen des Bauordnungsrechts ausgefüllt, soweit keine personenbeförderungsrechtlichen Anforderungen an die Betriebsanlagen nach den §§ 15 bis 32 BOStrab als speziellere Regelungen vorgehen. **91**

Die §§ 60 bis 62 BOStrab enthalten **Verfahrensvorschriften für den Bau von Betriebsanlagen**, die neben den Vorschriften über die Planfeststellung und Plangenehmigung gelten. Nach § 60 Abs. 1 BOStrab darf mit dem Bau von Betriebsanlagen erst begonnen werden, wenn die **Prüfung der Bauunterlagen durch die Technische Aufsichtsbehörde** ergeben hat, dass die Vorschriften der BOStrab beachtet sind. Bei diesen Bauunterlagen handelt es sich nicht notwendigerweise um die Unterlagen für die Planfeststellung, sondern um weitergehende Pläne und Berechnungen die den Konstruktionszeichnungen und bautechnischen Nachweisen nach Bauordnungsrecht vergleichbar sind. Die Technische Aufsichtsbehörde erteilt gemäß § 60 Abs. 3 BOStrab über das Ergebnis der Prüfung einen **Zustimmungsbescheid**, sofern die Prüfung nicht bereits im Rahmen der Planfeststellung erfolgte. Die Betriebsanlagen unterliegen gemäß § 61 BOStrab der **Aufsicht** (Überwachung) durch die Technische Aufsichtsbehörde. Gemäß § 62 BOStrab dürfen die Betriebsanlagen erst nach der **Abnahme** durch die Technische Aufsichtsbehörde in Betrieb genommen werden. Diese **verfahrensrechtlichen Vorschriften** schließen es aus, dass auf die betrieblichen Zwecken dienenden **Gebäude** die bauordnungsrechtlichen **Verfahrens**vorschriften Anwendung finden. **92**

93 Für den Bau von Anlagen für **nicht spurgebundene Kraftfahrzeuge** im **Linienverkehr** (§§ 42 und 43 PBefG) oder im **Gelegenheitsverkehr** (§ 46 PBefG) ermöglicht das Personenbeförderungsrecht **keine Planfeststellung oder Plangenehmigung**, da es davon ausgeht, dass die öffentlichen Straßen im Rahmen des Gemeingebrauchs von diesen Kraftfahrzeugen mitbenutzt werden. Die für diese Zwecke innerhalb des öffentlichen Straßenraums benötigten Anlagen, wie z. B. **Haltestellen für Kraftfahrzeuge im Linienverkehr**, **Taxenstände** oder **Sonderspuren für Busse und Taxen**, werden nach den Bestimmungen des Straßenrechts und des Straßenverkehrsrechts angelegt und unterhalten. Die Straßenverkehrsbehörde ordnet gemäß § 45 Abs. 3 StVO das Aufstellen der Verkehrszeichen 224, 229, 245 bzw. das Anbringen der Markierung 299 an. Die so gekennzeichneten Anlagen bleiben trotz der straßenverkehrsrechtlichen Beschränkungen Bestandteil der öffentlichen Verkehrsfläche (so Kodal/Krämer, S. 583 Rdn. 75.22 und 75.34). Die **Fahrgastunterstände des Omnibusverkehrs** unterliegen als **Gebäude** zwar dem materiellen Bauordnungsrecht, sind jedoch gemäß § 65 Abs. 1 Nr. 6 BauO NRW vom Baugenehmigungsverfahren freigestellt. Über den Umfang eines Fahrgast**unterstandes** hinausgehende Hochbauten, wie z. B. **Omnibusbahnhöfe in Form von Abfertigungsgebäuden**, unterliegen dem **Baugenehmigungsverfahren**.

94 Da das Personenbeförderungsrecht für die nicht spurgebundenen Kraftfahrzeuge im Linien- oder Gelegenheitsverkehr keine Planfeststellung oder Plangenehmigung zulässt, besteht für **Betriebsanlagen** des **Omnibusverkehrs außerhalb** des **öffentlichen Straßenraums**, insbesondere für die **Omnibusbetriebshöfe** eine **unklare Rechtssituation**. Nach § 1 Abs. 2 Nr. 1 BauO NRW handelt es sich um **Nebenanlagen** öffentlicher Verkehrsanlagen, auf die das Bauordnungsrecht keine Anwendung findet. Da die **Rückausnahme nur** die **Gebäude** erfasst und nur diese dem **Baugenehmigungsverfahren** unterwirft, sind die sonstigen baulichen Anlagen der Omnibusbetriebshöfe, die selbst keine Gebäude darstellen, wie z. B. die befestigten Abstellflächen oder die nicht überdachte Untersuchungsgruben, vom Anwendungsbereich der BauO NRW ausgeschlossen. Dass diese sonstigen baulichen Anlagen im Baugenehmigungsverfahren für die Betriebsgebäude in der Praxis einfach in den Bauvorlagen mit beantragt werden, ist auf das Interesse der Antragsteller zurückzuführen, mit der Baugenehmigung die Einhaltung der Anforderungen des öffentlichen Baurechts bescheinigt zu bekommen.

### 3.1.5 Öffentliche Wasserstraßen

95 Lange vor dem planmäßigen Ausbau von Straßen und Eisenbahnen wurden schiffbare Gewässer als Wasserstraßen für den Transport von Gütern und Personen genutzt. Mit dem **Preußischen Wassergesetz** vom 7. 4. 1913 (GS. S. 53) erfolgte eine Zusammenfassung der bis dahin zersplitterten Rechtsmaterie. Nur wenige Jahre später kam 1921 in Erfüllung des Art. 97 I WRV der **Staatsvertrag betreffend den Übergang der Wasserstraßen von den Ländern auf das Reich** zustande (Gesetz vom 29. 7. 1921, RGBl. S. 961), dessen Anlage A das **Verzeichnis der Reichswasserstraßen** enthielt. Die Reichswasserstraßen (See- und Binnenwasserstraßen) wurden aufgrund von § 1 Abs. 1 des Gesetzes über die vermögensrechtlichen Verhältnisse der Bundeswasserstraßen vom 21. 5. 1951 (BGBl. I S. 352) in Bundeseigentum überführt. Das Gesetz zur Reinhaltung der Bundeswasserstraßen vom 17. 8. 1960 (BGBl. II S. 2125) wurde vom BVerfG mit Urteil vom 30. 10. 1962 (BVerfGE 15, 1) für nichtig erklärt, weil es sich entgegen Art. 74 Nr. 21 GG nicht nur auf Verkehrsangelegenheiten bezog. Mit dem **Bundeswasserstraßengesetz – WaStrG** vom 2. 4. 1968 (BGBl. II S. 173) erfolgte dann eine Neuregelung.

Die **Bundeswasserstraßen** dienen dem **überörtlichen Verkehr**. Daneben bestehen auch weitere, **nicht im Bundeseigentum** befindliche, **dem allgemeinen Verkehr dienende Wasserstraßen**, deren Rechtsgrundlagen sich nicht aus dem WaStrG, sondern aus dem allgemeinen Wasserrecht (WHG, LWG) ergeben. **Bundeswasserstraßen** sind gemäß § 1 Abs. 1 WaStrG sowohl die **Binnenwasserstraßen** als auch die Seewasserstraßen. Die dem allgemeinen Verkehr dienenden Binnenwasserstraßen des Bundes ergeben sich aus der **Anlage zu § 1 Abs. 1 Nr. 1 WaStrG** (zum Begriff der Binnenwasserstraße s. OVG Bbg, Beschluss vom 25. 5. 2004 – 4 B 253/03, NVwZ-RR 2005, 403). Sie sind nach der **Anlage zu § 3 Abs. 1 Nr. 1 LWG** zugleich auch **Gewässer erster Ordnung**. Die jeweiligen **Endpunkte der Bundeswasserstraßen innerhalb des Landesgebiets** ergeben sich aus der Anlage zu § 1 Abs. 1 Nr. 1 WaStrG. Gemäß § 1 Abs. 1 WaStrG gehören zu den Bundeswasserstraßen auch alle **Gewässerteile**, die 96

- mit der Bundeswasserstraße in ihrem Erscheinungsbild als **natürliche Einheit** anzusehen sind,
- mit der Bundeswasserstraße durch einen **Wasserzufluss oder -abfluss** in **Verbindung** stehen,
- einen **Schiffsverkehr** mit der Bundeswasserstraße zulassen **und**
- im **Eigentum des Bundes** stehen.

**Fehlt** nur eines dieser vier **Merkmale**, so handelt es sich nicht um einen Teil einer Bundeswasserstraße. Es kann sich aber sehr wohl um eine dem **allgemeinen Verkehr dienende Wasserstraße** und damit um eine öffentliche Verkehrsanlage im Sinne des § 1 Abs. 2 Nr. 1 BauO NRW handeln, z. B. bei einem Gewässerteil, das die ersten drei Merkmale erfüllt, aber nicht im Eigentum des Bundes, sondern **im Eigentum des Landes oder einer Gemeinde** steht. Zu den Bundeswasserstraßen gehören gemäß § 1 Abs. 4 WaStrG 97

- die **bundeseigenen Schifffahrtsanlagen**, besonders Schleusen, Schiffshebewerke, Wehre, Schutz-, Liege- und Bauhäfen,
- die **bundeseigenen Talsperren**, **Speicherbecken** und **andere Speisungs- und Entlastungsanlagen**,
- die der **Unterhaltung dienenden bundeseigenen Ufergrundstücke**, **Bauhöfe** und **Werkstätten**.

Natürlich entstandene oder künstlich herbeigeführte **Erweiterungen**, die dadurch zustande kamen, dass Landflächen an einer Bundeswasserstraße zum Gewässer und in das Gewässerbett der Bundeswasserstraße für **dauernd einbezogen** wurden, sind nach § 3 WaStrG **Teil der Bundeswasserstraße**; das Eigentum wächst dem Bund zu.

Ähnlich der bundesfernstraßenrechtlichen Anbaubeschränkungszone, kennt auch das Wasserstraßenrecht einen besonderen **Genehmigungsvorbehalt für bauliche und sonstige Maßnahmen im Bereich von Bundeswasserstraßen**. Gemäß § 31 Abs. 1 WaStrG bedürfen die Errichtung, die Veränderung und der Betrieb von Anlagen in, über oder unter einer Bundeswasserstraße oder an ihrem Ufer einer **strom- und schifffahrtspolizeilichen Genehmigung des Wasser- und Schifffahrtsamtes**, wenn durch die beabsichtigte Maßnahme eine Beeinträchtigung des für die Schifffahrt erforderlichen Zustandes der Bundeswasserstraße oder der Sicherheit und Leichtigkeit des Verkehrs zu erwarten ist. 98

**99** Die **Unterhaltung**, der **Ausbau** und der **Neubau** der **Bundeswasserstraßen** sowie der **Betrieb der bundeseigenen Schifffahrtsanlagen** sind gemäß § 7 Abs. 1 und § 12 Abs. 1 WaStrG **Hoheitsaufgaben des Bundes**. Anders als für die Bundesfernstraßen, werden die Unterhaltungs- und Bauaufgaben nicht durch die Länder im Auftrag des Bundes, sondern unmittelbar durch den Bund selbst wahrgenommen. Nach § Art. 87 Abs. 1 in Verbindung mit Art. 89 Abs. 2 Satz 1 GG verwaltet der Bund die Bundeswasserstraßen durch eigene Behörden – die **Wasser- und Schifffahrtsverwaltung**.

**100** **Die Unterhaltung** umfasst gemäß § 8 Abs. 1 Satz 1 WaStrG die Erhaltung eines **ordnungsgemäßen Zustandes für den Wasserabfluss** und die **Erhaltung der Schiffbarkeit**. Zur Unterhaltung gehören nach § 8 Abs. 2 Satz 1 WaStrG besonders die Räumung, die Freihaltung, der Schutz und die Pflege des Gewässerbettes mit seinen Ufern; nach § 8 Abs. 4 WaStrG gehören hierzu auch Arbeiten zur Beseitigung oder Verhütung von Schäden an Ufergrundstücken, die durch die Schifffahrt entstanden sind oder entstehen können, soweit die Schäden den Bestand der Ufergrundstücke gefährden. Die Anlieger haben das Bepflanzen der Ufer nach § 11 WaStrG zu dulden, soweit es für die Unterhaltung der Bundeswasserstraße erforderlich ist. Sie können darüber hinaus auch durch Verfügung der Wasser- und Schifffahrtsverwaltung zu bestimmten Bewirtschaftungsarten verpflichtet werden. Unter dem **Ausbau** versteht § 12 Abs. 2 Satz 1 WaStrG **Maßnahmen zur wesentlichen Umgestaltung** einer Bundeswasserstraße, einer Kreuzung mit einer Bundeswasserstraße, eines oder beider Ufer, die über die Unterhaltung hinausgehen und die Bundeswasserstraße als Verkehrsweg betreffen. Gemäß § 12 Abs. 2 Satz 2 WaStrG gelten für die **Beseitigung** einer Bundeswasserstraße die Vorschriften über den Ausbau entsprechend.

**101** Das **Planungsverfahren für** den **Ausbau** und **Neubau** von Bundeswasserstraßen ist **zweistufig** und dem Bundesfernstraßenrecht nachgebildet. Gemäß § 13 Abs. 1 WaStrG ist die **Linienführung** der Bundeswasserstraße vom Bundesverkehrsminister im Einvernehmen mit der zuständigen Landesbehörde zu bestimmen. Gemäß § 14 WaStrG bedarf der Ausbau oder der Neubau von Bundeswasserstraßen der **Planfeststellung** bzw. **Plangenehmigung** durch die Wasser- und Schifffahrtsdirektion. Im Verfahren sind die von dem Vorhaben berührten öffentlichen und privaten Belange einschließlich der Umweltverträglichkeit im Rahmen der Abwägung zu berücksichtigen. Die Planfeststellung und die Plangenehmigung entfalten **Konzentrationswirkung**, da das WaStrG keine Einschränkungen enthält. Planfeststellungsersetzende Bebauungspläne kennt das WaStrG nicht. Das Verhältnis zur Bauleitplanung regelt § 13 Abs. 3 WaStrG insoweit, als ein **Vorrang der wasserstraßenrechtlichen Planung vor der Ortsplanung** besteht.

**102** Die **Bundeswasserstraßen bedürfen**, anders als die öffentlichen Straßen, Wege und Plätze, **keiner förmlichen Widmung**. Die §§ 5 und 6 WaStrG regeln vielmehr unmittelbar das **Befahren mit Wasserfahrzeugen** und den **Gemeingebrauch**. **Bestandsänderungen** von Bundeswasserstraßen im Sinne der straßenrechtlichen Auf- und Abstufungen erfordern gemäß § 2 WaStrG eine Vereinbarung zwischen dem Bund, dem Land und dem bisherigen oder dem künftigen Eigentümer. Den **Übergang** im Rechtssinne bewirkt dann ein **Bundesgesetz** oder im Falle von Gewässern oder Gewässerstrecken mit nur örtlicher Bedeutung eine **Rechtsverordnung** des Bundesverkehrsministers.

**103** Die Wasser- und Schifffahrtsverwaltung des Bundes ist gemäß § 48 Satz 1 WaStrG dafür verantwortlich, dass die **bundeseigenen Schifffahrtsanlagen** und **Schifffahrtszeichen** sowie die **bundeseigenen wasserbaulichen Anlagen** allen **Anforderungen der Sicherheit**

**und Ordnung** genügen. Diese wasserstraßenrechtliche Generalklausel entspricht der bauordnungsrechtlichen Generalklausel des § 3 Abs. 1 Satz 1 BauO NRW. Materiellrechtlich werden die unbestimmten Rechtsbegriffe Sicherheit und Ordnung in Bezug auf die der Rückausnahme des § 1 Abs. 2 Nr. 1 BauO NRW unterworfenen Gebäude durch das Bauordnungsrechts ausgefüllt, da das Wasserstraßenrecht insoweit keine speziellen Anforderungen enthält. Nach § 48 Satz 2 WaStrG bedarf es keiner behördlichen Genehmigungen, Erlaubnisse und Abnahmen. Diese **verfahrensrechtliche Privilegierung** bewirkt, dass die für Gebäude geltenden bauordnungsrechtlichen **Verfahrens**vorschriften nicht zum Zuge kommen und allein die Wasser- und Schifffahrtsverwaltung für die Einhaltung der materiellen Anforderungen des Bauordnungsrechts an **Gebäude** verantwortlich ist.

Neben den Bundeswasserstraßen sind Anlagen des öffentlichen Verkehrs nach § 1 Abs. 2 Nr. 1 BauO NRW auch die in dem Verzeichnis zu § 3 Abs. 1 Nr. 1 LWG aufgeführten **Gewässer erster Ordnung, soweit** sie überhaupt als dem allgemeinen Verkehr dienende Wasserstraßen **schiffbar** sind (s. hierzu § 37 Abs. 2 LWG). Die Gewässer erster Ordnung stehen gemäß § 4 LWG im **Eigentum des Landes**, soweit es sich nicht um Bundeswasserstraßen handelt. Wie das WaStrG enthält auch das LWG einen **Genehmigungsvorbehalt**. Gemäß **§ 99 Abs. 1 LWG** bedürfen die Errichtung oder wesentliche Änderung von Anlagen in oder an Gewässern einer **wasserrechtlichen Genehmigung**, soweit nicht in einem anderen Erlaubnis- oder Zulassungsverfahren die wasserrechtlichen Belange geprüft werden. **104**

Die Herstellung, Beseitigung oder wesentliche Umgestaltung eines Gewässers, das keine Bundeswasserstraße ist, für Zwecke der Schifffahrt bedarf nach § 31 WHG der **Planfeststellung** bzw. **Plangenehmigung**. Die Planfeststellung und die Plangenehmigung entfalten **Konzentrationswirkung** (vgl. Gieseke/Wiedemann/Czychowski, zu § 31 Rdn. 66–72). Wird mit der Planfeststellung oder der Plangenehmigung ein der Rückausnahme nach § 1 Abs. 2 Nr. 1 BauO NRW unterworfenes Gebäude als Betriebsanlage der Wasserstraße zugelassen, so hat die zuständige Wasserbehörde auch die Einhaltung der baurechtlichen Vorschriften gemäß § 104 Abs. 1 LWG zu prüfen. Planfeststellungsersetzende Bebauungspläne kennt auch das WHG nicht. Die nicht-bundeseigenen **Wasserstraßen bedürfen** wie die Bundeswasserstraßen **keiner förmlichen Widmung**. Die §§ 23 und 24 WHG in Verbindung mit §§ 33–43 LWG und den zu § 37 LWG ergangenen Ordnungsbehördlichen Verordnungen regeln unmittelbar die Benutzung oberirdischer Gewässer und das **Befahren mit Wasserfahrzeugen**. **105**

Die Pflicht zur Unterhaltung fließender Gewässer erster Ordnung als Schifffahrtswege, soweit sie nicht im Bundeseigentum stehen, obliegt gemäß § 29 WHG in Verbindung mit § 91 LWG dem Land. Die **Gewässeraufsicht** hat gemäß § 16 Abs. 1 in Verbindung mit § 138 LWG als Sonderordnungsbehörde darüber zu wachen, dass diese Gewässer den **Anforderungen des Wasserrechts und des Ordnungsrechts** genügen. Nach § 116 Abs. 1 Satz 2 LWG gehören zur **Gewässeraufsicht** in Bezug auf die von der Rückausnahme des § 1 Abs. 2 Nr. 1 BauO NRW erfassten Gebäude der nicht-bundeseigenen Wasserstraßen auch die **Bauüberwachung** und die **Bauzustandsbesichtigungen** nach den bauordnungsrechtlichen Vorschriften. Aufgrund § 104 Abs. 1 und § 116 Abs. 1 Satz 2 LWG ist sichergestellt, dass die bauordnungsrechtlichen Anforderungen an **Gebäude** als Bestandteil der nicht-bundeseigenen Wasserstraße uneingeschränkt Beachtung finden. Die **verfahrensrechtliche Privilegierung** bewirkt, dass die Wasserbehörden allein für die Einhaltung des materiellen Bauordnungsrechts verantwortlich sind. **106**

### 3.1.6 Öffentliche Flugplätze

107 Die Benutzung des Luftraums ist im Gegensatz zu den anderen öffentlichen Verkehrsarten noch relativ jung. **Luftverkehrsanlagen** dienen schon von der Natur der Sache her dem **überörtlichen Verkehr**. Die ausschließliche Gesetzgebungsbefugnis nach Art. 73 Nr. 6 GG hat der Bund mit dem **Luftverkehrsgesetz (LuftVG)** umfassend genutzt. Das geltende Recht geht zurück auf das Luftverkehrsgesetz vom 1. 8. 1922 (RGBl. I S. 681). Das Gesetz von 1922 regelte in seinen §§ 7–10 eine Genehmigungspflicht für Flughäfen, enthielt jedoch hierzu noch keine detaillierten Vorgaben. Erst die Verordnung über Luftverkehr vom 21. 8. 1936 (RGBl. I S. 659) brachte die heute noch geltende Unterteilung der Flugplätze in Flughäfen, Landeplätze und Segelfluggelände, mit daran anknüpfenden materiellen Anforderungen und verfahrensrechtlichen Bestimmungen. Später folgte mit dem Luftaufsichtsgesetz vom 1. 2. 1939 (RGBl. I S. 131) eine Regelung der Befugnisse der Luftfahrtbehörden. Der Bund passte mit dem Gesetz über das Luftfahrt-Bundesamt vom 30. 11. 1954 (BGBl. I S. 354) und dem Gesetz zur Änderung des Luftverkehrsgesetzes vom 5. 12. 1958 (BGBl. I S. 899) die Bestimmungen an das Raumordnungs-, Bau- und sonstige Fachplanungsrecht an und führte die Planfeststellung für Flughäfen und Landeplätze mit eingeschränkter Konzentrationswirkung ein.

108 Das LuftVG regelt in seinem 1. Abschnitt den Luftverkehr und dort in den §§ 6–19c die **Flugplätze**. Anders als das Bundesfernstraßenrecht, das den Begriff der öffentlichen Straße definiert, kennt das LuftVG **keine Begriffsbestimmung der öffentlichen Luftverkehrsanlage**. Das LuftVG regelt vielmehr sowohl den öffentlichen als auch den privaten Luftverkehr. Dies wird bereits deutlich, wenn man die Legaldefinition des **Luftfahrzeugs** in § 1 Abs. 2 LuftVG betrachtet: danach gehören hierzu nicht nur Flugzeuge, Drehflügler, Luftschiffe, Segelflugzeuge und Motorsegler, sondern auch Frei- und Fesselballone, Drachen, Rettungsfallschirme, Flugmodelle und Luftsportgeräte sowie sonstige für die Benutzung des Luftraums bestimmte Geräte, sofern sie in Höhen von mehr als dreißig Metern über Grund oder Wasser betrieben werden können. Da alle Luftfahrzeuge zwangsläufig zu Beginn oder Ende einer Benutzung des Luftraumes Bodenkontakt aufweisen, bedarf es einer genaueren Betrachtung, um die erdgebundenen Luftverkehrsanlagen, die dem Anwendungsbereich des Bauordnungsrechts als öffentliche Verkehrsanlagen entzogen sind, ermitteln zu können.

109 Unter dem **Begriff Flugplatz** versteht § 6 Abs. 1 Satz 1 LuftVG **Flughäfen**, **Landeplätze** und **Segelfluggelände**, die nur mit **luftverkehrsrechtlicher Genehmigung** angelegt oder betrieben werden dürfen. Über die erforderliche luftverkehrsrechtliche Genehmigung hinaus bedürfen **Flughäfen** sowie **Landeplätze mit beschränktem Bauschutzbereich nach § 17 LuftVG** gemäß § 8 Abs. 1 LuftVG der **Planfeststellung** oder gemäß § 8 Abs. 2 LuftVG der **Plangenehmigung**. Nach § 25 Abs. 1 LuftVG dürfen Luftfahrzeuge außerhalb der für sie genehmigten Flugplätze nur starten und landen, wenn hierzu eine luftfahrtbehördliche Erlaubnis erteilt ist. Eine solche ist nach § 25 Abs. 2 LuftVG insbesondere nicht erforderlich, wenn der Ort der Landung infolge der Eigenschaften des Luftfahrzeugs nicht vorausbestimmbar ist. Hieraus folgt, dass Start- und Landeplätze für Frei- und Fesselballone, Drachen, Rettungsfallschirme und Luftsportgeräte sowie sonstige für die Benutzung des Luftraums bestimmte Geräte keine Flugplätze sein müssen. Auch **Flugmodellplätze** sind **keine Flugplätze** im Sinne des § 6 Abs. 1 LuftVG (BVerwG, Urteil vom 10. 5. 1985, 4 C 36.82, BRS 44 Nr. 229; Nds. OVG, Urteil vom 16. 2. 1995 – 1 L 6044/92, BRS 57 Nr. 182; OVG NRW, Beschluss vom 27. 4. 1999 – 10 B 687/99, BauR 1999, 1444 = BRS 62 Nr. 163).

Allein aus dieser Eingrenzung des Begriffs Flugplatz wird noch nicht hinreichend klar, ob die entsprechende Anlage dem öffentlichen oder privaten Verkehr dient. Mangels einer luftverkehrsrechtlichen Regelung wird man zwangsläufig auf andere verkehrsrechtliche Bestimmungen hilfsweise zurückgreifen müssen. Ähnlich dem Straßen- oder Eisenbahnrecht ist auf die **allgemeine Benutzbarkeit** des Flugplatzes im Sinne des § 6 Abs. 3 LuftVG abzustellen. **Landeplätze für einen begrenzten Benutzerkreis**, wie z.B. der Landeplatz auf dem Firmengelände eines Luftfahrzeugherstellers, der lediglich dem Transport von Flugzeugteilen zwischen seinen verschiedenen Werken dient, der Hubschrauberlandeplatz einer Polizeieinheit oder **militärisch genutzte Flugplätze**, die nicht allgemein benutzt werden dürfen, sind daher **keine öffentlichen Verkehrsanlagen**. Für aus der militärischen Trägerschaft entlassene Militärflugplätze besteht mit § 8 Abs. 5 LuftVG insoweit eine verfahrensrechtliche Privilegierung, als der Umnutzung für zivile Zwecke in Form der Änderungsgenehmigung nach § 6 Abs. 4 Satz 2 LuftVG keine Planfeststellung nach § 8 LuftVG nachfolgt (BVerwG, Beschluss vom 7. 11. 1996 – 4 B 170.96, DVBl. 1997, 434 = NVwZ-RR 1997, 523 = UPR 1997, 106). **110**

Die luftverkehrsrechtliche **Planfeststellung** entfaltet **keine umfassende Konzentrationswirkung**. Sie ersetzt gemäß § 9 Abs. 1 LuftVG alle nach anderen Rechtsvorschriften notwendigen öffentlich-rechtlichen Genehmigungen, Verleihungen, Erlaubnisse und Zustimmungen **mit Ausnahme der Entscheidungen der Baugenehmigungsbehörden auf Grund des Baurechts**. Der in diesem Rechtssatz enthaltene Begriff „Baurecht" kann zu Missverständnissen Anlass bieten, da gemäß § 8 Abs. 4 Satz 1 LuftVG auch die **bauplanungsrechtliche Zulässigkeit von Hochbauten** auf dem Flugplatzgelände **Gegenstand** der Planfeststellung sein **kann**. Unter „**Hochbauten**" im luftverkehrsrechtlichen Sinne sind nicht nur Gebäude, sondern alle sich über das Flughafengelände erhebenden baulichen Anlagen zu verstehen, die in irgendeiner Weise Belange der Flugsicherheit berühren können, wie z.B. Mauern, Zäune, Masten oder Signalträger. Da § 1 Abs. 2 Nr. 1 BauO NRW die Anwendbarkeit des Bauordnungsrechts nur für Gebäude anordnet und damit bauliche Anlagen allein dem Regime des Luftverkehrsrechts überlässt, ergibt sich für die nicht von der Planfeststellung erfassten Hochbauten, die selbst **keine** Gebäude sind, dass für sie ein Baugenehmigungsverfahren nicht durchgeführt werden kann. Der für die Genehmigung eines Flughafens festgelegte Plan ist maßgebend für den **Bauschutzbereich** nach § 12 LuftVG, der nicht nur die Schutzflächen außerhalb des eigentlichen Flughafengeländes, sondern auch die Schutzflächen auf dem Flughafen selbst erfasst. Für bauliche Anlagen, die dem Anwendungsbereich der BauO NRW entzogen sind, ordnet aber § 12 Abs. 2 Satz 4 LuftVG ein **luftverkehrsrechtliches Genehmigungsverfahren** unter ausschließlich luftverkehrssicherheitsrechtlichen Erwägungen an. Dieses Verfahren findet auch Anwendung auf nach Bauordnungsrecht freigestellte Vorhaben außerhalb des Flughafengeländes. Darüber hinaus darf die Bauaufsichtsbehörde die Errichtung von Bauwerken auf den Start- und Landeflächen und den Sicherheitsflächen (auf dem Flughafengelände) sowie im Bauschutzbereich (außerhalb des Flughafengeländes) gemäß § 12 Abs. 2 Satz 1 LuftVG nur mit Zustimmung der Luftverkehrsbehörde genehmigen. Weitere Baubeschränkungen bestehen gemäß § 18a LuftVG außerhalb der Flugplätze im Bereich von Flugsicherungseinrichtungen (s. hierzu die Allgemeine Verwaltungsvorschrift zur Kennzeichnung von Luftfahrthindernissen vom 2. 9. 2004, BAnz Nr. 168 S. 19937). Im Übrigen ist auf die **Baubeschränkungen** durch das **Gesetz zum Schutz gegen Fluglärm** in den **Lärmschutzbereichen** für **Verkehrsflughäfen** mit Linienverkehr und für **militärische Flugplätze** hinzuweisen (s. die Anmerkungen zu § 18 Rdn. 26). **111**

112 **Konzentriert** die **Planfeststellung** auch das **Bauplanungsrecht für „Hochbauten"**, so bleibt im Baugenehmigungsverfahren für Gebäude nur die **isolierte Prüfung des Bauordnungsrechts**, da auch das „Baunebenrecht" vom Planfeststellungsbeschluss erfasst wird. Lässt die **Planfeststellung** dagegen das **Bauplanungsrecht** für „Hochbauten" **unberührt**, erfasst das **Prüfprogramm** sowohl das **Bauordnungsrecht** als auch das **Bauplanungsrecht**. Dabei sind **Konflikte vorprogrammiert**, da der Neubau oder die wesentliche Erweiterung von Abfertigungsgebäuden Auswirkungen auf die Kapazität des Flughafens haben kann, was die Frage der Erforderlichkeit eines luftverkehrsrechtlichen Planfeststellungsverfahrens aufwirft. Dies wird nur in gravierenden Fällen gegeben sein, da die Beseitigung eines in der Abfertigungskapazität eines vorhandenen Flughafens aufgetretenen Engpasses durch einen Erweiterungsbau regelmäßig noch kein Planfeststellungs- oder Plangenehmigungsverfahren erfordert (BVerwG, Beschluss vom 11.1.2001 – 11 VR 16.00, NVwZ 2001, 566 = UPR 2001, 228 und OVG NRW, Beschluss vom 30.4.2004 – 20 B 1470/03, NVwZ 2005, 716). Zur Abgrenzung von Luftverkehrs- und Baurecht hat die Rechtsprechung (BVerwG, Urteil vom 20.7.1990 – 4 C 30.87, DVBl. 1990, 1179) folgenden **Prüfungsansatz** entwickelt:

*Soweit das LuftVG als das einschlägige Fachplanungsgesetz eine Regelungskompetenz für sich in Anspruch nimmt, bleibt die Beurteilung der bebauungsrechtlichen Zulässigkeit eines beabsichtigten Vorhabens i. S. des § 29 Satz 1 BauGB gemäß § 38 Satz 1 BauGB dem spezifischen Entscheidungsverfahren des Luftverkehrsrechts überlassen. Die Bauaufsichtsbehörde hat aber in folgender Weise gemäß § 9 Abs. 1 Satz 3 LuftVG über einen Antrag auf Genehmigung eines Vorhabens i. S. des § 29 Satz 1 BauGB auch dann zu entscheiden, wenn das Vorhaben einen Bezug zu einem Flughafen oder Landeplatz i. S. des § 8 Abs. 1 LuftVG besitzt:*

*Sie hat in eigener Verantwortung zunächst zu prüfen, ob mit dem beabsichtigten Vorhaben eine Änderung oder Erweiterung i. S. des § 8 Abs. 2 Satz 1 LuftVG eintritt. Hält die Bauaufsichtsbehörde die Änderung oder Erweiterung für unwesentlich, so hat sie dennoch gemäß § 10 Abs. 1 Satz 2 LuftVG die Planfeststellungsbehörde zu beteiligen. Hierzu genügt aber ein verwaltungsinternes Verfahren. § 10 Abs. 1 Satz 2 LuftVG verlangt nicht, dass die Entscheidung der Planfeststellungsbehörde in der Form eines Verwaltungsaktes ergeht. Hält die Bauaufsichtsbehörde die Änderung oder Erweiterung für wesentlich, so hat sie ihr Verfahren durch Ablehnung des Bauantrags zu beenden.*

Weiter gilt (BVerwG, Urteil vom 26.9.2001 – 9 A 3/01, NVwZ 2002, 346 = UPR 2002, 73):

*„Wird für Hochbauten auf einem Flughafengelände eine Baugenehmigung beantragt, so darf die Entscheidung, ob das Vorhaben planfeststellungsbedürftig ist, in einem verwaltungsinternen Zwischenverfahren getroffen werden. Die Entscheidung der Planfeststellungsbehörde, von einer Planfeststellung abzusehen, ergeht in diesem Fall nicht als Verwaltungsakt. Dritte, die geltend machen wollen, das Vorhaben hätte nur im Wege einer Planfeststellung zugelassen werden dürfen, trifft insoweit keine Anfechtungslast.*

*Mit einer gegen eine Baugenehmigung für Flughafenhochbauten gerichteten Anfechtungsklage können Drittbetroffene rügen, die planerische Abwägung ihrer dem Vorhaben entgegenstehenden Belange sei ihnen rechtswidrig vorenthalten worden, indem an Stelle des an sich gebotenen Planfeststellungsverfahrens nur ein Baugenehmigungsverfahren durchgeführt worden sei. Daneben ist für eine Klage, mit der die Luftaufsicht zu einem Einschreiten gegen das Bauvorhaben verpflichtet werden soll, kein Rechtsschutzinteresse gegeben."*

### 3.1.7 Zubehör, Nebenanlagen, Nebenbetriebe, Gebäude

**Zubehör, Nebenanlagen und Nebenbetriebe** sind insgesamt aus dem Geltungsbereich der BauO NRW **ausgenommen**. Eine **Definition** dieser **Begriffe** ist nur in den **straßenrechtlichen Vorschriften** erfolgt und fehlt ansonsten im Fachplanungsrecht. Die Begriffe Zubehör und Nebenanlagen sind schwer voneinander abzugrenzen. Allgemein versteht man unter Zubehör Einrichtungen, die zur Funktion der öffentlichen Verkehrslagen betrieblich benötigt werden und die der verkehrsgerechten Ausstattung aus Gründen der Sicherheit und Leichtigkeit des öffentlichen Verkehrs dienen. Obwohl es sich hierbei weitgehend sowohl nach dem Sprachgebrauch als auch nach der Legaldefinition des § 2 Abs. 2 BauO NRW um bauliche Anlagen handelt, ist es nicht erforderlich, diese Anlagen dem materiellen Bauordnungsrecht zu unterwerfen. 113

Das **Zubehör** von Straßen ist in § 1 Abs. 4 Nr. 3 FStrG und § 2 Abs. 2 Nr. 3 StrWG NRW definiert. Danach rechnen hierzu die amtlichen Verkehrszeichen, die Verkehrseinrichtungen und -anlagen aller Art, die der Sicherheit oder Leichtigkeit des Straßenverkehrs oder dem Schutze der Anlieger dienen, und die Bepflanzung. Unter die Verkehrszeichen fallen die Gefahrzeichen, Vorschriftenzeichen und Richtzeichen nach § 39 StVO, unter die Verkehrseinrichtungen und -anlagen die Schranken, Parkuhren, Geländer, Absperreinrichtungen, Blinklicht- und Lichtzeichenanlagen nach § 43 StVO sowie die Schutz- und Leitplanken, Blendschutzzäune, Wildschutzzäune, Schutzzäune gegen Steinschlag oder Schneeverwehungen sowie Orientierungs- bzw. Stationierungszeichen und Beleuchtungseinrichtungen. Bei Wasserstraßen sind Verkehrszeichen am Ufer, bei Eisenbahnanlagen und Flugplätzen sind Signalanlagen beispielhaft zu nennen. 114

Unter **Nebenanlagen** sind nur Anlagen zu verstehen, die im Hinblick auf den primär verfolgten Nutzungszweck der öffentlichen Verkehrsanlage eine untergeordnete Funktion haben. Nicht zu den Nebenanlagen rechnen die konstruktiven Bestandteile der „Haupt-Verkehrsanlagen“, wie Böschungen, Stützmauern, Brücken, Tunnel, Dämme, Geländeeinschnitte. Nebenanlagen von Straßen sind die in § 1 Abs. 4 Nr. 4 FStrG und § 2 Abs. 2 Nr. 4 StrWG NRW aufgeführten Straßenmeistereien, Gerätehöfe, Lager, Lagerplätze, Entnahmestellen, Hilfsbetriebe und Hilfseinrichtungen. Die Aufzählung ist nicht abschließend (vgl. Kodal/Krämer, S. 191 Rdn. 13–13.3). Zu den Anlagen der Verkehrsüberwachung, der Unfallhilfe und des Zolls s. § 17 a FStrG. Als Nebenanlagen zu Eisenbahnen, Straßenbahnen, Wasserstraßen und Flughäfen können Betriebshöfe, Wartungshallen oder Kraftstoff- und Ersatzteillager genannt werden. 115

Der Begriff **Nebenbetriebe** zielt auf solche, die unmittelbar den Belangen der Verkehrsteilnehmer der öffentlichen Verkehrsanlage dienen und die daher für deren Zweckerfüllung unverzichtbar sind. Bei dem Begriff handelt es sich eigentlich um eine **Besonderheit des Bundesfernstraßenrechts** (vgl. Kodal/Krämer, S. 192 Rdn. 14). Die Nebenbetriebe von Bundesfernstraßen sind gemäß § 15 FStrG solche, die den Belangen der Verkehrsteilnehmer der Bundesautobahn dienen und eine unmittelbare Zufahrt zu dieser haben, wie z. B. Tankstellen und Raststätten. Ein Nebenbetrieb liegt auch dann vor, wenn dieser privatrechtlich betrieben wird (so Allgeier/von Lutzau, S. 88 f. Anmerkung 1.2.1). Nebenbetriebe zu Wasserstraßen können auch die Betankungsanlagen für Motorschiffe sein. Keine Nebenbetriebe sind solche, die zwar räumlich mit der öffentlichen Verkehrsanlage in Verbindung stehen, aber verkehrsfremden Zwecken dienen, wie z. B. Anlagen zur Schrottverwertung auf einer Ladestraße der Bahn (BVerwG, Urteil vom 7. 6. 1977 – I C 21.75, DÖV 1978, 49). 116

117 Dem Anwendungsbereich der BauO NRW konnten die **verkehrlichen Zwecken dienenden Gebäude aufgrund möglicher Gefahren** generell **nicht entzogen** werden (zum Begriff des Gebäudes s. die Anmerkungen zu § 2 Rdn. 104–117). Diese baulichen Anlagen können keine materiell-rechtliche Sonderstellung beanspruchen, da es sich in der Regel um Abfertigungsgebäude nach § 68 Abs. 1 Satz 3 Nr. 13 BauO NRW oder um bauliche Anlagen mit erhöhter Brand- oder Verkehrsgefahr nach § 68 Abs. 1 Satz 3 Nr. 15 BauO NRW handelt. Die Feststellungen der unabhängigen Sachverständigenkommission zur Untersuchung des **Brandes im Düsseldorfer Flughafen** machen unmissverständlich deutlich, dass Abfertigungsgebäude von Flughäfen und Bahnhöfen umfassender bauaufsichtlicher Prüfung bedürfen (vgl. Amtl. Begründung, LT-Drucks. 12/3738 S. 88). Diese „**großen**" **Sonderbauten** müssen deshalb den materiellen Anforderungen, insbesondere denen an den baulichen Brandschutz, in vollem Umfang genügen.

118 Die verkehrlichen Zwecken dienenden Gebäude unterfallen in formeller Hinsicht einem bauordnungsrechtlichen Genehmigungserfordernis, soweit nicht im Rahmen eines Planfeststellungs- oder Plangenehmigungsverfahrens die bauordnungsrechtliche Prüfung stattfindet und die **Baugenehmigung von dem Planfeststellungsbeschluss bzw. der Plangenehmigung** gemäß § 63 Abs. 3 BauO NRW aufgrund der Konzentrationswirkung **mit erfasst** wird (s. Rdn. 50) oder aber das jeweilige Fachplanungsrecht eine abweichend von der BauO NRW geregelte **verfahrensrechtliche Sonderbehandlung durch die Fachbehörde** anstelle der Bauaufsichtsbehörde beinhaltet (s. Rdn. 1). Die **verfahrensrechtliche Behandlung** von Gebäuden lässt sich nur dem jeweiligen **Fachplanungsrecht** entnehmen. Hierzu wird verwiesen für **Gebäude als Bestandteil**

- von **Bundesfernstraßen** auf Rdn. 64,
- von **Landes-**, **Kreis-** oder **Gemeindestraßen** auf Rdn. 71,
- von **Eisenbahnen** und **sonstige Bahnen** auf Rdn 81, 82 und 85,
- von **Straßenbahnen**, **Bahnen ähnlicher Bauart** und **Bussen** auf Rdn. 92–94,
- von **Bundeswasserstraßen** auf Rdn. 103,
- von **nicht-bundeseigenen Wasserstraßen** auf Rdn. 106,
- von **Flugplätzen** auf Rdn. 112.

119 Enthält das Fachplanungsrecht **spezialgesetzliche Anforderungen an Gebäude**, so sind diese ebenso zu berücksichtigen wie die Anforderungen des Bauordnungsrechts. In Ausnahmefällen kann es dabei vorkommen, dass sich die **spezialgesetzlichen** und die **bauordnungsrechtlichen** Anforderungen **widersprechen**. Soweit es sich dabei um Anforderungen an die innere Gebäudekonzeption handelt, z. B. im Hinblick auf die Rettungswegführung, die Brandabschnittsbildung oder die Ausgestaltung der haustechnischen Anlagen, lassen sich diese Probleme regelmäßig unter Zuhilfenahme des § 54 BauO NRW lösen. Denn diese für Sonderbauten geltende Vorschrift ermöglicht die Gewährung von **Erleichterungen im Einzelfall**, soweit es der Einhaltung von (bauordnungsrechtlichen) Vorschriften wegen der besonderen Art oder Nutzung des Gebäudes nicht bedarf, eine Anwendungsvoraussetzung, die in den meisten Fällen gegeben sein dürfte. Lässt sich dennoch ein derartiger Vorschriftenkonflikt nicht über § 54 BauO NRW ausräumen, so sind die **kollidierenden öffentlichen Interessen** im **Planfeststellungs-** oder im **Plangenehmigungsverfahren gegeneinander abzuwägen** (BVerwG, Urteil vom 16. 1. 1968 – I A 1.67, DÖV 1968, 653 = DVBl. 1968, 749).

### 3.2 Anlagen, die der Bergaufsicht unterliegen (Nr. 2)

Bis zur bundesrechtlichen Neuregelung des Bergrechts durch das **Bundesberggesetz – BBergG** war diese Rechtsmaterie außerordentlich zersplittert. Mit dem BBergG wurden 5 reichs- bzw. bundesrechtliche Vorschriften sowie weitere 99 landesrechtliche Vorschriften aufgehoben (vgl. §§ 175 und 176 BBergG). Umfang und Aufgaben der **Bergaufsicht** ergeben sich aus den §§ 69 bis 74 BBergG. Nach § 5 des Gesetzes zur Straffung der Behördenstruktur in Nordrhein-Westfalen vom 12. 12. 2006 (GV. NRW. S. 622) obliegt die **Bergaufsicht** der Bezirksregierung Arnsberg. Der Begriff **„Anlagen"** in Nr. 2 umfasst nur solche, die der Bergaufsicht unterliegen. Für **Gebäude**, die zwar dem Bergbau dienen, jedoch **nicht der Bergaufsicht unterliegen**, wie z. B. ein Bergbaumuseum in einem ehemaligen Zechengebäude, gilt allein das Baurecht. 120

Die **Bergaufsicht** erstreckt sich gemäß § 69 Abs. 1 BBergG auf das **Aufsuchen**, **Gewinnen** und **Aufbereiten** von **bergfreien und grundeigenen Bodenschätzen** und die **Wiedernutzbarmachung der Oberfläche** im Sinne des § 2 Abs. 1 BBergG sowie die **Untersuchung**, die **Errichtung** und der **Betrieb von Untergrundspeichern** im Sinne des § 2 Abs. 2 BBergG. Sie **beginnt** gemäß § 69 Abs. 2 BBergG mit dem Zeitpunkt der Verpflichtung zur **Anzeige** nach § 50 Abs. 1 BBergG und **endet** nach der **Durchführung der Abschlussbetriebsplanung** oder entsprechenden Anordnungen der zuständigen Behörde zu dem Zeitpunkt, in dem nach allgemeiner Erfahrung nicht mehr damit zu rechnen ist, dass durch den Betrieb Gefahren für Leben und Gesundheit Dritter, für andere Bergbautreibende und für Lagerstätten, deren Schutz im öffentlichen Interesse liegt, oder gemeinschädliche Einwirkungen eintreten werden (zur teilweisen Einstellung von Bergbaubetrieben s. BVerwG, Urteil vom 9. 11. 1995 – 4 C 25.94, DVBl. 1996, 259). 121

Die bergrechtliche **Unterscheidung** von **grundeigenen** und **bergfreien** Bodenschätzen berücksichtigt die Regelungen des § 905 BGB, der das **Recht des Eigentümers** eines Grundstücks auf den **Raum über der Oberfläche** und auf den **Erdkörper unter der Oberfläche** erstreckt, andererseits aber ausschließt, dass der Eigentümer Einwirkungen verbieten kann, die in solcher Höhe (Luftfahrt) oder Tiefe (Bergbau) vorgenommen werden, dass er an der Ausschließung am Eigentum kein Interesse haben kann. Um hier rechtliche Klarheit zu schaffen, regelt § 3 Abs. 2 BBergG, dass sich das **Eigentum** an einem Grundstück **nicht auf die bergfreien Bodenschätze** erstreckt. Die **bergfreien** Bodenschätze zählt **§ 3 Abs. 3 BBergG** auf. Die dem Bergrecht unterworfenen **grundeigenen** Bodenschätze sind **§ 3 Abs. 4 Nr. 1 BBergG** zu entnehmen; für dort nicht aufgeführte grundeigene Bodenschätze bleibt Raum für landesrechtliche Vorschriften. 122

Das Land hat mit dem **Abgrabungsgesetz – AbgrabG** Vorschriften über die Gewinnung der **nicht vom BBergG erfassten grundeigenen Bodenschätze** erlassen. Nach § 1 Abs. 2 AbgrabG sind insbesondere Kies, Sand, Ton, Lehm, Kalkstein, Dolomit, sonstige Gesteine, Moorschlamm und Torf Bodenschätze im Sinne des Abgrabungsrechts. Nach § 1 Abs. 3 AbgrabG werden Abgrabungen, die der Aufsicht der Bergbehörde unterliegen, sowie **Abgrabungen geringen Umfangs für den Eigenbedarf eines land- oder forstwirtschaftlichen Betriebes** durch das Gesetz nicht berührt. Im Verhältnis zwischen Bergrecht und Abgrabungsrecht ist die **Besonderheit** zu beachten, dass die **untertägige Aufsuchung** und **Gewinnung** der nicht von § 3 Abs. 4 Nr. 1 BBergG erfassten grundeigenen Bodenschätze gemäß § 3 Abs. 4 Nr. 2 BBergG wiederum dem Bergrecht unterfallen. Daher gilt das Abgrabungsgesetz nur für die **oberirdische** Gewinnung dieser Bodenschätze. **Abgrabungen** im Sinne des Abgrabungsgesetzes **unterliegen nicht der Bergauf-**

**sicht**, so dass der Anwendungsausschluss des § 1 Abs. 2 Nr. 2 BauO NRW nicht greift. Diese Abgrabungen werden gemäß § 8 AbgrabG von der **Kreisordnungsbehörde** zugelassen. Die **Abgrabungsgenehmigung** entfaltet **Konzentrationswirkung**, da sie neben anderen Gestattungen gemäß § 7 Abs. 3 AbgrabG auch die **Baugenehmigung einschließt**.

124 Das **bergrechtliche Verfahren** ist vom Grundsatz her **zweigeteilt**. Der **erste Verfahrensschritt** dient der **Erlangung einer Bergbauberechtigung** überhaupt. Diese Berechtigung darf gemäß § 6 BBergG nur natürlichen und juristischen Personen und Personenhandelsgesellschaften erteilt werden. Daran schließt sich der **zweite Verfahrensschritt** an, der die Einrichtung, Durchführung und Beendigung des Bergbaubetriebs und damit die eigentliche **Betriebsabwicklung** zum Gegenstand hat.

125 Das **Aufsuchen** von **bergfreien** Bodenschätzen bedarf der **Erlaubnis** nach § 7 BBergG für ein bestimmtes **Erlaubnisfeld**, das **Gewinnen** bedarf der **Bewilligung** nach § 8 BBergG für ein bestimmtes **Bewilligungsfeld** (zum Umfang dieses Rechts s. BGH, Urteil vom 23. 11. 2000 – III ZR 342/99, BauR 2001, 1086). Wer Bodenschätze, die dem Bergrecht unterliegen, aufsuchen und gewinnen will, muss das **Bergwerkseigentum** nach den Bestimmungen der §§ 6 bis 23 BBergG für ein bestimmtes **Bergwerksfeld** erlangen. Die Verleihung des Bergwerkseigentums ist nur zulässig, wenn der Antragsteller auch Inhaber einer Bewilligung für dieses Feld ist. Gemäß § 9 Abs. 1 BBergG gewährt das Bergwerkseigentum unter anderem das **ausschließliche Recht** in einem Bewilligungsfeld, die in der Bewilligung bezeichneten bergfreien Bodenschätze aufzusuchen, zu gewinnen und das Eigentum an diesen Bodenschätzen zu erwerben sowie die hierfür erforderlichen **Betriebsanlagen** und **Betriebseinrichtungen** zu **errichten** und zu **betreiben**. Die **Vereinigung** des **Bergwerkseigentums** mit einem **Grundstück** ist gemäß § 9 Abs. 2 BBergG **unzulässig**. Handelt es sich um **grundeigene** Bodenschätze tritt gemäß § 34 BBergG **an die Stelle des** Erlaubnis**feldes**, des Bewilligungs**feldes** und des Bergwerks**feldes** das **Grundstück**, auf das sich das Grundeigentum bezieht.

126 Die **bergrechtliche Vorhabenzulassung** erfolgt im **Betriebsplanverfahren**. Aufsuchungs-, Gewinnungs- und Aufbereitungsbetriebe dürfen gemäß § 51 Abs. 1 BBergG nur aufgrund zugelassener Betriebspläne errichtet, geführt und eingestellt werden. Von dieser Betriebsplanpflicht befreit sind gemäß § 51 Abs. 2 BBergG nur Aufsuchungsbetriebe, die weder Vertiefungen in der Oberfläche anlegen, noch Verfahren unter Anwendung maschineller Kraft, Arbeiten unter Tage oder mit explosionsgefährlichen oder zum Sprengen bestimmten explosionsfähigen Stoffen durchführen. Gemäß § 51 Abs. 3 BBergG kann die Bergbehörde Betriebe von geringer Gefährlichkeit und Bedeutung auf Antrag von der Betriebsplanpflicht befreien. Für die Errichtung und Führung eines Betriebes sind nach § 52 Abs. 1 BBergG **Hauptbetriebspläne** aufzustellen, die in der Regel einen Zeitraum von bis zu zwei Jahren erfassen. Die Bergbehörde kann gemäß § 52 Abs. 2 BBergG verlangen, dass für einen bestimmten längeren, nach den Umständen bemessenen Zeitraum **Rahmenbetriebspläne** (zu deren Charakter vgl. BVerwG, Urteil vom 2. 11. 1995 – 4 C 14.94, DVBl. 1996, 253) und für bestimmte Teile des Betriebes oder für bestimmte Vorhaben **Sonderbetriebspläne** aufgestellt werden. Für die Einstellung des Betriebs ist ein **Abschlussbetriebsplan** erforderlich.

127 Bei der Betriebsplan**zulassung** durch die Bergbehörde handelt es sich um eine **gebundene Kontrollerlaubnis**, da bei Erfüllung der in § 55 BBergG genannten Voraussetzungen, Rechtsanspruch auf Erteilung der Zulassung besteht. Die **bergrechtliche Zulassung**

**schließt** jedoch, anders als die immissionsschutzrechtliche Genehmigung, **die Baugenehmigung für** die der Rückausnahme nach § 1 Abs. 2 Nr. 2 BauO NRW unterliegenden **Gebäude nicht mit ein**, da ihr insoweit **keine Konzentrationswirkung** zukommt, weil die bei der Betriebsplanzulassung zu prüfenden Voraussetzungen bestimmte Anforderungen des öffentlichen Baurechts, wie z. B. die bauordnungsrechtlichen Abstandvorschriften, unberührt lassen (BVerwG, Urteil vom 4. 7. 1986 – 4 C 31.84, DVBl. 1986, 1273 im Anschluss an OVG NRW, Urteil vom 20. 9. 1983 – 7 A 2628/78, Städte- und Gemeinderat 1984, 77; vgl. auch Ortloff, Inhalt und Bindungswirkungen der Baugenehmigung, NJW 1987, S. 1665 ff.). Das **bergrechtliche** und das **bauaufsichtliche Verfahren** sind daher **nebeneinander durchzuführen**. Dabei erfolgt die Prüfung des Bauplanungsrechts bereits im bergrechtlichen Verfahren (Hess. VGH, Urteil vom 12. 9. 2000 – 2 UE 924/99, NVwZ-RR 2001, 300). Der **bauordnungsrechtliche Prüfumfang** ist durch die vorausgegangene **Betriebsplanzulassung** insoweit **eingeschränkt**, als die vom Betriebsplan erfassten Prüfgegenstände keiner erneuten bauaufsichtlichen Prüfung zugänglich sind. Der Bauaufsichtsbehörde fehlt im Hinblick auf den Regelungsgegenstand der Betriebsplanzulassung die **Sachentscheidungskompetenz**, da die gebotene Bestimmtheit der gesetzlichen Zuständigkeitsordnung es ausschließt, dass verschiedene Behörden zur verbindlichen Regelung einer Frage nebeneinander zuständig sind (so BVerwG, a. a. O.). Das gilt auch hinsichtlich des Immissionsschutzes. Der Betriebsplan muss nämlich nach § 55 Abs. 1 Satz 1 Nr. 3 BBergG die erforderliche Vorsorge gegen Gefahren für Leben und Gesundheit Dritter auch außerhalb des Betriebs treffen, so dass bereits im bergrechtlichen Verfahren – auch unter Berücksichtigung des § 4 Abs. 2 Satz 1 BImSchG – die immissionsschutzrechtlichen Vorschriften mitzuprüfen sind (BVerwG, Urteil vom 13. 12. 1991 – 7 C 25.90, DVBl. 1992, 569).

Für **umweltrelevante Bergbauvorhaben** ordnet § 52 Abs. 2a BBergG die Zulassung des Rahmenbetriebsplanes im Planfeststellungsverfahren nach Maßgabe der §§ 57a und 57 b BBergG an. Diese Zulassungsentscheidung ist eine an § 55 BBergG gebundene Kontrollerlaubnis im Gewande einer **Planfeststellung**, die um die **Umweltverträglichkeitsprüfung** angereichert wurde (vgl. Gaentzsch, Rechtliche Fragen des Abbaus von Kies und Sand, NVwZ 1998, S. 889 und Hoppe/Spoerr, Raumordnungs- und Bauplanungsrecht in der bergrechtlichen Planfeststellung, UPR 1999, S. 7 ff.). Wird im Planfeststellungsverfahren über **Gebäude** entschieden, die der Rückausnahme des § 1 Abs. 2 Nr. 2 BauO NRW unterliegen, so ist die **Baugenehmigung von der Planfeststellung eingeschlossen** (vgl. Gaentzsch, zu § 38 Rdn. 17). **128**

Zu den von der Rückausnahme des § 1 Abs. 2 Nr. 2 BauO NRW erfassten **Gebäuden, die allein noch dem Bauordnungsrecht unterliegen**, können nach dem Sachzusammenhang **nur die oberirdischen Gebäude** rechnen, das sind solche, die im Wesentlichen über der Geländeoberfläche liegen. Die der Bergaufsicht unterliegenden unterirdischen Gebäude („Grubengebäude“) werden nämlich im bergrechtlichen Verfahren umfassend geprüft, so dass keine öffentlich-rechtlichen Belange unberücksichtigt bleiben (ebenso Boeddinghaus/Hahn/Schulte, zu § 1 Rdn. 23). Andere Bauordnungen bringen dieses Ergebnis klarer zum Ausdruck, indem sie die Rückausnahme auf oberirdische Gebäude (§ 1 Abs. 2 Nr. 3 LBO B-W) oder auf Gebäude an der Erdoberfläche (§ 1 Abs. 2 Nr. 3 HBO) begrenzen. Das Bergrecht enthält in § 12 und Anhang 2 der Allgemeinen Bundesbergverordnung – ABBergV vom 23. 10. 1995 (BGBl. I S. 1466), z.g.d. V vom 10. 8. 2005 (BGBl. I S. 2452), für die oberirdischen Gebäude („Tagesanlagen“) **materielle Anforderungen**, die das Bauordnungsrecht insoweit verdrängen. **129**

### 3.3 Leitungen für die öffentliche Ver- und Entsorgung (Nr. 3)

130 Bei dieser bereits mit der BauO NW 1984 eingeführten Vorschrift ging der Gesetzgeber davon aus, dass es sich bei Rohrleitungen nicht um bauliche Anlagen handelt, weil ihre Verlegung nicht eine „in das Gebiet der Ausübung des Bauhandwerks fallende Tätigkeit unter Beachtung der allgemein anerkannten Regeln der Technik" darstelle. Diese Aussage ist nicht gerechtfertigt, weil der Rohrleitungsbau im Hinblick auf Sicherheitsaspekte eine technisch anspruchsvolle Ausführung erfordert und ein anerkannter und geregelter Handwerksberuf ist. Angesichts der mitunter gegebenen, erheblichen Dimensionen von Kanälen, Wasser- und Fernwärmeleitungen mit ihren Verzweigungs- und Schachtbauwerken kann nicht bestritten werden, dass es sich hierbei um bauliche Anlagen handelt. Eine Rechtfertigung für den Anwendungsausschluss ergibt sich vielmehr allein aus den **spezialgesetzlichen Vorschriften**.

131 Nr. 3 nimmt **drei Gruppen von Leitungen** vom Anwendungsbereich aus:

- **Leitungen**, die der **öffentlichen Versorgung** mit **Wasser**, **Gas**, **Elektrizität** und **Wärme** dienen,
- **Leitungen**, die der **öffentlichen Abwasserbeseitigung** dienen,
- **Leitungen**, die dem **Fernmeldewesen** dienen.

Gemeinsames **Merkmal** der beiden ersten Leitungsgruppen ist, dass sie **der öffentlichen Ver**- oder **Entsorgung** dienen, wobei das Merkmal „**öffentlich**" sich nicht danach richtet, ob die **Ver**- oder **Entsorgung der Allgemeinheit** dient. Diese Voraussetzung ist erfüllt, wenn die Eigentümer der an einer derartigen Leitungstrasse liegenden Grundstücke das Recht haben, unter Beachtung der allgemeinen **Anschluss- und Benutzungsbedingungen**, an die Leitung anschließen zu dürfen. Dies gilt erst recht, wenn ein öffentlich-rechtlicher **Anschluss- und Benutzungszwang** besteht. Das **Merkmal öffentlich** ist für die **dritte Leitungsgruppe nicht ausdrücklich gefordert**. Im Ergebnis handelt es sich hierbei aber auch um Leitungen der öffentlichen Versorgung, da § 50 Abs. 1 TKG die unentgeltliche Benutzung der Verkehrswege auf die **öffentlichen** Zwecken dienenden Telekommunikationslinien beschränkt.

132 Für bestimmte Leitungen können Probleme hinsichtlich der Einordnung auftreten, da der Gesetzgeber es unterlassen hat, den Anwendungsausschluss an die spezialgesetzlichen Begriffe anzupassen. Das Wasserrecht verwendet nicht den Begriff Abwasserleitung, sondern den der Kanalisation. Das im Jahre 1996 neu erlassene Telekommunikationsgesetz kennt den Begriff Fernmeldewesen, der noch dem Telegraphenwegegesetz entstammt, überhaupt nicht mehr. Auch enthalten die Nummern 3 und 4 **Überschneidungen**, da Leitungen sowohl der **öffentlichen Versorgung** als auch dem **Ferntransport von Stoffen** dienen können. So wird z. B. **Erdgas** über **Pipelines** von den Erdgasfeldern der Nordsee nach Nordrhein-Westfalen und **Trinkwasser** von den Trinkwassertalsperren über **Fern**wasserleitungen zu den Versorgungsbereichen transportiert. In diesem Zusammenhang ist darauf hinzuweisen, dass der in Nr. 4 verwendete Begriff „**Ferntransport**" zu Missverständnisses führen kann. Leitungen zur öffentlichen Versorgung mit Wärme bezeichnet § 9 GO NRW als Einrichtungen zur Versorgung mit „**Fern**wärme", obwohl schon wegen des Wärmeverlustes der Transport des erhitzten Wassers nur über relativ kurze Distanzen erfolgen kann. Andererseits weisen manche der sog. „Produktenleitungen", die dem Ferntransport wassergefährdender Stoffe zwischen Chemiebetrieben dienen, nur kurze Streckenlängen auf; es kommt sogar vor, dass die

entsprechende Leitung noch nicht einmal eine Gemeindegrenze überwindet, weil die entsprechenden Betriebe innerhalb einer Stadt liegen. Schließlich bleibt die Einordnung von Leitungen zur Elektrizitätsversorgung unklar. Elektrizität wird von den Kraftwerken über Hochspannungsfreileitungen zu den Umspannwerken geleitet, von denen erst die Verteilung über das Versorgungsnetz erfolgt. Das wirft die Frage auf, ob diese Hochspannungsfreileitungen überhaupt noch zum Versorgungsnetz rechnen oder aber **Fern**leitungen darstellen, für die jedoch Nr. 4 nicht herangezogen werden kann, weil Elektrizität kein „Stoff" ist.

Auf die **unterirdische** oder **oberirdische Leitungsführung** kommt es nicht an (so auch 133
Jeromin, zu § 1 Rdn. 19), auch nicht darauf, ob die Leitung im Bereich **öffentlicher** Grundstücke liegt. Die Leitungen sind vom Geltungsbereich der BauO NRW auch ausgenommen, wenn sie über **private** Grundstücke verlaufen, was regelmäßig bei den Versorgungsleitungen der Fall ist, weil sie bis zu einem Übergabepunkt auf dem Grundstück bzw. innerhalb des Gebäudes öffentlich sind. Darüber hinaus nutzen die Ver- und Entsorgungsunternehmen aber auch relativ häufig private Grundstücke für die Leitungsführung. Die **bauplanungsrechtliche Einordnung** des Leitungsverlaufs zum beplanten Bereich, zum Innen- oder Außenbereich ist für die Frage des Anwendungsausschlusses vom Bauordnungsrecht ebenfalls **ohne Bedeutung**. Die Gemeinde kann gemäß § 9 Abs. 1 Nr. 13 BauGB aus städtebaulichen Gründen die Führung von Versorgungsleitungen im Bebauungsplan festsetzen. Die Verlegung von unter- oder oberirdischen Leitungen im **Außenbereich** gilt nach § 4 Abs. 2 Nr. 5 LG als **Eingriff** in Natur und Landschaft. Da kein bauaufsichtliches Verfahren Anwendung findet, bedarf die Leitungsverlegung im Außenbereich der Durchführung eines Verfahrens nach § 6 Abs. 4 LG, falls nicht ein spezialgesetzliches Verfahren greift, das diese Prüfung einschließt.

Es sind nur die Leitungen **einschließlich** ihrer 134

- **Masten** und **Unterstützungen** (bei oberirdischer Führung) sowie
- **unterirdischen Anlagen und Einrichtungen** (bei unterirdischer Führung)

aus dem Anwendungsbereich der BauO NRW ausgenommen. Aus der Verwendung des Begriffs „**Leitung**" ergibt sich eine Begrenzung des Anwendungsausschlusses auf **Rohre** und **Kabel** zur Fortleitung der von Nr. 3 erfassten Stoffe bzw. von Energie oder Nachrichten, so dass die Anordnung einer **Rückausnahme für Gebäude nicht erforderlich** war. Daher folgt aus der Verwendung des Begriffs „Leitung", dass **Gebäude** zur Aufnahme technischer Anlagen **als Teil der Versorgungs- oder Entsorgungsanlage** dem Bauordnungsrecht unterliegen (vgl. Boeddinghaus/Hahn/Schulte, zu § 1 Rdn. 24). Für einen weitergehenden Anwendungsausschluss, hätte nämlich nicht der Begriff Leitung, sondern der Begriff „Anlage" Verwendung finden müssen. Der **Anlagenbegriff** erfasst nach den fachgesetzlichen Bestimmungen jeweils **sämtliche Bestandteile der öffentlichen Ver- oder Entsorgungsanlage**; vgl. § 2 Abs. 2 EnWG (Energieanlagen), § 48 LWG (Wasserversorgungsanlagen), § 53 Abs. 1 LWG (Abwasseranlagen) und § 3 Nr. 17 TKG (Telekommunikationsanlagen), somit also auch bauliche Anlagen und Gebäude.

Da § 1 Abs. 2 Nr. 3 BauO NRW nur den engen Leitungsbegriff verwendet, ergibt sich 135
die Frage, welche Bestandteile einer Ver- oder Entsorgungsanlage überhaupt vom Anwendungsausschluss erfasst sind: sind es nur die eigentlichen Rohre und Kabel oder weitergehend auch die zugehörigen technischen Anlagen und Einrichtungen, die für den ordnungsgemäßen Betrieb unverzichtbar sind? Im Verlauf **oberirdischer Versorgungsleitungen** sind außer Masten und Unterstützungen häufig weitere Anlagen und

Einrichtungen erforderlich, wie z.B. Installationskästen und -schränke, Transformatoren, Schalter, Regler, Zähler, Pumpen oder Oberflurhydranten. Da ausdrücklich nur die **Leitungen** einschließlich ihrer **Masten** und **Unterstützungen** ausgenommen sind, verbleiben alle übrigen Anlagen und Einrichtungen, die **keine unmittelbaren Leitungsbestandteile** sind, wie auch zu deren Schutz errichtete **Gebäude** im Anwendungsbereich der BauO NRW. Diese Anlagen und Einrichtungen sind jedoch gemäß § 65 Abs. 1 Nr. 9 a BauO NRW **verfahrensfrei**, wobei sich der in dieser Vorschrift enthaltene Zusatz „bis zu 20 m² Grundfläche und 4 m Höhe" auf Gebäude bezieht, weil er an die Aufzählung „Transformatoren, Schalt-, Regler- oder Pump**stationen**" anschließt.

136 Im Verlauf **unterirdischer Versorgungsleitungen und Abwasserleitungen** sind regelmäßig Schachtbauwerke, Verzweigungen, Absperrungen, Schieber und Druckbehälter eingebaut. Da Nr. 3 **unterirdische Anlagen und Einrichtungen** ohne Einschränkung ausdrücklich in den Anwendungsausschluss einbezieht, bedarf es hier keiner weiteren Differenzierung. Der Anwendungsausschluss erfasst auch Anlagen, die verlegt werden, um entweder verschiedene Leitungen, z.B. für Elektrizität oder Telekommunikation, in einem gemeinsamen Kabelschacht zu bündeln, ferner Leerrohre, um Raum für Erweiterungen zu schaffen. Stets muss es sich jedoch um unterirdische Anlagen und Einrichtungen handeln, die der Leitungsführung selbst dienen. Größere bauliche Anlagen, die für die eigentlichen Leitungen unmittelbar keine dienende Funktion aufweisen, sondern der Ver- oder Entsorgungsanlage insgesamt dienen, wie z.B. unterirdische **Wasserspeicher** oder unterirdische **Regenrückhaltebecken**, sind vom Anwendungsausschluss nicht erfasst, jedoch bei **Einhaltung** der entsprechenden **Voraussetzungen** nach § 65 Abs. 1 Nr. 7a, 11 oder 12 BauO NRW **verfahrensfrei**.

### 3.31 Wasser-, Gas-, Elektrizitäts- und Wärmeversorgung

137 Spezialgesetzliche Anforderungen an die **Versorgung mit Wasser** und an die jeweils zugehörigen **technischen Ver-** bzw. **Entsorgungsanlagen** enthalten neben dem **WHG** und dem **LWG** die

- **Verordnung über Allgemeine Bedingungen für die Versorgung mit Wasser (AVBWasserV)** vom 20. 6. 1980 (BGBl. I S. 750), z. g. d. G vom 9. 12. 2004 (BGBl. I S. 3214) und die
- **Trinkwasserverordnung** vom 21. 5. 2001 (BGBl. I S. 959), g. d. V vom 31. 10. 2006 (BGBl. I S. 2407).

138 Der Begriff „**Wasserversorgung**" ist nicht auf **Trinkwasser** beschränkt und erfasst auch **Brauchwasser**, das öffentlich bereitgestellt wird. Nach der **Legaldefinition des § 48 Abs. 1 Satz 1 LWG** umfasst die **öffentliche Wasserversorgung** „Anlagen für die Versorgung mit Trink- oder Brauchwasser, die dem allgemeinen Gebrauch dienen". Dagegen dient z.B. die Wasserleitung eines Industrieunternehmens von einem Fluss zum Betriebsgelände, auch wenn die Leitungsführung über lange Strecken erfolgt, nur privaten Zwecken. Wasserleitungen für die private Versorgung sind jedoch gemäß § 65 Abs. 1 Nr. 7a und § 66 Satz 1 Nr. 5 BauO NRW verfahrensfrei. Die Ausnahme vom Anwendungsbereich erfasst nur die **öffentlichen** Wasser**leitungen** bis zum **Übergabepunkt auf dem Grundstück** (§ 10 Abs. 3 AVBWasserV), der in der Regel von dem innerhalb der Gebäude angeordneten Hauptabsperrhahn gebildet wird. Ab dem Übergabepunkt unterliegen die Wasserleitungen dann innerhalb des Grundstücks bzw. des Gebäudes – neben den wasserrechtlichen Vorgaben – den Bestimmungen des Bauordnungsrechts (s. auch die Anmerkungen zu § 4 Rdn. 46–50).

Die **öffentliche Trinkwasserversorgung** bildet die **Regel**. Eine öffentliche Trinkwasserversorgung im Sinne des § 47 LWG liegt vor, wenn ein Wasserförderungs-, Aufbereitungs- und Verteilersystem nicht nur der eigenen privaten oder betrieblichen Versorgung des Unternehmens dient, sondern das Wasser darüber hinaus Dritten zum Zwecke der Versorgung zur Verfügung gestellt wird; auf die Betriebsgröße, die Rechtsform des Unternehmens, auf die Größe oder Bedeutung des Versorgungsgebietes kommt es dabei ebenso wenig an, wie auf die Rechtsform der Belieferung (so Honert/Rüttgers/Sanden, zu § 47 S. 146 Anm. 1). 139

Hieraus folgt, dass auch die **nichtgemeindlichen** Wasserbeschaffungsverbände und Wassergenossenschaften, die nicht selten nur zur Versorgung einzelner Ortslagen gebildet wurden, öffentliche Wasserversorgungsleitungen betreiben. Dies gilt selbst dann, wenn die gesamte Anlage nur aus einem Wasserbehälter und einer Leitung zur Versorgung besteht.

**Bau** und **Betrieb** von **Anlagen für die öffentliche Wasserversorgung** richten sich nach §§ 48 LWG in Verbindung mit §§ 8ff. Trinkwasserverordnung. Diese Vorschriften bestimmen, dass öffentliche Wasserversorgungsanlagen mindestens nach den **allgemein anerkannten Regeln der Technik** zu errichten und zu betreiben sind, die Aufbereitungsanlagen müssen darüber hinaus sogar dem Stand der Technik entsprechen. Allgemein anerkannte Regeln der Technik sind gemäß § 48 Abs. 1 Satz 2 LWG die vom zuständigen Ministerium durch Bekanntmachung im Ministerialblatt eingeführten technischen Bestimmungen für den Bau, den Betrieb und die Unterhaltung von Wasserversorgungsanlagen. Für die Aufbereitungsanlagen enthalten die §§ 49 und 50 LWG – zusätzlich zu den Erlaubnis- bzw. Bewilligungsvorschriften der §§ 7 und 8 WHG für die Wasserförderung – weitere Anzeige- und Selbstüberwachungspflichten. Die Errichtung und Änderung der Wasserversorgungs**leitungen** bedarf dagegen keines präventiven wasserrechtlichen Verfahrens. Jedoch besteht nach § 48 Abs. 1 Satz 3 LWG die Pflicht des Betreibers zur Beschäftigung qualifizierten Personals und nach § 48 Abs. 2 LWG zur Anpassung vorhandener Leitungsanlagen an geänderte technische Regeln. Nach § 9 **Trinkwasserverordnung** besteht bei der Inbetriebnahme oder wesentlichen Änderung von Wasserversorgungsanlagen eine **Anzeigepflicht** gegenüber den Gesundheitsämtern. Weitere technische Anforderungen enthalten das **GPSG** und die **BetrSichV**. 140

Spezialgesetzliche Anforderungen an die Versorgung mit **Elektrizität** und **Gas** bzw. an die **technischen Anlagen** enthalten das **EnWG** sowie die als 141

- Art. 1 der Verordnung zum Erlass von Regelungen für die Grundversorgung von Haushaltskunden und die Ersatzversorgung im Energiebereich bekannt gemachte **Stromgrundversorgungsverordnung – StromGVV** vom 26. 10. 2006 (BGBl. I S. 2391),
- Art. 1 der Verordnung zum Erlass von Regelungen des Netzanschlusses von Letztverbrauchern in Niederspannung und Niederdruck bekannt gemachte **Niederspannungsanschlussverordnung – NAV** vom 1. 11. 2006 (BGBl. I S. 2477),
- Art. 2 der Verordnung zum Erlass von Regelungen für die Grundversorgung von Haushaltskunden und die Ersatzversorgung im Energiebereich bekannt gemachte **Gasgrundversorgungsverordnung – GasGVV** vom 26. 10. 2006 (BGBl. I S. 2391, 2396),
- Art. 2 der Verordnung zum Erlass von Regelungen des Netzanschlusses von Letztverbrauchern in Niederspannung und Niederdruck bekannt gemachte **Niederdruckanschlussverordnung – NDAV** vom 1. 11. 2006 (BGBl. I S. 2477, 2485).

142 Als **Energie** sind gemäß § 3 Nr. 14 EnWG **Elektrizität** und **Gas** anzusehen, soweit sie zur **leitungsgebundenen** Energieversorgung verwendet werden; diese Begriffsbestimmung erfasst nicht die leitungsgebundene Wärmeversorgung (Fernwärme). Die Versorgungsleitungen für Elektrizität und Gas sind öffentlich. Zwischen der öffentlichen Leitung und der Innenleitung des Gebäudes oder des Grundstücks liegt der **Netzanschluss**, der durch den Netzbetreiber hergestellt wird (§§ 5, 6 NAV und NDAV); die Netzanschlüsse gehören zu den **Betriebsanlagen** des Netzbetreibers (§ 8 Abs. 1 Satz 1 NAV und NDAV) und sind daher Teil des öffentlichen Netzes. **Energieleitungen** für die **nichtöffentliche Versorgung**, z. B. die Leitungen innerhalb eines großen Industrieunternehmens wie auch die Leitungen zwischen verschiedenen Verbrauchsstellen auf einem Grundstück, sind einschließlich ihrer Masten und Unterstützungen nach § 65 Abs. 1 Nr. 10 BauO NRW **verfahrensfrei**. Die Gemeinden haben gemäß § 46 EnWG die öffentlichen **Verkehrswege** für die Verlegung und den Betrieb von Energieleitungen, einschließlich Fernwirkleitungen zur Netzsteuerung und Zubehör, zur unmittelbaren Versorgung von Letztverbrauchern im Gemeindegebiet diskriminierungsfrei **durch Vertrag zur Verfügung zu stellen** und erhalten hierfür gemäß § 48 EnWG Konzessionsabgaben von den Versorgungsunternehmen. Nach den §§ 17 und 18 EnWG haben die Energieversorgungsunternehmen eine **allgemeine Anschluss- und Versorgungspflicht**.

143 **Energieanlagen** sind gemäß § 3 Nr. 15 EnWG Anlagen zur Erzeugung, Speicherung, Fortleitung oder Abgabe von Energie, soweit sie nicht lediglich der Übertragung von Signalen dienen, einschließlich der Verteileranlagen der Letztverbraucher sowie bei der Gasversorgung auch die letzte Absperreinrichtung vor der Verbrauchsanlage. Die **Anforderungen** an Energieanlagen ergeben sich aus § 49 EnWG. Absatz 1 verlangt die **Gewährleistung** der technischen Sicherheit und die **Beachtung** der allgemein anerkannten Regeln der Technik. Die Einhaltung der allgemein anerkannten Regeln der Technik wird nach Absatz 2 **vermutet**, wenn bei Anlagen zur Erzeugung, Fortleitung und Abgabe von Elektrizität und Gas die technischen **Regeln** des Verbandes der Elektrotechnik Elektronik Informationstechnik e.V. und der Deutschen Vereinigung des Gas- und Wasserfaches e.V. eingehalten worden sind.

144 Die **Aufnahme des Betriebs** eines **Energieversorgungsnetzes** bedarf gemäß § 4 Abs. 1 EnWG einer **Genehmigung** durch die nach Landesrecht zuständige Behörde. Energieversorgungsunternehmen, die Haushaltskunden beliefern, müssen Aufnahme und Beendigung der Tätigkeit sowie Firmenänderungen der **Bundesnetzagentur** für Elektrizität, Gas, Telekommunikation, Post und Eisenbahnen gemäß § 5 EnWG anzeigen, die unter anderem die technische Leistungsfähigkeit und Zuverlässigkeit überwacht und gegebenenfalls die Ausübung der Tätigkeit untersagen kann. Gemäß § 43 Abs. 1 Satz 1 EnWG bedürfen

1. **Hochspannungsfreileitungen**, ausgenommen Bahnstromfernleitungen, mit einer Nennspannung von 110 Kilovolt oder mehr, und
2. **Gasversorgungsleitungen** mit einem Durchmesser von mehr als 300 Millimeter

der **Planfeststellung**, soweit dafür nach dem UVPG eine Umweltverträglichkeitsprüfung durchzuführen ist. Anderenfalls bedürfen sie nach Satz 2 einer Plangenehmigung, die gemäß Satz 3 in Fällen unwesentlicher Bedeutung entfallen kann. **Fernleitungen der Bahnstromversorgung**, die als Betriebsanlagen der Eisenbahnen vom Eisenbahnrecht erfasst werden, unterliegen der Planfeststellung bzw. Plangenehmigung gemäß § 18 AEG (siehe Rdn. 77).

Für alle übrigen Energieanlagen, das sind solche, die von § 43 Abs. 1 Satz 1 und 2 EnWG nicht erfasst werden, ist ein energiewirtschaftliches Planfeststellungs- oder Plangenehmigungsverfahren **nicht** erforderlich. Sie können unter Beachtung der allgemeinen Anforderungen des § 49 EnWG von den Energieversorgungsunternehmen in eigener Verantwortung verlegt oder geändert werden, wenn hierüber mit den Grundstückseigentümern eine Einigung erzielt wurde. In der Regel werden die Leitungen jedoch innerhalb der **öffentlichen Verkehrswege** liegen, so dass dann eine Abstimmung mit der örtlich zuständigen Straßenbaubehörde erfolgt unter straßenrechtlichen Gesichtspunkten erfolgt (s. Rdn. 146). Bei der – seltenen – Führung über private Grundstücke im Bereich der Bebauungspläne oder im baulichen Innenbereich im Sinne des § 34 BauGB entfällt die Mitwirkung von Bau- oder Verkehrsbehörden. Da das Bauordnungsrecht die Energieleitungen für die öffentliche Versorgung vom Anwendungsbereich ausnimmt, verbleibt als **Auffangverfahren** im Falle der Verlegung einer Leitung im **Außenbereich** im Sinne des § 35 BauGB damit nur die **landschaftsrechtliche Eingriffsregelung** nach den §§ 4–6 LG (s. Rdn. 133).

Für Leitungen zur Versorgung mit **Wärme** (Fernwärmeleitungen) bestehen keine ener- **145**
giewirtschaftlichen Anforderungen, da das EnWG eigentümlicherweise nur die Elektrizitäts- und Gasversorgung regelt (s. Rdn. 142). Zu beachten ist aber die aufgrund des Gesetzes zur Regelung des Rechts der Allgemeinen Geschäftsbedingungen erlassene

– **Verordnung über Allgemeine Bedingungen für die Versorgung mit Fernwärme – AVBFernwärmeV** vom 20. 6. 1980 (BGBl. I S. 742), z. g. d. G vom 9. 12. 2004 (BGBl. I S. 3214).

Die Gemeinde kann bei öffentlichem Bedürfnis für **Einrichtungen zur Versorgung mit Fernwärme** gemäß § 9 GO NRW einen **Anschluss- und Benutzungszwang** durch **Satzung** begründen (BVerwG, Urteil vom 28. 4. 2004 – 8 C 13.03, BauR 2005, 684; Urteil vom 6. 4. 2005 – 8 CN 1.03, UPR 2005, 350 und Urteil vom 25. 1. 2006 – 8 C 13.05, DVBl. 2006, 781). Die Ausnahme vom Anwendungsbereich erfasst nur **öffentliche Fernwärmeleitungen**, die von einem Heizkraftwerk, das selbst den immissionsschutzrechtlichen Vorschriften unterliegt, zu den Versorgungsstellen führen. Die öffentliche Leitung endet nach § 11 AVBFernwärmeV in einer **Übergabestation**. Unterhalten Industriebetriebe Leitungen zur umliegenden Bebauung, um Prozesswärme aus der Produktion sinnvoll zu nutzen, z. B. zur Belieferung eines Freibades mit Warmwasser, fehlt es an dem für den Anwendungsausschluss wichtigen Merkmal der „**öffentlichen**“ Versorgung (s. Rdn. 131). Keine öffentliche, sondern eine **private Wärmeversorgung** liegt auch vor, wenn für mehrere Wohngebäude ein **Blockheizkraftwerk** betrieben wird. Derartige **private Wärmeleitungen** unterliegen dem Bauordnungsrecht, sind jedoch gemäß § 65 Abs. 1 Nr. 10 BauO NRW **verfahrensfrei**, da der Energiebegriff nach dieser Vorschrift im umfassenden Sinne zu verstehen ist und daher auch die Wärmeenergie einschließt.

Das Verlegen von **Fernwärmeleitungen in öffentlichen Straßen** richtet sich gemäß § 8 **146**
Abs. 10 FStrG und § 23 Abs. 1 StrWG NRW **nach bürgerlichem Recht**, wenn der Gemeingebrauch nicht beeinträchtigt wird. Nach § 23 Abs. 5 StrWG NRW gelten, soweit keine vertragliche Regelung besteht, die Vorschriften des § 18 Abs. 3 und 4 StrWG NRW entsprechend. Danach ist das Versorgungsunternehmen unter anderem verpflichtet, die Leitungsanlagen nach den **anerkannten Regeln der Technik** zu errichten und zu unterhalten. Die Durchführung der **Arbeiten an der Straße** zur Verlegung der Fernwärmeleitung bedürfen der **Zustimmung der Straßenbaubehörde**; insofern besteht eine

**präventive Kontrolle**. Für über **private Grundstücke** geführte Fernwärmeleitungen gilt dies nur, wenn die Grundstücke im **Außenbereich** liegen, da dann die **landschaftsrechtliche Eingriffsregelung** zu beachten ist (s. Rdn. 133). Für über Privatgrundstücke geführte Fernwärmeleitungen, die dem **beplanten Bereich** oder dem **Innenbereich** zuzuordnen sind, fehlt in Ermangelung von Rechtsgrundlagen eine präventive Kontrolle. Geht im konkreten Einzelfall eine **Gefahr** für die öffentliche Sicherheit oder Ordnung von einer Fernwärmeleitung aus, so treffen die **Ordnungsbehörden** gemäß § 1 Abs. 2 OBG die erforderlichen Maßnahmen, da gesetzliche Vorschriften für Fernwärmeleitungen fehlen und aufgrund § 1 Abs. 2 Nr. 3 BauO NRW das Bauordnungsrecht ausdrücklich keine Anwendung findet.

### 3.3.2 Abwasserbeseitigung

147 Spezialgesetzliche Anforderungen an die **Abwasserbeseitigung** und an die jeweils zugehörigen **technischen Ver-** bzw. **Entsorgungsanlagen** enthalten neben dem **WHG** und dem **LWG** folgende Vorschriften:

- die **Abwasserverordnung** i. d. F. d. B. vom 17. 6. 2004 (BGBl. I S. 1108, 2625), g. d. V vom 19. 10. 2007 (BGBl. I S. 2461),
- die **Kommunalabwasserverordnung** vom 30. 9. 1997 (GV. NRW. S. 372), z. g. d. G vom 5. 4. 2005 (GV. NRW. S. 332),
- die **Selbstüberwachungsverordnung Kanal** vom 25. 5. 2004 (GV. NRW. S. 332).

148 Der Begriff „**Abwasserbeseitigung**" umfasst gemäß § 18 a Abs. 1 Satz 3 WHG das Sammeln, Fortleiten, Behandeln, Einleiten, Versickern, Verregnen und Verrieseln von Abwasser sowie das Entwässern von Klärschlamm im Zusammenhang mit der Abwasserbeseitigung. Nach der **Legaldefinition des § 51 Abs. 1 LWG** umfasst „**Abwasser**"

- sowohl das durch häuslichen, gewerblichen, landwirtschaftlichen oder sonstigen Gebrauch in seinen Eigenschaften veränderte und das bei Trockenwetter damit zusammen abfließende Wasser (**Schmutzwasser**) als auch
- das von Niederschlägen aus dem Bereich von bebauten oder befestigten Flächen abfließende und gesammelte Wasser (**Niederschlagswasser**).

Der Begriff „**Abwasseranlagen**" umfasst gemäß § 53 Abs. 1 Satz 1 LWG „Anlagen, die von den Gemeinden zu betreiben sind, um das auf ihrem Gebiet anfallende Abwasser zu beseitigen", das sind im Wesentlichen die **Kanalisationsnetze** mit den **Kläranlagen**. Die Abwasserbeseitigungspflicht obliegt der Gemeinde, soweit nicht nach Maßgabe der Bestimmungen des LWG oder eines für verbindlich erklärten Abwasserbeseitigungsplans andere zur Abwasserbeseitigung hierzu verpflichtet sind. Die Verpflichtung zur Schaffung einer Kanalisation ist durch das LWG für nahezu sämtliche bebauten Bereiche vorgeschrieben; gemäß § 4 Abs. 1 Kommunalabwasserverordnung waren Gebiete mit bis zu 10.000 Einwohnerwerten (1 Einwohnerwert = organisch-biologisch abbaubare Belastung mit einem biochemischen Sauerstoffbedarf in 5 Tagen [BSB 5] von 60 g Sauerstoff pro Tag) bis zum 31. 12. 2005 mit einer Kanalisation auszustatten.

149 Bei den von den **Gemeinden** oder von **anderen Trägern** betriebenen **Abwasserleitungen** (**Kanälen**) handelt es sich um umfangreiche **Teile von Abwasseranlagen**. Die Ausnahme vom Anwendungsbereich erfasst nur die **öffentlichen** Abwasser**leitungen**, die dem Sammeln und Fortleiten des Abwassers in den Vorfluter oder zur Abwasserbehandlungsan-

lage dienen. Abwasserleitungen, die betrieben werden, um Niederschlagswasser nach Maßgabe des § 51 a LWG von einem bebauten Grundstück in ein Gewässer einzuleiten, sind nicht öffentlich, sondern privat. Private Abwasserleitungen sind gemäß § 65 Abs. 1 Nr. 7 a und § 66 Satz 1 Nr. 6 BauO NRW verfahrensfrei. Die **Hausanschlussleitungen** vom Gebäude bis zum öffentlichen Kanal sind **keine öffentlichen**, sondern **private** Abwasserleitungen. Einzelheiten hierzu ergeben sich aus den gemeindlichen **Satzungen** über die Entwässerung der Grundstücke und deren Anschluss an die öffentliche Abwasseranlage (s. die Anmerkungen zu § 4 Rdn. 54–66).

Für **Bau** und **Betrieb** von öffentlichen **Abwasseranlagen** sind die §§ 51–63 LWG einschlägig. Nach § 18 b WHG sind Abwasseranlagen nach den **allgemein anerkannten Regeln der Technik** zu errichten und zu betreiben. Allgemein anerkannte Regeln der Technik sind gemäß § 57 Abs. 1 LWG auch die vom zuständigen Ministerium durch Bekanntmachung im Ministerialblatt eingeführten technischen Bestimmungen für den Bau, den Betrieb und die Unterhaltung von Abwasseranlagen. Abwasseranlagen sind gemäß § 57 Abs. 2 LWG den Anforderungen des § 18 b Abs. 1 WHG und denen des technischen Regelwerks **anzupassen**; nach § 57 Abs. 3 LWG erfordern Betrieb und Unterhaltung von Abwasser**behandlungsanlagen** die Beschäftigung qualifizierten Personals. **150**

Die Planung zur Errichtung oder wesentlichen Veränderung sowie der Betrieb von **Kanalisationsnetzen** für die **öffentliche** Abwasserbeseitigung sind nach § 58 Abs. 1 LWG **anzeigepflichtig**; die **Anzeigepflicht** besteht ferner für **Kanalisationsnetze** für die **private** Abwasserbeseitigung von befestigten Flächen, die größer als drei Hektar sind (hierzu vgl. Honert/Rüttgers/Sanden, S. 226 ff. Anm. 2). Bau, Betrieb und wesentliche Änderung einer **Abwasserbehandlungsanlage** bedürfen gemäß § 58 Abs. 2 LWG der **wasserrechtlichen Genehmigung**, soweit nicht die Verordnung über die Freistellung von Abwasserbehandlungsanlagen von der Genehmigungspflicht vom 20. 2. 1992 (GV. NRW. S. 100) greift. Die **wasserrechtliche Genehmigung** einer Abwasserbehandlungsanlage **schließt** gemäß § 58 Abs. 2 Satz 7 LWG die **Baugenehmigung ein**. Zustand, Unterhaltung und Betrieb von Abwasseranlagen unterliegen gemäß § 61 LWG der **Selbstüberwachung** durch den Betreiber nach Maßgabe der Selbstüberwachungsverordnung Kanal. **151**

### 3.3.3 Fernmeldewesen (Telekommunikation)

Für Leitungen, die dem **Fernmeldewesen dienen**, gilt nunmehr das **Telekommunikationsgesetz – TKG**. Der überholte Begriff **Fernmeldewesen** entstammt noch dem Vorgängerrecht, dem Telegraphenwegegesetz und dem Gesetz zur Vereinfachung des Planverfahrens für Fernmeldelinien. Unter Leitungen, die dem Fernmeldewesen dienen, sind Leitungen für die **Telekommunikation** zu verstehen, die das TKG als **Telekommunikationslinien** bezeichnet. Das TKG hat das Vorgängerrecht abgelöst und damit auch das bislang geltende **Planfeststellungsverfahren abgeschafft**. Nach § 50 TKG ist der Bund befugt, Verkehrswege für die öffentlichen Zwecken dienenden Telekommunikationslinien unentgeltlich zu benutzen; der Bund überträgt dieses Recht auf Lizenznehmer im Rahmen der Lizenzverteilung (§§ 6 ff. TKG). **Telekommunikationslinien** sind nach § 3 Nr. 26 TKG unter- und oberirdisch geführte **Telekommunikationskabelanlagen** einschließlich ihrer zugehörigen Schalt- und Verzweigungseinrichtungen, Masten und Unterstützungen, Kabelschächte und Kabelkanalrohre. Die Ausnahme vom Anwendungsbereich erfasst die Telekommunikationskabelanlage bis zum **Übergabepunkt auf dem Grundstück**, der in der Regel von dem innerhalb der Gebäude angeordneten **Hausanschlusskasten** gebildet wird. **152**

153 **Telekommunikationslinien** sind gemäß § 50 Abs. 2 TKG so zu **errichten** und zu **unterhalten**, dass sie den Anforderungen der Sicherheit und Ordnung sowie den **anerkannten Regeln der Technik** genügen. Die Verlegung neuer und die Änderung vorhandener Telekommunikationslinien bedürfen gemäß § 50 Abs. 3 TKG der Zustimmung der Träger der Wegebaulast; bei der Verlegung oberirdischer Leitungen sind die Interessen der Wegebaulastträger, der Lizenznehmer und die städtebaulichen Belange abzuwägen. Fungiert der Wegebaulastträger selbst als Lizenznehmer, so ist die Regulierungsbehörde (§§ 66 ff. TKG) für die Zustimmungserteilung zuständig, wenn ein anderer Lizenznehmer die Verkehrswege des Wegebaulastträgers nutzen will (hierzu vgl. Burgi, Der telekommunikative Sondergebrauch: Systematischer Standort und Struktur des § 50 TKG, DVBl. 2001, S. 845 ff.). Für über Privatgrundstücke geführte Telekommunikationsleitungen fehlt eine spezialgesetzliche Verfahrensregelung, so dass ähnliche Probleme wie bei Leitungen für die Wärmeversorgung auftreten (s. Rdn. 146).

### 3.4 Rohrleitungen für den Ferntransport von Stoffen (Nr. 4)

154 Der Anwendungsausschluss nach Nr. 4 unterscheidet sich auf den ersten Blick nicht recht von dem nach Nr. 3, da auch Versorgungsleitungen für Wasser oder Gas über weite Strecken verlaufen, z. B. die Fernwasserleitungen oder Gaspipelines, und es sich bei Wasser und Gas ebenfalls um Stoffe handelt (s. Rdn. 132). Die Vorschrift ist deshalb nicht ohne weiteres verständlich und ist zusammen mit dem Wasserrecht zu betrachten. Mit dem sog. „**Pipeline-Gesetz**" vom 8. 8. 1964 (BGBl. I S. 611) wurden die §§ 19 a–f in das WHG eingefügt, um Gewässer vor Gefahren schützen zu können, die sich möglicherweise aus dem Transport wassergefährdender Stoffe in Rohrleitungen ergeben können. Als **wassergefährdende Stoffe** nennt § 19a Abs. 2 Nr. 1 WHG **Rohöl**, **Benzin**, **Diesel-Kraftstoff** und **Heizöl**. Die Ermächtigung des § 19 a Abs. 2 Nr. 2 WHG zur Bestimmung anderer flüssiger oder gasförmiger Stoffe, die geeignet sind, Gewässer zu verunreinigen oder sonst nachteilig zu verändern, hat die Bundesregierung genutzt durch den Erlass der

- **Verordnung über Rohrfernleitungsanlagen** vom 27. 9. 2002 (BGBl. I S. 3777), z. g. d. V vom 20. 4. 2006 (BGBl. I S. 935).

155 Der **Begriff „Ferntransport"** lässt sich nur unter Berücksichtigung der **wasserrechtlichen Bestimmungen** sinnvoll einordnen. Hierunter ist nicht eine dem Fernstraßenrecht vergleichbare Funktion zu verstehen. Es ist auch nicht erforderlich, dass die Leitungen Gemeindegrenzen überwinden, um von einem Ferntransport im Sinne der Nr. 4 ausgehen zu können. Der Begriff hat nämlich in diesem Zusammenhang keine planungsrechtliche, sondern ausschließlich wasserrechtliche Bedeutung. Während die **§§ 19 a–f WHG** den **Rohrleitungstransport** wassergefährdender Stoffe regeln, betreffen die **§§ 19 g–l WHG Anlagen** zum Umgang mit wassergefährdenden Stoffen **im Bereich der gewerblichen Wirtschaft** und **im Bereich öffentlicher Einrichtungen**. Aufgrund der Ermächtigung des § 18 Abs. 2 LWG erging hierzu die auf einem Musterentwurf der Länderarbeitsgemeinschaft Wasser (LAWA) beruhende

- **Verordnung über Anlagen zum Umgang mit wassergefährdenden Stoffen und über Fachbetriebe – VAwS** vom 19. 6. 2007 (GV. NRW. S. 194).

156 Auch in den der VAwS unterworfenen Anlagen verlaufen Rohrleitungen zum Transport wassergefährdender Stoffe. Aufgrund der Regelungen des § 19a Abs. 1 Satz 2 WHG und

des § 19 g Abs. 1 Satz 2 WHG ergibt sich, dass **Rohrleitungen** zum Transport wassergefährdender Stoffe, **die den Bereich eines Werksgeländes nicht überschreiten**, den Vorschriften der VAwS unterliegen, während das **Werksgelände überschreitende Rohrleitungen nach §§ 19 a–f WHG** zu behandeln sind. Der Begriff „Bereich eines Werksgeländes" ist nicht im grundstücksrechtlichen Sinne, sondern aus der Sicht des zu schützenden Rechtsguts zu beurteilen. Daher können einzelne Werksbereiche, die durch Straßen oder Zwischengrundstücke unterbrochen sind, noch ein einheitliches Werksgelände bilden; so ist z. B. die Rohrleitung zwischen einer Schiffsanlegestelle und dem Lagerbehälter als Teil einer Anlage nach den Bestimmungen der VAwS und nicht nach §§ 19 a–f WHG zu beurteilen (vgl. Gieseke/Wiedemann/Czychowski, zu § 19 a Rdn. 8 und zu § 19 g Rdn. 2). Aus vorstehender Betrachtung folgt, dass unter **Rohrleitungen für den Ferntransport von Stoffen im Sinne des § 1 Abs. 2 Nr. 4 BauO NRW** neben Erdöl- und Gaspipelines auch andere **Produktenleitungen** erfasst sind, die den §§ **19 a–f WHG unterliegen**. Es reicht somit bereits aus, wenn Leitungen zwischen verschiedenen Industriebetrieben verlaufen, um Stoffe von einem Werk zum anderen zu transportieren, wie dies in industriellen Ballungsräumen häufig der Fall ist (s. Rdn. 132). Kein Ferntransport liegt dagegen vor, wenn die Leitungen lediglich innerhalb eines Werksgeländes verschiedene Anlagen verbinden (so auch Große-Suchsdorf/Lindorf/ Schmaltz/Wiechert, zu § 3 Rdn. 18). Die dem Ferntransport dienenden Leitungen reichen von der **Kopfstation** bis zur **Endstation**, auch wenn diese auf einem Werksgelände liegen (vgl. Engert, Das Zweite Gesetz zur Änderung des Wasserhaushaltsgesetzes [Pipelinegesetz], DVBl. 1965, S. 6 ff.).

Errichtung und Betrieb von **Rohrfernleitungsanlagen** unterliegen einer umfassenden **157**
**spezialgesetzlichen Kontrolle**, die den Ausschluss vom Anwendungsbereich der BauO NRW rechtfertigt. Die **Verordnung über Rohrfernleitungsanlagen** enthält **technische Anforderungen** an Rohrleitungsanlagen zum Befördern wassergefährdender Stoffe im Sinne von § 19 a Abs. 2 WHG, die gemäß § 20 Abs. 1 oder 2 UVPG einer **Planfeststellung** oder **Plangenehmigung** bedürfen. Das Planfeststellungsverfahren ist durchzuführen, sofern für die Leitung nach den §§ 3 b bis 3 f UVPG eine Verpflichtung zur Durchführung einer Umweltverträglichkeitsprüfung besteht. Sofern keine derartige Verpflichtung besteht, genügt eine Plangenehmigung. Die Verordnung über Rohrfernleitungsanlagen sieht darüber hinaus eine **Prüfung und Überwachung durch Sachverständige** vor.

### 3.5 Kräne (Nr. 5)

Kräne fallen unter das **GPSG** und die **BetrSichV**. Nach der Legaldefinition des § 2 **158**
Abs. 2 GPSG sind **technische Arbeitsmittel** verwendungsfertige Arbeitseinrichtungen, die bestimmungsgemäß ausschließlich bei der Arbeit verwendet werden, deren Zubehörteile sowie Schutzausrüstungen, die nicht Teil einer Arbeitseinrichtung sind, und Teile von technischen Arbeitsmitteln, wenn sie in einer Rechtsverordnung nach § 3 Abs. 1 oder 2 erfasst sind. Hierunter fallen unter anderem Werkzeuge, Arbeitsgeräte, Arbeits- und Kraftmaschinen, **Hebe- und Fördereinrichtungen** sowie Beförderungsmittel. Technische Arbeitsmittel dürfen gemäß § 4 Abs. 1 GPSG nur in den Verkehr gebracht werden, wenn sie den in den Rechtsverordnungen nach dem GSG enthaltenen **sicherheitstechnischen Anforderungen** und sonstigen Voraussetzungen für ihr Inverkehrbringen entsprechen und Leben oder Gesundheit oder sonstige in den Rechtsverordnungen nach § 3 Abs. 1 GPSG aufgeführte Rechtsgüter der Benutzer oder Dritter

bei bestimmungsgemäßer Verwendung oder vorhersehbarer Fehlanwendung nicht gefährdet werden. Soweit keine Anforderungen in Rechtsverordnungen bestehen, müssen technische Arbeitsmittel den allgemein anerkannten Regeln der Technik sowie den Arbeitsschutz- und Unfallverhütungsvorschriften entsprechen. Die Einhaltung der Anforderungen des GPSG wird von den Bezirksregierungen und den Berufsgenossenschaften überwacht. Kräne konnten daher vom Anwendungsbereich der BauO NRW ausgenommen werden.

**159** **Kräne** unterfallen **als Maschinen** den Vorschriften der

- **Maschinenverordnung** (9. GSGV) vom 12. 5. 1993 (BGBl. I S. 704), z.g.d. V vom 23.12.2004 (BGBl. I S. 3758).

Nach § 1 Abs. 2 der 9. GSGV ist eine Maschine im Sinne der Verordnung eine „Gesamtheit von miteinander verbundenen Teilen oder Vorrichtungen, von denen mindestens eines beweglich ist, sowie von Betätigungsgeräten, Steuer- und Energiekreisen, die für eine bestimmte Anwendung, wie die Verarbeitung, die Behandlung, die Fortbewegung und die Aufbereitung eines Werkstoffes, zusammengefügt sind". Nach dieser Begriffsbestimmung rechnen auch die Anlagen, auf denen ein Kran begrenzt beweglich ist, zur Maschine (so z. B. die aus Schienen, Schwellen und Sicherheitseinrichtungen gebildete Gleisanlage eines Baustellenkrans). Es war jedoch vertretbar, die Rückausnahme für Kranbahnen in Nr. 5 zu streichen (s. Rdn. 04), da die Schienen und Sicherheitseinrichtungen als **Maschinenbestandteil** ohnehin den **Sicherheitsanforderungen** des § 2 der 9. GSGV unterliegen. Der Begriff „Kranbahn" war unglücklich gewählt, da er dem Normenwerk entstammt, das nicht zwischen maschinenrechtlichen und bauordnungsrechtlichen Anforderungen differenziert, sondern Kräne und Kranbahnen ausschließlich unter Standsicherheitsaspekten betrachtet; vgl. hierzu die Normen:

- DIN 15018 Teil 1 – Krane; Grundsätze für Stahltragwerke; Berechnung,
- DIN 15018 Teil 2 – Krane; Stahltragwerke; Grundsätze für die bauliche Durchbildung und Ausführung,
- DIN 15019 Teil 1 – Krane; Standsicherheit für alle Krane außer gleislosen Fahrzeugkranen und außer Schwimmkranen,
- DIN 4132 – Kranbahnen; Stahltragwerke; Grundsätze für Berechnung, bauliche Durchbildung und Ausführung,
- DIN 4212 – Kranbahnen aus Stahlbeton und Spannbeton; Berechnung und Ausführung.

**160** Soweit Kräne auf befestigten Lagerplätzen oder in Werkhallen auf im Untergrund befestigten Schienen eingebaut werden, lagern diese Schienen auf tragenden Bauteilen (Einzelfundamente, Fundamentbalken, Decken, Konsolen). Diese **tragenden Bauteile** bilden dann lediglich die **Unterstützung der maschinenrechtlich erfassten Schienenanlage**, sind **Teil der baulichen Anlage** und müssen deshalb die Anforderungen des Bauordnungsrechts an die Standsicherheit und den baulichen Brandschutz erfüllen.

## § 2
## Begriffe

**(1) [1]Bauliche Anlagen sind mit dem Erdboden verbundene, aus Bauprodukten hergestellte Anlagen. [2]Eine Verbindung mit dem Erdboden besteht auch dann, wenn die Anlage durch eigene Schwere auf dem Erdboden ruht oder auf ortsfesten Bahnen begrenzt beweglich ist oder wenn die Anlage nach ihrem Verwendungszweck dazu bestimmt ist, überwiegend ortsfest benutzt zu werden.**

**[3]Als bauliche Anlagen gelten**

**1. Aufschüttungen und Abgrabungen,**

**2. Lager-, Abstell- und Ausstellungsplätze,**

**3. Camping- und Wochenendplätze,**

**4. Sport- und Spielflächen,**

**5. Stellplätze,**

**6. Gerüste,**

**7. Hilfseinrichtungen zur statischen Sicherung von Bauzuständen.**

**(2) Gebäude sind selbständig benutzbare, überdachte bauliche Anlagen, die von Menschen betreten werden können und geeignet oder bestimmt sind, dem Schutz von Menschen, Tieren oder Sachen zu dienen.**

**(3) [1]Gebäude geringerer Höhe sind Gebäude, bei denen der Fußboden keines Geschosses mit Aufenthaltsräumen im Mittel mehr als 7 m über der Geländeoberfläche liegt. [2]Gebäude mittlerer Höhe sind Gebäude, bei denen der Fußboden mindestens eines Aufenthaltsraumes im Mittel mehr als 7 m und nicht mehr als 22 m über der Geländeoberfläche liegt. [3]Hochhäuser sind Gebäude, bei denen der Fußboden mindestens eines Aufenthaltsraumes mehr als 22 m über der Geländeoberfläche liegt.**

**(4) Geländeoberfläche ist die Fläche, die sich aus der Baugenehmigung oder den Festsetzungen des Bebauungsplanes ergibt, im Übrigen die natürliche Geländeoberfläche.**

**(5) [1]Vollgeschosse sind Geschosse, deren Deckenoberkante im Mittel mehr als 1,60 m über die Geländeoberfläche hinausragt und die eine Höhe von mindestens 2,30 m haben. [2]Ein gegenüber den Außenwänden des Gebäudes zurückgesetztes oberstes Geschoss (Staffelgeschoss) ist nur dann ein Vollgeschoss, wenn es diese Höhe über mehr als zwei Drittel der Grundfläche des darunter liegenden Geschosses hat. [3]Ein Geschoss mit geneigten Dachflächen ist ein Vollgeschoss, wenn es diese Höhe über mehr als drei Viertel seiner Grundfläche hat. [4]Die Höhe der Geschosse wird von Oberkante Fußboden bis Oberkante Fußboden der darüber liegenden Decke, bei Geschossen mit Dachflächen bis Oberkante Dachhaut gemessen.**

**(6) [1]Geschosse über der Geländeoberfläche sind Geschosse, deren Deckenoberkante im Mittel mehr als 1,60 m über die Geländeoberfläche hinausragt. [2]Hohlräume zwischen der obersten Decke und dem Dach, in denen Aufenthaltsräume nicht möglich sind, gelten nicht als Geschosse.**

**(7) Aufenthaltsräume sind Räume, die zum nicht nur vorübergehenden Aufenthalt von Menschen bestimmt oder geeignet sind.**

**(8) Stellplätze sind Flächen, die dem Abstellen von Kraftfahrzeugen außerhalb der öffentlichen Verkehrsfläche dienen. Garagen sind ganz oder teilweise umschlossene Räume zum Abstellen von Kraftfahrzeugen.**

**(9) Bauprodukte sind**

**1. Baustoffe, Bauteile und Anlagen, die hergestellt werden, um dauerhaft in bauliche Anlagen eingebaut zu werden.**

**2. aus Baustoffen und Bauteilen vorgefertigte Anlagen, die hergestellt werden, um mit dem Erdboden verbunden zu werden, wie Fertighäuser, Fertiggaragen und Silos.**

**(10) Bauart ist das Zusammenfügen von Bauprodukten zu baulichen Anlagen oder Teilen von baulichen Anlagen.**

*VV BauO NRW (infolge Befristung mit Ablauf des 31.12.2005 ausgelaufen)*

*2 Begriffe (§ 2)*

*2.1 Zu Absatz 1*

*Sport- und Spielflächen sind Flächen, die diesen Zwecken gewidmet oder dafür planerisch ausgewiesen sind.*

*2.3 Zu Absatz 3*

*Maßgeblich zur Ermittlung des Gebäudetyps ist die Höhenlage des Fußbodens des höchstgelegenen Geschosses mit Aufenthaltsräumen (Oberkante fertiger Fußboden) über der Geländeoberfläche. Danach liegt die Grenze zwischen einem „Gebäude geringer Höhe" und einem „Gebäude mittlerer Höhe" bei 7 m, gemessen im Mittel über der Geländeoberfläche. Die Grenze zwischen einem „Gebäude mittlerer Höhe" und einem „Hochhaus" liegt bei 22 m, jedoch über der tiefstgelegenen, an das Gebäude anschließenden Geländeoberfläche.*

*2.4 Zu Absatz 4*

*Eine im Verhältnis zum Gebäude geringfügige Abgrabung vor Außenwänden, z. B. zur Beleuchtung von Aufenthaltsräumen im Kellergeschoss (§ 48 Abs. 5), sowie eine im Verhältnis zum Grundstück geringfügige Auffüllung, z. B. für eine Terrasse, verändert die Geländeoberfläche als Bezugsfläche nicht. Eine geringfügige Veränderung der Geländeoberfläche liegt nicht vor, wenn dadurch die Erreichbarkeit der anleiterbaren Stellen im Sinne des § 17 Abs. 3 Satz 4 verändert wird.*

*2.5 Zu Absatz 5*

*Als Deckenoberkante und Fußbodenoberkante gelten die Maße des fertigen Fußbodens.*

**Anmerkungen** (Autor: Heintz)

**Übersicht** Rdn.

0 Änderungen gegenüber der BauO NW 1984 und der BauO NW 1995 . . . . . . . 01– 08
1 Allgemeines . . . . . . . . . . . . . . . . . . . . . . . . . . . . . . . . . . . . . . 1– 3
2 Zu Absatz 1 – Bauliche Anlagen

| | | |
|---|---|---|
| 2.1 | Bauliche Anlagen im Baurecht | 4– 8 |
| 2.2 | Bauliche Anlagen im Bauplanungsrecht | 9– 14 |
| 2.3 | Bauliche Anlagen im sonstigen öffentlichen Recht | 15 |
| 2.3.1 | Bauliche Anlagen im Straßenrecht | 16– 19 |
| 2.3.2 | Bauliche Anlagen im Denkmalrecht | 20– 22 |
| 2.3.3 | Bauliche Anlagen im Naturschutz- und Landschaftsrecht | 23– 26 |
| 2.4 | Bauliche Anlage im Bauordnungsrecht | 27 |
| 2.4.1 | Zu Absatz 1 Satz 1 | 28– 42 |
| 2.4.2 | Zu Absatz 1 Satz 2 | 43– 54 |
| 2.4.3 | Zu Absatz 1 Satz 3 | 55 |
| 2.4.3.1 | Nr. 1 – Aufschüttungen und Abgrabungen | 56– 64 |
| 2.4.3.2 | Nr. 2 – Lager-, Abstell- und Ausstellungsplätze | 65– 68 |
| 2.4.3.3 | Nr. 3 – Camping- und Wochenendplätze | 69– 75 |
| 2.4.3.4 | Nr. 4 – Sport- und Spielflächen | 76– 87 |
| 2.4.3.5 | Nr. 5 – Stellplätze | 88– 93 |
| 2.4.3.6 | Nr. 6 – Gerüste | 94– 97 |
| 2.4.3.7 | Nr. 7 – Hilfseinrichtungen zur statischen Sicherung von Bauzuständen | 98– 99 |
| 3 | Zu Absatz 2 – Gebäude | |
| 3.1 | Der Gebäudebegriff im Baurecht | 100–103 |
| 3.2 | Das Gebäude im Bauordnungsrecht | 104–117 |
| 3.3 | Das Gebäude im Bauplanungsrecht | 118–119 |
| 3.3.1 | Gebäudeteile | 120–126 |
| 3.3.2 | Einzelhäuser, Doppelhäuser, Hausgruppen | 127–138 |
| 3.4 | Wohngebäude | 139–146 |
| 3.5 | Nebengebäude | 147–149 |
| 4 | Zu Absatz 3 – Gebäudetypen | |
| 4.1 | Einteilung nach der abstrakten Gefahrenlage | 150–153 |
| 4.2 | Gebäude geringer und mittlerer Höhe | 154–159 |
| 4.3 | Hochhäuser | 160–163 |
| 5 | Zu Absatz 4 – Geländeoberfläche | 164 |
| 5.1 | Bauplanungsrechtliche Regelungen | 165–171 |
| 5.2 | Bauordnungsrechtliche Vorgaben | 172–176 |
| 6 | Zu Absatz 5 – Bemessung der Geschossigkeit von Gebäuden | |
| 6.1 | Erforderlichkeit der landesrechtlichen Begriffsbestimmung | 177–181 |
| 6.2 | Bemessungsregel im Bauplanungsrecht | 182–184 |
| 6.3 | Geschosse | 185–190 |
| 6.4 | Normalgeschosse | 191–192 |
| 6.5 | Untergeschosse | 193–199 |
| 6.6 | Staffelgeschosse | 200–204 |
| 6.7 | Dachgeschosse | 205–215 |
| 6.8 | Gebäude mit versetzten Geschossen | 216 |
| 7 | Zu Absatz 6 – Geschosse über der Geländeoberfläche, Hohlräume | 217–218 |
| 8 | Zu Absatz 7 – Aufenthaltsräume | 219–234 |
| 9 | Zu Absatz 8 – Stellplätze und Garagen | 235–245 |
| 10 | Zu Absatz 9 – Bauprodukte | 246–257 |
| 11 | Zu Absatz 10 – Bauarten | 258–260 |

**0 Änderungen gegenüber der BauO NW 1984 und der BauO NW 1995**

01 Die **BauO NW 1995** hat § 2 BauO NW 1984 mit **Änderungen** und **Ergänzungen** übernommen:

02 In **Absatz 1 Satz 1** wurde das Begriffspaar „Baustoffe und Bauteile“ durch **Bauprodukte** in Anpassung an die EG-Bauproduktenrichtlinie ersetzt (s. die Anmerkungen zu § 1, Rdn. 02, die Vorbemerkungen zu den §§ 20 bis 28 und die nachfolgenden Erläuterungen unter Rdn. 31–33).

03 Die in **Absatz 1 Satz 3** aufgezählten fiktiven baulichen Anlagen wurden um die **Nr. 6 – Gerüste** und die **Nr. 7 – Hilfseinrichtungen zur statischen Sicherung von Bauzuständen** ergänzt. Auch diese Ergänzungen stehen im Zusammenhang mit dem Bauproduktenrecht (zu Nr. 6 s. nachfolgende Rdn. 94–97, zu Nr. 7 s. nachfolgende Rdn. 98–99). Die geänderte **Nr. 4 – Sport- und Spielflächen** anstelle „Sport- und Spielplätze“ übernimmt die Diktion des § 9 Abs. 2 – Spielflächen für Kleinkinder (s. nachfolgende Rdn. 76). In **Nr. 5 entfiel** hinter dem Wort Stellplätze **der Zusatz** „für Kraftfahrzeuge“ (s. nachfolgende Rdn. 88 und 237).

04 In **Absatz 3 Satz 2** wurde das **Gebäudes mittlerer Höhe** definiert, das in der BauO MW 1984 nur indirekt durch die Lücke zwischen dem Gebäude geringer Höhe und dem Hochhaus geregelt und als „sonstiges Gebäude außer Hochhäusern“ umschrieben war – so z. B. in § 25 Abs. 1, Tabelle, Spalte 4 BauO NW 1984. Mit der Legaldefinition verbunden wurde eine Regel, wonach der **Mittelwert** des Abstandes zwischen Fußboden und Geländeoberfläche zur Bestimmung der Gebäudehöhe heranzuziehen ist; auch Satz 1 stellt auf den Mittelwert ab (s. nachfolgende Rdn. 156).

05 In **Absatz 6 Satz 1** wurde eine Legaldefinition des **Geschosses über der Geländeoberfläche** aufgenommen, die bislang nur in Nr. 2.5 VV BauO NW 1984 enthalten war (s. nachfolgende Rdn. 217). Satz 2 ordnet an, dass **Hohlräume** zwischen der obersten Decke und dem Dach, in denen Aufenthaltsräume nicht möglich sind, nicht als Geschosse gelten (s. nachfolgende Rdn. 218).

06 In **Absatz 9** wurde der Begriff „**Bauprodukt**“ in Anpassung an die EG-Bauproduktenrichtlinie und § 2 Abs. 1 BauPG definiert (s. die Anmerkungen zu § 1, Rdn. 02, die Vorbemerkungen zu §§ 20 bis 28 und die nachfolgenden Erläuterungen unter Rdn. 246 ff.).

07 In **Absatz 10** wurde der Begriff „**Bauart**“ definiert, da weder die Bauproduktenrichtlinie noch das BauPG Bauarten umfassen, solche aber Regelungsgegenstand des Bauordnungsrechts in § 24 BauO NRW sind (s. nachfolgende Rdn. 262–264 und die Anmerkungen zu § 24).

08 Die **BauO NRW 2000** hat § 2 BauO NW 1995 **unverändert** übernommen.

## 1 Allgemeines

Die Vorschrift enthält **Legaldefinitionen** der Begriffe, die in der Landesbauordnung häufig vorkommen. Diese **Begriffe gelten** mit den festgelegten Inhalten für alle Vorschriften der **BauO NRW** und für die aufgrund der BauO NRW erlassenen **Rechtsverordnungen**, **örtlichen Bauvorschriften** und **Verwaltungsvorschriften**. Weitere Begriffe sind in einzelnen Paragraphen definiert: z. B. **Abstandflächen** (§ 6 Abs. 1), **Werbeanlagen** (§ 13 Abs. 1), **Brandabschnitte** (§ 32 Abs. 1), **notwendige Stellplätze** (§ 51 Abs. 1), **Vorbescheid** (§ 71 Abs. 1) oder **Baulast** (§ 83 Abs. 1). Begriffe aus Rechtsverordnungen werden vereinzelt wiederum in der BauO NRW verwendet, so z. B. der in § 2 Abs. 1 GarVO definierte Begriff **Mittelgarage** in § 67 Abs. 7 Satz 4 BauO NRW, obwohl die Legaldefinition primär nur für den Anwendungsbereich der Rechtsverordnung bestimmt ist. 1

Die BauO NRW 2000 verzichtet, wie schon die BauO NW 1995 und die BauO NW 1984, auf eine Legaldefinition der Begriffe Baugrundstück und Bauarbeiten, obwohl diese Begriffe Bestandteil bauaufsichtlicher Regelungen sind. So findet sich in §§ 16 Abs. 1 und 51 Abs. 3 BauO NRW der Begriff **Baugrundstück** (zu diesem Begriff s. die Anmerkungen zu § 1 Rdn. 35) und in § 14 Abs. 2 und § 59 Abs. 2 BauO NRW der Begriff **Bauarbeiten** (zu diesem Begriff s. die Anmerkungen zu § 14 Rdn. 26). Trotzdem wurde kein Erfordernis gesehen, diese Begriffe bauordnungsrechtlich zu definieren, da Vollzugsprobleme nicht aufgetreten sind. Wenn auch eine Begriffsbestimmung des Baugrundstücks fehlt, so muss doch beachtet werden, dass die Landesbauordnung für **Grundstücke** gilt, die bebaut oder bebaubar sind oder die bebaut werden sollen (vgl. die Anmerkungen zu § 1 Rdn. 27–36) und an die Anforderungen gestellt werden (vgl. z. B. § 4 Abs. 2, § 6 Abs. 2, § 8 Abs. 1, § 31 Abs. 1 und § 83 Abs. 1 BauO NRW). 2

Die Definition der **Geländeoberfläche** wurde erstmalig in die BauO NW 1984 aufgenommen. Die Geländeoberfläche hat als Bezugsebene im Bauordnungsrecht einen wichtigen Stellenwert. Die bauordnungsrechtlichen Anforderungen knüpfen an ihre Lage im Verhältnis zum Gebäude, zu den Geschossen oder zu den Außenwandabschlüssen an (s. Rdn. 164 ff. und die Anmerkungen zu § 9 Rdn. 71–83). 3

## 2 Zu Absatz 1 – Bauliche Anlagen

### 2.1 Bauliche Anlagen im Baurecht

Das **frühere Baupolizeirecht** verwendete noch nicht den Ausdruck bauliche Anlagen, sondern sprach von **Bebauung** (§ 1 Abs. 4 Preußisches Fluchtliniengesetz, 1875), von **Bauten** (Art. 9 Hessisches Gesetz die allgemeine Bauordnung betreffend, 1881) oder von **Bauwerken** (§ 18 Braunschweigische Landesbauordnung, 1899; § 1 der Bauordnung für die Stadt Bremen und das Landgebiet, 1906). Die bremische Bauordnung umschrieb aber bereits das Bauwerk mit „jeder baulichen Anlage, einschließlich Einfriedungen auf, über oder unter dem Erdboden, ohne Rücksicht auf das verwendete Material“. Die 1919 veröffentlichte Preußische Einheitsbauordnung für Städte erwähnt in ihrem § 1 A „alle neuen baulichen Anlagen über und unter der Erde“. In bauplanungsrechtlich umfassender Weise verwendete § 3 der Verordnung über die Regelung der Bebauung (1936) die „bauliche Anlage“. Danach ergangene reichsrechtliche Vorschriften, wie z. B. § 1 der Verordnung über Baugestaltung (1936) oder § 1 Abs. 2 der Reichsgaragenordnung (1939), bedienten sich ebenfalls dieses Begriffs, der sowohl in das BBauG 1960 als auch in die MBO 1960 Eingang fand. 4

5 Dem Begriff **bauliche Anlage** kommt im gesamten Bereich des Bau- und Planungsrechts eine zentrale Bedeutung zu. Verschiedene Rechtsvorschriften benutzen diesen Begriff, so z. B. das BauGB und die BauNVO (s. Rdn. 9 und 10), das UVPG (§ 2 Abs. 2), das BNatschG (§ 8 a Abs. 7), das LG (§ 57 Abs. 1 und 2), das LWG (§ 99 Abs. 2), das FStrG (§ 9 Abs. 1, 2 und 5), das StrWG NRW (§ 25 Abs. 1 und 4), das BImSchG (§ 42 Abs. 1 und 2) und das DSchG (§ 2 Abs. 2 und 3). Eine ausdrückliche **Legaldefinition** enthält jedoch **nur das Bauordnungsrecht**, ohne dass diese für alle übrigen Rechtsbereiche Geltung beanspruchen kann. Denn der Begriff wird in der jeweiligen Rechtsvorschrift unter speziellen fachspezifischen Gesichtspunkten benutzt, so dass es in Grenzfällen – und diese sind nicht selten Gegenstand verwaltungsgerichtlicher Streitverfahren – auf die **Unterschiede im Begriffsinhalt** ankommt. Dies gilt auch im Verhältnis des Bauordnungsrechts der Länder untereinander, da die Begriffsbestimmungen des jeweiligen § 2 aller sechzehn Landesbauordnungen in Einzelheiten der Formulierung von § 2 MBO leicht abweichen. Daher kann die Rechtsprechung in den einzelnen Bundesländern nicht unbesehen übertragen werden (vgl. Nds. OVG, Urteil vom 16. 2. 1995 – 1 L 6044/92, BauR 1995, 667 = BRS 57 Nr. 182 = NVwZ-RR 1995, 556 zur Auslegung des § 2 Abs. 1 Satz 2 Nr. 13 NBauO, einer Vorschrift, die die BauO NRW so nicht kennt).

6 Neben dem engeren Begriff bauliche Anlage verwendet das Bauordnungsrecht auch den **weiteren** Begriff **Anlage**. So schreibt § 1 Abs. 2 BauO NRW die Geltung des Bauordnungsrechts auch für **andere Anlagen und Einrichtungen** vor, an die bauordnungsrechtliche Anforderungen gestellt werden (s. die Anmerkungen zu § 1 Rdn. 37 und 38). Das BImSchG und das LImSchG verwenden einen weitgefassten Anlagenbegriff. Die Legaldefinition des § 3 Abs. 5 BImSchG, die gemäß § 2 LImSchG auch für das Landesrecht gilt, erfasst

1. Betriebsstätten und ortsfeste Einrichtungen,
2. Maschinen, Geräte und sonstige ortsveränderliche technische Einrichtungen sowie Fahrzeuge, soweit nicht bereits § 38 BImSchG unterliegend, und
3. Grundstücke, auf denen Stoffe gelagert oder abgelagert oder Arbeiten durchgeführt werden, die Emissionen verursachen können, ausgenommen öffentliche Verkehrsflächen.

Dieser Anlagenbegriff unterscheidet sich von dem bauordnungsrechtlichen Begriff der **anderen** Anlage aufgrund der **speziellen Zielrichtung** des Immissionsschutzrechts (vgl. Ziegler – Zum Anlagenbegriff nach dem Bundes-Immissionsschutzgesetz, UPR 1986, S. 170 ff.). Der **immissionsschutzrechtliche Anlagenbegriff** gewinnt für das Baugeschehen zunehmend an Bedeutung, da zahlreiche, aufgrund des BImSchG erlassene Rechtsverordnungen die Regelungsdichte des Immissionsschutzrechts ständig erhöhen. Diese Regelungen gelten nach § 22 BImSchG nicht nur für nach BImSchG genehmigungsbedürftige Anlagen, sondern auch für nicht genehmigungsbedürftige Anlagen, soweit sie in dessen Anwendungsbereich fallen (OVG NRW, Beschluss vom 18. 5. 1993 – 10 B 681/93, BauR 1994, 221 = BRS 55 Nr. 186 und Hess. VGH, Beschluss vom 11. 3. 1993 – 3 TH 768/92, BauR 1993, 329 = BRS 55 Nr. 185 zu Mobil- und Richtfunksendemasten). Daraus ergeben sich vielfältige Überschneidungen. So unterliegen z. B. Feuerungsanlagen oder Sportanlagen sowohl dem Bauordnungs- als auch dem Immissionsschutzrecht. Beide Rechtsbereiche enthalten materielle Anforderungen, die erfüllt sein müssen, um eine solche Anlage errichten und betreiben zu können. Baustellenlärm wird ebenfalls von § 22 BImSchG erfasst.

Der **wasserrechtliche Anlagenbegriff** ist für die Bautätigkeit schon immer von Bedeutung gewesen, da die geordnete Beseitigung von Schmutz- und Niederschlagswasser sowie die Bereitstellung von Trink- und Löschwasser zu den Erschließungsvoraussetzungen gehören. Das WHG und das LWG ergänzen einander und treffen Regelungen über das Recht der oberirdischen Gewässer und des Grundwassers. Die Benutzung der Gewässer erfasst alle in § 3 WHG aufgeführten Tatbestände und bedarf gemäß § 2 WHG der Erlaubnis nach § 7 WHG oder der Bewilligung nach § 8 WHG. Ein Erlaubniszwang besteht insbesondere für Anlagen zum Einleiten von Abwasser oder Niederschlagswasser in oberirdische Gewässer oder in das Grundwasser. Die dem Anwendungsbereich der Landesbauordnung entzogenen Leitungen, die der Abwasserbeseitigung dienen, sowie die Rohrleitungen zum Ferntransport von Stoffen (Produktenleitungen), unterliegen den wasserrechtlichen Vorschriften der §§ 18a–c und §§ 19a–l WHG. Die Errichtung oder wesentliche Veränderung von Anlagen in oder an Gewässern bedarf nach § 99 LWG der Genehmigung. 7

Für das materielle und formelle Bauordnungsrecht ist die **Legaldefinition des Begriffs bauliche Anlage unverzichtbar**, da zahlreiche Einzelvorschriften hieran anknüpfen. Insbesondere die materielle Grundnorm des § 3 und die allgemeinen Vorschriften über die Bauausführung (vgl. §§ 15–19) stellen Anforderungen an bauliche Anlagen. Auch das Abstandrecht (§ 6 Abs. 10), das Stellplatzrecht (§ 51), die Vorschriften über besondere Anforderungen und Erleichterungen (§ 54) sowie über bauliche Maßnahmen für besondere Personengruppen (§ 55) nehmen auf den Begriff der baulichen Anlage Bezug. Nach § 1 Abs. 1 Satz 1 gilt die Landesbauordnung für alle baulichen Anlagen (s. die Anmerkungen zu § 1 Rdn. 21 ff.), nach § 63 Abs. 1 bedürfen die Errichtung, die Änderung, die Nutzungsänderung und der Abbruch baulicher Anlagen der Baugenehmigung, soweit in den §§ 65 bis 67, 79 und 80 BauO NRW nichts anderes bestimmt ist. Die landesrechtliche Definition ist für das Bauplanungsrecht ebenfalls von Bedeutung, da beide Rechtsbereiche eng aufeinander abgestimmt sind. 8

### 2.2 Bauliche Anlagen im Bauplanungsrecht

Nach § 29 Abs. 1 BauGB gelten die §§ 30–37 BauGB für **Vorhaben**, die die **Errichtung**, **Änderung** oder **Nutzungsänderung** (hierzu s. die Anmerkungen zu § 3 Rdn. 21, 24 und 101–105) von **baulichen Anlagen** zum Inhalt haben, unabhängig davon, ob sie einer bauaufsichtlichen Genehmigung bedürfen. Durch das BauROG wurde das **materielle Bauplanungsrecht vom Verfahrensrecht der BauO NRW abgekoppelt**, so dass dessen Anwendbarkeit ausschließlich von der **städtebaulichen Qualität** des bodenrechtlichen Vorgangs abhängt (so Jäde/Dirnberger/Weiß, zu § 29 Rdn. 1). 9

Der in § 29 Abs. 1 BauGB enthaltene **Begriff der baulichen Anlage** ist **nicht völlig deckungsgleich mit der bauordnungsrechtlichen Legaldefinition**, weil nicht unterstellt werden kann, dass der Landesgesetzgeber bei seiner Begriffsbestimmung auch planungsrechtliche Überlegungen einbezogen hat (BVerwG, Beschluss vom 30. 1. 1968 – IV B 223.66, BRS 20 Nr. 127). Das Zulässigkeitsrecht für Vorhaben verwendet den Begriff der baulichen Anlage deshalb in **bauplanungsrechtlich eigenständiger** Weise, allerdings unter **Rückgriff auf Elemente der bauordnungsrechtlichen Legaldefinition** (BVerwG, Urteil vom 10. 12. 1971 – IV C 33, 34, 35.69, BauR 1972, 100 = BRS 24 Nr. 149 = DÖV 1972, 496 = DVBl. 1972, 221). Praxisrelevant werden die Unterschiede im Begriffsinhalt jedoch nur in seltenen Grenzfällen. Die **Begriffe decken sich** nämlich **für die häufigsten Anwendungsfälle**.

10 Das Bauplanungsrecht gebraucht den Begriff bauliche Anlage z.B. in § 9 Abs. 3, § 14 Abs. 1, § 29 Abs. 1, § 32, § 35 Abs. 5, § 37 Abs. 1, § 51 Abs. 1, § 59 Abs. 8, § 60, § 123 Abs. 2, § 172 Abs. 1, § 176 Abs. 1 **BauGB** sowie in § 1 Abs. 7, 9 und 10, § 15, § 16 Abs. 3, 4 und 5, § 18 Abs. 1 und 2, § 19 Abs. 2 und 4, § 20 Abs. 3, § 21 Abs. 2, 3 und 4, § 23 Abs. 5 **BauNVO**. Im Rahmen des Zulässigkeitsrechts für Vorhaben bestimmt § 29 Abs. 1 BauGB jedoch **nicht**, dass bauliche Anlagen im Sinne der jeweiligen Landesbauordnungen gemeint sind. Der bauplanungsrechtliche Begriff muss daher bei der Beurteilung der Zulässigkeit von Vorhaben für sich unter Berücksichtigung des Zusammenhangs ausgelegt werden, in dem er steht. Unter den Begriff der **baulichen Anlage im Sinne des § 29 Abs. 1 BauGB** fallen alle Anlagen, wenn sie **im weitesten Sinn etwas Gebautes** darstellen, das heißt, in einer auf Dauer gedachten Weise künstlich mit dem Erdboden verbunden werden und infolgedessen die in § 1 genannten öffentlichen und privaten Belange in einer Weise berühren können, die geeignet ist, das Bedürfnis nach einer ihre Zulässigkeit regelnden Bebauungsplanung herbeizuführen (so grundlegend BVerwG, Urteil vom 31. 8. 1973 – IV C 33.71, BVerwGE 44, 59 = BauR 1973, 366 = BRS 27 Nr. 122 = DÖV 1974, 200 = DVBl. 1974, 236). Hierbei ist die **Funktion** der baulichen Anlage zu berücksichtigen (BVerwG, Urteil vom 1. 11. 1974 – IV C 13.73, BauR 1975, 108 = BRS 28 Nr. 89 = DÖV 1975, 685 = DVBl. 1975, 497). Ob eine Anlage geeignet ist, das Bedürfnis nach einer ihre Zulässigkeit regelnden verbindlichen Bauleitplanung hervorzurufen, ist auf der Grundlage einer das einzelne Objekt **verallgemeinernden Betrachtungsweise** zu beantworten. Es ist danach zu fragen, ob die zu beurteilende Anlage eine **städtebaulich relevante Entwicklung** einleiten kann. Eine städtebauliche Relevanz der einzelnen Anlage ist anzunehmen, wenn sie gerade in ihrer gedachten Häufung das **Bedürfnis nach** einer ihre Zulässigkeit regelnden verbindlichen **Bauleitplanung** hervorruft (BVerwG, Urteil vom 3. 12. 1992 – 4 C 27.91, BauR 1993, 315 = BRS 54 Nr. 126).

11 Daraus folgt, dass bauliche Anlagen im Sinne des Bauplanungsrechts z.B. sein können:

- **Einfriedungen** (BVerwG, Beschluss vom 31. 10. 1969 – IV B 131.69, BRS 22 Nr. 89),
- **Erdwälle zum Tragen von Lärmschutzwänden** (OVG Lüneburg, Urteil vom 29. 9. 1988 – 1 A 75/87, BRS 48 Nr. 164),
- **befestigte Lagerplätze** (BVerwG, Urteil vom 21. 1. 1977 – IV C 28.75, BRS 32 Nr. 92 und VGH B-W, Urteil vom 19. 12. 1984 – 8 S 2036/84, BRS 44 Nr. 226),
- **Schwimmbecken** (OVG NRW, Urteil vom 12. 9. 1974 – VII A 926/73, BRS 28 Nr. 95),
- **Traglufthallen als Schwimmbeckenüberdachung** (OVG NRW, Urteil vom 12. 11. 1974 – X A 303/73, BRS 28 Nr. 20, bestätigt durch BVerwG, Urteil vom 17. 12. 1976 – IV C 6.75, BauR 1977, 109 = BRS 30 Nr. 117 = DÖV 1977, 326),
- **überwiegend ortsfest benutzte Wohn- und Verkaufswagen** (BVerwG, Urteil vom 26. 6. 1970 – IV C 116.68, BRS 23 Nr. 129 und Beschluss vom 13. 3. 1973 – IV B 8.72, BRS 27 Nr. 121; Hess. VGH, Beschluss vom 8. 2. 1985 – 3 OE 26/83, BRS 44 Nr. 135),
- **Camping- und Wochenendplätze** (BayVGH, Beschluss vom 14. 11. 1994 – 2 CS 94.3111, BRS 56 Nr. 136; OVG Bln, Urteil vom 4. 2. 1994 – 2 B 2.91, BRS 56 Nr. 80),
- **Hausboote mit Slipanlage** (BVerwG, Beschluss vom 22. 7. 1970 – IV B 209.69, BRS 23 Nr. 134 = DÖV 1971, 249),
- **Plakattafeln** (BVerwG, Beschluss vom 30. 1. 1968 – IV B 223.66, BRS 20 Nr. 127 und Urteil vom 3. 12. 1992 – 4 C 27.91, BRS 54 Nr. 126).

Wenn auch der bauplanungsrechtliche und der bauordnungsrechtliche Begriff der baulichen Anlage nicht übereinstimmen müssen (vgl. BVerwG, Urteil vom 31. 8. 1973 – IV C 33.71, BRS 27 Nr. 122), so kann doch von einer weitgehenden inhaltlichen Übereinstimmung der Begriffe ausgegangen werden, die sich **wie zwei sich schneidende Kreise** verhalten. Hieraus lässt sich aber **nicht** schließen, dass der bauplanungsrechtliche Begriff weiter sei als der bauordnungsrechtliche (so Jäde/Dirnberger/Weiß, zu § 29 Rdn. 9). Bestimmte bauliche Anlagen im Sinne des § 2 Abs. 1 BauO NRW entfalten nämlich erkennbar keine bodenrechtliche Relevanz, wie z. B. Gerüste oder Hilfseinrichtungen zur statischen Sicherung von Bauzuständen. Zu nennen sind hier auch gestalterische oder konstruktive Elemente, wie z. B. Kellerlichtschächte oder Dachflächenfenster, die dem Gestaltungsrecht zuzuweisen sind (s. die Anmerkungen zu § 12 Rdn. 6). 12

Der bundesrechtliche Begriff setzt sich aus **zwei Elementen**,

- dem – verhältnismäßig weiten – **Begriff des Bauens** und
- dem einschränkenden **Merkmal (möglicher) bodenrechtlicher Relevanz**

zusammen, wobei als Bauen in diesem Sinn das Schaffen von Anlagen anzusehen ist, die in einer auf **Dauer** gedachten Weise künstlich mit dem Erdboden verbunden sind. Dabei ist unerheblich, aus welchem Material sie hergestellt sind, ob sie etwa Stück um Stück durch An- oder Aufeinanderfügen und Miteinanderverbinden von Stoffen hergestellt oder aus mehreren Bauteilen zusammengesetzt sind oder nur aus einem einzigen (etwa vorgefertigten) Stück bestehen. Ebenso ist es unerheblich, ob und in welchem Maß es sich um eine **feste** Verbindung mit dem Erdboden handelt (BVerwG, Urteil vom 31. 8. 1973, a. a. O. Rdn. 10). Unterschiede können sich allenfalls ergeben bei solchen Anlagen, die nach § 2 Abs. 1 Satz 3 BauO NRW fiktiv zu einer baulichen Anlage erklärt werden, wenn deren Flächen unverändert bleiben oder lediglich eingeebnet werden; die Anlagen fallen jedoch dann unter den planungsrechtlichen Begriff, wenn sie auf ihrer Oberfläche mit dauerhaftem Material (z. B. Teer, Bitumen, Steinplatten, Splitt, verdichtetem Grobkies) hergerichtet oder befestigt werden (BVerwG, Urteil vom 7. 10. 1977 – IV C 47.75, BauR 1978, 30 = BRS 32 Nr. 176 zum unterschiedlichen Begriffsinhalt nach dem Bauplanungs- und Bauordnungsrecht sowie nach dem Fernstraßenrecht).

**Aufschüttungen und Abgrabungen größeren Umfangs** sowie **Ausschachtungen** und **Ablagerungen einschließlich Lagerstätten** unterwirft § 29 Abs. 1 BauGB den Regelungen der §§ 30 ff. BauGB, behandelt sie also wie bauliche Anlagen und bildet so einen **Auffangtatbestand** (s. Rdn. 56 und 57). Von Bedeutung ist dies für die dem Anwendungsbereich der Bauordnung entzogenen Anlagen, die der Bergaufsicht unterliegen. Es handelt sich hierbei um eine Teilregelung eines eigenständigen bauplanungsrechtlichen Vorhabenbegriffs ohne Anknüpfung an das Landesbauordnungsrecht. Hierdurch wird sichergestellt, dass für diese Vorgänge wegen ihrer städtebaulichen oder sonstigen bodenrechtlichen Bedeutung eine bauplanungsrechtliche Beurteilung am Maßstab der §§ 30 bis 37 BauGB unabhängig von einem nach Landesrecht erforderlichen Verfahren stattfindet (BVerwG, Beschluss vom 27. 7. 1990 – 4 B 156.89, BauR 1990, 694 = BRS 50 Nr. 101 = NVwZ 1991, 62 = UPR 1991, 29 = ZfBR 1990, 302). 13

Bauplanungsrechtlich von Bedeutung ist neben dem Begriff der baulichen Anlage auch der der **Bebauung**. Er wird im Städtebaurecht mit unterschiedlichem Inhalt benutzt. Das BauGB differenziert im Vorkaufs- und Enteignungsrecht zwischen „bebauten“, „geringfügig bebauten“ und „unbebauten“ Grundstücken (vgl. § 25 Nr. 1, § 26 Nr. 4, § 45 Abs. 1 Satz 1, § 85 Abs. 1 Nr. 2 und § 176 Abs. 2 BauGB). In dem dort verwendeten Sinne 14 ist ein Grundstück als **„bebaut"** anzusehen, wenn sich auf ihm eine bauliche Anlage im Sinne des § 29 Abs. 1 BauGB befindet (BVerwG, Urteil vom 24. 10. 1996 – 4 C 1.96, BauR 1997, 276 = BRS 58 Nr. 95 = DVBl. 1997, 432 = ZfBR 1997, 99). Nach § 34 Abs. 1 BauGB reicht ein im Zusammenhang **bebauter** Ortsteil so weit, wie die aufeinanderfolgende Bebauung trotz vorhandener Baulücken den Eindruck der Geschlossenheit bzw. Zusammengehörigkeit vermittelt (BVerwG, Urteil vom 6. 11. 1968 – IV C 2.66, BVerfGE 31, 20 = BBauBl 1969, 404 = BRS 20 Nr. 35 = DÖV 1969, 645 = DVBl. 1969, 262). „Bebauung" im Sinne des § 34 Abs. 1 BauGB ist nicht jede noch so unbedeutende bauliche Anlage. Hierunter fallen nur solche Anlagen, die optisch wahrnehmbar sind und ein gewisses Gewicht haben, so dass sie geeignet sind, ein Gebiet als einen Ortsteil mit bestimmtem Charakter zu prägen BVerwG, Urteil vom 14. 9. 1992 – 4 C 15.90, BauR 1993, 300 = BRS 54 Nr. 65 = DVBl. 1993, 111 = UPR 1993, 56 = ZfBR 1993, 86). Ein befestigter Reitplatz in Ortsrandlage nimmt nicht am Bebauungszusammenhang teil (BVerwG, Beschluss vom 6. 3. 1992 – 4 B 35.92, BauR 1993, 303 = BRS 54 Nr. 64).

### 2.3 Bauliche Anlagen im sonstigen öffentlichen Recht

15 Der Begriff **bauliche Anlage** findet außer im Bauplanungsrecht und im Bauordnungsrecht auch **in anderen Rechtsvorschriften** Verwendung (s. Rdn. 5). Hier sind vor allem das Straßen-, das Denkmal- sowie das Naturschutz- und Landschaftsrecht zu erwähnen, da diese Bereiche in besonderem Maße die Zulässigkeit von Vorhaben beeinflussen und dabei an den bauordnungsrechtlichen Begriff anknüpfen.

#### 2.3.1 Bauliche Anlagen im Straßenrecht

16 Bau- und Straßenrecht stehen wegen verwandter Regelungsbereiche, die die bauplanungsrechtlichen Bestimmungen zum Bau neuer Straßen und den Anbau an vorhandene Straßen betreffen, in enger Verbindung. Mit § 3 der Verordnung über die Regelung der Bebauung vom 15. 2. 1936 (RGBl I S. 104) und dem Anbauerlass vom 8. 9. 1936 (RABl I S. 261) erging erstmals eine **reichsrechtliche** Regelung, die die weitgehende Freihaltung der Straßen außerhalb bebauter Ortsteile vom Anbau bezweckte. Diese Vorschriften wurden in das BBauG 1960, in das FStrG und in die Landesstraßengesetze übernommen. Das **straßenrechtliche Anbauverbot** ist im Rahmen der Bauleitplanung als gesetzliche **Planungsbeschränkung** im Sinne eines Planungsleitsatzes zu verstehen und kann nicht im Wege der Abwägung überwunden werden (BVerwG, Urteil vom 22. 3. 1985 – 4 C 73/82, BVerwGE 71, 163 = NJW 1986, 82).

17 Das **FStrG** und das **StrWG NRW** verwenden in den Vorschriften über Baubeschränkungen entlang klassifizierter Straßen (§ 9 FStrG und § 25 StrWG NRW) die Begriffe **bauliche Anlage** und **Hochbau**. § 9 Abs. 5 a FStrG regelt: als bauliche Anlagen im Sinne dieses Gesetzes gelten auch die im Landesbaurecht den baulichen Anlagen gleichgestellten Anlagen. Der Gesetzgeber hat damit beabsichtigt, dass der Begriff der baulichen Anlage im Sinne des FStrG den der jeweiligen Landesbauordnung einschließt. Wenn auch im StrWG NRW eine entsprechende ausdrückliche Regelung fehlt, kann gleichwohl davon ausgegangen werden, dass für das Landesstraßenrecht nichts anderes gilt.

18 Der im FStrG und im StrWG NW enthaltene Begriff der baulichen Anlage ist zwar dem Baurecht entnommen, darf aber nicht ausschließlich im Sinne des Landesbauordnungsrechts ausgelegt werden, da ihm neben dem Merkmal des Bauens auch eine **straßenrechtliche Relevanz** zukommt. In aller Regel erfüllt ein Vorhaben, das nach Bauord-

nungsrecht unter den Begriff der baulichen Anlage fällt, auch den straßenrechtlichen Begriff (BVerwG, Urteil vom 31. 8. 1973, a. a. O. Rdn. 10). Darüber hinaus ist eine straßenrechtliche Relevanz anzunehmen, wenn die Anlage nach ihrer Art, Nutzung oder Lage diejenigen straßenrechtlichen Belange berühren kann, deren Berücksichtigung und Sicherung mit den straßenrechtlichen Beschränkungen bezweckt ist (BVerwG, Urteil vom 7. 10. 1977 – IV C 47.75, BauR 1978, 30 = BRS 32 Nr. 176). Auch eine vom Anwendungsbereich der Bauordnung ausgeschlossene unterirdische Rohrleitung in der Anbauverbotszone oder Anbaubeschränkungszone einer Bundesfernstraße ist daher eine bauliche Anlage im fernstraßenrechtlichen Sinne (BVerwG, Beschluss vom 10. 12. 1979 – 4 B 254.79, BRS 35 Nr. 148).

Der im Straßenrecht verwendete Begriff **Hochbau** ist **enger als** der Begriff **bauliche Anlage**. Hierbei handelt es sich um bauliche Anlagen, die sich **über** die Geländeoberfläche erheben und von ihrem Erscheinungsbild oder von ihrer Nutzung her die Sicherheit oder Leichtigkeit des Straßenverkehrs beeinflussen können (BVerwG, Urteil vom 27. 2. 1970 – IV C 48.67, BRS 23 Nr. 187 zu Zapfsäulen einer Tankstelle). Hierzu rechnen ein aus festem Material errichteter Verkaufsstand (OVG Rh.-Pf., Urteil vom 18. 5. 1972 – 1 A 32/71, BRS 25 Nr. 201). Im Gegensatz zu dem weiteren Begriff bauliche Anlage erfasst der straßenrechtliche Hochbaubegriff nur solche Anlagen, die die Erdoberfläche überragende Bauteile aufweisen, da die das Bauwerk umgebende Erdoberfläche den maßgeblichen Bezugspunkt bildet (so Kodal/Krämer, S. 818, Rdn. 33.2). 19

### 2.3.2 Bauliche Anlagen im Denkmalrecht

Nach dem **DSchG** sind Baudenkmäler solche Denkmäler, die aus **baulichen Anlagen** oder **Teilen baulicher Anlagen** bestehen (§ 2 Abs. 2 DSchG). Nach § 2 Abs. 3 DSchG sind Denkmalbereiche **Mehrheiten von baulichen Anlagen**. Aus der Entstehungsgeschichte des DSchG wird klar, dass hierbei die Legaldefinition des § 2 Abs. 2 BauO NRW gemeint ist, denn der im Gesetzentwurf noch enthaltene in Klammern hinter den Worten bauliche Anlagen gesetzte Zusatz (§ 2 Abs. 2 BauO NW) entfiel, weil man dies mit Blick auf die Regelung des Bauordnungsrechts für entbehrlich erachtete (vgl. Memmesheimer/Upmeier/Schönstein, zu § 2 Rdn. 53). 20

Es darf aber hierbei nicht verkannt werden, dass der **Baudenkmalbegriff**, der auf dem Begriff der baulichen Anlage aufbaut, nur einen Unterfall des in § 2 Abs. 1 DSchG definierten **weitgespannten Denkmalbegriffs** bildet. Oft hat die Unterschutzstellung nicht nur das Baudenkmal im Sinne des bauordnungsrechtlichen Begriffs der baulichen Anlage zum Ziel. Zu schützen sind vielmehr alle Sachen, Mehrheiten und Teile von Sachen im Sinne des § 2 Abs. 1 Satz 1 DSchG, an deren Erhaltung und Nutzung ein öffentliches Interesse besteht. Auch Einrichtungsgegenstände, Wanddekorationen, Verzierungen, Bepflanzungen, Möblierungen, die selbst nicht den Begriff der baulichen Anlage erfüllen, können Gegenstand der Unterschutzstellung sein. Dies führt zwangsläufig zu einer weiten Auslegung des Baudenkmalbegriffs, der über den bauordnungsrechtlichen Begriff der baulichen Anlage hinausgeht. Hierfür spricht auch, dass der Gesetzgeber mit § 2 Abs. 2 Sätze 2 und 3 DSchG bestimmte Anlagen als Baudenkmäler fingiert, auch wenn diese selbst keine baulichen Anlagen sind. 21

Das DSchG ermöglicht die Unterschutzstellung eines **Teils einer baulichen Anlage** als Baudenkmal. In einem solchen Fall darf nur der schutzwürdige Teilbereich in die Denkmalliste eingetragen werden. Voraussetzung hierfür ist allerdings, dass sich der Teil der 22 baulichen Anlage von dem übrigen nicht schutzwürdigen Teil abgrenzen lässt. Beispielsweise kann der Denkmalschutz auf das Äußere eines Gebäudes beschränkt werden, wenn das Innere ausgekernt werden muss (vgl. OVG NRW, Urteil vom 24. 11. 1987 – 7 A 36/86, n. v.). Es stellt sich hierbei aber sofort die Frage, ob der Begriff „Teil einer baulichen Anlage" nach bauordnungsrechtlichen Kriterien auszulegen ist. Dies hätte zur Folge, dass baurechtliche bzw. bautechnische Gesichtspunkte für die Abgrenzung maßgebend wären. Hierzu hat das OVG NRW in seinem Urteil vom 2. 11. 1988 (– 7 A 2826/86, BRS 48 Nr. 117) ausgeführt:

*„Bei der Frage, ob Teile von Anlagen eigenständig denkmalschutzrechtlichen Bewertungen zugänglich sind, kommt es nicht auf eine bautechnische Verbindung dieser Teile mit anderen Teilen der Anlage oder auf zivilrechtliche oder baurechtliche Zuordnungen an, sondern darauf, ob Teile einer Anlage in denkmalrechtlicher Hinsicht abtrennbar sein können. Dieses im vorliegenden Zusammenhang maßgebliche Abgrenzungskriterium hat im Gesetzgebungsverfahren seinen Niederschlag gefunden und entspricht dem Zweck des den Denkmalschutz regelnden Spezialgesetzes; vgl. Begründung des Gesetzentwurfs, LT-Drucks. 8/4492, S. 28 zu § 2 des Entwurfs."*

### 2.3.3 Bauliche Anlagen im Naturschutz- und Landschaftsrecht

23 Durch **Artikel 5 Inv-WoBaulG** hat der Bundesgesetzgeber die **naturschutzrechtliche Eingriffsregelung** als unmittelbar geltendes Bundesrecht in das **BNatschG** aufgenommen und später durch **Artikel 7 BauROG** neu gefasst. § 21 Abs. 2 BNatschG nimmt auf den Vorhabenbegriff des § 29 Abs. 1 BauGB und damit indirekt auf den bauplanungsrechtlichen Begriff der baulichen Anlage, § 21 Abs. 3 BNatschG nimmt zudem auch direkt auf den Begriff der baulichen Anlage Bezug. Die Legaldefinition des **Eingriffs** ergibt sich aus § 18 Abs. 1 BNatschG in Verbindung mit § 4 Abs. 1 **LG**.

24 Die **Eingriffsregelung** zielt auf Vermeidung nachteiliger Beeinträchtigungen von Natur und Landschaft bei der Realisierung von Eingriffen (vgl. Kuschnerus, Die naturschutzrechtliche Eingriffsregelung, NVwZ 1996, S. 235 ff.). § 21 BNatschG zielt auf die erstmalige Beplanung und Bebauung freier Flächen, denn auf Vorhaben nach § 34 BauGB darf die Eingriffsregelung gemäß § 21 Abs. 2 BNatschG nicht angewendet werden. § 21 Abs. 2 BNatschG verdrängt nicht den Schutz bestimmter Biotope nach § 62 LG (BVerwG, Beschluss vom 21. 12. 1994 – 4 B 266.94, BauR 1995, 229 = BRS 56 Nr. 230).

25 Der Vollzug der Eingriffsregelung gestaltet sich nicht ohne Probleme, da der „**Positiv-Katalog**" des § 4 Abs. 2 LG als Eingriffe unter anderem die Errichtung oder wesentliche Änderung von **baulichen Anlagen** im Sinne von § 2 Abs. 1 BauO NRW aufführt, so dass Feinheiten des bauordnungsrechtlichen Begriffsinhalts Auswirkungen auf die Auslegung des Landschaftsrechts haben.

26 Das **Bauverbot** des § 57 Abs. 1 LG außerhalb der im Zusammenhang bebauten Ortsteile an Gewässern erster Ordndung sowie an stehenden Gewässern mit einer Fläche von mehr als 5 ha in einem Abstand von 50 m von der Uferlinie gilt für **bauliche Anlagen**, ohne dass ausdrücklich wie in § 4 Abs. 2 LG auf die Bauordnung Bezug genommen wird. Aus dem Regelungszusammenhang des § 57 Abs. 1 und des Abs. 2 lässt sich entnehmen, dass nicht allein der bauordnungsrechtliche Begriff gemeint sein kann. Denn die Nichtanwendungsregelung des Absatzes 2 erfasst auch bauliche Anlagen, die vom Anwendungsbereich der Bauordnung ausgenommen sind. Daher ist dem Begriff bauliche Anlage in § 57 Abs. 1 LG eine **landschaftsrechtliche Relevanz** zuzubilligen.

## 2.4 Bauliche Anlagen im Bauordnungsrecht

Absatz 1 Satz 1 definiert den Begriff der baulichen Anlage durch eine **Aufzählung von Tatbestandsmerkmalen**. Satz 2 erläutert und erweitert diese Tatbestandsmerkmale. Satz 3 erklärt darüber hinaus bestimmte Anlagen bzw. Maßnahmen, für die die Tatbestandsmerkmale der Sätze 1 und 2 nicht zuzutreffen brauchen, **fiktiv** zu baulichen Anlagen. Diese sehr **weit gefasste Definition** der baulichen Anlagen kann bei ihrer Auslegung Anlass zu **Abgrenzungsschwierigkeiten** geben. So sind bei der Inhaltsbestimmung der allgemeine Sprachgebrauch, die Verkehrsauffassung, aber auch eine natürliche Betrachtungsweise mitbestimmend. Insbesondere jedoch sind Ziel und Zweck des Bauordnungsrechts von Bedeutung, ob nämlich die bauliche Anlage geeignet ist, die mit der materiellen Baurechtsgesetzgebung verfolgten Zwecke zu beeinflussen (OVG NRW, Urteil vom 10.2.1966 – VII A 421/65, BRS 17 Nr. 99 = NJW 1966, 1938). Der Begriff der baulichen Anlage soll alle Anlagen einschließen, von denen die für Bauwerke typischen Gefahren ausgehen können, die soziale oder baukulturelle Auswirkungen haben, die das Bauordnungsrecht steuern soll oder die Einfluss auf die städtebauliche Entwicklung haben (vgl. Große-Suchsdorf/Lindorf/Schmaltz/Wiechert, zu § 2 Rdn. 6). Dieses Bestreben, alles zu erfassen, was für die Zwecke des öffentlichen Baurechts bedeutsam sein kann, ist bei der Inhaltsbestimmung, insbesondere bei der Klärung von Zweifelsfragen, zu berücksichtigen (vgl. OVG NRW, Urteil vom 10.2.1966, a. a. O.). Die Zweckbestimmung der Anlage selbst und auch ihre Nutzung sind für die Inhaltsbestimmung des Begriffs nur von untergeordneter Bedeutung. 27

### 2.4.1 Zu Absatz 1 Satz 1

Nach Satz 1 charakterisieren folgende **Tatbestandsmerkmale** die **bauliche Anlage**: 28

- sie muss **mit dem Erdboden verbunden** sein, und
- sie muss **aus Bauprodukten hergestellt** sein.

Das Tatbestandsmerkmal „aus Bauprodukten hergestellt" beinhaltet wiederum die Teilmerkmale „**aus Bauprodukten**" und „**hergestellt**", so dass man eigentlich von insgesamt drei Tatbestandsvoraussetzungen ausgehen muss (vgl. Jeromin/Schmidt/Lang, zu § 2 Rdn. 7), die in Verbindung mit dem Adjektiv „**baulich**" stehen, das verwendet wird, um zum weiter gefassten Anlagenbegriff abzugrenzen (s. Rdn. 6). Der Begriff „**Herstellung**" will verdeutlichen, dass eine bauliche Anlage stets einen **baulichen** Vorgang voraussetzt. Eine naturbelassene Grundstücksfläche ist somit keine bauliche Anlage im Sinne des Bauordnungsrechts (OVG Saar, Urteil vom 9.2.1990 – 2 R 306/87, BRS 50 Nr. 147), ebenso die Bepflanzung, z. B. eine lebende Hecke (OVG Rh-Pf, Urteil vom 15.6.2004 – 8 A 10464/04, BauR 2004, 1600 = BRS 67 Nr. 164). Daher hat der Gesetzgeber die **Grundstücke** sowie **andere Anlagen und Einrichtungen**, an die das Bauordnungsrecht Anforderungen stellt, in § 1 Abs. 1 Satz 2 BauO NRW ausdrücklich erwähnt (s. die Anmerkungen zu § 1 Rdn. 27 und 37–38).

Die **Verbindung mit dem Erdboden** – auch als Merkmal der „**Ortsfestigkeit**" bezeichnet – ist in jedem Fall gegeben, wenn die bauliche Anlage auf einem eigenen **Fundament** ruht (z. B. Gebäude in herkömmlicher Bauart oder Mauern), wenn sie **verankert** ist (z. B. Maste, Holzzäune, Pergolen) oder wenn sie ganz oder teilweise im Erdboden **versenkt** wird (z. B. Schwimmbecken, Tunnel, Rohrleitungen). Die Verbindung mit dem Erdboden kann auch **indirekt** durch Befestigung einer baulichen Anlage an einer ande- 29 ren baulichen Anlage gegeben sein, wie dies z. B. bei einer **Parabolantenne auf dem Dach** (Hess. VGH, Urteil vom 16.7.1998 – 4 UE 1706/94, BRS 60 Nr. 102 = NVwZ-RR 1999, 297) oder einem **Schaukasten für Wechselwerbung** bzw. einer **Plakattafel an einer Wand** der Fall ist (BVerwG, Urteil vom 3.12.1992 – 4 C 27.91, BRS 54 Nr. 126 und VGH B-W, Beschluss vom 15.12.1989 – 8 S 3006/89, BRS 50 Nr. 142). Wesentliches Merkmal ist die unmittelbare oder indirekte Verbindung mit dem **Erd**boden im Gegensatz zur bestimmungsgemäßen Aufstellung von Möbeln oder Einrichtungsgegenständen im Innern von Gebäuden. So sind z. B. Ausstellungsstände **innerhalb** von Messehallen **keine** baulichen Anlagen, da sie keine Verbindung mit dem **Erd**boden aufweisen. Das Aufstellen, Nutzen und Abbauen solcher Stände stellt die zulässige Nutzung des Messegebäudes dar. Die Stände bedürfen keiner Baugenehmigung, müssen jedoch den in der Baugenehmigung für die Messehalle enthaltenen Nebenbestimmungen genügen.

**30** Die künstliche Verbindung mit dem Erdboden wird auch zur Auslegung des bauplanungsrechtlichen Begriffs der baulichen Anlage herangezogen (s. Rdn. 10). Danach ist es erforderlich, dass eine bauliche Anlage zumindest in der Absicht **auf Dauer** künstlich mit dem Erdboden verbunden wird. Unerheblich ist, aus welchem Material sie besteht und ob sie „Stück um Stück" durch An- oder Aufeinanderfügen und Miteinanderverbinden von Bauprodukten hergestellt oder gar aus mehreren Bauteilen zusammengesetzt wurde. So bildet beispielsweise eine Dunglege mit einer Mauer eine einheitliche bauliche Anlage und kann nicht in eine Einfriedung und eine Dungstätte „zerlegt" werden, um die Vorschriften über Abstände und Abstandflächen zu unterlaufen (Nds. OVG, Urteil vom 18.2.1993 – 1 L 246/89, BRS 55 Nr. 84). Es kommt auch nicht darauf an, ob der Vorgang des Verbindens nur für einen verhältnismäßig kurzen Zeitraum erfolgt, z. B. bei einer **Tragluftschwimmhalle** im Garten nur während der Sommermonate. Auch die ständige Wiederholung eines solchen Vorgangs erfüllt das Merkmal der Dauerhaftigkeit (BVerwG, Urteil vom 17.12.1976 – IV C 6.75, BauR 1977, 109 = BRS 30 Nr. 117 = DÖV 1977, 326 = NJW 1977, 2090; BayVGH, Urteil vom 9.10.1986 – Nr. 26 B 84 A. 2610, BRS 46 Nr. 133; OVG NRW, Urteil vom 16.5.1997 – 7 A 6272/95, BRS 59 Nr. 140).

**31** Die **Herstellung aus Bauprodukten** bedingt eine **Bautätigkeit des Menschen**; die bauliche Anlagen muss von Menschen geschaffen sein. Das Wort „Bauprodukt" ersetzt und beinhaltet die bisherige Formulierung „**Baustoffe und Bauteile**". Der Begriff Bauprodukt hat jedoch einen von dem Begriffspaar Baustoffe und Bauteile leicht abweichenden Inhalt (s. Rdn. 246 ff.), da er auf die Herstellung zum Zwecke des dauerhaften Einbaus in bauliche Anlagen abstellt. Eine **Naturhöhle** oder etwas Gewachsenes wie eine Hecke kann somit **keine** bauliche Anlage sein.

**32** **Baustoffe** sind natürliche oder künstliche Stoffe, die zur Herstellung von Bauteilen dienen, wie z. B. Natursteine, Naturschiefer, Ziegel, Holz, Kies, Sand, Kalk, Zement, Glas, Kunststoff, Metall. Sie kommen in natürlicher oder künstlicher Form, ungeformt oder geformt vor und können in Verbindung miteinander zu weiteren Baustoffen führen – Beispiel: aus Sand, Kalk und Zement wird Mörtel. In der Regel werden aus Baustoffen Bauteile hergestellt – Beispiel: aus Holz und Glas entstehen Fenster (vgl. VGH B-W, Urteil vom 25.11.1982 – 3 S 2138/82, BRS 39 Nr. 144). Baustoffe können auch allein zur Herstellung baulicher Anlagen verwendet werden – Beispiel: Lagerplatzbefestigung aus Sand und Kies. Selbst ein **mit nur einem Baustoff (Schotter) befestigter Weg** ist eine bauliche Anlage (OVG Lüneburg, Urteil vom 10.6.1977 – XI A 651/76, BRS 32 Nr. 120).

**Bauteile** sind aus Baustoffen hergestellte Teile, die dazu bestimmt sind, allein oder zusammen mit Baustoffen oder anderen Bauteilen Bestandteil einer baulichen Anlage zu werden (VGH B-W, Urteil vom 25.11.1982, a.a.O. Rdn. 32), wie z.B. Wände, Decken, Dächer, Böden, Treppen, Fenster, Türen. Ein Bauteil ist in der Regel nur Teil einer baulichen Anlage, wie dies § 65 Abs. 1 Nr. 8 BauO NRW für nichttragende oder nichtaussteifende Bauteile zum Ausdruck bringt. Den zur Verdeutlichung des Begriffs „Bauteil" beigefügten Beispielen ist allesamt gemein, dass sie „bestimmungsgemäß" hinsichtlich ihrer Funktion unselbständigen Charakter haben. Doch kann auch ein einzelnes Bauteil eine bauliche Anlage sein, so z.B. eine **Sichtschutzwand** oder eine **Plakattafel**. 33

Hat ein Bauteil hinsichtlich seiner Funktion **selbständigen Charakter**, dann verleiht die funktionale Selbständigkeit des Bauteiles der Anlage die Eigenschaft einer baulichen Anlage (VGH B-W, Urteil vom 25.11.1982 – 3 S 2138/82, BRS 39 Nr. 144). Werbeanlagen in Form von am Gebäude angebrachten Aussteckttransparenten oder Werbeschürzen sind regelmäßig auch Bauteile im Sinne des Bauordnungsrechts (OVG NRW, Urteil vom 19.5.1981 – 11 A 2414/79, BRS 38 Nr. 145). Die BauO NRW verwendet den **Begriff Bauteil** auch für **Gebäudeteile**, so z.B. in § 6 Abs. 7, spricht aber auch direkt von Gebäudeteilen, so z.B. in § 33 Abs. 6 sowie in § 35 Abs. 6 und meint damit größere Gebäudesegmente oder Gebäudeabschnitte. Bauteile nach Bauordnungsrecht dürfen nicht einfach mit den Gebäudeteilen nach Bauplanungsrecht (vgl. z.B. § 23 Abs. 2 und 3 BauNVO) gleichgesetzt werden (s. Rdn. 120–126). 34

Eine bauliche Anlage braucht **nicht kumulativ** aus Baustoffen und Bauteilen zu bestehen (OVG Lüneburg, Urteil vom 10.6.1971 – I A 101/76, BRS 32 Nr. 120). Baustoffe oder Bauteile für sich allein erfüllen noch nicht die Tatbestandsmerkmale einer baulichen Anlage. So ist eine Anhäufung von Steinen (als Baustoff) so lange keine bauliche Anlage, wie diese nicht zumindest zu einer Trockenmauer zusammengefügt werden. Die Grenze zwischen Baustoff und Bauteil ist fließend, rechtlich jedoch ohne Bedeutung. Schon ein Raum, der lediglich aus einer mit Markisenstoff überspannten Rahmenkonstruktion geschaffen wird, ist eine bauliche Anlage (OVG Lüneburg, Beschluss vom 26.2.1980 – 6 A 86/79, BRS 36 Nr. 151) wie auch ein ähnlich konstruierter Verkaufsstand (VGH B-W, Urteil vom 10.4.1973 – III 2/72, BRS 27 Nr. 124). Wie die Beispiele zeigen, bedarf es nicht erst des Zusammenfügens von Baustoffen und Bauteilen. Die Bauordnung soll auf alle Anlagen anwendbar sein, die baurechtlich relevante Auswirkungen entfalten können. 35

**Beispiele aus der Rechtsprechung**: 36

- ein über 30 m hoher **Betonmast** zum Tragen der Beleuchtung eines Parkplatzes (OVG Lüneburg, Beschluss vom 28.2.1974 – I B 160/73, BRS 28 Nr. 93),
- ein **Bremsenprüfstand**, bestehend aus Betongrube und Prüfmaschinerie (BayVGH, Urteil vom 30.5.1974 – Nr. 253 II 73, BRS 28 Nr. 92),
- ein 2 m hoher **Bretterzaun** (OVG NRW, Urteil vom 20.4.1972 – VII A 250/70, BRS 25 Nr. 125),
- ein mit Kiesschüttung befestigter und mit einer 1,5 m hohen Umwehrung aus Kanthölzern versehener **Dressurplatz** (OVG Lüneburg, Urteil vom 6.2.1984 – 6 A 40/83, BRS 42 Nr. 154),
- ein **Friedhof** mit Wegen als Verbindung zu den einzelnen Grabstätten (VGH B-W, Beschluss vom 29.3.1999 – 3 S 718/99, VBlBW 1999, 309),

– ein mit Grobsplitt nach Abschieben des Untergrundes befestigter **Lagerplatz** (BVerwG, Beschluss vom 18.12.1995 – 4 B 260.95, BauR 1996, 362 = BRS 57 Nr. 107),
– eine **Kleingartenanlage** mit Wegen und Plätzen (OVG NRW, Beschluss vom 30. 11. 1987 – 7 B 3066/87, NWVBl. 1988, 115),
– ein mit Splitt befestigter **Lager- und Ausstellungsplatz** (BVerwG, Urteil vom 14. 1. 1993 – 4 C 33.90, BauR 1993, 435 = BRS 55 Nr. 81),
– ein **Maschendrahtzaun** (Hess. VGH, Urteil vom 2. 8. 1985 – 4 OE 2/83, BRS 44 Nr. 73),
– eine **Mobilfunkanlage** (OVG NRW, Beschluss vom 10. 2. 1999 – 7 B 974/98, BRS 62 Nr. 133 und Hess. VGH, Beschluss vom 29. 7. 1999 – 4 TG 2118/99, BRS 62 Nr. 83 = DÖV 2000, 335 = NVwZ 2000, 694; s. auch Rdn. 42),
– eine durch eine verdichtete Grobkiesschüttung oder andere untereinander verbundene Materialien hergestellte **Parkplatzfläche** (VGH B-W, Urteil vom 19. 12. 1984 – 8 S 2036/84, BRS 44 Nr. 226; Hess. VGH, Beschluss vom 6. 11. 1991 – 3 TH 2207/91, NVwZ-RR 1992, 468; BVerwG, Urteil vom 7. 10. 1977 – IV C 47.75, BRS 32 Nr. 176),
– eine **Plakatanschlagtafel** auf Stützen (Hess. VGH, Urteil vom 26. 11. 1974 – IV OE 38/73, BRS 28 Nr. 85; OVG NRW, Urteil vom 19. 5. 1981, a. a. O. Rdn. 34),
– ein mit Drainage, Unterbau, Sandauffüllung und Baumstammeinfassung ausgestatteter **Reitplatz** (BVerwG, Beschluss vom 6. 3. 1992 – 4 B 35.92, BRS 54 Nr. 64),
– eine im Erdboden verlegte **Rohrleitung** (BVerwG, Beschluss vom 10. 12. 1979 – 4 B 254.79, BRS 35 Nr. 148),
– ein **Schotterweg** (OVG Lüneburg, Urteil vom 10. 6. 1977, a. a. O. Rdn. 32),
– ein eingefriedeter **Tennisplatz** (BayVGH, Urteil vom 12. 7. 1977 – Nr. 314 I 74, BRS 32 Nr. 121), dessen Spielfläche 0,60 m tief ausgekoffert, mit Kies und Schlacke verfüllt und verdichtet sowie mit Netzpfosten und einer Einfriedung versehen werden sollte,
– eine **Tennisübungswand** mit asphaltierter Spielfläche (OVG Saar, Urteil vom 14. 9. 1984 – 2 R 248/83, BRS 42 Nr. 70),
– eine **Traglufthalle** (OVG NRW, Urteil vom 12. 11. 1974 – X A 303/73, BRS 28 Nr. 20; s. auch die weiteren Rechtsprechungsnachweise bei Rdn. 30),
– eine **Windenergieanlage** (OVG NRW, Urteil vom 12. 7. 1983 – 7 A 2119/81, BRS 40 Nr. 86 und Beschluss vom 6. 7. 1992 – 7 B 2904/91, BRS 54 Nr. 197; s. auch Rdn. 42).

**37** Schwierig ist häufig die **Abgrenzung zur Maschine**, zumal Maschinen in aller Regel aus Bauprodukten hergestellt sind und Auswirkungen haben können, die das Bauordnungsrecht erfassen will. Maschinen können in bauliche Anlagen eingebaut sein. Auch schließt das Bauordnungsrecht nicht aus, dass Teile einer baulichen Anlage sich bewegen dürfen. Jedoch muss man den Begriff der Maschine und den der baulichen Anlage gegeneinander abgrenzen. Es ist hier zu unterscheiden zwischen den Maschinen und den von Maschinen bewegten oder angetriebenen baulichen Anlagen. Zu Letzteren zählen z. B. Kräne, Aufzüge, Rolltreppen und Karussells; Karussells rechnen zu den in § 79 BauO NRW geregelten **Fliegenden Bauten**, während für Kräne nach § 1 Abs. 2 Nr. 5 die BauO NRW nicht gilt (s. die Anmerkungen zu § 1 Rdn. 158–160).

**38** **Maschinen** sind aus festen und beweglichen Teilen zusammengesetzte Vorrichtungen, die als selbständige technische Gebilde von baulichen Anlagen unabhängig erfasst werden (BayVGH, Urteil vom 10. 3. 1976 – Nr. 326 II 74, n. v.). Sichere Funktion und sicherer Betrieb sind im **GPSG** und den dazu ergangenen Rechtsverordnungen geregelt.

Eine **Legaldefinition der Maschine** enthält § 1 **Maschinenverordnung – 9. GPSGV** vom 12. 5. 1993 (BGBl. I S. 704), z. g. d. Verordnung vom 23. 12. 2004 (BGBl. I S. 3758): 39

*(2) Eine Maschine im Sinne dieser Verordnung ist eine Gesamtheit von miteinander verbundenen Teilen oder Vorrichtungen, von denen mindestens eines beweglich ist, sowie von Betätigungsgeräten, Steuer- und Energiekreisen, die für eine bestimmte Anwendung, wie die Verarbeitung, die Behandlung, die Fortbewegung und die Aufbereitung eines Werkstoffes, zusammengefügt sind.*

*(3) Als Maschine gilt auch eine Gesamtheit von Maschinen, die, damit sie zusammenwirken, so angeordnet sind und betätigt werden, dass sie als Gesamtheit funktionieren.*

*(4) Ferner gelten als Maschine auswechselbare Ausrüstungen zur Änderung der Funktion einer Maschine, die nach dem Inverkehrbringen vom Bedienungspersonal selbst an einer Maschine oder einer Reihe verschiedener Maschinen oder einer Zugmaschine anzubringen sind, sofern diese Ausrüstungen keine Ersatzteile oder Maschinenwerkzeuge sind. Soweit es sich nicht um auswechselbare Ausrüstungen handelt, gelten im Sinne dieser Verordnung als Sicherheitsbauteile jene Bauteile, die vom Hersteller oder seinem in der Gemeinschaft oder einem anderen Vertragsstaat des Abkommens über den Europäischen Wirtschaftsraum niedergelassenen Bevollmächtigten mit dem Verwendungszweck der Gewährleistung einer Sicherheitsfunktion in den Verkehr gebracht werden und deren Ausfall oder Fehlfunktion die Sicherheit oder die Gesundheit der Personen im Wirkbereich der Maschine gefährdet.*

Es ist zu beachten, dass § 1 Abs. 5 Maschinenverordnung **verschiedene Anlagen** vom Anwendungsbereich **ausnimmt**, wie z. B. Maschinen zum Heben oder zur Fortbewegung von Personen (Aufzüge, Rolltreppen, Rollbänder), Maschinen für medizinische Zwecke, Dampfkessel- und Druckbehälter, Lagertanks und Förderleitungen für Benzin, Dieselkraftstoff, entzündliche Flüssigkeiten und gefährliche, einschließlich wassergefährdender Stoffe, da hierfür **besondere Verordnungen** nach dem GPSG gelten. 40

Die Herstellung einer baulichen Anlage setzt eine **Bautätigkeit** unter der Verwendung von Baustoffen und Bauteilen voraus. Diese Bautätigkeit unterscheidet sich von der Herstellung von Maschinen. Im Sprachgebrauch verwendet man für letztere Tätigkeit den Begriff **Maschinenbau**, ähnlich wie für die Herstellung von Fahrzeugen der Begriff Fahrzeugbau üblich ist. In jedem Fall sind Maschinen **Anlagen**, für die nach § 1 Abs. 1 Satz 2 die BauO NRW dann gilt, wenn in ihr Anforderungen an diese Anlagen gestellt werden (s. die Anmerkungen zu § 1 Rdn. 37–38). Zu solchen Anlagen zählen z. B. 41

- Maschinen als Bestandteil von Feuerungs-, Wärme- oder Brennstoffversorgungsanlagen, wie Verbrennungsmotore, Verdichter, Wärmepumpen, an deren Aufstellung § 43 Abs. 3 BauO NRW Anforderungen stellt, oder
- Ersatzstromversorgungsanlagen, an deren Erfordernis und Beschaffenheit mehrere Sonderbauverordnungen Anforderungen stellen.

Die Problematik wird am **Beispiel** der **Windenergieanlagen** deutlich. Deren wesentliche Teile, nämlich der energieerzeugende Rotor mit Mechanik und Stromerzeugungsaggregat, fallen unter den Maschinenbegriff. Andererseits ist der Rotor auf einem Mast angebracht, der selbst wiederum eine bauliche Anlage darstellt. Da der Rotor funktionell mit dem Mast verbunden ist, muss die Anlage insgesamt als bauliche Anlage bewertet werden. Die **bauplanungsrechtliche Relevanz** von Windkraftanlagen ist vom BVerwG anerkannt (Urteil vom 16. 6. 1994 – 4 C 20.93, BauR 1994, 730 = BRS 56 Nr. 72). 42

### 2.4.2 Zu Absatz 1 Satz 2

43 Ein eigenes Fundament oder auch eine feste bzw. untrennbare Verbindung mit dem Erdboden (s. vorausgehende Rdn. 29) sind jedoch nicht alleinige Voraussetzung. Der Erdverbundenheit gleichgestellt sind drei alternative Zustände, nämlich wenn die Anlage

- **durch eigene Schwere** auf dem Boden ruht oder
- auf **ortsfesten Bahnen** begrenzt beweglich ist oder
- nach ihrem Verwendungszweck dazu bestimmt ist, **überwiegend ortsfest benutzt** zu werden.

44 Das Tatbestandsmerkmal der Verbindung mit dem Erdboden **durch eigene Schwere** bedarf der Auslegung, da letztlich alle Gegenstände – insbesondere auch solche, die aus Baustoffen oder aus Bauteilen zusammengefügt sind – durch eigene Schwere auf dem Erdboden ruhen, wenn sie insgesamt ein höheres spezifisches Gewicht als Luft haben. Danach wären schon Möbelstücke wie Tische oder Stühle bauliche Anlagen. Wenn jedoch der Gesetzgeber die **Schwere des Ruhens** auf dem Erdboden zum Kriterium der Verfestigung mit dem Boden macht, erfüllen leicht bewegliche und damit jederzeit ortsveränderliche Gegenstände nicht diesen Tatbestand. Somit scheiden solche Gegenstände als bauliche Anlagen aus, die ohne technische Hilfsmittel (wie Kräne oder Traktoren) jederzeit wegbewegt werden können, sofern sie nicht dem Tatbestand der überwiegend ortsfesten Nutzung unterfallen (s. nachfolgende Rdn. 49).

45 Werden andererseits an sich **leichtbewegliche Gegenstände** mit dem Erdboden durch **Verankerung** verfestigt, wie z. B. Tische und Bänke in Park- oder Freizeitanlagen oder Spielgeräte auf Spiel- oder Sportplätzen, so sind sie bauliche Anlagen. So waren zwei vor dem Erdgeschossfenster eines an eine Parkanlage angrenzenden Wohngebäudes aufgestellte **Parkbänke** Gegenstand eines Verwaltungsstreitverfahrens; diese wurden vom Gericht als bauliche Anlage angesehen und daraufhin überprüft, ob von ihnen im Hinblick auf § 6 Abs. 10 BauO NW 1984 Wirkungen wie von Gebäuden ausgehen. (OVG NRW, Urteil vom 16. 9. 1985 – 15 A 2856/83, BauR 1986, 77 = BRS 44 Nr. 188).

46 Die **Abgrenzungsproblemtik** ergibt sich nicht bei den gewöhnlich vorkommenden Gegenständen bauaufsichtlicher Prüfung, sondern vornehmlich aus Anlass von Nachbarstreitigkeiten. Es kommt dann darauf an, ob die Anlage im Hinblick auf die Schutzgüter des Bauordnungsrechts einer bauaufsichtlichen Kontrolle unterworfen werden muss (vgl. Boeddinghaus/Hahn/Schulte, zu § 2, Rdn. 9). Dabei darf das Ruhen durch eigene Schwere nicht allein aus bautechnischer Sicht betrachtet werden, vielmehr ist die **Funktion der zu beurteilenden Anlage** einzubeziehen. Wird z. B. die Verbindung einer Traglufthalle mit dem Boden dadurch bewirkt, dass die Kunststoffhülle wasserfassende Kammern enthält, um als Ballastgewicht zu dienen, reicht dies für ein Ruhen durch eigene Schwere aus (BVerwG, Urteil vom 17. 12. 1976 – IV C 6.75, BRS 30 Nr. 117 = DÖV 1977, 326 und OVG NRW, Urteil vom 12. 11. 1974 – X A 303/73, BRS 28 Nr. 20).

47 Anlagen, die abgebaut und anderswo wieder aufgestellt werden können und die somit an sich **ortsveränderlich** sind, wie Mobilheime, Baubuden, zu Aufenthaltszwecken nutzbare Container, Kioske, erhalten dann eine **Ortsfestigkeit** und damit ihre Verbindung mit dem Erdboden, wenn sie so aufgestellt werden, dass sie nicht ohne technische Hilfsmittel wie Traktoren oder Kräne wegbewegt werden können oder aber andere technische Maßnahmen wie die Zerlegung erforderlich werden.

Nach § 2 Abs. 1 Satz 2 BauO NRW besteht eine Verbindung mit dem Erdboden auch dann, wenn die Anlage **auf ortsfesten Bahnen begrenzt beweglich** ist. Hierzu zählen z. B. Schiebebühnen, Drehscheiben, Portal- und Laufkräne. Zu beachten ist, dass Kräne gemäß § 1 Abs. 2 Nr. 5 BauO NRW vom Anwendungsbereich ausgenommen sind (s. die Anmerkungen zu § 1 Rdn. 158–160). Das Aufstellen einer 9 t schweren **Dampflokomotive auf einem Privatgrundstück** ist als weiteres Beispiel zu nennen (VGH B-W, Urteil vom 1. 2. 1993 – 8 S 1594/92, BRS 55 Nr. 194). Ist eine Fortbewegung auf einer Bahnlinie oder in ein Bahnnetz hinein möglich, kann nicht mehr von einer „**begrenzten**“ Beweglichkeit ausgegangen werden. Diese Anlagen unterliegen als Anschlussbahnen, Bergbahnen oder Seilbahnen dem Eisenbahnrecht und sind vom Anwendungsbereich der BauO NRW ausgenommen (s. die Anmerkungen zu § 1 Rdn. 72 ff.). 48

Nach § 2 Abs. 1 Satz 2 besteht eine Verbindung mit dem Erdboden auch dann, wenn die Anlage nach ihrem **Verwendungszweck** dazu bestimmt ist, **überwiegend ortsfest benutzt** zu werden. Die zum Begriff der baulichen Anlage gehörende **verfestigte Grundstücksbeziehung** wird durch einen **ortsfesten** Verwendungszweck der jeweiligen Anlage hergestellt. Ob eine Anlage hierunter fällt, lässt sich nur durch eine wertende Betrachtung ermitteln. Hierzu zählen Anlagen, die für sich jederzeit ortsveränderlich sind, die aber durch überwiegend ortsfeste Nutzung zu einer baulichen Anlage gemacht werden. Dies können Wagen oder andere fahrbare Anlagen jeder Art sein. So ist ein **Bienenwagen**, der über 7 Monate an demselben Platz steht und überwiegend ortsfest benutzt wird, damit eine bauliche Anlage (OVG NRW, Urteil vom 5. 12. 1974 – XI A 191/73, BRS 28 Nr. 30). 49

Von dieser Regelung werden vor allem **Wohnwagen** und **Verkaufswagen** erfasst. Erst wenn **beide** Kriterien – das der **Ortsfestigkeit der Nutzung** und das der **Nutzung zu ihrem Verwendungszweck** – zusammentreffen, wird aus der Anlage eine bauliche Anlage. Wird ein solcher Wagen – auch für einen längeren Zeitraum – an einem Ort auf- bzw. abgestellt, jedoch nicht zu einem bestimmten Zweck genutzt, wie dies bei zum Verkauf bestimmten Wohnwagen eines Herstellers auf dem Fabrikgelände der Fall sein kann, so wird der Wagen selbst dadurch noch nicht zu einer baulichen Anlage – allenfalls die Fläche, auf der er auf- bzw. abgestellt wird (s. Rdn. 66). Auch ein Wagen, der zwar zu seinem Verwendungszweck (z. B. Wohnen), jedoch nicht ortsfest, sondern mobil (z. B. zum Wohnwandern) genutzt wird, ist keine bauliche Anlage – jedoch kann die zum wiederkehrenden Abstellen bestimmte Platzanlage (z. B. Campingplatz) eine bauliche Anlage sein (s. Rdn. 69). Von einer Ortsfestigkeit ist auszugehen, wenn ein zum Straßenverkehr zugelassener **Werbeanhänger** mit Werbeplakaten für längere Zeit oder immer wieder für kürzere Zeiten auf demselben Grundstück abgestellt wird, um Werbung zu betreiben (OVG NRW, Beschluss vom 17. 2. 1998 – 11 A 5274/96, BRS 60 Nr. 130). 50

Die Aufstellung eines **Wohnwagens** ist der Errichtung eines Wochenendhauses gleichzusetzen, wenn dieser für längere Zeit aufgestellt wird und nach Art, Standort und den zur Nutzung geschaffenen Einrichtungen dem unbefangenen Beobachter den Eindruck vermittelt, dass er als Ersatz für ein Wochenendhaus dient (BVerwG, Urteil vom 26. 6. 1970 – IV C 116.68, BRS 23 Nr. 129 = DÖV 1971, 638 und OVG Lüneburg, Urteil vom 16. 1. 1967 – I A 65/65, BRS 18 Nr. 40). Die wiederkehrende Aufstellung und Benutzung eines Wohnwagens auf dem gleichen Grundstück an Wochenenden oder gar während eines ganzen Sommers stellt eine überwiegend ortsfeste Nutzung dar, wobei gelegentliche Unterbrechungen unbeachtlich sind (Hess. VGH, Beschluss vom 22. 8. 1986 – 3 TH 2137/86, BRS 46 Nr. 136). Die Vorschrift will auch verhindern, dass als transpor- 51 table Unterkünfte für Ausflugs- und Ferienfahrten dienende Wohnwagen (VGH B-W, Urteil vom 20.11.1970 – IV C 116.68, BRS 23 Nr. 69) unter Umgehung der für bauliche Anlagen geltenden Vorschriften **als Wochenendhausersatz** benutzt werden.

52 **Verkaufswagen** erfüllen die Tatbestandsmerkmale einer baulichen Anlage, wenn aus der Art ihrer Aufstellung ersichtlich ist, dass sie in der Hauptsache als ortsfeste Anlagen benutzt werden sollen (OVG NRW, Beschluss vom 4.9.1968 – VII B 469/68, BRS 20 Nr. 198; OVG Bln, Urteil vom 1.10.1976 – II B 106.75, BRS 30 Nr. 181; OVG Saar, Urteil vom 22.9.1992 – 2 R 8/92, BRS 54 Nr. 141; Nds. OVG, Beschluss vom 30.11.1992 – 1 M 4620/92, BRS 54 Nr. 142). Das gilt selbst dann, wenn der Verkaufswagen nur **einmal wöchentlich ganztägig** an demselben Standort aufgestellt wird (OVG Saar, Beschluss vom 12.10.1988 – 2 W 472/88, BRS 48 Nr. 128 und Urteil vom 22.9.1992 – 2 R 8/92, BauR 1993, 453 = BRS 54 Nr. 141). Ein **fahrbarer Imbissstand** ist als bauliche Anlage ein Gebäude (OVG Saar, Urteil vom 15.11.1985 – 2 R 135/84, BauR 1986, 309 = BRS 44 Nr. 137), ebenso eine mobile Feldküche, die an jedem Werktag auf einer Freifläche von 11.00 bis 14.00 Uhr aufgestellt wird (VG Dessau, Urteil vom 12.12.2001 – 1 A 85/00, BauR 2003, 366 = BRS 65 Nr. 156). Auf einer als „Stellplätze" im Bebauungsplan festgesetzten Fläche für einen Verbrauchermarkt ist das Aufstellen eines Imbiss-Verkaufswagens unzulässig, da diese Fläche nicht überbaubar ist (OVG Lüneburg, Urteil vom 4.9.1986 – 6 A 49/86, BRS 46 Nr. 57).

53 Ein **Wohnfloß** oder ein **Wohnboot** ist eine bauliche Anlage, wenn die ortsfeste Lage durch eine **Befestigung am Ufer** oder durch eine entsprechende **Verankerung im Gewässerbett** dauerhaft ist, so dass die Anlage nach der Verkehrsauffassung als mit dem Erdboden verbunden erscheint (BVerwG, Urteil vom 31.8.1973 – IV C 33.71, BRS 27 Nr. 122; VGH B-W, Urteil vom 20.10.1971 – II 321/70, BRS 24 Nr. 129; OVG Lüneburg, Beschluss vom 14.9.1978 – VI B 48/78, BRS 33 Nr. 131). Unter den genannten Voraussetzungen zählen auch **schwimmende Fischerhütten** zu den baulichen Anlagen (BayVGH, Urteil vom 16.1.1975 – Nr. 40 VIII 74, BayVBl. 1978, 180). Dies gilt auch, wenn ein Wohnschiff mittels Slipanlage auf das Ufergrundstück gezogen und mittels Stützen abgesichert wird, um es so als Winterunterkunft zu nutzen (OVG Lüneburg, Urteil vom 22.10.1969 – I A 22/68, BRS 22 Nr. 132). Ein nicht mehr fahrbereites **Fahrgastschiff**, das **als Gaststätte** ortsfest am Ufer liegt, ist eine bauliche Anlage (Hess. VGH, Beschluss vom 14.4.1986 – 4 TH 449/86, BauR 1987, 183 = BRS 46 Nr. 130).

54 Ein **auf Dauer am Ufer festgemachtes Schiff** ist nur dann eine bauliche Anlage im Sinne des § 29 Abs. 1 BauGB, wenn es **nach seiner Funktion städtebauliche Relevanz** aufweist und daher geeignet ist, **einer Bauleitplanung unterworfen werden zu können**. Nach § 9 Abs. 1 Nr. 16 BauGB kann die Gemeinde **Wasserflächen** im Bebauungsplan festsetzen, wobei zu beachten ist, dass das **WaStrG** die **Benutzung** von Bundeswasserstraßen abschließend regelt (vgl. die Anmerkungen zu § 1 Rdn. 95–106; s. auch Erbguth/Schubert, Bauen auf dem Wasser: Bauordnungs- und bauplanungsrechtliche Zulässigkeitsanforderungen an die Errichtung von schwimmenden und pfahlgestützten Häusern, BauR 2006, S. 454 ff.). Eine Beplanbarkeit für ein am Rheinufer verankertes Versorgungsschiff zum Verkauf von Lebensmitteln an Frachtschiffer ist ausgeschlossen (BVerwG, Urteil vom 5.7.1974 – IV C 76.71, BRS 28 Nr. 37 und OVG Rh-Pf, Urteil vom 9.7.1970 – 1 A 112/68, BRS 23 Nr. 131). Die stationäre Nutzung eines Fahrgastschiffes als Tanzlokal im Konstanzer Hafen ist kein Vorhaben im Sinne des § 29 Abs. 1 BauGB, da sich die Planungshoheit der Stadt Konstanz nicht auf diese Wasserflächen erstreckt (VGH B-W, Urteil vom 7.7.1995 – 5 S 3071/94, BRS 57 Nr. 76).

### 2.4.3 Zu Absatz 1 Satz 3

55 In Absatz 1 Satz 3 werden die dort aufgeführten Anlagen den baulichen Anlagen gleichgestellt. Für solche Anlagen, die im Einzelfall nicht eindeutig die Tatbestandsmerkmale des Absatzes 1 Satz 1 und 2 erfüllen, bedeutet Satz 3 eine Klarstellung; für Anlagen, die diese Tatbestände nicht erfüllen, bedeutet Satz 3 eine Fiktion. **Als bauliche Anlagen gelten** danach die bereits unter Nr. 1–5 bislang in der BauO NW 1984 aufgeführten Anlagen sowie die in Nr. 6–7 mit der BauO NW 1995 neu aufgenommenen Gerüste und Hilfseinrichtungen zur statischen Sicherung von Bauzuständen.

#### 2.4.3.1 Nr. 1 – Aufschüttungen und Abgrabungen

56 Da eine bloße Veränderung der Erdoberfläche noch keine bauliche Anlage darstellt, ist es notwendig gewesen, **Aufschüttungen und Abgrabungen** den baulichen Anlagen **gleichzustellen**. Mit der Herstellung dieser Anlagen ist wie bei der Herstellung baulicher Anlagen die Möglichkeit der Entstehung von Gefahrenlagen verbunden. Ihr Bestand ist infolge physikalischer Einwirkungen Veränderungen unterworfen, so dass sich Gefahren für die öffentliche Sicherheit ergeben können. Schließlich können diese Anlagen eine Störung der öffentlichen Ordnung bewirken, so z. B. in landschaftsrechtlicher Hinsicht. Anders als im Bauplanungsrecht (zur bauplanungsrechtlichen Relevanz s. Rdn. 13) spielt ihre Größe keine Rolle, so dass auch Aufschüttungen und Abgrabungen kleineren Umfangs, wie z. B. die Aufschüttung für einen Spielhügel oder der Teich im Garten eines Wohngebäudes, als bauliche Anlagen gelten. Nicht hierzu rechnen **unselbständige** Aufschüttungen für Terrassen oder Abgraben für Lichtschächte an einem Gebäude, da sie **Teil der baulichen Anlage** sind (vgl. Jeromin/Schmidt/Lang, zu § 2 Rdn. 17). Ob die fiktiven baulichen Anlagen einem bauaufsichtlichen Verfahren unterliegen, richtet sich nach § 65 Abs. 1 Nr. 42 BauO NRW. Nicht freigestellte Aufschüttungen und Abgrabungen unterfallen gemäß § 68 Abs. 1 Satz 1 BauO NRW dem vereinfachten Genehmigungsverfahren. Aufschüttungen ab 2 m Höhe oder Abgrabungen ab 2 m Tiefe auf einer Grundfläche von mehr als 400 m$^2$ gelten gemäß § 4 Abs. 2 Nr. 2 LG als Eingriffe, soweit nicht § 21 Abs. 2 BNatschG etwas anderes für den beplanten Bereich (§§ 30 und 33 BauGB) und den unbeplanten Innenbereich (§ 34 BauGB) regelt.

57 **Aufschüttungen** sind alle künstlichen Veränderungen der Erdoberfläche durch Aufbringung von Materialien, insbesondere von Bodenbestandteilen. Hierzu zählen Halden, Dämme, Hügel und Wälle sowie flächige Anhöhungen der Geländeoberfläche zur Herbeiführung eines planungs- oder bauordnungsrechtlich geforderten anderen Geländeniveaus. Nicht dazu zählt die vorübergehende Lagerung von Materialien, wie dies z. B. bei Kohle oder bei Baumaterialien auf dem Gelände einer Brennstoff- bzw. Baustoffhandlung der Fall ist. Zum Wesen der Aufschüttung gehört insbesondere, dass ein **Endzustand** herbeigeführt wird, der zwar einer späteren Veränderung zugänglich ist, nicht aber (wie bei der Lagerung) von vornherein als nur vorübergehender Zustand oder wie bei einem Baustoffhandel gar als wechselnder Zustand geplant ist. Die Flächen für vorübergehende Lagerungen sind jedoch in der Regel nach Absatz 1 Satz 3 Nr. 2 als Lagerplatz bauliche Anlagen (s. Rdn. 65–68).

58 **Abgrabungen** sind auf einen Endzustand angelegte künstliche Veränderungen der Erdoberfläche durch Vertiefungen, wie z. B. Geländeeinschnitte, Gräben, Gruben oder Teiche sowie flächige Vertiefungen der Geländeoberfläche zur Herbeiführung eines planungs- oder bauordnungsrechtlich geforderten anderen Geländeniveaus. Eine Abgrabung im

Sinne von § 1 Abgrabungsgesetz ist die oberirdische Gewinnung von Bodenschätzen (z. B. Kies, Sand, Lehm oder Torf), die im Verfügungsrecht des Grundeigentümers steht. Eine **Baugrube** für ein Gebäude ist **keine Abgrabung** (VGH B-W, Beschluss vom 7. 8. 1986 – 8 S 1575/86, BRS 46 Nr. 137), vielmehr stellt sie eine **Ausschachtung** im Sinne des § 29 Abs. 1 BauGB dar. Der Begriff Ausschachtung wurde in § 29 BBauG 1960 aufgenommen, weil nach früherem Baupolizeirecht der Baugrubenaushub keiner Baugenehmigung bedurfte. Die auf der MBO basierenden Landesbauordnungen schreiben jedoch vor, dass erst nach Zugang der Baugenehmigung die Bauausführung begonnen werden darf (s. § 75 Abs. 5 BauO NRW). Dem Tatbestand kommt daher kaum noch Bedeutung zu. Ausschachtungen dienen der Realisierung des Vorhabens und stellen damit einen nicht auf Dauer, sondern nur vorübergehend angelegten Bauzustand dar (vgl. Ernst/Zinkahn/Bielenberg/Krautzberger, zu § 29 Rdn. 34).

**59** Die Regelung des § 2 Abs. 1 Satz 3 Nr. 1 BauO NRW findet ihre Ergänzung in § 29 Abs. 1 BauGB. Hiernach gelten die §§ 30–37 BauGB auch für Aufschüttungen und Abgrabungen **größeren Umfangs**. Aus dieser Sonderbehandlung der Aufschüttungen und Abgrabungen kann geschlossen werden, dass der Bundesgesetzgeber diese nicht eindeutig als bauliche Anlagen erkennt (BVerwG, Urteil vom 10. 12. 1971 – IV C 33, 34, 35.69, BRS 24 Nr. 149). Als Aufschüttungen und Abgrabungen größeren Umfangs kann man solche bezeichnen, die die in § 1 Abs. 6 BauGB genannten Belange in einer Weise berühren, die geeignet ist, das Bedürfnis nach einer ihre Zulässigkeit regelnden verbindlichen Bauleitplanung hervorzurufen. Bei den vom Genehmigungsbedürfnis des § 63 Abs. 1 BauO NRW durch die Regelungen des § 65 Abs. 1 Nr. 42 BauO NRW freigestellten selbständigen Aufschüttungen und Abgrabungen bis zu 400 $m^2$ Fläche und bis zu 2 m Höhe oder Tiefe kann eine bauplanungsrechtliche Relevanz gegeben sein, so dass sie dann trotz der Freistellung die bauplanungsrechtlichen Zulässigkeitsvorgaben erfüllen müssen (BVerwG, Urteil vom 18. 3. 1983 – 4 C 17.81, BRS 40 Nr. 92 = DVBl. 1983, 893 = NVwZ 1984, 303). Daher kann das Grenzmaß der Freistellung kein Kriterium zur Bestimmung des größeren Umfangs sein (so Jäde/Dirnberger/Weiß, zu § 29 Rdn. 26). Für Aufschüttungen und Abgrabungen größeren Umfangs, die den in § 38 BauGB aufgeführten Rechtsvorschriften unterliegen, gelten die §§ 29 – 37 BauGB nicht.

**60** Aufschüttungen oder Abgrabungen, die der **Bergaufsicht** unterliegen, wie Bergehalden und Tagebaue, sind gemäß § 1 Abs. 2 Nr. 2 BauO NRW vom Anwendungsbereich des Bauordnungsrechts ausgenommen (s. die Anmerkungen zu § 1 Rdn. 120–129).

**61** Für die **oberirdische Gewinnung von Bodenschätzen** (Abgrabung) sowie für die Oberflächengestaltung und die Wiedernutzbarmachung des in Anspruch genommenen Geländes während und nach Abschluss der Abgrabung (Herrichtung) gilt das **Abgrabungsgesetz**. Der Bergaufsicht unterliegende Abgrabungen sowie Abgrabungen geringen Umfangs für den Eigenbedarf eines land- oder forstwirtschaftlichen Betriebes werden durch das Abgrabungsgesetz nicht berührt (zum Verhältnis des Abgrabungsrechts zum Bauplanungs- und Bauordnungsrecht s. OVG NRW, Urteil vom 28. 10. 1997 – 10 A 4574/94, BRS 59 Nr. 246 = ZfBR 1998, 160).

**62** Für Aufschüttungen im Zusammenhang mit der **Abfallbeseitigung** gelten die Bestimmungen des **KrW-/AbfG**. Die Errichtung und der Betrieb von Deponien sowie die wesentliche Änderung bedürfen nach § 31 Abs. 2 KrW-/AbfG der Planfeststellung oder Plangenehmigung (BVerwG, Urteil vom 21. 2. 1986 – 4 C 4.84, BauR 1986, 313 = BRS 46 Nr. 90). Die abfallrechtliche Genehmigung schließt gemäß § 63 Abs. 2 BauO NRW die Baugenehmigung oder Zustimmung nach § 80 BauO NRW ein.

Eine **Zuständigkeit** der Bauaufsichtsbehörden für Abfallentsorgungsanlagen ist grundsätzlich nicht gegeben (OVG NRW, Urteil vom 13.2.1987 – 10 A 29/87, NWVBl. 1987, 19). Unbeschadet der generellen Zuständigkeit der Abfallwirtschaftsbehörden zur Überwachung der abfallwirtschaftlichen Entsorgung dürfen die Bauaufsichtsbehörden Maßnahmen ergreifen, um baurechtswidrige Zustände bei der Lagerung von Abfällen abzuwehren, z.B., wenn auf einem mit einem Wohnhaus bebauten Grundstück in völlig ungeordneter Weise Gerümpel aller Art, wie Autoreifen, Metallschrott, Fahrzeug- und Maschinenteile, gelagert wird. Maßgeblich für die Zuständigkeit entweder der Bauaufsichts- oder der Abfallwirtschaftsbehörden ist die Zielrichtung, die mit dem behördlichen Handeln verfolgt wird: geht es darum, dem Baurecht auf dem in Anspruch genommenen Grundstück Geltung zu verschaffen, ist die Bauaufsicht zuständig, geht es um die abfallwirtschaftliche Entsorgung, ist die Abfallwirtschaftsbehörde zuständig (OVG NRW, Beschluss vom 31.10.1994 – 10 A 4084/92, BauR 1995, 372 = BRS 56 Nr. 198). 63

Sofern Aufschüttungen und Abgrabungen im Zusammenhang mit **Anlagen des öffentlichen Verkehrs** stehen, gelten für sie nach § 1 Abs. 2 Nr. 2 BauO NRW die bauordnungsrechtlichen Bestimmungen nicht (s. die Anmerkungen zu § 1, Rdn. 45 ff.). Hierunter fallen vor allem die im Zusammenhang mit Verkehrstrassen erforderlichen **Geländeeinschnitte** oder **Dammschüttungen**. Geringfügige Anhebungen oder Absenkungen der Verkehrsfläche gegenüber dem vorhandenen natürlichen Gelände können Aufschüttungen oder Abgrabungen auf den angeschlossenen Grundstücken zur Folge haben, für die dann wiederum das Bauordnungsrecht gilt (zur Geländeoberfläche s. Rdn. 164 ff.). 64

#### 2.4.3.2 Nr. 2 – Lager-, Abstell- und Ausstellungsplätze

Diese Regelung erklärt Plätze, die zum Zweck der Lagerung, des Abstellens oder des Ausstellens von Gegenständen oder Materialien verwendet werden, zu baulichen Anlagen, ohne dass es darauf ankommt, ob die entsprechenden Grundstücksflächen mit Bauprodukten befestigt, eingefriedet oder in sonstiger Weise baulich gestaltet sind. Bereits die Befestigung mit Kies, Splitt oder einem anderen Bauprodukt macht eine derartige Fläche nämlich zu einer „echten" baulichen Anlage nach Absatz 1 (s. Rdn. 35). Erfasst werden von der Fiktion somit die zu vorgenannten Zwecken **natürlich belassenen Grundstücksflächen** und Teilflächen einer im Übrigen anders genutzten Fläche bzw. eines im Übrigen anders genutzten Grundstücks, wie z.B. das im rückwärtigen Grundstücksbereich hinter einem Wohnhaus angeordnete Gerätelager eines Handwerkers. Auf eine dauernde Nutzung der Fläche zu diesen Zwecken kommt es nicht an. Dagegen genügt es jedoch auch nicht, dass die Fläche nur gelegentlich oder von Zeit zu Zeit zu diesen Zwecken genutzt wird. Die Nutzung muss in zeitlicher Hinsicht eine solche Dimension haben, dass nach der Verkehrsauffassung die Zweckbestimmung erkennbar „verfestigt" ist (Große-Suchsdorf/Lindorf/Schmaltz/Wiechert, zu § 2 Rdn. 24). Auf eine klare Trennung dieser Begriffe kommt es nicht an, zumal sie sich häufig überschneiden. 65

Eine Fläche, auf der ständig oder längerfristig, etwa während der Wintermonate, eine jederzeit ortsveränderliche Anlage auf- bzw. abgestellt wird, ist als Abstellplatz auch dann eine bauliche Anlage, wenn die Fläche nicht befestigt ist (vgl. Rdn. 49). Nicht die Anlage selbst wird somit zu einer baulichen Anlage, sondern die Fläche bzw. der Platz unter dieser Anlage. Diese Tatsache ist relevant bei der Beurteilung der Zulässigkeit des **Abstellens** von **Wohnwagen** oder **Bootsanhängern**. Zwar bedürfen nach § 65 Abs. 1 Nr. 26 BauO NRW Abstellplätze bis 300 m$^2$ keiner Baugenehmigung, jedoch gilt dies nicht in Wohngebieten und im Außenbereich. In diesen Gebieten unterliegen sie nach 66

§ 68 Abs. 1 Satz 1 BauO NRW dem vereinfachten Genehmigungsverfahren. Auch in Gebieten, in denen solche Abstellplätze keiner Baugenehmigung bedürfen, können sie gleichwohl materiell unzulässig sein. Der Abstellplatz für einen Wohnwagen ist eine untergeordnete Nebenanlage und Einrichtung. Eine solche Nutzung ist zulässig, wenn sie dem Nutzungszweck der in dem Baugebiet gelegenen Grundstücke oder dieses Baugebiets selbst dient und wenn sie der Eigenart dieses Baugebiets nicht widerspricht (§ 14 Abs. 1 BauNVO). Diese Voraussetzung liegt aber in reinen und allgemeinen Wohngebieten nicht vor, da das längerfristige Abstellen von Wohnwagen, Bootsanhängern und dgl. nicht dem Nutzungszweck der Grundstücke dient. Auch wäre der Abstellplatz mit dem darauf abgestellten Wohnwagen in diesen Wohngebieten – und hier besonders auf kleinen Grundstücken – im Allgemeinen unzulässig, weil von ihm Belästigungen oder Störungen ausgehen, die nach der Eigenart dieser Baugebiete unzumutbar und deswegen unzulässig sind (§ 15 Abs. 1 BauNVO).

**67** Lagerplätze sind auch **Lagerstätten** im Sinne des § 29 Abs. 1 BauGB (BVerwG, Urteil vom 21. 1. 1977 – IV C 28.75, BRS 32 Nr. 92 und Urteil vom 7. 9. 1979 – 4 C 45.77, BBauBl 1980, 107 = BauR 1980, 53 = BRS 35 Nr. 157). Der Begriff darf nicht mit dem gleichlautenden nach § 3 Abs. 1 BBergG verwechselt werden, insofern ist die Wortwahl „Lagerstätte" unglücklich. Nur aus der Formulierung „Ablagerungen einschließlich Lagerstätten" des § 29 Abs. 1 BauGB ergibt sich, dass mit Lagerstätten nicht die Fundorte von Rohstoffen, sondern unter Einbeziehung des Wortes Ablagerung alle Fälle der Lagerung – mit oder ohne Entledigungsabsicht – gemeint sind. Dienen Lagerplätze der Abfallbeseitigung, unterliegen sie den Regelungen des Abfallrechts (s. Rdn. 62). Abfälle dürfen gemäß § 27 KrW-/AbfG zum Zwecke der Beseitigung nur in Abfallentsorgungsanlagen behandelt, **gelagert** oder abgelagert werden.

**68** Eine rund 290 m² große **unbefestigte Grundstücksfläche**, die ständig zum **Abstellen** von zum Verkauf bestimmten Kraftfahrzeugen benutzt wird, ist eine Lagerstätte im Sinne des § 29 Abs. 1 BauGB und als solche in einem reinen Wohngebiet nicht zulässig OVG Lüneburg, Urteil vom 12. 9. 1985 – 6 A 2/85, BRS 44 Nr. 139). Der **Begriff „Lagerstätte"** ist **weit auszulegen** und umfasst Grundstücksflächen, auf denen dauerhaft Gegenstände im weitesten Sinne gelagert, abgelegt oder abgestellt werden, unabhängig von dem Zweck, den der Betreiber der Lagerstätte mit der Lagerung verfolgt und unabhängig davon, ob und innerhalb welcher Zeiträume die gelagerten Gegenstände jeweils ausgewechselt werden (BVerwG, Beschluss vom 29. 6. 1999 – 4 C 45.77, BRS 62 Nr. 116).

### 2.4.3.3 Nr. 3 – Camping- und Wochenendplätze

**69** Die BauO NRW selbst definiert die Begriffe **Campingplatz** und **Wochenendplatz** nicht. Sie hat diese Platzanlagen – wie schon zuvor die BauO NW 1995, 1984 und 1970 – fiktiv zu baulichen Anlagen erklärt, um eine präventive Prüfung der Gesamtanlage sowohl unter planungsrechtlichen als auch bauordnungsrechtlichen Aspekten sicherzustellen. Die Fiktion führt dazu, dass es für die rechtliche Behandlung eines solchen Platzes nicht mehr darauf ankommt, ob die einzelnen Gegenstände, die seine Nutzung ermöglichen, bei isolierter Betrachtung als bauliche Anlagen im Rechtssinne einzustufen sind (BayVGH, Beschluss vom 14. 11. 1994 – 2 CS 94.3111, BRS 56 Nr. 136). Camping- und Wochenendplätze sind gemäß § 68 Abs. 1 Satz 3 Nr. 17 BauO NRW „große" Sonderbauten und unterliegen als Platzanlage dem normalen Genehmigungsverfahren. Auf genehmigten Wochenendplätzen bedarf gemäß § 65 Abs. 1 Nr. 3 BauO NRW die Errichtung oder Änderung von Wochenendhäusern keiner Baugenehmigung.

Die **Camping- und Wochenendplatzverordnung – CW VO** definiert die Begriffe Campingplätze und Wochenendplätze für ihren Anwendungsbereich wie folgt: 70

- **Campingplätze** sind nach § 1 Abs. 1 CW VO Plätze, die ständig oder wiederkehrend während bestimmter Zeiten des Jahres betrieben werden und die zum vorübergehenden Aufstellen und Bewohnen von mehr als drei Wohnwagen oder Zelten bestimmt sind. Zeltlager, die gelegentlich oder nur für kurze Zeit eingerichtet werden, sind keine Campingplätze im Sinne dieser Verordnung.
- **Wochenendplätze** sind nach § 1 Abs. 4 CW VO Plätze, die nur zum Aufstellen oder Errichten von Wochenendhäusern mit einer Grundfläche von höchstens 40 $m^2$ und einer Gesamthöhe von höchstens 3,50 m dienen und die ständig oder wiederkehrend während bestimmter Zeiten des Jahres betrieben werden; bei der Ermittlung der Grundfläche bleiben ein überdachter Freisitz bis zu 10 $m^2$ Grundfläche oder ein Vorzelt unberücksichtigt. Als solche Wochenendhäuser gelten auch nicht jederzeit ortsveränderlich aufgestellte Wohnwagen und Mobilheime.

Die Camping- und Wochenendplatzverordnung enthält Anforderungen an den Brand- und Gesundheitsschutz, an die Lage des Platzes, seiner Zufahrt und inneren Fahrwege sowie an die Stand- bzw. Aufstellplätze. Die Verordnung definiert drei weitere Begriffe:

- Als **Wohnwagen** gelten gemäß § 1 Abs. 2 CW VO nur Wohnfahrzeuge, Wohnanhänger und Klappanhänger, die jederzeit ortsveränderlich sind.
- **Standplatz** ist gemäß § 1 Abs. 3 CW VO die Fläche, die auf einem Campingplatz zum Aufstellen eines Wohnwagens oder Zeltes und des zugehörigen Kraftfahrzeuges bestimmt ist.
- **Aufstellplatz** ist gemäß § 1 Abs. 5 CW VO die Fläche auf Wochenendplätzen, die zum Aufstellen oder Errichten von Wochenendhäusern bestimmt ist.

Bei **Campingplätzen** geht die CW VO von ihrer **fluktuierenden Nutzung** und von einer **jederzeitigen Ortsveränderlichkeit** der auf den Standplätzen aufgestellten Wohnwagen aus. Aufgrund dieser Ortsveränderlichkeit ist es unter anderem möglich, geringere Anforderungen aus Gründen des Brandschutzes zu regeln. So werden z. B. für die aufgestellten Wohnwagen keine Mindestabstände gefordert und Standplatzgrößen von nur 70 $m^2$ gestattet. Das muss allerdings gleichzeitig zum Verbot von baulichen Anlagen, festen Anbauten und Einfriedungen auf den Standplätzen führen, da sonst im Gefahrenfall die Wohnwagen nicht aus der Gefahrenzone zu bewegen wären. 71

Bei **Wochenendplätzen** geht die CW VO von einer **langfristigen Nutzung** der einzelnen Aufstellplätze aus. Auf diesen Aufstellplätzen dürfen deswegen **feste bauliche Anlagen**, die den Voraussetzungen des § 1 Abs. 4 CW VO entsprechen, errichtet oder aufgestellt werden. Aus diesem Grunde stellt die CW VO an Wochenendplätze höhere Brandschutzanforderungen als an Campingplätze, insbesondere hinsichtlich der Mindestabstände der auf den Aufstellplätzen vorhandenen baulichen Anlagen. Wochenendhäuser dienen nur einem vorübergehenden Aufenthalt zu Freizeitzwecken auf begrenztem Raum (Hess. VGH, Urteil vom 7. 11. 1975 – IV OE 133/74, BRS 29 Nr. 64 und Beschluss vom 1. 9. 1981 – IV N 16/80, BRS 38 Nr. 11; OVG Rh-Pf, Urteil vom 22. 8. 1985 – 1 A 62/84, BRS 44 Nr. 46). Aus der Beschränkung der Baugenehmigung auf ein Wochenendhaus ergibt sich die Rechtswidrigkeit einer Dauernutzung zu Wohnzwecken (BVerwG, Urteil vom 27. 3. 1974 – VIII C 21.73, DÖV 1975, 537 zur Frage der Steuerbegünstigung von Wochenendhäusern). 72

73 **Camping- und Wochenendplätze** sind auch **Vorhaben** nach § 29 Abs. 1 BauGB (BVerwG, Urteil vom 1. 11. 1974 – IV C 13.73, BRS 28 Nr. 89; BayVGH, Beschluss vom 14. 11. 1994 – 2 CS 94.3111, BRS 56 Nr. 136; OVG NRW, Urteil vom 9. 12. 1994 – 10 A 1753/91, BRS 57 Nr. 249), wenn sie als Platzanlage bauliche Anlagen aufweisen, wie z. B. Wege, befestigte Flächen für Standplätze, Podestplatten für Zelte und Ähnliches mehr. Die einzelnen Anlagen haben zur Folge, dass die gesamte Platzanlage bodenrechtliche Relevanz aufweist, weil sie ihn erst zu dem machen, was er sein soll (OVG NRW, Urteil vom 14. 11. 1974 – VII A 939/73, n. v.). Die Gebäude eines Campingplatzes zur Aufnahme der Waschgelegenheiten und Toiletten sind nicht privilegiert im Sinne des § 35 Abs. 1 BauGB (BVerwG, Urteil vom 14. 3. 1975 – IV C 41.73, BRS 29 Nr. 53). Da die CW VO derartige Anlagen aber voraussetzt, bedarf die Anlage neuer Plätze einer verbindlichen Bauleitplanung.

74 Campingplätze und Wochenendplätze werden in Bebauungsplänen entsprechend § 10 BauNVO als **Sondergebiete** für die Erholung unter Angabe der Zweckbestimmung festgesetzt. Um die unterschiedlichen Nutzungsarten solcher Plätze bereits durch die Bauleitplanung zu steuern, besteht die Möglichkeit, solche Sondergebiete als **Campingplatzgebiet** oder als **Wochenendplatzgebiet** festzusetzen, entweder in klarer Abgrenzung voneinander oder als Festsetzung Campingplatz- und Wochenendplatzgebiet. In letzterem Fall würde erst im Rahmen der Baugenehmigung entschieden, welchen bauordnungsrechtlichen Anforderungen die Platzanlage entsprechen muss.

75 Nicht allein das einmalige Aufstellen von mehr als drei Wohnwagen oder Zelten, z. B. zum Zwecke des Ferienaufenthaltes oder zur Durchführung eines Jugendzeltlagers, macht die Aufstellfläche zu einer baulichen Anlage. Erst das **ständige oder wiederkehrend während bestimmter Zeiten** des Jahres **betriebe** Aufstellen der entsprechenden Anzahl von Wohnwagen oder Zelten führt zu einem Campingplatz im Sinne der Camping- und Wochenendplatzverordnung, der dann seinerseits eine bauliche Anlage ist, die den Regelungen dieser Verordnung entsprechen muss. Nach der Verkehrsauffassung wird von einem Platz erst gesprochen, wenn eine bestimmte Fläche eines Grundstücks regelmäßig oder ständig wiederkehrend für eine längere Dauer genutzt wird.

#### 2.4.3.4 Nr. 4 – Sport- und Spielflächen

76 Wenn die BauO NRW 2000 **Sport- und Spielflächen** – die BauO NW 1984 sprach von Sport- und Spiel**plätzen** – ausdrücklich zu baulichen Anlagen erklärt, so dient dies vorrangig der Klarstellung. Die Änderung der Formulierung von **Platz** in **Fläche** bewirkt, dass nunmehr eindeutig auch die Kleinkinderspielflächen nach § 9 Abs. 2 BauO NRW von der Fiktion erfasst werden. Sport und Spielplätze bzw. -flächen rechnen sowohl im Bauordnungsrecht als auch im Planungsrecht zu den „**echten**" baulichen Anlagen, soweit sie **befestigt** sind (vgl. Rdn. 10 und 27 ff.). Spielflächen nach § 9 Abs. 2 BauO NRW zählen dagegen in der Regel nicht zu den baulichen Anlagen, sofern sie aufgrund ihres baulichen Zustandes nicht die Tatbestandsmerkmale des Absatzes 2 Satz 1 erfüllen; sie sind jedoch in jedem Fall „andere" Anlagen nach § 1 Abs. 1 Satz 2 BauO NRW (s. die Anmerkungen zu § 1 Rdn. 37–38).

77 **Öffentliche Spielplätze und private Spielflächen** sind gemäß § 55 BauO NRW **barrierefrei** zu gestalten. Anforderungen an Spielflächen im Sinne des § 9 Abs. 2 BauO NRW finden sich in den **kommunalen Satzungen**; § 86 Abs. 1 Nr. 3 BauO NRW ermächtigt die Gemeinden zu örtlichen Bauvorschriften über die Lage, Größe, Beschaffenheit, Ausstattung und Unterhaltung von Kinderspielflächen (s. die Anmerkungen zu § 9 Rdn. 62).

78 **Immissionsschutzrechtliche Anforderungen an Sportanlagen** als ortsfeste Einrichtungen im Sinne des § 3 Abs. 5 Nr. 1 BImSchG, die zur Sportausübung bestimmt sind, enthält die **Sportanlagenlärmschutzverordnung – 18. BimSchV** (s. die Anmerkungen zu § 18 Rdn. 24).

79 Sport- und Spielflächen sind häufig **„echte" bauliche Anlagen**, da sie eine Bautätigkeit im klassischen Sinne erfordern, auch wenn anschließend nach ihrer Fertigstellung nur noch eine mit Rasen eingesäte Spielfeldfläche zu sehen ist. Denn zur Herrichtung ist es erforderlich, den Oberboden abzuschieben, ein ebenes Planum und einen frostsicheren Unterbau herzustellen und für eine funktionsfähige Drainage zur Entwässerung des Unterbaus zu sorgen. Es spielt bei dieser Bautätigkeit dann keine Rolle, ob der Spielfeldbelag aus Rasen oder einem Bauprodukt besteht, da Bauprodukte bereits für den Unterbau Verwendung gefunden haben.

80 Wird das **natürliche Gelände** im Wesentlichen **unverändert belassen** und die Fläche feinplaniert, mit Rasen eingesät und anschließend zu Sport- oder Spielzwecken benutzt, fehlt es an einer Bautätigkeit im engeren Sinne. Hier greift dann die **Fiktion** des § 2 Abs. 1 Nr. 4 BauO NRW, da sich ein Bedürfnis nach baurechtlicher Kontrolle aus der spezifischen Funktion und Nutzung der Grundstücksfläche ergibt (Hess. VGH, Beschluss vom 19. 2. 1991 – 4 TH 1130/89, BauR 1991, 444 = BRS 52 Nr. 132 zum Übungsplatz eines Golfclubs und OVG NRW, Beschluss vom 27. 4. 1999 – 10 B 687/99, BauR 1999, 1444 = BRS 62 Nr. 163 zu einem Flugplatz für Modellflugzeuge).

81 Ein **Golfplatz** gilt in seiner Gesamtheit als bauliche Anlage nach § 29 BauGB, sofern Gebäude, Einfriedungen, Ballfanggitter, befestigte Stellplatzflächen und ähnliche „echte" bauliche Anlagen vorhanden sind. Denn ohne die Zuordnung zu dem Golfplatz wären die Gebäude, Stellplätze und ähnliche bauliche Anlagen funktionslos; es wäre nicht ersichtlich, unter welchem rechtlichen Gesichtspunkt sie als Außenbereichsvorhaben genehmigungsfähig sein könnten (OVG Lüneburg, Urteil vom 26. 2. 1988 – 1 C 41/86, BauR 1988, 317 = BRS 48 Nr. 65). Ein Golfübungsplatz mit Abschlaghütte („driving range") ist nicht nach § 35 Abs. 1 BauGB privilegiert (BVerwG, Beschluss vom 9. 10. 1991 – 4 B 176.91, BauR 1992, 52 = BRS 52 Nr. 76 = DÖV 1992, 119 = ZfBR 1992, 45).

82 Sport- und Spielflächen unterliegen – gleichgültig ob sie als Hauptanlagen oder als Nebenanlagen zur Ausführung kommen – gemäß § 68 Abs. 1 Satz 1 BauO NRW dem **vereinfachten Genehmigungsverfahren**. Die Errichtung oder Änderung baulicher Anlagen, die der zweckentsprechenden Einrichtung von Sport- und Spielflächen dienen, wie Tore für Ballspiele, Schaukeln und Klettergerüste, mit Ausnahme von Tribünen, bedarf nach § 65 Abs. 1 Nr. 29 BauO NRW keiner Baugenehmigung. Das Auswechseln von Belägen auf Sport- und Spielflächen bedarf gemäß § 65 Abs. 2 Nr. 5 BauO NRW ebenfalls keiner Baugenehmigung. Als **Nebenanlagen** zu Wohngebäuden im Geltungsbereich eines Bebauungsplanes sind Sport- und Spielflächen gemäß § 67 Abs. 1 BauO NRW unter den dort aufgeführten Voraussetzungen freigestellt.

83 Eine **verfahrensrechtliche Sonderstellung** nehmen **Schießstände als Sportanlagen** ein. Nach Nr. 10.18 des Anhangs zur 4. BImSchV unterliegen Schießstände für Handfeuerwaffen – ausgenommen solche in geschlossenen Räumen und Schießplätze – der Genehmigung nach § 4 oder § 15 BImSchG, die im vereinfachten Verfahren nach § 19 BImSchG erteilt wird. Auch hierbei handelt es sich in der Regel um „echte" bauliche Anlagen, schon allein deshalb, weil Absperrungen und auf Halterungen montierte Zielscheiben erforderlich sind, die für sich genommen bauliche Anlagen darstellen und zu-

sammen mit der Schießstandfläche als Funktionseinheit betrachtet werden müssen, auch wenn diese als natürliche Geländeoberfläche belassen wird. Schießstände sind **Schießstätten** in Sinne von § 44 WaffG. Die Bestimmung erfasst nur Schießstände für Schusswaffen nach § 1 Abs. 1 WaffG oder diesen gleichgestellte Geräte nach § 1 Abs. 2 WaffG, also nicht Schießstätten für sonstige Geräte wie Pfeil und Bogen. Schießstätten sind nach § 44 Abs. 4 WaffG ortsfeste oder ortsveränderliche Anlagen, die ausschließlich oder neben anderen Zwecken dem Schießsport oder sonstigen Schießübungen mit Schusswaffen, der Erprobung von Schusswaffen oder dem Schießen mit Schusswaffen zur Belustigung dienen. Wer eine Schießstätte betreiben oder in ihrer Beschaffenheit oder in der Art ihrer Benutzung wesentlich ändern will, bedarf gemäß § 44 Abs. 1 WaffG der Erlaubnis der zuständigen Behörde, soweit nicht § 33 d Abs. 1 Satz 1 (Gewinnspiel) bzw. § 33 i (Spielhallenerlaubnis) der GewO oder § 79 BauO NRW (Fliegende Bauten) gemäß § 44 Abs. 2 WaffG Anwendung finden.

**84** In bauplanungsrechtlicher Hinsicht können **Sport- und Spielplätze als öffentliche oder private Grünflächen** nach § 9 Abs. 1 Nr. 15 BauGB Gegenstand von Festsetzungen im Bebauungsplan sein. Handelt es sich um **Sport- und Spielanlagen ohne größeren Grünanteil**, kann eine Festsetzung nach § 9 Abs. 1 Nr. 5 BauGB erfolgen. Spiel-, Freizeit- und Erholungsflächen als Nebenanlagen sind einer Festsetzung im Bebauungsplan nach § 9 Abs. 1 Nr. 4 BauGB zugänglich.

**85** **Anlagen für soziale** bzw. **sportliche Zwecke** können nach den Katalogen der zulässigen bzw. ausnahmsweise zulässigen Nutzungen in den Baugebieten der BauNVO als **Hauptanlage** bzw. nach § 14 BauNVO als untergeordnete **Nebenanlage** behandelt werden. Die Funktion als untergeordnete Nebenanlage setzt voraus, dass die Sport- bzw. Spielfläche einer Hauptnutzung sowohl in ihrer Funktion als auch räumlich-gegenständlich dem primären Nutzungszweck der in dem Baugebiet gelegenen Grundstücke oder des Baugebietes selbst sowie der diesem Nutzungszweck entsprechenden Bebauung dienend zu- und untergeordnet ist (BVerwG, Urteil vom 17. 12. 1976 – IV C 6.75, BauR 1977, 109 = BRS 30 Nr. 117 = DÖV 1977, 326 = NJW 1977, 2090; zu den Zulässigkeitsvoraussetzungen vgl. Fickert/Fieseler, zu § 14, Rdn. 5 ff.).

**86** Die Festsetzung von Sport- und Spielflächen im Bebauungsplan muss **inhaltlich eindeutig** sein. Eine nicht näher konkretisierte Festsetzung einer „öffentlichen Grünfläche" gestattet nicht die Einrichtung eines Kinderspielplatzes, da der Begriff „**Grünfläche**" als Oberbegriff zu verstehen ist, der für sich allein zur erforderlichen Konkretisierung der Festsetzung nur insoweit ausreicht, als er eine lediglich begrünte Fläche gestattet, jedoch eine nähere konkretisierende Festsetzung erfordert, wenn eine der in § 9 Abs. 1 Nr. 15 BauGB aufgeführten Anlagen geplant ist (BVerwG, Urteil vom 16. 2. 1973 – IV C 66.69, BRS 27 Nr. 5 und Beschluss vom 21. 6. 1974 – IV C 14.74, BRS 28 Nr. 138).

**87** Die Begriffe Spiel- und Sportfläche sind nicht immer eindeutig voneinander abzugrenzen, was hinsichtlich der anzuwendenden Rechtsvorschriften bei der baurechtlichen Beurteilung Schwierigkeiten hervorrufen kann. Dies wird am Beispiel des **Bolzplatzes** besonders deutlich, da derartige Anlagen sowohl **Spielflächen** als auch **Sportflächen** sein können. Der Oberbegriff „Spielplatz" schließt einen „Bolzplatz" mit ein (ebenso BayVGH, Urteil vom 16. 2. 1987 – Nr. 14 B 85 A. 3090, BRS 47 Nr. 176 und OVG Bln, Urteil vom 18. 5. 1990 – 2 A 5.88, BRS 50 Nr. 22 = DÖV 1992, 336), so dass die Gemeinde bei der Festsetzung einer außergewöhnlich großen Spielplatzfläche erwägen muss, welche Einwirkungen von der Anlage auf die benachbarten Wohngrundstücke ausgehen und ob diese das zumutbare Maß überschreiten.

### 2.4.3.5 Nr. 5 – Stellplätze

Nach § 2 Abs. 1 Nr. 5 BauO NW 1984 erfasste die Fiktion nur Stellplätze **für Kraftfahrzeuge**. Wenn § 2 Abs. 1 Nr. 5 BauO NRW 2000 nur noch schlicht von **Stellplätzen** redet, so dient dies einer Ausdehnung der Fiktion auf alle Formen des Stellplatzes. Damit gelten neben Stellplätzen für Kraftfahrzeuge (s. Rdn. 235 ff.) auch Stellplätze für Anhänger oder Motorräder als bauliche Anlagen. Die Fläche zum Abstellen von Fahrrädern ist kein Stellplatz, sondern ein **Abstellplatz**; in §§ 51, 62 und 86 BauO NRW sind nämlich die Abstellplätze für Fahrräder besonders genannt. Die GarVO verwendet neben dem Begriff Stellplatz noch zusätzlich den Begriff **Einstellplatz** und meint damit Stellplätze in Garagen. Nach § 2 Abs. 6 GarVO ist die Nutzfläche einer Garage die Summe aller miteinander verbundenen Flächen der **Garageneinstellplätze** und der Verkehrsflächen; Einstellplätze auf Dächern sind **Dacheinstellplätze**. Gemäß § 2 Abs. 3 Satz 2 GarVO sind offene Garagen auch Stellplätze mit Schutzdächern – **überdachte Stellplätze**. 88

Stellplätze sind „echte“ bauliche Anlagen im Sinne von Absatz 1, wenn die Fläche mit Bauprodukten befestigt ist oder sogar ein Dach aufweist. Die Regelung dient der **Klarstellung** für die seltenen Fälle einer Belassung der natürlichen Geländebeschaffenheit. Es kommt nicht darauf an, ob die Flächen mit Asphalt oder Beton versiegelt sind, ob ein wasserdurchlässiges Pflaster Verwendung findet, ob eine Lage Splitt oder Kies auf den abgeschobenen Untergrund aufgebracht wurde, ob die Stellplatzfläche lediglich aus in den Mutterboden eingelassenen Rasengittersteinen besteht oder ob eine Grundstücksfläche ohne weitere bauliche Vorkehrungen – und hier greift die Fiktion ein – ständig und wiederkehrend als Stellplatz genutzt wird. Auch eine zum Abstellen von Kraftfahrzeugen **regelmäßig benutzte Garagenzufahrt** ist ein Stellplatz, selbst wenn diese Fläche auch anderen Zwecken dient (OVG NRW, Urteil vom 6. 2. 1964 – VII A 644/63, BRS 15 Nr. 23). 89

**Nicht überdachte Stellplätze** für Personenkraftwagen und Motorräder bis zu insgesamt 100 m² sind gemäß § 65 Abs. 1 Nr. 24 BauO NRW freigestellt. Einem Wohngebäude dienende überdachte Stellplätze bis zu 1000 m² Nutzfläche sind unter den Voraussetzungen des § 67 Abs. 7 BauO NRW vom Baugenehmigungsverfahren freigestellt. Nicht überdachte Stellplätze mit mehr als 100 m² und überdachte Stellplätze bis zu 1000 m² Nutzfläche unterliegen gemäß § 68 Abs. 1 Satz 1 BauO NRW dem vereinfachten Genehmigungsverfahren. Überdachte Stellplätze mit mehr als 1000 m² Nutzfläche sind gemäß § 68 Abs. 1 Satz 3 Nr. 16 BauO NRW „große“ Sonderbauten. 90

Stellplätze sind gemäß § 9 Abs. 1 Satz 2 BauO NRW **wasseraufnahmefähig** auszuführen (s. die Anmerkungen zu § 9 Rdn. 29–32). Auch nach § 51 a LWG sind Stellplätze mit nur geringer baulicher Befestigung auszuführen, um die ortsnahe Beseitigung des Niederschlagswassers zu ermöglichen. Dies wirft die Frage auf, ob derartige Stellplätze noch als Vorhaben im Sinne des § 29 Abs. 1 BauGB anzusehen sind. Eine **natürlich belassene Grundstücksfläche** ohne jede Befestigung oder zumindest baulichen Abgrenzung ist infolge des **fehlenden Merkmals des Bauens** keine bauliche Anlage im Sinne des § 29 Abs. 1 BauGB (vgl. BVerwG, Urteil vom 31. 8. 1973 a. a. O. Rdn. 10). 91

Die **Festsetzungen** eines Bebauungsplanes können gleichwohl einer Stellplatznutzung **entgegenstehen**, wenn es sich nicht um eine bauliche Anlage im Sinne des § 29 Abs. 1 BauGB handelt (BVerwG, Beschluss vom 4. 3. 1997 – 4 B 233.96, BRS 59 Nr. 127). Wahrhaft planwidrige **sonstige** Nutzungen, sind wegen der **„Negativfunktion“ von Bebauungsplänen** ebenfalls unzulässig (BVerwG, Urteil vom 4. 11. 1966 – IV C 36.65, BRS 17 92

Nr. 1 und Urteil vom 21. 6. 1974 – IV C 14.74, BRS 28 Nr. 138). Beispielsweise kann der Bebauungsplan Stellplätze auf den nicht überbaubaren Grundstücksflächen gemäß § 23 Abs. 5 BauNVO ausschließen oder deren Zusammenfassung auf einer Fläche für Gemeinschaftsstellplätze nach § 9 Abs. 1 Nr. 22 BauGB anordnen; auch ist es nach § 9 Abs. 1 Nr. 4 BauGB möglich, Flächen für Stellplätze mit ihren Einfahrten ausdrücklich festzusetzen. Soweit Stellplätze Vorhaben nach § 29 Abs. 1 BauGB sind, kann die Anordnung im Vorgarten wegen Beeinträchtigung des Ortsbildes nach § 34 Abs. 1 Satz 2 BauGB unzulässig sein (OVG Schl-H, Urteil vom 21. 9. 1994 – 1 L 91/93, BRS 56 Nr. 69).

93 Bauordnungsrechtliche **Anforderungen an Stellplätze** enthalten § 51 BauO NRW und § 11 BauO NRW, soweit ein Bebauungsplan Gemeinschaftsstellplätze oder -garagen festsetzt. Neben den bauordnungsrechtlichen Anforderungen des § 51 Abs. 7 BauO NRW hinsichtlich der Anordnung und Ausführung von Stellplätzen und Garagen auf den Baugrundstücken besteht nach § 51 Abs. 8 BauO NRW ein Zweckentfremdungsverbot. Von Bedeutung sind die Anforderungen an das barrierefreie Bauen, die nach § 55 Abs. 2 Satz 1 Nr. 6 BauO NRW auch Stellplätze und Garagen betreffen. Weitere Anforderungen können in den aufgrund des § 86 Abs. 1 Nr. 4 BauO NRW erlassenen örtlichen Bauvorschriften der Gemeinden enthalten sein. Schließlich ist die GarVO zu beachten, die nach ihrem § 1 nicht nur für Garagen, sondern ausdrücklich auch für Stellplätze gilt.

### 2.4.3.6 Gerüste

94 Nach der Legaldefinition des § 2 Abs. 1 sind **Gerüste** keine „echten" baulichen Anlagen, da sie nur zur **Durchführung von Bauarbeiten oder Instandhaltungsmaßnahmen** benötigt werden und nicht auf Dauer eingebaut werden. Stützkonstruktionen, die für die Dauer in ein Bauwerk eingebaut werden, um dieses standsicher zu machen, fallen nicht hierunter (OVG Bln, Beschluss vom 2. 6. 1998 – 2 S 4.98, BRS 60 Nr. 118). Sofern ein Gerüst eine dauerhafte Funktion übernimmt, wie z. B. Rankgerüste für die Begrünung, wird es zum Bestandteil der baulichen Anlage. Auf derartige Gerüste zielt die Fiktion jedoch nicht, vielmehr will sie hauptsächlich die in den Technischen Baubestimmungen geregelten **Arbeits- und Schutzgerüste** als bauliche Anlagen erfassen.

95 Mit Nr. 2.7.13 der Liste der Technischen Baubestimmungen wurden folgende Normen nach § 3 Abs. 3 BauO NRW bauaufsichtlich eingeführt:

- **DIN EN 12811** – Temporäre Konstruktionen für Bauwerke – **Teil 1** (Ausgabe März 2004) – Leistungsanforderungen, Entwurf, Konstruktion und Bemessung,
- **DIN 4420** – Arbeits- und Schutzgerüste – **Teil 1** (Ausgabe März 2004) – Schutzgerüste; Leistungsanforderungen, Entwurf, Konstruktion und Bemessung.

**Arbeitsgerüste** sind Gerüste, von denen aus Arbeiten durchgeführt werden können; sie haben außer den beschäftigten Personen und ihren Werkzeugen auch die jeweils für die Arbeiten unmittelbar erforderlichen Baustoffe zu tragen. **Schutzgerüste** sind Gerüste, die als Fanggerüste Personen gegen tieferen Absturz sichern oder als Schutzdächer Personen, Maschinen, Geräte und anderes gegen herabfallende Gegenstände schützen – so die Begriffsbestimmungen in DIN 4420 Teil 1. Weitere **sicherheitsrelevante** und daher nach § 3 Abs. 1 Satz 2 BauO NRW zu beachtende Regeln enthalten die Normen:

- **DIN 4420** – Arbeits- und Schutzgerüste – **Teil 2** (Ausgabe Dezember 1990) – Leitergerüste; Sicherheitstechnische Anforderungen,
- **DIN 4420** – Arbeits- und Schutzgerüste – **Teil 3** (Ausgabe Januar 2006) – Ausgewählte Gerüstbauarten und ihre Regelausführungen.

**Gerüste** wurden auch früher schon **als andere Anlagen und Einrichtungen** im Sinne des § 1 Abs. 1 Satz 2 BauO NRW angesehen, da allgemein anerkannte Regeln der Technik bestanden, die Sicherheitsaspekte zum Gegenstand hatten. Anforderungen an Gerüste können sich aber nur aus der materiellen Grundnorm des § 3 BauO NRW in Verbindung mit den allgemein anerkannten Regeln der Technik bzw. den eingeführten Technischen Baubestimmungen ergeben (s. die Anmerkungen zu § 3, Rdn. 4). Die Fiktion als bauliche Anlage hat zum Ergebnis, dass alle an diese Eigenschaft anknüpfenden Vorschriften direkt Anwendung finden. So müssen z.B. bauliche Anlagen nach § 15 BauO NRW **standsicher** und nach § 19 BauO NRW **verkehrssicher** sein. Für die üblichen Arbeits- und Schutzgerüste tritt hierdurch keine Erschwernis ein, da entsprechende Anforderungen ohnehin in den Normen enthalten sind. Bedeutung kann die Fiktion aber entfalten, wenn Gerüste über den eigentlichen Verwendungszweck hinaus als großflächige Werbeträger benutzt werden sollen. Gerüste bedürfen nach § 65 Abs. 1 Nr. 37 BauO NRW keiner Baugenehmigung. 96

Die Einbeziehung der Gerüste in den Begriff der baulichen Anlage war auch wegen der Regelungen über **Bauprodukte** erforderlich. Bauprodukte sind nach § 2 Abs. 9 BauO NRW nur solche Baustoffe, Bauteile und Anlagen, die hergestellt werden, um dauerhaft in bauliche Anlagen eingebaut zu werden bzw. aus Baustoffen und Bauteilen vorgefertigte Anlagen, die hergestellt werden, um mit dem Erdboden dauerhaft verbunden zu werden (s. Rdn. 246ff.). Ohne die Fiktion als bauliche Anlage wäre die Aufnahme der Gerüstbauteile in die Bauregelliste A Teil 1 Kapitel 16 als geregelte Bauprodukte nicht möglich gewesen. 97

### 2.4.3.7 Hilfseinrichtungen zur statischen Sicherung von Bauzuständen

Ebenso wie Gerüste sind auch Hilfseinrichtungen zur statischen Sicherung von Bauzuständen keine „echten" baulichen Anlagen im Sinne des § 2 Abs. 1 BauO NRW (vgl. Rdn. 27ff.). Beide Begriffe sind eng verwandt und nur schwer voneinander abzugrenzen. Zur Herstellung von baulichen Anlagen, vor allem für die tragenden Konstruktionen, werden **Hilfseinrichtungen** benötigt, um die **Standsicherheit** auch in der Ausführungsphase zu gewährleisten (s. die Anmerkungen zu § 15 Rdn. 1). Bei der Änderung und beim Abbruch baulicher Anlagen machen auftretende Lasten einzelner Bauzustände Hilfseinrichtungen erforderlich, auch kann bei der vorübergehenden Lagerung von Bauprodukten auf Teilen einer baulichen Anlage deren Abstützung geboten sein. Hilfseinrichtungen werden darüber hinaus bei der Montage von Fertigbauteilen benötigt, bis ein statisch voll wirksamer Verbund der einzelnen Bauteile untereinander erreicht ist, und für die Abfangung von Lasten bei der örtlichen Herstellung von Stahlbetonbauteilen. Hierfür sind sicher abgestützte Schalungen erforderlich, die bis zur vollen Wirksamkeit der Tragfähigkeit des Betonbauteils erhalten bleiben müssen. 98

Für die Herstellung von Hilfseinrichtungen zur statischen Sicherung von Bauzuständen werden wie für Gerüste **geregelte Bauprodukte** nach Bauregelliste A Teil 1 Kapitel 16 verwendet. Für Betonseitenschalungen haben sich – wie für Deckenschalungen – Schalungssysteme bzw. Schalungselemente und variable Schalungsträger, -zargen und -streben durchgesetzt. Obwohl Hilfseinrichtungen wie Gerüste nach § 65 Abs. 1 Nr. 37 BauO NRW freigestellt sind, bedürfen größere Schalungen und Lehrgerüste einer sorgfältigen Durchplanung, damit keine unzulässigen Maßabweichungen und Beeinträchtigungen des Tragverhaltens der konstruktiven Bauteile eintreten. 99

### 3 Zu Absatz 2 – Gebäude

#### 3.1 Der Gebäudebegriff im Baurecht

100 Nach §§ 93, 94 BGB sind **Gebäude wesentliche Bestandteile von Grundstücken**. Der im Zivilrecht geltende Grundsatz der Bindung von Grundstücks- und Gebäudeeigentum entstammt dem römischen Recht (superficies solo cedit = das Eigentum am Gebäude folgt dem Eigentum am Grundstück). Nach § 94 Abs. 1 BGB gehören die mit dem Grund und Boden fest verbundenen Sachen, insbesondere **Gebäude**, zu den **wesentlichen Bestandteilen eines Grundstücks**. Nach § 94 Abs. 2 BGB gehören zu den wesentlichen Bestandteilen eines Gebäudes die zur Herstellung eingefügten Sachen, wie z. B. Heizkörper, Waschbecken, Lüftungsanlagen oder Einbauschränke. Abweichungen von diesem Grundprinzip bedurften besonderer Rechtskonstruktionen, wie sie das WEG und die Verordnung über das Erbbaurecht enthalten. Kennzeichnend für das Grundstücksrecht und damit direkt auch Auswirkungen entfaltend auf das mit dem Grundstück verbundene Gebäude ist das **Prinzip der Vertikalteilung** (hierzu s. BGH, Urteil vom 12. 10. 2001 – V ZR 268/00, Forum 2002, 304). Dieses schließt es aus, ein Grundstück einschließlich seiner wesentlichen Bestandteile horizontal aufzuteilen.

101 Ähnlich wie der Begriff bauliche Anlage wird der **Gebäudebegriff** in zahlreichen Vorschriften des öffentlichen Baurechts verwendet. Bereits die §§ 36–40, 58 und 65 Teil I Titel 8 des Allgemeinen Landrechts für die Preußischen Staaten von 1794 knüpften an den Begriff an. Die §§ 6, 8 und 9 PrEBO von 1919 regelten Lage, Abstand und Höhe von Gebäuden, die §§ 14 ff. PrEBO den Brandschutz der Gebäude. Die früheren Baupolizeiverordnungen verwendeten in § 7 zur Regelung der Ausnutzbarkeit der Grundstücke die Bezeichnung Hintergebäude und Begriffe, wie Wohnbauten oder Geschäftshäuser.

102 Das **Wort Gebäude** leitet sich von dem veralteten Wort Gebäu ab und stand früher für ein größeres aus festem Material errichtetes Haus. Es wurde gerne benutzt, um eine der öffentliche Einrichtung zu bezeichnen: Verwaltungs- oder Theatergebäude. Während es sich beim Haus primär um eine Unterkunft zu Wohnzwecken handelte, stand die Bezeichnung Gebäude für große, weitläufige oder hohe Bauten. Das Wort **Bau** wählte man entweder zur Bezeichnung eines besonders beeindruckenden Gebäudes oder benutzte es abwertend. Als **Bauwerk** bezeichnete man auffallende oder prächtige Bauten. Diese Bedeutungsunterschiede bestehen nicht mehr. Auch große oder hohe Gebäude bezeichnet die Umgangssprache als **Haus**: Geschäftshaus, Hochhaus, Parkhaus. Von daher rühren auch die Schwierigkeiten bei der Auslegung, zumal das Baurecht die unterschiedlichsten Bezeichnungen enthält, ohne diese eindeutig zu definieren.

103 Eine **bauordnungsrechtliche Legaldefinition** des Begriffs **Gebäude** erfolgte erstmals mit § 2 Abs. 3 MBO 1960. Diese Definition stimmt mit den nachfolgenden Fassungen der MBO überein und wurde so auch in alle 16 Landesbauordnungen übernommen. Das **Bauplanungsrecht** verwendet ebenfalls den Begriff Gebäude, ohne diesen zu definieren. Vom Gebäude ist – zumeist im Zusammenhang mit anderen Begriffen – die Rede z. B. in § 5, § 9, § 35, § 136 § 144 **BauGB**, ebenso z. B. auch in §§ 2–8, § 13, § 20, § 21, § 22 und § 23 **BauNVO**. Daneben finden sich die Begriffe Lagerhäuser (§§ 8 und 9 BauNVO), Wochenend- und Ferienhäuser (§ 10 BauNVO), Einzel- und Doppelhäuser, Hausgruppen (§ 22 Abs. 2 BauNVO). Das **Wohnbauförderungsrecht** kennt Begriffe wie Familienheim, Eigenheim, Kaufeigenheim, Ein-, Zwei- oder Mehrfamilienhaus. Auch andere baurechtlich bedeutsame Bestimmungen benutzen den Begriff Gebäude, z. B. die §§ 1, 3, 5, 7, 8, 9, 31, 32 **WEG**, der § 1 **EnEG** oder der § 1 **EnEV**.

### 3.2 Das Gebäude im Bauordnungsrecht

Die Begriffsbestimmung des Gebäudes als **Oberbegriff** in § 2 Abs. 2 BauO NRW ist erforderlich, da viele materiell-rechtliche Vorschriften der BauO NRW und von Sonderbauverordnungen Anforderungen an Gebäude enthalten, z. B. die §§ 4, 6, 9, 18, 29, 31, 32, 34, 39, 44 BauO NRW, § 2 Abs. 1 VkVO, § 2 Abs. 2 VStättVO, § 2 Abs. 1 BeVO und § 1 EltBauVO. Auch die formellen Vorschriften stellen auf das Gebäude bzw. das Wohngebäude ab, so z. B. die §§ 65, 67, 68 und 70 BauO NRW. Zu dem Oberbegriff des Gebäudes gibt es weitere **Unterbegriffe** in Form von Wortkombinationen, die entweder wie die Begriffe des Gebäudes geringer oder mittlerer Höhe bzw. des Hochhauses in § 2 Abs. 4 BauO NRW definiert sind oder aber an anderer Stelle der BauO NRW Erwähnung finden, so z. B. in Bezug auf Lage und Ausdehnung: 104

- das **oberirdische** Gebäude in § 6 Abs. 1 Satz 1,
- das **eingeschossige** Gebäude in § 34 Abs. 4 und § 53 Abs. 2,
- das **erdgeschossige** Gebäude in § 53 Abs. 3,
- das **ausgedehnte** Gebäude in § 32 Abs. 1,
- das **freistehende** Gebäude in § 29 Abs. 1 und 2, § 34 Abs. 1 und 2 sowie § 35 Abs. 3,
- **aneinandergrenzende** bzw. **aneinandergereihte** Gebäude in § 31 Abs. 1 und 3,

oder in Bezug auf die Nutzungsart:

- das **Wohn**gebäude in § 29 Abs. 1 und 4, § 31 Abs. 1, § 34 Abs. 1 und 6, § 37 Abs. 13, § 67 Abs. 1 und 4, § 68 Abs. 3 und 6,
- das **landwirtschaftliche** Gebäude in § 32 Abs. 2,
- das **landwirtschaftliche Betriebs**gebäude in § 29 Abs. 2, § 31 Abs. 1 und § 34 Abs. 2,
- das **Nebenzwecken dienende** Gebäude in § 53 Abs. 2,
- das **Neben**gebäude in § 67 Abs. 1 und 4.

Daneben enthalten die § 55, 65 und 68 weitere Bezeichnungen, wie z. B. Messe**bau**, Werk**stätte**, Garten**laube**, Schutz**hütte** oder Gewächs**haus**.

**Gebäude sind stets bauliche Anlagen** im Sinne des § 2 Abs. 1 Satz 1 oder 2 BauO NRW, an die das Bauordnungsrecht spezifische, über die allgemeinen Anforderungen an bauliche Anlagen hinausgehende Anforderungen stellt. Wenn auch die Tatbestandsmerkmale der Legaldefinition keinen Abschluss durch Wände voraussetzen, bedingt der Verwendungszweck von Gebäuden normalerweise seitliche Raumabschlüsse. Denn wesentliches Merkmal eines Gebäudes ist nach allgemeinem Verständnis seine raumbildende Funktion durch allseitige Abschlüsse. Allerdings sind Gebäude möglich, die nur aus Dachflächen bestehen, wie die Beispiele des „Nur-Dach-Hauses“ oder des Tonnendachs als Lagerhalle belegen. Auch können auf Stützen gesetzte Überdachungen ein Gebäude ausmachen, wie z. B. überdachte Stellplätze und Freisitze oder offene Feldscheunen. Ein Gebäude muss die für „echte“ bauliche Anlagen geforderten Tatbestandsmerkmale erfüllen (vgl. Rdn. 28). Fehlt es an einer Verbindung mit dem Erdboden oder werden keine Bauprodukte verwendet, kann keine bauliche Anlage und damit auch kein Gebäude vorliegen. Ausstellungsstände mit Dach in dafür genehmigten Messehallen sind daher keine Gebäude (vgl. Rdn. 29). Dienen Äste und Blätter zum Bau einer Laubhütte, so ist keine „Herstellung aus Bauprodukten“ gegeben (vgl. Rdn. 31 ff). 105

106 Für Gebäude üblicher Nutzung und Größe stellt die Erfüllung der Tatbestandsmerkmale kein Problem dar. Schwierigkeiten treten jedoch auf, wenn das **Gebäudevolumen** auf ein Minimum schrumpft oder wenn der mit dem Wort Gebäude eng verbundene **Raumabschluss** sich als unzureichend darstellt. Aus den für Gebäude geforderten Tatbestandsmerkmalen, aus den materiell-rechtlichen Anforderungen an Gebäude, wie auch aus dem umgangssprachlichen Sinngehalt des Wortes Gebäude folgt, dass nicht jede kleinste gebäudeähnliche Anlage auch ein Gebäude darstellt. Weder ein Spielhaus für Kinder oder eine Hundehütte noch ein Kaninchenstall oder ein Kleinzelt können als Gebäude eingestuft werden. Dies bedeutet jedoch nicht, dass derartige bauliche Anlagen keine bauordnungsrechtlichen Anforderungen zu erfüllen haben. So ergibt sich beispielsweise aus § 6 Abs. 10 BauO NRW, dass bauliche Anlagen, von denen Wirkungen wie von Gebäuden ausgehen, abstandrechtlich wie Gebäude behandelt werden.

107 Die **Abgrenzung des Gebäudebegriffs** stellt sich nicht immer einfach dar, zumal die Legaldefinition keine seitlichen Umfassungswände voraussetzt. Zweifel können aufkommen, wenn eine überdachte bauliche Anlage nur in Teilbereichen von Menschen betreten werden kann, wie dies bei Lagerregalen im Freien der Fall ist. Auch fällt es schwer, die mit einem Großschirm geschützte Sitzgruppe einer Außengastronomie als Gebäude anzusehen, obwohl die Tatbestandsmerkmale der Legaldefinition erfüllt sind. Hier bietet der Freistellungskatalog des § 65 Abs. 1 BauO NW **Interpretationshilfe**. Die dort unter der Überschrift Gebäude aufgeführten baulichen Anlagen weisen in aller Regel zumindest eine Überdachung sowie teilweise Schutzwände auf – dies ist bei Fahrgastunterständen des öffentlichen Personennahverkehrs heute Standard. Auch zeigt die Eingangsformulierung in § 6 Abs. 1 BauO NRW, dass der Gesetzgeber wie selbstverständlich von Außenwänden bei einem Gebäude ausgeht. Die Brandschutzvorschriften der §§ 29 und 31 BauO NRW enthalten zahlreiche Anforderungen an seitliche Gebäudeabschlüsse. Die dem Gesetz zugrundeliegende Vorstellung eines typischen Gebäudes mit Wänden und Dachflächen darf in Grenzfällen nicht unberücksichtigt bleiben.

108 Eine bauliche Anlage ist ein **Gebäude**, wenn **sämtliche** Tatbestandsmerkmale der Begriffsbestimmung **erfüllt** sind. Ein Gebäude setzt somit **vier** Merkmale voraus:

- **selbständige Benutzbarkeit**,
- **Überdachung**,
- **Betretbarkeit durch Menschen** und
- **Eignung** oder **Bestimmung** zum **Schutz** von **Menschen**, **Tieren** oder **Sachen**.

Wird nur ein Merkmal **nicht** erfüllt, liegt **kein** Gebäude vor, so z. B. bei einer alten Burgruine aufgrund fehlender Überdachung (vgl. Wilke/Dageförde/Knuth/Meyer, zu § 2 Rdn. 35, die darauf hinweisen, dass nach wie vor von einem Gebäude auszugehen ist, wenn ein abgebranntes Dach alsbald wieder erneuert werden soll). Die Legaldefinition der BauO NRW weicht von der MBO insoweit ab, als anstelle von **Überdeckung** von **Überdachung** die Rede ist. Dies hat jedoch keine Auswirkungen auf den Begriffsinhalt, da nicht die technische Ausführung der bauliche Anlage (Dach oder Decke), sondern die Schutzfunktion des nach oben abschließenden Bauteils gegen Witterungseinflüsse entscheidend ist. Auch **unterirdische bauliche Anlagen**, wie z. B. Tiefgaragen oder Schutzbunker, können Gebäude sein (ebenso Boeddinghaus/Hahn/Schulte, zu § 2 Rdn. 38). Im Gegensatz dazu erfüllen unterirdische Tunnel, Kanäle oder Stollen den Begriff nicht, da sie über keine **gebäudetypische begrenzte** räumliche Ausdehnung verfügen.

**Selbständig benutzbar** sind bauliche Anlagen, wenn sie für sich geeignet sind, den Verwendungszweck zu erfüllen. Die selbständige Benutzbarkeit hängt mit der Funktion der Anlage zusammen und erfordert eine bauliche Anlage, die über **funktionsnotwendige Bauteile** und eine **selbständige Zugangsmöglichkeit** verfügt, so dass sie unabhängig von anderen Anlagen betreten und genutzt werden kann. Je nach Erfüllung dieses Merkmals kann eine **Straßenüberdachung** Gebäude oder Straßenzubehör sein (vgl. OVG NRW, Beschluss vom 16.2.1996 – 10 B 248/96, BRS 58 Nr. 97 = NVwZ-RR 1997, 274 und OVG Bremen, Beschluss vom 9.9.1999 – 1 B 303/99, BRS 62 Nr. 129). Die selbständige Benutzbarkeit darf nicht mit der Aufenthaltsraumqualität verwechselt werden. Bauliche Anlagen können auch dann Gebäude sein, wenn sie Aufenthaltsräume enthalten. Denn § 53 BauO NRW erlaubt in Absatz 1 auch Behelfsbauten als Gebäude und umschreibt in Absatz 2 untergeordnete Gebäude ohne Aufenthalts- oder nur mit vorübergehender Aufenthaltsfunktion, wie Lauben und Unterkunftshütten. Ausdrücklich nennt § 65 Abs. 1 Nr. 1 BauO NRW auch Gebäude ohne Aufenthaltsräume. Daher sind Zweifel an der Eigenschaft eines bloßen Geräteschuppens als Gebäude unbegründet. 109

**Merkmal der selbständigen Benutzbarkeit** ist neben dem eigenen Eingang bei mehrgeschossigen Gebäuden darüber hinaus die eigene Treppe bzw. der eigene Treppenraum. Die funktionale Selbständigkeit ist nur gegeben, wenn jeweils alle für eine selbständige Nutzung erforderlichen Bauteile vorhanden sind (OVG Lüneburg, Urteil vom 21.4.1986 – 1 A 56/85, BRS 46 Nr. 98). Daher fehlt einem **Vordach** oder einer **Hauseingangsüberdachung** das Merkmal der selbständigen Benutzbarkeit; hierbei handelt es sich lediglich um **unselbständige Gebäudeteile** (BVerwG, Beschluss vom 13.6.2005 – 4 B 27.05, BauR 2005, 1755 = BRS 69 Nr. 87 = ZfBR 2005, 698; Hamb. OVG, Urteil vom 20.1.2005 – 2 Bf 283/03, BauR 2005, 849 = BRS 69 Nr. 86). Ein Gebäude kann sich, wie das Beispiel des in § 32 Abs. 2 BauO NRW genannten landwirtschaflichten Gebäudes zeigt, aus **mehreren Gebäudeteilen** mit eigenen Zu- und Ausgängen zusammensetzen, wenn zwischen diesen Teilen ein untrennbarer funktionaler und räumlicher Zusammenhang besteht. **Geschosse** oder **Nutzungseinheiten** wie Wohnungen oder Büros sind keine Gebäude, sondern lediglich **Teile** eines Gebäudes, die in den Gesamtbaukörper einbezogen sind. Ein **Doppelhaus** oder eine **Hausgruppe** besteht trotz des baulichen Zusammenhangs aus **mehreren Gebäuden im bauordnungsrechtlichen Sinne** (VGH B-W, Beschluss vom 8.3.1988 – 8 S 1021/88, BRS 48 Nr. 169). 110

Die **Unabhängigkeit** von anderen baulichen Anlagen wird nicht dadurch gefährdet, dass **aneinandergebaute** Gebäude **gemeinsame** Bauteile aufweisen, da dies § 15 Abs. 2 BauO NRW allgemein mit Baulastvorbehalt und § 31 Abs. 2 BauO NRW speziell für gemeinsame Gebäudetrennwände anstelle von einzelnen Gebäudeabschlusswänden vorsieht. Sie bleibt ebenfalls gewahrt, wenn gemeinsame Zufahrten, Wasserversorgungs- und Abwasserbeseitigungsanlagen oder Gemeinschaftsanlagen mehreren Gebäuden zugeordnet sind. Es ist auch unerheblich, ob sich das Gebäude auf einem oder mehreren Grundstücken befindet oder ob auf einem Grundstück mehrere Gebäude errichtet werden. Dies zeigt schon ein Blick auf § 4 Abs. 2 BauO NRW, der die Errichtung eines Gebäudes auf mehreren Grundstücken regelt, bzw. auf § 35 Abs. 2 BauO NRW, der ausdrücklich den Fall mehrerer Gebäude auf demselben Grundstück anspricht. 111

Die selbständige Benutzbarkeit **erfordert keine Abtrennbarkeit**. Es ist nicht geboten, dass das Gebäude aus der Verbindung mit einem anderen Gebäude im Sinne des § 8 BauO NRW heraustrennbar sein muss oder dass Gebäudeabschlusswände oder Gebäudetrennwände vorhanden sein müssen. So ist beispielsweise eine neben dem Wohn- 112 gebäude in der seitlichen Abstandfläche angeordnete Garage selbständig nutzbar. Das ist selbst dann der Fall, wenn die Garage über eine gemeinsame Wand mit dem Wohngebäude verfügt oder eine Türöffnung zu diesem aufweist. Ein aus Markisenstoff und einer Rahmenkonstruktion im Anschluss an ein Gebäude hergestellter, überdachter Raum, der selbständig als Lager genutzt wird und von außen betreten werden kann, ist – im Gegensatz zu einer an der Außenwand eines Gebäudes angebrachten Markise – als selbständig nutzbares Gebäude zu beurteilen (OVG Lüneburg, Beschluss vom 26.2. 1980 – 6 A 86/79, BRS 36 Nr. 151).

**113** Verfügen **mehrere Gebäude** über ein für ihre funktionsgerechte Nutzung notwendiges gemeinsames Bauteil, wie eine gemeinsame Zufahrtsrampe für das Garagengeschoss, sind sie **verfahrensrechtlich als bauliche Einheit** zu behandeln (OVG Saar, Urteil vom 27.1.1989 – 2 R 346/86, BRS 49 Nr. 157). In dem entschiedenen Fall hatte dies Bedeutung im Hinblick auf die Einwendungen des Nachbarn. Das Gericht führte hierzu aus:

*„Von daher besteht ein untrennbarer Funktionszusammenhang zwischen der Zufahrt und den geplanten Gebäuden auch aus Sicht der „Hauptnutzung", so dass die Rampe als integrierter Bestandteil sowohl des Einzelhauses wie des Doppelhauses erscheint. Dementsprechend ist sie in den Bauvorlagen teils auf den Parzellen Nr. 47/21 und 47/19 und teils auf den Parzellen der einzelnen Eigentümer sowie bezeichnenderweise weder seitens der Bauherren einem der betriebenen zwei Genehmigungsverfahren ausschließlich zugeordnet worden, noch ist den erteilten Bauscheinen zu entnehmen, mit welcher Genehmigung der Beklagte sie hat zulassen wollen. Steht sie aber in einem untrennbaren Funktionszusammenhang sowohl zu dem Einzel- wie zu dem Doppelhaus, so verklammert sie beide Gebäude derart, dass die Anlagen trotz Zuordnung zu getrennten Baugrundstücken, zu unterschiedlichen Genehmigungsverfahren und zum Verantwortungsbereich verschiedener Bauherren als einheitliches Vorhaben zu qualifizieren sind. Insoweit ist sie etwa einem zwei oder mehreren Bauten gemeinsamen (notwendigen) Treppenhaus vergleichbar, das die Anlage zu einem, keiner gesonderten Prüfung und Gestattung der Einzel-„Bauteile" zugänglichen, Gesamtprojekt verbindet.*"

**114** Die Anlage muss **überdacht** sein, also mit einer Vorrichtung versehen sein, die Niederschläge ableiten kann (OVG NRW, Urteil vom 19.9.1963 – VII A 301/63, BRS 14, B 2 S. 148). Dass Überdachungen als Bauteile von baulichen Anlagen so beschaffen und gebrauchstauglich sein müssen, dass durch Wasser oder Feuchtigkeit Gefahren oder unzumutbare Belästigungen nicht entstehen, ergibt sich bereits aus der allgemeinen Anforderung an die Bauausführung des § 16 Satz 1 BauO NRW (vgl. die Anmerkungen zu § 16 Rdn. 7–10). Somit sind Rankgerüste für Kletterpflanzen (Pergolen) keine Gebäude. Sie lösen aber dennoch Abstandflächen aus, weil von ihnen abstandrechtliche Wirkungen wie von Gebäuden im Sinne des § 6 Abs. 10 BauO NRW ausgehen können (OVG NRW, Urteil vom 2.3.2001 – 7 A 5020/98, BauR 2001, 1090 = BRS 64 Nr. 125).

**115** Das Tatbestandsmerkmal Überdachung ist auch gegeben, wenn diese **aus ungewöhnlichem Material**, wie Markisenstoff, Zelt- oder Kunststoffplanen besteht. Unerheblich ist es auch, dass die Bedachung nur **zeitweise** bei Regen oder Schnee aufgebracht werden soll. Dies hatte der BayVGH mit Urteil vom 9.10.1986 (– Nr. 26 B 84 A. 2610, BRS 46 Nr. 133 zu einem Holzlager von 10 × 2 m Grundfläche und 2,10 bzw. 2,30 m Höhe, das über einen pergolaähnlichen Lattenrost als oberen Abschluss verfügte). Ein Gebäude im Sinne des § 2 Abs. 2 BauO NRW liegt auch dann vor, wenn eine als Überdachung dienende Folie während des Sommers entfernt wird (OVG NRW, Urteil vom 16.5.1997 – 7 A 6272/95, BRS 59 Nr. 140).

**Von Menschen betreten** werden können bauliche Anlagen, wenn ein **erwachsener Mensch normaler Größe aufrecht hineingehen** kann. Keine Gebäude sind danach bauliche Anlagen, die für Menschen keine normale Eintritts- oder Aufenthaltsmöglichkeit bieten, wie Silos, Behälter oder Gärfutterbehälter (BayVGH, Urteil vom 2. 8. 1973 – Nr. 94 I 72, BRS 27 Nr. 93 und Urteil vom 9. 3. 1976 – Nr. 90 I 71, BayVBl. 1977, 49 sowie OVG NRW, Urteil vom 9. 5. 1985 – 7 A 1395/84, BRS 44 Nr. 167) oder solche Anlagen, die zum Betreten zu klein sind, wie Kleintierställe oder Transformatorenkästen. Das Betreten darf mit Unannehmlichkeiten verbunden sein, wie z. B. bei älteren Gebäuden, aufgrund geringerer lichter Höhe (vgl. Boeddinghaus/Hahn/Schulte, zu § 2, Rdn. 39). 116

Bei der Voraussetzung, dass die bauliche Anlage **geeignet oder bestimmt sein muss, dem Schutz von Menschen, Tieren oder Sachen zu dienen**, kommt es weniger auf die subjektive Bestimmung durch den Bauherrn als vielmehr auf die **objektive** Eignung der baulichen Anlage für den genannten Zweck an. Dieses Tatbestandsmerkmal korrespondiert mit dem der Überdachung (so auch Jeromin, zu § 2 Rdn. 37), so dass vorrangig ein Schutz gegen Niederschläge gegeben sein muss. Die Bauteile müssen nicht massiv sein. Es kommt auch nicht darauf an, ob sämtliche bauordnungsrechtlichen Schutzziele, wie z. B. Wärme-, Schall-, Erschütterungs- oder Brandschutz gewahrt sind. Auch Wohnwagen, Wohnboote oder schwimmende Fischerhütten, die die Tatbestandsmerkmale der baulichen Anlage erfüllen (s. Rdn. 50 und 51), sind Gebäude. Ebenso sind Traglufthallen Gebäude im Sinne des Absatzes 2 (vgl. OVG NRW, Urteil vom 12. 11. 1974 – X A 303/73, BauR 1975, 110 = BRS 28 Nr. 20 und Urteil vom 30. 4. 1975 – X A 289/74, BRS 29 Nr. 113 = DÖV 1976, 385 sowie BVerwG, Urteil vom 17. 12. 1976 – IV C 6.75, BauR 1977, 109 = BRS 30 Nr. 117 = DÖV 1977, 326 = NJW 1977, 2090). 117

### 3.3 Das Gebäude im Bauplanungsrecht

Der **bauplanungsrechtliche Gebäudebegriff** ist weder im BauGB noch in der BauNVO definiert. Hieraus und aus der ebenfalls fehlenden Legaldefinition der Begriffe Einzel- und Doppelhaus bzw. Hausgruppe resultieren erhebliche Unsicherheiten in der Rechtsanwendung, wie sich vor allem aus divergierenden obergerichtlichen Entscheidungen ergibt (vgl. hierzu Grabe – Gebäudearten: Bauplanungsrechtliche Begriffe und Festsetzungsmöglichkeiten nach § 22 Abs. 2 BauNVO, BauR 1991, S. 530 ff.). Die Auslegungsunsicherheiten schlagen auf das landesrechtlich geregelte Abstandrecht durch, weil bei der Aufteilung von Bauplanungs- und Bauordnungsrecht zunächst davon ausgegangen wurde, dass die bauordnungsrechtlichen Begriffe auch für das Planungsrecht gelten. Später zeigte sich aber dann, dass die Rechtsprechung sowohl den Begriff der baulichen Anlage als auch den des Gebäudes in planungsrechtlich eigenständiger Weise versteht. Neuere verwaltungsgerichtliche Entscheidungen zeigen wieder **Parallelen** zwischen bauplanungsrechtlichem und bauordnungsrechtlichem Gebäudebegriff auf. Im Beschluss vom 13. 12. 1995 (– 4 B 245.95, BauR 1996, 219 = BRS 57 Nr. 79 = DÖV 1996, 293 = NVwZ 1996, 787 = ZfBR 1996, 123) führt das BVerwG aus: 118

*„§ 13 BauNVO definiert freilich ebenso wenig wie die Baugebietsvorschriften, auf die er Bezug nimmt, was unter einem Gebäude zu verstehen ist. Dem in § 2 bis 9 BauNVO jeweils enthaltenen Zulässigkeitskatalog lässt sich immerhin so viel entnehmen, dass der Gebäudebegriff als Unterfall von dem allgemeinen Begriff der (baulichen) Anlage mitumfasst wird, auf den insbesondere auch § 29 BauGB abstellt. Dies schließt es aus, unselbständige Teile einer baulichen Anlage als Gebäude zu qualifizieren. Als Abgrenzungs-*

*merkmal eignet sich insoweit das Kriterium der selbständigen Benutzbarkeit, das auch bei der Bestimmung des bauordnungsrechtlichen Gebäudebegriffs eine maßgebliche Rolle spielt (vgl. hierzu Art. 2 Abs. 2 der Bayerischen BauO). Erforderlich ist, dass das Gebäude jedenfalls tatsächlich unabhängig von sonstigen baulichen Anlagen genutzt werden kann. Durch eine etwaige bauliche Verbindung mit anderen Gebäuden oder Anlagen wird die funktionale Selbständigkeit nicht in Frage gestellt. Dies belegt § 22 Abs. 2 BauNVO, für den es erkennbar ohne Belang ist, ob Gebäude als Einzelhäuser, Doppelhäuser oder Hausgruppen errichtet werden. In die gleiche Richtung deutet die in § 22 Abs. 3 BauNVO getroffene Regelung, dass in der geschlossenen Bauweise die Gebäude ohne seitlichen Grenzabstand errichtet werden. Unerheblich ist, welches äußere Erscheinungsbild mehrere Gebäude abgeben. Auch wenn der Eindruck von Haupt- und Anbau hervorgerufen wird, handelt es sich um verschiedene Gebäude, sofern jedes von ihnen unabhängig vom anderen zugänglich ist. Kommt noch hinzu, dass sich der Hauptbau und der Anbau nicht auf demselben Buchgrundstück befinden, so ist dies ein weiteres Indiz dafür, dass ein selbständiges Gebäude vorhanden ist. In Übereinstimmung mit diesen Grundsätzen hat das Berufungsgericht den Anbau der nach seinen Feststellungen aus Büroräumen besteht und nur im Dachgeschoss bewohnt wird, als „ein rechtlich, technisch und funktionell selbständiges Gebäude" eingestuft. Trifft dies zu, so sind die durch § 13 BauNVO gezogenen Grenzen überschritten. Daran ändert sich auch dann nichts, wenn der auf dem Nachbargrundstück vorhandene „Hauptbau" ausschließlich oder überwiegend für Wohnzwecke genutzt wird."*

**119** Mit dieser Entscheidung hat das BVerwG die **Betrachtungsweise** hinsichtlich **der funktionalen Selbständigkeit** gestärkt (s. auch OVG NRW, Beschluss vom 12. 3. 2001 – 7 B 290/01, BauR 2001, 1238 = BRS 64 Nr. 65). Ursache für diese Problematik ist die verfassungsrechtlich bedingte Aufteilung des Baurechts, die Schnittstellen erfordert. Der Begriff Gebäude verdeutlicht dies besonders, da er die Verwendung eines vom Bauordnungsrecht stark abweichenden bauplanungsrechtlichen Begriffsinhalts ausschließt.

### 3.3.1 Gebäudeteile

**120** Das Bauplanungsrecht verwendet in § 23 BauNVO den Begriff **Gebäudeteil**. Nach dieser Vorschrift kann ein Vor- und Zurücktreten von Gebäude**teilen** in **geringfügigem Ausmaß** zugelassen werden. Der bauplanungsrechtliche Begriff des Gebäudeteils darf nicht mit dem bauordnungsrechtlichen Begriff **Bauteil** gleichgesetzt werden. **Gebäude umschließen** einen **umbauten Raum**, auch wenn dies in der einfachsten Form durch Stützen und ein Dach erfolgen kann. Stützen und Dach bilden in diesem Fall Bauteile des Gebäudes. Normalerweise setzen sich aber Gebäude aus Geschossen und Räumen zusammen und weisen über den Hauptbaukörper hinausgehende, **durch Bauteile umschlossene**, **zum Betreten bestimmte Gebäudeteile** auf, wie Windfänge, überdachte Hauseingangstreppen, Balkone oder Erker. Darüber hinaus weist jedes Gebäude im Fassaden- und Dachbereich konstruktive oder gestaltende Elemente auf, wie Sockel, Pfeiler, Gesimse, Brüstungen, Dachüberstände, Regenrinnen oder Regenfallrohre, die keinen zum Betreten bestimmten Raum umschließen, sondern **Bauteile** des Gebäudes sind. Nach dem früheren Baupolizeirecht spielte diese Unterscheidung keine Rolle, da die Baupolizeiverordnungen sowohl bauplanungs- als auch bauordnungsrechtliche Regelungen über vor die Fluchtlinie hinausragende Bauteile enthielten – vgl. §§ 6 und 8 PrEBO. Das **städtebaulich bedeutsame Vortreten** von Bauteilen über die Baufluchtlinie bezog man aber nicht auf alle Bauteile, sondern auf die vor die Fluchtlinie vortretenden **Vorbauten**, wie Erker und Balkone (vgl. Baltz/Fischer, S. 323 f., Rdn. 15 und 16).

Die nach der herrschenden Meinung verfassungsrechtlich bedingte Aufteilung des Baurechts in Bodenrecht und Baupolizeirecht macht es erforderlich, will man nicht der einleuchtenden, aber leider bislang kaum beachteten Sichtweise von Schulte folgen (vgl. Schulte, S. 61 ff. und 119 ff.), die Regelungen des § 23 BauNVO stärker unter **bodenrechtlichen Gesichtspunkten** zu beleuchten. Danach bezieht sich das **Vor**- bzw. **Zurücktreten** von Gebäudeteilen in geringfügigem Ausmaß vor bzw. hinter die **Baulinie** oder die **Baugrenze** auf solche Bauteile von **städtebaulicher Relevanz**. Diese liegt in der Anordnung und Gliederung der Gebäudemasse, denn § 23 BauNVO zielt auf die Verteilung der baulichen Nutzung auf dem Grundstück (so Fickert/Fieseler, zu § 23, Rdn. 1). Somit erfasst das Bauplanungsrecht Gebäudeteile, die **räumliche Wirkungen** entfalten. Dagegen gehören die ein Gebäude vorrangig gestalterisch gliedernden Bauteile, wie z. B. leicht gegenüber dem Außenputz zurückgesetzte Faschen oder leicht vorspringende Brüstungen, als primär den **Gestaltwert** ausmachende Elemente zum **Bauordnungsrecht**. Die Kommentierungen übergehen diesen Unterschied und beziehen in den bauplanungsrechtlichen Begriff auch Bauteile mit gestalterischer Funktion ein (vgl. Ernst/Zinkahn/Bielenberg/Krautzberger, zu § 23 BauNVO, Rdn. 47; Boeddinghaus, zu § 23, Rdn. 23; Fickert/Fieseler, zu § 23, Rdn. 13; Knaup/Stange, zu § 23, Rdn. 25). **121**

Träfe diese Auslegung des bauplanungsrechtlichen Gebäudeteilbegriffs zu, wäre es unmöglich, ein **baulinienkonformes** Gebäude zu errichten, denn schon die **Fenster** und **Türen** liegen von der Außenkante der Gebäude **zurückgesetzt**, die Fensterbrüstungen kragen leicht vor, das Regenfallrohr liegt in der Regel sogar vor der Wand. Letztendlich bedürften kleinste Bauteile einer Abweichungsentscheidung nach § 23 Abs. 2 BauNVO. Im Falle von Baugrenzen oder Bebauungstiefen gilt nichts anderes, sofern das Gebäude bis unmittelbar an die Grenze der überbaubaren Fläche heranrückt. Die fehlende Aufmerksamkeit hinsichtlich des Begriffsinhalts mag damit zusammenhängen, dass eine derart genaue Betrachtung unnötig war, denn erst durch die BauO NW 1995 wurde die Abweichungsentscheidung nach § 23 BauNVO mit der Freistellungsvoraussetzung nach § 67 Abs. 1 BauO NW 1995 verknüpft. **122**

Schließlich ist bei der Begriffsauslegung die **Handhabung in der Praxis** zu bedenken. Weder Bauherren noch Bauaufsichtsbehörden kommen auf den Gedanken, die gegenüber der baulinienbündigen Wandaußenkante zurückgesetzten Fenster- oder Türelemente als zurücktretende Gebäudeteile oder die auf der Wandfläche angebrachten Schilder und Beleuchtungskörper oder die Vorlegestufe des Eingangs als vortretende Gebäudeteile anzusehen. Die Praxis geht davon aus, dass die **städtebaulichen Vorschriften** die **Gebäudekubatur** und den **Gebäudeumriss in den groben Zügen** erfassen, die architektonische Ausbildung im Detail aber hiermit nichts zu tun hat, weil diese sich nach den bauordnungsrechtlichen Vorgaben richtet. Demzufolge ist das in § 23 BauNVO geregelte Vor- oder Zurücktreten von Gebäudeteilen in geringfügigem Ausmaß auf **raumbildende** oder in vergleichbarer Weise wirkende Gebäudeelemente bezogen, wie z. B. vor die Außenwand tretende Windfänge, Erker, Balkone oder Hauseingangsüberdachungen, nicht jedoch auf konstruktiv bedingte und gestalterische Elemente, wie Sockel, Fensterbänke, Gesimse, Pfeiler, Dachüberstände und ebenso nicht auf bauliche oder haustechnische Ausrüstungsgegenstände, wie Regenrinnen, Regenfallrohre, Beleuchtungskörper, Hausbriefkästen, Anzeigeschilder, Rollládenkästen oder Schlagläden. Als Beispiel für das städtebaulich relevante Zurücktreten von Gebäudeteilen in geringfügigem Ausmaß hinter die Baulinie sind Loggien oder Laubengänge zu nennen; nicht hierzu rechnen Schlitze oder Profilierungen zur Gestaltung von Bauteilen. **123**

124 Der unbestimmte Rechtsbegriff **in geringfügigem Ausmaß** ist nur auf den Gebäudeteil und nicht etwa auf das gesamte Gebäude bezogen. Weicht ein Gebäude insgesamt von der Baulinie nur wenige Zentimeter ab, so kann dieser Rechtsverstoß nur auf dem Befreiungswege überwunden werden (BVerwG, Urteil vom 20.6.1975, BauR 1975, 313 = BRS 29 Nr. 126 = DVBl. 1975, 895). Der Unterschied liegt in der Differenzierung zwischen **wesentlichen** und **unwesentlichen Gebäudeteilen** (vgl. auch OVG NRW, Beschluss vom 24.5.1996 – 11 B 970/96, BRS 58 Nr. 171). Die Bedeutung von Baulinien und Baugrenzen darf nicht durch eine zu großzügige Handhabung der Überschreitungs- bzw. Unterschreitungsregel aufgelockert werden, da dies das Verhältnis zwischen Festsetzung und Ausnahmen qualitativ geradezu umkehren würde (vgl. BVerwG, Urteil vom 23.4.1969 – IV C 12.67, BRS 22 Nr. 42).

125 Da die in § 6 Abs. 7 BauO NRW beispielhaft aufgeführten, **abstandrechtlich privilegierten Bauteile**, die in direkter Beziehung zur Außenwandfunktion stehen, **untergeordneter Natur** sein müssen (vgl. OVG NRW, Beschluss vom 29.11.1985 – 7 B 2402/85, BRS 44 Nr. 101), liegt es nahe, die hierzu ergangene Rechtsprechung heranzuziehen (VGH B-W, Beschluss vom 20.1.2005 – 8 S 3003/04, BauR 2005, 1433 = BRS 69 Nr. 93 = NVwZ-RR 2005, 397). Gebäudeteile, die **keine abstandrechtliche Privilegierung** genießen, sind **auch keine unwesentlichen Gebäudeteile** im bauplanungsrechtlichen Sinne (VGH B-W, Urteil vom 30.10.1985 – 3 S 2310/85, BRS 44 Nr. 102 zu einer 3 m tiefen Terrassenüberdachung; OVG Lüneburg, Beschluss vom 26.5.1983 – 6 B 47/83, BRS 40 Nr. 113 zu einem Treppenhaus; OVG Bln, Urteil vom 22.5.1992 – 2 B 22.90, BRS 54 Nr. 97 = DVBl. 1993, 120 zu einer Aufzugsanlage). Von einem unwesentlichen Gebäudeteil ist selbst bei Einhaltung der Ausladung von 1,50 m nicht auszugehen, wenn es vorrangig zur Gewinnung von Nutzfläche dient oder über mehr als ein Drittel der Außenwand vom Erdgeschoss bis zum Dachgeschoss reicht (OVG NRW, Beschluss vom 26.3.1993 – 11 B 713/93, BRS 55 Nr. 112 zu einem Vorbau).

126 Auch der Konstruktion und Gestaltung dienende Elemente können zu Gebäudeteilen im Sinne des § 23 BauNVO werden, wenn eine **Umgehung des Bauteile-Privilegs** durch „extensive" Ausnutzung vorliegt (so Ortloff, Das Abstandflächenrecht der Berliner Bauordnung, 2. Auflage 1993, Rdn. 168). So sind Dachüberstände, die dazu dienen, einen darunter befindlichen zum Betreten bestimmten Bereich nach oben abzuschließen, um eine „Überdachung" zu ersetzen und einen umbauten Raum zu begrenzen, keine untergeordneten Bauteile bzw. unwesentlichen Gebäudeteile. Ein über die gesamte Gebäudelänge oder sogar um das gesamte Gebäude verlaufender Balkon kann nicht mehr als untergeordnet bzw. unwesentlich gelten (OVG Lüneburg, Urteil vom 9.2.1981 – 6 A 226/79, BRS 38 Nr. 120). Von einer **Unterordnung** ist auszugehen, wenn Bauteile nach Art und Umfang und auch in ihrer Wirkung dem Gebäude gegenüber nicht nennenswert ins Gewicht fallen und wenn sie von der **Baumasse** her **unbedeutend** erscheinen. Ein 1,18 m x 1,18 m messender Kamin ist im Verhältnis zu einem 8,90 m x 3,40 m großen Backhaus und im Hinblick auf die üblichen Hauskaminabmessungen ungewöhnlich massiv und daher kein untergeordnetes Bauteil (BayVGH, Urteil vom 27.11.1974 – Nr. 54 I 73, BRS 29 Nr. 90). Dies läuft auf eine **relative Betrachtungsweise** hinaus, so dass große Baukörper ein Mehr an Vor- bzw. Zurücktreten vertragen als kleine Gebäude. Eine Grenze ist aber dort zu ziehen, wo für die Funktion des Gebäudes erforderliche Teile, wie z. B. Treppentürme, die überbaubare Fläche nicht einhalten. Will die Gemeinde für derartige wesentliche Gebäudeteile eine Zulassungsmöglichkeit eröffnen, bedarf es einer auf § 23 Abs. 2 Satz 3 BauNVO gestützten Ausnahmeregelung.

### 3.3.2 Einzelhäuser, Doppelhäuser, Hausgruppen

127 Die bauplanungsrechtlichen Vorschriften des § 22 Abs. 2 BauNVO über die **offene Bauweise** verwenden die Begriffe Einzelhaus, Doppelhaus und Hausgruppe, ohne die einzelnen **Hausformen** und den Hausbegriff näher zu definieren. Während in § 22 Abs. 3 BauNVO bezüglich der geschlossenen Bauweise nur auf den allgemeinen planungsrechtlichen Gebäudebegriff Bezug genommen wird, enthält die Regelung des § 22 Abs. 2 BauNVO zur offenen Bauweise die Besonderheit, dass die **Gebäude als Einzelhäuser, Doppelhäuser oder Hausgruppen** errichtet werden können, deren **Länge höchstens 50 m** betragen darf. Die Regelung lässt unklar, wann von einem Einzel- oder Doppelhaus bzw. einer Hausgruppe gesprochen werden kann und ob eine Beziehung zwischen dem jeweiligen Haustyp und dem Grundstück besteht, zumal § 22 BauNVO den **seitlichen Grenzabstand** von Gebäuden regelt. Dass bei der Auslegung dieser Begriffe nicht allein das Gebäude, sondern vielmehr auch dessen Anordnung auf einer Baufläche von Bedeutung ist, ergibt sich bereits aus dem zivilrechtlichen Grundsatz der Verbindung von Grundstück und Gebäude und dem **Prinzip der Vertikalteilung** von Grundstücken (s. Rdn. 100 und OVG NRW, Beschluss vom 12. 3. 2001, a. a. O. Rdn. 119).

128 Die Vorschrift geht auf **früheres Baupolizeirecht** zurück. Nach § 8 PrEBO und den darauf beruhenden Baupolizeiverordnungen konnte in der offenen Bauweise statt des freistehenden Einzelhauses die Errichtung von Doppelhäusern (Zusammenbau von zwei Häusern) oder von Gruppenhäusern (Zusammenbau von mehr als zwei Häusern) für bestimmte Straßen oder Gebiete vorgeschrieben oder bei schmalen Baugrundstücken angeordnet oder zugelassen werden, falls die Verdeckung aller Brandmauern sowie eine einheitliche Gebäudetiefe und -höhe sichergestellt waren. Brandmauern wiederum waren nach § 14 PrEBO zum Abschluss von Gebäuden herzustellen, die unmittelbar an der Nachbargrenze errichtet wurden. Für Doppel-, Gruppen- und Reihenhäuser konnten Erleichterungen bezüglich der Trennungswand zwischen zwei Kleinhäusern zugelassen werden. Das Kleinhaus definierte § 28 PrEBO als Wohngebäude mit nicht mehr als zwei Vollgeschossen und nicht mehr als zwei Kleinwohnungen je Geschoss. Aus alledem ergab sich, dass unter Doppelhäusern und Hausgruppen **deckungsgleich aneinandergebaute** Wohngebäude verstanden wurden. In Werkssiedlungen war dabei eine Aufteilung in Einzelgrundstücke (Buchgrundstücke) unüblich, obwohl jedem Haus eine Baufläche mit Vorgarten und Gartenland zugeteilt war.

Die BauNVO übernahm zwar die städtebaulichen Regelungen der PrEBO zur Bauweise, jedoch nicht die Vorschriften über die Einheitlichkeit der Gebäude (vgl. die Begründung des Entwurfs, BR-Drucks. 53/62; zur Rechtsentwicklung siehe Boeddinghaus, Einzelhäuser, Doppelhäuser und Hausgruppen, BauR 1998, S. 15 ff.). Dies ist auch eine Folge der nach dem II. Weltkrieg gewandelten Vorstellungen über das Bauen und der starken Betonung des Eigentumsschutzes, was wiederum einem übertriebenen Individualismus Vorschub leistete. Auf der Strecke blieb dabei die traditionelle Vorstellung des Einzel- und Doppelhauses bzw. der Hausgruppe, da die **BauNVO keine Vorschriften** über die **einheitliche Gebäudetiefe** und **-höhe** von Doppelhäusern oder Hausgruppen enthält und die Länge sämtlicher Hausformen nach § 22 Abs. 2 Satz 2 BauNVO sogar bis zu 50 m betragen darf. Die Auslegung der Begriffe verursacht nicht zuletzt deshalb besondere Probleme, weil durch § 22 Abs. 4 BauNVO abweichende Bauweisen im Bebauungsplan ermöglicht werden. Dies gibt der Gemeinde die Befugnis, weitere neue Hausformen zu „erfinden“, die den traditionellen durchaus ähnlich sein können, jedoch in Feinheiten von deren Begriffsinhalt abweichen. Dem traditionellen Verständnis der offenen bzw. geschlossenen Bauweise eigen ist weiterhin eine Ausrichtung der Baugrundstücke und der Hauptgebäude zur Erschließungsstraße hin (straßenbegleitende Bebauung), so dass vordere, hintere und seitliche Grundstücksgrenzen eindeutig festliegen, denn die Vorschriften über die **offene und geschlossene Bauweise** beziehen sich auf den **seitlichen Grenzabstand**. Anders liegt dies bei der **abweichenden Bauweise**, da nach § 22 Abs. 4 BauNVO festzusetzen ist, inwieweit an die **vorderen**, **rückwärtigen** und **seitlichen Grundstücksgrenzen** herangebaut werden darf oder muss.

**129** Die **fehlenden Vorgaben** der BauNVO zur **Einheitlichkeit** von Doppelhäusern und Hausgruppen führten zu einer Rechtsauslegung, die selbst einen großen Versatz der Gebäude an der gemeinsamen Grundstücksgrenze noch hinnahm (so zuletzt OVG NRW, Beschluss vom 4. 6. 1998 – 10 A 1318/97, BauR 1999, 478 = BRS 60 Nr. 72). Das BVerwG entschied jedoch mit Urteil vom 24. 2. 2000 (- 4 C 12.98, BauR 2000, 1168 = BRS 63 Nr. 185 = DVBl. 2000, 1338 = UPR 2000, 453 = ZfBR 2000, 415), dass ein Doppelhaus im Sinne des § 22 Abs. 2 BauNVO eine bauliche Anlage ist, die dadurch entsteht, dass zwei Gebäude auf benachbarten Grundstücken durch **Aneinanderbauen** an der gemeinsamen Grundstücksgrenze zu einer **Einheit** zusammengefügt werden. Das Erfordernis der baulichen Einheit ist nur erfüllt, wenn die beiden Gebäude in **wechselseitig verträglicher** und **abgestimmter Weise** aneinander gebaut werden. Insoweit ist die planerische Festsetzung von Doppelhäusern in der offenen Bauweise **nachbarschützend. Kein Doppelhaus** entsteht, wenn ein Gebäude gegen das andere so **stark versetzt** wird, dass es den Rahmen einer wechselseitigen Grenzbebauung überschreitet, den **Eindruck eines einseitigen Grenzanbaus** vermittelt und dadurch einen neuen Bodennutzungskonflikt auslöst. Dem Gebot einer qualitativ aufeinander abgestimmten Bauausführung kann auch die einseitige Erweiterung einer der beiden Doppelhaushälften genügen, wenn dadurch die „**harmonische Beziehung**“, in der die beiden Hälften zueinander stehen, nicht in Frage gestellt wird (BayVGH, Beschluss vom 10. 11. 2000 – 26 CS 99.2102, BauR 2001, 372 = BRS 63 Nr. 97).

**130** Die Begriffe Einzel- und Doppelhaus bzw. Hausgruppe haben nur im Rahmen der offenen Bauweise bzw. bestimmter Formen der abweichenden Bauweise Bedeutung. Ansonsten werden sie bauplanungsrechtlich nicht benötigt. Lässt man die abweichende Bauweise unberücksichtigt, da diese im Einzelfall von der Gemeinde im Bebauungsplan zu bestimmen ist, so ergeben sich aus der Verordnung scheinbar nur zwei Bauweisen: die **offene und die geschlossene Bauweise**. Diese unterscheiden sich lediglich hinsichtlich des einzuhaltenden bzw. nicht einzuhaltenden seitlichen Grenzabstandes, so dass die einzelnen Gebäude (Einzelhäuser) entweder mit einem Abstand zur seitlichen Grenze oder ohne Einhaltung eines Abstandes unmittelbar auf der seitlichen Grenze errichtet werden. Die in § 22 Abs. 2 BauNVO erwähnten Doppelhäuser und Hausgruppen passen streng genommen nicht in diese Systematik und bilden selbst wiederum **Sonderformen der offenen Bauweise**, nämlich die „gekoppelte Bauweise“ im Falle von Doppelhäusern und die „Reihenbauweise“ im Falle von Hausgruppen. Es handelt sich deshalb um Sonderformen, weil sie die charakteristischen Merkmale der offenen bzw. geschlossenen Bauweise – die Beziehung des Gebäudes zur seitlichen Grenze – miteinander vermengen. Die als Doppelhaushälften bzw. Hausgruppenelemente aneinandergebauten Gebäude weisen wie die Gebäude der geschlossenen Bauweise keinen seitlichen Grenzabstand untereinander auf. Seitlichen Grenzabstand müssen aber die freien Seiten der Doppelhaushälften bzw. der Endhäuser einer Hausgruppe einhalten.

Der in den früheren Fassungen der BauNVO hinter dem Wort Grenzabstand enthaltene Klammerzusatz (**Bauwich**), der mit der BauNVO-Novelle 1990 entfiel, stimmte nicht vollinhaltlich mit dem landesrechtlichen Bauwichbegriff überein. § 7 Abs. 1 Satz 1 BauO NW 1970 definierte den Bauwich als einen **Mindestabstand der Gebäude von den Grundstücksgrenzen**, die nicht an öffentlichen Verkehrsflächen liegen. Ein landesrechtlich geregelter Bauwich war demzufolge auch zu **hinteren Grundstücksgrenzen** einzuhalten, wohingegen sich der bundesrechtlich geregelte Bauwich nur auf die **seitlichen Grenzabstände** bezog. Mit der Umstellung der landesrechtlichen Bauwich- und Abstandregelungen in reine Abstandvorschriften durch die MBO 1981, der alle Länder bis auf Niedersachsen gefolgt sind, verblieb nur noch in der BauNVO der Bauwichbegriff. Dieser wurde daher in der BauNVO entbehrlich, ohne dass der Verordnungsgeber die Gelegenheit ergriff, als Grenzabstand auch den zu den hinteren Grundstücksgrenzen zu definieren und so eine Deckungsgleichheit zwischen Bundes- und Landesbaurecht herzustellen. In der Literatur wird dieser Unterschied kaum erwähnt und der Grenzabstand so erläutert, als ob sich dieser dem Grundsatz nach aus § 22 BauNVO und die genaue Tiefe des Abstandmaßes aus § 6 MBO bzw. den entsprechenden landesrechtlichen Vorschriften ergibt (vgl. Ernst/Zinkahn/Bielenberg/Krautzberger, zu § 22 BauNVO, Rdn. 27 und Fickert/Fieseler, zu § 22, Rdn. 4). Der heute übliche Städtebau hat sich darüber hinaus von einer rein straßenbegleitenden Bebauung gelöst und ordnet die überbaubaren Grundstücksflächen den Verkehrsflächen nach unterschiedlichsten Gesichtspunkten zu (vgl. Boeddinghaus, zu § 22, Rdn. 3–5). Es kann dann im Einzelfall schwer fallen, die seitlichen von den hinteren Grenzen zu unterscheiden. Dabei helfen auch die von der Rechtsprechung entwickelten Auslegungsregeln kaum weiter, da den Streitverfahren die klassische straßenbegleitende Bebauung zugrunde lag (vgl. z. B. OVG Rh-Pf, Urteil vom 21. 6. 1965 – 1 A 87/64, BRS 16 Nr. 62 zu seitlichen und hinteren Grenzen bei rechteckigen Eckgrundstücken). Hinzu kommt, dass sich die Vorgaben des **§ 22 BauNVO nur auf Hauptanlagen** beziehen, so dass **Nebengebäude** und **Garagen nicht erfasst** sind (OVG NRW, Urteil vom 12. 7. 1982 – 7 A 2198/80, BRS 39 Nr. 111). 131

Allgemein werden die bundes- und landesrechtlichen Begriffe und damit der **seitliche Grenzabstand** mit dem **Mindestabstand von den Grundstücksgrenzen** gleichgesetzt (vgl. z. B. Boeddinghaus, zu § 22, Rdn. 10; Fickert/Fieseler, zu § 22, Rdn. 4). Diese **Gleichsetzung bundes- und landesrechtlicher Grenzabstandbegriffe** hat zur Folge, dass die Hausformen des § 22 Abs. 2 BauNVO mit dem **Buchgrundstück** in Beziehung treten, wodurch sich ein anderer Begriffsinhalt ergibt, als wenn nur auf einen einzuhaltenden bzw. nicht einzuhaltenden Grenzabstand von **Flächen** abgestellt wird, die den **Gebäuden zugeordnet** sind. Der Grenzabstand muss aber nicht zwingend mit dem Abstand zu Buchgrundstücksgrenzen identisch sein. Unter Grenzabstand kann auch ein Abstand der Gebäude vom zugehörigen Teil eines Buchgrundstücks verstanden werden, da **Bebauungspläne keine Grundstücksgrenzen** festsetzen können, sondern nur **Flächen und deren Abgrenzung**. Es ist deshalb davon auszugehen, dass die Vorschriften über die Bauweise nicht nur den Abstand der Gebäude zur Grenze des Grundstücks im Rechtssinne (Buchgrundstück) erfassen. Die Vorschriften regeln vielmehr die Einhaltung oder Nichteinhaltung des Abstandes von Gebäuden zu den Grenzen von Flächen, die nach der Zweckbestimmung des Vorhabens das Baugrundstück bilden. Demzufolge kommt es nicht darauf an, ob eine im Bebauungsplan festgesetzte Fläche für Doppelhäuser oder Hausgruppen bereits parzelliert wurde oder ob eine Fläche für Einzelhäuser überhaupt aufgeteilt werden soll. Mitunter errichten nämlich Wohnungsbaugesellschaften 132 oder Bauträger auf großen Grundstücken gleich mehrere Gebäude zur Vermietung oder zum Verkauf, ohne dass bereits eine Realteilung vorliegt. Es wäre praxisfremd und einer zügigen Baudurchführung abträglich, wollte man zunächst die Realteilung, die Bildung der Buchgrundstücke und deren Eintragung im Grundbuch abwarten, bevor eine Baugenehmigung ausgesprochen werden könnte. Für freigestellte Wohngebäude ergäbe sich die groteske Folge, dass die beschleunigende Wirkung der Freistellung nicht vom Bauträger ausgeschöpft werden könnte, weil zuvor das grundbuchliche Eintragungsverfahren abzuwarten bliebe. Daher können die Hausformenbegriffe der BauNVO nicht davon abhängig sein, dass bereits ausparzellierte, den jeweiligen Gebäuden zugeordnete Buchgrundstücke vorliegen (s. auch Boeddinghaus, Ist ein Doppelhaus auf einem ungeteilten Grundstück ein Einzelhaus i.S. des § 22 Abs. 2 Baunutzungsverordnung?, BauR 2001, S. 1358 ff.).

133 Dieses Verständnis der Begriffe hat zur Folge, dass auf einer Fläche im Bebauungsplan, auf der nur bestimmte Hausformen zulässig sind, **keine Beschränkung der Anzahl der Gebäude je Buchgrundstück** eintritt. Für Einzelhäuser hat dies so auch ausdrücklich das BVerwG klargestellt. Soweit sie die erforderlichen seitlichen Grenzabstände einhalten, dürfen auf einem Grundstück auch mehrere „Einzelhäuser" stehen. Das planerische Ziel, auf Baugrundstücken von mindestens 1000 m² Größe nur ein einziges Wohngebäude mit höchstens zwei Wohnungen zuzulassen, kann nicht allein durch die Festsetzung der Grundstücksmindestgröße, die Festsetzung „Einzelhäuser" und die Festsetzung der Zwei-Wohnungs-Klausel erreicht werden (BVerwG, Beschluss vom 31. 1. 1995 – 4 NB 48.93, BauR 1995, 351 = BRS 57 Nr. 23 = DÖV 1995, 422; Hess. VGH, Urteil vom 25. 11. 1999 – 4 UE 2222/92, BauR 2000, 873 = BRS 62 Nr. 184; OVG NRW, Beschluss vom 14. 8. 1997 – 10 B 1869/97, BauR 1998, 93 = BRS 59 Nr. 73). Ein derartiges Planungsziel lässt sich allerdings durch die Festsetzung von entsprechend eng begrenzten überbaubaren Grundstücksflächen erreichen (Hamb. OVG, Urteil vom 27. 5. 1993 – Bf II 108/91, BRS 55 Nr. 38).

134 Mit dem früheren Verständnis des Einzelhauses als einem freistehenden Wohngebäude mit begrenzter Gebäudehöhe und Wohnungsanzahl – vielfach auch gleichgesetzt mit dem im Wohnungsrecht definierten **Einfamilienhaus** – hat das **Einzelhaus im Sinne des § 22 Abs. 2 BauNVO** nichts gemein. Weder aus der Höhe des Gebäudes, der Art seiner Nutzung, der Anzahl der Nutzungs- oder Wohneinheiten, noch seiner Rechts- bzw. Bewirtschaftungsform lassen sich Rückschlüsse auf den Begriffsinhalt ziehen. Allein ausschlaggebend ist ein maximal 50 m langer Baukörper mit seitlichen Grenzabständen, dessen innere räumliche Aufteilung in Nutzungseinheiten keine Rolle spielt, soweit nicht hierdurch der einheitliche Hauscharakter in bodenrechtlichem Sinne aufgegeben wird. Fickert/Fieseler (zu § 22, Rdn. 6.2–6.22) weisen unter Bezug auf Grabe (a.a.O. Rdn. 118) darauf hin, dass dem Begriff des Einzelhauses aus heutiger städtebaulicher Sicht jede rechtsstaatlich erforderliche Normenbestimmtheit fehlt und er deshalb bei einer Novellierung der BauNVO aufgegeben werden sollte. In der Tat ergeben sich Auslegungsprobleme, wenn ein Einzelhaus nicht die übliche horizontale Aufteilung in Geschosse und Nutzungseinheiten, sondern in durch Trennwände unterteilte Nutzungselemente aufweist (Fickert/Fieseler verwenden die Bezeichnung „Wohnscheiben"). In einem solchen Falle muss geprüft werden, ob anstelle des vorgeschriebenen Einzelhauses ein Doppelhaus oder eine Hausgruppe zur Ausführung kommen soll. Allein das Merkmal der selbständigen Benutzbarkeit im Sinne des Bauordnungsrechts reicht nicht aus, das „Wohnscheibeneinzelhaus" von einer „Hausgruppe" nach Bauplanungsrecht zu unterscheiden.

Die obergerichtliche Rechtsprechung hat zur Auslegung der Hausformenbegriffe den bauordnungsrechtlichen Gebäudebegriff herangezogen. Danach besteht ein Einzelhaus aus einem, ein Doppelhaus aus zwei und eine Hausgruppe aus mindestens drei Gebäuden (OVG NRW, Urteil vom 30.4.1975 – X A 289/74, BRS 29 Nr. 113; OVG Lüneburg, Beschluss vom 26.2.1980 – 6 A 86/79, BRS 36 Nr. 151 und Urteil vom 21.4.1986 – 1 A 56/85, BRS 46 Nr. 98; Hess. VGH, Beschluss vom 4.6.1992 – 4 TG 2815/91, BRS 54 Nr. 161). Eine strikte Anwendung der bauordnungsrechtlichen Begriffsbestimmung auf den Hausformenbegriff ohne Berücksichtigung der bodenrechtlichen Besonderheiten führt aber zwangsläufig, wie Grabe (a.a.O. Rdn. 118) zutreffend feststellt, „hinein in ein **Kabinett von Rechtskuriositäten**, die von niemandem mehr verstanden werden, da die Grenze zwischen funktional selbständigen (Gebäude-) Wohnscheiben und Wohnungen kaum noch justitiabel, behördliches Handeln nicht mehr messbar, damit willkürlich ist". Deutlich wird dies an weiteren Entscheidungen, denen die o.g. Sichtweise zugrunde liegt. So soll es sich auch dann um ein Doppelhaus im Sinne des § 22 Abs. 2 BauNVO handeln, wenn zwar beide Doppelhaushälften nur über einen gemeinsamen Eingang betreten werden können, dieser Zugang aber in einen Hausflur mündet, von dem aus jede Doppelhaushälfte durch eine Tür erreichbar ist (VG Frankfurt am Main, Beschluss vom 18.9.1995 – 15 G 1437/95 [V], NVwZ-RR 1996, 378). Oder es wird behauptet, dass das Vorhandensein nur eines Eingangs nebst Windfang der Annahme mehrerer Gebäude nicht entgegensteht, wenn der die Gemeinsamkeit zwischen den ansonsten funktional und konstruktiv selbständigen Wohneinheiten vermittelnde Bereich im Verhältnis zu anderen Teilen des Gebäudekomplexes nach Größe und Baumasse gering ist (OVG NRW, Beschluss vom 6.2.1996 – 11 B 3046/95, BauR 1996, 684 = BRS 58 Nr. 170; vgl. auch VGH B-W, Urteil vom 25.6.1996 – 5 S 2572/95, BauR 1997, 274 = BRS 58 Nr. 77). Folgt man diesen Überlegungen, die das Vertikalteilungsprinzip außer Acht lassen, sind auch versetzt übereinanderliegende Wohneinheiten im Hang mit jeweils eigenen Zugängen und Freiflächen in der seitlichen Abstandfläche als Gebäude anzusehen, da ihnen eine funktionale Selbständigkeit nicht abgesprochen werden kann und sie aufgrund der Hanglage zum überwiegenden Teil eine unmittelbare Verbindung mit dem Erdboden aufweisen. 135

Es führt aber auch nicht weiter, wenn man die funktionale Selbständigkeit als ausschlaggebendes Kriterium aufgibt und stattdessen den **bodenrechtlichen Bezug zum Buchgrundstück** überbetont. Das OVG Rh-Pf vertritt im Urteil vom 23.1.1986 (– 1 A 124/84, BRS 46 Nr. 99) die Auffassung, dass dem Begriff Doppelhaus immanent sei, dass es auf zwei verschiedenen Grundstücken steht und die gemeinsame Grundstücksgrenze zwischen den beiden Gebäudeteilen verläuft. Es begründet diese Auffassung damit, dass Doppelhäuser und Hausgruppen **herkömmlicherweise** auf verschiedenen Grundstücken errichtet werden. Wie aber unter Rdn. 128 und 133 ausgeführt, ist gerade das der PrEBO zugrundeliegende Hausformenverständnis durch die BauNVO nicht vollständig übernommen worden, so dass heute ein anderer Begriffsinhalt gilt. Auch lässt sich weder dem Wortlaut der Verordnung noch ihrer Begründung entnehmen, dass die Hausformen direkt mit dem Buchgrundstücksbegriff verknüpft sind. Schließlich ergibt sich aus der Entscheidung auch nicht, wie das BVerwG im Beschluss vom 31.1.1995 (a.a.O. Rdn. 133) festgestellt hat, dass auf einem Baugrundstück mehrere Doppelhäuser unzulässig sind. Das Nds. OVG hat in seinem Urteil vom 8.12.1995 (– 1 L 3209/94, BauR 1996, 354 = BRS 57 Nr. 83) seine frühere Rechtsauffassung (Urteil vom 21.4.1986 – 1 A 56/85, BRS 46 Nr. 98) aufgegeben und sich der Rechtsprechung des OVG Rh-Pf 136 angeschlossen. Dies wird unter anderem damit begründet, dass Doppelhäuser und Hausgruppen auf verschiedenen Grundstücken nur als abweichende Bauweise nach § 22 Abs. 4 BauNVO realisiert werden könnten, wenn sich die Aussage des § 22 Abs. 2 BauNVO darauf beschränken würde, welche Haustypen mit seitlichem Grenzabstand auf **einem** Baugrundstück zulässig sind; auch erscheine eine Regelung der auf einem Baugrundstück zulässigen Haustypen in einer Vorschrift über die Bauweise systemwidrig. Schlüssig ist diese Argumentation aber nur, wenn der Grenzabstand als Abstand zur Buchgrundstücksgrenze verstanden wird. Auch ist dieser Auffassung entgegenzuhalten, dass zum Zeitpunkt der Aufstellung des Bebauungsplans die künftig zu bildenden Grundstücksgrenzen noch gar nicht festliegen (vgl. Rdn. 131 zur Praxis von Bauträgern und Wohnungsbaugesellschaften) und dass die Festsetzungen des Bebauungsplanes keine Grundstücksgrenzen regeln können. Wenn also die Bauleitplanung nur die Bauweise für bestimmte Flächen vorgibt, ohne direkt Einfluss auf den künftigen Grundstückszuschnitt nehmen zu können, dann kann andererseits die Realisierbarkeit der Bebauung nicht allein vom Vorliegen ausparzellierter Buchgrundstücke abhängig sein, die bereits auf die zulässigen Hausformen abgestimmt sind. Auch ist zu bedenken, dass die bodenrechtliche Teilung von Grundstücken gemäß § 19 Abs. 2 BauGB nicht den Festsetzungen des Bebauungsplans widersprechen darf. Teilt ein Bauträger eine große Baufläche, für die der Bebauungsplan bestimmte Hausformen der offenen Bauweise festsetzt, von einer nicht bebaubaren Fläche ab, weil er eben genau diese Hausformen verwirklichen zu wollen, so wird ihm kein Rechtsverstoß entgegengehalten werden können. Das strikte Verlangen nach Ausparzellierung von Buchgrundstücken führt daher bei der Auslegung der Hausformenbegriffe ebenso in die Sackgasse wie eine isolierte Heranziehung des bauordnungsrechtlichen Gebäudebegriffs ohne Berücksichtigung der bodenrechtlichen Besonderheiten.

**137** Die unzureichende Verordnungsregelung kann nur durch eine am **Gebäudebegriff** orientierte Auslegung überwunden werden, die dem **bodenrechtlichen Bezug des Hausformenbegriffs** Rechnung trägt. Das BVerwG hat die vorrangige Betrachtungsweise der funktionalen Selbständigkeit zur Auslegung des Gebäudebegriffs erneut in seinem Beschluss vom 11. 3. 1991 – 4 B 4.91 (Buchholz 406.12, § 22 BauNVO Nr. 2 – Leitsatz) herausgestellt. In diesem Fall sollten zwei Doppelhaushälften auf zwei Flurstücken mit jeweils zwei miteinander verbundenen „Wohnscheiben“ durch bauliche Veränderungen neu gegliedert werden. Anstelle von zwei Doppelhaushälften wären nach Realisierung der Umbaumaßnahmen vier selbständige Gebäude mit jeweils eigenem Eingang bei gleichzeitigem Verschluss der bestehenden Verbindung der Gebäudeteile im Kellergeschoss und zugeordneten Grundstücksteilflächen entstanden. Das Berufungsgericht (VGH B-W, Urteil vom 7. 11. 1990 – 3 S 2196/90, n. v.) wertete dies als Hausgruppe, obwohl keine gesonderten Buchgrundstücke gebildet werden sollten (jede „Doppelhaushälfte“ war in zwei Wohnungseigentumseinheiten mit Sondernutzungsrechten am jeweiligen Grundstücksteil aufgeteilt worden). Das BVerwG schloss sich dieser Sichtweise an und führte aus:

*„Die Beschwerde hält für grundsätzlicher Klärung bedürftig, ob eine Doppelhaushälfte – deren Errichtung mit zwei nebeneinander gelegenen Wohneinheiten und gemeinsamem Eingang war dem Rechtsvorgänger der Klägerin hier genehmigt worden – auch zwei funktional selbständige Eigentumseinheiten aufweisen könne, insbesondere ob innerhalb einer Doppelhaushälfte zwei Eingänge zulässig sein können. Diese Fragestellung rechtfertigt keine Zulassung der Revision gemäß § 132 Abs. 2 Nr. 1 VwGO. Vielmehr ergibt sich – ohne dass dies erst noch eine höchstrichterliche Klärung in einem künftigen Revisions-*

*verfahren erforderlich macht – unmittelbar aus Wortlaut und Sinnzusammenhang der in § 22 Abs. 2 BauNVO verwendeten Begriffe, dass unter einem Doppelhaus im Sinne der bauplanungsrechtlichen Bestimmung über die Bauweise, unabhängig von den bestehenden zivilrechtlichen Verhältnissen, insbesondere unabhängig von etwa begründetem Wohnungseigentum, ein aus zwei selbständigen Gebäuden durch Aneinanderbauen an einer Seite zu einer Einheit zusammengefügtes Haus zu verstehen ist (vgl. Boeddinghaus/ Dieckmann, BauNVO, 2. Aufl., zu § 22 Rz. 12; Ernst/Zinkahn/Bielenberg, BauGB, zu § 22 BauNVO Rz. 30; Leder, BauNVO und PlanZVO, 4. Aufl., zu § 22 Rz. 5; Schlez, BauNVO, 2. Aufl., zu § 22 Rz. 8). Hieraus folgt ohne weiteres, dass bei Vorliegen der eine selbständige Nutzung erlaubenden Merkmale bei jedem der beiden Gebäude nicht länger von einer bloßen Doppelhaushälfte die Rede sein kann.*"

Der so entschiedene Fall belegt auch, dass zwar im Baurecht grundsätzlich der Grundstücksbegriff im bürgerlich-rechtlichen Sinne Anwendung findet (BVerwG, Urteil vom 26. 6. 1970 – IV C 73.68, BRS 23 Nr. 45; s. auch die Anmerkungen zu § 1 Rdn. 32), von diesem aber **abgewichen werden kann und muss**, wenn bei Verwendung des Buchgrundstücksbegriffs die Gefahr entstünde, dass **der Sinn einer bestimmten bau- und bodenrechtlichen Regelung handgreiflich verfehlt würde** (BVerwG, Urteil vom 14. 12. 1973 – IV C 48.72, BRS 27 Nr. 82 und Urteil vom 14. 2. 1991 – 4 C 51.87, BRS 52 Nr. 161 = NJW 1991, 2783 = ZfBR 1991, 173). Die Festsetzungen der Bebauungspläne können nämlich nicht nur für Buchgrundstücke gelten, da seit der Rechtsänderung im Jahre 1976 auf „**Flächen**" und **nicht mehr auf „Baugrundstücke**" in § 9 BauGB = 9 BBauG abgestellt wird; auch ordnet § 200 Abs. 1 BauGB ausdrücklich an, dass die für Grundstücke geltenden städtebaulichen Vorschriften auch auf Grundstücksteile anzuwenden sind. Mit Blick auf die Einhaltung der bauplanungsrechtlichen Vorschriften kann somit auch ein Teil des Buchgrundstücks als Baugrundstück im bauplanungsrechtlichen Sinne anzusehen sein (so ausdrücklich Schlichter/Stich/Driehaus/Paetow, zu § 200, Rdn. 14 als klassisches Beispiel ein Buchgrundstück erwähnend, das zum Teil im Innenbereich, zum Teil im Außenbereich liegt).

Von einem **Einzelhaus** ist somit auszugehen, wenn dieses nur solche **Nutzungseinheiten** **138**
enthält, die als **unselbständige** Gebäudeteile bzw. Gebäudeabschnitte aufgefasst werden können, weil ihnen insbesondere keine Flächen konzeptionell zugeordnet sind, die die Funktion eines Baugrundstücks übernehmen könnten.

Ein **Doppelhaus** liegt vor, wenn die beiden **Hälften als Gebäude selbständig benutzbar** sind und über jeweils **zugeordnete Flächen** verfügen.

Eine **Hausgruppe** liegt vor, wenn die **einzelnen Elemente als Gebäude selbständig benutzbar** sind und über jeweils **zugeordnete Flächen** verfügen.

In allen Fällen müssen die **Gebäude** mit den **zugeordnete Flächen** dem zivilrechtlichen **Vertikalteilungsprinzip** entsprechen, das heißt, einer Buchgrundstücksbildung dürfen keine Hinderungsgründe entgegenstehen. Auf diese Weise lassen sich unselbständig konzipierte, vertikal gegliederte „Scheiben" als einer Wohnung bzw. sonstigen Nutzungseinheit vergleichbares Gebäudeteil von funktional selbständigen Gebäuden auf abteilbaren Flächen unterscheiden. Zu berücksichtigen bleibt auch bei dieser Auslegungshilfe der Hausformenbegriffe, dass wiederum Grenzfälle denkbar sind, die zusätzlicher Überlegungen bedürfen. Mangels verordnungsrechtlicher Begriffsbestimmung wird es deshalb immer auf die Planungskonzeption im Einzelfall und die Würdigung der tatsächlichen Verhältnisse ankommen.

### 3.4 Wohngebäude

139 Der an die Wohnnutzung geknüpfte Gebäudebegriff ist in materiell-rechtlicher Hinsicht bei der Anwendung der BauNVO von Bedeutung und steht mit dem Begriff des Wohnens in enger Verbindung. Eine **verfahrensrechtliche Relevanz** erwächst ihm durch die Bestimmungen der §§ 67 und 68 BauO NRW, die sich auf das **Wohngebäude mittlerer und geringer Höhe** beziehen. Im Gegensatz hierzu stellte § 64 BauO NW 1984 (Vereinfachtes Genehmigungsverfahren) auf das **Wohngebäude geringer Höhe mit nicht mehr als zwei Wohnungen** ab. Wegen dieser Eingrenzung auf eine maximale Wohnungsanzahl kam dem bauplanungsrechtlichen Wohnbegriff keine nennenswerte Bedeutung im Hinblick auf verfahrensrechtliche Aspekte zu. Dies änderte sich grundlegend, da die BauO NRW 2000 nur noch allgemein vom Wohngebäude mittlerer und geringer Höhe spricht, ohne den Nutzungsumfang näher einzugrenzen. Hierdurch ergibt sich die Frage, ob der bauplanungsrechtliche Wohngebäudebegriff ganz oder teilweise zur Auslegung der verfahrensrechtlichen Tatbestandvoraussetzungen der §§ 67 und 68 BauO NRW 2000 herangezogen werden kann. Eine bauordnungsrechtliche Begriffsbestimmung hätte die Handhabung des Gesetzes erleichtert, fehlt jedoch.

140 Relativ einengend, ohne Einbeziehung freiberuflicher Tätigkeiten, hat der niedersächsische Gesetzgeber den Begriff **Wohngebäude** in § 2 Abs. 8 NBauO definiert:

*„Wohngebäude sind Gebäude, die nur Wohnungen und deren Nebenzwecken dienende Räume, wie Garagen, enthalten.“*

Diese Begriffsbestimmung bezieht sich nur auf Wohnungen, so dass die zum bauplanungsrechtlichen Wohngebäudebegriff entwickelten Vorstellungen nicht voll übertragbar sind; vgl. auch die hiervon abweichende, weiter gefasste Nr. 67.1 VV BauO NRW.

141 Weder das Bauplanungs- noch das Bauordnungsrecht regeln, was unter **Wohnen** zu verstehen ist. Im Bauplanungsrecht war der Begriff streitig, wie die Kontroverse um die Zulässigkeit von Altenpflegeheimen und Asylbewerberunterkünften in Wohngebieten zeigt (vgl. Hess. VGH, Beschluss vom 2. 5. 1980 – IV TG 24/80, BRS 36 Nr. 183; OVG NRW, Urteil vom 3. 11. 1988 – 11 A 56/86, BauR 1989, 581 = BRS 49 Nr. 89; VGH B-W, Urteil vom 17. 5. 1989 – 3 S 3650/88, BauR 1989, 587 = BRS 49 Nr. 47 = ZfBR 1989, 220 und Beschluss vom 19. 5. 1989 – 8 S 555/89, BauR 1989, 584 = BRS 49 Nr. 48 = ZfBR 1989, 223). Diese Rechtsprechung war auch Anlass für die Neufassung des § 3 Abs. 4 BauNVO 1990, um klarzustellen, dass zu den Wohngebäuden auch solche gehören, die ganz oder teilweise der Betreuung und Pflege ihrer Bewohner dienen (vgl. Bielenberg/Krautzberger/Söfker, BauGB, 4. Auflage, zu § 3 BauNVO, S. 1039, Rdn. 24).

142 Unter dem **Begriff Wohnnutzung** versteht die Rechtsprechung „eine auf Dauer angelegte Häuslichkeit, Eigengestaltung der Haushaltsführung und des häuslichen Wirkungskreises sowie Freiwilligkeit des Aufenthalts; diese Kriterien dienen insbesondere der Abgrenzung von anderen Nutzungsformen, etwa der Unterbringung, des Verwahrens unter gleichzeitiger Betreuung, der bloßen Schlafstätte oder anderer Einrichtungen, die dann nicht als Wohngebäude, sondern als soziale Einrichtungen einzustufen sind“ BVerwG, Beschluss vom 25. 3. 1996 – 4 B 302.95, BauR 1996, 676 = DÖV 1996, 746 = ZfBR 1996, 228). Das Gericht geht davon aus, dass es nicht generell möglich sei, die Frage, ob der Wohnbegriff des § 3 BauNVO 1968 (oder einer anderen Fassungen der BauNVO vor 1990) auch Wohngebäude umfasst, die der Betreuung und Pflege der Bewohner dienen, mit einem eindeutigen Ja oder Nein zu beantworten, sondern nur diffe-

renziert danach, inwieweit noch die für das „Wohnen" konstituierenden Merkmale erfüllt sind. Die Frage sei nicht abstrakt, sondern nur nach den Umständen des Einzelfalls zu beantworten. Somit ließe sich auf der Grundlage der bisherigen Rechtsprechung und des Wortlautes der einschlägigen Vorschriften sagen, dass eine gewisse Betreuung und Pflege den Begriff des Wohnens im Sinne des § 3 BauNVO 1968 (oder einer anderen Fassung der BauNVO) dann nicht ausschließen, wenn gleichwohl noch die das „Wohnen" prägenden Merkmale im Grundsatz erhalten bleiben. Sollten mit der Neuregelung des § 3 Abs. 4 BauNVO 1990 auch die bisher als „Unterbringung" eingestuften Nutzungen erfasst sein, würde sich das jedenfalls nicht auf alte Bebauungspläne beziehen können.

Der **Begriff Wohnung** wird im Bauplanungs- und Bauordnungsrecht herangezogen, um den **Nutzungsumfang eines Wohngebäudes** einzugrenzen. Nach § 9 Abs. 1 Nr. 6 BauGB kann im Bebauungsplan aus besonderen städtebaulichen Gründen die höchstzulässige Zahl der Wohnungen in Wohngebäuden festgesetzt werden; § 2 Abs. 3 Nr. 1 BauNVO 1990 lässt als Ausnahme in Kleinsiedlungsgebieten die Zulassung sonstiger Wohngebäude mit nicht mehr als zwei Wohnungen zu. In ihren älteren Fassungen ermöglichten § 3 Abs. 3 und § 4 Abs. 4 BauNVO die einschränkenden Festsetzungen von Wohngebäuden mit nicht mehr als zwei Wohnungen. Das Bauordnungsrecht knüpft erleichternde Anforderungen an Wände, Pfeiler, Stützen und Decken von Wohngebäuden mit nicht mehr als einer bzw. zwei Wohnungen (vgl. §§ 29 Abs. 1 und §§ 34 Abs. 1 BauO NRW). Der Begriff wird im Sinne der zurückgezogenen DIN 283 Teil 1 (Ausgabe März 1951) ausgelegt. Danach ist eine Wohnung die Summe der Räume, welche die Führung eines selbständigen Haushaltes ermöglichen (s. die Anmerkungen zu § 49, Rdn. 2–5; zur Abgrenzung der Wohnung von Zimmern eines Hotels oder einer Pension vgl. BVerwG, Urteil vom 29. 4. 1992 – 4 C 43.89, BauR 1993, 194 = BRS 54 Nr. 53). **143**

Nach **§ 13 BauNVO** sämtlicher Fassungen sind in den Baugebieten nach §§ 2 bis 9 BauNVO für die Berufsausübung freiberuflich Tätiger und solcher Gewerbebetreibender, die ihren Beruf in ähnlicher Weise ausüben, Räume zulässig; die Fassungen der BauNVO von 1977 und 1990 erklären in den Baugebieten nach den §§ 4 a bis 9 auch Gebäude für zulässig. § 13 BauNVO setzt nicht voraus, dass in der jeweiligen Nutzungseinheit (Wohnung) nebeneinander gearbeitet und auch gewohnt wird. Der **Begriff Räume** kennzeichnet Raumeinheiten, die nur Teile des Gebäudes und jedenfalls nicht umfangreicher als jeweils eine Wohnung sind, so wie sie im Zeitpunkt des Beginns der Nutzung für den freien oder den ähnlichen Beruf vorgefunden werden, so dass ein freiberuflich oder ähnlich Tätiger in einem Wohnhaus äußerstenfalls alle Räume einer einzelnen Wohnung beruflich nutzen darf. Die Zielsetzung des § 13 BauNVO steht der Verbindung mehrerer Wohnungen zum Zwecke der freiberuflichen oder ähnlichen Berufsausübung entgegen (soweit nicht auch Gebäude in den Gebieten nach §§ 4 a bis 9 der BauNVO 1977 und 1990 zulässig sind). Die Anwendung des § 13 BauNVO setzt nicht voraus, dass in der Nutzungseinheit (Wohnung) zugleich gearbeitet und gewohnt wird. Es entspricht Sinn und Zweck der Vorschrift, dass etwa in einem Mehrfamilienhaus eine oder auch einige Wohnungen allein beruflich für freie oder ähnliche Berufe genutzt werden, solange nur die anderen Wohnungen Wohnzwecken dienen und das Wohnhaus nicht durch überwiegend berufliche Nutzung dem Wohnen entfremdet wird. Das bedeutet, dass Mehrfamilienhäuser im Interesse der Erhaltung der Wohnstruktur nicht zu „gewerblichen" Gebäuden – wie sie den freien und ähnlichen Berufen nur in den Baugebieten nach den §§ 4 a bis 9 der BauNVO von 1977 und 1990 offen stehen – umfunktioniert werden dürfen, da dies zu einer städtebaulich unerwünschten Verdrän- **144** gung der Wohnnutzung führen würde (BVerwG, Urteil vom 20.1.1984 – 4 C 56.80, BVerwGE 68, 324 = BauR 1984, 267 = BRS 42 Nr. 56 = NVwZ 1984, 236 = ZfBR 1984, 97). Für die Auslegung des Begriffs der freiberuflichen oder ähnlichen gewerblichen Tätigkeit kann auf die Bestimmungen des Einkommensteuergesetzes zurückgegriffen werden (BVerwG, Urteil vom 30.1.1970 – IV C 143.65, BRS 23 Nr. 36 und Urteil vom 20.1.1984, a.a.O.).

**145** Der bauplanungsrechtliche und der bauordnungsrechtliche Begriffsinhalt des Wohngebäudes differieren. Die BauO NRW regelt in den materiellen Einzelvorschriften übliche Wohngebäude und Gebäude vergleichbaren Gefahrenpotenzials. Im Gegensatz hierzu sind nach Maßgabe des § 54 BauO NRW für bauliche Anlagen und selbst für **Räume** besonderer Art oder Nutzung besondere Anforderungen oder Erleichterungen möglich oder aber Sonderbauverordnungen auf der Grundlage des § 85 Abs. 1 Nr. 5 BauO NRW zu beachten (vgl. die Anmerkungen zu § 17, Rdn. 1–3 und zu § 54, Rdn. 1–3). Diese **Grundkonzeption des Bauordnungsrechts schließt es** aus, den **Wohngebäudebegriff**, wo immer er auch im Gesetz Verwendung findet, **im Sinne des bauplanungsrechtlichen Begriffsinhalts weit auszulegen**. Gemischt genutzte Gebäude, oder solche, die das Wohnen heimmäßig bezwecken (z.B. Studenten- oder Altenwohnheime), sind zwar Wohngebäude im bauplanungsrechtlichen, nicht aber im bauordnungsrechtlichen Sinne.

**146** Auch **§ 13 BauNVO** kann auf den bauordnungsrechtlichen Wohngebäudebegriff nicht in vollem Umfang angewandt werden, da die Räume für die Berufsausübung freier und ähnlicher Berufe als selbständige Nutzungseinheiten innerhalb eines Wohngebäudes angeordnet werden dürfen und **bis zur Hälfte** der Wohn- bzw. Nutzflächen in Anspruch nehmen können. Es ist somit bauplanungsrechtlich zulässig, in den Wohngebieten ein Gebäude zu errichten, das eine gleich große Zahl von Wohnungen und Nutzungseinheiten für die Berufsausübung freier und ähnlicher Berufe enthält. Bedenkt man weiter, dass der Begriff des Freiberuflers Ärzte, Rechtsanwälte, Steuerberater, Architekten, Heilpraktiker, Krankengymnasten usw. erfasst und zu den Gewerbetreibenden, die ihren Beruf in ähnlicher Weise ausüben, die Handelsvertreter, Handelsmakler und Versicherungsvertreter rechnen, so wird deutlich, dass hierdurch auch Nutzungseinheiten entstehen können, die einen erheblichen Besucherverkehr auslösen, zu deren Funktion besondere apparative Einrichtungen bzw. Labors erforderlich sind oder in denen eine größere Zahl gewerblicher Arbeitnehmer beschäftigt wird. Dem bauordnungsrechtlichen Wohngebäudebegriff können daher nur solche freiberuflichen und ähnlichen Tätigkeiten zugeordnet werden, die ein der Wohnnutzung vergleichbares Gefährdungspotential aufweisen. Auch hinsichtlich des Anteils der freiberuflich oder ähnlich genutzten Räume muss ein deutliches Übergewicht der Wohnnutzung bestehen, das heißt, es kann keinesfalls der nach § 13 BauNVO zulässige hälftige Anteil an der Wohn- bzw. Nutzfläche erreicht werden. Von einem Überwiegen der Wohnnutzung kann als Faustregel gesprochen werden, wenn der freiberuflich genutzte Raumanteil maximal 25 % beträgt (so auch Böckenförde/Hindermann, Novellierung der Bauordnung NW, S. 22f., Rdn. 76). Diese Auffassung wird auch gestützt durch die Rechtsprechung, wonach bei Gebäuden mit Wohnungen bereits aus dieser bauplanungsrechtlichen Vorschrift folgen kann, dass die Nutzung von Wohnungen für freiberufliche und ähnliche Zwecke in den Gebieten nach §§ 2–4 BauNVO auf wesentlich weniger als 50 % der Wohnungen oder der Wohnfläche zu beschränken ist (BVerwG, Urteil vom 25.1.1985 – 4 C 34.81, BRS 44 Nr. 47 und Urteil vom 18.5.2001 – 4 C 8.00, BauR 2001, 1556 = DVBl. 2001, 1458; OVG NRW, Urteil vom 22.3.1995 – 7 A 3700/91, BRS 57 Nr. 80 = NVwZ-RR 1996, 133).

### 3.5 Nebengebäude

Durch die Bauordnungsnovelle 1995 wurde in die Vorschriften über die Genehmigungsfreistellung (§ 67) und über das vereinfachte Genehmigungsverfahren (§ 68) der **Begriff Nebengebäude** neu eingeführt. Der ähnlich lautende **Begriff Nebenzwecken dienende Gebäude** findet sich in § 53 Abs. 2 BauO NRW, darf jedoch nicht mit dem in den § 67 Abs. 1 BauO NRW verwendeten Begriff Nebengebäude verwechselt werden (vgl. die Anmerkungen zu § 53, Rdn. 9). Die Formulierung in § 67 Abs. 1 BauO NRW stellt auf Nebengebäude und Nebenanlagen ab. Der **Begriff Nebenanlage** ist in **§ 14 BauNVO** definiert. Die Einführung des neuen Begriffs Nebengebäude geht zurück auf das bayerische Vorbild, das keine Legaldefinition enthält; die amtliche Begründung (Bayerischer Landtag, Drucksache 12/13482, S. 58) erwähnt „Garagen, Gerätehütten und ä.". Auch die Begründung zur nordrhein-westfälischen Bauordnungsnovelle enthält nur eine beispielhafte Aufzählung, die zusätzlich Kleintierställe nennt (LT-Drucks. 11/7153, S. 182). Da § 67 Abs. 7 BauO NRW 2000 Stellplätze und Garagen gesondert aufführt, kann mit Nebengebäuden nicht eine Summe von Gebäuden als Nebenanlagen und Garagen gemeint sein. Schon begrifflich unterscheidet auch das Bauplanungsrecht zwischen **Stellplätzen und Garagen** (§ 12 BauNVO) und **Nebenanlagen** (§ 14 BauNVO). 147

**Nebenanlagen im Sinne des § 14 BauNVO** sind Anlagen, die sowohl in ihrer Funktion als auch räumlich-gegenständlich den primären Nutzungszweck der in dem Baugebiet gelegenen Grundstücke sowie der diesem Nutzungszweck entsprechenden Bebauung dienend zu- und untergeordnet sind (BVerwG, Urteil vom 17. 12. 1976 – IV C 6.75, BauR 1977, 109 = BRS 30 Nr. 117). Dazu zählen im z. B. Einfriedungen (OVG Lüneburg, Urteil vom 10. 7. 1976 – I A 12/76, BRS 30 Nr. 13), Stützmauern (VGH B-W, Urteil vom 30. 9. 1976 – III 780/75, BRS 30 Nr. 99), Schwimmbecken einschließlich Überdachung (OVG NRW, Urteil vom 12. 11. 1974 – X A 303/73, BRS 28 Nr. 20), im Einzelfall auch private Windenergieanlagen, die der Eigenart des Baugebietes nicht widersprechen (BVerwG, Urteil vom 18. 2. 1983 – 4 C 18.81, BRS 40 Nr. 64). Zu den bauplanungsrechtlichen Nebenanlagen rechnen auch Werbeanlagen an der Stätte der Leistung und Warenautomaten in Verbindung mit einem Laden (so Fickert/Fieseler, zu § 14, Rdn. 9.1 und 10.1). Nebenanlagen können sowohl als bauliche Anlagen wie auch als Gebäude ausgeführt werden; so sind z. B. Gerätehütten, Abstellschuppen, begehbare Gewächshäuser, freistehende Wintergärten Gebäude im Sinne des § 2 Abs. 2 BauO NRW. 148

Der **Nebenanlagenbegriff** nach **§ 67 BauO NRW** ist enger als der des Bauplanungsrechts und erfasst nur die einem Wohngebäude dienend zu- und untergeordneten Anlagen, insbesondere solche, die nach den bauordnungsrechtlichen Vorschriften als Zubehöreinrichtung bereitgestellt werden müssen, z. B. Zugänge und Zufahrten nach §§ 4 und 5, Kinderspielflächen nach § 9 Abs. 2, Einfriedungen nach § 10, Wasserversorgungs- und Abwasseranlagen auf dem Grundstück nach §§ 44, 45, Abstellplätze für Fahrräder nach § 51 Abs. 1 Satz 2. Soweit Nebenanlagen in Form von Gebäuden errichtet werden, wie dies z. B. bei Geräte- und Abstellschuppen, überdachten Freisitzen oder Schwimmhallen der Fall ist, stellen sie Nebengebäude dar. Der **Begriff Nebengebäude** ist also **Teil des allgemeineren bauordnungsrechtlichen Nebenanlagenbegriffs** und hat keinen besonderen Regelungsgehalt, er hätte ebenso in § 67 BauO NRW fortgelassen werden können, ohne den Inhalt der Vorschrift zu verändern. Die ausdrückliche Erwähnung trägt aber zur Klarstellung insoweit bei, als Zweifel am Anwendungsbereich der Verfahrensvorschriften von vornherein ausgeräumt werden. 149

## 4 Zu Absatz 3 – Gebäudetypen

### 4.1 Einteilung nach der abstrakten Gefahrenlage

150 Die von einem Gebäude ausgehenden Gefahren für die Nutzer, stehen mit seiner **Höhe** in direktem Zusammenhang. Daher steigert das Bauordnungsrecht die **Anforderungen mit zunehmender Gebäudehöhe**. Die materiellen Anforderungen der BauO NW 1962 und in der BauO NW 1970 richteten sich weitgehend nach der Zahl der Vollgeschosse eines Gebäudes. Bereits die BauO NW 1984 knüpfte die brandschutztechnischen Anforderungen nicht mehr an die Zahl der Vollgeschosse und verzichtet auch auf eine zu detaillierte Abstufung unterschiedlicher materieller Anforderungen. Während sich z. B. die freizuhaltenden Abstandflächen gemäß § 6 Abs. 4 BauO NRW nach der Höhe der Außenwände bemessen oder das Erfordernis eines Aufzuges sich gemäß § 39 Abs. 6 BauO NRW nach der Anzahl der über der Geländeoberfläche angeordneten Geschosse richtet, orientieren sich die **Brandschutzvorschriften nach Gebäudetypen** in Abhängigkeit von der **Anleiterbarkeit** der Geschosse und somit aus Gründen des Personenschutzes nach der Möglichkeit der Rettung von Menschen (s. die Anmerkungen zu § 5 Rdn. 3–3 b und zu § 17 Rdn. 47–57). Als besonderen Gebäudetyp kennt das Bauordnungsrecht wegen des besonderen Gefahrenpotenzials schon immer das **Hochhaus**.

151 Bereits mit der BauO NW 1984 wurde als neuer Gebäudetyp in § 2 Absatz 3 Satz 1 das **Gebäude geringer** Höhe eingeführt. Hierbei handelt es sich um ein Gebäude, bei dem der höchstgelegene Aufenthaltsraum mit den bei der Feuerwehr vorhandenen **tragbaren Leitern** erreicht werden kann. Gebäude mit höhergelegenen Aufenthaltsräumen können in der Regel nur noch mit den **Kraftfahrdrehleitern** angeleitert werden und sind in § 2 Abs. 3 Satz 2 BauO NRW als **Gebäude mittlerer Höhe** definiert. Hieraus resultieren zwei für die Legaldefinition wesentliche Höhenmaße, nämlich **7 m** und **22 m**, die sich auf die **Fußbodenoberkante** der **Geschosse mit Aufenthaltsräumen** beziehen. Abgestimmt auf diese Maße kennt die BauO NRW drei **Grundtypen** von Gebäuden:

- das **Gebäude geringer Höhe**,
- das **Gebäude mittlerer Höhe**,
- das **Hochhaus**.

Insbesondere die Brandschutzvorschriften können nicht allein auf diese Grundtypen abstellen, da außer der Höhe auch die **Anzahl** der **Wohnungen** oder der **sonstigen Nutzungseinheiten** und die **Anordnung** der Gebäude zueinander von Bedeutung sind. Aus den Begriffen des Gebäudes geringer Höhe und des Hochhauses resultieren mehrere **Gebäudetypen**, die sich letztlich – entsprechend ihrem **Gefahrenpotential – nach der Möglichkeit der Rettung von Menschen im Gefahrenfall** unterscheiden. Die abstrakte Gefahrenlage ist umso größer und die deswegen erforderlichen bauordnungsrechtlichen **Anforderungen** sind umso **höher**,

- je schwieriger der zweite Rettungsweg über Leitern der Feuerwehr zu erbringen ist,
- je größer die Zahl der Geschosse eines Gebäudes und je höher deren Lage ist,
- je größer die Fläche des Geschosses oder die Anzahl der Nutzungseinheiten je Geschoss ist.

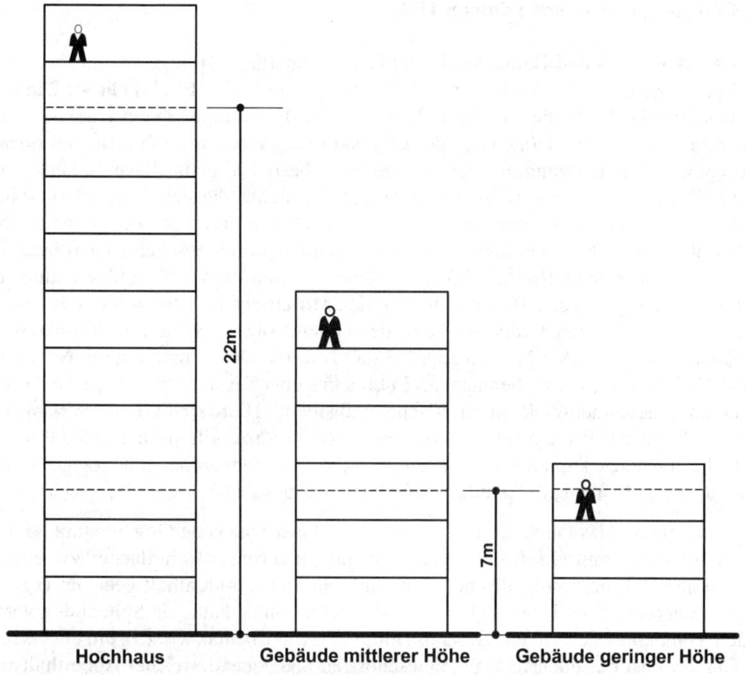


**Abbildung 2.1 Gegenüberstellung der Gebäudegrundtypen** (s. Rdn. 150–151)

Aus den Begriffsbestimmungen des Absatzes 3 in Verbindung mit den Anforderungen der §§ 29 ff. BauO NRW ergeben sich **fünf Gebäudetypen** bzw. **Gefahrenklassen**: 152

**Gefahrenklasse I**: freistehende Gebäude geringer Höhe mit nur einer Wohnung,

**Gefahrenklasse II**: Gebäude geringer Höhe mit höchstens zwei Wohnungen,

**Gefahrenklasse III**: Gebäude geringer Höhe unabhängig von der Nutzung und der Zahl der Nutzungseinheiten,

**Gefahrenklasse IV**: Gebäude mittlerer Höhe,

**Gefahrenklasse V**: Hochhäuser.

Wegen der geringeren Gefahren der **Gefahrenklasse I und II**, wurde für diese Gebäude bereits mit § 64 BauO NW 1984 ein **vereinfachtes Genehmigungsverfahren** eingeführt, in dem nur noch wenige materielle Anforderungen des Bauordnungsrechts geprüft werden. Mit der BauO NW 1995 hat der Gesetzgeber, beschränkt auf **Wohngebäude**, auch die **Gefahrenklassen III und IV** in das vereinfachte Genehmigungsverfahren einbezogen und sogar eine **Freistellungsregelung** neu geschaffen. Aufgrund des höheren Gefahrenpotentials dieser Gebäude wurde jedoch die Einschaltung **staatlich anerkannter Sachverständiger** durch den Bauherrn vorgeschrieben, deren Aufgabe es ist, die Einhaltung der bauordnungsrechtlichen Anforderungen zu gewährleisten. 153

### 4.2 Gebäude geringer und mittlerer Höhe

154 Nach § 2 Absatz 3 Satz 1 BauO NRW sind **Gebäude geringer Höhe** Gebäude, bei denen der Fußboden keines Geschosses mit Aufenthaltsräumen **im Mittel mehr als 7 m über der Geländeoberfläche liegt** (s. Abbildung 2.1). Zur Ermittlung, ob ein Gebäude diese Kriterien erfüllt, ist die Höhenlage der Oberkante des **fertigen** Fußbodens des **höchstgelegenen Aufenthaltsraumes** über der Geländeoberfläche maßgeblich (s. Nr. 2.3 VV BauO NRW). Auch solche Räume sind Aufenthaltsräume, die sich – wie z. B. in einem noch nicht ausgebauten, aber zum Ausbau vorbereiteten Dachgeschoss – nach Lage und Größe zum nicht nur vorübergehenden Aufenthalt von Menschen eignen (zum Begriff Aufenthaltsraum s. Rdn. 219 ff.). Gegenüber der BauO NW 1984 stellt die durch die BauO NW 1995 geänderte Bestimmung auf den **Mittelwert** des Abstandes zwischen der Oberkante des fertigen Fußbodens und der Geländeoberfläche zur Bestimmung der Gebäudehöhe ab. Nach § 2 Abs. 3 Satz 1 BauO NW 1984 in Verbindung mit Nr. 2.3 VV BauO NW 1984 war die Höhenlage des Fußbodens über der tiefstgelegenen, an das Gebäude anschließenden Geländeoberfläche maßgebend. Hierdurch konnte in hängigem Gelände leicht der Fall eintreten, dass die schärferen Vorschriften für Gebäude mittlerer Höhe zum Zuge kamen. Die Umstellung auf den Mittelwert beugt überzogenen Anforderungen in hängigem Gelände vor (vgl. LT – Drucks. 11/7153, S. 145).

155 Zur Bestimmung des Gebäudetyps ist zuerst das **höchstgelegene** Geschoss mit Aufenthaltsräumen zu ermitteln. Räume, die über eine zu geringe Grundfläche bzw. eine zu geringe lichte Höhe verfügen, sind nicht zum dauernden Aufenthalt geeignet (vgl. die Anmerkungen zu § 48, Rdn. 3–8). Eine solche Situation ist häufig in Spitzböden vorzufinden. Handelt es sich um ein Geschoss mit mehreren Ebenen, wie z. B. um ein versetztes Geschoss, ist der höchstgelegene Geschossteil maßgebend, welcher Aufenthaltsräume oder nur Teile eines Aufenthaltsraumes aufnimmt (s. Abb. 2.2 ac und bc). Ein Mitteln der Höhe in einem Geschoss mit mehreren Ebenen ist nicht möglich, da Absatz 3 nicht auf eine mittlere Höhe der Fußbodenebene, sondern auf den Mittelwert des Abstandes zwischen dem höchstgelegenen Fußboden und der Geländeoberfläche abstellt. Emporen und Galerien als Einbauten in offenen Räumen ohne durchgehende Zwischendecke können bei der Ermittlung der oberen Bezugsebene außer Betracht bleiben, da sie stets Bestandteil eines Raumes sind und ihre Fläche im Verhältnis zur tieferliegenden Fläche dieses Raumes nur von untergeordneter Bedeutung sein kann.

156 Der **untere** Bezugspunkt ist die **Geländeoberfläche** (s. Rdn. 164 ff.). In **bewegtem** oder **hängigem** Gelände ist die an das Gebäude anschließende Geländeoberfläche mit den unterschiedlichen Höhenpunkten im Baufeld aufzumessen und zwischen den tiefst- und höchstgelegenen Punkten zu **mitteln**, da § 2 Abs. 3 BauO NRW 2000 im Unterschied zur BauO NW 1984 auf die **mittlere** Höhe über der Geländeoberfläche abstellt (s. Abbildung 2.2). Die zu § 2 Abs. 3 BauO NW 1984 ergangene Nr. 2.3 VVBauO NW 1984, wonach zur Ermittlung, ob ein Gebäude ein Gebäude geringer Höhe ist, die Fußbodenoberkante des untersten (Keller-)Geschosses maßgeblich war, wenn dieses bei geneigtem Gelände ganz oder teilweise über der Geländeoberfläche lag, berücksichtigte bereits solche Gebäude, die aufgrund extremer Hanglage talseits oberhalb der Geländeoberfläche mit verlorenem Mauerwerk gegründet werden. Insofern stellt die mit der BauO NW 1995 vorgenommene Umstellung auf den Mittelwert der Geländeoberfläche auch eine Korrektur der Tatsache dar, dass die Regelung der BauO NW 1984 Gebäude in Hanglage wesentlich ungünstiger behandelte als solche in ebenem Gelände.

Bei einem **Gebäude geringer Höhe** darf der Fußboden des **höchstgelegenen Aufenthaltsraumes im Mittel nicht mehr als 7 m** über der an das Gebäude anschließenden **Geländeoberfläche** liegen. Die Brüstungen der Fenster dieser Aufenthaltsräume liegen nämlich in aller Regel nicht höher als 8 m über der Geländeoberfläche. Hieraus darf jedoch nicht der Schluss gezogen werden, dass die Anleiterbarkeit das einzige Kriterium der Bestimmung eines Gebäudes geringer Höhe ist. Gerade in stark hängigem Gelände besteht durchaus bei einem Gebäude mit fünf und mehr Geschossen die Anleiterbarkeit mit tragbaren Leitern der höhergelegenen Geschosse von der Bergseite und der unteren Geschosse von der Talseite her; nur kann es sich bei einem solchen Gebäude dann nicht um ein Gebäude geringer Höhe handeln, wenn der höchstgelegene Aufenthaltsraumfußboden im Mittel mehr als 7 m über der Geländeoberfläche liegt. **157**

Das Gebäude geringer Höhe ist **in der Ausnutzbarkeit vergleichbar** einem Gebäude mit **nicht mehr als zwei Vollgeschossen** nach früherem Bauordnungsrecht. An den Gebäudetyp mit nicht mehr als zwei Vollgeschossen knüpften die Landesbauordnungen seit 1962 **erleichterte materielle Anforderungen**. So sind in der BauO NRW 2000 die materiellen Anforderungen an das Gebäude geringer Höhe auch prinzipiell vergleichbar mit den Anforderungen an das Gebäude mit nicht mehr als zwei Vollgeschossen, das früheren Fassungen der Landesbauordnung bis zum Jahre 1984 zugrunde lag, wenngleich infolge der Fortentwicklung des Bauordnungsrechts zahlreiche Erleichterungen, insbesondere hinsichtlich der Verwendung von Holz, Rechtskraft erlangten. **158**

Die Gebäude, die höher sind als Gebäude geringer Höhe, jedoch niedriger als Hochhäuser, bezeichnet die BauO NRW als Gebäude mittlerer Höhe (s. Abbildung 2.1). An diesen Begriff knüpfen die Verfahrensvorschriften der §§ 67 und 68 BauO NRW an. Im vereinfachten Genehmigungsverfahren ist der Begriff indirekt von Bedeutung, weil § 68 Abs. 1 Satz 3 Nr. 1 BauO NRW Hochhäuser ausnimmt und damit Gebäude geringer und mittlerer Höhe dem vereinfachten Genehmigungsverfahren zuweist. Den Begriff konnte der Gesetzgeber jedoch nicht in die Spalte 4 der Tabellen zu § 29 Abs. 1 und § 34 Abs. 1 BauO NRW übernehmen, obwohl die in dieser Spalte geregelten Anforderungen ausschließlich Gebäude mittlerer Höhe erfassen. Aus gesetzestechnischen Gründen wurde die Spalte 4 auf „andere Gebäude" ausgerichtet, da sonst keine Möglichkeit bestanden hätte, in der HochhVO weitergehende brandschutztechnische Anforderungen zu regeln. Die Formulierung der Legaldefinition des Absatzes 3 Satz 2 kann hinsichtlich der Abgrenzung zum Hochhaus missverstanden werden, da es dort wörtlich heißt: **im Mittel mehr als 7 m und nicht mehr als 22 m über der Geländeoberfläche**. Bezieht man **im Mittel** auf beide Grenzwerte, also **mehr als 7 m** und **nicht mehr als 22 m**, so ergibt sich eine Paradoxie zu Satz 3. Die Legaldefinition des Hochhauses stellt nämlich nicht auf die gemittelte Geländeoberfläche, sondern auf die **tiefstgelegene** an das Gebäude anschließende Geländeoberfläche ab (vgl. Rdn. 160). Bei Verkennung des Zusammenhangs von Satz 2 und 3 könnte es demnach in einem schmalen Grenzbereich – für Gebäude, deren höchstgelegener Aufenthaltsraumfußboden knapp mehr als 22 m über der Geländeoberfläche liegt – unklar sein, ob sie nach der Regel des Satzes 2 noch Gebäude mittlerer Höhe oder aber nach der Regel des Satzes 3 bereits Hochhäuser sind. Die Formulierung „**und nicht mehr als 22 m**" ist jedoch **im Sinne von Satz 3** zu lesen, da eine Definition des Gebäudes mittlerer Höhe nur aus redaktionellen Gründen erfolgte, um an anderer Stelle im Gesetz die umständlichere Formulierung „Gebäude, das höher ist als ein Gebäude geringer Höhe, jedoch niedriger als ein Hochhaus" zu vermeiden. **159**

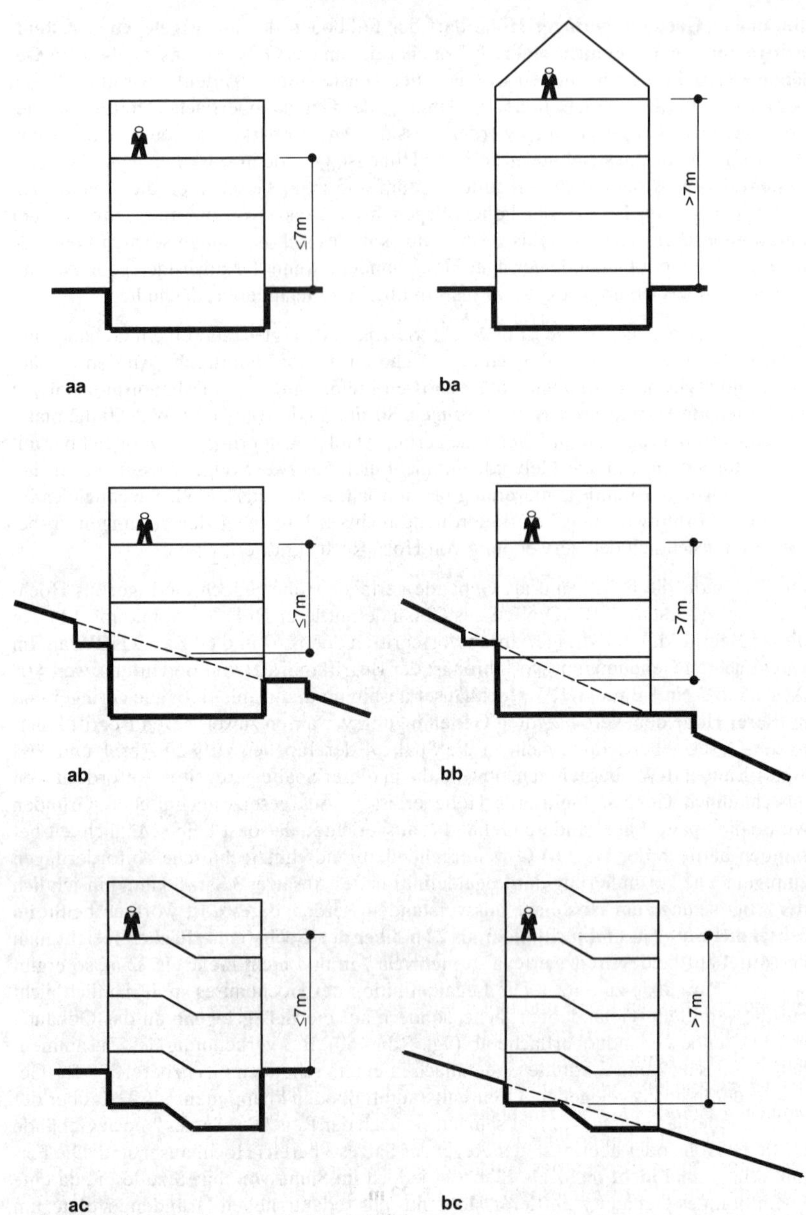


**Abbildung 2.2 Grenzbetrachtungen**
Gebäude geringer Höhe: aa – ac, Gebäude mittlerer Höhe: ba – bc (s. Rdn. 154–159)

### 4.3 Das Hochhaus

Nach Absatz 3 **Satz 3** sind **Hochhäuser** Gebäude, bei denen der Fußboden mindestens eines Aufenthaltsraumes **mehr als 22 m über der Geländeoberfläche** liegt. Zur Ermittlung der Hochhauseigenschaft ist die Lage des Fußbodens des höchstgelegenen Aufenthaltsraumes über der tiefstgelegenen an das Gebäude anschließenden Geländeoberfläche maßgebend (s. Nr. 2.3 VV BauO NRW). Die **obere Bezugsebene** ist wie für Gebäude geringerer oder mittlerer Höhe zu ermitteln (s. Rdn. 155). Hinsichtlich des **unteren Bezugspunkts** gilt die **Besonderheit**, dass die an das Gebäude anschließende **tiefstgelegene** Geländeoberfläche maßgebend ist, also **nicht das gemittelte** Geländeniveau. Jeder Fußboden eines Aufenthaltsraumes, der höher als 22 m über der tiefstgelegenen an das Gebäude anschließenden Geländeoberfläche liegt, bestimmt dieses zu einem Hochhaus (s. Abb. 2.1). 160

Das Maß **22 m über der Geländeoberfläche** ergibt sich aus den – letztlich begrenzten – Einsatzmöglichkeiten der Kraftfahrdrehleitern der Feuerwehr. In der Zeit nach 1950 lagen die Ausfahrlängen der Kraftfahrdrehleitern bei 25 m, daraus ergab sich eine Anleitermöglichkeit bis etwa 23 m. Wenn die heute bei den Feuerwehren im Einsatz befindlichen Kraftdrehleitern 30 m Ausfahrlängen haben, so konnte das den Gesetzgeber jedoch nicht veranlassen, die Grenze von 22 m auf ein etwas höheres Maß festzusetzen. In einer Höhe von 22 m gestaltet sich nämlich die Bergung von Menschen und auch die Brandbekämpfung äußerst schwierig und ist mit hohen Gefahren auch für das Feuerwehrpersonal verbunden. Dies kann jeder bestätigen, der in dieser Höhe den Versuch unternimmt, von der Spitze der Leiter in ein Fenster überzusteigen. 161

Wegen des **besonderen Gefahrenpotentials**, das **Hochhäuser** in sich bergen (s. auch Rdn. 151), stellt das Bauordnungsrecht aus Gründen des Brandschutzes unter anderem **besondere Anforderungen** an die Feuerwiderstandsdauer der Bauteile, an die Brennbarkeit der Baustoffe und an die Lage, Anordnung und Ausbildung der Rettungswege. Diese Anforderungen waren früher in der BauO NW 1962 bzw. 1970 direkt geregelt. Die BauO NW 1984 erklärte in § 50 Abs. 3 Nr. 1 Hochhäuser zu Gebäuden besonderer Art oder Nutzung (Sonderbauten), an die zur Verwirklichung der allgemeinen Anforderungen nach § 3 Abs. 1 Satz 1 im Einzelfall **besondere Anforderungen** gestellt werden können. § 54 BauO NW 1995 und § 54 BauO NRW 2000 behielten diese Sichtweise bei. Auch die Baugesetze anderer Staaten stellen besondere Anforderungen an Hochhäuser, so z.B. § 120 der Bauordnung für Wien vom 25. 11. 1929 (LGBl. 11/1930, geändert durch LGBl. 37/1995). 162

Besondere Anforderungen sind in der aufgrund des § 80 Abs. 1 BauO NW 1984 (= § 85 Abs. 1 BauO NRW 2000) erlassenen **Hochhausverordnung – HochhVO** geregelt. Insofern bedarf es keiner besonderen, auf § 54 Abs. 3 Nr. 1 BauO NRW gestützten Einzelfallanforderung durch die Bauaufsichtsbehörde. Die besonderen Anforderungen an den baulichen Brandschutz bei Hochhäusern richten sich in dieser Verordnung wiederum nach der Höhe des Fußbodens des höchstgelegenen Aufenthaltsraumes. Die Hochhausverordnung unterscheidet **vier Hochhaustypen** nach der Lage des Fußbodens mindestens eines Aufenthaltsraumes von **mehr als 22 m**, **30 m**, **40 m** und **60 m** über der Geländeoberfläche. Beim Hochhaustyp mit dem größten Gefahrenpotenzial (mehr als 60 m) schreibt § 15 Abs. 2 HochhVO **wiederkehrende Prüfungen** durch die Bauaufsichtsbehörde in Abständen von höchstens 5 Jahren vor. 163

### 5 Zu Absatz 4 – Geländeoberfläche

164 Die Geländeoberfläche ist die **Bezugsebene** für die Höhenlage des Gebäudes und seiner Geschosse sowie die Höhe der Außenwände und für die Bestimmung des Gebäudetyps (s. Rdn. 150–163). Aus der Zahl der Geschosse über der Geländeoberfläche ergeben sich Anforderungen an die Führung der notwendigen Treppen (§ 36 Abs. 4 BauO NRW), das Erfordernis zum Einbau von Rauchabzugsvorrichtungen in Treppenräumen (§ 37 Abs. 12 BauO NRW) oder zum Einbau von Aufzügen (§ 39 Abs. 6 BauO NRW). Weiterhin ist die Höhenlage des Geländes bedeutsam für die Erschließung des Grundstücks. Auch für die verfahrensrechtliche Einordnung von Vorhaben ist die Geländeoberfläche maßgebend, vgl. z. B. § 65 Abs. 1 Nr. 13, 16 und 23 BauO NRW.

#### 5.1 Bauplanungsrechtliche Regelungen

165 Die **städtebauliche Planung** betrachtet seit jeher ein Plangebiet nicht nur nach der Verteilung der Flächen mit ihren zugewiesenen Nutzungsinhalten (**Grundrissplanung**), sondern auch die Höhenentwicklung dieses Gebiets mit den darauf angeordneten baulichen Anlagen (**Aufrissplanung**). Bereits nach den „Vorschriften über die Aufstellung von Fluchtlinien- und Bebauungsplänen“ vom 28. 5. 1876 (MBl. S. 131) waren dem „Situationsplan“ weitere „Höhenanlagen“ mit dem Straßenlängsprofil und den Querprofilen beizufügen, wobei in hügeligem Terrain außerdem „auf Grund eines Nivellementsnetzes die Gestaltung der **Terrainoberfläche** durch Horizontalkurven in Höhenabständen von je 1 m bis 5 m mittels schwarzer punktierter Linie und beigeschriebenen Höhenzahlen übersichtlich darzustellen“ war. Die **Beibehaltung** oder **Veränderung** der Geländeoberfläche als **wesentliches Element der Planung** ist in erster Linie **Bodenrecht**.

166 Die Rechtsgrundlage bildet **§ 9 Abs. 3 BauGB 2004**, der § 9 Abs. 2 BauGB 1997 entspricht:

*(3) [1]Bei Festsetzungen nach Absatz 1 kann auch die Höhenlage festgesetzt werden. [2]Festsetzungen nach Absatz 1 für übereinanderliegende Geschosse und Ebenen und sonstige Teile baulicher Anlagen können gesondert getroffen werden; dies gilt auch, soweit Geschosse, Ebenen und sonstige Teile baulicher Anlagen unterhalb der Geländeoberfläche vorgesehen sind.*

Die Festsetzungsmöglichkeiten nach **Satz 1** beziehen sich auf **sämtliche** Festsetzungsgegenstände des § 9 **Abs. 1** BauGB 2004, somit nicht nur auf überbaubare bzw. nicht überbaubare Grundstücksflächen, sondern auch auf Verkehrs- und Grünflächen, Flächen für Aufschüttungen und Abgrabungen oder Flächen anderer Zweckbestimmung (vgl. Schlichter/Stich/Driehaus/Paetow, zu § 9 Rdn. 74). Die Gemeinde kann aus **städtebaulichen Gründen** vom vorhandenen Geländeniveau abweichen, um z. B. zum Schutz vor Hochwasser die Anhöhung des Geländes vorzusehen (vgl. Battis/Krautzberger/Löhr, zu § 9 Rdn. 99) oder eine geordnete Höhenstaffelung der Bebauung in Abstimmung auf die Erschließungseinrichtungen sicherzustellen. Mit dem Inkrafttreten des **BauROG** ist die vormals enger gefasste Voraussetzung **besonderer** städtebaulicher Gründe **entfallen**.

167 Enthält ein Bebauungsplan **Festsetzungen über die künftige Höhenlage des Baugrundstücks**, so gilt diese, auch wenn der tatsächliche Geländeverlauf ein anderer ist. Wird von einer die Geländeoberfläche bestimmenden Festsetzung gemäß § 31 Abs. 2 BauGB befreit, so gilt die Fläche als Bezugsebene, die sich aus der erteilten Befreiung ergibt. Von einer Festsetzung über die Höhenlage kann nur bei Vorliegen der **Befreiungsvo-**

**raussetzungen** abgewichen werden; der Bauaufsichtsbehörde ist es verwehrt, hierfür die bauordnungsrechtlichen Maßgaben des § 9 Abs. 3 BauO NRW heranzuziehen (OVG Lüneburg, Urteil vom 25. 3. 1980 – 1 A 29/79, BRS 36 Nr. 123). Auch dürfen nicht Sinn und Zielrichtung einer Festsetzung durch **ungerechtfertigte Manipulationen der Geländeoberfläche** unterlaufen werden (OVG NRW, Urteil vom 13. 5. 1994 – 10 A 1025/90, BauR 1994, 750 = BRS 56 Nr. 139 und Beschluss vom 29. 9. 1995 – 11 B 1258/95, BauR 1996, 231 = BRS 57 Nr. 162). Enthält der Bebauungsplan oder die Innenbereichssatzung **keine Festsetzungen** über die **Höhenlage** der Baugrundstücke und der zum Anbau bestimmten Verkehrsflächen, so ist davon auszugehen, dass die Gemeinde die **natürliche Geländeoberfläche** beibehalten will (so auch Boeddinghaus/Hahn/Schulte, zu § 2 Rdn. 66).

Festsetzungen der Höhenlage für **übereinanderliegende Geschosse** und **Ebenen** und **sonstige Teile baulicher Anlagen** erlaubt § 9 Abs. 3 **Satz 2** BauGB 2004. Hierdurch ergibt sich die Möglichkeit zur **vertikalen Gliederung** nicht nur einzelner Grundstücke, sondern auch innerhalb baulicher Anlagen. Die Ermächtigung ermöglicht es der Gemeinde für **verschiedene Ebenen** unterschiedliche **Nutzungen** vertikal festzusetzen, z. B. die Geländeoberfläche als öffentliche Grünfläche und darunter die Fußgängerverteilerebene einer Stadtbahnhaltestelle mit Verkaufseinrichtungen. Vergleichbare Festsetzungsmöglichkeiten bietet die BauNVO 1990 in § 1 Abs. 7–9, § 7 Abs. 4, § 12 Abs. 4 und 5, § 16 Abs. 5 und § 23 Abs. 1 Satz 2, allerdings enger beschränkt auf **Baugebiete**. **168**

Bei der bauplanungsrechtlichen Einordnung eines Geschosses ist dessen **vertikale Ausdehnung** im Verhältnis zu einer **Bezugsebene** zu betrachten, um herausfinden zu können, ob ein **Vollgeschoss** vorliegt. **§ 20 Abs. 1 BauNVO 1990** bzw. **§ 18 BauNVO** in den Fassungen von **1962**, **1968** und **1977** lauten übereinstimmend: **169**

*Als Vollgeschosse gelten Geschosse, die nach landesrechtlichen Vorschriften Vollgeschosse sind oder auf ihre Zahl angerechnet werden.*

Somit verweist das Bauplanungsrecht auf **§ 2 Abs. 5 BauO NRW**, nach dessen Wortlaut die **Geländeoberfläche** die für die bauplanungsrechtliche Beurteilung entscheidende Bezugsebene bildet (s. Rdn. 177 ff.).

Als weitere Festsetzungsmöglichkeit kann die Gemeinde die **Höhe baulicher Anlagen** bestimmen. Die Rechtsgrundlage bildet **§ 18 BauNVO 1990**: **170**

*(1) Bei Festsetzung der Höhe baulicher Anlagen sind die erforderlichen Bezugspunkte zu bestimmen.*

*(2) Ist die Höhe baulicher Anlagen als zwingend festgesetzt, (§ 16 Abs. 4 Satz 2), können geringfügige Abweichungen zugelassen werden.*

**Untere** und obere Bezugspunkte sind zu bestimmen. Dies kann z. B. die Höhenlage der öffentlichen Verkehrsfläche, eine für die überbaubare Grundstücksfläche getroffene Angabe in Metern über NN oder eben auch die vorhandene **Geländeoberfläche** sein.

Die **Höhenlage** einer Fläche oder baulichen Anlage, darf nicht verwechselt werden mit der **Höhe** eines Geschosses oder einer baulichen Anlage (vgl. Fickert/Fieseler, zu § 18 Rdn. 2). Hierbei handelt es sich also um zwei **unterschiedliche Begriffe**. Diese Begriffe sind wiederum zu unterscheiden von der bauordnungsrechtlichen Legaldefinition des § 2 Abs. 4 BauO NRW und von den bauordnungsrechtlichen Vorgaben zur Erhaltung oder zur Änderung der Geländeoberfläche nach § 9 Abs. 3 BauO NRW (OVG Saar, Beschluss vom 17. 9. 1979 – II W 1.2047/79, BauR 1980, 158 = BRS 35 Nr. 99). **171**

### 5.2 Bauordnungsrechtliche Vorgaben

172 Die MBO enthielt in ihren früheren Fassungen und enthält auch in der Fassung 2002 keine Begriffsbestimmung der Geländeoberfläche. Eine Legaldefinition der Geländeoberfläche findet sich auch nicht in der BauO NW 1962 bzw. 1970. Gleichwohl knüpften zahlreiche Vorschriften an die Geländeoberfläche an. Die Bezugsebene war die aufgrund der Baugenehmigung „**festgesetzte**" und nach der Baufertigstellung **rechtmäßig bestehende** bzw. **rechtmäßig hergestellte** Geländeoberfläche (vgl. Hess. VGH, Beschluss vom 17.4.1979 – IV TG 31/79, BauR 1980, 157 = BRS 35 Nr. 98) und bezog sich auf die **Schnittlinie des Geländes mit den Außenwänden** (VGH B-W, Urteil vom 10.4.1975 – III 750/74, BRS 29 Nr. 86).

173 Eine Legaldefinition wurde erst mit § 2 Abs. 4 BauO NW 1984 eingeführt. Die Begriffsbestimmung des § 2 Abs. 4 BauO NRW stellt auf die Geländeoberfläche ab, die sich aus der **Baugenehmigung** oder den **Festsetzungen des Bebauungsplanes** ergibt, ansonsten ist die **natürliche** Geländeoberfläche maßgebend. Die Legaldefinition wird ergänzt durch **§ 9 Abs. 3 BauO NRW**, der die Beibehaltung oder Veränderung der Geländeoberfläche regelt (s. die Anmerkungen zu § 9 Rdn. 71–83) und nur zum Tragen kommt, wenn **keine bauplanungsrechtlichen** Festsetzungen bestehen, die dem Bauordnungsrecht vorgehen (vgl. Boeddinghaus, Bauplanungsrechtliche und Bauordnungsrechtliche Bestimmung der Geländeoberfläche zur Bestimmung der Höhe der baulichen Anlagen und der Zahl der Vollgeschosse, BauR 1991, S. 4 ff.).

174 Seit Jahrtausenden nimmt der Mensch durch Rodungen, Gewässerveränderungen, Straßen- und Siedlungsbauten Einfluss auf die Geländeformation. Zu bebauende Bereiche sind nicht selten uraltes Kulturland, das selbst schon erhebliche Veränderungen erfahren hat. Deutlich sichtbar wird dies in alten Siedlungen, deren ursprüngliches Geländeniveau langsam erhöht wurde, so dass die Zugänge älterer Gebäude häufig tiefer liegen als das Straßenniveau. Der Begriff **natürliche Geländeoberfläche** ist daher nicht im geomorphologischen, sondern im **Rechtssinne** zu verstehen. Die natürliche Geländeoberfläche ist die bei Aufmessung des Grundstücks vorgefundene topographische Situation, zurückgeführt auf einfach zu erfassende räumliche Formen. „In Regionen, in denen gebaut und das Gelände verändert wird, ist auf das Geländeniveau abzustellen, welches vor der in Rede stehenden Baumaßnahme vorgefunden wird, dies gilt jedenfalls für Geländeverhältnisse, die von den Beteiligten unangefochten hingenommen worden sind" (OVG NRW, Urteil vom 2.5.1996 – 7 A 3378/93, n.v.). Soweit im Grenzbereich Geländeversprünge vorliegen, kann es erforderlich werden, den Zustand vor der Formänderung zu ermitteln, um die Zulässigkeit von z.B. Grenzgaragen, Stützmauern oder Einfriedungen beurteilen zu können (OVG NRW vom 17.7.1991 – 7 A 1572/89, n.v.).

175 **Veränderungen** der Geländeoberfläche sind **unzulässig**, wenn sie nur dazu dienen, ein Geschoss zu kaschieren, um dadurch die Zahl der Vollgeschosse zu vermindern (VGH B-W, Urteil vom 10.4.1975 – III 750/74, BRS 29 Nr. 86; OVG Saar, Beschluss vom 20.6.1990 – 2 W 16/90, BRS 50 Nr. 118) oder Abstandflächenvorschriften zu umgehen (BayVGH, Beschluss vom 4.3.1996 – 2 CS 95.2580, BauR 1996, 834 = BRS 58 Nr. 116). Im Verhältnis zum Gebäude und zur Grundstücksgröße, **geringfügige unselbständige Aufschüttungen** oder **Abgrabungen**, z.B. für den Hauseingang oder die Terrasse (s. Abbildung 2.3 A) oder zur Beleuchtung von Aufenthaltsräumen im Kellergeschoss (s. Abbildung 2.3 B), **verändern die Geländeoberfläche nicht** (s. Nr. 2.4 VV BauO NRW und OVG Saar, Beschluss vom 22.11.1996 – 2 W 31/96, BRS 58 Nr. 110).

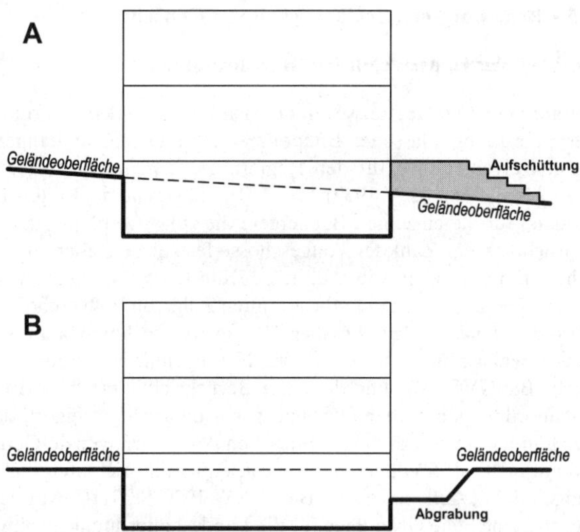


**Abbildung 2.3 Geringfügige unselbständige Aufschüttungen und Abgrabungen**
**Unselbständige** Aufschüttungen oder Abgrabungen vor nur einem **untergeordneten Teil** der jeweiligen Außenwand verändern nicht die Geländeoberfläche (s. Rdn. 176)

Vorhandene und geplante Geländeoberfläche sind in den **Bauvorlagen** darzustellen. 176
Nach § 3 Abs. 1 Satz 2 Nr. 4 BauPrüfVO müssen die **Höhenlage der Eckpunkte des Baugrundstücks** und die **Höhenlage des engeren Baufeldes über NN** im **Lageplan** angegeben werden. Weiterhin ist gemäß § 3 Abs. 1 Satz 2 Nr. 5 BauPrüfVO die **Höhenlage angrenzender öffentlicher Verkehrsflächen über NN** in den Lageplan einzutragen. Sofern ein Bebauungsplan besteht, muss der Lageplan nach § 3 Abs. 1 Satz 2 Nr. 11 BauPrüfVO auch dessen Festsetzungen enthalten. Gemäß § 3 Abs. 1 Satz 2 Nr. 12 BauPrüfVO sind die **geplanten baulichen Anlagen** unter Angabe der **Höhenlage der Eckpunkte über NN an der Geländeoberfläche** und der **Höhenlage des Erdgeschossfußbodens über NN** sowie ihrer Wand- und Firsthöhen darzustellen. Ergänzt werden diese Lageplanangaben durch Darstellungen des Anschnitts der vorhandenen und der geplanten Geländeoberfläche sowie von Aufschüttungen und Abgrabungen in den **Schnittzeichnungen** nach § 4 Abs. 3 BauPrüfVO. Schließlich verlangt § 4 Abs. 4 BauPrüfVO in den **Ansichtszeichnungen** die Darstellung des vorhandenen und des künftigen Geländes. Fehlen detaillierte Angaben über die Höhenlage der Geländeoberfläche, so kann die daraufhin erteilte Baugenehmigung hinsichtlich nachbarrelevanter Merkmale des Vorhabens zu unbestimmt und damit rechtswidrig sein (OVG NRW, Urteil vom 13. 5. 1994 – 10 A 1025/90, BRS 56 Nr. 139).

## 6 Zu Absatz 5 – Bemessung der Geschossigkeit von Gebäuden

### 6.1 Erforderlichkeit der landesrechtlichen Begriffsbestimmung

**177** Eine Legaldefinition des Vollgeschosses findet sich bereits in den aufgrund der preußischen Einheitsbauordnung erlassenen Baupolizeiverordnungen. So definierte beispielsweise die Baupolizeiverordnung für den Regierungsbezirk Düsseldorf vom 1. 4. 1939 (ABl. Düsseldorf Nr. 35 vom 2. 9. 1939) in § 7 III Vollgeschosse, Keller- und Dachgeschosse, um sodann für die einzelnen Baugebiete die zulässige planungsrechtliche Ausnutzbarkeit hinsichtlich der Zahl der Vollgeschosse festzulegen, aber auch, um bauordnungsrechtliche Anforderungen, wie z. B. in § 17 die feuerbeständige Ausführung der Treppenhäuser, an Gebäuden mit einer bestimmten Zahl von Vollgeschossen auszurichten. Diese **Bedeutung des Vollgeschossbegriffs sowohl im bauplanungs-** als auch im **bauordnungsrechtlichen Sinne** wurde mit der Neuregelung des Baurechts durch das BBauG 1960, die BauNVO 1962 und die unter Berücksichtigung der MBO 1960 erlassenen Landesbauordnungen beibehalten und sogar dadurch gesteigert, dass die Bauordnungen der Länder die brandschutztechnischen Anforderungen an Gebäuden bis zu 2, bis zu 5 und mit mehr als 5 Vollgeschossen konsequent ausrichteten (vgl. hierzu auch die Anmerkungen der 6. Auflage zu § 18 BauO NW 1970, S. 151 ff.). Mit der **MBO Fassung 1981** entstand eine neue Grundlage für die Landesbauordnungen; abweichend von den bis dahin geltenden Bestimmungen wurde der **Vollgeschossbegriff nicht mehr benötigt, um bauordnungsrechtliche Anforderungen hieran zu knüpfen**. So verwendete die BauO NW 1984 bereits den Vollgeschossbegriff nicht mehr im Zusammenhang mit bauordnungsrechtlichen Anforderungen – vielmehr sind diese an unterschiedliche Gebäudetypen bzw. nur noch an den Geschossbegriff gebunden (s. Rdn. 150 ff.; vgl. auch Heintz, Zur Handhabung des neuen Vollgeschossbegriffs nach der Landesbauordnung Nordrhein-Westfalen [BauO NW 1984], ZfBR 1988, S. 111 ff.). Aus bauordnungsrechtlichen Gründen hätte es einer Definition des Vollgeschosses in der BauO NW 1995 und einer Bemessungsregel für das Vollgeschoss nicht mehr bedurft.

**178** Das **Bauplanungsrecht** bedient sich **des Vollgeschossbegriffs als ein das Maß der Nutzung bestimmendes Kriterium**. Wegen der im Jahre 1962 noch gegebenen landesrechtlichen Bedeutung sah der Verordnungsgeber davon ab, in der BauNVO 1962 einen eigenständigen bundesrechtlichen Vollgeschossbegriff zu normieren und verwies stattdessen auf das Bauordnungsrecht (s. Rdn. 169), auch um zu vermeiden, dass für ein und dasselbe Gebäude bei der Prüfung des Maßes der baulichen Nutzung ein anderer Begriff als bei der Prüfung der bauordnungsrechtlichen Vorschriften verwendet werden muss. In der Begründung zu § 18 BauNVO 1962 (BR-Drucks. 53/62) heißt es:

„*Den Begriff des Vollgeschosses zu bestimmen, wurde dem Landesrecht überlassen. Dieser Begriff ist für das zur Landeszuständigkeit gehörende Bauordnungsrecht unentbehrlich. Wenn sein Inhalt bundeseinheitlich bestimmt würde, so wären Unterschiede zwischen dem bauplanungsrechtlichen und bauordnungsrechtlichen Begriff nicht zu verhindern.*"

In Kauf genommen wurde eine **unterschiedliche Regelung** der Begriffsbestimmung durch die einzelnen Bundesländer. Bei diesem Vorbehalt zugunsten des Landesrechts ist es trotz der unterschiedlichen Vollgeschossregelungen der 16 Landesbauordnungen und trotz der entfallenen bauordnungsrechtlichen Bedeutung geblieben. Eine vom Bundesministerium für Raumordnung, Bauwesen und Städtebau eingerichtete Arbeitsgruppe „Baunutzungsverordnung" erörterte aus Anlass der Novelle 1990 auch die Einführung einer bundesrechtlichen Begriffsbestimmung in Anlehnung an § 2 Abs. 4 MBO 1981, verwarf diesen Vorschlag aber dann mehrheitlich, da zum Zeitpunkt der Beratungen in den Jahren 1987 und 1988 noch mehrere Landesbauordnungen bauordnungsrechtliche Regelungen mit Bezug zum Vollgeschossbegriff enthielten (vgl. den vom BMBau herausgegebenen Bericht der Arbeitsgruppe, Materialien zur Baunutzungsverordnung, 1988, S. 55 f.). Für die Zukunft hat sich diese Situation allerdings grundlegend geändert, da die Novellierung des Bauordnungsrechts in allen 16 Bundesländern mit der Verkündung der neuen LBO Saar im Juni 1996 abgeschlossen werden konnte und damit dem **Vollgeschossbegriff bundesweit nur noch planungsrechtliche Bedeutung** zukommt. Allerdings können bei einer bundesrechtlichen Regelung des Vollgeschossbegriffs unter Umständen Normqualitätsprobleme auftreten. Nach Pietzcker „gelten" die Definitionen und Anrechnungsregeln der §§ 18–21 a BauNVO in ihrer zum Zeitpunkt der Offenlage des Bebauungsplans geltenden Fassung als Satzungsrecht (Stich, Die drei Baunutzungsverordnungen, DÖV 1978, S. 537 ff., sieht diese als planergänzende Vorschriften). Bei **Änderung der Begriffsbestimmung** des Vollgeschosses **mit Rückwirkung** würde diese aber mit Verordnungsqualität gelten. Hieraus ergeben sich neben dem Erfordernis zur Ausweitung der Verordnungsermächtigung in § 2 Abs. 5 BauGB auch weitere, zum Teil komplizierte Folgeprobleme, die bedacht werden müssen, um keine zusätzlichen Vollzugsprobleme zu erzeugen, wie sie etwa infolge der Rechtsprechungsunterschiede zur statischen oder dynamischen Wirkung der Verweisung auf das Landesrecht entstanden sind (vgl. Pietzcker, Zulässigkeit der Änderung bestehender Bebauungspläne durch Änderung der Baunutzungsverordnung, Schriftenreihe „Forschung" des Bundesministers für Raumordnung, Bauwesen und Städtebau, Heft Nr. 473, 1989, S. 7 f., 14 f., 109 f.; zur Problematik der Anwendung geänderter bauordnungsrechtlicher Vorschriften auf ältere Bebauungspläne, bei deren Aufstellung andere bauordnungsrechtliche Bestimmungen galten und deshalb Inhalt der Abwägung waren, s. Boeddinghaus, Rückwirkung der Änderung bauordnungsrechtlicher Vorschriften auf den Städtebau, BauR 2000, S. 7 ff.).

Die Verweisung auf das Landesrecht in § 18 BauNVO (Fassungen 1962, 1968 und 1977) **179**
bzw. in § 20 Abs. 1 BauNVO 1990 ist nach dem Wortlaut identisch:

**als Vollgeschosse gelten Geschosse, die nach landesrechtlichen Vorschriften Vollgeschosse sind oder auf ihre Zahl angerechnet werden.**

Im Rahmen des bauaufsichtlichen Vollzuges der Festsetzungen der Bebauungspläne zum Maß der baulichen Nutzung wird der landesrechtlich festgelegte Begriff des Vollgeschosses gleich in mehrfacher Hinsicht benötigt:

- unmittelbar aufgrund von Festsetzungen über die zulässige Zahl der Vollgeschosse im Bebauungsplan,
- zur Ausfüllung der Anrechnungsregel der Geschossfläche und der Baumasse in den §§ 20 und 21 BauNVO (sämtliche Fassungen) und
- bei der Vergünstigungsregel für Stellplätze und Garagen in § 21 a BauNVO (nur Fassungen 1968, 1977 und 1990).

Die Anrechnungsregeln zur Ermittlung der Geschossfläche bzw. der Baumasse hängen mit der Eigenschaft eines Geschosses als Vollgeschoss bzw. Nicht-Vollgeschoss zusammen – vgl. § 20 Abs. 2 BauNVO (Fassungen 1962, 1968, 1977) bzw. § 20 Abs. 3 BauNVO 1990 und § 21 Abs. 2 BauNVO (sämtliche Fassungen). **Feinheiten der Vollgeschossdefi-**

**nition und der Anrechnungsregeln** der BauNVO spielen hierbei eine bedeutsame Rolle, weshalb sich unter anderem der Verordnungsgeber entschloss, die Anrechnungsregel für die Geschossfläche mit § 20 Abs. 3 Satz 1 BauNVO 1990 insoweit zu vereinfachen, als die Geschossfläche nur noch nach den Außenmaßen der Gebäude in allen **Vollgeschossen** zu ermitteln ist, soweit die Gemeinde nicht von der Möglichkeit des § 20 Abs. 3 Satz 2 BauNVO 1990 Gebrauch macht, auch für Nicht-Vollgeschosse eine Anrechnung bestimmter Flächen vorzusehen (hierzu vgl. Heintz, Baunutzungsverordnung 1990 – Auswirkungen der geänderten Maßvorschriften, BauR 1990, S. 166 ff.).

**180** In Gebieten ohne Bebauungsplan gelten die Maßvorschriften der BauNVO 1990 nicht unmittelbar. Da die BauNVO aber eine sachverständige Konkretisierung der ihrerseits bei der Anwendung des § 34 BauGB zu beachtenden Planungsgrundsätze enthält, **kann** und **muss** sie als Richtlinie zur Beurteilung herangezogen werden (BVerwG; Urteil vom 23.4.1969 – IV C 12.67, BRS 22 Nr. 42; s. auch Boeddinghaus, Einführung Rdn. 14). Zur Ermittlung des durch die Umgebungsbebauung gesetzten Rahmens eignen sich solche **Maßbestimmungsfaktoren, die nach außen wahrnehmbar in Erscheinung treten** und anhand derer sich die vorhandenen Gebäude in der näheren Umgebung leicht in Beziehung zueinander setzen lassen: absolute Größe der Grundfläche, Geschosszahl und Höhe und – soweit sie prägende Wirkung entfalten – auch die anderen Maßfaktoren (BVerwG, Urteil vom 23. 3. 1994 – 4 C 18.92, BauR 1994, 481 = BRS 56 Nr. 63 = ZfBR 1994, 190). Zur Handhabung hat das BVerwG in diesem Urteil weiter festgestellt:

„*Das bedeutet aber nicht, dass die Maßbestimmungsfaktoren des § 16 Abs. 2 BauNVO 1990 – unterschiedslos und möglicherweise gar mit allen Berechnungsregeln der BauNVO – wie Festsetzungen eines Bebauungsplanes rechtsatzartig heranzuziehen wären. Maßgeblich bleibt die konkrete, am tatsächlich Vorhandenen ausgerichtete Betrachtung ... Insbesondere fehlen im unbeplanten Innenbereich konkrete Maßfestsetzungen, an denen das jeweilige Vorhaben gemessen werden könnte ... Für das Einfügen nach dem Maß der baulichen Nutzung kommt es nicht auf die Feinheiten der an landesrechtliche Begriffe (Vollgeschoss) und die Art der baulichen Nutzung (Aufenthaltsräume) anknüpfenden Berechnungsregeln der BauNVO für die Geschossfläche an; entscheidend ist vielmehr allein, ob sich das Gebäude als solches in die Eigenart der näheren Umgebung einfügt.*“

Bei der Prüfung nach § 34 Abs. 1 BauGB ist ebenfalls auf die Maßbestimmungsfaktoren der BauNVO abzustellen, nur eben mit der **Einschränkung, dass Feinheiten der Berechnungsregeln nicht entscheidend sein können** (vgl. Ernst/Zinkahn/Bielenberg/Krautzberger, zu § 34, Rdn. 40). Als Prüfungskriterien können daher die für das Maß der baulichen Nutzung vorgegebenen **Maßbestimmungsfaktoren der BauNVO** herangezogen werden, jedoch nicht schematisch, sondern **orientiert an der Eigenart der vorhandenen Bebauung** (BVerwG, Urteil vom 23. 3. 1994, a. a. O. unter Bezug auf das Urteil vom 13. 6. 1980 – 4 C 98.77, BauR 1981, 45 = BRS 36 Nr. 58 = DÖV 1981, 182 = DVBl. 1981, 97 = NJW 1981, 473). Dabei kommt es bei der Frage, ob sich ein durch Volumenvergrößerung verändertes Dachgeschoss in die Umgebungsbebauung einfügt, in der Regel nicht auf die Vollgeschossigkeit an, vor allem, wenn die Dachgeschosse in der Umgebung nur geringfügig unter der Vollgeschossgrenze liegen, so dass es zur Beurteilung des Einfügens rechnerischer Nachweise bedürfte. Der aus der vorhandenen Bebauung zu gewinnende Maßstab kann nur grob und ungenau sein und keine Bebauungsplanfestsetzungen ersetzen; entscheidend ist das wahrnehmbare Erscheinungsbild (BVerwG, Beschluss vom 21. 6. 1996 – 4 B 84.96, BauR 1996, 823 = BRS 58 Nr. 83). Wird ein vorhandenes Dachgeschoss ausgebaut, so fügt sich eine Nutzungsänderung zu Aufenthaltsraumzwecken nach dem Ausbau ebenso ein wie vor dem Ausbau, da sich keines der prägenden (groben) Maßkriterien verändert (BVerwG, Urteil vom 23. 3. 1994, a. a. O., einen Beschluss des BayVGH vom 7. 1. 1992 – 2 B 90.1394, BRS 54 Nr. 63 korrigierend hinsichtlich der in diesem Fall zur Beurteilung herangezogenen Feinheiten der Anrechnungsregel des § 20 Abs. 3 Satz 1 BauNVO). Nur im Einzelfall können bei gleichgroßen Grundstücken auch die **relativen Ausnutzungszahlen** für die GRZ und GFZ für die Beurteilung des Einfügens **unterstützend** herangezogen werden (so die zu § 34 Abs. 1 BBauG 1976/1979 ergangene Rechtsprechung zusammenfassend BVerwG, Urteil vom 23. 3. 1994, a. a. O., vgl. auch OVG NRW, Urteil vom 6. 11. 1990 – 11 A 190/87, BRS 52 Nr. 66).

Wegen des nach wie vor bestehenden Verweises der BauNVO auf das Landesrecht und zur Sicherstellung des planungsrechtlichen Vollzugs der Maßfestsetzungen der Bebauungspläne musste auch in § 2 Abs. 5 BauO NRW 2000 das Vollgeschoss definiert werden. Dabei wurde die bewährte Regel der BauO NW 1984 unverändert übernommen und nicht auf die Formulierung des § 2 Abs. 4 MBO 1993 bzw. 1996 zurückgegriffen, da diese auf die lichte Höhe von Geschossen abstellt und keine Sondertatbestände regelt. Absatz 5 bestimmt, welche Geschosse Vollgeschosse sind; eine Anrechnungsregel hinsichtlich solcher Geschosse, die auf die Zahl der Vollgeschosse anzurechnen sind, kennt die BauO NRW 2000, wie schon zuvor die BauO NW 1984 und die BauO NW 1995, nicht mehr. Der Satz 1 bestimmt als **Grundregel**, wann ein Vollgeschoss vorliegt, und nennt dafür **drei Tatbestände**, die zugleich erfüllt sein müssen: 181

- es muss sich um ein Geschoss handeln,
- die Deckenoberkante des Geschosses muss mehr als 1,60 m im Mittel über die Geländeoberfläche hinausragen und
- die Höhe des Geschosses muss mindestens 2,30 m betragen.

Die Sätze 2 und 3 regeln als **Sondertatbestände** das Staffelgeschoss und das Geschoss mit geneigten Dachflächen hinsichtlich der Vollgeschosseigenschaft. Satz 4 regelt, wie die Höhe von Geschossen zu messen ist.

### 6.2 Die Bemessungsregel im Bauplanungsrecht

Die Bemessungsregel des § 2 Abs. 5 BauO NRW 2000 = § 2 Abs. 5 BauO NW 1995 und 1984 weicht von den früheren Fassungen der BauO NW 1962 und 1970 ab, dies kann im Einzelfall zu einem anderen Ergebnis führen. Die Vollgeschossregel nach BauO NW 1962 und 1970 (jeweils § 2 Abs. 5) weist folgenden Wortlaut auf (Klammerzusätze fehlten in der Fassung von 1962): 182

„Vollgeschosse sind Geschosse, die vollständig über der festgelegten Geländeoberfläche liegen und über mindestens zwei Drittel ihrer Grundfläche die für Aufenthaltsräume erforderliche lichte Höhe haben. Auf die Zahl der Vollgeschosse sind anzurechnen:

1. Geschosse mit einer lichten Höhe von mehr als 1,80 m unterhalb der Traufenoberkante,
2. Kellergeschosse, die im Mittel mehr als 1,40 m (im Lichten) und
3. Garagengeschosse, die im Mittel mehr als 2,00 m (im Lichten) über die festgelegte Geländeoberfläche hinausragen."

Die unterschiedlichen Fassungen der Legaldefinition der BauO NW 1962 und 1970 einerseits sowie der BauO NW 1984 und 1995 bzw. der BauO NRW 2000 andererseits können Anlass sein, darüber nachzudenken, ob hiervon **Auswirkungen auf alte Bebauungspläne** ausgehen, das heißt auf solche, die unter der Geltung der Bemessungsregeln der BauO NW 1962 und 1970 erlassen wurden. Es stellt sich die Frage, ob die Zahl der Vollgeschosse in einem alten Bebauungsplan anhand der alten oder der neuen Bemessungsregel zu ermitteln ist.

**183** Hierzu liegen **unterschiedliche Antworten** vor. Während der VGH B-W die Auffassung vertritt, es sei jeweils der Vollgeschossbegriff **statisch** anzuwenden, der bei Erlass des Bebauungsplanes gültig war (Urteil vom 15. 2. 1984 – 3 S 1279/83, BauR 1985, 289 = BRS 42 Nr. 114 und Beschluss vom 27. 1. 1999 – 8 S 19/99, BauR 2000, 1166 = BRS 62 Nr. 91), meint der Hess. VGH, der Vollgeschossbegriff sei **dynamisch** zu verstehen – auch auf alte Bebauungspläne finde jeweils der neue gültige Vollgeschossbegriff der Landesbauordnung Anwendung (Beschluss vom 26. 7. 1984 – 4 TG 1669/84, BauR 1985, 293 = BRS 42 Nr. 113). Der Hess. VGH geht davon aus, mit der Verweisung auf den landesrechtlichen Vollgeschossbegriff habe der Verordnungsgeber gerade vermeiden wollen, dass bei ein und derselben baulichen Anlage zwei unterschiedliche Vollgeschossbegriffe herangezogen werden müssen. Mache der Plangeber von der Möglichkeit Gebrauch, die Zahl der Vollgeschosse festzusetzen, so müsse er sich bewusst sein, dass er einen Begriff verwende, den der Landesgesetzgeber neu bestimmen könne. Der VGH B-W erinnert unter Bezug auf die §§ 25 f. BauNVO daran, dass der Verordnungsgeber gerade bemüht war, Rückwirkungen auf alte Pläne auszuschließen und auch die Gemeinde bei Aufstellung des Bebauungsplanes ihrer planerischen Entscheidung nur den zu diesem Zeitpunkt bekannten Vollgeschossbegriff zugrunde legen könne (so auch OVG Saar, Beschluss vom 28. 7. 1986 – 2 R 191/86, BRS 46 Nr. 100). Uechtritz (Bauplanungsrechtliche Konsequenzen der Änderung des Vollgeschossbegriffs in den Bauordnungen der Länder, BauR 1986, S. 172 ff.) und Jäde (Das Dynamische Vollgeschoss, BayVBl. 1986, S. 172 ff.) haben umfassend zu beiden Argumenten Stellung genommen und dargelegt, warum die Auffassung des hessischen VGH zutreffend sei (ebenso Fickert/Fieseler, zu § 20, Rdn. 5; Große-Suchsdorf/Lindorf/Schmaltz/Wiechert, zu § 2, Rdn. 46 und König/Roeser/Stock, zu § 20 Rdn. 4). Eine höchstrichterliche Klärung der Frage steht leider immer noch aus.

**184** Bei genauer Betrachtung des alten und neuen Vollgeschossbegriffs sowie bei Würdigung der komplizierten bauplanungsrechtlichen Auswirkungen erscheint jedoch eine **eindeutige Klärung** der Frage in Form einer absoluten Antwort nur sehr **schwer möglich**, zumal die landesrechtlichen Bestimmungen nicht einheitlich sind. Zu einer obergerichtlichen Entscheidung ist es in Nordrhein-Westfalen bislang auch deshalb wohl nicht gekommen, weil der Gesetzgeber mit der BauO NW 1984 eine **behutsame Umstellung der Legaldefinition** vorgenommen hat, die in der praktischen Anwendung nur in seltenen Fällen zu Streit über die dynamische oder statische Verweisung führen kann (hierzu s. Boeddinghaus, Bestimmung der Zahl der Vollgeschosse im Geltungsbereich alter Bebauungspläne, BauR 1990, S. 435 ff.). Dies bestätigt auch eine Entscheidung des OVG NRW, Urteil vom 18. 4. 1991 (– 11 A 696/87, BauR 1992, 60 = BRS 52 Nr. 180). In diesem Fall stellte das Gericht keinen nennenswerten Unterschied bei der Eigenschaft eines Souterrain-Geschosses als Vollgeschoss bei der Betrachtung nach den Legaldefinitionen der BauO NW 1970 und 1984 fest. Wirkt sich also die Neufassung der Begriffsbestimmung durch die BauO NW 1984 für den bauaufsichtlichen Vollzug im Regelfall nicht erschwerend aus, so ist dennoch darauf hinzuweisen, dass das mit § 18 BauNVO (ältere Fassungen) bzw. § 20 Abs. 1 BauNVO 1990 angestrebte Ziel, einen einheitlichen Vollgeschossbegriff sowohl für die planungsrechtliche als auch für die bauordnungsrechtliche Beurteilung von Vorhaben zu verwenden, lediglich für solche Bebauungspläne gilt, die bei dem erstmaligen Inkrafttreten der BauNVO am 01. 08. 1962 noch nicht ausgelegt waren, denn § 25 BauNVO 1962, der die gleiche Zielsetzung wie § 174 Abs. 1 Satz 1 BBauG 1960 aufweist, stellt auf diesen Zeitraum ausdrücklich ab.

Auf **alte städtebauliche Pläne**, die nach Maßgabe des § 173 Abs. 3 und 4 BBauG 1960 fortgelten, darf mangels verordnungsrechtlicher Überleitungsermächtigung der Vollgeschossbegriff nach den Landesbauordnungen nicht angewendet werden (BVerwG, Urteil vom 23. 8. 1968 – IV C 103.66, BRS 20 Nr. 17). **Vor Inkrafttreten der BauNVO 1962 fehlte nämlich eine dem § 18 BauNVO entsprechende Verweisung** auf den jeweils nach neuem Landesrecht geltenden Vollgeschossbegriff in den bis dahin erlassenen bauplanungsrechtlichen Vorschriften der Länder als Vorgänger des BBauG. Es ergibt sich bei diesen Plänen somit ein gespaltener Vollgeschossbegriff für die Anwendung des Bauplanungs- und Bauordnungsrechts. Für die Prüfung des Bauordnungsrechts gilt der Begriff der Landesbauordnung; für die Prüfung des Bauplanungsrechts ist auf den Begriff abzustellen, der vor Inkrafttreten der BauNVO 1962 im Landesrecht vorgesehen war. In Nordrhein-Westfalen waren dies die Vollgeschossbegriffe der **Bezirksbauordnungen**, die noch als Baupolizeiverordnungen aufgrund der preußischen Einheitsbauordnung für Städte bzw. der Einheitsbauordnung für das platte Land erlassen worden sind.

### 6.3 Das Geschoss

Die BauO NRW 2000 (wie schon die BauO NW 1984 und 1995) kennt das Vollgeschoss **185**
nicht mehr als Kriterium unterschiedlicher bauordnungsrechtlicher Anforderungen, enthält jedoch bauordnungsrechtliche Anforderungen, die an die Zahl der **Geschosse** bzw. **Geschosse über der Geländeoberfläche** anknüpfen, wie z. B.:

- Anforderungen an Wände, Pfeiler, Stützen in § 29 Abs. 1,
- Anforderungen an Treppen in § 36 Abs. 1 und 4,
- Aufzugserfordernis in § 39 Abs. 6 und § 55 Abs. 5.

Auch im **Planungsrecht** wird der Begriff **Geschoss** verwendet, so z. B.:

- in § 12 Abs. 4 BauNVO 1968, 1977, 1990,
- in § 20 Abs. 2 BauNVO 1962, 1968, 1977 bzw. § 20 Abs. 3 BauNVO 1990,
- in § 21 Abs. 2 BauNVO 1968, 1977, 1990.

Der Begriff **Geschoss** ist nicht definiert und wird **als bekannt vorausgesetzt**. So bezieht sich die Legaldefinition des Vollgeschosses in Absatz 5 auf den Geschossbegriff, ebenso die Legaldefinition des Geschosses über der Geländeoberfläche in § 2 Abs. 6 BauO NRW. Nach Frommhold, Begriffe und Bestimmungen aus dem Bauwesen, 1963, umfasst ein Geschoss (Etage, Stockwerk) eines Gebäudes alle Räume auf der gleichen Ebene einschließlich der darüber liegenden Decke. Anders ausgedrückt bildet es die **Summe der auf gleicher Ebene liegenden Räume** (OVG NRW, Urteil vom 18. 4. 1991 – 11 A 696/87, BauR 1992, 60 = BRS 52 Nr. 180; Nds. OVG, Beschluss vom 29. 12. 1999 – 1 L 2612/99, BauR 2000, 1176). Die Ebene kann jedoch leicht versetzt sein, man spricht dann allgemein von **versetzten Geschossen** (hierzu s. Rdn. 189).

186 Umgangssprachlich werden die Geschosse in Bezug auf ihre Höhenlage zur Geländeoberfläche unterschieden: **Untergeschosse** oder auch **Kellergeschosse** (sofern sie ganz oder teilweise unterhalb der Geländeoberfläche liegen), **Erdgeschosse**, **Obergeschosse**, **Dachgeschosse** (in aller Regel nur dann, wenn die Dachflächen als oberer Raumabschluss geneigt sind, wie bei Sattel-, Pult- oder Walmdächern) und **Staffelgeschosse** (s. Rdn. 200ff.). Nach der Art der Nutzung ist von **Installationsgeschossen** oder **Garagengeschossen** die Rede, wenn sie ausschließlich dieser Nutzung dienen. Sowohl die BauO NRW als auch die BauNVO verwenden zum Teil diese Begriffe. So enthalten z. B. § 29 Abs. 1, § 34 Abs. 1, § 37 Abs. 10 sowie § 48 Abs. 1 und 5 BauO NRW den Begriff **Kellergeschoss**, nach § 53 Abs. 3 BauO NRW dürfen Behelfsbauten nur **erdgeschossig** hergestellt werden. § 12 Abs. 4 BauNVO 1990 ermöglicht die Festsetzung von **Garagengeschossen** und definiert diese als „Geschosse, in denen nur Stellplätze und Garagen und zugehörige Nebeneinrichtungen zulässig sind".

187 Ein Geschoss bedarf eines **oberen Abschlusses** in Form einer Decke oder einer Dachfläche und eines **unteren Abschlusses** in Form eines Fußbodens, da es begrifflich nur als ein horizontaler Gebäudeabschnitt verstanden werden kann. Gebäudeteile, die nicht überdeckt oder überdacht sind (z. B. Dachterrassen), sind kein Geschoss (Hess. VGH, Beschluss vom 12. 12. 1978 – IV TG 97/78, BRS 33 Nr. 92). Geschosse müssen nicht durch **Wände** umschlossen sein, obwohl dies typischerweise der Fall sein wird; so ist der Raum zwischen der Geländeoberfläche und der Decke eines auf Stützen stehenden Gebäudes ein Geschoss, weil die Begrenzung der Zahl der Vollgeschosse auch eine Begrenzung der Höhenentwicklung bezweckt (VGH B-W, Urteil vom 19. 9. 1988 – 5 S 1544/88, BauR 1989, 311 = BRS 48 Nr. 91). Die seitlich offenen Ebenen eines Parkhauses sind Geschosse (so Große-Suchsdorf/Lindorf/Schmaltz/Wiechert, zu § 2 Rdn. 50); die nicht überdachten obersten Ebenen eines Gebäudes zur Aufnahme von Stellplätzen sind keine Geschosse, sondern Parkpaletten (so Fickert/Fieseler, zu § 20, Rdn. 11).

188 Die Geschosse eines Gebäudes sind durch **Geschossdecken** – auch brandschutztechnisch (s. § 34 BauO NRW) – voneinander getrennt und durch Treppen, Rampen oder Aufzüge miteinander verbunden. So bilden Geschosse, besonders in Gebäuden mittlerer Höhe und in Hochhäusern, **Brandabschottungseinheiten**, um zu vermeiden, dass Feuer und Rauch sich von Geschoss zu Geschoss ausbreiten können (vgl. die Anmerkungen zu § 17, Rdn. 12 und 13). Wegen des hohen Brandübertragungsrisikos im oberen Raumdrittel und besonders im Deckenbereich durch thermische Strömungen und die damit verbundene gefährliche Ausbreitung des Brandrauches, stellt das Bauordnungsrecht Anforderungen an Öffnungen in Decken und sämtliche das horizontale Abschottungssystem durchstoßende Bauteile (vgl. Klingsohr/Messerer, S. 103–105 und 108ff.). In überhohen Geschossen können wegen der vom Regelfall abweichenden Gefahrenlage entweder Erleichterungen (Kirchenschiff) oder aber besondere Anforderungen (Hochregallager) erforderlich werden (s. die Anmerkungen zu § 54, Rdn. 1–5).

189 Ebenen, die räumlich miteinander in offener Verbindung stehen, gelten in aller Regel auch dann noch als Geschoss, wenn sie in sich durch eine oder nur wenige Treppenstufen in den Höhen leicht versetzt sind (so auch Boeddinghaus/Hahn/Schulte, zu § 2 unter Bezug auf BGH, Beschluss vom 27. 1. 1994 – III ZR 36/93, UPR 1995, 347). Bei **stark in sich versetzten Ebenen** – z. B. bis zur halben Geschosshöhe als Maximum – kann es zur baurechtlichen Beurteilung angezeigt sein, das **Gebäude vertikal** zu **teilen** und die **Zahl der Geschosse für jeden Teil gesondert** zu **ermitteln** (OVG Lüneburg, Urteil vom

25. 3. 1980 – 1 A 29/79, BRS 36 Nr. 123; Hess. VGH, Beschluss vom 1. 12. 1982 – IV TG 81/82, BRS 39 Nr. 103; OVG NRW, Urteil vom 18. 4. 1991 – 11 A 696/87, BauR 1992, 60 = BRS 52 Nr. 180; Große-Suchsdorf/Lindorf/Schmaltz/Wiechert, zu § 2, Rdn. 50; s. auch nachfolgende Rdn. 216).

**Galerien und Emporen als balkonartiger Einbau** sind dann keine Geschosse, wenn sie Bestandteil eines Raumes sind, wenn sie keine weiteren Räume auf ihrer Ebene erschließen, wenn sie der Raumgestaltung dienen und wenn sie im Verhältnis zur Fläche dieses Raumes keine nennenswerte Nutzfläche bieten (so Galerien mit nicht mehr als 12 $m^2$ Grundfläche, VGH B-W, Urteil vom 12. 5. 1982 – 3 S 1689/81, BRS 39 Nr. 145). Wird die Galerie oder Empore als Erschließungsebene für weitere, dahinter liegende Räume genutzt, kann sie nicht mehr als unselbständiger balkonartiger Einbau angesehen werden. Es ist daher auch nicht möglich, die oberste Ebene im Dachraum (Spitzboden) mit der darunter liegenden Ebene durch eine größere Öffnung in der Decke zu verbinden und diese als Galerie oder Empore zu bezeichnen, um so die Vorschriften über den 2. Rettungsweg umgehen zu können (vgl. die Anmerkungen zu § 17, Rdn. 47 ff. und zu § 40, Rdn. 5 ff.). Tatsächlich handelt es sich hierbei nämlich um Geschosse, für die die Grundforderung des § 17 Abs. 3 Satz 1 BauO NRW gilt, sofern Aufenthaltsräume eingebaut werden. **190**

### 6.4 Das Normalgeschoss

Jedes Geschoss ist dann ein Vollgeschoss, **191**

- wenn seine Deckenoberkante (s. nachfolgende Rdn. 194) mehr als 1,60 m im Mittel über die Geländeoberfläche hinausragt (s. nachfolgende Rdn. 195) **und**
- wenn es eine Gesamthöhe – gemessen von Oberkante Fußboden bis Oberkante Fußboden des darüber liegenden Geschosses – von mindestens 2,30 m hat (s. Abb. 2.4).

Ist nur eine Bedingungen erfüllt, handelt es sich **nicht** um ein Vollgeschoss. Mit der Mindesthöhe von 2,30 m vermeidet die Vorschrift Auslegungsprobleme, die nach § 2 Abs. 5 BauO NW 1962 und 1970 dadurch entstanden waren, dass auf die für Aufenthaltsräume erforderliche lichte Höhe Bezug genommen wurde. § 59 Abs. 3 BauO NW 1970 schrieb für Aufenthaltsräume eine lichte Höhe von 2,50 m vor, ließ als Ausnahme jedoch für Dachgeschosse 2,30 m zu. Nachdem das OVG NRW zunächst bei der Vollgeschossbemessung von Dachgeschossen 2,50 m zugrunde legte (Urteil vom 11. 7. 1974 – XI A 1184/73, BRS 28 Nr. 64), änderte es später seine Auffassung und ging danach von 2,30 m aus (Beschluss vom 22. 4. 1983 – 7 B 117/83, BauR 1983, 351 = BRS 40 Nr. 107).

Nach der seit 1984 geltenden Legaldefinition ist ein Geschoss mit einer Gesamthöhe von 2,29 m **kein** Vollgeschoss. Ein solches Geschoss ist noch nutzbar zum Beispiel als Garagengeschoss oder als Installationsgeschoss. Dagegen nicht geeignet ist ein solches Geschoss zur Aufnahme von Aufenthaltsräumen. Zieht man von diesen 2,29 m die Gesamtdeckenkonstruktion einschließlich des Fußbodenaufbaues ab, so ergibt sich eine nutzbare lichte Raumhöhe, die weit unter dem nach § 48 Abs. 1 Satz 1 BauO NRW für Aufenthaltsräume erforderlichen Mindestmaß von 2,40 m liegt, auch noch unter dem Maß, das für bestimmte Aufenthaltsräume nach § 48 Abs. 1 Satz 2 BauO NRW von der Bauaufsichtsbehörde gestattet werden kann. Bei dem Wert von 2,30 m handelt es sich um ein **Mindestmaß**, nach oben ist dagegen die Höhe begrifflich nicht eingeschränkt. Ein Theatersaal, eine Fabrikhalle oder ein Kirchenschiff wird nach § 2 Abs. 5 BauO **192**

NRW **nicht fiktiv unterteilt**, wie dies § 17 Abs. 3 BauNVO 1962, 1968, 1977 und § 21 Abs. 4 BauNVO 1990 anordnen; danach darf in Gebieten, für die keine Baumassenzahl festgesetzt ist, bei Gebäuden, die Geschosse von mehr als 3,50 m Höhe haben, eine Baumassenzahl, die das Dreieinhalbfache der zulässigen Geschossflächenzahl beträgt, nicht überschritten werden. Eine ähnliche Regelung enthielt § 7 Abs. 3 BauO NW 1970, der zwecks Ermittlung des einzuhaltenden Bauwichs bestimmte, dass hohe Geschosse je angefangene 3,50 m bzw. 4,00 m – entsprechend der Gebietsart – jeweils als ein Geschoss zu rechnen waren. Diese Regeln begrenzen aber nicht begrifflich die Höhe eines Geschosses, sondern dienen nur als Hilfsbestimmung bei der Ermittlung des zulässigen Nutzungsmaßes bzw. der Breite des Bauwichs (vgl. die 6. Auflage, zu § 7, S. 81 f.).

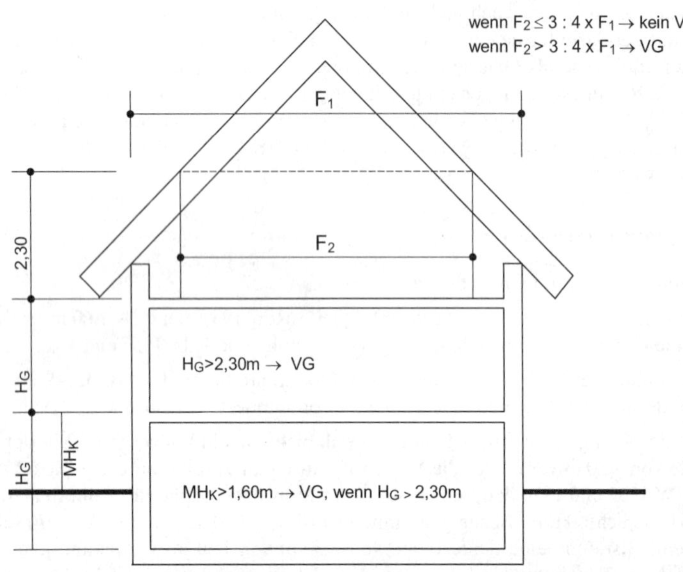


**Abbildung 2.4 Bemessung der Vollgeschossigkeit** (s. Rdn. 191 und 192)

### 6.5 Das Untergeschoss

**193** Der Begriff **Kellergeschoss** ist im Bauordnungsrecht ebenso wenig definiert wie der Begriff **Untergeschoss**. Nach Frommhold, Begriffe und Bestimmungen aus dem Bauwesen, 1963, ist ein Kellergeschoss ein Geschoss unter dem ersten Vollgeschoss. Da danach ein Kellergeschoss nie ein Vollgeschoss sein kann, wird besser der Begriff Untergeschoss zur Erläuterung der Bemessungsregel für die Geschossigkeit herangezogen, denn auch Untergeschosse können Vollgeschosse sein. Ein Untergeschoss ist ein **Vollgeschoss,**

- wenn es eine Gesamthöhe von **mindestens 2,30 m** hat **und**
- wenn seine Deckenoberkante **mehr als 1,60 m** im Mittel über die Geländeoberfläche hinausragt.

194 Mit **Deckenoberkante** ist nicht die Oberkante der Rohbaudecke gemeint, sondern die **Oberkante** des fertigen Fußbodens einschließlich des Fußbodenbelags des Geschosses (s. auch Absatz 5 Satz 4), welches über dem zu bestimmenden Geschoss gelegen ist. Das ist in aller Regel die Oberkante des Erdgeschossfußbodens, dessen Höhenlage über NN nach den Vorschriften über Bauvorlagen (vgl. die Vorgaben des § 4 Abs. 3 Nr. 1 BauPrüfVO) in den Bauzeichnungen anzugeben ist. Diese Deckenoberkante darf nicht mehr als 1,60 m im Mittel über die Geländeoberfläche hinausragen. Als maßgebliche Geländeoberfläche gilt die in den Bauzeichnungen dargestellte und durch die Baugenehmigung bestätigte bzw. festgelegte Geländeoberfläche (s. Rdn. 172 und 176). Zur Festlegung des „Mittels" für das Hinausragen über die Geländeoberfläche bieten sich verschiedene Verfahren an:

195 **1.** Bei Gebäuden **ohne versetzten Erdgeschossfußboden** mit nicht wesentlich mehr als vier Gebäudeecken in ebenem oder gleichmäßig geneigtem Gelände – demnach in einfachen Fällen – genügt in aller Regel das **arithmetische Mittel** aus allen entsprechenden **Höhenmaßen an den Gebäudeecken** (s. Abbildung 2.5) oder das arithmetische Mittel aus allen entsprechenden Höhenmaßen entlang aller Gebäudeseiten. Der Geländeverlauf zwischen diesen Eckpunkten – ob terrassiert, ob mit unselbständigen Absenkungen im Sinne von Abrampungen bei Kellergaragen, Abgrabungen oder Aufschüttungen versehen, die nicht die Geländeoberfläche nach § 2 Abs. 4 BauO NRW verändern (s. Rdn. 176) – ist vom Störungsgrad des Gesamtgebäudes wie auch von seiner städtebaulichen Gesamtwirkung unerheblich und bleibt daher unberücksichtigt.

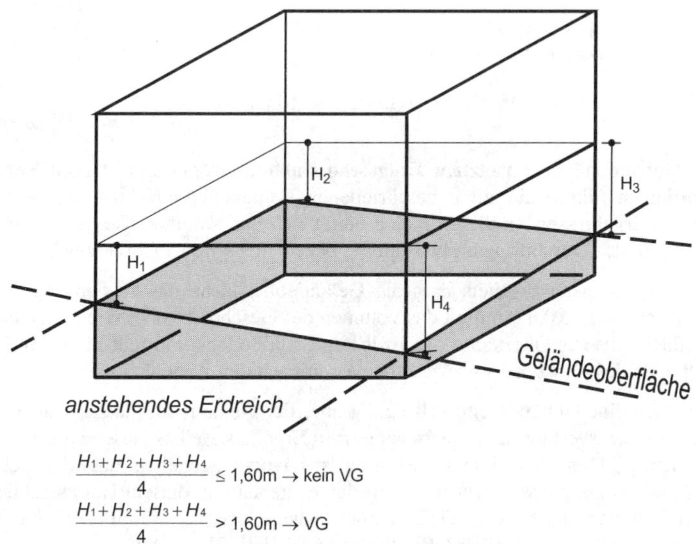


$$\frac{H_1+H_2+H_3+H_4}{4} \leq 1{,}60\text{m} \rightarrow \text{kein VG}$$

$$\frac{H_1+H_2+H_3+H_4}{4} > 1{,}60\text{m} \rightarrow \text{VG}$$

**Abbildung 2.5 Bemessung nach dem arithmetischen Mittel** (s. Rdn. 195)

196 **2.** Bei Gebäuden mit einer **Vielzahl von Gebäudeecken** in hängigem Gelände bietet sich das von der Rechtsprechung herangezogene **Flächen-Vergleichsverfahren** an (s. Abbil-

dung 2.6). Danach ragt die Deckenoberkante eines Geschosses im Mittel mehr als 1,60 m über die (festgelegte) Geländeoberfläche hinaus, wenn die **tatsächlich freiliegende Fläche** sämtlicher Außenwände (bemessen bis Oberkante Erdgeschossfußboden) größer ist als eine **Vergleichsfläche**, welche sich aus dem **Gebäudeumfang** x 1,60 m errechnet (Hess. VGH, Beschluss vom 1.12.1982 – IV TG 81/82, BRS 39 Nr. 103). Inwieweit ein Geschoss die Geländeoberfläche überragt, ist unmittelbar an den Außenwänden des Geschosses zu messen.

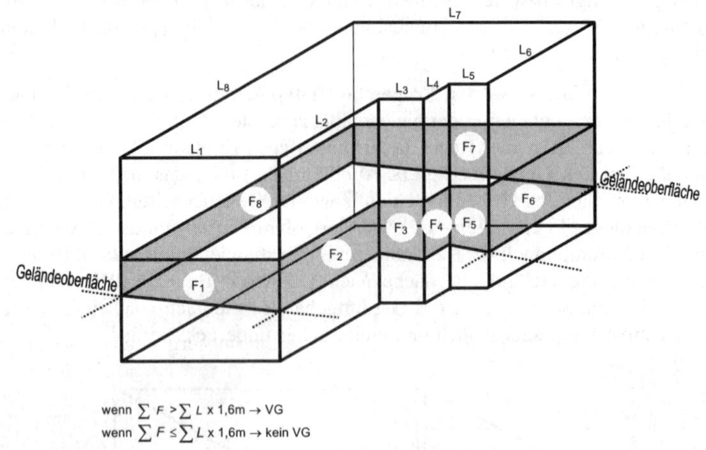


**Abbildung 2.6 Flächen-Vergleichsverfahren** (s. Rdn. 196)

197 **3.** Bei Gebäuden mit **versetztem Erdgeschossfußboden** oder mit starken **Vor- und Rücksprüngen** führen die zuvor beschriebenen Bemessungsverfahren regelmäßig zu verzerrten Ergebnissen. In diesen Fällen bietet sich das **Volumen-Vergleichsverfahren an**, das auch als „Durchdringungsverfahren" bezeichnet wird (s. Abbildung 2.7).

Hierbei ist davon auszugehen, dass die Geländeoberfläche das zu bemessende Geschoss durchdringt. Man ermittelt das Volumen des Geschosses oberhalb der gedachten Schnittfläche bis zur Oberkante des Erdgeschossfußbodens und teilt dieses durch die **Grundfläche** des Geschosses – jeweils bemessen nach den Außenkanten.

Liegt jedoch **eine** Gebäudeseite **vollständig** über der Geländeoberfläche, führt das Volumen-Vergleichsverfahren zu einem verzerrten Ergebnis, weil es diesen Umstand nicht berücksichtigt. Denn bei diesem Verfahren ist davon auszugehen, dass die Geländeoberfläche das Geschoss durchdringt, mit der Folge, dass in diesem Fall ausschließlich die drei Seiten mit der höheren Geländeoberfläche maßgeblich wären (OVG NRW, Urteil vom 18.4.1991 – 11 A 696/87, BauR 1991, 60 = BRS 52 Nr. 180).

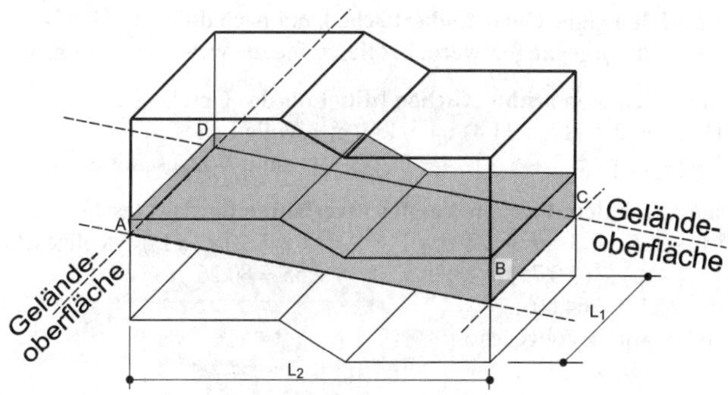


**Abbildung 2.7 Volumen-Vergleichsverfahren** (s. Rdn. 197)

**4.** Bei Gebäuden, die – scheinbar – aus **aneinandergefügten Baukörpern** bestehen (s. Abbildung 2.8), bietet sich das **Additionsverfahren** an (s. Große-Suchsdorf/Lindorf/Schmaltz/Wiechert, zu § 2 Rdn. 57). 198

Hierbei ist zunächst die Höhenlage der im Mittel gemessenen Geländeoberfläche für die einzelnen Baukörper zu ermitteln. Diese Höhenlagen sind mit der **Grundfläche** des zugehörigen Gebäudeteils zu multiplizieren; die sich hieraus ergebenden Werte werden addiert und die Summe durch die Grundfläche des gesamten Gebäudes geteilt. Gebäudevor- und -rücksprünge geringen Ausmaßes bleiben bei der Ermittlung der im Mittel gemessenen Geländeoberfläche unberücksichtigt, da die sich hieraus ergebenden Ungenauigkeiten geringfügig sind und deshalb hinnehmbar sind.

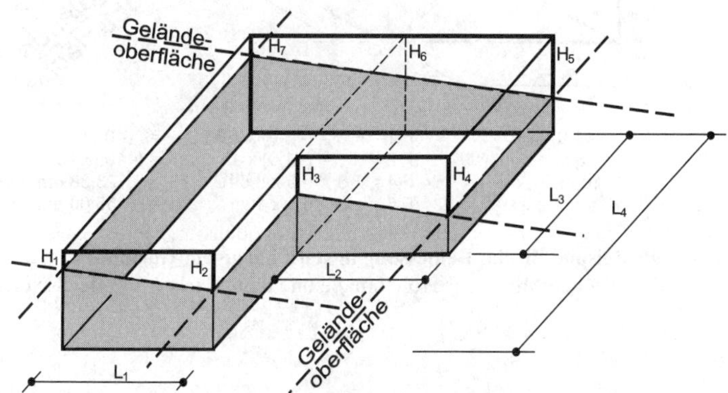


**Abbildung 2.8 Bemessung nach dem Additionsverfahren** (s. Rdn. 198)

199 **5.** Auch bei **stark hängiger Geländeoberfläche** kann nach den zuvor beschriebenen Bemessungsverfahren vorgegangen werden. Hierzu bietet Abbildung 2.9 ein **Beispiel**:

**A.** Bemessung nach dem **arithmetischen Mittel** für das Geschoss II
wenn (H 1 + H 2 + H 3 + H 4) : 4 > 1,60 m = Vollgeschoss
[ (– 1,0) + (– 1,2) + 5,5 + 5,5 ] : 4 = 2,25 > 1,6 somit Vollgeschoss

**B.** Bemessung nach dem **Flächen-Vergleichsverfahren** für das Geschoss II
wenn F 1 + F 2 + F 3 + F 4 + F 5 + F 6 > (L 1 + L 2) x 2 x 1,6 = Vollgeschoss
(– 0,75) + (– 10) + (– 0,75) + 23,38 + 23,38 + 55 = 80,26
(10 + 10) x 2 x 1,6 = 64,00
80,26 > 64,00 somit Vollgeschoss

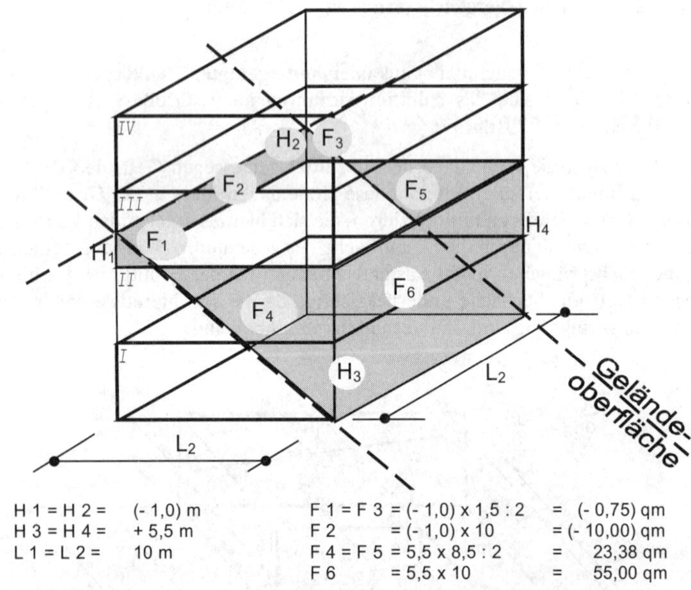


**Abbildung 2.9 Beispiel für die Bemessung in stark hängigem Gelände**
nach dem arithmetischen Mittel der Höhenmaße und dem Flächen-Vergleichsverfahren (s. Rdn. 199)

### 6.6 Das Staffelgeschoss

200 Für **Staffelgeschosse** ist eine von Satz 1 abweichende Bemessungsregel geschaffen worden. Bei Anwendung der Bemessungsregel des Satzes 1 wäre jedes Staffelgeschoss, insbesondere ein solches mit senkrechten Außenwänden von mehr als 2,30 m Höhe, unabhängig von seiner Flächengröße (z. B. das Maschinenhaus eines Aufzuges) schon ein Vollgeschoss. Nach dieser Bemessungsregel ist nämlich die Höhe von mindestens 2,30 m auf das Geschoss insgesamt bezogen, wie sich unschwer aus dem Vergleich des Satzes 1 mit den nachfolgenden Sätzen 2 und 3 ergibt. Die Sonderregelung dient deshalb ausschließlich der Vermeidung von Härten, die sich aus der Bemessungsregel des Satzes 1 ergeben würden, nicht jedoch der Umgehung von Planungsvorstellungen, die einem Bebauungsplan zugrunde liegen. Da in der BauO NW 1962 bzw. 1970 eine entsprechende Sonderregelung fehlte, hatte das OVG NRW mit Urteil vom 19. 10. 1967 (– VII A 1400/66, BRS 18 Nr. 72) das Problem unter Rückgriff auf das Befreiungsrecht zu lösen versucht. Für Staffelgeschosse, die nicht mehr als zwei Drittel der Grundfläche des darunter liegenden Geschosses aufwiesen, konnte danach im Einzelfall ein Befreiungsanspruch entstehen (vgl. auch Hess. VGH, Beschluss vom 12. 12. 1978 – IV TG 97/78, BRS 33 Nr. 92 und Boeddinghaus/Hahn/Schulte, zu § 2, Rdn. 85 ff.).

201 Die Sonderregelung erfasst auch nur Geschosse, die sich **deutlich absetzen** von den darunter liegenden Geschossen, die von Satz 1 erfasst werden. Das sind solche:

- die ein Flachdach haben oder
- deren (zulässige) Dachneigung erst oberhalb der Höhe von 2,30 m über der Fußbodenoberkante ansetzt

  **und**

- die sich gegenüber **allen** (freien) Außenwänden des Gebäudes – auch optisch – deutlich von dem darunter liegenden Geschoss absetzen.

Zu beachten ist hierbei, dass es sich bei der Vollgeschossregel und damit auch bei der Definition des Staffelgeschosses um eine **Regel zum Vollzug des Städtebaurechts** handelt. Die Bestimmung kann nur im Zusammenhang mit den städtebaulichen Vorgaben gesehen werden.

Setzt der Bebauungsplan beispielsweise geschlossene Bauweise fest, so müssen die Gebäude nach § 22 Abs. 3 BauNVO (sämtliche Fassungen) ohne seitlichen Grenzabstand errichtet werden, es sei denn, dass die vorhandene Bebauung eine Abweichung erfordert. Daher ist in einem solchen Fall ein Staffelgeschoss bereits gegeben, wenn das oberste Geschoss des Gebäudes von den zur vorderen und rückwärtigen Grundstücksgrenze gerichteten Außenwänden zurückgesetzt ist. Dabei muss in diesem Falle aber ebenso wie für sonstige Staffelgeschosse die Zwei-Drittel-Regel bezüglich der Grundfläche beachtet werden, wodurch sich ein größeres Maß des Zurücksetzens an den freien Seiten zwangsläufig ergibt als bei einem allseits freistehenden Gebäude. Weitere Besonderheiten können aus Festsetzungen über die abweichende Bauweise nach § 22 Abs. 4 BauNVO (sämtliche Fassungen) und über die überbaubaren Grundstücksflächen nach § 23 BauNVO (sämtliche Fassungen) resultieren. Festsetzungen können nach § 9 Abs. 3 BauGB auch aus besonderen städtebaulichen Gründen für übereinander liegende Geschosse und Ebenen und sonstige Teile baulicher Anlagen getroffen werden. Es ist also möglich, Festsetzungen zu treffen, die die genaue Lage des Staffelgeschosses in

Bezug zur darunter liegenden Geschossebene vorgeben. Die Festsetzungen sind dann zusätzlich zur Legaldefinition in Absatz 5 Satz 2 zu beachten.

Will die Gemeinde in der geschlossenen Bauweise lediglich ein Zurücksetzen des obersten Geschosses um ein bestimmtes Maß zur Straßenfront hin aus städtebaulichen Gründen erzwingen, im Übrigen aber ein Überschreiten der Zwei-Drittel-Regel zulassen, muss sie dieses Geschoss als Vollgeschoss berücksichtigen. Das Landesrecht enthält nämlich **keine Modifikationsbefugnis des Vollgeschossbegriffs zugunsten der Gemeinde**; insofern ist es der Gemeinde auch verwehrt, in hängigem Gelände die Zahl der Vollgeschosse berg- und talseitig unterschiedlich festzusetzen (OVG NRW, Urteil vom 19.7.1989 – 7 a NE 97/87, UPR 1990, 40; s. auch Nds. OVG, Urteil vom 8.7.1999 – 1 K 2869/97, BRS 62 Nr. 15 = NVwZ-RR 2000, 271 zu einer vom Landesrecht abweichenden Vollgeschossregelung für Kellergeschosse im Bebauungsplan).

**202** Der **Sinn des Zurücksetzens** eines Geschosses liegt in der Regel begründet in der Nutzbarkeit der Flächen vor diesem Geschoss (Terrassenfläche). Ein Mindestmaß für das Zurücksetzen konnte der Gesetzgeber nicht regeln, da sich ein solches stets im Einzelfall unter anderem auch aus der städtebaulichen Situation ergeben muss. Ein Maß von weniger als 1 m erscheint als Kriterium für ein Staffelgeschoss unvorstellbar – dies schon bezogen auf Gebäude geringer Abmessung, sofern sich nicht Besonderheiten aus Festsetzungen eines Bebauungsplanes ergeben.

**203** Satz 2 erklärt ein gegenüber **den** (das heißt **allen planungsrechtlich maßgebenden**) Außenwänden des Gebäudes **zurückgesetztes oberstes** Geschoss (Staffelgeschoss) nur dann zum Vollgeschoss, wenn es die Höhe von mindestens 2,30 m über mehr als zwei Drittel der Grundfläche des **darunter liegenden** Geschosses hat. Es fällt auf, dass in **Satz 2 eine Zwei-Drittel-Regelung**, in **Satz 3 eine Drei-Viertel-Regelung** vorgesehen ist, was auf den ersten Blick unlogisch erscheint. Der Staffelgeschossregel liegt jedoch die Vorstellung zugrunde, dass ein solches Geschoss mit senkrechten Wänden in der Hülllinie eines Geschosses mit geneigten Dachflächen Platz findet, um zu vermeiden, dass lediglich eine vom herkömmlichen Dachgeschoss abweichende Architekturform baurechtlich benachteiligt wird. Da die Staffelgeschossregel auf das lichte Maß eines darübergestülpten Dachgeschosses mit geneigten Dachflächen abstellt, muss für die Bemessung des Dachgeschosses mit geneigten Dachflächen wegen der Messmethode von Oberkante Fußboden bis Oberkante Dachhaut (s. Rdn. 206 ff.) ein größeres Maß gelten, eben die Drei-Viertel-Regelung.

**204** Diese Regel gilt somit **nicht** für (Staffel-)Geschosse, die nicht **oberstes** Geschoss sind, z. B. nicht für ein zurückgesetztes Geschoss, über dem noch ein zweites Geschoss angeordnet ist. Sie gilt auch nicht für Geschosse, die nicht allseits (in geschlossener Bauweise nicht zumindest an allen freien Seiten) gegenüber den sonstigen Außenwänden zurückgesetzt sind. Wird als Dachform des obersten Geschosses ein geneigtes Dach anstelle eines Flachdaches gewählt, was die Vorschrift nicht verbietet, so ist darauf zu achten, dass kein Spitzboden entsteht, der für sich wiederum als Geschoss angesehen werden muss, denn in diesem Falle wäre nicht das zurückgesetzte Geschoss, sondern der Spitzboden das oberste Geschoss. Spitzböden ohne Nutzungsmöglichkeit zu Aufenthaltszwecken sind dagegen aufgrund der Definition in Absatz 6 Satz 2 Hohlräume und keine obersten Geschosse (s. Rdn. 218). Auch der Hohlraum zwischen der obersten Decke und der Dachhaut zur Aufnahme des Luftraums bei Flachdächern als „Kaltdachkonstruktion" ist kein Geschoss.

### 6.7 Das Dachgeschoss

Der Begriff **Dachgeschoss** ist nicht definiert. Allgemein wird hierunter ein Geschoss verstanden, das geneigte Dachflächen aufweist. Ein Dachgeschoss ist nach § 2 Abs. 5 Satz 3 BauO NRW dann ein **Vollgeschoss**, wenn es die Gesamthöhe von 2,30 m über mehr als drei Viertel **seiner** Grundfläche hat. Die Höhe wird bis zur Oberkante (besser Oberseite oder Oberfläche) der Dachhaut gemessen. Dazu zählen alle Dachaufbauten, wie Dachgauben oder überdachte Dachterrassen. Leicht überlesen werden kann die Formulierung „**seiner Grundfläche**". Im Rahmen der bauaufsichtlichen Kontrolle wird mitunter festgestellt, dass die Entwurfsverfasser die Sätze 2 und 3 inhaltlich nicht sauber trennen und auch bei Satz 3 auf die Grundfläche des darunter liegenden Geschosses abstellen, was aber nach diesem von der Grundregel abweichenden Sondertatbestand nicht möglich ist. **205**

Das **Bemessungsverfahren** gleicht dem Verfahren zur Ermittlung der Geschossigkeit nach § 2 Abs. 5 BauO NW 1970. Der Gesetzgeber hat mit der BauO NW 1984 eine Umstellung von Lichtraummaßen auf Außenmaße vorgenommen. Hierdurch wird dem städtebaulichen Bezug besser Rechnung getragen als mit der Lichtraummaßregelung, die Manipulationen durch abgehängte Decken ermöglicht. Andererseits lassen sich Lichtraummaße einfacher kontrollieren. Bei der Prüfung der Vollgeschossigkeit ist allein entscheidend, ob eine **gedachte Ebene** in Höhe von 2,30 m über der Fußbodenoberkante zwischen ihren Schnittkanten mit der Oberkante der Dachhaut bei ihrer Projektion auf die (Fußboden-) **Grundfläche** mindestens drei Viertel dieser (Fußboden-) Grundfläche bedeckt (s. Abbildung 2.10). **206**

Die (Fußboden-) **Grundfläche** des Geschosses bemisst sich nach den Außenkanten der Gebäudeumfassungswände oder – sofern das Geschoss keine Gebäudeumfassungswände aufweist – nach den Außenkanten bzw. Außenflächen der das Geschoss begrenzenden Bauteile. Die üblicherweise vorgenommenen Abmauerungen zwischen der Fußpfette und dem ausgebauten Dachraum werden demnach nicht abgezogen. Flächen von Gebäudeteilen, die über diese Gebäudeumfassungswände **hinausragen**, wie Balkone, müssen bei der Grundfläche **außer Betracht** bleiben; würden sie der Grundfläche zugeschlagen, so könnte aus einem Geschoss, das ohne Balkonfläche ein Vollgeschoss ist, trotz größerer Ausnutzbarkeit ein „Nicht-Vollgeschoss" oder ein „Normal-Geschoss" (= Geschoss) werden. Flächen von Dacheinschnitten, wie Loggien oder Terrassen, demnach Flächen, die **innerhalb** der Gebäudeumfassungswände liegen, müssen in die Bemessung der Grundfläche **einbezogen** werden; ansonsten würde das unlogische und vom Gesetzgeber nicht gewollte Ergebnis eintreten, dass aus einem Nicht-Vollgeschoss trotz verringerter Ausnutzbarkeit ein Vollgeschoss wird. **207**

Die in einer Höhe von 2,30 m über der Fußbodenoberkante **gedachte Ebene** schneidet in der Regel alle Dachaufbauten, zumindest dann, wenn die Flächen unter ihnen nutzbar sind. Somit gehen deren von der gedachten Bezugsebene erfasste Flächen voll in die Berechnung des Geschosses ein. Damit berücksichtigt die Vorschrift nicht nur die bessere Ausnutzbarkeit von Dachgeschossen mit entsprechenden Dachaufbauten, sondern auch die städtebauliche Wirkung solcher Dachlandschaften. Hier ist eine Analogie zur Bemessungsregel für die Abstandflächen in § 6 Abs. 4 Satz 3 zweiter Halbsatz Nr. 2 BauO NRW erkennbar (vgl. Abbildung 2.10). **208**

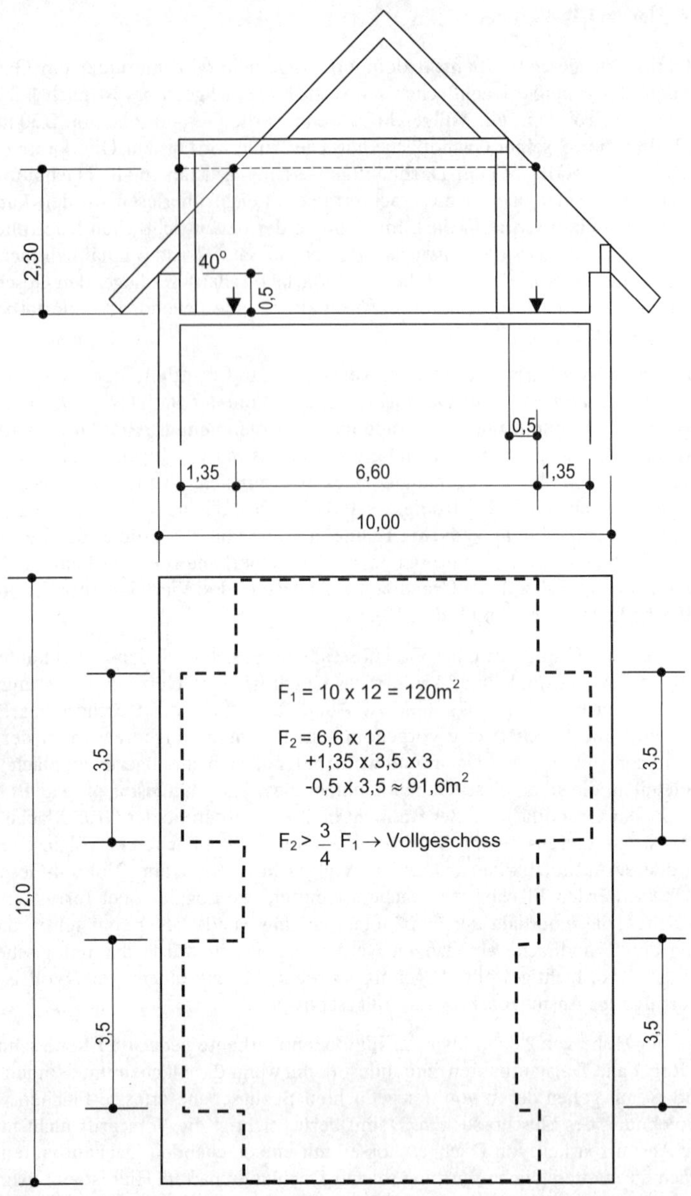


**Abbildung 2.10 Bemessung eines Dachraums mit Aufbauten und Einschnitten**
(s. Rdn. 205–208)

Aus der Bemessungsregel des § 2 Abs. 5 BauO NRW kann sich bei extrem steilen Dachneigungen ergeben, dass sich in einem Dachraum gleich mehrere Vollgeschosse befinden. Die Bemessung ist für **jede Dachgeschossebene** gesondert durchzuführen. Bei steil geneigten Dächern mit Dachflächen gleicher Neigung, Mansarddächern, steilen Pultdächern und ähnlichen Dachformen können daher bei Erfüllung der Maßvorgaben mehrere Vollgeschossebenen übereinander liegen. Auch ein **Spitzboden** kann bei steiler Dachneigung und tiefer Kehlbalkenlage ein Vollgeschoss sein, nämlich wenn er die nach § 48 Abs. 1 Sätze 2 und 3 BauO NRW für Aufenthaltsräume im Dachraum erforderliche lichte Höhe über mehr als drei Viertel seiner Grundfläche hat. Wenn Aufenthaltsräume im Spitzboden möglich sind, kann dieser nicht mehr als Hohlraum im Sinne des § 2 Abs. 6 Satz 2 BauO NRW gewertet werden. Der Wortlaut des § 2 Abs. 5 Satz 3 BauO NRW, der auf Geschosse mit geneigten Dachflächen abstellt, lässt insoweit keinen Spielraum für eine hiervon abweichende Auslegung, da der Gesetzesbefehl unmissverständlich formuliert ist. **209**

Üblicherweise werden die Dachkonstruktionen auf das Mauerwerk bzw. die Decke der darunter liegenden Geschosse aufgesetzt, das heißt, die Fußpfetten liegen im Bereich der Außenwände, um so die Lasten des Dachstuhls sicher abtragen zu können. Es kann aber auch vorkommen, dass die Deckenbalken, als Zangen die senkrecht stehenden Holzständer der Wandkonstruktion umschließend, weit auskragen. Vergleichbare Auskragungen können natürlich auch mit Stahlbeton erzielt werden. **210**

Bei Gebäuden, bei denen ein wesentlich über die darunter liegenden Geschosse **auskragendes Dachgeschoss** beabsichtigt ist, sollte wie nachfolgend beschrieben verfahren werden (s. Abbildung 2.11):

Zunächst ist die **bauplanungsrechtliche Zulässigkeit** der Auskragung nach den Vorschriften der BauNVO zu prüfen. Dabei muss davon ausgegangen werden, dass diese Auskragungen voll bei der Bemessung der Abstandflächen in Ansatz zu bringen sind, das heißt, sie unterliegen nicht der begünstigenden Regelung des § 6 Abs. 7 BauO NRW. Sodann (s. Abbildung 2.11) verlängert man die Außenkanten der Außenwände der unter dem Dachgeschoss liegenden Geschosse und ermittelt die Fläche des Dachgeschossfußbodens (F 1), die durch die Schnittlinien dieser Verlängerung mit der Oberkante des fertigen Fußbodenaufbaus entsteht. Bedeckt die gedachte Ebene (F 2) in Höhe von 2,30 m (s. vorausgehende Rdn. 191 f.) über mehr als drei Viertel die durch die Verlängerung der Außenwände entstandene Bezugsfläche (F 1), so muss von einem Vollgeschoss ausgegangen werden. Derjenige, der als untere Bezugsfläche die Grundfläche dieses Dachgeschosses (F 3) ansetzen wollte, würde den Willen des Gesetzgebers eindeutig fehlinterpretieren. **211**

Nutzt jedoch der Bauherr bei einem wesentlich überkragenden Dachgeschoss in den darunter liegenden Geschossen das ihm zustehende Maß der baulichen Nutzung innerhalb der überbaubaren Flächen nicht aus, das heißt, bleibt der Bauherr mit diesen Geschossen wesentlich hinter den Baugrenzen zurück und würde ihm darüber hinaus planungsrechtlich zustehen, die Außenwände im Bereich der beabsichtigten Dachauskragung anzuordnen (s. Abbildung 2.11), so ist die Grundfläche des Dachgeschosses (F 3) die Bezugsfläche zur Ermittlung der Geschossigkeit dieses Geschosses. Aus dieser Betrachtung wird deutlich, dass die **Auslegung der Vollgeschossregel** mit den **städtebaulichen Zielvorgaben** in **enger Verbindung** steht. Vernachlässigt man diesen Zusammenhang, besteht die Gefahr einer unzutreffenden Beurteilung und damit eines nicht gewollten Ergebnisses. **212**

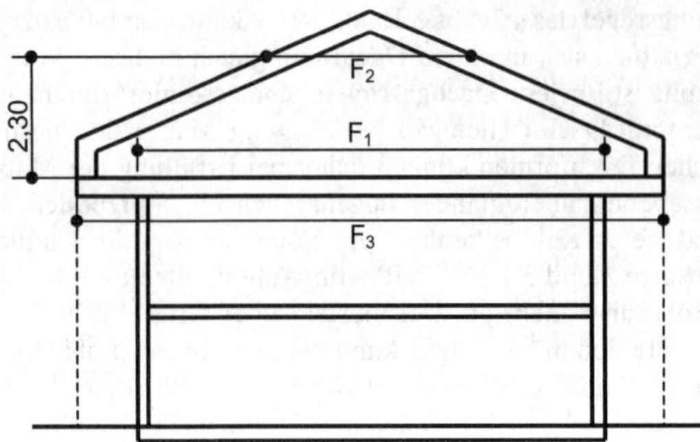


**Abbildung 2.11 Beispiel zur Bemessung eines auskragenden Dachraums**
(s. Rdn. 210–212)

213 Häufig wird in **Satzungen** nach § 86 BauO NRW bezüglich der Gestaltung der Dachgeschosse der Begriff **Drempelhöhe** (Kniestock) verwendet, der weder im Bauplanungs- noch im Bauordnungsrecht definiert ist. Hierunter versteht man die Höherführung der traufseitigen Außenwände oberhalb der Decke des obersten Geschosses, das unterhalb des Dachraums liegt, um diesen selbst zu vergrößern (VGH B-W, Urteil vom 15. 2. 1984 – 3 S 1279/83, BauR 1985, 289 = BRS 42 Nr. 114 und OVG NRW, Beschluss vom 18. 1. 2005 – 7 B 2751/04, BauR 2005, 1452 = BRS 69 Nr. 126). Der Begriff steht zwar nicht unmittelbar mit den Bemessungsregeln für die Geschossigkeit in Verbindung, bereitet jedoch häufig Unsicherheiten hinsichtlich der Bemessung der Drempelhöhe. Wird in einer Satzung dieser Begriff verwendet, aber nicht definiert, so ist unter der Drempelhöhe die Höhe zu verstehen, um die die Fußpfette oberhalb der Außenwand über die Fußbodenoberkante der obersten Geschossdecke angehoben werden darf.

214 Es empfiehlt sich, in örtlichen Bauvorschriften den **Begriff Drempel klarzustellen**. Dabei kann wie folgt definiert werden:

„Die Höhe des Drempels wird von Oberkante Fußboden der untersten Dachgeschossebene bis zur Schnittlinie der Außenwand mit der Dachhaut gemessen."

Wird eine solche dem Abstandflächenrecht entliehene Regelung in die Satzung aufgenommen, die auch die Bemaßung der Schnittzeichnung vereinfacht, muss die Stärke der Sparrenlage und Dachhaut der gestalterisch maximal tolerierbaren Mauerwerkshöhe einschließlich Fußpfette zugerechnet werden.

215 Sofern in die Satzung **Trauf- bzw. Firsthöhenfestsetzungen und** zugleich Drempelhöhenfestsetzungen aufgenommen werden, ist darauf zu achten, dass sich die unterschiedlichen Regelungen nicht widersprechen. Dies kann insbesondere dann auftreten, wenn die Satzung eine bestimmte Dachneigung anordnet. Derartige Satzungen werden häufig in bereits bebauten Bereichen mit Flachdächern aufgestellt, um einerseits eine nachträgliche Dachaufstockung zu ermöglichen, andererseits aber ein einheitliches städtebauliches bzw. gestalterisches Erscheinungsbild zu gewährleisten.

## 6.8 Gebäude mit versetzten Geschossen

Bei durch Trennwände aufgeteilte Gebäude mit **unterschiedlich hohen** Geschossen oder **gegeneinander stark versetzten** Gebäudeteilen – z. B. bedingt durch eine Hanglage – bildet das Gebäude eine Einheit aus verschieden hohen, gegeneinander gefügten Baukörpern, so dass die Geschosszahl **getrennt** für jeden Gebäudeteil zu betrachten ist. Hieraus kann es sich ergeben, dass sich die Zahl der Vollgeschosse in den Gebäudeteilen unterscheidet; für das Gesamtgebäude ist dann die höhere Geschosszahl maßgebend (OVG NRW, Urteil vom 18. 4. 1991 – 11 A 696/87, BauR 1992, 60 = BRS 52 Nr. 180;). Dieses Bemessungsverfahren ist auch anzuwenden, wenn der Versatz der Geschosse nicht innerhalb von Trennwänden, sondern innerhalb durchlaufender Geschosse einer Nutzungseinheit liegt (Versprung im Fußboden- und im Deckenniveau). Auch derart offene Versätze der Geschosse sind im Einfamilienhausbau bei hängigem Gelände ein Gestaltungsmittel, um die räumliche Wirkung innerhalb des Gebäudes zu steigern und den Erdaushub zu minimieren. Differiert dagegen lediglich die Fußbodenhöhe des Erdgeschosses, z. B. zwei bis drei Stufen) um gartenseitig eine größere lichte Höhe zu erzielen als straßenseitig, und wird ansonsten die Deckenkonstruktion in einer einheitlichen Ebene durchgeführt, so ist nicht von versetzten Geschossen auszugehen. In einem darunter liegenden Kellergeschoss führt dies aber dann zu unterschiedlichen lichten Höhen, sofern der Fußboden wiederum in einheitlicher Ebene durchgeführt wird. Unterschiedliche Raumhöhen bei gleicher Fußbodenebene ergeben sich im Dachgeschoss durch unterschiedlich hohe Firstlagen auf einem einheitlichen Baukörper; auch hier kann nicht von unterschiedlich zu behandelnden Geschossebenen ausgegangen werden (OVG Rh-Pf, Urteil vom 29. 2. 1996 – 1 A 11014/95, BRS 58 Nr. 100). 216

## 7 Zu Absatz 6 – Geschosse über der Geländeoberfläche, Hohlräume

Die BauO NRW verwendet die Zahl der Geschosse **oberhalb der Geländeoberfläche** als Anknüpfungspunkt für bestimmte Anforderungen. Dieses Kriterium ist von Bedeutung für Anforderungen zum Einbau von Rauchabzugsvorrichtungen in Treppenräumen (§ 37 Abs. 12 BauO NRW) oder zum Einbau von Aufzügen in Gebäuden (§ 39 Abs. 6 BauO NRW). Jedes Geschoss, das nicht völlig unterirdisch ist, kann schon als ein Geschoss angesehen werden, welches über der Geländeoberfläche liegt. Um hier Missverständnissen vorzubeugen, regelt § 2 Abs. 6 Satz 1 BauO NRW, dass ein Geschoss dann als über der Geländeoberfläche gelegen gilt, wenn es mit seiner Deckenoberkante **im Mittel** mehr als 1,60 m über die Geländeoberfläche hinausragt (s. Rdn. 172 ff. und 193 ff.). Auf die Vollgeschosseigenschaft kommt es **nicht** an, da es sich um eine zum Vollzug des Bauordnungsrechts erforderliche Regelung handelt; hierbei spielt es keine Rolle, ob das Geschoss ein Vollgeschoss oder ein Nicht – Vollgeschoss ist. Jedoch bleibt trotz dieser Legaldefinition die Abgrenzung zum **Kellergeschoss** immer noch unklar. Deshalb definiert z. B. § 2 Abs. 3 Satz 6 HBO Kellergeschosse als solche, deren Fußboden mehr als 0,50 m unter der Geländeoberfläche liegt. 217

Die Definition des **Hohlraumes, der nicht als Geschoss gelten soll**, steht im Zusammenhang mit den Brandschutzanforderungen der §§ 29 und 34 BauO NRW. Die Vorschrift will sicherstellen, dass nicht zu Aufenthaltsraumzwecken nutzbare Hohlräume, wie z. B. Lufträume von Kaltdachkonstruktionen oder nicht zu Aufenthaltszwecken nutzbare Spitzböden, zwischen der obersten Decke und dem Dach als Geschoss angesehen werden (vgl. Rdn. 204). Trotz der begrüßenswerten Regelung, die den bauaufsichtlichen 218

Vollzug erleichtert, ist die Definition aber nicht umfassend genug. Hohlräume können auch an anderer Stelle eines Gebäudes angeordnet sein, ohne dass es einen Sinn macht, sie als Geschoss zu werten. Deshalb ordnet z.B. § 2 Abs. 4 Satz 3 NBauO zusätzlich an, dass „Zwischendecken oder Zwischenböden, die unbegehbare Hohlräume von einem Geschoss abtrennen, unberücksichtigt bleiben". Als Hohlräume, die nicht als Geschoss zu werten sind, sollten auch niedrige Kriechkeller und nicht nutzbare Sockelhohlräume in stark hängigem Gelände unterhalb des untersten Kellergeschosses angesehen werden.

### 8 Zu Absatz 7 – Aufenthaltsräume

**219** Absatz 7 enthält die Legaldefinition des **Aufenthaltsraumes**, an den § 48 BauO NRW bauordnungsrechtliche Anforderungen an seine Lage, an seine Beleuchtung und Belüftung sowie an seine Raumhöhe stellt, **die über die Anforderungen an andere Räume hinausgehen**. Auch für andere Vorschriften der BauO NRW ist es von Bedeutung, ob ein Raum ein Aufenthaltsraum ist oder nicht, so nach § 17 Abs. 3, § 29 Abs. 1, § 30 Abs. 3, § 34 Abs. 1, § 36 Abs. 2, § 37 Abs. 2, § 38 Abs. 1, § 46 Abs. 2, § 52 Abs. 5 und § 65 Abs. 1. In diesen Vorschriften unterscheiden die Anforderungen Aufenthaltsräume von anderen Räumen oder Geschosse mit Aufenthaltsräumen von anderen Geschossen. Darüber hinaus bestimmt nach § 2 Abs. 3 BauO NRW die Höhenlage eines Aufenthaltsraumes über der Geländeoberfläche den Gebäudetyp (s. Rdn. 150ff.).

**220** Im **Bauplanungsrecht** hat der Begriff Aufenthaltsraum einen wichtigen Stellenwert. Trotzdem gibt es keine eigenständige bundesrechtliche Begriffsbestimmung des Aufenthaltsraumes. Wegen der Bedeutung im Zusammenhang mit dem Vollgeschossbegriff (vgl. Rdn. 177ff.) gilt die landesrechtliche Definition. So ist es bei der Ermittlung des Maßes der Nutzung eines Gebäudes von Bedeutung, ob ein Raum ein Aufenthaltsraum ist oder nicht: Nach § 20 Abs. 2 BauNVO 1962, 1968, 1977 bestimmt sich im Rahmen der Ermittlung der GFZ in Geschossen, die selbst keine Vollgeschosse sind, die Geschossfläche nach der Fläche von Aufenthaltsräumen einschließlich der zu ihnen gehörenden Treppenräume und einschließlich ihrer Umfassungswände. Nach § 20 Abs. 3 BauNVO 1990 kann die Gemeinde durch Festsetzung im Bebauungsplan anordnen, dass die Flächen dieser Räume einschließlich der zu ihnen gehörenden Treppenräume und einschließlich ihrer Umfassungswände ganz oder teilweise mitzurechnen oder ausnahmsweise nicht mitzurechnen sind. Auch bei der Ermittlung des zulässigen Anteils der Räume eines im Wohngebiet gelegenen Gebäudes, die von freiberuflich Tätigen oder von Gewerbetreibenden, die ihren Beruf in ähnlicher Art ausüben, genutzt werden, ist im Rahmen des § 13 BauNVO (s. Rdn. 118–119) nicht auf sämtliche Räume, sondern nur auf Aufenthaltsräume abzustellen (Nds. OVG, Beschluss vom 17. 8. 2007 - 1 LA 37/07, BauR 2007, 2035).

**221** Schon die BauO NW 1962 ersetzte die bis dahin übliche Bezeichnung **Raum zum dauernden Aufenthalt von Menschen** (vgl. § 26 PrEBO) durch den Ausdruck **Aufenthaltsraum**. Die bestehenden Abgrenzungsschwierigkeiten konnten durch diese Änderung nicht beseitigt werden. Als Aufenthaltsraum gilt in Anlehnung an frühere Kommentierungen des Begriffs (vgl. Baltz-Fischer S. 367)

*„ein Raum, der in einer Weise benutzt werden soll, die den Aufenthalt der darin verkehrenden Menschen als einen nicht bloß vorübergehenden erscheinen lässt, wobei die Benutzung nicht nur vereinzelt in größeren Zwischenräumen, sondern im Wesentlichen fort-*

*gesetzt und stetig, je nach Bedürfnis bald längere, bald kürzere Zeit, zumindest in einer durch die konkreten Verhältnisse bedingten regelmäßigen Wiederholung erfolgt*".

Es ist nicht erforderlich, dass sich Personen regelmäßig, den ganzen Tag oder gar mehrere Tage hintereinander in einem Raum aufhalten, um von einem Aufenthaltsraum zu sprechen. Auch mit derartigen Formulierungen ist die **Unschärfe** des Begriffs nicht gänzlich behoben. Aufenthaltsräume sind unstreitig Räume, in denen sich Menschen regelmäßig mehrere Stunden lang täglich aufhalten. Die Bewohnbarkeit gehört nicht zum Wesen des Aufenthaltsraumes. So sind Büroräume oder Arbeitsräume in Gewerbebetrieben oder Versammlungsstätten auch Aufenthaltsräume, obwohl sie nur zu bestimmten Tageszeiten genutzt werden. Diese Räume sind jedoch unabhängig von ihrer Zweckbestimmung zum nicht nur vorübergehenden Aufenthalt von Menschen geeignet.

Der Raum muss zum nicht nur vorübergehenden Aufenthalt entweder subjektiv (z. B. 222
durch den Bauherrn im Bauantrag) **bestimmt** oder objektiv dazu **geeignet** sein. Die subjektive Bestimmung ist jedoch nur von Belang, wenn der Raum nicht offenkundig die objektiven Merkmale eines Aufenthaltsraumes erfüllt. Im Übrigen kommt es, unabhängig von den Benutzungsabsichten, allein auf die objektiven Gegebenheiten an. Bei Räumen mit Fenstern in der Grenzwand ist Vorsicht geboten, wenn der Nachbar nach § 6 Abs. 1 Satz 2 Buchstabe b BauO NRW ohne Grenzabstand bauen darf und der bestehende Bau die geforderte öffentlich-rechtliche Sicherung zur gemeinsamen Grenzbebauung ersetzt; in diesem Fall kann der Nachbar ebenfalls ohne Grenzabstand das Fenster „zubauen" und so das den Raum belichtende Fenster seiner Funktion berauben (OVG NRW, Beschluss vom 31. 1. 1991 – 7 B 241/91, BRS 52 Nr. 179). Nicht die Bezeichnung des Raumes durch den Bauherrn in den Bauvorlagen ist maßgebend, sondern die **objektive Beurteilung**, ob ein Raum zum nicht nur vorübergehenden Aufenthalt von Menschen geeignet ist (so auch Jeromin/Schmidt/Lang, zu § 2 Rdn. 76). Die Bezeichnung des Aufenthaltsraumes in den Bauvorlagen ist Anlass zu prüfen, ob alle Anforderungen erfüllt werden, die sich auf Aufenthaltsräume beziehen.

Dass maßgebende Kriterium, ob ein Raum ein Aufenthaltsraum ist, ist somit seine **Eig-** 223
**nung**. Ein Raum, der als solcher nicht geeignet ist, kann auch durch die Bezeichnung (Zweckbestimmung) in den Bauvorlagen kein Aufenthaltsraum sein. Dies kann Bedeutung für die Einordnung von Gebäudetypen insoweit haben, als z. B. der als Aufenthaltsraum angegebene Dachraum als solcher infolge zu geringer lichter Höhe nicht geeignet ist und infolgedessen das Gebäude der niedrigeren Gefahrenklasse zugeordnet werden muss. Es ist aber auch umgekehrt ein als Aufenthaltsraum geeigneter Raum als solcher bei der Einordnung eines Gebäudes nach § 2 Abs. 3 BauO NRW zu werten, selbst wenn der Antrag eine Nutzung zu Nicht-Aufenthaltsraumzwecken enthält. Dies ist erforderlich, um zu vermeiden, dass durch subjektive Nutzungsangaben der Gebäudebegriff manipuliert werden kann, und auch, um zu unterbinden, dass die gesetzlichen Anforderungen an Aufenthaltsräume, die der Gefahrenabwehr sowie der Sozial- und Wohlfahrtspflege dienen, keine Anwendung finden. Wegen der differenzierten Anforderungen des § 48 BauO NRW an Aufenthaltsräume, die mit der Nutzungsart und der Lage in Normal-, Keller- oder Dachgeschossen zusammenhängen, und der im Regelfall minimalen Angaben zur Ausstattung in der Baubeschreibung kann es allerdings im Einzelfall sehr schwierig sein, die Eignung eines Raumes als Aufenthaltsraum festzustellen.

**Kriterien** zur Beurteilung der Eignung sind: die **Lage** des Raumes im Kellergeschoss, 224
Normalgeschoss oder Dachgeschoss, seine **Größe** nach Grundfläche und Höhe, seine

**Beschaffenheit** mit oder ohne Tageslicht, die unterschiedlichen **bauordnungsrechtlichen Anforderungen** an Aufenthaltsräume, aber auch seine **Zweckbestimmung**, z. B. als Raum, dessen Nutzung eine Beleuchtung mit Tageslicht verbietet, wie Kino oder Speziallabor. Es ist darauf hinzuweisen, dass die für Aufenthaltsräume geltenden Anforderungen des § 48 BauO NRW in erster Linie Wohnnutzungen und diesen vergleichbare Nutzungen erfassen. Für bauliche Anlagen besonderer Art oder Nutzung können sich zusätzliche Anforderungen aus den Sonderbauvorschriften ergeben. Neben dem Bauordnungsrecht sind **bundesrechtliche Vorschriften** zu beachten, so z. B. die Anforderungen der ArbStättV (vgl. z. B. OVG Lüneburg, Urteil vom 9. 1. 1987 – 6 A 6/85, BRS 47 Nr. 47 zur Eignung von Werkstätten als Aufenthaltsräume).

**225** Ob ein Raum als Aufenthaltsraum **geeignet** ist, muss anhand der Bauvorlagen beurteilt werden. Streng genommen könnte diese Prüfung erst vor Ort nach Fertigstellung stattfinden. Den Bauvorlagen kann nämlich nicht entnommen werden, ob z. B. bei einem nicht ausgebauten Dachraum die für einen Aufenthaltsraum erforderliche Wärmedämmung nicht doch eingebaut werden soll, ob nicht doch ein Fußbodenbelag eingebracht werden soll, ob bei diesem Raum nicht doch größere, den Vorschriften des § 48 Abs. 2 BauO NRW entsprechende Dachflächenfenster eingebaut werden sollen, ob nicht doch anstelle der Einschubtreppe eine für die Durchführung einer notwendigen Treppe ausreichende Deckenöffnung gelassen werden soll.

**226** Gleichwohl muss eine Entscheidung auf der **Grundlage der Bauvorlagen** getroffen und danach die Frage beantwortet werden, ob ein Raum als Aufenthaltsraum anzusehen ist. Entscheidend ist im Regelfall, ob ein Raum die für einen Aufenthaltsraum erforderliche Grundfläche und lichte Höhe (§ 48 Abs. 1 BauO NRW) sowie notwendige Fenster (§ 48 Abs. 2 BauO NRW) hat, ob er über eine Treppe (§ 36 Abs. 1 BauO NRW) erreichbar ist, ob ein zweiter Rettungsweg (§ 17 Abs. 3 BauO NRW) möglich ist und ob die Decke unter dem Raum entsprechend der Verkehrslast für einen Aufenthaltsraum bemessen ist. Ein Raum ist auch als Aufenthaltsraum **geeignet**, wenn die zuvor genannten Kriterien vorliegen und es im Übrigen nur eines **geringen baulichen Aufwands** bedarf, um ihn endgültig als Aufenthaltsraum nutzbar zu machen.

**227** Eine **für die Praxis handhabbare Abgrenzung** kann unter anderem auch darin gesehen werden, ob nach § 63 Abs. 1 BauO NRW noch genehmigungsbedürftige Maßnahmen erforderlich sind, bzw. im Falle von genehmigungsfreien Wohngebäuden nach § 67 Abs. 1 BauO NRW, ob der Gemeinde noch Bauvorlagen nach § 67 Abs. 2 BauO NRW einzureichen wären, um ihn für diesen Zweck nutzbar zu machen. Sofern das der Fall ist, kann von einer Eignung noch nicht gesprochen werden. Eine solche Handhabung der Vorschrift trägt auch der Befugnis des Bauherrn Rechnung, zu bestimmen, was **das Vorhaben im Sinne des § 29 BauGB** und damit Gegenstand des Verfahrens ist (BVerwG, Beschluss vom 28. 8. 1991 – 4 B 20.91, BRS 52 Nr. 2).

**228** Ein Raum von weniger als 6 m² Grundfläche eignet sich nach seiner **Größe** in der Regel nicht mehr als Aufenthaltsraum, es sei denn, er ist als Küche oder Kochnische einem Wohnraum angegliedert. Für Wohn- und Schlafräume in einer Wohnung sollten mindestens 6 m² Grundfläche vorhanden sein (so auch Jeromin, zu § 43 Rdn. 8 unter Bezug auf DIN 283). Einbettzimmer im Pflegebereich müssen nach § 27 KhBauVO mindestens 10 m² Grundfläche aufweisen.

**229** Ein Raum ohne Fenster und Lüftungsmöglichkeit, der völlig unterhalb der Geländeoberfläche gelegen ist und der die Voraussetzungen bzw. die Anforderungen des § 48 BauO

NRW nicht erfüllt (s. die Anmerkungen zu § 48 Rdn. 20–26), eignet sich auch bei ausreichender Größe schon seiner **Lage** nach nicht als Aufenthaltsraum. An Arbeitsräume enthält die ArbStättV besondere Anforderungen hinsichtlich Lüftung und Beleuchtung.

Ein Raum im **nicht ausgebauten Dachgeschoss** kann sich sowohl von seiner Lage als auch seiner Größe her durchaus zum nicht nur vorübergehenden Aufenthalt von Menschen **eignen**, wenn er die für Aufenthaltsräume erforderliche Grundfläche und lichte Raumhöhe aufweist (s. die Anmerkungen zu § 48 Rdn. 3–8) und Möglichkeiten bietet **230**

- zu einer ausreichenden Zugänglichkeit (z. B. Zugangsmöglichkeit auch durch eine zur Durchführung einer Treppe entsprechend großen Deckenöffnung) und zur Anlegung des nach § 17 Abs. 3 BauO NRW erforderlichen zweiten Rettungsweges,
- zur Anlegung ausreichend großer Fenster (s. die Anmerkungen zu § 48 Rdn. 9–15), sei es in Dachgauben oder als Dachflächenfenster, und
- zur Anbringung einer ausreichenden Wärmedämmung.

Wegen der **weitreichenden Konsequenzen** nicht nur für die planungsrechtliche, sondern auch für die bauordnungsrechtliche Zulässigkeit eines Vorhabens ist bei der Feststellung, ob ein Raum sich zum nicht nur vorübergehenden Aufenthalt von Menschen eignet, ein **strenger Maßstab** anzulegen. Erfüllt ein Raum die Kriterien der Eignung, so ist er ein Aufenthaltsraum und geht sowohl in die Ermittlung des Maßes der Nutzung (GFZ) als auch in die Ermittlung des Gebäudetyps nach § 2 Abs. 3 BauO NRW (s. Rdn. 154 ff.) ein. Bei **objektiver Eignung** eines Raums ist dieser auch dann ein Aufenthaltsraum, wenn die Bauaufsichtsbehörde ihn durch Prüfeintragung in den Bauvorlagen als Nicht – Aufenthaltsraum bezeichnet (so Wilke/Dageförde/Knuth/Meyer, zu § 2, Rdn. 62 unter Bezug auf OVG Bln, Urteil vom 30. 10. 1987 – 2 B 5.86, n. v. und Beschluss vom 25. 8. 1989 – 2 S 15.89, n. v.). **231**

Der Katalog des § 21 Abs. 1 AVO BauO NW vom 16. 6. 1975 (GV. NRW. S. 482), der solche Räume aufzählte, die insbesondere nicht als Aufenthaltsraum gelten, fand keinen Eingang in die BauO NW 1984. Auch die BauO NW 1995 enthielt keine beispielhafte Aufzählung. Die Aufzählung der AVO BauO NW war in der Sache richtig, so dass auch nach ihrem Außerkrafttreten von Entwurfsverfassern und Bauaufsichtsbehörden hierauf zurückgegriffen wurde. So kann der nachfolgende, auf diesen Regelungen basierende Katalog der **Abgrenzung** dienen, ohne jedoch Anspruch auf Vollständigkeit zu erheben. **232**

Als **Aufenthaltsräume** können angesehen werden: **233**

Wohn- und Schlafräume, Küchen, Hausarbeitsräume, Wohndielen, Arbeitsräume wie Büro-, Geschäfts-, Verkaufsräume, Warteräume, Werkstätten, Gaststätten, Versammlungsräume, Unterrichtsräume, Krankenräume, Sport- und Spielräume, Bastel- und Werkräume wie z. B. so genannte Hobbyräume, die zuletzt genannten jedoch nur bei nicht nur kurzzeitiger Nutzung.

**Keine Aufenthaltsräume** sind: **234**

Flure, Treppenräume, Wasch- und Aborträume, Nebenräume wie Speisekammern und andere Vorrats- und Abstellräume, Trockenräume, Wasch- und Futterküchen; ferner Garagen, Heizräume, Kesselräume, Maschinenräume sowie Räume, die zur Lagerung von Waren und zur Aufbewahrung von Gegenständen bestimmt sind, auch wenn in ihnen die mit der Lagerung und Aufbewahrung notwendigen Arbeiten verrichtet werden (so auch früher § 21 Abs. 1 AVO BauO NW 1975).

### 9 Zu Absatz 8 – Stellplätze und Garagen

235 Sowohl das Bauplanungs- als auch das Bauordnungsrecht enthalten Vorschriften über Stellplätze und Garagen – s. § 12 BauNVO (sämtliche Fassungen), § 21 a BauNVO 1968, 1977, 1990 sowie die §§ 11 und 51 BauO NRW i.V.m. der GarVO. Diese planungs- und bauordnungsrechtlichen Regelungen waren ursprünglich in der **Reichsgaragenordnung – RGaO** vom 17. 2. 1939 (RGBl. I S. 219) i.d.F.d. Erlasses vom 13. 9. 1944 (RArbBl I S. 325) zusammengefasst, die erstmals mit § 2 eine Verpflichtung zur Schaffung von Einstellplätzen und Garagen begründete. Die **städtebaulichen Vorschriften** der RGaO sind **durch die BauNVO 1962 abgelöst** worden; jedoch finden auf verbindliche städtebauliche Pläne, die vor dem Inkrafttreten der BauNVO 1962 am 1. 8. 1962 bereits ausgelegt waren, die städtebaulichen Vorschriften der RGaO weiter Anwendung (BVerwG, Urteil vom 27. 1. 1967 – IV C 12.65, BVerwGE 26, 103 = BBauBl 1967, 489 = BRS 18 Nr. 84 = DVBl. 1968, 25 = NJW 1967, 840). Für die nach § 173 Abs. 3 BBauG 1960 als Bebauungspläne fortgeltenden baurechtlichen Vorschriften und festgestellten städtebaulichen Pläne und solche Bebauungspläne, die nach dem Inkrafttreten des BBauG 1960 aber noch vor dem Inkrafttreten der BauNVO 1962 ausgelegt waren, sind die städtebaulichen Vorschriften der RGaO heranzuziehen. Praktische Bedeutung hat dies vor allem für die noch immer vorhandenen, aufgrund des nordrhein-westfälischen Aufbaugesetzes vom 29. 4. 1952 (GVBl. S. 454) aufgestellten Durchführungspläne.

236 Die **bauordnungsrechtlichen Vorschriften** der RGaO sind gemäß § 108 Abs. 1 Nr. 8 BauO NW 1962 mit deren Inkrafttreten am 1. 10. 1962 aufgehoben worden. Die Stellplatzpflicht wurde in § 64 BauO NW 1962 übernommen, diese Vorschrift enthielt auch materielle Anforderungen an Stellplätze und Garagen hinsichtlich ihrer Anordnung und Ausführung auf den Grundstücken; § 70 BauO NW 1962 regelte die Herstellung, Unterhaltung und Verwaltung von Gemeinschaftsanlagen für Garagen und Stellplätze. Die eigentlichen Bauvorschriften wurden in die GarVO übernommen. Bei dieser Aufteilung ist es geblieben. Nach dem **Bauplanungsrecht**, vor allem nach § 12 BauNVO (sämtliche Fassungen), beantworten sich die Fragen, **wo und in welchem Umfang** Stellplätze und Garagen auf den Grundstücken zulässig sind (so Fickert/Fieseler, zu § 12, Rdn. 1.1). Soweit Festsetzungen nach § 9 Abs. 1 Nr. 4, 9, 11 oder 22 BauGB bestehen, gehen diese den Regelungen des § 12 BauNVO vor (vgl. Jäde/Dirnberger/Weiß, zu § 12 BauNVO Rdn. 1). Das **Bauordnungsrecht** gibt mit **§ 51 BauO NRW** und der **GarVO** Auskunft über die **Stellplatzpflicht**, die **Ablösung** dieser Pflicht durch Geldzahlung und die **Anforderungen an die Bauausführung** von Stellplätzen und Garagen.

Wegen des engen **Sachzusammenhangs** der bauplanungs- und bauordnungsrechtlichen Vorschriften, die ja ursprünglich in der RGaO zusammenfassend enthalten waren, hat sich der Bundesgesetz- bzw. -verordnungsgeber einer eigenen Definition des Begriffs „Stellplätze und Garagen" enthalten. Das **Bundesrecht** geht von der **Begriffsbildung des Landesrechts** aus (BVerwG, Urteil vom 4. 10. 1985 – 4 C 26.81, BauR 1986, 67 = BRS 44 Nr. 108 und Beschluss vom 31. 8. 1989 – 4 B 161.88, BRS 49 Nr. 16 = ZfBR 1990, 40). Bauplanungsrechtliche Besonderheiten sind jedoch zu beachten. So bestimmt § 12 Abs. 3 BauNVO 1977, 1990, dass Stellplätze und Garagen für Lastkraftwagen und Kraftomnibusse sowie für **Anhänger dieser Fahrzeuge** in reinen Wohngebieten unzulässig sind. Der Begriff **Garagengeschoss** ergibt sich aus § 12 Abs. 4 BauNVO 1968, 1977, 1990 (s. Rdn. 239). Nach § 9 Abs. 1 Nr. 22 BauGB können im Bebauungsplan Flächen für Gemeinschaftsanlagen für bestimmte räumliche Bereiche festgesetzt werden. Das Gesetz nennt beispielhaft auch Stellplätze und Garagen. Nr. 15.3 der Anlage zur Planzeichenverordnung 1990 (PlanzV 90) verwendet für derartige Gemeinschaftsanlagen die Bezeichnungen **Gemeinschaftsstellplätze – GSt** bzw. **Gemeinschaftsgaragen – GGa**, wobei es sich hierbei um die in § 11 Abs. 1 BauO NRW unter dem Aspekt der Realisierungssicherung aufgeführten **Gemeinschaftsanlagen für Stellplätze und Garagen** handelt (vgl. die Anmerkungen zu § 11, Rdn. 6 u. 7).

In allgemeiner Form bezeichnet § 2 Abs. 8 Satz 1 BauO NRW **Flächen, die** außerhalb der öffentlichen Verkehrsflächen **dem Abstellen von Kraftfahrzeugen dienen, als Stellplätze** und folgt damit im Wesentlichen der Definition des „Einstellplatzes" in § 1 Abs. 1 RGaO. Es wird nicht gefordert, dass die Flächen zum **Abstellen** von Kraftfahrzeugen bestimmt sein müssen, so dass es nicht darauf ankommt, ob sie genehmigt sind. Mit Abstellen ist nicht das dauerhafte Abstellen auf längere Zeit gemeint, sondern das zeitlich begrenzte Abstellen im Sinne des Parkens. Wird dagegen z. B. ein Wohnwagen während der Wintermonate auf einer Grundstücksfläche „abgestellt", so wird diese Fläche im Sinne der Fiktion des § 2 Abs. 1 Satz 3 Nr. 2 BauO NRW nicht zu einem Stellplatz, sondern vielmehr zu einem Abstellplatz (vgl. Rdn. 66). Der in § 2 Abs. 8 Satz 2 BauO NRW verwendete Begriff **Kraftfahrzeuge** ist wegen der Verzahnung von Bauplanungs- und Bauordnungsrecht – besonders im Hinblick auf § 12 Abs. 3 BauNVO – weit auszulegen und umfasst neben den in § 1 Abs. 2 Straßenverkehrsgesetz aufgeführten Landfahrzeugen auch deren Anhänger (vgl. Rdn. 243). Dies folgt indirekt aus der Änderung des § 2 Abs. 1 Satz 3 Nr. 5 durch den Fortfall der Worte „für Kraftfahrzeuge" (vgl. die Begründung zur BauO NW 1995 in LT-Drucks. 11/7153, S. 145 und vorausgehende Rdn. 88 ff.). Bezieht man § 51 Abs. 1 Satz 1 BauO NRW in die Überlegungen ein, so wird deutlich, dass der Gesetzgeber bei der **Legaldefinition des notwendigen Stellplatzes** auf den **Kraftfahrzeugverkehr** insgesamt abstellt. Ein solcher ist von der Natur der Sache her nicht zerlegbar in einen motorkraftgetriebenen Zugmaschinenverkehr und einen von Zugmaschinen abhängigen Anhänger- bzw. Sattelaufliegerverkehr. Stellplätze werden entweder eigens zum Zweck des Abstellens geschaffen, oder sie erhalten diese Eigenschaft schon durch eine tatsächliche Ausübung, durch das „Dienen". Somit können Stellplätze dadurch entstehen, dass eine bestimmte Fläche eines Grundstücks regelmäßig zum Abstellen von Kraftfahrzeugen benutzt wird, ohne dass bauliche Maßnahmen – wie Herstellung einer Bodenplatte oder Verfestigung des Bodens – dazu durchgeführt werden (OVG NRW, Urteil vom 6. 2. 1964 – VII A 644/63, BRS 15 Nr. 23). Solche Stellplätze, die ohne Verwendung von Bauprodukten entstanden sind, gelten nach § 2 Abs. 1 Nr. 5 BauO NRW als bauliche Anlagen (s. Rdn. 89); gemäß § 65 Abs. 1 Nr. 24 BauO NRW bedarf die Errichtung bzw. Anlegung oder Änderung nicht überdachter Stellplätze für Personenkraftwagen und Motorräder keiner Baugenehmigung, sofern ihre Grundfläche insgesamt 100 m² nicht überschreitet (zur Freistellung nach § 67 BauO NRW und zum Genehmigungserfordernis s. Rdn. 90). **237**

Stellplätze erfüllen die Tatbestandsmerkmale des § 2 Abs. 8 Satz 1 BauO NRW nur **außerhalb der öffentlichen Verkehrsflächen**. Das ist wesentlich zur Unterscheidung gegenüber dem öffentlichen Parkplatz (s. Rdn. 244). Gleichwohl kann auch auf größeren Stellplatzanlagen die Straßenverkehrsordnung gelten, wenn diese ohne Begrenzung auf einen bestimmten – kontrollierbaren – Personenkreis den Kunden mehrerer ansässiger Firmen offenstehen (OVG NRW, Beschluss vom 4. 8. 1999 – 5 A 1321/97, DÖV 2000, 211 zu einem Firmenparkplatz). Nach der Begriffsbestimmung des Satzes 1 sind Stellplätze auch in Gebäuden, z. B. in Parkhäusern, möglich. Das OVG NRW hat in seinem **238**

Urteil vom 20.2.1964 (– VII A 383/63, BRS 15 Nr. 72) festgestellt, dass Parkhäuser (als mehrgeschossige Bauwerke zum Abstellen von Kraftfahrzeugen) in der Regel nicht Garagen, sondern **Einstellplätze** enthalten (noch zum Begriff Einstellplatz nach § 1 RGaO). Damit hat das Gericht anerkannt, dass Stellplätze nicht ausschließlich unbebaute Flächen sind, sondern dass sie sich auch in Bauwerken befinden können. Die GarVO verwendet für **Stellplätze in Garagen bzw. Stellplatzanlagen** den Begriff **Einstellplatz**. Zwischen dem einzelnen Stellplatz im Sinne eines Einstellplatzes (zu dessen Abmessungen s. § 2 Abs. 6 GarVO) und dem Stellplatz als Anlage wird leider nicht differenziert. So fehlt der GarVO eine Begriffsbestimmung des Einstellplatzes, wie sie § 1 Abs. 6 der Muster-GarVO (Fassung Mai 1993) enthält:

„Ein Einstellplatz ist eine Fläche, die dem Abstellen eines Kraftfahrzeuges in einer Garage oder auf einem Stellplatz dient."

Daraus und im Übrigen aus der Flächengröße (100 m²) in § 65 Abs. 1 Nr. 24 BauO NRW ergibt sich aber, dass unter dem Begriff Stellplatz auch eine Stellplatzanlage als Summe der Einstellplätze und Fahrbahnen zu verstehen ist.

**239** Nach § 2 Abs. 8 Satz 2 BauO NRW sind Garagen ganz oder teilweise umschlossene **Räume zum Abstellen von Kraftfahrzeugen**. Auf den vollständigen Raumabschluss durch Wände und Decken oder Dächer kommt es nicht an. Ein Dach muss jedoch vorhanden sein; durch das auf Stützen ruhende Dach wird die als Tatbestandsmerkmal aufgeführte teilweise Umschließung bereits hergestellt. Die Definition lässt offen, ob es sich um einen Raum zur Aufnahme eines einzelnen Einstellplatzes oder um einen Raum für viele Einstellplätze handelt. Die verschiedenen **Garagentypen** sind in der **GarVO** definiert, die die Garagen nach der Größe ihrer Nutzfläche in **Klein-**, **Mittel-** und **Großgaragen**, nach der Größe der Öffnungen zum Freien hin in **offene** oder **geschlossene Garagen** und nach der Höhenlage ihres Fußbodens in **oberirdische** bzw. **unterirdische Garagen** einteilt. Daneben ist die **planungsrechtliche Definition des Garagengeschosses** in § 12 Abs. 4 BauNVO 1968, 1977, 1990 zu beachten. Das Garagengeschoss war nach der Vollgeschossdefinition des § 2 Abs. 5 BauO NW 1962 und 1970 dann ein Vollgeschoss, wenn es im Mittel mehr als 2,00 m (im Lichten) über die festgesetzte Geländeoberfläche hinausragte (s. Rdn. 182). Das in § 12 Abs. 3 GarVO angesprochene Garagengeschoss ist identisch mit dem Garagengeschoss im bauplanungsrechtlichen Sinne der §§ 12 und 21 a BauNVO 1968, 1977, 1990; der Begriff zielt auf solche Geschosse, die nur Stellplätze oder Garagen und zugehörige Nebeneinrichtungen aufnehmen. Garagen können auch in Teilen von sonst anders genutzten Geschossen untergebracht werden. Dienen mehrgeschossige Gebäude nur dem Einstellen von Kraftfahrzeugen, spricht man von **Parkhäusern**, bei nur einer Parkebene oberhalb des Geländeniveaus auch von **Parkpaletten** (s. Rdn. 245).

**240** „**Carports**" sind **überdachte Stellplätze** für Kraftfahrzeuge ohne Seitenwände (OVG NRW, Urteil vom 25.6.2003 – 7 A 1157/02, BauR 2003, 1848 = BRS 66 Nr. 35). Carports sind begrifflich den **Garagen** zuzuordnen (s. auch Herrmann, Der Carport: Zwitter des Baurechts?, BauR 2002, S. 417 ff.). Das entspricht § 1 Abs. 3 Satz 2 GarVO, wonach **Stellplätze mit Schutzdächern offene Garagen sind**. Überdachte Stellplätze erfüllen die Begriffsbestimmungen des § 2 Abs. 2 BauO NRW für Gebäude (vgl. Rdn. 106). Auch bei einer möglichen Transparenz der Konstruktion einer solchen Anlage gelten überdachte Stellplätze zumindest als bauliche Anlagen, von denen Wirkungen wie von Gebäuden ausgehen (s. Nr. 6.10 VV BauO NRW); auf solche baulichen Anlagen finden nach § 6

Abs. 10 BauO NRW gegenüber Gebäuden und Nachbargrenzen die Abstandflächenregeln sinngemäß Anwendung. Der Begriff Carport als Bezeichnung eines überdachten Stellplatzes kann auch verwandt werden, um die Anlage zu beschreiben, die auf nach § 9 Abs. 1 Nr. 4 BauGB festgesetzten Flächen im Bebauungsplan zulässig ist (BVerwG, Beschluss vom 9. 10. 2003 – 4 B 81.03, BauR 2004, 1266, BRS 66 Nr. 84).

Ob trotz der Zuordnung zu den Garagen für überdachte Stellplätze die Anwendung der Vorschriften der §§ 6 und 7 der aufgehobenen GarVO 1973 hinsichtlich der Feuerwiderstandsdauer der Bauteile und der Brennbarkeit der Baustoffe in voller Härte gerechtfertigt war, konnte bis 1990 zu Zweifeln führen. Der Verordnungsgeber der GarVO 1990 hat diese beseitigt und damit Abweichungsüberlegungen entbehrlich gemacht. Die Tabelle zu § 8 Abs. 1 GarVO 1990 enthält **keine Anforderungen** mehr an **offene Kleingaragen**, so dass **offene Kleingaragen** insgesamt **aus Holz** hergestellt werden können. Hiervon kann jedoch nur Gebrauch gemacht werden, wenn es sich um überdachte Stellplätze und nicht um geschlossene Garagen handelt (s. Rdn. 242). **241**

Die GarVO 1990 enthält in § 2 Abs. 1 weitere Begriffsbestimmungen zu Garagen: **242**

- **Kleingaragen** sind Garagen mit nicht mehr als 100 $m^2$ Nutzfläche;
- **Mittelgaragen** sind Garagen mit mehr als 100 $m^2$ und nicht mehr als 1000 $m^2$ Nutzfläche;
- **Großgaragen** sind Garagen mit mehr als 1000 $m^2$ Nutzfläche;
- **oberirdische Garagen** sind solche, deren Fußböden im Mittel nicht mehr als 1,30 m unter der Geländeoberfläche liegen (zur Geländeoberfläche s. Rdn. 172 ff.);
- **offene** Garagen sind solche, die unmittelbar ins Freie führende Öffnungen in bestimmter Größe von der Gesamtfläche der Umfassungswände haben – die Anforderungen differenzieren wiederum nach Klein-, Mittel- und Großgaragen (vgl. § 1 Abs. 2 und 3 GarVO);
- **Nutzfläche** einer Garage ist die Summe aller miteinander verbundenen Flächen der Garageneinstellplätze und der Verkehrsflächen; Einstellplätze auf Dächern (Dacheinstellplätze) und die dazugehörigen Verkehrsflächen werden der Nutzfläche nicht zugeordnet.

Die BauO NRW selbst spricht in § 6 Abs. 11 von überdachten Stellplätzen und Garagen an der Nachbargrenze. Hierfür hat sich der Begriff **Grenzgarage** herausgebildet.

**Kraftfahrzeuge** (Kfz) sind nach § 1 Abs. 2 Straßenverkehrsgesetz Landfahrzeuge, die durch Maschinenkraft bewegt werden, ohne an Bahngleise gebunden zu sein. Kraftfahrzeuge sind daher Pkw, Lkw, Omnibusse, Motorräder, Mopeds, Schlepper sowie selbstfahrende Arbeitsmaschinen. Die Straßenverkehrs-Zulassungs-Ordnung (StVZO) regelt in Teil II (§§ 18–29) das Zulassungsverfahren für Kraftfahrzeuge und deren Anhänger. Bau- und Betriebsvorschriften für Kraftfahrzeuge und ihre Anhänger enthalten die §§ 32–62 StVZO. Die sich hieraus ergebenden maximalen Abmessungen und höchstzulässigen Gesamtgewichte haben Bedeutung für die Bemessung notwendiger Stellplätze. **243**

**Parkplätze** sind öffentliche Verkehrsflächen zum Abstellen von Kfz für Teilnehmer am öffentlichen Verkehr und sind gemäß § 1 Abs. 2 Nr. 1 BauO NRW vom Anwendungsbereich des Bauordnungsrechts ausgenommen. Nach § 9 Abs. 1 Nr. 11 BauGB können im Bebauungsplan die Verkehrsflächen sowie Verkehrsflächen besonderer Zweckbestimmung, wie Fußgängerbereiche, Flächen für das Parken von Fahrzeugen sowie der Anschluss anderer Flächen an die Verkehrsflächen, festgesetzt werden. Parkflächen im **244**

Sinne des Erschließungsbeitragsrechts nach § 127 Abs. 2 Nr. 4 BauGB können sowohl unselbständige Bestandteile der Straßenfläche (z. B. Parkstreifen) als auch selbständige Parkflächen (z. B. öffentliche Parkplätze) sein.

245 **Parkhäuser** oder **Parkpaletten** können Gegenstand von Festsetzungen sein

- über besondere Nutzungszwecke von Flächen, die aus besonderen städtebaulichen Gründen erforderlich sind, nach § 9 Abs. 1 Nr. 9 BauGB,
- über öffentliche Verkehrsflächen nach § 9 Abs. 1 Nr. 11 BauGB,
- über Flächen für Gemeinschaftsanlagen nach § 9 Abs. 1 Nr. 22 BauGB.

Festsetzungen nach § 9 Abs. 1 Nr. 9 und 22 BauGB bedürfen im Hinblick auf ihre einschneidende Wirkung einer besonders sorgfältigen planerischen Abwägung (BVerwG, Urteil vom 24. 4. 1970 – IV C 53.67, BRS 23 Nr. 6 und Schlichter/Stich/Driehaus/Paetow, zu § 9, Rdn. 31 und 54–55). Unabhängig von der Festsetzungsart, der Bezeichnung oder der Bewirtschaftungsform handelt es sich um Garagen im Sinne der Legaldefinition. Während Parkplätze als öffentliche Verkehrsflächen gemäß § 1 Abs. 2 Nr. 1 BauO NRW vom Anwendungsbereich ausgenommen sind, muss für Garagen die Rückausnahme für Gebäude beachtet werden (vgl. die Anmerkungen zu § 1 Rdn. 117–119).

### 10 Zu Absatz 9 – Bauprodukte

246 Die Einführung des Begriffes **Bauprodukt** ist Folge der Umsetzung der **Bauproduktenrichtlinie – BPR** in deutsches Recht (s. d. Anmerkungen vor §§ 20–28, Rdn. 3 ff.). Der Begriff ist für die §§ 20–28 BauO NRW von zentraler Bedeutung. Wegen der engen Verzahnung von Bauproduktengesetz – BauPG und BauO NRW wird er in beiden Rechtsvorschriften **übereinstimmend** entsprechend den Vorgaben der Begriffsbestimmung in Artikel 1 BPR **definiert**.

247 Die BPR regelt das Inverkehrbringen, den freien Warenverkehr und die Verwendung von Bauprodukten. Artikel 1 Abs. 2 der Bauproduktenrichtlinie definiert:

*„Im Sinne dieser Richtlinie ist unter „Bauprodukt" jedes Produkt zu verstehen, das hergestellt wird, um dauerhaft in Bauwerke des Hoch- oder Tiefbaus eingebaut zu werden."*

Zu Art. 1 Abs. 2 der BPR haben der Rat und die Kommission in einer Protokollerklärung zur Klarstellung in bestimmten Sprachen darauf hingewiesen, dass zu den Bauprodukten auch gehören:

*„Anlagen und Einrichtungen und ihre Teile für Heizung, Klima, Lüftung, sanitäre Zwecke, elektrische Versorgung, Lagerung umweltgefährdender Stoffe, aber auch vorgefertigte Bauwerke, die als solche auf den Markt kommen, wie z. B. Fertighäuser, Fertiggaragen und Silos."*

248 Die BPR bedurfte gemäß Artikel 189 EWG-Vertrag der Umsetzung in nationales Recht (s. die Anmerkungen vor §§ 20–28, Rdn. 17–21). Auf Bundesebene erging das am 15. 8. 1992 in Kraft getretene **Bauproduktengesetz – BauPG**, um das **Inverkehrbringen** und den **freien Warenverkehr** von und mit **Bauprodukten** zu regeln. Mit § 1 Satz 2 BauPG wird klargestellt, dass öffentlich-rechtliche Vorschriften, die Anforderungen an die **Verwendung** von Bauprodukten stellen, unberührt bleiben. Zu solchen gehören neben den Landesbauordnungen vor allem die wasser- und straßenrechtlichen Vorschrif-

ten, die wiederum in die Gesetzgebungskompetenz des Bundes und der Länder fallen (WHG und Landeswassergesetze, FStrG und Landesstraßengesetze). Die bundesrechtliche Begriffsbestimmung des Bauproduktes musste daher umfassend ausfallen. Das **BauPG** enthält in **§ 2** folgende Definition:

„*Bauprodukte sind*

1. *Baustoffe, Bauteile und Anlagen, die hergestellt werden, um dauerhaft in bauliche Anlagen des Hoch- und Tiefbaus eingebaut zu werden,*
2. *aus Baustoffen und Bauteilen vorgefertigte Anlagen, die hergestellt werden, um mit dem Erdboden verbunden zu werden, wie Fertighäuser, Fertiggaragen und Silos.*“

Damit übernimmt das BauPG die Regelung der BPR, ergänzt um die Klarstellung der Protokollerklärung des Rates und der Kommission. Der Begriff **Bauwerk** wurde jedoch durch den im Bauplanungs- und Bauordnungsrecht bewährten Begriff **bauliche Anlage** in Anlehnung an die Landesbauordnungen ersetzt (vgl. BT-Drucks. 12/1462, S. 19).

Schwerpunkt der Gesetzgebungstätigkeit der Länder bildet die Umsetzung der Bau- **249**
produktenrichtlinie hinsichtlich der **Verwendung von Bauprodukten** durch das Bauordnungsrecht in Ergänzung des BauPG. Wie schon bislang konnten die Verwendungsregeln nur einheitlich getroffen werden, um die Übereinstimmung des Bauordnungsrechts in den wesentlichen Punkten zu gewährleisten. Seit dem verstärkten Aufkommen neuer Baustoffe und Bauteile, besonders nach dem I. Weltkrieg, arbeiteten die Länder bei der Begutachtung der bauaufsichtlichen Brauchbarkeit in einem eigens dazu geschaffenen Sachverständigenausschuss eng zusammen. Mit der „Verordnung über die allgemeine baupolizeiliche Zulassung neuer Baustoffe und Bauarten“ vom 8. 11. 1937 (RGBl. I S. 1177) erfolgte eine reichseinheitliche Regelung. Aufgrund der „Bopparder Vereinbarung“ vom 14. 2. 1951 verpflichteten sich die Länder zur gegenseitigen Anerkennung bauaufsichtlicher Zulassungen.

Diese Regelungen fanden schließlich Eingang in die MBO 1960 und wurden so auch in **250**
die Landesbauordnungen übernommen. Dem im Jahre 1968 von Bund und Ländern gegründeten Institut für Bautechnik (IfBT) mit Sitz in Berlin übertrugen die Länder die Erteilung allgemeiner bauaufsichtlicher Zulassungen, um zu gewährleisten, dass neue Baustoffe, Bauteile und Einrichtungen freizügig innerhalb des Bundesgebietes verwendet werden konnten. An diese vorgefundene, historisch gewachsene Ausgangssituation knüpfte die ARGEBAU bei der Umstellung der MBO auf die neuen Bauproduktenvorschriften an und beschloss nach Verabschiedung des BauPG die MBO – Fassung April 1992; weitere Überlegungen führten zu Fortschreibungen der MBO mit den Fassungen Dezember 1992 und Dezember 1993 (hierzu s. Böckenförde/Temme/Krebs, Einführung S. XIV ff.). Auf der Grundlage der **MBO 1993** novellierten die Länder ihre Bauordnungen. Das IfBT wurde aufgrund eines Abkommens zwischen dem Bund und den Ländern in das **Deutsche Institut für Bautechnik – DIBt** umgebildet (hierzu vgl. Grabein/Heintz, Neue Bauordnung Nordrhein-Westfalen, 2. Auflage 1995, S. 45 f. und S. 99 ff.).

Die Bauproduktenregelungen der Landesbauordnungen gleichen strukturell denen des **251**
BauPG. Damit wurde erreicht, dass der noch längere Zeit bestehende **„nationale Weg“** dem **„europäischen Weg“** gleicht. Dies erleichtert die Handhabung des neuen Rechts, da die Wirksamkeit des „europäischen Weges“ entscheidend von der Bekanntgabe harmonisierter oder anerkannter Normen und von Leitlinien für europäische technische

Zulassungen bzw. der Möglichkeit der Erteilung europäischer technischer Zulassungen ohne Leitlinien beeinflusst wird (vgl. die Anmerkungen vor §§ 20–28, Rdn. 22–24).

252 Solange die zur Wirksamkeit des BauPG erforderlichen Regelungen noch ausstehen, wird der „nationale Weg" Bedeutung besitzen. Die das europäische Recht umsetzenden Vorschriften des BauPG lassen es in bestimmten Fällen zu, die Vorschriften der Landesbauordnungen über die Brauchbarkeit und Konformität von Bauprodukten anzuwenden (vgl. § 4 Abs. 2–4 BauPG). Diese Bauprodukte dürfen die CE-Kennzeichnung jedoch nicht tragen, für sie ist allein das Bauordnungsrecht maßgebend (s. die Anmerkungen vor §§ 20–28, Rdn. 25–30). Es war daher in der MBO ein Verfahren in Anlehnung an das BauPG vorzusehen, dass zwischen Verwendbarkeit und Übereinstimmung differenziert und erst bei Erfüllung beider Voraussetzungen es gestattet, ein der CE-Kennzeichnung vergleichbares Symbol auf dem Bauprodukt anzubringen. Bereits aus dem alten Recht war das Übereinstimmungssymbol, das **Ü-Zeichen**, bekannt und bewährt, so dass es nahe lag, dieses Zeichen für nach Landesrecht geprüfte Bauprodukte beizubehalten. Grundsätzlich wird es daher **zwei Arten von Bauprodukten** geben, nämlich solche, die nach dem BauPG die **CE-Kennzeichnung** und solche, die nach dem Bauordnungsrecht das **Ü-Zeichen** tragen. Die noch gegebene starke Bedeutung des nationalen Ü-Zeichens wird mit zunehmender Bekanntmachung europäischer technischer Spezifikationen schwinden (vgl. die Anmerkungen vor §§ 20–28, Rdn. 31–46).

253 Die **landesrechtliche Begriffsbestimmung** des Bauproduktes in § 2 Abs. 9 BauO NRW lehnt sich eng an die des BauPG an (s. Rdn. 248), allerdings **ohne den Zusatz „des Hoch- oder Tiefbaus"** hinter dem Begriff „bauliche Anlagen" in Nr. 1. Dies hängt mit dem Anwendungsbereich der BauO NRW zusammen, der hauptsächlich bauliche Anlagen des Hochbaus erfasst. Die klassischen Tiefbauaufgaben, wie der öffentliche Straßen- und Kanalbau, sind gemäß § 1 BauO NRW dem Anwendungsbereich der Landesbauordnung entzogen. Dennoch können private Straßen- und Kanalbaumaßnahmen dem Bauordnungsrecht unterliegen, jedenfalls solange sie nicht aufgrund eines Erschließungsvertrages als öffentliche Einrichtungen ausgebaut werden sollen. So kann z.B. eine Zuwegung zu einem im Hinterland gelegenen Grundstück aufgrund einer Baulastsicherung ausschließlich privaten Zwecken dienen. In Zweifelsfällen kann es erforderlich werden, zur richtigen Auslegung auf die BPR zurückzugreifen.

254 Die **Legaldefinitionen des Bundes- und Landesrechts** sind bis auf den Zusatz „des Hoch- oder Tiefbaus" **deckungsgleich**. Jede andere Auslegung würde zu unverständlichen Ergebnissen führen, zumal den Vorschriften der §§ 20–28 BauO NRW hinsichtlich der Verwendung von Bauprodukten eine von Bund und Ländern in der ARGE-BAU gemeinsam erarbeitete Umsetzungskonzeption der Bauproduktenrichtlinie in nationales Recht zugrunde liegt. Die Begriffsinhalte bzw. Begriffsmerkmale werden identisch verwendet (zu **Baustoffen** und **Bauteilen** s. Rdn. 32 und 33). Das Begriffsmerkmal **Anlagen** in Nr. 1 zielt auf die in der Protokollerklärung zur Bauproduktenrichtlinie aufgeführten haustechnischen Anlagen, die bislang im Bauordnungsrecht teilweise auch als „Einrichtungen" bezeichnet wurden. Einrichtungen im Sinne des § 1 Abs. 1 Satz 2 BauO NRW sind wegen des umfassenden Bauproduktenbegriffs nur noch solche, die nicht unter den Begriff Bauprodukt fallen (s. die Anmerkungen zu § 1, Rdn. 37–38), wie z.B. fest eingebaute Wärmepumpen (vgl. Wilke/Dageförde/Knuth/Meyer, zu § 2, Rdn. 70).

255 **Baustoffe**, **Bauteile** und **Anlagen** nach § 2 Abs. 9 Nr. 1 BauO NRW müssen **hergestellt** werden, um **dauerhaft** in bauliche Anlagen **eingebaut** zu werden – nur bei Erfüllung

dieser Voraussetzungen sind sie Bauprodukte. **Herstellung** und dauerhafter Einbau sind demnach wesentliche Voraussetzungen des Begriffs Bauprodukt. Von Herstellung (vgl. Rdn. 31) ist auch bei aufbereiteten natürlichen Baustoffen, wie Sand, Kies, Naturstein auszugehen. Der Begriff zielt nicht allein auf die industrielle Vorfertigung von Bauteilen oder deren Vorprodukten, sondern erfasst auch die Gewinnung und Aufbereitung von Bodenschätzen zum Zwecke der Verwendung in Bauwerken (so Große-Suchsdorf/Lindorf/Schmaltz/Wiechert, zu § 2, Rdn. 72).

Ein **dauerhafter Einbau** erfordert das Verbleiben des Baustoffes, Bauteiles oder der Anlage in der baulichen Anlage selbst. Ein auf den fertigen Fußboden aufgelegter Teppich ist daher kein Bauprodukt, denn er zählt zur Möblierung bzw. Wohnungsausschmückung. Dagegen ist ein fest aufgebrachter Fußbodenbelag als oberste Schicht des Fußbodenaufbaus ein Bauprodukt, da er als Bauteil dauerhaft in den Räumen verbleiben soll, auch wenn er – wie z. B. ein Teppichboden – verschleißt und in mehr oder weniger großen Zeitabständen ausgewechselt werden muss. Es kommt daher nicht auf die Haltbarkeit des Bauproduktes an, als entscheidendes Kriterium für die Begriffserfüllung muss der dauerhafte Einbauzweck angesehen werden. Ebenfalls kommt es nicht darauf an, ob es sich um eine „echte“ oder „fingierte“ bauliche Anlage handelt, da Absatz 9 Nr. 1 wegen der Bezugnahme auf den Begriff bauliche Anlage alle von § 2 Abs. 1 BauO NRW erfassten Anlagen einschließt (zur Zielrichtung der Legaldefinition der baulichen Anlage s. Rdn. 27). So sind die Teile eines Fliegenden Baus (§ 79 Abs. 1 BauO NRW) oder die Teile eines Gerüstes (vgl. die Fiktion in § 2 Abs. 1 Satz 3 Nr. 6 BauO NRW) Bauprodukte, da sie dauerhaft in diesen verbleiben, auch wenn diese baulichen Anlagen dazu bestimmt sind, auf- und abgebaut zu werden (zu Gerüsten und zu Hilfseinrichtungen zur statischen Sicherung von Bauzuständen s. Rdn. 97 und 99). 256

Die in § 2 Abs. 9 Nr. 2 BauO NRW aufgenommene Regelung dient nicht nur der Klarstellung in Anlehnung an die Protokollerklärung zur Bauproduktenrichtlinie. Die dort aufgeführten Beispiele zeigen bereits deutlich, dass es sich um bauliche Anlagen handelt, die selbst wiederum aus Bauprodukten bestehen (Baustoffe, Bauteile und Anlagen, die hergestellt werden, um dauerhaft in bauliche Anlagen eingebaut zu werden). Jedenfalls ist offensichtlich, dass Fertighäuser, Fertiggaragen oder Silos aus Beton, Holz, Metall und anderen Baustoffen hergestellt und diese Baustoffe auch dauerhaft eingebaut werden. Die Besonderheit der Regelung besteht neben ihrer klarstellenden Funktion darin, dass die **fertige Anlage als Einheit ein Bauprodukt** darstellt. Erfasst werden nur solche vorgefertigten Anlagen, die mit dem Erdboden verbunden werden sollen. Da hier wiederum § 2 Abs. 1 Satz 2 BauO NRW eingreift (vgl. Rdn. 43 ff.), muss sich die Auslegung an den Beispielen orientieren, da sonst die Gefahr besteht, auch solche Anlagen als Bauprodukt anzusehen, die wie z. B. Wohnwagen als Wochenendhausersatz fungieren (vgl. Rdn. 49 ff.). Bei Verkaufs- oder Wohnwagen bzw. Wohnbooten handelt es sich aber nicht um Bauprodukte, sondern um Land- bzw. Wasserfahrzeuge, für deren Bau andere Vorschriften anzuwenden sind, so z. B. für Fahrzeuge, die am öffentlichen Straßenverkehr teilnehmen, die §§ 30–67 StVZO. 257

## 11 Zu Absatz 10 – Bauarten

Die **BPR** und das **BauPG** erfassen nur Bauprodukte, **nicht jedoch Bauarten**. Das **Bauordnungsrecht enthielt aber immer schon Regelungen über Bauarten**, wie die Vorschriften der §§ 20–24 BauO NW 1984 sowie §§ 22–26 BauO NW 1962 und 1970 zeigen (vgl. 258

hierzu die Anmerkungen vor §§ 20–28, Rdn. 2 und 32). Die BauO NW 1962 bzw. 1970 definierte in § 2 Abs. 7 wie folgt:

„*Bauart ist die Art, in der Baustoffe und Bauteile zusammengefügt werden.*“

Die in § 2 Abs. 10 BauO NRW 2000 enthaltene Definition drückt trotz veränderten Wortlauts nichts anderes aus. Unter Bauart wird die **Art und Weise** verstanden, **in der** Baustoffe, Bauteile und Anlagen (**Bauprodukte**) zu einer Konstruktion **zusammengefügt werden**. Bauarten sind z. B. der Stahl-, Spannbeton-, Mauerwerks- oder Holzbau.

259 Der Begriff **Bauart** darf nicht mit dem planungsrechtlichen Begriff **Bauweise** nach § 22 BauNVO (sämtliche Fassungen) **verwechselt** werden. Die Umgangssprache trennt zwischen beiden Begriffen nicht sauber; dabei wird der Begriff Bauweise auch zur Bezeichnung der Geschosszahl (eingeschossige Bauweise) oder zur Art der Baumaßnahme (Fertigbauweise) verwendet. Eine unklare Sprachregelung enthält auch das Zweite Gesetz über die Durchführung von Statistiken der Bautätigkeit und die Fortschreibung des Gebäudebestandes (2. BauStatG), das in seinem § 2 Abs. 2 in Nr. 4 die „Art“ der Baumaßnahme sowie die „Art“ der Gebäude und in Nr. 6 wiederum die „Bauart“ aufzählt, diese Begriffe aber nicht unbedingt baurechtlich, sondern statistikrechtlich versteht.

260 Die Begriffsbestimmung in § 2 Abs. 10 steht im Zusammenhang mit § 24 BauO NRW. Daneben wird der Begriff Bauart auch an anderer Stelle in der BauO NRW verwendet, so z. B. in § 33 Abs. 2 Satz 2 Nr. 7 BauO NRW bei der Qualitätsumschreibung der Treppenraumwände und in § 54 Abs. 2 Nr. 4 BauO NRW als Gegenstand von Anforderungen und Erleichterungen bezüglich baulicher Anlagen und Räume besonderer Art oder Nutzung. Entsprechend den Vorschriften über Bauprodukte wird für **nicht geregelte Bauarten** nach § 24 Abs. 1 Satz 1 BauO NRW

1. eine allgemeine bauaufsichtliche Zulassung nach § 21 BauO NRW oder
2. eine Zustimmung im Einzelfall nach § 23 BauO NW vorgeschrieben.

In Anpassung an die **MBO 1997** sieht § 24 Abs. 1 Satz 2 BauO NRW nunmehr auch unter bestimmten Voraussetzungen das **allgemeine Prüfzeugnis** und eine Bekanntgabe von Bauarten in der **Bauregelliste A** durch das DIBt vor (s. die Anmerkungen zu § 24 Rdn. 02 und 5). **Nicht geregelte Bauarten** sind nach § 24 Abs. 1 BauO NRW solche, die von Technischen Baubestimmungen wesentlich abweichen oder für die es allgemein anerkannte Regeln der Technik nicht gibt. Im Umkehrschluss sind **geregelte Bauarten** solche, die von den in der Bauregelliste A bekannt gemachten Bauarten nicht oder nicht wesentlich abweichen.

## § 3
## Allgemeine Anforderungen

**(1) [1]Bauliche Anlagen sowie andere Anlagen und Einrichtungen im Sinne von § 1 Abs. 1 Satz 2 sind so anzuordnen, zu errichten, zu ändern und instand zu halten, dass die öffentliche Sicherheit oder Ordnung, insbesondere Leben, Gesundheit oder die natürlichen Lebensgrundlagen, nicht gefährdet wird. [2]Die der Wahrung dieser Belange dienenden allgemein anerkannten Regeln der Technik sind zu beachten. [3]Von diesen Regeln kann abgewichen werden, wenn eine andere Lösung in gleicher Weise die allgemeinen Anforderungen des Satzes 1 erfüllt. [4]§ 20 Abs. 3 und § 24 bleiben unberührt. [5]Mit Boden, Wasser und Energie ist sparsam umzugehen. [6]Die Möglichkeiten zur Vermeidung und Verwertung von Bauabfällen und Bodenaushub sind zu nutzen.**

**(2) Bauprodukte dürfen nur verwendet werden, wenn bei ihrer Verwendung die baulichen Anlagen bei ordnungsgemäßer Instandhaltung während einer dem Zweck entsprechenden angemessenen Zeitdauer die Anforderungen dieses Gesetzes oder aufgrund dieses Gesetzes erfüllen und gebrauchstauglich sind.**

**(3) [1]Als allgemein anerkannte Regeln der Technik gelten auch die von der obersten Bauaufsichtsbehörde durch öffentliche Bekanntmachung als Technische Baubestimmungen eingeführten technischen Regeln. [2]Bei der Bekanntmachung kann hinsichtlich ihres Inhalts auf die Fundstelle verwiesen werden. [3]Die Beachtung der technischen Regeln ist, soweit sie eingeführt sind, von den Bauaufsichtsbehörden gemäß § 72 Abs. 4 zu prüfen.**

**(4) Für den Abbruch baulicher Anlagen sowie anderer Anlagen und Einrichtungen im Sinne des § 1 Abs. 1 Satz 2 und für die Änderung ihrer Benutzung gelten Absätze 1 und 3 sinngemäß.**

***VV BauO NRW*** *(infolge Befristung mit Ablauf des 31.12.2005 ausgelaufen)*

**3 Allgemeine Anforderungen (§ 3)**

*3.1 Zu Absatz 1*

*3.11 Instandhalten bedeutet, die baurechtlich relevanten Eigenschaften von baulichen Anlagen, wie Standsicherheit, Brandschutz, Schall- und Wärmeschutz, Hygiene-, Gesundheits- und Umweltschutz, aber auch die Nutzungssicherheit im Sinne der geforderten Gebrauchstauglichkeit angemessen dauerhaft zu sichern.*

*3.12 Der Nachweis für die Erfüllung der allgemeinen Anforderungen nach Satz 1 obliegt in Zweifelsfällen der Bauherrin oder dem Bauherrn oder den sonst am Bau Beteiligten (§§ 56ff.).*

*3.13 Dass die „natürlichen Lebensgrundlagen“ genannt werden, bewirkt weder eine Umweltverträglichkeitsprüfung in bauaufsichtlichen Verfahren noch Kompetenzverlagerungen. Wie schon bisher ist vor Erteilung einer Baugenehmigung zu prüfen, ob das Vorhaben dem geltenden Recht entspricht. Darunter fallen auch alle Anforderungen, die aufgrund spezieller Regelungen in Umweltgesetzen gestellt werden, deren Prüfung häufig nur unter Beteiligung von Fachbehörden möglich ist. Auch, ob eine Umweltverträglichkeitsprüfung durchgeführt werden muss, richtet sich ausschließlich nach den für diese geltenden Rechtsgrundlagen.*

*3.3 Zu Absatz 3*

*3.31 Bei Abweichungen von bauaufsichtlich eingeführten Technischen Baubestimmungen gilt Nr. 3.12*

*3.32 Das Verzeichnis der nach § 3 Abs. 3 als technische Baubestimmungen eingeführten technischen Regeln ist im Ministerialblatt als „Liste der Technischen Baubestimmungen" veröffentlicht und in die Sammlung des bereinigten Ministerialblattes für das Land Nordrhein-Westfalen (SMBl. NRW.) unter Gliederungsnummer 2323 aufgenommen worden. Die technischen Regeln für Bauprodukte gemäß § 20 Abs. 2 (Bauregellisten A und B) werden vom Deutschen Institut für Bautechnik, Berlin, in dessen Mitteilungen veröffentlicht. Diese Regeln gelten auch als allgemein anerkannte Regeln der Technik.*

**Anmerkungen** (Autor: Heintz)

**Übersicht**


| | | Rdn. |
|---|---|---|
| 0 | Änderungen gegenüber der BauO 1984 und der BauO NW 1995 | 01– 02 |
| 1 | Allgemeines | 1– 3 |
| 2 | Zu Absatz 1 Satz 1 – Die bauordnungsrechtliche Generalklausel | |
| 2.1 | Allgemeine Anforderungen | 4– 9 |
| 2.2 | Bauliche Vorgänge „anordnen, errichten, ändern und instandhalten" | 10– 14 |
| 2.2.1 | Begriff „anordnen" | 15– 19 |
| 2.2.2 | Begriff „errichten" | 20– 22 |
| 2.2.3 | Begriff „ändern" | 23– 24 |
| 2.2.4 | Begriff „instandhalten" | 25– 30 |
| 2.3 | Gefahrenabwehr | 31– 32 |
| 2.3.1 | Begriff der Gefahr | 33– 42 |
| 2.3.2 | Begriff der öffentlichen Sicherheit | 43– 47 |
| 2.3.3 | Begriff der öffentlichen Ordnung | 48– 51 |
| 2.3.4 | Öffentliches Interesse | 52– 54 |
| 3 | Zu Absatz 1 Satz 2 – Allgemein anerkannte Regeln der Technik | 55– 67 |
| 4 | Zu Absatz 1 Sätze 3 und 4 – Abweichung von technischen Regeln | 68– 72 |
| 5 | Zu Absatz 1 Sätze 5 und 6 – Ökologische Anforderungen | 73– 79 |
| 6 | Zu Absatz 2 – Verwendung von Bauprodukten | 80– 84 |
| 7 | Zu Absatz 3 – Technische Baubestimmungen | 85– 90 |
| 8 | Zu Absatz 4 – Abbruch und Nutzungsänderung | 91– 92 |
| 8.1 | Begriff „Abbruch" | 93– 96 |
| 8.2 | Begriff „Änderung der Benutzung" | 97–106 |


## 0 Änderungen gegenüber der BauO NW 1984 und der BauO NW 1995

01 Die Vorschriften des **§ 3 BauO NW 1995** wurden gegenüber § 3 BauO NW 1984 in mehreren Punkten geändert. Zum einen ist in **Absatz 1** der Begriff „die natürlichen Lebensgrundlagen" eingefügt und der Begriff „unterhalten" durch den Begriff „instandhalten" in Anpassung an die EG-Bauproduktenrichtlinie ersetzt worden. **Absatz 2** wurdeebenfalls als Folge der Anpassung an die EG-Bauproduktenrichtlinie und das BauPG neu eingefügt. Dem **Absatz 3** wurde ein neuer **Satz 3** angefügt, der die Bauaufsichtsbehörden verpflichtet zu prüfen, ob die eingeführten Technischen Baubestimmungen beach-

tet worden sind (s. auch § 72 Abs. 4 BauO NRW 2000 = § 72 Abs. 5 BauO NW 1995). **Absatz 4** entspricht dem bisherigen § 3 Abs. 2 BauO NW 1984 mit der Klarstellung für Abbruch- und Nutzungsänderungsvorgänge, dass neben Absatz 1 auch Absatz 3 gilt.

Die BauO NRW 2000 hat den bisherigen Gehalt des § 3 BauO NW 1995 unverändert übernommen. In Absatz 3 Satz 3 wurde die Verweisung an den geänderten § 72 BauO NRW angepasst. Dem **Absatz 1** wurden die **Sätze 5 und 6 neu angefügt**, die **ökologische Anforderungen** zum sparsamen Umgang mit Boden, Wasser und Energie sowie zur Vermeidung und Verwertung von Bauabfällen und Bodenaushub enthalten. Nach der Begründung (LT-Drucks. 12/3738, S. 70 zu Art. I Nr. 2 – § 3) soll den neuen Rechtssätzen **reine Appellfunktion** an die am Bau Beteiligten zukommen. 02

## 1 Allgemeines

Während § 1 BauO NRW den Anwendungsbereich des Bauordnungsrechts festlegt und § 2 BauO NRW wichtige Begriffe definiert, regelt § 3 BauO NRW als letzter Paragraph des Ersten Teils **grundlegende materielle Anforderungen** an 1

- **bauliche Anlagen** im Sinne der Begriffsbestimmung des § 2 Abs. 1 BauO NRW,
- **sonstige Anlagen und Einrichtungen** im Sinne des § 1 Abs. 2 BauO NRW und
- **Bauprodukte** im Sinne der Begriffsbestimmung des § 2 Abs. 9 BauO NRW.

Die **als Generalklausel knapp gefasste** materielle Grundforderung, die durch die nachfolgenden materiellen Einzelvorschriften näher bestimmt und konkretisiert wird, ist nicht allein als „**Kundmachung des politischen Programms**" des Gesetzgebers der Landesbauordnung zu verstehen, sondern enthält zugleich „**verbindliche Rechtsnormen**" (so Große-Suchsdorf/Lindorf/Schmaltz/Wiechert, zu § 1 Rdn. 2).

Der **Aufbau des § 3 BauO NRW** stimmt im Wesentlichen noch mit der BauO NW 1962 überein. Neu eingefügt wurde mit der BauO NW 1995 nur Absatz 2 (s. vorausgehende Rdn. 01). Die einzelnen Vorschriften dienen folgenden Zielen: 2

- **Absatz 1Satz 1** enthält als **Generalklausel** die **materiellen Grundanforderungen** an die **Anordnung, Errichtung, Änderung** und **Instandhaltung baulicher Anlagen** und **sonstiger Anlagen und Einrichtungen** im Sinne des § 1 Abs. 1 Satz 2 BauO NRW,
- **Absatz 1 Sätze 2 bis 4** regeln die **Beachtungspflicht** der **allgemein anerkannten Regeln der Technik**,
- **Absatz 1 Sätze 5 und 6 erweitern** die **Generalklausel** des Satzes 1 um **ökologische Anforderungen**,
- **Absatz 2** enthält ebenfalls als **Generalklausel** ausgestaltet, die **materiellen Grundanforderungen** an die **Verwendung von Bauprodukten** in baulichen Anlagen,
- **Absatz 3 Sätze 1 und 2** ermächtigen die **oberste Bauaufsichtsbehörde** zur **Einführung Technischer Baubestimmungen**, die dann als allgemein anerkannte Regeln der Technik gelten,
- **Absatz 3 Satz 3** regelt die **Beachtungspflicht** der **eingeführten Technischen Baubestimmungen im Baugenehmigungsverfahren**,
- **Absatz 4** ordnet **die sinngemäße Geltung** der **Absätze 1** und **3** für den **Abbruch** und die **Nutzungsänderung** an.

Die in den einzelnen Absätzen aufgeführten **Handlungspflichten** in Bezug auf das **Anordnen**, **Errichten**, **Ändern**, **Instandhalten**, **Abbrechen** und **Nutzungsändern** von baulichen Anlagen bzw. anderen Anlagen und Einrichtungen sowie das **Verwenden** von Bauprodukten richten sich unmittelbar an die am **Bau Beteiligten als Normadressaten**. Sie sind als **Rechtssätze** – wie die übrigen materiellen Einzelvorschriften des Bauordnungsrechts – **von den am Bau Beteiligten** unabhängig davon **zu beachten**, ob es sich um **genehmigungsbedürftige** oder **genehmigungsfreieAnlagen** handelt.

3 Die **materiellen Anforderungendes § 3 BauO NRW** bilden den **gesetzlichen Rahmen**, den alle **Rechtsverordnungen** der obersten Bauaufsichtsbehörde, **Satzungen** der Gemeinde und **Einzelanordnungen** der Bauaufsichtsbehörde einhalten müssen, soweit nicht die nachfolgenden Einzelbestimmungen der BauO NRW, wie z.B. § 9, 12, 13, 44, 45 und 51, diesen Rahmen um besondere Schutzziele erweitern. Während die allgemein gehaltene Generalklausel des Absatzes 1 Satz 1 direkt kaum zur Anwendung gelangt, weil zahlreiche Einzelvorschriften vorgehen, weisen die nach Absatz 1 Satz 2 zu beachtenden **allgemein anerkannten Regeln der Technik**, vor allem aber die nach Absatz 3 Satz 1 **eingeführten Technischen Baubestimmungen außerordentliche Bedeutung für das Baugeschehen** auf. Von Bedeutung ist die Generalklausel aber auch, wenn die Bauaufsichtsbehörde über **besondere Anforderungen** und **Erleichterungen für Sonderbauten nach § 54 BauO NRW** oder über **Abweichungen nach § 73 BauO NRW** zu befinden hat, weil sie dabei die allgemeinen Anforderungen des § 3 Abs. 1 Satz 1 BauO NRW nicht außer Acht lassen darf.

## 2 Zu Absatz 1 Satz 1 – Die bauordnungsrechtliche Generalklausel

### 2.1 Allgemeine Anforderungen

4 Die **materielle Grundnorm des § 3 Abs. 1 Satz 1 BauO NRW** – auch als **bauordnungsrechtliche Generalklausel** bezeichnet – beschreibt die **allgemeinen Anforderungen**, die aufgrund der Bauordnung oder der auf sie gestützten Vorschriften an bauliche Anlagen und an andere Anlagen und Einrichtungen gestellt werden. Neben diesen allgemeinen Anforderungen treten die konkreter formulierten Anforderungen, die in den nachfolgenden **materiellen Einzelvorschriften** oder in aufgrund von Ermächtigungen der BauO NRW erlassenen **Rechtsverordnungen**, **Satzungen** und **eingeführten Technischen Baubestimmungen** enthalten sind. Die **Einzelvorschriften** sind **konkreter** als die von **unbestimmten Rechtsbegriffen** geprägte **Generalklausel**, die – solange derartige Einzelanforderungen bestehen – nur selten zur Anwendung kommt (ebenso Große-Suchsdorf/Lindorf/Schmaltz/Wiechert, zu § 1 Rdn. 3). In der Tat hat die **Regelungsdichte** des materiellen Rechts bereits mit der BauO NW 1995 weiter zugenommen. Beispielsweise wurden die §§ 9, 16, 44 und 45 erweitert, so dass ein erforderlicher Rückgriff auf die Generalklausel weniger wahrscheinlich wird. Dies kann sich jedoch zukünftig wieder ändern, da die BauO NRW 2000 die §§ 10, 16 Abs. 2 und 47 BauO NRW ersatzlos gestrichen hat. Hierdurch kann es für die Bauaufsichtsbehörde im Gefahrenfall erforderlich sein, auf die Generalklausel des § 3 Abs. 1 BauO NRW zurückgreifen zu müssen, der insoweit – nämlich beim Fehlen entsprechender Einzelanforderungen – auch die Funktion eines **Auffangtatbestandes** zukommt.

5 Die **subsidiär** anwendbare materielle Grundnorm gibt den **verbindlichen Rahmen** an, in dem sich die aufgrund der Bauordnung zu erlassenden **Eingriffsverwaltungsakte** halten müssen. In § 3 Abs. 4 BauO NW 1970 war dies noch ausdrücklich geregelt. Diese Be-

stimmung wurde als entbehrlich angesehen, da die Rechtsauslegung zu keinem anderen Ergebnis führte. Dort, wo die Einzelvorschriften weitergehende besondere Anforderungen ausdrücklich zulassen, ist dies – bei § 54 BauO NRW schon nach dem Gesetzestext – nur zur Verwirklichung der allgemeinen Anforderungen nach § 3 Abs. 1 Satz 1 BauO NRW zulässig. Bei den allgemeinen Anforderungen der §§ 15–19 BauO NRW ist auch, ohne dass dies ausdrücklich zum Ausdruck kommt, wiederum § 3 Abs. 1 Satz 1 BauO NRW die Grenze für konkretisierende Verfügungen. Enthalten die Einzelvorschriften begrenzte Anforderungen, scheiden weitergehende Anforderungen unter Rückgriff auf die Grundnorm des § 3 Abs. 1 Satz 1 BauO NRW aus.

Die **allgemeinen Anforderungen** an bauliche Anlagen sowie andere Anlagen und Einrichtungen im Sinne von § 1 Abs. 1 Satz 2 BauO NRW sind in **Anlehnung** an die das **allgemeine Ordnungsrecht** bestimmende **Generalklausel der Gefahrenabwehr des § 14 OBG** formuliert („Gefahr für die öffentliche Sicherheit oder Ordnung"). Darüber hinaus enthält die materielle Grundnorm nicht nur Anforderungen, die der Gefahrenabwehr im klassischen Sinne dienen, wie die an Absatz 1 neu angefügten Sätze 5 und 6, aber auch der in Absatz 1 Satz 1 enthaltene Begriff der „natürlichen Lebensgrundlagen" zeigen. Die **materielle Grundnorm** des § 3 BauO NRW ist noch **keine verfahrensrechtliche** Ermächtigung für Eingriffsverwaltungsakte (vgl. Finkelnburg/Ortloff, Band II S. 19f.), diese bildet vielmehr § 61 BauO NRW. Beide Vorschriften sind als Einheit aus materiell-rechtlichen und verfahrensrechtlichen Regeln zu begreifen. Während § 3 BauO NRW die materiellen Grundanforderungen enthält, legt **§ 61 BauO NRW** als **Eingriffsbefugnis** die Grundaufgaben der Bauaufsicht fest, nämlich darüber zu wachen, dass materielles Bauordnungsrecht tatsächlich beachtet wird. Auch bei bestmöglicher Gefahrenabwehr und Risikovorsorge kann ein Schadenseintritt nicht letztlich ausgeschlossen werden. Ungewissheiten als „**Restrisiko**" sind von allen Bürgern als „**sozialadäquate Lasten**" zu tragen (BVerfG, Beschluss vom 8. 8. 1978 – 2 BvL 8/77, BVerfGE 49, 89, 143; s. auch Plischka, Technisches Sicherheitsrecht, 1969 S. 103f.). 6

Die **Aufgaben** der Bauaufsichtsbehörde **gelten** nach § 60 Abs. 2 BauO NRW **als solche der Gefahrenabwehr**, und zwar unabhängig davon, ob es sich um „echte" Gefahren, wie z. B. der drohende Einsturz einer nicht standsicheren Wand, oder nur um Verstöße gegen bauordnungsrechtliche Schutzgüter, wie z. B. der Schutz begrünter Flächen vor der Verdeckung durch eine Werbetafel, handelt (hierzu vgl. Schulte, S. 90ff. und S. 126–128). Die BauO NRW hält trotz der Zunahme von Schutzzielen zur Verwirklichung sozialer Standards sowie ästhetischer und ökologischer Belange, die nicht der Gefahrenabwehr im engeren Sinne, sondern der Abwehr denkbarer möglicher Schäden und damit der **Risikovorsorge** dienen, an der Entwicklung des Bauaufsichtsrechts als Teil des Polizei- und Ordnungsrechts weiter fest (s. die Einleitung Rdn. 44–72). 7

Von der Gefahrenabwehr ist die „**Risikofürsorge**" oder „**Vorsorge**" zu trennen (hierzu s. Feldhaus, Zum Vorsorgegrundsatz im Bundes-Immissionsschutzgesetz, DVBl. 1980, S. 133ff.; Sellner, Zum Vorsorgegrundsatz im Bundes-Immissionsschutz-gesetz, NJW 1980, S. 1255ff.; Ossenbühl, Vorsorge als Rechtsprinzip im Gesundheits-, Arbeits- und Umweltschutz, NVwZ 1986, S. 161ff.; Benda, Technische Risiken und Recht, 1981, S. 3). Hierunter können Maßnahmen zusammengefasst werden, die vor nicht erkennbaren, aber doch denkbaren möglichen Schäden schützen sollen (vgl. Hansen-Dix, Die Gefahr im Polizeirecht, im Ordnungsrecht und im Technischen Sicherheitsrecht, 1982, S. 213). Das Vorsorgeprinzip bezweckt weder eine Erweiterung der Schutzpflicht über die durch § 5 Nr. 1 BImSchG (Abwehr von Gefahren und Belästigungen) gezogenen Gren- 8 zen hinaus, noch enthält es eine lediglich durch die technische Realisierbarkeit begrenzte Pflicht zur Verhinderung jeder vermeidbaren Emission. Das Vorsorgeprinzip stellt ein Instrument der Umweltplanung und -verteilung dar und bezweckt die Erhaltung von Freiräumen in Gebieten, die bisher frei von schädlichen Umwelteinwirkungen sind. Diese Freiräume sollen sowohl der Sicherung künftiger Lebensräume als auch einer gerechten Verteilung der gesetzlich zulässigen Umweltnutzung dienen. Es soll verhindert werden, dass ein Einzelner das zulässige Maß an Umweltbelastung ausschöpft und damit die Ansiedlung weiterer emittierender Anlagen unterbindet (vgl. Werner, Das Vorsorgeprinzip – Grundlagen, Maßstäbe und Begrenzungen, UPR 2001, S. 335 ff.).

9 Andere Bauordnungen enthalten eine **um zusätzliche Anforderungen erweiterte Generalklausel**; so verlangt z. B. § 1 Satz 2 NBauO, dass unzumutbare Belästigungen nicht entstehen dürfen. Die BauO NRW ist diesem Beispiel nicht gefolgt, sondern enthält Anforderungen in Einzelvorschriften. Bei Verwendung der Begriffe „**unzumutbare Belästigungen**" (vgl. § 16 Satz 1, § 18 Abs. 2 und 3, § 43 Abs. 1, 5, 6 und 9, § 44 Abs. 1, § 45 Abs. 1, § 49 Abs. 1 BauO NRW), „**vermeidbare Belästigungen**" (§ 14 Abs. 1 BauO NRW) oder „**nicht über das zumutbare Maß hinausgehende Störungen**" (§ 51 Abs. 7 BauO NRW) im Rahmen von Einzelvorschriften wird für den Normadressaten aus dem Regelungszusammenhang klarer, wie er sich zu verhalten hat. Rechtstechnisch ist diese Zuordnung auch deshalb sinnvoll, weil „**bloße Belästigungen unterhalb der Gesundheitsgefahr**", zu denen auch unzumutbare oder vermeidbare Belästigungen rechnen können, regelmäßig nicht mehr von der Generalklausel erfasst werden (BVerwG, Urteil vom 25. 2. 1969 – I C 7.68, DVBl. 1969, 586; OVG Bln, Urteil vom 14. 5. 1982 – 2 B 57.79, BRS 39 Nr. 207; Schulte, S. 93 ff.).

### 2.2 Bauliche Vorgänge „anordnen, errichten, ändern und instandhalten"

10 Die Anforderungen der Generalklausel gelten für bauliche Vorgänge in Bezug auf

- „**bauliche Anlagen**" und
- „**andere Anlagen und Einrichtungen** im Sinne des § 1 Abs. 1 Satz 2 BauO NRW".

Die Erstreckung auf bauliche Anlagen ist ohne weiteres verständlich. Es werden sowohl die „echten" (s. die Anmerkungen zu § 2 Rdn. 27–54) als auch die „fingierten" (s. die Anmerkungen zu § 2 Rdn. 55 bis 99) baulichen Anlagen im Sinne des § 2 Abs. 1 BauO NRW erfasst.

11 Die Erstreckung der Generalklausel auf „**andere Anlagen und Einrichtungen** im Sinne des § 1 Abs. 1 Satz 2 BauO NRW" bereitet **Verständnisprobleme**. Dies hängt mit der „**Rückverweisung**" des § 1 Abs. 1 Satz 2 BauO NRW zusammen, der diese Anlagen und Einrichtungen nur dann in den Anwendungsbereich einbezieht, wenn **Vorschriften** der BauO NRW oder Vorschriften aufgrund der BauO NRW **auf diese Anlagen und Einrichtungen bezogene Anforderungen enthalten**. Zieht man die Generalklausel nun als materielle Anforderung mit heran, so würden nahezu alle Anlagen und Einrichtungen, die selbst nicht dem Begriff der baulichen Anlage unterfallen, in den Anwendungsbereich einbezogen, weil z. B. auch das Anordnen von Möbeln als Einrichtung eines Wohngebäudes Gefahren für die öffentliche Sicherheit oder Ordnung hervorrufen kann. Ein solcher **Zirkelschluss** ist vom Gesetzgeber **nicht gewollt**, so dass die Generalklausel überhaupt nur auf andere Anlagen und Einrichtungen im Sinne des § 1 Abs. 1 Satz 2 BauO NRW subsidiär Anwendung finden kann, wenn ein anderer Paragraph der

BauO NRW oder einer Vorschrift aufgrund der BauO NRW eine entsprechende Anforderung enthält. Angesichts der wenigen Fälle (s. die Anmerkungen zu § 1 Rdn. 37 und 38) erweist sich die Einbeziehung der anderen Anlagen und Einrichtungen wegen der **extrem geringen praktischen Relevanz** letztlich als überflüssig, was auch erklärt, warum sich die Generalklausel des § 1 Abs. 1 NBauO nur auf bauliche Anlagen bezieht.

Während neben den baulichen Anlagen in § 3 Abs. 1 Satz 1 BauO NRW auch die anderen Anlagen und Einrichtungen im Sinne des § 1 Abs. 1 Satz 2 BauO NRW aufgeführt sind und für die Verwendung von Bauprodukten in baulichen Anlagen mit § 3 Abs. 2 BauO NRW eine weitere Generalklausel besteht, sind Grundstücke weder in Abs. 1 Satz 1 noch an anderer Stelle in § 3 BauO NRW genannt. Die **Generalklausel gilt** daher **nicht für Grundstücke** (ebenso Wilke/Dageförde/Knuth/Meyer, zu § 3 Rdn. 5). Grundstücksbezogene Anforderungen finden sich jedoch in mehreren Einzelvorschriften (s. die Anmerkungen zu § 1 Rdn. 27). **12**

Die Begriffe „**anordnen, errichten, ändern** und **instandhalten**" sprechen nicht nur den eigentlichen Arbeitsvorgang an, sondern zielen auch auf den **Endzustand**, das fertige **Vorhaben als Ergebnis der jeweiligen Tätigkeit**. Vorhaben erreichen den Endzustand des baulichen Vorganges in der Regel mit der abschließenden Fertigstellung und dem Übergang der Verfügungsgewalt vom Bauherrn auf den Eigentümer oder Nutzungsberechtigten (s. auch die Anmerkungen zu § 56 Rdn. 2 und 7 sowie BayVGH vom 10. 1. 1979 - Nr. 12 XV 76, BRS 35 Nr. 211). **13**

Auch das **BauGB** enthält die Begriffe „Errichtung, Änderung, Nutzungsänderung" (§ 29 Abs. 1 BauGB), zusätzlich noch weitere Begriffe, wie z. B. „Erweiterung", „Erneuerung" oder „Neuerrichtung" (§ 34 Abs. 3, § 35 Abs. 4 BauGB). Trotz gleicher Formulierungen weisen die Vorschriften des Bauplanungsrechts und des Bauordnungsrechts **unterschiedliche Zielrichtungen** auf, so dass im Einzelfall ein unterschiedlicher Inhalt gleichlautender Begriffe gegeben sein kann (vgl. die Anmerkungen zu § 2 Rdn. 9–12). Die **bauordnungsrechtliche Bedeutung** der Begriffe lässt sich nur im Hinblick auf die **Schutzgüter des Bauordnungsrechts** richtig ermitteln. **14**

### 2.2.1 Begriff „anordnen"

Der Begriff „**anordnen**" bezieht sich auf **15**

- den **Standort** der baulichen Anlage **auf dem Grundstück**,
- die **Ausrichtung** der baulichen Anlage **zur Umgebung** oder **Himmelsrichtung** und
- die **Höhenlage** der baulichen Anlage.

Die bauliche Anlage ist dabei nach ihren äußeren Abmessungen zu betrachten.

Der **Standort**, also die **genaue Platzierung** einer baulichen Anlage auf dem Grundstück mit den Abständen zu den Grundstücksgrenzen oder zu anderen Gebäuden auf dem gleichen Grundstück, ist im Hinblick auf die Schutzziele der §§ 4, § 5, § 6, § 31 und § 35 BauO NRW von großer Bedeutung. Die **verfehlte Ausrichtung** der baulichen Anlage **zur Umgebung** kann die Schutzziele des § 12 Abs. 2, des § 15 Abs. 1 Satz 2, des § 16 Satz 1, des § 17 Abs. 1, des § 19 Abs. 2, des 44 Abs. 1, des § 45 Abs. 1, des § 51 Abs. 7, des § 52 Abs. 1 und 5, des § 54 Abs. 2 Nr. 2 BauO NRW beeinträchtigen (s. auch Große-Suchsdorf/Lindorf/Schmaltz/Wiechert, zu § 1 Rdn. 7 und Jeromin, zu § 3 Rdn. 12). Die **Ausrichtung zur Himmelsrichtung** spielt bei Wohngebäuden wegen des Verbots der rei- **16** nen Nordlage aller Wohn- und Schlafräume nach § 49 Abs. 3 Satz 2 BauO NRW eine Rolle. Die fehlerhafte Höhenlage der baulichen Anlage kann die Einhaltung der Schutzziele des § 9 Abs. 3, des § 49 Abs. 2 und des § 55 Abs. 4 BauO NRW unmöglich machen.

17 Verschiedene **Sonderbauverordnungen** enthalten besondere Maßgaben zur Anordnung in Bezug auf die Lage der baulichen Anlagen bzw. deren Ausrichtung zu Rettungswegen (so z. B. § 6 VStättVO, §§ 3 und 4 KhBauVO, § 2 CW VO). Der Begriff „anordnen" kann in besonderen Fällen die **innere Organisation ausgedehnter** oder **aus mehreren Baukörpern zusammengesetzter baulicher Anlagen** bzw. das **Verhältnis der Gebäudeteile zueinander** betreffen (ebenso Allgeier/von Lutzau, S. 129 Anm. 3.1 und Wilke/Dageförde/Knuth/Meyer, zu § 3 Rdn. 6; zweifelnd insoweit Boeddinghaus/Hahn/Schulte, zu § 3 Rdn. 19, die dazu neigen, die innere Aufteilung eher dem Begriff „errichten" zuzuordnen).

18 Bedeutung erlangt der Begriff „anordnen" im Rahmen des **Bauplanungsrechts**. Bebauungspläne können gemäß § 9 Abs. 1 Nr. 2 BauGB die **überbaubaren Grundstücksflächen** regeln. Je „enger" diese Festsetzungen sind, umso geringer wird der Spielraum hinsichtlich der Anordnungsmöglichkeiten baulicher Anlagen für den Bauherrn. Nicht selten erzwingen Bebauungspläne mit hoher Regelungsdichte eine bestimmte Ausrichtung (**Stellung**) der baulichen Anlagen auf dem Grundstück. In einem solchen Fall kann sogar das Abstandflächenrecht durch zwingende Festsetzungen verdrängt werden.

19 Auch zahlreiche **baunebenrechtliche** Vorschriften haben Einfluss auf die Anordnung baulicher Anlagen auf den Grundstücken, indem sie **Baubeschränkungen** oder **Bauverbote** für bestimmte Grundstücksflächen aussprechen, z. B. nach § 9 FStrG, § 25 StrWG NRW, § 12 LuftVG, § 31 WaStrG, §§ 57 und 62 Abs. 1 LG, §§ 14 bis 16 und 99 LWG, um nur einige wichtige Bereiche anzusprechen. Nach § 9 Abs. 1 Buchstabe b) DSchG löst die Anordnung einer baulichen Anlage auf dem Grundstück in der **engeren Umgebung** eines Baudenkmals eine **denkmalrechtliche Erlaubnispflicht** aus.

### 2.2.2 Begriff „errichten"

20 Mit „**errichten**" ist das **Herstellen neuer baulicher Anlagen** auf dem Grundstück gemeint (im Gegensatz zu „ändern" = Umgestaltung des vorhandenen Bestandes). Unter „errichten" sind auch zu verstehen das **Aufstellen**, **Anbringen**, **Anlegen**, **Einbringen** oder der **Einbau** von baulichen und sonstigen Anlagen, z. B. die Aufstellung eines Verkaufswagens, die Anbringung einer Werbeanlage an der Gebäudefassade, die Anlage einer Stellplatzfläche, die Einbringung eines Heizölbehälters in das Erdreich, der Einbau einer Lüftungsanlage. Vom Begriff der Errichtung erfasst sind auch die **vollständige Erneuerung** und der **Wiederaufbau** (BayVGH, Urteil vom 28. 4. 1970 – Nr. 130 II 66 –, n. v.), bauliche **Erweiterungsmaßnahmen** durch **Anbau** oder **Aufstockung** (s. jedoch Rdn. 23) und das Verlegen einer baulichen Anlage auf dem Grundstück, z. B. das **Versetzen** einer Fertiggarage (Boeddinghaus/Hahn/Schulte, zu § 3 Rdn. 21). Der abschnittsweise Abbruch mit daran sich anschließendem Wiederaufbau nach einem Gesamtplan erfüllt ebenfalls den Begriff „errichten" (OLG Düsseldorf, Beschluss vom 18. 3. 1983 – 2 Ss [Owi] 53/82–76/82 III, BRS 40 Nr. 236). Auch die Fertigstellung eines Gebäudetorsos (Bauruine) nach erloschener Baugenehmigung fällt hierunter (OVG Bln, Urteil vom 28. 2. 1969 – II B 66.68, BRS 22 Nr. 141).

21 Im **Bauplanungsrecht** betrifft die Errichtung die Schaffung von baulichen Anlagen unabhängig davon, ob diese in hergebrachter Weise („Stein auf Stein") oder durch das

Aufstellen von fertigen Anlagen erfolgt. Wesentlich ist das Merkmal der **Verbindung zum Boden**. So stellt bereits das **dauerhafte Abstellen eines Wohnwagens** bzw. die **dauerhafte Verankerung eines Wohnboots** eine Errichtung im Sinne des § 29 Abs. 1 BauGB dar (vgl. die Anmerkungen zu § 2 Rdn. 9–12). Wird eine bauliche Anlage aufgrund ihrer desolaten Substanz durch **Austausch wesentlicher Teile** wie Wände, Decken und Dächer erneuert, kommt dies einer **Neuerrichtung** gleich (BVerwG, Urteil vom 24. 10. 1980 – 4 C 81.77, BRS 36 Nr. 99).

Im **Straßenrecht** erfährt die „Errichtung“ eine vom Bauplanungs- und Bauordnungsrecht abweichende Auslegung, da es sich um einen eigenständigen straßenrechtlichen Begriff handelt (BVerwG, Urteil vom 7. 10. 1977 – IV C 47.75, BRS 32 Nr. 176). Der straßenrechtliche Begriff der „baulichen Anlage“ ist durch das **Merkmal des Bauens** und durch das **Merkmal der straßenrechtlichen Relevanz** gekennzeichnet (vgl. Kodal/Krämer, S. 816 f. Rdn. 32–32.6; vgl. auch die Anmerkungen zu § 2 Rdn. 16–19). Die straßenrechtlichen Anbaubeschränkungen bzw. -verbote betreffen lediglich die **erstmalige Herstellung**, nicht dagegen die Änderung bestehender baulicher Anlagen durch Anbauten (BVerwG, Urteil vom 15. 1. 1982 – 4 C 1.80, BRS 39 Nr. 151). 22

### 2.2.3 Begriff „ändern“

Unter „**ändern**“ – nicht zu verwechseln mit Änderung der Benutzung im Sinne des § 3 Abs. 4 BauO NRW (s. Rdn. 97–107) – ist, unabhängig vom Umfang, die **nicht nur unerhebliche Umgestaltung** der baulichen Anlage zu verstehen. Der Begriff erfasst die **Änderung** der **bestehenden, bestandsgeschützten Bausubstanz**. Die Änderung nicht bestandsgeschützter Bausubstanz unterfällt dagegen dem Begriff der Errichtung (zum Bestandsschutz s. die Anmerkungen zu § 75 Rdn. 109–118). Unerhebliche Änderungen sind solche, die sich nicht auf die bauordnungsrechtlichen Schutzgüter auswirken, wie z. B. das Entfernen einer Steinabdeckung und die Anbringung einer neuen Abdeckung aus Metall. Vom Begriff der Änderung werden insbesondere **Umgestaltungen des konstruktiven Gefüges** und **Umgestaltungen der äußeren Erscheinungsform**, z. B. der Fassade oder des Dachs, erfasst. Das VG Stuttgart stuft im Urteil vom 24. 10. 2001 (– 16 K 735/01, BauR 2002, 299) sogar die Errichtung einer Mobilfunkantennenanlage auf dem Dach eines Gebäudes als Änderung des Gebäudes ein. Auch das **teilweise Beseitigen von Bausubstanz** rechnet hierzu, wie z. B. das Entfernen eines Balkons (die vollständige Beseitigung ist Abbruch). 23

**Modernisierungsmaßnahmen** sind häufig wegen der damit verbundenen Grundriss- und Fassadenumgestaltungen rechtlich als Änderungen zu bewerten. Bedingt die Änderung einer baulichen Anlage die Beseitigung vorhandener Bauteile und deren Ersatz in anderer Form, so braucht der Abbruch als technischer Vorgang nicht selbständig erfasst zu werden, da er Teil der Änderungsmaßnahme ist.

Die **Erweiterung** einer baulichen Anlage umfasst regelmäßig – **neben der Errichtung** des Anbaus oder der Aufstockung eines Geschosses oder Dachraums – **auch die Änderung** der bestehenden Bausubstanz, da der neue Trakt an den vorhandenen Bestand angeschlossen werden muss.

Im **Bauplanungsrecht** unterfallen solche Baumaßnahmen dem Begriff der Änderung, die hinsichtlich ihrer **Funktion und Nutzung zu der vorhandenen Substanz in enger Verbindung** stehen. Hierzu führt das BVerwG im Urteil vom 17. 6. 1993 – 4 C 17.91, BauR 1994, 81 = BRS 55 Nr. 72, aus: 24

*„Die bauplanungsrechtliche Prüfung hat sich auf das „Vorhaben i. S. von § 29 Satz 1 BauGB zu beziehen. Dabei kann es sich – in der Begriffsbildung dieser Vorschrift – um die Errichtung, Änderung oder Nutzungsänderung einer baulichen Anlage handeln. Den Begriff der Erweiterung kennt das Gesetz nicht; er ist einer der genannten Vorhabenskategorien zuzuordnen. Denkbar ist, dass sich eine Erweiterung als Errichtung einer – weiteren – baulichen Anlage darstellt, nämlich wenn es sich um ein selbständiges, abtrennbares Vorhaben handelt. In diesem Fall mag eine auf seine Zulässigkeit beschränkte Betrachtung geboten sein. Regelmäßig wird es jedoch an der Abtrennbarkeit fehlen. Dann handelt es sich um die Änderung einer baulichen Anlage. Ob sie zulässig ist, kann nicht isoliert geprüft werden. Denn Gegenstand der bauplanungsrechtlichen Beurteilung nach § 29 BauGB ist nicht (nur) die Absicht oder die Durchführung der Errichtung, Änderung oder Nutzungsänderung einer baulichen Anlage, sondern – vor allem – das vom Bauherrn angestrebte Ergebnis seiner Baumaßnahme. Insoweit kommt es bei einer Änderung darauf an, ob die geänderte bauliche Anlage den bauplanungsrechtlichen Vorschriften entspricht. Eine Beschränkung auf den hinzukommenden Teil würde außer acht lassen, dass auch der bereits vorhandene Teil der erweiterten Anlage zur Disposition steht, wenn er in der neuen Gesamtanlage aufgeht. Immer dann, wenn eine Erweiterung zugleich den Bestand der vorhandenen baulichen Anlage verändert – sei es durch einen Eingriff in die bestehende Anlage, sei es wegen der aus der Erweiterung resultierenden Qualitätsveränderung des Bestandes, wenn beispielsweise eine nicht kerngebietstypische Spielhalle kerngebietstypisch wird oder wenn ein Einzelhandelsbetrieb die Grenze zur Großflächigkeit überschreitet (vgl. dazu BVerwG, Urteil vom 22. 5. 1987 – 4 C 19.85, DVBl. 1987, 1006 = BRS 47 Nr. 56), oder wenn sich die Immissionslage ändert –, ist eine isolierte Beurteilung der Erweiterung nicht möglich. Ebenso wie bei einer Nutzungsänderung die bauliche Anlage in ihrer etwa geänderten Funktion als Einheit zu prüfen ist (vgl. dazu z. B. BVerwG, Urteil vom 15. 11. 1974 – 4 C 32.71, BVerwGE 47, 185 = BRS 28 Nr. 34), muss bei der Änderung einer baulichen Anlage das Gesamtvorhaben in seiner durch die Erweiterung geänderten Gestalt geprüft werden.“*

#### 2.2.4 Begriff „instandhalten“

25 Mit **„instandhalten“** ist die Erhaltung angesprochen, der **Schutz vor Verfall** (vgl. Boeddinghaus/Hahn/Schulte, zu § 3 Rdn. 28 und Jeromin, zu § 3 Rdn. 15). Die Abgrenzung von Änderung und Instandhaltung ist nicht einfach, da es nicht auf die Genehmigungsbedürftigkeit oder Verfahrensfreiheit der Maßnahme ankommt. Eine Begriffsbestimmung enthält die Norm **DIN 31051** – Instandhaltung, Begriffe und Maßnahmen – wonach Instandhaltung als Bewahrung und Wiederherstellung des Sollzustandes einer baulichen Anlage definiert wird. Die Instandhaltung im Sinne des § 3 Abs. 1 Satz 1 BauO NRW (und des § 20 Abs. 1 BauO NRW, vgl. die Anmerkungen zu § 20 Rdn. 11) umfasst Maßnahmen zur **Bewahrung des Sollzustandes** baulicher Anlagen und damit die Tätigkeiten, die man auch mit Wartung, Inspektion oder Instandsetzung umschreibt. Die Instandhaltung umfasst die infolge Abnutzung, Alterung, Witterung und Einwirkungen Dritter notwendigen Arbeiten, ferner auch aufgrund von § 22 Abs. 1 BImSchG notwendige Anpassungen an den Stand der Technik (OVG Bln, Urteil vom 22. 4. 1993 – 2 B 6.91, BRS 55 Nr. 179 und Beschluss vom 18. 7. 1994 – 2 S 21.94, BRS 56 Nr. 110).

26 Der Begriff lässt sich **bauplanungsrechtlich** nur unter Heranziehung der Begriffe Errichtung und Änderung abgrenzen. Hierunter sind **substanzerhaltende Vorgänge** zu verstehen, die keine bauplanungsrechtliche Relevanz aufweisen. Reparatur- und Wiederinstandsetzungsarbeiten sind bauplanungsrechtlich unbeachtlich, wenn sie die weitere

Nutzung des bisherigen Bestands in der bisherigen Weise ermöglichen und vom Bestandsschutz gedeckt werden, somit **Funktion und Nutzung des Bestands erhalten bleiben** (BVerwG, Urteil vom 18.10.1974 – IV C 75.71, BVerwGE 47, 126 = BauR 1975, 114 = BRS 28 Nr. 114 = DVBl. 1975, 501; s. auch die Anmerkungen zu § 75 Rdn. 118).

Eine **Pflicht zur Instandhaltung** kann sich bauordnungsrechtlich unter Gesichtspunkten der Gefahrenabwehr für Nutzer oder Dritte ergeben. Inwieweit Instandhaltungsmaßnahmen ordnungsbehördlich erzwungen werden können, hängt davon ab, ob bauaufsichtliche Belange nachhaltig berührt werden, etwa unter dem Aspekt der Standsicherheit, der Verkehrssicherheit oder des Brandschutzes. Ein Einschreiten zur **Abwehr einer Verunstaltung** setzt einen **verwahrlosten Zustand** voraus. Eine bauliche Anlage ist verwahrlost, wenn ihre Erhaltung auch einem minderen Standard an ortsüblicher Pflege und Erhaltung über einen längeren Zeitraum hinweg nicht mehr genügt und sie deshalb offenbare Zeichen des Verfalls aufweist (so Hamb. OVG, Beschluss vom 9. 11. 2006 – 2 Bf 156/06.Z, BauR 2007, 534 = BRS 70 Nr. 192). Von einer Pflicht zur Instand**haltung** kann nicht mehr ausgegangen werden, wenn ein Gebäude aufgrund jahrzehntelangen Leerstands bereits im Verfall begriffen ist und die Restsubstanz nur noch abgebrochen werden kann (vgl. OVG Rh-Pf, Urteil vom 22. 4. 1999 – 1 A 11193/98, BRS 62 Nr. 207). 27

Anforderungen an die **Erhaltung und Pflege von Wohnraum** kann die Gemeinde nur aufgrund des Wohnungsgesetzes – WoG stellen; dem dient die **wohnungsrechtliche Instandsetzungsanordnung** nach § 5 WoG oder die Anordnung zur Erfüllung von Mindestanforderungen an Wohngebäude, Wohnungen oder Wohnräume gemäß § 6 WoG. Zur Sicherung und Erhaltung von Wohnraum kann die Gemeinde gemäß § 9 WoG ein Wohnnutzungs-, Räumungs- und Wiederherstellungsgebot und bei Leerstehen von Wohnräumen ein Wohnnutzungsgebot gemäß § 10 WoG erlassen. 28

Eine **städtebauliche Instandhaltungspflicht** ergibt sich aus § 177 BauGB. Nach dieser Vorschrift kann die Gemeinde, wenn eine bauliche Anlage nach ihrer inneren oder äußeren Beschaffenheit Missstände oder Mängel aufweist, deren Beseitigung oder Behebung durch Modernisierung oder Instandsetzung möglich ist, die Beseitigung der Missstände durch ein Modernisierungsgebot und die Beseitigung der Mängel durch ein **städtebauliches Instandsetzungsgebot** anordnen, das sich im Wege der Ersatzvornehme durchsetzen lässt (hierzu s. BVerwG, Beschluss vom 9. 7. 1991 – 4 B 100.91, BRS 52 Nr. 237 und Schlichter/Stich/Driehaus/Paetow, zu § 177 Rdn. 19–20). 29

Die **denkmalrechtliche Instandhaltungspflicht** ist für den Eigentümer Rechtsfolge aus der Unterschutzstellung (vgl. Memmesheimer/Upmeier/Schönstein, zu § 33 Rdn. 9 und 11) und durch den **Verhältnismäßigkeitsgrundsatz** begrenzt (OVG NRW, Beschluss vom 22. 8. 2007 – 10 A 3453/06, BauR 2007, 2045). An der Erhaltung eines Baudenkmals besteht kein öffentliches Interesse mehr, wenn die zum Erhalt des denkmalwerten Zustands notwendige Erneuerung im Wesentlichen zum Verlust der historischen Substanz führen würde (OVG NRW, Urteil vom 6. 2. 1996 – 11 A 840/94, NVwZ-RR 1996, 634). 30

### 2.3 Gefahrenabwehr

Die Gefährdung der öffentlichen Sicherheit oder Ordnung zielt auf die **bauordnungsrechtlichen Schutzgüter**. Zur Auslegung der Bestimmungen des Satzes 1 kann auf die ordnungsrechtliche Generalklausel des § 14 OBG und deren Verständnis nach gefestigter Rechtsprechung und Literatur zurückgegriffen werden. Der (Kurz-)Begriff **Gefah-** 31

**renabwehr** (= Abwehr von Gefahren für die öffentliche Sicherheit oder Ordnung) wird hiernach erst verständlich, wenn die Teilbegriffe „**Gefahr**" sowie „**öffentliche Sicherheit**" und „**öffentliche Ordnung**" geklärt sind. Die in § 3 Abs. 1 Satz 1 BauO NRW verwendeten Begriffe haben keinen spezifischen baurechtlichen Inhalt; sie entsprechen denen des allgemeinen Ordnungsrechts (vgl. hierzu OVG NRW, Urteil vom 7.7.1987 – 9 A 2529/86, NJW 1988, 787, zu Gefahren für die öffentliche Sicherheit oder Ordnung durch einen Automaten für Kondome). Die **Auslegung** dieser unbestimmten Rechtsbegriffe stellt **keine Ermessensausübung, sondern Rechtsanwendung** dar und unterliegt deshalb der uneingeschränkten verwaltungsgerichtlichen Kontrolle (OVG NRW, Urteil vom 7.7.1976 – VII A 1804/75, DVBl. 1976, 790 zu §§ 3ff. BImSchG und zur TA Luft 1974 unter Ablehnung der damals neueren Tendenzen, den Ordnungsbehörden einen Beurteilungsspielraum zumindest bei Wertungen oder Zukunftsprognosen zu eröffnen, der nicht der vollen Nachprüfung unterliegt; s. Ossenbühl, Vom unbestimmten Gesetzesbegriff zur letztverbindlichen Verwaltungsentscheidung; DVBl. 1974, S. 309ff.). „Die Verwaltung darf im Rahmen der Begriffsauslegung nur den Gesetzestatbestand durch richtlinienkonforme Ausfüllung mit Einzelgesichtspunkten vervollständigen, nicht aber den Gesetzestatbestand als Mindestnorm begreifen und eigene Voraussetzungen des Handelns nach freiem Gutdünken hinzufügen" (so Smeddinck, Der unbestimmte Rechtsbegriff – strikte Bindung oder Tatbestandsermessen?, DÖV 1998, S. 370ff.).

32 Wenn § 3 Abs. 1 Satz 3 letzter Halbsatz BauO NW 1970 noch bestimmte, dass bauliche Anlagen ihrem Zweck entsprechend **ohne Missstände zu benutzen** sein müssen, so wurde hiermit der Bereich der Gefahrenabwehr nicht verlassen. Um bauaufsichtliche Maßnahmen begründen zu können, mussten die Missstände sich als Gefährdung der öffentlichen Sicherheit oder Ordnung darstellen. Der Gesetzgeber hat es daher schon 1984 nicht mehr für notwendig gehalten, die Textpassage wieder aufzunehmen. **Bloße Belästigungen** stellen dagegen **keine Gefahr** dar, was auch erklärt, warum in Einzelvorschriften die Verhinderung „**unzumutbarer**" oder „**vermeidbarer Belästigungen**" über die Gefahrenabwehr hinaus ein besonderes Schutzziel darstellt (s. Rdn. 9).

### 2.3.1 Begriff der Gefahr

33 „**Gefahr** ist ein **Zustand, der** nach verständigem Ermessen **den Eintritt eines Schadens mit Wahrscheinlichkeit erwarten lässt**", so die nach wie vor gültige Definition des PrOVG (Urteil vom 23.3.1933 – IV. C. 22/33, PrOVGE 90, Nr. 76 S. 293). Die Formulierung „nach verständigem Ermessen" entspricht der „**objektiven Würdigung**". Eine Gefahr liegt vor, wenn eine Sachlage und ein Verhalten bei ungehindertem Ablauf des objektiv zu erwartenden Geschehens mit Wahrscheinlichkeit ein geschütztes Rechtsgut schädigen wird (BVerwG, Beschluss vom 10.8.1971 – IV B 87.71, BRS 24 Nr. 122). Die **mehr oder minder entfernte Möglichkeit** des Schadenseintritts **genügt in der Regel nicht**, um von einer Gefahr ausgehen zu können (vgl. Scheerbarth, S. 28). Allerdings kann auch die **entferntere Möglichkeit** eines Schadenseintritts ausreichen, wenn **besonders hochwertige Schutzgüter** auf dem Spiele stehen (BVerwG, Urteil vom 26.6.1970 – IV C 99.67, NJW 1970, 1890 = DÖV 1970, 714 zu §§ 19, 34 WHG und Urteil vom 16.11.1973 – IV C 44.69, DÖV 1974, 207 = DVBl. 1974, 297 zu §§ 14, 15 OBG).

34 **Schaden** wird man positiv als eine **Verschlechterung des bestehenden normalen Zustands durch von außen kommende regelwidrige Einflüsse** insbesondere auf Leben, Gesundheit oder die natürlichen Lebensgrundlagen beschreiben können. Nun kann aber nicht jede Verschlechterung des Normalzustandes gleich auch als Schaden im Sinne der

Generalklausel angesehen werden. Das Bauen ist normalerweise immer mit geringfügigen regelwidrigen Einflüssen verbunden, die zwar den Wert der baulichen Anlage mindern können, wie z. B. Setzrisse im Mauerwerk infolge mangelhafter Bauausführung, die aber die in § 3 Abs. 1 Satz 1 BauO NRW angesprochenen Schutzgüter nicht berühren, weil sie zum Zeitpunkt der Feststellung (noch) nicht gefährlich für den sicheren Fortbestand des Bauwerks sind. Auch geringfügige Verletzungen (Minderungen) von Rechtsnormen können sich aber zu Gefahren entwickeln, die unbedingt unterbunden werden müssen, um hochwertige Rechtsgüter wie Leben oder Gesundheit zu schützen. So kann z. B. mangelnde Sorgfalt bei der Instandhaltung dazu führen, dass die Halterungerungen einer Umwehrung zu rosten beginnen. Anfänglich liegt eine bloße Unschönheit durch Rostspuren auf der Fassade vor. Nach einiger Zeit entwickelt sich eine Beeinträchtigung der Haltbarkeit der Befestigung, allerdings immer noch unterhalb der Gefahrenschwelle, weil die Umwehrung die in den technischen Regeln geforderten Kräfte noch sicher aufnehmen kann. Zu einem bestimmten Zeitpunkt tritt aber infolge der weiter voranschreitenden Durchrostung ein gefährlicher Zustand auf, weil die nach den technischen Regeln erforderlichen Kräfte nicht mehr sicher aufgenommen werden können und eine sich auf das Geländer stützende Person abstürzen und ihre Gesundheit oder schlimmstenfalls ihr Leben einbüßen kann.

Nur die **objektive Verletzung** (**Minderung**) fällt unter den Schadensbegriff. Das bedeu- **35**
tet für den Immissionsschutz, dass ein Geräusch, das nur den überempfindlichen, nicht aber den normal empfindlichen Menschen beeinträchtigt, keinen Schaden in diesem Sinne bewirkt. Das Gleiche gilt bei Erschütterungen. Die Frage, ob es sich im Einzelfall um die Verschlechterung des bestehenden normalen Zustandes handelt, wird man nach den konkreten, insbesondere zeitlichen und örtlichen Umständen beantworten müssen; hiernach werden z. B. bestimmte Auswirkungen eines großstädtischen Vergnügungsviertels als Normalzustand angesehen werden müssen, die jedoch als durchaus ungewöhnlich bezeichnet werden können, falls sie in gleicher Weise von einer Gaststätte in einem Wohngebiet ausgingen. Bei dieser Betrachtung muss berücksichtigt werden, dass sich die Auffassungen der Gesellschaft in einem permanenten Wandel befinden. Was heute nur belästigt, kann morgen schon eine Gefahr darstellen und umgekehrt.

Die **Gefahrenlage** muss grundsätzlich **objektiv gegeben** sein. Die Bauaufsichtsbehörde **36**
ist daher nicht berechtigt einzuschreiten, wenn ihre subjektive Auffassung vom Bestehen einer Gefahr durch die Tatsachenlage nicht bestätigt wird (dann spricht man von **Putativ- oder Scheingefahr**). Dabei ist jedoch zu beachten, dass sich die Objektivität der Gefahrenlage nach ihrem äußeren Anschein richtet. Man spricht dann von **Anscheinsgefahr**, die letztlich einen Unterfall der konkreten Gefahr darstellt (vgl. Schlotterbeck/von Arnim/Hager, zu § 3 Rdn. 30). Die Bauaufsichtsbehörde darf demnach dann tätig werden, wenn eine Sachlage bei objektiver Betrachtung den Anschein oder den dringenden Verdacht einer Gefahr erweckt (s. Nr. 14.11 VV OBG). Schließlich ist von der Anscheinsgefahr der **Gefahrenverdacht** zu unterscheiden. Hier ist unklar, wie die Sachlage tatsächlich ist (z. B. Einsturzverdacht bei Rissen im Mauerwerk). Das Einschreiten ist dann so weit und so lange berechtigt, bis über das Vorliegen der Gefahr Klarheit geschaffen ist; die insoweit zulässigen Maßnahmen dürfen als **Gefahrerforschungseingriffe** nur einstweiliger Natur sein (Hess. VGH, Beschluss vom 24. 6. 1991 – IV TH 899/91, DVBl. 1992, 43 zum Erfordernis eines Sachverständigengutachtens als Grundlage für die Vorbereitung der eigentlichen Gefahrenabwehrmaßnahme; BVerwG, Urteil vom 28. 2. 1961 – I C 54/57, BVerwGE 12, 87 = NJW 1961, 2077).

37 Der **Begriff Gefahr** erfährt in der Gesetzessprache und in der Rechtsanwendung **Differenzierungen**, die auch für das Baurecht wichtig sind. So ist gemäß § 87 Abs. 1 BauO NRW Voraussetzung für ein Anpassungsverlangen an neue Rechtsvorschriften bei bestehenden, legal errichteten Bauten das Vorliegen einer konkreten Gefahr. In die baurechtliche Betrachtung einzubeziehen sind die **Besonderheiten des Bauwerks**. So treten **bei Sonderbauten** regelmäßig **Überschneidungen** des Gefahrenbegriffs des Bauordnungsrechts **mit dem Gefahrenbegriff anderer Rechtsvorschriften** auf. Dabei kann es sein, dass der bauordnungsrechtliche Gefahrenbegriff durch den fachgesetzlichen Gefahrenbegriff **verdrängt** wird (vgl. Roller, Der Gefahrenbegriff im atomrechtlichen Aufsichtsverfahren, DVBl. 1993, S. 20 ff.; s. auch OVG NRW, Beschluss vom 2. 1. 1990 – 21 D 66/89, DVBl. 1990, 598 = NuR 1991, 194 zum Brandschutz in Atomkraftwerken). Es ist zwischen **konkreter** (§ 14 OBG formuliert: die „im einzelnen Falle bestehende Gefahr") und **abstrakter** Gefahr (auch allgemeine oder potentielle Gefahr genannt) zu unterscheiden.

38 Eine **konkrete Gefahr** muss gegeben sein, wenn die Bauaufsichtsbehörde, gestützt auf § 61 Abs. 1 Satz 2 BauO NRW, einschreiten will. Die Gefahr muss im betreffenden Einzelfall, und zwar im Zeitpunkt des Eingreifens, tatsächlich bestehen. Die Wahrscheinlichkeit eines Schadenseintritts darf eine nicht nur ganz entfernte sein. Eine konkrete Gefahr ist dann anzunehmen, **wenn im konkreten Einzelfall in überschaubarer Zukunft mit dem Schadenseintritt hinreichend wahrscheinlich gerechnet werden muss** (OVG NRW, Beschluss vom 28. 12. 1994 – 7 B 2810/94, BRS 57 Nr. 245). Notwendig zur Rechtfertigung des ordnungsbehördlichen Einschreitens ist eine aus **Tatsachen** sich ergebende **Wahrscheinlichkeit der Gefährdung**, dass die **begründete Besorgnis** einer solchen besteht. Nicht erforderlich ist, dass der Eintritt der Gefahr gewiss oder mit Sicherheit zu erwarten ist und dass die Gefahr unmittelbar bevorsteht. Vielmehr genügt zur **hinreichenden Wahrscheinlichkeit** nach der Prognose der Behörde eine Gefährdung der dem bauordnungsrechtlichen Schutz anvertrauten Interessen im Sinne einer **ex-ante-Betrachtung**. Die konkrete Gefahr wird bereits durch den Verstoß gegen eine der Sicherheit dienende Vorschrift bewirkt; sie ist z. B. bereits zu bejahen, wenn ein Verkehrsteilnehmer nachts auf einer völlig menschenleeren Straße das Rotzeichen einer Lichtsignalanlage nicht beachtet, ohne dass sich daraus irgendeine Verkehrsbeeinträchtigung ergibt. Auf den baurechtlichen Bereich übertragen, reicht es also aus, wenn z. B. ein Bauherr eine 2 m hohe Einfriedungsmauer entgegen den technischen Regeln lediglich aus 11,5 cm tiefen Steinen hoch mauert, ohne diese in mit dem Fundament fest verbundene Stahlträger einzuspannen oder in anderer Weise für die Aufnahme und sichere Ableitung der Stoß- und Windkräfte zu sorgen; eine solche Ausführung stellt eine konkrete Gefahr dar, weil nach der Prognose die hinreichende Wahrscheinlichkeit besteht, dass die Einfriedungsmauer bei einem heftigen Windstoß – der auch in ferner Zukunft liegen kann – umstürzen wird.

39 Eine **abstrakte Gefahr** ist demgegenüber eine, mit der aufgrund einer **generell-abstrakten Betrachtung** auf einem bestimmten Gebiet nach der Lebenserfahrung mit hinreichender Wahrscheinlichkeit, also in der Mehrzahl der Normalfälle, gerechnet werden muss, die aber durchaus nicht in jedem Einzelfall einzutreten braucht. Die materiellen Einzelvorschriften der BauO NRW wirken solchen abstrakten Gefahren entgegen; so müssen z. B. gemäß § 15 Abs. 1 Satz 1 BauO NRW bauliche Anlagen für sich allein standsicher sein und dürfen diese geforderte Standsicherheit nicht erst durch Mitbenutzung anderer baulicher Anlagen erlangen, da dann die abstrakte Gefahr besteht, dass

ein Einsturz droht, wenn die andere bauliche Anlage umgebaut oder abgebrochen wird. Die **abstrakte Gefahr genügt für den Erlass ordnungsbehördlicher Verordnungen** (s. §§ 25ff. OBG) oder auf die BauO NRW gestützter **Rechtsverordnungen** (s. § 85 BauO NRW). Liegt eine solche Verordnung vor, so braucht die Behörde lediglich nachzuweisen, dass die **tatbestandsmäßigen Voraussetzungen der Verordnung erfüllt** sind, nicht aber, dass eine konkrete Gefahr im Einzelfall vorliegt (OVG NRW, Urteil vom 20.5.1958 – VII A 309/57, OVGE 13, 280, 282 = DVBl. 1959, 33 zu § 14 OBG).

Der **Unterschied** zwischen einer konkreten und einer abstrakten Gefahr liegt nicht in einer Abstufung je nach dem Grad der Wahrscheinlichkeit eines schädigenden Ereignisses. Die im Einzelfall bevorstehende Gefahr (§ 14 Abs. 1 OBG) braucht keinesfalls unmittelbar bevorstehend oder gegenwärtig zu sein (die „gegenwärtige" Gefahr ist Voraussetzung für die Inanspruchnahme eines Nichtstörers, s. § 19 OBG, oder für den sofortigen Vollzug, s. § 55 Abs. 2 VwVG.NRW), ihre Verwirklichung, also der Eintritt des Schadens, kann vielmehr möglicherweise noch Jahre auf sich warten lassen und gleichwohl die Gefahr „konkret" sein. Erforderlich ist nur die hinreichende oder auch bloße Wahrscheinlichkeit des Eintritts eines Schadens im konkreten Einzelfall (vgl. BVerwG, Urteil vom 13.12.1967 – IV C 146/65, BVerwGE 28, 310 = NJW 1968, 764). Da aber die hinreichende oder auch bloße Wahrscheinlichkeit zu der konkreten wie zur abstrakten Gefahr gehört – beide Gefahrenbegriffe stellen im Übrigen die gleichen Anforderungen an die Wahrscheinlichkeit des Eintritts eines Schadens –, liegt der Unterschied nur in der Betrachtungsweise: bei der konkreten Gefahr „**konkret**", auf den **Einzelfall** bezogen, bei der abstrakten Gefahr „**abstrakt-generell**", auf den **Regelfall** abgestellt (BVerwG, Urteil vom 26.6.1970 – IV C 99/67, BVerwGE 35, 319 = NJW 1970, 1890 zu §§ 19 und 34 WHG). Der Unterschied hat vor allem verfahrensrechtliche Auswirkungen: die **präventive Prüfung** von Bauanträgen dient regelmäßig der **Abwehr abstrakter Gefahren**, das **repressive Einschreiten** nach § 61 BauO NRW im Einzelfall bezweckt die **Abwehr konkreter Gefahren.** **40**

Sowohl bei der konkreten wie bei der abstrakten Gefahr muss bei der Beurteilung der **Wahrscheinlichkeit des Schadenseintritts** differenziert werden hinsichtlich der jeweils auf dem Spiel stehenden **Schutzgüter**. Ist der möglicherweise eintretende **Schaden sehr groß**, können an die Wahrscheinlichkeit des Schadenseintritts nur entsprechend **geringere Anforderungen** gestellt werden. Das bedeutet, dass bei der Gefahr besonders großer Schäden ausnahmsweise zur „hinreichenden Wahrscheinlichkeit" in der erwähnten Faustformel auch die entferntere Möglichkeit des Schadenseintritts gehört (OVG NRW vom 29.3.1983 – 7 A 1549/82, n.v.; s. auch Hansen-Dix, Die Gefahr im Polizeirecht, im Ordnungsrecht und im Technischen Sicherheitsrecht, 1982, S. 35ff.). Aus einem Verstoß gegen bestimmte vom Gesetz- oder Verordnungsgeber geregelte **besonders bedeutsame Sicherheitsstandards** kann der Schluss gezogen werden, dass bei einem Fehlen des Standards im Einzelfall auch mit hinreichender Wahrscheinlichkeit in überschaubarer Zukunft mit einem Schadenseintritt gerechnet werden muss und deshalb auch die für das Einschreiten im Einzelfall erforderliche konkrete Gefahr gegeben ist (OVG NRW, Beschluss vom 28.12.1994 – 7 B 2810/94, BRS 57 Nr. 245). **41**

**Abstrakte** oder **konkrete Gefahr treffen zusammen**, wenn beispielsweise die einzelne Anlage in ihrer Gefahrenträchtigkeit nicht von dem typischen Zustand abweicht, den der Gesetz- oder Verordnungsgeber mit den sicherheitsrechtlichen Anforderungen in den Griff zu bekommen versucht (BVerwG, Urteil vom 12.7.1973 – I C 23.72, DVBl. 1973, 857 zum Verlangen der Behörde, einen alten Personenaufzug ohne Fahrkorbtür **42**

nachträglich entsprechend der Aufzugsverordnung mit einer solchen auszurüsten; OVG Lüneburg, Urteil vom 23.9.1976 – I A 94/74, BRS 30 Nr. 163, zu Anpassungsmaßnahmen bei gefährlichem Steigungsverhältnis einer Treppe und OVG Lüneburg, Urteil vom 17.1.1986 – 6 B 1/86 zum Verlangen, eine alte Dungstätte zur Verhinderung einer Grundwasserverunreinigung mit einem wasserdichten Boden zu versehen). Das **Zusammentreffen** abstrakter und konkreter Gefahr ist **Anwendungsvoraussetzung für § 87 Abs. 1 BauO NRW**, da die abstrakte Gefahr für sich allein ein Einschreiten nach dieser Vorschrift noch nicht rechtfertigt (vgl. Hess. VGH, Beschluss vom 18.10.1999 – 4 TG 3007/97, BauR 2000, 553 = BRS 62 Nr. 144 = DÖV 2000, 338 = NVwZ-RR 2000, 581 = ZfBR 2000, 570).

### 2.3.2 Begriff der öffentlichen Sicherheit

43 Nicht jede Gefahr berechtigt die Bauaufsichtsbehörde zum Eingreifen, sondern nur die, welche die „**öffentliche Sicherheit und Ordnung**" bedroht. Der Doppelbegriff ist in der BauO NRW **entsprechend dem OBG** beibehalten worden, obwohl er inzwischen im Polizeigesetz nicht mehr verwendet wird. Der niedersächsische Gesetzgeber hat mit der NBauO 1995 den Begriff der öffentlichen Ordnung aus § 1 NBauO gestrichen, weil er kaum noch praktische Bedeutung aufweist (zu den beachtlichen Beweggründen im Einzelnen s. Große-Suchsdorf/Lindorf/Schmaltz/Wiechert, zu § 1 Rdn. 12). Der Begriff öffentliche Sicherheit wird zwar in der Regel nur zusammen mit dem Begriff öffentliche Ordnung verwendet, ohne dass unterschieden wird, ob es sich um eine Gefahr für die öffentliche Sicherheit oder die öffentliche Ordnung handelt. Dennoch kann auf die Erläuterung der Bestandteile dieses „Zwillingsbegriffs" nicht verzichtet werden, da zur Rechtfertigung einer ordnungsbehördlichen Maßnahme im einzelnen dargelegt werden muss, worin die Gefahr für die öffentliche Sicherheit oder Ordnung gesehen wird. Auch besteht die Notwendigkeit, den Begriff der öffentlichen Sicherheit abzugrenzen gegenüber dem Begriff Sicherheit, wie er etwa im Straßenverkehr (z. B. „Sicherheit oder Ordnung des Verkehrs", § 45 StVO) oder anderen Rechtsbereichen verwendet wird.

44 Unter **öffentlicher Sicherheit** versteht man die **Unversehrtheit von Leben**, **Gesundheit**, **Würde**, **Freiheit** und **Vermögen** sowie der **Integrität der Rechtsordnung** und das **ungestörte Funktionieren des Staates** und seiner öffentlichen Einrichtungen (vgl. Scheerbarth, S. 28; Große-Suchsdorf/Lindorf/Schmaltz/Wiechert, zu § 1 Rdn. 11). Zum Begriff öffentliche Sicherheit gehört auch die Unversehrtheit sonstiger „kollektiver Rechtsgüter" wie des Wasserhaushalts (BVerwG, Urteil vom 16.11.1973 – IV C 44.69, DVBl. 1974, 297). Die öffentliche Sicherheit ist gestört, wenn gegen materielles und/oder formelles Baurecht verstoßen wird (Hess. VGH, Urteil vom 6.5.1958 – OS IV 26/55, BBauBl. 1959, 193 = BRS 8, V A 1 S. 66). Allerdings bedeutet nicht nur die Verletzung eines bestehenden Rechtssatzes eine Störung der öffentlichen Sicherheit, da auch beim Fehlen baurechtlicher Einzelvorschriften die öffentliche Sicherheit gefährdet sein kann. Zur öffentlichen Sicherheit rechnen die **allgemeinen Anforderungen** der §§ 15–19 BauO NRW an die Standsicherheit, den Brandschutz, den Wärmeschutz, den Schutzes gegen Lärm, Luftverunreinigungen, Erschütterungen, Durchfeuchtung, chemische oder biologische Einflüsse und die Verkehrssicherheit.

45 In § 3 Abs. 1 Satz 1 BauO NRW werden **Leben** und **Gesundheit** sowie die **natürlichen Lebensgrundlagen** als wichtigste der zur öffentlichen Sicherheit gehörenden Rechtsgüter **beispielhaft** genannt (deswegen das Wort „insbesondere"). Leben und Gesundheit sind elementare Rechtsgüter des Menschen.

Dem **Schutz des Lebens** dienen die allgemeinen Anforderungen der §§ 15, 17 und 19 BauO NRW nach Standsicherheit, Brandschutz und Verkehrssicherheit; Brandschutzvorschriften sind die ältesten Ziele des Baurechts (vgl. die Einleitung Rdn. 45 und 48).

Die **Gesundheit** im Sinne des § 3 Abs. 1 Satz 1 BauO NRW ist durch bloße Störungen des körperlichen oder seelischen Wohlbefindens noch nicht gefährdet (VGH B-W, Beschluss vom 9. 2. 1995 – 3 S 3407/94, NVwZ-RR 1995, 561). Dem Gesundheitsschutz dienen primär die allgemeinen Anforderungen der §§ 16 und 18 BauO NRW sowie die eingeführten Technischen Baubestimmungen zum Schutz vor gefährlichen Stoffen in Bauprodukten (Hamb. OVG, Beschluss vom 21. 8. 1991 – Bs II 67/91, BRS 52 Nr. 227 und Beschluss vom 15. 1. 1993 – Bs II 105/91, BRS 55 Nr. 195 zu Gefahren durch Asbest in Nachtstromspeicheröfen).

Nur soweit **keine Einzelvorschriften** bestehen, lässt sich **§ 3 Abs. 1 Satz 1** BauO NRW **unmittelbar** zur Gefahrenabwehr heranziehen (vgl. VG Karlsruhe, Beschluss vom 9. 1. 1997 – 11 K 3769/96, NVwZ 1997, 929 und OVG Rh-Pf, Urteil vom 19. 1. 2006 – 1 A 10845/05, NVwZ-RR 2006, 768 zu Gefahren durch Eisabwurf einer Windenergieanlage).

Die Ergänzung in Satz 1 bei der Aufzählung der wichtigsten zur öffentlichen Sicherheit gehörenden Rechtsgüter um die „**natürlichen Lebensgrundlagen**" soll die heutige Bedeutung der **ökologischen Belange** hervorheben (s. Rdn. 73). Die Begründung betont, dass schon aufgrund der bisherigen Rechtslage die öffentlichen Sicherheit und Ordnung den Schutz der natürlichen Lebensgrundlagen einschließt. So war es immer unstreitig, dass – unbeschadet spezieller gesetzlicher Regelungen – bauordnungsrechtlich z. B. das Grundwasser oder der Boden vor Verunreinigungen geschützt werden konnte. Die Ergänzung stellt also **keine Verschärfung** der Rechtslage dar. Gleichwohl kann sie nicht als Leerformel angesehen werden, denn einerseits wird die erweiterte Generalklausel insoweit durch die dem Absatz 1 neu angefügten Sätze 5 und 6 sowie durch Einzelvorschriften (s. z. B. §§ 9, 14 und 44 BauO NRW) erläutert bzw. konkretisiert, andererseits wird ihr auch im Rahmen der Gesetzesauslegung und bei der Zulassung von Abweichungen ein erhebliches Gewicht zukommen (vgl. LT-Drucks. 11/7153 S. 146). **46**

Der **Schutz der natürlichen Lebensgrundlagen** ist inzwischen auch ein **verfassungsrechtliches Ziel**. So schützt der Staat gemäß § 20 a GG in Verantwortung für die künftigen Generationen die natürlichen Lebensgrundlagen im Rahmen der verfassungsmäßigen Ordnung. Mit dem Gesetz zur Änderung der Verfassung für das Land Nordrhein-Westfalen vom 3. 7. 2001 (GV. NRW. S. 456) wurde § 29 a Abs. 1 Landesverfassung wie folgt gefasst: „Die natürlichen Lebensgrundlagen und die Tiere stehen unter dem Schutz des Landes, der Gemeinden und Gemeindeverbände."

Gerade weil die Einfügung der „natürlichen Lebensgrundlagen" in den Gesetzestext schon im Gesetzgebungsverfahren zu Irritationen geführt hat, sei darauf hingewiesen, dass hierdurch **keine generelle Umweltverträglichkeitsprüfung** in bauaufsichtliche Verfahren eingeführt und keine Kompetenzverlagerungen bewirkt werden sollten. Vielmehr ist in den bauaufsichtlichen Verfahren zu prüfen, ob das Vorhaben dem geltenden Recht entspricht. Soweit hierbei Fragen aus anderen Rechtsbereichen auftauchen, ist die Einschaltung von Fachbehörden geboten, um deren besonderen Sachverstand einzubeziehen (vgl. Große-Suchsdorf/Lindorf/Schmaltz/Wiechert, zu § 1 Rdn. 21). Nur in den in § 63 Abs. 1 Satz 2 BauO NRW aufgeführten **Sonderfällen** (§ 1 in Verbindung mit Anlage 1 Nummern 20, 21, 27, 28 UVPG NW) bedarf es einer **Umweltverträglichkeitsprüfung** oder einer **Vorprüfung des Einzelfalls**. **47**

### 2.3.3 Begriff der öffentlichen Ordnung

**48** Unter öffentlicher Ordnung ist die **Gesamtheit der ungeschriebenen Regeln für das Verhalten des Einzelnen in der Öffentlichkeit** zu verstehen, deren Beachtung nach den jeweils herrschenden **sozialen** und **ethischen Anschauungen** als unentbehrliche Voraussetzung für ein gedeihliches Miteinanderleben der Menschen betrachtet wird (OVG NRW vom 16. 10. 1956, OVGE 11, 250 und BVerwG, Urteil vom 26. 2. 1970 – I C 11.69, DVBl. 1970, 504; s. auch Scheerbarth, S. 29). Hierbei handelt es sich nicht um Rechtsvorschriften, deren Einhaltung bereits dem Aspekt der öffentlichen Sicherheit unterfällt, sondern um **herrschende sittliche und moralische Wertvorstellungen**. Die Einbeziehung der öffentlichen Ordnung in den Polizeibegriff entstammt dem 19. Jahrhundert und hatte aufgrund des geringen Vorschriftenumfangs und homogener Moralvorstellungen des die Rechtsordnung prägenden Bürgertums noch Sinn. Die praktische Anwendung der Norm im Bereich des allgemeinen Ordnungsrechts zeigt jedoch keine inhaltliche Rechtsprechungskontinuität, wie sich am Beispiel der Peep-Shows und der Frauenboxkämpfe belegen lässt (s. die Nachweise bei Hill, Abschied von der öffentlichen Ordnung im Polizei- und Ordnungsrecht?, DVBl. 1985, S. 88 ff.).

**49** Die öffentliche Ordnung im polizeirechtlichen Sinne soll das **Minimum der Sozialregeln** bezeichnen, die von der großen Mehrheit der Bevölkerung als unerlässlich für ein Zusammenleben angesehen werden (vgl. Heuer, Die Generalklausel des preußischen Polizeirechts von 1875 bis zum Polizeiverwaltungsgesetz, 1988, S. 293). Das allgemeine Verständnis hinsichtlich der sozialen und ethischen Anschauungen unterliegt einem starken Wandel, der Einfluss auf die Beurteilung hat, ob eine Störung der öffentlichen Ordnung vorliegt (s. hierzu BVerwG vom 15. 7. 1980 – 1 C 45.77, BVerwGE 60, 284 = DVBl. 1980, 1048 und BayVerfGH, Beschluss vom 16. 11. 1982 – Vf. 26 – VII/80 u. a., NJW 1983, 2188; OVG NRW, Urteil vom 18. 6. 1996 – 5 A 769/95, DÖV 1996, 1052 = VR 1997, 177 bezüglich der Zurschaustellung des nackten Körpers in der Öffentlichkeit). So ist z. B. die Prostitution infolge des allgemeinen Auffassungswandels zum sozialschädlichen Verhalten seit der Strafrechtsreform von 1973 nur noch sehr eingeschränkt strafbar (vgl. Stühler, Prostitution und öffentliches Recht [unter besonderer Berücksichtigung des Baurechts], NVwZ 1997, S. 861 ff.).

**50** Der **Anwendungsbereich** des Begriffs „öffentliche Ordnung" ist im **Baurecht** – wie generell im allgemeinen Ordnungsrecht – **nahezu bedeutungslos**, weil entsprechende Lebenssachverhalte rechtlich geregelt sind, so dass dann nur die öffentliche Sicherheit betroffen sein kann (so auch Jeromin, zu § 3 Rdn. 27). Die mitunter genannten Anwendungsfälle aus dem Bereich des Baurechts weisen überwiegend gerade keinen Bezug zu ungeschriebenen Regeln auf. Die Einrichtung eines Bordells in der Nähe einer Schule ist z. B. als eine Gefährdung der öffentlichen Ordnung angesehen worden (OVG Rh-Pf, Urteil vom 4. 4. 1974 – 1 A 1/73, BRS 28 Nr. 29; VGH B-W, Urteil vom 6. 10. 1982 – 3 S 626/82, BRS 39 Nr. 216). Keine Gefährdung der öffentlichen Ordnung besteht hingegen bei einem Dirnenwohnheim im Außenbereich (BayVGH, Urteil vom 27. 7. 1976 – Nr. 354 I 73, BRS 30 Nr. 125), einem Bordell im Gewerbegebiet (OVG NRW, Urteil vom 19. 1. 1983 – 11 A 2171/82, BRS 40 Nr. 51 und BVerwG, Urteil vom 25. 11. 1983 – 4 C 21.83, BRS 40 Nr. 52) oder im Industriegebiet (VG Freiburg, Urteil vom 24. 10. 2000 – 4 K 1178/99, BRS 63 Nr. 81 = DVBl. 2001, 1303). Betrachtet man die Entscheidungen genauer, zeigt sich, dass in Wahrheit **bauplanungsrechtliche Gesichtspunkte ausschlaggebend** waren, insbesondere das **Rücksichtnahmegebot**.

51 Auch **bauordnungsrechtliche Fälle** belegen, dass genügend Einzelvorschriften bereitstehen, um nicht auf den Begriff der öffentlichen Ordnung zurückgreifen zu müssen. Lagert z.B. ein Grundstückseigentümer auf den nicht überbauten Flächen Gerümpel oder Schutt, so liegt darin kein sittenwidriges Verhalten, sondern ein direkter Verstoß gegen die Schutzziele des § 9 Abs. 1 BauO NRW (ebenso Große-Suchsdorf/Lindorf/Schmaltz/Wiechert, zu § 14 Rdn. 9). Die vom VGH B-W (Urteil vom 1.8.1960 – 2 S 503/ 59 n.v.) als Verstoß gegen die öffentliche Ordnung angesehene unterlassene Entleerung einer vollen Abortgrube verstößt gegen § 4 Abs. 1 Nr. 3 BauO NRW. Auch die Schaffung von **Schmutzwinkeln** kann bereits aufgrund bauplanungsrechtlicher Anforderungen unterbunden werden (s. die Anmerkungen zu § 6 Rdn. 161). „Der Begriff der öffentlichen Ordnung ist heute überflüssig, weil er rückstandslos im Begriff der öffentlichen Sicherheit, insbesondere soweit sich dieser auf die Unversehrtheit von Rechtsgütern bezieht, aufgeht" (so Waechter, Die Schutzgüter des Polizeirechts, NVwZ 1997, S. 729 ff.).

### 2.3.4 Öffentliches Interesse und Nachbarschutz

52 Die Formulierung öffentliche Sicherheit oder Ordnung bedeutet nicht, dass die Allgemeinheit oder eine Vielzahl von Personen betroffen sein müssen, wenn die Bauaufsichtsbehörde eingreifen will. Es ist unbestritten, dass durch § 3 Abs. 1 Satz 1 BauO NRW wie im allgemeinen Ordnungsrecht durch § 14 Abs. 1 OBG **auch der Einzelne geschützt** wird, ohne dass es für ordnungsbehördliche Maßnahmen insofern des Nachweises eines öffentlichen Interesses bedürfte. Das OVG NRW führt im Urteil vom 7.9.1982 – 7 A 606/82 –, n.v. hierzu aus:

*„Zum anderen ist jedoch für § 14 Abs. 1 OBG anerkannt, dass die Ermächtigung der Ordnungsbehörde zur Gefahrenabwehr auch dem Schutz des einzelnen dienen kann und diesem subjektivöffentliche Rechte vermittelt, soweit im Einzelfall diese Ermächtigung zum ordnungsbehördlichen Einschreiten – auch – gerade ihn zu schützen bestimmt ist. Für § 3 Abs. 1 Satz 1 BauO NW gilt nichts anderes. Der Schutz von Leben und Gesundheit, der in dieser Vorschrift exemplarisch angesprochen ist, geschieht eben nicht nur im öffentlichen Interesse, sondern gerade auch im Interesse derjenigen, deren Leben und Gesundheit durch die bauliche Anlage gefährdet werden könnten."*

53 Werden **ausschließlich private Rechte** berührt, ergeben sich Einschränkungen für ein Einschreiten aus dem Gesichtspunkt des **Grundsatzes der Subsidiarität** und dem **Grundsatz der Opportunität** (OVG NRW, Urteil vom 21.9.1968 – IV A 836/67, DÖV 1968, 697; BVerwG, Urteil vom 25.2.1969 – I C 7.68, DÖV 1969, 465). Der Schutz privater Rechte ist traditionell **keine Aufgabe des Bauordnungsrechts** (so Schlotterbeck/von Arnim/Hager, zu § 3 Rdn. 18; siehe auch die Anmerkungen zu § 75 Rdn. 165–167), sondern obliegt der **Zivilrechtsordnung**. Nicht erfasst sind Fälle, in denen Bauwerke zivilrechtliche Verträge verletzen (so Große-Suchsdorf/Lindorf/Schmaltz/Wiechert, zu § 1 Rdn. 14), da dann genügend Zeit zur Inanspruchnahme der Zivilgerichte besteht.

54 Angesichts der die Generalklausel regelmäßig verdrängenden Einzelvorschriften, kann **Nachbarschutz nur in seltenen Ausnahmefällen** gegeben sein, wenn es unmittelbar um den Schutz der in § 3 Abs. 1 Satz 1 BauO NRW aufgeführten Rechtsgüter des Nachbarn geht (so Wilke/Dageförde/Knuth/Meyer, zu § 3 Rdn. 27). Die praktische Bedeutung ist demnach sehr gering (s. die Anmerkungen zu § 74 Rdn. 54; so auch Hahn/Schulte, Rdn. 227). Voraussetzung ist, dass keine Einzelvorschriften eingreifen und so die Generalklausel unmittelbar zur Anwendung gelangt.

### 3 Zu Absatz 1 Satz 2 – Allgemein anerkannte Regeln der Technik

55 Seit dem PrALR von 1794, also seit nunmehr über 200 Jahren, bedient sich der Gesetzgeber der **Verweisung auf die allgemein anerkannten Regeln der Baukunst** bzw. **Technik**. Wenn seit der BauO NW 1984 von „allgemein anerkannten **Regeln der Technik**" (nachfolgend kurz **aaRdT**) gesprochen wird, während es bis dahin noch hieß „allgemein anerkannte **Regeln der Baukunst**", so war damit keine Rechtsänderung verbunden. Das Wort **Technik** stammt aus dem Griechischen und erfasst gleichermaßen die Worte Kunst und Technik im heutigen Sinne. Die BauO NRW verwendet nur noch den Begriff Technik, weil dieser Begriff im umfassenden Sinne zu verstehen ist und den Begriff Baukunst mit einschließt. Die eigenständige Anforderung, bauliche Anlagen nach den anerkannten Regeln der Baukunst durchzubilden, die in Bayern neben der Beachtungspflicht der allgemein anerkannten Regeln der Technik besteht, beruht auf einer von der MBO abweichenden Gesetzeskonstruktion, die von der Rechtsprechung nicht beanstandet wurde (BVerwG, Beschluss vom 6.12.1999 – 4 B 75.99, BRS 62 Nr. 131).

56 Das Immissionsschutz-, Atom- und Gentechnikrecht sowie zum Teil auch das Recht der technischen Arbeitsmittel geht nicht von den „aaRdT", sondern vom „**Stand der Technik**" bzw. vom „**Stand der Wissenschaft und Technik**" aus. Über die inhaltliche Bedeutung dieser drei Begriffe bestand in der Rechtsprechung und Literatur lange Unklarheit (vgl. Marburger, Die Regeln der Technik im Recht, 1979; Niklisch, Funktion und Bedeutung technischer Standards in der Rechtsprechung; BB 1983, S. 263 ff.). Das **BVerfG** vertritt in seinem Kalkar-Beschluss vom 8.8.1978 (– 2 BvL 8/77, BVerfGE 49, 89 = NJW 1979, 359) die **Dreistufentheorie**:

- die „**aaRdT**" seien verhältnismäßig weit von der Front des technischen Fortschritts entfernt und geben ein **mittleres Sicherheitsniveau** vor,
- der „**Stand der Technik**" sei näher an die Front des technischen Fortschritts vorverlagert und ordne ein **höheres Sicherheitsniveau** an,
- der „**Stand von Wissenschaft und Technik**" sei noch weiter an die Front des technischen Fortschritts vorverlagert und fordere das **höchste Sicherheitsniveau**.

Trotz später geäußerter Kritik (s. z. B. Niklisch, NJW 1983, S. 841 ff., der im Sinne einer „Einheitstheorie" davon ausgeht, dass eine Unterscheidung der drei Standards nach Sicherheitsstufen unterschiedlichen Gefährdungspotentialen nicht möglich und zweckmäßig sei) hat sich die Dreistufentheorie behaupten können (vgl. Seibel, „Stand der Technik", „allgemein anerkannte Regeln der Technik" und „Stand von Wissenschaft und Technik", BauR 2004, S. 266 ff.).

57 Die **MBO 1997** und auch die **MBO 2002** sehen die Beachtung der aaRdT nicht mehr vor, sondern ordnen lediglich die Beachtung der von der obersten Bauaufsichtsbehörde **eingeführten Technischen Baubestimmungen** an. Diesem **Muster** ist die **BauO NRW bewusst nicht gefolgt**, da bei dieser Rechtskonstruktion nicht etwa die aaRdT bauordnungsrechtlich unbeachtlich werden. Infolge der im öffentlichen Recht und vor allem im **Strafrecht** enthaltenen Verweisung (s. Rdn. 58) bleiben die aaRdT Teil der Rechtsordnung, auch wenn das Bauordnungsrecht dies nicht ausdrücklich hervorhebt. Eine im Bauordnungsrecht unterlassene Verweisung auf die Beachtung der aaRdT hat also nicht zur Folge, dass für den Bauherrn und die anderen am Bau Beteiligten diese Regeln unbeachtlich werden.

Der **Begriff „allgemein anerkannte Regeln der Technik"** ist ein **Rechtsbegriff**, der in der BauO NRW **nicht definiert** ist und **als allgemein bekannt vorausgesetzt** wird. Der Begriff ist **strafrechtlich von erheblicher Bedeutung**: nach **§ 319 StGB** (Baugefährdung) wird bestraft, wer bei der Planung, Leitung oder Ausführung eines Baues oder des Abbruchs eines Bauwerkes gegen die aaRdT verstößt und dadurch Leib oder Leben eines anderen gefährdet. Der Begriff wird auch im sonstigen öffentlichen Recht verwandt, z.B. in § 49 Abs. 1 EnWG; er findet sich darüber hinaus in einer Fülle von Vorschriften, z.B. in § 17 Abs. 2 Nr. 1 SprengG, in § 8 Abs. 2 a FStrG, in § 18 Abs. 4 StrWG NRW, in § 18 b Abs. 1 und § 19 g Abs. 3 WHG, in § 18 Abs. 2 Nr. 2, § 48 Abs. 1, § 51 a Abs. 1 und § 57 Abs. 3 LWG. Vor allem im Anschluss an die Rechtsprechung des Reichsgerichts wird der Begriff aaRdT verstanden als im Laufe der Zeit entwickelte und sich weiter entwickelnde, auf Erfahrungen und/oder wissenschaftlichen Erkenntnissen beruhende bautechnische Regeln (Anweisungen), die allgemein anerkannt sind und sich in der Praxis bewährt haben. Das **Reichsgericht** hat dazu in einer grundlegenden Entscheidung, die heute noch als zutreffend angesehen wird, zu dem seinerzeit üblichen Begriff der allgemein anerkannten Regeln der Baukunst aus strafrechtlicher Sicht ausgeführt (Urteil vom 11. 10. 1910 – IV 644/10, RGSt 44, 76): 58

*„Der Begriff der allgemein anerkannten Regeln der Baukunst, ist nicht nur dadurch erfüllt, dass eine Regel bei völliger wissenschaftlicher Erkenntnis als richtig und unanfechtbar dasteht, sondern sie muss auch allgemein anerkannt, d. h. durchweg in die Kreise der betreffenden Architekten gelangen und als richtig erkannt sein. Das bedeutet demnach, dass es nicht darauf ankommt, ob die Wissenschaft, also die Theorie, eine Regel anerkennt und gelehrt habe, oder aber auch, ob diese in der einschlägigen Fachliteratur anerkannt werde, sondern die Überzeugung von der Notwendigkeit muss vielmehr auch die ausübende Baukunst und das Baugewerbe, d. h. also die Praxis, besitzen, und diese Überzeugung muss sich derart befestigt haben, dass im Sinne des Gesetzes von allgemeiner Anerkennung gesprochen werden kann."*

Der **bauordnungsrechtliche Begriff** wird **im Sinne des strafrechtlichen Begriffs** verstanden (vgl. Finkelnburg/Ortloff, Band. II, S. 21 ff.; Boeddinghaus/Hahn /Schulte, BauO NRW, zu § 3 Rdn. 49; Ortloff, Recht und Technik, Die Bedeutung der Regeln der Baukunst nach der Berliner Bauordnung, Das Grundeigentum 1987, S. 426 ff.). 59

Die **technischen Regelwerke** sind **unentbehrlich**. Der Gesetzgeber war gut beraten, wenn er – wie generell im Bereich des technischen Gefahrenabwehrrechts – auch im Bauordnungsrecht die gesetzlichen Bestimmungen bewusst so angelegt hat, dass er die rechtlichen Regelungen, häufig unter Verwendung unbestimmter Rechtsbegriffe, offen gestaltet, ohne auf Einzelheiten einzugehen, wie die rechtliche Forderung im Einzelnen technisch erfüllt werden muss oder kann. Letzteres überlässt er den technischen Regelwerken. Auf diese Weise erhebt die Rechtsordnung **„außerrechtliche Ordnungsgefüge"** – wie das BVerfG in seinem Kalkar – Beschluss formuliert hat (vom 8. 8. 1978 – 2 BvL 8/77, BVerfGE 49, 89 = NJW 1979, 359) – **„zum rechtlichen Maßstab für das Erlaubte und Gebotene"**. Damit ist nicht nur der Gesetzgeber entlastet, sondern es wird auch verhindert, dass einer technischen Entwicklung ansonsten rechtliche Hindernisse entgegenstehen. Nicht wie eine rechtliche Forderung technisch erfüllt wird, ist entscheidend, sondern nur, dass sie beachtet wird (vgl. auch Gusy, Leistungen und Grenzen technischer Regeln am Beispiel technischer Baunormen, VerwArch. 1988, 68/84). 60

Durch ihre Inbezugnahme werden die **allgemein anerkannten Regeln der Technik keine Rechtsnormen**, da sie eben **keine Regeln des Rechts**, sondern **nur Regeln der Technik** 61 sind. Sie können gleichwohl **rechtlich bedeutsam** sein, bleiben aber mangels eigener Rechtsnormqualität in ihrer Verwendbarkeit als Erkenntnisquellen oder Erfahrungsregeln der richterlichen Nachprüfung unter anderem auf ihre Sachgemäßheit und Vereinbarkeit mit neueren technischen Entwicklungen – nicht wie Rechtsnormen nur auf formgerechtes Zustandekommen und Vereinbarkeit mit höherrangigem Recht – unterworfen. **Als eigenständige Grundlage für behördliche Eingriffe** oder für die Feststellung von Rechtsverletzungen sind sie **nicht geeignet** (so BVerwG, Urteil vom 29. 8. 1961 – I C 14.61, DVBl. 1962, 137).

**62** Die Frage der **Verfassungsmäßigkeit** einer solchen Systematik, somit die Frage, ob der Gesetzgeber die genaue Fixierung des gebotenen Sicherheitsniveaus der Exekutive überantworten durfte, ist positiv zu beantworten (s. BVerfG a. a. O. Rdn. 60). Im Übrigen darf nämlich auch nicht übersehen werden, dass § 3 Abs. 1 Satz 1 BauO NRW weitgehend in einer ersten – noch allgemein gehaltenen – Stufe durch die allgemeinen Anforderungen an die Bauausführung (§§ 15–19 BauO NRW) und in einer weiteren Stufe durch Einzelvorschriften in der BauO NRW oder in Rechtsverordnungen gestützt auf die BauO NRW hinreichend qualitativ konkretisiert wird (vgl. Wilke in DIN [Herausgeber], Verweisung auf technische Normen in Rechtsvorschriften, 1982, S. 11; Nicklisch, Wechselwirkungen zwischen Technologie und Recht, NJW 1982, S. 2633 ff. und ders., Funktion und Bedeutung technischer Standards in der Rechtsprechung, BB 1983, S. 261 ff.; Hohn, Verfassungsrechtliche Anforderungen an die Normsetzung im Umwelt- und Technikrecht, 1990,). Das Recht des Staates, zusätzliche oder andere Maßnahmen zu verlangen, ist in seiner Verpflichtung zur Gefahrenabwehr begründet. Dazu gehört die Kompetenz, zu bestimmen, ob das durch Normen festgelegte Sicherheitsniveau dem gesetzlich festgelegten Schutzziel entspricht.

**63** Der Begriff aaRdT ist ein **Rechtsbegriff**, der nicht statisch, sondern **dynamisch** das jeweils Richtige meint. Eine aaRdT kann demnach definitionsgemäß nicht „falsch" sein. Die aaRdT kann **geschrieben** oder **ungeschrieben** sein. Sie ist begrifflich scharf von den geschriebenen bautechnischen Regelwerken, z. B. denen des DIN, zu unterscheiden. Eine (DIN-)Norm kann eine aaRdT sein, sie muss es aber nicht. Nach herrschender Auffassung besteht lediglich eine faktische Vermutung, dass eine Norm im Zeitpunkt des Erscheinens, insbesondere, wenn sie im Verfahren nach DIN 820 zustande kommt, eine aaRdT ist (vgl. Peter, Anerkannte Regeln der Bautechnik – DIN-Normen, BauR 1985, S. 367 ff.). Sehr häufig wird es aber heutzutage im Zeitpunkt des Erscheinens noch an der Anwendung in der Praxis fehlen, insbesondere wenn es sich um die Durchsetzung neuer Technologien handelt, die wissenschaftlich erarbeitet wurden. Bei sehr langwierigen Normungsverfahren komplexer Materien ist es nicht ausgeschlossen, dass die **Norm** schon im **Zeitpunkt der Bekanntgabe** als **Weißdruck** nicht mehr der allgemeinen Anschauung entspricht, die Regel schon nicht mehr „richtig" ist. In beiden Fällen hat man es mit einer gültigen Norm zu tun, gleichwohl handelt es sich noch nicht bzw. nicht mehr um eine aaRdT. Es besteht eine tatsächliche, jedoch jederzeit widerlegbare Vermutung, dass die Normen aaRdT wiedergeben (so ausdrücklich OLG Stuttgart, Urteil vom 26. 8. 1976 – 10 U 35/76, BauR 1977, 129). Das gilt jedoch nicht für **Normentwürfe**, die im **Gelbdruck** erscheinen (OVG NRW vom 25. 9. 1985 – 10 A 106/84, n. v.).

**64** **Nicht jede aaRdT** ist **öffentlich-rechtlich** gemäß § 3 Abs. 1 Satz 2 BauO NRW **zu beachten**, sondern **nur die**, die der Wahrung bauordnungsrechtlich relevanter Belange dienen oder, anders ausgedrückt, die **sicherheitsrelevant** sind. Zur Verdeutlichung dieses Gedankens knüpft die Forderung nach Beachtung der aaRdT in Absatz 1 Satz 2 an die materielle Grundnorm des Satzes 1 mit den Worten an: „**Die der Wahrung dieser Belange dienenden** …". Die Ergänzung des Gesetzestextes durch die BauO NW 1984 stellt klar, was zuvor schon allgemeine Meinung war. Neben den bauaufsichtlich relevanten aaRdT gibt es in technischen Regelwerken fast immer – zumindest sehr häufig – in kaum zu entwirrender Gemengelage Regeln, die bauwirtschaftlichen Zwecken dienen oder der Rationalisierung, d.h. der Vereinheitlichung von Bauprodukten (Baustoffen und Bauteilen) in Form und Beschaffenheit zur Erzielung gleichbleibender Güte. Diese Regeln fallen nicht unter § 3 Abs. 1 Satz 2 BauO NRW (vgl. Zängl, Rechtsverbindlichkeit technischer Regeln [Normen] im Baurecht, BayVBl. 1986, S. 353 ff. und Koch, Grenzen der Rechtsverbindlichkeit technischer Regeln im öffentlichen Baurecht, 1986). Enthalten aaRdT über die anlagenbezogenen technischen Anforderungen hinaus auch zusätzliche **personenbezogene Anforderungen**, z.B. Qualitätsanforderungen an Planer und ausführende Personen, sind diese als berufsständische Regelungen **öffentlich-rechtlich unbeachtlich** (s. hierzu den RdErl. vom 4.7.2005 – II A 4–53.4 II A 4–100, n.v.).

Die aaRdT stellen **Erfahrungssätze** dar, wie ordnungsgemäß = gefahrenfrei gebaut werden kann. Wer die aaRdT beachtet, hat die **Vermutung** für sich, dass er in Übereinstimmung mit dem Baurecht gebaut hat (vgl. Kroitzsch, Sicherheitsnormen und Anscheinsbeweis, BauR 1994, S. 673 ff.). Hieraus wird wohl auch die Konsequenz gezogen werden müssen, dass der Bauaufsichtsbehörde, wenn sie trotz Beachtung der aaRdT vom Bauherrn andere oder zusätzliche technische Maßnahmen verlangt, der Nachweis obliegt, dass ohne diese Maßnahmen trotz Beachtung der aaRdT konkrete Gefährdungen im Sinne des § 3 Abs. 1 Satz 1 BauO NRW zu befürchten sind. Inwieweit aaRdT **Sachverständigengutachten im Rechtssinne** darstellen, ist umstritten (s. Niklisch, Technische Regelwerke – Sachverständigengutachten im Rechtssinne, NJW 1983, 841 ff.; Vieweg, Antizipierte Sachverständigengutachten, NJW 1982, 2473 ff.; kritisch zu entsprechender Annahme, es handele sich bei DIN-Normen um „geronnenen Sachverstand": BVerwG, Urteil vom 22.5.1987 – 4 C 33–35/83, NJW 1987, 2886 = DÖV 1987, 913 zur Norm DIN 18005 – Schallschutz im Städtebau; vgl. auch die Kritik bei Dresenkamp, Die allgemein anerkannten Regeln der Technik am Beispiel des Schallschutzes, BauR 1999, S. 1079 ff.). 65

Neben den Regelwerken des DIN, die bei Zustandekommen nach DIN 820 die faktische Vermutung für sich haben, dass sie aaRdT beinhalten, können auch andere Regelwerke, ohne dass hier die gleiche Vermutung besteht, aaRdT zum Inhalt haben: 66

- **VDE**-Vorschriften des Verbandes Elektrotechnik, Elektronik, Informationstechnik e.V.
- **VDI**-Vorschriften des Verbandes Deutscher Ingenieure,
- **UVV**-Vorschriften der Berufsgenossenschaften zur Unfallverhütung,
- **DVGW**-Vorschriften der Deutschen Vereinigung des Gas- und Wasserfaches e.V.

Der Begriff der aaRdT hat auch **zivilrechtliche Bedeutung**, obwohl er im BGB nicht erwähnt wird. Er findet sich jedoch in der für das Bauen äußerst bedeutsamen „Verdingungsordnung für Bauleistungen – **VOB**", dort in **Teil B** – Allgemeine Vertragsbedingungen – § 4 Nr. 2 und § 13 Nr. 1 (vgl. Stammbach, Einhaltung der anerkannten Regeln der Technik als Ersatz-Leistungsmaßstab, BauR 1998, S. 482 ff.). Zivilrechtliche Bedeutung erlangen die aaRdT nicht nur im Hochbau, sondern auch im Tiefbau, da diese dort ebenfalls über den Bauvertrag vereinbart werden (vgl. Kodal/Krämer, Straßenrecht, Rdn. 46.1–46.12). Der Inhalt von Normen sind nicht zugesicherte Eigenschaften (BGH, Urteil vom 25.2.1981 – VIII ZR 35/80, NJW 1981, 1501; vgl. Parmentier, Die anerkann- 67 ten Regeln der Technik im privaten Baurecht, BauR 1998, S. 207 ff.). DIN-Normen sind private technische Regelungen mit Empfehlungscharakter; sie können die aaRdT wiedergeben oder hinter diesen zurückbleiben (BGH, Urteil vom 14. 5. 1998 – VII ZR 184/97, BauR 1998, 872; s. auch Weber, Das Verhältnis von DIN-Normen zu zugesicherten Eigenschaften und den anerkannten Regeln der Technik, ZfBR 1983, S. 151 ff.).

**4 Zu Absatz 1 Sätze 3 und 4 – Abweichung von technischen Regeln**

68 Die aaRdT sind, da gemäß § 3 Abs. 1 Satz 2 BauO NRW zu beachten, zwar **rechtlich relevant**, aber selbst **keine Rechtssätze** (BVerwG vom 29. 8. 1961 – I C 14.61, BBauBl. 1962, 17 = DVBl. 1962, 137). Dies gilt auch, wenn sie gemäß § 3 Abs. 3 Satz 1 BauO NRW bauaufsichtlich eingeführt sind. Die **Auslegung** ist als solche **keine Rechtsanwendung**, sondern **Tatsachenfeststellung**; insofern ist der **Rückgriff auf andere Erkenntnismittel nicht ausgeschlossen** (BVerwG, Beschluss vom 30. 9. 1996 – 4 B 175.96, BRS 58 Nr. 99 = UPR 1997, 101 zu DIN 4261 Teil 1, Teil 2 – Kleinkläranlagen). Von aaRdT kann daher abgewichen werden, ohne dass es einer „Abweichung" im Sinne des § 73 BauO NRW bedürfte, da diese Abweichungsvorschrift nur bei einem **Abweichen von Rechtsvorschriften** greift.

69 Die Zulässigkeit der **Abweichung von aaRdT** ist in § 3 Abs. 1 **durch Satz 3** schon mit der BauO NW 1984 klargestellt worden. Werden die Voraussetzungen des § 3 Abs. 1 Satz 1 BauO NRW gleichwohl eingehalten, ist die Abweichung, vorbehaltlich der Regelung des § 3 Abs. 1 Satz 4 BauO NRW, kraft Gesetzes zulässig. Hierfür besteht ein erhebliches praktisches Bedürfnis (vgl. Hechtl/Nawrath, Sind allgemein anerkannte Regeln der Technik ein zeitgemäßer bautechnischer Qualitätsstandard?, ZfBR 1996, S. 179 ff.). Die ausdrückliche Abweichungsmöglichkeit von aaRdT lässt nur solche Abweichungen zu, die **gleichwertig** die allgemeinen Anforderungen des § 3 Abs. 1 Satz 1 BauO NRW erfüllen. Zu denken ist hierbei auch an **gleichwertige aaRdT anderer Mitgliedstaaten der Europäischen Gemeinschaften**, z. B. Normen nach dem österreichischen Normengesetz von 1971 (österreichisches BGBl. 1971, S. 240).

70 Bei Abweichungen von aaRdT stellt sich gemäß § 3 Abs. 1 Satz 4 BauO NRW die Frage, ob es sich um **wesentliche Abweichungen**, das heißt ob es sich **im Sinne von § 20 Abs. 3 BauO NRW** um **„nicht geregelte Bauprodukte"** oder im Sinne des § 24 BauO NRW um **„nicht geregelte Bauarten"** handelt. Allein im Falle einer **wesentlichen Abweichung** dürfen Bauprodukte gemäß § 3 Abs. 1 Satz 4 BauO NRW nur verwendet werden, wenn sie eine allgemeine bauaufsichtliche Zulassung (§ 21 BauO NRW), ein allgemeines bauaufsichtliches Prüfzeugnis (§ 22 BauO NRW) oder eine Zustimmung im Einzelfall (§ 23 BauO NRW) haben. Das ergibt sich zwar nicht unmittelbar aus § 3 Abs. 1 Satz 4 BauO NRW, sondern aus den dort in Bezug genommenen Vorschriften. Auch Bauarten dürfen bei wesentlichen Abweichungen nur angewendet werden, wenn für sie eine allgemeine bauaufsichtliche Zulassung oder eine Zustimmung im Einzelfall erteilt ist (wegen Abweichungen von einer allgemeinen bauaufsichtlichen Zulassung nach § 21 BauO NRW oder einem allgemeinen bauaufsichtlichen Prüfzeugnis nach § 22 BauO NRW s. die Anmerkung zu diesen Bestimmungen).

71 Die Frage, ob es sich in einem konkreten Falle um eine **wesentliche** oder nur um eine **nicht wesentliche Abweichung** handelt, wird bisweilen nicht leicht zu beantworten sein. Die gleichen Schwierigkeiten, die bisher im Hinblick auf die in diesem Zusammenhang benutzten **Begriffe „neu"** bzw. **„gebräuchlich"** auftraten, ergeben sich auch im Hinblick

auf die nunmehr verwendeten Formulierungen. Da der Sinn der Vorschrift(en) nach wie vor darin besteht, zu vermeiden, dass gefährliche Bauprodukte verwendet oder gefährliche Bauarten angewendet werden, ist eine **Abweichung** dann unproblematisch und **unwesentlich**, wenn die Abweichung **nach der Gesamtheit der aaRdT** unzweifelhaft mit dem Ergebnis beurteilt werden kann, dass sie **ungefährlich** ist.

Nach § **28 Abs. 3 BauPrüfVO** ist das **Prüfamt** bzw. der **Prüfingenieur** gehalten, im **Prüfbericht** anzugeben, ob Abweichungen von den eingeführten technischen Baubestimmungen oder den technischen Regeln im Sinne von § 20 BauO NRW vorliegen, und aus welchen Gründen diese gegebenenfalls für gerechtfertigt gehalten werden (s. hierzu auch Nr. 28.33 VV BauPrüfVO, die für den Prüfbericht die **Verwendung des Musters** gemäß **Anlage II/2 zur VV BauPrüfVO** vorschreibt). Die BauPrüfVO und die VV BauPrüfVO machen **keine Aussage** darüber, **was für** die **staatlich anerkannten Sachverständigen** für die Prüfung der Standsicherheit in diesem Zusammenhang **gelten soll**. Eine formale Verpflichtung, entsprechend zu verfahren, besteht für sie nicht, auch dann nicht, wenn sie nordrhein-westfälische Prüfingenieure „alter Art" sind (s. § 21 Abs. 3 BauPrüfVO) und berechtigterweise unter der Bezeichnung „Prüfingenieur", aber im Auftrage des Bauherrn zivilrechtlich und nicht hoheitlich als staatlich anerkannte Sachverständige für die Prüfung der Standsicherheit (s. insofern § 9 Abs. 2 SV-VO) tätig werden. Ist ein staatlich anerkannter Sachverständiger für die Prüfung der Standsicherheit der Auffassung, eine Abweichung sei nur unwesentlich, so sollte er schriftlich niederlegen, warum er eine Abweichung nur für unwesentlich und damit ohne allgemeine bauaufsichtliche Zulassung, allgemeines bauaufsichtliches Prüfzeugnis oder eine Zustimmung im Einzelfall für zulässig hält. 72

## 5 Zu Absatz 1 Sätze 5 und 6 – Ökologische Anforderungen

In die Generalklausel wurde mit der BauO NW 1995 der Begriff der „**natürlichen Lebensgrundlagen**" aufgenommen (s. Rdn. 45–47). Der Schutz von Klima, Luft, Boden, Wasser, Flora und Fauna ist gemäß § 1 Abs. 5 und 6 in Verbindung mit § 1a BauGB als öffentlicher Belang bei der Bauleitplanung in der Abwägung zu berücksichtigen. Die Darstellungen des Flächennutzungsplans und die Festsetzungen der Bebauungspläne berücksichtigen bei der städtebaulichen Konzeption des jeweiligen Baugebiets die erforderlichen Maßnahmen zum Schutz der Umwelt, die bei der Realisierung von Bauvorhaben beachtet werden müssen; die Einhaltung dieser planungsrechtlichen Vorgaben wird auch im vereinfachten Genehmigungsverfahren geprüft. Es bleibt daher nur noch wenig Raum für **bauordnungsrechtliche** Maßgaben zum Schutz der natürlichen Lebensgrundlagen. Der Gesetzgeber hat bereits mit der **BauO NW 1995** materielle **ökologische Anforderungen** in **Einzelvorschriften** verankert, die auch in die BauO NRW 2000 übernommen, teilweise verschärft und um zusätzliche Aspekte angereichert wurden: 73

- Einführung der **abstandrechtlichen Privilegierung von Solarenergieanlagen** auf Grenzgaragen nach § 6 Abs. 11 BauO NRW,
- Erleichterung von **nachträglichen Wärmeschutzmaßnahmen** durch Lockerung der Abstandflächenvorschriften nach § 6 Abs. 14 BauO NRW,
- Verschärfung der Anforderungen an die **Wasseraufnahmefähigkeit** und **Begrünung nicht überbauter Flächen** der bebauten Grundstücke, verbunden mit Maßgaben zur **Begrünung** baulicher Anlagen nach § 9 Abs. 1 Sätze 1 bis 3 BauO NRW,

- Einführung eines wirtschaftlich zumutbaren **Entsiegelungsgebots** für vorhandene befestigte Flächen mit mehr als 5000 $m^2$ nach § 9 Abs. 1 Sätze 4 und 5 BauO NRW,
- Einführung eines Schutzgebots für **zu erhaltende Bäume**, **Sträucher** und **sonstige Bepflanzungen** während der Bauarbeiten nach § 14 Abs. 3 BauO NRW,
- (Wieder-)Einführung eines **Eignungsgebots für Baugrundstücke** im Hinblick auf Bodenbelastungen und Naturgewalten nach § 16 Satz 2 BauO NRW,
- Einführung eines Gebots zum **Einbau von Wasserzählern** für Wohnungen und vergleichbare Nutzungseinheiten nach § 44 Abs. 2 BauO NRW,
- Einführung von **Dichtheitsanforderungen** und **Dichtheitsprüfungen** von im Erdreich oder unzugänglich verlegten Abwasserleitungen nach § 45 Abs. 4–7 BauO NRW,
- **Verbot von Abfallschächten** beim Neubau und Stilllegungspflicht vorhandener Abfallschächte bis zum 31. 12. 2003 nach § 46 Abs. 1 BauO NRW.

**74** Mit diesen ökologischer Anforderungen an die Bauausführung waren die Möglichkeiten im Rahmen des materiellen Rechts bereits intensiv genutzt. Dennoch wurden weitere Denkansätze mit den kommunalen Spitzenverbänden und den Baukammern erörtert. Das von Groth/Sommer/Graupeter/Verdenhalven bearbeitete **Gutachten** „Rechtliche Möglichkeiten und Grenzen der Aufnahme weiterer ökologischer Anforderungen in die Bauordnung des Landes Nordrhein-Westfalen, zur Neuregelung der Stellplatzverpflichtung und zur Vereinfachung der Abstandflächenregelung" lag im August 1997 vor und löste eine intensive Diskussion aus. Von den Vorschlägen wurden im Hinblick auf die Vollzugsproblematik zu dichter Gesetzänderungsintervalle (s. Ausschussprotokoll 12/1331, S. 12 f.) nur wenige Punkte in die BauO NRW 2000 übernommen.

**75** Die mit der BauO NRW 2000 dem § 3 Absatz 1 neu angefügten Sätze 5 und 6 finden ihr **Vorbild in § 3 Abs. 1 Satz 2 HBO 1993**. Nach der Gesetzestechnik der HBO 1993 wird die Anknüpfung der Forderungen an den Begriff der natürlichen Lebensgrundlagen klarer, da dieser Begriff nicht unmittelbar in die materielle Grundnorm des Satzes 1 einbezogen ist, sondern als Ergänzung in Form eines weiteren Rechtssatzes (Satz 2) verortet wurde, wodurch er – leichter verständlich – mit inhaltlichen Forderungen verbunden werden konnte; die Vorschrift des § 3 Abs. 1 Satz 2 HBO 1993 lautete:

„*Die natürlichen Lebensgrundlagen sind zu schonen, insbesondere ist mit Boden, Wasser und Energie rationell und sparsam umzugehen; Bodenaushub und nicht vermeidbare Bauabfälle sind umweltunschädlich zu verwerten, soweit dies entsprechend den abfallrechtlichen Vorschriften technisch möglich und wirtschaftlich nicht unzumutbar ist.*"

Damit der Bauherr der materiellen Grundanforderung, insbesondere der in Halbsatz 2, auch tatsächlich folgt bzw. Folge leisten kann, wurden entsprechende Einzelvorschriften mit § 4 Abs. 4 Nr. 4 HBO 1993 (Ermächtigung zur Oberflächenveränderung des Grundstücks zur Verwendung unbelasteten Bodenaushubs), § 14 Abs. 5 HBO 1993 (Trennungsgebot verwertbarer Stoffe von übrigen Bauabfällen) sowie § 41 Abs. 2 und § 42 Abs. 2 HBO 1993 (Vermeidungsgebot unnötigen Wasserverbrauchs und Verwertungsgebot von Niederschlagswasser) geschaffen.

**76** Auf **Einzelvorschriften** nach hessischem Vorbild hat der nordrhein-westfälische Gesetzgeber – mit Ausnahme des Gebots zur Anbringung von Wasserzählern – **verzichtet**. Die dem § 3 Abs. 1 BauO NRW angefügten neuen Sätze 5 und 6 sollen nach der Begründung (LT-Drucks. 12/3738 S. 68) **„vor allem ein ökologisches Bewusstsein bei den am**

**Bau Beteiligten fördern bzw. wecken**". In dieser Funktion werden sie wohl, sofern in der Baugenehmigung keine besonderen Handlungspflichten auferlegt werden, von den am Bau Beteiligten kaum beachtet werden, da mit ihnen direkt keine konkreten Rechtspflichten verbunden sind. Im Übrigen ist darauf hinzuweisen, dass bereits durch das EnEG und die EnEV der sparsame Umgang mit Energie, durch das Abfallrecht die Vermeidung von Abfällen und durch § 202 BauGB der Schutz des Mutterbodens geregelt sind, insoweit den Sätzen 5 und 6 wegen des Vorrangs dieser Vorschriften keine eigenständige materielle Bedeutung, sondern nur **Hinweisfunktion** zukommt (so auch Wilke/Dageförde/Knuth/Meyer, zu § 3 Rdn. 11).

Eine **materiell-rechtliche Bedeutung** können die neuen Sätze 5 und 6 im Rahmen der 77
Ausfüllung der **Rechtsverordnungsermächtigungen** nach § 85 Abs. 1 BauO NRW insoweit erlangen, als der Verordnungsgeber zur Verwirklichung der in § 3 BauO NRW bezeichneten allgemeinen Anforderungen nunmehr auch die konkretisierenden Sätze 5 und 6 zu berücksichtigen hat. Dies gilt insbesondere für Rechtsverordnungen, die besondere Anforderungen an Sonderbauten stellen. Diese Bauwerke (Hochhäuser, Verkaufsstätten, Versammlungsstätten, Krankenhäuser, Schulen – vor allem aber industrielle und gewerbliche Bauten sowie große Bürokomplexe) sind gewöhnlich schon wegen ihres Ressourcenverbrauchs eher als typische Wohngebäude geeignet, sich nachteilig auf die natürlichen Lebensgrundlagen auszuwirken.

Nicht ausgeschlossen ist die **Berücksichtigung** der **Sätze 5 und 6** auch im „normalen" 78
Baugenehmigungsverfahren für **„große" Sonderbauten**. Die zur Verwirklichung der allgemeinen Anforderungen nach § 3 Abs. 1 Satz 1 BauO NRW möglichen besonderen Anforderungen haben auch den Schutz der natürlichen Lebensgrundlagen zu berücksichtigen. Hierzu sind in **§ 54 Abs. 2** Nr. 1, 2, 4, 10, 11, 12 und 15 BauO NRW **Anforderungsgegenstände** bezeichnet, welche die **Schutzziele** des § 3 Absatz 1 Sätze 5 und 6 BauO NRW **direkt betreffen**. Die besonderen Anforderungen müssen in der Baugenehmigung konkret beschrieben sein, so dass der Adressat den Inhalt der Nebenbestimmung zweifelsfrei und unmissverständlich erkennen kann. Es reicht also nicht, in der Nebenbestimmung den Bauherrn zur Einhaltung eines der in den Sätzen 5 und 6 angesprochenen Schutzziele generalklauselartig zu verpflichten, z. B. zur „Verwendung des Bodenaushubs". Die Bauaufsichtsbehörde muss vielmehr genau darlegen, worin die besondere Anforderung – gestützt auf die Ermächtigung eines der Anforderungsgegenstände des § 54 Abs. 2 BauO NRW – bestehen soll und durch welche im Detail genau beschriebene bauliche Vorkehrung diese umzusetzen ist. Die Nebenbestimmung muss rechtlich und tatsächlich vom Bauherrn ausgeführt werden können (vgl. die Anmerkungen zu § 75 Rdn. 145–154).

Schließlich kann eine Bedeutung der Sätze 5 und 6 im Rahmen einer **Abweichungsent-** 79
**scheidung** nach § 73 BauO NRW gegeben sein. Nach § 73 Abs. 1 Satz 2 BauO NRW sind Abweichungen von Rechtsvorschriften des Bauordnungsrechts unter den Voraussetzungen des Satzes 1 zuzulassen, wenn sie der Verwirklichung von Vorhaben zur Einsparung von Wasser oder Energie dienen. Hiermit sind genau die in § 3 Abs. 1 Satz 5 BauO NRW angesprochenen Schutzziele angesprochen. Auf die Zulassung hat der Bauherr einen Rechtsanspruch, wenn die Abweichung mit den öffentlichen Belangen unter Würdigung der nachbarlichen Interessen vereinbar ist, was insbesondere bei Abweichungen von Gestaltungssatzungen gegeben sein kann (vgl. die Begründung, LT-Drucks. 12/3738 S. 91 zu Art. I Nr. 49 – § 73).

### 6 Zu Absatz 2 – Verwendung von Bauprodukten

80 Absatz 2 ist **§ 5 Abs. 1 BauPG nachgebildet**, der an die Brauchbarkeit von Bauprodukten materielle Anforderungen stellt; die Vorschrift lautet:

*„Ein Bauprodukt ist brauchbar, wenn es solche Merkmale aufweist, dass die bauliche Anlage, für die es verwendet werden soll, bei ordnungsgemäßer Instandhaltung dem Zweck entsprechend während einer angemessenen Zeitdauer und unter Berücksichtigung der Wirtschaftlichkeit gebrauchstauglich ist und die wesentlichen Anforderungen der mechanischen Festigkeit und Standsicherheit, des Brandschutzes, der Hygiene, Gesundheit und des Umweltschutzes, des Schallschutzes sowie der Energieeinsparung und des Wärmeschutzes erfüllt."*

Die **sechs wesentlichen Anforderungen** entstammen Anhang I der BPR und richten sich an Bauwerke, weniger an Bauprodukte (vgl. von Bernstorff/Kiehne/Molitor, S. 35 und 77 f.). Es sind zugleich wesentliche in §§ 3 und 15 bis 18 BauO NRW enthaltene allgemeine Anforderungen des Bauordnungsrechts. Die sechs wesentlichen Anforderungen des § 5 Abs. 1 BauPG sind in Verbindung mit dem **Querschnittsaspekt der Gebrauchstauglichkeit** gesetzt (vgl. von Bernstorff/Kiehne/Molitor, S. 77). Die BauO NRW stellt selbst unmittelbar keine spezifischen materiellen Anforderungen an die Bauprodukte, regelt jedoch die **Verwendung von Bauprodukten in baulichen Anlagen** (vgl. von Bernstorff/Kiehne/Molitor, S. 133); § 3 Abs. 2 BauO NRW enthält eine dem § 5 Abs. 1 BauPG entsprechende Regelung, die lediglich kürzer gefasst ist. Bauprodukte müssen **nicht nur im Zeitpunkt der Verwendung** dazu beitragen, die bauaufsichtlichen Anforderungen an die bauliche Anlage zu erfüllen, sie müssen vielmehr unter Berücksichtigung **ordnungsgemäßer Instandhaltung** (zum Begriff s. Rdn. 25–30)

- **für eine dem Zweck entsprechende angemessene Zeitdauer die bauordnungsrechtlichen Anforderungen erfüllen** und
- **gebrauchstauglich** sein.

81 Mit **Anforderungen dieses Gesetzes oder auf Grund dieses Gesetzes** meint § 3 Abs. 2 BauO NRW primär die des Gesetzes und die in Rechtsverordnungen enthaltenen. Darüber hinaus werden auch solche Anforderungen erfasst, die in einem aufgrund der BauO NRW ergangenen Verwaltungsakt geregelt sind. Wird z. B. eine **Erleichterung** nach § 54 Abs. 1 Satz 2 BauO NRW oder eine **Abweichungsentscheidung** nach § 73 BauO NRW mit einer **Ausgleichsmaßnahme** verbunden, um die Einhaltung des gesetzlichen **Schutzziels auf andere Weise sicherzustellen**, so muss diese während der gesamten Lebensdauer des Bauwerks gebrauchstauglich sein.

82 Die **Angemessenheit der Zeitdauer**, während der die bauaufsichtlichen Anforderungen erfüllt und die Gebrauchstauglichkeit gegeben sein müssen, richtet sich in erster Linie nach der **Zweckbestimmung** der baulichen Anlage und damit wesentlich nach dem **Willen des Bauherrn**. Soll z. B. die bauliche Anlage für gewerbliche Zwecke bewusst nur für eine begrenzte Zeit errichtet und genutzt werden, wird die zweckgerichtete „angemessene Zeitdauer" anders abzuschätzen sein als bei einem Wohngebäude, dessen „Lebensdauer" üblicherweise – auch unter Berücksichtigung der Finanzierung über Kredite – auf mindestens 50 Jahre bemessen wird. Bei nicht erkennbarem bzw. nicht feststellbarem konkreten Willen des Bauherrn ist auf die **Verkehrsauffassung** abzustellen, die sich durchaus im Laufe der Zeit wandeln kann.

83 Die **Gewährleistung** der Erfüllung der bauordnungsrechtlichen Anforderungen für eine angemessene Zeitdauer kann es je nach Eigenart der verwendeten Bauprodukte und des Zwecks der baulichen Anlage erforderlich machen, dass eine **intensivere Instandhaltung** durchgeführt wird, als dies normalerweise der Fall ist. Dies bedeutet, dass der gesetzlichen Anforderung auch genügt ist, wenn die Verwendbarkeit für eine angemessene Zeitdauer üblicherweise **nur durch Instandhaltungsmaßnahmen** zu gewährleisten ist. Eine **Instandhaltung** ist **ordnungsgemäß**, wenn die Maßnahmen nach ihrer Zielgerichtetheit, Häufigkeit und Art der Durchführung geeignet sind, den Sollzustand der baulichen Anlage zu erhalten. Bedürfen Instandhaltungsmaßnahmen einer besonderen Sachkunde und/oder erfordern sie das Vorhandensein und den Einsatz besonderer Vorrichtungen und technischer Hilfsmittel, so sind die Maßnahmen nur dann ordnungsgemäß, wenn sie dementsprechend ausgeführt werden. Darüber hinaus sind auch **Intervalle** für **regelmäßige bauaufsichtliche Kontrollen** der Funktionstauglichkeit durch Sachverständige oder Sachkundige einzuhalten, wie sie die TPrüfVO für sicherheitsrelevante Anlagen und Einrichtungen vorschreibt.

84 Neben der Forderung, dass Bauprodukte nur verwendet werden dürfen, wenn bei ihrer Verwendung in der baulichen Anlage die bauaufsichtlichen Anforderungen für eine angemessene Zeitdauer erfüllt werden, ergibt sich aus dem Absatz 2 noch die weitere Forderung, dass die bauliche Anlage **für eine angemessene Zeitdauer gebrauchstauglich** ist. Hier ist nichts anderes gemeint als bereits zuvor in § 3 Abs. 1 Satz 3 letzter Halbsatz BauO NW 1970 formuliert war: die bauliche Anlage musste ihrem Zweck entsprechend ohne Missstände zu benutzen sein. Die **Gebrauchstauglichkeit richtet sich** also nach dem **Zweck** der baulichen Anlage und ob sie dieser Nutzung funktional entspricht (vgl. Eschenfelder, Gebrauchstauglichkeit von Bauprodukten in Gebäuden, Der Prüfingenieur 2000, S. 55 ff.). Der in § 5 Abs. 1 BauPG zusätzlich enthaltene Begriff der **Wirtschaftlichkeit**, erschien bei der Umsetzung in das Bauordnungsrecht entbehrlich, da er im Begriff der Angemessenheit mit enthalten ist.

## 7 Zu Absatz 3 – Technische Baubestimmungen

85 Die **eingeführten** Technischen Baubestimmungen sind einer **Liste** zu entnehmen (s. den RdErl. vom 8. 11. 2006, MBl. NRW. S. 582, ber. MBl. NRW. 2007 S. 166), die auf einer von der ARGEBAU erarbeiteten Muster-Liste der Technischen Baubestimmungen basiert. Während früher jede Technische Baubestimmung durch Einzelerlass eingeführt und dabei der gesamte Inhalt abgedruckt wurde, hat sich diese Praxis geändert. Die Liste enthält nur die **genaue Bezeichnung** der Technischen Baubestimmung und die **Angabe der Fundstelle**; das sind neben dem Ministerialblatt NRW die DIBt-Mitteilungen, die Veröffentlichungen des DIN im Beuth-Verlag sowie einige wenige Veröffentlichungen in der Stahlbau-Verlagsgesellschaft und im Vieweg-Verlag. Diese Praxis ist vom Gesetz gedeckt, da nach § 3 Absatz 3 Satz 2 BauO NRW hinsichtlich der Bekanntmachung des Inhalts auf die Fundstelle verwiesen werden kann; die **Wiedergabe des Textes** und der oft mit Zeichnungen versehenen Anlagen ist **entbehrlich** (vgl. Wilke/Dageförde/Knuth/Meyer, zu § 3 Rdn. 47). Insoweit unterscheidet sich die Einführungspraxis von der anderer Bundesländer, deren Bauordnungen die Bekanntmachung des Volltextes vorsehen (s. Große-Suchsdorf/Lindorf/Schmaltz/Wiechert, zu § 96 Rdn. 4).

86 Die Muster-Liste wird entsprechend Artikel 2 Abs. 1 Ziffer 3 **DIBt-Abkommen** vom DIBt vorbereitet und auch hinsichtlich der erforderlichen Fortschreibungen betreut.

Die Länder haben sich auf eine einheitliche Liste der Technischen Baubestimmungen verständigt, um die Transparenz zu erhöhen und die bundesweite Handhabung zu erleichtern. Die Liste gliedert sich in **drei Teile** (hierzu s. Jasch/Sprinborn, Bauaufsichtliches Anwendungskonzept zu den europäischen technischen Spezifikationen in Deutschland, DIBt Mitteilungen 1/2006, S. 9 ff.).

87 Die **Einführung** Technischer Baubestimmungen ist eine **hoheitliche Maßnahme**, welche die **gesetzlich geregelte Beachtungspflicht** auslöst (so Wilke/Dageförde/Knuth/ Meyer, zu § 3 Rdn. 46). **Technische Baubestimmungen**, die von der obersten Bauaufsichtsbehörde durch öffentliche Bekanntmachung bauaufsichtlich „**eingeführt**" wurden, **gelten** gemäß § 3 Abs. 3 Satz 1 BauO NRW **als aaRdT**. Das Gleiche gilt gemäß § 20 Abs. 2 Satz 2 BauO NRW für technische Regeln, die in der **Bauregelliste A** bekannt gemacht sind (s. die Erläuterungen zu § 20 Rdn. 32–34). **Eingeführte Technische Baubestimmungen** und die **technischen Regeln der Bauregelliste Amüssen wie aaRdT beachtet werden** (Absatz 1 Satz 2), unabhängig davon, ob sie es im Einzelfall sind oder nicht. Eine Einführung von aaRdT ist, da sie ohnehin schon gemäß § 3 Abs. 1 Satz 2 BauO NRW zu beachten sind, rechtlich zwar nicht erforderlich. In der Praxis wird aber, weil häufig nicht offenkundig, ob die technische Baubestimmung (schon oder noch) aaRdT ist, um eben diese **Zweifel auszuräumen**, diese nach § 3 Abs. 3 Satz 1 BauO NRW eingeführt.

88 Die Einführung ist nicht nur ein Instrumentarium, um im Hinblick auf bestehende Normen Zweifel zu beseitigen, ob sie aaRdT sind. Die bauaufsichtliche Einführung ist zugleich ein **Instrument des Staates**, um erforderlichenfalls **eigene Technische Baubestimmungen durchzusetzen**, die im **Gegensatz** zu Normen stehen oder eine **Abänderung** von Normen oder im Vergleich zu Normen eine **andere Regelung** bedeuten. Diese rechtliche Möglichkeit der obersten Bauaufsichtsbehörde, die aus der **Verantwortlichkeit der Exekutive** – vorbehaltlich der Kontrolle durch die Gerichte – für das **Niveau** und die **Effektivität der Gefahrenabwehr** herrührt, begründet auch den Anspruch des Staates, ihm im Normungsverfahren eine besondere Stellung einzuräumen. Das DIN hat diesen Gedanken im Übrigen durch DIN 820 Rechnung getragen (s. Blatt 1 Nr. 5.4: „Bei **Erarbeitung von Normen** ist darauf zu achten, dass sie **nicht im Widerspruch zu Rechts- und Verwaltungsvorschriften** stehen").

89 Durch die bauaufsichtliche Einführung werden **Technische Baubestimmungen keine Rechtssätze**. Die gemäß § 3 Abs. 3 BauO NRW eingeführten technischen Baubestimmungen sind auch **keine „Vorschriften aufgrund dieses Gesetzes**" oder „**aufgrund dieses Gesetzes erlassene Vorschriften**" im Sinne des § 86 BauO NRW (so auch VG Freiburg, Urteil vom 20. 3. 2001 – 7 K 521/00, BauR 2001, 1724 = BRS 64 Nr. 135). Wie von aaRdT kann daher auch von eingeführten Technischen Baubestimmungen abgewichen werden (s. Absatz 1 Satz 3; vgl. auch § 28 Abs. 3 Satz 3 BauPrüfVO). Die eingeführten Technischen Baubestimmungen sind nur insoweit zu beachten, als sie der Wahrung der in § 3 Abs. 1 Satz 1 BauO NRW genannten Belange dienen. Während eine aaRdT kraft Definition nicht falsch sein kann (s. Rdn. 63 und 64), ist es bei eingeführten Technischen Baubestimmungen möglich, dass sie **durch technische Entwicklungen überholt** sind, so dass der Bauherr, obwohl er sich an sie hält, nicht mehr gefahrenfrei im Sinne des § 3 Abs. 1 Satz 1 BauO NRW baut. Hier kann die Bauaufsichtsbehörde erst recht andere oder zusätzliche Maßnahmen verlangen (s. Rdn. 68 und 69).

90 Die mit der Einführung bislang in der Regel verbundene **aufsichtsbehördliche Weisung** gemäß § 9 OBG an die Bauaufsichtsbehörden, den Regelungsgegenstand der technischen Baubestimmung im Rahmen der Bauaufsicht effektiv zu prüfen, ist aufgrund der

mit der BauO NW 1995 eingefügten ausdrücklichen Gesetzesbestimmung in § 3 Abs. 3 Satz 3 BauO NRW entbehrlich geworden. Durch diese Vorschrift werden die Bauaufsichtsbehörden verpflichtet, die Beachtung der eingeführten technischen Regeln gemäß § 72 Abs. 4 BauO NRW zu prüfen (vgl. die Anmerkungen zu § 72 Rdn. 95–99).

## 8 Zu Absatz 4 – Abbruch und Nutzungsänderung

Sowohl für den **Abbruch** als auch die **Nutzungsänderung** gelten die Vorschriften der Absätze 1 und 3 **sinngemäß**. Die Anordnung der entsprechenden Geltung des Absatzes 2 war für Abbrüche und Nutzungsänderungen entbehrlich, da bei diesen baulichen Vorgängen Bauprodukte nicht (neu) verwendet werden. 91

Die sinngemäße Anwendung der Generalklausel ist unverzichtbar, da insbesondere durch Abbruchmaßnahmen und Nutzungsänderungen **Gefahren für Leben und Gesundheit** hervorgerufen werden können. Die sinngemäße Geltung von aaRdT ist besonders für Abbruchvorgänge von erheblicher Bedeutung, da bei unsachgemäßer Handhabung die mit den Abbrucharbeiten betrauten Arbeiter und unbeteiligte Passanten einer erheblichen Lebensgefahr ausgesetzt sind. Dies ist auch ein Grund dafür, dass Abbrucharbeiten nicht in Selbst- oder Nachbarschaftshilfe ausgeführt werden dürfen (s. die Anmerkungen zu § 57 Rdn. 29–32). 92

### 8.1 Begriff „Abbruch"

**Abbruch** ist die vollständige oder selbständige teilweise **Beseitigung** einer Anlage (teilweise Beseitigung im Rahmen eines Umbaus = Änderung, s. Rdn. 23; so auch Jeromin, zu § 3 Rdn. 19); deswegen bedeuten auch die Begriffe Abbruch und Beseitigung dasselbe. Der Abbruch ist vielfach mit größeren Gefahren verbunden als die Errichtung baulicher Anlagen. Gemäß § 63 Abs. 1 BauO NRW ist deshalb der Abbruch baulicher Anlagen sowie anderer Anlagen und Einrichtungen im Sinne des § 1 Abs. 1 Satz 2 BauO NRW genehmigungsbedürftig, soweit er nicht gemäß § 65 Abs. 3 BauO NRW genehmigungsfrei ist; wegen der Bauvorlagen für den Abbruch s. § 8 BauPrüfVO. Auf die ausführlichen Regelungen in Nr. 63.1 VV BauO NRW wird verwiesen. 93

Der Abbruch einer baulichen Anlage ist **kein Vorhaben im Sinne des § 29 Abs. 1 BauGB** und bauplanungsrechtlich nicht relevant (OVG NRW, Urteil vom 26. 5. 1982 – 11 A 15/80, BRS 39 Nr. 172; Ernst/Zinkahn/Bielenberg/Krautzberger, zu § 29 Rdn. 40; Battis/Krautzberger/Löhr, zu § 29 Rdn. 19). Das **Bauplanungsrecht** verwendet anstelle des Begriffs „Abbruch" den Begriff „**Beseitigung**" bzw. „**Rückbau**" (vgl. § 14 Abs. 1, § 172 Abs. 1, § 179 BauGB). Die Gemeinde kann von der Möglichkeit der **Erhaltungssatzung** nach § 172 BauGB Gebrauch machen und damit auch Rückbauten erhaltenswerter baulicher Anlagen einem **städtebaulichen Genehmigungsvorbehalt** unterwerfen. Für die Genehmigung ist nach § 173 Abs. 1 BauGB die Gemeinde zuständig, wenn der Rückbau nach Landesrecht keiner Baugenehmigung oder Zustimmung bedarf. Im Geltungsbereich einer Veränderungssperre zur Sicherung der Bauleitplanung bedarf die Beseitigung von baulichen Anlagen einer planungsrechtlichen Ausnahme (§ 14 Abs. 2 BauGB), in einem förmlich festgelegten **Sanierungsgebiet** einer **sanierungsrechtlichen Genehmigung** (§ 144 Abs. 1 BauGB). Soweit die Beseitigung keiner Baugenehmigung bedarf, kann diese im Geltungsbereich einer Veränderungssperre zur Sicherung der Bauleitplanung durch ordnungsbehördliches Eingreifen der Bauaufsichtsbehörde untersagt werden (vgl. Battis/Krautzberger/Löhr, BauGB, zu § 14 Rdn. 16). 94

95 Der Abbruch von Wohngebäuden bedurfte nach Art. 6 § 1 des Gesetzes zur Verbesserung des Mietrechts und zur Begrenzung des Mietanstiegs sowie zur Regelung von Ingenieur- und Architektenleistungen vom 4. 11. 1971 (BGBl. I S. 1745), z. g. d. G vom 24. 8. 1993 (BGBl. I S. 1525) in Verbindung mit der Zweckentfremdungsverordnung vom 12. 6. 2001 (GV. NRW. S. 458) in bestimmten Gemeinden einer „Zweckentfremdungsgenehmigung". Dieses Verbot mit Erlaubnisvorbehalt ist infolge der Befristung der Verordnung **mit Ablauf des 31. 12. 2006 entfallen**.

96 Der **Abbruch eines Baudenkmals** bedarf gemäß **§ 9 DSchG** der **denkmalrechtlichen Erlaubnis**, die zu erteilen ist, wenn Gründe des Denkmalschutzes nicht entgegenstehen oder überwiegende öffentliche Interessen die Maßnahme verlangen. Zu den überwiegenden öffentlichen Interessen gehört nicht die Überlegung, die Gemeinde sei bei Verweigerung der Abbruchgenehmigung möglicherweise finanziell aufgrund eines Übernahmeverlangens beeinträchtigt (OVG NRW, Urteil vom 18. 5. 1984 – 11 A 1776/83, BRS 42 Nr. 137). Die Gemeinde kann einen eingereichten **Abbruchantrag** zum Anlass für eine **vorläufige Unterschutzstellung** gemäß **§ 4 Abs. 1 DSchG** nehmen, wenn nach der Prognosebeurteilung mit einer endgültigen Unterschutzstellung zu rechnen ist (OVG NRW, Urteil vom 10. 6. 1985 – 11 A 960/84, BRS 44 Nr. 123).

### 8.2 Begriff „Änderung der Benutzung"

97 Die „**Änderung der Benutzung**" oder einfach „**Nutzungsänderung**" (s. § 29 Abs. 1 BauGB) ist, unabhängig davon, ob mit ihr bauliche Veränderungen verbunden sind, die **Änderung der genehmigten Benutzungsart** einer baulichen Anlage. Die Genehmigungsbedürftigkeit einer Nutzungsänderung ist kein Maßstab für das Vorliegen einer solchen (so Jeromin, zu § 3 Rdn. 16). Die **Baugenehmigung** legt nämlich eine durch den Inhalt der Bauvorlagen genau **bestimmte Nutzungsart** fest oder geht von einer bestimmten Nutzungsart aus (OVG NRW, Urteil vom 16. 3. 1984 – 11 A 302/84, BRS 42 Nr. 163). Es ist somit nicht möglich, eine bauliche „Hülle" ohne eine bestimmte Nutzung zuzulassen; die vorgenannte Entscheidung führt hierzu folgendes aus:

*„Gegenstand der baurechtlichen Prüfung ist die bauliche Anlage in ihrer durch die Nutzung bestimmten Funktion als Einheit. Dieser Grundsatz, der auch für andere Bereiche des Baurechts gilt – vgl. hinsichtlich der planungsrechtlichen Beurteilung von Vorhaben nach § 35 Abs. 1 Nr. 1 BBauG: BVerwG, Urteil vom 15. 11. 1974 – IV C 32.71 –, BRS 28 Nr. 34 = BauR 1975, 44 –, folgt hinsichtlich des baurechtlichen Genehmigungsverfahrens aus dem Gesamtzusammenhang der Tatbestände des § 80 Abs. 1 BauO NW [1970] sowie aus Sinn und Zweck des § 88 Abs. 1 Satz 1 BauO NW [1970]. Wenn nach der ersten Vorschrift u. a. Nutzungsänderungen der Genehmigungspflicht unterworfen sind, so setzt dies notwendigerweise voraus, dass früher eine andersartige Nutzung ausgeübt wurde, deren Zulässigkeit seinerzeit bei Errichtung der betreffenden Anlage mitgeprüft worden ist. Die Art der vorgesehenen Nutzung ist außerdem wesentlich für die Beurteilung der Genehmigungsfähigkeit der baulichen Anlage. Soweit § 88 Abs. 1 Satz 1 BauO NW [1970] die Genehmigung von der Erfüllung aller öffentlich-rechtlichen Vorschriften abhängig macht, muss der Bauherr – nicht zuletzt im wohlverstandenen eigenen Interesse – in seinem Baugesuch auch die beabsichtigte Nutzung angeben. Unter diesem Gesichtswinkel wäre ein Baugesuch, das lediglich den Standort und die Abmessungen des Baukörpers festlegt, die künftige Benutzung aber offen lässt und gegebenenfalls einem weiteren Genehmigungsverfahren vorbehält, unvollständig. Eine Hülle, die gleichsam „auf Lager" genommen*

*werden soll, um erst später eine Funktion zu übernehmen, wäre so nicht genehmigungsfähig. Auch das Institut der Teilbaugenehmigung (§ 90 BauO NW 1970) ist auf derartige Fälle nicht zugeschnitten, denn auch insoweit muss ein vollständiges endgültiges Baugesuch vorliegen. Der Senat verkennt nicht, dass produzierende Wirtschaftsunternehmen im Einzelfall ein Interesse daran haben können, Gebäude „auf Vorrat" zu errichten, um bei rasch entstehendem Bedarf auf vorhandene Bauten zurückgreifen zu können. Das ändert jedoch nichts daran, dass im öffentlichen Interesse Baugenehmigungen erst ausgesprochen werden dürfen, wenn feststeht, dass das Vorhaben in jeder Hinsicht – also auch hinsichtlich der Art seiner Benutzung – den einschlägigen Vorschriften entspricht.*"

Eine **genehmigungspflichtige Nutzungsänderung** im bauordnungsrechtlichen Sinne liegt **98**
immer vor, wenn sich die neue Nutzung von der bisherigen (legalen) dergestalt unterscheidet, dass sie anderen oder weitergehenden Anforderungen bauordnungs-, bauplanungs- oder sonstiger öffentlich-rechtlicher Art unterworfen ist oder unterworfen werden kann (OVG NRW, Urteil vom 15.8.1995 – 11 A 850/92, BRS 57 Nr. 258). **Keine Nutzungsänderung** liegt vor, **wenn sich die Eigentumsform ändert** (Hamb. OVG, Urteil vom 10.4.2003 – 2 Bf 432/99, BRS 66 Nr. 142 = NVwZ-RR 2004, 402 zur Umwandlung von Miet- in Eigentumswohnungen) oder wenn ein **Wechsel zwischen Varianten** erfolgt, die sich nach der Verkehrsauffassung **im Rahmen derselben Zweckbestimmung** halten (Nds. OVG, Urteil vom 20.5.1992 – 1 L 125/91, BRS 54 Nr. 143).

Die **Baugenehmigung** deckt grundsätzlich nur die **ursprünglich** ihr **zugrundeliegende** **99**
**Nutzung** ab, nur diese ist legal. Handelt es sich um die Änderung einer Nutzung, die nicht genehmigt und auch nicht wenigstens materiell zulässig war, liegt keine Nutzungsänderung im Sinne der BauO NRW vor. Ein Antrag auf Genehmigung einer **formell-illegalen Nutzungsänderung** ist wie eine Errichtung mit der – nunmehr – erstmalig beabsichtigten Nutzung zu behandeln (vgl. Boeddinghaus/Hahn/Schulte, zu § 3 Rdn. 33 unter Bezug auf OVG Bremen, Urteil vom 8.5.1979 – I BA 17/79, BRS 35 Nr. 203). Jede spätere Änderung der genehmigten Benutzungsart ist genehmigungsbedürftig, sofern nicht ein Fall der Genehmigungsfreistellung nach § 65 Abs. 2 Nr. 3 BauO NRW vorliegt.

Nicht jede Änderung der Nutzung ist indes auch zugleich eine Änderung der Benut- **100**
zungsart. So stellt z.B. die Verwendung eines Wohnzimmers als Schlafzimmer – oder umgekehrt – innerhalb einer Wohnung keine Nutzungsänderung dar. Eine **Änderung der Benutzungsart** liegt erst vor, wenn für die **neue Benutzungsart besondere öffentlich-rechtliche Vorschriften** bestehen, **die von denen für die bisherige Benutzungsart abweichen**, wenn also das öffentliche Baurecht für die veränderte Nutzung eine andere Beurteilung erfordert, weil andere oder weitergehende Anforderungen zu beachten sind (vgl. Große-Suchsdorf/Lindorf/Schmaltz/Wiechert, zu § 69 Rdn. 81–84; OVG NRW, Urteil vom 23.7.1974 – X A 242/72, BRS 28 Nr. 99; OVG Lüneburg, Beschluss vom 27.10.1978 – I B 78/78, BRS 33 Nr. 128; Hess. VGH, Urteil vom 8.11.1979 – IV OE 51/75, BauR 1980, 251 = BRS 35 Nr. 51).

**Beispiele für Nutzungsänderungen**:

- die Nutzung von Räumen, die keine Aufenthaltsräume sind, als Aufenthaltsräume (OLG Karlsruhe, Beschluss vom 6.2.1978 – 3 Ss (B) 244/77, BRS 33 Nr. 126),
- die Nutzung eines Relaxzentrums mit Schwimmbecken, Solarium, Sauna, Massageraum, Bar und Ruheräumen als bordellartiger Betrieb (Hess. VGH, Beschluss vom 14.10.2002 – 4 TG 2028/02, BRS 65 Nr. 160 = NVwZ-RR 2003, 720),

- die Umnutzung eines Ausstellungsraumes zur Einzelhandelsnutzung (OVG NRW, Beschluss vom 16.3.2007 – 7 B 134/07, NVwZ-RR 2007, 661),
- die Umwandlung von Aufenthaltsräumen im Dachraum als Zubehör zu Wohnungen in selbständige Wohnungen (vgl. OVG NRW, Urteil vom 3.3.1986 – 7 A 2820/84, n.v.),
- die Vermietung möblierter Gastzimmer einer Wohnung an Messegäste (OVG NRW, Beschluss vom 14.8.2007 – 10 A 1219/06, BauR 2007, 2033 = ZfBR 2007, 798),
- die Einrichtung eines Taubenschlages im Dachraum ist eine Nutzungsänderung (Hess. VGH, Beschluss vom 20.3.1981 – IV TH 20/81, BRS 38 Nr. 66),
- die Zweckentfremdung „notwendiger" Stellplätze ist eine Nutzungsänderung (OVG NRW, Urteil vom 20.2.1962 – VII A 64/61, BBauBl. 1962, 639 = BRS 13, B 4 S. 161).

**101** In den meisten Fällen sind bauordnungsrechtliche und bauplanungsrechtliche Nutzungsänderungen deckungsgleich. Denn die **Anforderungen** des **Bauordnungsrechts** und des **Bauplanungsrechts** sind im Hinblick auf Nutzungsänderungsvorgänge **kaum voneinander zu unterscheiden**. So berührt selbst eine Änderung der Benutzungsart, die einen erhöhten Stellplatzbedarf auslöst, sowohl bauordnungsrechtliche als auch bauplanungsrechtliche Belange (OVG Lüneburg, Beschluss vom 15.1.1986 – 1 B 64/85, BRS 46 Nr. 116 und OVG NRW, Urteil vom 1.9.1986 – 11 A 1158/87, BRS 48 Nr. 106).

**102** Nutzungsänderungen sind **bauplanungsrechtlich relevant** und damit Vorhaben im Sinne des § 29 Abs. 1 BauGB, wenn die **Genehmigungsfrage in bodenrechtlicher Hinsicht neu aufgeworfen** wird (BVerwG, Urteil vom 11.2.1977 – IV C 8.75, BauR 1977, 253 = BRS 32 Nr. 140; vgl. auch Fickert/Fieseler, Vorbemerkungen zu §§ 2 – 9, 12–14 Rdn. 21 ff.). Werden ein Möbelmarkt und ein Einzelhandelsgroßbetrieb mit Vollsortiment zu einem Betrieb unter einheitlicher Leitung zusammengefasst, so liegt darin eine genehmigungspflichtige Nutzungsänderung beider Vorhaben, der die Belange die Belange der verbrauchernahen Versorgung der Bevölkerung berührt, wie sie insbesondere in § 11 Abs. 3 BauNVO ihren Niederschlag gefunden haben (OVG Saar, Beschluss vom 12.11.1986 – 2 W 984/86, BRS 46 Nr. 135). Die Aufstellung von zusätzlichen Spielgeräten in einem baurechtlich als Gaststätte genehmigten Betrieb mit Elementen einer Spielhalle kann schon wegen der bauplanungsrechtlich bedeutsamen Verstärkung des Spielhallencharakters eine Nutzungsänderung sein (Hess. VGH, Beschluss vom 15.10.1986 – 3 TH 2544/85, BRS 46 Nr. 134).

**103** In bauplanungsrechtlicher Hinsicht ist eine Nutzungsänderung insbesondere dann anzunehmen, **wenn die in § 1 Abs. 6 BauGB genannten Belange berührt** werden (OVG NRW, Beschluss vom 13.11.1995 – 11 B 2161/95, BauR 1996, 375 = BRS 57 Nr. 184). Das ist z.B. gegeben, wenn ein Wochenendhaus dauerhaft als Lebensmittelpunkt der betreffenden Bewohner und damit als Wohngebäude genutzt wird (OVG NRW, Urteil vom 23.10.2006 – 7 A 4947/05, BauR 2007, 1009 = BRS 70 Nr. 187). Die Errichtung einer Mobilfunkanlage mit einem 9,5 m hohen (freigestellten) Trägermast auf einem Sparkassengebäude stellt eine zusätzliche gewerbliche Nutzung des Gebäudes dar, die nicht als zulässige Nutzung des Betriebs der Sparkasse angesehen werden kann und von dieser Nutzung nicht mitumfasst wird (Hess. VGH, Beschluss vom 19.12.2000 – 4 TG 3639/00, BauR 2001, 944 = ZfBR 2001, 414).

**104** In die Beurteilung, ob eine Nutzungsänderung im bauplanungsrechtlichen Sinne vorliegt, sind die **Vorschriften derBauNVO** über die **zulässigen Nutzungen in den Bauge-**

**bieten** einzubeziehen (BVerwG, Urteil vom 3. 2. 1984 – 4 C 25.82, BauR 1984, 269 = BRS 42 Nr. 52 = NJW 1984, 1771, zur Nutzung eines für den Großhandel genehmigten Gebäudes für den Einzelhandel und BVerwG, Urteil vom 27. 5. 1983 – 4 C 67.78, BRS 40 Nr. 165 zur Umwandlung von im Gewerbegebiet **privilegierten** Wohnungen für Aufsichts- und Bereitschaftspersonal in **frei verfügbare** Wohnungen). Änderungen der Nutzung baulicher Anlagen, die als privilegierte Vorhaben im Außenbereich nach § 35 Abs. 1 BauGB zulässig sind, in eine dort nicht ohne weiteres zulässige sonstige Nutzung, fallen ebenfalls unter den Begriff Nutzungsänderung (OVG NRW, Urteil vom 10. 5. 1960 – VII A 1082/58, BRS 10, V B 1 S. 145 zur Benutzung einer „Jagdhütte" zu einem längeren Erholungsurlaub, ohne die Jagd auszuüben).

Besondere bauaufsichtliche Bedeutung kommt den Nutzungsänderungen **gewerblich genutzter baulicher Anlagen** im Hinblick auf die **Vorschriften des Immissionsschutzes** zu. Hierbei muss praktisch jede Änderung der Nutzung, die mit einer **Änderung der Emissionsverhältnisse** der jeweiligen Anlage verbunden ist, als genehmigungspflichtige Nutzungsänderung angesehen werden (BVerwG, Urteil vom 18. 5. 1995 – 4 C 20.94, BRS 57 Nr. 67 zum Betrieb einer Autolackiererei, die abweichend vom genehmigten Umfang an Nutzungsintensität so zugenommen hat, dass ein immissionsschutzrechtliches Genehmigungsverfahren erforderlich wird; zur Problematik der Überschreitung der Grenze zum immissionsschutzrechtlichen Verfahren s. Jäde/Dirnberger/Weiss, zu § 29 Rdn. 23 und 24). Schon eine **Veränderung des Maschinenbestandes** kann in diesem Sinne eine Nutzungsänderung darstellen. Zweifellos stellt jede Veränderung der gewerblichen Betriebsart wegen der grundsätzlich damit verbundenen Änderung der Emissionsverhältnisse eine genehmigungspflichtige Nutzungsänderung dar, z. B. die Einrichtung einer Schreinerei in einer bisherigen Klempnerwerkstatt, die Umwandlung eines chemischen Wäschereibetriebes in einen sog. Supermarkt oder die Errichtung eines Großhandels-Auslieferungsbetriebes in baulichen Anlagen, die bisher landwirtschaftlich genutzt waren. Selbst der **Wechsel zwischen verschiedenen Betrieben vergleichbarer Art**, z. B. der Metallbearbeitung, muss unter den Gesichtspunkten des BImSchG als Nutzungsänderung behandelt werden. Die Umwandlung einer ehemaligen Dorfgaststätte mit Tanzsaal in eine Diskothek ist eine genehmigungspflichtige Nutzungsänderung (Hess. VGH, Beschluss vom 31. 3. 1981 – IV TH 95/80, BRS 38 Nr. 152). 105

Auch Nutzungsänderungen können wie Abbrüche die **Denkmaleigenschaft** eines Gebäudes tangieren und daher einer denkmalrechtlichen Erlaubnis bedürfen (s. Rdn. 96). Voraussetzung für das Vorliegen einer Nutzungsänderung im denkmalrechtlichen Sinne ist **eine mehr als nur geringfügige Beeinträchtigung** des Denkmals oder seines Erscheinungsbilds, wobei eine Abwägung (Gewichtung der widerstreitenden Belange) stattzufinden hat (OVG NRW, Urteil vom 22. 1. 1998 – 11 A 688/97, BRS 60 Nr. 212). Keine Nutzungsänderung, sondern eine **Nutzungsaufgabe** liegt vor, wenn die bisherige Nutzung nicht mehr weitergeführt und durch **Leerstand** ersetzt wird. Die Nichtnutzung kann für den Erhalt des Denkmals gefährlicher sein als der normalerweise gegebene Wechsel von Nutzungen, da damit regelmäßig auch die Pflege der Substanz endet (vgl. Memmesheimer/Upmeier/Schönstein, zu § 9 Rdn. 6). 106

# Zweiter Teil
# Das Grundstück und seine Bebauung

## Vor §§ 4 bis 11

**Anmerkungen** (Autor: Heintz)

1 Wie bereits die Überschrift andeutet, handelt es sich überwiegend um Vorschriften, die eine **enge Verbindung zum Bauplanungsrecht** aufweisen. Die Ausformung der Vorschriften geht noch auf die MBO 1960 zurück und wird erst verständlich, wenn man das Rechtsgutachten des BVerfG in die Betrachtung einbezieht (s. die Einleitung, Rdn. 59–64). Die Musterbauordnungs-Kommission hat seinerzeit unter Beachtung der Gesetzgebungskompetenz für das Baurecht versucht, die bauordnungsrechtlich relevanten Anforderungen an die Bebauung der Grundstücke mit Gebäuden in **Abstimmung auf das BBauG** zusammenzufassen (vgl. „Allgemeine Einführung in die Musterbauordnung", Schriftenreihe des Bundesministers für Wohnungsbau, Band 17, 1960, S. 52).

2 **Einzelne Vorschriften**, wie z. B. § 10 – Einfriedung der Grundstücke – und § 11 – Gemeinschaftsanlagen –, haben **kaum praktische Bedeutung** erlangt, weshalb einige Länder diese Bestimmungen nie in ihr Bauordnungsrecht übernommen oder später wieder gestrichen haben. So ist auch zu erklären, dass Nordrhein-Westfalen sich mit der BauO NRW 2000 entschloss, § 10 BauO NW 1995 aufzuheben. Die sich ständig fortentwickelnde **Rechtsprechung zum Bauplanungsrecht** macht immer deutlicher, dass einzelnen Rechtssätzen die ihnen ursprünglich zugedachte bauordnungsrechtliche Bedeutung nicht zukommt und dass sie teilweise hinter das Bauplanungsrecht zurücktreten (s. die Anmerkungen zu § 4 Rdn. 4 ff. und 107 ff., zu § 9 Rdn. 5 ff. und 79 ff).

3 Das grundsätzlich zu begrüßende gesetzgeberische Anliegen, die **grundstücksbezogenen Anforderungen** des Bauordnungsrechts zu **konzentrieren**, kann auch **negative Auswirkungen** für das Verständnis des **Vorschriftenzusammenhangs** zur Folge haben. So entfaltet **§ 5** – Zugänge und Zufahrten auf den Grundstücken – aufgrund seiner irreführenden Überschrift keine Bedeutung für die Erschließung, sondern ist **Teil des äußeren Rettungswegesystems**, was wegen der Bedeutung des Brandschutzes eher eine Zusammenfassung mit **§ 17** – Brandschutz – nahegelegt hätte. Noch deutlicher wird dies am Beispiel des **§ 9 Abs. 2**, der die Verpflichtung zur **Schaffung von Kinderspielflächen** regelt. Diese für Gebäude mit Wohnungen geltende Vorschrift regelt Anforderungen an die **Mindestausstattung von Wohnraum** unter bauordnungsrechtlichen Gesichtspunkten und steht in engem Zusammenhang mit **§ 49** – Wohnungen.

4 **Besondere Bedeutung** für die Praxis kommt den Bestimmungen der **§§ 6** und **7** über **Abstandflächen** zu. Da der Bund mit den Vorschriften des § 22 BauNVO über die Bauweise Zurückhaltung bei der Ausschöpfung seiner Gesetzgebungskompetenz geübt hat, waren die Länder zu einer umfassenden Regelung des Abstandflächenrechts gezwungen. Wie keine andere Materie des Bauordnungsrechts hat sich das Abstandflächenrecht in den Bundesländern jedoch teilweise vom Vorbild der MBO gelöst. Zudem bestehen in Niedersachsen einerseits und den übrigen 15 Bundesländern andererseits **zwei völlig unterschiedliche Regelungssysteme**. Aufgrund dieser **landesrechtlichen Besonderheiten** ist das Abstandflächenrecht nicht ohne weiteres vergleichbar.

## §4
## Bebauung der Grundstücke mit Gebäuden

**(1) Gebäude dürfen nur errichtet werden, wenn gesichert ist, dass bis zum Beginn ihrer Benutzung**

**1. das Grundstück in angemessener Breite an einer befahrbaren öffentlichen Verkehrsfläche liegt oder das Grundstück eine befahrbare, öffentlich-rechtlich gesicherte Zufahrt zu einer befahrbaren öffentlichen Verkehrsfläche hat; Wohnwege, an denen nur Gebäude geringer Höhe zulässig sind, brauchen nur befahrbar zu sein, wenn sie länger als 50 m sind,**

**2. die erforderlichen Anlagen zur Versorgung mit Trink- und Löschwasser vorhanden und benutzbar sind und**

**3. die erforderlichen Abwasseranlagen vorhanden und benutzbar sind und die Abwasserbeseitigung entsprechend den wasserrechtlichen Vorschriften gewährleistet ist.**

**(2) Ein Gebäude auf mehreren Grundstücken ist zulässig, wenn durch Baulast gesichert ist, dass keine Verhältnisse eintreten können, die den Vorschriften dieses Gesetzes oder den aufgrund dieses Gesetzes erlassenen Vorschriften zuwiderlaufen, und das Gebäude auf den Grundstücken diesen Vorschriften so entspricht, als wären die Grundstücke ein Grundstück.**

***VV BauO NRW*** *(infolge Befristung mit Ablauf des 31.12.2005 ausgelaufen)*

***4 Bebauung der Grundstücke mit Gebäuden (§ 4)***

*4.13 Zu Absatz 1 Nr. 3*

*Die Abwasserbeseitigung entsprechend den wasserrechtlichen Vorschriften ist zum Zeitpunkt der Benutzung gesichert, wenn zum Zeitpunkt der Baugenehmigung*

*a) abzusehen ist, dass das Bauvorhaben bis zum Beginn seiner Benutzung an eine Sammelkanalisation angeschlossen werden kann oder*

*b) die wasserrechtliche Erlaubnis für das Einleiten des Niederschlagswassers oder des in einer Kleinkläranlage behandelten Schmutzwassers vorliegt oder von der Wasserbehörde zugesichert ist (§ 38 VwVfG. NW.) oder*

*c) die Gemeinde oder der sonst zur Abwasserbeseitigung Verpflichtete bescheinigt, dass das in einer Abwassergrube gesammelte Abwasser ordnungsgemäß beseitigt wird.*

*Im Falle des gesetzlichen Übergangs der Abwasserbeseitigungspflicht für Niederschlagswasser gem. § 51 a Abs. 2 LWG muss zur Annahme einer gesicherten Erschließung das Vorliegen der wasserrechtlichen Einleitungserlaubnis nicht abgewartet werden, da mit ihrer Erteilung gerechnet werden kann.*

*In kommunalen Satzungen kann hinsichtlich der Sammelkanalisation außerhalb des Baurechts folgendes geregelt sein:*

- *der Anschluss- und Benutzungszwang,*
- *die Art und Weise des Anschlusses an die Sammelkanalisation und*
- *die Bestimmung der Stoffe, die nicht in die Sammelkanalisation eingeleitet werden dürfen.*

*4.2 Zu Absatz 2*

*Eine Vereinigungsbaulast allein ist in der Regel nicht geeignet, sich aus § 31 BauO NRW ergebende Bebauungshindernisse zu beseitigen, denn gemäß § 31 Abs. 1 Nr. 1 muss zusätzlich ein Abstand von mindestens 5 m zu bestehenden oder nach den baurechtlichen Vorschriften zulässigen Gebäuden öffentlich-rechtlich gesichert sein. Dieser Abstand gilt auch zwischen auf einem Grundstück aneinandergereihten Gebäuden, d. h. Gebäuden, die nicht aneinander gebaut sind, sondern in einem geringen Abstand zueinander stehen. Diese öffentlich-rechtliche Sicherung wird nicht bereits durch die Vereinigungsbaulast erreicht.*

**Hinweis:**

Die Anwendung der Nr. 4.2 VV BauO NRW wurde bis zu einer späteren Änderung mit RdErl. vom 10. 8. 2001 – II A3–100/31, n. v., ausgesetzt, s. nachfolgende Rdn. 114

**Anmerkungen** (Autor: Heintz)

**Übersicht**


| | | Rdn. |
|---|---|---|
| 0 | Änderungen gegenüber der BauO NW 1984 und der BauO NW 1995 | 01– 02 |
| 1 | Allgemeines | 1– 3 |
| 2 | Zu Absatz 1 – Erschließung des Grundstücks | 4– 13 |
| 2.1 | Benutzbarkeit der Erschließungsanlagen | 14– 15 |
| 2.2 | Erschließungspflicht | 16– 17 |
| 2.3 | Zu Absatz 1 Nr. 1 – Verkehrsmäßige Erschließung | 18– 19 |
| 2.3.1 | Lage an einer öffentlichen Verkehrsfläche | 20– 32 |
| 2.3.2 | Lage abseits einer öffentlichen Verkehrsfläche | 33– 40 |
| 2.3.3 | Verzicht auf Befahrbarkeit | 41– 42 |
| 2.3.4 | Darstellung in Bauvorlagen | 43 |
| 2.4 | Zu Absatz 1 Nr. 2 – Wasserversorgung | 44– 45 |
| 2.4.1 | Wasserversorgung als Erschließungsvoraussetzung | 46– 47 |
| 2.4.2 | Sicherung der Versorgung mit Trinkwasser | 48– 49 |
| 2.4.3 | Wasserversorgung über Eigenversorgungsanlage | 50– 51 |
| 2.4.4 | Sicherung der Versorgung mit Löschwasser | 52 |
| 2.4.5 | Darstellung in Bauvorlagen | 53 |
| 2.5 | Zu Absatz 1 Nr. 3 – Abwasserbeseitigung | 54 |
| 2.5.1 | Abwasserbeseitigung als Erschließungsvoraussetzung | 55– 59 |
| 2.5.2 | Abwasserbeseitigung über öffentliche Abwasserleitung | 60– 63 |
| 2.5.3 | Beseitigung des Niederschlagswassers | 64– 67 |
| 2.5.4 | Abwasserbeseitigung über Kleinkläranlagen | 68– 72 |
| 2.5.5 | Abwasserbeseitigung über Abwassergruben | 73– 75 |
| 2.5.6 | Abwasserbeseitigungspflicht in besonderen Fällen | 76– 80 |
| 2.5.7 | Darstellung in Bauvorlagen | 81 |
| 2.5.8 | Prüfung des Nachweises und der technischen Ausführung | 82– 87 |
| 3 | Zu Absatz 2 – Errichtung eines Gebäudes auf mehreren Grundstücken | 88– 90 |
| 3.1 | Sinn und Zweck der Regelung | 91– 93 |
| 3.2 | Bezug zum Grundbuchrecht | 94– 97 |
| 3.3 | Sicherung durch Vereinigungsbaulast | 98–103 |
| 3.4 | Vereinigungsbaulast bei Grundstücksteilung | 104–106 |
| 3.5 | Bauplanungsrechtliche Auswirkungen | 107–110 |
| 3.6 | Bauordnungsrechtliche Anwendungsbeschränkungen | 111–115 |

## 0 Änderungen gegenüber der BauO NW 1984 und der BauO NW 1995

Die **BauO NW 1995** hat **Absatz 1** aus dem Vorgängerrecht im Wortlaut **übernommen**. 01
Dem durch die BauO NW 1984 eingeführten **Absatz 2** wurde mit der BauO NW 1995 folgender **klarstellender Satzteil angefügt**: „und das Gebäude auf den Grundstücken diesen Vorschriften so entspricht, als wären die Grundstücke ein Grundstück".

Die **BauO NRW 2000** hat in **Absatz 1** die **alte Nr. 2** in die **neuen Nummern 2** (Wasser- 02
versorgung) **und 3** (Abwasserbeseitigung) aufgeteilt und den bislang in § 44 Abs. 1 BauO NW 1995 enthaltenen **Satz 1** (Sicherung der Lösch- und Trinkwasserversorgung) **in die neue Nr. 2 übernommen** (s. LT-Drucks. 12/3738 S. 70 zu Art. I Nr. 3 – § 4).

In **Absatz 2** wurden die Worte „Die Errichtung eines Gebäudes" durch „**Ein Gebäude**" ersetzt, um **Teilungen** in **Altbeständen** zu erleichtern (LT-Drucks. 12/4394 S. 68f. Nr. 3).

## 1 Allgemeines

§ 4 BauO NRW enthält **Anforderungen an das zu bebauende Grundstück**. Diese Vor- 1
schriften stehen neben den anderen öffentlich-rechtlichen Vorschriften, welche die Bebaubarkeit der Grundstücke regeln. Dies sind vor allem das BauGB in Verbindung mit der BauNVO, das FStrG und das StrWG NRW, das WHG und das LWG, das BBodSchG und das LBodSchG, das BNatSchG und das LG sowie das DSchG. Ein Grundstück kann erst bebaut werden, wenn **alle** sich aus dem öffentlichen Baurecht ergebenden **Anforderungen erfüllt** werden, also auch den bauordnungsrechtlichen Anforderungen an die Zugänglichkeit, Wasserversorgung und Abwasserbeseitigung entsprochen ist.

**§ 4 Abs. 1 BauO NRW** regelt die bauaufsichtlichen Anforderungen an die „**Erschlie-** 2
**ßung**" des Grundstücks bei der Bebauung mit **Gebäuden**, und zwar sowohl an die **verkehrsmäßige Anbindung** als auch an die **Wasserversorgung** und die **Abwasserbeseitigung** im Interesse des Brandschutzes und zur Hilfeleistung bei Notfällen, der Verkehrssicherheit und der Stellplatzpflicht sowie des Wasser- und Gesundheitsschutzes. Die Vorschrift enthält keine Anforderungen an den Ausbaustandard der Erschließungsanlagen. Zur Normierung derartiger Anforderungen ist nicht der Landesgesetzgeber zuständig, da der Bund mit dem BauGB seine Gesetzgebungskompetenz für das Bodenrecht genutzt und die städtebaulichen Erschließungsvoraussetzungen geregelt hat.

**§ 4 Abs. 2 BauO NRW** beschreibt die Voraussetzungen, die erfüllt sein müssen, wenn 3
ein **Gebäude auf mehreren Grundstücken** zulässig sein soll. Auch diese Vorschrift dient der Gefahrenabwehr, um zu vermeiden, dass wesentliche bauordnungsrechtliche Belange bei der Bebauung mehrerer Grundstücke mit einem Gebäude unberücksichtigt bleiben. Die „**Vereinigungsbaulast**" nach § 4 Abs. 2 BauO NRW ist jedoch **kein Instrument, um den bauplanungsrechtlichen Grundstücksbegriff zu verändern**, sie kann im Bauplanungsrecht nur eingesetzt werden, um die bauplanungsrechtlichen **Zulässigkeitsvoraussetzungen** zu „**sichern**".

## 2 Zu Absatz 1 – Erschließung des Grundstücks

§ 4 Abs. 1 BauO NRW regelt – auf eine Kurzfassung gebracht –, dass **Gebäude** nur er- 4
richtet werden dürfen, wenn **gesichert** ist, dass **bis zum Beginn ihrer Benutzung** das Grundstück sowohl **verkehrsmäßig** als auch hinsichtlich der **Wasserversorgung** und der

**Abwasserbeseitigung** ordnungsgemäß an die Erschließungsanlagen angeschlossen werden kann. Die **Abfallbeseitigung** zählt **nicht** zu den bauordnungsrechtlichen Erschließungsvoraussetzungen. Aus bauordnungsrechtlichen Gründen ist es auch nicht erforderlich, dass das Grundstück an sonstige Versorgungsanlagen, wie z.B. Fernmelde-, Fernwärme- oder Elektrizitätsversorgungsanlagen, angeschlossen werden kann. Derartige Forderungen können sich aber aus dem Bauplanungsrecht, insbesondere den Festsetzungen eines vorhabenbezogenen Bebauungsplans nach § 12 BauGB ergeben.

5 Bei genauer Betrachtung ist begrifflich zwischen der

- **bauplanungsrechtlich gesicherten Erschließung** und der
- **bauordnungsrechtlich gesicherten Zugänglichkeit** sowie den **bauordnungsrechtlichen Anforderungen** an die **Wasserversorgung** und die **Abwasserbeseitigung**

zu unterscheiden. Eigentlich verbietet es sich, überhaupt von bauordnungsrechtlichen „Erschließungsanforderungen" zu sprechen, obwohl dies seit langem allgemein so üblich ist. Die **Anforderungen an den Ausbaustandard** der öffentlichen Verkehrsflächen und der Ver- und Entsorgungsanlagen **ergeben sich** nämlich **aus dem Städtebaurecht**. Bauordnungsrechtliche Anforderungen an die Zugänglichkeit von Baugrundstücken bleiben von den Regelungen des Zulässigkeitsrechts für Vorhaben nach §§ 29 ff. BauGB nur „unberührt", wenn und sowie sie geeignet sind, die bauplanungsrechtlichen Anforderungen, die das BauGB an das Erschlossensein von Baugrundstücken stellt, zu **„ergänzen"** (BVerwG, Urteil vom 3.5.1988 – 4 C 54.85, BauR 1988, 576 = BRS 48 Nr. 92 = NVwZ 1989, 353). Daran fehlt es, wenn bauordnungsrechtlich im Hinblick auf Wohnbaugrundstücke für das gesamte Gebiet eines Bundeslandes ohne Differenzierung eine Regelung getroffen wird, die über das bundesrechtliche Erschließungserfordernis hinausgeht und dadurch die insoweit vom Bundesrecht geübte Zurückhaltung generell leer laufen lässt (BVerwG, Urteil vom 29.11.1991 – 8 C 105.89, DVBl. 1992, 374).

6 Die Gemeinde hat bei der Bauleitplanung den abwägungserheblichen Belangen Rechnung zu tragen – dazu gehören auch der sachgerechte Umgang mit Abfällen und Abwässern, die Belange des Post- und Telekommunikationswesens, die Belange der Versorgung, insbesondere mit Energie und Wasser sowie die Belange des Personen- und Güterverkehrs und der Mobilität der Bevölkerung, einschließlich des öffentlichen Personennahverkehrs (§ 1 Abs. 6 Nr. 7, 8 und 9 BauGB). Die Bauleitplanung der Gemeinde dient unter anderem der Erschließung des Baulands. Die **Erschließung** ist nach § 123 Abs. 1 BauGB **Aufgabe der Gemeinde**, soweit sie nicht nach anderen Vorschriften oder öffentlich-rechtlichen Verpflichtungen einem anderen obliegt. So kann **bei klassifizierten Straßen** die **Straßenbaulast** dem **Bund**, dem **Land** oder einer **anderen Gebietskörperschaft** obliegen. Eine Erschließungspflicht anderer als der Gemeinde kann sich auch aus Planfeststellungsbeschlüssen nach dem **Fachplanungsrecht** ergeben.

7 In der Regel werden die Baugrundstücke durch **Erschließungsanlagen** erschlossen, **die der gemeindlichen Planungshoheit unterliegen**. Die Gemeinde hat im Rahmen der **Bauleitplanung** mehrere Möglichkeiten zur Herbeiführung einer geordneten städtebaulichen Entwicklung:

- sie kann die für die Erschließung von Baugrundstücken erforderlichen **örtlichen Verkehrsflächen** im **Bebauungsplan** festsetzen,
- sie kann **Erschließungsregelungen** in einem **vorhabenbezogenen Bebauungsplan** (Vorhaben- und Erschließungsplan) treffen,

– sie kann im nicht beplanten **Innen- oder Außenbereich** auf Planung verzichten und die **vorhandenen Erschließungsanlagen** für die städtebauliche Entwicklung als ausreichend erachten.

**Örtliche** Verkehrsflächen im Sinne des § 30 Abs. 1 BauGB sind **nicht nur die öffentlichen** Verkehrsflächen nach § 9 Abs. 1 Nr. 11 BauGB, sondern **auch die** nach § 9 Abs. 1 Nr. 21 BauGB **mit Geh-, Fahr- und Leitungsrechten** zugunsten der Allgemeinheit eines Erschließungsträgers oder eines beschränkten Personenkreises **belasteten privaten Flächen** (zum erforderlichen Konkretisierungsgrad bei Festsetzungen nach § 9 Abs. 1 Nr. 21 BauGB s. BVerwG, Beschluss vom 18. 12. 1987 – 4 NB 2.87, BRS 47 Nr. 4).

Unabhängig von diesen bauleitplanerischen Überlegungen besteht für die Gemeinde die Möglichkeit, den Ausbau der städtebaulich erforderlichen Erschließungsanlagen durch **Erschließungsvertrag** auf einen **Erschließungsträger** zu übertragen. Hierdurch kann die Baulandbereitstellung wesentlich beschleunigt werden. Der Abschluss von Erschließungsverträgen setzt keinen Bebauungsplan voraus. Die Gemeinde kann im unbeplanten Innenbereich den Ausbau von Erschließungsanlagen mit Dritten vereinbaren; hierbei sind die Voraussetzungen des § 125 Abs. 2 BauGB – Ausnahmen vom erschließungsrechtlichen Planungserfordernis – zu beachten (zur Entbehrlichkeit des Bebauungsplans vgl. Schlichter/Stich/Driehaus/Paetow, zu § 125 Rdn. 13–19).

Nach den **städtebaulichen Vorschriften** des Baugesetzbuches, insbesondere nach den Vorschriften der §§ 30 Abs. 1 und 2, 33 Abs. 1, 34 Abs. 1 und 35 Abs. 1 und 2 BauGB, ist die gesicherte Erschließung Voraussetzung für die planungsrechtliche Zulässigkeit von Vorhaben. Der **Begriff der gesicherten Erschließung** in den §§ 30 bis 35 BauGB ist ein **bundesrechtlicher Begriff**, der nicht durch Landesrecht konkretisiert wird. Zwar besteht zwischen der planungsrechtlich gesicherten Erschließung und der bauordnungsrechtlich ausreichenden Zugänglichkeit eines Grundstücks ein **sachlicher Zusammenhang**, die Begriffe sind aber nicht gleichzusetzen (BVerwG, Urteil vom 3. 5. 1988 – 4 C 54.85, BauR 1988, 576 = BRS 48 Nr. 92 = NVwZ 1989, 353). 8

Zu den **Erschließungsanlagen im Sinne der §§ 30 bis 35 BauGB** zählen neben den **Straßen**, **Wegen** oder **Plätzen** auch die **Ver- und Entsorgungsleitungen für Elektrizität, Wasser und Abwasser** (vgl. Battis/Krautzberger/Löhr, zu § 30 Rdn. 14ff.). Der Erschließungsbegriff des Baugesetzbuches schließt zwar die in § 4 Abs. 1 BauO NRW geregelten bauordnungsrechtlichen Anforderungen mit ein, kann jedoch weiter gehen. Das **Bauplanungsrecht verlangt** andererseits für die Bebaubarkeit eines Grundstücks grundsätzlich **nicht**, **dass** auf der die wegemäßige Erschließung vermittelnden Verkehrsanlage **mit Großfahrzeugen**, etwa des **Rettungswesens**, bis zur Höhe dieses Grundstücks **gefahren werden kann**. Es lässt vielmehr in der Regel ein Heranfahrenkönnen durch Personen- und kleinere Versorgungsfahrzeuge genügen. Ein Grundstück kann selbst dann durch einen befahrbaren Wohnweg (Stichweg) bebauungs- und in der Folge erschließungsbeitragsrechtlich erschlossen sein, wenn dieser bei einer lichten Weite von 3 m nur auf einer Breite von 2,75 m befestigt ist (BVerwG, Urteil vom 4. 6. 1993 – 8 C 33.91, BauR 1993, 591 = BRS 55 Nr. 104). 9

So stellt **§ 30 BauGB** auf **Festsetzungen des Bebauungsplanes ab**, **§ 33 BauGB** fordert neben der Einhaltung der künftigen Festsetzungen die **schriftliche Anerkennung** derselben durch den Antragsteller. Die Erschließung ist im Sinne der §§ 30 und 33 BauGB nur gesichert, wenn die im Bebauungsplan festgesetzten Erschließungseinrichtungen (Straßen, Wege, Plätze) bis zur Aufnahme der Benutzung des Vorhabens zur Verfügung 10 stehen. Eine vom Bebauungsplan abweichende Erschließung, z.B. durch Herstellung einer Zufahrt über Fremdgrundstück anstelle Ausbau der festgesetzten Stichstraße, ist nicht geeignet, die Voraussetzungen für die planungsrechtliche Zulässigkeit des Vorhabens zu schaffen (BVerwG, Urteil vom 21.2.1986 – 4 C 10.83, BauR 1986, 305 = BRS 46 Nr. 106 = DVBl. 1986, 685). Da der bauplanungsrechtliche **Erschließungsbegriff** nicht gebietsbezogen, sondern nur **grundstücksbezogen** zu verstehen ist, kann es sich im Einzelfall jedoch ergeben, dass ein Vorhaben an einer bereits vorhandenen Erschließungsstraße, die nach den Festsetzungen des Bebauungsplans zu verbreitern ist, auch ohne Durchführung dieser Maßnahme zulässig ist (vgl. Battis/Krautzberger/Löhr, zu § 30 Rdn. 15 und Voß/Buntenbroich, Rdn. 689).

11 Nach **§ 34 Abs. 1 BauGB** kommt es auf die **ortsübliche Erschließung** unter Berücksichtigung der Art und des Maßes der Nutzung an. Bei der wegemäßigen Anbindung muss die angemessene Kommunikation zwischen der Bebauung und der öffentlichen Straße gewährleistet sein. So hängt die Anforderung an die Erschließung vor allem von der Art und dem Umfang der jeweiligen Bebauung ab. Vorhaben, die im nicht beplanten Innenbereich ausgeführt werden sollen, müssen sich grundsätzlich mit der Erschließungsanlage abfinden, die der jeweilige Innenbereich aufweist (BVerwG, Beschluss vom 7.1.1977 – IV B 202.76, BRS 32 Nr. 48). Bei einem großen Bauvorhaben kann der Bauherr nicht verlangen, dass die vorhandenen Erschließungsanlagen von der Gemeinde für dieses Vorhaben entsprechend ausgebaut werden (BVerwG, Beschluss vom 30.11.1979 – 4 B 174.79, BRS 35 Nr. 100). Andererseits gefährdet nicht jede Erhöhung der Verkehrsbelastung an Kreuzungspunkten zu weiterführenden Straßen mit der Folge von Wartezeiten die Sicherung der Erschließung des dafür ursächlichen Vorhabens. Die Erschließung ist allerdings dann nicht gesichert, wenn das Vorhaben zu einer solchen Belastung der das Grundstück erschließenden Straße führen würde, dass die Sicherheit und Leichtigkeit der Verkehrs nicht nur in Spitzenzeiten ohne zusätzliche Erschließungsmaßnahmen, wie eine Verbreiterung der Straße oder die Schaffung von Einfädelungsspuren, nicht mehr gewährleistet wäre (BVerwG, Urteil vom 19.9.1986 – 4 C 15.84, BauR 1987, 52 = BRS 46 Nr. 62 und Beschluss vom 3.4.1996 – 4 B 253.95, NVwZ 1997, 389; s. auch Bosch, Die verkehrsmäßige Erschließung von Großvorhaben im Innenbereich, BauR 1998, S. 276 ff.). Für die wegemäßige Erschließung eines einzelnen Wohnbaugrundstücks reicht die bloße Zugänglichkeit von der öffentlichen Straße aus, wenn der Zugangsweg kurz ist (VGH B-W, Urteil vom 12.9.1996 – 8 S 1844.96, BauR 1997, 89 = BRS 58 Nr. 85 = DÖV 1997, 472 = UPR 1997, 477 zu einem befahrbaren Feldweg von 32 m Länge). Auch die sonstigen Anforderungen an die Wasserversorgung und die Abwasserbeseitigung sind zu erfüllen. Ist z.B. die Abwasserbeseitigung nicht möglich, steht dies einer Baulückenschließung entgegen (vgl. Voß/Buntenbroich, Rdn. 780).

12 **§ 35 Abs. 1 BauGB** verlangt für „**privilegierte**" Vorhaben nur die „**ausreichende**" Erschließung, soweit nicht Festsetzungen eines einfachen Bebauungsplanes gemäß § 30 Abs. 3 BauGB vorgehen. **§ 35 Abs. 2 BauGB** verlangt für „**sonstige**" Vorhaben, dass die **Erschließung gesichert** sein muss. Die Mindestanforderungen an die Sicherung einer ausreichenden (wegemäßigen) Erschließung richten sich nach den jeweiligen Gegebenheiten. Sie hängen auch von der zu erwartenden Verkehrsbelastung ab. Daher sind z.B. bei Wochenendhaussiedlungen außerhalb von Städten und Dörfern in der Regel geringere Anforderungen zu stellen, als sie sich sonst – z.B. für Wohnsiedlungen – rechtfertigen; gewisse Mindestanforderungen müssen aber dennoch erfüllt werden (BVerwG, Urteil vom 13.2.1976 (– IV C 53.74, BRS 30 Nr. 40), wie:

- **jederzeitige Erreichbarkeit** mit Kraftfahrzeugen, insbesondere zur Gefahrenabwehr,
- **keine verkehrsmäßige Überlastung** der vorhandenen Wege bzw. Straßen,
- **keine Schädigung** des Wege- bzw. Straßenzustandes.

Die Anforderungen an die Sicherung der Erschließung eines weitab von sonstiger Bebauung im Außenbereich liegenden **landwirtschaftlichen Betriebs** unterscheiden sich von den Mindestanforderungen, die etwa für die Errichtung einer größeren Anzahl von Gebäuden oder für einen größeren gewerblichen Betrieb mit starkem An- und Abgangsverkehr gelten. Denn im Außenbereich macht es einen wesentlichen Unterschied, ob mit häufigem, gelegentlichem oder nur seltenem Anfahren eines Grundstücks durch Polizei-, Feuerwehr-, Rettungs- sowie Ver- und Entsorgungsfahrzeuge zu rechnen ist. Zugleich ist von Bedeutung, welcher sonstige Verkehr die Zuwegung erwartungsgemäß benutzen wird: je geringer er ist, umso eher ist ein begegnungsfreier Verkehr zu erwarten. Die im Außenbereich privilegierten landwirtschaftlichen Betriebe reichen vom Großbetrieb bis zur Nebenerwerbsstelle; dabei besteht die überwiegende Zahl der landwirtschaftlichen Betriebe aus Kleinbetrieben, von denen zahlreiche weitab von jeder sonstigen Bebauung liegen. Die Erschließung derartiger Betriebe erfolgt herkömmlich über **Wirtschaftswege** oder **Waldwege**, die nicht generell betoniert oder asphaltiert sind. Je nach den örtlichen Gegebenheiten kann ein nur geschotterter Weg oder ein Feldweg als Erschließung deshalb ausreichen. Da sich die Mindestanforderungen an die Sicherung einer ausreichenden Erschließung jeweils nach dem zu errichtenden Vorhaben bestimmen, erachtete das BVerwG im Urteil vom 30. 8. 1985 (– 4 C 48.81, BRS 44 Nr. 75) einen Baumschulbetrieb mit Einfamilienhaus, zwei Gewächshäusern und einem Parkhaus als ausreichend erschlossen über einen öffentlichen landwirtschaftlichen Wirtschaftsweg, der sich wie folgt darbot: Breite 3 m, 100 m Asphaltdecke, 750 m schwach bituminöse Befestigung; Breite 2,50 m, auf 690 m Kiesbefestigung, auf 250 m Sandweg.

Vom „**Erfordernis der gesicherten Erschließung**" kann **keine Befreiung** nach § 31 Abs. 2 13
BauGB erteilt werden (BVerwG, Urteil vom 21. 2. 1986 – 4 C 10.83, BauR 1986, 305 = BRS 46 Nr. 106 = DVBl. 1986, 685). Eine **Abweichung** nach § 73 BauO NRW von den bauordnungsrechtlichen **Grundanforderungen** des § 4 Abs. 1 BauO NRW (Zuwegung, Wasserversorgung, Abwasserbeseitigung) erscheint ebenfalls ausgeschlossen, da dies die **Einhaltung grundlegender bauordnungsrechtlicher Schutzziele** gefährden würde. In **Teilaspekten**, z. B. der Sicherstellung der Befahrbarkeit von Verkehrsflächen, sind jedoch **Abweichungen denkbar** (s. Rdn. 41 und 42).

## 2.1 Benutzbarkeit der Erschließungsanlagen

Die **bauordnungsrechtliche Erschließung** muss **bis zum Beginn ihrer Benutzung gesi-** 14
**chert sein**. Es reicht deshalb aus, wenn

- die öffentliche **Verkehrsfläche,** an der das Grundstück liegen muss, zum Zeitpunkt der Benutzung des Gebäudes **befahrbar** ist und
- die **Wasserversorgungsanlagen** und
- die **Abwasseranlagen** zum Zeitpunkt der Benutzung **benutzbar** sind.

Die Erschließungsanlagen müssen **erst zum Zeitpunkt der abschließenden Fertigstellung** (§ 82 Abs. 1, Abs. 3 Satz 3 und Abs. 8 BauO NRW) **benutzbar** sein. Öffentliche Verkehrsflächen müssen ausreichend befestigt sein und über einen ausreichend breiten Unterbau verfügen (s. Rdn. 18 und 19).

15 Von der Gemeinde kann sich ein Antragsteller z. B. vorab **bescheinigen** lassen, dass die öffentliche Verkehrsfläche befahrbar ist und dass der Anschluss an die Wasserversorgung und die Abwasserbeseitigung über eine öffentliche Abwasserleitung möglich sind, um der Bauaufsichtsbehörde die Prüfung zu erleichtern und damit das Baugenehmigungsverfahren zu beschleunigen. Einer solchen Bescheinigung bedarf es im vereinfachten Genehmigungsverfahren jedoch nicht mehr, um die Frist für die Bearbeitung nach § 68 Abs. 8 BauO NRW 2000 auszulösen (vgl. § 68 Abs. 6 BauO NW 1995).

### 2.2 Erschließungspflicht

16 Nach § 123 Abs. 1 BauGB ist die **Erschließung** von Grundstücken **Pflichtaufgabe der Gemeinden**. **Dritte können** die **Erfüllung dieser Aufgabe grundsätzlich nicht erzwingen** (§ 123 Abs. 3 BauGB). So kann z. B. ein Grundstückseigentümer nicht verlangen, dass sein bislang unerschlossenes Grundstück, für dessen Bebauung er nach den Planersatzvorschriften keine Baugenehmigung erhalten konnte, nach Inkrafttreten eines Bebauungsplans, der erstmals für dieses Grundstück eine Bebauungsmöglichkeit eröffnet, nunmehr auch von der Gemeinde erschlossen wird (BVerwG, Urteil vom 21. 2. 1986 – 4 C 10.83, BauR 1986, 305). Die Vorschriften des Zulässigkeitsrechts für Vorhaben über die Sicherung der Erschließung dienen gerade dazu, dass der Gemeinde nicht als Folge der Genehmigung von Vorhaben unangemessene Erschließungsaufgaben aufgedrängt werden (BVerwG, Beschluss vom 2. 9. 1999 – 4 B 47.99, BRS 62 Nr. 103). Die allgemeine Pflicht der Gemeinde kann sich aber ausnahmsweise zu einer **aktuellen Erschließungspflicht verdichten**, vor allem

- wenn sie das **zumutbare Angebot eines Dritten zur Ausführung der Erschließung** entsprechend den Festsetzungen des von ihr erlassenen **qualifizierten Bebauungsplans ablehnt** (§ 124 Abs. 3 Satz 2 BauGB; s. auch nachfolgende Rdn. 17),
- wenn sie **durch Erlass eines qualifizierten Bebauungsplans** die **Zulässigkeitsgrundlage für vorher nach § 34 BauGB zulässige Vorhaben** so abändert, dass diese infolge des neuen Planungsrechts nicht mehr durchgeführt werden können, andererseits aber auch die Zulässigkeit nach dem Bebauungsplan wegen der fehlenden neuen Erschließungsanlage noch nicht gegeben ist (BVerwG, Urteil vom 4. 10. 1974 – IV C 59.72, BauR 1974, 389 = BRS 28 Nr. 19),
- wenn sie durch ihr **Verhalten** in besonderer Weise ein **Vertrauen** auf eine baldige Erschließung **hervorgerufen** hat (BVerwG, Urteil vom 23. 4. 1969 – IV C 69.67, BauR 1970, 234),
- wenn sie durch die **Erteilung einer Baugenehmigung** Baurecht bestätigt, obwohl der vorhandene Zustand der Erschließungsanlagen die Zulassung des Vorhabens rechtmäßig nicht ermöglicht hätte (BVerwG, Urteil vom 6. 2. 1985 – 8 C 44.84, BauR 1985, 310 = BRS 43 Nr. 5) – bei der Behebung des Mangels geht es nicht nur darum, die Grenze zur Ordnungswidrigkeit zu wahren, vielmehr hat die Gemeinde nach angemessenem Zeitablauf eine wenigstens – in Bezug auf das rechtswidrig zugelassene Vorhaben – **funktionsgerechte Erschließung** zur Verfügung zu stellen (BVerwG, Urteil vom 28. 10. 1981 – 8 C 4.81, BauR 1982, 33 = BRS 38 Nr. 58, s. auch Rdn. 28).

17 Die **Gemeinde** darf das **Angebot eines Dritten** zum Abschluss eines Erschließungsvertrags, den in einem **qualifizierten Bebauungsplan** vorgesehenen Ausbau der Erschließungsanlagen vorzunehmen, nur dann **ablehnen**, wenn ihr die **Annahme nicht zugemu-**

**tet werden kann** (BVerwG, Beschluss vom 2.2.1978 – 4 B 122.77, BRS 33 Nr. 33 = NJW 1977, 405 und Urteil vom 22.1.1993 – 8 C 46/91, BRS 55 Nr. 106). Allerdings richten sich die **Anforderungen an die Substantiierung des Angebots** auch nach der Kooperationsbereitschaft der Gemeinde (BVerwG, Beschluss vom 13.2.2002 – 4 B 88.01, DÖV 2002, 619). Eine Bebauungsplanung führt in der Kombination mit der Ablehnung eines Erschließungsangebots allerdings nur dann zu einer Verdichtung der Erschließungslast, wenn sich der **Bebauungsplan** als **rechtswirksam** erweist (BVerwG, Beschluss vom 22.3.1999 – 4 B 10.99, BRS 62 Nr. 173). **Im nicht beplanten Innenbereich kann die Gemeinde grundsätzlich frei entscheiden**, ob sie ein Erschließungsangebot annehmen soll (BVerwG, Beschluss vom 7.1.1977 – IV B 202.76, BRS 32 Nr. 48 und OVG NRW, Urteil vom 16.3.1979 – XI A 659/77, BauR 1980, 148 = BRS 35 Nr. 45; zur gemeindlichen Entscheidungskompetenz vgl. auch Hofmann-Hoeppel, Die Verdichtung der gemeindlichen Erschließungslast zur Erschließungspflicht, BauR 1993, 520ff.).

## 2.3 Zu Absatz 1 Nr. 1 – Verkehrsmäßige Erschließung

Die Sicherung der verkehrsmäßigen Erschließung eines Grundstücks und damit der Zugänglichkeit eines Bauvorhabens ist eine wesentliche Voraussetzung sowohl für die planungsrechtliche als auch für die bauordnungsrechtliche Zulässigkeit dieses Vorhabens. Jedes Grundstück, das bebaut werden soll, muss einen zur ordnungsgemäßen Nutzung geeigneten Zugang entweder **unmittelbar** oder **mittelbar über eine öffentlich-rechtlich gesicherte Zufahrt** zur öffentlichen Verkehrsfläche haben. Die Landesbauordnung stellt seit ihrer Novellierung im Jahre 1984 diese beiden Zuwegungsmöglichkeiten **alternativ** und **gleichwertig** nebeneinander. Zur Erschließung eines so genannten „**Hinterliegers**" bedarf es demnach keiner Abweichung. Damit ist jedoch keine Aussage hinsichtlich der planungsrechtlichen Zulässigkeit eines solchen Hinterliegervorhabens getroffen (vgl. hierzu BVerwG, Urteil vom 13.2.1976 – IV C 72.74, BauR 1976, 188 = BRS 30 Nr. 39). Das **Bauordnungsrecht verfolgt andere Ziele als das Planungsrecht**. Wenn eine Hinterlandbebauung – z.B. auf einem „zweiten Grundstück" – planungsrechtlich unzulässig ist, bleibt diese Unzulässigkeit auch dann erhalten, wenn das Grundstück durch eine öffentlich-rechtlich gesicherte Zufahrt erschlossen werden könnte. 18

Die ordnungsgemäße **Zuwegung** ist **aus bauordnungsrechtlicher Sicht** erforderlich, damit das bebaute Grundstück auch von Fahrzeugen erreicht werden kann, die gegebenenfalls im öffentlichen Interesse auf das Grundstück gelangen müssen, wie z.B. Kraftfahrzeuge der Feuerwehr und der Polizei. Außerdem muss die Zuwegung so beschaffen sein, dass sie den auf das Grundstück bezogenen Verkehr ohne Schädigung des Wegezustandes und ohne Behinderung des übrigen Straßenverkehrs aufnehmen kann (vgl. OVG NRW, Urteil vom 24.8.1979 – XI A 611/79, BRS 35 Nr. 150, Urteil vom 12.5.1980 – 11 A 454/78, BRS 36 Nr. 133 und Urteil vom 1.3.1982 – 7 A 2299/80, BRS 39 Nr. 115). 19

Dabei ist § 4 Abs. 1 Nr. 1 BauO NRW **bundesrechtskonform auszulegen**, um zu vermeiden, dass die planungsrechtlichen Vorgaben, insbesondere die Festsetzungen eines Bebauungsplanes, unterlaufen werden (zu den bauplanungsrechtlichen Anforderungen an eine ordnungsgemäße Zuwegung s. Rdn. 8–13). So kann z.B. ein Bebauungsplan die Erschließung eines Baugrundstücks lediglich durch einen Fußweg vorsehen und die Anordnung der Stellplätze an anderer Stelle im Baugebiet regeln, um den Kraftfahrzeugverkehr aus einem Wohngebiet herauszuhalten. In diesem Falle darf über § 4 Abs. 1 Nr. 1 BauO NRW nicht verlangt werden, dass eine befahrbare Zufahrt geschaffen werden muss, wenn ansonsten eine Feuerwehrzufahrt für das Vorhaben nicht erforderlich ist. Dem Bauordnungsrecht ist zwar unbenommen, mit seinen Anforderungen an die Zugänglichkeit der Baugrundstücke im Interesse der Gefahrenabwehr – insbesondere aus Brandschutzgründen – das Bundesrecht zu überschreiten. Es kann jedoch aus bauordnungsrechtlichen Gründen nur dann die Schaffung einer Zufahrt für Rettungsfahrzeuge gefordert werden, wenn dies z.B. wegen des Gebäudetyps und der damit verbundenen Gefahrensituation erforderlich ist. Es reicht dann aber aus, wenn der festgesetzte Fußweg **für den Notfall befahrbar** ausgebildet wird, um das bauleitplanerische Ziel der Heraushaltung des Kraftfahrzeugverkehrs aus dem betreffenden Bereich sicherzustellen.

### 2.3.1 Lage an einer öffentlichen Verkehrsfläche

20 Von einer ordnungsgemäßen Zuwegung ist in der Regel auszugehen, wenn das Grundstück selbst **unmittelbar** in angemessener Breite an einer **öffentlichen Verkehrsfläche** liegt und keine Anbau- und Erschließungsbeschränkungen bestehen (vgl. Rdn. 23). Die unmittelbare Lage an einer öffentlichen Verkehrsfläche reicht aus, weil diese Flächen ein zusammenhängendes Straßen- und Wegenetz bilden und so jederzeit die Erreichbarkeit des Grundstücks sichergestellt ist. Zu öffentlichen Verkehrsflächen können auch Teile von Bahnanlagen, Wasserstraßen oder Flughäfen zählen. Aus dem Sinn und Zweck dieser Regelung ergibt sich jedoch, dass im „**Normalfall**" die **zum Anbau bzw. zur Erschließung bestimmten öffentlichen Straßen** gemeint sind. Das Bauordnungsrecht knüpft hier an die Erschließung im planungsrechtlichen Sinne an und verlangt das Vorliegen einer für die Erschließung von Baugebieten erforderlichen Verkehrsfläche. Das schließt jedoch nicht aus, dass in besonders gelagerten Einzelfällen auch eine sonstige **öffentliche Verkehrsfläche nach dem Fachplanungsrecht** der Erschließung eines Gebäudes dient. So liegen die der Rückausnahme nach § 1 Abs. 2 Nr. 1 BauO NRW unterfallenden Gebäude auf Bahngelände, auf Flughäfen oder an Wasserstraßen, ohne selbst immer einen direkten Anschluss an öffentliche Straßen aufzuweisen.

21 Unter einer **öffentlichen Verkehrsfläche im Sinne von § 4 Abs. 1 Nr. 1 BauO NRW** ist **in der Regel** eine **nach straßenrechtlichen Vorschriften** dem öffentlichen Verkehr **gewidmete Straße** zu verstehen. Dass eine Wegefläche tatsächlich dem öffentlichen Verkehr offen steht, reicht für eine Anwendung der Vorschrift nicht aus (OVG NRW, Urteil vom 13. 5. 1976 – X A 509/75, BRS 30 Nr. 100). Der Hess. VGH stellt fest (Urteil vom 27. 5. 1987 – 4 UE 212/86, BRS 47 Nr. 106), dass es einem Baugrundstück, das nicht an eine dem öffentlichen Verkehr gewidmete Verkehrsfläche grenzt und keine öffentlich-rechtlich gesicherte Zufahrt zu einer solchen hat, an der bauordnungsrechtlichen Erschließung fehlt; tatsächlich stattfindender Verkehr reicht nicht aus. Auch eine entsprechende **Festsetzung in einem Bebauungsplan** nach § 9 Abs. 1 Nr. 11 bzw. 21 BauGB ist **ohne Widmung unzureichend**. In Neubaugebieten genügt es, wenn die im Bebauungsplan festgesetzte Verkehrsfläche nach der Erklärung der Gemeinde bis zum Bezug des Gebäudes ausgebaut und dem öffentlichen Verkehr gewidmet werden soll, um in der **Übergangszeit zwischen Bauphase und Widmungsakt** von einer Sicherung der Anforderungen des § 4 Abs. 1 Nr. 1 BauO NRW ausgehen zu können (s. auch § 9 a StrWG NRW und OVG NRW, Beschluss vom 19. 8. 2002 – 10 B 1321/02, n. v.).

22 **Widmung im Sinne des Straßenrechts** ist die Allgemeinverfügung der Straßenbaubehörde, durch die Straßen, Wege und Plätze die Eigenschaft einer öffentlichen Straße erhalten; sie wird mit Rechtsbehelfsbelehrung bekannt gemacht (§ 6 StrWG NRW). Eine Straße erhält die Eigenschaft einer Bundesfernstraße ebenfalls durch Widmung (§ 2

FStrG). Die Feststellung, ob eine Straße dem öffentlichen Verkehr gewidmet ist, kann für ältere Straßen und Wege Schwierigkeiten bereiten, da erst mit der Kodifikation des Straßenrechts im 19. Jahrhundert die **Widmungstheorie** entwickelt wurde (hierzu vgl. Lassar, Grundbegriffe des preußischen Wegerechts, 1919, S. 97 ff.). Der formelle Rechtsbegriff der öffentlichen Straße knüpft seitdem an die Widmung an (zur Feststellung der Widmung nach dem preußischen Wegerecht vgl. OLG Hamm, Urteil vom 11.11.1952 – 5 U 157/52, NJW 1953, 1519). Bei **fehlender Widmungshandlung** kann sich für **alte** Straßen, Wege und Plätze dennoch eine „**Rechtsvermutung kraft unvordenklicher Verjährung**“ ergeben (so Kodal/Krämer, S. 119 f. Rdn. 5 unter Bezug auf OVG NRW, Urteil vom 4.5.1960 – IV A 1253/58, DÖV 1961, 34 und BGH, Urteil vom 13.7.1962 – V ZR 96/60, DÖV 1962, 906). Das Fehlen der Widmung kann entbehrlich sein, wenn die **Gemeinde Eigentümerin der Straße** ist und **trotz fehlender Widmung Baugenehmigungen erteilt** hat; aufgrund dieser Amtshandlungen ist dann eine Erschließungspflicht der Gemeinde entstanden, auf die sich andere Bauwillige an dieser Straße berufen können (BayVGH, Urteil vom 11.4.1994 – 2 B 92.3865, BRS 56 Nr. 96).

Nach § 2 Abs. 1 StrWG NRW sind öffentliche Straßen diejenigen, die dem öffentlichen **23**
Verkehr gewidmet sind. Das StrWG NRW teilt in § 3 Abs. 1 die öffentlichen Straßen nach ihrer Verkehrsbedeutung in folgende **Straßengruppen** ein:

- **Landesstraßen**,
- **Kreisstraßen**,
- **Gemeindestraßen**,
- **sonstige öffentliche Straßen**.

Daneben gliedern sich nach § 1 FStrG **Bundesstraßen des Fernverkehrs** in

- **Bundesautobahnen** und
- **Bundesstraßen mit den Ortsdurchfahrten**.

Für diese Straßengruppen ergeben sich nach § 25 StrWG NRW und § 9 FStrG **Anbau-** und auch **Erschließungsbeschränkungen**. Im **Bebauungsplan** können nach § 9 Abs. 1 Nr. 4, 11 und Abs. 6 BauGB **Beschränkungen für Ein-** und **Ausfahrten** und den **Anschluss von Baugrundstücken an die Verkehrsflächen** festgesetzt sein (im Einzelnen s. die Anmerkungen zu § 1 Rdn. 56–71).

Die **öffentliche Verkehrsfläche** muss **befahrbar** und so **breit** und **befestigt** sein, dass sie **24**
in der Lage ist, den Verkehr aufzunehmen, den das Grundstück bzw. das Bauvorhaben bedingt. Das Verkehrsvolumen bestimmt sich nach Art und Maß der baulichen Nutzung, also nach dem Zweck und dem Umfang der Baumaßnahme. Eine befahrbare Beschaffenheit der Verkehrsfläche ist gegeben, wenn sie aufgrund ihrer Breite und Befestigung von Feuerwehr- und Rettungsfahrzeugen sowie Ver- und Entsorgungsfahrzeugen ungehindert benutzt werden kann. Sofern keine Einbahnstraßenregelung besteht, muss **Begegnungsverkehr** zumindest in **Ausweichstellen** möglich sein. Ist der Einsatz der Feuerwehr aufgrund der **vorhandenen geringen Straßenbreite** zweifelhaft, sollte die örtliche Feuerwehr zu dem Vorhaben befragt werden. Dient die Straße als **Aufstell- und Bewegungsfläche** für den Einsatz von Feuerwehrfahrzeugen, um im Brandfall die an ihr gelegenen Gebäude in den Obergeschossen **anleitern** zu können, bestimmt sich ihre erforderliche Breite auch nach den Regelungen des **§ 5 Abs. 5 BauO NRW** in Verbindung mit **Nr. 5.209 bis 5.211 VV BauO NRW** und nach den für den Einsatz der Feuerwehr erforderlichen Rettungsgeräten (s. die Anmerkungen zu § 5 Rdn. 11 ff.).

25 Soweit **Sonderbauverordnungen** Anforderungen an die Breite von Zu- und Durchfahrten stellen, sind diese auch für die anschließenden öffentlichen Verkehrsflächen selbst erforderlich, da sonst ein ungehinderter Einsatz der Feuerwehr- und Rettungsfahrzeuge bzw. die Evakuierung im Notfall nicht gewährleistet ist. So verlangt z.B. § 7 VStättVO eine **Dimensionierung der Rettungswege in Abhängigkeit vom Besucherstrom** am Schluss der Veranstaltungen. Die Sonderbauverordnungen fordern für den Einsatz der Feuerwehrfahrzeuge eine **Mindestbreite der Rettungswege** im Zuge von Zu- und Durchfahrten von 3 m. Aus **Gründen der Verkehrssicherheit** enthält § 3 Abs. 3 GarVO für Zu- und Abfahrten vor **Mittel- und Großgaragen** die Forderung nach 2,75 m breiten Fahrbahnen; aus der Vorgabe des § 3 Abs. 4 GarVO nach getrennten Fahrbahnen für Zu- und Abfahrten resultiert ein Gesamtbreitenmaß der Fahrbahn von 5,50 m.

26 Im **beplanten Bereich** kann davon ausgegangen werden, dass die im Bebauungsplan festgesetzten Erschließungsanlagen auch die **bauordnungsrechtlichen Belange** abdecken. Denn die Gemeinde muss nach § 1 Abs. 6 BauGB unter anderem die Belange der Sicherheit der Wohn- und Arbeitsbevölkerung und die Belange des Verkehrs sachgerecht berücksichtigen und darf keine Konflikte in das anschließende Baugenehmigungsverfahren bzw. sonstige Zulassungsverfahren nach öffentlichem Recht verlagern. Die Hervorhebung der **Sicherheit als öffentlicher Belang** soll bewirken, dass die Gemeinde drohenden Gefahrenlagen auch aus im Bauordnungsrecht geregelten Aspekten planerisch vorbeugt (vgl. Ernst/Zinkahn/Bielenberg/Krautzberger, zu § 1 Rdn. 121). Für den vorhabenbezogenen Bebauungsplan nach § 12 BauGB (**Vorhaben- und Erschließungsplan**) gilt dieser Grundsatz in besonderem Maße, da das Vorhaben in den Einzelheiten bereits bekannt ist. Das Gebot der Konfliktbewältigung zwingt die Gemeinde zur Berücksichtigung fachgesetzlicher und bauordnungsrechtlicher Sicherheitsaspekte, soweit hierzu Festsetzungsmöglichkeiten nach § 9 BauGB eröffnet sind. Eine „Fein- bzw. Nachsteuerung" ist nämlich nur in den engen Grenzen des § 15 BauNVO möglich. **Festsetzungen** eines Bebauungsplanes **können durch § 15 BauNVO** nur ergänzt, aber **nicht korrigiert werden** (BVerwG, Beschluss vom 6.3.1989 – 4 NB 8.89, BauR 1989, 306 = BRS 49 Nr. 44 = DÖV 1989, 724 = DVBl. 1989, 661 = NVwZ 1989, 960 = UPR 1989, 307 = ZfBR 1989, 129 zur Nichtigkeit eines Bebauungsplans, der den durch die Versammlungsstätten- und Restaurantbenutzer eines Hotels mit Parkhaus ausgelösten Zu- und Abgangsverkehr außer Acht gelassen hat).

27 Die Frage nach dem Rechtsstatus der **Empfehlungen für die Anlage von Erschließungsanlagen – EAE 1985/95**, ersetzt durch die **Richtlinien für die Anlage von Stadtstraßen**, Ausgabe 2006 – **RASt 06** (herausgegeben von der Forschungsgesellschaft für Straßen- und Verkehrswesen e.V., Köln, 2007), beantwortet das OVG NRW in seinem Urteil vom 13.4.1988 (– 7 A 2687/86 – n.v.) dahin gehend, dass sich diese Empfehlungen nicht zu den baurechtlichen Erfordernisse verhalten, sondern **Maßstäbe für die Planung und Anlage von Straßen** abgeben. Das OVG NRW führt weiter aus, dass die Empfehlungen für die Anlage von Erschließungsstraßen **sachverständige Aussagen** darüber treffen, welche Gestaltungselemente eines Straßenbauvorhabens **im Interesse der Sicherheit und Leichtigkeit des Verkehrs** angestrebt werden sollen (so auch BVerwG, Urteil vom 26.5.1989 – 8 C 6.88, BVerwGE 82, 102). Bei der Frage der gesicherten **Erschließung im Sinne des § 34 Abs. 1 BauGB** gehe es jedoch nicht um das anzustrebende Optimum der Gestaltung der Straße für die Bewältigung bestimmter verkehrlicher Situationen, sondern um die **ausreichende** Erschließung, also um die nach den Gegebenheiten erforderlichen Mindestanforderungen an die Erschließungsanlagen (vgl. BVerwG, Urteil vom

30.8.1985 – 4 C 48.81, BauR 1985, 661 = BRS 44 Nr. 75 = DÖV 1986, 299 = NJW 1986, 394). Zu den planerischen Mindestanforderungen gehören auch die **Wendemöglichkeiten am Ende von Stichstraßen** (OVG NRW, Urteil vom 14.2.1995 – 11 a D 29/91.NE, BRS 57 Nr. 15 und VGH B-W, Urteil vom 13.4.2000 – 5 S 2778/98, BauR 2000, 1707 = BRS 63 Nr. 31).

Abzustellen ist weder auf die „volle" Erschließung noch auf das Vorliegen oder Fehlen einer Ordnungsstörung, sondern darauf, ob die Erschließungsanlage ungeachtet etwaiger Mängel geeignet ist, dem Grundstück eine angemessene, hinreichend gefahrlose Verbindung mit dem übrigen Verkehrsnetz der Gemeinde zu vermitteln (BVerwG, Urteil vom 28.10.1981 – 8 C 4.81, BauR 1982, 33 = BRS 38 Nr. 58 = DVBl. 1982, 540). Die Anforderungen für den Neubau von Straßen, wie sie das Straßenrecht und die Ausbaurichtlinien vorsehen, liegen weit oberhalb dieser Maßstäbe; für die **Beurteilung der Zulässigkeit eines Vorhabens** hinsichtlich der ausreichenden wegemäßigen Erschließung sind dagegen die **Umstände des Einzelfalls** maßgebend. Hierbei ist zu differenzieren nach Gebietscharakter und Nutzung der Grundstücke. Beide Faktoren haben Einfluss auf den Umfang des tatsächlichen und zu erwartenden Verkehrsaufkommens und damit auf die zu erfüllenden Mindestbedingungen, wie diese bereits im Urteil vom 13.2.1976 zur Beurteilung der ausreichenden Erschließung für Außenbereichsvorhaben aufgeführt wurden (s. Rdn. 12). Weiter führt das BVerwG im Urteil vom 28.10.1981 aus: 28

*„Zu einer funktionsgerechten Erschließung in einem (auch) der Wohnbebauung dienenden Gebiet müssen darüber hinaus eine Beleuchtungsanlage und eine Straßenentwässerungsanlage vorhanden sein, die es ermöglichen, dass zumindest der Bereich zwischen dem anspruchsberechtigten Grundstück und der nächsten Straße auch bei Dunkelheit und bei „normalem" Regenwetter ohne weiteres von Fußgängern passiert werden kann. Findet ein Fahrverkehr von nicht völlig untergeordneter Bedeutung statt, so ist zusätzlich erforderlich, dass ein abgesetzter Gehweg einen gefahrlosen Fußgängerverkehr (auch von Kindern) zur nächsten voll ausgebauten Straße sicherstellt."*

Für die **Bauleitplanung** gelten – anders als für die baurechtliche Zulässigkeitsprüfung – **strengere Maßstäbe**. Dies folgt aus § 9 Abs. 2 StrWG NRW, der bei Bau und Unterhaltung von Straßen auch eine angemessene **Berücksichtigung der allgemein anerkannten Regeln der Technik** verlangt. Danach sind **längere Stichstraßen** an ihrem Ende mit einer **Wendemöglichkeit** auszustatten, die auch für die regelmäßig auf der Straße zu erwartenden größeren Fahrzeuge, insbesondere der Ver- und Entsorgung, ausreichend dimensioniert ist. Es ist im Rahmen einer sachgerechten Straßenplanung nicht vertretbar, den Fahrzeugen insbesondere der Müllabfuhr vorzugeben, auf einer längeren Strecke zurückzusetzen oder kleinere Fahrzeuge einzusetzen. In diesem Zusammenhang sind die **Empfehlungen für die Anlage von Erschließungsanlagen** als **sachverständige Konkretisierung moderner Grundsätze des Straßenausbaus** geeignet, der Gemeinde allgemeine Anhaltspunkte für ihre Planungsentscheidung zu liefern (OVG NRW, Urteil vom 22.3.1993 – 11 a NE 64/89, NVwZ-RR 1994, 311 ff. = ZfBR 1994, 49). Nach den Empfehlungen genügen bis 10 Wohneinheiten 3 m breite Wohnwege, bis 30 Wohneinheiten ist eine 4,75 m breite Fahrbahn bei einer Abschnittslänge von ca. 50 m vorzusehen. Das OVG NRW hat in seinem Urteil vom 14.2.1995 (– 11 a D 29/91.NE, BauR 1995, 659 = BRS 57 Nr. 15) einen Bebauungsplan, der zur Beseitigung von Zufahrten zur freien Strecke einer Landesstraße eine parallel dazu geführte und durch Verkehrsgrün abgegrenzte 180 m lange und ca. 4,5 m – 3 m breite Erschließungsstraße ohne Wendemöglichkeit vorsieht, für abwägungsfehlerhaft erachtet. 29

30 Das Grundstück muss gemäß § 4 Abs. 1 Nr. 1 BauO NRW in **angemessener Breite** an einer befahrbaren öffentlichen Verkehrsfläche liegen. Damit will der Gesetzgeber zum Ausdruck bringen, dass es nicht genügt, wenn das Grundstück nur mit geringer Breite – z. B. nur mit Zentimetern oder gar nur mit einer Grundstücksecke – an diese Fläche angrenzt. Die Forderung ist sicher erfüllt, wenn das Grundstück in seiner vollen Breite an die Straße angrenzt. Als angemessen muss die Breite jedoch auch angesehen werden, wenn sie die Abmessungen aufweist, die für eine öffentlich-rechtlich gesicherte Zufahrt über ein fremdes Grundstück erforderlich wäre, zumal der Gesetzgeber beide Erschließungsmöglichkeiten einander gleichstellt (vgl. Rdn. 18). Die **Breite** bestimmt sich wiederum nach **Art**, **Zweckbestimmung** und **Umfang des Bauvorhabens**, sofern die Breite nicht bereits Gegenstand von Vorgaben in einschlägigen Rechtsverordnungen oder Verwaltungsvorschriften auf der Rechtsgrundlage des § 85 BauO NRW ist (s. Rdn. 25). Auch nach dem **Bauplanungsrecht** bestimmt sich die erforderliche Breite nach den **Umständen des Einzelfalls** (BVerwG, Beschluss vom 31. 5. 2000 – 11 B 10.00, DVBl. 2000, 1709 zu einer lediglich 2,5 m breiten Parzelle, die als nicht geeignet angesehen wurde, den Lastwagenverkehr eines im Gewerbegebiet gelegenen Getränkegroßhandelsbetriebs aufzunehmen).

31 Für **übliche Wohnbauvorhaben** oder **vergleichbare Gebäude** ist davon auszugehen, dass die **Breite des „Anliegens"** des Grundstücks dann angemessen ist, wenn sie für den Einsatz der für das Vorhaben erforderlichen Feuerwehrfahrzeuge ausreicht. Hier wird die enge **Korrespondenz der Vorschriften** des § 4 Abs. 1 Nr. 1 BauO NRW und des § 5 BauO NRW erkennbar. § 5 BauO NRW regelt in Verbindung mit Nr. 5 VV BauO NRW die Zugänge und Zufahrten auf den Grundstücken für die Feuerwehr und auch die Breite der Aufstellfläche für Hubrettungsfahrzeuge; Absatz 2 gibt vor, dass zu Gebäuden, bei denen die Oberkante der Brüstungen notwendiger Fenster oder sonstiger zum Anleitern bestimmter Stellen mehr als 8 m über dem Gelände liegt, eine mindestens 3 m breite Zu- oder Durchfahrt mit einer lichten Höhe von 3,50 m zu schaffen ist.

32 Ist das **Grundstück nicht mit Kraftfahrzeugen anzufahren**, weil z. B. die Kraftfahrzeugstellplätze auf einem anderen Grundstück durch Baulast gesichert sind und auch das Gebäude selbst so liegt und beschaffen ist, dass ein **„Zugang" nach § 5 Abs. 1 BauO NRW ausreicht**, so ist die **Breite** des „Anliegens" unter Heranziehung der Vorschriften des § 5 BauO NRW zu ermitteln (ebenso Buntenbroich/Voß, zu § 4 Rdn. 11). Nach § 5 Abs. 1 Satz 2 BauO NRW muss der Durchgang für die Feuerwehr mindestens 1,25 m Breite aufweisen; nach Satz 3 genügt bei punktuellen Einengungen durch z. B. Türen auch 1 m Breite. Daraus schließt das OVG NRW in seinem Beschluss vom 5. 5. 2000 (– 3 A 3132/99, EildStNW 2000, 764), dass eine **Mindestbreite des Anliegens von 1 m** keinesfalls unterschritten werden darf, wenn anstelle einer Zufahrt ein **Zugang** zur bauordnungsrechtlichen Erschließung ausreicht.

### 2.3.2 Lage abseits einer öffentlichen Verkehrsfläche

33 Liegt ein Grundstück nicht unmittelbar an einer öffentlichen Verkehrsfläche, sondern von dieser durch ein anderes Grundstück getrennt, so muss es eine **befahrbare**, **öffentlich-rechtlich gesicherte Zufahrt** zu einer befahrbaren öffentlichen Verkehrsfläche haben. Bei diesen zu erschließenden Grundstücken handelt es sich demnach um solche, die nur über Flächen zugänglich sind, die nicht dem öffentlichen Verkehr gewidmet sind. Zu diesen Flächen gehören z. B. **Überfahrten über fremde Grundstücke**, **private Wohnwege**, **private innere Erschließungsstraßen größerer Siedlungen**, **private Feldwege**,

**Interessentenwege, Werksstraßen.** Der Fall des nicht unmittelbaren Anliegens ist auch gegeben, wenn zu einem größeren zusammenhängenden Grundbesitz, wie z.B. einem Werksgelände, einem Schulzentrum, einer Kaserne oder einem Hofgut, mehrere jeweils selbständige Grundstücke gehören und das zu bebauende Grundstück nur über ein anderes Grundstück des gleichen Grundbesitzes an die öffentliche Verkehrsfläche angeschlossen ist (BVerwG, Beschluss vom 11.4.1990 – 4 B 62.90, BRS 50 Nr. 108 zur nicht gesicherten Erschließung einer geplanten Fischzuchtanlage auf einem Hofgut, die durch einen 750 m langen Weg über andere Grundstücke des gleichen Grundbesitzes mit der öffentlichen Verkehrsfläche verbunden werden sollte).

Hinsichtlich der **Befahrbarkeit** dieser Zufahrt gelten die Anmerkungen unter Rdn. 24 34
und 25 sinngemäß. Eine **Breite** von 3 m dieser Zufahrt wird in aller Regel ausreichend sein, eine Breite von 4,5 m ist erforderlich, wenn auf längeren Strecken **Begegnungsverkehr** zu berücksichtigen ist. Ob dies der Fall ist, hängt konkret zum einen von der Art, der Zweckbestimmung und dem Umfang des Bauvorhabens ab, zum anderen von der Einsehbarkeit bzw. der Übersehbarkeit der Zuwegung. Das Erfordernis der Berücksichtigung von Begegnungsverkehr sollte nicht zu früh angenommen werden. So erkannte das OVG NRW in seinem Urteil vom 17.1.1984 (– VII A 2985/82, n.v.), dass bei einer übersehbaren Zuwegung von 110 m Länge, die in sehr kurzer Zeit befahren werden kann, es einem ankommenden Fahrzeug zugemutet werden kann, sich – bevor es in den Erschließungsweg einbiegt – darauf einzurichten, dass dieser Weg gerade in Gegenrichtung befahren wird und dass es auch nicht zu bedenklichen Verzögerungen beim Einsatz von Rettungsfahrzeugen der Feuerwehr führt, wenn diese am Beginn des Weges einige Sekunden warten müssen. Gefahrentatbestände seien nicht gegeben, wenn sich Fahrer begegnender Fahrzeuge abstimmen können, und auch dann nicht, wenn ein Verkehrsteilnehmer gezwungen ist, sich auf das Verkehrsgeschehen auf der Fahrbahn, in die er einbiegen will, insbesondere auf einen eventuellen Gegenverkehr, einzurichten. Solange ein Verkehrsvorgang mit der durchschnittlichen Sorgfalt eines Kraftfahrers gefahrlos bewältigt werden kann, sind – so das OVG NRW – Sicherheit und Leichtigkeit des Verkehrs nicht gefährdet. Das sei erst der Fall, wenn ein gesteigertes Risiko des Eintritts von Gefahrensituationen besteht, deren Bewältigung von dem Kraftfahrer eine überdurchschnittliche Aufmerksamkeit und Sorgfalt verlangt. Verlangt die Situation die Berücksichtigung von Begegnungsverkehr, z.B. weil die Zufahrt eine größere Länge aufweist, so ist zu prüfen, ob die gesamte Zuwegung auf eine entsprechende Breite angelegt werden muss oder ob nicht **Ausweichstellen** ausreichen. Soweit Sonderbauvorschriften zu berücksichtigen sind, greifen deren Vorgaben.

Die **Zufahrt** muss **öffentlich-rechtlich gesichert** sein, damit nicht ohne Mitwirkung der 35
Bauaufsichtsbehörde diese nach Errichtung des Vorhabens aufgehoben werden kann; insofern unterscheidet sich die Rechtslage erheblich von der für Leitungen zur Wasserversorgung und zur Abwasserbeseitigung (s. Rdn. 62). Eine **Grunddienstbarkeit** nach §§ 1018 und 1019 BGB **oder das Notwegerecht** nach § 917 BGB **reichen nicht aus** (VGH B-W, Urteil vom 25.3.1981 – 3 S 2346/80, BRS 38 Nr. 160; OVG NRW, Beschluss vom 15.4.1999 – 3 B 68/99, NWVBl. 1999, 463; s. die Anmerkungen zu § 83 Rdn. 38a). Durch die mit der BauO NW 1984 vorgenommene, eindeutige gesetzliche Regelung ist die **ältere Rechtsprechung**, die sich auf § 4 Abs. 4 BauO NW 1970 bezog auch die Eintragung einer Grunddienstbarkeit für ausreichend ansah, **nicht mehr anwendbar** (vgl. OVG NRW, Urteil vom 30.5.1968 – X A 65/67, BRS 20 Nr. 97; OVG Lüneburg, Urteil vom 28.2.1979 – I A 144/76, BRS 35 Nr. 103).

**36** Die öffentlich-rechtliche Sicherung ist nur über eine entsprechende **Baulast** nach § 83 BauO NRW möglich. Selbst die Zuwegung über ein im Eigentum des Bauherrn stehendes anderes Grundstück muss durch eine Baulast abgesichert sein. Der Grund für diese strenge Regelung ist die Besorgnis, dass der Eigentümer des Baugrundstücks sich die – für ihn frei verfügbare – Dienstbarkeit eines Tages vom Wegeeigentümer ganz oder teilweise abhandeln lassen könnte mit der Folge, dass dann eine ausreichende Zuwegung zur öffentlichen Verkehrsfläche fehlt.

**37** Die **Eintragung einer Baulast im Baulastverzeichnis** (vgl. Nr. 83 VV BauO NRW) könnte im folgenden **Beispiel** wie folgt lauten:

| **Baulastenverzeichnis von Kleinscheid** Baulastenblatt Nr. 64 Seite 1<br>Grundstück: Unterstraße 21<br>Gemarkung: Auenfeld Flur: 18 Flurstück: 16 | | |
|---|---|---|
| Lfd. Nr. | Inhalt der Eintragung | Bemerkung |
| 1 | 2 | 3 |
| 1 | Verpflichtungserklärung vom 8. 10. 2001:<br>Verpflichtung zur Duldung, dass auf dem im Lageplan gemäß § 18 BauPrüfVO in grüner Schraffur gekennzeichneten Teil des Grundstücks eine Zufahrt nach § 4 Abs. 1 Nr. 1 BauO NRW vom Grundstück Unterstrasse 21 A, Gemarkung Auenfeld, Flur 18 Flurstück 15 zur öffentlichen Verkehrsfläche Unterstraße Gemarkung Auenfeld, Flur 18, Flurstück 32 angelegt, unterhalten und benutzt wird.<br>eingetragen am 11. 10. 2001 Müller | |

**Lageplan zur Verpflichtungserklärung vom 8. 10. 2001**

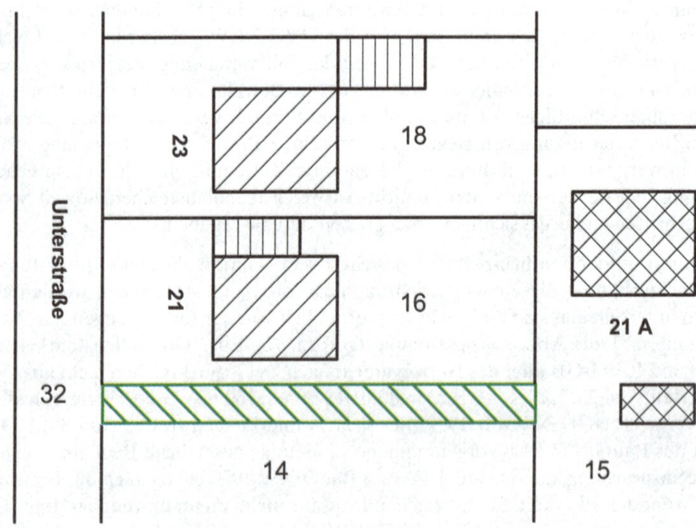


**Abbildung 4.1 Darstellung der Zuwegungsbaulast nach § 18 BauPrüfVO**

Eine Baulast zur Sicherung der Zufahrt eines Grundstücks zu einer befahrbaren öffentlichen Verkehrsfläche verschafft dem Eigentümer des begünstigten Grundstücks allein noch nicht das Recht, über die belastete Fläche zu fahren, sondern ermöglicht es der Bauaufsichtsbehörde nur, mit den nach Einräumung der Baulast ihr zustehenden Eingriffsmöglichkeiten zu gewährleisten, dass bezüglich der Erschließungssituation keine materiell-baurechtswidrigen Zustände eintreten. Will der Eigentümer des begünstigten Grundstücks selbst eine Rechtsposition zu Lasten des belasteten Grundstücks erhalten, so kann er dies nur dadurch erreichen, dass ihm **entsprechende zivilrechtliche Rechtspositionen** durch den Eigentümer des belasteten Grundstücks eingeräumt werden (vgl. BGH, Urteil vom 8.7.1983 – V ZR 204/82, DÖV 1983, 982 = NJW 1984, 124 und OVG NRW, Urteil vom 17.11.1986 – 7 A 2169/85, BauR 1987, 550 = BRS 47 Nr. 149; vgl. auch die Anmerkungen zu § 83 Rdn. 52–53). Häufig ist die umgekehrte Reihenfolge gegeben. Besteht eine **Grunddienstbarkeit zugunsten des Bauherrn**, so ist die Unterschrift unter der Verpflichtungserklärung durch den Fremdeigentümer in der Regel nur noch eine – zivilrechtlich einklagbare – Formsache. Der Bauherr darf jedoch nicht in jedem Falle erwarten, dass der Fremdeigentümer auch zur Bewilligung der erforderlichen Baulast verpflichtet ist (BGH, Urteil vom 6.7.2000 – III ZR 340/98, BauR 2000, 1856 = DVBl. 2000, 1844 = NJW 2000, 2996 = UPR 2000, 452 = ZfBR 2000, 560 zum Fall einer Verweigerung der Baulastübernahme, weil die bestehende Grunddienstbarkeit die beabsichtigte Erweiterung der Nutzung nicht abdeckt). 38

Die **Festsetzung des Bebauungsplans** einer mit **Geh- und Fahrrecht** zugunsten der Allgemeinheit, eines Erschließungsträgers oder eines beschränkten Personenkreises zu belastenden Fläche (nach § 9 Abs. 1 Nr. 21 BauGB) reicht jedenfalls für sich noch nicht als ausreichende Sicherung, denn die Festsetzung in einem Bebauungsplan lässt das Recht noch nicht entstehen (BVerwG, Beschluss vom 2.11.1998 – 4 BN 49.98, BauR 1999, 151; s. auch Finkelnburg, Die Festsetzung von mit Geh-, Fahr- und Leitungsrechten zu belastenden Flächen im Bebauungsplan, BauR 1996, 303 ff., der unter Berufung auf BVerwG, Urteil vom 15.2.1985 – 4 C 46.82, BRS 45 Nr. 166 = DVBl. 1985, 798 = NJW 1985, 564, darauf hinweist, dass die Festsetzung noch der Umsetzung durch einen besonderen Rechtsakt bedarf). Die **Festsetzung gibt** den davon Begünstigten noch **kein Recht auf Nutzung der Fläche**. Dieses Recht wäre zwar durch die Eintragung einer entsprechenden Grunddienstbarkeit zu erreichen; diese stünde jedoch wiederum außerhalb der Kontrolle durch die Bauaufsichtsbehörde. Auch in diesem Fall ist die zusätzliche Eintragung einer entsprechenden Baulast nach § 83 BauO NRW erforderlich. 39

Bei einem **Notwegrecht**, das nach § 917 BGB immer dann besteht, wenn einem Grundstück eine notwendige Verbindung mit einem öffentlichen Weg fehlt, handelt es sich weder um den eigenen Zugang eines Grundstücks noch um einen öffentlich-rechtlich gesicherten fremden Zugang; die Voraussetzungen des § 4 Abs. 1 Nr. 1 BauO NRW sind deshalb nicht gegeben. Auch für die Sicherstellung der Erschließung nach dem Bauplanungsrecht reicht weder das Notwegerecht (BVerwG, Urteil vom 26.3.1976 – IV C 7.74, BauR 1976, 269 = BRS 30 Nr. 140) noch eine **rein schuldrechtliche Vereinbarung** zwischen dem Bauherrn und dem Eigentümer des zu benutzenden Fremdgrundstücks aus; vielmehr bedarf es **auch nach dem Planungsrecht** einer **besonderen rechtlichen Sicherung durch Grunddienstbarkeit** oder **Baulast**, um eine **dauerhaften Anbindung** der Zufahrt an das öffentliche Straßennetz zu gewährleisten (OVG NRW, Urteil vom 2.3.2001 – 7 A 2983/98, BauR 2001, 1388 = BRS 64 Nr. 116 unter Bezug auf BVerwG, Beschluss vom 22.11.1995 – 4 B 224.95, BRS 57 Nr. 104). 40

### 2.3.3 Verzicht auf Befahrbarkeit

41 Der Gesetzgeber verzichtet auf die **Befahrbarkeit von Wohnwegen** (durch Feuerwehrfahrzeuge), an denen nur Gebäude geringer Höhe (s. die Anmerkungen zu § 2 Rdn. 154–158) zulässig sind, wenn die Wohnwege nicht länger als 50 m sind. Diese Vorschrift korrespondiert unmittelbar mit § 5 Abs. 4 BauO NRW, wonach bei Gebäuden, die ganz oder mit Teilen mehr als 50 m von einer öffentlichen Verkehrsfläche entfernt sind, Zu- oder Durchfahrten nach § 5 Abs. 2 BauO NRW (demnach befahrbare) zu den vor und hinter den Gebäuden gelegenen Grundstücksteilen verlangt werden können. Der **Begriff des Wohnweges** ist in § 127 Abs. 2 Nr. 2 BauGB umschrieben. Danach sind Fußwege und Wohnwege öffentliche aus rechtlichen oder tatsächlichen Gründen mit Kraftfahrzeugen nicht befahrbare Verkehrsanlagen innerhalb der Baugebiete. Die Definition ist nicht ohne weiteres auf das Bauordnungsrecht übertragbar, da nach dem Wortlaut des § 4 Abs. 1 Nr. 1 BauO NRW Wohnwege, die länger als 50 m sind, befahrbar sein müssen. Die Regelung in § 127 Abs. 2 Nr. 2 BauGB wurde getroffen, weil das BVerwG mit Urteil vom 3. 6. 1983 (– 8 C 70.82, BRS 43 Nr. 24 = DVBl. 1983, 908) Wohnwege, soweit sie nicht befahrbar waren, als nicht erschließungsbeitragsfähig ansah.

42 **Wohnwege im Sinne des Bauordnungsrechts** sind Wege, an denen ausschließlich Wohngebäude liegen oder zulässig sind; der Weg muss dem Anliegerverkehr von „Wohngrundstücken" gewidmet sein (VGH B-W, Urteil vom 25. 3. 1981 – 3 S 2346/80, BRS 38 Nr. 160 und Urteil vom 12. 9. 1996 – 8 S 1844/96, BauR 1997, 89 = BRS 58 Nr. 85). Sie können im Einzelfall Fahrverkehr mit Personenkraftwagen zu Kleingaragen aufweisen, jedoch zum Befahren mit Feuerwehrfahrzeugen ungeeignet sein. Wenn auch nach dem Wortlaut der Regelung „Gebäude geringer Höhe" an nicht befahrbaren Wohnwegen bis zu 50 m Länge liegen dürfen, so kann hieraus nicht abgeleitet werden, dass auch Nichtwohnnutzungen von der Begünstigung erfasst werden. Denn bei anderen als Wohnnutzungen ist das Gefährdungspotential höher, so dass auf eine Befahrbarkeit der Wohnwege durch Feuerwehrfahrzeuge nicht verzichtet werden kann (zum **Begriff des Wohngebäudes** s. die Anmerkungen zu § 2 Rdn. 139–146).

Ob bei Wohnwegen mit höheren Gebäuden, z. B. Gebäuden mittlerer Höhe (s. die Anmerkungen zu § 2 Rdn. 163), auf eine Befahrbarkeit (durch Feuerwehrfahrzeuge) verzichtet werden kann, muss im Einzelfall im Rahmen einer **Abweichung** nach § 73 BauO NRW entschieden werden. Hier ist insbesondere zu prüfen, ob Bedenken wegen des Brandschutzes gerade unter dem Aspekt der Personenrettung bestehen. Wenn die Gebäudehöhe nur geringfügig überschritten wird und die Feuerwehr die Anleiterbarkeit mit tragbaren Leitern bestätigt, kann davon ausgegangen werden, dass die Abweichungsvoraussetzungen des § 73 Abs. 1 BauO NRW vorliegen.

Der sich an die Länge von 50 m anschließenden Teilstrecke einer aus tatsächlichen oder rechtlichen Gründen mit Kraftfahrzeugen **nicht befahrbaren Verkehrsanlage** fehlt es an der (bauplanungsrechtlichen) Qualität „Wohnweg", weil an ihr nach den in Nordrhein-Westfalen geltenden bauordnungsrechtlichen Anforderungen an die Befahrbarkeit keine Wohngebäude errichtet werden dürfen. Grundstücke in diesem Bereich sind mangels Erfüllbarkeit des bauordnungsrechtlichen Erfordernisses der Zuwegung schlechthin nicht bebaubar, und zwar selbst dann, wenn sie in einem Bebauungsplan als Bauland ausgewiesen sind. Denn der **Bebauungsplan kann nicht die bauordnungsrechtlichen Zuwegungserfordernisse verdrängen** (so ausdrücklich BVerwG, Urteil vom 1. 3. 1996 – 8 C 26.94, DVBl. 1996, 1051 = NVwZ-RR 1996, 463 = UPR 1996, 316).

### 2.3.4 Darstellung in Bauvorlagen

In den **Bauvorlagen** und hier vor allem im **Lageplan** sind zum **Nachweis der gesicherten wegemäßigen Erschließung** darzustellen: 43

- nach § 3 Abs. 1 Satz 2 Nr. 5 BauPrüfVO die **Breite** und die **Höhenlage angrenzender öffentlicher Verkehrsflächen über NN**,
- soweit es sich um **klassifizierte Straßen** handelt, empfiehlt es sich – obwohl verordnungsrechtlich nicht gefordert – **außerhalb der zur Erschließung der anliegenden Grundstücke bestimmten Teile der Ortsdurchfahrten** die auf den Rand der befestigten Fahrbahn bezogenen **Anbauverbots-** bzw. **Anbaubeschränkungszonen** einzutragen, damit eine straßenrechtliche Beurteilung des Vorhabens durch die Straßenbaubehörde zügig und ohne Rückfragen erfolgen kann (s. hierzu auch den Anbauerlass vom 4. 2. 1997, MBl. NRW. 1997, S. 310),
- nach § 3 Abs. 1 Satz 2 Nr. 8 BauPrüfVO die **Flächen auf den angrenzenden Grundstücken, die von** (bereits im Baulastenverzeichnis eingetragenen) **Zuwegungsbaulasten** zugunsten des zu bebauenden Grundstücks **betroffen sind**,
- nach § 3 Abs. 1 Satz 2 Nr. 11 BauPrüfVO – bei Lage des Grundstücks im Bereich eines Bebauungsplans oder einer anderen städtebaulichen Satzung – die **Flächen**, für die **besondere Festsetzungen** bestehen, die für die Erschließung von Bedeutung sind, wie z. B. **Geh-** und **Fahrrechte**, **Schutzflächen** oder **Lärmschutzanlagen**,
- nach § 3 Abs. 1 Satz 2 Nr. 13 BauPrüfVO die **Abstände** der geplanten baulichen Anlagen **zu öffentlichen Verkehrsflächen**,
- nach § 3 Abs. 1 Satz 2 Nr. 14 BauPrüfVO die **Aufteilung der nicht überbauten Flächen** mit den **Stellplätzen für Kraftfahrzeuge**, den Abstellplätzen für Fahrräder, den **Zu- und Abfahrten** und den **Bewegungsflächen für die Feuerwehr**,
- nach § 18 BauPrüfVO – für den Fall der im Baulastenverzeichnis einzutragenden Zuwegungsbaulast – die **Darstellung der Grundstücksflächen, die von der Baulast betroffen sind** (s. Rdn. 33–37 und Abbildung 4.1),

Für die **Darstellung im Lageplan** enthält die **Anlage** zur BauPrüfVO **Zeichen**:

**Nr. 1.1** **vorhandene** öffentliche Verkehrsflächen

grobes Punktraster, eng — goldocker

**Nr. 1.2** **geplante** öffentliche Verkehrsflächen

grobes Punktraster, weit — Bandierung goldocker

**Nr. 1.11** Flächen, die von **bestehenden** Baulasten betroffen sind

feines Punktraster, eng

**Nr. 1.12** Flächen, die von **geplanten** Baulasten betroffen sind

grüne Umgrenzung Schraffur

### 2.4 Zu Absatz 1 Nr. 2 – Wasserversorgung

44 Der Vorschrift des **§ 4 Abs. 1 Nr. 2** in Verbindung mit §§ **44 BauO NRW** kommt insbesondere unter den **Aspekten des Gesundheitsschutzes** und der **Brandbekämpfung** eine besondere Bedeutung zu. Die Bebaubarkeit von Grundstücken wird durch diese Vorschrift abhängig gemacht von einer gesicherten **Versorgung mit Trinkwasser** und einer hinreichenden Versorgung mit **Löschwasser**, das auch **Brauchwasser** sein kann. Die materiellen Anforderungen an Wasserversorgungsanlagen regelt § 44 BauO NRW.

45 **Trinkwasser** ist Wasser, das für den menschlichen Genuss und Gebrauch geeignet ist. Es muss den Anforderungen der **Trinkwasserverordnung – TrinkwV 2001** – vom 21. 5. 2001 (BGBl. I S. 959), die zur Umsetzung der Richtlinie 98/83/EWG – Qualität von Wasser für den menschlichen Gebrauch – erlassen wurde, entsprechen sowie die Güteeigenschaften nach DIN 2000 – Leitsätze für Anforderungen an Trinkwasser – erfüllen. Der Bedarf an Trinkwasser ergibt sich aus den Zahlen, die im Merkblatt W 410 – Wasserbedarfszahlen, Ausgabe 1/95 – des Regelwerks des DVGW festgelegt sind. Bei der **Trinkwassergewinnung aus oberirdischen Gewässern** ist die „Verordnung zur Umsetzung der Richtlinie 75/440/EWG – Qualitätsanforderungen an Oberflächenwasser für die Trinkwassergewinnung – sowie der Richtlinie 79/869/EWG Messmethoden sowie Häufigkeit der Probenahmen und der Analysen des Oberflächenwassers für die Trinkwassergewinnung – **QOTV**" vom 29. 4. 1997 (GV. NRW. S. 92) zu beachten. **Brauchwasser** ist Wasser, welches für andere Zwecke als den Genuss und Gebrauch für Menschen verwendet wird und somit nicht die Qualität von Trinkwasser zu haben braucht, wie z. B. Kühlwasser, Wasser für die Gartennutzung oder auch Löschwasser. **Zwischen Trink- und Brauchwasserleitungen** darf **keine Verbindung** bestehen; **Entnahmestellen** wie Zapfhähne müssen entsprechend gekennzeichnet sein (§ 17 Abs. 2 TrinkwV 2001), z. B. durch **Hinweisschilder** mit der Aufschrift „**kein Trinkwasser**".

#### 2.4.1 Wasserversorgung als Erschließungsvoraussetzung

46 Nach § 4 Abs. 1 **Nr. 2** BauO NRW dürfen Gebäude nur errichtet werden, wenn gesichert ist, dass bis zum Beginn ihrer Benutzung (s. Rdn. 14) die **Wasserversorgungsanlagen** benutzbar sind. Die Wasserversorgungsanlagen müssen – als Voraussetzung für eine gesicherte Erschließung – das Grundstück und die Gebäude ausreichend nicht nur mit einwandfreiem **Trinkwasser**, sondern auch mit **Brauchwasser** zu Wirtschaftszwecken und zur **Brandbekämpfung** in erforderlicher Menge versorgen. Die Regelung des § 4 Abs. 1 Nr. 2 BauO NRW korrespondiert mit der Vorschrift des **§ 44 BauO NRW**. Diese Vorschrift normiert die **Anforderungen an die Wasserversorgungsanlagen** im Hinblick auf deren Betriebssicherheit und die Abwehr von Gefahren oder unzumutbaren Belästigungen (Absatz 1). Darüber hinaus begründet sie eine Pflicht zum **Einbau von Wasserzählern** in Wohnungen (Absatz 2), stellt Anforderungen an die **Wassermenge zur Brandbekämpfung** und regelt einen **Abweichungstatbestand für Einzelgehöfte** (Absatz 3). Wasserversorgungsanlagen können auch als **Gemeinschaftsanlagen** ausgeführt werden, da die Aufzählung in § 11 Abs. 1 Satz 1 BauO NRW nur beispielhaft ist (s. die Anmerkungen zu § 11 Rdn. 1). Eine öffentlich-rechtliche Sicherung durch Baulast ist weder in § 4 noch in § 44 BauO NRW gefordert (so auch OVG NRW, Beschluss vom 19. 5. 1994 – 7 A 2355/93, n. v.). Dennoch ist den beteiligten Grundstückseigentümern eine solche Baulast in Ergänzung einer Grunddienstbarkeit nach § 1018 BGB zu empfehlen, um dem Entstehen baurechtswidriger Zustände entgegenzuwirken.

Die **Anforderungen** an eine dauernde Trinkwasserversorgung und ausreichende Löschwasserversorgung gelten nicht für alle baulichen Anlagen, sondern **nur für Gebäude** (zu diesem Begriff s. die Anmerkungen zu § 2 Rdn. 100ff.). Unter den Voraussetzungen des **§ 54 Abs. 1 BauO NRW** können jedoch für bauliche Anlagen besonderer Art oder Nutzung, die selbst keine Gebäude sind, nach dessen **Absatz 2 Nr. 11 besondere Anforderungen** an die Wasserversorgung gestellt werden. Zu denken ist hierbei an bauliche Anlagen mit erhöhter Brandgefahr. Für **Sonderbauten** kann es im Einzelfall erforderlich sein, eine **über § 44 Abs. 3 BauO NRW hinausgehende besondere Ausgestaltung der Löschwasserversorgung** bzw. **besondere Löscheinrichtungen** vorzusehen, wie dies verschiedene Sonderbauverordnungen verlangen, z. B. § 13 HochhVO, § 17 GarVO, § 18 VkVO, § 25 KhBauVO und § 4 CW VO. Besondere Anforderungen an die Trinkwasserversorgung enthält § 5 CW VO. Das **Absehen von einer ausreichenden Trink- und Löschwasserversorgung** im Sinne einer Erleichterung nach § 54 BauO NRW ist wegen des hohen Stellenwertes des Gesundheitsschutzes und des vorbeugenden Brandschutzes **kaum vorstellbar**. 47

### 2.4.2 Sicherung der Versorgung mit Trinkwasser

Die **auf Dauer gesicherte Versorgung mit Trinkwasser** ist für Gebäude mit Aufenthaltsräumen eine der wesentlichen Erschließungsvoraussetzungen, (zum Schutzzweck der Vorschrift vgl. auch BGH, Urteil vom 1. 12. 1994 – III ZR 33/94, BRS 56 Nr. 145). **Wasserversorgungsanlagen** dienen dazu, Wasser zu gewinnen, aufzubereiten und über Leitungen an die Wasserentnahmestellen der Endverbraucher zu verteilen. Überwiegend wird die Wasserversorgung durch die **öffentliche Wasserversorgung** der Gemeinden bzw. deren Eigengesellschaften oder auch durch Wasserbeschaffungsverbände über ein zentrales Wassernetz erbracht (s. die Anmerkungen zu § 1 Rdn. 137–140). Auch die private **Eigenversorgung** (s. Rdn. 50 und 51), z. B. über eine örtliche Wasserversorgungsanlage, ist möglich. Die **öffentlichen Wasserversorgungsleitungen** sind in aller Regel **im öffentlichen Straßenraum** verlegt. Durch jahrelange Erfüllung der Aufgabe der öffentlichen Wasserversorgung für ein bestimmtes Baugebiet kann sich die auf der gesetzlichen Aufgabenzuweisung beruhende allgemeine Verpflichtung der Gemeinde zu einer aktuellen rechtlichen Verpflichtung verdichten, die Versorgung der Grundstücke dieses Gebiets mit Trinkwasser aufrecht zu erhalten und eine bestehende verbesserungsbedürftige Anlage wenigstens übergangsweise bis zur baulichen Realisierung eines anderen Versorgungskonzepts weiter zu betreiben (Hess. VGH, Beschluss vom 29. 8. 2000 – 5 TG 2641/00, NVwZ-RR 2001, 366 zu einer von der Gemeinde vorgenommenen Stilllegung der Wasserversorgung eines Wochenendhausgebiets). 48

Die Trinkwasserversorgung muss **dauernd gesichert** sein. Die technischen Anlagen zur Entnahme und Verteilung von Trinkwasser aus dem öffentlichen Versorgungsnetz oder aus Eigenversorgungsanlagen müssen geeignet sein, die für die Versorgung benötigte **Trinkwassermenge** auch tatsächlich bereitzustellen. Über die erforderlichen Trinkwassermengen enthält das Bauordnungsrecht – mit Ausnahme der CW VO – keine Vorgaben. Die CW VO schreibt vor, dass je Standplatz oder Aufstellplatz und Tag mindestens 200 l Trinkwasser zur Verfügung stehen müssen. Nach der **Wassersicherstellungsverordnung** (1. WasSVO) liegt der lebensnotwendige Bedarf bei 15 l je Person und Tag, ist aber für Notstandssituationen und nicht für den Normalfall vorgegeben. Nach der Jahresbilanz des Bundesverbandes der Deutschen Gas- und Wasserwirtschaft ging der durchschnittliche Wasserverbrauch von 145 l je Person und Tag im Jahre 1993 auf 130 l je 49

Person und Tag im Jahre 1996 zurück. Der Mindesttrinkwasserbedarf in Normalzeiten kann mit rund 100 l je Person und Tag angegeben werden. Von diesem Wert ist unbedingt auszugehen, wenn eine Eigenversorgungsanlage zur Ausführung kommen soll. Bei Anschluss des Gebäudes an das öffentliche Versorgungsnetz ist die Bereitstellung dieser Wassermenge ohnehin sichergestellt.

### 2.4.3 Wasserversorgung über Eigenversorgungsanlage

50 Nach § 3 Abs. 1 Nr. 6 WHG ist das Entnehmen von Grundwasser eine Benutzung im Sinne dieses Gesetzes, die nach § 2 Abs. 1 WHG einer **behördlichen Erlaubnis** bedarf. Diese Erlaubnis ist nach § 33 Abs. 1 Nr. 1 WHG nicht erforderlich, wenn Grundwasser „für den Haushalt" entnommen wird. Soll das Wasser einer solchen **Eigenversorgungsanlage** als **Trinkwasser** genutzt werden, so sind damit nach §§ 13 ff. Trinkwasserverordnung Anzeige- und Untersuchungspflichten verbunden. Die **Eigenversorgung scheidet aus**, wenn ein **Anschlusszwang** ohne entsprechende Ausnahmemöglichkeiten besteht. Eine Gemeinde kann nämlich für die Grundstücke den Anschluss an die Wasserleitung, also an das zentrale Wasserversorgungsnetz, aufgrund einer Ortssatzung nach §§ 4 und 19 GO NRW vorschreiben.

51 Die **Wassergewinnungsanlagen** zur Eigenversorgung bedürfen eines **besonderen Schutzes gegen Verunreinigungen**. Von Brunnen müssen Dungstätten, Jauchebehälter und Flüssigmistbehälter gemäß § 52 Abs. 5 Nr. 4 BauO NRW einen Mindestabstand von 15 m einhalten. Noch größere Abstände können zu Untergrundverrieselungen von Hauskläranlagen erforderlich werden (50 m). Als allgemein anerkannte Regel der Technik gilt darüber hinaus, dass die Anordnung des Brunnens in entgegengesetzter Richtung zum Grundwasserstrom zu erfolgen hat, um zu vermeiden, dass Schadstoffe aus dem Erdreich um Dungstätten oder Jauche- und Flüssigmistbehälter der Wassergewinnungsanlage zugetragen werden. Die Erdoberfläche oberhalb von Quellfassungen (Brunnenstuben) darf nicht landwirtschaftlich bewirtschaftet werden und ist mit Bäumen und Sträuchern zu bepflanzen (s. die Anmerkungen zu § 9 Rdn. 18). Der zu schützende Bereich ist in der Voruntersuchung genau festzulegen.

### 2.4.4 Sicherung der Versorgung mit Löschwasser

52 Das Konzept der bauaufsichtlichen Anforderungen an den baulichen Brandschutz stellt auf das **Vorhandensein einer (örtlichen) Feuerwehr** (FSHG), auf die **Möglichkeit wirksamer Löscharbeiten** (§ 17 Abs. 1 BauO NRW) und auf eine **ausreichend zur Verfügung stehende Löschwassermenge** (§ 44 Abs. 3 BauO NRW) ab. Die Vorschrift des § 4 Abs. 1 Nr. 2 BauO NRW, die die Sicherung der Benutzbarkeit der Wasserversorgungsanlagen – und dazu zählen die Trinkwasserversorgung und die **Löschwasserversorgung** – zu den Erschließungsvoraussetzungen erklärt, wird ergänzt durch § 44 Abs. 3 BauO NRW, wonach zur Brandbekämpfung eine ausreichende Wassermenge zur Verfügung stehen muss. (s. die Anmerkungen zu § 44 Rdn. 16–29).

### 2.4.5 Darstellung in Bauvorlagen

53 Der Nachweis der **gesicherten Erschließung** durch **ausreichende Wasserversorgungsanlagen** wird durch die **Bauvorlagen**, insbesondere durch die **Darstellungen im Lageplan** erbracht. So muss der **Lageplan** unter anderem enthalten:

- nach § 3 Abs. 1 Satz 2 Nr. 9 BauPrüfVO die **Flächen**, die mit **grundbuchlich gesicherten Dienstbarkeiten** zu Gunsten der Träger unterirdischer Leitungen für die **Versorgung mit Wasser** belegt sind,
- nach § 3 Abs. 1 Satz 2 Nr. 10 BauPrüfVO die **Hydranten** und **andere Wasserentnahmestellen für Feuerlöschzwecke**,
- nach § 3 Abs. 1 Satz 2 Nr. 11 BauPrüfVO – bei Lage des Grundstücks im Bereich eines Bebauungsplans oder einer anderen städtebaulichen Satzung – die **Flächen**, für die **besondere Festsetzungen** bestehen, die für die Wasserversorgung von Bedeutung sind, wie z. B. **Leitungsrechte**.

Die **Anlage** zur BauPrüfVO enthält **keine Planzeichen** für die Darstellung von Hydranten und anderen Wasserentnahmestellen im Lageplan. Hier kann nur auf die im Vermessungswesen üblichen Symbole und Kennzeichnungen und die Vorgaben der DIN 1986 zurückgegriffen werden (s. die Anmerkungen zu § 69 Rdn. 73 und 74). Die Angaben zu den Wasserversorgungsanlagen dienen ausschließlich dazu, die ausreichende Wasserversorgung als Erschließungsvoraussetzung vor Erteilung der Baugenehmigung prüfen zu können. **Im bauaufsichtlichen Verfahren** findet dagegen **keine präventive anlagentechnische Prüfung** der Wasserversorgungsanlagen statt (zur verfahrensrechtlichen Behandlung s. die Anmerkungen zu § 44 Rdn. 3).

### 2.5 Zu Absatz 1 Nr. 3 – Abwasserbeseitigung

Der Vorschrift des **§ 4 Abs. 1 Nr. 3 BauO NRW** in Verbindung mit **§ 61 a LWG** kommt 54
unter **Aspekten des Umweltschutzes** Bedeutung zu. Durch den ständig steigenden Bedarf an Trink- und Brauchwasser sowohl durch die Haushalte als auch die Industrie und durch die dadurch bedingte Belastung der Gewässer und des Grundwassers mit Abwasser ist nicht nur den das Wasserrecht regelnden Vorschriften, sondern insbesondere auch den die gesicherte Erschließung von Grundstücken und Gebäuden mit Abwasseranlagen regelnden bauordnungsrechtlichen Vorschriften ein besonderer Stellenwert erwachsen. Die Bebaubarkeit von Grundstücken mit Gebäuden ist von einer gesicherten einwandfreien **Beseitigung des Abwassers** abhängig. Die materiellen **Anforderungen an die Abwasseranlagen** sind nach der Aufhebung des § 45 BauO NRW in **§ 61 a LWG** geregelt (s. die Anmerkungen zu § 45 Rdn. 1).

### 2.5.1 Abwasserbeseitigung als Erschließungsvoraussetzung

Nach § 4 Abs. 1 **Nr. 3** BauO NRW dürfen Gebäude nur errichtet werden, wenn gesichert 55
ist, dass die **Abwasseranlagen** benutzbar sind und die **Abwasserbeseitigung** entsprechend den wasserrechtlichen Vorschriften gewährleistet ist. Die Abwasserbeseitigung umfasst nach § 18 a Abs. 1 Satz 3 WHG das Sammeln, Fortleiten, Behandeln, Einleiten, Versickern, Verregnen und Verrieseln von Abwasser sowie das Entwässern von Klärschlamm im Zusammenhang mit der Abwasserbeseitigung. Die der Abwasserbeseitigung dienenden Anlagen müssen als Voraussetzung für eine gesicherte Erschließung eine ordnungsgemäße Beseitigung des auf dem Grundstück anfallenden **Abwassers** ermöglichen. Die **Verpflichtung** zu einer ordnungsgemäßen Abwasserbeseitigung sowohl für die Nutznießer als auch für die Gemeinden ergibt sich aus dem WHG und dem LWG (s. auch nachfolgende Rdn. 64). § 4 Abs. 1 Nr. 3 BauO NRW setzt voraus, dass die Abwasserbeseitigung entsprechend den **wasserrechtlichen Vorschriften** gewährleistet sein muss (s. Nr. 4.13 VV BauO NRW).

56 **Abwasseranlagen** dienen dazu, Abwasser zu sammeln und ggf. so zu reinigen, dass es dem natürlichen Wasser-, Stoff- und Energiekreislauf unschädlich wieder zugeführt werden kann. Die Anlagen bestehen aus den **Grundstücksentwässerungsanlagen** (wie Aborte, Spülkästen, Geruchsverschlüsse, Waschbecken, Badewannen, Duschen, Bodeneinläufe sowie die zu ihrem Anschluss erforderlichen Leitungen, Fallrohre, Abwasserhebeanlagen, Grundleitungen, Kleinkläranlagen, Sammelgruben, Abscheider, Sickeranlagen) und dem öffentlichen Kanalnetz einschließlich erforderlicher Pumpstation und Düker sowie der Abwasserbehandlungsanlage mit dem Einleitungsbauwerk. **Abwasserbehandlungsanlage** im Sinne von § 51 Abs. 3 LWG ist eine Einrichtung, die dazu dient, die Schadwirkung des Abwassers zu vermindern oder zu beseitigen oder den im Zusammenhang mit der Abwasserbehandlung anfallenden Klärschlamm für eine ordnungsgemäße Beseitigung aufzubereiten; sie ist öffentliche Abwasserbehandlungsanlage, wenn sie dem allgemeinen Gebrauch dient. **Bau**, **Betrieb** und **wesentliche Änderungen** von Abwasserbehandlungsanlagen bedürfen gemäß **§ 58 Abs. 2 LWG** der **Genehmigung** der Wasserbehörde (zur Zuständigkeit im Einzelfall vgl. Nr. 23.1.84 des Verzeichnisses der Anlage zur ZustVOtU, SGV. NRW. 282). Werden nach Wasserrecht genehmigungspflichtige Abwasserbehandlungsanlagen serienmäßig hergestellt, können sie vom Landesamt für Wasser und Abfall NRW der Bauart nach zugelassen werden. Für diese Anlagen entfällt die Genehmigungspflicht nach Wasserrecht.

57 Der Begriff „**Abwasser**“ wird im WHG als bekannt vorausgesetzt. Eine Legaldefinition befindet sich jedoch in § 51 Abs. 1 LWG. Die **Begriffsbestimmung** des **§ 51 Abs. 1 LWG** stimmt mit **§ 2 Abs. 1** Abwasserabgabengesetz – **AbwAG** i. d. F.d.B. v. 18. 1. 2005 (BGBl. I S. 114) überein. Abwasser im Sinne von § 51 Abs. 1 LWG sind:

- das durch häuslichen, gewerblichen, landwirtschaftlichen oder sonstigen Gebrauch in seinen Eigenschaften veränderte und das bei Trockenwetter damit zusammen abfließende Wasser (**Schmutzwasser**) sowie
- das von Niederschlägen aus dem Bereich von bebauten oder befestigten Flächen abfließende und gesammelte Wasser (**Niederschlagswasser**).

Der in § 7 WHG verwendete Abwasserbegriff ist – losgelöst vom Landesrecht – bundesrechtlich eigenständig zu verstehen, wobei die landesrechtliche Definition zwar nicht zur Ausfüllung, wohl aber zur Auslegung mit herangezogen werden kann (vgl. Gieseke/Wiedemann/Czychowski, zu § 7 a Rdn. 4). Der Abwasserbegriff wird wegen der weit reichenden Zielsetzung des WGH allgemein weit ausgelegt. Abwasser ist das durch menschliche Einwirkung in seinen physikalischen, chemischen oder biologischen Eigenschaften veränderte Wasser, ohne dass es darauf ankommt, ob sich diese Veränderung nachteilig auswirkt, ob Schadstoffe dem Wasser zugesetzt wurden, oder ob dieses selbst dem Schadstoff zugeführt wird (OVG NRW, Urteil vom 12. 11. 1984 – 20 A 393/83, ZfW 1985, 196). Abwasser fällt in dem Augenblick an, in dem das in seinen Eigenschaften veränderte Wasser im Rohrleitungssystem gesammelt wird, um es zum Abwasserkanal oder zur grundstückseigenen Abwasserbehandlungsanlage zu leiten; ein „abwasserfreies Haus“ gibt es nicht (so Nds. OVG, Beschluss vom 17. 9. 2001 – 9 L 829/00, NVwZ-RR 2002, 347). **Niederschläge** von bebauten oder befestigten Flächen, die **gesammelt** und **fortgeleitet** werden, sind **ebenfalls Abwasser**. Zu Abwasser, das Stoffe oder Stoffgruppen enthält, die wegen der Besorgnis einer Giftigkeit, Langlebigkeit, Anreicherungsfähigkeit oder einer karzinogenen bzw. das Erbgut verändernden Wirkung als gefährlich zu bewerten sind, s. die **Abwasserherkunftsverordnung** – **AbwHerkV** – vom 3. 7. 1987 (BGBl. I S. 1578).

Der Begriff **Schmutzwasser** beschreibt eine Flüssigkeit, die infolge Beeinflussung in ihrer Brauchbarkeit gemindert worden ist und deshalb abgeleitet wird (BGH, Urteil vom 13. 12. 1972 – IV ZR 154/71, NJW 1973, 366). Die Begriffsbestimmung des § 51 Abs. 1 LWG stellt nur beispielhaft auf die Gebrauchszwecke „häuslich, gewerblich, landwirtschaftlich" ab, was durch den Zusatz „oder sonstigen Gebrauch" deutlich wird. Es kommt nicht darauf an, ob das gebrauchte Wasser aus dem Wasserversorgungsnetz zuvor entnommen wurde oder ob es aus gesammelten Niederschlägen zur anschließenden Brauchwassernutzung, aus oberirdischen Gewässern oder dem Grundwasser stammt. Selbst das bei Trockenwetter in die Schmutzwasserleitungen eindringende und abgeleitete Grundwasser ist Schmutzwasser (OVG NRW, Urteil vom 23. 1. 1985 – 2 A 1332/84, DÖV 1985, 686, das den Trockenwetterabfluss im Sinne von DIN 4045 Nr. 2.14 als „Abfluss im Kanal ohne Regenwasser" auslegt). Nach § 51 Abs. 1 Satz 2 LWG gelten auch die aus Anlagen zum Behandeln, Lagern und Ablagern von Abfällen austretenden und gesammelten Flüssigkeiten (Sickerwässer aus Abfalldeponien) als Schmutzwasser. **58**

**Niederschlagswasser** ist gemäß § 51 Abs. 1 LWG und § 2 Abs. 1 AbwAG das von Niederschlägen aus dem Bereich **von bebauten** oder **befestigten Flächen abfließende und gesammelte Wasser**. Beim Niederschlagswasser kommt es nicht darauf an, ob sich das von den bebauten oder befestigten Flächen abfließende Wasser nachteilig verändert hat. In der Regel wird dies auch nicht der Fall sein, so dass der Gesetzgeber mit **§ 51 a LWG** eine Regelung schaffen konnte, nach der das Niederschlagswasser möglichst **ortsnah** wieder dem natürlichen Wasserkreislauf zuzuführen ist (vgl. LT-Drucks. 11/7653 S. 187). Die Art des Niederschlags ist unerheblich; daher ist auch das bei Tauwetter abfließende Schmelzwasser aus Schneefällen als Niederschlagswasser anzusehen (so Honert/Rüttgers/Sanden, S. 161). Das Begriffspaar bebaute und befestigte Flächen erfasst alle solchen, unabhängig davon, ob sie dem Anwendungsbereich des Bauordnungsrechts unterworfen sind oder nicht. Somit sind die befestigten Verkehrsflächen ebenfalls befestigte Flächen im Sinne des § 51 Abs. 1 Satz 1 LWG. **59**

### 2.5.2 Abwasserbeseitigung über öffentliche Abwasserleitung

Nach § 18 a Abs. 1 WHG ist Abwasser so zu beseitigen, dass das Wohl der Allgemeinheit nicht beeinträchtigt wird. Abwasserbeseitigung im Sinne des WHG umfasst das Sammeln, Fortleiten, Behandeln, Einleiten, Versickern, Verregnen und Verrieseln von Abwasser sowie das Entwässern von Klärschlamm im Zusammenhang mit der Abwasserbeseitigung. Die **Abwasserbeseitigungspflicht** obliegt nach § 18 a Abs. 2 und 3 WHG und § 53 Abs. 1 LWG **grundsätzlich der Gemeinde**, soweit nicht nach den wasserrechtlichen Vorschriften andere zur Abwasserbeseitigung verpflichtet sind oder ein für verbindlich erklärter Abwasserbeseitigungsplan andere zur Abwasserbeseitigung verpflichtete Träger ausweist. Mit der Abwasserbeseitigungspflicht werden der (kreisangehörigen) Gemeinde jedoch keine wasserrechtlichen Befugnisse als (Sonder-) Ordnungsbehörde übertragen (OVG NRW vom 26. 3. 1996 – 5 A 3812/92, DÖV 1996, 1049). Soweit Abwasserverbände bestehen, wird die Pflicht zur Abwasserbeseitigung regelmäßig in Maßnahmen, die der Gemeinde obliegen (Sammeln des Abwassers), und Maßnahmen des Verbandes (Behandeln und Einleiten von Abwasser) aufgeteilt sein. **60**

**Abwasserbeseitigungspläne** sind nach § 18 a Abs. 3 WHG in Verbindung mit §§ 55, 56 LWG Pläne zur Abwasserbeseitigung nach überörtlichen Gesichtspunkten, die für bestimmte Planungsräume durch ordnungsbehördliche Verordnung aufgestellt werden und deren Festlegungen gemäß § 56 Abs. 6 LWG verbindlich sind; die Festlegungen sind **61**

bei der Beurteilung wasserrechtlicher Erlaubnisfragen rechtssatzartig zu berücksichtigen. Sie werden nur dort aufgestellt, wo besonders komplexe wasserwirtschaftliche Zusammenhänge oder überörtliche Gesichtspunkte oder besondere Maßnahmen zugunsten eines Unternehmens der Wassergewinnung für die öffentliche Wasserversorgung und die Festsetzung einer pauschalen Ausgleichszahlung es erfordern.

**62** Die Gemeinden haben nach § 53 Abs. 1 LWG die notwendigen Anlagen zur ordnungsgemäßen Abwasserbeseitigung in angemessenen Zeiträumen zu errichten, zu erweitern oder den Anforderungen der §§ 18 b WHG und 57 LWG (Beachtung der allgemein anerkannten Regeln der Abwassertechnik) anzupassen (s. die Anmerkungen zu § 1 Rdn. 147–151). In Erfüllung dieser Verpflichtung bauen und unterhalten die **Gemeinden** einem Abwasserbeseitigungskonzept entsprechend ein öffentliches Abwasserleitungsnetz mit entsprechender Abwasserbehandlungsanlage. Das **Abwasserbeseitigungskonzept** ist nach § 53 Abs. 1 Satz 4 LWG eine von der Gemeinde erarbeitete Übersicht über den Stand der öffentlichen Abwasserbeseitigung sowie über die zeitliche Abfolge und die geschätzten Kosten der noch erforderlichen Maßnahmen zur Beseitigung des Abwassers. Es entfaltet keine Wirkungen wie ein rechtsverbindlicher Plan, ist aber bei der **Beurteilung der wasserrechtlichen Erlaubnisfragen** mit heranzuziehen. Aus dem Abwasserbeseitigungskonzept ergibt sich, ob und in welchem Zeitraum ein Baugebiet, ein im Zusammenhang bebauter Ortsteil oder eine Splitterbebauung im Außenbereich an die Kanalisation voraussichtlich angeschlossen werden soll. Diese Angaben können insbesondere herangezogen werden, um die Zulässigkeit von Kleinkläranlagen zu prüfen.

Die **öffentlichen Abwasserleitungen liegen überwiegend im öffentlichen Straßenraum**; werden in besonderen Fällen öffentliche Abwasserleitungen über **private Grundstücksflächen** geführt, erfordert dies eine **zivilrechtliche Absicherung durch Grunddienstbarkeit**, da der private Eigentümer ansonsten Unterlassungs- und Folgenbeseitigungsansprüche geltend machen kann (hierzu s. Spannowsky, Entwässerung der Baugebiete – Aufgabe und Verantwortung, ZfBR 2000, S. 449 ff.). Eine **Sicherung der Führung öffentlicher Abwasserleitungen über Privatgrundstücke mittels Baulast** ist **ausgeschlossen**, da diese Anlagen dem Anwendungsbereich der BauO NRW entzogen sind und damit auch das Rechtsinstitut der Baulast keine Anwendung finden kann (s. die Anmerkungen zu § 1 Rdn. 42, 44, 133 und 147–151).

**Über Privatgrundstücke verlaufende private Anschlussleitungen** sind dagegen **dem Rechtsinstitut der Baulastsicherung zugänglich**, da § 1 Abs. 2 Nr. 3 BauO NRW diese Anlagen dem Anwendungsbereich des Bauordnungsrechts nicht entzieht. Gleichwohl ist eine **öffentlich-rechtliche Sicherung der Anschlussleitungen** durch § 4 Abs. 1 Nr. 3 BauO NRW – anders als für Zufahrten nach § 4 Abs. 1 Nr. 1 BauO NRW – **nicht gefordert**, da es der Gesetzgeber für ausreichend erachtet, wenn „gesichert“ ist, dass die Abwasseranlagen benutzbar sind, das heißt, eine **zivilrechtliche Sicherung** vorliegt (VG Köln, Beschluss vom 11. 3. 1999 – 2 L 386/99, n. v.). Im gesamten Bereich der Ver- und Entsorgung ist es üblich, die Leitungsführung durch **Grunddienstbarkeit** abzusichern, die dann auch das Recht zur Leitungserneuerung, nicht jedoch zur Funktionsänderung einschließt (vgl. BGH, Urteil vom 7. 7. 2000 – V ZR 435/98, DÖV 2001, 84).

**63** Kann der **Anschluss** des Grundstücks **an eine öffentliche Abwasserleitung** erfolgen, so ist damit auch eine ordnungsgemäße Beseitigung des Schmutzwassers entsprechend § 4 Abs. 1 Nr. 3 BauO NRW sichergestellt. Hinsichtlich des Niederschlagswassers sind die Regelungen des § 51 a LWG zu beachten. Die Gemeinde kann für die Grundstücke ihres Gebietes aufgrund einer Ortssatzung nach §§ 7 und 9 GO NRW sowohl einen **An-**

**schlusszwang** als auch einen **Benutzungszwang** vorschreiben. Durch den Anschlusszwang wird jeder Anschlussberechtigte – es ist jeder Eigentümer eines im Gebiet der Gemeinde an einer Straße mit betriebsfertiger Abwasserleitung liegenden Grundstücks – zum Anschluss an die Abwasseranlage verpflichtet. Durch den Benutzungszwang wird jeder Anschlussnehmer verpflichtet, bestimmte auf dem Grundstück anfallende Abwässer in die Abwasseranlage einzuleiten, und zwar auch dann, wenn eine bislang privat betriebene Kleinkläranlage noch einwandfrei arbeitet (BVerwG, Beschluss vom 19. 12. 1997 – 8 B 234.97, DVBl. 1998, 1222). Der Anschluss- und Benutzungszwang begründet die Pflicht des Grundstückseigentümers zur Herstellung und Unterhaltung der Anschlussleitung auf eigene Kosten (OVG NRW, Urteil vom 10. 10. 1997 – 22 A 2742/94, EildStNW 1998, 316 unter ausdrücklicher Aufgabe der Rechtsprechung im Urteil vom 14. 6. 1995 – 22 A 2742/94, NWVBl. 1996, 12). Es kann der Fall eintreten, dass trotz Anschlusszwang ein Kanalanschluss nicht vorgenommen werden kann, weil **rechtliche Hindernisse** dem entgegenstehen (vgl. OVG NRW, Urteil vom 15. 8. 1996 – 22 A 4322/95, NVwZ-RR 1997, 533 zum Fall einer rechtswidrigen Ordnungsverfügung mit der ein Grundstückseigentümer veranlasst werden sollte, eine Kanalanschlussleitung durch das Wurzelwerk einer auf seinem Grundstück befindlichen, als Naturdenkmal geschützten Winterlinde hindurch zu führen).

### 2.5.3 Beseitigung des Niederschlagswassers

Für das **Niederschlagswasser** trifft **§ 51 a LWG** eine **Sonderregelung** (s. hierzu auch die 64
VV zur Durchführung des § 51 a LWG, RdErl. vom 18. 5. 1998 – MBl. NRW. S. 654). Für Grundstücke, die nach dem 1. 1. 1996 erstmals bebaut, befestigt oder an die öffentliche Kanalisation angeschlossen werden, ist das Niederschlagswasser gemäß § 51 a Abs. 1 LWG vor Ort zu versickern, zu verrieseln oder ortsnah in ein Gewässer einzuleiten, sofern dies ohne Beeinträchtigung des Wohls der Allgemeinheit möglich ist, die dafür erforderlichen Anlagen müssen den jeweils in Betracht kommenden Regeln der Technik entsprechen. **Ausnahmen** von dem gesetzlichen Gebot zur Belassung des Niederschlagswassers auf dem Grundstück bzw. zur ortsnahen Einleitung in ein Gewässer bestehen nach § 51a Abs. 4 LWG dort, wo **Trennkanalisation** vorhanden ist und unter bestimmten Voraussetzungen auch dort, wo Niederschlagswasser einer nach bisherigem Recht genehmigten Kanalisationsnetzplanung gemischt mit Schmutzwasser einer öffentlichen Abwasserbehandlungsanlage zugeführt wird oder werden soll. Im letzteren Fall greift die Ausnahme aber nur, wenn der technische oder wirtschaftliche Aufwand einer Niederschlagswasserbeseitigung auf dem Grundstück oder durch ortsnahe Einleitung in ein Gewässer unverhältnismäßig ist.

**Verpflichtet** zur ortsnahen Beseitigung des Niederschlagswassers ist nach § 51 a Abs. 2 65
LWG der **Nutzungsberechtigte des Grundstücks**, wenn dieses auf dem Grundstück versickert oder verrieselt werden oder ortsnah in ein Gewässer eingeleitet werden kann. Sofern dies nicht möglich ist und das Niederschlagswasser deshalb in eine Kanalisation eingeleitet werden muss, hat die Gemeinde die Zielsetzung des § 51 a Abs. 1 LWG zu berücksichtigen (s. auch Mitschang – Wasser- und Gewässerschutz in städtebaulichen Planungen, ZfBR 1996, S. 63 ff.). Mit Zustimmung der Staatlichen Umweltämter können die **Gemeinden** nach § 51 a Abs. 3 LWG durch **Satzung** regeln, dass und in welcher Weise das Niederschlagswasser zu versickern, zu verrieseln oder in ein Gewässer einzuleiten ist; derartige **Festsetzungen** können auch in **Bebauungspläne** bzw. **städtebauliche Satzungen** aufgenommen werden.

66 Aus § 51 a LWG ergibt sich für den Entwurfsverfasser genehmigungsbedürftiger und freigestellter Vorhaben das Erfordernis einer **frühzeitigen Klärung** der damit im Zusammenhang stehenden, zum Teil recht komplizierten technischen, wirtschaftlichen und rechtlichen Fragen. Ansonsten ist es nämlich nicht möglich, eine dem öffentlichen Recht entsprechende Planung zu erstellen, die insbesondere den Vorgaben der §§ 4, 5, 9, 51 und 52 BauO NRW Rechnung trägt. Die Beschaffenheit und zum Teil auch die Lage der Zugänge und Zufahrten, der nicht überbauten Flächen, der Spielflächen, der Abfallbehälter-Standplätze, der Stellplätze und Garagen, der Abstellplätze für Fahrräder sowie der Dungstätten, Jauche- und Flüssigmistbehälter muss auf die **Versickerungs-** bzw. **Verrieselungsanlagen für das Niederschlagswasser** abgestimmt werden, um eine Beeinträchtigung des Grundwassers auszuschließen.

67 Die **Prüfung der grundstücksgebundenen Niederschlagswasserbeseitigung** muss sowohl die **quantitativen** als auch die **qualitativen Aspekte** des Wasserrechts berücksichtigen und in Abstimmung mit der Gemeinde erfolgen. Soweit die Gemeinde von ihrem Satzungsrecht nach § 51a Abs. 3 LWG Gebrauch macht, muss sie selbst die Zulässigkeit der Festsetzungen vorklären. Die Untersuchung zur Möglichkeit der Niederschlagswasserbeseitigung hat insbesondere

- die Durchlässigkeit des Untergrundes,
- Veränderungen im Durchlässigkeitsverhalten über längere Zeiträume hinweg,
- die Klüftigkeit oberflächennahen Felsgesteins und
- den Grundwasserflurabstand

zu berücksichtigen. Liegen der Gemeinde hierzu noch keine Erkenntnisse vor, wird in der Regel ein **hydrogeologisches Gutachten** erforderlich.

### 2.5.4 Abwasserbeseitigung über Kleinkläranlagen

68 Nach § 18 a Abs. 1 WHG ist Abwasser so zu beseitigen, dass das **Wohl der Allgemeinheit** nicht beeinträchtigt wird. Dem Wohl der Allgemeinheit kann auch die **Beseitigung von häuslichem Abwasser** durch **dezentrale Anlagen** entsprechen. Vor dem Hintergrund dieser gesetzlichen Vorgabe ist die abwassertechnische Entsorgung dünn besiedelter Gebiete nicht nur durch Anschluss an eine öffentliche Abwasserleitung möglich und sinnvoll; das klassische Entsorgungskonzept mit der Sammlung von häuslichem Abwasser und Niederschlagswasser ist nämlich mit zum Teil sehr hohen Bauaufwendungen verbunden, die erhebliche Kosten verursachen. Mit RdErl. vom 7. 8. 1996 (MBl. NRW. S. 1551) wurden daher Grundsätze für die Planung und die Bauausführung von Abwasseranlagen im ländlichen Raum als allgemein anerkannte Regeln der Abwassertechnik eingeführt. Erleichtert wurden auch die Anforderungen an die ordnungsgemäße Schlammbeseitigung durch Abschaffung der Kleineinleiterabgabe nach dem Abwasserabgabengesetz (hierzu s. BVerwG, Urteil vom 14. 3. 1997 – 8 C 51.95, DÖV 1997, 956).

69 **Kleinkläranlagen** dienen der Reinigung des Abwassers auf dem Grundstück selbst. Die Zulässigkeit des Einbaus und Betriebes von Kleinkläranlagen sowie die Wahl der Einbaustelle unterliegen den wasserrechtlichen Vorschriften (WHG und LWG). Das erforderliche Ausmaß der Abwasserbehandlung und die Art der Abwassereinleitung ergeben sich aus den örtlichen Gegebenheiten und den Erfordernissen des Gewässerschutzes. Hierüber entscheidet die zuständige Behörde. Die Abwasserentsorgung mittels **Kleinkläranlagen** und **Abwassergruben** ist nur zulässig ist, soweit das Abwasser

**nicht** über eine **öffentliche Kanalisation** beseitigt werden kann und wenn eine einwandfreie Beseitigung innerhalb und außerhalb des Grundstücks dauernd gesichert ist. Das Vorliegen dieser Voraussetzungen lässt sich nicht nur nach dem **Wasserrecht** und dem **Satzungsrecht** der Gemeinde klären.

**Geklärtes Abwasser aus Kleinkläranlagen** wird entweder direkt **in ein oberirdisches Gewässer** (Vorfluter) oder durch Untergrundverrieselung bzw. Filtergräben oder **Sickerschächte in das Grundwasser eingeleitet**. Bei Kleinkläranlagen ohne Abwasserbelüftung kann eine anaerobe-aerobe biologische Nachbehandlung durch Untergrundverrieselung oder durch Filtergräben vorgenommen werden. Das Einleiten von geklärtem Abwasser in den Untergrund über Sickerschächte ist abweichend von Nr. 3.1 der DIN 4261 Teil 1 unzulässig (vgl. RdErl. vom 25. 11. 1991, MBl. NRW. 1991, S. 21). Niederschlagswasser darf in Kleinkläranlagen nicht eingeleitet werden. Ferner sind die Vorschriften der **Abwasserverordnung** i. d. F. d. B. vom 20. 9. 2001 (BGBl. I S. 2440) und die der **Grundwasserverordnung** vom 18. 3. 1997 (BGBl. I S. 542) zu beachten. Nach § 3 Abs. 1 Nr. 4 WHG ist das Einbringen und **Einleiten** von Stoffen in oberirdische Gewässer eine Benutzung im Sinne des WHG; Gleiches gilt nach § 3 Abs. 1 Nr. 5 WHG für das Einleiten von Stoffen in das Grundwasser. Eine solche **Benutzung** bedarf nach § 2 Abs. 1 WHG der **wasserbehördlichen Erlaubnis**. Nach § 7 a WHG darf eine solche wasserrechtliche Erlaubnis nur erteilt werden, wenn die Menge und Schädlichkeit des Abwassers so gering gehalten werden, wie dies bei Anwendung der jeweils in Betracht kommenden Verfahren nach den allgemein anerkannten Regeln der Technik möglich ist. Zuständig für die Erteilung von Einleitungserlaubnissen sind Nr. 20.1.1 des Verzeichnisses zur ZustVOtU die Kreisordnungsbehörden, konkret also die Dienststellen der Kreise und kreisfreien Städte, die die Aufgabe der **unteren Wasserbehörde** wahrnehmen. 70

In Ergänzung zu § 7 a WHG regelt § 34 Abs. 1 WHG, dass eine **wasserrechtliche Erlaubnis** nur erteilt werden darf, wenn eine schädliche Verunreinigung des Grundwassers oder eine sonstige nachteilige Veränderung seiner Eigenschaften nicht zu besorgen ist. Diese Voraussetzung liegt nur dann vor, wenn keine auch nur wenig nahe liegende Wahrscheinlichkeit des Eintritts einer Grundwasserverunreinigung besteht (BVerwG, Urteil vom 16. 7. 1965 – IV C 54.65, DVBl. 1966, 496 und VGH B-W, Urteil vom 14. 10. 1980 – 5 S 1229/80, BRS 38 Nr. 124). Bei der Gefahr bedeutender Schäden, bei besonderer Schutzbedürftigkeit und bei hochwertigen Schutzgütern – wie z. B. dem Schutz des Grundwassers – genügt sogar noch weniger, nämlich schon die entfernte Möglichkeit eines Schadenseintritts. Der VGH B-W stellt in seinem Urteil vom 14. 10. 1980 (a. a. O.) unter anderem weiter fest, dass er aufgrund eigener Sachkunde wisse, dass zumindest eine solche entfernte Möglichkeit der Grundwasserbeeinträchtigung durch den Betrieb von Kleinkläranlagen mit Versickerung oder Verrieselung bestehe. Das einwandfreie Funktionieren solcher Anlagen könne nämlich zumindest bei einer Dimensionierung für Einzelwohnhäuser nicht sichergestellt werden. Bei einer Versickerung vorgeklärter Abwässer (Sickerschächte) oder bei deren Verrieselung (Untergrundverrieselung) könne eine unzureichende Wartung der Gruben, insbesondere eine nicht rechtzeitige Entleerung der Faulgrube, zum Abtreiben von Schlamm und zu Verstopfung führen. Das ließe sich auch nicht durch Abwasserfaulräume, Absetzgruben, Tropfkörper oder Sandfiltergräben vermeiden. Bereits das eingeleitete Regenwasser könne den gesammelten Schlamm in den Abfluss spülen und zur Verstopfung führen. Speziell die unterirdische Verrieselung setze einen durchlässigen Boden und tiefes Grundwasser voraus, da die biologische Reinigung beim Absinken erfolge. Auch eine 71

Abwasserbeseitigung durch eine Kleinkläranlage mit Abwasserbelüftung bringe nicht die erforderliche Sicherheit. Sie sei besonders anfällig gegen Unterbelastungen infolge Abwesenheit der Hausbewohner und gegen Schlammabtreibung und die damit verbundene Verstopfung. Dazu kommt der hohe Wartungsaufwand bei solchen Anlagen, der aus Unkenntnis des Betreibers, aus Kostengründen, aus Gleichgültigkeit oder Unaufmerksamkeit nicht von vornherein als gesichert angesehen werden könne.

**72** Der VGH B-W (Urteil vom 14.10.1980, a.a.O. Rdn. 71) kommt – nicht allein aufgrund des zu beurteilenden Einzelvorhabens – zu dem Ergebnis, dass auch **Gefahren durch unsachgemäße Wartung** von Kleinkläranlagen hervorgerufen werden können. Auch wenn eine solche Gefahr nicht konkret besteht und wenn auch der Betreiber selbst den besten Willen hat, die Anlage zuverlässig zu betreiben, kann doch zumindest die entfernte Möglichkeit eines Schadenseintrittes, etwa infolge Abwesenheit, Krankheit, Überbelastung der Wartungs- oder Reparaturfirma, nicht ausgeschlossen werden. Daraus ist zu schließen, dass eine **Kleinkläranlage** in dicht besiedelten Bereichen nur als **Behelf** zu betrachten ist und dass der Anschluss an eine öffentliche Abwasserleitung vorzunehmen ist, sobald die technischen Voraussetzungen geschaffen sind, wenn auch in vielen Fällen, wie z.B. der Streubauweise, bei Ausflugsgaststätten, bei Wandererheimen, solche Anlagen als Dauerlösung angeordnet werden müssen. Bereits Imhoff kommt in seinem Taschenbuch der Stadtentwässerung, 24. Aufl. 1976, zu folgendem Schluss:

„*Eine Sammelkläranlage kann nicht durch Hauskläranlagen ersetzt werden. Hauskläranlagen kosten im Bau und Betrieb viel mehr, sie belästigen jedes einzelne Haus, gefährden die Gesundheit und leisten zu wenig zum Schutze des Gewässers. Ihre größte Schwäche ist, dass sie nicht bedient werden. Schon auf die Schlammabfuhr kann man sich nicht verlassen, denn die Abfuhrwagen finden leicht den Weg zum nächsten Gewässer. Der Entschluss der Verwaltung, den Missstand endlich abzustellen, eine (Sammel-)Kläranlage zu bauen und die Hauskläranlage zu verbieten, ist in jedem Zeitpunkt noch richtig.*“

### 2.5.5 Abwasserbeseitigung über Abwassergruben

**73** Nach den wasserrechtlichen Vorgaben dürfen **Abwassergruben** nur hergestellt werden, wenn Abwasser in eine öffentliche Abwasserleitung nicht eingeleitet werden kann. Da die Gefährdung des Grundwassers beim Betrieb von Abwassergruben höher ist als beim Betrieb von Kleinkläranlagen und auch wegen der Schwierigkeiten, die sich mit der ordnungsgemäßen Abfuhr und unschädlichen Beseitigung des Grubeninhalts ergeben, kommt eine Prüfung der Zulässigkeit von Abwassergruben erst in Frage, wenn feststeht, dass die Zulässigkeit einer Kleinkläranlage ausgeschlossen ist. Dies ist insbesondere dann der Fall, wenn eine wasserrechtliche Erlaubnis zum Betrieb einer Kleinkläranlage nicht erteilt werden kann, da eine schädliche Verunreinigung des Grundwassers oder eine nachteilige Veränderung seiner Eigenschaften zu besorgen ist (s. Rdn. 69).

**74** Zwar mag es technisch durchaus möglich sein, solche Gruben **wasserdicht** und auch mit **ausreichendem Volumen** zu erstellen. Doch sind Bedenken infolge möglicher Mängel beim Betrieb, insbesondere bei der Wartung, nicht von der Hand zu weisen. Da es seit dem Inkrafttreten der BauO NW 1984 nicht mehr ausgeschlossen ist, einzelne Toiletten mit Wasserspülung an Abwassergruben anzuschließen (das Verbot des § 52 Abs. 3 Satz 2 BauO NW 1970 wurde nicht in die BauO NW 1984 übernommen), erhöht sich die Menge der sonstigen Abwässer, wie des Bade-, Wasch-, Spül- und sonstigen Brauchwassers, das in einem modernen Haushalt gerade beim Betrieb von Haushaltsmaschinen anfällt. Damit wird die Menge des anfallenden Abwassers so groß, dass es zu Schwierigkeiten mit dem rechtzeitigen Entleeren und Ausfahren des Grubeninhalts kommen kann; es besteht die Gefahr des Überlaufs. Schätzt man die anfallende Wassermenge eines 4-Personen-Haushalts überschlägig mit 200 l je Person und Tag, so ergibt sich, dass eine Grube mit einem Fassungsvermögen von 10 $m^3$ etwa alle 12 Tage geleert werden müsste. Überdies ist die ordnungsgemäße Entleerung einschließlich des Ausfahrens weitgehend dem Einfluss des Betreibers entzogen; dieser ist vielmehr auf die Zuverlässigkeit und auf die technische Einsatzbereitschaft der Wartungsfirma oder der Gemeinde als nach § 53 Abs. 1 LWG Abwasserbeseitigungspflichtige angewiesen, die ihrerseits auch bei bestem Willen an den vorgegebenen Straßenverhältnissen, am plötzlichen Ausfall des Maschinenparks nicht oder nicht rechtzeitig etwas ändern kann (vgl. auch VGH B-W, Urteil vom 14. 10. 1980, a. a. O. Rdn. 71).

Den **Nachweis** der Erschließung und (somit bei der Anlegung einer Abwassergrube) den Nachweis der Wasserdichtheit der Grube sowie den Nachweis der ordnungsgemäßen Beseitigung des in der Grube gesammelten Abwassers hat der **Bauherr** zu erbringen. Der Abwasserbeseitigungspflichtige muss die ordnungsgemäße Beseitigung des in der Grube gesammelten Abwassers bescheinigen. **Abwasserbeseitigungspflichtig** ist nach § 53 Abs. 1 LWG zunächst die **Gemeinde**, nach Maßgabe der §§ 53 ff. LWG gegebenenfalls der Nutzungsberechtigte des Grundstücks oder ein anderer Abwasserbeseitigungspflichtiger (s. nachfolgende Rdn. 76–80). 75

### 2.5.6 Abwasserbeseitigungspflicht in besonderen Fällen

§ 53 Abs. 1 LWG **verpflichtet die Gemeinden** grundsätzlich, das auf ihrem Gebiet anfallende Abwasser zu beseitigen und die dazu notwendigen Anlagen (Abwasseranlagen) zu betreiben, soweit nicht nach anderen Vorschriften des LWG andere zur Abwasserbeseitigung verpflichtet sind oder ein für verbindlich erklärter Abwasserbeseitigungsplan andere zur Abwasserbeseitigung verpflichtete Träger ausweist Kann die Gemeinde das Abwasser aus einem Gewerbebetrieb, einer anderen Anlage oder das Abwasser, das auf Grundstücken anfällt, in Erfüllung der ihr nach § 53 Abs. 1 LWG insgesamt obliegenden Verpflichtung erst später übernehmen, hat nach § 53 a LWG bis zur Übernahme derjenige das Abwasser zu beseitigen und die für die Zwischenzeit erforderlichen Sanierungsmaßnahmen durchzuführen, **bei dem das Abwasser anfällt**. Ihm können die dafür erforderlichen Genehmigungen erteilt und die Abwassereinleitung erlaubt werden, bis die Übernahme des Abwassers durch die Gemeinde erfolgt. 76

Dem Wortlaut und dem Inhalt des § 53 a LWG kann nicht entnommen werden, dass er nur auf solche Grundstücke anzuwenden ist, die im Geltungsbereich von Bebauungsplänen liegen oder die nach § 34 BauGB zu beurteilen sind, ferner auch nicht, dass die Wasserbehörde für Grundstücke im Außenbereich einem Grundstückseigentümer nur dann eine wasserrechtliche Erlaubnis erteilen dürfe, wenn zuvor die Gemeinde von der Abwasserbeseitigungspflicht freigestellt worden sei. § 53a LWG bestimmt in Satz 1 lediglich, dass für den Fall, dass die Gemeinde Abwasser, das auf Grundstücken anfällt, in Erfüllung der ihr nach § 53 Abs. 1 LWG obliegenden Verpflichtung erst später übernehmen kann, bis zur Übergabe derjenige das Abwasser zu beseitigen hat, bei dem das Abwasser anfällt. Hier ist nicht unterschieden, ob diese Grundstücke im Außenbereich oder innerhalb im Zusammenhang bebauter Ortsteile liegen. 77

78 § 53 Abs. 1 Satz 1 LWG stellt den **Grundsatz** auf, dass die **Gemeinden** das **auf ihrem Gebiet anfallende Abwasser zu beseitigen** haben, **soweit nicht andere zur Abwasserbeseitigung verpflichtet** sind. Dies bedeutet, dass die Gemeinde abwasserbeseitigungspflichtig ist, sofern sie nicht durch Rechtsvorschrift oder durch Verwaltungsakt von dieser Pflicht befreit ist. Nach § 53 Abs. 3 LWG kann die untere Wasserbehörde die Gemeinde auf ihren Antrag von der Pflicht zur Abwasserbeseitigung für Grundstücke außerhalb im Zusammenhang bebauter Ortsteile ganz oder teilweise freistellen und diese Pflicht auf den Nutzungsberechtigten der Grundstücke übertragen, wenn eine Übernahme des Abwassers wegen technischer Schwierigkeiten oder wegen eines unverhältnismäßig hohen Aufwandes nicht angezeigt ist und das Wohl der Allgemeinheit der gesonderten Abwasserbeseitigung nicht entgegensteht. Die **Übertragung der Abwasserbeseitigungspflicht** von der Gemeinde auf den Nutzungsberechtigten steht **im pflichtgemäßen Ermessen der Wasserbehörde**, die Gemeinde hat nicht etwa einen Rechtsanspruch auf Befreiung für die Grundstücke im Außenbereich. Die untere Wasserbehörde wird, wenn wasserwirtschaftliche Gründe dies erfordern, eine Befreiung von der Abwasserbeseitigungspflicht versagen. Solche Gründe können z. B. bestehende Abwassermissstände aufgrund örtlicher Verhältnisse (dichte Bebauung, kleine Grundstücke) oder auch mögliche Beeinträchtigungen einer Talsperre sein.

79 Solange die Gemeinde nicht von ihrer Abwasserbeseitigungspflicht durch Verwaltungsakt befreit ist, muss sie in ihrem Hoheitsgebiet auch für Splitter- und Streusiedlungen im Außenbereich die noch fehlenden notwendigen öffentlichen Abwasseranlagen planen, bauen und schließlich in Betrieb nehmen. Für die **Zwischenzeit** kann sehr wohl die untere Wasserbehörde dem Abwasserproduzenten gemäß § 53 a LWG die erforderliche Genehmigung für eine Kläranlage und auch eine Einleitungserlaubnis erteilen. Sollte sich später herausstellen, dass die Gemeinde tatsächlich von ihrer Abwasserbeseitigungspflicht befreit wird, so steht einer Übertragung dieser Pflicht auf den Grundstückseigentümer und Erlaubnisinhaber nichts entgegen.

80 Aus den vorstehenden Erläuterungen ergibt sich, dass das verwaltungsrechtliche Verfahren über einen Befreiungsantrag einer Gemeinde von der Verpflichtung zur Abwasserbeseitigung losgelöst gesehen werden muss von den baurechtlichen Entscheidungen im Rahmen einer Bauvoranfrage oder eines Bauantrages. Die untere Wasserbehörde ist rechtlich nicht gehindert, einem Antragsteller eine wasserrechtliche Erlaubnis für eine **Übergangslösung** nach § 53 a LWG zu erteilen und gleichwohl einem Befreiungsantrag einer Gemeinde nach § 53 Abs. 3 LWG nicht zu entsprechen. Im Einzelfall kann das bedeuten, dass – falls eine Gemeinde nicht von ihrer Abwasserbeseitigungspflicht befreit ist – jedoch eine Abwassergrube zulässig und auch genehmigt ist, der Gemeinde die Pflicht für eine ordnungsgemäße Entleerung und Beseitigung des Grubeninhalts obliegt.

### 2.5.7 Darstellung in Bauvorlagen

81 Der Nachweis der **gesicherten Erschließung** durch **ausreichende Abwasseranlagen** wird durch die **Bauvorlagen**, insbesondere durch die **Darstellungen im Lageplan** erbracht. So muss der **Lageplan** unter anderem enthalten:

- nach § 3 Abs. 1 Satz 2 Nr. 11 BauPrüfVO – bei Lage des Grundstücks im Bereich eines Bebauungsplans oder einer anderen städtebaulichen Satzung – die **Flächen**, für die **besondere Festsetzungen** bestehen, die für die Abwasserbeseitigung von Bedeutung sind, wie z. B. **Leitungsrechte**,

- nach § 3 Abs. 1 Satz 2 Nr. 15 BauPrüfVO die **Lage der Entwässerungsgrundleitungen** bis zum öffentlichen Kanal oder die **Lage der Abwasserbehandlungsanlage** mit der Abwassereinleitung.

Für die Darstellung im Lageplan enthält **Nr. 1.14** der **Anlage** zur BauPrüfVO **Zeichen** für **Entwässerungsgrundleitungen**

| | | |
|---|---|---|
| **a) Schmutzwasserleitungen** | —#——#— | durchgezogene Linie |
| **b) Regenwasserleitungen** | – –#– – – –#– – | unterbrochene Linie |
| **c) Mischwasserleitungen** | – · –#– · – · –#– · – | strichpunktierte Linie. |

Weitere **Planzeichen für Einrichtungen im Leitungsverlauf** und **für Abwasserbehandlungsanlagen mit der Abwassereinleitung** sind in der Anlage zur BauPrüfVO nicht enthalten. Für die Darstellung von Schlammfängen, Abscheidern, Hebeanlagen und ähnlichen Einrichtungen ist auf die Vorgaben der DIN EN 12056 – Teile 1 bis 5 „Schwerkraftentwässerungsanlagen innerhalb von Gebäuden" und DIN EN 752 – Teile 1 bis 7 „Schwerkraftentwässerungsanlagen außerhalb von Gebäuden" und auf die im Vermessungswesen üblichen Symbole und Kennzeichnungen zurückzugreifen. Abwasserbehandlungsanlagen mit der Abwassereinleitung unterliegen einem präventiven **wasserrechtlichen Erlaubnisverfahren**; das **Wasserrecht** enthält hierfür **besondere Verfahrensvorschriften** und **Darstellungs-** bzw. **Nachweisvorgaben**. Dem Bauantrag sind die **Unterlagen für die Erteilung der wasserrechtlichen Einleitungserlaubnis** gesondert beizufügen oder aber unmittelbar der zuständigen Wasserbehörde vorzulegen und die Bauaufsichtsbehörde hierüber zu unterrichten.

### 2.5.8 Prüfung der Nachweises und der technischen Ausführung

Die Angaben zu den Abwasseranlagen dienen im bauaufsichtlichen Verfahren aus- 82
schließlich dazu, die ausreichende Abwasserbeseitigung als Erschließungsvoraussetzung vor Erteilung der Baugenehmigung prüfen und die Herstellung der Anlagen im Rahmen der Bauüberwachung und Bauzustandsbesichtigung nachhalten zu können. **Im bauaufsichtlichen Verfahren** findet jedoch **keine präventive anlagentechnische Prüfung** der Abwasseranlagen statt (zur verfahrensrechtlichen Behandlung s. die Anmerkungen zu § 45 Rdn. 4). Die Prüfung der gesicherten Abwasserbeseitigung erstreckt sich primär auf die Kontrolle der Bauvorlagen. Im Rahmen der Bauüberwachung nach § 81 BauO NRW kann die Bauaufsichtsbehörde auch überwachen, ob die Abwasseranlagen entsprechend den Darstellungen in den Bauvorlagen ausgeführt, also tatsächlich gebaut wurden, da nur dann die **Sicherung der Erschließung** auch tatsächlich gewährleistet ist. Die nach altem Recht (§ 77 Abs. 2 Satz 2 BauO NW 1984) vorgeschriebene Offenhaltepflicht der Bauteile für die Abwasserführung zur Besichtigung des Rohbaus ist mit der BauO NW 1995 entfallen.

Im bauaufsichtlichen Verfahren für das Gebäude findet keine präventive Prüfung der 83
technischen Beschaffenheit der Abwasseranlagen statt; vgl. § 65 Abs. 1 Nr. 12 und § 66 Satz 1 Nr. 6 BauO NRW. Die **ordnungsgemäße Ausführung** der Abwasseranlagen soll durch die Bescheinigung nach § 66 Satz 2 BauO NRW gewährleistet werden. Diese Bescheinigung ist eingeführt worden, weil sich herausgestellt hat, dass bei den haustechnischen Anlagen die Übereinstimmung mit dem öffentlichen Baurecht (vgl. § 75 Abs. 1 BauO NRW) im Baugenehmigungsverfahren aufgrund von Bauvorlagen präventiv nicht bzw. nur höchst unzureichend geprüft werden kann. Erst am fertigen Objekt lässt

sich, soweit erkennbar, diese Übereinstimmung feststellen. Deshalb dürfen Abwasseranlagen zwar freigestellt errichtet, aber erst in **Benutzung** genommen werden, wenn dem Bauherrn die nach § 66 Satz 2 BauO NRW erforderliche **Bescheinigung** vorliegt.

**84** Es liegt nahe, dass vorrangig derjenige, der die Anlage erstellt hat, also der **Unternehmer**, eine Aussage darüber treffen kann, ob die einzelnen Teile der Abwasseranlage den baurechtlichen Vorschriften entsprechen. Daher sieht § 66 Satz 2 BauO NRW vor, dass vor der Benutzung durch eine **Bescheinigung** des Unternehmers oder alternativ eines **Sachverständigen** nachgewiesen wird, dass die Anlage den öffentlich-rechtlichen Vorschriften entspricht. (s. hierzu Nr. 66 VV BauO NRW). Im Anhang zu Nr. 66 VV BauO NRW sind Vordrucke für die Unternehmerbescheinigungen verbindlich bekannt gemacht worden. Bezüglich der Abwasseranlagen ist der **Vordruck A** zu verwenden.

**85** Weitere Verfahren und Prüfungen für Abwasseranlagen sind in der Landesbauordnung nicht vorgeschrieben. Jedoch sehen ältere **gemeindlichen Satzungen** über den Anschluss- und Benutzungszwang an die öffentliche Kanalisation (**Entwässerungssatzung**) ein besonderes **satzungsrechtliches Genehmigungserfordernis** für Abwasseranlagen vor. Diese Genehmigungsbedürftigkeit nach der Satzung korrespondierte bis zum Inkrafttreten der BauO NW 1984 am 1. 1. 1985 mit der grundsätzlichen bauordnungsrechtlichen Genehmigungspflicht nach § 80 Abs. 1 BauO NW 1970.

**86** Seit dem 1. 1. 1985 laufen die Bestimmungen gemeindlicher **Entwässerungssatzungen**, die ein **Genehmigungserfordernis von Abwasseranlagen auf dem zu bebauenden Grundstück** vorsehen, ins Leere (vgl. RdErl. d. MSWV vom 3. 11. 1986 – V A 1-100/60, n. v.). Sie verstoßen nämlich insoweit gegen höherrangiges Landesrecht, als Abwasseranlagen nach § 65 Abs. 1 Nr. 12 und § 66 Satz 1 Nr. 6 BauO NRW verfahrensfrei gestellt sind. Lediglich die Vorschriften, die das **Verfahren zur Vornahme des Anschlusses** der privaten Anschlussleitung an den öffentlichen Kanal **im öffentlichen Straßenraum** regeln, behalten ihre Gültigkeit. Die Vornahme des Anschlusses der privaten Anschlussleitung an den öffentlichen Kanal im öffentlichen Straßenraum ist nämlich durch § 1 Abs. 2 Nr. 1 und 3 BauO NRW dem Anwendungsbereich des Bauordnungsrechts entzogen, weil es sich hierbei um Arbeiten an den öffentlichen Anlagen selbst handelt. Da diese Arbeiten wegen des Eingriffs in den öffentlichen Straßenverkehr und in den in Betrieb befindlichen öffentlichen Kanal besonders gefahrenträchtig sind, enthalten die Entwässerungssatzungen der Gemeinden besondere Anforderungen an die Durchführung der Maßnahme und die Qualifikation der Unternehmer.

**87** Nr. 4.13 VV BauO NRW weist darauf hin, dass in kommunalen Satzungen hinsichtlich der Abwasserbeseitigung **außerhalb des Baurechts** Folgendes geregelt sein kann:

- der Anschluss- und Benutzungszwang,
- die Art und Weise des Anschlusses an die öffentliche Abwasserleitung und
- die Stoffe, die nicht in die öffentliche Abwasserleitung eingeleitet werden dürfen.

Die Gemeinden haben zur Benutzung ihrer öffentlichen Abwasseranlagen **Entwässerungssatzungen** erlassen, die den Anschluss- und Benutzungszwang regeln und Vorgaben hinsichtlich der Art und Weise des Kanalanschlusses enthalten. Auch regeln die Entwässerungssatzungen, dass Abwasser, welches bestimmte Grenzwerte überschreitet, nicht eingeleitet werden darf; s. hierzu auch § 59 LWG und die Ordnungsbehördliche Verordnung über die Genehmigungspflicht für die Einleitung von Abwasser mit gefährlichen Stoffen in öffentlichen Abwasseranlagen – VGS – vom 25. 9. 1989 (GV. NRW. S. 564). Von besonderer Bedeutung ist auch die in den Entwässerungssatzungen geregelte Verpflichtung der Grundstückseigentümer, sich gegen **Rückstau aus dem öffentlichen Entwässerungsnetz** nach den allgemein anerkannten Regeln der Technik zu sichern. Als **Höhe der Rückstauebene** ist in den Entwässerungssatzungen regelmäßig die **Straßenoberkante** über der Anschlussstelle festgelegt. Technische Vorkehrungen zum Schutz gegen Rückstau stellen Abwasserhebeanlagen und Rückstauverschlüsse dar. Die Gemeinde haftet grundsätzlich nicht für Rückstauschäden (BGH, Beschluss vom 30. 7. 1998 – III ZR 263/96, UPR 1998, 448), kann aber die Haftung auch nicht durch Satzung ausschließen (BGH, Urteil vom 21. 6. 2007 – III ZR 117/06, BauR 2007, 1854 = DVBl. 2007, 1238).

### 3 Zu Absatz 2 – Errichtung eines Gebäudes auf mehreren Grundstücken

Die BauO NRW gilt gemäß § 1 Abs. 1 nicht nur für bauliche Anlagen, sondern auch für 88
**Grundstücke** sowie für andere Anlagen und Einrichtungen, **an die in der BauO NRW oder in Vorschriften aufgrund der BauO NRW Anforderungen** gestellt werden. Der **Grundstücksbegriff** ist im Bauordnungsrecht, wie im übrigen auch im Bauplanungsrecht und im Baunebenrecht, von großer Bedeutung, da viele Vorschriften, wie z. B. § 4 Abs. 1, § 6 Abs. 2 Satz 1, § 7, § 8, § 31 Abs. 1, § 35 Abs. 2, § 51 Abs. 3, § 69 Abs. 2 Satz 3, § 74 Abs. 1, § 83 Abs. 1 BauO NRW, hierauf unmittelbar abstellen (vgl. die Anmerkungen zu § 1 Rdn. 27–36). Im Bauordnungsrecht ist der Begriff im Sinne des Bürgerlichen Rechts zu verstehen. Andere Bauordnungen verwenden noch den Begriff **Baugrundstück** (s. Anmerkungen zu § 2 Rdn. 2; vgl. auch von Schack, Zum Begriff des Baugrundstücks, DVBl. 1970, S. 40 ff.) als Ausgangspunkt der Legaldefinition (so z. B. § 4 Abs. 1 Satz 1 NBauO, allerdings unter Bezugnahme auf den Begriff im Sinne des Bürgerlichen Rechts). Auch ohne eine besondere Legaldefinition wird der Grundstücksbegriff, den die BauO NRW verwendet, grundsätzlich so verstanden (vgl. OVG NRW, Beschluss vom 3. 8. 1966 – X B 451/66, BRS 17 Nr. 73).

Die Bebauung **eines** Grundstücks mit einem oder mehreren Gebäuden (zum bauord- 89
nungsrechtlichen Gebäudebegriff s. die Anmerkungen zu § 2 Rdn. 104–117) bildet den Regelfall. Die bauordnungsrechtlich besonders relevanten Anforderungen hinsichtlich der Erschließung, der Abstandflächen und des Nachweises notwendiger Stellplätze sind regelmäßig auf dem Grundstück selbst, auf dem das oder die Gebäude errichtet werden sollen, zu erbringen. Gelingt dies nicht, fordert das Gesetz ausdrücklich eine öffentlich-rechtliche Sicherung als Ersatzlösung. Mitunter erfüllt ein zur Verfügung stehendes Buchgrundstück aber nicht die Voraussetzungen, die das Bauordnungsrecht einfordert, weil es zu klein oder schlecht geschnitten ist. Das **Sachenrecht des BGB** ermöglicht in diesem Falle das für eine Bebauung ungeeignete Grundstück mit einem anderen Grundstück rechtlich zu **vereinigen** – vgl. § 890 Abs. 1 BGB, § 5 Grundbuchordnung – GBO. Eine andere Möglichkeit besteht darin, ein benachbartes Grundstück dem zu bebauenden Grundstück zuschreiben zu lassen (§ 890 Abs. 2 BGB, § 6 GBO). Als besondere Art der Vereinigung unterscheidet sich die Zuschreibung von der Vereinigung durch eine andere Behandlung der Belastungen. Die zivilrechtliche Vereinigung bzw. Zuschreibung steht unter dem **Vorbehalt**, dass **keine Verwirrung** im Grundbuch **zu befürchten** sein darf. In einem solchen Fall besteht dann ein rechtliches Hindernis für eine Bebauung. Nach § 4 Abs. 2 Nr. 1 BauO NW 1962 und 1970 durften Gebäude nur errich-

tet werden, wenn das Grundstück nach Lage, Form, Größe und Beschaffenheit für die beabsichtigte Bebauung geeignet war. Diese Vorschrift kam einem Verbot gleich, ein Gebäude auf mehreren Grundstücken zu errichten und verhinderte bei fehlgeschlagener zivilrechtlicher Vereinigung die Bebauung.

**90** Die Regelung des § 4 Abs. 2 BauO NW 1995, wonach die **Errichtung** (zu diesem Begriff s. die Anmerkungen zu § 3 Rdn. 20–22) **eines Gebäudes auf mehreren Grundstücken** nur zulässig ist, wenn durch Baulast gesichert ist, dass keine Verhältnisse eintreten können, die den Vorschriften des Gesetzes oder den aufgrund dieses Gesetzes erlassenen Vorschriften zuwiderlaufen, wurde erst mit der BauO NW 1984 eingeführt. Vergleichbare Regelungen enthalten mit Ausnahme von Bayern und Brandenburg, die das Rechtsinstitut der Baulast nicht kennen, sämtliche Landesbauordnungen. Die Regelung verbot (im Umkehrschluss) – der Rechtslage bis zum 1. 1. 1985 entsprechend – die Errichtung eines Gebäudes auf mehreren Grundstücken und konnte nur durch Baulast, nicht jedoch durch eine Abweichung überwunden werden (vgl. Boeddinghaus/Hahn/Schulte, zu § 4 Rdn. 47). Das Verbot, Gebäude auf mehreren Grundstücken errichten zu können, gilt seit Inkrafttreten der BauO NW 1984 jedoch dann nicht, wenn durch Baulast gesichert ist, dass keine den Vorschriften des Bauordnungsrechts zuwiderlaufenden Verhältnisse eintreten können. **Zusätzlich** wird seit dem Inkrafttreten der Novelle 1995 am 1. 1. 1996 gefordert, „dass das Gebäude auf den Grundstücken diesen Vorschriften so entspricht, als wären die Grundstücke ein Grundstück". Diese Formulierung findet ein Vorbild nicht in der MBO, sondern in § 4 Abs. 1 Satz 2 NBauO.

Mit der **BauO NRW 2000** wurden die Eingangsworte „***Die Errichtung eines Gebäudes***" ersetzt durch „***Ein Gebäude***", um zu erreichen, dass auch die **nachträgliche Teilung** eines Grundstücks, das mit einem Gebäude überbaut ist, durch eine Vereinigungsbaulast möglich wird (so LT-Drucks. 12/4394, S. 68 f.). Diese Rechtsänderung hat jedoch nur klarstellenden Charakter, da schon bislang – gestützt auf die Rechtsprechung – eine nachträgliche Teilung als zulässig angesehen wurde (s. Rdn. 104 ff.).

### 3.1 Sinn und Zweck der Regelung

**91** Die Praxis hat gezeigt, dass ein Interesse daran besteht, ein **zu bebauendes Grundstück aus mehreren selbständig bleibenden Buchgrundstücken zusammenzusetzen**. So kommt es nicht selten vor, dass eine **Baulücke im Bebauungszusammenhang** oder ein noch **freier Bauplatz im Bebauungsplangebiet aus mehreren kleinen Buchgrundstücken** besteht, nach den städtebaulichen Zielsetzungen aber eine zu bebauende Grundstückseinheit (Baugrundstück) bilden soll. Auch treten Bauträger als Bauherren auf, die ihre Vorhaben über Grundstücksgrenzen hinweg auf mehreren Buchgrundstücken zu errichten wünschen. Sind alle Grundstücke in einer Hand, so kann in aller Regel die Zusammenfassung zu einem Buchgrundstück erreicht werden; aber auch hier bestehen immer wieder grundbuchrechtliche Hindernisse für eine Vereinigung oder Zuschreibung. Schwierigkeiten ergeben sich insbesondere dann, wenn es einem Bauherrn nicht gelingt, die für sein Vorhaben benötigten Grundstücke zu erwerben, weil deren Eigentümer z. B. nur bereit sind, ihre Grundstücke zu verpachten oder Erbbaurechte einzuräumen.

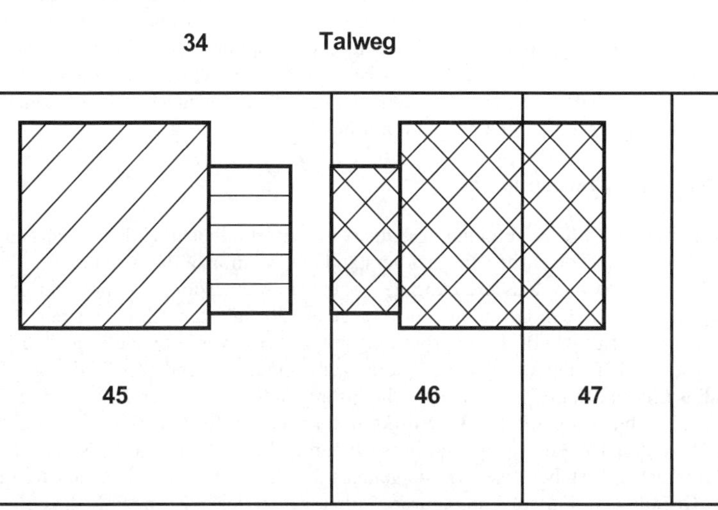


**Abbildung 4.2 Grundgedanke der Vereinigungsbaulast** – die Flurstücke 46 und 47 lassen sich grundbuchrechtlich aufgrund der Eigentumsverhältnisse oder Belastungen nicht zusammenfassen, so dass sie gemäß § 4 Abs. 2 BauO NRW durch Baulast öffentlich-rechtlich zu einem Grundstück „vereinigt" werden und dadurch die Grundstücksgrenze zwischen diesen Flurstücken bauordnungsrechtlich unbeachtlichen ist

Werden mehrere Buchgrundstücke ohne grundbuchliche Vereinigung oder Zuschreibung und ohne öffentlich-rechtliche Sicherung lediglich faktisch (z. B. durch einen Zaun) zu einem Grundstück zusammengefasst, besteht die Gefahr, dass der Zweck bauordnungsrechtlicher Vorschriften vereitelt wird. Die bürgerlich-rechtlichen Bindungen, die zum Zeitpunkt der Zusammenfassung der Buchgrundstücke zu einem Grundstück vertraglich begründet werden, können infolge Zeitablaufs oder Vertragsaufhebung entfallen. Jeder Eigentümer ist dann wieder nach § 903 BGB befugt, mit seinem Grundstück nach Belieben zu verfahren; er kann auf seinem Teilgrundstück Änderungen bewirken, die zwar nicht dort, wohl aber auf den anderen Teilgrundstücken **baurechtswidrige Zustände** herbeiführen (vgl. auch Große-Suchsdorf/Lindorf/Schmaltz/Wiechert, zu § 4 Rdn. 9). So könnte der Eigentümer auf seinem Teilgrundstück bauliche Anlagen, wie z. B. notwendige Zugänge oder Zufahrten nach § 4 BauO NRW, Abstandflächen nach § 6 BauO NRW, Spielflächen für Kleinkinder nach § 9 Abs. 2 BauO NRW oder Stellplätze für Kraftfahrzeuge nach § 51 BauO NRW, die zwar nicht für Gebäude auf seinem Teilgrundstück, wohl aber auf anderen Teilgrundstücken notwendig sind, nachträglich verkleinern, verändern, beseitigen oder überbauen. Ohne Baulastsicherung kann der **Eigentümer** nämlich geltend machen, dass er **nur für sein Buchgrundstück verantwortlich** ist, und sich auf dieses bezogen rechtmäßig verhält. 92

Um praktischen Bedürfnissen zu genügen, regelt § 4 Abs. 2 BauO NRW, dass das grundsätzliche Verbot eines Gebäudes auf mehreren (verschiedenen) Grundstücken nicht gilt, wenn durch **Baulast** nach § 83 BauO NRW gesichert ist, dass keine Verhältnisse ein- 93 treten können, wie sie zuvor beispielhaft beschrieben sind. Durch eine solche Baulast werden mehrere Buchgrundstücke zu einem einheitlichen Grundstück bauordnungsrechtlich zusammengefasst, ohne dass eine Vereinigung oder Zuschreibung nach Grundbuchrecht erforderlich wird. In der Fachsprache bezeichnet man eine solche Baulast analog zur zivilrechtlichen Regelung als **Vereinigungsbaulast** (vgl. Boeddinghaus/Hahn/Schulte, zu § 4 Rdn. 48 und Buntenbroich/Voß, zu § 4 Rdn. 32).

### 3.2 Bezug zum Grundbuchrecht

94 Die öffentlich-rechtliche Vereinigungsbaulast ist der grundbuchrechtlichen Vereinigung nachgebildet. Die Vorschrift wird erst verständlich, wenn man die für eine grundbuchliche Vereinigung bzw. Zuschreibung gegebenen Voraussetzungen kennt und die Zusammenhänge zwischen Grundbuch und Liegenschaftskataster richtig versteht. Bei der Vereinigung nach § 890 BGB in Verbindung mit § 5 GBO verlieren die Grundstücke ihre Selbständigkeit und werden Bestandteil eines neuen Grundstücks. Dies geschieht **grundbuchtechnisch** in der Form, dass die bislang unter getrennten Nummern des Bestandsverzeichnisses geführten **Flurstücke** unter **einer laufenden Nummer** gemeinsam geführt werden. Ein Grundstück im bürgerlich-rechtlichen Sinne kann also aus mehreren Flurstücken bestehen, wie auch umgekehrt die Katasterbehörde **aus katastertechnischen Gründen** ein Flurstück in mehrere Flurstücke **zerlegen** kann, ohne dass dies den Grundstücksbegriff ändert, solange nur diese Flurstücke im Bestandsverzeichnis unter einer laufenden Nummer zusammengefasst sind (s. hierzu die Anmerkungen zu § 1 Rdn. 29 und 30 sowie dort auch Abbildung 1.1). Ebenso hat es keinen Einfluss auf den Grundstücksbegriff, wenn zwei oder mehrere Flurstücke, die bereits unter einer laufenden Nummer im Bestandsverzeichnis geführt werden, zu einem neuen (gemeinsamen) Flurstück katastertechnisch **verschmolzen** (zusammengefasst) werden.

95 Diese grundbuch- bzw. katastertechnischen Gegebenheiten hängen mit der Funktion von Liegenschaftskataster und Grundbuch zusammen. Im Liegenschaftskataster sind gemäß § 9 Abs. 1 Satz 1 VermKatG NRW für das gesamte Landesgebiet alle Liegenschaften (Flurstücke und Gebäude) darzustellen und zu beschreiben. Nach § 9 Abs. 2 Satz 1 VermKatG NRW ist ein **Flurstück** ein **begrenzter Teil der Erdoberfläche**, **der im Liegenschaftskataster unter einer besonderen Bezeichnung** geführt wird. Die Flurstücke werden auf Antrag oder – wenn es für die Führung des Liegenschaftskatasters zweckmäßig ist – von Amts wegen gebildet. Nach § 10 Abs. 1 VermKatG NRW ist das Liegenschaftskataster (mit den dort verzeichneten Flurstücken und deren Beschreibung im vermessungstechnischen Sinne – Flächeninhalt, Umringmaße) das **amtliche Verzeichnis** der Grundstücke im Sinne des § 2 Abs. 2 GBO. Diese Vorschrift nimmt wiederum auf das Liegenschaftskataster Bezug und ordnet an, dass die Grundstücke im Grundbuch nach den in den Ländern eingerichteten amtlichen Verzeichnissen benannt werden (Übernahme der Gemarkungs-, Flur- und Flurstücksbezeichnung).

96 **Grundbuch** und **Liegenschaftskataster ergänzen einander** und müssen daher laufend in Übereinstimmung gehalten werden. Dabei besteht das Liegenschaftskataster aus der Liegenschaftskarte/Flurkarte als darstellendem Teil mit einer maßstabgerechten Wiedergabe der Flurstücke einschließlich der Gebäude nach ihrer Lage und dem Liegenschaftsbuch/Flurbuch und Eigentümerverzeichnis als beschreibendem Teil mit den Angaben über Flächengröße und Wirtschaftsart. In das Grundbuch werden die Lage- und Flurstücksbezeichnungen sowie die Angaben zur Größe und Wirtschaftsart aus dem

Liegenschaftskataster übernommen. Jedes Grundstück erhält im Grundbuch gemäß § 3 Abs. 1 GBO eine besondere Stelle, das ist das **Grundbuchblatt** (Realfolium). Über mehrere Grundstücke desselben Eigentümers kann gemäß § 4 Abs. 1 GBO ein **gemeinschaftliches** Grundbuchblatt (Personalfolium) geführt werden, solange dies keine Verwirrung hervorruft. Nach § 4 GBV besteht jedes Grundbuchblatt neben der Aufschrift aus dem **Bestandsverzeichnis** und **drei Abteilungen**. § 6 Abs. 1 GBV gibt vor, dass im Bestandsverzeichnis die Spalte 1 für die Angabe der laufenden Nummer des Grundstücks bestimmt ist und in der Spalte 2 die bisherigen laufenden Nummern der Grundstücke anzugeben sind, aus denen das Grundstück durch Vereinigung, Zuschreibung oder Teilung entstanden ist, Spalte 3 enthält die Bezeichnung des Liegenschaftskatasters (Gemarkung, Flur, Flurstück, Wirtschaftsart, Lage), Spalte 4 übernimmt aus dem Liegenschaftskataster die Flächengröße (vgl. hierzu die Darstellung bei Weirich, Rdn. 302–305). Den Spalten 5 bis 8 des Bestandsverzeichnisses lassen sich der Bestand bei Anlegung des Grundbuchs sowie spätere Zuschreibungen oder Abschreibungen entnehmen.

Aus diesem Sachzusammenhang ergibt sich mangels einer Legaldefinition des Grund- 97
stücks im BGB bzw. der GBO, was hierunter zu verstehen ist:

**Grundstück im Rechtssinne ist der katastermäßig vermessene, im Liegenschaftskataster beschriebene und kartenmäßig dargestellte Teil der Erdoberfläche, der im Bestandsverzeichnis des Grundbuchblattes unter einer besonderen Nummer geführt wird** (so schon BGH, Beschluss vom 19. 12. 1967 – V BLw 24/67, BGHZ 49, 145 = NJW 1968, 791; s. auch die Anmerkungen zu § 1 Rdn. 29 und 30 mit Abbildung 1.1).

Die Maßgeblichkeit des grundbuchrechtlichen Begriffs des Grundstücks wird auch für das Bauplanungsrecht und für das Bauordnungsrecht angenommen (vgl. die Anmerkungen zu § 1 Rdn. 31–36). Die Regelung des § 4 Abs. 2 BauO NRW ergibt sogar nur einen Sinn, wenn der Buchgrundstücksbegriff zugrunde gelegt wird.

### 3.3 Sicherung durch Vereinigungsbaulast

Durch die öffentlich-rechtliche **Sicherung** ist **gewährleistet**, dass Eigentumsveränderun- 98
gen an den Einzelgrundstücken die ordnungsgemäß begründete Grundstückseinheit im Hinblick auf die Anwendung der bauordnungsrechtlichen Vorschriften unberührt lassen und so unbeschadet besonderer zivilrechtlicher Eigentumsregelungen eine gewisse **Stabilität** der einmal geschaffenen Verhältnisse in öffentlich-rechtlicher Hinsicht erreicht wird. Es handelt sich bei der Vereinigungsbaulast, wie bei allen sonstigen Baulasten, um ein **eigenständiges Rechtsinstitut des Landesrechts**, das sich vom Sachenrecht des BGB unterscheidet (BVerwG, Beschluss vom 27. 9. 1990 – 4 B 34 und 35.90, BauR 1991, 62 = BRS 50 Nr. 109 und Hamb. OVG, Urteil vom 28. 2. 1985 - Bf. II 29/83, NJW 1987, 915 = NVwZ 1987, 428). Aus Bundesrecht ergibt sich nicht, dass eine öffentlich-rechtliche Baulast im Zwangsversteigerungsverfahren aufgrund eines erteilten Zuschlages nach § 90 Abs. 1 ZVG erlischt (BVerwG, Beschluss vom 29. 10. 1992 - 4 B 218.92, BRS 54 Nr. 157 = DVBl. 1993, 114). Die Vereinigungsbaulast wirkt also auch gegenüber dem neuen Eigentümer; ist aber zum Zeitpunkt der Baulastbewilligung bereits der Zwangsversteigerungsvermerk im Grundbuch eingetragen, so wird die Baulast nach Sinn und Zweck der §§ 20, 23 ZVG gegenüber dem neuen Eigentümer nicht wirksam (OVG NRW, Urteil vom 18. 7. 1995 – 11 A 11/94, BauR 1996, 242 = BRS 57 Nr. 205). Sie ist auch entsprechend § 883 Abs. 2 Satz 1 BGB gegenüber demjenigen unwirksam, zu

dessen Gunsten bereits eine Auflassungsvormerkung im Grundbuch eingetragen ist (VGH B-W, Urteil vom 13. 7. 1992 – 8 S 588/92, BRS 54 Nr. 162 und Sächs. OVG, Beschluss vom 9. 9. 1994 – 1 S 259/94, BRS 56 Nr. 115). Die Sicherung ist auch notwendig, wenn die Grundstücke einem einzigen Eigentümer gehören, also auf einem Grundbuchblatt (Personalfolium), jedoch unter verschiedenen laufenden Nummern des Bestandsverzeichnisses eingetragen sind (vgl. Wilke/Dageförde/Knuth/Meyer, zu § 4 Rdn. 12).

99 Der Eigentümer kann weiterhin auf seinem **Buchgrundstück** Baumaßnahmen vornehmen, jedoch ist dieses nunmehr **Teil eines größeren** (**Bau-**)**Grundstücks**. Für den Eigentümer eines mit einer Vereinigungsbaulast belasteten Teilgrundstücks können sich dadurch **nachteilige Folgen hinsichtlich der Verfügungsfreiheit** ergeben (hierzu s. Wenzel, Vereinigungsbaulast – Segen für Verwaltung und Bürger?, VR 1999, S. 356 ff.). Auch der **Nachbarschutz** ist **eingeschränkt** (Nds. OVG, Beschluss vom 1. 8. 1996 – 1 M 3898/96, NVwZ-RR 1998, 12 und Urteil vom 2. 7. 1999 – 1 L 5277/96, BauR 2000, 376).

**Materiell-rechtlich** muss der Eigentümer des Teilgrundstücks all das berücksichtigen, was auf dem vereinigten Gesamtgrundstück baurechtlich beachtlich ist. Er muss die Abstandflächen vorhandener Gebäude einhalten und darf diese nicht für eigene Bauzwecke in Anspruch nehmen. Er kann Flächen nach § 5 BauO NRW, die zum Anleitern eines Gebäudes dienen, nicht überbauen oder zum Abstellen von Kraftfahrzeugen nutzen. Er kann Spielflächen für Kleinkinder und Stellplätze für Kraftfahrzeuge nur entfernen, wenn an anderer Stelle ordnungsgemäß dafür Ersatz geschaffen wird.

**Verfahrensrechtlich** bedarf ein Bauantrag oder eine Voranfrage für spätere Baumaßnahmen der **Zustimmung aller Teilgrundstückseigentümer**, die von der Vereinigungsbaulast erfasst werden, sofern die Bauaufsichtsbehörde von der **Ermächtigung des § 69 Abs. 2 Satz 3 BauO NRW** Gebrauch macht und die Zustimmung der Grundstückseigentümer einfordert. Dies wird vor allem dann geboten sein, wenn die verschiedenen Eigentümer zu ihren Buchgrundstücken Bauanträge für Vorhaben stellen, die miteinander unvereinbar sind. So kann die Bauaufsichtsbehörde der unangenehmen Aufgabe entgehen, über die Anträge nach Prioritätsgrundsätzen entscheiden zu müssen (vgl. Große-Suchsdorf/Lindorf/Schmaltz/Wiechert, zu § 4 Rdn. 10 und zu § 75 Rdn. 21).

100 Durch § 4 Abs. 2 BauO NRW ist ein **Zulässigkeitstatbestand** geschaffen worden. Wenn Bauherr und Grundstückseigentümer sich – auf freiwilliger Basis – einigen und die Eigentümer eine entsprechende Baulast übernehmen, ist ein zusammengesetztes neues (Bau-)**Grundstück im öffentlich-rechtlichen Sinne** entstanden. Die **inneren Buchgrundstücksgrenzen** sind dann im Sinne des Bauordnungsrechts grundsätzlich **unbeachtlich**; bauordnungsrechtlich in Erscheinung treten nur noch die **Außengrenzen** des aus verschiedenen Buchgrundstücken zusammengesetzten neuen Grundstücks (so OVG NRW vom 15. 8. 1991 – 7 B 1825/91, n. v., im Hinblick auf die abstandrechtlichen Vorschriften des § 6 BauO NRW). Ein so über eine innere Buchgrundstücksgrenze hinweg errichtetes Gebäude liegt auf **einem** Baugrundstück, wie sich auch aus dem durch die Novelle 1995 neu angefügten Halbsatz ergibt. Dieser stellt klar, dass das Gebäude nur noch zu dem durch die Vereinigungsbaulast geschaffenen Baugrundstück öffentlich-rechtlich in Beziehung tritt, nicht aber zu den einzelnen Buchgrundstücken.

101 Die **Ausgestaltung der Baulast** richtet sich nach § 83 BauO NRW in Verbindung mit Nr. 83 VV BauO NRW (vgl. die Anmerkungen zu § 83 Rdn. 11 ff.). Insbesondere muss die Baulast dem Bestimmtheitsgebot für Verwaltungsakte entsprechen (so ausdrücklich OVG NRW, Urteil vom 15. 5. 1992 – 11 A 890/91, BRS 54 Nr. 158 unter Bezug auf das

Urteil vom 29. 9. 1978 – XI A 112/78, BRS 33 Nr. 156 zu den Bestimmtheitsanforderungen an einen einer Baulasterklärung beigefügten Lageplan). Zur Vermeidung späterer Streitigkeiten über die Voraussetzungen beim Zustandekommen der Baulast empfiehlt es sich, den Sachverhalt der eigentlichen Verpflichtungserklärung voranzustellen. So ist z. B. nach der Rechtsprechung des OVG NRW (Urteil vom 15. 2. 1990 – 7 A 838/88, n. v.) eine Baulast, die zur wegemäßigen Erschließung eines Vorhabens übernommen wird, regelmäßig dahin auszulegen, dass sie nur für den Verkehr gilt, der durch die typische Nutzung dieses Vorhabens ausgelöst wird. Das OVG NRW geht auch davon aus, dass der Baulastübernahme von Abstandflächen Bauvorlagen zugrunde liegen müssen; übernehmen nämlich Nachbarn durch Baulast die Abstandfläche, so sind nachbarliche Abwehrrechte gegen solche Merkmale des Vorhabens ausgeschlossen, die sich aus den der Baulastübernahme zugrunde liegenden Plänen ergeben (Beschluss vom 19. 1. 1990 – 7 B 89/90, n. v.).

Die Baulast ist **für jedes Buchgrundstück getrennt** einzutragen. Der Inhalt der Eintragung in Spalte 2 des Baulastenverzeichnisses könnte wie folgt formuliert werden: 102

„Übernahme der Verpflichtung auch zu Lasten des Rechtsnachfolgers, hinsichtlich baulicher Anlagen sowie anderer Anlagen und Einrichtungen auf dem Grundstück das öffentliche Baurecht so einzuhalten, als ob dieses Grundstück zusammen mit dem (den) (angrenzenden) im Grundbuch von … Bd. … Bl. … unter Nr. … des Bestandsverzeichnisses eingetragenen Grundstück(en) … Straße Nr. … – Gemarkung … Flur … Flurstück … – in Ergänzung der für dieses Grundstück im Baulastenverzeichnis von … Baulastenblatt Nr. … unter lfd.-Nr. … eingetragenen Baulast ein einziges Grundstück bildete (Vereinigungsbaulast).“

Nach § 4 Abs. 2 BauO NRW ist es nur möglich, **Buchgrundstücke insgesamt** zu einem Baugrundstück zu vereinigen. Da die Regelung sich ausdrücklich nur auf Grundstücke und **nicht auf Teilgrundstücke** bezieht, müsste in dem Fall, in dem nur ein Teil eines Grundstücks mit anderen Grundstücken zu einem (Bau-)Grundstück zusammengesetzt werden soll, dieser Teil zuvor von dem Grundstück abgeschrieben und als selbständiges Grundstück im Bestandsverzeichnis des Grundbuchs eingetragen werden. Die zu vereinigenden Buchgrundstücke müssen unmittelbar **aneinandergrenzen**, so dass neue Außengrenzen des zusammengesetzten Baugrundstücks entstehen (ebenso Große-Suchsdorf/Lindorf/Schmaltz/Wiechert, zu § 4 Rdn. 17). Insofern **unterscheidet** sich der bauordnungsrechtliche von dem grundbuchrechtlichen Grundstücksbegriff, da ein Buchgrundstück auch aus mehreren räumlich getrennt liegenden Flurstücken bestehen kann, ein Tatbestand, der wiederum **bauplanungsrechtliche Relevanz** entfaltet. So liegt eine Grundstücksteilung auch dann vor, wenn grundbuchmäßig solche Flächen getrennt liegen, jedoch nach ihrer Eintragung im Grundbuch Teile desselben Buchgrundstücks sind (vgl. BVerwG, Urteil vom 14. 12. 1973 – IV C 48.72, BauR 1974, 104 = BRS 27 Nr. 82). 103

### 3.4 Vereinigungsbaulast bei Grundstücksteilung

Die Vorschrift des § 4 Abs. 2 BauO NRW schließt nicht aus, dass Verhältnisse, die durch die Errichtung eines Gebäudes auf mehreren Grundstücken entstehen dürfen, auch durch die **nachträgliche Teilung** eines (Bau-)Grundstücks in mehrere Buchgrundstücke hingenommen werden können. Die Neufassung der Eingangsformulierung stellt dies jetzt unmissverständlich klar (s. Rdn. 90). Ein Bedürfnis hierfür besteht vor allem bei der Verwertung gewerblicher Immobilien, z. B., wenn ein stillgelegter Gebäudekomplex 104 in selbständig beleihungsfähige Buchgrundstücke aufgeteilt werden soll, um so in den Teileinheiten neue Firmen ansiedeln zu können. In einem solchen Fall müssten dann je entstehendes Buchgrundstück Vereinigungsbaulasten eingetragen werden, die diese Buchgrundstücke wieder zu einem Grundstück zusammenfassen, um so die durch Teilung hervorgerufenen baurechtlichen Verstöße zu beseitigen.

**105** Diese Auffassung wird bestätigt durch das OVG Lüneburg (Urteil vom 4.10.1984 – 6 A 131/82, BauR 1985, 285 = BRS 42 Nr. 178 = NJW 1985, 1796). Leitsatz: Eine sog. Vereinigungsbaulast kann eine Grundstücksteilung ermöglichen, obwohl bei dem neuen Grundstückszuschnitt nicht nur bauordnungsrechtliche, sondern auch bauplanungsrechtliche Anforderungen nicht mehr für jedes neue (Teil-) Grundstück erfüllt werden. Die Baulast sichert die Einhaltung des gesamten öffentlichen Baurechts, damit grundsätzlich auch des Bauplanungsrechts (zu den planungsrechtlichen Vorbehalten siehe aber Rdn. 106). Im Hinblick auf das **Bauordnungsrecht** begründet das OVG Lüneburg seine auf die NBauO gestützte Entscheidung unter anderem wie folgt:

*„Der Senat hat sich in seinem Urteil vom 27.10.1983 (NdsRpfl 1984, 101) rechtsgrundsätzlich mit dieser Frage dahin gehend auseinandergesetzt, dass bauordnungsrechtliche Hindernisse dann behebbar sind, wenn nach den konkreten Umständen eine von der Niedersächsischen Bauordnung nicht ausgeschlossene Eigentümer-Baulast eine Verschärfung der baurechtlichen Situation zu verhindern geeignet ist. Durch die Möglichkeit der Bestellung der Vereinigungsbaulast kommt nämlich die Niedersächsische Bauordnung den häufig hinter Teilungswünschen stehenden wirtschaftlichen Interessen flexibel entgegen und erreicht andererseits, dass die materiellen Anforderungen des Bauordnungsrechts ohne Abstriche gewahrt bleiben. Die von der Kl. angestrebte Teilung führt unter der Voraussetzung der Vorlage einer Vereinigungsbaulast zu keiner Verschärfung der vorhandenen und von der Bekl. genehmigten bauordnungsrechtlichen Gesamtsituation. Die Abstände der Gebäude zueinander bleiben aus bauordnungsrechtlicher Sicht unverändert. Die Grenzabstände können gerade wegen der rechtlich als ein Baugrundstück zu wertenden Teilgrundstücke nicht entgegengehalten werden. Andere bauordnungsrechtliche Hindernisse sind von der Bekl. weder vorgetragen noch sonst ersichtlich.“*

**106** Eine Teilung in Verbindung mit einer Vereinigungsbaulast scheidet jedoch aus, wenn hierdurch der **bauplanungsrechtliche Grundstücksbegriff verändert** wird (vgl. BVerwG, Urteil vom 14.2.1991 – 4 C 51.87, BVerwGE 88, 24 = BBauBl 1992, 197 = BauR 1991, 582 = BRS 52 Nr. 161 = NJW 1991, 2783). Die im Falle einer Teilung eines bebauten Grundstücks eintretenden Verstöße gegen zwingende bauplanungsrechtliche Bestimmungen können durch die Begründung von Baulasten auf den entstehenden Einzelgrundstücken nicht unmittelbar ausgeglichen werden (OVG Bln, Urteil vom 14.8.1987 – 2 B 10.86, OVGE 19, 72). Eine Grundstücksteilung, die den Festsetzungen des Bebauungsplanes zuwiderläuft, kann auch dann nicht genehmigt werden, wenn sich die Eigentümer der Teilflächen, die durch die Teilung entstehen sollen, verpflichten, durch Baulasten den Tatbestand eines einheitlichen Baugrundstücks zu sichern (Hamb. OVG, Urteil vom 4.4.1991 – Bf. II 33/88, BRS 52 Nr. 88 = NJW 1992, 259). Da die **Teilung eines bebauten Grundstücks stets bauplanungsrechtliche Relevanz** aufweist, wird die **Möglichkeit der Vereinigungsbaulast stark eingeschränkt**. Sie kommt nur dort in Betracht, wo die neuen Teilgrundstücke dem bauplanungsrechtlichen Grundstücksbegriff und den damit im Zusammenhang stehenden städtebaulichen Anforderungen an das Grundstück entsprechen, andererseits aber vorhandene bauordnungsrechtliche Verstöße nur durch Baulast überwunden werden können.

### 3.5 Bauplanungsrechtliche Auswirkungen

§ 4 Abs. 2 BauO NRW bezieht sich zunächst auf **Grundstücke im Sinne des Bauordnungsrechts**, indem er regelt, dass durch Baulast gesichert sein muss, dass keine Verhältnisse eintreten können, die den Vorschriften der BauO NRW oder den aufgrund der BauO NRW erlassenen Vorschriften zuwiderlaufen. Gerade unter dem Aspekt des kosten- und flächensparenden Bauens interessiert bei der Frage der Bildung eines **einheitlichen (Bau-)Grundstücks im Sinne des Bauplanungsrechts** (§ 19 Abs. 3 BauNVO), ob sich das Maß der baulichen Nutzung (Grundfläche, Geschossfläche, Baumasse) des Vorhabens nach der Gesamtfläche der durch Baulast zusammengefassten Buchgrundstücke errechnet (s. die Anmerkungen zu § 1 Rdn. 33 und dort die Abbildung 1.3). Die Frage lässt sich nur aus dem Bauplanungsrecht des Bundes beantworten. Dieses enthält selbst keine § 4 Abs. 2 BauO NRW entsprechende Vorschrift und auch keine Regelung, die ähnlich wie § 18 BauNVO (hinsichtlich des Begriffs des Vollgeschosses) auf eine landesrechtliche Begriffsbestimmung verweist. Das Grundstück im Bauordnungsrecht muss nicht identisch sein mit dem (Bau-)Grundstück im Bauplanungsrecht, wenn dies auch in den meisten Fällen so sein mag. 107

Das BVerwG setzt das Grundstück im bauplanungsrechtlichen Sinne grundsätzlich mit dem Buchgrundstück gleich, erklärt aber (Urteil vom 26. 6. 1970 – IV C 73.68, BRS 23 Nr. 45), dass der Begriff für Modifikationen offen ist, die aufgrund von spezifisch-baurechtlichen Erwägungen geboten sind (vgl. die Anmerkungen zu § 1 Rdn. 32–32 a und dort die Abbildung 1.2). Eine solche Modifikation dürfte im Fall des § 4 Abs. 2 BauO NRW möglich sein, wenngleich die Baulast nur die Einhaltung der bauordnungsrechtlichen Vorschriften **sichern** soll. Eine dem Formulierungsvorschlag unter Rdn. 64 entsprechende **Vereinigungsbaulast** würde den Grundstückseigentümer verpflichten, auch auf seinem Teilgrundstück das **Bauplanungsrecht** so einzuhalten, als ob sein Buchgrundstück zusammen mit den angrenzenden (anderen) Buchgrundstücken ein einziges Grundstück bildete. Die Baulast nach § 4 Abs. 2 BauO NRW ermöglicht die Errichtung eines Bauvorhabens auf mehreren Buchgrundstücken. Dabei kann sich ergeben, dass durch das Bauvorhaben einige der Buchgrundstücke intensiver, andere weniger intensiv genutzt werden, wenn nur das öffentliche Baurecht – bezogen auf das vereinheitlichte Grundstück – gewahrt wird. Das bauplanungsrechtliche Ziel, die Bebauungsdichte zu begrenzen, ließe sich also auch erreichen, wenn mehrere durch Baulast wie nach § 4 Abs. 2 BauO NRW vereinigte Buchgrundstücke als (Bau-)Grundstück im Sinne der §§ 19 ff. BauNVO angesehen werden (ebenso Gelzer/Birk, Bauplanungsrecht, 5. Aufl. 1991, Rdn. 615 und Praml, Das Baugrundstück im Planungsrecht, DVBl. 1980, S. 218 ff.). 108

An dieser Sichtweise kann angesichts der Rechtsprechung des BVerwG (Urteil vom 14. 2. 1991, a. a. O. Rdn. 106), zum bauplanungsrechtlichen Grundstücksbegriff nicht festgehalten werden. Das Gericht hat unmissverständlich herausgestellt, dass der **bauplanungsrechtliche Grundstücksbegriff durch landesrechtliche Baulasten nicht verändert werden kann**. In diesem Verfahren ging es um eine Grundstücksteilung im Geltungsbereich eines einfachen Bebauungsplanes nach § 30 Abs. 3 BauGB, der eine Mindestgröße der Grundstücke von 600 m, eine GRZ von 0,2, eine GFZ von 0,3 und offene Bauweise festsetzte. Die Teilung hätte zu fünf bebauten Trennstücken mit einer Größe zwischen 182 m und 351 m und einem 288 m großen, den Trennstücken 1 bis 4 als Gemeinschaftsfläche zugeordneten Trennstück geführt. Auf den einzelnen Trennstücken sollte die eintretende Überschreitung des zulässigen Nutzungsmaßes durch die Begründung einer 109

Vereinigungsbaulast ausgeglichen werden. Die Widersprüche zwischen der vorhandenen Bebauung und den Festsetzungen des Bebauungsplans, die bei der beabsichtigten Teilung entstehen würden, konnten nach Auffassung des BVerwG aber durch die Bestellung der Vereinigungsbaulast weder unmittelbar ausgeräumt werden, noch hätten sich hier mit ihrer Hilfe die Voraussetzungen für eine Befreiung nach § 31 BauGB schaffen lassen. **Eine Zusammenfassung mehrerer Grundstücke durch eine Baulast kennt das Bundesrecht nicht**; **bundesrechtliche Baulasten gibt es nicht.** Der kompetenzrechtlichen Zuweisung nach Art. 74 Nr. 18 GG würde es widersprechen, wenn die Länder damit auch den bundesrechtlichen Begriff des Grundstücks verändern könnten. In den weiteren Ausführungen weist das BVerwG darauf hin, dass nicht zuletzt auch eine bundeseinheitliche Umsetzung des Planungsrechts überhaupt in Frage gestellt sei, weil nicht alle Länder das Rechtsinstitut der Baulast kennen. Bundesrechtliche Begriffe könnten durch das Landesrecht nicht verändert werden; anderenfalls würde das Bundesrecht je nach dem Landesrecht einen unterschiedlichen Inhalt haben können (vgl. BVerwG, Urteil vom 3. 5. 1988 – 4 C 54.85, BauR 1988, 576 = BRS 48 Nr. 92 = NVwZ 1989, 353 = ZfBR 1988, 283 zur Unzulässigkeit der Konkretisierung des Begriffs der gesicherten Erschließung in den §§ 30 bis 35 BauGB durch Landesrecht). Die hiervon abweichende Rechtsauffassung des OVG Lüneburg im Urteil vom 4. 10. 1984 (a. a. O. Rdn. 105) beruhe darauf, dass es nicht zwischen der **Sicherung** der bauplanungsrechtlichen Voraussetzungen und ihrer **Veränderung** durch eine Baulast unterschieden habe. Hierzu führt das BVerwG im Urteil vom 14. 2. 1991 (a. a. O. Rdn. 106) aus:

*„So kann zwar die freie Veräußerlichkeit von Altenteilerhäusern durch eine Baulast ausgeschlossen und damit die dauerhafte Zugehörigkeit des Altenteilerhauses zu einem landwirtschaftlichen Betrieb gesichert werden (vgl. BVerwG, Urteil vom 5. 2. 1971 – IV C 1.68, BauR 1972, 90 = BRS 24 Nr. 57). Nicht um die* ***Sicherung der Einhaltung planungsrechtlicher Regelungen,*** *sondern um die* ***Veränderung ihrer tatsächlichen Grundlagen*** *geht es jedoch, wenn an die Stelle des Buchgrundstücks als des bundesrechtlich maßgeblichen Grundstücksbegriffs ein durch die Bestellung einer Vereinigungsbaulast verändertes Grundstück treten soll … Durch eine Vereinigungsbaulast oder durch „konkrete" Baulasten, durch die ein Grundstück zugunsten eines Nachbargrundstücks mit bestimmten öffentlich-rechtlichen Verpflichtungen belastet wird, kann allerdings in tatsächlicher Hinsicht ein Ausgleich etwa für eine übermäßige bauliche Nutzung des Baugrundstücks auf dem anderen Grundstück hergestellt werden. Ergibt sich in einem solchen Fall, dass die bauplanungsrechtlichen Vorschriften bei Annahme eines einheitlichen Baugrundstücks eingehalten wären, so ist zu prüfen, ob mittels einer Baulast die Voraussetzungen für eine Befreiung geschaffen werden können. Diese Frage stellt sich nicht nur dann, wenn ein Grundstück neu bebaut werden soll, sondern – erst recht – auch dann, wenn es – wie im vorliegenden Fall – um die Teilung eines im Einklang mit dem Bauplanungsrecht bebauten Grundstücks geht, wenn also erst die Teilung zur Verletzung des Bauplanungsrechts führen würde. Die Frage kann nicht generell bejaht oder verneint werden. Allgemein lässt sich nur sagen, dass eine landesrechtliche Vereinigungsbaulast oder eine ihr vergleichbare konkrete Baulast geeignet sein kann, die tatsächlichen Voraussetzungen für die Erteilung einer Befreiung zu verbessern, dass ihr Vorliegen allein jedoch nicht zur Befreiung von Festsetzungen eines Bebauungsplanes nötigt."*

**110** Diese Rechtsprechung hat vor allem Auswirkungen auf die städtebaulich oftmals gewünschte Nachverdichtung in älteren Bebauungsplangebieten in Bezug auf das Maß der baulichen Nutzung. Sie verhindert aber auch die „Vereinigung" ganzer Reihenhausgrundstücke, um so die zu hohen GRZ- und GFZ- Werte der Mittelhausgrundstücke zu Lasten der größeren und daher schwächer ausgenutzten Endhausgrundstücke auszugleichen (zu dieser Problematik vgl. Boeddinghaus, Der bauplanungsrechtliche Grundstücksbegriff und die Maßvorschriften der BauNVO, BauR 1992, S. 181 ff.). Die **Vereinigungsbaulast** ist im Planungsrecht auf **atypische Fälle** in Verbindung mit einer **Befreiung** nach § 31 Abs. 2 BauGB beschränkt. Mit einer solchen Vereinigungsbaulast nach § 4 Abs. 2 BauO NRW kann im Einzelfall ein zu kleines Buchgrundstück, auf dem ein Gebäude errichtet werden soll, um eine angrenzende Baufläche vergrößert werden, wobei die Größe dieses vereinheitlichten (Bau-)Grundstücks dann bauplanungsrechtlich relevant ist, wenn nach den Festsetzungen des Bebauungsplanes oder den Vorgaben des § 34 Abs. 1 BauGB gerade das aus mehreren Buchgrundstücken zusammengesetzte Baugrundstück die städtebauliche Zielvorgabe darstellt und daher Gegenstand eines Verfahrens zur Bodenordnung sein könnte. Dabei ist stets darauf zu achten, dass der bauplanungsrechtlich maßgebliche Grundstücksbegriff durch die Vereinigungsbaulast nicht verändert wird. So ist es ausgeschlossen, Grundstücke zu vereinigen, um so die Voraussetzungen des § 13 BauNVO, wonach im reinen und allgemeinen Wohngebiet höchstens die Hälfte der Wohnungen eines Wohngebäudes freiberuflich oder ähnlich genutzt werden darf, dadurch zu schaffen, dass sich der Bauherr durch Baulast verpflichtet, zum Ausgleich in einem benachbarten Wohngebäude auf eine nach § 13 BauNVO zulässige Nutzung ganz zu verzichten (VGH B-W, Urteil vom 21. 10. 1987 – 3 S 2206/87, BRS 47 Nr. 104). Um eine großzügige Handhabung der Vereinigungsbaulast im Bauplanungsrecht zu ermöglichen, bedarf es somit einer bauplanungsrechtlichen Ermächtigung und damit einer Rechtsänderung im Städtebaurecht.

### 3.6 Bauordnungsrechtliche Anwendungsbeschränkungen

Das Erfordernis zur Bestellung einer Vereinigungsbaulast besteht nach § 4 Abs. 2 BauO NRW nur für den Fall, dass ein **Gebäude** auf mehreren Grundstücken liegt (zum bauordnungsrechtlichen Begriff des Gebäudes s. die Anmerkungen zu § 2 Rdn. 104–117). Die Vorschrift gilt also **nicht** für **bauliche Anlagen, die nicht dem Gebäudebegriff** unterfallen. Insofern unterscheidet sich die Rechtslage von der nach § 4 Abs. 2 NBauO; nach dieser Vorschrift gilt das Erfordernis nicht nur für Gebäude, sondern für bauliche Anlagen schlechthin (vgl. Nds. OVG, Urteil vom 26. 9. 2000 – 1 L 96/00, BauR 2001, 379 = BRS 63 Nr. 168). **111**

Nach dem nordrhein-westfälischen Bauordnungsrecht ist es zulässig, dass sich **bauliche Anlagen**, die selbst keine Gebäude sind, wie z. B. Brücken, Durchlässe, befestigte Lagerplätze, Wasserbecken, Landungsstege oder Werbeanlagen, **über Grundstücksgrenzen hinweg ohne Sicherung durch Baulast** nach § 4 Abs. 2 BauO NRW erstrecken, da das Bauordnungsrecht dies nicht – wie für Gebäude – ausdrücklich verlangt. Zu beachten ist dabei jedoch die Verpflichtung aus § 6 Abs. 2 in Verbindung mit Abs. 10 BauO NRW, wonach die Abstandflächen baulicher Anlagen und anderer Anlagen und Einrichtungen, von denen Wirkungen wie von Gebäuden ausgehen, wie z. B. Hochsilos, Windkraftanlagen, großflächige Werbeanlagen oder über 2,0 m hohe Mauern, auf dem eigenen Grundstück liegen müssen und nur nach Maßgabe des § 7 Abs. 1 Satz 1 BauO NRW auf fremden Grundstücken liegen dürfen. Hierfür kommt nicht die Vereinigungsbaulast nach § 4 Abs. 2 BauO NRW, sondern die Abstandflächenbaulast nach § 7 Abs. 1 Satz 1 BauO NRW in Betracht.

112 Mit § 4 Abs. 2 BauO NRW normiert der Gesetzgeber nämlich einen **genau umschriebenen Anwendungsfall** der Baulast (zu den ausdrücklich geregelten, sonstigen Anwendungsfällen s. die Anmerkungen zu § 83 Rdn. 33–34). Das Rechtsinstitut der Baulast ist grundsätzlich in § 83 BauO NRW geregelt und erlaubt dem Grundstückseigentümer allgemein die Übernahme von Verpflichtungen auf dem **gesamten** Gebiet des Bauordnungsrechts. Die speziell im Gesetz geforderten Baulasttatbestände gehen allerdings der allgemeinen Ermächtigung zur Baulastbestellung vor, so dass aufgrund einer speziellen gesetzlichen Regelung begründete Baulasten nur den jeweils normierten Tatbestand abdecken. Eine **Vereinigungsbaulast** ist danach **nur anwendbar**, **um die Lage eines Gebäudes auf mehreren Grundstücken** über die Grundstücksgrenze hinweg **abzusichern**. Dieses Rechtsinstitut **dient nicht der Vereinfachung des Verfahrens zur Bestellung von Baulasten**. So ist im bauaufsichtlichen Vollzug zu beobachten, dass Vereinigungsbaulasten bestellt werden, um mehrere ansonsten zu übernehmende Zuwegungs-, Abstandflächen-, Spielflächen- oder Stellplatzflächenbaulasten zu erübrigen, auch wenn der für Vereinigungsbaulasten auslösende Tatbestand der Lage eines Gebäudes über die Grundstücksgrenze hinweg gar nicht vorliegt. Dies ist z. B. der Fall, wenn ein bestehendes Gebäude aus einem großen Grundstück herausgeteilt und veräußert werden soll und hierfür die Bildung neuer Grundstücke erforderlich wird, ohne dass das Gebäude selbst über einer neuen Grundstücksgrenze zu liegen kommt. Dabei tritt häufig das Problem auf, dass die vorgenannten, speziell im Gesetz geregelten Baulasten zur Sicherung der Zuwegung oder der Abstandflächen zu übernehmen wären. Die Bestellung einer Vereinigungsbaulast anstelle der gesetzlich geforderten Abstandflächen-, Spielflächen- und Stellplatzflächenbaulasten würde zwar das Verfahren vereinfachen, scheidet aber aus, da kein Anwendungsfall des § 4 Abs. 2 BauO NRW vorliegt (vgl. Nds. OVG, Urteil vom 19. 9. 1996 – 1 L 7891/94, NVwZ-RR 1998, 14: die Vereinigungsbaulast tritt nicht anstelle einer erforderlichen Zuwegungsbaulast; s. auch Prahl, Zu den Grenzen der Vereinigungsbaulast im Bauordnungsrecht am Beispiel der Zufahrtsbaulast, BauR 2003, S. 1519 ff.).

113 Unzulässig ist die Bestellung einer Vereinigungsbaulast auch, um erforderliche **Abstände aus Gründen des Brandschutzes** zu **umgehen**. Ein unechter Anwendungsfall liegt vor, wenn zwei benachbarte Grundstücke jeweils mit Gebäuden bebaut sind oder werden sollen, dabei aber im gemeinsamen Grundstücksgrenzbereich die nach § 31 BauO NRW geforderten brandschutztechnischen Mindestabstände nicht eingehalten werden. Die für beide Grundstücke bestellte Vereinigungsbaulast bezweckt in Wahrheit nicht die Zusammenfassung mehrerer Grundstücke, um so ein einheitliches Baugrundstück zu schaffen, sondern soll zur Umgehung der Brandschutzvorschriften eingesetzt werden. Hierzu führt die oberste Bauaufsichtsbehörde noch zur Rechtslage nach § 4 Abs. 2 BauO NW 1995 in einem nicht veröffentlichten RdErl. vom 29. 4. 1996 – II A 5–100/31/4.2 aus:

*„Die Vorschrift des § 4 Abs. 2 BauO NW soll es einem Bauherrn ermöglichen, ein Gebäude über Nachbargrenzen hinweg auf mehreren Grundstücken zu errichten. Dabei muss jeder Grundstückseigentümer für sein Grundstück eine Baulasterklärung abgeben, in der er sich verpflichtet, so zu tun und zu handeln, als wäre sein Grundstück Teil eines (Bau-) Grundstücks (Vereinigungsbaulast). Durch eine solche Baulasterklärung soll verhindert werden, dass bauliche Anlagen oder Einrichtungen, die für das vereinigte Grundstück erforderlich sind, wie Zufahrten, Aufstell- und Bewegungsflächen für die Feuerwehr, Spielflächen für Kleinkinder, Stellplätze für Kfz, durch einen der Grundstückseigentümer*

*verändert oder beseitigt werden können. Eine Vereinigungsbaulast hat allerdings zum Nebeneffekt, dass auf Nachbargrenzen bezogene Vorschriften, wie die des § 6 Abs. 2 BauO NW oder aber auch die des § 31 Abs. 1 BauO NW nicht greifen.*

*Die Vorschrift des § 4 Abs. 2 BauO NW dient jedoch nicht dazu, die Erzielung eines Nebeneffekts zum eigentlichen Grund einer Vereinigungsbaulast zu machen, insbesondere dann nicht, wenn sie der Umgehung des Sicherungszwecks einer* ***der Gefahrenabwehr*** *dienenden Vorschrift dienen soll.*

*Es wird durchaus erkannt, dass in der Praxis häufig ein Bedürfnis besteht, Gebäude mit einem geringeren Grenzabstand als 2,50 m zur Nachbargrenze zu errichten, mit Außenwänden mit Öffnungen oder mit Außenwänden, die nicht die Qualität einer Brandwand aufweisen. Die Vereinigungsbaulast ist jedoch aus oben genannten Gründen und weil sie weder für die Bauherrn noch für die Nachbarn (Angrenzer) eine ausreichende Sicherheit für den Brandfall bietet, kein geeignetes Institut, solche Vorhaben zu ermöglichen.*

*Als Lösungsmöglichkeit bietet sich hierzu an, eine Abweichung nach § 73 BauO NW zuzulassen unter der Bedingung der Eintragung einer Flächenbaulast nach § 83 BauO NW mit einer Mindesttiefe von 5 m, die die Verpflichtung enthält, diese Fläche nur so zu nutzen, dass eine gegenseitige Brandgefährdung ausgeschlossen ist (z. B. ausschließliche Nutzung als Verkehrsfläche, Grünfläche oder Freifläche).“*

Nr. 4.2 VV BauO NRW 2000 geht noch auf die Rechtslage nach § 4 Abs. 2 BauO NW 1995 **114**
ein, die den Fall der **Errichtung** eines Gebäudes auf mehreren Grundstücken anbetrifft. Aufgrund der mit der BauO NRW 2000 bewirkten Rechtsänderung soll aber auch die **Grundstücksteilung** in **Altbeständen** erleichtert werden (s. Rdn. 02). Zur neuen Rechtslage in Bezug auf die Vorschriften des § 31 BauO NRW führt die oberste Bauaufsichtsbehörde in einem nicht veröffentlichten RdErl. vom 10. 8. 2001 – II A3–100/31 aus:

*„§ 31 Abs. 1 soll gewährleisten, dass Wände mit Öffnungen nur dann errichtet werden, wenn sie mindestens 5 Meter von dem nächsten Gebäude entfernt sind. Dabei spielt es keine Rolle, ob die betreffenden Gebäude auf verschiedenen Grundstücken stehen oder sich auf demselben Grundstück befinden.*

*Aneinandergereihte Gebäude auf demselben Grundstück im Sinne von § 31 Abs. 1 Nr. 1 sind solche, die zueinander einen geringeren Abstand als 5 Meter aufweisen. Für bestehende aneinandergereihte Gebäude kann die im zweiten Halbsatz der Nummer 1 angesprochene Möglichkeit, einen Mindestabstand von 5 Metern öffentlich-rechtlich zu sichern, daher nicht in Betracht kommen.*

*Soll dagegen an ein bestehendes Gebäude, das keine Gebäudeabschlusswand aufweist, ein weiteres gereiht werden, so verstößt dieses Vorhaben auch dann gegen § 31 Abs. 1, wenn für das geplante Vorhaben eine Gebäudeabschlusswand vorgesehen ist, weil* ***beide Gebäude*** *Gebäudeabschlusswände haben müssten.*

*Die Regelung des § 31 Abs. 1, wonach Gebäudeabschlusswände auch dann errichtet werden, müssen, wenn Gebäude näher als 2,50 Meter zur Grundstücksgrenze stehen, soll für einen gedachten Normalfall zweier Gebäude auf verschiedenen Grundstücken verhindern, dass der aus Brandschutzgründen erforderliche Abstand von mindestens 5 Metern zwischen Wänden mit Öffnungen wegen einer grundstücksbezogenen Betrachtung der Bebaubarkeit unterschritten wird, indem ein Gebäude auf seinem Grundstück den Mindestabstand einhält, das andere jedoch näher an der gemeinsamen Grenze errichtet wird.*

*Wird bei Errichtung eines Gebäudes ohne Gebäudeabschlusswand das Hindernis der zu nahen Grundstückgrenze beseitigt, etwa durch eine Vereinigungsbaulast gemäß § 4 Abs. 2 BauO NRW, dann ist eine weitere öffentlich-rechtliche Sicherung nicht erforderlich, weil zu den nunmehr auf demselben Grundstück vorhandenen Gebäuden immer ein Abstand von mindestens 5 Metern eingehalten werden muss. Das Gleiche gilt, wenn auf dem durch Baulast vereinigten Grundstück noch kein Gebäude vorhanden ist. Ein dort mit einem Abstand von weniger als 5 Metern geplantes Gebäude wäre – wie oben ausgeführt – nach den baurechtlichen Vorschriften* ***nicht zulässig****, so dass es insoweit ebenfalls keiner weiteren öffentlich-rechtlichen Sicherung bedarf.*

*Dagegen ist eine Flächenbaulast nach § 31 Abs. 1 Nr. 1 immer dann sinnvoll und erforderlich, wenn ein Gebäude ohne Gebäudeabschlusswand in einem Abstand von weniger als 2,50 Metern zur Grundstücksgrenze errichtet werden soll und diese Grenze nicht durch Vereinigungsbaulast bauordnungsrechtlich beseitigt wurde.*

*Bis zu der beabsichtigten Änderung der Verwaltungsvorschrift zur Landesbauordnung ist Nummer 4.2 VV BauO NRW nicht mehr anzuwenden.“*

**115** Die Vereinigungsbaulast ist auch kein taugliches Mittel zur Bereinigung der Rechtsfolgen eines **Überbaus** im Sinne des § 912 BGB. Danach hat der Nachbar einen Überbau zu dulden – sofern er nicht vor oder sofort nach der Grenzüberschreitung Widerspruch erhebt –, wenn der Eigentümer eines Grundstücks bei der Errichtung eines Gebäudes über die Grenze baut, ohne dass ihm Vorsatz oder grobe Fahrlässigkeit zur Last fällt; der Nachbar ist in diesem Falle durch eine Geldrente zu entschädigen, deren Höhe sich nach der Zeitdauer der Grenzüberschreitung richtet. Bösgläubig handelt allerdings, wer im Bereich der Grundstücksgrenze baut und sich nicht, gegebenenfalls durch Hinzuziehung eines Vermessungsingenieurs, darüber vergewissert, ob der für die Bebauung vorgesehene Grund auch ihm gehört und er die Grenzen seines Grundstücks nicht überschreitet (BGH, Urteil vom 19.9.2003 – V ZR 360/02, BBauBl. 2004, 42).

Diese Vorschrift des bürgerlichen Rechts bleibt jedoch nach § 75 Abs. 3 Satz 1 BauO NRW unberührt – sie ist kein von der Baugenehmigung erfasstes öffentliches Baurecht, so dass der Nachbar nach der „Zweigleisigkeitstheorie“ (hierzu vgl. Peine, Öffentliches und privates Nachbarrecht, JuS 1987, 169ff.) erfolgreich zivilrechtlich vorgehen kann. Da die Baugenehmigung die Zivilrechtsordnung unberührt lässt, damit keinen Vorrang des öffentlichen Rechts begründet und insoweit auch nicht das Eigentumsgrundrecht tangiert, kann ein Nachbar sich mit der verwaltungsgerichtlichen Anfechtungsklage nicht erfolgreich gegen den Überbau zur Wehr setzen (VGH B-W vom 4.3.1996 – 5 S 1798/95, VBlBW 1996, 299).

## § 5
## Zugänge und Zufahrten auf den Grundstücken

**(1) [1]Von öffentlichen Verkehrsflächen ist insbesondere für die Feuerwehr ein geradliniger Zu- oder Durchgang zu schaffen**

**1. zur Vorderseite rückwärtiger Gebäude,**

**2. zur Rückseite von Gebäuden, wenn eine Rettung von Menschen außer vom Treppenraum nur von der Gebäuderückseite aus möglich ist.**

**[2]Der Zu- oder Durchgang muss mindestens 1,25 m breit sein. [3]Bei Türöffnungen und anderen geringfügigen Einengungen genügt eine lichte Breite von 1 m. [4]Die lichte Höhe des Zu- oder Durchgangs muss mindestens 2 m betragen.**

**(2) [1]Zu Gebäuden, bei denen die Oberkante der Brüstung notwendiger Fenster oder sonstiger zum Anleitern bestimmter Stellen mehr als 8 m über dem Gelände liegt, ist in den Fällen des Absatzes 1 anstelle eines Zu- oder Durchgangs eine mindestens 3 m breite Zu- oder Durchfahrt mit einer lichten Höhe von mindestens 3,50 m zu schaffen. [2]Wände und Decken von Durchfahrten sind in der Feuerwiderstandsklasse F 90 und in den wesentlichen Teilen aus nichtbrennbaren Baustoffen (F 90-AB) herzustellen.**

**(3) Eine andere Verbindung als nach den Absätzen 1 und 2 kann gestattet werden, wenn dadurch der Einsatz der Feuerwehr nicht behindert wird.**

**(4) Bei Gebäuden, die ganz oder mit Teilen mehr als 50 m von einer öffentlichen Verkehrsfläche entfernt sind, können Zufahrten oder Durchfahrten nach Absatz 2 zu den vor und hinter den Gebäuden gelegenen Grundstücksteilen verlangt werden.**

**(5) [1]Bei Gebäuden, bei denen die Oberkante der Brüstung notwendiger Fenster oder sonstiger zum Anleitern bestimmter Stellen mehr als 8 m über dem Gelände liegt, muss mindestens eine Außenwand mit notwendigen Fenstern oder den zum Anleitern bestimmten Stellen für Feuerwehrfahrzeuge auf einer befahrbaren Fläche erreichbar sein. [2]Diese Fläche muss ein Aufstellen von Hubrettungsfahrzeugen in einem Abstand von mindestens 3 m und höchstens 9 m, bei mehr als 18 m Brüstungshöhe in einem Abstand von höchstens 6 m von der Außenwand ermöglichen; größere Abstände können gestattet werden, wenn Bedenken wegen des Brandschutzes nicht bestehen. [3]Ist eine Rettung von Menschen außer über den Treppenraum nur von einer bestimmten Gebäudeseite aus möglich, so kann verlangt werden, dass die befahrbare Fläche an dieser Gebäudeseite anzulegen ist.**

**(6) [1]Die Zu- und Durchfahrten nach Absatz 2 sowie die befahrbaren Flächen nach Absatz 5 dürfen nicht durch Einbauten eingeengt werden und sind ständig freizuhalten sowie zu kennzeichnen. [2]Sie müssen für Feuerwehrfahrzeuge ausreichend befestigt und tragfähig sein. [3]Die befahrbaren Flächen nach Absatz 5 müssen nach oben offen sein. [4]Kraftfahrzeuge dürfen in den Zu- und Durchfahrten nach Absatz 2 sowie auf den befahrbaren Flächen nach Absatz 5 nicht abgestellt werden.**

***VV BauO NRW*** *(infolge Befristung mit Ablauf des 31. 12. 2005 ausgelaufen)*

***5 Zugänge und Zufahrten auf den Grundstücken (§ 5)***

*5.1 Damit bei einem Brand die Rettung von Menschen und Tieren sowie wirksame Löscharbeiten möglich sind, müssen auf dem Baugrundstück die erforderliche Bewegungsfreiheit und Sicherheit für den Einsatz der Feuerlösch- und Rettungsgeräte gewährleistet sein. Zu den für den Feuerwehreinsatz erforderlichen Flächen zählen die Zu- und Durchgänge, die Zu- und Durchfahrten, die Aufstell- und Bewegungsflächen; sie sind auf dem Grundstück selbst, ggf. auch auf öffentlichen Flächen (z. B. Straßen) sicherzustellen (siehe § 3 Abs. 1 Satz 2 Nr. 14 BauPrüfVO).*

*5.2 Zu Absätzen 2 bis 5*

*Sind bei Gebäuden nach § 5 Abs. 2 bis 5 sowie bei baulichen Anlagen besonderer Art oder Nutzung Flächen für die Feuerwehr erforderlich, so gelten nachfolgende Bestimmungen. Sofern die örtlichen (grundstücks- und objektbezogenen) Gegebenheiten es gestatten oder erfordern, sind in Abstimmung mit der Brandschutzdienststelle abweichende Werte möglich. Die DIN 14090 – Flächen für die Feuerwehr auf Grundstücken – ist nicht anzuwenden.*

*5.201 Tragfähigkeit von Hofkellerdecken:*

*Hofkellerdecken, die nur im Brandfall von Feuerwehrfahrzeugen befahren werden, sind für die Brückenklasse 16/16 nach DIN 1072, Ausgabe Dezember 1985, Tabelle 2 zu berechnen. Dabei ist jedoch nur ein Einzelfahrzeug in ungünstigster Stellung anzusetzen; auf den umliegenden Flächen ist die gleichmäßig verteilte Last der Hauptspur als Verkehrslast in Rechnung zu stellen. Der nach DIN 1072, Ausgabe Dezember 1985, Tabelle 2 geforderte Nachweis für eine einzelne Achslast von 110 kN darf entfallen.*

*Die Verkehrslast darf als vorwiegend ruhend eingestuft werden und braucht auch nicht mit einem Schwingbeiwert vervielfacht zu werden.*

*5.202 Lichte Höhe der Zu- oder Durchfahrten:*

*Die lichte Höhe der Zu- oder Durchfahrten ist senkrecht zur Fahrbahn zu messen.*

*5.203 Kurven in Zu- oder Durchfahrten:*

*Der Einsatz der Feuerwehrfahrzeuge wird durch Kurven in Zu- oder Durchfahrten nicht behindert, wenn die in der Tabelle den Außenradien der Kurven zugeordneten Mindestbreiten nicht unterschritten werden. Dabei müssen vor und hinter Kurven auf einer Länge von mindestens 11 m Übergangsbereiche vorhanden sein (siehe Bild 1).*

*Tabelle*

| *Außenradius der Kurve (in m)* | *Breite mind. (in m)* |
|---|---|
| *10,5 bis 12* | *5,0* |
| *über 12 bis 15* | *4,5* |
| *über 15 bis 20* | *4,0* |
| *über 20 bis 40* | *3,5* |
| *über 40 bis 70* | *3,2* |
| *über 70* | *3,0* |

*Bild 1*

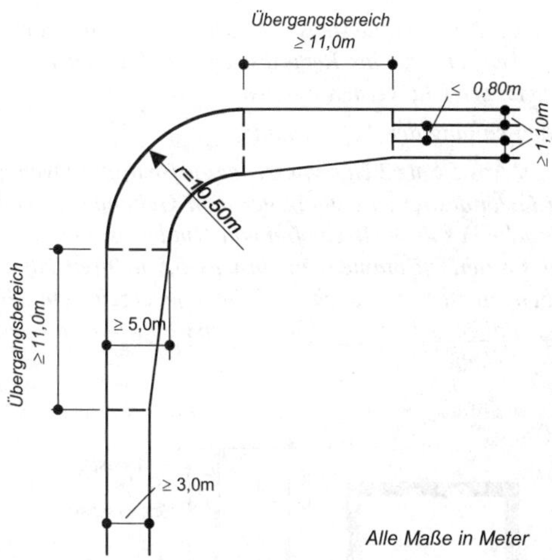


5.204 *Fahrspuren:*

*Geradlinig geführte Zu- oder Durchfahrten können außerhalb der Übergangsbereiche (Nrn. 5.203 und 5.214) als Fahrspuren ausgebildet werden. Die beiden befestigten Streifen müssen voneinander einen Abstand von 0,8 m haben und mindestens je 1,1 m breit sein.*

5.205 *Neigung in Zu- oder Durchfahrten:*

*Zu- oder Durchfahrten dürfen geneigt sein. Die Neigung soll nicht mehr als 10 v. H. betragen. Neigungswechsel sind im Durchfahrtsbereich sowie 8 m vor und hinter der Durchfahrt unzulässig. Die Übergänge zwischen verschiedenen Neigungen sind mit einem Radius von mindestens 15 m auszurunden.*

5.206 *Stufen und Schwellen:*

*Stufen und Schwellen im Zuge von Zu- oder Durchfahrten dürfen nicht höher als 8 cm sein. Eine Folge von Stufen oder Schwellen im Abstand von weniger als 10 m ist zulässig. Im Bereich von Übergängen nach Nr. 5.205 sind Stufen unzulässig.*

5.207 *Hinweisschilder:*

*Hinweisschilder für Flächen für die Feuerwehr müssen DIN 4066–2 entsprechen und mindestens 594 x 210 mm groß sein. Zu- oder Durchfahrten für Feuerwehrfahrzeuge sind als „Feuerwehrzufahrt" zu kennzeichnen. Der Hinweis muss von der öffentlichen Verkehrsfläche aus sichtbar sein. Hinweisschilder für Aufstellflächen oder Bewegungsflächen müssen die Aufschrift „Fläche für die Feuerwehr" haben.*

5.208 *Sperrvorrichtungen:*

*Sperrvorrichtungen (z. B. Sperrbalken, Ketten, Sperrpfosten) sind in Zu- oder Durchfahrten zulässig, wenn sie Verschlüsse haben, die mit dem Schlüssel A für Überflurhydranten nach DIN 3223 oder mit einem Bolzenschneider geöffnet werden können.*

5.209 *Aufstellflächen auf dem Grundstück:*

*Aufstellflächen müssen mindestens 3 m breit und so angeordnet sein, dass alle Öffnungen in Fenstern, die als Rettungswege für Menschen dienen, von Hubrettungsfahrzeugen erreicht werden können.*

5.210 *Aufstellflächen entlang der Außenwand:*

*Ist die nach § 5 Abs. 5 Satz 2 zu bemessende Aufstellfläche weniger als 5,5 m breit, so muss ein Geländestreifen entlang der dem Gebäude abgekehrten Außenseite der Aufstellfläche in solcher Breite frei von Hindernissen sein, dass Aufstellfläche und Geländestreifen zusammen mindestens 5,5 m breit sind. Fahrspuren und Aufstellflächen müssen eine auch im Winter jederzeit deutlich sichtbare Randbegrenzung erhalten. Die Aufstellfläche muss 8 m über die letzte anzuleiternde Stelle hinaus reichen.*

*Bild 2*

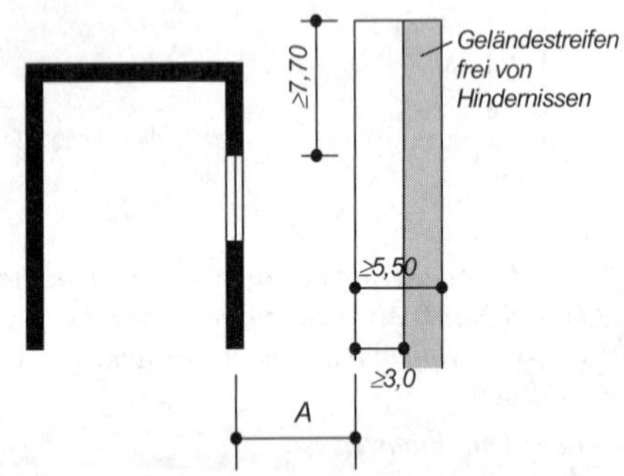


A: größer gleich 3,0 bis 9,0m bei Brüstungshöhe größer gleich 8,0 bis 18,0m
Alle Maße in Meter

5.211 *Aufstellflächen rechtwinklig zur Außenwand:*

*Rechtwinklig oder annähernd im rechten Winkel auf die anzuleiternde Außenwand zugeführte Aufstellflächen dürfen keinen größeren Abstand als 1 m zur Außenwand haben. Die Entfernung zwischen der Außenkante der Aufstellflächen und der entferntesten seitlichen Begrenzung der anzuleiternden Fensteröffnung darf 9 m und bei Brüstungshöhe von mehr als 18 m 6 m nicht überschreiten. Ist die Aufstellfläche weniger als 5,5 m breit, so müssen beiderseits Geländestreifen in solcher Breite frei von Hindernissen sein, dass Aufstellfläche und Geländestreifen zusammen mindestens 5,5 m breit sind; die Geländestreifen müssen mindestens 11 m lang sein.*

5.212 *Freihalten des Anleiterbereichs:*

*Zwischen der anzuleiternden Außenwand und den Aufstellflächen dürfen sich keine den Einsatz von Hubrettungsfahrzeugen erschwerenden Hindernisse wie bauliche Anlagen oder Bäume befinden.*

5.213 *Neigungen der Aufstellflächen:*

*Aufstellflächen dürfen nicht mehr als 5 v. H. geneigt sein.*

*Bild 3*

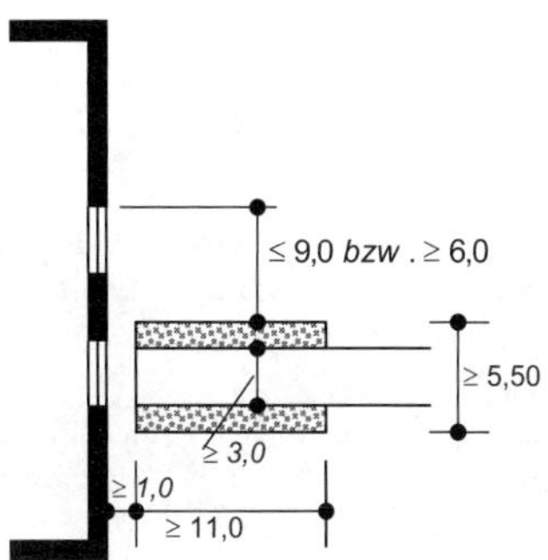


5.214 *Größe der Bewegungsflächen:*

*Für jedes für den Feuerwehreinsatz erforderliche Feuerwehrfahrzeug ist eine Bewegungsfläche von mindestens 7 m x 12 m erforderlich. Zufahrten dürfen nicht gleichzeitig Bewegungsflächen sein. Vor und hinter Bewegungsflächen, die an weiterführenden Zufahrten liegen, sind mindestens 4 m lange Übergangsbereiche anzuordnen.*

*Bild 4*

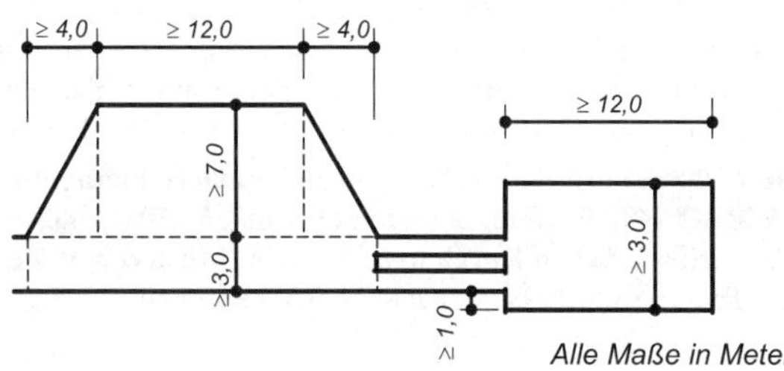


5.215 *Die Anzahl der für den Feuerwehreinsatz erforderlichen Feuerwehrfahrzeuge richtet sich u. a. nach der Art und Nutzung des Gebäudes sowie nach seiner Anordnung auf dem Grundstück, aber auch nach der Ausrüstung der örtlichen Feuerwehr; sie kann von der Brandschutzdienststelle erfragt werden.*

5.6 *Zu Absatz 6*

*Da Verstöße gegen das Verbot des Satzes 4 wegen der damit verbundenen Gefahr für die öffentliche Sicherheit in der Regel unverzüglich beseitigt werden müssen, werden die dazu erforderlichen Maßnahmen häufig im Wege der Eilzuständigkeit (§ 6 OBG) von der örtlichen Ordnungsbehörde, der Feuerwehr oder der Polizeibehörde getroffen. Bußgelder wegen Verstoßes gegen das in Satz 4 geregelte Verbot werden von der örtlichen Ordnungsbehörde verhängt (§ 84 Abs. 5 in Verbindung mit § 84 Abs. 1 Nr. 1).*

**Anmerkungen** (Autor: Temme)

**Übersicht** Rdn.


| | | |
|---|---|---|
| 0 | Änderungen gegenüber der BauO NW 1984 und der BauO NW 1995 | 01–02 |
| 1 | Allgemeines | 1–6b |
| 2 | Zu Absatz 1 – Zu- und Durchgänge | 7–7e |
| 3 | Zu Absatz 2 – Zu- und Durchfahrten | 8–8b |
| 4 | Zu Absatz 3 – Andere Einsatzmöglichkeiten | 9–9a |
| 5 | Zu Absatz 4 – Überlange Zufahrten | 10–10a |
| 6 | Zu Absatz 5 – Aufstell- und Bewegungsflächen | 11–11c |
| 7 | Zu Absatz 6 – Sonstige Anforderungen | |
| 7.1 | Freihaltung und Kennzeichnung der Flächen | 12–13 |
| 7.2 | Tragfähigkeit der Flächen | 14–16 |
| 7.3 | Abstellverbot für Kraftfahrzeuge | 17–18 |


## 0 Änderungen gegenüber der BauO NW 1984 und der BauO NW 1995

01 Die **BauO NW 1995** hat die Absätze 1, 2, 3 und 5 aus der BauO NW 1984 übernommen.

In **Absatz 4** wurde der letzte Halbsatz umformuliert, um Missverständnisse zu vermeiden; Zufahrten oder Durchfahrten können zu den vor und hinter den Gebäuden gelegenen **Grundstücksteilen** (nicht „Grundstücken") verlangt werden.

**Absatz 6** wurde inhaltlich aus dem Vorgängerrecht übernommen und erweitert. Zu- und Durchfahrten sind nach Satz 1 als solche zu **kennzeichnen**. Der angefügte **Satz 4** untersagt das Abstellen von Kraftfahrzeugen in Zu- oder Durchfahrten und wurde durch einen Bußgeldtatbestand ergänzt (§ 84 Abs. 1 Nr. 1 BauO NW 1995 = BauO NRW 2000).

02 Die **BauO NRW 2000** hat § 5 BauO NW 1995 **unverändert übernommen**; die Vorschrift stimmt mit **§ 5 MBO 1997** überein. Dagegen enthält **§ 5 MBO 2002** nur noch zwei Absätze, da sich die erforderlichen Regelungen aus der „**Musterrichtlinie über Flächen für die Feuerwehr** Fassung Juli 1998" der ARGEBAU ergeben.

## 1 Allgemeines

1 Der **Zweck** der Vorschrift ist die **Sicherstellung** der **Einsatzmöglichkeiten der Feuerwehr im Brandfall auf dem** mit einem **Gebäude** bebauten **Grundstück**, um die Rettung von Menschen und Tieren sowie wirksame Löscharbeiten zu ermöglichen. Die Regelungen des § 5 BauO NRW gehören zum **System der äußeren Rettungswege** (siehe die Anmerkungen zu § 17 Rdn. 47) und korrespondieren mit denen der **§§ 4** und **17 BauO NRW**. Nach § 4 Abs. 1 Nr. 1 BauO NRW dürfen Gebäude nur errichtet werden, wenn gesichert ist, dass bis zum Beginn ihrer Benutzung das Grundstück in angemessener Breite an einer **befahrbaren öffentlichen Verkehrsfläche** liegt oder das Grundstück eine befahrbare, **öffentlich-rechtlich gesicherte Zufahrt** zu einer befahrbaren öffentlichen Verkehrsfläche hat, so dass unter anderem auch der **Einsatz von Feuerlösch- und Rettungsgeräten** der Feuerwehr ohne Schwierigkeiten erfolgen kann (s. die Anmerkungen zu § 4 Rdn. 30–32). Nach § 17 Abs. 1 BauO NRW müssen bauliche Anlagen unter anderem so beschaffen sein, dass bei einem Brand die **Rettung von Menschen und Tieren** sowie **wirksame Löscharbeiten** möglich sind. Nach § 17 Abs. 3 Satz 1 BauO NRW müssen

für jede Nutzungseinheit in jedem Geschoss mit einem Aufenthaltsraum **zwei** Rettungswege vorhanden sein; nach § 17 Abs. 3 Satz 2 BauO NRW kann der **zweite Rettungsweg** eine mit **Rettungsgeräten der Feuerwehr erreichbare Stelle** sein kann (s. die Anmerkungen zu § 17 Rdn. 47–52).

Die sechs Absätze des § 5 BauO NRW regeln das **Erfordernis** und die **Anordnung** der für den Feuerwehreinsatz erforderlichen **Zu- und Durchgänge** bzw. **Zu- und Durchfahrten** sowie der auf dem Grundstück oder an den Gebäuden auf öffentlichen Flächen erforderlichen **Aufstell- und Bewegungsflächen** für die Feuerwehr und deren Rettungsgeräte. Weitere Anforderungen an die Ausbildung im Detail, insbesondere an die **Befestigung** der Flächen für die Feuerwehr, an die **Fahrspuren**, an die **Kurvenradien** auch in Zu- und Durchfahrten, enthält **Nr. 5 VV BauO NRW**, die der „**Musterrichtlinie über Flächen für die Feuerwehr** – Fassung Juli 1998“ entspricht. Trotz ihrer Genauigkeit im Text und Zeichnung darf nicht übersehen werden, dass Nr. 5 VV BauO NRW **keine Rechtsvorschrift** darstellt. Vielmehr konkretisiert Nr. 5 VV BauO NRW nur die in § 5 BauO NRW enthaltenen unbestimmten Rechtsbegriffe. Konzipiert der Bauherr seine Rettungswege im Detail entsprechend Nr. 5 VV BauO NRW, darf er erwarten, dass diese Planung im Baugenehmigungsverfahren nicht beanstandet wird (s. auch die Anmerkungen zu § 85 Rdn. 28 und 29). Es steht dem Bauherrn frei, eine von Nr. 5 VV BauO NRW abweichende Detailgestaltung der Rettungswege mit der Brandschutzdienststelle abzustimmen und zu beantragen. Auch diese muss die Bauaufsichtsbehörde zulassen, wenn die sich aus § 5 BauO NRW ergebenden Anforderungen erfüllt sind. 2

Die §§ 5 und 17 Abs. 3 BauO NRW gehen davon aus, dass Gebäude, deren zweiter Rettungsweg über Rettungsgeräte der Feuerwehr führt und bei denen die Oberkante der Brüstungen notwendiger Fenster oder sonstiger zum Anleitern bestimmter Stellen **mehr als 8 m** über dem Gelände liegt, nur errichtet werden dürfen, wenn die erforderlichen **Rettungsgeräte** von der Feuerwehr **vorgehalten** werden. Das sind in aller Regel **Hubrettungsfahrzeuge**, die über eine **maschinell angetriebene Drehleiter** mit der entsprechenden Ausfahrlänge verfügen (s. die Anmerkungen zu § 17 Rdn. 54–57). Somit setzen die bauordnungsrechtlichen Vorschriften voraus, dass bei Gebäuden, bei denen die Oberkante der Brüstungen notwendiger Fenster oder sonstiger zum Anleitern bestimmter Stellen **bis zu 8 m** über der Geländeoberfläche liegt, der zweite Rettungsweg über die bei der Feuerwehr stets vorhandenen **tragbaren Leitern** erbracht wird. 3

Das **Maß von 8 m** resultiert aus der zulässigen Addition der einzelnen Teile einer Steckleiter. Eine **Steckleiter** ist eine Leiter, bestehend aus mehreren Teilen, die mittels Verbindungsstücken zusammengefügt werden können, wobei sich die Länge jeweils nur um ein weiteres Leiterteil ändert (so die Definition in Nr. 3.23 der DIN EN 1147, Ausgabe September 2000 – Tragbare Leitern für den Einsatz bei der Feuerwehr). Nach Bild 15 des Beiblatts zu DIN EN 1147, Ausgabe Oktober 2001, erreichen die vier jeweils 2,70 m langen Teile einer Steckleiter bei Holzausführung eine Gesamthöhe von **8,40 m** bzw. bei Leichtmetallausführung eine solche von **8,50 m**. Unter Berücksichtigung des erforderlichen **Anstellwinkels** lässt sich mit einer Steckleiter eine Brüstungshöhe von rund 8 m gerade noch erreichen (vgl. Klingsohr/Messerer, S. 95 ff.). 3a

Zu Gebäuden, bei denen die Oberkante der Brüstungen notwendiger Fenster oder sonstiger zum Anleitern bestimmter Stellen **bis zu 8 m** über der Geländeoberfläche liegt, zählen in aller Regel die **Gebäude geringer Höhe**, bei denen der Fußboden keines Geschosses mit Aufenthaltsräumen im Mittel mehr als 7 m über der Geländeoberfläche liegt (s. die Anmerkungen zu § 2 Rdn. 154 ff.). Der Gesetzgeber geht dabei davon aus, 3b dass die Fensterbrüstungen, gemessen von der Fußbodenoberkante bis zur Oberkante der Brüstung, **nicht mehr als 1 m** beträgt und somit das Anleitermaß von 8 m noch eingehalten wird. In der Hanglage können auch **Gebäude mittlerer Höhe** (s. die Anmerkungen zu § 2 Rdn. 163) noch anleiterbare Stellen „bis zu 8 m" über Gelände aufweisen, allerdings nur dann, wenn die jeweiligen Nutzungseinheiten in den oberen Geschossen bergseits und in den unteren Geschossen talseits angeleitert werden können. Dem Entwurfsverfasser obliegt bei der Prüfung der jeweils gegebenen Höhen eine besondere Sorgfaltspflicht, da hiervon die Rettungsmöglichkeit im Brandfalle abhängt.

**4** Aus § 17 Abs. 3 BauO NRW ergibt sich, dass jede Nutzungseinheit, wie z. B. eine Wohnung oder ein Büro, **in jedem Geschoss mit einem Aufenthaltsraum** über mindestens **zwei voneinander unabhängige Rettungswege** erreichbar sein muss, wobei der zweite Rettungsweg eine mit Rettungsgeräten der Feuerwehr **erreichbare Stelle** sein kann. Das bedeutet nicht, dass jedes Fenster einer Nutzungseinheit anleiterbar sein muss, es genügt in aller Regel **je Nutzungseinheit** (das hängt selbstverständlich auch von der Größe und der Nutzung dieser Nutzungseinheit ab – vgl. auch die Anmerkungen zu § 17 Rdn. 47–47 b) und **je Geschoss** mit einem Aufenthaltsraum **eine** anleiterbare Stelle. Es besteht auch die Möglichkeit, für mehrere Nutzungseinheiten eine anleiterbare Stelle je Geschoss anzuordnen. Wesentlich ist jedoch bei einer solchen Konzeption, dass für jeden Nutzer dieses Geschosses diese Stelle **jederzeit und problemlos erreichbar** sein muss (vgl. Klingsohr/Messerer, S. 143 ff.). Das schließt regelmäßig einen zweiten Rettungsweg durch fremde Nutzungseinheiten hindurch aus.

**5** Weiterhin ist von Belang, **wo** diese anleiterbare Stelle liegt. In der Regel werden Gebäude von ihrer Grundrissaufteilung her so entworfen, dass es ausreicht, die zur öffentlichen Verkehrsfläche ausgerichtete **Vorderfront** anzuleitern. Gelingt diese Grundrissgestaltung nicht, z. B. weil das Gebäude aufgrund seiner großen Tiefe zum Garten oder zum Hof hin ausgerichtete („gefangene") Nutzungseinheiten aufweist, so werden **Zugänge** oder **Zufahrten** zu der von der öffentlichen Verkehrsfläche abgewandten anzuleiternden Stelle hin erforderlich. In der offenen Bauweise kann der seitliche Abstand des Gebäudes für die Anlegung eines Zugangs oder einer Zufahrt genutzt werden. Handelt es sich jedoch um ein Gebäude ohne seitliche Grenzabstände, so müssen **Durchgänge** oder **Durchfahrten** angeordnet werden, wenn die **Rückseite** angeleitert werden muss, um den zweiten Rettungsweg sicherzustellen (§ 5 Abs. 1 Satz 1 **Nr. 2** BauO NRW).

**6** Solche Zugänge oder Zufahrten bzw. Durchgänge oder Durchfahrten sind auch erforderlich **zur Vorderseite** im **rückwärtigen Grundstücksteil** gelegener Gebäude, so genannter **Hinterlandbebauung**, um entsprechend § 17 Abs. 1 BauO NRW die Rettung von Menschen und Tieren sowie wirksame Löscharbeiten zu ermöglichen (§ 5 Abs. 1 Satz 1 **Nr. 1** BauO NRW). Die baurechtliche Zulässigkeit von Gebäuden im rückwärtigen Grundstücksteil ist jedoch nicht bereits dann gegeben, wenn der zweite Rettungsweg gesichert werden kann. Vielmehr richtet sich die Zulässigkeit einer solchen Hinterlandbebauung in erster Linie nach den **bauplanungsrechtlichen** Vorschriften der §§ 30–35 BauGB und den **bauordnungsrechtlichen** Anforderungen des § 4 BauO NRW an die gesicherten Erschließung (s. die Anmerkungen zu § 4 Rdn. 4–13). Ist die baurechtliche Zulässigkeit nach diesen Vorschriften gegeben, müssen darüber hinaus auch die Anforderungen des § 5 BauO NRW erfüllt sein.

**6a** Die Regelungen des § 5 BauO NRW sind wie die übrigen Brandschutzvorschriften der BauO NRW auf **Gebäude üblicher Art und Nutzung** ausgerichtet. Bei **Sonderbauten** kann im Einzelfall ein ungleich **höheres Gefahrenrisiko** vorliegen (vgl. die Anmerkungen zu § 54 Rdn. 1). So ist es z. B. unmöglich, die Menschenmassen in großen Versammlungsstätten im Brandfalle über Kraftfahrdrehleitern zu retten. Vergleichbares gilt für Krankenhäuser oder Altenpflegeheime aufgrund der häufig gegebenen Bewegungsunfähigkeit der Nutzer. In derartigen Fällen muss als wesentlicher Bestandteil des **Brandschutzkonzeptes** (s. die Anmerkungen zu § 54 Rdn. 8 und § 69 Rdn. 58–59) ein **Rettungsplan** entwickelt werden. Dabei kann es erforderlich werden über die Vorgaben des § 5 BauO NRW hinauszugehen, vor allem auch, um speziellen Anforderungen in **Sonderbauvorschriften** an die Flächen für die Feuerwehr Rechnung zu tragen.

Handelt es sich bei diesen Sonderbauvorschriften um **Rechtsverordnungen**, so gehen **6b** deren Anforderungen den Regelungen des § 5 BauO NRW ohnehin vor. Bestehen zu bestimmten Sonderbauten keine Rechtsverordnungen, sondern nur Verwaltungsvorschriften, so können nach Maßgabe des **§ 54 Abs. 2 Nr. 1 BauO NRW besondere Anforderungen** an die Ausgestaltung der Flächen für die Feuerwehr gestellt werden (s. die Anmerkungen zu § 54 Rdn. 28).

## 2 Zu Absatz 1 – Zu- und Durchgänge

Die materiellen Anforderungen an **Zu-** und **Durchgänge** sind in Absatz 1 abschließend **7** geregelt und von den am Bau Beteiligten strikt einzuhalten. Sie ergeben sich aus den Einsatzmöglichkeiten der Feuerwehr. So wird eine Schiebeleiter von jeweils zwei Feuerwehrmännern am vorderen und hinteren Ende auf den Schultern getragen. Aufgrund der Länge der Leiter und ihres Gewichts stellt jede enge Krümmung im Verlauf und jede Einengung im Bereich von Türöffnungen und anderen Engstellen für diese Feuerwehrmänner ein Hindernis und somit für die Einsatzzeit eine **Verzögerung** dar, die im Interesse der Rettung von Personen nicht hinnehmbar ist. Die Vorgaben des Absatzes 1 konnten daher nicht als Soll-Vorschrift gefasst werden.

**Satz 1** regelt **Zu-** und **Durchgänge**. Ein Zugang ist ein nach oben offener Gang neben **7a** einem Gebäude zu der rückwärtig gelegenen anzuleiternden Stelle. Ein Durchgang ist ein Gang durch ein Gebäude hindurch zur straßenabgewandten Seite. Die Begriffe „Zu- und Durchgang" beinhalten das Wort „**Gang**". Hierbei ist am ehesten an einen Korridor zu denken und nicht etwa an eine Treppe. Denn dieses Wort bezeichnet den **Ort des Gehens**, wie dies auch in den Zusammensetzungen Hausgang, Säulengang oder Laubengang zum Ausdruck kommt. Im Gegensatz dazu bezeichnet das Wort „Treppe", das eigentlich „Tritt" bedeutet, eine Stiege, einen Aufgang aus Stufen. Daraus folgt, dass ein Zugang oder Durchgang im Wesentlichen eben verläuft und mehrere hintereinander angeordnete Stufen unzulässig sind. Einzelne Stufen oder flach geneigte Rampen sind dagegen möglich, wenn der Einsatz der Rettungsgeräte hierdurch nicht behindert wird.

Der Zu- oder Durchgang muss **geradlinig** verlaufen. Das Wort „gerade" steht für „in **7b** unveränderter Richtung verlaufend" im Gegensatz zu „krumm". Der Begriff „**Gerade**" wird in der Geometrie für „gerade Linie" verwendet. Aus dieser Wortbedeutung und aus dem Zweck der Vorschrift folgt, dass der Zu- oder Durchgang so ausgebildet werden muss, dass der Transportvorgang der Rettungsgeräte durch das Personal der Feuerwehr nicht behindert wird, was **Krümmungen** im Grundriss oder Aufriss **ausschließt** (vgl. auch Allgeier/von Lutzau, S. 137 ff., Anmerkung 5) und allenfalls eine nur leicht geschwungenen Verlauf gestattet. Denn starke Krümmungen oder Versätze im Verlauf des Ganges würden vor allem den Transport der einzelnen 2,70 m langen Elemente einer Steckleiter behindern.

7c **Satz 2** schreibt vor, dass die Zu- oder Durchgänge mindestens **1,25 m breit** sein müssen. Das Maß resultiert aus den Erfordernissen des Transports der Rettungsgeräte durch die Einsatzkräfte der Feuerwehr und muss grundsätzlich auf voller Länge der Zu- oder Durchgänge eingehalten werden.

7d **Satz 3** erlaubt für **Türöffnungen** und **andere geringfügige Einengungen** eine lichte Breite von **1 m**. Es handelt sich hierbei um eine gesetzliche Abweichung vom Grundmaß, um Türen und andere geringfügige Einbauten zu ermöglichen. Das **lichte** Breitenmaß von 1 m bezieht sich auf die zur Verfügung stehende Öffnung zwischen den Türzargen. Unter anderen geringfügigen Einengungen sind nur solche zu verstehen, die hinsichtlich ihrer Mauerstärke der für eine Türöffnung entsprechen. Es kann sich somit nur um ein schlankes Bauteil, wie z. B. eine Pfeilervorlage handeln. Keineswegs zulässig ist die Einengung der grundsätzlich gebotenen lichten Breite von 1,25 m durch größere Einbauten, wie z. B. breite Lüftungskanäle oder Verteilerschränke, da diese nicht mehr als „geringfügig" anzusehen sind.

7e **Satz 4** verlangt eine **lichte Höhe** der Zu- und Durchgänge von mindestens **2 m**. Als **gesetzliche** Bestimmung verdrängt diese die Anforderung in Nr. 4.1 der DIN 14090, Ausgabe Mai 2003 – Flächen für die Feuerwehr auf Grundstücken, wonach die lichte Höhe der Zu- oder Durchgänge 2,2 m und die von Türöffnungen 2,0 m betragen muss. Nach den Erläuterungen des Anhangs zu DIN 14090 erfolgte die Erhöhung des lichten Höhenmaßes mit Rücksicht auf die Zunahme der durchschnittlichen Körpergröße. Wenn auch die gesetzliche Anforderung die der technischen Regel vorgeht, so sind Bauherrn und Entwurfsverfasser dennoch gut beraten, Nr. 4.1 der DIN 14090 nach Möglichkeit von sich aus zu berücksichtigen.

### 3 Zu Absatz 2 – Zu- und Durchfahrten

8 Die materiellen Anforderungen des Absatzes 2 **Satz 1** an Zu- und Durchfahrten konkretisiert und ergänzt Nr. 5.2 VV BauO NRW. Sie sollen einen ungehinderten Einsatz der Feuerwehrfahrzeuge gewährleisten. Nr. 5.2 VV BauO NRW berücksichtigt die Abmessungen von Hubrettungsfahrzeugen nach DIN 14701 – Teil 1, Ausgabe April 1989. Nach Nr. 5.1.2 dieser Norm beträgt die maximale Länge eines Hubrettungsfahrzeuges 10,0 m, die maximale Breite 2,5 m und die maximale Höhe 3,3 m. Unter Berücksichtigung der Sicherheitszuschläge müssen Zu- und Durchfahrten mindestens **3 m breit** sein und eine **lichte Höhe** von mindestens **3,5 m** haben. Die lichte Höhe ist senkrecht zur Fahrbahn zu messen (vgl. Nr. 5.202 VV BauO NRW). Die Einhaltung dieses Maßes ist gerade bei Rampen und deren Ausrundungen im Bereich von Durchfahrten wichtig.

8a Im Normalfall werden Zu- und Durchfahrten geradlinig geführt werden können. Anders als Absatz 1 dies für Zu- und Durchgänge fordert, dürfen Zu- und Durchfahrten nach Absatz 2 Satz 1 auch **Kurven** aufweisen. Deren Radien und Breiten regelt Nr. 5.203 VV BauO NRW, um ein ungehindertes Fahren der Feuerwehrfahrzeuge ohne Zwang zum Rangieren zu gewährleisten. Weitere Anforderungen an die Ausbildung der Zu- und Durchfahrten enthalten Nr. 5.204 bis 5.208 VV BauO NRW.

8b Nach Absatz 2 **Satz 2** sind die Wände und Decken von Durchfahrten in der geforderten brandschutztechnischen **Feuerwiderstandsklasse** auszuführen. Die Feuerwiderstandsklasse F 90-AB ist erforderlich, um das Durchfahren von Feuerwehrfahrzeugen längere Zeit im Brandfalle zu ermöglichen, ohne dass ein Einsturz der Durchfahrt aufgrund der Brandeinwirkung befürchtet werden muss.

### 4 Zu Absatz 3 – Andere Einsatzmöglichkeiten für die Feuerwehr

Zur flexibleren Handhabung der relativ starren Regelungen der Absätze 1 und 2 gestattet Absatz 3 auf dem Grundstück auch andere Verbindungen zu rückwärtigen Gebäuden oder zur Rückseite von Gebäuden. Der **Einsatz der Feuerwehr** darf jedoch dadurch **nicht behindert** werden. Über die Gestattung entscheidet die Bauaufsichtsbehörde im Rahmen einer **Abweichung** nach § 73 Abs. 1 BauO NRW. Soll von den Regelungen der Absätze 1 und 2 abgewichen werden, so ist eine frühzeitige **Beteiligung der für den Brandschutz zuständigen Dienststelle** oder auch der örtlichen Feuerwehr anzuraten (vgl. hierzu auch Nrn. 54.31, 54.33 und 73.12 VV BauO NRW). 9

Grundsätzlich verpflichtet § 5 BauO NRW den Bauherrn, die erforderlichen Zu- und Durchgänge bzw. Zu- und Durchfahrten nach den Absätzen 1 und 2 auf dem **eigenen** Grundstück zu schaffen. Es ist jedoch möglich, dass der Bauherr eine entsprechende Fläche auf dem **Nachbargrundstück** nutzen möchte, an die das zu bebauende Grundstück unmittelbar anschließt. In diesem Falle muss dann durch **Baulast** nach § 83 BauO NRW der Erhalt und die Nutzbarkeit dieser Fläche dauerhaft gesichert werden. Eine solche Lösung kommt in dicht bebauten Bereichen in Betracht, z.B. im Eckbereich einer Blockrandbebauung (s. das Beispiel bei Rabe/Heintz, S. 294 Abbildung zu Rdn. 74). 9a

### 5 Zu Absatz 4 – Überlange Zufahrten

Absatz 4 korrespondiert mit § 4 Abs. 1 Nr. 2 Halbsatz 2 BauO NRW: Wohnwege, an denen nur Gebäude geringer Höhe zulässig sind, brauchen nur befahrbar zu sein, wenn sie länger als 50 m sind (s. die Anmerkungen zu § 4 Rdn. 41). Die Vorschrift greift ein, wenn Gebäude oder Teile von Gebäuden **mehr als 50 m von der öffentlichen Verkehrsfläche** entfernt sind. In solchen Fällen kann die Bauaufsichtsbehörde entsprechend befestigte (s. hierzu Rdn. 14–16) Zu**fahrten** oder Durch**fahrten – anstelle** der sonst erforderlichen Zu**gänge** oder Durch**gänge** nach Absatz 1 – verlangen. Die Regelung bezieht sich nur auf Gebäude geringer Höhe, bei denen die Oberkante der Brüstung notwendiger Fenster oder sonstiger zum Anleitern bestimmter Stellen **nicht mehr als 8 m** über dem Gelände liegt. Die Zu- oder Durchfahrten müssen nicht unmittelbar bis an das Gebäude verlaufen, da die Vorschrift lediglich von vor oder hinter dem Gebäude gelegenen **Grundstücksteilen** ausgeht. 10

Unter allen Umständen ist der **Einsatz von Rettungsgeräten** der Feuerwehr in Abhängigkeit von Höhe der anzuleiternden Stelle zu **gewährleisten**. Reicht es bei Gebäuden geringer Höhe noch aus, wenn die Zufahrt – in Anlehnung an § 4 Abs. 1 Nr. 1 Halbsatz 2 BauO NRW – bis auf eine Distanz von nicht mehr als 50 m an das Gebäude herangeführt wird, so muss bei Gebäuden mittlerer Höhe die Zufahrt bis an das Gebäude heran geführt sein, um mit Hubrettungsfahrzeugen die mehr als 8 m hoch gelegenen notwendigen Fenster oder sonstigen zum Anleitern bestimmten Stellen erreichen zu können. 10a

### 6 Zu Absatz 5 – Aufstell- und Bewegungsflächen

Nach Absatz 5 **Satz 1** müssen bei Gebäuden, deren zweiter Rettungsweg über **Hubrettungsfahrzeuge** der Feuerwehr erbracht wird (s. Rdn. 3), die zum Anleitern bestimmten Flächen für Feuerwehrfahrzeuge erreichbar sein. Dies gilt für **mindestens** eine Außenwand mit notwendigen Fenstern oder mit den zum Anleitern bestimmten Stel- 11 len. Bei ungünstiger Grundrissgestaltung der Nutzungseinheiten in den Geschossen kann auch der Fall eintreten, dass gleich mehrere Außenwände angeleitert werden müssen (s. Rdn. 4).

**11a** Vor diesen Wänden sind **befahrbare Flächen** für die Feuerwehr anzulegen, die das **Aufstellen** der Hubrettungsfahrzeuge in dem erforderlichen **Abstand** zu den Wänden ermöglichen. Die in Absatz 5 **Satz 2** geregelten Mindest- bzw. Höchstabstände ergeben sich aus der Höhe der anzuleiternden Stelle über dem Gelände und daraus resultierend aus dem physikalisch-technisch möglichen Neigungswinkel der Kraftfahrdrehleiter. Je größer die Ausfahrlänge einer Kraftdrehleiter sein muss, umso steiler muss der Anstellwinkel sein, umso weniger weit darf die Aufstellfläche von der Außenwand entfernt angeordnet werden; je kleiner die Ausfahrlänge einer Kraftdrehleiter zu sein braucht, umso weniger steil darf der Anstellwinkel sein, umso weiter darf die Aufstellfläche von der Außenwand entfernt angeordnet werden (s. Abb. 5.1).

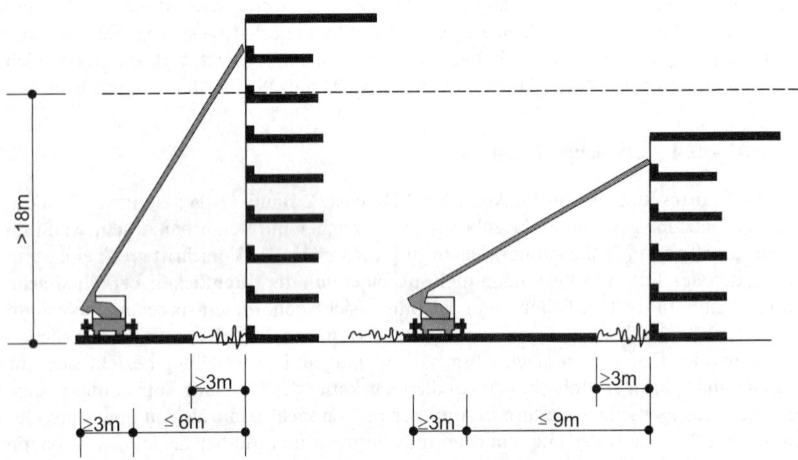


**Abbildung 5.1 Anordnung der Aufstellflächen für die Hubrettungsfahrzeuge** in Abhängigkeit von der Höhe der anzuleiternden Stelle (s. Rdn. 11 a)

**11b** Die Anordnung der Aufstellflächen für Hubrettungsfahrzeuge vor der Außenwand sowie die einzuhaltenden Mindest- bzw. Höchstabstände in Satz 2 **erster Halbsatz** werden durch **Nr. 5.209 bis 5.213 VV BauO NRW** konkretisiert. Satz 2 **zweiter Halbsatz** ermöglicht es, von der Einhaltung der Maßvorgaben des ersten Halbsatzes abzusehen, wenn Bedenken wegen des Brandschutzes nicht bestehen. Über die Gestattung entscheidet die Bauaufsichtsbehörde im Rahmen einer **Abweichung** nach § 73 Abs. 1 BauO NRW.

**11c** Aufgrund der Grundrisskonzeption des Gebäudes und besonderer örtlicher Gegebenheiten kann der Fall eintreten, dass die Nutzungseinheiten in den Geschossen nur von einer bestimmten Gebäudeseite aus für die Hubrettungsfahrzeuge der Feuerwehr erreichbar sind, weil sich die anderen Außenwände hierfür nicht eignen. In diesem Fall ermöglicht es Absatz 5 **Satz 3** der Bauaufsichtsbehörde, die **Anlegung** einer befahrbaren Fläche an der **geeigneten Gebäudeseite verlangen** zu können.

## 7 Zu Absatz 6 – Sonstige Anforderungen

### 7.1 Freihaltung und Kennzeichnung der Flächen

12 Die der Feuerwehr für ihren Einsatz zur Verfügung stehenden **Rettungsgeräte** – es handelt sich hier vor allem um Hubrettungsfahrzeuge, Tanklöschfahrzeuge, Rüst- und Gerätewagen – haben genormte **Abmessungen** und **Gewichte**. Diese Fahrzeuge benötigen für ihren Einsatz eine ausreichende **Bewegungsfreiheit** und somit einen entsprechenden Freiraum sowohl in der Ebene als auch nach oben. Die Abmessungen der Flächen sind in den Absätzen 2 und 5 und konkretisierend hierzu in Nr. 5 VV BauO NRW geregelt. Absatz 6 **Satz 1** verlangt, dass diese Zu- und Durchfahrten sowie die befahrbaren Flächen **nicht durch Einbauten eingeengt** werden dürfen und **ständig freizuhalten** ist. Darüber hinaus sind diese Flächen zu **kennzeichnen**, um Verstöße gegen das Verbot der Einengung und das Gebot der ständigen Freihaltung entsprechend § 84 Abs. 1 Nr. 1 BauO NRW mit Bußgeld ahnden zu können (s. Rdn. 18). Für die Kennzeichnung empfiehlt sich die Verwendung des Zeichens 286 zu § 41 Abs. 2 Nr. 8 StVO mit dem Zusatz „Feuerwehrzufahrt" bzw. „Feuerwehrdurchfahrt". Auch Sonderbauverordnungen verwenden dieses Zeichen, so z. B. Bild 2 der Anlage 3 zur KhBauVO.

13 Die Erfüllung dieser Vorschrift führt nicht nur im Bereich der privaten Grundstücksflächen, sondern mitunter auch im Bereich der öffentlichen Flächen zu Problemen. Diese ergeben sich zum einen durch wildes Parken, zum anderen aber auch durch nachträgliche Gestaltung (Möblierung) der Straßenräume, wie z. B. durch den Einbau fester Sitzgruppen oder durch die Anbringung von Überdachungen in Fußgängerzonen. Um letzterem Problem zu begegnen, regelt Absatz 6 **Satz 3,** dass die Aufstell- und Bewegungsflächen, insbesondere die Flächen, die dem Aufstellen von Hubrettungsfahrzeugen dienen, **nach oben offen** sein müssen.

### 7.2 Tragfähigkeit der Flächen

14 Gemäß Absatz 6 **Satz 2** müssen Zu- und Durchfahrten nach Absatz 2 sowie befahrbare Flächen nach Absatz 5 **ausreichend befestigt** und **tragfähig** sein. Da die Industrie die Gewichte der angebotenen Feuerwehrfahrzeuge in den letzten Jahrzehnten ständig erhöht hat, beabsichtigte der Normenausschuss Feuerwehrwesen beim DIN die Änderung der DIN 14701 – Teil 1, Hubrettungsfahrzeuge, Ausgabe April 1989 dahin gehend, dass das zulässige Gesamtgewicht für diese Fahrzeuge von 14 t auf 16 t anzuheben sei. Hiergegen wurde vorgetragen, dass ein sicherer Einsatz von Fahrzeugen mit einem Gesamtgewicht von 16 t auf älteren Kellerdecken nicht gewährleistet ist, wenn diese für ein zulässiges Gesamtgewicht von 9 t oder nach DIN 1055 Teil 3 (Ausgabe Juni 1971) für ein zulässiges Gesamtgewicht von lediglich 2 t bemessen sind. Untersuchungs- und Beratungsergebnisse sowohl seitens der Feuerwehr als auch seitens der ARGEBAU führten schließlich zu einem Ergebnis, auf dem die Regelung der Nr. 5.201 VV BauO NRW basiert. Hierbei wird ein gewisses Restrisiko – z. B. Schäden an Decken und Flächen – in Kauf genommen, weil es um die Rettung von Menschen aus unmittelbarer Gefahr geht. Der sichere Einsatz und die sichere Funktion der Fahrzeuge sind unter diesen Vorgaben jedoch gewährleistet.

15 Den Feuerwehren ist mit der Regelung der Nr. 5.201 VV BauO NRW nicht verwehrt, sich auch Fahrzeuge mit einem **höheren Gesamtgewicht** als 14 t bzw. 16 t anzuschaffen; jedoch sind solche Fahrzeuge nur auf solchen Flächen sicher einzusetzen, die dafür auch

bemessen sind. Es darf aus einer solchen Anschaffung dann allerdings nicht in Umkehr geschlossen werden, dass neu anzulegende Flächen für den Einsatz von Feuerwehrfahrzeugen generell entsprechend höher zu bemessen oder gar bestehende Flächen für die Feuerwehr den höheren Gewichten der Fahrzeuge anzupassen seien. Fahrzeuge mit dem höheren Gesamtgewicht sind gedacht für besondere Einsätze, z. B. bei **Sonderbauten**, bei denen dann nach § 54 Abs. 1 BauO NRW auch eine entsprechend stärkere Befestigung der Flächen für die Feuerwehr verlangt werden kann.

16 Die **DIN 14090** – Flächen für die Feuerwehr auf Grundstücken, Ausgabe Juni 1977, wurde in NRW bewusst **nicht bauaufsichtlich eingeführt** und ihre Anwendung durch die Bauaufsichtsbehörden nach Nr. 5.2 VV BauO NRW sogar ausgeschlossen. Diese Norm verlangte in Nr. 2.2.1 eine Bemessung von Hofkellerdecken – als Flächen für die Feuerwehr – entsprechend Brückenklasse 30 nach DIN 1072. In der Erläuterung zu dieser Norm heißt es unter anderem: Die Brückenklasse 30 nach DIN 1072 erscheint hoch gegriffen, ist jedoch die nächste Brückenklasse (nach der Brückenklasse 12) nach dieser Norm über dem zulässigen Gesamtgewicht der schwersten genormten Feuerwehrfahrzeuge. Damit geht DIN 14090, Ausgabe Juni 1977 selbst davon aus, dass auch eine geringere Brückenklasse genügt, wenn die Norm DIN 1072 eine solche Einstufung zwischen Brückenklasse 12 und 30 geregelt hätte. Inzwischen wurde die DIN 14090 fortgeschrieben und durch die Ausgabe Mai 2003 ersetzt und die Forderung zur Bemessung nach Brückenklasse 30 aufgegeben.

### 7.3 Abstellverbot für Kraftfahrzeuge

17 Der zunehmende Kraftfahrzeugbestand und die in vielen Innenstädten herrschende, zum Teil bewusst herbeigeführte Parkraumverknappung haben dazu geführt, dass alle möglichen befestigten Grundstücksflächen für das Abstellen von Kraftfahrzeugen Verwendung finden. Bei der Brandbekämpfung, aber auch bei anderen Einsätzen zur Rettung von Menschen, wird der Einsatz der Feuerwehr zunehmend durch in Zu- und Durchfahrten sowie auf Aufstell- und Bewegungsflächen rechtswidrig abgestellte Kraftfahrzeuge **behindert**. Bereits nach Absatz 6 Satz 1 sind diese Flächen **ständig freizuhalten**.

18 Um das Verbot der Einengung und das Gebot der ständigen Freihaltung auch tatsächlich durchsetzen zu können, hat der Gesetzgeber mit § 84 Abs. 1 Nr. 1 BauO NRW einen weiteren **Bußgeldtatbestand** aufgenommen (s. die Anmerkungen zu § 84 Rdn. 01, 33 und 63). In diesem Zusammenhang war es erforderlich, einen hinreichend konkreten materiell-rechtlichen **Anknüpfungspunkt** zu schaffen, eben den mit der BauO NW 1995 in Absatz 6 angefügten **Satz 4**, der das Abstellen von Kraftfahrzeugen in Zu- und Durchfahrten nach Absatz 2 sowie auf befahrbaren Flächen nach Absatz 5 verbietet. Die Brandstellenerfahrung hat gezeigt, dass von den Grundstückensnutzern häufig die nach § 5 BauO NRW hergerichteten Feuerwehrflächen mangels Kennzeichnung nicht erkannt werden. Daher dient die Kennzeichnungspflicht auch der Durchsetzung des Abstellverbots für Kraftfahrzeuge.

## §6
## Abstandflächen

**(1) [1]Vor den Außenwänden von Gebäuden sind Abstandflächen von oberirdischen Gebäuden freizuhalten. [2]Innerhalb der überbaubaren Grundstücksfläche ist eine Abstandfläche nicht erforderlich gegenüber Grundstücksgrenzen,**

**a) gegenüber denen nach planungsrechtlichen Vorschriften ohne Grenzabstand oder mit geringerem Grenzabstand als nach den Absätzen 5 und 6 gebaut werden muss oder**

**b) gegenüber denen nach planungsrechtlichen Vorschriften ohne Grenzabstand gebaut werden darf, wenn gesichert ist, dass auf dem Nachbargrundstück ohne Grenzabstand gebaut wird.**

**(2) [1]Die Abstandflächen müssen auf dem Grundstück selbst liegen. [2]Sie dürfen auch auf öffentlichen Verkehrsflächen, öffentlichen Grünflächen und öffentlichen Wasserflächen liegen, jedoch nur bis zu deren Mitte. [3]Abstandflächen dürfen sich ganz oder teilweise auf andere Grundstücke erstrecken, wenn durch Baulast gesichert ist, dass sie nur mit in der Abstandfläche zulässigen baulichen Anlagen überbaut werden und auf die auf diesen Grundstücken erforderlichen Abstandflächen nicht angerechnet werden.**

**(3) Die Abstandflächen dürfen sich nicht überdecken; dies gilt nicht für**

**1. Außenwände, die in einem Winkel von mehr als 75 Grad zueinander stehen,**

**2. Außenwände zu einem fremder Sicht entzogenen Gartenhof bei Wohngebäuden mit nicht mehr als zwei Wohnungen und**

**3. Gebäude und andere bauliche Anlagen, die in den Abstandflächen zulässig sind oder gestattet werden.**

**(4) [1]Die Tiefe der Abstandfläche bemisst sich nach der Wandhöhe; sie wird senkrecht zur Wand gemessen. [2]Als Wandhöhe gilt das Maß von der Geländeoberfläche bis zur Schnittlinie der Wand mit der Dachhaut oder bis zum oberen Abschluss der Wand. [3]Besteht eine Außenwand aus Wandteilen unterschiedlicher Höhe, so ist die Wandhöhe je Wandteil zu ermitteln. [4]Bei geneigter Geländeoberfläche ist die im Mittel gemessene Wandhöhe maßgebend; diese ergibt sich aus den Wandhöhen an den Gebäudekanten oder den vertikalen Begrenzungen der Wandteile. [5]Abgrabungen, die der Belichtung oder dem Zugang oder der Zufahrt zu einem Gebäude dienen, bleiben bei der Ermittlung der Abstandfläche außer Betracht, auch soweit sie nach § 9 Abs. 3 die Geländeoberfläche zulässigerweise verändern. [6]Zur Wandhöhe werden hinzugerechnet:**

**1. voll die Höhe von**

**– Dächern und Dachteilen mit einer Dachneigung von mehr als 70°,**

**– Giebelflächen im Bereich dieser Dächer und Dachteile, wenn beide Seiten eine Dachneigung von mehr als 70° haben,**

**2. zu einem Drittel die Höhe von**

**– Dächern und Dachteilen mit einer Dachneigung von mehr als 45°,**

**– Dächern mit Dachgauben oder Dachaufbauten, deren Gesamtbreite je Dachfläche mehr als die Hälfte der darunter liegenden Gebäudewand beträgt,**

- Giebelflächen im Bereich von Dächern und Dachteilen, wenn nicht beide Seiten eine Dachneigung von mehr als 70° haben.

[7]Das sich ergebende Maß ist H.

(5) [1]Die Tiefe der Abstandflächen beträgt, soweit in einer örtlichen Bauvorschrift nach § 86 Abs. 1 Nr. 6 nichts anderes bestimmt ist,

- 0,8 H,
- 0,5 H in Kerngebieten,
- 0,25 H in Gewerbegebieten und Industriegebieten.

[2]Zu öffentlichen Verkehrsflächen, öffentlichen Grünflächen und öffentlichen Wasserflächen beträgt die Tiefe der Abstandfläche

- 0,4 H,
- 0,25 H in Kerngebieten, Gewerbegebieten und Industriegebieten.

[3]In Sondergebieten können geringere Tiefen der Abstandflächen gestattet werden, wenn die Nutzung des Sondergebiets dies rechtfertigt. [4]Zu angrenzenden anderen Baugebieten gilt die jeweils größere Tiefe der Abstandfläche. [5]In allen Fällen muss die Tiefe der Abstandflächen mindestens 3 m betragen. [6]Absatz 16 bleibt unberührt.

(6) [1]Auf einer Länge der Außenwände und von Teilen der Außenwände von nicht mehr als 16 m genügt gegenüber jeder Grundstücksgrenze und gegenüber jedem Gebäude auf demselben Grundstück als Tiefe der Abstandflächen 0,4 H, in Kerngebieten 0,25 H, mindestens jedoch 3 m. [2]Bei hintereinander liegenden Außenwänden wird nur die Außenwand mit der größten Länge auf die Länge nach Satz 1 angerechnet.

(7) [1]Bei der Bemessung der Abstandfläche bleiben außer Betracht, wenn sie nicht mehr als 1,50 m vor die jeweilige Außenwand vortreten,

1. das Erdgeschoss erschließende Hauseingangstreppen und Überdachungen über erdgeschossigen Hauseingängen, wenn sie von den Nachbargrenzen mindestens 1,50 m entfernt sind,
2. untergeordnete Bauteile wie Gesimse, Dachvorsprünge und Terrassenüberdachungen, wenn sie von den Nachbargrenzen mindestens 2 m entfernt sind, und
3. Vorbauten wie Erker und Balkone sowie Altane, wenn sie insgesamt nicht mehr als ein Drittel der Breite der jeweiligen Außenwand in Anspruch nehmen und sie von den Nachbargrenzen mindestens 3 m entfernt sind.

[2]Bei der Ermittlung des Maßes nach Satz 1 bleiben Loggien außer Betracht.

(8) aufgehoben

(9) aufgehoben

(10) [1]Gegenüber Gebäuden und Grundstücksgrenzen gelten die Absätze 1 bis 7 entsprechend für Anlagen, die nicht Gebäude sind,

1. soweit sie höher als 2 m über der Geländeoberfläche sind und von ihnen Wirkungen wie von Gebäuden ausgehen oder

2. soweit sie höher als 1 m über der Geländeoberfläche sind und dazu geeignet sind, von Menschen betreten zu werden.

[2]Für Windenergieanlagen gelten die Absätze 4 bis 7 nicht. [3]Bei diesen Anlagen bemisst sich die Tiefe der Abstandfläche nach der Hälfte ihrer größten Höhe. [4]Die größte Höhe errechnet sich bei Anlagen mit Horizontalachse aus der Höhe der Rotorachse über der geometrischen Mitte des Mastes zuzüglich des Rotorradius. [5]Die Abstandfläche ist ein Kreis um den geometrischen Mittelpunkt des Mastes.

(11) [1]Gebäude mit einer mittleren Wandhöhe bis zu 3 m über der Geländeoberfläche an der Grenze, die als Garage, Gewächshaus oder zu Abstellzwecken genutzt werden, sind ohne eigene Abstandflächen sowie in den Abstandflächen eines Gebäudes zulässig

- ohne Öffnungen in den der Nachbargrenze zugekehrten Wänden,
- einschließlich darauf errichteter untergeordneter Anlagen zur Gewinnung von Solarenergie und Antennenanlagen jeweils bis zu 1,5 m Höhe,
- auch, wenn sie nicht an die Grundstücksgrenze oder an ein Gebäude angebaut werden,
- auch, wenn das Gebäude über einen Zugang zu einem anderen Gebäude verfügt.

[2]Absatz 4 gilt nicht. [3]Die Höhe von Giebelflächen ist bei der Berechnung der mittleren Wandhöhe zu berücksichtigen. [4]Die Höhe von Dächern und Dachteilen mit einer Dachneigung von mehr als 30° werden der mittleren Wandhöhe hinzugerechnet. [5]Die Gesamtlänge der Bebauung nach Satz 1 darf je Nachbargrenze 9 m und auf einem Grundstück zu allen Nachbargrenzen insgesamt 15 m nicht überschreiten.

(12) aufgehoben

(13) Liegen sich Wände desselben Gebäudes oder Wände von Gebäuden auf demselben Grundstück gegenüber, so können geringere Tiefen der Abstandflächen als nach den Absätzen 5 und 6 gestattet werden, wenn die Beleuchtung der Räume des Gebäudes nicht wesentlich beeinträchtigt wird.

(14) [1]Bei bestehenden Gebäuden ist die nachträgliche Bekleidung oder Verblendung von Außenwänden sowie die nachträgliche Anhebung der Dachhaut zulässig, wenn die Baumaßnahme der Verbesserung des Wärmeschutzes dient und wenn die Stärke der Bekleidung oder Verblendung bzw. die Anhebung der Dachhaut nicht mehr als 0,25 m und der verbleibende Abstand zur Nachbargrenze mindestens 2,50 m beträgt. [2]Darüber hinaus können unter Würdigung nachbarlicher Belange und der Belange des Brandschutzes geringere Tiefen der Abstandflächen gestattet werden, wenn die Baumaßnahme der Verbesserung des Wärmeschutzes dient. [3]Die Sätze 1 und 2 gelten auch für Außenwände, deren Abstandfläche Absatz 5 nicht entspricht.

(15) [1]Bei Gebäuden, die ohne Einhaltung von Abstandflächen oder mit geringeren Tiefen der Abstandflächen als nach den Absätzen 5 und 6 bestehen, sind zulässig

1. Änderungen innerhalb des Gebäudes,
2. Nutzungsänderungen, wenn der Abstand des Gebäudes zu den Nachbargrenzen mindestens 2,50 m beträgt,

**3. Änderungen, wenn der Abstand des Gebäudes zu den Nachbargrenzen mindestens 2,50 m beträgt, ohne Veränderung von Länge und Höhe der diesen Nachbargrenzen zugekehrten Wänden und Dachflächen und ohne Einrichtung neuer Öffnungen oder Vergrößerung bestehender Öffnungen in diesen Wänden und Dachflächen.**

**[2]Darüber hinaus gehende Änderungen und Nutzungsänderungen können unter Würdigung nachbarlicher Belange und der Belange des Brandschutzes gestattet werden. [3]Die Sätze 1 und 2 gelten nicht für Gebäude nach Absatz 11.**

**(16) In überwiegend bebauten Gebieten können geringere Tiefen der Abstandflächen gestattet oder verlangt werden, wenn die Gestaltung des Straßenbildes oder besondere städtebauliche Verhältnisse dies auch unter Würdigung nachbarlicher Belange rechtfertigen.**

*__VV BauO NRW__ (infolge Befristung mit Ablauf des 31.12.2005 ausgelaufen), hier nicht mehr abgedruckt, da infolge der Rechtsänderungen teilweise überholt.*

*Die oberste Bauaufsichtsbehörde, das Ministerium für Bauen und Verkehr des Landes Nordrhein-Westfalen, hat mit RdErl. vom 26.3.2007*

***Hinweise zu §§ 6 und 73 BauO NRW***

*bekannt gemacht, die den am Bau Beteiligten und den Bauaufsichtsbehörden die Anwendung der neuen Abstandflächenvorschriften erleichtern sollen. Die Hinweise werden regelmäßig aktualisiert und ergänzt.*

*Die Hinweise sind bei Temme/Heintz, Abstandflächen und Abstände, 6. Auflage 2007, im __Kapitel 2.4__ ohne die Anlage mit den Abbildungen abgedruckt.*

*Der RdErl. einschließlich Anlage ist einsehbar unter der __Internetadresse:__*

*www.mbv.nrw.de/verkehr/Strassenverkehr/container/Hinweise_zu_6_BauO_NRW.pdf*

**Parallel zu beachtende Vorschriften**

## BauO NRW

## § 86
## Örtliche Bauvorschriften
## – Auszug –

**(1)** Die Gemeinden können **örtliche Bauvorschriften als Satzung** erlassen über:

1. ...;

**6. geringere als die in § 6 Abs. 5 und 6 vorgeschriebenen Maße zur Wahrung der bauhistorischen Bedeutung oder der sonstigen erhaltenswerten Eigenart eines Ortsteiles; dabei sind die Ortsteile in der Satzung genau zu bezeichnen.**

## BauGB

### § 9
### Inhalt des Bebauungsplans
### – Auszug –

**(1)** Im Bebauungsplan können aus städtebaulichen Gründen festgesetzt werden:

1. die Art und das Maß der baulichen Nutzung;

2. die **Bauweise**, die **überbaubaren** und die **nicht überbaubaren Grundstücksflächen** sowie die **Stellung der baulichen Anlagen**;

**2a. vom Bauordnungsrecht abweichende Maße der Tiefe der Abstandsflächen;**

3. …;

**(2)** …

**(3)** [1]Bei Festsetzungen nach Absatz 1 kann auch die **Höhenlage** festgesetzt werden. [2]Festsetzungen nach Absatz 1 für übereinanderliegende Geschosse und Ebenen und sonstige Teile baulicher Anlagen können gesondert getroffen werden; dies gilt auch, soweit Geschosse, Ebenen und sonstige Teile baulicher Anlagen unterhalb der Geländeoberfläche vorgesehen sind.

### § 34
### Zulässigkeit von Vorhaben innerhalb der im Zusammenhang bebauten Ortsteile
### – Auszug –

**(1)** [1]Innerhalb der im Zusammenhang bebauten Ortsteile ist ein Vorhaben zulässig, wenn es sich nach Art und Maß der baulichen Nutzung, der **Bauweise** und der **Grundstücksfläche, die überbaut werden soll**, in die Eigenart der näheren Umgebung **einfügt** und die Erschließung gesichert ist. [2]Die Anforderungen an gesunde Wohn- und Arbeitsverhältnisse müssen gewahrt bleiben; das Ortsbild darf nicht beeinträchtigt werden.

## BauNVO 1990

### § 18
### Höhe baulicher Anlagen

**(1)** Bei Festsetzung der **Höhe** baulicher Anlagen sind die erforderlichen **Bezugspunkte** zu bestimmen.

**(2)** Ist die Höhe baulicher Anlagen als zwingend festgesetzt (§ 16 Abs. 4 Satz 2), können geringfügige Abweichungen zugelassen werden.

### § 22
### Bauweise

**(1)** Im Bebauungsplan kann die Bauweise als **offene** oder **geschlossene** Bauweise festgesetzt werden.

**(2)** [1]In der **offenen** Bauweise werden die Gebäude **mit seitlichem Grenzabstand** als Einzelhäuser, Doppelhäuser oder Hausgruppen errichtet. [2]Die Länge der in Satz 1 bezeichneten Hausformen darf höchstens 50 m betragen. [3]Im Bebauungsplan können Flächen festgesetzt werden, auf denen nur Einzelhäuser, nur Doppelhäuser, nur Hausgruppen oder nur zwei dieser Hausformen zulässig sind.

**(3)** In der **geschlossenen** Bauweise werden die Gebäude **ohne seitlichen Grenzabstand** errichtet, es sei denn, dass die vorhandene Bebauung eine Abweichung erfordert.

**(4)** [1]Im Bebauungsplan kann eine von Absatz 1 **abweichende** Bauweise festgesetzt werden. [2]Dabei kann auch festgesetzt werden, **inwieweit** an die **vorderen**, **rückwärtigen** und **seitlichen Grundstücksgrenzen herangebaut** werden **darf** oder **muss**.

## § 23
## Überbaubare Grundstücksfläche

**(1)** [1]Die überbaubaren Grundstücksflächen können durch die Festsetzung von **Baulinien**, **Baugrenzen** oder **Bebauungstiefen** bestimmt werden. [2]§ 16 Abs. 5 ist entsprechend anzuwenden.

**(2)** [1]Ist eine **Baulinie** festgesetzt, so muss auf dieser Linie gebaut werden. [2]Ein **Vor-** oder **Zurücktreten von Gebäudeteilen** in geringfügigem Ausmaß kann zugelassen werden. [3]Im Bebauungsplan können weitere nach Art und Umfang bestimmte Ausnahmen vorgesehen werden.

**(3)** [1]Ist eine **Baugrenze** festgesetzt, so dürfen **Gebäude** und **Gebäudeteile** diese nicht überschreiten. [2]Ein **Vortreten** von **Gebäudeteilen** in geringfügigem Ausmaß kann zugelassen werden. [3]Absatz 2 Satz 3 gilt entsprechend.

**(4)** [1]Ist eine **Bebauungstiefe** festgesetzt, so gilt Absatz 3 entsprechend. [2]Die Bebauungstiefe ist von der tatsächlichen Straßengrenze ab zu ermitteln, sofern im Bebauungsplan nichts anderes festgesetzt ist.

**(5)** [1]Wenn im Bebauungsplan nichts anderes festgesetzt ist, können auf den **nicht überbaubaren** Grundstücksflächen **Nebenanlagen** im Sinne des § 14 zugelassen werden. [2]Das gleiche gilt für bauliche Anlagen, soweit sie nach Landesrecht in den Abstandsflächen zulässig sind oder zugelassen werden können.

**Anmerkungen** (Autor Heintz)

**Übersicht** Rdn.


| | | |
|---|---|---|
| 0 | Änderungen gegenüber der BauO NW 1984 und der BauO NW 1995 sowie der BauO NRW 2000 | 01– 03 |
| 1 | Allgemeines | |
| 1.1 | Entwicklung und Systematik des Abstandflächenrechts | 1 |
| 1.1.1 | Abstandvorschriften im preußischen Baupolizeirecht | 2– 8 |
| 1.1.2 | Aufspaltung der Abstandvorschriften in Bundes- und Landesbaurecht | 9– 14 |
| 1.1.3 | Neuregelung der Abstandflächensystematik und spätere Änderungen | 15– 20 |
| 1.1.4 | Vereinfachungen durch die MBO 2002 | 21– 24 |
| 1.2 | Grundzüge des Abstandflächensystems nach der BauO NRW | 25– 34 |
| 1.3 | Sonstige Vorschriften über Abstände | 35– 37 |
| 1.4 | Nachbarschutz | 38 |
| 1.4.1 | Nachbarschützende Funktion des Abstandflächenrechts | 39–48 a |
| 1.4.2 | Bauplanungsrechtliches Gebot der Rücksichtnahme | 49– 55 |
| 1.5 | Abstandflächenregeln im Verhältnis zum Nachbarrechtsgesetz NRW | 56– 61 |
| 1.6 | Darstellung der Abstandflächen in den Bauvorlagen | 62– 68 |

| | | |
|---|---|---|
| 2 | Zu Absatz 1 – Erfordernis von Abstandflächen | 69 |
| 2.1 | Satz 1 – Grundforderung | 70– 76 |
| 2.2 | Satz 2 – Vorrang des Bauplanungsrechts | 77– 81 |
| 2.3 | Bauplanungsrechtliche Regeln über Lage und Höhe baulicher Anlagen | 82– 85 |
| 2.3.1 | Überbaubare Grundstücksflächen | 86– 97 |
| 2.3.2 | Nicht überbaubare Grundstücksflächen | 98–104 |
| 2.3.3 | Stellung baulicher Anlagen | 105–106 |
| 2.3.4 | Festsetzungen über die Bauweise und Abstandflächenvorschriften | 107–110 |
| 2.3.5 | Offene Bauweise | 111–118 |
| 2.3.6 | Geschlossene Bauweise | 119–125 |
| 2.3.7 | Abweichende Bauweise | 126–131 |
| 2.3.8 | Höhenlage, Höhe, Vollgeschosse, sonstige Maßfestsetzungen | 132–148 |
| 2.3.9 | Lage und Höhe der Baukörper nach den Planersatzvorschriften | 149–156 |
| 2.4 | Bauen ohne oder mit geringem Grenzabstand – Buchstabe a | 157–161 |
| 2.5 | Mögliche Grenzbebauung – Buchstabe b | 162–167 |
| 2.6 | Bauplanungsrechtliche Abweichungen im Einzelfall | 168–169 |
| 3 | Zu Absatz 2 – Lage der Abstandflächen | 170 |
| 3.1 | Satz 1 – Lage auf dem eigenen Grundstück | 171 |
| 3.2 | Satz 2 – Lage auf bestimmten öffentlichen Flächen | 172–178 |
| 3.3 | Satz 3 – Baulastsicherung auf fremdem Grundstück | 179–184 |
| 4 | Zu Absatz 3 – Überdeckungsverbot | 185–190 |
| 5 | Zu Absatz 4 – Wandhöhe und Dachanteil als Bemessungsgrundlage | 191 |
| 5.1 | Systematik der Bemessungsregeln | 192 |
| 5.2 | Ermittlung der Tiefe und Anordnung der Abstandfläche | 193–194 |
| 5.3 | Bemessung der Wandhöhe – Maßtoleranzen, Bezugslinien | 195–201 |
| 5.4 | Außenwände aus Wandteilen unterschiedlicher Höhe | 202–203 |
| 5.5 | Mittlere Wandhöhe bei geneigter Geländeoberfläche | 204–205 |
| 5.6 | Nichtberücksichtigung bestimmter Abgrabungen | 206–208 |
| 5.7 | Anrechnung von Dachflächen, Dachaufbauten und Giebelflächen | 209–211 |
| 5.7.1 | Traufseite | 212–217 |
| 5.7.2 | Giebelseite | 218–219 |
| 5.7.3 | Besondere Dachformen | 220–226 |
| 5.8 | Ungewöhnliche Baukörper | 227–229 |
| 6 | Zu den Absätzen 5 und 6 – Ermittlung der Tiefe der Abstandfläche | 230 |
| 6.1 | Tiefenmaße und gewandelte Schutzziele | 231–238 |
| 6.2 | Vorgaben für das Maß der Tiefe der Abstandfläche | 239–245 |
| 6.3 | Anwendungsvoraussetzung der Halbierungsregel | 246–256 |
| 7 | Zu Absatz 7 – Untergeordnete Bauteile und Vorbauten | 257–268 |
| 8 | Zu den aufgehobenen Absätzen 8 und 9 | 269 |
| 9 | Zu Absatz 10 – Abstandrelevante Anlagen | 270–274 |
| 10 | Zu Absatz 11 – Abstandrechtlich begünstigte Gebäude | 275–298 |
| 11 | Zum aufgehobenen Absatz 12 | 299 |
| 12 | Zu Absatz 13 – Gegenüberliegende Wände auf eigenem Grundstück | 300–301 |
| 13 | Zu Absatz 14 – Nachträgliche Verbesserung des Wärmeschutzes | 302–309 |
| 14 | Zu Absatz 15 – Nutzungsänderungen und bauliche Änderungen | 310–319 |
| 15 | Zu Absatz 16 – Abweichungen in überwiegend bebauten Gebieten | 320–325 |
| 16 | Zum aufgehobenen Absatz 17 | 326 |
| 17 | Zu Artikel II des Gesetzes vom 12.12.2006 | 327–329 |
| **Anhang** | Synopse mit Gesetzesbegründung | |

**0 Änderungen gegenüber BauO NW 1984 und der BauO NW 1995 sowie der BauO NRW 2000**

**01** Die BauO **NW 1995** übernahm § 6 BauO NW 1984 mit **Änderungen**, um die Ergebnisse der **Rechtsprechung** zu **korrigieren**, das **Bauen** zu **erleichtern** und einige wenige weitere **Korrekturen** durchzuführen. Im Wesentlichen handelte es sich um folgend Änderungen:

- In **Absatz 1** wurden die Formulierungen durchgängig auf die Diktion der §§ 22 und 23 BauNVO umgestellt und der Begriff „**Anbau**" durch die im Bauplanungsrecht üblichen Begriffe „**ohne Grenzabstand**" bzw. „**mit Grenzabstand**" ersetzt sowie an die Lage des Gebäudes „**innerhalb der überbaubaren Grundstücksfläche**" angeknüpft. Durch diese Änderungen sollte klargestellt werden, dass das **Bauplanungsrecht** letztlich bestimmt, **ob die Außenwand** eines Gebäudes eine **Abstandfläche auslöst** oder nicht.

  In **Absatz 5** erfolgte in **Satz 1** eine **Verschärfung** bezüglich der Abstandflächen**tiefe** von Gebäuden mit Aufenthaltsräumen in Gewerbe- und Industriegebieten, da die Tiefe von **0,25 H** nach damaliger Auffassung unzureichend war. Dieser geringe Wert wurde nur für Gebäude erlaubt, die überwiegend der **Produktion und Lagerung dienen**. Der neu **angefügte Satz 3** stellte klar, dass in einem Baugebiet mit geringer Abstandflächentiefe (z.B. GE = 0,25 H) zu einem angrenzenden Baugebiet mit größerer Abstandflächentiefe (z.B. MI = 0,8 H) der **größere** Wert einzuhalten ist.

- **Absatz 6** erfuhr Umgestaltungen aufgrund von Anwendungsproblemen. **Satz 1** erhielt den Klammerzusatz „**Schmalseitenprivileg**". Diesen Begriff nutzten die nachfolgenden Sätze, um die Vorschrift lesbarer zu machen. Die **Sätze 3 bis 5** wurden neu angefügt. **Satz 3 fingierte** eine **in sich gegliederte Wand** als Außenwand. **Satz 4** stellte klar, dass gegenüber einem Gebäude oder einer Grundstücksgrenze das Schmalseitenprivileg nur einmal in Anspruch genommen werden kann. **Satz 5** berücksichtigte den **Bestandsschutz** und erlaubt die Anwendung des Schmalseitenprivilegs auf **rechtmäßig bestehende Wandteile**, die nicht den nach Absatz 5 erforderlichen Abstand einhalten.
- **Absatz 7 Satz 2** wurde um **erdgeschossige Hauseingangstreppen** ergänzt.
- In **Absatz 11** wurden **Gebäude mit Abstellräumen** sowie **Gewächshäuser** mit einer Grundfläche **bis zu 7,5 m²** an der Nachbargrenze abstandrechtlich privilegiert.
- **Absatz 14** wurde neu eingefügt, um das **nachträgliche Bekleiden von Außenwänden** zur Verbesserung des Wärmeschutzes zu ermöglichen. Hierdurch verschoben sich die alten Absätze 14 und 15 zu den neuen Absätzen 15 und 16.
- In **Absatz 15** wurde der Begriff „erfordern" durch die Formulierung „**unter Würdigung nachbarlicher Belange rechtfertigen**" ersetzt, um entsprechend dem ursprünglichen Anliegen des Gesetzgebers die einengende Rechtsprechung zu beseitigen und dem Belang der Erhaltung des Straßenbildes einen Vorrang einzuräumen.
- In **Absatz 16** wurde neben dem Bebauungsplan die **Satzung über den Vorhaben- und Erschließungsplan** nach § 7 BauGB-MaßnahmenG zusätzlich aufgenommen.
- Mit **Absatz 17** wurde Nr. 6.15 VV BauO NW 1984 als **Rechtsvorschrift** übernommen, um der Bauaufsichtsbehörde unter bestimmten Voraussetzungen in abgegrenzten Gebieten die Gestattung geringerer Abstandflächentiefen zu ermöglichen.

Die BauO **NRW 2000** änderte § 6 BauO NW 1995 im Wesentlichen wie folgt: 02

- In **Absatz 4** wurde **Satz 3** neu eingefügt, wodurch sich die bisherigen Sätze 4 und 5 zu den neuen Sätzen 5 und 6 verschoben. Satz 3 stellte klar, dass bei **Wandteilen unterschiedlicher Höhe** die Wandhöhe je Wandteil zu ermitteln ist.
- In **Absatz 5** wurde ein **Satz 2** neu eingefügt, wodurch sich die bisherigen Sätze 2 bis 5 zu den neuen Sätzen 3 bis 6 verschoben. Nach Satz 2 beträgt die Abstandflächentiefe zu öffentlichen Verkehrsflächen 0,4 H, in Gewerbe- und Industriegebieten 0,25 H.
- In **Absatz 6** wurden in **Satz 1** die Worte **„gegenüber Nachbargrenzen"** gestrichen, um das Schmalseitenprivileg auch gegenüber anderen Gebäuden auf demselben Grundstück anwenden zu können.
- **Absatz 8** – Abstandflächen aus Gründen des Brandschutzes – **entfiel**, da eine Regelung größerer Abstände aus Brandschutzgründen vor Wänden mit Oberflächen oder Bekleidungen aus normalentflammbaren Baustoffen als entbehrlich angesehen wurde.
- In **Absatz 11 Satz 1** wurden **Anlagen zur Gewinnung von Solarenergie** sowie **Parabolantennen und sonstige Antennenanlagen bis zu 1,5 m Höhe** auf Grenzgaragen in die Privilegierung einbezogen. Die **Sätze 2 bis 4** wurden neu angefügt, um weitere Erleichterungen grenznaher Gebäude mit Abstellräumen zu schaffen.
- In **Absatz 14** wurde die **nachträgliche Anhebung der Dachhaut** aufgenommen, da diese Maßnahmen zur Verbesserung des Wärmeschutzes ebenfalls erforderlich sind.
- **Absatz 15** wurde **neu eingefügt**, um **Erleichterungen für Nutzungsänderungen und bauliche Änderungen bestehender Gebäude** zu schaffen. Die bisherigen Absätze 15 und 16 verschoben sich hierdurch zu den neuen Absätzen 16 und 17.
- In **Absatz 17**, der § 6 Abs. 16 BauO NW 1995 entsprach, wurde auf den **vorhabenbezogenen Bebauungsplan** nach § 12 BauGB 1997 Bezug genommen.
- Der **alte Absatz 17** des § 6 BauO NW 1995 **entfiel** ersatzlos, da die **Möglichkeiten** des **vorhabenbezogenen Bebauungsplans ausreichen**.

Durch **Artikel I Nr. 1** des **„Zweiten Gesetzes zur Änderung der Landesbauordnung für das Land Nordrhein-Westfalen"** vom 12. 12. 2006 (GV. NRW. S. 615) erhielt **§ 6** eine **Neufassung**, um erhebliche Probleme und Rechtsunsicherheiten zu beseitigen. 03

**Artikel I Nr. 2** hat § 7 BauO NRW 2000 aufgehoben; § 7 **Abs. 1** wurde in § 6 Absatz 2 **als Satz 3 angefügt**, § 7 **Abs. 2** wurde mit Blick auf § 8 BauO NRW 2000 als entbehrliche Doppelregelung angesehen und **aufgehoben**.

**Artikel I Nr. 3** hat **§ 73 Abs. 1** BauO NRW 2000 **neu gefasst**, um ausdrücklich zu regeln, dass auch Abweichungen von § 6 möglich sind.

**Artikel II** regelt das In-Kraft-Treten und die Behandlung eingeleiteter Verfahren. Das Änderungsgesetz wurde **am 27. 12. 2006 verkündet** und ist **am 28. 12. 2006 in Kraft getreten**.

Der **Anhang** enthält das alte und neue Recht als **Synopse** mit der **Begründung des Gesetzentwurfs** (LT-Drucks. 14/2433) und der **Begründung der Änderungen im Beratungsverfahren** des Ausschusses für Bauen und Verkehr (LT-Drucks. 14/2993).

## 1 Allgemeines

### 1.1. Entwicklung und Systematik des Abstandflächenrechts

1 **Vorschriften über Abstände** von Gebäuden gehören neben Brandschutzbestimmungen zu den **ältesten** Regelungen des Baurechts (hierzu s. Reichel/Schulte, S. 17 ff.). Die Sorge vor Brandausbreitung und die Rücksicht auf die Nachbarschaft waren z. B. Anlass für Bestimmungen im Stadtrecht Bremens (vgl. Eckardt, Das bremische Stadtrecht von 1303/1308, 1931, S. 44). Im Absolutismus traten planerische Gesichtspunkte hinzu. Die Planungsmethodik aus **zeichnerischer Festlegung von Fluchtlinien** zur Festlegung der Straßen und Plätze im **Grundriss** mit **ergänzenden textlichen Bestimmungen** zur Regelung der Höhe, Tiefe und Fassadengestaltung der Gebäude im **Aufriss** für die 1715 gegründete Residenzstadt Karlsruhe prägte die nachfolgende Baurechtsentwicklung.

#### 1.1.1 Abstandvorschriften im preußischen Rechtsbereich

2 Die **Planungsmethodik** des absolutistischen Städtebaus übernahm das Gesetz betreffend die Anlegung und Veränderung von Straßen und Plätzen in Städten und ländlichen Ortschaften – **Fluchtliniengesetz** – vom 2. 7. 1875 (GS. S. 561), neu gefasst durch Art. 1 des Wohnungsgesetzes vom 28. 3. 1918 (GS. S. 23). Es ermächtigte die Gemeinden zur Festsetzung von **Straßen- und Baufluchtlinien** für Straßen und Plätze, Gartenanlagen sowie Spiel- und Erholungsplätze. Die **Straßenfluchtlinien** bildeten regelmäßig **zugleich Baufluchtlinien**, über welche hinaus die Bebauung ausgeschlossen war. Aus besonderen Gründen konnte jedoch auch eine hinter die Straßenfluchtlinie **zurückgesetzte Baufluchtlinie** zusätzlich festgesetzt werden, um insbesondere **Vorgartenzonen** zu bilden. Die Festsetzung der Fluchtlinien erfolgte für einzelne Straßenzüge, aber auch für größere zusammenhängende Baugebiete in einem **Bebauungsplan** (der Begriff „Bebauungsplan" darf nicht mit heute geltenden gleichgesetzt werden). Die Fluchtlinien waren **örtliches Baurecht** (PrOVG, Endurteil vom 28. 2. 1901 – IV. B. 63/00, PrOVGE 40, 380). Die **rechtliche Bedeutung der Fluchtlinien** bestand in der Begrenzung der Straßenflächen, deren Bebauung ausgeschlossen war (PrOVG, Endurteil vom 11. 7. 1901 – IV. B. 42/01, PrOVGE 40, 363 und Urteil vom 6. 12. 1912 – IX. A. 150/11, PrOVGE 64, 531).

3 Die Frage, **ob** und **wie** ein Grundstück bebaut werden durfte, beantwortete die **örtliche Baupolizeiverordnung**. Dabei spielten anfänglich die Fragen der Wohnhygiene eine völlig untergeordnete Rolle, so dass sich in den im Zuge der Industrialisierung geschaffenen Stadterweiterungsgebieten des 19. Jahrhunderts erhebliche **Missstände** herausbildeten. Der „**Deutsche Verein für öffentliche Gesundheitspflege**" nahm sich dieser Missstände an und beschloss auf seiner Versammlung in Freiburg im Breisgau am 15. 9. 1885 „*Thesen über Städteerweiterung, besonders in hygienischer Hinsicht*", die für baupolizeiliche Bestimmungen unter anderem verlangten, die Anordnung von Vorgärten vorzusehen und entweder die **geschlossene** oder die **offene Bauweise** vorzuschreiben; in seiner Versammlung in Straßburg am 14. 09. 1889 beschloss der Verein schließlich den „*Entwurf reichsgesetzlicher Vorschriften zum Schutze des gesunden Wohnens*" (beide abgedruckt bei Stübben, Der Städtebau, 1. Aufl. 1890, S. 554 ff.).

4 Der „*Entwurf reichsgesetzlicher Vorschriften zum Schutze des gesunden Wohnens*" erfasste erstmals **Abstände aus wohnhygienischen Gründen** und verlangte, dass

- die Höhe eines Gebäudes an der Straße nicht größer sein darf, als der Abstand desselben von der gegenüberliegenden Fluchtlinie (§ 2 Abs. 1),

- Hofräume bestimmte Mindestabmessungen einzuhalten haben (§ 2 Abs. 2–4),
- Räume zum dauernden Aufenthalt von Menschen eine lichte Höhe von 2,5 m (§ 3 Abs. 1) und unmittelbar ins Freie führende bewegliche Fenster von mindestens einem Zwölftel der Grundfläche des Raumes (§ 7 Abs. 1–2) haben müssen,
- Kellerwohnungen unzulässig sind (§ 8 Abs. 3).

Stübben weist nach (a. a. O. Rdn. 3, Tabelle zu S. 314), dass diese Überlegungen Eingang in die Baupolizeiverordnungen der Städte fanden. Die über 300 vereinheitlichten Baupolizeiverordnungen in Preußen basierten auf dem Entwurf zu einer Bauordnung für Städte und stadtähnliche Landgemeinden – **Einheitsbauordnung für Städte** – vom 25. 4. 1919 (vgl. Baltz/Fischer, S. 273). Die Entwicklung in den anderen deutschen Ländern verlief vergleichbar; am fortschrittlichsten kann wohl das Allgemeine Baugesetz für das Königreich Sachsen angesehen werden (hierzu s. Reichel/Schulte, S. 40 ff. Rdn. 206–217).

Als **bedeutsame Neuerung** ist **§ 7** (Bauliche Ausnutzbarkeit der Grundstücke) **Einheitsbauordnung für Städte** mit der dazu ergangenen **Richtlinie** anzusehen. Danach war in 5
der Baupolizeiverordnung die **Trennung von Baugebiet und Außengebiet**, die **bauliche Ausnutzbarkeit** der Grundstücke nach der Geschosszahl und nach der bebaubaren Grundstücksfläche zu regeln sowie Begriffsbestimmungen für Voll-, Keller- und Dachgeschosse vorzusehen. Ergänzt wurden diese Bestimmungen durch die Regelungen des **§ 9** zur **Gebäudehöhe**. Hierunter war „das Maß von der Erdoberfläche des Außengeländes vor den Umfassungswänden bis zur Schnittlinie der Umfassungswände mit der Dachfläche“ zu verstehen. Bei geneigter Erdoberfläche in der Längsrichtung der Frontwand war das mittlere Höhenmaß in Rechnung zu stellen. Die zulässige Gebäudehöhe ergab sich aus den Vorgaben der jeweiligen Baupolizeiverordnung für die einzelnen Baugebiete.

Die Einheitsbauordnung für Städte enthielt in den **§§ 6 und 8** Regelungen über die **Lage** 6
**der Gebäude zur Fluchtlinie** und die **Einhaltung von Abständen**. Nach § 6 mussten Gebäude im Falle einer festgesetzten Fluchtlinie (s. Rdn. 2) mit ihrer Front an dieser errichtet werden. Durch diesen „**Baulinienzwang**“ entfalteten die Baufluchtlinien Rechtswirkungen wie Baulinien im heutigen Sinne. Das Zurücktreten der Gebäude hinter die Baufluchtlinie bedurfte einer Gestattung der Ortspolizeibehörde. Aufgrund der durch § 6 geregelten Einhaltung der straßenseitigen Flucht enthielt § 8 lediglich Vorschriften über

- den Gebäudeabstand zur Nachbargrenze,
- den Abstand von Gebäuden auf demselben Grundstück,
- den Gebäudeabstand in Siedlungen und
- den Gebäudeabstand zu Haupt-, Neben- und Kleinbahnen sowie Anschlussgleisen.

Hinsichtlich der **Gebäudeanordnung** wurde **aus Blickrichtung Straße** nach **geschlosse-** 7
**ner** und **offener Bauweise** unterschieden. In der geschlossenen Bauweise mussten die Gebäude unmittelbar an der Nachbargrenze mit Brandwänden aneinander gebaut werden. In der offenen Bauweise war zu den Nachbargrenzen ein Abstand – als „**Bauwich**“ bezeichnet – einzuhalten (PrOVG, Urteil vom 3. 4. 1914 – IX. B. 82/13, PrOVGE 67, 382). Nach § 8 des Entwurfs der Bauordnung für das platte Land mussten Wohngebäude von den seitlichen Nachbargrenzen einen Bauwich von **mindestens 3 m** einhalten; für Holzhäuser, Scheunen und Wirtschaftsgebäude mit Futterböden war ein Mindestabstand von mindestens **5 m** erforderlich. Die **Nachbargrenze** war die Linie, die ein Grundstück von einem anstoßenden Grundstück trennt (PrOVG, Urteil vom 15. 1. 1910

– IX. B. 18/09, PrOVGE 56, 429 und Urteil vom 29. 1. 1925 – IV. B. 25/21, PrOVGE 79, 387). Der **Mindestabstand von 3 m** war bis dahin nicht einheitlich geregelt. **Andere Länder** ließen auch **geringere Abstände** zu. So verlangte § 15 der Baupolizeiordnung für das Fürstentum **Lippe** vom 19. 5. 1915 (GS S. 417) einen Mindestabstand von lediglich **2,5 m**.

8 Die Aufnahme von **Regelungen über die Bauweise** war für alle Baupolizeiverordnungen im preußischen Rechtsbereich **verpflichtend**. Abweichend von der geschlossenen oder offenen Bauweise konnte Gruppenhausbau oder Reihenhausbau geregelt werden. Unter **Gruppenhausbau** verstand man den Zusammenbau von zwei oder mehr Häusern, die in zwangloser Form aneinander gebaut waren und an den Enden jeweils einen Bauwich aufwiesen. **Reihenhausbau** war der geschlossene Bau von Häusern, die mit der Vorderansicht in einer Fluchtlinie lagen und deren hintere Baulinie durch die Baupolizeiverordnung geregelt war, wobei das Ende der Reihe entweder durch Herumführung des Häuserblocks um die nach dem Fluchtlinienplan sich ergebende Ecke gebildet oder durch einen Bauwich abgeschlossen wurde. **Abweichungen** von diesen Bestimmungen konnten gestattet werden, sofern **keine freistehenden Brandmauern** zu befürchten waren.

### 1.1.2 Aufspaltung der Abstandvorschriften in Bundes- und Landesbaurecht

9 Mit der Kodifizierung des Bundesbaurechts und des Landesbauordnungsrechts wurde dieses **in sich geschlossene System aufgegeben** und durch eine **Kombination** aus

- **bauplanungsrechtlichen** Vorschriften über die **Bauweise**, die **überbaubaren Grundstücksflächen** und die **Stellung der baulichen Anlagen** sowie
- **bauordnungsrechtlichen** Vorschriften über **Bauwiche** und **Abstandflächen**

ersetzt. Der Teil des früheren Baupolizeirechts, der sich mit der **städtebaulichen Planung** befasste, wurde im **BBauG 1960** sowie der **BauNVO 1962** neu geregelt. Dem Bundesgesetzgeber war bewusst, dass es bei der Kodifizierung wegen der **sachlichen Verflechtungen** der Rechtsbereiche **Überschneidungen** geben konnte (s. BT-Drucks. 3/336 S. 60 und 69). Der Bund orientierte sich an der bis dahin üblichen städtebaulichen Praxis und übernahm aus dem früheren Baupolizeirecht nur die für die Planung unverzichtbaren Vorschriften (s. BT-Drucks. 3/336 S. 64). Dazu gehörten folgende Materien:

- die **Art** und das **Maß der baulichen Nutzung**,
- die **Bauweise**,
- die **Stellung baulicher Anlagen**,
- die **überbaubaren** und **nicht überbaubare Grundstücksflächen**.

Im Zulässigkeitsrecht für Vorhaben (§§ 29–38 BBauG 1960 = §§ 29–38 BauGB 2004) fanden diese Rechtsbegriffe mit Ausnahme der Stellung baulicher Anlagen ebenfalls Verwendung. Während der **qualifizierte Bebauungsplan** (§ 30 BBauG 1960 = § 30 Abs. 1 BauGB 2004) Festsetzungen über die Art und das Maß der baulichen Nutzung sowie über die überbaubaren Grundstücksflächen, jedoch **nicht** über die Bauweise, enthalten muss, ist die Zulässigkeit von Vorhaben im **nicht beplanten Innenbereich** (§ 34 BBauG 1960 = § 34 Abs. 1 BauGB 2004) **auch nach der Bauweise** zu beurteilen.

10 Die inhaltliche Ausfüllung der im Gesetz verwendeten Rechtsbegriffe blieb aufgrund der Ermächtigung des § 2 Abs. 10 BBauG 1960 (= § 9 a BauGB 2004) einer Rechtsverordnung überlassen. Die **BauNVO 1962** regelte **Art** und **Maß der baulichen Nutzung** so-

wie die **überbaubaren Grundstücksflächen**, überließ hinsichtlich des **Vollgeschossbegriffs** und des **genauen Maßes der Breite des Bauwichs** (in der BauNVO 1990 als **seitlicher** Grenzabstand bezeichnet) die nähere Regelung dem Bauordnungsrecht. Die amtliche Begründung führt nur zur **Vollgeschossregelung** aus, dass bei einer bundesrechtlichen Bestimmung Unterschiede zwischen dem bauplanungsrechtlichen und bauordnungsrechtlichen Begriff nicht zu verhindern gewesen wären (vgl. BR-Drucks. 53/62 zu § 18). Es ist anzunehmen, dass ähnliche Gesichtspunkte auch für die nicht abschließenden Regelungen zur offenen Bauweise ausschlaggebend waren, weil man seinerzeit noch annahm, dass Vorschriften über Grenzabstände und Abstandflächen von Gebäuden überwiegend zum Baupolizeirecht rechnen. Bei genauer Betrachtung der Rechtsmaterie, die – wie die Befugnis zur Festsetzung der überbaubaren Grundstücksflächen – auf die **Festlegung des Standortes einer baulichen Anlage** auf dem Grundstück zielt, wäre seinerzeit bereits eine abschließende **bauplanungsrechtliche Regelung über Grenzabstände und Abstandflächen** von Gebäuden möglich gewesen, so dass sich das Bauordnungsrecht dann nur noch auf die brandschutztechnischen Abstände hätte erstrecken können. Auch ist darauf hinzuweisen, dass der Verordnungsgeber mit der Vorschrift des **§ 22 Abs. 4 BauNVO** (sämtliche Fassungen) über die **abweichende Bauweise** die **Regelungskompetenz voll ausgeschöpft** hat. Die Gemeinde ist danach nämlich ermächtigt, die Grenzabstände der Gebäude zu den vorderen, rückwärtigen und seitlichen Grundstücksgrenzen – also zu **allen** Grundstücksgrenzen – nicht nur dem **Grunde** nach, sondern auch dem (genauen) **Maße** nach im Bebauungsplan **abschließend** zu regeln. Schöpft die Gemeinde diese Ermächtigung der BauNVO aus, verbleibt **für eine ergänzende Anwendung** der Abstandflächenvorschriften des § 6 BauO NRW insoweit **kein Raum mehr**. Auch hieraus wird die **Nachrangigkeit des Abstandflächenrechts gegenüber dem Bauplanungsrecht** deutlich.

**Abgestimmt auf das Bauplanungsrecht** nahm die Musterbauordnungskommission Vorschriften über **Bauwiche** (§ 7), **Abstandflächen und Abstände** (§ 8) sowie über deren **Sicherung auf Nachbargrundstücken** (§ 9) in die **MBO 1960** auf. Hinsichtlich der Vorschriften über Bauwiche sowie die einzuhaltenden Abstandflächen und Abstände der Gebäude untereinander und zu vorderen und rückwärtigen Grundstücksgrenzen orientierte sich das Bauordnungsrecht an den früheren baupolizeilichen Bestimmungen. Zum damaligen Zeitpunkt **neu** war die Übernahmemöglichkeit des einzuhaltenden Bauwichs bzw. der Abstandflächen und Abstände durch **Baulast**, da das preußische Baurecht dieses Rechtsinstitut nicht kannte (s. die Anmerkungen zu § 83 Rdn. 1–3). 11

Die **Bauwichvorschriften** ergänzten die bauplanungsrechtlichen Vorschriften über die Bauweise des § 22 BauNVO 1962 insoweit, als sie das **Maß des Grenzabstands** zwischen dem Gebäude und seiner **seitlichen** Grundstücksgrenze (Breite des Bauwichs) in Abhängigkeit von der Geschossigkeit bestimmten. Weiter regelte § 7 MBO 1960, 12

- **welche Anlagen im Bauwich zulässig waren** (Einfriedungen, Stützmauern, Freitreppen, Kellerlichtschächte, Rampen),
- **in den Bauwich hineinragen durften** (Gesimse, Dachvorsprünge, Eingangsüberdachungen, Türvorbauten) oder
- **im Bauwich zugelassen werden konnten** (Garagen, überdachte Stellplätze, Terrassen, Masten, oberirdische Nebenanlagen für die örtliche Versorgung).

Von der **hinteren** Grundstücksgrenze war ein Abstand freizuhalten, welcher der Breite des seitlichen Bauwichs zu entsprechen hatte (hinterer Grenzabstand). Das **Mindest-**

**maß für die Breite des Bauwichs** betrug **3 m**, um Garagen unterbringen zu können und Zufahrten zum rückwärtigen Grundstücksbereich zu ermöglichen (vgl. Schriftenreihe des Bundesministers für Wohnungsbau, Band 18, 1960, Einführung in die Musterbauordnung, Teil B, S. 11). Die Breite des Bauwichs betrug für das erste und zweite Vollgeschoss 3 m und wuchs darüber hinaus mit der Zahl der Vollgeschosse um jeweils 1,5 m an, wobei eine Staffelung der oberen Geschosse zulässig war, um den in den oberen Geschossen erforderlichen größeren Grenzabstand einhalten zu können. So genügte für die beiden ersten Vollgeschosse 3 m Grenzabstand, während das dritte Vollgeschoss bereits 4,5 m Grenzabstand aufweisen musste, also um 1,5 m gegenüber der Außenwand der darunter liegenden Vollgeschosse zurückzusetzen war. Wegen der Regelung des grenznachbarlichen Verhältnisses waren die **Bauwichbestimmungen nachbarschützend**.

**13** Während der Bauwich durch das Gebäude selbst ausgelöst wurde, ergab sich das Erfordernis zur Einhaltung von **Abstandflächen** vor Wänden nur, wenn diese **notwendige Fenster** von Aufenthaltsräumen aufwiesen. Die Abstandflächen dienten vorrangig der Sicherstellung der ausreichenden Belichtung und Belüftung und damit der Gewährleistung gesunder Wohn- und Arbeitsverhältnisse. Vor den Fenstern von Nicht-Aufenthaltsräumen, wie z. B. Fluren, Treppenräumen, Vorrats- oder Abstellräumen, entstand keine Abstandfläche. Die Abstandflächentiefe bemaß sich **mindestens nach der Wandhöhe** und war **baugebietsabhängig geregelt**. Wohngebäude erforderten größere Abstände. Die einzuhaltenden Abstandflächen konnten zur Fensterachse symmetrisch oder asymmetrisch vor den notwendigen Fenstern liegen, so dass die geforderten Flächen in der Regel nicht auf Nachbargrundstücke überzugreifen brauchten. Die Abstandflächen vor nebeneinander liegenden notwendigen Fenstern durften sich überschneiden. Diese Regelungen gründeten sich im Wesentlichen auf Belichtungsberechnungen (vgl. Brüning, Optimale Fenstergrößen, Heft 10, Fortschritte und Forschungen im Bauwesen). Wegen der von den Bauwichbestimmungen sich deutlich unterscheidenden Funktion waren die **Abstandflächenvorschriften** – mit wenigen Ausnahmen – **nicht nachbarschützend**.

**14** Die **BauO NW 1962** hatte diese Mustervorschriften im Wesentlichen übernommen, dabei jedoch bezüglich der Bemessung der Bauwichbreite und Abstandflächentiefe **Modifikationen** vorgenommen. Die **BauO NW 1970** hielt an der durch die MBO 1960 geschaffenen Grundstruktur der Vorschriften über Bauwiche und Abstandflächen fest, brachte aber im Interesse einer verbesserten Einzelfallgerechtigkeit insoweit eine **Ausweitung des Vorschriftenbestandes**, als der gekürzte § 8 BauO NW 1970 durch die **Abstandflächenverordnung** vom 20. 3. 1970 (GV. NRW. S. 249) ergänzt wurde. Die wesentliche Neuerung lag in der **geänderten Form** der Abstandfläche: **anstelle eines Rechtecks** war ein **Kreisausschnitt** vor dem notwendigen Fenster anzulegen. Der **Radius** des Kreisausschnittes bestimmte sich nach dem **Produkt** aus der **Zahl** der Vollgeschosse und einem aus der **Art** der baulichen Nutzung abgeleiteten **Wert**. Der notwendige Gebäudeabstand richtete sich nach dem Grundsatz, dass das niedrigere der gegenüberliegenden Gebäude vor den Auswirkungen des höheren Gebäudes geschützt werden sollte. Zwischen Wänden gegenüberliegender Gebäude mit notwendigen Fenstern war ein **Sozialabstand von mindestens 15 m, an Verkehrsflächen von mindestens 12 m** einzuhalten. Bei **Wänden von nicht mehr als 14 m zu seitlichen** Grundstücksgrenzen fanden ausschließlich die Bauwichbestimmungen Anwendung (**Schmalseitenprivileg**), auch wenn diese Wände notwendige Fenster aufwiesen (zu diesen relativ schwierig zu handhabenden Vorschriften s. die 6. Auflage dieses Kommentars, 1979, S. 73 ff.).

### 1.1.3 Neuregelung der Abstandflächensystematik und spätere Änderungen

Die **Trennung von Bauwich- und Abstandflächenvorschriften** befriedigte in der Praxis nicht, da erhebliche **Manipulationsmöglichkeiten** bestanden. So konnte bei an der Gebäudeecke gelegenen Räumen mit Fenstern zu beiden Seiten das notwendige Fenster vom Bauherrn bestimmt werden. Aufgrund der Bezugnahme auf die Vollgeschossregelung konnte der Fall eintreten, dass sich Gebäude mit unterschiedlichen Geschosshöhen und dadurch bedingter unterschiedlicher Gebäudehöhe bei gleicher Zahl der Vollgeschosse gegenüberlagen, ohne dass das höhere Gebäude einen größeren Abstand einzuhalten hatte als das niedrigere. Einzelne **Regeln der Abstandflächenverordnungen** verursachten erhebliche **Auslegungsprobleme** oder stießen sogar auf **rechtliche Bedenken** (vgl. Hess. VGH, Urteil vom 20. 2. 1980 – IV OE 49/77, BRS 36 Nr. 124). Als die Ministerkonferenz der ARGEBAU am 7. 5. 1976 den Auftrag zur Fortschreibung der MBO 1960 erteilte, war klar, dass hiervon auch die Vorschriften über Grenzabstände und Abstandflächen erfasst waren. Insbesondere um **verdichtete Bauformen** zu begünstigen, war beabsichtigt, 15

- die Anforderungen an die **Abstandflächentiefe zu verringern**,
- die Schaffung von **Garagen im seitlichen Gebäudeabstand** zu erleichtern und
- einen **Vorrang der Bauleitplanung** zu begründen.

Wesentliche **Erkenntnisse über das Erfordernis der vor Fenstern freizuhaltenden Flächen sowie deren Bemessung** brachten die Ergebnisse eines Forschungsauftrags an das Institut für Lichttechnik an der Technischen Universität Berlin und das Institut für Tageslichttechnik, Stuttgart. Danach reichten die Abstandflächen nach der Abstandflächenverordnung 1970 bei einer rechtwinkligen Verbauung von Fenstern zur ausreichenden Tageslichtversorgung von Aufenthaltsräumen kaum aus. Die Sicherung der ausreichenden Beleuchtung von Aufenthaltsräumen mit Tageslicht bedingt allein noch nicht ein „**allgemeines Wohlbefinden**“ in diesen Räumen. Hinzutreten muss eine **Kommunikationsmöglichkeit** zwischen Innen- und Außenraum und damit die Sicherung eines ausreichenden **visuellen Kontaktes** zur Außenwelt. Andererseits bedarf es auch der Sicherung der „**Privatheit**“, die durch ein Gegenüber in zu geringem Abstand beeinträchtigt sein kann. In der Fachsprache wurde der daraus resultierende Mindestabstand als „**Sozial- oder Wohlfahrtsabstand**“ bezeichnet. Beide Kriterien, Kommunikationsmöglichkeit und Privatheit, hängen nicht nur von der Anordnung und Größe der Fenster, sondern auch von deren möglicher Verbauung ab. Bei der Ermittlung der für eine ausreichende **Versorgung mit Tageslicht** der Innenräume erforderlichen Abstandflächen kommt es weniger auf eine ausreichende Helligkeit zur Erfüllung einer bestimmten Sehaufgabe als vielmehr auf die „**Sicherstellung eines allgemeinen Beleuchtungsniveaus**“ im Raum an. Hier ist mehr die **psycho-physiologische Wirkung** als die physiologisch-optische Wirkung angesprochen. Wissenschaftler sprechen vom „allgemeinen Wohlbefinden“. **Spezielle** Sehaufgaben werden in der Regel nur in **unmittelbarer** Fensternähe bei ausreichender Helligkeit im Freien oder bei **künstlicher Beleuchtung** erledigt werden können. Einen Maßstab zur Erfüllung bestimmter Sehaufgaben bei Tageslicht gibt die Normenreihe DIN 5034 – Tageslicht in Innenräumen. 16

Diese Erkenntnisse wurden in das Abstandflächensystem eingearbeitet, jedoch mit der Einschränkung, dass es aus Gründen eines „**kosten- und flächensparenden Bauens**“ nicht zu einer größeren Flächenbeanspruchung von Baugrund kommen sollte, als sie 17 sich nach früherem Recht ergab. Bei der Bemessung einer aus Gründen einer ausreichenden Beleuchtung von Räumen vor Fenstern freizuhaltenden Fläche ist es gleichgültig, ob sich in der gegenüberliegenden Wand Fenster befinden oder nicht. Es kann außerdem davon ausgegangen werden, dass eine **ausreichende Belüftungsmöglichkeit als „Nebeneffekt"** gegeben ist, wenn die Abstandflächen freigehalten und somit die Gebäudeabstände eingehalten werden, die für eine ausreichende Beleuchtung erforderlich sind. Die Sicherstellung der Belüftung ist jedoch **kein vorrangiges Ziel des Abstandflächenrechts**, da in der geschlossenen Bauweise nur straßen- und gartenseitig Fenster geschaffen werden können und die Belüftungsmöglichkeiten besonders im Eckbereich von Baublöcken eingeschränkt sind. Die Lüftung von Aufenthaltsräumen lässt sich in derart dicht bebauten Gebieten durch lüftungstechnische Maßnahmen sicherstellen.

18 Zwischen baulichen Anlagen müssen aus **Gründen des Brandschutzes** Mindestabstände vorhanden sein, wenn diese nicht gegeneinander durch Gebäudeabschlusswände geschützt sind. Hierfür sind zwei Gesichtspunkte maßgebend: der **Schutz der Nachbarschaft durch Verhinderung der Brandausbreitung** und die **Ermöglichung der Brandbekämpfung durch den Einsatz der Feuerwehr**. Bei der Festlegung von Mindestgebäudeabständen waren folgende Überlegungen zu berücksichtigen:

- Vom Zeitpunkt der Erkennung und Meldung eines Brandes bis zum Beginn wirksamer Löscharbeiten durch die Feuerwehr vergehen erfahrungsgemäß 30 Minuten.
- Gegenüber einer Flamme liegt die Reizschwelle für ungeschützte Haut beim 1,6 fachen der Flammenhöhe. Bei einem Brand mit geschosshohen Flammen, die aus einem Fenster herausschlagen, liegt diese Reizschwelle bei etwa 5 m.
- Für das Heranbringen von Schlauchwagen oder von tragbaren Leitern ist ein mindestens 1,6 m breiter Weg notwendig. Für die Brandbekämpfung muss um ein Gebäude herum eine Fläche von ca. 6 m Tiefe vorhanden sein. Um tragbare Leitern aufstellen zu können, sind einschließlich des Bewegungsraumes mindestens 3,5 m erforderlich.
- Feuerwehrfahrzeuge können an einem brennenden Gebäude nur in einem Abstand von mindestens 2 m vorbeifahren. Einschließlich des Fahrweges von 3 m und eines Spielraumes von 1 m ergibt sich ein Abstand von 6 m. Dieser Abstand muss größer sein, wenn Flächen für das Anleitern oder als Bewegungsflächen benötigt werden.
- Es besteht eine Abhängigkeit zwischen den Gebäudeabständen und dem Brandverhalten der in oder auf den Außenwänden verwendeten Baustoffe (brennbar oder nichtbrennbar) sowie der Feuerwiderstandsklasse der Außenwände.
- Bei einem vollentwickelten Brand ist erst in 40 m Abstand die Zündung eines anderen Gebäudes durch Strahlung ausgeschlossen. Werte, aus denen sich Abstände errechnen lassen, sind folgende, welche die Wärmemenge (W/cm$^2$) angeben, bei denen die Verkohlung beginnt: Holz 2,5 W/cm$^2$; PVC 4,0 W/cm$^2$; Wolle 2,0 W/cm$^2$. Der Wert für Wolle ist wichtig, weil die Bekleidung der Feuerwehr aus Wolle besteht.
- Die für die Brandbekämpfung und die Rettung von Menschen erforderlichen Abstände werden auch wesentlich beeinflusst durch die Zeit, in der sich Feuerwehrleute in der Nähe des Brandes aufhalten müssen. So bedingt das Vorbeirennen an der Brandstelle mindestens 3 Sekunden, das Retten von Menschen mindestens 3 Minuten, die Brandbekämpfung mindestens 30 Minuten.

Diese Gesichtspunkte wurden insoweit bei der Abstandflächensystematik berücksichtigt, als die Gebäude mit **zunehmender** Höhe **größere** Abstände zu Nachbargrenzen und zu anderen Gebäuden einzuhalten haben, so dass die Brandübertragung behindert und die für die Feuerwehr zur Verfügung stehende Freifläche auf dem Grundstück vergrößert wird. **Abstände aus Gründen des Brandschutzes** im engeren Sinne sind in den Vorschriften über **Gebäudeabschlusswände** und **Bedachungen** geregelt. Aus diesen Brandschutzvorschriften und den Regelungen über **Zugänge und Zufahrten für die Feuerwehr** darf nun aber nicht geschlossen werden, die Abstandflächenvorschriften dienten nicht auch dem Brandschutz (so aber Barth/Mühler, Abstandvorschriften der Niedersächsischen Bauordnung, 2. Aufl. 2000, Rdn. 2). Zuzugestehen ist allerdings, dass die Abstandflächenvorschriften primär andere Zwecke verfolgen, so dass die Wirkungen in Bezug auf den Brandschutz als „**Nebeneffekt**" einzustufen sind.

Aufgrund dieser Untersuchungen und Erkenntnisse fasste die Fachkommission Bauauf- 19
sicht die getrennten Vorschriften über Grenzabstände (Bauwiche) und Abstandflächen in **§ 6 MBO 1981** zusammen und orientierte sich dabei an Elementen der Abstandflächensystematik der NBauO vom 23.7.1973 (GVBl. S. 259). Vorschriften über die Sicherung der Abstandflächen auf Nachbargrundstücken durch Baulast und bei Grundstücksteilungen wurden in **§ 7 MBO 1981** aufgenommen. Dieses **Abstandflächensystem** übernahmen die Bundesländer nach und nach, im Jahre 1990 auch die fünf neuen Länder im Beitrittsgebiet. Allein Niedersachsen wollte sein bereits 1973 eingeführtes Recht nachträglich nicht mehr anpassen, da es dieses gegenüber der MBO 1981 als vorteilhafter ansah (vgl. Barth/Mühler, Abstandvorschriften der Niedersächsischen Bauordnung, 2. Aufl. 2000, Rdn. 4). Nordrhein-Westfalen führte die Mustervorschriften mit den §§ 6 und 7 **BauO NW 1984** ein, nahm jedoch Modifikationen vor, um **im Vergleich zum Vorgängerrecht keine Verschärfungen** bewirken zu müssen. Die von der MBO 1981 abweichenden Regelungen lagen vor allem in der **Tiefe** der Abstandflächen, die grundsätzlich mit **0,8 H** festgelegt wurde, während die **Mustervorschrift** des § 6 MBO 1981 dagegen **1,0 H** vorsah. Unter Berücksichtigung des Schmalseitenprivilegs vor bis zu 16 m langen Wänden konnten sich bis zu 7,5 m hohe Wände bei nur 6 m Gesamtabstand der Gebäude gegenüberliegen, wodurch bei einem Dach mit 45° Neigung noch gerade ein Lichteinfall in den Erdgeschossfenstern gegeben ist (s. Rdn. 23 und Abbildung 6.1).

Trotz mehrfacher **Ergänzungen der Vorschrift** (s. Rdn. 01–02) blieb die Systematik im 20
Wesentlichen erhalten. Die Rechtsänderungen stellten auch eine **Reaktion auf die Rechtsprechung** dar, weil **einzelne** Bestimmungen anders ausgelegt wurden, als der Gesetzgeber dies in der jeweiligen Gesetzesbegründung zum Ausdruck gebracht hatte.

- Mit der **BauO NW 1995** wollte der Gesetzgeber klarstellen, dass die Abstandflächenvorschriften bei Grenzbebauung nicht einengend eingreifen, wenn nach bauplanungsrechtlichen Vorschriften das Bauen innerhalb der überbaubaren Grundstücksfläche an der Grundstücksgrenze erlaubt ist.
- Die **BauO NRW 2000** brachte eine **Reduzierung des Grundmaßes der Abstandflächentiefe zu öffentlichen Verkehrsflächen** und durchbrach insoweit das System der MBO 1981, als unter Berücksichtigung des Schmalseitenprivilegs der Abstandflächentiefe von 0,8 H in den am häufigsten vorkommenden Anwendungsfällen nur noch gartenseitig Bedeutung zukam. Zusätzlich wurde die Unterbringung von Garagen, Nebengebäuden und Nebenanlagen **in den seitlichen Abstandflächen** zu erleichtert.

### 1.1.4 Vereinfachungen durch die MBO 2002

21 Bei Verabschiedung der MBO 1960 und auch noch später im Zuge der MBO 1981 war das **Verhältnis der bauplanungsrechtlichen Bestimmungen** über die Bauweise **zu den bauordnungsrechtlichen Bestimmungen** über Gebäudeabstände noch keineswegs so klar, wie es sich aufgrund der Rechtsprechung zum Bauplanungsrecht heute darstellt (vgl. Reichel/Schulte, S. 89 Rdn. 376 und S. 111 Rdn. 446–447). In mehreren Bundesländern, darunter auch Nordrhein-Westfalen, waren die **Regelungen zum Schmalseitenprivileg** aufgrund schwer nachvollziehbarer Rechtsprechungsergebnisse **kaum noch handhabbar**. Hinzu kam, dass die Bundesländer die **Tiefe** der Abstandfläche **unterschiedlich geregelt** hatten und dass die **gebietsbezogene** Anwendung unterschiedlicher **Faktoren** für die Bemessung der Abstandflächentiefe bei unklarer Gebietstypik Probleme bereitete. Das Abstandflächenrecht erwies sich als schwer überschaubar und uneinheitlich (so Finkelnburg/Ortloff, Band II S. 27). Die mit der MBO 1981 ursprünglich verfolgte Absicht, durch Vereinheitlichung der Vorschriften das Bauen für länderübergreifend tätige Bauträger und Entwurfsverfasser zu erleichtern, ließ sich mit diesen unterschiedlichen Regelungen nicht erreichen (so Ortloff, Das Abstandflächenrecht der Berliner Bauordnung, 2. Aufl. 1993, Rdn. 1). Daher strebte die ARGEBAU eine **Reduzierung des Vorschriftenumfangs** zur **Vereinfachung der Rechtsanwendung** mit dem Ziel an, diese für das Bauen **bedeutsame Vorschrift** möglichst so auszugestalten, dass sie ohne Abweichungen vom Muster in das Landesrecht umgesetzt werden kann. Ob sich dies erreichen lässt, ist angesichts der unterschiedlichen Interessenlage in den Ländern fraglich (vgl. Boeddinghaus, Deregulierung, BauR 2006, S. 1248 ff.).

22 Die **MBO 2002** straffte **§ 6** unter **Auflösung von § 7** (s. die Einleitung Rdn. 106–107 sowie Jäde, Grundlinien der Musterbauordnung 2002, ZfBR 2003, S. 221 ff.) und enthält nur noch **7 Absätze**. Die **Schreibweise des Begriffs** wurde an das Bundesrecht angeglichen, so dass nicht von Abstandflächen, sondern von Abstandsflächen die Rede ist. Die **wesentlichen Änderungen** betreffen folgende Bestimmungen:

- **Absatz 1 Satz 1** enthält die **Grundregel** über das Entstehen von Abstandsflächen. Der **neu eingefügte Satz 2 ersetzt** den **bisherigen Absatz 10** und ordnet die Geltung des Abstandsflächenrechts auch für Anlagen an, von denen Wirkungen wie von Gebäuden ausgehen. Der **neue Satz 3** entspricht dem alten Satz 2 und bestimmt, dass die Abstandsfläche entfällt, wenn das Gebäude nach bauplanungsrechtlichen Vorschriften an die Grenze gebaut werden muss oder darf; die Bestimmung über die Baulastsicherung bei gemeinsamer Grenzbebauung in der offenen Bauweise entfiel, da die **bauplanungsrechtlichen Regelungen** zur Herbeiführung einer ordnungsgemäßen Bebauung **ausreichen**. Da sich der Zwang bzw. die Möglichkeit zur Grenzbebauung unter Berücksichtigung der „Doppelhausentscheidung“ (BVerwG, Urteil vom 24. 2. 2000 – 4 C 12.98, BauR 2000, 1168 = BRS 63 Nr. 185 = NVwZ 2000, 1055) bereits aus dem Bauplanungsrecht ableitet, bedarf es keiner durch Baulast abzusichernden Grenzbebauungsverpflichtung nach Bauordnungsrecht. Die **alten Sätze 3** und **4 entfielen** als **überflüssige Doppelregelungen** zum Bauplanungsrecht, da die Vorschriften über die Bauweise durch Landesbauordnungsrecht nicht korrigierbar sind (BVerwG, Beschluss vom 11. 3. 1994 – 4 B 53.94, BRS 56 Nr. 65 = NVwZ 1994, 1008).
- **Absatz 2 Satz 1** bestimmt wie bisher, dass **Abstandsflächen auf dem Grundstück selbst** liegen müssen. **Neu** aufgenommen wurde, dass dies auch für **Abstände aus Brandschutzgründen** gilt. **Satz 2** erlaubt, dass Abstandsflächen auf **öffentliche Ver-**

**kehrs-**, **öffentlichen Grün-** und **öffentlichen Wasserflächen** liegen. Der **neue Satz 3** übernimmt die Regelung des aufgehobenen § 7 Abs. 1, wonach **Abstandsflächen auf Nachbargrundstücken** liegen dürfen, wenn eine Baulastsicherung zustande kommt.

- **Absatz 3** regelt das **Überdeckungsverbot** und blieb **unverändert**.
- **Absatz 4** regelt in modifizierter Form die **Ermittlung der Wandhöhe H**. Die **Wand-** und **Giebelflächen** gehen in ihren **tatsächlichen Abmessungen** in die Berechnung der Wandhöhe H ein, was eine um den Faktor nach Absatz 5 **verzerrte Grundrissprojektion** der Abstandsfläche ergibt. Dächer bis zu 70 Grad Neigung werden **traufseitig** zu einem Drittel der Wandhöhe zugerechnet, darüber hinaus mit ihrer vollen Höhe.
- **Absatz 5** legt die **Tiefe** der Abstandsfläche auf **0,4 H** fest, in Gewerbe- und Industriegebieten genügen **0,2 H**. Festgehalten wurde an der **Mindesttiefe** der Abstandfläche von **3 m**, obwohl das **baden-württembergische** und das **hamburgische** Bauordnungsrecht einen Mindestabstand von **2,5 m** kennen. Der **alte Absatz 6** mit dem schwierig zu handhabenden **Schmalseitenprivileg entfiel**, um **für die Praxis** eine **erhebliche Vereinfachung** in der Rechtsanwendung zu bewirken.
- **Absatz 6** übernimmt klarer gefasst den alten Absatz 7 mit den Regelungen über vor die Außenwand tretende **privilegierte Bauteile**, wie Gesimse und Dachüberstände, sowie **Vorbauten**, wie Erker und Balkone.
- **Absatz 7** übernimmt den alten Absatz 11 unter Ausweitung der Regelungen über in den Abstandsflächen zulässige **Garagen** und **Nebenanlagen**.
- Die **Sonderregelungen** der alten **Absätze 8** und **9** über Abstandsflächen aus **Brandschutzgründen** sowie der alten **Absätze 12** und **13** über **Abstandsflächen in überwiegend bebauten Gebieten** und den **Vorrang zwingender Festsetzungen** des Bebauungsplans entfielen aufgrund der generell reduzierten Abstandsflächentiefen.

Der **deutlichen Reduzierung der Tiefe** der Abstandsflächen liegt die Überlegung zugrunde, dass die Bedeutung des Abstandsflächenrechts für die Tagesbeleuchtung der Aufenthaltsräume aufgrund der modernen Lichttechnik heute so nicht mehr besteht. Die Bauherren errichten nämlich unter Ausnutzung des Schmalseitenprivilegs, soweit das Bauplanungsrecht dies zulässt, auch tiefe Wohngebäude, bei denen zwangsläufig die Fenster von Aufenthaltsräumen auch zu den seitlichen Grundstücksgrenzen ausgerichtet werden müssen. Liegen sich, was die MBO 1981 hergab, zwei 16 m tiefe Gebäude unmittelbar gegenüber, so genügt die Hälfte des Abstands, das sind 0,5 H bzw. nach der nordrhein-westfälischen Regel 0,4 H. Die 16 m lange Wand darf bei Einhaltung des Mindestabstands von **3 m** nach der MBO 1981 immerhin **6 m**, nach der nordrhein-westfälischen Regel sogar **7,5 m** hoch sein. Da auch ein bis zu 45° steiles Dach traufseitig unberücksichtigt bleibt, liegen sich **relativ große Baukörper** mit nur **6 m Gesamtabstand** gegenüber. Nimmt man einen **Lichteinfallwinkel von 45°** an, wie er dem Baupolizeirecht und den Bauwichregeln der MBO 1960 zugrunde lag, so reichen die Abstände bei Annahme eines Gebäudesockels noch aus, damit Tageslicht die Fenster des Erdgeschosses erreichen kann (vgl. Hess. VGH, Urteil vom 20. 2. 1980 – IV OE 49/77, BRS 36 Nr. 124 sowie Abbildung 6.1). **Hessen** hatte bereits mit der HBO vom 20. 12. 1993 (GVBl. S. 655) den Abstand von **0,4 H** zum **Normalabstand** erhoben und das Schmalseitenprivileg abgeschafft. Das **Saarland** (LBO Saar vom 27. 3. 1996, ABl. S. 477) und **Rheinland-Pfalz** (LBauO Rh-Pf vom 24. 11. 1998, GVBl. S. 365) folgten diesem Vorbild. Nach den dort gemachten Erfahrungen ergaben sich **keine negativen Auswirkungen**. 23

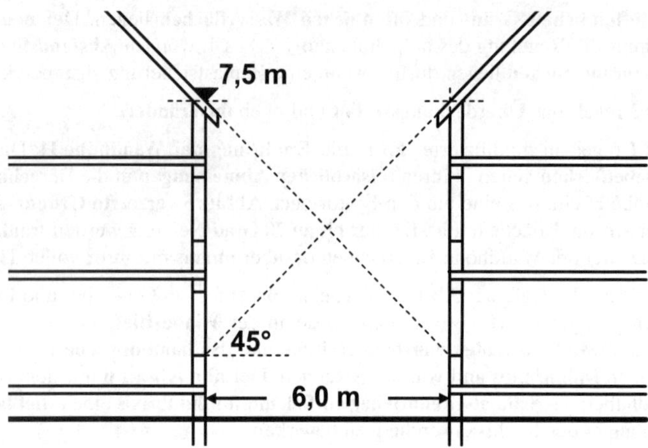


**Abbildung 6.1 Mindestabstand und maximale Wandhöhe bei 0,4 H**

Aus dem **Mindestabstand von 6 m** sich gegenüberliegender Gebäude mit nach § 6 Abs. 4 Satz 6 BauO NRW abstandrechtlich unschädlichen **45°-Dächern** ergibt sich bei **0,4 H** eine **zulässige Wandhöhe** von **7,50 m** an der Traufseite, die gerade noch eine Belichtung der Erdgeschossfenster erlaubt (s. Rdn. 23).

24 Übertrieben dichte Bebauungen aufgrund geringer Tiefen der Abstandsflächen sind kaum zu erwarten. Dem begegnen die **Bauleitplanung** und das **bauplanungsrechtliche Gebot der Rücksichtnahme**. Auch sorgen die Selbstregulierungskräfte des Marktes dafür, dass „Verdichtungsexzesse" die Ausnahme bleiben. Die **Attraktivität älterer Stadtquartiere** mit ihrer aus Abstandsflächengesichtspunkten zu **dichten** Bebauung zeigt, dass die Auffassungen über Abstände einem **Wertewandel** unterliegen. Viele Gebäude in gründerzeitlichen Stadterweiterungen mit dichten Baustrukturen und schlechten Belichtungsverhältnissen finden nach Abschluss privater Modernisierungen problemlos Käufer oder Mieter. Diese Entwicklung belegt, dass auch andere Kriterien als die der optimalen Tagesbeleuchtung für den Wohnwert ausschlaggebend sind, so dass sich die **Abstandsflächenregeln** auf **unverzichtbare Mindeststandards** beschränken können.

Die Gemeinde kann im Bebauungsplan **Festsetzungen** unter dem Gesichtspunkt „**vergrößerter**" oder „**optimaler**" Gebäudeabstände im Hinblick auf die Tagesbeleuchtung der Aufenthaltsräume treffen (vgl. Boeddinghaus, Verschattung von Gebäuden durch andere Gebäude und Gebäudeteile, BBauBl. Heft 10/2002, S. 18 ff.). Die Einhaltung größerer Abstände lässt sich **indirekt** mittels **überbaubarer Grundstücksflächen** und nach § 9 Abs. 1 Nr. **2 a** BauGB auch **direkt** durch **vom Bauordnungsrecht abweichende Maße der Tiefe der Abstandsflächen** erreichen. Diese zusätzliche Festsetzungsbefugnis wurde aufgrund der Bundeskompetenz für das Bodenrecht und in Reaktion auf die MBO 2002 mit Gesetz vom 21. 12. 2006 (BGBl. I S. 3316) in das BauGB eingefügt, um abweichend vom Landesrecht städtebaulich gebotene Abstandsflächen vorsehen zu können (so BT-Drucks. 16/3308, S. 19 f. zu Artikel 1 Nr. 4; vgl. Schulte, Abstände und Abstandsflächen in der Schnittstelle zwischen Bundes- und Landesrecht, BauR 2007, S. 1514 ff.).

## 1.2 Grundzüge des Abstandflächensystems nach der BauO NRW

Das Erfordernis von Regeln über Abstände von Gebäuden bzw. von Anlagen mit gebäudegleichen Wirkungen **untereinander** und **zu Nachbargrenzen** ergibt sich 25

- einerseits aus Gründen des **Städtebaus** zur **Ausfüllung** der Vorschriften über die **Bauweise**, weil der Bund seine Regelungsbefugnis aus Art. 74 Nr. 18 GG (noch) nicht vollständig genutzt hat, sowie
- andererseits aus Gründen der **Sicherung einer Mindestbeleuchtung von Aufenthaltsräumen**, wobei die **Belüftung**, die **Sicherung der Privatheit** – auch als **Sozialabstand** bezeichnet – und der **Brandschutz** als **Nebeneffekte** hinzutreten.

Diese unterschiedlichen Gesichtspunkte berücksichtigt **§ 6 BauO NRW**. Das System der Abstandflächenregeln lässt erkennen, dass es für den „**Normalfall**" konzipiert ist, nämlich für das **Gebäude mit einem weitgehend rechtwinkligen Grundriss und Flachdach oder geneigter Dachform**, dessen **senkrechte Außenwände** einen **gleichmäßigen horizontalen oberen Abschluss** aufweisen und **parallel zu den Grundstücksgrenzen** verlaufen (vgl. BayVGH, Beschluss vom 21. 4. 1986 – Nr. Gr. S 1/85, BRS 46 Nr. 103), was im Ergebnis ein **rechteckiges Grundstück** voraussetzt. Dieser „Normalfall" stellt auch im heutigen Baugeschehen immer noch die **gängige Bauform** dar. Hiervon abweichende Gebäudeformen bedürfen einer besonderen Betrachtung und können nicht durch spezielle Regelungen aufgefangen werden. Daher ist es nicht sachgerecht, das Abstandflächenrecht mit Sonderregelungen zu überfrachten (so Boeddinghaus, Abstandflächen bei Hochhäusern und anderen atypischen Hausformen, BauR 2000, S. 1286 ff., der eine allgemeinen Entrümpelung der Abstandvorschriften verlangt).

Die Vorschriften des § 6 BauO NRW regeln nicht ausdrücklich Bauvorhaben mit **polygonalen** Grundrissen, z. B. das Oktogon oder den Rundbau. Sie gehen von üblichen geneigten Dächern aus, wie dem Satteldach oder dem Pultdach, und erfassen daher keine **Tonnendächer** (so Allgeier/von Lutzau, zu § 6 S. 142 Anm. 6). Dem Abstandflächenrecht fremd sind **ungewöhnliche Formen**, wie **Kugeln**, **Pyramiden** oder **Tetraeder**. Auch „**Nurdachhäuser**" oder Gebäude mit **außergewöhnlich geformten umschließenden Bauteilen**, die kaum noch als klassische Wand oder klassisches Dach erscheinen, weichen von dem der Vorschrift zugrunde liegenden „Normalfall" ab. Dieses „Versäumnis" des Gesetzgebers dient der Transparenz und **besseren Verständlichkeit** der ohnehin komplizierten Abstandflächenregeln. Bei **sinnvoller** Anwendung und Auslegung dieser Bestimmungen sind „**Sonderfälle**" lösbar, indem z. B. ein Baukörper mit geschwungener Außenhaut mit einem rechteckigen Baukörper überlagert wird (s. Abbildung 6.4; vgl. auch Rabe/Heintz, S. 328 Abbildung zu Rdn. 149; Allgeier/von Lutzau, zu § 6 S. 160 Bild 18).

Schließlich ist darauf hinzuweisen, dass für die Abstandflächenbetrachtung das **Gebäude vereinfachend auf seinen Kubus zurückgeführt** wird. Daher bleiben übliche **Gestaltungselemente**, wie Gesimse, Sockel, Dachüberstände, Fensterbänke, Regenfallrohre und ähnlich untergeordnete Bauteile, ja selbst Dachaufbauten und Vorbauten, wie Erker und Balkone, bei Einhaltung genau festgelegter Abmessungen, **abstandrechtlich unberücksichtigt** (s. Abbildung 6.2).

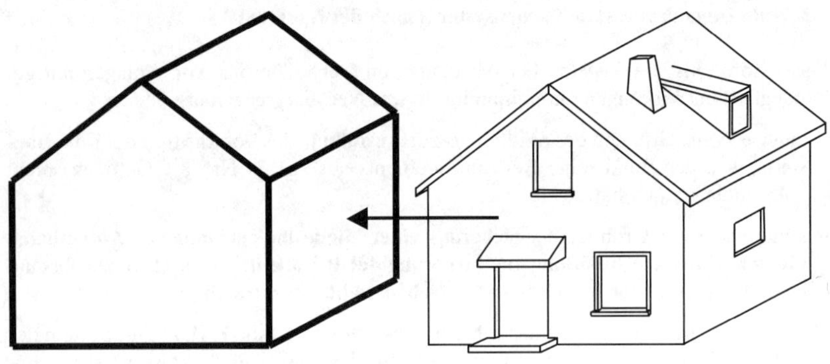

**Abbildung 6.2 „Normalfall" des Abstandflächenrechts**

Das Abstandflächenrecht geht von einem Gebäude mit **rechteckigem Grundriss** und **Flachdach** oder **geneigtem Dach** aus. Dieses Gebäude wird zur Vereinfachung auf **ebene** Wand- und Dach**flächen** zurückgeführt, **ohne** dass **übliche** vor- und zurückspringende **Bauteile** zur architektonischen **Gliederung** Berücksichtigung finden (s. Rdn. 25).

**26** Zur Sicherung ausreichender Abstände bedient sich das Bauordnungsrecht der Forderung, dass **vor Außenwänden von Gebäuden** und vor baulichen Anlagen, von denen Wirkungen wie von Gebäuden ausgehen, **Flächen freizuhalten sind**. Diese Flächen bemessen sich nach der **Beeinträchtigung**, die von der jeweiligen Außenwand ausgehen kann. Kriterien hierfür sind die **Höhe** und die **Breite der Außenwand**.

Es spielt **abstandrechtlich** für die aus der **Höhe** – **H** – abgeleitete erforderliche **Tiefe** – **T** – der Abstandfläche keine Rolle, ob die Außenwand **Öffnungen** aufweist oder nicht. Die Regelung **verzichtet bewusst** darauf, dass nur **vor Wänden mit notwendigen Fenstern eine entsprechende Fläche** von baulichen Anlagen **freizuhalten** ist. So steht sie späteren baulichen Änderungen des Vorhabens, z. B. durch Schaffung zusätzlicher Fensteröffnungen, nicht im Wege.

Die Abstandflächenvorschriften sorgen dafür, dass mit **zunehmender Wandhöhe** eine **zunehmende Tiefe** der Abstandfläche erforderlich wird, so dass **hohe** Gebäude untereinander einen **größeren** Abstand einhalten müssen als niedrige Gebäude. Wenn auch in erster Linie der Aspekt der Tagesbeleuchtung der Aufenthaltsräume hierfür ausschlaggebend war, so tritt zugleich der „**brandschutztechnische Nebeneffekt**" ein, dass die Brandübertragung behindert und der Einsatz der Feuerwehrkräfte erleichtert wird, weil mehr Freifläche zwischen den Gebäuden liegt.

Die Frage der **Öffnungen** in einer Außenwand wird von § **31 BauO NRW** unter dem Gesichtspunkt des **brandschutztechnischen Mindestabstandes von 2,5 m** geregelt. Sofern sich Öffnungen in Nachbargrenzen zugewandten Außenwänden befinden, müssen beide Regelungen (§ 6 und § 31 BauO NRW) in den Blick genommen werden.

Als weiterer „**Nebeneffekt**" tritt – bei Einhaltung von Grenzabständen – die Möglichkeit zur natürlichen **Belüftung** der Aufenthaltsräume hinzu (s. Rdn. 17).

27 Nach den Änderungen des § 6 durch die BauO NRW 2000 und das Zweite Gesetz zur Änderung der Landesbauordnung vom 12. 12. 2006 (GV. NRW. S. 615) kann nicht mehr davon ausgegangen werden, die Abstandflächenvorschriften dienten dazu, einen „**Sozialabstand**" zur Sicherung der „**Privatheit**" (s. Rdn. 16) zu gewährleisten. Angesichts der verkürzten Abstände bei Wänden bis zu 16 m und auch zur öffentlichen Verkehrsfläche hin, bieten die Abstandflächenvorschriften **keinen Schutz vor Einblick** (so aber noch BVerwG, Beschluss vom 10. 12. 1997 – 4 B 204.97, BauR 1998, 319 = BRS 59 Nr. 188 = NVwZ 1998, 395). Um einen einigermaßen wirksamen Schutz vor Einblick zu erreichen, bedürfte es weiterhin der nach früherem Abstandflächenrecht erforderlichen **Sozialabstände** von 12 m bzw. 15 m. Aber auch dieses ältere Recht forderte den Sozialabstand nur straßen- und gartenseitig, da es zu den seitlichen Grundstücksgrenzen das **Schmalseitenprivileg** für bis zu 14 m lange Wände beinhaltete (s. Rdn. 14). Zwischen den Fenstern der Aufenthaltsräume von Gebäuden, die sich im Mindestabstand von nur 6 m gegenüberliegen (bei Anwendung der Halbierungsregel nach Absatz 6 bis zu 7,5 m hohe Wände, s. Rdn. 23 und Abbildung 6.1), ist die gegenseitige Einsichtnahme durch Einblick eröffnet, ohne dass man ein Fernglas zu Hilfe nehmen müsste. Die Bewohner der Gebäude können sich hiergegen nur durch Gardinen, Vorhänge oder ähnliche Vorrichtungen schützen. Selbst aus den Dachfenstern eines niedrigen Einfamilienhauses ist bei einem Mindestabstand von lediglich 3 m zur Nachbargrenze hin ein Einblick auf die Terrasse des Nachbargrundstücks unschwer gegeben. Wer dies abwehren möchte, muss entlang der Grundstücksgrenze Sichtschutzpflanzungen anlegen. Die Beispiele zeigen, dass die Abstandflächen nicht geeignet sind, um sich gegen Einblick ausreichend abzuschirmen. Ein **Schutz vor übermäßiger Einsichtnahme** besteht in seltenen Ausnahmefällen allenfalls über das bauplanungsrechtliche **Gebot der Rücksichtnahme** (s. Rdn. 55).

Auch die bei Anwendung des Faktors von 0,8 H noch geringen Abstandflächentiefen **schützen nicht** vor **Gerüchen** oder **Lärm**, um so ein **störungsfreies Wohnen** zu gewährleisten (VGH B-W, Beschluss vom 10. 9. 1998 – 8 S 2137/98, BauR 1999, 1282 = BRS 60 Nr. 103 = UPR 1999, 197; a. A. OVG Saar, Urteil vom 28. 11. 2000 – 2 R 2/00, BauR 2001, 1245 = BRS 63 Nr. 135).

**Immissionskonflikten** kann das Abstandflächenrecht nicht oder nur eingeschränkt entgegenwirken, wie die den Bauaufsichtsbehörden häufig vorgetragenen Nachbarbeschwerden über die Auswirkungen der Gebäude- und Gartennutzung belegen. Vielmehr versucht das **Immissionsschutzrecht** derart negative Auswirkungen zu begrenzen. Das gilt erst recht, wenn es darum geht, ausreichende Abstände zwischen Wohn- und Industrie- oder Gewerbegebieten zu erreichen (vgl. den „**Abstandserlass**" – vom 6. 6. 2007, MBl. NRW. S. 659).

28 Die **abstandrechtliche Systematik** lässt die **Nutzung** des Gebäudes **unberücksichtigt** (VGH B-W, Beschluss vom 10. 9. 1998 – 8 S 2137/98, a. a. O. Rdn. 27), da es für die Bemessung der Tiefe der Abstandfläche unerheblich ist, ob das Gebäude Wohnungen oder gewerbliche Nutzungen beinhaltet. Dies zeigt bereits § 6 Abs. 5 BauO NRW, der für die Tiefe der Abstandfläche allein auf die **Lage** des – wie auch immer genutzten – Gebäudes in einem bestimmten **Baugebiet** abstellt. Insoweit knüpft das Abstandflächenrecht an die bauplanungsrechtlichen Vorschriften über die **Bauweise** an, die ebenfalls das Erfordernis des Grenzabstandes eines Gebäudes **unabhängig von der Nutzung** regeln. Daher ist die **Nutzungsänderung regelmäßig abstandrechtlich irrelevant**, sofern das bestandsgeschützte Bauwerk die erforderlichen Abstände überhaupt einhält.

Hiervon zu trennen ist die Frage, ob auch **Nutzungsänderungen** (zu diesem Begriff s. die Anmerkungen zu § 3 Rdn. 97–107) oder **geringfügige bauliche Änderungen** bestehender Gebäude **mit** – nach neuem Recht – **unzureichenden Abständen** hingenommen werden können. Infolge dieser Vorgänge verliert das bestehende Bauwerk ganz oder teilweise seinen Bestandsschutz (s. Rdn. 44–45), obwohl sich an der äußeren Hülle nichts ändert. Weil der **Bestandsschutz** von Gebäuden an das unveränderte Fortbestehen der **funktionsgerechten Nutzung** anknüpft (s. die Anmerkungen zu § 75 Rdn. 116–118), verlangt § 6 Abs. 15 Satz 2 BauO NRW in den Fällen einer Überschreitung der in Satz 1 dieser Bestimmung festgelegten Rahmenbedingungen für die bauaufsichtliche Gestattung die **Würdigung nachbarlicher Interessen**.

In diesem Zusammenhang ist auf den **Verlust des Bestandsschutzes durch längere Phasen der Nutzungsunterbrechung** hinzuweisen. Als gesichert kann gelten, dass der Bestandsschutz noch **ein Jahr** nach der Beendigung der Nutzung fortbesteht, ohne dass es einer Einzelfallprüfung bedarf. Bei darüber hinaus andauernden Unterbrechungen **bis zu maximal zwei Jahren** kann der Bestandsschutz verloren gehen, wenn Umstände vorliegen, aus denen nach der **Verkehrsauffassung** geschlossen werden muss, dass mit der Wiederaufnahme der Ursprungsnutzung nicht mehr zu rechnen ist (BVerwG, Urteil vom 18. 5. 1995 – 4 C 20.94, BRS 57 Nr. 67 = DVBl. 1996, 40). Das kann beispielsweise bei inzwischen eingetretenen **schweren Bauschäden** der Fall sein. Ein **baufälliges Gebäude** genießt **keinen Bestandsschutz**, da es sich nicht mehr funktionsgerecht nutzen lässt (BVerwG, Urteil vom 21. 1. 1972 – IV C 212.65, BRS 25 Nr. 155). Mit der **Beseitigung der Bausubstanz** erlischt der Bestandsschutz; ein **erweiterter** (nachwirkender) **Bestandsschutz** kann – sofern keine einfachrechtlichen Regelungen vorliegen – unmittelbar aus Art. 14 Abs. 1 GG **nicht** hergeleitet werden (s. die Anmerkungen zu § 75 Rdn. 128). Diese für das Bundesrecht getroffene Feststellung gilt auch für das **Abstandflächenrecht** (BVerwG, Urteil vom 7. 11. 1997 – 4 C 7.97, BauR 1998, 533 = BRS 59 Nr. 109 zum Umbau eines Ledigenheims in ein Mehrfamilienhaus und BayVGH, Urteil vom 13. 2. 2001 – 20 B 00.2213, BauR 2001, 1248 = BRS 64 Nr. 129 zum Wiederaufbau einer Lagerhalle auf den alten Fundamenten).

29 **Ob** eine Gebäudeaußenwand eine Abstandfläche auslöst, bestimmt sich ausschließlich nach den **Vorgaben des Bauplanungsrechts**, das sind entweder die Festsetzungen eines Bebauungsplans oder aber die Planersatzvorschriften der §§ 34 und 35 BauGB. Die Regelungen des § 6 BauO NRW begeben sich hinsichtlich des Erfordernisses, im Bereich der Nachbargrenze vor Außenwänden von Gebäuden bestimmte Flächen von baulichen Anlagen freizuhalten, **voll in die Abhängigkeit des Bauplanungsrechts**. Letztlich bestimmt also das Bauplanungsrecht, **ob** die Außenwand eines Gebäudes eine **Abstandfläche auslöst** oder **nicht**. Muss aus bauplanungsrechtlichen Gründen ein Gebäude ohne Grenzabstand errichtet werden, so ist innerhalb der überbaubaren Grundstücksfläche eine Abstandfläche – und somit ein Grenzabstand – vor den Außenwänden nicht erforderlich, die an Nachbargrenzen errichtet werden. Wegen der Zielsetzung des § 6 Abs. 1 BauO NRW, das Abstandrecht an das Bauplanungsrecht anzukoppeln, ist beim Bauen im nicht beplanten Innenbereich auch das in § 34 BauGB enthaltene bauplanungsrechtliche **Rücksichtnahmegebot** zu beachten (OVG NRW, Beschluss vom 24. 4. 1995 – 10 B 3161/94, BauR 1996, 88; s. auch Rdn. 49–55).

30 Bei der Festsetzung der **offenen** Bauweise verlässt sich das Bundesrecht hinsichtlich der Bemessung des **seitlichen** Grenzabstandes auf die bauordnungsrechtlich geregelten Abstandflächen (s. Rdn. 10). Hier wird deutlich, dass die Abstandflächenvorschriften des

Bauordnungsrechts und die bauplanungsrechtlichen Vorschriften zwar ein **gemeinsames Ziel** haben, nämlich das einer **geordneten** Bebauung im Interesse gesunder Wohn- und Arbeitsverhältnisse, jedoch aus **unterschiedlichen Motiven**:

- die **Abstandvorschriften** dienen der **Wahrung der öffentlichen Sicherheit oder Ordnung**,
- die **bauplanungsrechtlichen Vorschriften** dienen der **Durchsetzung städtebaulicher Ziele**.

Wenn auch unverkennbar **Gemeinsamkeiten** festzustellen sind, so ist dennoch zu beachten, dass **beide Rechtskreise** aufgrund der verfassungsrechtlich vorgegebenen Kompetenzordnung **unabhängig voneinander** als **Inhalts- und Schrankenbestimmung des Eigentums** im Sinne des Art. 14 Abs. 1 **Satz 2** GG zu beachten sind (BVerwG, Urteil vom 7.11.1997 – 4 C 7.97, BauR 1998, 533 = BRS 59 Nr. 109).

**Besondere städtebauliche Aspekte** können einerseits über die bauordnungsrechtlichen Abstandvorschriften hinausgehende, **vergrößerte** Gebäudeabstände erforderlich machen. So kann es bei der Fortentwicklung vorhandener Ortsteile im ländlichen Raum oder Ordnung der Randzonen der Städte im Übergang zum Außenbereich unter den Gesichtspunkten des Orts- und Landschaftsbildes, des Denkmalschutzes oder des Naturschutzes und der Landschaftspflege geboten sein, im Bebauungsplan eine stark **aufgelockerte** und **durchgrünte** Bebauung festzusetzen. Andererseits kann die **Beplanung erhaltenswerter Ortsteile**, **Straßen** und **Plätze** von geschichtlicher, künstlerischer oder städtebaulicher Bedeutung – auch unter Wahrung der öffentlichen Sicherheit oder Ordnung – **geringere** Gebäudeabstände erfordern, als sie nach bauordnungsrechtlichen Abstandvorschriften vorgegeben sind. Daher ermächtigt **§ 9 Abs. 1 Nr. 2 a BauGB** die Gemeinden, aus **städtebaulichen Gründen** vom Bauordnungsrecht **abweichende Maße der Tiefe** der Abstandflächen festsetzen zu können. 31

Als **Alternative** zum Bebauungsplan bietet sich der Gemeinde zur Verfolgung ähnlicher Erhaltungsziele der Erlass **örtlicher Bauvorschriften** an. Die **Satzungsermächtigung des § 86 Abs. 1 Nr. 6 BauO NRW** ermöglicht es, zur **Wahrung** der **bauhistorischen Bedeutung** oder der **sonstigen erhaltenswerten Eigenart** eines Ortsteils geringere Tiefen der Abstandflächen zu bestimmen. Eine derartige satzungsrechtliche Abstandflächenregelung kann sowohl als selbständige Satzung getroffen werden als auch Aufnahme in einen Bebauungsplan finden (s. die Anmerkungen zu § 86 Rdn. 54–56). 32

Das **objekt- und grundstücksbezogene Abstandflächenrecht** weist unter Berücksichtigung des Bauplanungsrechts folgende **Systematik** auf: 33

- Die **bauplanungsrechtlichen Vorschriften** entscheiden über die **Anordnung der Gebäude und abstandrelevanten Anlagen** auf den zur Bebauung vorgesehenen Flächen. Danach bestimmt sich, **ob überhaupt** Abstandflächen und **ob geringere Tiefen** der Abstandflächen einzuhalten sind (**§ 6 Abs. 1** und **Abs. 16** sowie **§ 86 Abs. 1 Nr. 6** BauO NRW) oder **ob größere Tiefen** der Abstandflächen im **Bebauungsplan** festgesetzt sind (**§ 9 Abs. 1 Nr. 2 a BauGB**).
- Vor **Außenwänden oberirdischer Gebäude** sind **Abstandflächen** von anderen oberirdischen Gebäuden freizuhalten. **Unterirdische** Gebäude oder Gebäudeteile sind **nicht abstandflächenrelevant**. Die Grundregel besteht **unabhängig davon**, **ob die Wand Öffnungen enthält** (§ 6 **Abs. 1 Satz 1** BauO NRW), weshalb auch die **nachträgliche** Herstellung oder Schließung von Öffnungen **nicht abstandrelevant** ist.

- **Maßnahmen zur Verbesserung des Wärmeschutzes, Nutzungsänderungen** und **geringfügige bauliche Änderungen** – rechtmäßig – **bestehender Gebäude** werfen unter genau festgelegten Voraussetzungen die Abstandflächenfrage nicht neu auf und sind somit **abstandflächenunschädlich** (§ 6 **Abs. 14** und **Abs. 15** BauO NRW).
- Die auf Gebäude zielende Grundregel des Absatzes 1 Satz 1 gilt auch für **Anlagen**, die **höher als 2 m** sind, wenn **von ihnen Wirkungen wie von Gebäuden ausgehen** und für **Anlagen**, die **höher als 1 m** über der Geländeoberfläche sind und **von Menschen betreten** werden können (§ 6 **Abs. 10 Satz 1** BauO NRW). Für **Windenergieanlagen** gelten besondere Bemessungsregeln (§ 6 **Abs. 10 Sätze 2–5** BauO NRW).
- **In den Abstandflächen** des Gebäudes und an der **Nachbargrenze** sind **Garagen** und **Nebenanlagen** unter genau festgelegten Voraussetzungen **abstandflächenrechtlich privilegiert**, sofern keine bauplanungsrechtlichen Vorschriften entgegenstehen (§ 6 **Abs. 11** BauO NRW).
- Die Abstandflächen müssen grundsätzlich **auf dem Grundstück selbst** liegen (§ 6 **Abs. 2 Satz 1** BauO NRW). Sie dürfen sich auch auf **öffentliche Verkehrsflächen, öffentliche Grünflächen** und **öffentliche Wasserflächen** erstrecken, jedoch **nur bis zu deren Mitte** (§ 6 **Abs. 2 Satz 2** BauO NRW). Abstandflächen dürfen sich nur dann auf **andere Grundstücke** erstrecken, wenn deren **Freihaltung** von oberirdischen Gebäuden **durch Baulast gesichert** ist (§ 6 **Abs. 2 Satz 3** BauO NRW).
- Die Abstandflächen dürfen sich **nicht überdecken** (§ 6 **Abs. 3** BauO NRW). Für **sich gegenüberliegende Wände desselben Gebäudes** oder **von Gebäuden auf demselben Grundstück** können **Abweichungen** von der sich aus den Absätzen 5 und 6 ergebenden Abstandflächentiefe gestattet werden (§ 6 **Abs. 13** BauO NRW).
- Die Abstandflächenbemessung richtet sich nach der **Höhe – H –** des Gebäudes, die sich aus der jeweiligen **Außenwand** und dem zu berücksichtigenden **Dachanteil** zusammensetzt (§ 6 **Abs. 4** BauO NRW). Dabei wird das Gebäude idealisierend und vereinfachend auf seine **kubische Grobstruktur** zurückgeführt, **ohne architektonisch gliedernde Elemente** in die Betrachtung einzubeziehen. Den Baukörper architektonisch gliedernde **untergeordnete Bauteile** und **Vorbauten** bleiben unberücksichtigt und sind insoweit **privilegiert** (§ 6 **Abs. 7** BauO NRW).
- Die sich aus dem Maß – H – ergebende **Tiefe – T –** der Abstandfläche ist **baugebietsabhängig** (§ 6 **Abs. 5** BauO NRW) und beträgt
  - im Regelfall **0,8 H**, zu öffentlichen Verkehrsflächen **0,4 H**,
  - im MK **0,5 H**, zu öffentlichen Verkehrsflächen **0,25 H**,
  - im GE und GI **0,25 H**.
- Die **Halbierungsregel** lässt bei **Außenwänden von nicht mehr als 16 m Länge** die **halbe Tiefe** der Abstandfläche genügen (§ 6 **Abs. 6** BauO NRW) und zwar
  - im Regelfall **0,4 H**,
  - im MK **0,25 H**.
- Die **Tiefe der Abstandfläche – T –** beträgt **mindestens 3 m** (§ 6 **Abs. 5 Satz 5** und **Abs. 6 Satz 1** BauO NRW), so dass sich ein **Mindestabstand zwischen Gebäuden** von **6 m** aus der Summe der beiden Mindestabstände der Gebäude (**2 × 3 m**) ergibt.

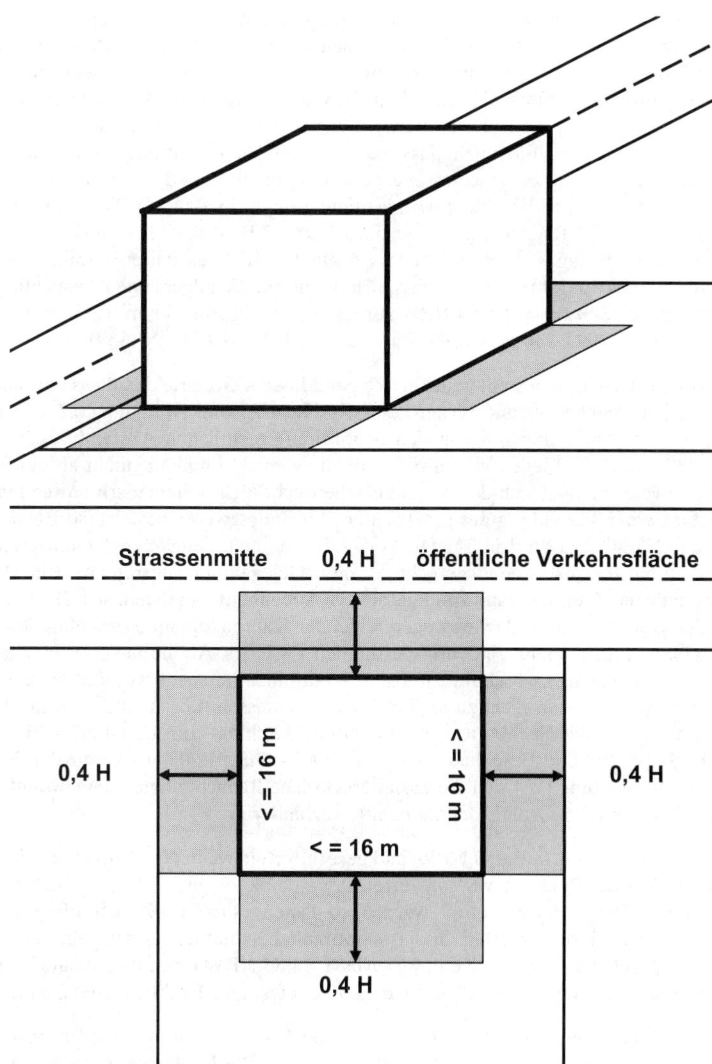


**Abbildung 6.3 Abstandflächengrundregel**
Vereinfachend lässt sich das Abstandflächensystem mit einem **Karton** vergleichen, dessen **vier Seiten** in die Horizontale **heruntergeklappt** sind. Bei **Wandlängen bis zu 16 m** sowie **zu öffentlichen Verkehrsflächen**, **öffentlichen Grünflächen** und **öffentlichen Wasserflächen** hin ist nur die **halbe Tiefe** – **0,4 H** – des **Normalabstands** – **0,8 H** – erforderlich; die genannten **öffentlichen** Flächen dürfen jeweils nur bis zu ihrer **Mitte** in Anspruch genommen werden (s. Rdn. 33).

34 Infolge der mit der BauO NW 1995 und der BauO NRW 2000 bewirkten Änderungen und Ergänzungen des Abstandflächenrechts nahm die Vorschrift an Umfang zu, so dass sie durch die eingefügten **Sonderregelungen** für den Rechtsanwender **schwerer überschaubar** wurde. Vor allem die **speziellen Abweichungstatbestände**, die im Sinne der Ausnahmetatbestände des früheren Bauordnungsrechts zu verstehen sind, veranlassten die Rechtsprechung anzunehmen, dass das Abstandflächenrecht aufgrund seiner **Sonderregelungen** eine in sich geschlossene Materie darstellt, von der **für weitere Abweichungen** – gestützt auf die Generalermächtigung des § 73 BauO NRW – **kein Raum mehr** bleibt (OVG NRW, Beschluss vom 5.10.1998 – 7 B 1850/98, BRS 60 Nr. 105). Die **speziellen** Abweichungstatbestände des § 6 BauO NRW enthalten nämlich bereits selbst die Abweichungskriterien, so dass nicht mehr auf die allgemeine Abweichungsermächtigung des § 73 Abs. 1 BauO NRW zurückgegriffen werden kann (OVG NRW, Beschluss vom 1.2.2000 – 10 B 2092/99, BauR 2000, 1463 = BRS 63 Nr. 139).

Das **Abstandflächenrecht** stellt **keine in sich geschlossene Materie** dar, da es nur **übliche Gebäude** auf **üblichen Grundstücken** erfasst (s. Rdn. 25 und Abbildung 6.2, vgl. auch Boeddinghaus, Abweichungen von den bauordnungsrechtlichen Abstandvorschriften, BauR 1999, S. 593 ff.). Liegen Verhältnisse vor, die vom „Normalfall“ mehr als nur unerheblich abweichen, lässt sich das Abstandflächenrecht **nicht schematisch anwenden**, da die **Gefahr einer Verfehlung des gesetzlichen Regelungszwecks** besteht (so Boeddinghaus/Hahn/Schulte, zu § 6 Rdn. 32). Die Vorschrift konnte unmöglich jeder auftretenden Fallgestaltung vorausschauend gerecht werden. Gelegentlich auftretende **Einzelfälle ungewöhnlicher Baukörper mit rund geformter Außenhaut**, bei denen sich Beginn und Ende der Wand oder des Daches wegen fehlender Kanten, die im Normalfall den Abschluss bilden, nicht mehr eindeutig bestimmen lassen (s. Abbildung 6.4) oder **ungewöhnlicher Grundstückszuschnitte** müssen daraufhin untersucht werden, ob die Abstandflächenvorschriften nicht zu **ungerechten** Ergebnissen führen, und zwar **aus Sicht des Bauherrn** und **des Nachbarn** (vgl. OVG NRW, Beschluss vom 12.2.1997 – 7 B 2608/96, BRS 59 Nr. 162 und Beschluss vom 21.11.2003 – 7 B 912/03, n. v.). Nur durch eine derartige Betrachtung lässt sich die **abstandrechtliche Benachteiligung** ungewöhnlicher Gebäudeformen oder Grundstückszuschnitte **verhindern**.

Abweichungen nach § 73 BauO NRW sind gerechtfertigt, wenn eine **Korrektur unsinniger Ergebnisse** der Rechtsanwendung erreicht werden kann, um nicht die „***Wohltat des Gesetzes zur Plage des Unsinns***“ werden zu lassen (so Ernst/Zinkahn/Bielenberg/Krautzberger, zu § 31 Rdn. 10). Um dies hervorzuheben, hat der Gesetzgeber mit dem Änderungsgesetz vom 12.12.2006 in **§ 73 Abs. 1** BauO NRW einen **neuen Satz 2** eingefügt, der **klarstellt**, was bisher schon als Ergebnis gefestigter Rechtsprechung galt:

*„Die Zulassung einer Abweichung ist im Falle der Verletzung der Abstandsvorschriften des § 6 BauO NW 1995 unter Berücksichtigung des Zwecks der Abstandsvorschriften mit den öffentlichen Belangen vereinbar, wenn die Grundstücks- und Bausituation von dem den gesetzlichen Regelungen zugrundeliegenden Normalfall in deutlichem Maße abweicht und deshalb eine andere Gewichtung der öffentlichen Belange, als sie durch die gesetzliche Regelung selbst erfolgt ist, zulässig wird, oder wenn anderweitige, zumindest gleichgewichtige öffentliche Belange die Abweichung gebieten. Bei der Würdigung nachbarlicher Interessen kann bei Bestehen materieller nachbarlicher Abwehrrechte ein der gesetzlichen Regelung zuwiderlaufendes Ergebnis nur dann rechtens sein, wenn die Grundstücks- und Bausituation von dem den gesetzlichen Regelungen zugrundeliegen-*

den Normalfall in deutlichem Maße abweicht." (OVG NRW, Beschluss vom 28.8.1995 – 7 B 2117/95, BRS 57 Nr. 141).

Das Vorliegen von **Besonderheiten** ist ein grundsätzliches Erfordernis der Abweichung, da sich ansonsten viele Verstöße gegen Abstandflächenvorschriften durch Erteilung einer Abweichung ausräumen ließen. Dieses **Rechtsinstitut** ist aber nach wie vor **kein Instrument zur Legalisierung gewöhnlicher Rechtsverletzungen** (so Boeddinghaus/Hahn/Schulte, zu § 73 Rdn. 18). Liegen die Abweichungsvoraussetzungen vor und ist der Nachbar **nicht stärker** oder – und das ist die eigentliche Neuerung – **nur unwesentlich stärker** beeinträchtigt als durch eine nach § 6 BauO NRW zulässige Bebauung, lenkt der neue Satz 2 das Ermessen in Richtung der beantragten Abweichung. Als Beispiel einer nur unwesentlich stärkeren Beeinträchtigung dient eine bei der Ausführung eingetretene Unterschreitung der Abstandflächentiefe im **Zentimeterbereich** aufgrund üblicher Bautoleranzen, um so die gravierenden Rückbaufolgen für den Bauherrn aufgrund der bisherigen konsequenten Rechtsprechung abzumildern (s. Rdn. 42). Vorsätzliche und somit **mutwillige** Unterschreitungen sind natürlich von der gesetzlichen Erleichterung **nicht abgedeckt** (vgl. LT-Drucks. 14/2433, S. 19).

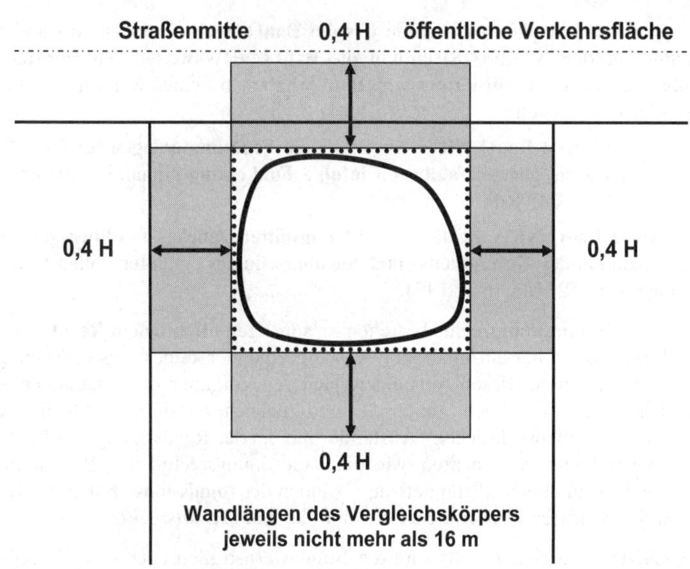


**Abbildung 6.4 Abweichungsfall**
Dem Gebäude mit **gebogenen** Außenwänden wird ein rechteckiger Grundriss überlagert, wie er dem Abstandflächensystem zugrunde liegt (s. Abbildung 6.2). Hält der **größere Vergleichskörper** die Abstandflächen ein, beeinträchtigt der **kleinere** Baukörper **nachbarliche Interessen** nicht stärker als die nach § 6 BauO NRW zulässige Bebauung. Zu beachten bleibt, ob grundstücks- oder bauwerksbezogene Besonderheiten die Ziele des Abstandflächenrechts unterlaufen und daher dennoch einer Abweichung entgegenstehen (s. Rdn. 34).

### 1.3 Sonstige Vorschriften über Abstände

35 In Bezug auf **Sonderbauten** (zu diesem Begriff s. die Anmerkungen zu § 54 Rdn. 1–3) ermächtigt **§ 54 Abs. 1** BauO NRW die Bauaufsichtsbehörden dazu, im Einzelfall zur Verwirklichung der allgemeinen Anforderungen des § 3 Abs. 1 Satz 1 BauO **NRW besondere Anforderungen** stellen oder aber auch **Erleichterungen** gestatten zu können. Nach § 54 Abs. 2 **Nr. 1** BauO NRW können **Gegenstände besonderer Anforderungen** oder **Erleichterungen** die von Sonderbauten einzuhaltenden **Abstände** von Nachbargrenzen, von anderen baulichen Anlagen auf dem Grundstück und von öffentlichen Verkehrsflächen sein (s. die Anmerkungen zu § 54 Rdn. 28).

Gestützt auf die Ermächtigung des **§ 85 Abs. 1 Nr. 5** BauO NRW kann die oberste Bauaufsichtsbehörde **Sonderbauverordnungen** erlassen und dabei auch Regelungen über die von den Sonderbauten einzuhaltenden Abstände und Abstandflächen treffen (s. die Anmerkungen zu § 85 Rdn. 1–4 und 10). Als derartige Regelung ist § 3 Abs. 4 CW VO für Wochenendhäuser zu nennen. Die Regelung des **§ 5 Abs. 4 KhBauVO** ist dagegen **nicht mehr anwendbar**, da sie ausdrücklich auf die Vorschrift des § 8 Abs. 2 BauO NW 1970 abstellt, die so nicht mehr besteht; eine analoge Anwendung scheitert an der geltenden, nicht vergleichbaren Abstandflächensystematik.

36 **Neben** den Abstandflächenvorschriften des **§ 6 BauO NRW** und den Abständen aus Brandschutzgründen (s. Rdn. 18) enthält die BauO NRW **weitere Vorschriften über Abstände**, die bei der Realisierung von Bauvorhaben beachtet werden müssen. Die Landesbauordnung regelt

- in **§ 43 Abs. 1 Satz 4 BauO NRW** Abstände, die **Feuerungsanlagen für feste Brennstoffe** zur Vorsorge gegen **Waldbrand infolge Funkenflug** einhalten müssen (s. die Anmerkungen zu § 43 Rdn. 05 und 44),
- in **§ 52 Abs. 5 BauO NRW** Abstände, die **Dungstätten, Jauche- und Flüssigmistbehälter** aus Gründen des **Gesundheits- und Nachbarschutzes** einhalten sollen (s. die Anmerkungen zu § 52 Rdn. 16 und 17).

37 Außerhalb des Bauordnungsrechts bestehen im **sonstigen öffentlichen Recht** eine **Fülle weiterer Regelungen** über einzuhaltende Abstände, die hier keineswegs vollständig aufgelistet werden können. Diesen Abständen nach den Vorgaben des „**Baunebenrechts**“ kommt in der Praxis erhebliche materielle und zugleich verfahrensrechtliche Bedeutung zu. Die „baunebenrechtlichen“ Abstände sind bei der Realisierung von Bauvorhaben in gleicher Weise zu beachten, wie die bauordnungsrechtlichen Bestimmungen. Hervorzuheben sind neben Abständen aus Gründen des **Immissionsschutzes** (s. Rdn. 27) die Abstandvorschriften des **Straßenrechts** und des **Landschaftsrechts**.

Für „**klassifizierte**“ Straßen – das sind die **Bundesfernstraßen** nach dem **FStrG** sowie die **Landesstraßen** und **Kreisstraßen** nach dem **StrWG NRW** – bestehen außerhalb der zur Erschließung der anliegenden Grundstücke bestimmten Teile der Ortsdurchfahrten **Anbauverbotszonen** bzw. **Anbaubeschränkungszonen** (s. die Anmerkungen zu § 1 Rdn. 58–59 und 66).

Nach dem **Landschaftsrecht** (§ 57 LG) besteht im Außenbereich an **Gewässern erster Ordnung** sowie an **stehenden Gewässern** mit einer Fläche **von mehr als 5 ha** ein gesetzliches **Bauverbot**. Bauliche Anlagen dürfen in einem **Abstand von 50 m**, gerechnet von der **Uferlinie**, nicht errichtet werden.

### 1.4 Nachbarschutz

Regelungen über Abstände enthalten sowohl das öffentliche als auch das private Baurecht. Das **Abstandflächenrecht** gilt indessen als die **für den Nachbarschutz bedeutsamste Vorschrift des Bauordnungsrechts** (so treffend Hahn/Schulte Rdn. 228). Die aus den **Schutzzielen** (s. Rdn. 16–18) **abgeleiteten Abstände** zwischen Gebäuden auf demselben Grundstück, zwischen Gebäuden und Nachbargrenzen sowie zwischen Gebäuden und der Mitte angrenzender öffentlicher Verkehrsflächen, öffentlicher Grünflächen und öffentlicher Wasserflächen sind in § 6 BauO NRW zusammengefasst. 38

#### 1.4.1 Nachbarschützende Funktion des Abstandflächenrechts

Der Nachbar hat bei einem „regelkonformen" Gebäude gewisse Beeinträchtigungen aus dem Heranrücken des neuen Bauwerks an seine Grundstücksgrenze hinzunehmen. Niemand hindert den Bauherrn jedoch, mehr als den gesetzlichen Abstand einzuhalten, um „**Streitigkeiten um den letzten Zentimeter**" auszuschließen. Die Wahrung der Schutzziele des Abstandflächenrechts ist nur sichergestellt, wenn vor der Außenwand nicht nur die **eigene** Abstandfläche freigehalten wird, sondern auch zusätzlich die **fremde** Abstandfläche der gegenüberliegenden Außenwand. Der **zwischen Gebäuden erforderliche Abstand** ergibt sich erst aus der **Summe der beiden Tiefen der Abstandflächen** gegenüberliegender Außenwände. Aus diesem Grunde regelt § 6 BauO NRW, dass die **Abstandflächen** 39

- **auf dem Grundstück selbst** liegen müssen (Absatz 2 Satz 1),
- sich auch **auf öffentliche Verkehrsflächen**, **öffentliche Grünflächen** und **öffentliche Wasserflächen** erstrecken dürfen, jedoch **nur bis zu deren Mitte** (Absatz 2 Satz 2),
- sich ganz oder teilweise nur dann auch **auf andere** (fremde) **Grundstücke** erstrecken dürfen, wenn dies durch **Baulast** gesichert ist (Absatz 2 Satz 3),
- sich **nicht überdecken** dürfen (Absatz 3).

Aus diesen **Regelungen**, die das **nachbarliche Verhältnis** direkt oder indirekt ansprechen, ergibt sich zwingend, dass den Abstandflächenvorschriften grundsätzlich **nachbarschützende Funktion** zukommt. Die nachbarschützende Funktion erstreckt sich gleichwohl **nicht auf sämtliche** Einzelbestimmungen des § 6 BauO NRW, so dass jede einzelne Bestimmung aufgrund ihres **Regelungszwecks** und des **Normzusammenhangs** danach zu beurteilen ist, ob ihr drittschützende Wirkung zukommt (auf die nachbarschützende Funktion der einzelnen Bestimmungen des § 6 BauO NRW wird jeweils im Rahmen der Kommentierung zu diesen Vorschriften eingegangen). 40

Bei Einführung der Abstandflächensystematik nach der MBO 1981 war diese **Auffassung keineswegs unumstritten**. In Baden-Württemberg vertrat das für die Bauaufsicht damals zuständige Innenministerium bei den Beratungen über die Neufassung der LBO B-W die Auffassung, dass sich die nachbarschützende Wirkung erst dort entfalte, wo ein Gebäude weniger als die Hälfte der Tiefe der Abstandfläche an die Grundstücksgrenze heranreicht (s. baden-württembergisches LT-Protokoll 8/70 S. 5672). Dem war die Rechtsprechung nicht gefolgt und hatte die **volle Tiefe** der Abstandfläche für **nachbarschützend** erklärt (VGH B-W, Beschluss vom 20. 12. 1984 – 3 S 278/84, BRS 42 Nr. 202), woraufhin der Gesetzgeber § 6 Abs. 5 LBO B-W 1983 mit Gesetz vom 1. 4. 1985 (GBl. S. 51) so ergänzte, dass nur der halben Tiefe der Abstandfläche, mindestens je- 41 doch einer Tiefe von 2,5 m, nachbarschützende Wirkung zukommt (vgl. Menzel, Zur nachbarschützenden Wirkung der neuen Abstandsregelungen im Baurecht, BauR 1985, S. 492 ff.). Eine vergleichbare Regelung wurde in das nordrhein-westfälische Bauordnungsrecht **nicht** aufgenommen, so dass hier der **vollen** Tiefe der Abstandfläche nachbarschützende Wirkung zukommt.

**42** Die Verwaltungsgerichtsbarkeit hat in vielen Entscheidungen den **nachbarschützenden Charakter** der Vorschrift **bestätigt** (BayVGH, Urteil vom 14.10.1985 – 14 B 85.1224, BRS 44 Nr. 100; OVG Bln, Urteil vom 22.5.1992 – 2 B 22.90, BRS 54 Nr. 97; OVG Lüneburg, Urteil vom 10.3.1986 – 6 A 133/84, BRS 46 Nr. 153; Nds. OVG, Beschluss vom 30.3.1999 – 1 M 897/99, BRS 62 Nr. 190; OVG Rh-Pf, Urteil vom 7.7.1994 – 1 A 11939/93, BRS 56 Nr. 103). Zur nachbarschützenden Funktion des Abstandfächenrechts führt das OVG NRW im Urteil vom 14.1.1994 (– 7 A 2002/92, BauR 1994, 746 = BRS 56 Nr. 196) aus:

„*Unterschreitungen der nach § 6 BauO NW zu errechnenden Abstandflächen lösen regelmäßig nachbarliche Abwehransprüche aus. Der Landesgesetzgeber hat in § 6 BauO NW für die Frage, welche Mindestabstände zur Grundstücksgrenze bei Gebäuden zu wahren sind, in Abkehr von den Regelungen in der Landesbauordnung i. d. F. der Bekanntmachung vom 27. 1. 1970 (GV NW S. 96) und der AbstandflächenVO vom 20. 3. 1970 (GV NW S. 249) feste und durch Messung überprüfbare Maße bestimmt. Dies erfolgte in dem Bewußtsein, daß ein in Grenznähe stehender Baukörper zwar immer, also auch wenn die in § 6 BauO NW verlangte Abstandfläche gewahrt wird, eine Beeinträchtigung der Nachbarn zur Folge haben wird, daß dem Nachbarn aber im Hinblick auf sein Betroffensein nur dann Abwehrrechte eingeräumt werden sollen, wenn die in § 6 verlangten Abstandsmaße unterschritten werden. Bei dieser Regelung unterstellt der Gesetzgeber somit nicht, daß eine Beeinträchtigung des Nachbarn bei einem die Abstandflächenregelungen nicht vollständig ausnutzenden Bauwerk völlig fehlt und erst dann abrupt einsetzt, wenn die Abstandswerte unterschritten werden. Es wurde lediglich gesetzlich verankert, daß das Heranrücken eines Bauwerks und die damit verbundene Beeinträchtigung des Nachbarn erst dann rechtlich mit der Folge des Entstehens eines nachbarlichen Abwehranspruchs relevant wird, wenn die gesetzlich festgelegten Abstandswerte unterschritten werden.*“

Nur mit der Bestellung einer **Baulast** oder der **schriftlichen Zustimmung** verzichtet der Nachbar umfassend auf Einwendungen gegenüber dem in den Bauvorlagen dargestellten Vorhaben (OVG NRW, Beschluss vom 30.8.2000 – 10 B 1145/00, BRS 63 Nr. 204). Die Abstandflächenvorschriften sind „**zentimeterscharf**“ konzipiert (OVG NRW, Beschluss vom 5.3.2007 – 10 B 274/07, BauR 2007, 1031 = NVwZ-RR 2007, 510).

Voraussetzung für nachbarliche Einwendungen gegen eine Unterschreitung der Abstandsbestimmungen ist **nicht** das Vorliegen eines faktischen Betroffenseins (OVG Saar, Urteil vom 6.3.1987 – 2 R 180/84, BRS 47 Nr. 100), da eine **tatsächliche Beeinträchtigung** des Nachbarn **regelmäßig zu bejahen** ist (Hess. VGH, Beschluss vom 22.6.1998 – 4 TZ 94/98, BRS 60 Nr. 104), auch weil als Folge der Rechtsverletzung eine **der offenen Bauweise widersprechende optische Einengung** eintritt (Hess. VGH, Beschluss vom 22.7.1988 – 4 TG 2231/88, BRS 48 Nr. 178).

**43** Ein **Unterlassen** der nachbarlichen Abwehrrechte kommt einer **stillschweigenden** Zustimmung einer Abstandflächenübernahme gleich (vgl. Hahn/Schulte Rdn. 231). Gestattet ein Nachbar in Kenntnis des Vorhabens dem Bauherrn, für die Durchführung der

Bauarbeiten sein Grundstück in Anspruch zu nehmen, so handelt er wegen **widersprüchlichen Verhaltens** treuwidrig (venire contra factum proprium), wenn er später Nachbarwiderspruch gegen das Vorhaben einlegt (OVG NRW, Urteil vom 9.4.1992 – 7 A 1521/90, DÖV 1992, 977). Ein **Verstoß gegen Treu und Glauben** liegt auch vor, wenn der Nachbar seinerseits den erforderlichen Abstand nicht einhält und sich dennoch gegen einen vergleichbaren Rechtsverstoß durch ein Vorhaben auf dem angrenzenden Grundstück zur Wehr setzt (VGH B-W, Urteil vom 18.11.2002 – 3 S 882/02, BauR 2003, 1203 = BRS 65 Nr. 193). Das OVG Saar führt im Urteil vom 30.3.1993 (– 2 R 17/92, BRS 55 Nr. 158) hierzu aus:

„*Die Geltendmachung nachbarlicher Abwehrrechte kann unter dem Gesichtspunkt des unbestritten auch im öffentlichen Recht geltenden Verbots unzulässiger Rechtsausübung ausgeschlossen sein. Zu denken ist dabei … an das sogenannte Schikaneverbot. Eine Zuwiderhandlung gegen dieses Verbot kommt etwa dann in Betracht, wenn der von der Unterschreitung vorgeschriebener Abstandsflächen betroffene Nachbar auf der Einhaltung der betroffenen Vorschriften besteht, obwohl die erforderliche Abstandsfläche an einer Stelle nur um wenige Zentimeter oder nur dort unterschritten wird, wo sich die Unterschreitung nicht spürbar auf sein Grundstück auswirkt (vgl. auch in diesem Zusammenhang, Urteil des Senats v. 6.3.1987 – 2 R 180/84, BauR 1988, 190). In diesem Sinne schikanös ist eine Rechtsausübung indes nur dann, wenn sie ohne jedes schützenswerte Interesse erfolgt.*“

Wird der Nachbar durch ein das Abstandflächenrecht nicht einhaltendes Gebäude des Bauherrn im Vergleich zu einem durch das eigene Gebäude verursachten Abstandflächenverstoß **stärker** beeinträchtigt, bleibt sein Abwehrrecht weiter bestehen. Für die **Vergleichbarkeit** wechselseitiger Rechtsverstöße ist neben dem **Maß des Grenzabstands** die **Qualität der Beeinträchtigung** von Bedeutung (OVG NRW, Urteil vom 24.4.2001 – 10 A 1402/98, BauR 2002, 295 = BRS 64 Nr. 188).

Ein nach **älterem** Abstandflächenrecht **rechtmäßig errichtetes Gebäude** genießt bei ent- **44**
sprechend der Baugenehmigung unverändert fortbestehender Nutzung und baulicher Beschaffenheit **Bestandsschutz**. Hier muss und kann der Nachbar nicht tätig werden, weil die Änderung der Rechtslage ab dem Zeitpunkt des Inkrafttretens nur in die Zukunft wirkt. Die Begrenzung der in § 6 BauO NRW eingeräumten nachbarlichen Position ist dem Landesrecht vorbehalten. Um Inhalt und Schranken des Eigentums im Sinne des Art. 14 Abs. 1 Satz 2 GG festzulegen, gehört es zu den Aufgaben des Landesgesetzgebers, aus Anlass von Rechtsänderungen zu bestimmen, ob und in welchem Umfang das neue Recht auf in der Vergangenheit begründete oder abgeschlossene Sachverhalte anwendbar ist. Ist eine solche gesetzliche Regelung im Sinne des Art. 14 Abs. 1 Satz 2 GG vorhanden, so ist daneben für einen „Bestandsschutz“, für den Art. 14 Abs. 1 Satz 1 GG eine eigenständige Anspruchsgrundlage bilden könnte, kein Raum mehr (BVerwG, Urteil vom 15.2.1990 – 4 C 23.86, BauR 1990, 328 = BRS 50 Nr. 75; Urteil vom 10.8.1990 – 4 C 3.90, BauR 1991, 51 = BRS 50 Nr. 2; Urteil vom 16.5.1991 – 4 C 17.90, BRS 52 Nr. 157).

Der Gesetzgeber hatte bis zur BauO NRW 2000 keine derartigen Regelungen getrof- **45**
fen. Auch **§ 6 Abs. 15 BauO NRW 2000** spricht den **Bestandsschutz** nicht direkt an, sondern handelt nur **indirekt** ab, wie bei Nutzungsänderungen und geringfügigen baulichen Änderungen zu verfahren ist. Die BauO NRW 2000 enthält sich darüber hinaus – wie bereits zuvor die BauO NW 1995 – einer Aussage darüber, wie mit nach neuem Abstandflächenrecht kollidierendem, rechtmäßigem Altbestand zu verfahren ist. In diesem

Fall sorgt **Art. 14 Abs. 1 Satz 1 GG** dafür, dass das infolge der Rechtsänderung nicht mehr im Einklang mit dem neuen Recht stehende Bauwerk nicht beseitigt werden muss (BVerwG, Urteil vom 21. 1. 1972 – IV C 212.65, BauR 1972, 152 = BRS 25 Nr. 155 = DÖV 1972, 494 = DVBl. 1972, 219 und BGH, Urteil vom 20. 9. 1984 – III ZR 58/83, BauR 1985, 287 = BRS 42 Nr. 164 = UPR 1985, 123), **soweit** es **nach früherem Recht genehmigt** wurde oder **zu irgendeinem Zeitpunkt genehmigungsfähig** war (BVerfG, Beschluss vom 24. 7. 2000 – 1 BvR 151/99, NVwZ 2001, 424).

46 Der nach der früheren Rechtslage legal errichtete **Altbestand** wird quasi „**konserviert**", und zwar **zusammen mit dieser früheren Rechtslage**, denn er **war** und **ist auch weiterhin materiell legal**. Das neue Abstandflächenrecht bleibt nämlich so lange bedeutungslos, wie der rechtmäßig geschaffene Altbestand „**unverändert**" fortbesteht, weil es nur Geltung für die ab seinem Inkrafttreten errichteten, geänderten oder in ihrer Nutzung geänderten baulichen Anlagen beanspruchen kann. Die mitunter zu lesende Formulierung, dass ein „Gebäude nach heutigem Abstandflächenrecht materiell rechtswidrig" ist, beruht auf einer stark vereinfachenden Sichtweise. Es sorgt ja gerade die bei funktionsgerechter Nutzung des unveränderten Altbestands fortwirkende frühere materielle Rechtmäßigkeit dafür, dass ein baubehördliches Beseitigungsverlangen aufgrund des Bestandsschutzes wirkungslos bleiben muss, und zwar selbst dann, wenn keine Baugenehmigung vorliegt, die bauliche Anlage jedoch zum Zeitpunkt ihrer Errichtung oder zu irgendeinem Zeitpunkt danach materiell legal war. Abstandflächen nach neuem Recht entstehen erst, wenn der Altbestand baulich geändert oder nutzungsgeändert wird, so dass der Bestandsschutz verloren geht.

47 Die **nachbarschützende Wirkung setzt erst dort ein**, wo ein **Gebäude mit weniger als der erforderlichen Tiefe** der Abstandfläche an die Grundstücksgrenze heranrückt, weil dann entgegen § 6 **Abs. 2 Satz 1** BauO NRW die Abstandfläche – wenn auch nur geringfügig – teilweise auf dem angrenzenden Grundstück liegt (OVG NRW, Urteil vom 14. 1. 1994 – 7 A 2002/92, BauR 1994, 746 = BRS 56 Nr. 196). Die Rechtsprechung zu den anderen Landesbauordnungen stimmt damit überein (vgl. BayVGH, Urteil vom 14. 10. 1985 – 14 B 85.1224, BRS 44 Nr. 100; OVG Bln, Urteil vom 22. 5. 1992 – 2 B 22.90, BRS 54 Nr. 97; OVG Lüneburg, Urteil vom 10. 3. 1986 – 6 A 133/84, BRS 46 Nr. 153; Nds. OVG, Beschluss vom 30. 3. 1999 – 1 M 897/99, BRS 62 Nr. 190; OVG Rh-Pf, Urteil vom 7. 7. 1994 – 1 A 11939/93, BRS 56 Nr. 103). Abstandflächen können sich nicht nur auf **Grundstücke von** (unmittelbaren) **Angrenzern**, sondern auch auf **Grundstücke von Nachbarn** erstrecken (zu den Begriffen Angrenzer und Nachbar s. die Anmerkungen zu § 74 Rdn. 5–11). So kann das zu bebauende Grundstück durch ein schmales Grundstück, z. B. durch eine **Wegparzelle**, von einem Nachbargrundstück getrennt sein. Erstreckt sich die Abstandfläche über diese hinaus auf das Fremdgrundstück, ohne dass eine Baulastsicherung vorliegt, so werden auch die Rechte dieses Nachbarn verletzt.

47a Der Eigentümer eines Grundstücks, das durch eine **öffentliche Verkehrsfläche**, eine **öffentliche Grünfläche** oder eine **öffentliche Wasserfläche** von dem zu bebauenden Grundstück getrennt wird, kann sich zur Wehr setzen, wenn die Abstandfläche die **Mitte** dieser öffentlichen Fläche überschreitet. Denn nach dem Grundgedanken des § 6 **Abs. 2 Satz 2** BauO NRW soll jeder der gegenüberliegenden Nachbarn die **öffentliche Fläche zur Hälfte** mit der Abstandfläche seines Gebäudes in Anspruch nehmen können. Überschreitet die Abstandfläche die Mitte dieser öffentlichen Fläche, bewirkt das Überdeckungsverbot des § 6 Abs. 3 BauO NRW, dass der betroffene gegenüberliegende Nachbar sein Recht nicht mehr voll ausnutzen kann.

In **älteren Stadtquartieren** tritt mitunter das Problem auf, dass im Zuge einer Baulückenschließung bei Anpassung eines Neubaus an Bauflucht und Traufhöhe der vorhandenen Bebauung die Abstandfläche die Straßenmitte überschreitet. Hier steht mit § 6 **Abs. 16** BauO NRW eine bauaufsichtliche **Gestattungsmöglichkeit** zur Verfügung, wenn die Gestaltung des Straßenbildes oder besondere städtebauliche Verhältnisse geringere Tiefen der Abstandflächen rechtfertigen. Diese Gestattung stellt ausdrücklich auf die **Würdigung nachbarlicher Belange** ab. **47b**

Die Abstandflächenvorschriften sind grundsätzlich nicht dazu bestimmt, Eigentümer **privater Wegeparzellen** zu schützen (OVG NRW Beschluss vom 30. 9. 1996 – 10 B 2276/96, BRS 58 Nr. 180), wobei es im Einzelfall auf die städtebaulichen Vorgaben ankommt. Bestehen nämlich keine gegenteiligen bauplanungsrechtlichen Festsetzungen, kann der Eigentümer auch seine private Wegeparzelle bebauen oder mit der Abstandfläche eines eigenen, an diese Wegeparzelle angrenzenden Vorhabens belasten (vgl. Boeddinghaus/Hahn/Schulte, zu § 74 Rdn. 242; s. auch Jeromin, zu § 9 Rdn. 4). Einen Abwehranspruch wird man allerdings dann nicht mehr annehmen können, wenn die **private Wegeparzelle wie eine öffentliche Verkehrsfläche** genutzt wird und dieser Zustand auch mit an Sicherheit grenzender Wahrscheinlichkeit in Zukunft so erhalten bleibt. Das Gleiche gilt für **private Wasserflächen** (Nds. OVG, Beschluss vom 9. 9. 2004 – 1 ME 194/04, BRS 67 Nr. 188 = NVwZ-RR 2005, 17). **47c**

Die geringen Tiefen der Abstandflächen verdeutlichen bereits, dass das Abstandflächenrecht **kein Optimum an Tageslichtversorgung** gewährleisten will und auch **nicht vor Beschattung** schützen kann. Das Abstandflächenrecht will entgegen einer weitverbreitenden Formel (vgl. z. B. OVG Saar, Urteil vom 6. 3. 1987 – 2 R 180/84, BRS 47 Nr. 100) keineswegs die Belichtung, „**Besonnung**" und Belüftung sicherstellen. Die frühere Rechtsprechung des OVG NRW (vgl. Beschluss vom 16. 9. 1988 – 10 B 1341/88, n. v.) die nicht fortgeführt wurde, stellte noch auf die „**Beschattung**" von Wohn- und Terrassenbereichen ab. Für die „Besonnung" der Aufenthaltsräume ist jedoch eine bestimmte **Ausrichtung zur Himmelsrichtung** erforderlich. Das Bauordnungsrecht nimmt in Kauf, dass keiner der Aufenthaltsräume einer Wohnung in südlicher, westlicher oder östlicher Richtung liegt, denn § 49 Abs. 3 Satz 2 BauO NRW verbietet die „**reine**" Nordlage aller Wohn- und Schlafräume. Verlangt wird lediglich, dass die Sonne einzelne Wohn- und Schlafräume in den Sommermonaten frühmorgens oder spätabends erreichen kann (s. die Anmerkungen zu § 49 Rdn. 17–19). **48**

Das Abstandflächenrecht kann **Fehlentwicklungen** in Bezug auf **gesunde Wohn- und Arbeitsverhältnisse** nicht auffangen (VGH B-W, Beschluss vom 12. 10. 2004 – 8 S 1661/04, BRS 67 Nr. 179 = NVwZ-RR 2005, 89). Es handelt sich – und dies wird durch die Rechtsänderung des Jahres 2006 noch unterstrichen – um ein **Minimalprogramm** zur Ausfüllung der allgemeinen Anforderungen des § 3 Abs. 1 Satz 1 BauO NRW (s. die Anmerkungen zu § 3 Rdn. 4), um zu verhindern, dass infolge zu geringer Gebäudeabstände **Gefahren** für **Leben** und **Gesundheit** der Bewohner und Benutzer der Gebäude entstehen. Für den **Städtebau** kann sich nach der generellen Verkürzung des Abstands auf 0,4 H für Abstandflächen vor Wänden von nicht mehr als 16 m Länge das Erfordernis **größerer** Abstände ergeben, die von der Gemeinde im Bebauungsplan festzusetzen sind (s. Rdn. 31). **48a**

### 1.4.2 Bauplanungsrechtliches Gebot der Rücksichtnahme

49 Die **eingeschränkte Zielsetzung des Abstandflächenrechts** ist ausschlaggebend dafür, dass das **bauplanungsrechtliche Gebot der Rücksichtnahme** neben den nachbarschützenden Vorschriften des § 6 BauO NRW in **besonders gelagerten Einzelfällen** Anwendung findet (zum Rücksichtnahmegebot s. die Anmerkungen zu § 74 Rdn. 43–47). Es wird im **beplanten Bereich** aus **§ 15 BauNVO** und **§ 31 Abs. 2 BauGB**, im **Innenbereich** aus dem **Einfügungsgebot** des **§ 34 Abs. 1 BauGB** und im **Außenbereich** aus den nach **§ 35 Abs. 3 BauGB** zu beachtenden **öffentlichen Belangen** abgeleitet. Das Rücksichtnahmegebot verlangt vom Bauherrn **nicht**, auf ein **zulässiges**, für den Nachbarn **zumutbares** Vorhaben zu verzichten und dieses an einem aus Sicht des Nachbarn besser geeigneten Alternativstandort zu errichten (BVerwG, Beschluss vom 26. 6. 1997 – 4 B 97.97, BRS 59 Nr. 176 und OVG NRW, Beschluss vom 27. 6. 2000 – 10 B 870/00, n. v.).

50 Im **beplanten Bereich** kann ein Vorhaben, das die Festsetzungen zum **Maß** der baulichen Nutzung, zur **Bauweise** und zu den **überbaubaren Grundstücksflächen** einhält, selbst dann nicht verhindert werden, wenn es für den Nachbarn eine „Beeinträchtigung" darstellt. In Bezug auf diese Prüfungsmaßstäbe kann § 15 BauNVO für Nachsteuerungen im Einzelfall nämlich **nicht** genutzt werden, da sich diese Vorschrift als Ausprägung des Rücksichtnahmegebots **nur** auf die **Art der baulichen Nutzung** bezieht (BVerwG, Urteil vom 16. 3. 1995 – 4 C 3.94, BauR 1995, 508 = BRS 57 Nr. 175 = ZfBR 1995, 212). Insofern unterscheidet sich die Rechtslage nach § 30 BauGB grundlegend von der nach § 34 BauGB, da im Innenbereich das Einfügungsgebot auch diese Prüfungsmaßstäbe mit umfasst. Dagegen kann bei einer **Befreiung** von einer Bebauungsplanfestsetzung das in § 31 Abs. 2 BauGB enthaltene Rücksichtnahmegebot verletzt sein (OVG NRW, Urteil vom 22. 8. 2005 – 10 A 3611/03, BRS 69 Nr. 91 zu einem die rückwärtige Baugrenze überschreitenden grenzständigen Balkon eines Reihenhauses, von dem aus in etwa 1 m Entfernung in ein Schlafzimmerfenster des Nachbarhauses direkte Einsichtnahmemöglichkeit bestand).

51 Gebäude in älteren Bebauungsstrukturen, die § 34 BauGB unterfallen, weisen vielfach **nur geringe Abstände** untereinander auf. Dabei spielt das **„Einfügen"** in die **Eigenart der Umgebung**, die durch die **tatsächlich vorhandene Bebauung** geprägt wird, die entscheidende Rolle. Ein Vorhaben, das sich in jeder Hinsicht, also nach der **Art** und dem **Maß** der baulichen Nutzung, nach der **Bauweise** und nach der **Grundstücksfläche, die überbaut werden soll**, innerhalb des aus seiner Umgebung hervorgehenden Rahmens hält, fügt sich **„in der Regel"** seiner Umgebung ein, wobei im Einzelfall auf Besonderheiten der unmittelbar anschließenden Bebauung **„Rücksicht"** zu nehmen ist (BVerwG, Urteil vom 26. 5. 1978 – 4 C 9.77, BRS 33 Nr. 36). Das im Begriff des Einfügens enthaltene Rücksichtnahmegebot kann in **Ausnahmefällen** selbst dann **verletzt** sein, wenn die **Abstandflächen eingehalten** sind (BVerwG, Urteil vom 23. 5. 1986 – 4 C 34.85, BRS 46 Nr. 176; Urteil vom 16. 9. 1993 – 4 C 28.91, BRS 55 Nr. 110; Urteil vom 28. 10. 1993 – 4 C 5.93, BRS 55 Nr. 168), da **nachbarliche Belange** nicht allein bauordnungsrechtlich, sondern **auch bauplanungsrechtlich geregelt** sein können (BVerwG, Urteil vom 16. 5. 1991 – 4 C 17.90, BRS 52 Nr. 157; s. auch Mampel, Nachbarschutz durch das Abstandflächenrecht und das Gebot der Rücksichtnahme – Anmerkungen zu einem scheinbar geklärten Konkurrenzverhältnis, ZfBR 1997, S. 227 ff.).

Andererseits bleibt die bisherige Rechtsprechung jedenfalls im Ergebnis mit der Modifikation grundsätzlich richtig, dass zumindest aus tatsächlichen Gründen das **Rücksicht-**

**nahmegebot im Regelfall nicht verletzt** ist, **wenn** die **Abstandflächenvorschriften eingehalten** sind (BVerwG, Urteil vom 11. 1. 1999 – 4 B 128.98, BauR 1999, 615 = BRS 62 Nr. 102). Die Annahme einer „**erdrückenden Wirkung**" bleibt auf **Ausnahmefälle** beschränkt (Nds. OVG, Beschluss vom 15. 1. 2007 – 1 ME 80/07, ZfBR 2007, 284), obwohl bei Streitigkeiten über Windkraftanlagen deren „**optisch bedrängende Wirkung**" regelmäßig überprüft wird (vgl. OVG NRW, Beschluss vom 22. 3. 2007 – 8 B 2283/06, BauR 2007, 1014).

Da das Abstandflächenrecht dem **Bauplanungsrecht** den **Vorrang** einräumt, hat zu- 52
nächst die bauplanungsrechtliche Prüfung des Einfügens zu erfolgen. Dabei besteht ausreichend Raum zur Würdigung von Besonderheiten, die sich aus der Bebauung in der unmittelbaren Nähe des Vorhabens ergeben. Liegen Besonderheiten der Bebauung, auf die Rücksicht zu nehmen ist, nicht vor, so fügt sich ein Vorhaben, das sich in jeder Hinsicht – also auch hinsichtlich der Bauweise und der Grundstücksfläche, die überbaut werden soll – innerhalb des aus seiner Umgebung hervorgehenden Rahmens hält, im Sinne des § 34 BauGB ein. Das **Maß des in der offenen Bauweise einzuhaltenden Abstandes** bestimmt sich dabei nach dem **Landesrecht**, so dass **darüber hinaus für ein drittschützendes Gebot der Rücksichtnahme regelmäßig kein Raum** ist (BVerwG, Beschluss vom 22. 11. 1984 – 4 B 244.84, BRS 42 Nr. 206 zu einem Wohngebäude, das bei einer Wandhöhe von 4,5 m zum Nachbarhaus 17 m Abstand einhielt).

Im unbeplanten Innenbereich kann der Nachbar in Bezug auf den in der offenen Bauweise einzuhaltenden Abstand **grundsätzlich keine Rücksichtnahme** über das hinaus verlangen, was ihm das Abstandflächenrecht bietet, wenn das Vorhaben die gebotene Rücksicht speziell auf die in seiner unmittelbaren Nähe vorhandene Bebauung nimmt (BVerwG, Beschluss vom 6. 12. 1996 – 4 B 215/96, BRS 58 Nr. 164 = NVwZ-RR 1997, 516 zu einer Wohnhauserhöhung, die auf dem Grundstück des Nachbarn die Sonneneinstrahlung derart beeinträchtigte, dass ein Wintergarten wertlos wurde). Es müssen demnach im Einzelfall **besondere Umstände** vorliegen.

Das bauplanungsrechtliche Rücksichtnahmegebot will einen **angemessenen Interessen-** 53
**ausgleich im Nachbarschaftsverhältnis** gewährleisten. Je empfindlicher und schutzwürdiger die Stellung des Rücksichtnahmebegünstigten ist, desto mehr kann an Rücksichtnahme verlangt werden. Je verständlicher und unabweisbarer die mit dem Vorhaben verfolgten Interessen sind, umso weniger Rücksicht braucht derjenige, der das Vorhaben verwirklichen will, zu nehmen. Berechtigte Belange muss er nicht zurückstellen, um gleichwertige fremde Belange zu schonen (BVerwG, Urteil vom 14. 1. 1993 – 4 C 19.90, BauR 1993, 445 = BRS 55 Nr. 175).

So kann eine grenzständige Bebauung selbst bei ansonsten gegebener geschlossener Bauweise im Einzelfall mit dem Gebot der Rücksichtnahme unvereinbar sein (BVerwG, Beschluss vom 12. 1. 1995 – 4 B 197.94, BauR 1995, 365 = BRS 57 Nr. 131), obwohl in einem Gebiet mit teils offener, teils geschlossener oder einseitig grenzständiger Bebauung regelmäßig sowohl die offene als auch die (einseitig) grenzständige Bauweise bauplanungsrechtlich zulässig ist (BVerwG, Beschluss vom 11. 3. 1994 – 4 B 53.94, BauR 1994, 494 = BRS 56 Nr. 65). Andererseits kann ein Grundstückseigentümer, der in seine grenznahe Wand mit nur 0,5 m Abstand zur gemeinsamen Grundstücksgrenze Fenster zur Belichtung der dahinter liegenden Lager- und Arbeitsräume einer Bäckerei eingebaut hat, in Anwendung des Gebots der Rücksichtnahme nicht verlangen, dass der Nachbar auf eine bauplanungsrechtlich zulässige eingeschossige Grenzbebauung verzichtet (OVG NRW, Beschluss vom 17. 2. 2000 – 7 B 178/00, BauR 2001, 77 = BRS 63 Nr. 137).

54 Bei der Anwendung des Rücksichtnahmegebots ist ferner zu berücksichtigen, dass sowohl die bauplanungs- als auch die bauordnungsrechtlichen Zulässigkeitsregeln von einer **harmonisch aufeinander abgestimmten Bebauungsstruktur** ausgehen. Treffen **nicht aufeinander abgestimmte Bebauungsstrukturen** aufeinander, besteht eine gewisse Wahrscheinlichkeit für Verletzungen des Rücksichtnahmegebots.

Im „**Hochhausfall**" war das Rücksichtnahmegebot verletzt, weil ein zwölfgeschossiges Hochhaus im – nach seinerzeitigem Abstandflächenrecht ausreichenden – (Sozial-) Abstand von lediglich 15 m zu einer zweigeschossigen Bebauung das unmittelbar benachbarte Wohnhaus des Klägers gleichsam „**erdrücken**" würde (BVerwG, Urteil vom 13. 3. 1981 – 4 C 1.78, BRS 38 Nr. 186 unter Bestätigung OVG NRW, Urteil vom 11. 10. 1977 – VII A 373/75, BRS 32 Nr. 156).

Im „**Silofall**" wurde die Rücksichtslosigkeit trotz Einhaltung der Abstandflächenvorschriften konstatiert, weil im abstandrechtlich ausreichenden Mindestabstand von 3 m zum Gartenbereich eines zweigeschossigen Wohnhauses hintereinander und parallel zur Grundstücksgrenze drei 11,5 m hohe Düngekalksilos auf einer Gesamtlänge von 13,3 m standen, die Wirkungen wie eine „riesenhafte metallische Mauer" hervorriefen und den Eindruck vermittelten, als läge das Wohnhausgrundstück inmitten einer Industrieanlage; diese Anordnung der Siloanlage hätte das nur 7 m breite Wohnhausgrundstück „**erdrückt und erschlagen**" (BVerwG, Urteil vom 23. 5. 1986 – 4 C 34.85, BRS 46 Nr. 176 unter Bestätigung OVG NRW, Urteil vom 9. 5. 1985 – 7 A 1395/84, BRS 44 Nr. 167).

Im „**Reihenhausfall**" wollte der Eigentümer eines der Mittelhäuser einer aus fünf Einzelgebäuden bestehenden **einheitlichen Hausgruppe** eine gartenseitige Erweiterung um 2,5 m Tiefe vornehmen. Bei nur 5 m breiten und lediglich bis zu 6,5 m tiefen **Reihenhausgrundstücken** besteht jedoch eine **besondere gegenseitige Rücksichtnahmepflicht**, gegen die bei der Inanspruchnahme von rund 30 % der noch freien Gartenfläche verstoßen wird (VGH B-W, Urteil vom 14. 8. 1997 – 5 S 1252/96, BauR 1998, 517 = BRS 59 Nr. 189).

55 Eine besondere Form der Rücksichtslosigkeit kann auch in einer übermäßigen Anzahl von Fenstern einer sehr breiten oder sehr hohen Wand gegeben sein, wenn von diesen Fenstern eine **besonders intensiver Einblick in den Schutzbereich des Nachbarn** aus möglich ist, so dass für diesen der Eindruck entsteht, nach Realisierung des Vorhabens „**auf dem Präsentierteller**" leben zu müssen.

Im „**Bürohausfall**" wurde eine unzumutbare Wirkung für ein rund 50 m langes und 6,5 m hohes Bürogebäude angenommen, das im rückwärtigen Bereich mit einem Grenzabstand von 5 m errichtet werden sollte und dem Wohngarten des klagenden Nachbarn zugewandt insgesamt 84 größere Fenster aufwies, von denen aufgrund der Bürozeiten bis 20 Uhr bis in die Abendstunden hinein Einsicht auf nahezu 50 m Länge in das Grundstück des Nachbarn gegeben war; hinzu kam, dass die Nachbarn vom Herbst bis zum Frühjahr **bei Dunkelheit** einer 50 m langen **Lichtfront** ausgesetzt worden wären (OVG NRW, Beschluss vom 19. 7. 2001 – 7 B 834/01, n. v.).

### 1.5 Abstandflächenregeln im Verhältnis zum Nachbarrechtsgesetz NRW

**Streitigkeiten** zwischen Nachbarn über einzuhaltende **Grenzabstände** von Gebäuden werden in der überwiegenden Zahl der Fälle unter **Inanspruchnahme des öffentlich-rechtlichen Nachbarschutzes** geltend gemacht, weil in der Bevölkerung allgemein bekannt ist, dass das öffentliche Baurecht hierzu Vorschriften enthält, deren Einhaltung von den Bauaufsichtsbehörden überwacht wird. Für den Grundstückseigentümer, der glaubt, durch Baumaßnahmen, Pflanzungen oder Einfriedungen auf dem Nachbargrundstück in seinen Rechten verletzt zu sein, ist es selbstverständlich, sich zunächst an die Bauaufsichtsbehörde zu wenden, obwohl die Abstandflächenvorschriften des § 6 BauO NRW nur Abstände von Gebäuden und baulichen Anlagen mit gebäudegleicher Wirkung regeln. Regelmäßig wird übersehen, dass die Einhaltung der **im Zivilrecht geregelten Grenzabstände** nicht öffentlich-rechtlich, sondern nur **zivilrechtlich durchgesetzt** werden kann. 56

Wenig verbreitet ist erstaunlicherweise die Kenntnis der Regelungen des am 1. 7. 1969 in Kraft getretenen **privatrechtlichen** Nachbarrechtsgesetzes – **NachbG NRW** über 56a

- **Grenzabstände für Gebäude** (§§ 1–3 NachbG NRW),
- **Fenster- und Lichtrechte** (§§ 4–6 NachbG NRW),
- **Nachbar- und Grenzwände** (§§ 7–23 NachbG NRW),
- **Höherführen** von Schornsteinen, Lüftungsleitungen, Antennen (§ 26 NachbG NRW),
- **Niederschlagswasser- und Abwasserführung** (§§ 27–29 NachbG NRW),
- **Bodenerhöhungen** und **Aufschichtungen** an der Grenze (§§ 30–31 NachbG NRW),
- **Einfriedungen** (§§ 32–39 NachbG NRW) und
- **Grenzabstände für Pflanzen** (§§ 40–48 NachbG NRW).

Das NachbG NRW **ergänzt** mit das **BGB** und hat mit seinen Regelungen entsprechende, zum Teil sehr alte Vorgängerregelungen abgelöst, wie die des Allgemeinen Landrechts für die Preußischen Staaten, des Preußischen Ausführungsgesetzes zum Bürgerlichen Gesetzbuch und des Rheinischen Bürgerlichen Gesetzbuchs (Code civil).

Die **Vorschriften** des NachbG NRW **gelten nur**, soweit die Nachbarn **nichts anderes – schriftlich – vereinbart** haben und lassen das **öffentliche Recht unberührt** (§ 49 NachbG NRW). Bei Rechtsverletzungen muss der Eigentümer oder der Erbbauberechtigte des Grundstücks diese nach den Vorschriften des BGB geltend machen (§§ 50 und 52 NachbG NRW).

Die **Bauaufsichtsbehörden** und natürlich auch die anderen Ordnungsbehörden sind für die Verfolgung entsprechender zivilrechtlicher Ansprüche **unzuständig**, was immer wieder verkannt wird (s. auch die Anmerkungen zu § 74 Rdn. 1).

Einen engeren Bezug zum öffentlichen Baurecht haben indessen die Vorschriften über **Nachbar-** und **Grenzwände**. Diese sind immer dann von Bedeutung, wenn bei grenzständigen Vorhaben 56b

- die (mittige) Wand **auf** der Grenze (**Nachbarwand** – § 7 NachbG NRW) oder
- die direkt **an** der Grenze stehende Wand (**Grenzwand** – § 19 NachbG NRW)

**unterfangen** oder **höhergeführt** werden muss, um das eigene Bauwerk gründen zu können oder um als Gebäudeabschluss zu dienen. Trotz umfangreicher Regelungen kommt es hier immer wieder zu Streitigkeiten zwischen den Nachbarn (vgl. Otto, Finanzielle Sicherheit für den Nachbarn beim Bauen an der Grenze, BauR 2004, S. 927 ff.).

Aufgrund ungenauer Einmessung kann ein Gebäude wenige Zentimeter über die Grundstücksgrenze hinaus auf dem Nachbargrundstück liegen. Hierdurch entsteht keine Nachbarwand nach § 7 NachbG NRW, sondern ein „**Überbau**". Die Rechtsfolgen ergeben sich aus **§ 912 BGB**: fällt dem Bauherrn weder Vorsatz, noch grobe Fahrlässigkeit zur Last, muss der Nachbar die Überbauung gegen eine Geldrente dulden, es sei denn, dass er vor oder sofort nach der Grenzüberschreitung – dem Bauherrn gegenüber – Widerspruch erhoben hat.

57 Das **private Nachbarrecht** verfolgt den Rechtsgedanken, die **Einigung der Nachbarn** untereinander zu fördern und dem **Nachbarfrieden** zu dienen. Die privatrechtlichen Vorschriften des NachbG NRW gelten deshalb gemäß § 49 Abs. 1 Satz 1 NachbG NRW nur, **soweit die Beteiligten nichts anderes vereinbaren** und eine solche Vereinbarung **anderen Vorschriften nicht widerspricht**.

Nach § 49 Abs. 2 NachbG NRW bleibt das **öffentliche Recht unberührt**, so dass privatrechtliche Vereinbarungen über z. B. verminderte Grenzabstände von Gebäuden oder Fensteröffnungen in grenznahen Wänden nicht im Widerspruch zu diesen öffentlich-rechtlichen Vorschriften stehen dürfen. Dies ist von Bedeutung, weil die im öffentlichen Recht und im privaten Nachbarrecht geregelten Grenzabstände **nicht deckungsgleich** sind, der Bauherr also stets **beide** Rechtskreise in den Blick nehmen muss.

Soweit die **Schriftform** für eine **nachbarliche Vereinbarung**, mit der von den Bestimmungen des privaten Nachbarrechts abgewichen werden soll, vorgeschrieben ist, kann auf diese nach § 49 Abs. 1 Satz 2 NachbG NRW nicht verzichtet werden.

58 Hinsichtlich der **Verletzung öffentlich-rechtlicher Abstandvorschriften** wird der beschwerte Grundstückseigentümer **in der Regel öffentlich-rechtlichen Nachbarschutz** in Anspruch nehmen (s. die Anmerkungen zu § 74 Rdn. 112–117), weil der **Ermessensspielraum** der Bauaufsichtsbehörden **bei nachbarrelevanten Störungen nahezu vollständig eingeschränkt** ist, diese also insoweit gegen den Störer einschreiten müssen (s. die Anmerkungen zu § 61 Rdn. 42 und 43). Gleichwohl kann der Nachbar aber auch die **Zivilgerichte** bemühen, da die öffentlich-rechtlichen **Abstandvorschriften Schutzgesetze** im Sinne des **§ 823 Abs. 2 BGB** sind.

Die Möglichkeit des Nachbarn, seine **Rechte** unmittelbar gegenüber dem „Störer" **zivilrechtlich** nach den §§ 1004, 906, 823 Abs. 2 BGB geltend zu machen, kann sogar für die Bauaufsichtsbehörde – je nach den Umständen des Einzelfalls – ein beachtlicher **Ermessensgesichtspunkt** sein, öffentlich-rechtlich **nicht einzuschreiten** (BVerwG, Beschluss vom 10. 12. 1997 – 4 B 204.97, BauR 1998, 319 = BRS 59 Nr. 188 = NVwZ 1998, 395 im Anschluss an Urteil vom 25. 2. 1969 – 1 C 7.68, DVBl. 1969, 586). Dies wird jedoch nur in **seltenen** Sonderfällen eine tragfähige Überlegung der Bauaufsichtsbehörde darstellen können, z. B. wenn aufgrund des **bisherigen Verhaltens** der beschwerten Nachbarn die zivilrechtlichen Gesichtspunkte insgesamt wesentlich erfolgversprechender erscheinen als die öffentlich-rechtlichen Aspekte oder wenn die öffentlich-rechtlichen Abwehransprüche bereits **teilweise verwirkt** sind (s. die Anmerkungen zu § 74 Rdn. 121–125), so dass dem öffentlich-rechtlichen gegenüber dem zivilrechtlichen Anspruch nur noch äußerst geringe Erfolgsaussichten zukommen.

Das NachbG NRW enthält Abstandsregelungen, die denen des öffentlichen Rechts gleichen. § 1 Abs. 1 NachbG NRW verlangt, dass Gebäude einen **Mindestabstand** zu Nachbargrenzen von **2 m** und mit sonstigen, nicht zum Betreten bestimmten oberirdischen Gebäudeteilen einen **Mindestabstand** von **1 m** einhalten. Gemäß § 27 Abs. 1 NachbG NRW sind bauliche Anlagen so einzurichten, dass **Niederschlagswasser** nicht auf das Nachbargrundstück tropft, auf dieses abgeleitet wird oder übertritt. **59**

Die **zivilrechtliche Legaldefinition** der **baulichen Anlage** und des **Gebäudes** in § 1 Abs. 2 NachbG NRW **stimmen** dabei **mit den bauordnungsrechtlichen Legaldefinitionen** des § 2 Abs. 1 und 2 BauO NRW **wörtlich überein**, sind also im Sinne des öffentlichen Rechts zu verstehen (s. die Anmerkungen zu § 2 Rdn. 27 ff. und Rdn. 104 ff.).

Während die zivilrechtlichen Anforderungen an die Ableitung des Niederschlagswassers das öffentliche Recht sinnvoll ergänzen, weil das öffentliche Recht insoweit keine Anforderungen enthält, treten die zivilrechtlichen Gebäudeabstände zu den öffentlichrechtlichen Gebäudeabständen in einen merkwürdigen und **kaum zu erklärenden Widerspruch**. **59 a**

Die **zivilrechtlichen Mindestgrenzabstände** für Gebäude und Gebäudeteile sind **geringer als die öffentlich-rechtlichen Abstände**.

Diese unterschiedlichen Anforderungen mögen ihre Begründung darin finden, dass das NachbG NRW sich ausschließlich auf die **Wahrnehmung privater Belange** beschränkt und lediglich die **Schonung** des nachbarlichen Grundeigentums bei der Realisierung von Baumaßnahmen im Interesse des Nachbarfriedens zum Ziel hat, während die BauO NRW die **Wahrung öffentlicher Belange**, insbesondere der **öffentlichen Sicherheit oder Ordnung** (z. B. Brandschutz, Gesundheitsschutz), zur Aufgabe hat.

Da das **öffentliche Baurecht in Bezug auf Gebäudeabstände** und **Abstandflächen** ersichtlich **keine Regelungslücken** enthält, stellt sich letztlich die **Frage nach dem Sinn der zivilrechtlichen Bestimmungen über Gebäudeabstände**, weil auch gerade in der praktischen Anwendung kaum Fälle denkbar sind, in denen überhaupt noch die zivilrechtlichen Abstände zum Zuge kommen. **60**

Denn die **Grundregel** des § 1 Abs. 1 NachbG NRW über die Einhaltung zivilrechter Abstände **gilt** gemäß § 2 NachbG NRW ausdrücklich **nicht**:

a) soweit nach öffentlich-rechtlichen Vorschriften an die Grenze gebaut werden muss;

b) für gemäß § 6 Abs. 11 BauO NRW zulässige Garagen, überdachte Stellplätze, Gebäude mit Abstellräumen und Gewächshäuser sowie für überdachte Sitzplätze und oberirdische Nebenanlagen für die örtliche Versorgung und für den Wirtschaftsteil einer Kleinsiedlung;

c) gegenüber Grenzen zu öffentlichen Verkehrsflächen, zu öffentlichen Grünflächen und zu oberirdischen Gewässern von mehr als 3 m Breite (Mittelwasserstand);

d) wenn das Gebäude bei Inkrafttreten des NachbG NRW am 1. 7. 1969 öffentlichrechtlich genehmigt war und die Abstände dem bisherigen Recht entsprachen oder wenn an die Stelle eines solchen Gebäudes ein anderes tritt, mit dem der Mindestgrenzabstand von 2 m nur in dem bisherigen Umfang unterschritten wird;

e) soweit nach den bei Inkrafttreten des NachbG NRW am 1. 7. 1969 geltenden öffentlich-rechtlichen Vorschriften anders gebaut werden musste.

60 a Das **NachbG NRW** begibt sich hinsichtlich des Erfordernisses, zur Nachbargrenze bestimmte zivilrechtliche Gebäudeabstände einzuhalten, **wie § 6 BauO NRW** voll in die **Abhängigkeit des Bauplanungsrechts**. Das Bauplanungsrecht bestimmt letztlich, **ob** die zivilrechtlichen Grenzabstände Anwendung finden.

Soweit jedoch nicht an die Grenze zu bauen ist, bedarf es auch im öffentlichen Recht der Einhaltung von Abständen, die dann jedoch **größer** sein müssen als die des NachbG NRW, so dass die zivilrechtlich geregelten Abstände – bis auf Befreiungs- bzw. Abweichungsfälle – regelmäßig keine Anwendung finden. Die früher noch gegebene **Diskrepanz** zwischen den Abstandregelungen des § 6 Abs. 11 BauO NRW bezüglich der dort unter bestimmten Voraussetzungen erklärten Zulässigkeit von Grenzgaragen wurde zeitgleich zur BauO NW 1995 mit dem „Gesetz zur Änderung des Nachbarrechtsgesetzes Nordrhein-Westfalen (NachbG NRW)" vom 7. 3. 1995 (GV. NRW. S. 193) durch Änderung des § 2 Buchstabe b) NachbG NRW **beseitigt**.

Die **zivilrechtlichen** Gebäudeabstände erweisen sich daher als **überflüssige Doppelregelung** zum Abstandflächenrecht, die nur zur Verwirrung der Beteiligten beitragen. Im Zuge einer **Rechtsbereinigung** sollten die zivilrechtlichen Grenzabstände für Gebäude ersatzlos entfallen. So kennt auch das Nachbarrechtsgesetz für Rheinland-Pfalz vom 15. 6. 1970 (GVBl. S. 198) keine Gebäudeabstände, ohne dass es dort zu Vollzugsproblemen gekommen wäre. Das rheinland-pfälzische Nachbarrechtsgesetz beschränkt sich auf solche Regelungen, die das BGB **sinnvoll ergänzen** und nicht in Konkurrenz zum öffentlichen Baurecht treten (hierzu s. Moog/Schmidt, Abstandsflächen und Abstände, 3. Auflage 1997, S. 131 ff.).

61 Rein theoretisch können die Mindestgrenzabstände des Nachbarrechtsgesetzes relevant werden, wenn durch eine **Befreiung** nach § 31 Abs. 2 BauGB von den Festsetzungen des Bebauungsplans, eine **Abweichung** nach § 22 Abs. 3 BauNVO (sämtliche Fassungen) von der festgesetzten geschlossenen Bauweise oder durch eine **Abweichung** nach § 73 BauO NRW von den Vorschriften über die Abstandflächen der **zivilrechtliche Mindestabstand** nach § 1 Abs. 1 NachbG NRW **unterschritten** werden soll. Zwar ist das **private Nachbarrecht** im Baugenehmigungsverfahren **nicht zu prüfen** (vgl. § 75 Abs. 1 Satz 1 in Verbindung mit Abs. 3 Satz 1 BauO NRW), aber es ist zu bedenken, dass durch die Befreiungs- bzw. Abweichungsentscheidung nach öffentlichem Recht keineswegs die nach § 1 Abs. 3 NachbG NRW erforderliche Einwilligung des Eigentümers des Nachbargrundstücks ersetzt werden kann. Daher bedarf der Bauherr, um die ihm unter Gewährung einer Befreiung oder Abweichung erteilte Baugenehmigung nutzen zu können, zusätzlich noch dieser schriftlichen Einwilligung des Nachbarn.

Das Bauordnungsrecht zwingt jedoch infolge der – nachbarschützenden – Verfahrensvorschrift des **§ 74 BauO NRW** zur **Beteiligung des Angrenzers** im Abweichungsverfahren (s. die Anmerkungen zu § 74 Rdn. 5–7). Kommt es bereits im öffentlich-rechtlichen Verfahren zu der Einwilligung des Nachbarn, ist auch zugleich die zivilrechtlich geforderte Zustimmung erteilt. Zwar kann in **besonderen** Fällen eine Abweichungsentscheidung auch **gegen den Widerstand des Angrenzers** getroffen werden (s. die Anmerkungen zu § 74 Rdn. 27–29), wenn dessen öffentlich-rechtlich geschützte nachbarliche Belange durch die Abweichung erkennbar nicht nachteilig berührt werden, eine derartige Konstellation ist aber gerade bei Abweichungen von den nachbarschützenden Vorschriften des § 6 Abs. 1 BauO NRW praktisch ausgeschlossen (s. Rdn. 39–48).

### 1.6 Darstellung der Abstandflächen in den Bauvorlagen

Das zur Ausführung anstehende **Vorhaben** ergibt sich aus den **Angaben im Antragsvordruck** (Anlagen I/1 bis I/4 der VV BauPrüfVO) und den **Darstellungen in den zugehörigen Bauvorlagen** (s. die Anmerkungen zu § 69 Rdn. 30–34). Der Bauantrag und die mit ihm zugleich eingereichten Bauvorlagen müssen so klar sein, dass ein verständlicher, inhaltlich genau abgegrenzter, eindeutig bestimmter Verwaltungsakt ergehen kann, der den Umfang und die Bindung der Baugenehmigung festlegt (OVG NRW, Urteil vom 22.7.1987 – 11 A 958/85, BRS 47 Nr. 139 und Urteil vom 11.12.1992 – 11 A 1823/90, BRS 55 Nr. 141). 62

Der **zeichnerischen Darstellung** des Vorhabens kommt im Hinblick auf den **Nachweis der Einhaltung der Abstandflächenbestimmungen des § 6 BauO NRW** besondere Bedeutung zu. Dabei handelt es sich im Wesentlichen um **zeichnerische Darstellungen** im **Lageplan** sowie in den **Ansichts- und Schnittzeichnungen**. 63

Es ist zu empfehlen, die zeichnerischen Darstellungen um **rechnerische Nachweise** der Abstandflächen zu ergänzen, so dass die Bauaufsichtsbehörde oder auch – im Streitfalle – das Verwaltungsgericht die Darstellung leicht nachvollziehen kann.

Der **Schwerpunkt** liegt dabei auf den **Abstandflächendarstellungen im Lageplan**. Die Bauzeichnungen werden benötigt, um die für die Ermittlung der erforderlichen Tiefe der Abstandflächen notwendigen Angaben zu erhalten, um so eine korrekte zeichnerische Darstellung im Lageplan vornehmen zu können.

Nach § **4 Abs. 3** Nr. 2 und Nr. 5 BauPrüfVO müssen zur Ermittlung der Abstandflächen aus den **Schnitten** ersichtlich sein:

- der **Anschnitt der vorhandenen** und **geplanten Höhenlage der Geländeoberfläche über NN** sowie **Aufschüttungen** und **Abgrabungen**,
- die **Höhen der Firste über der Geländeoberfläche**, die **Dachneigungen** sowie das **Maß H je Außenwand** in dem zur Bestimmung der Abstandflächen erforderlichen Umfang (§ 6 Abs. 4 BauO NRW).

Nach § **4 Abs. 4** BauPrüfVO ist in den **Ansichten** auch das **vorhandene** und das **künftig Gelände mit Angabe seiner Höhenlage über NN** darzustellen; hiermit ist die **Geländeoberfläche als maßgebende Bezugsebene** gemeint.

Die **Einhaltung der Vorschriften** des § 6 Abs. 2 BauO NRW lässt sich nur durch den **Lageplan** nachweisen, da es hierbei darum geht, die genaue Lage der Abstandflächen des Gebäudes in Beziehung zu den rechtmäßigen Grundstücksgrenzen darzustellen. An den Lageplan stellt § 3 BauPrüfVO besondere Anforderungen (s. die Anmerkungen zu § 69 Rdn. 74). Nach **§ 3 Abs. 1 Satz 2** BauPrüfVO müssen im **Lageplan** unter anderem folgende Angaben enthalten sein: 64

1. der **Maßstab** und die **Lage des Baugrundstücks zur Nordrichtung**,
2. die **Bezeichnung des Baugrundstücks** und der **benachbarten Grundstücke** nach Straße, Hausnummer, Grundbuch und Liegenschaftskataster sowie die Angabe der Eigentümerin oder des Eigentümers des Baugrundstücks,
3. die rechtmäßigen **Grenzen des Baugrundstücks** und deren **Längen** sowie der Flächeninhalt des Baugrundstücks,

4. die **Höhenlage** der **Eckpunkte des Baugrundstücks** und die **Höhenlage des engeren Baufeldes über NN**,
5. die **Breite** und die **Höhenlage** der an das Baugrundstück **angrenzenden öffentlichen Verkehrsflächen über NN**,
6. die **vorhandenen baulichen Anlagen** auf dem Baugrundstück und den angrenzenden Grundstücken sowie **genehmigte** oder **nach § 67 Abs. 1 BauO NRW zulässige**, aber noch nicht ausgeführten baulichen Anlagen auf dem Baugrundstück, bei **Gebäuden** auch mit Angabe ihrer **Geschosszahl, Wand- und Firsthöhen**,
8. **Flächen auf dem Baugrundstück**, die von **Baulasten** betroffen sind, sowie **Flächen auf den angrenzenden Grundstücken**, die von **Baulasten zugunsten des Baugrundstücks** betroffen sind,
11. die **Bezeichnung des Bebauungsplanes** oder anderer **Satzungen nach dem Baugesetzbuch** mit den **Festsetzungen** über Art und Maß der baulichen Nutzung, die Bauweise, die Darstellung der Baulinien und Baugrenzen und der Flächen auf dem Baugrundstück, für die der Bebauungsplan oder eine andere Satzung besondere Festsetzungen trifft, sowie die **Bezeichnung der örtlichen Bauvorschriften**,
12. die **geplanten baulichen Anlagen** unter Angabe der **Außenmaße**, der **Dachform**, der **Wand- und Firsthöhen**, der **Höhenlage der Eckpunkte der baulichen Anlage über NN** an der Geländeoberfläche, der **Höhenlage des Erdgeschossfußbodens über NN**, der **Grenzabstände**, der **Tiefe und Breite der Abstandflächen**, der **Abstände zu anderen baulichen Anlagen**,
13. die **Abstände der geplanten baulichen Anlagen zu öffentlichen Verkehrsflächen**, **zu Grünflächen**, **zu Wasserflächen** und zu Wäldern.

**65** Bei der **Darstellung bestehender Gebäude im Lageplan** ist der Bestandsschutz zu beachten. Es ist **fehlerhaft**, einen nach den früheren Vorschriften über Bauwiche und Abstandflächen rechtmäßig entstandenen Altbestand mit den Abstandflächen nach den aktuell geltenden Bestimmungen darzustellen (s. Rdn. 45–46). Hierdurch werden nur **unnötige Irritationen** bei den Beteiligten erzeugt. § 3 BauPrüfVO verlangt bewusst keine solche Darstellung.

Nach § 3 Abs. 1 Satz 2 **Nr. 6** BauPrüfVO genügt für die **vorhandenen** Gebäude auf dem Baugrundstück und auf den angrenzenden Grundstücken die Angabe ihrer Geschosszahl, Wand- und Firsthöhen. Nur für **geplante** Gebäude verlangt § 3 Abs. 1 Satz 2 **Nr. 12** BauPrüfVO neben anderen Eintragungen auch die Angabe der **Grenzabstände**, der **Tiefe und Breite der Abstandflächen** und der **Abstände zu anderen baulichen Anlagen**.

Es ist dann **Aufgabe der Bauaufsichtsbehörde** zu ermitteln, ob der Altbestand rechtmäßig errichtet wurde und aufgrund seiner fortbestehenden funktionsgerechten Nutzung Bestandsschutz genießt.

Bei der Anfertigung des Lageplans (vgl. § 3 Abs. 1 Satz 1 BauPrüfVO) kann davon ausgegangen werden, dass der im **Katasterkartenwerk** eingetragene **Altbestand rechtmäßig** errichtet wurde, selbst wenn eine Unterschreitung des heute geltenden Mindestabstandes von 3 m vorliegt. Denn einerseits besteht dieser Mindestabstand erst seit der BauO NW 1962 landesweit (s. Rdn. 7). Andererseits ist erst seit 1962 bei einer Abstandflächenübernahme die Eintragung einer Flächenbaulast erforderlich.

Da der **Lageplan** nach § 3 Abs. 1 Satz 1 BauPrüfVO auf der **Grundlage** eines Auszuges aus der **Liegenschaftskarte / Flurkarte** zu erstellen ist, muss der **vermessungstechnische Inhalt** mit diesem Auszug übereinstimmen. Im Übrigen ist für die vermessungstechnischen Darstellungen die **Zeichenvorschrift** (RdErl. vom 20. 12. 1978, SMBl. NRW. 71342) von Bedeutung. Mit der Änderungsverordnung vom 20. 2. 2000 (GV. NRW. S. 226) wurden die **Zeichen für vorhandene und geplante bauliche Anlagen** der Anlage zur BauPrüfVO neu gefasst (s. die Anmerkungen zu § 69 Rdn. 73). **66**

Angesichts der **Fülle der erforderlichen Eintragungen** kann der **Lageplan unübersichtlich** werden. Um dieser Gefahr entgegenzuwirken, verlangt § 3 Abs. 4 Satz 3 BauPrüfVO, den **Inhalt des Lageplans** gegebenenfalls **auf besonderen Blättern** darzustellen.

Für die **Darstellungen im Lageplan** sind gemäß **§ 3 Abs. 4 Satz 1** BauPrüfVO die **Zeichen** und/oder **Farben** der **Anlage zur BauPrüfVO** zu verwenden. Die bis 2000 vorgeschriebene Schwarzweiß-Darstellungstechnik wurde aufgegeben und die **farbige Darstellung** zugelassen (s. die Anmerkungen zu § 69 Rdn. 68–70). **67**

Für die **Wiedergabe der Festsetzungen der Bebauungspläne** oder **städtebaulichen Satzungen** verweist **§ 3 Abs. 4 Satz 2** BauPrüfVO auf die Planzeichenverordnung 1990 – **PlanzV 90** vom 18. 12. 1990 (BGBl. I 1991 S. 58).

Die **Farben** der Anlage zur BauPrüfVO wurden auf die der PlanzV 90 abgestimmt. Dennoch werden sich im Einzelfall Überschneidungen nicht vermeiden lassen. Es ist dann Aufgabe des Planverfassers, durch einen sparsamen Umgang mit farbigen Darstellungen dafür zu sorgen, dass der **Darstellungsinhalt klar** zu erkennen bleibt. Da die Zeichen und Farben im Lageplan **kombiniert** werden dürfen, kann auf eine Darstellung in Schwarzweiß-Darstellungstechnik zurückgegriffen werden, um zu vermeiden, dass sich gleiche Farben überlagern. Das könnte z. B. gegeben sein, wenn eine Abstandfläche, die nach Nr. 1.10 der Anlage zur BauPrüfVO hellviolett angelegt werden darf, sich auf eine im Bebauungsplan festgesetzte Bahnanlage erstreckt, die ebenfalls violett gekennzeichnet ist. Es ist dann sinnvoll, lediglich die Begrenzung der Abstandfläche als gerissene Linie nach Nr. 1.9 der Anlage zur BauPrüfVO darzustellen.

Soweit **Abstandflächen** durch **Flächenbaulast** gesichert sind oder werden sollen, müssen die **Unterschiede in der Darstellung** nach **Nr. 1.11** und **1.12** der Anlage zur BauPrüfVO beachtet werden (s. die Anmerkungen zu § 83 Rdn. 80 und Abbildungen 83.1 und 83.2). **68**

Darstellungen nach **Nr. 1.11** und **1.12** der Anlage zur BauPrüfVO für **Baulastflächen**:

**1.11** Flächen, die von **bestehenden** Baulasten betroffen sind

feines Punkraster, eng

**1.12** Flächen, die von **geplanten** Baulasten betroffen sind

grüne Umgrenzung und Schraffur

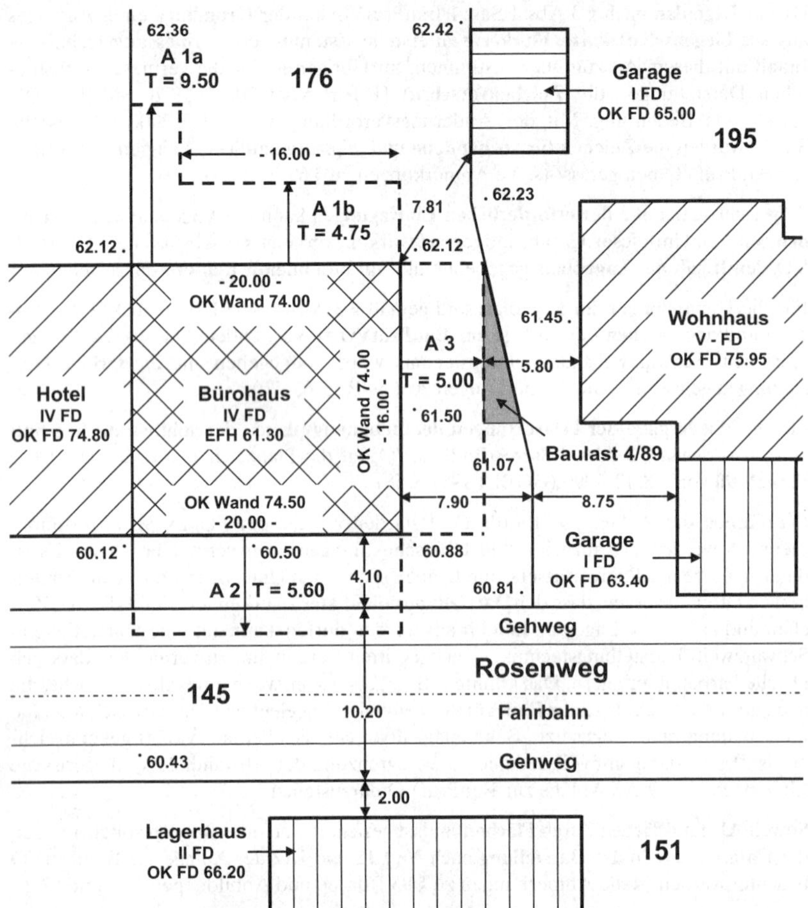


**Berechnung der Abstandflächentiefe – Mischgebiet – T = 0,8 H/0,4 H**

| | | |
|---|---|---|
| **A 1a** | 74.00 (OK Wand) – 62.12 (Gelände) = 11.88 × 0,8 | **T = 9.50** |
| **A 1b** | 74.00 (OK Wand) – 62.12 (Gelände) = 11.88 × 0,4 | **T = 4.75** |
| **A 2** | 74.50 (OK Wand) – 60.50 (Gelände) = 14.00 × 0,4 | **T = 5.60** |
| **A 3** | 74.00 (OK Wand) – 61.50 (Gelände) = 12.50 × 0,4 | **T = 5.00** |

**Abbildung 6.5 Darstellung der Abstände und Abstandflächen im Lageplan**
Im **Lageplan** ist das **geplante Gebäude** mit seiner **Höhenlage der Eckpunkte über NN** an der Geländeoberfläche, der **Höhenlage seines Erdgeschossfußbodens über NN**, seinen **Grenzabständen**, den **Tiefen** und den **Breiten** der **Abstandflächen** einschließlich deren **Berechnung** sowie den **Abständen zu anderen Gebäuden** auf dem Baugrundstück und auf den Nachbargrundstücken einzutragen (s. Rdn. 64–68).

## 2 Zu Absatz 1 – Erfordernis von Abstandflächen

Absatz 1 befasst sich mit dem **grundlegenden Erfordernis** von Abstandflächen vor den Außenwänden von Gebäuden. Anders als durch § 22 Abs. 2 BauNVO (sämtliche Fassungen) werden dabei nicht nur die den **seitlichen** Grundstücksgrenzen zugekehrten Außenwände in den Blick genommen, sondern darüber hinaus auch die **straßenseitigen** und **rückwärtigen** – garten- oder hofseitigen – Außenwände berücksichtigt. Zwar dient das Abstandflächenrecht der Landesbauordnungen der näheren Regelung des seitlichen Gebäudeabstandsmaßes in der offenen Bauweise, da § 22 Abs. 2 BauNVO die Einhaltung dieses Abstandes nur dem Grunde nach verlangt und die nähere Ausgestaltung dem Landesbauordnungsrecht überlässt, darüber hinaus schließt § 6 Abs. 1 BauO NRW aber auch eine – bauplanungsrechtliche – **Regelungslücke**, da der Bund mit der BauNVO seine Kompetenz nicht vollständig genutzt hat (vgl. Rdn. 10). **69**

**Satz 1** enthält die **Grundforderung** nach Abstandflächen vor **den** – also allen – **Außenwänden von Gebäuden** und wird **ergänzt durch Absatz 10** mit den Regelungen über **Anlagen, die keine Gebäude sind**, jedoch dennoch Abstandflächen auslösen, sowie durch **Absatz 11** mit den Regelungen über **Garagen, Gewächshäuser** und **Gebäude zu Abstellzwecken**, die an der Grundstücksgrenze abstandrechtlich privilegiert sind.

**Satz 2** regelt den **Vorrang des Bauplanungsrechts**. Das Bauplanungsrecht gibt vor, **ob Abstandflächen** innerhalb der überbaubaren Grundstücksgrenze einzuhalten sind oder nicht. Satz 2 wird **ergänzt durch Absatz 16**, da nach dieser Vorschrift in überwiegend bebauten Gebieten bei Vorliegen bestimmter städtebaulicher Voraussetzungen **geringere Tiefen** der Abstandflächen gestattet oder verlangt werden können.

### 2.1 Satz 1 – Grundforderung

**Absatz 1 Satz 1** enthält die **nachbarschützende Grundforderung** (vgl. OVG NRW, Urteil vom 14. 1. 1994 – 7 A 2002/92, BRS 56 Nr. 196) und zugleich die **Legaldefinition** der Abstandfläche: **70**

**„Vor den Außenwänden von Gebäuden sind Flächen von oberirdischen Gebäuden freizuhalten“.**

Diese Formulierung bringt den Regelungsgehalt nicht vollständig zum Ausdruck. Einerseits gilt die Bestimmung nur für Gebäude die errichtet, geändert oder nutzungsgeändert werden, da sie den **Altbestand unberührt** lässt (s. Rdn. 28 und 45–46). Bei **baulichen Änderungen** sind die Abstandflächenregeln insoweit zu beachten, als sich die nach Absatz 4 für die Abstandflächentiefe maßgeblichen Merkmale ändern, z. B. durch die Erhöhung der Außenwände, durch Aufsetzen eines Satteldaches anstelle eines Flachdaches oder durch Einbau von abstandrelevanten Dachgauben. Sofern die **funktionsgerechte Nutzung** und damit der Bestandsschutz eines Gebäudes erhalten bleibt, lösen die nach § 65 Abs. 1 Nr. 8 und Abs. 2 Nr. 1 BauO NRW weitgehend freigestellten **Umbauten im Innern** eines Gebäudes grundsätzlich keine Verpflichtung zur Einhaltung der Abstandflächen aus. Andererseits zielt die Vorschrift nur auf **oberirdische** Gebäude. Eigentlich müsste der erste Satzteil deshalb bereits auf oberirdische Gebäude abstellen, um zu verdeutlichen, dass **unterirdische** Gebäude **keine Abstandflächen** auslösen, da nur von oberirdischen Gebäuden eine **Beeinträchtigung der Schutzziele** des Abstandflächenrechts ausgehen kann (s. Rdn. 16–18, 27 und 48). Gebäude liegen im abstandrechtlichen Sinne oberirdisch, wenn sie **über die Geländeoberfläche hervortreten**.

Um Abstandflächen auszulösen genügt es, wenn nur ein Teil des Gebäudes über die Geländeoberfläche hinausragt, was vor allem bei hängigem Gelände talseitig gegeben sein kann. Keine Abstandflächen werden dagegen von einem unterirdischen Gebäude ausgelöst, dessen Decke bündig mit der Geländeoberfläche abschließt und über diese nicht hervortritt. Gebäude oder Gebäudeteile, die **vollständig unterhalb der Geländeoberfläche** liegen, wie z. B. Tiefgaragen oder Keller, dürfen – abstandrechtlich – **bis unmittelbar an die Grundstücksgrenzen** reichen, soweit dem nicht bauplanungsrechtliche Vorgaben entgegenstehen (s. Rdn. 91), da die Abstandflächenvorschriften auf unterirdische Gebäude oder Gebäudeteile **keine Anwendung** finden (s. Abbildung 6.6).

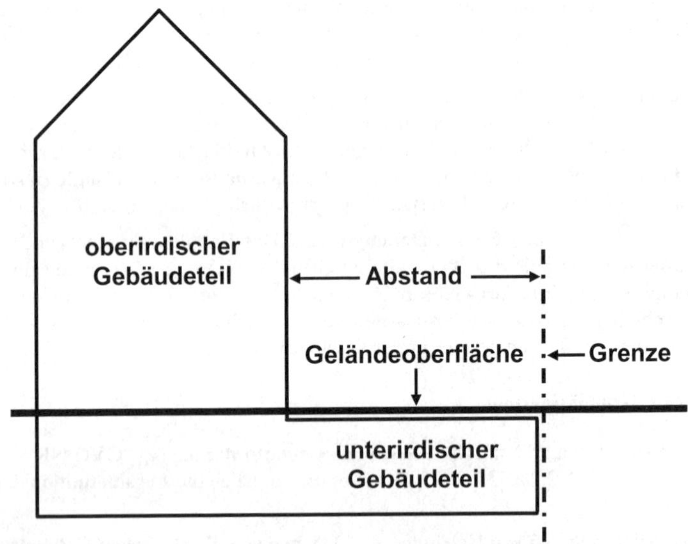


**Abbildung 6.6 Grundforderung** des § 6 Abs. 1 **Satz 1** BauO NRW
**Vor Außenwänden oberirdischer Gebäude** und **Gebäudeteile** sind **Abstandflächen freizuhalten**. Dagegen lösen **unterirdische** Gebäude und Gebäudeteile **keine** Abstandflächen aus; sie können – vorbehaltlich bauplanungsrechtlicher Beschränkungen – bis an andere Gebäude oder bis zur Grundstücksgrenze heranreichen (s. Rdn. 70).

71 **Gebäude** sind nach der Legaldefinition des § 2 Abs. 2 BauO NRW selbständig benutzbare, überdachte bauliche Anlagen, die von Menschen betreten werden können und die geeignet oder bestimmt sind, dem Schutz von Menschen, Tieren oder Sachen zu dienen (s. die Anmerkungen zu § 2 Rdn. 104–117). Bei Erfüllung dieser **vier Tatbestandsmerkmale** der Legaldefinition ist eine bauliche Anlage ein Gebäude, ohne dass es darauf ankommt, ob dieses Bauwerk besonders dauerhaft ausgeführt wird, über eine bestimmte Bauqualität verfügt oder eine bestimmte Größe aufweist. Deshalb lösen auch Behelfsbauten, wie Bauarbeiterunterkünfte oder Schulpavillons, und relativ kleine Gebäude, wie Trafostationen oder Fahrgastunterstände, grundsätzlich Abstandflächen aus. Eine Ausnahme von diesem Grundsatz gilt nur unter den in § 6 Abs. 11 BauO NRW festgelegten Voraussetzungen für Garagen und Nebengebäude.

72 Die **Geländeoberfläche** ist nach der Legaldefinition des § 2 Abs. 4 BauO NRW die Fläche, die sich aus der Baugenehmigung oder den Festsetzungen des Bebauungsplanes ergibt, im Übrigen die natürliche Geländeoberfläche. Soweit – im **Ausnahmefall** – keine **Festsetzungen** eines Bebauungsplanes nach **§ 9 Abs. 2 BauGB** über die **Höhenlage der zu bebauenden Fläche** bestehen und auch keine **besonderen Gründe** nach **§ 9 Abs. 3 BauO NRW** für eine **Anpassung des Geländes** vorliegen, ist im Übrigen – und das ist der **Regelfall** – die **natürliche Geländeoberfläche** maßgebend (zur Bestimmung der Geländeoberfläche s. die Anmerkungen zu § 2 Rdn. 167–176). Eine **Veränderung der – bestehenden natürlichen – Geländeoberfläche**, also eine vollständige oder nur teilweise Anhebung oder Absenkung des vorgefundenen Niveaus, kann aus **städtebaulichen Gründen** im Bebauungsplan festgesetzt sein, z. B. um eine Hochwasserfreiheit des Baugeländes zu garantieren oder die zu bebauende Fläche an die Höhenlage der öffentlichen Verkehrsfläche anzupassen. Unter den Voraussetzungen des § 9 Abs. 3 BauO NRW kann auch aus **bauordnungsrechtlichen Gründen** eine **Veränderung der Geländeoberfläche** verlangt werden (s. die Anmerkungen zu § 9 Rdn. 71–83). In beiden Fällen ist dann nicht mehr die natürliche, sondern die **veränderte** Geländeoberfläche abstandrechtlich maßgebend. Die Berechnung der **Wandhöhe H** hat dann von der **neu herzustellenden** Geländeoberfläche auszugehen, die je nach Fallgestaltung höher oder auch tiefer liegen kann als das vorgefundene Niveau (s. Abbildung 6.7).

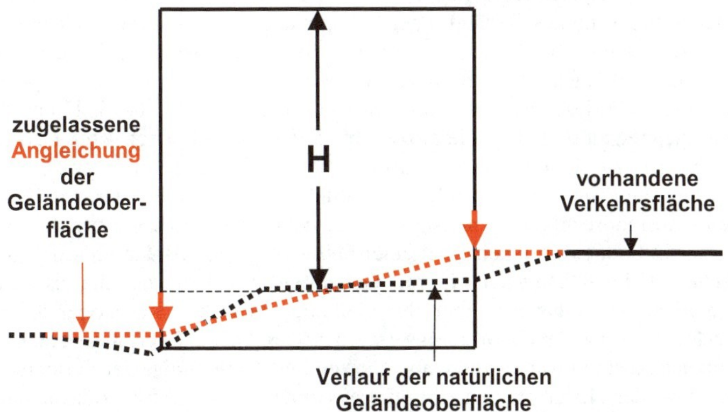


**Abbildung 6.7 Maßgebende Geländeoberfläche**
Soweit nicht der **Bebauungsplan** die **Höhenlage** abweichend von der natürlichen Geländeoberfläche **festsetzt** oder die **Angleichung** der Geländeoberfläche von der **Bauaufsichtsbehörde** nach § 9 Abs. 3 BauO NRW **verlangt** oder **zugelassen** wird ist die natürliche Geländeoberfläche maßgebend. Im dargestellten Beispiel bestimmt sich die **zu mittelnde Wandhöhe H** der Giebelwand des Gebäudes nach den **Schnittpunkten** der Gebäudekanten mit der zugelassenen **neuen Geländeoberfläche** (s. Rdn. 72).

73 **Außenwände** sind die **über** der **Geländeoberfläche** liegenden Wände, die **von außen sichtbar** sind und **die das Gebäude gegen die Außenluft abschließen**. Außenwände sind auch Wände zwischen sich gegenüberliegenden Gebäudeteilen oder an – nicht überdachten – Innenhöfen. Dabei geht der Gesetzgeber von **üblichen** Außenwänden aus, die **eben geformt** sind und die **senkrecht stehen** (s. Rdn. 25). Bei einer schräg geneigten,

einer gebogenen, einer durch zahlreiche Vor- und Rücksprünge stark strukturierten Außenwand oder bei einem nur aus Pfeilern und Stützen in Verbindung mit einem Dach gebildeten Raumabschluss, wie z.B. einem überdachten Stellplatz oder einem überdachten Sitzplatz, muss von einer **fiktiven** Außenwandfläche ausgegangen werden (so auch Jeromin, zu § 8 Rdn. 23). Nach § 4 Abs. 4 BauPrüfVO sind in den Bauzeichnungen die Ansichten aller Außenwände zusammen mit dem Anschnitt der natürlichen und der geplanten Geländeoberfläche darzustellen (s. Rdn. 63).

**74** Die Grundforderung des § 6 Abs. 1 Satz 1 BauO NRW wird durch **Absatz 10 Satz 1** auf **Anlagen** erweitert, die **keine Gebäude** sind. Infolge der Bezugnahme auf den allgemeinen Anlagenbegriff erfasst die Vorschrift sowohl **bauliche** Anlagen im Sinne des § 2 Abs. 1 BauO NRW (s. die Anmerkungen zu § 2 Rdn. 27–55) als auch **andere** Anlagen im Sinne des § 1 Abs. 1 Satz 2 BauO NRW (s. die Anmerkungen zu § 1 Rdn. 37–38). Satz 1 unterscheidet zwischen Anlagen,

1. die **höher als 2 m** über der Geländeoberfläche sind und von denen **Wirkungen wie von Gebäuden** ausgehen sowie
2. die **höher als 1 m** über der Geländeoberfläche sind und sich **zum Betreten von Menschen eignen**,

und erweitert insoweit die Grundforderung des § 6 Abs. 1 Satz 1 BauO NRW, als die Absätze 1 bis 7 **entsprechend** gelten. Für die Ermittlung der Abstandfläche tritt an die Stelle der Außenwand des Gebäudes bei Anlagen nach Nr. 1 die **Außenfläche** der Anlage, bei betretbaren Anlagen nach Nr. 2 die Oberkante der **Brüstung** der erforderlichen Umwehrung. **Wirkungen wie von Gebäuden** gehen von Anlagen nach Nr. 1 aus, wenn sie die **Schutzziele des Abstandflächenrechts** berühren (s. Rdn. 16–18, 27 und 48). Für **Windenergieanlagen** enthalten die **Sätze 2 bis 5** von den Absätzen 4 bis 7 abweichende Regelungen zur Ermittlung der Abstandfläche. Der durch Absatz 10 ergänzten Grundforderung ist im Umkehrschluss zu entnehmen, dass **in den Abstandflächen** alle Anlagen – abstandrechtlich – **zulässig** sind, die **nicht höher als 2 m** über der Geländeoberfläche sind oder von denen – bei einer **Höhe von mehr als 2 m** über der Geländeoberfläche – **keine Wirkungen wie von Gebäuden** ausgehen oder die als **betretbare** Anlagen **nicht höher als 1 m** über der Geländeoberfläche sind, wobei die **bauplanungsrechtliche Zulässigkeit vorausgesetzt** wird. **Von Absatz 10 erfasste Anlagen** lösen **grundsätzlich** Abstandflächen aus, wobei die **zeitliche Reihenfolge** der Errichtung **unerheblich** ist. Weder die Errichtung einer dieser Anlagen in der Abstandfläche eines vorhandenen Gebäudes ist zulässig, noch darf ein Gebäude so errichtet werden, dass seine Abstandfläche auf einem Grundstücksteil liegt, das bereits mit einer abstandflächenauslösenden Anlage bebaut ist. Das gilt gemäß § 65 Abs. 4 BauO NRW auch für **genehmigungsfreie** Vorhaben (s. die Anmerkungen zu § 65 Rdn. 185–189).

**75** Eine Modifizierung der Grundforderung erfolgt durch **Absatz 11** in Bezug auf Gebäude, die an der Grundstücksgrenze und im grenznahen Bereich sowie in den Abstandflächen eines Gebäudes abstandrechtlich privilegiert sind. Hierbei geht es um **Garagen** im Sinne des § 12 BauNVO und **bestimmte Nebengebäude** im Sinne des § 14 BauNVO. Für diese Gebäude enthält § 22 BauNVO – Bauweise – keine Bestimmungen. Die **bauplanungsrechtliche Regelungslücke** wird – insoweit – durch Bauordnungsrecht ausgefüllt.

**76** Die freizuhaltende Fläche liegt **vor** der Außenwand. Die **Transparenz oder Geschlossenheit** dieser Wand ist abstandrechtlich **ohne Belang**, so dass es – im Gegensatz zum früheren Abstandflächenrecht der BauO NW 1962 bzw. 1970 – keine Rolle spielt, ob sie

Fenster und Türen aufweist oder öffnungslos ausgebildet ist. Da die freizuhaltende Fläche vor der Außenwand liegen muss, setzt sie nicht an der Rohbaukonstruktion, sondern an der **fertigen Oberfläche** an. Die **Oberfläche des Wandputzes** oder die **Außenkante der Wandbekleidung** ist also die entscheidende Bemessungsgrundlage. Die **Breite** der Abstandfläche entspricht der Breite der Außenwand, wobei von der fertigen Oberfläche an den Gebäudeecken aus zu messen ist. Die **Tiefe** der Abstandfläche wird nach § 6 Abs. 4 Satz 1 BauO NRW **senkrecht** zur Wand gemessen. Den unteren Punkt bildet die gemittelte Höhe der Geländeoberfläche. Aus § 6 Abs. 4 Satz 4 BauO NRW folgt nämlich indirekt, dass die Abstandfläche am **unteren** – bei geneigtem Gelände **gemittelten – Fußpunkt** der Außenwand ansetzt (s. Rdn. 72 und Abbildung 6.7), unabhängig davon, ob die Geländeoberfläche steigt oder fällt (s. Abbildung 6.8). Die Vorschrift geht dabei – wie selbstverständlich – von **senkrechten Außenwänden** aus (s. Rdn. 73), so dass die **Abstandfläche stets in der Waagerechten** und **rechtwinklig zur Wand** liegt. Nach § 6 Abs. 4 Satz 5 BauO NRW werden **Dächer** und **Giebelflächen** der **Wandhöhe anteilig zugerechnet**, so dass die **Abstandfläche** stets die **Form eines Rechtecks** aufweist.

**Schräg stehende Außenwände** oder **gebogene Wandflächen** bedürfen einer **besonderen** Betrachtung im Einzelfall, um sachgerechte Ergebnissen erzielen zu können.

Die **Abstandfläche** wird – anders als nach der NBauO (vgl. Barth/Mühler, Abstandsvorschriften der Niedersächsischen Bauordnung, 2. Aufl. 2000, Rdn. 16) – **nicht um die Gebäudeecken herum geführt**, da sie **senkrecht** zur Wand zu messen ist.

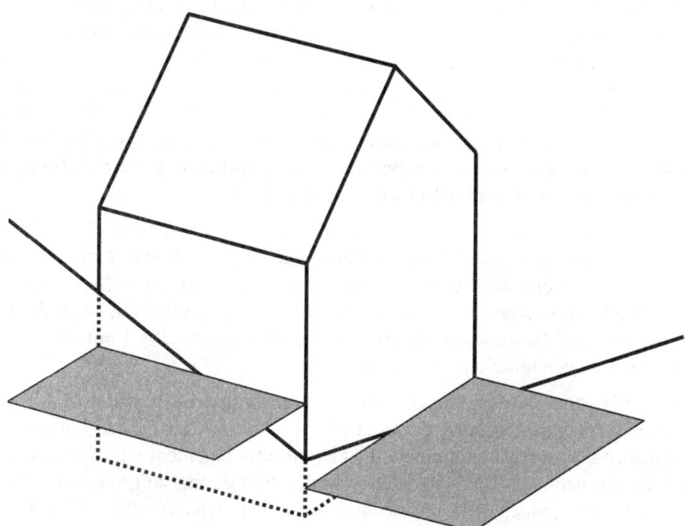

**Abbildung 6.8 Anordnung der Abstandfläche vor der Außenwand**
Die freizuhaltende Abstandfläche wird am Fußpunkt der Wand und senkrecht zu dieser im rechten Winkel angesetzt, so dass sich unabhängig von der geneigten Geländeoberfläche stets ein **Rechteck in der Waagerechten** ergibt (s. Rdn. 76).

### 2.2 Satz 2 – Vorrang des Bauplanungsrechts

77 Bereits mit der **BauO NW 1995** erfuhr Absatz 1 Satz 2 eine Änderung, da die Rechtsprechung aus dem früheren Wortlaut dieses Satzes Schlüsse gezogen hatte, die vom Gesetzgeber so nicht gewollt waren. Die Rechtsprechung interpretierte § 6 Abs. 1 Satz 2 BauO NW **1984** so, als ob vor einer Außenwand dann eine Abstandfläche nicht erforderlich ist, wenn diese an eine andere **Außenwand „angebaut"** wird und kam daher zu dem Schluss, dass ein **„Gebäudeanbau" weitgehend deckungsgleich** zu erfolgen habe. Daraus ergab sich als Konsequenz, dass der zuerst Bauende, der gegebenenfalls innerhalb der überbaubaren Grundstücksfläche die zulässige Bautiefe, die zulässige Zahl der Vollgeschosse oder die zulässige Gebäudehöhe nicht voll ausnutzte, die Baumaße des später bauenden Nachbarn an der gemeinsamen Grenze bestimmte. Der Gesetzgeber hatte jedoch das **„Anbauen" an die Nachbargrenze** gemeint und keine weitgehende Deckungsgleichheit der Gebäude an der gemeinsamen Grenze beabsichtigt.

78 Der mit der BauO NW **1995 neu eingeführte Wortlaut** des Satzes 2 verzichtete auf die Formulierungen „an die Grenze bauen" und „anbauen" und übernahm die **bauplanungsrechtlichen Begriffe**, um zu verdeutlichen, dass die **Abstandflächenvorschriften in Abhängigkeit zum Bauplanungsrecht** stehen. Die Änderung stellte wegen des **insoweit** gegebenen **Vorrangs des Bauplanungsrechts** (vgl. BVerwG, Beschluss vom 11. 3. 1994 – 4 B 53.94, BRS 56 Nr. 65 = NVwZ 1994, 1008 und Beschluss vom 12. 1. 1995 – 4 B 197.94, BauR 1995, 365 = BRS 57 Nr. 131 = DVBl. 1995, 517 = NVwZ-RR 1995, 310) klar, dass **„innerhalb der überbaubaren Grundstücksfläche"** Außenwände dann keine Abstandflächen auslösen, wenn nach den bauplanungsrechtlichen Vorschriften das Gebäude **„ohne Grenzabstand"** errichtet werden **muss** oder **darf**. Die Rechtsprechung folgte der gesetzgeberischen Intention, wonach ein Vorhaben innerhalb der überbaubaren Grundstücksfläche nicht dem Nachbargebäude weitgehend deckungsgleich zu sein braucht (OVG NRW, Beschluss vom 5. 10. 1995 – 10 B 2445/95, BRS 57 Nr. 136 und Beschluss vom 13. 12. 1995 – 7 A 159/94, BauR 1996, 529 = BRS 57 Nr. 137 = NVwZ-RR 1996, 637). Nicht übersehen werden darf dabei aber die im **bauplanungsrechtlichen Begriff** des **Doppelhauses** bzw. der **Hausgruppe** liegende **Verpflichtung zur Schaffung harmonisch aufeinander abgestimmter Einheiten** (s. Rdn. 115).

79 Mit dem Zweiten Gesetz zur Änderung der Landesbauordnung vom 12. 12. 2006 erfuhr der vor dem Buchstaben a) stehende **einführende Teil des Satzes 2** eine **wesentliche Umgestaltung**. Während das Vorgängerrecht noch einengend auf Außenwände abstellte, die an **Nachbargrenzen** errichtet werden, nimmt die Neufassung **begrifflich erweiternd** allgemein auf **Grundstücksgrenzen** Bezug. Hieraus resultiert ein auf den ersten Blick nicht sofort verständlicher Unterschied:

Die **BauO NW 1995** verwendete den Begriff **Nachbargrenze** bewusst in Abgrenzung zum Begriff **Grundstücksgrenze**, um deutlich zu machen, dass es sich bei ersterer um eine Grenze zu Grundstücken handelt, die bebaut oder bebaubar sind. Nachbargrenzen sind nur die Grenzen des Baugrundstücks zu den unmittelbar angrenzenden Nachbargrundstücken, nicht jedoch die Grenzen zu den nicht bebaubaren öffentlichen Verkehrs-, Grün- oder Wasserflächen. Dies hatte zur Folge, dass wenn z. B. in einem Bebauungsplan die Festsetzung einer Baulinie mit der vorderen Grundstücksgrenze zusammenfiel, die auf der Baulinie angeordnete Außenwand des Gebäudes gleichwohl eine Abstandfläche auslöste, weil es sich bei dieser Grenze nicht um eine Nachbargrenze handelt. Zur Herbeiführung des Vorrangs des Bauplanungsrechts, war somit ein weiterer

Rechtssatz erforderlich, um zu ermöglichen, dass die Baulinie auch tatsächlich – wie städtebaulich gewünscht – bebaut werden konnte; § 6 Abs. 16 BauO NW 1995 = § 6 Abs. 17 BauO NRW 2000 räumte daher **zwingenden Festsetzungen** eines Bebauungsplans den Vorrang vor dem Abstandflächenrecht ein und ermöglichte so geringere Tiefen der Abstandflächen. Der hierbei verwendete Begriff „**zwingend**“ wurde indessen so verstanden, dass z. B. zusätzlich zur Baulinie, die ja lediglich die Anordnung der Außenwand im Grundriss bestimmte, eine bauplanungsrechtliche Festsetzung der Gebäudehöhe hinzutreten musste, um auch im Aufriss die städtebaulich gewünschte Höhe zu fixieren (s. hierzu die Vorauflage, Rdn. 321–325).

Die **Neufassung 2006** verwendet im einführenden Teil des Satzes 2 den Begriff **Grundstücksgrenze**, um damit die nachfolgenden Regelungen auf ausnahmslos sämtliche Grundstücksgrenzen zu beziehen, also auch auf die Grenzen zu öffentlichen Verkehrs-, Grün- und Wasserflächen. Dadurch erlangen bauplanungsrechtliche Bestimmungen stets den Vorrang vor dem Abstandflächenrecht, wenn im Übrigen die Voraussetzungen der ebenfalls neu formulierten nachfolgenden Satzteile erfüllt sind. Daher konnte § 6 Abs. 17 BauO NRW 2000 entfallen. Die Bedeutung der Vorschrift war seit der BauO NRW 2000 ohnehin marginal, da die Tiefe der Abstandflächen nach Absatz 5 Satz 2 zu öffentlichen Verkehrsflächen lediglich 0,4 H, in Gewerbe- und Industriegebieten 0,25 H beträgt.

**Satz 2** berücksichtigt den **Vorrang des Bauplanungsrechts**. Deshalb ist abweichend von 80
der Grundforderung des Satzes 1 **innerhalb der überbaubaren Grundstücksfläche** eine **Abstandfläche nicht erforderlich** gegenüber Grundstücksgrenzen, gegenüber denen **nach bauplanungsrechtlichen Vorschriften**

a) **ohne Grenzabstand oder mit geringerem Grenzabstand als nach den Sätzen 5 und 6** gebaut werden **muss** oder

b) **ohne Grenzabstand** gebaut werden **darf**, wenn **gesichert** ist, dass auf dem Nachbargrundstück **ohne Grenzabstand** gebaut wird.

Die **Abweichung von der Grundforderung** des Satzes 1 bestimmt sich somit nach den **bauplanungsrechtlichen Vorgaben**, das sind im **Geltungsbereich eines Bebauungsplans** die **Festsetzungen** über die **Bauweise** (§ 22 BauNVO 1990), die **überbaubare Grundstücksfläche** (§ 23 BauNVO 1990), über die **Zahl der Vollgeschosse** (§ 20 Abs. 1 BauNVO 1990 i. V. m. § 2 Abs. 5 BauO NRW), über die **Höhe baulicher Anlagen** (§ 18 BauNVO 1990) und gegebenenfalls auch über die **Stellung baulicher Anlagen** (§ 9 Abs. 1 Nr. 2 BauGB). Besteht **kein Bebauungsplan**, so richtet sich die bauplanungsrechtliche Zulässigkeit der Grenzbebauung innerhalb der im Zusammenhang bebauten Ortsteile nach **§ 34 Abs. 1 BauGB** und im Außenbereich nach **§ 35 BauGB**.

Wegen des **Vorrangs des Bauplanungsrechts** gilt folgender **Prüfgrundsatz**: 81

**Bevor** die Tiefe einer **Abstandfläche ermittelt** wird, muss **die bauplanungsrechtliche Zulässigkeit** des Vorhabens, insbesondere hinsichtlich der Bauweise, der überbaubaren und der nicht überbaubaren Grundstücksflächen, der zulässigen Zahl der Vollgeschosse, der zulässigen Höhe baulicher Anlagen und der Stellung baulicher Anlagen **geklärt** sein. Erst wenn über diese bauplanungsrechtlichen Vorgaben keine Zweifel mehr bestehen und **feststeht, dass** eine **Abstandfläche erforderlich** ist, kann die Tiefe dieser Abstandfläche ermittelt werden. Die Anwendung der Abstandflächenvorschriften setzt nämlich voraus, dass die **bauplanungsrechtlichen Fragen bereits entschieden** sind (OVG NRW, Beschluss vom 28. 2. 1991 – 11 B 2967/90, NWVBl. 1991, 265).

### 2.3 Bauplanungsrechtliche Regeln über Lage und Höhe baulicher Anlagen

82 Dem **Städtebaurecht** steht ein **eigenes Instrumentarium** zur Verfügung, um die **aus städtebaulichen Gründen erforderlichen Abstände und Freiflächen zwischen baulichen Anlagen** zu regeln, vor allem aber, um die allgemeinen Anforderungen an **gesunde Wohn- und Arbeitsverhältnisse** und die **Sicherheit der Wohn- und Arbeitsbevölkerung** im Sinne des § 1 Abs. 6 Nr. 1 BauGB zu gewährleisten. Dieses Instrumentarium ermöglicht es der Gemeinde,

- den **städtebaulichen Grundriss** und
- den **städtebaulichen Aufriss**

für die künftige Entwicklung der zu bebauenden Flächen im **Bebauungsplan** festzulegen. Die **städtebauliche Grundrissplanung** erfolgt durch die Festsetzung

- von **Baugrenzen**, **Baulinien** oder **Bebauungstiefen** (§ 23 BauNVO 1990),
- der **Bauweise** (§ 22 BauNVO 1990),
- der **Stellung baulicher Anlagen** (§ 9 Abs. 1 Nr. 2 BauGB) und
- der **vom Bauordnungsrecht abweichenden Maße der Tiefe der Abstandsflächen** (§ 9 Abs. 1 Nr. 2 a BauGB).

Die ebenso bedeutsame **städtebauliche Aufrissplanung** erfolgt durch die Festsetzung

- der **Höhenlage** der Flächen und baulichen Anlagen (§ 9 Abs. 3 BauGB),
- der **Höhe baulicher Anlagen** (§ 18 BauNVO 1990) und
- der **Zahl der Vollgeschosse** (§ 20. Abs. 1 BauNVO 1990, § 2 Abs. 5 BauO NRW).

Erst durch die Festlegung der **flächenmäßigen** und **höhenmäßigen** Ausdehnung der Bebauung ergibt sich eine **Bestimmbarkeit des zulässigen Gebäudevolumens**, das der Bauwillige im Rahmen einer „Angebotsplanung“ jedoch nicht ausnutzen muss. In **empfindlichen städtebaulichen Bereichen**, wie z. B. alten Stadtquartieren oder unter Denkmalschutz stehenden Ensembles, oder bei Vorliegen besonderer städtebaulicher Ziele, z. B. nach Durchführung eines städtebaulichen Wettbewerbs für ein neues Baugebiet, kann ein **genau festgelegtes Gebäudevolumen**, ein **genau festgelegter Gebäudestandort** oder eine **bestimmte Gebäudeform erzwungen** werden. Der Gesetzgeber war angesichts der unterschiedlichen Ausgangssituationen gut beraten, in § 6 BauO NRW einen **Vorrang des Bauplanungsrechts** zu begründen, weil hierdurch die Möglichkeiten der **situationsgerechten** Bauleitplanung nicht eingeschränkt werden.

83 Die Vorschriften über die **Bauweise** und über die **überbaubaren Grundstücksflächen** sind in der BauNVO geregelt. Über die **Stellung baulicher Anlagen** bestehen mangels Verordnungsermächtigung **keine näheren Bestimmungen**, so dass unmittelbar auf die Festsetzungsermächtigung des **§ 9 Abs. 1 Nr. 2 BauGB** zurückgegriffen werden kann. Dass in dieser Festsetzungsermächtigung unterschiedliche Möglichkeiten zusammengefasst sind, resultiert aus dem **gemeinsamen Festsetzungszweck**. Alle drei Festsetzungsmöglichkeiten dienen dazu, die **Anordnung** der baulichen Anlagen auf den zu bebauenden Flächen festzulegen. In der **Planungspraxis** werden sie entsprechend dem städtebaulichen Regelungsziel **kombiniert**. Dabei ist die **planerische Rangfolge** beim Gebrauch der Festsetzungsmöglichkeiten **anders, als die Vorschriftenfolge in der BauNVO**. Festsetzungen der überbaubaren Flächen und der Höhe baulicher Anlagen oder der

Zahl der Vollgeschosse finden sich in vielen Bebauungsplänen, während auf die Festsetzung der Bauweise oder der Stellung baulicher Anlagen mitunter verzichtet wird.

Die Festsetzung des **Maßes der baulichen Nutzung**, durch Angabe 84

- der **Grundflächenzahl**, der **Geschossflächenzahl** oder der **Baumassenzahl** bzw.
- der **Größe der Grundfläche**, der **Größe der Geschossfläche** oder der **Baumasse**

ist kein Mittel, um **direkt Einfluss auf Abstände** baulicher Anlagen nehmen zu können, da hierdurch allein **rechnerisch** der **Anteil** der Freiflächen zu den überbauten Grundstücksflächen bestimmt wird. Es können aber – in selteneren Fällen – **indirekte Wirkungen** derartiger Maßfestsetzungen in Verbindung mit anderen Festsetzungsmöglichkeiten zu beachten sein. Sind im Bebauungsplan z.B. eine straßenseitigen Baulinie, die geschlossenen Bauweise und die Größe der Grundfläche festgesetzt, so ergibt sich aus dem **Zusammenwirken dieser Festsetzungen** indirekt die Baukörpertiefe bei vollständiger Ausschöpfung des festgesetzten Nutzungsmaßes. Das Gebäude muss nämlich aufgrund der Festsetzungen **unmittelbar an** der straßenseitigen **Baulinie** und den beiden seitlichen **Nachbargrenzen** errichtet werden, so dass an **drei Seiten** bereits die **genaue Lage der Außenwände** feststeht. Für die **vierte** garten- bzw. hofseitige **Wand** errechnet sich deren **tiefstmögliche Anordnung** aus der vollständigen Ausnutzung der maximal zulässigen Größe der Grundfläche.

Außer den Festsetzungen über die Art und das Maß der baulichen Nutzung und über 85
die örtlichen Verkehrsflächen benötigt die Gemeinde zur Erreichung der **Mindestfestsetzungen** für einen **qualifizierten** Bebauungsplan nur noch eine Festsetzung **über** die überbaubaren Grundstücksflächen (nicht **der** überbaubaren Flächen). Die Gemeinde muss die überbaubare Fläche nicht vollständig regeln, so dass die Festsetzung einer **einzelnen** Baulinie bereits ausreicht, um den Bebauungsplan zu qualifizieren (BVerwG, Urteil vom 12.1.1968 – IV C 167/65, BRS 20 Nr. 8). Je nach großzügiger oder aber enger Fassung der überbaubaren Grundstücksflächen ergeben sich **mehr oder weniger starke Bindungen** für die Anordnung der Gebäude, die im Einzelfall weitere Festsetzungen zur Bauweise oder zur Stellung der baulichen Anlagen erübrigen. **Großzügig bemessene überbaubare Grundstücksflächen** lassen den Bauherren bei der Anordnung der Gebäude auf dem Grundstück **viel Spielraum**. Angesichts hoher Baulandpreise besteht daher eine Tendenz zur höchstmöglichen Ausnutzung der Festsetzungen. Das frühere Abstandflächenrecht der BauO NW 1962 und 1970 wirkte hierbei insoweit regulierend, als es relativ große Gebäudeabstände erzwang. Auch die Abstandflächenregelungen der BauO NW 1984, 1995 und 2000 können in diesem Sinne noch als Regulativ angesehen werden. Die Reduzierung der Abstandflächentiefe auf 0,4 H durch die MBO 2002 ermöglicht ein sehr dichtes Aneinanderrücken auch ausgedehnter Gebäude, so dass sich z.B. Hausgruppen auch an der Gartenseite in einem Abstand von nur 6 m gegenüberliegen können. Dass dabei nicht mehr von einem Sozialabstand die Rede sein kann, liegt auf der Hand. Da das **Bauordnungsrecht** seine **abstandregulierende Funktion aus Gründen des Städtebaus** einbüßte, hat der Bund mit Gesetz vom 21. 12. 2006 (BGBl. I S. 3316) **§ 9 Abs. 1 BauGB** durch Einfügung einer **Nr. 2 a** ergänzt (vgl. die Begründung in BT-Drucks. 16/3308, zu Artikel 1 Nr. 4). Nunmehr können „**vom Bauordnungsrecht abweichende Maße der Tiefe der Abstandsflächen**“ im Bebauungsplan festgesetzt werden, um ein zu dichtes Aneinanderrücken der Gebäude zu unterbinden.

### 2.3.1 Überbaubare Grundstücksflächen

86 Nach § **23** BauNVO 1990 können **überbaubare Grundstücksflächen** bestimmt werden:

- durch **Baulinien**, auf die gebaut werden muss – **Absatz 2**,
- durch **Baugrenzen**, die nicht überschritten werden dürfen – **Absatz 3**,
- durch **Bebauungstiefen**, die nicht überschritten werden dürfen – **Absatz 4**.

Als einzige dieser drei Möglichkeiten beschreibt die **Bebauungstiefe** stets eine genau definierte **überbaubare Fläche**, nämlich den **Bereich**, der **von der tatsächlichen Straßengrenze bis zur maximal festgesetzten Tiefe** reicht. Ist dagegen für einen von Straßen umschlossenen Baublock lediglich straßenseitig eine **Baulinie** oder eine **Baugrenze** festgesetzt, so kann zweifelhaft sein, ob der umschlossene Baublockbereich eine überbaubare Fläche sein soll, oder ob nur eine straßenseitigen Baulinie oder Baugrenze bezweckt war; diese Zweifel bestehen nur dann nicht, wenn textliche oder zeichnerische Ergänzungen hinzutreten. Die Gemeinde kann die Bebauungstiefe auch losgelöst von der tatsächlichen Straßenbegrenzungslinie durch Festsetzung einer zurückgesetzten Bezugslinie bestimmen, um z.B. eine Vorgartenzone zu bilden. Die Festsetzungsmöglichkeit eignet sich für streifenförmige überbaubare Flächen (vgl. hierzu Fickert/Fieseler, zu § 23 Rdn. 17). Um vergleichbare überbaubare **Flächen** zu formen, kann die Gemeinde auch **vordere** und **rückwärtige** Baugrenzen wählen.

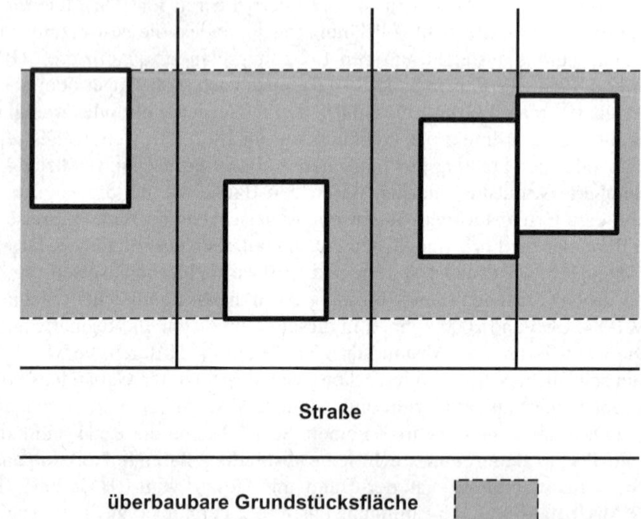


**Abbildung 6.9 Dispositionsbefugnis innerhalb überbaubarer Flächen**
Innerhalb überbaubarer Grundstücksflächen, die durch **Bebauungstiefen** oder durch **vordere und rückwärtige Baugrenzen** gebildet werden, kann der Bauherr die Anordnung der Gebäude frei wählen (s. Rdn. 86).

Bei **Begrenzung** der überbaubaren Fläche durch **Bebauungstiefen** oder **Baugrenzen** ist die **Lage der Gebäude noch nicht genau bestimmt**. Der Bauwillige hat – unter Beachtung der **Maßfestsetzungen** und von Festsetzungen über vom Bauordnungsrecht abweichende **Maße der Tiefe der Abstandflächen** (s. Rdn. 85) – innerhalb der überbaubaren Fläche eine relativ große **Dispositionsbefugnis**: er kann das oder die Gebäude an der vorderen oder rückwärtigen Begrenzung ausrichten oder irgendwo innerhalb der überbaubaren Fläche anordnen (s. Abbildung 6.9). Der Hinweis auf die Maßfestsetzungen ist von Bedeutung, weil die überbaubaren Flächen nicht so festgesetzt werden müssen, dass die volle oder eine weitgehende Ausschöpfung des festgesetzten Maßes der baulichen Nutzung möglich bleibt (BVerwG, Beschluss vom 29. 7. 1999 – 4 BN 24.99, BauR 1999, 1435 = BRS 62 Nr. 96 = UPR 2000, 143 = ZfBR 1999, 353). **86 a**

Setzt die Gemeinde zusätzlich eine **Baulinie** fest, um z. B. eine **einheitliche Bauflucht** entlang der Straße zu erzwingen, was in Kombination mit der geschlossenen Bauweise bei Blockrandbebauung oftmals städtebaulich erwünscht ist, so **müssen** die Gebäude an der straßenseitigen Begrenzung der überbaubaren Fläche – soweit die Baulinie reicht – angeordnet werden. Ein Spielraum besteht dann für den Bauwilligen nur noch hinsichtlich der Bemessung der Gebäudetiefe unter Beachtung der **Maßfestsetzungen** (s. Abbildung 6.10). Treten Festsetzungen über vom Bauordnungsrecht abweichende **Maße der Tiefe der Abstandflächen** hinzu, so kann sich der Spielraum insoweit einengen, als zur rückwärtigen Grundstücksgrenze das festgesetzte Maß der Tiefe der Abstandfläche es nicht mehr zulässt. die überbaubare Grundstücksfläche voll auszunutzen. **87**

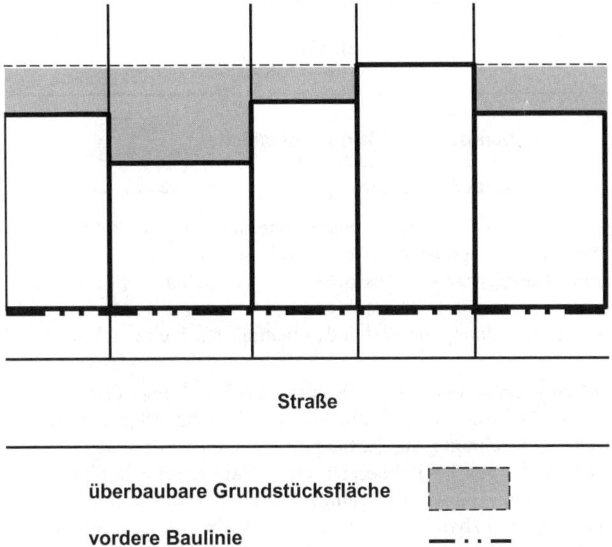


**Abbildung 6.10 Eingeschränkte Dispositonsbefugnis durch Baulinien**
Innerhalb überbaubarer Grundstücksflächen, die durch eine **vordere Baulinie** und eine **rückwärtige Baugrenze** in Verbindung mit **geschlossener Bauweise** gebildet werden, ist die Anordnung von Gebäuden zur Straßenseite hin vorgegeben (s. Rdn. 87).

88 Der Spielraum des Bauherrn ist ebenfalls stark begrenzt, wenn die überbaubaren Flächen nicht streifenförmig entlang der Straße verlaufen, sondern Unterbrechungen aufweisen, um so genannte „**Baufenster**" zu bilden. Anders als streifenförmige Ausweisungen weisen „Baufenster" auch einen – indirekten – **Bezug zu den seitlichen Grundstücksgrenzen** auf, weil sie zwischen den überbaubaren Flächen von Gebäuden freizuhaltende Zonen erzwingen. Der Bauwillige kann aufgrund der festgesetzten Baufenster nur in einem relativ **begrenzten Bereich** sein Gebäude anordnen. Treten Baulinien hinzu, wird die Dispositionsbefugnis insoweit noch stärker eingeschränkt, als er innerhalb des Baufensters vollständig – soweit die Baulinie reicht – an eine bestimmte Seite heranbauen muss (s. Abbildung 6.11).

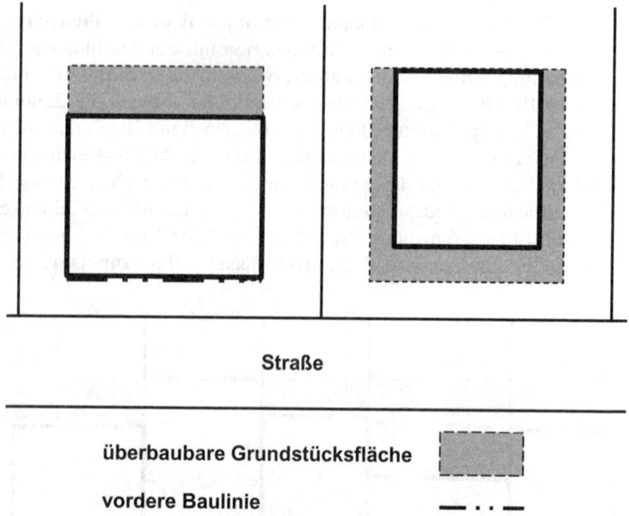


**Abbildung 6.11 Eingeschränkte Dispositionsbefugnis durch „Baufenster"**
Innerhalb von durch **Baugrenzen** – rechtes Beispiel – oder durch vordere **Baulinien in Verbindung mit Baugrenzen** – linkes Beispiel – gebildeten, nicht nur straßen- und gartenseitig, sondern auch seitlich begrenzten überbaubaren Flächen, so genannten „**Baufenstern**", ist die Anordnung der Gebäude ebenfalls stark eingeschränkt (s. Rdn. 88).

89 Eine **nahezu vollständige** oder auch **absolute Einschränkung der Dispositionsbefugnis** ergibt sich, wenn die Gemeinde „**Baufenster**" durch **mehrseitige** oder **allseitige Baulinien** bildet. Um eine **bestimmte Ausrichtung** im Sinne einer **Stellung** der baulichen Anlagen zu erreichen, können im **Eckbereich** eines Baufensters Baulinien und ansonsten Baugrenzen festgesetzt sein (s. Abbildung 6.12). In diesem Falle muss das Gebäude an **mehreren** oder sogar an **allen** Seiten der überbaubaren Grundstücksfläche bis **unmittelbar an** die Baulinien reichen. Es war **umstritten**, ob die **Ermächtigung** des § 9 a BauGB überhaupt die Befugnis einräumt, durch Rechtsverordnung **Vorschriften über Baulinien** erlassen zu können (vgl. Kuhn, Ästhetische Bevormundung durch Bebauungspläne, DVBl. 1968, S. 497 ff.). Die Regelungsbefugnis wird heute nicht mehr in Frage gestellt (BVerwG, Beschluss vom 8. 1. 2002 – 4 BN 61.01, BauR 2002, 1358 = BRS 65 Nr. 44 =

ZfBR 2002, 583). Bei der Festsetzung seitlicher Baulinien, die nicht zugleich an seitlichen Grundstücksgrenzen liegen, muss bedacht werden, dass sich das Maß des einzuhaltenden Abstandes in Abhängigkeit von der zulässigen Gebäudehöhe nach § 6 Abs. 1 Satz 2 in Verbindung mit Abs. 5 und 6 BauO NRW oder aber abweichend hiervon nach einer Festsetzung gemäß § 9 Abs. 1 Nr. 2a BauGB richtet. Wenn auch keine besonderen städtebaulichen Voraussetzungen für die Festsetzung von Baulinien vorliegen müssen, so ist dennoch eine **städtebauliche Begründung** für Baulinienfestsetzungen erforderlich, die eine Unterschreitung der erforderlichen Tiefe der Abstandflächen bedingen, z. B. die städtebaulich gewünschte **Anpassung der Neubebauung an eine historisch gewachsene Baustruktur** mit geringeren Grenzabständen nach älterem Baurecht unter **Beibehaltung** der bestehenden **Grundstücksstruktur**.

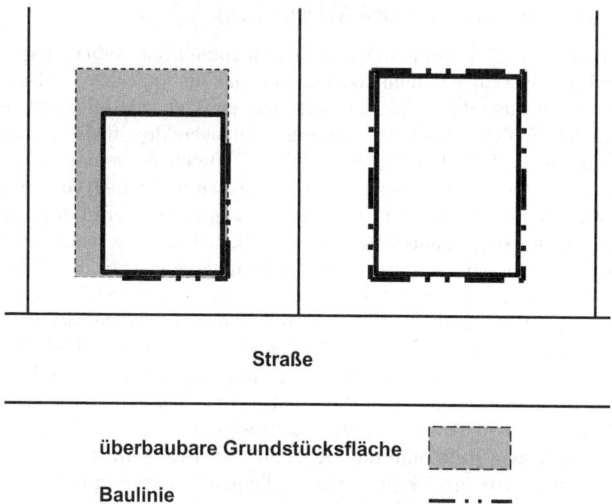


**Abbildung 6.12 Nahezu vollständige Einschränkung der Dispositionsbefugnis**
Die Anordnung der Gebäude ist stark eingeschränkt in „**Baufenstern**" mit **mehrseitigen Baulinien** – linkes Beispiel, um die Anordnung des Baukörpers an einer **Ecke** des Baufensters zu erzwingen – oder sogar vollständig eingeschränkt in „**Baufenstern**" mit **allseitigen Baulinien** – rechtes Beispiel, um eine vollständige Ausfüllung des Baufensters zu erzwingen (s. Rdn. 89).

Die grundsätzlich gegebenen Möglichkeiten bei der Bestimmung der überbaubaren Flächen sind damit erfasst. Daneben bleibt noch zu erwähnen, dass Baulinien und Baugrenzen auch verwendet werden können, um **innerhalb** einer überbaubaren Fläche **Bereiche mit unterschiedlichem Maß der baulichen Nutzung**, z. B. mit unterschiedlichen Gebäudehöhen oder unterschiedlicher Zahl der Vollgeschosse, **gegeneinander abzugrenzen** (OVG NRW, Urteil vom 22. 5. 2000 – 10 a D 197/98.NE, BauR 2001, 369 = BRS 63 Nr. 9). **Bebauungstiefen** kommen selten zur Anwendung und dann **überwiegend als textliche Festsetzung** in **einfachen** Bebauungsplänen nach § 30 Abs. 3 BauGB oder in **Ergänzungssatzungen** nach § 34 Abs. 4 Nr. 3 BauGB. **Baulinien** und **Baugrenzen** werden **in aller Regel zeichnerisch** in **qualifizierten** Bebauungsplänen nach § 30 Abs. 1 BauGB 90 oder **vorhabenbezogenen** Bebauungsplänen nach § 30 Abs. 2 BauGB festgesetzt, zumal sich dabei aus stadtgestalterischen Gründen gewünschte **Versprünge der Bebauung** leicht bestimmen lassen; eine entsprechende textliche Festsetzung ist mit der **erforderlichen Bestimmtheit** nahezu unmöglich.

91 Aus dem Wort „**über**baubar" könnte rückgeschlossen werden, dass Festsetzungen nach § 23 BauNVO 1990 nur oberhalb der Geländeoberfläche wirken und nicht die „**unter**baubare" Grundstücksfläche erfassen. Die **Rechtswirkungen** von Bebauungstiefen, Baulinien oder Baugrenzen beziehen sich indessen auch auf den **Luftraum** und den **unterirdischen Bereich** (BayVGH, Urteil vom 30. 11. 1979 – Nr. 26 II 78, BRS 36 Nr. 129; OVG Bln, Beschluss vom 20. 12. 1991 – 2 S 21.91, BRS 52 Nr. 166). Insofern besteht ein erheblicher **Unterschied zum Abstandflächenrecht**, das nur für oberirdische Gebäude oder Gebäudeteile gilt (s. Rdn. 70 und Abbildung 6.6).

92 In den überbaubaren Grundstücksflächen sind **Hauptanlagen**, **Nebenanlagen** im Sinne des § 14 BauNVO 1990 sowie **Stellplätze** und **Garagen** im Sinne des § 12 BauNVO 1990 zulässig. Zu den Hauptanlagen können **nicht nur die Gebäude im bauplanungsrechtlichen Sinne der BauNVO** (zum bauplanungsrechtlichen Begriff des Gebäudes s. die Anmerkungen zu § 2 Rdn. 118–119 und BVerwG, Beschluss vom 13. 12. 1995 – 4 B 245.95, BRS 57 Nr. 79), sondern **auch bauliche Anlagen** rechnen (BVerwG, Urteil vom 7. 6. 2001 – 4 C 1.01, ZfBR 2001, 558 zu einer als Hauptanlage einzuordnenden Anlage der Außenwerbung – so genannte Euro-Tafel – außerhalb der überbaubaren Fläche mit überzeugender Begründung aufgrund der Entstehungsgeschichte der Vorschrift), obwohl in der überwiegenden Anzahl der Fälle Gebäude erfasst werden, wie z. B. Wohngebäude oder Geschäfts- und Bürogebäude. Insoweit unterscheidet sich § 23 BauNVO 1990 von der Bauweisenvorschrift des § 22 BauNVO 1990 (s. Rdn. 116). Die Zulässigkeitskataloge der Baugebietsvorschriften verdeutlichen, dass auch **bauliche Anlagen, die selbst keine Gebäude sind**, zu den **Hauptanlagen** rechnen, wie z. B. Lagerplätze nach § 8 Abs. 2 BauNVO 1990. Wollte man die Rechtswirkungen überbaubarer Flächen nur auf Gebäude beziehen, so könnte die Gemeinde mit den Mitteln des § 23 BauNVO 1990 die Anordnung von Produktionsanlagen, die häufig auch rein technische Anlagen umfassen, die von Menschen nicht betreten werden können und deshalb auch **keine Gebäude** sind, wie z. B. Silos, Lagerbehälter oder Förderanlagen, nicht beeinflussen. Es kann der BauNVO aber nicht entnommen werden, dass der Verordnungsgeber, obwohl er erkennbar vornehmlich an Gebäude gedacht hat, die insoweit uneingeschränkte Verordnungsermächtigung in einem auf Gebäude eingeschränkten Sinne gebrauchen wollte.

93 Die Festsetzung von Baulinien, Baugrenzen oder Bebauungstiefen hat zur Folge, dass die Bestimmungen

- des § 23 **Abs. 2 Satz 2** BauNVO 1990 über das **Vor- und Zurücktreten von Gebäudeteilen in geringfügigem Ausmaß** in Bezug auf **Baulinien**,
- des § 23 **Abs. 3 Satz 2** BauNVO 1990 über das **Vortreten von Gebäudeteilen in geringfügigem Ausmaß** in Bezug auf **Baugrenzen** und
- des § 23 **Abs. 4 Satz 1** BauNVO 1990 über das **Vortreten von Gebäudeteilen in geringfügigem Ausmaß** in Bezug auf **Bebauungstiefen**

**Bestandteil des Bebauungsplans** werden. Die Gemeinde kann die Rechtswirkungen insoweit durch bodenrechtliche Festsetzung nicht ausschließen (so auch Boeddinghaus, zu § 23 Rdn. 23, der auf die Möglichkeit gestalterischer Festsetzungen nach Bauordnungsrecht zur Einschränkung der Zulässigkeit hinweist). Sie kann nur über die Verordnungsvorgaben hinaus aufgrund der ausdrücklichen Ermächtigung des § 23 **Abs. 2 Satz 3, Abs. 3 Satz 3** und **Abs. 4 Satz 1** BauNVO 1990 **weitere** nach Art und Umfang bestimmte **Ausnahmen** im Bebauungsplan festsetzen (s. Rdn. 97).

Bei den Bestimmungen über das Vor- und Zurücktreten von Gebäudeteilen in geringfügigem Ausmaß handelt es sich **nicht** um Ausnahmen, sondern um **Abweichungsermächtigungen eigener Art**, die der das Vorhaben zulassenden Behörde – das wird in der weit überwiegenden Anzahl der Fälle die Bauaufsichtsbehörde sein – ein **Ermessen** einräumen (so Ernst/Zinkahn/Bielenberg/Krautzberger, zu § 23 BauNVO unter Bezug auf BVerwG, Urteil vom 27. 2. 1992 – 4 C 43.87, BRS 54 Nr. 60). Da diese Abweichungen unmittelbar gelten, ohne dass es einer Ausnahme im Sinne des § 31 Abs. 1 BauGB bedarf, entscheidet hierüber die das Vorhaben zulassende Behörde **ohne Einvernehmen** mit der Gemeinde und ohne dass die Gemeinde die Möglichkeit hat, diese verordnungsrechtliche Bestimmung durch Festsetzung abzuändern (vgl. König/Roeser/Stock, zu § 23 Rdn. 19 a und 20). Bei der **Ermessensausübung** ist zu berücksichtigen, ob die Festsetzung der überbaubaren Flächen im Bebauungsplan generalisierend erfolgte (großzügig bemessene überbaubare Flächen – s. Abbildung 6.9), oder ob genauere Regelungen über die Anordnung der Gebäude bezweckt waren („Baufenster" – s. Abbildung 6.11 und 6.12). Das **Ermessen** kann **reduziert** sein, weil z. B. aufgrund einer eingetretenen baulichen Entwicklung auf den Nachbargrundstücken das geringfügige Überschreiten bei dem noch zu realisierenden Vorhaben aus städtebaulichen Gründen unter **Beachtung des Gleichheitssatzes** nicht mehr abgelehnt werden kann. 94

Im Rahmen der Abweichungsermächtigung darf nur ein Vortreten von **Gebäudeteilen** über die Baulinie, Baugrenze oder Bebauungstiefe hinaus oder das Zurücktreten hinter die Baulinie zugelassen werden. Wenn das **gesamte Gebäude** – auch nur geringfügig – vortreten oder zurücktreten soll, bedarf es einer **Befreiung** nach § 31 Abs. 2 BauGB (BVerwG, Urteil vom 20. 6. 1975 – IV C 5.74, BauR 1975, 313 = BRS 29 Nr. 126; OVG NRW, Beschluss vom 24. 5. 1996 – 11 B 970/96, BauR 1997, 82 = BRS 58 Nr. 171). Bei genauer Betrachtung einer Gebäudefassade ist festzustellen, dass zahlreiche Einzelteile leicht vor- oder zurücktreten. So sind Fenster und Türen leicht zurückgesetzt, während Dachkanten und Fensterbänke leicht vorstehen, ohne dass die Bestimmung über das Vor- und Zurücktreten auf diese Details zielt. Wegen der Beschränkung der BauNVO auf das **Bodenrecht** ist **begrifflich zwischen Gebäudeteilen und Bauteilen zu differenzieren** (s. die Anmerkungen zu § 2 Rdn. 120–126). Daher erfasst § 23 BauNVO 1990 nur **raumbildende** Gebäudeteile, wie Windfänge, Erker, Balkone oder Hauseingangsüberdachungen. Das geringfügige Vor- oder Zurücktreten **konstruktiver** oder **gestaltender** Elemente, wie Fensterbänke, Gesimse, Pfeiler, Dachüberstände, Regenrinnen, Regenfallrohre, Rollladenkästen oder Schlagläden wird **vom Städtebaurecht nicht erfasst** und rechnet allein zum Bauordnungsrecht (ähnlich Boeddinghaus, zu § 23 Rdn. 23, der unter Bezug auf OVG NRW, Beschluss vom 24. 5. 1996 – 11 B 970/96, BauR 1997, 82 = BRS 58 Nr. 171 allerdings darauf hinweist, dass die landesrechtlichen Bestimmungen des § 6 Abs. 7 BauO NRW zur näheren Bestimmung der Gebäudeteile herangezogen werden können; nicht differenzierend dagegen Fickert/Fieseler, zu § 23 Rdn. 13 und König/Roeser/Stock, zu § 23 Rdn. 20 a). 95

Die Gebäudeteile dürfen nur in **geringfügigem Ausmaß** vor- bzw. zurücktreten. Ein **mehr als nur geringfügiges** Vor- bzw. Zurücktreten von Gebäudeteilen ist von der BauNVO nicht mehr gedeckt und bedarf deshalb einer **Befreiung** nach § 31 Abs. 2 96

BauGB. Ob das Ausmaß des Vor- bzw. Zurücktretens geringfügig ist, kann nicht an bestimmten Werten festgemacht werden, sondern hängt von der **Baumasse des Gebäudes** ab (BayVGH, Urteil vom 27.11.1974 – Nr. 54 I 73, BRS 29 Nr. 30 zu einem nicht mehr untergeordneten Kamin mit einer Grundfläche von 1,18 x 1,18 m an einem Backhaus mit einer Grundfläche von 3,40 x 8,90 m). Es handelt sich daher um eine **relative Größe**, die danach zu beurteilen ist, ob der **Gebäudeteil im Verhältnis zum Gesamtbauvorhaben** nicht nennenswert ins Gewicht fällt und hinsichtlich seiner Baumasse als **unbedeutend** erscheint (Hess. VGH, Beschluss vom 12.10.1995 – 4 TG 2941/95, BRS 57 Nr. 139 zu Balkonen, die nicht mehr untergeordnet sind, weil sie mehr als ein Drittel der Gebäudefront in Anspruch nehmen).

Die Gemeinde kann – gestützt auf die Ermächtigungen des § 23 **Abs. 2 Satz 3**, **Abs. 3 Satz 3** und **Abs. 4 Satz 1** BauNVO 1990 – durch **Festsetzung** im Bebauungsplan **weitere nach Art und Umfang bestimmte Ausnahmen** vorsehen. Zur Bestimmung der **Art** der Ausnahme können bestimmte Gebäudeteile benannt werden, z. B. Treppenräume, Wintergärten oder erdgeschossige Vorbauten. Der **Umfang** der Ausnahme ist **maßlich** festzulegen. Es ist auch möglich, das **Vor- und Zurücktreten des gesamten Gebäudes** als Ausnahme unter genau umschriebenen Voraussetzungen festzusetzen (so Boeddinghaus, zu § 23 Rdn. 24; Jäde/Dirnberger/Weiß, zu § 23 BauNVO Rdn. 11; König/Roeser/Stock, zu § 23 Rdn. 21; a. A. Fickert/Fieseler, zu § 23 Rdn. 14–14.1 und Knaup/Stange, zu § 23 Rdn. 29). Macht die Gemeinde von dieser Ermächtigung Gebrauch, so entscheidet über die Gewährung der Ausnahme die Genehmigungsbehörde im **Einvernehmen** mit der Gemeinde.

97 Eine allgemeine Aussage über die **nachbarschützende Funktion** von Baulinien, Baugrenzen oder Bebauungstiefen ist nicht möglich (s. die Anmerkungen zu § 74 Rdn. 96). **Ob** die jeweilige **Festsetzung drittschützend** ist, hängt vom **Willen der Gemeinde** als Planungsträger ab (BVerwG, Beschluss vom 19.10.1995 – 4 B 215.95, BRS 57 Nr. 219 = ZfBR 1996, 104) und ist **im Einzelfall durch Auslegung zu ermitteln** (BVerwG, Urteil vom 19.9.1986 – 4 C 8.84, BRS 46 Nr. 173 und OVG NRW, Beschluss vom 24.5.1996 – 11 B 970/96, BauR 1997, 82 = BRS 58 Nr. 171; s. auch Knaup/Stange, zu § 22 Rdn. 48). Eine Aussage hierzu kann im Einzelfall die **Begründung des Bebauungsplans** enthalten (vgl. Nds. OVG, Beschluss vom 20.6.2000 – 1 M 2011/00, BauR 2000, 1844 = BRS 63 Nr. 188). Dabei sind die **örtlichen Verhältnisse** und die „**Wohndichte**“ zu berücksichtigen (OVG Bremen, Urteil vom 20.2.1996 – 1 BA 53/95, BRS 58 Nr. 173 = NVwZ-RR 1997, 276 zur gartenseitigen Baugrenze für eine Reihenhauszeile).

**Straßenseitigen Begrenzungen** der überbaubaren Grundstücksflächen kommt **regelmäßig keine** nachbarschützende Funktion in Bezug auf den **seitlichen** Nachbarn zu (VGH B-W, Beschluss vom 9.3.1995 – 3 S 3321/94, BRS 57 Nr. 211 und Beschluss vom 1.10.1999 – 5 S 2014/99, BRS 62 Nr. 185 = NVwZ-RR 2000, 348), wohl aber kann der **gegenüberliegende** straßenseitige Nachbar geschützt sein (vgl. Hahn/Schulte, Rdn. 154).

Baulinien und Baugrenzen zu **seitlichen** Grundstücksgrenzen haben dagegen **regelmäßig nachbarschützende Wirkung** zugunsten des an derselben Grundstücksseite liegenden Nachbarn (VGH B-W, Beschluss vom 23.7.1991 – 8 S 1606/91, BauR 1992, 65 = BRS 52 Nr. 177).

### 2.3.2 Nicht überbaubare Grundstücksflächen

Mit der Festsetzung der überbaubaren Grundstücksflächen ergibt sich im **Umkehrschluss**, welche Flächen – mit Hauptanlagen – **nicht überbaubar** sind. Die Anordnung der **Hauptanlagen** auf dem Grundstück wird durch die Festsetzung überbaubarer Grundstücksflächen eingeschränkt, so dass diese **auf den nicht überbaubaren Flächen unzulässig** sind (BVerwG, Urteil vom 7. 6. 2001 – 4 C 1.01, ZfBR 2001, 558). Da die Festsetzung der überbaubaren Flächen nach der **Systematik der BauNVO** nur die **Hauptanlagen** erfasst, bedurfte es einer besonderen Bestimmung, ob überhaupt – und wenn ja welche – Anlagen auf den nicht überbaubaren Grundstücksflächen angeordnet werden dürfen. Unter Ausnutzung der Verordnungsermächtigung, die auch Vorschriften über Festsetzungen bezüglich der nicht überbaubaren Grundstücksflächen erlaubt, enthält **§ 23 Abs. 5** BauNVO 1990 hierzu eine allerdings nur **schwer verständliche Bestimmung**, die mit der Festsetzung von Bebauungstiefen, Baulinien oder Baugrenzen in den Bebauungsplan inkorporiert wird. Soweit keine hiervon abweichende Festsetzung besteht, können auf den nicht überbaubaren Grundstücksflächen zugelassen werden: 98

- **Nebenanlagen im Sinne des § 14** BauNVO 1990 (**Satz 1**),
- nach Landesrecht **in den Abstandflächen privilegierte bauliche Anlagen** (**Satz 2**).

Enthält der Bebauungsplan keine ausdrücklich anderslautende **textliche** oder **zeichnerische** Festsetzung, die gegebenenfalls auch **nachbarschützende Wirkung** entfalten kann (VGH B-W, Beschluss vom 23. 10. 1997 – 5 S 1596/97, BauR 1998, 521 = BRS 59 Nr. 126), gilt § 23 Abs. 5 BauNVO 1990 unmittelbar. Diese Bestimmung ist wie die über das Vor- und Zurücktreten von Gebäudeteilen in geringfügigem Ausmaß **keine Ausnahmeregelung**, sondern eine **Abweichungsermächtigung eigener Art** (s. Rdn. 94).

Von **§ 23 Abs. 5 Satz 1** BauNVO 1990 werden die **Nebenanlagen im Sinne des § 14** BauNVO 1990 erfasst, das sind bauliche Anlagen oder Einrichtungen, die dem **Nutzungszweck** der in dem Baugebiet gelegenen Grundstücke oder des Baugebiets selbst **dienen** und die seiner **Eigenart nicht widersprechen** (§ 14 Abs. 1 **Satz 1**), wozu auch solche für die **Kleintierhaltung** gehören (§ 14 Abs. 1 **Satz 2**). Eine untergeordnete Nebenanlage ist eine bodenrechtlich relevante bauliche Anlage, die sowohl in ihrer Funktion als auch räumlich-gegenständlich dem primären Nutzungszweck der in dem Baugebiet liegenden Baugrundstücke oder des Baugebietes selbst sowie der diesem Nutzungszweck entsprechenden Bebauung **dienend zu- und untergeordnet** ist (BVerwG, Urteil vom 17. 12. 1976 – IV C 6.75, BRS 30 Nr. 117). Die **Unterordnung** muss nicht nur hinsichtlich der Funktion, sondern auch **optisch** gegeben sein; die Nebenanlage darf zur Hauptanlage nicht als gleichwertig erscheinen oder diese sogar optisch verdrängen (OVG Bln, Urteil vom 27. 11. 1981 – 2 A 1.80, BRS 38 Nr. 7). 99

Die Gemeinde kann die **Zulässigkeit** von Nebenanlagen nach § 14 Abs. 1 **Satz 3** BauNVO 1990 mit der Folge **einschränken** oder **ausschließen**, dass sich eine derartige Festsetzung dann auf das jeweilige Baugebiet insgesamt und nicht nur auf die nicht überbaubare Fläche nach § 23 Abs. 5 BauNVO 1990 bezieht. Ferner kann die Gemeinde nach § 14 **Abs. 2** BauNVO 1990 als **Ausnahme** festsetzen, dass die der **Versorgung der Baugebiete** mit Elektrizität, Gas, Wärme und Wasser sowie zur Ableitung von Abwasser dienenden Nebenanlagen zugelassen werden können, auch soweit für sie im Bebauungsplan keine besonderen Flächen festgesetzt sind; das Gleiche gilt für fernmeldetechnische Nebenanlagen und für Anlagen für erneuerbare Energien. 100

101 Von § **23 Abs. 5 Satz 2** BauNVO 1990 werden in Form der Verweisung auf das Landesrecht die in den Abstandflächen – einer Hauptanlage – **abstandrechtlich privilegierten baulichen Anlagen** erfasst. Welche Anlagen hierunter fallen, ist in § 6 **Abs. 10 und 11** BauO NRW geregelt. In den Abstandflächen der Hauptanlage sind nach § 6 Abs. 11 BauO NRW **Garagen** – insbesondere **Grenzgaragen** – zulässig; zu den Garagen rechnen auch **überdachte Stellplätze** (s. die Anmerkungen zu § 2 Rdn. 240). Die in § 6 Abs. 11 BauO NRW weiterhin aufgeführten Gewächshäuser und Gebäude zu Abstellzwecken fallen nicht in den Anwendungsbereich des § 23 Abs. 5 Satz 2 BauNVO 1990, da diese Bestimmung nur solche Anlagen erfasst, die nicht bereits Nebenanlagen nach Satz 1 sind – und das können nur Stellplätze und Garagen sein –, denn sonst wäre Satz 2 insgesamt überflüssig. Das Gleiche gilt für die nach § 6 Abs. 10 BauO NRW privilegierten Anlagen, wie z. B. bis zu 2 m hohe Einfriedungen oder bis zu 1 m hohe Terrassen. Aus Sicht des Rechtsanwenders wäre es verständlicher, wenn § 23 Abs. 5 Satz 2 BauNVO 1990 die Stellplätze und Garagen direkt erwähnt und auf die im Übrigen **dynamische Verweisung** (VGH B-W, Beschluss vom 6. 9. 1995 – 8 S 2388/95, BauR 1996, 222 = BRS 57 Nr. 84 = NVwZ-RR 1996, 140) verzichtet hätte. Diese schwer nachvollziehbare „rechtstechnische Akrobatik" ist nur vor dem Hintergrund der früheren Rechtslage des Jahres 1962 verständlich (s. Rdn. 9–14).

102 Obwohl **Stellplätze** und **Garagen** im Regelfall einer Hauptanlage dienend zu- und untergeordnet sind, stellen sie **keine Nebenanlagen im Sinne des § 14 BauNVO** dar. Mit § **12** BauNVO 1990 besteht nämlich **im Verhältnis zu § 14** BauNVO 1990 eine **speziellere Regelung** (lex speciales), so dass die bauplanungsrechtliche Zulässigkeit von Stellplätzen und Garagen nicht von den Vorgaben für Nebenanlagen abhängt (VGH B-W, Beschluss vom 23. 7. 1991 – 8 S 1606/91, BRS 52 Nr. 177). Die Vorschriften des § 12 BauNVO betreffen zwar nur die **Art der baulichen Nutzung**, enthalten jedoch weitreichende Bindungen, die sich auch auf § 23 Abs. 5 BauNVO insofern auswirken, als die überbaubare Fläche für die Zulässigkeitsbeurteilung keine oder nur eingeschränkte Bedeutung aufweist, weil **andere** bauplanungsrechtliche Vorschriften bereits die Anordnung und Lage der Stellplätze und Garagen regeln. Nach § **12** BauNVO 1990 gelten folgende **bauplanungsrechtlichen** Vorgaben:

- **Grundsätzlich** sind gemäß **Absatz 1** Stellplätze und Garagen **in allen Baugebieten zulässig**.
- Nach **Absatz 2** sind in **Kleinsiedlungsgebieten**, **reinen** und **allgemeinen Wohngebieten** sowie in **Sondergebieten**, die der **Erholung** dienen, Stellplätze und Garagen nur für den durch die zugelassene Nutzung **verursachten Bedarf** zulässig.
- Nach **Absatz 3 Nr. 1** sind Stellplätze und Garagen für **Lastkraftwagen** und **Kraftomnibusse** sowie **Anhänger** dieser Fahrzeuge **in reinen Wohngebieten unzulässig**.
- Nach **Absatz 3 Nr. 2** sind Stellplätze und Garagen für **Kraftfahrzeuge mit einem Eigengewicht über 3,5 Tonnen** sowie **Anhänger** dieser Kraftfahrzeuge **in Kleinsiedlungsgebieten** und **allgemeinen Wohngebieten unzulässig**.
- Nach § 12 **Abs. 4 Satz 1 und 2** BauNVO 1990 kann bestimmt werden, dass in **oberirdischen Garagengeschossen** oder **Tiefgaragengeschossen** nur Stellplätze zulässig sind. Soweit die Gemeinde keine anderen Bestimmungen erlässt, sind dann aufgrund des § 12 Abs. 4 **Satz 3** BauNVO **Stellplätze und Garagen nur in den festgesetzten Geschossen zulässig**.

- Nach § 12 **Abs. 5** BauNVO 1990 gilt die vorgenannte Festsetzungsmöglichkeit auch für **Teile von Geschossen**.
- Nach § 12 **Abs. 6** BauNVO 1990 kann für **Baugebiete** oder **bestimmte Teile** von Baugebieten festgesetzt werden, dass **Stellplätze und Garagen unzulässig** oder nur **in beschränktem Umfang zulässig** sind.

Gestützt auf die Ermächtigungen des **§ 9 Abs. 1 Nr. 4 und Nr. 22 BauGB** kann die Gemeinde auch direkt **103**

- **Flächen für Stellplätze** und **Garagen** mit ihren Einfahrten auf den Baugrundstücken

  und

- **Flächen für Gemeinschaftsstellplätze** und **Gemeinschaftsgaragen**

im Bebauungsplan festsetzen, um den **Standort** dieser Anlagen auf den jeweiligen Baugrundstücken (Nr. 4) oder für einen bestimmten Baugebietsteil (Nr. 22) zu beeinflussen. Die beiden Festsetzungsermächtigungen dürfen nicht mit der nach § 9 Abs. 1 Nr. 11 BauGB für das Parken von Fahrzeugen auf öffentlichen Verkehrsflächen verwechselt werden und gestatten es, auf Baugrundstücken am festgelegten Standort nur Garagen **oder** nur Stellplätze zuzulassen (BVerwG, Beschluss vom 31. 8. 1989 – 4 B 161.88, BRS 49 Nr. 16). **Indirekt** kann sich aus der Festsetzung über **Bereiche ohne Ein- und Ausfahrten** nach **§ 9 Abs. 1 Nr. 11 BauGB** ein **Errichtungsverbot** für Stellplätze und Garagen für ein Baugrundstück ergeben.

Die **zeichnerische Darstellung** der **Baulinien** und **Baugrenzen** im Bebauungsplan erfolgt mittels der **Planzeichen** nach **Nr. 3.4** und **Nr. 3.5** der **Anlage zur PlanzV 90**. **104**

Für die **Umgrenzung von Flächen für Nebenanlagen**, **Stellplätze** und **Garagen** sowie **Gemeinschaftsanlagen** nach § 9 Abs. 1 Nr. 4 und 22 BauGB enthält **Nr. 15.3** der Anlage zur PlanzV 90 **besondere Planzeichen**, die im Bebauungsplan neben denen nach Nr. 3.4 und 3.5 anzuwenden sind:

| | | schwarz/weiß | farbig |
|---|---|---|---|
| **3.4** | **Baulinie** | — · · — · · — | (rote Linie) |
| **3.5** | **Baugrenze** | — — · — — | (blaue Linie) |
| **15.3** | **Umgrenzung von Flächen für Nebenanlagen, Stellplätze, Garagen und Gemeinschaftsanlagen** | (gestrichelte Umrandung) | (rot gestrichelte Umrandung) |

**Zweckbestimmung:**

| | | | |
|---|---|---|---|
| **Stellplätze** | **St** | **Gemeinschafts-stellplätze** | **GSt** |
| **Garagen** | **Ga** | **Gemeinschafts-garagen** | **GGa** |

### 2.3.3 Stellung baulicher Anlagen

105 Unter der Stellung der baulichen Anlagen ist die **Ausrichtung der Baukörper** zur **Straße**, zu den **Nachbargrenzen** oder zur **Himmelsrichtung** zu verstehen. Die Stellung darf **nicht auf die Firstrichtung des Daches reduziert** werden, denn ein Gebäude braucht nicht immer ein geneigtes Dach zu haben; eine Flachdachbebauung weist keine Firstrichtung auf. Die Ausrichtung der Baukörper kann aus städtebaulichen Gründen festgesetzt werden, z.B. um eine Parallelität der Gebäude zur Straße oder zu einheitlich verlaufenden Nachbargrenzen zu erzwingen, um das Verhältnis der Baukörper untereinander aus Besonnungs- oder Belüftungsaspekte zu ordnen und **insoweit auch nachbarschützende Wirkung** zu entfalten (vgl. Battis/Krautzberger/Löhr, zu § 9 Rdn. 17), um die bessere Ausnutzung erneuerbarer Energien zu fördern oder die Erschließung zu erleichtern. Dabei kann eine **Überschneidung mit baugestalterischen Festsetzungen** auftreten (s. die Anmerkungen zu § 86 Rdn. 29–30). Die Festsetzung der Stellung der baulichen Anlagen ist bei großzügig bemessener überbaubarer Grundstücksflächen infolge der großen Dispositionsbefugnis sinnvoll (s. Rdn. 86 und Abbildung 6.9), um **ungeordnet erscheinende Baustrukturen** zu unterbinden (s. Abbildung 6.13).

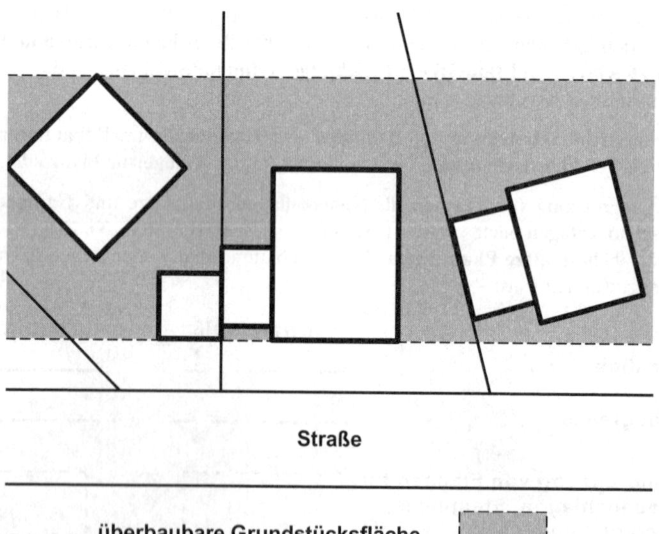

**Abbildung 6.13 Ungeordnete Stellung der Baukörper**
**Ohne** Festsetzung der **Stellung** baulicher Anlagen entstehen bei großzügig bemessener überbaubarer Grundstücksfläche leicht **ungeordnete Baustrukturen** (s. Rdn. 105).

106 Die **Festsetzung der Stellung** baulicher Anlagen ist mangels rechtlicher Vorgaben textlich oder zeichnerisch **unmittelbar auf § 9 Abs. 1 Nr. 2 BauGB zu stützen**. Die PlanzV 90 sieht **kein besonderes Planzeichen** vor. In der Praxis wird der **Doppel-** oder **Winkelpfeil** als nach § 2 Abs. 2 PlanzV 90 weiterentwickeltes Planzeichen verwendet.

### 2.3.4 Festsetzungen über die Bauweise und Abstandflächenvorschriften

Die Vorschriften des § 22 BauNVO (sämtliche Fassungen) orientierten sich an der städtebaulichen Tradition, insbesondere aber an der klassischen Blockrandbebauung. Sie sind auch durch die vor dem Inkrafttreten des heutigen Städtebaurechts übliche Planungsmethodik beeinflusst worden, im Fluchtlinienplan durch Fluchtlinien die **straßenseitige Ausrichtung der Gebäude** vorzuschreiben und in den Baupolizeiverordnungen die seitlichen und gartenseitigen Grenzabstände zu bestimmen. Bei Erlass der BauNVO 1962 bestand weitgehend die Planungspraxis, die überbaubaren Grundstücksflächen **streifenförmig** entlang der Straßen zu formen, so dass sich **garten- oder hofseitig rückwärtige Baugrenzen** ergaben. Daher waren aus bauplanungsrechtlicher Sicht nur die **seitlichen** Grenzabstände für die offene oder geschlossene Bauweise zu regeln. **107**

Die gesamte Materie, also die Regelungen über die Bauweise und über die Abstandsflächen, rechnet schon wegen des zu berücksichtigenden Belangs **gesunder Wohn- und Arbeitsverhältnisse** zweifelsohne zum **Bodenrecht** und hätte deshalb durch den Bund sogar umfassend geregelt werden können, was jedoch mit Rücksicht auf die Rechtsentwicklung unterblieben ist (vgl. Ernst/Zinkahn/Bielenberg/Krautzberger, zu § 22 BauNVO Rdn. 3). Auch die mit Gesetz vom 21.12.2006 (BGBl. I S. 3316) in **§ 9 Abs. 1 BauGB** aufgenommene **Nr. 2 a** über „vom Bauordnungsrecht **abweichende Maße der Tiefe** der Abstandsflächen" stellt nur eine **Teilregelung** dar, da es für die Berechnung der Abstandsflächentiefe weiterhin bei den Vorschriften der Landesbauordnungen verbleibt (so die Begründung in BT-Drucks. 16/3308, zu Artikel 1 Nr. 4, S. 19 f.). **108**

Die Festsetzung der **Bauweise** bezweckt, anders als die Festsetzung der überbaubaren Grundstücksflächen und der Stellung baulicher Anlagen, eine **direkte Beziehung der Hauptanlagen zu den Nachbargrundstücken** (s. Rdn. 115) und insbesondere **zu den seitlichen Nachbargrenzen** herzustellen (BVerwG, Beschluss vom 31. 1. 1995 – 4 NB 48.93, BRS 57 Nr. 23). Aus der festgesetzten Bauweise ergibt sich, **ob** die **Gebäude der Hauptnutzung** zu den Nachbargrenzen einen **Abstand einzuhalten haben oder eben nicht** (VGH B-W, Beschluss vom 9. 5. 2006 – 3 S 906/06, BRS 70 Nr. 180 = ZfBR 2006, 689). Die Bestimmungen gehen nur bezüglich der **offenen** und der **geschlossenen Bauweise** auf das frühere **Baupolizeirecht** zurück (s. Rdn. 1–8). Mit § 22 **Abs. 4** BauNVO 1962 wurde zusätzlich die **abweichende Bauweise** eingeführt, um die nach dem II. Weltkrieg im Zuge des Wiederaufbaus und des Großsiedlungsbaus gemachten Erfahrungen mit neuen städtebaulichen Konzeptionen baurechtlich zu berücksichtigen. Bei Festsetzung der **abweichenden** Bauweise kann die Gemeinde gemäß § 22 Abs. 4 **Satz 2** BauNVO 1990 auch bestimmen, **inwieweit** an die **vorderen**, **rückwärtigen** und **seitlichen** Grundstücksgrenzen **herangebaut** werden **darf** oder **muss**. **109**

Für die Gemeinde besteht **keine Verpflichtung zur Festsetzung der Bauweise** im Bebauungsplan. Die Bauweise **rechnet auch nicht zu den Mindestfestsetzungen** eines **qualifizierten** Bebauungsplans nach § 30 Abs. 1 BauGB, wohl aber zu den **Kriterien für die Einfügung** in die Umgebungsbebauung nach § 34 Abs. 1 BauGB. Enthält der Bebauungsplan keine Festsetzung der Bauweise, so gilt nicht etwa grundsätzlich die offene Bauweise. Die entsprechende Vorschrift des **§ 22 Abs. 1 Satz 2 BauNVO 1962** war **von der Verordnungsermächtigung nicht gedeckt**, daher von Anfang an **bedeutungslos** und entfaltet für unter der Geltung der BauNVO 1962 aufgestellte Bebauungspläne **keinerlei Rechtswirkung** (so BVerwG, Urteil vom 23. 4. 1969 – IV C 12.67, BRS 22 Nr. 42). Die Vorschrift wurde mit der Änderungsverordnung 1968 daher **aufgehoben**. **110**

### 2.3.5 Offene Bauweise

111 Die in **§ 22 Abs. 2 BauNVO** (sämtliche Fassungen) getroffenen Regelungen zur offenen Bauweise sind **nicht abschließend** und erfahren durch die **Abstandflächenvorschriften** der Landesbauordnungen **wesentliche Ergänzungen**, wodurch der **bauaufsichtliche Vollzug nicht erleichtert** wird, da nur **schwer zu durchschauende Wechselwirkungen** zwischen dem Bauplanungsrecht und dem Abstandflächenrecht bestehen.

„Wird die **offene Bauweise** festgesetzt, **ergeben sich die seitlichen Grenzabstände aus dem Bauordnungsrecht**" (BVerwG, Beschluss vom 12. 5. 1995 – 4 NB 5.95, BRS 57 Nr. 7), da der **Grenzabstand zu den** – früher als Bauwich bezeichneten **– seitlichen Nachbargrenzen** nur **dem Grunde nach** geregelt wird (OVG NRW, Beschluss vom 14. 8. 1997 – 10 B 1869/97, BRS 59 Nr. 73).

Die Vorschrift geht von einer Bebauung an üblichen Straßen aus, so dass sich die **seitlichen** Grenzen des Baugrundstücks durch **Blickrichtung von der Straße aus** ergeben (s. Abbildung 6.14). Bei **Eckgrundstücken** muss die Betrachtung von beiden Straßen aus erfolgen. Im Extremfall hat ein Eckgrundstück eine vordere und zwei seitliche Grenzen, die in einem rückwärtigen Punkt zusammenlaufen (s. auch OVG NRW, Urteil vom 5. 3. 1963 – VII A 1294/62, BRS 14 Nr. 5). Bei über einen Wohnweg erschlossen Gebäuden erfolgt der **Blick vom Wohnweg** in Richtung Baugrundstück, um die seitlichen Grundstücksgrenzen zu bestimmen.

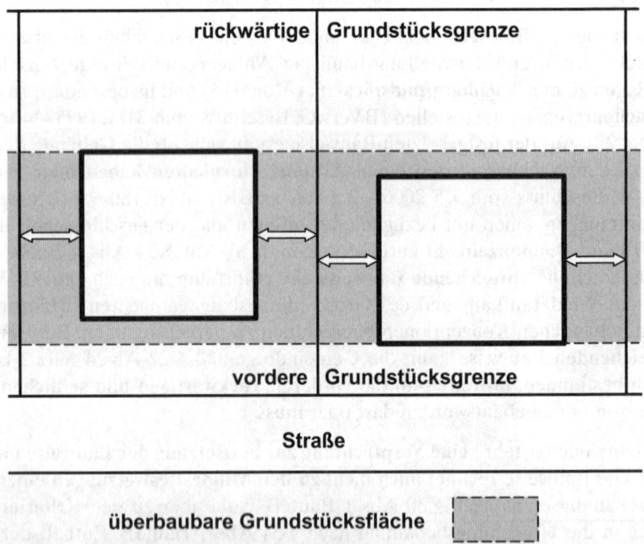


**Abbildung 6.14 Seitliche Grenzabstände bei offener Bauweise**
In der **offenen** Bauweise werden die Gebäude mit **seitlichem Grenzabstand** errichtet. Die **seitlichen** Grundstücksgrenzen ergeben sich aus Blickrichtung von der Straße aus. Das Beispiel zeigt **Einzelhäuser** (s. Rdn. 111).

112 In der **offenen Bauweise** nach § 22 Abs. 2 BauNVO 1990 dürfen – soweit keine Beschränkung auf einzelne Hausformen festgesetzt ist – die Gebäude **mit seitlichem** Grenzabstand entweder als **Einzelhäuser**, **Doppelhäuser** oder **Hausgruppen** errichtet werden, wobei deren Länge auf **höchstens 50 m** beschränkt ist. Das **Längenmaß** bezieht sich auf die **Ausdehnung des Baukörpers zwischen zwei Nachbargrundstücken** (Hess. VGH, Beschluss vom 22. 1. 1996 – 4 TG 1675/95, BRS 58 Nr. 37), wird wie die seitliche Grundstücksgrenze **von der Straße aus** betrachtet (s. Rdn. 111) und ist an der **Vorderfront** des Gebäudes zu messen (vgl. Knaup/Stange, zu § 22 Rdn. 30), auch wenn dieses **gebogen** oder **abgewinkelt** um eine Straßenecke herum verläuft. Die praktische Bedeutung der Längenbegrenzung ist auf Hausgruppen beschränkt, die nicht selten an **Wohnwegen** liegen. Die **Vorschriften des § 4 Abs. 1 Nr. 1 und § 5 Abs. 4 BauO NRW korrespondieren mit** dieser planungsrechtlichen **Längenbeschränkung** (s. die Anmerkungen zu § 4 Rdn. 41–42 und zu § 5 Rdn. 10).

Die Zuordnung von Doppelhäusern und Hausgruppen zur offenen Bauweise erscheint unsystematisch, weil die **einzelnen Gebäude** eines Doppelhauses bzw. einer Hausgruppe **an der gemeinsamen Grundstücksgrenze aneinander gebaut** sind und damit **Wesenselemente der geschlossenen Bauweise** aufweisen. **Einzelhäuser** halten **vor beiden seitlichen** Außenwänden Grenzabstand ein (s. Abbildung 6.14). Bei **Doppelhaushälften** entfällt für die **gemeinsam aneinander gebauten Wände** der seitliche Grenzabstand. Bei **Mittelhäusern** von Hausgruppen **fehlen seitliche** Grenzabstände **völlig** – sie erscheinen wie solche in der geschlossenen Bauweise (s. Abbildung 6.15).

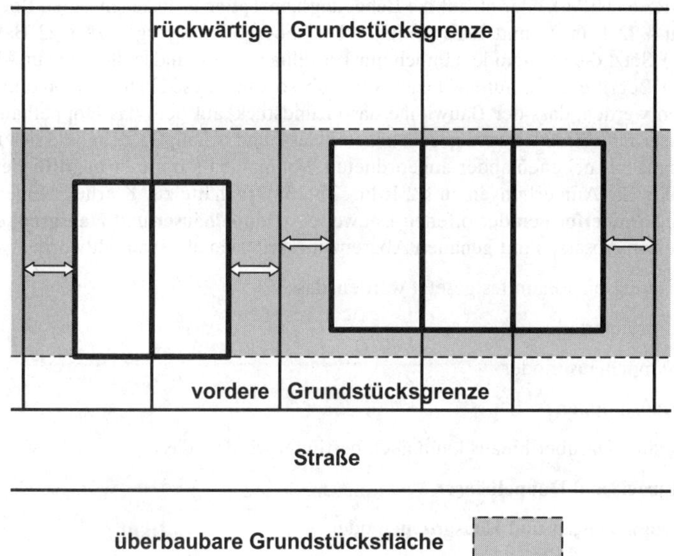


**Abbildung 6.15 Seitliche** Grenzabstände bei **Doppelhäusern** und **Hausgruppen**
Seitliche Abstände sind nur an den **Enden** dieser Hausformen einzuhalten (s. Rdn. 112).

113 **Einzelhäusern** und **Doppelhäusern** wird mitunter ein **einengender Begriffsinhalt** unterlegt, den die Vorschrift so aber **nicht** beinhaltet. **Einzelhäuser** sind **nicht nur Einfamilienhäuser** mit ein oder zwei Wohnungen, sondern vielmehr auch Wohnblocks mit zahlreichen Wohnungen; **Doppelhäuser** sind keineswegs nur zwei aneinander gebaute Einfamilienhäuser, sondern auch zwei aneinander gebaute Wohnblocks. Eine **Hausgruppe** kann nicht nur aus klassischen Reihenhäusern bestehen, sondern auch durch mehrere aneinander stehende Wohnblöcke gebildet werden. **Nutzung** und **Anzahl** der Nutzungseinheiten oder Wohnungen stellen **kein Abgrenzungskriterium** dar, so dass zwei aneinander stehende Bürogebäude ebenfalls ein Doppelhaus bilden können. Schließlich ist zur **Begriffserfüllung** auch **keine einheitliche äußere Gestaltung gefordert**, wenngleich Bebauungspläne entsprechende **gestalterische Festsetzungen** nach Bauordnungsrecht enthalten dürfen (hierzu s. OVG NRW, Urteil vom 15.9.1999 – 7 A 38/98, BRS 62 Nr. 93).

Diese **Diskrepanz zwischen allgemeinem Verständnis und rechtlicher Betrachtung** geht auf die Entstehungsgeschichte der Vorschrift zurück, als man noch ein anderes – auch rechtliches – Verständnis der Hausformenbegriffe hatte (vgl. Boeddinghaus, Einzelhäuser, Doppelhäuser und Hausgruppen, BauR 1998, S. 15 ff.). Die **Zusammenfassung** der verschiedenen Hausformen in der Vorschrift über die offene Bauweise trägt im bauaufsichtlichen Vollzug zu **erheblichen Rechtsunsicherheiten** bei, weil unklar bleibt, ob von einem Doppelhaus oder einer Hausgruppe **nur bei ausparzellierten Grundstücken** gesprochen werden kann (so eine vielfach vertretene Auffassung in Literatur und Rechtsprechung; vgl. auch BayVGH, Beschluss vom 21.7.2000 – 26 CS 00.1348, BauR 2001, 214 = BRS 63 Nr. 96), oder ob auf die **Bebauungskonzeption** abzustellen ist (so Boeddinghaus, zu § 22 Rdn. 23 und Ernst/Zinkahn/Bielenberg/Krautzberger, zu § 22 BauNVO Rdn. 25). Setzt die Gemeinde nämlich nur Einzelhäuser fest und stellt man zur Abgrenzung der Begriffe allein auf das Grundstück ab, so kann diese Festsetzung dadurch unterlaufen werden, dass der Bauwillige das Grundstück, auf dem das Doppelhaus oder die Hausgruppe errichtet werden soll, ungeteilt lässt und behauptet, es handle sich um ein Einzelhaus mit nebeneinander angeordneten Wohnungen (zu dieser **begrifflichen Problematik** s. die Anmerkungen zu § 2 Rdn. 127–138). Es hätte zur Klarheit beigetragen, wenn die **Sonderformen** der offenen Bauweise – **Doppelhäuser** und **Hausgruppen** – in gesonderten Absätzen mit genauen Abgrenzungskriterien abgehandelt worden wären.

114 Im Bebauungsplan kann festgesetzt werden, dass

– **nur Einzelhäuser**,

– **nur Doppelhäuser** oder

– **nur Hausgruppen**

zulässig sind. Darüber hinaus kann auch bestimmt werden, dass

– **nur Einzel- und Doppelhäuser**,

– **nur Doppelhäuser und Hausgruppen** oder

– **nur Einzelhäuser und Hausgruppen**

zulässig sind. Vor dem Hintergrund der nunmehr seit Jahren anhaltenden Auseinandersetzung über den Hausformenbegriff gleiten die **kombinierten Festsetzungsmöglichkeiten im bauaufsichtlichen Vollzug** ins **Absurde** ab (vgl. die unterschiedlichen Meinungen der Kommentatoren Ernst/Zinkahn/Bielenberg/Krautzberger, zu § 22 BauNVO Rdn. 30 und Fickert/Fieseler, zu § 22 Rdn. 7). Es ist nicht ansatzweise erkennbar, welcher städtebauliche Sinngehalt in der kombinierten Festsetzungsmöglichkeit von Einzelhäusern und Hausgruppen liegen soll, zweier Hausformen, die innerhalb der offenen Bauweise den größten denkbaren Gegensatz bilden. Dagegen lässt sich bei den anderen Kombinationsmöglichkeiten noch nachvollziehen, dass ein Bedürfnis für derartige Festsetzungen vorliegen kann, um dem Bauherrn eine gewisse Dispositionsfreiheit zu erhalten, ohne das städtebauliche Erscheinungsbild zu stören.

Die Frage, **ob** die **einzelnen Elemente** eines **Doppelhauses** oder einer **Hausgruppe** im **115**
Wesentlichen **deckungsgleich** errichtet werden müssen (so schon BayVGH, Urteil vom 10. 11. 1998 – 14 B 96.2645, BRS 62 Nr. 92), oder ob der später Bauende die überbaubare Grundstücksfläche voll ausnutzen darf, obwohl der zuerst Bauende mit seinem Gebäude hinter den Festsetzungen zurück geblieben ist (s. Rdn. 79), konnte höchstrichterlich geklärt werden.

Ein **Doppelhaus** ist eine bauliche Anlage, die dadurch entsteht, dass **zwei Gebäude** auf benachbarten Grundstücken **durch Aneinanderbauen** an der gemeinsamen Grundstücksgrenze **zu einer Einheit zusammengefügt** werden. Das **Erfordernis der baulichen Einheit** ist nur erfüllt, wenn die beiden Gebäude in wechselseitig verträglicher und abgestimmter Weise aneinander gebaut werden und hierdurch einen Gesamtbaukörper bilden, der zwar nicht deckungsgleich bzw. spiegelbildlich sein muss, jedoch sowohl **quantitative** als auch **qualitative Elemente** beinhaltet. In dem System der offenen Bauweise ordnet sich ein aus zwei Gebäuden zusammengefügter Baukörper nur ein und kann somit als Doppelhaus gelten, wenn das bauplanungsrechtliche Abstandsgebot an der **gemeinsamen** Grundstücksgrenze auf der Grundlage der **Gegenseitigkeit** überwunden wird.

**Kein Doppelhaus** entsteht daher, wenn ein Gebäude gegen das andere an der gemeinsamen Grundstücksgrenze so stark versetzt wird, dass sein vorderer oder rückwärtiger Versprung den **Rahmen einer wechselseitigen Grenzbebauung** überschreitet, den Eindruck eines einseitigen Grenzanbaus vermittelt und dadurch einen neuen Bodennutzungskonflikt auslöst. Ein zeitlich späterer Bau muss sich an der Grenzstellung des früheren orientieren und in eine „**harmonische Beziehung**" zu diesem treten. Der frühere Grenzbau wirkt daher für den späteren als „**maßstabsbildende Vorbelastung**" (BVerwG, Urteil vom 24. 2. 2000 – 4 C 12.98, BauR 2000, 1168 = BRS 63 Nr. 185 = NVwZ 2000, 1055 zu einem nicht als Doppelhaus einzustufenden Baukörper, der nur auf einer Länge von 5 m mit dem Nachbargebäude aneinander gebaut war und gartenseitig um weitere 8 m versprang, entgegen OVG NRW, Beschluss vom 4. 6. 1998 – 10 A 1318/97, BauR 1999, 478 = BRS 60 Nr. 72; s. Abbildung 6.16).

Nur die harmonische Beziehung störende Gebäudeversätze sind unzulässig. Dagegen kann ein **leichter Versprung** der beiden aneinander gebauten Häuser im Einzelfall durchaus geboten sein, um eine aus städtebaulicher Sicht wünschenswerte aufgelockerte Bebauung zu erzielen (so bereits OVG NRW, Beschluss vom 22. 10. 1982 – 7 B 1918/82, BRS 39 Nr. 107).

Diese **Rechtsprechung** ist **auf Hausgruppen übertragbar**, da sich die Hausgruppe nur dadurch vom Doppelhaus **unterscheidet**, dass sie **nicht zwei**, sondern mindestens **drei** Gebäude aufweist (OVG Lüneburg, Urteil vom 21. 4. 1986 – 1 A 56/85, BRS 46 Nr. 98 und OVG NRW, Urteil vom 15. 9. 1999 – 7 A 38/98, BRS 62 Nr. 93).

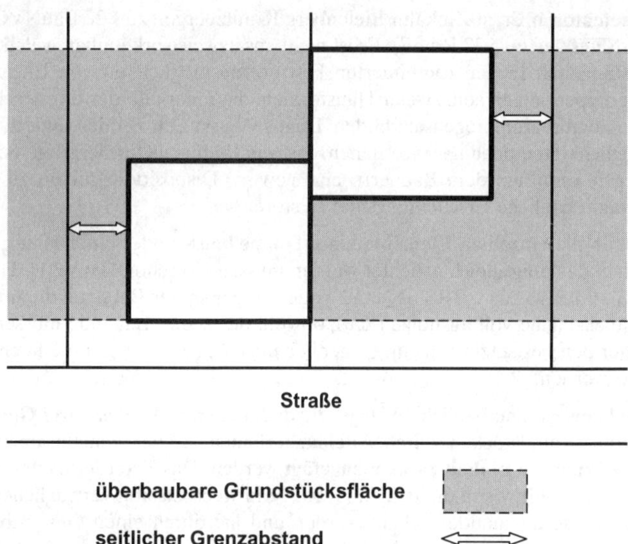


**Abbildung 6.16 Starker Gebäudeversatz**, der **kein Doppelhaus** ergibt
Es entsteht **kein** Doppelhaus, wenn ein Gebäude gegen das andere an der gemeinsamen Grundstücksgrenze so **stark versetzt** wird, dass der Versatz den Rahmen einer wechselseitigen Grenzbebauung überschreitet (s. Rdn. 115)

**116** Die Regelungen über die offene Bauweise betreffen nach der Systematik der BauNVO nur die **Hauptanlagen**, und zwar als **Gebäude**. Hauptanlagen, die keine Gebäude im bauplanungsrechtlichen Sinne sind, werden von § 22 BauNVO 1990 nicht erfasst, wohl aber von § 23 BauNVO 1990 (s. Rdn. 92). Dass nur Hauptanlagen erfasst werden, war noch lange Zeit nach Erlass der BauNVO 1962 streitig; so vertrat der VGH B-W die Auffassung (Urteil vom 9. 2. 1967 – V 213/65, BRS 18 Nr. 26), auch Garagen müssten in der offenen Bauweise einen seitlichen Grenzabstand einhalten. Die **Zurückhaltung** des Verordnungsgebers ist mit der Rücksichtnahme auf früheres Baupolizeirecht zu erklären (s. Ernst/Zinkahn/Bielenberg/Krautzberger, zu § 22 BauNVO Rdn. 10).

Da die Regelung der im seitlichen Grenzabstand zulässigen baulichen Anlagen dem Bauordnungsrecht überlassen bleibt, richtet sich die **abstandrechtliche** Zulässigkeit von **Nebenanlagen** und **Garagen im seitlichen Grenzabstand** nach **§ 6 BauO NRW**. Danach sind **Grenzgaragen**, **Gebäude zu Abstellzwecken** und **Gewächshäuser** unter den dort aufgeführten Voraussetzungen im seitlichen Grenzabstand von Gebäuden als Hauptanlage **abstandrechtlich zulässig**. Diese abstandrechtliche Privilegierung kann aber nur für solche Anlagen ohne weitere Vorbehalte greifen, die innerhalb der überbaubaren Grundstücksfläche an der Nachbargrenze liegen, z. B. innerhalb streifenförmig entlang der Straße festgesetzter überbaubarer Grundstücksflächen (s. Abbildung 6.9). Ob diese Anlagen **außerhalb der überbaubaren Grundstücksfläche** errichtet werden dürfen, ist gemäß **§ 23 Abs. 5** BauNVO 1990 **bauplanungsrechtlich** zu prüfen (s. Rdn. 98–104 sowie die Abbildungen 6.11 und 6.12).

Über **Abweichungen von den Bestimmungen über die offene Bauweise** enthält § 22 Abs. 2 BauNVO 1990 **keine Aussage**. Derartige Abweichungen können auftreten, wenn in einem Baugebiet, für das der Bebauungsplan offene Bauweise oder eine der in der offenen Bauweise möglichen Hausformen festsetzt (s. Rdn. 114), bestehende Gebäude den Festsetzungen nicht entsprechen. Während § 22 Abs. 3 BauNVO 1990 für die geschlossene Bauweise den Abweichungsfall unmittelbar regelt, fehlt dem § 22 Abs. 2 BauNVO 1990 eine entsprechende Bestimmung. Die Gemeinde ist auch zu **keiner Ausnahmeregelung** nach § 31 Abs. 1 BauGB ermächtigt, was angesichts der ansonsten gegebenen Flexibilität der baunutzungsrechtlichen Vorgaben erstaunt. **Konfliktfälle** lassen sich nur über **Befreiungen nach § 31 Abs. 2 BauGB** lösen. 117

Aus Sinn und Zweck dieser Vorschriften ergibt sich, dass sie **nicht stets** auch **nachbarschützende Wirkung** entfalten (Hess. VGH, Beschluss vom 13. 4. 1972 - IV TG 25/72, BRS 25 Nr. 188). Denn der festgesetzten offenen Bauweise kann allein eine **städtebauliche Zielsetzung** zugrunde liegen. Im Einzelnen kommt es auf den **Inhalt der Festsetzung** an, der unter Hinzuziehung der Begründung **durch Auslegung zu ermitteln** ist (so Hahn/Schulte, Rdn. 150). Bei unbebauten Grundstücken wird man gegen die Bedenken des einen Grundstückseigentümers dem anderen im Befreiungswege wohl kaum eine Grenzbebauung zugestehen können, weil grundsätzlich ein Anspruch auf Einhaltung der Grenzabstände besteht (OVG Rh-Pf, Urteil vom 2. 3. 1964 – 1 A 111/63, BRS 15 Nr. 108 und Urteil vom 15. 1. 1970 – 1 A 124.68, BRS 25 Nr. 182). Jedenfalls dürften derartige Fallgestaltungen nur selten vorkommen, z. B. wenn ohne Befreiung eine Bebauung relativ schmaler Grundstücke unmöglich wird und dadurch eine städtebaulich unerwünschte Baulücke verbleibt. Da die offene Bauweise maßlich durch Bauordnungsrecht ausgefüllt wird, liegt bei **Unterschreitung** des erforderlichen Abstands zugleich ein **Verstoß gegen** das **Bauplanungsrecht** vor, so dass dann ein **nachbarschützender Charakter** der Festsetzung gegeben ist (vgl. Fickert/Fieseler, zu § 22 Rdn. 8). Umgekehrt ist **bei Einhaltung der nach Landesrecht vorgegebenen Abstände regelmäßig kein Abwehranspruch** zu erkennen. Nur in **extremen Ausnahmefällen**, z. B. beim Zusammentreffen völlig verschiedenartiger Bebauungsstrukturen kann über das Gebot der Rücksichtnahme ein Abwehranspruch gegeben sein (s. Rdn. 49–55). Hinsichtlich der Hausformen **Doppelhaus** und **Hausgruppe** ergibt sich Nachbarschutz aus dem **Erfordernis der wechselseitigen Grenzbebauung** (s. Rdn. 115). 118

### 2.3.6 Geschlossene Bauweise

In der **geschlossenen** Bauweise nach § 22 Abs. 3 BauNVO (sämtliche Fassungen) werden die Gebäude **ohne seitlichen** Grenzabstand errichtet, wobei die **Betrachtung** – wie in der offenen Bauweise – **von der Straße aus** vorzunehmen ist (s. Rdn. 110 und OVG Bremen, Beschluss vom 1. 3. 1989 – 1 B 5/89, BRS 49 Nr. 191). An den seitlichen Nachbargrenzen sind **öffnungslose Gebäudeabschlusswände** nach **§ 31 BauO NRW** zu errichten. Der **Sinn der geschlossenen Bauweise** liegt in der Schaffung **durchgehend bebauter Straßen- und Platzränder**, so dass sich das Gebäude zwischen den seitlichen Grenzen **über die gesamte Breite** des Grundstücks erstrecken muss (Jäde/Dirnberger/Weiß, zu § 22 BauNVO Rdn. 11; Knaup/Stange, zu § 22 Rdn. 33). Wird bei sehr breiten Grundstücken jeweils nur ein Gebäude an den seitlichen Grundstücksgrenzen errichtet, dazwischen aber die **Bebauung unterbrochen**, liegt **keine geschlossene Bauweise** vor, da die **Schaffung einer geschlossenen Gebäudefront** verfehlt wird (vgl. König/Roeser/Stock, zu § 22 Rdn. 19; a. A. Fickert/Fieseler, zu § 22 Rdn. 9). Soll dem Bauwunsch den- 119 noch entsprochen werden, bedarf es einer Befreiung nach § 31 Abs. 2 BauGB, da der in § 22 Abs. 3 BauNVO 1990 geforderte Tatbestand nicht vorliegt (s. Rdn. 123).

120 **Idealtypisch** werden die Gebäude in der geschlossenen Bauweise in einer **einheitlichen Straßenfront** errichtet (s. Abbildung 6.10). Die Festsetzung der geschlossenen Bauweise vermag allein nicht die **genaue Lage des Gebäudes** auf dem Grundstück **in Bezug auf den Abstand zur Straße und zum Garten** hin zu regeln. Der zur Straße und zum Garten hin einzuhaltende Abstand richtet sich nach den festgesetzten **überbaubaren Grundstücksflächen**, vor allem nach einer eventuell festgesetzten **straßenseitigen Baulinie**. Fehlt eine solche, kann allein durch die festgesetzte geschlossene Bauweise nicht verhindert werden, dass die Gebäude unterschiedlich große Abstände zur Straße hin einhalten, wodurch sich eine einheitlich wirkende Bebauung nicht erzielen lässt. Das Gleiche gilt hinsichtlich der **zulässigen Höhe** der Bebauung an den seitlichen Grenzen, für welche die Festsetzungen zum **Maß der baulichen Nutzung** ausschlaggebend sind. Sind die Trauf- und Firsthöhen oder die Zahl der Vollgeschosse nicht zwingend vorgegeben, können die Baukörper ein unruhiges Straßenbild erzeugen (s. Abbildung 6.17). **Ohne zwingende Vorgaben** lässt sich eine derart „unruhige" Bebauungsstruktur nur durch **gering bemessene Bebauungstiefen** sowie **Mindest- und Höchstmaße** hinsichtlich der **Höhenentwicklung** der Baukörper vermeiden.

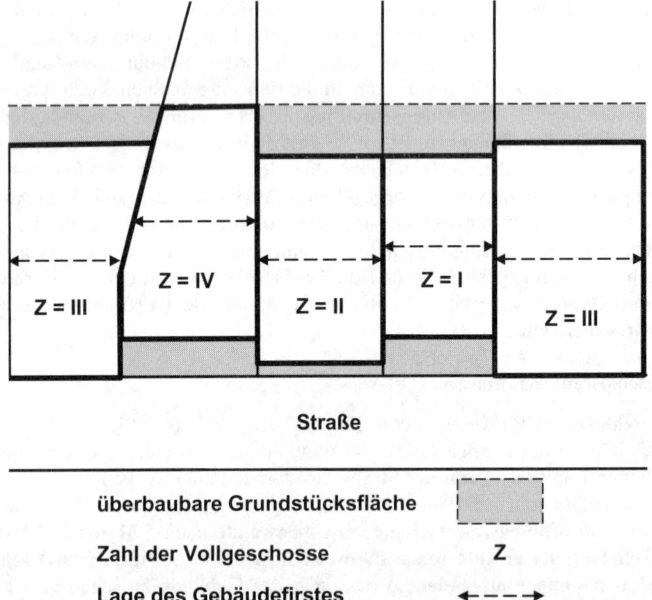


**Abbildung 6.17 Geschlossene Bauweise ohne einheitlich wirkende Bebauung**
Trotz festgesetzter geschlossener Bauweise kann sich beim **Fehlen** einer vorderen **Baulinie** und einer **zwingenden Höhe** oder zumindest einer **zwingenden Zahl der Vollgeschosse** eine **unterschiedliche Bebauung** zulässigerweise entwickeln, die keinen geordneten Eindruck vermittelt (s. Rdn. 120).

Der **Streit** um die Frage, ob die geschlossene Bauweise nur **innerhalb der überbaubaren Grundstücksflächen** gilt (so Fickert/Fieseler, zu § 22 Rdn. 9 unter Bezug auf OVG Bln, Beschluss vom 28. 1. 1981 – 2 S 194.80, BRS 38 Nr. 119 und OVG NRW, Urteil vom 9. 4. 1992 – 7 A 152/90, NVwZ-RR 1993, 397), oder ob sie sich auf das **gesamte Grundstück** bezieht (so aber Knaup/Stange, zu § 22 Rdn. 35 und König/Roeser/Stock, zu § 22 Rdn. 19), hat **keine praktische Bedeutung**, da das Gebäude als **Hauptanlage nur innerhalb der überbaubaren Flächen** liegen darf. Soweit von den überbaubaren Flächen im Einzelfall eine **Befreiung** gemäß § 31 Abs. 2 BauGB erteilt werden soll, muss stets auch das **nachbarliche Austauschverhältnis** bedacht werden. Bestehen im Einzelfall gegen eine **festgelegte Überschreitung** der festgesetzten überbaubaren Fläche unter **Würdigung** der nachbarlichen Belange keine städtebaulichen Bedenken, so verbleibt das Vorhaben innerhalb der überbaubaren Grundstücksfläche, da **durch die Befreiung** – bildlich gesprochen – die **überbaubare Fläche** garten- bzw. hofseitig weiter „**herausgeschoben**" wird, um die **materielle Legalität** des Vorhabens herbeizuführen (OVG NRW, Beschluss vom 27. 3. 2003 – 7 B 2212/02, BauR 2003, 1185 = BRS 66 Nr. 126). **121**

Die geschlossene Bauweise erfasst das **gesamte Gebäude in allen Geschossen** (Hess. VGH, Beschluss vom 31. 10. 1979 – IV TG 56/79, BRS 35 Nr. 94). Da auch diese Vorschrift nur die Gebäude als **Hauptanlagen** betrifft (s. Rdn. 116), kann eine in der offenen Bauweise zulässige **Grenzgarage** oder ein sonstiges zulässiges **Nebengebäude keine geschlossene Bauweise** herbeiführen (BayVGH, Beschluss vom 23. 4. 2004 – 20 B 03.3002, BRS 67 Nr. 155 = NVwZ-RR 2005, 391). Das gilt auch, wenn die in § 6 Abs. 11 BauO NRW **festgelegten Maße überschritten** werden, da sich hierdurch die **Eigenschaft** der Garage nicht ändert – sie wird durch die Überschreitung der Höchstmaße nämlich **keine Hauptanlage** (VGH B-W, Urteil vom 8. 11. 1999 – 8 S 1668/99, BRS 62 Nr. 94). Die Garage kann jedoch an der seitlichen Grundstücksgrenze liegend **in das Hauptgebäude einbezogen** sein, z. B. durch **Überbauung** mit einem Geschoss, in dem sich Aufenthaltsräume der Hauptnutzung befinden, und so **Bestandteil der Hauptanlage** sein; das Gleiche gilt für Nebenanlagen. Da sich die geschlossene Bauweise nur auf die **Gebäude der Hauptnutzung** bezieht (vgl. Ernst/Zinkahn/Bielenberg/Krautzberger, zu § 22 Rdn. 31), kann sie im Umkehrschluss nicht für **Nebengebäude** und **Garagen** gelten, die **außerhalb der überbaubaren Flächen** errichtet werden sollen. Für diese Nebengebäude und Garagen besteht **mangels bundesrechtlicher** Vorgaben über die **Bauweise** (s. Rdn. 116) die **landesrechtliche Grundforderung** des § 6 Abs. 1 Satz 1 BauO NRW, wonach vor Wänden Abstandflächen einzuhalten sind. Soweit Nebengebäude und Garagen außerhalb der überbaubaren Grundstücksflächen gemäß § 23 Abs. 5 BauNVO 1990 zugelassen werden können (s. Rdn. 98–104), müssen sie die landesrechtlich geforderten Abstände zu den seitlichen Grundstücksgrenzen einhalten, soweit nicht wiederum die **Privilegierungstatbestände** des § 6 Abs. 11 BauO NRW über das Bauen an den **seitlichen** und **hinteren** Nachbargrenzen eingreifen. **122**

Nach der **eindeutigen** Vorgabe des § 22 Abs. 3 BauNVO 1990 erfordert die geschlossene Bauweise **stets** die Errichtung der Hauptanlagen **Wand an Wand** und **ohne jeden Zwischenraum**, so dass sich die **einzelnen Gebäude** zu einem **Gebäudekomplex** zusammenschließen (so Boeddinghaus, zu § 22 Rdn. 50 unter Bezug auf OVG NRW, Urteil vom 9. 7. 1997 – 11 A 1826/95, n. v.). Hierbei geht es allein um **städtebauliche Gesichtspunkte**, so dass die Festsetzung der geschlossenen Bauweise **nicht nachbarschützend** ist (OVG Bln, Urteil vom 27. 1. 1967 – II B 3.66, BRS 18 Nr. 127; OVG NRW, Urteil vom 26. 1. 1979 – XI A 2251/77, BRS 35 Nr. 177). Will die Gemeinde von diesem Grundsatz **123** abweichen, um z.B. eine **historisch gewachsene Bebauung mit nur geringen Abständen** im Bebauungsplan bei der Bestandsüberplanung ausreichend berücksichtigen zu können, so bedarf es der Festsetzung einer **abweichenden** Bauweise nach § 22 Abs. 4 BauNVO 1990 (VGH B-W, Urteil vom 13.5.2002 – 3 S 2259/01, BauR 2003, 1860 = BRS 65 Nr. 88). Eine historisch gewachsene Bebauung, wie z.B. eine aus alten Fachwerkhäusern, deren Giebel der Straße zugewandt sind, die teils aneinander gebaut sind, teils Traufgassen und Durchgänge in einer Breite von 0,3 bis 1 m aufweisen, stellt wegen des Verstoßes gegen das Gebot, Wand an Wand zu bauen, **keine geschlossene** Bauweise dar (OVG NRW, Beschluss vom 5.10.1998 – 7 B 1850/98, BRS 60 Nr. 105 allerdings nur im Rahmen eines obiter dictums; BayVGH, Urteil vom 22.11.2006 – 25 B 05.1714, BRS 70 Nr. 121 = ZfBR 2007, 282; a.A. Hess. VGH, Beschluss vom 23.12.1980 – IV TG 99/80, BRS 36 Nr. 126). Träfe die Auffassung des Hess. VGH zu, so könnten die gemeinsamen Traufgassen und Durchgänge ihrer städtebaulich wichtigen Funktion beraubt und durch bauaufsichtliche Einzelentscheidungen eine abweichende in eine geschlossene Bauweise umgewandelt werden, wodurch die Bauleitplanung unterlaufen würde (s. auch Boeddinghaus, zu § 22 Rdn. 36). Geschlossene Bauweise liegt vor, wenn lediglich **einzelne** Gebäude innerhalb einer ansonsten **intakten geschlossenen Bebauung** Abstände aufweisen. Diesen Fall behandelt aber nicht die Bestimmung des § 22 Abs. 4 BauNVO 1990 über die abweichende Bauweise, sondern die in § 22 **Abs. 3**, **2. Halbsatz** BauNVO 1990 enthaltene **Abweichungsmöglichkeit von den Vorschriften über das Bauen in der geschlossenen Bauweise**.

**124** Nach § 22 Abs. 3, **1. Halbsatz** BauNVO 1990 müssen Gebäude in der geschlossenen Bauweise **regelmäßig ohne** seitlichen Grenzabstand errichtet werden. Von dieser Verpflichtung zur Grenzbebauung entbindet der **2. Halbsatz** dieser Vorschrift, wenn die **vorhandene Bebauung** eine **Abweichung erfordert**. Damit normiert das Bundesrecht nur die **Tatbestandsvoraussetzungen**, unter denen die Verpflichtung zur Grenzbebauung entfällt, **ohne** zugleich die **Rechtsfolgenseite** anzusprechen. Die **Abweichungsbestimmung** in § 22 **Abs. 3**, **2. Halbsatz** BauNVO 1990 regelt daher nur **dem Grunde nach**, **wann ein Gebäude** bei festgesetzter geschlossener Bauweise – **ausnahmsweise** – **nicht ohne seitlichen** Grenzabstand zu errichten ist und überlässt die Regelung der Frage, **welcher Abstand** in einem solchen Falle einzuhalten ist, dem **Bauordnungsrecht**. Ob es in den Fällen, in denen die vorhandene Bebauung eine Abweichung erfordert, im Ermessen der Bauaufsichtsbehörde steht, einen **geringeren als den für die offene Bauweise maßgeblichen Grenzabstand** zuzulassen, richtet sich nicht nach der insoweit unergiebigen Regelung des Bundesverordnungsgebers, sondern nach dem jeweiligen Bauordnungsrecht (BVerwG, Beschluss vom 22.10.1992 – 4 B 210.92, BRS 54 Nr. 62). Muss nach bauplanungsrechtlichen Vorschriften ein Gebäude an sich ohne seitlichen Grenzabstand errichtet werden, so kann nach Landesbauordnungsrecht hiervon abweichend eine Abstandfläche wegen eines auf dem Nachbargrundstück vorhandenen Gebäudes nur insoweit verlangt oder gestattet werden, als hierfür eine **bauplanungsrechtliche Rechtfertigung** besteht. Da das Bauplanungsrecht mit § 22 Abs. 3, 2. Halbsatz BauNVO 1990 selbst Abweichungen von der Grenzbebauungsverpflichtung bei geschlossener Bauweise vorsieht, kann es nicht durch die Anwendung landesrechtlicher Vorschriften „ausgehebelt" werden. (BVerwG, Beschluss vom 12.1.1995 – 4 B 197.94, BauR 1995, 365 = BRS 57 Nr. 131 = DVBl. 1995, 517 = NVwZ-RR 1995, 310).

**125** Somit richtet sich die **bauplanungsrechtliche Beurteilung** nach dem **Erfordernis der Abweichung** aufgrund der **vorhandenen Bebauung**. Die Tatbestandsmerkmale werden in

Literatur und Rechtsprechung unterschiedlich beurteilt. Während einerseits die Auffassung vertreten wird, es müssten **unabweisbare** Gründe für die Abweichung vorliegen (vgl. Fickert/Fieseler, zu § 22 Rdn. 9.1; Jäde/Dirnberger/Weiß, zu § 22 BauNVO Rdn. 12; Knaup/Stange, zu § 22 Rdn. 40), begnügt sich das OVG Lüneburg im Beschluss vom 6.5.1982 (– 6 B 21/82, BRS 39 Nr. 105) und im Urteil vom 12.5.1982 (– 1 A 68/81, BRS 39 Nr. 106) damit, die Abweichung habe **vernünftigerweise geboten** zu sein. Derartige verallgemeinernde Aussagen helfen jedoch nicht weiter, da die **Fallgestaltungen sehr unterschiedlich** sind (so König/Roeser/Stock, zu § 22 Rdn. 20). Vielmehr ist darauf abzustellen, welche **städtebauliche Zielsetzung** der Bebauungsplan bei der Überplanung vorhandener Gebäude mit der Festsetzung der geschlossenen Bauweise bezweckt. Es kann durchaus sein, dass die Gemeinde das städtebauliche Ziel verfolgt, einen **ungeordneten Gebäudebestand**, der überwiegend grenzständige Bebauung, aber auch Gebäude mit seitlichem Grenzabstand aufweist, **langfristig** zu einer geschlossenen Bebauungsstruktur fortzuentwickeln. In diesem Fall sind die noch unbebauten Grundstücke geschlossen zu bebauen, auch wenn dadurch auf Jahre hin einseitige Grenzabstände bei vorhandenen Gebäuden erhalten bleiben, da ansonsten die Festsetzung durch gleich mehrere Abweichungsentscheidungen unterlaufen würde. Denn langfristig ist davon auszugehen, dass mit jeder Umbau- oder Erweiterungsmaßnahme der lediglich bestandsgeschützten Gebäude die noch vorhandenen Grenzabstände nach und nach durch grenzständige Baukörper entsprechend der durch den Bebauungsplan geschaffenen, neuen Bebauungsordnung beseitigt werden. Anders kann die Beurteilung ausfallen, wenn in einem Baugebiet lediglich ein einzelnes Gebäude im Widerspruch zur geschlossenen Bauweise steht, dessen Erhaltung aufgrund seines Gestaltwertes städtebaulich erstrebenswert ist. Hier kann unter Umständen ohne Gefährdung der planerischen Ziele eine Abweichung erforderlich sein, wenn sich nach den Umständen des Einzelfalls die Unterbrechung der geschlossenen Bauweise geradezu aufdrängt.

Eine Abweichung ist erst recht zu erwägen, wenn ein **überplantes Gebäude nach Inkrafttreten des Bebauungsplans Denkmalschutzeigenschaft** erlangt hat, so dass bei Kenntnis dieser Umstände von Anfang an eine andere Festsetzung für diesen Bereich des Bebauungsplans erfolgt wäre (vgl. auch Boeddinghaus, zu § 22 Rdn. 42 und 43). Dagegen bilden **abstandrechtlich bauordnungswidrige Gebäude**, die keine Elemente einer historisch gewachsenen Struktur sind, keinen Grund, von der durch den Bebauungsplan neu geschaffenen Bebauungsordnung abzuweichen. Hierzu rechnen auch Gebäude mit bauordnungsrechtlich **unzulässigen Öffnungen** in der Gebäudeabschlusswand, selbst wenn diese zu einem früheren Zeitpunkt formell genehmigt waren, jedoch durch bauliche Änderungen ohne Nachteile für die Nutzung der entsprechenden Räume beseitigt werden können (VGH B-W, Beschluss vom 20.1.1997 – 5 S 3088/96, BauR 1998, 91 = BRS 59 Nr. 74 ausdrücklich entgegen OVG Lüneburg, Beschluss vom 20.10.1986 – 6 B 75/86, BauR 1987, 187 = BRS 46 Nr. 179). Dabei geht der VGH B-W davon aus, dass § 22 Abs. 3, **2. Halbsatz** BauNVO 1990 ohnehin einen **legalen** Gebäudebestand **voraussetzt**. Der **Nachbar**, dessen **Gebäude** einen **völlig unzureichenden Grenzabstand** aufweist und das demzufolge **keine städtebauliche Ordnung** erkennen lässt, kann aus dem **Gesichtspunkt der unzulässigen Rechtsausübung** nicht die Einhaltung eines Grenzabstandes auf dem angrenzenden Grundstück verlangen (so OVG NRW, Beschluss vom 17.10.2000 – 10 B 1053/00, BRS 63 Nr. 198 zu einem Gebäude, das lediglich Grenzabstände zwischen 0,3 und 0,6 m aufwies).

### 2.3.7 Abweichende Bauweise

**126** Die **abweichende Bauweise** nach § 22 Abs. 4 BauNVO (sämtliche Fassungen) kommt in Betracht, wenn die offene oder geschlossene Bauweise auf die geplante Bebauungskonzeption nicht zutrifft (so Fickert/Fieseler, zu § 22 Rdn. 10). Da § 22 **Abs. 4 Satz 1** BauNVO 1990 hierzu **keine näheren Bestimmungen** trifft, muss die Gemeinde die abweichende Bauweise **inhaltlich durch Text oder Zeichnung** im Bebauungsplan **genau festsetzen** (vgl. Fickert/Fieseler, zu § 22 Rdn. 10; König/Roeser/Stock, zu § 22 Rdn. 22; s. auch Nr. 33 der Anlage zur PlanzV 90, wonach die abweichende Bauweise näher zu bestimmen ist). Die **Beschreibung** des Gewollten **in der Begründung reicht nicht** aus (Knaup/Stange, zu § 22 Rdn. 44), da **anstelle der verordnungsrechtlichen** eine **satzungsrechtliche Inhaltsbestimmung** tritt. Mit der Novelle 1990 wurde **Absatz 4** der **Satz 2** klarstellend angefügt, wonach die Gemeinde bestimmen kann, **inwieweit** an die vorderen, rückwärtigen und seitlichen Grundstücksgrenzen herangebaut werden darf oder muss. Aufgrund dieses Satzes 2 hat die **Gemeinde** die **Befugnis**, das **Maß des Grenzabstands aus städtebaulichen Gründen** abweichend vom Abstandflächenrecht festzusetzen (BVerwG, Beschluss vom 22. 9. 1989 – 4 NB 24.89, BRS 49 Nr. 5).

**127** Wie sich aus der Vorschrift ergibt, steht es der Gemeinde frei, von dem Festsetzungsmuster des § 22 Abs. 1 BauNVO 1990 abzuweichen, das wahlweise nur die offene oder geschlossene Bauweise anbietet, und **Varianten** der offenen oder geschlossenen Bauweise zu schaffen. Eine abweichende Bauweise kann auch festgesetzt sein, um **in besonderer Weise** dem **Nachbarschutz** zu dienen, z. B. um bei Terrassenhäusern sicherzustellen, dass von jeder Ebene aus die Sicht in eine bestimmte Blickrichtung freigehalten wird. Es ist der Gemeinde nicht verwehrt, im Rahmen der **näheren Bestimmung der abweichenden Bauweise** § 23 BauNVO 1990 nutzbar zu machen und die abweichende Bauweise durch Festsetzung der überbaubaren Grundstücksfläche unter **Verwendung von Baulinien oder Baugrenzen** zu bestimmen sowie gegebenenfalls **unterstützend**, durch **örtliche Bauvorschrift** nach § 86 Abs. 1 Nr. 6 BauO NRW unter den dort genannten Voraussetzungen (s. die Anmerkungen zu § 86 Rdn. 54–56) **geringere Abstände** festzulegen und diese gemäß § 9 Abs. 4 BauGB in Verbindung mit § 86 Abs. 4 BauO NRW als **Festsetzung** in den Bebauungsplan aufzunehmen (BVerwG, Beschluss vom 29. 12. 1995 – 4 NB 40.95, BRS 58 Nr. 36).

**128** Die **abweichende Bauweise lässt sich begrifflich** nur negativ als **Gegensatz zu den Regelbauweisen** abgrenzen. Danach ist eine abweichende Bauweise eine solche, die **nicht** mit den Regelungen über die offene und geschlossene Bauweise **übereinstimmt**. Entscheidendes Merkmal der Regelbauweisen ist das **Verhältnis** der Gebäude zur **seitlichen** Grundstücksgrenze. Soll der seitliche Grenzabstand abweichend von Absatz 2 oder Absatz 3 geregelt werden, so liegt eine abweichende Bauweise vor, z. B. wenn die Gebäude zu der einen Seite ohne zu der anderen aber mit Grenzabstand errichtet werden sollen; diese **Mischform aus offener und geschlossener Bauweise** wird als **„halboffene"** Bauweise bezeichnet (BVerwG, Beschluss vom 6. 1. 1970 – IV B 57.69, BRS 23 Nr. 47; VGH B-W, Urteil vom 11. 5. 1972 – III 161/69, BRS 25 Nr. 102). Das Charakteristikum der halboffenen Bauweise liegt darin, dass die Gebäude infolge der nur einseitigen Grenzabstände nicht den als Summe der Abstandflächen beider Gebäude nach § 6 BauO NRW erforderlichen Abstand untereinander aufweisen, sondern nur den halben Wert, wobei im einseitig freizuhaltenden Grenzabstand – soweit nichts Gegenteiliges bestimmt ist – eine Garage angeordnet werden darf (s. Abbildung 6.18).

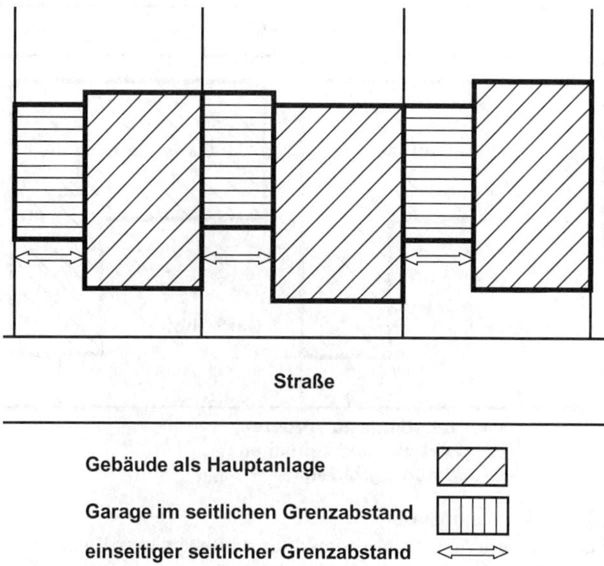


**Abbildung 6.18 „Halboffene“ Bauweise**
In der „halboffenen“ Bauweise halten die Gebäude nur zu einer seitlichen Grenze einen Abstand ein, zu der gegenüberliegenden seitlichen Grenze jedoch nicht (s. Rdn. 128).

Eine weitere Möglichkeit zur Begrenzung des Bodenverbrauchs in der abweichenden Bauweise liegt in der Schaffung **winkelförmig aneinander gebauter**, **eingeschossiger Wohnhäuser mit** nur einem relativ kleinen, **fremder Sicht entzogenen Gartenhof**, auch als „**Gartenhofhäuser**“ bezeichnet (s. Abbildung 6.19). Diese Bauweise eignet für teppichartige Baustrukturen mit kleinteiliger Parzellierung bei geringem Erschließungsaufwand und war besonders im Siedlungsbau zwischen 1960 und 1980 eine gängige Bauform. Mit § 17 Abs. 2 BauNVO 1962, 1968, 1977 wurde diese dadurch begünstigt, dass die Gemeinde eine GRZ und eine GFZ bis 0,6 festsetzen konnte, während sie – weil inzwischen aus der Mode gekommen – nach der BauNVO 1990 wieder an die GRZ von 0,4 gebunden ist (vgl. Boeddinghaus, Gartenhofhäuser, BauR 1997, S. 387 ff.). Der schwer fassbare Begriff „**Gartenhof**“ bringt zum Ausdruck, dass es sich bei diesem Grundstücksteil um eine nicht überdachte Fläche handelt, die allseits von Gebäudeteilen und Mauern umschlossen ist. Wesensmerkmal dieser durch Umbauung der Freiflächen erzielten abweichenden Bauweise ist, dass auf verhältnismäßig kleinen Grundstücken ein nach außen hin abgeschlossenes und damit fremder Sicht entzogenes Wohnen mit einem „**grünen Zimmer**“ ermöglicht werden soll (OVG NRW, Beschluss vom 11. 7. 1980 – 10 B 240/80, BRS 36 Nr. 51). Sofern neben den Gartenhofhäusern zu einer Seite hin ein schmaler Zugang zum Gartenhof freigehalten werden soll, muss ein vom Bauordnungsrecht abweichendes **vermindertes Maß für den Grenzabstand** festgesetzt werden. Das Gleiche kann hinsichtlich der **vorderen** und **rückwärtigen** Grenzabstände erforderlich sein, wenn die nach § 6 BauO NRW erforderlichen Mindestabstände unterschritten werden sollen, was angesichts der geringen Höhe der Gebäude vertretbar ist. 129

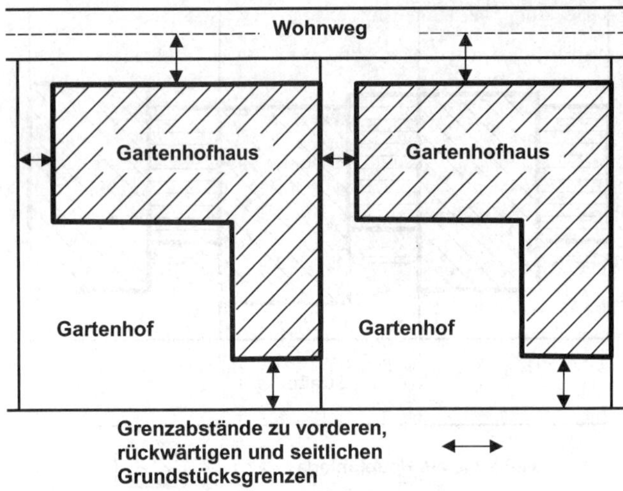


**Abbildung 6.19 Gartenhofhäuser**
Gartenhofhäuser erfordern je nach gewünschter städtebaulicher Konzeption **reduzierte Abstände** zu **vorderen**, **rückwärtigen** und **seitlichen** Grenzen (s. Rdn. 129).

**130** Neben diesen schon „klassisch" zu nennenden abweichenden Bauweisen gibt es zahlreiche weitere, die sich wegen der unterschiedlichen örtlichen Gegebenheiten oder Planungsziele auch nicht annähernd aufführen lassen. Zu denken ist beispielsweise an die „**Kettenbauweise**", bei der das Erdgeschoss ohne seitliche Grenzabstände, das Obergeschoss aber mit seitlichen Grenzabständen ausgeführt wird (vgl. VGH B-W, Urteil vom 7.2.1979 – III 933/78, BRS 35 Nr. 33). Auch **Überschreitungen des Längenmaßes** der in § 22 Abs. 2 BauNVO 1990 genannten Hausformen stellen keine geschlossene, sondern abweichende Bauweise dar, wenn im Übrigen zu den seitlichen Grundstücksgrenzen Abstand eingehalten wird (so Ernst/Zinkahn/Bielenberg/Krautzberger, zu § 22 BauNVO Rdn. 35 und Fickert/Fieseler, zu § 22 Rdn. 10).

**131** In **Gewerbe- und Industriegebieten** oder **vergleichbaren Sondergebieten** verursacht die Festsetzung einer **offenen** oder **geschlossenen Bauweise** mitunter erhebliche bauaufsichtliche **Vollzugsprobleme**. Die Erfordernisse der gewerblichen Wirtschaft stehen nämlich mit den am Wohnungsbau orientierten klassischen Bauweisen nicht immer in Einklang, da die **Baukörper ungewöhnlich große Längen** aufweisen oder eine **seitliche Grenzbebauung zwar zulässig, aber nicht verpflichtend** sein soll (als abweichende Bauweise für zulässig erachtet, BVerwG, Beschluss vom 6.5.1993 – 4 NB 32.92, ZfBR 1993, 297). Die Einhaltung eines hinteren Grenzabstandes ist in Gewerbe- und Industriegebieten weder städtebaulich noch betrieblich erwünscht, da es keinen Wohngarten freizuhalten gilt. Die knappen gewerblichen Bauflächen sollen in einem solchen Fall bis an die hinteren Grundstücksgrenzen mit Hauptanlagen bebaut werden dürfen. Die Festsetzung der abweichenden Bauweise ist dann sogar geboten, um das Abstandsgebot des § 6 Abs. 1 Satz 1 BauO NRW auszuschalten und so zu erreichen, dass die Gebäude zu den hinteren Grundstücksgrenzen keine Abstandfläche einhalten müssen.

### 2.3.8 Höhenlage, Höhe, Vollgeschosse, sonstige Maßfestsetzungen

Im Bebauungsplan kann gemäß § 9 Abs. 2 BauGB **die Höhenlage** festgesetzt werden. Diese Festsetzungsmöglichkeit **bezieht sich auf sämtliche** in § 9 **Abs. 1** BauGB **aufgeführten Festsetzungsmöglichkeiten**. Die Höhenlage darf nicht mit der in § 18 BauNVO 1990 geregelten Festsetzungsmöglichkeit über die Höhe baulicher Anlagen verwechselt werden. Während Letztere die absolute Höhe der baulichen Anlagen regelt, z. B. die zulässige Höhe eines Gebäudes vom Gelände bis zum First, bezieht sich die Festsetzung der **Höhenlage** auf ein **Höhenniveau**. Dieses Niveau kann für die **Verkehrs-**, **Grün-** oder **Gemeinbedarfsflächen** sowie die **Baugebiete** oder eine bestimmte **Bezugsebene einer baulichen Anlage**, z. B. die Erdgeschossebene, festgesetzt werden. 132

Die **praktische Bedeutung** der Festsetzung der Höhenlage nach § 9 Abs. 2 BauGB liegt in der **Abstimmung der Höhenlage der Bauflächen auf die der Verkehrsflächen**, die zur Erschließung eines Baugebietes hergestellt werden müssen und oft nicht genau dem natürlichen Gelände angepasst werden können. Darüber hinaus kann die Höhenlage festgesetzt werden, um die **Hochwasserfreiheit** eines Baugebiets sicherzustellen oder um **stadtgestalterische Ziele** in Bezug auf das Orts- oder Landschaftsbild umzusetzen (vgl. Schlichter/Stich/Driehaus/Paetow, zu § 9 Rdn. 74). Ist ein vom natürlichen Gelände abweichendes neues Niveau festgesetzt, so ist diese **Festsetzung** nicht nur **tatsächlich auszuführen**, sondern auch **für alle auf der Geländeoberfläche basierenden Berechnungen maßgebend**, also für die Berechnung der **zulässigen Höhe** der baulichen Anlagen, der **zulässigen Zahl der Vollgeschosse** eines Gebäudes und der **Tiefe der Abstandflächen**. Die Festsetzung der Höhenlage korrespondiert mit der nach § 9 **Abs. 3** BauGB gegebenen Möglichkeit zur **vertikalen Planung**, also der Festsetzungsmöglichkeit für übereinander liegende Ebenen, um z. B. die Überbauung einer tiefer liegenden Verkehrsfläche mit baulichen Anlagen zu regeln. 133

Soweit **keine Festsetzungen** über die Höhenlage nach § 9 Abs. 2 BauGB im Bebauungsplan getroffen sind, greift das **Bauordnungsrecht** ein, indem es Regelungen über die maßgebende Geländeoberfläche trifft (s. Rdn. 72 und Abbildung 6.7). Daher sind **Festsetzungen der Höhenlage** im Bebauungsplan **nicht mit** der **Geländeoberfläche im Sinne des Bauordnungsrechts** zu **verwechseln** (vgl. Boeddinghaus, Bauplanungsrechtliche und bauordnungsrechtliche Bestimmung der Geländeoberfläche zur Bestimmung der Höhe baulicher Anlagen und der Zahl der Vollgeschosse, BauR 1991, S. 4 ff.). Die Möglichkeiten des Bauordnungsrechts zur Bestimmung der Geländeoberfläche sind kein Mittel, um die durch den Bebauungsplan festgesetzte städtebauliche Ordnung zu unterlaufen (vgl. OVG Saar, Beschluss vom 17. 9. 1979 – II W 1.2047/79, BRS 35 Nr. 99). 134

Die **Festlegung der Höhenlage der Baugrundstücke** erfolgt in der Regel aus rein städtebaulichen Gründen und ist daher **nicht nachbarschützend**. Der Nachbar kann aber geltend machen, das Vorhaben verstoße deshalb gegen nachbarschützende Vorschriften, weil die Höhenlage des Baugrundstücks rechtswidrig – weil abweichend von der Höhenfestsetzung – festgelegt wurde, somit ein zu hohes Bauwerk entsteht und dadurch wiederum gegen nachbarschützende Festsetzungen über die maximale Höhe verstoßen wird (VGH B-W, Beschluss vom 8. 3. 1988 – 8 S 1021/88, BRS 48 Nr. 169). Festsetzungen der Höhenlage können in selteneren Fällen dem **Nachbarschutz** dienen, z. B. um eine Aufschüttung so in der Höhe zu begrenzen, dass den Bewohnern eines angrenzenden Baugebiets die **Aussicht** erhalten bleibt (BVerwG, Urteil vom 17. 2. 1971 – IV C 2.68, BRS 24 Nr. 168 und Beschluss vom 3. 1. 1983 – 4 B 224.82, BRS 40 Nr. 192). 135

136 Soweit der Bebauungsplan Festsetzungen zum **Maß der baulichen Nutzung** enthält, ist gemäß § 16 Abs. 3 Nr. 2 BauNVO 1990

– entweder die **Zahl der Vollgeschosse**

– oder die **Höhe baulicher Anlagen** festzusetzen,

wenn ohne ihre Festsetzung öffentliche Belange, insbesondere das Orts- und Landschaftsbild, beeinträchtigt werden können. Die BauNVO 1990 stellte die **Höhe baulicher Anlagen** als **„gleichberechtigten" Maßbestimmungsfaktor** neben die Zahl der Vollgeschosse (hierzu s. Heintz, Baunutzungsverordnung 1990 – Auswirkungen der geänderten Maßvorschriften, BauR 1990, S. 166ff.). Für die Gemeinde ergibt sich, sofern sie das **Maß** der baulichen Nutzung in den Bebauungsplan aufnehmen will, aus § 16 Abs. 3 **Nr. 1** BauNVO 1990 der Zwang zur Festsetzung der **Grundflächenzahl** oder der **Größe der Grundfläche**. Bei der Festsetzung des Maßes der baulichen Nutzung darf auf die Festsetzung der Grundflächenzahl oder der Größe der Grundfläche der baulichen Anlagen auch dann nicht verzichtet werden, wenn die überbaubare Grundstücksfläche gemäß § 23 BauNVO 1990 festgesetzt wird (BVerwG, Beschluss vom 18. 12. 1995 – 4 NB 36/95, BauR 1996, 353 = BRS 57 Nr. 25 = DVBl. 1996, 675 = NVwZ 1996, 894 = ZfBR 1996, 172). Kann dagegen ausgeschlossen werden, dass die in § 16 Abs. 3 **Nr. 2** BauNVO 1990 genannten **öffentlichen Belange**, insbesondere das Orts- und Landschaftsbild, **nicht beeinträchtigt** werden, ist die Festsetzung der Höhe baulicher Anlagen oder der Zahl der Vollgeschosse **nicht zwingend erforderlich** (OVG NRW, Urteil vom 16. 8. 1995 – 7 a D 154/94.NE, NVwZ 1996, 923). Eine **Nichtbeeinträchtigung** kann allerdings **nur in Ausnahmefällen** bei Vorliegen besonderer örtlicher Verhältnisse unterstellt werden, so dass die Festsetzung der Zahl der Vollgeschosse oder der Höhe baulicher Anlagen **regelmäßig erforderlich** sein wird (vgl. Fickert/Fieseler, zu § 16 Rdn. 42–46). Erst durch die Bestimmung der **Höhenentwicklung der Bebauung** erfolgt eine **dreidimensionale** städtebauliche Planung. Denn die überbaubaren Flächen allein beeinflussen nur den städtebaulichen Grundriss (vgl. Rdn. 82).

137 Die **Höhe baulicher Anlagen** oder die **Zahl der Vollgeschosse** kann gemäß § 16 Abs. 4 Satz 1 BauNVO 1990 **als Höchstmaß** festgesetzt werden; dabei kann zugleich ein **Mindestmaß** bestimmt werden. Gemäß § 16 Abs. 4 Satz 2 BauNVO 1990 kann die Höhe baulicher Anlagen oder die Zahl der Vollgeschosse auch **zwingend** festgesetzt werden. Soweit der Bebauungsplan nur ein Höchstmaß für die Höhe der baulichen Anlagen oder die Zahl der Vollgeschosse enthält, steht es dem Bauwilligen frei, dieses auszunutzen oder nicht. Insoweit gleicht eine solche Festsetzung in der Rechtswirkung einer von Baugrenzen umschlossenen überbaubaren Fläche, innerhalb derer der Bauwillige Dispositionsfreiheit für die Anordnung seines Bauwerks hat (vgl. Abbildung 6.9). Einem zu starken Spielraum für die Höhenentwicklung lässt sich durch ein **zugleich festgesetztes Mindestmaß** entgegenwirken, da dieses nicht unterschritten werden darf.

138 **Homogene dreidimensionale Baustrukturen** sind nur durch **zwingende** Festsetzungen erreichbar. Dabei ist die nach § 18 BauNVO 1990 gegebene **Festsetzungsmöglichkeit der Höhe baulicher Anlagen genauer als die zwingende Festsetzung der Zahl der Vollgeschosse**, weil die **Geschosshöhen** von Gebäude zu Gebäude unterschiedlich hoch sein können. Steht z. B. ein fünfgeschossiges Bürohaus mit Geschosshöhen von 3,25 m neben einem fünfgeschossigen Wohnhaus mit Geschosshöhen von 2,75 m, so ergibt sich allein schon aufgrund dieser unterschiedlichen Geschosshöhen eine **Differenz** in der absoluten Gebäudehöhe von 2,5 m.

Bei der **Festsetzung der Höhe baulicher Anlagen** sind gemäß § **18 Abs. 1** BauNVO 1990 die **erforderlichen Bezugspunkte** zu bestimmen. **Unterer** Bezugspunkt ist in der Regel das natürliche Gelände, sofern der Bebauungsplan keine Veränderung der Höhenlage des Geländes bezweckt (s. Rdn. 132–135). **Oberer** Bezugspunkt kann die **Oberkante** der baulichen Anlage sein, wozu bei Gebäuden mit **geneigten Dachformen** auch die **Firsthöhe** rechnet. Bei Baublockkanten in der geschlossenen Bauweise und Spielräumen hinsichtlich der Bebauungstiefen kann es sinnvoll sein, nur die **Traufhöhe** als oberen Bezugspunkt festzusetzen. Eine solche Festsetzung ist sogar geboten, wenn aufgrund gestalterischer Festsetzungen eine bestimmte Dachneigung festgesetzt ist, da sich nur so bei unterschiedlicher Gebäudetiefe und demzufolge unterschiedlicher Firstlage parallel verlaufende Dachflächen erzielen lassen. **139**

Wird die **Höhe zwingend** festgesetzt, können nach § 18 Abs. 2 BauNVO 1990 **geringfügige Abweichungen** zugelassen werden. Bei dieser Bestimmung handelt es sich nicht um Ausnahmen im Sinne des § 31 Abs. 1 BauGB, sondern um **Abweichungsermächtigungen eigener Art**, die mit der zwingenden Festsetzung der Höhe baulicher Anlagen Bestandteil des Bebauungsplanes werden und von der Gemeinde durch Festsetzung nicht ausgeschlossen werden können. Die Vorschrift entspricht § 23 Abs. 2 Satz 2, Abs. 3 Satz 2 und Abs. 4 Satz 1 BauNVO 1990 (s. Rdn. 93–94). Über die Abweichung entscheidet die Bauaufsichtsbehörde nach pflichtgemäßem Ermessen, ohne dass es des Einvernehmens mit der Gemeinde bedarf. **Ob** die Abweichung **geringfügig** ist, richtet sich nach der **Zielsetzung** der zwingenden Höhenfestsetzung. Je **einheitlicher** eine Bebauungsstruktur entwickelt werden soll, umso enger ist der Spielraum. Die Abweichungsermächtigung bezieht sich nur auf **Gebäude** oder **Gebäudeteile. Bauteile** im Sinne des Bauordnungsrechts, wie z. B. Blitzableiter (zur Unterscheidung s. Rdn. 95) werden von der zwingenden Höhenfestsetzung nicht erfasst. **140**

Ist die Höhe der baulichen Anlagen nur als **Höchstmaß** bzw. **zugleich als Mindestmaß** bestimmt, bedarf eine Über- oder Unterschreitung der **Befreiung** nach § 31 Abs. 2 BauGB im Einvernehmen mit der Gemeinde, da § 18 BauNVO 1990 – unverständlicherweise – keine entsprechende Abweichungsermächtigung enthält. Um derartige Verfahrenserschwernisse zu vermeiden, kann die Gemeinde im Bebauungsplan gemäß § 31 Abs. 1 BauGB **nach Art und Umfang bestimmte Ausnahmen** festsetzen, über die wiederum nur im Einvernehmen mit der Gemeinde entschieden werden darf. **Maßlich eingegrenzte** Überschreitungen des Höchstmaßes bzw. Unterschreitungen des Mindestmaßes können ausnahmsweise zugelassen werden, um z. B. die Anpassung an bestehende Gebäude zu erleichtern. Im Übrigen kann die Gemeinde bei Festsetzung der zwingenden Höhe auch nach Art und Umfang eingegrenzte Ausnahmen festsetzen, die über die geringfügigen Abweichungen nach § 18 Abs. 2 BauNVO 1990 hinausgehen. **141**

Noch immer finden sich **in den meisten Bebauungsplänen** Festsetzungen über die **Zahl der Vollgeschosse**, obwohl derartige Bestimmungen die **Gebäudehöhe nur unvollkommen regeln** können (s. Rdn. 138). Diese Festsetzungsmöglichkeit erfreut sich nach wie vor großer Beliebtheit, da die Festsetzung der Höhe baulicher Anlagen einen höheren planerischen Aufwand bedeutet. Für die möglichen Baukörper innerhalb der überbaubaren Flächen muss zumindest grob untersucht werden, ob sie aufgrund der Höhenfestsetzung mit den städtebaulich gewünschten Geschossebenen auch tatsächlich realisierbar sind. Dieser planerische Aufwand entsteht in diesem Umfang nicht bei der Festsetzung der Zahl der Vollgeschosse, wenngleich auch dabei zu prüfen bleibt, ob keine negativen Auswirkungen auf das Orts- oder Landschaftsbild zu erwarten sind. **142**

**143** Bei **Festsetzung der Zahl der Vollgeschosse** ergibt sich aufgrund der **Verweisung** in § 20 Abs. 1 BauNVO 1990, dass die Definition des Vollgeschosses nach **§ 2 Abs. 5 BauO NRW maßgebend** ist, da das Bundesrecht keine eigenständige Vollgeschossdefinition enthält (zu den inzwischen überholten Gründen für diese Regelung s. die Anmerkungen zu § 2 Rdn. 177–181). Eine eigenständige bundesrechtliche Regelung besteht mit **§ 21 a Abs. 1** BauNVO 1990 für **Garagengeschosse in sonst anders genutzten Gebäuden**, die nicht ausschließlich zum Abstellen von Kraftfahrzeugen dienen, wie z. B. Wohngebäude mit Garagengeschoss. Auf Parkhäuser findet die Vorschrift deshalb keine Anwendung. **Voraussetzung** ist die ausdrückliche **Festsetzung im Bebauungsplan**. Ohne eine solche Festsetzung sind Garagengeschosse nur dann keine Vollgeschosse, wenn sie nicht die Begriffsbestimmung des § 2 Abs. 5 BauO NRW erfüllen.

**144** Der landesrechtlich geregelte **Vollgeschossbegriff** ist **abschließend** und **durch Festsetzung** im Bebauungsplan **nicht abänderbar** (Nds. OVG, Urteil vom 8. 7. 1999 – 1 K 2869/97, BauR 2000, 71 = BRS 62 Nr. 15 = NVwZ-RR 2000, 71). Die Gemeinde kann auch die Lage der Vollgeschosse und deren Ausgestaltung nicht durch Festsetzung beeinflussen (BVerwG, Beschluss vom 25. 2. 1997 – 4 NB 30.96, BauR 1997, 603 = BRS 59 Nr. 51 zur Festsetzung über oberste Geschosse als Dachgeschosse – „II + DG“).

**145** Die Legaldefinition des § 2 Abs. 5 BauO NRW 2000, die mit § 2 Abs. 5 BauO NW 1995 = 1984 übereinstimmt, unterscheidet sich von § 2 Abs. 5 BauO NW 1962 = 1970. Ähnliche Unterschiede sind auch in anderen Bauordnungen durch Änderung eingetreten. Infolge dieser **unterschiedlichen Fassungen** hat sich ein noch nicht höchstrichterlich geklärter Streit über die **Auswirkungen** einer **statischen** oder **dynamischen Verweisung** entwickelt (s. die Anmerkungen zu § 2 Rdn. 182–184).

**146** Die Bestimmungen des § 2 Abs. 5 BauO NRW 2000 stellen auf den **Geschossbegriff** ab, der weder im Bauplanungsrecht noch im Bauordnungsrecht definiert ist. Ein Geschoss ist die **Summe der auf gleicher Ebene liegenden Räume** (OVG NRW, Urteil vom 18. 4. 1991 – 11 A 696/87, BauR 1992, 60 = BRS 52 Nr. 180) und erfordert **obere und untere Abschlüsse**, so dass z. B. eine nicht überdachte Dachterrassen kein Geschoss ist (s. die Anmerkungen zu § 2 Rdn. 185–190).

**147** Ist der Geschossbegriff erfüllt, richtet sich die **Eigenschaft als Vollgeschoss** nach den **Bemessungsregeln** des § 2 Abs. 5 BauO NRW, die zwischen **Normalgeschossen**, **Staffelgeschossen** und **Geschossen mit geneigten Dachflächen** differenzieren. Versetzte Geschosse ohne durchgehende Ebenen oder Geschosse mit Galerieebenen erfordern besondere Betrachtungen (s. die Anmerkungen zu § 2 Rdn. 191–216).

**148** **Bauplanungsrechtliche Folge der Eigenschaft eines Geschosses als Vollgeschoss** ist neben der relativ ungenauen Begrenzung der Höhenentwicklung der Bebauung vor allem die Auswirkung auf die Dichte der Bebauung, ausgedrückt in Geschossfläche oder Baumasse. Denn die **Geschossfläche** und die **Baumasse** der **Hauptanlagen** werden gemäß **§ 20 Abs. 3** und **§ 21 Abs. 2** BauNVO 1990 in erster Linie nach den **Vollgeschossen des Gebäudes** ermittelt. Für Nicht-Vollgeschosse kann die Gemeinde Anrechnungsfestsetzungen in den Bebauungsplan aufnehmen. **Nebenanlagen** im Sinne des § 14 BauNVO 1990, **Balkone**, **Loggien**, **Terrassen** und nach Landesrecht **in den Abstandflächen zulässige bauliche Anlagen** bleiben gemäß § 20 Abs. 4 und § 21 Abs. 3 BauNVO 1990 unberücksichtigt (im Einzelnen s. Heintz, Baunutzungsverordnung 1990 – Auswirkungen der geänderten Maßvorschriften, BauR 1990, S. 166 ff.).

### 2.3.9 Lage und Höhe der Baukörper nach den Planersatzvorschriften

In Gebieten **ohne qualifizierten** oder **vorhabenbezogenen** Bebauungsplan nach § 30 Abs. 1 oder 2 BauGB Bebauungsplan richtet sich die Zulässigkeit der Gebäude oder abstandrelevanten Anlagen nach den „Planersatzvorschriften" des **§ 34 BauGB** für das Bauen im **Innenbereich** oder des **§ 35 BauGB** für das Bauen im **Außenbereich**. Soweit ein **einfacher** Bebauungsplan nach § 30 Abs. 3 BauGB besteht, gehen dessen Festsetzungen den Planersatzvorschriften vor und verdrängen diese insoweit. Als einfacher Bebauungsplan im Sinne des § 30 Abs. 3 BauGB gelten auch die nach § 173 Abs. 3 BBauG 1960 als Bebauungspläne übergeleiteten **Fluchtlinienpläne** nach dem preußischen Fluchtliniengesetz und **Durchführungspläne** nach dem Aufbaugesetz Nordrhein-Westfalen (s. die Einleitung Rdn. 46 und 55–57). Zwischen den beiden Planersatzvorschriften besteht ein grundlegender **Unterschied**: durch **§ 34 BauGB** hat der **Gesetzgeber generell geplant** (BVerwG, Urteil vom 3. 4. 1981 – 4 C 61.78, BRS 38 Nr. 69), so dass **Grundstücke im Innenbereich grundsätzlich bebaubar** sind (BVerwG, Urteil vom 23. 5. 1980 – 4 C 79.77, BRS 36 Nr. 64), während durch **§ 35 BauGB** der **Außenbereich vor weiterer Bebauung geschützt ist**, soweit nicht die **Privilegierungs**- bzw. **Begünstigungstatbestände** des § 35 **Abs. 1** bzw. **4** BauGB die Bebauung ermöglichen oder – seltener – nach § 35 **Abs. 2** BauGB **sonstige Vorhaben** zulässig sind, weil **keine Beeinträchtigung öffentlichen Belange** im Sinne des § 35 **Abs. 3** BauGB vorliegt. 149

Die **im Innenbereich** im Sinne des § 34 BauGB **gelegenen Grundstücke** sind hinsichtlich der Bebaubarkeit **dem qualifiziert beplanten Bereich gleichgestellt**. An die Stelle der Festsetzungen des Bebauungsplans tritt die vorhandene **Umgebungsbebauung**. Das **Vorhaben muss sich** gemäß § 34 Abs. 1 **Satz 1** BauGB **nach** 150

- der **Art** und dem **Maß** der baulichen Nutzung,
- der **Bauweise** und
- der **Grundstücksfläche, die überbaut werden soll**,

**in die Eigenart der näheren Umgebung einfügen**. Gemäß § 34 Abs. 1 **Satz 2** BauGB sind die **Anforderungen an gesunde Wohn- und Arbeitsverhältnisse** zu wahren; auch darf das **Ortsbild nicht beeinträchtigt** werden.

Die das Baugrundstück **prägende Umgebungsbebauung** bildet den **Rahmen**, der für die **Maßstäbe des Einfügens** entscheidend ist (s. hierzu das **„Harmonie-Urteil"** des BVerwG vom 26. 5. 1978 – 4 C 9.77, BRS 33 Nr. 36). Die Maßstäbe sind umso präziser, je einheitlicher sich die Umgebungsbebauung darstellt. Aus dem **Begriff des Einfügens** leitet die Rechtsprechung auch das **Gebot der Rücksichtnahme** ab (s. Rdn. 51).

**Für die Anwendung** der Vorschriften des **§ 6 BauO NRW** sind dabei **zwei Einfügungskriterien** von ausschlaggebender Bedeutung:

- die **Grundstücksfläche, die überbaut werden soll**, und
- die **Bauweise**.

Bei der **„Grundstücksfläche, die überbaut werden soll"** geht es, obwohl die Formulierung leicht von der in § 23 BauNVO 1990 abweicht, nicht um die zulässige Grundfläche im Sinne des § 19 Abs. 2 BauNVO 1990, die eine rechnerische Größe im Rahmen des Maßes der baulichen Nutzung darstellt (s. Rdn. 84), sondern um den **Standort des Vor-** 151

**habens im Sinne von § 23 BauNVO** (so Fickert/Fieseler, zu § 34 BauGB Rdn. 10). Das BVerwG differenzierte in seiner früheren Rechtsprechung nicht immer sauber zwischen der zum Maß der baulichen Nutzung gehörenden zulässigen Grundfläche und der Grundstücksfläche, die überbaut werden soll (missverständlich BVerwG, Beschluss vom 15. 4. 1987 – 4 B 175.88, BRS 48 Nr. 50; s. hierzu auch Höver, Die neuere Rechtsprechung des Bundesverwaltungsgerichts zum Begriff der „Grundstücksfläche, die überbaut werden soll" in § 34 Abs. 1 BBauG, BauR 1987, S. 495 ff.).

**152** Die **zulässige Grundfläche als Maßvorschrift** leitet sich im Rahmen des Einfügens nach § 34 Abs. 1 Satz 1 BauGB aus der in m² zu ermittelnden Größe der Grundfläche der vorhandenen Baukörper in der das Grundstück prägenden Umgebung ab. Die zulässige **Anordnung des Vorhabens** auf dem Grundstück, also sein **Standort**, leitet sich dagegen aus den durch die vorhandene Umgebungsbebauung vorgegebenen **faktischen überbaubaren Grundstücksflächen** ab. Je einheitlicher die Umgebung ist, umso weniger Spielraum bleibt dem Bauwilligen; aus einer einheitlichen Bebauung, z. B. der geradlinigen Aufreihung der Gebäudevorderkanten entlang einer Straße, können sich daher sogar **faktische Baulinien** ergeben (BVerwG, Beschluss vom 23. 11. 1998 – 4 B 29.98, BauR 1999, 233 = BRS 60 Nr. 82), auf die dann gebaut werden muss (s. Rdn. 86–89 und Abbildungen 6.9–6.12). Aus dem Begriff der „Grundstücksfläche, die überbaut werden soll" lässt sich aber auch die in der näheren Umgebung vorherrschende **Ausrichtung der Gebäude zur Himmelsrichtung** ableiten (BVerwG, Beschluss vom 15. 4. 1987 – 4 B 60.87, BauR 1987, 533 = BRS 47 Nr. 68). Dieses Element des Einfügens wird in § 9 Abs. 1 Nr. 2 BauGB als **Stellung der baulichen Anlagen** bezeichnet (s. Rdn. 105–106). Schließlich ist darauf hinzuweisen, dass sich aus § 34 Abs. 1 BauGB kein allgemeiner Grundsatz herleiten lässt, eine so genannte „**Hinterlandbebauung**" sei städtebaulich unerwünscht (BVerwG, Urteil vom 29. 11. 1974 – IV C 10.73, BauR 1975, 106 = BRS 28 Nr. 28). Somit kann ein Vorhaben, das sich in eine rückwärtige Bebauung einfügt, nicht mit dem Hinweis auf eine unerwünschte Verdichtung untersagt werden (BVerwG, Urteil vom 5. 3. 1990 – 4 B 192.89, BRS 50 Nr. 105).

**153** Bei der **Ermittlung der das Grundstück prägenden Bauweise** sind die Begriffsbestimmungen des § 22 BauNVO 1990 heranzuziehen, um festzustellen, ob offene oder geschlossene Bauweise vorliegt (s. Rdn. 107–110). Schwierigkeiten bereitet mitunter die Feststellung der **offenen** Bauweise, genauer gesagt, deren Unterformen, da diese nach **Hausformen** differenziert (s. Rdn. 111–112). Eine vorhandene Bebauung kann in selteneren Fällen sogar durch **abweichende** Bauweise geprägt sein, z. B. nach Außerkrafttreten eines realisierten Bebauungsplans mit entsprechenden Festsetzungen (s. Rdn. 126–131). Besonders in den Übergangsbereichen zwischen den in der Regel geschlossen bebauten Innenstadtbereichen und den offen bebauten Randbereichen wird man häufig **keine eindeutige Bauweise** aus der Umgebungsbebauung ableiten können. Es ergibt sich dann, dass sowohl Gebäude **mit** als auch **ohne** seitlichen Grenzabstand noch „**im Rahmen**" liegen (BVerwG, Beschluss vom 11. 3. 1994 – 4 B 53.94, BauR 1994, 494 = BRS 56 Nr. 65 = NVwZ 1994, 1008 = ZfBR 1994, 192).

**154** Ergibt sich aus der Eigenart der näheren Umgebung, dass innerhalb der überbaubaren Fläche **ohne Grenzabstand** gebaut werden **muss**, so entfallen die Abstandflächen vor den entsprechenden Außenwänden des Gebäudes. Dieses gilt nicht nur für die gesamte **Bautiefe**, sondern auch für die **Bauhöhe**. Daneben ist jedoch wegen der Zielsetzung, das Abstandrecht an das Planungsrecht anzukoppeln, das „**bauplanungsrechtliche Gebot der Rücksichtnahme**" zu beachten (OVG NRW, Beschluss vom 24. 4. 1995 – 10 B 3161/

94, BauR 1996, 88). Welche **Anforderungen** dabei zu stellen sind, ist grundsätzlich geklärt (vgl. OVG NRW, Beschluss vom 7. 6. 1994 – 10 B 2923/93, NWVBl. 1994, 421): danach kann umso mehr Rücksichtnahme verlangt werden, je empfindlicher und schutzwürdiger die Stellung derer ist, denen die Rücksichtnahme im gegebenen Zusammenhang zugute kommt; umgekehrt braucht derjenige, der ein Vorhaben verwirklichen will, umso weniger Rücksicht zu nehmen, je verständlicher und unabweisbarer die von ihm verfolgten Interessen sind. Die hierbei vorzunehmende Interessenabwägung hat sich an den **Kriterien der Unzumutbarkeit** auszurichten, und zwar in dem Sinne, dass dem Betroffenen die nachteilige Einwirkung des streitigen Vorhabens billigerweise nicht zugemutet werden kann. Das OVG NRW bezieht in die Prüfung, ob ein Vorhaben gegen das Gebot der Rücksichtnahme verstößt, auch seine Ausrichtung zur **Himmelsrichtung** mit ein. So kommt das Gericht in zwei Beschlüssen vom 24. 4. 1995 (– 10 B 330/95, n. v. und 10 B 3161/94, BauR 1996, 88), die ein und dasselbe Vorhaben betreffen – nämlich einen innerhalb der überbaubaren Grundstücksfläche einer bestehenden Reihenhausbebauung beiderseits grenzständig beabsichtigten 3 m tiefen eingeschossigen rückwärtigen Anbau –, zu unterschiedlichen Ergebnissen. Die Grundstücke lagen in Ost-West-Richtung, die Gebäudezeile verlief in Nord-Süd-Richtung, die Hausgärten lagen westlich der Gebäudezeile. Für den klagenden Nachbarn des nördlichen Grundstücks war die Wand des Anbaus rücksichtslos. Für den klagenden Nachbarn des südlichen Grundstücks war das Vorhaben zumutbar, obwohl sich aufgrund eines 3 m tiefen Gebäudeversprungs die Gebäudeabschlusswand durch den Anbau auf 6 m verlängerte.

Inwieweit das Gebot der Rücksichtnahme bei der Errichtung einer grenzständigen Gebäudeabschlusswand, durch die **Öffnungen in der grenzständigen Außenwand** eines Gebäudes auf dem Nachbargrundstück **zugemauert** werden, zu beachten ist, ist dem Beschluss des OVG NRW vom 31. 1. 1991 (– 7 B 241/91, BauR 1991, 738 = BRS 52 Nr. 179 = NWVBl. 1991, 380) zu entnehmen. In diesem Beschluss kommt das Gericht zu dem Ergebnis, dass der Bestandsschutz für ein in der Nachbargrenzwand vorhandenes Fenster zwar die Bauaufsichtsbehörde und auch den Bauherrn im Rahmen der Genehmigung einer ohne Grenzabstand zulässigen Gebäudeabschlusswand hindert, die Schließung des Fensters zu verlangen. Der Bestandsschutz hindert aber den Bauherrn nicht, eine Bebauung vorzunehmen, durch die das Fenster geschlossen wird. Ein Nachbar muss ein Heranrücken der Bebauung an die gemeinsame Grenze in dem Umfang hinnehmen, in dem er sich ihr seinerseits unter Unterschreitung des „Bauwichs" genähert hat (OVG Saar, Urteil vom 23. 6. 1992 – 2 R 50/91, BRS 54 Nr. 186). **155**

Auch im **Außenbereich** können sich in einer **Splittersiedlung** überbaubare Grundstücksflächen herausgebildet haben. Bei einer „**Lückenschließung**" in einer solchen Splittersiedlung kann sich im Einzelfall über die nach § 35 **Abs. 3** BauGB zu beachtenden **öffentlichen Belange** ein Zwang zur Beachtung vorgegebener „überbaubarer Flächen" ergeben. Bei der Prüfung darf auf die Grundsätze des § 34 Abs. 1 BauGB zurückgegriffen werden (BVerwG, Urteil vom 22. 6. 1990 – 4 C 6.87, BauR 1990, 689 = BRS 50 Nr. 84). Im **Außenbereich** sind jedoch **grundsätzlich** für alle Gebäude **Grenzabstände** einzuhalten (OVG NRW, Urteil vom 16. 5. 1963 – VII A 55/62, BRS 14 B6 S. 247 = DÖV 1963, 848; Sächs. OVG, Urteil vom 17. 7. 2003 – 1 B 438/01, BRS 66 Nr. 127), so dass **Grenzbebauung nur selten** vorkommen dürfte, z. B. wenn in einer Splitterbebauung ein Gebäude von hinreichendem städtebaulichem Gewicht auf der Nachbargrenze steht (OVG NRW, Beschluss vom 17. 8. 2005 – 7 B 1288/05, BRS 69 Nr. 130). **156**

### 2.4 Bauen ohne oder mit geringem Grenzabstand – Buchstabe a

157 Nach § 6 Abs. 1 **Satz 2 Buchstabe a** BauO NRW entfällt die Abstandfläche, soweit

– nach **bauplanungsrechtlichen Vorschriften** (s. Rdn. 77–78)
– **innerhalb der überbaubaren Grundstücksfläche** (s. Rdn. 86)
– **gegenüber Grundstücksgrenzen** (s. Rdn. 79)
– **ohne** oder **mit geringerem Grenzabstand** als nach den Absätzen 5 und 6

gebaut werden **muss**. Die abstandrechtliche Prüfung setzt infolge des **Vorrangs des Bauplanungsrechts** die **Klärung der Rechtslage nach dem Bauplanungsrecht** voraus (s. Rdn. 81). Diese Klärung ist angesichts des komplexen Bauplanungsrechts mit der Differenzierung zwischen den **Festsetzungen des Bebauungsplans** und den **Planersatzvorschriften** für den Innen- und Außenbereich **keine einfache Aufgabe**. Die Untersuchung der bauplanungsrechtlichen Voraussetzungen – und dies gilt vor allem für den nicht beplanten Bereich mit uneinheitlicher Bebauung – erfordert aufgrund notwendiger örtlicher Feststellungen regelmäßig mehr Aufwand als die eigentliche Ermittlung der Abstandflächentiefe. Das erklärt auch, warum die Ursache **fehlerhafter** Abstandflächenermittlungen häufig in der **Verkennung der bauplanungsrechtlichen Grundlagen** zu suchen ist. Die Neufassung der Vorschrift war vor dem Hintergrund der höchstrichterlichen Rechtsprechung zum **Vorrang des Bauplanungsrechts** überfällig und steht im Zusammenhang mit der Streichung der Sätze 3 und 4 des Absatzes 1 sowie dem Fortfall des Absatzes 17 der Vorgängerfassung (s. die Begründung in LT-Drucks. 14/2433, S. 11–13 und 18).

Allein das **Bauplanungsrecht bestimmt**,

– **ob keine Abstandfläche** oder
– **ob eine Abstandfläche geringerer Tiefe als nach den Absätzen 5 und 6**

gegenüber den Grundstücksgrenzen einzuhalten ist, wenn der Bebauungsplan oder die Planersatzvorschriften dies **gebieten**, also eine **andere Anordnung** des Gebäudes zu den vorderen, rückwärtigen oder seitlichen Grundstücksgrenzen **unzulässig** ist. Wenn auch nunmehr – **alle** – Grundstücksgrenzen erfasst sind, so wirkt sich die Vorschrift regelmäßig nur auf die Fälle der **seitlichen** Grenzbebauung aus. Zu **rückwärtigen** Grundstücksgrenzen treten Abstandflächenprobleme selten auf, da die **gängige Bebauungsform** das straßenorientierte Gebäude mit **rückwärtiger Hof- oder Gartenfläche** darstellt. Angesichts der Reduzierung der Tiefe der Abstandflächen zu öffentlichen Verkehrsflächen hin durch die BauO NRW 2000 sind kaum noch abstandrechtliche Probleme zu **vorderen** Grundstücksgrenzen gegeben. Seit dieser Rechtsänderung lassen sich **Baulinienfestsetzungen** entlang öffentlicher Verkehrsflächen regelmäßig auch im Falle nicht zwingender Festsetzungen der Höhe der Gebäude oder der Zahl der Vollgeschosse realisieren, so dass der aufgehobene **Absatz 17 seine ursprüngliche Bedeutung eingebüßt** hat. Auch die **Satzungsermächtigung** des § 86 Abs. 1 Nr. 6 BauO NRW entfaltet ihre Wirkung nur **in dichten Bebauungsstrukturen** mit **hohen** Gebäuden (mehr als 7,50 m Wandhöhe) an **schmalen** Straßen (weniger als 6 m Breite).

158 Aus den **Festsetzungen** eines qualifizierten oder vorhabenbezogenen Bebauungsplans in Verbindung mit den verordnungsrechtlichen Vorgaben über das Maß der baulichen

Nutzung, über die Bauweise und über die überbaubare Grundstücksfläche ergibt sich **abschließend** die zulässige Anordnung eines Gebäudes gegenüber den vorderen, rückwärtigen und seitlichen Grundstücksgrenzen. Daneben ist **für eine Nach**- bzw. **Feinsteuerung über § 15** BauNVO 1990 **kein Raum** mehr, da sich diese Vorschrift nur auf die Bestimmungen über die Art der baulichen Nutzung bezieht (s. Rdn. 50). Allerdings besteht auch im beplanten Bereich, soweit der Bebauungsplan die geschlossene Bauweise festsetzt, nach **§ 22 Abs. 3, 2. Halbsatz** (sämtliche Fassungen) **eine Möglichkeit zur Korrektur** für den Fall, dass die **vorhandene** Bebauung eine Abweichung vom Bauen auf die **seitliche** Grundstücksgrenze erfordert.

Ein Zwang zur **seitlichen Grenzbebauung** kann im **beplanten Bereich** vorgegeben sein durch

- die Festsetzung einer **geschlossenen Bauweise** nach § 22 Abs. 3 BauNVO (sämtliche Fassungen), wenn **kein Erfordernis für eine Abweichung aufgrund der vorhandenen Bebauung** besteht (s. Rdn. 124–125),
- die Festsetzung von **Doppelhäusern** oder **Hausgruppen** in der **offenen Bauweise** nach § 22 Abs. 2 BauNVO (sämtliche Fassungen) **für die gemeinsam zu bebauenden Grundstücksgrenzen**, wenn durch **„Baufenster"** eindeutig festgelegt ist, **welche** Grundstücksgrenzen **gemeinsam** zu bebauen sind (s. Rdn. 112–114),
- die Festsetzung einer **abweichenden Bauweise** nach § 22 Abs. 4 BauNVO (sämtliche Fassungen), **soweit ein Bauen ohne Grenzabstand für eine bestimmte Grenze verlangt** wird, wie dies z. B. bei der halboffenen Bauweise der Fall ist (s. Rdn. 128 und Abbildung 6.18),
- die Festsetzung einer **Baulinie** nach § 23 Abs. 2 BauNVO (sämtliche Fassungen) **auf einer** Nachbargrenze, wenn der Bebauungsplan auf die **bestehende Grundstückssituation** ausdrücklich abstellt und diese durch Umlegung **nicht verändert** werden soll.

Die **Grenzbebauung** ist **selbst dann als zwingend anzusehen**, **wenn der Bebauungsplan** von der Festsetzung **Ausnahmen** nach § 31 Abs. 1 BauGB **ermöglicht**. Berücksichtigt man bei der Auslegung des § 6 Abs. 1 Satz 2 Buchstabe a BauO NRW die theoretisch stets gegebene Ausnahmemöglichkeit mit, hätte das ein Unterlaufen des Planungswillens der Gemeinde zur Folge. Es könnte gerade wegen der im Bebauungsplan eingeräumten Ausnahmemöglichkeit nicht von einer zwingenden Festsetzung ausgegangen werden. Greift aber § 6 Abs. 1 Satz 2 Buchstabe a BauO NRW nicht ein, so sind nach dem Grundsatz des § 6 Abs. 1 Satz 1 BauO NRW Grenzabstände einzuhalten mit der Folge, dass die zwingende Festsetzung nicht zu verwirklichen wäre und sich der Wille des Plangebers in sein Gegenteil verkehren würde (VGH B-W, Beschluss vom 1. 6. 1994 – 5 S 1280/94, BauR 1995, 223 = BRS 56 Nr. 101).

Der Zwang zu einer – lediglich **grenznahen** – **Bebauung** und damit einer Bebauung **ohne ausreichende Tiefe der Abstandflächen** als nach den Absätzen 5 und 6 kann im beplanten Bereich vorgegeben sein durch die Festsetzung

- der **abweichenden Bauweise** nach § 22 Abs. 4 BauNVO 1990, verbunden mit der **Regelung des Abstandsmaßes** zu seitlichen und eventuell auch zu vorderen und rückwärtigen Grenzen (s. Rdn. 129 und Abbildung 6.19),
- von **Baulinien** nach § 23 Abs. 2 BauNVO (sämtliche Fassungen) nahe zu Grundstücksgrenzen, wenn der Bebauungsplan auf die **bestehende Grundstückssituation** ausdrücklich abstellt und diese durch Umlegung **nicht verändert** werden soll.

Durch die Festsetzung von **Baulinien** entsteht – anders als bei der Festsetzung der Bauweise – **kein direkter Bezug zu den seitlichen Grundstücksgrenzen**. Daher ist zu beachten, ob im Geltungsbereich des Bebauungsplans eine erst noch **durch Umlegung zu bereinigende ungeordnete Grundstücksstruktur** besteht, die den Festsetzungen unter Berücksichtigung des Abstandflächenrechts angepasst werden muss, so dass dann nach Abschluss der Umlegung die unter Berücksichtigung der zulässigen Höhe der Gebäudeaußenwände zwischen der Baulinie und der seitlichen Grundstücksgrenze erforderliche Tiefe der Abstandfläche zur Verfügung steht, oder ob die Festsetzungen von der **bestehenden** und unverändert zu erhaltenden **Grundstückssituation** ausgehen. Nur im letztgenannten Falle erhält die Baulinienfestsetzung Vorrang vor dem Abstandflächenrecht, z.B. wenn der Bebauungsplan die Komplettierung einer **erhaltenswerten Baustruktur mit traufständigen Gebäuden und schmalen Traufgassen** sichern soll und daher für Bebauungslücken durch Baulinien ein grenznaher Abstand der seitlichen Gebäudeaußenwände in Verbindung mit einer bestimmten Traufhöhe festgesetzt ist. Aus dem Beispiel wird deutlich, dass es sich hierbei stets um **besondere Fallgestaltungen** handelt, weshalb auch die Festsetzung von Baulinien eine in der **Begründung** darzulegende **besondere Situation** oder **Planungskonzeption** voraussetzt.

**159** Bei festgesetzter **geschlossener Bauweise** entfällt innerhalb der überbaubaren Grundstücksfläche eine **seitliche** Abstandfläche auch für solche Gebäudeteile, die üblicherweise nur mit Grenzabstand errichtet werden, wie Dachaufbauten, Balkone, Erker oder sonstige Vorbauten. Eine Abstandfläche ist bei festgesetzter **geschlossener Bauweise** selbst dann nicht einzuhalten, wenn ein **nicht** nach Absatz 4 Satz 6 Nr. 2 begünstigte Dachgaube oder ein entsprechender Dachaufbau oder ein **nicht** nach Absatz 7 privilegierter Gebäudeteil errichtet werden soll. Diese zunächst erstaunliche Sichtweise wird erst verständlich, wenn man die **Hausbautradition** in die Betrachtung einbezieht. Seit jeher weisen auch die Gebäude in der geschlossenen Bauweise Dachgauben, Zwerchhäuser, Erker, Balkone, Treppenhausvorbauten oder vergleichbare Gebäudeteile auf, ohne dass ernsthaft die Forderung erhoben werden könnte, diese Gebäudeteile entweder grenzständig oder mit voller seitlicher, sich aus der Höhe über dem Gelände ergebenden Abstandflächentiefe zu errichten. Davon geht auch die BauNVO nicht aus, weil diese das Baupolizeirecht im bisher gebräuchlichen Sinne berücksichtigt und deshalb nur verlangt, dass die – **Gebäude** – in der geschlossenen Bauweise grenzständig errichtet werden, **ohne Gebäudeteile** – anders als in § 23 Abs. 2 und 3 BauNVO (sämtliche Fassungen) – **gesondert zu erwähnen**. Die Gliederung der Baumasse eines Gebäudes durch vor die Außenwand tretende Gebäudeteile, wie z.B. Treppenvorbauten, als auch die Gestaltung der Dachfläche mit Dachgauben oder Zwerchhäusern ist seit jeher in der geschlossenen Bauweise üblich und steht damit in der Bautradition. Die grenznahe Zulässigkeit solcher Gebäudeteile ohne seitliche Abstandfläche kann jedoch in **besonders gelagerten Einzelfällen** durch das **§ 22 Abs. 3, 2. Halbsatz** BauNVO 1990 innewohnende **Rücksichtnahmegebot** eingeschränkt sein.

Sind nur **Doppelhäuser** oder nur **Hausgruppen** innerhalb von „**Baufenstern**“ zulässig, ergibt sich für diese Art der zwingend vorgeschriebenen Grenzbebauung ein **besonderer Anpassungszwang**, der sich aus den **Hausformenbegriffen** herleitet (vgl. Rdn. 115 und Abbildung 6.16). Eine Doppelhaushälfte oder ein Hausgruppenelement kann nämlich nur dann an der gemeinsamen Grundstücksgrenze errichtet oder erweitert werden, ohne dass eine Abstandfläche an dieser Grenze ausgelöst wird, wenn der **Charakter des Doppelhauses** bzw. **der Hausgruppe erhalten** bleibt.

**Im unbeplanten Innenbereich** im Sinne des § 34 BauGB ergibt sich eine weniger klare Beurteilungsgrundlage, da das im **Begriff des Einfügens** enthaltene **Gebot der Rücksichtnahme** einer aus der prägenden Umgebungsbebauung an und für sich ableitbaren zwingenden Grenzbebauung in Ausnahmefällen entgegenstehen kann (s. Rdn. 51–55). Auch im **Außenbereich** im Sinne des § 35 BauGB kann aufgrund des sich aus der **Berücksichtigungspflicht öffentlicher Belange** ergebenden **Gebots der Rücksichtnahme** (s. Rdn. 49) eine aufgrund der vorhandenen Bebauung ableitbare Grenzbebauungsverpflichtung ausnahmsweise nicht realisierbar sein, wobei es sich nur um äußerst selten auftretende Fallgestaltungen handeln kann, da Gebäude im Außenbereich grundsätzlich einen Grenzabstand einzuhalten haben (s. Rdn. 156). **160**

Die seitliche Abstandfläche entfällt, wenn **innerhalb eines im Zusammenhang bebauten Ortsteiles** nach § 34 Abs. 1 BauGB ein Vorhaben **grenzständig** errichtet werden **muss** (zur Frage, ob geschlossene Bauweise auch bei geringen Grenzabständen anzunehmen ist, s. Rdn. 123), weil das Baugrundstück nur für eine derartige Bebauung vorgeprägt ist (OVG NRW, Urteil vom 14. 3. 1994 – 7 A 3462/91, n. v.). Mitunter bestehen ungeordnete Baustrukturen, die Gebäude mit und ohne Grenzabstand oder mit nur geringen Grenzabständen aufweisen und demzufolge kein organisch gewachsenes, einheitliches bauplanungsrechtliches Ordnungssystem erkennen lassen. Da das Abstandflächenrecht im Verhältnis zum Bauplanungsrecht jedoch auch eigenständige Ziele verfolgt (s. Rdn. 15–20), führt eine regellose Bebauung – ungeachtet ihrer nach § 34 BauGB rahmensetzenden Wirkung – nicht generell dazu, dass auf die Einhaltung von Abstandflächen verzichtet werden kann (BayVGH, Urteil vom 21. 7. 1997 – 14 B 96.3086, BRS 59 Nr. 113). Andererseits ist eine seitliche Abstandfläche bei der Aufstockung eines grenzständigen Gebäudes nicht erforderlich, wenn die Grundstücke in der näheren Umgebung uneinheitlich teils in geschlossener, teils in halboffener Bauweise bebaut sind, wegen ihres schmalen Zuschnitts aber nahezu einheitlich eine Bebauung mit beiderseitigen Abstandflächen nicht zulassen (OVG Rh-Pf, Urteil vom 4. 2. 1993 – 1 A 12323/91, BauR 1993, 320 = BRS 55 Nr. 107).

Gerade bei der Errichtung von Gebäuden oder Gebäudeerweiterungen im Bestand wird man mitunter feststellen können, dass die Nachbarbebauung nicht genau an der Grenze steht, sondern einen **Abstand von nur wenigen Zentimetern** hält. Es ist dann sicherzustellen, dass keine „**Schmutzwinkel**" entstehen (OVG NRW, Urteil vom 12. 5. 2005 – 7 A 2342/03, BRS 70 Nr. 123). Wesentliches Ziel der Bauleitplanung ist die Schaffung und Erhaltung **gesunder Wohn- und Arbeitsverhältnisse**. Bei Ausführung einer Grenzbebauung im Anschluss an ein Gebäude auf dem Nachbargrundstück mit nur **wenigen Zentimetern** Grenzabstand würde ein „**Spalt**" entstehen, in dem sich Feuchtigkeit, Unrat und Ungeziefer festsetzen können. Solche unzugänglichen Schmutzwinkel, die zudem eine ordnungsgemäße Instandhaltung der beiden angrenzenden Gebäude unverhältnismäßig erschweren, wenn nicht sogar unmöglich machen, sind mit den auf **gesunde Wohn- und Arbeitsverhältnisse** ausgerichteten Zielen der Bauleitplanung (§ 1 Abs. 6 Nr. 1 BauGB) unvereinbar. Einer solchen Baumaßnahme stehen nicht nur die öffentlichen Belange des § 1 Abs. 6 Nr. 1 BauGB, sondern auch die bauordnungsrechtlichen Bestimmungen des **§ 3 Abs. 1 Satz 1 BauO NRW** entgegen (VGH B-W, Urteil vom 7. 9. 1972 – III 1066/71, BRS 25 Nr. 195). Der Nachbar, der den unzureichenden Grenzabstand durch ein illegales Gebäude verursacht hat, kann allerdings nach dem Grundsatz von Treu und Glauben aus dieser Pflichtverletzung seinerseits keine Rechte für sich herleiten (VGH B-W, Urteil vom 8. 3. 1976 – III 1030/75, BRS 30 Nr. 106). **161**

### 2.5 Mögliche Grenzbebauung – Buchstabe b

162 Die Vorschrift regelt Fälle, in denen ohne Grenzabstand gebaut werden **darf, aber nicht muss**. Es bleibt den **betroffenen Nachbarn** überlassen, die Grenzbebauung **untereinander abzustimmen**, so dass aufgrund dieser Übereinkunft die Abstandflächen vor den grenzständig zu errichtenden Wänden entfallen. Die Abstandfläche entfällt nur dann, wenn aufgrund **bauplanungsrechtlicher** Vorschriften gegenüber Grundstücksgrenzen **ohne Grenzabstand** gebaut werden **darf** und zugleich **gesichert** ist, dass auf dem **Nachbargrundstück ebenfalls ohne Grenzabstand** gebaut wird. Setzt der Bebauungsplan dagegen in der offenen Bauweise **Einzelhäuser** oder auf die vorhandenen Grundstücke abgestimmte **eng begrenzte Baufenster** fest, sind **grenzständige Gebäude unzulässig** (s. Abbildung 6.11). Die Vorschrift bezieht sich – anders als die Regelung des Buchstabens a – nicht auf alle, sondern nur auf **Nachbargrenzen**, also auf **seitliche** und auf **rückwärtige** Grenzen von Baugrundstücken. Dies folgt aus der **Bedingung**, dass die **wechselseitige Grenzbebauung** gesichert sein muss, was bei vorderen Grundstücksgrenzen an öffentlichen Verkehrsflächen naturgemäß nicht gegeben sein kann. Im **beplanten Bereich** darf an die **seitliche** Nachbargrenze gebaut werden,

- wenn der Bebauungsplan **offene Bauweise ohne Beschränkung der Hausformen** festsetzt und durch großzügig bemessene überbaubare Grundstücksflächen die Gebäudeanordnung auf den Grundstücken nicht eingeschränkt wird (s. Abbildung 6.9),
- wenn der Bebauungsplan **offene Bauweise mit der Beschränkung auf Doppelhäuser oder Hausgruppen** festsetzt, jedoch aufgrund großzügig bemessener überbaubarer Grundstücksflächen offen bleibt, an welchen gemeinsamen Nachbargrenzen jeweils ein Doppelhaus oder eine Hausgruppe entstehen soll,
- wenn der Bebauungsplan **abweichende Bauweise** festsetzt, nach deren inhaltlicher Ausgestaltung auch **das Bauen ohne Grenzabstand möglich**, jedoch **nicht zwingend** ist, so dass auch ohne Grenzabstand gebaut werden kann,
- wenn bei **fehlender Festsetzung der Bauweise** aufgrund von Festsetzungen der **überbaubaren Grundstücksflächen** oder der **Stellung** baulicher Anlagen das Bauen ohne Grenzabstand nicht ausgeschlossen ist.

An die **rückwärtige** Nachbargrenze darf gebaut werden, wenn der Bebauungsplan das gesamte Bauland zwischen den öffentlichen Verkehrsflächen als überbaubar festsetzt, Selbst wenn der Bebauungsplan in einem solchen Fall die offene Bauweise festsetzt, ist ein Bebauen der rückwärtigen Grundstücksgrenzen nicht ausgeschlossen, da die offene Bauweise nur den seitlichen Grenzabstand regelt (s. Rdn. 111).

163 An die Stelle der **öffentlich-rechtlichen Sicherung** ist die **Sicherung** getreten, um die Baulast nach dem Vorgängerrecht zu erübrigen (so die Begründung in LT-Drucks. 14/2433, S. 12). Es wird auch **keine rechtliche** Sicherung verlangt, was entweder eine zivilrechtliche Grunddienstbarkeit oder eine öffentlich-rechtliche Baulast voraussetzen würde. Nach dem Wortlaut und auch nach der sich aus der Begründung des Gesetzentwurfs ergebenden gesetzgeberischen Intention genügt allein eine **zivilrechtliche Einigung**. Diese Einigung der Nachbarn wird zu einem **Instrument des Bauplanungsrechts**, da es nicht um die Veränderung der bauplanungsrechtlichen Voraussetzungen der Grenzbebauung, sondern gerade im Gegenteil, um die **Sicherung rechtmäßiger bauplanungsrechtlicher Zustände** für die Zukunft geht. Erst mit der **wechselseitigen Verpflich-**

**tung** zur Grenzbebauung wird das Gebäude **bauplanungsrechtlich grenzständig zulässig**. Als **Sicherung** reicht nach der Entscheidung des Gesetzgebers neben der nach wie vor möglichen Eintragung einer **Baulast nach § 83 BauO NRW** (zur Entstehungsgeschichte und zum Verhältnis von Dienstbarkeiten und Baulasten s. die Anmerkungen zu § 83 Rdn. 1–4) zwar eine **schriftliche Vereinbarung** aus, jedoch muss diese die ausdrückliche Verpflichtung zur wechselseitigen Grenzbebauung klar und eindeutig beinhalten. Eine bloße **Zustimmung** zur Grenzbebauung auf dem Nachbargrundstück **genügt nicht**, da der **Begriff der Sicherung** mehr voraussetzt, als ein bloßes Hinnehmen der nachbarlichen Bauaktivität. Die wechselseitige Vereinbarung der Nachbarn zur Grenzbebauung kann – anders als die einseitige, nicht auf einem Vertrag beruhende Zustimmung des Nachbarn zu einem Bauvorhaben (hierzu s. OVG NRW, Beschluss vom 20. 1. 2000 – 7 B 2103/99, BauR 2000, 866 = BRS 63 Nr. 186, Zustimmung nur bis zum Eingang des Bauantrags widerrufbar) – bis zur Entscheidung über die Baugenehmigung wieder aufgelöst werden, da auch die früher vorgeschriebene Baulast in Form der wechselseitigen Grenzbebauungsverpflichtung in der Regel erst kurz vor Erteilung der Baugenehmigung in das Baulastenverzeichnis eingetragen wurde. Nach der Erteilung der Baugenehmigung für das zuerst entstehende grenzständige Gebäude und erst recht nach dessen Vollendung sind die beiden betroffenen Grundstückseigentümer und auch deren **Rechtsnachfolger** an die Übereinkunft gebunden. Dies folgt aus der **Grundstücksbezogenheit** der wechselseitigen Vereinbarung.

In der schriftlichen Vereinbarung ist **mindestens** die wechselseitige Grenzbebauung **dem Grunde nach** zu regeln (zur inhaltlichen Ausgestaltung s. auch Wenzel, S. 115ff. Rdn. 292–298). Die Nachbarn können auch wechselseitig enger gefasste Verpflichtungserklärungen im Sinne der früheren „**Anbauverpflichtung zum deckungsgleichen Bauen**" vereinbaren, weil die Grundstückseigentümer dann **freiwillig auf** die ihnen durch die Festsetzungen des Bebauungsplanes eingeräumte **Dispositionsfreiheit verzichten** (OVG NRW, Beschluss vom 15. 11. 1990 – 7 B 2688/90, n. v. zur Rechtslage nach der BauO NW 1984). Beschränkt ein Nachbar sein Einverständnis mit dem Bauvorhaben ausdrücklich auf eine bestimmte Form des Vorhabens, so deckt dieses Einverständnis ein geändertes Vorhaben auch dann nicht, wenn die Änderung nachbarliche Interessen nicht zusätzlich berührt (OVG NRW, Beschluss vom 22. 6. 1990 – 7 B 740/90, NWVBl. 1990, 417 zur Rechtslage nach der BauO NW 1984). Eine Vereinbarung, mit der eine Grenzbebauung ohne Einschränkung gestattet wird, schließt dagegen die Nachbarrechte nicht nur gegen ein Vorhaben von bestimmter Dimension aus, sondern – entsprechend dem Wortlaut der Erklärung – für jede Grenzbebauung; insbesondere sind Nachbarrechte auch gegen einen Anbau ausgeschlossen, der dem vorhandenen Grenzbau nicht entspricht, sondern darüber hinausgeht (OVG NRW, Beschluss vom 26. 10. 1990 – 7 B 2836/90, n. v. zur Rechtslage nach der BauO NW 1984).

Innerhalb der überbaubaren Grundstücksfläche ist die wechselseitige Grenzbebauung **164**
dem Grunde nach auch dann zulässig, wenn die betroffenen Gebäude **in Höhe und Tiefe nicht weitgehend deckungsgleich** sind (OVG NRW, Beschluss vom 5. 10. 1995 – 10 B 2445/95, BRS 57 Nr. 136 und Urteil vom 13. 12. 1995 – 7 A 159/94, BauR 1996, 529 = BRS 57 Nr. 137 = NVwZ-RR 1996, 637). Das gilt für **Doppelhäuser** und **Hausgruppen** jedoch mit der **Einschränkung**, dass der **Rahmen einer wechselseitigen Grenzbebauung** durch zu große Versprünge nicht gesprengt werden darf (BVerwG, Urteil vom 24. 2. 2000 – 4 C 12.98, BauR 2000, 1168 = BRS 63 Nr. 185 = NVwZ 2000, 1055; s. hierzu Rdn. 115 und Abbildung 6.16). Die einseitige, nach den Bebauungsplanfestsetzungen

zulässige Aufstockung eines bestehenden eingeschossigen Doppelhauses mit Flachdach durch ein geneigtes Dach wirft allerdings die Abstandflächenfrage nicht neu auf, weil das nachbarliche Austauschverhältnis hierdurch nicht gestört wird (Hamb. OVG, Beschluss vom 8.8.1996 – Bs II 158/96, BauR 1997, 95 = BRS 58 Nr. 103).

**165** Schließlich darf nur dann auf die Einhaltung des Grenzabstands verzichtet werden, wenn die wechselseitige Verpflichtung zur Grenzbebauung **in angemessenen Zeitraum umsetzbar** ist. Daran fehlt es, wenn der eine Bauherr ein Gebäude ohne Grenzabstand und der andere in etwa zeitgleich ein Gebäude mit Grenzabstand errichtet und sich lediglich für den Fall der späteren Erweiterung des Gebäudes bzw. der Errichtung eines Ersatzbaus zur Auffüllung der bis dahin verbleibenden einseitigen „Lücke" verpflichtet. In einem derartigen Fall liegt keine verwirklichungsfähige Verpflichtung vor, die dem Zweck dient, in der offenen Bauweise **keine einseitige „Lücke"** entstehen zu lassen. Dieser Zweck wird nur erreicht, wenn entweder die Gebäude gleichzeitig errichtet oder aber nacheinander erstellt werden, wobei die später zu bebauende Parzelle zunächst insgesamt unbebaut bleibt. Eine wechselseitige Verpflichtung zur Grenzbebauung, die unter Umständen erst nach Jahrzehnten, z. B. nach Ablauf der Lebensdauer der Gebäude, verwirklicht werden kann, ist wegen der **eng auszulegenden** Bestimmung des § 6 Abs. 1 Satz 2 Buchstabe **b** BauO NRW unbeachtlich, weil sie nur einer Umgehung des Gesetzes dient (OVG NRW, Urteil vom 28.10.1985 – 11 A 2586/82, BRS 44 Nr. 99).

**166** Ein auf dem Nachbargrundstück **vorhandenes** – legales – **Gebäude ohne Grenzabstand**, das geeignet ist, die **Funktion der Grenzbebauungsverpflichtung** zu übernehmen, **ersetzt die Sicherung** (OVG NRW, Beschluss vom 8. 11. 1984 – 7 B 2224/84, BRS 42 Nr. 119; Beschluss vom 26. 1. 1987 – 11 B 2860/86, BauR 1988, 64 = BRS 47 Nr. 95 sowie Urteil vom 13. 12. 1995 – 7 A 159/94, BauR 1996, 529 = BRS 57 Nr. 137 = NVwZ-RR 1996, 637; VGH B-W, Beschluss vom 12. 9. 1996 – 5 S 2232/96, BRS 58 Nr. 137; Sächs. OVG, Beschluss vom 25. 2. 1998 – 1 S 38/98, BauR 1998, 1006 = BRS 60 Nr. 106; OVG Rh-Pf, Urteil vom 22. 8. 2002 – 1 A 1073/02, BauR 2002, 1838 = BRS 65 Nr. 127). Dies gilt allerdings nur insoweit, als das Neubauvorhaben selbst **innerhalb der überbaubaren Grundstücksfläche** liegt (OVG NRW, Beschluss vom 29. 7. 2003 – 10 B 1057/03, BauR 2004, 315 = BRS 66 Nr. 128). Ein **Schwarzbau** stellt dagegen **keine ausreichende Sicherung** dar (OVG NRW, Urteil vom 14. 9. 1988 – 7 A 2593/86, n. v.). Dies gilt jedoch nur, wenn sich bestehendes Gebäude und zu errichtender Neubau auf einer **nennenswerten Länge** an der gemeinsamen Grenze **überdecken**, so dass überhaupt von einer **gemeinsamen** Grenzbebauung gesprochen werden kann; beträgt diese Überdeckungslänge **nur wenige Zentimeter**, sind die **Voraussetzungen** des § 6 Abs. 1 Satz 2 Buchstabe b BauO NRW **nicht erfüllt** (OVG NRW, Beschluss vom 17. 10. 2000 – 10 B 1053/00, BRS 63 Nr. 198 zu einer Überdeckungslänge von nur 30 bis 60 cm).

Das vorhandene **Gebäude** muss die gesetzlich geforderte **Sicherungsfunktion ersetzen** können. Im beplanten Bereich wird sich aus den Festsetzungen über die **offene** oder die **geschlossene Bauweise** regelmäßig ergeben, dass dies Sicherungsfunktion nur durch ein **Gebäude der Hauptnutzung** übernommen werden kann, soweit nicht eine festgesetzte **abweichende Bauweise** andere Grenzbebauungsbedingungen vorgibt. Im unbeplanten Innenbereich (s. auch Rdn. 167) bestehen im Gegensatz dazu häufig weniger klare bauplanungsrechtliche Vorgaben. Die Sicherungsfunktion kann im unbeplanten Innenbereich je nach bauplanungsrechtlicher Vorprägung des Grundstücks durch seine Umgebungsbebauung auch von einer **hinreichend gewichtigen Bebauung** übernommen werden, die selbst **kein Gebäude der Hauptnutzung** darstellt (OVG NRW, Beschluss vom 17.8.2005 – 7 B 1288/05, BRS 69 Nr. 130 zur Dachaufstockung eines bereits grenzständig vorhandenen Gebäudes neben einem ebenfalls grenzständig vorhandenen Nebengebäude mit relativ großen Abmessungen unter Bezug auf die in der Vorauflage vertretenen Auffassung, es müsse sich um eine Hauptanlage handeln). Als Ersatz für die in § 6 Abs. 1 Satz 2 Buchstabe b BauO NRW geforderte Sicherung scheidet daher eine **Grenzgarage** aus (OVG NRW, Beschluss vom 28. 6. 2000 – 10 B 906/00, n.v.), ebenso eine **Terrassenüberdachung** (OVG NRW, Beschluss vom 6. 4. 2004 – 7 B 223/04, BRS 67 Nr. 142). Nur das Vorhandensein eines **grenzständigen Gebäudes rechtfertigt das Bauen ohne Grenzabstand** (so instruktiv Jeromin, zu § 8 Rdn. 37), eine **überhohe Grenzmauer** reicht als Sicherung **nicht aus** (OVG NRW, Beschluss vom 27. 4. 1990 – 10 B 3224/89, n. v. und Beschluss vom 2. 3. 1990 – 7 B 3427/89, n. v.).

Nur solche Bauwerke können die Funktion der Grenzbebauungsverpflichtung übernehmen, bei denen aufgrund der **faktischen Verhältnisse** gewährleistet ist, dass **auf Dauer keine rechtswidrigen Zustände** entstehen, die der Gesetzgeber durch die Forderung nach einer Sicherung der Grenzbebauung vermeiden wollte, nämlich dass auf der einen Seite der Grenze grenzständig und auf der anderen Seite mit Grenzabstand gebaut wird; diese Gewähr kann ein **Gewächshaus** aus Glas schon deshalb nicht bieten, weil es hinsichtlich der Bausubstanz **nicht auf lange Dauer angelegt** ist (OVG NRW, Urteil vom 12. 3. 1992 – 7 A 1651/89, n. v.). Ein vorhandenes Gebäude kann nämlich nur dann als Ersatz für eine öffentlich-rechtliche Grenzbebauungsverpflichtung angesehen werden, wenn von seinem **Fortbestand** ausgegangen werden kann (OVG NRW, Urteil vom 13. 12. 1995 – 7 A 159/94, a. a. O. und Urteil vom 16. 5. 1997 – 7 A 3412/95, BRS 59 Nr. 120). Ein Gebäude, **für das ein Abbruchantrag** gestellt worden ist, **rechtfertigt keinen Verzicht** auf die Grenzbebauungsverpflichtung (OVG NRW, Beschluss vom 6. 11. 1998 – 7 B 2057/98, n. v. und Beschluss vom 2. 8. 2002 – 7 A 74/02, n. v.). Auch ein **Gebäude mit schweren Schäden** bietet **keine ausreichende Gewähr für seinen Fortbestand** (OVG NRW, Beschluss vom 17. 10. 2000 – 10 B 1053/00, a. a. O.). Erst recht ist ein Grenzanbau an ein vorhandenes, **nach den Festsetzungen des Bebauungsplans abzubrechendes** Gebäude unzulässig (OVG NRW, Urteil vom 22. 6. 1988 – 7 A 2121/85, n.v.).

Auch **innerhalb eines im Zusammenhang bebauten Ortsteiles** im Sinne des § 34 Abs. 1 **167**
BauGB **darf** ein Vorhaben **grenzständig** errichtet werden, wenn dem Bauherrn **aufgrund der prägenden Umgebungsbebauung** die **Möglichkeit** eingeräumt ist, **an die Grenze** zu bauen **oder Grenzabstand** einzuhalten (BayVGH, Urteil vom 21. 7. 1997 – 14 B 96.3086, BRS 59 Nr. 113). In einem Gebiet mit teils offener, teils geschlossener oder jedenfalls einseitig grenzständiger Bebauung ist regelmäßig sowohl die offene als auch die – einseitig – grenzständige Bauweise bauplanungsrechtlich zulässig (BVerwG, Beschluss vom 11. 3. 1994 – 4 B 53.94, BauR 1994, 494 = BRS 56 Nr. 65 = NVwZ 1994, 1008 = ZfBR 1994, 192). Bei der **Prüfung der bauplanungsrechtlichen Zulässigkeit** der möglichen Grenzbebauung ergeben sich die gleichen **Beurteilungsprobleme** wie bei der Prüfung der zwingenden Grenzbebauung (s. Rdn. 160). Die Zulassung einer Grenzbebauung nach § 6 Abs. 1 Satz 2 Buchstabe b BauO NRW hängt davon ab, ob das Vorhaben mit dem in § 34 Abs. 1 BauGB enthaltenen bauplanungsrechtlichen **Gebot der Rücksichtnahme** vereinbar ist (OVG NRW, Beschluss vom 17. 2. 2000 – 7 B 178/00, BRS 63 Nr. 137). Nicht auszuschließen ist, dass auch im **Außenbereich** im Sinne des § 35 BauGB ein Fall des § 6 Abs. 1 Satz 2 Buchstabe b BauO NRW auftritt (s. Rdn. 156), z. B. bei der Bebauung einer „Baulücke“ in einer Splittersiedlung, wenn sich an einer der seitlichen Grundstücksgrenzen ein grenzständiges Gebäude befindet.

### 2.6 Abweichungen im Einzelfall

168 Die **Streichung der Sätze 3 und 4 der Vorgängerfassung** resultierte aus dem Vorrang entsprechender bauplanungsrechtlicher Vorschriften, die diese beiden Rechtssätze als Doppelregelung erübrigten (vgl. LT-Drucks. 14/2433 S. 12 f.). **Satz 3** betraf den Fall, dass nach bauplanungsrechtlichen Vorschriften ein Gebäude **mit Grenzabstand** gebaut werden **muss**, auf dem Nachbargrundstück jedoch innerhalb der überbaubaren Grundstücksfläche ein Gebäude **ohne Grenzabstand** vorhanden ist. Diese **Fallgestaltung** tritt z. B. auf, wenn der Bebauungsplan in der offenen Bauweise **nur Einzelhäuser** erlaubt, da ansonsten in der offenen Bauweise ein Aneinanderbauen der Gebäude zu einem Doppelhaus zulässig ist (s. Rdn. 112–114 und Abbildung 6.14). Satz 3 setzte im **beplanten Bereich** stets eine **bauplanungsrechtlichen Befreiung** nach **§ 31 Abs. 2 BauGB** von den zwingenden Festsetzungen unter Würdigung **nachbarlicher Belange** voraus (BVerwG, Urteil vom 19. 9. 1986 – 4 C 8.84, BRS 46 Nr. 173). Im **unbeplanten Innenbereich** im Sinne des § 34 BauGB rechnet das auf dem Nachbargrundstück befindliche grenzständige Gebäude zum Rahmen der das Grundstück prägenden Umgebungsbebauung. Sind in der Umgebung ansonsten freistehende und grenzständige Einzelhäuser vorhanden, so lag die in Satz 3 angesprochene Fallgestaltung eines zwingend einzuhaltenden Abstands nicht vor, da dann sowohl grenzständig als auch mit Grenzabstand gebaut werden darf (BVerwG, Beschluss vom 11. 3. 1994 – 4 B 53.94, BauR 1994, 494 = BRS 56 Nr. 65 = NVwZ 1994, 1008 = ZfBR 1994, 192). Auch hier sorgt bereits das bauplanungsrechtliche **Einfügungsgebot** unter Berücksichtigung des darin enthaltenen **Gebots der Rücksichtnahme** dafür, dass eine die nachbarlichen Interessen würdigende Entscheidung zustande kommt. Vergleichbares galt im **Außenbereich** im Sinne des § 35 BauGB, da dort bei der Zulassung einer grenzständigen Bebauung **keine öffentlichen Belange entgegenstehen** bzw. **nachteilig berührt** werden dürfen. Somit verblieb für bauordnungsrechtliche Überlegungen nach Satz 3 kein Raum, da das Bauplanungsrecht bereits die zu treffende Entscheidung im Wesentlichen indiziert.

169 **Satz 4** betraf den Fall, dass aufgrund bauplanungsrechtlicher Vorschriften ein Gebäude **ohne Grenzabstand** gebaut werden **muss**, auf dem Nachbargrundstück jedoch innerhalb der überbaubaren Grundstücksfläche ein Gebäude **mit Grenzabstand** vorhanden ist. **Muss** nach bauplanungsrechtlichen Vorschriften ein Gebäude **ohne** seitlichen Grenzabstand errichtet werden, so kann nach Bauordnungsrecht hiervon abweichend eine Abstandfläche wegen eines auf dem Nachbargrundstück vorhandenen Gebäudes jedoch nur insoweit verlangt oder gestattet werden, als hierfür eine **bauplanungsrechtliche Rechtfertigung** besteht. Das ist der Fall, wenn die Abweichung nach **§ 22 Abs. 3, 2. Halbsatz BauNVO** oder im Rahmen des **§ 34 Abs. 1 BauGB** wegen des nachbarschützenden Rücksichtnahmegebots erforderlich ist (BVerwG, Beschluss vom 12. 1. 1995 – 4 B 197.94, BauR 1995, 365 = BRS 57 Nr. 131 = NVwZ 1995, 310 = ZfBR 1995, 158). Da im beplanten Bereich bei geschlossener Bauweise die BauNVO die Abweichung selbst vorsieht (s. § 22 Abs. 3, 2. Halbsatz BauNVO: … es sei denn, dass die vorhandene Bebauung eine Abweichung erfordert), bedarf es keiner planungsrechtlichen Befreiung nach § 31 Abs. 2 BauGB (s. Rdn. 124–125). Darf innerhalb eines im Zusammenhang bebauten Ortsteiles ein Gebäude gemäß § 34 Abs. 1 BauGB nur in geschlossener Bauweise errichtet werden, so darf nach Bauordnungsrecht nicht die Einhaltung von seitlichen Abstandflächen verlangt werden (BVerwG, Beschluss vom 11. 3. 1994 – 4 C 19.93, BauR 1994, 494 = BRS 56 Nr. 65 = NVwZ 1994, 1008 = ZfBR 1994, 192).

### 3 Zu Absatz 2 – Lage der Abstandflächen

Absatz 2 regelt die **Lage** der Abstandflächen vor den Außenwänden von Gebäuden. Die Vorschrift enthält drei **Alternativen**. Die Abstandflächen haben nach **Satz 1** grundsätzlich **auf dem Baugrundstück selbst** zu liegen. Sie dürfen nach **Satz 2** auch auf **öffentlichen Verkehrsflächen**, **öffentlichen Grünflächen** und **öffentlicher Wasserflächen** liegen, jedoch nur bis zur **Mitte** dieser Flächen. Schließlich erlaubt **Satz 3**, dass sie sich unter der Voraussetzung des Zustandekommens einer **Abstandflächenbaulast** auf **andere Grundstücke** erstrecken dürfen. Den **Bestimmungen über die Lage der Abstandflächen** kommt **nachbarschützende Funktion** zu (s. Rdn. 47–47 c). 170

#### 3.1 Satz 1 – Lage auf dem eigenen Grundstück

**Satz 1** regelt als **Grundsatz**, dass die Abstandflächen **auf dem Grundstück selbst** liegen müssen, da die Anforderungen des öffentlichen Baurechts nach dem **Verursacherprinzip** auf dem Baugrundstück zu erfüllen sind (so Barth/Mühler, Die Abstandsvorschriften der Niedersächsischen Bauordnung, 2. Aufl. 2000, zu § 9 Rdn. 1). Unter dem **Begriff Grundstück** ist das Grundstück im Sinne des bürgerlichen Rechts zu verstehen, soweit nicht in Sonderfällen eine andere Betrachtung unter spezifisch bauplanungsrechtlichen bzw. bauordnungsrechtlichen Gesichtspunkten erforderlich wird (s. die Anmerkungen zu § 1 Rdn. 27–36). Da die Abstandflächen grundsätzlich auf dem Grundstück selbst liegen müssen, kommt es auf den **genauen Verlauf der Grundstücksgrenzen** an. Ist der Verlauf der richtigen Grundstücksgrenzen in der Örtlichkeit unklar, fällt es in den **Risikobereich des Eigentümers**, wenn er ohne vorherige amtliche Vermessung einen für ihn günstigen Verlauf der Grundstücksgrenze zu Grunde legt und infolgedessen bei sich später tatsächlich erweisendem anderen Grenzverlauf die Grenzabstände nicht einhält; der Nachbar handelt in einer solchen Situation nicht treuwidrig, wenn er seine Rechte erst nach längerem Zeitablauf geltend macht, weil ihm der Rechtsverstoß erst später bekannt wird (OVG NRW, Beschluss vom 10. 6. 2005 – 10 A 3664/03, BRS 69 Nr. 178). 171

#### 3.2 Satz 2 – Lage auf bestimmten öffentlichen Flächen

Nach **Satz 2** dürfen die Abstandflächen auch auf **öffentlichen Verkehrsflächen, öffentlichen Grünflächen** und **öffentlichen Wasserflächen** liegen, jedoch nur **bis zu deren Mitte**. Satz 2 ist trotz der Verwendung des Wortes **„dürfen"** als **Zulässigkeitstatbestand** zu verstehen (so auch Ortloff, Das Abstandflächenrecht der Berliner Bauordnung, 2. Aufl. 1993, Rdn. 50). Diese **öffentlichen Flächen** sind **einer Bebauung entzogen** und daher zur Aufnahme der Abstandflächen angrenzender Gebäude geeignet. 172

**Private Freiflächen** können dagegen zur Aufnahme von Abstandflächen angrenzender Gebäude **nicht** in Ansatz gebracht werden, auch wenn sie als **private Grünfläche** im Bebauungsplan festgesetzt sind. Zu landwirtschaftlich genutzten Grundstücken, Wäldern oder privat genutzten Grünflächen sind stets Abstandflächen auf dem eigenen Grundstück einzuhalten. Das gilt selbst dann, wenn die Grundstücke aufgrund anderer öffentlich-rechtlicher Vorschriften, z. B. denen des Landschafts- oder des Wasserrechts, einen Schutz vor Veränderung genießen und daher grundsätzlich nicht bebaut werden dürfen. Auf diesen Flächen, auch wenn sie im Außenbereich im Sinne des § 35 BauGB liegen, ist nämlich eine Bebauung nicht von vornherein völlig ausgeschlossen (VGH B-W, Beschluss vom 13. 6. 2003 – 3 S 938/03, BauR 2003, 1549 = BRS 66 Nr. 129).

173 **Öffentliche Verkehrsflächen** sind nach Sinn und Zweck dieser Vorschrift Flächen, die ihrer Zweckbestimmung entsprechend **für den öffentlichen Verkehr dauerhaft** in der für sie vorgesehenen Form **gesichert** und somit grundsätzlich einer Bebauung entzogen sind (VG Düsseldorf, Beschluss vom 5.8.2004 – 9 L 1406/04, BauR 2005, 1455). Das sind **in erster Linie** die **zur Erschließung angrenzender Grundstücke bestimmten Straßen, Wegen** und **Plätze**, auch wenn auf ihnen Gebäude öffentlicher Zweckbestimmung errichtet werden, wie z.B. Fahrgastunterstände oder Toiletten. Für derartige Anlagen beinhaltet § 6 Abs. 3 Nr. 3 BauO NRW auch eine **Ausnahmemöglichkeit vom Überdeckungsverbot** (VG Düsseldorf, Beschluss vom 14.12.1995 – 7 L 4342/95, n.v.). Zu den öffentlichen Verkehrsflächen zählen daneben auch

- **öffentliche Eisenbahnen** und **Magnetschwebebahnen** (s. die Anmerkungen zu § 1 Rdn. 72–85),
- **öffentliche Straßenbahnen** und **ähnliche Bahnen** (s. die Anmerkungen zu § 1 Rdn. 86–94),
- die **öffentlichen Wasserstraßen** (s. die Anmerkungen zu § 1 Rdn. 95–106), die ohnehin zugleich stets auch öffentliche **Wasserflächen** sind,
- die **öffentlichen Flugplätze** (s. die Anmerkungen zu § 1 Rdn. 107–112).

Diese öffentlichen **Verkehrsflächen** sind jedoch nur dann im Sinne des Satzes 2 abstandrechtlich anzusetzen, wenn sie **vergleichbar einer Straße zur Aufnahme der Abstandflächen geeignet** sind. Das ist beispielsweise ein dem Eisenbahnverkehr dienender Schienenweg, nicht jedoch die Fläche auf der sich nach den Planfeststellungsunterlagen ein dem Bahnverkehr dienendes Betriebsgebäude befindet. Die **Abgrenzung** kann im Einzelfall **Beurteilungsprobleme** verursachen. Die **Eigentumsverhältnisse** sind **nicht entscheidend**. Auch im Privateigentum stehende Grundstücke, z.B. Wegeflächen oder Flächen einer Privatbahn können als öffentliche Verkehrsflächen festgesetzt, planfestgestellt oder in sonstiger Weise bestimmt oder gewidmet sein.

174 Das Rechtsinstitut der **Widmung** nach § 2 FStrG bzw. § 6 StrWG NRW besteht **nur für öffentliche Straßen, Wege** und **Plätze**. Andere öffentliche Verkehrsflächen werden nicht gewidmet, sondern nach **planfeststellungskonformer** Fertigstellung dem Verkehr schlicht übergeben. Im **Straßenrecht** bildet die **Widmung die Regel**. Das **Fehlen** einer Widmung kann **im Einzelfall unschädlich** sein, wenn die Straßenfläche im Eigentum der Gemeinde steht und eine Beseitigung infolge erteilter Baugenehmigungen nicht mehr möglich ist (OVG NRW, Beschluss vom 8.2.2005 – 10 B 1876/04, BauR 2005, 1457 = BRS 69 Nr. 132). Eine **ausreichende Sicherung** besteht auch für **private, dem öffentlichen Verkehr gewidmete Flächen** (s. die Anmerkungen zu § 1 Rdn. 56–71). Nicht gewidmete **Privatwege** sind wie private Freiflächen zu behandeln und können nicht im Wege der Analogie den Verkehrsflächen zugeschlagen werden (OVG NRW, Beschluss vom 8.7.1987 – 7 B 1192/87, EildStNW 1988, 100). Handelt es sich um eine **Wegeparzelle**, die **einer Bebauung dauerhaft entzogen** ist, weil sie z.B. eine durch **Baulast gesicherte Zuwegung** zu einem Garagenhof oder einem rückwärtig gelegenen Grundstück bildet, oder weil sie als **Geh- und Fahrrecht** festgesetzt und dieses **Recht im Grundbuch** zugunsten der herrschenden Grundstücke auch **eingetragen** ist, kommt eine **Abweichung nach § 73** BauO NRW in Betracht. Es löst regelmäßig **keine Abwehrrechte** des Eigentümers aus, wenn die Abstandfläche auf einer **reinen Wegeparzelle** liegt (OVG NRW, Beschluss vom 30.9.1996 – 10 B 2276/96, BRS 58 Nr. 180).

**Öffentliche Grünflächen**, wie Parkanlagen, Dauerkleingärten, Sportplätzen, Spielplätzen, Zelt- und Badeplätzen, erlangen nicht unmittelbar durch die Festsetzung nach **§ 9 Abs. 1 Nr. 15 BauGB** im **Bebauungsplan** die entsprechende Eigenschaft. Hierzu bedarf es erst einer **Überführung dieser Flächen in das Eigentum der Gemeinde**, da nur so die **Zweckbestimmung auf Dauer gesichert** ist. Die Rechtslage in anderen Bundesländern kann nicht zum Vergleich herangezogen werden (so sind z. B. nach dem Berliner Grünanlagengesetz auch private Flächen, die der allgemeinen Nutzung als Grünfläche dienen, vor Bebauung geschützt sind, vgl. OVG Bln, Beschluss vom 11. 2. 2002 – 2 S 1.02, BauR 2002, 1381 = BRS 65 Nr. 131). Soweit kein Bebauungsplan besteht, sind die Grünflächen als öffentlich anzusehen, wenn sie im Eigentum der Gemeinde stehen und für entsprechende Zwecke tatsächlich genutzt werden. Bei Grünflächen im Privateigentum kann nicht von einer dauernden Sicherung gegen Bebauung ausgegangen werden. Die – so nicht erwartete – Entwicklung der letzten Jahre zeigt, dass die Kirchen zur Finanzierung ihrer Aufgaben zunehmend Teilflächen ihres Grundbesitzes, die im unbeplanten Innenbereich liegen und seit Jahrzehnten unbestritten als öffentliche Grünflächen genutzt wurden, zur Bebauung veräußern oder in Erbpacht vergeben. Bei **Friedhöfen** im kirchlichen Eigentum ist nur dann von einer dauerhaften Sicherung gegen Bebauung und damit von einer öffentlichen Grünfläche auszugehen, wenn sie **mit Grabstellen tatsächlich vollflächig belegt** sind. Noch **nicht belegte Teilflächen kirchlicher Friedhöfe** sind dagegen nur dann vor einer späteren Bebauung gesichert und zur Aufnahme von Abstandflächen angrenzender Gebäude geeignet, wenn ein **Bebauungsplan diese Bereiche als öffentliche Grünflächen festsetzt**. **175**

Die **oberirdischen Gewässer** werden nach § 3 LWG in Gewässer erster und zweiter Ordnung eingeteilt. Gewässer erster Ordnung stehen gemäß § 4 LWG im Eigentum des Landes, soweit sie nicht Bundeswasserstraßen und damit Bundeseigentum sind. Die **Gewässer erster Ordnung** weisen somit die Eigenschaft einer **öffentlichen Wasserfläche** auf. **Gewässer zweiter Ordnung** können **selbständige Grundstücke** sein. In diesem Falle kann vom **dauerhaften Fortbestand** ausgegangen werden, auch wenn diese Grundstücke nicht im öffentlichen Eigentum stehen, da das Wasserrecht einer Änderung der tatsächlichen Verhältnisse entgegensteht. Gewässer zweiter Ordnung können aber auch gemäß § 5 Abs. 1 LWG **Bestandteil der Ufergrundstücke** sein, die dem Eigentümer gehören, wie dies z. B. bei Bächen und Gräben oft gegeben ist; bei diesen Flächen kann **nicht** von einer öffentlichen Wasserfläche gesprochen werden. **176**

Die Abstandflächen dürfen nur bis zur **Mitte** der öffentlichen Flächen liegen, da diese zumeist **zweiseitig anbaubar** sind. Bei **Straßen** kommt es nicht auf die Mittellinie der **Fahrbahn** an, da diese infolge einseitiger Parkstreifen, Radwege oder Verkehrsgrün **oft asymmetrisch** liegt, sondern auf die **Mitte der gesamten Straßenverkehrsfläche zwischen den äußeren Begrenzungen**, die im Bebauungsplan durch die **Straßenbegrenzungslinien** mit dem **Planzeichen** nach **Nr. 6.2** der **Anlage** zur **PlanzV 90** festgesetzt sind. Die Vorschrift dient in Verbindung mit dem in § 6 Abs. 3 enthaltenen Überdeckungsverbot auch dem **Schutz der jeweils gegenüberliegenden Grundstücke** (OVG NRW, Beschluss vom 8. 7. 1987 – 7 B 1192/87, EildStNW 1988, 100; OVG Rh-Pf, Beschluss vom 15. 10. 1987 – 1 B 54/87, BRS 47 Nr. 168; OVG Bln, Beschluss vom 6. 9. 1994 – 2 S 14.94, BRS 56 Nr. 173). Sie ist auch zu beachten, wenn das dem Vorhaben auf der anderen Straßenseite gegenüberliegende vorhandene Gebäude lediglich Bestandsschutz genießt, weil seine Abstandfläche die Mittellinie überschreitet (OVG Lüneburg, Beschluss vom 3. 12. 1987 – 1 B 60/87, Die Gemeinde 1988, 59). Nach Sinn und Zweck der Rege- **177** lung, die eine gleichmäßige Inanspruchnahme durch angrenzende Baugrundstücke gewährleisten soll, ist es nicht ausgeschlossen, dass ein Eigentümer zugunsten des gegenüberliegenden Grundstücks auf die Inanspruchnahme seines Rechts durch **Baulast** verzichtet, wodurch sich die Mittellinie fiktiv verschiebt, so dass die Vorderfront seines eigenen Vorhabens weiter zurücktreten muss, soweit dem keine bauplanungsrechtlichen Vorschriften entgegenstehen (Nds. OVG, Urteil vom 5. 9. 2002 – 1 ME 182/02, BauR 2003, 75 = BRS 65 Nr. 129; s. auch Wenzel, S. 105 Rdn. 251).

**178** Die Vorschrift geht davon aus, dass die zu bebauenden Grundstücke an **eine** dieser genannten öffentlichen Flächen angrenzen. Es sind jedoch auch Fälle denkbar, dass neben einer schmalen öffentlichen Verkehrsfläche noch eine öffentliche Grünfläche oder eine öffentliche Wasserfläche liegt. Addieren sich **zwei oder mehrere** öffentliche Flächen, so kann sich – dem Sinne des Satzes 2 entsprechend – die Abstandfläche auch bis zur gemeinsamen Mitte dieser beiden nebeneinander liegenden Flächen erstrecken (OVG NRW, Urteil vom 26. 9. 1994 – 7 A 3710/92, n. v. und Beschluss vom 17. 12. 1998 – 10 B 2308/98, n. v.). Unter abstandrechtlichen Gesichtspunkten sind die Flächen zusammengefasst als **einheitliche** Fläche zu betrachten (s. Abbildung 6.20).

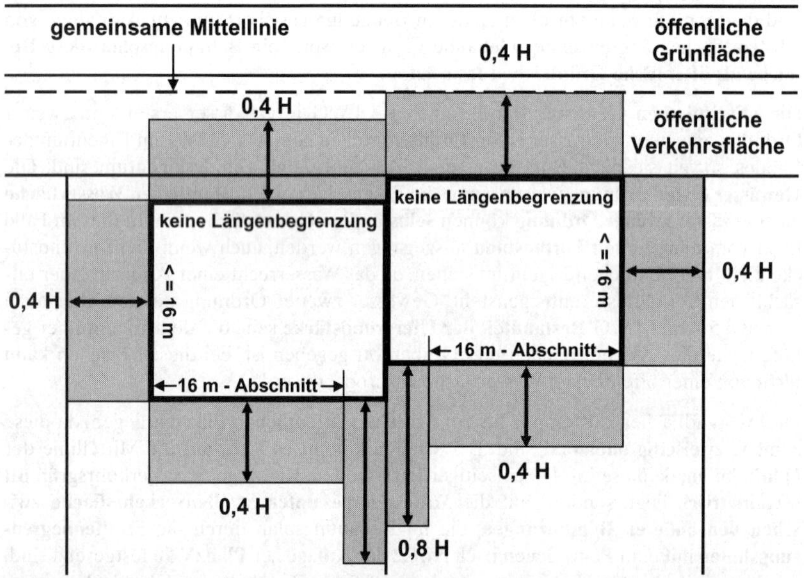


**Abbildung 6.20 Abstandflächen auf öffentlichen Flächen**
Abstandflächen dürfen sich auf die in § 6 **Abs. 2 Satz 2** BauO NRW aufgeführten öffentlichen Verkehrsflächen, öffentlichen Grünflächen und öffentlichen Wasserflächen erstrecken, jedoch nur bis zu deren **Mitte**. Dabei ist die Wandlänge unerheblich, so dass auch Wände mit mehr als 16 m Länge durch § 6 **Abs. 5 Satz 2** BauO NRW begünstigt sind. Liegen **mehrere** öffentliche Flächen nebeneinander, z. B. eine Verkehrsfläche und eine Grünfläche, so ist deren **gemeinsame Mitte** maßgebend (s. Rdn. 178).

### 3.3 Zu Satz 3 – Baulastsicherung auf fremdem Grundstück

179 **Satz 3** entspricht dem aufgehobenen **§ 7 Abs. 1** BauO NRW des Vorgängerrechts und wurde aus systematischen Gründen zur Verbesserung der Übersicht nach § 6 Abs. 2 BauO NRW übernommen (s. LT-Drucks. 14/2433, S. 13). **Schmale** oder **verwinkelte Grundstückszuschnitte** ermöglichen es mitunter nicht, die Abstandflächen auf dem Grundstück selbst nachzuweisen, während auf benachbarten Grundstücken ausreichend große Flächen vorhanden sind, die nicht bebaut werden sollen oder deren Bebaubarkeit aufgrund öffentlich-rechtlicher Vorschriften sogar ausgeschlossen ist. Solchen Umständen Rechnung tragend, lässt es Satz 3 zu, dass die Abstandflächen sich ganz oder teilweise auf andere Grundstücke erstrecken dürfen, wenn dies **durch Baulast gesichert** ist. Der Bauaufsichtsbehörde obliegt vor der **Eintragung der Baulast in das Baulastenverzeichnis** eine **Prüfpflicht**, da die Eintragung nicht erfolgen darf, wenn die Baulast im Widerspruch zu öffentlich-rechtlichen Vorschriften steht (OVG NRW, Urteil vom 28. 1. 1997 – 10 A 3465/95, BRS 59 Nr. 229).

**Andere öffentlich-rechtliche Sicherungen** als die Baulast sind **nicht hinnehmbar**. Zu berücksichtigen ist, dass die Übertragung der Abstandflächen von einem Grundstück auf ein anderes einen Eingriff in das Grundeigentum darstellt. Dieser **Eingriff** wird nicht durch Gründe des Allgemeinwohls gerechtfertigt, sondern erfolgt **ausschließlich zugunsten eines anderen privaten Grundstückseigentümers**. Die durch die Abstandflächenregelungen geregelte Eigentümerposition eines privaten Grundstückseigentümers wird **zu Lasten eines anderen Eigentümers erweitert**. Auch **Festsetzungen eines Bebauungsplanes** scheiden **als Ersatz der Baulastsicherung** aus. Eine öffentlich-rechtliche Vorschrift enthält nur dann eine Sicherung im Sinne des Satzes 3, wenn sie die Möglichkeit, auf dem belasteten Grundstück zu bauen, **mit an Sicherheit grenzender Wahrscheinlichkeit auf Dauer ausschließt**. Das ist gerade **bei Bebauungsplänen nicht der Fall**, da sie einer **Änderung** oder **Aufhebung** zugänglich sind und da von den Festsetzungen gemäß § 31 BauGB **Ausnahmen** und **Befreiungen** erteilt werden dürfen. **Bauverbote** aufgrund **anderer öffentlich-rechtlicher Bestimmungen** sind regelmäßig nicht geeignet, die Baulast zu ersetzen, da von den darin enthaltenen **Bauverboten** durchweg **Ausnahmen zulässig** sind (OVG NRW, Beschluss vom 17. 3. 1994 – 11 B 2663/93, BauR 1994, 754 = BRS 56 Nr. 111; vgl. auch Sächs. OVG, Urteil vom 18. 1. 2001 – 1 B 778/99, BauR 2001, 1572 = NVwZ-RR 2002, 103).

Eine **zivilrechtliche Sicherung**, etwa durch Eintragung einer Grunddienstbarkeit, **reicht** nach nordrhein-westfälischem Bauordnungsrecht in Übereinstimmung mit der § 6 Abs. 2 Satz 3 MBO 2002 **als Ersatz der Baulast** ebenfalls **nicht aus**, da derartige Grundbucheintragungen im Einvernehmen der Beteiligten gelöscht werden und darüber hinaus auch untergehen können. Satz 3 verlangt jedoch eine **dauernde Sicherung**, solange die Bebauung besteht. Die wirksame Baulast geht selbst in der Zwangsversteigerung nicht unter und gilt gegenüber dem Rechtsnachfolger (Hamb. OVG, Urteil vom 12. 11. 1992 – Bf II 29/91, BRS 54 Nr. 160). Dies gilt nur dann nicht, wenn bei Eintragung der Baulast bereits ein Zwangsversteigerungsvermerk im Grundbuch eingetragen war (OVG NRW, Urteil vom 18. 7. 1995 – 11 A 11/94, BRS 57 Nr. 205).

180 Die durch Baulast gesicherte Erstreckung der Abstandflächen auf Nachbargrundstücke lässt die **Notwendigkeit von Gebäudeabschlusswänden** nicht entfallen (BayVGH, Urteil vom 14. 8. 1973 – Nr. 183 I 71, BRS 27 Nr. 95). Nach § 31 Abs. 1 Nr. 2 BauO NRW sind bei Gebäuden, die **weniger als 2,50 m von der Nachbargrenze entfernt** errichtet werden,

**Gebäudeabschlusswände** herzustellen, die nach Absatz 4 dieser Vorschrift **keine Öffnungen** aufweisen dürfen, es sei denn, dass ein Abstand von mindestens 5 m zu bestehenden oder nach den baurechtlichen Vorschriften zulässigen Gebäuden öffentlich-rechtlich gesichert ist (s. die Anmerkungen zu § 31 Rdn. 4–9). Werden die Abstandflächen auf andere Grundstücke durch Baulast verlagert, ist die Erteilung einer **Abweichung gemäß § 73 BauO NRW** von § 6 Abs. 2 Satz 1 BauO NRW **nicht erforderlich**, da für die abstandrechtliche Beurteilung nicht die tatsächliche, sondern die fiktive Größe des um die Baulastfläche vergrößerten Grundstücks maßgebend ist (OVG NRW, Beschluss vom 8. 9. 2004 – 7 B 1494/04, NVwZ-RR 2005, 459).

**181** „**Andere**" Grundstücke sind vor allem „Nachbargrundstücke". Das können private oder öffentliche Grundstücke sein, wie z. B. Schulgrundstücke. Sie können unbebaut oder bebaut, unbebaubar oder bebaubar sein (so Allgeier/von Lutzau, zu § 7 S. 196 Anmerkung 7.1). Die durch Baulast zu sichernde Abstandfläche darf sich auch **über mehrere** Grundstücke erstrecken, wenn das angrenzende Nachbargrundstück z. B. eine schmale private Wegefläche ist, die selbst zur Übernahme der gesamten Abstandflächentiefe nicht ausreicht, so dass auch das an den Weg angrenzende Nachbargrundstück zusätzlich in Anspruch genommen werden muss. Die **Abstandflächenübernahme** ist an die **Bedingung** geknüpft, dass die **Verlagerung** der Abstandfläche auf dem Nachbargrundstück **durch Baulast** öffentlich-rechtlich gesichert ist. Es ergibt sich dadurch regelmäßig eine **erhebliche Beschränkung der Bebaubarkeit des belasteten Grundstücks**. Die teilweise oder vollständige Übertragung der sich ergebenden Abstandflächen auf Nachbargrundstücke hat zur Folge, dass die entsprechenden Flächen auf den belasteten anderen Grundstücken von jeder Bebauung freigehalten werden müssen, soweit nicht Abweichungen oder Ausnahmen ausdrücklich vorgesehen sind.

Der Nachbar bestimmt, ob er eine Belastung seines Grundstücks hinnehmen will. Eine **Baulast** zur Übernahme der Abstandfläche kann nur **freiwillig** erfolgen (s. die Anmerkungen zu § 83 Rdn. 38; vgl. auch Wenzel, S. 19 f. Rdn. 25–31). Jeder **behördliche Zwang** ist **ausgeschlossen**, vielmehr sollte die Bauaufsichtsbehörde den Baulastgeber vor der Unterschriftsleistung genau über die für ihn ungünstigen Rechtsfolgen aufklären. Genehmigt die Bauaufsichtsbehörde ein Vorhaben, dessen Abstandflächen sich auf das Nachbargrundstück oder über die Mitte der öffentlichen Verkehrs-, Grün- oder Wasserfläche hinaus erstreckt, ohne dass eine Baulast vorliegt, so kann der Nachbar bereits wegen der nachbarschützenden Funktion des § 6 Abs. 2 Satz 1 und des § 6 Abs. 2 Satz 2 BauO NRW hiergegen vorgehen. Hat der Nachbar dagegen in die Baulast eingewilligt, ist sein Abwehrrecht ausgeschlossen (vgl. Hahn/Schulte, Rdn. 289). Umgekehrt hat der von der Baulast begünstigte Grundstückseigentümer ein Abwehrrecht, wenn der belastete Grundstückseigentümer die Baulast nicht beachtet und hierdurch gegen drittschützende Normen verstößt (VG Neustadt a. d. W., Urteil vom 24. 6. 2004 – 4 K 514/04, NVwZ-RR 2005, 461; s. auch Jeromin, zu § 9 Rdn. 14–15 und Schlotterbeck/von Arnim/Hager, zu § 7 Rdn. 12).

**182** Die Abstandflächenübernahme erfolgt in Form der **Verpflichtungserklärung nach § 83 Abs. 1 BauO NRW**, die wiederum auf einen **Lageplan** Bezug nimmt, wenn sich die zu sichernde Abstandfläche nur auf einen Teilbereich des Nachbargrundstücks erstreckt, was die Regel sein dürfte (hierzu vgl. Wenzel, S. 38 f. Rdn. 14–18). Da nur ein Teil des Nachbargrundstücks flächenmäßig belastet wird, muss diese Fläche im Lageplan **genau dargestellt** sein. An die **Qualität des Lageplans** stellt § 18 BauPrüfVO **besondere Anforderungen**; danach muss der Lageplan folgenden **Mindestinhalt** aufweisen:

1. die **Angaben nach § 3 Abs. 1 Nr. 1 bis 3, 6, 8 und 12 BauPrüfVO**,
2. die **Darstellung der Grundstücksflächen, die von der einzutragenden Baulast betroffen sind**, entsprechend Nummer 1.12 der Anlage zur BauPrüfVO.

Die Anlage zur BauPrüfVO enthält sowohl in Nr. 1.11 für Flächen, die von **bestehenden** Baulasten betroffen sind, als auch in Nr. 1.12 für Flächen, die von **geplanten** Baulasten betroffen sind, Zeichen und Farben für die Darstellung von Baulastflächen im Lageplan. Nach Nr. 1.11 sind **bestehende** Baulasten mit **feinem, engem Punktraster**, nach Nr. 1.12 sind **geplante** Baulasten mit **grüner Umgrenzung und Schraffur** zu kennzeichnen (s. Rdn. 68). Die unterschiedliche Darstellung wurde gewählt, damit der **Unterschied zwischen bereits im Baulastenverzeichnis eingetragenen wirksamen Baulasten** und erst noch durch Verpflichtungserklärung **zu begründenden Baulasten** deutlich wird (s. die Anmerkungen zu § 83 Rdn. 80 und 81 sowie Abbildungen 83.1 und 83.2). Es kommt vor, dass auf einem Grundstück bereits eine wirksame Abstandflächenbaulast ruht und eine weitere Abstandflächenbaulast aus Anlass eines Bauvorhabens zur Eintragung ansteht. Dieser Unterschied soll mit einem Blick auf den Lageplan erkennbar sein, um zu vermeiden, dass durch Baulast gesicherte Abstandflächen irrtümlich erneut in Anspruch genommen werden.

An die **Genauigkeit der Darstellung** der Fläche stellt die BauPrüfVO deshalb besondere Anforderungen, weil die **Baulast das Eigentumsrecht zum Bauen dauerhaft einschränkt**. Daher muss der Lageplan als **amtlicher Lageplan** gemäß § 18 Satz 3 in Verbindung mit § 3 Abs. 3 Satz 1 BauPrüfVO entweder

- von einem **Katasteramt** angefertigt oder
- von einem **Öffentlich bestellten Vermessungsingenieur** angefertigt und mit öffentlichem Glauben beurkundet

werden. Die **Vorgabe** der Verordnung ist **zwingend**, weil § 18 BauPrüfVO ausdrücklich nur auf § 3 Abs. 3 **Satz 1** BauPrüfVO und nicht auch auf die Sätze 2 und 3 dieser Vorschrift Bezug nimmt. Dass die belastete Teilfläche nicht nur mit grüner Umgrenzung und Schraffur zu versehen sondern auch **maßlich festzulegen** ist, versteht sich wegen der **Zentimetergenauigkeit der Abstandflächenbaulast** von selbst (s. auch Wenzel, S. 39 Rdn. 17 zu möglichen späteren Komplikationen bei fehlender Vermaßung).

Überschreitet die Abstandfläche die Grundstücksgrenze nur geringfügig, z. B. bei **atypischen Grundstückszuschnitten**, kann unter den Voraussetzungen des § 73 BauO NRW eine **Abweichung** erteilt werden. Hierfür muss feststehen, dass der Nachbar in seinen Rechten nicht beeinträchtigt wird. Weicht die Grundstücks- oder Bausituation von dem der gesetzlichen Regelung der Abstandflächen zugrunde liegenden Normalfall in so deutlichem Maße ab, dass die strikte Anwendung des Gesetzes zu Ergebnissen führt, die der Zielrichtung der Norm nicht entsprechen, so kann auf dieser Grundlage angenommen werden, dass – bei Vorliegen der übrigen Voraussetzungen – „unter Berücksichtigung des Zwecks der jeweiligen Anforderungen“ eine Abweichung zugelassen werden kann (vgl. OVG NRW, Beschluss vom 12. 2. 1997 – 7 B 2608/96, BRS 59 Nr. 162). 183

Das Beispiel in Abbildung 6.21 zeigt einen solchen Fall. Die beiden geplanten Doppelhaushälften sollen zeitgleich errichtet werden. Aufgrund der im rückwärtigen Gartenbereich leicht verspringenden Grundstücksgrenze (sie könnte ebenso ab der rückwärtigen Gebäudeaußenwand schräg abknickend verlaufen) kommt es zu einer geringfügigen, kleinflächigen Erstreckung der Abstandfläche des Gebäudes Sandweg 30 auf das angrenzende Flurstück 45. Die Gewährung einer Abweichung ist hier sinnvoller als die Eintragung einer Baulast, die keinen rechten Sinn macht, da sich die beiden an der gemeinsamen Grundstücksgrenze aneinander gebauten Haushälften ohnehin in einer Schicksalsgemeinschaft befinden. Eine einseitige Erweiterung des Hauses Sandweg 32 würde die harmonische Beziehung, in der die beiden Haushälften zueinander stehen, gerade wegen des Versprungs der Grundstücksgrenzen in Frage stellen (vgl. die Anmerkungen zu § 2 Rdn. 129). Hinzu kämen im Bereich des Grenzversprungs Überdeckungsprobleme der Abstandflächen zwischen dem Gebäude Sandweg 30 und dem Anbau des Gebäudes Sandweg 32, die wiederum nur durch eine Abweichung lösbar wären.

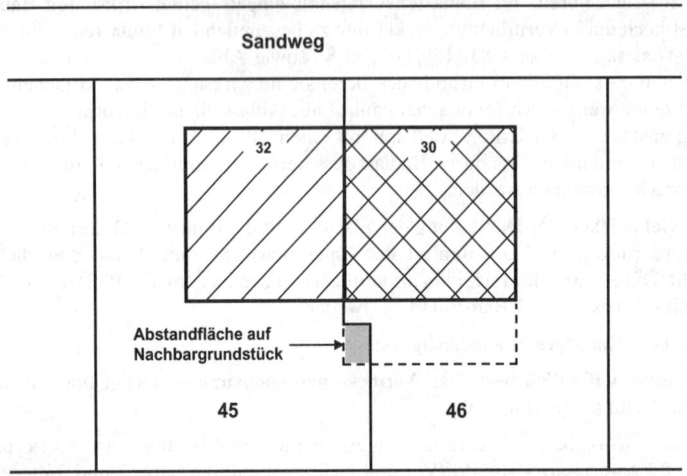


**Abbildung 6.21 Abweichungsfall**
Die **Grenze** zwischen den Flurstücken 45 und 46 **verspringt** im rückwärtigen Grundstücksbereich unmittelbar hinter dem Doppelhaus. Die Abstandfläche der Doppelhaushälfte Sandweg 30 erstreckt sich infolge dieses Grenzversprungs geringfügig auf das Flurstück 45, ohne dass hierdurch ein Nachteil eintreten würde (s. Rdn. 183).

**184** Die Wirkung der Abstandflächenbaulast nach Satz 3 erschöpft sich darin, die Abstandfläche eines Gebäudes lediglich auf ein fremdes Grundstück zu verlagern und lässt die abstandrechtlichen Bestimmungen des § 6 BauO NRW ansonsten unberührt. Dies ergibt sich bereits aus dem Wortlaut des Satzes 3, der ausdrücklich bestimmt, dass die durch Baulast gesicherten Abstandflächen mit **zulässigen baulichen Anlagen** überbaut werden dürfen. Dieser Rechtssatz zielt, wie sich unschwer aus dem Regelungszusammenhang ergibt, auf die Vorschriften des § 6 **Abs. 11** BauO NRW. Unter den in Absatz 11 geregelten Voraussetzungen sind die dort aufgeführten Anlagen in den Abstandflächen eines Gebäudes **zulässig**, bedürfen also keiner bauaufsichtlichen Gestattung.

Der in der Praxis gegebene Hauptanwendungsfall betrifft **Grenzgaragen** und **Gebäude mit Abstellräumen**. Für den Fall, dass ein Nachbar die Abstandfläche eines fremden Gebäudes auf seinem Grundstück durch Baulast übernimmt, dürfen **Grenzgaragen** und **Gebäude mit Abstellräumen** nach § 6 Abs. 11 BauO NRW sowohl in der verbleibenden

Abstandfläche auf dem fremden Baugrundstück als auch in der Baulastfläche auf dem eigenen Grundstück errichtet werden. Diese Anlagen dürfen auch auf Flächen genehmigt werden, deren Überbauung durch die Eintragung einer Baulast grundsätzlich ausgeschlossen ist (OVG NRW, Urteil vom 29. 9. 1981 – 11 A 2133/80, BRS 38 Nr. 133 zu einer Grenzgarage in einer durch Baulast gesicherten Abstandfläche).

Immer wieder Probleme bereiten **Grenzgaragen** mit einer Länge **von mehr als 9,0 m** oder einer mittleren Wandhöhe von **mehr als 3,0 m** über der Geländeoberfläche an der Grenze. **Fehlt auch nur eine dieser Voraussetzungen, entfällt die Privilegierung** mit der Folge, dass wiederum die regulären Vorschriften des Abstandflächenrechts gelten:

- vor allen Außenwänden der Garage Flächen von oberirdischen Gebäuden freizuhalten (§ 6 Abs. 1 BauO NRW),
- die Abstandflächen der Garage müssen auf dem Grundstück selbst liegen (§ 6 Abs. 2 BauO NRW),
- die Abstandflächen der Garage dürfen sich nicht mit den Abstandflächen anderer Gebäude überdecken (§ 6 Abs. 3 BauO NRW).

Die Eintragung einer Abstandflächenbaulast für eine **überlange** oder **überhohe Grenzgarage** ist regelmäßig **nicht sinnvoll**, da eine solche Baulast unerwünschte Nebeneffekte auslöst. Jedenfalls gilt dies, wenn auf dem Nachbargrundstück nach der **städtebaulichen Konzeption** wiederum eine Garage in der Abstandfläche einer Hauptanlage angeordnet werden soll. Die Abstandflächenbaulast steht zwar dieser Garage auf dem belasteten Grundstück nicht entgegen, erzwingt jedoch ein **städtebaulich nicht erwünschtes Abrücken** der Hauptanlage von der Grundstücksgrenze, da die Abstandfläche der Hauptanlage aufgrund des Überdeckungsverbotes des § 6 Abs. 3 BauO NRW sich nicht die Baulastfläche überlagern darf. Überbreite seitliche Abstandflächen sind aufgrund des öffentlichen Belangs des § 1 a Abs. 2 Satz 1 BauGB zum sparsamen und schonenden Umgang mit Grund und Boden weitgehend zu vermeiden, soweit diese nicht nach der städtebaulichen Konzeption, z. B. aufgrund von Festsetzungen über die Tiefe der Abstandflächen nach § 9 Abs. 1 Nr. 2 a BauGB ausdrücklich geboten sind. Statt der Eintragung einer Baulast kann geprüft werden, ob die Voraussetzungen für eine **Abweichung** nach § 73 BauO NRW vorliegen. Hierbei ist ein **strenger Maßstab** anzulegen, da bereits § 6 Abs. 11 BauO NRW im Vergleich zu den übrigen Abstandflächenregeln den Bauherrn stark begünstigt und den Nachbarn benachteiligt. Dabei kann die Betrachtung nicht erst jenseits der gesetzlichen Längen- oder Höhenbeschränkung von 9 m bzw. 3 m einsetzen, vielmehr ist das **gesamte Gebäude** in seiner Wirkung für den Nachbarn zu würdigen. Einzubeziehen sind insbesondere die **städtebaulichen Auswirkungen**, da § 6 Abs. 11 BauO NRW gerade auch im Hinblick auf das Bauen in der offenen Bauweise den Bauwünschen der Grundstückseigentümer bewusst Grenzen setzt.

Die Errichtung einer Grenzgarage mit Überlänge oder Überhöhe kann zwar mit der Absicht zur **Anlegung eines zusätzlichen Stellplatzes begründbar** sein. Es ist jedoch zu prüfen, ob sich dieser Stellplatz nicht an anderer Stelle oder an einer anderen Nachbargrenze auf dem Grundstück anordnen lässt. Nur wenn diese Möglichkeit nicht besteht und keine städtebauliche Gesichtspunkte nachteilig berührt sind, kann eine Abweichung – vorausgesetzt, der Nachbar widerspricht nicht einer derartigen Lösung – ins Auge gefasst werden. Im Ergebnis muss also eine **atypische Situation** vorliegen, denn die **Abweichung** ist **kein Instrument zur Legalisierung gewöhnlicher Rechtsverletzungen** (OVG NRW, Beschluss vom 28. 8. 1995 – 7 B 2117/95, BRS 57 Nr. 141).

### 4 Zu Absatz 3 – Überdeckungsverbot

185 Das in **Absatz 3, 1. Halbsatz** geregelte Überdeckungsverbot, das im Zusammenhang mit Absatz 2 zu sehen ist, wonach die Abstandflächen bereits auf dem Grundstück selbst liegen müssen oder sich nur bis zur Mitte der öffentlichen Verkehrs-, Grün- und Wasserflächen erstrecken dürfen, dient der Wahrung aller Gesichtspunkte, die vor Außenwänden freizuhaltende Flächen erfordern. Das ist nur dann gewährleistet, wenn vor einer Außenwand nicht nur die Fläche freigehalten wird, die sich aus der eigenen Wandhöhe ergibt, sondern auch zusätzlich die Fläche, die sich nach der Wandhöhe des gegenüberliegenden Gebäudes bestimmt. Somit ergibt sich **zwischen** einander gegenüberliegenden oder auch benachbarten **Gebäuden** ein Mindestabstand, der aus der **Summe der Tiefen** der beiden Abstandflächen besteht. Diese Vorschrift gilt auch für Abstandflächen von Gebäudeteilen untereinander und auch für Innenhöfe (s. aber auch die Ausnahmeregelung des Absatzes 13).

Die Bestimmungen des Absatzes 3 sind **nicht** auf Gebäudeabstände auf dem **eigenen** Grundstück **beschränkt** (so aber in Verkennung des Regelungszwecks OVG NRW, Beschluss vom 21. 7. 1988 – 11 B 1505/88, n. v.; möglicherweise anderer Auffassung, aber unklar OVG NRW, Beschluss vom 22. 9. 1989 – 10 B 2665/89, n. v.), da auch Überdeckungen auftreten können, wenn in der geschlossenen Bauweise Gebäude entlang einer **winklig abknickenden** öffentlichen Verkehrsfläche errichtet werden, z. B. als **platzumschließende** Bebauung, oder wenn bei der Schließung von Baulücken in der geschlossenen Bauweise im Bereich **innerer Baublockecken** die Abstandflächen infolge eines unglücklichen Grundstückszuschnitts teilweise auf dem Nachbargrundstück liegen und sich dort mit denen des angrenzenden Gebäudes überdecken.

186 Mitunter ergibt sich, dass **vorhandene Gebäude** nach **aktuellem** Abstandflächenrecht **unzureichend tiefe** Abstandflächen aufweisen, dass sich diese nach aktuellem Recht ermittelten Abstandflächen auf angrenzende Grundstücke oder über die Mitte der in Absatz 2 Satz 2 bezeichneten öffentlichen Flächen erstrecken und sich mit den Abstandflächen anderer Gebäude überdecken. Der – **legale** – **Bestand** wird jedoch vom **aktuellen** Abstandflächenrecht und damit auch vom Überdeckungsverbot des Absatzes 3 **nicht erfasst** (zu Altbeständen s. Rdn. 44–46; ebenso Boeddinghaus/Hahn/Schulte, zu § 6 Rdn. 162). Der Bauwillige muss demnach **nicht** etwa nach aktuellem Recht ermittelte Abstandflächen, die auf seinem Grundstück ohne Baulastsicherung liegen, aufgrund des Überdeckungsverbots berücksichtigen und mit seinem eigenen Gebäude entsprechend zurückweichen (vgl. BayVGH, Urteil vom 8. 12. 1975 – 264 I 72, BRS 29 Nr. 78 und OVG Bremen, Urteil vom 8. 4. 1975 – I BA 23/74, BRS 29 Nr. 151; so auch OVG NRW, Beschluss vom 20. 1. 2000 – 7 B 2103/99, BauR 2000, 866 = BRS 63 Nr. 186). Umgekehrt hat der Eigentümer des bestandsgeschützten Gebäudes zu beachten, dass das aktuelle Abstandflächenrecht bei Nutzungsänderungen sowie bei nicht nur geringfügigen baulichen Änderungen grundsätzlich wieder Anwendung findet, da hierdurch der Bestandsschutz verloren geht (s. Rdn. 28; vgl. auch Große-Suchsdorf/Lindorf/Schmaltz/Wiechert, zu § 7 Rdn. 13 sowie Barth/Mühler, Die Abstandsvorschriften der Niedersächsischen Bauordnung, 2. Aufl. 2000, Einführung Rdn. 13 und zu § 13 Rdn. 22).

187 Konsequent angewandt, würde das Überdeckungsverbot manche Gebäudeformen und städtebaulich gewünschten Lösungen verhindern. Zu denken ist hier z. B. an **rechtwinklige Gebäude im Eckbereich von Baublöcken**. Daher enthält **Absatz 3, 2. Halbsatz** insgesamt drei **Sonderregelungen**. Diese drei Sonderregelungen sind nicht als Abwei-

chungstatbestände formuliert. Vielmehr bewirken sie einen **Wegfall des Überdeckungsverbots bei Erfüllung der gesetzlichen Tatbestandsmerkmale** (so Ortloff, Das Abstandflächenrecht der Berliner Bauordnung, 2. Aufl. 1993 Rdn. 60). Die Anforderungen an die **Lage** und **Tiefe** der Abstandflächen **bleiben unberührt**. Abstandflächen müssen auch im Falle der nach Absatz 3, 2. Halbsatz zulässigen Überdeckung nach Absatz 2 Satz 1 auf dem eigenen Grundstück liegen bzw. dürfen sich nur bis zur Mitte der in Absatz 2 Satz 2 genannten öffentlichen Verkehrs-, Grün- oder Wasserflächen erstrecken. Auch die **Grundforderung** des Absatzes 1 Satz 1, nach der die Abstandflächen nicht überbaut werden dürfen, wird durch Absatz 3, 2. Halbsatz **nicht berührt**.

Nach **Nr. 1** gilt das Überdeckungsverbot nicht für Abstandflächen vor Außenwänden, **188**
die in einem **Winkel von mehr als 75°** zueinander stehen. Dies gilt auch für Wände, die sich nicht berühren, aber nahe beieinander stehen; hier sind die Wandfluchten bis zu deren Schnittpunkt zu verlängern, um so den Winkel festzustellen. Die Bestimmungen der Nr. 1 **ermöglichen** erst das **Bauen über Eck im rechten Winkel** (s. Abbildung 6.22).

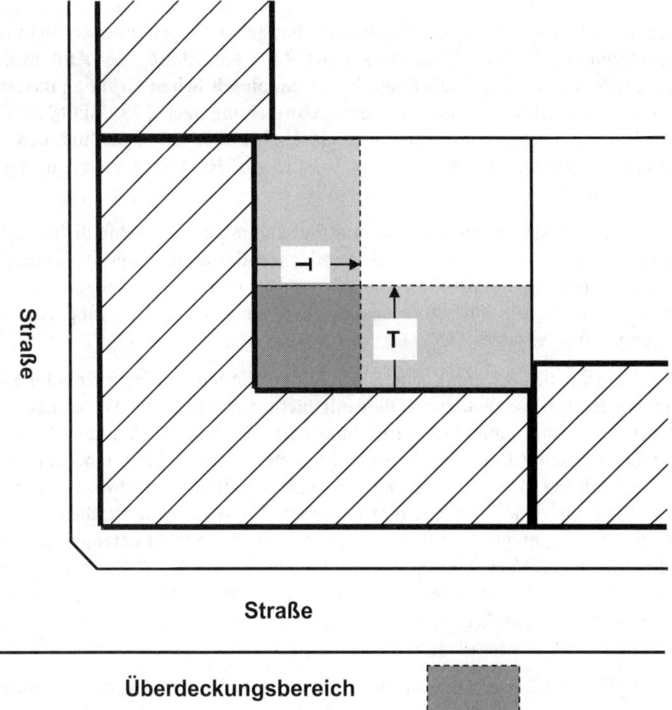


Überdeckungsbereich

**Abbildung 6.22 Überdeckung der Abstandflächen**
Die **Abstandflächen** mit den Tiefen – **T** – dürfen sich unter den in § 6 **Abs. 3** BauO NRW genannten Voraussetzungen **gegenseitig überdecken**, wodurch erst Eckgrundstücke in der geschlossenen Bauweise abstandrechtlich bebaubar sind (s. Rdn. 188).

Darüber hinaus wäre – betrachtet man diese Vorschrift allein nur nach ihrem Wortlaut und ohne Berücksichtigung der übrigen Abstandflächenbestimmungen – die Möglichkeit des Zusammenfügens von Gebäuden oder Gebäudeteilen über Eck in einem Winkel von weniger als 90° und mehr als 75° denkbar.

Ein **unmittelbares** Aneinanderstoßen von Wänden an einer **inneren Gebäudeecke** im Winkel **von weniger als 90°** ist jedoch **unzulässig**, da jeweils ein Bereich der winklig aneinander stoßenden Gebäudeteile auf der Abstandfläche der anderen Außenwand liegt – oder anders ausgedrückt, die Abstandfläche des einen Gebäudeflügels in den anderen Gebäudeflügel **hineinragen** würde. Ein solcher Zustand ist indessen nach der Grundforderung des Absatzes 1 Satz 1 ausgeschlossen, da Abstandflächen von oberirdischen Gebäuden freizuhalten sind. Um dieses abstandrechtliche Problem zu lösen, wäre zunächst ein kurzer rechtwinkliger oder stumpfwinkliger Anschluss von 90° oder mehr im Eckbereich erforderlich, an den sich dann der im spitzen Winkel verlaufende Wandabschnitt anschließen kann, so dass dessen Abstandfläche gerade noch den – insoweit als gegenüberliegend zu betrachtenden – Wandteil berührt (ebenso Boeddinghaus/Hahn/Schulte, zu § 6 Rdn. 165).

Falls sich diese bauliche Lösung aufgrund der baulichen Gegebenheiten nicht oder nur unvollkommen ermöglichen lässt, die spitzwinklige Anordnung der Außenwände des Gebäudes jedoch aus **städtebaulichen** oder **denkmalrechtlichen** Gründen **unverzichtbar** ist, kann eine Verwirklichung nur über eine **Abweichung nach § 73** BauO NRW ermöglicht werden, wobei die Voraussetzungen durch **Kompensationsmaßnahmen**, die den **Schutzzielen** des Abstandflächenrechts (s. Rdn. 15–20) Rechnung tragen, nachgewiesen werden müssen.

Bei einem **rechtwinkligen Innenhof**, der aus Gebäuden auf unterschiedlichen Grundstücken gebildet wird, dürfen sich die Abstandflächen der aneinander stoßenden Außenwände im Eckbereich überdecken, die Abstandflächen der sich gegenüberliegenden Wände jedoch nicht; für Innenhöfe des gleichen Gebäudes gelten wiederum die Sonderregelungen des Absatzes 13.

189 Nach **Nr. 2** dürfen sich Abstandflächen vor Außenwänden zu einem **fremder Sicht entzogenen Gartenhof bei Wohngebäuden mit nicht mehr als zwei Wohnungen** überdecken. Gartenhöfe sind einmal die Höfe innerhalb desselben Gebäudes (Atrium), aber auch solche, die sich z. B. innerhalb einer Teppichbebauung durch eine entsprechende Grundrissgestaltung wie z. B. bei Gebäuden in „**L-Typ-Bauweise**" zwischen den eigenen Außenwänden und denen des Nachbarn ergeben. Voraussetzung ist, dass sie – gegebenenfalls durch eine entsprechende Abmauerung – **fremder Sicht entzogen** sind. Es muss sich jedoch nicht um Vorhaben innerhalb eines nach § 17 Abs. 2 BauNVO (1962, 1968 oder 1977) festgesetzten Wohngebietes handeln (s. Rdn. 129 und Abbildung 6.19), um von dieser – das kostensparende Bauen begünstigenden Regel – Gebrauch machen zu können.

190 Nach **Nr. 3** gilt das **Überdeckungsverbot nicht für Gebäude und andere bauliche Anlagen, die in den Abstandflächen zulässig sind** oder **gestattet werden**. Diese Bestimmung dient mehr der Rechtsabsicherung des Absatzes 11 und ist eigentlich entbehrlich, da diese Vorschrift selbst die Lage von Garagen, Gewächshäusern und Gebäuden mit Abstellräumen in den Abstandflächen eines Gebäudes regeln (so auch Ortloff, Das Abstandflächenrecht der Berliner Bauordnung, 2. Aufl. 1993 Rdn. 63).

## 5 Zu Absatz 4 – Wandhöhe und Dachanteil als Bemessungsgrundlage

Die Bemessungsregeln des Absatzes 4 gehen erkennbar vom „**Normalfall**" des Gebäudes aus (s. Rdn. 25 und Abbildung 6.2). **Baukörper ungewöhnlicher Form**, wie Hügel- oder Nurdachhäuser, Rundhäuser oder Fernmeldetürme erfordern **besondere Überlegungen** (s. Rdn. 34 und Abbildung 6.4 sowie Rdn. 227–229). 191

### 5.1 Systematik der Bemessungsregeln

**Satz 1** regelt, dass sich die **Tiefe** der **senkrecht zur Wand** zu messenden **Abstandfläche** nach der **Wandhöhe** richtet, da diese den **Grad der Beeinträchtigung** auslöst und folgerichtig auch das Maß der Tiefe der Abstandfläche bestimmt (s. Rdn. 192–194). 192

**Satz 2** regelt die **Ermittlung der Wandhöhe** zwischen der **Geländeoberfläche** als **untere Bezugslinie** und dem **Wandabschluss** als **obere Bezugslinie** (s. Rdn. 195–201).

**Satz 3** regelt die Ermittlung der Wandhöhe bei **Außenwänden**, die aus **Wandteilen unterschiedlicher Höhe** bestehen (s. Rdn. 202–203).

**Satz 4** regelt die Ermittlung der Wandhöhe bei **geneigter Geländeoberfläche** (s. Rdn. 204–205).

**Satz 5** wurde mit dem Zweiten Gesetz zur Änderung der Landesbauordnung vom 12. 12. 2006 eingefügt und **begünstigt** im Hinblick auf die Bemessung der Wandhöhe solche **Abgrabungen**, die der **Belichtung** oder dem **Zugang** oder der **Zufahrt** zu einem Gebäude dienen (s. Rdn. 206–208).

**Satz 6** regelt, welche **Zuschläge der Wandhöhe** aus der **Höhe von Dächern** an deren **Trauf-** und **Giebelseite** hinzuzurechnen sind. Auch **Dach-** und **Giebelflächen** können mit zunehmender Höhe Beeinträchtigungen auslösen. Daher gehen sie – in Abhängigkeit von der **Dachneigung** – **ganz** oder **teilweise** in die Berechnung der Wandhöhe als **Zuschlag** mit ein. Aus **Vereinfachungsgründen** wird der zu berücksichtigende Dach- oder Giebelanteil der Wandhöhe nur hinzugerechnet, um dadurch die **Rechteckform der Abstandfläche** zu erhalten (s. Rdn. 209–226).

**Satz 7** fasst das Ergebnis der Berechnung der Wandhöhe unter Berücksichtigung der Zuschläge für Giebel und Dachflächen im Maß – **H** – zusammen, das die **Grundlage** für die weitere **baugebietsbezogene** Ermittlung der **Tiefe** – **T** – der **Abstandfläche** bildet. Rechtstechnisch bewirkt Satz 7 eine erhebliche Vereinfachung in der Gesetzesformulierung, da in den weiteren Absätzen mit der Erwähnung des Buchstabens – H – jeweils auf den gesamten Regelungsgehalt des Absatzes 4 Bezug genommen ist.

### 5.2 Ermittlung der Tiefe und Anordnung der Abstandfläche

Nach **Satz 1**, **1. Halbsatz** bemisst sich die Tiefe der Abstandfläche nach der **Wandhöhe**. 193
Sie ist für **jede** Außenwand zu ermitteln, so dass dieser Vorgang für ein rechteckiges Gebäude viermal zu wiederholen ist. Nur bei völlig ebenem Gelände und einem Gebäude mit einheitlichem oberem Wandabschluss ist die Wandhöhe für alle Seiten gleich. **Wie** die Wandhöhe im Einzelnen genau **zu ermitteln** ist, beschreiben die **Sätze 2** bis **5**. Die **Zuschläge** zur Wandhöhe aus **Dach-** und **Giebelflächen** regelt **Satz 6**. Das **Maß der Tiefe** – **T** – der Abstandfläche, **abgeleitet aus** dem Maß – **H** – nach Absatz 4 **Satz 7**, ergibt sich sodann aus den **Absätzen 5** und **6**.

Nach **Satz 1**, **2. Halbsatz** ist die Tiefe der Abstandfläche **senkrecht zur Wand**, somit **rechtwinklig** zu dieser, zu messen. Diese Regelung bestätigt nicht nur die Grundforderung, wonach die Abstandflächen vor den jeweiligen Außenwänden liegen müssen, sondern legt auch fest, dass die Abstandfläche – unabhängig vom Geländeverlauf – senkrecht zur Wand an der **unteren Bezugslinie** bzw. am unteren Bezugspunkt **anzulegen** ist. Die Abstandfläche ist unabhängig vom Verlauf des Geländes an der Außenwand und unabhängig von der Dachform des Gebäudes stets ein in die **horizontale Ebene umgeklapptes Rechteck** (s. Rdn. 76 und Abbildung 6.8). Im **Lageplan** ist die Abstandfläche als **Projektion in die Horizontale** darzustellen (s. Abbildung 6.5). Hieraus wird auch deutlich, dass die Vorschrift von **senkrecht stehenden** Wänden ausgeht. **Schräg stehende** oder **gewölbte** Wandflächen erfordern daher eine **besondere Betrachtung**.

**194** Die Wandfläche ist als **ebene Fläche** ohne die regelmäßig vorhandenen Gestaltungselemente abstandrechtlich zu betrachten (s. Rdn. 25 und Abbildung 6.2). In diesem Zusammenhang ist auf § 6 Abs. 7 Satz 1 Nr. 2 und 3 BauO NRW hinzuweisen, wonach das Erdgeschoss erschließende Hauseingangstreppen und Überdachungen über erdgeschossigen Hauseingängen, untergeordnete Bauteile, wie Gesimse, Dachvorsprünge und Terrassenüberdachungen sowie Vorbauten, wie Erker, Balkone und Altane abstandrechtlich privilegiert sind und bei Einhaltung der dort genannten Voraussetzungen in die Bemessung der Abstandfläche überhaupt nicht eingehen. Bei diesen untergeordneten Bauteilen und Vorbauten handelt es sich indessen nur um solche, die vor einem Teil der Wandfläche liegen. Bei **senkrecht** von der Geländeoberfläche bis zum oberen Wandabschluss **durchlaufenden** Gliederungselementen ist dagegen **keine abstandflächenrechtliche Privilegierung** gegeben, so dass diese bei der Ermittlung der Abstandfläche zu berücksichtigen sind. Einer sinnvollen Anwendung der Abstandflächenregeln würde es zuwiderlaufen, wenn man vor einer in sich **durch Vor- und Rücksprünge geringfügigen Ausmaßes** im Grundriss gegliederten Außenwand, wie sie traditionell durch Pfeiler, Lisenen, Pilaster und Einschnitte üblich sind, jeweils gesondert vor jedem kleinsten Wandteil eine Abstandfläche anordnen würde. Derart gestalterisch gegliederte Außenwände sind **homogen** in ihrer **Gesamtwirkung** zu betrachten. Dabei bestimmen die am weitesten vortretenden, senkrecht von unten nach oben durchlaufenden Gliederungselemente die **Lage** der – **gedachten** – Wandebene im **Grundriss** (s. Abbildung 6.23).

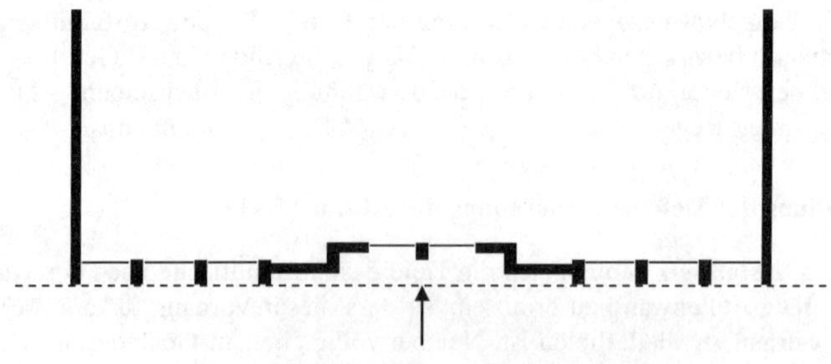


**Abbildung 6.23** **Abstandrechtlich maßgebende Ebene** einer durch **Pfeiler** sowie durch **Vor-** und **Rücksprünge** stark **gegliederten Außenwand** (s. Rdn. 194).

### 5.3 Bemessung der Wandhöhe – Maßtoleranzen, Bezugslinien

Nach **Satz 2** gilt als **Wandhöhe** das **Maß** von der **Geländeoberfläche** bis zur **Schnittlinie** der Wand mit der Dachhaut oder bis zum oberen Abschluss der Wand. Eine **auf den Zentimeter genaue Ermittlung** der Wandhöhe wird **weder bei der unteren Bezugslinie** (s. Rdn. 196–199) **noch bei der oberen Bezugslinie** (s. Rdn. 200–201) **möglich** sein, da sich diese jeweils aus vielen unterschiedlichen „Bezugspunkten" zusammensetzt. Gleiches gilt damit auch für die Ermittlung des Maßes – **H** –. Nachbarlich relevante Probleme dürften sich aus diesen **Ungenauigkeiten**, die im Rahmen der sich beim Bau zwangsläufig ergebenden **Maßtoleranzen** liegen, kaum ergeben. Zumindest sind den **Nachbarschutz** betreffende Konsequenzen aus diesen Ungenauigkeiten gering: 5 cm Wandhöhe (+/– 2,5 cm als Maßtoleranz, die sich schon ergibt aus einer Hohldachpfanne oder einer Mönch- und Nonnendachdeckung) bedingen 4 cm und bei Anwendung der Halbierungsregel für Wände bis 16 m Länge 2 cm Unterschied hinsichtlich der Tiefe der Abstandfläche. Eine spürbare Beeinträchtigung des Nachbarn wird sich somit bei Abweichungen, die sich im Rahmen der üblichen Maßtoleranzen bewegen, kaum ergeben oder nachweisen lassen. 195

Die **untere Bezugslinie** für die Bemessung der Wandhöhe ist die **„Geländeschnittlinie"**, das ist die Linie, die sich aus dem Schnitt der **Geländeoberfläche** mit der Außenwand des Gebäudes ergibt. Die **Ermittlung der Geländeoberfläche** als **„Bezugsebene"** ist **Voraussetzung zur Ermittlung der Wandhöhe** (s. Rdn. 72). Als Geländeoberfläche gilt grundsätzlich die vorhandene bzw. natürlich gewachsene auf dem **eigenen**, **nicht die auf dem Nachbargrundstück** (VGH B-W, Beschluss vom 30. 10. 1995 – 3 S 2418/95, BRS 57 Nr. 142). Wird die Veränderung der vorhandenen Geländeoberfläche beantragt, so gilt die in den Bauvorlagen dargestellte und durch die Baugenehmigung festgestellte. Ist im Bebauungsplan die Höhenlage der Geländeoberfläche nach § 9 Abs. 2 BauGB festgesetzt, so gilt diese (s. Rdn. 132–135). Die Ermittlung der Geländeoberfläche ist für die Bestimmung der Wandhöhe entscheidend. Eine **Baugenehmigung** ist **rechtswidrig**, wenn die Bauvorlagen **hinsichtlich nachbarrelevanter Merkmale** des Vorhabens **unbestimmt** sind (OVG NRW, Urteil vom 13. 5. 1994 – 10 A 1025/90, BauR 1994, 750 = BRS 56 Nr. 139 – zu fehlenden Angaben der Höhenlage des Vorhabens). 196

Eine im Verhältnis zum Gebäude und zur Geländeoberfläche **geringfügige „unselbständige" Abgrabung** vor einer Außenwand, z. B. zur Belichtung einzelner im Kellergeschoss gelegener Räume oder als **Zugang** oder als **Zufahrt** zum Untergeschoss eines im hängigen Gelände gelegenen Gebäudes, **verändert nicht die Geländeoberfläche als „Bezugsebene"**. Das Gleiche gilt für eine geringfügige **„unselbständige" Aufschüttung**, z. B. für eine **Terrasse** oder ein Hochbeet. Derart **untergeordnete** Abgrabungen oder Anschüttungen haben keinen Einfluss auf die Geländeoberfläche als untere Bezugsebene. Hiervon unberührt bleibt jedoch die Frage ihrer **bauplanungsrechtlichen Zulässigkeit**. Eine **Abgrabung auf voller Breite** der Außenwand ist dagegen im Verhältnis zu dieser nicht mehr als untergeordnet zu werten (OVG NRW, Urteil vom 18. 4. 1991 – 11 A 696/87, BRS 52 Nr. 180; OVG Saar, Urteil vom 28. 11. 2000 – 2 R 2/00, BauR 2001, 1245 = BRS 63 Nr. 135). Um hier dennoch in abstandrechtlicher Hinsicht **Erleichterungen** zu schaffen, wurde mit dem Zweiten Gesetz zur Änderung der Landesbauordnung vom 12. 12. 2006 in Absatz 4 **Satz 5** neu eingefügt und hinsichtlich der Ermittlung der Wandhöhe die dort aufgeführten **Abgrabungen** für unbeachtlich erklärt (s. Rdn. 206–208). 197

**198** Bereits nach der Rechtsprechung zur bisherigen Rechtslage beeinflussen geringfügige „unselbständige“ Abgrabungen oder Aufschüttungen die Geländeoberfläche nicht. Die **Beeinträchtigung** eines Nachbarn oder eines anderen Gebäudes auf dem gleichen Grundstück geht vom **oberen Wandabschluss** aus. Eine Beeinträchtigung kann nicht von der Schnittlinie der Außenwand mit einer geringfügigen „unselbständigen“ Aufschüttung oder Abgrabung ausgehen, da diese die maßgebende Geländeoberfläche unverändert lässt. **Manipulative** Aufschüttungen, die nur der **Verringerung** der Wandhöhe dienen sollen, finden dagegen bei der Ermittlung der Wandhöhe **keine Berücksichtigung**, so dass vom ursprünglichen Geländeniveau aus zu messen ist (OVG NRW, Beschluss vom 13.10.1986 – 10 B 1880/86, n. v. und vom 29.5.1995 – 7 B 1187/95, n. v.; VGH B-W, Beschluss vom 7.2.2006 – 3 S 60/06, BauR 2006, 825 = BRS 70 Nr. 124). Auch wird das durch Überschüttung mit Erdreich begrünte Flachdach einer über die natürliche Geländeoberfläche hinausragenden Tiefgarage nicht zur maßgeblichen unteren Bezugslinie (VGH B-W, Beschluss vom 20.2.2004 – 8 S 336/04, BauR 2004, 1918).

**199** Die **natürliche Geländeoberfläche** ist nicht der vor jedweder Bebauung des Geländes vorgegebene Zustand, sondern das **vor** der Durchführung der Baumaßnahme – glaubhaft – **vorgefundene Geländeniveau** (OVG NRW, Beschluss vom 7.6.1990 – 7 B 1124/90 und 7 B 1174/90, n. v.), jedenfalls gilt dies für Geländeverhältnisse die von den Beteiligten unangefochten hingenommen werden (OVG NRW, Beschluss vom 21.2.2005 – 7 B 2195/04, n. v.). Ist durch Bautätigkeit die natürliche Geländeoberfläche nicht mehr zu erkennen, so ergibt sich die maßgebende Geländeoberfläche aus den **vorhandenen Höhenpunkten im Umfeld** (OVG Saar, Urteil vom 30.9.1997 – 2 R 30/96, BauR 1998, 314 = BRS 59 Nr. 121). Bei der Bemessung der Wandhöhe ist auch dann auf die Geländeoberfläche als unterer Bezugspunkt abzustellen, wenn eine **Außenwand auf Stützen** ruht (OVG NRW, Urteil vom 17.7.1991 – 7 A 1572/89, n. v., zu einer Turnhalle auf Stützen über einem angeschütteten Schulhof in hängigem Gelände.

**200** Die **obere Bezugslinie** für die Bemessung der Wandhöhe ergibt sich aus dem **Schnittpunkt** der **Außenwand** mit der **Dachfläche**. Dabei muss jeweils auf die Oberfläche der Außenwand und die Oberfläche der Dachhaut abgestellt werden. Die **Oberfläche der Außenwand** ist nämlich die Bezugsebene, von der aus auch die Tiefe der Abstandfläche gemessen wird. Daher ist die Außenfläche des Sichtmauerwerks, der Putzschicht oder einer Wandbekleidung maßgebend. Die **Dachhaut** ist die äußerste Schicht des Daches, die aus den Dachziegeln, der Dachpappe oder einem anderen Eindeckungsmaterial gebildet wird, nicht jedoch die Unterkonstruktion aus Lattung oder Schalung. Der **obere Abschluss einer Wand** ist bei einem **Gebäude mit Flachdach** die **Oberkante**

– der **Dachaufkantung** (Attika) oder
– der **Brüstung** oder **Umwehrung** einer **Dachterrasse** (s. Abbildung 6.24).

Bei **Brüstungen** oder **Umwehrungen** von **Dachterrassen** ist deren Höhe als obere Bezugslinie anzunehmen (OVG NRW, Beschluss vom 1.6.2007 – 7 A 3852/06, BauR 2007, 1557 = ZfBR 2007, 583). Die Tiefe der durch die Dachterrasse ausgelösten Abstandfläche bemisst sich nach ihrer „Wandhöhe“, der **Höhe der Brüstung** oder **Umwehrung**, jedoch **nicht nach einer fiktiven Höhe** (so aber VG Düsseldorf, Urteil vom 19.5.1994 – 4 K 6307/91, n. v., zur fiktiven Höhe von 1,8 m). Würde für eine Terrasse grundsätzlich eine fiktive „Wandhöhe“ gelten, wäre sie an der Nachbargrenze unzulässig. § 6 Abs. 10 Satz 1 Nr. 2 BauO NRW erklärt jedoch nur Terrassen, die höher als 1 m über der Geländeoberfläche liegen, zu abstandrelevanten Anlagen.

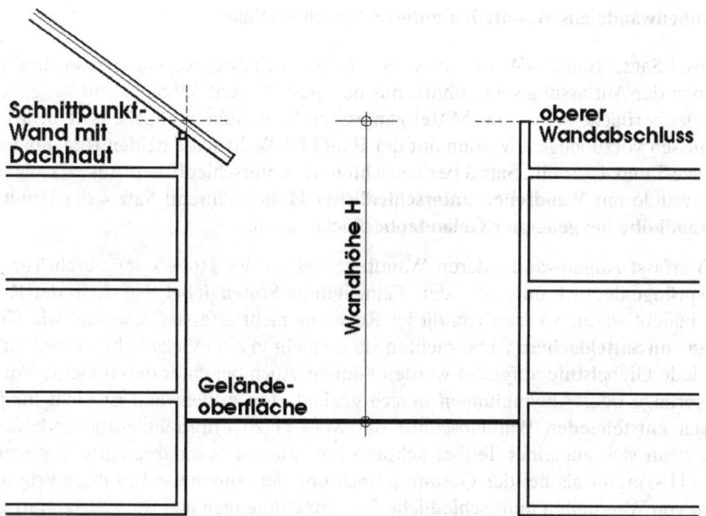


**Abbildung 6.24 Ermittlung der Wandhöhe H** (s. Rdn. 200–201)

Bei **geneigten Dächern** ist zwischen **Traufseite** und **Giebelseite** zu unterscheiden. An der **Traufseite** ergibt sich die Wandhöhe – **H** – des Daches mit **bis zu 45** ° Neigung aus dem **Schnitt von Außenwand und Dachhaut** (s. Abbildung 6.24). Auch an der **Giebelseite** ist der Schnitt der Außenwand mit der Dachhaut für den oberen Wandabschluss maßgebend. Der Wandhöhe – **H** – ist jedoch stets die **Giebelfläche anteilig hinzuzurechnen** (s. Abbildung 6.25). Für Dächer mit Dachneigungen **bis zu 70** ° ist der **Zuschlag** relativ gering und beträgt lediglich **ein Drittel der Giebelhöhe**. 201

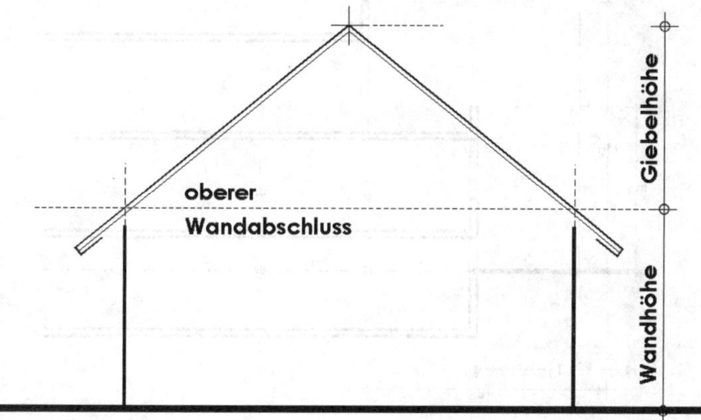


**Abbildung 6.25** An der **Giebelseite** wird der **Wandhöhe** ein **Anteil der „Giebelhöhe"** – in der Regel **ein Drittel** – hinzugerechnet, um das Maß – H – zu erhalten (s. Rdn. 201).

### 5.4 Außenwände aus Wandteilen unterschiedlicher Höhe

202 § 6 Abs. 4 Satz 3 BauO NW 1984 bzw. 1995 fasste noch zwei Regelungen so zusammen, dass man der Auffassung sein konnte, nur bei „gestaffelten" Wänden und bei geneigter Geländeoberfläche sei die im Mittel gemessene Wandhöhe maßgebend. Um Missverständnissen vorzubeugen, wurden mit der BauO NRW 2000 die beiden Regelungen auf die Sätze 3 und 4 verteilt. **Satz 3** berücksichtigt die unterschiedlichen Auswirkungen der Außenwände mit **Wandteilen unterschiedlicher Höhe**, während **Satz 4** die Ermittlung der **Wandhöhe bei geneigter Geländeoberfläche** regelt.

203 **Satz 3** erfasst Außenwände, deren Wandteile sich in der **Höhe** oder durch **Vor- oder Rücksprünge** deutlich unterscheiden. Feingliedrige **Stufengiebel**, wie sie in der Renaissance beliebt waren, werden von dieser Regelung nicht erfasst. Diese sind **wie Giebelflächen von Satteldächern** zu betrachten, da sie nicht in eine Vielzahl kleinster Wandteile für jede Giebelstufe aufgelöst werden können. Auch bei einer durch kleine Vor- und Rücksprünge oder Abwinklungen in sich gegliederten Außenwand ist nicht für jeden dadurch entstehenden Wandabschnitt das Maß H zu ermitteln, insbesondere dann nicht, wenn sich aus einer Teilbetrachtung für einzelne Wandabschnitte ein größeres Maß – H – ergibt als bei der Gesamtbetrachtung der Außenwand in ihrer Projektion. Gehen von Wandteilen unterschiedliche Beeinträchtigungen aus, wie z. B. bei terrassierten Gebäuden, so muss die Wandhöhe für **jeden Wandteil gesondert ermittelt** werden. Bei **Gebäuden mit niedrigen und hohen Gebäudeteilen**, z. B. Breitfußtypen, Gebäuden mit Staffelgeschossen (vgl. OVG NRW, Urteil vom 21. 8. 1995 – 10 A 2749/91, BRS 57 Nr. 145) Terrassenhäusern oder Gebäuden mit auskragenden Geschossen sind die einzelnen Wandhöhen durch **gedachte Verlängerungen der Wandebenen bis zum Schnitt mit der Geländeoberfläche** zu ermitteln (s. Abbildung 6.26).

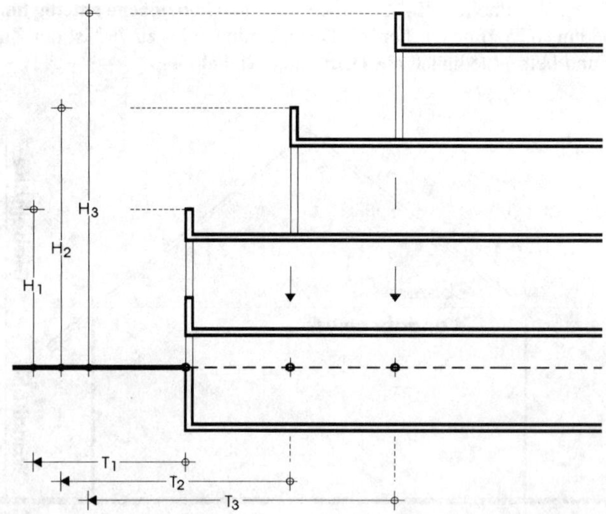


**Abbildung 6.26** **Wandhöhen – H** – und **Tiefen – T** – der Abstandflächen bei Gebäuden mit **Staffelgeschossen** (s. Rdn. 203).

### 5.5 Mittlere Wandhöhe bei geneigter Geländeoberfläche

Bei **geneigter** Geländeoberfläche ist nach **Satz 4** die im **Mittel gemessene Wandhöhe** maßgebend. Hierdurch wird eine **trapezförmige** Abstandfläche vermieden. Die natürliche Geländeoberfläche kann durch Anschüttungen oder Abgrabungen verändert worden sein und sogar einen starken Höhenversatz aufweisen. Verläuft die Geländeoberfläche nicht annähernd gleichmäßig, was bei einer leicht geschwungenen Bodenwelle noch anzunehmen ist (vgl. Boeddinghaus/Hahn/Schulte, zu § 6 Rdn. 177), sondern weist sie **steile Böschungen** oder **Stützmauern** auf, würde eine Mittelung zwischen den äußeren Eckpunkten die tatsächlichen Auswirkungen nicht mehr zutreffend erfassen. Dabei werden die Auswirkungen umso weniger zutreffend beschrieben, je näher der Geländeversprung zum Ende der Wand hin liegt. Bei einem derart **starkem Versprung** ist der Geländeverlauf entsprechend den **tatsächlichen Gegebenheiten** zunächst in **Abschnitte** aufzuteilen. Sodann muss für **jeden einzelnen** dieser Abschnitte die mittlere Wandhöhe errechnet werden. Anschließend ist aus den Teilwerten die mittlere Wandhöhe für die Gesamtwand zu bilden, wobei die Zwischenwerte entsprechend der Länge des jeweiligen Wandabschnitts zu gewichten sind (OVG NRW, Beschluss vom 16. 1. 2006 – 7 B 1963/05, BauR 2006, 824 = BRS 70 Nr. 125 zu einem Geländeverlauf, der durch einen senkrechten Versprung in zwei Abschnitte aufzuteilen war; s. Abbildung 6.27). 204

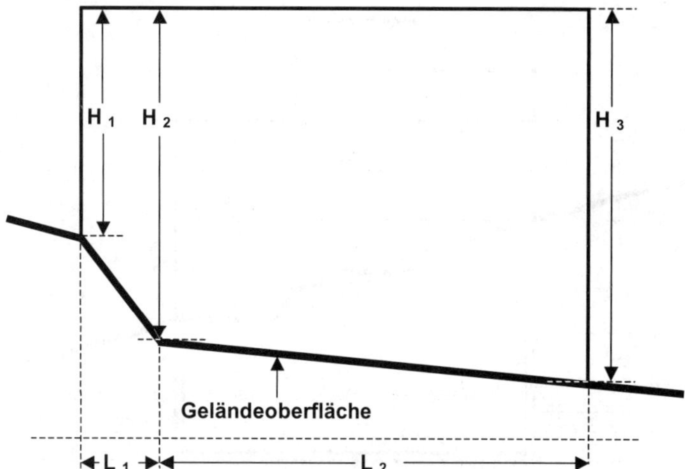


**Für die Berechnung der mittleren Wandhöhe - H - gilt:**

$$H = \frac{L_1 \times (H_1 + H_2) : 2 + L_2 \times (H_2 + H_3) : 2}{L_1 + L_2}$$

**Abbildung 6.27 Wandhöhe – H –** bei **geneigter Geländeoberfläche mit starkem Versprung**; der **Geländeverlauf** ist nach den Gegebenheiten in **zwei oder mehr Abschnitte aufzuteilen**, zunächst **für jeden Abschnitte einzeln** die **mittlere Wandhöhe zu errechnen** und anschließend daraus das **Mittel** zu bilden (s. Rdn. 204).

205 Auch in gleichmäßig verlaufendem hängigem Gelände ohne Versprünge kann eine Aufteilung der Wand in **Abschnitte** erforderlich werden. Weist die Wand **unterschiedlich hohe Teile** auf (gestaffelte Wand), so ist die mittlere Wandhöhe für jeden Wandabschnitt getrennt zu ermitteln. Das Kriterium der gestaffelten Wand orientiert sich an der Gestalt der Wand selbst, nicht an dem sie nach unten hin begrenzenden Geländeverlauf, soweit dieser keine deutlichen Versprünge aufweist (OVG NRW, Urteil vom 13.10.1999 – 7 A 999/99, BauR 2000, 1177 = BRS 62 Nr. 135). Für den Nachbarschutz ist es **unerheblich, wie** das **schräg verlaufende Gelände** zwischen den Gebäudeecken entlang der Außenwand durch Baumaßnahme umgestaltet wird, um dieses – z. B. durch Anlegung von Terrassen – sinnvoll nutzen zu können. Den natürlichen Geländeverlauf überschreitende, abstandrelevante Aufschüttungen müssen den Mindestabstand von 3 m zur Nachbargrenze einhalten. Durch Stützmauern abgefangene Abgrabungen können bis unmittelbar an die Nachbargrenze heranreichen. Unter **nachbarschützenden Aspekten** ist die **Ausgangslage**, das ist die **Höhenlage** der **Geländeoberfläche** an den **Begrenzungen der Wand** entscheidend. Die untere Begrenzung der **im Mittel gemessenen** Wandhöhe bildet stets eine **gedachte waagerechte Linie**, die in einer mittleren Höhe zwischen den Gebäudeecken liegt. Im Falle von **Wandteilen unterschiedlicher Höhe** im Sinne des Satzes 3, gilt Satz 4 auch für **jeden einzelnen Wandteil**, worauf besonders der 2. Halbsatz dieser Regelung hinweist (s. Abbildung 6.28).

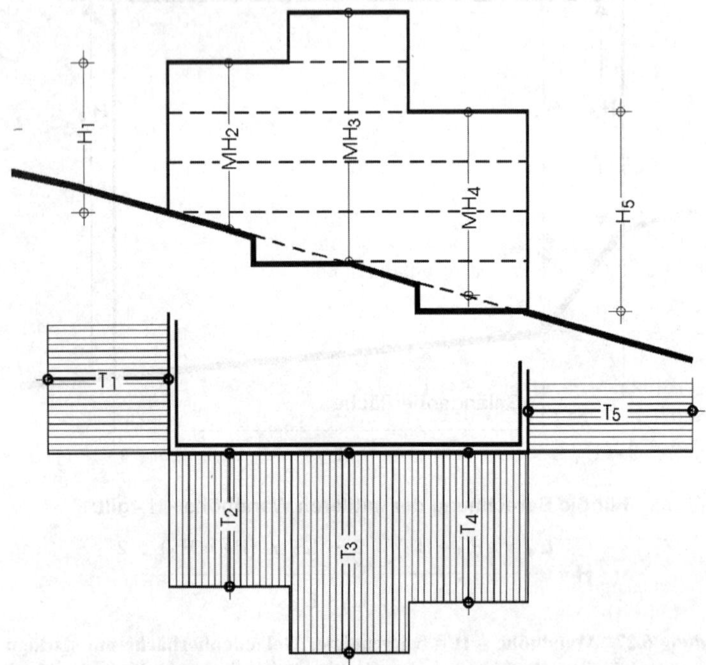


**Abbildung 6.28 Wandhöhen – H –** und **Tiefen – T –** der Abstandflächen bei **geneigter Geländeoberfläche** und **Wandteilen unterschiedlicher Höhe** (s. Rdn. 205)

### 5.6 Nichtberücksichtigung bestimmter Abgrabungen

**Geringfügige** „unselbständige" Abgrabungen vor den Außenwänden von Gebäuden bleiben bereits nach der bisherigen Rechtslage abstandrechtlich unbeachtlich, da sie die abstandrechtlich maßgebende Geländeoberfläche und damit die untere Bezugslinie zur Ermittlung der Wandhöhe nicht verändern (s. Rdn. 197). Nicht geringfügige Abgrabungen, das sind vor allem solche, die größere Teile einer Außenwand oder diese sogar insgesamt freilegen, können nicht mehr als abstandrechtlich zu vernachlässigen angesehen werden. Dies hatte zur Folge, die maßgebende untere Bezugslinie zur Ermittlung der Wandhöhe durch den Fußpunkt der Abgrabung bestimmt wurde. Um für **bestimmte Abgrabungen**, insbesondere in hängigem Gelände, **Erleichterungen** zu schaffen, bedurfte es daher einer Sonderbestimmung im Rahmen der Vorschriften über die Ermittlung der maßgebenden Wandhöhe (vgl. LT-Drucks. 14/2433 S. 13 f.). **Aufschüttungen** werden von Satz 5 **nicht erfasst**. Auch auf die **Eigenschaft als Vollgeschoss** bleibt Satz 5 ohne Einfluss, da hierfür die **neue Abgrabungsebene** maßgebend ist. 206

**Satz 5** erfasst **nur Abgrabungen**, die entweder der **Belichtung**, dem **Zugang** oder der **Zufahrt** zu einem Gebäude **dienen**. Die Vorschrift stellt eine Sonderregelung, also eine Ausnahme von den normalerweise anzuwendenden Bemessungsregeln dar. Sie ist wegen der gesetzgeberischen Einschränkung der Ziele des Abstandflächenrechts und der damit bewusst in Kauf genommenen Benachteiligung der Nachbarn **eng auszulegen**, um auch Versuchen zur Umgehung der Abstandflächenvorschriften entgegenzuwirken. 207

Der **Belichtung** dient eine Abgrabung nur, wenn sie im Bereich von Fenstern liegt. Weist die Wand keine Fenster auf, dient die Abgrabung keinen Belichtungszwecken. Nicht erforderlich ist, dass es sich um Fenster von Aufenthaltsräumen handeln muss. Es reicht aus, wenn überhaupt ein Raum durch Fenster belichtet werden soll.

Dem **Zugang** dient eine Abgrabung, wenn sie zu einer Türöffnung in der Außenwand führt. Es muss sich dabei nicht um einen notwendigen Zugang handeln, wohl aber um eine Öffnung, die von Menschen betreten werden kann und auch tatsächlich zur gelegentlichen Benutzung vorgesehen ist. Die Abgrabung ist nur in der Breite des für Menschen erforderlichen Zugangs bemessungsrechtlich begünstigt.

Der **Zufahrt** dient eine Abgrabung, wenn auf ihr Kraftfahrzeuge verkehren, die innerhalb des Gebäudes auf Einstellplätzen abgestellt werden oder die eine Ladezone anfahren. Entgegen dem Wortlaut erfasst der Begriff **auch Abfahrten**, denn er zielt nach der gesetzgeberischen Intention auf **Tiefgaragenzufahrten** (vgl. LT-Drucks. 14/2433, S. 13). Der Begriff ist demnach im Sinne des § 3 GarVO – Zu- und Abfahrten – zu verstehen.

Da die von Satz 5 erfassten Abgrabungen in aller Regel nicht mehr als geringfügig oder untergeordnet anzusehen sein werden, führen sie zwangsläufig zu einer **Veränderung der Geländeoberfläche** im Sinne des § 2 Abs. 4 BauO NRW. Eine derartige Veränderung ist nur unter den engen **Voraussetzungen des § 9 Abs. 3 BauO NRW** zulässig. Abgrabungen, für die sich keine Rechtfertigung aus dieser Vorschrift ergibt, sind unzulässig (zu den materiellen Voraussetzungen s. die Anmerkungen zu § 9 Rdn. 79–83). Verstößt eine Abgrabung gegen diese Vorschrift, kann sie nicht zugelassen werden, so sich dann auch die Frage der Berücksichtigung von Satz 5 überhaupt nicht mehr stellt. Erweist sich aber die **Abgrabung** als **zulässig nach § 9 Abs. 3 BauO NRW**, hat dies **abstandrechtlich** zur Folge, dass der **untere Bezugspunkt** für die Wandhöhe – **H** – die **ursprünglich vorhandene Geländeoberfläche** bleibt. 208

### 5.7 Anrechnung von Dachflächen, Dachaufbauten und Giebelflächen

209 Sowohl von **Dächern an der Traufseite** als auch von **Giebelflächen im Bereich des Daches** gehen **abstandrechtliche Wirkungen** und mehr oder weniger starke **Beeinträchtigungen für den Nachbarn** aus. Diese stehen im Zusammenhang mit der **Neigung** der Dachfläche an der Traufseite oder der Neigung der Dachflächen am Ortgang des Giebels. Daher wird zur Wandhöhe ein **Höhenanteil als Zuschlag** hinzugerechnet, der sich aus der **Höhe des Daches an der Traufseite** oder aus der **Höhe des Giebeldreiecks im Bereich des Daches** ergibt. Bei Gebäuden mit geneigten Dächern und mit Giebelflächen ergibt sich das zur Bemessung der Tiefe – **T** – der Abstandfläche erforderliche Maß – **H** – aus der **Addition der Wandhöhe** und des **Anteils der Dachhöhe** oder der **Höhe des Giebeldreiecks**. Absatz 4 Satz 6 **unterscheidet** bei der Ermittlung des Maßes H daher auch bei einem Gebäude die **Traufseite** und die **Giebelseite**.

210 **Satz 6** regelt die Ermittlung dieser **Zuschläge** zur Wandhöhe, die sich aus den Bereichen ergeben, die oberhalb der Wandhöhe liegen. Diese Bereiche sind an der **Traufseite** die **Dachfläche** selbst einschließlich dort gegebenenfalls vorhandener **Dachgauben** oder **Dachaufbauten** und an der **Giebelseite** die **Fläche des Giebeldreiecks** im Bereich des Daches. Die Vorschrift schreibt nicht wie bei geneigter Geländeoberfläche die Ermittlung der mittleren Höhe vor, vielmehr werden die Dachhöhen oder die Giebelhöhen in **Abhängigkeit von der Dachneigung** und an der Traufseite zusätzlich auch in Abhängigkeit von der **Massivität der Dachgauben oder Dachaufbauten** entweder **voll**, nur **zu einem Drittel** oder **überhaupt nicht** zur Wandhöhe hinzugerechnet.

211 Die **Abstandflächen** sowohl an der Traufseite als auch an der Giebelseite sind stets **Rechtecke**, somit auch die vor Giebeldreiecken von Dächern. Hierdurch weicht das nordrhein-westfälische Recht vom Muster ab, denn nach § 6 Abs. 4 MBO 2002 werden unter Berücksichtigung der auf 0,4 H verkürzten Abstandflächentiefe die Giebelflächen in ihren tatsächlichen Abmessungen berücksichtigt, so dass sich umgeklappt in die Horizontale ein gestauchtes Bild des Giebeldreiecks ergibt. Diese Berechnungsmethode führt im Vergleich zum nordrhein-westfälischen Recht zu leicht vergrößerten Tiefen der Abstandflächen, so dass die Mustervorschrift für den Nachbarn erträglicher ist.

#### 5.7.1 Traufseite

212 Zur **Ermittlung des Maßes H** im Bereich der Traufseite wird die Höhe eines Daches oder Dachteils bei einer Neigung von **mehr als 70°** zur Wandhöhe **voll hinzugerechnet**, um Mansarddächer und als Dachflächen kaschierte Außenwände wie senkrecht stehende Wände zu erfassen. **Zu einem Drittel** hinzugerechnet werden

- die Höhe von **Dächern** und **Dachteilen** mit einer **Neigung** von **mehr als 45°** und
- die Höhe von **Dächern mit Dachgauben** oder **Dachaufbauten**, deren außen gemessene **Gesamtbreite** je Dachfläche **mehr als die Hälfte der darunter liegenden Gebäudewand** beträgt, wenn das Dach **weniger als 45°** Neigung aufweist.

**Dächer** mit einer **Neigung von 45° oder weniger** bleiben **abstandrechtlich unberücksichtigt** (s. Abbildung 6.29). Die **nachträgliche** Errichtung eines **geneigten Daches** auf einem vorhandenen Flachdachgebäude ist abstandrechtlich stets relevant, da hierdurch die Abstandfrage insgesamt neu aufgeworfen wird (OVG NRW, Beschluss vom 1. 9. 1988 – 7 B 2106/88, n. v. und Beschluss vom 20. 10. 1989 – 10 B 2158/89, n. v.).

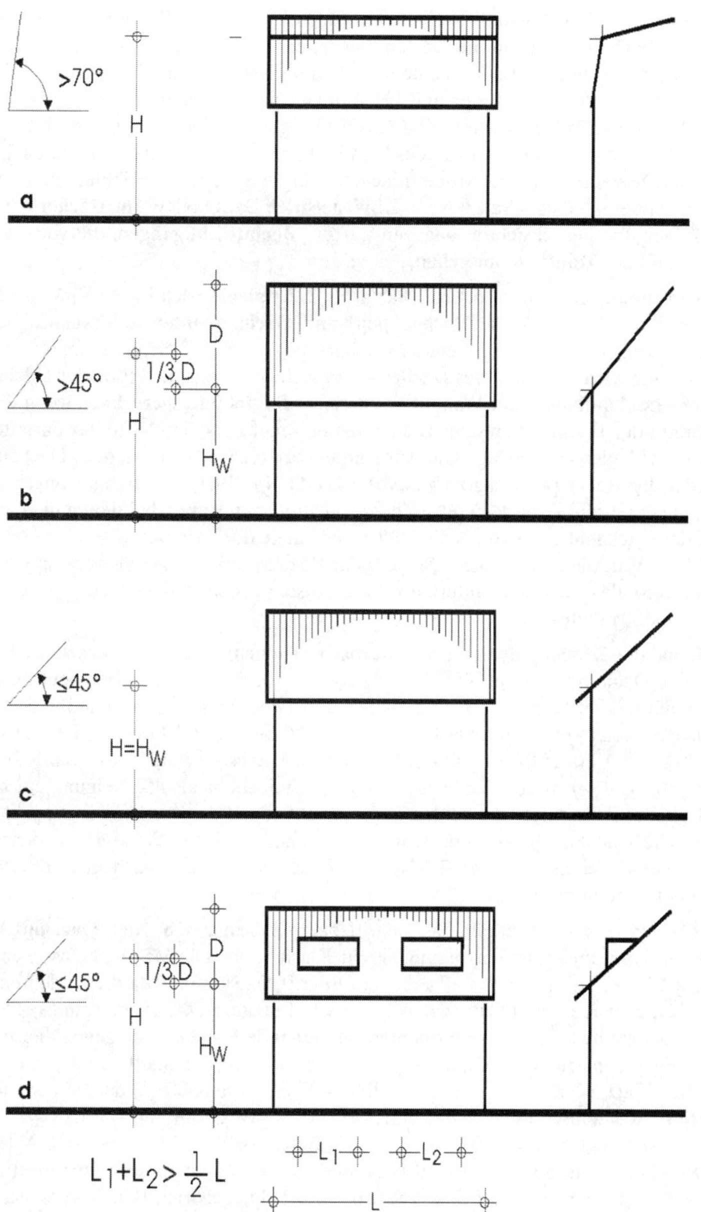


**Abbildung 6.29** **Anrechnung** der **Höhe von Dächern** – D – und von **Dachgauben** oder **Dachaufbauten** an der **Traufseite** (s. Rdn. 212–217)

213 Dass nach nordrhein-westfälischem Recht Dächer mit einer Dachneigung **bis zu 45°** Neigung überhaupt **nicht** in die Abstandflächenermittlung eingehen, benachteiligt den Nachbarn, findet in der MBO 2002 kein Vorbild und ist vor dem Hintergrund der reduzierten Tiefe der Abstandfläche auf 0,4 H kaum nachzuvollziehen. Nach § 6 Abs. 4 Satz 3 MBO 2002 sind nämlich Dächer mit bis zu 70° Neigung – somit auch solche mit weniger als 45° Neigung – zu einem Drittel der Wandhöhe als Zuschlag hinzuzurechnen. Die im Zuge der Novellierung des Abstandflächenrechts unverändert beibehaltene Anrechnungsregel des § 6 Abs. 4 Satz 6 Nr. 2, **1. Spiegelstrich** BauO NRW für **Dächer mit mehr als 45°** Neigung berücksichtigt dagegen nur die **Beeinträchtigungen**, die von **steileren** Dächern an der Traufseite ausgehen.

Die Anrechnungsregel des § 6 Abs. 4 Satz 6 Nr. 2, **2. Spiegelstrich** BauO NRW für **Dachgauben** (ältere Schreibweise Dachgau**p**en) und **Dachaufbauten** mildert die Nichtanrechnung von weniger steil geneigten Dächern mit bis zu 45° Neigung ab. Nach dieser Bestimmung wird die **Höhe des Daches** – und nicht etwa nur die Höhe der Dachgaube oder des Dachaufbaus – der Wandhöhe **zu einem Drittel hinzugerechnet**, wenn die Gesamtbreite der Dachgauben oder Dachaufbauten mehr als die Hälfte der darunter liegenden Gebäudewand beträgt. Die Anrechnung **breiter** Dachgauben oder Dachaufbauten trägt der Rechtsprechung zu § 2 Abs. 5 BauO NW 1970 Rechnung, wonach solche Dachräume auf die Zahl der Vollgeschosse anzurechnen waren, bei denen die Gesamtlänge der Dachgauben mehr als die Hälfte der Länge der darunter liegenden Gebäudewand betrug, da sich bei solchen Dächern der Bezugspunkt „Traufenoberkante" so verlagerte, dass das Geschoss unterhalb dieses Bezugspunktes stets eine größere lichte Höhe als 1,80 m aufwies.

Der **1.** und der **2. Spiegelstrich** stehen **alternativ nebeneinander**, so dass es verfehlt wäre, bei einem Dach mit mehr als 45° Neigung und überbreiten Dachgauben oder Dachaufbauten die beiden Regelungen zu addieren und zwei Drittel der Dachhöhe der Wand hinzuzurechnen (so Jeromin, zu § 8 Rdn. 74 unter Bezug auf OVG Rh-Pf, Beschluss vom 13. 3. 2002 – 8 A 10225/02, n. v. und Urteil vom 29. 9. 2004 – 8 A 10664/04, BauR 2005, 77 = BRS 67 Nr. 189). Wird allerdings in ein Dach mit mehr als 45° Neigung ein an der Traufseite im Wesentlichen durchlaufendes Gaubenband eingebaut, so ist zu prüfen, ob eine solche Dachkonstruktion nicht in der abstandrechtlichen Wirkung für den Nachbarn wie ein Dach mit mehr als 70° Neigung erscheint und daher in voller Höhe hinzugerechnet werden muss.

214 Der Gesetzeswortlaut enthält das Begriffspaar „**Dachgauben** oder **Dachaufbauten**" und trägt damit mehr zur Verwirrung als zur Klarheit bei. Die MBO 2002 verwendet in § 6 Abs. 4 Satz 5 nur noch den allgemeinen Begriff Dachaufbau, da dieser den engeren Begriff Dachgaube einschließt (vgl. Allgeier/von Lutzau, zu § 6, Anmerkung 6.4 S. 165). Denn **Dachgauben** sind „**Dachaufbauten für stehende Fenster**", die gegenüber der darunter liegenden Außenwand zurückspringen und wie alle Dachaufbauten im Sinne von § 6 Abs. 4 Satz 6 Nr. 2, 2. Spiegelstrich BauO NRW voraussetzen, dass sie einen **konstruktiven Bestandteil des Daches** bilden (OVG NRW, Urteil vom 17. 12. 1992 – 10 A 2055/89, BRS 54 Nr. 85 = NWVBl. 1993, 300; Beschluss vom 22. 8. 1996 – 10 A 1811/96 und Beschluss vom 30. 9. 1996 – 10 B 2178/96, n. v.). Ob ein Bauteil im Einzelfall ein Dachaufbau im Sinne des § 6 Abs. 4 Satz 6 Nr. 2, 2. Spiegelstrich BauO NRW ist, hängt davon ab, ob er bei wertender Betrachtung noch als Bestandteil des Daches anzusehen ist oder ob er als weitgehend selbständiger Bauteil in Erscheinung tritt, wobei als mögliche Kriterien für die vorzunehmende Wertung beispielsweise in Betracht kommen: die

Unterordnung des Dachaufbaus nach Ausmaß und Gestaltung im Verhältnis zum Dach, die Funktion des Dachaufbaus und der Umfang der zusätzlichen Auswirkungen, die der Dachaufbau auf die durch die Abstandflächenvorschriften geschützten Belange haben kann (so OVG NRW, Beschluss vom 13. 1. 2004 – 10 B 1811/03, BRS 67 Nr. 127). Dachaufbauten genießen ihre abstandrechtliche Privilegierung nur, wenn sie im Verhältnis zur Dachfläche **untergeordnet** wirken, wobei zu berücksichtigen ist, dass Dachflächen mit bis zu 45° Neigung an der Traufseite abstandflächenrechtlich – zum Nachteil des Nachbarn – unberücksichtigt bleiben. Eine Unterordnung im Verhältnis zur Dachfläche ist nur gegeben, wenn der Dachaufbau deutlich unterhalb des Firstes endet, hinter der Außenwand zurücktritt und Abstand zu den Giebelwänden einhält, somit also „**innerhalb der Dachfläche**" liegt. Zur Vermeidung von Missverständnissen sei darauf hingewiesen, dass die Vorgaben über die Begünstigung von Dachaufbauten nicht eine bestimmte Gestaltung erzwingen wollen. Wer diese Bauteile so stark hervorheben möchte, dass sie nicht mehr als untergeordnet erscheinen, kann dies so planen, muss dann aber den Zuschlag von einem Drittel der Dachhöhe zur Wandhöhe berücksichtigen. Zu beachten ist auch das **bauwerksbezogene Verunstaltungsverbot** des **§ 12 Abs. 1** BauO NRW, wonach Dachaufbauten aufgrund ihrer Größe im Verhältnis zum Dach nicht verunstaltend wirken dürfen (s. die Anmerkungen zu § 12 Rdn. 27 und 28).

Die Dachgaube oder der Dachaufbau als abstandflächenrechtlich privilegierter Bauteil 215
darf **keine Verlängerung der Außenwand nach oben** sein, sondern muss gegenüber der Außenwand deutlich zurücktreten (OVG NRW, Beschluss vom 24. 9. 1991 – 7 B 2660/91, n. v., Beschluss vom 20. 6. 1996 – 7 B 1001/96, n.v. und Beschluss vom 22. 8. 1996 – 10 A 1811/96, n. v.; a. A. BayVGH, Urteil vom 20. 2. 1990 – Nr. 14 B 88.02464, BauR 1990, 455 = BRS 50 Nr. 112). **Unerheblich** ist, ob dieser bautechnische **Zusammenhang** durch vorstehende Dachziegel **kaschiert** wird. Erst recht darf eine Dachgaube **mit keinem** Bauteil **vor** die darunter liegende Außenwand **kragen** (OVG NRW, Beschluss vom 14. 11. 2001 – 10 B 860/01, BRS 64 Nr. 122). Wird **auf** der Dachgaube eine **Dachterrasse** einer darüber liegenden Dachebene angeordnet, verliert sie ihre abstandrechtliche Privilegierung (OVG NRW, Beschluss vom 22. 11. 2001 – 10 B 1378/01, BauR 2002, 926 = BRS 64 Nr. 121).

„**Zwerchgiebel**" sind quer (althochdeutsch = „zwerch") zum Hauptgiebel in einer Ebene mit der Fassade abschließende Gebäudeteile und charakteristisch für die deutsche Renaissance. Zwerchgiebel sind abstandrechtlich **nicht privilegiert**, wenn ihre Giebelseite **auf** oder **vor** der **Außenwand** liegt (OVG Saar, Beschluss vom 23. 2. 1994 – 1 M 5589/94, BRS 56 Nr. 184 und Urteil vom 3. 5. 1994 – 2 R 13/92, BRS 56 Nr. 104; VGH B-W, Beschluss vom 20. 12. 1994 – 3 S 3302/ 94, BRS 56 Nr. 105; OVG NRW, Urteil vom 21. 1. 1999 – 10 A 4072/97, n. v.). Sofern ein Zwerchgiebel in die Traufseite eines Gebäudes integriert ist, löst er zu dieser Gebäudeseite eine **eigene Abstandfläche** aus, die sich wie die vor einem **Giebeldreieck** bemisst (s. Rdn. 218–219).

Dachgauben und Dachaufbauten im Sinne von § 6 Abs. 4 Satz 6 Nr. 2, 2. Spiegelstrich 216
BauO NRW lösen weder zur Traufseite noch zur Giebelseite eigene Abstandflächen aus, da sie untergeordneter Bestandteil des Daches sind. **Überschreitet** ihre Länge mehr als die Hälfte der darunter liegenden Außenwand, so wird **ein Drittel der Dachhöhe** der Wandhöhe als Zuschlag hinzugerechnet. Sofern sie innerhalb der Dachfläche liegen, lösen ihre **Seitenwände** trotz Überschreitung des Längenmaßes **keine** Abstandflächen zu den Giebelseiten aus (OVG NRW, Beschluss vom 13. 1. 2004 – 10 B 1811/03, BRS 67 Nr. 127). Zur Begründung führt das Gericht aus:

*„Es wäre ein nicht aufzulösender Wertungswiderspruch, die regelmäßig parallel zur Traufe angeordnete Front von Dachaufbauten gegenüber den seitlichen äußeren Begrenzungen zu privilegieren, obwohl diese Front wegen ihrer Ausmaße und der dort – jedenfalls bei Dachgauben – eingebauten Fenster die durch die Abstandflächenvorschriften geschützten Belange regelmäßig sehr viel intensiver zu beeinträchtigen vermag. Dass sich Dachaufbauten, je nach Himmelsrichtung, in der sie – vom Nachbargrundstück aus gesehen – angeordnet sind, unter Umständen stärker auf die Besonnung und Belichtung der seitlich angrenzenden Grundstücke auswirken können als auf die Besonnung und Belichtung der traufseitig gegenüberliegenden Grundstücke, ändert daran nichts. Dabei ist zu beachten, dass die abstandflächenrechtlichen Wirkungen des Baukörpers, soweit er oberhalb der Trauflinie liegt, im Regelfall ohnehin über die teilweise Einbeziehung der Giebelflächen in die Berechnung der zu den seitlich angrenzenden Grundstücken einzuhaltenden Abstände Berücksichtigung finden. Zwar können die Abstände bei Anwendung des sogenannten Schmalseitenprivilegs gemäß § 6 Abs. 6 Satz 1 BauO NRW verkürzt sein, doch lässt sich auch daraus keine unterschiedliche Behandlung der vorderen und seitlichen äußeren Begrenzungen von Dachaufbauten herleiten, da das Schmalseitenprivileg ebenso für die Traufseite eines Gebäudes in Anspruch genommen werden kann. Der Umstand, dass bezüglich der traufseitig einzuhaltenden Abstandfläche die Höhe des Daches zu einem Drittel in die Berechnung der Abstandflächentiefe einfließt, wenn auf dem Dach Dachgauben oder Dachaufbauten errichtet sind, deren Gesamtbreite je Dachfläche mehr als die Hälfte der darunter liegenden Außenwand beträgt, erfordert – sofern ein solcher Fall gegeben ist – keine entsprechende Berücksichtigung der äußeren seitlichen Begrenzungen der Dachaufbauten bei der Berechnung der jeweils giebelseitig einzuhaltenden Abstandflächen. Zum einen hat – wie oben ausgeführt – der Baukörper oberhalb der Trauflinie in die Berechnung der giebelseitig einzuhaltenden Abstandflächen im Regelfall bereits Eingang gefunden, zum anderen berührt die Breite der Dachaufbauten auf der Traufseite die Belange der Eigentümer der seitlich – giebelseitig – angrenzenden Grundstücke in keiner Weise.*

…

*Die vorstehenden Überlegungen gelten allerdings nur für Dachgauben – die von der Rechtsprechung als Dachaufbauten für stehende Fenster definiert werden, welche gegenüber der darunter liegenden Außenwand zurückspringen und mit allen ihren Teilen auf der Dachfläche errichtet sind – und sonstige vergleichbare Dachaufbauten, die sich unter die Vorschrift des § 6 Abs. 4 Satz 5 Nr. 2 BauO NRW subsumieren lassen.“*

**217** Erweist sich ein Dachaufbau als ein **vom Dach losgelöster selbständiger Bauteil**, wie das z. B. bei einem turmartigen Aufsatz auf einem bis in die Dachzone hochgeführten Erker der Fall ist, sind seine äußeren Begrenzungen regelmäßig als Außenwände oder als Teil von Außenwänden des Gebäudes anzusehen, die **eigene Abstandflächen** nach § 6 Abs. 1 Satz 1 BauO NRW auslösen und zwar nicht nur zur Traufseite hin, sondern auch zu den **seitlichen** Grundstücksgrenzen (OVG NRW, Beschluss vom 13. 1. 2004 – 10 B 1811/03, a. a. O.). Das Gebot zur Einhaltung von Abstandflächen zu den seitlichen Grundstücksgrenzen gilt nur dann **nicht**, wenn ein Fall des § 6 **Abs. 1 Satz 2 Buchstabe a** BauO NRW vorliegt und nach den bauplanungsrechtlichen Vorschriften das Gebäude innerhalb der überbaubaren Grundstücksfläche ohne oder mit geringerem Grenzabstand gebaut werden muss (s. Rdn. 157–161). Daher lösen in der geschlossenen Bauweise vom Dach losgelöste selbständige Bauteile, keine seitlichen Abstandflächen aus, sofern sie noch innerhalb der überbaubaren Grundstücksfläche liegen.

Neben den abstandrechtlichen Vorgaben des § 6 BauO NRW ist stets der **brandschutztechnische Abstand** nach § **35 Abs. 6** BauO NRW zu beachten. Diese Bestimmung verlangt, dass außer Dachvorsprüngen, Dachgesimsen, lichtdurchlässigen Bedachungen und Lichtkuppeln auch **Dachaufbauten von der Außenfläche** einer Gebäudeabschlusswand und **von der Mittellinie** einer gemeinsamen Gebäudeabschlusswand oder Gebäudetrennwand **mindestens 1,25 m entfernt** sein müssen, um eine Brandübertragung zu verhindern. Dieses spezielle brandschutztechnische Abstandsgebot entfällt, wenn der Dachaufbau insgesamt aus nichtbrennbaren Baustoffen besteht. Nach Nr. 35.5 VV BauO NRW kann eine Abweichung nach § 73 BauO NRW zugelassen werden, wenn die Gebäudeabschlusswand oder Gebäudetrennwand das seitliche Profil des Dachaufbaus voll abdeckt (s. die Anmerkungen zu § 35 Rdn. 22–26).

### 5.7.2 Giebelseite

Die Giebelseite unterscheidet sich von der Traufseite dadurch, dass ihre obere Begrenzung am Ortgang des Daches schräg verläuft, während die Traufseite eines Hauses – von Flachdachbauten abgesehen – dort liegt, wo die obere Begrenzung horizontal ausgerichtet ist (OVG NRW, Beschluss vom 25. 10. 1995 – 7 B 2297/95, BRS 57 Nr. 144). Im Bereich der **Giebelseite** wird zur Wandhöhe **immer** ein **Zuschlag hinzugerechnet**, somit auch bei Dächern mit einer Neigung von weniger als 45°. Vor der Giebelseite ergibt sich das **Maß** – **H** – aus der **Wandhöhe** bis zum oberen, horizontal verlaufenden Wandabschluss **und** der **Höhe des Giebeldreiecks**. Die Wandhöhe bis zum oberen Abschluss der Wand wird – wie an der Traufseite – von der Geländeoberfläche bis zum Schnittpunkt der Wand mit der Dachhaut gemessen. Die oberhalb der Wandhöhe liegende **Giebelhöhe** bezeichnet § 6 Abs. 4 .Satz 6 BauO NRW als die „**Giebelfläche im Bereich des Daches oder des Dachteiles**“ (s. Abbildung 6.25). Der Giebel kann symmetrisch oder asymmetrisch ausgebildet sein oder unterschiedliche Traufhöhen aufweisen. 218

§ 6 Abs. 4 **Satz 6** BauO NRW enthält **zwei** Anrechnungsregeln:

- Nach **Nr. 1**, **2. Spiegelstrich** wird die Giebelhöhe **voll** zur Wandhöhe hinzugerechnet, wenn beide Seiten der Giebelfläche im Bereich des Daches eine Neigung von **mehr als 70°** aufweisen, wie z. B. Dächer von Kirchtürmen. Hierdurch erfasst werden auch die unteren Teile von Mansarddächern, die regelmäßig einen steilgeneigten und einen flachgeneigten Abschnitt aufweisen (s. Abbildung 6.30 a und 6.32 a).
- Nach **Nr. 2**, **3. Spiegelstrich** wird die Giebelhöhe nur **zu einem Drittel** zur Wandhöhe hinzugerechnet, wenn auch nur **eine** Seite eine Neigung von **70° oder weniger** aufweist (s. Abbildung 6.30 b und c). Da es bei dieser Anrechnungsregel nach unten keine Bagatellgrenze gibt, spielt es keine Rolle, ob das Dach nur flach oder relativ steil geneigt ist. Diese Regel erfasst auch Pultdächer und Scheddächer (s. Abbildung 6.32 b und c).

Die **untere Begrenzung** einer Giebelfläche im Bereich eines Daches kann nur eine **horizontale Linie** sein, nämlich der **obere Wandabschluss** unterhalb des Giebeldreiecks. Diese horizontale Linie verbindet bei Giebeln mit **gleicher Traufhöhe** die beiden seitlichen oberen Schnittpunkte von Wand und Dachhaut, welche die Wandhöhe bestimmen (s. Abbildung 6.25). Bei symmetrischen Giebeln eines Satteldaches oder asymmetrischen Giebeln von Pult- und Scheddächern mit gleicher Traufhöhe ergeben sich keine Probleme bei der Ermittlung der unteren Begrenzung (s. Abbildungen 6.30 und 6.32).

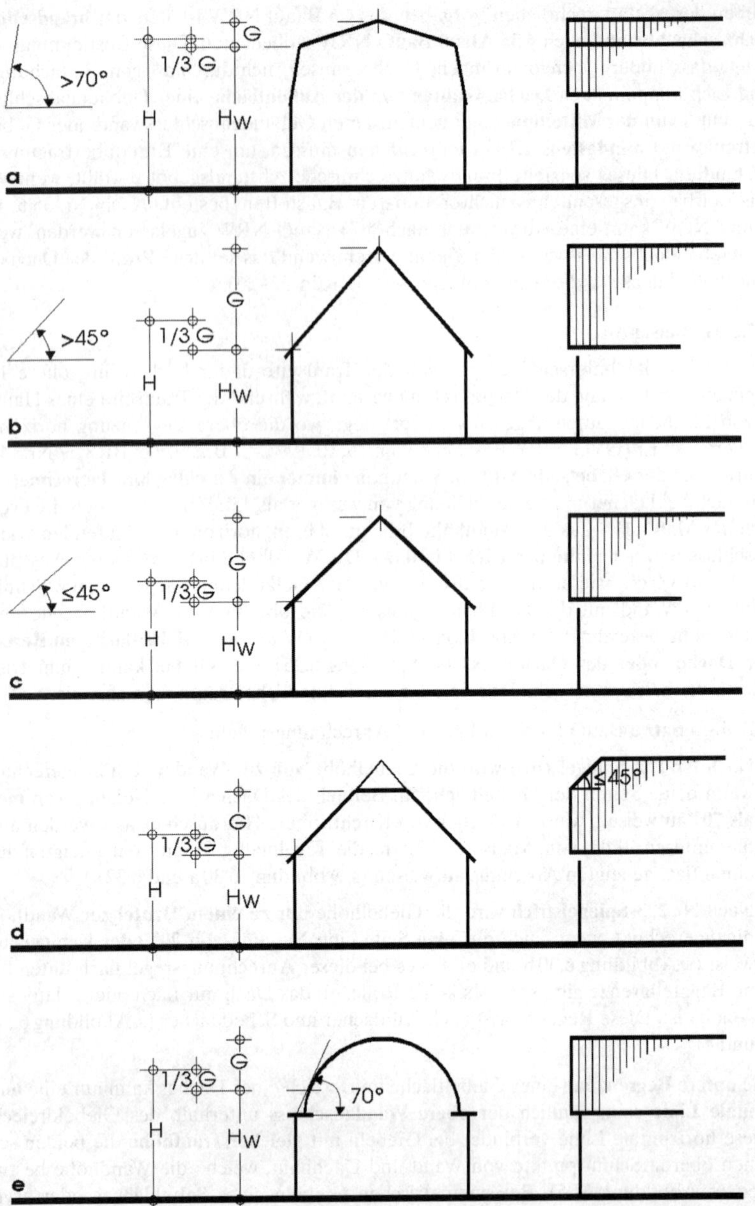


**Abbildung 6.30 Maß – H – aus Wandhöhe $H_w$ zuzüglich Giebelhöhe G im Bereich des Daches** (s. Rdn. 218–225)

219 **Giebelflächen** im Bereich des Daches mit **unterschiedlichen Wandhöhen** sind in **Wandabschnitte mit zugehörigen Teilgiebelflächen** aufzuteilen. Die Wandabschnitte entstehen, indem durch den Schnittpunkt der höheren Wand mit der Dachhaut eine Horizontale und durch deren Schnittpunkt mit der gegenüberliegenden Dachhaut eine Vertikale bis zur Geländeoberfläche gezogen wird. Hierdurch ergeben sich unterschiedlich tiefe Abstandflächen (s. Abbildung 6.31). Nur eine solche Wandaufteilung wird dem Sinn des Abstandflächenrechts gerecht, wonach sich die Tiefe der jeweils vor Außenwänden freizuhaltenden Abstandflächen nach dem **jeweiligen Störungsgrad** bemisst, der von einer Außenwand ausgeht. Die Störung geht bei Giebelflächen im Dachbereich zunächst voll von dem Außenwandbereich aus, von der verbleibenden **Restgiebelfläche** – einem Dreieck – geht dann eine **geringere** „Störung" aus, so dass deren Höhe nur zum Teil zur Wandhöhe hinzugerechnet wird. Das OVG NRW war (Beschluss vom 3.9.1984 – 7 B 1452/84, Städte- und Gemeinderat 1985, 227) von einem anderen als dem zuvor beschriebenen Bemessungsverfahren für asymmetrische Giebelflächen ausgegangen und hatte entschieden, *„dass für die Frage, welche Höhe für den ‚Wand' – Anteil und welche Höhe für den ‚Giebelflächen' – Anteil anzusetzen sei, in analoger Anwendung des Gedankens aus § 6 Abs. 4 Satz 3, 1. Halbsatz BauO NRW, der die geneigte Geländeoberfläche betrifft, auf die mittlere Höhe dieses schräg verlaufenden Wandteils abzustellen ist, um den für die Ermittlung von H voll zu berücksichtigenden Wandanteil und den für die Ermittlung von H nur mit einem Drittel zu berücksichtigenden Giebelanteil voneinander abzugrenzen."* Danach würde jedoch nur eine rechteckige Abstandfläche entstehen, deren Tiefe größer ist als die kleinste, jedoch kleiner ist als die größte Tiefe der Abstandflächen, die sich aus der vorstehend beschriebenen Bemessung ergibt. Das OVG NRW akzeptierte schließlich in seiner Rechtsprechung die zuvor beschriebene Wandabschnittsbildung (vgl. Boeddinghaus/Hahn/Schulte, zu § 6 Rdn. 198).

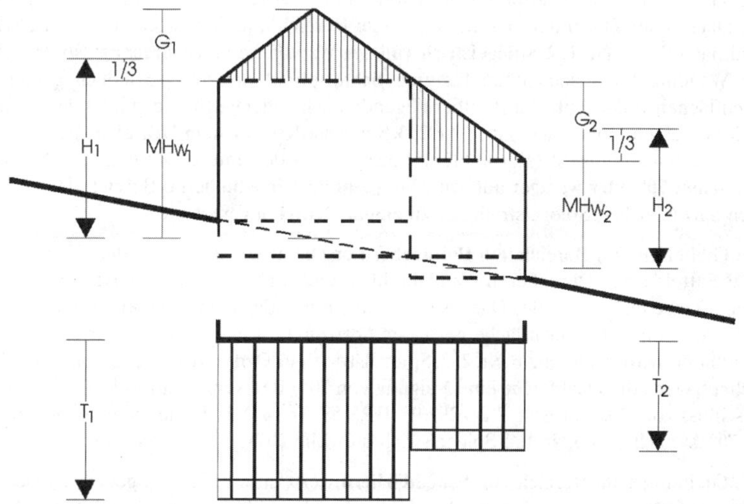


**Abbildung 6.31 Maß – H – bei asymmetrischer Giebelfläche** bzw. **unterschiedlichen Traufhöhen** (s. Rdn. 219)

### 5.7.3 Besondere Dachformen

220 Das Abstandflächenrecht geht vom **Regelfall** eines rechteckigen Gebäudes mit **Flachdach** oder **Satteldach** aus (s. Rdn. 25 und Abbildung 6.2). Die Berechnung der Abstandflächen von Satteldächern bereitet deshalb keine Probleme, weil § 6 Abs. 4 **Satz 6** BauO NRW auf diese Dachform abgestimmt ist. Doch auch bei Gebäuden mit anderen Dachformen, wie z. B. **Mansarddächern**, **Pultdächern**, oder **Scheddächern**, ist die Abstandfläche nach den **Grundsätzen** dieser Regelung zu ermitteln (s. Abbildung 6.32). Da Gebäude mit **Walm- oder Zeltdächern** keine Giebelseiten aufweisen, richtet sich die Bemessung des Zuschlags nach der Regelung für die Traufseite (s. Rdn. 212–217).

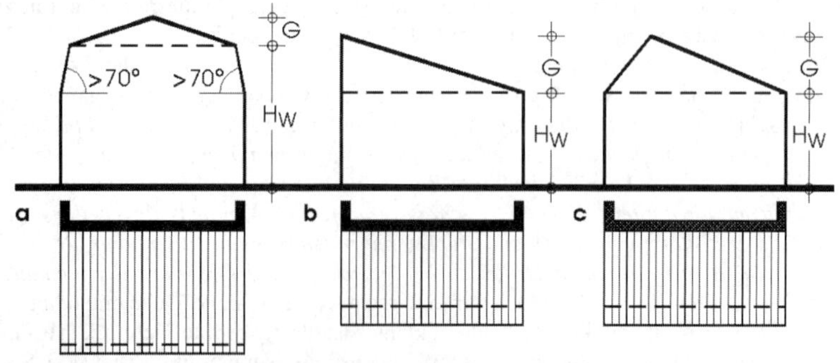


**Abbildung 6.32** Ermittlung der **Wandhöhe $H_w$** und der **Giebelhöhe G** im Bereich des Daches **bei Mansarddächern**, **Pultdächern** und **Scheddächern** (s. Rdn. 220)

221 Die Giebelseite von **Mansarddächern** weist unterschiedliche Neigungen am Ortgang des Daches auf. Der untere häufig sehr steile Bereich mit Neigungen von **mehr als 70°** wird nach Satz 6 **Nr. 1**, **2. Spiegelstrich voll** zur Wandhöhe hinzugerechnet, so dass sich der Wandabschluss nach oben bis zum Schnittpunkt der unterschiedlich geneigten Dachflächen verschiebt. Der darüber liegende flach geneigte Bereich bildet das Giebeldreieck, dessen Höhe nach Satz 6 **Nr. 2**, **3. Spiegelstrich** zu **einem Drittel** als Zuschlag in die Berechnung eingeht (s. Abbildung 6.32 a). Weist der untere Dachteil eine Neigung von **genau 70° oder weniger** auf, wird die **gesamte Giebelhöhe** im Bereich des Daches nach Satz 6 Nr. 2, 3. Spiegelstrich nur zu **einem Drittel** angerechnet.

222 Die Giebelseite im Bereich von **Pultdächern** erscheint wie die Hälfte der Giebelfläche eines Satteldaches. Den oberen Wandabschluss und zugleich die untere Begrenzung der Giebelfläche im Bereich des Daches bildet eine durch den Schnittpunkt der niedrigeren Außenwand mit der Dachfläche gezogene horizontale Linie (s. Abbildung 6.32 b). Zur Wandhöhe wird nach Satz 6 Nr. 2, 3. Spiegelstrich **ein Drittel** der Giebelhöhe hinzugerechnet, wenn die Dachfläche eine Neigung von 70° oder weniger aufweist (OVG NRW, Beschluss vom 25. 10. 1995 – 7 B 2297/95, BRS 57 Nr. 144). Bei einer Neigung von **mehr als 70°** ist nach Satz 6 Nr. 1, 2. Spiegelstrich die volle Höhe hinzuzurechnen.

223 Die Giebelseite im Bereich von **Scheddächern** weist unterschiedlich geneigte Dachflächen am Ortgang des Daches auf. Die Höhe des Giebeldreiecks wird nach Satz 6 Nr. 2, 3. Spiegelstrich zu **einem Drittel** der Wandhöhe als Zuschlag hinzugerechnet, da eine Dachfläche stets eine Neigung von weniger als 70° aufweist (s. Abbildung 6.32 c).

Bei einem im **oberen Teil eines Satteldachgiebels abgewalmten Bereich** – einem so genannten **Krüppelwalm** – bleibt die Höhe der Abwalmung außer Ansatz, wenn ihre Neigung nicht mehr als 45° beträgt. Bei einer Neigung der Walmfläche zwischen 45° und 70° ist deren Höhe zu einem Drittel der Höhe der Giebelfläche bis zum unteren Ansatz des Krüppelwalmes hinzuzurechnen, bei einer Neigung der Walmfläche von über 70° ist die Höhe der Abwalmung voll einzubeziehen (so OVG NRW, Beschluss vom 31. 1. 1994 – 10 B 1414/93, BauR 1994, 752 = BRS 56 Nr. 97; s. Abbildung 6.30 d). Macht die untere Begrenzung der Abwalmung **mehr als die Hälfte der Breite der darunter liegenden Außenwand** aus, kann die Anrechnungsregel für Giebelflächen nicht mehr angewandt werden (OVG NRW, Beschluss vom 23. 11. 1995 – 7 B 2752/95, BRS 57 Nr. 143). Eine derartige „Giebelfläche" mit überwiegend **horizontalem oberem Wandabschluss** ist in eine mittlere Wandfläche und seitliche Teilgiebelflächen aufzuteilen. 224

Beim „**Tonnendach**" in Form eines liegenden Halbzylinders ergibt sich die Abstandfläche für die **Giebelwand wie bei Mansarddächern** (s. Rdn. 221), indem man die Punkte des Halbkreises, an denen 70° Dachneigung unterschritten werden, als Wandhöhe $H_w$ bestimmt und zu der Wandhöhe ein Drittel der darüber liegenden Giebelhöhe hinzurechnet (s. Abbildung 6.30 e). Auch an der **Traufseite** begrenzt die 70° – Linie die Wandhöhe **$H_w$**. Die Höhendifferenz zwischen der 70° – Linie und der Linie mit 45° – Linie ist zu einem Drittel als Zuschlag hinzuzurechnen (OVG NRW, Beschluss vom 15. 2. 1996 – 7 B 3431/95, BRS 58 Nr. 106). Beim **flach gewölbten Runddach** eignet sich diese Methode nicht; es bietet sich die **Überlagerung** mit einem **Satteldach** an (s. Rdn. 226). 225

Um zu einem sinnvollen Ergebnis zu gelangen, sind **atypische** Giebel zum Vergleich mit einem **Giebel normalen Zuschnitts** – dem eines Satteldaches – zu **überlagern**. Hält der Vergleichsgiebel die Abstandfläche ein, ist davon auszugehen, dass der atypische Giebel die abstandrechtlichen Belange wahrt und nachbarliche Interessen nicht stärker beeinträchtigt als ein den gesetzlichen Bestimmungen zugrundeliegender „normaler" Giebel eines Satteldaches (s. § 73 Abs. 1 Satz 2 BauO NRW und Abbildung 6.33). 226

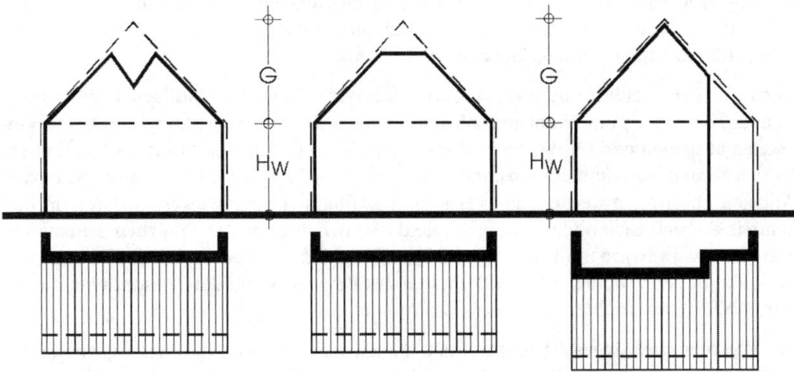


**Abbildung 6.33** Ermittlung der **Wandhöhe $H_w$** und der **Giebelhöhe G** im Bereich des Daches bei **atypischen Giebeln** durch überlagerten „**Vergleichsgiebel**" (s. Rdn. 226)

### 5.8 Ungewöhnliche Baukörper

227 **Hügel-** oder **Nurdachhäuser** sollten einer gesonderten abstandrechtlichen Betrachtung unterzogen werden. Bei diesen Baukörpern führt die alleinige Anwendung der Regelungen des Absatzes 4 Satz 6 Nr. 2 sowohl an der Traufseite als auch an der Giebelseite zu geringeren Tiefen der Abstandflächen als bei einem schmaleren Gebäude mit senkrechten Außenwänden und gleich hohem First. Die Vergünstigung für Giebel kann jedoch **nicht** für **Gesamt**giebelflächen mehrgeschossiger Hügel- oder Nurdachhäuser gelten, die nichts anderes sind als eine besondere Form eines – ansonsten – gestaffelten Giebels eines zu den Traufseiten terrassierten Gebäudes. Eine Auflösung des Giebels in geschosshohe Wandteile, z. B. wie bei einem gestaffelten Giebel, berücksichtigt den Grundgedanken der Abstandflächenvorschriften besser. Vergleicht man die Giebelfläche eines Hügelhauses hinsichtlich ihrer **Auswirkungen auf den Nachbarn** mit dem Giebel eines Gebäudes mit Satteldach, so wird deutlich, dass die dem Giebeldreieck gewährte Vergünstigung der „Ein-Drittel-Anrechnung" nur den beiden obersten Geschossen eines mehrgeschossigen Hügel- oder Nurdachhauses zukommen sollte. Für alle darunter liegenden Geschosse muss deren volle Höhe in Ansatz gebracht werden.

228 Bei Gebäuden mit **polygonalen** oder **runden Grundrissen** ergeben sich besondere Anwendungsprobleme, da das Abstandflächenrecht erkennbar auf **rechteckige** Gebäude abstellt. So weist ein **Rundbau** mit z. B. kreisförmigem oder elliptischem Grundriss nur **eine** in sich gebogene Außenwand auf. Bei einer so gekrümmten Außenwand kann weder Anfang noch Ende anhand natürlicher Begrenzungen festgestellt werden. Die Bildung von 16 m – Abschnitten nach Absatz 6 ist daher immer willkürlich, wobei sich auch noch die Frage stellt, ob dieser Abschnitt dem Verlauf der Wand folgend gekrümmt, als Sehne innen oder als Tangente außen zu messen ist. Nimmt man die gekrümmte Form der Außenwand als Grundlage für die Ermittlung der Abstandfläche, führt dies zwangsläufig zu einer **gebogenen Abstandfläche**, was jedoch das Regelwerk so eigentlich nicht vorsieht. In einem solchen Fall drängt es sich geradezu auf, den **Rundbau** mit einem **quadratischen Grundriss** so zu **überlagern**, dass er sich in dieses Quadrat noch einpasst, um die Abstandflächenregeln sinnvoll anwenden zu können (s. Rdn. 34 und Abbildung 6.4).

Bei **kugelförmigen** Gebäuden, z. B. Gasbehältern, versagen die Abstandflächenregeln vollends, da weder eine Wand, noch ein Dach auszumachen ist. Diese Gebäude sollten daher **mit einem Würfel überlagert** werden.

229 Auch auf **Fernmeldetürme** und **Mobilfunkmaste** sind die Abstandflächenegeln anzuwenden, da es sich um **bauliche Anlagen** handelt, von denen **Wirkungen wie von Gebäuden** ausgehen und für die nach Absatz 10 die Vorschriften der Absätze 1 bis 9 gelten. Jedoch kann das System der Abstandflächenregeln nicht unbesehen auf diese baulichen Anlagen übertragen werden, da es sich um **Rundbauten** oder **Masten** mit breitem Fuß handelt, die sich nach oben verjüngen und die wegen ihrer **ungewöhnlichen Schlankheit** und **Höhe** vom Normalfall stark abweichen. Die abstandflächenrechtliche Betrachtung ist daher an den jeweiligen **Besonderheiten** des Bauwerks und den **Schutzzielen** des § 6 BauO NRW auszurichten.

Für **Windenergieanlagen** besteht mit den Sätzen 2 bis 5 in Absatz 10 eine **spezielle Regelung**, die sich nicht auf Fernmeldetürme oder Mobilfunkmasten einfach übertragen lässt (OVG NRW, Beschluss vom 10. 2. 1999 – 7 B 974/98, BauR 1999, 1172 = BRS 62 Nr. 133 = NVwZ-RR 1999, 714).

## 6 Zu den Absätzen 5 und 6 – Ermittlung der Tiefe der Abstandfläche

Das sich aus der Wandhöhe und dem gegebenenfalls hinzuzurechnenden Anteil aus der Höhe des Daches oder der Giebelfläche im Bereich des Daches ergebende Maß – **H** – bildet die Grundlage zur Ermittlung der **Tiefe der Abstandflächen** (s. Rdn. 191). Das nordrhein-westfälische Abstandflächenrecht regelt die Ermittlung der Tiefe der Abstandflächen in den **Absätzen 5** und **6**. Die Tiefe errechnet sich durch die **Multiplikation von – H** – nach Absatz 4 **mit** einem als Dezimalzahl in den Absätzen 5 und 6 angegeben **Faktor**. Soweit die Berechnung der Tiefe ein Maß von weniger als 3 m ergibt, ist jedoch dieses **Mindestmaß von 3 m** einzuhalten. Obwohl nicht besonders geregelt, hat sich für die Tiefe die Kurzbezeichnung – **T** – allgemein durchgesetzt. 230

**Absatz 5** enthält **Faktoren** zur Bestimmung der Tiefe der Abstandflächen in Abhängigkeit von der **Lage des Grundstücks in einem Baugebiet** sowie nach der **Ausrichtung der Außenwand zu bestimmten öffentlichen Flächen**. In Gebieten ohne Bebauungsplan kann sowohl die Feststellung eines Baugebiets nach der BauNVO 1990 als auch der Nachweis der Qualität einer Verkehrs-, Grün- oder Wasserfläche als öffentlich einen erheblichen Prüfaufwand bedeuten. **Absatz 6** enthält eine **Halbierungsregel** für die in Absatz 5 aufgeführten baugebietsabhängigen Faktoren in Abhängigkeit von der **Länge der Außenwand**. Infolge der **Anknüpfung an den Wandbegriff** und einer **unklaren** Formulierung bereitet die Anwendung immer noch **Schwierigkeiten**. Im Vergleich zum früheren **Schmalseitenprivileg** sind jedoch Vereinfachungen eingetreten.

### 6.1 Tiefenmaße und gewandelte Schutzziele

Ein **wesentliches Anliegen der MBO 2002** war die Zusammenfassung und Vereinfachung der Vorgaben zur Ermittlung der Tiefe der Abstandflächen (s. Rdn. 21–24). Die Erfahrungen in **Hessen** mit einer bereits **seit 1993** praktizierten **Reduzierung** der Tiefe der Abstandflächen **auf allgemein 0,4 H** bzw. **in Gewerbe- und Industriegebieten auf 0,2 H** unter **Fortfall des Schmalseitenprivilegs** und auch die Erfahrungen in Rheinland-Pfalz und dem Saarland, die dem hessischen Vorbild gefolgt waren, bewogen die ARGEBAU zur Übernahme dieser Regelungen in § 6 Abs. 5 MBO 2002. Inzwischen haben auch Berlin, Hamburg, Sachsen, Sachsen-Anhalt und Thüringen die Mustervorschrift übernommen. In Baden-Württemberg, Brandenburg und Bremen bestehen Vorschriften mit vergleichbaren Vereinfachungen. Nordrhein-Westfalen hat sich trotz grundsätzlich positiver Ergebnisse eines Feldversuches bei 25 unteren Bauaufsichtsbehörden zu dieser Vereinfachung nicht entschließen können, weil neue Vollzugsprobleme befürchtet wurden (vgl. LT-Drucks. 14/2433, S. 11). 231

Dieses Ergebnis ist bedauerlich, da im Prinzip zu jeder Regelung der Tiefe der Abstandflächen Bedenken möglich sind. Zu denken geben muss auch, dass selbst die dicht bebauten Stadtstaaten Berlin und Hamburg problemlos das neue Recht anwenden. Auch nach der Novellierung des § 6 BauO NRW durch das Zweite Gesetz zur Änderung der Landesbauordnung vom 12. 12. 2006 erweist sich die Ermittlung der Tiefe der Abstandflächen als nach wie vor – unnötig – **komplizierte Regelung**, die Verwaltung und Rechtsprechung weiterhin fordern wird. Die mit der Novelle ursprünglich angestrebte Vereinfachung des Abstandflächenrechts wurde hinsichtlich der Ermittlung der Tiefe der Abstandflächen daher nur zum Teil erreicht. Bei der Anwendung in den dichter bebauten Kernbereichen und Nebenzentren der nordrhein-westfälischen Städte bleibt das Abstandflächenrecht weiterhin eine komplexe Materie.

232 Bereits im Vorfeld der nordrhein-westfälischen Gesetzesvorlage, aber auch im Rahmen der MBO 2002 ergaben sich aus der Fachöffentlichkeit Bedenken gegen eine Zusammenfassung der Absätze 5 und 6, **gegen** die **generelle Reduzierung** der Abstandflächentiefe auf 0,4 H und vor allem **gegen** die **Abschaffung des Schmalseitenprivilegs**. Die Diskussion entwickelte teilweise aberwitzige Züge, weil einzelne Verbände, die kurz zuvor noch eine Vereinfachung gefordert hatten, bei Vorlage des MBO – Entwurfs und entsprechender Gesetzentwürfe in den Bundesländern das Ende einer geordneten Bebauung kommen sahen und verwinkelte Hinterhofbebauungen mit zu geringen Abständen befürchteten. Dabei wurde völlig übersehen, dass das durch mehrere „Reformen" aufgeblähte Abstandflächenrecht längst nicht mehr vollzugstauglich war, weil es die Rechtsanwender nicht mehr verstanden:

*„Die Abstandsregelungen gehören zu den kompliziertesten Regelungen des gesamten Baurechts. Weder die Entwurfsverfasser noch die Sachbearbeiter in den Bauaufsichtsämtern verstehen diese Regelungen, so dass es häufig zu Fehlentscheidungen kommt. Bauherrn oder betroffene Nachbarn rufen die Gerichte an, die dann ihrerseits Entscheidungen treffen, die häufig von den Fachleuten ebenso wenig verstanden werden, wie vom Bürger.*" (so treffend Boeddinghaus, Schmalseitenprivileg, BauR 2001, S. 735 ff.).

Übersehen wurde aber auch, dass die **Schutzziele** des Abstandflächenrechts einem **Wandel** unterliegen. Denn die Regelungen in Rechtsvorschriften drücken nur den gesellschaftlichen Konsens zu Fragen des menschlichen Zusammenlebens aus. Auch die Regelungen des Abstandflächenrechts sind letztlich **Wertentscheidungen** der Gesellschaft **über das zumutbare Maß des Aneinanderrückens der Gebäude**.

233 Mitunter werden die im Vorfeld der MBO 1981 durchgeführten **Forschungsergebnisse** zur Notwendigkeit von Abstandflächen im Hinblick auf die ausreichende **Versorgung mit Tageslicht** sowie im Hinblick auf die **Kommunikation und Privatheit** herangezogen, um eine Verkürzung der Abstandflächentiefe abzulehnen. Das Abstandflächenrecht erfuhr durch diese Forschungsergebnisse eine wissenschaftliche Untermauerung (s. Rdn. 16). Tatsächlich jedoch basieren auch die damals erzielten Ergebnisse nur auf **schwer fassbaren Faktoren**, wie z. B. dem „allgemeinen Wohlbefinden", der „Zurückgezogenheit", der „Ungestörtheit" und der „Erholung", die keineswegs für alle Zeiten unverrückbar feststehen und individuell unterschiedlich bewertet werden. Es ist vielmehr seit Jahren ein Trend zu beobachten, der die dichter bebauten Bereiche der Städte in der Gunst der Investoren steigen lässt, obwohl gerade in den gründerzeitlichen Bebauungen von ausreichenden Abständen im Sinne der MBO 1981 nicht die Rede sein kann und dort errichtete Neubauten und Anbauten immer nur aufgrund von abstandrechtlichen Sonderregelungen zugelassen werden können. Das stört die Menschen, die dort Wohnungen erwerben oder anmieten, offensichtlich nicht. Für sie sind andere Kriterien von größerer Bedeutung, so dass sie Belichtungsdefizite oder fehlende Abstände aus Gründen der Privatheit nicht als Nachteil werten. Das Gleiche lässt sich in den Randzonen bevorzugter Verdichtungsräume beobachten. Dort führen **steigende Bodenpreise** auch bei der Realisierung von Einfamilienhausbebauungen zu **städtebaulichen Lösungen mit geringen Gebäudeabständen**. Längst ist die Einhaltung des nach dem Abstandrecht der MBO 1960 geforderten **Sozialabstands von 12 m** bzw. **15 m** zwischen Wänden gegenüberliegender Gebäude (s. Rdn. 14) **unbezahlbar** geworden und daher bei der Entwicklung städtebaulicher Konzepte völlig **in Vergessenheit geraten**. Die Bewohner dieser neu errichteten Häuser akzeptieren auch deutlich kleinere Abstände, bis herunter zum heute geltenden Mindestabstand von 6 m im Bereich der Wohngärten!

Diese nicht übersehbare Entwicklung und die bereits vollzogene Rechtsfortbildung in Hessen, Rheinland-Pfalz und dem Saarland bewog die ARGEBAU zur **allgemeinen Reduzierung** der Abstandflächentiefen auf das bei Anwendung des Schmalseitenprivilegs geforderte Maß und damit zugleich zur **Rückführung** des Abstandflächenrechts auf den bauordnungsrechtlich zu fordernden **Mindeststandard**, der **keine städtebaulichen Nebenzwecke** mehr verfolgt. Den neuen Ansatz umschreibt Jäde (Musterbauordnung 2002 – ein Überblick, NVwZ 2003, S. 668 ff.) wie folgt: **234**

*„Die beiden grundsätzlichen Zielsetzungen bei der Überarbeitung des materiellen Bauordnungsrechts der MBO – Ablesbarkeit und Konzentration auf bauordnungs-, das heißt bausicherheitsrechtliche Mindeststandards – lassen sich besonders am Beispiel des neuen Abstandsflächenrechts verdeutlichen: Seit jeher stellte es – kulminierend in den Feinheiten und Feinsinnigkeiten des 16 m – oder Schmalseitenprivilegs (§ 6 VI MBO 1997) – eine immer filigraneren Ausziselierungen durch die Rechtsprechung und breiten literarischen Kontroversen ein weites Betätigungsfeld bietende besondere Rätselecke dar. Die Schwierigkeit der Materie resultierte aus der Vermischung bauordnungs- und (in der Sache) bauplanungsrechtlicher Anliegen bei gleichzeitigem Bestreben um möglichst viel positivierte Einzelfallgerechtigkeit. Auf die bauaufsichtliche Prüfung eines solchen Abstandsflächenrechts hätte im vereinfachten Baugenehmigungsverfahren keinesfalls verzichtet werden können.*

*Das Abstandsflächenrecht der MBO 2002 tritt generell hinter bauplanungsrechtlichen Vorgaben über die Bauweise zurück (§ 6 I 3 MBO 2002) und verzichtet auf alle – schon kompetenzrechtlich problematischen – Instrumente zur Korrektur dieser Vorgaben (vgl. § 6 I 3, 4 MBO 1997). Die – städtebauliche Intentionen flankierende – Zielsetzung, zu einem Mindestmaß aufgelockerten Bauens beizutragen, wird aufgegeben. Das schlägt sich – unter Beibehaltung der Mindestabstandsflächentiefe von 3 m – in einer Reduzierung der Regelabstandsflächentiefe von 1 H (= Wandhöhe) auf das für eine ausreichende Belichtung zwingend erforderliche Maß von 0,4 H (§ 6 V 1 MBO 2002) unter gleichzeitigem Verzicht auf das – bauordnungsrechtlich durch nichts zu rechtfertigende – 16 m – oder Schmalseitenprivileg nieder. Die Abstandfläche stellt künftig kein vor der Außenwand liegendes Rechteck mehr dar, sondern bildet – proportional um den Faktor 0,4 verkürzt – die Außenwand in ihrer tatsächlichen Gestalt ab. Die namentlich bei asymmetrischen Dachformen schwierig zu handhabende gesonderte Anrechnung der Giebelflächen (vgl. § 6 IV 3 MBO 1997) entfällt; für Dächer und Dachaufbauten besteht eine einfache Anrechnungsregel (vgl. im Einzelnen § 6 IV 3–5 MBO 2002). Die in den Abstandsflächen zulässigen (untergeordneten) Vorbauten werden präzise ablesbar vermaßt (§ 6 VI Nr. 2 MBO 2002).“*

Aufgrund dieser geänderten Zielsetzung konnten viele Sonderregelungen, darunter das Schmalseitenprivileg, vollständig entfallen, wodurch sich das **Muster** auf nur noch **7 Absätze** reduzieren ließ. Die bei der Überarbeitung **geänderten Berechnungsvorschriften** für die Wandhöhe führen indessen zu **leicht vergrößerten Tiefen** der Abstandflächen, da Giebelflächen nicht mehr als umgeklapptes Rechteck, sondern in ihrer tatsächlichen Form in die Ermittlung der Tiefe der Abstandflächen eingehen und Dächer an der Traufseite auch bei geringer Dachneigung stets der Wandhöhe um ein Drittel ihrer eigenen Höhe zugeschlagen werden (s. Rdn. 211 und 213).

Im **Vergleich zum Muster** lässt die nordrhein-westfälische Fassung die Stringenz des Regelungszusammenhangs vermissen. Ja sie muss bei genauer Betrachtung sogar als **inkonsequent** bezeichnet werden, da sie einerseits das Aneinanderrücken der Gebäude **235** im Falle von Außenwänden von **nicht mehr als 16 m Länge** entsprechend der Regelung der MBO 2002 bis auf **2 × 0,4 H** ermöglicht, andererseits aber die **Dächer nach bisherigem Recht begünstigt**, so dass das Bauen im Ergebnis in Nordrhein-Westfalen dichter erfolgen kann, als in den Ländern, die der MBO – Regelung weitgehend gefolgt sind. Daran ändert auch die Erschwernis für Balkone nichts, die nach dem neu gefassten Absatz 7 statt 2 m nunmehr 3 m Grenzabstand einzuhalten haben. In der überwiegenden Zahl der Fälle weisen neu zu errichtende oder zu ändernde Gebäude lediglich Außenwandlängen bis zu 16 m auf, jedenfalls war dies bei 96 % aller Baugesuche, die der Leverkusener Bauaufsicht im Zeitraum vom 1. 1. bis 31. 3. 2007 vorgelegt wurden, der Fall, ein Ergebnis, das sich auf andere Verdichtungsräume durchaus übertragen lässt. Im ländlichen Raum dürfte der Anteil durchweg noch höher ausfallen. Daher muss auch der nordrhein-westfälischen Lösung unterstellt werden, dass sie **keine städtebaulichen Nebenzwecke** mehr verfolgt. Daraus darf nun aber nicht geschlossen werden, dass künftig in einer Vielzahl von Fällen den Bauvorhaben Rücksichtslosigkeit unterstellt werden muss. Denn das **bauplanungsrechtliche Gebot der Rücksichtnahme** griff auch bislang schon – bei Abständen mit dem Faktor 0,8 H, der auch städtebaulichen Nebenzwecken diente – regulierend ein (s. Rdn. 49–55). Eine **wesentliche Funktion** des Abstandflächenrechts, nämlich die **Regelung der Tiefe der einzuhaltenden Abstände**, wenn das Bauplanungsrecht dies gebietet, ist nach wie vor gegeben. Solange der Bund diesen Teil des Bodenrechts im Wesentlichen den Ländern als Gesetzgebungsmaterie überlässt, muss auch hingenommen werden, dass die Länder nur relativ geringe Tiefen der Abstandflächen vorschreiben. Es ist dabei auch nicht zu vermeiden, dass die Länder die Materie in Teilbereichen abweichend von der MBO 2002 regeln. Da das bauplanungsrechtliche **Gebot der Rücksichtnahme** die Landesgesetzgebung nicht grundsätzlich korrigieren kann, muss es auch künftig auf **extreme Ausnahmefälle** beschränkt bleiben (so Buntenbroich/Voß, zu § 6 Rdn. 65).

**236** Zeitgleich zur Beratung des Zweiten Gesetzes zur Änderung der Landesbauordnung erfolgten die Beratungen zum Gesetz zur Erleichterung von Planungsvorhaben für die Innenentwicklung der Städte. Im Zuge der Ausschussberatungen wurde als Reaktion auf die Entwicklungen im Bauordnungsrecht eine weitere **bundesrechtliche Teilregelung des Abstandsflächenrechts** in das BauGB aufgenommen. Die erste bundesrechtliche Teilregelung war bereits mit **§ 22 Abs. 4 Satz 2 BauNVO 1990** erfolgt, um den Gemeinden das Recht einzuräumen, in der abweichenden Bauweise festsetzen zu können, inwieweit an die vorderen, rückwärtigen und seitlichen Grundstücksgrenzen herangebaut werden darf oder muss und damit das **Maß des Grenzabstands** zu bestimmen (s. Rdn. 126–127). Mit Gesetz vom 21. 12. 2006 (BGBl. I S. 3316) wurde in **§ 9 Abs. 1 BauGB** eine **neue Nr. 2 a** eingefügt, die es der Gemeinde ermöglicht, „**vom Bauordnungsrecht abweichende Maße der Tiefe der Abstandsflächen**" im Bebauungsplan festzusetzen, soweit dies **erforderlich** ist. Damit reagierte der Bund auf die Anpassung des Abstandsflächenrechts zahlreicher Landesbauordnungen an § 6 Abs. 5 der MBO 2002, weil diese Regelung die Tiefe der Abstandsfläche von zuvor 1,0 H auf das Maß von 0,4 H absenkt, ausschließlich auf einen bauordnungsrechtlich zu sichernden Mindestabstand zielt und keine städtebaulichen Nebenziele mehr verfolgt (so die Begründung in BT-Drucks. 16/3308 zu Artikel 1 Nr. 4, § 9 Abs. 1 Nr. 2 a – neu).

**237** Aus dem Wortlaut der neuen Festsetzungsermächtigung ergibt sich, dass die Gemeinde **abweichende Maße der Tiefe** der Abstandflächen festsetzen kann. Nach der Begründung soll das Abstandsflächenrecht ansonsten unberührt bleiben, so dass die Festsetzungsermächtigung nur das Maß der Tiefe der Abstandsflächen erfasst, nicht jedoch die übrigen Maßgaben des Landesrechts zur Ermittlung der Wandhöhe, zur Lage der Abstandflächen, zum Überdeckungsverbot, zu den in den Abstandflächen zulässigen Garagen und Nebengebäuden sowie zur Zulässigkeit vortretender untergeordneter Bauteile und Vorbauten (so auch Boeddinghaus, Zur planungsrechtlichen Regelung der bauordnungsrechtlich definierten Abstandsflächen, BauR 2007, S. 641 ff.). Mit der Formulierung „abweichend" eröffnet die Festsetzungsermächtigung nicht nur die Möglichkeit zur Festsetzung **größerer** oder **kleinerer Faktoren** in Abhängigkeit von – **H** –, sondern weitergehend auch die Festsetzung eines **festen Maßes der Tiefe der Abstandsfläche** (vgl. Krautzberger/Söfker, S. 357 ff. Rdn. 56 a und Upmeier/Brandenburg, S. 5). Zwar nimmt die Begründung (BT-Drucks. 16/3308 zu Artikel 1 Nr. 4, § 9 Abs. 1 Nr. 2 a – neu) auf die Reduzierung der Abstandsflächentiefe durch die MBO 2002 Bezug, sagt aber nicht, dass es sich nur um größere Maße der Tiefe der Abstandsflächen handeln kann (so aber zumindest missverständlich Battis/Krautzberger/Löhr, zu § 9 Rdn. 19 a). Vielmehr wollte der Gesetzgeber der Gemeinde das Recht einräumen, hinsichtlich der Maße der Tiefe der Abstandsflächen grundsätzlich – sowohl nach oben durch größere als auch nach unten durch geringere Maße – vom Bauordnungsrecht abzuweichen (vgl. Nr. 2.3.1.2 des Muster-Einführungserlasses der ARGEBAU zum Gesetz zur Erleichterung von Planungsvorhaben für die Innenentwicklung der Städte). Der Muster-Einführungserlass ist nach der Maßgabe im RdErl. vom 24. 4. 2007 – V A 3–16.21 in Nordrhein-Westfalen mit der folgenden abweichenden Regelung zum Abstandflächenrecht anzuwenden:

*„Die Landesbauordnung Nordrhein-Westfalen enthält hinsichtlich des Abstandflächenrechts eine von der Musterbauordnung 2002 abweichende Regelung. Die Regelung des § 6 BauO NRW schreibt eine Tiefe der Abstandfläche von 0,8 H (0,5 H in Kerngebieten, 0,25 H in Gewerbe- und Industriegebieten) vor, die auf einer Länge der Außenwände und von Teilen der Außenwände von nicht mehr als 16 m gegenüber jeder Grundstücksgrenze und gegenüber jedem Gebäude auf demselben Grundstück auf 0,4 H (in Kerngebieten 0,25 H) reduziert werden darf. Damit stellt sich der städtebauliche Bedarf zur Festsetzung von größeren Tiefen der Abstandflächen anders dar, als bei Ländern, die das Abstandflächenrecht der Musterbauordnung übernommen haben."*

Die **gesetzlichen** Regelungen des § 6 Abs. 5 und 6 BauO NRW können **durch satzungsrechtliche** Bestimmungen der Gemeinden **ersetzt** werden, worauf **Absatz 5 Satz 1** nunmehr **klarstellend** hinweist. In einem solchen Fall tritt an die Stelle der nach den Absätzen 5 und 6 maßgebenden Faktoren zur Ermittlung der Abstandflächentiefe die Bestimmung einer Satzung nach § 86 Abs. 1 Nr. 6 BauO NRW über **geringere** als die in § 6 Abs. 5 und 6 BauO NRW vorgeschriebenen Maße. Die **Satzungsermächtigung** verlangt das Vorhandenseins eines **Ortsteils mit bauhistorischer Bedeutung** oder **sonstiger erhaltenswerter Eigenart** und erlaubt nur eine **Verringerung** der Maße für die Tiefe (s. die Anmerkungen zu § 86 Rdn. 54–56). Das System der Berechnung der Abstandflächen nach Absatz 4 kann satzungsrechtlich nicht verändert werden. 238

Diese Satzungsermächtigung der BauO NRW wird **verdrängt**, wenn die Gemeinde von der **weitergehenden** Festsetzungsbefugnis nach § 9 Abs. 1 Nr. 2 a BauGB Gebrauch machen möchte. Letztere erweist sich deshalb als weitergehend, weil der Bundesgesetzgeber, anders als der Landesgesetzgeber, keine Einschränkungen vorgegeben hat. Die Festsetzungsermächtigung steht nur – wie alle Bebauungsplanfestsetzungen – unter dem allgemeinen Vorbehalt des § 1 Abs. 3 Satz 1 BauGB der **Erforderlichkeit** einer entsprechenden Regelung des Maßes der Tiefe der Abstandsfläche.

### 6.2 Vorgaben für das Maß der Tiefe der Abstandfläche

239 Die Absätze 5 und 6 können nach der Novellierung nur in einem engeren Zusammenhang betrachtet werden, da **Absatz 6** den **Regelfall des Gebäudes mit Außenwandlängen bis 16 m** erfasst. Nur relativ wenige Gebäude weisen größere Außenwandlängen als 16 m auf (s. Rdn. 235), so dass die „Normaltiefe" nach Absatz 5 Satz 1 zur Ausnahme und die ursprünglich auf wenige Anwendungsfälle beschränkte Regel nach Absatz 6 (das frühere Schmalseitenprivileg) in der Neufassung der Vorschrift zur Regel geworden ist. Die **Halbierungsregel** des Absatzes 6 betrifft die **baugebietsabhängigen Faktoren** nach **Absatz 5 Satz 1**, ausgenommen Gewerbegebiete und Industriegebiete. **Absatz 5 Satz 2** regelt unabhängig vom Baugebiet und der Außenwandlänge die Tiefe der Abstandfläche zu **öffentlichen Verkehrsflächen**, **öffentlichen Grünflächen** und **öffentlichen Wasserflächen** als **halbierte Normaltiefe** und gewährt damit seinerseits ein Recht, das in Bezug auf diese öffentlichen Flächen stets Anwendung findet. Da die **Halbierungsregel nach Absatz 6** nicht – wie das frühere Schmalseitenprivileg – auf nur eine bzw. zwei Außenwände beschränkt ist, sondern bei einem Gebäude für **alle** (vier) Außenwände von nicht mehr als 16 m Länge gilt, ist die Bezeichnung „Privileg" entfallen (vgl. LT-Drucks. 14/2433 S. 14). Denn durch ein Privileg wird ein Vorrecht oder eine Sonderstellung eingeräumt. Davon kann aber nicht mehr gesprochen werden, wenn die Vorschrift auf nahezu alle Fälle regelmäßig Anwendung findet (s. Rdn. 235).

240 Nach **Absatz 5 Satz 1** beträgt die Tiefe der Abstandfläche

- **0,8 H**,
- **0,5 H** in **Kerngebieten**,
- **0,25 H** in **Gewerbegebieten** und **Industriegebieten**.

Entfallen ist der einschränkende Zusatz für Gewerbe- und Industriegebiete „vor Außenwänden von Gebäuden, die überwiegend der Produktion oder Lagerung dienen."

Nach **Absatz 6 Satz 1** genügt auf einer Länge der Außenwände und von Teilen der Außenwände **von nicht mehr als 16 m** gegenüber jeder Grundstücksgrenze und gegenüber jedem Gebäude auf demselben Grundstück als Tiefe der Abstandfläche

- **0,4 H**,
- **0,25 H** in **Kerngebieten**.

Für Gebäude in Gewerbegebieten und Industriegebieten besteht aufgrund des bereits niedrigen Faktors von 0,25 H **keine** weitere Halbierungsmöglichkeit.

Nach **Absatz 5 Satz 2** beträgt die Tiefe der Abstandfläche **zu öffentlichen Verkehrsflächen**, **öffentlichen Grünflächen** und **öffentlichen Wasserflächen**

- **0,4 H**,
- **0,25 H** in **Kerngebieten**, **Gewerbegebieten** und **Industriegebieten**.

Absatz 5 Satz 2 wurde auf **öffentliche Grün**- und **Wasserflächen** erweitert, um eine **Deckungsgleichheit** mit **Absatz 2 Satz 2** zu erzielen (s. Rdn. 173–178 und Abbildung 6.20). Auch wenn ein Gebäude nicht unmittelbar an einer der genannten öffentlichen Flächen, sondern zurückgesetzt errichtet werden soll, genügt vor der dieser öffentlichen Fläche zugewandten Außenwand die reduzierte Tiefe der Abstandfläche (OVG Bln, Beschluss vom 27. 10. 2004 – 2 S 43.04, BauR 2005, 368 = BRS 67 Nr. 131).

241 Für zwei Gruppen häufig vorkommender Gebäude sind die **Faktoren identisch**, so dass sich die Regelungen der Absätze 5 und 6 vereinfachend zusammenfassen lassen:

Für **Gebäude mit Außenwänden bis zu 16 m** beträgt die Tiefe der Abstandfläche

- **0,4 H**,
- **0,25 H** in **Kerngebieten**.

Für **Gebäude in Gewerbegebieten** und **Industriegebieten** beträgt die Tiefe der Abstandfläche unabhängig von der Länge der Außenwand **zu allen Seiten**

- **0,25 H**.

Im Vergleich zur MBO 2002 ergibt sich eine **Begünstigung für Gebäude in Kerngebieten**. Die Reduzierung des Faktors für Kerngebiete lässt sich bei genauer Betrachtung kaum rechtfertigen. Die Fachkommission Bauaufsicht der ARGEBAU hatte bei den Beratungen zur Zusammenfassung der Abstandflächenvorschriften bedacht, dass in Kerngebieten nach § 7 BauNVO 1990 nicht nur Arbeitsplätze des tertiären Sektors, sondern **auch Wohnungen nach Maßgabe der Festsetzungen des Bebauungsplans zulässig** sind. Um den unerwünschten Begleiterscheinungen von Kerngebieten mit hoher Tagesbevölkerung jedoch niedriger Nachtbevölkerung entgegenzuwirken, machen die Gemeinden von dieser Festsetzungsmöglichkeit auch Gebrauch (vgl. Boeddinghaus, zu § 7 Rdn. 3–5, Fickert/Fieseler, zu § 7 Rdn. 1 und 12, König/Roeser/Stock, zu § 7 Rdn. 5, Knaup/Stange, zu § 7 Rdn. 9–10).

In Kerngebieten mit ihrem regelmäßig sehr hohen Verdichtungsgrad sind jedoch die **Anforderungen an gesunde Wohnverhältnisse** nur gewahrt, wenn in der Geschossebene der Wohnnutzung noch ein Abstand von 0,4 H eingehalten wird (vgl. Nds. OVG, Urteil vom 26. 9. 2000 – 1 K 3563/99, BRS 63 Nr. 3). Da die Wohnnutzung in Kerngebieten in vielen Fällen bereits oberhalb des Erdgeschosses aufgrund der Festsetzungen der Bebauungspläne zulässig ist und auch Wohnungen in entsprechend einzustufenden Gebieten nach § 34 Abs. 2 BauGB vorhanden sind, bestand kein Anlass diese Baugebiete abstandrechtlich stärker zu begünstigen als Mischgebiete oder Wohngebiete. Daher sieht die MBO 2002 für alle Baugebiete mit Ausnahme von Gewerbegebieten und Industriegebieten den Faktor von 0,4 H vor (s. auch Rdn. 251).

242 Mit den **Baugebietsbezeichnungen** knüpft das Abstandflächenrecht an die **BauNVO** an (OVG NRW, Urteil vom 5. 2. 1998 – 10 A 6361/95, BRS 60 Nr. 110). Den Baugebietsbegriffen der Absätze 5 und 6 können grundsätzlich auch vor Inkrafttreten der BauNVO 1962 festgesetzte Baugebiete unterfallen, deren Bezeichnungen mit den Baugebietstypen der BauNVO nicht übereinstimmen, wenn das in einem übergeleiteten Bebauungsplan festgesetzte Baugebiet im Wesentlichen einem Baugebietstyp der BauNVO entspricht (OVG NRW, Beschluss vom 22. 3. 2002 – 10 B 201/02, BRS 65 Nr. 120).

Die abstandrechtlich begünstigten Kerngebiete, Gewerbegebiete und Industriegebiete müssen **eindeutig** entweder durch **Festsetzung in einem Bebauungsplan** oder aufgrund der **Art** der vorhandenen Bebauung innerhalb eines nichtbeplanten Innenbereichs nach **§ 34 Abs. 2 BauGB bestimmbar** sein (OVG NRW, Beschluss vom 24. 6. 1987 – 11 B 862/87, n. v.). Im Falle des § 34 BauGB fehlt es an einer eindeutigen Zuordnung, wenn die prägende Umgebungsbebauung nach der Art der baulichen Nutzung **diffusen Charakter** aufweist, weil z. B. Wohnnutzungen und erheblich störende gewerbliche Nutzungen in enger Nachbarschaft zueinander stehen und eine „**Gemengelage**" bilden (OVG

NRW, Beschluss vom 11. 9. 1989 – 11 B 2043/89, n. v.). Liegen diese Voraussetzungen nicht vor, kommt der baugebietsbezogene Faktor von 0,8 H, gegebenenfalls die Halbierungsregel mit dem Faktor 0,4 H zur Anwendung.

243 Nach **Absatz 5 Satz 3** können in **Sondergebieten** geringere Tiefen **gestattet** werden, wenn die **Nutzung** des Sondergebietes dies **rechtfertigt**. Nach § 10 BauNVO kommen als Sondergebiete, die der Erholung dienen, in Betracht: Kurgebiete, Ferienhausgebiete, Wochenendhausgebiete, Campingplatzgebiete. Nach § 11 BauNVO sind sonstige Sondergebiete Gebiete, die sich von allen anderen Baugebieten wesentlich unterscheiden; als solche Sondergebiete kommen insbesondere in Betracht: Ladengebiete, Gebiete für Einkaufszentren und großflächige Handelsbetriebe, Gebiete für Messen, Ausstellungen und Kongresse, Hochschulgebiete, Klinikgebiete, Hafengebiete sowie Gebiete für Anlagen, die der Erforschung, Entwicklung oder Nutzung erneuerbarer Energien dienen. Bei der Prüfung, ob in diesen Gebieten geringere Tiefen der Abstandflächen gestattet werden können, ist auf die **Schutzziele des Abstandflächenrechts** (s. Rdn. 16–19) abzustellen und daher zu beachten, dass eine **ausreichende Beleuchtung** von Aufenthaltsräumen und der **Brandschutz** gewährleistet sein muss.

244 **Absatz 5 Satz 4** stellt klar, dass die in Kerngebieten, Gewerbegebieten und Industriegebieten zulässigen Tiefen der Abstandflächen nur **innerhalb der jeweiligen Gebiete** gelten, so dass sie **keine Außenwirkung** auf angrenzende andere Baugebiete haben. So kommt der Faktor von 0,5 H für die verminderte Tiefe der Abstandfläche im Kerngebiet an solchen Grundstücksgrenzen nicht zur Anwendung, an denen das dem Kerngebiet zugehörige Grundstück an ein Gebiet mit einem größeren Abstandsmaß, z. B. ein allgemeines Wohngebiet angrenzt (OVG NRW, Beschluss vom 30. 1. 1995 – 10 B 2560/94, BRS 57 Nr. 146). Den Baugebietsbegriffen des Absatzes 5 können grundsätzlich auch vor Inkrafttreten der BauNVO festgesetzte Baugebiete unterfallen, deren Bezeichnung mit den Baugebietstypen der BauNVO nicht übereinstimmen; Voraussetzung ist, dass das in einem übergeleiteten Bebauungsplan festgesetzte Baugebiet nach der Art der zugelassenen baulichen Nutzung im Wesentlichen einem Baugebietstyp der BauNVO entspricht (OVG NRW, Beschluss vom 22. 3. 2002 – 10 B 201/02, BauR 2002, 1443 = BRS 65 Nr. 120 zu einem Sondergeschäftsgebiet, das einem Kerngebiet entsprach).

245 Nach **Absatz 5 Satz 5** und **Absatz 6 Satz 1** darf die Tiefe der Abstandfläche, soweit die Berechnung einen geringeren Wert ergibt, in keinem Fall **weniger als 3 m** betragen. Wenn auch **andere Bauordnungen** (§ 6 Abs. 5 HBauO und § 5 Abs. 7 LBO B-W) Mindesttiefen von **lediglich 2,50 m** vorsehen, muss akzeptiert werden, dass der nordrhein-westfälische Gesetzgeber in Übereinstimmung mit der MBO 2002 für den **Normalfall** am **Mindestabstand von 3 m** festhält und **Unterschreitungen bis zum Maß von 2,5 m** nur in den **Sonderfällen** des § 6 **Abs. 14** und **15** BauO NRW zulassen will. Da die Tiefen der Abstandflächen senkrecht zur Wand gemessen werden, ergibt sich bei einem Winkel der Außenwände zur Grundstücksgrenze von **genau 45°** ein **Grenzabstand des Eckpunktes** von lediglich **2,12 m**, was als durchaus – unerwünschter – Nebeneffekt der vereinfachten Ermittlung hinzunehmen ist. **Geringere Tiefen** der Abstandflächen als 3 m – und das stellt **Absatz 5 Satz 6** klar – können **in überwiegend bebauten Gebieten** nach Maßgabe des **Absatzes 16** unter den dort genannten engen Voraussetzungen bauaufsichtlich gestattet werden. Der Mindestabstand von 3 m ist lediglich für das Abstandflächenrecht maßgebend. Aus **baurechtlichen** und **sonstigen öffentlich-rechtlichen Vorschriften größere Abstände** als nach § 6 BauO NRW ergeben können, die dann dem Abstandflächenrecht vorgehen (s. Rdn. 35–37).

### 6.3 Anwendungsvoraussetzungen der Halbierungsregel

Absatz 6 hat seine endgültige Neufassung erst im Gesetzgebungsverfahren erhalten. Nach dem **Gesetzentwurf** der Landesregierung sollte Absatz nur einen Satz mit folgendem Wortlaut aufweisen (vgl. LT-Drucks. 14/2433 S. 5): 246

*Auf einer Länge von nicht mehr als 16 m genügt gegenüber jeder Grundstücksgrenze und gegenüber jedem Gebäude auf demselben Grundstück als Tiefe der Abstandflächen 0,4 H, in Kerngebieten 0,25 H, mindestens jedoch 3 m.*

Bei dieser Regelung wäre der Begriff „**Außenwand**" bzw. „**Wand**" vermieden worden, was ein ausdrückliches Anliegen des Gesetzentwurfes war (s. LT-Drucks. 14/2433 S. 14). Der Wandbegriff verursachte nämlich bei der Vorgängerfassung des Absatzes 6 die entscheidenden **Anwendungsprobleme**, weil das frühere „Schmalseitenprivileg" vor einer der Nachbargrenze zugewandten „**Außenwand**" nur „**einmal**" und das auch „**nur auf einer Länge von nicht mehr als 16 m**" in Anspruch genommen werden durfte (§ 6 Abs. 6 Satz 1 in Verbindung mit Satz 4 der Vorgängerfassung). Auslegungsstreitigkeiten ergaben sich, wenn vor einer „sägezahnartig" gestalteten oder durch Vor- und Rücksprünge auch in Form von Lisenen oder durch Abwinklungen geprägten, also in sich – im Grundriss – gegliederten Außenwand, vom Schmalseitenprivileg Gebrauch gemacht werden sollte (vgl. Boeddinghaus, Anwendung des Schmalseitenprivilegs bei gegliederten Außenwänden, BauR 2002, S. 1027 ff.).

Als **gesetzgeberische Reaktion** auf diese Beurteilungsprobleme bezeichnete der mit der **BauO NRW 2000** in Absatz 6 eingefügte **Satz 3 des Vorgängerrechts** eine **in sich gegliederte** Wand als eine Außenwand im Sinne des Satzes 1. Letztendlich brachte auch diese Rechtsergänzung keine ausreichende Klarheit (so Buntenbroich/Voß, zu § 6 Rdn. 60). Die Rechtsprechung kam zu folgenden Ergebnissen:

- Die Bildung von Wandabschnitten kommt nicht in Betracht, wenn diese nur geplant sind, um **missbräuchlich** eine abstandmindernde Gliederung zu ermöglichen (OVG NRW, Beschluss vom 30. 1. 1995 – 10 B 2560/94, BRS 57 Nr. 146).
- Ob ein Wandbereich einer einheitlichen, lediglich durch Vor- und Rücksprünge gegliederten Wand zuzurechnen oder Bestandteil einer sonstigen, eigenständigen Wand ist, entscheidet sich nach einer **natürlichen Betrachtungsweise** (OVG NRW, Urteil vom 17. 8. 2001 – 7 A 2286/00, BauR 2002, 1073 = BRS 64 Nr. 118).
- **Kriterien** einer natürlichen Betrachtung können beispielsweise das Maß des horizontalen oder vertikalen Versatzes der Wandflächen, ihre Gemeinsamkeiten und Unterschiedlichkeiten im äußeren Erscheinungsbild und auch ihre gemeinsamen oder unterschiedlichen Funktionen in Bezug auf das gesamte Bauwerk sein (OVG NRW, Beschluss vom 20. 8. 2001 – 10 B 733/01, BauR 2002, 1075 = BRS 64 Nr. 119).

Hinsichtlich der Länge der Außenwand wird normalerweise nur der eigentliche **Baukörper ohne** die nach Absatz 7 **privilegierten Bauteile** betrachtet. Allerdings können auch **Balkone** und **Vorbauten** aus Sicht des Nachbarn so angeordnet sein, dass sie wie eine **Verlängerung der Außenwand** wirken (vgl. OVG NRW, Beschluss vom 29. 11. 1985 – 7 B 2402/85, BRS 44 Nr. 101 = Städte- und Gemeinderat 1986, 91 und Beschluss vom 15. 8. 2001 – 10 B 609/01, BauR 2002, 1076 = BRS 64 Nr. 120). Das Gleiche gilt für ungewöhnlich große **Dachvorsprünge**, die aus Sicht des Nachbarn ein Gebäude „**verlängern**" (Nds. OVG, Beschluss vom 5. 10. 1994 – 1 M 5589/94, BRS 56 Nr. 108).

247 Aus dem mit der BauO NRW 2000 geänderten Absatz 6 (zu den Änderungen s. Rdn. 02 und OVG NRW, Beschluss vom 10.7.2000 – 7 B 869/00, BauR 2001, 88 = BRS 63 Nr. 140 = NVwZ-RR 2001, 504) ergab sich, dass das **Schmalseitenprivileg** bei

– einem **freistehenden** Gebäude vor **zwei** Außenwänden,

– einem **an ein anderes Gebäude** oder **an eine Nachbargrenze** gebauten Gebäude nur noch vor **einer** Außenwand

in Anspruch genommen werden durfte. Daraus folgte im **Umkehrschluss**, dass

– bei einem an **zwei** andere Gebäude – **oder** – an **zwei** Nachbargrenzen gebauten Gebäude bzw.

– bei einem an **ein** anderes Gebäude – **und** - an **eine** Nachbargrenze gebauten Gebäude

die **Anwendung ausgeschlossen** war. Bei einer **rechtswidrigen Inanspruchnahme** des Schmalseitenprivilegs **vor mehr als den zulässigen** Außenwänden standen dann **allen betroffenen Nachbarn Abwehrrechte** zu (OVG NRW, Beschluss vom 5. 7. 1985 – 7 B 876/85, BauR 1985, 664 = BRS 44 Nr. 144; Thür.OVG, Beschluss vom 5. 10. 1999 – 1 EO 698/99, BauR 2000, 869 = BRS 62 Nr. 136 = NVwZ-RR 2000, 350).

Wenn auch für das frühere Schmalseitenprivileg bei einem freistehenden Gebäude alle Außenwände in Frage kamen, so wurden zumeist die **Außenwände zu den seitlichen** Grundstücksgrenzen ausgewählt. Zu den **öffentlichen Verkehrsflächen** hin gilt nach Absatz 5 Satz 2 ohnehin der halbierte Faktor (0,4 bzw. 0,25 H) für die Berechnung der Tiefe der Abstandfläche, so dass dort die Anwendung des Schmalseitenprivilegs bereits seit der BauO NRW 2000 überflüssig wurde. Befanden sich auf einem Grundstück mehrere Gebäude, so galt die begünstigende Regelung des Absatzes 6 für **jedes** Gebäude, sofern die Gebäude **untereinander die erforderlichen** Abstände einhielten.

248 Der Gesetzentwurf wollte mit der auf einen Satz reduzierten Neufassung des Absatzes 6 einen Großteil dieser komplizierten Regelungen beseitigen und begründet dies wie folgt (LT-Drucks. 14/2433 S. 14 f.):

*„Die Regelung des Absatzes 6 darf zwar wie bisher je Grundstücksgrenze nur einmal angewandt werden. Es entfällt aber die Beschränkung, dass sie nur gegenüber höchstens zwei Grundstücksgrenzen in Ansatz gebracht werden darf. Aus diesem Grund wird auch der Begriff des Schmalseitenprivilegs aufgegeben.*

*Diese Vereinfachung und Erleichterung erscheint sachgerecht. Die Betroffenheit jedes einzelnen Nachbargrundstücks bleibt nach dieser Regelung unverändert. Auch hinsichtlich der weiteren, von den Abstandflächenvorschriften geschützten Belangen, z. B. die Belichtung, hat diese Änderung keine Auswirkungen, da auch schon bisher Nutzungseinheiten, z. B. Wohnungen, ausschließlich zu der „Schmalseite" eines Gebäudes orientiert sein konnten. Allerdings lässt sich in den Fällen, in denen zu allen Grundstücksgrenzen ein Abstand eingehalten wird, anders als bisher, nun kein nachbarlicher Anspruch auf Einhaltung eines Abstands von 0,8 der Wandhöhe alleine daraus herleiten, dass dieses Privileg bereits zu Lasten eines anderen Nachbargrundstücks ausgeschöpft wurde.*

*Die Regelung des Absatzes 6 ist nun nicht mehr auf eine Wand je Grundstücksgrenze beschränkt. Vielmehr kann sie auch vor mehreren Wänden oder auch von Teilen von Außenwänden in Anspruch genommen werden, wenn die Längen dieser Wände zusammengenommen je Grundstücksgrenze die unverändert geltende Obergrenze von 16 m*

*Länge nicht überschreiten. Einerseits bleibt gesichert, dass das Nachbargrundstück wie bisher Wände, die bis auf 0,4 der Wandhöhe an die Grenze heranrücken, nur auf einer Länge von nicht mehr als 16 m hinnehmen muss. Andererseits wird es damit im Ergebnis unerheblich, ob dieses Maß von 16 m durch eine Wand oder durch mehrere, versetzt angeordnete Außenwände (z. B. Staffelgeschosse) ausgeschöpft wird. Eine Aufteilung der reduzierten Abstandfläche gegenüber einer Grundstücksgrenze in mehrere verschiedene Abschnitte ist jedoch nicht möglich.*

*Wände zu Nachbargrenzen, für die die Regelung des Absatzes 6 nicht angewandt werden kann, weil das Höchstmaß von 16 m überschritten wird, müssen wie bisher eine Abstandfläche von 0,8 der Wandhöhe für den die Länge von 16 m überschreitenden Teil der Wand einhalten.*

*Die Länge der Wände von Gebäuden auf verschiedenen Grundstücken wird jedoch nicht addiert, wenn die Gebäude aneinandergebaut sind. Die reduzierten Abstandflächen können daher auch vor der Rückseite von Doppelhäusern, Hausgruppen oder Reihenhäusern in Anspruch genommen werden, solange die einzelnen Gebäude das Höchstmaß von 16 m einhalten. Dennoch sind keine weiteren Sonderregelungen erforderlich, da in jedem Fall zunächst die planungsrechtliche Zulässigkeitsprüfung der bauordnungsrechtlichen Prüfung auf Einhaltung der Abstandflächen vorausläuft. Im Übrigen bleibt es der Gemeinde unbenommen, in solchen Fällen von den Instrumenten der Bauleitplanung Gebrauch zu machen.*"

Im Zuge der **Beratungen des Gesetzentwurfs** hatte der Ausschuss für Bauen und Verkehr die Arbeitsgemeinschaft der kommunalen Spitzenverbände Nordrhein-Westfalen, die Architektenkammer Nordrhein-Westfalen und die Ingenieurkammer-Bau Nordrhein-Westfalen angehört. Die Arbeitsgemeinschaft der kommunalen Spitzenverbände hatte die Einfügung der Worte „***der Außenwände***" angeregt und zur Begründung ausgeführt (s. Stellungnahme 14/695 A 02):

*„Nach der derzeitigen Formulierung ist nicht klar, wie die „Länge" gemessen werden soll, insbesondere bei Wänden gegenüber abknickenden Grundstücksgrenzen und bei gegliederten Außenwänden, wenn die Wandabschnitte nicht parallel zur Grundstücksgrenze verlaufen.*

*Aus der Gesetzesbegründung wird deutlich, dass die „Längen" dieser Wände zusammen genommen je Grundstücksgrenze die unverändert geltende Obergrenze von 16 m Länge nicht überschreiten dürfen. Durch die Einfügung wird auch im Gesetzestext klargestellt, dass es auf die Summe der Längen der Außenwände insgesamt ankommt.*"

Die Ingenieurkammer-Bau Nordrhein-Westfalen hatte vorgeschlagen Absatz 6 mit den Worten „***Für einen Abschnitt mit***" einzuleiten und folgende Begründung gegeben (s. Stellungnahme 14/696 A 02):

*„Der Begriff „Länge" bezieht sich nach dem Wegfall der „Außenwände" als Bezug nicht mehr auf ein Objekt, ist selbst aber auch kein Objekt. Es bleibt so die Frage „Länge von was?" Es sollte klar hervorgehoben werden, dass die* ***Längen von Abstandflächen von hintereinander liegenden Wänden in ihrer Länge nicht addiert werden****. Gleichzeitig erscheint uns deutlicher zu werden, dass die Länge von 16 m nur einmal und gleichzeitig nur als zusammenhängende Länge angewendet werden darf.*"

Aufgrund dieser Stellungnahmen entschloss sich der Ausschuss für Bauen und Verkehr – und dem folgend auch der Landtag – noch zu erheblichen **Änderungen** an Absatz 6:

Hinter den Eingangsworten „Auf einer Länge“ wurde die Worte „***der Außenwände und von Teilen der Außenwände***“ eingefügt. Mit dieser Ergänzung wollte der Ausschuss für Bauen und Verkehr klarstellen, was unter „Länge“ zu verstehen ist (vgl. LT-Drucks. 14/ 2993 S. 4). Dabei wurde jedoch offensichtlich übersehen, dass die Unsicherheiten aus dem Wandbegriff (s. Rdn. 246) erneut Eingang in die Vorschrift finden.

Absatz 6 erhielt einen zusätzlichen **Satz 2**: „***Bei hintereinander liegenden Außenwänden wird nur die Außenwand mit der größten Länge auf die Länge nach Satz 1 angerechnet.***“ Mit dem hinzugefügten Satz 2 sollte klargestellt werden, dass sich die Vergünstigung nach Absatz 6 auch auf Wände beziehen kann, die in der Höhe versetzt hintereinander gestaffelt liegen (s. LT-Drucks. 14/2993 S. 4).

Ob Satz 2 tatsächlich das ausdrückt, was die Begründung meint, bleibt angesichts der Formulierung offen. „*Welche Fallgestaltung mit der Regelung des Satzes 2 angesprochen werden sollte, ist nicht ersichtlich*“ (so Boeddinhaus/Hahn/Schulte, zu § 6 Rdn. 256, die angesichts der Unklarheit der Formulierung auf die Möglichkeit einer Abweichung nach § 73 Abs. 1 Satz 2 BauO NRW verweisen). „*Dieser Satz 2, der leider nicht sofort verständlich wird, war notwendig geworden, weil im Gegensatz zur Kabinettsfassung die Begriffe Wand und Wandteile wieder in Satz 1 aufgenommen wurden*“ (so Buntenbroich/ Voß, zu § 6 Rdn. 61). Wenn schon die Kommentarliteratur die Vorschrift nicht auf Anhieb versteht, wie soll dann der Rechtsanwender mit ihr fertig werden? Es kann nur konstatiert werden, dass „*in dem Bestreben nach positivierter Einzelfallgerechtigkeit eine **neue Rätselecke** geschaffen*“ wurde (vgl. die Ausführungen von Jäde zum Schmalseitenprivileg, Rdn. 234). Damit bleibt es erneut den Bauaufsichtsbehörden und bei der Kontrolle dieser Entscheidungen den Gerichten überlassen, aus dem mehrdeutigen Wortlaut möglichst noch eine sinnvolle Regelung herauszulesen.

**249** Aus **Satz 1** folgt, dass bei Anwendung der Halbierungsregel der **Begriff der Außenwand**, vor der die halbe Tiefe der Abstandfläche in Anspruch genommen werden darf, von **Bedeutung** bleibt. Es ist nicht ersichtlich, dass der Gesetzgeber von den Rechtsprechungsergebnissen zu diesem Begriff abweichen wollte, denn dann hätte er die Regierungsvorlage unverändert beschließen können. Vielmehr folgte der Gesetzgeber den in der Anhörung vorgetragenen Argumenten und entschloss sich zur **Aufnahme des Wandbegriffs** in Absatz 6 (s. Rdn. 248). Daher ist die zu diesem **Begriff** und zur **Wandlänge** ergangene **Rechtsprechung** weiterhin beachtlich, die auf die auf die **natürliche Betrachtungsweise** abstellt. Eine durch geringfügige Vor- und Rücksprünge **in sich gegliederte** Wand bildet nur **eine** Außenwand, da bei **natürlicher Betrachtung** eine **einheitliche Wandebene** erkennbar ist (s. Abbildung 6.23 sowie OVG NRW, Beschluss vom 27. 3. 2000 – 7 B 439/00, BRS 63 Nr. 141 und Beschluss vom 28. 10. 2002 – 10 A 3963/02, n. v.), wohingegen **deutlich versetzte** Gebäudeteile – **mehrere** – Außenwände aufweisen. Die Problematik wird aber dadurch entschärft, dass Satz 1 nicht auf **die** – also **eine** – Außenwand abstellt, sondern auf die Länge **der** Außenwände – also **mehrerer**. Somit kann sich der 16 m – Abschnitt auf gleich mehrere – auch hintereinander gestaffelte – Außenwände erstrecken, wenn diese insgesamt die Länge von 16 m nicht ausschöpfen. Dies ist bei im Grundriss versetzten Außenwänden, die jede für sich begrifflich eine Außenwand darstellen, von Bedeutung, da dann nicht nur vor einer dieser Außenwände die Halbierungsregel greift, sondern **vor jeder**, soweit die Länge von 16 m insgesamt nicht überschritten wird. Weist z. B. ein Gebäudeteil eine Außenwandlänge von 9 m und der andere im Grundriss versetzt liegende eine Außenwandlänge von 7 m auf, werden insgesamt 16 m nicht überschritten (s. Abbildung 6.34).

Nach **Satz 2** gilt die Halbierungsregel auch für **hintereinander liegende Außenwände**. Außenwände können begrifflich nur **hintereinander** liegen, wenn es sich entweder um ein Gebäude mit **gestaffelten Geschossen** handelt (s. Abbildung 6.26 und 6.34) oder vor einer langen und hohen Außenwand ein kurzes und niedriges Gebäudeteil liegt, z. B. ein aus dem Erdgeschoss herausgeschobener Gebäudeteil. Nach dem Wortlaut des Satzes 2 könnte man zu dem Ergebnis gelangen, dass **nur** die Außenwand mit der **größten** Länge in den Genuss der Halbierungsregel kommen darf, die kürzere jedoch die volle Tiefe der Abstandfläche einzuhalten hat. Liegen die Außenwände gestaffelt hintereinander, so genügt jedoch vor **jeder** Außenwand die halbierte Tiefe der Abstandfläche, wenn und soweit die längste dieser Außenwände nicht länger als 16 m ist (OVG NRW, Beschluss vom 12. 4. 2007 – 7 B 461/07, n. v.).

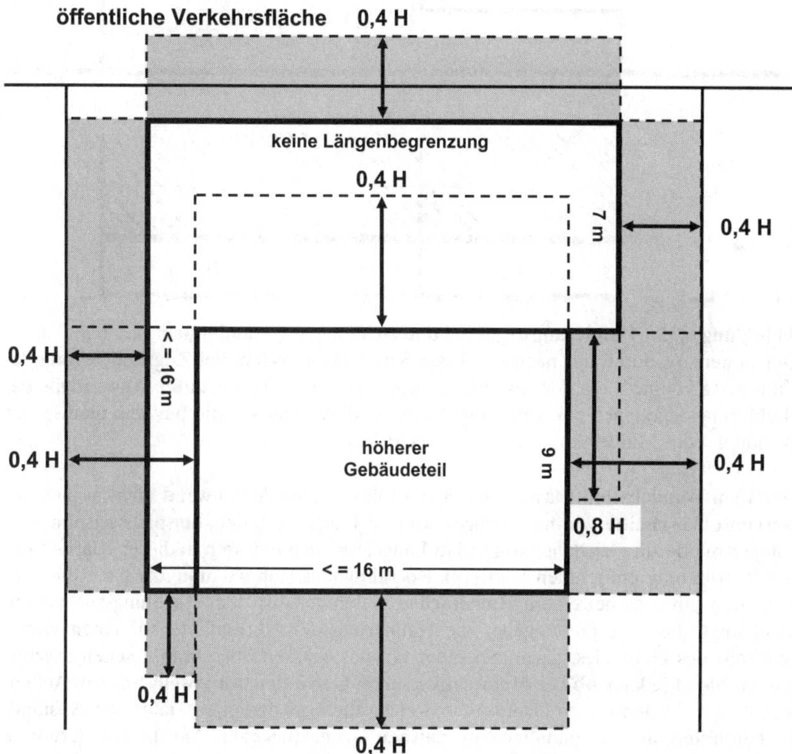


**Abbildung 6.34 Halbierungsregel** bei **versetzten** und **gestaffelten Außenwänden**
Auch bei einem Gebäude mit **mehreren** Außenwänden, die **im Grundriss versetzt** zueinander stehen oder **hintereinander gestaffelt** liegen findet die Halbierungsregel auf einer Länge **von nicht mehr als 16 m** Anwendung (s. Rdn. 249).

250 Die Formulierung des Satzes 1 „auf einer Länge der Außenwände und von **Teilen** der Außenwände" verdeutlicht, dass eine Außenwand insgesamt auch **länger als 16 m** sein darf, um von Absatz 6 Gebrauch machen zu können. Es darf dann die nach Absatz 5 Satz 1 erforderliche **Tiefe** der Abstandfläche nur auf einer Länge **von nicht mehr als 16 m halbiert** werden. Der Wand**teil** außerhalb des 16 m – Abschnitts muss die **volle** nach Absatz 5 Satz 1 erforderliche Tiefe der Abstandfläche einhalten (s. auch Abbildungen 6.5 und 6.20). Der **Bauherr darf** den Wandabschnitt **auswählen**, auf den die halbierte Tiefe angewendet werden soll, da Absatz 6 insoweit keine Einschränkung enthält. Ein **Höhenversprung** der Außenwand führt dazu, dass **zwei** Maßzahlen **H** gebildet werden müssen und nach Absatz 5 unterschiedlich tiefe Abstandflächen entstehen. Vor dem höheren Wand**teil** der Außenwand darf aber nach Absatz 6 die Tiefe der Abstandfläche auf einer Länge von nicht mehr als 16 m halbiert werden. (s. Abbildung 6.35)

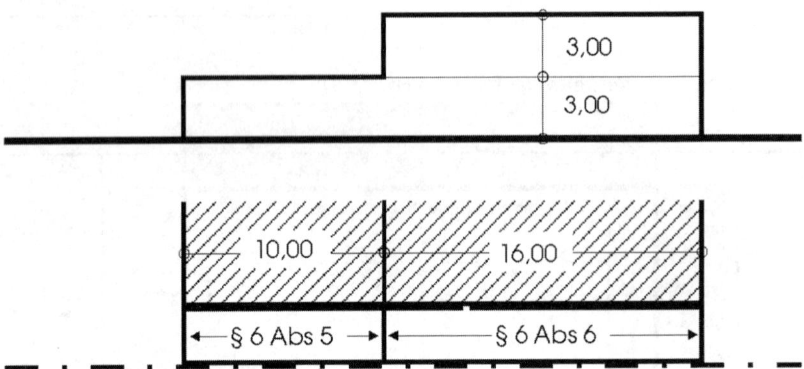


**Abbildung 6.35 Halbierungsregel** bei **unterschiedlichen Wandhöhen**
Der höhere Wandteil hat nach § 6 Abs. 5 Satz 1 BauO NRW bei Zugrundelegung des Faktors 0,8 H eine Tiefe der Abstandfläche von 4,8 m zur Folge; durch Anwendung der Halbierungsregel nach § 6 Abs. 6 Satz 1 BauO NRW genügt – wie bei dem niedrigeren Wandteil – der Mindestabstand von 3 m (s. Rdn. 250).

251 Der 16 m-Wandabschnitt lässt sich bei einer **überlangen** Außenwand **nicht** in mehrere **getrennte Abschnitte** von nur wenigen Metern Länge aufteilen, beispielsweise in zwei von je 8 m oder in gleich vier von je 4 m Länge, was sich indessen in dieser Klarheit nur der Begründung entnehmen lässt (vgl. Boeddinghaus/Hahn/Schulte, zu § 6 Rdn. 254). Jedenfalls gilt dies bei einem **einheitlichen** Gebäude. Aus dem Regelungszusammenhang folgt, dass der Gesetzgeber die Halbierung der Normaltiefe auf **einen** Wandabschnitt des Gebäudes gegenüber einer Grundstücksseite beschränkt sehen möchte. Unklar bleibt jedoch, ob bei **zwei** relativ kleinen **Gebäuden mit jeweils nur 8 m** Außenwandlänge auf demselben Grundstück, welche die erforderlichen Tiefen der Abstandflächen untereinander einhalten, zur **gleichen** Grundstücksseite hin die Halbierung in Anspruch genommen werden kann (dies verneinen Buntenbroich/Voß, zu § 6 Rdn. 58). Der RdErl. vom 26. 3. 2007 – Hinweise zu §§ 6 und 73 BauO NRW – geht in Nr. 6.5 davon aus, dass die **Längen** der Wände **mehrerer Gebäude** auf demselben Grundstück gegenüber einer Grundstücksgrenze **zu addieren** sind, soweit diese eine Tiefe der Abstandfläche von 0,8 H nicht einhalten, zeigt dann aber in der zugehörigen Abbildung 6.5

ein „echtes“ Doppelhaus auf einem **ungeteilten** Grundstück, dessen addierte – gartenseitige – Außenwandlänge mehr als 16 m ausmacht und gewährt der einen Doppelhaushälfte die halbierte Tiefe auf voller Länge der Außenwand und der anderen nur teilweise, soweit diese noch im 16 m – Abschnitt liegt. Abgesehen davon, dass diese Fallgestaltung kaum vorkommt, weil beide Grundstückshälften in der Regel schon aus beleihungstechnischen Gründen in eigenständige Buchgrundstücke aufgeteilt werden dürften, bietet diese Darstellung keine Hilfe, da von einem vom Grundbuch **abweichenden Grundstücksbegriff** – ausnahmsweise – auszugehen ist (s. die Anmerkungen zu § 1 Rdn. 27–36 und zu § 2 Rdn. 127–138), so dass sich bereits deshalb keine Addition ergibt. Grenzen jedoch zwei Gebäude auf demselben **gemeinsam genutzten** Grundstück aneinander, z. B. ein Wohngebäude und eine Lagerhalle, ergibt sich nach Nr. 6.5 des RdErl. vom 26. 3. 2007 – Hinweise zu §§ 6 und 73 BauO NRW das Erfordernis der Addition. Liegen zwei Gebäude auf demselben Grundstück mit Abstand getrennt voneinander, stellt sich die Frage nach der Handhabung des 16 m – Abschnitts, da wegen der **entfallenen Anknüpfung** der Halbierungsregel an das **Gebäude** und damit indirekt auch an die **Bauweise** (s. Rdn. 247) nunmehr der **Bezug zur Grundstücksgrenze** bzw. zum **Grundstück** in den Vordergrund der Betrachtung rückt.

Eine Anwendung der Halbierungsregel bei getrennt liegenden Gebäuden auf demselben Grundstück entspräche dem **Vorgängerrecht**, das die **mehrfache Anwendung des Schmalseitenprivilegs** zuließ, selbst wenn jedes Gebäude die Wandlänge von 16 m ausschöpfte, was den Nachbarn ungleich stärker belastete, als eine Aufteilung der auf 16 m beschränkten Halbierung auf zwei getrennte Gebäude. Es ist auch davon auszugehen, dass der Gesetzgeber eine derartige **Verschärfung** der Vorschrift **nicht gewollt** hat. Es ist eher anzunehmen, dass diese Folgen der Rechtsänderung im Gesetzgebungsverfahren nicht erkannt worden sind, was nicht verwundert, da das Schmalseitenprivileg schon immer besondere Schwierigkeiten bereitete. Eine für die Praxis brauchbare Formulierung des Schmalseitenprivilegs ist noch niemand gelungen, was schließlich auch unter Berücksichtigung der nicht enden wollenden Abhandlungen in der Fachliteratur und der Länge der einschlägigen Kommentierungen für die Abschaffung mit der MBO 2002 ausschlaggebend war (s. Rdn. 234). Insgesamt spricht aus Gründen des **Maßes der nachbarlichen Beeinträchtigung** mehr dafür, eine Aufteilung der Länge von 16 m auch im Falle getrennt stehender Gebäude zuzulassen, da der Nachbar durch die Aufteilung der Baumasse auf zwei Baukörper mit dazwischen liegendem Abstand weniger stark beeinträchtigt wird als bei einem größeren kompakten Gebäude, zumal Dächer bis zu 45° Neigung an der Traufseite – entgegen der MBO 2002 – nicht auf die Wandhöhe – H – angerechnet werden und sich hierdurch der Vergleich des größeren mit den beiden kleineren Baukörpern in Wirklichkeit noch viel extremer darstellt. Schließlich ist zu berücksichtigen, dass nach Satz 1 die halbierte Tiefe der Abstandfläche auch für sich gegenüberliegende Außenwände getrennt stehender Gebäude auf demselben Grundstück zulässig ist, so dass es keinen rechten Sinn macht, dort die Halbierung zuzulassen, nicht aber bei der Aufteilung auf zwei getrennt stehende Gebäude. Da sich die Frage aufgrund der unklaren Formulierung nicht zufriedenstellend klären lässt, bleibt letztlich nichts anderes übrig, als das Ergebnis der Rechtsprechung abzuwarten. Bis dahin kann eine mit dem Problem befasste Bauaufsichtsbehörde im Interesse des **Rechtsfriedens** versuchen, eine **Einigung der Angrenzer** herbeizuführen, um sodann – sollten sie denn von der Unzulässigkeit der Aufteilung weiterhin ausgehen – unter Anwendung des § 73 BauO NRW eine **Abweichung** zu gewähren.

252 Das frühere Schmalseitenprivileg geht nicht nur vom **rechteckigen** Gebäude, sondern auch vom **rechteckigen** oder **nahezu rechteckig geformten Grundstück** aus, bei dem die **Gebäudeaußenwände zu den Grundstücksgrenzen parallel** stehen (BayVGH, Beschluss vom 21.4.1986 – Nr. Gr. S. 1/85, BRS 46 Nr. 103). Die Neufassung des Absatzes 6 verursacht in diesem „Normalfall" weniger Auslegungsprobleme als das frühere Schmalseitenprivileg, da die Halbierung der Abstandflächentiefe nunmehr auf einer Länge von bis zu 16 m nicht nur **gegenüber** einer oder zweier, sondern gegenüber **allen** Grundstücksgrenzen zulässig ist. Dies erleichtert das Bauen und schränkt Rechtsstreitigkeiten ein, da nicht mehr wie beim Schmalseitenprivileg sämtlichen Angrenzern Abwehrrechte zustehen (s. Rdn. 247), sondern nur noch der jeweils **betroffene** Angrenzer infolge einer Überschreitung des 16 m - Abschnitts gegenüber **seiner** Grundstücksgrenze eine Rechtsverletzung geltend machen kann (OVG NRW, Beschluss vom 22.1.2007 – 10 B 2456/06, BauR 2007, 1021).

Absatz 6 Satz 1 zielt – obwohl die Vorschrift keinen entsprechenden Vorbehalt enthält – nur auf Grundstücksgrenzen, die **nicht an öffentlichen** Verkehrs-, Grün- oder Wasserflächen liegen, denn zu diesen öffentlichen Flächen hin gilt bereits nach Absatz 5 Satz 1 eine halbierte Tiefe (s. Rdn. 240). Absatz 6 Satz 1 kann sich deshalb nicht auf sämtliche Grundstücksgrenzen, sondern nur auf die **Nachbargrenzen** des Baugrundstücks beziehen, so dass es im Gesetzestext besser bei diesem Begriff geblieben wäre.

Da nach Absatz 6 Satz 1 die Halbierung der Tiefe nicht mehr – wie zuvor beim Schmalseitenprivileg – auf eine oder zwei Grenzen beschränkt ist, kann sich bei von der Rechteckform abweichenden Grundstücken, insbesondere solchen mit **abgewinkelt verlaufenden Grenzlinien**, die Frage nach der **Anzahl der Grundstücksgrenzen** stellen, denn **gegenüber jeder** darf ein 16 m – Abschnitt mit halbierter Tiefe der Abstandfläche angewendet werden. Das Problem gleicht Absatz 11 Satz 5, der Grenzgaragen und bestimmte Nebengebäude in genau festgelegten Ausmaßen **je Nachbargrenze** zulässt. Auch diese Vorschrift geht davon aus, dass ein **rechteckiges** Baugrundstück nicht nur eine, sondern **mehrere** Grundstücksgrenzen hat. Daraus folgt, dass die **gesamte Umfassungslinie** eines Grundstücks **nicht als eine Grundstücksgrenze** angesehen werden kann. Wenn das Baugrundstück somit mehrere Nachbargrenzen aufweist, kann ihre Anzahl von diesem aus oder von den Nachbargrundstücken her definiert werden. Wird aus Sicht des Baugrundstücks definiert, hat das **rechteckige** Grundstück, das an eine Verkehrsfläche grenzt, **drei** Nachbargrenzen, das **polygonale** Grundstück **entsprechend mehr**. Wird die Anzahl der Nachbargrenzen hingegen von den angrenzenden Grundstücken her bestimmt, hat das Baugrundstück so viele Nachbargrenzen, wie Nachbargrundstücke angrenzen. Die **Zahl** der Grundstücksgrenzen, die das Baugrundstück von benachbarten Grundstücken trennt, die keine öffentlichen Verkehrs-, Grün- oder Wasserflächen sind, wird jedoch – da auch die Abstandflächen auf dem **eigenen** Grundstück liegen müssen – **aus Sicht des Baugrundstücks** definiert (OVG NRW, Urteil vom 12.12.1988 – 10 A 1729/87, BRS 49 Nr. 123). Dabei ist es unerheblich, ob eine **einzelne** Grenze zwischen **zwei** Grundstücken einen geraden, abgeknickten oder unregelmäßigen Verlauf aufweist (VGH B-W, Urteil vom 1.9.1989 – 8 S 778/89, BRS 49 Nr. 124). Handelt es sich um eine **geknickt verlaufende** Grenze nicht nur zu einem einzelnen, sondern zu **mehreren** angrenzenden Nachbargrundstücken ist gegebenenfalls auf die **natürliche Betrachtungsweise** abzustellen, **wenn** aneinanderstoßende Grenzlinien **gegen 180° tendieren** und im Wesentlichen in derselben Richtung verlaufen (OVG NRW, Beschluss vom 4.2.2004 – 10 B 2544/03, BRS 67 Nr. 140; s. Abbildung 6.36).

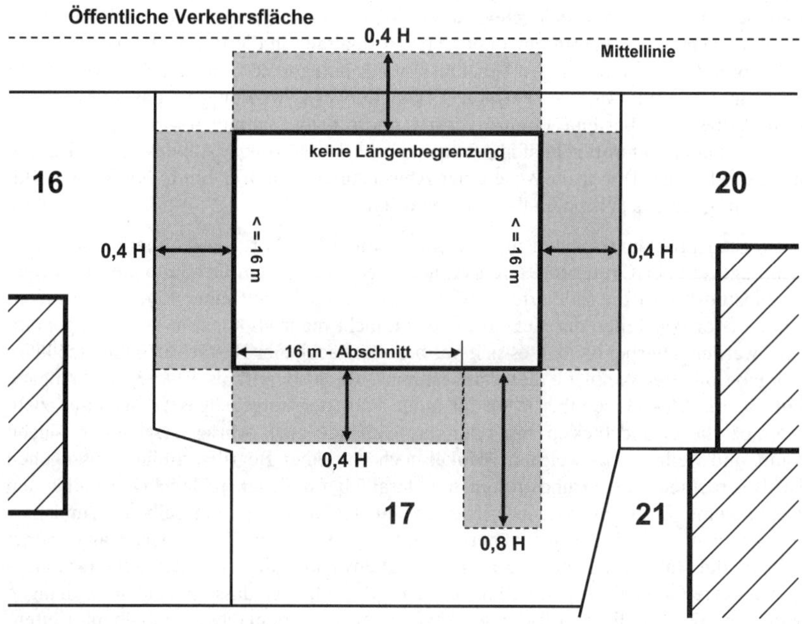


**Abbildung 6.36 Halbierungsregel** und **Anzahl der Grundstücksgrenzen**
Das Baugrundstück – Flurstück **17** – grenzt durch eine **verspringende** Grundstücksgrenze an das bebaute Flurstück **16**. Trotz des relativ großen Versprungs handelt es sich bei **natürlicher Betrachtung** nur um **eine** Grundstücksgrenze, gegenüber der nur **einmal** die Tiefe der Abstandfläche halbiert werden darf. Die Grenze zu den Flurstücken **20** und **21** ist trotz des leicht abgewinkelten Verlaufs abstandrechtlich ebenfalls nur als **eine** Grundstücksgrenze zu werten, obwohl von der Nachbarseite her betrachtet **zwei selbständig bebaute** Grundstücke an das Baugrundstück angrenzen. Die Grenzlinie **tendiert** jedoch **gegen 180°** und verläuft im Wesentlichen in derselben Richtung (s. Rdn. 252).

Es kann nur nachdrücklich davor **gewarnt** werden, die aus Einzelfällen abgeleiteten Ergebnisse der Rechtsprechung in der Weise anzuwenden, **allein auf den Winkel** der abknickenden Grenzlinien bei der Klärung der Frage **abzustellen**, ob eine oder mehrere Nachbargrenzen vorliegen, zumal diese Rechtsprechung zu Absatz 11 ergangen ist und insbesondere die „Verhinderung eines Abschirmeffekts einer Grenzbebauung" in besonderer Weise berücksichtigte (vgl. OVG NRW, Beschluss vom 4. 2. 2004 – 10 B 2544/03, BRS 67 Nr. 140). Absatz 6 verfolgt dagegen eine andere Zielsetzung: hier geht es nicht um die Ermöglichung einer Grenzbebauung, sondern um das genaue Gegenteil, nämlich die Einhaltung – wenn auch in der Tiefe halbierter – Abstandflächen. Auf die **natürliche Betrachtungsweise** kann schon deshalb nicht verzichtet werden, weil bei **polygonalen** Grundstücken mit **steigender Zahl der Eckpunkte** immer mehr und immer kürzere Grundstücksgrenzen entstehen. Bei einer gegen unendlich steigenden Zahl der **253**

Eckpunkte entsteht schließlich eine **kreisförmige Grundstücksfläche**, die jedoch als **Paradoxie** nur noch **eine in sich gebogene Grenze** aufweist. Wendet man die Halbierungsregel des Absatzes 6 hierauf an, ohne den „Normalfall" in die Betrachtung einzubeziehen, kommt man zu unsinnigen Ergebnissen. Für polygonale Grundstücke ergeben sich so viele Grenzen, wie das Polygon Ecken aufweist, wohingegen das kreisförmige Grundstück nur über eine Grenze verfügt. Diese Fallgestaltungen lassen sich, wie die von Gebäuden mit **unregelmäßig gebogener** oder **kreisförmiger** Außenwand (s. Rdn. 34 und Abbildung 6.4), nur im Wege einer Abweichung nach § 73 BauO NRW unter Berücksichtigung des „Normalfalls" sinnvoll lösen.

**254** Auslegungsprobleme können in Einzelfällen aus dem Wort „**gegenüber**" resultieren, denn „gegenüber Grundstücksgrenzen und gegenüber jedem Gebäude auf demselben Grundstück" darf die halbierte Tiefe der Abstandfläche auf einer Länge der Außenwände oder von Teilen der Außenwände von nicht mehr als 16 m in Anspruch genommen werden. Hierbei handelt es sich nur bei oberflächlicher Betrachtung um eine klare Vorgabe, da offen bleibt, ob dieser **unbestimmte Rechtsbegriff** als ortsbezogene Angabe auf ein **direktes** Gegenüberliegen im Sinne „auf der entgegengesetzten Seite" zielt, oder ob die Grundstücksgrenze oder das Gebäude auch **schräg** „gegenüber" liegen kann, und wenn ja, bei welchem **Winkel** noch von einer Begriffserfüllung auszugehen ist. Bei rechteckigen Grundstücken mit darauf befindlichen rechteckigen Gebäuden treten keine Beurteilungsschwierigkeiten auf. Gebäude auf demselben Grundstück müssen sich nicht direkt gegenüberliegen, sondern können auch **versetzt** angeordnet sein, da die Halbierung auch für **Teile** der Außenwände gilt. Auf voller Außenwandlänge versetzte Gebäude liegen sich nicht mehr gegenüber, so dass bei Außenwandlängen von mehr als 16 m die volle Tiefe der Abstandfläche bei dem dieses Maß überschreitenden Teil einzuhalten ist, was dann aber auch regelmäßig keine Probleme bereiten dürfte (s. Abbildung 6.37).

öffentliche Verkehrsfläche

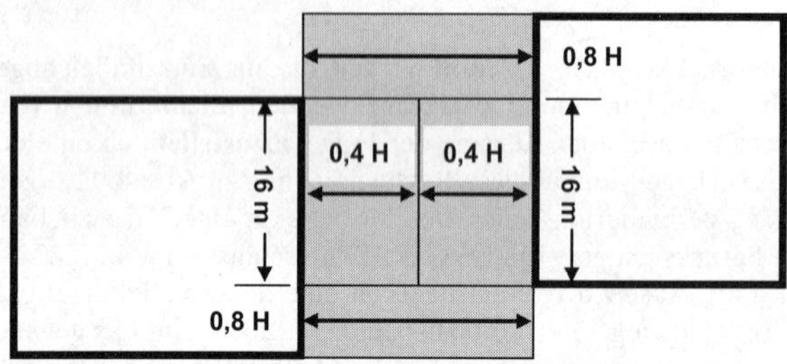


**Abbildung 6.37 Versetzt angeordnete Gebäude auf demselben Grundstück**
Bei versetzt gegenüberliegenden Außenwänden auf **demselben** Grundstück genügt auf einer Länge bis zu 16 m die halbierte Abstandflächentiefe (s. Rdn. 254).

Bei nicht rechteckigem Grundstückszuschnitts kann die **Grundstücksgrenze schräg** verlaufen. Ebenso kann auf einem rechteckigen Grundstück ein **Gebäude schräg zur Grundstücksgrenze** angeordnet sein. Absatz 6 Satz 1 darf nicht so verstanden werden, als ob die Länge von 16 m parallel zur schräg verlaufenden Grundstücksgrenze zu messen ist, denn hierdurch würde sich der begünstigte Wandabschnitt – durch die Projektion der an der Grundstücksgrenze gemessenen Länge auf die Wand – über 16 m hinaus verlängern (vgl. Buntenbroich/Voß, zu § 6 Rdn. 63). Bei geringer Schrägstellung und damit kleinen Winkeln wirkt sich der Längenunterschied kaum aus, bei größeren Winkeln würde jedoch schließlich als Folge der Projektion die gesamte Außenwand einer Halbierung der Tiefe der Abstandfläche zugänglich sein, was so aber nicht gewollt ist. Die Länge des 16 m-Abschnitts ist daher stets unmittelbar **an der Außenwand** abzugreifen (s. Abbildung 6.38). Als Folge der Schrägstellung darf sich der 16 m-Abschnitt nicht nur – wie beim früheren Schmalseitenprivileg – auf eine Außenwand des Gebäudes erstrecken, sondern **über die Ecke hinaus** auch auf die andere Außenwand. Bei einem rechteckigen Gebäude liegen nämlich **zwei** Außenwände der Grundstücksgrenze „**gegenüber**“, weil sie **schräg** zu ihr stehen. Der Bauherr darf den 16 m-Abschnitt **zusammenhängend** auch um diese Ecke herum auf beide Wände verteilen, z. B. 6 m auf die eine und 10 m auf die andere Außenwand, da Absatz 6 Satz 1 die Halbierung auf einer Länge „**der** Außenwände und von Teilen **der** Außenwände“ von nicht mehr als 16 m erlaubt.

Bereits nach dem Vorgängerrecht verletzte eine Baugenehmigung für ein **Gebäude** mit einer **mehr** als 16 m langen Außenwand keine abstandrechtlich geschützten Nachbarrechte, wenn die **Nachbargrenze schräg** verläuft und vor dem Teil der Außenwand, der jenseits des an der Außenwand zu messenden 16 m-Abschnitts liegt, die volle Tiefe der Abstandfläche auf dem Baugrundstück eingehalten wird (OVG NRW, Urteil vom 18.12.1987 – 10 A 1952/85, BRS 48 Nr. 98 = EildStNW 1988, 267).

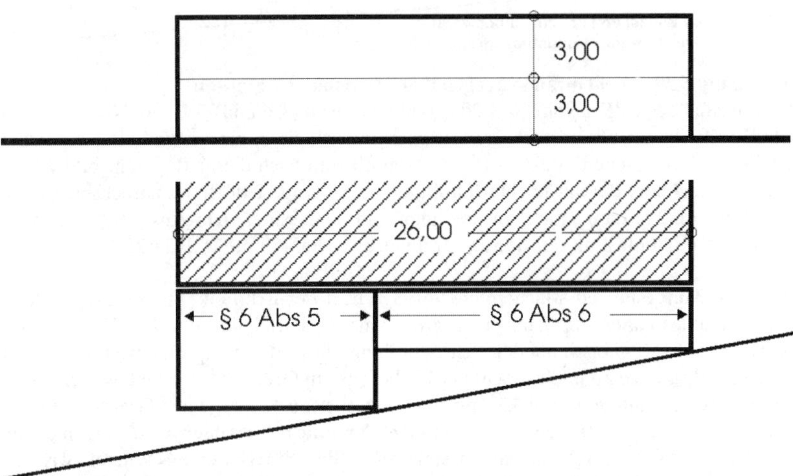


**Abbildung 6.38 Messung des 16 m-Abschnitts** bei **schräg verlaufender Grenze**
Der **16 m-Abschnitt** ist unabhängig vom Winkel der schräg zum Gebäude verlaufenden Grundstücksgrenze stets **an der Außenwand selbst** abzugreifen (s. Rdn. 254).

**255** Der unbestimmte Rechtsbegriff „**gegenüber**“ kann in **Grenzfällen** zu **Unsicherheiten in der Beurteilung** führen. Bei der **Parallelität** von Außenwand und Grundstücksgrenze, liegt die Wand der Grenze **direkt gegenüber**, bei einem Winkel von **90°** zur Grundstücksgrenze liegt die Wand **nicht mehr gegenüber**. Bei versetzten Gebäudeteilen mit rechtwinkligen Versprüngen im Verlauf der Außenwand liegt auch eine Wand in einem Winkel von geringfügig weniger als 90° „gegenüber“ der Grundstücksgrenze. Nach **Nr. 6.3** des RdErl. vom 26. 3. 2007 – Hinweise zu §§ 6 und 73 BauO NRW – ergibt sich somit bereits bei nur **geringfügiger Schrägstellung** des Gebäudes zur Grundstücksgrenze im Bereich des 16 m-Abschnitts das Erfordernis zur **Addition** sämtlicher Wandteile, die in einem Winkel von **weniger als 90°** zur Grundstücksgrenze stehen. Dadurch verkürzt sich insgesamt der 16 m-Abschnitt in dem Umfang des **nahezu senkrecht** zur Grundstücksgrenze stehenden Wandteils. Bei nur leichter Drehung der zurückspringenden Wand entfiele der Nachteil jedoch, so dass der begünstigte Wandteil entsprechend länger sein könnte, was im Ergebnis kaum nachvollziehbar ist (s. Abbildung 6.39).

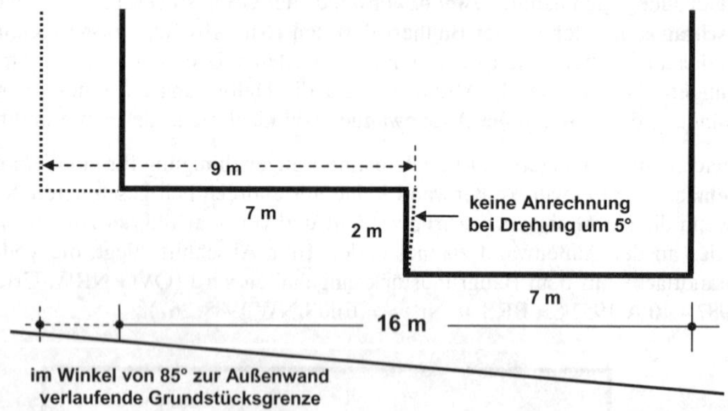


**Abbildung 6.39 Außenwände „gegenüber“ Grundstücksgrenzen**
Nach **Nr. 6.3** des RdErl. vom 26. 3. 2007 – Hinweise zu §§ 6 und 73 BauO NRW – liegen alle Wandteile der Grundstücksgrenze „**gegenüber**“, die in einem Winkel von **weniger als 90°** zu dieser stehen. Auf den 16 m-Abschnitt sind nach dieser Regelung alle Wandteile anzurechnen. Bei nur leichter Drehung um 5° würde jedoch der zurückspringende Wandteil von 2 m Länge nicht anzurechnen sein, so dass der 16 m-Abschnitt und damit das Gebäude um fast diesen Betrag verlängert werden könnte (s. Rdn. 255).

Bei einer **Mindestabstandflächentiefe** von **3 m** liegt der **Eckpunkt** eines **schräg** stehenden Gebäudes **näher** zur Grundstücksgrenze als bei Parallelität der Wand zur Grenze (s. Rdn. 245). Mit abnehmender Schrägstellung rückt der Eckpunkt weiter von der Grundstücksgrenze ab und erreicht bei **75°** bereits ein Grenzabstandsmaß von **2,9 m**, da die andere Gebäudeseite mit **15°** nur noch eine geringe Schräge zur Grenze aufweist. Das **Überdeckungsverbot gilt** gemäß **Absatz 3 Nr. 1 nicht** für Außenwände, die in einem Winkel von **mehr als 75°** zueinander stehen (s. Rdn. 188). Bei einem Winkel zwischen 75° und 90° sind die **Schutzziele des Abstandflächenrechts** nur relativ **gering berührt**. Es liegt nahe, **Wände** die in einem Winkel von **mehr als 75°** zur Grundstücksgrenze stehen, entweder **nicht als gegenüberliegend** anzusehen, oder die „**Plage des Unsinns**“ (s. Rdn. 34) durch eine **Abweichung** nach § 73 BauO NRW aufzufangen.

Von Gebäudewänden, die der abstandflächenrechtlichen Privilegierung von Schmalseiten bis zu 16 m Länge nach dem Vorgängerrecht unterfielen, konnte grundsätzlich keine das nachbarliche **Rücksichtnahmegebot** verletzende Wirkung ausgehen (OVG Bln, Beschluss vom 29. 3. 1996 – 2 S 2/96, BRS 58 Nr. 169 = NVwZ-RR 1997, 601; OVG NRW, Beschluss vom 13. 9. 1999 – 7 B 1457/99, BauR 2001, 917). Hiervon wird man auch nach der Änderung der Rechtslage für die meisten Anwendungsfälle weiterhin ausgehen können, denn die Halbierung von 0,8 H auf 0,4 H war bereits nach dem Vorgängerrecht straßenseitig und an einer bzw. zwei weiteren Grundstücksgrenzen zulässig (s. Rdn. 247). Infolge der durch die Neufassung der Vorschrift bewirkten **Entkoppelung von der Bauweise** sind aber Fallgestaltungen zu erwarten, die eine starke Verkürzung der Abstände zur Folge haben, so dass sich dann unverträgliche Baumassen auf **relativ kurzer Distanz** gegenüberliegen können (vgl. Buntenbroich/Voß, zu § 6 Rdn. 65 mit dem Beispiel eines Einzelhauses gegenüber einer Hausgruppe). Auch künftig dürfte es sich hierbei um **seltene Einzelfälle** handeln, da in den Misch- und Wohngebieten ein ausreichend großer Hausgarten oder Hof, der mehr als die Mindesttiefe der Abstandfläche von 3 m aufweist, trotz hoher Grundstückspreise immer noch die Regel darstellt. 256

Aufgrund der auch im **Kerngebiet** zulässigen Halbierung der Tiefe der Abstandfläche von 0,5 H auf 0,25 H vor allen Außenwänden können sich **im Einzelfall**, vor allem bei der weiteren Verdichtung von Hinterhofbebauungen im unbeplanten Innenbereich im Sinne des § 34 BauGB **ungesunde Wohnverhältnisse** im Sinne des Bauplanungsrechts ergeben (s. Rdn. 241), wenn ein bestehendes Gebäude bereits Wohnungen aufweist und ein weiteres Gebäude so ungünstig zu diesem angeordnet werden soll, dass die **Aufenthaltsraumfenster** eine **Vollverschattung** erleiden. Bei Ausnutzung der Halbierungsregel dürfen sich nämlich im **Abstand von 6 m** zwei bis zu 16 m lange Außenwände von **12 m Wandhöhe – H** – im Kerngebiet direkt gegenüberliegen, wohingegen der Faktor 0,4 H, den die MBO 2002 als untere Grenze vorsieht, nur eine deutlich geringere Wandhöhe – H – von 7,5 m ermöglicht (s. Abbildung 6.1). Eine **Wandhöhe – H – von 7,5 m bei 6 m Abstand der Gebäude untereinander** reicht im Sinne eines **abstandrechtlichen Minimalprogramms** gerade noch aus, die Fenster der Aufenthaltsräume von Wohnungen im Erdgeschoss mit Tageslicht zu versorgen und ist deshalb auch als **Maßstab zur Beurteilung** geeignet, ob bei geringeren Abständen von Gebäuden mit Wohnungen in den unteren Geschossebenen noch **gesunde Wohnverhältnisse** vorliegen. Bei einer derartigen Verdichtung der Bebauung auf dem eigenen Grundstück gibt es zwar keinen klagebefugten Nachbarn, weil der Bauherr sich nur selbst – und die Nutzer der Wohnungen – schädigt, es ist aber **Aufgabe** der Bauaufsichtsbehörden nur **rechtmäßige** Entscheidungen zu treffen (VGH B-W, Urteil vom 15. 9. 1986 – 3 S 2547/85, BRS 46 Nr. 174) und daher auch das **Bauplanungsrecht** zu **berücksichtigen**.

In **Gewerbegebieten** und **Industriegebieten** ist eine **Halbierung** der Tiefe von 0,25 H auf 0,125 H **nicht zulässig**, da die Neufassung entgegen dem Vorgängerrecht diese Gebiete nicht ausdrücklich aufführt. Sie wäre auch **sachlich nicht begründbar**, da nach dem **Fortfall der Einschränkung**, wonach der Faktor von 0,25 H nur Anwendung findet, wenn es sich um Produktions- oder Lagergebäude handelt, auch vor Außenwänden von Büro- und Verwaltungsgebäuden – entsprechend § 6 Abs. 5 BauO NW 1984 – eine Tiefe der Abstandfläche von 0,25 H genügt. Wie im Kerngebiet bei Anwendung der Halbierungsregel, können sich im Gewerbegebiet und im Industriegebiet Außenwände mit einer **Wandhöhe – H – bis zu 12 m im Abstand von 6 m – ohne Längenbeschränkung** – gegenüberliegen. Dies erleichtert bereits ausreichend das Bauen in diesen Gebieten.

### 7 Zu Absatz 7 – Untergeordnete Bauteile und Vorbauten

257 Die Vorschrift über die bei der Bemessung der Abstandfläche außer Betracht bleibenden Gebäudeteile und Vorbauten wurde in Anlehnung an § 6 Abs. 6 MBO 2002 durch das Zweite Gesetz zur Änderung der Landesbauordnung vom 12. 12. 2006 nicht nur redaktionell neu gefasst, sondern auch inhaltlich geändert. Damit verbunden sind **Erleichterungen** aber auch nicht unerhebliche **Erschwernisse**. Absatz 4 regelt die Bemessung der Tiefe der Abstandfläche nach der Wandhöhe der Außenwand, vor der die Abstandfläche von Gebäuden freizuhalten ist (s. Rdn. 192–193) und geht davon aus, dass die Außenwand durch einzelne Bauteile, wie Gesimse und Dachvorsprünge, aber auch durch Vorbauten, wie Balkone oder Erker, in sich gestaltet oder gegliedert ist (s. Rdn. 194). Die Vorschrift dient nicht zuletzt der **vereinfachten Anwendung** des Abstandflächenrechts (s. Rdn. 25 und Abbildung 6.2), da sie nur regelt, welche **unselbständigen** Bauteile **bei der Bemessung** der Abstandflächen **außer Betracht** bleiben (OVG NRW, Beschluss vom 29. 11. 1985 – 7 B 2402/85, BRS 44 Nr. 101).

Die **Zielsetzung des Absatzes 7** besteht darin, im Einzelnen festzulegen, welche **Bauteile** und Vorbauten, die **typischerweise** die durch die Abstandflächenregeln geschützten Belange nach der für alle verbindlichen Wertung des Gesetzgebers nur **geringfügig beeinträchtigen,** bis zu welchen **Abmessungen** bei der Bemessung der Abstandfläche **außer Betracht** bleiben. Mit dieser Regelung hat der Gesetzgeber eine politische Aussage darüber getroffen, wann nach seinen Vorstellungen vor die Außenwand vortretende Bauteile den Nachbarn so wenig stören, dass sie bei der **Bemessung** der Abstandfläche vor dieser Außenwand **vernachlässigt** werden können.

**Indirekt** wird damit aber auch festgelegt, welche vor die Außenwand vortretenden Bauteile und Vorbauten wegen der von ihnen ausgehenden Störungen bei der **Bemessung** der Abstandfläche dieser Außenwand **berücksichtigt werden müssen** (VGH B-W, Urteil vom 30. 10. 1985 – 3 S 2310/85, BRS 44 Nr. 102).

258 Eine wesentliche – nicht ausdrücklich normierte – **Voraussetzung** für die Anwendung des Absatzes 7 ist, dass die **Außenwand** selbst den Anforderungen der **Absätze 5 und 6 entspricht** und die danach erforderliche **Tiefe der Abstandfläche einhält**. Dies ist bei **Erneuerungsmaßnahmen** zu beachten, die den Nutzwert bestehender Gebäude durch neue Bauteile oder Vorbauten verbessern sollen. Die **nachträgliche Schaffung** von Balkonen an einer selbst **nicht die erforderliche Tiefe der Abstandfläche einhaltenden Außenwand** wirft die **Abstandsfrage neu** auf (OVG NRW, Beschluss vom 20. 6. 2000 – 10 B 853/00, BauR 2001, 767 = BRS 63 Nr. 134). Wird nachträglich auf dem Flachdach einer Dachgaube eine Dachterrasse geschaffen, so ist der hinzutretende Bauteil einer **isolierten baurechtlichen Beurteilung nicht mehr zugänglich** (hierzu s. BVerwG, Beschluss vom 4. 2. 2000 – 4 B 106.99, BauR 2000, 1041 = BRS 63 Nr. 172), weil durch die **Kombination von Dachterrasse und Dachgaube** eine **neue bauliche Gesamtheit** entsteht, die daraufhin zu prüfen ist, ob sie insgesamt den Abstandregelungen genügt (OVG NRW, Beschluss vom 22. 11. 2001 – 10 B 1378/01, BauR 2002, 925 = BRS 64 Nr. 121; s. auch Rdn. 215).

259 Absatz 7 regelt **nicht** – wie häufig angenommen – die **Zulässigkeit** bestimmter **Bauteile** und **Vorbauten vor Außenwänden** oder innerhalb von Abstandflächen. Die **Zulässigkeit** richtet sich zunächst nach dem **Bauplanungsrecht** (OVG NRW, Beschluss vom 8. 12. 1998 – 10 B 2255/98, BauR 1999, 628 = BRS 60 Nr. 208). Da Gebäude zumeist unter Ausnutzung der überbaubaren Grundstücksflächen errichtet werden, ist nach § 23

Abs. 2 Satz 2, Abs. 3 Satz 2 oder Abs. 4 Satz 1 BauNVO 1990 zunächst über die Zulassung städtebaulich relevanter Gebäudeteile vor der Baulinie, Baugrenze oder Bebauungstiefe zu entscheiden (s. Rdn. 81 und 93–97). Sodann ist zu prüfen, ob sich **Zulässigkeitseinschränkungen** aus **sonstigen öffentlich-rechtlichen Vorschriften**, insbesondere aus dem **Denkmalrecht** oder dem **Straßenrecht** ergeben. So kann z. B. die nachträgliche Schaffung von Balkonen aus denkmalrechtlichen Gründen unzulässig sein, weil hierdurch das Erscheinungsbild des Denkmals unzulässig beeinträchtigt wird. obwohl keine bauplanungsrechtlichen Aspekte dem Vorhaben entgegenstehen.

Sind Bauteile und Vorbauten **bauplanungsrechtlich** vor einer Außenwand zulässig, liegen sie also **innerhalb der überbaubaren Grundstücksfläche**, so ist nach § 6 Abs. 1 Satz 2 Buchstabe a BauO NRW eine **Abstandfläche** vor den **seitlichen Bereichen dieser Vorbauten** dann **nicht erforderlich**, wenn nach bauplanungsrechtlichen Vorschriften **ohne oder mit geringerem Grenzabstand** gebaut werden **muss** (s. Rdn. 80 und 157–161). Die Bauteile und Vorbauten nach Absatz 7 sind in diesen Fällen **unmittelbar an der Nachbargrenze** oder – wie das Gebäude – **mit geringerem Grenzabstand zulässig**, so dass insoweit die in Absatz 7 Satz 1 Nr. 1 bis 3 geregelten Abstände zu **den** Nachbargrenzen (s. Rdn. 264) für die abstandrechtliche Unbeachtlichkeit keine Rolle spielen. Die Bauteile und Vorbauten bleiben abstandrechtlich außer Betracht, obwohl sie an der Nachbargrenze liegen. Bei Anwendung des Absatzes 7 ist daher zunächst die **Klärung der bauplanungsrechtlichen Vorgaben** erforderlich (s. Rdn. 81).

**Satz 1** nennt einleitend als **generelle Voraussetzung** der abstandrechtlichen **Unbeachtlichkeit** für **alle** unter den Nummern **1 bis 3** aufgeführten Bauteile und Vorbauten, dass sie „**nicht mehr als 1,50 m vor die jeweilige Außenwand vortreten**". Bei einer **Überschreitung** des Maßes von 1,50 m sind die Bauteile und Vorbauten **abstandrelevant**, auch wenn es sich nur um eine geringfügige Überschreitung handelt, denn auch bei dieser Regelung ist die „**zentimeterscharfe**" Konzeption des Abstandflächenrechts zu beachten (s. Rdn. 42). 260

Die **Außenwand** im Sinne des Absatzes 7 stellt die „Bezugsebene" für das Vortreten dar und ist die **Fläche, von der die wesentliche Störung auf den Gegenüber ausgeht**. Das Wort „**jeweilige**" stellt klar, dass bei **versetzten** Wänden nur der Teil der Außenwand gemeint ist, an der ein Bauteil oder ein Vorbau liegt. Ein im Staffelgeschoss um mehr als 1,5 m vortretender untergeordneter Gebäudeteil kann für die Bemessung der Abstandfläche nicht deshalb unberücksichtigt bleiben, weil er in Bezug auf das darunter liegende vorspringende Geschoss das Ausladungsmaß von 1,5 m einhält (Hamb. OVG, Beschluss vom 4. 10. 2006 – 2 Bf 28/05.Z, BauR 2007, 530 = BRS 70 Nr. 129). Dem Ziel des Absatzes 7 widerspricht es jedoch, im Bereich eines Balkons, der vor einer Loggia liegt, deren Rückwand als Bezugsebene für das Maß der Vorkragung in Ansatz zu bringen (so aber noch OVG NRW, Beschluss vom 31. 10. 2001 – 10 B 1273/01, n. v.).

**Satz 2** regelt, dass **bei der Ermittlung des Maßes nach Satz 1 Loggien außer Betracht** bleiben, um so die gesamte jeweilige Außenwand und nicht nur den zurückspringenden Teil der Außenwand im Bereich der Kombination aus Loggia und Balkon als Bezugsebene festzulegen (vgl. LT-Drucks. 14/2993 S. 4 f.). Der Nachbar wird hierdurch nicht stärker beeinträchtigt (vgl. Buntenbroich/Voß, zu § 6 Rdn. 76). Hauptanwendungsfall in der Praxis dürften Balkonlösungen sein. Der Begriff „**Loggia**" ist gesetzlich nicht definiert und geht zurück auf das germanische Wort „Laube", gelangte fortentwickelt als „Loge" in die romanischen Sprachen und wurde im 17. Jahrhundert als **Fachausdruck** der Baukunst rückentlehnt. Hierunter versteht man sowohl eine von Pfeilern oder Säu- 261 len getragene, ein- oder mehrseitig offene Bogenhalle im Erdgeschoss als auch einen einseitig offenen, überdeckten Raum im Obergeschoss eines Hauses. Der Gesetzgeber hatte ausweislich der Begründung die Korrektur der Rechtsprechung zu Balkonen im Blick. Das schließt aber nicht aus, den **Begriff** entsprechend seiner **bauhistorischen Bedeutung** auch auf Rücksprünge im Erdgeschoss anzuwenden, z. B. wenn der Hauseingang hinter der Außenwand zurückgesetzt liegt und vor der Außenwand noch eine Überdachung nach Nr. 1 angebracht werden soll oder wenn eine Terrassenüberdachung nach Nr. 2 vor einem entsprechenden Rücksprung im Erdgeschoss liegt. Der Begriff Loggia wird in Satz 2 im Sinne eines hinter die Außenwand zurückgenommenen nach außen offenen Gebäudeteils verstanden.

**262** **Nr. 1** regelt die **abstandrechtliche Unbeachtlichkeit** von

- **das Erdgeschoss erschließenden Hauseingangstreppen** und
- **Überdachungen über erdgeschossigen Hauseingängen**,

wenn sie **von den Nachbargrenzen mindestens 1,50 m entfernt** sind.

Ihre endgültige Fassung fand die Vorschrift erst im Gesetzgebungsverfahren. Der Regierungsentwurf nannte im ersten Satzteil „das Erdgeschoss erschließende Hauseingangstreppen und ihre Überdachungen" (s. LT-Drucks. 14/2433 S. 6). Die erweiterte Formulierung bezweckt, dass Überdachungen auch dann privilegiert sein sollen, wenn sie nicht im Zusammenhang mit einer Hauseingangstreppe stehen (so LT-Drucks. 14/2993 S. 4), wobei allerdings übersehen wurde, dass Überdachungen auch Vorbauten im Sinne von Nr. 3 sein können. Die Gesetz gewordene Fassung schafft infolge ihres Wortlauts neue **Rechtsunsicherheiten**, da sie **zwei** durch das Wort „und" **getrennte Tatbestände** enthält: „das Erdgeschoss erschließende Hauseingangstreppen" **und** „Überdachungen über erdgeschossigen Hauseingängen". Das Erdgeschoss erschließende Hauseingangstreppen **mit** Überdachung **erfasst** Nr. 1 eigentlich **nicht** mehr; die Überdachung ist sozusagen im Gesetzgebungsverfahren ungewollt verloren gegangen. Abstandrechtlich außer Betracht bleiben sollten nach dem Willen des Gesetzgebers sowohl „das Erdgeschoss erschließende Hauseingangstreppen und deren Überdachungen" als auch „Überdachungen über erdgeschossigen Hauseingängen". Der Wortlaut dürfte sich jedoch durch Berücksichtigung der Begründung in vorstehendem Sinne erweiternd auslegen lassen, zumal es **keinen Sinn** ergibt, nur Hauseingangstreppen **ohne** Überdachung unter Nr. 1 einzuordnen.

Die Vorschrift führt schon allein wegen des auf die **Hälfte der Mindesttiefe** der Abstandfläche **reduzierten Abstands von lediglich 1,50 m** zu einer erheblichen Beeinträchtigung des **Nachbarn** und einer **besonderen Begünstigung** des **Bauherrn** (vgl. hierzu auch OVG NRW, Beschluss vom 17. 11. 2000 – 10 B 1376/00, BRS 63 Nr. 145). Sie findet in § 6 Abs. 6 MBO 2002 **kein Vorbild**, da danach alle Bauteile und Vorbauten von Nachbargrenzen mindestens 2 m entfernt bleiben müssen. Hauseingänge und Hauseingangstreppen liegen in der Regel der Erschließungsstraße zugewandt. Wer unbedingt den Hauseingang oder die Hauseingangstreppe in den **seitlichen** oder sogar **rückwärtigen** Grenzabstand legen möchte, dem kann auch zugemutet werden die bereits stark eingeschränkten Abstandflächentiefen einzuhalten. Gerade aus diesem Grund hat der Gesetzgeber – abweichend von § 6 Abs. 6 MBO 2002 – den **Grenzabstand der Vorbauten auf 3 m erhöht**. Die Regelung in Nr. 1 erweist sich insoweit als **systemwidrig**, als sie das nachbarliche Austauschverhältnis **nicht gerecht** behandelt. Tatbestandsvoraussetzungen und unbestimmten Rechtsbegriffe sind daher **eng auszulegen**:

– Der **Hauseingang** liegt an dem von der Straße zum Haus führenden Zugang. Da Nr. 1 nur schlicht auf den **Haus**eingang zielt, wäre eine einengende Auslegung als **Haupt**eingang verfehlt. Ein Gebäude kann sowohl einen „Haupteingang" als auch „Nebeneingänge" aufweisen, z.B. zur Erschließung separiert liegender Nutzungseinheiten. Unter den weiteren Begriff Hauseingang fallen daher auch Nebeneingänge (OVG NRW, Urteil vom 25. 1. 1967 – X A 1555/65, BRS 18 Nr. 76 zur vergleichbaren Regelung des § 7 Abs. 3 Satz 1 BauO NW 1962). Zu beachten ist jedoch, dass nicht alle noch so unbedeutenden Türöffnungen in den Garten oder den Hof in diesem Sinne auch Hauseingänge sind. Vielmehr kommt es auf die für jedermann erkennbare **Erschließungsfunktion** an. Ein Hauseingang erfasst mehr als die bloße Tür; so gehören zumeist teilverglaste Seitenteile zur Aufnahme der Klingeln, Namensschilder, Gegensprech- und Briefkastenanlagen mit zum Hauseingang.
– Das **Erdgeschoss** muss nicht unbedingt bündig im Gelände liegen. Die Oberkante des Erdgeschossfußbodens ragt in vielen Fällen mehrere Treppenstufen über die Geländeoberfläche hinaus, um das Kellergeschoss durch Kellerfenster noch minimal belichten und belüften zu können. Nur um diese Höhendifferenz überwinden zu können sind Hauseingangstreppen erforderlich. Eine **Treppe**, die **zu einem Geschoss oberhalb des Erdgeschosses** führt, selbst wenn sich dort ein Hauseingang befindet, ist **abstandrechtlich beachtlich** (so auch Buntenbroich/Voß, zu § 6 Rdn. 67). In **stark hängigem** Gelände kann die **Beurteilung** indessen **problematisch** sein, so dass dann nach der **natürlichen Betrachtungsweise** zu entscheiden ist, ob das Geschoss, zu dem die Treppe führt, noch als Erdgeschoss angesehen werden kann.

**Überdachungen über erdgeschossigen Hauseingängen** bleiben nur dann abstandrechtlich außer Betracht, wenn sie den **Bereich des Eingangs** abdecken und nach den Seiten **offen** sind. Wegen der Beschränkung auf das Bauteil „Überdachung" fallen mit **Seitenteilen** versehene Überdachungen mit der Funktion eines Windfanges **nicht** mehr unter Nr. 1 (vgl. Jeromin, zu § 8 Rdn. 84), da sich dadurch ein Vorbau ergibt. Die Vorschrift enthält zwar **keine Längenbeschränkung** in Bezug auf die Außenwand, der **Zweck** einer solchen Überdachung kann aber nur darin liegen, **Schutz vor Witterungseinflüssen** zu bieten und den **Hauseingang gestalterisch hervorzuheben**. Daher sind Überdachungen, die **weit** über die Hauseingangsöffnung **seitlich hinausreichen**, ebenfalls von Nr. 1 **nicht** erfasst. Das **Maß** des seitlichen Hinausreichens sollte allerdings nicht zu kleinlich betrachtet werden, da **konstruktive** und **gestalterische Gesichtspunkte** zu beachten sind; **mehr als jeweils 1 m** seitlich des Hauseingangs dürfte jedoch auch unter Heranziehung dieser Gesichtspunkte **kaum begründbar** sein. Überdachungen von Hauseingängen, die **breiter** ausgeführt werden sollen, unterfallen dem Begriff **Vorbau** nach **Nr. 3**, soweit sie **nicht mehr als ein Drittel der Breite der jeweiligen Außenwand** in Anspruch nehmen, müssen dann aber **mindestens 3 m von den Nachbargrenzen entfernt** bleiben, um abstandrechtlich außer Betracht zu bleiben. **263**

Bauteile nach **Nr. 1** müssen von „**den**" Nachbargrenzen **mindestens 1,50 m entfernt** sein. **264**
Das Vorgängerrecht bezog sich nur auf **gegenüberliegende** Nachbargrenzen; auch § 6 Abs. 6 MBO 2002 geht von gegenüberliegenden Nachbargrenzen aus. Die Begründung enthält hierzu keine Aussage. Wenn der Gesetzgeber eine bestehende Regelung, die zudem mit der MBO 2002 übereinstimmt, in dieser Weise abändert, so kann daraus nur geschlossen werden, dass eine **Verschärfung** der Vorschrift beabsichtigt war. Denn nach dem klaren Wortlaut sind nicht nur gegenüberliegende, sondern nunmehr **alle** Nachbargrenzen erfasst, zu denen der **Bauteil** in **Beziehung** tritt (vgl. Buntenbroich/Voß, zu § 6

Rdn. 67). Probleme können sich durch die Rechtsänderung ergeben, wenn vor der Außenwand eines **bestehenden Doppelhauses** oder einer **Hausgruppe** einzelne Eigentümer **nachträglich** eine Hauseingangsüberdachung anbringen möchten, was relativ häufig vorkommt. Liegt der Hauseingang grundrissbedingt nahe zur **seitlichen** Nachbargrenze, so dass sich der Abstand von 1,5 m nicht einhalten lässt, entstehen für den Bauherrn rechtliche Schwierigkeiten trotz einer eventuell noch gegebenen Wahrung der wechselseitigen Grenzbebauung (s. Rdn. 115), wenn der Nachbar Bedenken gegen die Überdachung unter Bezug auf Absatz 7 Satz 1 Nr. 1 geltend macht.

265 **Nr. 2** erfasst **untergeordnete Bauteile**. Die Aufzählung von Gesimsen, Dachvorsprüngen und Terrassenüberdachungen ist **beispielhaft**. Der Gesetzgeber geht davon aus, dass es auch andere vor die Außenwand vortretende untergeordnete Bauteile gibt, wie z. B. Brüstungen, Fensterbänke, Fenstergitter, Schlagläden, Blumenfenster, Regenfallrohre, Regenrinnen, Abgasrohre oder Lüftungsleitungen. Das eingrenzende Merkmal der **Unterordnung** bedeutet, dass die Bauteile sich dem **Umfang** und der **Größe** nach **in Grenzen** halten (BayVGH, Urteil vom 27. 11. 1974 – Nr. 54 I 73, BRS 29 Nr. 90), **im Verhältnis zum Gebäude unbedeutend** erscheinen (OVG Lüneburg, Urteil vom 26. 11. 1987 – 6 A 96/85, BRS 47 Nr. 96; Hess. VGH, Beschluss vom 12. 10. 1995 – 4 TG 2941/95, BRS 57 Nr. 139) und in ihrer **Funktion** sowie nach **Umfang** und **Auswirkungen** gegenüber dem Gebäude **nicht nennenswert ins Gewicht** fallen (Nds. OVG, Beschluss vom 19. 11. 1999 – 1 L 2987/99, BauR 2000, 372 = BRS 62 Nr. 140; Hamb. OVG, Urteil vom 21. 5. 2003 – 2 Bf 80/99, BauR 2004, 1133 = BRS 66 Nr. 131).

**Terrassenüberdachungen** waren bislang in der Aufzählung nicht enthalten und passen auch nicht recht zur Nr. 2, sondern wären systematisch besser in Nr. 1 verortet worden, da von ihnen **ähnliche Wirkungen** wie von Hauseingangsüberdachungen ausgehen. Die vergleichbare Vorgängerregelung erfasste nur solche Bauteile, die hinsichtlich des Vortretens vor die Außenwand nicht besonders in Erscheinung treten und gibt einen Hinweis in diese Richtung, indem sie außer Gesimsen lediglich Dach**vorsprünge** und nicht etwa **Überdachungen** oder sogar **Vordächer** aufführt (so OVG Lüneburg, Urteil vom 9. 2. 1981 – 6 A 226/79, BRS 38 Nr. 120). Infolge der – unsystematischen – Erweiterung der Aufzählung dürfte nunmehr die Auslegung des Kriteriums der Unterordnung zu erneuten Problemen führen. Das Wort **Terrasse** wird allgemein sowohl für eine Abstufung im Gelände – eine Terrassierung – als auch für eine befestigte Fläche am Haus benutzt. Der Begriff im Sinne der Nr. 2 zielt nur auf einen **befestigten Teil der Geländeoberfläche unmittelbar am Gebäude**, der zum Aufenthalt im Freien genutzt werden kann. **Dachterrassen** können **nicht gemeint** sein, da sich Absatz 7 auf die Außenwand und nicht auf das Dach bezieht und für Dächer mit Absatz 4 eine eigenständige Anrechnungsregel besteht. Eine Terrassenüberdachung, die bis zu 1,50 m vor die Außenwand tritt, dürfte nur schlecht nutzbar sein. Es wird daher regelmäßig der Fall eintreten, dass diese Überdachung mit einem einer Loggia vergleichbaren Rücksprung im Gebäude kombiniert wird, um zumindest für eine Sitzgruppe mit Tisch eine ausreichend tiefe Fläche zu schaffen (s. Rdn. 261).

Die Bauteile bleiben bei der Bemessung der Abstandfläche nur außer Betracht, wenn sie **mindestens 2 m von den Nachbargrenzen entfernt** sind (zur Formulierung „von **den** Nachbargrenzen" s. Rdn. 264). Bei einer Mindesttiefe der Abstandfläche von 3 m dürfen sie demnach nur noch maximal 1 m vor die Außenwand treten. Nr. 2 enthält wie Nr. 1 **keine Längenbeschränkung** in Bezug auf die Außenwand, da sich das Kriterium der Unterordnung nicht sinnvoll dadurch beurteilen lässt, dass auf ihr quantitatives Verhältnis zur Wandbreite abgestellt wird (OVG Saar, Beschluss vom 28. 6. 2002 – 2 W 4/02, BauR 2003, 230 = BRS 65 Nr. 123). Vor die Außenwand bis zu 1,50 m vortretende **Terrassenüberdachungen** sind trotz Einhaltung dieser für alle Bauteile und Vorbauten geltenden generellen Voraussetzung (s. Rdn. 260) – anders als Gesimse und Dachvorsprünge – **nicht** mehr **untergeordnet**, wenn sie die **gesamte** Gebäudefront überdecken, da von ihnen in diesem Fall abstandrechtliche Wirkungen wie von Anbauten ausgehen.

**Nr. 3** erfasst **Vorbauten** und engt diesen weiten Begriff durch die drei Beispiele **Erker**, 266
**Balkone** und **Altane** ein. Dagegen nimmt § 6 Abs. 6 MBO 2002 allein auf den Begriff Vorbauten Bezug und vermeidet so teilweise schwierige Abgrenzungsfragen bezüglich der Anordnung des Vorbaus über der Geländeoberfläche. Die Beispiel in § 6 Abs. 7 Satz 1 Nr. 3 BauO NRW zwingen nämlich zu einer **einschränkenden Auslegung**, da diesen unschwer zu entnehmen ist, dass die Unterkante von Vorbauten erst **deutlich oberhalb der Geländeoberfläche** liegen darf. Anders ausgedrückt, muss sich zwischen der Geländeoberfläche und der Unterkante des Vorbaus ein **Luftraum** befinden. An der Außenwand liegende **Aufzüge** stellen daher keine Vorbauten in diesem engeren Sinne dar, da sie von der Geländeoberfläche aus über die gesamte Höhe des Gebäudes reichen (OVG Bln, Urteil vom 22. 5. 1992 – 2 B 22.90, BRS 54 Nr. 97). Bei genauer Betrachtung der abstandrechtlichen Wirkungen ist die Beibehaltung der einschränkenden Beispiele kaum begründbar, da ein – nach nordrhein-westfälischem Recht abstandflächenauslösender – erdgeschossiger Vorbau, wie z. B. ein Wintergarten, den Nachbarn auch nicht stärker tangieren würde als eine Terrassenüberdachung nach Nr. 2. Die Beispiele führten bislang schon zu einer umfangreichen Kasuistik, auf die weiterhin zurückgegriffen werden muss.

Das Wort **Erker** leitet sich vom nordfranzösischen „arquière" = Schützenstand oder 267
Schießscharte ab, das wiederum auf das lateinische „arcuarium" = bogenförmige Ausbuchtung zurückgeht, und bezeichnete einen im mittelalterlichen Befestigungswesen üblichen Vorbau an der Wand und auch an der Ecke eines Gebäudes, der nicht vom Boden wie ein Altan aufsteigt, sondern ein- oder mehrgeschossig vorkragt, mitunter aber auch durch einen Pfeiler oder eine Säule gestützt wird. Seit der Spätgotik dienten Erker der Erweiterung und besseren Belichtung des Wohnraums, der Verbesserung der Sicht zum Straßenraum und der Gliederung der Fassade. Ein **Erker im Sinne der Nr. 3** ist dagegen ein **aus der Gebäudeaußenwand vorspringender** und **nicht aus dem Boden aufsteigender** Vorbau, welcher der Verbesserung des Ausblicks und der Belichtungsverhältnisse sowie der Fassadengestaltung dient (OVG NRW, Urteil vom 17. 12. 1992 – 10 A 2055/89, NWVBl. 1993, 300 = BRS 54 Nr. 85 unter Hinweis auf Beschluss vom 29. 11. 1985 – 7 B 2402/85, BRS 44 Nr. 101 und OVG Lüneburg, Urteil vom 11. 6. 1991 – 6 A 96/85, BRS 47 Nr. 96). Die **Annahme eines Erkers scheidet grundsätzlich aus**, wenn der vortretende Gebäudeteil nicht Element der architektonischen Fassadengestaltung oder Facette in der Innenraumaufteilung und -gestaltung, sondern **in erster Linie ein Mittel zur Gewinnung einer zusätzlichen Wohnfläche** nennenswerten Ausmaßes ist (OVG NRW, Beschluss vom 26. 3. 1993 – 11 B 713/93, BauR 1993, 581 = BRS 55 Nr. 112 = NWVBl. 1993, 391 zu einer Vergrößerung des Erd- und des Obergeschosses um jeweils 5 % der Wohnfläche). Ein Erker, der über mehr als ein Drittel der Außenwandlänge vom Erdgeschoss bis in den Dachgeschossbereich reicht ist nicht mehr abstandrechtlich unbeachtlich (OVG NRW, Beschluss vom 26. 3. 1993, a. a. O.; OVG Bln, Beschluss vom 25. 3. 1993 – 2 S 4.93, BRS 55 Nr. 121; Hess. VGH, Beschluss vom 12. 10. 1995 – 4 TG 2941/95, BRS 57 Nr. 139 = NVwZ-RR 1996, 307).

Das Wort **Balkon** ist dem französischen „balcon“ bzw. dem italienischen „balcone“ entlehnt, das seinerseits germanischen Ursprungs ist und ein Balkengerüst bezeichnet. Nach heutigem Verständnis ist ein Balkon eine nicht überdachte auskragende Plattform vor der Außenwand zum Aufenthalt im Freien bei schönem Wetter. Die Ausbildung der tragenden Konstruktion war nach der Rechtsprechung unerheblich, so dass nicht nur frei auskragende Deckenplatten, sondern auch durch Stützen getragene Balkone Absatz 7 unterfielen (Nds. OVG, Beschluss vom 29. 12. 2000 – 1 M 4235/00, BauR 2001, 937 = BRS 63 Nr. 142). Die Austrittsfläche eines Balkons kann sogar von dem Dach eines Vorbaus gebildet sein (OVG NRW, 30. 9. 1996 – 10 B 2178/96, n.v.). Dennoch sah sich der Gesetzgeber veranlasst in die beispielhafte Aufzählung „Altane“ aufzunehmen, um so klarzustellen, dass von Stützen getragene Plattformen nicht abstandrelevant sind (vgl. LT-Drucks. 14/2433 S. 15). Das Wort **Altan** entstammt als Fachbegriff der italienischen Baukunst des 15. Jahrhunderts und geht auf das italienische „alto“ (lateinisch „altus“) zurück, was hoch bedeutet. Als Altane und Söller werden balkonartige offene Anbauten bezeichnet, die vom Erdboden aus gestützt an der Außenwand liegen. Im Gegensatz zum Söller kann der Altan ein Dach aufweisen. Diese ursprüngliche Bedeutung des Begriffs ist auch unter Fachleuten heute weitgehend unbekannt und erschließt sich dem Rechtsanwender erst durch die Gesetzesbegründung.

In Übereinstimmung mit § 6 Abs. 6 MBO 2002 dürfen Vorbauten **insgesamt nicht mehr als ein Drittel der Breite der jeweiligen Außenwand** in Anspruch nehmen (zur einschränkenden Formulierung „der jeweiligen Außenwand“ s. Rdn. 260). Dieses Maß stimmt mit der Rechtsprechung zu der Frage überein, bis zu welcher Breite Vorbauten noch als untergeordnet anzusehen sind (s. Rdn. 267). Mit der Maßangabe sollen Auslegungsprobleme vermieden werden, die durch Anknüpfung an den Begriff der Unterordnung im Vorgängerrecht entstanden sind (vgl. LT-Drucks. 14/2433 S. 15). Die Vorbauten dürfen „insgesamt“ ein Drittel der Breite nicht überschreiten. Es dürfen demnach mehrere schmale Vorbauten vor der jeweiligen Außenwand liegen, müssen jedoch in der Summe ihrer aufaddierten Breiten das Drittelmaß einhalten. Die Betrachtung erfolgt hierbei nicht in vertikaler, sondern in horizontaler Richtung. Gemeint ist die Addition der Breite der Vorbauten auf einer gleichen Höhe oder Ebene des Gebäudes, also bei Gebäuden mit Geschossen die geschossweise Addition vor der jeweiligen Außenwand.

Die Vorbauten bleiben nur abstandrechtlich außer Betracht, wenn sie **mindestens 3 m von den Nachbargrenzen entfernt** sind (zur Formulierung „von **den** Nachbargrenzen“ s. Rdn. 264). Bei einer Mindesttiefe der Abstandfläche von 3 m dürfen demnach keine Vorbauten mehr vor die Außenwand treten. Diese Regelung findet in § 6 Abs. 6 MBO 2002 kein Vorbild und stellt eine erhebliche Verschärfung der Rechtslage dar. Nach der Begründung berücksichtigt der gegenüber dem Vorgängerrecht **von 2 m auf 3 m vergrößerte Grenzabstand**, dass Vorbauten, vor allem Balkone, wegen ihrer **Rundumsicht** in der Regel von Nachbarn als besonders unangenehm empfunden werden. Diese Begründung trägt auch dem Umstand Rechnung, dass Gebäude mit höheren Außenwänden aufgrund der nicht mehr auf einzelne Außenwände beschränkten Halbierungsregel grundsätzlich dichter aneinander rücken können. Andererseits wurden seit bereits seit Inkrafttreten der BauO NW 1962 Vorbauten mit einem Grenzabstand von lediglich 2 m errichtet, so dass ein beträchtlicher Anteil dieser Gebäude nicht mehr mit dem geltenden Abstandflächenrecht übereinstimmt und demzufolge lediglich **Bestandsschutz** genießt (zu den Folgen s. die Anmerkungen zu § 75 Rdn. 105–128). Dass dieser Aspekt besonders berücksichtigt wurde, ist der Gesetzesbegründung nicht zu entnehmen.

Die Vorgaben der Nr. 3 zur Breite und zum Grenzabstand betreffen nur die Berücksichtigung von Vorbauten unter abstandrechtlichen Gesichtspunkten. Der Bauherr kann Vorbauten **breiter** und **tiefer** ausführen; diese lösen dann jedoch Abstandflächen aus (VGH B-W, Urteil vom 10. 10. 2002 – 5 S 1655/01, BauR 2003, 1201 = BRS 65 Nr. 121). Die Vorbauten sind zulässig, wenn keine bauplanungsrechtlichen oder sonstigen öffentlich-rechtlichen Vorschriften entgegenstehen (s. Rdn. 259). Auch das bauplanungsrechtliche Gebot der Rücksichtnahme darf nicht verletzt sein (OVG NRW, Urteil vom 22. 8. 2005 – 10 A 3611/03, BauR 2006, 342 = BRS 69 Nr. 91 zu einem an der Nachbargrenze liegenden Balkon, von dem aus – wie von einer „Aussichtsplattform" – Einsichtnahmemöglichkeit in ein ein Meter entferntes Schlafzimmerfenster sowie die Terrassenbereiche des Nachbargrundstücks bestand). Die **Tiefe** der Abstandfläche **abstandrelevanter Vorbauten** bemisst sich nach ihrer **Höhe über der Geländeoberfläche**. Oberer Bezugspunkt bei **Balkonen** ist die **Höhe der Umwehrung** unabhängig vom Material und ungeachtet einer etwaigen Transparenz (OVG NRW, Urteil vom 12. 9. 2006 – 10 A 2980/05, BauR 2007, 350 = BRS 70 Nr. 128). Das sich ergebende Maß ist – **H** –, aus dem sich nach den Absätzen 5 und 6 die Tiefe der Abstandfläche ergibt (s. Abbildung 6.40). 268

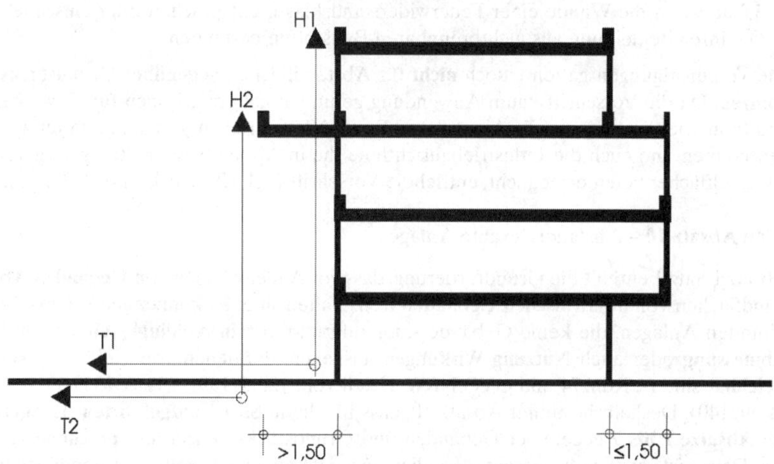


**Abbildung 6.40 Tiefe der Abstandfläche abstandrelevanter Balkone** (s. Rdn. 268)

Sofern **Erker** mit einem Abstand von weniger als 2,5 m zur Nachbargrenze errichtet werden, besteht mit § 31 Abs. 3 BauO NRW ein brandschutztechnisches Vorbautenprivileg (s. die Anmerkungen zu § 31 Rdn. 12–13). Die dem **Brandschutz** dienende **Vorschrift** des § 6 AVO BauO NW (zu § 18 BauO NW 1970) regelte unter anderem, dass bei aneinander gereihten Gebäuden Balkone, Erker und ähnliche zum Betreten bestimmte Vorbauten, die über die Flucht der vorderen oder hinteren Außenwand des Nachbargebäudes hinausragen, von der Nachbargrenze einen Abstand einhalten mussten. Der Abstand musste mindestens dem Maß der eigenen Ausladung des Vorbaues entsprechen. Diese Vorschrift **entfiel** bereits mit der BauO NW 1984 **ersatzlos**, da sie aus Gründen des Brandschutzes nicht mehr erforderlich war; sie ist auch später durch keine neue Vorschrift ersetzt worden.

### 8 Zu den aufgehobenen Absätzen 8 und 9

269 Der bereits mit der BauO NRW 2000 aufgehobene **Absatz 8** sah vor, dass vor Wänden, deren **Oberfläche** aus normalentflammbaren Baustoffen der Baustoffklasse B 2 besteht oder die überwiegend eine **Bekleidung** aus normalentflammbaren Baustoffen haben, die Tiefe der Abstandfläche 5 m nicht unterschreiten durfte. Diese einschränkende Regelung galt jedoch nicht für Gebäude mit nicht mehr als zwei Geschossen über der Geländeoberfläche, um damit vorrangig den Bau von Ein- und Zweifamilienhäusern mit einer Bekleidung aus normalentflammbaren Baustoffen zu erleichtern. Die Regelungen des Absatzes 8, die ohnehin nur Gebäude mit mehr als zwei Geschossen über der Geländeoberfläche erfassten, wurden letztlich als entbehrlich angesehen und daher insgesamt aufgehoben.

**Absatz 9** regelte für Gewerbe- und Industriegebiete eine reduzierte Tiefe der Abstandfläche. So genügte vor Wänden **ohne Öffnungen** als Tiefe der Abstandfläche

1. **1,50 m**, wenn die Wände einer Feuerwiderstandsklasse entsprachen **und** einschließlich Bekleidung aus nichtbrennbaren Baustoffen bestanden,
2. **3,0 m**, wenn die Wände einer Feuerwiderstandsklasse entsprachen **oder** einschließlich ihrer Bekleidung aus nichtbrennbaren Baustoffen bestanden.

Die Vergünstigungen galten jedoch **nicht** für Abstandflächen **gegenüber Grundstücksgrenzen**. Da die Vorschrift kaum Anwendung gefunden hat, im Übrigen für Gewerbe- und Industriebauten nach § 54 Abs. 1 Satz 2 BauO NRW Erleichterungen gestattet werden können und auch die Industriebaurichtlinie die in Absatz 9 geregelten geringeren Abstandflächentiefen ermöglicht, entfiel die Vorschrift (vgl. LT-Drucks. 14/2433 S. 15).

### 9 Zu Absatz 10 – Abstandrelevante Anlagen

270 Absatz 1 Satz 1 enthält die Grundforderung, dass vor Außenwänden von **Gebäuden** Abstandflächen von **oberirdischen Gebäuden** freizuhalten sind. Es können jedoch von bestimmten Anlagen, die keine Gebäude sind, aufgrund und **in Abhängigkeit** von ihrer **Abmessung** oder auch **Nutzung** Wirkungen ausgehen, die denen von Gebäuden **vergleichbar** sind (s. Rdn. 74 und OVG NRW, Urteil vom 12.12.1991 – 11 A 2359/89, BRS 54 Nr. 140). Deshalb bestimmt Absatz 10, dass für die in **Satz 1 aufgeführten Anlagen**, die **Absätze 1 bis 7** gegenüber Gebäuden und Grundstücksgrenzen **entsprechend** gelten. Damit ist letztlich ausgesagt, dass diese Anlagen einerseits selbst Abstandflächen auslösen und andererseits nicht in den Abstandflächen von Gebäuden angeordnet werden dürfen. Satz 1 betrifft nur **selbständige** bauliche Anlagen, die sowohl frei stehend als auch in Verbindung mit anderen baulichen Anlagen oder Gebäuden errichtet werden können. **Unselbständige Teile** von Gebäuden, wie Gesimse, Dachüberstände, Erker, Balkone und Altane, sind in **Absatz 7** geregelt (s. Rdn. 257–268).

Für **Windenergieanlagen**, die keine Gebäude sind, aber von denen Wirkungen wie von Gebäuden ausgehen (OVG NRW, Beschluss vom 6. 7. 1992 – 7 B 2904/91, BRS 54 Nr. 197 und Urteil vom 29. 8. 1997 – 7 A 629/95, BauR 1998, 110 = BRS 59 Nr. 110 = UPR 1998, 232), besteht mit den **Sätzen 2 bis 5** eine **Sonderregelung**, die bereits mit Gesetz vom 24. 10. 1998 (GV. NRW. S. 687) in die BauO NW 1995 aufgenommen wurde. Der RdErl. vom 21. 10. 2005 (MBl. NRW. S. 1288) – **Grundsätze für Planung und Genehmigung von Windkraftanlagen – WKA-Erl.** enthält neben Ausführungen zum Bauplanungs- und Immissionsschutzrecht in Nr. 8.1 auch **Hinweise zu Abständen**.

Selbstverständlich unterliegen auch Anlagen nach Absatz 10 den sonstigen öffentlich-rechtlichen Baubeschränkungen, so dass **insbesondere** die **bauplanungsrechtlichen Zulässigkeitsvoraussetzungen** gegeben sein müssen. Da es sich zumeist um **Nebenanlagen** im Sinne des § 14 BauNVO handelt, sind die Beschränkungen des **§ 23 Abs. 5 BauNVO** für bauliche Anlagen **außerhalb** der im Bebauungsplan festgesetzten **überbaubaren Grundstücksflächen** zu beachten (s. Rdn. 98–104). Sie müssen auch anderen bauordnungsrechtlichen Anforderungen genügen; beispielsweise darf eine Einfriedung, die aufgrund ihrer Höhe über der Geländeoberfläche noch keine Abstandflächen auslöst, dennoch nicht angelegt werden, wenn nach § 19 Abs. 2 BauO NRW die Sicherheit des öffentlichen Verkehrs gefährdet wird.

Absatz 10 **Satz 1** erfasst nur **oberirdische** Anlagen (s. Rdn. 70) und **unterscheidet** in den Nr. 1 und 2 **zwei Gruppen**, die bei Erfüllung der tatbestandlichen Voraussetzungen abstandrelevant sind, ohne dass es weiterer Überlegungen bedarf. Um insbesondere die schwierige Beurteilung der gebäudegleichen Wirkung niedriger baulicher Anlagen zu erleichtern, hat der Gesetzgeber eine gesetzliche Regelung in Satz 1 durch konkrete **Höhenangaben** aufgenommen, um die Rechtsanwendung stark zu vereinfachen (vgl. LT-Drucks. 14/2433 S. 15f.). Vereinfachend ausgedrückt, wird zwischen **nicht betretbaren Anlagen** in **Nr. 1**, wie z. B. Einfriedungen oder Behältern, und **betretbaren Anlagen** in **Nr. 2**, wie z. B. Terrassen oder Aufschüttungen. Nr. 1 differenziert. Natürlich können auch Anlagen nach Nr. 1 von Menschen zu Wartungs- oder Reparaturzwecken betreten oder bestiegen werden, dies ist aber, anders als bei den Anlagen nach Nr. 2 nicht der eigentliche Bestimmungszweck. 271

**Nr. 1** nennt **zwei tatbestandliche** Voraussetzungen, die **kumulativ** erfüllt sein müssen: 272

- die Anlage muss **höher als 2 m über der Geländeoberfläche** sein und
- von ihr müssen **Wirkungen, wie von Gebäuden** ausgehen.

Bei der Beurteilung der Anlagen ist von den **Schutzzielen des Abstandflächenrechts** auszugehen (s. Rdn. 16–18). Die **maßgebliche Höhe von 2 m** orientiert sich an den abstandrechtlichen Wirkungen von Anlagen, die **höher** als 2 m über der Geländeoberfläche liegen, insbesondere an deren Einfluss auf die Belichtung. Wie bei Gebäuden ist die **Bezugsebene** zur Messung der Höhe die **Geländeoberfläche** (s. Rdn. 72). Die Anlage selbst kann durchaus eine geringere Höhe als 2 m aufweisen. Entscheidend ist nur, ob ihre **Oberkante in Bezug zur Geländeoberfläche** höher als 2 m liegt. So erreicht ein lediglich 1,80 m hoher Behälter, der auf einem 0,25 m hohen Podest verankert ist, eine Gesamthöhe von 2,05 m über der Geländeoberfläche.

Bei Einhaltung und bei Unterschreitung des Maßes von 2 m erfüllt die Anlage nicht mehr die tatbestandliche Voraussetzung, so dass dann nicht mehr argumentiert werden kann, von ihr gingen vergleichbare Wirkungen wie von einem Gebäude aus. Der Gesetzgeber hat im Interesse einer einfachen Rechtsanwendung klare Voraussetzungen schaffen wollen und nimmt daher auch hin, dass bestimmte kleinere Anlagen, denen bislang durchaus gebäudegleiche Wirkungen unterstellt wurden (OVG NRW, Urteil vom 26. 6. 1973 – XI A 1128/72, BRS 27 Nr. 152 zu einem Hundezwinger, überdacht und 1,85 m hoch), nicht mehr abstandrelevant sind, wenn sie die Höhe von 2 m nicht überschreiten. Es bedarf bei diesen Anlagen also keiner Überprüfung mehr, ob sie dennoch gebäudegleiche Wirkungen erzeugen, da die tatbestandlichen Voraussetzungen kumulativ gegeben sein müssen. Derartige Anlagen lösen keine Abstandflächen aus – **ob** sie am gewünschten Standort **zulässig** sind, richtet sich aber nach bauplanungsrechtlichen und anderen bauordnungsrechtlichen Bestimmungen sowie nach sonstigen öffentlich-rechtlichen Vorschriften, was nie übersehen werden darf (s. Rdn. 270 und Buntenbroich/Voß, zu § 6 Rdn. 85 mit dem Beispiel einer nur 60 cm über der Geländeoberfläche liegenden Außengastronomie neben Wohnnutzungen, die aus bauplanungsrechtlichen und immissionsschutzrechtlichen Gründen unzulässig ist). Auch ist darauf hinzuweisen, dass in seltenen Einzelfällen das bauplanungsrechtliche Gebot der Rücksichtnahme verletzt sein kann (s. Rdn. 49–55).

Erst bei Überschreitung des Maßes von 2 m ist das Vorliegen der zweiten tatbestandlichen Voraussetzung zu prüfen, nämlich ob von der Anlage **Wirkungen wie von Gebäuden** ausgehen. Hierbei kann auf eine umfangreiche Kasuistik zurückgegriffen werden, wie folgende **Beispiele** aus der Rechtsprechung zeigen:

**Antennenmast** für den (privaten) Kurzwellenfunkverkehr (OVG Lüneburg, Urteil vom 23. 11. 1982 – 6 A 44/81, BRS 39 Nr. 122; OVG NRW, Urteil vom 27. 7. 2000 – 7 A 3558/96, BauR 2001, 232 = BRS 63 Nr. 148 = NVwZ-RR 2001, 505; VGH B-W, Beschluss vom 4. 6. 2002 – 8 S 1257/02, BauR 2003, 367 = BRS 65 Nr. 132),

**Ballfangzaun** (OVG Bln, Beschluss vom 18. 7. 1994 – 2 S 21.94, BRS 56 Nr. 110),

**Funkmast, 45 m hoch** (OVG NRW, Beschluss vom 28. 2. 2001 – 7 B 214/01, BauR 2001, 1089 = BRS 64 Nr. 124) sowie **Mobilfunkmast, 40 m bzw. 31 m hoch** (OVG NRW, Beschluss vom 10. 2. 1999 – 7 B 974/98, BauR 1999, 1172 = BRS 62 Nr. 133 = NVwZ-RR 1999, 714 und Sächs. OVG, Beschluss vom 17. 12. 1997 – 1 S 746/96, BauR 1998, 1226 = BRS 59 Nr. 118); auf schlanke Masten ist regelmäßig die **Halbierungsregel** nach Absatz 6 **nicht anwendbar** (OVG NRW, Beschluss vom 10. 2. 1999 – 7 B 974/98, BauR 1999, 1172 = BRS 62 Nr. 133 = NVwZ-RR 1999, 714 zu einem 40 m hohen Stahlgittermast für den Mobilfunk mit einer quadratischen Grundfläche am Fußpunkt von 2,5 m × 2,5 m und an der Spitze von 1,3 m × 1,3 m).

**Freisitz, überdacht** (OVG NRW, Urteil vom 28. 5. 1991 – 10 A 2185/88, n. v.),

**Mauer, über 2 m hoch** (OVG NRW, Urteil vom 27. 11. 1989 – 11 A 195/88, BRS 50 Nr. 185) sowie **Mauer, 3,75 m hoch mit Kragdach** (Hess. VGH, Beschluss vom 17. 1. 1983 – IV TG 61/82, BRS 40 Nr. 216),

**Metallgitterzaun eines Geheges für 3 Wölfe, 3 m hoch** (OVG NRW, Beschluss vom 5. 5. 2006 – 10 B 205/06, BauR 2006, 2034 = BRS 70 Nr. 133 = NVwZ-RR 2006, 774 = UPR 2007, 68),

**Parabolantenne, Durchmesser 1,2 m, Höhe 3,8 m über Geländeoberfläche** (Hess. VGH, Urteil vom 16. 7. 1998 – 4 UE 1706/94, BRS 60 Nr. 102 = NVwZ-RR 1999, 297),

**Pergola, überdacht** (OVG NRW, Beschluss vom 25. 2. 1988 – 10 A 1300/87, n. v.),

**Rankgerüst, 3 m hoch, jeweils zwei im Winkel zueinander stehende Seiten von 8 m Länge** (OVG NRW, Urteil vom 2. 3. 2001 – 7 A 5020/98, BauR 2001, 1090 = BRS 64 Nr. 125),

**Schallschutzwand** (OVG NRW, Urteil vom 21. 4. 1988 – 11 A 1555/86, n. v.),

**Silobehälter** (OVG NRW, Urteil vom 9. 5. 1985 – 7 A 13.95/84, BRS 44 Nr. 167),

**Spielhaus für Kinder** (OVG NRW, Beschluss vom 8. 3. 1990 – 10 A 372/89, n. v.),

**Werbetafel** – im Euro-Format – (OVG NRW, Urteil vom 18. 9. 1992 – 11 A 276/89, BRS 54 Nr. 131 und Nds. OVG, Urteil vom 18. 2. 1999 – 1 L 4263/96, BauR 1999, 1449 = BRS

62 Nr. 158; Sächs. OVG, Urteil vom 16.4.1999 – 1 S 39/99, BauR 1999, 893 = BRS 62 Nr. 159; Thür. OVG, Urteil vom 19.10.2005 – 1 KO 1180/03, BauR 2006, 1289 = BRS 69 Nr. 144; BayVGH, Urteil vom 28.6.2005 – 15 BV 04.2876, BRS 69 Nr. 143 und Urteil vom 15.5.2006 – 1 B 04.1893, BauR 2006, 2037).

**Keine gebäudegleiche Wirkung** entfaltet eine 2,4 m hohen, **offenen Einfriedung aus Maschendraht** (OVG Rh-Pf, Urteil vom 13.10.1993 – 8 A 12355/92, BRS 55 Nr. 115).

**Nr. 2** nennt ebenso wie Nr. 1 **zwei tatbestandliche** Voraussetzungen, die **kumulativ** erfüllt sein müssen: 273

- die Anlage muss **höher als 1 m über der Geländeoberfläche** sein und
- dazu **geeignet** sein, **von Menschen betreten werden zu können**.

Anders als bei den Anlagen nach Nr. 1 wird bei Anlagen nach Nr. 2 bereits gesetzlich unterstellt, dass sie aufgrund der Tatsache, von Menschen betreten werden zu können gebäudegleiche Wirkungen auslösen. Der Störfaktor resultiert allein aus der menschlichen Betätigung auf einer solchen Fläche, die nachteilige Auswirkungen auf den Sozialfrieden haben kann. Zu ebener Erde gelegene, nicht überdachte Freisitze oder Kinderspielflächen, können zwar auch erhebliche Störungen des Sozialfriedens zur Folge haben, hiergegen kann sich der Nachbar jedoch in begrenztem Maße durch Anlegung einer Abpflanzung oder durch Errichtung einer bis zu 2 m hohen Einfriedungsmauer selbst schützen (vgl. Buntenbroich/Voß, zu § 6 Rdn. 83).

Sobald von Menschen betretbare Flächen mehr als nur geringfügig über der Geländeoberfläche liegen, wird dem Nachbarn die Möglichkeit des Selbstschutzes genommen, da für auf der Fläche stehende Personen eine Einsicht in das Nachbargrundstück eröffnet wird. Außerdem sind für den Nachbarn die Bewegungen oder Geräusche dieser Personen besser bemerkbar. Diese Umstände lösen **typischerweise** im nachbarlichen Zusammenleben Konflikte aus, denen das Abstandflächenrecht durch Einhaltung von **Sozialabständen** begegnet. Der Gesetzgeber hat die **Erheblichkeitsgrenze bei 1 m** über der Geländeoberfläche gezogen und dabei die Ergebnisse der Rechtsprechung zum Vorgängerrecht berücksichtigt, wie folgende Beispiele belegen:

**Aufschüttung, 420 m² bis 2,8 m Höhe** (OVG Saar, Urteil vom 28.9.1993 – 2 R 25/92, BRS 55 Nr. 113), sowie **Hügelanlage mit Stützmauern** (OVG NRW, Urteil vom 27.11.1989 – 11 A 195/88, BRS 50 Nr. 185 = NWVBl. 1990, 195); bei Aufschüttungen, ist zu beachten, dass die Abstandfläche vom **Böschungsfuß** aus gemessen wird (OVG Saar, Urteil vom 28.9.1993 – 2 R 25/92, BRS 55 Nr. 113; OVG NRW, Beschluss vom 10.6.1999 – 7 B 827/99, n.v.).

**Zugangsbrücke, vom Haus zu einer ansteigenden Böschung** (OVG NRW, Urteil vom 12.12.1991 – 11 A 2359/89, BRS 54 Nr. 140).

Eine besondere Problematik der Nr. 2 liegt darin begründet, dass die Regelung nicht nur auf **unselbständige** Anschüttungen im Anschluss an ein Gebäude zur Schaffung von Terrassen abstellt, sondern auch **selbständige** Aufschüttungen einbezieht. Veränderungen der Geländeoberfläche nach § 9 Abs. 3 BauO NRW sind unter den dort genannten Voraussetzungen zulässig, soweit keine bauplanungsrechtlichen Vorschriften verletzt werden. Beispielsweise kann ein Bebauungsplan die Höhenlage des Geländes abweichend von der natürlichen Geländeoberfläche festsetzen, um dadurch bestimmte städtebauliche Ziele zu verfolgen. Soll z. B. ein **neues Baugebiet** neben einer bereits vorhandenen

Bebauung **höher gelegt** werden, um das angrenzende alte Baugebiet vor Hochwasser zu schützen, kommt es im Grenzbereich der Grundstücke zwangsläufig zu Differenzen der Geländeoberfläche. Im alten Baugebiet verbleibt es bei der natürlichen Geländeoberfläche, im Neubaugebiet ist das entsprechend der Bebauungsplanfestsetzung angehobene Gelände die maßgebende Geländeoberfläche, auf die sich das Höhenmaß der Nr. 2 bezieht. Diese Besonderheiten sind im Einzelfall stets zu berücksichtigen, wenn ein Nachbar vorträgt, durch eine betretbare Fläche, die höher als 1 m über der Geländeoberfläche liegt, abstandrechtlich beeinträchtigt zu werden.

Ferner darf nicht übersehen werden, dass Nr. 2 nicht für betretbare Flächen eines Gebäudes gilt. Das können z. B. Dachterrassen oder Balkone sein. Für diese Bauteile gelten die Bemessungsregeln für Gebäude nach Absatz 4, die Vorschriften über Bauteile und Vorbauten nach Absatz 7 oder die Vorschriften für grenzständige oder grenznahe Gebäude nach Absatz 11.

274 Für **Windenergieanlagen** besteht innerhalb des Absatzes 10 eine **Sonderregelung** für die **Ermittlung der Tiefe der Abstandfläche** (s. Rdn. 270).

Mit **Satz 2** werden zunächst die **Absätze 4 bis 7** – die die Bemessung der Abstandflächen vor den Außenwänden von Gebäuden und vor Anlagen, von denen Wirkungen wie von Gebäuden ausgehen, einschließlich der Halbierungsregel für **nicht anwendbar** erklärt. Es darf nicht übersehen werden, dass nach Satz 1 die nicht ausgenommenen **Absätze 1 bis 3** auch für Windenergieanlagen **entsprechend** gelten. Da Windenergieanlagen fast ausnahmslos im Außenbereich im Sinne des § 35 BauGB errichtet werden, ist vor allem Absatz 2 über die Lage der Abstandfläche auf eigenem Grundstück oder baulastgesichert auf fremdem Grundstück von praktischer Bedeutung.

**Satz 3** legt fest, dass die Tiefe der Abstandfläche sich nach der **Hälfte** der **„größten Höhe“** der Windenergieanlage bemisst.

**Satz 4** regelt die Bemessung der **größten Höhe**. Diese setzt sich bei Windenergieanlagen mit Horizontalachse, eine solche scheint die Mehrzahl aller Anlagen zu haben, zusammen aus der **Höhe der Rotorachse** über der **geometrischen Mitte** des Mastes **und dem Rotorradius**. Danach ist die horizontal verlaufende Rotorachse mit der senkrecht verlaufenden Mittelachse des Mastes zum Schnitt zu bringen. Dieser Schnittpunkt bildet den oberen Bezugspunkt, zu dem der Rotorradius hinzugerechnet werden muss. Hinsichtlich des unteren Bezugspunktes trifft die Vorschrift keine Aussage. So muss auf die Regelungen des inzwischen aufgehobenen RdErl. vom 29. 11. 1996 (MBl. NRW. S. 1864) in der Annahme zurückgegriffen werden, dass der Gesetzgeber mit der Änderung des Absatzes 10 Sätze 2 bis 5 genau das Ergebnis erreichen wollte, das diesem RdErl. vorschwebte. Dieser RdErl. regelte unter anderem: *„Bei der Ermittlung der Tiefe der Abstandfläche einer Windenergieanlage gilt als Wandhöhe im Sinne des § 6 Abs. 4 Satz 2 BauO NW das Maß von der Geländeoberfläche bis zur Achse des Rotors.“*

Damit ergibt sich für eine Windenergieanlage mit einer Höhe der Rotorachse über der **Geländeoberfläche** von 70 m und einem Rotorradius von 50 m eine Tiefe der Abstandfläche von (70 + 50) × 0,5 = 60 m. Der **WKA-Erl.** (s. Rdn. 270) weist in Nr. 5 auf das **Immissionsschutzrecht** und die hierzu ergangene Rechtsprechung hin, wonach im Einzelfall **erheblich größere Abstände** als nach § 6 BauO NRW erforderlich sein können.

**Satz 5** regelt, dass die Abstandfläche ein **Kreis** um den **„geometrischen Mittelpunkt“** des Mastes ist. Der geometrische Mittelpunkt ist die vertikale Achse des Turmschaftes.

## 10 Zu Absatz 11 – Abstandrechtlich begünstigte Gebäude

275 Die Bestimmungen des Absatzes 11 sind erst verständlich, wenn man das Bauplanungsrecht und das Bauordnungsrecht im Zusammenhang betrachtet. Die beiden Rechtsmaterien waren ursprünglich einheitliches Baupolizeirecht (s. Rdn. 1–8), das erst durch die Aufteilung in Bundes- und Landesbaurecht getrennt worden ist (s. Rdn. 9–14). Das Bundesbaurecht ermöglicht es zwar den Gemeinden, die Nutzung der Grundstücke im Bebauungsplan detailliert festsetzen zu können (s. Rdn. 83), enthält aber in den Vorschriften über die **Bauweise** mit Rücksicht auf das als Landesrecht fort geltende frühere Baupolizeirecht, bewusst **Regelungslücken** (s. Rdn. 116). Stellplätze und Garagen sowie Nebenanlagen sind nach den §§ 12 und 14 BauNVO in allen Baugebieten in Abhängigkeit von der Hauptnutzung des Grundstücks zulässig. Die Bestimmungen der §§ 12 und 14 BauNVO sowie des § 22 BauNVO über die Bauweise enthalten jedoch keine Zulässigkeitsvorgaben zu Garagen und Nebengebäuden in den Abstandflächen von Hauptanlagen und an den Grundstücksgrenzen. Diese Lücke schließt Absatz 11.

In Bezug auf Garagen geht Absatz 11 auf die **Reichsgaragenordnung** – **RGaO** – vom 17. 2. 1939 (RGBl. I S. 219) zurück, die erlassen wurde, um die mit der aufkommenden Motorisierung drängenden Probleme der Unterbringung der Kraftfahrzeuge außerhalb des öffentlichen Straßenraums zu bewältigen (s. die Anmerkungen zu § 51, Rdn. 3) und in der **offenen Bauweise** die **seitlichen Grenzabstände zur Unterbringung der Garagen** zu nutzen (BVerwG, Urteil vom 10. 9. 1971 – IV C 27.69, BRS 24 Nr. 113). Dabei ist es dem Grundsatz nach bis heute geblieben. Hinzugetreten sind **Nebengebäude**, von denen der Gesetzgeber annahm, dass sie ebenfalls ohne Verletzung der nach dem **Bauplanungsrecht** grundsätzlich gegebenen **Freihaltepflicht seitlicher Grenzabstände** in der offenen Bauweise unter abstandrechtlichen Aspekten noch grenzständig errichtet werden können.

276 Die Regelungen des Absatzes 11 erweitern die Nutzungsmöglichkeiten des **Bauherrn** als auch die des **Nachbarn** nach dem **Prinzip der Gegenseitigkeit** und gleichen denen der Mustervorschrift, die auch die anderen Länder – jeweils mit Varianten in den Voraussetzungen – übernommen haben, sind jedoch in Bezug auf die neben den Garagen abstandrechtlich begünstigten Gebäude enger gefasst. Während § 6 Abs. 7 Satz 1 Nr. 1 MBO 2002 generell „Gebäude ohne Aufenthaltsräume und Feuerstätten" aufführt, beschränkt sich § 6 Abs. 11 BauO NRW nur auf Gewächshäuser und Gebäude mit Abstellräumen.

Absatz 11 wurde mit dem Zweiten Gesetz zur Änderung der Landesbauordnung vom 12. 12. 2006 neu gefasst, dabei jedoch das Vorgängerrecht im Wesentlichen beibehalten. Hinzugetreten sind zusätzliche Erleichterungen, zum Teil auch, um die Ergebnisse der Rechtsprechung zum Vorgängerrecht zu korrigieren. Entfallen ist die Regelung zu Stützmauern und Einfriedungen, da es sich um eine überflüssige Doppelregelung zu Absatz 10 handelt. Danach lösen Stützmauern und Einfriedungen bis zu 2 m oberhalb der Geländeoberfläche keine Abstandflächen aus (s. Rdn. 272).

Die Vorschrift regelt **abstandrechtlich begünstigte Gebäude** einschließlich darauf angeordneter **Solarenergieanlagen** und **Antennenanlagen**. Die aufgeführten Gebäude sind bei Einhaltung der tatbestandlichen Voraussetzungen an allen Grundstücksgrenzen und in den Abstandflächen eines Hauptgebäudes abstandrechtlich zulässig, ohne eigene Abstandflächen auszulösen. Die **Nutzung** ist **beschränkt** auf

– das **Abstellen von Kraftfahrzeugen – Garagen,**
– die **Aufzucht von Gewächsen – Gewächshäuser** und
– das **Abstellen von Gegenständen – Abstellräume.**

Absatz 11 bestimmt als **abstandrechtliche Sonderregelung**, welche baulichen Anlagen unter welchen Voraussetzungen **entgegen der Grundregel** des Absatzes 1 Satz 1

– **an** oder **nahe der Grundstücksgrenze** errichtet werden dürfen,
– **in den Abstandflächen eines Gebäudes** abstandrechtlich zulässig sind und
– selbst **keine Abstandflächen auslösen.**

Die bereits mit der BauO NW 1995 bewirkte Fassung des Absatzes11, die nochmals eine Ergänzung durch die BauO NRW 2000 erfuhr (s. Rdn. 02), bezweckt,

– dass außer **Garagen mit Abstellraum** auch selbständige **Gebäude mit Abstellräumen** und **Gewächshäuser** an der Nachbargrenze abstandrechtlich begünstigt sind,
– dass auch auf Grundstücken, auf denen Garagen unzulässig sind, **Gebäude mit Abstellräumen** und **Gewächshäuser** abstandrechtlich begünstigt sind,
– dass **Anlagen für Solarenergie** und bestimmte **Antennenanlagen auf** den begünstigten **Gebäuden** abstandrechtlich zulässig sind,

**sofern** ansonsten die **gesetzlich festgelegten Voraussetzungen eingehalten** sind.

Die Voraussetzungen für die **abstandrechtliche** Zulässigkeit von Garagen, Gewächshäusern und Gebäuden mit Abstellräumen sind in Absatz 11 **Satz 1 Nr. 1** geregelt. **Ergänzend** zu Satz 1 **Nr. 1** regeln die **Sätze 2 bis 4** Einzelheiten der grenzständigen Anordnung und der größenmäßigen Beschaffenheit dieser Gebäude sowie die Befugnis zur Aufnahme anderer baulicher Anlagen. Diese Vorschriften sind **eng auszulegen.**

277 **Erfüllen** die abstandrechtlich begünstigten **baulichen Anlagen** die **Voraussetzungen** des Absatzes 11 **nicht**, so ist die **Grundforderung** des Absatzes 1 Satz 1 anzuwenden, wonach vor den Außenwänden von Gebäuden Abstandflächen von oberirdischen Gebäuden freizuhalten sind. Die **Grundforderung lebt wieder auf**, wenn ein abstandrechtlich begünstigtes Gebäude in seiner **Nutzung unzulässig geändert** wird (OVG NRW, Urteil vom 30. 10. 1995 – 10 A 3096/91, BRS 57 Nr. 233 = NVwZ-RR 1997, 16 zu einer Garage). Ist beabsichtigt, eine bestehende Garage, die den Anforderungen des Absatzes 11 entspricht, mit einer Dachterrasse nachträglich zu versehen, liegt darin zugleich auch eine **Nutzungsänderung**. Mit der Errichtung einer „**Dachterrasse**" auf einer Garage unterfällt die Anlage insgesamt nicht mehr dem Absatz 11 und muss Abstandflächen einhalten (OVG NRW, Beschluss vom 30. 9. 2005 – 10 B 972/05, BauR 2006, 95 = BRS 69 Nr. 96). Es bedarf nicht der isolierten Prüfung der Dachterrasse nach Absatz 10, da die Anlage **als Einheit zu werten** ist, das Gebäude einschließlich Dachterrasse betrachtet wird und die Tatbestandsvoraussetzungen nach Absatz 11 nicht erfüllt sind (OVG NRW, Beschluss vom 13. 3. 1990 – 10 A 1895/88, BauR 1990, 458 = BRS 50 Nr. 149). Gebäude die den Voraussetzungen des Absatzes 11 nicht entsprechen, z. B. weil zur Aufnahme von zwei hintereinander angeordneten Stellplätzen die zulässige Länge überschritten wird, können nur in **atypischen Situationen** im Wege einer **Abweichung** nach § 73 BauO NRW zugelassen werden, da dieses Rechtsinstitut **kein Instrument zur Legalisierung gewöhnlicher Rechtsverletzungen** darstellt (OVG NRW, Beschluss vom 22. 4. 2004 – 10 B 828/04, n. v.).

278 Die erleichternde Regelung des Absatzes 11 wirkt nur in **abstandrechtlicher** Hinsicht. Die begünstigten Gebäude sind nur **zulässig**, wenn **keine sonstigen öffentlich-rechtlichen Vorschriften** – insbesondere solche des **Bauplanungsrechts** – **entgegenstehen** (vgl. Mampel, Grenzgaragen, UPR 1995, S. 328 ff.). Hierzu rechnen vor allem die Vorschriften des **Bauplanungsrechts** über die Zulässigkeit von Garagen auf den nicht überbaubaren Grundstücksflächen. In seltenen Fällen können auch **denkmalrechtliche** oder **landschaftsrechtliche** Bestimmungen die Errichtung der nach Absatz 11 abstandrechtlich begünstigten Gebäude verhindern.

279 Im **beplanten Bereich** – **§ 30 BauGB** – beurteilt sich die Zulässigkeit von Garagen, Gewächshäusern und Gebäuden mit Abstellräumen in den einzelnen Baugebieten nach den §§ 12 und 14 BauNVO. Wenn im Bebauungsplan nichts anderes festgesetzt ist, können nach § 23 Abs. 5 BauNVO **Nebenanlagen** sowie **Stellplätze** und **Garagen** auf den nicht überbaubaren Grundstücksflächen zugelassen werden (s. Rdn. 98–104). Der Bebauungsplan kann z. B. festsetzen, dass Vorgartenflächen von Stellplätzen und Garagen freizuhalten sind (OVG NRW, Urteil vom 22. 1. 1998 – 11 A 509/96, BauR 1998, 1008 = BRS 60 Nr. 121 = NVwZ-RR 1999, 12 und Urteil vom 26. 8. 2004 – 7 A 4005/03, BauR 2005, 853 = BRS 67 Nr. 160). Festsetzungen über die Bauweise – insbesondere über die offene Bauweise – stehen einer grenzständigen Ausführung der in Absatz 11 genannten Gebäude nicht entgegen, da sich die Vorschriften über die Bauweise auf die **Hauptgebäude** beziehen und § 23 Abs. 5 Satz 2 BauNVO ausdrücklich auf das Landesrecht abstellt (BVerwG, Urteil vom 14. 7. 1971 – IV C 6.69, BRS 24 Nr. 112 = DVBl. 1972, 682 und Beschluss vom 16. 2. 1998 – 4 B 2.98, BRS 60 Nr. 122; s. auch Rdn. 116).

280 Im **unbeplanten Innenbereich** – **§ 34 BauGB** – kann sich die Unzulässigkeit einer Grenzgarage oder eines Nebengebäudes aus der Eigenart der näheren Umgebung ergeben. So kann eine Grenzgarage im Vorgarten unzulässig sein, wenn der Vorgartenbereich in der Umgebung sonst grundsätzlich frei von Grenzbauten ist (VGH B-W, Urteil vom 14. 10. 1980 – 8 S 659/80, BRS 36 Nr. 135).

Im **Außenbereich** – **§ 35 BauGB** – kann der öffentliche Belang des Landschaftsbildes verhindern, dass eine grenzständige Garage oder ein grenzständiges Nebengebäude errichtet wird, weil eine Abpflanzung auf dem eigenen Grundstück nicht möglich ist; somit kommt nur eine grenznahe Bebauung in Betracht. Die Regelungen des § 6 Abs. 11 BauO NRW ermöglichen allerdings das Abrücken der abstandrechtlich begünstigten Gebäude von der Grundstücksgrenze, so dass eine Abpflanzung erfolgen kann.

281 Im **Bauordnungsrecht** ist die Zulässigkeit von Garagen sowie von Gewächshäusern und Gebäuden mit Abstellräumen nur unter **abstandflächenrechtlichen** Gesichtspunkten abschließend in § 6 BauO NRW geregelt. Die genannten **Gebäude** müssen darüber hinaus den **sonstigen bauordnungsrechtlichen** Anforderungen entsprechen. Zu nennen sind die Gestaltung (§ 12), die Standsicherheit (§ 15), die Verkehrssicherheit (§ 19), der Brandschutz (§§ 29 und 31) und die Anforderungen der **GarVO**. Nach **§ 51 Abs. 7 BauO NRW** müssen Stellplätze und Garagen so angeordnet und ausgeführt werden, dass ihre Benutzung die Gesundheit nicht schädigt und Lärm oder Gerüche das Arbeiten und Wohnen, die Ruhe und die Erholung in der Umgebung nicht über das zumutbare Maß hinaus stören (vgl. die Anmerkungen zu § 51 Rdn. 123–130). Schließlich ist zu beachten, dass die abstandrechtliche Begünstigung nicht wirksam wird, wenn ein **bauordnungsrechtlicher Belang** zu einer **Nichtbebaubarkeit** des Garagenstandortes führt, z. B. wenn der Bereich nach **§ 5 BauO NRW** von der Bebauung freigehalten werden muss (OVG NRW, Beschluss vom 21. 12. 2006 – 10 B 2403/06, n. v.).

282 **Garagen** sind nach § 2 Abs. 8 Satz 2 BauO NRW **ganz** oder **teilweise umschlossene Räume zum Abstellen von Kraftfahrzeugen**. Absatz 11 ist **nicht auf bestimmte Kraftfahrzeuge beschränkt** (s. die Anmerkungen zu § 2 Rdn. 243). Garagen können neben Einzelgaragen auch Doppelgaragen, Doppelstockgaragen oder auch Reihengaragen sein. Es kommt nicht darauf an, aus welchen Baustoffen die Garage hergestellt ist, sondern nur darauf, ob das Gebäude in seinem **optischen** und **technischen Erscheinungsbild** bei **natürlicher Betrachtung** durch seine **Funktion**, ein **Kraftfahrzeug aufzunehmen**, bestimmt ist (OVG NRW, Beschluss vom 24. 10. 2000 – 7 B 1265/00, BRS 63 Nr. 156).

Eine **Grenzgarage** ist nach Absatz 11 – sofern sie den tatbestandlichen Voraussetzungen entspricht – **grundsätzlich abstandrechtlich** zulässig, unabhängig davon, ob die Stellplatzverpflichtung an anderer Stelle bereits erfüllt ist oder ob die Garagen ohne Schwierigkeiten an anderer Stelle errichtet werden kann (OVG NRW, Beschluss vom 27. 6. 2000 – 10 B 870/00, n. v.). Sie muss jedoch **funktionsfähig** sein, ansonsten genießt sie keine abstandrechtliche Privilegierung (OVG NRW, Beschluss vom 15. 9. 1989 – 11 B 2555/89, n. v., zu einer zu schmalen Garage), auch darf die Anordnung der Garage auf dem Grundstück oder ihre Zufahrt nicht gegen § 51 Abs. 7 BauO NRW verstoßen (OVG NRW, Urteil vom 20. 6. 2006 – 10 A 80/04, BauR 2007, 89 = BRS 70 Nr. 136).

283 **Überdachte Stellplätze** sind – zu den Seiten hin offene – Flächen, die dem Abstellen von Kraftfahrzeugen außerhalb der öffentlichen Verkehrsflächen dienen und lediglich ein von Stützen getragenes Dach aufweisen. Sie werden umgangssprachlich häufig als „**Carport**" bezeichnet. Kleingaragen mit unmittelbar ins Freie führenden Öffnungen in einer Größe von mindestens einem Drittel der Gesamtfläche der Umfassungswände definiert § 2 Abs. 2 GarVO als **offene Kleingaragen** (vgl. Rdn. 101). Bei einem lediglich auf Stützen ruhendem Dach über einem Stellplatz fällt es schwer, von einer Garage zu sprechen, da es nach der Legaldefinition des § 2 Abs. 8 Satz 2 BauO NRW an einer zumindest teilweisen Umschließung eines Raumes mangelt, wenn hiermit ein **seitlicher** Raumabschluss gemeint sein sollte. Lässt man aber das **Dach als teilweisen** Raumabschluss gelten, da die Legaldefinition keine entsprechende Einschränkung auf „seitliche" Raumabschlüsse enthält, handelt es sich um eine Garage (Hess. VGH, Urteil vom 18. 3. 1999 – 4 UE 997/95, BauR 2000, 1316; vgl. auch Herrmann, Der Carport: „Zwitter" des Baurechts?, BauR 2002, S. 417 ff., der aufgrund der optischen Wirkung zu einer Einordnung als **Garage** kommt; so auch König/Roeser/Stock, zu § 12 Rdn. 13).

284 **Gewächshäuser** sind überwiegend aus Glas oder lichtdurchlässigem Kunststoff hergestellte Gebäude zur Unterbringung oder zur Aufzucht von Pflanzen. Der in Absatz 11 verwendete Begriff zielt auf den der **Nebenanlage im Sinne des § 14 BauNVO**, so dass Gewächshäuser eines Gärtnerei oder eines landwirtschaftlichen Betriebs als Hauptanlage nicht hierunter fallen; diese lösen grundsätzlich Abstandflächen aus. Üblicherweise werden Gewächshäuser zum **Betreten durch Menschen** ausgeführt und sind **höher als 2 m** über der Geländeoberfläche. Hochbeete mit Glasabdeckung, die sich aufgrund ihrer geringen Höhe nicht zum Betreten eignen, unterfallen nicht Absatz 11 und sind keine abstandrelevanten Anlagen nach Absatz 10 Satz 1 Nr. 2 (s. Rdn. 273). **Wintergärten** dienen zwar auch der Unterbringung von Pflanzen, zumeist aber dem dauernden **Aufenthalt** als „erweitertes Wohnzimmer" und unterfallen dann nicht Absatz 11 (OVG NRW, Urteil vom 19. 5. 2004 – 7 A 3556/02, n. v.; vgl. auch Buntenbroich/Voß, zu § 6 Rdn. 92).

285 **Gebäude mit Abstellräumen** sind **Nebengebäude**, die zur Unterbringung von Gegenständen bestimmt sind, die der **Nutzung des Grundstücks** oder der **Gebäude auf dem**

**Grundstück** dienen, wie z.B. Gartengeräte, Gartenmöbel, Werkzeug (OVG NRW, Beschluss vom 25.6.1993 – 7 B 1258/93, n.v.). Unter den Begriff des Abstellens im Sinne des Absatzes 11 fällt ferner die Unterbringung von Fahrrädern, Autozubehör und von Gegenständen, die vorübergehend oder auf Dauer keinen Nutzungszweck erfüllen, wie z.B. ausgesonderte Möbel (OVG NRW, Urteil vom 22.10.1996 – 10 A 4174/92, BauR 1997, 287 = BRS 58 Nr. 108). Die Bestimmung ist eng **im Sinne des § 14 BauNVO** auszulegen, da es dem Zweck der Regelung entspricht, die Abstandflächen von Hauptnutzungen freizuhalten. **Abstellräume** können **als Räume Bestandteil** der **Garage** oder eines **überdachten Stellplatzes** (**Carports**) sein. Sie können in offener Verbindung mit der Garage stehen; sie können auch gegen den Garagenraum abgeschottet sein. Abstellräume sind **innerhalb** des Garagengebäudes als Abstellraum neben der Stellplatzfläche, **unterhalb** der Garage in einem **Keller** und im nutzbaren **Dachraum** möglich.

Das **Vorgängerrecht** enthielt für **Gewächshäuser** und **Gebäude mit Abstellräumen** eine **286**
**Begrenzung ihrer Grundfläche auf 7,5 m²**. Aus der Zielsetzung der Vorschrift und der flächenmäßigen Begrenzung ergaben sich nach der Rechtsprechung erhebliche Einschränkungen:

- Abstellräume **im Dachraum** einer Garage waren unzulässig, wenn sie **vom Hauptgebäude her zugänglich** waren, da dadurch einerseits die funktionale Einheit mit der Garage verloren ging, sich andererseits das Hauptgebäude dann in den „3 m-Grenzbereich" hinein erstreckte und gegen die **bauplanungsrechtlichen Vorgaben der offenen Bauweise** verstieß (OVG NRW, Urteil vom 5.2.1996 – 10 A 3624/92, BauR 1996, 835 = BRS 58 Nr. 113 = UPR 1996, 276).
- Ragte die zu Abstellzwecken genutzte **Unterkellerung** einer Garage nur teilweise **über** die **Geländeoberfläche** hinaus, war die Garage abstandrechtlich unzulässig, da bereits die Unterkellerung selbst eine Abstandfläche auslöste und deren Fläche den Grenzwert von 7,5 m² für einen Abstellraum überschritt (OVG NRW, Urteil vom 22.1.1996 – 10 A 1464/92, BRS 58 Nr. 115).

Der Gesetzgeber hat die **Begrenzung** der Grundfläche **auf 7,5 m²** für Gewächshäuser und Gebäude mit Abstellräumen **aufgehoben** und trotz vorgetragener Bedenken in der Verbändeanhörung auch zugelassen, dass Garagen, Gewächshäuser und Gebäude mit Abstellräumen über einen **Zugang** zum Hauptgebäude verfügen dürfen (s. LT-Drucks. 14/2433 S. 16f.). Unter einem „Zugang" ist nicht jede beliebig breite Durchgangsöffnung zu verstehen, sondern lediglich eine **normal breite Türe**. Der Fortfall der Flächenbegrenzung bedeutet auch nicht, dass diese Gebäude nunmehr in beliebiger Flächengröße abstandrechtlich begünstigt sind, vielmehr müssen sie nach wie vor als **Nebenanlage im Sinne des § 14 BauNVO** zu qualifizieren sein.

Nach der Grundforderung des Absatzes 1 Satz 1 entstehen Abstandflächen nur vor den **287**
Außenwänden oberirdischer Gebäude, so dass unterirdische Teile eines Gebäudes abstandrechtlich unbeachtlich bleiben (s. Rdn. 70 und Abbildung 6.6). Eine **Garagenunterkellerung** hindert deren grenzständige Errichtung daher dann nicht, wenn diese **vollständig unter** der **Geländeoberfläche** liegt und somit keine Abstandflächen auslöst. Das gilt auch, wenn eine solche Unterkellerung einem privaten Schwimmbad dient (OVG NRW, Beschluss vom 13.3.1978 – X B 154/78, BauR 1979, 221 = BRS 33 Nr. 114). Ragt die Unterkellerung über die Geländeoberfläche auch nur **teilweise** hinaus, ist nur eine Garagennutzung – sofern eine Zufahrtsrampe angelegt werden kann – oder eine Nutzung zu Abstellzwecken abstandflächenrechtlich begünstigt.

288 Nach Absatz 11 **Satz 2** gilt Absatz 4 **nicht**. Die **Ermittlung der Wandhöhe** der abstandrechtlich begünstigten Gebäude richtet sich allein nach Absatz 11. Nach **Satz 1** sind die Gebäude nur bis zu einer **mittleren Wandhöhe bis zu 3 m** über der **Geländeoberfläche an der Grenze** abstandrechtlich begünstigt. Bei Überschreitung dieses Maßes sind die normalerweise geltenden Regeln der Absätze 4 bis 6 wieder anwendbar. Hinsichtlich der Anrechnung der **Höhe von Giebelflächen** auf die mittlere Wandhöhe ist **Satz 3**, hinsichtlich der **Höhe von Dächern und Dachteilen** ist **Satz 4** anzuwenden. **Satz 5** beschränkt die **Länge der Grenzbebauung je Nachbargrenze** auf **9 m** und zu **allen Nachbargrenzen** auf **15 m** ein. Auch wenn das Gebäude gegen eine tatbestandliche Voraussetzung nach Satz 5 verstößt, löst es insgesamt Abstandflächen aus.

289 Der **untere Bezugspunkt** ist wie bei abstandrelevanten Gebäuden nach Absatz 4 zu ermitteln (s. Rdn. 72, 196–199, 204–205 und Abbildung 6.41). Maßgebend ist die **Geländeoberfläche an der Grenze**, selbst wenn das Gebäude nur grenznah errichtet werden soll. Ist eine Veränderung der Geländeoberfläche beantragt, weil z. B. der Bau einer Garage ansonsten unmöglich wäre, sind die Belange des Nachbarn zu berücksichtigen (VGH B-W, Urteil vom 23. 1. 1976 – III 872/75, BRS 30 Nr. 105). Stützmauern werden auf die zulässige Höhe angerechnet (Hess. VGH, Beschluss vom 16. 1. 2004 – 3 UE 2041/01, BauR 2005, 1310 = BRS 67 Nr. 139). **Aufschüttungen für die Zufahrt** sind gesondert zu prüfen (OVG NRW, Urteil vom 13. 2. 1970 – X A 1328/68, BRS 23 Nr. 112).

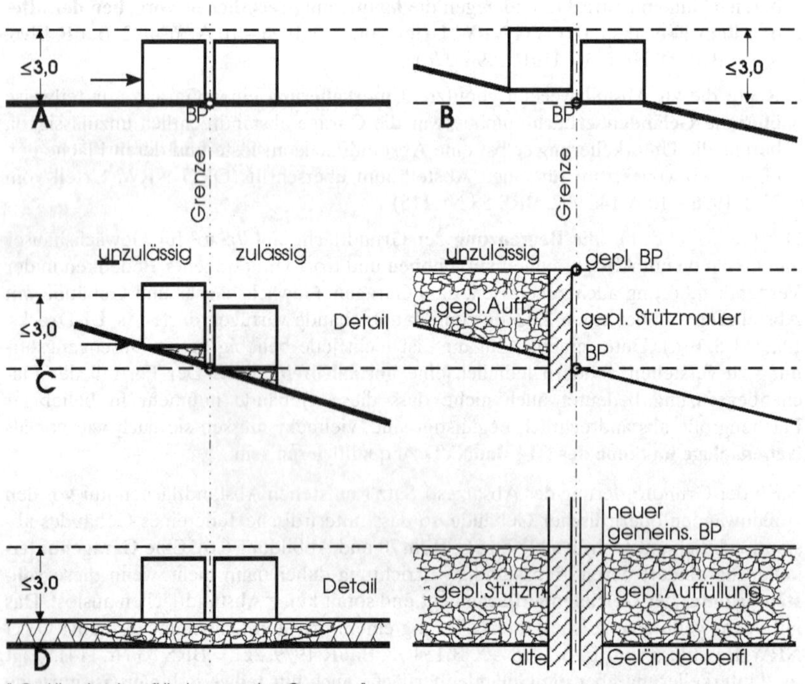


**Abbildung 6.41 Bezugspunkt Geländeoberfläche an der Grenze** (s. Rdn. 289)

Der **obere Bezugpunkt** ist – wie nach § 6 Abs. 4 Satz 2 BauO NRW – das Maß von der Geländeoberfläche **an der Grenze** bis zur Schnittlinie der Wand mit der Dachhaut oder bis zum oberen Abschluss der Wand (s. Rdn. 200). Nach **Satz 4** ist die Höhe von **Giebelflächen** zu berücksichtigen, so dass diese **zur Hälfte** in die Berechnung eingehen. Nach **Satz 5** bleiben Dächer an der **Traufseite bis zu 30°** unberücksichtigt, **darüber hinaus** geht die **Höhe zur Hälfte** in die Berechnung ein (s. Abbildung 6.42). **290**

Grundsätzlich darf die Dachfläche der Garage an die des Hauptgebäudes als „**abgeschlepptes Dach**" anschließen (Hess. VGH, Urteil vom 18. 3. 1999 – 4 UE 997/95, BauR 2000, 1316), nach nordrhein-westfälischem Recht jedoch ohne Anrechnung auf die Wandhöhe nur bis zu einer Dachneigung von 30°.

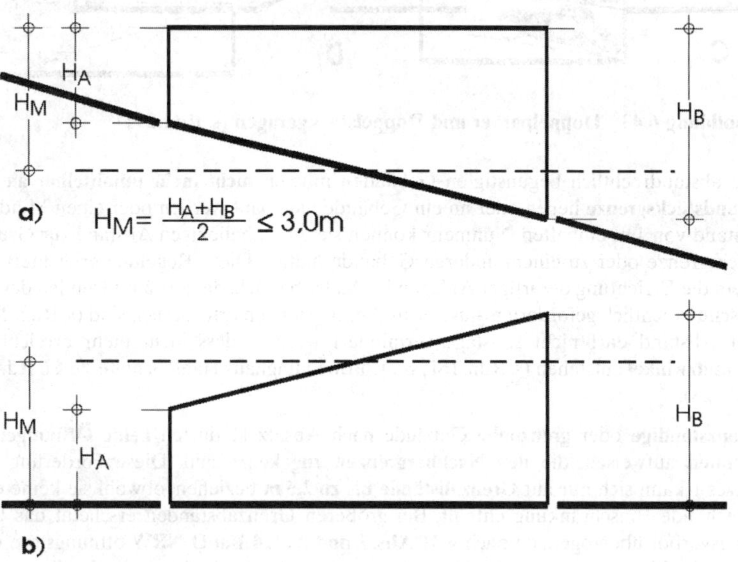


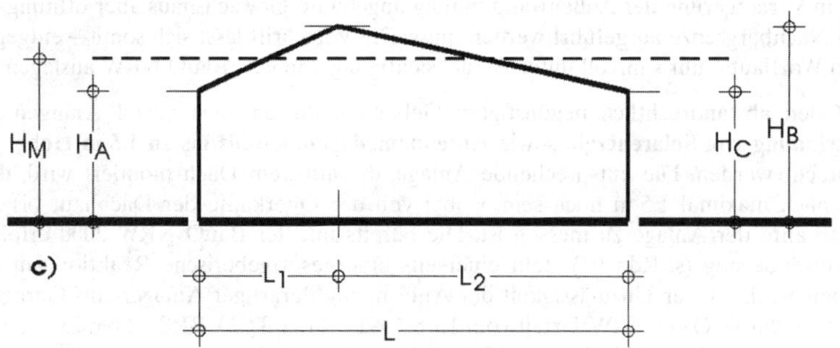


**Abbildung 6.42 Ermittlung der mittleren Wandhöhe** (s. Rdn. 290)

**291** Die Regelungen des Absatzes 11 ermöglichen trotz ihrer das Bauvolumen im Bereich der Nachbargrenze einschränkenden Regelungen die Schaffung **übereinander liegender Stellplätze** in einem Gebäude. In ebenem Gelände gewährleistet die Höhe von 3 m so genannte „Doppelparker". In hängigem Gelände lassen sich Doppelstockgaragen unter der Voraussetzung unterbringen, dass sowohl eine bergseitige als auch eine talseitige Zufahrt technisch möglich und baurechtlich zulässig ist (s. Abbildung 6.43).

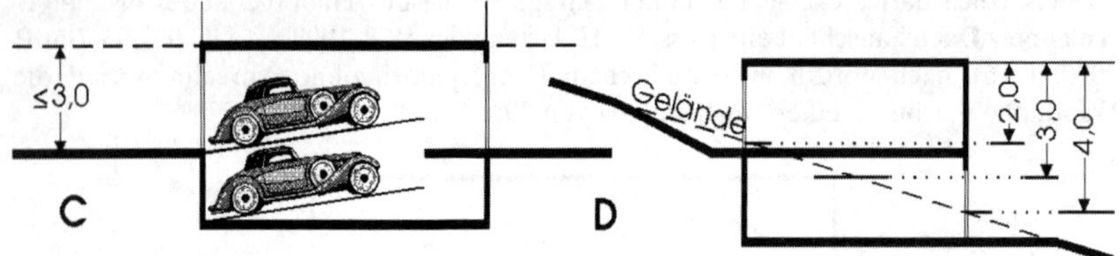


**Abbildung 6.43 Doppelparker und Doppelstockgaragen** (s. Rdn. 291)

**292** Die abstandrechtlich begünstigten Gebäuden müssen **nicht mehr unmittelbar an der Grundstücksgrenze** liegen oder an ein Gebäude angebaut werden oder einen Mindestabstand von 1 m einhalten. Nunmehr können sie einen beliebigen Abstand zur Grundstücksgrenze oder zu einem anderen Gebäude halten. Diese Regelung erleichtert vor allem die Errichtung derartiger Anlagen im Außenbereich, da dort aus Gründen des naturschutzrechtlich geforderten Ausgleichs Abpflanzungen erforderlich sind (s. Rdn. 280). Der Abstand darf nicht so stark vermindert werden, dass nicht mehr erreichbare **Schmutzwinkel** entstehen (s. Rdn. 161; s. auch Boeddinghaus/Hahn/Schulte, zu § 6 Rdn. 71 und 328).

**Grenzständige** oder **grenznahe** Gebäude nach Absatz 11 dürfen **keine Öffnungen** in **Wänden** aufweisen, die **den Nachbargrenzen zugekehrt** sind. Diese Forderung des Satzes 1 kann sich nur auf **Grenzabstände bis zu 2,5 m** beziehen, obwohl sie keine entsprechende Einschränkung enthält. Bei größeren Grenzabständen erscheint das Öffnungsverbot überzogen, da nach **§ 31 Abs. 1 und Abs. 4 BauO NRW** öffnungslose Gebäudeabschlusswände erst ab diesem Grenzabstand erforderlich sind. Es gibt keinen Sinn, wenn ein Hauptgebäude mit 2,7 m Grenzabstand – bei 0,3 m durch Baulast gesicherte Abstandflächentiefe auf dem Nachbargrundstück – Öffnungen aufweisen darf, das in Verlängerung der Außenwand bündig angebaute Gewächshaus aber öffnungslos zu r Nachbargrenze ausgeführt werden muss. Die Vorschrift lässt sich somit – entgegen dem Wortlaut – nur sinnvoll unter Berücksichtigung von § 31 BauO NRW auslegen.

**293** Auf den abstandrechtlich begünstigten Gebäuden dürfen nach Satz 1 **Anlagen zur Gewinnung von Solarenergie** sowie **Antennenanlagen**, jeweils **bis zu 1,5 m Höhe**, angebracht werden. Die entsprechende Anlage, die auf dem Dach montiert wird, darf demnach maximal 1,5 m hoch sein, wobei von der Oberkante der Dachhaut bis zur Oberkante der Anlage zu messen ist. Die bereits mit der BauO NRW 2000 erfolgte Rechtsänderung (s. Rdn. 02) stellt einerseits eine gesetzgeberische Reaktion auf die Rechtsprechung zur Unzulässigkeit der Anbringung derartiger Anlagen auf Garagendächern dar (s. OVG NRW, Urteil vom 13. 6. 1991 – 11 A 87/90, BRS 52 Nr. 133), andererseits ist sie – im Hinblick auf die Solaranlagen – ein Beitrag zur Förderung erneuerbarer Energien.

Nach **Satz 5** darf die Grenzbebauung mit Gebäuden nach Abs. 11 darf, **bezogen auf ein Grundstück**, entlang **einer Nachbargrenze 9 m** und **insgesamt 15 m nicht überschreiten**. Somit ermöglicht die Vorschrift **abstandrechtlich** bei freistehenden Gebäuden in der offenen Bauweise an jeder seitlichen Nachbargrenze eine Garage von je 6 m Länge und zusätzlich ein grenzständiges Gebäude mit Abstellraum oder ein Gewächshaus von 3 m Länge, um die Summe von insgesamt 15 m nicht zu überschreiten. Es darf jedoch keine der Nachbargrenzen auf einer Länge von mehr als 9 m mit diesen Gebäuden bebaut werden. Auf diese Längenmaße werden anders genutzte, an der Grenze vorhandene oder auch zulässige Gebäude und Gebäudeteile (wie z. B. Wohngebäude) nicht angerechnet, da die Regelung des Absatzes 11 nur die dort genannten Gebäude betrifft. Eine Grenzbebauung an anderen Grundstücksgrenzen als Nachbargrenzen, z. B. an der vorderen – straßenseitigen – Grenze, wird nicht angerechnet. **294**

Die „**Nachbargrenze**" ist eine – gedachte – Linie, die das Grundstück von anderen Grundstücken trennt, die keine öffentlichen Verkehrs-, Grün- oder Wasserflächen sind (OVG NRW, Beschluss vom 4. 2. 2004 – 10 B 2544/03, BauR 2004, 986 = BRS 67 Nr. 140). Absatz 11 Satz 1 geht davon aus, dass ein Grundstück mehr als eine Nachbargrenze hat oder doch haben kann. Daraus folgt, dass nicht die gesamte – gedachte – Umfassungslinie eines Grundstücks als eine Nachbargrenze angesehen wird. Wenn das Grundstück sonach mehrere Nachbargrenzen aufweist, kann ihre Anzahl von dem Baugrundstück oder von den Nachbargrundstücken her definiert werden. Wird **aus der Sicht des Baugrundstücks** definiert, hat das rechteckige Grundstück, das an eine Verkehrsfläche grenzt, drei Nachbargrenzen, das polygonale Grundstück entsprechend mehr, wobei gegebenenfalls auf die **natürliche Betrachtung** abzustellen ist, **wenn die Winkel aneinander stoßender Grenzlinien gegen 180° tendieren** (s. Rdn. 252–253 und Abbildung 6.36). Wird die Anzahl hingegen von den angrenzenden Grundstücken her bestimmt, hat das Grundstück so viele Nachbargrenzen wie Grundstücke angrenzen, die nicht öffentliche Verkehrsflächen sind. Die Nachbargrenze ist jedoch **aus der Sicht des Baugrundstücks** zu definieren (OVG NRW, Urteil vom 12. 12. 1988 – 10 A 1729/87, BauR 1989, 445 = BRS 49 Nr. 123 und Beschluss vom 4. 2. 2004, a. a. O.). Die Begründung der Entscheidung vom 12. 12. 1988 – noch zur BauO NW 1984, jedoch im vollen Einklang mit der derzeitigen Rechtslage – lautet: **295**

*„§ 6 Abs. 11 BauO NW ist eine von dem Grundtatbestand, dass vor Außenwänden von Gebäuden Flächen von oberirdischen Gebäuden freizuhalten sind, abweichende Regelung. Die Grundregelung des § 6 Abs. 1 BauO NW greift ihrerseits nicht ein, wenn einer der Fälle des § 6 Abs. 1 Sätze 2 ff. BauO NW vorliegt. Bei Betrachtung des § 6 Abs. 1 Satz 2 BauO NW fällt auf, dass dort Nachbargrenze und Grenze gleichbedeutend verwandt werden. Die Regelung bezieht sich auf die planungsrechtlichen Vorschriften über die Bauweise … Der Grenzabstand ist* ***auf dem Baugrundstück*** *einzuhalten. Schon dies zeigt, dass der Wortlaut ‚Nachbargrenze' nicht … ein Verständnis als ‚Grenze zu benachbarten Grundstücken', sondern als (eine)* ***äußere Abschlusslinie des Baugrundstücks*** *und* ***von diesem*** *her zu definieren ist. Das zeigt auch der Gesamtzusammenhang. Die Vorschrift des § 6 BauO NW steht im zweiten Teil der Bauordnung, der das Grundstück und seine Bebauung regelt. Das Bauordnungsrecht verwendet den Grundstücksbegriff – unbeschadet etwaiger Korrekturnotwendigkeiten bei Splitterparzellen – in einem formalen Sinne … Das Grundstück wird wesentlich durch seine Grenzen bestimmt.* ***Unerheblich*** *für seine Lage oder Größe ist,* ***wie viele Grundstücke*** *an das Baugrundstück* ***angrenzen.*** *Die Vorschriften des zweiten Teils befassen sich mit der Bebauung des Grundstücks.* ***Auf dem***

***jeweiligen Grundstück** müssen – wenn von Möglichkeiten baulastmäßiger Sicherungen abgesehen wird – sämtliche Voraussetzungen für die Errichtung eines Bauwerks erfüllt sein. Die Zulässigkeit baulicher Vorhaben kann nicht von der Zufälligkeit abhängig gemacht werden, ob die angrenzenden Flächen in größere oder kleinere Grundstücke aufgeteilt werden. Sie würde sonst systemwidrig dadurch beeinflusst, dass auf den Nachbargrundstücken Teilungsvorgänge oder Grundstücksvereinigungen stattfinden. Ohne dass das Grundstück irgendeine Änderung erfährt, würde durch Teilung eines Nachbargrundstücks, das an das Baugrundstück grenzt, anstelle einer 9 m langen Garage eine 15 m lange Garage zulässig. Umgekehrt würde die Vereinigung angrenzender Grundstücke zu materiell baurechtswidrigen Zuständen auf dem Grundstück führen, wenn auf diesem eine Garage mit einer größeren Länge als 9 m zugelassen würde. § 6 Abs. 11 BauO NW stellt eine Privilegierung dar, mit der einerseits eine angemessene Ausnutzung der Grundstücke ermöglicht, andererseits eine übermäßige Bebauung der Grenzbereiche mit potentiell störenden Anlagen vermieden werden soll. Der Umfang der Privilegierung kann nicht von einem Geschehen abhängig sein, auf das weder der Bauherr noch die Bauaufsichtsbehörde Einfluss hat.*“

**296** Die **nachbarschützende Wirkung** des § 6 Abs. 11 Satz 5 BauO NRW besteht nicht nur in Bezug auf an die jeweilige Grenze gebaute Gebäude, deren Länge 9 m übersteigt, die Bestimmung gewährt vielmehr **allen betroffenen Nachbar** – also auch nicht direkt betroffenen – ein Abwehrrecht, wenn durch die Grenzbebauung **insgesamt 15 m überschritten** werden (so nach damaliger Rechtslage OVG NRW, Beschluss vom 21. 8. 1985 – 7 B 1257/85, BRS 44 Nr. 171 = Städte- und Gemeinderat 1985, 447). Nach **Teilung** eines wirtschaftlich einheitlich genutzten Grundstücks zum Zwecke des **Unterlaufens der Längenbeschränkung**, ist die Baugenehmigung für ein Gebäude nach Absatz 11 wegen **missbräuchlicher Inanspruchnahme** der Abstandvorschriften rechtswidrig (Nds. OVG, Beschluss vom 26. 2. 2004 – 1 LA 210/03, BauR 2004, 1274 = BRS 67 Nr. 144).

**297** Wenn die Benutzung einer zulässigerweise an der Grenze errichteten Garage im Sinne der einschlägigen landesrechtlichen Vorschriften die Gesundheit nicht schädigt und durch Lärm und Gerüche das Wohnen in der Umgebung nicht über das zumutbare Maß hinaus stört, ist für ein – drittschützendes – **Gebot der Rücksichtnahme** in Bezug auf diese nachbarlichen Belange **kein Raum** (BVerwG, Beschluss vom 18. 12. 1985 – 4 CB 49 und 50.85, BBauBl. 1986, 251 = BRS 44 Nr. 177). Der Nachbar hat keinen Anspruch auf Realisierung eines ihn schonenden Alternativstandorts (OVG NRW, Beschluss vom 27. 6. 2000 – 10 B 870/00, n. v.). Die von einer Einzelgarage üblicherweise ausgehenden **Geruchsbeeinträchtigungen** und **Geräusche** sind als **unvermeidbare** Auswirkungen menschlichen Zusammenlebens von dem betroffenen Nachbarn regelmäßig **hinzunehmen** (OVG Saar, Urteil vom 19. 11. 1984 – 2 R 340/83, NJW 1985, 2439).

**298** Die nach dem Vorgängerrecht in § 6 Abs. 11 Satz 4 BauO NRW 2000 aufgeführten in Abstellräumen zulässigen **Leitungen und Zähler** für Energie und Wasser, **Feuerstätten** für flüssige oder gasförmige Brennstoffe mit einer Nennwärmeleistung bis zu 28 kW und **Wärmepumpen** entsprechender Leistung sind in der Neufassung des Gesetzes vom 12. 12. 2006 **nicht mehr enthalten**. Diese Regelung diente der Erleichterung des Bauens insofern, als kostenträchtige Unterkellerungen der Hauptgebäude vermieden werden konnten, weil die haustechnischen Einrichtungen in einem Abstellraum untergebracht werden konnten. Diese Möglichkeit ist nunmehr entfallen, soll jedoch bei einer Novellierung der **Feuerungsverordnung** berücksichtigt werden (so LT-Drucks. 14/2433 S. 17).

## 11 Zum aufgehobenen Absatz 12

Absatz 12 regelte, welche baulichen Anlagen in den Abstandflächen eines Gebäudes **zulässig** sind. Die Regelung des Absatzes 12 beschränkte sich auf Abstandflächen vor Außenwänden der Gebäude auf dem Grundstück selbst. Diese Bestimmung wurde in Absatz 13 übernommen, so dass Absatz 12 als entbehrlich aufgehoben werden konnte (s. LT-Drucks. 14/2433 S. 17). **299**

## 12 Zu Absatz 13 – Gegenüberliegende Wände auf eigenem Grundstück

**Absatz 13** ermöglicht **Abweichungen** von den Vorschriften über die Tiefe der Abstandflächen für **300**

- **Wände desselben Gebäudes**
- **Wände von Gebäuden auf demselben Grundstück.**

Die nach Absatz 13 möglichen Abweichungen beziehen sich auf die Abstandflächen der **Außenwände**, die zum **Inneren** eines Baugrundstücks ausgerichtet sind, **nicht** auf die Abstandflächen **zu Grundstücksgrenzen**. Die Abweichung kann nur von den Bestimmungen der Absätze 5 und 6 gestattet werden. Die Anforderungen der Absätze 1 bis 4 bleiben somit unberührt. Eine Reduzierung der Tiefe der Abstandfläche kommt indessen einer Abweichung vom Überdeckungsverbot des Absatzes 3 gleich. Ermöglicht werden durch diese spezielle Abweichungsregelung Gebäude mit Atriumhöfen, mit U-förmigen Grundrissen oder mit starker Gliederung der Außenwände durch Vor- und Rücksprünge in der Fassade. Aus Absatz 12 wurde der Fall sich gegenüberliegender Wände verschiedener Gebäude auf demselben Grundstück übernommen (s. Rdn. 299). Die **praktische Bedeutung** der Vorschrift ist **rückläufig**, da nach der Änderung des Absatzes 6 die Tiefe der Abstandfläche bei Wänden von bis zu 16 m Länge halbiert werden darf (s. Rdn. 230 und 239–241), so dass sich in Wohngebieten zwei bis zu 16 m lange Wände im Mindestabstand von nur 6 m bei einer Wandhöhe – H – von 7,5 m gegenüberliegen dürfen (s. Rdn. 256).

**Voraussetzung** für die Gestattung der Abweichung ist, dass die **Belichtung der Räume nicht wesentlich beeinträchtigt** wird. Dies kann z. B. als erfüllt angesehen werden, **301**

- wenn die sich gegenüberliegenden Außenwände keine Fenster haben oder
- wenn die sich gegenüberliegenden Außenwände keine zur ausreichenden Versorgung mit Tageslicht erforderlichen Fenster haben,
- wenn sich nur Wandversprünge geringfügigen Ausmaßes gegenüberliegen oder
- wenn die sich gegenüberliegenden Wände mit Fenstern von Aufenthaltsräumen sehr niedrig sind, wie z. B. bei Atriumhöfen von Gartenhofhäusern.

Darüber hinaus dürfen auch die sonstigen Schutzziele des Abstandflächenrechts nicht wesentlich beeinträchtigt sein (s. Rdn. 16–18). Die Voraussetzung kann als erfüllt angesehen werden, wenn die Außenwände keine oder zumindest keine notwendigen Fenster aufweist. Befinden sich in der Außenwand des Gebäudes notwendige Fenster, muss ein ausreichender Lichteinfall gewährleistet sein. Zumindest sollte **vor notwendigen Fenstern** eine **ausreichend breite Fläche** freigehalten werden und ein **Lichteinfallwinkel von mindestens 45°** sichergestellt sein (s. auch Abbildung 6.1).

## 13 Zu Absatz 14 – Nachträgliche Verbesserung des Wärmeschutzes

302 Die bereits mit der BauO NW 1995 eingeführte Vorschrift berücksichtigt das Erfordernis der **Wärmedämmung** durch die Bekleidung von Außenwänden **bestehender Gebäude**. Es ist unter ökologischen Gesichtspunkten ein wichtiges politisches Ziel, den **Wärmeschutz** auch bei bestehenden Gebäuden zu **verbessern**. Um dieses Ziel erreichen zu können, müssen die Außenwände dieser Gebäude mit wärmedämmenden Bekleidungen versehen werden. In vielen Fällen wird zugleich eine Verbesserung der Wärmedämmung im Dachbereich erforderlich, was bei Gebäuden mit Flachdach nicht selten eine **Erhöhung** oder **Anhebung** der Dachkonstruktion bedingt. Infolge dieser Maßnahmen kann es erforderlich werden, sogar die zur Nachbargrenze hin erforderliche **Mindesttiefe** der Abstandfläche von **3 m** zu unterschreiten.

303 Geringere Tiefen der Abstandflächen bedurften nach der Vorgängerregelung einer Abweichungsentscheidung durch die Bauaufsichtsbehörde. Der Gesetzgeber hat mit dem Zweiten Gesetz zur Änderung der Landesbauordnung vom 12. 12. 2006 die Vorschrift erweitert, um Ermessensentscheidungen weitgehend zu erübrigen:

- **Satz 1** regelt, unter welchen Voraussetzungen Maßnahmen zur Verbesserung des Wärmeschutzes bei bestehenden Gebäuden **allgemein zulässig** sind, so dass die Bauaufsichtsbehörden nicht mehr mitwirken müssen.
- **Satz 2** enthält eine **Abweichungsermächtigung** für den Fall, dass die Voraussetzungen des Satzes 1 nicht eingehalten werden können.
- **Satz 3** erlaubt Wärmedämmmaßnahmen auch an Außenwänden, die den Abstandflächenvorschriften nicht entsprechen, weil die nach Absatz 5 erforderlichen Tiefen der Abstandflächen nicht eingehalten sind und berücksichtigt, dass bei **bestehenden Gebäuden** die Verbesserung der Wärmedämmung unter **Energieeinsparungsgesichtspunkten** besonders **dringend** ist (so LT-Drucks. 14/2433, S. 17). Die Bezugnahme nur auf Absatz 5 dürfte ein **redaktionelles Versehen** sein, da Satz 2 im Wege der Abweichung geringere Tiefen der Abstandflächen ermöglicht, und das sind nicht nur die nach Absatz 5, sondern eben auch die halbierten Tiefen nach Absatz 6. Im Übrigen würde es keinen Sinn ergeben, die große Zahl bestehender Gebäude, die unter Anwendung des früheren Schmalseitenprivilegs entstanden sind, von der durch Satz 3 geschaffenen Erleichterung auszunehmen.

304 **Gemeinsame Voraussetzung** der Sätze 1 und 2 ist, dass die Baumaßnahme der **Verbesserung des Wärmeschutzes** dient. **Nicht gefordert** ist eine **vollständige** Erfüllung der Anforderungen der Energieeinsparverordnung – EnEV, da es genügt, den Wärmeschutz auch nur zu **verbessern**. Die Formulierung „**bestehende Gebäude**“, die auch in Absatz 15 Verwendung findet, zielt auf ein tatsächlich vorhandenes Gebäude und damit auf einen früher einmal **rechtmäßig errichteten** „Altbestand“ (s. Rdn. 313), der den Anforderungen der aktuell geltenden **Energieeinsparungsvorschriften** nicht mehr genügt. Das kann sowohl ein Gebäude sein, für das eine Baugenehmigung noch vor dem Inkrafttreten der ersten Wärmeschutzverordnung am 11. 8. 1977 erteilt wurde, so dass noch kein energieeinsparender Wärmeschutz erforderlich war, als auch ein später errichtetes Gebäude, das jedoch den Anforderungen der EnEV in der derzeit geltenden Fassung nicht voll entspricht, nicht jedoch ein formell und materiell baurechtswidriges Gebäude, für das – auf einen Bauantrag hin – die nachträgliche Legalisierung von vornherein zum Scheitern verurteilt ist.

Nach **Satz 1** sind die Baumaßnahmen zur Verbesserung des Wärmeschutzes zulässig, wenn die **Stärke** der **Bekleidung** oder **Verblendung** bzw. die **Anhebung der Dachhaut nicht mehr als 0,25 m** beträgt. Damit hat der Gesetzgeber die Unsicherheiten in der Rechtsanwendung beseitigt, die bei über die Mindestanforderungen der EnEV hinausgehenden Maßnahmen entstanden sind. Es kommt tatbestandlich nur noch darauf an, ob das Maß von 0,25 m nicht überschritten wird. Darüber hinaus erlaubt Satz 1 eine **Mindesttiefe des Abstands** – nach Durchführung der Baumaßnahmen zur Verbesserung des Wärmeschutzes – von lediglich **2,50 m zur Nachbargrenze**. Somit können bestandsgeschützte Außenwände, die **näher als 3,0 m** zur Nachbargrenze stehen, ebenfalls noch mit einer Wärmedämmung, versehen werden. Beträgt der Abstand einer bestandsgeschützten Außenwand zur Nachbargrenze beispielsweise 2,75 m, darf die volle Stärke der Bekleidung oder Verblendung von 0,25 m angebracht werden, da dann immer noch die Mindesttiefe von 2, 5 m als Abstand verbleibt. 305

Lassen sich die Maßvorgaben des Satzes 1 hinsichtlich der Stärke der Bekleidung bzw. Verblendung oder des Mindestabstands von 2,50 m nicht einhalten, kommt eine **Abweichung** nach **Satz 2** in Betracht. Bei der Ermessensausübung ist die Bauaufsichtsbehörde jedoch nicht frei, vielmehr hat sie die nach Satz 1 bereits vorgenommene **Abwägung des Gesetzgebers** zwischen den **Interessen der Allgemeinheit an der Energieeinsparung** und den **Interessen der Nachbarn an der Einhaltung von Mindestabständen** zu berücksichtigen. Eine Reduzierung des Mindestabstands von 2,5 m scheidet aus, wenn es dem Eigentümer des bestehenden Gebäudes zuzumuten ist, eine weniger Platz in Anspruch nehmende Dämmungsart zu wählen, um den Wärmeschutz ebenso wirksam verbessern zu können und damit den Abstand zur Nachbargrenze möglichst tief zu halten. Im Einzelfall ist zu prüfen, ob z.B. anstelle einer 0,25 m starken Verblendung ein Wärmedämmverbundsystem bei halber Stärke nahezu die gleichen Dämmwerte erzielen kann. 306

Eine **Abweichung** nach Satz 2 ist **unzulässig**, wenn außer Wärmedämmgesichtspunkten **andere Interessen** des Bauherrn den **Ausschlag** für eine bestimmte Baumaßnahme geben, z.B. weil der Bauherr eine 0,20 m starke Bekleidung nur deshalb auswählt, um in erster Linie das äußere Erscheinungsbild seines Gebäudes zu verändern, obwohl ein nur wenige Zentimeter starker Wärmedämmputz zur Erzielung der Anforderungen der EnEV ausreichen würde und dabei der Mindestabstand von 2,50 m nahezu ungeschmälert erhalten bliebe. Um Missverständnissen von zu begegnen, sei darauf hingewiesen, dass eine primär der Verbesserung des Wärmeschutzes dienende Baumaßnahme naturgemäß in der überwiegenden Zahl der Fälle zugleich eine Verbesserung des optischen Erscheinungsbildes zur Folge haben wird, z.B. wenn ein Altbau aus der Nachkriegszeit noch mit dem Ursprungsputz versehen ist und zusammen mit einem Wärmedämmverbundsystem zugleich die Fenster erneuert werden, so dass der Altbau auf den Betrachter optisch wie ein Neubau erscheint. 307

Zu berücksichtigen sind auch **brandschutztechnische Gesichtspunkte**, da nach **§ 31 Abs. 1 Nr. 1** in Verbindung mit **Abs. 4** BauO NRW Gebäudeabschlusswände grundsätzlich **öffnungslos** ausgeführt werden müssen, wenn sie **näher als 2,50 m zur Nachbargrenze** liegen. Weist z.B. eine bestandsgeschützte Wand mit Fensteröffnungen einen Abstand von lediglich 2,55 m zur Nachbargrenze auf und soll ein 12 cm starkes Wärmedämmverbundsystem aufgebracht werden, ergibt sich zugleich eine **Unterschreitung** des brandschutztechnisch erforderlichen Mindestabstands von 2,50 m. Es wird somit auch eine Abweichung von § 31 Abs. 1 Nr. 1 in Verbindung mit Abs. 4 BauO NRW erforderlich, die nach § 73 Abs. 1 **Satz 2** BauO NRW nur erteilt werden kann, aber zugleich 308 auch muss (s. den Wortlaut: sind zuzulassen), wenn die **Voraussetzungen nach Satz 1** dieser Vorschrift vorliegen (s. die Anmerkungen zu § 73 Rdn. 20 und 21).

**309** In der Regel wird die Bauaufsichtsbehörde aufgrund der dem Abweichungsantrag beizufügenden Unterlagen selbst erkennen können, ob brandschutztechnische Belange nachteilig berührt sind. Bei **Zweifeln** über das Vorliegen der Abweichungsvoraussetzungen bei Unterschreitung des brandschutztechnischen Abstandes von 2,50 m sollte die Bauaufsichtsbehörde eine **sachverständige Begutachtung** der vorgesehenen Baumaßnahme zur Wärmedämmung bezüglich der Einhaltung der **Schutzziele des baulichen Brandschutzes** vom Bauherrn verlangen. Zu berücksichtigen ist dabei, ob und in welcher Weise sich die Baumaßnahme zur Verbesserung des Wärmeschutzes auf die **Feuerwiderstandsdauer der Bauteile** und die **Brennbarkeit** der **Baustoffe** auswirkt (s. die Anmerkungen zu § 17 Rdn. 10–10 b).

### 14 Zu Absatz 15 – Nutzungsänderungen und bauliche Änderungen

**310** Die **Vorschrift** wurde mit der BauO NW 2000 in das Abstandflächenrecht neu aufgenommen und **berücksichtigt** die **Rechtsauffassung des Bundesverwaltungsgerichts** zur Frage der Behandlung von bestehenden Gebäuden, die dem aktuellen Abstandflächenrecht nicht mehr entsprechen, jedoch rechtmäßig errichtet worden sind und daher **Bestandsschutz** genießen (zum passiven Bestandsschutz s. die Anmerkungen zu § 75, Rdn. 109–118). Wenn eine Landesbauordnung die Neubemessung der Abstandflächen anordnet, kann es im Einzelfall eine „unbeabsichtigte Härte" im Sinne einer bauordnungsrechtlichen **Befreiung**svorschrift (Abweichungsvorschrift) darstellen, wenn geändertes neues Abstandflächenrecht eine Nutzungsänderung eines in früherer Zeit legal errichteten Gebäudes verhindert (BVerwG, Urteil vom 16. 5. 1991 – 4 C 17.90, BRS 52 Nr. 157 = ZfBR 1991, 221). Das führt zu dem Ergebnis, dass vorrangig das Bauplanungsrecht die Nutzungsänderung abhandelt und dass abstandrechtliche Betrachtungen von untergeordneter Bedeutung sind (so Jeromin, Nutzungsänderung und Abstandsflächenrecht, BauR 2000, S. 510 ff.; gleicher Auffassung zur Unbeachtlichkeit von Nutzungsänderungen OVG M-V, Beschluss vom 27. 8. 1998 – BauR 1999, 624 = BRS 60 Nr. 115; ähnlich zu baulichen Veränderungen Thür. OVG, Beschluss vom 14. 2. 2000 – 1 EO 76/00, BauR 2000, 1465). Jedenfalls sind auch schon nach der bisherigen Rechtsprechung der Bausenate des OVG NRW **Veränderungen** an einem früher **genehmigten Baubestand** dann **nicht erneut** an den Abstandvorschriften zu messen, wenn sich eine **nicht erhebliche** Änderung **nicht nachteilig auf** die durch Abstandflächenvorschriften **geschützten Belange auswirken** kann (so OVG NRW, Urteil vom 13. 7. 1988 – 7 A 2897/86, BRS 48 Nr. 139 und Beschluss vom 13. 7. 1995 – 11 B 1543/95, BauR 1996, 240 = BRS 57 Nr. 135).

**311** Die Begründung zu § 6 BauO NW 1995 (LT-Drucks. 11/7153 S. 148) führte zur Nutzungsänderung noch aus:

*„Die Abmessungen der Abstandflächen (Tiefe und Breite) – und damit auch die erforderlichen Grenzabstände – bestimmen sich nach dem äußeren Erscheinungsbild der baulichen Anlage, d. h. nach deren Höhe und Breite sowie nach der Art der baulichen Nutzung des Baugebiets, in dem die bauliche Anlage errichtet wird. Die Abmessungen bestimmen sich nicht nach Störungen, die von der baulichen Anlage ausgehen können, wie Lärm oder andere Emissionen. Die Nutzung eines Gebäudes, z. B. Wohnnutzung oder*

*gewerbliche Nutzung, geht nicht in die Bemessung der Abstandflächen ein. Insofern stellt sich bei der Nutzungsänderung eines bestehenden Gebäudes auch nicht die Frage der Neubemessung der Abstandfläche.*"

Das OVG NRW ist dieser Auffassung so jedoch nicht gefolgt (OVG NRW, Urteil vom 15.5.1997 – 11 A 7224/95, BauR 1997, 996 = BRS 59 Nr. 144 = NVwZ-RR 1998, 614 zur Nutzungsänderung eines gewerblich genutzten Hinterhauses in ein Wohnhaus). Danach wirft die **Nutzungsänderung** eines bestehenden Gebäudes, welches die heute maßgebenden Abstandflächen nicht einhält, die **Genehmigungsfrage** auch im Hinblick auf Abstandvorschriften **neu** auf, wenn eine **andersartige** Nutzungsänderung **vom Bestandsschutz nicht mehr gedeckt** ist und auf wenigstens einen durch die Abstandvorschriften geschützten Belang nachteiligere Auswirkungen als die bisherige Nutzung hat. Die Urteilsbegründung führt hierzu aus:

„*Entgegen der Auffassung des Antragsgegners wird die neu aufgenommene Wohnnutzung nicht vom Bestandsschutz des früher genehmigten Hintergebäudes gedeckt, wobei es gleichgültig ist, ob die fraglichen Räume früher als Lager- oder Büroräume genehmigt und/oder genutzt worden sind. Zwischen der Wohnnutzung einerseits und einer Lager- oder Büronutzung andererseits bestehen qualitative Unterschiede; bei den Letzteren handelt es sich um gewerbliche Nutzungen, für die andere Bauvorschriften gelten als für Wohnungen und die in der Regel auch unterschiedlichen Baugebieten zugewiesen sind. Es ist ein allgemein – auch bundesrechtlich – anerkannter Grundsatz, dass der Bestandsschutz andersartige oder wesentlich geänderte Nutzungen nicht deckt (vgl. BVerwG, Urteil vom 25.3.1988 – 4 C 21.85, BRS 48 Nr. 138 und Urteil vom 25.11.1974 – IV C 32.71, BRS 28 Nr. 34).*"

Die nachteilige Wirkung der beabsichtigten Nutzungsänderung sah das Gericht darin, dass es sich bei der bis dahin praktizierten Büronutzung um eine ruhige Schreibtischarbeit in geschlossenen Räumen während der üblichen Arbeitszeit handelte, dass jedoch in einer Wohnung rund um die Uhr „gewohnt" würde und die damit verbundenen Lebensäußerungen in der Umgebung deutlicher und auf Dauer in Erscheinung treten würden. Soweit in der Begründung des Gesetzentwurfs ausgeführt wird, dass bei der Nutzungsänderung von bestehenden Gebäuden sich die „Frage der Neubemessung der Abstandfläche" nicht stelle, sei dies unerheblich. Allein Motive des Gesetzgebers vermöchten jedoch die Rechtslage nicht zu ändern.

In Konsequenz dieser Rechtsprechung hat der Gesetzgeber mit der BauO NRW 2000 **312**
Absatz 15 neu eingefügt, um einerseits **aus Gründen der Bestandserhaltung Nutzungsänderungen und geringfügige bauliche Änderungen zu erleichtern** und andererseits eine **normative Regelung** zu schaffen, die Inhalt und Schranken des Eigentums im Sinne des Art. 14 Abs. 1 Satz 2 GG auch in Bezug auf die Fragen der nachträglichen Nutzungsänderung und der geringfügigen baulichen Änderung festlegt (zu dieser Befugnis s. BVerwG, Urteil vom 7.11.1997 – 4 C 7.97, BRS 59 Nr. 109). Nach **Satz 1** bedurfte es einer **Abweichungsentscheidung** der Bauaufsichtsbehörde, die nur bei Erfüllung genau festgelegter Voraussetzungen ergehen konnte. **Satz 2** enthielt die **Klarstellung**, dass die Erleichterung von Nutzungsänderungen für nach Absatz 11 abstandrechtlich begünstigte Grenzgaragen und Nebenanlagen nicht in Betracht kommt. Doch auch diese Vorschrift des Abstandflächenrechts führte zu **divergierenden Auffassungen** über die Anwendungsvoraussetzungen (vgl. Gronemeyer, Anwendungsprobleme des § 6 Abs. 15 BauO NRW, BauR 2001, S. 896ff. und Brilla/Kast, Nutzungsänderung und Abstandflä-

chenrecht, BauR 2001, S. 1368ff.). In zwei Beschlüssen legte das OVG NRW die Vorschrift unterschiedlich aus. Die eine Auffassung gelangte zu dem Ergebnis, dass eine Abweichungsentscheidung auf der Grundlage des Absatzes 15 nicht getroffen werden könne, wenn auch nur einer der durch § 6 BauO NRW geschützten Belange den Nachbarn nachteilig berühre (OVG NRW, Beschluss vom 24. 4. 2001 – 7 B 1473/00, BauR 2001, 1407). Die andere kam zu dem Ergebnis, dass zunächst festgestellt werden muss, in welcher Weise sich die Situation des Nachbarn durch die neue Nutzung ändert, um dann „**bilanzierend**" Nachteile und Vorteile der Nutzungsänderung abzuwägen; eine zutreffende Würdigung sei dann gegeben, wenn auch bei nachteiliger Berührung nachbarlicher Belange der Nachbar **insgesamt** nicht mehr beeinträchtigt werde als bei der früheren Nutzung (OVG NRW, Beschluss vom 1. 2. 2000 – 10 B 2092/99, BauR 2000, 1463 = BRS 63 Nr. 139 = NVwZ 2001, 340).

**313** Mit dem Zweiten Gesetz zur Änderung der Landesbauordnung vom 12. 12. 2006 wurde **Absatz 15 erneut geändert** und dabei der alte Satz 1 des Vorgängerrechts, ähnlich der Regelung in Absatz 14, in zwei neue Sätze 1 und 2 aufgeteilt. Die Vorschrift gliedert sich in der Neufassung in drei Sätze:

- **Satz 1** enthält einen **Zulässigkeitstatbestand**, so dass unter den dort aufgeführten Voraussetzungen bauliche Änderungen und Nutzungsänderungen bestehender Gebäude zulässig sind. Eine Abweichungsentscheidung der Bauaufsichtsbehörde bedarf es nicht mehr.
- **Satz 2** ermöglicht eine **Abweichung** bei Überschreitung der tatbestandlichen Voraussetzungen nach Satz 1 unter **Würdigung nachbarlicher Belange** und **unter Würdigung der Belange des Brandschutzes**.
- **Satz 3** entspricht inhaltlich dem alten Satz 2 der Vorgängerfassung (s. Rdn. 312).

„**Bestehende Gebäude**" im Sinne dieser Vorschrift (s. die Eingangsworte des Satzes 1: Bei Gebäuden, die ohne … bestehen,) sind tatsächlich **vorhandene**, die früher einmal **formell legal** (mit Baugenehmigung) oder **materiell legal** (in Übereinstimmung mit dem früheren Rechtslage) errichtet worden sein müssen, denn sonst würde jede dem damals geltenden Recht widersprechende Bauausführung auch noch mit einer Rechtswohltat belohnt, was der Gesetzgeber nicht wollte. Soll daher eine lange schon bestehende, aber formell illegale Bausubstanz zusammen mit einer Änderung oder Nutzungsänderung erstmalig genehmigt werden, scheidet die Anwendung des Absatzes 15 aus (OVG NRW, Beschluss vom 24. 3. 2003 – 10 A 4687/02, n. v.). Nicht erforderlich ist dagegen, dass eine frühere legale Nutzung im Sinne des Bestandsschutzes weiterhin ausgeübt wird (OVG NRW, Urteil vom 24. 6. 2004 – 7 A 4529/02, a. a. O.).

**314** **Satz 1** setzt zunächst voraus, dass keine **bauplanungsrechtlichen** Vorschriften der Änderung oder Nutzungsänderung **entgegenstehen**, da diese bauordnungsrechtliche Bestimmung nur im Hinblick auf das Abstandflächenrecht Wirkungen entfaltet. Wegen der engen Verbindung zum Bauplanungsrecht beinhaltet eine Änderung oder eine Nutzungsänderung eines Gebäudes stets auch bauplanungsrechtliche Aspekte. Sodann muss die **Gebäudesubstanz im Wesentlichen noch erhalten** sein, um überhaupt Änderungen oder Nutzungsänderungen durchführen zu können OVG NRW, Beschluss vom 18. 6. 2003 – 7 B 342/03, BauR 2003, 1715 = BRS 66 Nr. 136). Auch die **Rekonstruktion** von bereits fehlenden Außenwänden oder Dächern kommt einer Neuerrichtung des Gebäudes gleich und ist deshalb **nicht von der Vorschrift gedeckt**.

Der Wortlaut stellt nunmehr klar, dass die Regelung nicht nur für bestehende Gebäude mit zu geringem Abstand, sondern auch für **grenzständige** Gebäude gilt (so bereits OVG NRW, Urteil vom 24.6.2004 – 7 A 4529/02, BauR 2004, 1765 = BRS 67 Nr. 143 = NVwZ-RR 2005, 695). Die Tatbestände berücksichtigen die Rechtsprechung zur „Geringfügigkeit" von Änderungen nach dem Vorgängerrecht (vgl. hierzu OVG NRW, Urteil vom 15.4.2005 – 7 A 19/03, BauR 2005, 1764 = BRS 69 Nr. 135 = NVwZ-RR 2006, 309).

Bei **Erfüllung** einer der **Tatbestände nach Nr. 1 bis 3** ist die Änderung oder Nutzungsänderung **zulässig**, ohne dass es einer Beteiligung des Nachbarn bedarf (OVG NRW, Urteil vom 8.3.2007 – 7 A 3782/05, BauR 2007, 1023). Es besteht insoweit ein Rechtsanspruch auf die Erteilung der Baugenehmigung bzw. von einem Baugenehmigungsverfahren freigestellte Maßnahmen dürfen ausgeführt werden.

**Nr. 1** erfasst **Änderungen innerhalb** des Gebäudes und unterscheidet sich von Nr. 2 und **315**
Nr. 3 vor allem dadurch, dass nicht die Einhaltung eines Mindestabstands von 2,5 m zur Nachbargrenze verlangt wird. Das zu ändernde Gebäude kann auch näher zur Grundstücksgrenze stehen oder auch unmittelbar an dieser. Der Begriff „**Änderung**" ist mit dem in § 3 Abs. 1 Satz 1 BauO NRW identisch (s. die Anmerkungen zu § 3 Rdn. 23–24) und meint die **nicht nur unerhebliche Umgestaltung** der baulichen Anlage. Es handelt sich im Gegensatz Nutzungsänderung zur Änderung der Benutzung um einen **baulichen Vorgang**, der dies verdeutlichend auch als „**bauliche**" Änderung bezeichnet wird (vgl. auch LT-Drucks. 14/2433 S. 18). Nr. 1 beschränkt die baulichen Änderungen jedoch ausdrücklich auf solche **innerhalb** des Gebäudes, so dass die **Außenwände** und das **Dach unverändert** bleiben müssen. Auch die inneren Bauteile des Gebäudes müssen im Wesentlichen noch erhalten bleiben, da die Entkernung und Erneuerung **keine „innere" Änderung** darstellt, sondern einem „inneren" Neubau gleichkommt.

**Nr. 2** erfasst **Nutzungsänderungen** von Gebäuden mit einem **Mindestabstand von 2,50 m** **316**
zu **Nachbargrenzen** (s. Rdn. 295). Der Begriff „**Nutzungsänderung**" ist mit dem in § 3 Abs. 4 BauO NRW verwendeten Begriff „Änderung der Benutzung" identisch (s. die Anmerkungen zu § 3 Rdn. 97–107). Der Abstand von 2,50 m lässt nach § 31 Abs. 1 Abs. 1 Nr. 1 in Verbindung mit Abs. 4 BauO NRW noch **Öffnungen** in den Außenwänden zu. Bei geringerem Grenzabstand ist die Außenwand als **öffnungslose Gebäudeabschlusswand** auszubilden.

**Nr. 3** erfasst **Änderungen** von Gebäuden mit einem **Mindestabstand von 2,50 m** zu **317**
**Nachbargrenzen**. Weitere tatbestandliche Voraussetzungen sind, dass **Länge** und **Höhe** der diesen Nachbargrenzen zugekehrten **Wänden** und **Dachflächen unverändert** bleiben (vgl. hierzu OVG NRW, Beschluss vom 6.4.2004 – 7 B 223/04, BauR 2004, 1276 = BRS 67 Nr. 142) und dass **keine neuen Öffnungen** eingerichtet und **bestehende Öffnungen nicht vergrößert** werden.

**Satz 2** entspricht inhaltlich Absatz 14 Satz 2 (s. Rdn. 306–309). Da es gerade der Sinn des **318**
Satzes 2 ist, Änderungen oder Nutzungsänderungen zu erfassen, die nicht nach Satz 1 zulässig sind und darüber hinausgehen, ist eine am **Grundsatz der Verhältnismäßigkeit** orientierte **Abwägung** der **Interessen des Bauherrn** mit der Schutzbedürftigkeit der **nachbarlichen Belange** vorzunehmen (vgl. LT-Drucks. 14/2433 S. 18).

**Satz 3** bezieht sich sowohl auf die Zulässigkeitsregelung nach Satz 1 als auch die Abwei- **319**
chungsregel nach Satz 2. **Weder Garagen noch Nebengebäude** im Sinne des Absatzes 11 **unterfallen** somit **den Begünstigungen** des Absatzes 15.

### 15 Zu Absatz 16 – Abweichungen in überwiegend bebauten Gebieten

**320** Nach Absatz 16 können in überwiegend bebauten Gebieten geringere Tiefen der Abstandflächen, als sie nach Absatz 5 erforderlich wären, **gestattet** oder sogar **verlangt** werden. Sowohl die Gestattung als auch das Verlangen stehen unter der Voraussetzung, dass die **Gestaltung des Straßenbildes** oder **besondere städtebauliche Verhältnisse** dies auch unter **Würdigung nachbarlicher Belange** rechtfertigt. Sinn der Regelung ist die **Erhaltung alter Ortsbilder** und **historischer Bausubstanzen** auch durch die **Ermöglichung der Einfügung von Neubauten in gewachsene Stadtstrukturen** unter **Einhaltung alter Straßenfluchten** und zur **Erhaltung von Traufgassen**. (vgl. OVG NRW, Beschluss vom 23. 10. 1995 – 10 B 2661/95, BRS 57 Nr. 159).

Die Vorschrift **ermöglicht nicht** den **völligen Verzicht** auf Abstandflächen, sondern lediglich die Zulassung **geringerer** Tiefen der Abstandflächen (OVG NRW, Beschluss vom 5. 10. 1998 – 7 B 1850/98, BRS 60 Nr. 105).

Absatz 16 findet **keine Anwendung**, wenn der **Bebauungsplan abweichende Maße der Tiefe der Abstandfläche** gemäß § 9 Abs. 1 Nr. 2 a BauGB festsetzt oder eine **Satzung über geringere Tiefen der Abstandflächen** nach § 86 Abs. 1 Nr. 6 BauO NRW besteht (s. Rdn. 31–32).

Die **praktische Bedeutung** der Vorschrift **schwindet**, da nach Absatz 5 Satz 2 und Absatz 6 unter den dort aufgeführten Voraussetzungen bereits halbierte Tiefen des „Normalabstands“ zulässig sind (s. Rdn. 239–245), so dass entsprechende Fallgestaltungen nur noch selten auftreten.

**321** Die in der Vorgängerfassung noch enthaltene weitere Voraussetzung, dass **Gründe des Brandschutzes** dem **nicht entgegenstehen** dürfen, ist mit dem Zweiten Gesetz zur Änderung der Landesbauordnung ersatzlos entfallen. Die Begründung enthält hierzu keine besonderen Ausführungen. Die Voraussetzung war aber entbehrlich, da Außenwände, die näher als 2,50 m zur Nachbargrenze liegen, nach § 31 Abs. 1 Abs. 1 Nr. 1 in Verbindung mit Abs. 4 BauO NRW ohnehin als **öffnungslose Gebäudeabschlusswände** auszubilden sind. An Straße oder Wegen sich gegenüberliegende Außenwände mit Öffnungen halten regelmäßig schon aufgrund der Breite dieser öffentlichen Flächen mehr als 5 m Abstand untereinander ein. Sollte dennoch eine Unterschreitung auch dieses Abstandsmaßes in einem seltenen Einzelfall erforderlich werden, greift § 17 Abs. 1 BauO NRW unmittelbar ein, da einer Ausbreitung eines Brandes vorgebeugt werden muss. Dem kann dann durch entsprechende Materialwahl entsprochen werden (so Buntenbroich/Voß, zu § 6 Rdn. 127).

**322** Bereits die BauO NW 1984 enthielt die Möglichkeit, im Wege der Ausnahme in überwiegend bebauten Gebieten geringere Tiefen der Abstandflächen zu gestatten. Sie machte diese Gestattungsmöglichkeit davon abhängig, dass die Gestaltung des Straßenbildes oder besondere städtebauliche Verhältnisse dies „**erfordern**“ und Gründe des Brandschutzes nicht entgegenstehen. Nach der Rechtsprechung zu dieser Vorschrift waren Abweichungen von der an sich gebotenen Tiefe der Abstandflächen nicht erst dann erforderlich, wenn sie zwingend notwendig oder unumgänglich sind, sondern bereits dann, wenn sie „vernünftigerweise geboten“ sind (so OVG NRW, Beschluss vom 21. 6. 1993 – 7 B 588/ 93, n. v.). Im Hinblick auf die Rechtsprechung erschien dem Gesetzgeber das Merkmal des „Erforderns“ zu eng. Dies insbesondere – so die Begründung zum Gesetzentwurf (LT-Drucks. 11/7153, S. 151) – in Fällen, in denen die Abstandflächen entsprechend Absatz 2 bis zur Mitte der öffentlichen Verkehrsfläche untergebracht werden konnten, allerdings zu Lasten der einheitlichen Gestaltung des Straßenbildes. Entweder musste das Gebäude aus der Flucht der anderen Gebäude nach hinten versetzt werden, oder das Gebäude musste niedriger als die vorhandene Bebauung errichtet werden. Der Begriff „erfordern" wurde daher durch den Begriff „**rechtfertigen**" ersetzt.

Die Vorschrift soll, auch unter Wahrung des Grundgedankens der Abstandflächenrege- **323**
lung, das Bauen und vor allem das **Schließen von Baulücken** in **überwiegend bebauten Gebieten** ermöglichen oder erleichtern. Solche Gebiete sind, wie in den Altstadtbereichen von z.B. Detmold, Warendorf oder auch Köln, häufig geprägt durch geringe Gebäudeabstände auf den einzelnen Grundstücken, durch schmale Straßenstrukturen oder auch durch Traufgassen. Absatz 16 räumt in den genannten Gebieten zur Anpassung geplanter Bauvorhaben an die vorhandene Bebauung der Gestaltung des Straßenbildes und besonderen, wie zuvor beschriebenen besonderen städtebaulichen Verhältnissen Vorrang gegenüber den unter den Aspekten des Nachbarschutzes in Absatz 5 festgelegten Tiefen der Abstandflächen ein. Erfasst werden sollen von der Abweichungsmöglichkeit nicht allein das **Schließen von Baulücken** oder das **Aufstocken** von Gebäuden (s. Hess. VGH, Beschluss vom 8.5.1995 – 3 TG 1129/95, BRS 57 Nr. 161 = NVwZ-RR 1995, 634 und BayVGH, Beschluss vom 22.9.2006 – 25 ZB 01.1004, ZfBR 2007, 586 zu einem Mansarddach in einem Denkmalensemble), sondern auch das **Errichten von Baublocks** in überwiegend bebauten Gebieten zur **Anpassung an gewachsene Strukturen** (vgl. OVG Bln, Beschluss vom 11.2.2002 – 2 S 1.02, BauR 2002, 1381).

Die Voraussetzungen für die Gestattung, aber auch für das Verlangen nach geringeren **324**
Abstandflächen sollten **eindeutig erkennbar** sein. So kann z.B. das Straßenbild durch Traufgassen, enge oder dichte Bebauung bei Einhaltung einer geschlossenen vorderen Bauflucht oder bei gestaltend verspringenden vorderen Baulinien geprägt sein. In Altstadtbereichen liegen besondere städtebauliche Verhältnisse vor, wenn innerhalb von Baublocks die zueinander stehenden Rückfronten der Gebäudezeilen bei gleichzeitiger geringer Gebäudetiefe die erforderlichen Tiefen der Abstandflächen nicht einhalten oder wenn eine dichte Bebauung der rückwärtigen, vom Straßenraum nicht mehr einzusehenden Grundstücke und Grundstücksteile ablesbar ist. Zu weit greifen dürfte die Auslegung, die Gestaltung des Straßenbildes rechtfertige bereits dann geringere Tiefen der Abstandflächen, wenn die Straße durch eine Bebauung geprägt ist, die die Abstandflächen nicht einhält. Darunter fielen auch Missstände, die den bauplanungsrechtlich gebotenen gesunden Wohn- und Arbeitsverhältnissen widersprechen. Der Gesetzgeber wollte Vorhaben, die derartige Missstände fortschreiben, nicht begünstigen (OVG NRW im Beschluss vom 23.10.1995 – 10 B 2661/95, BRS 57 Nr. 159). Die **Gestaltung des Straßenbildes rechtfertigt** geringere Tiefen der Abstandflächen dann, wenn ein **die Abstandflächen einhaltendes Gebäude störend aus dem Rahmen** eines sonst durch im Wesentlichen einheitliche Bebauung geprägten Straßenbildes **fällt** (OVG NRW, Beschluss vom 27.10.1997 – 10 B 2249/97, BauR 1998, 317 = BRS 59 Nr. 122).

Bei der Gestattung oder dem Verlangen geringerer Tiefen der Abstandflächen sind die **325**
**nachbarlichen Belange zu würdigen**. Eine förmliche Beteiligung der Nachbarn gemäß § 74 BauO NRW braucht nicht zu erfolgen (so auch LT-Drucks. 11/7153, S. 151). Es kann aber **zweckmäßig** sein, die Nachbarn zu hören, um zu ermitteln, um in Erfahrung zu bringen, welche nachbarlichen Belange überhaupt betroffen sein können, was erst eine korrekte Ermessensausübung ermöglicht (vgl. hierzu OVG M-V, Beschluss vom 17.1.2005 – 3 M 37/04, BauR 2006, 507 = BRS 69 Nr. 134).

## 16 Zum aufgehobenen Absatz 17

326 Absatz 17 räumte **Festsetzungen in Bebauungsplänen** den **Vorrang vor den Abstandflächenregelungen** ein, wenn diese **zwingend** sind. Die Ziele der Abstandflächenregeln (s. Rdn. 16–18) sind grundsätzlich bei der Aufstellung von Bebauungsplänen zu beachten (BVerwG, Beschluss vom 22. 9. 1989 – 4 NB 24.89, BRS 49 Nr. 5). Die **zwingenden Festsetzungen** eines Bebauungsplanes, die geringere Tiefen der Abstandflächen zur Folge haben, müssen mit **§ 1 Abs. 5 Satz 2 Nr. 1 BauGB in Einklang** stehen. Sie müssen unter anderem die allgemeinen **Anforderungen an gesunde Wohn- und Arbeitsverhältnisse** und die **Sicherheit der Wohn- und Arbeitsbevölkerung** berücksichtigen. Mit Rücksicht darauf und infolge der Neufassung von Absatz 1 (so LT-Drucks. 14/2433 S. 18) hat der Gesetzgeber Absatz 17 nicht mehr übernommen. Die Vorschrift kam im Übrigen nur selten zur Anwendung. Sollten im Vollzug bestehender Bebauungspläne Probleme in Einzelfällen auftreten, ist zu prüfen, ob sich diese über eine Abweichung nach § 73 BauO NRW lösen lassen (vgl. Boeddinhaus/Hahn/Schulte, zu § 6 Rdn. 13).

## 17 Zu Artikel II des Gesetzes vom 12. 12. 2006

327 **Absatz 1** regelt das In-Kraft-Treten des Änderungsgesetzes. Danach ist die Neufassung des § 6 BauO NRW am Tage nach der Verkündung in Kraft getreten. Das Gesetz wurde in der am 27. 12. 2006 ausgegebenen Nr. 37 des Gesetz- und Verordnungsblattes für das Land Nordrhein-Westfalen bekannt gemacht und ist am **28. 12. 2006 in Kraft** getreten.

328 **Absatz 2** enthält eine Wahlmöglichkeit des Bauherrn, für vor dem 28. 12. 2006 eingereichte Anträge, über die bis zum 28. 12. 2006 noch nicht entschieden war, die Anwendung der Vorgängerfassung verlangen zu können. Die Bestimmung betrifft nicht nur Bauanträge, sondern **weitergehend alle Anträge auf Erlass eines nach der Landesbauordnung vorgesehenen Verwaltungsaktes**. Diese Entscheidung liegt allein beim Antragsteller. Die Bauaufsichtsbehörde hat dessen Entscheidung zu akzeptieren. Mit dem Verlangen nach Absatz 3 hat der Bauherr allerdings in Kauf zu nehmen, dass das alte Abstandflächenrecht insgesamt Anwendung finden. Es ist unzulässig, alte und neue Abstandflächenvorschriften so miteinander zu verbinden, dass für den Bauherrn nur Vorteile entstehen. Denn Artikel III Absatz 3 ermöglicht nur das alte Abstandflächenrecht insgesamt zu wählen.

329 Im Gegensatz zu § 69 Absatz 1 Satz 1 BauO NRW ist **keine Schriftform vorgegeben**, so dass das Verlangen **auch mündlich** vorgebracht werden darf. Wegen der weitreichenden Bedeutung, insbesondere auch hinsichtlich der weiteren Behandlung nachbarlicher Bedenken, sollte der Bauherr im Wege der Beratung zu einer schriftlichen Erklärung veranlasst werden. Zumindest aber muss ein bloßes mündliches Verlangen **aktenkundig** gemacht werden. Zu beachten bleibt, dass das Verlangen nur vom Antragsteller geltend gemacht werden kann. Es ist also nicht ausreichend, wenn lediglich der Entwurfsverfasser – z. B. im Laufe einer Besprechung mit dem zuständigen Sachbearbeiter – auf die Anwendung des neuen Verfahrensrechts hinweist.

## Anhang

### Synopse der §§ 6, 7 und 73

| neue Fassung 2006<br>nach Artikel I des Zweiten Gesetzes zur Änderung der Landesbauordnung vom 12.12.2006 (GV. NRW. S. 615) | alte Fassung 2000<br>nach der Landesbauordnung vom 1.3.2000 (GV. NRW. S. 256) |
|---|---|
| **§ 6**<br>**Abstandflächen** | **§ 6**<br>**Abstandflächen** |
| **(1)** 1 Vor den Außenwänden von Gebäuden sind Abstandflächen von oberirdischen Gebäuden freizuhalten. | **(1)** 1 Vor Außenwänden von Gebäuden sind Flächen von oberirdischen Gebäuden freizuhalten (Abstandflächen). |
| 2 Innerhalb der überbaubaren Grundstücksfläche ist eine Abstandfläche nicht erforderlich gegenüber Grundstücksgrenzen, | 2 Innerhalb der überbaubaren Grundstücksfläche ist eine Abstandfläche nicht erforderlich vor Außenwänden, die an der Nachbargrenze errichtet werden, wenn nach planungsrechtlichen Vorschriften |
| a) gegenüber denen nach planungsrechtlichen Vorschriften ohne Grenzabstand oder mit geringerem Grenzabstand als nach den Absätzen 5 und 6 gebaut werden muss oder | a) das Gebäude ohne Grenzabstand gebaut werden muss oder |
| b) gegenüber denen nach planungsrechtlichen Vorschriften ohne Grenzabstand gebaut werden darf, wenn gesichert ist, dass auf dem Nachbargrundstück ohne Grenzabstand gebaut wird. | b) das Gebäude ohne Grenzabstand gebaut werden darf und öffentlich-rechtlich gesichert ist, dass auf dem Nachbargrundstück ebenfalls ohne Grenzabstand gebaut wird. |
| *– Sätze 3 und 4 alte Fassung gestrichen –* | 3 Muss nach planungsrechtlichen Vorschriften mit Grenzabstand gebaut werden, ist aber auf dem Nachbargrundstück innerhalb der überbaubaren Grundstücksfläche ein Gebäude ohne Grenzabstand vorhanden, so kann gestattet oder verlangt werden, dass ebenfalls ohne Grenzabstand gebaut wird. |
| | 4 Muss nach planungsrechtlichen Vorschriften ohne Grenzabstand gebaut werden, ist aber auf dem Nachbargrundstück innerhalb der überbaubaren Grundstücksfläche ein Gebäude mit Grenzabstand vorhanden, so kann gestattet oder verlangt werden, dass eine Abstandfläche eingehalten wird. |

| neue Fassung 2006 | alte Fassung 2000 |
|---|---|
| **(2)** [1] Die Abstandflächen müssen auf dem Grundstück selbst liegen. | **(2)** [1] Die Abstandflächen müssen auf dem Grundstück selbst liegen. |
| [2] Sie dürfen auch auf öffentlichen Verkehrsflächen, öffentlichen Grünflächen und öffentlichen Wasserflächen liegen, jedoch nur bis zu deren Mitte. | [2] Die Abstandflächen dürfen auch auf öffentlichen Verkehrsflächen, öffentlichen Grünflächen und öffentlichen Wasserflächen liegen, jedoch nur bis zu deren Mitte. |
| [3] Abstandflächen dürfen sich ganz oder teilweise auf andere Grundstücke erstrecken, wenn durch Baulast gesichert ist, dass sie nur mit in der Abstandfläche zulässigen baulichen Anlagen überbaut werden und auf die auf diesen Grundstücken erforderlichen Abstandflächen nicht angerechnet werden. | *neu angefügter Satz 3 entspricht aufgehobenem § 7 Abs. 1 Satz 1* |
| **(3)** Die Abstandflächen dürfen sich nicht überdecken; dies gilt nicht für | **(3)** Die Abstandflächen dürfen sich nicht überdecken; dies gilt nicht für |
| 1. Außenwände, die in einem Winkel von mehr als 75 Grad zueinander stehen, | 1. Außenwände, die in einem Winkel von mehr als 75° zueinander stehen, |
| 2. Außenwände zu einem fremder Sicht entzogenen Gartenhof bei Wohngebäuden mit nicht mehr als zwei Wohnungen und | 2. Außenwände zu einem fremder Sicht entzogenen Gartenhof bei Wohngebäuden mit nicht mehr als zwei Wohnungen und |
| 3. Gebäude und andere bauliche Anlagen, die in den Abstandflächen zulässig sind oder gestattet werden. | 3. Gebäude und andere bauliche Anlagen, die in den Abstandflächen zulässig sind oder gestattet werden. |
| **(4)** [1] Die Tiefe der Abstandfläche bemisst sich nach der Wandhöhe; sie wird senkrecht zur Wand gemessen. | **(4)** [1] Die Tiefe der Abstandfläche bemisst sich nach der Wandhöhe; sie wird senkrecht zur Wand gemessen. |
| [2] Als Wandhöhe gilt das Maß von der Geländeoberfläche bis zur Schnittlinie der Wand mit der Dachhaut oder bis zum oberen Abschluss der Wand. | [2] Als Wandhöhe gilt das Maß von der Geländeoberfläche bis zur Schnittlinie der Wand mit der Dachhaut oder bis zum oberen Abschluss der Wand. |
| [3] Besteht eine Außenwand aus Wandteilen unterschiedlicher Höhe, so ist die Wandhöhe je Wandteil zu ermitteln. | [3] Besteht eine Außenwand aus Wandteilen unterschiedlicher Höhe, so ist die Wandhöhe je Wandteil zu ermitteln. |
| [4] Bei geneigter Geländeoberfläche ist die im Mittel gemessene Wandhöhe maßgebend; diese ergibt sich aus den Wandhöhen an den Gebäudekanten oder den vertikalen Begrenzungen der Wandteile. | [4] Bei geneigter Geländeoberfläche ist die im Mittel gemessene Wandhöhe maßgebend; diese ergibt sich aus den Wandhöhen an den Gebäudekanten oder den vertikalen Begrenzungen der Wandteile. |

| **neue Fassung 2006** | **alte Fassung 2000** |
|---|---|
| [5] Abgrabungen, die der Belichtung oder dem Zugang oder der Zufahrt zu einem Gebäude dienen, bleiben bei der Ermittlung der Abstandfläche außer Betracht, auch soweit sie nach § 9 Abs. 3 die Geländeoberfläche zulässigerweise verändern. | |
| [6] Zur Wandhöhe werden hinzugerechnet: | [5] Zur Wandhöhe werden hinzugerechnet: |
| 1. voll die Höhe von | 1. voll die Höhe von |
| – Dächern und Dachteilen mit einer Dachneigung von mehr als 70°, | – Dächern und Dachteilen mit einer Dachneigung von mehr als 70°, |
| – Giebelflächen im Bereich dieser Dächer und Dachteile, wenn beide Seiten eine Dachneigung von mehr als 70° haben, | – Giebelflächen im Bereich dieser Dächer und Dachteile, wenn beide Seiten eine Dachneigung von mehr als 70° haben, |
| 2. zu einem Drittel die Höhe von | 2. zu einem Drittel die Höhe von |
| – Dächern und Dachteilen mit einer Dachneigung von mehr als 45°, | – Dächern und Dachteilen mit einer Dachneigung von mehr als 45°, |
| – Dächern mit Dachgauben oder Dachaufbauten, deren Gesamtbreite je Dachfläche mehr als die Hälfte der darunter liegenden Gebäudewand beträgt, | – Dächern mit Dachgaupen oder Dachaufbauten, deren Gesamtbreite je Dachfläche mehr als die Hälfte der darunter liegenden Gebäudewand beträgt, |
| – Giebelflächen im Bereich von Dächern und Dachteilen, wenn nicht beide Seiten eine Dachneigung von mehr als 70° haben, | – Giebelflächen im Bereich von Dächern und Dachteilen, wenn nicht beide Seiten eine Dachneigung von mehr als 70° haben. |
| [7] Das sich ergebende Maß ist H. | [6] Das sich ergebende Maß ist H. |
| **(5)** [1] Die Tiefe der Abstandflächen beträgt, soweit in einer örtlichen Bauvorschrift nach § 86 Abs. 1 Nr. 6 nichts anderes bestimmt ist, | **(5)** [1] Die Tiefe der Abstandfläche beträgt |
| – 0,8 H, | – 0,8 H, |
| – 0,5 H in Kerngebieten, | – 0,5 H in Kerngebieten, Gewerbegebieten und Industriegebieten, |
| – 0,25 H in Gewerbegebieten und Industriegebieten. | – 0,25 H in Gewerbegebieten und Industriegebieten vor Außenwänden von Gebäuden, die überwiegend der Produktion oder Lagerung dienen. |

| neue Fassung 2006 | alte Fassung 2000 |
|---|---|
| [2] Zu öffentlichen Verkehrsflächen, öffentlichen Grünflächen und öffentlichen Wasserflächen beträgt die Tiefe der Abstandfläche | [2] Zu öffentlichen Verkehrsflächen beträgt die Tiefe der Abstandfläche |
| – 0,4 H, | – 0,4 H, |
| – 0,25 H in Kerngebieten, Gewerbegebieten und Industriegebieten. | – 0,25 H in Kerngebieten, Gewerbegebieten und Industriegebieten. |
| [3] In Sondergebieten können geringere Tiefen der Abstandflächen gestattet werden, wenn die Nutzung des Sondergebiets dies rechtfertigt. | [3] In Sondergebieten können geringere Tiefen der Abstandflächen als 0,8 H gestattet werden, wenn die Nutzung des Sondergebietes dies rechtfertigt. |
| [4] Zu angrenzenden anderen Baugebieten gilt die jeweils größere Tiefe der Abstandfläche. | [4] Zu angrenzenden anderen Baugebieten gilt die jeweils größere Tiefe der Abstandfläche. |
| [5] In allen Fällen muss die Tiefe der Abstandflächen mindestens 3 m betragen. | [5] In allen Fällen muss die Tiefe der Abstandflächen mindestens 3,0 m betragen. |
| [6] Absatz 16 bleibt unberührt. | [6] Absatz 16 bleibt unberührt. |
| **(6)** [1] Auf einer Länge der Außenwände und von Teilen der Außenwände von nicht mehr als 16 m genügt gegenüber jeder Grundstücksgrenze und gegenüber jedem Gebäude auf demselben Grundstück als Tiefe der Abstandflächen 0,4 H, in Kerngebieten 0,25 H, mindestens jedoch 3 m. | **(6)** [1] Vor zwei Außenwänden eines Gebäudes genügt auf einer Länge von nicht mehr als 16 m als Tiefe der Abstandfläche die Hälfte der nach Absatz 5 Satz 1 erforderlichen Tiefe, mindestens jedoch 3 m (Schmalseitenprivileg). |
| [2] Bei hintereinander liegenden Außenwänden wird nur die Außenwand mit der größten Länge auf die Länge nach Satz 1 angerechnet. | [2] Wird ein Gebäude mit einer Außenwand an ein anderes Gebäude oder an eine Nachbargrenze gebaut, gilt das Schmalseitenprivileg nur noch für eine Außenwand. |
| | [3] Eine in sich gegliederte Wand gilt als Außenwand im Sinne des Satzes 1. |
| | [4] Gegenüber einem Gebäude oder einer Grundstücksgrenze kann das Schmalseitenprivileg für ein Gebäude nur einmal in Anspruch genommen werden. |
| | [5] Rechtmäßig bestehende Wandteile, die einen geringeren Abstand zur Nachbargrenze aufweisen, als er nach Absatz 5 erforderlich ist, stehen dem Schmalseitenprivileg nicht entgegen. |

**neue Fassung 2006**

**(7)** [1] Bei der Bemessung der Abstandfläche bleiben außer Betracht, wenn sie nicht mehr als 1,50 m vor die jeweilige Außenwand vortreten,

1. das Erdgeschoss erschließende Hauseingangstreppen und Überdachungen über erdgeschossigen Hauseingängen, wenn sie von den Nachbargrenzen mindestens 1,50 m entfernt sind,
2. untergeordnete Bauteile wie Gesimse, Dachvorsprünge und Terrassenüberdachungen, wenn sie von den Nachbargrenzen mindestens 2 m entfernt sind, und
3. Vorbauten wie Erker und Balkone sowie Altane, wenn sie insgesamt nicht mehr als ein Drittel der Breite der jeweiligen Außenwand in Anspruch nehmen und sie von den Nachbargrenzen mindestens 3 m entfernt sind.

[2] Bei der Ermittlung des Maßes nach Satz 1 bleiben Loggien außer Betracht.

**(8)** aufgehoben

**(9)** aufgehoben

**alte Fassung 2000**

**(7)** [1] Vor die Außenwand vortretende Bauteile wie Gesimse, Dachvorsprünge, Blumenfenster, Hauseingangstreppen und deren Überdachungen sowie Vorbauten wie Erker und Balkone bleiben bei der Bemessung außer Betracht, wenn sie nicht mehr als 1,50 m vortreten.

[2] Von gegenüberliegenden Nachbargrenzen müssen sie mindestens 2,0 m entfernt bleiben; das Erdgeschoss erschließende Hauseingangstreppen und deren Überdachungen müssen mindestens 1,50 m entfernt bleiben.

**(8)** (aufgehoben)

**(9)** [1] Abweichend von Absatz 5 genügen in Gewerbe- und Industriegebieten vor Wänden ohne Öffnungen als Tiefe der Abstandfläche

1. 1,50 m, wenn die Wände einer Feuerwiderstandsklasse entsprechen und einschließlich ihrer Bekleidung aus nichtbrennbaren Baustoffen bestehen,
2. 3,0 m, wenn die Wände einer Feuerwiderstandsklasse entsprechen oder einschließlich ihrer Bekleidung aus nichtbrennbaren Baustoffen bestehen.

[2] Dies gilt nicht für Abstandflächen gegenüber Grundstücksgrenzen.

**neue Fassung 2006**

**(10)** [1] Gegenüber Gebäuden und Grundstücksgrenzen gelten die Absätze 1 bis 7 entsprechend für Anlagen, die nicht Gebäude sind,

1. soweit sie höher als 2 m über der Geländeoberfläche sind und von ihnen Wirkungen wie von Gebäuden ausgehen oder
2. soweit sie höher als 1 m über der Geländeoberfläche sind und dazu geeignet sind, von Menschen betreten zu werden.

[2] Für Windenergieanlagen gelten die Absätze 4 bis 7 nicht.

[3] Bei diesen Anlagen bemisst sich die Tiefe der Abstandfläche nach der Hälfte ihrer größten Höhe.

[4] Die größte Höhe errechnet sich bei Anlagen mit Horizontalachse aus der Höhe der Rotorachse über der geometrischen Mitte des Mastes zuzüglich des Rotorradius.

[5] Die Abstandfläche ist ein Kreis um den geometrischen Mittelpunkt des Mastes.

**(11)** [1] Gebäude mit einer mittleren Wandhöhe bis zu 3 m über der Geländeoberfläche an der Grenze, die als Garage, Gewächshaus oder zu Abstellzwecken genutzt werden, sind ohne eigene Abstandflächen sowie in den Abstandflächen eines Gebäudes zulässig

- ohne Öffnungen in den der Nachbargrenze zugekehrten Wänden,
- einschließlich darauf errichteter untergeordneter Anlagen zur Gewinnung von Solarenergie und Antennenanlagen jeweils bis zu 1,5 m Höhe,
- auch, wenn sie nicht an die Grundstücksgrenze oder an ein Gebäude angebaut werden,
- auch, wenn das Gebäude über einen Zugang zu einem anderen Gebäude verfügt.

**alte Fassung 2000**

**(10)** [1] Für bauliche Anlagen und andere Anlagen und Einrichtungen, von denen Wirkungen wie von Gebäuden ausgehen, gelten die Absätze 1 bis 9 gegenüber Gebäuden und Nachbargrenzen sinngemäß.

[2] Für Windenergieanlagen gelten die Absätze 4 bis 9 nicht.

[3] Bei diesen Anlagen bemisst sich die Tiefe der Abstandfläche nach der Hälfte ihrer größten Höhe.

[4] Die größte Höhe errechnet sich bei Anlagen mit Horizontalachse aus der Höhe der Rotorachse über der geometrischen Mitte des Mastes zuzüglich des Rotorradius.

[5] Die Abstandfläche ist ein Kreis um den geometrischen Mittelpunkt des Mastes.

**(11)** [1] In den Abstandflächen eines Gebäu-des sowie ohne eigene Abstandfläche sind zulässig

1. an der Nachbargrenze gebaute überdachte Stellplätze und Garagen bis zu einer Länge von 9,0 m einschließlich darauf errichteter Anlagen zur Gewinnung von Solarenergie sowie Parabolantennen und sonstige Antennenanlagen, jeweils bis zu 1,5 m Höhe sowie Gebäude mit Abstellräumen und Gewächshäuser mit einer Grundfläche von nicht mehr als 7,5 $m^2$; die mittlere Wandhöhe dieser Gebäude darf nicht mehr als 3,0 m über der Geländeoberfläche an der Grenze betragen; die Grenzbebauung darf entlang einer Nachbargrenze 9,0 m und insgesamt 15,0 m nicht überschreiten,

**neue Fassung 2006**

[2] Absatz 4 gilt nicht.

[3] Die Höhe von Giebelflächen ist bei der Berechnung der mittleren Wandhöhe zu berücksichtigen.

[4] Die Höhe von Dächern und Dachteilen mit einer Dachneigung von mehr als 30° werden der mittleren Wandhöhe hinzugerechnet.

[5] Die Gesamtlänge der Bebauung nach Satz 1 darf je Nachbargrenze 9 m und auf einem Grundstück zu allen Nachbargrenzen insgesamt 15 m nicht überschreiten.

**(12)** aufgehoben

**(13)** Liegen sich Wände desselben Gebäudes oder Wände von Gebäuden auf demselben Grundstück gegenüber, so können geringere Abstandflächen als nach den Absätzen 5 und 6 gestattet werden, wenn die Belichtung der Räume nicht wesentlich beeinträchtigt wird.

**alte Fassung 2000**

2. Stützmauern und geschlossene Einfriedungen bis zu einer Höhe von 2,0 m über der Geländeroberfläche an der Grenze, in Gewerbe- und Industriegebieten ohne Begrenzung der Höhe.

[2] Die Grundfläche der in Satz 1 genannten Gebäude mit Abstellräumen und der Gewächshäuser darf innerhalb eines Abstandes von 3,0 m von der Nachbargrenze nicht mehr als 7,5 m² betragen.

[3] Satz 1 Nr. 1 gilt auch, wenn die baulichen Anlagen in einem Abstand von 1 bis zu 3 m von der Nachbargrenze gebaut werden.

[4] In den Abstellräumen nach Satz 1 Nr. 1 sind Leitungen und Zähler für Energie und Wasser, Feuerstätten für flüssige oder gasförmige Brennstoffe mit einer Nennwärmeleistung bis zu 28 kW und Wärmepumpen entsprechender Leistung zulässig.

**(12)** In den Abstandflächen eines Gebäudes und zu diesem ohne eigene Abstandfläche sind, wenn die Beleuchtung der Räume des Gebäudes nicht wesentlich beeinträchtigt wird, zulässig

1. Garagen,
2. eingeschossige Gebäude ohne Fenster zu diesem Gebäude,
3. bauliche Anlagen und andere Anlagen und Einrichtungen, von denen Wirkungen wie von Gebäuden ausgehen (Absatz 10).

**(13)** Liegen sich Wände desselben Gebäudes gegenüber, so können geringere Tiefen der Abstandflächen als nach Absatz 5 gestattet werden, wenn die Beleuchtung der Räume des Gebäudes nicht wesentlich beeinträchtigt wird.

**neue Fassung 2006**

**(14)** [1] Bei bestehenden Gebäuden ist die nachträgliche Bekleidung oder Verblendung von Außenwänden sowie die nachträgliche Anhebung der Dachhaut zulässig, wenn die Baumaßnahme der Verbesserung des Wärmeschutzes dient und wenn die Stärke der Bekleidung oder Verblendung bzw. die Anhebung der Dachhaut nicht mehr als 0,25 m und der verbleibende Abstand zur Nachbargrenze mindestens 2,50 m beträgt.

[2] Darüber hinaus können unter Würdigung nachbarlicher Belange und der Belange des Brandschutzes geringere Tiefen der Abstandflächen gestattet werden, wenn die Baumaßnahme der Verbesserung des Wärmeschutzes dient.

[3] Die Sätze 1 und 2 gelten auch für Außenwände, deren Abstandfläche Absatz 5 nicht entspricht.

**(15)** [1] Bei Gebäuden, die ohne Einhaltung von Abstandflächen oder mit geringeren Tiefen der Abstandflächen als nach den Absätzen 5 und 6 bestehen, sind zulässig

1. Änderungen innerhalb des Gebäudes,
2. Nutzungsänderungen, wenn der Abstand des Gebäudes zu den Nachbargrenzen mindestens 2,50 m beträgt,
3. Änderungen, wenn der Abstand des Gebäudes zu den Nachbargrenzen mindestens 2,50 m beträgt, ohne Veränderung von Länge und Höhe der diesen Nachbargrenzen zugekehrten Wände und Dachflächen und ohne Einrichtung neuer Öffnungen oder Vergrößerung bestehender Öffnungen in diesen Wänden und Dachflächen.

[2] Darüber hinaus gehende Änderungen und Nutzungsänderungen können unter Würdigung nachbarlicher Belange und der Belange des Brandschutzes gestattet werden.

[3] Die Sätze 1 und 2 gelten nicht für Gebäude nach Absatz 11.

**alte Fassung 2000**

**(14)** Bei der nachträglichen Bekleidung oder Verblendung von Außenwänden sowie der nachträglichen Anhebung der Dachhaut bestehender Gebäude können geringere Tiefen der Abstandflächen als nach Absatz 5 gestattet werden, wenn die Baumaßnahme der Verbesserung des Wärmeschutzes dient.

**(15)** [1] Bei Nutzungsänderungen sowie bei geringfügigen baulichen Änderungen bestehender Gebäude ohne Veränderung von Länge und Höhe der den Nachbargrenzen zugekehrten Wände können unter Würdigung nachbarlicher Belange geringere Tiefen der Abstandflächen gestattet werden, wenn Gründe des Brandschutzes nicht entgegenstehen.

[2] Satz 1 gilt nicht für Gebäude nach Absatz 11 Satz 1 Nr. 1.

**neue Fassung 2006**

**(16)** In überwiegend bebauten Gebieten können geringere Tiefen der Abstandflächen gestattet oder verlangt werden, wenn die Gestaltung des Straßenbildes oder besondere städtebauliche Verhältnisse dies auch unter Würdigung nachbarlicher Belange rechtfertigen.

*Absatz 17 nicht mehr in Neufassung übernommen*

§ 7
aufgehoben

*Abs. 1* ***Satz 1*** *als* ***Satz 3*** *in § 6 Abs. 2 übernommen*

**alte Fassung 2000**

**(16)** In überwiegend bebauten Gebieten können geringere Tiefen der Abstandflächen gestattet oder verlangt werden, wenn die Gestaltung des Straßenbildes oder besondere städtebauliche Verhältnisse dies auch unter Würdigung nachbarlicher Belange rechtfertigen und wenn Gründe des Brandschutzes nicht entgegenstehen.

**(17)** Ergeben sich durch zwingende Festsetzungen eines Bebauungsplanes im Sinne von § 8 oder § 12 des Baugesetzbuches geringere Tiefen der Abstandflächen, so gelten diese Tiefen.

**§ 7**
**Übernahme von Abstandflächen auf andere Grundstücke**

**(1)** [1] Abweichend von § 6 Abs. 2 Satz 1 ist zulässig, dass Abstandflächen sich ganz oder teilweise auf andere Grundstücke erstrecken, wenn durch Baulast gesichert ist, dass sie nicht überbaut und auf die auf diesen Grundstücken erforderlichen Abstandflächen nicht angerechnet werden.

[2] Vorschriften, nach denen eine Überbauung zulässig ist oder gestattet werden kann, bleiben unberührt.

**(2)** [1] Die bei der Errichtung eines Gebäudes vorgeschriebenen Abstandflächen dürfen auch bei nachträglichen Grenzänderungen und Grundstücksteilungen nicht unterschritten oder überbaut werden.

[2] Absatz 1 gilt entsprechend.

| **neue Fassung 2006** | **alte Fassung 2000** |
|---|---|
| **§ 73**<br>**Abweichungen** | **§ 73**<br>**Abweichungen** |
| **(1)** [1] Soweit in diesem Gesetz oder in aufgrund dieses Gesetzes erlassenen Vorschriften nichts anderes geregelt ist, kann die Genehmigungsbehörde Abweichungen von bauaufsichtlichen Anforderungen dieses Gesetzes und der aufgrund dieses Gesetzes erlassenen Vorschriften zulassen, wenn sie unter Berücksichtigung des Zweckes der jeweiligen Anforderungen und unter Würdigung der nachbarlichen Interessen mit den öffentlichen Belangen vereinbar sind. | **(1)** [1] Soweit in diesem Gesetz oder in aufgrund dieses Gesetzes erlassenen Vorschriften nichts anderes geregelt ist, kann die Genehmigungsbehörde Abweichungen von bauaufsichtlichen Anforderungen dieses Gesetzes und aufgrund dieses Gesetzes erlassener Vorschriften zulassen, wenn sie unter Berücksichtigung des Zweckes der jeweiligen Anforderungen und unter Würdigung der nachbarlichen Interessen mit den öffentlichen Belangen vereinbar sind. |
| [2] Abweichungen von § 6 sind insbesondere zulässig, wenn durch das Vorhaben nachbarliche Interessen nicht stärker oder nur unwesentlich stärker beeinträchtigt werden als bei einer Bebauung des Grundstücks, die nach § 6 zulässig wäre. | |
| [3] Unter den Voraussetzungen des Satzes 1 sind Abweichungen zuzulassen, wenn sie der Verwirklichung von Vorhaben zur Einsparung von Wasser oder Energie dienen. | [2] Unter den Voraussetzungen des Satzes 1 sind sie zuzulassen, wenn sie der Verwirklichung von Vorhaben zur Einsparung von Wasser oder Energie dienen. |
| [4] Soll von einer technischen Anforderung abgewichen werden, ist der Genehmigungsbehörde nachzuweisen, dass dem Zweck dieser Anforderung auf andere Weise entsprochen wird. | [3] Soll von einer technischen Anforderung abgewichen werden, ist der Genehmigungsbehörde nachzuweisen, dass dem Zweck dieser Anforderung auf andere Weise entsprochen wird. |

**Artikel II**
**In-Kraft-Treten, eingeleitete Verfahren**

**(1)** Dieses Gesetz tritt am Tage nach der Verkündung in Kraft.

**(2)** Wird vor Inkrafttreten dieses Gesetzes ein Antrag auf Erlass eines nach der Landesbauordnung vorgesehenen Verwaltungsaktes gestellt, über den bei In-Kraft-Treten dieses Gesetzes noch nicht entschieden ist, so kann die Antragstellerin oder der Antragsteller verlangen, dass § 6 der Bauordnung für das Land Nordrhein-Westfalen in der zum Zeitpunkt der Antragstellung geltenden Fassung angewandt wird.

**Begründung des Gesetzentwurfs aus LT-Drucks. 14/2433**

**I. Allgemeines**

Das vordringliche Ziel der Änderung des § 6 BauO NRW ist eine Vereinfachung der Anwendung der Abstandflächenvorschriften für die am Bau Beteiligten und die Bauaufsichtsbehörden, da die Anwendung der geltenden Vorschriften in der Praxis zunehmend Schwierigkeiten bereitet hat. Nachdem von der Bauministerkonferenz eine novellierte Musterbauordnung beschlossen worden war, wurde ein Feldversuch durchgeführt, um nähere Erkenntnisse darüber zu gewinnen, wie sich die Regelungen des § 6 MBO in der Praxis bewähren würden. 25 Bauaufsichtsbehörden beurteilten mehr als 500 konkret bei ihnen zur Prüfung anstehende Bauvorhaben parallel sowohl nach § 6 BauO NRW als auch nach § 6 MBO. Dabei bestätigte sich zwar, dass eine an § 6 MBO ausgerichtete Änderung von § 6 BauO NRW grundsätzlich zu erheblichen Erleichterungen und Vereinfachungen führen würde. Es zeigte sich aber auch, dass bei einzelnen Regelungen des § 6 MBO zu befürchten ist, dass neue Probleme entstehen. Die Vorschläge der MBO wurden daher nur teilweise übernommen.

Die Notwendigkeit von Regelungen über Abstandflächen ergibt sich aus Gründen des Städtebaus, der Sicherung einer ausreichenden Belichtung, des Brandschutzes sowie zur Wahrung des nachbarlichen Wohnfriedens (Sozialabstand). Die Regelungen des § 6 sollen in Hinblick auf diese Belange dem Nachbarn ein angemessenes Maß an Schutz garantieren, aber zugleich auch den Standard dessen festlegen, was ein Nachbar an Bebauung in welchem Abstand hinzunehmen hat. Damit soll gewährleistet bleiben, dass auch weiterhin entsprechend der bisherigen Rechtsprechung das Gebot der nachbarlichen Rücksichtnahme hinsichtlich der Schutzziele des Abstandflächenrechts erfüllt ist, wenn die nach § 6 vorgeschriebenen Abstandflächen auf dem Baugrundstück eingehalten werden.

Die technische Entwicklung im Bereich der Lüftungsanlagen bietet heute vielfältige Möglichkeiten, eine ausreichende Belüftung von Räumen sicherzustellen, so dass keine Notwendigkeit besteht, Mindestgebäudeabstände unter dem Gesichtspunkt der Belüftung von Räumen vorzuschreiben. Gleichwohl gestatten die Abstandflächen im Ergebnis nach wie vor, Räume mit zu öffnenden Fenstern im Regelfall auch ohne mechanische Lüftungsanlagen zu belüften.

**II. Zu den Neuregelungen im Einzelnen**

**Absatz 1 Satz 1** hält an dem Grundsatz fest, dass vor den Außenwänden von Gebäuden Abstandflächen von oberirdischen Gebäuden freizuhalten sind. Abstandflächenrechtlich relevant sollen Gebäude und Gebäudeteile weiterhin nur sein, soweit sie über die Geländeoberfläche hervortreten, da von unterirdischen Bauteilen keine Beeinträchtigung der Schutzziele des Abstandflächenrechts ausgehen kann.

**Absatz 1 Satz 2** regelt den Vorrang des bundesrechtlichen Bauplanungsrechtes gegenüber dem Bauordnungsrecht.

In **Absatz 1 Satz 2 a)** ist der Fall geregelt, dass nach planungsrechtlichen Vorschriften ohne Einhaltung einer Abstandfläche gebaut werden muss. Dies kann sich aus der Festsetzung geschlossener Bauweise, aus anderen zwingenden Festsetzungen in Bebauungsplänen oder aus dem Einfügegebot gemäß § 34 BauGB ergeben.

Die Bestimmung entspricht im Grundsatz § 6 Abs. 1 Satz 2 a) BauO NRW bisheriger Fassung, wonach allerdings nur auf der Grenze errichtete Wände erfasst waren. Diese Einschränkung entfällt. Gegenüber einer Grundstücksgrenze, gegenüber der nach planungsrechtlichen Vorschriften Abstandflächen ohnehin nicht eingehalten werden können, wird auf die Einhaltung einer Abstandfläche gänzlich verzichtet. Damit wird auch vermieden, dass in der geschlossenen Bauweise Dachaufbauten oder vor die Vorder- oder Rückfront vorspringende Bauteile wie Balkone oder vorgebaute Treppenhäuser seitliche Abstandflächen einhalten müssen, wie es nach bisherigem Recht der Fall war.

**Absatz 1 Satz 2 b)** betrifft den Fall, dass nach planungsrechtlichen Vorschriften sowohl mit Grenzabstand als auch ohne Grenzabstand gebaut werden darf (aber nicht muss). Dies kann sich aus der Festsetzung von Baugrenzen (§ 23 Abs. 3 Satz 1 BauNVO) oder Bebauungstiefen (§ 23 Abs. 4 Satz 1 BauNVO) ergeben. An die Grenze gebaut werden darf auch dann, wenn ein Bebauungsplan keine Festsetzung über die Bauweise (§ 22 BauNVO) enthält oder innerhalb eines im Zusammenhang bebauten Ortsteils nach § 34 BauGB sowohl offene als auch geschlossene Bauweise ortsüblich ist. Auch in durch Bebauungsplan ausgewiesener offener Bauweise darf in Form von Doppelhäusern oder Hausgruppen an der Grenze gebaut werden, wenn der Bebauungsplan nichts anderes bestimmt.

Mit Abs. 1 Satz 2 b) wird der Grundsatz beibehalten, dass dann, wenn Grenzbebauung planungsrechtlich zwar erlaubt, aber nicht vorgeschrieben ist, den Bauherrn also ein Wahlrecht zukommt, dieses Wahlrecht nur von beiden Nachbarn gemeinsam und einheitlich ausgeübt werden kann. Damit wird klargestellt, dass im Regelfall nicht an einer Grundstücksgrenze auf einem Grundstück grenzständig, auf dem anderen mit Grenzabstand gebaut werden darf, insbesondere nicht grenzständig an ein Grundstück angebaut werden darf, das bereits entsprechend bisheriger Rechtslage unter Einhaltung von Abstandflächen bebaut ist. Es wird weiter sichergestellt, dass im Bereich unbebauter Grundstücke die Lage von Doppelhäusern und Hausgruppen nicht einseitig von demjenigen vorgegeben werden kann, der als erster baut, sondern Ergebnis eines vorausgegangenen Einigungsprozesses unter den Nachbarn sein muss. Für Fälle, in denen keine Einigung unter den Nachbarn erzielt wird, bleibt es wie bisher dabei, dass eine Abstandfläche einzuhalten ist.

Abs. 1 Satz 2 b) verzichtet darauf, eine unter den Eigentümern angrenzender Grundstücke erfolgte Einigung öffentlich-rechtlich zu sichern, sondern begnügt sich mit einer zivilrechtlichen Sicherung. Zivilrechtliche Einigungen können zwar (anders als Baulasten) ohne Beteiligung der Bauaufsichtsbehörden revidiert werden. Es sind aber kaum Fallkonstellationen denkbar, in denen dies praktische Auswirkungen haben kann. Der Verzicht auf eine öffentlich-rechtliche Sicherung vereinfacht die Handhabung dieser Bestimmung erheblich und vermeidet die mit einer Baulasteintragung verbundenen Kosten. Diese Regelung schließt Anbau-Baulasten im Übrigen nicht grundsätzlich aus, sondern überlässt es der bauherrenseitigen Entscheidung, welche Form der Sicherung gewählt wird. Ist bereits ein Gebäude ohne Grenzabstand vorhanden, gilt dies nach verwaltungsgerichtlicher Rechtsprechung ohnehin als Sicherung.

**Absatz 1 Sätze 3 und 4 alter Fassung** entfallen. Sie enthielten bauordnungsrechtliche Instrumente zur Korrektur bauplanungsrechtlicher Vorgaben, die mit der höchstrichterlichen Rechtsprechung zum Verhältnis zwischen bauplanungsrechtlicher Bauweise und landesbauordnungsrechtlichem Abstandflächenrecht nicht vereinbar sind (BVerwG, Beschluss vom 11. 3. 1994 – 4 B 53.94, NVwZ 1994, 1008). Ferner handelte es sich unter Berücksichtigung von Satz 3 um überflüssige Doppelregelungen.

**Absatz 1 Satz 3 alter Fassung** ermöglichte die Zulassung eines Grenzanbaus in der offenen Bauweise, soweit auf dem Nachbargrundstück ein Gebäude an der Nachbargrenze vorhanden ist. Wegen des Vorrangs des Bauplanungsrechts setzte aber auch diese Entscheidung zunächst die Herstellung der bauplanungsrechtlichen Zulässigkeit der Grenzbebauung durch Befreiung von den Festsetzungen über die (offene) Bauweise nach § 31 Abs. 2 BauGB voraus. Dann aber konnte – wiederum unter Zugrundelegung der Rechtsprechung des Bundesverwaltungsgerichts - bereits bisher die bauplanungsrechtliche Zulässigkeit des Vorhabens unter dem Aspekt der Bauweise nicht mehr durch bauordnungs-rechtliches Abstandflächenrecht ausgehebelt werden. Der Wegfall dieses Satzes führt so zu dem Ergebnis, dass es bei einer (planungsrechtlichen) Befreiung sein Bewenden hat. Liegt diese vor, bewirkt Satz 2 neuer Fassung bauordnungsrechtlich eine Freistellung von der Verpflichtung, Abstandflächen einzuhalten. Eine Verpflichtung zum Grenzanbau (2. Alternative alter Fassung) wird jedoch (nach wie vor) nur durch Schaffung entsprechenden Planungsrechts möglich sein.

**Absatz 1 Satz 4 alter Fassung** ermöglichte die Forderung nach Einhaltung einer Abstandfläche zur Nachbargrenze in der geschlossenen Bauweise, soweit auf dem Nachbargrundstück ein vorhandenes Gebäude mit Abstand zur gemeinsamen Nachbargrenze bestand. Diese Regelung war bauordnungsrechtlich irrelevant, weil die Grundanforderung des Satzes 1, vor Außenwänden Abstandflächen freizuhalten, erfüllt wird. Die Problematik lag hier ausschließlich beim Planungsrecht, das nicht – kompetenzwidrig – durch Bauordnungsrecht „korrigiert" werden kann. Soweit in diesem Zusammenhang die Einhaltung einer Abstandfläche im Interesse des Bauherrn liegt, wird nunmehr (wie – genau genommen – bereits bisher) eine planungsrechtliche Befreiung erteilt werden müssen. Die planungsrechtliche Durchsetzung einer Abstandfläche gegen den Willen des Bauherrn wird auch hier nur durch Schaffung entsprechenden Planungsrechts möglich sein.

**Absatz 2 Sätze 1 und 2** behalten unverändert den – an sich bauordnungsrechtlich irrelevanten, aber für das Nachbarschaftsverhältnis bedeutsamen – Grundsatz bei, dass die Abstandflächen auf dem Grundstück selbst liegen müssen oder sich bis zur Mitte öffentlicher Verkehrs-, Grün- und Wasserflächen erstrecken dürfen.

**Absatz 2 Satz 3** übernimmt die bisher in § 7 Abs. 1 geregelte Möglichkeit, dass Abstandflächen durch Baulast auf ein Nachbargrundstück übernommen werden können. Diese Übernahme dient der Straffung und der Lesbarkeit; eine Änderung der Rechtslage ergibt sich damit nicht.

**Absatz 3** unverändert.

**Absatz 4** regelt die Ermittlung der Wandhöhe als Berechnungsgrundlage für die Tiefe der Abstandfläche.

Der eingefügte Satz 5 betrifft im Wesentlichen Tiefgaragenzufahrten, Kellerzugänge und Abgrabungen vor Kellerfenstern. Bisher blieben Abgrabungen, bei denen die Vertiefungen lediglich einen Teil des Baukörpers selbst darstellen, diesem unmittelbar zugeordnet sind, technisch mit ihm in Verbindung stehen und der Funktion des angrenzenden Raumes dienen, (z.B. im Erdreich eingelassene Hauseingangstreppe bis zu einem auf Kellerniveau liegenden Hauseingang, Kellerlichtschacht) nach der Rechtsprechung bei der Ermittlung der Abstandfläche (Wandhöhe) außer Betracht. Dies wird mit dem neu eingefügten Satz 5 nunmehr klargestellt. Darüber hinaus werden auch solche Abgrabungen, die der Belichtung oder dem Zugang oder der Zufahrt zu einem Gebäude dienen, nicht mehr auf die Wandhöhe angerechnet, bei denen durch die

Baugenehmigung die Geländeoberfläche nach § 2 Abs. 4 neu festgelegt wird. Allerdings ist die Veränderung der natürlichen Geländeoberfläche durch Abgrabungen regelmäßig an den Voraussetzungen des § 9 Abs. 3 BauO NRW zu messen. Dabei stellt § 9 Abs. 3 BauO NRW eine rechtliche Grenze für die Befugnis der Baugenehmigungsbehörde dar, im Wege der Erteilung einer Baugenehmigung die herzustellende Geländeoberfläche festzulegen. Die Veränderung der Geländeoberfläche in Zusammenhang mit der Errichtung von Gebäuden ist nur zulässig, wenn für die Veränderung ein sachlicher Grund gegeben ist. Damit wird insbesondere im hängigen Gelände eine Erleichterung für die Bauherren im grenznahen Bereich geschaffen.

**Absatz 5** regelt die Ermittlung der Tiefe der Abstandflächen. Die Sonderregelung für Gebäude in Gewerbe- und Industriegebieten wird vereinfacht durch den Wegfall der Beschränkung auf Gebäude, die überwiegend der Produktion oder Lagerung dienen (s. § 6 Abs. 5 BauO NRW bisheriger Fassung). Dies ist vertretbar, zumal auch in den Vorschriften des Arbeitsstättenrechts keine Anforderung an die Beleuchtung von Räumen mit Tageslicht gestellt wird. Die bisher gegenüber öffentlichen Verkehrsflächen geltenden, verkürzten Tiefen der Abstandfläche gelten jetzt auch gegenüber öffentlichen Wasserflächen und öffentlichen Grünflächen. Der Verweis auf örtliche Bauvorschriften dient der Klarstellung.

**Absatz 6** regelt wie bisher, aber in stark veränderter Form, dass die Wandhöhe auf 0,4 H, in Kerngebieten auf 0,25 H, reduziert werden kann.

Die bisherige Regelung warf unter Berücksichtigung der hierzu ergangenen Rechtsprechung erhebliche Probleme hinsichtlich der Abgrenzung des Begriffs „Wand" auf. Bei Gebäuden mit versetzt angeordneten Bauteilen ist häufig nur schwer zu beurteilen, ob es sich um mehrere Wände oder eine in sich gegliederte Wand handelt. Diese Unterscheidung hatte nach den bisherigen Regelungen zum Schmalseitenprivileg erhebliche Auswirkungen auf die Größe der einzuhaltenden Abstandfläche, weil das Schmalseitenprivileg zu jeder Grundstücksgrenze nur vor einer Wand und bei jedem Gebäude insgesamt (höchstens) zweimal in Anspruch genommen werden durfte.

Mit der Änderung wird diese Frage unerheblich. Die Regelung des Absatzes 6 darf zwar wie bisher je Grundstücksgrenze nur einmal angewandt werden. Es entfällt aber die Beschränkung, dass sie nur gegenüber höchstens zwei Grundstücksgrenzen in Ansatz gebracht werden darf. Aus diesem Grund wird auch der Begriff des Schmalseitenprivilegs aufgegeben. Diese Vereinfachung und Erleichterung erscheint sachgerecht. Die Betroffenheit jedes einzelnen Nachbargrundstücks bleibt nach dieser Regelung unverändert. Auch hinsichtlich der weiteren, von den Abstandflächenvorschriften geschützten Belangen, z. B. die Belichtung, hat diese Änderung keine Auswirkungen, da auch schon bisher Nutzungseinheiten, z. B. Wohnungen, ausschließlich zu der „Schmalseite" eines Gebäudes orientiert sein konnten. Allerdings lässt sich in den Fällen, in denen zu allen Grundstücksgrenzen ein Abstand eingehalten wird, anders als bisher, nun kein nachbarlicher Anspruch auf Einhaltung eines Abstands von 0,8 der Wandhöhe alleine daraus herleiten, dass dieses Privileg bereits zu Lasten eines anderen Nachbargrundstücks ausgeschöpft wurde.

Die Regelung des Absatzes 6 ist nun nicht mehr auf eine Wand je Grundstücksgrenze beschränkt. Vielmehr kann sie auch vor mehreren Wänden oder auch von Teilen von Außenwänden in Anspruch genommen werden, wenn die Längen dieser Wände zusammengenommen je Grundstücksgrenze die unverändert geltende Obergrenze von 16 m

Länge nicht überschreiten. Einerseits bleibt gesichert, dass das Nachbargrundstück wie bisher Wände, die bis auf 0,4 der Wandhöhe an die Grenze heranrücken, nur auf einer Länge von nicht mehr als 16 m hinnehmen muss. Andererseits wird es damit im Ergebnis unerheblich, ob dieses Maß von 16 m durch eine Wand oder durch mehrere, versetzt angeordnete Außenwände (z. B. Staffelgeschosse) ausgeschöpft wird. Eine Aufteilung der reduzierten Abstandfläche gegenüber einer Grundstücksgrenze in mehrere verschiedene Abschnitte ist jedoch nicht möglich.

Wände zu Nachbargrenzen, für die die Regelung des Absatzes 6 nicht angewandt werden kann, weil das Höchstmaß von 16 m überschritten wird, müssen wie bisher eine Abstandfläche von 0,8 der Wandhöhe für den die Länge von 16 m überschreitenden Teil der Wand einhalten. Die Länge der Wände von Gebäuden auf verschiedenen Grundstücken wird jedoch nicht addiert, wenn die Gebäude aneinandergebaut sind. Die reduzierten Abstandflächen können daher auch vor der Rückseite von Doppelhäusern, Hausgruppen oder Reihenhäusern in Anspruch genommen werden, solange die einzelnen Gebäude das Höchstmaß von 16 m einhalten. Dennoch sind keine weiteren Sonderregelungen erforderlich, da in jedem Fall zunächst die planungsrechtliche Zulässigkeitsprüfung der bauordnungsrechtlichen Prüfung auf Einhaltung der Abstandflächen vorausläuft. Im Übrigen bleibt es der Gemeinde unbenommen, in solchen Fällen von den Instrumenten der Bauleitplanung Gebrauch zu machen.

**Absatz 7** regelt unverändert die Zulässigkeit untergeordneter Bauteile in den Abstandflächen, wird aber redaktionell neu gefasst.

Erfasst werden jetzt auch Terrassenüberdachungen, da von ihnen keine höheren Beeinträchtigungen für den Nachbarn ausgehen als beispielsweise von Dachvorsprüngen, wenn sie die in dieser Bestimmung genannten Höchstmaße einhalten.

Die Privilegierung von Balkonen und anderen Vorbauten bleibt erhalten. Mit der Maßgabe, dass auch diese Bauteile den Mindestgrenzabstand von 3 m einhalten müssen, wird berücksichtigt, dass Balkone etc. wegen ihrer Rundumsicht in der Regel von Nachbarn als besonders unangenehm empfunden werden.

Es hat sich gezeigt, dass bei Modernisierungs- bzw. Sanierungsarbeiten im Wohnungsbau ein hoher Bedarf an der nachträglichen Anbringung von Balkonen zur Erhöhung der Wohnqualität besteht. Die nachträgliche Anbringung von Balkonen als Vorbauten im Sinne von Absatz 7 (auskragende Bauteile) ist aus konstruktiven Gründen nur mit sehr hohem Aufwand zu realisieren. Aus diesem Grund werden sogenannte Altane den Vorbauten nunmehr gleichgestellt. Altane sind in den Obergeschossen ins Freie führende Plattformen, die offen oder überdeckt, von Mauern, Pfeilern oder Säulen gestützt werden und nicht wie Balkone frei auskragen (vgl. Brockhaus, Enzyklopädie, 21. Auflage, 2006). Die bisher häufig zu Problemen führende Abgrenzung, bis zu welcher Größe solche Vorbauten sich noch gegenüber der dahinterliegenden Wandfläche unterordnen, wird nun durch ein konkretes Maß ersetzt.

**Absatz 8** wurde bereits bei der letzten Novellierung der Landesbauordnung aufgehoben.

**Absatz 9** enthielt Regelungen zum Brandschutz. Auf die Bestimmung kann verzichtet werden, da sie in der Praxis kaum von Bedeutung war. Die Wände von Gebäuden in Gewerbe- und Industriegebieten werden in der Regel aus Kostengründen ohne Feuerwiderstandsklasse errichtet. Die als Technische Baubestimmung eingeführte Industriebaurichtlinie ermöglicht eine solche Bauweise.

**Absatz 10 Satz 1** nimmt wie bisher die Regelungen für solche Anlagen auf, die nicht Gebäude sind, aber gebäudegleiche Wirkungen haben. Die in der Praxis oft schwierige Bestimmung, wann eine Anlage „gebäudegleiche Wirkungen" hat, wird für niedrige bauliche Anlagen nunmehr durch konkrete Höhenmaße ersetzt. Die Anwendung dieser Bestimmung wird dadurch stark vereinfacht. Es wird zwischen betretbaren und nicht betretbaren Anlagen unterschieden, da diese Unterscheidung unter dem Gesichtspunkt des Sozialfriedens von erheblicher Bedeutung ist. Betretbare Anlagen im Sinne dieser Bestimmung sind z. B. Aufschüttungen von Gartenflächen oder (nicht überdachte) Terrassen, nicht betretbare Anlagen sind z. B. Einfriedungen. Für Anlagen, die die in Satz 1 Nr. 1 festgelegten Maße überschreiten, ändert sich im Ergebnis nichts; hier muss im Einzelfall wie bisher geprüft werden, ob von ihnen Wirkungen wie von Gebäuden ausgehen.

**Absatz 10 Sätze 2 bis 5** regeln unverändert die bauordnungsrechtlichen Abstandflächen vor Windkraftanlagen.

**Absatz 11** lässt wie bisher Nebengebäude an der Grenze zu. Sie werden nunmehr nicht nur grenzständig zugelassen, sondern auch grenznah. Damit wird praktischen Bedürfnissen Rechnung getragen; eine Gefährdung abstandflächenrechtlicher Schutzgüter ist bei derartigen untergeordneten baulichen Anlagen nicht zu besorgen.

Es entfällt die bisherige Beschränkung, dass diese baulichen Anlagen nur an der Nachbargrenze und beispielsweise nicht an Grenzen zu öffentlichen Verkehrsflächen begünstigt sind. Bestimmungen, nach denen vor einer Garagenzufahrt unter bestimmten Voraussetzungen ein Stauraum bereitgestellt werden muss, bleiben unberührt. Hinsichtlich der Außenmaße dieser Gebäude bleibt es bei maximal 9 m Grenzbebauung je Nachbargrenze und maximal 3 m mittlerer Wandhöhe über der Geländeoberfläche an der Grenze. Vereinfacht wird aber die Regelung, dass die Grenzbebauung auf einem Grundstück insgesamt nicht mehr als 15 m betragen darf, da sich die 15 m nunmehr alleine auf die Nachbargrenzen beziehen und nicht mehr auf die Grundstücksgrenzen wie bisher. Grenzbebauungen an einer öffentlichen Verkehrsfläche werden damit nicht mehr auf die 15 m angerechnet. Auswirkungen auf nachbarliche Belange hat diese Änderung nicht.

Die bisherige Beschränkung, nach der Abstellräume nur bis zu einer Nutzfläche von maximal 7,5 m² erfasst sind, wird aufgegeben, da diese Regelung zu vielen Problemen in der Anwendung geführt hatte. Abstellnutzungen sind in Gebäuden nach Absatz 11 nunmehr ohne Größenbeschränkung und auch im Keller oder im Dachraum zulässig. Die Regelung der Musterbauordnung, Gebäude ohne Aufenthaltsräume in Absatz 11 zu privilegieren, wurde nicht übernommen, da hiergegen in der Verbändeanhörung Bedenken vorgetragen wurden, da hierdurch auch Nutzungen begünstigt würden, die über die Funktion von Nebengebäuden hinausgehen (z. B. Badezimmer oder Flure).

Allerdings dürfen solche Gebäude keine Öffnungen in den der Nachbargrenze zugekehrten Wänden aufweisen. Giebelflächen sind wie bisher bei der Ermittlung der mittleren Wandhöhe zu berücksichtigen und gehen damit faktisch mit der Hälfte ihrer Höhe in die Berechnung mit ein. Bei Dächern mit einer Neigung von mehr als 30° ist die Dachhöhe der mittleren Wandhöhe hinzuzurechnen. Damit wird der Ausbau solcher Gebäude um Dachräume auf ein nachbarverträgliches Maß beschränkt. Gestalterische Möglichkeiten für die nach Absatz 11 privilegierten Gebäude bleiben ausreichend gewahrt.

Ermöglicht wird nunmehr auch, dass Gebäude mit Abstellräumen und Garagen auch dann von der Privilegierung des Absatzes 11 erfasst sind, wenn sie über einen inneren Zugang zum Gebäude der Hauptnutzung verfügen. Damit wird dem vielfachen Wunsch nach einem direkten Zugang zwischen Wohngebäude und Garage bzw. Abstellraum Rechnung getragen. Nachbarliche Belange werden dadurch nicht berührt, da der Zugang innerhalb der Gebäude liegt und damit für den Nachbarn nicht sichtbar ist. Den in der Anhörung vorgetragenen Bedenken, die neue Regelung würde dazu führen, dass solche Gebäude zukünftig vermehrt unzulässigerweise zu Aufenthaltszwecken umgenutzt werden, und dies zu Problemen in der Praxis führen würde, werden nicht geteilt. Auch schon nach geltender Rechtslage sind eine Vielzahl von Fällen bekannt geworden, in denen nach Absatz 11 privilegierte Gebäude zu Aufenthaltszwecken bzw. Garagen insgesamt zu Abstellräumen unzulässigerweise umgenutzt worden sind. Es sind allerdings keine Fälle bekannt, in denen es Schwierigkeiten bei der Ahndung dieser Verstöße durch die Bauaufsichtsbehörden gegeben hätte.

Die Errichtung von Anlagen zur Gewinnung von Solarenergie bis zu 1,5 m Höhe auf Gebäuden nach Absatz 11 ist jetzt nur noch zulässig, wenn es sich dabei um untergeordnete Anlagen handelt. Aufgrund der technischen Möglichkeiten, die Solaranlagen beweglich zu konstruieren und entsprechend dem optimalen Ausrichtungswinkel zur Sonne zu betreiben, ist eine solche Einschränkung erforderlich, da ansonsten Anlagen auf den Gebäuden entstehen können, die nicht mehr von Sinn und Zweck der Vorschrift gedeckt sind.

Einfriedungen, Stützmauern und Antennen sind in Absatz 11 nicht mehr aufgeführt, da sie bereits nach Absatz 10 bis zu einer Höhe von 2 m zulässig sind. Die in der Höhe unbegrenzte Zulassung grenzständiger Einfriedungen in Gewerbe- und Industriegebieten wurde aufgegeben, weil in diesen Gebieten nunmehr auch Gebäude mit Aufenthaltsräumen mit einer Abstandfläche von 0,25 H zulässig sind.

Auf die Regelung, dass Leitungen und Zähler für Energie und Wasser, bestimmte Feuerstätten und Wärmepumpen in den Abstellräumen zulässig sind, kann in § 6 verzichtet werden, da sie in die Feuerungsverordnung NRW überführt wird.

**Absatz 12** wird durch die Ergänzung in Absatz 13, dass nunmehr auch geringere Abstände bei Wänden von Gebäuden auf demselben Grundstück gestattet werden können, entbehrlich.

Die **Absätze 13 bis 16** regeln wie bisher Sonderfälle. Sie werden im Grundsatz beibehalten, da sie sich bewährt haben und sichergestellt werden soll, dass in diesen Fällen angemessene Regelungen auch unabhängig davon getroffen werden können, ob im Einzelfall Voraussetzungen für die Gewährung einer Abweichung gemäß § 73 BauO NRW vorliegen.

**Absatz 13** ermöglicht jetzt nicht nur geringere Tiefe der Abstandfläche zwischen Wänden desselben Gebäudes, sondern auch zwischen Wänden mehrerer Gebäude auf demselben Grundstück.

**Absatz 14** lässt wie bisher die nachträgliche Bekleidung vorhandener Außenwände zu Wärmedämmzwecken auch dann zu, wenn dadurch die vorgeschriebene Abstandfläche unterschritten wird. Innerhalb festgelegter Höchstmaße sind solche Maßnahmen aber nunmehr allgemein zulässig. Eine Ermessensentscheidung der Bauaufsichtsbehörde ist nur noch erforderlich, wenn diese Höchstmaße überschritten werden. Die Errichtung nachträglicher Wärmedämmung wird dadurch vereinfacht. Absatz 14 gilt nun auch vor Außenwänden, die bereits ohne die Wärmedämmung den Grenzabstand unterschreiten. Dies ist sinnvoll, da es sich bei Gebäuden, die nicht im Einklang mit heutigen Abstandflächenbestimmungen stehen, in der Regel um bestandgeschützte Altbauten handelt, bei denen häufig eine nachträgliche Wärmedämmung unter Energiespargesichtspunkten besonders dringend ist.

**Absatz 15** regelt wie bisher Änderungen und Nutzungsänderungen bestehender Gebäude, die nicht den Abstandflächenvorschriften entsprechen. Aus Artikel 14 Abs. 1 Satz 2 GG ergibt sich die Verpflichtung des Gesetzgebers, eine sozial gerechte Eigentumsordnung zu gewährleisten, die die Nutzung einer vorhandenen und verwertbaren Gebäudesubstanz nicht verhindert, wenn dem berechtigte und mehr als geringfügige Belange des Allgemeinwohls oder eines Nachbarn nicht entgegenstehen (vgl. BVerwG, Urteil vom 16. Mai 1991 – 4 C 17.90, BRS 52 Nr. 157). Allerdings lösen nach der Rechtsprechung des Oberverwaltungsgerichtes NRW Nutzungsänderungen im Rahmen der Variationsbreite der bestandgeschützten Nutzung die Prüfung der Abstandflächen nicht neu aus. Im Gesetzestext wird nunmehr klargestellt, dass Absatz 15 grundsätzlich auch bei Grenzständigkeit des vorhandenen Gebäudes angewendet werden kann.

Nach Absatz 15 Satz 1 sind nunmehr bestimmte Änderungen und Nutzungsänderungen bestehender Gebäude abstandflächenrechtlich allgemein zulässig. Eine Ermessensentscheidung der Bauaufsichtsbehörde ist nur noch für darüber hinausgehende Änderungen und Nutzungsänderungen erforderlich. Damit wird die Anwendung dieser Regelung erheblich vereinfacht.

Absatz 15 lässt planungsrechtliche Anforderungen unberührt. Danach werden im Ergebnis nur Nutzungsänderungen und bauliche Änderungen ermöglicht, die am jeweiligen Standort planungsrechtlich zulässig sind oder sich planungsrechtlich innerhalb des Bestandschutzes bewegen. Baumaßnahmen, die so weit in den baulichen Bestand eingreifen, dass sie einer Neuerrichtung gleichkommen, sind keine Änderung und daher auch nicht von Absatz 15 begünstigt. In solchen Fällen kann vom Bauherrn verlangt werden, dass er das Gebäude auch unter Einhaltung der geltenden Abstandflächenvorschriften errichtet. Ein bestehendes Gebäude kann somit nicht vollständig entkernt werden mit dem Ergebnis, dass außer den Umfassungswänden ansonsten ein Neubau entstünde. Soweit Gebäude bereits weitgehend verfallen sind, können weder Nutzungsänderungen noch bauliche Änderungen gestattet werden.

Von den in Satz 1 Nr. 1 aufgeführten Änderungen innerhalb des Gebäudes gehen somit keine nachteiligen Auswirkungen auf die Schutzgüter des Abstandflächenrechts aus. Nach Satz 1 Nr. 2 und 3 sind bauliche Änderungen bzw. Nutzungsänderungen unter den dort genannten engen Voraussetzungen allgemein zulässig. Die Forderung nach einem Abstand der Gebäude von mindestens 2,50 m zu den Nachbargrenzen ergibt sich aus Brandschutzgründen (vgl. § 31). In solchen Fällen ist es im Rahmen des Interessenausgleichs zwischen Bauherren und Nachbarn vertretbar, dass im Hinblick auf die vom Gesetzgeber gewünschte sinnvolle Verwertung vorhandener Bausubstanz die Nachbarinteressen zurückzustellen sind, da sich solche Maßnahmen auf die Schutzgüter des Abstandflächenrechts nur geringfügig auswirken. Dabei ist wie bereits ausgeführt zu berücksichtigen, dass zunächst die bauplanungsrechtliche Zulässigkeit gegeben sein muss.

Bauliche Änderungen oder Nutzungsänderungen, die nicht von Satz 1 erfasst sind, können im Rahmen einer bauaufsichtlichen Ermessensentscheidung zugelassen werden.

Damit ist gewährleistet, dass solche Vorhaben nur ausgeführt werden, nachdem die Bauaufsichtsbehörde eine am Grundsatz der Verhältnismäßigkeit orientierte Abwägung der Interessen des Bauherrn mit der Schutzbedürftigkeit der nachbarlichen Belange vorgenommen hat. Dabei wird darauf verzichtet, dass es sich lediglich um geringfügige bauliche Änderungen ohne Veränderung von Länge und Höhe der den Nachbargrenzen zugekehrten Wände handeln muss. Handelt es sich z. B. bei den baulichen Maßnahmen, die die äußere Gestalt des Gebäudes nicht nur geringfügig verändern, um Maßnahmen, die eine sinnvolle Gebäudenutzung erst ermöglichen, kann eine Gestattung durch die Bauaufsichtsbehörde erfolgen, gerade wenn die Baumaßnahmen an Gebäudeseiten durchgeführt werden, die der abstandflächenrechtlich betroffenen Nachbargrenze abgewandt sind.

**Absatz 16** unverändert.

**Absatz 17** betraf Sonderfälle im Zusammenwirken mit dem Planungsrecht. Die Regelung wurde durch die Neufassung von Absatz 1 überflüssig und daher aufgehoben.

§ **7 Abs. 1** wurde aus systematischen Gründen in § 6 Abs. 2 aufgenommen.

§ **7 Abs. 2** entfällt, da sich gezeigt hat, dass diese Bestimmung kaum praktische Auswirkungen hat. Bei der Teilung bebauter Grundstücke wird die Einhaltung von § 6 im Rahmen der nach § 8 vorgeschriebenen Teilungsgenehmigung sichergestellt. In den Fällen, in denen der Bund, das Land, eine Gemeinde oder ein Gemeindeverband als Erwerber, Eigentümer oder Verwalter beteiligt sind, bedarf es zwar keiner Teilungsgenehmigung. Auch in diesen Fällen sind die an einer Teilung Beteiligten jedoch verpflichtet, die Anforderungen des § 6 BauO NRW zu beachten. Nachträgliche Grenzänderungen bebauter Grundstücke, bei denen es zu Problemen mit Abstandflächen gekommen ist, sind in der Praxis nicht bekannt geworden.

§ **73 Abs. 1** wird um einen neuen Satz 2 ergänzt. Damit soll klargestellt werden, dass Abweichungen von § 6 vor allem dann zugelassen werden können, wenn die von § 6 abweichende Bebauung den jeweiligen Angrenzer nicht stärker oder nur unwesentlich stärker beeinträchtigt als eine andere, § 6 entsprechende Bebauung des jeweiligen Grundstücks. Mit der Formulierung „unwesentlich stärker" wird auf geringfügige Unterschreitungen der Abstandflächen abgestellt. Unterschreitungen im Zentimeterbereich können z. B. schon aufgrund üblicher Bautoleranzen entstehen. Mutwillige Unterschreitungen der Abstandflächen sollen dadurch aber nicht sanktioniert werden. Satz 2 schließt nicht aus, dass Abweichungen von den Anforderungen des § 6 nach wie vor auch nach Satz 1 erteilt werden können.

**Beschlussempfehlung mit Begründung aus LT-Drucks. 14/2993**

des Ausschusses für Bauen und Verkehr zu dem Gesetzentwurf der Landesregierung

**A. § 6 Abs. 6**

Der Abs. 6 soll wie folgt geändert werden:

(6) Auf einer Länge *der Außenwände und von Teilen der Außenwände* von nicht mehr als 16 m genügt gegenüber jeder Grundstücksgrenze und gegenüber jedem Gebäude auf demselben Grundstück als Tiefe der Abstandflächen 0,4 H, in Kerngebieten 0,25 H, mindestens jedoch 3 m. *Bei hintereinander liegenden Außenwänden wird nur die Außenwand mit der größten Länge auf die Länge nach Satz 1 angerechnet.*

Im Gesetzeswortlaut wird damit klargestellt, was „Länge“ im Sinne dieser Bestimmung ist. Die in den schriftlichen Stellungnahmen vorgetragenen Bedenken werden damit ausgeräumt. Weiterhin wird klargestellt, dass der Bezug auf „Außenwände“ nicht ausschließt, dass sich die Vergünstigung nach Absatz 6 auch auf Wandteile beziehen kann und dass Wände, die in der Höhe versetzt hintereinander liegen, nicht jeweils auf die Länge von 16 m angerechnet werden (Vorschläge IK-Bau NRW und Arbeitsgemeinschaft der Kommunalen Spitzenverbände).

**B. § 6 Abs. 7 Nr. 1**

Nr. 1 soll wie folgt geändert werden:

1. das Erdgeschoss erschließende Hauseingangstreppen und Überdachungen *über erdgeschossigen Hauseingängen*, wenn sie von den Nachbargrenzen mindestens 1,50 m entfernt sind.

Im Entwurf § 6 Abs. 7 sind unter Nr. 1 „das Erdgeschoss erschließende Hauseingangstreppen und ihre Überdachungen“ genannt. Diese Formulierung ist insoweit missverständlich, dass Überdachungen nur dann privilegiert sein sollen, wenn sie im Zusammenhang mit einer erdgeschossigen Hauseingangstreppe stehen. Dies ist allerdings nicht gemeint und sollte so geändert werden, dass „das Erdgeschoss erschließende Hauseingangstreppen und Überdachungen über erdgeschossigen Hauseingängen“ privilegiert sind (Vorschlag AK NRW).

**C. § 6 Abs. 7**

Es soll ein neuer Satz 2 in Absatz 7 aufgenommen werden:

*Bei der Ermittlung des Maßes nach Satz 1 bleiben Loggien außer Betracht.*

Untergeordnete Balkone lösen nach der bestehenden Rechtslage, wenn sie nicht mehr als 1,50 m vor die jeweilige Außenwand vortreten, keine Abstandflächen aus. Als Bezugsebene interpretiert die heutige Rechtsprechung für dieses Maß nicht die Gebäudefront insgesamt sondern nur die Außenwandfläche, die den Balkon nach hinten begrenzt. Ein Balkon, der wie eine Loggia um ein gewisses Maß nach innen in das Gebäude zurückgezogen ist, kann nach heutiger Rechtsprechung nicht um ein 1,50 m, sondern nur noch um das Restmaß nach Abzug des innen liegenden Anteils hervortreten. Der neue Satz 2 bezieht das zulässige Maß, um das die privilegierten Bauteile nach Absatz 7 vortreten dürfen, auf die Gebäudefront und nicht auf die jeweilige Außenwand (Vorschlag AK NRW).

**Ergänzung des § 9 BauGB**

durch Artikel 1 Nr. 4 des Gesetzes zur Erleichterung von Planungsvorhaben für die Innenentwicklung der Städte vom 21. 12. 2006 (BGBl. I S. 3316)

**§ 9 BauGB**
**Inhalt des Bebauungsplans**
**– Auszug –**

**(1)** Im Bebauungsplan können aus städtebaulichen Gründen festgesetzt werden:

1. …;

**2a. vom Bauordnungsrecht abweichende Maße der Tiefe der Abstandsflächen;**

3. …;

**Begründung aus BT-Drucks. 16/3308**

**zu Artikel 1 Nr. 4 (§ 9 Abs. 1 Nr. 2 a – neu)**

Mit der Ergänzung des § 9 Abs. 1 BauGB soll den Gemeinden die Möglichkeit gegeben werden, aus städtebaulichen Gründen vom Bauordnungsrecht des jeweiligen Landes abweichende Maße der Abstandsflächentiefe festzusetzen. Anlass hierfür ist die Anpassung des Abstandsflächenrechts zahlreicher Landesbauordnungen an § 6 Abs. 5 der Musterbauordnung 2002 (MBO 2002). Diese Regelung senkt die Tiefe der Abstandsfläche von zuvor 1,0 H auf das Maß von 0,4 H, zielt „ausweislich der Begründung zur MBO 2002 ausschließlich auf einen bauordnungsrechtlich zu sichernden Mindeststandard und verfolgt keine städtebaulichen Nebenziele (mehr)“. Um auch dann, wenn das bauordnungsrechtliche Abstandsflächenrecht nur noch gefahrenabwehrrechtlichen Zwecken dient, städtebaulich gebotene Abstandsflächen vorsehen zu können, soll den Gemeinden die neue Festsetzungsmöglichkeit gegeben werden.

Das Wort „abweichend“ bedeutet dabei Folgendes:

Zum einen soll das Abstandsflächenrecht der Landesbauordnungen durch die Schaffung dieser Festsetzungsmöglichkeit unberührt bleiben. Auch soweit es – anders als § 6 Abs. 5 MBO 2002 – wie bisher auch städtebauliche Gründe berücksichtigt, steht diesen landesrechtlichen Regelungen Artikel 72 Abs. 1 des Grundgesetzes nicht entgegen; denn der Bundesgesetzgeber macht insoweit von seiner Gesetzgebungszuständigkeit für das Bodenrecht (Artikel 74 Abs. 1 Satz 1 Nr. 18 des Grundgesetzes) keinen Gebrauch.

Zum anderen soll mit dem Wort „abweichend“ ausgedrückt werden, dass Festsetzungen zum Maß der Abstandsflächentiefe in Bebauungsplänen dem Abstandsflächenrecht der Landesbauordnungen vorgehen. Für die Berechnung der Abstandsflächentiefe verbleibt es bei den Vorschriften der Landesbauordnungen.

## § 7
## Übernahme von Abstandflächen auf andere Grundstücke (aufgehoben)

(1) [1]Abweichend von § 6 Abs. 2 Satz 1 ist zulässig, dass Abstandflächen sich ganz oder teilweise auf andere Grundstücke erstrecken, wenn durch Baulast gesichert ist, dass sie nicht überbaut und auf die auf diesen Grundstücken erforderlichen Abstandflächen nicht angerechnet werden. [2]Vorschriften, nach denen eine Überbauung zulässig ist oder gestattet werden kann, bleiben unberührt.

(2) [1]Die bei der Errichtung eines Gebäudes vorgeschriebenen Abstandflächen dürfen auch bei nachträglichen Grenzänderungen und Grundstücksteilungen nicht unterschritten oder überbaut werden. [2]Absatz 1 gilt entsprechend.

**Anmerkungen** (Autor: Heintz)

1 Die Amtliche Begründung (LT-Drucks. 14/2433 S. 18f.) führt zur Aufhebung aus:

„***§ 7 Abs. 1*** *wurde aus systematischen Gründen in § 6 Abs. 2 aufgenommen.*

***§ 7 Abs. 2*** *entfällt, da sich gezeigt hat, dass diese Bestimmung kaum praktische Auswirkungen hat. Bei der Teilung bebauter Grundstücke wird die Einhaltung von § 6 im Rahmen der nach § 8 vorgeschriebenen Teilungsgenehmigung sichergestellt. In den Fällen, in denen der Bund, das Land, eine Gemeinde oder ein Gemeindeverband als Erwerber, Eigentümer oder Verwalter beteiligt sind, bedarf es zwar keiner Teilungsgenehmigung. Auch in diesen Fällen sind die an einer Teilung Beteiligten jedoch verpflichtet, die Anforderungen des § 6 zu beachten. Nachträgliche Grenzänderungen bebauter Grundstücke, bei denen es zu Problemen mit Abstandflächen gekommen ist, sind in der Praxis nicht bekannt geworden.*“

Die aufgehobenen Vorschriften standen in direkter Beziehung zu §§ 6 und 8 BauO NRW. und betrafen **unterschiedliche Sachverhalte**.

2 § 7 **Abs. 1** BauO NRW regelte das **Verfahren der Verlagerung der Abstandflächen auf fremde Grundstücke** und wurde in leicht abgewandelter Form, jedoch inhaltlich unverändert als **neuer Satz 3** dem Absatz 2 des § 6 angefügt.

§ 7 **Abs. 2** BauO NRW normierte ein **Verbot nachträglicher Grenzänderungen und Grundstücksteilungen**, wenn dadurch Abstandflächenvorschriften verletzt werden. Diese Regelung war, soweit sie **Grundstücksteilungen** anbetraf, ein **Unterfall des allgemeiner gefassten § 8 Abs. 2 Satz 1** BauO NRW, wonach durch die Grundstücksteilung keine dem Bauordnungsrecht zuwiderlaufenden Verhältnisse entstehen dürfen.

3 Die **rechtstechnische Verortung** in einem gesonderten Paragraphen **trug nicht zur Übersicht bei** und ging noch auf § 9 MBO 1960 zurück. Seinerzeit machte die Zusammenfassung der Sicherungsvorschriften über Bauwiche und Abstandflächen in einem Paragraphen Sinn, weil noch zwischen Bauwich (§ 7 MBO 1960) und Abstandflächen und Abständen (§ 8 MBO 1960) differenziert wurde. Die MBO 1981 verzichtete auf eine besondere Bauwichregelung; erhalten blieb jedoch die Aufteilung der Abstandflächenregelungen in zwei Paragraphen (§§ 6 und 7 MBO 1981), obwohl eine Einbeziehung des Regelungsgehalts von § 7 Abs. 1 in § 6 Abs. 2 MBO 1981 und des Regelungsgehalts von § 7 Abs. 2 in § 8 Abs. 1 und 2 MBO 1981 bereits damals nahe gelegen hätte.

## §8
## Teilung von Grundstücken

**(1) [1]Die Teilung eines bebauten Grundstücks bedarf zu ihrer Wirksamkeit der Genehmigung der Bauaufsichtsbehörde. [2]Einer Genehmigung bedarf es nicht, wenn der Bund, das Land, eine Gemeinde oder ein Gemeindeverband als Erwerber, Eigentümer oder Verwalter beteiligt ist.**

**(2) [1]Die Genehmigung darf nur versagt werden, wenn durch die Teilung Verhältnisse geschaffen würden, die den Vorschriften dieses Gesetzes oder den aufgrund dieses Gesetzes erlassenen Vorschriften zuwiderlaufen. [2]Die Bauaufsichtsbehörde hat innerhalb eines Monats nach Eingang des Antrags über die Teilung zu entscheiden. [3]Ist ihr dies nicht möglich, so kann sie die Frist durch Zwischenbescheid gegenüber der Antragstellerin oder dem Antragsteller um höchstens zwei Monate verlängern. [4]Die Genehmigung gilt als erteilt, wenn nicht innerhalb der Frist über sie entschieden wurde.**

**(3) [1]Die Teilung darf in das Liegenschaftskataster erst übernommen werden, wenn ein Genehmigungsbescheid vorgelegt ist. [2]Bedarf die Teilung keiner Genehmigung oder gilt sie als genehmigt, so hat die Genehmigungsbehörde auf Antrag von Beteiligten darüber ein Zeugnis auszustellen; das Zeugnis steht einer Genehmigung gleich.**

**(4) § 69 Abs. 1 und § 72 Abs. 1 Satz 2 gelten entsprechend.**

***VV BauO NRW*** *(infolge Befristung mit Ablauf des 31. 12. 2005 ausgelaufen)*

***8 Teilung von Grundstücken (§ 8)***

*8.1 Zu Absatz 1 Satz 1*

*Ein Grundstück ist bebaut, wenn sich auf ihm bauliche Anlagen, ausgenommen solche nach § 65 Abs. 1 Nrn. 13 bis 49, befinden. Dies gilt auch dann, wenn die baulichen Anlagen noch nicht fertiggestellt sind; bei Gebäuden ist es ausreichend, wenn der Keller oder die Gründung vorhanden ist.*

*8.4 Zu Absatz 4*

*Für die den Anträgen auf Teilungsgenehmigung beizufügenden Bauvorlagen gilt § 17 BauPrüfVO. Der Antrag ist entsprechend der Anlage I/4 zur VV BauPrüfVO zu stellen.* (nach Änderung v. 3. 11. 2004, MBl. NRW. 2005, S. 170, jetzt Anlage **I/5**).

**Anmerkungen** (Autor: Heintz)

**Übersicht**


| | | Rdn. |
|---|---|---|
| 0 | Änderungen gegenüber der BauO NW 1984 und der BauO NW 1995 | 01–03 |
| 1 | Einordnung der Regelung – Abgrenzung zum Bauplanungsrecht | 1– 5 |
| 2 | Zu Absatz 1 – Genehmigungsbedürftige Teilungsvorgänge | 6–21 |
| 3 | Zu Absatz 2 – Prüfung im Teilungsgenehmigungsverfahren | |
| 3.1 | Materiell-rechtliche Prüfung | 22–32 |
| 3.2 | Bearbeitungsfrist | 33–42 |
| 4 | Zu Absatz 3 – Eintragungssperre in das Liegenschaftskataster | 43–45 |
| 5 | Zu Absatz 4 – Teilungsantrag und Bauvorlagen | 46–54 |
| 6 | Geltungsdauer, Bindungswirkung, Gebühren | 55–57 |

## 0 Änderungen gegenüber der BauO NW 1984 und der BauO NW 1995

01 Die Vorschrift des § 8 **BauO NW 1995** entsprach im Wesentlichen § 8 BauO NW 1984. Es wurden lediglich Änderungen vorgenommen, um die Regelungen in **Absatz 1** insoweit an § 19 BauGB anzupassen. Nach dem angefügten **Satz 2** war ein Teilungsgenehmigungsverfahren entbehrlich, wenn an dem Rechtsvorgang Gebietskörperschaften des öffentlichen Rechts beteiligt sind (vgl. LT-Drucks. 11/7153 S. 152). Der alte Satz 2 des Absatzes 1 wurde zum neuen **Absatz 2**, der alte Absatz 2 als Satz 2 in den neuen Absatz 3 übernommen. In den **Absatz 3** wurden die Sätze 1 und 3 aufgenommen, um eine weitgehende Angleichung an die Vorschriften der bauplanungsrechtlichen Teilungsgenehmigung zu erreichen. Der angefügte **Absatz 4** verweist auf Vorschriften für das Baugenehmigungsverfahren, die der Beschleunigung dienen und deren Anwendung sich auch im Teilungsgenehmigungsverfahren als sinnvoll erweist.

02 Nach Erlass der BauO NW 1995 wurde § 19 BauGB 1986 durch das **BauROG** geändert. Der Gesetzentwurf sah vor, die Vorschriften der §§ 19, 20 und 23 BauGB zu streichen (BT-Drucks. 13/6392 S. 35 f. und S. 53 f.) Der Bundesrat hatte jedoch im Gesetzgebungsverfahren unter anderem auch wegen dieser Streichung den Vermittlungsausschuss angerufen (BR-Drucks. 339/97 S. 9). Das Vermittlungsverfahren erbrachte dann eine modifizierte Beibehaltung der §§ 19 und 20 BauGB (BT-Drucks. 13/8019 S. 3 ff.). Die gesetzliche **Genehmigungspflicht für Grundstücksteilungen** wurde abgeschafft und die Einführung einer solchen im **Geltungsbereich eines Bebauungsplans** durch **Satzung** der Gemeinde ermöglicht. Durch das **EAG Bau** wurde auch die Satzungsbefugnis aufgehoben und durch eine **materielle Anforderung** in § 19 BauGB 2004 an die Grundstücksteilung im **Geltungsbereich eines Bebauungsplanes** ersetzt. Bundesrechtlich verbleibt damit nur noch eine Genehmigungspflicht für Teilungen im Umlegungs-, Enteignung- und besonderen Städtebaurecht (§§ 51, 109 und 144 BauGB).

03 Mit der **BauO NRW 2000** entfiel die Verweisung in § 8 **Abs. 3 Satz 1** BauO NW 1995 auf die bundesrechtlichen Teilungsvorschriften. Stattdessen wurden dem **Absatz 2** die **Sätze 2 bis 4** als eigenständige bauordnungsrechtliche Verfahrensregelung **neu angefügt**. Auch wurde im Hinblick auf verzichtbare bauaufsichtliche Verfahren das **Genehmigungserfordernis eingeschränkt**. Verzichtet wurde auf die Teilungsgenehmigung für Grundstücke, die noch nicht bebaut sind, deren Bebauung jedoch bereits genehmigt war oder nach den Regelungen des § 67 BauO NRW von der Gemeinde für zulässig erachtet wurde. Auf dieses Genehmigungserfordernis konnte verzichtet werden, da die Rechtsgrundlage für ein genehmigtes oder nach § 67 BauO NRW zulässiges Vorhaben entfällt, wenn eine nicht den Anforderungen der BauO NRW entsprechende Teilung erfolgt (so die Amtliche Begründung LT-Drucks. 12/3738 S. 72).

## 1 Einordnung der Regelung – Abgrenzung zum Bauplanungsrecht

1 Eine Genehmigungspflicht für Grundstücksteilungen wurde in Deutschland erstmals mit § 36 des Allgemeinen Baugesetzes für das Königreich Sachsen vom 1. 7. 1900 eingeführt, die sowohl **bauplanungsrechtliche** als auch **bauordnungsrechtliche Belange** im Sinne des heutigen Verständnisses erfasste. Im preußischen Rechtsbereich fehlte eine solche Regelung. Erst sehr viel später entstand mit dem Reichsgesetz über die Aufschließung von Wohnsiedlungsgebieten vom 22. 9. 1933 (RGBl. I S. 659) unter Rückgriff auf das sächsische Vorbild ein allgemeiner Genehmigungsvorbehalt für Grundstücksteilungen.

Mit dem **BBauG 1960** und der **MBO 1960** (s. die Einleitung Rdn. 65 ff. und 69 ff.) wurden dann unter Beachtung der unterschiedlichen Gesetzgebungskompetenz von Bund und Ländern für das Bodenrecht und das Bau(polizei)recht die aufeinander abgestimmten Regelungen für die **bauplanungsrechtliche** (bundesrechtliche) und die **bauordnungsrechtliche** (landesrechtliche) **Teilungsgenehmigung** geschaffen. Mit der **rechtstechnischen Verortung** der Vorschrift **in § 8** folgt die BauO NRW dem Vorbild der MBO. Diese Einordnung in der Paragraphenfolge ist unglücklich gewählt, handelt es sich doch um eine **Verfahrensvorschrift**, die der Rechtsanwender zuerst im fünften Teil des Gesetzes vermuten dürfte, weshalb sich auch die Einordnung der Vorschrift in § 94 NBauO als überzeugender darstellt. 2

Die **Regelung** der Grundstücksteilung im Bauordnungsrecht der Länder ist vom BVerfG (Beschluss vom 28. 10. 1975 – 2 BvL 9/74, BVerfGE 40, 261 = NJW 1976, 141) für **verfassungskonform** erklärt worden. In den Gremien der ARGEBAU ist lange darüber diskutiert worden, ob es noch einer bauordnungsrechtlichen Teilungsgenehmigung bedürfe. Mit **§ 7 MBO 2002** wurde auf ein Teilungsgenehmigungsverfahren verzichtet und stattdessen eine **materielle Anforderung** im Falle der Grundstücksteilung eingeführt. 3

Der Neufassung des § 8 BauO NRW ging eine Diskussion in der Fachöffentlichkeit voraus. Dabei wurden auch Lösungsansätze erörtert, die anstelle der Teilungsgenehmigung auf eine spezielle Eingriffsermächtigung für die Bauaufsichtsbehörden abstellen, um durch Teilungen herbeigeführte rechtswidrige Zustände leichter beseitigen zu können. Letztlich wurde die Genehmigungspflicht aber beibehalten, da eine **präventive Kontrolle weniger Verwaltungsaufwand** erzeugt als das nachträgliche Einschreiten. 4

Das Teilungsgenehmigungserfordernis soll die **vorbeugende Kontrolle** ermöglichen, ob durch die Teilung bauordnungswidrige Zustände eintreten, die verhindert werden müssen. Mit den Bestimmungen des BauGB kann dies regelmäßig nicht verhindert werden, denn die materiellen Anforderungen des § 19 BauGB erfassen nur bauplanungsrechtliche Gesichtspunkte. Darüber hinaus ist diese materielle Anforderung auf den Geltungsbereich der Bebauungspläne beschränkt. Dies unterstreicht erst recht die eigenständige **Bedeutung der bauordnungsrechtlichen Teilungsgenehmigung**. 5

## 2 Zu Absatz 1 – Genehmigungsbedürftige Teilungsvorgänge

Nach **§ 8 Abs. 1 BauO NRW** kommt es dagegen allein darauf an, ob das **Grundstück bebaut** ist; seine Zuordnung zum beplanten Bereich, zum Innen- oder Außenbereich ist **bauordnungsrechtlich unerheblich**. Es ist also **bauordnungsrechtlich** nicht die Zuordnung zum Bauland, sondern das Vorliegen einer **Bebauung** gefordert, die auch gegeben sein kann, wenn das Grundstück im Außenbereich liegt. 6

Für Teilungen bebauter Grundstücke im Zusammenhang mit **Bauvorhaben, für** die gemäß § 1 Abs. 2 BauO NRW **die bauordnungsrechtlichen Vorschriften nicht anwendbar sind, ist keine bauordnungsrechtliche Teilungsgenehmigung** erforderlich (ebenso Große-Suchsdorf/Lindorf/Schmaltz/Wiechert, zu § 94 Rdn. 9). Hier sind vor allem die Anwendungsausschlüsse nach § 1 Abs. 2 **Nr. 1** und **Nr. 2** BauO NRW für **Anlagen des öffentlichen Verkehrs** und für **der Bergaufsicht unterliegende Anlagen** zu nennen, die über **eigene Grundstücke** verfügen (s. die Anmerkungen zu § 1 Rdn. 46 und 125), während die in Nr. 3 und 4 aufgeführten Leitungen zumeist im öffentlichen Straßenraum verlegt sind und auch für die in Nr. 5 genannten Kräne kaum eigenständige Grundstücke gebildet werden dürften. 7

8 Obwohl in § 8 BauO NRW nicht erwähnt, bleiben die Vorschriften über **gesetzlich geregelte Planfeststellungsverfahren** unberührt. Ist die Grundstücksteilung Gegenstand der Planfeststellung, beispielsweise infolge neu zu bildender Grundstücksgrenzen bei Eingriffen in bestehende Grundstücke, entfällt das bauordnungsrechtliche Genehmigungserfordernis, da gemäß § 75 Abs. 1 VwVfG. NRW. die **Planfeststellung** alle nach anderen Vorschriften **erforderlichen öffentlich-rechtlichen Genehmigungen ersetzt** (s. die Anmerkungen zu § 1 Rdn. 50). Es kann sich jedoch nur um solche Planfeststellungen oder Plangenehmigungen für Vorhaben handeln, die nicht bereits nach § 1 Abs. 2 BauO NRW ausgenommen sind, z. B. für eine Abfallentsorgungsanlage.

9 **Satz 2** befreit den **Bund**, das **Land**, die **Gemeinden** und **Gemeindeverbände** von der Genehmigungspflicht, wenn die Körperschaft an dem jeweiligen Teilungsvorgang **beteiligt** ist. **Gemeindeverbände** sind gemäß § 1 Abs. 2 KrO die **Landkreise**, gemäß §§ 1 und 2 LVerbO die **Landschaftsverbände** und gemäß § 5 Abs. 2 des Gesetzes über kommunale Gemeinschaftsarbeit i. d. F. d. B. vom 1. 10. 1979 (GV. NRW. S. 621), z. g. d. Gesetz vom 5. 4. 2005 (GV. NRW. S. 274) die **Zweckverbände**. Andere juristische Personen des öffentlichen Rechts werden von § 8 Abs. 1 Satz 2 BauO NRW nicht erfasst.

10 Die **Beteiligung** am Teilungsvorgang muss **von Anfang an** gegeben sein (OLG Hamm, Beschluss vom 5. 2. 1974 – 15 Wx 14/74, BRS 28 Nr. 54). Hierbei ist es gleichgültig, ob die jeweilige Gebietskörperschaft als **Erwerber**, als **Eigentümer** oder lediglich als **Verwalter** fungiert. Der Gesetzgeber geht bei dieser **verfahrensrechtlichen Privilegierung**, die **keine Freistellung vom materiellen Recht** beinhaltet, davon aus, dass eine präventive Kontrolle entbehrlich ist, weil die Gebietskörperschaften rechtmäßig handeln.

11 Die **Grundstücksteilung** ist bauordnungsrechtlich **nicht definiert**. Das Bauordnungsrecht geht vom **bürgerlich-rechtlichen Grundstücksbegriff** aus, modifiziert diesen jedoch, da unter bauordnungsrechtlichen Gesichtspunkten ein **räumlicher Zusammenhang** unabdingbar ist (s. die Anmerkungen zu § 4 Rdn. 100 und 103). Von Bedeutung ist auch die zivilrechtlich vorgegebene Verbindung von Grundstück und dessen wesentlichen Bestandteilen, insbesondere der aufstehenden Gebäuden (s. die Anmerkungen zu § 2 Rdn. 100). Kennzeichnend für das Grundstücksrecht ist das **Prinzip der Vertikalteilung** (hierzu s. BGH, Urteil vom 12. 10. 2001 – V ZR 268/00, Forum 2002, 304).

12 Die **Teilung im bürgerlich-rechtlichen Sinne** meint nicht die vermessungstechnische Zerlegung eines Flurstücks, sondern zielt auf eine **Änderung** des **Grundstücksbestands** im **Bestandsverzeichnis des Grundbuchs**. Eine solche Änderung des Grundstücksbestands erfolgt, indem im **Bestandsverzeichnis** des Grundbuchs der jeweils unter **einer laufenden Nummer eingetragene Flurstücksbestand verändert** wird.

Im **Regelfall** erfordert die Teilung eines Grundstücks sowohl eine **Änderung im Liegenschaftskataster** als auch eine **Änderung im Bestandsverzeichnis des Grundbuchs**. Besteht für eine abzuteilende Fläche **noch kein eigenes Flurstück**, muss zuvor der **abzuschreibende Teil** im Liegenschaftskataster als **eigenständiges Flurstück** gebildet werden, da das Grundbuch auf das Liegenschaftskataster als amtliches Verzeichnis der Flurstücke Bezug nimmt. Ein Grundstück im bürgerlich-rechtlichen Sinne kann nämlich nicht aus einem Teilflurstück bestehen. Nach der Bildung der neuen Flurstücke, die aus dem alten hervorgegangen sind, erstellt das Kataster- und Vermessungsamt den **Veränderungsnachweis**. Erst auf der Grundlage dieses Veränderungsnachweises, der die **neuen** Flurstücke bezeichnet, kann dann das Grundbuchamt die Eintragung vornehmen. Diesen grundbuchtechnischen Vorgang bezeichnet man als **Fortschreibung**.

Es kann auch der **Ausnahmefall** vorliegen, dass mehrere Flurstücke im Bestandsverzeichnis des Grundbuchs unter einer laufenden Nummer als ein Grundstück eingetragen sind. Derartige Eintragungen von mehreren Flurstücken unter einer laufenden Nummer waren früher vor allem im Bereich der Landwirtschaft üblich. Sollen diese Flurstücke nach dem Willen des Eigentümers in eigenständige Grundstücke überführt werden, ist eine vermessungstechnische Bildung von Flurstücken nicht mehr erforderlich, da diese bereits bestehen. Das Grundbuchamt löscht den alten Bestand, also das alte Grundstück, und trägt unter jeweils einer eigenen Nummer die neuen Grundstücke im Bestandsverzeichnis ein. Die nachfolgende Abbildung verdeutlicht diese Fortschreibung.

**Liegenschaftskataster – Flurkarte**

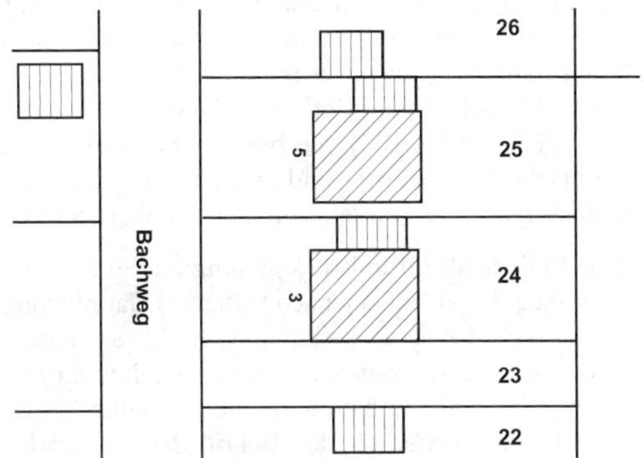


**Eintragungen im Grundbuch – alter und neuer Bestand**

Amtsgericht Altdorf **Grundbuch von** Kleinscheid **Blatt** 1412 **Bestandsverzeichnis**

| lfd. Nr. der Grundstücke | bisherige lfd. Nr. der Grundstücke | Bezeichnung der Grundstücke und der mit dem Eigentum verbundenen Rechte | | | | | Größe |
|---|---|---|---|---|---|---|---|
| | | Gemarkung | Karte Flur | Flurst. | Liegenschaftsbuch | Wirtschaftsart und Lage | |
| | | a | b | | c/d | e | ha a qm |
| 1 | 2 | 3 | | | | | 4 |
| ~~1~~ | – | ~~Auenfeld~~ | ~~18~~ | ~~23~~ | * | ~~Freifläche~~ | ~~3~~ ~~10~~ |
| | – | ~~Auenfeld~~ | ~~18~~ | ~~24~~ | * | ~~Hof- u. Gebäudefläche Bachweg 3~~ | ~~5~~ ~~31~~ |
| **2** | | Auenfeld | 18 | 25 | * | Hof- u. Gebäudefläche Bachweg 5 | 6 12 |
| **3** | | Auenfeld | 18 | 23 | * | Freifläche | 3 10 |
| **4** | | Auenfeld | 18 | 25 | * | Hof- u. Gebäudefläche Bachweg 3 | 5 31 |

* Angabe nur, wenn das Liegenschaftsbuch nicht auf das Grundbuch Bezug nimmt

Die im Bestandsverzeichnis unter laufender Nummer **1** als ein Grundstück eingetragenen Flurstücke 23 und 24 bilden nach der **Fortschreibung** unter den neuen laufenden Nummern **3** und **4** jeweils neue eigenständige Grundstücke.

**Abbildung 8.1 Fortschreibung einer Grundstücksteilung im Grundbuch**

**13** So wie der Eigentümer eines Grundstücks nach bürgerlichem Recht berechtigt ist, dieses zu teilen, was allerdings materiell-rechtlich nicht ausdrücklich geregelt ist, sondern sich aus § 903 BGB nur indirekt ergibt (vgl. Weirich, Rdn. 27), so kann er umgekehrt, mehrere Grundstücke zu einem neuen Grundstück zusammenzulegen. Hierbei wird zwischen der **Vereinigung** nach § 890 Abs. 1 BGB und der **Zuschreibung** nach § 890 Abs. 2 BGB differenziert, ohne dass sich dieser Unterschied öffentlich-rechtlich auswirkt. Bei der Vereinigung werden die alten Grundstücke unter einer neuen Nummer des Bestandsverzeichnisses im Grundbuch eingetragen, wobei jedoch die bisherigen Belastungen auf den alten Grundstücken bestehen bleiben. Bei der Zuschreibung wird ein Grundstück zum Bestandteil eines anderen Grundstücks, wobei die Belastungen in Form von Grundpfandrechten des Stammgrundstücks sich kraft Gesetzes auf das zugeschriebene Grundstück erstrecken; für andere Belastungen, wie z. B. Reallasten, tritt jedoch keine Erstreckung ein. In beiden Fällen erfolgt eine Löschung und Neueintragung im Bestandsverzeichnis des Grundbuchs nach gegebenenfalls vorauslaufendem Veränderungsnachweis. Vereinigung und Zuschreibung sind nur zulässig, wenn dadurch **keine Verwirrung** zu befürchten ist (§§ 5 und 6 GBO), die beispielsweise eintreten kann, wenn die alten Grundstücke unterschiedlich belastet sind und sich nach der Vereinigung oder Zuschreibung Unklarheiten ergeben (zu diesen Vorgängen s. Weirich, a. a. O. Rdn. 30–32).

**14** Da der grundbuchliche Vollzug als Grundstücksteilung im bürgerlich-rechtlichen Sinne anzusehen ist, jedoch gerade dieser Vollzug nach früherem Bauplanungsrecht einem vorausgehenden öffentlich-rechtlichen Genehmigungsverfahren unterworfen war und auch nach Abschaffung der bundesrechtlichen Teilungsgenehmigung materiellen Anforderungen im Geltungsbereich eines Bebauungsplanes gemäß § 19 Abs. 2 BauGB 2004 genügen muss, war und ist es erforderlich, den **Begriff der Grundstücksteilung** zu normieren. Dieser **baurechtliche** Teilungsbegriff findet sich in § 19 Abs. 1 BauGB 2004:

*„Teilung ist die dem Grundbuchamt gegenüber abgegebene oder sonst wie erkennbar gemachte Erklärung des Eigentümers, dass ein Grundstücksteil grundbuchmäßig abgeschrieben und als selbständiges Grundstück oder als ein Grundstück zusammen mit anderen Grundstücken oder mit Teilen anderer Grundstücke eingetragen werden soll.“*

Diese Begriffsbestimmung stellt nicht auf den grundbuchlichen Vollzug, sondern auf die **Absicht zur Teilung** ab und ermöglicht so erst eine **vorgängige Prüfung**. Da die bauordnungsrechtliche Teilungsgenehmigung jahrzehntelang lediglich als Ergänzung der bauplanungsrechtlichen Teilungsgenehmigung angesehen wurde, hat der Landesgesetzgeber auf eine eigenständige bauordnungsrechtliche Begriffsbestimmung der Teilung verzichtet und unterstellt, dass die Definition des § 19 Abs. 2 BauGB auch für das Bauordnungsrecht weiterhin gelten soll (so auch Boeddinghaus/Hahn/Schulte, zu § 8 Rdn. 8). Nach dem Vorgängerrecht konnte hieran kein Zweifel bestehen, da der fortgefallene § 8 Abs. 3 Satz 1 BauO NW 1995 ausdrücklich die entsprechende Geltung für das bauordnungsrechtliche Teilungsgenehmigungsverfahren anordnete.

**15** Die Begriffsbestimmung des § 19 Abs. 1 BauGB erfasst sowohl die **Abschreibung** (s. Rdn. 12), als auch die **Vereinigung** und die **Zuschreibung** (s. Rdn. 13) **als Teilung** im Rechtssinne. Eine Teilung liegt auch vor, wenn eine früher erfolgte Vereinigung (§ 890 Abs. 1 BGB) wieder aufgehoben werden soll (BayObLG, Beschluss vom 31. 5. 1974 – 2 Z 21/74, NJW 1974, 2004). Hierbei ist jedoch zu beachten, dass ein Grundstück im bauordnungsrechtlichen Sinne nur vorliegt, wenn die unter einer laufenden Nummer gebuchten Flurstücke auch einen **räumlichen Zusammenhang** aufweisen (s. Rdn. 11).

Insbesondere bei landwirtschaftlichem Besitz kann der Fall vorliegen, dass mehrere räumlich getrennte Flurstücke ein Grundstück im bürgerlichen Rechtssinne bilden. Die grundbuchrechtliche Separierung dieser räumlich voneinander getrennt liegenden Flurstücke erfüllt dann nicht den bauordnungsrechtlichen Teilungsbegriff, wohl aber den bauplanungsrechtlichen (BVerwG, Urteil vom 14.12.1973 – IV C 48.72, BRS 27 Nr. 82). Bauplanungsrechtlich kann die Vergrößerung eines Grundstücks gegen Festsetzungen des Bebauungsplans über Höchstmaße aus Gründen des sparsamen und schonenden Umgangs mit Grund und Boden für Wohnbaugrundstücke nach § 9 Abs. 1 Nr. 3 BauGB verstoßen. Ebenso kann eine Vereinigung oder Zuschreibung bauordnungsrechtliche Auswirkungen entfalten, beispielsweise wenn die zu vereinigenden Grundstücke wechselseitige Baulasten aufweisen. Eine Grundstücksvereinigung kann darüber hinaus auch Genehmigungshindernisse auslösen (s. das Beispiel bei Rdn. 30).

Nach § 19 Abs. 1 BauGB kann nur der **Eigentümer** die Teilungsabsicht erklären. Wegen des Zusammenhangs mit dem Grundbuchrecht meint die Vorschrift den **Grundeigentümer** (BVerwG, Urteil vom 28.2.1975 – IV C 77.74, BVerwGE 48, 87 = BRS 29 Nr. 71). Sind mehrere Personen Eigentümer, müssen diese die Teilungsabsicht gemeinschaftlich erklären (BayVGH, Urteil vom 17.3.1992 – 2 B 90.2434, BRS 54 Nr. 79). Hierdurch soll vermieden werden, dass Nichteigentümer bloße Absichtserklärungen im Genehmigungsverfahren „austesten“ können. Wird eine **unwirksame Teilungserklärung** positiv entschieden, so ist diese **Teilungsgenehmigung nichtig** (so Jäde/Dirnberger/Weiß, zu § 19 Rdn. 5 unter Bezug auf VGH B-W, Urteil vom 9.9.1988 – 3 S 2740/87, n. v.). Von der **Berechtigung zur Abgabe der Teilungserklärung** ist die Frage zu trennen, wer außer dem Eigentümer über die **Berechtigung zur Antragstellung** verfügt. Soweit die Teilungserklärung in einem notariellen Kaufvertrag (**Teilungskauf**) enthalten ist, kann auch der **Erwerber** den Antrag auf Erteilung der Teilungsgenehmigung stellen (BVerwG, Urteil vom 9.4.1976 – 4 C 75.74, BRS 30 Nr. 82). 16

**Folgende Vorgänge** sind nach der Definition des § 19 Abs. 1 BauGB **keine Teilungen**: 17

- Wird ein **buchungsfreies Grundstück** außerhalb des Grundbuchs geteilt, liegt keine genehmigungsbedürftige Teilung vor.
- Ist nur eine **Zerlegung** eines Buchgrundstücks **in mehrere Flurstücke** beabsichtigt, ohne dass eine grundbuchmäßige Änderung beabsichtigt ist, liegt keine Teilungserklärung vor (OVG NRW, Urteil vom 13.3.1973 – XI A 843/71, BRS 27 Nr. 84). Derartige Flurstücksbildungen erfolgen mitunter, um für eine katastermäßig genau definierte Fläche eine Dienstbarkeit oder eine textliche Baulast bestellen zu können.
- Die **Begründung von Sondereigentum** nach dem Wohnungseigentumsgesetz ist nicht auf eine reale Teilung des Baugrundstücks, sondern auf die ideelle **Teilung des Eigentumsrechts** gerichtet (Battis/Krautzberger/Löhr, zu § 19 Rdn. 5 und Große-Suchsdorf/Lindorf/Schmaltz/Wiechert, zu § 94 Rdn. 8). Nach **§ 22 BauGB** können die Gemeinden durch Bebauungsplan oder durch eine sonstige Satzung bestimmen, dass die Begründung oder Teilung von Wohnungs- bzw. Teileigentum der **bauplanungsrechtlichen Genehmigung** unterliegt.

Schließlich ist auch die **durch Verwaltungsakt verfügte grundbuchliche Änderung** keine Teilung (s. auch Rdn. 8 zur Grundstücksänderung im Planfeststellungs- bzw. Plangenehmigungsverfahren nach dem Fachplanungsrecht). Derartige Verwaltungsakte sind unter anderem vorgesehen

- im **Umlegungsverfahren** nach §§ 45 ff. und §§ 80 BauGB,
- im **Enteignungsverfahren** nach §§ 85 ff. BauGB,
- im **Flurbereinigungsverfahren** nach dem Flurbereinigungsgesetz,
- im **bergrechtlichen Grundabtretungsverfahren** nach dem Bundesberggesetz,
- im **Grundabtretungsverfahren** nach dem Landbeschaffungsgesetz.

Eine **geringfügige Grenzänderung ohne grundbuchmäßige Auswirkungen** wird von § 8 BauO NRW ebenfalls nicht erfasst und erfordert **keine Teilungsgenehmigung**.

**18** Die Grundstücksteilung erfordert nur dann eine präventive Kontrolle durch die Bauaufsichtsbehörde, wenn das Grundstück **bebaut** ist. Das Tatbestandsmerkmal der „**Bebauung**" bedarf der **Auslegung unter bauordnungsrechtlichen Gesichtspunkten** im Hinblick auf den **Zweck des Genehmigungserfordernisses**, nämlich bauordnungswidrige Zustände zu verhindern. Bereits das Bauplanungsrecht zeigt, dass **der Begriff Bebauung nicht identisch mit dem Begriff der baulichen Anlage** ist (s. die Anmerkungen zu § 2 Rdn. 14). Nichts anderes kann für das Bauordnungsrecht gelten. Hätte der Gesetzgeber ein am Begriff der baulichen Anlage ausgerichtetes Genehmigungserfordernis erreichen wollen, so hätte die Vorschrift des § 8 Abs. 1 Satz 1 BauO NRW wie folgt formuliert werden müssen: *„Die Teilung eines Grundstücks, das* ***bauliche Anlagen*** *aufweist, bedarf zu ihrer Wirksamkeit der Genehmigung"*. Der Gesetzgeber hat weder diesen weiten in § 2 Abs. 1 BauO NRW definierten Begriff, noch den in § 2 Abs. 2 BauO NRW definierten engeren Gebäudebegriff gewählt.

**19** Der in § 2 Abs. 1 BauO NRW definierte **Begriff der baulichen Anlage** erfasst auch die **fingierten** baulichen Anlagen (s. die Anmerkungen zu § 2 Rdn. 55 ff.). Bauliche Anlagen sind darüber hinaus auch die in § 65 Abs. 1 BauO NRW aufgeführten Einfriedungen, Pergolen oder Klettergerüste. Bei näherer Betrachtung der in § 8 Abs. 2 Satz 1 BauO NRW aufgeführten **Versagungstatbestände** zeigt sich, dass weder Vorschriften der Bauordnung selbst, noch Vorschriften in Rechtsverordnungen oder Satzungen, die aufgrund der Bauordnung erlassen worden sind, verbieten, dass eine Teilungslinie durch eine Einfriedung, eine Pergola oder ein Klettergerüst hindurch geführt wird. Daher hat der Gesetzgeber einen derart weit gefassten Anwendungsbereich des bauordnungsrechtlichen Teilungsgenehmigungserfordernisses nicht beabsichtigt.

**Eine Bebauung im Sinne des § 8 Abs. 1 Satz 1 BauO NRW** liegt nur vor, **wenn die auf dem Grundstück befindlichen baulichen Anlagen** die durch § 8 Abs. 2 Satz 1 BauO NRW **geschützten bauordnungsrechtlichen Belange berühren**.

**20** Nr. 8.1 VV BauO NRW bietet eine **praxistaugliche Handlungsanweisung**. Die Verwaltungsvorschrift geht davon aus, dass die durch § 8 Abs. 2 Satz 1 BauO NRW geschützten Belange in erster Linie **Gebäude** betreffen. Das ist in der Tat der Fall, da die in **Beziehung zum Grundstück** bzw. **zu Grundstücksgrenzen** tretenden Vorschriften auf Gebäude abstellen, vor allem die über die **Erschließung**, über die **Abstandflächen** und über **Abstände aus Gründen des Brandschutzes** (vgl. die §§ 4–6, 31 und 35 BauO NRW). Es war deshalb geboten, deutlich zu machen, dass die von § 65 Abs. 1 Nr. 1 bis 12 BauO NRW erfassten Freistellungstatbestände für Gebäude im Hinblick auf das Teilungsgenehmigungserfordernis relevant bleiben. Somit wird deutlich, dass die Teilung von Grundstücken auch genehmigungsbedürftig ist, wenn sich auf diesem beispielsweise ein Gebäude zu Abstellzwecken, eine Gartenlaube oder ein Gewächshaus befindet.

Bei der Anwendung der Nr. 8.1 VV BauO NRW ist allerdings insoweit Vorsicht geboten, als auch einzelne Fallgestaltungen des § 65 Abs. 1 Nr. 13–49 BauO NRW teilungsrechtlich bedeutsam sein können, weil sie den Begriff der Bebauung erfüllen. So sind die in Nr. 25 aufgeführten überdachten Fahrradabstellplätze Gebäude im Sinne des § 2 Abs. 2 BauO NRW mit der Folge, dass die für Gebäude geltenden Vorschriften einschlägig sind. Abstandrechtliche Relevanz entfalten z. B. auch die in Nr. 32 genannten Sprungschanzen und Sprungtürme bis zu 10 m Höhe oder die in Nr. 42 genannten Aufschüttungen bis zu 2,0 m Höhe, weil es sich hierbei um bauliche Anlagen handelt, von denen Wirkungen wie von Gebäuden ausgehen (vgl. § 6 Abs. 10 BauO NRW).

Für die Genehmigungspflicht ist es unbeachtlich, ob die vorhandene Bebauung legal **21** oder illegal ist. Auch ein „**Schwarzbau**" ist eine **Bebauung** im Sinne des § 8 Abs. 1 Satz 1 BauO NRW (ebenso Große-Suchsdorf/Lindorf/Schmaltz/Wiechert, zu § 94 Rdn. 9). Schließlich kann nach dem klaren Wortlaut auch kein Zweifel daran bestehen, dass es unerheblich ist, ob es sich bei der Bebauung auf dem zu teilenden Grundstück um eine genehmigungsbedürftige oder eine **genehmigungsfreie Anlage** handelt. Nach der Ausweitung des Katalogs der genehmigungsfreien Anlagen und der Freistellung bestimmter Wohngebäude durch §§ 65, 66 und 67 BauO NRW sind auch größere Vorhaben verfahrensfrei. Bei der Ausklammerung dieser freigestellten Anlagen entstünden erhebliche Unsicherheiten für den Vollzug des Teilungsrechts, da verfahrensrechtlich zunächst immer die Frage der Genehmigungsfreiheit geklärt werden müsste.

## 3 Zu Absatz 2 – Prüfung im Teilungsgenehmigungsverfahren

### 3.1 Materiell-rechtliche Prüfung

Als **Versagungsgründe** nach § 8 Abs. 2 Satz 1 BauO NRW kommen nur solche **bauord-** **22** **nungsrechtlicher Art** in Betracht. Die **Aufzählung** der Versagungsgründe ist **abschließend**.

Auf die Genehmigung der Grundstücksteilung besteht ein **Rechtsanspruch**, wenn die Teilung nicht zu einem Verstoß gegen bauordnungsrechtliche Vorschriften führt. Somit handelt es sich bei der **Teilungsgenehmigung** nach § 8 BauO NRW um eine **gebundene Erlaubnis**, auf deren Erteilung der Antragsteller einen **subjektiv öffentlichen Rechtsanspruch** hat (so auch Boeddinghaus/Hahn/Schulte, zu § 8 Rdn. 13 und Große-Suchsdorf/Lindorf/Schmaltz/Wiechert, zu § 94 Rdn. 14).

Wird durch die **rechtswidrige Versagung** der Teilungsgenehmigung die Teilungsveräußerung eines Grundstücks zu Bauzwecken **verhindert** oder **verzögert**, so kann dies einen **Entschädigungsanspruch** des betroffenen Grundstückseigentümers **aus enteignungsgleichem Eingriff** begründen (BGH, Urteil vom 23. 1. 1997 – III ZR 234/95, BauR 1997, 446 = DÖV 1997, 464 = DVBl. 1997, 566 = UPR 1997, 247 = ZfBR 1997, 155).

Das **materiell-rechtliche Prüfprogramm** beschränkt sich darauf festzustellen, **ob durch** **23** **die Teilung bauordnungswidrige Verhältnisse geschaffen würden**. Derartige Rechtsverstöße können beispielsweise eintreten, weil

- der in § 4 Abs. 1 Nr. 1 BauO NRW geforderte **Anschluss** des mit einem Gebäude bebauten Grundstücks **an eine öffentliche Verkehrsfläche unterbrochen** wird,
- die nach § 4 Abs. 2 BauO NRW erforderliche **Anordnung des Gebäudes auf einem Grundstück aufgehoben** wird,

- die nach § 5 BauO NRW erforderlichen **Zugänge und Zufahrten von öffentlichen Verkehrsflächen zu Gebäuden unterbrochen** werden,
- die erforderlichen **Abstandflächen eines Gebäudes** oder einer baulichen Anlage, von der Wirkungen wie von Gebäuden ausgehen, entgegen § 6 Abs. 2 Satz 1 BauO NRW **nicht mehr auf dem Grundstück selbst liegen**,
- die für ein Gebäude mit Wohnungen erforderliche **Spielfläche für Kleinkinder** entgegen § 9 Abs. 2 Satz 1 BauO NRW **nicht mehr auf dem Grundstück selbst** liegt,
- der nach § 31 Abs. 1 Nr. 1 BauO NRW erforderliche **Mindestabstand eines Gebäudes ohne Gebäudeabschlusswand** zur Grundstücksgrenze **unterschritten** wird,
- der nach § 35 Abs. 2 BauO NRW erforderliche **Mindestabstand eines Gebäudes mit weicher Bedachung** zur Grundstücksgrenze **unterschritten** wird,
- die erforderlichen **Stellplätze einer stellplatzauslösenden Nutzung einer baulichen Anlage** entgegen § 51 Abs. 3 Satz 1 BauO NRW **nicht mehr auf dem Grundstück selbst** liegen,
- die nach § 52 Abs. 5 Nr. 2 BauO NRW als Sollvorschrift geforderten **Mindestabstände zur Nachbargrenze für Dungstätten, Jauche- und Flüssigmistbehälter unterschritten** werden,
- die nach § 54 Abs. 2 Nr. 1 bis 3 BauO NRW **im Einzelfall für Sonderbauten in der Baugenehmigung festgelegten Abstände zu Nachbargrenzen unterschritten** werden.

24 **Durch die Teilung entstehende Verstöße** gegen materielle Anforderungen lassen sich oftmals **durch Baulast ausräumen**, weil ja der Grundstückseigentümer, der die Teilungsabsicht erklären muss, die Verfügungsgewalt über sein Grundstück hat und daher auch öffentlich-rechtliche Verpflichtungserklärungen im Sinne des § 83 BauO NRW gegenüber der Bauaufsichtsbehörde abgeben kann. Allerdings darf die Bauaufsichtsbehörde die Eintragung einer Baulast aus Anlass einer Grundstücksteilung zur Ausräumung von Rechtsverstößen **nicht erzwingen** (s. die Anmerkungen zu § 83 Rdn. 38) und kann deshalb bei mangelnder Mitwirkungsbereitschaft des Grundstückseigentümers den Antrag auf Erteilung der Teilungsgenehmigung dann nur noch ablehnen. Soweit die sonst notwendige Ablehnung einer Teilungsgenehmigung sich durch Baulast vermeiden lässt, ist dem Antragsteller zuvor von der Bauaufsichtsbehörde hierzu Gelegenheit zu geben. Wegen der Rechtswirkungen, die sich aus § 8 Abs. 2 Satz 4 BauO NRW ergeben, sind **kurze Fristsetzungen** geboten, nach deren fruchtlosem Verstreichen – also wenn der Antragsteller **keine Mitwirkungsbereitschaft** zu erkennen gibt – eine **Ablehnung** des Teilungsantrages unumgänglich ist, um auszuschließen, dass dann die Genehmigung als erteilt gilt.

25 **Hauptanwendungsfälle** für Baulasten, die aus Anlass von Grundstücksteilungen erforderlich werden, sind die Flächenbaulasten zur **Sicherung einer Verbindung zur öffentlichen Verkehrsfläche** eines mit einem Gebäude bebauten Grundstücks nach § 4 Abs. 1 Nr. 1 BauO NRW – **Zuwegungsbaulast** (s. die Anmerkungen zu § 4 Rdn. 36 und Abbildung 4.1) sowie zur **Sicherung der Lage der Abstandflächen** eines Gebäudes auf fremdem Grundstück nach § 6 Abs. 2 Satz 3 BauO NRW – **Abstandflächenbaulast** (s. die Anmerkungen zu § 83 Rdn. 80 und Abbildung 83.1). Auch im Falle einer Grenzänderung zur Regulierung einer schräg verlaufenden Grundstücksgrenze mit wechselsetigem Eigentumstausch der durch die Teilungslinie abgeschnittenen Grundstücksteilflächen

lässt sich durch eine Flächenbaulast ein eventuell entstehender Rechtsverstoß gegen das Gebot des § 6 Abs. 2 Satz 1 BauO NRW ausräumen.

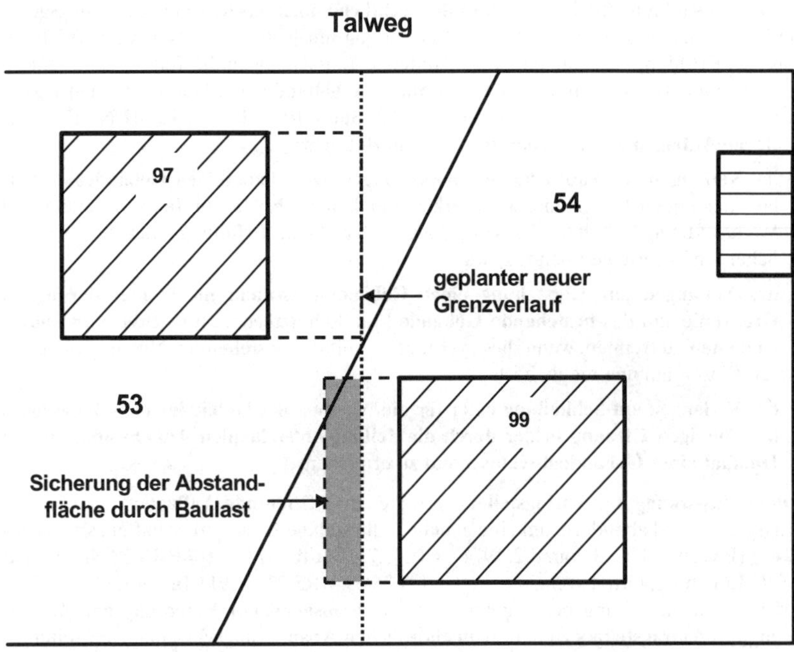


**Abbildung 8.2 Grenzänderungsfall** – durch Begradigung soll die schräg verlaufende Grenze zwischen den Grundstücken Talweg 97 und 99 unter Eintragung einer Abstandflächenbaulast korrigiert werden (s. Rdn. 25)

Die **Teilungsgenehmigung** ist wie die Baugenehmigung grundsätzlich **nicht nebenbestimmungsfeindlich**, da sie nur versagt werden darf, wenn die in § 8 Abs. 2 Satz 1 BauO NRW aufgeführten bauordnungswidrigen Verhältnisse unter Beachtung des **Verhältnismäßigkeitsgrundsatzes** durch Nebenbestimmungen nicht ausgeräumt werden können. Gleichwohl sind nicht alle in § 36 VwVfG. NRW. aufgeführten Nebenbestimmungen geeignet. Nach Eintragung der neuen Rechtsverhältnisse im Grundbuch kann die Teilung kaum noch rückgängig gemacht werden, zumal sich in der überwiegenden Zahl der Fälle die Eigentumsverhältnisse ändern. Aus der **Rechtsnatur der Teilungsgenehmigung** ergibt sich daher die **Unzulässigkeit von Befristungen** und **Widerrufsvorbehalten**. Da die Teilungsgenehmigung die Eintragungssperre im Liegenschaftskataster beseitigt, erweist sich auch die **Bedingung** als unzulässig, so dass nur die Auflage in Betracht kommt. Im Interesse des Grundstücksverkehrs muss nämlich zum Zeitpunkt der Genehmigung feststehen, dass Versagungstatbestände nicht vorliegen (so Große-Suchsdorf/Lindorf/Schmaltz/Wiechert, zu § 94 Rdn. 16). Bei den übrigen Nebenbestimmungen (einfache und modifizierende Auflagen) ist zu unterscheiden, ob sie **ohne** oder **mit Zustimmung des Antragstellers** zur Anwendung kommen sollen. 26

27 **Ohne Zustimmung des Antragstellers** muss die Teilungsgenehmigung **unter einfachen Auflagen** erteilt werden, wenn hierdurch Versagungsgründe ausgeräumt werden können und die verfügten einfachen Auflagen **selbständig durchsetzbar** sind. Diese Voraussetzungen sind nur gegeben, wenn **weder rechtliche noch tatsächliche Hinderungsgründe** bestehen. Aus § 36 Abs. 2 Nr. 4 in Verbindung mit § 36 Abs. 1 VwVfG. NRW. folgt, dass bei Erfüllung der vorstehend genannten Voraussetzungen die Teilung unter Auflagen genehmigt werden muss, da es sich um eine **gebundene Erlaubnis** handelt (OVG Lüneburg, Urteil vom 4. 10. 1984 – 6 A 131.82, BauR 1985, 285 = BRS 42 Nr. 178). Als **einfache Auflagen** kommen **beispielsweise** in Betracht:

– das **Verlangen auf Abbruch eines bereits ungenutzten baufälligen Gebäudes** im Verlauf der neuen Grenzlinie, wenn erkennbar keine Absicht zur Instandsetzung und Weiternutzung besteht und das Gebäude auch nicht zur Erfüllung bauordnungsrechtlicher Anforderungen benötigt wird,
– das **Verlangen auf Herstellung einer Gebäudetrennwand im Verlauf der neuen Grenzlinie**, um das **bestehende Gebäude** brandschutztechnisch in **zwei selbständige Einheiten** zu trennen, wenn dies im Einklang mit der bestehenden Nutzung ohne deren Einschränkung möglich ist,
– das **Verlangen auf Schließung einer für die Nutzung des Gebäudes nicht benötigten überflüssigen Öffnung in der durch die Teilung entstehenden Außenwand**, um die **Qualität einer Gebäudeabschlusswand** zu erreichen.

**Ohne Mitwirkung des Antragstellers** verfügte „**modifizierende Auflagen**“, die den Antragsgegenstand abändern, um eine genehmigungsfähige Lösung zu schaffen, sind **unzulässig** (BVerwG, Urteil vom 8. 2. 1974 – 4 C 73.73, BauR 1974, 261 = BRS 28 Nr. 111 und OVG Lüneburg, Urteil vom 20. 8. 1970 – I A 38/69, BRS 23 Nr. 91). In der täglichen Praxis hat sich die Übung herausgebildet, nach **vorausgehender Einholung der Zustimmung des Antragstellers** zu dem baubehördlichen Abänderungsvorschlag, die Teilungsgenehmigung zu erteilen. In diesem Falle kann davon ausgegangen werden, dass **durch die Mitwirkung des Antragstellers** nur der **Verfahrensablauf vereinfacht** wird, da ihm die **Einreichung geänderter Bauvorlagen erspart** wird. Dieses Vorgehen entspricht zwar nicht in allen Punkten den gesetzgeberischen Vorstellungen, der sich offensichtlich eine mit Entwurfsaufgaben befasste Bauaufsichtsbehörde nicht vorstellen kann, wird aber sowohl von den Antragstellern als auch den Vermessungsingenieuren begrüßt. Bei genauer Betrachtung handelt es sich bei dieser Vorgehensweise um eine **im Auftrag des Antragstellers baubehördlich vorgenommene Antragsänderung** und nicht um eine Nebenbestimmung.

28 Bei der **Teilung von seit langem bebauten Grundstücken** wird mitunter festzustellen sein, dass der **Bestand** sich als **nicht in Übereinstimmung mit den aktuellen bauordnungsrechtlichen Vorschriften** erweist. Diese bestehenden, den aktuellen bauordnungsrechtlichen Vorschriften zuwiderlaufenden Zustände stehen dann einer Teilungsgenehmigung nicht entgegen, wenn

– entweder die Teilungsabsicht den Rechtsverstoß **nicht berührt**
– oder die Teilungsabsicht den Rechtsverstoß **nicht verstärkt**.

Die Vorschrift will nämlich nur das Entstehen **teilungsbedingter** Verhältnisse unterbinden, die den bauordnungsrechtlichen Vorschriften zuwiderlaufen. Eine bestehende baurechtswidrige Bebauung wird infolge der Teilung nicht **zusätzlich** bauordnungswidrig.

Weist z.B. ein Gebäude zu einem Nachbargrundstück nur einen seitlichen Grenzabstand von 2,3 m auf, obwohl abstandrechtlich 3,5 m erforderlich wären, so steht das Abtrennen einer Parzelle bei Einhaltung der Abstandfläche des bestehenden Gebäudes zu der geplanten Teilungslinie nicht im Widerspruch zu § 8 Abs. 2 Satz 1 BauO NRW. Die Teilungsabsicht berührt diesen bestehenden Rechtsverstoß nämlich überhaupt nicht, weil der unzureichende Abstand des Gebäudes zum Nachbargrundstück hin sowohl vor als auch nach der Grundstücksteilung gleich bleibt und sich auf die geplante Teilungslinie und deren Abstand zum Gebäude nicht auswirkt, so dass der Teilungsantrag nicht wegen Verstoßes gegen die §§ 6 und 7 BauO NRW versagt werden kann.

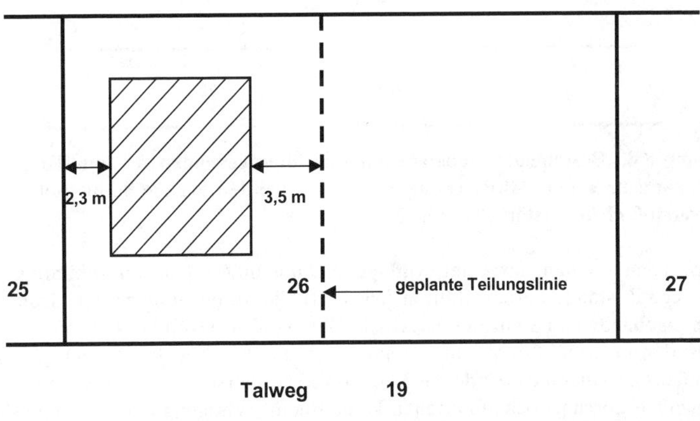


**Abbildung 8.3 Bestehendes Gebäude mit unzureichendem Grenzabstand** – bei Einhaltung der nach § 6 BauO NRW erforderlichen Abstandfläche zur geplanten neuen Grundstücksgrenze ist die Teilung zulässig, da diese selbst den **Rechtsverstoß nicht berührt** (s. Rdn. 28)

Entstehen die Rechtsverstöße erst durch den Teilungsvorgang selbst, so kann im Einzelfall eine **Abweichung** nach § 73 BauO NRW in Betracht kommen, z.B. wenn ein bereits gegebener Rechtsverstoß nicht wesentlich verstärkt wird. Dabei sind die nachbarlichen Belange in die Betrachtung einzubeziehen, denn auch die Teilungsgenehmigung darf nicht gegen **nachbarschützende Bestimmungen** verstoßen (vgl. die Anmerkungen zu § 74 Rdn. 59). Es kommt vor, dass Gebäude in älteren, bislang ungeteilten Siedlungen, die einer Wohnungsgesellschaft oder einem Betrieb (Werkswohnungen) gehören, untereinander die heute erforderlichen Abstände nicht einhalten. Im Zuge von Privatisierungen tritt bei der Bildung von Einzelgrundstücken das Problem auf, dass durch die Teilung die erforderlichen Abstände entgegen § 6 Abs. 2 Satz 1 BauO NRW nur teilweise auf dem eigenen Grundstück liegen. Dieser Verstoß ist nachrangig zu werten, da sich die Abstandflächen der Gebäude bereits entgegen § 6 Abs. 3 BauO NRW unzulässig überdecken. Gerade wegen des auch nach der Teilung gegebenen Verstoßes gegen das Überdeckungsverbot scheiden wechselseitige Flächenbaulasten nach § 6 Abs. 2 Satz 3 BauO NRW aus. Die Teilung verstärkt nicht den bestehenden Rechtsverstoß, denn sie vergrößert nicht den Widerspruch zu dem Gebot, Abstände zwischen den Gebäuden freizuhalten (so Große-Suchsdorf/Lindorf/Schmaltz/Wiechert, zu § 94 Rdn. 14). 29

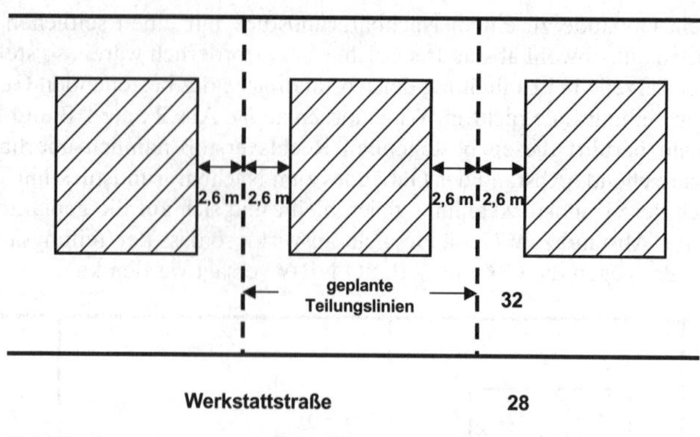


**Abbildung 8.4 Bestehende Gebäude mit sich überdeckenden Abstandflächen** – die Teilung kann über eine **Abweichung** zugelassen werden, da die Teilungsabsicht den **Rechtsverstoß nicht verstärkt** (s. Rdn. 29)

30 **Abweichungen** können **mit** einer **Auflage** verbunden werden, um zukünftig wieder rechtmäßige Zustände herbeizuführen. Wird z. B. die Vereinigung zweier Grundstücke mit **Nebengebäuden** im Sinne des § 6 Abs. 11 BauO NRW beantragt, so kann infolge des Fortfalls der mittigen Grenze die Summe der an den Nachbargrenzen des neuen Grundstücks zulässigen Gebäude das Maß von 15 m übersteigen. Für die Angrenzer ergeben sich hierdurch jedoch unmittelbar keine Beeinträchtigungen, da sie ohne Vereinigung der Grundstücke die vorhandene Länge der Grenzbebauungen hinzunehmen haben (je Grundstück 15 m). Durch Auflage kann zumindest für die Zukunft sichergestellt werden, dass bestehende Anlagen dem Bauordnungsrecht angepasst werden (OVG Lüneburg, Urteil vom 27. 10. 1983 – 6 A 72/82, BRS 40 Nr. 112).

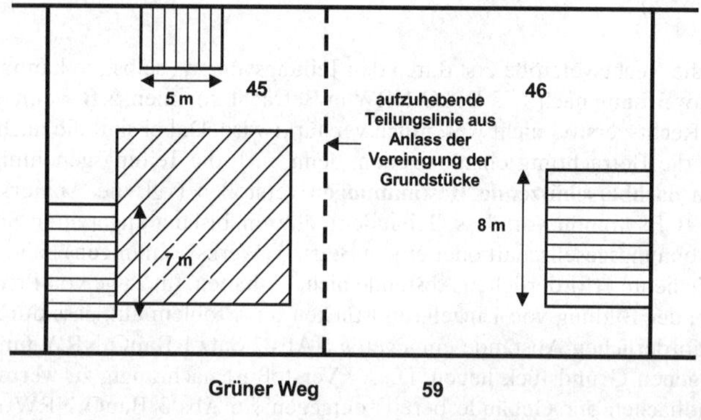


**Abbildung 8.5 Unzulässige Grenzbebauung nach Grundstücksvereinigung** – im Rahmen einer **Abweichung** kann durch **Auflage** sichergestellt werden, dass ein Nebengebäude in Zukunft beseitigt wird, um langfristig wieder rechtmäßige Zustände herbeizuführen (s. Rdn. 30)

Sofern die Bauaufsichtsbehörde **Rechtsverstöße in Bezug auf eine genehmigte, noch nicht realisierte Bebauung** feststellt, kann die Teilungsgenehmigung nicht versagt werden, da dieser Tatbestand keinen Versagungsgrund bildet. Die Bauaufsichtsbehörde sollte in einem solchen Fall den Antragsteller auf die drohenden Rechtsfolgen hinweisen (s. Rdn. 03), um ein aufwendiges repressives Einschreiten zu vermeiden. 31

Die Teilungsgenehmigung kann auch nicht versagt werden, wenn die Bauaufsichtsbehörde **sonstige Verstöße gegen öffentlich-rechtliche Vorschriften außerhalb des Bauordnungsrechts** feststellt, weil diese **nicht** zum materiell-rechtlichen Prüfprogramm gehören (s. Rdn. 22 und 23). Mitunter wird es vorkommen, dass die Bauaufsichtsbehörde **offensichtliche bauplanungsrechtliche Rechtsverstöße** feststellt, z. B. eine Überschreitung des zulässigen Maßes der baulichen Nutzung (s. auch Voß/Buntenbroich, Rdn. 865). Auch hier sollte sie den Antragsteller durch einen **Hinweis** in der Teilungsgenehmigung auf die drohenden Rechtsfolgen aufmerksam machen. Im zuvor beschriebenen Beispielsfall **kann** die Bauaufsichtsbehörde den Antragsteller darauf **hinweisen**, dass infolge des nicht einzuhaltenden Maßes der baulichen Nutzung auf dem abgeteilten Grundstück eine Bebauung nicht zulässig ist. Der Antragsteller hat es dann in der Hand, die anderen öffentlich-rechtlichen Vorschriften widersprechende Teilungsabsicht aufzugeben. 32

### 3.2 Bearbeitungsfrist

Nach § 8 Abs. 2 **Satz 2** BauO NRW hat die Bauaufsichtsbehörde innerhalb **eines Monats** über den Teilungsantrag zu entscheiden. Die Frist wird durch den Eingang des Antrages bei der Bauaufsichts**behörde** in Gang gesetzt, das ist die Gebietskörperschaft, der durch § 60 Abs. 1 BauO NRW die Aufgaben der unteren Bauaufsichtsbehörde zugewiesen sind. Es kommt **nicht** darauf an, ob der Teilungsantrag bei der entsprechenden Organisationseinheit der Gebietskörperschaft eingeht. Daher wird die Frist auch ausgelöst, wenn der Antrag z. B. bei einer Bezirksverwaltungsstelle einer kreisfreien Großstadt abgegeben wird. Die Gebietskörperschaft muss durch organisatorische Maßnahmen sicherstellen, dass der Antrag schnellstmöglich an die für die Prüfung zuständige Organisationseinheit weitergeleitet wird und keine Verzögerungen eintreten. Fehlt es hieran, muss sich die Gebietskörperschaft im Falle einer hierdurch eingetretenen Genehmigungsfiktion ein Organisationsverschulden zurechnen lassen. 33

Nach § 8 Abs. 2 **Satz 3** BauO NRW darf die Monatsfrist um **höchstens 2 Monate verlängert** werden, wenn die Prüfung des Antrags vor Ablauf der **Frist** nicht abgeschlossen werden kann. Eine Fristverlängerung ist nur zulässig, wenn hierfür **sachliche Gründe** vorliegen, z. B. ein Genehmigungshindernis durch Eintragung einer Baulast ausgeräumt werden soll und der Antragsteller hierbei durch Vorlage entsprechender Unterlagen mitwirken muss (s. Rdn. 24). Die Bauaufsichtsbehörde ist grundsätzlich zur Einhaltung der Regelfrist von einem Monat verpflichtet. Personelle Engpässe scheiden daher als Grund für eine Verlängerung der Frist aus. 34

Die Einhaltung der Bearbeitungsfrist von einem Monat wird auch deshalb regelmäßig möglich sein, weil eine **Beteiligung anderer Dienststellen und Behörden** infolge der Beschränkung der materiell-rechtlichen Prüfung auf die bauordnungsrechtlichen Aspekte **nicht erforderlich** ist. Für die Prüfung des Bauordnungsrechts ist die **Bauaufsichtsbehörde allein zuständig**. Wird ein Beteiligungsverfahren erforderlich, weil die Gebietskörperschaft die Prüfung von Teilungsanträgen einer Dienststelle übertragen hat, die 35 ansonsten keine bauaufsichtlichen Aufgaben wahrnimmt, liegt im Hinblick auf die Fristsetzung des § 8 BauO NRW eine **unzweckmäßige Organisation** vor, die ebenfalls keine Fristverlängerung rechtfertigt.

36 Eine **Fristverlängerung** darf **nicht „vorsorglich“** erfolgen, sondern nur, wenn sachliche Hinderungsgründe einer ordnungsgemäßen Bearbeitung des Teilungsantrages entgegenstehen. Bei der Verlängerung der Frist ist der im Einzelfall erforderliche Zeitbedarf abzuschätzen, so dass auch eine „generelle“ Verlängerung um zwei Monate ausscheidet. Wie sich aus dem klaren Wortlaut des Gesetzes ergibt, darf die Frist nämlich nur „**höchstens**“ um zwei Monate verlängert werden. Die Bauaufsichtsbehörde ist daher verpflichtet, nur den Verlängerungszeitraum anzusetzen, der nach der Einschätzung des weiteren Bearbeitungsablaufs als unabdingbar erscheint. Wird z. B. am Ende der Regelfrist kurz vor der Bescheidung festgestellt, dass noch eine Ortsbesichtigung vorgenommen werden muss, so genügt eine Fristverlängerung um ein oder zwei Wochen.

37 Die Verlängerung ist dem Antragsteller vor Ablauf der Regelfrist durch **Zwischenbescheid** mitzuteilen. Der schon aus Gründen der Rechtsklarheit **schriftlich** zu erlassende Bescheid muss mindestens das **Eingangsdatum des Teilungsantrags** bei der Bauaufsichtsbehörde (s. Rdn. 33) und die **Dauer der Fristverlängerung** erkennen lassen. Wenn auch dem Antragsteller zugemutet werden kann, den Fristablauf aus einer verfügten Verlängerung selbst zu ermitteln (s. Rdn. 39), sollte ebenfalls aus Gründen der Rechtsklarheit ein **Enddatum** angegeben sein. Eine **Begründung** schreibt § 8 BauO NRW nicht vor, gleichwohl eine solche **zu empfehlen** ist, um das Verwaltungshandeln gegenüber dem Antragsteller transparent zu machen und **Verständnis** für die getroffene Entscheidung zu wecken.

38 Der Zwischenbescheid, der auch wiederholt bis zur vollständigen Ausschöpfung der Verlängerungsfrist von höchstens zwei Monaten ergehen kann, ist ein **nicht selbständig anfechtbarer Verwaltungsakt**. Hat die Bauaufsichtsbehörde die **Frist unzulässig verlängert**, kann der Antragsteller nachträglich eine verwaltungsgerichtliche Überprüfung im Wege der Feststellungsklage erwirken, um gegebenenfalls daran anschließend einen **Amtshaftungsanspruch** aus Art. 34 GG i. V. m. § 839 BGB vor den Zivilgerichten geltend zu machen (s. Rdn. 22).

39 Die **Fristberechnung** richtet sich nach den **Vorschriften des BGB**. Gemäß § 188 Abs. 2 BGB endet die Regelfrist mit Ablauf des Tages des Folgemonats, der dem Tag des Eingangsmonats zahlenmäßig entspricht. Ging der Teilungsantrag z. B. am 5. März ein, endet die Frist am 5. April. Fällt der Eingang auf den 31. Tag eines Monats und ist der Folgemonat kürzer, so endet die Frist am 30. des Folgemonats bzw. am 28. oder (bei Schaltjahren) am 29. Februar. Ist das Fristende ein Sonntag oder ein gesetzlicher Feiertag, verlängert sich die Frist gemäß § 193 BGB auf den folgenden Werktag. Arbeitsfreie Tage der Bauaufsichtsbehörde, die keine gesetzlichen Feiertage sind, wie z. B. Heiligabend, Silvester oder Rosenmontag, dürfen nicht fristverlängernd angesetzt werden. Diese Berechnungsmethode gilt entsprechend für verfügte Fristverlängerungen.

40 Der **Antragsteller kann** auf die Einhaltung der Frist **verzichten** (VGH B-W, Urteil vom 17. 9. 1986 – 3 S 2277/85, BauR 1986, 678 = BRS 46 Nr. 94). Dies ist dann von Bedeutung, wenn die Teilungsgenehmigung von der Eintragung einer Baulast abhängig ist und hierüber zwischen den Beteiligten und der Bauaufsichtsbehörde grundsätzlich Einvernehmen besteht, aber der Eintragungsvorgang nicht abgeschlossen werden kann, weil z. B. noch die Fertigstellung eines Lageplans abgewartet werden muss.

41 Nach § 8 Abs. 2 **Satz 4** BauO NRW gilt die Genehmigung als erteilt, wenn sie nicht innerhalb der – gegebenenfalls zuvor ordnungsgemäß verlängerten – Frist versagt wird. Es handelt sich hierbei um eine „**fingierte Teilungsgenehmigung**", wie sie auch § 19 Abs. 3 Satz 5 BauGB 1997 vorsah. Die Fiktion tritt nur ein, wenn dem Antragsteller bis zum Fristablauf kein Versagungsbescheid zugegangen ist. Maßgebend für ein Wirksamwerden des Versagungsbescheides ist der **Zugang beim Antragsteller** und nicht das Absendedatum der Bauaufsichtsbehörde (BVerwG, Urteil vom 6. 5. 1970 – 4 B 28.68, BRS 23 Nr. 90). Die fingierte Teilungsgenehmigung beseitigt – ebenso wie die von der Bauaufsichtsbehörde ordnungsgemäß erteilte Teilungsgenehmigung – die Übernahmesperre der Teilung in das Liegenschaftskataster.

42 Die **Rechtsfolgen aus der Fristüberschreitung** treten **nur bei wirksamer Antragstellung** ein. Eine **wirksame** Antragstellung liegt nur dann vor, wenn für den Antrag der gemäß § 1 Abs. 3 BauPrüfVO in Verbindung mit Nr. 1.31 VV BauO NRW amtlich eingeführte Antragsvordruck verwendet und dieser von einer antragsberechtigten Person unterschrieben wurde und die nach **§ 17 BauPrüfVO** vorgeschriebenen **Bauvorlagen** dem Antrag beiliegen (zur Verbindlichkeit der VV BauO NRW bezüglich des zu verwendenden Antragsvordrucks s. die Anmerkungen zu § 69 Rdn. 47).

## 4 Zu Absatz 3 – Eintragungssperre in das Liegenschaftskataster

43 Die in § 8 Absatz 3 Satz 1 BauO NRW enthaltene Regelung, wonach vor der Genehmigung eine Teilung nicht in das Liegenschaftskataster übernommen werden darf, dient der **Durchsetzung des Genehmigungsvorbehalts**. Wegen der fehlenden Gesetzeskompetenz der Länder für das Grundbuchrecht konnte der Landesgesetzgeber nur eine Sperre der Eintragung in das Liegenschaftskataster bestimmen. Damit ist aber gleichzeitig auch die Eintragung in das Grundbuch verhindert (§ 2 Abs. 3 GBO).

44 Für die Beseitigung der Eintragungssperre in das Liegenschaftskataster sieht § 8 BauO NRW – neben der Teilungsgenehmigung – eine besondere Bescheidart vor, die dem Vorbild des § 20 Abs. 2 BauGB 1997 nachgebildet ist. Tritt nämlich der Fall ein, dass eine Teilungsgenehmigung nicht erforderlich ist oder wegen Ablaufs der Bearbeitungsfrist als erteilt gilt, gerät der Antragsteller in **Beweisnot**, gegenüber dem Liegenschaftskataster das Vorliegen dieser Voraussetzungen nachweisen zu können. Aus diesem Grund ist die Bauaufsichtsbehörde nach § 8 Abs. 3 Satz 2 Halbsatz 1 BauO NRW verpflichtet, auf Antrag ein entsprechendes **Zeugnis** darüber auszustellen,

- dass die Teilung keiner Genehmigung bedarf (**Negativattest**) oder
- dass die Genehmigung als erteilt gilt (**Fiktionsattest**).

45 Das **Negativ-** bzw. **Fiktionsattest** ist ein **feststellender Verwaltungsakt** (BVerwG, Urteil vom 28. 2. 1975 – IV C 77.74, BRS 29 Nr. 17), der die Feststellung beinhaltet, dass kein Genehmigungserfordernis bestanden hat bzw. die Genehmigungsfiktion eingetreten ist. Für **Form, Bestimmtheit und Begründung** sind die §§ 37 und 39 VwVfG. NRW., hinsichtlich der **Rechtsbehelfsbelehrung** ist § 58 VwGO zu beachten. Nach Erteilung des Negativ- bzw. Fiktionsattests kann sich die Bauaufsichtsbehörde nicht mehr darauf berufen, es habe in Wahrheit ein genehmigungsbedürftiger Teilungsvorgang vorgelegen bzw. es sei die Genehmigungsfiktion nicht eingetreten (BVerwG, Urteil vom 12. 11. 1971 – IV C 53.69, BauR 1972, 146 = BRS 24 Nr. 94 und Beschluss vom 20. 11. 1973 – IV B 156.73, BauR 1974, 43 = BRS 27 Nr. 85).

### 5 Zu Absatz 4 – Teilungsantrag und Bauvorlagen

46 Aus der Verweisung in § 8 Abs. 4 auf § 69 Abs. 1 BauO NRW ergibt sich unmissverständlich, dass für eine Teilungsgenehmigung ein **schriftlicher Antrag mit allen für die Bearbeitung sowie für die Beurteilung der Teilungsabsicht erforderlichen Unterlagen** (**Bauvorlagen**) erforderlich ist. Die Ermächtigung des § 85 Abs. 3 BauO NRW zum Erlass von Vorschriften zum bauaufsichtlichen Verfahren deckt aufgrund des Verweises in § 8 Abs. 4 BauO NRW auch solche zum Teilungsgenehmigungsverfahren ab. Von der Ermächtigung hat die oberste Bauaufsichtsbehörde mit der BauPrüfVO und dort insbesondere mit den §§ **1** und **17 BauPrüfVO** Gebrauch gemacht. In Ausfüllung der wiederum in § 1 Abs. 3 BauPrüfVO enthaltenen Ermächtigung wurde von der obersten Bauaufsichtsbehörde mit der **Anlage I/5 zur VV BauPrüfVO** ein **Antragsvordruck** eingeführt (zur verbindlichen Wirkung s. die Anmerkungen zu § 69 Rdn. 47).

47 Der Antragsvordruck sieht Angaben zum Antragsteller, zum Grundstückseigentümer und zum Bevollmächtigten vor und verlangt, dass diese den Antrag auch unterschreiben. Sind mehrere Personen Grundstückseigentümer, müssen alle Miteigentümer die Teilungsabsicht erklären (BayVGH, Urteil vom 17. 3. 1992 – 2 B 90.2434, BRS 54 Nr. 79). **Antragsberechtigt** ist **regelmäßig nur der Grundstückseigentümer** (BVerwG, Urteil vom 28. 2. 1975 – IV C 77.74, BauR 1975, 399 = BRS 29 Nr. 71). Dies ergibt sich schon aus der Begriffsbestimmung der Teilung (s. Rdn. 14). Eine **Ausnahme** gilt für den **Käufer** eines abzutrennenden Grundstücksteils (Teilungskauf), wenn die Teilungserklärung des Eigentümers im Kaufvertrag enthalten ist (BVerwG, Urteil vom 7. 10. 1977 – IV C 69.75, BRS 32 Nr. 93). Vielfach wird die Teilung im Auftrag und unter Beifügung der Vollmacht vom Notar oder einem Vermessungsingenieur beantragt.

48 Die von den **Notaren** vorgelegten Teilungsanträge enthalten regelmäßig die ausdrückliche **Bevollmächtigung des Notars** zur Antragstellung in der **Vertragsurkunde**. Die Antragsbefugnis des Notars ergibt sich aber auch ohne eine derartige Regelung direkt aus **§ 15 GBO**.

49 Beantragen **Vermessungsingenieure** oder **Entwurfsverfasser** die Teilung, haben sie ihre **Bevollmächtigung auf Verlangen** der Bauaufsichtsbehörde gemäß § 14 Abs. 1 Satz 2 VwVfG. NRW. **nachzuweisen**, sofern nicht der Grundstückseigentümer den Antragsvordruck mit unterzeichnet hat. Im **Zweifelsfall**, z. B. wenn die Bauaufsichtsbehörde über einen bevorstehenden Eigentumswechsel informiert wurde, kann die Bauaufsichtsbehörde als Eigentumsnachweis die **Vorlage eines aktuellen Grundbuchauszugs** verlangen. Sie muss dann aber beachten, dass die Bearbeitungsfrist des § 8 Abs. 2 Satz 2 BauO NRW auch anläuft, wenn die Bevollmächtigungsnachweise dem Antrag nicht beiliegen (BVerwG, Beschluss vom 9. 5. 1979 – 4 B 93.79, BRS 35 Nr. 89).

50 Im Hinblick auf die dem **Teilungsrecht eigentümlichen Rechtsfolgen** hat die **Rechtsprechung** trotz des Fehlens näherer bundesrechtlicher Vorgaben über Antragsform und Antragsinhalt **Kriterien für eine korrekte Antragstellung** zur früheren bauplanungsrechtlichen Teilungsgenehmigung herausgearbeitet. Danach galt bereits bislang:

- der **Antrag** bedarf der **Schriftform** (BVerwG, Urteil vom 16. 4. 1971 – IV C 2.69, BauR 1971, 246 = BRS 24 Nr. 90),
- auch **Antragsergänzungen** und **-änderungen** bedürfen der **Schriftform**, sind also mündlich unzulässig (BVerwG, Beschluss vom 30. 4. 1968 – IV B 86.67, BRS 20 Nr. 80),

- die **Teilungsabsicht** muss **stets eindeutig** sein, so dass – anders als im Vorbescheidsverfahren – **keine Teilungsvarianten** zur Disposition gestellt werden können (BVerwG, Beschluss vom 28.5.1984 – 4 B 68.84, BRS 42 Nr. 103),
- die **Unterlagen** müssen **vollständig** und einer **sofortigen Prüfung zugänglich** sein (BVerwG, Urteil vom 6.4.1979 – 4 C 76.76, BauR 1979, 310 = BRS 35 Nr. 86),
- das **vorgelegte Kartenmaterial** muss **sichere Feststellungen** zur **Breite** und **Tiefe** des Grundstücks zulassen und die **geplante Grenze deutlich kennzeichnen** (BVerwG, Urteil vom 11.3.1977 – IV C 45.75, BauR 1977, 241 = BRS 32 Nr. 1),

Welche **Bauvorlagen im Einzelnen** einem Teilungsantrag beizufügen sind, regelt § 17 51
BauPrüfVO unter Berücksichtigung der vorgenannten **Rechtsprechung** und der **bauordnungsrechtlichen Besonderheiten**. Da es sich um die Teilung eines bebauten Grundstücks handelt, sind dem Antrag gemäß § 17 **Satz 1** BauPrüfVO beizufügen:

1. ein **amtlicher Lageplan** nach § 3 BauPrüfVO, der entweder von einem Katasteramt oder von einem Öffentlich bestellten Vermessungsingenieur angefertigt sein muss,
2. soweit zur Beurteilung der Teilungsabsicht erforderlich, **Bauzeichnungen** nach § 4 BauPrüfVO der vorhandenen baulichen Anlagen auf dem zu teilenden Grundstück.

Nach § 17 **Satz 2** BauPrüfVO gilt § 10 Abs. 1 Satz 3 BauPrüfVO sinngemäß, der die Bauaufsichtsbehörde ermächtigt, die Einreichung weiterer zu Ausfertigungen verlangen, z. B. wenn der Antrag nur zweifach vorgelegt wurde, jedoch **Mehrausfertigungen** des Genehmigungsbescheids für das Grundbuchamt oder das Katasteramt erbeten sind.

Der amtliche Lageplan, der im Maßstab nicht kleiner als 1 : 500 auf der Grundlage 52
eines Auszugs aus der Liegenschaftskarte/Flurkarte zu erstellen ist, muss mindestens folgende **teilungsspezifische Angaben** und **Darstellungen** enthalten:

- seinen Maßstab und die Lage des bebauten Grundstücks zur Nordrichtung,
- die Bezeichnung des bebauten Grundstücks und der benachbarten Grundstücke nach Straße, Hausnummer, Grundbuch und Liegenschaftskataster sowie die Angabe der Eigentümer des zu teilenden bebauten Grundstücks,
- Flächen auf dem bebauten Grundstück, die von Baulasten betroffen sind, sowie Flächen auf den angrenzenden Grundstücken, die von Baulasten zugunsten des zu teilenden bebauten Grundstücks betroffen sind,
- die rechtmäßigen Grenzen des zu teilenden bebauten Grundstücks,
- die vorhandenen baulichen Anlagen mit den Grenzabständen, Abstandflächen und Abständen auf dem zu teilenden bebauten Grundstück,
- die **farblich unterlegte neue Grenze** (Teilungslinie).

Für die **Darstellung der Teilungslinie** im Lageplan enthält **Nr. 1.13** der **Anlage** zur BauPrüfVO ein **Planzeichen**. Danach darf die **geplante** Grundstücksgrenze nur als

**rote Linie** ————————

dargestellt werden. Hierdurch soll erreicht werden, dass sich die geplante Grenze von den übrigen Darstellungen des Lageplans und insbesondere von den einzutragenden rechtmäßigen Grenzen des zu teilenden Grundstücks deutlich abhebt und somit für die Bauaufsichtsbehörde sofort erkennbar ist.

53 Ob dem Teilungsantrag **Bauzeichnungen** einer auf dem Grundstück befindlichen baulichen Anlage beizufügen sind, richtet sich nach den **Umständen des Einzelfalls**. Ein solches Erfordernis ist nur gegeben, soweit die Bauzeichnungen zur Beurteilung des Teilungsantrags benötigt werden. Dies kann insbesondere der Fall sein, wenn die geplante Grundstücksgrenze entlang einer Gebäudeaußenwand geführt werden soll und die Bauaufsichtsbehörde deshalb die Beschaffenheit dieser Wand prüfen muss.

54 Wenn § 8 Abs. 4 BauO NRW auf § 69 Abs. 1 BauO NRW und damit auch auf dessen Satz 2 verweist, so ist gleichwohl kaum ein Fall denkbar, bei dem das **Nachreichen von Unterlagen** gestattet werden kann, da bei Fehlen einer der in § 17 BauPrüfVO geforderten Bauvorlagen eine Bearbeitung des Antrags regelmäßig nicht möglich sein wird. Aus der Verweisung in § 8 Abs. 4 BauO NRW auf § 72 Abs. 1 Satz 2 BauO NRW ergibt sich, dass ein Antrag auf Genehmigung einer Grundstücksteilung **zurückgewiesen** werden **soll**, also im Regelfall zurückgewiesen werden muss, wenn er **unvollständig** ist oder **erhebliche Mängel** aufweist (s. die Anmerkungen zu § 72 Rdn. 61–73).

### 6. Geltungsdauer, Bindungswirkung, Gebühren

55 Die **Geltungsdauer** der Teilungsgenehmigung ist anders als die der Baugenehmigung **nicht begrenzt** (ebenso Boeddinghaus/Hahn/Schulte, BauO NRW, zu § 8 Rdn. 21). Die einmal erteilte Teilungsgenehmigung verliert also – anders als die Baugenehmigung oder der Vorbescheid – nicht nach Ablauf einer bestimmten Zeitdauer ihre Gültigkeit. Da sich die Teilungsgenehmigung aber auf einen zum Zeitpunkt ihrer Erteilung bestehenden **Bebauungszustand** bezieht, muss dieser **unverändert erhalten bleiben**. Nutzt ein Grundstückseigentümer die ihm erteilte Teilungsgenehmigung nicht aus, realisiert aber in der Folge weitere bauliche Anlagen (dies können auch freigestellte Gebäude sein) auf dem zu teilenden Grundstück, so bedarf er einer neuen Teilungsgenehmigung. Insoweit ist die Rechtslage mit der vergleichbar, die für die Einschränkung des Genehmigungserfordernisses ausschlaggebend war (s. vorausgehende Rdn. 03).

56 Mangels einer entsprechenden Regelung ist mit der Teilungsgenehmigung **keine Bindungswirkung** hinsichtlich der Baugenehmigung für ein noch zu errichtendes Vorhaben auf einem abgeteilten Grundstück verbunden. Die Bauaufsichtsbehörde ist aber **an die Beurteilung gebunden**, dass durch die Teilung **keine bauordnungswidrigen Zustände** eintreten, und kann nicht nach der Erteilung der Teilungsgenehmigung nunmehr den Abbruch einer baulichen Anlage verlangen oder deren weitere Nutzung untersagen, weil sie bei einer erneuten Beurteilung zu einem gegenteiligen Ergebnis gelangt (vgl. Große-Suchsdorf/Lindorf/Schmaltz/Wiechert, zu § 94 Rdn. 23). Insofern tritt eine **Bindung in Bezug auf ein späteres ordnungsbehördliches Einschreiten** nach § 61 BauO NRW ein. Die Teilungsgenehmigung kann jedoch wie die Baugenehmigung oder der Vorbescheid unter den Voraussetzungen der §§ 48 und 49 VwVfG. NRW. zurückgenommen oder widerrufen werden (s. hierzu die Anmerkungen zu § 75 Rdn. 32 und 33).

57 Für die Erteilung einer Teilungsgenehmigung oder eines Zeugnisses nach § 8 BauO NRW erheben die Bauaufsichtsbehörden **Verwaltungsgebühren** nach Maßgabe der **Tarifstelle 2.5.1** des **Allgemeinen Gebührentarifs** zur **AVerwGebO NRW**. Nach Tarifstelle 2.5.1 beträgt die Gebühr für die Teilungsgenehmigung je gebildetes bebautes Grundstück zwischen 50 und 250 Euro. Dieser Gebührenrahmen stellt auf den **Umfang der baurechtlichen Prüfung** ab. Nach Tarifstelle 2.5.2 kann für die Erteilung eines Zeugnisses lediglich eine Gebühr von 50 Euro erhoben werden.

## § 9
## Nicht überbaute Flächen, Spielflächen, Geländeoberfläche

**(1) [1]Die nicht überbauten Flächen der bebauten Grundstücke sind wasseraufnahmefähig zu belassen oder herzustellen, zu begrünen, zu bepflanzen und so zu unterhalten, soweit sie nicht für eine andere zulässige Verwendung benötigt werden. [2]Werden diese Flächen als Zugänge, Zufahrten, Flächen für die Feuerwehr (§ 5), Stellplätze, Abstellplätze, Lagerplätze oder als Arbeitsfläche benötigt, so kann auch deren Wasseraufnahmefähigkeit, Begrünung und Bepflanzung verlangt werden, soweit es Art und Größe dieser Anlagen zulassen. [3]Ist eine Begrünung oder Bepflanzung der Grundstücke nicht oder nur sehr eingeschränkt möglich, so sind die baulichen Anlagen zu begrünen, soweit ihre Bauweise und Gestaltung es zulassen und die Maßnahme für die Bauherrin oder den Bauherrn wirtschaftlich zumutbar ist. [4]Anforderungen nach den Sätzen 1 und 2 gelten auch für vorhandene befestigte Flächen mit mehr als 5000 m², soweit ihre Erfüllung für die Verpflichteten wirtschaftlich zumutbar ist. [5]Die wirtschaftliche Unzumutbarkeit wird in den in den Sätzen 3 und 4 geregelten Fällen, soweit sie nicht offensichtlich ist, nur berücksichtigt, wenn diese von Bauherrin, Bauherr oder Verpflichteten dargelegt wird.**

**(2) [1]Ein Gebäude mit Wohnungen darf nur errichtet werden, wenn eine ausreichende Spielfläche für Kleinkinder auf dem Grundstück bereitgestellt wird. [2]Die Bereitstellung auf dem Grundstück ist nicht erforderlich, wenn in unmittelbarer Nähe**

**a) eine solche Spielfläche auf einem anderen Grundstück geschaffen wird oder vorhanden ist und sie sowie ihre Unterhaltung öffentlich-rechtlich gesichert ist,**

**b) eine Gemeinschaftsanlage nach § 11 oder**

**c) ein geeigneter öffentlicher Spielplatz geschaffen wird oder vorhanden ist.**

**[3]Die Größe der Spielfläche richtet sich nach Zahl und Art der Wohnungen auf dem Grundstück. [4]Auf ihre Bereitstellung kann verzichtet werden, wenn die Art und Lage der Wohnungen dies nicht erfordern. [5]Bei bestehenden Gebäuden nach Satz 1 kann die Bereitstellung von Spielflächen für Kleinkinder verlangt werden, wenn dies die Gesundheit und der Schutz der Kinder erfordern.**

**(3) Bei der Errichtung oder Änderung baulicher Anlagen kann verlangt werden, dass die Geländeoberfläche erhalten oder verändert wird, um eine Störung des Straßen-, Orts- und Landschaftsbildes zu vermeiden oder zu beseitigen oder um die Geländeoberfläche der Höhe der Verkehrsflächen oder der Nachbargrundstücke anzugleichen.**

***VV BauO NRW*** *(infolge Befristung mit Ablauf des 31.12.2005 ausgelaufen)*

***9 Nichtüberbaute Flächen, Kinderspielflächen, Geländeoberfläche (§ 9)***

*9.1 Zu Absatz 1*

*9.12 „Bepflanzung" ist ein Unterfall des weiteren Begriffs „Begrünung". Die Begrünung umfasst nicht nur das Setzen von Pflanzen, sondern auch die Aussaat bzw. das Bedecken einer gebauten Fläche (z. B. einer Fassade) durch Pflanzenwuchs.*

*9.13 Die Pflicht, eine bauliche Anlage zu begrünen, ist bei Gebäuden erfüllt, wenn entweder das Dach oder mindestens eine Außenwand begrünt wurde. Die Bauherrin oder der Bauherr hat darzulegen, dass Bauweise oder Gestaltung der baulichen Anlage eine Begrünung nicht zulassen.*

9.14 *Befestigte Flächen von mehr als 5000 m² sind als begrünt bzw. bepflanzt anzusehen, wenn sie zu mindestens 10 v. H. wasseraufnahmefähig hergestellt und mit Bewuchs versehen wurden oder wenn sich auf ihnen je angefangene 1 000 m² mindestens ein Baum oder drei Sträucher befinden.*

9.15 *Maßstab des für den Betroffenen wirtschaftlich Zumutbaren ist die durch die gesetzliche Verpflichtung eintretende Veränderung seiner wirtschaftlichen Verhältnisse, gemessen an seiner gesamten wirtschaftlichen Lage und seinen wirtschaftlichen Interessen. Wenn keine Anhaltspunkte für eine andere Berechnung vorliegen, sind für Dachbegrünungen mit selbstklimmenden Pflanzen durchschnittliche Kosten von 50 DM/m², für Fassadenbegrünung mit an Gerüsten kletternden Pflanzen 200 DM/m² zugrunde zu legen.*

- *Es ist davon auszugehen, dass die Begrünung einer baulichen Anlage dann offensichtlich wirtschaftlich unzumutbar ist, wenn*
- *bei der Errichtung oder Änderung einer baulichen Anlage die Kosten ihrer Begrünung voraussichtlich 10 v. H. der Kosten der Baumaßnahme übersteigen,*
- *bei der nachträglichen Begrünung befestigter Flächen durch die erforderliche Entsiegelung zusätzliche Kosten entstehen, die um mehr als 20 v. H. über den für die Begrünung anzusetzenden Kosten liegen.*

*Wird lediglich die Nutzung einer baulichen Anlage geändert, so muss die bauliche Anlage nicht begrünt werden, wenn von der Bauherrin oder dem Bauherrn vorgetragen wird, dass die Begrünung wirtschaftlich unzumutbar sei.*

9.2 *Zu Absatz 2*

9.21 *Kleinkinder sind Kinder im Vorschulalter. Die Spielflächen sind gegen Anlagen, von denen Gefahren ausgehen können, insbesondere gegen Verkehrsflächen, Kfz-Stellplätze und Standplätze für Abfallbehälter abzugrenzen. Auf die Einhaltung örtlicher Bauvorschriften über die Lage, Größe, Beschaffenheit, Ausstattung und Unterhaltung von Kinderspielflächen gemäß § 86 Abs. 1 Nr. 3 ist zu achten.*

9.22 *Ist die Bereitstellung einer Spielfläche für Kleinkinder auf dem Baugrundstück nicht erforderlich, weil einer der in Satz 2 Buchstabe a, b oder c genannten Tatbestände vorliegt, ist mit dem Bauantrag ein entsprechender Nachweis zu führen. Das gilt auch, wenn nach Satz 4 auf die Bereitstellung verzichtet werden soll.*

*Spielplätze nach Satz 2 Buchstabe c brauchen nicht im Ganzen, sondern können auch nur in einem Teil den Anforderungen an Spielflächen für Kleinkinder entsprechen.*

## **Anmerkungen** (Autor: Heintz)

**Übersicht**

| | | Rdn. |
|---|---|---|
| 0 | Änderungen gegenüber der BauO NW 1984 und der BauO NW 1995 | 01–02 |
| 1 | Allgemeines | 1– 2 |
| 2 | Zu Absatz 1 – Beschaffenheit nicht überbauter Flächen | 3– 4 |
| 2.1 | Zu Absatz 1 Satz 1 – Nicht überbaute Flächen bebauter Grundstücke | 5–10 |
| 2.1.1 | Wasseraufnahmefähigkeit | 11–13 |
| 2.1.2 | Begrünung | 14–16 |

| | | |
|---|---|---|
| 2.1.3 | Bepflanzung | 17–25 |
| 2.1.4 | Darstellungen im Lageplan | 26–28 |
| 2.2 | Zu Absatz 1 Satz 2 – Anforderungen an befestigte Flächen | 29–32 |
| 2.3 | Zu Absatz 1 Satz 3 – Ersatzbegrünungsmaßnahmen | 33–36 |
| 2.4 | Zu Absatz 1 Satz 4 – Entsiegelungsgebot für befestigte Flächen | 37–39 |
| 2.5 | Zu Absatz 1 Satz 5 – Darlegungspflicht des Verpflichteten | 40–41 |
| 3 | Zu Absatz 2 – Kinderspielflächen | 42–44 |
| 3.1 | Zu Absatz 2 Satz 1 – Entstehung der Verpflichtung | 45–50 |
| 3.2 | Zu Absatz 2 Satz 2 – Ersatzlösungen | 51–56 |
| 3.3 | Zu Absatz 2 Satz 3 – Größe, Anordnung, Lage, Ausstattung | 57–63 |
| 3.4 | Zu Absatz 2 Satz 4 – Verzicht auf Bereitstellung | 64–66 |
| 3.5 | Zu Absatz 2 Satz 5 – Nachträgliche Bereitstellung | 67–70 |
| 4 | Zu Absatz 3 – Erhaltung oder Veränderung der Geländeoberfläche | 71–73 |
| 4.1 | Verfahrensrechtliche Behandlung | 74–78 |
| 4.2 | Materielle Voraussetzungen | 79–83 |


## 0 Änderungen gegenüber der BauO NW 1984 und der BauO NW 1995

Die **BauO NW 1995** hat § 9 BauO NW 1984 mit Ergänzungen übernommen. Die Überschrift berücksichtigt seit 1995 auch Absatz 3 (Geländeoberfläche). **01**

**Absatz 1** wurde um **ökologische Aspekte** ergänzt. Die Ergänzung wurde **flankiert** von **§ 51 a LWG**, der verlangt, das Niederschlagswasser ortsnah zu beseitigen.

**Absatz 2** erweiterte die Verpflichtung zur **Bereitstellung von Kinderspielflächen**. bereits bei Gebäuden mit mehr als einer Wohnung. Der Praxis folgend, wurde die **Baulastsicherung** von Kinderspielflächen auf Fremdgrundstück ausdrücklich geregelt.

In **Absatz 3** wurde der Begriff „Oberfläche des Grundstücks" an die Legaldefinition der „**Geländeoberfläche**" in § 2 Abs. 4 BauO NW 1995 angepasst.

Die **BauO NRW 2000** hat **Absatz 1 neu gefasst**, die Absätze 2 und 3 aber unverändert übernommen. Im Einzelnen ergeben sich in Absatz 1 folgende Änderungen: **02**

- In **Satz 1** wurden die Worte **„zu bepflanzen"** eingefügt (s. LT-Drucks. 12/4394 S. 69 Nr. 9), wodurch die **Streichung des zweiten Halbsatzes** mit der Ermächtigung, die Bepflanzung mit Bäumen und Sträuchern sowie deren Erhaltung verlangen zu können, verständlich wird. Der Gesetzgeber wollte möglichst auf Ermessensentscheidungen verzichten und die Umsetzung ökologischer Anforderungen verbessern (vgl. die Amtliche Begründung in LT-Drucks. 12/3738 S. 67 f. Nr. 3 Buchstabe c).
- In **Satz 2** wurde durch Aufnahme des Wortes **„Zugänge"** klargestellt, dass die Anforderungen an die Wasseraufnahmefähigkeit, Begrünung und Bepflanzung der Flächen nicht nur Feuerwehrzufahrten nach § 5 BauO NRW erfassen.
- In **Satz 3** wurde die **Ermächtigung** der Bauaufsichtsbehörde, eine Begrünung baulicher Anlagen verlangen zu können, wenn die Begrünung oder Bepflanzung der Grundstücke nicht möglich ist, **in eine gesetzliche Forderung umgewandelt**.
- **Satz 4**, der vorhandene befestigte Flächen mit mehr als 5000 m² erfasst, wurde von einem **Ermächtigungstatbestand in eine gesetzliche Forderung umgewandelt**.
- **Satz 5** wurde **neu angefügt**. Danach trifft den **Bauherrn** eine **Darlegungspflicht** bezüglich der **wirtschaftlichen Unzumutbarkeit**.

## 1 Allgemeines

1 Der Anwendungsbereich der BauO NRW erfasst neben den baulichen Anlagen auch **Grundstücke**, an die das Bauordnungsrecht Anforderungen stellt (s. d. Anmerkungen zu § 1 Rdn. 27 ff.). Die Vorschriften des § 9 BauO NRW betreffen unmittelbar die Grundstücks**oberfläche**, und zwar hinsichtlich ihrer **wasseraufnahmefähigen Belassung** oder **Herstellung**, ihrer **Begrünung** und **Bepflanzung** (Absatz 1), ihrer **Ausstattung mit Kinderspielflächen** (Absatz 2) sowie der **Erhaltung oder Veränderung der Geländeoberfläche** (Absatz 3), und gehen im Kern zurück auf § 10 MBO 1960.

**Absatz 1** begründet für den Bauherrn Rechtspflichten, die sich teilweise mit Vorgaben aus dem Bauplanungsrecht, dem Landschaftsrecht und dem Wasserrecht überlagern können, nämlich immer dann,

- wenn für ein Vorhaben entsprechende Festsetzungen eines Bebauungsplans oder eines Landschaftsplans einschlägig sind,
- wenn die naturschutzrechtliche Eingriffsregelung nach §§ 18 ff. BNatSchG in Verbindung mit §§ 4 bis 6 LG unmittelbar zur Anwendung kommt oder
- wenn das wasserrechtliche Gebot zur ortsnahen Beseitigung des Niederschlagswassers gemäß § 51 a LWG zu beachten ist.

Soweit bodenrechtliche, naturschutzrechtliche oder wasserrechtliche Bestimmungen zu beachten sind, gehen diese dem Bauordnungsrecht vor und verdrängen ganz oder teilweise die Vorschriften des Absatzes 1.

Die Regelungen des **Absatzes 2** über Kinderspielflächen für Kleinkinder werden in den meisten Gemeinden des Landes ergänzt durch „Kinderspielflächen**satzungen**“, die aufgrund der Ermächtigung des § 85 Abs. 1 Nr. 3 BauO NRW bzw. entsprechender Ermächtigungen früherer Fassungen der Landesbauordnung erlassen wurden und die Satzungsbestimmungen über die Lage, Größe, Beschaffenheit, Ausstattung und Unterhaltung von Kinderspielflächen enthalten.

Die Regelungen des **Absatzes 3** über die Erhaltung oder Veränderung der Geländeoberfläche stehen im Zusammenhang mit der **Begriffsbestimmung** der Geländeoberfläche in § 2 Abs. 4 BauO NRW und den Vorschriften des § 6 BauO NRW über Abstandflächen, deren Bezugsebene die Geländeoberfläche ist.

2 Im **vereinfachten Genehmigungsverfahren** sind nach § 68 Abs. 1 Satz 4 Nr. 2 BauO NRW nur die Vorschriften des § 9 **Abs. 2** BauO NRW über Kinderspielflächen zu prüfen. Diese Einschränkung der präventiven Prüfung ist angesichts der ökologischen Bedeutung und hinsichtlich der in der Vorschrift enthaltenen, an die Bauaufsichtsbehörde gerichteten Ermächtigungen nicht nachvollziehbar. Dies gilt vor allem für die in **Absatz 3** geregelten **Veränderungen der Geländeoberfläche**.

Da Baugesuche regelmäßig eine wenn auch zumeist nur geringfügige Veränderung der Geländeoberfläche im nahen Umfeld des zu errichtenden Baukörpers beinhalten, hat die Bauaufsichtsbehörde – unbeschadet der Beschränkung der Gegenstände der präventiven Prüfung – auch im vereinfachten Genehmigungsverfahren zu prüfen, ob sie die Veränderung zulassen kann bzw. die Erhaltung der Geländeoberfläche verlangen muss. Zu dieser Prüfung zwingt § 9 Abs. 3 BauO NRW unmittelbar. Darüber hinaus nehmen die **Abstandflächenvorschriften** (§ 6 BauO NRW) auf die Geländeoberfläche Bezug.

## 2 Zu Absatz 1 – Beschaffenheit nicht überbauter Flächen

Absatz 1 geht weit über § 9 Abs. 1 MBO 1997 und § 8 Abs. 1 MBO 2002 hinaus. 3

**Satz 1** verlangt, die nicht überbauten Flächen der bebauten Grundstücke, soweit sie nicht für eine andere zulässige Verwendung benötigt werden, zu **begrünen**, zu **bepflanzen** und **wasseraufnahmefähig** zu belassen oder herzustellen; die Flächen sind in dieser Form auch zu **unterhalten**.

**Satz 2** ermächtigt die Bauaufsichtsbehörden, auch die **Wasseraufnahmefähigkeit**, **Begrünung** und **Bepflanzung** von Zugängen, Zufahrten und Flächen für die Feuerwehr, Stellplätzen, Abstellplätzen, Lagerplätzen oder Arbeitsflächen verlangen zu können.

**Satz 3** verlangt **Ersatzbegrünungsmaßnahmen** in Form von z. B. Dach- oder Fassadenbegrünungen, wenn eine Begrünung und Bepflanzung der Grundstücksoberfläche nicht oder nur sehr eingeschränkt möglich ist. Diese Verpflichtung steht unter dem doppelten **Vorbehalt**, dass die Bauweise und Gestaltung der baulichen Anlage die Ersatzbegrünung bautechnisch und baurechtlich zulassen und die Realisierung dem Bauherrn auch wirtschaftlich zugemutet werden kann.

**Satz 4** gebietet die **nachträgliche Entsiegelung**, **Begrünung** und **Bepflanzung** befestigter Flächen mit mehr als 5000 m², wenn dies wirtschaftlich zumutbar ist.

**Satz 5** normiert eine besondere **Darlegungspflicht des Bauherrn** bzw. des **Verpflichteten bezüglich der wirtschaftlichen Unzumutbarkeit** nach den in den Sätzen 3 und 4 geregelten Fällen, soweit eine solche nicht offensichtlich ist.

Die Regelungen der Sätze 1 bis 5 dienen der **Minderung der Belastung der Stadtökologie** und bezwecken durch **Begrünungsgebote** und **Bepflanzungsgebote** sowie durch **Versiegelungsverbote** und **Entsiegelungsgebote** einschließlich einer entsprechenden **Unterhaltungsverpflichtung** 4

- das Wohn- und Arbeitsumfeld durch begrünte und bepflanzte Freiflächen zu gestalten und das Kleinklima zu wahren oder zu verbessern,
- den Wasserhaushalt zu wahren, zu sichern oder zu verbessern,
- die Versiegelung des Bodens zu verhindern.

Bereits die Einführung in die Musterbauordnung 1960, Teil B, führt aus (veröffentlicht als Band 18 der Schriftenreihe des Bundesministers für Wohnungsbau, zu § 10, S. 17):

„*Die Rücksichtnahme auf die starke gesundheitliche Belastung der Bevölkerung, insbesondere durch Verkehr, Luftverunreinigungen und Geräusche, erfordert zu ihrer Gesunderhaltung eine aufgelockerte und zweckmäßig angeordnete Bebauung, bei der die Freiflächen soweit wie möglich gärtnerisch (z. B. Grünflächen, mit Wegen, Wasserflächen) angelegt und unterhalten werden sollen. Dies ist oft auch im Hinblick auf die Baugestaltung erforderlich.*“

Auch wenn sich dieser Aspekt positiv auf die Nachbargrundstücke eines Bauvorhabens auswirken kann, zielen die Regelungen auf die Erhaltung und Verbesserung der allgemeinen Umweltsituation; ihnen kommt deshalb **keine nachbarschützende Funktion** zu (Hess. VGH, Beschluss vom 4. 1. 1983 – III TG 57/82, BauR 1983, 238 = BRS 40 Nr. 215). Die Gebote dienen trotz ihrer reflexartigen Wirkungen auf Nachbargrundstücke allein **öffentlichen Belangen** (so Jeromin, zu § 10 Rdn. 22).

### 2.1 Zu Absatz 1 Satz 1 – Nicht überbaute Flächen bebauter Grundstücke

5 Von Absatz 1 werden alle nicht überbauten Flächen der bebauten Grundstücke erfasst, soweit diese Flächen nicht für eine **andere zulässige Verwendung** benötigt werden. Damit erstreckt sich die Vorschrift auf alle **tatsächlich nicht überbauten Flächen** der bebauten Grundstücke, und zwar unabhängig davon, ob eine bauliche Nutzung dieser Flächen baurechtlich noch zulässig wäre. Es kommt weiter auch nicht darauf an, ob sich das bebaute Grundstück im Bebauungsplangebiet (§ 30 BauGB), in einem im Zusammenhang bebauten Ortsteil (§ 34 BauGB) oder im Außenbereich (§ 35 BauGB) befindet. Unerheblich ist schließlich die Art des Baugebietes, so dass § 9 Abs. 1 BauO NRW nicht nur in allen Baugebieten nach der BauNVO, sondern auch in den nach § 34 Abs. 1 BauGB einzustufenden „Gemengelagen" gilt. Die Vorschrift des § 9 Abs. 1 BauO NRW knüpft nämlich nicht mehr, wie noch § 10 Abs. 1 MBO 1960, an die Lage des Grundstücks in bestimmten Baugebieten an, sondern gilt ohne derartige Einschränkungen grundsätzlich für alle **bebauten** Grundstücke.

6 **Nicht überbaute Flächen** nach § 9 Abs. 1 BauO NRW sind die Teilbereiche eines Grundstücks, die von keinem Gebäude oder von keiner sonstigen oberirdischen baulichen Anlage im Sinne eines Hochbaus (s. auch die Anmerkungen zu § 2 Rdn. 19 bezüglich des straßenrechtlichen Hochbaubegriffs) überdeckt sind. Der bauordnungsrechtliche Begriff darf nicht mit dem bauplanungsrechtlichen Begriff der **nicht überbaubaren Fläche**, wie ihn § 9 Abs. 1 Nr. 2 und § 9 a Nr. 1 Buchstabe c BauGB sowie § 23 Abs. 5 BauNVO (sämtliche Fassungen) verwenden, gleichgesetzt werden.

7 Das **Bauplanungsrecht** unterscheidet die **überbaubaren** und die **nicht überbaubaren Grundstücksflächen**. Die überbaubaren Grundstücksflächen werden im Bebauungsplan durch Festsetzung von Baulinien, Baugrenzen oder Bebauungstiefen bestimmt und geben den Grundstücksbereich an, auf dem die in §§ 2 bis 11 BauNVO aufgeführten „Hauptanlagen" zulässig sind. Soweit der Bebauungsplan dies nicht ausdrücklich ausschließt, können auf den nicht überbaubaren Grundstücksflächen „Nebenanlagen" im Sinne des § 14 BauNVO und bauliche Anlagen, soweit sie nach Landesrecht in den Abstandflächen zulässig sind, zugelassen werden. Das bauordnungsrechtliche **Gebot** zur wasseraufnahmefähigen Beschaffenheit, Begrünung und Bepflanzung erfasst alle **tatsächlich nicht überbauten Flächen**, sowohl der nach dem Bauplanungsrecht überbaubaren als auch der nicht überbaubaren Grundstücksflächen, allerdings unter der Einschränkung, soweit diese Flächen nicht für eine andere zulässige Verwendung benötigt werden. Gerade diese Einschränkung macht deutlich, dass bei einer die Bebauungsplanfestsetzungen nicht voll ausschöpfenden Bebauung die verbleibenden Freiflächen den Bestimmungen des § 9 Abs. 1 BauO NRW unterliegen.

8 Aus dieser Einschränkung folgt im Umkehrschluss, dass der Gesetzgeber unter dem **Begriff überbaute Flächen primär Gebäude oder sonstige Hochbauten**, nicht jedoch rein flächige bauliche Anlagen und insbesondere auch nicht die fiktiven baulichen Anlagen im Sinne des § 2 Abs. 1 Satz 3 Nr. 1 bis 5 BauO NRW versteht (so auch Große-Suchsdorf/Lindorf/Schmaltz/Wiechert, zu § 14 Rdn. 8). Es besteht hier durchaus eine Ähnlichkeit mit dem bauplanungsrechtlichen Begriff der Bebauung im Sinne des § 34 BauGB (s. die Anmerkungen zu § 2 Rdn. 14), der nur auf die optisch wahrnehmbaren baulichen Anlagen mit einem gewissen Gewicht abstellt. Würde man alle baulichen Anlagen im Sinne des § 2 Abs. 1 BauO NRW als nach § 9 Abs. 1 Satz 1 BauO NRW bebaute Flächen werten, verblieben nämlich keine Anlagen mehr, die unter die einschränkende

Bestimmung „soweit sie nicht für eine andere zulässige Verwendung benötigt werden" subsumiert werden könnten. Auch ergäbe Satz 2 keinen Sinn mehr, da die dort genannten (flächigen) baulichen Anlagen bereits von Satz 1 erfasst würden: alle befestigten Flächen (als echte bauliche Anlagen) und alle fingierten baulichen Anlagen wären überbaute Flächen.

Welche anderen Verwendungen **zulässig** sind, ergibt sich aus dem Bauplanungsrecht, daneben aber auch aus speziellen bauordnungsrechtlichen Vorgaben, wie z. B. § 51 Abs. 7 BauO NRW (zum Verhältnis dieser Vorschrift zu § 9 Abs. 1 BauO NRW vgl. Hess. VGH, Urteil vom 15.5.1991 – 3 UE 275/86, BRS 52 Nr. 112). Es kommt jedoch hier nicht allein auf die Zulässigkeit an, sondern die Flächen müssen auch tatsächlich für die zulässige Verwendung **benötigt** werden. Zu solchen Verwendungen können z. B. zählen: Garagen, überdachte Abstellplätze für Fahrräder, überdachte Freisitze und Schwimmbecken, Geräteschuppen, Gewächshäuser oder Tierställe. Ob derartige Anlagen ausgeführt werden sollen, ihre Zulässigkeit nach öffentlichem Recht vorausgesetzt, liegt in der Entscheidung des Bauherrn (ebenso Buntenbroich/Voß, zu § 9 Rdn. 10). Die zulässige Verwendung muss in **zeitlichem Zusammenhang mit dem Hauptbauvorhaben** stehen – es wäre rechtsmissbräuchlich, die Herrichtung der nicht überbauten Flächen entsprechend den Vorgaben des § 9 Abs. 1 BauO NRW mit dem Hinweis lange Zeit zu verzögern, man überlege noch, demnächst bauliche Nebenanlagen auf dem Grundstück auszuführen und habe deshalb keinen Überblick, welche Flächen als Freiflächen übrig blieben. Um ein Unterlaufen des gesetzlichen Gebots zu vermeiden, muss die behauptete andere Verwendung deshalb auch **objektiv nachprüfbar** sein (so Jeromin, zu § 10 Rdn. 18). 9

Satz 1 regelt die Herrichtung nur, solange die Flächen nicht überbaut werden, bietet jedoch **keine selbständige Grundlage** zur Versagung eines ansonsten zulässigen Vorhabens. Weder aus dem Begrünungsgebot für nicht überbaute Flächen noch aus dem Bepflanzungsgebot kann deshalb ein selbständiges Verbot baulicher Anlagen gefolgert werden (Hamb. OVG, Urteil vom 10.12.1981 – Bf II 33/81, BRS 39 Nr. 110 im Anschluss an das Urteil vom 3.2.1972 – Bf II 12/71, BRS 25 Nr. 34). 10

### 2.1.1 Wasseraufnahmefähigkeit

Die bereits durch die BauO NW 1995 eingefügte Forderung nach wasseraufnahmefähiger Belassung oder Herstellung der nicht überbauten Flächen kommt einem **Versiegelungsverbot** gleich. Die Regelung bezweckt eine Verbesserung des Wasserhaushalts, da durch die örtliche Beseitigung des Niederschlagswassers eine Anreicherung des Grundwassers bewirkt und einem sprunghaften Anstieg der Gewässerpegel bei Starkregen dadurch entgegenwirkt wird, dass weniger Niederschlagswasser der Kanalisation zufließt. Das Versiegelungsverbot für nicht überbaute Flächen wird flankiert durch § 51a LWG, der generell eine ortsnahe Niederschlagswasserbeseitigung erreichen will und auch die Niederschläge von Dächern oder befestigten Flächen erfasst. Mit diesen Regelungen darf der **städtebauliche Ansatz zur Eindämmung der Bodenversiegelung** nicht verwechselt werden. Aus Gründen des schonenden Umgangs mit Grund und Boden und zur Vermeidung einer unvertretbar hohen Bodenversiegelung verfolgt die Anrechnungsregel des § 19 Abs. 4 BauNVO 1990 das Ziel, die Überbauung der Grundstücke mit Haupt- und Nebenanlagen einzugrenzen, so dass noch genügend Freiflächen auf dem Grundstück verbleiben (vgl. Teil A II. 3 der Amtlichen Begründung zur BauNVO 1990, BR-Drucks. 354/89). 11

12 Die Forderung nach wasseraufnahmefähiger Belassung oder Herstellung kann im **Widerspruch zu wasserrechtlichen Vorschriften** stehen. So kann es im Bereich von **Altlasten** erforderlich sein, auch die nicht überbauten Geländeoberflächen mit einer **wasserdichten Schicht** abzudecken, um zu vermeiden, dass durch Niederschläge gefährliche Stoffe aus dem Boden gelöst und in das Grundwasser eingetragen werden. Leider hat der Gesetzgeber diesem Umstand nicht durch einen Vorbehalt oder eine spezielle Abweichungsregel Rechnung getragen, so dass in einem solchen Fall auf die allgemeine Abweichungsermächtigung des § 73 BauO NRW zurückgegriffen werden muss.

13 Das **Niederschlagswasser** muss **vollflächig in den Untergrund eindringen** können. Hierfür sind begrünte bzw. bepflanzte Flächen am besten geeignet. Doch auch befestigte Flächen, wie Hauszugänge, Terrassen oder Gartenwege, können mittels **Pflaster mit hohem Fugenanteil** so angelegt werden, dass das Niederschlagswasser in den Untergrund eindringen kann. **Ausgeschlossen** werden durch die Vorschrift **vollständige Versiegelungen** größerer Flächen mit wasserundurchlässigen Belägen mittels Asphalt oder Beton. Kleinflächige Befestigungen sind noch von der Zielsetzung gedeckt, wenn das Niederschlagswasser seitlich in den angrenzenden Gartenboden eindringen kann.

### 2.1.2 Begrünung

14 Neben der Wasserdurchlässigkeit verlangt § 9 Abs. 1 Satz 1 BauO NRW die **Begrünung der nicht überbauten Flächen**. Eine bestimmte Art der Begrünung ist nicht vorgeschrieben, kann aber durch öffentlich-rechtliche Vorschriften vorgegeben sein, z. B. durch die Festsetzungen eines Bebauungsplanes (s. Rdn. 22). Es genügt die Anlage eines Rasens, die Bepflanzung mit Stauden oder auch die Herrichtung eines Gemüsegartens. Die Gestaltung der Grünflächen ist in das Belieben des Bauherrn gestellt. Er kann einen Ziergarten anlegen oder aber Wildpflanzen aussähen, um ein kleines Gartenbiotop zu schaffen. Zur Gestaltung in die Begrünung eingebettete Pflasterungen, Beeteinfassungen, Pergolen usw. laufen der Bestimmung nicht zuwider. Nicht zulässig ist dagegen die Versiegelung großer Flächen, z. B. im Vorgartenbereich, um die Gartenpflege zu vereinfachen, ohne dass ein sonstiger zulässiger Verwendungszweck vorliegt, wie z. B. als Stellplatzfläche (OVG Bln, Beschluss vom 30. 7. 2004 – 2 N 222.04, BauR 2005, 694 = BRS 67 Nr. 146). Der Bauherr bzw. sein Rechtsnachfolger haben nach Satz 1 die Grünflächen auch zu **unterhalten**, also zu pflegen und gegebenenfalls nachzupflanzen. Der damit verbundene **Aufwand** liegt in der **Sozialpflichtigkeit des Eigentums**.

15 Der **Zeitpunkt der Begrünung** wird durch die Vorschrift nicht festgelegt. Die Begrünung kann erst erfolgen, wenn die Baumaßnahme selbst abgeschlossen ist. Auch die Jahreszeit ist als Faktor zu berücksichtigen. Die Vorschrift verlangt ein aktives Tätigwerden, um die Begrünung zu schaffen; es kann somit nicht angehen, auf eine „Selbstbegrünung“ zu warten (vgl. Boeddinghaus/Hahn/Schulte, zu § 9 Rdn. 8).

16 Wird eine nicht überbaute Fläche zur **Lagerung von Gerümpel** in völlig ungeordneter Weise missbraucht, so sind die Bauaufsichtsbehörden nach § 61 BauO NRW befugt, Maßnahmen zur Beseitigung eines § 9 Abs. 1 BauO NRW widersprechenden Zustandes zu ergreifen. Ein solcher ordnungsbehördlicher Eingriff verfolgt nämlich die Zielrichtung, dem Baurecht auf dem in Anspruch genommenen Grundstück wieder Geltung zu verschaffen; die Zuständigkeit der Abfallwirtschaftsbehörden zur Überwachung der abfallwirtschaftlichen Entsorgung des Abfalls bleibt hiervon unberührt (OVG NRW, Beschluss vom 31. 10. 1994 – 10 A 4084/92, BauR 1995, 372 = BRS 56 Nr. 198).

### 2.1.3 Bepflanzung

Die nicht überbauten Flächen sind auch zu **bepflanzen**. Die Bepflanzung stellt einen **Unterfall der Begrünung** dar (s. Nr. 9.12 VV BauO NRW). Über die **Art der Bepflanzung** trifft die Vorschrift **keine Regelung**. Wenn keine besonderen öffentlich-rechtlichen Vorgaben zu beachten sind, ist es in das Belieben des Bauherrn gestellt, welche Bäume, Sträucher oder Hecken er auswählt. Die **Erhaltung** der Bepflanzung ist ebenfalls vorgegeben; dies schließt die Verpflichtung des Bauherrn oder seines Rechtsnachfolgers ein, abgestorbene Bäume und Sträucher durch Nachpflanzung zu ersetzen. 17

**Durch Bepflanzungen** lassen sich **Gefahren ausschließen**, deren Eintritt ansonsten zu erwarten wäre, z.B. der Schutz von Trinkwasserentnahmestellen (s. die Anmerkungen zu § 44 Rdn. 9) oder die Abschirmung von Kinderspielflächen gegen Stellplatzflächen oder Abfallbehälterstandplätze genannt (s. Rdn. 58). Es kann auch nach § 12 Abs. 2 Satz 1 BauO NRW erforderlich sein, eine Bepflanzung vorzunehmen, wenn ansonsten eine bauliche Anlage das Straßen- oder Ortsbild verunstalten würde. Am Siedlungsrand oder in der freien Landschaft kann die Bepflanzung zur Vermeidung einer Verunstaltung des Landschaftsbildes oder wegen der Rücksichtnahme auf die erhaltenswerte Eigenart der Umgebung im Sinne des § 12 Abs. 2 Satz 2 BauO NRW geboten sein. 18

Die **Bepflanzungsvorschrift** des § 9 Abs. 1 Satz 1 BauO NRW wird vielfach durch **sonstiges öffentliches Recht flankiert**. Hier sind zu nennen: 19

- örtliche Bauvorschriften (Gestaltungssatzungen),
- Festsetzungen der Bebauungspläne,
- die naturschutzrechtliche Eingriffsregelung,
- Festsetzungen der Landschaftspläne,
- Vorschriften über den Schutz des Baumbestandes (Baumschutzsatzungen).

Die **Gemeinde** kann nach **§ 86 Abs. 1 Nr. 4 BauO NRW** die Gestaltung, Begrünung und Bepflanzung der unbebauten Flächen bebauter Grundstücke durch örtliche Bauvorschrift regeln. Dabei kann die Gemeinde abweichend von § 9 Abs. 1 BauO NRW bestimmen, dass Vorgärten nicht als Stellplätze, Abstellplätze, Lagerplätze oder Arbeitsflächen hergerichtet oder benutzt werden dürfen. Örtliche Bauvorschriften können auch die Begrünung baulicher Anlagen regeln (s. die Anmerkungen zu § 86 Rdn. 49–51). 20

Nach § 9 Abs. 1 Nr. 25 BauGB kann die **Gemeinde** für einzelne Flächen oder auch für ein Bebauungsplangebiet oder Teile davon sowie für Teile baulicher Anlagen, mit Ausnahme der für land- und forstwirtschaftliche Nutzung festgesetzten Flächen, 21

a) das **Anpflanzen** von Bäumen und Sträuchern und sonstigen Bepflanzungen,

b) die **Bindung** für Bepflanzungen und für die **Erhaltung** von Bäumen, Sträuchern und sonstigen Bepflanzungen sowie von Gewässern

festsetzen. Diese Ermächtigung bezieht sich nur auf den Geltungsbereich von **Bebauungsplänen** und kann sich – entgegen einer Gestaltungssatzung nach § 86 Abs. 1 Nr. 4 BauO NRW – **nicht** auf das ganze Gemeindegebiet erstrecken (BVerwG, Urteil vom 30. 1. 1976 – IV C 26.74, BauR 1976, 175 = BRS 30 Nr. 17). Die **Erhaltung von Bäumen** kann pauschal für die nicht überbaubaren Grundstücksflächen festgesetzt werden (BVerwG, Beschluss vom 29. 12. 1995 – 4 NB 40.95, BRS 58 Nr. 36 = ZfBR 1996, 224).

22 Die Festsetzungen über Bepflanzungen der Bebauungspläne dienen unter anderem der Umsetzung der **naturschutzrechtlichen Eingriffsregelung** (§ 21 Abs. 1 BNatschG). Die Gemeinde hat nämlich im Bauleitplanverfahren bei Eingriffen in Natur und Landschaft gemäß § 1 a BauGB zu entscheiden und entsprechende Festsetzungen zum Ausgleich oder zur Minderung der Eingriffsfolgen zu treffen, soweit nicht andere Belange in der Abwägung vorgehen. Nach § 135 a Abs. 1 BauGB sind festgesetzte Maßnahmen zum Ausgleich dann vom Vorhabenträger durchzuführen. Auf Vorhaben nach § 34 BauGB findet die Eingriffsregelung gemäß § 21 Abs. 2 BNatschG keine Anwendung, soweit sich nicht aus einfachen Bebauungsplänen oder Satzungen nach § 34 BauGB etwas anderes ergibt. Im Außenbereich (§ 35 BauGB) unterliegen alle Vorhaben gemäß § 21 Abs. 2 BNatschG uneingeschränkt der Eingriffsregelung; die Bauaufsichtsbehörde trifft in diesen Fällen ihre Entscheidung im Benehmen mit der Landschaftsbehörde und setzt dabei geforderte Ausgleichsmaßnahmen im Baugenehmigungsverfahren um. In der Regel ergeben sich hierbei **Auflagen zur Bepflanzung** des Grundstücks. Die **Gemeinde** kann den Eigentümer gemäß § 178 BauGB auch durch Bescheid verpflichten, sein Grundstück innerhalb einer zu bestimmenden angemessenen Frist entsprechend den nach § 9 Abs. 1 Nr. 25 BauGB getroffenen Festsetzungen des Bebauungsplanes zu bepflanzen. Das städtebauliche **Pflanzgebot** kommt vornehmlich außerhalb eines Baugenehmigungsverfahrens zur Durchsetzung der entsprechenden Festsetzungen des Bebauungsplanes zur Anwendung; es betrifft insbesondere die Grundstücke, die bei Inkrafttreten des Bebauungsplanes bereits bebaut waren.

23 Die **Landschaftspläne** können neben den Schutzausweisungen (Naturschutzgebiete, Landschaftsschutzgebiete, Naturdenkmale, geschützte Landschaftsbestandteile) auch **Festsetzungen** über die Zweckbestimmung für Brachflächen, Erst- und Wiederaufforstungen sowie Entwicklungs-, Pflege- und Erschließungsmaßnahmen treffen. Die Durchführung des Landschaftsplanes obliegt nach § 36 LG den Kreisen und kreisfreien Städten, soweit Gemeinden, Gemeindeverbände oder Gebietskörperschaften des öffentlichen Rechts Eigentümer oder Besitzer von Flächen im Plangebiet sind, nach § 37 LG diesen. Die Grundstückseigentümer oder -besitzer können gemäß § 38 LG verpflichtet werden, bestimmte Anpflanzungen oder Pflegemaßnahmen durchzuführen, wenn der Aufwand hierfür im Einzelfall gering ist.

24 Die **Gemeinden** können nach § 45 LG durch Satzung den Schutz des Baumbestandes innerhalb der im Zusammenhang bebauten Ortsteile und im Geltungsbereich von Bebauungsplänen regeln. Die **Baumschutzsatzungen** erfassen in der Regel Bäume ab einem bestimmten Stammumfang in einer bestimmten Höhe über der Geländeoberfläche (hierzu s. Höreth-Marquardt, Bäume – rechtliches Konfliktpotential in einer Großstadt?, DÖV 2001, S. 1034 ff.). Im Außenbereich ist hingegen der Schutz von Bäumen über Baumschutzsatzungen nicht möglich (vgl. Günther, Baumschutzrecht, 1994, Rdn. 16 mit weiteren Nachweisen; zur hinreichenden Bestimmung des räumlichen Geltungsbereichs vgl. BVerwG, Urteil vom 16. 6. 1994 – 4 C 2.94, BRS 56 Nr. 233 und VGH B-W, Urteil vom 28. 7. 1994 – 5 S 2467/93, BRS 56 Nr. 234). Auf dieser Rechtsgrundlage haben viele Gemeinden nach der Musterbaumschutzsatzung des Städtetages Nordrhein-Westfalen (abgedruckt mit Erläuterungen bei Günther, a. a. O., S. 125 ff.) Baumschutzsatzungen erlassen. Festsetzungen einer solchen Baumschutzsatzung **dienen nicht dem Schutz des Nachbarn** oder von Individualinteressen, sondern erfolgen allein im **öffentlichen Interesse** (BayVGH, Urteil vom 16. 5. 1980 – 2 B 1597/79, BRS 36 Nr. 223 und Nds. OVG, Urteil vom 11. 4. 1996 – 3 L 3798/94, UPR 1997, 77).

25 Von den **baumschutzrechtlichen Eingriffsverboten** sind **Ausnahmen** möglich, wenn durch den geschützten Baum eine nach Baurecht zulässige **Nutzung nicht** oder nur unter **wesentlichen Beschränkungen** verwirklicht werden kann oder eine solche Nutzung unzumutbar beeinträchtigt wird. Das Fällen bedarf der **Genehmigung der Gemeinde**, auch dann, wenn die Bäume auf überbaubaren Grundstücksflächen stehen und die Realisierung eines bauplanungsrechtlich zulässigen Vorhabens behindern. Es kann hier zu einem Konflikt zwischen dem Zulässigkeitsrecht für Vorhaben nach den §§ 30–34 BauGB und den Festlegungen der Baumschutzsatzung kommen, der meist zugunsten des Baurechts ausgeht („Baurecht bricht Baumrecht"; vgl. BVerwG, Urteil vom 24.2.1978 – 4 C 12.76, BauR 1978, 378 = BRS 33 Nr. 57 = DÖV 1978, 733 = NJW 1978, 773 und Schink, Baumschutzsatzungen und -verordnungen, DÖV 1991, S. 7 ff.). Von einem Baum ausgehende **Gefährdungen** können eine Fällgenehmigung rechtfertigen, wenn bereits nach den ohne weitere Nachprüfungen äußerlich erkennbaren Umständen aufgrund der Lebenserfahrung der Schluss gerechtfertigt ist, dass durch den Baum demnächst ein Schaden verursacht werden kann (OVG NRW, Urteil vom 8.10.1993 – 7 A 2021/92, NVwZ-RR 1994, 256; zur Frage, welche **Anforderungen an den zu erbringenden Nachweis** der von einem geschützten Baum für bauliche Anlagen ausgehenden Gefahr zu stellen sind, s. OVG Bln, Urteil vom 16.8.1996 – 2 B 26/93, NVwZ-RR 1997, 530 = UPR 1997, 78). **Erschwernisse** rechtfertigen als solche keine Ausnahme von den Verboten einer Baumschutzsatzung (OVG NRW, Urteil vom 18.11.1993 – 10 A 1668/91, BRS 55 Nr. 214). Auch eine die Aufenthaltsraumfenster beschattende Wirkung eines Baumes ist erst dann als ausreichender Grund anzusehen, wenn als Besonnungszeit weniger als ein bis zwei Stunden verbleiben (Hess. VGH, Urteil vom 10.12.1993 – 3 UE 1772/93, BRS 55 Nr. 215).

### 2.1.4 Darstellungen im Lageplan

26 Obwohl nicht alle Vorgaben des § 9 BauO NRW im vereinfachten Genehmigungsverfahren präventiv geprüft werden (s. Rdn. 2), ist im Lageplan die **beabsichtigte Gestaltung der Grundstücksoberfläche** darzustellen. Die Kenntnis der beabsichtigten Aufteilung der nicht überbauten Grundstücksflächen wird von der Bauaufsichtsbehörde benötigt, weil nur so über die Anwendung des Satzes 2 im Einzelfall entschieden werden kann. Die **erforderlichen Angaben** zählt § 3 Abs. 1 Satz 2 BauPrüfVO auf. Es sind außer den vorhandenen und geplanten Gebäuden einzutragen:

- nach **Nr. 7 geschützte Baumbestände**,
- nach **Nr. 11** die Darstellung der Flächen auf dem Baugrundstück, für die der Bebauungsplan oder eine andere Satzung **„besondere" Festsetzungen** trifft (vgl. Rdn. 21),
- nach **Nr. 14** die **Aufteilung der nicht überbauten Flächen** unter Angabe der Flächen, die gärtnerisch angelegt und/oder mit Bäumen bepflanzt werden sollen.

Hinsichtlich der Begrünungs- und Bepflanzungsdarstellungen, der Angabe der Bindungen für Bäume, Sträucher und sonstige Bepflanzungen sowie der Wiedergabe der besonderen Bebauungsplanfestsetzungen empfiehlt es sich, dem Lageplan einen **Plan der Gestaltung der Freiflächen** beizufügen (s. Abbildung 9.1 bei Rdn. 63).

27 Aus § 3 Abs. 1 Satz 2 BauPrüfVO ergibt sich nicht, dass Bestimmungen einer Gestaltungssatzung nach § 86 Abs. 1 Nr. 4 BauO NRW, Festsetzungen eines Landschaftsplanes nach §§ 19–26 LG oder sonstige öffentlich-rechtliche Baubeschränkungen in den Lageplan einzutragen sind. Die Verpflichtung zur Eintragung entsprechender Baubeschrän-

kungen im Lageplan kann unmittelbar aus den entsprechenden Rechtsvorschriften folgen, weil die verfahrensmäßige Entscheidung über die **fachrechtlichen Aspekte** in das Baugenehmigungsverfahren einbezogen ist, z. B. nach § 6 Abs. 1 Satz 1 LG. Sind im Einzelfall weitere Angaben erforderlich, so kann die Bauaufsichtsbehörde gemäß § 1 Abs. 2 Satz 2 BauPrüfVO ein **Verlangen zur Ergänzung** aussprechen. Es dient der erheblichen **Beschleunigung des bauaufsichtlichen Verfahrens**, wenn der Entwurfsverfasser oder Fachplaner bereits bei der Bearbeitung des Lageplans abklärt, welche Bestimmungen jeweils zu beachten und deshalb im Lageplan einzutragen sind.

28 Die Anlage zur BauPrüfVO enthält selbst keine Planzeichen für die Darstellung der nicht überbauten Flächen der bebauten Grundstücke, der Bepflanzung sowie landschafts- und denkmalgeschützter Objekte. § 3 Abs. 4 Satz 1 BauPrüfVO verweist allerdings auf die **Planzeichenverordnung 1990 – PlanzV 90**, die in ihrer Anlage Planzeichen für die Darstellung. Diese Planzeichen können mangels bauordnungsrechtlicher Vorgaben auch Verwendung finden, wenn das Grundstück im nichtbeplanten Innen- oder Außenbereich liegt. Für die **Umgrenzung befestigter Flächen**, wie überhaupt für die **Umgrenzung von Nebenanlagen**, die keine Gebäude sind (z. B. Kinderspielflächen oder Schwimmbecken), bietet es sich an, auf die **Planzeichen der Nr. 15.3 PlanzV 90** zurückzugreifen und die Zweckbestimmung durch Einschrieb oder Symbol anzugeben. Eine Besonderheit ist hinsichtlich des **geschützten Baumbestands** zu beachten. **Nr. 1.7 der Anlage zur BauPrüfVO** enthält ein Zeichen für die Darstellung des geschützten Baumbestands einschließlich der zu treffenden Angaben.

### 2.2 Zu Absatz 1 Satz 2 – Anforderungen an befestigte Flächen

29 Für nicht überbaute Flächen in Form von **Zugängen**, **Zufahrten**, **Flächen für die Feuerwehr**, **Stellplätzen, Abstellplätzen, Lagerplätzen** oder **Arbeitsflächen** gelten die materiellen Anforderungen des Satzes 1 hinsichtlich Wasseraufnahmefähigkeit, Begrünung und Bepflanzung nach **Satz 2**,

– soweit es **Art** und **Größe** dieser Anlagen **zulassen** und
– die Bauaufsichtsbehörde ein entsprechendes **Verlangen** ausspricht.

Die in Satz 2 aufgeführten Flächen müssen in der Regel nicht vollflächig versiegelt werden, um bestimmungsgemäß genutzt werden zu können. Satz 2 enthält eine **abschließende Aufzählung**, so dass sich das Verlangen der Bauaufsichtsbehörde darüber hinaus nicht auf sonstige Flächen erstrecken kann. Bei entgegenstehenden **wasserrechtlichen Vorschriften**, die eine wasserundurchlässige Befestigung von Arbeitsflächen vorschreiben, wie bei Tankstellen und Kfz-Betrieben, darf eine wasseraufnahmefähige Herstellung nicht verlangt werden (vgl. Jeromin, zu § 10 Rdn. 19).

30 Die materiellen Vorgaben nach Wasseraufnahmefähigkeit, Begrünung und Bepflanzung stehen unter dem **Vorbehalt**, dass Art und Größe der Anlagen dies zulassen. Nach der **Art der Anlagen** sind Fälle denkbar, die nach einer vollständigen Versiegelung des Bodens verlangen, z. B. bei kontaminiertem Untergrund (s. Rdn. 12) oder bei der Lagerung wassergefährdender Stoffe. Nach der **Größe der Anlagen** ist an kleinflächige Befestigungen zu denken, die seitlich in den Gartenboden entwässern (s. Rdn. 13).

31 Das **Verlangen** der Bauaufsichtsbehörde muss **auf die Funktion und Nutzung der Fläche abgestimmt** sein. So kann eine wasseraufnahmefähige Beschaffenheit der Befestigung ausreichen, während eine Begrünung oder Bepflanzung im Einzelfall dem konkreten

Nutzungsvorhaben zuwiderlaufen würde. Beispielsweise lässt sich eine intensiv genutzte Stellplatzfläche eines Einzelhandelsbetriebes zwar wasseraufnahmefähig mit Rasengittersteinen ausbilden, eine Begrünung wird aber durch das ständige Befahren mit Kraftfahrzeugen kaum eine Chance haben, über rudimentäre Ansätze hinauszukommen. Handelt es sich um eine kleine Stellplatzanlage für z. B. nur drei oder vier Einstellplätze, wird auch eine Bepflanzung kaum möglich sein. Dagegen bietet eine größere Stellplatzanlage die Möglichkeit zur Bepflanzung mit Bäumen und Pflanzstreifen.

Bei der Herstellung von **Zufahrten und Flächen für die Feuerwehr** ist darauf zu achten, dass die Vorgaben des § 5 BauO NRW realisiert werden. So müssen bestimmte Flächen neben den Aufstellflächen für den Einsatz der Feuerwehr frei von Hindernissen bleiben (vgl. Nr. 5 VV BauO NRW), was in diesen Bereichen die Anpflanzung von Sträuchern und Bäumen unmöglich macht. Will die Bauaufsichtsbehörde eine Bepflanzung verlangen, muss sie vorab die Zulässigkeit der Anpflanzungen geprüft haben. 32

### 2.3 Zu Absatz 1 Satz 3 – Ersatzbegrünungsmaßnahmen

Kann dem Gebot des Satzes 1 nach Begrünung und Bepflanzung der nicht überbauten Grundstücksflächen nicht oder nur sehr eingeschränkt entsprochen werden, so verlangt **Satz 3** die **Begrünung der baulichen Anlagen als Ersatzmaßnahme**. Der Gesetzgeber hat hierbei vor allem an Dach- und Fassadenbegrünungen von Gebäuden gedacht (vgl. LT-Drucks. 11/7153, S. 153). Die Vorschrift ist jedoch allgemein auf bauliche Anlagen bezogen, so dass auch die Ersatzbegrünung von Einfriedungsmauern, Behältern und ähnlichen Anlagen möglich ist. 33

Die Ersatzbegrünung ist gefordert, wenn Grundstücke überhaupt nicht oder nur sehr eingeschränkt begrünt oder bepflanzt werden können. Derartig intensiv bebaute Flächen liegen häufig in Kern-, Gewerbe- und Industriegebieten. Während in Gewerbe- und Industriegebieten eine Begrünung und Bepflanzung als Ersatzmaßnahme regelmäßig auch städtebaulich erwünscht ist, können einer solchen in Kerngebieten städtebauliche oder denkmalpflegerische Zielvorgaben entgegenstehen. Ein derartiger **Zielkonflikt** kann auch aus den Bestimmungen einer örtlichen Bauvorschrift über die Gestaltung der Fassaden und Dächer resultieren. Satz 3 enthält deshalb den Vorbehalt, dass **Bauweise** und **Gestaltung** der baulichen Anlagen der Ersatzbegrünung nicht entgegenstehen. 34

Ob eine **Begrünung oder Bepflanzung nur sehr eingeschränkt** durchgeführt werden kann, erfordert eine wertende Betrachtung. Eine lediglich (einfach) eingeschränkte Begrünungs- oder Bepflanzungsmöglichkeit reicht nach dem Wortlaut nicht aus, vielmehr muss die Möglichkeit **sehr** eingeschränkt sein. Es bietet sich an, auf die städtebauliche Regelung des **§ 19 Abs. 4 BauNVO 1990** hilfsweise zurückzugreifen, die als „Kappungsgrenze“ für die Überbauung durch Haupt- und Nebenanlagen, Garagen und Zufahrten einen Wert der GRZ von 0,8 vorsieht (vgl. Heintz, Baunutzungsverordnung 1990 – Auswirkungen der geänderten Maßvorschriften, BauR 1990, S. 166 ff.). Wenn auch diese Vorschrift städtebauliche Ziele verfolgt, so kann ihr doch die grundsätzliche Wertung des Verordnungsgebers entnommen werden, dass 20 % der Grundstücksfläche von baulichen Anlagen frei bleiben sollen, soweit der Bebauungsplan nicht ausdrücklich ein größeres Verdichtungsmaß festsetzt. Überträgt man – mit allem Vorbehalt – diesen städtebaulichen Gedanken auf das Bauordnungsrecht, so lässt sich sagen, dass eine **sehr eingeschränkte** Begrünungs- oder Bepflanzungsmöglichkeit vorliegt, wenn **weniger als 20 % der Grundstücksfläche** hierfür zur Verfügung stehen. 35

36 Liegen diese Voraussetzungen vor, so ist die Ersatzbegrünung nur dann erforderlich, wenn dies **wirtschaftlich zumutbar** ist (s. Rdn. 40 und 41). Hier wird es weniger um die Frage der Pflanzkosten gehen, da dem Gebot bereits durch Anpflanzung von Rankgewächsen entsprochen werden kann (vgl. Nr. 9.12 VV BauO NRW). Kostenmäßig mehr ins Gewicht fällt wegen der baulichen Vorkehrungen eine Dachbegrünung. **Wesentlicher Kostenfaktor** wird dagegen die **Unterhaltung der Begrünung** sein. Da die Verpflichtung an das Vorliegen der wirtschaftlichen Zumutbarkeit geknüpft ist, sind die Herstellungskosten der Maßnahme und die Unterhaltungskosten zu ermitteln und mit den Bau- und Unterhaltungskosten ins Verhältnis setzen (s. Nr. 9.15 VV BauO NRW). Es bestehen hier Analogien zum **Begriff der wirtschaftlichen Unzumutbarkeit** (hierzu s. BGH, Urteil vom 25. 11. 1974 – III ZR 42/73, BGHZ 63, 240 = BauR 1975, 118 = BRS 34 Nr. 136 = DÖV 1975, 318 = DVBl. 1975, 331 = NJW 1975, 384) und zum **Begriff der unzumutbaren Mehrkosten** (s. die Anmerkungen zu § 87 Rdn. 24).

### 2.4 Zu Absatz 1 Satz 4 – Entsiegelungsgebot für befestigte Flächen

37 Für befestigte Flächen mit mehr als 5 000 m² gelten die **Anforderungen nach den Sätzen 1 und 2** auch **nachträglich**. Damit greift diese Vorschrift auch in den **Bestandsschutz** ein, soweit es sich um rechtmäßig bestehende Flächen handelt (s. Rdn. 41), weshalb der Gesetzgeber sich entschloss, auch hier einen Vorbehalt hinsichtlich der **wirtschaftlichen Zumutbarkeit** vorzusehen (vgl. Rdn. 36). Weitere Vorbehalte sieht Satz 4, anders als z. B. § 87 Abs. 2 BauO NRW, nicht vor, obwohl die amtliche Begründung darauf abstellt, dass das Stadtklima ohne diese Maßnahmen spürbar beeinträchtigt würde (so LT-Drucks. 11/7153 S. 153). Die Vorschrift knüpft durch die Inbezugnahme des Satzes 1 an den Begriff des bebauten Grundstücks an (vgl. Rdn. 5).

38 Satz 4 betrifft Anforderungen nach den Sätzen 1 und 2 **für befestigte Flächen mit mehr als 5000 m²**. Da die Anforderungen der Sätze 1 und 2 nur nicht überbaute Flächen bzw. abschließend aufgezählte befestigte Flächen betreffen, stellt sich die Frage, ob der Gesetzgeber mit dem Begriff befestigte Flächen auf die Nutzungen der Sätze 1 und 2 abstellt oder aber allein die Flächengröße unabhängig von der Zweckbestimmung gelten soll. Im letzteren Falle kommt man zu dem Ergebnis, dass die Erwähnung der Anforderungen des Satzes 1 genügt hätte, da Satz 2 nichts anderes als Satz 1 verlangt, jedoch unter der Einschränkung „soweit es Art und Größe dieser Anlagen zulassen“. Gerade die Größenfrage ist aber mit mehr als 5 000 m² bereits vorgeklärt, so dass nur die Art der Anlage als Eingrenzungskriterium übrig bliebe. Wenn aber die Zweckbestimmung unabhängig von der Flächengröße nicht ausschlaggebend sein soll, so kann es auf die Art der Anlage nicht ankommen. Dies gibt wegen des Zirkelschlusses keinen Sinn. Stellt man umgekehrt über die Anforderungen der Sätze 1 und 2 auf die von diesen Sätzen erfassten Flächen ab, so scheiden alle nicht von den Sätzen 1 und 2 erfassten Flächen nach Satz 4 aus. Bei größeren Gebäudekomplexen, wie z. B. Schulzentren, kann sich leicht eine Flächengröße befestigter Flächen von mehr als 5 000 m² durch Pausenhöfe und Sportanlagen ergeben. In diesem Falle würde die Vorschrift die im Siedlungsgefüge liegenden Gemeinbedarfsflächen und Sonderbauflächen begünstigen und damit die **Zielsetzung der Begründung** unterlaufen. Gerade aber von der Begründung des Gesetzes ausgehend, wird eine solche Auslegung kaum noch nachvollziehbar. Es ist deshalb und auch wegen des verfassungsrechtlichen Gleichbehandlungsgebots davon auszugehen, dass der Gesetzgeber alle befestigten Flächen über 5 000 m² erfassen wollte, und zwar unabhängig von ihrer Zweckbestimmung.

Nach dem Wortlaut sind Anforderungen bezüglich der Wasseraufnahmefähigkeit, Begrünung und Bepflanzung angesprochen. Der **Verhältnismäßigkeitsgrundsatz**, der hier in dem Gebot **wirtschaftlicher Zumutbarkeit** mitschwingt, gebietet einen den Bestand schonenden Eingriff. So wird es z.B. für große Stellplatzflächen ausreichen, durch Bepflanzung mit Bäumen und Sträuchern das Kleinklima zu verbessern, ohne dass gleich die gesamte befestigte Fläche entfernt werden muss. Durch punktuelles Ableiten des Niederschlagswassers kann der Zielsetzung der Wasseraufnahmefähigkeit entsprochen werden. Wenn vormals über die Kanalisation angeschlossene Flächen nunmehr ortsnah entwässert werden, kann eine wirtschaftliche Zumutbarkeit eher unterstellt werden, da dann auch erhebliche Gebühren für die Kanalbenutzung einzusparen sind. Bei Erfüllung der in Nr. 9.14 VV BauO NRW beschriebenen **Mindestmaßnahmen** kann der Grundstückseigentümer als Zustandsstörer davon ausgehen, dass ein **bauaufsichtliches Einschreiten** der Bauaufsichtsbehörde **ausgeschlossen** ist. 39

### 2.5 Zu Absatz 1 Satz 5 – Darlegungspflicht des Verpflichteten

Satz 5 regelt nur den Fall, dass die **wirtschaftliche Unzumutbarkeit nicht offensichtlich** ist. Die Vorschrift bürdet dem Verpflichteten eine besondere **Darlegungspflicht** auf und hat zur Folge, dass bei Unterlassung dieser Darlegung die Bauaufsichtsbehörde von schwierigen und zeitaufwendigen Ermittlungen entlastet werden soll (so LT-Drucks. 12/3738 S. 72 zu Art. I Nr. 6). Ob das Anliegen des Gesetzgebers tatsächlich zur Erleichterung des bauaufsichtlichen Vollzugs beitragen kann, ist zu bezweifeln. Einerseits wird im vereinfachten Genehmigungsverfahren § 9 Abs. 1 BauGB überhaupt nicht geprüft (vgl. § 68 Abs. 1 Satz 4 Nr. 2 BauO NRW), insofern entfällt auch eine Prüfung der Einhaltung der sich aus den Sätzen 3 und 4 ergebenden Pflichten und damit die Anwendung von Satz 5. Andererseits bleibt es dem Bauherrn im „normalen“ Genehmigungsverfahren unbenommen, die wirtschaftliche Unzumutbarkeit erst im Widerspruchsverfahren geltend zu machen, um eine entsprechende Nebenbestimmung zur Baugenehmigung nicht wirksam werden zu lassen; jedenfalls schließt Satz 5 ein solches Vorgehen des Bauherrn nicht aus und erweist sich schon deshalb als „stumpfes Schwert“ bei der Durchsetzung der Sätze 3 und 4. 40

Die **Fallgestaltungen der Sätze 3 und 4** sind **unterschiedlich**, was notwendigerweise Einfluss auf die Auslegung des unbestimmten Rechtsbegriffs der wirtschaftlichen Zumutbarkeit hat. **Satz 3** betrifft **Ersatzbegrünungsmaßnahmen** im Falle von **Neubauvorhaben. Satz 4** betrifft dagegen **Entsiegelungsmaßnahmen befestigter Flächen mit mehr als 5000 m²**. Die Unterschiedlichkeit der Fallgestaltungen muss bei der wirtschaftlichen Zumutbarkeit berücksichtigt werden, weil es grundsätzlich anders zu beurteilen ist, ob der Bauherr im Rahmen eines Neubauvorhabens die Zusatzkosten von vornherein bei der Festlegung der Miete oder des Verkaufspreises berücksichtigen kann, oder ob er bei nachträglich entstehenden Kosten an deren Umlegung auf die Mieter gehindert wird bzw. der Käufer diese Kosten später zusätzlich zum bereits vor geraumer Zeit entrichteten Kaufpreis aufbringen muss. In derartigen Fällen ist deshalb eine deutlichere Begrenzung der Mehrkosten geboten (s. hierzu die in Nr. 9.15 VV BauO NRW angesprochene Berechnungsmethode). Im Falle des Satzes 4 müssen mehr noch als bei Satz 3 die **persönlichen Verhältnisse** des Grundstückseigentümers als Zustandsstörer Berücksichtigung finden (vgl. Nr. 9.15 VV BauO NRW; s. auch Jeromin, zu § 85 Rdn. 17), z.B. wenn eine vorhandene Grundstücksnutzung der Deckung des Lebensunterhalts des Grundstückseigentümers dient. 41

### 3 Zu Absatz 2 – Kinderspielflächen

42 Die Verpflichtung zur Schaffung von Kinderspielflächen besteht seit der BauO NW 1962 und geht auf § 10 Abs. 2 MBO 1960 zurück. **Beweggrund** zur Aufnahme dieser Bestimmung in die MBO und die ihr entsprechenden Landesbauordnungen war die **Sorge um die Entfaltungsmöglichkeit der Kinder**. Die Verdichtungstendenzen nehmen seit 1960 ständig zu, so dass der Gesetzgeber gut beraten war, die Vorschrift zu verschärfen und nunmehr für alle Gebäude ab zwei Wohnungen Kinderspielflächen zu fordern. Damit werden auch Ungerechtigkeiten und Manipulationsmöglichkeiten eingeschränkt, die sich aus dem Vorgängerrecht ergaben.

43 Das **Spielen im Freien** zählt zu den **ureigensten Äußerungen und Bedürfnissen aller Kinder**. Kinder im Kleinkindalter bedürfen aber auch beim Spiel einer gewissen **Aufsicht**, sei es durch die Eltern selbst, sei es durch beauftragte Personen. So sind die zum Spielen erforderlichen Flächen so anzulegen, dass ein Augenkontakt und Rufkontakt mit den Eltern möglich oder zumindest nicht erschwert wird. Daher auch die Forderung, dass diese Flächen auf den Grundstücken anzulegen sind, auf denen aufgrund eines Bauvorhabens ein Spielflächenbedarf entsteht.

44 Es dient der **Gefahrenabwehr**, zu ermöglichen, dass die Eltern ihren Aufsichtspflichten nachkommen können. So sind zumindest dort, wo aufgrund baulicher, topographischer oder anderer Gegebenheiten einer direkten Aufsicht durch Augenkontakt oder Rufkontakt Hindernisse entgegenstehen, entsprechende Schutzmaßnahmen zu treffen, wie Umwehrungen, Abgrenzungen zu Verkehrsflächen und Schutzpflanzungen. Neben der Gefahrenabwehr verfolgt § 9 Abs. 2 BauO NRW **jugendwohlfahrtspflegerische Ziele**. Auch insoweit ist die Vorschrift von der sozialen Bindung des Eigentums noch gedeckt (OVG Bln, Urteil vom 11. 6. 1976 – II B 73.75, BauR 1976, 420 = BRS 30 Nr. 97 und Urteil vom 6. 4. 1979 – II B 30.77, BRS 35 Nr. 115) und deshalb verfassungsrechtlich unbedenklich (OVG Lüneburg, Urteil vom 30. 6. 1978 – I A 140/77, BRS 33 Nr. 93).

#### 3.1 Zu Absatz 2 Satz 1 – Entstehung der Verpflichtung

45 Die Verpflichtung zur **Bereitstellung** von **Spielflächen** für Kleinkinder auf dem Grundstück besteht nach **Satz 1** bei einem Gebäude mit Wohnungen. Es wird nicht das **Anlegen** eines Spiel**platzes** verlangt, sondern nur die **Bereitstellung** einer entsprechenden **Fläche**. Die Bauordnung enthält außer den allgemeinen in § 3 und §§ 12–19 BauO NRW geregelten Anforderungen keine besonderen Vorschriften über die Lage, Größe, Beschaffenheit, Ausstattung und Unterhaltung von Kinderspielflächen. Derartige besondere Anforderungen bleiben nach § 86 Abs. 1 Nr. 3 BauO NRW den **örtlichen Bauvorschriften** der Gemeinden vorbehalten (s. die Anmerkungen zu § 86 Rdn. 42–48).

46 Es handelt sich bei § 9 Abs. 2 BauO NRW um ein **Minimalprogramm** zum **Schutz von Kleinkindern** (zum diesem Begriff s. Nr. 9.21 VV BauO NRW). Die Spielbedürfnisse größerer Kinder und Jugendlicher, wie auch die Erholungsbedürfnisse Erwachsener berücksichtigt das nordrhein-westfälische Bauordnungsrecht nicht.

47 Die Bereitstellung der Kleinkinderspielfläche ist für ein Gebäude mit Wohnungen vorgeschrieben, das **errichtet** wird. Die Anknüpfung an den Begriff der Errichtung lässt die Fälle der Änderung bzw. Nutzungsänderung von Gebäuden zu Wohnzwecken unberücksichtigt. Diese Rechtslücke wird in der bauaufsichtlichen Vollzugspraxis dadurch geschlossen, dass die Bauaufsichtsbehörde vorsorglich auf § 9 Abs. 2 Satz 5 BauO NRW

hinweist, wonach bei bestehenden Gebäuden (also nach Durchführung der Änderung oder Nutzungsänderung) die Bereitstellung von Kinderspielflächen auch **nachträglich** verlangt werden kann. Für die Bauherren ist es vom Bauablauf her dann günstiger, im Zuge der Herrichtung der Außenanlagen auch die Kinderspielfläche gleich vorzusehen.

Die Formulierung „**ein Gebäude mit Wohnungen**“ zielt auf ein Gebäude **mit mehr als** 48
**einer** Wohnung, nicht jedoch auf Einfamilienhäuser, „da hier für im Haushalt lebende Kleinkinder in jedem Fall hinreichend Raum zum Spielen auf dem Grundstück vorhanden ist“ (so LT-Drucks. 11/7153 S. 154). Die Forderung gilt **unabhängig von der Gebäude- bzw. Wohnform**. Es kommt allein auf die Anzahl der Wohnungen im Gebäude an. Die Spielfläche ist auch bereitzustellen, wenn das Gebäude nur teilweise zu Wohnzwecken genutzt wird, z.B. als Wohn- und Geschäftshaus (so auch Boeddinghaus/Hahn/Schulte, zu § 9 Rdn. 15). Erforderlich ist die Spielfläche auch, wenn es sich um „privilegierte“ Wohnungen für Aufsichts- und Bereitschaftspersonen sowie für Betriebsinhaber und Betriebsleiter in einem im Gewerbe- oder Industriegebiet handelt.

Die Spielfläche für Kleinkinder ist nach dem in § 9 Abs. 2 Satz 1 BauO NRW formu- 49
lierten Grundsatz **auf dem Grundstück** bereitzustellen, da die Aufsicht über die Kleinkinder optimal nur gesichert ist, wenn diese in Augen- und Rufkontakt zu den sie beaufsichtigenden Personen spielen können (s. Rdn. 43 und 44). Dies bedingt eine unmittelbare Nähe zur Wohnung, die am ehesten auf dem Grundstück gewährleistet werden kann, da es sich um Kinder im Vorschulalter handelt, deren oft spontanes Verhalten beim Spielen nicht genau eingeschätzt werden kann.

Die in Satz 2 angesprochenen **Ersatzlösungen** stehen deshalb ausnahmslos unter dem 50
**Vorbehalt unmittelbarer Nähe**. Dies wird mitunter übersehen, wenn eine der in Satz 2 genannten Anlagen der Erfüllung der Verpflichtung dienen soll. Unmittelbare Nähe im Sinne des § 9 Abs. 2 Satz 2 BauO NRW ist gegeben, wenn

- die Spielfläche auf einem an das Baugrundstück angrenzenden Grundstück liegt

**und**

- Augen- und Rufkontakt zwischen Wohnung und Spielfläche besteht.

Ersatzlösungen, die **nicht einsehbar** sind, erfüllen nicht dieses Ziel. **Ungeeignet** sind Spielflächen, die nur über stark befahrene Straßen vom Baugrundstück aus erreichbar sind, da dann eine dauernde Anwesenheit von Aufsichtspersonen unumgänglich ist.

### 3.2 Zu Absatz 2 Satz 2 – Ersatzlösungen

Die Bereitstellungspflicht entfällt nach **Satz 2** bei Schaffung oder Vorhandensein 51

- von durch **Baulast gesicherten Spielflächen** auf Nachbargrundstücken oder
- von entsprechenden **Gemeinschaftsanlagen** (§ 11 BauO NRW) oder
- wenn in unmittelbarer Nähe ein geeigneter **öffentlicher Spielplatz** geschaffen wird oder vorhanden ist.

Auch in diesen Fällen muss die Lage der baulastgesicherten Spielfläche, der Gemeinschaftsanlage oder des öffentlichen Spielplatzes so sein, dass der erforderliche **Kontakt** zu den Gebäuden, für die die Verpflichtung des Satzes 1 besteht, **ohne Schwierigkeiten möglich** ist. Die Entfernung sollte nicht mehr als 100 m betragen, da bei größeren Distanzen ein Kontakt zwischen Kind und Eltern bzw. Aufsichtsperson wesentlich erschwert wird. Handelt es sich um einen öffentlichen Spielplatz, so muss dieser wenigstens zum Teil dem Spielbereich C nach dem RdErl. vom 31.7.1974 (SMBl. NRW. 2311) zugeordnet sein. Das sind Plätze, die in der Nähe von Wohnungen für Kleinkinder und jüngere Schulkinder mit entsprechenden Einrichtungen zur Verfügung stehen. Handelt es sich um eine Spielplatzanlage, die für Kindern und Jugendlichen zugleich dient, muss diese zumindest teilweise für Kleinkinder geeignet sein (vgl. Nr. 9.22 VV BauO NRW).

**52** Soll für mehrere Grundstücke eine Gemeinschaftsspielfläche genutzt werden, ist mit dem Bauantrag ein entsprechender **Nachweis** vorzulegen. Das Gleiche gilt auch dann, wenn auf die Spielfläche verzichtet werden soll, weil in unmittelbarer Nähe ein öffentlicher Spielplatz geschaffen wird oder vorhanden ist (vgl. Nr. 9.22 VV BauO NRW). Der Nachweis ist ebenso bei nach § 67 BauO NRW freigestellten Wohnbauvorhaben im Rahmen der bei der Gemeinde einzureichenden Bauvorlagen zu führen; anderenfalls kann die Gemeinde von ihrem Recht Gebrauch machen, die Durchführung eines Genehmigungsverfahrens zu verlangen.

**53** Die Ersatzlösung nach § 9 Abs. 2 Satz 2 **Buchstabe a** BauO NRW trägt einer bereits länger geübten Praxis Rechnung. Dem Bauherrn war es nämlich nach früherem Recht unbenommen, sich mit dem Nachbarn über die Mitbenutzung einer Spielfläche auf dessen Grundstück zu einigen und dies durch Eintragung einer **Baulast** abzusichern. Eine solche Baulast bot dann die Rechtsgrundlage für eine Befreiung nach § 68 Abs. 3 BauO NW 1984. Nach geltendem Recht gilt die **baulastgesicherte Spielfläche** auf Fremdgrundstück bereits **ausdrücklich als Ersatzlösung**, so dass es einer zusätzlichen Abweichung nach § 73 BauO NRW nicht mehr bedarf. Die Baulast hat dabei neben dem bloßen **Dulden der Herrichtung** der Spielfläche auf dem belasteten Grundstück auch die **Unterhaltung** der Spielfläche zu sichern (zur Praxis der Baulastsicherung von Spielflächen mit Formulierungsvorschlag s. Wenzel, Rdn. 446–489).

**54** Die Ersatzlösung nach § 9 Abs. 2 Satz 2 **Buchstabe b** BauO NRW erfasst **Gemeinschaftsanlagen**. Diese unterscheiden sich von baulastgesicherten Spielflächen auf Fremdgrundstück dadurch, dass sie im gemeinschaftlichen Eigentum stehen. Die Flächen für Gemeinschaftsanlagen sind regelmäßig im Bebauungsplan festgesetzt und dienen einer bestimmten städtebaulichen Einheit. Die Flächen können den beteiligten Eigentümern im Umlegungsverfahren auch gegen deren Willen zugeteilt und mit Unterhaltungsauflagen verbunden werden (OLG Frankfurt/Main, Urteil vom 5. 12. 1988 – 1 U [Baul] 5/87, BRS 53 Nr. 169). Da bereits § 11 BauO NRW zur Instandhaltung verpflichtet, konnte auf eine Baulastsicherung verzichtet werden. Die Begründung von Gemeinschafteigentum an einem Kinderspielplatz im Umlegungsverfahren verletzt die durch den Umlegungsbeschluss erfassten Erwerber nicht in ihrem Rechten aus Art. 14 GG (BVerfG, Beschluss vom 2. 12. 1999 – 1 BvR 335/89, UPR 2000, 110).

**55** Die Ersatzlösung nach § 9 Abs. 2 Satz 2 **Buchstabe c** BauO NRW erfasst **öffentliche Spielplätze**. Diese werden von der Gemeinde angelegt und unterhalten. Insoweit besteht eine Gewähr dafür, dass die Anlagen auf Dauer nutzbar sind. Der Gesetzgeber geht davon aus, dass die **Gemeinden** im Rahmen ihrer Selbstverwaltungsaufgaben die erforderlichen Spielflächen **ordnungsgemäß instandhalten** und nur solche Anlagen aufgeben, die nicht mehr benötigt werden. Bei der Auflassung bestehender öffentlicher Spielplätze tun die Gemeinden gut daran, vorsorglich zu prüfen, ob ein solcher Spielplatz als Ersatz für Kleinkinderspielflächen herangezogen wurde. Hiervon kann stets ausgegangen werden, wenn der öffentliche Spielplatz im begrünten Blockinnenbereich einer mehrgeschossigen Wohnungsrandbebauung liegt.

Bei Erfüllung der in § 9 Abs. 2 Satz 2 Buchstabe a, b oder c BauO NRW aufgeführten Voraussetzungen hat der Bauherr einen **Rechtsanspruch auf die Ersatzlösung**. Dies folgt aus der Formulierung „ist nicht erforderlich, wenn". Rechtssicherheit erlangt der Bauherr hierüber allerdings erst mit der Aushändigung der Baugenehmigung. In der Freistellung nach § 67 BauO NRW trägt der Bauherr allein die Verantwortung für die Einhaltung der Bestimmungen des § 9 Abs. 2 BauO NRW. Hegt er Zweifel an der Zulässigkeit der Ersatzlösung, kann er die Bauaufsichtsbehörde um Auskunft ersuchen. 56

### 3.3 Zu Absatz 2 Satz 3 – Größe, Anordnung, Lage, Ausstattung

Die **Größe** der Spielflächen richtet sich entsprechend **Satz 3** nach der **Zahl** und der **Art** der Wohnungen. Weder dem Gesetz noch der Verwaltungsvorschrift lässt sich die erforderliche Flächengröße entnehmen. Soweit die Gemeinde keine Satzungsregelung getroffen hat, wird mancher Bauherr ratlos sein. Er kann sich jedoch an anderen Regelungen orientieren. Die nutzbare Fläche eines Kleinkinderspielplatzes muss nach § 3 Abs. 3 Nds. Gesetz über Spielplätze mindestens 30 m² und mindestens 3 % der Wohnfläche der Wohnungen betragen. Besteht keine satzungsrechtliche Vorgabe, wird man bei **3 m² je Wohnung bzw. 30 m² Mindestgröße** der Spielfläche die Forderung nach ausreichender Größe als erfüllt ansehen müssen, da dem niedersächsischen Gesetzgebern kaum unterstellt werden kann, der Grundforderung nicht ausreichend Rechnung getragen zu haben. Dienen die Wohnungen der Unterbringung kinderreicher Familien, so kann es wegen der **Art** der Wohnungen im Einzelfall erforderlich sein, größere Spielflächen zu schaffen. 57

Der **Anordnung** (zu diesem Begriff s. die Anmerkungen zu § 3 Rdn. 15–19) und der **Lage** der Kleinkinderspielflächen ist besondere Beachtung zu schenken. Da Spielflächen als bauliche Anlagen gelten (vgl. die Anmerkungen zu § 2 Rdn. 76), müssen sie gemäß § 3 BauO NRW so **angeordnet** werden, dass die öffentliche Sicherheit und Ordnung, insbesondere Leben, Gesundheit oder die natürlichen Lebensgrundlagen, nicht gefährdet werden. Die Gesundheit oder gar das Leben der Kleinkinder können gefährdet werden, wenn die Spielfläche ungeschützt neben Stellplatzanlagen, Garagenzufahrten oder Abfallbehälterstandorten angeordnet werden soll; hier sind zum Schutz der Kleinkinder ausreichend breite Schutzpflanzungen vorzusehen (s. Rdn. 18). § 16 BauO NRW enthält Vorgaben zur Anordnung im Hinblick auf den Schutz gegen schädliche Einflüsse; § 19 BauO NRW spricht die Verkehrssicherheit der Anlage an. Aus dem Regelungszusammenhang ergibt sich unschwer, dass **Spielflächen auf dem Grundstück** anzuordnen sind, somit **auf der Geländeoberfläche** und nicht auf dem Dach oder etwa im Kellerraum eines Gebäudes. 58

Das Bauordnungsrecht provoziert in dicht bebauten Bereichen wegen der sich gegenseitig ausschließenden Nutzungsansprüche an die Grundstücksfreiflächen **Konflikte** zwischen der Forderung nach Kinderspielflächen bzw. Stellplatzflächen zur Unterbringung des ruhenden Verkehrs. In diesen Fällen genießt die **Schaffung der Spielflächen** gegenüber der Schaffung von Stellplatzflächen **Priorität**, da die beiden Schutzgüter gegeneinander abgewogen werden müssen und hierbei § 9 Abs. 2 BauO NRW Gefahren für Leben und Gesundheit der Kinder abwehren will, während § 51 BauO NRW ordnungspolitischen Zielen (Ordnung des ruhenden Verkehrs) dient. Es liegt auf der Hand, dass die Abwehr von Gefahren für Leben und Gesundheit der Kleinkinder diesen ordnungspolitischen Aufgaben vorgeht. Diesen Umstand berücksichtigt das Bauordnungsrecht insofern, als es die Ablösung der Stellplatzpflicht ausdrücklich ermög- 59 licht, die Ablösung der Pflicht zur Bereitstellung von Spielflächen aber nicht. Daraus folgt, dass von der Forderung des § 9 Abs. 2 BauO NRW bei einem Konflikt speziell zwischen diesen beiden Nutzungsansprüchen regelmäßig nicht über eine Abweichung nach § 73 BauO NRW abgesehen werden kann.

**60** Bei sehr beengten Grundstücksverhältnissen kann es unumgänglich sein, die Spielfläche z. B. auf dem Flachdach eines erdgeschossigen Gebäudes anzulegen, weil ansonsten ganz auf eine Spielgelegenheit wegen **Ungeeignetheit der ebenerdigen Flächen** verzichtet werden müsste. Eine solche Situation ist in Kerngebieten mitunter vorzufinden, weil die Bebauungskonzeption eine erdgeschossige Bebauung mit Ladenlokalen verlangt oder weil nicht mit Gebäuden besetzte Restflächen des Grundstücks als Zugänge oder Zufahrten benötigt werden. In dicht bebauten Gebieten kann die gesamte Blockinnenfläche erdgeschossig bebaut und mit einem begrünten Dach als Freiflächenersatz ausgestattet sein. Diese Lösung bietet dann die Möglichkeit zur Integration der Spielfläche, ohne dass besondere Vorkehrungen zur Gefahrenabwehr getroffen werden müssen. Vorsicht ist bei der Anordnung der Spielfläche auf dem Dach eines Anbaus geboten, da eine **erhöhte Absturzgefahr** besteht. Kleinkinder, die ihren Spieltrieb ausleben, benutzen Geländer gerne zum Klettern, so dass durch eine besonders sichere Gestaltung der Umwehrung ein Überklettern verhindert werden muss.

**61** Irritationen kann die Rechtsprechung zur **Lage der Spielflächen** im Hinblick auf das **Rücksichtnahmegebot** hervorrufen, wenn die zu Einzelfällen getroffenen Entscheidungen ohne Berücksichtigung des genauen Sachverhalts auf andere Fälle übertragen werden. Es ist zwischen Spielflächen für Kleinkinder im Vorschulalter und solchen für ältere Kinder und Jugendliche sowie Bolzplätzen zu unterscheiden. Bolzplatzanlagen sind wie Sportanlagen zu behandeln (BVerwG, Beschluss vom 3. 3. 1992 – 4 B 70.91, BauR 1992, 340 = BRS 54 Nr. 43 = ZfBR 1992, 143). Die Spielflächen nach § 9 Abs. 2 BauO NRW sind planungsrechtlich den **Spielplätzen** zuzuordnen und auf die Nähe zur **Wohnbebauung** angewiesen. Sie sind als deren **sinnvolle Ergänzung** sowohl im allgemeinen als auch im reinen Wohngebiet **grundsätzlich zulässig**. Die mit der bestimmungsgemäßen Nutzung verbundenen **Beeinträchtigungen sind von den Nachbarn deshalb hinzunehmen** (BVerwG, Urteil vom 12. 12. 1991 – 4 C 5.88, BauR 1992, 338 = BRS 52 Nr. 47 = ZfBR 1992, 144). Das Rücksichtnahmegebot beschränkt die rechtliche Befugnis eines Grundstückseigentümers, die Lage eines für die Bewohner auf dem Baugrundstück anzulegenden – nach Umfang und Ausstattung angemessenen – Kinderspielplatzes grundsätzlich frei wählen zu können, nicht auf die die Nachbarn in ihrem Ruhebedürfnis soweit wie möglich schonenden Standorte (OVG Bln, Urteil vom 24. 3. 1994 – 2 B 28.91, BRS 56 Nr. 52). Das hiervon abweichende Urteil des OVG Lüneburg vom 17. 11. 1983 (– 6 A 16/83, NJW 1985, 217) beruht auf einer besonderen Rechtslage; nach § 2 Abs. 3 Satz 2 Nds. Gesetz über Spielplätze „ist auf das Ruhebedürfnis der Anwohner Rücksicht zu nehmen, soweit die örtlichen Verhältnisse es zulassen“. Eine vergleichbare Einschränkung der bauordnungsrechtlichen Zulässigkeit kennt das nordrhein-westfälische Recht nicht.

**62** Die **Beschaffenheit** und **Ausstattung** von Kinderspielflächen kann durch örtliche Bauvorschrift geregelt werden (s. Rdn. 45). Hierzu hat die Arbeitsgemeinschaft der kommunalen Spitzenverbände das Muster für eine Satzung über die Beschaffenheit und Größe von Spielplätzen für Kleinkinder erarbeitet (MBl. NRW. 1972 S. 3). Nr. 9.21 VV BauO NRW weist darauf hin, dass die Spielflächen gegen Verkehrsflächen, Kfz-Stellplätze und Standplätze für Abfallbehälter abzugrenzen sind.

Nach § 3 Abs. 1 Satz 2 Nr. 14 BauPrüfVO sind die **Kinderspielflächen im Lageplan** darzustellen (s. Rdn. 26). Nur so kann im Baugenehmigungsverfahren geprüft bzw. in der Freistellung nach § 67 BauO NRW erkannt werden, ob die Anordnung und Größe den Anforderungen entspricht. Zur **Kennzeichnung** der Kinderspielfläche enthält **Nr. 15.3 der Anlage zur PlanzV 90** ein **Planzeichen**. Für die Darstellung der Abgrenzung der Spielfläche enthält die Anlage zur BauPrüfVO kein Planzeichen, es hat sich jedoch die Praxis entwickelt, hierfür die Umgrenzungsdarstellung nach Nr. 15.3 der Anlage zur PlanzV 90 zu verwenden (s. Rdn. 28). Ergänzend ist die Flächengröße anzugeben. Obwohl nicht ausdrücklich verlangt, sollten auch die Vorkehrungen zum Schutz der Spielfläche, wie z. B. Schutzpflanzungen, dargestellt werden. Die nachfolgende Abbildung zeigt entsprechende Darstellungen in einem Plan der Gestaltung der Freiflächen. 63

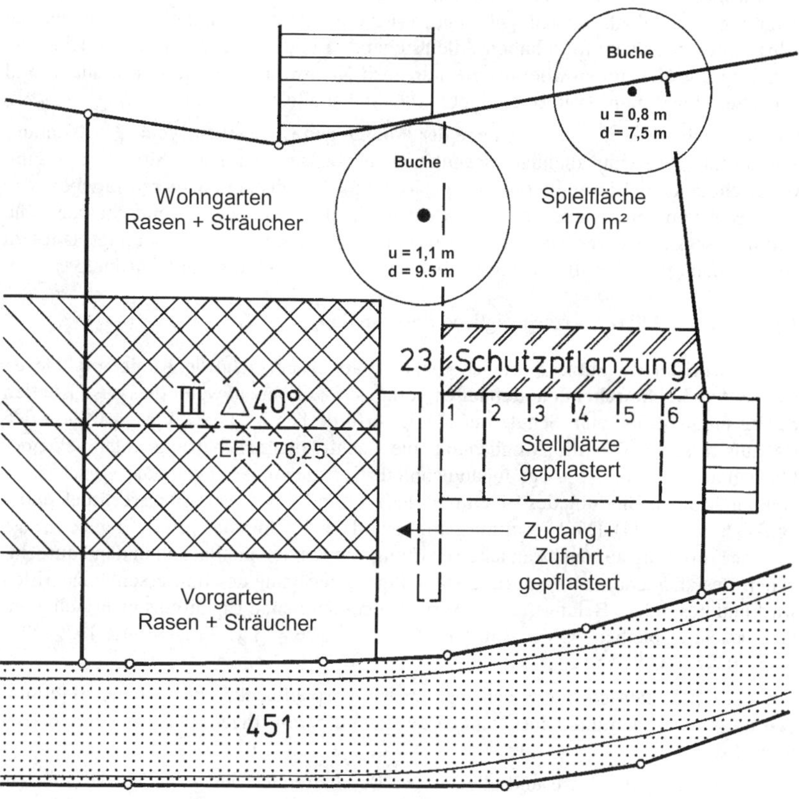


**Abbildung 9.1 Plan der Gestaltung der Freiflächen** mit Darstellung der nicht überbauten Flächen und deren Ausgestaltung sowie der **Kinderspielfläche** mit Größenangabe und erforderlicher Schutzpflanzung zur Abschirmung der Stellplätze (s. Rdn. 26 und 63).

### 3.4 Zu Absatz 2 Satz 4 – Verzicht auf Bereitstellung

64 **Satz 4** ermöglicht der Bauaufsichtsbehörde, auf die Bereitstellung von Spielflächen zu verzichten, wenn die Art und die Lage der Wohnungen dies nicht erfordern. Hierbei handelt es sich um eine **Abweichungsentscheidung** im Sinne des § 73 BauO NRW. Die Abweichung steht unter einem ausdrücklichen **Vorbehalt**; es muss also das Vorliegen dieser Abweichungsvoraussetzung gegeben sein. Die Formulierung der Voraussetzung ist nicht eindeutig, da sie darauf abstellt, dass Art **und** Lage der Wohnungen keine Spielfläche erfordern. Dies ist jedoch nicht kumulativ zu verstehen, jedenfalls wird im bauaufsichtlichen Vollzug das **und** als **oder** gelesen. Nur das ergibt auch einen Sinn, da anderenfalls die Abweichungsklausel so gut wie nie zur Anwendung käme.

65 **Von der Art der Wohnungen** her handelt es sich hier um Wohngebäude, die nicht für Familien mit Kindern bestimmt oder geeignet sind; dazu zählen neben Gebäuden mit Altenwohnungen auch Appartementhäuser mit Kleinwohnungen. Bei derartigen Kleinwohnungen ist jedoch Vorsicht geboten, da sich die Lebensgewohnheiten in den letzten Jahrzehnten stark verändert haben. Alleinstehende Erziehungsberechtigte mit Kind, die sich aufgrund des hohen Mietniveaus nur noch Kleinwohnungen leisten können, sind keine Seltenheit mehr (vgl. Boeddinghaus/Hahn/Schulte, zu § 9 Rdn. 16).

66 Die Abweichungsvoraussetzung **Lage der Wohnungen** ist gegeben, wenn den Wohnungen Gartenflächen zur alleinigen Benutzung zugeordnet sind. Diese Situation ist dann vergleichbar dem Einfamilienhaus (vgl. Rdn. 48). Möglichkeiten hierzu ergeben sich beim Bau von reihenhausähnlichen Mehrfamilienhäusern, sog. „Wohnscheiben", die mitunter konzipiert werden, um der Einzelhausfestsetzung eines Bebauungsplanes zu entsprechen (zum Begriff „Wohnscheibe" vgl. die Anmerkungen zu § 2 Rdn. 134).

### 3.5 Zu Absatz 2 Satz 5 – Nachträgliche Bereitstellung

67 Die Vorschriften des Satzes 5 ermächtigen die Bauaufsichtsbehörde, **Kinderspielflächen** nach Satz 1 **bei bestehenden Gebäuden** verlangen zu können, wenn dies aus Gründen der Gesundheit und zum Schutz der Kinder erforderlich ist. Diese Vorschrift gibt den Bauaufsichtsbehörden die Möglichkeit, die nachträgliche Schaffung entsprechender Flächen auch im Interesse der Jugendwohlfahrtspflege zu verlangen. Die Vorschrift ist von der sozialen Bindung des Eigentums gedeckt und somit **verfassungsrechtlich unbedenklich** (s. Rdn. 44). Die Eigentumsgarantie und das Rechtsstaatsprinzip gebieten, dass mit der Forderung auf nachträgliche Schaffung von Kinderspielflächen in den baurechtlichen Bestandsschutz nur aufgrund sorgfältiger Abwägung der Interessen eingegriffen wird und besondere Belange des in Anspruch genommenen Eigentums nicht völlig unberücksichtigt bleiben (OVG Bln, Urteil v. 11. 6. 1976 – II B 73.75, BauR 1976420 = BRS 30 Nr. 97).

68 Die mit der nachträglichen Schaffung von Kinderspielflächen verbundenen **Belastungen** muss der Eigentümer im Rahmen des Zumutbaren tragen. Die Anordnung setzt voraus, dass

a) eine nach Größe, Lage und allgemeiner Beschaffenheit geeignete Fläche auf dem Grundstück zur Verfügung steht,

b) die Gesundheit oder der Schutz der auf dem Grundstück jetzt oder künftig wohnenden Kinder dies erfordern und

c) sich keine anderen Spielmöglichkeiten in unmittelbarer Wohnungsnähe befinden.

Steht in zumutbarer Entfernung eine öffentliche Freifläche zum Spielen und zum Sport zur Verfügung, kann nachträglich die Anlage einer privaten Kinderspielfläche nicht gefordert werden (OVG Bln, Urteil vom 26.2.1982 – 2 B 71.81, BauR 1982, 371).

Die **Anordnung** zur nachträglichen Schaffung einer Kinderspielfläche muss die aus dem 69
Bestandsschutz folgenden **Eingriffsschranken** beachten, die Teil des Eigentumsschutzes durch Art. 14 Abs. 1 GG sind (Hamb. OVG, Urteil vom 5.12.1974 – Bf. II 10/74, DÖV 1976, 573). Eine **Verfügung**, durch die dem Eigentümer eines Grundstücks in Anwendung der Ermächtigung die nachträgliche Anlegung einer Kinderspielfläche aufgegeben wird, bedarf einer **Begründung**, die geeignet ist, den Erlass der Verfügung vor dem **Gebot der Rechtsanwendungsgleichheit** zu rechtfertigen. Gegen eine Verwaltungspraxis, die das Vorliegen von Mieterbeschwerden zur alleinigen Voraussetzung einer Anwendung der Ermächtigung macht, bestehen durchgreifende Bedenken (OVG NRW, Urteil vom 20.11.1979 – X A 907/79, BRS 35 Nr. 116).

**Der Grundstückeigentümer** ist **verpflichtet,** die **Spielfläche** für das Spielen von Kindern, 70
die auf dem Grundstück wohnen, **zur Verfügung zu stellen**. Über Einzelheiten der Benutzung und der Benutzungszeiten können privatrechtliche Regelungen durch Mietvertrag oder durch Hausordnung getroffen werden, die dem Zweck der öffentlich-rechtlichen Regelung nicht entgegenstehen dürfen. Die mit der Benutzung eines Kinderspielplatzes verbundenen Lärmbeeinträchtigungen müssen die Mitbewohner im Rahmen des Üblichen und Zumutbaren als natürliche Lebensäußerungen der Kinder hinnehmen (OVG Bln, Urteil vom 6.4.1979 – II B 30.77, BRS 35 Nr. 115; s. auch Rdn. 61).

### 4 Zu Absatz 3 – Erhaltung oder Veränderung der Geländeoberfläche

Die Bestimmung geht auf § 10 Abs. 4 MBO 1960 zurück und wurde in § 9 Abs. 3 MBO 71
1981 bzw. 1997 beibehalten. Die MBO 2002 hat sie nicht mehr übernommen, da sie „mangels praktischer Bedeutung und präzise vollziehbarer Tatbestandsmerkmale entbehrlich erschien und zur Erreichung der mit der Vorschrift verfolgten Ziele die sonstigen materiell-rechtlichen Regelungen der MBO genügen“ (so die Begründung, abgedruckt bei Jäde, S. 51). Die Fassung des § 9 Abs. 3 BauO NW 1984 stellte auf die „**Oberfläche des Grundstücks**“ ab. Daraus war abgeleitet worden, die Oberfläche des Grundstücks sei nicht ohne weiteres mit der Geländeoberfläche im Sinne der Begriffsbestimmung des § 2 Abs. 4 BauO NW 1984 gleichzusetzen. Um zu verdeutlichen, dass § 9 Abs. 3 BauO NW 1995 die Geländeoberfläche im Sinne der Legaldefinition des § 2 Abs. 4 BauO NW 1995 meint, erfolgte die Umstellung der Formulierung (s. LT-Drucks. 11/7153, S. 154). Die Vorschrift betrifft das **Geländeniveau**, nicht den Schutz des Mutterbodens. Den Erhalt bzw. die Wiederverwendung abgeschobenen Mutterbodens regelt § 202 BauGB.

**Regelungsgegenstand** ist die Geländeoberfläche des Grundstücks vor Durchführung 72
der Bauarbeiten, das ist die **natürliche Geländeoberfläche** im Sinne des § 2 Abs. 4 BauO NRW. Dies zum Ausgangspunkt der Überlegungen nehmend, ermächtigt § 9 Abs. 3 BauO NRW die Bauaufsichtsbehörde aus Anlass der Errichtung oder Änderung von baulichen Anlagen unter genau festgelegten Voraussetzungen zu verlangen, dass die natürliche **Geländeoberfläche** entweder **erhalten** oder aber **verändert** wird. Die Ermächtigung zielt auf eine **tatsächliche** Beibehaltung oder Änderung der Geländeoberfläche, nicht dagegen auf eine **fiktive** Regelung, um durch ein lediglich auf dem Papier festgeschriebenes Geländeniveau eine günstigere Berechnungsgrundlage z.B. für die Ab-

standflächen- oder die Vollgeschossregel zu erlangen. Die von der Bauaufsichtsbehörde getroffene Anordnung muss nach Abschluss der Bauarbeiten **tatsächlich realisiert** worden sein. § 9 Abs. 3 BauO NRW ist die **normative Vorgabe für zulässige Geländeveränderungen** (OVG NRW, Beschluss vom 25. 9. 1996 – 7 B 1981/96 n. v.).

**73** Tatbestandliche Voraussetzung für das Verlangen ist die **Errichtung** oder die **Änderung baulicher Anlagen**, nicht hingegen die Nutzungsänderung oder der Abbruch (zu den Begriffen Errichtung und Änderung s. die Anmerkungen zu § 3 Rdn. 20–24). Die Bestimmung kann nicht herangezogen werden, um unabhängig von der Errichtung oder der Änderung baulicher Anlagen Geländeanpassungen zu verlangen (ebenso Wilke/Dageförde/Knuth/Meyer, zu § 8 Rdn. 35). Unter die bauliche Anlage fallen auch die nach § 2 Abs. 1 Satz 3 BauO NRW fingierten, wie z. B. Lagerplätze, Stellplätze oder Gerüste. Im Hinblick auf den Regelungsgehalt des § 9 Abs. 3 BauO NRW wird ein Verlangen in der Praxis vor allem aus Anlass der Errichtung bzw. Änderung „echter“ baulicher Anlagen, vor allem von Gebäuden ausgesprochen. Nicht gefordert ist die Genehmigungsbedürftigkeit des baulichen Vorganges, so dass die Bauaufsichtsbehörde ein **Verlangen aus Anlass eines freigestellten Vorhabens**, auch eines solchen nach **§ 67 BauO NRW**, aussprechen kann (so auch Boeddinghaus/Hahn/Schulte, zu § 9 Rdn. 29).

### 4.1 Verfahrensrechtliche Behandlung

**74** Es ist dem Bauherrn unbenommen, von sich aus eine Änderung der Geländeoberfläche vorzusehen, soweit keine Festsetzungen des Bebauungsplans entgegenstehen. Aus § 9 Abs. 3 BauO NRW ergibt sich weder direkt noch indirekt, dass jede Veränderung der Geländeoberfläche unzulässig ist. Die Änderung der Geländeoberfläche durch Aufschüttung oder durch Abgrabung gilt nach § 2 Abs. 1 Satz 3 Nr. 1 BauO NRW als bauliche Anlage, die den baurechtlichen Anforderungen genügen muss, das heißt, sie darf unter anderem keine Gefahren verursachen, das Orts- und Landschaftsbild nicht verunstalten und die Nachbarn in ihren Rechten nicht verletzen.

**75** Die Beibehaltung oder Veränderung der **Geländeoberfläche** ist in den **Bauvorlagen** darzustellen (s. die Anmerkungen zu § 2 Rdn. 176). Soweit öffentlich-rechtliche Vorschriften der Absicht des Bauwilligen nicht entgegenstehen, bestätigt die Bauaufsichtsbehörde mit der Baugenehmigung das in den Bauvorlagen **dargestellte** vorhandene oder zur Änderung beantragte **Geländeniveau**. In diesem Falle kommt es erst gar nicht zu einem baubehördlichen Verlangen. Erkennt die Bauaufsichtsbehörde, dass das in den Bauvorlagen dargestellte Geländeniveau den bauordnungsrechtlichen Bestimmungen zuwiderläuft, kann sie von der Ermächtigung des § 9 Abs. 3 BauO NRW Gebrauch machen. Grundsätzlich sind folgende Fälle zu unterscheiden:

- das in den Bauvorlagen als zu ändern dargestellte Geländeniveau soll nicht zugelassen und stattdessen eine Erhaltung des natürlichen Geländeniveaus verlangt werden,
- es soll eine Änderung des Geländeniveaus verlangt werden, obwohl die Darstellung in den Bauvorlagen von der Beibehaltung der natürlichen Geländeoberfläche ausgeht.

Wegen des notwendigen **Eingriffs in die Entwurfskonzeption** ist dem Bauwilligen die Rechtsauffassung der Bauaufsichtsbehörde unter Benennung der Gründe bekannt zugeben, um diesem die Möglichkeit zur **Änderung** seiner **Bauvorlagen** zu eröffnen.

**76** Erst eine vom Antrag abweichende Entscheidung durch **Nebenbestimmung** in der Baugenehmigung stellt ein förmliches Verlangen im Sinne des § 9 Abs. 3 BauO NRW dar;

gegen die Entscheidung können selbstverständlich Rechtsmittel eingelegt werden. Derartige Fälle kommen jedoch äußerst selten vor, da die Baugenehmigungsbehörde zulässigerweise nur solche **Nebenbestimmungen** treffen darf, die **nicht modifizierend** in die Bauvorlagen **eingreifen** und den Antragsinhalt wesentlich verändern. Eine modifizierende Auflage liegt vor, wenn als Folge des Verlangens eine geänderte Höhenlage der baulichen Anlage eintritt oder wenn sich bei Beibehaltung der Höhenlage der baulichen Anlage infolge des geänderten Geländeniveaus andere Ansichten ergeben, z. B. bei einer Anhebung des Geländeniveaus zuvor als freiliegend geplante Haussockelbereiche und Kelleroberlichtfenster verdeckt werden. Derartige Entwurfsmodifizierungen können **nur einvernehmlich zwischen Behörde und Antragsteller** vorgenommen werden (s. die Anmerkungen zu § 75 Rdn. 149 und 153).

Im **Vorbescheidsverfahren** kann dagegen eine Nebenbestimmung im Sinne eines Ver- 77
langens nach § 9 Abs. 3 BauO NRW zulässig und auch geboten sein, weil z. B. der Antrag nur die Lage des Vorhabens auf dem Grundstück darstellt, aber noch keine weiteren detaillierten Bauvorlagen beigefügt sind. Erkennt die Bauaufsichtsbehörde, dass eine Veränderung der Geländeoberfläche aus den in § 9 Abs. 3 BauO NRW aufgeführten Gründen oder aber auch wegen der Festsetzungen eines Bebauungsplanes erforderlich wird (vgl. auch die Anmerkungen zu § 2 Rdn. 169 und 170), darf und sollte sie bereits im Vorbescheid die Anpassung des Geländeniveaus verlangen, damit dies bei der weiteren Durcharbeitung des Entwurfs berücksichtigt werden kann.

Für nach **§ 67 BauO NRW freigestellte Wohnbauvorhaben** ergeben sich unterschied- 78
liche Verfahrensvarianten:

- die Gemeinde kann, wenn sie bezüglich der Zulässigkeit des dargestellten Geländeniveaus Zweifel hegt, die Durchführung eines Genehmigungsverfahrens verlangen,
- die Gemeinde kann die Bauaufsichtsbehörde darüber informieren, dass sie zwar aus planungsrechtlicher Sicht das Vorhaben für zulässig erachtet und deshalb nicht die Durchführung eines Genehmigungsverfahrens verlangt, gleichwohl aber eine Überprüfung des Vorhabens mit § 9 Abs. 3 BauO NRW anheim stellt,
- die Gemeinde kann die Einhaltung der Vorgaben des § 9 Abs. 3 BauO NRW unbeachtet lassen und die Ausführung des Vorhabens tolerieren, da für das Bauordnungsrecht die Bauaufsichtsbehörde zuständig ist.

Verlangt die Gemeinde die Durchführung eines Genehmigungsverfahrens, bestehen für die Bauaufsichtsbehörde die Möglichkeit zur **präventiven Prüfung**. Zu der vom Bauherrn beabsichtigten Änderung der Geländeoberfläche für ein nach § 67 BauO NRW **freigestelltes Wohnbauvorhaben** ist gemäß § 9 Abs. 3 BauO NRW die Festlegung der neuen Geländeoberfläche durch die Bauaufsichtsbehörde erforderlich (OVG NRW, Beschluss vom 2. 10. 1998 – 11 B 845/98, BRS 60 Nr. 207). Kommt es nicht hierzu, kann die Bauaufsichtsbehörde **ordnungsbehördlich** im Rahmen der Ermächtigung des § 61 Abs. 1 BauO NRW **einschreiten**. Insofern unterscheidet sich die Rechtslage nicht von der, wie sie für die nach § 65 BauO NRW freigestellten Vorhaben gilt, wenn auch die Vorhaben nach § 67 BauO NRW ungleich schwerer ins Gewicht fallen und Änderungen des Geländeniveaus – zumindest in Teilbereichen solcher Grundstücke – öfter denkbar sind, als bei den relativ kleinen von § 65 BauO NRW erfassten Baumaßnahmen. Auch die nach § 65 Abs. 1 Nr. 42 BauO NRW von der Baugenehmigung freigestellten selbständigen Aufschüttungen und Abgrabungen sind nicht von der Verpflichtung zur Einhaltung der öffentlich-rechtlichen Anforderungen entbunden (§ 65 Abs. 4 BauO NRW).

### 4.2 Materielle Voraussetzungen

79 Die Ermächtigung des § 9 Abs. 3 BauO NRW greift nur ein, soweit das **Bauplanungsrecht** keine verbindlichen Vorgaben enthält (s. die Anmerkungen zu § 2 Rdn. 169 und 170). Derartige Festsetzungen in Bebauungsplänen bilden jedoch nicht die Regel. § 9 Abs. 3 BauO NRW übernimmt beim Fehlen bauplanungsrechtlicher Festsetzungen eine **Auffangfunktion**, wie diese auch anderen bauordnungsrechtlichen Vorgaben mit deutlichem Bezug zum Planungsrecht zukommt (zur Verzahnung von Bauplanungs- und Bauordnungsrecht vgl. Schulte, Rechtsgüterschutz durch Bauordnungsrecht, Schriften zum öffentlichen Recht, Band 404, S. 199 f.). Dies wird vor allem an den die Ermächtigung für ein Verlangen nach Erhaltung oder Änderung der Geländeoberfläche eingrenzenden materiellen Voraussetzungen deutlich. Es sind nämlich im Wesentlichen die gleichen, die für entsprechende bauplanungsrechtliche Festsetzungen gelten.

80 Die Erhaltung oder Änderung der Geländeoberfläche kann nur aus **zwei Gründen** verlangt werden, nämlich um

1. eine **Störung** des **Straßen**-, **Orts**- oder **Landschaftsbildes** zu **vermeiden** oder zu **beseitigen**

   **oder**

2. die **Geländeoberfläche** der **Höhe der Verkehrsflächen** oder aber der **Höhe der Nachbargrundstücke anzugleichen**.

81 Nach den unter 1. aufgeführten Voraussetzungen geht es darum, atypische Geländeverläufe zur Optimierung des Straßen-, Orts- oder Landschaftsbildes zu eliminieren, dies wird aus der Formulierung „eine Störung zu vermeiden oder zu beseitigen" deutlich. Man kann auch von einer harmonischen Einfügung der Geländeoberfläche in das Gesamtbild sprechen und damit eine bauordnungsrechtliche Parallele zu dem **§ 34 Abs. 1 BauGB** innewohnenden planungsrechtlichen Einfügungsgrundsatz sehen.

82 Ein fast gleiches Ziel verfolgen die unter 2. genannten Voraussetzungen. Ihnen liegt lediglich eine **kleinräumigere Betrachtungsweise** zugrunde, nämlich die Anpassung der Geländeoberfläche eines Grundstücks an das direkt angrenzende Verkehrsflächenniveau oder das Nachbargrundstücksniveau. Hinsichtlich der **Anpassung an die Höhenlage der Verkehrsfläche** geht es um die Gewährleistung ordnungsgemäßer Zugänge und Zufahrten. Daneben soll auch eine mit der Straßenfläche harmonierende Vorgartenzone bzw. in dicht bebauten Gebieten eine an den Gehwegbelag höhengleich anschließende Grundstücksbefestigung erzielt werden. Die **Angleichung der Geländeoberfläche von Nachbargrundstücken** dient dazu, Geländeversprünge zu vermeiden und zu gewährleisten, dass beide Grundstücke gleiche Bezugsebenen für bauliche Anlagen im Grenzbereich aufweisen. Auch hier geht es schließlich um gestalterische Ziele.

83 Im Zusammenhang mit den Abstandflächenregelungen kommt § 9 Abs. 3 BauO NRW **nachbarschützende Wirkung** zu, zumindest wenn Anschüttungen Abstandflächen auslösen (OVG NRW, Urteil vom 27. 11. 1989 – 11 A 195/88, BauR 1990, 341 = BRS 50 Nr. 185 und Beschluss vom 29. 9. 1995 – 11 B 1258/95, BauR 1996, 230 = BRS 57 Nr. 162; VGH B-W, Beschluss vom 22. 8. 1994 – 3 S 1798/94, BRS 56 Nr. 113, Beschluss vom 8. 10. 1996 – 8 S 2566/96, BauR 1997, 92 und Beschluss vom 7. 2. 2006 – 3 S 60/06, BauR 2006, 825 = BRS 70 Nr. 124; OVG M-V, Urteil vom 23. 6. 1998 – 3 L 227/97, BRS 60 Nr. 117; s. auch die Anmerkungen zu § 74 Rdn. 60 b).

## § 10
## Einfriedung der Grundstücke
## (aufgehoben)

[1]Es kann verlangt werden, daß bebaute oder bebaubare Grundstücke entlang der öffentlichen Verkehrsflächen eingefriedet oder abgegrenzt werden, wenn die Sicherheit dies erfordert. [2]Das Gleiche gilt für Lagerplätze, Ausstellungsplätze, Abstellplätze, Campingplätze, Wochenendplätze, Sport- und Spielflächen sowie für Aufschüttungen und Abgrabungen.

**Anmerkungen** (Autor: Heintz)

**§ 10 BauO NW 1995** wurde mit der **BauO NRW 2000** aufgehoben. Die Begründung (LT-Drucks. 12/3738 S. 73) führt hierzu aus: 1

*„Die Vorschrift kann entfallen, weil die von ihr erfassten, von Grundstücken ausgehenden Gefahren nicht spezifisch bauordnungsrechtlicher Natur sind und daher gegebenenfalls von der allgemeinen Ordnungsbehörde nach § 14 OBG abgewehrt werden können.“*

Die Vorschrift ermächtigte die Bauaufsichtsbehörden unter dem Aspekt der **Sicherheit**, eine Einfriedung oder Abgrenzung bebauter oder bebaubarer Grundstücke entlang der **öffentlichen** Verkehrsfläche zu verlangen (zum Begriff **„Einfriedigung“** vgl. Wolff, Der Begriff Einfriedung im Baurecht, BauR 2001, S. 1046 ff.). War es erforderlich, ein Grundstück auch an anderen Grenzen einzufrieden, um z. B. wegen gefahrenträchtiger Anlagen Ungefugte fernzuhalten, bot § 10 BauO NW 1995 hierzu keine Grundlage. Nach Aufhebung der Vorschrift kann in Ausnahmefällen ein Rückgriff auf die **bauordnungsrechtliche Generalklausel** erforderlich werden (s. die Anmerkungen zu § 3 Rdn. 3 und 4).

Die **Gemeinden** sind durch § 86 Abs. 1 Nr. 5 BauO NRW ermächtigt **örtliche Bauvorschriften** zu erlassen, um eine **Verpflichtung zur Herstellung** oder ein **Verbot der Herstellung** von Einfriedungen zu begründen. Sie können auch **Art**, **Höhe** und **Gestaltung** von Einfriedungen regeln (s. die Anmerkungen zu § 86 Rdn. 52–53). 2

**Einfriedungen**, die dem **städtebaulichen Begriff der baulichen Anlage** unterfallen (vgl. d. Anmerkungen zu § 2 Rdn. 9–11), sind **Vorhaben im Sinne des § 29 Abs. 1 BauGB** und unterliegen deshalb den Zulässigkeitsvorschriften der §§ 30–37 BauGB; sie sind **Nebenanlagen nach § 14 Abs. 1 Satz 1 BauNVO**. Die bauplanungsrechtliche Zulässigkeit kann durch Festsetzung nach § 9 Abs. 1 BauGB in Verbindung mit § 23 Abs. 5 BauNVO außerhalb der überbaubaren Grundstücksflächen ausgeschlossen oder eingeschränkt sein. Die Höhenbegrenzung von Einfriedungen stellt eine solche Einschränkung der Zulässigkeit dar, da die Größe (Höhe) baulicher Anlagen auch bauplanungsrechtlich geregelt werden kann (OVG Lüneburg, Urteil vom 10. 7. 1976 – I A 12/76, BRS 30 Nr. 13). Im Außenbereich kann die Einfriedung von bebauten Grundstücken bzw. von Kleingärten öffentliche Belange beeinträchtigen (BVerwG, Beschluss vom 31. 10. 1969 – IV B 131.69, BRS 22 Nr. 89; BayVGH, Urteil vom 13. 12. 1972 – Nr. 49 II 72, BRS 25 Nr. 66; Hess. VGH, Urteil vom 26. 9. 1990 – 4 UE 3721/87, BRS 52 Nr. 82). 3

**Sonstiges öffentliches Baurecht** enthält ebenfalls Bestimmungen zur Einfriedungspflicht bzw. über die Zulässigkeit von Einfriedungen. Nach § 11 Abs. 2 FStrG und § 30 Abs. 2 StrWG NRW dürfen unter anderem Zäune nicht angelegt werden, wenn sie die Verkehrssicherheit beeinträchtigen. Die Errichtung von Einfriedungen kann in Natur- und Landschaftsschutzgebieten unzulässig sein. 4

## § 11
## Gemeinschaftsanlagen

**(1) [1]Die Herstellung, die Instandhaltung und der Betrieb von Gemeinschaftsanlagen, insbesondere für Spielflächen für Kleinkinder (§ 9 Abs. 2), sonstige Kinderspielflächen und für Stellplätze und Garagen (§ 51), für die in einem Bebauungsplan Flächen festgesetzt sind, obliegen den Eigentümerinnen und Eigentümern der Grundstücke, für die diese Anlagen bestimmt sind. [2]Erbbauberechtigte treten an deren Stelle. [3]Sind Bauherrinnen oder Bauherren nicht Eigentümerinnen, Eigentümer oder Erbbauberechtigte, so obliegt ihnen die Beteiligung an der Herstellung, Instandhaltung und dem Betrieb der Gemeinschaftsanlage. [4]Die Verpflichtung nach Satz 1 geht mit der Rechtsnachfolge über.**

**(2) Die Gemeinschaftsanlage muss hergestellt werden, sobald und soweit sie zur Erfüllung ihres Zwecks erforderlich ist.**

**(3) Die Baugenehmigung kann davon abhängig gemacht werden, dass die Bauherrin oder der Bauherr in Höhe des voraussichtlich auf ihn entfallenden Anteils der Herstellungskosten Sicherheit leistet.**

**Anmerkungen** (Autor: Heintz)

**Übersicht**

| | | Rdn. |
|---|---|---|
| 0 | Änderungen gegenüber der BauO NW 1984 und der BauO NW 1995 | 01–02 |
| 1 | Allgemeines | 1– 5 |
| 2 | Zu Absatz 1 – Herstellung, Instandhaltung und Betrieb | |
| 2.1 | Ziel der Vorschrift | 6– 7 |
| 2.2 | Die Gemeinschaftsanlage im Bauplanungsrecht | 8–10 |
| 2.3 | Die Gemeinschaftsanlage im Bauordnungsrecht – Herstellungspflicht | 11–16 |
| 3 | Zu Absatz 2 – Zeitpunkt der Herstellung | 17–18 |
| 4 | Zu Absatz 3 – Sicherung der Herstellung | 19–20 |

### 0 Änderungen gegenüber der BauO NW 1984 und der BauO NW 1995

01 Die Vorschrift stimmt inhaltlich mit dem Vorgängerrecht überein. Die Auswechslung des Begriffs Unterhaltung gegen **Instandhaltung** ist eine Folgeänderung zu § 3 Abs. 1 BauO NRW (s. die Anmerkungen zu § 3 Rdn. 01 und 25–30). Die übrigen Änderungen betreffen Anpassungen an § 9 Abs. 2 BauO NRW (Kinderspielflächen statt Kinderspielplätze) und gleichstellungsgerechte Formulierungen in der Rechtssprache.

02 Die BauO NRW 2000 hat § 47 (Anlagen für feste Abfälle) aufgehoben. Das Zweite Gesetz zur Änderung der Landesbauordnung vom 9. 11. 1999 (GV. NRW. 622) beließ versehentlich noch den Verweis auf *„Plätze für Abfallbehälter (§ 47)“* in § 11 Abs. 1 Satz 1. Diese Unstimmigkeit des Wortlauts wurde bei der Bekanntmachung der Neufassung der BauO NRW vom 1. 3. 2000 (GV. NRW. 256) beseitigt.

### 1 Allgemeines

1 Das **Bauplanungsrecht** bietet mit § 9 Abs. 1 Nr. 22 BauGB die Möglichkeit, die Flächen für **Gemeinschaftsanlagen für bestimmte räumliche Bereiche,** wie Kinderspielplätze, Freizeiteinrichtungen, Stellplätze und Garagen, in Bebauungsplänen **festzusetzen**. Der

Katalog des § 9 Abs. 1 Nr. 22 BauGB ist nicht abschließend, sondern es handelt sich hier um eine beispielhafte Aufzählung. So können auf dieser Rechtsgrundlage auch andere Gemeinschaftsanlagen, z. B. für Abfallbehälter oder für andere bauordnungsrechtlich erforderliche Anlagen oder Einrichtungen, in einem Bebauungsplan festgesetzt werden. Bei der Errichtung von Gebäuden kann sich das Erfordernis zur Anlegung von Spielflächen für Kleinkinder (§ 9 Abs. 2 BauO NRW) bzw. von sonstigen Kinderspielflächen für größere Kinder und Jugendliche, von Stellplätzen und Garagen (§ 51 BauO NRW) und von Plätzen für Abfallbehälter ergeben. Diese Anlagen dürfen als **Gemeinschaftsanlagen** errichtet werden.

Das Bauplanungsrecht verwendet den **Begriff Gemeinschaftsanlage** in einem weiten Sinne, ohne ihn näher zu bestimmen. Der Begriff „Gemeinschaftsanlage" darf nicht mit dem Begriff „Gemeinbedarfseinrichtung" verwechselt werden, wie ihn § 9 Abs. 1 Nr. 5 BauGB verwendet. Während der Begriff des Gemeinbedarfs voraussetzt, dass die Anlage oder Einrichtung der Allgemeinheit dient und dass – unabhängig davon, wer ihr Träger ist – eine dem bloßen privatwirtschaftlichen Gewinnstreben entzogene öffentliche Aufgabe wahrgenommen wird (BVerwG, Beschluss vom 18. 5. 1994 – 4 NB 15.94, BRS 56 Nr. 22), handelt es sich bei Gemeinschaftsanlagen um Zubehöreinrichtungen zu baulich genutzten Grundstücken, die einen bestimmten, vielfach landesrechtlich festgelegten Bedarf abdecken sollen und zugleich auf bestimmte (Haupt-)Grundstücke bezogen sein müssen (BVerwG, Urteil vom 24. 4. 1970 – IV C 53.67, BRS 23 Nr. 6). Der Sinn von Gemeinschaftsanlagen besteht darin, den durch sie Begünstigten die gemeinschaftliche Benutzung zu ermöglichen (BVerwG, Beschluss vom 13. 2. 1989 – 4 B 15.89, BRS 49 Nr. 12). Bei den im Bebauungsplan festgesetzten Gemeinschaftsanlagen handelt es sich in der Regel um Stellplätze oder Garagen im Sinne des § 12 BauNVO und um Nebenanlagen im Sinne des § 14 BauNVO. Die Festsetzung einer solchen Anlage kann zugleich eine Ausschlussregelung im Sinne von § 23 Abs. 5 BauNVO sein (VGH B-W, Urteil vom 9. 4. 1992 – 5 S 1233/90, BRS 54 Nr. 107). 2

§ 11 BauO NRW ist eine **bauordnungsrechtliche Folgeregelung** zu § 9 Abs. 1 Nr. 22 BauGB, die der Realisierung entsprechender Festsetzungen dienen soll. Das Städtebaurecht bezweckt nämlich in erster Linie die Festlegung der städtebaulichen Ordnung und stellt daneben nur die boden-, enteignungs- und erschließungsrechtlichen Instrumente zur Verfügung. Zwar kann die Gemeinde insbesondere über die Bodenordnung zweckgebundene Flächen, wie z. B. Kinderspielflächen, den Beteiligten im Umlegungsverfahren auch zwangsweise zuteilen (s. die Anmerkungen zu § 9 Rdn. 54). Die Regelung der Herstellungspflicht, der Trägerschaft und der Instandhaltung von Gemeinschaftsanlagen hat das BauGB dem Bauordnungs- und Verwaltungsverfahrensrecht sowie dem Vertragsrecht überlassen (vgl. Ernst/Zinkahn/Bielenberg/Krautzberger, zu § 9 Rdn. 174). Angesichts der Möglichkeiten zum Abschluss städtebaulicher Verträge und zur Aufstellung vorhabenbezogener Bebauungspläne ist die praktische Bedeutung der Vorschrift sehr gering. 3

Die Bestimmungen des § 11 BauO NRW gelten nur für solche Gemeinschaftsanlagen, für die in einem **Bebauungsplan** Flächen festgesetzt sind; sie können jedoch nicht für Gemeinschaftsanlagen herangezogen werden, die im nicht beplanten Innen- oder Außenbereich (§§ 34 und 35 BauGB) liegen. § 11 BauO NW verlangt nicht die Festsetzung der Gemeinschaftsanlage in einem „qualifizierten" Bebauungsplan, insoweit reichen die Festsetzungen eines einfachen Bebauungsplanes aus. Die Vorschrift greift auch in den Fällen des § 33 BauGB (vgl. Battis/Krautzberger/Löhr, § 33 Rdn. 13). 4

5 Da § 11 BauO NRW unmittelbar mit der Zulässigkeit von Vorhaben in Verbindung steht, ist die **Satzung nach § 7 BauGB-MaßnahmenG** insoweit dem **Bebauungsplan gleichzusetzen** (vgl. Heintz, Vorhaben- und Erschließungspläne als private Planungsinitiative, 1995, S. 17f.). Auf **vorhabenbezogene Bebauungspläne** nach **§ 12 BauGB**, die nach der Neuregelung durch das BauROG ohnehin „echte" Bebauungspläne sind, steht die Anwendbarkeit des § 11 BauO NRW außer Zweifel.

## 2 Zu Absatz 1 – Herstellung, Instandhaltung und Betrieb

### 2.1 Ziel der Vorschrift

6 Die **Zusammenfassung einzelner** erforderlicher **Nebenanlagen,** wie Kleinkinderspielflächen, Stellplätze und Garagen, zu **Gemeinschaftsanlagen** kann im Interesse der beteiligten Bauherren oder Grundstückseigentümer wie auch im öffentlichen Interesse liegen. Solche Anlagen können wirtschaftlicher sein (Kostenersparnis, geringer Flächenbedarf), besseren Schutz vor Belästigungen bieten (z.B. durch Zusammenfassung von sonst erforderlichen Einzelgaragen und deren Zufahrten) oder aus Gründen der Gestaltung vorzuziehen sein (Große-Suchsdorf/Lindorf/Schmaltz/Wiechert, zu § 52 Rdn. 2).

7 Andererseits beinhalten Gemeinschaftsanlagen hinsichtlich der Eigentumsverhältnisse, Benutzungsrechte, Herstellungs- und Instandhaltungspflichten sowie in Bezug auf den Betrieb zahlreiche Probleme. Mit der Festsetzung einer solchen Gemeinschaftsanlage in einem Bebauungsplan ist nämlich nicht geregelt, wer für die Herstellung, die Instandhaltung und den Betrieb dieser Anlage **pflichtig** ist (vgl. Rdn. 3). Diese Lücke schließt § 11 BauO NW durch **Festlegung von Pflichten** (Absätze 1 und 2) und eine Ermächtigung der Bauaufsichtsbehörde zur **Sicherung späterer Herstellungskosten** (Absatz 3).

### 2.2 Die Gemeinschaftsanlage im Bauplanungsrecht

8 **Hauptanwendungsfälle** für die Festsetzung von Gemeinschaftsanlagen im Bebauungsplan sind **Kinderspielflächen** (§ 9 Abs. 2 BauO NRW) und **Stellplatz- und Garagenanlagen** (§ 51 BauO NRW). Die **Zuordnung** der Gemeinschaftsanlage zu bestimmten Baugrundstücken muss dabei das **Erfordernis der Nähe** berücksichtigen, da sonst die Gefahr besteht, dass sie nur unzureichend angenommen werden. In Wohngebieten sollten Gemeinschaftsstellplätze höchstens 300 m und Gemeinschaftskinderspielflächen möglichst nicht weiter als 100 m von den berechtigten Grundstücken entfernt sein.

9 Aus dem Bebauungsplan muss erkennbar sein, welchen Grundstücken die Gemeinschaftsanlage dienen soll. Die erforderliche **Bestimmtheit der Zuordnung** kann durch ausdrückliche Festsetzung erfolgen, z.B. mittels Text oder Plansignatur, sie kann sich aber auch im Wege der Auslegung der Festsetzung ergeben, z.B., wenn durch die Lage der Gemeinschaftsanlage inmitten eines zugehörigen Baublocks feststeht, dass sie allen angrenzenden Grundstücken dienen soll. Es reicht demnach aus, wenn der Bebauungsplan durch die Anordnung der Baugrundstücke und der Gemeinschaftsanlagen ein bestimmtes Zuordnungsprinzip erkennen lässt, z.B. die Gemeinschaftsanlage den jeweils von denselben öffentlichen Verkehrsflächen umgebenen Baugrundstücken dienen soll (OVG NRW, Urteil vom 10.8.1988 – 7 A 2525/86, BRS 48 Nr. 9).

10 Sinnvoll ist die Festsetzung einer Fläche für Gemeinschaftsanlagen vornehmlich dann, wenn die **Gemeinde** auch insoweit über die Fläche **verfügungsberechtigt** oder entschlossen ist, notfalls durch eine **Bodenordnung** die Voraussetzungen zur Planverwirk-

lichung zu schaffen (vgl. Rdn. 3). Die Gemeinde wird den Nutzungspflichtigen tunlichst das Verfügungsrecht über die in Frage kommenden Flächen beschaffen müssen, soweit diese es noch nicht besitzen und soweit es nach der Zweckbestimmung der Flächen im Hinblick auf die künftige private Gemeinschaftsnutzung erforderlich ist.

### 2.3 Die Gemeinschaftsanlage im Bauordnungsrecht – Herstellungspflicht

Mit der **bauplanungsrechtlichen Zuweisung** der Fläche an einen Kreis von Nutzungsberechtigten ist es aber noch immer nicht getan; denn es fehlt noch die **Pflicht zur Herrichtung** der Fläche für den planungsrechtlich festgesetzten Zweck durch die Nutzungsberechtigten. Hier setzt nun die Vorschrift des Absatzes 1 ein, welche die **Herstellung** der planungsrechtlich festgesetzten Gemeinschaftsanlagen den **Eigentümern** derjenigen Grundstücke auferlegt, für welche diese **Anlagen** (zwecks Erfüllung öffentlich-rechtlicher Verpflichtungen) **bestimmt sind**. Es ist hier ausdrücklich hervorzuheben, dass nicht die Eigentümer der Grundstücke, für die der Bebauungsplan eine Gemeinschaftsanlage festsetzt, die Herstellung der Gemeinschaftsanlage vorzunehmen oder zu veranlassen haben, sondern diejenigen, die aufgrund der Festsetzung nutzungspflichtig werden, was voraussetzt, dass sie über die Gemeinschaftsfläche tatsächlich verfügen können (s. Rdn. 10). Unterlässt es die Gemeinde, diese Voraussetzungen zu schaffen, kann auch keine Herstellungspflicht nach § 11 BauO NRW entstehen. 11

Die Erfüllung der **Herstellungspflicht** umfasst die Durchführung aller Maßnahmen, die zur gebrauchsfähigen Herstellung der Anlage entsprechend dem festgesetzten Nutzungszweck erforderlich sind, einschließlich der Übernahme der hierfür entstehenden Kosten. Es ist nicht notwendig, dass die Nutzungsberechtigten an einer festgesetzten Gemeinschaftsanlage auch das Grundeigentum erwerben. Das Nutzungsrecht kann auch vertraglich mit dem Grundstückseigentümer geregelt und öffentlich-rechtlich durch Baulast nach § 83 BauO NRW abgesichert werden. Zweckmäßig ist es, wenn die Nutzungsberechtigten an einer Gemeinschaftsanlage zugleich Eigentümer der Anlage sind oder werden, in welcher Form es auch sein mag (Miteigentum nach Bruchteilen, Einzeleigentum). In jedem Falle sind Gemeinschaftsanlagen **private Anlagen**, deren Nutzung nur bestimmten Nutzungsberechtigten zusteht. Die Nutzungsberechtigten haben nach den Vorschriften des Absatzes 1 außer für die Herstellung der Anlage auch für deren **Instandhaltung** und **Betrieb** kostenmäßig aufzukommen. 12

Da die Gemeinschaftsanlagen bestimmten Baugrundstücken dienen, sind nach Satz 1 die **Eigentümer** bzw. die **Nutzungsberechtigten** der Grundstücke, für welche die Anlagen bestimmt sind, herstellungspflichtig. Ist an einem berechtigten Grundstück ein Erbbaurecht bestellt, tritt nach **Satz 2** der **Erbbauberechtigte** bezüglich der Herstellungspflicht an die Stelle des Grundstückseigentümers. 13

Es kann vorkommen, dass der Bauherr weder Eigentümer noch Erbbauberechtigter des Baugrundstücks ist. Für diesen Fall verpflichtet **Satz 3** den betreffenden **Bauherrn** zur **Beteiligung** an der Herstellung, Instandhaltung und dem Betrieb der zugeordneten Gemeinschaftsanlage. Das Maß der Beteiligung wird in solchen Fällen wohl immer Gegenstand einer vertraglichen Regelung zwischen dem Grundstückseigentümer und dem Bauherrn sein, da Kosten- und Verwaltungsfragen zu klären sind. 14

Die Bindung der Gemeinschaftsanlage und der Herstellungspflicht an bestimmte Baugrundstücke bzw. ihre Eigentümer findet ihren sinnfälligen Ausdruck in der Vorschrift des **Satzes 4,** wonach die gesetzliche Pflicht auf den **Rechtsnachfolger** übergeht. Diese 15

Vorschrift korrespondiert mit § 75 Abs. 2 BauO NRW und trägt dem Umstand Rechnung, dass die Baugenehmigung (und die damit zusammenhängenden Rechte und Pflichten) nicht personenbezogen ist, sondern dingliche Wirkung entfaltet.

**16** Sind Flächen für Gemeinschaftsanlagen im Bebauungsplan festgesetzt und bestimmten Baugrundstücken anteilig zugeordnet, **müssen** entsprechende öffentlich-rechtliche **Verpflichtungen** von den Eigentümern (Satz 1) oder Bauherren (Satz 3) durch Herstellung der Gemeinschaftsanlage **erfüllt werden**, selbst wenn die Möglichkeit gegeben ist, die Verpflichtung auf dem Baugrundstück durch eine dem Bauvorhaben dienende Einzelanlage zu erfüllen. Die nach Bauplanungs- und Bauordnungsrecht notwendigen Anlagen und Einrichtungen sind dann zwingend als Gemeinschaftsanlage auszuführen.

### 3 Zu Absatz 2 – Zeitpunkt der Herstellung

**17** Hinsichtlich des Zeitpunktes der Herstellung bestimmt die Vorschrift, dass die Gemeinschaftsanlage hergestellt werden muss, **sobald** (Zeitpunkt) und **soweit** (dem Umfang nach) es zur Erfüllung des Zwecks notwendig ist. Das bedeutet für größere Gemeinschaftsanlagen wie Garagenhöfe, Parkpaletten, die Möglichkeit einer Herstellung in Abschnitten – sowohl zeitlich als auch baulich – in dem Takt, in dem die Gebäude fertiggestellt werden, die das Erfordernis dieser Anlagen bedingen.

**18** Bei der Realisierung neuer Baugebiete können sich jedoch unterschiedlichste **Hinderungsgründe** ergeben, die verhindern, obwohl die rechtlichen Voraussetzungen vorliegen, dass der Pflichtige die Herstellung vornehmen kann. So kommt es vor, dass einzelne Vorhaben bereits fertiggestellt und bezogen sind, während andere Gebäude in dem betreffenden Baugebiet sich noch im Rohbauzustand befinden und gerade die Fläche der Gemeinschaftsanlage als Baustelleneinrichtung benötigen. In einem solchen Fall gebietet die Macht des Faktischen eine am Bauablauf ausgerichtete Realisierung der Gemeinschaftsanlage. Erkennt die Bauaufsichtsbehörde derartige Probleme im Bauablauf frühzeitig, sollte sie die zwangsläufig verzögerte Realisierung der Gemeinschaftsanlage durch entsprechende Nebenbestimmungen in der Baugenehmigung absichern und gegebenenfalls von der Möglichkeit des Absatzes 3 Gebrauch machen.

### 4 Zu Absatz 3 – Sicherung der Herstellung

**19** Die Ermächtigung des **Absatzes 3** dient zur **Sicherung der Herstellung** von Gemeinschaftsanlagen zu einem späteren, von der Bauaufsichtsbehörde zu bestimmenden Zeitpunkt. Da die Sicherheitsleistung ohne finanzielle Nachteile für den Pflichtigen möglich ist (z. B. Hinterlegung auf einem gesperrten Konto), sollte im öffentlichen Interesse von der Ermächtigung des Absatzes 3 Gebrauch gemacht werden, wenn die Herstellung des Anteils an der Gemeinschaftsanlage zu einem späteren Zeitpunkt zugestanden wird. Derartige Regelungen sind auch dann immer am Platze, wenn die Fläche trotz wirksamer Festsetzung noch nicht verfügbar ist.

**20** Nur die Baugenehmigung kann von der Sicherheitsleistung abhängig gemacht werden, so dass die Vorschrift im Falle von nach **§ 67 BauO NRW** freigestellten Wohnbauvorhaben **nicht anwendbar** ist. Erkennt die Gemeinde, dass in einem Neubaugebiet eine verzögerte Herstellung der Gemeinschaftsanlage bauablaufbedingt eintreten wird, kann sie die **Durchführung eines Baugenehmigungsverfahrens** anordnen, um die Bauaufsichtsbehörde in die Lage zu versetzen, § 11 Abs. 3 BauO NRW anwenden zu können.

# Dritter Teil
# Bauliche Anlagen

**Anmerkungen** (Autor: Heintz)

Dieser Teil des Gesetzes gliedert sich in **sieben Abschnitte**: 1

- 1. Allgemeine Anforderungen an die Bauausführung (§§ 12–19),
- 2. Bauprodukte und Bauarten (§§ 20–28),
- 3. Wände, Decken und Dächer (§§ 29–35),
- 4. Treppen, Rettungswege, Aufzüge und Öffnungen (§§ 36–41),
- 5. Haustechnische Anlagen (§§ 42–47),
- 6. Aufenthaltsräume und Wohnungen (§§ 48–50),
- 7. Besondere Anlagen (§§ 51–55).

Der dritte Teil enthält die **materiellen bauordnungsrechtliche Einzelanforderungen**. Im Gegensatz zum zweiten Teil des Gesetzes, der im Wesentlichen grundstücksbezogene Anforderungen zum Gegenstand hat, nimmt der dritte Teil die **baulichen Anlagen** selbst in den Blick.

Der **1. Abschnitt** enthält in den §§ **12 und 13 gestaltungsrechtliche Anforderungen** an bauliche Anlagen, Werbeanlagen und Warenautomaten. Die allgemeinen Anforderungen der §§ **14 bis 19 ergänzen** oder **konkretisieren** zum überwiegenden Teil die **materielle Grundnorm** des § **3**, da sie ebenfalls **generalklauselartig** formuliert sind und nur in geringem Umfang Einzelanforderungen enthalten. Einzelne Vorschriften haben nur geringe Bedeutung, da inzwischen bundesrechtliche Regelungen bestehen. 2

Der **2. Abschnitt** enthält **bauproduktenrechtliche Anforderungen** und dient in Ergänzung des BauPG der **Umsetzung der BPR** in Landesrecht. Hierbei handelt es sich nicht um Vorschriften über das Inverkehrbringen, denn diese handelt bereits das BauPG als Bundesrecht ab, sondern im Wesentlichen um **Regeln über die Verwendung** von Bauprodukten in baulichen Anlagen. Daneben bestehen Vorschriften zur **Anwendung von Bauarten**, da diese von der BPR nicht erfasst sind. 3

Der **3. bis 5. Abschnitt** befasst sich zum überwiegenden Teil mit dem **baulichen Brandschutz**. Die Einzelanforderungen ergänzen § 17 und handeln den vorbeugenden baulichen Brandschutz ab. Diese Vorschriften zählen zu den bedeutendsten des Bauordnungsrechts, da dem Bund keine Gesetzgebungskompetenz auf diesem Gebiet zukommt. Daneben enthält der 5. Abschnitt einzelne das Wasserrecht ergänzende bauordnungsrechtliche Anforderungen, wie z. B. die Einbaupflicht für Wasserzähler. 4

Der **6. Abschnitt** entstammt noch dem früheren Baupolizeirecht und legt aus Gründen der Wohlfahrtspflege **Mindestanforderungen** an Aufenthaltsräume und Wohnungen fest. Die Anforderungen an die Beschaffenheit von Wohnungen haben ihre Bedeutung weitgehend eingebüßt, da ein entsprechender Standard heute allgemein üblich ist. 5

Der **7. Abschnitt** fasst unterschiedliche Einzelvorschriften zusammen, die untereinander keine Beziehung aufweisen. Zu nennen sind vor allem die **Stellplatzpflicht**, die **Anforderungen an die Barrierefreiheit** und die **Behandlung von Sonderbauten**. Die letztgenannte Vorschrift ist für das Bauordnungsrecht insbesondere unter dem Aspekt des baulichen Brandschutzes von größter Bedeutung. 6

## Erster Abschnitt
## Allgemeine Anforderungen an die Bauausführung

### Vor §§ 12 bis 19

**Anmerkungen** (Autor: Heintz)

1 Die bauordnungsrechtliche Generalklausel des **§ 3 BauO NRW**, auch als **materielle Grundnorm des Bauordnungsrechts** bezeichnet (s. die Anmerkungen zu § 3 Rdn. 4–6), kann **als Programmsatz** naturgemäß nur **weit gefasst** sein. Wie die Überschrift „Allgemeine Anforderungen an die Bauausführung" verdeutlicht, konkretisieren erst die §§ 12 bis 19 BauO NRW als ebenfalls zum Teil noch allgemein gehaltene Vorschriften die **wesentlichen Sicherheitsanforderungen des Bauordnungsrechts**. Bei den hier aufgeführten Schutzgütern „**Standsicherheit**" (§ 15 BauO NRW), „**Brandschutz**" (§ 17 BauO NRW) und „**Verkehrssicherheit**" (§ 19 BauO NRW) handelt es sich um **alte baupolizeiliche Forderungen** (vgl. die Einleitung Rdn. 44 ff.). Mit der Neuausrichtung des Baupolizeirechts als Bauordnungsrecht sind die Vorschriften über „Baustellen" (§ 14 BauO NRW), „Schutz gegen schädliche Einflüsse" (§ 16 BauO NRW) und „Wärmeschutz, Schallschutz und Erschütterungsschutz" (§ 18 BauO NRW) hinzugetreten.

2 Die vorangestellten Vorschriften über „**Gestaltung**" (§ 12 BauO NRW) und „**Anlagen der Außenwerbung und Warenautomaten**" (§ 13 BauO NRW) passen nicht recht in diesen Rahmen, da sie keine Sicherheitsanforderungen enthalten, sondern vielmehr der **Verunstaltungsabwehr** dienen. Das Recht der Verunstaltungsabwehr geht ebenfalls auf **altes Baupolizeirecht** zurück (s. die Anmerkungen zu § 12 Rdn. 1–6). Mehrere Landesbauordnungen haben die Vorschriften über Werbeanlagen anderen Vorschriftengruppen zugeordnet oder zumindest durch eine Zwischenüberschrift separiert. Das BVerwG sieht entgegen seiner früher vertretenen Auffassung die Masse der Werbeanlagen heute als bauliche Anlagen im Sinne des § 29 Abs. 1 BauGB an, so dass § 13 BauO NRW unter Berücksichtigung der bauplanungsrechtlichen Vorschriften anzuwenden ist (s. die Anmerkungen zu § 13 Rdn. 9–16).

3 Die **allgemeinen Anforderungen** der §§ 14 bis 19 BauO NRW werden **zunehmend durch Bundesrecht verdrängt**. Bei den in den §§ 14, 16 und 18 BauO NRW angesprochenen Schutzgütern sorgt der Bund für einen Bedeutungsverlust des Bauordnungsrechts, da er zunehmend und zum überwiegenden Teil aufgrund europäischer Vorgaben Rechtsvorschriften erlässt (s. die Einleitung Rdn. 37–43).

Die **allgemeinen Anforderungen** der §§ 15–18 BauO NRW werden **durch allgemein anerkannte Regeln der Technik** und durch **Technische Baubestimmungen ausgefüllt**. Dies gilt vor allem für den Bereich Standsicherheit (s. die Anmerkungen zu § 15 Rdn. 6), zum Teil auch für die übrigen Rechtsbereiche.

Die **Grundnorm des vorbeugenden Brandschutzes** (§ 17 BauO NRW) und die **Grundforderung nach Verkehrssicherheit** (§ 19 BauO NRW) finden ihre **Ergänzung** in den **Einzelvorschriften** der §§ 29 bis 43 BauO NRW, soweit Wohngebäude oder Gebäude vergleichbaren Gefahrenpotenzials betroffen sind. Für Sonderbauten (s. die Anmerkungen zu § 54 Rdn. 1–3) bestehen zum Teil umfangreiche **Sonderbauvorschriften** (s. die Einleitung Rdn. 105).

## § 12
## Gestaltung

**(1) Bauliche Anlagen sowie andere Anlagen und Einrichtungen im Sinne des § 1 Abs. 1 Satz 2 müssen nach Form, Maßstab, Verhältnis der Baumassen und Bauteile zueinander, Werkstoff und Farbe so gestaltet sein, dass sie nicht verunstaltet wirken.**

**(2) [1]Bauliche Anlagen sowie andere Anlagen und Einrichtungen im Sinne des § 1 Abs. 1 Satz 2 sind mit ihrer Umgebung so in Einklang zu bringen, dass sie das Straßen-, Orts- oder Landschaftsbild nicht verunstalten oder deren beabsichtigte Gestaltung nicht stören. [2]Auf die erhaltenswerten Eigenarten der Umgebung ist Rücksicht zu nehmen.**

**Anmerkungen** (Autor: Heintz)

**Übersicht** Rdn.


| | | Rdn. |
|---|---|---|
| 0 | Änderungen gegenüber der BauO NW 1984 und der BauO NW 1995 | 01–03 |
| 1 | Allgemeines | |
| 1.1 | Rechtsentwicklung | 1– 6 |
| 1.2 | Grundanforderung, Instandhaltung, Nachbarschutz | 7–17 |
| 1.3 | Beurteilung der Verunstaltung | 18–21 |
| 2 | Zu Absatz 1 – Bauwerksbezogenes Verunstaltungsverbot | 22–31 |
| 3 | Zu Absatz 2 – Umgebungsbezogenes Verunstaltungsverbot | 32–34 |
| 3.1 | Zu Satz 1 – Gestalterische Einfügung in die Umgebung | 35–45 |
| 3.2 | Zu Satz 2 – Rücksicht auf erhaltenswerte Eigenarten der Umgebung | 46–51 |


### 0 Änderungen gegenüber der BauO NW 1984 und der BauO NW 1995

Die Vorschrift stimmt wörtlich mit dem Vorgängerrecht überein. Es geht hiernach um die **Verunstaltungsabwehr**, wohingegen dem Gebot zur Beachtung der anerkannten Regeln der Baukunst, vergleichbar dem Gebot zur Beachtung der allgemein anerkannten Regeln der Technik, eigenständige Bedeutung zukommt (BayVGH, Urteil vom 8. 11. 1991 – 26 B 90.3380, BauR 1992, 353 = BRS 52 Nr. 119, bestätigt durch BVerwG, Beschluss vom 6. 12. 1999 – 4 B 75.99, BauR 2000, 859 = UPR 2000, 346 = ZfBR 2000, 279). **01**

Die Forderung nach „**werkgerechter Durchbildung**" der baulichen Anlagen entfiel bereits mit der BauO NW 1984. Diese Forderung betrifft die **handwerksgemäße Ausführung** der Bauarbeiten in ihren Einzelheiten (BVerwG, Urteil vom 28. 6. 1955 – I C 146.53, BVerwGE 2, 172). Ein Bauteil ist nicht werkgerecht durchgebildet, wenn es seine technische Funktion nicht einwandfrei und für eine angemessen lange Dauer zu erfüllen vermag, wenn es also zu einem **Bauschaden** führen kann. Mit dem **Verzicht auf die Forderung nach werkgerechter Durchbildung** wird der Bauherr hinsichtlich von Bauschäden, sofern nicht Vorschriften des § 3 Abs. 1 BauO NRW verletzt sind, auf den **privaten Rechtsweg** verwiesen (s. die Anmerkungen zu § 3 Rdn. 53). **02**

Die Abwehr von Verunstaltungen bereitet den Bauaufsichtsbehörden aufgrund der umfangreichen Freistellungen der §§ 65 bis 67 BauO NRW zunehmend Probleme. Für die praktische Handhabung gewinnt daher die **Beratung** Bauwilliger immer mehr an Bedeutung, um eine „schleichende Verunstaltung" nach Möglichkeit zu verhüten (so Große-Suchsdorf/Lindorf/Schmaltz/Wiechert, zu § 53 Rdn. 11 und 38). **03**

## 1 Allgemeines

### 1.1 Rechtsentwicklung

1 Das Recht der Baugestaltung zählt neben den Brandschutzvorschriften zu den ältesten Bestandteilen des Baurechts (vgl. Reichel/Schulte, S. 32f. Rdn. 169f. und S. 352 Rdn. 1). Die **architektonische** und **städtebauliche Schönheit** alter Städte, die Ausgewogenheit ihrer Straßenbilder und der Gleichklang der Gebäude zeugen nicht nur vom Können ihrer Planer, sie sind häufig das **Ergebnis strenger Gestaltungsvorschriften** (z. B. Karlshafen an der Weser). Zunftordnungen der Handwerker gewährleisteten eine technische und gestalterische Qualität der Bauausführung. In Residenzstädten sorgten die Landesherren durch **Gewährung von Finanzhilfen** nicht selten für bestimmte Bauausführungen aus repräsentativen Gründen (hierzu vgl. Klein, Kommunale Baugestaltungssatzungen, 1992, S. 26ff. mit weiteren Nachweisen). Gestaltungsvorschriften blieben über Jahrhunderte dem **Satzungsrecht** der Städte vorbehalten, erst nach der Französischen Revolution entwickelte sich ein landesweit geltendes Baugestaltungsrecht.

2 Im Bereich des ehemaligen preußischen Staatsgebiets ermächtigte das **Preußische Allgemeine Landrecht** von 1794 bzw. das **Polizeiverwaltungsgesetz** von 1850 die örtlichen Polizeibehörden zum Erlass von Bau- und Gestaltungsvorschriften. Aufgrund dieser Ermächtigung ergingen insbesondere in größeren Städten **Baupolizeiverordnungen** mit zum Teil gestalterisch relevantem Inhalt. Die Anwendung von Baugestaltungsrecht erfuhr durch die Rechtsprechung des PrOVG in der 2. Hälfte des 19. Jahrhunderts Einschränkungen. Nach der „**Kreuzberg-Erkenntnis**" des PrOVG vom 14. 6. 1882 (PrOVGE 9, 353 = DVBl. 1985, 219) erlaubte nämlich die Eingriffsnorm des § 10 Tit. 17 Teil II PrALR keine Verunstaltungsabwehrmaßnahmen, da es hierzu einer besonderen gesetzlichen Ermächtigung bedurft hätte. Das PrOVG drängte damit die positiv gestaltende Wohlfahrtspflege als polizeiliche Aufgabe zurück und beschränkte die Baupolizei auf die **Gefahrenabwehr im Sinne des Sicherheitspolizeibegriffs**.

3 Die sich in der Folge dieser Entscheidung einstellenden unerfreulichen städtebaulichen Auswüchse im Zuge der stürmischen Industrialisierung und eines ungeordneten Siedlungswachstums konnten mit dem auf die Gefahrenabwehr reduzierten Baupolizeirecht nur unzureichend bekämpft werden und lösten um die Jahrhundertwende einen Protest der **Denkmal- und Heimatschutzbewegung** aus. Preußen schränkte daraufhin die Freiheit des Bauens ein. Die **Preußischen Verunstaltungsgesetze** (Gesetz gegen die Verunstaltung landschaftlich hervorragender Gegenden vom 2. 6. 1902, GS S. 159; Gesetz gegen die Verunstaltung von Ortschaften und landschaftlich hervorragenden Gegenden vom 15. 7. 1907, GS S. 260) enthielten Verbote gegen Reklameschilder und Werbeanlagen in der freien Landschaft sowie verunstaltende Baumaßnahmen.

4 Maßstabsetzend für die heutige Rechtslage war die **Baugestaltungsverordnung** vom 10. 11. 1936 (RGBl. I S. 938), deren an und für sich fortschrittliche Regelungen von einer Ideologisierung der „neuen deutschen Baukultur" überschattet war (so Klein, Kommunale Baugestaltungssatzungen, 1992, S. 33ff.). § 1 der Baugestaltungsverordnung verlangte, dass sich bauliche Anlagen als „Ausdruck anständiger Baugesinnung und werkgerechter Durchbildung … der Umgebung einwandfrei einfügen" müssen; § 2 ermächtigte zum Erlass von Ortssatzungen und Polizeiverordnungen zur Regelung gestalterischer Ziele. Darüber hinaus enthielt diese Bestimmung Anforderungen an die Gestaltung der Baukörper und Grundstückseinfriedungen.

Die **Fortgeltung** der Baugestaltungsverordnung **als Landesrecht** wurde trotz anfänglicher Bedenken vom BVerwG mit Urteil vom 28.6.1955 (– I C 146/53, BVerwGE 2, 172 = BBauBl. 1955, 583 = BRS 4, V B 2 S. 222 = DVBl. 1955, 640) bestätigt. Als Inhaltsbestimmung des Eigentums nach Art. 14 Abs. 1 Satz 2 GG sind **gestaltungsrechtliche Anforderungen verfassungskonform**. Bei baulichen Anlagen ist nämlich der soziale Bezug des Eigentums besonders ausgeprägt; deswegen ist eine weitgehende und detaillierte Bestimmung des Inhalts und der Schranken des Eigentums gerechtfertigt (BVerwG vom 11.4.1989 - 4 B 65.89, BRS 49 Nr. 143 = NJW 1989, 2638). Werke der Baukunst sind aufgrund der Verfassungsbestimmung des Art. 5 Abs. 2 GG nicht grundsätzlich von bauordnungsrechtlichen Anforderungen freigestellt (BVerwG, Beschluss vom 27.6.1991 - 4 B 138.90, BRS 52 Nr. 118; bezüglich des Verhältnisses von Art. 5 Abs. 2 GG zu § 12 Abs. 2 BauO NRW s. auch BVerfG, Beschluss vom 11.12.1991 - BvR 1541–1543/91, DVBl. 1992, 556 = NVwZ 1992, 463 zum Grundrecht der Informationsfreiheit im Verhältnis zu einfachgesetzlichen Gestaltungsanforderungen an Antennenanlagen). 5

Auf der Baugestaltungsverordnung aufbauend, entstanden die Gestaltungsvorschriften der **MBO 1960** und der BauO NW 1962. Vergleichbar der Baugestaltungsverordnung stellte § 14 BauO NW 1960 Anforderungen an die Baugestaltung, allerdings unter Vermeidung bestimmter Formulierungen (zur Fassung des § 14 MBO 1960 vgl. Scheerbarth, S. 132 ff.). § 103 BauO NW 1960 bzw. 1970 ermächtigte die Gemeinden zum Erlass von Gestaltungssatzungen im Hinblick auf eine positive Gestaltungspflege. Die MBO 1981, wie auch die späteren Fortschreibungen (vgl. Böckenförde/Temme/Krebs, Einführung S. VIII ff.) und auch wiederum die MBO 2002, übernahmen die **Aufteilung** 6

- in **Vorschriften zur Verunstaltungsabwehr** und
- eine Ermächtigung der Gemeinde zum Erlass von Gestaltungssatzungen im Sinne einer **positiven Gestaltungspflege**.

Dieser Systematik entspricht mit § 12 bzw. § 86 auch die BauO NRW 2000. Dabei liegen die Voraussetzungen zur Abwehr von Verunstaltungen nach § 12 BauO NRW aufgrund der Rechtsprechung relativ hoch (vgl. Finkelnburg/Ortloff, Bd. II S. 43 f.), während die Ermächtigung zum Erlass von Gestaltungssatzungen den Gemeinden einen weiten Spielraum eröffnet (vgl. d. Anmerkungen zu § 86 Rdn. 4–8). Das **Baugestaltungsrecht** ist **Teil des öffentlichen Ordnungsrechts** und **kein Bauplanungsrecht**.

### 1.2 Grundanforderung, Instandhaltung, Nachbarschutz

Der **Verunstaltungsschutz gehört zu den bauordnungsrechtlichen Grundanforderungen** und hat hinsichtlich der **Konkretisierung der bauordnungsrechtlichen Generalklausel** den gleichen gesetzlichen Stellenwert wie die allgemeinen Anforderungen der §§ 15 bis 19 BauO NRW, obwohl keine klassischen Gefahrenabwehraufgaben, sondern **ästhetische Belange** verfolgt werden (vgl. Hoppe/Bönker/Grotefels, S. 506 Rdn. 25). Es geht hierbei um die „**Pflege eines Mindestmaßes an Baukultur**" (so Jeromin, zu § 5 Rdn. 1). 7

Die Vorschrift verfolgt zwei unterschiedliche Zwecke: 8

- **Absatz 1** erfasst das Objekt auf sich bezogen und dient damit dem **bauwerksbezogenen Verunstaltungsschutz**,
- **Absatz 2** erfasst das Objekt auf seine Ensemblewirkung hin, auf sein Umfeld bezogen und dient dem **umgebungsbezogenen Verunstaltungsschutz**.

9 Die Bestimmungen des § 12 BauO NRW enthalten **keine Gestaltungsgebote**, sondern lediglich **Verunstaltungsverbote**; insoweit ist der in der Paragraphenüberschrift benutzte Begriff „Gestaltung" irreführend. Die Vorschrift dient nicht der Durchsetzung einer bestimmten Gestaltungsabsicht als Ausdruck eines planerischen Gestaltungswillens, sondern bezweckt die **Verhinderung der Verunstaltung nach Maßgabe der gesetzlichen Verbote bzw. Gebote**. Verfolgt die Gemeinde dagegen eine planerische Gestaltungsabsicht für ein bestimmtes Gebiet, so kann sie ihren **Gestaltungswillen** in Form einer **Gestaltungssatzung** auf der Grundlage des § 86 BauO NRW zum Ausdruck bringen, sofern nicht andere **Vorschriften außerhalb des Bauordnungsrechts** ausreichen.

10 Weder die Abwehr der Verunstaltung nach § 12 BauO NRW durch die Bauaufsichtsbehörden, noch das Recht der Gemeinden zum Erlass von Gestaltungssatzungen nach § 86 BauO NRW darf isoliert vom übrigen öffentlichen Gestaltungsrecht betrachtet werden. Bereits die Rechtsentwicklung (s. Rdn. 1–6) zeigt, dass diese **Rechtsbereiche eng miteinander verflochten** sind. Hier sind deshalb zu nennen:

- das **Städtebaurecht** (BauGB),
- das **Naturschutz-** und **Landschaftsrecht** (BNatSchG und LG),
- das **Denkmalschutzrecht** (DSchG),

deren **Planungs-** und **Unterschutzstellungsinstrumente** bzw. **Vorschriften über die Zulässigkeit von Vorhaben** es ermöglichen, **Einfluss auf die Gestaltung des Orts- und Landschaftsbildes** im Sinne positiver Gestaltungspflege zu nehmen.

11 Das **BauGB** berücksichtigt die **städtebauliche Gestaltungspflege** an mehreren Stellen:

- bei der **Aufstellung von Bebauungsplänen** sind gemäß § 1 Abs. 5 Satz 2 Nr. 5 BauGB die „**Belange der Gestaltung des Orts- und Landschaftsbildes**" zu berücksichtigen (s. hierzu Schlichter/Stich/Driehaus/Paetow, zu § 1 Rdn. 64),
- **Vorhaben im nicht qualifiziert beplanten Innenbereich** dürfen gemäß § 34 Abs. 1 BauGB das „**Ortsbild nicht beeinträchtigen**" (s. BVerwG, Beschluss vom 16. 7. 1990 – 4 B 106.90, BRS 50 Nr. 76; VGH B-W, Urteil vom 20. 9. 1989 – 8 S 2738/88, BRS 49 Nr. 87; OVG NRW, Urteil vom 25. 4. 1977 – X A 2093/75, BRS 32 Nr. 51, Urteil vom 7. 2. 1979 – VII A 271/78, BRS 35 Nr. 130, Urteil vom 6. 11. 1990 – 11 A 190/87, BRS 52 Nr. 66; s. auch Rdn. 46),
- **Vorhaben im Außenbereich** dürfen gemäß § 35 Abs. 3 Satz 1 Nr. 5 BauGB nicht das „**Orts- und Landschaftsbild verunstalten**" (s. BVerwG, Urteil vom 18. 2. 1983 – 4 C 19.81, BRS 40 Nr. 84 und Urteil vom 15. 5. 1997 – 4 C 23.95, BRS 59 Nr. 90),
- **Erhaltungssatzungen** nach § 172 Abs. 1 Satz 1 Nr. 1 in Verbindung mit Abs. 3 BauGB dienen durch Einführung eines besonderen städtebaulichen Genehmigungsvorbehalts der **Erhaltung der städtebaulichen Eigenart** eines Gebietes „**aufgrund seiner städtebaulichen Gestaltung**" (hierzu s. Battis/Krautzberger/Löhr, zu § 172 Rdn. 18 und Schlichter/Stich/Driehaus/Paetow, zu § 172 Rdn. 6).

12 Weitere Möglichkeiten zur **gestalterischen Einflussnahme** enthalten die Bestimmungen des Landschaftsrechts (s. Rdn. 47). Das **LG** hält mehrere **Instrumente** bereit:

- den sich auf den Außenbereich im Sinne des § 35 BauGB erstreckenden, von den Kreisen und kreisfreien Städten als **Satzung** aufzustellenden **Landschaftsplan** nach § 16 LG, mit seinen gemäß §§ 19 bis 23 LG getroffenen **Festsetzungen** über **besonders**

**geschützte Teile von Natur und Landschaft (Naturschutzgebiete, Landschaftsschutzgebiete, Naturdenkmale, geschützte Landschaftsbestandteile)**,

- die sich auf den Außenbereich im Sinne des § 35 BauGB erstreckenden, von der Bezirksregierung unter entsprechender Anwendung der §§ 19 bis 23 LG als **ordnungsbehördliche Verordnung** erlassenen **Schutzausweisungen** nach § 42 a Abs. 1 LG, soweit ein Landschaftsplan nicht besteht,
- die sich auf den Innenbereich im Sinne des § 34 BauGB und den Geltungsbereich der Bebauungspläne erstreckenden, von den Kreisen und kreisfreien Städten unter entsprechender Anwendung der §§ 19, 20, 22 und 23 LG als **ordnungsbehördliche Verordnung** erlassenen **Schutzausweisungen** nach § 42 a Abs. 2 LG,
- die sich auf den Innenbereich im Sinne des § 34 BauGB und den Geltungsbereich der Bebauungspläne erstreckende, von der **Gemeinde** erlassene **Baumschutzsatzung** nach § 45 LG, deren Bestimmungen mitunter zu Konflikten mit dem Baurecht führen (vgl. Günther, Baumschutzrecht, 1994, S. 67 ff. Rdn. 114 ff.).

**Eingriffe in Natur und Landschaft** im Sinne des § 4 Abs. 1 und 2 LG unterliegen der **naturschutzrechtlichen Eingriffsregelung** nach §§ 4 bis 6 LG, die gemäß § 21 Abs. 2 BNatSchG auf Vorhaben in Bebauungsplangebieten nach §§ 30 und 33 BauGB und auf Vorhaben im Innenbereich nach § 34 BauGB keine Anwendung findet. Von den **Verboten** des Landschaftsplans oder einer ordnungsbehördlichen Verordnung kann nur unter den Voraussetzungen des § 69 Abs. 1 LG **befreit** werden. Die der Musterbaumschutzsatzung nachgebildeten kommunalen Baumschutzsatzungen enthalten in § 6 Ausnahme- und Befreiungsvorschriften (s. Günther a. a. O., S. 59 ff. Rdn. 102 ff.).

**Denkmäler** genießen einen **besonderen Schutz**. Hierunter fallen nach der Legaldefini- 13
tion des § 2 Abs. 1 DSchG: **Baudenkmäler, bewegliche Denkmäler** und **Bodendenkmäler**. Veränderungen, die unmittelbar oder mittelbar zu einer Beeinträchtigung des Denkmals oder seines Erscheinungsbildes führen können, somit auch solche in der Umgebung eines Baudenkmals, sind einem präventiven denkmalrechtlichen Erlaubnisverfahren nach § 9 DSchG unterworfen. Auch bietet sich die Möglichkeit zur Unterschutzstellung von Denkmalbereichen in einer **Denkmalbereichssatzung** nach § 5 DSchG, um die Erlaubnispflicht nach § 9 DSchG auszulösen. **Denkmalbereiche** sind gemäß § 2 Abs. 3 DSchG Mehrheiten von baulichen Anlagen, auch wenn nicht jede einzelne bauliche Anlage die Voraussetzungen des § 2 Abs. 1 DSchG erfüllt, um Stadtgrundrisse, Ortsbilder, Stadtteile, Straßenzüge oder Gesamtanlagen einschließlich ihrer engeren Umgebung zu schützen.

Die **Verunstaltungsverbote** des § 12 BauO NRW **erfassen** nicht nur **bauliche Anlagen**, 14
sondern auch **andere Anlagen** und **Einrichtungen** im Sinne des § 1 Abs. 2 BauO NRW. Praktische Bedeutung kommt dieser Erweiterung des Anwendungsbereichs jedoch kaum zu, da § 2 Abs. 1 Satz 3 BauO NRW zahlreiche Anlagen und Einrichtungen als bauliche Anlagen fingiert (vgl. die Anmerkungen zu § 2 Rdn. 55). Bei den von der Rechtsprechung abgehandelten Fallgestaltungen ging es in der Mehrzahl der Fälle um **bauliche Anlagen**, wie z. B. um **Windenergieanlagen** (Hess. VGH, Urteil vom 28. 4. 1988 – 4 OE 1089/85, BauR 1988, 700 = BRS 48 Nr. 53), **Monumentalfiguren** (BVerwG, Beschluss vom 27. 6. 1991 – 4 B 138.90, BRS 52 Nr. 118 und Beschluss vom 13. 4. 1995 – 4 B 70.95, BRS 57 Nr. 109) oder **Antennenanlagen** (BVerwG, Beschluss vom 23.8. 1991–4 B 144/91, NVwZ 1992, 475 und BVerfG, Beschluss vom 11. 12. 1991 – BvR 1541–1543/91, DVBl. 1992, 556 = NVwZ 1992, 463).

15 Die **Verunstaltungsverbote** des § 12 BauO NRW sind **während der gesamten Lebensdauer des Bauwerks** zu beachten, da § 3 Abs. 1 Satz 1 BauO NRW ausdrücklich die **Instandhaltung** baulicher Anlagen erfasst. Die **Beseitigung** von Verunstaltungen an **bestandsgeschützten** baulichen Anlagen, kann im Allgemeinen nicht verlangt werden (so Boeddinghaus/Hahn/Schulte, zu § 12 Rdn. 12). Die Vorschriften zum Schutz gegen Verunstaltungen gelten in erster Linie für die Errichtung oder Änderung von baulichen Anlagen. Sie können aber im Hinblick auf die **Instandhaltung** zum Tragen kommen, insbesondere bei **Verwahrlosung** von Gebäuden und Außenanlagen. Bauliche Anlagen sind daher auch so zu unterhalten, dass keine Verunstaltung eintritt (s. Rdn. 30).

16 Nach herrschender Meinung entfalten die **öffentlich-rechtlichen Verunstaltungsvorschriften keine nachbarschützende Wirkung** (OVG NRW, Urteil vom 18. 2. 1965 – VII A 655/63, BRS 16 Nr. 74 = DVBl. 1966, 279, VGH B-W vom 4. 2. 1969 – II 347/68, BRS 22 Nr. 167, OVG Saar vom 26. 6. 1985 – 2 W 1331/85, BRS 44 Nr. 162 und OVG Lüneburg vom 5. 9. 1985 – 6 A 104/83, BRS 44 Nr. 118; OVG Bln, Beschluss vom 29. 10. 1991 – 2 S 23.91, BRS 52 Nr. 233). In **Fällen besonderer Rücksichtslosigkeit** wird eine nachbarschützende Funktion nicht völlig ausgeschlossen (so Große-Suchsdorf/Lindorf/Schmaltz/Wiechert, zu § 53 Rdn. 17; Hahn/Schulte, Rdn. 339; s. auch OVG Saar, Beschluss vom 26. 6. 1985, a. a. O., das offen gelassen hat, ob bei Doppelhäusern und Hausgruppen möglicherweise Nachbarschutz gegeben sein kann). Nicht ausgeschlossen erscheint der nachbarliche Abwehranspruch insbesondere dann, wenn durch die besondere Rücksichtslosigkeit auf die Umgebung eine Wertminderung der Nachbargrundstücke eintritt und hierdurch in das Grundeigentum eingegriffen wird (so Hahn/Schulte, Rdn. 339 unter Bezug auf OVG NRW, Urteil vom 14. 1. 1994 – 7 A 2238/92, n. v.). Bei Vorliegen einer Gestaltungssatzung kann sich eine nachbarschützende Funktion einzelner Bestimmungen ergeben (BayVGH, Urteil vom 11. 8. 1988 – Nr. 2 B 87.02300, BRS 48 Nr. 171 zu gestalterischen Anforderungen an Einfriedungen).

17 Die **Verunstaltungsabwehr** kann auch **Gegenstand zivilrechtlicher Streitverfahren** sein. Die Verletzung des ästhetischen Empfindens des Nachbarn allein begründet in der Regel noch keinen Abwehranspruch nach § 1004 BGB (BGH, Urteil vom 15. 11. 1974 – V ZR 83/73, BB 1975, 856 = NJW 1975, 170, offen lassend, ob für besonders krasse Fälle etwas anderes gilt). Das Urteil des OLG Hamm vom 21. 2. 1975 ( – 19 U 210/74, NJW 1975, 1035) bezieht sich mit seiner Feststellung, dass entgegen §§ 1004, 903, 906 BGB das Landesrecht den Schutz des Nachbarn vor ästhetischen Störungen und Einflüssen auf sein Grundstück (hier: Welleternitwand als Zaun) festlegen kann, auf die §§ 35, 49 und 50 NachbG NRW.

### 1.3 Beurteilung der Verunstaltung

18 Der Katalog der Tatbestandsmerkmale, nach denen die Gestaltung bzw. die Verunstaltung beurteilt werden muss, ist abschließend. Der Begriff Gestaltung bzw. Verunstaltung sowie die der Gestaltung als Beurteilungskriterien zugrunde liegenden Tatbestandsmerkmale sind **unbestimmte Rechtsbegriffe**, die in vollem Umfang der **verwaltungsgerichtlichen Nachprüfung** unterliegen (BVerwG, Urteil vom 28. 6. 1955 – a. a. O. Rdn. 5). Dies gilt sowohl hinsichtlich des bauwerksbezogenen als auch des umgebungsbezogenen Verunstaltungsschutzes. Allerdings verbleibt zwangsläufig bei der **Rechtsanwendung im Einzelfall** ein **Rest von Unsicherheit** infolge der Funktion von Rechtsbegriffen der vorliegenden Art als Einschätzungsermächtigung und der dabei gebotenen Berück-

sichtigung verfassungsrechtlicher Vorgaben (vgl. Zeiss, Baukunst versus Bauordnungsrecht – Gedanken zu bauordnungsrechtlichem Nachbarschutz und gemeindlicher Selbstverwaltungsfreiheit im Spannungsverhältnis zur Kunstfreiheit, ZfBR 1997, S. 286ff.). Dabei kann die Konkretisierung des Verunstaltungsbegriffs im Rahmen der zu treffenden Rechtsentscheidung nicht durch Meinungsumfragen ersetzt werden (BVerfG, Beschluss vom 26.6.1985 – 1 BvR 588/84, NVwZ 1985, 819). Auch kann die Einschaltung von **Gestaltungsbeiräten** nicht die rechtliche Bewertung eines Bauantrages durch die Bauaufsichtsbehörde ersetzen, zumal das Empfinden des sog. gebildeten Durchschnittsmenschen nach der höchstrichterlichen Rechtsprechung ausschlaggebend ist. Daher sind die Einschätzungen der Mitglieder von Gestaltungsbeiräten für die rechtliche Bewertung wenig hilfreich, da es sich bei diesen Personen um geschulte Fachbetrachter handelt.

Die **Beurteilung**, ob eine bauliche oder sonstige Anlage in sich verunstaltet wirkt oder 19
ob sie das Straßen-, Orts- oder Landschaftsbild verunstaltet, **setzt** im Regelfall eine **Augenscheinseinnahme voraus** (Hamb. OVG, Urteil vom 25.4.1953 – Bf II 685/52, DVBl. 1953, 545). Als Maßstab können die von der Rechtsprechung herausgearbeiteten **Grundsätze** dienen (vgl. PrOVG vom 2.10.1907, PrOVGE 55, 410 und vom 5.11.1936, PrOVGE 99, 203). Das BVerwG, das sich in seinem Urteil vom 28.6.1955 (a.a.O. Rdn. 5) auf die mit den jetzigen vergleichbaren, unbestimmten Rechtsbegriffe des § 1 Baugestaltungsverordnung von 1936 bezog, führte dazu unter anderem Folgendes aus:

*„Auch wenn man die in § 1 BaugestaltungsVO verwandten Begriffe sonach als unbestimmte Rechtsbegriffe ansehen muß, fehlt dieser Vorschrift die oben erwähnte Bestimmbarkeit, wenn man ihren Zweck darin sehen will, jede Beeinträchtigung des ästhetischen Empfindens des Beschauers zu verhindern; denn wie die Erfahrung zeigt, sind die Anschauungen darüber, was ästhetisch befriedigend ist, innerhalb der Bevölkerung ganz verschieden, ohne daß eine allgemein gültige Richtschnur zu finden wäre, an der diese Anschauung bewertet werden könnte... In dieser Hinsicht ist dem erwähnten Erfordernis der ausreichenden inhaltlichen Bestimmbarkeit nur dann Rechnung getragen, wenn man den Zweck der Vorschrift dahin begrenzt, daß durch sie nicht bereits jede Störung der architektonischen Harmonie, also die bloße Unschönheit, sondern nur die Verunstaltung verhindert werden soll, also ein häßlicher, das ästhetische Empfinden des Beschauers nicht bloß beeinträchtigender, sondern verletzender Zustand...*

*Bei der Beurteilung dieser Merkmale kann nicht auf den ästhetisch besonders empfindsamen oder geschulten Betrachter abgestellt werden; denn die Auswahl dieses Personenkreises entzieht sich jeder zuverlässigen Beurteilung. Es kann andererseits auch nicht die Absicht solcher Menschen entscheidend sein, die ästhetischen Eindrücken gegenüber überhaupt gleichgültig und unempfindlich sind; denn diesen geht in dieser Hinsicht jede sachliche Urteilsfähigkeit ab. Es muß vielmehr das Empfinden jedes für ästhetische Eindrücke offenen Betrachters maßgebend sein, also des sog. gebildeten Durchschnittsmenschen, der zwischen diesen beiden Personenkreisen steht.*

*Was schließlich die in § 1 BaugestaltungsVO noch angeführte einwandfreie* ***Einfügung in die Umgebung*** *betrifft, so kann diese Forderung nach den mehrfach erwähnten rechtsstaatlichen Grundsätzen nur dahin verstanden werden, die bauliche Anlage dürfe das Gesamtbild der Umgebung nicht stören, der Gegensatz zwischen ihr und der Umgebung von dem Betrachter also nicht als belastend oder Unlust erregend empfunden werden.“*

Trotz erheblicher Kritik hat das BVerwG im Grundsatz an dieser Rechtsprechung fest- 20
gehalten und es in der Folge abgelehnt, auf den in Gestaltungsfragen geschulten Be-

trachter, auf subjektive Empfindungen einzelner Personen oder auf die Anschauungen von Einwohnern der Gemeinde, in der das betreffende Grundstück liegt, abzustellen (BVerwG, Urteil v. 27.1.1959 – I C 126/58, BRS 9 V B 2 S. 140 = DÖV 1959, 792 und Urteil vom 16.2.1968 – IV C 190.65, BRS 20 Nr. 123).

*„Soweit es um die Abwehr von Verunstaltungen geht, darf sich der Staat von Verfassungs wegen angelegen sein lassen,* ***Unlustgefühle hervorrufende krasse Gegensätzlichkeiten*** *und Widersprüche im Erscheinungsbild bebauter Gebiete abzuwehren, die bei einem nicht unbeträchtlichen, in durchschnittlichem Maße für gestalterische Eindrücke aufgeschlossenen Teil der Betrachter* ***anhaltenden Protest auslösen*** *würden; damit leistet der Staat letztlich einen Beitrag zum allseitigen psychischen Wohlbefinden seiner Bürger (vgl. Art. 2 Abs. 2 GG) sowie zum sozialen Frieden in der Gemeinschaft“*,

so ausdrücklich das BVerwG im Beschluss vom 27. 6. 1991 (– 4 B 138.90, BRS 52 Nr. 118). In seinem Beschluss vom 13. 4. 1995 (– 4 B 70.95, BauR 1995, 665 = BRS 57 Nr. 109) führt das BVerwG aus:

*„Die Anforderungen des bauordnungsrechtlichen Verunstaltungsverbots beziehen sich auf die bauliche Anlage und ihre Auswirkungen auf die unmittelbare Umgebung. § 35 Abs. 3 BauGB will dagegen unabhängig von der Baugestaltung der baulichen Anlage als solcher sicherstellen, daß durch das Bauvorhaben nicht das Orts- und Landschaftsbild verunstaltet wird. Maßgeblich für die Annahme einer Verunstaltung ist in beiden Fällen, ob der* ***Anblick*** *bei einem nicht unbeträchtlichen, in durchschnittlichem Maße für ästhetische Eindrücke aufgeschlossenen Teil der Betrachter* ***nachhaltigen Protest auslöst****.“*

21 Soweit eine gesetzliche Regelung in der BauO NRW fehlt, welcher Betrachter zur Beurteilung der Verunstaltung maßgeblich sein soll, wird auch weiterhin auf den „**gebildeten Durchschnittsmenschen** bzw. den **durchschnittlich gebildeten Menschen**“ im Sinne der Rechtsprechung des BVerwG abzustellen sein (so Finkelnburg/Ortloff, Bd. II S. 43 f.; zu § 12 Abs. 2 Satz 2 s. jedoch Rdn. 48; vgl. auch Schweiger, Der „gebildete Durchschnittsmensch“ und der unbestimmte Rechtsbegriff, DVBl. 1968, S. 481 ff.). Ob der Gesetzgeber allerdings an diesem durch die Rechtsprechung gebildeten Beurteilungsmaßstab auch künftig festhalten will, liegt allein in seinem Ermessen. So hat ein auflebendes Interesse an Gestaltungsfragen im **bremischen Bauordnungsrecht** zur Einführung eines **verschärften Beurteilungsmaßstabs** geführt; nach § 12 Abs. 3 BremLBO „hat die **Beurteilung der Gestaltung unter Berücksichtigung des Empfindens eines auf diesem Gebiete sachkundigen und erfahrenen Betrachters zu erfolgen**“.

### 2 Zu Absatz 1 – Bauwerksbezogenes Verunstaltungsverbot

22 Die Vorschriften des **Absatzes 1** erfassen die Gestaltung der baulichen Anlage selbst, also isoliert von ihrer Umgebung. Die verbotene **objektbezogene Verunstaltung** muss allerdings **nach außen in Erscheinung treten**, wobei es genügt, wenn sie z. B. von einem **normal zugänglichen Standort** aus sichtbar ist. Das kann auch ein im Privatbesitz stehendes Grundstück sein (OVG Bln, Urteil vom 31. 7. 1992 – 2 B 14.90, BRS 54 Nr. 110). Eine Sichtbarkeit nur von öffentlichen Flächen aus würde die Anwendbarkeit der Vorschrift zu sehr einengen und dem gesetzgeberischen Anliegen nicht gerecht.

23 Die bauliche Anlage muss **nach Form, Maßstab, Verhältnis der Baumassen und Bauteile zueinander** sowie **nach Werkstoff und Farbe** so gestaltet sein, dass sie **nicht verunstaltet** wirkt. Anders als der umgebungsbezogene Verunstaltungsschutz, der auch Gegenstand planungs-, denkmal- und naturschutzrechtlicher Regelungen ist, bereitet die Be-

urteilung bauwerksbezogener Verunstaltungen erhebliche Probleme. Maßgeblich für die Auslegung des **Verunstaltungsbegriffs** ist auch heute noch das Urteil des Bundesverwaltungsgerichts vom 28.6.1955 (s. Rdn. 18–21).

Eine nach Regeln guter Baukunst in Form, Gliederung, Farbe, Werkstoffen und Oberfläche klar gestaltete bauliche Anlage mit ansprechenden Maßstabsverhältnissen, die ihre Zweckbestimmung mit Wahrhaftigkeit unter Anwendung angemessener, werkgerecht durchgebildeter Konstruktionen in harmonischer Gesamterscheinung zum Ausdruck bringt, bleibt das Ziel aller **Baupflege**. Die von der Rechtsprechung entwickelten Grundsätze zur Verunstaltungsabwehr haben jedoch in der bauaufsichtlichen Praxis dazu geführt, dass auf die Gestaltung baulicher Anlagen **nur eingeschränkt Einfluss** genommen werden kann. So kam es vielerorts zu einer „**Summierung von Unschönheiten**", die jede für sich genommen, den Verunstaltungsbegriff noch nicht erfüllt, im Ergebnis aber zu einem hässlichen Erscheinungsbild ganzer Straßenzüge beitrug und das weit übertraf, was bereits die Verunstaltungsgesetze von 1902 und 1907 (s. Rdn. 3) zu verhindern trachteten (so Große-Suchsdorf/Lindorf/Schmaltz/Wiechert, zu § 53 Rdn. 11). 24

Aufgrund der strikt an § 12 MBO ausgerichteten Vorschriften des § 12 BauO NRW kann in Nordrhein-Westfalen **nur das Hässliche**, nicht jedoch bereits jede Unschönheit abgewehrt werden. Es geht hier um die **Abwehr von nicht mehr hinnehmbaren Zuständen**. Chancen zur **Vermeidung unschöner Zustände** ergeben sich nur, wenn die Bauaufsichtsbehörden und die Planungsämter der Gemeinden im Vorfeld von Baumaßnahmen Gelegenheit zur **Beratung des Bauherrn** erhalten (s. Rdn. 03), oder wenn eine **positive Gestaltungspflege** über **Gestaltungssatzungen** betrieben werden kann. 25

Da **kein allgemeiner Konsens in der Gesellschaft über die Fragen der Gestaltung** von Bauwerken besteht, helfen in der täglichen Vollzugspraxis die von der Rechtsprechung entwickelten Grundsätze über die Auslegung des Begriffs Verunstaltung nicht wirklich weiter, da hier lediglich der eine unbestimmte Rechtsbegriff durch andere unbestimmte Begriffe ersetzt wurde (so Hoppe/Bönker/Grotefels, S. 507 Rdn. 27). Bei der Beurteilung, ob eine bauliche Anlage in sich verunstaltet wirkt, kann in Ermangelung konkret anwendbarer Regeln deshalb die **Rechtsprechung** zu den Vorschriften der BauO NW 1962, 1970 und 1984 bzw. zu vergleichbaren Vorschriften anderer Bundesländer **nur als Orientierungshilfe** herangezogen werden; es sei im Folgenden auf einige in der Rechtsprechung abgehandelte **Fälle** hingewiesen. 26

Eine **Dacheindeckung** mit wahllosem Einbau von fabrikneuen hellgrauen und von durch Witterungseinflüsse und Verschmutzung dunkel verfärbten Platten erzeugt einen hässlichen Eindruck (OVG NRW, Urteil vom 29.7.1971 – X A 1068/69, BRS 24 Nr. 120). Bei **Dachgauben** kommt es sehr auf die Form des Daches und auf das Größenverhältnis der Gaube zur Dachfläche an. Dachgauben wirken nicht generell verunstaltet. Es ist vielmehr im Einzelfall zu prüfen, ob Dachgauben das Bauwerk oder das Ortsbild verunstalten (OVG Lüneburg, Urteil vom 28.2.1977 – VI A 323/75, BRS 32 Nr. 114). Eine Dachgaube wirkt verunstaltet, wenn sie im Verhältnis zur Dachbreite eine zu breite Front einnimmt und wegen ihrer Größe im Verhältnis zum Dach als ein „**Kastenaufbau**" erscheint (VGH B-W, Urteil vom 5.7.1966 – IV 438/64, BRS 17 Nr. 88). Eine im Jugendstil gehaltene Hausfassade kann durch eine erhebliche Vergrößerung von Dachgauben verunstaltet werden (VGH B-W, Urteil vom 31.10.1979 – III 54/79, BRS 35 Nr. 134). 27

Zu einer **voluminösen Dachgaube** bei einem **Dach mit flacher Neigung** führt der BayVGH in seinem Urteil vom 5.5.1969 (– Nr. 264 I 66, BRS 22 Nr. 125) u. a. aus: 28

*„Das Dach hat nach den Tekturplänen eine Neigung von 23°. Durch die flache Neigung des Daches bedingt, ist der Ansatz der Dachgaube bereits knapp unter dem Dachfirst (nach Plan in 40 cm Entfernung) vorgesehen. Die Dachgaube soll etwa 3 m vorgezogen werden, eine weitere Folge der flachen Dachneigung. Sie soll 4,5 m lang werden und 4 schmale, langgezogene Fenster erhalten, von denen 3 zu einer Gruppe zusammengefaßt werden und das vierte nach einer Wandunterbrechung etwa von der Länge eines Fensters folgen soll. Die Dachgaube würde sich ganz über die unter ihr zu liegen kommenden, bereits vorhandenen und zur Zeit durch die obere der zwei zu beseitigenden Dachgauben belichteten und belüfteten Räume erstrecken. Dadurch würde der Eindruck entstehen, als sei in einer den Grundregeln des Hausbaus zuwiderlaufenden Weise ein Teil des Innenraums zum Dach hinausgeschoben und das Dach dadurch weitgehend seiner wesenseigenen Bestimmung, den Innenraum des Hauses abzudecken, entkleidet. Die ohne Übergang aus der Dachfläche hinaustretende Gaube würde die Dachfläche weitgehend verdrängen."*

In einem ähnlichen Fall hat der BayVGH mit Urteil vom 8.11.1991 (a.a.O. Rdn. 01) erneut bestätigt, dass sich eine Gaube dem Dach, auf dem sie angebracht werden soll, **unterordnen** muss, um nicht verunstaltend zu wirken bzw. gegen die in Bayern maßgebenden „anerkannten Regeln der Baukunst" zu verstoßen.

**29** Das Auswechseln von **Sprossenfenstern** in einer (noch) einheitlich gehaltenen Fassade durch Einscheibenfenster ist verunstaltend (BayVGH, Urteil vom 30.7.1979 – Nr. 89 XIV 78, BRS 35 Nr. 135). Der Einbau eines **abweichend gegliederten Kunststofffensters** in einem Jugendstilgebäude, dessen Fassade durch die durchgängig dreigliedrige Unterteilung der Fenster in ihrem Erscheinungsbild geprägt wird, wirkt verunstaltend (Hamb. OVG, Urteil vom 22.12.1983 – Bf II 80/82, BauR 1984, 624 = BRS 42 Nr. 134). Ein Pferdeunterstand, dessen Außenwände aus regelmäßig geschnittenen Abfallbrettern (Nutzschwarten) bestehen, und der auch keine werkgerechte Durchbildung und Verarbeitung der verwendeten Materialien erkennen lässt, verletzt das ästhetische Empfinden eines gebildeten Durchschnittsbetrachters (OVG Lüneburg, Urteil vom 25.7.1988 – 1 A 46/87, BauR 1989, 63 = BRS 48 Nr. 38).

**30** Nach der Rechtsprechung des BVerwG zur Baugestaltungsverordnung 1936 können **Verfall** und **Verwahrlosung** einen Bau verunstalten (vgl. auch OVG NRW, Urteil vom 12.2.1968 – VII A 1284/67, BRS 20 Nr. 115 = NJW 1968, 1945). Die Bauaufsichtsbehörde kann die Entfernung von Bauschutt, der nach einem Teilabbruch auf dem Grundstück verblieb, und die Einebnung des Geländes aus Gründen der Verunstaltungsabwehr verlangen (VGH B-W, Urteil vom 18.3.1976 – III 556/75, BRS 30 Nr. 115). Allerdings werden hier primär Fragen des umgebungsbezogenen Verunstaltungsschutzes nach § 12 Abs. 2 BauO NRW angesprochen. Zur Gestaltung von Grundstücksfreiflächen gilt die Spezialregel des § 9 Abs. 1 Satz 1 BauO NW (vgl. auch die Anmerkungen zu § 9 Rdn. 16).

**31** Eine bauliche Anlage ist verunstaltet, „wenn sie **Mangel an gestalterischem Können** oder an Bemühen um ein erfreuliches Äußeres – Dilettantismus, Pfusch, Gleichgültigkeit, Rücksichtslosigkeit – zeigt" (so Große-Suchsdorf/Lindorf/Schmaltz/Wiechert, zu § 53 Rdn. 24). So wird manch **Unschönes** hinzunehmen sein, wenn es **unvermeidlich** ist, etwa technische Einrichtungen, die zwar unansehnlich sind, aber einem vernünftigen Zweck dienen und nicht anders gestaltet werden können (z.B. Solaranlagen auf Dächern; dazu Gaentzsch, Baurechtliche Behandlung von Sonnenenergieanlagen, Der Landkreis 1977, S. 517 ff.).

Werden bei der Gestaltung von baulichen Anlagen unter Ausnutzung **moderner technischer Mittel** Bauformen angewendet, die derartig von hergebrachten Formen abweichen, dass sich viele Betrachter an ihnen wegen der ungewohnten Form stoßen, so braucht darum noch keine Verunstaltung vorzuliegen (OVG NRW, Urteil vom 12. 9. 1960 – VII A 157/59, BRS 10 V B 2 S. 169 = DVBl. 1962, 231; BayVGH, Urteil vom 30. 11. 1976 – Nr. 269 I 73, BRS 30 Nr. 110; s. auch BVerwG, Urteil vom 18. 2. 1983 – 4 C 19.81, DVBl. 1983, 890 noch zu § 35 Abs. 3 BBauG); allerdings können sie gegen Absatz 2 verstoßen, wenn sie mit ihrer Umgebung nicht störungsfrei in Einklang zu bringen sind.

### 3 Zu Absatz 2 – Umgebungsbezogenes Verunstaltungsverbot

**Absatz 2** behandelt das **gestalterische Einfügen** der baulichen Anlagen **in ihre Umgebung** und geht zurück auf § 1 Baugestaltungsverordnung 1936 (vgl. Rdn. 4). Die Vorschrift erfasst auch solche baulichen Anlagen, die für sich isoliert betrachtet nach Absatz 1 nicht verunstaltet wirken, jedoch mit ihrer Umgebung nicht störungsfrei in Einklang stehen. Dabei regelt Absatz 2 **unterschiedliche Fallgestaltungen**: 32

- das vorgefundene Straßen-, Orts- oder Landschaftsbild darf nicht verunstaltet werden,
- die beabsichtigte Gestaltung des Straßen-, Orts- oder Landschaftsbildes darf nicht gestört werden,
- auf die erhaltenswerten Eigenarten der Umgebung ist Rücksicht zu nehmen.

Vorschriften zum umgebungsbezogenen Verunstaltungsschutz finden sich (indirekt) noch an anderer Stelle der Bauordnung: 33

- nach § 6 Abs. 16 BauO NRW können in überwiegend bebauten Gebieten geringere Tiefen der Abstandflächen gestattet oder verlangt werden, wenn die „Gestaltung des Straßenbildes" dies rechtfertigt (s. die Anmerkungen zu § 6 Rdn. 320–325 und VGH B-W, Urteil vom 13. 2. 1998 – 5 S 3202/96, BRS 60 Nr. 86),
- nach § 9 Abs. 3 BauO NRW kann verlangt werden, dass die Geländeoberfläche des Grundstücks erhalten oder verändert wird, um eine Störung des Straßen-, Orts- und Landschaftsbildes zu vermeiden oder zu beseitigen. (s. die Anmerkungen zu § 9 Rdn. 79–83).

Die Regelungen des Absatzes 2 weisen eine enge **Verwandtschaft zu Bestimmungen** des **Städtebaurechts,** des **Naturschutz- und Landschaftsrechts** sowie des **Denkmalschutzrechts** auf (vgl. Rdn. 11–13). Der durch das DSchG begründete Umgebungsschutz für Baudenkmäler und die Vorschriften des LG über Eingriffe in Natur und Landschaft verdrängen teilweise den umgebungsbezogenen Verunstaltungsschutz. Schließlich können sich im Einzelfall **Schwierigkeiten bei der Abgrenzung zu den städtebaulichen Belangen** hinsichtlich der „Gestaltung des Orts- und Landschaftsbildes" ergeben. Daher bedarf es einer genauen Betrachtung, um herauszuarbeiten, ob ein Vorhaben aus bauordnungsrechtlichen oder aber aus bauplanungsrechtlichen Gründen das „Ortsbild nicht beeinträchtigt" bzw. zu einer „Verunstaltung des Orts- und Landschaftsbildes führt", vgl. die Formulierungen in § 34 Abs. 1 bzw. § 35 Abs. 3 BauGB. Soweit § 12 Abs. 2 BauO NRW die Verunstaltung des Landschaftsbildes untersagt, ist er weder eine Vorschrift, welche die Funktion des Außenbereichs zu schützen bestimmt ist, noch eine solche, die Landschaftsschutz im Sinne des Landschaftsrechts bezweckt (OVG NRW, Urteil vom 17. 11. 1987 – 7 A 849/85, BRS 48 Nr. 107). 34

### 3.1 Zu Satz 1 – Gestalterische Einfügung in die Umgebung

35 Bauliche Anlagen sind nach **Absatz 2 Satz 1** mit ihrer **Umgebung** so in Einklang zu bringen, dass sie das **Straßen-, Orts-** oder **Landschaftsbild** nicht verunstalten. Die Vorschrift gilt für die nähere und weitere Umgebung einer baulichen Anlage, soweit sie auf deren **Bild** einwirken kann, z. B. auf benachbarte Gebäude, auf Straßen, auf Plätze, auf Parkanlagen oder Gewässer, auf Silhouetten von Ortschaften, Wälder und Höhenzüge. Wichtiges Kriterium ist die **Sichtbarkeit** von einem normal zugänglichen Standort aus (s. Rdn. 22). Das Straßen- und Ortsbild umfasst das, was für den Betrachter – und zwar nicht nur aus einem Blickwinkel – sichtbar ist und das Umgebungsbild prägt oder doch mitprägt (OVG NRW, Urteil vom 11. 9. 1997 – 11 A 5797/95, BRS 59 Nr. 137).

36 Der umgebungsbezogene Verunstaltungsschutz gilt hinsichtlich des „Straßen-, Orts- oder Landschaftsbildes". Unter **Straßenbild** ist sowohl die Ansicht eines Straßenzuges in Lauf- oder Fahrtrichtung (Längsrichtung) als auch die Ansicht einer Straßenseite (Querrichtung) mit dem Baugrundstück und der anschließenden Nachbarbebauung zu verstehen. Das **Ortsbild** ist sowohl die Ansicht eines Ortes von außen (Ortsumriss oder -silhouette) als auch die von mehreren Straßenzügen oder Plätzen gebildete innere Erscheinung eines Ortsteils, der vom Standort des Betrachters aus gleichzeitig eingesehen werden kann. Das **Landschaftsbild** ist der Ausschnitt der Landschaft, der sich dem Betrachter von seinem Standort aus darbietet; im Bereich einer geplanten baulichen Anlage bieten sich in der Regel unterschiedliche Standorte mit verschiedenen Blickrichtungen zur Beurteilung einer evtl. Verunstaltung des Landschaftsbildes, da die Sicht – anders als beim Straßenbild – nicht durch Bauwerke in eine bestimmten Richtung gelenkt wird.

37 Die **Beurteilung** der Verunstaltung wird wesentlich von den **örtlichen Gegebenheiten** beeinflusst (vgl. Schlotterbeck/von Arnim/Hager, zu § 11 Rdn. 10). Maßgeblich für den **Verunstaltungsbegriff** ist – wie in Absatz 1 – das Empfinden des so genannten gebildeten Durchschnittsbetrachters (vgl. Rdn. 18–21). Eine Verunstaltung des Straßen-, Orts- oder Landschaftsbildes kann nicht nur in besonders schöner oder wertvoller Umgebung durch eine bauliche Anlage hervorgerufen werden. Auch ein gestalterisch weniger ansprechender Ort kann durch ein Vorhaben verunstaltet werden, indem nämlich die bereits **negative Wirkung** auf den Betrachter **noch verstärkt** wird. Es gibt nämlich **keinen Rechtssatz** des Inhalts, ***„was bereits verunstaltet ist, kann nicht mehr verunstaltet werden“*** (OVG NRW, Urteil vom 6. 2. 1992 – 11 A 2235/89, BRS 54 Nr. 129).

38 Da sich der materielle Inhalt dieser Vorschrift gegenüber dem Vorgängerrecht nicht geändert hat, kann bei der Beurteilung von Vorhaben die bisherige **Rechtsprechung** auch weiterhin **als Orientierungshilfe** herangezogen werden. Eine bauliche Anlage **verunstaltet ihre Umgebung** dann, wenn sie **mit ihr nicht in Einklang** steht **und** in einem belastenden oder **Unlust erregenden Gegensatz zu ihr** steht (BVerwG, Urteil vom 28. 6. 1955, a. a. O. Rdn. 5). Das kann der Fall sein, wenn die bauliche Anlage durch ihre unmaßstäbliche Größe benachbarte Gebäude erdrückt, wenn ihre Farbgebung in einem hässlichen Kontrast zur Umgebung steht oder wenn sie von einer Auffälligkeit ist, die im Verhältnis zu ihrer Bedeutung grob unangemessen und aufdringlich wirkt (vgl. Große-Suchsdorf/Lindorf/Schmaltz/Wiechert, zu § 53 Rdn. 29). Je wertvoller und je empfindlicher die Umgebung ist, umso sorgfältiger und rücksichtsvoller sind bauliche Anlagen zu gestalten, was nicht ausschließt, dass sich in eine Baulücke zwischen denkmalgeschützten Gebäuden ein modernes Gebäude mit zeitgemäßen Stilelementen durchaus einfügen kann.

Ein Gebäude mit **Flachdach** in einer Reihe von Satteldächern braucht nicht verunstaltend zu wirken oder das Ortsbild zu beeinträchtigen (OVG Lüneburg, Urteil vom 29.3. 1979 – I A 135/77, BRS 35 Nr. 131). Befindet sich innerhalb einer ausnahmslos aus Flachdachbungalows bestehenden Häuserzeile nur ein Haus mit **Satteldach**, stellt allein dieser Umstand noch keine Beeinträchtigung und somit auch keine Verunstaltung des Orts- und Straßenbildes dar (OVG Rh-Pf, Urteil vom 14. 7. 1966 – 1 A 56/65, BRS 17 Nr. 13 und OVG NRW, Urteil vom7. 2. 1979 – VII A 271/78, BRS 35 Nr. 130; anders jedoch OVG Saar, Urteil vom 26. 5. 1975 – II R 8/75, BRS 29 Nr. 108). Durch eine Vielzahl von **Dachgauben** auf einem flachgeneigten Dach, das eigentlich nicht zum Ausbau geeignet ist, kann infolge der voluminösen Ausbildung der Dachaufbauten dem Betrachter der Blick auf die Dachfläche und die Firstlinie verstellt werden und dadurch ein Fall der Verunstaltung vorliegen (Hess. VGH, Urteil vom 24. 11. 1995 – 4 UE 1290/92, BRS 57 Nr. 289). 39

Ein **Treppenhausanbau** kann das Ortsbild beeinträchtigen, wenn das Vorhaben die Silhouette einer Uferstraßenbebauung in negativer Weise verändert (OVG Lüneburg, Urteil vom 25. 1. 1978 – I A 103/76, BRS 33 Nr. 53). Ein **Aufzugsturm** als Dachaufbau, der wegen seiner Ausmaße den First des Hauses deutlich überragt, kann wegen einer Verunstaltung des Ortsbildes unzulässig sein (BayVGH, Urteil vom 11. 12. 1991 – 14 B 91.167, BRS 52 Nr. 120). Eine die **Umgebungsbebauung deutlich überschreitende Aufstockungsmaßnahme** kann infolge des gestalterischen Missklangs das Ortsbild verunstalten (BayVGH, Urteil vom 16. 10. 1978 – Nr. 55 XIV 74, BRS 33 Nr. 153). 40

Das Auswechseln von **Sprossenfenstern** durch Einscheibenfenster bei einem Gebäude in einer hinsichtlich der Fassadengliederung anspruchsvollen Umgebung ist verunstaltend (BayVGH, Urteil vom 30. 7. 1979 – Nr. 89 XIV 78, BRS 35 Nr. 135). Das **Abschlagen der Stuckverzierungen** einer klassizistischen Fassade mit anschließendem Glattputz an einem Gebäude, das in einem Straßenzug liegt, dessen Straßenbild durch die überwiegend mit ihren ursprünglichen Fassaden erhaltenen Wohnhäuser aus der Jahrhundertwende und der Zeit davor geprägt wird, wirkt verunstaltend; nach dem heutigen ästhetischen Empfinden müssen sich die das Straßenbild bestimmenden Hausfassaden stärker an den Geboten der Stadtbildpflege und den Gesetzen der architektonischen Harmonie ausrichten (OVG Bln, Beschluss vom 13. 1. 1984 – 2 B 98.82, BRS 42 Nr. 135). 41

Mit dem bauordnungsrechtlichen Verunstaltungsverbot kann die einheitliche Gestaltung von **Einfriedungen** in einer Siedlung nicht durchgesetzt werden (OVG Bln, Urteil vom 3. 7. 1981 – 2 B 56.80, BRS 38 Nr. 71). Das Straßenbild kann aber durch ein aus gemauerten Pfeilern und einem Eisenrohr bestehendes Tor im Vorgartenbereich gestört sein, weil die bauliche Anlage in einem krassen Gegensatz zu den Heckeneinfriedungen der Umgebung steht, diese in der Höhe überragt und hierdurch isoliert bzw. unmotiviert wirkt (OVG NRW, Urteil vom 12. 11. 1969 – VII A 998/68, BRS 22 Nr. 127). Ein im Außenbereich nicht privilegierter 2 m hoher **Bretterzaun** als Sichtschutz einer abgelegenen Waldwiese stört das Landschaftsbild (OVG NRW, Urteil vom 20. 4. 1972 – VII A 250/70, BRS 25 Nr. 125). Eine Verunstaltung des Landschaftsbildes liegt nur dann vor, wenn dieses in besonders schwerwiegender Weise beeinträchtigt wird; dies ist bei einer Einfriedung aus Maschendraht noch nicht der Fall (VGH B-W, Urteil vom 9. 6. 1988 – 8 S 51/88, BRS 48 Nr. 108), wohl aber bei einem aus Straßenleitplanken gebildeten Weidezaun (BayVGH, Urteil vom 27. 10. 1995 – 2 B 93.2417, BRS 57 Nr. 103). 42

Die Errichtung eines **Antennengittermastes** braucht wegen seines „technischen Charakters" im allgemeinen Wohngebiet nicht zu einer Störung des Ortsbildes zu führen, wenn er aufgrund umgebender Bepflanzungen im Garten nicht unangemessen aus dem 43

Orts- und Landschaftsbild „hervorsticht"; entschieden für einen 24 m hohen Antennenmast hinter einem Wohnhaus im Gartenbereich neben einer 20 m hohen Tanne (OVG Bln, Urteil vom 7.9.1984 – 2 B 164.83, BRS 42 Nr. 44). Eine **Windenergieanlage** (Windrad) als „luftig gestaltete technische Konstruktion" auf dem Flachdach eines innerstädtischen fünfgeschossigen Gebäudes neben einer Vielzahl in der Umgebung vorhandener größerer Antennenanlagen gewinnt keine optisch größere Bedeutung und wirkt nicht als ein der bisherigen Gestaltung widersprechendes auffallend hässliches Element (Hess. VGH, Urteil vom 28.4.1988 – 4 OE 1089/85, BauR 1988, 700 = BRS 48 Nr. 53).

**44** Das Verunstaltungsverbot bezieht sich auch auf die **beabsichtigte Gestaltung** des Straßen-, Orts- oder Landschaftsbilds. Die Anwendung dieser Vorschrift setzt einen durch **Rechtssatz konkretisierten Gestaltungswillen** einer Gemeinde voraus (so auch Wilke/Dageförde/Knuth/Meyer, zu § 10 Rdn. 11); die beabsichtigte Gestaltung des Ortsbildes kann aus den Festsetzungen eines Bebauungsplans ablesbar sein (OVG Bln, Urteil vom 23.9.1988 – 2 B 39.87, BRS 48 Nr. 122 zu Festsetzungen nicht überbaubarer Vorgärten eines Industriegebiets). Neben dem Bebauungsplan steht der Gemeinde das Instrument der **Gestaltungssatzung** nach § 86 BauO NRW zur Verfügung (zu den Anforderungen an die **gestalterischen Zielvorstellungen** einer Gestaltungssatzung s. OVG NRW, Urteil vom 29.1.1999 – 11 A 4952/97, BRS 62 Nr. 156). Nach § 9 Abs. 4 BauGB in Verbindung mit § 86 Abs. 4 BauO NRW können die Gestaltung betreffende örtliche Bauvorschriften als Festsetzungen in einen **Bebauungsplan** aufgenommen werden. Auch ohne nach Bauordnungsrecht einbezogene gestalterische Festsetzungen lassen sich mitunter aus planungsrechtlichen Festsetzungen des Bebauungsplans städtebaulich-gestalterische Zielsetzungen entnehmen. Beispielsweise kann die Errichtung einer undurchsichtigen Einfriedung (Holzflechtzaun) die mit der Festsetzung „offene Bauweise" des Bebauungsplans beabsichtigte Gestaltung des Straßen- bzw. Ortsbildes stören (OVG Bln, Urteil vom 31.7.1992 – 2 B 14.90, BRS 54 Nr. 110).

**45** An der **vorhandenen Bebauung** ist eine beabsichtigte Gestaltung nicht abzulesen. Die **Absicht muss in die Zukunft weisend rechtlich fixiert sein**. Die bloße Vorstellung einer Bauaufsichtsbehörde, eines Gestaltungsbeirats oder eines Gemeinderats oder auch so genannte „**Schubladenpläne**" oder „**informatorische Gestaltungspläne**" reichen nicht aus (a. A. Schlotterbeck/von Arnim/Hager, zu § 11 Rdn. 14, die auch „klare und hinreichend bestimmte allgemeine, auf Umsetzung angelegte Vorstellungen der zuständigen Baurechtsbehörde über die künftige baugestalterische Entwicklung eines bestimmten Straßen- Orts- oder Landschaftsbildes" als ausreichend erachten, dabei aber übersehen, dass der Gesetzgeber die Aufgabe der positiven Gestaltungspflege mit dem Satzungsrecht nach § 86 BauO NRW ausdrücklich der Gemeinde zugewiesen hat). Ein **Flächennutzungsplan** konkretisiert in der Regel den Gestaltungswillen einer Gemeinde nicht, da er keine Darstellungen hinsichtlich der beabsichtigten Gestaltung des Straßen-, Orts- oder Landschaftsbildes enthält.

### 3.2 Zu Satz 2 – Rücksicht auf erhaltenswerte Eigenarten der Umgebung

**46** Nach **Absatz 2 Satz 2** müssen bauliche Anlagen auf die **erhaltenswerten Eigenarten** der Umgebung **Rücksicht** nehmen. Durch eine **Erhaltungssatzung** nach § 172 Abs. 1 Satz 1 Nr. 1 BauGB kann die Gemeinde die **städtebauliche Eigenart** eines Gebietes besonders schützen, um **Störungen der städtebaulichen Gestalt** zu **verhindern**. Im Gebiet einer Erhaltungssatzung bedarf die Errichtung, der Rückbau, die Änderung oder die Nutzungsänderung baulicher Anlagen der Genehmigung. Die Genehmigung für den Rückbau, die Änderung oder die Nutzungsänderung baulicher Anlagen darf gemäß § 172 Abs. 3 Satz 1 BauGB nur versagt werden, wenn die bauliche Anlage allein oder im Zusammenhang mit anderen baulichen Anlagen das Ortsbild, die Stadtgestalt oder das Landschaftsbild prägt oder sonst von städtebaulicher, insbesondere geschichtlicher oder künstlerischer Bedeutung ist; die Genehmigung zur Errichtung baulicher Anlagen darf gemäß § 172 Abs. 3 Satz 2 BauGB darf nur versagt werden, wenn die städtebauliche Gestalt des Gebiets durch die beabsichtigte bauliche Anlage beeinträchtigt wird (zu der möglichen Beeinträchtigung dieser Erhaltungsziele und zum Verhältnis zum Bauordnungsrecht vgl. Ernst/Zinkahn/Bielenberg/Krautzberger, zu § 172 Rdn. 156–159).

Ferner sind die mit **Schutzausweisungen nach dem Landschaftsrecht** belegten Flächen (s. Rdn. 12), aber auch die als **Naturdenkmal** geschützten **Einzelschöpfungen der Natur** von Bedeutung. Bei Vorliegen einer **Baumschutzsatzung** kann auch durch besonders schöne, alte Bäume die Eigenart der Umgebung als erhaltenswert im Sinne des Bauordnungsrechts zu bewerten sein. Vor allem zählen aber die **Denkmäler nach dem DSchG** zu den erhaltenswerten Eigenarten der Umgebung. Auch hat die Gemeinde die Möglichkeit zum Erlass einer **Denkmalbereichssatzung** nach § 5 DSchG (s. Rdn. 13), in deren räumlichem Geltungsbereich ein denkmalrechtlicher Umgebungsschutz besteht. **47**

„**Erhaltenswert**" ist die Eigenart der Umgebung stets, wenn sie vom **Denkmalschutz** erfasst ist bzw. im Rahmen einer vorläufigen Unterschutzstellung erfasst werden soll (zum Begriff Baudenkmal s. die Anmerkungen zu § 2 Rdn. 20–22). Um den **Grad des denkmalrechtlichen Erhaltungswertes** bestimmen zu können, bedarf es mehr als des Empfindens des „gebildeten Durchschnittbetrachters"; hier ist eine **Beurteilung durch einen geschulten Fachbetrachter** erforderlich (OVG Bln., Urteil vom 10. 5. 1985 - 2 B 134.83, BRS 44 Nr. 122, OVG Lüneburg, Urteil vom 5. 9. 1985 - 6 A 54/83, BRS 44 Nr. 124, OVG NRW, Urteil vom 11. 12. 1989 – 11 A 2476/88, BRS 50 Nr. 136 und Urteil vom 22. 1. 1998 - 11 A 688/97, BRS 60 Nr. 212). Die Grundsätze über die Beurteilung der Verunstaltung nach Absatz 1 und Absatz 2 Satz 1 (Beurteilung durch den sog. gebildeten Durchschnittsmenschen) sind im Falle des Absatzes 2 Satz 2 nicht heranzuziehen. Die Vorschrift des Satzes 2 enthält nämlich ein schwierig zu beurteilendes **Rücksichtnahmegebot**. Das **Maß der erforderlichen Rücksichtnahme** – in Abgrenzung zur Rücksichtslosigkeit – muss sich nach dem **Grad des Erhaltungswertes** der Umgebung und aus der Summe der von der baulichen Anlage ausgehenden Störungen richten. Es kommt entscheidend auf die **Empfindlichkeit der Umgebung** an, wobei fachgesetzlich normierte Gesichtspunkte heranzuziehen sind. Für diese Beurteilung bedarf es der **objektiven Betrachtungsweise durch einen geschulten Fachbetrachter** (so auch Buntenbroich/Voß, zu § 12 Rdn. 11 und 12). **48**

Ist die Eigenart der Umgebung erhaltenswert, weil sie vom **Denkmalschutz** erfasst ist, so haben die Bauaufsichtsbehörden die **Vorschriften des Denkmalschutzgesetzes** zu beachten. Dieses regelt den Schutz von Baudenkmälern und Denkmalbereichen auch in gestalterischer Hinsicht durch die **Erlaubnispflicht** nach § 9 DSchG. Danach bedarf der Erlaubnis der unteren Denkmalbehörde u. a., wer in der engeren Umgebung von Baudenkmälern oder ortsfesten Bodendenkmälern Anlagen errichten, verändern oder beseitigen will, wenn hierdurch das Erscheinungsbild des Denkmals beeinträchtigt wird. Handelt es sich bei der Maßnahme um eine baugenehmigungsbedürftige, so haben die unteren Bauaufsichtsbehörden gemäß § 9 Abs. 3 DSchG die Belange des Denkmalschutzes in angemessener Weise zu berücksichtigen (vgl. OVG NRW, Urteil vom 18. 5. 1984 – 11 A 1776/83, BRS 42 Nr. 137 = NJW 1986, 1890 = NVwZ 1986, 685). Dazu wir- **49** ken gemäß § 21 DSchG die Denkmalbehörden im Baugenehmigungsverfahren mit. Die Baugenehmigung schließt, sofern keine gesonderte denkmalrechtliche Erlaubnis beantragt wurde, die denkmalrechtliche Entscheidung ein. Sofern keine Baugenehmigung erforderlich ist, bedarf es einer selbständigen Erlaubnis nach § 9 DSchG.

50 Der **Beurteilungsmaßstab** für erlaubnispflichtige Maßnahmen in der engeren Umgebung von Baudenkmälern ist durch § 9 Abs. 1 DSchG vorgegeben. Danach darf das **Erscheinungsbild** des Denkmals durch die Maßnahme **nicht beeinträchtigt** werden. Der **Beurteilungsmaßstab** ist demnach entschieden **enger** als der des Verunstaltungsverbots des Absatzes 1 und des Absatzes 2 Satz 1. **Geschützt** wird nicht nur die Substanz, sondern auch das **Erscheinungsbild des Denkmals vor mittelbaren Beeinträchtigungen** durch Vorhaben in seiner Umgebung. Betroffen von der Regelung des § 9 Abs. 1 DSchG sind in jedem Falle die einem Denkmal unmittelbar benachbarten Gebäude (VG Minden, Urteil vom 15. 9. 1992 – 1 K 1027/92, n. v.). Aus der Denkmaleigenschaft eines Gebäudes kann nicht etwa der Schluss gezogen werden, dass damit bei der konkreten Anwendung im Genehmigungsverfahren nach § 9 DSchG jede Veränderung denkmalrelevant sei. Nur **Veränderungen der denkmalwerten Elemente** eines Gebäudes können überhaupt **denkmalrelevant** sein. Weist z. B. die der Straße zugekehrte Front eines Gebäudes Denkmalwert auf, die Rückfront jedoch nicht, so sind lediglich Veränderungen der Straßenfront relevant (OVG NRW, Urteil vom 18. 4. 1994 – 7 A 3718/92, n. v.).

51 Ergibt die Prüfung nach Städtebaurecht oder Landschafts- bzw. Denkmalschutzrecht, dass die entsprechenden Belange einem Vorhaben nicht entgegenstehen, dieses also **nach den fachgesetzlichen Vorschriften** die gebotene Rücksicht auf eine erhaltenswerte, durch Fachgesetz geschützte Eigenart der Umgebung nimmt, so ist damit auch vorweg entschieden, dass keine bauordnungsrechtlichen Belange im Sinne des § 12 Abs. 2 Satz 2 BauO NRW entgegenstehen. Die **fachgesetzlichen Anforderungen** an die gebotene Rücksichtnahme auf ein Erhaltungsgebiet, ein landschaftsrechtlich geschütztes Landschaftselement, ein Baudenkmal oder einen Denkmalbereich sind nämlich deutlich **höher als die Anforderungen des Bauordnungsrechts**. So ist es ohne weiteres einleuchtend, dass z. B. ein denkmalschutzrechtlich zulässiges Bauvorhaben in der Umgebung eines Denkmals, für das die Erlaubnis nach § 9 DSchG erteilt wird, nicht wegen Verstoßes gegen § 12 Abs. 2 Satz 2 BauO NRW abgelehnt werden kann. Die fachrechtliche Beurteilung ist insoweit ausschlaggebend (zum Problem der sich überschneidenden Rechtsgrundlagen s. auch die Anmerkungen zu § 75 Rdn. 85–88).

## § 13
## Anlagen der Außenwerbung und Warenautomaten

**(1) [1]Anlagen der Außenwerbung (Werbeanlagen) sind alle ortsfesten Einrichtungen, die der Ankündigung oder Anpreisung oder als Hinweis auf Gewerbe oder Beruf dienen und vom öffentlichen Verkehrsraum aus sichtbar sind. [2]Hierzu zählen insbesondere Schilder, Beschriftungen, Bemalungen, Lichtwerbungen, Schaukästen sowie für Zettel- und Bogenanschläge oder Lichtwerbung bestimmte Säulen, Tafeln und Flächen.**

**(2) [1]Werbeanlagen dürfen weder bauliche Anlagen noch das Straßen-, Orts- oder Landschaftsbild verunstalten oder die Sicherheit und Ordnung des Verkehrs gefährden. [2]Eine Verunstaltung liegt auch vor, wenn durch Werbeanlagen der Ausblick auf begrünte Flächen verdeckt oder die einheitliche Gestaltung und die architektonische Gliederung baulicher Anlagen gestört wird. [3]Die störende Häufung von Werbeanlagen ist unzulässig.**

**(3) [1]Außerhalb der im Zusammenhang bebauten Ortsteile sind Werbeanlagen unzulässig. [2]Ausgenommen sind, soweit in anderen Vorschriften nichts anderes bestimmt ist,**

**1. Werbeanlagen an der Stätte der Leistung,**

**2. Schilder, die Inhaber und Art gewerblicher Betriebe kennzeichnen (Hinweisschilder), wenn sie vor Ortsdurchfahrten auf einer Tafel zusammengefasst sind,**

**3. einzelne Hinweiszeichen an Verkehrsstraßen und Wegabzweigungen, die im Interesse des Verkehrs auf außerhalb der Ortsdurchfahrten liegende Betriebe oder versteckt liegende Stätten aufmerksam machen,**

**4. Werbeanlagen an und auf Flugplätzen, Sportplätzen, Sportanlagen und Versammlungsstätten, soweit sie nicht in die freie Landschaft wirken,**

**5. Werbeanlagen auf Ausstellungs- oder Messegeländen.**

**(4) [1]In Kleinsiedlungsgebieten, Dorfgebieten, reinen Wohngebieten, allgemeinen Wohngebieten und besonderen Wohngebieten sind nur Werbeanlagen an der Stätte der Leistung sowie Anlagen für amtliche Mitteilungen und zur Unterrichtung der Bevölkerung über kirchliche, kulturelle, politische, sportliche und ähnliche Veranstaltungen zulässig; die jeweils freie Fläche dieser Anlagen darf auch für andere Werbung verwendet werden. [2]In reinen Wohngebieten darf an der Stätte der Leistung nur mit Hinweisschildern geworben werden. [3]An Gebäuden, die nach ihrer Zweckbestimmung auf Verkehrsflächen öffentlicher Straßen errichtet werden, können auch untergeordnete andere Werbeanlagen zugelassen werden, soweit sie das Ortsbild nicht beeinträchtigen.**

**(5) Die Absätze 1 bis 3 gelten für Warenautomaten entsprechend.**

**(6) Die Vorschriften dieses Gesetzes sind nicht anzuwenden auf**

**1. Anschläge und Lichtwerbung an dafür genehmigten Säulen, Tafeln und Flächen,**

**2. Werbemittel an Zeitungs- und Zeitschriftenverkaufsstellen,**

**3. Auslagen und Dekorationen in Fenstern und Schaukästen,**

**4. Wahlwerbung für die Dauer eines Wahlkampfes.**

*VV BauO NRW (infolge Befristung mit Ablauf des 31. 12. 2005 ausgelaufen)*

***13 Anlagen der Außenwerbung und Warenautomaten (§ 13)***

*13.2 Zu Absatz 2*

*Gemäß § 33 Abs. 1 Nr. 3 der Straßenverkehrsordnung (StVO) ist außerhalb geschlossener Ortschaften jede Werbung und Propaganda durch Bild, Schrift, Licht oder Ton verboten, wenn dadurch Verkehrsteilnehmer in einer den Verkehr gefährdenden oder erschwerenden Weise abgelenkt oder belästigt werden können. Außerdem dürfen gemäß § 33 Abs. 2 Satz 1 StVO Einrichtungen, die Zeichen oder Verkehrseinrichtungen gleichen, mit ihnen verwechselt werden können oder deren Wirkung beeinträchtigen können, dort nicht angebracht oder sonst verwendet werden, wo sie sich auf den Verkehr auswirken können. Findet ein Baugenehmigungsverfahren statt, so ist darauf zu achten, dass nicht gegen die o. a. Anforderungen verstoßen wird.*

*Zu den „begrünten Flächen" gehören z. B. auch die Böschungen von Straßen- oder Eisenbahndämmen. Auf eine gärtnerische Gestaltung der Flächen kommt es nicht an. Der Ausblick auf begrünte Flächen wird schon durch einzelne großflächige Plakattafeln verdeckt.*

*13.3 Zu Absatz 3*

*Anlagen der Außenwerbung dürfen gemäß § 28 Abs. 1 StrWG NRW außerhalb der Ortsdurchfahrten von Landes- und Kreisstraßen in einer Entfernung bis zu 20 m, gemessen vom äußeren Rand der für den Kraftfahrzeugverkehr bestimmten Fahrbahn, nicht errichtet werden. Von diesem Werbeverbot kann die Straßenbaubehörde unter den Voraussetzungen des § 28 Abs. 1 Satz 3 StrWG NRW eine Ausnahme zulassen*

*a) für Werbeanlagen nach Absatz 3 Satz 2 Nrn. 1 und 2 sowie nichtamtliche Hinweiszeichen nach Nr. 3 bis zu einer Größe von 1 m²; für die Werbeanlagen soll die Baugenehmigung in der Regel erteilt werden, wenn die Straßenbaubehörde hierzu ihre Zustimmung nach § 28 Abs. 1 Satz 5 StrWG NRW gegeben hat,*

*b) für Werbeanlagen an Fahrgastunterständen des Öffentlichen Personennahverkehrs oder der Schülerbeförderung; solche Werbeanlagen sind im Außenbereich grundsätzlich nach Absatz 3 Satz 1 unzulässig, weil sie nicht unter die Ausnahmen nach Satz 2 Nr. 4 fallen. Es bestehen jedoch keine Bedenken dagegen, solche Werbeanlagen an Fahrgastunterständen im Wege einer Abweichung nach § 73 zu genehmigen, soweit sie nicht in die freie Landschaft wirken und die Straßenbaubehörde ihre Zustimmung nach § 28 Abs. 1 Satz 5 StrWG NRW gegeben hat. Die Fahrgastunterstände selbst bedürfen, sofern sie an Landes- oder Kreisstraßen errichtet werden sollen, der Genehmigung der Straßenbaubehörde nach § 25 Abs. 4 StrWG NRW, weil sie nach § 65 Abs. 1 Nr. 6 nicht baugenehmigungsbedürftig sind.*

*Hinsichtlich der Anlagen der Außenwerbung an Bundesfernstraßen wird auf § 9 Abs. 6 FStrG verwiesen.*

*Bezüglich der Lichtwerbungen wird auf den Gem. RdErl. d. Ministeriums für Umwelt und Naturschutz, Landwirtschaft und Verbraucherschutz, d. Ministeriums für Wirtschaft und Mittelstand, Energie und Verkehr u. d. Ministeriums für Städtebau und Wohnen, Kultur und Sport v. 13. 9. 2000 (SMBl. NRW. 7129) hingewiesen.*

*13.64 Zu Absatz 6 Nr. 4*

*Als Dauer des Wahlkampfes gilt bei Parlamentswahlen (Europäisches Parlament, Bundestag, Landtag) und Kommunalwahlen eine Zeit von drei Monaten unmittelbar vor dem Wahltag. Die Fristen bei Volksbegehren und Volksentscheid sowie besondere Regelungen über Ausnahmen und Erlaubnisse von verkehrs- und straßenrechtlichen Vorschriften ergeben sich aus dem RdErl. d. Ministers für Wirtschaft, Mittelstand und Verkehr u. d. Innenministers v. 29. 6. 1979 (SMBl. NRW. 922).*

## **Anmerkungen** (Autor: Heintz)

**Übersicht**


| | | Rdn. |
|---|---|---|
| 0 | Änderungen gegenüber der BauO NW 1984 und der BauO NW 1995 | 01 |
| 1 | Allgemeines | |
| 1.1 | Gestaltungsregelungen als Verunstaltungsverbot | 1– 2 |
| 1.2 | Verfahren, ungenehmigte Werbung, Nachbarschutz | 3– 6 |
| 1.3 | Gestaltungsregelungen als Ortssatzung | 7– 8 |
| 1.4 | Die Werbeanlage im Bauplanungsrecht | 9– 16 |
| 1.5 | Die Werbeanlage im Verkehrsrecht | 17– 18 |
| 1.5.1 | Die Werbeanlage im Eisenbahnrecht | 19– 23 |
| 1.5.2 | Die Werbeanlage im Personenbeförderungsrecht | 24– 25 |
| 1.5.3 | Die Werbeanlage im Wasserstraßenrecht | 26– 28 |
| 1.5.4 | Die Werbeanlage im Luftverkehrsrecht | 29– 30 |
| 1.5.5 | Die Werbeanlage im Straßenrecht | |
| 1.5.5.1 | Die Nutzung des Straßenraumes durch Werbung | 31– 33 |
| 1.5.5.2 | Straßenrechtlich privilegierte Werbeanlagen | 34– 36 |
| 1.5.5.3 | Gemeingebrauch, Sondergebrauch, Sondernutzung | 37– 44 |
| 1.5.5.4 | Beschränkungen zum Schutz der Verkehrswege | 45– 53 |
| 1.5.6 | Die Werbeanlage im Straßenverkehrsrecht | 54– 57 |
| 1.6 | Die Werbeanlage im Naturschutz- und Landschaftsrecht | 58– 61 |
| 1.7 | Die Werbeanlage im Denkmalrecht | 62– 65 |
| 1.8 | Bauvorlagen im Genehmigungsverfahren | 66– 76 |
| 2 | Zu Absatz 1 – Anlagen der Außenwerbung | 77– 78 |
| 2.1 | Einrichtung | 79– 81 |
| 2.2 | Örtliche Gebundenheit | 82– 83 |
| 2.3 | Zweckbestimmung | 84– 85 |
| 2.4 | Sichtbarkeit | 86– 87 |
| 3 | Zu Absatz 2 – Anforderungen an Werbeanlagen | 88– 89 |
| 3.1 | Verunstaltungsverbot | 90– 94 |
| 3.2 | Verunstaltung durch Verdeckung begrünter Flächen | 95– 96 |
| 3.3 | Verunstaltung architektonischer Gliederung | 97– 99 |
| 3.4 | Störende Häufung | 100–102 |
| 3.5 | Gefährdung der Sicherheit des Verkehrs | 103–106 |
| 4 | Zu Absatz 3 – Werbeanlagen im Außenbereich | 107–115 |
| 5 | Zu Absatz 4 – Werbeanlagen in Wohngebieten | 116–131 |
| 6 | Zu Absatz 5 – Warenautomaten | 132–134 |
| 7 | Zu Absatz 6 – Ausnahmen vom Anwendungsbereich der BauO NRW | 135–140 |

### 0 Änderungen gegenüber der BauO NW 1984 und der BauO NW 1995

01 Die Vorschrift stimmt wörtlich mit § 13 BauO NW 1984/BauO NW 1995 überein.

### 1 Allgemeines

#### 1.1 Gestaltungsregelungen als Verunstaltungsverbot

1 Die Regelungen des § 13 BauO NRW zählen zum **Gestaltungsrecht** und erfassen alle **Anlagen der Außenwerbung** (zum Begriff s. Rdn. 77–78) und **Warenautomaten**. Das Gestaltungsrecht gehört zum Bauordnungsrecht und fällt somit in die Gesetzgebungszuständigkeit der Länder (OVG NRW, Urteil vom 21. 12. 1962 – VII A 1008/61, OVGE 18, 198, bestätigt durch BVerwG, Beschluss vom 29. 12. 1964 – I C 97.63, BRS 15 Nr. 78). Diese Rechtsentwicklung begann mit den Preußischen Verunstaltungsgesetzen von 1902 und 1907 und setzte sich mit der Baugestaltungsverordnung von 1936 bis zur MBO 1960 bzw. BauO NW 1962/1970 fort (s. die Anmerkungen zu § 12 Rdn. 1–6). Die Vorschriften des § 13 BauO NRW sind **verfassungsrechtlich unbedenklich**, da sie Inhalt und Schranken des Eigentums im Sinne von Artikel 14 Abs. 1 Satz 2 GG bestimmen (BVerwG, Beschluss vom 29. 12. 1964 – I C 97.63, BRS 15 Nr. 78, Urteil vom 25. 6. 1965 – IV C 73.65, BRS 16 Nr. 75, Urteil vom 22. 2. 1980 – 4 C 95.76, BRS 36 Nr. 150 und Beschluss vom 27. 6. 1991 – 4 B 138.90, BauR 1991, 727 = BRS 52 Nr. 118).

2 **Werbung**, sei sie wirtschaftlicher oder sonstiger Art, ist **in der Markwirtschaft unentbehrlich** (ebenso Jeromin, zu § 52 Rdn. 2 unter Bezug auf OVG Rh-Pf, Urteil vom 22. 7. 1987 – 1 A 128/85, BRS 48 Nr. 120). Sie ist Mittlerin zwischen Produzenten und Verbrauchern. Nach Artikel 2, 5, 12 und 14 GG ist die Werbung grundsätzlich **zulässige Ausübung von Grundrechten** (vgl. Schulte, Recht und Grenzen der Außenwerbung, BauR 1993, S. 139 ff.). Durch ihre Farbigkeit, Gestaltung und Vielfalt kann sie als Gegenstand künstlerischer, kreativer Tätigkeit sogar bereichernd wirken (vgl. auch Große-Suchsdorf/Lindorf/Schmaltz/Wiechert, zu § 49 Rdn. 1).

Die **technische Entwicklung** wird auch von der Werbewirtschaft für **neue Formen der Werbung** genutzt, z. B. für Werbung in beleuchteten Vitrinen von Fahrgastunterständen, auf großformatigen Gerüstplanen und mittels Laserprojektion (hierzu s. Friedrich, Anlagen der Außenwerbung in der neueren Rechtsprechung, BauR 1996, S. 504 ff.; Wohlfarth, Rechtsfragen der Stadtmöblierung, NVwZ 1997, S. 749 ff.). Werbung muss auffallen, um ihren Zweck zu erfüllen; sie muss sich in Form und Farbe insofern von ihrer Umgebung abheben. Damit kann sie in einen **Konflikt mit übergeordneten Interessen der Allgemeinheit** geraten, insbesondere bei **falscher Standortwahl** oder **übermäßigen Dimensionen** (s. Rdn. 31 zu den **Auswüchsen kommunaler Werbewirtschaft**). Diesen Konflikt zu vermeiden bezwecken die Vorschriften des § 13 BauO NRW, die – wie die Vorschriften des § 12 BauO NRW – ein **Verunstaltungsverbot** darstellen (s. die Anmerkungen zu § 12 Rdn. 3 und 9–12). Werbeanlagen dürfen weder bauliche Anlagen noch das Straßen-, Orts- und Landschaftsbild verunstalten. Zur möglichen Verunstaltung zählt neben der **Verdeckung des Ausblicks auf begrünte Flächen** auch die **störende Häufung**. Der Grad einer möglichen Störung hängt wesentlich von der Qualität der jeweiligen Umgebung ab, wobei festzuhalten ist, dass es einen Rechtssatz des Inhalts, „was schon verunstaltet ist, kann nicht mehr verunstaltet werden“, nicht gibt (OVG NRW, Urteil vom 6. 2. 1992 – 11 A 2235/89, BRS 54 Nr. 129).

## 1.2 Verfahren, ungenehmigte Werbung, Nachbarschutz

Für Werbeanlagen in Form von Bemalungen und Beschriftungen, die selbst **keine baulichen Anlagen** nach § 2 Abs. 5 BauO NRW sind (s. die Anmerkungen zu § 2 Rdn. 28–35), gelten die einschlägigen Vorschriften der BauO NRW dennoch, da in allen Paragraphen, in denen Anforderungen an bauliche Anlagen gestellt werden, neben diesen auch **andere Anlagen und Einrichtungen** genannt sind (s. §§ 3 und 12 BauO NRW; vgl. die Anmerkungen zu § 1 Rdn. 37–38). Alle Vorschriften der Absätze 1 bis 3 gelten nach Absatz 5 entsprechend auch für **Warenautomaten** (an denen keine Werbung angebracht ist). Auf **Warenautomaten mit Werbung** findet § 13 BauO NRW uneingeschränkt Anwendung (OVG NRW, Urteil vom 3. 6. 1986 – 11 A 1091/84, BRS 46 Nr. 45 zu einem Zigarettenautomaten). Da es gerade Sinn und Zweck von Warenautomaten ist, auf Waren aufmerksam zu machen und zum Kauf anzulocken, enthalten diese in der Regel Werbedarstellungen, so dass dem Absatz 5 kaum eigenständige Bedeutung zukommt. Durch Satzung nach § 86 Abs. 1 Nr. 1 und 2 BauO NRW kann die Gemeinde gestalterische Anforderungen an Werbeanlagen und Warenautomaten stellen oder ihre Zulässigkeit einschränken. Nach § 86 Abs. 2 Nr. 2 BauO NRW kann in besonders schutzwürdigen Gebieten für genehmigungsfreie Werbeanlagen eine Genehmigungspflicht begründet werden (s. Rdn. 7 und 8). Werbeanlagen und Warenautomaten können als **bauliche Anlagen im Sinne des § 29 Abs. 1 BauGB** dem **Bauplanungsrecht** unterfallen und sind dann auch bauplanungsrechtlichen Regelungen zugänglich (s. Rdn. 9 und die Anmerkungen zu § 2 Rdn. 9–14). Weitere **Zulässigkeitseinschränkungen** können sich aus dem Verkehrs-, Landschafts- und Denkmalschutzrecht ergeben (vgl. Rdn. 17–65). 3

Es ist zu beachten, dass nach **§ 13 Abs. 6 BauO NRW** bestimmte Werbeanlagen in Ergänzung des § 1 BauO NRW **vom Anwendungsbereich ausgenommen** sind, so dass für diese Werbeanlagen das Bauordnungsrecht nicht gilt (s. die Anmerkungen zu § 1 Rdn. 21). Zur Vermeidung von Fehlschlüssen ist darauf hinzuweisen, dass Werbeanlagen auf und an öffentlichen Verkehrsanlagen sehr wohl dem Bauordnungsrecht unterliegen, wenn für sie die verkehrsanlagenrechtlichen Spezialvorschriften nicht einschlägig sind (vgl. Rdn. 18 und die Anmerkungen zu § 1 Rdn. 54). 4

Die Errichtung bzw. Änderung der in **§ 65 Abs. 1 Nr. 33 bis 36 BauO NRW** aufgeführten Werbeanlagen und Warenautomaten ist von einem bauaufsichtlichen Verfahren **freigestellt**. Diese Freistellung ist **nur verfahrensrechtlicher Natur** und betrifft den Verzicht auf eine präventive Prüfung durch die Bauaufsichtsbehörden. **Materiell-rechtlich muss** gemäß § 65 Abs. 4 BauO NRW **das öffentliche Recht**, insbesondere § 13 BauO NRW **beachtet** werden. Die nicht von § 13 Abs. 6 BauO NRW oder § 65 Abs. 1 Nr. 33 bis 36 BauO NRW erfassten Werbeanlagen und Warenautomaten unterliegen gemäß **§ 68 Abs. 1 Satz 1 BauO NRW** dem **vereinfachten Genehmigungsverfahren**, in dem die Vorschriften des § 13 BauO NRW zu prüfen sind. Keiner Baugenehmigung bedarf gemäß **§ 65 Abs. 4 Nr. 11 BauO NRW** der **Abbruch** bzw. die **Beseitigung** von Werbeanlagen und Warenautomaten (zu den Anforderungen an **Bauvorlagen** s. Rdn. 66–76).

Es kommt nicht selten vor, dass Werbetafeln **ohne die erforderliche Baugenehmigung** aufgestellt werden. Unter der Voraussetzung, dass aus den Tatbestandsverhältnissen auch die materielle Illegalität der Anlagen mit einem hohen Grad an fehlerfreier Beurteilung erkennbar vorliegt, kann die Bauaufsichtsbehörde für ihre zu erlassende Beseitigungsverfügung zugleich die **sofortige Vollziehung** anordnen (vgl. § 80 VwGO). Zur Begründung lässt sich anführen, dass es mit dem allgemeinen Wohl unvereinbar wäre, 5 wenn die Werbetafeln bis zu einer rechtskräftigen Entscheidung über die Rechtmäßigkeit der Verfügung bestehen blieben. Der Ordnungspflichtige habe sich durch die ordnungswidrige Handlungsweise eine Einrichtung geschaffen, durch die er wirtschaftliche Vorteile erzielt. Wenn die geschaffenen Einrichtungen nicht sofort wieder beseitigt werden, müsste dies auf andere geradezu anspornend wirken, in gleicher Weise zu verfahren. Hierdurch würde die öffentliche Ordnung in untragbarer Weise gestört und die Autorität der Genehmigungsbehörde untergraben. Das OVG NRW hat bereits mit Beschluss vom 22.6.1962 (– VII B 288/62, n.v.) diese Begründung als sachgerecht und zutreffend bezeichnet (vgl. auch OVG NRW, Urteil vom 29.10.1979 – XI B 1447/79, BRS 35 Nr. 143 zu den Grundsätzen des effektiven Rechtsschutzes und der Verhältnismäßigkeit). Das **öffentliche Interesse** an der sofortigen Vollziehung wird dadurch hinreichend begründet (ebenso OVG Lüneburg, Beschluss vom 29.9.1966 – VII B 21/66, DÖV 1968, 62 und OVG Bln, Beschluss vom 24.5.1968 – II B 29/68, NJW 1968, 1491). Besondere Probleme bereitet das „**wilde Plakatieren**“ ebenso wie das unbefugte Beschriften oder Bemalen baulicher Anlagen (zur Verfassungsmäßigkeit des Verbots „wilden“ Plakatierens gegenüber politischen Parteien s. BVerfG, Beschluss vom 10.12.2001 – 2 BvR 408/01, DVBl. 2002, 409). Eine im Jahre 1984 beabsichtigte Ergänzung des OWiG um § 118 a „Verunstaltung von baulichen Anlagen oder gemeinnützigen Sachen“ (vgl. BR-Drucks. 371/82) scheiterte leider.

6 Nach herrschender Meinung entfalten die **Verunstaltungsvorschriften**, zu denen auch § 13 BauO NRW rechnet, **keine nachbarschützende Wirkung** (s. die Anmerkungen zu § 12 Rdn. 8; vgl. Hahn/Schulte, Rdn. 340 und Schlotterbeck/von Arnim/Hager, zu § 11 Rdn. 39). Sie dienen dem **allgemeinen Interesse** an einer einwandfreien Einfügung eines Bauwerks in seine Umgebung (OVG NRW, Urteil vom 18.2.1965 – VII A 655/63, BRS 16 Nr. 74 = DVBl. 1966, 279; VGH B-W, Urteil vom 4.2.1969 – II 347/68, BRS 22 Nr. 167; OVG Lüneburg, Urteil vom 5.9.1985 – 6 A 104/83, BRS 44 Nr. 118; OVG Saar, Beschluss vom 26.6.1985 – 2 W 1331/85, BRS 44 Nr. 162). Da § 13 BauO NRW – anders als z.B. § 49 Abs. 2 NBauO – keinen Rechtssatz enthält, wonach Werbeanlagen nicht erheblich belästigen dürfen, kann ihre Ausführung zum Schutze des Nachbarn nur dann untersagt werden, wenn die Anlage die Gesundheit gefährdet. Selbst eine Leuchtwerbeanlage an einer Gaststätte, welche die Wohn- und Schlafräume eines gegenüberliegenden Hauses erhellt, führt nicht zu einer Gefahr für die Gesundheit der Wohnbevölkerung (OVG NRW, Urteil vom 20.10.1972 – XI A 806/71, BRS 25 Nr. 136).

**Nachbarschutz** kann jedoch gegeben sein, wenn eine **städtebaulich relevante** Werbeanlage (s. Rdn. 9–16) mit einer Baugebietsvorschrift unvereinbar ist und eine **Verfremdung des Baugebiets** einzutreten droht, z.B. durch eine großflächige Werbetafel in einem Wohngebiet, und hierdurch das **nachbarliche Austauschverhältnis gestört** wird (BVerwG, Urteil vom 16.9.1993 – 4 C 28.91, BauR 1994, 223 = BRS 55 Nr. 110 = NJW 1994, 1546; vgl. Hahn/Schulte, Rdn. 120; Jäde/Dirnberger/Weiß, zu § 29 Rdn. 43). Nachbarschutz ist auch gegeben gegen eine großflächige Werbeanlage, die **innerhalb der Abstandfläche** an einer Giebelwand angebracht werden soll, da ein Nachbar, der von seinem Grundstück aus auf eine derart große und häufig auch schreiend bunte Plakattafel schauen muss, in seinem Wohlbefinden beeinträchtigt wird. In einem solchen Fall stört die selbst abstandflächenrelevante großflächige Werbeanlage, von der Wirkungen wie von einem Gebäude ausgehen (§ 6 Abs. 10 BauO NRW), den **Wohn- und Nachbarfrieden**, ein **durch § 6 BauO NRW geschütztes Rechtsgut** (OVG NRW, Urteil vom 18.9.1992 – 11 A 276/89, BRS 54 Nr. 131).

### 1.3 Gestaltungsregelungen als Ortssatzung

Nach § 86 Abs. 1 BauO NRW sind die Gemeinden ermächtigt, **örtliche Bauvorschriften als (Gestaltungs-) Satzung** erlassen zu können, unter anderem über: 7

- die **äußere Gestaltung von Werbeanlagen und Warenautomaten zur Durchführung baugestalterischer Absichten** in bestimmten, genau abgegrenzten bebauten oder unbebauten Teilen des Gemeindegebietes; dabei können sich die Vorschriften über Werbeanlagen auch auf deren Art, Größe und den Ort der Anbringung erstrecken (**Nr. 1**);
- **besondere Anforderungen an Werbeanlagen und Warenautomaten zum Schutz bestimmter Bauten, Straßen, Plätze oder Ortsteile** von städtebaulicher, künstlerischer oder geschichtlicher Bedeutung sowie von Denkmälern oder Naturdenkmälern; dabei können nach den örtlichen Gegebenheiten insbesondere bestimmte Arten von Werbeanlagen und Warenautomaten ausgeschlossen oder auf Teile baulicher Anlagen und auf bestimmte Farben beschränkt werden (**Nr. 2**).

Bei **Nr. 1** handelt es sich um eine Ermächtigung zum Erlass von Gestaltungsvorschriften, die allgemein zur Durchführung baugestalterischer Absichten herangezogen werden kann. Im Gegensatz dazu setzt **Nr. 2** voraus, dass bestimmte Bauten, Straßen, Plätze oder Ortsteile von städtebaulicher, künstlerischer oder geschichtlicher Bedeutung sowie Denkmäler und Naturdenkmäler einen besonderen Schutz durch die Satzung verdienen.

Örtlichen Bauvorschriften muss eine **gestalterische Konzeption** zugrunde liegen, an die keine zu hohen Anforderungen gestellt werden. Es reicht aus, wenn die Gemeinde Einzelfragen der Baugestaltung einer Regelung für ein bestimmtes Gebiet zuführen will (BayVGH, Beschluss vom 9. 3. 1976 – Nr. 164 I 73, BRS 30 Nr. 109). Die planerische Gestaltungsfreiheit der Gemeinden wird durch das **Prinzip der Verhältnismäßigkeit** und das **Verbot des Übermaßes** begrenzt (BayVGH, Urteil vom 12. 9. 1988 – Nr. 1 N 84 A.94, A.555 und A.1657, BRS 48 Nr. 110). Eine örtliche Bauvorschrift darf nicht ausschließlich dem Ziel dienen, die Werbung in der Gemeinde generell zurückzudrängen (OVG Rh-Pf, Urteil vom 22. 9. 1988 – 1 A 82/86, BRS 48 Nr. 111). Selbst gebietsbezogene, generelle Ausschlüsse von Werbeanlagen werden von der Rechtsprechung als kritisch angesehen. So ist das in einer Gestaltungssatzung getroffene generelle Verbot von Fremdwerbung in Kerngebieten nicht sachgerecht und verstößt gegen Art. 14 Abs. 1 Satz 2 GG, weil Kerngebiete durch unterschiedliche Nutzungen geprägt werden (OVG NRW, Urteil vom 6. 2. 1992 – 11 A 2232/89, BauR 1992, 483 = BRS 54 Nr. 112). 8

### 1.4 Die Werbeanlage im Bauplanungsrecht

Wenn auch Werbeanlagen aus Gründen des Verunstaltungsschutzes im Bauordnungsrecht eine Sonderregelung durch § 13 BauO NRW erfahren haben, so ergeben sich weitere Zulässigkeitseinschränkungen aus dem Bauplanungsrecht. **Werbeanlagen** gehören als solche nämlich **weder allein zum Bauplanungs- noch zum Bauordnungsrecht** und sind je nach gesetzgeberischer Zielsetzung sowohl einer bauplanungs- als auch einer bauordnungsrechtlichen Regelung zugänglich (BVerwG, Urteil vom 28. 4. 1972 – IV C 11.69, BVerwGE 40, 94 = BRS 25 Nr. 127 = DÖV 1972, 828 = DVBl. 1973, 40). Diese Auffassung war zu Beginn der sechziger Jahre nach Kodifizierung des Städtebaurechts keineswegs selbstverständlich (so Große-Suchsdorf/Lindorf/Schmaltz/Wiechert, zu § 49 Rdn. 11), zumal der Wortlaut des § 13 MBO = § 13 BauO NRW den Eindruck erweckt, als sei die bauplanungsrechtliche Zulässigkeit von Werbeanlagen mitgeregelt. 9

**10** Werbeanlagen sind bei Erfüllung der Voraussetzungen nach § 2 Abs. 1 BauO NRW **bauliche Anlagen**. Außenwerbung in Form von Wandbemalungen oder -beschriftungen unterfallen jedoch weder dem Begriff der baulichen Anlage, noch gelten sie als solche. Daher definiert § 13 Abs. 1 BauO NRW sie als ortsfeste **Einrichtungen**, für die nach § 1 Abs. 1 BauO NRW das Bauordnungsrecht und damit insbesondere die Zulässigkeitseinschränkungen der §§ 12 und 13 BauO NRW gelten. Werbeanlagen, die bauliche Anlagen nach Bauordnungsrecht sind, erfüllen regelmäßig auch den **bauplanungsrechtlichen Begriff der baulichen Anlage** im Sinne des § 29 BauGB (s. die Anmerkungen zu § 2 Rdn. 9–12; vgl. auch Jäde/Dirnberger/Weiß, zu § 29 Rdn. 16) und unterliegen damit den bauplanungsrechtlichen Zulässigkeitsvorschriften der §§ 30 bis 37 BauGB. Daraus erklärt sich auch, warum § 13 BauO NRW Regelungen über die **bauordnungsrechtliche** (nicht die bauplanungsrechtliche!) Zulässigkeit von Werbeanlagen im Außenbereich sowie in den Kleinsiedlungs-, Wohn- und Dorfgebieten enthält. Die Vorschrift will nämlich Werbeanlagen erfassen, die **nicht** dem bauplanungsrechtlichen Begriff der baulichen Anlagen im Sinne des § 29 BauGB unterfallen.

**11** Welche Werbeanlage **städtebauliche Relevanz** aufweist, um damit eine bauliche Anlage nach Bauplanungsrecht zu sein, hängt von mehreren Kriterien ab:

- die Anlage muss geeignet sein, ein **Bedürfnis nach einer ihre Zulässigkeit regelnden verbindlichen Bauleitplanung** hervorzurufen, wobei sich über die einzelne Anlage hinaus eine **verallgemeinernde Betrachtungsweise** gebietet (BVerwG, Urteil vom 3. 12. 1992 – 4 C 27.91, BRS 54 Nr. 126 = DVBl. 1993, 439 = NVwZ 1993, 983),
- die Anlage muss **bei unterstellter Häufung die in § 1 Abs. 5 BauGB aufgeführten Belange berühren**, die als solche Gegenstand städtebaulicher Entwicklungs- und Ordnungsgesichtspunkte sein können (BVerwG, Urteil vom 28. 4. 1972, a. a. O. Rdn. 9).

Nachdem das BVerwG anfänglich eine planungsrechtliche Relevanz von der Flächengröße abhängig machte (verneinend im Beschluss vom 29. 12. 1964 – I C 97.63, BRS 15 Nr. 78 zu einem 0,73 m² großen Reklameschild für Motorenöl an der Giebelwand einer Scheune; verneinend auch im Beschluss vom 17. 1. 1967 – IV B 231.65, BRS 18 Nr. 107 zu einer 10,7 m² großen Werbetafel an der Außenwand eines Gebäudes), hat es aufgrund kritischer Anmerkungen in der Literatur sodann erkannt, dass **Werbeanlagen geeignet** sein können, **die städtebauliche Entwicklung zu stören** (Urteil vom 16. 2. 1968 – IV C 190.65, BRS 20 Nr. 123 zu einer 10,3 m² großen Werbetafel an einer Grundstücksmauer). In letzterem Falle wurde die Werbeanlage zwar immer noch nicht als bauliche Anlage im Sinne des Bauplanungsrechts angesehen, jedoch ein anderer Weg zur Durchsetzung der bauplanungsrechtlichen Belange gefunden. Das BVerwG wertete die Werbeanlage als sonstige Nutzung und knüpfte damit an eine frühere Entscheidung an, wonach eine **sonstige Nutzung** von Grundstücken, die den **Festsetzungen eines Bebauungsplans** widerspricht, rechtswidrig ist und daher untersagt werden kann (BVerwG, Urteil vom 4. 11. 1966 – IV C 36.65, BRS 17 Nr. 1).

Mit Beschluss vom 30. 1. 1968 (– IV B 223.66, BRS 20 Nr. 127) korrigierte das BVerwG seine bisherige Sichtweise zur Auslegung des § 29 Abs. 1 BauGB und stellte zu einer auf dem Flachdach eines Gebäudes verankerten Werbeanlage klar:

*„Die Auslegung des § 29 als einer planungsrechtlichen Vorschrift muss planungsrechtliche Überlegungen berücksichtigen und dabei in Rechnung stellen, dass die städtebauliche Entwicklung auch durch eine Anlage gestört werden kann, die möglicherweise vom Bauordnungsgesetzgeber, der seine Begriffe naturgemäß unter dem Gesichtspunkt des Bau-*

*ordnungsrechts verwendet und definiert, nicht als bauliche Anlagen im Sinne des Bauordnungsrechts behandelt wissen will. Das ergibt auch folgende Überlegung: Würde die von der Klägerin beabsichtigte Werbeanlage auf dem Erdboden verankert werden, so könnte kein begründeter Zweifel bestehen, dass es sich um eine bauliche Anlage handelt. Die Beurteilung kann sich nicht ändern, wenn eine solche Anlage statt auf dem Erdboden auf dem Flachdach eines Gebäudes angebracht werden soll und dort bei der gebotenen planungsrechtlichen Betrachtungsweise mindestens von gleicher, wenn nicht größerer Bedeutung ist.*"

Die obergerichtliche Rechtsprechung hat in der Folge **an Wänden angebrachte Werbetafeln als bauliche Anlagen nach § 29 Abs. 1 BauGB** gewertet (VGH B-W, Urteil vom 30. 9. 1983 – 5 S 640/83, BRS 40 Nr. 159 und Urteil vom 12. 3. 1986 – 5 S 2976/85, BRS 46 Nr. 131; OVG Lüneburg, Urteil vom 12. 12. 1986 – 6 A 112/85, BRS 46 Nr. 132 zu einer Plakattafel im „Euroformat" von 2,75 m × 3,75 m; Hamb. OVG, Urteil vom 31. 5. 2001 – 2 Bf 323/98, BauR 2002, 459 = BRS 64 Nr. 145).

Mehrere Jahre später rang sich das BVerwG schließlich zu der Erkenntnis durch, dass eine Werbeanlage dann das Bedürfnis nach einer ihre Zulässigkeit regelnden verbindlichen Bauleitplanung hervorrufen kann, wenn sie – die Verallgemeinerung unterstellt – auch tatsächlich Gegenstand bauleitplanerischer Festsetzungen sein kann und damit überhaupt konkret bauplanerisch beurteilungsfähig ist; das sei für Werbeanlagen, die bauliche Anlagen im Sinne des § 29 Abs. 1 BauGB sind, **grundsätzlich** der Fall, weil sie von der Gemeinde entweder als Nebenanlage gemäß § 14 Abs. 1 Satz 3 BauNVO oder als Hauptanlage gemäß § 1 Abs. 5 bis 10 BauNVO ausgeschlossen werden können (Urteil vom 3. 12. 1992 – 4 C 27.91, a. a. O. Rdn. 11). 12

In der zuvor genannten Grundsatzentscheidung (Urteil vom 3. 12. 1992 – 4 C 27.91, a. a. O. Rdn. 11) stellt das BVerwG die bauplanungsrechtlichen Anforderungen an Werbeanlagen heraus und entwickelt Grundsätze für die Beurteilung im Einzelfall. Bedeutsam ist zunächst die **städtebauliche Relevanz** von Werbeanlagen **im Hinblick auf das Ortsbild**. Hierzu führt das BVerwG aus: 13

„*Städtebauliche Relevanz besteht dann, wenn die Anlage – auch und gerade in ihrer unterstellten Häufung – Belange erfasst oder berührt, welche im Hinblick auf das grundsätzliche Gebot des § 1 Abs. 3 BauGB in Verbindung mit § 1 Abs. 5 BauGB auch städtebauliche Betrachtung und Ordnung verlangen. Hierzu zählt auch das Ortsbild der Gemeinde (vgl. §§ 1 Abs. 5 Satz 2 Nr. 4, 34 Abs. 1 Satz 2, 2. Halbsatz BauGB). Für das Ortsbild ist in aller Regel auch eine Außenwerbung relevant. Ihr eigentliches Ziel ist es gerade, Aufmerksamkeit auf sich zu lenken; in diesem Sinne muss sie im vorhandenen Ortsbild gerade „auffallend" wirken.*"

Diese Begründung macht insoweit nachdenklich, als Bemalungen und Beschriftungen, wie z. B. die großflächige Bemalung eines Giebels, weit auffälliger und beeinträchtigender für das Ortsbild sein können, als eine übliche Werbetafel. Hier bleibt zu fragen, ob nicht entgegen dem bisherigen Verständnis der baulichen Anlage im Sinne des § 29 Abs. 1 BauGB (s. Rdn. 10) auch eine solche Werbeanlage dem Bauplanungsrecht unterfällt, weil es sich bei der Beschriftung oder Bemalung um eine Änderung der Qualität einer baulichen Anlage handelt. Denn es macht von der **Wirkung auf das Ortsbild** keinerlei Unterschied, ob die Werbebotschaft durch ein auf eine Tafel geklebtes Plakat, ein in einen Kasten eingelegtes Poster oder durch eine Beschriftung oder Bemalung der Fassade vermittelt wird. Insoweit kann durchaus die Auffassung vertreten werden, dass die bauliche Anlage infolge der aufgemalten Werbung ihre Nutzungsqualität wandelt und damit z. B. der Giebel eines Wohnhauses durch aufgemalte Fremdwerbung zu einem weiteren (gewerblichen) Hauptnutzungselement des Grundstücks wird.

**14** Werbeanlagen als Vorhabens sind bei der baurechtlichen Beurteilung danach zu bewerten, ob es sich um **eigenständige Hauptnutzungen** oder um **Nebenanlagen** im Sinne des § 14 BauNVO handelt. Von einer Nebenanlage ist auszugehen, wenn eine Werbeanlage dem im Baugebiet gelegenen Grundstück dient, was bei einer „Fremdwerbung" nicht der Fall ist, da es – anders als bei einer „Werbung an der Stätte der Leistung" – keinen Funktionszusammenhang zwischen der Grundstücksnutzung und der Außenwerbung gibt (BVerwG, Urteil vom 18. 2. 1983 – 4 C 18.81, BVerwGE 67, 23 = BRS 40 Nr. 64). So wird die Nutzung eines als allgemeines Wohngebiet festgesetzten Baugebietes nicht durch eine gewerbliche Außenwerbung (Fremdwerbung) gefördert. Liegen die besonderen Voraussetzungen des § 14 Abs. 1 BauNVO nicht vor, so ist die Werbeanlage nach den Baugebietsvorschriften der §§ 2 ff. BauNVO zu beurteilen. Eine Werbeanlage, mit Fremdwerbung, stellt bauplanungsrechtlich eine **gewerbliche Hauptnutzung** dar. Hierzu führt das BVerwG im Urteil vom 3. 12. 1992 (– 4 C 27.91, a. a. O. Rdn. 11) aus:

*„Den Charakter als bauplanerisch selbständig zu beurteilende Hauptnutzung verliert die Werbeanlage der Fremdwerbung nicht dadurch, dass sie mit einer anderen Anlage verbunden ist und damit bautechnisch zu einer „Nebenanlage" wird. Diese bautechnische Verbindung ändert den Charakter der Nutzung als gewerbliche nicht. Vielmehr bleiben beide Nutzungen Hauptnutzungen. Jede dieser beiden Hauptnutzungen besitzt unabhängig von der konkreten bautechnischen Gestaltung ihre eigene städtebaurechtliche Bedeutung und ist daher bauplanungsrechtlich selbständig zu beurteilen. In diesem Sinne kann eine Werbeanlage, wenn sie bauliche Anlage i. S. des § 29 Satz 1 BauGB ist, als Fremdwerbung i. S. der Art der baulichen Nutzung im System des § 9 Abs. 1 Nr. 1 in Verbindung mit §§ 2 ff. BauNVO bauplanungsrechtlich zugeordnet werden. Die Werbeanlage, welche als Außenwerbung der Fremdwerbung zu dienen bestimmt ist, kann daher als ein Fall gewerblicher Nutzung über bauplanerische Festsetzungen nach §§ 2 ff. BauNVO entweder zugelassen oder ausgeschlossen werden. Die Gemeinde kann hierzu auch die Möglichkeiten des § 1 Abs. 5 bis 10 BauNVO nutzen. Im übrigen richtet sich die bauplanungsrechtliche Beurteilung nach der jeweiligen Nutzungsart des festgesetzten Baugebietes. Eine Regelungslücke im System der BauNVO besteht damit nicht.*

*Ist in dem Baugebiet eine gewerbliche Nutzung nicht oder nur ausnahmsweise zulässig, so gilt dies auch für die Außenwerbung als Fremdwerbung. Ob die Werbeanlage als bauliche Anlage in ihrer konkreten Gestaltung einen bestimmten Umfang besitzt, bestimmte „optische" und damit werbewirksame Aufmerksamkeit auf sich zieht oder bautechnisch letztlich geringfügig ist, berührt den Charakter der Anlage als selbständig zu beurteilende Hauptnutzung nicht. Ist für das Baugebiet beispielsweise eine Festsetzung als Gewerbegebiet getroffen worden, dann bedeutet dies, dass in diesem Gebiet – vorbehaltlich gesonderter Festsetzungen und des § 15 Abs. 1 BauNVO – aus bauplanerischen Gründen eine gewerbliche Fremdwerbung auch außerhalb der Stätte eigener Leistung zulässig ist."*

Im Anschluss an dieses Urteil entschied das BVerwG (Urteil vom 3. 12. 1992 – 4 C 26.91, BauR 1993, 319 = BRS 54 Nr. 127 zu einem Aluminium-Schaukasten), dass eine Werbeanlage der Außenwerbung, welche als bauliche Anlage Fremdwerbung zum Gegenstand hat, als eigenständige Hauptnutzung gemäß § 34 Abs. 1 BauGB unzulässig ist, wenn sie sich nicht in die Eigenart der näheren Umgebung einfügt.

**Im beplanten Bereich** nach § 30 BauGB ist die Zulässigkeit von Werbeanlagen, die bauliche Anlagen im Sinne des § 29 Abs. 1 BauGB sind, zunächst nach den Vorschriften über die **Art der baulichen Nutzung** zu beurteilen. Ob sie als Haupt- oder Nebenanlage allgemein oder ausnahmsweise zulässig sind, beurteilt sich nach den Festsetzungen des Bebauungsplans in Verbindung mit den Vorschriften der §§ 2 bis 15 BauNVO. Steht die Zulässigkeit nach der Art der baulichen Nutzung fest, so ist die Zulässigkeit der Werbeanlage nach den Vorschriften über das Maß der baulichen Nutzung und über die überbaubaren Grundstücksflächen zu prüfen. Werbetafeln als Fremdwerbung sind einer **Beurteilung nach den üblichen Maßfestsetzungen**, wie Zahl der Vollgeschosse, Grundflächen- bzw. Geschossflächenzahl praktisch **entzogen**; wohl aber sind Festsetzung der **überbaubaren Grundstücksflächen** beachtlich (s. Rdn. 71). Aus dem Fehlen von speziellen, auf Werbeanlagen bezogenen Maßfestsetzungen folgt, dass diese (auch) nach dem Maß der baulichen Nutzung grundsätzlich zulässig sind, weil sie insoweit den Festsetzungen des Bebauungsplanes nicht widersprechen. Dem kann auch **§ 15 Abs. 1 Satz 1 BauNVO** nicht entgegengehalten werden, da diese Vorschrift **nur die Art** der baulichen Nutzung betrifft und **im Hinblick auf das Maß der** im Bebauungsplan festgesetzten baulichen Nutzung grundsätzlich **nicht anwendbar** ist (BVerwG, Urteil vom 16. 3. 1995 – 4 C 3.94, BauR 1995, 508 = BRS 57 Nr. 175 = ZfBR 1995, 212). 15

Im beplanten Bereich ist im Hinblick auf **Werbeanlagen, die keine baulichen Anlagen im Sinne des § 29 Abs. 1 BauGB sind**, eine **Besonderheit** zu beachten, die sich aus der **Rechtsnormqualität des Bebauungsplans** ergibt. Bebauungspläne sind nämlich gemäß § 10 Abs. 1 BauGB von der Gemeinde **als Satzung** zu beschließen. Ist ein Bebauungsplan weitgehend verwirklicht, so kann auch eine durch die Festsetzungen ausdrücklich oder inzident ausgeschlossene bauland- bzw. baugebietswidrige **sonstige Nutzung**, die von § 29 BauGB nicht erfasst wird, unzulässig sein (BVerwG, Beschluss vom 17. 1. 1967 – IV B 231.65 und Urteil vom 16. 2. 1968 – IV C 190.65, a. a. O. Rdn. 11; vgl. auch Jäde/Dirnberger/Weiß, zu § 29 Rdn. 31).

**Innerhalb der im Zusammenhang bebauten Ortsteile** nach § 34 Abs. 1 BauGB können wegen des **Maßes der baulichen Nutzung** städtebauliche Spannungen nur dann auftreten, wenn die Werbeanlage den vorhandenen Rahmen in unangemessener Weise überschreitet. Bei der Beurteilung, ob sich eine großflächige Werbetafel nach dem Maß ihrer baulichen Nutzung in die Eigenart der näheren Umgebung einfügt, sind nicht nur Werbeanlagen, sondern alle vorhandenen baulichen Anlagen, insbesondere auch Gebäude, zu berücksichtigen (BVerwG, Urteil vom 15. 12. 1994 – 4 C 19.93, BauR 1995, 506 = BRS 56 Nr. 130); das BVerwG kommt führt weiter aus, dass für die **Bestimmung des Maßes der baulichen Nutzung im unbeplanten Innenbereich** mangels anderer allgemein anerkannter Anhaltspunkte grundsätzlich auf die in der BauNVO verwandten Begriffe zurückzugreifen ist, diese aber nicht rechtssatzartig wie Festsetzungen eines Bebauungsplanes heranzuziehen, sondern nur als Auslegungshilfe zu berücksichtigen sind (im Anschluss an Urteil vom 23. 3. 1994 – 4 C 18.92, BauR 1994, 481 = BRS 56 Nr. 63). Bei baulichen Anlagen, die – wie Werbeanlagen – jedoch keine Gebäude sind und für die deshalb die Maßkategorien des § 16 Abs. 2 BauNVO überwiegend nicht passen (vgl. Rdn. 15), muss außer auf die **Höhe** auch allgemein auf ihre **Größe** abgestellt werden. Großflächige Werbetafeln liegen außer vom Bauvolumen auch allgemein von der **Flächengröße** her durchweg in dem Rahmen, der sich aus dem in der Umgebung verwirklichten Maß der baulichen Nutzung in Bezug auf die Gebäudehöhe und die Gebäudebreite bzw. die Wandfläche ergibt (vgl. Jäde/Dirnberger/Weiß, zu § 34 Rdn 89). 16

### 1.5 Die Werbeanlage im Verkehrsrecht

17 Werbung **auf** oder unmittelbar **an** öffentlichen Verkehrsflächen ist wegen der guten Sichtbarkeit besonders wirksam. Es verwundert daher nicht, dass das **Fachplanungsrecht** für öffentliche Verkehrsanlagen spezielle **Zulässigkeitsregelungen** für Anlagen der Außenwerbung enthält, die neben dem oder aber anstelle des Baurechts zu beachten sind. Dabei stand bislang die Beschränkung der Zulässigkeit von Werbeanlagen auf Anliegergrundstücken im Vordergrund der Überlegungen. Vor dem Hintergrund der **Privatisierungstendenzen** gewinnen aber zunehmend auch **eigentums- und sondernutzungsrechtliche Aspekte** im Zusammenhang mit Werbeanlagen an Bedeutung. Seit langem schon erwirtschaften die Bahnunternehmen Einnahmen aus der Vermietung von Werbeflächen in Bahnhöfen oder auf Bahnsteigen. Diesem Vorbild folgend haben Werbewirtschaft und Kommunen Modelle zur Nutzung der öffentlichen Straßenflächen für Werbezwecke entwickelt, um so Bau und Unterhaltung von Fahrgastunterständen des öffentlichen Personennahverkehrs oder von öffentlichen Toilettenanlagen aus den Werbeeinnahmen zu finanzieren.

18 Aufgrund der Größe der zur Verfügung stehenden Flächen sind die **straßenrechtlichen Regelungen über Anlagen der Außenwerbung am ausgeprägtesten**. Das Straßenrecht wird ergänzt um das **Straßenverkehrsrecht**, aus dem sich ebenfalls Anforderungen an Werbeanlagen ergeben. Dagegen können im Hinblick auf Werbeanlagen die **eisenbahn-, personenbeförderungs-, wasserstraßen- und luftverkehrsrechtlichen Vorschriften** nur als **rudimentär** bezeichnet werden, zumal diese Rechtsvorschriften kein Sondernutzungsrecht vergleichbar dem FStrG und dem StrWG NRW kennen. Ob Werbeanlagen auf oder an öffentlichen Verkehrsflächen überhaupt dem Bauordnungsrecht unterliegen, könnte angesichts der Ausnahme vom Anwendungsbereich des Bauordnungsrechts (§ 1 Abs. 2 Nr. 1 BauO NRW) unterschiedlich beurteilt werden. Hierzu hat das OVG NRW mit Urteil vom 3. 7. 1997 (– 11 A 1566/94, BauR 1997, 1001 = BRS 59 Nr. 134 zu einer Werbetafel an einer Eisenbahnbrücke) entschieden, dass die in § 1 Abs. 2 Nr. 1 BauO NRW aufgeführten **Verkehrsanlagen dem Geltungsbereich der Bauordnung nicht völlig entzogen** sind, vielmehr tritt die Anwendung der Bauordnung nur zurück, wenn ein Vorhaben den verkehrsanlagenrechtlichen Spezialvorschriften unterworfen ist. Eine Werbetafel wird mit ihrer Anbringung an einer Eisenbahnbrücke weder Bestandteil noch Zubehör dieser Verkehrsanlage im Sinne des § 1 Abs. 2 Nr. 1 BauO NRW und unterliegt als bahnfremdes Vorhaben den formellen und materiellen Vorschriften der Bauordnung (s. die Anmerkungen zu § 1 Rdn. 54).

#### 1.5.1 Die Werbeanlage im Eisenbahnrecht

19 Das **Eisenbahnrecht** (s. die Anmerkungen zu § 1 Rdn. 72–85) enthält **keine ausdrücklichen** materiell-rechtlichen **Einschränkungen** der Zulässigkeit **von Werbeanlagen**. Nach § 4 Abs. 1 AEG ist die Eisenbahninfrastruktur sicher zu bauen. Diese umfasst die Schienenwege mit den Verkaufs- und Abfertigungseinrichtungen einschließlich der Bahnhöfe (BVerwG, Urteil vom 29. 8. 1961 – I C 167/59, NJW 1962, 552). Die in Bahnhöfen befindlichen **Serviceeinrichtungen** sind zwar nicht zwingend für den Betrieb des Schienenverkehrs erforderlich, ihm aber üblicherweise zugeordnet und erfüllen daher eine **dienende Funktion**. Hierzu rechnen u. a. Gaststätten, Reisebüros, Läden zur Deckung des Reisebedarfs, Blumengeschäfte und Zeitschriftenkioske. Ausschlaggebend ist, ob die Anlage nach den konkreten Umständen des Einzelfalls tatsächlich für den

Bahnbetrieb dienende Zwecke in Betrieb genommen und ihnen vorbehalten ist (VGH B-W, Urteil vom 24.4.1989 – 5 S 958/88, NVwZ 1990, 585). Wird dies bejaht, muss auch die zugehörige Werbeanlage als Bahnzwecken dienend angesehen werden. Läden in Bahnhöfen, die nach ihrer Größe oder den angebotenen Waren ein über den Reisebedarf hinausgehendes Sortiment führen, unterliegen dagegen – und damit auch die zugehörigen Werbeanlagen – dem allgemeinen Baurecht (Nds. OVG, Urteil vom 31.5.1996 – 6 L 3564/93, BauR 1997, 101 = BRS 58 Nr. 198 = NVwZ 1997, 602).

Formal-rechtlich besteht **kein Raum für bauplanungsrechtliche Zulassungsverfahren** 20
hinsichtlich solcher **Vorhaben, die Bahnzwecken dienen** – und damit auch hinsichtlich dienend zugeordneten Werbeanlagen – **in der Reichweite der eisenbahnrechtlichen Planfeststellung** oder **Plangenehmigung** nach § 18 AEG (BVerwG, Urteil vom 16.12.1988 – 4 C 48.86, BVerwGE 81, 111 = BRS 49 Nr. 3 = DÖV 1989, 637 = DVBl. 1989, 458 = NVwZ 1989, 655 = UPR 1989, 264 zur Sperrwirkung des § 38 BauGB). Bauordnungsrechtlich ergibt sich eine Sperrwirkung aus § 1 Abs. 2 Nr. 1 BauO NRW, da Werbeanlagen als Bestandteil öffentlicher Verkehrsanlagen bzw. von Nebenanlagen vom Anwendungsbereich der BauO NRW ausgeschlossen sind (z.B. DB-Logo, Werbung für Verkehrsangebote der Deutschen Bahn AG auf Großflächen oder Werbung an der Stätte der Leistung für Serviceeinrichtungen auf Bahnsteigen). Diesen Werbeanlagen können deshalb auch nicht die Vorschriften des § 12 BauO NRW entgegenstehen.

Werden die **Werbeanlagen für Bahnzwecke an Gebäuden** angebracht, z.B. an der Außenwand eines Abfertigungsgebäudes auf einem Bahnhofsareal, bewirkt die Rückausnahme für Gebäude in § 1 Abs. 2 Nr. 1 BauO NRW nur (s. die Anmerkungen zu § 1 Rdn. 117–119), dass die **gebäudebezogenen Vorschriften zur Verunstaltungsabwehr** der §§ 12 und 13 BauO NRW Anwendung finden. Aus der Rückausnahme für Gebäude kann jedoch kein bauordnungsrechtliches Genehmigungserfordernis abgeleitet werden, da derart privilegierte Werbeanlagen als Bestandteil der öffentlichen Verkehrsanlage generell vom Anwendungsbereich der Bauordnung ausgenommen sind. Im Übrigen schließt die Konzentrationswirkung der eisenbahnrechtlichen Planfeststellung bzw. Plangenehmigung ein bauaufsichtliches Genehmigungsverfahren aus (vgl. Axer, Die Konzentrationswirkung der Plangenehmigung, DÖV 1995, S. 495 ff. und die Anmerkungen zu § 63 Rdn. 20–24). Die materiellen Vorgaben des Bauordnungsrechts für Gebäude unterliegen darüber hinaus der materiellen Konzentrationswirkung der eisenbahnrechtlichen Planfeststellung und können daher nach Maßgabe des fachplanungsrechtlichen Entscheidungsprogramms auch in der Abwägung widerstreitender Belange modifiziert werden (BVerwG, Urteil vom 14.12.1979 – 4 C 10.77, BVerwGE 59, 253).

In der Reichweite der eisenbahnrechtlichen Planfeststellung sind **bauaufsichtliche Ein-** 21
**griffsmaßnahmen** in Bezug auf formell-illegale, aber **eisenbahnrechtlich privilegierte** Werbeanlagen **ausgeschlossen**, da insoweit das **Bauordnungsrecht keine Anwendung findet**. Die **Eisenbahnaufsicht** einschließlich der technischen Aufsicht sowie der Bauaufsicht für Betriebsanlagen der Eisenbahnen des Bundes liegt gemäß §§ 4, 5 AEG beim **Eisenbahnbundesamt** (zu dessen Aufgaben s. § 3 des Gesetzes über die Eisenbahnverkehrsverwaltung des Bundes vom 27. Dezember 1993, BGBl. I S. 2378, z. g. d. G vom 16.4.2007, BGBl. I S. 522, sowie BVerwG, Beschluss vom 13.10.1994 – 7 VR 10/94, NVwZ 1995, 379; zur Eisenbahnaufsicht über die nicht zum Netz der Deutschen Bahn AG gehörenden Eisenbahnen s. § 5 Abs. 3 AEG; zum Umfang der Zuständigkeit des Eisenbahn-Bundesamtes s. auch OVG NRW, Beschluss vom 9.9.1994 – 11 B 1447/94, BauR 1995, 371 = BRS 56 Nr. 135).

22 **Nicht eisenbahnrechtlich planfeststellungsfähige Werbeanlagen** unterliegen dem Bauordnungsrecht. Insoweit besteht die Rechtslage, wie sie durch das Reichsbahngesetz vom 30. 8. 1924 (RGBl II, S. 272) bereits geschaffen wurde, unverändert fort. Hierzu führte das PrOVG in seinem Urteil vom 6. 10. 1932 (PrOVGE 90, 400) aus:

„*Die den Reichsbahnbehörden durch § 37 des ReichsbahnG einschließlich des Abs. 5 eingeräumte Sonderstellung gegenüber der örtlichen Baupolizei bezieht sich nur auf Reichsbahnanlagen, d. h.: die im Bahnbereich liegenden und dem Verkehr der Eisenbahn als eigengearteter öffentlicher Transportanstalt dienenden Anlagen, wie Bahnhöfe, Stellwerke, Wassertürme, Schienenanlagen, usw. Für andere bauliche Anlagen sind die Reichsbahnbehörden ebenso, wie jeder andere Bauherr, einer etwa vorgeschriebenen baupolizeilichen Genehmigung unterworfen.*“

Mit dieser Entscheidung bestätigte das PrOVG die Versagung der baupolizeilichen Genehmigung eines Bauantrages der Werbegesellschaft der Deutschen Reichsbahn, wonach an der Außenseite des Geländers einer Eisenbahnbrücke über einer Straße ein Werbeschild für eine nahegelegene private Tankstelle angebracht werden sollte. Für die Einordnung einer Werbeanlage als eine nach Eisenbahnrecht privilegierte Anlage kommt es entscheidend auf die Zweckbestimmung, dem Eisenbahnbetrieb zu dienen, an. Wegen des Gebots, die Bahnanlagen nach kaufmännischen Gesichtspunkten zu verwalten, stellt aber die Erzielung von Miet- und Pachteinnahmen für eine betriebsfremde Nutzung zwecks Verbesserung der Bilanz keinen Dienst am Eisenbahnbetrieb dar (so schon BVerwG, Urteil vom 29. 8. 1961 – I C 167/59, NJW 1962, 552).

23 **Bauordnungsrechtliche Anforderungen an nicht eisenbahnrechtlich privilegierte Werbeanlagen auf Bahngelände** verletzen weder das GG, noch stehen sie im Widerspruch zum Eisenbahnrecht (BVerwG, Urteil vom 29. 8. 1961, a. a. O., Rdn. 22 zum Hamb. Gesetz über Außenwerbung an Brücken vom 1. 10. 1957, GVBl. S. 442, das die Anbringung von Werbemitteln an Brücken über öffentlichen Straßen, Plätzen, Grünanlagen, Wasserläufen und sonstigen öffentlichen Flächen ohne jede Ausnahme untersagte). Diese Auffassung wurde in Bezug auf bauliche Anlagen und Nutzungen bestätigt (VGH B-W, Urteil vom 22. 3. 1973 – III 809/71, BRS 27 Nr. 45, zu einer Lagerhalle für private gewerbliche Zwecke auf Bahngelände und Urteil vom 4. 11. 1986 – 8 S 3257/85, NVwZ 1987, 1091, zu einem Selbstbedienungsmarkt; OVG NRW, Urteil vom 6. 10. 1988 – 4 A 2966/86, NVwZ 1989, 576, zu einer Spielhalle im Bahnhofsbereich; Nds. OVG, Urteil vom 31. 5. 1996 – 6 L 3564/93, BauR 1997, 101 = BRS 58 Nr. 198 = NVwZ 1997, 602, zu einem Drogerie- und Supermarkt in einem Bahnhofsgebäude).

Die **Sperrwirkung der eisenbahnrechtlichen Planfeststellung endet erst mit der Entlassung** der Bahnanlage **aus dem Fachplanungsrecht**; dies bedarf einer eindeutigen und bekannt gemachten Erklärung der Eisenbahnverwaltung, die für jedermann klare Verhältnisse schafft (BVerwG, Urteil vom 16. 12. 1988, a. a. O. Rdn. 20 und Beschluss vom 27. 4. 1998 – 4 B 33.98, BauR 1998, 993 = BRS 60 Nr. 155). Betriebsanlagen der Eisenbahn im Sinne des § 18 Abs. 1 AEG in Verbindung mit § 4 Abs. 1 EBO können ohnehin nicht entwidmet werden, solange sie ihre Funktion beibehalten (BVerwG, Urteil vom 27. 11. 1996 – 11 A 2.96, DÖV 1997, 508). Selbst eine nur vorübergehende Überlassung von Flächen oder baulichen Anlagen, die für Bahnzwecke tatsächlich nicht mehr genutzt werden, genügt nicht für eine fachplanerische Entwidmung (BVerwG, Beschluss vom 5. 2. 1990 – 4 B 1.90, DÖV 1990, 475 = NVwZ 1990, 462 = UPR 1990, 387). Die vorherige Entwidmung der von einem Vorhaben beanspruchten **Kleinstteilfläche** eines Bahngeländes für die Aufstellung einer freistehenden Plakatanschlagtafel ist nicht erforderlich, weil dem Eisenbahnverkehr kein ins Gewicht fallender Raum entzogen wird und nach der Privatisierung der Deutschen Bundesbahn eine Vereinbarkeit mit dem ohnehin optisch gegebenen gewerblichen Charakter von Eisenbahnanlagen gegeben ist; Werbeanlagen gehören traditionell zum Erscheinungsbild von Eisenbahnen, sind als „Begleitanlagen" anerkannt und bilden keinen „Fremdkörper" (OVG Rh-Pf, Urteil vom 29. 6. 2000 – 1 A 10262/00, BRS 63 Nr. 171). Auch können Plakatanschlagtafeln auf Bahnhofsgelände mit der fachplanerischen Zweckbestimmung des Geländes in Einklang stehen (OVG Saar, Urteil vom 24. 9. 2002 – 2 R 12/01, BRS 65 Nr. 155).

### 1.5.2 Die Werbeanlage im Personenbeförderungsrecht

Dem **PBefG** unterliegen öffentliche Verkehrsanlagen, deren Zweck die **geschäftsmäßige Beförderung von Personen mit Straßenbahnen, Oberleitungsomnibussen** und **Kraftfahrzeugen** bildet (s. die Anmerkungen zu § 1 Rdn. 86–94). Soweit diese den öffentlichen Straßenraum benutzen, wird auf die nachfolgenden Anmerkungen zu 1.5.3 über Werbeanlagen im Straßenrecht verwiesen. Soweit ein besonderer **Bahnkörper** besteht, unterliegen diese Verkehrsanlagen allein den Bestimmungen des PBefG in Verbindung mit der BOStrab (s. die Anmerkungen zu § 1 Rdn. 87). Gemäß § 4 Abs. 2 PBefG gelten als Straßenbahnen auch Bahnen, die als **Hoch- und Untergrundbahnen, Schwebebahnen oder ähnliche Bahnen besonderer Bauart** angelegt sind. Betriebsanlagen für Straßenbahnen bedürfen gemäß § 28 Personenbeförderungsgesetz einer Planfeststellung oder Plangenehmigung. **24**

Die **Rechtslage** hinsichtlich der Anbringung von Werbeanlagen in oder auf Betriebsanlagen der Straßenbahnen ist **vergleichbar** mit der nach **Eisenbahnrecht**, so dass auf die Ausführungen zu den Rdn. 19–23 sinngemäß verwiesen wird. Zu den Besonderheiten bei Fahrgastunterständen s. Rdn. 128–131. **25**

### 1.5.3 Die Werbeanlage im Wasserstraßenrecht

Nach § 14 **WaStrG** bedürfen Ausbau und Neubau von Bundeswasserstraßen der Planfeststellung bzw. Plangenehmigung (s. die Anmerkungen zu § 1 Rdn. 95–106). Gemäß § 1 Abs. 4 WaStrG gehören auch die bundeseigenen Schifffahrtsanlagen, wie Schleusen, Schleusenkanäle, Wehre, Schiffshebewerke, Schutz-, Sicherheits- und Bauhäfen, bundeseigene Talsperren, Speicherbecken sowie die der Unterhaltung dienenden bundeseigenen Ufergrundstücke, Tonnenhöfe, Bauhöfe zu den Bundeswasserstraßen. **Wasserstraßenrechtlich privilegierte Werbeanlagen**, die auf Dienstleistungen der die Wasserstraßen benutzenden Unternehmen hinweisen, sind als Bestandteil der Wasserstraße vom Anwendungsbereich der BauO NRW ausgeschlossen, so z. B. die Hinweiswerbung der Fähren und der Schifffahrtsgesellschaften an den Anlegestellen. **26**

**Wirtschaftswerbung** ist nicht generell, sondern nur **in Verbindung mit Schifffahrtszeichen** nach § 31 Abs. 4 WaStrG **unzulässig**. Gemäß § 31 Abs. 1 Nr. 2 WaStrG bedürfen die Errichtung, die Veränderung und der Betrieb **von Anlagen** – und damit wegen der weit gefassten Zielsetzung des WaStrG auch von Werbeanlagen – in, über oder unter einer Bundeswasserstraße oder **an ihrem Ufer** einer **strom- und schifffahrtspolizeilichen Genehmigung**, wenn durch die beabsichtigte Maßnahme eine Beeinträchtigung des für die Schifffahrt erforderlichen Zustands der Bundeswasserstraße oder der Sicherheit und Leichtigkeit des Verkehrs zu erwarten ist; ansonsten bedarf es nach § 31 Abs. 2 WaStrG einer Anzeige beim zuständigen Wasser- und Schifffahrtsamt. **27**

28 Anlagen an und in oberirdischen Gewässern einschließlich der Lande- und Umschlagstellen sind gemäß **§ 65 Abs. 1 Nr. 7 a BauO NRW** grundsätzlich vom Baugenehmigungsverfahren freigestellt, soweit sie einer Genehmigung, Erlaubnis, Anzeige oder der staatlichen Aufsicht nach anderen Rechtsvorschriften unterliegen (s. die Anmerkungen zu § 65 Rdn. 37–38). Die Freistellungsvorschrift beinhaltet jedoch für Gebäude, Aufbauten und Überbrückungen eine **Rückausnahme**, so dass diese baulichen Anlagen der Baugenehmigung bedürfen. Daher unterliegt auch Fremdwerbung in Form eines Aufbaues, wie z. B. eine auf Stützen gesetzte Werbetafel am Ufer einer Bundeswasserstraße, unbeschadet des landschaftsrechtlichen Uferbauverbots (s. die Anmerkungen zu § 2 Rdn. 26), sowohl einem bauaufsichtlichen als auch einem strom- und schifffahrtspolizeilichen Verfahren.

### 1.5.4 Die Werbeanlage im Luftverkehrsrecht

29 Dem **LuftVG** unterliegen **Flugplätze**, das sind die Flughäfen, die Landeplätze und die Segelfluggelände (s. die Anmerkungen zu § 1 Rdn. 107–110). Flughäfen und Landeplätze mit beschränktem Bauschutzbereich nach § 17 LuftVG bedürfen gemäß § 8 LuftVG der Planfeststellung oder Plangenehmigung. Anders als im Eisenbahnrecht bleiben gemäß § 9 Abs. 1 Satz 2 LuftVG die **Zuständigkeiten der für die Baugenehmigung zuständigen Behörden unberührt**. Hieraus ergeben sich im Hinblick auf das Fachplanungsprivileg des § 38 BauGB **komplizierte Anwendungsfragen**, zu denen das BVerwG (Urteil vom 20. 10. 1990 – 4 C 30.87, DVBl. 1990, 1179) ausführlich Stellung genommen hat (s. die Anmerkungen zu § 1 Rdn. 111–112). Danach bleibt die Beurteilung der bebauungsrechtlichen Zulässigkeit eines Vorhabens im Sinne des § 29 Abs. 1 BauGB insoweit dem spezifischen Entscheidungsverfahren nach dem Luftverkehrsrecht überlassen, als dieses eine Regelungskompetenz für sich in Anspruch nimmt. Eine solche Regelungskompetenz besteht in Bezug auf die Start- und Landebahnen sowie die damit im Zusammenhang stehenden **der Sicherheit des Luftverkehrs dienenden baulichen Anlagen** (Flugsicherung, Tanklager).

Weniger eindeutig ist die Rechtslage hinsichtlich der Abfertigungsgebäude, Parkhäuser, Wartungsgebäude und Wartungsanlagen sowie Luftfrachthallen einschließlich der daran angebrachten zugehörigen Werbeanlagen. Bei verständiger Würdigung des Rechtsgedankens aus § 1 Abs. 2 Nr. 1 BauO NRW wird man **Werbeanlagen**, welche **Luftverkehrszwecken dienen**, als **luftverkehrsrechtlich privilegiert** und damit vom Anwendungsbereich der BauO NRW ausgeschlossen ansehen müssen. Hierunter fallen Werbeanlagen für die Flughafenbezeichnung, die einzelnen Luftverkehrsgesellschaften und die zum Flughafenbetrieb erforderlichen Serviceeinrichtungen (vgl. Rdn. 19 zum Eisenbahnrecht).

30 Aus dem festgestellten Ausbauplan eines Flughafens resultieren im Bauschutzbereich **Baubeschränkungen** für Bauwerke und **Zustimmungserfordernisse** für Anlagen einer bestimmten Höhe (s. §§ 12–14 LuftVG und die Anmerkungen zu § 1 Rdn. 111). Gemäß § 15 Abs. 1 Satz 1 LuftVG gelten die Bestimmungen der §§ 12–14 LuftVG sinngemäß für Bäume, Freileitungen, Masten, Dämme sowie für **andere Anlagen** und Geräte. Diese Aufzählung erfasst mit dem Auffangbegriff „andere Anlagen“ auch die **Werbeanlagen**. Im Vorbescheids- oder Baugenehmigungsverfahren hat sich die Bauaufsichtsbehörde daher intern mit der Luftfahrtbehörde abzustimmen (vgl. BVerwG, Urteil vom 20. 10. 1990, a. a. O. Rdn. 29).

### 1.5.5 Die Werbeanlage im Straßenrecht

#### 1.5.5.1 Die Nutzung des Straßenraumes durch Werbung

Die öffentlichen Straßen, Wege und Plätze werden seit jeher schon für Werbezwecke in Anspruch genommen. Die **Gemeinden** nutzen ihre öffentlichen Verkehrsflächen durch Aufstellen von **Anschlagsäulen** (Litfaßsäulen), **Werbevitrinen** oder **Werbetafeln**. Über **Werbenutzungsverträge** übertragen die Kommunen das Nutzungsrecht an ihren öffentlichen Verkehrsflächen zur Erzielung von Einnahmen an Unternehmen der Werbewirtschaft, teilweise auch, um hierdurch wiederum öffentliche Einrichtungen zu finanzieren. Dabei gelangen zunehmend beleuchtete großformartige Anlagen (Mega-Werbetafeln) zur Ausführung, eine Entwicklung, die von der Öffentlichkeit kritisch betrachtet wird (vgl. z. B. Kölner Stadt-Anzeiger vom 22. 11. 1996, S. 16 mit einem Bericht „Leuchtendes Bild, getrübter Blick" zu einem Werbenutzungsvertrag über die Errichtung von 200 Mega-Werbetafeln und 80 Riesen-Litfaßsäulen). Derart große Werbeanlagen sind bei Beachtung der bauordnungsrechtlichen sowie der straßen- und straßenverkehrsrechtlichen Vorschriften in der Auslegung, wie sie diese durch die Gerichte erfahren haben, nur in seltenen Fällen zulässig (vgl. OVG NRW, Urteil vom 17. 4. 2002 – 10 A 4188/01, BauR 2002, 1231 = BRS 65 Nr. 147). Dem mit der Rechtslage Vertrauten drängt sich hier der Eindruck auf, dass bei der Zulassung der Anlagen primär wirtschaftliche oder andere kommunale Interessen im Vordergrund der „Überprüfung" standen. Es ist aber Aufgabe der Bauaufsichtsbehörden, für eine **gleichmäßige Rechtsanwendung** im Interesse der Erhaltung des Rechtsfriedens zu sorgen. Es geht nicht an, bei der Prüfung der Zulässigkeit von Werbeanlagen an Baudenkmälern und architektonisch besonders gelungenen Bauten auf die Einhaltung des Rechts bis in die Einzelheiten genau zu achten, im gleichen Atemzuge aber zuzulassen, dass durch großformatige Werbetafeln im öffentlichen Straßenraum – abgesehen von der verkehrsgefährdenden Wirkung (s. Rdn. 54–57 und 103–106) die Sicht auf begrünte Flächen, erhaltenswerte Fassaden oder Straßenbilder (s. Rdn. 90–99) verdeckt wird. Die gesetzlich geregelte Zulässigkeit der Werbung an Gebäuden besonderer Zweckbestimmung auf öffentlichen Verkehrsflächen (Fahrgastunterstände, Telefonzellen usw.) nach **§ 13 Abs. 4 Satz 3 BauO NRW** kann nicht als Argument für die darüber hinausgehende Zulassung herangezogen werden, da es sich hierbei um eine ausdrückliche **Sonderregelung** handelt (s. Rdn. 36 und 128–131). 31

Die **Anlieger** öffentlicher Straßen, Wege und Plätze nutzen ihre Grundstücke oder baulichen Anlagen in vielfältigster Form zur Anbringung von Werbeanlagen. Dabei ist nicht nur die Ausrichtung der Werbeanlagen zur öffentlichen Verkehrsfläche hin, sondern auch die Inanspruchnahme des Luftraumes über dem Straßenkörper von Bedeutung für die rechtliche Bewertung der Werbeanlagen. Im Einzelfall kann die **Sicherheit und Leichtigkeit des Verkehrs** beeinträchtigt oder sogar gefährdet werden. 32

Das Straßenrecht enthält wegen der Inanspruchnahme des öffentlichen Raumes und der damit im Zusammenhang stehenden Fragen **spezielle Vorschriften über Anlagen der Außenwerbung** außerhalb der Ortsdurchfahrten in einer bestimmten Entfernung vom Fahrbahnrand (s. § 9 Abs. 6 FStrG und § 28 StrWG NRW; zum Begriff der baulichen Anlage bzw. des Hochbaues im Straßenbaurecht vgl. die Anmerkungen zu § 2 Rdn. 16–19). Weiterhin befasst sich das Straßenrecht allgemein, also nicht ausdrücklich beschränkt auf Werbeanlagen, mit dem **Gemeingebrauch** und der **Sondernutzung** der öffentlichen Straßenflächen. Schließlich kennt das FStrG **Nebenbetriebe**, die ihrerseits wiederum **straßenrechtlich privilegierte Werbeanlagen** aufweisen können. 33

### 1.5.5.2 Straßenrechtlich privilegierte Werbeanlagen

34 **Werbeanlagen als Bestandteil von Nebenbetrieben an Bundesautobahnen** sind nach § 1 Abs. 2 Nr. 1 BauO NRW vom Anwendungsbereich ausgenommen (s. die Anmerkungen zu § 1 Rdn. 113–116). Raststätten, Motels und Tankstellen an Bundesautobahnen werden von der Autobahn Tank- und Rastanlagen AG als Rechtsnachfolgerin der Gesellschaft für Nebenbetriebe der Bundesautobahnen mbH bewirtschaftet und unterliegen, auch wenn sie von Dritten betrieben werden, dem Fachplanungsrecht (vgl. Kodal/Krämer, S. 1330 ff. Rdn. 47–52.2). Hierbei handelt es sich um eine **Besonderheit des Bundesfernstraßenrechts**; das StrWG NRW kennt den Begriff des Nebenbetriebes nicht. Die hoheitlichen Befugnisse, Planfeststellung, Plangenehmigung, Bauüberwachung, Besitzeinweisung, Enteignung und Entschädigung gemäß §§ 17 – 19 a FStrG, verbleiben trotz Privatisierung des Nebenbetriebs beim Straßenbaulastträger. Nach § 4 Satz 2 FStrG bedarf es bei Nebenbetrieben keiner behördlichen Genehmigungen, Erlaubnisse und Abnahmen durch andere als die Straßenbaubehörden (zur Planfeststellung bzw. Plangenehmigung von Nebenbetrieben nach dem Bundesfernstraßenrecht vgl. BVerwG, Beschluss vom 14. 6. 1996 – 4 A 3/96, NVwZ-RR 1997, 340).

35 Für Straßenbahnen, Oberleitungsbusse, Omnibusse und Taxen eingerichtete **Haltestellen** und **Omnibusbahnhöfe** sowie **Taxenstandplätze** im öffentlichen Straßenraum sind unselbständige Bestandteile der Straße und vom Anwendungsbereich der BauO NRW ausgenommen (vgl. Kodal/Krämer, S. 182 Rdn. 9.51). An den Haltestellen, Omnibusbahnhöfen und Taxenstandplätzen angebrachte **Anlagen der Außenwerbung**, die auf die entsprechenden **Verkehrsleistungen der nach dem Personenförderungsrecht zugelassenen Unternehmen** hinweisen, unterliegen nicht dem Bauordnungsrecht.

36 Die an den Haltestellen und auf Omnibusbahnhöfen befindlichen **Fahrgastunterstände** des öffentlichen Personennahverkehrs oder der Schülerbeförderung unterfallen als **Gebäude** der Rückausnahme des § 1 Abs. 2 Nr. 1 BauO NRW und unterliegen in materieller Hinsicht dem Bauordnungsrecht. Fahrgastunterstände sind jedoch nach § 65 Abs. 1 Nr. 6 BauO NRW vom Baugenehmigungsverfahren freigestellt. Soweit an Fahrgastunterständen **Wirtschaftswerbung** angebracht wird, unterliegt diese gemäß § 68 Abs. 1 Satz 1 BauO NRW dem vereinfachten Genehmigungsverfahren. Nach § 13 Abs. 4 Satz 3 BauO NRW darf die Werbeanlage nur untergeordneter Natur sein und das Ortsbild nicht beeinträchtigen (vgl. Rdn. 128–131). Im Übrigen bedarf diese Werbung einer straßenrechtlichen Sondernutzungserlaubnis (vgl. Rdn. 37).

### 1.5.5.3 Gemeingebrauch, Sondergebrauch, Sondernutzung

37 Die Aufstellung bzw. Anbringung von nicht straßenrechtlich privilegierten Werbeanlagen im Straßenraum unterfällt als Werbung im Sinne des § 13 Abs. 1 BauO NRW dem Bauplanungs- und Bauordnungsrecht. Das Straßenrecht behandelt diese Werbung als **Sondernutzung**, die über den Gemeingebrauch hinausgeht. Das Aufstellen von Anschlagsäulen, Litfaßsäulen, Werbetafeln, Werbezeichen und Werbeschriften auf dem Straßengrund gehört als Eingriff in die Substanz der Straße nicht zum Gemeingebrauch (so Kodal/Krämer, S. 599 Rdn. 106). Unbeschadet der baurechtlichen Vorschriften, die vielfach bereits diese Maßnahmen ausschließen, z. B. weil sie den §§ 31 und 32 BauGB oder § 13 Abs. 2 BauO NRW entgegenstehen, ist nach dem Straßenrecht auf den zur Aufnahme des Verkehrs bestimmten Straßenteilen (Fahrbahnen, Parkstreifen, Rad- und Gehwege) gemäß § 8 FStrG bzw. § 18 StrWG NRW eine **Sondernutzungserlaubnis**

erforderlich. Werbeanlagen auf Straßenflächen, die als Böschung oder Randstreifen dienen, bedürfen in straßenrechtlicher Hinsicht eines bürgerlich-rechtlichen Gestattungs- (Nutzungs-) vertrags, wenn von ihnen keine den Gemeingebrauch beeinträchtigenden Wirkungen ausgehen (vgl. § 8 Abs. 10 FStrG bzw. § 23 Abs. 1 StrWG NRW); hierbei handelt es sich um einen **Sondergebrauch** der Straße.

Nach § 1 Abs. 4 Nr. 2 FStrG und § 2 Abs. 2 Nr. 2 StrWG NRW gehört der **Luftraum über** **38**
**dem Straßenkörper** zur öffentlichen Straße. Der Luftraum nach FStrG bzw. StrWG NRW orientiert sich im Wesentlichen an der **Freihaltung des Lichtraumprofils**. Nach den im Straßenrecht geltenden allgemein anerkannten Regeln der Technik (vgl. § 55 StrWG NRW) bzw. den von der Forschungsgesellschaft für das Straßen- und Verkehrswesen erarbeiteten Richtlinien soll über von Kraftfahrzeugen benutzten Fahrbahnen eine lichte Höhe von 4,50 m und über Geh- und Radwegen eine lichte Höhe von 2,50 m von Hindernissen freigehalten werden, um den Gebrauch für jedermann im Rahmen der Widmung und der verkehrsbehördlichen Vorschriften zum Verkehr – **Gemeingebrauch** – nicht zu beeinträchtigen.

Straßenrechtlich wird zwischen **Sondernutzung** und **Sondergebrauch** unterschieden. **39**
Dem Grundsatz nach gilt, dass die **Sondernutzungserlaubnispflicht die Regel** bildet, wenn eine Benutzung über den Gemeingebrauch hinaus erfolgt. Nur bei Nichtbeeinträchtigung des Gemeingebrauches kommt ausnahmsweise eine Rechtseinräumung als **Sondergebrauch** nach bürgerlichem Recht zum Tragen. Die Abgrenzung von Sondernutzung und Sondergebrauch kann erhebliche Probleme bereiten und ist nach den Umständen des Einzelfalls vorzunehmen. Eine den Gemeingebrauch nicht beeinträchtigende Benutzung kann nur eine solche sein, die das öffentliche Interesse in keiner Weise berührt, also in keiner Weise geeignet ist, die Funktionen der Straßenaufsicht und der Straßenunterhaltungspflicht zur Entfaltung zu bringen (BGH, Urteil vom 28. 9. 1982 – KZR 17/81, NVwZ 1983, 499 zu einer 5 m hohen und 0,80 m in den Luftraum über der Straße hineinragenden Werbeanlage an der Stätte der Leistung in einem Abstand der Unterkante von 4,58 m über dem Erdboden; in diesem Fall kam das Gericht zu dem Schluss, dass Anbringung und Unterhaltung sondernutzungserlaubnispflichtig seien, ferner, dass eine gesondert zu erteilende privatrechtliche Gestattung für eine nach § 18 StrWG NRW zu beurteilende Sondernutzung dann nicht notwendig sei, wenn der Eigentümer der öffentlichen Straße gleichzeitig Träger der Straßenbaulast ist). Eine Sondernutzung liegt auch vor, wenn der Verkehrsraum zu verkehrsfremden Werbezwecken durch das **Abstellen von Reklameanhängern** in Anspruch genommen wird (OVG NRW, Beschluss vom 22. 7. 2003 – 10 B 890/03, BauR 2004, 67 = BRS 66 Nr. 152 = DÖV 2004, 170 und Urteil vom 12. 7. 2005 – 11 A 4433/02, DÖV 2006, 125 = NJW 2005, 3162).

Ob eine **Beeinträchtigung des Gemeingebrauches** vorliegt, muss vor allem nach den **40**
Maßstäben der Sicherheit und Leichtigkeit des Verkehrs beurteilt werden. Dabei kommt es nicht auf die konkrete, sondern vielmehr auf die abstrakte Gefährdung im Sinne des Ordnungs- und Polizeirechts an (vgl. die Anmerkungen zu § 3 Rdn. 33–42). Es kann davon ausgegangen werden, dass Werbeanlagen auf der Oberfläche und im Luftraum der zur Aufnahme des Verkehrs bestimmten Straßenteile, soweit es sich um Bundesfernstraßen, Landesstraßen, Kreisstraßen und Gemeindestraßen im Sinne des § 1 FStrG bzw. des § 3 StrWG NRW handelt, stets eine Sondernutzungserlaubnis erfordern. Bei sonstigen öffentlichen Straßen im Sinne von § 3 Abs. 5 StrWG NRW, z. B. den Eigentümerstraßen und Eigentümerwegen, regelt sich die Sondernutzung gemäß § 51 Abs. 2 StrWG NRW ausschließlich nach bürgerlichem Recht.

41 Eine Erweiterung des Gemeingebrauchs unter Berücksichtigung der spezifischen Anliegerbedürfnisse stellt der u.a. aus Art. 14 Abs. 1 GG hergeleitete **Anliegergebrauch** dar (vgl. im Übrigen § 8a FStrG und § 14a StrWG NRW). Der Anliegergebrauch ist als Kerngewährleistung der Teilname am Gemeingebrauch in der grundrechtlichen Eigentumsgarantie des Art. 14 Abs. 1 GG begründet. Er richtet sich jedoch nach dem Straßenrecht, das insoweit Inhalt und Schranken des Eigentums am „Anliegergrundstück" im Sinne des Art. 14 Abs. 1 Satz 2 GG bestimmt (BVerwG, Beschluss vom 11.5.1999 – 4 VR 7.99, UPR 1999, 354).

42 Der **Straßenanlieger** nimmt am Gemeingebrauch der Straße teil, benutzt dabei den Verkehr zur Kundenwerbung und ist auf diesen „**Kontakt nach außen**" sogar **angewiesen**. Die Rechtsprechung rechnet bei Gewerbebetrieben auch die Lage an der Straße zum geschützten Bestand des Betriebes, nämlich den „Kontakt nach außen", der dem Betrieb den Zugang zur Straße sowie die Zugänglichkeit von der Straße her gewährt und dem Inhaber eine Einwirkung durch Werbung auf den fließenden Verkehr und das Gewinnen von Laufkundschaft ermöglicht (BGH, Urteil vom 20.12.1971 – III ZR 79/69, NJW 1972, 243). In den Luftraum geringfügig eingreifende Werbung an der Stätte der Leistung, wie z.B. ein an der Fassade eines Ladenlokals angebrachtes Flachtransparent, rechnet noch zum erlaubnisfreien Anliegergebrauch (BVerwG, Urteil vom 29.4.1977 – IV C 15/75, NJW 1977, 1789, in dieser Entscheidung ferner zum Abwehrrecht des Anliegers, wenn dieser durch eine rechtswidrige fremde Straßennutzung beeinträchtigt wird). Dagegen gehört die Anbringung eines Warenautomaten im Straßenraum vor dem Ladenlokal des Anliegers in aller Regel nicht mehr zum grundrechtlich geschützten Kern des Gemeingebrauchs (BVerwG, Urteil vom 18.10.1974 – IV C 4/72, NJW 1975, 357). Auch Lichtwerbung mittels Projektoren vor Ladenlokalen auf öffentlichen Gehwegen geht über den Anliegergebrauch hinaus und stellt eine erlaubnispflichtige Sondernutzung dar (vgl. Günther, Aktuelle Rechtsfragen bei neuartiger Lichtreklame, NVwZ 1995, S. 670 ff).

43 Die **Sondernutzung** besteht in einer **Benutzung der Straße über den Gemeingebrauch hinaus** unter Inkaufnahme einer Beeinträchtigung der gemeingebräuchlichen Nutzungsmöglichkeiten. Eine Bagatellgrenze derart, dass auf dem Straßengrund aufgestellte „Großplakatanschlagtafeln" nur dann als potentielle Beeinträchtigung des Gemeingebrauches und damit als Sondernutzung beurteilt werden dürfen, wenn sie mehr als 0,2 oder 0,3 m in den öffentlichen Straßenraum hineinragen, ergibt sich weder aus dem FStrG noch aus dem GG. Auch wenn Plakatanschlagtafeln nur gering in den öffentlichen Straßenraum hineinragen, verengen sie die Verkehrsfläche und wirken sich zu Lasten des Gemeingebrauchs aus (BVerwG, Beschluss vom 10.5.1996 – 11 B 29.96, DVBl. 1996, 925 = NVwZ 1996, 1210; s. auch VGH B-W, Urteil vom 12.12.1996 – 8 S 1725/96, NVwZ 1998, 652 = UPR 1997, 255 zu einer 14 cm tiefen Werbevitrine).

44 Nach § 8 Abs. 1 Satz 4 FStrG und § 19 StrWG NRW können die Gemeinden durch Satzung bestimmte Sondernutzungen in den Ortsdurchfahrten und in den Gemeindestraßen von der Erlaubnispflicht befreien und die Ausübung regeln. Die meisten Gemeinden haben von dieser Möglichkeit Gebrauch gemacht und in ihren **Sondernutzungssatzungen** Werbeanlagen an der Stätte der Leistung bei Einhaltung bestimmter Abmessungen, z.B. wenn die Auskragung nicht mehr als 0,30 m über Gehwegen oberhalb des Lichtraumprofils beträgt, von der Erlaubnispflicht befreit, um so einem Bedürfnis der Anlieger Rechnung zu tragen und das Verfahren zu erleichtern. In diesen Fällen bedarf es dann nur einer baurechtlichen Genehmigung.

#### 1.5.5.4 Beschränkungen zum Schutz der Verkehrswege

**Anbauverbote** und **Zustimmungsvorbehalte** sind seit jeher Gegenstand des Straßenrechts (vgl. Kodal/Krämer, S. 804f. Rdn. 2–4). Sowohl das FStrG als auch das StrWG NRW enthalten **spezielle Verbote für Werbeanlagen** außerhalb der zur Erschließung der anliegenden Grundstücke bestimmten Teile der Ortsdurchfahrten. Diese verfahrensrechtlichen Vorschriften des Straßenrechts sind nur dann nicht beachtlich, soweit **Hochbauten** den Festsetzungen eines **Bebauungsplans** entsprechen, der **mindestens die Begrenzung der Verkehrsflächen** sowie **an diesen gelegene überbaubare Grundstücksflächen** enthält und **unter Mitwirkung des Trägers der Straßenbaulast zustande gekommen** ist (s. § 9 Abs. 7 FStrG und § 25 Abs. 5 StrWG NRW). Bei **Abweichungen** von den Bebauungsplanfestsetzungen **leben die straßenrechtlichen Anbauverbote** und **Zustimmungsvorbehalte wieder auf** (OVG NRW, Urteil vom 19. 2. 2001 – 11 A 3153/96, UPR 2001, 317). **Auf Außenwerbung** ist § 9 **Abs. 7** FStrG jedoch **nicht anwendbar**, da der Gesetzgeber gerade für diese unter dem Gesichtspunkt der Verkehrssicherheit stärker regelungsbedürftigen Anlagen keine zusätzliche Ausnahme zulassen wollte (BVerwG, Urteil vom 21. 9. 2006 – 4 C 9.05, BauR 2007, 339 = BRS 70 Nr. 143). Mit anderen Worten bedarf es für Werbeanlagen, selbst wenn diese den Festsetzungen des Bebauungsplans nicht widersprechen, stets einer straßenrechtlichen Gestattung. Der straßenrechtliche Begriff der Anlagen der Außenwerbung erfasst auch die nach Bauordnungsrecht freigestellten Werbeanlagen (BVerwG, Urteil vom 3. 9. 1963 – I C 156/60, BRS 14, C 1 S. 297 = DVBl. 1964, 189). **45**

**Gesetzliche Verbote** zur Errichtung von Anlagen der Außenwerbung bestehen **46**

- nach § 9 Abs. 1 Nr. 1 FStrG in einer Entfernung **bis zu 40 m** bei **Bundesautobahnen**,
- nach § 9 Abs. 1 Nr. 1 FStrG in einer Entfernung **bis zu 20 m** bei **Bundesstraßen außerhalb** der zur Erschließung bestimmten Teile der **Ortsdurchfahrten**,
- nach § 28 Abs. 1 StrWG NRW **außerhalb** der **Ortsdurchfahrten** von **Landesstraßen** und **Kreisstraßen** in einer Entfernung **bis zu 20 m**,
- nach § 9 Abs. 6 Satz 2 FStrG **an Brücken über Bundesstraßen außerhalb** der zur Erschließung bestimmten Teile der Ortsdurchfahrten,
- nach § 28 Abs. 2 StrWG NRW **an und auf Brücken über Landesstraßen und Kreisstraßen außerhalb** der **Ortsdurchfahrten**,
- nach § 27 Abs. 1 StrWG NRW **außerhalb** der **Ortsdurchfahrten** von **Landesstraßen** und **Kreisstraßen**, wenn dadurch bei höhengleichen **Kreuzungen** und **Einmündungen** von Straßen oder von **Kreuzungen von Straßen mit** dem öffentlichen Verkehr dienenden **Schienenbahnen** die **Sicht behindert** und die **Verkehrssicherheit beeinträchtigt** wird.

Gesetzliche **Zustimmungsvorbehalte** in Anbaubeschränkungszonen zur Errichtung bzw. Anbringung von Anlagen der Außenwerbung bestehen **47**

- nach § 9 Abs. 2 Nr. 1 FStrG in einer Entfernung **bis zu 100 m** bei **Bundesautobahnen**,
- nach § 9 Abs. 2 Nr. 1 FStrG in einer Entfernung **bis zu 40 m** bei **Bundesstraßen außerhalb** der zur Erschließung bestimmten Teile der **Ortsdurchfahrten**,
- nach § 25 Abs. 1 Nr. 1 StrWG NRW in einer Entfernung **bis zu 40 m** bei **Landesstraßen** und **Kreisstraßen außerhalb** der **Ortsdurchfahrten**.

**48** Die Anbauverbote bzw. Zustimmungsvorbehalte in Anbaubeschränkungszonen bestehen nach dem Straßenrecht **längs** der Bundesfern-, Landes- oder Kreisstraßen **parallel zum Fahrbahnrand**. Unter Fahrbahn ist die für den Kraftfahrzeugverkehr bestimmte Fahrbahn zu verstehen; Standspuren, Parkstreifen und Radwege fallen nicht hierunter. Einzubeziehen sind jedoch die Fahrbahnen der Anschlussstellen (Kodal/Krämer, S. 820 Rdn. 38–38.3). Das Anbauverbot an Bundesautobahnen gilt durchgängig, auch wenn diese durch eine Stadtlage verläuft (OVG Bln, Urteil vom 14. 6. 2005 – 2 B 8.03, BauR 2006, 364 = BRS 69 Nr. 146). Die Gemeinden können nach § 25 Abs. 6 StrWG NRW für bestimmte **Gemeindestraßen außerhalb der geschlossenen Ortslage** durch **Satzung** ebenfalls die Wirkungen des § 25 Abs. 1 StrWG NRW herbeiführen.

**49** Die **Grenzen der Ortsdurchfahrten** sind in der Örtlichkeit mit Grenzsteinen oder Grenzzeichen (OD-Steine oder -Zeichen) entsprechend der Festsetzung durch die Straßenbaubehörde markiert (zur Festlegung der **Ortsdurchfahrten** s. § 5 Abs. 4 FStrG und § 5 StrWG NRW). Die Ortsdurchfahrt kann, muss aber nicht identisch sein mit der „geschlossenen Ortschaft" im Sinne des Straßenverkehrsrechts, so dass die Verkehrszeichen 310 und 311 nach § 42 Abs. 3 StVO (Ortstafel) abweichend von der Lage des OD-Steins oder -Zeichens aufgestellt sein können. So sprechen vielfach Verkehrssicherheitsaspekte dafür, mit dem Aufstellen der Ortstafel bereits vor dem Ende der freien Strecke eine verringerte zulässige Fahrgeschwindigkeit herbeizuführen. Die Ortsdurchfahrt darf auch nicht mit dem im Zusammenhang bebauten Ortsteil im Sinne des § 34 Abs. 1 BauGB gleichgesetzt werden; dies wäre angesichts der unterschiedlichen Gesetzeszwecke verfehlt (BVerwG, Urteil vom 3. 4. 1981 – 4 C 41.77, DÖV 1981, 762). Eine Ortsdurchfahrt kann auch bei nur einseitiger Bebauung festgesetzt sein (BVerwG, Urteil vom 18. 3. 1983 – 4 C 10.80, DÖV 1983, 682 zu einer in Uferlage verlaufenden Straße). Zur Erschließung der anliegenden Grundstücke im Sinne des § 9 Abs. 1 FStrG sind Ortsdurchfahrten dann „bestimmt", wenn eine von der Erschließung abhängige Nutzung der anliegenden Grundstücke sowohl tatsächlich möglich als auch rechtlich zulässig ist (BVerwG, Urteil vom 4. 4. 1975 – IV C 55.74, DVBl. 1976, 105).

**50** Werbeanlagen in **Anbaubeschränkungszonen** darf die Bauaufsichtsbehörde nur mit **Zustimmung der Straßenbaubehörde** zulassen (s. § 9 Abs. 2 FStrG und § 25 Abs. 1 StrWG NRW). Die Bauaufsichtsbehörde ist nämlich nur dort zu einer positiven Sachentscheidung befugt, wo für die Beurteilung nichtbaurechtlicher öffentlich-rechtlicher Vorschriften keine speziellen Genehmigungsvorbehalte anderer Behörden in anderen Fachgesetzen bestehen (BVerwG, Urteil vom 4. 7. 1986 – 4 C 31.84, BVerwGE 74, 315). Ist dem Antrag auf Erteilung der Baugenehmigung die Zustimmung der Straßenbaubehörde nicht bereits beigefügt, muss die Bauaufsichtsbehörde die Straßenbaubehörde beteiligen (s. hierzu den „**Anbauerlass**" vom 4. 2. 1997, MBl. NRW. S. 310). Wegen ihrer **Vorprüfungskompetenz** ist die Bauaufsichtsbehörde aber nicht gehindert, den Bauantrag ohne Beteiligung der Straßenbaubehörde abzulehnen, wenn schlechterdings nicht überwindbare Hindernisse aus dem Straßenrecht der Zulassung der Werbeanlage entgegenstehen (OVG NRW, Urteil vom 20. 5. 1985 – 11 A 2364/83, OVGE 38, 82 = DÖV 1986, 575 und Urteil vom 20. 3. 1992 – 11 A 610/90, BauR 1992, 610 = BRS 54 Nr. 135).

**51** Werbeanlagen in **Anbauverbotszonen an Bundesfernstraßen** können gemäß § 9 Abs. 8 FStrG **ausnahmsweise** zugelassen werden (s. die „Richtlinien zur Werbung aus straßenverkehrs- und straßenrechtlicher Sicht", VkBl. 2001 S. 463). Diese Vorschrift ist mit der Befreiungsvorschrift des § 31 Abs. 2 BauGB vergleichbar. Eine durch das Anbauverbot des § 9 Abs. 1 FStrG bewirkte Härte ist nur dann im Sinne des § 9 Abs. 8 FStrG „nicht beabsichtigt", wenn die Einhaltung des Anbauverbots unter den jeweils besonderen Umständen nicht erforderlich ist, und dies nicht im Hinblick auf die konkreten Verkehrsverhältnisse, sondern im Hinblick auf die vom Gesetz erstrebten baulichen Verhältnisse in den Schutzstreifen an den Bundesstraßen. Eine Bundesstraße, die in ihren Anbauverbotsstrecken nach den bestehenden Anbau- und Ausbauverhältnissen den Anforderungen an die Straßenbaulast im Sinne der §§ 3 und 4 FStrG in optimaler Weise gerecht wird, ist nicht etwa in besonderem Maße für eine ausnahmsweise Durchbrechung des Anbauverbots offen, sondern gerade umgekehrt gegenüber dadurch bewirkten Eingriffen besonders geschützt (BVerwG, Urteil vom 4.4.1975, a.a.O. Rdn. 49). Bei der Ausnahme nach § 9 Abs. 8 FStrG handelt es sich, ungeachtet des verwendeten Begriffs, in Wirklichkeit um eine **Befreiung** (Dispens), nämlich nicht einen – für eine Ausnahme typischen – speziellen Ausnahmevorbehalt, sondern eine – für den Dispens charakteristische – generelle Ermächtigung der Straßenbaubehörde, unter den gesetzlich vorgesehenen Voraussetzungen im Einzelfall eine Befreiung von den zwingenden Verbotsvorschriften des Absatzes 1 zu erteilen (BVerwG, Urteil vom 3.9.1963 – I C 151.59, BRS 14, C 1 S. 292 = DVBl. 1964, 186 zur Unzulässigkeit einer Reklame für Autoreifen an einer Tankstelle; dagegen sei die Werbung für die Kraftstoffmarke dispensfähig, da es im Interesse der Verkehrssicherheit liegt, dass die Kraftfahrer schon von weitem auf die Tankstelle und ihre Kraftstoffmarke aufmerksam gemacht werden).

Vom **Verbot für Werbeanlagen außerhalb der Ortsdurchfahrten von Landes- und Kreisstraßen** können gemäß § 28 Abs. 1 Satz 3 StrWG NRW **Ausnahmen** zugelassen werden. Hierbei handelt es sich um eine „echte" Ausnahmeregel, die auf bestimmte Anwendungsfälle zugeschnitten ist. Die Anwendungsfälle sind auf das Bauordnungsrecht abgestimmt und erfassen 52

- nichtamtliche Hinweiszeichen bis zu einer Größe von 1 m$^2$,
- Werbeanlagen an der Stätte der Leistung,
- Schilder, die Inhaber und Art gewerblicher Betriebe kennzeichnen (Hinweisschilder), wenn sie vor Ortsdurchfahrten auf einer Tafel zusammengefasst sind,
- Werbeanlagen an Fahrgastunterständen des öffentlichen Personennahverkehrs oder der Schülerbeförderung.

Die Gewährung der Ausnahme steht unter dem Vorbehalt, dass **keine konkrete Beeinträchtigung der Sicherheit oder Leichtigkeit des Verkehrs** zu erwarten ist. Soweit die Werbeanlage einer Baugenehmigung bedarf, wird die Ausnahme gemäß § 28 Abs. 1 Satz 5 StrWG NRW im Wege der Zustimmung herbeigeführt (vgl. Rdn. 50).

Nach **§ 2 Nr. 1 Bürokratieabbaugesetz I** soll die Straßenbaubehörde Ausnahmen vom Verbot des § 28 Abs. 1 Satz 1 BauO NRW zulassen, wenn eine **konkrete Beeinträchtigung** der Sicherheit und Leichtigkeit des Verkehrs **nicht zu erwarten** ist. Diese Sonderregelung gilt vorerst bis zum 31.12.2010 für 52 a

- nichtamtliche Hinweiszeichen bis zu einer Größe von 1 m$^2$ und für Anlagen,
- Werbeanlagen an der Stätte der Leistung,
- Schilder, die Inhaber und Art gewerblicher Betriebe kennzeichnen (Hinweisschilder), wenn sie vor Ortsdurchfahrten auf einer Tafel zusammengefasst sind und
- Werbeanlagen an Fahrgastunterständen des öffentlichen Personennahverkehrs oder der Schülerbeförderung.

53 Nach Bauordnungsrecht **freigestellte Werbeanlagen**, die Anbaubeschränkungen unterliegen, bedürfen gemäß § 9 Abs. 5 FStrG und § 25 Abs. 4 StrWG NRW einer (selbständigen) **Genehmigung der Straßenbaubehörde** anstelle der Baugenehmigung, sofern keine Genehmigungspflicht nach anderen Vorschriften besteht. Dies kann z. B. nach § 6 Abs. 4 LG für Eingriffe in Natur und Landschaft oder nach § 99 LWG für die Errichtung von Anlagen in oder an Gewässern gegeben sein. In einem solchen Falle hat dann die Landschaftsbehörde bzw. die Wasserbehörde die Straßenbaubehörde zu beteiligen, da § 9 Abs. 2 Satz 1 FStrG und § 25 Abs. 1 Satz 1 StrWG NRW ausdrücklich auf „Genehmigungen nach anderen Rechtsvorschriften" verweisen. Der Begriff der „Genehmigungen nach anderen Rechtsvorschriften" ist im Hinblick auf die straßenrechtliche Zielsetzung weit auszulegen und umfasst auch behördliche Zulassungen, die zwar als solche eine andere Bezeichnung tragen, inhaltlich aber einer Genehmigung gleichstehen, wie z. B. die Erlaubnis nach § 9 Abs. 1 DSchG.

### 1.5.6 Die Werbeanlage im Straßenverkehrsrecht

54 Auch das **Straßenverkehrsrecht** enthält Beschränkungen der Zulässigkeit von Werbeanlagen. Das StVG und die StVO regeln den Schutz des Straßenverkehrs vor Beeinträchtigungen durch bauliche Anlagen, insbesondere durch Werbeanlagen, nicht abschließend (BVerfG, Beschluss vom 9. 2. 1972 – 1 BvR 111/68, NJW 1972, 859). Aus der Kompetenz für die Regelung des Straßenverkehrs in Art. 74 Nr. 22 GG folgt die Befugnis des Bundes, als Annex auch Regelungen zur Abwehr von Gefahren zu treffen, die von außen auf den Straßenverkehr einwirken können. Diesen Annexbereich hat der Bund jedoch nicht abschließend geregelt; insoweit ist noch Raum für die Anwendung einer polizeilichen Generalklausel des Landesrechts (BVerwG, Urteil vom 13. 12. 1967 – IV C 146.65, BRS 18 Nr. 94 = NJW 1968, 764). Daher werden die Vorschriften in § 13 Abs. 2 Satz 1 und § 19 BauO NRW zur Verkehrssicherheit nicht durch das Bundesrecht verdrängt; sie sind anwendbar, soweit diese Vorschriften Sicherheit und Leichtigkeit des innerörtlichen Straßenverkehrs vor Gefährdung durch Werbeanlagen schützen (so Große-Suchsdorf/Lindorf/Schmaltz/Wiechert, zu § 49 Rdn. 8).

55 Die **straßenverkehrsrechtlichen Verbote von Verkehrsbeeinträchtigungen**, wie sie die §§ 32 und 33 StVO enthalten, gehen auf die Ermächtigung zum Erlass von Rechtsverordnungen in § 6 Abs. 3 StVG zurück. Ein ursprünglich in § 33 Abs. 3 StVO enthaltenes generelles Verbot des Umherfahrens und Parkens von Fahrzeugen nur zum Zwecke der Werbung wurde vom BVerfG mit Urteil vom 10. 12. 1975 (– 1 BvR 118/71, BVerfGE 40, 371 = NJW 1976, 559) wegen Verstoßes gegen Art. 12 Abs. 1 GG für nichtig erklärt (s. auch BGH, Urteil vom 10. 7. 1980 – III ZR 160/78, DVBl. 1981, 383). Eine Verwendung von Fahrzeugen nur zu Werbezwecken kann als eine Veranstaltung im Sinne des § 29 Abs. 2 StVO angesehen werden, die der Erlaubnis der Straßenbaubehörde bedarf (so Kodal/Krämer, S. 600 Rdn. 111 und 112 unter Bezug auf die obergerichtliche Rechtsprechung mit weiteren Nachweisen). § 33 Abs. 1 Satz 1 Nr. 3 StVO verbietet außerhalb geschlossener Ortschaften (außerhalb der Ortstafeln nach § 42 Abs. 3 StVO) jede Werbung und Propaganda durch Bild, Schrift, Licht oder Ton, wenn dadurch Verkehrsteilnehmer in einer den Verkehr gefährdenden oder erschwerenden Weise abgelenkt oder belästigt werden können. Auch innerörtliche Werbung darf nach § 33 Abs. 1 Satz 2 StVO nicht außerhalb geschlossener Ortschaften diese störende Wirkung haben.

56 In straßenverkehrsrechtlicher Hinsicht können sich vor allem neue Formen der Werbung auswirken (s. Rdn. 31 und 42), insbesondere, wenn **Werbung** den **Verkehr außer-**

**halb der Ortsdurchfahrten beeinflusst**. So bestimmt sich die Zulässigkeit von Anlagen zur Erzeugung von Lichtstrahlen am Nachthimmel – sog. „Himmelsstrahler" –, die auf den Standort einer Diskothek hinweisen, in verkehrsrechtlicher Hinsicht außerhalb geschlossener Ortschaften abschließend nach § 33 Abs. 1 Satz 1 Nr. 3 und Satz 2 StVO (BayVGH, Beschluss vom 18. 12. 1995 – 14 CS 95.3588, BauR 1996, 537 = BRS 57 Nr. 177 zur Unzulässigkeit eines auf dem Dach einer Diskothek fest angebrachten Strahlers, der eine über mehrere Kilometer sichtbare Lichtsäule in den Nachthimmel aussendet, um die Gäste auf den Standort der Diskothek hinzuweisen).

Ferner dürfen nach § 33 Abs. 2 StVO Einrichtungen, die Verkehrszeichen oder -einrichtungen gleichen, mit ihnen verwechselt werden oder deren Wirkung beeinträchtigen können, dort nicht angebracht oder verwendet werden, wo sie auf den Verkehr sich auswirken können. Darüber hinaus ist **Werbung in Verbindung mit Verkehrszeichen und Verkehrseinrichtungen unzulässig**. So ist eine Werbetafel wegen Verstoßes gegen § 33 Abs. 2 StVO unzulässig, wenn sie so angebracht werden soll, dass sie hinter einer Ampel im Bereich einer außerordentlich stark befahrenen Bundesstraße und in Nähe einer Einmündung einer Landesstraße in Erscheinung tritt (VGH B-W, Urteil vom 22. 1. 1986 – 8 S 3307/85, BRS 46 Nr. 129). Es ist regelmäßig davon auszugehen, dass Plakattafeln mit der Möglichkeit des Motivwechsels (**Prismenwendeanlagen**), die in den öffentlichen Straßenverkehr **hineinwirken**, zu einer **Verkehrsgefährdung** im Sinne des § 13 Abs. 2 Satz 1 BauO NRW führen, der unabhängig von § 33 Abs. 2 StVO auch dann eingreift, wenn von der Werbeanlage keine die Wirkung von Verkehrszeichen oder Verkehrseinrichtungen beeinträchtigenden Einflüsse ausgehen (OVG NRW, Urteil vom 18. 9. 1992 – 11 A 149/91, BRS 54 Nr. 132; vgl. auch Nds. OVG, Urteil vom 22. 10. 1992 – 1 L 265/91, BRS 54 Nr. 133 zu einer Prismavisionsanlage an einem Verkehrskreuzungspunkt). 57

### 1.6 Die Werbeanlage im Naturschutz- und Landschaftsrecht

Aus naturschutz- und landschaftsrechtlichen Erwägungen wurden bereits mit den Verunstaltungsgesetzen von 1902 und 1907 Schutzvorschriften gegen Werbeanlagen in Natur- und Landschaftsschutzgebieten erlassen, die später Eingang in die Baugesetzgebung fanden (s. die Anmerkungen zu § 12 Rdn. 2–4). Spezielle Vorschriften in Bezug auf Werbeanlagen waren daher weder im BNatschG noch im LG erforderlich. Dies darf aber nicht darüber hinwegtäuschen, dass die für bauliche Anlagen geltenden Vorschriften des Naturschutz- und Landschaftsrechts auch bei der Errichtung von Werbeanlagen zu beachten sind; sie können im Einzelfall als öffentliches Recht trotz Erfüllung der baurechtlichen Bestimmungen entgegenstehen und daher die alleinige Versagungsgrundlage eines Bauantrages bilden. Nach Bauordnungsrecht freigestellte Werbeanlagen unterliegen als Eingriffe in Natur und Landschaft oder wegen der Lage in einem nach Landschaftsrecht besonders geschützten Gebiet **naturschutz- bzw. landschaftsrechtlichen Genehmigungs-, Ausnahme- und Erlaubnisvorbehalten** (vgl. § 6 Abs. 4, § 34 Abs. 4 a, § 57 Abs. 3, § 62 Abs. 2, § 67 Abs. 2 und § 69 LG). 58

Werbeanlagen unterliegen im Außenbereich der **naturschutzrechtlichen Eingriffsregelung**, da sie geeignet sind, das Landschaftsbild erheblich oder nachhaltig zu beeinträchtigen (s. die Anmerkungen zu § 2 Rdn. 23–25). Das Schutzgut **Landschaftsbild** (mit dem Auge wahrnehmbare Zusammenhänge von einzelnen Landschaftselementen) wird maßgeblich durch die optischen Eindrücke für den Betrachter bestimmt. Ein beeinträchtigender Eingriff liegt in einer solchen Veränderung der Landschaftsoberfläche 59 dann, wenn diese von einem für die Schönheit der natürlich gewachsenen Landschaft aufgeschlossenen Durchschnittsbetrachter als nachteilig empfunden wird (BVerwG, Urteil vom 27. 9. 1990 – 4 C 44.87, BRS 50 Nr. 222). Dabei ist eine **Betrachtungsweise von gewisser Großräumigkeit** zugrunde zu legen (OVG NRW, Urteil vom 5. 7. 1993 – 11 A 2122/90, BRS 55 Nr. 211).

**60** Die **bauplanungsrechtlichen Vorschriften** und die **naturschutzrechtlichen Vorschriften** über Eingriffe in Natur und Landschaft **gelten nebeneinander** (Hess. VGH, Urteil vom 12. 2. 1993 – 4 UE 2744/90, BRS 55 Nr. 46). Werbeanlagen als Vorhaben im Sinne des § 29 Abs. 1 BauGB, die zwar nach § 35 BauGB i. V. m. § 13 Abs. 3 BauO NRW im Außenbereich zulässig sind, können dennoch naturschutz- bzw. landschaftsrechtliche Bestimmungen entgegenstehen, z. B. Darstellungen oder sogar Festsetzungen eines Landschaftsplans. Baugenehmigungsfreie Werbeanlagen als Vorhaben im Sinne des § 29 Abs. 1 BauGB (z. B. im Außenbereich aufgestellte Hinweiszeichen bis zu einer Größe von 1 $m^2$) sind planungsrechtlich relevant, wenn sie einer naturschutzrechtlichen Eingriffsgenehmigung oder einer landschaftsschutzrechtlichen Genehmigung bedürfen (Hess. VGH, Beschluss vom 5. 12. 1994 – 4 TH 2165/94, BRS 57 Nr. 283). **Im landschaftsrechtlichen Verfahren** ist die Zulässigkeit der bauordnungsrechtlich freigestellten Werbeanlage auch nach dem Bauplanungsrecht (soweit relevant) zu prüfen.

**61** Neben der naturschutzrechtlichen Eingriffsregelung sind die **Zulässigkeitsbeschränkungen in geschützten Gebieten** (Naturschutzgebiete, Landschaftsschutzgebiete, geschützte Landschaftsbestandteile) beachtlich. Diese bestehen jedoch nicht stets „absolut", so dass für Werbeanlagen an der Stätte der Leistung Ausnahmen im Einzelfall möglich erscheinen (zur Leuchtschrift eines Energieversorgungsunternehmens an deren Umspannanlage in einem Landschaftsschutzgebiet vgl. VGH B-W, Urteil vom 10. 3. 1976 – III 86/75, BRS 30 Nr. 193; zur Rechtswirksamkeit einer Landschaftsschutzverordnung im Geltungsbereich eines Bebauungsplanes vgl. VGH B-W, Beschluss vom 11. 1. 1995 – 5 S 227/94, BRS 57 Nr. 279; zu einer solchen, die Bauland im Sinne von § 34 BauGB einbezieht, vgl. Hess. VGH, Urteil vom 24. 11. 1995 – 4 UE 239/92, BRS 57 Nr. 280; zum landschaftsrechtlichen Uferbauverbot vgl. die Anmerkungen zu § 2 Rdn. 26).

### 1.7 Die Werbeanlage im Denkmalrecht

**62** Die Errichtung bzw. Anbringung von Werbeanlagen an Baudenkmälern oder ortsfesten Bodendenkmälern bedarf nach **§ 9 DSchG** der **denkmalrechtlichen Erlaubnis**, da alle Maßnahmen, die den bestehenden Zustand abändern, als Veränderungen im denkmalrechtlichen Sinne anzusehen sind (OVG Schl-H, Urteil vom 21. 12. 1994 – 1 L 49/94, BRS 57 Nr. 269). Die Erlaubnis ist auch erforderlich in der „engeren Umgebung" von Baudenkmälern oder ortsfesten Bodendenkmälern, wenn hierdurch das „Erscheinungsbild" des Denkmals beeinträchtigt wird. Schließlich kann auch eine Werbeanlage selbst ein Baudenkmal oder aber Bestandteil eines Baudenkmals sein; in diesem Falle bedarf die Beseitigung der Werbeanlage ebenfalls einer denkmalrechtlichen Erlaubnis (s. die Anmerkungen zu § 12 Rdn. 38). **Positive** und **negative Beispiele** für Werbeanlagen an Baudenkmälern enthält die Fotodokumentation im Faltblatt „Außenwerbung in historischer Umgebung", herausgegeben vom Deutschen Nationalkomitee für Denkmalschutz, zu beziehen über die Geschäftsstelle beim Bundesminister des Innern.

**63** Die **Erlaubnispflicht** entsteht erst mit der **Eintragung in die Denkmalliste**. Die Eintragung bewirkt **konstitutiv** die **Unterschutzstellung** des Denkmals und ist als Allgemeinverfügung im Sinne des § 35 Satz 2, 2. Alternative VwVfG. NRW. zu verstehen (OVG NRW, Urteil vom 5.3.1992 – 10 A 1748/86, BRS 54 Nr. 123 und Urteil vom 9.9.1994 – 10 A 1616/90, BauR 1995, 383 = BRS 56 Nr. 217). Die Eintragung setzt voraus, dass das Baudenkmal nicht bereits abgebrochen bzw. beseitigt (OVG NRW, Beschluss vom 21.8.1992 – 10 B 3251/92, BRS 54 Nr. 124) oder aber die zum Erhalt eines denkmalwerten Zustandes notwendige Erneuerung nicht im Wesentlichen zum Verlust der historischen Substanz und damit zum Identitätsverlust führen wird (OVG NRW, Urteil vom 6.2.1996 – 11 A 840/94, BRS 58 Nr. 228 = NVwZ-RR 1996, 634 = NWVBl. 1996, 300). Voraussetzung für die Eintragung eines **Bodendenkmals** in die Denkmalliste ist, dass in dem für die Unterschutzstellung vorgesehenen Boden mit an Sicherheit grenzender Wahrscheinlichkeit Bodendenkmäler verborgen sind (OVG NRW, Urteil vom 28.3.1995 – 11 A 3554/91, BRS 57 Nr. 264 = NVwZ-RR 1996, 37). Die Vorschriften des DSchG über die begrifflichen Anforderungen an Denkmäler und das Eintragungsverfahren sind Regelungen über Inhalt und Schranken des Eigentums im Sinne des Art. 2 Satz 2 GG (BVerwG, Beschluss vom 10.7.1987 – 4 B 146.87, BRS 47 Nr. 123).

Bedarf eine Werbeanlage an einem Denkmal oder in der engeren Umgebung einer 64
Baugenehmigung, so wird **im Baugenehmigungsverfahren** über eine **angemessene Berücksichtigung denkmalrechtlicher Belange** entschieden (§ 9 Abs. 3 Satz 1 DSchG). Der Bauherr kann eine **gesonderte (isolierte) denkmalrechtliche Erlaubnis** beantragen (§ 9 Abs. 3 Satz 2 DSchG); freigestellte Werbeanlagen bedürfen in jedem Falle einer gesonderten Erlaubnis. Nach § 21 Abs. 4 DSchG treffen die Denkmalbehörden ihre Entscheidungen im **Benehmen mit den Denkmalpflegeämtern der Landschaftsverbände**, deren fachliche Sachkunde sich generell aus der Zuweisung der von ihnen im Rahmen der Denkmalpflege wahrzunehmenden Aufgaben nach § 22 Abs. 2 bis 4 DSchG ergibt (OVG NRW, Urteil vom 14.3.1991 – 11 A 264/89, BRS 52 Nr. 123 = NWVBl. 1992, 27). Die Formulierung **„in angemessener Weise“** in § 9 Abs. 3 Satz 1 DSchG läuft **regelmäßig** auf eine **strikte Beachtung des Denkmalschutzes** hinaus (OVG NRW, Urteil vom 18.5.1984 – 11 A 1776/83, BRS 42 Nr. 137 = NJW 1986, 1890 = NVwZ 1986, 685).

Wie die Denkmaleigenschaft selbst unterliegen auch die **unbestimmten Rechtsbegriffe** 65
**„engere Umgebung“ und „Erscheinungsbild“** in § 9 Abs. 1 Buchstabe b) DSchG der uneingeschränkten gerichtlichen Nachprüfung (Boeddinghaus/Hahn/Schulte, zu § 13 Rdn. 126). So kann eine Werbeanlage mit dem Erscheinungsbild eines Baudenkmals denkmalrechtlich unvereinbar sein (OVG NRW, Urteil vom 11.9.1997 – 11 A 5797/95, BauR 1998, 113 = BRS 59 Nr. 137 zur Unzulässigkeit einer Prismen – Wendeanlage in der Umgebung einer geschützten Kirche). Ob das Erscheinungsbild eines Baudenkmals durch Errichtung bzw. Anbringung einer Werbeanlage beeinträchtigt wird, richtet sich anders als im Baugestaltungsrecht nicht nach dem „Empfinden eines für ästhetische Eindrücke offenen Betrachters“ (dem gebildeten Durchschnittsmenschen), sondern **nach dem Urteil eines sachverständigen Betrachters**, dessen Maßstab von einem breiten Kreis von Sachverständigen getragen wird (OVG Bln, Urteil vom 10.5.1985 – 2 B 134.83, BRS 44 Nr. 122, OVG Lüneburg, Urteil vom 5.9.1985 – 6 A 54/83, BRS 44 Nr. 124 und OVG NRW vom 6.2.1991 – 11 A 2313/89, n.v.). Die Verwertbarkeit sachverständiger Gutachten oder Stellungnahmen findet allerdings dort ihre Grenze, wo diese für die Überzeugungsbildung des Gerichts ungeeignet oder unzureichend sind; in diesem Falle muss das Gericht klären, inwieweit es selbst über das erforderliche Fachwissen verfügt (OVG Bln, Urteil vom 12.11.1993 – 2 B 38.90, BRS 56 Nr. 216).

### 1.8 Bauvorlagen im Genehmigungsverfahren

66 Dem Antrag auf Erteilung der Baugenehmigung für Werbeanlagen und Warenautomaten, die dem vereinfachten Genehmigungsverfahren nach § 68 BauO NRW unterliegen (vgl. Rdn. 4 und 5), sind **Bauvorlagen nach Maßgabe des § 14 BauPrüfVO** beizufügen (zur Legaldefinition der Bauvorlagen s. die Anmerkungen zu § 69 Rdn. 49). Die **Reduzierung der Anforderungen** in § 14 BauPrüfVO 2000 = § 7 BauPrüfVO 1995 gegenüber dem Vorgängerrecht (§ 11 BauPrüfVO 1984) berücksichtigt, dass Werbeanlagen und Warenautomaten dem vereinfachten Genehmigungsverfahren unterliegen, in dem neben dem Bauplanungsrecht und den Anforderungen aus dem sonstigen öffentlichen Recht (Baunebenrecht) nur noch wenige bauordnungsrechtliche Vorschriften präventiv geprüft werden – im Wesentlichen sind dies die Vorschriften des § 13 BauO NRW selbst. Neben den Rechtsvorschriften des § 13 BauO NRW und des § 14 BauPrüfVO sind bei der Ausarbeitung der Bauvorlagen Nr. 13 VV BauO NRW, Nr. 14 VV BauPrüfVO und gegebenenfalls Nr. 3 des Anbauerlasses zu beachten.

67 Aufgrund des reduzierten bauordnungsrechtlichen Prüfumfangs wurden Inhalt und Umfang der Bauvorlagen für Werbeanlagen und Warenautomaten wesentlich gestrafft. § 14 BauPrüfVO berücksichtigt, dass **farbige Lichtbilder** oder **farbige Lichtbildermontagen** die für die Zulässigkeit von Werbeanlagen und Warenautomaten maßgebliche Einbindung in die Umgebung anschaulicher darzustellen vermögen als die nach altem Recht vorgeschriebenen Unterlagen.

68 Regelmäßig sind die in § 14 BauPrüfVO genannten Unterlagen dem Bauantrag beizufügen. Von dieser **Regelvorgabe** kann gemäß § 1 Abs. 2 Satz 2 und 3 BauPrüfVO abgewichen werden. Die **Abweichungsentscheidung** trifft nicht der Bauherr, sondern die **Bauaufsichtsbehörde**:

- sie kann in zu begründenden Einzelfällen **weitere Unterlagen** fordern, wenn sie dies zur Beurteilung des Bauvorhabens für erforderlich hält (Satz 2);
- sie kann auf Bauvorlagen und einzelne Angaben in den Bauvorlagen **verzichten**, soweit diese zur Beurteilung des Bauvorhabens nicht erforderlich sind.

Ein Verlangen nach weiteren Bauvorlagen kommt in Betracht, wenn Belange des sonstigen öffentlichen Rechts (Baunebenrechts), insbesondere solche verkehrs-, naturschutz-, landschafts- oder denkmalrechtlicher Art berührt sind (vgl. Rdn. 17–65 und die Anmerkungen zu § 69 Rdn. 49–59). Ein Verzicht auf Bauvorlagen oder einzelne Angaben in den Bauvorlagen wird bei Werbeanlagen kleineren Umfanges an der Stätte der Leistung möglich sein, z. B. bei der Hinweiswerbung in Form einer Beschriftung oder Bemalung an der Fassade eines nicht denkmalgeschützten Gebäudes im beplanten Bereich.

69 **Nach § 14 Abs. 1 Nr. 1 BauPrüfVO** ist dem Antrag ein Auszug aus der **Liegenschaftskarte/Flurkarte** im Sinne des § 2 Abs. 1 BauPrüfVO **mit Einzeichnung des Standortes** der geplanten Werbeanlage beizufügen. Hierbei handelt es sich um eine unverzichtbare Mindestanforderung (auch für Beschriftungen oder Bemalungen), um den genauen Anbringungsort bzw. die genaue Platzierung an einer baulichen Anlage (zumeist wird dies ein Gebäude sein) zu verdeutlichen. **Ohne exakte Eintragung des Standortes** der geplanten Werbeanlage ist **keine Beurteilung** nach dem Bauplanungs- und Bauordnungsrecht **möglich**, so dass bereits die zu jedem Antrag vorgeschriebene **Eingangsprüfung** nach § 72 Abs. 1 Satz 1 Nr. 2 und 3 BauO NRW **scheitert** (vgl. auch die Anmerkungen zu den Anforderungen an die Festlegung des Antragsgegenstandes zu § 69 Rdn. 30–35).

Die Bauaufsichtsbehörde kann in einem solchen Falle nur nach § 72 Abs. 1 Satz 2 BauO NRW verfahren, der die **Zurückweisung des Bauantrags** als Sollvorschrift anordnet („Soll" bedeutet im Regelfalle „muss" – vgl. auch die Handlungsanweisung an die Bauaufsichtsbehörden in Nr. 72.12 VV BauO NRW, der diese im Hinblick auf die Erlassgebundenheit der Verwaltung nachzukommen haben).

Als zusätzliche Anforderung verlangt § 14 Abs. 1 Nr. 1 BauPrüfVO unter dem **Vorbehalt** 70
**der Erforderlichkeit** die Beifügung eines Lageplanes im Sinne des § 3 BauPrüfVO. Wie Nr. 14 VV BauPrüfVO klarstellt, ist der **Lageplan für freistehende Werbeanlagen** oder **freistehende Warenautomaten** erforderlich. Der Lageplan braucht **nicht als amtlicher Lageplan** im Sinne des § 3 Abs. 3 BauPrüfVO angefertigt zu sein, muss aber – soweit überhaupt relevant, weil nach § 68 Abs. 1 Satz 4 BauO NRW zu prüfen – die in § 3 Abs. 1 und 2 BauPrüfVO aufgeführten Angaben bzw. Darstellungen enthalten. Von Bedeutung sind hier insbesondere die Bebauungsplanfestsetzungen, die Grundstücksgrenzen, die Abstände zu Grundstücksgrenzen und baulichen Anlagen, die Höhenlage und die Abstandflächen. Freistehende Plakatanschlagtafeln und ähnlich große Werbeanlagen fallen nämlich unter die baulichen Anlagen im Sinne des § 6 Abs. 10 BauO NRW, von denen Wirkungen wie von Gebäuden ausgehen und die deshalb Abstandflächen auslösen (vgl. Nr. 6.10 VV BauO NRW; OVG Lüneburg, Urteil vom 10. 5. 1978 – VI A 37/76, BRS 33 Nr. 124 und Nds. OVG, Urteil vom 18. 2. 1999 – 1 L 4263/96, BRS 62 Nr. 158 = NVwZ-RR 1999, 560 sowie Sächs. OVG, Urteil vom 16. 4. 1999 – 1 S 39/99, NVwZ-RR 1999, 560). Solche Wirkungen misst das OVG NRW (Urteil vom 18. 9. 1992 – 11 A 276/89, BRS 54 Nr. 131) sogar einer an einer Hauswand befestigten Plakatanschlagtafel zu, da **Anlagen der Fremdwerbung**, die an einer Gebäudewand befestigt sind, **keine Bauteile im Sinne des § 6 Abs. 7 BauO NRW** darstellen.

Die Eintragung der **Bebauungsplanfestsetzungen**, insbesondere der **überbaubaren Flä-** 71
**chen** im **Lageplan** ist im Hinblick auf die Rechtsprechung des BVerwG zur städtebaulichen Relevanz von Werbeanlagen unumgänglich (s. Rdn. 9 und 14–16). Ansonsten kann nicht beurteilt werden, ob z. B. eine Plakatanschlagtafel als Fremdwerbung und damit Hauptnutzung auf dem Grundstück zulässig ist oder nicht bzw. ob sie die Baugrenzen nicht überschreitet (vgl. hierzu BVerwG, Urteil vom 7. 6. 2001 – 4 C 1.01, BauR 2001, 1698 = BRS 64 Nr. 79 = UPR 2002,105). Eine Werbeanlage, die Fremdwerbung zum Gegenstand hat, stellt auch dann keine Nebenanlage dar und ist als Hauptnutzung zu qualifizieren, wenn sie in einem Gewerbegebiet errichtet werden soll; auf der nicht überbaubaren Grundstücksfläche kann sie daher nicht über § 23 Abs. 5 Satz 1 BauNVO zugelassen werden (VGH B-W, Beschluss vom 28. 9. 1998 – 8 S 2068/98, BRS 60 Nr. 132). Die Eintragung der Bebauungsplanfestsetzungen im Lageplan ist eine **Bringschuld des Antragstellers**, da es nicht zu den Aufgaben der Bauaufsichtsbehörden gehört, einen unvollständigen Lageplan zu ergänzen. Folge einer derart unvollständigen Bauvorlage ist die **Zurückweisung** (vgl. Rdn. 69).

**Lagepläne für Werbeanlagen** auf Grundstücken, die **straßenrechtlichen Beschränkun-** 72
**gen** unterliegen (s. Rdn. 45–53), sollten innerhalb der öffentlichen Verkehrsfläche den **äußeren Rand der befestigten Fahrbahn** darstellen, da von dessen genauer Lage wiederum die Ausdehnung des Anbauverbots oder der Anbaubeschränkung bzw. des Zustimmungsvorbehalts abhängt. Außerdem ist gegebenenfalls die Darstellung der Zufahrtsverhältnisse im Bereich einer Werbeanlage erforderlich, um Fragen der Verkehrssicherheit hinreichend beurteilen zu können. **Lagepläne für Werbeanlagen** auf Grundstücken, die **naturschutz-, landschafts- oder denkmalrechtlichen Beschränkungen**

unterliegen (hierzu s. vorausgehende Rdn. 58–65), sollten die Festsetzungen eines Landschaftsplanes oder die **Grenzen von Schutzgebieten oder Schutzbereichen** bzw. **geschützte Objekte** kennzeichnen. Da § 3 BauPrüfVO keine lückenlose Darstellungspflicht enthält, vielmehr für Regelfälle konzipiert wurde und daher besonders die Bebauungsplanfestsetzungen den Denkmal- und Baumschutz anspricht, kommt zunächst ein Vervollständigungsverlangen unter Fristsetzung in Betracht. Erst nach fruchtlosem Verstreichen der Frist kann die Bauaufsichtsbehörde den Antrag nach § 72 Abs. 1 Satz 2 BauO NRW zurückweisen.

73 Wird für Werbeanlagen die Eintragung einer **Baulast** erforderlich, weil sich z. B. die Abstandflächen ganz oder teilweise auf ein Nachbargrundstück erstrecken, so ist nicht § 14 BauPrüfVO, sondern **§ 18 BauPrüfVO** einschlägig. Der Lageplan muss in diesem Fall voll den Anforderungen genügen, die § 18 BauPrüfVO für die Eintragung von Baulasten verlangt (vgl. Wenzel, S. 38 f. Rdn. 16 f.). Nach dem Grundsatz, dass die spezielle der allgemeinen Regel vorgeht, verdrängt § 18 BauPrüfVO insoweit § 14 BauPrüfVO.

74 **Nach § 14 Abs. 1 Nr. 2** in Verbindung mit **Abs. 2 Satz 2** BauPrüfVO muss dem Bauantrag eine Beschreibung beigefügt werden. Der **Antragsvordruck** für Werbeanlagen enthält ein Feld für **Mindestangaben für die Baubeschreibung** (Anlage I/4 zur VV BauPrüfVO). Die **Verwendung des Vordruckes** ist **verbindlich**. Weitere Angaben können insbesondere bei **Werbeanlagen** erforderlich sein, die **an Baudenkmälern** angebracht werden sollen. Diese betreffen vor allem die **Anbringungsart**, um beurteilen zu können, ob das Baudenkmal nicht ungebührlich durch bautechnische Eingriffe beeinträchtigt oder sogar geschädigt wird.

75 **Nach § 14 Abs. 1 Nr. 2** in Verbindung mit **Abs. 2 Satz 1** BauPrüfVO ist dem Antrag eine Zeichnung mit Darstellung der geplanten Werbeanlage beizufügen. Hierbei handelt es sich nicht um eine Bauzeichnung im üblichen Sinne, wie sie § 4 BauPrüfVO regelt. Vielmehr kann die nach § 14 Abs. 1 Nr. 2 BauPrüfVO geforderte Zeichnung sich darauf beschränken, die geplante Werbeanlage, ihre Maße – auch bezogen auf den Anbringungsort – und die Farben mit Angabe der Nummer und Hilfsbezeichnung aus dem RAL-Farbregister darzustellen. Vielfach wird es möglich sein, den vom Hersteller der Werbeanlage gefertigten **Konstruktionsplan als Zeichnung** zu verwenden, zumal dieser regelmäßig in einem Maßstab nicht kleiner als 1:50 erstellt wird. Die Angabe der **Farbe**, wird benötigt, um die Zulässigkeit nach den Bestimmungen einer örtlichen Bauvorschrift, nach dem Denkmalrecht oder Straßenrecht prüfen zu können (vgl. Rdn. 54–57).

76 **Nach § 14 Abs. 1 Nr. 3** in Verbindung mit **Abs. 3** BauPrüfVO ist dem Bauantrag ein **farbiges Lichtbild** oder eine **farbige Lichtbildmontage** beizufügen. Die nach früherem Recht (vgl. § 11 Abs. 2 Nr. 2 und 3 BauPrüfVO 1984) verlangten Angaben in den Bauzeichnungen sind nunmehr Inhalt des Lichtbildes oder der Lichtbildmontage. Hierdurch konnte auch der Inhalt der Beschreibung auf Angaben zur Art und zum Werkstoff der geplanten Werbeanlage zurückgeführt werden. Die Lichtbilddarstellung verdeutlicht die Darstellung einer geplanten Werbeanlage in Verbindung mit einer baulichen Anlage oder der Umgebung wesentlich besser als jede Bauzeichnung. Für freistehende Werbeanlagen und freistehende Warenautomaten wird es regelmäßig erforderlich sein, Lichtbilder oder Lichtbildmontagen in allen Blickrichtungen vorzulegen. Es muss nämlich beurteilt werden können, ob durch die geplante Anlage die Sicht auf begrünte Flächen im Sinne des § 13 Abs. 2 Satz 2 BauO NRW verdeckt wird, ob eine störende Häufung im Sinne des § 13 Abs. 2 Satz 3 BauO NRW vorliegt oder ob andere Vorgaben des Baunebenrechts berührt werden.

## 2 Zu Absatz 1 – Anlagen der Außenwerbung

Die **Legaldefinition der Anlagen der Außenwerbung – Werbeanlagen** – nach § 13 Abs. 1 BauO NRW **stimmt** mit der ursprünglich in § 15 Abs. 1 MBO 1960 enthaltenen Begriffsbestimmung und **mit den Legaldefinitionen anderer Landesbauordnungen** überein. Bei der Abfassung des Musters wurden die Rechtsprechung der Verwaltungsgerichte zur Baugestaltungsverordnung sowie die Begriffsbestimmungen in Art. 1 Abs. 2 des Bayerischen Gesetzes über verunstaltende Außenwerbung vom 2. 3. 1954 und in § 2 der Hessischen Bauordnung vom 6. 7. 1957 berücksichtigt (vgl. Einführung in die Musterbauordnung Teil B, S. 23, veröffentlicht in Band 18 der Schriftenreihe des Bundesministers für Wohnungsbau, 1960). 77

Die **Legaldefinition** hat zunächst Bedeutung für die BauO NRW sowie die auf deren Grundlage erlassenen Rechtsverordnungen, Gestaltungssatzungen und Verwaltungsvorschriften. Das **Straßenrecht** benutzt ebenfalls den **Begriff Anlagen der Außenwerbung** in § 9 Abs. 6 FStrG und § 28 StrWG NRW, ohne diesen jedoch zu definieren und zielt dabei auf die Legaldefinition des Bauordnungsrechts (vgl. Rdn. 45 sowie Kodal/Krämer, S. 847 Rdn. 1)

**Absatz 1 Satz 1** definiert den **Begriff „Anlagen der Außenwerbung“** und setzt ihn dem Begriff „**Werbeanlagen**“ gleich. Die Legaldefinition nennt drei Komponenten: die **statische** – „*ortsfeste Einrichtung*“ –, die **funktionelle** – „*Ankündigung oder Anpreisung oder als Hinweis auf Gewerbe oder Beruf*“ – und die **visuelle** – „*vom öffentlichen Verkehrsraum aus sichtbar*“ – (so Jeromin, Rdn. 4 unter Bezug auf VGH B-W, Urteil vom 20. 6. 1994 – 3 S 1931/93, VBlBW 1995, 142). Bei genauer Betrachtung lässt sich die statische Komponente nochmals in die Begriffe „**Einrichtung**“ und „**ortsfest**“ zerlegen, so dass sich insgesamt **vier Tatbestandsmerkmale** ergeben: 78

a) **Einrichtung** im Sinne eines künstlich Geschaffenen,

b) **örtliche Gebundenheit** (so genannte ruhende Reklame),

c) **Zweckbestimmung** als Mittel zur
   - **Ankündigung** oder **Anpreisung** von Gegenständen oder Veranstaltungen,
   - **lokalen Orientierung** über die Ausübung von Gewerbe und Beruf,

d) **Sichtbarkeit** vom öffentlichen Verkehrsraum aus.

Alle **vier** Tatbestandsmerkmale müssen **kumulativ** erfüllt sein, um von einer Werbeanlage im bauordnungsrechtlichen Sinne ausgehen zu können. Demzufolge ist etwa eine vom öffentlichen Verkehrsraum aus nicht sichtbare Werbeanlage im Inneren eines Gebäudes (z. B. im Inneren einer Verkaufsstätte) keine Werbeanlage im Sinne des § 13 Abs. 1 BauO NRW. In der Wortumkehr könnte man sie als „**Anlagen der Innenwerbung**“ bezeichnen. Auch auf diese Anlagen können baurechtliche Bestimmungen im Einzelfall Anwendung finden, soweit die BauO NRW oder die auf ihrer Grundlage erlassenen Rechtsverordnungen spezielle **Anforderungen** enthalten; sie sind dann „andere Anlagen“ oder „Einrichtungen“ im Sinne des § 1 Abs. 1 Satz 2 BauO NRW (s. die Anmerkungen zu § 1 Rdn. 37–38). So dürfen beispielsweise in Verkaufsstätten angebrachte Werbeträger die nutzbare Breite von Ladenstraßen, notwendigen Fluren für Kunden und Hauptgängen innerhalb von Verkaufsstätten gemäß § 11 Abs. 5 VkVO nicht einengen.

### 2.1 Einrichtung

79 Nach **dem ersten Tatbestandsmerkmal** muss es sich bei der Werbeanlage überhaupt um eine **Einrichtung** handeln. Die in § 13 Abs. 1 **Satz 2** BauO NRW aufgeführten **Beispiele** verdeutlichen, dass nur solche Werbeträger oder Werbemittel erfasst werden sollen, die **im weitesten Sinne bauliche Relevanz** aufweisen (so Boeddinghaus/Hahn/Schulte, zu § 13 Rdn. 30). Die Werbeanlagen müssen in einer dem Bauen vergleichbaren Weise errichtet oder angebracht werden; es muss sich also um etwas **künstlich Geschaffenes** handeln. Das können bauliche Anlagen im Sinne des § 2 Abs. 1 BauO NRW oder auch nur andere Anlagen oder Einrichtungen im Sinne des § 1 Abs. 1 Satz 2 BauO NRW sein. Bei einer **Folie** mit einer Werbeschrift an einem Schaufenster oder einem Werbelogo auf einem drehbaren Metallsegel auf dem Flachdach handelt es sich um eine Werbeanlage (OVG NRW, Beschluss vom 24. 3. 2006 – 10 B 2158/05, n. v. und OVG Bln, Urteil vom 7. 5. 1999 – 2 B 2.96, BRS 62 Nr. 157). Schließlich erfüllen **Beschriftungen** und **Bemalungen** einer baulichen Anlage dieses Tatbestandsmerkmal. Deshalb stellt ein auf die Fassade aufgemaltes Schriftbild mit dem Namen der Apotheke eine Werbeanlage dar (BayVGH, Urteil vom 20. 11. 1978 – Nr. 70 XIV 78, BRS 33 Nr. 122). Sogar das Auswechseln der Werbeschrift auf einer Werbetafel kann genehmigungspflichtig und nicht mehr vom Bestandsschutz gedeckt sein (OVG NRW, Urteil vom 11. 8. 1980 – 11 A 988/79, BRS 36 Nr. 147). Nach der Beispielaufzählung des Satzes 2 kann auch kein Zweifel daran bestehen, dass der Gesetzgeber mittels **künstlicher Lichtquellen** erzeugte Werbung erfassen wollte (s. Rdn. 82 und 85).

80 Das Merkmal der „Einrichtung" im Sinne des § 13 Abs. 1 Satz 1 BauO NRW ist **nicht** gegeben, wenn lediglich Werbezettel verteilt werden oder wenn Personen Werbeverkleidungen tragen, auch wenn dies nicht – wie oft üblich – im öffentlichen Straßenraum, sondern auf einem Baugrundstück geschieht, weil hier – anders als bei den Beispielen nach Satz 2 – eine **Verbindung mit dem Grundstück oder einer baulichen Anlage** nicht zu erkennen ist. Von einer „Einrichtung" kann auch nicht ausgegangen werden, wenn durch menschliche Einflussnahme die Natur zu **Werbebotschaften mittels Bepflanzungen** benutzt wird, in dem z. B. ein Produktlogo durch Bepflanzung mit Büschen oder Blumen abgebildet wird (so die Fachkommission Bauaufsicht der ARGEBAU, Niederschrift zu Tagesordnungspunkt 25 der 213. Sitzung am 22./23. 5. 1997). Sie sind jedoch als Eingriffe in Natur und Landschaft anzusehen und daher nach §§ 4–6 LG der naturschutzrechtlichen Eingriffsregelung unterworfen. Für derartige Eingriffe ist eine Zuständigkeit der Landschaftsbehörden gegeben.

81 Eine **Werbeanlage** ist eine **bauliche Anlage** und zugleich ein **Bauteil**, wenn sie

a) aus Bauprodukten hergestellt ist,

b) an einer baulichen Anlage befestigt ist,

c) mit dieser Anlage nicht nur vorübergehend verbunden ist und

d) nach der Verkehrsanschauung in ihren Bestandteilen als umfassendes Ganzes und damit als eine Sache zu betrachten ist.

Bei letztgenanntem Aspekt kann der **Funktionszusammenhang** zwischen Bauwerk und Werbeanlage eine Rolle spielen. An einem Geschäftshaus angebrachte Aussteck- (Ausleger-, Fahnen-) Transparente und Werbeschürzen sind regelmäßig Bauteile im Sinne der BauO NRW (OVG NRW, Urteil vom 19. 5. 1981 – 11 A 2414/79, BRS 38 Nr. 145).

## 2.2 Örtliche Gebundenheit

82 Nach dem **zweiten Tatbestandsmerkmal** muss die Einrichtung **ortsfest** sein. Das trifft zu, wenn die Einrichtung selbst fest **mit dem Erdboden verbunden ist** (s. die Anmerkungen zu § 2 Rdn. 29), wie Litfaßsäulen oder großflächige Plakatanschlagtafeln auf Stützen. Mit dem Erdboden **fest verankerte** schwimmende Werbeanlagen oder schwebende Ballone rechnen ebenfalls zu den ortsfesten Einrichtungen. Auch Werbeanlagen, die mit **eigener Schwere** auf dem Erdboden **ruhen** (wie Plakatständer), oder Werbeschilder und -schriften, die an einem ortsfesten Gegenstand (wie an einem Gebäude oder einem Zaun) **befestigt** sind, erfüllen den Tatbestand einer ortsfesten Einrichtung. Die Ortsfestigkeit ist ferner gegeben, wenn **Werbeträger an landwirtschaftlichen Silageballen** angebracht werden sollen, die auf einem Grundstück im Außenbereich nicht nur kurzfristig lagern (so die Fachkommission Bauaufsicht der ARGEBAU, Niederschrift zu Tagesordnungspunkt 36 der 218. Sitzung am 16./17. 07. 1997). Es kann sich auch um **Lichtprojektion auf eine ortsfeste Wand** oder **aus einem ortsfesten Projektor** handeln (VGH B-W, Beschluss vom 17. 9. 1990 – 3 S 1441/90, BRS 50 Nr. 144; OVG NRW, Beschluss vom 22. 6. 1994 – 11 B 1466/94, BRS 56 Nr. 133; BayVGH, Beschluss vom 18. 12. 1995 – 14 CS 95.3588, BRS 57 Nr. 177).

Aus § 65 Abs. 1 Nr. 35 BauO NRW lässt sich schließen, dass die Einrichtung nicht auf Dauer oder für längere Zeit an dem Ort bleiben muss, um von örtlicher Gebundenheit ausgehen zu können. Welcher Zeitraum im Einzelnen genau erforderlich ist, kann nicht generell gesagt werden. In Anlehnung an Nr. 1.2 FlBauVV vom 8. 9. 2000 (MBl. NRW. S. 1128) g. d. RdErl. vom 6. 8. 2007 (MBl. NRW. S. 563) ist ein **Zeitraum von mehr als drei Monaten** ausreichend. Daher kann ein für viele Monate angebrachtes **Baustellenschild** mit Werbebotschaften das Merkmal der Ortsfestigkeit erfüllen, wenn z. B. das Schild bereits aufgestellt wird, lange bevor die Bauarbeiten beginnen (OVG NRW, Beschluss vom 28. 9. 1988 – 11 B 849/88, BRS 49 Nr. 150). Auch für längere Zeit angebrachte **Werbung an Gerüsten oder Gerüstplanen** ist ortsfest in diesem Sinne.

83 **Werbung an Fahrzeugen**, die am öffentlichen Straßenverkehr teilnehmen, wie z. B. Werbung an Straßenbahnen, Omnibussen, Taxen oder Lastkraftwagen, ist **nicht ortsfest**, so dass § 13 BauO NRW nicht eingreift (ebenso Große-Suchsdorf/Lindorf/Schmaltz/Wiechert, zu § 49 Rdn. 15). Das Gleiche gilt für Werbung an Eisenbahn- und Straßenbahnfahrzeugen, Luft- und Wasserfahrzeugen, weil deren Zweck in der Ermöglichung der Fortbewegung besteht und daher kein örtlicher Bezug vorliegt. Wird dagegen ein **Fahrzeug mit Werbung** ausgestattet und an einer bestimmten Stelle **wiederholt abgestellt**, um so durch die Werbung die Aufmerksamkeit zu erregen, ist das Merkmal der Ortsfestigkeit erfüllt (s. auch Rdn. 39). Eine Werbeanlage ist auch **dann ortsfest eingerichtet**, wenn das die Aufschrift tragende Schild an einem Kraftfahrzeug – **Anhänger** befestigt ist, der „**von Zeit zu Zeit**" **bewegt** wird (BayObLG, Beschluss vom 31. 7. 1997 – 3 ObOWi 77/97, BauR 1997, 1004 = BRS 59 Nr. 135). Zum Straßenverkehr zugelassene, mit Werbeplakaten versehene Werbeanhänger sind als ortsfeste Einrichtungen der Außenwerbung baugenehmigungspflichtig, wenn sie für längere Zeit an bestimmter Stelle abgestellt werden; maßgeblich ist, ob mit dem abgestellten Werbeanhänger nach seinem Bestimmungszweck wie mit einer Werbeanlage von einem festen Standort geworben wird (OVG NRW, Beschluss vom 17. 2. 1998 – 11 A 5274/96, BRS 60 Nr. 130 = NVwZ-RR 1999, 14; Thür. OVG, Urteil vom 10. 11. 1999 – 1 KO 519/98, BauR 2000, 1043 = BRS 62 Nr. 160 zu einem Planwagen mit Werbeaufschrift).

### 2.3 Zweckbestimmung

84 Die ortsfeste Einrichtung muss ferner

- der **Ankündigung** von **Veranstaltungen** oder
- der **Anpreisung** von **Gegenständen** oder **Leistungen** oder
- als **Hinweis** auf **Gewerbe** oder **Beruf**

dienen. Angesprochen ist damit die **werbliche Funktion**, deren Zweck darin besteht, **Aufmerksamkeit zu erregen** und damit das **Verhalten des Betrachters zu beeinflussen** (BVerwG, Urteil vom 28.5.1963 – I C 247.58, BVerwGE 16, 116). Ein Schriftzug als Werbung ist nicht erforderlich, bildhafte Darstellungen können ebenso eine Werbebotschaft enthalten (Hess. VGH, Urteil vom 10.5.1989 – 3 UE 1462/85, BRS 49 Nr. 152) wie abstrakte Darstellungen, wenn sie nur für den Betrachter verständlich sind. Selbst die Bemalung einer Hausfassade mit weiß-blauen Rauten ist eine Werbeanlage, wenn sie aus der Sicht eines Betrachters oder Besuchers eine Werbe- und Hinweisfunktion auf eine in dem Gebäude befindliche bayerische Gastronomieeinrichtung bzw. auf den Ausschank bayerischen Bieres erfüllt (OVG NRW, Beschluss vom 18.5.1998 – 11 A 5482/97, BauR 1998, 1230 = BRS 60 Nr. 129; vgl. auch Boeddinghaus/Hahn/Schulte, zu § 13 Rdn. 50 und 51 mit weiteren Beispielen).

Die Ankündigung oder Anpreisung beschränkt sich nicht auf Wirtschaftswerbung, sondern erfasst auch politische und jede andere Werbung, wie Wahlplakate, Plakat- und Zettelanschläge, die eine politische oder sonstige Veranstaltung, z. B. für Freizeit, Kunst, Religionsausübung, ankündigen (OLG Karlsruhe, Beschluss vom 22.8.1978 – 3 Ss (B) 288/78, NJW 1979, 379). Wahlplakate sind jedoch nach Absatz 6 Nr. 4 für die Dauer eines Wahlkampfes von der Anwendung des § 13 BauO NRW ausgenommen (s. Rdn. 139). Ankündigungen, Anpreisungen oder Hinweise sind auch dann Werbeanlagen, wenn sie einer gesetzlichen **Bezeichnungs**- oder **Kennzeichnungspflicht** genügen, wie Preistafeln an Tankstellen (so Große-Suchsdorf/Lindorf/Schmaltz/Wiechert, zu § 49 Rdn. 16). Baustellenschilder sind dagegen keine Werbeanlagen, wenn sie sich auf die gesetzlich geforderten Mindestangaben beschränken (s. die Anmerkungen zu § 14 Rdn. 28–31). Ausstellungs- und Verkaufsstücke, die nur auf sich selbst hinweisen, rechnen dagegen nicht zu den Werbeanlagen (OVG NRW, Urteil vom 17.7.1969 – X A 120/68, BRS 22 Nr. 128); der Ausstellungsplatz selbst kann jedoch nach § 2 Abs. 1 Satz 3 Nr. 2 BauO NRW eine fiktive bauliche Anlage sein (s. die Anmerkungen zu § 2 Rdn. 68).

85 Eine Funktion als Werbeanlage kann auch einer Anlage zukommen, die lediglich auf den Standort einer Nutzung hinweist, um dadurch für Besucher den Weg zu erleichtern. Unter diese **Hinweiswerbung** fallen Schilder, die vom eigentlichen Nutzungsstandort weit entfernt sind (OVG NRW, Urteil vom 27.4.1979 – XI A 713/78, BRS 35 Nr. 142 zu einem mehrere 100 m von einem Gewerbebetrieb entfernten „Hinweiszeichen"), aber auch Lichtobjekte (OVG NRW, Beschluss vom 22.6.1994 – 11 B 1466/94, BRS 56 Nr. 133 zu einem aus mehreren Kilometern Entfernung sichtbaren Lichtstrahl am Nachthimmel, der durch den „**Himmelsstrahler**" [Skybeamer] auf dem Dach eines Imbisscontainers erzeugt wird; ebenso VG Stuttgart, Beschluss vom 9.7.1999 – 13 K 673/99, NVwZ-RR 2000, 14 und OVG Rh-Pf, Urteil vom 22.1.2003 – 8 A 11286/02, BauR 2003, 868 = BRS 66 Nr. 149; s. auch Dietlein, Zur baurechtlichen Problematik sog. Himmelsstrahler, BauR 2000, S. 1682 ff.).

## 2.4 Sichtbarkeit

Die ortsfeste Einrichtung muss **vom öffentlichen Verkehrsraum aus sichtbar** sein. Der öffentliche Verkehrsraum ist nicht identisch mit öffentlichen Straßen, Wegen und Plätzen. Der Begriff „öffentlicher Verkehrsraum" ist umfassender zu verstehen. Zum öffentlichen Verkehrsraum zählen alle sonstigen Flächen, die der Allgemeinheit, dem Publikum offen stehen, unabhängig davon, ob sie dem öffentlichen Verkehr gewidmet sind oder nicht, wie Sportflächen, Bahngelände, Parkanlagen, Gewässer, Freizeitanlagen, Flughäfen. Dieses Verständnis ist geboten, um die Allgemeinheit vor verunstaltender Werbung zu schützen (so Wilke/Dageförde/Knuth/Meyer, zu § 11 Rdn. 3). 86

Als **öffentlichen Verkehrsraum** hat die Rechtsprechung auch eine Fläche angesehen, die den Kunden eines Verbrauchermarktes zum Abstellen ihrer Kraftfahrzeuge zur Verfügung steht – also eine **private Stellplatzfläche** (VGH B-W, Urteil vom 30. 10. 1985 – 3 S 1833/85, BRS 44 Nr. 133). Infolge dieser **weiten Auslegung des Begriffs** „öffentlicher Verkehrsraum" kann es zu erheblichen Abgrenzungsproblemen kommen, z. B. bei Werbeanlagen in Einkaufspassagen oder im Inneren von Sportanlagen. Man wird deshalb in derartigen Fällen differenzieren müssen, ob die Werbeanlage **für die Öffentlichkeit im weitesten Sinne** sichtbar ist oder nur von einem **begrenzten Benutzerkreis** erblickt werden kann. Anderenfalls träte das absurde und vom Gesetzgeber nicht gewollte Ergebnis ein, dass jede Werbung im Inneren eines Gebäudes, die von einem allgemein zugänglichen Flur oder Verkehrsweg aus sichtbar ist, z. B. innerhalb eines öffentlichen Gebäudes, als Anlage der Außenwerbung im Sinne der Legaldefinition anzusehen wäre (wie hier Jeromin, zu § 52 Rdn. 9). Deshalb ist im Innern von Gebäuden nur ausnahmsweise ein öffentlicher Verkehrsraum anzunehmen, nämlich dann, wenn die Benutzung dieses (Verkehrs-) Raumes der Öffentlichkeit **uneingeschränkt** gestattet ist. Als Beispiel kann hier ein überdachter Fußgängerbereich oder eine öffentlich nutzbare Fußgängerpassage in einem Gebäudekomplex – z. B. einem Großstadtbahnhof – genannt werden. Als öffentlicher Verkehrsraum kann dagegen nicht das Innere von Verkaufsstätten, Theatern, Kinos oder Freizeitparks gewertet werden, da hier die Nutzung durch Kunden und Besucher im Vordergrund steht (teilweise a. A. Boeddinghaus/Hahn/Schulte, zu § 13 Rdn. 38–39; insoweit sind auch § 13 Abs. 3 Nr. 4 und Nr. 5 BauO NRW irreführend, vgl. Rdn. 114 und 115). 87

## 3 Zu Absatz 2 – Anforderungen an Werbeanlagen

**Absatz 2** regelt die materiellen Anforderungen an Werbeanlagen. Nach **Satz 1** dürfen Werbeanlagen – unabhängig davon, ob sie bauliche Anlagen sind oder nicht (s. vorausgehende Rdn. 4) 88

- **bauliche Anlagen** nicht verunstalten,
- das **Straßen-, Orts- oder Landschaftsbild** nicht verunstalten,
- die **Sicherheit und Ordnung** des Verkehrs nicht gefährden.

Soweit es sich bei Werbeanlagen um bauliche Anlagen handelt, ergeben sich diese Anforderungen bereits unmittelbar aus den Bestimmungen der §§ 12 und 19 BauO NRW. Daher entfalten die Vorschriften des Satzes 1 ihre Wirkung vor allem in Bezug auf Werbeanlagen, die keine baulichen Anlagen sind, wie z. B. Beschriftungen und Bemalungen an Hauswänden.

89 Mit den **Sätzen 2 und 3** konkretisiert der Gesetzgeber den Verunstaltungsbegriff durch Angabe bestimmter Wirkungen von Werbeanlagen:

- **Verdeckung des Ausblicks auf begrünte Flächen**,
- **Störung der einheitlichen Gestaltung und architektonischen Gliederung** baulicher Anlagen,
- **Störung durch Häufung**.

Diese Schutzziele ergeben sich nicht bereits unmittelbar aus § 12 BauO NRW, so dass die Sätze 2 und 3 unabhängig davon gelten, ob die Werbeanlage eine bauliche Anlage ist oder nicht.

### 3.1 Verunstaltungsverbot

90 **Absatz 2** ergänzt das für bauliche Anlagen in § 12 Abs. 2 BauO NRW geregelte **Verunstaltungsverbot** in Bezug auf Werbeanlagen (s. Rdn. 3). Die Vorschrift bezweckt nicht die Forderung nach einer bestimmten Gestaltung als Ausdruck eines Gestaltungswillens, sondern die Verhinderung der Verunstaltung. Maßgeblich für die **Auslegung des Verunstaltungsbegriffs** ist auch hier – wie bei § 12 BauO NRW – das Urteil des BVerwG vom 28. 6. 1955 (s. die Anmerkungen zu § 12 Rdn. 3, 9 und 10). Als Verunstaltung gilt danach nicht schon die bloße Unschönheit, sondern nur ein hässlicher, das ästhetische Empfinden des Betrachters nicht nur beeinträchtigender, sondern verletzender Zustand. Bei der Beurteilung kann nicht auf den ästhetisch besonders empfindsamen oder geschulten Betrachter abgestellt werden. Es muss vielmehr das Empfinden jedes für ästhetische Eindrücke offenen Betrachters maßgebend sein, also des so genannten gebildeten Durchschnittsmenschen (s. die Anmerkungen zu § 12 Rdn. 13–16).

91 **Schwerpunkt der Regelung** des § 13 Abs. 2 BauO NRW bilden die konkretisierten Fälle bestimmter Verunstaltungen. Ohne die **Konkretisierungen** der **Sätze 2 und 3** wäre die Vorschrift überflüssig, da sich die allgemeinen Regelungen zur Verunstaltungsabwehr bereits aus § 12 BauO NRW ergeben, der auch auf Werbeanlagen Anwendung findet. Insbesondere die Konkretisierung des Begriffs „Verunstaltung" im Einzelfall hat in der Vergangenheit sowohl für die Verwaltung als auch für die Rechtsprechung zu Unsicherheiten geführt. Es war daher angebracht, den **Begriff der Verunstaltung** wenigstens in Bezug auf Werbeanlagen in **Satz 2** so zu **konkretisieren**, dass die am häufigsten als störend empfundenen Anbringungs- und Aufstellungsarten erfasst werden. Durch das Wort „**auch**" wird deutlich, dass über die in der Vorschrift genannten Tatbestände hinaus weitere Formen der Verunstaltung in Betracht kommen können. Die Regelung in **Satz 3**, der auf die **störende Häufung von Werbeanlagen** abstellt, bildet ebenfalls einen gesetzlich geregelten Unterfall des allgemeinen Verunstaltungsverbots im Sinne des Satzes 1 (OVG NRW, Urteil vom 6. 2. 1992 – 11 A 2235/89, BRS 54 Nr. 129).

92 Die Werbeanlage darf **bauliche Anlagen** nicht verunstalten. Erfasst werden hierdurch **alle** baulichen Anlagen im Sinne des § 2 Abs. 1 BauO NRW, also **auch die fiktiven** baulichen Anlagen. Ein Verstoß gegen das Gebot, dass bauliche Anlagen durch Werbeanlagen nicht verunstaltet wirken dürfen, ist auch dann gegeben, wenn eine Werbeanlage als selbständige bauliche Anlage mit einer vorhandenen baulichen Anlage so kombiniert wird, dass die verunstaltende Wirkung der Werbeanlage auf das dahinter stehende Bauwerk derjenigen gleichkommt, die eine auf dem Bauwerk selbst angebrachte Werbung hat (Hess VGH, Urteil vom 18. 11. 1983 – IV OE 98/81, BRS 40 Nr. 155).

93 Die Werbeanlage darf die **Umgebung** nicht verunstalten. Das OVG NRW stellt in seinem Urteil vom 19.5.1981 (– 11 A 1599/79, BRS 38 Nr. 149) fest, dass es bei der Beurteilung der Frage, ob eine Werbeanlage mit der Umgebung in Einklang zu bringen ist, **rechtlich nicht möglich** sei, ein **Straßen- oder Platzbild** (zu den Begriffen s. die Anmerkungen zu § 12 Rdn. 24–26) **in verschiedene Teilstücke** aus unterschiedlichen Blickwinkeln **zu zerlegen**; es entspräche weder der Intention des Gesetzes, wenn es von Umgebung und Bild spricht, noch einer wirklichkeitsnahen Betrachtungsweise, anzunehmen, der so genannte Durchschnittsbetrachter würde eine Straße oder einen Platz jeweils aus einem Blickwinkel ansehen. Eine Plakattafel an der Außenwand einer Scheune fügt sich dann nicht im Sinne des Verunstaltungsverbots in die Umgebung ein, wenn der **Gegensatz zwischen Werbeanlage und ihrer Umgebung** von jedem für ästhetische Eindrücke offenen Betrachter als **belastend** empfunden wird (BayVGH, Urteil vom 14.10.1982 – Nr. 14 B 81 A. 2619, BRS 39 Nr. 130).

94 Ob das **Straßen- und Ortsbild verunstaltet** wird, hängt einerseits von den gestalterischen Eigenarten und Gegebenheiten der zu schützenden Objekte ab, so unter anderem von dem Gebietscharakter der Umgebung, der städtebaulichen Bedeutung eines Straßenzuges, eines Platzes oder einer Anlage, der einheitlichen oder diffusen Prägung des maßgeblichen Bereichs, in dem die Werbeanlage wirksam werden soll, und andererseits von den gestalterischen Merkmalen der Werbeanlage, die zu dem Umgebungsbild in eine Beziehung treten soll. Das Straßen- und Ortsbild umfasst das, was für den Betrachter – nicht nur aus einem Blickwinkel – sichtbar ist und das **Umgebungsbild prägt** oder doch **mitprägt** (OVG NRW, Urteil vom 11.9.1997, a.a.O. Rdn. 65).

### 3.2 Verunstaltung durch Verdeckung begrünter Flächen

95 Nach **Satz 2** liegt eine Verunstaltung auch vor, wenn durch Werbeanlagen der **Ausblick auf begrünte Flächen** verdeckt wird. Zu den begrünten Flächen rechnen auch die Böschungen von Straßen- oder Eisenbahndämmen, wobei es auf eine gärtnerische Gestaltung derselben nicht ankommt (OVG NRW, Urteil vom 3.7.1996 – 11 A 1443/94, BRS 58 Nr. 127). Der Ausblick auf begrünte Flächen wird nach Nr. 13.2 VV BauO NRW bereits durch einzelne großflächige Plakattafeln verdeckt. Der Tatbestand der **Verdeckung** erfordert, dass **der freie Blick nicht unerheblich verstellt** wird, z.B. auf einen **größeren Ausschnitt der Landschaft**. Die Beeinträchtigung der optischen Wahrnehmbarkeit einer begrünten Fläche setzt begriffsnotwendig **keinen unmittelbaren räumlichen Zusammenhang** von Werbeanlage und begrünter Fläche voraus (OVG NRW, Beschluss vom 31.8.2001 – 10 A 3436/01, BauR 2002, 298 = BRS 64 Nr. 148). Da die begrünte Fläche einschließlich Aufwuchs erfasst wird, kann das Verbot nicht dadurch umgangen werden, dass die Werbeanlage auf Stützen gesetzt wird, um so den Ausblick unter ihr hindurch auf die Geländeoberfläche geringfügig freizugeben.

96 Der Begriff „**begrünte Fläche**" ist nicht gleichzusetzen mit den planungsrechtlichen Begriffen „Grünanlagen" in § 127 Abs. 2 Nr. 4 BauGB oder „Grünflächen" in § 5 Abs. 2 Nr. 5 sowie § 9 Abs. 1 Nr. 15 BauGB. Bei den letztgenannten Begriffen geht es zum einen um Vorschriften zur Einbeziehung von Grünanlagen in den Erschließungsaufwand und zum anderen bezüglich des Begriffs Grünflächen um die Sicherung einer menschenwürdigen Umwelt (§ 1 Abs. 5 BauGB) durch Bauleitpläne. Bei § 13 Abs. 2 BauO NRW steht jedoch allein der baugestalterische Gesichtspunkt im Vordergrund. Der Wortlaut des Absatzes 2 und Nr. 13.2 VV BauO NRW deuten darauf hin, dass der Gesetzgeber an die begrünte Fläche weniger hohe gestalterische Anforderungen stellt.

Es kommt nämlich nur darauf an, dass die Fläche tatsächlich eine nicht nur unbedeutende Begrünung aufweist und ihr Charakter durch das Vorhandensein einer Begrünung (auch einer natürlichen) geprägt wird. Zu der begrünten Fläche rechnet auch der **Aufwuchs** (Sträucher, Hecken, Bäume). Selbst **kleinere Flächen** sind vor Verdeckung des Ausblicks durch Werbeanlagen geschützt (OVG NRW, Urteil vom 19.8.1987 – 11 A 103/87, n.v., zu einer begrünten Fläche von lediglich 24 $m^2$ mit drei Birken).

### 3.3 Verunstaltung architektonischer Gliederung

97 Nach **Satz 2** liegt des Weiteren eine Verunstaltung vor, wenn durch Werbeanlagen die **einheitliche Gestaltung und architektonische Gliederung** baulicher Anlagen gestört wird. Diese Vorschrift stellt hinsichtlich der Werbeanlagen eine Konkretisierung des Verunstaltungsverbots des § 12 BauO NRW und des Satzes 1 dar. Diese Klarstellung ist für die Planer von Werbeanlagen und für die Bauaufsichtsbehörden von großem Wert. Die architektonische Gliederung durch vertikale und horizontale Elemente (wie Fenster, Brüstungsbänder, Pfeiler, Stützen, Giebeldreiecke, Traufen, obere Wandabschlüsse, Gebäudekanten, Lisenen, Portiken, Säulen) darf nicht verdeckt oder verzerrt werden. Die Gestalt und Maßstäblichkeit einer baulichen Anlage darf durch Werbeanlagen nicht verändert werden.

98 Ein auffallend hässlicher, gestalterischer Widerspruch entsteht regelmäßig, wenn eine **Werbetafel an** oder **vor** ein vorhandenes Bauwerk **ohne Rücksicht auf dessen Gestalt und Gestaltung** gesetzt wird und sich die Kanten der Werbeanlage mit den Konturen des vorhandenen Bauwerks überschneiden (Hess. VGH, Urteil vom 14.4.1982 – IV OE 11/80, BRS 39 Nr. 140). Großflächige Werbung mittels Spannposter oder mittels Diaprojektion auf einer fensterlose Giebelwand wirkt in Gebieten, die auch der Wohnnutzung dienen, in aller Regel verunstaltend (Bay VGH, Urteil vom 16.7.2002 – 2 B 01.1642, BRS 65 Nr. 148 und Urteil vom 16.7.2002 – 2 B 01.1644, BRS 65 Nr. 149; zur Verunstaltung einer Backsteinfassade durch eine großflächige, beleuchtete Mietwerbeanlage vom dritten bis zum fünften Geschoss s. Hess. VGH, Beschluss vom 5.10.1995 – 3 TG 2900/95, BRS 57 Nr. 179; zur Verunstaltung einer Einfriedungsmauer durch eine diese überragende großflächige Werbetafel vgl. OVG Bln, Urteil vom 22.7.1994 – 2 B 36.92, BRS 56 Nr. 131). Keine Verunstaltung soll dagegen vorliegen, wenn die Werbeanlage am Natursteinmauerwerk einer Brücke angebracht wird (OVG NRW, Urteil vom 3.7.1997 – 11 A 1566/94, a.a.O. Rdn. 18).

99 Das OVG NRW (Urteil vom 16.9.1987 – 11 A 72/87, n.v.) wertet Wortlaut und Regelungsinhalt des § 13 Abs. 2 BauO NRW unter anderem dahin gehend, dass die Störung der einheitlichen Gestaltung und der architektonischen Gliederung baulicher Anlagen als Anwendungsfälle, Unterfälle oder Beispiele des allgemeinen Verunstaltungsverbots zu begreifen sind. Es dürfe nicht bereits jede Störung der architektonischen oder natürlichen Harmonie, also die bloße Unschönheit, sondern nur eine Verunstaltung im Sinne eines hässlichen Zustandes abgewendet werden, die das ästhetische Empfinden des Betrachters nicht nur beeinträchtigt, sondern verletzt. Es sei in erster Linie Aufgabe des § 13 Abs. 2 BauO NRW, Auswüchse zu unterbinden, nicht aber, bestimmte ästhetische Wertvorstellungen zur Stadtbildgestaltung, die im Rahmen einer Gestaltungssatzung (wenn auch nicht unbegrenzt) Berücksichtigung finden können, zu verwirklichen. Aufgabe der zweiten Alternative (nach der Verdeckung der Aussicht auf begrünte Flächen) sei es insoweit, sich bei der Frage nach einer möglichen Verunstaltung auch die Wirkung der Werbeanlage auf das Bauwerk selbst als Träger oder Standort der Werbung vor

Augen zu halten. Das OVG NRW sieht das als Akzentverschiebung dahin gehend, **nicht nur den Umgebungsschutz**, **sondern auch den Gebäudeschutz** als Sicherung der baulichen Anlage insgesamt wie in Teilen bei der Frage einer Verunstaltung in den Blick zu nehmen. § 13 Abs. 2 Satz 2 BauO NRW vermittelt keinen absoluten Architektur- und Gebäudeschutz (in diesem Urteil ging es um die Frage der Zulässigkeit von Werbetafeln unter einer Brücke.)

### 3.4 Störende Häufung

**Satz 3** verbietet die **störende Häufung** von Werbeanlagen. Bei diesem Verbot handelt es sich um einen Unterfall des allgemeinen Verunstaltungsverbots (OVG NRW, Urteil vom 6. 2. 1992 – 11 A 2235/89, BRS 54 Nr. 129). Das Verbot der störenden Häufung gilt ganz allgemein, auch in den Gebieten, für die keine Beschränkung der Werbeanlage vorgenommen ist (vgl. Absatz 3 und 4). Der Tatbestand der störenden Häufung ist weitgehend relativ. Zunächst ist zu fragen, wann eine **Häufung** von Werbeanlagen überhaupt vorliegt. Dann erst folgt die Frage, unter welchen Umständen eine Häufung **störend** ist. 100

Eine **Häufung** von Werbeanlagen setzt ein **räumlich dichtes Nebeneinander** einer Mehrzahl gleicher oder verschiedener Anlagen der Außenwerbung voraus. Um überhaupt von Häufung sprechen zu können, müssen **mindestens drei Werbeanlagen** innerhalb eines eng begrenzten Wirkungsbereiches vorhanden sein, der nur so ausgedehnt sein kann, dass alle Werbeanlagen stets gleichzeitig wahrgenommen werden und ihre optische Wirkung immer gemeinsam ausüben (Hess. VGH, Urteil vom 14. 4. 1982 – IV OE 83/79, BRS 39 Nr. 139; OVG NRW, Urteil vom 19. 5. 1981 – 11 A 1599/79, BRS 38 Nr. 149; OVG Bln, Urteil vom 14. 10. 1988 – 2 B 51.87, BRS 48 Nr. 121). Es kommt weiter auf den Standort des Betrachters an. Hier eine Relation herzustellen erscheint unmöglich. Irgendwelche Regeln aufzustellen wäre deshalb verfehlt. Im Falle einer Häufung ist die (letzte) Anlage unzulässig, durch deren Hinzukommen die Grenze des Erträglichen überschritten wird; maßgebend für die Reihenfolge ist das Eingangsdatum des Bauantrags (Hess. VGH, Urteil vom 16. 5. 1968 – IV OE 116/67, BRS 20 Nr. 117; OVG NRW, Urteil vom 17. 4. 2002 – 10 A 4188/01, BauR 2002, 1231 = BRS 65 Nr. 147). Der **Grundsatz der Priorität** verletzt kein Bundesrecht (BVerwG, Beschluss vom 5. 12. 1973 – IV B 130.73, BRS 27 Nr. 115). Eine vor Antragseingang ungenehmigt, aber materiell rechtmäßig hergestellte andere Werbeanlage ist bei der Prüfung der störenden Häufung zu berücksichtigen (OVG Lüneburg, Urteil vom 21. 8. 1987 – 6 A 52/86, BRS 47 Nr. 130 und OVG NRW, Urteil vom 6. 2. 1992, a. a. O. Rdn. 100). 101

Die **störende Wirkung** einer Häufung von Werbeanlagen **hängt von der Bebauung und Nutzung der Umgebung ab**; dabei ist die Zielrichtung der baugestaltungsrechtlichen Vorschriften für die Gestaltung des Straßenbildes, u. a. die Einschränkung der Werbung in den dem Wohnen dienenden Baugebieten maßgebend. Zu berücksichtigen ist, dass Werbetafeln grundsätzlich zum Straßenbild gehören; sie können nicht als in der Regel unzulässig angesehen und deshalb nur in Ausnahmefällen bei bereits unansehnlicher Umgebung zugelassen werden (OVG Rh-Pf, Urteil vom 22. 7. 1987 – 1 A 128/85, BRS 48 Nr. 120). Die Störung setzt voraus, dass der für die Häufung maßgebliche örtliche Bereich im Gesichtsfeld des Betrachters derartig mit Werbeanlagen überladen ist, dass das Auge keinen Ruhepunkt mehr findet und das Bedürfnis nach werbungsfreien Flächen stark hervortritt (OVG NRW, Urteil vom 20. 2. 2004 – 10 A 3279/02, BauR 2004, 1769 = BRS 67 Nr. 162 = EildStNW 2004, 300 = NVwZ-RR 2004, 560). 102

Die störende Wirkung kann sich aus einem gestalterischen Widerspruch ergeben, der entweder in der beziehungslosen Anhäufung der Werbeanlagen selbst oder in ihrer Wirkung auf den Anbringungsrot oder seine Umgebung liegt. Sie kann sich auch aus dem Widerspruch zwischen der Zahl der Werbeanlagen und der (Wohn-)Nutzung in der Umgebung ergeben (Hess. VGH, Urteil vom 14.4.1982 – IV OE 83/79, BRS 39 Nr. 139). Eine Differenzierung zwischen Hinweis- und Werbeschildern ist nicht geboten; einen **Grundsatz „was schon verunstaltet ist, kann nicht mehr verunstaltet werden" gibt es nicht** (OVG NRW, Urteil vom 6.2.1992, a.a.O. Rdn. 100).

### 3.5 Gefährdung der Sicherheit des Verkehrs

**103** Nach Satz 1 dürfen Werbeanlagen die **Sicherheit und Ordnung** des Verkehrs nicht gefährden. Es handelt sich um eine **Konkretisierung des § 19 Abs. 2 BauO NRW** in Bezug auf Werbeanlagen. Ob eine Werbeanlage wegen konkreter Straßenverkehrsgefährdung unzulässig ist, beurteilen die Verwaltungsgerichte nach § 13 Abs. 2 Satz 1 BauO NRW und nicht etwa nach den „Maßstäben" der – möglicherweise rechtswidrig zugelassenen – „Werbelandschaft" einer Großstadt (OVG NRW, Urteil vom 6.2.2003 – 10 A 3464/01, BauR 2003, 1358 = BRS 66 Nr. 150 = EildStNW 2003, 273).

Das Verbot der Gefährdung der Sicherheit und Ordnung des Verkehrs greift nur ein, soweit das Verkehrsrecht nicht vorgeht (s. Rdn. 54–57). Es setzt in besonders **komplexen Verkehrssituationen** eine **Auffälligkeit der Werbeanlage** voraus, damit Autofahrer abgelenkt werden können (OVG Rh-Pf, Urteil vom 22.7.1987, a.a.O. Rdn. 102). So beeinträchtigt ein unbeleuchteter Werbeschriftzug in der Nähe einer Autobahnausfahrt nicht regelmäßig die Leichtigkeit oder Sicherheit des Verkehrs (Hess. VGH, Urteil vom 30.3.1977 – IV OE 18/75, BRS 32 Nr. 118 zum Fernstraßenrecht; vgl. auch BayVGH, Urteil vom 16.10.1990 – 14 B 89.835, BRS 50 Nr. 145 zur Werbeanlage eines Einrichtungshauses an einer Autobahn).

**104** Geschützt werden soll durch diese Vorschrift nicht nur der **Fahrzeugverkehr**, sondern auch der **Fußgängerverkehr**. Die Verengung eines 92–99 cm breiten Bürgersteigs durch eine 6 cm vorspringende Werbeanlage kann daher auf einer Straße mit lebhaftem Fahrzeug- und Fußgängerverkehr zu einer Verkehrsgefährdung führen (OVG NRW, Urteil vom 13.11.1975 – XI A 1018/74, BRS 29 Nr. 111 = GewArch 1976, 312; vgl. auch Hess. VGH, Urteil vom 30.5.1975 – IV OE 59/73, BRS 29 Nr. 112).

**105** Es kann nicht davon ausgegangen werden, dass **Werbung an Brücken** generell gegen Satz 1 verstößt. Außerhalb der Ortsdurchfahrten klassifizierter Straßen besteht allerdings nach dem Straßenrecht ein Brückenwerbeverbot (vgl. vorausgehende Rdn. 46). Ein bauordnungsrechtliches Verbot der Brückenwerbung kennt die BauO NRW dagegen nicht (anders hingegen § 49 Abs. 5 NBauO); liegt die Brücke jedoch im Außenbereich, so greift das Werbeverbot nach Absatz 3. Eine Werbeanlage an einer die Straße überspannenden Brücke braucht den Straßenverkehr nicht zu gefährden, wenn sie lediglich auf einen praktisch jedem Kraftfahrer geläufigen Markenartikel ohne ansprechende Zusätze hinweist (OVG NRW, Urteil vom 29.6.1979 – XI A 1573/77, BRS 35 Nr. 140; vgl. auch OVG Bln, Urteil vom 17.6.1992 – 2 B 30.90, BRS 54 Nr. 128).

**106** Eine **Ablenkung der Verkehrsteilnehmer** setzt eine **Auffälligkeit** der Werbeanlage voraus. Diese kann aus dem Aufstellungsort oder der Art der Werbeanlage selbst resultieren. Eine Werbeanlage kann auf einer von Bäumen gesäumten Straße verkehrsgefährdend sein, weil damit zu rechnen ist, dass Kraftfahrer erst kurz vor dem Passieren die

Werbeanlage erkennen und hierzu den Blick stark zur Seite wenden (Hess. VGH, Urteil vom 8. 3. 1977 – IV OE 2/75, BRS 32 Nr. 117). Eine **Auffälligkeit** nimmt die Rechtsprechung bei **Werbeanlagen mit Motivwechsel** (Prismenwendeanlagen) an, da ein Betrachter in seiner optischen Wahrnehmung auf bewegliche Anlagen empfindlicher reagiert als auf ruhende Objekte (OVG NRW, Urteil vom 18. 9. 1992 – 11 A 149/91, BRS 54 Nr. 132 = NVwZ-RR 1993, 233). Gleiches gilt für **Diaprojektionsanlagen**, mittels derer Motive auf Hausgiebel projiziert werden. Diese Auffälligkeit ist stets **nach den Umständen des Einzelfalls zu beurteilen** (OVG NRW, Beschluss vom 21. 11. 2000 – 7 A 5203/00, BRS 63 Nr. 169; Nds. OVG, Urteil Beschluss vom 11. 1. 2000 – 1 L 4588/99, BRS 63 Nr. 167; Hess. VGH, Urteil vom 19. 3. 1996 – 4 UE 2461/94, BRS 58 Nr. 126).

### 4 Zu Absatz 3 – Werbeanlagen im Außenbereich

Absatz 3 regelt die Zulässigkeit von Werbeanlagen „**außerhalb der im Zusammenhang bebauten Ortsteile**“ unter dem **Gesichtspunkt der Verunstaltungsabwehr**. Die sich hieraus ergebenden Beschränkungen für Werbeanlagen dienen dem Bedürfnis der Bevölkerung an der Erhaltung der natürlichen Eigenart der Landschaft. Außenwerbung kann, auch wenn sie gut gestaltet ist, den von seiner Umwelt vielfach beanspruchten Menschen durch die Fülle und Stärke der Sinneseindrücke und psychischen Einwirkung übermäßig belasten und ihn daran hindern, die nötige Entspannung und Ruhe zu finden (vgl. Große-Suchsdorf/Lindorf/Schmaltz/Wiechert, zu § 49 Rdn. 19). Insofern dienen die einschränkenden Regelungen auch der Erhaltung der natürlichen Lebensgrundlagen (vgl. die Anmerkungen zu § 3 Rdn. 46). Gegen diese Regelungen bestehen keine verfassungsrechtlichen Bedenken, insbesondere nicht aus Art. 14 GG; sie begrenzen das Eigentum aus sachgerechten Erwägungen und nehmen mit ihren Ausnahmevorschriften auch auf Betroffene Rücksicht (BVerwG, Urteil vom 25. 6. 1965 – IV C 73.65, BBauBl. 1965, 595 = NJW 1966, 69; OVG NRW, Urteil vom 14. 3. 2006 – 10 A 630/04, BauR 2006, 1117 = BRS 70 Nr. 141 = ZfBR 2006, 487). 107

**Satz 1** erklärt Werbeanlagen außerhalb der im Zusammenhang bebauten Ortsteile aus bauordnungsrechtlicher Sicht **für unzulässig**, das heißt **verunstaltend** – vorbehaltlich der Ausnahmen in Satz 2. Der **Begriff „außerhalb der im Zusammenhang bebauten Ortsteile**“ ist identisch mit dem „**Außenbereichsbegriff**“ des § 35 BauGB (ebenso Jeromin, zu § 52 Rdn. 32). Der Außenbereich ist begrifflich negativ abgegrenzt als der Teil des Gemeindegebietes, der „außerhalb des räumlichen Geltungsbereiches der qualifizierten bzw. vorhabenbezogenen Bebauungspläne im Sinne des § 30 Abs. 1 und 2 BauGB und außerhalb der im Zusammenhang bebauten Ortsteile im Sinne des § 34 BauGB“ liegt. Es handelt sich um einen Rechtsbegriff dem nicht – anknüpfend an den Wortteil „Außen“ – ganz bestimmte Vorstellungsbilder zugeordnet werden können, etwa das der „freien Natur“, der „Stadtferne“ oder der „Einsamkeit“; dass die von § 35 BauGB erfassten Flächen regelmäßig in einem naturalistisch-geographischen Sinne „außen“ liegen, ist allenfalls eine außerrechtliche Erfahrungstatsache (BVerwG, Urteil vom 1. 12. 1972 – IV C 6.71, BRS 25 Nr. 36 = DÖV 1973, 347). Das **Verbot der Außenwerbung im Außenbereich** gilt für alle Außenbereichsflächen, unabhängig davon, ob sie tatsächlich unbebaut oder bebaut sind. Es betrifft auch bebaute Flächen im Außenbereich, die „privilegierte“ Anlagen nach § 35 Abs. 1 BauGB bzw. „sonstige“ oder „sonstige begünstigte“ Anlagen nach § 35 Abs. 2 oder 4 BauGB aufweisen. 108

Der **Anwendungsbereich** des § 13 Abs. 3 BauO NRW ist wegen der Anknüpfung an das Bauplanungsrecht **nicht starr**, sondern einer **Veränderung durch die Bauleitplanung** 109 zugänglich. Die Gemeinde kann durch Aufstellung eines qualifizierten oder vorhabenbezogenen Bebauungsplanes die Rechtswirkungen des § 30 Abs. 1 und 2 BauGB herbeiführen. Mit dem **Inkrafttreten** eines qualifizierten oder vorhabenbezogenen Bebauungsplanes ist § 13 Abs. 3 BauO NRW **nicht weiter anwendbar**, auch wenn die in dessen Geltungsbereich gelegenen Grundstücke tatsächlich noch auf lange Zeit unbebaut bleiben. Ebenso kann die Gemeinde durch Aufstellung einer „**Entwicklungs**"- **bzw.** „**Ergänzungssatzung**" nach § 34 Abs. 4 BauGB im Außenbereich gelegene Flächen konstitutiv zu „Innenbereichsflächen" erklären. Mit dem Inkrafttreten einer solchen Satzung ist § 13 Abs. 3 BauO NRW auf die von der Satzung erfassten Flächen ebenfalls nicht mehr anwendbar (OVG NRW, Urteil vom 15. 12. 1988 – 11 A 2624/87, n. v.). Dagegen ändert sich der Rechtsstatus der von einer „**Außenbereichssatzung**" nach § 35 Abs. 6 BauGB erfassten Fläche nicht; sie bleibt dem Außenbereich zugeordnet und damit auch den Wirkungen des § 13 Abs. 3 BauO NRW unterworfen.

110 **Satz 2** nimmt die in den **Nr. 1 bis 5** aufgeführten Werbeanlagen vom grundsätzlichen Verbot des Satzes 1 wieder aus. Diese **gesetzliche Ausnahme** vom Verbot ist nicht vergleichbar einer baubehördlichen Ermessensentscheidung über eine Ausnahme, wie sie z. B. § 31 Abs. 1 BauGB vorsieht, sondern **allein von der Erfüllung der tatbestandlichen Voraussetzungen abhängig**. Eine Werbeanlage, die einem der Tatbestände der Nr. 1–5 unterfällt, ist dem bauordnungsrechtlichen Verbot nicht unterworfen. Vorsorglich weist **Satz 2** auf sonstige Vorschriften hin und **stellt klar**, dass **Zulässigkeitssperren aus anderen Rechtsbereichen unberührt** bleiben. Hierunter fallen insbesondere das Denkmalschutz-, Naturschutz- und Landschaftsrecht sowie das Straßen- und Straßenverkehrsrecht. Eine unter Nr. 1–5 fallende Werbeanlage kann daher z. B. wegen Lage in einem Naturschutzgebiet oder in einer Anbauverbotszone unzulässig sein.

111 **Nr. 1** erfasst **Werbeanlagen an der Stätte der Leistung**. Werbung an der Stätte der Leistung liegt bauplanungsrechtlich nur vor, wenn die Anlage nicht die Bedeutung einer Hauptnutzung aufweist, sondern als Nebenanlage im Sinne des § 14 BauNVO eingeordnet werden kann (BVerwG, Beschluss vom 8. 3. 1995 – 4 B 34.95, BRS 57 Nr. 176; vgl. Rdn. 14). Eine Stätte der Leistung muss dort angenommen werden, wo eine beworbene Ware bzw. Dienstleistung nicht nur hergestellt, erbracht, angeboten, gelagert oder verwaltet, sondern auch direkt von einem potenziellen Abnehmer nachgefragt wird (OVG NRW, Urteil vom 14. 3. 2006 – 10 A 630/04, a. a. O. Rdn. 107); das ist **eng auszulegen** (ebenso Jeromin, zu § 52 Rdn. 34). Die Stätte ist nicht das Grundstück insgesamt, sie kann ein Gebäude, ein Gebäudeteil oder sogar nur ein Geschoss sein (vgl. Boeddinghaus/Hahn/Schulte, zu § 13 Rdn. 95). Stätte der Leistung ist bei der Vermietung von Wohnraum der Ort, an dem regelmäßig die Mietverträge abgeschlossen werden, bei geschäftsmäßiger Vermietung somit der Geschäftssitz des Vermieters (Thür OVG, Urteil vom 11. 11. 2003 – 1 KO 271/01, BauR 2004, 1932 = BRS 66 Nr. 154 = UPR 2004, 154).

Die Vorschrift verlangt nicht, dass nur „Eigenwerbung" im engsten Sinne betrieben werden darf – Nr. 1 erfasst auch Werbung im Interesse des Herstellers eines am Ort vertriebenen Produktes, z. B. die Benzinmarke einer Tankstelle, die Biersorte einer Gaststätte, die Zigarettenmarke eines Kioskes. Jedoch muss es sich bei der Produkt- oder Fremdwerbung stets um eine „eigene" Leistung des Werbenden handeln, also desjenigen, der die Ware an dieser Stätte herstellt oder verkauft oder die Leistung an ihr erbringt (VGH B-W, Urteil vom 30. 10. 1985 – 3 S 1833/85, BRS 44 Nr. 133). Der Eindruck der Werbung des an der Stätte der Leistung ansässigen Unternehmens (z. B. Wirtschaft, Café, Weinstube) muss den der Erinnerungswerbung für ein Produkt überwiegen. Zusätzlich kommt es – für die Annahme einer zulässigen Fremdwerbung – entscheidend darauf an, dass der Unternehmer auf die Art, den Inhalt, den Umfang, die Größe und die zeitliche Dauer der Werbung bestimmten Einfluss hat und für die Dauer der Existenz der Werbeanlagen behält (OVG NRW, Urteil vom 21.4.1982 – 11 A 988/80, BRS 39 Nr. 137). Bei einer **Mischform zwischen Eigen- und Fremdwerbung** ist insgesamt der Aussagewert der Werbeanlage und ihre Wirkung auf Kunden und Betrachter von Bedeutung. Es kommt darauf an, dass **allein** oder **vorrangig** für das **konkrete Unternehmen** geworben wird (OVG NRW, Urteil vom 19.12.1995 - 11 A 3659/93, BauR 1996, 535 = BRS 57 Nr. 178 zur Unzulässigkeit von zwei beleuchteten Werbevitrinen an einer Trinkhalle).

**Nr. 2** erfasst **Schilder vor Ortsdurchfahrten** (§ 5 Abs. 4 FStrG, § 5 StrWG NRW), die auf Inhaber und Art gewerblicher Betriebe (Autoreparaturwerkstätten, Hotels, Restaurants) hinweisen, die in der Regel innerhalb des Ortes gelegen sind. Diese Hinweise müssen jedoch **auf einer Tafel zusammengefasst** sein. Zum Begriff Ortsdurchfahrt vgl. vorausgehende Rdn. 48 und 49; aus der Wortwahl wird deutlich, dass Ortsdurchfahrten im Sinne des Straßenrechts gemeint sind. Da Gemeindestraßen und sonstige öffentliche Straßen nach § 5 StrWG NRW keine Ortsdurchfahrten aufweisen, kommen die Schilder nur an Bundes-, Landes- und Kreisstraßen in Betracht (vgl. Große-Suchsdorf/Lindorf/Schmaltz/Wiechert, zu § 49 Rdn. 29). Die Schilder nach Nr. 2 sollen die Orientierung der Kraftfahrer erleichtern und dienen neben den wirtschaftlichen Interessen der Betriebe verkehrlichen Zwecken; sie müssen **vor** dem Beginn der Ortsdurchfahrt, in engem räumlichen Zusammenhang zu dieser stehen und dürfen nicht zu weit in die freie Strecke ausgreifen (vgl. Kodal/Krämer, S. 691 ff. Rdn. 12–16). 112

**Nr. 3** erfasst **Hinweiszeichen an Verkehrsstraßen und Wegabzweigungen**, die auf außerhalb der Ortsdurchfahrten gelegene Betriebe hinweisen, wie z.B. Zementfabriken, Kiesgruben, Ausflugslokale, oder sonstige versteckt liegende Stätten, z.B. archäologische Ausgrabungen, Naturdenkmäler, Burgen, Sanatorien, Jugendherbergen. Hinweiszeichen sind nur diejenigen Werbeanlagen, die **vornehmlich wegweisenden Charakter** haben und sich hinsichtlich Größe, Gestaltung, Farbgebung, Belichtung und Beschriftung auf das beschränken, was das **Auffinden des Betriebes im Interesse des Verkehrs** ermöglicht (OVG NRW, Urteil vom 27.4.1979 – XI A 713/78, BRS 35 Nr. 142). Die Worte „**Verkehrsstraßen und Wegeabzweigungen**" deuten darauf hin, dass der Gesetzgeber alle öffentlichen Straßen und Wege erfassen wollte und nicht, wie bei Nr. 2, lediglich klassifizierte Straßen. Andererseits ist die Vorschrift auf „**außerhalb der Ortsdurchfahrten liegende Betriebe**" eingeengt; Ortsdurchfahrten sind jedoch nur bei klassifizierten Straßen im Straßenrecht vorgesehen. Diese nicht geglückte Verbindung der Begriffe „Verkehrsstraßen", „Wegeabzweigungen" und „Ortsdurchfahrten ist überarbeitungsbedürftig" (so Große-Suchsdorf/Lindorf/Schmaltz/Wiechert, zu § 49 Rdn. 30 unter Bezug auf OVG Rh-Pf, Urteil vom 9.2.1984 – 1 A 28/83, BRS 42 Nr. 146). Es wäre daher besser, „von im Außenbereich gelegenen Betrieben" zu sprechen, um zu verdeutlichen, dass ein Hinweisschild nach Nr. 3 nur dann zulässig sein soll, wenn der Betrieb außerhalb des Bebauungszusammenhangs liegt. Denn es geht hier darum, im Interesse der Verkehrsteilnehmer und der Entlastung der Verkehrsstraßen von Suchverkehr auf standortgebundene Außenbereichsbetriebe, Ausflugsziele und ähnliche Nutzungen hinzuweisen (vgl. Boeddinghaus/Hahn/Schulte, zu § 13 Rdn. 99). 113

**Nr. 4** erfasst Werbeanlagen **an** und **auf Flugplätzen**, **Sportplätzen**, **Sportanlagen** und **Versammlungsstätten**, die **im Außenbereich** liegen. Es kann sich hier nur um kleinere, isoliert liegende Nutzungen handeln, die vom Bebauungszusammenhang abgesetzt sind. 114

Von Nr. 4 jedenfalls nicht erfasst werden Flugplätze, Sportplätze, Sportanlagen und Versammlungsstätten, wenn sie Gegenstand von Festsetzungen eines qualifizierten oder vorhabenbezogenen Bebauungsplanes nach § 30 Abs. 1 und 2 BauGB sind oder innerhalb eines Bebauungszusammenhangs im Sinne des § 34 BauGB liegen. Bei Ortsrandlage kann die Einordnung nach § 34 oder § 35 BauGB zweifelhaft sein.

Bei den von Nr. 4 erfassten Werbeanlagen muss es sich um „Außenwerbung" handeln, da „Innenwerbung" von der Legaldefinition nicht erfasst wird. Von Außenwerbung ist nur auszugehen, wenn der entsprechende Bereich, in dem die Anlage Wirkung entfaltet, für die Öffentlichkeit uneingeschränkt zugänglich ist, wie z. B. die dem An- und Abgangsverkehr dienenden Verkehrsflächen eines Flughafens oder Sportstadions (s. Rdn. 87). Zu denken ist aber auch an allgemein zugängliche Festplätze mit nicht nur kurzfristigen Veranstaltungen. Dagegen ist das Innere eines Sportstadions oder eines Autokinos nicht allgemein zugänglich, sondern nur bei Veranstaltungen bzw. Filmvorführungen gegen Eintrittsgebühr nutzbar, so dass es sich bei den dort angebrachten Werbeanlagen um „Innenwerbung" handelt, die von § 13 BauO NRW nicht erfasst wird. Die Werbeanlagen an und auf diesen baulichen Anlagen dürfen **nicht in die freie Landschaft wirken**, dürfen demnach von dieser aus nicht sichtbar sein (zu verkehrsrechtlich privilegierten Werbeanlagen an Flughäfen vgl. Rdn. 29, zu luftverkehrsrechtlichen Einschränkungen der Zulässigkeit von Werbeanlagen s. Rdn. 30).

115 **Nr. 5** erfasst Werbeanlagen **auf Ausstellungs-** oder **Messegeländen**, die **im Außenbereich** liegen. Dieser Anwendungsfall liegt selten vor, da Ausstellungs- oder Messegelände nicht zu den privilegierten Anlagen nach § 35 Abs. 1 BauGB rechnen und daher zu ihrer Realisierung einer Bauleitplanung bedürfen. Auch hier gilt, dass es sich bei den erfassten Werbeanlagen um „Außenwerbung" handeln muss (s. Rdn. 114). Als Beispiele können hier die allgemein zugänglichen, dem Zu- und Abgangsverkehr dienenden Verkehrsflächen innerhalb von Ausstellungs- und Messegeländen genannt werden. Das Innere der entsprechenden Gebäude ist dagegen nicht uneingeschränkt, sondern nur bei Ausstellungen und Messen gegen Eintrittsgebühr zugänglich. Nr. 5 enthält anders als Nr. 4 **keine Einschränkung** hinsichtlich der **Ausrichtung von Werbeanlagen zur freien Landschaft** hin, da die Veranstaltungen und damit die Anbringungsdauer der Werbeanlagen zeitlich begrenzt ist.

### 5 Zu Absatz 4 – Werbeanlagen in Wohngebieten

116 Die **bauordnungsrechtlichen Beschränkungen der Außenwerbung** nach Absatz 4 betreffen **vorwiegend Wohngebiete** unter dem Gesichtspunkt der **Verunstaltungsabwehr**. Sie dienen der Wahrung des Charakters dieser Gebiete und tragen dem Umstand Rechnung, dass die Bevölkerung Ruhezonen benötigt, in denen sie nicht oder nur wenig durch Werbung in Anspruch genommen wird (s. auch Rdn. 107).

**Satz 1** beschränkt die bauordnungsrechtliche Zulässigkeit von **Werbeanlagen** in Kleinsiedlungsgebieten, Dorfgebieten, reinen Wohngebieten, allgemeinen Wohngebieten und in besonderen Wohngebieten auf die **Stätte der Leistung** und auf **Anlagen für amtliche Mitteilungen** sowie zur **Unterrichtung der Bevölkerung** über kirchliche, kulturelle, politische, sportliche und ähnliche Veranstaltungen.

**Satz 2** regelt einen **besonderen Schutz** vor Fremdwerbung in **reinen Wohngebieten**.

**Satz 3** betrifft das sog. **Wartehallenprivileg** für Werbeanlagen.

Bei den baugebietsbezogenen Zulässigkeitseinschränkungen für Außenwerbung wird die **Überschneidung von Bauplanungs- und Bauordnungsrecht** besonders deutlich. Das BVerwG hält die bauordnungsrechtliche Beschränkung der Außenwerbung in Wohngebieten für vereinbar mit Art. 14 und 20 GG (Beschluss vom 19. 11. 1973 – IV B 116.73, BRS 27 Nr. 119 unter Bestätigung der Auffassung des OVG NRW, Urteil vom 10. 4. 1973 – XI A 479/72, BRS 27 Nr. 118; ebenso OVG NRW, Urteil vom 14. 3. 2006 – 10 A 4924/05, BRS 70 Nr. 139). Auch durch die Vorschriften des StVG und der StVO ist der Landesgesetzgeber nicht gehindert, Vorschriften über die Außenwerbung innerhalb geschlossener Ortschaften zu erlassen (BVerfG, Beschluss vom 9. 2. 1972 – 1 BvR 111/68, BRS 25 Nr. 126). 117

**Satz 1** bezeichnet bestimmte Gebiete, in denen Werbeanlagen unter dem Gesichtspunkt der Verunstaltungsabwehr starke Einschränkungen erfahren. „Fremdwerbung", die auch unter planungsrechtlichen Gesichtspunkten als eigenständige Hauptnutzung angesehen wird, scheidet damit regelmäßig aus, so dass nur solche **Werbeanlagen** in diesen geschützten Gebieten zulässig sind, denen im weitesten Sinne **dienende Funktion** zukommt (s. Rdn. 14). Erfasst werden von Satz 1 die in der BauNVO aufgeführten Wohngebiete und – als Besonderheit – zusätzlich das Dorfgebiet. Hierbei handelt es sich um einen vom Gesetzgeber geschlossenen Kompromiss zwischen den wirtschaftlichen Interessen derer, die in diesen Gebieten Läden oder Betriebe unterhalten, und dem allgemeinen Interesse an einer Freihaltung der Wohngebiete von Werbeanlagen (OVG NRW, Urteil vom 21. 4. 1982 – 11 A 988/80, BRS 39 Nr. 137). 118

Die landesrechtliche Regelung knüpft insoweit an die **bundesrechtlichen Begriffe** der BauNVO an. Sind in einem **Bebauungsplan** entsprechende Baugebiete festgesetzt, ergibt sich deren Abgrenzung aus dem Bebauungsplan. Es spielt keine Rolle, ob die Baugebietsfestsetzung Gegenstand eines qualifizierten, vorhabenbezogenen oder einfachen Bebauungsplanes ist (zur Differenzierung vgl. § 30 BauGB). Als Besonderheit bleibt zu beachten, dass vorhabenbezogene Bebauungspläne (Vorhaben- und Erschließungspläne) nicht unbedingt Baugebiete in Übereinstimmung mit den Kategorien der BauNVO festsetzen müssen. Sie können auch nur das Projekt eines Investors zum alleinigen Gegenstand machen und damit eine andere „Sprache" enthalten. In einem solchen Falle muss durch **Auslegung** ermittelt werden, ob die Festsetzung über die Art der baulichen Nutzung einem der in § 13 Abs. 4 BauO NRW genannten Gebiete entspricht. Gleiches gilt für nach älterem Planungsrecht als Bebauungsplan übergeleitete „Altpläne". 119

Die Vorschrift des § 13 Abs. 4 BauO NRW ist nicht nur in planungsrechtlich ausgewiesenen Baugebieten, sondern auch in **unbeplanten Bereichen** anzuwenden, die nach der vorhandenen baulichen oder sonstigen Nutzung einem der geschützten Gebiete entsprechen (OVG NRW, Urteil vom 25. 8. 1972 – XI A 394/70, BRS 25 Nr. 128). Damit ist allerdings nicht gesagt, dass bei der rechtlichen Bewertung einer tatsächlich vorhandenen Bebauung, insbesondere bei der Bestimmung des für Absatz 4 maßgeblichen Gebiets, die zu § 34 Abs. 1 BBauG/BauGB ergangene Rechtsprechung ohne Einschränkung zu übernehmen ist. So muss bundesrechtlich im nichtbeplanten Innenbereich im Sinne des § 34 Abs. 1 BauGB die Umgebung insoweit berücksichtigt werden, als sich die Ausführung des (Bau-)Vorhabens auf sie auswirken kann und die Umgebung den **bodenrechtlichen** Charakter des Baugrundstücks prägt oder doch beeinflusst (BVerwG, Urteil vom 26. 5. 1978 – 4 C 9.77, BauR 1978, 276 = BRS 33 Nr. 36). Dagegen enthält § 13 Abs. 4 BauO NRW **baugestaltungsrechtliche** Regelungen, die trotz der Anknüpfung an bodenrechtliche Begriffe eine differenziertere Beurteilung zulassen, welche die vom Landesgesetzgeber gewollte gestalterische Zielsetzung primär berücksichtigen (OVG 120

NRW, Urteil vom 24.11.1983 – 11 A 581/82, BRS 40 Nr. 158 und OVG M-V, Urteil vom 6.12.1993 – 3 L 44/93, BRS 56 Nr. 132).

121 Wegen der primären baugestalterischen Zielsetzung des Absatzes 4 ist bei der **Bestimmung der maßgeblichen Umgebung** im Sinne dieser Vorschrift nicht allein auf den Standort der geplanten Werbeanlage, sondern auch auf deren **optischen Einwirkungsbereich** abzustellen mit der Folge, dass die maßgebliche Umgebung – von Ausnahmefällen abgesehen – häufig enger zu fassen sein wird als bei einer (bodenrechtlichen) Beurteilung gemäß § 34 Abs. 1 BauGB. Von daher muss insbesondere in den nicht selten auftretenden Fällen, in denen Wohngebiete – bauplanungsrechtlich nach heutigen Maßstäben unerwünscht – unmittelbar an Gewerbegebiete grenzen und in denen eine Beeinflussung eines Wohngebietes durch ein nahegelegenes Gewerbegebiet bodenordnungsrechtlich nicht zu vermeiden ist, das **Baugestaltungsrecht** nicht notwendig dem Bauplanungsrecht folgen. „Vielmehr bleibt es bei der baugestalterischen Zielsetzung sinnvoll, ein Wohngebiet vor negativen gestalterischen Auswirkungen der Wirtschaftswerbung auch dann noch zu schützen, wenn eine bodenordnungsrechtliche Beeinträchtigung des Wohngebiets durch ein angrenzendes Industrie- oder Gewerbegebiet nicht auszuschließen ist“ (so OVG NRW, Urteil vom 24.11.1983, a. a. O. Rdn. 120). Entfernte, wenngleich noch innerhalb des Wirkungsbereichs der Werbeanlage liegende Flächen sind danach, anders als bei der Bestimmung des Gebietscharakters nach § 34 BauGB, nicht zu berücksichtigen. Eine abweichende Auffassung scheint das OVG Lüneburg zu vertreten (Urteil vom 19.12.1984 – 6 A 135/83, n. v.). Danach verbietet Absatz 4 – anders als Absatz 3 – nicht, dass Werbeanlagen in geschützte Baugebiete hineinwirken (vgl. Große-Suchsdorf/Lindorf/Schmaltz/Wiechert, zu § 49 Rdn. 34). Diese Unterschiede in der Auffassung dürften für die Praxis kaum von Bedeutung sein, da bereits das Bauplanungsrecht ausreichende Abwehrgrundlage für störende Fremdwerbung bietet. So verstößt eine am Rande eines Mischgebiets geplante, in ein benachbartes Wohngebiet hineinwirkende großflächige Werbeanlage (Megaposter) gegen das **bauplanungsrechtliche Rücksichtnahmegebot**, weil sie in der Umgebung eine **unzumutbare Störung** im Sinne von **§ 15 Abs. 1 Satz 2 BauNVO** verursacht (BayVGH, Beschluss vom 22.1.2004 – 1 ZB 03.294, BauR 2004, 1127 = BRS 67 Nr. 161).

122 In den geschützten Baugebieten sind Werbeanlagen **an der Stätte der Leistung** zulässig (zu dem Begriff Stätte der Leistung s. Rdn. 111). Werbung an der Stätte der Leistung im Sinne des § 13 Abs. 4 BauO NRW ist nur zulässig, wenn sie vorrangig für den bestimmten Betrieb oder Laden im Wohngebiet erfolgt – Stätte der „**eigenen**“ Leistung – (OVG NRW, Urteil vom 21.4.1982 – 11 A 988/80, BRS 39 Nr. 137). Eine Werbeanlage, die ausschließlich als Erinnerungswerbung dienen soll, ist keine Anlage „an der Stätte der Leistung“, auch wenn in der Nähe der Anlage das Erzeugnis verkauft wird, für das sie wirbt (OVG NRW, Urteil vom 21.12.1962, a. a. O. Rdn. 1). Betreibt ein Werbeunternehmen „**Fremdwerbung**“ auf großflächigen Tafeln an einem Verbrauchermarkt, dessen Inhaber auf Art, Inhalt, Umfang und Dauer der Werbung keinen Einfluss hat, dann sind diese Tafeln selbst dann keine Werbeanlagen an der „Stätte der Leistung“, wenn die Produkte, für die geworben wird, auch in diesem Markt angeboten werden (OVG Bln, Beschluss vom 2.3.2000 – 2 N 21.99, BauR 2001, 768 = BRS 63 Nr. 170).

123 In den geschützten Baugebieten sind **Anlagen für amtliche Mitteilungen** und zur **Unterrichtung der Bevölkerung** über kirchliche, kulturelle, politische, sportliche und ähnliche Veranstaltungen zulässig, da dies dem Informationsbedürfnis der Bevölkerung dient. In

der Regel dürfte es sich dabei um Anlagen handeln, die als ständige Einrichtungen von Behörden, Körperschaften des öffentlichen Rechts, Kulturinstitutionen, Vereinigungen errichtet und unterhalten werden. Das soll nicht bedeuten, dass sich die Zulässigkeit nach dem Betreiber beurteilt; diese richtet sich ausschließlich nach der Art der Werbung, die an diesen Werbeanlagen betrieben wird (s. Rdn. 125).

Soweit die vorhandene Anschlagfläche zeitweise nicht von amtlichen Mitteilungen oder **124** Bekanntmachungen der angegebenen Art in Anspruch genommen wird, kann der Betreiber auf der **jeweils freien Fläche** Anschläge anderen, beliebigen Inhalts, also auch z. B. der Warenwerbung, anbringen oder anbringen lassen. Diese eingeräumte, mit dem eigentlichen Zweck der Anlage nicht konforme Möglichkeit darf jedoch nicht dahin gehend ausgelegt werden, dass es zulässig wäre, die Größe der Anlage von vornherein so zu bemessen, dass eine ständige Anpreisungsreklame betrieben werden kann. Vielmehr müssen die zulässigen Anlagen in flächen- und zeitgemäßer Hinsicht eindeutig vorrangig für amtliche Mitteilungen und für Veranstaltungswerbung zur Verfügung stehen; nach Art und Größe dürfen sie die hierdurch bedingten Notwendigkeiten nicht überschreiten (OVG NRW, Urteil vom 10. 4. 1973 – XI A 479/72, BRS 27 Nr. 118; BVerwG, Beschluss vom 19. 11. 1973 – IV B 116.73, BRS 27 Nr. 119).

Sofern die Zulässigkeitstatbestandsmerkmale des Absatzes 4 Satz 1 zutreffen, dürfen **125** auch **Unternehmen der Außenwerbung** Werbeanlagen in den genannten Gebieten errichten und betreiben. Die Werbeanlagen sind Teil deren Anschlagnetzes für den so genannten allgemeinen Plakatanschlag (Veranstaltungswerbung). Nur soweit **freie Anschlagflächen** noch vorhanden sind, darf auch „**Wirtschaftswerbung**" betrieben werden. Das ist jedoch **saisonabhängig**. In veranstaltungsarmen Zeiten ist dafür mehr Anschlagfläche verfügbar als in veranstaltungsstarken.

Bei Unternehmen der Außenwerbung, denen von den Kommunen vertraglich das aus- **126** schließliche Recht zur Durchführung von Werbung auf gemeindlichem Grund und Boden eingeräumt worden ist, muss beachtet werden, dass diese die Anschlagwerbung anstelle der Städte und Gemeinden durchführen. Aufgrund dieser **Werbenutzungsverträge** verwirklichen die Unternehmen die kommunale Aufgabe, Werbemöglichkeiten zu eröffnen; eine rechtliche Konstruktion, die im Allgemeinen als Inpflichtnahme Privater bezeichnet wird. Unbeschadet der Regelungen entsprechender Werbenutzungsverträge bedürfen auch die Werbeanlagen der kommunalen Vertragspartner grundsätzlich einer Baugenehmigung.

**Satz 2** schränkt die Werbemöglichkeit an den Stätten der Leistung in **reinen Wohnge- 127** **bieten** weiter ein; hier sind **nur Hinweisschilder** zulässig. Der Begriff „Hinweisschild" kann nicht über ein Flachschild ausgeweitet werden. Ob dieses allerdings frei stehend errichtet oder in Verbindung mit einer baulichen Anlage flach an der Wand oder senkrecht zur Wand angeordnet wird, ist belanglos, ebenso wie seine Größe, da Absatz 4 diesbezüglich keine Begrenzungsvorschrift enthält. Zu den Hinweisschildern rechnen auch solche, die auf Praxen oder Büros von Angehörigen freier Berufe, wie z. B. Architekten, Rechtsanwälte, Ärzte, Steuerberater, aufmerksam machen sollen.

**Werbeanlagen an Wartehallen öffentlicher Verkehrsbetriebe** erfüllen nicht die Voraus- **128** setzungen des Absatzes 4 Satz 1. Es ist jedoch bekannt, dass in vielen Städten des Bundesgebietes Wartehallen mit Werbeanlagen aufgestellt werden. Hier hat der Gesetzgeber mit dem Dritten Gesetz zur Änderung der BauO NW 1984 vom 20. 6. 1989 (GV. NRW. S. 432) durch Anfügung des **Satzes 3** Klarheit geschaffen. Dessen Formulierung stellt durch die **Begrenzung** der Zulassungsmöglichkeit auf Werbeanlagen **an Gebäuden** sicher, dass Werbeanlagen an anderen baulichen Anlagen, wie z.B. Brücken, Stützmauern oder Leitungsmasten oder gar frei aufgestellte Werbeanlagen, unzulässig bleiben.

**129** Es muss sich um **Gebäude** handeln, die nach ihrer **Zweckbestimmung** auf Verkehrsflächen öffentlicher Straßen errichtet werden, wie z.B. Wartehallen oder Telefonzellen. Von diesen auf öffentlichen Straßen **privilegierten Gebäuden** sind besonders die **Fahrgastunterstände** hervorzuheben, da sie nicht beliebig im Straßenraum platzierbar sind. Fahrgastunterstände für den öffentlichen Personennahverkehr, die auf öffentlichen Verkehrsflächen an der Grenze zum Anliegergrundstück errichtet werden, sind gegenüber dem Normgefüge des Abstandrechts als atypisch zu qualifizieren und können Gegenstand einer Abweichung von den Erfordernissen des Abstandrechts sein (OVG NRW, Urteil vom 29.5.1995 – 7 A 2181/93, BRS 57 Nr. 163). So beeinträchtigt beispielsweise eine Wartehalle aus Glaselementen weit weniger stark als eine solche mit lichtundurchlässigen Wänden.

**130** Weiter müssen die **Werbeanlagen** den Gebäuden **untergeordnet** sein. Dies ist beispielsweise bei den Wartehallen, bei denen nur an einer **Schmalseite** geworben wird, der Fall. Eine Werbung etwa auf der ganzen Gebäudefläche soll vermieden werden. Liegt die Wartehalle unmittelbar an der Grenze zu einem Anliegergrundstück, würden in diesem Falle auch abstandrechtliche Probleme auftreten, die eine Abweichung unmöglich machen (vgl. Rdn. 129). Die Werbung an Haltestellen des ÖPNV darf nicht in **direkter Verbindung mit dem Haltestellenzeichen** stehen, da dies nach § 33 Abs. 2 Satz 2 StVO **unzulässig** ist. Ausnahmen gemäß § 46 Abs. 2 Satz 1 StVO kommen nur in Betracht, wenn einer besonderen Situation Rechnung zu tragen ist.

**131** Durch die Beschränkung auf Gebäude, die ohnehin auf Verkehrsflächen errichtet werden, werden Werbeanlagen nur vereinzelt und in großen Abständen zueinander in Betracht kommen. Schon wegen dieser großen Abstände untereinander wird eine **Beeinträchtigung des Ortsbildes** im Allgemeinen nicht zu befürchten sein. Gleichwohl sichert Satz 3, dass eine **Beurteilung im Einzelfall** vorzunehmen ist. Die Freistellung nach § 65 Abs. 1 Nr. 6 BauO NRW erfasst nur den Fahrgastunterstand des öffentlichen Personennahverkehrs oder der Schülerbeförderung selbst, **nicht die** am Fahrgastunterstand anzubringende **Werbeanlage**.

### 6 Zu Absatz 5 – Warenautomaten

**132** Die Vorschriften der Absätze 1–3 gelten für **Warenautomaten** entsprechend. Das bedeutet, dass über die Absätze 2 und 3 hinausgehende beschränkende **bauordnungsrechtliche** Vorschriften über die Errichtung oder Anbringung von Warenautomaten in den Baugebieten nicht bestehen. Warenautomaten sind, wenn sie den materiellen Vorschriften der BauO NRW, insbesondere denen des Verunstaltungsverbots des § 12 BauO NRW, entsprechen, bauordnungsrechtlich in allen Baugebieten innerhalb des Bebauungszusammenhangs zulässig. Dies gilt jedoch nur für **Warenautomaten ohne Werbung** (zu solchen, die gleichzeitig die Funktion einer Werbeanlage erfüllen, s. Rdn. 3). Auf Warenautomaten **mit werblicher Funktion** ist **§ 13 BauO NRW insgesamt anwendbar** (vgl. Boeddinghaus/Hahn/Schulte, zu § 13 Rdn. 143). Erfasst werden von Absatz 5 nur **Waren**automaten, **nicht** jedoch **Geld**automaten oder andere Automaten (so Wilke/Dageförde/Knuth/Meyer, zu § 11 Rdn. 16).

Warenautomaten gelten gewerberechtlich als „**Verkaufsstellen**" und sind gemäß § 65 Abs. 1 Nr. 36 BauO NRW **genehmigungsfrei**. Sie unterliegen den bauplanungsrechtlichen Vorschriften und stellen **Vorhaben im Sinne des § 29 Abs. 1 BauGB** dar, sofern sie den **bauplanungsrechtlichen Begriff der baulichen Anlage** erfüllen (s. die Anmerkungen zu § 2 Rdn. 9–12). Ob es sich um **eigenständige Hauptnutzungen** oder um **Nebenanlagen** handelt, muss ähnlich wie bei Werbeanlagen beurteilt werden (vgl. BVerwG, Urteil vom 18. 2. 1983 - 4 C 18.81, BRS 40 Nr. 64 sowie Urteil vom 3. 12. 1992 - 4 C 26.91, a. a. O. Rdn 14 und Urteil vom 3. 12. 1992 - 4 C 27.91, a. a. O. Rdn. 11). **Warenautomaten** sind bauplanungsrechtlich nur dann **als untergeordnete Nebenanlagen** und Einrichtungen im Sinne des § 14 Abs. 1 BauNVO anzusehen, wenn sie dem Nutzungszweck der in dem Baugebiet gelegenen Grundstücke oder des Baugebiets selbst dienen und seiner Eigenart nicht widersprechen. 133

Im Bebauungsplan kann die Zulässigkeit von Hauptanlagen, aber auch von Nebenanlagen eingeschränkt oder ausgeschlossen sein (s. Rdn. 14 und 15). Als **Maßstab für die bauplanungsrechtliche Zulässigkeit von Warenautomaten** sind die Vorschriften der BauNVO über die Zulässigkeit von Läden in den verschiedenen Baugebieten (§§ 2 ff. BauNVO) oder über Nebenanlagen (§ 14 BauNVO) heranzuziehen. 134

### 7 Zu Absatz 6 – Ausnahmen vom Anwendungsbereich der BauO NRW

**Absatz 6** nimmt bestimmte Werbeanlagen aus dem Anwendungsbereich der BauO NRW aus und entfaltet damit **Wirkungen wie § 1 Abs. 2 BauO NRW** (s. die Anmerkungen zu § 1 Rdn. 21 und 44). Die Nichtanwendbarkeit des Bauordnungsrechts hat zur Folge, dass auch **Bestimmungen einer Gestaltungssatzung unbeachtlich** sind (vgl. Boeddinghaus/Hahn/Schulte, zu § 13 Rdn. 144). 135

**Nr. 1** erfasst **Anschläge** und **Lichtwerbung**, die an **Säulen**, **Tafeln** und **Flächen** angebracht werden, die eigens für diesen Verwendungszweck bauaufsichtlich genehmigt sind, wie z. B. Litfaßsäulen. **Klassische Litfaßsäulen** gehören seit Jahrzehnten zum Stadtbild und stellen auch innerhalb eines mit Ein- und Mehrfamilienhäusern bebauten Wohngebiets regelmäßig keine Verunstaltung dar (Hamb. OVG, Urteil vom 20. 2. 1997 - Bf. II 13/96, BRS 59 Nr. 133 = NVwZ-RR 1998, 616). Bei diesen **Säulen, Tafeln** und **Flächen** kann es sich kaum um freigestellte Anlagen nach § 65 Abs. 1 Nr. 33–35 BauO NRW handeln. Anderenfalls träte der Fall ein, dass die Anschläge bzw. die Lichtwerbung nicht mehr vom Anwendungsbereich der BauO NRW ausgeschlossen wären, weil das Tatbestandsmerkmal der **genehmigungsbedürftigen** Säule, Tafel oder Fläche nicht erfüllt ist (vgl. Boeddinghaus/Hahn/Schulte, zu § 13 Rdn. 148). Bei der Prüfung der Zulässigkeit solcher Säulen, Tafeln oder Flächen hat die Bauaufsichtsbehörde von vornherein zu bedenken, dass diese beliebig beklebt oder bemalt werden können (OVG NRW, Urteil vom 8. 11. 1962 - VII 564/61, OVGE 18, 130 = BRS 13 B 3 S. 143). 136

**Nr. 2** erfasst **Werbemittel an Zeitungs- und Zeitschriftenverkaufsstellen**, das heißt nur solche, die **an** diesen Verkaufsstellen selbst angebracht, nicht solche, die daneben aufgestellt werden. Nr. 2 erfasst die **Zeitschriftenwerbung** der Verkaufstelle, daneben aber auch Werbung für Produkte, die dort – an der Stelle – angeboten werden, da das Wort **Werbemittel** nicht mit einem einschränkenden Zusatz versehen ist. Der Anwendungsausschluss gilt für Zeitungs- und Zeitschriftenverkaufsstellen auf Baugrundstücken; ebenso gilt er für Zeitschriftenkioske auf öffentlichen Verkehrsflächen, da Gebäude der 137

Rückausnahme nach § 1 Abs. 2 Nr. 1 BauO NRW unterfallen (s. die Anmerkungen zu § 1 Rdn. 117–119). Handelt es sich jedoch bei der Zeitungs- und Zeitschriftenverkaufs**stelle** nicht um ein Gebäude, sondern nur um eine bauliche Anlage **auf der öffentlichen Verkehrsfläche**, z. B. einen Zeitschriftenverkaufsautomat, so wird diese Anlage ohnehin vom Verkehrsanlagenrecht erfasst.

**138** **Nr. 3** erfasst **Dekorationen und Auslagen in Fenstern und Schaukästen** (zur Abgrenzung einer Werbeanlage von einer Schaufensterdekoration s. OVG Lüneburg, Beschluss vom 10. 6. 1986 – 1 B 43/86, BRS 46 Nr. 124 und VGH B-W, Beschluss vom 17. 9. 1990 – 3 S 1441/90, BRS 50 Nr. 144). Unter den Begriff „**Auslagen**" fällt die Präsentation von oder die Information über Waren oder Dienstleistungen, wie sie für Auslagen typisch sind. Unter dem Begriff „**Dekoration**" ist die Ausschmückung der Schaufenster zwecks gefälliger, die Kauflust anregender Präsentation zu verstehen (VGH B-W, Urteil vom 20. 6. 1994 – 3 S 1931/93, BRS 56 Nr. 134).

**139** **Nr. 4** erfasst die **Wahlwerbung für die Dauer eines Wahlkampfes**. Eine gesetzliche Regelung hierzu besteht nicht. Nach Nr. 13.64 VV BauO NRW – die aber als Verwaltungsvorschrift die rechtsprechende Gewalt nicht binden kann – gilt als Dauer des Wahlkampfes bei Parlamentswahlen (Europäisches Parlament, Bundestag, Landtag) und Kommunalwahlen eine Zeit von drei Monaten unmittelbar vor dem Wahltag. Großflächige Werbung für 11 Monate vor dem Wahltermin an der Fassade eines Gebäudes, in dem sich die Wahlkampfzentrale einer Partei befindet, ist weder Wahlwerbung noch Werbung für eine zeitlich begrenzte Veranstaltung (OVG Bln, Beschluss vom 7. 1. 2002 – 2 SN 30.01, BauR 2002, 1078 = BRS 65 Nr. 152 = UPR 2002, 155). Das Recht zum Aufstellen von Wahlplakaten als Ausprägung des Anspruchs, wirksame Wahlwerbung betreiben zu können, erfordert es, einer kandidierenden politischen Partei einen Aufstellort pro 100 Einwohner zur Verfügung zu stellen (VG Gießen, Beschluss vom 27. 2. 2001 – 8 G 335/01, NVwZ-RR 2001, 417; in dem Fall ging es nicht nur um großflächige Werbetafeln, sondern auch um kleinflächige Plakate einer Wählergruppe).

**140** Die zuvor genannten Anlagen und Einrichtungen als Werbeanlagen sind lediglich aus dem Anwendungsbereich der BauO NRW ausgenommen. Daher sind **andere öffentlich-rechtliche Vorschriften** nach wie vor **beachtlich**, insbesondere solche des Bauplanungs-, Denkmal-, Straßen- und Landschaftsrechts.

Die Werbeanlagen sind darüber hinaus so auszubilden und anzuordnen, dass von ihnen keine **Gefahren für die öffentliche Sicherheit und Ordnung** ausgehen. Grundlage für ein eventuell erforderliches Einschreiten bilden die fachgesetzlichen Ermächtigungen oder in Ermangelung solcher unmittelbar § 14 OBG. Für Verstöße gegen fachgesetzliche Bestimmungen sind nicht die Bauaufsichtsbehörden, sondern die jeweiligen Fachbehörden zuständig.

## § 14
## Baustellen

**(1) Baustellen sind so einzurichten, dass bauliche Anlagen sowie andere Anlagen und Einrichtungen im Sinne des § 1 Abs. 1 Satz 2 ordnungsgemäß errichtet, geändert oder abgebrochen werden können und Gefahren oder vermeidbare Belästigungen nicht entstehen.**

**(2) [1]Bei Bauarbeiten, durch die unbeteiligte Personen gefährdet werden können, ist die Gefahrenzone abzugrenzen oder durch Warnzeichen zu kennzeichnen. [2]Soweit erforderlich, sind Baustellen mit einem Bauzaun abzugrenzen, mit Schutzvorrichtungen gegen herabfallende Gegenstände zu versehen und zu beleuchten.**

**(3) Bei der Ausführung genehmigungsbedürftiger Bauvorhaben nach § 63 Abs. 1 und solchen nach § 67 hat die Bauherrin oder der Bauherr an der Baustelle ein Schild, das die Bezeichnung des Bauvorhabens und die Namen und Anschriften der Entwurfsverfasserin oder des Entwurfsverfassers, der Unternehmerin oder des Unternehmers für den Rohbau und der Bauleiterin oder des Bauleiters enthalten muss, dauerhaft und von der öffentlichen Verkehrsfläche aus sichtbar anzubringen.**

**(4) Zu erhaltende Bäume, Sträucher und sonstige Bepflanzungen müssen während der Bauarbeiten durch geeignete Vorkehrungen geschützt und ausreichend bewässert werden.**

*VV* ***BauO NRW*** *(infolge Befristung mit Ablauf des 31. 12. 2005 ausgelaufen)*

***14 Baustellen (§ 14)***

*14.3 Zu Absatz 3*

*Der Baugenehmigung für Bauvorhaben nach § 63 Abs. 1 ist ein Baustellenschild nach dem Muster der Anlage A zu Nr. 14.3 beizufügen. Mit dem Vordruck über die Vorlage von Bauvorlagen nach § 67 genehmigungsfreier Vorhaben (siehe Anlage I/2 zur VV BauPrüfVO) ist – auch von der Gemeinde im Rahmen ihrer Verpflichtung nach § 22 GO – ein Baustellenschild nach dem Muster der Anlage B zu Nr. 14.3 auszuhändigen. Der Bauherr hat das jeweilige Schild an der Baustelle anzubringen, sofern er nicht ein besonderes Schild mit den erforderlichen Mindestangaben verwendet.*

*14.4 Zu Absatz 4*

*§ 14 Abs. 4 verweist auf Regelungen in anderen Vorschriften, die bestimmen, ob Pflanzen erhalten werden müssen. In Betracht kommen Festsetzungen in Bebauungsplänen gemäß § 9 Abs. 1 Nr. 25 BauGB, Baumschutzsatzungen aufgrund von § 45 LG, ggf. auch die Eigenschaft der Pflanzen als gesetzlich geschützte Landschaftsbestandteile gemäß § 47 LG.*

***Anlage A** zu Nr. 14.3 VV BauO NRW*

| Bitte in Klarsichthülle an der Baustelle anbringen | | |
|---|---|---|
| **Baustellenschild**<br>**für die Ausführung eines genehmigungspflichtigen Vorhabens** | | |
| **Bauvorhaben** | **Genaue Bezeichnung des Vorhabens** | |
| | **Bauort (Straße, Hausnummer, Ortsteil)** | |
| | **Baugrundstück (Gemarkung, Flur, Flurstück)** | |
| **Entwurfsverfasserin/ Entwurfsverfasser** | **Name, Vorname** | |
| | **Anschrift** | |
| | **Telefon** (mit Vorwahl) | **Telefax** (mit Vorwahl) |
| **Unternehmerin/ Unternehmer für den Rohbau** | **Firma** | |
| | **Anschrift** | |
| | **Telefon** (mit Vorwahl) | **Telefax** (mit Vorwahl) |
| **Bauleiterin/ Bauleiter** | **Firma** | |
| | **Anschrift** | |
| | **Telefon** (mit Vorwahl) | **Telefax** (mit Vorwahl) |
| **Bauschein** | **Baugenehmigung Nummer:** | **erteilt am:** |
| | **Bauaufsichtsbehörde** | |
| **Für die Richtigkeit der Angaben:** | **Bauherrin/Bauherr** (Name, Vorname) | **Telefon** (mit Vorwahl) |
| | **Anschrift** | |
| Bei der Ausführung genehmigungsbedürftiger Vorhaben nach § 63 Abs. 1 der Bauordnung für das Land Nordrhein-Westfalen (BauO NRW) hat die Bauherrin/der Bauherr gemäß § 14 Abs. 3 BauO NRW an der Baustelle ein Schild, das die Bezeichnung des Bauvorhabens und die Namen und Anschriften der Entwurfsverfasserin/des Entwurfsverfassers und der Bauleiterin/des Bauleiters sowie der Unternehmerin/des Unternehmers für den Rohbau enthalten muss, dauerhaft und von der öffentlichen Verkehrsfläche aus sichtbar anzubringen. Dieses Schild erfüllt die gesetzlichen Mindestanforderungen. | | |

***Anlage B** zu Nr. 14.3 VV BauO NRW*

| Bitte in Klarsichthülle an der Baustelle anbringen | | |
|---|---|---|
| **Baustellenschild**<br>für die Ausführung eines freigestellten Vorhabens nach § 67 BauO NRW | | |
| **Bauvorhaben** | **Genaue Bezeichnung des Vorhabens** | |
| | **Bauort (Straße, Hausnummer, Ortsteil)** | |
| | **Baugrundstück (Gemarkung, Flur, Flurstück)** | |
| **Entwurfsverfasserin/ Entwurfsverfasser** | **Name, Vorname** | |
| | **Anschrift** | |
| | **Telefon** (mit Vorwahl) | **Telefax** (mit Vorwahl) |
| **Unternehmerin/ Unternehmer für den Rohbau** | **Firma** | |
| | **Anschrift** | |
| | **Telefon** (mit Vorwahl) | **Telefax** (mit Vorwahl) |
| **Bauleiterin/ Bauleiter** | **Firma** | |
| | **Anschrift** | |
| | **Telefon** (mit Vorwahl) | **Telefax** (mit Vorwahl) |
| **Baubeginnanzeige** | **Der Baubeginn wurde der zuständigen unteren Bauaufsichtsbehörde angezeigt.** | |
| **Für die Richtigkeit der Angaben:** | **Bauherrin/Bauherr** (Name, Vorname) | **Telefon** (mit Vorwahl) |
| | **Anschrift** | |
| Bei der Ausführung freigestellter Vorhaben nach § 67 der Bauordnung für das Land Nordrhein-Westfalen (BauO NRW) hat die Bauherrin/der Bauherr gemäß § 14 Abs. 3 BauO NRW an der Baustelle ein Schild, das die Bezeichnung des Bauvorhabens und die Namen und Anschriften der Entwurfsverfasserin/des Entwurfsverfassers und der Bauleiterin/des Bauleiters sowie der Unternehmerin/des Unternehmers für den Rohbau enthalten muss, dauerhaft und von der öffentlichen Verkehrsfläche aus sichtbar anzubringen. Dieses Schild erfüllt die gesetzlichen Mindestanforderungen. | | |

**Anmerkungen** (Autor: Czepuck)

**Übersicht**


| | | Rdn. |
|---|---|---|
| 0 | Änderungen gegenüber der BauO NW 1984 und der BauO NW 1995 | 01–04 |
| 1 | Allgemeines | 1– 9 |
| 2 | Zu Absatz 1 – Anforderungen an die Baustelleneinrichtung | 10–12 |
| 2.1 | Abwehr von Gefahren | 13–21 |
| 2.2 | Vermeidung von Belästigungen | 22–25 |
| 3 | Zu Absatz 2 – Schutz der Allgemeinheit | 26–27 |
| 4 | Zu Absatz 3 – Das Baustellenschild | 28–31 |
| 5 | Zu Absatz 4 – Schutz von Bepflanzungen | 32–40 |


## 0 Änderungen gegenüber der BauO NW 1984 und der BauO NW 1995

01 Die **BauO NRW 2000** hat § 14 BauO NW 1995 mit einer Ergänzung – der Wiederaufnahme des 1995 entfallenen Bauleiters in **Absatz 3** – übernommen. Damit stimmen die Absätze 1 bis 3 bis auf Folgeänderungen und redaktionelle Anpassungen mit der BauO NW 1984 überein. **Absatz 4** wurde durch die **BauO NW 1995** neu angefügt und greift damit einen Gesichtspunkt auf, der bereits teilweise Gegenstand der Regelung des § 13 Abs. 5 Satz 2 MBO 1960 war.

02 Als Folge der Einführung der Freistellung von Wohnbauvorhaben (§ 67 BauO NW) wurde mit der BauO NW 1995 **Absatz 3** um einen Verweis auf diese neue Vorschrift ergänzt. Hierdurch wird sichergestellt, dass **auch bei genehmigungsfreier Errichtung** von Wohngebäuden ein **Baustellenschild** erforderlich ist.

03 Mit der **BauO NRW 2000** erfolgte die Wiederaufnahme des Bauleiters (neu: § 59 a BauO NRW 2000), was in § 14 Absatz 3 entsprechend Berücksichtigung fand. Damit wurde die in der BauO NW 1995 vorgenommene Streichung der Vorschrift über den **Bauleiter** (§ 56 BauO NW 1984) in der Aufzählung der erforderlichen Angaben für das Baustellenschild rückgängig gemacht.

04 Durch den mit der BauO NW 1995 neu angefügten **Absatz 4** sollen **Bäume, Sträucher** und sonstige Bepflanzungen, wie z. B. Hecken, soweit diese nach der Entwurfsplanung auf dem Grundstück bestehen bleiben oder nach öffentlich-rechtlichen Vorschriften zu erhalten sind, durch Vorkehrungen und ausreichende Bewässerung **während der Bauarbeiten geschützt** werden.

## 1 Allgemeines

1 Mit der Bauausführung selbst, das heißt mit den Bauarbeiten und den jeweiligen Bauzuständen, sind aus der Natur der Sache heraus Gefahren verbunden, denen durch entsprechende Schutzmaßnahmen begegnet werden muss. Auch das Zivilrecht enthält Schutzvorschriften, z. B. kann sich der Anwohner einer Baustelle aufgrund der §§ 862, 906 und 1004 BGB gegen unzumutbaren Baulärm zur Wehr setzen. Die Durchführung der Bauarbeiten darf nicht dazu führen, dass dem Nachbargrundstück die Stütze entzogen wird; der Nachbar kann in einem solchen Fall aus § 909 BGB gegen jeden vorgehen, der daran mitwirkt, so z. B. auch gegen den Bauunternehmer (BGH, Urteil vom 12. 7. 1996 – V ZR 280/94, ZfBR 1996, 320). Auch und gerade auf Baustellen sind die Verkehrssicherungspflichten des § 823 BGB zu beachten. Die öffentlich-rechtlichen

Vorschriften des § 14 BauO NRW dienen vorrangig der **Abwehr dieser Gefahren**. Geschützt werden sollen nicht allein die auf der Baustelle Beschäftigten, insbesondere die Bauarbeiter, sondern ebenso unbeteiligte Dritte, also die Allgemeinheit. Der Regelung kommt auch **nachbarschützende Bedeutung** zu, dies gilt vor allem hinsichtlich des Gebots, **vermeidbare Belästigungen** zu unterlassen (vgl. Hahn/Schulte, Rdn. 300).

**Anforderungen** an **Bauarbeiten** und **Baustellen** im weitesten Sinne enthalten auch **andere öffentlich-rechtliche Vorschriften**. Hier sind insbesondere zu nennen: 2

- die **Arbeitsschutzbestimmungen** des Arbeitsschutzrechts, insbesondere die **Baustellenverordnung – BaustellV**,
- die **Unfallverhütungsvorschriften** der Bauberufsgenossenschaften,
- die **Lärmschutzvorschriften** des Immissionsschutzrechts.

Daneben sind zahlreiche **Einzelanforderungen des öffentlichen Rechts** zu beachten:

- nach **§ 202 BauGB** ist **Mutterboden** in nutzbarem Zustand zu **erhalten** und vor Vernichtung oder Vergeudung zu **schützen**,
- nach **§ 7 VermKatG NRW** dürfen **Vermessungsmarken nicht gefährdet** werden,
- nach **§ 8 FStrG** und **§ 18 StrWG NRW** bedarf die **Einbeziehung von Teilen der öffentlichen Verkehrsfläche in die Baustelle der Sondernutzungserlaubnis**,
- nach **§§ 3 und 7 WHG** in Verbindung mit **§ 45 LWG** bedarf das zeitweise **Absenken des Grundwassers** in Baugruben der **wasserrechtlichen Erlaubnis**,
- nach **§ 9 DSchG** bedarf die **Beseitigung** oder **Veränderung ortsfester Bodendenkmäler** der **denkmalrechtlichen Erlaubnis**,
- nach **§ 15 DSchG** ist die **Entdeckung von Bodendenkmälern der Gemeinde anzuzeigen**.

Die Vorschriften des **§ 14 Abs. 1, 2** und **4** BauO NRW **gelten unabhängig von einem präventiven Genehmigungsvorbehalt**. Reine **Instandhaltungsarbeiten** werden jedoch nicht erfasst, da Absatz 1 ausdrücklich nur die **Errichtung**, die **Änderung** und den **Abbruch** anspricht. Wenn von den Baustelleneinrichtungen nicht genehmigungsbedürftiger Instandhaltungsarbeiten, z. B. Neueindeckungen des Daches oder Ausbesserungen der Fassade, Gefahren ausgehen, muss die Bauaufsichtsbehörde im Einzelfall auf § 3 Abs. 1 Satz 1 BauO NRW (zum Begriff s. die Anmerkungen zu § 3 Rdn. 25–30) zurückgreifen und gemäß § 61 Abs. 1 BauO NRW die erforderlichen Maßnahmen treffen, um Gefahren für die öffentliche Sicherheit oder Ordnung abzuwehren. 3

Die **Baustelle** ist der Ort, an dem bauliche Anlagen sowie andere Anlagen und Einrichtungen im Sinne des § 1 Abs. 1 Satz 2 BauO NRW errichtet, geändert oder abgebrochen werden. In der Regel wird dieser Ort das zu bebauende Grundstück oder die Teilfläche eines Grundstücks sein. Es ist nicht ausgeschlossen, dass sich die Baustelle mit Einverständnis des Eigentümers auf ein benachbartes Grundstück erstreckt; sie kann auch Teile der öffentlichen Verkehrsfläche vorübergehend in Anspruch nehmen, sofern hierzu der Straßenbaulastträger seine Zustimmung erteilt. Die Vorschriften des § 14 BauO NRW gelten nur für Anlagen, die dem Anwendungsbereich der Bauordnung unterworfen sind, daher findet die Vorschrift z. B. **keine Anwendung auf Baustellen** zur Realisierung **öffentlicher Straßen** oder **Bahnanlagen**. Liegt eine der in § 1 Abs. 2 Nr. 1 und 2 BauO NRW aufgeführten **Rückausnahmen für Gebäude** vor, ist für diese Vorhaben 4 wiederum § 14 BauO NRW einschlägig. Dies führt zu **Abgrenzungsschwierigkeiten**, wenn eine Baustelle gleichzeitig für vom Anwendungsbereich der BauO NRW ausgenommene und nicht ausgenommene Anlagen eingerichtet wird. In diesem Fall müssen sich die nach den maßgebenden Rechtsvorschriften zuständigen Behörden untereinander abstimmen.

5 **Betriebsstätten** oder **Werkplätze**, in oder auf denen Bauteile nur vorgefertigt, jedoch nicht zusammengefügt bzw. eingebaut werden, sind **keine Baustellen** im Sinne dieser Vorschrift (ebenso Große-Suchsdorf/Lindorf/Schmaltz/Wiechert, zu § 17 Rdn. 3). Bei Großbauvorhaben kann sich das Erfordernis ergeben, Bauteile unmittelbar auf der Baustelle in sog. **Feldfabriken** vorzufertigen. In derartigen Fällen kann eine begriffliche Trennung in Baustelle und Werkplatz nicht immer eindeutig vorgenommen werden, ja im Einzelfall sogar unmöglich sein.

6 Die **Baustelleneinrichtung** umfasst sämtliche Absperrungen, Gerüste, Geräte, Maschinen, Unterkünfte, Toiletten, Wasch- oder Pausenräume, Materiallager, Schutz- und Lagerhallen, Winterbaueinrichtungen, Baubüros und ähnliche Einrichtungen, die erforderlich sind, um das Bauvorhaben durchführen zu können. Baustelleneinrichtungen einschließlich der Lagerhallen, Schutzhallen und Unterkünfte **bedürfen** gemäß § 65 Abs. 1 Nr. 38 BauO NRW **keiner Baugenehmigung**. Diese Freistellung erfasst jedoch nicht die baulichen Anlagen, die der Feldfabrikation direkt dienen, insbesondere dann, wenn diese Anlagen von der Baustelle räumlich getrennt sind und in der Feldfabrik Fertigteile für mehrere räumlich abgegrenzte Baustellen hergestellt werden. Die Genehmigungsfreiheit für Baustelleneinrichtungen entbindet nicht von der Verpflichtung zur Beachtung der öffentlich-rechtlichen Vorschriften, insbesondere auch der Regeln der Technik, die der Sicherheit dienen (vgl. § 65 Abs. 4 BauO NRW).

7 **Verantwortlich** für den Schutz der auf der Baustelle Beschäftigten und für den Schutz unbeteiligter Dritter sind im Rahmen ihres Wirkungskreises und in ihrem jeweiligen Verantwortungsbereich die **am Bau Beteiligten**. In erster Linie ist hier der **Unternehmer**, daneben aber auch der **Bauleiter** zu nennen. Als **Adressat** ordnungsbehördlicher Maßgaben stehen neben dem stets verantwortlichen Bauherrn (vgl. die Anmerkungen zu § 57 Rdn. 2 und 12) der Unternehmer und der Bauleiter zur Verfügung (s. die Anmerkungen zu § 56 Rdn. 3–5).

8 Der **Unternehmer** ist nach § 59 Abs. 1 BauO NRW für die **ordnungsgemäße Einrichtung** und den **sicheren Betrieb der Baustelle** sowie für die **Einhaltung der Arbeitsschutzbestimmungen verantwortlich** (s. die Anmerkungen zu § 59 Rdn. 24 und 25). Der **Bauleiter** ist nach § 59 a Abs. 1 BauO NRW verpflichtet, darüber zu wachen, dass die Baumaßnahmen dem öffentlichen Baurecht, insbesondere den allgemein anerkannten Regeln der Technik und den genehmigten Bauvorlagen entsprechend durchgeführt werden. Er hat auf den sicheren Betrieb der Baustelle, insbesondere auf das gefahrlose Ineinandergreifen der Arbeiten der Unternehmer und auch – **neben dem Unternehmer** – auf die Einhaltung der Arbeitsschutzbestimmungen **zu achten** (s. auch die Anmerkungen zu § 59 a Rdn. 4).

9 Die aufgrund der Ermächtigung des § 19 ArbSchG erlassene **Verordnung über Sicherheit und Gesundheitsschutz auf Baustellen – Baustellenverordnung – BaustellV** (Umsetzung der Richtlinie 92/57/EWG des Rates vom 24. 6. 1992, ABl. EG L 245 S. 6 – **Baustellensicherheitsrichtlinie**) ist am 1. 7. 1998 in Kraft getreten. Diese Bundesverordnung zum Sicherheits- und Gesundheitsschutz verdrängt insoweit die Anforderungen des Bauordnungsrechts. Die BaustellV regelt **öffentlich-rechtliche Pflichten des Bauherrn**,

um die Sicherheit und den Gesundheitsschutz der auf der Baustelle arbeitenden Menschen zu verbessern. Hierzu sollen für **umfangreichere Baustellen** ein aufzustellender **Sicherheits- und Gesundheitsschutzplan** und die Beauftragung eines **Koordinators** beitragen (vgl. hierzu Kleinhenz, Die Verordnung über Sicherheit und Gesundheitsschutz auf Baustellen [Baustellenverordnung], ZfBR 1999, S. 179 ff.; Moog, Von Risiken und Nebenwirkungen der Baustellenverordnung [BaustellV], BauR 1999, S. 795 ff.; Rozek/Röhl, Zur Rechtsstellung des Sicherheitskoordinators nach der Baustellenverordnung, BauR 1999, S. 1394 ff.; Löffelmann, Baustellenverordnung und Sicherheitskoordinator: Zusätzliche Haftung für Architekten?, DAB 2000, S. 42 ff.; Hustadt/Ziegenfuß, Sicherheit und Gesundheitsschutz auf Baustellen, Der Prüfingenieur 2000, S. 35 ff.; Meurer, Die Haftung der am Bau Beteiligten bei Verletzung der Pflichten nach der Baustellenverordnung, DAB 2002, S. 49 ff.). Infolge der Rechtsprechung zur BauStellV besteht jetzt mehr Klarheit darüber, wann eine gemeinsame baustellenübergreifende Baustelleneinrichtung Anmeldepflichten bedingt, wie sich Verpflichtungen der Nachweisführung bei Schäden wegen Verletzungen der Verkehrssicherungspflicht auf Baustellen auswirken, welche Verpflichtungen und Mitwirkungspflichten am Koordinationsplan zu Sicherheit und Gesundheitsschutz auch im Rahmen einer Arbeitsgemeinschaft bestehen, sowie hinsichtlich der Vergütungen und Auswirkungen der Beauftragung Dritter mit den Pflichten des Bauherrn (vgl. Meyer, Die Unterlage nach § 3 Abs. 2 Nr. 3 Baustellenverordnung, BauR 2004, S. 1225 f. und ders., Obergerichtliche Rechtsprechung zur Baustellenverordnung, BauR 2006, S. 597 ff.).

## 2 Zu Absatz 1 – Anforderungen an die Baustelleneinrichtung

Die allgemeinen Anforderungen des § 3 BauO NRW beziehen sich ebenso auf den 10
**Bauvorgang** wie auf **bauliche Anlagen** bzw. **andere Anlagen und Einrichtungen** im Sinne des § 1 Abs. 1 Satz 2 BauO NRW (s. die Anmerkungen zu § 3 Rdn. 4–9). Die **Baustelleneinrichtung** und der **Baustellenbetrieb** sind **Vorbedingungen der Bauherstellung** und unterliegen ebenfalls der Generalklausel, die durch § 14 BauO NRW unter **spezifischen Gesichtspunkten** des **sicheren Ablaufs der Baudurchführung** und der **Sicherheit der Baustelle** weiter ausgeformt wird. Die erforderlichen **Sicherheitsvorkehrungen** müssen sich erstrecken:

- auf den Schutz der **Bauarbeiter** und aller anderen Personen, die bei der Bauausführung auf der Baustelle tätig sind,
- auf den Schutz von **Sachen oder Einrichtungen**, deren Beschädigung eine Gefährdung der öffentlichen Sicherheit oder Ordnung zur Folge haben könnte.

Darüber hinaus zielt die Forderung des Abs. 1 auf eine **Abwehr solcher Gefahren**, die 11
durch die Einrichtung der Baustelle und deren Betrieb **auf angrenzenden Flächen**, insbesondere auf den **angrenzenden Verkehrsflächen**, latent vorhanden sind. So unterfallen auch Baustraßen und Entladestellen für Baumaterial, die zur Beschickung der Baustelle hergerichtet werden, dieser Gefahrenabwehrvorschrift.

**Erhebliche Gefahren** können beim Abbruch baulicher Anlagen entstehen. Hierauf 12
weist Nr. 63.13 VV BauO NRW hin und verpflichtet die Bauaufsichtsbehörde, die **Eignung des Abbruchunternehmers** zu prüfen (zu Gefahren bei Abbruch- bzw. Umbauarbeiten, die von Asbest sowie PCB- und PCP-belasteten Bauprodukten ausgehen können, s. Rdn. 18 und 19).

### 2.1 Abwehr von Gefahren

13 Das Bauordnungsrecht knüpft an die Vorschriften des Arbeitsschutzrechts an. **Baustellen sind Arbeitsstätten** im Sinne der **ArbStättV** und von deren Geltungsbereich erfasst (vgl. § 2 ArbStättV). **Zuständig für die Überwachung** der Arbeitsschutzvorschriften auf Baustellen sind nach der **ZuStVO ArbtG** die **Bezirksregierungen**, bei Baustellen auf **Berganlagen** die **Bezirksregierung Arnsberg** (s. Art. 1 §§ 4 und 5 des Gesetzes zur Straffung der Behördenstruktur v. 12. 12. 2006, GV. NRW S. 622). Daraus ergibt sich die Begründung für die in § 75 Abs. 7 BauO NRW geregelte Pflicht der Bauaufsichtsbehörden, den Ausführungsbeginn genehmigungsbedürftiger Bauvorhaben der zuständigen Bezirksregierung zu melden (s. die Anmerkungen zu § 75 Rdn. 196). Der Unternehmer ist für die Einhaltung der **Arbeitsschutzbestimmungen** verantwortlich. Die Verpflichtung des Unternehmers, Maßnahmen zum Schutz gegen Gefahren für Leben und Gesundheit zu treffen, ergibt sich aus dem **ArbSchG**. Die Anforderungen an die Arbeitsstätten selbst und die Maßnahmen, die der Arbeitgeber zur Erfüllung der sich aus der GewO und dem ArbSchG ergebenden Verpflichtungen zu treffen hat, sind in der Arbeitsstättenverordnung – **ArbStättV**, der **BaustellV** (s. Rdn. 9), sowie der

- Verordnung über Sicherheit und Gesundheitsschutz bei der Benutzung persönlicher Schutzausrüstungen bei der Arbeit – **PSA-BV** vom 4. 12. 1996 (BGBl. I S. 1841) und der
- Verordnung über Sicherheit und Gesundheitsschutz bei der manuellen Handhabung von Lasten bei der Arbeit – **LasthandhabV** vom 4. 12. 1996 (BGBl. I S. 1841), z. g. d. V vom 31. 10. 2006 (BGBl. I S. 2407)

bundeseinheitlich geregelt. Die zur ArbStättV alter Fassung bekanntgemachten **Arbeitsstättenrichtlinien** gelten bis zur Überarbeitung, längstens bis 2010, fort. Hinzu treten die zur Konkretisierung der BaustellV vom „Ausschuss für Sicherheits- und Gesundheitsschutz auf Baustellen" erarbeiteten „**Regeln zum Arbeitsschutz auf Baustellen – RAB**". Die RAB geben als Richtlinien den „**Stand der Technik**" (zu diesem Begriff s. die Anmerkungen zu § 3 Rdn. 56) in Bezug auf die Sicherheit und den Gesundheitsschutz auf Baustellen wieder. Insofern entfalten sie große Bedeutung, da § 4 Nr. 3 ArbSchG unter anderem die Berücksichtigung des Stands der Technik vorschreibt. Die RAB werden im Bundesarbeitsblatt – BArbBl. veröffentlicht.

14 Welche Vorkehrungen zum **Schutz der Bauarbeiter** weiterhin zu treffen sind, regeln im Übrigen die gemäß SGB VII § 15 von den Berufsgenossenschaften erlassenen **Berufsgenossenschaftlichen Vorschriften für Sicherheit und Gesundheit bei der Arbeit** (**BGV**) bzw. **Unfallverhütungsvorschriften** (**UVV**). Diese sowohl allgemeinen als auch fach- und situationsspezifischen Vorschriften werden ergänzt durch Durchführungsanweisungen, Richtlinien und Sicherheitsregeln der Fachausschüsse für Unfallverhütung und Arbeitsmedizin des Hauptverbandes der gewerblichen Berufsgenossenschaften. SGB I § 22 in Verbindung mit VII § 17 verpflichtet die Träger der gesetzlichen Unfallversicherungen (gewerbliche Berufsgenossenschaften) zu Leistungen der gesetzlichen Unfallversicherung sowie zur Überwachung der Maßnahmen zur Verhütung von Arbeitsunfällen, Berufskrankheiten, arbeitsbedingten Gesundheitsgefahren und für eine wirksame Erste Hilfe in den Unternehmen (zu den Aufsichtspersonen und deren Befugnissen vgl. SGB VII §§ 18 und 19, zu den Sicherheitsbeauftragten § 20, zu den Unterstützungs- und Mitteilungspflichten von Kammern und der für die Erteilung einer Gewerbe- oder Bauerlaubnis zuständigen Behörden § 195, zur Übermittlungspflicht der Gemeinden und Finanzbehörden § 197 sowie zur Auskunftspflicht der Grundstückseigentümer § 198).

Die **Überwachung** der Beachtung von **Unfallverhütungsvorschriften** ist keine Aufgabe der Bauaufsichtsbehörden. Die Einhaltung der Unfallverhütungsvorschriften wird durch den technischen **Aufsichtsdienst der Berufsgenossenschaften** (durch technisches Überwachungspersonal) nach SGB VII §§ 18 und 19 überwacht. Diese richten ihr Augenmerk auf die häufigsten Ursachen für Baustellenunfälle, das sind neben der immer wieder festzustellenden Verletzung der Pflicht zum Tragen des Schutzhelms vor allem mangelhafte Gerüste, fehlende Sicherungen von Deckenöffnungen für Treppen, Aufzüge und Hausinstallationen, fehlende Absturzsicherungen sowie die völlig ungeordnete „Lagerung“ des Arbeitsmaterials, der Arbeitsgeräte und der Bauabfälle. **15**

Regelmäßig kommen auf Baustellen **Gerüste** und **Hilfseinrichtungen zur statischen Sicherung von Bauzuständen** zum Einsatz. Hierbei handelt es sich nach § 2 Abs. 1 Satz 3 Nr. 6 und 7 BauO NRW um fingierte bauliche Anlagen (vgl. die Anmerkungen zu § 2 Rdn. 94–99). Die durch diese Vorschrift bewirkte **Fiktion stellt sicher**, dass auch für diese Gerüste und Hilfseinrichtungen zur statischen Sicherung von Bauzuständen die **allgemeinen Anforderungen des Bauordnungsrechts** gelten, sie müssen also insbesondere verkehrs- und standsicher sein. Gerüste bedürfen unabhängig von ihrer Funktion als Traggerüste oder als Arbeitsgerüste und unabhängig von ihrer Größe gemäß § 65 Abs. 1 Nr. 37 BauO NRW keiner Baugenehmigung. Gerüste dürfen nur verwendet werden, wenn die Gerüstbauteile, für die in der Bauregelliste A Teil 1 technische Regeln bekannt gemacht wurden, das Ü-Zeichen tragen. Ferner müssen Gerüste den sicherheitstechnischen Anforderungen der als Technische Baubestimmung nach § 3 Abs. 3 BauO NRW bauaufsichtlich eingeführten DIN 4420 Teil 1 genügen. Mit den europäischen Normen ergeben sich Änderungen bei Zulassungen, allerdings gelten die Gerüste nicht als Bauprodukte und unterliegen deshalb nicht der Bauproduktenrichtlinie, sondern weiterhin nationalen Regelungen (vgl. Schult, Neue europäische Regelungen für Gerüste – Auswirkungen auf das Zulassungsverfahren, DIBt Mitteilungen 2/2006, S. 57 ff.). Nach § 59 BauO NRW ist der **Unternehmer** bzw. der **Fachunternehmer** für die Einhaltung der allgemein anerkannten Regeln der Technik hinsichtlich der Gerüste **verantwortlich** (s. auch OLG Koblenz, Urteil vom 23. 11. 1995 – 11 U 1660/94, bestätigt durch BGH, Beschluss vom 1. 10. 1996 – VI ZR 364/95, BauR 1997, 328). **16**

Zur Baustelleneinrichtung gehören auch die **maschinellen und elektrischen Anlagen** wie Kräne, Aufzüge, Mischanlagen und Silos sowie die **Behelfsbauten**, wie Lagerschuppen und Baubuden, Wohn- und Bürocontainer. Die baulichen Anlagen, Einrichtungen und Maschinen sind so zu errichten und zu betreiben, dass die Sicherheit und Ordnung nicht gefährdet werden. Sie müssen u. a. den VDE-Bestimmungen und den Vorschriften des Geräte- und Produktsicherheitsgesetzes (GPSG) bzw. den auf seiner Grundlage erlassenen Rechtsverordnungen entsprechen. Derartige Anlagen müssen auch die Forderung nach ausreichender Standsicherheit erfüllen, das gilt insbesondere für Kräne. **17**

Besondere Gefahren gehen von **Asbestfaserstäuben** aus, die beim Menschen schwere Erkrankungen auslösen können. Sie können bei **Abbrucharbeiten** und **Umbaumaßnahmen** freigesetzt werden. Asbesthaltige Bauprodukte wurden früher in unterschiedlichster Form eingesetzt, weil die Gefährlichkeit noch nicht erkannt war, so dass heute mit hohem Aufwand Sanierungsmaßnahmen durchzuführen sind, wenn Asbestfasern in großem Umfang in die Raumluft freigesetzt werden. Als Technische Baubestimmung nach § 3 Abs. 3 BauO NRW wurde die Richtlinie für die Bewertung und Sanierung schwach gebundener Asbestprodukte in Gebäuden – **Asbest-Richtlinie** (Fassung Januar **18**

1996) bauaufsichtlich eingeführt. Schwach gebundene Asbestprodukte sind **gefährliche** Arbeitsstoffe im Sinne der §§ 14ff. **GefStoffV**.

Bei der Durchführung von Sanierungsarbeiten gelten deshalb auch die technischen Regeln für Gefahrstoffe – TRGS 519. Bei der **Entsorgung asbesthaltiger Abfälle** ist die TA Siedlungsabfall und dazu ergänzend das von der LAGA erstellte Merkblatt zu beachten, das mit RdErl. vom 21.11.2002 (MBl. NRW. 2002, S. 1331) bekannt gemacht wurde. Wer ohne sachkundiges Personal sowie ohne Schutzausrüstung und ohne vorgeschriebene Vorsorgeuntersuchungen seine Beschäftigten bei Abbrucharbeiten von asbesthaltigen Fassadenverkleidungen beschäftigt, handelt ordnungswidrig gemäß § 26 Abs. 1 Nr. 7 und Nr. 8 b **ChemG** in Verbindung mit den Vorschriften der GefStoffV (zur Auslöseschwelle und den damit verbundenen erforderlichen Schutzmaßnahmen vgl. BayObLG, Beschluss vom 6. 9. 1996 – 3 Owi 108/96, UPR 1996, 75).

19 Ähnliche Gefahren gehen von **PCB- bzw. PCP-belasteten Bauprodukten** aus. Polychlorierte Biphenyle (PCB) wurden früher in dauerelastischen Fugendichtungsmassen als Weichmacher eingesetzt; Pentachlorphenol (PCP) war in Holzschutzmitteln enthalten. Bei staubintensiven Arbeitsvorgängen (z. B. Trennschleifen ohne Absaugung) können die Grenzwerte in der Raumluft überschritten und damit die Bauarbeiter gefährdet werden. Daher sind arbeitsablauforganisatorische Vorkehrungen zu deren Schutz zu treffen. Als Technische Baubestimmung nach § 3 Abs. 3 BauO NRW wurde sowohl die Richtlinie für die Bewertung und Sanierung PCB-belasteter Baustoffe und Bauteile in Gebäuden- **PCB-Richtlinie NRW** (Fassung Juni 1996) als auch die Richtlinie für die Bewertung und Sanierung Pentachlorphenol (PCP) – belasteter Baustoffe und Bauteile in Gebäuden- **PCP-Richtlinie** (Fassung Oktober 1996) bauaufsichtlich eingeführt.

20 **Gefahren** für die natürlichen Lebensgrundlagen können **durch eine nicht ordnungsgemäße Behandlung der Bauabfälle** ausgelöst werden (zum Abfallbegriff s. die Legaldefinition des § 3 Abs. 1 KrW-/AbfG; zur Zuordnung von Bauabfällen s. BayVGH, Urteil vom 23. 4. 2001 – 20 B 99.1020, DVBl. 2001, 1296). Auch Bauabfälle müssen vom Besitzer grundsätzlich dem öffentlich-rechtlich Beseitigungspflichtigen überlassen werden (VGH München, Beschluss vom 3. 2. 1998 – 20 ZB 98.196, NVwZ 1998, 1205). Ein entsprechender Benutzungszwang kann durch kommunale Abfallsatzung geregelt werden (Sächs. OVG, Urteil vom 28. 11. 1995 – 1 S 356/94, NVwZ-RR 1996, 570).

21 Wegen des **Vorrangs der Wiederverwertung** sind stofflich verwertbare Bauabfälle zu trennen, da eine Ablagerung in Deponien nach § 5 Abs. 5 KrW-/AbfG nur vorgenommen werden darf, wenn dies die umweltverträglichere Lösung darstellt (hierzu s. Fröhlich, Baustoffrecycling zwischen Immissionsschutz und Abfallrecht, UPR 1997, S. 255ff.). Dies macht es erforderlich, bereits auf der Baustelle **Abfälle aus Abbrüchen, Instandhaltungs- und Umbaumaßnahmen** bzw. die bei Bauarbeiten zur Errichtung anfallenden **Rückstände getrennt zu sammeln**.

Gemäß § 202 BauGB ist **Mutterboden**, der bei der Errichtung und Änderung baulicher Anlagen sowie bei wesentlichen anderen Veränderungen der Erdoberfläche ausgehoben wird, in nutzbarem Zustand zu erhalten und vor Vernichtung oder Vergeudung zu schützen. **Unbelasteter Erdaushub** wie Sand, Kies, Lehm, Ton oder Felsgestein muss einer **Wiederverwertung** zugeführt werden. Soweit dies rechtlich möglich ist, kann anfallender unbelasteter Bodenaushub zur Gestaltung der Geländeoberfläche verwendet werden (zu den materiellen Voraussetzungen einer Änderung der Geländeoberfläche s. die Anmerkungen zu § 9 Rdn. 79–83).

### 2.2 Vermeidung von Belästigungen

Absatz 1 gebietet, Baustellen so einzurichten und zu betreiben, dass **vermeidbare Belästigungen** nicht entstehen. Auch beim Einsatz moderner Maschinen und Arbeitsmittel sind auf Baustellen Lärm- und Staubbelästigungen nicht völlig zu vermeiden. Unvermeidbarer Lärm und Staub müssen hingenommen werden. Die Vorschrift will und kann nicht den Schutzgrad erreichen, den das Immissionsschutzrecht zum Schutz von Wohnbereichen für Betriebsstätten ortsfester Einrichtungen gewerblicher Betriebe erzielen will. Sie verhindert aber, dass bei Bauarbeiten rücksichtslos vorgegangen wird. So ist z.B. bei Abbrüchen eine Staubbildung durch Bewässern weitgehend zu vermeiden. 22

Das **Immissionsschutzrecht** normiert entsprechende Pflichten, deren **Überwachung** den **Bezirksregierungen** und **Gemeinden** obliegt. So verpflichtet **§ 22 Abs. 1 BImSchG** unter anderem dazu, **Baumaschinen** so zu betreiben, dass schädliche Umwelteinwirkungen verhindert werden, die nach dem Stand der Technik vermeidbar sind, und dass nach dem Stand der Technik unvermeidbare Umwelteinflüsse auf ein Mindestmaß beschränkt werden, soweit dies erforderlich ist, um die Allgemeinheit vor Gefahren, erheblichen Nachteilen oder erheblichen Belästigungen zu schützen. Nach **§ 3 LImSchG** hat sich jeder so zu verhalten, dass schädliche Umwelteinwirkungen vermieden werden, soweit das nach den Umständen des Einzelfalls möglich und zumutbar ist. Unter diesen Aspekten und vor dem Hintergrund des **Gebots der gegenseitigen Rücksichtnahme** werden Anordnungen von Maßnahmen zur Reduzierung von Emissionen möglich. Solche Maßnahmen werden den Einzelfall (Lage der Baustelle im Wohngebiet oder im Industriegebiet) und die wirtschaftliche Vertretbarkeit berücksichtigen müssen. 23

Zum **Schutz der Bevölkerung** besteht gemäß § 9 Abs. 1 LImSchG ein **Verbot von Betätigungen zwischen 22 und 6 Uhr**, die die Nachtruhe zu stören geeignet sind. Das Verbot betrifft auch Arbeiten auf Baustellen. Nach § 9 Abs. 2 LImSchG können von diesem Verbot auf Antrag von der örtlichen Ordnungsbehörde Ausnahmen zugelassen werden, wenn die Ausübung der Tätigkeit während der Nachtzeit im öffentlichen Interesse oder im überwiegenden Interesse eines Beteiligten geboten ist. Zu den Ausnahmevoraussetzungen vgl. Nr. 9 der VV LImSchG vom 17. 1. 1994 (MBl. NRW. S. 156). Lässt sich eine Baumaßnahme aufgrund zwingender technischer Erfordernisse nur so durchführen, dass auch in den Nachtstunden gearbeitet werden muss, dann kann trotz Überschreitung des zulässigen Immissionsrichtwertes eine befristete, widerrufliche mit Nebenbestimmungen zum Schutze der Anwohner versehene **Ausnahme vom Nachtarbeitsverbot** im Einzelfall gerechtfertigt sein (vgl. OVG Bln., Beschluss vom 27. 3. 1996 – 2 S 5/96, NVwZ 1996, 926, zur Unterwasserbetonage Potsdamer Platz, bestätigt durch BerlVerfGH, Beschluss vom 19. 4. 1996 - VerfGH 30/96, NVwZ 1996, 886). 24

## 3 Zu Absatz 2 – Schutz der Allgemeinheit

Vor den bei **Bauarbeiten** sich aus der Natur der Sache ergebenden **Gefahren** ist die **Allgemeinheit** zu **schützen**. Der **Begriff „Bauarbeiten"** ist im Bauordnungsrecht nicht definiert und wird als bekannt vorausgesetzt. Nach § 1 VOB/A sind Bauleistungen „Arbeiten jeder Art, durch die eine bauliche Anlage hergestellt, instand gehalten, geändert oder beseitigt wird." Genau im Sinne dieser Begriffsbestimmung ist auch heute der bauordnungsrechtliche Begriff zu verstehen. Absatz 2 verlangt bei Bauarbeiten, durch die unbeteiligte Personen gefährdet werden können, eine **Abgrenzung der Gefahrenzone** und **deren Kennzeichnung** durch entsprechende **Warnzeichen**. Erforderlichenfalls 25 ist ein **Bauzaun** zu errichten, der gleichzeitig die Baustelle **gegen unbefugtes Betreten** sichert, z.B. **zum Schutz spielender Kinder**. Gegen herabfallende Gegenstände sind **Schutzvorrichtungen** (Schutzdächer, Auffangvorrichtungen) anzubringen. Auch das Erfordernis einer gesamten oder teilweisen Ausleuchtung der Baustelle kann gegeben sein. Bei der Anbringung von Bauzäunen ist darauf zu achten, dass sie im Bereich der Baustellenzufahrten die Sicht auf den fließenden Verkehr nicht behindern.

**26** Die erforderlichen Maßnahmen hängen von der **Lage der Baustelle** ab. Werden in einem neu erschlossenen Bereich gleichzeitig mehrere Baustellen betrieben, kann auf Bauzäune noch verzichtet werden, da sich noch keine Bewohner und Besucher in dem Gebiet aufhalten. Wird dagegen eine Baulücke im innerstädtischen Bereich bebaut, sind hohe Anforderungen an die Sicherung der Baustelle geboten. In dichtbebauten Bereichen erfordert die Baustelleneinrichtung häufig die Einbeziehung von Teilflächen der Straße und die Absperrung durch einen dichten Bauzaun mit Beleuchtung bei Dunkelheit. Für Passanten ist ein gesicherter Ersatzgehweg vor dem Bauzaun anzulegen und gegebenenfalls gegen herabfallende Gegenstände zu sichern. Die zeitlich befristete Einbeziehung öffentlicher Verkehrsflächen bedarf neben der erforderlichen Sondernutzungserlaubnis nach dem Straßenrecht (s. Rdn. 2) auch der **Anordnung verkehrslenkender Maßnahmen** und der Aufstellung von Verkehrszeichen. Zuständig zum Erlass verkehrsregelnder Maßnahmen sind die Straßenverkehrsbehörden, die auch die ordnungsgemäße Kennzeichnung zu überwachen haben. Nach § 45 Abs. 6 StVO hat der **Bauunternehmer** unter Vorlage eines **Verkehrszeichenplans** von der zuständigen Straßenverkehrsbehörde Anordnungen darüber einzuholen, wie die Baustelle abzusperren und zu kennzeichnen, ob und wie der Verkehr – auch bei teilweiser Straßensperrung – zu beschränken, zu leiten und zu regeln ist und wie gesperrte Straßen und Umleitungen zu kennzeichnen sind. Der Bauunternehmer hat diese Anordnungen zu befolgen und angeordnete Lichtzeichenanlagen zu bedienen.

## 4 Zu Absatz 3 – Das Baustellenschild

**27** Bereits das Gesetz über die Sicherung der Bauforderungen vom 1. 6. 1909 (RGBl. I S. 449) erzwang die Aufstellung eines Baustellenschildes, allerdings lediglich zum Schutz der privaten Interessen der die Arbeiten ausführenden Betriebe. Mit § 13 Abs. 4 MBO 1960 wurde die **Anbringung eines Baustellenschildes aus Gründen der Gefahrenabwehr** im Bauordnungsrecht vorgesehen. Entsprechende Vorschriften sind in alle Bauordnungen aufgenommen worden.

**28** Absatz 3 verpflichtet den **Bauherrn** zur Anbringung eines **„Baustellenschildes“** mit Bezeichnung des Bauvorhabens und den **Namen** und **Anschriften** des **Entwurfsverfassers**, des **Unternehmers für den Rohbau** und des **Bauleiters**. Diese Vorschrift dient ausschließlich der **Gefahrenabwehr** und nicht der Bekämpfung der (zu Recht) angeprangerten **Schwarzarbeit**. Ein fehlendes oder unvollständiges Baustellenschild kann aber Indiz für das Vorliegen von Schwarzarbeit sein und deshalb eine Kontrolle der Baustelle durch die zur Bekämpfung der Schwarzarbeit berufenen Behörden auslösen. Auch außerhalb der normalen Arbeitszeit der Bauaufsichtsbehörden können auf einer Baustelle Gefahren auftreten (Folgen schlechter Absicherung, Schwelbrände, Sturm- und Wasserschäden). Die für die Baumaßnahmen Verantwortlichen müssen in solchen Gefahrenfällen von der Polizei, Feuerwehr oder sonstigen **Ordnungskräften** ermittelt und verständigt werden können.

29 Die Anbringung des Schildes gehört zur **Ordnungspflicht des Bauherrn.** Die Pflicht entsteht jedoch **nur bei genehmigungsbedürftigen** und **nach § 67 BauO NRW freigestellten Baumaßnahmen**; nach den §§ 65 und 66 BauO NRW **freigestellte Baumaßnahmen** werden hiervon **nicht erfasst**. Wer es entgegen § 14 Abs. 3 BauO NRW unterlässt, ein Baustellenschild aufzustellen, handelt gemäß § 84 Abs. 1 Nr. 2 BauO NRW **ordnungswidrig**; der Verstoß kann mit einer **Geldbuße** geahndet werden. Über die **Abmessungen** des Schildes enthält die Vorschrift **keine Regelungen**. Es muss jedoch (zumindest für die Bauzeit) **dauerhaft** sein, und es ist so anzubringen, dass es von der **öffentlichen Verkehrsfläche** aus sichtbar ist. Nach Nr. 14.3 VV BauO NRW ist den Baugenehmigungen zur Erleichterung für den Bauherrn ein Baustellenschild nach vorgeschriebenem Muster beizufügen. Der Bauherr muss dieses Schild an der Baustelle anbringen, sofern er nicht ein eigenes Schild mit den in Absatz 3 geforderten Angaben verwendet. Die **Bauaufsichtsbehörden** sind darüber hinaus nach Nr. 81.1 VV BauO NRW angewiesen worden, regelmäßig die Beachtung der Pflicht des Bauherrn zur **Anbringung** des Baustellenschildes **zu überwachen.**

30 Sofern der Bauherr ein eigenes Baustellenschild anbringen möchte, weil ihm das behördliche Muster nicht gefällt oder zu klein erscheint (DIN A 4-Format), kann er außer den geforderten Mindestangaben **weitere Angaben** machen. Bei größeren Baustellen ist dies auch die Regel, da die Bekanntgabe der ausführenden Unternehmer (nicht nur des Rohbauunternehmers, sondern auch der Unternehmer für den Ausbau) wie auch der Entwurfsverfasser und Fachplaner eine gewisse **Werbewirksamkeit** für diese Personen entfaltet, obwohl allein hierdurch noch nicht die Pflicht zur Einholung einer Baugenehmigung für eine Werbeanlage ausgelöst wird. Nur bei Erfüllung der Legaldefinition der Werbeanlagen in § 13 Abs. 1 BauO NRW (s. die Anmerkungen zu § 13 Rdn. 77–87) sind Baustellenschilder zugleich **Werbeanlagen**, die dann den materiellen Vorgaben dieser Vorschrift entsprechen müssen (OVG NRW, Urteil vom 28. 9. 1988 – 11 B 849/88, BRS 49 Nr. 150).

## 5 Zu Absatz 4 – Schutz von Bepflanzungen

31 Ein ständiges **Ärgernis** stellt der **sorglose Umgang** mit Bäumen, Sträuchern und Hecken auf Baustellen dar, die sich entweder außerhalb der eigentlichen Baustelleneinrichtung auf dem Grundstück oder in dessen Randzone befinden oder aber innerhalb der Baustelle selbst liegen, jedoch nach der Entwurfskonzeption erhalten bleiben sollen. Durch unsachgemäße Behandlung, z. B. durch Verdichtung des Wurzelbereichs von Bäumen oder durch eine zu dicht am Wurzelbereich liegende Baugrubenböschung, kann es hier zu dauerhaften Schädigungen und damit zum Verlust des Bewuchses kommen. Der mit der BauO NW 1995 neu angefügte Absatz 4 ordnet **Vorsorgemaßnahmen** zum **Schutz von Bepflanzungen** an, die zu erhalten sind.

32 Absatz 4 sieht **Vorsorgemaßnahmen** während der Bauarbeiten (geeignete Schutzvorkehrungen und ausreichende Bewässerung) für **zu erhaltende Bäume**, **Sträucher** und **sonstige Bepflanzungen** vor. Derartige Vorkehrungen **während der Bauarbeiten** ergeben sich nicht schon aus anderen öffentlich-rechtlichen Vorschriften oder sind zumindest daraus nur schwer abzuleiten. Daher dient Absatz 4 dem Schutz zu erhaltender Bepflanzungen unter dem **Gesichtspunkt der Baudurchführung**. Die Vorschrift knüpfte zum Zeitpunkt ihrer Anfügung im Jahre 1995 an § 9 Abs. 1 Satz 1 Halbsatz 2 BauO NW 1995 an. Danach konnte die Bauaufsichtsbehörde die Erhaltung von Bäumen und Sträuchern nicht nur aufgrund anderer öffentlich-rechtlicher Vorschriften, sondern

auch aus bauordnungsrechtlichen Gründen verlangen. Die Regelung des § 14 Abs. 4 BauO NW 1995 schaffte über § 9 Abs. 1 Satz 1 Halbsatz 2 BauO NW 1995 hinaus **keine eigenständige Rechtsgrundlage** zum Schutz bestimmter Bepflanzungen. Nach dem **Fortfall des Halbsatzes 2** in § 9 Abs. 1 Satz 1 BauO NRW 2000 erscheint die Regelung des § 14 Abs. 4 BauO NRW 2000 – trotz unverändertem Wortlaut – in neuem Licht. Dem Fortfall des (bauordnungsrechtlichen) Erhaltungsverlangens muss im Rahmen der Auslegung des Absatzes 4 Rechnung getragen werden, um Fehlschlüsse zu vermeiden.

**33** Da seit der Neufassung des § 9 Abs. 1 Satz 1 BauO NRW 2000 durch Anordnung der Bauaufsichtsbehörde Bepflanzungen nicht mehr aus bauordnungsrechtlichen Gründen geschützt werden können, sind aufgrund § 14 Abs. 4 BauO NRW 2000 auch nur noch die **in öffentlich-rechtlichen Vorschriften enthaltenen Bindungen** zu beachten. So wirkt die **Festsetzung eines Bebauungsplans** über die Erhaltung von Bäumen, Sträuchern und sonstigen Bepflanzungen nach § 9 Abs. 1 Nr. 25 Buchstabe b BauGB aus sich heraus (s. die Anmerkungen zu § 9 Rdn. 20). Es fällt auf, dass § 14 Abs. 4 BauO NRW eine gleichlautende Formulierung verwendet. Hieraus ist zu schließen, dass der Gesetzgeber eine Vollzugsregelung zur **Durchsetzung der bauplanungsrechtlichen Vorgaben** schaffen wollte. Derartige an das Bauplanungsrecht anknüpfende Regelungen sind dem Bauordnungsrecht wegen des engen Sachzusammenhangs eigen, vgl. z. B. § 11 BauO NRW.

**34** Ebenso sind die **naturschutz-** bzw. **landschaftsrechtlichen Vorgaben** zum Schutz von Bäumen, Sträuchern und sonstigen Bepflanzungen zu beachten (s. die Anmerkungen zu § 9 Rdn. 22 und 23). Bedeutung entfalten in diesem Zusammenhang vor allem die **Baumschutzsatzungen** der Gemeinden (s. die Anmerkungen zu § 9 Rdn. 24 und 25). Hinzuweisen ist auch auf das (kaum bekannte) **Rodungsverbot** gemäß § 64 LG. Nach § 64 Abs. 1 Nr. 2 LG ist es untersagt, in der Zeit **vom 1. März bis zum 30. September** Hecken, Wallhecken, Gebüsche sowie Röhricht- und Schilfbestände zu roden, abzuschneiden oder zu zerstören, um während dieser Zeit Nist-, Brut-, Wohn- und Zufluchtstätten von Tieren zu erhalten. Das Rodungsverbot gilt nach § 64 Abs. 2 LG nicht für behördlich angeordnete oder zugelassene Maßnahmen, die aus wichtigen Gründen nicht zu anderer Zeit durchgeführt werden können; Baumaßnahmen privater Bauherren fallen in der Regel nicht unter diese Ausnahmeregelung.

**35** **Nicht erfasst** von § 14 Abs. 4 BauO NRW 2000 sind jedoch solche **Bepflanzungen, die keinen besonderen Schutz nach öffentlich-rechtlichen Vorschriften genießen** (a. A. Buntenbroich/Voß, zu § 14 Rdn. 27, die auch die Bepflanzung als geschützt ansehen, die nach der Planung für das Grundstück erhalten, also nicht vom Vorhaben erfasst werden soll). Nach dem Fortfall von § 9 Abs. 1 Satz 1 **Halbsatz 2** BauO NW **1995** verfügt die **Bauaufsichtsbehörde** über **keine Ermächtigung** mehr, aus **bauordnungsrechtlichen Gründen** die Erhaltung von Bäumen, Sträuchern verlangen zu können. Soweit Bäume, Sträucher und sonstige Bepflanzungen keinen Schutz nach anderen öffentlich-rechtlichen Vorschriften genießen, können diese vom Grundstückseigentümer bzw. Bauherrn jederzeit ohne öffentlich-rechtliche Genehmigung entfernt werden, da dies zum Eigentumsrecht am Grundstück gehört. Ohnehin hat es der Bauherr in der Hand in den Bauvorlagen die nicht öffentlich-rechtlich geschützten Bäume, Sträucher und sonstigen Bepflanzungen als zu entfernen darzustellen oder aber diese vor Beginn der Baumaßnahme zu entfernen. Daher enthält § 14 Abs. 4 BauO NRW 2000 keine eigenständige Erhaltungspflicht für Bepflanzungen aus allein bauordnungsrechtlichen Gründen, sondern verweist auf den Schutz durch andere öffentlich-rechtliche Vorschriften (so auch Nr. 14.4 VV BauO NRW).

Die durch Absatz 4 angeordneten Vorsorgemaßnahmen gelten für alle zu **erhaltenden Bäume, Sträucher und Bepflanzungen** im Bereich der eigentlichen Baustelle, im sonstigen Bereich des Grundstücks sowie in der Randzone, die **von der Baumaßnahme betroffen** sind. So kann der Baumbestand auf der öffentlichen Verkehrsfläche vor dem Grundstück durch den Baustellenbetrieb beeinträchtigt werden. Durch Grundwasserabsenkung zur Trockenlegung der Baugrube können die Bepflanzungen auf den angrenzenden Grundstücken Schaden erleiden. Ein zu dichtes Heranrücken der Ausschachtung an Bäume, Sträucher und Hecken kann deren Wurzelwerk beschneiden und damit in kurzer Zeit zum Absterben führen. 36

Die **Schutzmaßnahmen** richten sich nach den **örtlichen Verhältnissen** und dem erforderlichen **Schutzgrad**. Es leuchtet ohne Weiteres ein, dass einem Naturdenkmal in unmittelbarer Nähe zum Bauvorhaben wesentlich mehr Aufmerksamkeit zu widmen ist als einem Weißdornstrauch im rückwärtigen Gartenbereich. **Verantwortlich** für die zu treffenden Vorkehrungen während der Bauarbeiten sind der **Bauherr** und der **Unternehmer**. Natürlich muss bereits bei der Planung des Vorhabens der Bepflanzungsschutz berücksichtigt werden, indem z. B. der wahre **Kronendurchmesser von Bäumen maßstabsgerecht im Lageplan** dargestellt wird. Da der Wurzelbereich in etwa mit dem Kronenbereich übereinstimmt, kann vorab die Baugrubenbegrenzung optimiert werden, vgl. hierzu DIN 18920. Diesen Zusammenhängen trägt § 3 Abs. 1 Nr. 7 BauPrüfVO in Verbindung mit dem **Zeichen nach Nr. 1.7 der Anlage zur BauPrüfVO** Rechnung. Im Lageplan ist hiernach der geschützte Baumbestand nach Artbezeichnung, Stammumfang und maßstäblicher Eintragung des Kronendurchmessers einzutragen. 37

Vor allem bei größeren, dem „normalen" Genehmigungsverfahren unterliegenden Bauvorhaben mit beengten Grundstücksverhältnissen in unmittelbarer Nähe von Gewässern mit zu erhaltender Uferbepflanzung, die vor Einwirkungen des Baustellenbetriebs besonders geschützt werden soll, kann es geboten sein, einen **Baustelleneinrichtungsplan** mit **Eintragung der Schutzvorkehrungen** zu erstellen. Ein solcher Plan kann ferner erforderlich sein, wenn sich auf dem zu bebauenden Grundstück nach den bauplanungsrechtlichen Festsetzungen eines Bebauungsplans oder nach den landschaftsrechtlichen Festsetzungen des Landschaftsplans bzw. den Bestimmungen einer ordnungsbehördlichen Verordnung nach § 42 a LG zu erhaltende und daher zu schützende Bepflanzungen im Sinne des § 14 Abs. 4 BauO NRW befinden. 38

Die Bauaufsichtsbehörde kann im „normalen" Genehmigungsverfahren gemäß § 1 Abs. 2 Satz 2 BauPrüfVO einen **Baustelleneinrichtungsplan** als **zusätzliche Bauvorlage** verlangen, wenn dies erforderlich ist, um die Einhaltung des Schutzgebots aus § 14 Abs. 4 BauO NRW beurteilen zu können. Die Anforderung bedarf „in zu **begründenden** Einzelfällen" einer Erläuterung. Die Bauaufsichtsbehörde muss dem Bauherrn bekannt geben, zur präventiven Prüfung welcher materiellen Vorschrift des öffentlichen Rechts sie die zusätzliche Bauvorlage benötigt. Im vereinfachten Genehmigungsverfahren, in dem § 14 Abs. 4 BauO NRW nicht präventiv geprüft wird, kann diese Vorschrift als materielle Grundlage für ein entsprechendes Verlangen nicht unmittelbar herangezogen werden. Das schließt jedoch in besonders gelagerten Fällen bei Vorliegen bauplanungs- oder landschaftsrechtlicher Bindungen für Bepflanzungen nicht aus, ein Verlangen nach Vorlage eines Baustelleneinrichtungsplans in materieller Hinsicht unmittelbar auf eine nach § 68 Abs. 1 Satz 4 Nr. 1 oder Nr. 4 BauO NRW zu prüfende Vorschrift zu stützen, um z. B. zur Erlangung einer landschaftsrechtlichen Befreiung gemäß § 69 LG nachzuweisen, dass sich die Baustelle landschaftsverträglich betreiben lässt. 39

## § 15
## Standsicherheit

**(1) [1]Jede bauliche Anlage muss im Ganzen und in ihren Teilen sowie für sich allein standsicher sein. [2]Die Standsicherheit anderer baulicher Anlagen und die Tragfähigkeit des Baugrundes des Nachbargrundstücks dürfen nicht gefährdet werden.**

**(2) Die Verwendung gemeinsamer Bauteile für mehrere Anlagen ist zulässig, wenn öffentlich-rechtlich gesichert ist, dass die gemeinsamen Bauteile beim Abbruch einer der Anlagen bestehen bleiben.**

**Anmerkungen** (Autor: Temme)

**Übersicht**

| | | Rdn. |
|---|---|---|
| 0 | Änderungen gegenüber der BauO NW 1984 und der BauO NW 1995 . . . . . . . | 01–02 |
| 1 | Allgemeines . . . . . . . . . . . . . . . . . . . . . . . . . . . . . . . . . | 1–2b |
| 2 | Zu Absatz 1 – Anforderungen an die Standsicherheit . . . . . . . . . . . . . . . | 3– 6 |
| 3 | Der Standsicherheitsnachweis und seine Prüfung | |
| 3.1 | Nachweispflicht und erforderliche Unterlagen . . . . . . . . . . . . . . . . . . . | 7–15 |
| 3.2 | Prüfung des Standsicherheitsnachweises . . . . . . . . . . . . . . . . . . . . . | 16–20 |
| 3.3 | Prüfingenieure . . . . . . . . . . . . . . . . . . . . . . . . . . . . . . . . | 21–22 |
| 3.4 | Staatlich anerkannte Sachverständige . . . . . . . . . . . . . . . . . . . . . . | 23–24 |
| 4 | Zu Absatz 2 – Verwendung gemeinsamer Bauteile . . . . . . . . . . . . . . . . . | 25–29 |

### 0 Änderungen gegenüber der BauO NW 1984 und der BauO NW 1995

01 Die **BauO NW 1995** hat **§ 15 BauO NW 1984 übernommen**, dabei aber die Regelung in Satz 2 gestrichen, wonach auch die Standsicherheit anderer Anlagen und Einrichtungen im Sinne des § 1 Abs. 1 Satz 2 nicht gefährdet werden darf, weil Satz 1 nur auf bauliche Anlagen abstellt (so die Amtl. Begründung, LT-Drucks. 11/7153 S. 155 zu § 15). Ohnehin kommt „den anderen Anlagen und Einrichtungen" kaum praktische Bedeutung zu (s. die Anmerkungen zu § 1 Rdn. 37 und 38).

02 Die **BauO NRW 2000** hat **§ 15 BauO NW 1995 im Wortlaut beibehalten**.

### 1 Allgemeines

1 Die Standsicherheit einer baulichen Anlage ist die wichtigste Voraussetzung für ihre Benutzbarkeit. **Fehlende Standsicherheit** ist **gleichbedeutend mit Einsturzgefahr** und damit **Gefahr für Leben und Gesundheit** nicht nur der Nutzer des Gebäudes, sondern auch für die öffentliche Sicherheit und Ordnung (OVG NRW, Beschluss vom 26. 10. 2000 – 10 A 4113/00, BRS 63 Nr. 151). Die ungeklärte Standsicherheit einer baulichen Anlage ist mit § 15 Abs. 1 BauO NRW nicht zu vereinbaren (OVG NRW, Urteil vom 3. 2. 1994 – 10 A 1149/91, NVwZ-RR 1995, 247 zu den Voraussetzungen und Ermessenskriterien bei der Anordnung des Abrisses einer nicht mehr standsicheren Bauruine im Außenbereich). Ist die Standsicherheit einer baulichen Anlage nicht gewährleistet, kann die Bauaufsichtsbehörde auch dann Maßnahmen zur Wiederherstellung der Standsicherheit anordnen, wenn keine akute Gefahr eines Einsturzes besteht (VGH B-W, Beschluss vom 12. 5. 1999 – 8 S 963/99, BauR 2000, 864 = BRS 62 Nr. 201). **Bedenken in Bezug auf die Standsicherheit** einer **ungenehmigten baulichen Anlage** rechtferti-

gen die **sofortige Vollziehung einer Abbruchverfügung**, soweit diese zur Abwendung der Gefahren, die sich aus der zweifelhaften Standsicherheit ergeben können, notwendig ist (Hess. VGH, Beschluss vom 25.1.1972 – IV TH 3/72, BRS 25 Nr. 213).

Der **Begriff** der „**Standsicherheit**" wird vom Gesetz selbst nicht definiert. Eine der ältesten überlieferten Bauvorschriften, der „Codex Hammurabi" aus dem Jahre 1800 v. Chr., befasste sich bereits mit den Folgen eines Einsturzes: 2

*„Wenn ein Baumeister ein Haus baut für einen Mann und macht die Konstruktion nicht stark, so dass es einstürzt und verursacht den Tod des Bauherrn: dieser Baumeister soll getötet werden. … Wird beim Einsturz Eigentum zerstört, so stelle der Baumeister wieder her, was immer zerstört wurde; weil er das Haus nicht fest genug baute, baue er es auf eigene Kosten wieder auf. Wenn ein Baumeister ein Haus baut und macht die Konstruktion nicht stark genug, so dass eine Wand einstürzt, dann soll er sie auf eigene Kosten verstärkt wieder aufbauen."*

Der Begriff Standsicherheit ist nicht in einem objektiven Sinne definierbar, sondern stets auch von der subjektiven Erwartungshaltung der Nutzer abhängig (vgl. Böhme, Was bedeutet der Standsicherheitsnachweis, Der Prüfingenieur, April 2003, S. 4 f.). Das Bauordnungsrecht geht von einer Sicherheit gegen Umfallen und Bruch aus und nimmt eine gewisse Bildung von Rissen hin, was bei einem Käufer oder Mieter durchaus Protest hervorrufen kann, weil die Erwartungshaltung dieses Personenkreises über die reine Gefahrenabwehr hinaus reicht und auch Qualitätsaspekte umfasst.

Das Gesetz regelt keine konkreten **Anforderungen** an die Standsicherheit. Diese ergeben sich aus einer großen Zahl **allgemein anerkannter Regeln der Technik** und insbesondere aus den nach § 3 Abs. 3 BauO NRW **eingeführten Technischen Baubestimmungen** (s. den RdErl. vom 8.6.2005, MBl. NRW. S. 698). Die Liste der eingeführten Technischen Baubestimmungen enthält in 2 a

- **Nr. 1** technische Regeln zu **Lastannahmen**,
- **Nr. 2** technische Regeln zur **Bemessung** und zur **Ausführung** und in
- **Nr. 5.1** technische Regeln zum Schutz gegen **seismische Einwirkungen**.

Die Zuordnung von Erdbebenzonen nach **DIN 4149** (Ausgabe April 2005) – Bauten in deutschen Erdbebengebieten – Lastannahmen, Bemessung und Ausführung üblicher Hochbauten ergibt sich aus der vom Geologischen Dienst NRW herausgegebenen **Karte der Erdbebenzonen und geologischen Untergrundklassen** (Ausgabe Juni 2006).

Die Standsicherheit muss während der gesamten Bestandsdauer einer baulichen Anlage gewährleistet sein. Dies folgt aus dem **Instandhaltungsgebot** des § 3 Abs. 1 Satz 1 BauO NRW (s. die Anmerkungen zu § 3 Rdn. 25), das auch zum Erhalt der Standsicherheit verpflichtet (s. die von der ARGEBAU erarbeiteten „Hinweise für die Überprüfung der Standsicherheit von baulichen Anlagen durch den Eigentümer/Verfügungsberechtigten", Fassung September 2006, DIBt-Mitteilungen 6/2006, S. 222 ff.). 2 b

## 2 Zu Absatz 1 – Anforderungen an die Standsicherheit

Da bauliche Anlagen in den weitaus meisten Fällen ein **konstruktives Gefüge** darstellen, muss dieses nach **Absatz 1 Satz 1** sowohl als **Ganzes** wie in seinen **Teilen** standsicher sein. Die Standsicherheit des Ganzen steht vielfach in direkter Abhängigkeit von der Standsicherheit der Teile. Andererseits können Teile des Ganzen für sich mangelnde 3

Standsicherheit aufweisen, ohne dass dadurch die Standsicherheit des Ganzen in Frage gestellt zu sein braucht. Das **Gefüge** einer baulichen Anlage muss **zu jedem Zeitpunkt** im Ganzen wie in seinen Teilen **standsicher** sein, also sowohl während der Errichtung, im fertigen Zustand wie bei seiner Änderung oder seinem Abbruch. Jeder Herstellungsabschnitt beim Aufbau und jeder Rest beim Abbruch muss für sich die Bedingungen der Standsicherheit erfüllen. Während der Bauausführung sind hierzu bei verschiedenen Herstellungsvorgängen Hilfskonstruktionen (Schalungen, Abstützungen, Absteifungen usw.) erforderlich, die für sich standsicher sein müssen und den in der Herstellung begriffenen Bauteilen die Standsicherheit ersatzweise verleihen, bis sie ihre eigene Standsicherheit erlangt haben. Werden Gebäude aneinander gebaut, muss jedes Gebäude für sich und als Ganzes standsicher sein. Die Standsicherheit des einzelnen Gebäudes darf also nicht von der Existenz eines angrenzenden Gebäudes abhängig sein (s. jedoch Rdn. 6 und 25–28). Jedes Reihenhaus ist ein selbständiges Gebäude innerhalb einer Hausgruppe im Sinne des § 22 Abs. 2 BauNVO.

4 Nach **Absatz 1 Satz 2** darf die **Standsicherheit** der auf dem Grundstück oder **auf benachbarten Grundstücken vorhandenen baulichen Anlagen** nicht gefährdet werden; das gilt ebenso für die **Tragfähigkeit des Baugrunds des Nachbargrundstücks**. Die Vorschrift dient auch dem **Nachbarschutz** (OVG NRW, Beschluss vom 1. 2. 2000 – 10 B 1831/99, BRS 63 Nr. 150). Bei der Errichtung baulicher Anlage ist darauf zu achten, dass keine Veränderungen der Standsicherheitsbedingungen eintreten, die der Bauherr der bestehenden Anlage bei deren Errichtung und ordnungsgemäßer Unterhaltung nicht in Rechnung stellen muss (OVG NRW, Beschluss vom 24. 1. 2000 – 7 B 2180/99, BauR 2000, 862 = BRS 63 Nr. 149). Eine Beeinträchtigung der Standsicherheit von Windkraftanlagen ist zu erwarten, wenn diese einen Abstand von weniger als 5 Rotordurchmessern in Hauptwindrichtung zueinander einhalten (OVG NRW, Beschluss vom 9. 7. 2003 – 7 B 949/03, BauR 2003, 1712 = BRS 66 Nr. 138). Die Vorschrift stellt auf **Nachbargrundstücke** ab und verwendet den **Begriff weiter** als den des **angrenzenden** Grundstücks im Sinne des § 74 BauO NRW (vgl. hierzu die Anmerkungen zu § 74 Rdn. 8).

4 a Grundsätzlich muss diese bauordnungsrechtliche Anforderung auch im Rahmen der **Konfliktbewältigung bei der Aufstellung der Bauleitpläne** beachtet werden. So haben die Amtsträger einer Gemeinde die Amtspflicht, bei der Aufstellung von Bebauungsplänen auch Gefahren für die Sicherheit der Wohn- und Arbeitsbevölkerung zu vermeiden (BGH, Urteil vom 29. 7. 1999 – III ZR 234/97, BRS 62 Nr. 14 zu Gefahren für die Standsicherheit aus Tagesbrüchen wegen Bergschäden). Die Erfüllung der Anforderung darf aber der Plandurchführung überlassen werden, soweit keine Anhaltspunkte dafür bestehen, dass mit der Durchführung des Bebauungsplans verbundene bautechnische Probleme auch bei der Anwendung der allgemein anerkannten bautechnischen Regeln nicht oder nur mit unverhältnismäßig hohem Aufwand gelöst werden könnten (VGH B-W, Urteil vom 15. 9. 2004 – 8 S 2392/03, BRS 67 Nr. 47 zur Vorsorge gegen die abgrabungsbedingte Gefährdung der Standsicherheit eines nicht unterkellerten Wohnhauses am Rand einer neu anzulegenden Böschung).

5 Auch **§ 909 BGB** verbietet, dem Nachbargrundstück die Stütze zu entziehen. Dieses zivilrechtliche Verbot richtet sich gegen jeden, der an der Vertiefung mitwirkt, also auch gegen den Unternehmer (BGH, Urteil vom 12. 7. 1996 – V ZR 280/94, ZfBR 1996, 320). Die Unterfangung des Nachbargebäudes bei der Errichtung eines Neubaus ohne Zustimmung des Nachbarn stellt sich als verbotene Eigenmacht im Sinne des § 862 BGB dar (OLG Hamm, Urteil vom 25. 9. 2001 – 24 U 70/01, BauR 2002, 669).

**Absatz 2** schließt die **Verwendung gemeinsamer Bauteile** nicht aus, verlangt aber für den Fall des Abbruchs einer der aneinander stoßenden baulichen Anlagen eine Sicherung dafür, dass das für die Standsicherheit beider Anlagen notwendige gemeinsame Bauteil, wie z. B. die Gebäudetrennwand oder eine Durchlaufdecke, in dem erforderlichen Ausmaß erhalten bleibt. Bei Mitbenutzung der Nachbarwand als Abschlusswand oder zur Unterstützung oder Aussteifung einer angebauten neuen baulichen Anlage (vgl. §§ 7 bis 12 NachbG NRW) ist die Erhaltung des gemeinsamen Bauteils bereits durch die Vorschrift des § 14 Abs. 2 NachbG NRW „gesichert". Diese privatrechtliche Sicherung reicht jedoch öffentlich-rechtlich nicht aus (s. Rdn. 28). 6

## 3 Der Standsicherheitsnachweis und seine Prüfung

### 3.1 Nachweispflicht und erforderliche Unterlagen

Die **Standsicherheit** geplanter baulicher Anlagen hat der Bauherr der Bauaufsichtsbehörde gegenüber **nachzuweisen**. Der **Fachplaner für die Standsicherheit** ist für seinen Fachbeitrag verantwortlich; ihm obliegt die gleiche **Sorgfaltspflicht** wie dem Entwurfsverfasser (s. die Anmerkungen zu § 58 Rdn. 32). Für die **Prüfung der Standsicherheit** sind gemäß § 8 Abs. 1 BauPrüfVO als Bauvorlagen eine **Darstellung des gesamten statischen Systems**, die erforderlichen **Konstruktionszeichnungen** und die erforderlichen **Berechnungen** vorzulegen. Letztere müssen die Standsicherheit der baulichen Anlagen und ihrer Teile nachweisen. Die Beschaffenheit und **Tragfähigkeit des Baugrunds** sind anzugeben; der Tragwerksplaner muss in eigenverantwortlich prüfen, welche besonderen Gründungsmaßnahmen nach Kenntnis der Dinge aufgrund der örtlichen Gegebenheiten erforderlich sind (OLG München, Urteil vom 15. 10. 1996 – 13 U 5857/95, n. v.). Bei **unklaren Bodenverhältnissen** gehört ein **Baugrundgutachten** eines anerkannten Instituts für Erd- und Grundbau zum Standsicherheitsnachweis (das Verzeichnis der Institute für Erd- und Grundbau wird in den DIBt-Mitteilungen veröffentlicht). Von der Vorlage eines Nachweises der Standsicherheit kann im Einvernehmen mit der Bauaufsichtsbehörde im Einzelfall abgesehen werden, wenn bauliche Anlagen oder ihre Teile nach Bauart, statischem System, baulicher Durchbildung und Abmessungen sowie hinsichtlich ihrer Beanspruchung einer bewährten Ausführung entsprechen. 7

Grundsätzlich gilt hinsichtlich der **Prüfung der Standsicherheit** das **„Vier-Augen-Prinzip"**. Von diesem Grundsatz wird nur abgewichen bei Wohnbauvorhaben, die nach § 67 BauO NRW genehmigungsfrei sind, sowie bei Vorhaben, die dem vereinfachten Genehmigungsverfahren nach § 68 BauO NRW unterliegen; jedoch in beiden Fällen nur bei Wohngebäuden geringer Höhe mit nicht mehr als zwei Wohnungen einschließlich ihrer Nebengebäude sowie für Vorhaben nach § 68 Abs. 4 BauO NRW. 8

Die **Prüfung** des Standsicherheitsnachweises erfolgt entweder durch die **Bauaufsichtsbehörde**, durch einen von der Bauaufsichtsbehörde beauftragten **Prüfingenieur** oder durch einen vom Bauherrn beauftragten **staatlich anerkannten Sachverständigen für die Prüfung der Standsicherheit**. Ob die Bauaufsichtsbehörde, der Prüfingenieur oder der staatlich anerkannte Sachverständige letztlich die Prüfung durchzuführen hat, richtet sich nach den Verfahrensvorschriften der BauO NRW, die zwischen dem „normalen" Baugenehmigungsverfahren nach § 63 BauO NRW für „große" Sonderbauten mit uneingeschränkter präventiver Prüfung, dem vereinfachten Genehmigungsverfahren nach § 68 BauO NRW für Wohnbauvorhaben und „kleine" Sonderbauten mit einge- 9 schränkter präventiver Prüfung und der Freistellungsregelung nach § 67 BauO NRW für genehmigungsfreie Wohngebäude, Stellplätze und Garagen differenziert.

10 Bei Wohngebäuden mittlerer Höhe und bei Wohngebäuden geringer Höhe mit mehr als zwei Wohnungen, die nach **§ 67** BauO NRW **genehmigungsfrei** sind, jedoch nicht bei deren Nebengebäuden und Nebenanlagen, muss **vor Baubeginn** ein von einem staatlich anerkannten Sachverständigen **geprüfter Nachweis** über die Standsicherheit **dem Bauherrn vorliegen**, der jedoch weder an die Gemeinde noch an die Bauaufsichtsbehörde weitergeleitet zu werden braucht.

11 Im **vereinfachten Genehmigungsverfahren** nach **§ 68** BauO NRW für Wohnbauvorhaben und „kleine" Sonderbauten ist der Bauaufsichtsbehörde spätestens **bei Baubeginn** ein **Nachweis** über die Standsicherheit einzureichen, der bei Wohngebäuden mittlerer Höhe und bei Wohngebäuden geringer Höhe mit mehr als zwei Wohnungen von einem staatlich anerkannten Sachverständigen **geprüft sein** muss; die Bauaufsichtsbehörde nimmt den Nachweis zur Bauakte.

12 Im **„normalen" Genehmigungsverfahren** nach **§ 63** BauO NRW für „große" Sonderbauten muss die Bauaufsichtsbehörde den Standsicherheitsnachweis prüfen (s. Rdn. 16 ff.). Insofern muss der **Nachweis als Bauvorlage** mit dem Bauantrag eingereicht werden. Da dieses in vielen Fällen nicht möglich ist, regelt Nr. 69.11 VV BauO NRW, dass das Nachreichen von Bauvorlagen (z. B. Standsicherheitsnachweis, andere bautechnische Nachweise) insbesondere dann gestattet werden sollte, wenn

- die bauplanungsrechtliche Zulässigkeit des Vorhabens nicht zweifelsfrei ist,
- die Baugenehmigung nur unter Befreiung oder Abweichung von zwingenden Vorschriften möglich ist,
- die Baugenehmigung von der Zustimmung oder von einer weiteren Genehmigung oder Erlaubnis einer anderen Behörde abhängig ist.

Diese Unterlagen müssen jedoch **vor** der Erteilung der Baugenehmigung vorliegen, da über die Genehmigungsfähigkeit des Vorhabens erst nach der Prüfung des Standsicherheitsnachweises entschieden werden kann (s. Anmerkungen zu § 75 Abs. 81–84).

13 Nach § 8 Abs. 3 BauPrüfVO in Verbindung mit Nr. 8.3 VV BauPrüfVO dürfen Einzelnachweise, die nach ihrem Inhalt erst vorgelegt werden können, wenn die Ausführungsplanung erstellt ist, wie Z. B. **Konstruktionszeichnungen**, **Bewehrungs- und Schalungspläne** als Bestandteil des Standsicherheitsnachweises, ausnahmsweise **nach** Erteilung der Baugenehmigung, jedoch rechtzeitig **vor der Bauausführung** zur Prüfung eingereicht werden. Die Baugenehmigung ist dann unter der **Bedingung** zu erteilen, dass diese **ergänzenden Bauvorlagen vor Beginn der Bauausführung** des jeweiligen Bauteils oder Bauabschnittes durch die Bauaufsichtsbehörde, einen Prüfingenieur, ein Prüfamt oder einen staatlich anerkannten Sachverständigen **geprüft** sein müssen. Der Entwurfsverfasser trägt die Verantwortung, dass die nachgereichten Bauvorlagen mit dem genehmigten Entwurf und den öffentlich-rechtlichen Vorschriften **übereinstimmen** und hat dies durch Übereinstimmungserklärung zu testieren (s. Nr. 75.13 VV BauO NRW).

14 Nach § 65 Abs. 2 Nr. 1 BauO NRW bedürfen **keiner** Baugenehmigung:

- die **geringfügige**, eine die Standsicherheit **nicht** berührende **Änderung** tragender oder aussteifender Bauteile innerhalb von Gebäuden,
- die **nicht geringfügige Änderung** dieser Bauteile, wenn ein Sachkundiger dem Bauherrn die Ungefährlichkeit der Maßnahme schriftlich bescheinigt.

Hierzu führt Nr. 65.21 VV BauO NRW aus, dass als „Änderung" eines tragenden oder aussteifenden Bauteils z. B. das Herstellen von Schlitzen oder Durchbrüchen für Leitungen, aber auch der Durchbruch einer neuen Türöffnung gilt. Der Ersatz des gesamten tragenden oder aussteifenden Bauteils durch ein anderes gilt nicht als Änderung, sondern bedarf der Baugenehmigung. Die Standsicherheit wird im Allgemeinen erkennbar nicht berührt von kleineren senkrechten Schlitzen und Durchbrüchen für Rohrleitungen. Sie kann z. B. berührt werden von längeren waagerechten Schlitzen und von größeren Durchbrüchen (z. B. für Türen); dies gilt insbesondere, wenn der Durchbruch in der Nähe des auszusteifenden Bauteils vorgesehen ist. Kann in diesen Fällen der Sachkundige (zu diesem Begriff s. Nr. 61.33 VV BauO NRW) die Ungefährlichkeit der Maßnahme nicht bescheinigen, ist von der Durchführung der vorgesehenen Änderung abzusehen.

Von erheblicher Bedeutung ist die **Koordinierung** des Ergebnisses der Prüfung des 15 **Standsicherheitsnachweises** mit den technischen Angaben der **Bauzeichnungen**. Wenn auch grundsätzlich von der Einheitlichkeit des Bauantrages auszugehen und zu unterstellen ist, dass der Bauaufsichtsbehörde einheitliche Bauvorlagen zugehen, so ergibt sich aus dem vielfach üblichen Nacheinander bei der Prüfung der Bauzeichnungen und der Standsicherheitsnachweise die Notwendigkeit, die Prüfungsergebnisse in sämtlichen Bauvorlagen einheitlich zur Darstellung zu bringen. Versäumnisse bei der Übertragung der Prüfungsergebnisse aus der statischen Berechnung in die Bauzeichnungen können schwerwiegende – auch strafrechtliche – Folgen haben. Aus § 58 BauO NRW ist zu entnehmen, dass für die Koordinierung der Prüfungsergebnisse und für die Einheitlichkeit des Bauentwurfs (sämtliche für die Ausführung der baulichen Anlage erforderlichen technischen Unterlagen bilden zusammen den Entwurf) der Entwurfsverfasser verantwortlich ist (s. auch die Anmerkungen zu § 58 Rdn. 2 und 22). Die Bauaufsichtsbehörden müssen auf die Koordinierung der Prüfungsergebnisse achten und gegebenenfalls das Erforderliche veranlassen. Zur Koordinierungspflicht des Entwurfsverfassers gehört es auch, den Fachplanern die erforderlichen Vorgaben zu machen. Wenn **Fehler durch unzureichende Vorgaben** hervorgerufen werden, kann dies eine Haftung des Entwurfsverfassers auslösen (BGH, Urteil vom 19. 12. 1996 – VII ZR 233/95, ZfBR 1997, 185 zu wasserdurchlässigen Tiefgaragenwänden und Tiefgaragenböden, die auf einem fehlerhaften Baugrundgutachten beruhen).

### 3.2 Prüfung des Standsicherheitsnachweises

Die **Prüfung** des Standsicherheitsnachweises ist nur noch im „normalen" Genehmi- 16 gungsverfahren für „große" Sonderbauten eine wesentliche Aufgabe der **Bauaufsichtsbehörden**. Für derartige Vorhaben, die sich regelmäßig schon aufgrund ihrer Größe als technisch schwierig erweisen, schalten die meisten Bauherrn von vornherein **staatlich anerkannte Sachverständige für die Prüfung der Standsicherheit** ein (s. Rdn. 20). Die Zahl der **Fälle**, in denen die Prüfung der Standsicherheit der Bauaufsichtsbehörde überlassen bleibt, ist seitdem stark **rückläufig**. Nur noch in diesen wenigen Fällen obliegt also die Prüfung des Standsicherheitsnachweises der Bauaufsichtsbehörde. Um diese Prüfung nicht selbst durchführen zu müssen, besteht für die Bauaufsichtsbehörden bereits seit der PrüfingVO vom 19. 7. 1962 (GV. NRW. S. 138), die später durch die BauPrüfVO vom 6. 12. 1984 (GV. NRW. S. 774) abgelöst wurde, die Möglichkeit zur direkten **Beauftragung eines Prüfingenieurs für Baustatik**. Aufgrund der §§ 21 ff. BauPrüfVO hat die oberste Bauaufsichtsbehörde von der Möglichkeit Gebrauch gemacht, Aufgaben der Bauaufsichtsbehörden auf hierfür bestimmte **Prüfämter für Baustatik** und auf hierfür anerkannte **Prüfingenieure für Baustatik** zu übertragen. Die Prüfämter und die Prüfingenieure unterstehen der Fachaufsicht der obersten Bauaufsichtsbehörde oder einer von ihr bestimmten Behörde.

16 a Angesichts der mit der BauO NW 1995 geschaffenen neuen Rechtslage darf es nicht verwundern, dass die Personalverwaltungen der Landkreise und Kommunen das technische **Fachpersonal für Fragen der Standsicherheit** im Laufe der Jahre abgebaut haben. Die meisten kleinen und mittelgroßen Bauaufsichtsbehörden verfügen heute nicht mehr über eine spezialisierte technische Fachkraft, die überhaupt in der Lage wäre, Standsicherheitsnachweise für „große“ Sonderbauten prüfen zu können. Hiervon zu trennen ist die Frage, ob der Bauaufsichtsbehörde technisches Personal angehören muss, das im Rahmen des allgemeinen Überwachungsauftrages aus § 61 Abs. 1 Satz 1 BauO NRW (s. die Anmerkungen zu § 61 Rdn. 9–14) die mangelnde Standsicherheit einer baulichen Anlage erkennen und Maßnahmen zur Abwehr einer solchen Gefahr einleiten kann. Auch zur Erfüllung dieses gesetzlichen Überwachungsauftrages sind die Bauaufsichtsbehörden gemäß § 60 Abs. 3 BauO NRW ausreichend mit geeigneten Fachkräften zu besetzen. Jedenfalls muss das technische Fachpersonal in der Lage sein, die Gefährlichkeit eines nicht standsicheren Zustandes einer baulichen Anlage überhaupt erkennen zu können, um sodann einen Prüfingenieur für Baustatik zur Begutachtung der Gefahrenlage und der zu treffenden Abwehrmaßnahmen einzuschalten.

17 Die untere **Bauaufsichtsbehörde kann** nach § 27 Abs. 1 BauPrüfVO die **Prüfung des Standsicherheitsnachweises**, der **Nachweise des Brandverhaltens der Baustoffe** und der **Feuerwiderstandsdauer der tragenden Bauteile** und der **Nachweise des Schallschutzes** einem Prüfamt für Baustatik oder einem Prüfingenieur **übertragen**. Hierzu bedarf es **nicht** der Zustimmung des Bauherrn. Die **Übertragung** der Prüfaufgaben kann sowohl durch **öffentlich-rechtlichen Vertrag** als auch durch **Verwaltungsakt** erfolgen (OVG NRW, Urteil vom 23. 4. 1999 – 21 A 3636/97, BauR 2000, 1322). Nach anderer Auffassung kann der Auftrag der Bauaufsichtsbehörde an den Prüfingenieur kein Verwaltungsakt sein, da er nicht im Sinne von § 35 Satz 1 VwVfG. NRW. auf eine unmittelbare Rechtswirkung nach außen gerichtet ist; das mit dem Prüfauftrag konkretisierte Tätigwerden des Prüfingenieurs bleibt nämlich im innerdienstlichen Bereich (VGH B-W, Urteil vom 30. 1. 2003 – 5 S 492/01, BauR 2003, 1368).

18 Der **Prüfauftrag** darf **nur von der örtlich zuständigen Bauaufsichtsbehörde** erteilt werden (vgl. § 27 Abs. 1 Satz 1 BauPrüfVO). Ein **Untervertragsverhältnis** zwischen zwei Prüfingenieuren verschiedener Fachrichtungen **kommt** auch dann **nicht in Betracht**, wenn sich ergibt, dass ein weiterer, für eine andere Fachrichtung anerkannter Prüfingenieur zugezogen werden muss (OVG NRW, Urteil vom 23. 4. 1999 – 21 A 883/98, BauR 2000, 1320); es bedarf demnach auch in einem solchen Fall der Beauftragung durch die Bauaufsichtsbehörde. Das Vertragsverhältnis besteht nur zwischen der beauftragenden Bauaufsichtsbehörde und dem beauftragten Prüfingenieur. Zur Rechtsstellung des Prüfingenieurs für Baustatik führt das BVerwG im Urteil vom 25. 11. 1971 (– I C 7.70, DÖV 1972, 500) unter anderem aus:

„*Die Rechte und Pflichten aus dem Beleihungsverhältnis sind auch dann öffentlich-rechtlicher Art, wenn ihre Erfüllung im Einzelfall durch einen privatrechtlichen Vorgang erfolgen sollte.*“

Die **Beauftragung des Prüfingenieurs durch den Bauherrn ist unzulässig**, da es sich hierbei um die Übertragung von **Hoheitsaufgaben** handelt. Insofern haftet der Beauftragte bei Fehlern nicht dem Bauherrn gegenüber, sondern die Bauaufsichtsbehörde haftet im Rahmen ihrer Amtspflichten gemäß Art. 34 GG in Verbindung mit § 839 BGB (s. hierzu auch Volze, Tätigkeit des Prüfingenieurs bei Bauvorhaben und die Haftung, BauR 2005, S. 1266 ff.). Dem steht auch nicht § 28 Abs. 7 BauPrüfVO entgegen, der lediglich – innerdienstlich – die Verteilung der Verantwortung zwischen der Behörde und dem beauftragten Prüfingenieur regelt.

Neben den Gebühren für die Prüfung des Bauantrages erhält die Bauaufsichtsbehörde **19** für die **Prüfung des Standsicherheitsnachweises** eine **besondere Gebühr** nach Nr. 2.4.8 des Allgemeinen Gebührentarifs zur AVerwGebO NRW. Prüft die Bauaufsichtsbehörde den Standsicherheitsnachweis nicht selbst, sondern beauftragt damit ein Prüfamt oder einen Prüfingenieur, so erhalten diese die Vergütung von der Bauaufsichtsbehörde. Die Bauaufsichtsbehörde fordert die Vergütung dann vom Bauherrn als bare Auslage zurück, es sei denn, sie gestattet ausdrücklich die unmittelbare Abrechnung zwischen dem beauftragten Prüfingenieur und dem Bauherrn. Der **Vergütungsanspruch** eines Prüfingenieurs unterliegt – in entsprechender Anwendung – der **zweijährigen Verjährungsfrist** des § 196 Abs. 1 Nr. 17 BGB (OVG NRW, Urteil vom 23. 4. 1999 – 21 A 3636/97, BauR 2000, 1322).

Neben das Institut des Prüfamtes für Baustatik und die Rechtsfigur des Prüfingenieurs **20** für Baustatik ist die Rechtsfigur des **„staatlich anerkannten Sachverständigen für die Prüfung der Standsicherheit“** getreten (s. Rdn. 23 und 24). Aufgrund des § 72 Abs. 6 BauO NRW ist dem **Bauherrn** die Möglichkeit gegeben, selbst einen solchen **Sachverständigen** mit der Prüfung seines Standsicherheitsnachweises zu **beauftragen**. Aufgabe des staatlich anerkannten Sachverständigen für die Prüfung der Standsicherheit ist es, die Vollständigkeit und Richtigkeit des Standsicherheitsnachweises einschließlich des statisch-konstruktiven Brandschutzes und deren Übereinstimmung mit den genehmigten Bauvorlagen oder den bei der Gemeinde für freigestellte Wohnbauvorhaben nach § 67 BauO NRW eingereichten Bauvorlagen zu bescheinigen. Legt der Bauherr eine solche **Bescheinigung über die Prüfung der entsprechenden Standsicherheitsnachweise** und Bauvorlagen vor, so wird gesetzlich **vermutet**, dass die bauaufsichtlichen **Anforderungen an die Standsicherheit insoweit erfüllt** sind (s. die Anmerkungen zu § 72 Rdn. 104). Die Bauaufsichtsbehörde ist zu einer Überprüfung des Inhalts der Bescheinigung nicht verpflichtet. Die Vorschrift des § 72 Abs. 6 **Satz 3** BauO NRW ermächtigt gleichzeitig die Bauaufsichtsbehörde, vom Bauherrn eine solche Bescheinigung auch für genehmigungsbedürftige Vorhaben verlangen zu können (s. die Anmerkungen zu § 72 Rdn. 111).

### 3.3 Prüfingenieure

**Pflichten und Aufgaben des Prüfingenieurs** und auch die **Voraussetzungen seiner Aner-** **21** **kennung** sind in den **§§ 21 – 26 BauPrüfVO** geregelt. Die **Anerkennung** spricht die **oberste Bauaufsichtsbehörde** bei Erfüllung der in § 23 BauPrüfVO aufgeführten **Voraussetzungen** aus. Die neben anderen Voraussetzungen in § 23 Abs. 2 Satz 1 Nr. 9 BauPrüfVO festgelegte **Altersgrenze** ist verfassungsrechtlich nicht zu beanstanden (BVerfG, Beschluss vom 4. 5. 1983 – 1 BvL 46 u. 47/80, DÖV 1983, 852). Der Prüfingenieur übernimmt als Privater Aufgaben, die ansonsten der Bauaufsichtsbehörde obliegen und ist damit im Rechtssinne als – **Beliehener** – zu qualifizieren. Er erfüllt im Einzelfall die in § 27 BauPrüfVO abschließend aufgeführten staatlichen Aufgaben aufgrund eines **Übertragungsauftrages** der Bauaufsichtsbehörde.

22 **Staatlich anerkannte Sachverständige für die Prüfung der Standsicherheit** werden von der obersten Bauaufsichtsbehörde **auf Antrag** gemäß § 23 Abs. 1 BauPrüfVO **als Prüfingenieure für Baustatik anerkannt**, wenn sie im Zeitpunkt der Antragstellung das 60. Lebensjahr noch nicht überschritten haben. **Prüfingenieure für Baustatik**, die aufgrund der BauPrüfVO oder des Vorgängerrechts (s. Rdn. 16) anerkannt worden sind, werden aufgrund des § 9 Abs. 2 SV-VO **auf Antrag** auch als **staatlich anerkannte Sachverständige für die Prüfung der Standsicherheit** in ihren jeweiligen Fachrichtungen anerkannt. Zuständig für diese Anerkennung ist die Ingenieurkammer-Bau Nordrhein-Westfalen.

### 3.4 Staatlich anerkannte Sachverständige

23 Durch die Verordnung über staatlich anerkannte Sachverständige nach der Landesbauordnung (**SV-VO**) wurde neben anderen die **Rechtsfigur des „staatlich anerkannten Sachverständigen für die Prüfung der Standsicherheit**“ geschaffen. Dies soll dazu beitragen, die Bauaufsichtsbehörden von Prüftätigkeiten zu entlasten und gleichzeitig Prüftätigkeiten, die bisher von Behörden selbst oder von Beliehenen im Auftrag der Behörde wahrzunehmen waren, auf private Sachverständige zu übertragen. Das **Anerkennungsverfahren**, die **Pflichten** und **Aufgaben** der staatlich anerkannten Sachverständigen sowie die **Aufgabenerledigung** durch diese Personen sind in der SV-VO geregelt.

24 Die **Anerkennung** der staatlich anerkannten Sachverständigen für die Prüfung der Standsicherheit erfolgt nicht – wie die der Prüfingenieure für Baustatik – durch die oberste Bauaufsichtsbehörde, sondern durch die **Ingenieurkammer-Bau Nordrhein-Westfalen** (s. auch die Anmerkungen zu § 72 Rdn. 111 ff.).

### 4 Zu Absatz 2 – Verwendung gemeinsamer Bauteile

25 Absatz 2 erlaubt die Verwendung **gemeinsamer Bauteile** für mehrere bauliche Anlagen, wenn gesichert ist, dass die Bauteile, die gemeinsam erst die geforderte Standsicherheit auf Dauer gewährleisten, beim Abbruch einer der baulichen Anlagen bestehen bleiben. Solche gemeinsamen Bauteile können z. B. durchlaufende Decken oder gemeinsame Gebäudeabschlusswände nach § 31 Abs. 2 BauO NRW sein (s. auch Wenzel, Rdn. 299–303). Das Gesetz verlangt die **öffentlich-rechtliche Sicherung**. Eine solche Sicherung kann eine **Baulast** nach § 83 BauO NRW oder – in diesem besonderen Fall – auch eine entsprechende **Nebenbestimmung zur Baugenehmigung** eines jeden der betroffenen Gebäude sein.

26 Gerade um Baukosten zu sparen, wurde bislang und von der Möglichkeit der Verwendung gemeinsamer Bauteile Gebrauch gemacht. Trotz erhöhter Wärmeschutz- und Schallschutzanforderungen ist diese Konstruktionsmethode auch heute noch im Falle geringer Grundstücksbreiten anzutreffen, um ausreichende lichte Raumbreiten schaffen zu können. Dies beschränkte sich in der Reihenhausbauweise nicht allein auf die Verwendung gemeinsamer Gebäudeabschlusswände, sondern erfasste durchlaufende Deckenkonstruktionen oder gemeinsame, aussteifende Bauteile. Im Ergebnis kann keines dieser Gebäude für sich abgebrochen oder – ohne Rücksicht auf das Nachbargebäude – in seinem statischen Gefüge geändert werden. Der **Nachbar** hat ein subjektiv öffentlich-rechtliches Recht darauf, dass beim Abbruch einer baulichen Anlage, die an die auf seinem Grundstück befindliche bauliche Anlage anstößt, der Bestand gemeinsa-

mer Bauteile, soweit diese sich auf seine, des Nachbarn, bauliche Anlage erstrecken, und die Standsicherheit seiner baulichen Anlage nicht gefährdet werden (BayVGH, Urteil vom 21.8.1973 – Nr. 140 I 72, BRS 27 Nr. 169).

Liegen die Voraussetzungen des Absatzes 2 vor, bedarf es **keiner besonderen Abweichungsentscheidung** nach § 73 BauO NRW von den Vorschriften des § 15 Abs. 1 Satz 1 BauO NRW. Die **Zulässigkeit** ist **abhängig von der öffentlich-rechtlichen Sicherung**, dass die gemeinsamen Bauteile beim Abbruch einer der aneinander stoßenden Anlagen bestehen bleiben. 27

Diese **Sicherung** muss sowohl **technisch** (statisch) als auch **rechtlich** gegeben sein. Die **privatrechtliche Sicherung nach § 14 Abs. 2 NachbG NRW reicht nicht aus** (s. auch Rdn. 6). Zur öffentlich-rechtlichen Sicherung des Bestands der betreffenden Bauteile bieten sich **zwei Möglichkeiten** an: 28

a) **Eintragung von Baulasten** auf der Grundlage des § 83 BauO NRW. In den meisten Fällen werden zwei angrenzende Gebäude auf unterschiedlichen Grundstücken betroffen sein, so dass dann für jedes dieser Grundstücke eine Baulast begründet werden muss. Die Baulast beruht auf der freien Willensentscheidung der betreffenden Grundstückseigentümer. Es werden in der Regel keine Gründe erkennbar sein, die Eintragung der beiden Verpflichtungserklärungen zu verwehren. Die zustande gekommenen Baulasten begründen dann einen Rechtsanspruch auf Genehmigung der gemeinsamen Bauteile. Die Sicherung durch **Baulast** sollte die Regel sein, weil die entsprechende Verpflichtungserklärung der beiden **Grundstückseigentümer** bereits **vor** Erteilung der Baugenehmigung vorliegen müssen und dadurch ausreichende **Rechtssicherheit für die Bauaufsichtsbehörde** besteht.

b) Die Aufnahme einer **Nebenbestimmung** in die Baugenehmigung eines jeden der betroffenen Gebäude gemäß § 36 VwVfG. NRW. Diese Lösung erscheint sinnvoll, wenn die Gebäude mit gemeinsamen Bauteilen auf demselben Grundstück liegen. Bei der Nebenbestimmung handelt es sich um eine **Auflage**, mit der aufgegeben wird, sowohl die **Änderung** als auch den **Abbruch** des zu sichernden Bauteils künftig **zu unterlassen**. Der Inhalt einer solchen Nebenbestimmung zur Sicherung einer durchlaufenden Decke kann z.B. lauten:

   „Die Baugenehmigung wird unter der Auflage erteilt, dass die Änderung oder der Abbruch der durchlaufenden Decke(n) über dem …-geschoss unterlassen wird, weil sonst der konstruktive Zusammenhang der durchlaufenden Decke(n) der Gebäude (genaue Bezeichnung …) und damit die Standsicherheit der aneinander stoßenden baulichen Anlagen nicht mehr gegeben ist."

Wird die **Nebenbestimmung** gewählt, muss vorher geklärt sein, dass die **Bindung** nicht nur für den Bauherrn, sondern auch für den **Grundstückseigentümer** eintritt. Die Bauaufsichtsbehörde muss auch sicher sein, dass gegen die entsprechende Auflage kein Widerspruch eingelegt wird, da deren **Rechtsbestand** wiederum **Voraussetzung für die Genehmigung der gemeinsamen Bauteile** ist. Diese Sicherheit kann nur dadurch erlangt werden, dass der **Antragsteller** vorab **schriftlich** zu der entsprechenden Auflage sein **Einverständnis** erklärt. Baugenehmigung und Nebenbestimmung **gemeinsam** bilden in diesem besonderen Fall die nach Absatz 2 erforderliche **öffentlich-rechtliche Sicherung**. Die **Auflage** kann und sollte wegen der **besonderen Bedeutung** für die öffentliche Sicherheit gemäß § 83 Abs. 4 Satz 2 BauO NRW in das **Baulastenverzeichnis eingetragen** werden. 29

## § 16
## Schutz gegen schädliche Einflüsse

**[1]Bauliche Anlagen sowie andere Anlagen und Einrichtungen im Sinne des § 1 Abs. 1 Satz 2 müssen so angeordnet, beschaffen und gebrauchstauglich sein, dass durch Wasser, Feuchtigkeit, pflanzliche oder tierische Schädlinge sowie andere chemische, physikalische oder biologische Einflüsse Gefahren oder unzumutbare Belästigungen nicht entstehen. [2]Baugrundstücke müssen für bauliche Anlagen entsprechend geeignet sein.**

***VV BauO NRW*** *(infolge Befristung mit Ablauf des 31. 12. 2005 ausgelaufen)*

***16 Schutz gegen schädliche Einflüsse (§ 16)***

*16.2 Zu Satz 2*

*16.21 Auf die Vorschriften des Bundes-Bodenschutzgesetzes und des Landesbodenschutzgesetzes NRW sowie den Gem. RdErl. d. Ministeriums für Stadtentwicklung und Verkehr, d. Ministeriums für Bauen und Wohnen u. d. Ministeriums für Umwelt, Raumordnung und Landwirtschaft v. 15. 5. 1992 (MBl. NRW. S. 872/SMBl. NRW. 2311) – „Berücksichtigung von Flächen mit Bodenbelastungen, insbesondere Altlasten, bei der Bauleitplanung und im Baugenehmigungsverfahren“ – wird hingewiesen.*

*16.22 Baugrundstücke müssen auch im Hinblick auf ihre Kampfmittelfreiheit für bauliche Anlagen geeignet sein. Dies ist vor allem von Bedeutung bei Bauvorhaben auf Grundstücken, die in Bombenabwurfgebieten oder in ehemaligen Hauptkampfgebieten des Zweiten Weltkrieges liegen und bei denen nicht unerhebliche Erdeingriffe vorgenommen werden.*

*Baugenehmigungen für Sonderbauten nach § 68 Abs. 1 Satz 3, die Bauvorhaben mit nicht unerheblichen Erdeingriffen in Kampfmittelverdachtsflächen betreffen, wird eine Nebenbestimmung angefügt, wonach mit dem Beginn der Bauarbeiten erst begonnen werden darf, wenn hiergegen seitens der für die Räumung von Kampfmitteln zuständigen Stellen keine Einwände erhoben werden. Der festgestellte Teil der Baugenehmigung, der die Übereinstimmung des Bauvorhabens mit dem geltenden Recht bestätigt, bleibt unangetastet, der verfügende Teil, der die so genannte „Baufreigabe“ beinhaltet, wird damit aufschiebend bedingt.*

*Im vereinfachten Genehmigungsverfahren gemäß § 68 wird § 16 von der Bauaufsichtsbehörde nicht geprüft. Die Gemeinde wird im Verfahren beteiligt und kann daher als allgemeine Ordnungsbehörde das Erforderliche veranlassen, um den Kampfmittelverdacht auszuräumen. Auf Wunsch der Gemeinde kann auch in diesem Verfahren die Baugenehmigung mit einer Nebenbestimmung versehen werden.*

*Bei nach § 67 genehmigungsfreien Wohngebäuden, Nebengebäuden, Nebenanlagen, Stellplätzen und Garagen muss nicht untersucht werden, ob ein Grundstück frei von Kampfmitteln ist, wenn nur ein einzelnes Bauvorhaben errichtet werden soll und die Gemeinde bereits entsprechende Untersuchungen hat durchführen lassen, als der Bebauungsplan aufgestellt wurde. Sind dagegen solche Untersuchungen zu diesem Zeitpunkt nicht durchgeführt worden, steht es der Gemeinde frei, für einzelne Baumaßnahmen im Sinne des § 67 Abs. 1 und 7 zu verlangen, dass ein Genehmigungsverfahren durchgeführt wird (vgl. § 67 Abs. 3 Satz 1), wenn sie der Auffassung ist, dass zunächst geprüft werden muss, ob § 16 Satz 2 genügt wird. Sie kann allerdings auch die Bauherrinnen und Bauherren auf die sich aus der Kampfmittelverordnung ergebenden Pflichten hinweisen und als für die Kampfmittelräumung zuständige allgemeine Ordnungsbehörde rechtzeitig das Erforderliche veranlassen, ohne dass dies Auswirkungen auf die Durchführung des Freistellungsverfahrens haben muss.*

**Anmerkungen** (Autor: Czepuck)

**Übersicht**

| | | Rdn. |
|---|---|---|
| 0 | Änderungen gegenüber der BauO NW 1984 und der BauO NW 1995 | 01–02 |
| 1 | Allgemeines | 1– 6 |
| 2 | Zu Satz 1 – Schutz gegen schädliche Einflüsse | |
| 2.1 | Abwehr von Gefahren und unzumutbaren Belästigungen | 7–10 |
| 2.2 | Schutzmaßnahmen gegen Feuchtigkeit, Korrosion und Schädlinge | 11–21 |
| 2.3 | Schutz gegen chemische und physikalische Einflüsse | 22–23 |
| 2.4 | Schutz gegen Strahlen und elektromagnetische Felder | 24–27 |
| 2.5 | Gefährliche Stoffe in Bauprodukten | 28–33 |
| 3 | Zu Satz 2 – Eignung von Baugrundstücken | |
| 3.1 | Anlass und Ziel der Regelung | 34–38 |
| 3.2 | Regelungsgegenstand | 39–42 |
| 3.3 | Verfahrensrechtliche Behandlung | 43–47 |
| 3.4 | Bauplanungsrechtliche Anforderungen an den Baugrund | 48–55 |

## 0 Änderungen gegenüber der BauO NW 1984 und der BauO NW 1995

Die **BauO NRW 2000** hat aus § 16 BauO NW 1995 nur aus Absatz 1 die **Sätze 1 und 2** **01**
übernommen. Die 1995 erfolgten Anpassungen des Satzes 1 **an die BPR** und die Einfügung der **allgemeine Anforderung** hinsichtlich der **Eignung von Baugrundstücken** für Bebauungszwecke als Satz 2 wurden beibehalten. Damit wird das Baugrundstück selbst in den Schutz gegen schädliche Einflüsse mit einbezogen und der **Altlastenproblematik** Rechnung getragen. Die ebenfalls bereits mit der BauO NW 1995 **geänderte Überschrift** beschreibt deutlicher den Regelungsgehalt der Vorschrift, die nämlich nicht nur den Schutz gegen Feuchtigkeit, Korrosion und Schädlinge, sondern weitergehend auch den Schutz gegen andere schädliche Einflüsse regelt.

Der noch in der BauO NW 1995 enthaltene **Absatz 2**, der auf § 18 Abs. 3 MBO 1960 zu- **02**
rückging und wegen der **Gefährlichkeit** des Hausbocks, der Termiten und des Hausschwamms eine gesetzliche **Anzeigepflicht** gegenüber der Bauaufsichtsbehörde begründete, wurde nicht mehr in die **BauO NRW 2000** übernommen. Die Durchführung der von der Bauaufsichtsbehörde angeordneten Gefahrenabwehrmaßnahmen musste der Ordnungspflichtige veranlassen. Weil es hierüber aufgrund der gesetzlichen Anzeigeverpflichtung verschiedentlich zu Missverständnissen kam und die praktische Bedeutung der Vorschrift eher als gering eingeschätzt wurde, haben die anderen Bundesländer die Anzeigepflicht in Übereinstimmung mit der MBO abgeschafft. Die Vorschrift **entfiel** daher auch in Nordrhein-Westfalen aus **Deregulierungsgründen** in Anpassung an die MBO (vgl. LT-Drucks. 12/3738, S. 67 Nr. 2 a und S. 73 zu Art. I Nr. 9 – § 16). Die Anforderung des **§ 3 Abs. 1 BauO NRW** nach ordnungsgemäßer Instandhaltung ermöglicht bereits entsprechende ordnungsbehördliche Maßnahmen bei Schädlingsbefall.

## 1 Allgemeines

1 Die **Dauerhaftigkeit** jeder baulichen Anlage wird durch Wasser, Bodenfeuchtigkeit, Witterungseinflüsse und chemische oder physikalische Reaktionen gemindert. Letztere können nachteilige Wechselwirkungen zwischen Bauprodukten ergeben. Biologische Einwirkungen (Pflanzen, tierische Schädlinge) können ebenfalls Bauschäden verursachen. Hierdurch kann die **Standsicherheit** der baulichen Anlagen auf die Dauer **bedroht** sein.

2 **Gefahren für die Gesundheit** können mit solchen Einflüssen verbunden sein. Dauernde Wandfeuchtigkeit ist häufig der Startpunkt einer Kette von Schäden bis hin zu Erkrankungen. Die von bestimmten Stoffen, wie Asbest, PCB und PCP, ausgehenden Gefahren sind allgemein bekannt (vgl. auch die Anmerkungen zu § 14 Rdn. 18 u. 19).

3 **Besondere Gefahren** für die Bewohner und Nutzer können von **belasteten Böden** ausgehen. Diese ergeben sich insbesondere aus vor der Bebauung nicht beseitigten **Altlasten** und **Munitionsrückständen**, aber auch aus drohenden **Naturgewalten**, wie Überschwemmungen oder Hangrutschungen und Steinschlag.

4 In erster Linie dient § 16 BauO NRW der **Abwehr von Gefahren für Leben und Gesundheit**. Sein **Ziel** ist es, durch geeignete Maßnahmen die Einwirkungsmöglichkeiten der schädlichen Einflüsse auf bauliche Anlagen so einzuschränken, dass

- die Standsicherheit nicht gefährdet wird,
- keine dem Verwendungszweck zuwiderlaufen Missstände auftreten,
- keine unzumutbaren Belästigungen für die Benutzer entstehen,
- aus Bodenverunreinigungen herrührende Gefahren erkannt und beseitigt werden.

Im **vereinfachten** Genehmigungsverfahren nach § 68 BauO NRW wird **§ 16** BauO NRW **nicht präventiv geprüft**. Gemäß § 65 Abs. 4 BauO NRW sind jedoch die materiellen Vorgaben des § 16 BauO NRW auch für freigestellte Vorhaben beachtlich. Die Vorschrift gilt gemäß § 67 Abs. 5 Satz 7 BauO NRW, der die entsprechende Geltung von § 65 Abs. 4 BauO NRW anordnet, auch für freigestellte Wohnbauvorhaben.

5 § 16 BauO NRW erfasst schädliche Einflüsse, denen **aus bauordnungsrechtlicher Sicht** entgegengewirkt werden muss. Andere öffentlich-rechtliche Vorschriften haben ebenso den Schutz vor schädlichen Einflüssen zum Gegenstand, allerdings stellen sie häufig Anforderungen an die Verursacher. Zu nennen sind das **BImSchG mit seinen Durchführungsverordnungen** (Regelungen zum Schutz vor Luftverunreinigungen, vor Lärm und vor Erschütterungen), das Gesetz zum Schutz gegen Fluglärm in Verbindung mit der Verordnung über bauliche Schutzanforderungen nach dem Gesetz zum Schutz gegen Fluglärm – **SchallschutzV** sowie das **AtomG,** die **StrlschV** und die **RöV**. Andere relevante Rechtsbereiche sind z. B. das **GenTG**, das **ChemG** und das **SprengG**; diese regeln häufig den Umgang mit Stoffen zum Schutz gegen schädliche Einflüsse.

6 Aus der **Zielsetzung** des § 16 BauO NRW folgt, dass diese Vorschrift **vorrangig dem Eigenschutz** und nicht stets auch dem Nachbarschutz dient. Ohnehin enthält das Bauplanungsrecht Anforderungen an die Anordnung baulicher Anlagen auf dem Grundstück unter dem Gesichtspunkt des Gebots gegenseitiger Rücksichtnahme, so dass eine eigenständige nachbarschützende Funktion des § 16 BauO NRW hinsichtlich der Unterlassung unzumutbarer Belästigungen kaum zum Tragen kommen kann (vgl. BayVGH, Urteil vom 30. 10. 1973 – Nr. 159 I 72, BRS 27 Nr. 179 und Urteil vom 11. 5. 1987 – Nr. 14

B 84 A. 1412, BRS 47 Nr. 182). Es besteht eine mit § 35 Abs. 1 BauO NRW (harte Bedachung) vergleichbare Rechtslage (s. die Anmerkungen zu § 35 Rdn. 3). Dennoch kann ein Verstoß gegen die Vorgaben nachteilige Auswirkungen auf ein Nachbargebäude haben, z. B., wenn Feuchtigkeit die Standsicherheit eines gemeinsam genutzten Bauteils beeinträchtigt (s. die Anmerkungen zu § 15 Rdn. 2 und 21 ff. und OVG Lüneburg, Urteil vom 23. 9. 1986 – 6 A 182/84, BauR 1987, 297 = BRS 46 Nr. 184). Unterlässt der Ordnungspflichtige die Behebung des Schadens, schädigt er nicht nur die eigene bauliche Anlage, sondern verstößt auch gegen eine **nachbarschützende Vorschrift**.

## 2 Zu Satz 1 – Schutz gegen schädliche Einflüsse

### 2.1 Abwehr von Gefahren und unzumutbaren Belästigungen

Satz 1 schreibt vor, dass bauliche Anlagen so angeordnet, beschaffen und gebrauchstauglich sein müssen, dass schädlichen Einflüssen durch Wasser, Bodenfeuchtigkeit, Witterung, pflanzliche oder tierische Schädlinge und auch schädlichen Einflüssen chemischer, physikalischer oder biologischer Art von vornherein begegnet wird. **Gefahren** oder **unzumutbare Belästigungen** dürfen nicht entstehen. Diese allgemeine Gebotsvorschrift bezieht sich auf mögliche Gefahren und unzumutbare Belästigungen für die Bewohner und Benutzer einer baulichen Anlage oder eines Nachbargrundstücks. Biologische (mikrobiologische) Einflüsse können bei fehlerhafter Ausbildung einer baulichen Anlage oder unzureichendem Grenzabstand einer Altbausubstanz schädliche Wirkung auf Nachbargrundstücken ausüben (s. auch Rdn. 6). 7

Den von Satz 1 erfassten **Gefahren** (zu diesem Begriff s. die Anmerkungen zu § 3 Rdn. 33) muss bereits bei Planung und Ausführung entgegengewirkt werden. **Belästigungen** sind Einwirkungen unterhalb der Gefahrenschwelle, die nur geringere Beeinträchtigungen zur Folge haben. Erst wenn die Belästigung den Grad der **Unzumutbarkeit** erreicht, kann die Beseitigung der Ursache verlangt werden, da dies den Tatbestand der Störung der öffentlichen Ordnung erfüllt. Bei der Prüfung ist zu beachten, ob die Belästigung sich nur auf die bauliche Anlage selbst oder auch auf andere bauliche Anlagen auswirkt. 8

**Unzumutbare Belästigungen** im Sinne des Satzes 1 können ihre Ursache in konstruktiven Mängeln oder nicht behobenen Bauschäden haben, aber auch in der Verwahrlosung baulicher Anlagen. Hiervon streng zu trennen sind solche unzumutbaren Belästigungen, die aus einer bauplanungsrechtlich unzulässigen Nutzung einer baulichen Anlage herrühren, z. B. durch Haltung von Kleintieren über das bauplanungsrechtlich zulässige Maß hinaus (OVG NRW, Urteil vom 3. 2. 1994 – 10 A 1149/91, BRS 56 Nr. 201). 9

Die Regelungen des Satzes 1 dienen der Abwehr von Gefahren und unzumutbaren Belästigungen, die aus den dort genannten schädlichen Einflüssen auf die bauliche Anlage **selbst einwirken** oder von ihr **ausgehen können**. Von Satz 1 nicht erfasst sind schädliche Einflüsse, deren Abwehr durch andere Rechtskreise bewirkt wird (s. Rdn. 5). 10

### 2.2 Schutzmaßnahmen gegen Feuchtigkeit, Korrosion und Schädlinge

**Schutz gegen Wasser und Feuchtigkeit** bedeutet Schutz gegen Niederschlagswasser, Bodenfeuchtigkeit, abfließendes Oberflächenwasser und Grundwasser. Vom Dach oder vom Fundament her bzw. durch das Kellermauerwerk eindringende Feuchtigkeit oder Wasser kann eine bauliche Anlage in ihrem Bestand schwer schädigen und insbesondere deren Standsicherheit gefährden. 11

12 Der Schutz gegen Niederschlagswasser (z. B. Regen, Schnee, Eis) wird im Allgemeinen durch zweckentsprechende **Bedachungen** nach den allgemein anerkannten Regeln der Technik durch **Abdeckungen** (z. B. von Mauern) oder durch **Abdichtungen** (z. B. von Kellerwänden, Balkonen, Fugen) erreicht. Niederschlagswasser kann über Regenrinnen, Dacheinläufe und Fallrohre sicher und rasch abgeleitet werden. Bauliche Anlagen an oder in Gewässern bedürfen besonderer konstruktiver Vorkehrungen.

13 Gegen **Grund- und Druckwasser** sowie gegen aufsteigende oder seitlich eindringende **Bodenfeuchtigkeit** sind bauliche Anlagen und Bauteile durch Sperrschichten, Schutzanstriche oder Spezialbetone zu schützen. Gebäude unterhalb der Geländeoberfläche (z. B. Tiefgaragen) sind nach § 15 Abs. 1 BauO NRW gegen **Auftrieb** zu sichern, wenn der Grundwasserstand relativ hoch liegt. Besondere Aufmerksamkeit ist der Ausführung von Bauwerken aus Beton im Moor, in Moorwässern und ähnlich zusammengesetzten **aggressiven Wässern** zu widmen. **Schwefelsäure** in Abwässern oder Haldenwässern ist **für Beton schädlich**. Beton wird durch Wasser mit mehr als 300 mg $SO_3$/Liter angegriffen. Auch Wasser mit mehr als 10 mg freier Kohlensäure/Liter wirkt angreifend. Andere Ursachen für Schädigungen können die Einwirkungen von Salzlösungen, Chloriden, organischen Stoffen, organischen Säuren und Ölen, aber auch von Zucker sein.

14 Die den **Feuchteschutz** regelnden Normen,

- DIN 18195 Teil 1–10 – Bauwerksabdichtungen,
- DIN 18531 – Dachabdichtungen,
- DIN 18540 Teil 1–3 – Abdichtungen von Außenwandfugen mit Fugendichtungsmassen,
- DIN 18545 Teil 1–3 – Abdichtungen von Außenfugen mit Dichtstoffen,

sind nicht nach § 3 Abs. 3 BauO NRW als **technische Baubestimmung** eingeführt worden. Bei baulichen Anlagen, die unter Anwendung dieser Normen errichtet werden, besteht jedoch für den Bauherrn die Vermutung, dass er die allgemein anerkannten Regeln der Technik entsprechend § 3 Abs. 1 BauO NRW beachtet hat. Das ILS hat zum Problem **wirksamer Abdichtungen** von erdberührenden Bauteilen, Außenwänden, Öffnungsanschlüssen, Dächern, Dachterrassen und Balkonen Untersuchungen durchgeführt und veröffentlicht (s. **Schriftenreihe** Bd. 3004, 3006, 3008).

15 **Stahlkonstruktionen** sind gegenüber chemisch aggressiven Wasser- und Luftverunreinigungen zu schützen. Dies regelt die nicht bauaufsichtlich eingeführte Norm:

- DIN 55928 Teil 1–8 – Korrosionsschutz von Stahlbauten durch Beschichtungen und Überzüge.

16 **Pflanzliche und tierische Schädlinge** können organischen Baustoffen gefährlich werden. Diese anfälligen Baustoffe, wie insbesondere Holz, bedürfen eines vorbeugenden Schutzes oder besonderer Maßnahmen bei Befall. Zu den pflanzlichen Schädlingen zählen Pilzarten, wie Schwämme, aber auch Wurzelwerk von Pflanzen und Bäumen. Zu den tierischen Schädlingen zählen vornehmlich Insekten, wie Termiten und der Hausbock.

17 Große Zerstörungskraft nicht nur auf Holz, sondern sogar auf Beton und Mauerwerk, üben die Schwämme aus. Hierzu zählen der **echte Hausschwamm**, der schon bei etwas mehr als 20 % Holzfeuchtigkeit lebt, der **Kellerschwamm**, der jedoch 40 % Feuchtigkeit benötigt, und der **Porenhausschwamm**, der sogar vorübergehend austrocknen kann. Hausschwamm entwickelt sich auf feuchtem Bauholz und zerstört es vollkommen. Das Gewebe des Pilzes bildet auf dem Holz graue, papierähnliche, leicht vom Holz ablösba-

re Häute mit strahligem Bau, auch weiße, watteartige Polster. Die Bekämpfung des Hausschwamms erfordert außergewöhnliche Sorgfalt. Bei Befall von Holzbalkendecken ist die Standsicherheit gefährdet. Feuchtigkeit, Wärme bis 26 °C und mangelnde Lüftung fördern das Wachstum. Das Myzel des Hausschwamms durchwächst Mauerwerk und kann in Nachbargebäude einwandern oder eingeschleppt werden.

Der gefährlichste einheimische Holzschädling ist die Larve des **Hausbocks.** Daneben gibt es weitere Schädlinge: die Larven der **Pochkäferarten** (Holzwurm) und des **Parkettkäfers**. Der Befall durch den Hausbockkäfer führt in relativ kurzer Zeit zur Zerstörung, wobei der Grad der Zerstörung nicht jederzeit offen in Erscheinung tritt. Bei hölzernen Dachstühlen kann der Verlust der Standsicherheit eintreten, wobei dies ohne nähere Untersuchung oft unerkannt bleibt. Erschwerend kommt hinzu, dass sich der Hausbockkäfer, von einem befallenen Objekt ausgehend, durch Flug weithin ausbreiten kann. **18**

Mit dem **Holzschutz** befassen sich die **Normen** **19**

- DIN 52175 (Ausgabe Januar 1975) – Holzschutz; Begriffe, Grundlagen,
- DIN 68800 Teil 1–5 – Holzschutz im Hochbau.

Davon wurden als technische Baubestimmungen eingeführt:

- DIN 68800 Teil 2 (Ausgabe Mai 1996) – Holzschutz im Hochbau; Vorbeugende bauliche Maßnahmen,
- DIN 68800 Teil 3 (Ausgabe April 1990) – Holzschutz im Hochbau; Vorbeugender chemischer Holzschutz.

Der **Schwerpunkt des vorbeugenden Holzschutzes** liegt **im konstruktiven Bereich**. DIN 68800 Teil 2 beschreibt bauliche Maßnahmen, um Feuchtigkeit von Holzbauteilen fernzuhalten. DIN 68800 Teil 3 schreibt vor, dass alles für die Standsicherheit des Bauwerks wirksame Holz, also das Holz aller tragenden und aussteifenden Bauteile, vorbeugend chemisch geschützt werden muss. Im trockenen Innenbau müssen tragende Holzbauteile nur vorbeugend gegen Insekten geschützt werden, bei möglicher Feuchteeinwirkung (Decken unter nicht ausgebautem Dachgeschoss, Dachstuhl, wettergeschützte Teile von Außenwänden, Bäder und Küchen) ist zusätzlich ein chemischer Holzschutz gegen Pilzbefall vorzusehen. Für Bauholz, das mit einer Feuchtigkeit von über 18 % eingebaut und nicht nachbehandelt wird, sowie solches, das Regen oder Tauwasser ausgesetzt wird, ist Kesseldruck- oder Trogtränkung vorgeschrieben (zum vorbeugenden Holzschutz s. Irmschler, Anforderungen der Bauaufsicht an den Schutz tragender und aussteifender Holzbauteile, DIBt-Mitteilungen 1996, S. 170 ff.). **20**

**Holzschutzmittel** unterfallen den nicht geregelten Bauprodukten nach § 20 Abs. 3 BauO NRW, da es für diese weder europäische noch nationale technische Regeln gibt. Sie bedürfen einer allgemeinen bauaufsichtlichen Zulassung nach § 21 BauO NRW durch das DIBt. Soweit ein Holzschutz gefordert wird, dürfen grundsätzlich nur solche Holzschutzmittel zum Einsatz kommen, die das Ü-Zeichen tragen. Im Rahmen der allgemeinen bauaufsichtlichen Zulassung ist gegenüber dem DIBt der Nachweis einer lang anhaltenden Wirksamkeit zu erbringen; ebenfalls vorausgesetzt wird eine Überprüfung möglicher gesundheitlicher Risiken durch das Bundesgesundheitsamt. Bei der Verwendung chemischer Holzschutzmittel bestehen nicht unerhebliche Gesundheitsgefahren (s. die Veröffentlichungen des Industrieverbandes Deutsche Bauchemie e.V., Karlstraße 21, 60329 Frankfurt/Main, **Planungshilfe** „Holzschutz im Bauwesen“, 3. Aufl. 2005). **21**

## 2.3 Schutz gegen chemische und physikalische Einflüsse

22 Chemische und physikalische Einflüsse können insbesondere bei Metallen, wie Stahl und Aluminium, zu **Korrosion** führen und die Standsicherheit von Bauteilen gefährden. Daher bedürfen tragende und abdichtende Bauteile aus Metall vorbeugender Maßnahmen, die bereits bei der Planung zu berücksichtigen sind, da nachträglich durchzuführende Schutzmaßnahmen an Bauteilen im fertigen Einbauzustand an unzugänglichen Stellen nicht mehr möglich sind, ohne die betroffenen Bauteile zu demontieren (s. auch Rdn. 15). Ionisierende Strahlung kann bei lang andauernder Einwirkung Bauteile in ihrer Dauerhaftigkeit beeinträchtigen (vgl. Rdn. 24).

23 Auch das **Zusammenfügen verschiedener Baustoffe** kann zu chemischen oder physikalischen **Reaktionen** führen, die diese Baustoffe und somit die bauliche Anlage schädigend beeinflussen können. Hierzu einige Beispiele:

- Zink und Kupfer dürfen nicht nebeneinander verwendet werden (Elektrolyse),
- Eisen muss gegen Zink durch Bleizwischenlagen oder Verzinkung abgeschlossen werden,
- Kupfer und Eisen bedürfen der Trennung; Kupferbleche dürfen nur mit Kupfernägeln befestigt werden,
- Zink ist empfindlich gegen Mörtel,
- Chlormagnesium im Steinholz kann auf Gips und Kalkmörtel schädigend einwirken,
- Metallteile und Wände müssen gegen Chlormagnesium durch bituminöse Anstriche geschützt werden,
- Gips und Zement sowie Aluminium und Zement dürfen nicht nebeneinander verwendet werden, da sie sich gegenseitig chemisch zersetzen.

## 2.4 Schutz gegen Strahlen und elektromagnetische Felder

24 In baulichen Anlagen, in denen mit **radioaktiven Stoffen** umgegangen wird, z. B. im medizinischen Bereich von Krankenhäusern, Arztpraxen und Forschungsinstituten, sind entsprechende Schutzmaßnahmen gegen **Strahlung** erforderlich. Zu solchen Maßnahmen zählen die Bekleidung von Wänden, Decken und Fußböden mit Bleifolien oder deren Ausführung in einem Spezialbeton (z. B. Barytbeton). Hierbei kommen das AtomG, die StrahlenschutzVO und die RöntgenVO zur Anwendung. Die Beachtung dieser gesetzlichen Bestimmungen ist durch die **Bezirksregierungen** zu überwachen.

25 Die Sorge vor hoch- oder niederfrequenten elektromagnetischen Feldern von Sendefunkanlagen und Hochspannungsfreileitungen („**Elektrosmog**"), hat aus Anlass der Errichtung derartiger Anlagen zu einer umfangreichen Rechtsprechung beigetragen (vgl. z. B. Hess. VGH, Beschluss vom 11. 3. 1993 – 3 TH 768/92, BRS 55 Nr. 185 und Beschluss vom 17. 8. 1995 – 3 TH 798/94, BRS 57 Nr. 192; OVG NRW, Beschluss vom 18. 5. 1993 – 10 B 681/93, BRS 55 Nr. 186; Nds. OVG, Beschluss vom 6. 12. 1993 – 6 M 4691/93, BRS 55 Nr. 117 und Urteil vom 13. 7. 1994 – 1 L 250/91, BRS 56 Nr. 177; BayVGH, Beschluss vom 25. 10. 1994 – 20 CS 93.3622, BRS 56 Nr. 176; zur Rechtsprechung s. auch Determann, Entwicklung der Rechtsprechung zur Gesundheitsverträglichkeit elektromagnetischer Felder, NVwZ 1997, S. 647 ff. und Kirchberg, Verwaltungsgerichtsbarkeit heute – illustriert anhand der Rechtsprechung zum Elektrosmog, NVwZ 1998, S. 441 ff.).

Immissionsschutzrechtliche Anforderungen zum **Schutz vor schädlichen Umwelteinwirkungen durch hoch- bzw. niederfrequente elektromagnetische Felder** von bestimmten ortsfesten Sendefunkanlagen, Mittel- und Hochspannungsfreileitungen, Bahnstromleitungen sowie Elektroumspannanlagen enthält die Verordnung über elektromagnetische Felder (**26. BImSchV**). Deren Grenzwerte entsprechen den von der Strahlenschutzkommission bestätigten Empfehlungen der Internationalen Strahlenschutzvereinigung – IRPA/-INIRC und der Internationalen Kommission für den Schutz vor nichtionisierenden Strahlen – ICNIRP (zur Würdigung dieser Empfehlungen durch die Rechtsprechung vgl. VGH B-W, Urteil vom 14.5.1996 – 10 S 1/96, NVwZ 1997, 90 und Urteil vom 15.4.1997 – 10 S 4/96, NVwZ 1998, 416; zu den Grenzwerten s. BVerfG, Beschluss vom 28.2.2002 – 1 BvR 1676/01, DVBl. 2002, 614 = NJW 2002, 1638; zur Schutzpflicht staatlicher Organe gegen Gesundheitsgefährdung durch elelektromagnetische Felder s. BVerfG, Beschluss vom 17.2.1997 – 1 BvR 1658/96, UPR 1997, 186 und Beschluss vom 24.1.2007 – 1 BvR 382/05, NVwZ 2007, 805). Die Anforderungen sollen die Allgemeinheit und die Nachbarschaft vor schädlichen Umwelteinwirkungen durch elektromagnetische Felder schützen (hierzu s. Kremser, Die rechtliche Bewertung elektromagnetischer Strahlungen [sog. Elektrosmog] nach der Verordnung über elektromagnetische Felder, DVBl. 1997, S. 1360ff. und Kirchberg, Elektrosmog – und [k]ein Ende? Zur Rechtslage nach Erlass der 26. BImSchV, NVwZ 1998, S. 375ff.). 26

Wegen der mit solchen Anlagen verbundenen Gefahren greift § 10 der 26. BImSchV in den **Bestandsschutz von Altanlagen** ein und verlangt deren **Anpassung** an die materiellen Anforderungen der §§ 2 und 3. **Vorsorgeanforderungen** nach § 4 sind bei der Errichtung oder wesentlichen Änderung von Niederfrequenzanlagen in der Nähe von Wohnungen, Krankenhäusern, Schulen, Kindergärten, Spielplätzen oder ähnlichen Einrichtungen zu beachten. Im Erdreich verlegte Hochspannungskabel werden von der Verordnung nicht erfasst, weil die elektrischen bzw. magnetischen Feldstärken solcher Kabelanlagen erheblich unterhalb der Grenzwerte liegen.

**Hochfrequenzanlagen** sind mindestens zwei Wochen vor ihrer Inbetriebnahme oder einer wesentlichen Änderung der **Bezirksregierung** nach § 7 der 26. BImSchV anzuzeigen; dieser Anzeige ist eine von der Bundesnetzagentur aufgrund der telekommunikationsrechtlichen Vorschriften zu erstellende **Standortbescheinigung** beizufügen. Für **Niederfrequenzanlagen** besteht eine Anzeigepflicht, soweit 27

1. die Anlage auf einem Grundstück im Bereich eines Bebauungsplanes oder innerhalb eines im Zusammenhang bebauten Ortsteils oder auf einem mit Wohngebäuden bebauten Grundstück im Außenbereich liegt oder derartige Grundstücke überquert **und**
2. die Anlage oder ihre wesentliche Änderung keiner Genehmigung, Planfeststellung oder sonstigen behördlichen Entscheidung nach anderen Rechtsvorschriften bedarf, bei der die Belange des Immissionsschutzes berücksichtigt werden.

Bei der Anzeige hat der Betreiber die für die Anlage maßgebenden Daten anzugeben und einen Lageplan beizufügen. Über die Zulassung von Ausnahmen von den Anforderungen der §§ 2, 3 und 4 der 26. BImSchV entscheidet die Bezirksregierung. Mess- und Berechnungsverfahren zur Ermittlung der elektrischen und magnetischen Feldstärke sind in der Vornorm DIN VDE 0848 Teil 1 (Ausgabe 5/1995) geregelt (s. auch den RdErl. vom 18.12.1998, MBl. NRW. 1999, S. 34, *„Hinweise zur Durchführung der Verordnung über elektromagnetische Felder“* sowie Gralla, Grundstücksuntersuchungen im Hinblick auf elektromagnetische Felder, DAB 1999, S. 1184ff.).

### 2.5 Gefährliche Stoffe in Bauprodukten

28 Erst ab etwa 1970 wurde die Gefährlichkeit bestimmter Stoffe erkannt, die bis dahin bei der Herstellung von Bauprodukten Anwendung fanden. Hierbei handelt es sich um **Formaldehyd**, **Asbest**, **polychlorierte Biphenyle** (**PCB**) und **Pentachlorphenol** (**PCP**). Da Bauprodukte mit derart gesundheitsgefährdenden Stoffen in großem Umfang in der Vergangenheit eingesetzt wurden, bereitet die Beseitigung der hierdurch gegebenen Gefahren in bestehenden baulichen Anlagen außerordentliche Probleme. Die oberste Bauaufsichtsbehörde hat auf die bestehende Gefahrensituation mit der Einführung von **Richtlinien** als technische Baubestimmung gemäß § 3 Abs. 3 BauO NRW reagiert, deren Nichtbeachtung gegebenenfalls **strafrechtlich relevante** Folgen haben kann. Formaldehyd, Asbest und PCB sind erfasst von der **ChemVerbotsV** und der **GefStoffV**.

29 **Formaldehyd**, ein farbloses stechend riechendes Gas, wurde nicht nur bei der Herstellung von Reinigungsmitteln, Kosmetika, Möbeln und Dekorationsstoffen, sondern auch bei der Produktion von **Spanplatten** und bestimmten **Ortschäumen** verwendet. In Gebäuden mit solchen Bauprodukten kann es zu erheblichen Formaldehydemissionen in der Raumluft der Aufenthaltsräume kommen. Im Bericht des Bundesgesundheitsamtes, der Bundesanstalt für Arbeitsschutz und des Bundesumweltamtes vom 1. 10. 1984 (vgl. die zusammenfassende Darstellung in Sicherheitsingenieur 1985, S. 10 ff.) wurde gefordert, dass aus Gründen des Gesundheitsschutzes die Gesamtformaldehydbelastung in Aufenthaltsräumen 0,1 ppm nicht überschreitet. Übermäßige Formaldehydkonzentrationen in der Raumluft können beim Menschen unter anderem Kopfschmerzen, Hustenreiz, Übelkeit und Hautausschlag auslösen. Die Hersteller haben inzwischen die Produktion umgestellt, so dass Gesundheitsgefahren bei neuen Bauprodukten nicht mehr zu besorgen sind. Vorhandene Gebäude, die vor Einführung der Richtlinien errichtet oder geändert wurden und derartige Bauprodukte aufweisen, sind größtenteils zwischenzeitlich saniert oder umgenutzt worden, so dass Probleme mit Formaldehydemissionen nur noch vereinzelt auftreten.

30 **Asbest** als Faserstaub in der Raumluft kann für den Menschen aufgrund seiner **Kanzerogenität** sehr gefährlich werden. Asbest ist eine Bezeichnung für eine Gruppe natürlich vorkommender, feinfaseriger Minerale; Weißasbest (Chrysotil) und Blauasbest (Krokydolith) wurden am häufigsten verwendet. Wegen der außerordentlichen Hitze- und Chemikalienbeständigkeit diente Asbest im Bauwesen unter anderem zur Produktion von Platten und Formteilen sowie als Spritzasbest oder Zusatzstoff im Putz (asbesthaltiger Putz) zur Verbesserung der Feuerwiderstandsdauer von Bauteilen bzw. zur Verbesserung des Wärme- und Schallschutzes. Es sind zu unterscheiden:

- **fest gebundene** Asbestprodukte,
- **schwach gebundene** Asbestprodukte.

**Besondere Gefahren** gehen von **schwach gebundenen Asbestprodukten** wie z. B. Spritzasbest aus, da die Asbestfasern bei ungünstigen Einbauzuständen in großer Zahl in die Raumluft eintreten können. Bereits der normale Alterungsprozess baulicher Anlagen kann zu Rissen und Beschädigungen an Beschichtungen und Bekleidungen führen, die asbesthaltige Bauteile gegen die Raumluft abschirmen. Die daraus resultierenden Pflichten und Gefahren sind neben dem Bauordnungsrecht vor allem im Gefahrstoff- und Immissionsschutzrecht beschrieben (vgl. Koepfer, Asbest: Rechtliche Risiken und Verantwortlichkeiten, BauR 2005, S. 28 ff.).

In Baustoffen und Bauteilen enthaltene **polychlorierte Biphenyle** (**PCB**) und **Pentachlorphenole** (**PCP**) können bei Freisetzung in die Raumluft Gesundheitsschädigungen auslösen. Die PCB und PCP gehören zur Gruppe der chlorierten aromatischen Kohlenwasserstoffe und wurden außer in Kondensatoren von Leuchtstoffröhren als Weichmacher für dauerelastische Fugendichtungsmassen bzw. als Zusatzstoff in Holzschutzmitteln eingesetzt. Zu den Anforderungen eines gasdichten Abschlusses von Räumen zur Aufstellung PCB – haltiger Transformatoren s. OVG Saar, Urteil vom 2. 3. 1993 (– 2 R 26/92, BRS 55 Nr. 116). PCB können auch in Kleb- und Anstrichstoffen, Kunststoffen, Kabelummantelungen und Deckenplatten vorhanden sein. Mit der **ChemVerbotsV** wurde sowohl das Inverkehrbringen als auch die Verwendung dieser Stoffe untersagt. 31

Werden asbest-, PCB- oder PCP – haltige Baustoffe und Bauteile in Gebäuden festgestellt, ist eine **Gefährdungsabschätzung** durchzuführen. Das **Verfahren** hierzu regeln 32

- die Richtlinie für die Bewertung und Sanierung schwach gebundener Asbestprodukte in Gebäuden (**Asbest – Richtlinie**, Fassung Januar 1996),
- die Richtlinie für die Bewertung und Sanierung PCB-belasteter Baustoffe und Bauteile in Gebäuden (**PCB – Richtlinie NRW**, Fassung Juni 1996),
- die Richtlinie für die Bewertung und Sanierung Pentachlorphenol (PCP) – belasteter Baustoffe und Bauteile in Gebäuden (**PCP – Richtlinie**, Fassung Oktober 1996).

Der **Bauherr** und im Rahmen ihres Wirkungskreises auch die anderen **am Bau Beteiligten** sind gemäß § 56 BauO NRW **bei der Instandhaltung** baulicher Anlagen dafür **verantwortlich**, dass entsprechend den vorgenannten Richtlinien verfahren wird (hierzu s. Müllmann, PCB in Gebäuden – Rechtliche Rahmenbedingungen für die weitere Nutzung bzw. Sanierung oder den Abriss betroffener Gebäude, NVwZ 2002, S. 526 ff.).

Die **FCKW-Halon-Verbots-Verordnung** vom 6. 5. 1991 (BGBl. I S. 1090) erging zum Schutz der Ozonschicht. FCKW fand zuvor in Kältemitteln, Reinigungs- und Lösemitteln, in Schaumstoffen und in Löschmitteln Verwendung. FCKW – haltige **Dämmstoffe** und FCKW – haltige **Löschmittel** dürfen nicht mehr in den Verkehr gebracht und verwendet werden. Von dem Verbot **FCKW – haltiger Löschmittel** sind befristete **Ausnahmen** nach § 6 Abs. 2 der FCKW-Halon-Verbots-Verordnung möglich, wenn die Stoffe bei der **Brandbekämpfung** zum Schutz von Leben und Gesundheit zwingend erforderlich sind. Über die Ausnahme entscheidet die für die Zulassung der Geräte und Anlagen der Brandbekämpfung zuständige Behörde im Benehmen mit dem Umweltbundesamt. 33

## 3 Zu Satz 2 – Eignung von Baugrundstücken

### 3.1 Anlass und Ziel der Regelung

Die Regelung des Satzes 2 wurde zur Berücksichtigung umweltschützender Belange mit der **BauO NW 1995** wieder in das nordrhein-westfälische Bauordnungsrecht eingefügt. Eine § 16 Satz 2 BauO NRW **vergleichbare Vorschrift** enthielt bereits **§ 4 Abs. 2 Nr. 1 BauO NW 1962/1970**. Danach durften Gebäude nur errichtet werden, wenn das Grundstück nach Lage, Form, Größe und **Beschaffenheit** für die beabsichtigte Bebauung geeignet war. Die **Novelle 1984** verzichtete auf diese Vorschrift im Hinblick auf das Bauplanungsrecht (s. die Begründung in LT-Drucks. 9/2721, zu § 4), wodurch sich in der Folge der bauaufsichtliche Vollzug erschwerte, wenn mit Bodenbelastungen (Altlasten) oder mit Munitionsrückständen behaftete Grundstücke zur Bebauung anstanden. Dies galt besonders in Fällen einer nach Inkraftsetzung eines Bebauungsplans festgestellten 34

Ungeeignetheit des Bodens für bauliche Zwecke, zumal die Gemeinden bei der Aufstellung älterer Bebauungspläne ihrer Aufklärungspflicht teilweise nur unzureichend nachgekommen waren und selbst die Bebauung von Abfalldeponien zugelassen hatten.

**35** Erst spektakuläre Fälle wie Bielefeld-Brake verdeutlichten, dass mit der Zulassung der Bebauung ungeeigneter Grundstücke **Amtspflichtverletzungen** verbunden sind. Es ist das Verdienst der Rechtsprechung, die **Verantwortung** der Hoheitsträger – vor allem der **Gemeinden** als Träger der Planungshoheit – für die Beachtung **sicherheitsrelevanter Abwägungsgesichtspunkte** herausgestellt zu haben (s. hierzu BGH, Urteil vom 26. 1. 1989 – III ZR 194.87, BGHZ 106, 323 = BauR 1989, 166 = DÖV 1989, 548 = DVBl. 1989, 504 = NJW 1989, 976 = UPR 1989, 179 = ZfBR 1989, 119).

*„Der Beklagten war bekannt, dass sich auf dem zu überplanenden Gelände eine Deponie befunden hatte, die sie selbst zur Ablagerung von Industrieabfällen benutzt hatte und die von einem weiteren privaten Betreiber noch während des Planungsverfahrens genutzt worden war. Des weiteren wußten die Behörden der Beklagten, dass auf diesem Gelände in großen Mengen wahllos Müll an den Teichen abgeworfen worden war. Schließlich wußte die Beklagte aufgrund eines bereits in den Jahren 1967/68 gegen sie geführten Gerichtsverfahrens, dass die Müllablagerungen bereits zu Verunreinigungen des Grundwassers geführt hatten. Daraus hätte sich für die Beklagte der Rückschluß ergeben müssen, dass aufgrund der früheren Nutzung der hier zu beplanenden Flächen ganz allgemein mit der Gefahr von Bodenverseuchungen zu rechnen war. Deshalb traf die Beklagte hier eine Prüfungspflicht, ob es im konkreten Fall zu Bodenverseuchungen mit gesundheitsgefährdenden Stoffen gekommen war (einzelfallbezogene Feststellung des Gefährdungspotentials). Es musste aufgeklärt werden, ob und inwieweit von den altlastenverdächtigen Flächen eine Gefährdung ausging. Diese Prüfungspflicht ging um so weiter, je mehr die Vorbenutzung die Möglichkeit einer gefährlichen Bodenverunreinigung nahelegte."*

**36** Die **Verantwortung des Staates und der Gemeinden** für gefahrlos zu bebauenden Boden wurde erst zu einem relativ späten Zeitpunkt erkannt. 1969 veröffentlichte der Innenminister des Landes Nordrhein-Westfalen ein Merkblatt, das sich unter anderem auch mit der späteren baulichen Nutzung von Deponiegelände befasste. 1973 erging das LAbfG, aber erst die Novelle vom 21. 6. 1988 setzte sich detailliert mit der Behandlung von Altlasten auseinander, nachdem der Bund in seinem am 1. 7. 1987 in Kraft getretenen BauGB die **Pflicht zur Kennzeichnung von Bodenbelastungen** im Flächennutzungs- bzw. Bebauungsplan normiert hatte. Ergänzend hierzu erging der RdErl. vom 15. 5. 1992 (MBl. NRW. S. 876) zur Berücksichtigung von Flächen mit Bodenbelastungen, insbesondere Altlasten, bei der Bauleitplanung und im Baugenehmigungsverfahren (ersetzt durch RdErl. vom 14. 3. 2005, MBl. NRW. S. 582).

**37** Die bauplanungs-, wasser- und abfallrechtlichen Vorschriften schlossen jedoch nicht vollständig die **bauordnungsrechtliche Regelungslücke**, die seit dem Außerkrafttreten der BauO NW 1970 bestand und die die Bauaufsichtsbehörden zunehmend veranlasste, auf die Grundnorm des § 3 Abs. 1 BauO NW 1984 bzw. die allgemeinen Anforderungen in § 16 Abs. 1 BauO NW 1984 zurückzugreifen. Die materielle Grundnorm des § 3 Abs. 1 BauO NW 1984 konnte zur Abwehr von Gefahren herangezogen werden, soweit Einzelvorschriften nicht bestanden. Eine Ausformung der Grundnorm im Hinblick auf den Schutz gegen schädliche Einflüsse stellte § 16 Abs. 1 BauO NW 1984 dar. Diese Regelung ging jedoch vor allem von chemischen oder physikalischen Einflüssen auf Baustoffe aus und wollte sicherstellen, dass nicht durch unbeabsichtigte Reaktionen von

Stoffen z.B. die Standsicherheit einzelner Bauteile gefährdet werden kann. An die Altlastenproblematik dachte bei der Aufstellung der BauO NW 1962 und auch bei den Novellen von 1970 und 1984 noch niemand. Die Vorschriften des § 3 Abs. 1 und des § 16 Abs. 1 BauO NW 1984 waren jedoch so allgemein formuliert, dass sie auch angewandt werden konnten, wenn durch chemische Einflüsse von Stoffen im Baugrund Gefahren für die Bewohner oder Nutzer baulicher Anlagen zu besorgen waren. Infolge des Fehlens einer materiellen Einzelanforderung bezüglich der Eignung von Baugrundstücken versagte diese Hilfskonstruktion immer dann, wenn ein **Bebauungsplan** die Bebauung (rechtswidrig) auch im Falle **belasteten Baugrunds** zuließ. Die Bauaufsichtsbehörden gerieten dann in verfahrensrechtliche Schwierigkeiten, da eine nach § 29 Satz 4 BauGB 1986 zusätzlich zum Bauplanungsrecht zu beachtende spezielle bauordnungsrechtliche Vorgabe nicht zur Verfügung stand, so dass zunächst der Rechtsschein der Gültigkeit des Bebauungsplanes beseitigt werden musste (s. Rdn. 51–53).

Der Gesetzgeber entschloss sich schließlich mit § 16 Abs. 1 **Satz 2** BauO NW **1995** dazu, 38
wieder eine **eigenständige bauordnungsrechtliche** Anforderung an die **Eignung von Baugrundstücken** aufzunehmen (vgl. LT-Drucks. 11/7153, S. 155 f. zu § 16). Der Rechtssatz bildet eine **eigenständige Anforderung** des Bauordnungsrechts **an die Beschaffenheit von Baugrundstücken**, die **neben** dem **Bauplanungsrecht** und dem **BBodSchG** und dem **LBodSchG** zu beachten ist, allerdings nicht weiter reicht als diese speziellen Anforderungen. § 16 Satz 2 BauO NRW greift, wenn schädliche Einflüsse, die vom Baugrund ausgehen, auf bauliche Anlagen und deren Benutzer zu erwarten sind.

### 3.2 Regelungsgegenstand

§ 16 Satz 2 BauO NRW ist eine eigenständige materielle Vorgabe des Bauordnungs- 39
rechts an die Eignung von Baugrundstücken, um die **gefahrlose Benutzbarkeit des Baugrundstücks**, insbesondere im Hinblick auf die Altlastenproblematik zu sichern. In Bezug auf andere Kriterien, wie z.B. die Lage des Baugrundstücks im Überschwemmungsgebiet, bestehen Regelungen in anderen Rechtsbereichen, die als öffentlich-rechtliche Vorgaben nach § 75 Abs. 1 Satz 1 BauO NRW bei Erteilung der Baugenehmigung bzw. nach § 65 Abs. 4 BauO NRW für freigestellte Vorhaben beachtlich sind. Auch die Eignung der Baugrundstücke im Hinblick auf ihre **Kampfmittelfreiheit** rechnet hierzu (s. hierzu die **Kampfmittelverordnung** vom 12.11.2003, GV. NRW, S. 685 und die „Richtlinie für die Zusammenarbeit zwischen den Bauaufsichtsbehörden und dem staatlichen Kampfmittelbeseitigungsdienst", RdErl. vom 8.5.2006, MBl. NRW. S. 288).

§ 16 Satz 2 BauO NRW 2000 stellt nicht nur auf Gebäude, sondern auf **bauliche Anla-** 40
**gen** ab. Dieser Regelungsumfang ist gerechtfertigt, da auch die Nutzer fiktiver baulicher Anlagen nach § 2 Abs. 1 Satz 3 Nr. 3 und 4 BauO NRW (Camping- und Wochenendplätze sowie Sport- und Spielflächen; vgl. die Anmerkungen zu § 2 Rdn. 69–87) durch ungeeigneten Baugrund gefährdet werden können. Nicht selten wurden solche Nutzungen in der Vergangenheit auf „Restflächen", wie z.B. überschwemmungs-, rutschungs- bzw. setzungsgefährdetem Gelände, unter Hochspannungsfreileitungen, auf abgedeckten Abfalldeponien oder mit Bauschutt verfüllten Sand- und Kiesgruben angelegt, weil sich diese Flächen für eine sonst angestrebte Nutzung mit Gebäuden nicht eigneten.

Die Formulierung „**entsprechend geeignet sein**" verdeutlicht, dass die konkrete Nut- 41
zung durch bauliche Anlagen **gefahrlos** im Sinne des § 3 Abs. 1 Satz 1 BauO NRW möglich sein muss. Die Eignung des Baugrundstücks ist in Bezug auf die vielen Varianten

von Nutzungsmöglichkeiten jeweils unterschiedlichen Kriterien unterworfen. Die Anforderungen an die Eignung des Baugrundstücks sind umso strenger, je schutzwürdiger und schutzbedürftiger die konkrete Nutzung ist. So kann ein Baugrundstück infolge verunreinigten Bodens für einen Kindergarten ungeeignet sein, weil die Kinder beim Spielen im Freien auch Kontakt mit dem Boden haben. Eine Nutzung des gleichen Grundstücks für einen nicht störenden Gewerbebetrieb kann dagegen möglich sein. Die entsprechende Eignung des Baugrundstücks für die konkrete Nutzung muss wie die anderen allgemeinen Anforderungen nach z.B. Standsicherheit oder Verkehrssicherheit geklärt sein.

**42** Die Forderung des § 16 Satz 2 BauO NRW gilt nur für **Baugrundstücke**, nicht jedoch für sonstige Grundstücke, die keine baulichen Anlagen im Sinne des § 2 Abs. 1 BauO NRW aufweisen oder aufnehmen sollen. Die BauO NRW definiert den Begriff Baugrundstück nicht, da sie auf Grundstücke abstellt (s. die Anmerkungen zu § 1 Rdn. 35 und 36 und zu § 2 Rdn. 2). Wenn § 16 Satz 2 BauO NRW dennoch das Baugrundstück nennt, so soll dadurch zum Ausdruck gebracht werden, dass die Forderung nach entsprechender Eignung nicht für alle dem Anwendungsbereich des Bauordnungsrechts unterworfenen Grundstücke gilt, sondern nur für solche, die einer baulichen Nutzung dienen oder zugeführt werden sollen. Auf Grundstücke, die zwar bebaubar sind, aber aus anderen Gründen nicht baulich genutzt werden sollen, weil z.B. der Eigentümer die ausgeübte landwirtschaftliche Nutzung beibehalten möchte, findet § 16 Satz 2 BauO NRW keine Anwendung. Ein Nutzungsverbot bei festgestellter starker Bodenverunreinigung kann dann nur nach dem Bodenschutzrecht (s. Rdn. 43) durchgesetzt werden.

### 3.3 Verfahrensrechtliche Behandlung

**43** Die Regelungsdichte des öffentlichen Rechts lässt nur wenig Raum für eine eigenständige materiell-rechtliche Bedeutung des § 16 Satz 2 BauO NRW. Der **Bodenbelastungs- bzw. Altlastenproblematik** ist mit dem **BBodSchG** umfassend Rechnung getragen worden (vgl. Kobes, Das Bundes-Bodenschutzgesetz, NVwZ 1998, S. 786 ff.; Schink, Verantwortlichkeit für die Gefahrenabwehr und die Sanierung schädlicher Bodenveränderungen nach dem Bundesbodenschutzgesetz, DÖV 1999, S. 797 ff.; Knopp, Bundes-Bodenschutzgesetz und erste Rechtsprechung, DÖV 2001, S. 441 ff.), das früheres Landesrecht verdrängt hat (BVerwG, Urteil vom 16. 5. 2000 – 3 C 2.00, DVBl. 2000, 1353). Weiter hat der Landesgesetzgeber das **LBodSchG** erlassen (vgl. Welge, Bodenschutzgesetz für das Land Nordrhein-Westfalen, EildStNW 2000, S. 396 ff.). Insofern dient § 16 Satz 2 BauO NRW auch der **Umsetzung anderer öffentlich-rechtlicher Anforderungen** an das Baugrundstück bzw. den Baugrund im bauaufsichtlichen Verfahren. Kennzeichnet beispielsweise ein Bebauungsplan Flächen, deren Böden erheblich mit umweltgefährdenden Stoffen belastet sind, lässt dieser aber aufgrund von Voruntersuchungen eine industrielle oder gewerbliche Nutzung zu, so bietet das Bauordnungsrecht bei der Zulassung ausnahmsweise zulässiger, schutzwürdiger Nutzungen (Wohnungen für Aufsichts- und Bereitschaftspersonen sowie für Betriebsinhaber und Betriebsleiter oder Anlagen für kirchliche, kulturelle, soziale, gesundheitliche und sportliche Zwecke) oder bei der Gewährung von Befreiungen für schutzwürdige andere Nutzungen eine unmittelbare **Rechtsgrundlage** für ein **Gefahrerforschungsverlangen**.

**44** Der Bauwillige muss beweisen, dass dem Vorhaben keine öffentlich-rechtlichen Vorschriften entgegenstehen. Er hat die durch § 16 Satz 2 BauO NRW geforderte Eignung des Baugrundstücks für die konkret beabsichtigte bauliche Anlage zu belegen und hierfür notwendige **Gutachten** beizubringen. Als Gutachter heranzuziehen sind insbesondere **Sachverständige für Bodenschutz und Altlasten** nach der Verordnung über Sachverständige für Bodenschutz und Altlasten – **SV-BodAltlVO NRW** – v. 23. 6. 2002 (GV. NRW. S. 361), g. d. VO v. 30. 3. 2005 (GV. NRW. S. 448).

Zur Sachaufklärung erforderliche Gutachten sind **weitere Unterlagen** und damit **Bauvorlagen** im Sinne des § 1 Abs. 2 Satz 2 BauPrüfVO, die von der Bauaufsichtsbehörde gefordert werden können, wenn sie dies zur Beurteilung des Bauvorhabens für erforderlich hält. Erweist sich trotz aller Sorgfalt bei der Planung im Zuge der Baudurchführung ein Baugrundstück als ungeeignet, weil z. B. beim Erdaushub verunreinigter Boden festgestellt wird, so bietet § 61 Abs. 2 BauO NRW die Rechtsgrundlage für weitere Anforderungen, um nicht voraussehbare Gefahren abzuwenden (s. Nr. 61.2 VV BauO NRW).

Ob ein Grundstück Altlasten aufweist oder ob ein begründeter Anfangsverdacht besteht, lässt sich amtlichen Unterlagen entnehmen. Nach §§ 8 und 9 LbodSchG führen die unteren Bodenschutzbehörden ein „**Kataster über altlastverdächtige Flächen und Altlasten**" in Datei- und Kartenform. Dieses Altlastenkataster ist laufend fortzuschreiben. Erkenntnisse werden nach § 10 des Ausführungsgesetzes anderen Behörden übermittelt, soweit dies zur Wahrnehmung der diesen Stellen obliegenden Aufgaben erforderlich ist. Auch Eigentümer und Nutzungsberechtigte erhalten auf Verlangen Auskunft über vorliegende Daten, Tatsachen und Erkenntnisse. Sofern keinerlei Anhaltspunkte für das Vorhandensein von Bodenbelastungen oder Altlasten bestehen, kann dem Bauwilligen die Beibringung eines Sachverständigengutachtens nicht abverlangt werden, da § 16 Satz 2 BauO NRW **keine allgemeine Verpflichtung zum Nachweis der Umweltverträglichkeit** von Vorhaben beinhaltet (s. Rdn. 47). Bei einer Altlast-Verdachtsfläche kann die untere Bodenschutzbehörde Untersuchungen und Maßnahmen zur Gefahrenabwehr verlangen, die als Nebenbestimmung in die Baugenehmigung aufzunehmen sind (OVG NRW, Urteil vom 14. 11. 1996 – 7 A 2946/93, n. v., zur Rechtmäßigkeit einer Nebenbestimmung, wonach PCB-verseuchtes Erdreich entsprechend den Ergebnissen des Sachverständigengutachtens auszukoffern war). Zur Haftung des Grundeigentümers und zur ordnungsrechtlichen Inanspruchnahme des Rechtsnachfolgers hat sich eine umfangreiche Rechtsprechung entwickelt (vgl. BVerwG, Beschluss vom 14. 11. 1996 – 4 B 205/96, NVwZ 1997, 577 = UPR 1997, 193; BayVGH, Urteil vom 2. 6. 1995 – 22 B 93/875, NVwZ-RR 1996, 431 und Urteil vom 10. 12. 1996 – 20 B 96.521, UPR 1997, 193 sowie OVG NW, Urteil vom 7. 3. 1996 – 20 A 657/95, NVwZ 1997, 804 und Urteil vom 30. 5. 1996 – 20 A 2640/94, DVBl. 1997, 570 = NVwZ 1997, 507). 45

Erweist sich ein Anfangsverdacht über das Vorhandensein von Altlasten als begründet, wird die Bauaufsichtsbehörde gutachterliche Empfehlungen zur Herstellung der Eignung des Baugrundstücks für den geplanten Verwendungszweck verlangen. Es empfiehlt sich, die vom Gutachter vorgeschlagenen **Maßnahmen** in einem Beiblatt **zum Lageplan zeichnerisch darzustellen**. Für die Kennzeichnung der betroffenen Flächen ist gemäß § 3 Abs. 4 BauPrüfVO das Planzeichen Nr. 15.12 der Anlage zur PlanzV 90 zu verwenden. Die Darstellung der für diese Flächen empfohlenen Maßnahmen, wie z. B. Auskofferung des kontaminierten Materials oder Versiegelung zur Verhinderung des Eindringens von Niederschlagswasser, kann durch textliche Zusätze erfolgen. Enthalten die Bauvorlagen keine oder nur unzureichende Angaben über die erforderlichen Maßnahmen, hat die Bauaufsichtsbehörde entsprechende **Nebenbestimmungen** in die Baugenehmigung aufzunehmen. Die materiellen Vorgaben des Bodenschutzrechts muss der 46

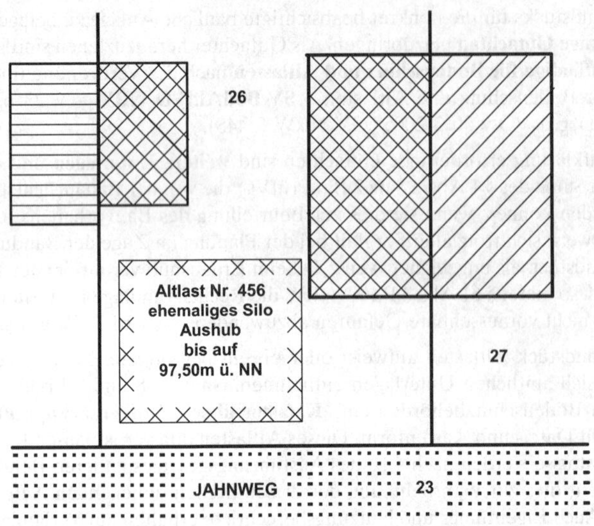


**Abbildung 16.1 Darstellung von Maßnahmen zur Beseitigung von Altlasten** unter Verwendung des Planzeichens Nr. 15.12 PlanzV 90 (s. Rdn. 46)

Bauherr auch bei der Realisierung freigestellter Vorhaben beachten; bei Nichtbeachtung und einer dadurch ausgelösten Gefährdung der Nutzer hat die Bauaufsichtsbehörde gegebenenfalls ordnungsbehördliche Maßnahmen zur Gefahrenabwehr einzuleiten.

**47** Die am Bau Beteiligten bzw. die Bauaufsichtsbehörden sind zur Einhaltung bzw. Prüfung der Anforderungen aus § 16 Satz 2 BauO NRW verpflichtet. Die Begründung zur BauO NW 1995 (LT-Drucks. 11/7153, S. 155 f.) führt aus, dass sich daraus **keine** allgemeine Verpflichtung zur Durchführung einer **Umweltverträglichkeitsprüfung** ergibt. Eine Umweltverträglichkeitsprüfung ist gemäß § 63 Abs. 1 **Satz 2** BauO NRW nur für Vorhaben nach **§ 1** in Verbindung mit **Anlage 1** Nr. **20, 21, 27** und **28 UVPG NW** durchzuführen. Dennoch darf dies nicht darüber hinwegtäuschen, dass die **Erforschung der Eignung** des Baugrunds für eine konkrete Nutzung einen **erheblichen Aufwand** bedeuten kann.

### 3.4 Bauplanungsrechtliche Anforderungen an den Baugrund

**48** Nordrhein-Westfalen hatte bereits mit den §§ 28 bis 33 Landesabfallgesetz (LAbfG) die Behandlung von **Altlasten** normiert; diese Bestimmungen sind durch Artikel 2 des Gesetzes zur Ausführung und Ergänzung des Bundes-Bodenschutzgesetzes in Nordrhein-Westfalen v. 9. 5. 2000 (GV. NRW. S. 439), dessen Artikel 1 auch das **LBodSchG** enthält, aufgehoben worden. Unter Altlasten verstand das Landesabfallgesetz **Altablagerungen** und **Altstandorte**, von denen aufgrund durchgeführter Überprüfungen Gefahren für die öffentliche Sicherheit oder Ordnung ausgehen. Bestand nur ein **hinreichender Verdacht**, handelte es sich nach der Legaldefinition des § 28 LAbfG nicht um Altlasten, sondern lediglich um Altlast-Verdachtsflächen. Altlasten und **Altlasten-Verdachtsflächen** konnten demnach nur Altablagerungen wie z. B. stillgelegte Mülldeponien oder wilde Verkippungen und Altstandorte sein. Unter Altstandorten verstand das LAbfG unter anderem Grundstücke stillgelegter Anlagen, in denen mit umweltgefährdenden Stoffen umgegangen worden ist. Nach heute vorliegenden Erkenntnissen besteht für zahlreiche Branchen der gewerblichen Wirtschaft eine hohe Wahrscheinlichkeit für das Vorhandensein von Altlasten. Anstelle dieser Vorschriften sind die **§§ 5–12 LBodSchG** maßgebend.

Nach **§ 6 LBodSchG** führt das Landesamt für Natur, Umwelt und Verbraucherschutz (s. § 2 des Gesetzes zur Straffung der Behördenstruktur v. 12. 12. 2006, GV. NRW. S. 622) das **Bodeninformationssystem**. Nach **§ 8 LBodSchG** führen die Kreise und kreisfreien Städte das **Altlastenkataster**. In das Altlastenkataster sind **altlastenverdächtige Flächen** und **Altlasten** einzutragen. Daten über Altablagerungen und Altstandorte, die nach der Bewertung die Voraussetzungen des § 2 Abs. 5 und 6 BBodSchG nicht oder nicht mehr erfüllen, können besonders gekennzeichnet nachrichtlich aufgenommen werden.

Das **Bauplanungsrecht** spricht von **„Flächen, deren Böden erheblich mit umweltgefährdenden Stoffen belastet sind“** und sieht in § 5 Abs. 3 Nr. 3 und § 9 Abs. 5 Nr. 3 BauGB eine **Kennzeichnungspflicht** in den Bauleitplänen vor. Zu kennzeichnen sind solche Flächen, die **erheblich belastet** sind. Die Belastung muss aufgrund von Überprüfungen feststehen und **abwägungsrelevant** sein. Erfasst sind hierdurch die Altlasten, jedoch keine Altlasten-Verdachtsflächen. Sofern Bauflächen ausgewiesen werden sollen, besteht aber aufgrund der Vorschriften des § 1 Abs. 6 und 7 BauGB eine Verpflichtung der Gemeinde, bekannte Altlasten-Verdachtsflächen zu untersuchen, um auszuschließen, dass abwägungsbeachtliche Gesichtspunkte vernachlässigt werden. Im Übrigen geht der Begriff des Bodens, der erheblich mit umweltgefährdenden Stoffen belastet ist, weiter als der Altlastenbegriff. Erfasst werden hiervon Altablagerungen, Altstandorte und nicht nur grundstücksbezogene, sondern großflächige Bodenbelastungen. Letztere können z. B. durch langjährige Staubniederschläge im Bereich industrieller Anlagen entstanden sein. Auch wenn derartige Bodenbelastungen noch unterhalb der Gefahrenschwelle des Ordnungsrechts liegen, müssen die Auswirkungen bei der Aufstellung der Bauleitpläne untersucht werden (s. hierzu den **Altlastenerlass** vom 14. 3. 2005, MBl. NRW. S. 582). 49

Ein nach diesen Vorschriften aufgestellter Bebauungsplan bzw. eine sonstige städtebauliche Satzung muss gewährleisten, dass die ausgewiesenen Nutzungen gefahrlos möglich sind. Hiervon kann der Bauwillige bzw. die Bauaufsichtsbehörde bei städtebaulichen Planungen ausgehen, die auf der Grundlage des BauGB aufgestellt wurden. **Städtebauliche Planungen**, die noch auf dem Vorgängerrecht – dem BBauG – beruhen, können jedoch die **Bodenbelastungsproblematik negiert** haben. Beim Vergleich der Angaben des Altlastenkatasters mit den planungsrechtlichen Ausweisungen älterer Bebauungspläne werden sich nicht selten Konflikte ergeben. Es ist dann eine Amtspflicht der Bauaufsichtsbehörde, etwaige Widersprüche aufzuklären und vor Erteilung von Baugenehmigungen und Vorbescheiden einem Bodenbelastungsverdacht nachzugehen. Eine Vernachlässigung dieser Amtspflicht kann im Hinblick auf Art. 34 GG und § 839 BGB zu Ansprüchen des Bauherrn gegen die Behörde führen (s. auch Rdn. 35). 50

Die Bauaufsichtsbehörde hat die Gemeinde zu unterrichten, wenn sie feststellt, dass ein Vorhaben nach den Festsetzungen eines Bebauungsplanes zulässig ist, aber gleichzeitig nach dem Altlastenkataster ein Verdacht besteht oder gar das Vorhandensein einer Altlast feststeht und damit ein **Widerspruch zur Forderung des § 16 Satz 2 BauO NRW** eintritt. Die Gemeinde hat dann ein Bauleitplanverfahren einzuleiten, um die planungsrechtlichen Grundlagen zu ändern und zu ergänzen. Handelt sie entsprechend, besteht nach § 15 BauGB die Grundlage für die Aussetzung bauaufsichtlicher Entscheidungen bis zum Erlass einer Veränderungssperre. 51

52 **Aufgabe der Gemeinde** ist in einem solchen Fall die **Aufklärung des Gefährdungspotentials**. Grundsätzlich muss nämlich im Geltungsbereich eines Bebauungsplanes nicht der Bauherr die Ungefährlichkeit seines Baugrundes nachweisen, vielmehr hat die Gemeinde im Hinblick auf das Vertrauen der Grundeigentümer in die Rechtsbeständigkeit der bauplanungsrechtlichen Norm diesen Nachweis zu führen. Vor Einführung des § 16 Satz 2 BauO NRW musste die Gemeinde die anfallenden **Kosten** für Gutachten hinsichtlich der Baugrundstückseignung aufbringen, da diese Kosten zu den Planungskosten rechnen und solche, vorbehaltlich der Regelungen in städtebaulichen Verträgen, insgesamt nicht auf Dritte verlagert werden können.

53 Kommt die Gemeinde ihrer Verpflichtung nicht in vernünftigen Zeiträumen nach oder gibt sie gleich zu erkennen, die Verpflichtung nicht erfüllen zu wollen, so muss die **Bauaufsichtsbehörde** selbst in die **Prüfung der Anwendbarkeit des Bebauungsplanes** eintreten. Diese Verpflichtung ergibt sich unmittelbar aus Art. 20 Abs. 3 GG, der das Gebot der Gesetzmäßigkeit der Verwaltung postuliert. Es besteht hinsichtlich der Entscheidung im Einzelfall auch kein Widerspruch zu der ergangenen Rechtsprechung hinsichtlich der **Verwerfungskompetenz**. Die Gemeinde hat nur die Möglichkeit, die als rechtsfehlerhaft erkannte Norm in einem formellen Aufhebungsverfahren zu beseitigen, sie kann nicht ähnlich dem Normenkontrollverfahren nach § 47 VwGO einen Plan verwerfen oder für nicht anwendbar erklären (BVerwG vom 21. 11. 1986 – 4 C 22.83, BauR 1987, 171 = BRS 46 Nr. 3 = DÖV 1987, 692 = DVBl. 1987, 481 = NJW 1987, 1344 = UPR 1987, 189 = ZfBR 1987, 96). Hiervon zu trennen ist die Frage, wie sich eine Bauaufsichtsbehörde zu verhalten hat, wenn sie im Einzelfall die Rechtswidrigkeit einer bauplanungsrechtlichen Festsetzung erkennt. Steht das Vorhandensein einer Altlast in offenkundigem Widerspruch zu den Bebauungsplanfestsetzungen und zeichnet sich keine technischen Lösungsmöglichkeiten des Konflikts ab, kann und darf die Bauaufsichtsbehörde den Bauleitplan nicht anwenden (vgl. Schlichter/Stich/Driehaus/Paetow, zu § 10 Rdn. 39–41).

54 Im **Innenbereich** nach § 34 BauGB kann ein Vorhaben nur zugelassen werden, wenn die Anforderungen an **gesunde Wohn- und Arbeitsverhältnisse** gewahrt bleiben. Hierbei handelt es sich um einen unbestimmten Rechtsbegriff, der nur im städtebaulichen Sinne ausgelegt werden darf. Zu den abwägungsrelevanten Gesichtspunkten rechnen nach § 1 Abs. 5 Nr. 1 BauGB die „allgemeinen Anforderungen an gesunde Wohn- und Arbeitsverhältnisse" und die „Sicherheit der Wohn- und Arbeitsbevölkerung". Aufgabe der Bauleitplanung ist es auch, die Wohnbevölkerung vor Gefahren zu schützen, die von dem Grund und Boden des Plangebietes selbst ausgehen (vgl. OVG Rh-Pf, Urteil vom 13. 6. 1984 – 10 C 4/83, BRS 42 Nr. 4). Bestehen derart ungesunde Wohn- und Arbeitsverhältnisse bereits für eine Vielzahl vorhandener baulicher Anlagen, so ist ein neues Vorhaben dennoch unzulässig, selbst wenn diese Verhältnisse lediglich fortgesetzt werden sollen (OVG NRW, Urteil vom 25. 3. 1977 – XI A 935/76, BRS 32 Nr. 49).

55 Im **Außenbereich** nach § 35 BauGB werden **öffentliche Belange** beeinträchtigt, wenn das Vorhaben „**schädlichen Umwelteinwirkungen ausgesetzt**" wird. Die zu dem Begriff der schädlichen Umwelteinwirkungen ergangene Rechtsprechung (vgl. BVerwG, Urteil vom 25. 2. 1977 – IV C 22.75, BauR 1977, 244 = BRS 32 Nr. 155) kann sinngemäß auch auf die Altlastenproblematik übertragen werden. Schädliche Umwelteinwirkungen sind nach den dort verwendeten Kriterien „Immissionen, die nach Art, Ausmaß oder Dauer geeignet sind, Gefahren, erhebliche Nachteile oder erhebliche Belästigungen für die Allgemeinheit oder die Nachbarschaft hervorzurufen".

## § 17
## Brandschutz

**(1) Bauliche Anlagen sowie andere Anlagen und Einrichtungen im Sinne des § 1 Abs. 1 Satz 2 müssen unter Berücksichtigung insbesondere**

**– der Brennbarkeit der Baustoffe,**

**– der Feuerwiderstandsdauer der Bauteile, ausgedrückt in Feuerwiderstandsklassen,**

**– der Dichtheit der Verschlüsse von Öffnungen,**

**– der Anordnung von Rettungswegen**

**so beschaffen sein, dass der Entstehung eines Brandes und der Ausbreitung von Feuer und Rauch vorgebeugt wird und bei einem Brand die Rettung von Menschen und Tieren sowie wirksame Löscharbeiten möglich sind.**

**(2) Baustoffe, die nach Verarbeitung oder dem Einbau leichtentflammbar sind, dürfen bei der Errichtung und Änderung baulicher Anlagen sowie anderer Anlagen und Einrichtungen im Sinne des § 1 Abs. 1 Satz 2 nicht verwendet werden.**

**(3) [1]Für jede Nutzungseinheit müssen in jedem Geschoss mit einem Aufenthaltsraum zwei Rettungswege vorhanden sein; die Rettungswege dürfen innerhalb eines Geschosses über einen gemeinsamen notwendigen Flur führen. [2]Der erste Rettungsweg muss in Nutzungseinheiten, die nicht zu ebener Erde liegen, über mindestens eine notwendige Treppe führen; der zweite Rettungsweg kann eine mit Rettungsgeräten der Feuerwehr erreichbare Stelle oder eine weitere notwendige Treppe sein. [3]Ein zweiter Rettungsweg ist nicht erforderlich, wenn die Rettung über einen sicher erreichbaren Treppenraum möglich ist, in den Feuer und Rauch nicht eindringen können (Sicherheitstreppenraum). [4]Gebäude, deren zweiter Rettungsweg über Rettungsgeräte der Feuerwehr führt und bei denen die Oberkante der Brüstungen notwendiger Fenster oder sonstiger zum Anleitern bestimmter Stellen mehr als 8 m über der Geländeoberfläche liegt, dürfen nur errichtet werden, wenn die erforderlichen Rettungsgeräte von der Feuerwehr vorgehalten werden.**

**(4) Bauliche Anlagen, bei denen nach Lage, Bauart oder Nutzung Blitzschlag leicht eintreten und zu schweren Folgen führen kann, sind mit dauernd wirksamen Blitzschutzanlagen zu versehen.**

***VV BauO NRW*** *(infolge Befristung mit Ablauf des 31. 12. 2005 ausgelaufen)*

***17 Brandschutz (§ 17)***

*17.1 Zu Absatz 1*

*Die in der Landesbauordnung und in Vorschriften auf Grund der Landesbauordnung verwendeten brandschutztechnischen Begriffe und die zugehörigen Prüfbestimmungen entsprechen der Norm DIN 4102 – Brandverhalten von Baustoffen und Bauteilen –. Anforderungen beziehen sich, soweit nichts anderes bestimmt ist, auf die Beurteilung der Baustoffe und Bauteile im eingebauten Zustand. Die Baustoffe müssen nach DIN 4102-1 Abschnitt 7 entsprechend ihrem Brandverhalten gekennzeichnet sein.*

*Baustoffe, die beim Brand* ***brennend abfallen*** *oder* ***brennend abtropfen****, können zur Feuerweiterleitung beitragen oder die Rettung von Menschen und Tieren be-*

*hindern. Bei brennbaren Baustoffen, die brennend abfallen oder brennend abtropfen, wird diese Eigenschaft durch einen entsprechenden Hinweis*

- *bei normalentflammbaren Baustoffen (B 2) in den allgemeinen bauaufsichtlichen Prüfzeugnissen,*
- *bei schwerentflammbaren Baustoffen (B 1) in der allgemeinen bauaufsichtlichen Zulassung,*

*kenntlich gemacht. Für Baustoffe, die nach DIN 4102–4 hinsichtlich des Brandverhaltens klassifiziert sind, ist der Nachweis erbracht, dass sie nicht „brennend abfallen“.*

*Anforderungen an* ***Bekleidungen*** *gelten auch für nicht bekleidete Oberflächen von Bauteilen. Bekleidungen sind an Bauteilen (z. B. Rohdecke) befestigte Baustoffe, die diese Bauteile ganz oder überwiegend bedecken, wie Unterdecken, Platten, Beläge auf Wänden mit oder ohne Unterkonstruktion sowie Putze. Soweit Bekleidungen und somit die Oberfläche von Bauteilen nichtbrennbar oder schwerentflammbar sein müssen, ist deren Oberflächenbehandlung grundsätzlich in die Beurteilung der Brennbarkeit mit einzubeziehen, es sei denn, es handelt sich um Beschichtungen bis 0,5 mm Dicke, um Anstriche oder um Tapeten auf Mauerwerk, Beton oder mineralischen Putz.*

*Baustoffe zur Auffüllung von Fugen zwischen raumabschließenden Wänden (z. B. bei Fugen zwischen Gebäudeabschluss- oder Gebäudetrennwänden) müssen zur Vermeidung einer Brandausbreitung mindestens schwerentflammbar (B 1) und in Hochhäusern nichtbrennbar (A) sein, für Randabdichtungen oder Randabdeckungen solcher Fugen dürfen normalentflammbare Baustoffe (B 2) verwendet werden.*

*Im Bereich der Rettungswege unterscheidet die Landesbauordnung zwischen* ***dichtschließenden*** *Türen,* ***rauchdichten*** *Türen sowie Türen einer Feuerwiderstandsklasse je nach dem Grad ihrer Anforderung.*

*Als „dichtschließend“ gelten Türen mit stumpf einschlagendem oder gefälztem, vollwandigen Türblatt und einer mindestens dreiseitig umlaufenden Dichtung. Verglasungen in diesen Türen sind zulässig.*

*Rauchdichte Türen (vgl. z. B. § 37 Abs. 5 und 10 sowie § 38 Abs. 2) sind solche nach DIN 18095 – Rauchschutztüren –. Untergeordnete Seitenteile und obere Blenden dieser Türen sind zulässig, sie brauchen keiner Feuerwiderstandsklasse zu entsprechen, wenn die Türen in Wände eingebaut werden, an deren Feuerwiderstandsfähigkeit keine Anforderungen gestellt werden, und wenn sie aus Baustoffen bestehen, die für Rauchschutztüren zugelassen sind.*

*Bei Türen, die der Feuerwiderstandsklasse T 30 entsprechen müssen, sind untergeordnete Seitenteile oder obere Blenden zulässig, wenn sie mit der Tür auf diese Feuerwiderstandsklasse geprüft sind (siehe § 8 Abs. 7 HochhVO).*

*17.3 Zu Absatz 3*

*Satz 1 2. Halbsatz stellt klar, dass die zwei Rettungswege, die je Nutzungseinheit und je Geschoss mit Aufenthaltsräumen vorhanden sein müssen, in ein und demselben notwendige Flur geführt werden dürfen. Sie müssen dann jedoch in zwei Richtungen führen, z. B. zu notwendigen Treppenräumen oder zu Ausgängen ins Freie. Satz 3 und § 38 Abs. 3 BauO NRW (Stichflurregelung) bleiben hiervon unberührt. Anforderungen an Treppenräume und Sicherheitstreppenräume enthält Nr. 37 VV BauO NRW.*

**Anmerkungen** (Autor: Temme)

**Übersicht**


| | | Rdn. |
|---|---|---|
| 0 | Änderungen gegenüber der BauO NW 1984 und der BauO NW 1995 | 01–04 |
| 1 | Allgemeines | 1– 2a |
| 2 | Zu Absatz 1 – Grundnorm des vorbeugenden baulichen Brandschutzes | 3– 3a |
| 2.1 | Inhalt des Begriffs Brandschutz | 4– 4b |
| 2.1.1 | Vorbeugender baulicher Brandschutz | 5– 7a |
| 2.1.2 | Abwehrender Brandschutz | 8– 9 |
| 2.2 | Umfang des vorbeugenden baulichen Brandschutzes | 10–10b |
| 2.2.1 | Vorkehrungen gegen Brandentstehung | 11–11b |
| 2.2.2 | Vorkehrungen gegen Feuer- und Rauchausbreitung | 12–21 |
| 2.2.3 | Rettung von Menschen und Tieren | 22–22b |
| 2.2.4 | Ermöglichung wirksamer Löscharbeiten | 23–23a |
| 2.3 | Personenschutz – Nachbarschutz – Sachgüterschutz | 24–29a |
| 2.4 | Begriffe aus der nationalen und europäischen Normung | 30–30f |
| 2.4.1 | Brennbarkeit der Baustoffe | 31–39 |
| 2.4.2 | Feuerwiderstandsdauer der Bauteile | 40–43a |
| 2.5 | Bekleidungen, Oberflächen von Bauteilen, Baustoffe in Fugen | 44–45 |
| 3 | Zu Absatz 2 – Leichtentflammbare Baustoffe | 46–46a |
| 4 | Zu Absatz 3 – Erster und zweiter Rettungsweg | |
| 4.1 | Grundsatz | 47–47c |
| 4.2 | Grundanforderungen | 48–52 |
| 4.3 | Sicherheitstreppenraum | 53–53b |
| 4.4 | Der zweite Rettungsweg über Rettungsgeräte der Feuerwehr | 54–57 |
| 5 | Zu Absatz 4 – Blitzschutzanlagen | 58–60 |


## 0 Änderungen gegenüber der BauO NW 1984 und der BauO NW 1995

Die Vorschrift des **§ 17 BauO NW 1995** entspricht wörtlich § 17 BauO NW 1984. **01**

Die **BauO NRW 2000** hat § 17 BauO NW 1995 mit **geändertem Absatz 3** übernommen. **02**

Die **Neufassung des Satzes 1** in Absatz 3 erfolgte, um überzogenen Anforderungen an die funktionale Unabhängigkeit des 1. und 2. Rettungswegs entgegenzuwirken, die durch den Beschluss des OVG NRW vom 7.7.1997 (– 10 A 3367/94, BauR 1997, 1005 = BRS 59 Nr. 124) ausgelöst wurden (vgl. die Begründung in LT-Drucks. 12/4394 S. 70 Nr. 10). **03**

Die **Einfügung** der Worte „**sicher erreichbaren**" vor dem Wort „Treppenraum" in Absatz 3 **Satz 3** schloss eine Regelungslücke, um Anforderungen des § 38 Abs. 3 BauO NRW Rechnung zu tragen (vgl. die Begründung in LT-Drucks. 12/4394 S. 70 Nr. 11). **04**

## 1 Allgemeines

In Deutschland entstanden bereits im Mittelalter aufgrund von Bränden in den befestigten und dicht bebauten Städten **Brandschutzbestimmungen als Teil des kommunalen Baurechts**. Einzelne Landesherren nahmen in die für das ganze Landesgebiet geltenden Bauordnungen auch Vorschriften über Feuerstätten, Dachdeckung und Brandwände auf, wie dies bei der Württembergischen Bauordnung von 1568 belegbar ist. Die in Preußen im Jahre 1919 als Muster für die Baupolizeiverordnungen herausgegebene „Einheitsbauordnung für Städte" (s. die Einleitung, Rdn. 47) enthielt eine Fülle brand- **1** schutztechnischer Bestimmungen, die Eingang in die MBO 1960 fanden und als Vorläufer der heute geltenden Regelungen angesehen werden können. In der MBO und den aus ihr abgeleiteten Landesbauordnungen sind die **Grundanforderungen** an den Brandschutz in einem Paragraphen zusammengefasst. Die **zentrale Vorschrift** für den vorbeugenden baulichen Brandschutz bildet als eine allgemein formulierte Anforderung **§ 14 MBO 2002** = **§ 17 BauO NRW**.

1a Auf der **Grundnorm des vorbeugenden baulichen Brandschutzes** basieren alle den vorbeugenden baulichen Brandschutz regelnden Anforderungen

- des **Gesetzes** (im Wesentlichen die §§ 29 bis 46, 53, 54 und 87 BauO NRW),
- der **Feuerungsverordnung**,
- in **Sonderbauverordnungen**,
- in bauaufsichtlich eingeführten **Technische Baubestimmungen** (s. hierzu **Nr. 3 – Technische Regeln zum Brandschutz** der Liste der Technischen Baubestimmungen, RdErl. vom 8.11.2006, MBl. NRW. S. 582).

Den vorbeugenden baulichen Brandschutz haben auch einige **nicht veröffentlichte Runderlasse** zum Gegenstand, da in der Praxis immer wieder Zweifelsfragen auftreten, deren einheitliche Handhabung im ganzen Land sichergestellt werden muss. Nicht zuletzt aus diesem Grund enthält auch die infolge der Befristung zum 31.12.2005 **ausgelaufene VV BauO NRW** zahlreiche Regelungen zum vorbeugenden baulichen Brandschutz, die dem Bauherrn insoweit Planungssicherheit verschaffen sollen, als er bei deren Berücksichtigung davon ausgehen kann, dass die Bauaufsichtsbehörde seine Planung im Baugenehmigungsverfahren nicht beanstanden wird. Auch nach dem Auslaufen der VV BauO NRW dürfen Bauherren und Entwurfsverfasser hierauf vertrauen, da sich die Auffassung der obersten Bauaufsichtsbehörde zu den dort getroffenen Aussagen nicht geändert hat.

2 Unter der Überschrift „**Brandschutz**" enthält § 17 BauO NRW neben der bedeutsamen **Schutzzielformulierung** weitere allgemeine Anforderungen:

**Absatz 1** benennt **vier Schutzziele**, die erfüllt sein müssen, um von einer „ausreichenden Sicherheit" im Brandfalle für die Nutzer baulicher Anlagen ausgehen zu können;

**Absatz 2 verbietet** weitestgehend die Verwendung **leichtentflammbarer Baustoffe**;

**Absatz 3** regelt das Erfordernis **zweier voneinander unabhängiger Rettungswege**, von denen im Gefahrenfall wenigstens einer benutzbar sein muss;

**Absatz 4** regelt das **Erfordernis von Blitzschutzanlagen**.

Dieser Aufbau der Vorschrift basiert noch auf § 17 MBO 1997.

2a Mit der **MBO 2002** wurde diese Systematik verändert. **§ 14** MBO 2002 enthält jetzt nur noch die **vier Schutzziele** aus § 17 Abs. 1 MBO 1997, wie sie auch § 17 **Abs. 1** BauO NRW aufführt, wobei für die lange Formulierung „Ausbreitung von Feuer und Rauch" der **Begriff „Brandausbreitung"** als Kurzbezeichnung eingeführt wurde und in den Einzelvorschriften zum baulichen Brandschutz Verwendung findet. Die Regelungen der nachfolgenden Absätze des § 17 MBO 1997 wurden unmittelbar den Abschnitten mit den Einzelvorschriften zum baulichen Brandschutz zugeordnet (s. hierzu § 26, § 33 und § 46 MBO 2002), um die allgemeinen Anforderungen an die Bauausführung straffen und den sachlichen Zusammenhang mit den Einzelvorschriften besser verdeutlichen zu können.

## 2 Zu Absatz 1 – Grundnorm des vorbeugenden baulichen Brandschutzes

Nach § 3 Abs. 1 BauO NRW, der **allgemeinen materiellen Grundnorm** des Bauordnungsrechts, sind bauliche Anlagen sowie andere Anlagen und Einrichtungen, an die das Bauordnungsrecht Anforderungen stellt, so anzuordnen, zu errichten, zu ändern und instand zu halten, dass die öffentliche Sicherheit oder Ordnung, insbesondere **Leben oder Gesundheit, nicht gefährdet** werden. Diese materielle Grundnorm wird weiter ausgeformt durch § 17 Absatz 1 BauO NRW, der die **Schutzziele** und den **Zweck** des **vorbeugenden baulichen Brandschutzes** benennt. Hierauf basieren alle den vorbeugenden baulichen Brandschutz regelnden Einzelanforderungen der BauO NRW und des untergesetzlichen Regelwerks. 3

Die **Grundnorm** des § 17 Abs. 1 BauO NRW bildet auch den Rahmen 3a

- für **besondere Anforderungen**, die auf der Rechtsgrundlage des § 54 Abs. 1 Satz 1 BauO NRW zur Verwirklichung der allgemeinen Anforderungen nach § 3 Abs. 1 BauO NRW im Einzelfall an Sonderbauten gestellt werden können,
- für die Zulässigkeit von **Erleichterungen**, die auf der Rechtsgrundlage des § 54 Abs. 1 Satz 2 BauO NRW im Einzelfall für Sonderbauten gestattet werden können, und
- für **bauaufsichtliche Maßnahmen zur Gefahrenabwehr**, die in Wahrnehmung der Aufgaben der Bauaufsichtsbehörden aufgrund der Ermächtigungen in § 61 Abs. 1 Satz 2, § 61 Abs. 3 oder § 87 BauO NRW im Einzelfall getroffen werden können.

### 2.1 Inhalt des Begriffs „Brandschutz"

Der Begriff „**Brandschutz**" in der Überschrift des § 17 BauO NRW wird weder in diesem Paragraphen selbst, noch in einer anderen Vorschrift der Landesbauordnung definiert. Dieser Oberbegriff fasst alle **vorbeugenden** und **abwehrenden Maßnahmen** zusammen, die Menschen, Tiere und Sachen vor den Auswirkungen eines Brandes schützen sollen. Die Vorbeugung kann aus baulichen Vorkehrungen (Trennwände, Trenndecken, sichere Treppenräume) und technischen Vorkehrungen (Feuerlöschanlagen, Rauchabzugsanlagen, Brandmeldeanlagen) bestehen, aber auch sonstige Maßnahmen betreffen, wie z. B. die regelmäßige Kontrolle besonders gefährdeter baulicher Anlagen (Brandschau, wiederkehrende Prüfung), die Ausbildung besonders geschulter Personen als Brandschutzbeauftragte oder die Aufstellung einer Brandschutzordnung, um nur einige Beispiele zu nennen. Kommt es zu einem Brand, so bedarf es abwehrender Maßnahmen durch die Feuerwehr, um die Auswirkungen rasch und wirksam zu begrenzen. Vorbeugende und abwehrende Brandschutzmaßnahmen sind in unterschiedlichen Rechtsbereichen – dem **Bauordnungsrecht** und dem **Feuerschutz- und Hilferecht** – erfasst, die beide in der Gesetzgebungskompetenz des Landes liegen. Der **abwehrende Brandschutz** – mitunter auch als „**bekämpfender** Brandschutz" bezeichnet – ist im Gesetz über den Feuerschutz und die Hilfeleistung – **FSHG** und in den auf seiner Grundlage erlassenen Vorschriften geregelt (s. Rdn. 8–9). 4

Der **vorbeugende** Brandschutz will in erster Linie das **Entstehen** eines Brandes **verhindern**. Daneben kommt ihm die Funktion zu, die **Auswirkungen** eines dennoch einmal ausgebrochenen Brandes so zu **begrenzen**, dass sich der Brand möglichst nicht weiter ausbreiten kann. Da der Schwerpunkt auf den vom Bauordnungsrecht erfassten baulichen Anforderungen liegt, wird der vorbeugende Brandschutz mitunter gänzlich dem Bauordnungsrecht zugerechnet. Diese Sichtweise ist indessen verzerrt, da zu den orga- 4a nisatorischen Maßnahmen unter anderem auch die im Feuerschutz- und Hilferecht geregelten Anforderungen an das Vorhandensein und die Ausstattung einer Feuerwehr sowie die Durchführung der Brandschau zur Erkennung von Gefahren rechnen.

4b Der **vorbeugende bauliche Brandschutz** ist für die überwiegende Anzahl von baulichen Anlagen und Gebäuden in der **BauO NRW** und in den auf ihrer Grundlage erlassenen Sonderbauverordnungen, Technischen Baubestimmungen und Verwaltungsvorschriften geregelt und wird von der **Bauaufsichtsbehörde** vollzogen. Daneben finden sich wegen des zum Teil erheblichen Gefahrenpotenzials von Anlagen Anforderungen an den Brandschutz im **sonstigen öffentlichen Recht**, vor allem im Immissionsschutzrecht, im Geräte- und Produktsicherheitsrecht, im Atomrecht und im Gentechnikrecht. Diese in der **Bundeskompetenz** liegenden Rechtsetzungsmaterien enthalten spezielle – auf die besondere Gefahrenlage abgestimmte – **anlagentechnische** Brandschutzbestimmungen, die dem Bauordnungsrecht vorgehen. Der Vollzug dieser Rechtsbereiche liegt in der Zuständigkeit der **staatlichen Umwelt- und Arbeitsschutzverwaltung**.

### 2.1.1 Vorbeugender baulicher Brandschutz

5 Der vorbeugende bauliche Brandschutz wird erbracht durch

– **bauliche** Maßnahmen,

– **technische** Maßnahmen, diese wiederum differenziert

– nach **ortsfesten** und **beweglichen** sowie

– **organisatorische** Maßnahmen.

6 Die **Schutzziele** des vorbeugenden **baulichen** Brandschutzes sind bei Wohngebäuden geringer und mittlerer Höhe sowie bei Vorhaben mit vergleichbaren Risiken nahezu ausschließlich durch **bauliche Maßnahmen** erfüllbar; technischer oder organisatorischer Maßnahmen bedarf es dann nicht. Zu den baulichen Maßnahmen zählen z.B.: Anordnung der Gebäude (§ 4 BauO NRW), Abstandflächen (§ 6 BauO NRW), Zufahrten und Flächen für die Feuerwehr (§ 5 BauO NRW), Baustoffe, Bauteile und Gesamtkonstruktion, Abschottungen (§ 17 Abs. 1 und 2 und §§ 29 bis 35 BauO NRW), Lage, Anordnung und Ausbildung der Rettungswege (§ 17 Abs. 3 und §§ 36 bis 41 BauO NRW).

7 In **Sonderbauten**, vor allem in Gebäuden mit erhöhtem Publikumsverkehr, wie in Flughafen-Abfertigungs-Gebäuden, Verkaufsstätten oder in Versammlungsstätten, aber auch in Wohnhochhäusern und in gewerblich oder industriell genutzten Gebäuden, reichen vielfach bauliche Maßnahmen nicht aus. Hier müssen die gebauten Zustände durch **technische** bzw. **organisatorische** Maßnahmen ergänzt werden. **Ziel** dieser Maßnahmen ist es, das durch die **besondere** Nutzung der baulichen Anlagen **erhöhte** Risiko auszugleichen, um wiederum das erforderliche **Mindestsicherheitsniveau** zu erreichen.

7a Zu den **ortsfesten technischen** Anlagen zählen z.B. nasse oder trockene Steigleitungen mit ihren Wandhydranten, Sprinkler- und Sprühwasserlöschanlagen, Brandmelde- und Alarmanlagen, Rauch- und Wärmeabzugsanlagen. Zu den **beweglichen technischen** Anlagen zählen z.B. Feuerlöscher, Löschdecken. Zu den **organisatorischen** Maßnahmen zählen z.B. die Bereitstellung einer Betriebs- oder Werkfeuerwehr, Begrenzung der Brandlast, Maßnahmen aufgrund von Brandschutzordnungen, Anforderungen an die Entflammbarkeit von Einrichtungsgegenständen (soweit nicht bereits in Einzelvorschriften geregelt), das Verbot des Umgangs mit offenem Feuer, Rauchverbot.

### 2.1.2 Abwehrender Brandschutz

Trotz aller baulichen, technischen und organisatorischen Vorkehrungen – und damit der Erfüllung der Anforderungen an den **passiven** Brandschutz – ist ein Brand nie vollständig auszuschließen. Zwar verpflichtet die Grundnorm des § 17 Abs. 1 BauO NRW den Bauherrn auch für diesen Fall Vorkehrungen zu treffen und seine bauliche Anlage so zu gestalten und auszubilden, dass die **Rettung von Menschen und Tieren** sowie wirksame **Löscharbeiten** möglich sind. Die bauordnungsrechtlichen Anforderungen an diesen Teil des vorbeugenden Brandschutzes setzen zur **Brandbekämpfung** jedoch das **Vorhandensein einer öffentlichen Feuerwehr** mit ausreichender **personeller** und **technischer Ausstattung** sowie die **ordnungsgemäße Funktion der Löschwasserversorgung** und damit einen **aktiven** Brandschutz voraus. 8

Der **abwehrende** Brandschutz ist **Aufgabe der Gemeinden**. Nach § 1 Abs. 1 FSHG sind die Gemeinden verpflichtet, **den örtlichen Verhältnissen entsprechend leistungsfähige Feuerwehren** zu unterhalten, um Schadenfeuer zu bekämpfen sowie bei Unglücksfällen und öffentlichen Notständen Hilfe zu leisten. § 9 Abs. 1 FSHG unterscheidet zwischen **öffentlichen Feuerwehren** (Berufsfeuerwehren, Freiwillige Feuerwehren, Pflichtfeuerwehren) und **Werkfeuerwehren**. Die Gemeinden unterhalten **Freiwillige Feuerwehren** und **können** gemäß § 10 Abs. 1 FSHG daneben **Berufsfeuerwehren** einrichten; die **kreisfreien Städte** sind hierzu **verpflichtet**. Nach § 14 FSHG muss die Gemeinde eine **Pflichtfeuerwehr** (das ist im Wesentlichen die Dienstverpflichtung von Einwohnern) einrichten, wenn keine Freiwillige Feuerwehr zustande kommt. **Werkfeuerwehren** werden gemäß § 15 FSHG durch die **Bezirksregierung** für **Betriebe** oder **Einrichtungen** angeordnet, bei denen die **Gefahr** eines Brandes oder einer Explosion **besonders groß** ist oder bei denen in einem Schadensfall eine **große Anzahl von Personen gefährdet** wird. Bei Großschadensereignissen haben die Kreise nach § 1 Abs. 3 FSHG eine leitende und koordinierende Funktion. Kreisfreie Städte und Kreise sind gemäß § 1 Abs. 4 FSHG verpflichtet, **Leitstellen** sowie Einrichtungen zur Leitung und Koordinierung der Bekämpfung von Großschadensereignissen zu unterhalten. 8a

Zum **Löschen** von Bränden ist – mit wenigen Ausnahmen – nach wie vor **Wasser** am besten geeignet. Der aktive Brandschutz erfordert in der überwiegenden Zahl der Fälle, in denen das Löschwasser über die Trinkwassernetze bereitgestellt wird, deren ordnungsgemäße Funktion. Daher sind die **Gemeinden** gemäß § 1 Abs. 2 FSHG ebenfalls verpflichtet, eine **den örtlichen Verhältnissen angemessene Löschwasserversorgung** sicherzustellen (s. Rdn. 23–23 a). 8b

Unter der Überschrift „Vorbeugender Brandschutz" enthalten die §§ 5–8 FSHG Maßgaben zur **Beteiligung der Brandschutzdienststellen** im baurechtlichen Verfahren, zur **Brandschau**, zu **Brandsicherheitswachen** sowie zur Brandschutzerziehung, zur Brandschutzaufklärung und zur Selbsthilfe. Im **baurechtlichen Verfahren** ist es gemäß § 5 Satz 1 FSHG **Aufgabe** der Brandschutzdienststellen, nach Maßgabe **baurechtlicher** Vorschriften **Belange des Brandschutzes wahrzunehmen** (s. hierzu Nr. 54.33 und 73.13 VV BauO NRW sowie den RdErl. des Innenministers des Landes NRW vom 9. 2. 2001 – V D 2-4.111-3, n. v.) **Brandschutzdienststellen** sind nach § 5 Satz 2 FSHG die Gemeinden, deren öffentliche Feuerwehr über geeignete **hauptamtliche Kräfte** verfügt, ansonsten die Kreise; § 5 Satz 3 FSHG bestimmt, dass die zur Durchführung dieser Aufgabe erforderlichen Tätigkeiten Bediensteten mit einer Ausbildung für den gehobenen oder höheren **feuerwehrtechnischen Dienst** zu übertragen sind. 9

## 2.2 Umfang des vorbeugenden baulichen Brandschutzes

10 Die Grundnorm des vorbeugenden baulichen Brandschutzes entspricht ihrem materiellen Inhalt nach dem **Grundsatz der vorbeugenden Gefahrenabwehr**, der das gesamte Bauordnungsrecht beherrscht (vgl. die Anmerkungen zu § 3 Rdn. 43–47). Nach § 17 Abs. 1 BauO NRW müssen bauliche Anlagen so beschaffen sein,

- dass der **Entstehung** eines Brandes **vorgebeugt** wird,
- dass der **Ausbreitung** von Feuer und Rauch **vorgebeugt** wird,
- dass die **Rettung** von Menschen und Tieren **möglich** ist, und
- dass wirksame **Löscharbeiten möglich** sind.

Diese den Umfang und die Schutzziele des vorbeugenden Brandschutzes bestimmende Grundnorm wird durch Einzelvorschriften konkretisiert. Diese stellen Anforderungen an:

- die **Erschließung** und **Löschwasserversorgung** (§ 4 und § 44 Abs. 3 BauO NRW),
- die **Zugänge** und **Zufahrten** sowie die **Aufstell- und Bewegungsflächen** für die Feuerwehr (§ 5 BauO NRW),
- die Lage und Anordnung der **Rettungswege** im Gebäude (§§ 36–41 BauO NRW),
- die **Brennbarkeit** (bzw. **Entflammbarkeit**) der Baustoffe und die **Feuerwiderstandsdauer** der Bauteile (§§ 29, 34 und 35 BauO NRW),
- die Lage und Anordnung **abschottender Bauteile** sowie die **Dichtheit von Verschlüssen** in diesen Bauteilen (§§ 30–39 BauO NRW),

10 a Eine **absolute Sicherheit** ist auch bei Beachtung der Brandschutzvorschriften **nicht zu erreichen**, es verbleibt stets ein „**Restrisiko**" (vgl. die Anmerkungen zu § 3 Rdn. 6). Die **Entstehung eines Brandes** ist wie die **Ausbreitung von Feuer und Rauch** letztlich nicht zu verhindern, sie kann nur **behindert** werden. Mit der Entstehung eines Brandes ist praktisch jederzeit zu rechnen (so OVG NRW, Urteil vom 28. 8. 2001 – 10 A 3051/99, BauR 2002, 763 = BRS 64 Nr. 201 und Beschluss vom 8. 5. 2007 – 10 B 2555/06, BauR 2007, 1720 = ZfBR 2007, 703). So dienen die Brandschutzvorschriften dazu, die **Brandentstehung** zu verhindern und die **Brandfolgen** zu **mindern**. Die BauO NRW enthält (noch) **keine Pflicht zum Einbau von Rauchmeldern**, wie dies die HBO, LBauO M-V, LBauO Rh-Pf, LBO Saar und LBO Schl-H vorsehen. Obwohl nachweisbar, dass durch Rauchmelder die Zahl der Todesopfer spürbar gesenkt werden kann (vgl. Harke, Einbaupflicht für Heimrauchmelder, DAB 2007, S. 65 f.) ist der Gesetzgeber nicht verpflichtet, für bestehende Gebäude die Anbringung von Rauchmeldern vorzuschreiben (VerfGH Rh-Pf, Urteil vom 5. 7. 2005 – VGH B 28/04, BRS 69 Nr. 137).

10 b Die **Brandschutzvorschriften beziehen sich** – in Abhängigkeit von den **Risiken** – auf die **bestimmungsgemäße Nutzung** der baulichen Anlage. Die materiellen Brandschutzregelungen der Landesbauordnung sind abgestimmt auf die **Wohnnutzung** und auf **hinsichtlich der Risiken vergleichbare Nutzungen** (s. die Anmerkungen zu § 54 Rdn. 1). Übersteigen die Risiken die der üblichen Wohnnutzung oder dieser vergleichbaren Nutzung nicht nur unerheblich, bedarf es **besonderer Überlegungen** zum baulichen Brandschutz. Daher ermöglicht § 54 Abs. 1 BauO NRW für **Sonderbauten** im **Einzelfall**

- **besondere Anforderungen**, die über die Regelungen der BauO NRW hinausgehen,
- **Erleichterungen** von den Regelungen der BauO NRW.

Weiter ermächtigt § 85 Abs. 1 Nr. 5 BauO NRW die oberste Bauaufsichtsbehörde zum Erlass von Vorschriften über **besondere Anforderungen** oder **Erleichterungen**, die sich aus der besonderen Art oder Nutzung der baulichen Anlage und Räume für deren Errichtung, Änderung, Instandhaltung, Betrieb und Benutzung ergeben. Hiervon wurde umfassend Gebrauch gemacht (s. die Anmerkungen zu § 85 Rdn. 10).

### 2.2.1 Vorkehrungen und Maßnahmen gegen Brandentstehung

Das menschliche Verhalten ist nur bedingt kontrollierbar. Leichtsinn, Unachtsamkeit, **11** Bedienungsfehler, z.B. an technischen oder elektrischen Geräten, nicht vorschriftsgerecht durchgeführte Schweißarbeiten, aber auch Brandstiftung oder Selbstentzündung sind Ursachen von Bränden. Daher kann der Entstehung von Bränden durch bauliche Maßnahmen nur begrenzt vorgebeugt werden. Als vorbeugende Maßnahmen dienen die **Anforderungen an die Brennbarkeit** bzw. **Entflammbarkeit** der Baustoffe (s. Rdn. 31 ff.). So ist die Verwendung leichtentflammbarer (s. Rdn. 38) und normalentflammbarer Baustoffe als Bekleidung von Wänden und Decken in sicherheitsempfindlichen Bereichen, wie in den Rettungswegen von Versammlungsstätten, untersagt.

Als **Zündquellen** kommen **Feuerungsanlagen** – durch Feuerübertragung oder durch **11a** Hitzestrahlung – und **elektrische Anlagen** – infolge einer Überhitzung oder durch Kurzschluss – in Betracht. Vorbeugende bauliche Anforderungen regelt § 43 BauO NRW in Verbindung mit der **FeuVO NW**. Sollen **Betriebsräume für elektrische Anlagen** zur Aufnahme von Transformatoren und Schaltungen für Nennspannungen über 1 kV, ortsfeste Stromerzeugungsaggregate oder Zentralbatterien für Sicherheitsbeleuchtung in Sonderbauten und in Wohngebäude integriert werden, ist die **EltBauVO** zu beachten. **Elektrische Anlagen** sind gemäß § 49 Abs. 1 EnWG so zu errichten und zu betreiben, dass die technische Sicherheit gewährleistet ist; dabei sind die **allgemein anerkannten Regeln der Technik** zu beachten. Nach § 49 Abs. 2 EnWG wird die Einhaltung der allgemein anerkannten Regeln der Technik vermutet, wenn bei Anlagen zur Erzeugung, Fortleitung und Abgabe von Elektrizität die technischen Regeln des VDE eingehalten wurden. Auch die Bestimmungen der §§ 5 und 6 **BetrSichV** über elektrische Anlagen in explosionsgefährdeten Bereichen beinhalten Maßnahmen gegen Brandentstehung.

Unsachgemäß ausgeführte **Schweiß-** und **Lötarbeiten** führen immer wieder zu Bränden **11b** ungeheuren Ausmaßes. **Generelle** Anforderungen an Unternehmer bzw. Arbeitgeber, die auch auf Brandverhütung bei Schweiß- oder ähnlichen Arbeiten anzuwenden sind, finden sich im **ArbSchG** und in der Unfallverhütungsvorschrift **VBG 1** „Allgemeine Vorschriften“. **Spezielle** Anforderungen enthalten:

- die **Unfallverhütungsvorschriften VBG 15** und **GUV 3.8** „**Schweißen, Schneiden und verwandte Verfahren**“ der Berufsgenossenschaften bzw. des Bundesverbandes der Unfallversicherungsträger der öffentlichen Hand,
- das **Merkblatt BGI 560** (bisher ZH 1/112) „**Arbeitssicherheit durch vorbeugenden Brandschutz**“ der Berufsgenossenschaften,
- das **Merkblatt BGI 563** (bisher ZH 1/117) „**Brandschutz bei Schweiß- und Schneidarbeiten**“ der Berufsgenossenschaften,
- die „**Richtlinien für den Brandschutz bei Schweiß-, Löt- und Trennschleifarbeiten**“ des Verbandes der Schadensversicherer (VdS).

Auch der **Blitzeinwirkung** kann vorgebeugt werden (s. Rdn. 58–60).

### 2.2.2 Vorkehrungen und Maßnahmen gegen Feuer- und Rauchausbreitung

12 Der Feuer- und Rauchausbreitung durch bauliche Maßnahmen entgegenzuwirken, gibt es viele Möglichkeiten (zur Feuer- und Rauchausbreitung s. Klingsohr/Messerer, S. 101 ff.). Die Vermeidung oder zumindest Behinderung der Brandausbreitung innerhalb eines Gebäudes ist ein wichtiges Schutzziel des Bauordnungsrechts, das zu diesem Zweck ein **System** der **äußeren** und **inneren Abschottung** der Gebäude in Abschnitte beinhaltet. Zum **System der äußeren Abschottung** zählen die Anforderungen an Lage und Anordnung der Gebäude, an Gebäudeabstände und Abstandflächen in § 6 BauO NRW und an Gebäudeabschlusswände in §§ 29, 31 und 33 BauO NRW (als äußere Brandwände). **Innerhalb** von Gebäuden geht das Bauordnungsrecht von dem **System der inneren Abschottungen** aus, in „**Brandabschottungseinheiten**" und in „**Rauchabschottungseinheiten**". Dazu stellt die Landesbauordnung unter anderem Anforderungen an:

- die **Lage** und **Anordnung abschottender Bauteile**
- die **Brennbarkeit** bzw. **Entflammbarkeit** der **Baustoffe**
- die **Feuerwiderstandsdauer** der abschottenden Bauteile und
- die **Dichtheit der Verschlüsse** von Öffnungen in den abschottenden Bauteilen.

13 Folgende **Brandabschottungseinheiten** können unterschieden werden:

- die **Wohnung** oder die dieser in der Nutzung und Größe ähnliche Nutzungseinheit,
- das **Geschoss**,
- der **notwendige Treppenraum**,
- der **notwendige Flur**,
- der **Brandabschnitt** zwischen den **Gebäudeabschlusswänden** (äußere Brandwände), den **Gebäudetrennwänden** (innere Brandwände) und den Außenwänden,
- der **Brandbekämpfungsabschnitt** innerhalb von **Industriebauten**,
- der **Aufzugsschacht**.

14 Folgende **Rauchabschottungseinheiten** können unterschieden werden:

- in Geschossen mit mehr als vier Wohnungen oder Nutzungseinheiten vergleichbarer Größe müssen nach § 37 Abs. 6 BauO NRW **notwendige Flure** angeordnet sein, die vom Treppenraum mindestens rauchdicht abgeschlossen sein müssen;
- **notwendige Flure von mehr als 30 m Länge** sollen nach § 38 Abs. 2 BauO NRW durch rauchdichte Türen in **Rauchabschnitte** unterteilt werden.

15 In den Begrenzungen dieser Brand- und Rauchabschottungseinheiten und somit in den abschottenden Bauteilen, sind in der Regel **Öffnungen** aufgrund der Nutzung der unterschiedlichen Nutzungseinheiten erforderlich. Hierbei handelt es sich um Türen, lichtdurchlässige Baustoffe, Leitungsdurchführungen oder ähnliche Durchbrechungen der Abschottung. An die Qualität der Verschlüsse, also an deren **Dichtheit**, stellt die Landesbauordnung Anforderungen, und zwar in Abhängigkeit von der Aufgabe, die die Abschottung zu erfüllen hat. Hier kennt das Bauordnungsrecht unter anderem: dichtschließende Türen, Feuerschutztüren, Rauchschutztüren, Feuerschutzabschlüsse, Rohrabschottungen und Kabelschotts.

**Türen** sind in abschottenden Bauteilen auszuführen als **16**

- **dichtschließende** Türen,
- **selbstschließende Feuerschutztüren** in den **Feuerwiderstandsklassen** T 30 bzw. T 90 oder
- **Rauchschutztüren**.

Die geringste Anforderung ist mit **dichtschließend** umschrieben. Hiermit ist nur ein **17**
bautechnischer Zustand beschrieben, der nicht auf eine bestandene Prüfung in einer Versuchsanordnung abstellt. Nach Nr. 17.1 VV BauO NRW gelten als dichtschließend Türen mit stumpf einschlagendem oder gefälztem, vollwandigem Türblatt und einer mindestens dreiseitig umlaufenden Dichtung; **Verglasungen** in diesen Türen sind zulässig. Es handelt sich hier um Türen, von denen man aufgrund ihrer Aufgabe und Funktion nicht verlangen kann, dass sie selbstschließend sein müssen, von denen man nur hoffen kann, dass sie im Brandfall geschlossen sind und so für eine gewisse Zeit sowohl dem Feuer als auch dem Rauch Widerstand leisten. Diese Anforderung wird z. B. gestellt an die normale Wohnungseingangstür (§ 37 Abs. 9 Nr. 3 BauO NRW) und an Türen in Wänden notwendiger Flure, die in der Feuerwiderstandsklasse F 30 herzustellen sind (§ 38 Abs. 4 Satz 3 BauO NRW).

**Feuerschutztüren** werden nach der Norm DIN 4102 Teil 5 (Ausgabe September 1977) **18**
als Feuerschutzabschlüsse geprüft und klassifiziert (s. Rdn. 40 und 41).

Genormte Feuerschutzabschlüsse sind beschrieben in:

- DIN 18082 Teil 1 (Ausgabe Dezember 1991) – Feuerschutzabschlüsse; Stahltüren T 30-1, Bauart A,
- DIN 18082 Teil 3 (Ausgabe Januar 1984) – Feuerschutzabschlüsse; Stahltüren T 30-1, Bauart für Größenbereich B,
- DIN 18090 (Ausgabe Januar 1997) – Aufzüge – Fahrschacht-Dreh- und Falttüren für Fahrschächte mit Wänden der Feuerwiderstandsklasse F 90,
- DIN 18091 (Ausgabe Juli 1993) – Aufzüge – Schacht-Schiebetüren für Fahrschächte mit Wänden der Feuerwiderstandsklasse F 90,
- DIN 18092 (Ausgabe April 1992) – Aufzüge – Vertikal-Schiebetüren für Kleingüteraufzüge in Fahrschächten mit Wänden der Feuerwiderstandsklasse F 90,
- DIN 18093 (Ausgabe Juni 1987) – Feuerschutzabschlüsse – Einbau von Feuerschutztüren in massive Wände aus Mauerwerk oder Beton – Ankerlagen, Ankerformen, Einbau.

Der Einbau von **Feuerschutztüren** wird z. B. verlangt

- als Verschluss von Türöffnungen in Gebäudetrennwänden nach § 32 Abs. 3 Satz 2 BauO NRW in der Feuerwiderstandsklasse T 90,
- als Verschluss von Türöffnungen in Sicherheitsschleusen nach § 32 Abs. 3 Satz 3 BauO NRW in der Feuerwiderstandsklasse von zweimal T 30.

Sofern Türen der Feuerwiderstandsklasse T 30 in Trennwänden mit Anforderungen an eine Feuerwiderstandsklasse (z. B. Flurtrennwände) angeordnet werden, sind **untergeordnete Seitenteile** oder obere **Blenden** zulässig, wenn sie mit der Tür auf diese Feuerwiderstandsklasse geprüft sind (Nr. 17.1 letzter Absatz VV BauO NRW).

19 **Rauchdichte** und **selbstschließende Türen** verlangen z. B. § 37 Abs. 5 Satz 2 Nr. 3, Abs. 10 Nr. 1 und Nr. 2 sowie § 38 Abs. 2 Satz 1 BauO NRW. **Rauchschutztüren** nach

- DIN 18095 Teil 1 (Ausgabe Oktober 1988) – Rauchschutztüren – Begriffe und Anforderungen,
- DIN 18095 Teil 2 (Ausgabe März 1991) – Rauchschutztüren – Bauartprüfung der Dauerfunktionstüchtigkeit und Dichtheit
- DIN 18095 Teil 3 (Ausgabe Juni 1999) – Rauchschutzabschlüsse – Anwendung von Prüfergebnissen

erfüllen die Anforderungen an **rauchdichte** Türen, sind jedoch **keine** Feuerschutzabschlüsse (Feuerschutztüren) entsprechend DIN 4102 Teil 5. Das Zulassungsverfahren berücksichtigt **harmonisierte Normen** (vgl. Wimmer, Grundlegende Erläuterung zum modifizierten Zulassungsverfahren für Feuerschutzabschlüsse, DIBt – Mitteilungen 2006, S. 2 ff.), insbesondere

- DIN EN 1634 Teil 3 (Ausgabe Januar 2005) – Feuerwiderstandsprüfungen für Tür- und Abschlusseinrichtungen – Rauchschutzabschlüsse.

Rauchschutztüren sind **selbstschließend** und behindern in geschlossenem Zustand den Rauchdurchtritt. Türen haben wie alle beweglichen Raumabschlüsse Fugen und Spalten zwischen ihren feststehenden und beweglichen Teilen sowie Durchlässe wie z. B. das Schloss. Aus diesem Grunde kann eine absolute Dichtheit gegen Rauchdurchtritt nur mit sehr hohem technischem Aufwand hergestellt werden. Bauaufsichtlich geforderte Rauchschutztüren sollen Rauchdurchtritt nur behindern, vollständig verhindern können sie ihn nicht. Die Norm geht von einer Rauchdichtheit aus, der ein noch als vertretbar angesehenes Maß von Undichtheit der Tür zugrunde liegt. Sie soll gewährleisten, dass ein Raum hinter der Tür für rund **10 Minuten** nutzbar ist, so dass sich Menschen noch ohne Atemschutz retten können. Die Türen werden je nachdem, ob sie ein- oder zweiflügelig sind, bezeichnet

als Tür DIN 18095 – **RS – 1** oder Tür DIN 18095 – **RS – 2**.

Bei Rauchschutztüren brauchen untergeordnete **Seitenteile** und obere **Blenden** keiner Feuerwiderstandsklasse zu entsprechen (s. Nr. 17.2 vorletzter Absatz VV BauO NRW).

20 **Leitungen** dürfen durch abschottende Bauteile der Feuerwiderstandsklasse F 90, wie Wohnungstrennwände, Decken, Brandwände oder Treppenraumwände, nur hindurchgeführt werden, wenn eine Übertragung von Feuer und Rauch nicht zu befürchten ist oder entsprechende Vorkehrungen hiergegen getroffen werden. **Vorkehrungen** gegen eine Übertragung von Feuer und Rauch sind bei der Durchführung

- von Leitungen aus brennbaren Rohren: **Rohrabschottungen**,
- von gebündelten elektrischen Leitungen: **Kabelschotts**.

Die **Brauchbarkeit** dieser Rohrabschottungen und Kabelschotts ist durch eine allgemeine bauaufsichtliche Zulassung gemäß § 21 BauO NRW nachzuweisen.

Die Anforderungen an die **Führung von Leitungen** durch Brandwände, durch Treppenraumwände sowie durch Trennwände und Decken, die feuerbeständig sein müssen, sind in **Abschnitt 4** der als Technische Baubestimmung eingeführten **Leitungsanlagen-Richtlinie – LAR NRW** (MBl. NRW. 2001, S. 1253) abschließend geregelt.

Der Behinderung der Brandausbreitung dienen auch die Vorschriften des § 42 BauO NRW über **Lüftungsanlagen**, **Installationsschächte** und **Installationskanäle** an die Brennbarkeit bzw. die Entflammbarkeit der verwendeten Baustoffe, an die Feuerwiderstandsdauer dieser Anlagen, Schächte und Kanäle sowie die Anforderungen über die Anordnung und Ausbildung von Absperrvorrichtungen gegen Brandübertragung in Lüftungsleitungen (Brandschutzklappen) in DIN 4102 Teil 6. Die Anforderungen an die Führung von Lüftungsleitungen durch feuerbeständige Bauteile sind in **Abschnitt 5** der als Technische Baubestimmung eingeführten **Lüftungsanlagen-Richtlinie – LüAR NRW** (MBl. NRW. 2003, S. 618) abschließend geregelt. **21**

### 2.2.3 Rettung von Menschen und Tieren

Bauliche Anlagen müssen so beschaffen sein, dass bei einem Brand die Rettung von Menschen und Tieren möglich ist. Um dieses Schutzziel zu erreichen, müssen die Gebäude je nach Nutzungsart, baulichem Umfang, Geschosszahl oder Höhe für eine – auf den **Brandfall bezogene** – bestimmte Zeit eine ausreichende **Standsicherheit** haben. Dazu dienen unter anderem die Anforderungen der §§ 29 und 34 BauO NRW an Wände, Pfeiler, Stützen und Decken. Der Rettung von Menschen und Tieren dient das **System der äußeren Rettungswege**, das sich erkennen lässt aus **22**

- § **4** BauO NRW hinsichtlich der Erschließung des Grundstücks auch für den Einsatz von Rettungsfahrzeugen und des
- § **5** BauO NRW hinsichtlich der Zugänge und Zufahrten sowie der Aufstell- und Bewegungsflächen für die Feuerwehr auf dem Grundstück,

sowie das **System der inneren Rettungswege**, das sich ergibt aus:

- dem Erfordernis des zweiten Rettungsweges nach § **17 Abs. 3** BauO NRW und
- den Anforderungen der §§ **36–38** und § **40 Abs. 4** BauO NRW an Lage, Anordnung, Bemessung und Ausbildung der Treppen, Ausgänge und Flure sowie der Fenster.

Das Beispiel des zweiten Rettungsweges über anleiterbare Fenster zeigt, dass **vorbeugender** und der **abwehrender Brandschutz eine Einheit** mit **gegenseitigen Abhängigkeiten** bilden. Die Änderung einzelner Teile dieses Systems entfaltet Rückwirkungen auf andere Teile. Daher darf eine Gemeinde durch Umrüstung oder Neuorganisation der Feuerwehr die Situation nicht zu Lasten der Eigentümer bestehender Gebäude nachträglich verändern (so der RdErl. vom 29. 8. 2000 – II A 5–100/17.3, n. v.). **22a**

Für **Sonderbauten** sind aufgrund § **54 Abs. 2 Nr. 7** BauO NRW besondere Anforderungen im Einzelfall möglich, da die Vorschriften der BauO NRW nur Wohngebäude und Gebäude vergleichbaren Gefahrenpotenzials erfassen. So können z. B. die Schüler einer großen Bildungseinrichtung oder die Besucher einer Veranstaltungshalle im Gefahrenfall nicht allein über anleiterbare Fenster geborgen werden, wenn der erste Rettungsweg versagt. Die Sonderbauvorschriften berücksichtigen die aus der **hohen Nutzerzahl** resultierenden **Gefahren** durch erhöhte Anforderungen an die Rettungswege. **22b**

### 2.2.4 Ermöglichung wirksamer Löscharbeiten

Die bauordnungsrechtlichen Anforderungen an den baulichen Brandschutz setzen eine **gesicherte Löschwasserversorgung** im Brandfall voraus (s. Rdn. 8 b). Diesem Schutzziel dienen unter anderem die Vorschriften **23**

– des **§ 1 Abs. 2 FSHG**, welche die **Gemeinden** verpflichten, für eine **ausreichende Löschwasserversorgung** zu sorgen (s. die Anmerkungen zu § 44 Rdn. 21–22),

– des **§ 4 Abs. 1 Nr. 2 BauO NRW**, wonach die Anlagen zur Versorgung mit Trink- und Löschwasser vorhanden sein müssen (s. die Anmerkungen zu § 4 Rdn. 52),

– des **§ 44 Abs. 3 BauO NRW**, wonach zur **Brandbekämpfung** eine ausreichende Wassermenge zur Verfügung stehen muss (s. die Anmerkungen zu § 44 Rdn. 16–19).

23a Auch die Anforderungen der BauO NRW an die Wasserversorgung erfassen lediglich Wohngebäude und Gebäude vergleichbaren Gefahrenpotenzials. Die Löschwasserversorgung erfolgt über die **öffentlichen Trinkwassernetze**, die jedoch nur einen **Mindestlöschwasserbedarf** abdecken. Vom Regelfall abweichende Gebäude können aufgrund ihrer baulichen Beschaffenheit oder der besonderen Zweckbestimmung einen erheblich höheren Löschwasserbedarf verursachen (s. die Anmerkungen zu § 44 Rdn. 20). Aus diesem Grunde ermöglicht **§ 54 Abs. 2 Nr. 11** BauO NRW besondere Anforderungen an die Wasserversorgung (s. auch Nr. 54.33 VV BauO NRW).

### 2.3 Personenschutz – Nachbarschutz – Sachgüterschutz

24 Aus der Grundnorm des § 17 Abs. 1 BauO NRW und den Einzelvorschriften lassen sich folgende **Ziele** erkennen:

– Schutz von **Personen**,

– Schutz der **Nachbarn**,

– Schutz von **Sachgütern**.

Diese Schutzziele sind im Bauordnungsrecht **keinesfalls gleichrangig**.

25 Es ist unstreitig, dass das Bauordnungsrecht – als der vorbeugenden Gefahrenabwehr dienendes Ordnungsrecht – den **Sachgüterschutz** mit einbezieht. Der Sachgüterschutz ist nämlich stets im allgemeinen Ordnungsrecht mit einbezogen, wenn von der Abwehr von Gefahren für die öffentliche Sicherheit oder Ordnung die Rede ist. Auch das Bauordnungsrecht schließt den Sachgüterschutz nicht aus, gibt ihm jedoch einen Stellenwert, der eindeutig **nachrangig** zum Personenschutz steht. Die materielle Grundnorm des § 3 Abs. 1 BauO NRW hebt nämlich **Leben** und **Gesundheit als wichtigste** der zur öffentlichen Sicherheit gehörenden **Rechtsgüter** hervor.

26 **Personenschutz** bedeutet unter dem Aspekt des vorbeugenden Brandschutzes:

Schutz des Menschen vor Feuer und Rauch sowie vor dem Zusammenbruch der Konstruktion des Objektes, das bis dahin zu seinem Schutz geeignet und bestimmt war. Schutz des Menschen bedeutet, ohne dass in der Aufzählung eine Wertigkeit liegt:

– Schutz des Bewohner und Benutzer einer baulichen Anlage bzw. eines Gebäudes,

– Schutz des Nachbarn,

– Schutz der Rettungskräfte, die in Not geratenen Personen zu Hilfe kommen.

Die Anforderungen der Landesbauordnung an Wohngebäude und an Gebäude mit vergleichbarem Gefahrenpotenzial, aber auch die Anforderungen in Sonderbauverordnungen an Gebäude, in denen mit einer Vielzahl von Personen zu rechnen ist, schließen bei Erfüllung der Vorschriften zum **Personenschutz** einen **Sachgüterschutz** mit ein.

27 Der sich aus den im FSHG geregelten **Aufgaben der öffentlichen Feuerwehren** ergebende **Sachgüterschutz** geht – gleichwohl am allgemeinen Begriff der öffentlichen Sicherheit und Ordnung orientiert – über den des Bauordnungsrechts hinaus. Er umfasst auch die Bergung von Sachgütern aus unmittelbarer Gefahr. Der **Personenschutz** der Feuerwehrkräfte ist bauordnungsrechtlich zumindest insofern oder für die Zeit geregelt, als sie zur Rettung der hilflosen Personen als nötig erkannt ist. Ein zumutbares Maß an Berufsrisiko muss hierbei jedoch in Kauf genommen werden.

28 Einzelne materielle Anforderungen an den Brandschutz **schützen den Nachbarn**. Dazu zählen z.B. (s. die Anmerkungen zu § 74 Rdn. 71):

- § 29 in Verbindung mit § 30 BauO NRW – Anforderungen an **Trennwände**,
- § 29 in Verbindung mit §§ 31 und 33 BauO NRW – Anforderungen an **Gebäudeabschlusswände** mit einem **Abstand von weniger als 2,5 m** von der Nachbargrenze,
- § 35 Abs. 6 BauO NRW – **Abstand von Dachgauben** oder ähnlichen Dachaufbauten aus brennbaren Baustoffen zu **Gebäudeabschlusswänden**.

Diese Vorschriften dienen zwar auch dem Eigenschutz, jedoch **vorrangig dem Schutz des Nachbarn**. Auch unter dem Aspekt des Nachbarschutzes erfasst das Bauordnungsrecht in erster Linie den **Personenschutz**. So sind z.B. die Anforderungen an die Gebäudeabschlusswand (§ 31 BauO NRW) relativ hoch und schließen einen ausreichenden Sachgüterschutz mit ein. Sollte der Nachbar sehr hochwertige Sachgüter in seinem Gebäude aufbewahren, z.B. eine Kunstsammlung, so kann vom Bauherrn nicht verlangt werden, dass sein Gebäudeabschluss eine höhere Qualität erhalten muss, als sie § 29 in Verbindung mit §§ 31 und 33 BauO NRW fordert. Hier muss der Nachbar z.B. als Kunstsammler für den erhöhten Schutz seiner Sachen selbst Sorge tragen.

29 Die Vorschrift des § 32 Abs. 1 BauO NRW, wonach ausgedehnte Gebäude in höchstens 40 m lange Brandabschnitte zu unterteilen sind, ist vorrangig unter dem Aspekt der Wahrung von Leben und Gesundheit zu betrachten. Ein einmal ausgebrochener Brand soll innerhalb eines definierten Gebäudeabschnitts, wie einer „**Nutzungseinheit**" nach § 30 Abs. 1 BauO NRW (s. Rdn. 47), eines „**Brandabschnitts**" nach § 32 Abs. 1 BauO NRW oder eines „**Brandbekämpfungsabschnitts**" nach der Industriebaurichtlinie und der DIN 18230 Teil 1 – Brandschutz im Industriebau –, so unter Kontrolle gebracht werden können, dass Menschen auch im Bereich anderer Abschnitte nicht gefährdet werden. Jedoch gerade im Industriebau und hier vor allem innerhalb übersichtlicher erdgeschossiger Hallen ist der Personenschutz relativ einfach sicherzustellen; gleichwohl gilt auch für diese Gebäude die Vorschrift des § 32 Abs. 1 BauO NRW. Zwar wird hier häufig von der Ausnahmeregelung Gebrauch gemacht, wonach größere Abstände als 40 m gestattet werden können, wenn die Nutzung des Gebäudes es erfordert und wenn wegen des Brandschutzes Bedenken nicht bestehen, aber nur dann, wenn durch entsprechende **Ersatzmaßnahmen** dem Ziel und Zweck dieser Regelung entsprochen wird.

29a Unter dem Aspekt der **Gefahrenabwehr** ist bei der Beurteilung des Schadenseintritts hinsichtlich der Schutzgüter zu differenzieren (vgl. die Anmerkungen zu § 3 Rdn. 40–42). Ist der zu erwartende **finanzielle** und **volkswirtschaftliche Schaden** sehr groß, darf die Wahrscheinlichkeit eines Schadenseintritts nicht der des Regelfalles gleichgesetzt werden (s. Rdn. 6–7). Daher können in Sonderfällen – z.B. bei Industriebauten oder Flughäfen – mit der **Gefahr besonders großer Schäden** und auch **Folgeschäden** die Anforderungen an den **Sachgüterschutz** die an den Personenschutz übersteigen.

## 2.4 Begriffe aus der nationalen und europäischen Normung

30 Das preußische **Baupolizeirecht** vor dem I. Weltkrieg enthielt in seinen Einzelvorschriften **zahlenmäßige** oder **wertmäßige Anforderungen** an die Bauteile. Damals wurden mehrgeschossige Gebäude fast ausnahmslos aus Vollsteinen und Holzbalkendecken errichtet, so dass andere Baustoffe nahezu bedeutungslos waren. Für **Mauerwerk aus Vollsteinen** und **Holzbalkendecken** genügten zur Beschreibung der baupolizeilichen Schutzziele, wie Brandschutz oder Standsicherheit, **Angaben** über die **Dicke der Wände** und die **Konstruktion der Decken**.

**Nach dem I. Weltkrieg** gelangten dann zunehmend **neue Baustoffe** zur Anwendung, die Vorschriften über deren **Verwendung** erforderten (s. die Anmerkungen vor §§ 20–28 Rdn. 1). Die als Muster für die preußischen Baupolizeibehörden im Jahre 1919 herausgegebene **Einheitsbauordnung für Städte – PrEBO** (s. die Einleitung Rdn. 47) enthielt bereits als Vorläufer der mit der MBO 1960 eingeführten Grundnorm des vorbeugenden baulichen Brandschutzes eine **allgemeine Anforderung** an die Beschaffenheit der baulichen Anlagen:

*§ 10 PrEBO*

*Feuerbeständige und feuerhemmende Bauweise**

*Bauliche Anlagen sind in allen wesentlichen Teilen feuerbeständig herzustellen, sofern nicht in den Vorschriften dieser Bauordnung ein geringerer Feuerschutz – feuerhemmende Bauweise – zugestanden oder überhaupt kein besonderer Feuerschutz gefordert wird.*

*Die Anforderungen, die an die feuerbeständige oder feuerhemmende Bauweise zu stellen sind, müssen denjenigen entsprechen, die im Regierungsamtsblatt öffentlich bekanntgegeben werden.*

* **Anmerkung**: Der damals übliche Begriff „**Bauweise**" darf nicht mit der Bauweise im Sinne des § 22 BauNVO verwechselt werden, sondern entspricht dem heute im Bauordnungsrecht verwendeten Begriff „**Bauart**".

Diese Vorschrift brachte eine **neue Regelungstechnik** brandschutztechnischer Anforderungen, da zu deren Beschreibung **unbestimmte Rechtsbegriffe** genügten, die zunächst durch ministerielle Ausführungsbestimmungen und später auch durch neu geschaffene DIN – Normen ausgefüllt wurden. Mit Erlass vom 12. 3. 1925 (Amtsblatt des Preußischen Ministeriums für Volkswohlfahrt S. 130) ergingen „*Anforderungen, die an eine feuerbeständige und eine feuerhemmende Bauweise zu stellen sind*" (vgl. Baltz/Fischer S. 328 ff. mit Abdruck dieser Anforderungen). Danach galten Bauteile als **feuerbeständig**, wenn sie „*unverbrennlich*" sind, unter dem Einfluss des Brandes und des Löschwassers ihre Tragfähigkeit oder ihr Gefüge nicht wesentlich ändern und den Durchgang des Feuers „geraume Zeit" verhindern. Als **feuerhemmend** galten Bauteile, wenn sie „ohne sofort" selbst in Brand zu geraten, wenigstens „eine halbe Stunde" dem Feuer erfolgreich Widerstand leisten und den Durchgang des Feuers verhindern.

30 a Im Jahre 1934 veröffentlichte der Deutsche Normenausschuss die Norm **DIN 4102 Blatt 1 bis 3** – Widerstandsfähigkeit von Baustoffen und Bauteilen gegen Feuer und Wärme – und beschrieb darin Prüfverfahren, um so eine Grundlage für die Zulassung neuer Baustoffe bereitzustellen. Wesentlichen Einfluss auf die **Fortentwicklung des vorbeugenden baulichen Brandschutzes** hatte der **II. Weltkrieg**. Eine überarbeitete DIN 4102 Blatt 1–3 erschien im November 1940; ihre Beachtung wurde mit Erlass vom 8. 10. 1940 (RArbBl. I S. 524) im Reichsgebiet angeordnet und die Verwendung ihrer Be-

griffe bei der Neuaufstellung oder Änderung von baupolizeilichen Vorschriften verlangt. Die Auswirkungen des Luftkriegs führten schließlich zur „**Verordnung zur Hebung der baulichen Feuersicherheit**" vom 20.8.1943 (RGBl. I S. 497). Diese enthielt unter anderem Anforderungen an die Beschaffenheit von Bauteilen unter Verwendung der **Begriffe** „nichtbrennbar", „feuerhemmend", „feuerbeständig", „Trennwand" und „Brandwand" und erleichterte zur Milderung der Wohnungsverknappung den Dachgeschossausbau unter festgelegten Bedingungen, zu denen auch gehörte, dass die Dachgeschossräume einen zweiten gesicherten Rettungsweg erhalten oder mit den Leitern der Feuerwehr zu erreichen sein mussten. Der Wiederaufbau zerstörter Gebäude und der Neubau richteten sich noch bis zum 1.10.1962 nach diesen baupolizeilichen Vorschriften.

Die auf der **MBO 1960** basierende **BauO NRW 1962** löste das frühere preußische Baupolizeirecht ab und verwendete sowohl bei den Schutzzielen des vorbeugenden baulichen Brandschutzes als auch bei den Einzelanforderungen an die Bauteile die Begriffsbestimmungen der Norm DIN 4102 Blatt 1–3, Ausgabe November 1940 (vgl. Einführung in die Musterbauordnung Teil B, Schriftenreihe des Bundesministers für Wohnungsbau, Band 18, S. 29 und S. 41–49 sowie RdErl. vom 2.3.1964, MBl. NRW. S. 423). **30b**

Die Fortschritte im Bauwesen und die technischen Erkenntnisse bedingten eine erste Überarbeitung der Norm 4102; mit RdErl. vom 28.4.1966 (MBl. NRW. S. 959) wurden Blatt 2 (Ausgabe September 1965), Blatt 4 (Ausgabe September 1965) und die Ergänzenden Bestimmungen zu DIN 4102 (2. Fassung März 1966) bekannt gemacht. Die Blätter 2 und 4 und die Ergänzenden Bestimmungen lösten die alten Normblätter 1–3 (Ausgabe November 1940) bereits vollständig ab, obwohl schon damals deutlich war, dass diese Fassung nur Übergangscharakter aufwies. Der Fortschritt zeigte sich aber insofern, als Blatt 4 typische Baustoffe und Bauteile in Baustoffklassen und Feuerwiderstandsklassen einreihte, so dass ein Nachweis über das Brandverhalten entbehrlich war.

Darüber hinaus erfolgte eine Einteilung der **Baustoffe** in die **Baustoffklassen**

| | |
|---|---|
| nichtbrennbar | A |
| brennbar | B |
| schwerentflammbar | B 1 |
| normalentflammbar | B 2 |
| leichtentflammbar | B 3 |

sowie eine Einteilung der **Bauteile** in die **Feuerwiderstandsklassen**

| | |
|---|---|
| feuerhemmend | F 30 |
| | F 60 |
| feuerbeständig | F 90 |
| | F 120 |
| hochfeuerbeständig | F 180; |

diese Einteilung wurde im Wesentlichen später beibehalten und nur noch ergänzt.

Nach einer weiteren Überarbeitung der Blätter 2, 3 und 4 sowie der Ergänzenden Bestimmungen zu DIN 4102 als Ausgabe Februar 1970 (eingeführt mit RdErl. vom 13.1.1971, MBl. NRW. S. 420) erfuhr die Norm **DIN 4102** schließlich in den Jahren **1977/1978** eine **grundlegende Neubearbeitung** als **Normenreihe** (eingeführt mit RdErl. vom 16.1.1978, MBl. NRW. S. 104 und vom 30.3.1978, MBl. NRW. S. 650). **30c**

**Teil 1** (Ausgabe September 1977) – **Baustoffe**; Begriffe, Anforderungen und Prüfungen,

**Teil 2** (Ausgabe September 1977) – **Bauteile**; Begriffe, Anforderungen und Prüfungen,

**Teil 3** (Ausgabe September 1977) – **Brandwände und nichttragende Außenwände**; Begriffe, Anforderungen und Prüfungen,

**Teil 4** (Ausgabe März 1978) – **Brandverhalten von Baustoffen und Bauteilen**; Zusammenstellung und Anwendung klassifizierter Baustoffe, Bauteile und Sonderbauteile,

**Teil 5** (Ausgabe September 1977) – **Feuerschutzabschlüsse, Abschlüsse in Fahrschachtwänden und gegen Feuer widerstandsfähige Verglasungen**; Begriffe, Anforderungen und Prüfungen

**Teil 6** (Ausgabe September 1977) – **Lüftungsleitungen**; Begriffe, Anforderungen und Prüfungen,

**Teil 7** (Ausgabe September 1977) – **Bedachungen**; Begriffe, Anforderungen und Prüfungen.

Die **Verknüpfung** der **bauaufsichtlichen Begriffe** mit den **Klassifizierungen** der technischen Regeln erfolgte nicht mehr in der Norm selbst, sondern **im Einführungserlass**. Nr. 3.2 des zuvor zitierten Erlasses vom 16. 1. 1978 enthielt folgende Übersicht:

| Bauaufsichtliche Benennung | Benennung nach DIN 4102 | Kurz-bezeichnung |
|---|---|---|
| feuerhemmend | Feuerwiderstandsklasse F 30 | F 30 – B |
| feuerhemmend und in den tragenden Teilen aus nichtbrennbaren Baustoffen | Feuerwiderstandsklasse F 30 und in den wesentlichen Teilen aus nichtbrennbaren Baustoffen | F 30 – AB |
| feuerhemmend und aus nichtbrennbaren Baustoffen | Feuerwiderstandsklasse F 30 und aus nichtbrennbaren Baustoffen | F 30 – A |
| feuerbeständig | Feuerwiderstandsklasse F 90 und aus nichtbrennbaren Baustoffen | F 90 – A |

**Tabelle 17.1 Verknüpfung gesetzlicher Begriffe mit den technischen Regeln**

Nach und nach traten weitere Überarbeitungen bestehender Teile sowie auch neue Teile der Normenreihe 4102 hinzu (zuletzt Teil 22 – Ausgabe November 2004), die aufgrund des technischen Fortschritts und bauaufsichtlicher Bedürfnisse erforderlich wurden.

**30 d** Die **Regelungstechnik** von Anforderungen in Form **unbestimmter Rechtsbegriffe** im Gesetz und deren **Konkretisierung durch Regeln der Technik** hat die MBO bis heute beibehalten. In Nordrhein-Westfalen findet seit der **BauO NW 1984** – abweichend von der MBO – die **technische Fachsprache** der Norm DIN 4102 in Bezug auf die Feuerwiderstandsklassen unmittelbar Anwendung im Gesetz, so dass die unbestimmten Rechtsbegriffe zur Umschreibung der Feuerwiderstandsdauer von Bauteilen, die nur unter Heranziehung dieser Regel der Technik verständlich sind, kaum noch vorzufinden sind (s. die Anmerkungen vor §§ 29 bis 35, Rdn. 6–9). Unbestimmte Rechtsbegriffe zur Umschreibung der Feuerwiderstandsdauer von Bauteilen finden sich noch in Sonderbauverordnungen, die aufgrund der Ermächtigungen der BauO NW 1962 und der BauO NW 1970 bekannt gemacht wurden, so in der EltBauVO und der KhBauVO. Diese anwenderfreundliche Gesetzestechnik wird künftig kaum mehr Bestand haben können, da sie nur auf die nationale Norm DIN 4102 abstellt und die inzwischen veröffentlichte Norm **DIN EN 13501** nicht berücksichtigt, die als **europäische Prüfnorm** zur Beurteilung des Brandverhaltens von Baustoffen und Bauteilen erstmals mit der Bekanntmachung der Bauregelliste A Teil 1 im Jahre 2002 in das deutsche Baurecht aufgenommen wurde (vgl. Herzog, Einführung des europäischen Klassifizierungssystems für den Brandschutz in das deutsche Baurecht, DIBt-Mitteilungen 4/2002, S. 110 ff.).

Die **BauO NRW 2000** stellt zur Gewährleistung der Schutzziele des vorbeugenden baulichen Brandschutzes Anforderungen an die

- **Brennbarkeit (Entflammbarkeit)** der Baustoffe – ausgedrückt in **Baustoffklassen**,
- **Feuerwiderstandsdauer** der Bauteile – ausgedrückt in **Feuerwiderstandsklassen**,
- **Dichtheit** von Verschlüssen in abschottenden Bauteilen – ausgedrückt in **Feuerwiderstandsklassen** oder in **Fugendurchlässigkeit** bzw. **Leckraten**.

Die Begriffe, Anforderungen und Prüfverfahren

- für **Baustoffe** hinsichtlich ihrer **Brennbarkeit** und
- für **Bauteile** hinsichtlich ihrer **Feuerwiderstandsdauer**

regeln die Normen **DIN 4102** und **DIN EN 13501**. Die Norm DIN 4102 wird in den kommenden Jahren schrittweise durch harmonisierte DIN EN-Normen abgelöst werden.

Die **Verknüpfung** der bauaufsichtlichen Begriffe mit den Klassifizierungen der techni- **30e**
schen Regeln erfolgt in der **Bauregelliste A Teil 1** mit der **Anlagen 0.1** und **0.2** und zwar sowohl in Bezug auf die Norm **DIN 4102** als auch in Bezug auf die Norm **DIN EN 13501 – 1 – Brandverhalten** und **DIN EN 13501 – 2 – Feuerwiderstand**. Hierdurch ist gewährleistet, dass Nachweise zum Brandverhalten entweder nach der nationalen oder der harmonisierten Norm geführt werden können. Dies ist eine Folge der **Bauproduktenrichtlinie – BPR** – (s. herzu die Anmerkungen vor §§ 20–28 Rdn. 3–21). Um den freien Warenverkehr mit Bauprodukten zu ermöglichen, hat die Europäische Kommission durch die inzwischen aufgelöste „Fire Regulators Group" ein **europäisches Klassifizierungskonzept für den Brandschutz** erstellen lassen, das bei der Erarbeitung von Bauproduktnormen durch die europäische Normungsorganisation **CEN** berücksichtigt wird. Die europäischen Klassifizierungen des Brandverhaltens, des Feuerwiderstands, von Rauch- und Wärmeabzugsanlagen und von Bedachungen haben ihren Niederschlag in mehreren inzwischen vorliegenden DIN EN-Normen gefunden (s. hierzu Herzog, Informationen über den Stand der europäischen Harmonisierung im Brandschutz – Stand Mai 2005, DIBt-Mitteilungen 5/2005, S. 155 ff.). Als Folge der Harmonisierung des europäischen Bauproduktenrechts ergeben sich somit **komplexere technische Regeln**. Während der **Übergangszeit** wird das **Nebeneinander nationaler** und **europäischer Normen** nicht unerhebliche **Anwendungsprobleme** hervorrufen, die allerdings aufgrund der verschiedenartigen Systeme nicht zu vermeiden sind.

30f Die **MBO 2002** beinhaltet eine **fortentwickelte Brandschutzkonzeption** (vgl. Jäde, Grundlinien der Musterbauordnung 2002, ZfBR 2003, S. 221 ff.), die noch der Umsetzung in nordrhein-westfälisches Bauordnungsrecht bedarf, da die BauO NRW 2000 auf der Brandschutzkonzeption der MBO 1997 basiert. Während die Brandschutzvorschriften der MBO 1997 vom Grundsatz her auf die nach ihrer Höhe unterschiedenen Gebäudetypen abstellen, das sind die Gebäude geringer und mittlerer Höhe, kombiniert die MBO 2002 die Gebäudehöhe mit der Größe der Nutzungseinheiten in **fünf Gebäudeklassen**. Um die Verwendung von **Holzkonstruktionen** für Gebäude mit bis zu fünf Geschossen zu erleichtern, führt § 26 Abs. 2 Satz 1 Nr. 2 MBO 2002 als neue Zwischenstufe der Feuerwiderstandsfähigkeit die Anforderung „**hochfeuerhemmend**" ein. Nach § 26 Abs. 2 Satz 2 Nr. 3 und Satz 3 Nr. 2 MBO 2002 sind hochfeuerhemmende Bauteile mindestens solche, deren tragende und aussteifende Teile aus brennbaren Baustoffen bestehen und die allseitig eine brandschutztechnisch wirksame Bekleidung aus nichtbrennbaren Baustoffen (Brandschutzbekleidung) und Dämmstoffe aus nichtbrennbaren Baustoffen haben. Wie die **Brandschutzbekleidung** beschaffen sein muss, konkretisiert die **Muster-Richtlinie über brandschutztechnische Anforderungen an hochfeuerhemmende Bauteile in Holzbauweise – M-HFHHolzR** – Fassung Juli 2004 (s. auch die Vorbemerkungen zu §§ 29 bis 35, Rdn. 9–13)

### 2.4.1 Brennbarkeit der Baustoffe

31 Die Norm **DIN 4102 Teil 1** (Ausgabe Mai 1998) – **Baustoffe**, Begriffe, Anforderungen und Prüfungen – teilt die **Baustoffe** nach ihrem Brandverhaltens in **Baustoffklassen** ein:

| Baustoffklasse | Bauaufsichtliche Benennung |
|---|---|
| **A**<br>A 1<br>A 2 | **nichtbrennbare Baustoffe** |
| **B**<br>B 1<br>B 2<br>B 3 | **brennbare Baustoffe**<br>schwerentflammbare Baustoffe<br>normalentflammbare Baustoffe<br>leichtentflammbare Baustoffe |

**Tabelle 17.2 Einteilung der Baustoffe in Baustoffklassen**

Die **Kurzzeichen** und **Benennungen** dürfen nur verwendet werden, wenn das Brandverhalten nach DIN 4102 – **Teil 1 Abschnitt 4** – wie folgt – **alternativ** – ermittelt wurde:

- Ermittlung der Baustoffklasse **durch Brandprüfung**.
- Für die in DIN 4102 – **Teil 4 Abschnitt 2** – **aufgeführten Baustoffe** ergibt sich die **Einordnung** in die jeweilige Baustoffklasse **ohne weitere Brandprüfung**.

32 Die **nichtbrennbaren** Baustoffe – **A** – werden in die Baustoffklassen **A 1** und **A 2** eingeteilt. Der Unterschied besteht im Anteil organischer Bestandteile:

- **nichtbrennbare** Baustoffe der Klasse **A 1** enthalten **keine organischen Bestandteile** (z. B. Glaswolle). Unter Brandbeanspruchung muss die Wärmeabgabe unbedenklich sein und es dürfen keine entzündbaren Gase freigesetzt werden.
- **nichtbrennbare** Baustoffe der Klasse **A 2** dürfen **organische Bestandteile** enthalten (z. B. Styroporbeton). Unter Brandbeanspruchung müssen Wärmeabgabe und die

Brandausbreitung sehr gering, die entzündbaren Gase begrenzt und die Rauchentwicklung unbedenklich sein.

Nichtbrennbare Baustoffe unterliegen verschärften Prüf- und Beurteilungskriterien. Diese erstrecken sich über das Verhalten im Entstehungsbrand hinaus auch in den Bereich des voll entwickelten Brandes. Werden in nichtbrennbaren Baustoffen brennbare Bestandteile verwendet (wie z. B. bei Gipskartonplatten), so wird auch – wie bei schwerentflammbaren Baustoffen, jedoch mit verschärften Grenzwerten – die Flammenausbreitung oder die thermische Zerstörung der Oberfläche oder des Innern des Baustoffs geprüft. Auch dürfen die als Brandparallelerscheinung bezeichnete Dichte und Toxizität der Brandgase keine kritischen Werte übersteigen.

Die **brennbaren** Baustoffe – **B** – werden hinsichtlich ihrer Brennbarkeit und somit hin- 33
sichtlich ihrer **Entflammbarkeit** und der **Flammenausbreitung** beurteilt. Die drei Baustoffklassen **B 1**, **B 2** und **B 3** lassen sich – vorbehaltlich des Prüfergebnisses im Einzelnen – wie folgt vereinfachend beschreiben:

- **schwerentflammbare** Baustoffe der Klasse B 1 lassen sich nur durch größere Zündquellen zum Entflammen bringen; die Flammenausbreitung ist trotz thermischer Vorbelastung stark begrenzt; bei Wegnahme der Zündquelle verlöscht der Baustoff nach kurzer Zeit; der schwerentflammbare Baustoff brennt selbst nur in unmittelbarer Nähe des Primärbrandes.
- **normalentflammbare** Baustoffe der Klasse B 2 lassen sich zwar auch durch kleine Zündquellen entflammen, die Flammenausbreitung ist ohne weitere Wärmezufuhr jedoch gering, meistens aber begrenzt (selbst verlöschend).
- **leichtentflammbare** Baustoffe der Klasse B 3 lassen sich mit kleinen Zündquellen, wie z.B. einem Streichholz, entflammen und brennen ohne weitere Wärmezufuhr mit gleich bleibender oder steigender Geschwindigkeit ab; hierzu rechnen die brennbaren Baustoffe, die nicht in die Baustoffklassen B 1 und B 2 eingeordnet werden können, wie beispielsweise Holz geringer Schichtdicke und Rohdichte sowie textile Gewebe.

**Fußbodenbeläge** werden zum Nachweis ihrer „Schwerentflammbarkeit" nach den 34
„Prüfgrundsätzen für schwerentflammbare Baustoffe" des DIBt in **waagerechter** Anordnung geprüft, wobei die Flammenausbreitung in Abhängigkeit von einer auf den Boden einwirkenden Wärmestrahlung begrenzt wird. Für einen so geprüften Belag gilt die Baustoffklasse B 1 nur für die waagerechte Verlegung, nicht jedoch für eine senkrechte Anbringung, z. B. als Wandbekleidung.

Beim Brand **brennend abfallende** oder **brennend abtropfende** Baustoffe können zur 35
Feuerweiterleitung beitragen oder die Rettungsarbeiten behindern. Brennbare Baustoffe, die als brennend abfallend oder brennend abtropfend gelten, werden durch einen entsprechenden Hinweis gekennzeichnet:

- schwerentflammbare Baustoffe **B 1** in der allgemeinen bauaufsichtlichen Zulassung,
- normalentflammbare Baustoffe **B 2** im allgemeinen bauaufsichtlichen Prüfzeugnis.

Für die nach DIN 4102 Teil 4 klassifizierten Baustoffe ist zugleich der Nachweis erbracht, dass sie **nicht** als solche gelten, die **brennend abfallen**.

Die Norm **DIN 4102 Teil 4** (Ausgabe März 1994) – **Zusammenstellung und Anwen-** 36
**dung klassifizierter Baustoffe, Bauteile und Sonderbauteile** – enthält in **Abschnitt 2 klassifizierte Baustoffe**, die nach ihrem Brandverhalten aufgrund von Prüfungen nach

DIN 4102 Teil 1 eingeordnet wurden. Für die so klassifizierten Baustoffe ist der Nachweis über das Brandverhalten erbracht. Nach DIN 4102 Teil 4 Abschnitt 2 gehören

– zur **Baustoffklasse A 1**:

a) Sand, Kies, Lehm, Ton und alle sonstigen in der Natur vorkommenden bautechnisch verwendbaren Steine,

…,

h) Metalle und Legierungen in nicht fein zerteilter Form mit Ausnahme der Alkali- und Erdalkalimetalle und ihrer Legierungen;

– zur **Baustoffklasse A 2**:

Gipskartonplatten nach DIN 18180 mit geschlossener Oberfläche;

– zur **Baustoffklasse B 1** unter anderem:

a) Holzwolleleichtbauplatten (HWL-Platten) nach DIN 1101,

…,

g) Fußbodenbeläge:

– Eichen-Parkett aus Parkettstäben sowie Parkettriemen nach DIN 280 Teil 1 und Mosaik- Parkett-Lamellen nach DIN 280 Teil 2, jeweils auch mit Versiegelung,

– …;

– zur **Baustoffklasse B 2** unter anderem:

a) Holz sowie genormte Holzwerkstoffe … mit einer Rohdichte > 400 kg/m³ und einer Dicke > 2 mm oder mit einer Rohdichte > 230 kg/m³ und einer Dicke > 5 mm,

…,

u) elektrische Leitungen.

37 Die Baustoffe müssen nach DIN 4102 **Teil 1 Abschnitt 7** entsprechend ihrem Brandverhalten mit einem Kurzzeichen **gekennzeichnet** werden:

– DIN 4102-A1,
– DIN 4102-A2,
– DIN 4102-B1,
– DIN 4102-B2,
– DIN 4102-B3 leichtentflammbar.

Die **Kennzeichnung** ist auf dem **Baustoff**, dem **Beipackzettel** oder auf der **Verpackung** anzubringen. Bereitet die Anbringung Schwierigkeiten, so genügt die Kennzeichnung auf dem **Lieferschein** oder auf einer **Anlage** hierzu. **Keiner Kennzeichnung** bedürfen Baustoffe der Baustoffklasse A 1, die in DIN 4102 Teil 4 aufgeführt sind.

38 Der **Verwendbarkeitsnachweis** für schwerentflammbare und nichtbrennbare Baustoffe mit brennbaren Anteilen erfolgt nach den Bauregellisten über eine **allgemeine bauaufsichtliche Zulassung** (**Z**) oder ein **allgemeines bauaufsichtliches Prüfzeugnis** (**P**).

Welcher **Übereinstimmungsnachweis** zu führen ist, regelt die Bauregelliste A in den Teilen 1 bis 3 nach den Kennzeichnungen

- **ÜH** = Übereinstimmungserklärung des Herstellers,
- **ÜHP** = Übereinstimmungserklärung nach vorheriger Prüfung des Bauprodukts durch eine anerkannte Prüfstelle,
- **ÜZ** = Übereinstimmungszertifikat durch eine anerkannte Zertifizierungsstelle.

Die Klassifizierung des Brandverhaltens der Baustoffe kann **alternativ** zur nationalen 39
Norm DIN 4102 Teil 1 nach der harmonisierten Norm **DIN EN 13501 Teil 1** erfolgen.

| Baustoffklasse DIN 4102-1 | **Euroklasse** | Anforderungsniveau | Brandstadium | |
|---|---|---|---|---|
| A1 | **A1** | kein Beitrag zum Brand | voll entwickelter Raumbrand | ca. 60 kW/m² |
| A2 | **A2** | vernachlässigbarer Beitrag zum Brand | | |
| B1 | **B** | sehr geringer Beitrag zum Brand | einzelner brennender Gegenstand | ca. 40 kW/m² |
| | **C** | geringer Beitrag zum Brand | | |
| B2 | **D** | hinnehmbarer Beitrag zum Brand | | |
| | **E** | hinnehmbares Brandverhalten | kleine Flamme | 20 mm Flamme |
| B3 | **F** | keine Anforderungen | – | – |

**Tabelle 17.3 Euroklassen zum Brandverhalten von Baustoffen** (nach Klingelhöfer)

Über vorstehende Tabelle 17.3 hinaus sind in der **Bauregelliste A Teil 1** – **Anlage 0.2.2** – in drei Tabellen die nach DIN 13501 Teil 1 klassifizierten Eigenschaften zum **Brandverhalten von Baustoffen** den bauaufsichtlichen Anforderungen gegenübergestellt.

### 2.4.2 Feuerwiderstandsdauer der Bauteile

Nach **DIN 4102 Teil 2, 3, 5, 6, 9, 11** und **13** werden die in nachfolgender Tabelle 17.3 auf- 40
geführten **Bauteile** hinsichtlich ihres Brandverhaltens in **Feuerwiderstandsklassen** in Abhängigkeit von ihrer Widerstandsdauer in Minuten gegenüber einem normativen Brand eingeteilt. Im normativen Brand wird die genormte Beanspruchung durch die Temperatur, die Zeit, die Druckverhältnisse im Prüfraum, die Brennstoffe und die auf das Bauteil aufgebrachte Belastung definiert. Die Feuerwiderstandsdauer erstreckt sich je nach Funktion des Bauteils auf die **Tragfähigkeit** oder den **Raumabschluss**, das heißt, die Verhinderung des Durchtritts von Feuer und Rauch oder auf beides. Die Norm unterscheidet zwischen Bauteilen mit normalen Anforderungen (DIN 4102 Teil 2) und den so genannten Sonderbauteilen (DIN 4102 Teil 3, 5, 6 und 11), bei denen entsprechend ihren anderen bzw. besonderen Aufgaben verminderte oder höhere Anforderungen beim Normbrand gestellt werden.

Die **Feuerwiderstandsklassen** tragen **Kennbuchstaben** für Bau- und Sonderbauteile:

**F** – Wände, strahlungsundurchlässige Verglasungen, Pfeiler, Stützen, Decken, Treppen,

**W** – nichttragende Außenwände einschließlich der Brüstungen und Schürzen,

**T** – Feuerschutzabschlüsse wie Türen, Tore und Klappen,

**G** – strahlungsdurchlässige Verglasungen,

**L** – Lüftungsleitungen, Rohre und Formstücke,

**K** – Absperrvorrichtungen in Lüftungsleitungen,

**S** – Kabelabschottungen,

**I** – Installationsschächte und -kanäle,

**R** – Rohrdurchführungen,

**E** – Funktionserhalt elektrischer Leitungen.

**41** Die **unbestimmten Rechtsbegriffe „feuerhemmend**“ und „**feuerbeständig**“, die in Einführungserlassen zur DIN 4102 zu Teil 2 den Normbenennungen zugeordnet sind, **entfielen mit der BauO NW 1984**. Seither bedient sich die BauO NRW, der Sprache der Ingenieure folgend, der technischen Begriffe der Norm. Anforderungen an die Feuerwiderstandsdauer der Bauteile sind in bauordnungsrechtlichen Anforderungen in Feuerwiderstandsklassen unter Verwendung der Normbenennungen ausgedrückt (s. die Tabellen zu §§ 29 und 34 BauO NRW). Hierbei übernimmt die BauO NRW auch die Benennung der Baustoffklassen der in den Bauteilen zu verwendenden Baustoffe (siehe die Anmerkungen zu § 37 Abs. 7 Rdn. 35). Das Brandverhalten der Bauteile bzw. deren Einstufung in Feuerwiderstandsklassen ist **nachzuweisen**. DIN 4102 Teil 4 enthält eine **Zusammenstellung geprüfter Baustoffe** und **Bauteile**; für die in ihrer Ausführung beschriebenen Bauteile ist bereits der unmittelbare Nachweis der jeweils aufgeführten Feuerwiderstandsklasse erbracht. Ansonsten gelten als Nachweise Prüfzeugnisse über die Prüfungen nach den Teilen 2, 3, 5, 6 und 11 der Norm. Der Nachweis kann auch in Form eines **Gutachtens** aufgrund durchgeführter **Brandversuche** erbracht werden.

**42** Für folgende Baustoffe und Bauteile ist eine Beurteilung der Brauchbarkeit zur Herstellung der Feuerwiderstandsfähigkeit nach DIN 4102 Teil 2 allein nicht möglich; sie dürfen daher, sofern sie nicht in DIN 4102 Teil 4 beschrieben sind, nur verwendet oder angewendet werden, wenn ihre **Brauchbarkeit** für den Verwendungszweck nachgewiesen ist, z. B. durch eine **allgemeine bauaufsichtliche Zulassung**:

a) Beschichtungen, Folien und Schutzschichten, die im Innern, auf der Oberfläche oder in Fugen von Bauteilen angeordnet werden und die erst durch Temperaturbeanspruchung wirksam werden (z. B. dämmschichtbildende Brandschutzbeschichtungen),

b) Verglasungen der Feuerwiderstandsklasse F, die erst durch eine Temperaturbeanspruchung ihre Brandschutzwirkung erreichen,

c) brandschutztechnisch notwendige Putzbekleidungen, die nicht durch Putzträger (Rippenstreckmetall, Drahtgewebe oder Ähnliches) am Bauteil gehalten werden,

d) Unterdecken und Wände als Begrenzungen von Rettungswegen, wenn diese eine Konstruktionseinheit bilden,

e) besondere Vorkehrungen (Abschottungen) gegen Brandübertragung durch gebündelte elektrische Leitungen und durch Rohrleitungen aus brennbaren Baustoffen mit lichten Durchmessern von mehr als 50 mm Durchmesser bei Durchführung durch Bauteile, die raumabschließend und mindestens feuerbeständig (F 90 – AB) sein müssen.

Bei Anwendung der Norm DIN 4102 Teil 3 ist zu beachten, dass **Brandwände**, deren Beurteilung nach DIN 4102 Teil 3 allein nicht möglich ist, nur verwendet werden dürfen, wenn ihre Brauchbarkeit für den Verwendungszweck nachgewiesen ist.

| Bauteil | | DIN 4102 | Feuerwiderstandsklasse entsprechend einer Feuerwiderstandsdauer Min. | | | | |
|---|---|---|---|---|---|---|---|
| | | | ≥ 30 | ≥ 60 | ≥ 90 | ≥ 120 | ≥ 180 |
| Wände, Decken, Stützen* | | Teil 2 | F 30 | F 60 | F 90 | F 120 | F 180 |
| Brandwände | Sonderbauteile | Teil 3 | F 90 (F 120, F 180) + Stoßbeanspruchung | | | | |
| Nichttragende Außenwände*, Brüstungen | | | W 30 | W 60 | W 90 | W 120 | W 180 |
| Feuerschutzabschlüsse (Türen, Tore, Klappen) | | Teil 5 | T 30 | T 60 | T 90 | T 120 | T 180 |
| Rohre und Formstücke für Lüftungsleitungen | | Teil 6 | L 30 | L 60 | L 90 | L 120 | |
| Absperrvorrichtungen in Lüftungsleitungen | | | K 30 | K 60 | K 90 | | |
| Kabelabschottungen | | Teil 9 | S 30 | S 60 | S 90 | S 120 | S 180 |
| Installationsschächte und Kanäle | | Teil 11 | I 30 | I 60 | I 90 | I 120 | |
| Rohrdurchführungen | | | R 30 | R 60 | R 90 | R 120 | |
| Funktionserhalt elektrischer Leitungen | | Teil 12 | E 30 | E 60 | E 90 | | |
| Brandschutzverglasungen (strahlungsdurchlässig) ** | | Teil 13 | G 30 | G 60 | G 90 | G 120 | G 180 |

* Für die Bewertung im bauaufsichtlichen Nachweisverfahren werden die Bezeichnungen der Feuerwiderstandsklassen mit Zusatzbezeichnungen für die verwendeten Baustoffe versehen (DIN 4102 Teil 2, Tabelle 2 und Teil 3 Abschn. 5.4):
A, wenn das Bauteil in dem für die Klassifizierung maßgebenden Querschnitt aus nichtbrennbaren Baustoffen besteht, z. B. F 90–A
AB, wenn das Bauteil in den wesentlichen Teilen aus nichtbrennbaren Baustoffen besteht (als wesentlich gelten die tragenden und aussteifenden Teile, bei raumabschließenden Bauteilen auch eine in Bauteilebene durchgehende Schicht), z. B. F 90–AB
B, wenn das Bauteil über die Klassifizierung AB hinausgehend brennbare Baustoffe enthält, z. B. F 30–B

** Strahlungsundurchlässige Verglasungen erfüllen die Anforderungen der F-Klasse nach DIN 4102 Teil 2.

**Tabelle 17.4 Feuerwiderstandsklassen der Bau- und Sonderbauteile** (nach Klose)

Die **Prüfverfahren** zur Ermittlung der **Feuerwiderstandsdauer der Bauteile** sowie die 43
Klassifizierung der Bauteile unterlagen der **Europäischen Harmonisierung**. Die **europäischen Normen** zur Bewertung des Brandverhaltens von Bauteilen lassen sich in die Prüfnormen, Klassifizierungsnormen und Regeln zur erweiterten Anwendung der Prüf-

ergebnisse aufteilen. Um eine möglichst große Übersicht zu erreichen, wurden die **Prüfnormen** in unterschiedlichen Normungsreihen entwickelt. Eine Übersicht der Normen in den jeweiligen Reihen ist der nachfolgenden Tabelle zu entnehmen.

| **Normenart** | **Norm** | **Inhalt** |
|---|---|---|
| Grundnorm | DIN EN 1363-1<br>DIN EN 1363-2<br>DIN EN 1363-3 | Allgemeine Anforderungen<br>Alternative und ergänzende Verfahren<br>Nachweis der Ofenleistung |
| Nichttragende Bauteile | DIN EN 1364-1<br>DIN EN 1364-2<br>DIN EN 1364-3<br>DIN EN 1364-4<br>DIN EN 1364-5 | Wände<br>Unterdecken<br>Vorhangfassaden – Gesamtausführung<br>Vorhangfassaden – Teilausführung<br>Außenwände |
| Tragende Bauteile | DIN EN 1365-1<br>DIN EN 1365-2<br>DIN EN 1365-3<br>DIN EN 1365-4<br>DIN EN 1365-5<br>DIN EN 1365-6 | Wände<br>Decken und Dächer<br>Balken<br>Stützen<br>Balkone und Laubengänge<br>Treppen |
| Dächer | DIN EN 1187 | Prüfverfahren zur Beanspruchung von Bedachungen durch Feuer von außen |
| Installationen | DIN EN 1366-1<br>DIN EN 1366-2<br>DIN EN 1366-3<br>DIN EN 1366-4<br>DIN EN 1366-5<br>DIN EN 1366-6<br>DIN EN 1366-7<br><br>DIN EN 1366-8<br>DIN EN 1366-9<br>DIN EN 1366-10<br>DIN EN 1366-11 | Leitungen<br>Brandschutzklappen<br>Abschottungen<br>Abdichtungssysteme für Bauteilfugen<br>Installationskanäle und -schächte<br>Doppel- und Hohlraumböden<br>Abschlüsse für Förderanlagen und<br>bahngebundene Transportsysteme<br>Entrauchungsleitungen<br>Entrauchungsleitungen für eine Raumeinheit<br>Entrauchungsklappen<br>Funktionserhalt von Kabelanlagen |
| Bekleidungen | DIN EN 13381-1<br>DIN EN 13381-2<br>DIN EN 13381-3<br>DIN EN 13381-4<br>DIN EN 13381-5<br><br>DIN EN 13381-6<br><br>DIN EN 13381-7 | Unterdecken<br>Vertikal angeordnete Brandschutzbekleidungen<br>Brandschutzmaßnahmen für Betonbauteile<br>Brandschutzmaßnahmen für Stahlbauteile<br>Brandschutzmaßnahmen für profilierte Stahlblech/<br>Beton-Verbundkonstruktionen<br>Brandschutzmaßnahmen für betonverfüllte<br>Stahlverbund-Hohlstützen<br>Brandschutzmaßnahmen für Holzbauteile |
| Türen | DIN EN 1634-1<br>DIN EN 1634-2<br><br>DIN EN 1634-3 | Feuerschutzabschlüsse<br>Charakterisierungsprüfungen<br>zum Feuerwiderstand von Beschlägen<br>Rauchschutzabschlüsse |

**Tabelle 17.5 Harmonisierte Prüfnormen für Bauteile**

**43 a**

Neben dem Kriterium der **Feuerwiderstandsdauer** haben sich im Rahmen der **europäischen Harmonisierung weitere Leistungskriterien** zur **Beurteilung** und **Klassifizierung der Bauteile** in Abhängigkeit von der **Aufgabe** des jeweiligen Bauteils **im Brandfall** ergeben.

Die **drei Hauptkriterien** im Bereich der Feuerwiderstandsdauer sind:

- die **Tragfähigkeit** (Bezeichnung **R**),
- der **Raumabschluss** (Bezeichnung **E**)
- die **Wärmedämmung** (Bezeichnung **I**).

Eine Begriffsbestimmung der Kriterien erfolgt in der DIN EN 13501-2.

Neben diesen drei Hauptkriterien wurden für die verschiedenen Bauprodukte und Bauarten **weitere Leistungskriterien** eingeführt, die Tabelle 17.6 zu entnehmen sind.

<table>
<tr><th>Zeichen</th><th>Bedeutung</th><th>abgeleitet von</th><th>Anwendungsbereich</th></tr>
<tr><td>R</td><td>Tragfähigkeit</td><td>Résistance</td><td rowspan="5">zur Beschreibung der Feuerwiderstandsdauer</td></tr>
<tr><td>E</td><td>Raumabschluss</td><td>Étanchété</td></tr>
<tr><td>I</td><td>Wärmedämmung (unter Brandeinwirkung)</td><td>Isolation</td></tr>
<tr><td>W</td><td>Begrenzung des Strahlungsdurchtritts</td><td>-</td></tr>
<tr><td>M</td><td>Mechanische Einwirkung auf Wände (Stoßbeanspruchung z.B. für Brandwände)</td><td>Mechanical</td></tr>
<tr><td>S</td><td>Begrenzung der Rauchdurchlässigkeit (Dichtheit, Leckrate)</td><td>Smoke</td><td>Rauchschutztüren (als Zusatz auch bei Feuerschutzabschlüssen), Lüftungsanlagen einschließlich Klappen</td></tr>
<tr><td>C</td><td>Selbstschließende Eigenschaft</td><td>Closing</td><td>Rauchschutztüren, Feuerschutzabschlüsse (einschließlich Abschlüsse für Förderanlagen)</td></tr>
<tr><td>P</td><td rowspan="2">Aufrechterhaltung der Energieversorgung und/oder Signalübermittlung</td><td rowspan="2">–</td><td>Elektrische Kabelanlagen allgemein</td></tr>
<tr><td>PH</td><td>Elektrische Kabelanlagen mit beschränkten Leitungsquerschnitten</td></tr>
<tr><td>B</td><td>Ableitung von Brandgasen</td><td>Buoyancy (Auftrieb)</td><td>Natürliche Rauch- und Wärmeabzüge</td></tr>
<tr><td>F</td><td>Funktionsfähigkeit von Rauch- und Wärmeabzügen</td><td>Fans</td><td>Maschinell betriebene Rauch- und Wärmeabzüge</td></tr>
<tr><td>V</td><td>Wärmebeständigkeit</td><td>Ventilator</td><td>Rauch- und Wärmeabzüge</td></tr>
<tr><td>G</td><td>Rußbrandbeständigkeit</td><td>Gas</td><td>Abgasanlagen</td></tr>
<tr><td>D</td><td>Funktionsfähigkeit von Rauchschürzen</td><td>Deformation</td><td>Rauchschürzen</td></tr>
</table>

**Tabelle 17.6 Leistungskriterien zur Ermittlung des Feuerwiderstands von Bauteilen** (nach Hertel)

Die **MBO 2002** verwendet für die bauaufsichtlichen Brandschutzanforderungen an die **Feuerwiderstandsfähigkeit der Bauteile** die Bezeichnungen

„feuerhemmend“„„hochfeuerhemmend“ und „feuerbeständig.

In der **Bauregelliste A Teil 1** sind diesen Bezeichnungen in den Tabellen der **Anlagen 0.1.1**, **0.1.2** und **0.1.3** die neuen europäischen Begriffe und Bezeichnungen sowie die Anwendungsbereiche zugeordnet.

### 2.5 Bekleidungen, Oberflächen von Bauteilen, Baustoffe in Fugen

44 Sofern in bauordnungsrechtlichen Vorschriften aus Gründen des Brandschutzes Anforderungen an die Brennbarkeit der **Bekleidungen** von Bauteilen wie Wänden und Decken gestellt werden, so gelten die Anforderungen auch für die **Oberflächen nicht bekleideter Bauteile**. Dies stellt Nr. 17.1 VV BauO NRW klar. Bekleidungen aus brennbaren Baustoffen und selbst die Oberflächen von Bauteilen aus brennbaren Baustoffen sind geeignet, im Brandfall zur Ausbreitung des Brandes wesentlich beizutragen. Insofern war es erforderlich, für sicherheitsempfindliche Bereiche wie für bestimmte Rettungswege die Verwendung brennbarer Baustoffe im Oberflächenbereich der Bauteile zu untersagen. Nr. 17.1 VV BauO NRW definiert Bekleidungen als an Bauteilen (z.B. Rohdecke) befestigte Baustoffe, die diese Bauteile ganz oder überwiegend bedecken wie Unterdecken, Platten, Beläge auf Wänden mit oder ohne Unterkonstruktion wie Putze. Soweit Bekleidungen und somit auch die Oberfläche von Bauteilen aus Gründen des Brandschutzes nichtbrennbar oder schwerentflammbar sein müssen, ist deren Oberflächenbehandlung grundsätzlich in die Beurteilung der Brennbarkeit mit einzubeziehen. Dies gilt nicht für Beschichtungen bis 0,5 mm Dicke, für Anstriche oder für Tapeten, sofern diese auf Mauerwerk, Beton oder mineralischem Putz aufgebracht werden.

45 In die VV BauO NRW wurde eine auf Erkenntnissen aus Brandgeschehen gewonnene und erforderliche Regelung übernommen, die bereits Gegenstand der früheren Richtlinie über die Verwendung brennbarer Baustoffe im Hochbau war. **Baustoffe zur Auffüllung von Fugen** zwischen raumabschließenden Wänden (z.B. bei Fugen zwischen Gebäudeabschlusswänden oder Gebäudetrennwänden) hatten, sofern sie nicht aus zumindest schwerentflammbaren Baustoffen bestanden, die unangenehme Eigenschaft, sich – einmal gezündet – nicht nur unersetzbar zu verabschieden, sondern darüber hinaus den Brand unkontrollierbar weiterzuleiten. Solche Baustoffe müssen daher zur Vermeidung einer Brandausbreitung mindestens schwerentflammbar und in Hochhäusern nichtbrennbar sein. Handelt es sich jedoch nur um Randabdichtungen oder Randabdeckungen solcher Fugen, dürfen normalentflammbare Baustoffe verwendet werden.

## 3 Zu Absatz 2 – Leichtentflammbare Baustoffe

46 Durch die Regelung des Absatzes 2 wird die Verwendung **leichtentflammbarer** Baustoffe (s. Rdn. 33) weitgehend ausgeschlossen. Leichtentflammbare Baustoffe dürfen bei der Errichtung oder der Änderung baulicher Anlagen sowie anderer Anlagen und Einrichtungen im Sinne des § 1 Abs. 1 Satz 2 BauO NRW nur verwendet werden, wenn sichergestellt ist, dass sie **nach ihrer Verarbeitung** oder **nach ihrem Einbau** oder ihre leichtentflammbare Eigenschaft nicht behalten oder auch nicht wiedergewinnen können. Das bedeutet, dass sie ausschließlich dann verwendet werden dürfen, wenn sie im Verbund mit anderen Baustoffen nicht mehr leichtentflammbar sind, z.B. Folien für Oberflächen oder Sperrschichten, Kleber.

Es muss auch beachtet werden, dass Baustoffe, die für sich nicht leichtentflammbar sind, nicht so eingebaut werden, dass sie **im Verbund** oder im **Zusammenwirken** mit anderen (benachbarten) Baustoffen eine **leichtentflammbare Eigenschaft** erhalten. Dies kann beispielsweise der Fall sein, wenn Schaumglas oder Mineralwolle als nichtbrennbare Baustoffe mit thermoplastischen brennbaren Baustoffen der Baustoffklassen B 1 oder B 2 (z.B. Bitumenkaschierung) in Verbund gebracht wird. 46a

## 4 Zu Absatz 3 – Erster und zweiter Rettungsweg

### 4.1 Grundsatz

Das Bauordnungsrecht geht von einem **System der äußeren und inneren Rettungswege** aus (s. zuvor Rdn. 22), um so der Grundforderung des § 17 Abs. 1 BauO NRW Rechnung zu tragen; § 17 Abs. 3 BauO NRW konkretisiert diese Grundforderung. Der **Grundsatz**, dass jedem Nutzer eines Gebäudes jederzeit **zwei voneinander unabhängige Rettungswege** zur Verfügung stehen müssen, galt bereits zu Zeiten der Preußischen Einheitsbauordnung. Nach **§ 17 Abs. 3 Satz 1 BauO NRW** muss **jede Nutzungseinheit** in **jedem Geschoss** über mindestens **zwei** voneinander **unabhängige Rettungswege** erreichbar sein. Diese Grundforderung nach zwei Rettungswegen geht von der Annahme aus, dass im Gefahrenfall mindestens einer der Selbstrettung der Nutzer oder den Rettern hilfloser Personen zur Verfügung steht. Gefahrenfall ist nicht nur der Brandfall allein, sondern jeder Fall einer möglichen Gefahr. 47

Unter **Nutzungseinheit** ist die Einheit zu verstehen, die von ein und demselben Nutzer so genutzt wird, dass eine Abkapselung gegenüber einem anderen Nutzer, z.B. durch Trennwände mit Brandschutzanforderungen (z.B. nach § 30 Abs. 1 BauO NRW), erforderlich wird. Als derartige Nutzungseinheiten sind zu nennen: Wohnungen, Praxen (wie Arzt- oder Anwaltspraxen), Büroeinheiten, selbständige Betriebseinheiten, Produktionseinheiten (s. die Anmerkungen zu § 5 Rdn. 4 und zu § 30 Rdn. 4–6). 47a

Diese Definition des Begriffs „Nutzungseinheit" wird auch gestützt durch den im Rahmen des neuen Brandschutzkonzepts geänderten **§ 33 Abs. 1 MBO 2002**:

„*Für Nutzungseinheiten mit mindestens einem Aufenthaltsraum, wie **Wohnungen**, **Praxen**, **selbständige Betriebseinheiten**, müssen in jedem Geschoss mindestens zwei voneinander unabhängige Rettungswege ins Freie vorhandenen sein; beide Rettungswege dürfen jedoch innerhalb des Geschosses über denselben notwendigen Flur führen.*"

Im Sinne der Regelung des § 17 Abs. 3 Satz 1 BauO NRW gilt z.B. ein Verwaltungsgebäude, das einem Nutzer dient (wie z.B. eine Behörde oder eine Firma), als eine Nutzungseinheit, die jedoch in jedem Geschoß über zwei voneinander unabhängige Rettungswege verfügen muss.

Die Grundforderung gilt während der gesamten Nutzungszeit. Sollen Ladenteile außerhalb der Ladenöffnungszeit weiter für das Publikum zugänglich sein, um bestimmte Angebote wahrnehmen zu können, so sind auch für diesen verkleinerten Bereich die Rettungsweganforderungen zu erfüllen (BayVGH, Urteil vom 14. 2. 2001 – 2 B 99.933, BRS 64 Nr. 134).

**Nicht** als Nutzungseinheit gilt z.B. der einzelne Raum einer Wohnung oder einer Büroeinheit oder das einzelne Hotelzimmer innerhalb einer Beherbergungsstätte, obwohl im Ergebnis letztendlich jeder dieser Räume bei Erfüllung der Grundforderung wieder über zwei Rettungswege verfügt. 47b

47c Die Ergänzung des Satzes 1 durch einen **zweiten Halbsatz** dient der Rechtssicherheit. Ging der Gesetzgeber bis zum Jahr 2000 davon aus, dass – auch ohne diesen ergänzenden Halbsatz – notwendige Flure, die in zwei Richtungen zu Treppenräumen oder zu Ausgängen ins Freie führten, dem Grundsatz nach der Sicherung zweier voneinander unabhängiger Rettungswege entsprachen, so wurde dieses in der Rechtsprechung angezweifelt. Die Ergänzung wirkt diesen Zweifeln entgegen, ohne dass damit eine Änderung der bis dahin geltenden Rechtlage verbunden wäre.

### 4.2 Grundanforderungen

48 Nach Absatz 3 **Satz 2** muss der **erste Rettungsweg** in Nutzungseinheiten, die nicht zu ebener Erde liegen, über mindestens eine **notwendige Treppe** führen. Diese Grundanforderung wird ergänzt durch § 36 Abs. 1 BauO NRW. Hiernach müssen jedes nicht zu ebener Erde liegende Geschoss und der benutzbare Dachraum eines Gebäudes über mindestens eine Treppe zugänglich sein; damit wird der Begriff notwendige Treppe definiert. Einzelanforderungen an notwendige Treppen und Treppenräume aus Gründen der Verkehrssicherheit und des Brandschutzes regeln §§ 36 und 37 BauO NRW.

49 Die Anforderungen an den **zweiten Rettungsweg** sind geringer als die an den ersten. Der zweite Rettungsweg kann über eine mit **Rettungsgeräten der Feuerwehr erreichbare Stelle** oder aber über eine **weitere notwendige Treppe** führen. Diese Regel steht in enger Korrespondenz zu § 5 BauO NRW (s. die Anmerkungen zu § 5 Rdn. 1–3), in dem unter anderem die Zugänge sowie die Zufahrten und Aufstellflächen für Feuerwehrfahrzeuge zu und auf Grundstücken geregelt sind, auf denen Gebäude errichtet werden, für die der zweite Rettungsweg mit Rettungsgeräten der Feuerwehr erbracht wird.

50 Über die **Art erforderlicher Rettungsgeräte** ist an dieser Stelle vom Gesetzgeber noch **keine Aussage** getroffen. Es sind dies in Abhängigkeit von der Höhe der anleiterbaren Stelle über der Geländeoberfläche:

- **tragbare Leitern** wie Steckleitern und – gegebenenfalls – Schiebeleitern,
- **Hubrettungsfahrzeuge** wie Kraftfahrdrehleitern.

Im Einzelfall kann es auch – und dies nur in Absprache mit der zuständigen Feuerwehr bzw. Brandschutzdienststelle – eine **ortsfest installierte Leiter** sein, die zumindest **der Feuerwehr** für ihren Einsatz anstelle ihres eigenen Geräts im Gefahrenfall zur Verfügung steht. Eine Notleiter, die von älteren, gebrechlichen Personen, Kindern usw. nur unter Schwierigkeiten benutzt werden kann, reicht als Ersatz für die von der Feuerwehr anzuleiternde Stelle allerdings nicht aus, so dass zumindest eine **Nottreppe** erforderlich ist.

51 Da ortsfest installierte Leitern keinen vollwertigen Ersatz für die anleiterbare Stelle darstellen, sind sie nur als **Notlösung** geeignet, wenn sich ansonsten keine andere Möglichkeit eines zweiten Rettungsweges ergibt, wie z. B. beim Ausbau im Bestand mit Hinterhofsituation. Der Gesetzgeber hat nämlich mit § 17 Abs. 3 Satz 2 **Halbsatz 2** BauO NRW klargestellt, dass als Ersatz für eine anleiterbare Stelle eine **weitere notwendige Treppe** zu schaffen ist oder aber nach Absatz 3 **Satz 3** der erste Rettungsweg als **Sicherheitstreppenraum** ausgebildet werden muss (vgl. OVG NRW, Beschluss vom 15. 12. 2004 – 7 B 2142/04, BauR 2005, 845 = BRS 67 Nr. 152 = NVwZ-RR 2006, 10). Andererseits ist eine Notleiter nicht in jeder Fallkonstellation ein untaugliches Mittel, als zweiter Rettungsweg zu dienen. **Notleitern mit Rückenschutz gemäß DIN 14094** Teil 1 – Ausgabe Januar 2004 – können taugliche Vorkehrungen zur Sicherstellung des zweiten Rettungs-

weges sein (OVG NRW, Beschluss vom 22.7.2002 – 7 B 508/01, BauR 2002, 1841 = BRS 65 Nr. 140). Es kommt auf die Umstände des jeweiligen Einzelfalles an, ob eine Notleiter nach DIN 14094 Teil 1 noch ausreicht oder etwa eine zur Selbstrettung leichter benutzbare **Spindeltreppe als Außentreppe** zu fordern ist. Letzteres ist insbesondere dann zu erwägen, wenn nach den bestehenden baulichen Gegebenheiten im Falle der Unpassierbarkeit des gebäudeinternen Zugangs von der Vorderseite die gefährdeten Personen, die sich in allein rückwärtig gelegenen Nutzungseinheiten befinden, auf eine Selbstrettung ohne jegliche fachkundige Mithilfe angewiesen sind (vgl. OVG NRW, Urteil vom 28.8.2001 - 10 A 3051/99, BauR 2002, 763 = BRS 64 Nr. 201).

Bei der Ausführung ist darauf zu achten, dass eine solche zumeist aus verzinkten Stahl- **51 a** elementen vorgefertigte ortsfest installierte Leiter bzw. Nottreppe auch **ausreichend sicher im Außenmauerwerk verankert** wird. In der Vergangenheit wurde dies nicht immer beachtet, so dass unsachgemäß befestigte Notleitern beim Betreten einstürzten.

Führt der zweite Rettungsweg über Rettungsgeräte der Feuerwehr, so muss bauseits da- **51 b** für eine **erreichbare Stelle** vorhanden sein. Das bedeutet nicht, dass jedes Fenster einer Nutzungseinheit anleiterbar sein muss; es genügt in aller Regel je Nutzungseinheit – insbesondere dann, wenn sie Wohnungen in der Größe vergleichbar ist – eine anleiterbare Stelle je Geschoss. Es besteht auch die Möglichkeit, für mehrere Nutzungseinheiten eine anleiterbare Stelle je Geschoss anzuordnen. Wesentlich ist dann jedoch, dass für jeden Nutzer dieses Geschosses diese Stelle jederzeit und ohne Schwierigkeiten erreichbar ist. Das schließt den zweiten Rettungsweg über fremde Nutzungseinheiten aus.

Aus der Kombination der Vorschriften des § 17 Abs. 3 Satz 1 und Satz 2 BauO NRW ist **51 c** klar erkennbar, dass der zweite Rettungsweg über Rettungsgeräte der Feuerwehr führen kann, aber dass über diese Rettungsgeräte nach wie vor die **Nutzungseinheit für die Feuerwehr** erreichbar sein muss. Sollte ein „Rettungsfenster" einer Nutzungseinheit so in einer Dachschräge angeordnet sein, dass die Feuerwehr dieses Fenster mit ihren Leitern nicht unmittelbar erreichen kann, so ist nach § 40 Abs. 4 BauO NRW in der Dachfläche ein **Austritt** anzuordnen, den die Feuerwehr mit ihrer Leiter erreichen kann. Der Austritt ist entgegen einer weit verbreiteten Annahme keine „Wartefläche" für die in Not geratenen Bewohner bzw. Benutzer des Gebäudes. Der Austritt dient vielmehr als **anleiterbare Fläche** für die Feuerwehr. Die Fläche selbst und der „**Weg**" von dort bis zum „Rettungsfenster" ist letztendlich nichts anderes als die **Verlängerung der Leiter der Feuerwehr**. Insofern ist der Begriff „**Aus**tritt" irreführend; er sollte bei der anstehenden Novellierung der Brandschutzvorschriften zumindest durch den Begriff „**Auf**tritt" ersetzt werden. Die vordere Kante des Austritts darf, horizontal gemessen, nicht mehr als 1,20 m von der Traufkante entfernt sein. Der Austritt kann, wenn die Unterkante der eigentlichen Öffnungen das zuvor genannte Maß nicht erheblich überschreitet, eine trittsichere Bohle oder ein Gitterrost mit einem Haltegriff sein, um der Feuerwehr ein sicheres Übersteigen von der Leiter aus zu ermöglichen. Die Ausführung hat sich nach DIN 14094 Teil 2 – Ausgabe Mai 2007 – zu richten. Der Austritt kann auch zum Beispiel ein Balkon, eine Dachterrasse oder das Dach einer Dachgaube sein.

Der **Weg** von der anleiterbaren Stelle **bis zum Rettungsfenster** muss nicht sicherer sein **51 d** als der Weg **über die Feuerwehrleiter**. Da Feuerwehren unterschiedlich ausgebildet bzw. ausgerüstet sein können, sollte die Sicherheit des Weges von der anleiterbaren Stelle bis zum Rettungsfenster in aller Regel mit der ortsansässigen Feuerwehr abgesprochen werden. Sollte hierfür die Feuerwehr für sich eine verwaltungsinterne Richtlinie erarbeitet haben, um gleich gelagerte Fälle auch gleich beurteilen zu können, so wird hierdurch dem Gleichbehandlungsgrundsatz Rechnung getragen. Sollte jedoch die Richtlinie dazu dienen, diesen Weg sicherer zu gestalten als den Weg über die Feuerwehrleiter, so wäre dieses sicherlich zu beanstanden. Vielfach ist der Irrglaube verbreitet, dieser Weg solle den Nutzern einer Nutzungseinheit ermöglichen, über das Dach die anleiterbare Stelle zu erreichen. Aus diesem Irrglauben erwachsen zum Teil abenteuerliche Anforderungen an die Gestaltung dieses Weges, der dann in umgekehrter Richtung gesehen wird, nämlich vom Fenster aus zu der anleiterbaren Stelle.

52 Eine wesentliche Voraussetzung für die Anerkennung von Fenstern sowie von Öffnungen in Dachschrägen als zweiter Rettungsweg regelt § 40 Abs. 4 Satz 2 Halbsatz 2 BauO NRW. Von diesen Fenstern müssen sich Menschen zu **öffentlichen Verkehrsflächen bemerkbar** machen können. Ist das nicht der Fall, wie z. B. beim nachträglichen Ausbau von Dachgeschossen, kann ein solches Rettungsfenster nur in Absprache mit der Feuerwehr als zweiter Rettungsweg anerkannt werden. In einem solchen Fall müssen die Anforderungen an den Weg von der Feuerwehrleiter bis zu diesem Fenster entschieden höher sein, als zuvor beschrieben. In einem solchen Fall dient dieser Weg nicht als Verlängerung der Feuerwehrleiter, sondern als Weg aus der Nutzungseinheit zur anleiterbaren Stelle. Die **Lage und Größe** von Fenstern im Zuge von Rettungswegen als anleiterbare Stelle zur Sicherstellung der Rettung von Menschen durch die Feuerwehr regelt § 40 Abs. 4 BauO NRW (s. die Anmerkungen zu § 40 Rdn. 5–11).

### 4.3 Sicherheitstreppenraum

53 Der Grundsatz des Erfordernisses zweier voneinander unabhängiger Rettungswege wird durch die Regelung des Absatzes 3 **Satz 3** scheinbar durchbrochen. Hiernach ist ein zweiter Rettungsweg nicht erforderlich, wenn die Rettung über einen Treppenraum möglich ist, in den Feuer und Rauch nicht eindringen können. Einen solchen Treppenraum definiert Satz 3 als **Sicherheitstreppenraum**, der höheren Anforderungen entsprechen muss als der normale Treppenraum, bei dem ein geringerer Sicherheitsgrad genügt. Beim normalen Treppenraum genügt ein geringerer Sicherheitsgrad. Die Vorschriften des Bauordnungsrechts gehen davon aus, dass Rauch in geringen, die gefahrlose Benutzung nicht beeinträchtigenden Mengen auch in den normalen Treppenraum gelangen kann, so dass in Abhängigkeit vom Gebäudetyp öffenbare Fenster und/oder zusätzliche Rauchabzugseinrichtungen genügen.

53a Der Sicherheitstreppenraum ist dagegen so anzuordnen und auszubilden, dass Feuer und Rauch unter keinen Umständen in ihn eindringen können. Dies wird erreicht durch Anordnung und Ausbildung des Zugangs zu diesem Treppenraum. Die VV BauO NRW unterscheidet den Sicherheitstreppenraum

- mit **offenem Gang** nach Nr. 37.431 VV BauO NRW und
- mit **Sicherheitsschleuse** nach Nr. 37.432 VV BauO NRW.

Ein Sicherheitstreppenraum nach Nr. 37.431 VV BauO NRW muss in jedem Geschoss über einen unmittelbar davor liegenden **offenen Gang** erreichbar sein, der so im **freien Windstrom** anzuordnen ist, dass Feuer und Rauch jederzeit ungehindert – und ohne in den Sicherheitstreppenraum zu gelangen – entweichen können.

Ein Sicherheitstreppenraum nach Nr. 37.432 VV BauO NRW darf in jedem Geschoß nur über eine **Sicherheitsschleuse** erreichbar sein, wobei Treppenraum und Schleuse eine **Lüftungsanlage** haben müssen. Diese Anlage ist so auszulegen und zu steuern, dass Feuer und Rauch nicht in den Sicherheitstreppenraum eindringen können.

Satz 3 verlangt zusätzlich, dass der Sicherheitstreppenraum „**sicher erreichbar**“ sein muss. Diese mit der BauO NRW 2000 vorgenommene Verschärfung der materiellen Anforderungen (s. Rdn. 04) steht in Verbindung mit dem in § 38 BauO NRW ebenfalls neu eingefügten Absatz 3, der die Länge notwendiger Flure begrenzt (s. die Anmerkungen zu § 38 Rdn. 03 und 12–13). **53b**

### 4.4 Der zweite Rettungsweg über Rettungsgeräte der Feuerwehr

Das Bauordnungsrecht differenziert die Anforderungen an den zweiten Rettungsweg nach der Lage der **anzuleiternden Stelle** über der Geländeoberfläche. So dürfen Gebäude, deren zweiter Rettungsweg über Rettungsgeräte der Feuerwehr führt und bei denen die Oberkante der Brüstungen notwendiger Fenster oder sonstiger zum Anleitern bestimmter Stellen **mehr als 8 m** über der Geländeoberfläche liegt, nur errichtet werden, wenn die **erforderlichen Rettungsgeräte** von der Feuerwehr vorgehalten werden. Im Umkehrschluss ergibt sich, dass in den Gemeinden, in denen die Feuerwehr diese Rettungsgeräte nicht vorhält, Gebäude mit mehr als 8 m über der Geländeoberfläche liegenden Brüstungen notwendiger Fenster oder sonstiger zum Anleitern bestimmter Stellen nur dann errichtet werden dürfen, wenn eine zweite notwendige Treppe oder ein Sicherheitstreppenraum zur Ausführung kommt. **54**

Das Bauordnungsrecht geht davon aus, dass die Feuerwehr bei Gebäuden, bei denen die Oberkante der Brüstungen notwendiger Fenster oder sonstiger zum Anleitern bestimmter Stellen, **die bis zu 8 m** über der Geländeoberfläche liegen, in der Lage ist, mittels der **tragbaren Steckleiter** aus dieser Höhe Personen bergen und einen Löschangriff vortragen zu können. Die Steckleiter, die je nach Ausführungsart insgesamt eine Länge von 8,40 m bzw. 8,50 m erreicht, ist das Rettungsgerät, das die Feuerwehr ausnahmslos in **jedem Löschzug** mitführt (s. die Anmerkungen zu § 5 Rdn. 3–3b). **55**

Die **Geländeoberfläche** definiert § 2 Abs. 4 BauO NRW (s. die Anmerkungen zu § 2 Rdn. 164–176). Die **Höhenlage** bestimmt sich je Außenwand mit notwendigen Fenstern oder sonstigen zum Anleitern bestimmten Stellen von der an die Außenwand anstehenden Geländeoberfläche bzw. von der Oberfläche der zum Aufstellen der Leiter bestimmten Stelle bis zur Oberkante der Brüstung des Fensters bzw. der anzuleiternden Stelle (das kann auch ein Balkon sein). Obwohl diese Regelung in unmittelbarer Korrespondenz mit der Begriffsbestimmung des „Gebäudes geringer Höhe“ steht (s. die Anmerkungen zu § 2 Abs. 3 Satz 1 Rdn. 150–158), ist durchaus der Fall möglich, dass bei einem „Gebäude mittlerer Höhe“ im hängigen Gelände die Steckleiter als zweiter Rettungsweg ausreicht, nämlich dann, wenn die Obergeschosse von der Bergseite und die Untergeschosse von der Talseite angeleitert werden können. **56**

Als **erforderliches Rettungsgerät der Feuerwehr** muss nach § 17 Abs. 3 **Satz 4** BauO NRW bei Gebäuden, bei denen die Oberkante der Brüstung notwendiger Fenster oder sonstiger zum Anleitern bestimmter Stellen mehr als 8 m über der Geländeoberfläche liegt, in der Regel das **Hubrettungsfahrzeug** wie die Kraftfahrdrehleiter mit entsprechender Ausschublänge angesehen werden. Wird ein solches Fahrzeug von der Feuerwehr nicht vorgehalten, kann im Einzelfall geprüft werden, ob die Feuerwehr eine Schiebeleiter vorhält und das Personal so ausgebildet ist, dass diese als zweiter Rettungsweg eingesetzt werden kann. Die Schiebeleiter hat jedoch nur eine Einsatzmöglichkeit bis zu etwa 10 m Höhe. Steckleitern können bei diesen Gebäuden nicht in Ansatz gebracht werden. **57**

Die Regelung des Satzes 4 ist in Gemeinden gegenstandslos, die ein entsprechendes Hubrettungsfahrzeug vorhalten. Bauherren können von einer Gemeinde nicht verlangen, zur Sicherstellung des zweiten Rettungsweges ihres Bauvorhabens ein Hubrettungsfahrzeug anzuschaffen. Die oberste Bauaufsichtsbehörde hat sich zur Bewertung der **Rettungsgeräte** der Feuerwehr mit RdErl. vom 29. 8. 2000 – II A 5-100/17.3, n. v., zum **Gebäudebestand** aus der Zeit **vor** Inkrafttreten der BauO NW **1984** geäußert:

*„Das Bauordnungsrecht stützt sich für den Fall, dass der zweite Rettungsweg über Rettungsgeräte der Feuerwehr erbracht wird, auf § 1 Abs. 1 des Gesetzes über den Feuerschutz und die Hilfeleistung (FSHG), wonach die Gemeinden den örtlichen Verhältnissen entsprechende leistungsfähige Feuerwehren unterhalten, um Schadenfeuer zu bekämpfen sowie bei Unglücksfällen ... Hilfe zu leisten. Das Bauordnungsrecht gibt deswegen auch bewusst keine Zeitvorgaben für den Einsatz der Rettungsgeräte für die Feuerwehr. Vielmehr haben die Gemeinden – auch aufgrund des § 22 Abs. 1 Satz 1 FSHG – unter Beteiligung der Feuerwehr Brandschutzbedarfspläne für den Einsatz der öffentlichen Feuerwehr aufzustellen und fortzuschreiben.*

*Aufgrund des § 1 Abs. 1 FSHG muss die Feuerwehr so leistungsfähig sein, dass sie bauliche Anlagen so rechtzeitig erreicht, dass sie gefährdete Personen retten und ein Schadenfeuer bekämpfen kann. Diese Leistungsfähigkeit und damit die entsprechende Ausrüstung und Ausbildung der örtlichen Feuerwehr ist bei allen baulichen Anlagen vorauszusetzen, die sich in Gebieten befinden, für die die Gemeinde Baugebiete im Sinne des § 30 Baugesetzbuch (BauGB) festgesetzt hat, aber auch für solche, die sich im unbeplanten Innenbereich nach § 34 BauGB befinden oder zulässig sind. In diesen Gebieten ist die Gemeinde verpflichtet, wirksame Lösch- und Rettungsmaßnahmen zu gewährleisten. Allenfalls bei baulichen Anlagen, die im planungsrechtlichen Außenbereich gemäß § 35 BauGB errichtet werden, d. h. baulichen Anlagen, die außerhalb einer von der Gemeinde beeinflussbaren städtebaulichen Entwicklung liegen, kann es für eine Bauaufsichtsbehörde in Betracht kommen, einen zweiten baulichen Rettungsweg deswegen zu verlangen, weil die Feuerwehr* ***nicht innerhalb eines zur Rettung erforderlichen Zeitraums*** *am Brandort eintreffen kann.*

*Unabhängig von den* ***zeitlichen*** *Voraussetzungen für einen wirksamen Einsatz kann aber auch eine § 1 Abs. 1 FSHG entsprechende Ausrüstung der Feuerwehr dazu führen, dass der zweite Rettungsweg baulich gesichert werden muss; das trifft in folgenden Fällen zu:*

1. *Eine Nutzungseinheit ist – aus welchen Gründen auch immer – nicht anleiterbar.*
2. *Eine Nutzungseinheit ist zwar anleiterbar, die Zahl der Nutzer der Nutzungseinheit ist jedoch so groß – wie z. B. in bestimmten Sonderbauten –, dass die Feuerwehr nicht in der Lage ist, alle Personen in einer angemessenen Zeit über die Rettungsgeräte zu retten.*
3. *In Sonderbauten, in denen aufgrund der Regelungen einer Sonderbauverordnung der zweite Rettungsweg durch bauliche Maßnahmen zu erbringen ist.*
4. *In Sonderbauten, bei denen Rettungsgeräte der Feuerwehr zur Rettung größerer Personengruppen ungeeignet sind oder in Sonderbauten mit einer großen Anzahl von Personen, die nur über eine beschränkte Möglichkeit der Eigenrettung verfügen.*

*Bis zum Inkrafttreten der Landesbauordnung 1984 wurde bei Gebäuden bis zu fünf Vollgeschossen der zweite Rettungsweg durch tragbare Rettungsgeräte der Feuerwehr als erbracht angesehen, weil in der Regel Steckleitern und Schiebleitern zum Einsatz kamen. Mit Inkrafttreten der Landesbauordnung 1984 ändert sich die Rechtlage. Hiernach geht die Landesbauordnung davon aus, dass Gebäude, deren zweiter Rettungsweg über Rettungsgeräte der Feuerwehr führt und bei denen die Oberkante der Brüstungen notwendiger Fenster oder sonstiger zum Anleitern bestimmter Stellen mehr als 8 m über der Geländeoberfläche liegt, nur errichtet werden dürfen, wenn die erforderlichen Rettungsgeräte von der Feuerwehr vorgehalten werden. Im Umkehrschluss bedeutet diese Regelung, dass in den Gemeinden, in denen die Feuerwehr Hubrettungsfahrzeuge nicht vorhält, bei denen aber Gebäude errichtet werden sollen, bei denen die Steckleiter nicht zum Einsatz gebracht werden kann, die Gebäude eine zweite notwendige Treppe oder einen Sicherheitstreppenraum erhalten müssen.*

*Für rechtmäßig bestehende Gebäude kann zwar gefordert werden, dass nachträglich ein zweiter baulicher Rettungsweg errichtet wird, wenn dies im Einzelfall wegen der Sicherheit für Leben und Gesundheit erforderlich ist (§ 87 Abs. 1 BauO NRW). Dabei ist jedoch zu prüfen, durch wen die Gefahr entstanden ist und wer sie somit zu beseitigen hat. Lag der Baugenehmigung zugrunde, dass das Rettungsgerät der Feuerwehr den zweiten Rettungsweg sicherstellte, so kann diese Situation nicht nachträglich, etwa durch Umrüstung oder Neuorganisation der Feuerwehr zu Lasten des Bauherrn verändert werden. Dies widerspräche dem Versorgungsgrundsatz des § 1 Abs. 1 FSHG. In diesen Fällen wäre eine auf § 87 BauO NRW gestützte Ordnungsverfügung ermessensfehlerhaft."*

## 5 Zu Absatz 4 – Blitzschutzanlagen

Die Errichtung oder Änderung von Blitzschutzanlagen bedarf nach § 65 Abs. 1 Nr. 20 BauO NRW **keiner Baugenehmigung** (s. die Anmerkungen zu § 65 Rdn. 82). 58

Normalerweise brauchen bauliche Anlagen nicht mit einer Blitzschutzanlage ausgestattet zu werden. Der Wortlaut des Absatzes 4 macht das **Gebot**, eine Blitzschutzanlage herzustellen, von zwei Voraussetzungen abhängig, nämlich davon, dass

**a)** Blitzschlag bei einer baulichen Anlage **leicht eintreten** kann **und**

**b)** im Falle eines Blitzschlages **schwere Folgen** zu erwarten sind.

Die Formulierung „und" lässt darauf schließen, dass beide Voraussetzungen zusammen vorliegen müssen.

**Voraussetzung a**) ist immer erfüllt, wenn eine bauliche Anlage ihre **Umgebung wesentlich überragt**. Die Blitzschlagswahrscheinlichkeit nimmt etwa mit der Wurzel aus der Höhe des betreffenden Objektes zu. Blitzschlag kann leicht bei Hochhäusern, hohen Schornsteinen und Türmen eintreten. Weithin frei stehende bauliche Anlagen überragen ihre Umgebung und rechnen deshalb zu den gefährdeten Objekten. Wenn auch nach dem Stand der heutigen Erkenntnisse Blitzschlag an jeder beliebigen Stelle auftreten kann, so ist doch die vorausgesetzte erhöhte Wahrscheinlichkeit bei den ihre Umgebung überragenden Objekten größer. Blitzeinschläge in Gebäude mit leicht entzündlichem Inhalt bleiben selten kalt, sondern zünden gewöhnlich, wenn eine metallische Blitzableitung fehlt. Schadensfeuer sind immer eine schwere Folge. Durch Blitzschlag werden nicht nur Gebäude, sondern auch die in ihnen befindlichen Menschen und gegebenenfalls das Vieh gefährdet. Je nach Höhe des Blitzstroms ist ein Umkreis bis etwa 30 m Radius um den Blitzschlagpunkt als Gefahrenzone zu betrachten.

**Voraussetzung b**) ist immer erfüllt, wenn es sich um besonders **brand- oder explosionsgefährdete** bauliche Anlagen wie größere Holzbearbeitungsbetriebe, Mühlen, Lack-

und Farbenfariken, Munitions- und Sprengstofffabriken, Feuerwerkereien, Lager für Gefahrstoffe oder brennbare Flüssigkeiten, Gasbehälter, größere landwirtschaftliche Gehöfte und Gebäude mit weicher Bedachung handelt. Auch in Gebäuden mit großen Menschenansammlungen kann Blitzschlag zu schweren Folgen führen. Eine Panik kann die Gefahr noch steigern. Theater, große Lichtspielhäuser wie Multiplexkinos, ortsfeste Zirkusse, Mehrzweckbauten, Kirchen, Krankenhäuser, Schulen, Verkaufsstätten, Abfertigungsgebäude von Flughäfen und ähnliche Gebäude sind, wenn sie ihre Umgebung erheblich überragen, zu den schutzbedürftigen Anlagen zu rechnen. Solche blitzschutzbedürftigen baulichen Anlagen werden in der Regel zu denen gehören, an die gemäß § 54 Abs. 1 Satz 1 BauO NRW besondere Anforderungen an den vorbeugenden Brandschutz gestellt werden können.

**59** Für die Entscheidung der Bauaufsichtsbehörde für einen **Sonderbau** gemäß § 54 Abs. 1 Satz 1 BauO NRW im Wege einer **besondere Anforderung** die Installation eine Blitzschutzanlage zu verlangen, ist der Nachweis des Erfordernisses maßgebend. Besteht ein Erfordernis, so genügt eine entsprechende Auflage in der Baugenehmigung. Diese Auflage muss allerdings begründet und materiell eindeutig sein; aus ihr muss nachvollziehbar hervorgehen, dass die Voraussetzungen nach § 17 Abs. 4 BauO NRW vorliegen. Der Nachweis des Erfordernisses erübrigt sich, wenn der Bauherr schon von sich aus, den Bauvorlagen entnehmbar, eine Blitzschutzanlage eingeplant hat.

**60** Der **Ausschuss für Blitzableiter-Bau e.V. (ABB)** hat technische Regeln für Blitzschutzanlagen erarbeitet (veröffentlicht im Buch Blitzschutz, Verlag Wilhelm Ernst und Sohn, Berlin); sie wurden jedoch nicht als Technische Baubestimmungen nach § 3 Abs. 3 BauO NRW eingeführt. Diese können bei einer gegebenenfalls erforderlichen Beurteilung ebenso herangezogen werden wie die als VDE-Richtlinie gekennzeichnete Norm DIN 57185 VDE 0185 (VDE-Verlag GmbH, Berlin; s. auch Wessel, Neuzeitlicher Blitzschutz, in Schaden Prisma Nr. 2/1990 – Ausgabe zum Thema Blitzschutz, Verlag W. Grützmacher GmbH, Gneisenaustr. 41, 10961 Berlin sowie Schüngel, Blitzschutz im Wandel der Zeit, DAB 1998 S. 1151). Die VDE-Richtlinie unterscheidet zwischen

- dem **äußeren Blitzschutz**, der Gesamtheit der Einrichtung zum Auffangen und Ableiten des Blitzstromes in die Erdungsanlage und
- dem **inneren Blitzschutz**, der Gesamtheit der Maßnahmen gegen die Auswirkungen des Blitzes auf die metallene Installation und elektrischen Einrichtungen im Bereich der baulichen Anlagen.

## § 18
## Wärmeschutz, Schallschutz und Erschütterungsschutz

**(1) Gebäude müssen einen ihrer Nutzung und den klimatischen Verhältnissen entsprechenden sowie den Energieverbrauch senkenden Wärmeschutz haben.**

**(2) Gebäude müssen einen ihrer Lage und Nutzung entsprechenden Schallschutz haben. Geräusche, die von ortsfesten Anlagen oder Einrichtungen in baulichen Anlagen oder auf Baugrundstücken ausgehen, sind so zu dämmen, dass Gefahren oder unzumutbare Belästigungen nicht entstehen.**

**(3) Erschütterungen oder Schwingungen, die von ortsfesten Anlagen oder Einrichtungen in baulichen Anlagen oder auf Baugrundstücken ausgehen, sind so zu dämmen, dass Gefahren oder unzumutbare Belästigungen nicht entstehen.**

***VV BauO NRW*** *(infolge Befristung mit Ablauf des 31.12.2005 ausgelaufen)*

***18 Wärmeschutz, Schallschutz, Erschütterungsschutz (§ 18)***

*18.1 Zu Absatz 1*

Hinweis: hier nicht mehr abgedruckt, da infolge von Rechtsänderungen überholt.

*18.2 Zu Absatz 2*

*18.21 Ein ausreichender Schallschutz oder eine ausreichende Geräuschdämmung innerhalb von Gebäuden ist insbesondere dann gewährleistet, wenn die Gebäude, ortsfesten Anlagen oder Einrichtungen nach den dafür erlassenen Technischen Baubestimmungen (DIN 4109 – Schallschutz im Hochbau) geplant und errichtet werden.*

*18.22 Zur Beurteilung der Frage, ob die von ortsfesten Anlagen oder Einrichtungen in baulichen Anlagen oder auf Baugrundstücken ausgehenden Geräusche so gedämmt sind, dass Gefahren oder unzumutbare Belästigungen für die Nachbarschaft nicht entstehen, können die Immissionsrichtwerte der TA Lärm vom 26.8.1998 (GMBl. S. 503) herangezogen werden.*

**Anmerkungen** (Autor: Temme)

**Übersicht**

| | | Rdn. |
|---|---|---|
| 0 | Änderungen gegenüber der BauO NW 1984 und der BauO NW 1995 | 01–02 |
| 1 | Allgemeines | 1– 2 |
| 2 | Zu Absatz 1 – Wärmeschutz | 3–13 |
| 3 | Zu Absatz 2 – Schallschutz und Dämmung von Geräuschen | 14 |
| 3.1 | Messung und Bewertung des Schalldrucks | 15–18 |
| 3.2 | Lärmschutz nach Rechtskreisen außerhalb der BauO NRW | 19–28 |
| 3.3 | Schallschutz nach BauO NRW und DIN 4109 | 29–38 |
| 3.4 | Dämmung von Geräuschen | 39–41 |
| 4 | Zu Absatz 3 – Schutz vor Erschütterungen und Schwingungen | 42–45 |

### 0 Änderungen gegenüber der BauO NW 1984 und der BauO NW 1995

Die **BauO NW 1995** übernahm § 18 BauO NW 1984 mit der Ergänzung in Absatz 1, wonach Gebäude einen den Energieverbrauch senkenden Wärmeschutz haben müssen. **01**

02 Die **BauO NRW 2000** hat § 18 BauO NW 1995 im Wortlaut beibehalten. Eine vorgesehene Ergänzung des Absatzes 1, wonach „Gebäude so anzuordnen sind, dass sie eine sparsame und umweltverträgliche Energieverwendung ermöglichen" (vgl. LT-Drucks. 12/3738 S. 13 Nr. 10 und S. 73 zu Art. I Nr. 10 – § 18) wurde „im Hinblick auf das vorrangige Bauplanungsrecht" gestrichen (s. LT-Drucks. 12/4394 S. 70 Nr. 12).

## 1 Allgemeines

1 Die allgemein formulierten Anforderungen des § 18 BauO NRW dienen unter dem Aspekt des Gesundheitsschutzes der **Gefahrenabwehr** und unter dem Aspekt der Energieeinsparung dem **Schutz der natürlichen Lebensgrundlagen**. Die konkreten Anforderungen ergeben sich aus dem **Energieeinsparungsrecht**, dem **Immissionsschutzrecht**, den nach § 3 Abs. 1 Satz 2 BauO NRW zu beachtenden **allgemein anerkannten Regeln der Technik** und den nach § 3 Abs. 3 BauO NRW eingeführten **Technischen Baubestimmungen** (s. Nr. 4 der Liste der Technischen Baubestimmungen, RdErl. vom 8. 11. 2006, MBl. NRW. S. 582). Zusammenwirkend sollen diese Regeln **gesunde Wohn- und Arbeitsverhältnisse** gewährleisten und zum **Ressourcenschutz** beitragen.

2 Schutzmaßnahmen gegen Schall, Geräusche, Erschütterungen und Schwingungen nach Absatz 2 und 3 bedingen **Abwehrmaßnahmen gegen Einflüsse von außen**. „Von außen" bedeutet in diesem Zusammenhang: Einflüsse von außerhalb des Gebäudes und auch von außerhalb einer Nutzungseinheit im Gebäude, z. B. einer Wohnung, einem Büro oder einem Laden. Aufgrund des in § 3 Abs. 1 BauO NRW geforderten Schutzes der Gesundheit sollen auch **innerhalb** des Gebäudes gesunde Wohn- und Arbeitsverhältnisse bestehen. Zu diesem Zweck hat der Bauherr durch entsprechende bauliche Maßnahmen **passiven** Immissionsschutz zu betreiben. Die Anforderungen des § 18 Abs. 2 und 3 BauO NRW, wonach Schall, Geräusche, Erschütterungen und Schwingungen, die von ortsfesten Anlagen oder von Baugrundstücken ausgehen, so zu dämmen sind, dass Gefahren oder unzumutbare Belästigungen nicht entstehen, bedingen Maßnahmen des **aktiven** Emissionsschutzes direkt **am Entstehungsort** bzw. **an ortsfesten Anlagen**.

## 2 Zu Absatz 1 – Wärmeschutz

3 Absatz 1 enthält die Grundforderung, dass Gebäude einen **ihrer Nutzung und den klimatischen Verhältnissen entsprechenden sowie den Energieverbrauch senkenden Wärmeschutz** haben müssen. Konkrete Anforderungen an eine ausreichende Wärmedämmung hinsichtlich der Bemessung und der Art der zu verwendenden Bauteile sind im Wesentlichen enthalten im **EnEG** und in der **EnEV**. Anforderungen an die Wärmedämmung der Gebäude enthalten folgende Teile der nach § 3 Abs. 3 BauO NRW als Technische Baubestimmung eingeführten Teile der Norm **DIN 4108** – Wärmeschutz und Energie-Einsparung in Gebäuden:

- **Teil 2** (Ausgabe Juli 2003) – Mindestanforderungen an den Wärmeschutz,
- **Teil 3** (Ausgabe Juli 2001) – Klimabedingter Feuchteschutz; Anforderungen, Berechnungsverfahren und Hinweise für Planung und Ausführung,
- **Teil 4** als Vornorm (Ausgabe Juli 2004) – Wärme- und feuchteschutztechnische Bemessungswerte,
- **Teil 10** als Vornorm (Ausgabe Juni 2004) – Anwendungsbezogene Anforderungen an Wärmedämmstoffe – Werkmäßig hergestellte Wärmedämmstoffe,

Zu beachten sind ferner die in Nr. 4.1.2 aufgeführten Teile der Norm **DIN 18159** – Schaumkunststoffe als **Ortschäume** im Bauwesen – und die in Nr. 4.3 genannte „ETB-Richtlinie zur **Begrenzung der Formaldehydemissionen** in der Raumluft bei Verwendung von Harnstoff-Formaldehydharz-Ortschaum“ (s. die Anmerkungen zu § 16 Rdn. 29).

Der Wärmeschutz hat Bedeutung für die Gesundheit und das Wohlbefinden der Be- 4
wohner sowie für die Herstellungs- und Bewirtschaftungskosten. Dazu gehört auch ein hinreichender **klimabedingter Feuchteschutz** gegen **Tauwasser** und **Schlagregen**. Insofern muss dem Wärmeschutz schon bei der Planung baulicher Anlagen **Rechnung getragen werden**. Aufgrund der Bemühungen zur Energieeinsparung hat die Industrie Fenster und Türen konstruiert, die in geschlossenem Zustand **sehr dicht schließen** und kaum zu einem natürlichen Luftwechsel beitragen. Nur durch **regelmäßiges gründliches Lüften** der Räume ist ein ausreichender Luftwechsel gewährleistet, vor allem, wenn sich in der Wohnung Waschmaschinen, Trockner und Geschirrspülmaschinen befinden. Anderenfalls kann es zu **Feuchtigkeitsansammlungen im Mauerwerk** und zu die Gesundheit der Bewohner gefährdenden **Schimmelpilzbildungen** kommen. Gefahren durch zu hohe **Kohlenmonoxydkonzentrationen** drohen, wenn die Zuluftführung von Feuerstätten, z. B. die offener Kamine oder Gasfeuerstätten ohne Abgasanlage, nicht ausreichend dimensioniert ist (s. die Anmerkungen zu § 43 Rdn. 46, 55 und 56).

Das **Energieeinsparungsgesetz – EnEG** vom 22. 7. 1976 (BGBl. I S. 1873) verfolgte vor 5
dem Hintergrund zweier Ölkrisen das Ziel einer rationellen Energieverwendung, um die Abhängigkeit Deutschlands von importierten Brennstoffen zu reduzieren. Wenn auch **Umweltschutz** und **Ressourcenschonung** im Jahre 1976 noch von geringer Bedeutung waren, so wurden sie im Zuge späterer Novellierungen in den Jahren 1980 und 2001 zu wichtigen **Zielen**. Das EnEG i. d. F. d. B. vom 1. 9. 2005 (BGBl. I S. 2684) bezweckt auch die **Reduzierung von $CO_2$-Emissionen** und den **Verbraucherschutz**.

Aufgrund der Rechtsverordnungsermächtigungen des EnEG sind ergangen:

- die Wärmeschutzverordnung – **WärmeschutzV** vom 11. 8. 1977 (BGBl. I S. 1554), die in den Jahren 1982 und 1994 geändert bzw. neu erlassen wurde,
- die Heizungsanlagen-Verordnung – **HeizAnlV** vom 22. 9. 1978 (BGBl. I S. 1581), die in den Jahren 1982, 1989, 1998 und 2001 geändert bzw. novelliert wurde,
- die Heizungsbetriebs-Verordnung – **HeizBetrV** vom 27. 9. 1978 (BGBl. I S. 1684), die im Zuge der Novellierung der HeizAnlV und der HeizkostenV aufgehoben wurde,
- die Verordnung über Heizkostenabrechnung – **HeizkostenV** i. d. F. d. B. vom 20. 1. 1989 (BGBl. I S. 115), die eine **Verbrauchserfassung** und **Verteilung der Kosten** auf die Nutzungseinheiten für die jährlich zu erstellende **Heizkostenabrechnung** regelt, von der **im Einzelfall befreit** werden kann, um einen unangemessenen Aufwand oder sonstige unbillige Härten zu vermeiden; die **Zuständigkeit** liegt nach der Verordnung zur Regelung von Zuständigkeiten nach der Verordnung über Heizkostenabrechnung vom 27. 10. 1981 (GV. NRW. S. 624), geändert durch VO vom 30. 10. 1984 (GV. NRW. S. 660), bei den **kreisfreien Städten**, den **Großen** und **Mittleren kreisangehörigen Städten** und für die übrigen kreisangehörigen Gemeinden bei den **Kreisen**,
- die **Energieeinsparverordnung – EnEV *2001*** vom 16. 11. 2001 (BGBl. I S. 3085), die am 1. 2. 2002 in Kraft trat, die WärmeschutzV vom 16. 8. 1994 (BGBl. I S. 2121) und die HeizAnlV i. d. F. d. B. vom 4. 5. 1998 (BGBl. I S. 851) ablöste, geändert durch die am 8. 12. 2004 in Kraft getretene „Erste Verordnung zur Änderung der Energieein-

sparverordnung“ vom 2.12.2004 (BGBl. I S. 3144), die Änderungen im technischen Regelwerk nachvollzog und eine Ermächtigung zur Neubekanntmachung enthielt, von der mit der **Neufassung** vom 2.12.**2004** (BGBl. I S. 3146) Gebrauch gemacht wurde.

- die **Energieeinsparverordnung – EnEV *2007*** vom 24.7.2007 (BGBl. I S. 1519), die am 1.10.2007 in Kraft trat und die EnEV i.d.F.d.B. vom 2.12.2004 aufgehoben hat und deren Schwerpunkt die **Einführung des Energieausweises** bildet.

Die **EnEV *2007*** regelt zur Umsetzung der „Richtlinie 2002/91/EG des Europäischen Parlaments und des Rates vom 16.12.2002 über die Gesamtenergieeffizienz von Gebäuden“ (ABl. EG Nr. L 1 S. 65) die schrittweise Einführung von Energieausweisen auch für den Gebäudebestand ab Anfang 2008, um Mietern und Käufern einen Überblick über die zu erwartenden Heiz- und Warmwasserkosten zu verschaffen (vgl. BR-Drucks. 282/07, S. 79 ff.). Sie bezieht Anlagen der **Kühl- und Raumlufttechnik** in ihren Anwendungsbereich ein. Die Anforderungen beziehen sich auf Wohngebäude und Nichtwohngebäude und lösen die Unterscheidung der EnEV *2001* nach Gebäuden mit normalen und niedrigen Innentemperaturen ab.

Aufgrund der **Übergangsvorschriften** des § 28–30 EnEV *2007* wird die EnEV *2001* in der Neufassung vom 2.12.2004 lange Zeit anwendbar sein. Aus diesem Grunde und wegen der ausstehenden landesrechtlichen Ausführungsbestimmungen beziehen sich die nachfolgenden Erläuterungen noch auf die Rechtslage nach der EnEV *2001*.

**6** Die **Energieeinsparverordnung – EnEV *2001*** macht für Neubauten den **Niedrigenergiehaus-Standard** zur Regel, indem der Heizenergiebedarf um rund 30 % gegenüber den Regelungen der abgelösten Verordnungen gesenkt wurde und warf anfänglich neue Fragen zum Vollzug auf (im Einzelnen s. Achelis, Auslegungsfragen zur Energieeinsparverordnung, DIBt-Mitteilungen 4/2002, S. 123 ff.). Gebäude und Anlagentechnik sind zusammenfassend zu betrachten, um zu erreichen, dass der Entwurfsverfasser nicht nur das Gebäude, sondern auch dessen anlagentechnische Ausstattung stärker in den Blick nimmt. Die **Begrenzung des Jahres-Primärenergiebedarfs** stellt die Hauptanforderung der EnEV dar. An die Stelle des alten Wärmebedarfsausweises nach § 12 WärmeschutzV tritt nach § 13 EnEV der **Energiebedarfsausweis** bzw. der **Wärmebedarfsausweis**. Näheres regelt die Allgemeine Verwaltungsvorschrift zu § 13 der Energieeinsparungsverordnung – **AVV Energiebedarfsausweis** vom 7.3.2002 (BAnz Nr. 52 S. 4865). Es ist zu unterscheiden zwischen

- dem **Energiebedarfsausweis** nach § 13 Abs. 1 EnEV für zu errichtende Gebäude mit **normalen** Innentemperaturen sowie nach § 13 Abs. 2 EnEV für die Änderung und Erweiterung bestehender Gebäude mit normalen Innentemperaturen (Muster A zur AVV Energiebedarfsausweis) und
- dem **Wärmebedarfsausweis** nach § 13 Abs. 3 EnEV für Gebäude mit **niedrigen** Innentemperaturen (Muster B zur AVV Energiebedarfsausweis).

Diese Ausweise werden künftig durch den **Energieausweis** nach § 5 a EnEG in Verbindung mit den Regelungen der EnEV *2007* ersetzt. Energie- und Wärmebedarfsausweise nach der EnEV *2001* und der WärmeschutzV gelten gemäß § 29 Abs. 3 EnEV 2007 als Energieausweise.

**7** Den **Vollzug** des Wärmeschutzes regelt die Verordnung zur Umsetzung der Energieeinsparverordnung – **EnEV-UVO** vom 31.5.2002 (GV. NRW. S. 210, ber. S. 367). Danach ist die **Überwachung** der in der EnEV *2001* festgesetzten Anforderungen sowie die Erteilung von Ausnahmen und Befreiungen im Einzelfall nach §§ 16 und 17 EnEV *2001* den **unteren Bauaufsichtsbehörden** übertragen. Sie sind zur Ahndung von Ordnungswidrigkeiten nach § 18 EnEV *2001* und § 6 EnEV-UVO auch Verwaltungsbehörden im Sinne des § 36 Abs. 1 Nr. 1 OBG.

Die Aufgaben im Rahmen des § 9 Abs. 1 EnEV *2001* sind den **Bezirksschornsteinfegermeistern** übertragen. Sie überwachen, ob vor dem 1. 10. 1978 installierte Heizkessel für flüssige oder gasförmige Brennstoffe fristgerecht außer Betrieb genommen werden.

Die Aufgaben im Rahmen der §§ 3 bis 8 und 13 EnEV *2001* sind den nach der SV-VO staatlich anerkannten **Sachverständigen für Schall- und Wärmeschutz** übertragen. Damit bleibt das Aufgabengebiet, wie es für die staatlich anerkannten Sachverständigen durch die WärmeschutzUVO festlag, unverändert bestehen.

**Nachweise des Wärmeschutzes** sind nach § 2 Abs. 1 Satz 2 EnEV-UVO: 8

1. eine **Zusammenstellung** über die wärmeübertragenden Umfassungsflächen, ihre Wärmedurchgangskoeffizienten und ein **rechnerischer Nachweis** über die Einhaltung des Höchstwertes des Jahres-Primärenergiebedarfs, des sommerlichen Wärmeschutzes und/oder des Transmissionswärmeverlustes nach der EnEV *2001*,
2. die **Festlegung der Anlagenaufwandszahlen** für Heizung, Warmwasserbereitung und Lüftung nach Anhang 1 Nr. 2 oder 3 EnEV *2001* in Verbindung mit DIN V 4701 Teil 10 (Ausgabe August 2003) – Energetische Bewertung heiz- und raumlufttechnischer Anlagen; Heizung, Trinkwassererwärmung, Lüftung,
3. ein **Energie- oder Wärmebedarfsausweis** nach § 13 EnEV *2001* in Verbindung mit der AVV Energiebedarfsausweis vom 7. 3. 2002 (BAnz Nr. 52 S. 4865), geändert durch AVV vom 2. 12. 2004 (BAnz Nr. 233 S. 23797).

Für den Energie- oder Wärmebedarfsausweis sind nach § 2 Abs. 1 Satz 3 EnEV-UVO die Muster der **Anlage 1 zur EnEV-UVO** zu verwenden:

- **A** für Gebäude mit **normalen** Innentemperaturen nach § 13 Abs. 1 und 2 EnEV *2001*,
- **B** für Gebäude mit **niedrigen** Innentemperaturen nach § 13 Abs. 3 EnEV *2001*.

Die **Nachweise** haben gemäß § 2 Abs. 1 Satz 9 EnEV-UVO auch den **klimabedingten Wärme- und Feuchteschutz** zu berücksichtigen; die Einhaltung dieser Anforderung ist gemäß Satz 10 nach dem Muster der **Anlage 2 zur EnEV-UVO** zu erklären.

Nach § 2 Abs. 1 Satz 1 EnEV-UVO hat der Bauherr für alle in den Geltungsbereich der EnEV *2001* fallenden Gebäude einen **staatlich anerkannten Sachverständigen für Schall- und Wärmeschutz** zu beauftragen, der die Nachweise aufstellt oder, soweit diese von anderen Personen aufgestellt werden, diese Nachweise prüft. Der Bauherr kann die Prüfung der Nachweise durch die untere Bauaufsichtsbehörde **entgegen** dem Wortlaut des § 68 Abs. 5 BauO NRW **nicht** beantragen, da § 2 Abs. 1 EnEV-UVO in Ausführung von Bundesrecht dem entgegensteht (s. die Anmerkungen zu § 68 Rdn. 47). Die Nachweise sind gemäß § 2 Abs. 1 Satz 12 EnEV-UVO für **genehmigungspflichtige** Gebäude spätestens bei Baubeginn der unteren Bauaufsichtsbehörde vom Bauherrn **vorzulegen**. Abweichend hiervon kann der Energie- oder Wärmebedarfsausweis auch erst mit der Anzeige zur abschließenden Fertigstellung nach § 82 BauO NRW vorgelegt werden. Für nach § 67 BauO NRW **freigestellte** Wohngebäude sind die Nachweise gemäß § 2 Abs. 4 EnEV-UVO vom Bauherrn aufzubewahren. 9

10 Nach § 2 Abs. 2 EnEV-UVO hat sich der staatlich anerkannte Sachverständige für Schall- und Wärmeschutz **während der Bauausführung** durch stichprobenhafte Kontrollen davon zu überzeugen, dass die baulichen Anlagen entsprechend den Nachweisen errichtet werden. Hierüber hat der Sachverständige eine **Bescheinigung** nach dem Muster der **Anlage 3 zur EnEV-UVO** auszustellen. Für genehmigungspflichtige Gebäude hat der Bauherrn die Bescheinigung der unteren Bauaufsichtsbehörde mit der Anzeige der abschließenden Fertigstellung nach § 82 BauO NRW vorzulegen; in der Genehmigungsfreistellung nach § 67 BauO NRW muss lediglich der Bauherr über die Bescheinigung verfügen.

11 Nach § 2 Abs. 5 EnEV-UVO hat sich der Bauherr bei **Änderungen** von Gebäuden im Sinne des § 8 Abs. 1 EnEV *2001* die Einhaltung der Anforderungen der EnEV *2001* von einem staatlich anerkannten Sachverständigen für Schall- und Wärmeschutz nach dem Muster der **Anlage 5 zur EnEV-UVO** bestätigen zu lassen. Bei genehmigungsfreien Vorhaben nach § 65 Abs. 2 BauO NRW kann die Bestätigung auch durch das ausführende Fachunternehmen erfolgen. Die untere Bauaufsichtsbehörde kann die Vorlage dieser Bestätigungen verlangen.

12 Die **EnEV *2001*** erfasst auch **heizungstechnische** und **raumlufttechnische Anlagen** sowie **Warmwasseranlagen**. Nach § 11 Abs. 1 Satz 1 EnEV *2001* dürfen Heizkessel für flüssige oder gasförmige Brennstoffe, deren Nennwärmeleistung mindestens 4 Kilowatt und höchstens 400 Kilowatt beträgt, zum Zweck der Inbetriebnahme nur eingebaut oder aufgestellt werden, wenn sie mit der **CE-Kennzeichnung** nach § 5 Abs. 1 und 2 der Verordnung über das Inverkehrbringen von Heizkesseln und Geräten nach dem Bauproduktengesetz – **BauPGHeizkesselV** – vom 28. 4. 1998 (BGBl. I S. 796) oder nach Artikel 7 Abs. 1 oder 2 der Richtlinie 92/42/EWG des Rates vom 21. 5. 1992 über die Wirkungsgrade von mit flüssigen oder gasförmigen Brennstoffen beschickten neuen Warmwasserheizkesseln (ABl. EG Nr. L 167 S. 17, L 195 S. 32), geändert durch Artikel 12 der Richtlinie 93/68/EWG des Rates vom 22. 7. 1993 (ABl. EG Nr. L 220 S. 1), versehen sind (s. auch die Anmerkungen vor §§ 20 bis 28 Rdn. 62).

13 Nach § 2 Abs. 3 EnEV-UVO muss der Fachunternehmer nach Abschluss der Arbeiten zur Errichtung, zum Ersatz, zur Erweiterung oder zur Umrüstung von Anlagen für Heizung, Warmwasserbereitung und Lüftung erklären, dass die Anforderungen des Abschnitts 4 der EnEV *2001* in Verbindung mit dem Anhang 5 Tabelle 1 eingehalten sind. Diese Erklärung hat er nach dem Muster der **Anlage 4 zur EnEV-UVO** abzugeben. Im Falle **genehmigungspflichtiger Gebäude** ist die Erklärung der Anzeige der abschließenden Fertigstellung nach § 82 BauO NRW beizufügen.

### 3 Zu Absatz 2 – Schallschutz und Dämmung von Geräuschen

14 Absatz 2 regelt den **Schutz vor Schall**, wobei die **Lage** und **Nutzung** der Gebäude zu berücksichtigen ist. Darüber hinaus besteht die Verpflichtung zur **Dämmung von Geräuschen**, die von **ortsfesten Anlagen** oder Einrichtungen in baulichen Anlagen oder auf dem Baugrundstück selbst ausgehen, um dem Entstehen von Gefahren oder unzumutbaren Belästigungen entgegenzuwirken. Aus dem **Schutzzweck** der Vorschrift wird erkennbar, dass nur die **negativen Auswirkungen** von Schall und Geräuschen erfasst werden sollen, nicht jedoch die nutzungsbedingt zulässigen Erscheinungsformen. Schall und Geräusche können aufgrund ihrer Art und Lautstärke **störende** und **belastende Wirkungen** entfalten oder sogar die **Gesundheit** schädigen.

Die **Begriffe „Schall"** und **„Geräusche"** sind ebenso wenig bauordnungsrechtlich definiert, wie der in Absatz 2 nicht erwähnte Begriff „Lärm", den andere Rechtsvorschriften und technische Regeln verwenden. Hierbei handelt es sich um **unbestimmte Rechtsbegriffe**, die der Auslegung bedürfen. **Schall** entstammt dem mittelhochdeutschen „schal" und bezeichnet einen lauten Ton, Geräusch, Gesang oder Geschrei; **Geräusch** leitet sich vom mittelhochdeutschen „geriusche" ab und bildet das Substantiv zum Verb „rauschen", das westgermanischen Ursprungs ist und dem eine lautmalerische Bedeutung im Sinne von „eilen, stürmen, rasen" zugeschrieben wird. **Lärm** stammt vom frühneuhochdeutschen Wort „larman" ab, das für Geschrei steht und durch Abfall des unbetonten Anlautes aus dem spätmittelhochdeutschen Wort „alerm" entstanden ist. Diese ursprünglichen Bedeutungen des jeweiligen Wortsinnes bestehen heute so nicht mehr. Die Begriffe Lärm und Schall werden gleichermaßen in Vorschriften herangezogen (z.B. TA **Lärm**, Sportanlagen**lärm**schutzverordnung, DIN 18005 – **Schall**schutz im Städtebau, **Schall**schutzverordnung).

### 3.1 Messung und Bewertung des Schalldrucks

Die Auswirkungen des Lärms auf den Menschen sind zwar messbar, jedoch stark von **subjektiven Empfindungen** beeinflusst. Eine Störung durch Schall und Geräusche ist von mehreren **Faktoren**, den so genannten **Moderatoren** abhängig, die der jeweils betroffene Mensch bewusst oder unbewusst einer Wertung unterzieht. Zu den Moderatoren rechnen etwa Stärke, Dauer und Häufigkeit, wie auch Tageszeit, Ortsüblichkeit oder Auffälligkeit des Geräuschs. Besonders empfindlich auf Schall und Geräusche reagieren Menschen, wenn sie sich konzentrieren oder schlafen. Die **Wertung** hängt nicht nur von persönlichen Empfindungen ab, sondern richtet sich darüber hinaus nach der **sozialen Akzeptanz** der Lärmquelle, die wiederum einem Wandel unterliegen kann. Was früher nicht als störend empfunden wurde, ist aus heutiger Sicht inakzeptabel, wie am Beispiel militärischer Tiefflüge deutlich wird, die in der Zeit des „Kalten Krieges" als für die Verteidigung notwendig angesehen und deren Lärmauswirkung deshalb als unvermeidbar von der Bevölkerung hingenommen wurde. **15**

Unter **Schall** bzw. **Hörschall** werden vom Menschen wahrnehmbare Geräusche, Klänge, Töne oder auch ein Knall im Frequenzbereich von 16 Hz bis 20 kHz verstanden. Mit zunehmendem Alter nimmt die Wahrnehmungsfähigkeit für hohe Frequenzen ab. Schall breitet sich als **Druckwelle** aus und transportiert dabei **Schallenergie**, wobei der **Schalldruck** die wichtigste Messgröße darstellt, die mit Mikrofonen erfassbar ist. Der Mensch nimmt über das Ohr nur den Schalldruck wahr. Der **Schalldruckpegel** wird als logarithmische Größe **dB** (Dezibel) angegeben, eine nach Alexander Graham Bell benannte Hilfsmaßeinheit **Bel** (Einheitszeichen **B**), deren zehnter Teil als **Dezibel** (Einheitszeichen **dB**) Anwendung findet. Der Mensch empfindet Töne mit gleichem Schalldruck aber unterschiedlicher Frequenz unterschiedlich laut. Zur Berücksichtigung dieses menschlichen Hörempfindens dienen die der technischen Messeinrichtung vorgeschalteten Frequenzbewertungsfilter A bis D. Der **Frequenzbewertungsfilter A** wird im Bereich des Lärmschutzes herangezogen und als Schalldruckpegel **dB (A)** angegeben. Der Frequenzbewertungsfilter A entspricht ungefähr dem Frequenzgang des menschlichen Gehörs bei niedrigen Schalldruckpegeln und basiert zudem auf Sinustönen. Da diese Art der Erfassung die Lärmwirkung und die Lautheit nur unvollkommen berücksichtigt, sind für besondere Geräusche, z.B. in Bezug auf deren **Tonhaltigkeit** (quietschen) oder deren **Impulshaltigkeit** (hämmern), Zuschläge erforderlich. Das so ermittelte Ge- **16** räusch kann dann mit einem durch Rechtsvorschrift festgelegten Schutzniveau oder einem in einer Richtlinie angegebenen Orientierungswert verglichen werden. Weiterentwickelte Messverfahren zur Erfassung der Lautheit von Schall und der Lautstärkewahrnehmung unter Berücksichtigung der Mechanik des menschlichen Innenohrs sind in der Praxis noch von untergeordneter Bedeutung.

17 Der Mensch kann **Veränderungen** des Schalldrucks ab **3 dB (A)** deutlich wahrnehmen, geringere Pegelunterschiede nur nach intensivem Vergleich der Geräusche. Aufgrund des logarithmischen Aufbaus der Skala dB (A) nimmt man einen um **10 dB (A) höhern Schalldruckpegel** als **doppelt so laut** wahr. Bei gleichem Schalldruck wirken Einzeltöne lauter als breitbandige Schallsignale. Andauernder Lärm kann die Gesundheit beeinträchtigen. Ab 85 dB (A) ist bei über Jahre hinweg andauernder Einwirkung mit Lärmschwerhörigkeit zu rechnen. Einmalige Lärmereignisse über 120 dB (A) können das Gehör schädigen; die **Schmerzschwelle** liegt bei 130 bis 140 dB (A). Besonders schädlich auf die Gesundheit wirken sich häufig wiederholende nächtliche Lärmereignisse aus, weil diese Schlafstörungen hervorrufen. Nach den Erkenntnissen der Lärmforschung darf der **Innenpegel** von **Wohnräumen 40 dB (A)** und der von **Schlafräumen 30 dB (A)** nicht übersteigen, um Kommunikations- oder Schlafstörungen auszuschließen (BVerwG, Beschluss vom 17.5.1995 – 4 NB 30.94, BauR 1995, 654 = BRS 57 Nr. 2).

Für **Geräuschquellen** können zum Vergleich folgende Werte angegeben werden:

| **Geräuschquelle** | **dB (A)** |
|---|---|
| flüstern | 20 |
| leise Unterhaltung | 40 |
| normale Unterhaltung | 60 |
| verkehrsreiche Straße | 80 |
| Fahrgeräusch eines Lkw | 90 |
| Fahrgeräusch eines Motorrads | 100 |
| Flugzeug in geringer Flughöhe | 120 |

Der **Schalldruck** punktförmiger Schallquellen nimmt bei freier Ausbreitungsmöglichkeit nach dem **Abstandsgesetz** umgekehrt proportional mit zunehmendem Abstand *r* von der Schallquelle mit **1/r** ab und nicht wie die Schallintensität mit dem Quadrat der Entfernung. Die Schalldruckpegel von Schallquellen können auch nicht einfach arithmetisch addiert werden. Bei **Verdoppelung** gleicher Schallquellen ergibt sich eine Erhöhung um **3 dB (A)**, bei **Verfünffachung** um **7 dB (A)**, bei **Verzehnfachung** um **10 dB (A)**.

18 **Emissionsmessungen** dienen zur Feststellung des Schalldruckpegels einer bestimmten **Schallquelle**, z. B. des Lärms einer Maschine, wobei stets die Messentfernung zum Objekt anzugeben ist, da der Schalldruckpegel mit zunehmender Entfernung von der Schallquelle abnimmt. Eine Alternativ zur Emissionsmessung ist die Angabe eines entfernungsunabhängigen **Schallleistungspegels**, der die in alle Richtungen abgestrahlte Schallleistung der Schallquelle angibt und aus dem sich der Schalldruckpegel in einer bestimmten Entfernung von dieser Quelle unter Berücksichtigung der örtlichen Verhältnisse berechnen lässt. **Immissionsmessungen** dienen dagegen zur Feststellung des Schalldruckpegels einer oder mehrerer Schallquellen an einem **Einwirkungsort**, z. B. der Lärm einer Produktionsanlage auf der Terrasse eines benachbarten Wohnhauses.

### 3.2 Lärmschutz nach Rechtskreisen außerhalb der BauO NRW

Im **Privatrecht** ergibt sich der Schutz gegen Beeinträchtigungen aus dem **Eigentumsrecht** aufgrund der §§ 862 und 1004 BGB (s. die Anmerkungen zu § 74 Rdn. 105). Im **öffentlichen Recht** ist der Lärmschutz als **Teilmaterie des Immissionsschutzes** im BImSchG und LImSchG geregelt. Daneben bestehen für Fluglärm weitere bundesrechtliche Vorschriften. Der Lärm wird im öffentlichen Recht **unterschiedlichen Erzeugerquellen** zugeordnet und daher auch in **unterschiedlichen Vorschriften** abgehandelt: 19

- **Gewerbelärm** in der Technischen Anleitung zum Schutz gegen Lärm – **TA Lärm**,
- **Baustellenlärm** in der Geräte- und Maschinenlärmschutzverordnung – **32. BImSchV**,
- **Sportanlagenlärm** in derSportanlagenlärmschutzverordnung – **18. BImSchV**,
- **Freizeitanlagenlärm** in der „**Freizeitlärm-Richtlinie**",
- **Lärm zur Nachtzeit** im Landes-Immissionsschutzgesetz – **LImSchG**,
- **Verkehrslärm**
  - **von Straße und Schiene** in der Verkehrslärmschutzverordnung – **16. BImSchV** und in der Verkehrswege-Schallschutzmaßnahmenverordnung – **24. BImSchV**,
  - von **Flugzeugen** im **Gesetz zum Schutz gegen Fluglärm**, der **Schallschutzverordnung** und der **Landeplatz-Lärmschutzverordnung**.

Infolge der Vielzahl der Vorschriften ist die **Rechtslage unübersichtlich**.

Die für die Praxis bedeutsamsten Bereiche des Lärmschutzes sind im **BImSchG** und in den zu diesem Gesetz ergangenen Rechtsverordnungen und Verwaltungsvorschriften geregelt. Nach **§ 1 Abs. 1 BImSchG** ist es Zweck dieses Gesetzes, Menschen, Tiere und Pflanzen, den Boden, das Wasser, die Atmosphäre sowie Kultur- und sonstige Sachgüter vor schädlichen Umwelteinwirkungen zu schützen und dem Entstehen **schädlicher Umwelteinwirkungen** vorzubeugen. Unter schädlichen Umwelteinwirkungen versteht **§ 3 Abs. 1 BImSchG** solche **Immissionen**, die nach Art, Ausmaß oder Dauer geeignet sind, erhebliche Nachteile oder erhebliche Belästigungen für die Allgemeinheit oder die Nachbarschaft herbeizuführen. Nach § 3 **Abs. 2** BImSchG rechnen zu den Immissionen auch die auf Menschen einwirkenden **Geräusche**. Gemäß **§ 22 Abs. 1 BImSchG** findet das Immissionsschutzrecht ebenfalls auf Anlagen Anwendung, die keiner immissionsschutzrechtlichen Genehmigung bedürfen, in Bezug auf Geräusche auch auf Anlagen, die keinen gewerblichen Zwecken dienen und nicht im Rahmen wirtschaftlicher Unternehmungen Verwendung finden. 20

Die Bundesregierung ist durch § 48 BImSchG zum Erlass **allgemeiner Verwaltungsvorschriften** ermächtigt, um unter anderem das Verfahren zur Ermittlung von Emissionen und Immissionen und deren Grenzwerte zu bestimmen. Hiervon wurde mit der Technischen Anleitung zum Schutz gegen Lärm – **TA Lärm** Gebrauch gemacht, der **normkonkretisierende Wirkung** zukommt (BVerwG, Urteil vom 29. 8. 2007 – 4 C 2.07, ImmWert 2007, 33; OVG NRW, Beschluss vom 24. 10. 2003 – 21 A 2723/01, BauR 2004, 472 = BRS 66 Nr. 177). Die TA Lärm ist auf Anlagen anwendbar, für die ein **immissionsschutzrechtliches Genehmigungsverfahren** aufgrund der **4. BImSchV** durchzuführen ist, aber auch im Rahmen des **§ 22 BImSchG** bei der Prüfung von **baugenehmigungsbedürftigen Vorhaben** heranzuziehen (OVG NRW, Beschluss vom 26. 2. 2003 – 7 B 2434/02, BRS 66 Nr. 176). Sie nimmt auf DIN-Normen und VDI-Richtlinien Bezug und gewährleistet 21 eine bundeseinheitliche Verwaltungspraxis (vgl. Feldhaus, Einführung in die TA Lärm 1998, UPR 1999, S. 1 ff. und Tegeder, Die TA Lärm 1998: technische Grundlagen der Lärmbewertung, UPR 2000, S. 99 ff.). Die TA-Lärm gilt für die nach BImSchG genehmigungsbedürftige und nicht genehmigungsbedürftige **Anlagen** gilt (zum Anlagenbegriff s. die Anmerkungen zu § 2 Rdn. 6) und erfasst weder Straßen- und Schienenlärm noch Fluglärm. Aufgrund anderer Rechtsvorschriften, aber auch von betrieblichen Besonderheiten und von Besonderheiten verschiedener Geräusche sind **vom Anwendungsbereich** der TA Lärm **ausgenommen**:

a) Sportanlagen, die der 18. BImSchV unterliegen,
b) sonstige nicht genehmigungsbedürftige Freizeitanlagen und Freiluftgaststätten,
c) nicht genehmigungsbedürftige landwirtschaftliche Anlagen,
d) Schießplätze, auf denen mit Waffen ab Kaliber 20 mm geschossen wird,
e) Tagebaue und die zum Betrieb eines Tagebaus erforderlichen Anlagen,
f) Baustellen,
g) Seehafenumschlagsanlagen und
h) Anlagen für soziale Zwecke.

22 Die für die Praxis bedeutendste Regelung der TA-Lärm bildet das **Verfahren zur Ermittlung und Bewertung** der von einer Anlage ausgehenden Geräuschimmissionen unter Bezugnahme auf allgemein anerkannte Regeln der Technik und die hierbei zu beachtenden **Immissionsrichtwerte** im Beurteilungszeitraum **tags von 6.00–22.00 Uhr** und **nachts von 22.00–6.00 Uhr**. Regelungen über **Ladenöffnungszeiten** befreien einen Gewerbebetrieb nicht von der Einhaltung der Bestimmungen des § 22 BImSchG in Verbindung mit den Immissionsrichtwerten der TA-Lärm (OVG NRW, Beschluss vom 24. 1. 2005 – 21 A 4049/03, DÖV 2005, 962). Die Immissionsrichtwerte bezeichnen die **Grenze für schädliche Umwelteinwirkungen** und beziehen sich auf die **Baugebiete**. Für **Gemengelagen** erlaubt **Nr. 6.7** TA-Lärm die Heranziehung von **Zwischenwerten**, wobei die Werte für Kern-, Dorf- und Mischgebiete nicht überschritten werden sollen. Da es sich bei den Werten lediglich um **Richtwerte einer Verwaltungsvorschrift** handelt, lassen diese Raum für eine **einzelfallbezogene Beurteilung**.

Nach **Nr. 6.1** TA-Lärm betragen die Immissionsrichtwerte für den Beurteilungspegel für Immissionsorte **außerhalb von Gebäuden**:

| | | |
|---|---|---|
| a) in Industriegebieten | | 70 dB (A) |
| b) in Gewerbegebieten | tags | 65 dB (A) |
| | nachts | 50 dB (A) |
| c) in Kerngebieten, Dorfgebieten, Mischgebieten | tags | 60 dB (A) |
| | nachts | 45 dB (A) |
| d) in allgemeinen Wohngebieten, Kleinsiedlungsgebieten | tags | 55 dB (A) |
| | nachts | 40 dB (A) |
| d) in reinen Wohngebieten | tags | 50 dB (A) |
| | nachts | 35 dB (A) |
| e) Kurgebieten, für Krankenhäuser und Pflegeanstalten | tags | 45 dB (A) |
| | nachts | 35 dB (A). |

Einzelne kurzzeitige Geräuschspitzen dürfen die Immissionsrichtwerte tags um nicht mehr als 30 dB (A) und nachts nicht mehr als 20 dB (A) überschreiten.

**Nr. 6.2** TA-Lärm regelt Immissionsrichtwerte bei Geräuschübertragungen **innerhalb von Gebäuden** und bei Körperschallübertragung. Die Immissionsrichtwerte betragen für den Beurteilungspegel für betriebsfremde schutzbedürftige Räume nach DIN 4109, Ausgabe November 1989, unabhängig von der Lage des Gebäudes in einem Baugebiet:

| | |
|---|---|
| tags | 35 dB (A) |
| nachts | 25 dB (A) |

Einzelne kurzzeitige Geräuschspitzen dürfen die Immissionsrichtwerte um nicht mehr als 10 dB (A) überschreiten; **weitergehende baurechtliche Anforderungen** bleiben allerdings **unberührt**.

**Nr. 6.3** TA-Lärm nennt Immissionsrichtwerte für **seltene Ereignisse**. Das sind gemäß **Nr. 7.2** TA-Lärm **voraussehbare Besonderheiten** beim Betrieb einer Anlage in seltenen Fällen **oder** über begrenzte Zeitdauer, aber an nicht mehr als zehn Tagen oder Nächten eines Kalenderjahres und nicht mehr als an zwei aufeinander folgenden Wochenenden. Bei Erfüllung dieser Voraussetzungen betragen die Immissionsrichtwerte für den Beurteilungspegel für Immissionsorte **außerhalb von Gebäuden** in den Gebieten nach Nr. 6.1 Buchstaben b bis f

| | |
|---|---|
| tags | 70 dB (A) |
| nachts | 55 dB (A) |

Einzelne kurzzeitige Geräuschspitzen dürfen die Immissionsrichtwerte überschreiten:

- in Gebieten nach Nr. 6.1 Buchstabe b am Tage um nicht mehr als 25 dB (A) und in der Nacht um nicht mehr als 15 dB (A),
- in Gebieten nach Nr. 6.1 Buchstaben c bis f am Tage um nicht mehr als 20 dB (A) und in der Nacht um nicht mehr als 10 dB (A).

Der Bekämpfung von **Lärm auf Baustellen** dienen die §§ 22–25 BImSchG und die Re- 23
gelungen des LImSchG (s. die Anmerkungen zu § 14 Rdn. 24) sowie die Vorgaben der **Geräte- und Maschinenlärmschutzverordnung – 32. BImSchV**. Die 32. BImSchV enthält **Marktverkehrsregelungen** sowie **zeitliche Beschränkungen** an Sonn- und Feiertagen bzw. werktags in der Zeit von 20.00 Uhr bis 7.00 Uhr beim Einsatz von Geräten und Maschinen in reinen, allgemeinen und besonderen Wohngebieten, Kleinsiedlungsgebieten, Sondergebieten für die Erholung, Kur- und Klinikgebieten sowie auf dem Gelände von Krankenhäusern und Pflegeanstalten.

**Sportanlagen**, die keiner Genehmigung nach § 4 BImSchG bedürfen, unterliegen der 24
**Sportanlagenlärmschutzverordnung – 18. BImSchV**, die auch eine Reaktion auf die Rechtsprechung darstellt (BVerwG, Urteil vom 19. 1. 1989 – 7 C 77.87, BauR 1989, 172 = BRS 49 Nr. 203), wonach auf einem Sportplatz nur eine mit der angrenzenden Wohnnutzung verträgliche Sportausübung zulässig ist (vgl. Stüer/Middelbeck, Sportlärm bei Planung und Vorhabenzulassung, BauR 2003, S. 38 ff. und Stühler, Zur Änderung der Sportanlagenlärmschutzverordnung, BauR 2006, S. 1671 ff.). Nach § 1 Abs. 2 und 3 der 18. BImSchV sind Sportanlagen ortsfeste Einrichtungen im Sinne des § 3 Abs. 5 Nr. 1 BImSchG, die zur Sportausübung bestimmt sind. Hierzu zählen auch Einrichtungen, die mit der Sportanlage in einem engen räumlichen und betrieblichen Zusammenhang stehen (OVG NRW, Beschluss vom 22. 7. 2004 – 10 B 925/04, BauR 2004, 1738 = BRS 67 Nr. 187 zu einem Mehrzweckraum mit Küche im Neubau einer Sporthalle). Zur Nutzungsdauer der Sportanlage gehören auch die Zeiten des An- und Abfahrtverkehrs.

Die für die Baugebietstypen in § 2 der 18. BImSchV festgelegten Immissionsrichtwerte sind ebenso wie die in § 3 festgelegten technischen und organisatorischen Maßnahmen zu beachten. Die **Immissionsrichtwerte** stellen im Konflikt zwischen emittierenden Sportnutzungen und immissionsbetroffener sonstiger Nutzung eine **normative Festlegung der Zumutbarkeitsschwelle** im Sinne des § 3 Abs. 1 BImSchG dar (BVerwG, Beschluss vom 8. 11. 1994 – 7 B 73.94, BauR 1995, 377 = BRS 56 Nr. 194). Die Immissionsrichtwerte entsprechen denen für gewerbliche Anlagen, enthalten jedoch **erleichternde Sonderregelungen**, wobei die morgendlichen und abendlichen **Ruhezeiten** sowie an Sonn- und Feiertagen zusätzlich die Mittagsruhe **besonders geschützt** wird.

Da **Bolzplätze** nicht zur Sportausübung im Sinne des § 1 Abs. 2 der 18. BImSchV bestimmt sind, können deren Immissionsrichtwerte nur als **Anhaltspunkt** herangezogen werden (BayVGH, Urteil vom 25. 11. 2002 – 1 B 97.1352, BRS 65 Nr. 185 = NVwZ-RR 2004, 20; s. auch Ketteler, Die Anwendbarkeit der 18. BImSchV [SportanlagenlärmschutzVO] und der BauNVO auf Bolzplätze und vergleichbare Anlagen zur sportlich-spielerischen Betätigung, BauR 1997, S. 959 ff.).

Für die **bei Inkrafttreten** der 18. BImSchV **am 26. 10. 1991 bestandsgeschützten** Sportanlagen enthält **§ 5 begünstigende Regelungen**. Die Immissionsrichtwerte sind für Altanlagen und für Sonderveranstaltungen an bis zu 18 Tagen im Jahr erhöht. Diese Erleichterungen greifen nicht, wenn bestehende Sportanlagen **erhebliche Nutzungsausweitungen** erfahren sollen, da sie dann den **Bestandsschutz einbüßen**.

**25** Für **Freizeitanlagen**, das sind Einrichtungen im Sinne des § 3 Abs. 5 Nr. 1 oder 3 BImSchG, die dazu bestimmt sind, von Personen zur Gestaltung ihrer Freizeit genutzt zu werden, gilt der – RdErl. „Messung, Beurteilung und Verminderung von Geräuschimmissionen bei Freizeitanlagen" vom 23. 10. 2006 (MBl. NRW S. 566), der vom Länderausschuss für Immissionsschutz erarbeitet wurde und auch als „**Freizeitlärm-Richtlinie**" bezeichnet wird. Die **Immissionsrichtwerte** dieser Verwaltungsvorschrift können als geeigneter Orientierungsrahmen herangezogen werden, da sie auf länderübergreifender Erfahrungen beruhen und durch Sachkundige festgelegt wurden (BayVGH, Beschluss vom 12. 5. 2004 – 24 CE 04.1230, NVwZ 2005, 719). Wie bei Sportanlagen entsprechen die Immissionsrichtwerte denen für gewerbliche Anlagen, wobei die morgendlichen und abendlichen Ruhezeiten sowie die Mittagsruhe an Sonn- und Feiertagen besonderen Schutz genießen. Die für Sportanlagen eingeräumten Erleichterungen enthält die Freizeitlärm-Richtlinie nicht. Um vor allem Volksfeste zu ermöglichen, wurden an 10 Tagen im Jahr erhöhte Immissionsrichtwerte zugelassen.

Bilden **mehrere** in einem räumlichen Zusammenhang stehende, aber organisatorisch selbständige **Freizeitanlagen** einschließlich einer Sporthalle eine **konzeptionelle Einheit** im Sinne eines „Freizeitbereichs", so ist eine **einheitliche** (summative) **Beurteilung** der von diesen Anlagen ausgehenden Geräuschimmissionen nach den Bestimmungen der Freizeitlärm-Richtlinie zulässig (BVerwG, Urteil vom 16. 5. 2001 – 7 C 16.00, BRS 64 Nr. 181 = DVBl. 2001, 1451 = NVwZ 2001, 1167 = UPR 2001, 352).

**26** Beim Bau oder der wesentlichen Änderung von öffentlichen Straßen sowie von Eisenbahnen, Magnetschwebebahnen und Straßenbahnen ist gemäß **§ 41 BImSchG** sicherzustellen, dass durch diese keine nach dem Stand der Technik vermeidbaren schädlichen Umwelteinwirkungen durch Verkehrsgeräusche hervorgerufen werden können. Die hierbei zu beachtenden Vorgaben regelt die **VerkehrslärmschutzV – 16. BImSchV**, deren Lärmgrenzwerte nicht nur im Rahmen der Planfeststellung oder Plangenehmigung sondern auch bei der Planung einer neuen Straße durch Bebauungsplan nicht überschritten werden dürfen (hierzu s. Schink, Straßenverkehrslärm in der Bauleitplanung, NVwZ 2003, S. 1041 ff.). Soweit durch den Bau oder die wesentliche Änderung öffentlicher Straßen sowie von Schienenwegen der Eisenbahnen und Straßenbahnen die in § 2 der 16. BImSchV festgelegten Immissionsgrenzwerte überschritten werden, legt die **Verkehrswege-Schallschutzmaßnahmenverordnung – 24. BImSchV** vom 4. 2. 1997 (BGBl. I S. 172) Art und Umfang der zum Schutz vor schädlichen Umwelteinwirkungen durch Verkehrsgeräusche notwendigen Schallschutzmaßnahmen fest, das sind bauliche Vorkehrungen an Umfassungsbauteilen schutzbedürftiger Räume, die die Einwirkungen durch Verkehrslärm mindern. Die nach § 41 Abs. 2 BImSchG vorzunehmende Verhältnismäßigkeitsprüfung setzt voraus, dass Kosten und Nutzen eines vollständigen aktiven Lärmschutzes einerseits und des Verzichts auf einen optimalen Schutz durch teilweiseses oder völliges Absehen von Maßnahmen aktiven Lärmschutzes andererseits konkret gegenübergestellt werden (OVG NRW, Beschluss vom 5. 10. 2000 - 7 a D 56/97.NE, BRS 63 Nr. 4 = NVwZ-RR 2001, 432). Nach § **42 BImSchG** hat derjenige, der passiven Schallschutz an seiner baulichen Anlage treffen muss, weil dem Träger der Baulast von Straßen- oder Schienenwegen der beim Bau neuer Straßen- oder Schienenwege gebotene aktive Schallschutz nach dem Stand der Technik nicht möglich oder unverhältnismäßig kostenträchtig ist und die in der 16. BImSchV festgelegten Immissionsgrenzwerte überschritten werden, Anspruch auf angemessene Entschädigung in Geld in Höhe der für die Schallschutzmaßnahmen erbrachten Aufwendungen gegen den Baulastträger.

Das **Gesetz zum Schutz gegen Fluglärm** i. d. F. d. B. vom 31. 10. 2007 (BGBl. I S. 2550), z. g. d. VO vom 29. 10. 2001 (BGBl. I S. 2785) regelt **Lärmschutzbereiche** für **Verkehrsflughäfen** mit Linienverkehr und für **militärische Flugplätze**, die dem Betrieb von Flugzeugen mit Strahltriebwerken dienen. Der Lärmschutzbereich umfasst das Gebiet außerhalb des Flugplatzgeländes, in dem der durch Fluglärm hervorgerufene äquivalente Dauerschallpegel **67 dB (A) übersteigt**. Die Ermittlung des äquivalenten Dauerschallpegels ergibt sich aus § 3 des Gesetzes zum Schutz gegen Fluglärm in Verbindung mit der Anlage. Der Lärmschutzbereich ist in die **Schutzzone 1** mit einem äquivalenten Dauerschallpegel **über 75 dB (A)** und die Schutzzone 2 mit dem übrigen Gebiet des Lärmschutzbereichs zu gliedern. **§ 5** des Gesetzes enthält **Bauverbote** für bestimmte Vorhaben. Im gesamten Lärmschutzbereich dürfen nach **Absatz 1** Krankenhäuser, Altenheime, Erholungsheime, Schulen und ähnliche in gleichem Maße schutzbedürftige Einrichtungen nicht errichtet werden, wobei Ausnahmen zugelassen werden können, wenn dies zur Versorgung der Bevölkerung mit öffentlichen Einrichtungen oder sonst im öffentlichen Interesse dringend geboten ist. Nach **Absatz 2** dürfen in der Schutzzone 1 Wohngebäude nicht errichtet werden; **Absatz 3** enthält hierzu Ausnahmen für Vorhaben im Geltungsbereich eines Bebauungsplans, Baulückenschließungen und privilegierte Vorhaben. Für zulässige Gebäude in Flughafennähe schreibt die Verordnung über bauliche Schallschutzanforderungen nach dem Gesetz zum Schutz gegen Fluglärm – **SchallschutzV** – für die nach außen abschirmenden Bauteile Schallschutzeigenschaften vor (passiver Schallschutz). Zu den Schutzgütern, denen bei der Bestimmung der fachplanungsrechtlichen Zumutbarkeit Rechnung zu tragen ist, gehört die angemessene Befriedigung der Wohnbedürfnisse, die auch die Möglichkeit störungsfreien Schlafens umfasst. Müssen zum Schutz vor unzumutbarem Lärm die Fenster der Schlafräume geschlossen werden, haben die Betroffenen einen kompensatorischen Anspruch auf den Einbau technischer Belüftungseinrichtungen (BVerwG, Urteil vom 21. 9. 2006 – 4 C 4.05, NVwZ 2007, 219 = UPR 2007, 63).

**27** Ein gesunde Wohn- und Arbeitsverhältnisse gewährleistender **Schallschutz** muss bereits in der **Bauleitplanung** berücksichtigt werden. Dem Wohnen dienende Baugebiete sind Baugebiete mit Geräusch- und auch anderen Emissionen wie auch Verkehrsflächen so zuzuordnen, dass sich Beeinträchtigungen in den Wohngebieten nicht auswirken können. Dies folgt aus den Belangen **des § 1 Abs. 6 Nr. 1 BauGB**, wonach unter anderem bei der Aufstellung der Bauleitpläne insbesondere die allgemeinen Anforderungen an gesunde Wohn- und Arbeitsverhältnisse und die Sicherheit der Wohn- und Arbeitsbevölkerung zu berücksichtigen sind.

Der **Trennungsgrundsatz** des **§ 50 BImSchG** verlangt bei **raumbedeutsamen** Planungen und Maßnahmen die für eine bestimmte Nutzung vorgesehenen Flächen einander so zuzuordnen, dass schädliche Umwelteinwirkungen auf die ausschließlich dem Wohnen dienenden Gebiete sowie auf sonstige schutzbedürftige Gebiete soweit wie möglich vermieden werden. Das **Optimierungsgebot** des § 50 BImSchG kann aus gewichtigen Gründen im Wege der Abwägung überwunden werden (BVerwG, Beschluss vom 7.7.2004 – 4 BN 16.04, BRS 67 Nr. 33 = ZfBR 2005, 71). Regelungen zur Berücksichtigung des § 50 BImSchG in der Bauleitplanung enthalten neben den aufgrund des BImSchG erlassenen Rechtsverordnungen auch:

- der **Abstandserlass** vom 6.6.2007 (MBl. NRW. S. 659) und
- die Norm **DIN 18005 Teil 1** (Ausgabe Juli 2002) – **Schallschutz im Städtebau**; Grundlagen und Hinweise für die Planung.

Diese Regelungen sind für Neuplanungsfälle konzipiert und lassen sich bei der Aufstellung von **Bebauungsplänen für bestehende Baugebiete**, die selten den Baugebieten nach der BauNVO entsprechen, nur bedingt anwenden. Zur Lösung von Nutzungskonflikten in gewachsenen städtebaulichen Strukturen bietet die BauNVO verschiedene Möglichkeiten, die von der Festsetzung zonierter Baugebiete über Schutzvorkehrungen bis hin zu den im Vollzug schwer zu handhabenden immissionswirksamen flächenbezogenen Schallleistungspegeln reichen (hierzu s. Fickert/Fieseler, zu § 1 Rdn. 47–47.14; Spiegels, Zum Lärmschutz bei der Überplanung einer Gemengelage – Abwägung und planerische Festsetzungsmöglichkeiten, BauR 2007, S. 315 ff.; Fischer/Tegeder, Geräuschkontingentierung – DIN 45691, BauR 2007, S. 323 ff.).

**28** Die Gemeinde kann gemäß **§ 9 Abs. 1 Nr. 24 BauGB** im Bebauungsplan die von der Bebauung freizuhaltenden Schutzflächen und ihre Nutzung, Flächen für besondere Anlagen und Vorkehrungen zum Schutz vor schädlichen Umwelteinwirkungen im Sinne des BImSchG sowie die zum Schutz vor solchen Einwirkungen oder zur Vermeidung oder Minderung solcher Einwirkungen zu treffenden **baulichen** und sonstigen **technische Vorkehrungen** festsetzen. Die zuletzt genannte Befugnis ermöglicht Festsetzungen über bauliche und technische Vorkehrungen an den emittierenden Anlagen oder an den von Immissionen betroffenen Anlagen (vgl. Battis/Krautzberger/Löhr, zu § 9 Rdn. 89), jedoch **keine Emissionsgrenzwerte** (BVerwG, Beschluss vom 18.12.1990 – 4 N 6.88, BRS 50 Nr. 25) und auch **keine Nutzungszeiten** für bestimmte Anlagen regeln (VGH B-W, Urteil vom 14.11.1996 – BRS 58 Nr. 28 = NVwZ-RR 1997, 694 = ZfBR 1997, 101). Das Schutzniveau kann nicht mit Wirkung für das Immissionsschutzrecht abgesenkt werden, vielmehr sind die Festsetzungen am **Schutzmodell des BImSchG** auszurichten, das sich nicht im Wege der Abwägung überwinden lässt (OVG NRW, Beschluss vom 1.9.2005 – 8 A 2810/03, BauR 2006, 82 = BRS 69 Nr. 44 = UPR 2006, 80).

### 3.3 Schallschutz nach BauO NRW und DIN 4109

Gebäude müssen nach § 18 Abs. 2 BauO NRW so ausgeführt werden, dass die Bewohner und Nutzer vor hohen Schallpegeln so geschützt sind, dass ihre Gesundheit nicht beeinträchtigt wird. Dies gilt sowohl für den Schutz vor Außenlärm als auch vor Lärm aus anderen Nutzungseinheiten innerhalb des Gebäudes, wie z. B. der Schutz der Inhaber einer Wohnung im Obergeschoss vor den Lärmauswirkungen einer Gaststätte im Erdgeschoss. Neben der allgemeinen Forderung nach einem der Gebäudenutzung entsprechenden Schallschutz fordern andere Bestimmungen der BauO NRW auch für bestimmte **Bauteile** einen ausreichenden Schallschutz, so z. B. 29

- § 42 Abs. 3 Satz 2 BauO NRW für Lüftungsanlagen,
- § 42 Abs. 5 BauO NRW für Installationsschächte und für Installationskanäle,
- § 43 Abs. 1 Satz 2 BauO NRW für Feuerungsanlagen und Anlagen zur Abführung von Verbrennungsgasen ortsfester Verbrennungsmotoren.

Nach § 54 Abs. 1 in Verbindung mit Abs. 2 Nr. 4 BauO NRW können bei **Sonderbauten** im Einzelfall an die Bauart und Anordnung von Bauteilen auch bezüglich des Schallschutzes **besondere Anforderungen** gestellt werden.

Die Bauteilanforderungen beschränken sich auf die allgemeine Eigenschaft **„ausreichend schalldämmend“** bzw. auf die Forderung, dass die **„Weiterleitung von Schall gedämmt“** wird. Das Gesetz selbst konkretisiert diese Anforderungen nicht. Nr. 18.21 VV BauO NRW weist darauf hin, dass ein ausreichender Schallschutz oder eine ausreichende Geräuschdämmung innerhalb von Gebäuden insbesondere dann gewährleistet ist, wenn die Gebäude, ortsfesten Anlagen oder Einrichtungen nach den dafür erlassenen **Technischen Baubestimmungen** geplant und errichtet werden. 30

Die Norm **DIN 4109** (Ausgabe November 1989) – Schallschutz im Hochbau; Anforderungen und Nachweise – ist zusammen mit dem **Beiblatt 1 zu DIN 4109** – (Ausgabe November 1989) – **Schallschutz im Hochbau; Ausführungsbeispiele und Rechenverfahren** – nach § 3 Abs. 3 BauO NRW als **Technische Baubestimmung** bauaufsichtlich eingeführt (s. Nr. 4.2 der Liste der Technischen Baubestimmungen). Diese Norm ist vor allem für den **Wohnungsbau** von Bedeutung, da sie auf den hohen Stellenwert des Schallschutzes in Gebäuden für die Gesundheit und das Wohlbefinden des Menschen hinweist. Besonders wichtig ist der Schallschutz im Wohnungsbau, da die Wohnung dem Menschen sowohl zur Entspannung und zum Ausruhen dient als auch den eigenen häuslichen Bereich gegenüber den Nachbarn abschirmen soll. Um eine zweckentsprechende Nutzung der Räume zu ermöglichen, ist auch in Schulen, Krankenhäusern, Beherbergungsstätten und Bürogebäuden der Schallschutz von Bedeutung. 31

Die Norm 4109 benennt **Mindestanforderungen** an den Schallschutz mit dem Ziel, Menschen in **Aufenthaltsräumen** vor unzumutbaren Belästigungen durch Schallübertragung zu schützen. Außerdem regelt sie das **Verfahren zum Nachweis** des geforderten Schallschutzes. Aufgrund der in der Norm festgelegten Anforderungen kann nicht erwartet werden, dass Geräusche von außen oder aus benachbarten Räumen nicht mehr wahrgenommen werden. Daraus ergibt sich insbesondere die Notwendigkeit gegenseitiger Rücksichtnahme durch Vermeidung unnötigen Lärms. Die Anforderungen setzen voraus, dass in benachbarten Räumen keine ungewöhnlich starken Geräusche verursacht werden, die insbesondere die Wohnruhe beeinträchtigen. 32

33 Die Norm 4109 gilt zum **Schutz von Aufenthaltsräumen** (zu diesem Begriff s. die Anmerkungen zu § 2 Rdn. 219 ff.):

- gegen Geräusche aus fremden Räumen, z. B. Sprache, Musik, Gehen, Stühlerücken und den Betrieb von Haushaltsgeräten, nicht jedoch gegen Geräusche aus haustechnischen Anlagen im eigenen Wohnbereich,
- gegen Geräusche aus haustechnischen Anlagen und aus Betrieben im selben Gebäude oder in baulich damit verbundenen Gebäuden,
- gegen Außenlärm wie Verkehrslärm, ausgenommen Fluglärm, soweit er im Gesetz zum Schutz gegen Fluglärm geregelt ist (s. Rdn. 26), und Lärm aus Gewerbe- und Industriebetrieben, die mit den Aufenthaltsräumen im Regelfall nicht verbunden sind.

**Keine Anwendung** findet die Norm auf Aufenthaltsräume, in denen nutzungsbedingt ständig oder nahezu ständig **stärkere** Geräusche vorhanden sind, die einem zeitabhängigen Schalldruckpegel $L_{AF}$ von **40 dB (A)** entsprechen. Nach Anhang A zur Norm 4109 ist der zeitabhängige AF-Schalldruckpegel der Schalldruckpegel, der mit der Frequenzbewertung **A** und der Zeitbewertung **F** (fast = schnell), als Funktion der Zeit gemessen wird (siehe DIN 45645 Teil 1).

34 Die normativen **Festlegungen** beziehen sich auf

- die **Luft**- und **Trittschalldämmung von Bauteilen**,
- die **Luftschalldämmung** von **Außenbauteilen** und
- den **Schutz gegen Geräusche** aus **haustechnischen Anlagen**

sowie die **Nachweise**

- der **Eignung der Bauteile**,
- der **schalltechnischen Eignung von Wasserinstallationen**,
- der Güte der Ausführung – **Güteprüfung**.

35 Die in der Norm DIN 4109 verwendeten **Begriffe** sind im **Anhang A** definiert. Diese Begriffsbestimmungen sind nicht nur für diese Norm von Bedeutung, sondern werden auch in der Norm 52210 Teil 1 bis 7 und weiteren Normen verwendet. Der **Anhang B** beschreibt die **Ermittlung des maßgeblichen Außenlärmpegels durch Messung**. Beide Anhänge A und B sind – anders als die Beiblätter 1 und 2 – Bestandteil der Norm und enthalten somit **normative Festlegungen**.

36 Das **Beiblatt 1** zu DIN 4109 enthält **Ausführungsbeispiele** für Bauteile, die ohne bauakustische Eignungsprüfungen als geeignet gelten, die jeweiligen Anforderungen an den Schallschutz nach dieser Norm zu erfüllen, sowie **Rechenverfahren**. Das **Beiblatt 2** enthält **Hinweise** für die Planung und Ausführung, **Vorschläge** für einen erhöhten Schallschutz und **Empfehlungen** für den Schallschutz im eigenen Wohn- und Arbeitsbereich. Das Beiblatt 2 ist **nicht bauaufsichtlich eingeführt** worden. Beide Beiblätter enthalten lediglich **Informationen**, jedoch keine normativen Festlegungen.

37 Der **Nachweis des Schallschutzes** ist **Bestandteil der Bauvorlagen** gemäß § 1 Abs. 1 Nr. 6 in Verbindung mit § 8 Abs. 4 BauPrüfVO. Diese Vorschrift bestimmt nur, dass als Nachweis des Schallschutzes, soweit erforderlich, Einzelnachweise durch Zeichnung, Beschreibung, Berechnung, Prüfzeugnisse oder Gutachten vorzulegen sind. Anders als im Bereich des Wärmeschutzes (s. Rdn. 9) besteht neben § 8 Abs. 4 BauPrüfVO **keine**

Rechtsverordnung zur Umsetzung der Anforderungen an den Schallschutz im bauaufsichtlichen Verfahren. Die wenigen Vorgaben des § 8 Abs. 4 BauPrüfVO orientieren sich offensichtlich an der Norm DIN 4109. In den Berechnungen der Schalldämmung unter Berücksichtigung der an der Schallübertragung beteiligten Bauteile und Nebenwege sind die Rechenwerte der Einzelbauteile unter Hinweis auf die entsprechenden Abschnitte des Beiblatts 1 der Norm DIN 4109 oder auf die entsprechenden Prüfzeugnisse für Eignungsprüfungen anzugeben. Grundsätzlich kann der Nachweis des Schallschutzes von einem hierzu **geeigneten** Entwurfsverfasser oder Fachplaner aufgestellt werden.

Infolge der Regelungen des § 63 in Verbindung mit den §§ 68 und 72 Abs. 6 BauO NRW **38**
besteht eine **unübersichtliche Rechtslage**:

- Im **normalen** Genehmigungsverfahren, das gemäß § 68 Abs. 1 Satz 3 BauO NRW nur **„große" Sonderbauten** erfasst (s. die Anmerkungen zu § 68 Rdn. 15–16), ist der Nachweis des Schallschutzes zusammen mit den Bauvorlagen **vorzulegen**. Dieser Nachweis bedarf grundsätzlich einer **Prüfung**. Die untere Bauaufsichtsbehörde kann die Prüfung **selbst** vornehmen oder mit der Prüfung ein **Prüfamt** oder einen **Prüfingenieur** gemäß § 27 Abs. 1 Satz 1 BauPrüfVO **beauftragen**. Sie kann aber auch von der Ermächtigung des § 72 Abs. 6 Satz 3 BauO NRW Gebrauch machen und vom Bauherrn die **Vorlage** einer **Bescheinigung** eines **staatlich anerkannten Sachverständigen** für Schall- und Wärmeschutz über die Einhaltung der Anforderungen an den Schallschutz **verlangen** (s. die Anmerkungen zu § 72 Rdn. 104 und 111). Der **Bauherr** kann auch von sich aus einen **staatlich anerkannten Sachverständigen** für Schall- und Wärmeschutz **beauftragen**, den Nachweis des Schallschutzes **aufzustellen** oder, soweit dieser von einer anderen Personen aufgestellt wird, zu **prüfen** (s. die Anmerkungen zu § 72 Rdn. 105–106). Legt der Bauherr die Bescheinigung des staatlich anerkannten Sachverständigen für Schall- und Wärmeschutz der unteren Bauaufsichtsbehörde vor, die diese inhaltlich nicht zu prüfen braucht, so besteht gemäß § 72 Abs. 6 Satz 1 in Verbindung mit Satz 4 BauO NRW die widerlegbare **gesetzliche Vermutung**, dass die bauordnungsrechtlichen **Anforderungen an den Schallschutz erfüllt** sind (s. die Anmerkungen zu § 72 Rdn. 109 und 112).

- Im **vereinfachten** Genehmigungsverfahren hat der Bauherr gemäß § 68 Abs. 3 Satz 1 Nr. 1 BauO NRW spätestens bei Baubeginn der unteren Bauaufsichtsbehörde den Nachweis des Schallschutzes vorzulegen, der von einem **staatlich anerkannten Sachverständigen** für Schall- und Wärmeschutz entweder **aufgestellt oder geprüft** sein muss. In den Fällen des § 68 Abs. 3 BauO NRW bedarf es keiner Einschaltung eines staatlich anerkannten Sachverständigen für Schall- und Wärmeschutz (s. die Anmerkungen zu § 68 Rdn. 46–50). Der Bauherr kann jedoch gemäß § 68 Abs. 5 Satz 1 BauO NRW eine **Prüfung** des Nachweises **durch die untere Bauaufsichtsbehörde beantragen**, ohne dass hierauf ein Rechtsanspruch besteht (s. die Anmerkungen zu § 68 Rdn. 60–61). In den Fällen des § 68 Abs. 4 BauO NRW entfällt sogar die Vorlagepflicht des Nachweises (s. die Anmerkungen zu § 68 Rdn. 51–59).

- In der **Genehmigungsfreistellung** muss der von einem **staatlich anerkannten Sachverständigen** für Schall- und Wärmeschutz **aufgestellte** oder **geprüfte** Nachweis des Schallschutzes für **Wohngebäude mittlerer Höhe** und für **Wohngebäude geringer Höhe mit mehr als zwei Wohnungen** vor Baubeginn vorliegen und zwar dem Bauherrn selbst und nicht etwa der Gemeinde oder der unteren Bauaufsichtsbehörde (s. die Anmerkungen zu § 67 Rdn. 34–36).

### 3.4 Dämmung von Geräuschen

39 **Absatz 2 Satz 2** erfasst **Geräusche**, die von **ortsfesten** Anlagen oder Einrichtungen **in** baulichen Anlagen oder **auf** Baugrundstücken ausgehen. Zu diesen Anlagen und Einrichtungen zählen unter anderem Wärmepumpen, Armaturen, Aufzugsanlagen, Rolltore, Müllentsorgungsanlagen, Gebläse oder Klimaanlagen. Diese können, wenn sie nicht gedämmt sind, zu **Gefahren** oder **unzumutbaren Belästigungen** der Benutzer des Gebäudes oder auch der **Nachbarn** führen (zu diesen Begriffen s. die Anmerkungen zu § 3 Rdn. 9 und 32–33, zum Nachbarschutz s. die Anmerkungen zu § 74 Rdn. 68 a).

40 Die Vorschrift stellt Anforderungen an die **Schalldämmung** der ortsfesten Anlagen und Einrichtungen. Nach Nr. 18.21 VV BauO NW ist ein ausreichender Geräuschschutz gewährleistet, wenn die ortsfesten Anlagen und Einrichtungen nach der Norm **DIN 4109** geplant und errichtet werden. Diese regelt unter anderem in ihrem **Abschnitt 4** den Schutz gegen **Geräusche aus haustechnischen Anlagen** und **Betrieben** und in **Abschnitt 7** den **Nachweis der schalltechnischen Eignung von Wasserinstallationen**.

41 Nach Nr. 18.22 VV BauO NRW können zur Beurteilung der Frage, ob die von ortsfesten Anlagen oder Einrichtungen in baulichen Anlagen ausgehenden Geräusche so gedämmt sind, dass Gefahren oder unzumutbare Belästigungen für die Nachbarschaft nicht entstehen, die **Immissionsrichtwerte der TA-Lärm** herangezogen werden (s. Rdn. 22).

### 4 Zu Absatz 3 – Schutz vor Erschütterungen und Schwingungen

42 **Absatz 3** erfasst **Erschütterungen** und **Schwingungen**, die – vergleichbar mit den von Absatz 2 Satz 2 erfassten Geräuschen – von **ortsfesten** Anlagen und Einrichtungen **in** baulichen Anlagen oder **auf** Baugrundstücken ausgehen (s. Rdn. 39) und über die Bauteilmasse bei direkter Verbindung der Anlage mit der baulichen Anlage oder über das Erdreich übertragen werden. Daher müssen die Fundamente dieser Anlagen und Einrichtungen von den übrigen Teilen des Gebäudes oder auch vom anstoßenden Erdreich getrennt und isoliert sein (Dämmschichten, federnde Zwischenschichten, Stoßfänger). Der **Schutz gegen seismische Einwirkungen** (**Erdbeben**) fällt nicht hierunter, sondern ist ein Teil der Standsicherheitsprüfung (s. die Anmerkungen zu § 15 Rdn. 2 a).

43 **Erschütterungen** (Schlag- und Rüttelbewegungen) können von Einrichtungen ausgehen, die unregelmäßigen Belastungen ausgesetzt sind, z. B. durch Druckstöße beim Öffnen und Schließen schwerer Schaltschütze oder Armaturen sowie maschinellen Einrichtungen, die Stoß- und Schlagwirkungen erzeugen, z. B. Stanzen, Fallhämmer, Druckpressen, Bügelpressen, Aufzugsanlagen.

44 **Schwingungen** (Rotations-, Pendelbewegungen) treten vornehmlich bei rotierenden Maschinen auf (Ventilatoren, Klimaanlagen, Wärmepumpen, Stromaggregate). Sie führen in der Regel zur Erzeugung von Luft- und Körperschall (Geräuschen), können sogar in kritischen Frequenzbereichen (Eigenfrequenzen) die Standsicherheit baulicher Anlagen gefährden (vgl. OVG Lüneburg, Urteil vom 23. 9. 1986 – 6 A 182/84, BauR 1987, 297 = BRS 46 Nr. 184 zu Windkraftanlagen).

45 Erschütterungen und Schwingungen sind nach § 3 Abs. 2 BImSchG **Immissionen**, deren Vermeidung oder Beschränkung über § 22 Abs. 1 BImSchG im bauaufsichtlichen Verfahren zu beachten ist (s. Rdn. 20). Vorgaben hierzu enthält der RdErl. „**Messung, Beurteilung und Verminderung von Erschütterungsimmissionen**" vom 31. 7. 2000 (MBl. NRW. S. 945), geändert durch RdErl. vom 4. 11. 2003 (MBl. NRW. 2004, S. 97).

## § 19
## Verkehrssicherheit

**(1) Bauliche Anlagen und die dem Verkehr dienenden nicht überbauten Flächen von bebauten Grundstücken müssen verkehrssicher sein.**

**(2) Die Sicherheit oder Ordnung des öffentlichen Verkehrs darf durch bauliche Anlagen sowie andere Anlagen und Einrichtungen im Sinne des § 1 Abs. 1 Satz 2 oder ihre Nutzung nicht gefährdet werden.**

***VV BauO NRW** (infolge Befristung mit Ablauf des 31. 12. 2005 ausgelaufen)*

***19 Verkehrssicherheit (§ 19)***

*19.2 Zu Absatz 2*

*19.21 Eine Gefährdung der Sicherheit oder Ordnung des öffentlichen Verkehrs ist nicht anzunehmen, wenn*

- *eine Ausnahme, Genehmigung oder Zustimmung gemäß § 9 FStrG oder § 25 StrWG NRW,*
- *eine Sondernutzungserlaubnis gemäß § 8 FStrG oder § 18 StrWG NW*

*vorliegt oder*

- *das Vorhaben im Geltungsbereich einer Ortssatzung über die Befreiung von der Erlaubnispflicht liegt und deren Regelungen entspricht (§ 8 Abs. 1 FStrG, § 19 StrWG NRW).*

*19.22 Unbeschadet abweichender Vorschriften in einer Ortssatzung über Sondernutzungen ist eine Gefährdung der Sicherheit und Ordnung des öffentlichen Verkehrs im Allgemeinen nicht anzunehmen, wenn*

*a) Bauteile wie Sockel, Gesimse und Fensterbänke so geringfügig in den öffentlichen Verkehrsraum hineinragen, dass Passanten nicht gefährdet werden können; dies gilt auch für Werbeanlagen und Warenautomaten,*

*b) Bauteile, Vorbauten und Vordächer, Markisen und Werbeanlagen mehr als 2,50 m oberhalb des Gehweges vor die Gebäudefront vortreten und einen Abstand von mindestens 70 cm vom Rand der Fahrbahn einhalten.*

*Die unter Buchstabe b genannten Bauteile dürfen den Einsatz von Rettungsgeräten der Feuerwehr (§ 17 Abs. 3) nicht behindern. Fenster und Türen sollen nicht in den öffentlichen Verkehrsraum aufschlagen.*

**Anmerkungen** (Autor: Temme)

**Übersicht**


| | | Rdn. |
|---|---|---|
| 0 | Änderungen gegenüber der BauO NW 1984 und der BauO NW 1995 | 01 |
| 1 | Allgemeines | 1– 2 |
| 2 | Zu Absatz 1 – Verkehrssicherheit baulicher Anlagen und Grundstücke | 3– 5 |
| 3 | Zu Absatz 2 – Gefährdung des öffentlichen Verkehrs | 6–10 |


### 0 Änderungen gegenüber der BauO NW 1984 und der BauO NW 1995

Gegenüber der BauO NW 1984 ist § 19 **BauO NW 1995** unverändert geblieben. Die **BauO NRW 2000** hat § 19 BauO NW 1995 ebenfalls im Wortlaut übernommen. **01**

## 1 Allgemeines

1 Die Vorschriften des **Absatzes 1** betreffen unter dem Aspekt der **Gefahrenabwehr** die **Verkehrssicherheit** der baulichen Anlagen und der dem Verkehr dienenden nicht überbauten Flächen der bebauten Grundstücke. Erfasst werden alle Flächen, die im Allgemeinen **zum Begehen und Befahren bestimmt** sind, sowohl auf dem Grundstück selbst, wie z. B. Zugänge und Zufahrten, Terrassen oder Spielflächen, als auch **innerhalb** der oder **auf** den **baulichen Anlagen**, wie z. B. Flure, Rampen, Laubengänge, Balkone, Dachterrassen, Treppen oder Aufzüge. Es soll hierdurch vor allem erreicht werden, dass die baulichen Anlagen und begehbaren und befahrbaren Flächen auf dem bebauten Grundstück verkehrssicher sind und dass weder Rutsch- noch Stolpergefahren auftreten. Damit begründet diese Vorschrift neben der zivilrechtlichen (§ 823 BGB) eine öffentlich-rechtliche Verkehrssicherungspflicht. Sie dient dem **Schutz der Nutzer** (Bewohner, Beschäftigte, Besucher), nicht jedoch dem Schutz der Nachbarn (VGH B-W, Urteil vom 18. 2. 1981 – 3 S 2325/80, BRS 38 Nr. 127).

2 Durch die Vorschriften des **Absatzes 2** soll eine **Gefährdung des öffentlichen Verkehrs** durch bauliche Anlagen sowie andere Anlagen und Einrichtungen im Sinne des § 1 Abs. 1 Satz 2 BauO NRW verhindert werden. Anstelle des im Sprachgebrauch häufig verwendeten Begriffspaars „Sicherheit und Leichtigkeit“ des öffentlichen Verkehrs bedient sich die Vorschrift in Anlehnung an das FStrG und das StrWG NRW des Begriffspaares „**Sicherheit und Ordnung**“ des öffentlichen Verkehrs.

## 2 Zu Absatz 1 – Verkehrssicherheit baulicher Anlagen und Grundstücke

3 Die in Absatz 1 geforderte Verkehrssicherheit **beschränkt sich nicht** allein auf die **allgemein zugänglichen Verkehrsflächen** in und auf den baulichen Anlagen und auf den dem Verkehr dienenden nicht überbauten Flächen der bebauten Grundstücke, sondern sie ist auch dort zu erfüllen, wo sonst Gefahren für – **auch nur gelegentliche** – **Benutzer** entstehen können (vgl. Große-Suchsdorf/Lindorf/Schmaltz/Wiechert, zu § 23 Rdn. 2). So sind Bodenluken oder nicht begehbare Glasabdeckungen in Dachgärten zu umwehren. Erfasst werden auch Vorrichtungen, die vom Schornsteinfeger in Erfüllung seiner Pflichten benutzt werden müssen.

4 Alle im Allgemeinen **zum Begehen oder Befahren bestimmten** Flächen auf den Grundstücken und in baulichen Anlagen müssen verkehrssicher sein. Dazu gehört, dass insbesondere keine Rutsch- oder Stolpergefahren bestehen dürfen und dass die Flächen bei Tag und Nacht ausreichend beleuchtet oder beleuchtbar sind. Flächen, bei denen aufgrund ihrer Höhenlage Absturzgefahr besteht, sind sicher zu umwehren. Im Bereich von Verkehrsflächen darf die so genannte „Kopffreiheit“ nicht durch zu geringe Durchgangshöhen oder durch hineinragende Bauteile beeinträchtigt werden. Bei Dächern können entlang von Verkehrsflächen auf dem Grundstück Vorrichtungen zum Schutz gegen das Herabfallen von Schnee und Eis erforderlich werden.

5 Die Grundforderung nach Verkehrssicherheit in Absatz 1 wird hinsichtlich bestimmter Gebäude- oder Bauteile in **Einzelvorschriften** konkretisiert, so in:

- § 4 Abs. 1 BauO NRW – öffentlich-rechtlich gesicherte (private) Zufahrten
- § 5 BauO NRW – Zugänge und Zufahrten (für die Feuerwehr),
- § 14 Abs. 2 BauO NRW – Sicherung der Gefahrenzone der Baustelle

- § 35 Abs. 8 und 9 BauO NRW – Forderung von Schneefanggittern und Vorrichtungen für vom Dach aus vorzunehmende Arbeiten,
- § 36 Abs. 6, 7 und 9 BauO NRW - Handläufe, Treppengeländer und Türen an Treppen,
- § 41 BauO NRW – Umwehrungen und Fensterbrüstungen.

Die VStättVO, die VkVO und die KhBauVO sowie außerhalb des Bauordnungsrechts die ArbStättV enthalten besondere Anforderungen an die Verkehrssicherheit der Flure, Treppen und Rampen. Die GarVO regelt im Interesse der Verkehrssicherheit die Ausgestaltung der Zu- und Abfahrten, der Rampen sowie der Einstellplätze und Verkehrsflächen in Garagen. Letztendlich bezwecken auch die Vorschriften des § 55 Abs. 4 BauO NRW (s. die Anmerkungen zu § 55 Rdn. 25–27) eine Verbesserung der Verkehrssicherheit der dem allgemeinen Besucherverkehr dienenden Teile von Gebäuden, die von Menschen mit Behinderung, alten Menschen und Personen mit Kleinkindern aufgesucht werden.

### 3 Zu Absatz 2 – Gefährdung des öffentlichen Verkehrs

Absatz 2 betrifft die **Sicherheit des öffentlichen Verkehrs**. Diese darf durch bauliche Anlagen sowie andere Anlagen und Einrichtungen im Sinne des § 1 Abs. 1 Satz 2 BauO NRW oder deren Nutzung nicht gefährdet werden. Die Regelung erfasst Anlagen an Verkehrsflächen, die nicht spezialgesetzlichen Vorschriften unterliegen. Entsprechende Regelungen enthalten das FStrG und das StrWG NRW. 6

**An öffentlichen Verkehrsflächen** ist eine **Gefährdung** der Sicherheit oder Ordnung des öffentlichen Verkehrs durch bauliche Anlagen **nicht anzunehmen**, wenn 7

- eine Ausnahme, Genehmigung oder Zustimmung gemäß § 9 FStrG oder § 25 StrWG NRW oder
- eine Sondernutzungserlaubnis gemäß § 8 FStrG oder § 18 StrWG NRW

vorliegt oder das Vorhaben im Geltungsbereich einer Ortssatzung über die Befreiung von der Erlaubnispflicht (§ 8 Abs. 1 FStrG und § 19 StrWG NRW) liegt und deren Regelungen entspricht (Nr. 19.21 VV BauO NW).

Nach Nr. 19.22 VV BauO NW ist **unbeschadet abweichender Vorschriften** in einer **Ortssatzung über Sondernutzungen** eine Gefährdung der Sicherheit und Ordnung des öffentlichen Verkehrs im Allgemeinen nicht anzunehmen, wenn 8

a) Bauteile wie Sockel, Gesimse und Fensterbänke so geringfügig in den öffentlichen Verkehrsraum hineinragen, dass Passanten nicht gefährdet werden können; dies gilt auch für Werbeanlagen und Warenautomaten,

b) Bauteile, Vorbauten und Vordächer, Markisen und Werbeanlagen mehr als 2,50 m oberhalb des Gehweges vor die Gebäudefront vortreten und einen Abstand von mindestens 70 cm vom Rand der Fahrbahn einhalten.

Fenster und Türen sollen nicht in den öffentlichen Verkehrsraum aufschlagen. Kellerlicht- und Betriebsschächte müssen sicher abgedeckt sein (§ 41 Abs. 3 BauO NRW).

Einige Beispiele aus der **Rechtsprechung** mögen bei der Beurteilung hilfreich sein: 9

- Ist eine Gefährdung der Sicherheit und Leichtigkeit des öffentlichen Verkehrs durch eine bauliche Anlage deswegen zu besorgen, weil die ihr zugeordneten Einstellplätze von der Straße aus nicht eingesehen werden können, deshalb häufig vergeblich angefahren werden und infolge der dadurch bedingten Vielzahl von An- und Abfahrten der Verkehrsfluss auf der Straße behindert wird, so lassen sich die insoweit gegen die Zulässigkeit der betreffenden Anlage bestehenden Bedenken durch die Anbringung einer Vorrichtung ausräumen, die dem sich auf der Straße nähernden Kraftfahrer rechtzeitig und verlässlich anzeigt, ob die betreffenden Einstellplätze belegt sind (OVG Saar, Urteil vom 13.5.1981 – 2 R 88/80 und 86/81, BRS 38 Nr. 126).

– Zur Frage, ob eine Grenzgarage die Sicherheit und Leichtigkeit des öffentlichen Verkehrs dadurch gefährdet, dass sie die Sicht von der Garagenzufahrt auf den öffentlichen Verkehrsraum einschränkt, siehe VGH B-W, Urteil vom 18.2.1982 – 3 S 2325/80, BRS 38 Nr. 127.

– Ein an der engsten Stelle zwischen einem Gebäude und einer Stützmauer nur drei Meter breiter Weg ohne Bürgersteig ist keine verkehrssichere Zufahrt zu einer siebengeschossigen Wohnanlage mit 32 Wohnungen und 32 Stellplätzen (OVG Saar, Urteil vom 3.12.1982 – 2 R 182/81, BRS 39 Nr. 220).

– Leitsatz zum Urteil des OVG Saar, Urteil vom 28.1.1992 – 2 R 6/89, BRS 54 Nr. 195:

  1. Nachbarliche Abwehrrechte gegen eine Grenzmauer bestehen nicht schon dann, wenn diese die Sicht von einer Garagenausfahrt auf den fließenden Verkehr behindert.
  2. Bei der Beurteilung der Frage einer Verkehrsgefährdung ist auf das Verhalten des durchschnittlichen verantwortungsbewussten, die Bestimmungen der Straßenverkehrsordnung beachtenden Kraftfahrers abzustellen. Etwaige Gefahren, die sich aus dem Verhalten von diesen Anforderungen nicht genügenden Kraftfahrern ergeben, haben außer Betracht zu bleiben.

– Ein Warenautomat für Kaugummi kann die Sicherheit und Leichtigkeit des öffentlichen Straßenverkehrs gefährden (VGH B-W, Urteil vom 12.4.1983 – 3 S 24/83, BRS 40 Nr. 126).

– Werbeanlagen, die weder bauliche Anlagen noch Bauteile solcher sind, fallen nicht unter das Verbot des Hineinragens in den öffentlichen Verkehrsraum (OVG NRW, Urteil vom 19.5.1981 – 11 A 2414/79, BRS 38 Nr. 145).

Ein Sonderproblem der Gefährdung der Sicherheit oder Ordnung des öffentlichen Verkehrs besteht in Bezug auf die **von Werbeanlagen ausgehenden Wirkungen auf die Verkehrsteilnehmer**. Aus diesem Grund normiert § 13 Abs. 2 Satz 1 BauO NRW, dass Werbeanlagen die Sicherheit und Ordnung des Verkehrs nicht gefährden dürfen. Werbeanlagen können in besonderen Fällen die Aufmerksamkeit der Verkehrsteilnehmer auf sich ziehen und damit indirekt Unfälle auslösen (s. die Anmerkungen zu § 13 Rdn. 103–106 mit weiteren Beispielen).

**10** Die Vorschrift des Absatzes 2 kann **nicht** dazu herangezogen werden, eine nach planungsrechtlichen Festsetzungen zulässige bauliche Anlage überhaupt zu untersagen. Ebenso bietet die Vorschrift **keine** Handhabe, ohne entsprechende Festsetzungen in einem Bebauungsplan an Eckgrundstücken Sichtdreiecke freizuhalten und dadurch die bauliche Ausnutzbarkeit des Grundstücks zu beschränken.

# Zweiter Abschnitt
# Bauprodukte und Bauarten
# Vor §§ 20 bis 28

**Anmerkungen** (Autor: Czepuck)

**Übersicht**


| | | Rdn. |
|---|---|---|
| 1 | Entwicklung der Baustoff – Überwachung in Deutschland | 1– 2 |
| 2 | Die Regelungen der Bauproduktenrichtlinie im Überblick | 3–16 |
| 3 | Das deutsche Umsetzungskonzept | 17–21 |
| 4 | Systematik von BauPG und BauO NRW | |
| 4.1 | Unterschiedliche Regelungsbereiche bei gleichartigen Instrumenten | 22–24 |
| 4.2 | Die Regelungen des BauPG über das Inverkehrbringen | 25–30 |
| 4.3 | Die Regelungen der BauO NRW über das Verwenden | 31–46 |
| 5 | Konformitätsnachweis und Übereinstimmungsnachweis | |
| 5.1 | Aufgaben der Hersteller und Anwender | 47–49 |
| 5.2 | Prüf-, Überwachungs- und Zertifizierungsstellen | 50–54 |
| 5.3 | Kennzeichnung der Bauprodukte | 55–59 |
| 6 | Rechtsverordnungen zum Bauproduktenrecht | 60–63 |


## 1 Entwicklung der Baustoff – Überwachung in Deutschland

Das **Aufkommen neuer Baustoffe** ab etwa 1920 führte zur Bildung eines „**Sachverständigenausschuss**" der Länder des früheren Deutschen Reichs um durch Begutachtung deren Brauchbarkeit Gefahren für den Bestand von Bauwerken abzuwehren. Reichsrechtliche Regelungen (s. die Einleitung, Rdn. 52–54) galten nach Gründung der Bundesrepublik zunächst als Landesrecht fort und wurden in die **MBO 1960** sowie die **Muster** einer **Güteüberwachungs-** und einer **Prüfzeichenverordnung** übernommen (s. die Anmerkungen zu § 2 Rdn. 249 und 250). Mit der Gründung des Instituts für Bautechnik – **IfBT** – (heute: DIBt Deutsches Institut für Bautechnik in Berlin) übertrugen die meisten Länder bereits im Jahre 1968 die Erteilung allgemeiner bauaufsichtlicher Zulassungen auf diese von Bund und Ländern getragene Anstalt des öffentlichen Rechts. So war gewährleistet, dass neue Baustoffe, Bauteile und Einrichtungen innerhalb des gesamten Bundesgebietes frei eingesetzt werden konnten. Zur Geschichte des Zulassungswesens in Deutschland in der ersten Hälfte des 20. Jahrhunderts ist in den DIBt Mitteilungen 5/2006, S. 173 ff., eine Zusammenfassung enthalten. 1

An dem durch die Landesbauordnungen aufgrund der MBO 1960 geschaffenen System hat auch die **MBO 1981** weiter festgehalten und durch Ausbau der Instrumente fortentwickelt. Die **BauO NW 1984** unterschied zwischen **allgemein gebräuchlichen und bewährten** und **neuen** Baustoffen, Bauteilen und Bauarten. Für **neue** Baustoffe, Bauteile und Bauarten verlangte das Bauordnungsrecht 2

- eine **Zustimmung im Einzelfall** (§ 21 MBO 1981 = § 21 BauO NW 1984),
- eine **allgemeine bauaufsichtliche Zulassung** (§ 22 MBO 1981 = § 22 BauO NW 1984) oder
- ein **Prüfzeichen** (§ 23 MBO 1981 = § 23 BauO NW 1984).

Die **Güteüberwachung** und **Kennzeichnung** mit dem **Ü-Zeichen** sicherte die Einhaltung der bauaufsichtlichen Anforderungen. Güteschutzgemeinschaften (Eigenüberwachung) und von der obersten Bauaufsichtsbehörde anerkannte Prüfstellen (Fremdüberwachung) ermöglichten den Verzicht auf baubehördliche Überwachung (s. Abbildung 1).

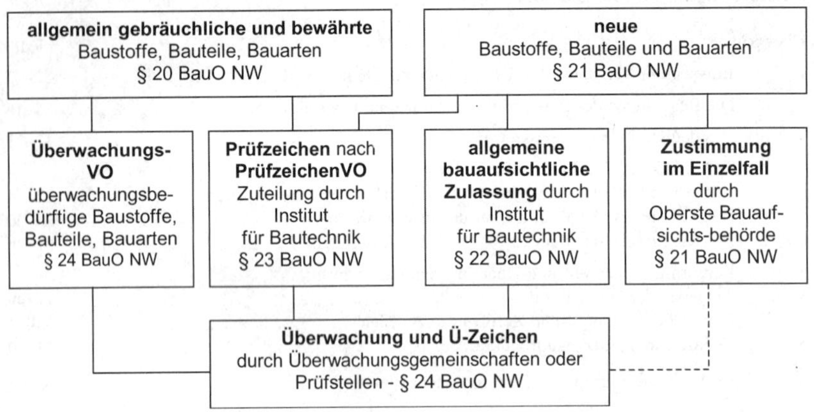


**Abbildung 1 Baustoffüberwachungssystem nach der BauO NW 1984**

## 2 Die Regelungen der Bauproduktenrichtlinie im Überblick

3 Die **Grundlage für die Neuregelung des Bauproduktenrechts** bildet die Richtlinie 89/106/EWG des Rates vom 21.12.1988 zur Angleichung der Rechts- und Verwaltungsvorschriften über Bauprodukte (ABl. EG Nr. L 40 vom 11.02.1989, S. 12), geändert durch RL 93/68/EWG vom 22.7.1993 (ABl. EG Nr. L 220, S. 1) – **Bauproduktenrichtlinie** – **BPR** (hierzu s. Schellhoss, Freiverkehr für Baustoffe und Bauteile in den Staaten der EG, ZfBR 1988, S. 254ff.; Molkenbur, Die EG-Bauproduktenrichtlinie, DVBl. 1991, S. 745ff.). Sie dient dem Abbau von Handelshemmnissen für Bauprodukte (zur Vorgeschichte s. von Bernstorff/Kiehne/Molitor, S. 33f. Anm. 1.2.1) und bezweckt die **Harmonisierung** der Vorschriften der Mitgliedstaaten über Bauprodukte. Der räumliche Geltungsbereich der Richtlinie ist durch das Abkommen über den europäischen Wirtschaftsraum (EWR-Ausführungsgesetz vom 27.4.1993, BGBl. I S. 512) auf die Mitgliedstaaten dieses Abkommens ausgedehnt worden. Die **BPR** beinhaltet nur den Grundkonsens über wesentliche Anforderungen **für Bauprodukte** und **gilt** gemäß Art. 1 Abs. 1 allerdings **für Bauprodukte nur, soweit für sie die wesentlichen Anforderungen an Bauwerke Bedeutung haben** (Art. 3 Abs. 1 BPR in Verbindung mit deren Anhang I).

4 Die **nähere Regelung** der **technischen Anforderungen** überlässt die Richtlinie entsprechend der Entschließung des Rates vom 7.5.1985 über „eine neue Konzeption auf dem Gebiet der technischen Harmonisierung und der Normung" (85/C 136/01 – ABl. EG Nr. C 136 vom 4.6.1985, S. 1) der **Festlegung technischer Spezifikationen** im Rahmen der **europäischen Normung**

- dem Europäischen Komitee für Normung – **CEN** (Comité Européen de Normalisation) und
- dem Europäischen Komitee für Elektrotechnische Normung – **CENELEC** (Comité Européen de Normalisation Electrotechnique).

In den **harmonisierten Normen** (s. Rdn. 10) sind unterschiedliche **Klassen und Leistungsstufen** vorzusehen, um die **unterschiedlichen Schutzniveaus** der **Mitgliedstaaten** berücksichtigen zu können. Die einzelnen Mitgliedstaaten bzw. die gesetzgebenden Regionen (Länder) regeln dann mit nationalem Recht, welcher Klasse oder Leistungsstufe die jeweiligen Bauprodukte beim Einbau in bauliche Anlagen genügen müssen. Die Erstellung der Normen und die Festlegung der technischen Produkt-Einzelheiten ist faktisch auf private Normungsorganisationen delegiert (kritisch hierzu Roßnagel, Europäische Techniknormen im Lichte des Gemeinschaftsvertragsrechts, DVBl. 1996, S. 1181 ff.; zur Berücksichtigung des Umweltschutzes s. Di Fabio, Umweltschutz durch Bauproduktnormung, DVBl. 1994, S. 269 ff.).

**Ziel der BPR** ist es **nicht**, die **bauordnungsrechtlichen Vorschriften** der Mitgliedstaaten **zu vereinheitlichen**. Dazu sind die **naturräumlichen Gegebenheiten zu unterschiedlich**. Dass z. B. dem Wärmeschutz in Lappland wesentlich stärkere Bedeutung zukommt als in Sizilien, liegt auf der Hand. Die BPR regelt deshalb nur 5

- die **wesentlichen Anforderungen** an die **Brauchbarkeit** von Bauprodukten,
- das **Verfahren** zur **Erarbeitung „harmonisierter" technischer Spezifikationen**,
- das **Inverkehrbringen** und die **Verwendung** richtlinienkonformer Bauprodukte,
- die **Umsetzungsverpflichtung** der Mitgliedstaaten in nationales Recht.

**Verbindlich für die Mitgliedstaaten** sind nur die einzelnen **Artikel der BPR**. Die vorangestellten Erwägungsgründe, Protokollerklärungen, Grundlagendokumente und Leitpapiere dienen dem besseren Verständnis und der erleichterten Handhabung. Verbindlich als eigenständige europäische Rechtsakte – außerhalb der BPR – sind auch die **Kommissionsentscheidungen** zu den jeweils anwendbaren **Konformitätsbescheinigungsverfahren** (vgl. von Bernstorff/Kiehne/Molitor, S. 37 f. Anm. 1.2.4.8 und S. 41 f. Anm. 1.2.6). 6

Der **Anwendungsbereich der BPR** erstreckt sich nach Artikel 1 auf **Bauprodukte** (s. die Anmerkungen zu § 2 Rdn. 248) und erfasst damit vom Sand bis zum Fertighaus ein außerordentlich weites Spektrum, was aus der Zielsetzung zur Schaffung eines gemeinsamen Markts erklärlich wird. Artikel 3 Abs. 1 BPR in Verbindung mit Anhang I nennt, **bezogen auf Bauwerke**, die **sechs wesentlichen Anforderungen**, welche die technischen Merkmale eines Bauprodukts beeinflussen können: 7

- **Mechanische Festigkeit**, **Standsicherheit**,
- **Brandschutz**,
- **Hygiene**, **Gesundheit**, **Umweltschutz**,
- **Nutzungssicherheit**,
- **Schallschutz**,
- **Energieeinsparung**, **Wärmeschutz**.

8 Der etwas umständlich anmutende Weg, nicht direkt die wesentlichen Anforderungen an Bauprodukte zu definieren, sondern stattdessen zu verlangen, dass die wesentlichen Anforderungen erfüllt sein müssen, soweit Bauprodukte in Bauwerken Verwendung finden, wird verständlicher, wenn man bedenkt, dass Ziegelsteine dazu benutzt werden können, eine kleine Gartenmauer oder ein hochfestes Ingenieurmauerwerk zu errichten (so instruktiv von Bernstorff/Kiehne/Molitor, S. 36 Anm. 1.2.4.2). Eine **Präzisierung** erfahren die **wesentlichen Anforderungen** in den nach Art. 12 BPR von den technischen Ausschüssen im Auftrag der Kommission zu erarbeitenden **Grundlagendokumenten**, die wiederum bei der Erarbeitung „technischer Spezifikationen" zu beachten sind.

9 Die **wesentlichen Anforderungen** werden erst durch die in Art. 4 BPR genannten **„technischen Spezifikationen"** konkretisiert. Hierunter fallen

– **harmonisierte Normen** (Art. 7 BPR, s. Rdn. 4)
– **europäische technische Zulassungen** (Art. 8 und 9 BPR) und
– **anerkannte nationale technische Spezifikationen** (Art. 4 Abs. 3 BPR).

10 Die **Europäische Kommission** erteilt unter Beteiligung des „Ständigen Ausschuss für das Bauwesen" (Art. 19 BPR) den europäischen Normungsinstitutionen, insbesondere dem **CEN** (Comité Européen de Normalisation = Europäisches Komitee für Normung) und dem **CENELEC** (Comité Européen de Normalisation Electrotechnique = Europäisches Komitee für Elektrotechnische Normung) **Mandate** zur Erarbeitung harmonisierter Normen. **Harmonisierte Normen** bilden das **Hauptinstrument** zur Harmonisierung und werden gemäß Art. 7 Abs. 3 BPR im Amtsblatt der Europäischen Gemeinschaften – **ABl. EG** – in der **Ausgabe C** unter Angabe der Fundstelle von der Kommission veröffentlicht (vgl. http://www.newapproach.org/Directives/Default.asp).

11 Der Hersteller eines Bauprodukts kann für die Verwendung in **allen** Mitgliedstaaten, wenn noch keine spezielle harmonisierte Norm vorliegt oder von einer harmonisierten Norm abgewichen werden soll, die Erteilung einer **europäischen technischen Zulassung** beantragen, die nach Art. 8 Abs. 4 BPR in der Regel für **fünf Jahre** erteilt wird. **Zuständig** sind die von den Mitgliedstaaten benannten **nationalen Zulassungsstellen**. Die Erteilung der Zulassung erfolgt entweder aufgrund einer nach Art. 11 BPR erarbeiteten **Leitlinie** oder, wenn diese (noch) nicht vorliegt, unter Berücksichtigung der wesentlichen Anforderungen und der Grundlagendokumente im **Einvernehmen** mit den **nationalen Zulassungsstellen**. Die Zulassungsstellen der Mitgliedstaaten arbeiten gemäß Anhang II Nr. 2 BPR in einem Gremium zusammen, der „European Organisation for Technical Approvals" = Europäischen Organisation für Technische Zulassungen – **EOTA**. Die Erteilung einer europäischen technischen Zulassung ist nach Anhang II Nr. 5 BPR von der Zulassungsstelle zu veröffentlichen.

12 Die dritte Art technischer Spezifikationen bilden nach Art. 4 Abs. 3 BPR **anerkannte nationale technische Spezifikationen**. Hierbei handelt es sich um nationale technische Spezifikationen, die nach Überzeugung der Mitgliedstaaten mit den wesentlichen Anforderungen nach Art. 3 BPR übereinstimmen. Nach Abschluss des in Art. 3 Abs. 2 in Verbindung mit Art. 5 Abs. 2 und Art. 19 BPR geregelten Anerkennungsverfahrens veröffentlichen die Mitgliedstaaten die Fundstellen der anerkannten nationalen technischen Spezifikation, außerdem veröffentlicht die Kommission diese im ABl. EG.

13 Die **Übereinstimmung** des Bauprodukts mit den Anforderungen der BPR wird in einem besonderen – unterschiedlich ausgestalteten – **Konformitätsnachweisverfahren** gemäß

Art. 13–15 BPR erbracht. Das jeweils zur Anwendung kommende System bestimmt die Europäische Kommission in einem eigenständigen förmlichen europäischen Rechtsakt (hierzu s. von Bernstorff/Kiehne/Molitor, S. 37 ff. Anm. 1.2.4.8). Nach dem einfachsten System 4 erfolgt eine werkseigene Produktionskontrolle und eine Erstprüfung des Bauprodukts durch den Hersteller selbst. Je nach Bedeutung des Bauprodukts treten in den Systemen 1 bis 3 zusätzliche Elemente der Überwachung hinzu:

- **Erstprüfung des Bauprodukts** durch eine zugelassene Stelle,
- **Zertifizierung der werkseigenen Produktionskontrolle** aufgrund von Erstinspektion des Werks und der werkseigenen Produktionskontrolle – und zusätzlich in bestimmten Fällen laufende Überwachung, Beurteilung und Auswertung der Produktionskontrolle durch eine **zugelassene Stelle**,
- **Prüfung von im Werk entnommenen Proben** nach festgelegtem **Prüfplan** durch den **Hersteller**,
- **Stichprobenprüfung von im Werk**, **auf dem Markt** oder **auf der Baustelle** entnommenen **Proben** durch eine **zugelassene Stelle**.

14 Das Konformitätsnachweisverfahren schließt mit der Bescheinigung des Herstellers – der **Konformitätserklärung** – oder der Erklärung einer zugelassenen Zertifizierungsstelle – dem **Konformitätszertifikat** – ab und berechtigt den Hersteller, die **CE-Kennzeichnung** auf dem Bauprodukt, einem am Bauprodukt angebrachten Etikett, der Verpackung oder den kommerziellen Begleitpapieren entsprechend Anhang III BPR anzubringen. Die CE-Kennzeichnung, für die der **Hersteller** die **alleinige Verantwortung** trägt, bestätigt die Einhaltung der materiellen Anforderungen und die Durchführung des vorgeschriebenen Konformitätsnachweisverfahrens. Sind neben der BPR noch andere Richtlinien zu beachten, so bestätigt die CE-Kennzeichnung auch die Einhaltung der nach diesen gegebenen Anforderungen (hierzu s. Tünnesen-Harmes, Die CE-Kennzeichnung zum Abbau technischer Handelshemmnisse in der EU, DVBl. 1994, S. 1334 ff.).

15 **Nicht in Serie hergestellte Bauprodukte** unterfallen der **Handwerksklausel** des Art. 13 Abs. 5 BPR und bedürfen nur eines vereinfachten Konformitätsnachweisverfahrens, in dem nämlich der Hersteller die Produktionskontrolle und die Erstprüfung selbst durchführt, soweit nicht die jeweilige technische Spezifikation dies ausdrücklich ausschließt. Eine weitere Sonderregelung betrifft **„marginale“ Bauprodukte**, die in Bezug auf die wesentlichen Gesundheit- und Sicherheitsanforderungen von untergeordneter Bedeutung sind. Die **Liste** der marginalen Bauprodukte wird gemäß Art. 4 Abs. 5 BPR von der **Kommission** erstellt, verwaltet und regelmäßig überarbeitet. Marginale Bauprodukte dürfen in den Verkehr gebracht werden, sofern eine Erklärung des Herstellers über die Konformität mit den anerkannten Regeln der Technik vorliegt; sie dürfen **keine CE-Kennzeichnung** tragen.

16 Nachfolgend sind die wichtigsten **Verfahrensregelungen der BPR** dargestellt.

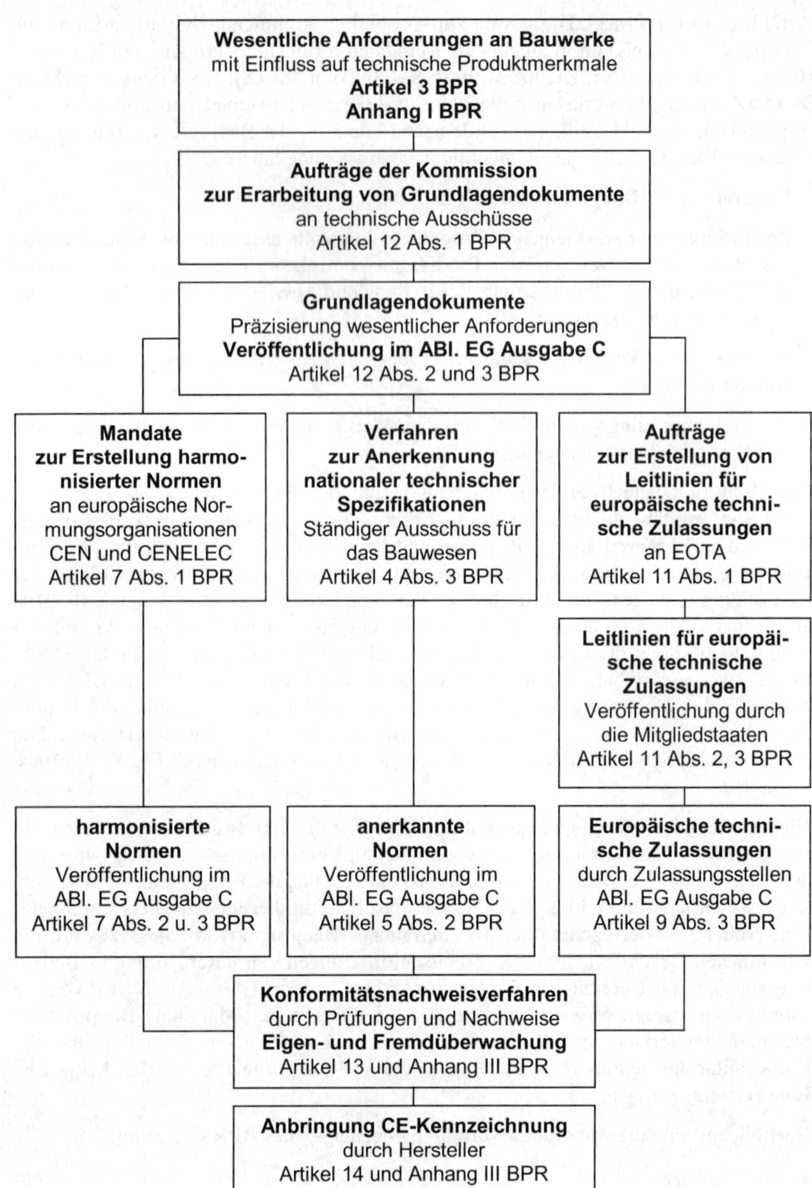


**Abbildung 2 Grundstruktur der Verfahrensregelungen nach der BPR**

## 3 Das deutsche Umsetzungskonzept

Wie alle Richtlinien der EG **bedarf** auch die **BPR der Umsetzung in nationales Recht.** Die **Zuständigkeit** für die Umsetzung von EG-Richtlinien richtet sich nach der im Grundgesetz jeweils dem Bund oder den Ländern zugewiesenen Befugnis zur Gesetzgebung. Die BPR regelt sowohl das **Inverkehrbringen** (das ist innerstaatlich) von und den **freien Handel** (das ist der Handel über die Staatsgrenzen hinaus) mit Bauprodukten sowie die **Verwendung** der Bauprodukte in Bauwerken. Diese **verfassungsrechtlich bedingte Umsetzungskonzeption** (s. auch die Einleitung Rdn. 59–64) hat **nachteilige Folgen** für den Umgang mit dem Bauproduktenrecht, weil sie einer **Fülle von bundes- und landesrechtlichen Vorschriften** erforderlich macht. 17

Für das **Inverkehrbringen** und den **freien Handel** hat der **Bund** aufgrund Artikel 74 Nr. 11 GG die **Gesetzgebungskompetenz** (Recht der Wirtschaft), von der er mit dem „**Bauproduktengesetz – BauPG**" Gebrauch machte (vgl. Runkel, EG-Binnenmarkt für Bauprodukte – das Bauproduktengesetz, ZfBR 1992, S. 199 ff. und Ehm, Stand der Verwirklichung des Binnenmarktes im Bauwesen aus deutscher Sicht, DAB 1997, S. 1274 ff.). Bezüglich der Regelungen über die **Verwendung** der in Verkehr gebrachten Bauprodukte, ist vorrangig das **Bauordnungsrecht**, daneben auch das **Straßen-**, **Wasser-**, **Arbeitsschutz-**, **Abfallbeseitigungs-** und **Immissionsschutzrecht** berührt. 18

Die **BPR** konnte, auch um den notwendigen Nachweis der korrekten Umsetzung gegenüber der Europäischen Kommission zu erbringen, **in den Landesbauordnungen** nur **einheitlich umgesetzt** werden (vgl. Lichtenauer, Landesrechtliche Umsetzung der Bauproduktenrichtlinie, BBauBl. 1994, S. 898 ff.). Die Umsetzung erfolgte in Nordrhein-Westfalen erstmals durch die §§ 20 bis 28 BauO NRW 1995. Die Landesbauordnungen entsprechen mit geringfügigen, den landesrechtlichen Bedürfnissen angepassten Abweichungen und teilweise anderen Paragraphenbezeichnungen der Musterbauordnung. 19

| **Inverkehrbringen von und freier Handel mit Bauprodukten** | **Verwenden von Bauprodukten in Bauwerken** |
|---|---|
| **Bund**<br><br>**Bauproduktengesetz - BauPG**<br>**erstmals erlassen**<br>am 10.8.**1992** (BGBl. I S. 1495)<br>**i.d.F.d.B.** vom 28.4.**1998** (BGBl. I S. 812)<br>z.g.d. V vom 31.10.2006 (BGBl. I S. 2407) | **Länder**<br><br>**§§ 20 - 24c Musterbauordnung 1993**<br>**= §§ 17 - 25 Musterbauordnung 2002**<br>**Landesbauordnungen**<br>**§§ 20 - 28 BauO NRW 1995**<br>**= §§ 20 - 28 BauO NRW 2000** |

**Abbildung 3 Umsetzung der Bauproduktenrichtlinie in deutsches Recht**

**Wesentliche Elemente der BPR** sind aufgrund der Gesetzgebungskompetenz des Bundes für das Recht der Wirtschaft **im BauPG geregelt**. Das BauPG enthält Vorschriften über die Brauchbarkeit, die Konformität und die CE-Kennzeichnung. Eingeschlossen sind darin die wichtigsten Verfahren, wie das zur Erteilung einer europäischen technischen Zulassung und die Anerkennung von Prüf-, Überwachungs- und Zertifizierungsstellen. **Ziel der Neufassung** der §§ 20 bis 28 MBO bzw. BauO NRW war es auch, die 20

**Vorgaben der BPR bzw. des BauPG in das bestehende bauordnungsrechtliche System einzupassen** und Letzteres nur insoweit zu ändern, als es rechtlich unbedingt erforderlich war und zweckmäßig erschien, möglichst eine **Übereinstimmung des Systems** bzw. **der Verfahren** mit denen des BauPG zu erzielen. Die **Landesbauordnungen** enthalten neben den Regelungen für – zumindest vorerst – national geregelte Bauprodukte **auch Vorschriften für europäisch geregelte Bauprodukte**, insbesondere das Verfahren zur Bestimmung der für die Verwendung bauaufsichtlich geforderten Klassen und Leistungsstufen sowie Vorschriften zur Bedeutung der CE-Kennzeichnung nach BauPG für die Verwendung.

21 Das **BauPG** und die **Landesbauordnungen** haben die **Definition des „Bauprodukts" aus der BPR wörtlich übernommen.** Diese begriffliche Übereinstimmung ist in mehrfacher Hinsicht notwendig. Sowohl das BauPG als auch die Landesbauordnungen gehen von der im bauordnungsrechtlichen Sinne gegebenen Gebrauchstauglichkeit und Verwendbarkeit von Bauprodukten aus. Dabei macht es sachlich keinen Unterschied, ob es sich um Bauprodukte nach europäischen oder nationalen technischen Spezifikationen handelt.

## 4 Systematik von BauPG und BauO NRW

### 4.1 Unterschiedliche Regelungsbereiche bei gleichartigen Instrumenten

22 Die **Systematik** der Regelungen **im Bereich** des **Inverkehrbringens** und des **Verwendens** wurde bewusst **identisch** gestaltet:

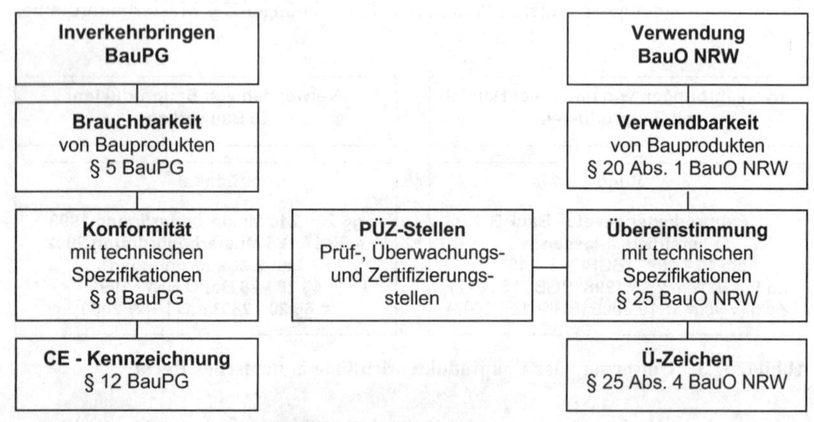


**Abbildung 4 Systematik von BauPG und BauO NRW**

23 Ist das **BauPG** anwendbar (§ 1 BauPG), verlangt es, soweit keine Ausnahmen nach § 4 Abs. 3 und 4 BauPG greifen, dass ein **Bauprodukt nur in den Verkehr gebracht werden darf, wenn**

– es **brauchbar** ist,

– die Brauchbarkeit im **Konformitätsverfahren** nachgewiesen wurde und

– vom Hersteller nach vorgeschriebener Einschaltung von Prüf-, Überwachungs- und Zertifizierungsstellen die **CE-Kennzeichnung**, und soweit vorgeschrieben, unter Angabe der Klassen und Leistungsstufen erfolgte.

Entsprechendes gilt für das Verwenden von Bauprodukten nach der **BauO NRW**. Ein 24
Bauprodukt darf regelmäßig **nur verwendet werden, wenn**

– es **gebrauchstauglich** (vgl. § 3 Abs. 2 BauO NRW) ist,

– die Verwendbarkeit im **Übereinstimmungsverfahren** nachgewiesen wurde und

– vom Hersteller nach vorgeschriebener Einschaltung von Prüf-, Überwachungs- und Zertifizierungsstellen das **Ü-Zeichen**, und soweit vorgeschrieben, unter Angabe der Klassen und Leistungsstufen angebracht wurde.

### 4.2 Die Regelungen des BauPG über das Inverkehrbringen

Die nachfolgende Abbildung 5 zeigt das **Verfahren** des **Inverkehrbringens** von Baupro- 25
dukten nach dem BauPG vereinfachend ohne Sonderregelungen.

**Bauprodukte** die harmonisierten oder anerkannten Normen **entsprechen**

**Bauprodukte** für die es harmonisierte oder anerkannte Normen **nicht gibt**

**Bauprodukte** die von harmonisierten oder anerkannten Normen **wesentlich abweichen** *

**Bauprodukte** mit geringer Relevanz für Sicherheit oder Gesundheit **Liste der marginalen Bauprodukte**

**European Technical Approval - ETA - Europäische Technische Zulassung**

**Erklärung des Herstellers** zur Übereinstimmung mit den allgemein anerkannten Regeln der Technik

**Konformitätsnachweisverfahren** das jeweils anzuwendende Verfahren ist in der Norm oder der ETA bestimmt

**Erstprüfung durch anerkannte Stelle**

**CE - Kennzeichnung** mit ergänzenden Angaben

**keine CE-Kennzeichnung**

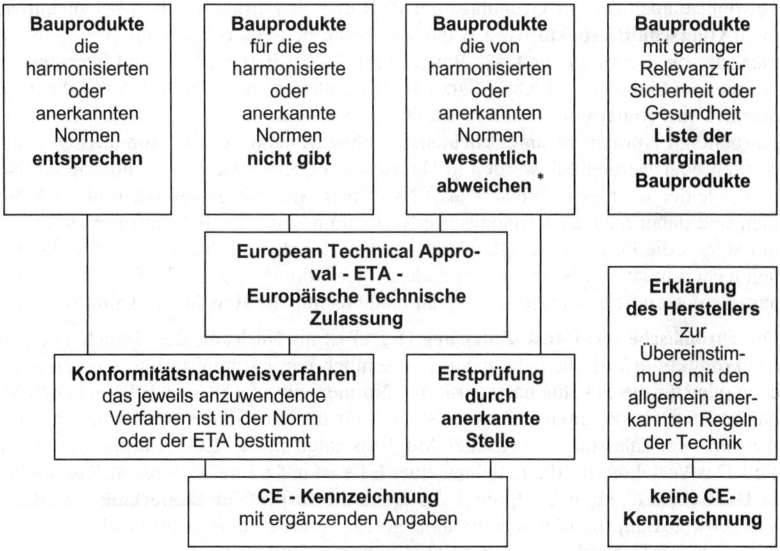

* der Nachweis der Brauchbarkeit erfolgt in den Fällen des § 5 Abs. 5 BauPG über eine Erstprüfung des Bauproduktes durch eine hierfür anerkannte Prüfstelle

**Abbildung 5 Inverkehrbringen von Bauprodukten nach BauPG im Regelfall**

26 Die **Anwendung des BauPG** ist entsprechend den Vorgaben der BPR im Wesentlichen von der Erarbeitung und Bekanntgabe **harmonisierter Normen** sowie von **Leitlinien für die europäischen technischen Zulassungen** abhängig (s. Rdn. 9–11). Die harmonisierten Normen und Leitlinien werden im **ABl. EG** veröffentlicht. Diese veröffentlichten Normen müssen in das nationale Normenwerk, in der Bundesrepublik Deutschland als **DIN-EN-Normen**, übernommen und ihre Anwendbarkeit in den Mitgliedstaaten sichergestellt werden. Das Bundesbauministerium gibt die harmonisierten und anerkannten Normen im Bundesanzeiger bekannt (§ 3 Abs. 1 Satz 2 BauPG). Bauprodukte werden somit in den nächsten Jahren erst nach und nach vom Anwendungsbereich des BauPG erfasst. Bis dahin sind für einzelne Bauprodukte oder Produktfamilien weiterhin die nationalen Regelungen maßgeblich. **Soweit europäisch nichts anderes bestimmt ist**, lässt es **§ 4 Abs. 2 BauPG** zu, dass **neben** den Vorschriften des BauPG über Brauchbarkeit und Konformität **auch die Bestimmungen der BauO NRW über die Verwendbarkeit und Übereinstimmung** – insbesondere auch die Bauregelliste A – **gelten**.

27 **Harmonisierte Normen** sind Normen, die gemäß Art. 4 Abs. 1 und 7 BPR von CEN und CENELEC im Auftrage (Mandat) der Europäischen Kommission auf der Basis von Grundlagendokumenten (Art. 12 BPR) nach Beteiligung des Ständigen Ausschusses für das Bauwesen (Art. 19 BPR) ausgearbeitet werden. In dem Mandat für die Normung – deswegen spricht man auch von **mandatierten Normen** – sollen erforderliche **Klassen und Leistungsstufen** festgelegt werden, wenn diese noch nicht in den Grundlagendokumenten enthalten sind. Harmonisierte Normen werden nach **A-Normen** und **B-Normen** unterschieden. **A-Normen** beschreiben keine Leistungsanforderungen an Bauprodukte, obwohl sie auch auf der Grundlage der BPR erstellt werden, sondern behandeln vielmehr **Querschnittsaspekte**, wie z. B. die Standsicherheit von Bauwerken. Nur die **B-Normen**, die die Beschaffenheit der Bauprodukte selbst beschreiben, sind **harmonisierte Normen im Sinne des § 3 Abs. 1 Satz 1 BauPG**; allein sie werden im BAnz bekannt gemacht. Von den harmonisierten **Normen** sind wiederum die von CEN und CENELEC erarbeiteten Normen **zu unterscheiden**, die **ohne Mandat der EG-Kommission** erstellt wurden oder werden. Sie werden in Deutschland ebenso wie die harmonisierten Normen – leider ununterscheidbar – als EN-Normen herausgegeben. Nicht alle EN-Normen sind daher auch als harmonisierte Normen im Sinne der BPR anzusehen, sondern nur solche, die im BAnz veröffentlicht wurden. **Anerkannte Normen** (s. Rdn. 12) können nichtmandatierte Normen oder andere internationale technische Regeln sein; nicht ausgeschlossen ist es auch, dass rein nationale technische Regeln anerkannt werden.

28 Die **europäische technische Zulassung** (**ETA**) ist als Nachweis der Brauchbarkeit für Bauprodukte erforderlich, die nicht unwesentlich von harmonisierten Normen abweichen oder für die es keine harmonisierten Normen gibt (s. 11). Sie wird von in den Mitgliedstaaten anerkannten Zulassungsstellen auf der Grundlage von Leitlinien erteilt, die von den Zulassungsstellen aller Mitgliedstaaten in der EOTA erarbeitet worden sind. Das Verfahren für die Erteilung einer ETA ist in § 6 BauPG geregelt. **Zuständig ist in Deutschland** gemäß § 7 BauPG das **Deutsche Institut für Bautechnik** – **DIBt**, das auch, soweit Bauprodukte noch national geregelt werden dürfen, für bestimmte Aufgaben nach den Landesbauordnungen **länderübergreifend** zuständig ist.

29 Bauprodukte dürfen gemäß § 4 Abs. 1 BauPG nur in den Verkehr gebracht und frei gehandelt werden, wenn sie **brauchbar** im Sinne von § 5 BauPG sind und aufgrund ihrer nachgewiesenen Konformität nach § 8 BauPG die **CE-Kennzeichnung** nach § 12 BauPG tragen (s. Rdn. 13 und 14). Die CE-Kennzeichnung hat zur Folge, dass die Brauchbar-

keit und Konformität vermutet wird; diese **Vermutung** ist **widerlegbar**, z. B. wenn die Bauaufsichtsbehörde Zweifel an der Gebrauchstauglichkeit oder der Konformität hat. Von dem Grundsatz, dass ein Bauprodukt, auf das das BauPG anwendbar ist, nur in den Verkehr gebracht werden darf, wenn es brauchbar ist und die Konformität nachgewiesen ist, besteht bei **Verwendung des Bauprodukts im Einzelfall** nach § 4 Abs. 4 BauPG eine Ausnahme. Abzustellen ist dabei nicht auf die Herstellung im Einzelfall, sondern allein auf die Verwendung im Einzelfall, d. h. in einer bestimmten einzelnen baulichen Anlage des Hoch- oder Tiefbaus. In diesem Sinne ist z. B. der Austausch hunderter, speziell gefertigter Fenster für ein und dasselbe Bürogebäude eine Verwendung im Einzelfall. Solche Bauprodukte **dürfen keine CE-Kennzeichnung tragen**. Bauprodukte, für welche die wesentlichen Anforderungen der BPR nur eine untergeordnete Rolle spielen (**„marginale Produkte“**, s. Rdn. 15), **dürfen die CE-Kennzeichnung** ebenfalls **nicht tragen** (§ 4 Abs. 3 in Verbindung mit § 4 Abs. 4 BauPG).

Bauprodukte dürfen gemäß dem BauPG oder anderen EG-Richtlinien umsetzenden Vorschriften in den Verkehr gebracht werden, z. B. nach der Verordnung über das Inverkehrbringen von Heizkesseln und Geräten nach dem Bauproduktengesetz – BauPGHeizkesselV (zum Verhältnis der einzelnen Richtlinien zur Bauproduktenrichtlinie s. von Bernstorff/Kiehne/Molitor, S. 55 ff.). Für diese Bauprodukte gilt die Verwendbarkeit gemäß § 20 Abs. 1 Satz 1 Nr. 2 BauO NRW als nachgewiesen, wenn sie die CE-Kennzeichnung tragen und die gemäß § 20 Abs. 7 BauO NRW gegebenenfalls zusätzlich geforderten Klassen und Leistungsstufen ausweisen. Einer weiteren Verwendungsregelung, insbesondere eines Verwendbarkeitsnachweises bzw. Übereinstimmungsnachweises, bedarf es bei dieser Gruppe von Bauprodukten nicht. Ob und welche **Klasse oder Leistungsstufe für die Verwendung vorgeschrieben** ist, ergibt sich für die harmonisierten Bauprodukte aus der **Bauregelliste B**. 30

### 4.3 Die Regelungen der BauO NRW über das Verwenden

Die §§ 20–28 BauO NRW regeln unmittelbar die **Verwendung** von Bauprodukten **in baulichen Anlagen**, die dem **Anwendungsbereich** des Bauordnungsrechts unterfallen. Darüber hinaus finden sie auch auf vom Anwendungsbereich gemäß § 1 Abs. 2 BauO NRW ausgeschlossene bauliche Anlagen (vgl. die Anmerkungen zu § 1 Rdn. 42–44) immer dann Anwendung, wenn das jeweilige **Fachgesetz** dies ausdrücklich bestimmt (z. B. § 19h Abs. 3 Nrn. 1 und 2 WHG und § 58 Abs. 2 LWG). 31

Die §§ 20–28 BauO NRW 2000 bezwecken die Verwendung **sicherer Bauprodukte** und die Anwendung **sicherer Bauarten** (vgl. Wilke/Dageförde/Knuth/Meyer, Vorbemerkungen §§ 18 ff. Rdn. 16). Die Verwendungs- bzw. Anwendungsvoraussetzungen sollen Gefahren abwehren, die durch den nicht ordnungsgemäßen Einsatz von Bauprodukten und Bauarten drohen und **konkretisieren** die dem § 5 Abs. 1 BauPG nachgebildete **Grundanforderung des § 3 Abs. 2 BauO NRW** (vgl. die Anmerkungen zu § 3 Rdn. 80–84). Der Schutz vor Gefahren unerprobter Bauarten stellt einen vernünftigen Allgemeinwohlbelang dar, der es rechtfertigt, neue Baustoffe und Bauarten einer Zulassungspflicht zu unterwerfen (so ausdrücklich BVerwG, Urteil vom 18. 6. 1997 – 4 C 8.95, BauR 1998, 107 = BRS 59 Nr. 141 = NVwZ 1998, 614 = UPR 1998, 146). 32

Die Verwendungsvorschriften über Bauprodukte werden als **nicht nachbarschützend** angesehen (vgl. Hahn/Schulte, Rdn. 353). Zumindest für die **verfahrensrechtlichen** 33

**Komponenten der Regelungen**, die allein öffentlichen Interesse dienen, dürfte dies unstrittig sein (so Boeddinghaus/Hahn/Schulte, vor § 20 Rdn. 8 unter Bezug auf BayVGH, Beschluss vom 9.11.1998 – 1 CS 98.2821, NVwZ 1999, 446). Hinsichtlich der **materiellen Anforderungen** ist eine nachbarschützende Funktion in besonderen Fällen denkbar, z.B. wenn nicht zugelassene Bauprodukte oder Bauarten Anwendung finden, dadurch Belange der Standsicherheit, des Brandschutzes oder des Schutzes gegen schädliche Einflüsse nachteilig berührt sind und hierdurch auch ein unmittelbar angrenzendes Bauwerk gefährdet wird (s. auch die Anmerkungen zu § 3 Rdn. 54).

**34** Die **Verwendungsregeln der BauO NRW erfassen**

- die – **europäischen** – **Bauprodukte**, die gemäß § 20 Abs. 1 Satz 1 Nr. 2 BauO NRW nach den zur Umsetzung der europäischen Richtlinien in Bezug auf das Inverkehrbringen und den freien Handel erlassenen Vorschriften **mit der CE – Kennzeichnung** versehen sind,
- die – **nationalen** – **Bauprodukte**, die gemäß § 20 Abs. 1 Satz 1 Nr. 1 BauO NRW nach der BauO NRW zu beurteilen sind und **mit dem Ü-Zeichen gekennzeichnet** sind sowie die **sonstigen** Bauprodukte nach § 20 Abs. 1 Sätzen 2 und 3 BauO NRW und die **unbedeutenden, in der Liste C erfassten** Bauprodukte nach § 20 Abs. 3 Satz 2 BauO NRW sowie
- die nur in den **nationalen** Vorschriften angesprochenen – **nicht geregelten** – **Bauarten**, das sind solche, die gemäß § 24 Abs. 1 Satz 1 BauO NRW von Technischen Baubestimmungen wesentlich abweichen oder für die es allgemein anerkannte Regeln der Technik nicht gibt.

**35** Für die – **europäischen** – Bauprodukte wird die bauaufsichtliche **Verwendbarkeit** gemäß § 20 Abs. 1 Satz 1 Nr. 2 BauO NRW **gesetzlich unterstellt**, wenn diese rechtlich zulässig in Verkehr gebracht wurden und die **CE-Kennzeichnung** tragen. Dieser Grundsatz erfährt nur in den Fällen eine **Einschränkung**, in denen gemäß § 20 Abs. 7 BauO NRW die **Bauregelliste B** an die Verwendung des mit der CE-Kennzeichnung versehenen Bauprodukts bestimmte **Bedingungen** stellt. Hierbei sind zwei Fallgruppen zu berücksichtigen:

- es kann in der Bauregelliste B die Erfüllung einer bestimmten **Klasse** oder **Leistungsstufe**, die eine harmonisierte bzw. anerkannte Norm, Leitlinie, oder ETA enthält, vorgeschrieben sein,
- es kann in der Bauregelliste B ein zusätzlich zur CE-Kennzeichnung erforderlicher Verwendbarkeits- und Übereinstimmungsnachweis verlangt sein; in diesen Fällen ist dann neben der CE-Kennzeichnung die Kennzeichnung mit dem **Ü-Zeichen zusätzlich** erforderlich.

**36** Von Bedeutung für das **Verständnis der Verwendungsregeln** des Bauordnungsrechts in Bezug auf die – **nationalen** – Bauprodukte ist die **Unterscheidung zwischen**

- **geregelten Bauprodukten**, das sind solche, die von den in der Bauregelliste A bekannt gemachten technischen Regeln nicht oder nicht wesentlich abweichen (§ 20 Abs. 1 Satz 1 Nr. 1 BauO NRW) und
- **nicht geregelten Bauprodukten**, das sind solche, die von den technischen Regeln der Bauregelliste A wesentlich abweichen oder für die es allgemein anerkannte Regeln der Technik nicht gibt (§ 20 Abs. 3 Satz 1 BauO NRW).

**Geregelte** und **nicht geregelte Bauprodukte** dürfen nur verwendet werden, wenn ihre **Verwendbarkeit** in dem für sie geforderten **Übereinstimmungsnachweisverfahren bestätigt** ist und sie deshalb das **Ü-Zeichen** tragen.

Eine **Übersicht der Verwendungsregeln** für **geregelte** und **nicht geregelte Bauprodukte** bietet zunächst die nachfolgende Abbildung 6. Das Schema gilt sinngemäß auch für **nicht geregelte Bauarten** nach § 24 Abs. 1 Satz 1 BauO NRW. Es ist jedoch die Besonderheit zu beachten, dass nicht geregelte Bauarten **kein Ü-Zeichen** tragen können. Das Übereinstimmungsnachweisverfahren endet daher gemäß Bauregelliste A Teil 3 mit der **Übereinstimmungserklärung des Anwenders.** 37

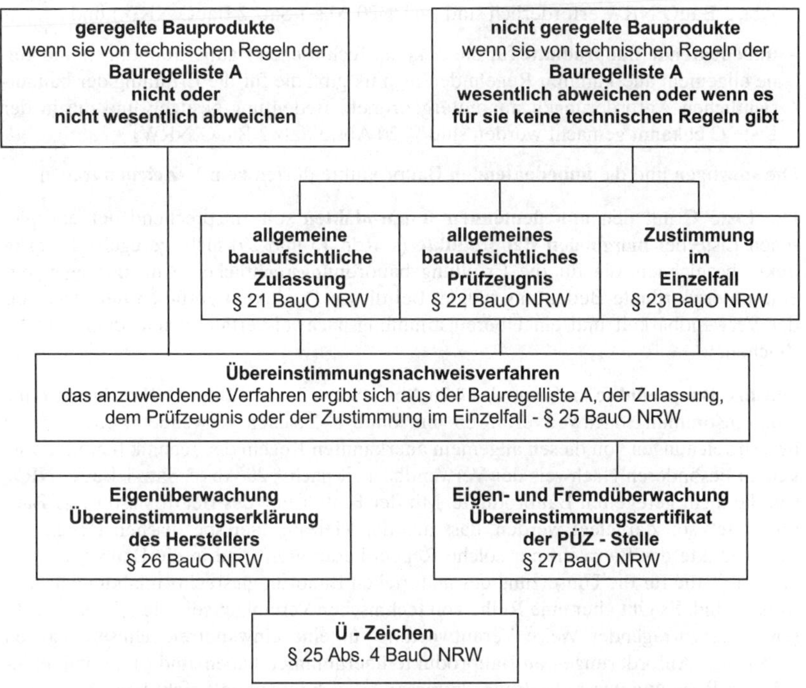


**Abbildung 6 Verwendung geregelter und nicht geregelter Bauprodukte**

Für **nicht geregelte Bauprodukte** und **nicht geregelte Bauarten** ist neben den nach früherem Recht bekannten Instrumenten der allgemeinen bauaufsichtlichen Zulassung und der Zustimmung im Einzelfall das **allgemeine bauaufsichtliche Prüfzeugnis** hinzugetreten, das die Funktion des Prüfzeichens alter Art übernommen hat (s. Rdn. 2). Alte Prüfzeichen gelten gemäß § 88 Abs. 1 BauO NRW als allgemeine bauaufsichtliche Zulassungen. Das Prüfzeugnis vermeidet das aufwendigere Zulassungsverfahren, weshalb auch von „**kleiner Zulassung**" die Rede ist, und kommt zur Anwendung für 38

- nicht geregelte Bauprodukte bzw. nicht geregelte Bauarten, **deren Verwendung nicht der Erfüllung erheblicher Sicherheitsanforderungen dient**,
- nicht geregelte Bauprodukte bzw. nicht geregelte Bauarten, **die nach allgemein anerkannten Prüfverfahren beurteilt werden**.

**39** Neben den geregelten und nicht geregelten – nationalen – Bauprodukten, die das Ü-Zeichen tragen, kennt das Bauordnungsrecht noch **zwei weitere Gruppen** – nationaler – Bauprodukte:

- **sonstige Bauprodukte**, das sind solche, für die es allgemein anerkannte Regeln der Technik gibt, diese Regeln jedoch nicht in die Bauregelliste A aufgenommen worden sind, weil sie nicht zur Erfüllung der bauaufsichtlichen Anforderungen nach § 20 Abs. 2 BauO NRW erforderlich sind (vgl. § 20 Abs. 1 Satz 2 BauO NRW) und
- **unbedeutende Bauprodukte** für die es keine Technischen Baubestimmungen und keine allgemein anerkannten Regeln der Technik gibt, die für die Erfüllung der bauaufsichtlichen Anforderungen nur untergeordnete Bedeutung besitzen und die in der Liste C bekannt gemacht worden sind (§ 20 Abs. 3 Satz 2 BauO NRW).

Die **sonstigen** und die **unbedeutenden** Bauprodukte dürfen **kein Ü-Zeichen** tragen.

**40** Die **Liste C** mit den **unbedeutenden Bauprodukten** soll entsprechend der europäischen Liste der **marginalen Bauprodukte** (s. Rdn. 15 und 29) nicht geregelte Bauprodukte bezeichnen, die für die Erfüllung bauordnungsrechtlicher Anforderungen nur eine untergeordnete Bedeutung haben. Bei diesen Produkten entfallen der Nachweis der Verwendbarkeit und ein Übereinstimmungsnachweisverfahren und damit ein Ü-Zeichen.

**41** **Sonstige Bauprodukte** im Sinne des § 20 Abs. 1 Sätze 2 und 3 BauO NRW dürfen ohne Übereinstimmungsnachweisverfahren und ohne Ü-Zeichen verwendet werden. Auch bei Abweichungen von diesen allgemein anerkannten Regeln der Technik benötigen sie keinen besonderen Nachweis der Verwendbarkeit nach § 20 Abs. 3 Satz 1 BauO NRW wie die nicht geregelten Bauprodukte. Mit der Einführung des Begriffs „sonstige Bauprodukte" soll dargelegt werden, dass aus der Vielzahl aller spezifischen Regeln für Bauprodukte das Baurecht nur solche Regeln herausgreift und in die Bauregelliste A aufnimmt, die für die Umsetzung des materiellen Bauordnungsrechts unabdingbar notwendig sind. Es gibt aber eine Reihe von technischen Vereinigungen, die seit vielen Jahren in hervorragender Weise Verantwortung für eine einwandfreie Umsetzung von rechtlichen Anforderungen an Bauprodukte übernommen haben, und es deshalb einer näheren Regelung durch das Bauordnungsrecht auch in Zukunft nicht bedarf.

**42** Um eine bundeseinheitliche Handhabung sowohl der Vorschriften des BauPG als auch bestimmter Aufgaben nach den Landesbauordnungen sicherzustellen, verständigten sich der Bund und die Länder im Abkommen über das Deutsche Institut für Bautechnik – **DIBt-Abkommen** sowie der **DIBt-Finanzierungsvereinbarung** vom 22. 3. 2005 (GV. NRW. S. 606) darauf, dass das Land Berlin das Institut für Bautechnik – IfBt (s. Rdn. 1) unter der neuen Bezeichnung **Deutsches Institut für Bautechnik – DIBt** als rechtsfähige Anstalt des öffentlichen Rechts fortführt. Das DIBt ist nach § 7 Abs. 2 BauPG die für die **Vertretung des Bundes in der EOTA** zuständige Stelle (s. Rdn. 28).

Nach dem BauPG und den Bauordnungen ist das **DIBt** unter anderem **zuständig** für:

- die **Erteilung europäischer technischer Zulassungen** nach BauPG,
- die **Erteilung allgemeiner bauaufsichtlicher Zulassungen** nach den Landesbauordnungen,
- das **Verzeichnis** europäischer und nationaler **Zulassungen**,
- das **Verzeichnis der Prüf-, Überwachungs- und Zertifizierungsstellen**,
- die **Vorbereitung** der **Einführung Technischer Baubestimmungen**,
- die **Vorbereitung der Anerkennung** oder die **Anerkennung**, sofern das jeweilige Land dies übertragen hat, der **Prüf-, Überwachungs- und Zertifizierungsstellen**,
- die **Aufstellung** und **Bekanntmachung** der **Bauregellisten A** und **B** und **Liste C**.

Die **Bauregellisten A, B** und die **Liste C** werden gemäß § 20 Abs. 2 Satz 1, Abs. 3 Satz 1 und Abs. 7 BauO NRW vom **DIBt** aufgestellt und fortgeschrieben. Alle Bauregellisten können vom DIBt nur im **Einvernehmen mit den obersten Bauaufsichtsbehörden der Länder** aufgestellt bzw. geändert werden. Die Herstellung des Einvernehmens erfolgt über die Gremien der ARGEBAU. Nach Verabschiedung der Bauregellisten werden diese in den **DIBt-Mitteilungen** bekannt gemacht. **43**

Die **Bauregelliste A** gliedert sich in **drei Teile**: **44**

- **Teil 1** betrifft **geregelte Bauprodukte**,
- **Teil 2** betrifft **nicht geregelte Bauprodukte**,
- **Teil 3** betrifft **nicht geregelte Bauarten**.

Die **technischen Regeln der Bauregelliste A gelten gemäß** § 20 Abs. 2 Satz 2 BauO NRW **als allgemein anerkannte Regeln der Technik** und sind daher gemäß § 3 Abs. 1 Satz 2 BauO NRW als solche zu beachten. Aus der Bauregelliste A ergibt sich die jeweils vorgeschriebene **Form des Verwendbarkeits- bzw. Anwendbarkeitsnachweises** und des **Übereinstimmungsnachweises**.

Die **Bauregelliste B** gliedert sich in **zwei Teile**: **45**

- **Teil 1** betrifft **Bauprodukte**, die nach Vorschriften eines Mitgliedstaats der EU oder des EWR zur Umsetzung der BPR in Verkehr gebracht werden und die CE-Kennzeichnung tragen,
- **Teil 2** betrifft **Bauprodukte**, die nach sonstigen EG-Richtlinien in Verkehr gebracht werden, aber nicht alle wesentlichen Anforderungen nach § 5 Abs. 1 BauPG erfüllen.

**Teil 1** legt in Abhängigkeit vom Verwendungszweck die erforderlichen Klassen und Leistungsstufen fest.

Aus **Teil 2** ergeben sich die zusätzlich zur CE-Kennzeichnung erforderlichen Verwendbarkeits- und Übereinstimmungsnachweise.

Die **Liste C** erfasst **nicht geregelte** Bauprodukte, die für die Erfüllung der bauaufsichtlichen Anforderungen eine lediglich **untergeordnete** Bedeutung haben. Die aufgelisteten Bauprodukte bedürfen keines Verwendbarkeitsnachweises. Die Liste C gilt insgesamt nur für solche Bauprodukte, die nach den bauaufsichtlichen Vorschriften **lediglich normalentflammbar** (DIN 4102 – B2) sein müssen. **46**

## 5 Konformitätsnachweis und Übereinstimmungsnachweis

### 5.1 Aufgaben der Hersteller und Anwender

47 **Sinn und Zweck des Nachweisverfahrens** ist die Gewährleistung der Konformität bzw. Übereinstimmung des Bauprodukts bzw. der Bauart mit den Anforderungen eines nach den öffentlich-rechtlichen Vorschriften zu beachtenden technischen Dokumentes. Wegen der unterschiedlichen Anforderungen kann sich das Nachweisverfahren auf das am Ende des Herstellungsprozesses stehende Bauprodukt oder darüber hinaus auch auf den Herstellungsprozess selbst erstrecken. Für Bauarten kann sich der Nachweis schon begrifflich nur auf das Endergebnis beziehen (s. die Anmerkungen zu § 2 Rdn. 258–260). Der **Hersteller** des Bauprodukts bzw. der **Anwender** der Bauart trägt jeweils die **Verantwortung** für die ordnungsgemäße Abwicklung der Verfahren. Die **Nachweisverfahren** der **Konformität** im harmonisierten europäischen Bereich und der **Übereinstimmung** im nationalen Bereich sind inhaltlich **übereinstimmend** geregelt.

48 Das deutsche Baurecht verpflichtet den Hersteller, stets eine **werkseigene Produktionskontrolle** durchführen zu müssen, und zwar unabhängig davon, ob es sich um ein harmonisiertes europäisches oder nationales Bauprodukt handelt. Je nach Risikoeinstufung kann zusätzlich eine **Fremdüberwachung** durch eine Überwachungsstelle vorgeschrieben sein (vgl. Büge/Tünnesen-Harmes, Braucht die Baustoffindustrie [zertifizierte] Qualitätssicherungssysteme, BauR 1997, S. 250 ff.).

49 Das **Konformitätsnachweisverfahren nach BauPG** endet entweder mit

- einer **Konformitätserklärung des Herstellers** – § 9 BauPG oder
- einem **Konformitätszertifikat einer Zertifizierungsstelle** – § 10 BauPG.

Das **Übereinstimmungsnachweisverfahren nach BauO NRW** endet entweder mit

- einer **Übereinstimmungserklärung des Herstellers** – § 26 BauO NRW oder
- einem **Übereinstimmungszertifikat einer Zertifizierungsstelle** – § 27 BauO NRW.

### 5.2 Prüf-, Überwachungs- und Zertifizierungsstellen

50 Die **Begriffe „Prüfstelle"**, **„Überwachungsstelle"** und **„Zertifizierungsstelle"** im BauPG und den Landesbauordnungen stimmen überein. Die Einschaltung dieser Stellen bezweckt, dass die Konformität und die Verwendbarkeit von Bauprodukten von unabhängigen sachverständigen Stellen und nicht nur vom Hersteller geprüft werden. Das Erfordernis der Einschaltung ergibt sich im **europäischen Bereich** aus der harmonisierten oder anerkannten Norm oder aus der europäischen technischen Zulassung, im **nationalen Bereich** aus der Bauregelliste A, der allgemeinen bauaufsichtlichen Zulassung, dem allgemeinen bauaufsichtlichen Prüfzeugnis oder der Zustimmung im Einzelfall.

51 Die **Stellen bedürfen der Anerkennung** für den jeweiligen Bereich **durch die oberste Bauaufsichtsbehörde**, und zwar auch, soweit diese aufgrund europäischer Grundlagen tätig werden (§ 11 BauPG, § 28 BauO NRW). Der **Begriff „Anerkennung"** bezieht sich nur auf den öffentlich-rechtlichen Bereich, während ansonsten der Begriff **„Akkreditierung"** verwendet wird. Anerkennungen anderer Bundesländer gelten auch in Nordrhein-Westfalen (§ 11 Abs. 4 BauPG, § 28 Abs. 2 Satz 1 BauO NRW). Die im DIBt-

Abkommen eingeräumte Möglichkeit, die Anerkennung auf das DIBt zu übertragen (s. Rdn. 42), hat Nordrhein-Westfalen mit der **DIBt-Übertragungsverordnung** genutzt.

**Bei der Anerkennung von Prüfstellen wird unterschieden** zwischen 52

- (**speziellen**) **Prüfstellen**, die in abweichenden Fällen einen besonderen Nachweis führen (§ 11 Abs. 1 Satz 1 Nr. 1 BauPG, § 28 Abs. 1 Satz 1 Nr. 1 BauO NRW), und
- (**allgemeinen**) **Prüfstellen**, die im Rahmen der Überprüfung der Konformität bzw. Übereinstimmung mit den maßgebenden technischen Spezifikationen eingeschaltet werden (s. § 11 Abs. 1 Satz 1 Nr. 2 BauPG, § 28 Abs. 1 Satz 1 Nr. 2 BauO NRW).

**Voraussetzungen für die Anerkennung** sind die Qualifizierung des Personals und das Vorhandensein der erforderlichen Vorrichtungen. **Behörden** können als Prüf-, Überwachungs- und Zertifizierungsstellen tätig werden, wenn sie diese Voraussetzungen erfüllen (§ 11 Abs. 2 BauPG und § 28 Abs. 1 Satz 2 BauO NRW). **Eine Stelle kann für mehrere Aufgaben** oder **Funktionen anerkannt werden**. Bei der Anerkennung wird die Art der Aufgaben von der anerkennenden Behörde aufgrund der jeweiligen technischen Spezifikation bestimmt. Die Einzelheiten regeln 53

- die Verordnung über die Anerkennung als Prüf-, Überwachungs- und Zertifizierungsstelle nach dem Bauproduktengesetz – **BauPG-PÜZ-Anerkennungsverordnung** und
- die Verordnung über die Anerkennung als Prüf-, Überwachungs- oder Zertifizierungsstelle und über das Übereinstimmungszeichen – **PÜZÜVO**.

**Ergebnisse von Prüfungen, Überwachungen und Zertifizierungen**, die **von Stellen anderer Mitgliedstaaten der EG oder des EWR-Abkommens** erbracht werden, stehen den Ergebnissen der nach deutschem Recht anerkannten Prüf-, Überwachungs- und Zertifizierungsstellen gleich (§ 28 Abs. 2 Satz 2 BauO NRW). Dies gilt auch für Ergebnisse von Stellen anderer Staaten außerhalb der EG oder des EWR-Abkommens, wenn die Stellen in einem Artikel 16 Abs. 2 der BPR entsprechenden Verfahren für diesen Zweck zugelassen sind (§ 28 Abs. 2 Satz 3 BauO NRW). Der **Hersteller hat** aufgrund dieser rechtlichen Systematik **die Wahl, welche anerkannte Stelle** – gegebenenfalls auch im Ausland – **er einschalten will**. 54

### 5.3 Kennzeichnung der Bauprodukte

Die am Abschluss des Konformitäts- bzw. Übereinstimmungsnachweisverfahrens stehenden Herstellererklärungen oder Zertifikate von Zertifizierungsstellen (s. Rdn. 49) berechtigen und verpflichten den Hersteller, das Bauprodukt entweder 55

- mit der **CE-Kennzeichnung** gemäß § 8 Abs. 6 BauPG oder
- mit dem **Ü-Zeichen** gemäß § 25 Abs. 4 BauO NRW

zu versehen. Hierzu regeln § 8 Abs. 7 BauPG und § 25 Abs. 5 BauO NRW übereinstimmend, dass die CE-Kennzeichnung bzw. das Ü-Zeichen auf dem Bauprodukt selbst, auf der Verpackung oder auf dem Lieferschein angebracht werden kann.

Das Konformitätszeichen nach dem BauPG ist die CE-Kennzeichnung (§ 12 Abs. 1 Satz 1 BauPG). Die **Einzelheiten der CE-Kennzeichnung** werden gemäß § 12 Abs. 1 Satz 2 und Abs. 2 in Verbindung mit § 15 Abs. 1 Nr. 1 BauPG durch **Rechtsverordnung** 56 festgelegt. Nach § 16 Abs. 1 BauPG muss bis zum Inkrafttreten dieser Rechtsverordnung **Anhang III Nr. 4.1 BPR** beachtet werden – dort ist auch die **CE-Kennzeichnung** festgelegt. Das nach BauO NRW erforderliche **Übereinstimmungszeichen – Ü-Zeichen** – einschließlich der notwendigen Angaben ist in § 7 PÜZÜVO geregelt.

**57** Abbildung 7 fasst die **unterschiedlichen Gruppen von Bauprodukten** zusammen, je nachdem, ob sie ohne CE-Kennzeichnung oder ohne Ü-Zeichen oder mit entsprechender Kennzeichnung verwendet werden dürfen. In der Regel können sich die am Bau Beteiligten darauf verlassen, dass mit der CE-Kennzeichnung oder dem Ü-Zeichen versehene Bauprodukte auf der Baustelle zu Recht verwendet werden dürfen, wenn die für diese Verwendung vorgeschriebenen und aus der Kennzeichnung jeweils zu entnehmenden Klassen und Leistungsstufen sowie Verwendungshinweise eingehalten sind.

**Gruppen von Bauprodukten im europäischen Bereich**

| Bauprodukte nach **BauPG** und **Vorschriften anderer Staaten** der **EU** oder des **EWR** **zur Umsetzung der BPR** Beachtung der Bauregelliste B Teil 1 **mit CE-Kennzeichnung** | Bauprodukte nach **EG-Richtlinien die wesentliche Anforderungen nach § 5 Abs. 1 BauPG nicht erfüllen** Beachtung der Bauregelliste B Teil 2 **mit CE-Kennzeichnung** | Bauprodukte nach **der Liste der marginalen Bauprodukte** § 4 Abs. 3 in Verbindung mit § 3 Abs. 1 Nr. 4 BauPG **ohne CE-Kennzeichnung** | Bauprodukte **bei Verwendung nur im Einzelfall** § 4 Abs. 4 BauPG **ohne CE-Kennzeichnung** |
|---|---|---|---|

**Gruppen von Bauprodukten im nationalen Bereich**

| **Geregelte:** Bauprodukte die von Regeln der Bauregelliste A Teil 1 nicht oder nicht wesentlich abweichen § 20 Abs. 1 Satz 1 Nr. 1 BauO NRW **mit Ü-Zeichen** | **Nicht geregelte:** Bauprodukte die von Regeln der Bauregelliste A Teil 1 wesentlich abweichen oder für die allgemein anerkannte Regeln der Technik fehlen § 20 Abs. 3 Satz 1 BauO NRW **mit Ü-Zeichen** | **Unbedeutende:** Bauprodukte von nur untergeordneter Bedeutung für die Erfüllung bauordnungsrechtlicher Anforderungen nach der Liste C § 20 Abs. 3 Satz 2 BauO NRW **ohne Ü-Zeichen** | **Sonstige:** Bauprodukte nach allgemein anerkannten Regeln der Technik die in die Bauregelliste A Teil 1 nicht aufgenommen wurden § 20 Abs. 1 Satz 2 BauO NRW **ohne Ü-Zeichen** |
|---|---|---|---|

**Abbildung 7 Europäische und nationale Kennzeichnung der Bauprodukte**

**58** Im Regelfall haben sich die am Bau Beteiligten, vor allem aber die Bauaufsichtsbehörden, nicht darum zu kümmern, ob eine Kennzeichnung richtig ist. Die untere Bauaufsichtsbehörde kann aber im Rahmen des pflichtgemäßen Ermessens nach § 61 Abs. 1

Satz 2 BauO NRW dann gegen eine **falsche** oder **unberechtigte Kennzeichnung** einschreiten, wenn ihr schlüssige Hinweise auf solche Tatbestände vorliegen. Die Bauaufsichtsbehörden sind ermächtigt,

- gemäß § 61 Abs. 4 BauO NRW die Verwendung solcher entgegen § 25 BauO NRW mit dem Ü-Zeichen gekennzeichneten Bauprodukte zu untersagen und deren Kennzeichnung zu entwerten oder beseitigen zu lassen,
- gemäß § 61 Abs. 5 BauO NRW die Einstellung der Bauarbeiten anzuordnen, wenn Bauprodukte unberechtigt mit CE-Kennzeichnung oder Ü-Zeichen versehen sind.

Vergleichbare Ermächtigungen – allerdings in Bezug auf das Inverkehrbringen und den freien Warenverkehr – enthält § 13 BauPG.

Darüber hinaus kann die Bauaufsichtsbehörde **Verfahren nach dem Ordnungswidrigkeitengesetz** einleiten, insbesondere Bußgelder verhängen, und zwar 59

**nach § 14 BauPG** gegen denjenigen, der

- es unterlässt, die zusätzlichen Angaben zur CE-Kennzeichnung zu machen,
- widerrechtlich ein Bauprodukt mit der CE-Kennzeichnung oder einer damit verwechselbaren Kennzeichnung kennzeichnet,
- widerrechtlich Angaben zur CE-Kennzeichnung macht,
- einer Rechtsverordnung nach § 15 a Abs. 1 BauPG oder einer vollziehbaren Anordnung aufgrund einer solchen Rechtsverordnung zuwiderhandelt;

**nach § 84 Abs. 1 Nr. 3, 4 und 5 BauO NRW** gegen denjenigen, der

- Bauprodukte mit dem Ü-Zeichen kennzeichnet, ohne dass dafür die Voraussetzungen vorliegen,
- Bauprodukte ohne das erforderliche Ü-Zeichen verwendet,
- Bauarten ohne allgemeine bauaufsichtliche Zulassung, allgemeines bauaufsichtliches Prüfzeugnis oder Zustimmung im Einzelfall anwendet.

### 6. Rechtsverordnungen zum Bauproduktenrecht

In § 15 BauPG finden sich sechs Rechtsverordnungsermächtigungen: drei zugunsten des Bundesbauministeriums und drei zugunsten der Landesregierungen. Aufgrund der Ermächtigung nach § 15 Abs. 1 Nr. 3 BauPG hat der Bund die 60

- Verordnung über die Anerkennung als Prüf-, Überwachungs- und Zertifizierungsstelle nach dem Bauproduktengesetz – **BauPG-PÜZ-Anerkennungsverordnung**

erlassen, um die Voraussetzungen und das Verfahren der Anerkennung als Prüfstelle Überwachungsstelle und als Zertifizierungsstelle nach dem BauPG zu regeln.

Die nach § 15 Abs. 1 Nr. 1 und 2 BauPG bestehenden Ermächtigungen zur Festlegung der CE-Kennzeichnung und zusätzlicher Angaben und zur Festlegung des Inhalts der Konformitätserklärung und des Konformitätszertifikats wurde bislang noch nicht genutzt. Der Entwurf einer Verordnung über die CE-Kennzeichnung, die Konformitätserklärung und das Konformitätszertifikat nach dem Bauproduktengesetz ist über die 61

Anhörung der Verbände zu Beginn des Jahres 2000 nicht hinausgekommen (zu Einzelheiten des Entwurfs s. Bossenmayer/Quitt/Schäpel/Seyfert, Nationale und europäische Regelungen für Bauprodukte – Bauprodukte für den Holzbau, DIBt-Mitteilungen 2/2001, S. 46 ff.).

62 Mit **§ 15 a BauPG** wurde die Bundesregierung zum Erlass von Rechtsverordnungen zur **Umsetzung von Rechtsakten der Europäischen Gemeinschaften**, die Regelungen über das Inverkehrbringen von Bauprodukten enthalten, die nicht unter § 3 Abs. 1 BauPG fallen, ermächtigt. Die Regelung passt eigentlich nicht recht in das System des BauPG, ist aber sinnvoll, da auf diese Weise zur Umsetzung von Rechtsakten der EG, die Bauprodukte betreffen, nicht immer eine gesetzliche Regelung erfolgen muss. Die Ermächtigung wurde bislang nur zur Umsetzung der Richtlinie 92/42/EWG des Rates vom 21. 5. 1992 über die Wirkungsgrade von mit flüssigen oder gasförmigen Brennstoffen beschickten neuen Warmwasserheizkesseln (ABl. EG Nr. L 167 S. 17, L 195, S. 32), geändert durch Artikel 12 der Richtlinie 93/68/EWG des Rates vom 22. 7. 1993 (ABl. EG Nr. L 220, S. 1) – **Heizkesselwirkungsgradrichtlinie** – mit der

- **Verordnung über das Inverkehrbringen von Heizkesseln und Geräten nach dem Bauproduktengesetz – BauPGHeizkesselV** – vom 28. 4. 1998 (BGBl. I S. 796)

genutzt. Die Verordnung erfasst Heizkessel für flüssige oder gasförmige Brennstoffe mit einer Nennleistung zwischen 4 kW und 400 kW und regelt das Inverkehrbringen in Anlehnung an das BauPG (vgl. von Bernstorff/Kiehne/Molitor, S. 98 ff.). Neben der **CE-Kennzeichnung** nach Abschluss des Konformitätsverfahrens können die Heizkessel ein **Energieeffizienzzeichen** tragen, aus dem die Energieeffizienz ablesbar ist. Nach § 6 der Verordnung entspricht das Energieeffizienzzeichen einem **Sternsymbol**:

Es dürfen 1 bis maximal 4 Sterne angebracht werden, wenn die Leistungsfähigkeit über den Wirkungsgradanforderungen des § 3 der Verordnung für Standardheizkessel liegt.

63 Die **BauO NRW** enthält **Rechtsverordnungsermächtigungen** zugunsten der obersten Bauaufsichtsbehörde in § 20 Abs. 4, 5 und 6, in § 24 Abs. 1 Satz 4 und in Abs. 2 sowie in § 85 Abs. 5 und 6 BauO NRW. Um **Muster der ARGEBAU** in Landesrecht umzusetzen, wurden unter Ausnutzung dieser Ermächtigungen erlassen:

- **Verordnung zur Übertragung von Befugnissen auf das Deutsche Institut für Bautechnik – DIBt-Übertragungsverordnung – DIBt-ÜtVO**,
- **Verordnung über Anforderungen an Hersteller von Bauprodukten und Anwender von Bauarten – Hersteller- und AnwenderVO – HAVO**,
- **Verordnung über die Überwachung von Tätigkeiten mit Bauprodukten und bei Bauarten – ÜTVO**,
- **Verordnung zur Feststellung der wasserrechtlichen Eignung von Bauprodukten und Bauarten durch Nachweise nach der Landesbauordnung – WasBauPVO**,
- **Verordnung über die Anerkennung als Prüf-, Überwachungs- oder Zertifizierungsstelle und über das Übereinstimmungszeichen – PÜZÜVO**.

## § 20
## Bauprodukte

**(1) [1]Bauprodukte dürfen für die Errichtung, Änderung und Instandhaltung baulicher Anlagen nur verwendet werden, wenn sie für den Verwendungszweck**

**1. von den nach Absatz 2 bekannt gemachten technischen Regeln nicht oder nicht wesentlich abweichen (geregelte Bauprodukte) oder nach Absatz 3 zulässig sind und wenn sie aufgrund des Übereinstimmungsnachweises nach § 25 das Übereinstimmungszeichen (Ü-Zeichen) tragen oder**

**2. nach den Vorschriften**

**a) des Bauproduktengesetzes**

**b) zur Umsetzung der Richtlinie 89/106/EWG des Rates vom 21. Dezember 1988 zur Angleichung der Rechts- und Verwaltungsvorschriften der Mitgliedstaaten über Bauprodukte (Bauproduktenrichtlinie) (ABl. EG Nr. L 40 v. 11. 2. 1989, S. 12), geändert durch Richtlinie 93/68/EWG des Rates vom 22. Juli 1993 (ABl. EG Nr. L 220 v. 30. 8. 1993, S. 1), durch andere Mitgliedstaaten der Europäischen Gemeinschaft und andere Vertragsstaaten des Abkommens über den Europäischen Wirtschaftsraum oder**

**c) zur Umsetzung sonstiger Richtlinien der Europäischen Gemeinschaft, soweit diese die wesentlichen Anforderungen nach § 5 Abs. 1 des Bauproduktengesetzes berücksichtigen,**

**in den Verkehr gebracht und gehandelt werden dürfen, insbesondere die Konformitätskennzeichnung der Europäischen Gemeinschaft (CE-Kennzeichnung) tragen und dieses Zeichen die nach Absatz 7 Nr. 1 festgelegten Klassen und Leistungsstufen ausweist. [2]Sonstige Bauprodukte, die von allgemein anerkannten Regeln der Technik nicht abweichen, dürfen auch verwendet werden, wenn diese Regeln nicht in der Bauregelliste A bekannt gemacht sind. Sonstige Bauprodukte, die von allgemein anerkannten Regeln der Technik abweichen, bedürfen keines Nachweises ihrer Verwendbarkeit nach Absatz 3.**

**(2) [1]Das Deutsche Institut für Bautechnik macht im Einvernehmen mit der obersten Bauaufsichtsbehörde für Bauprodukte, für die nicht nur die Vorschriften nach Absatz 1 Nr. 2 maßgebend sind, in der Bauregelliste A die technischen Regeln bekannt, die zur Erfüllung der in diesem Gesetz und in Vorschriften aufgrund dieses Gesetzes an bauliche Anlagen gestellten Anforderungen erforderlich sind. [2]Diese technischen Regeln gelten als allgemein anerkannte Regeln der Technik im Sinne des § 3 Abs. 1 Satz 2.**

**(3) [1]Bauprodukte, für die technische Regeln in der Bauregelliste A nach Absatz 2 bekannt gemacht worden sind und die von diesen wesentlich abweichen oder für die es allgemein anerkannte Regeln der Technik nicht gibt (nicht geregelte Bauprodukte), müssen**

**1. eine allgemeine bauaufsichtliche Zulassung (§ 21),**

**2. ein allgemeines bauaufsichtliches Prüfzeugnis (§ 22) oder**

**3. eine Zustimmung im Einzelfall (§ 23)**

**haben. [2]Ausgenommen sind Bauprodukte, die für die Erfüllung der Anforderungen dieses Gesetzes oder aufgrund dieses Gesetzes nur eine untergeordnete Bedeutung haben und die das Deutsche Institut für Bautechnik im Einvernehmen mit der obersten Bauaufsichtsbehörde in einer Liste C öffentlich bekannt gemacht hat.**

**(4) Die oberste Bauaufsichtsbehörde kann durch Rechtsverordnung vorschreiben, dass für bestimmte Bauprodukte, soweit sie Anforderungen nach anderen Rechtsvorschriften unterliegen, hinsichtlich dieser Anforderungen bestimmte Nachweise der Verwendbarkeit und bestimmte Übereinstimmungsnachweise nach Maßgabe der §§ 20 bis 23 und der §§ 25 bis 28 zu führen sind, wenn die anderen Rechtsvorschriften diese Nachweise verlangen oder zulassen.**

**(5) [1]Bei Bauprodukten nach Absatz 1 Nr. 1, deren Herstellung in außergewöhnlichem Maß von der Sachkunde und Erfahrung der damit betrauten Personen oder von einer Ausstattung mit besonderen Vorrichtungen abhängt, kann in der allgemeinen bauaufsichtlichen Zulassung, in der Zustimmung im Einzelfall oder durch Rechtsverordnung der obersten Bauaufsichtsbehörde vorgeschrieben werden, dass der Hersteller über solche Fachkräfte und Vorrichtungen verfügt und den Nachweis hierüber gegenüber einer Prüfstelle nach § 28 zu erbringen hat. [2]In der Rechtsverordnung können Mindestanforderungen an die Ausbildung, die durch Prüfung nachzuweisende Befähigung und die Ausbildungsstätten einschließlich der Anerkennungsvoraussetzungen gestellt werden.**

**(6) Für Bauprodukte, die wegen ihrer besonderen Eigenschaften oder ihres besonderen Verwendungszweckes einer außergewöhnlichen Sorgfalt bei Einbau, Transport, Instandhaltung oder Reinigung bedürfen, kann in der allgemeinen bauaufsichtlichen Zulassung, in der Zustimmung im Einzelfall oder durch Rechtsverordnung der obersten Bauaufsichtsbehörde die Überwachung dieser Tätigkeiten durch eine Überwachungsstelle nach § 28 vorgeschrieben werden.**

**(7) Das Deutsche Institut für Bautechnik kann im Einvernehmen mit der obersten Bauaufsichtsbehörde in der Bauregelliste B**

1. **festlegen, welche der Klassen und Leistungsstufen, die in Normen, Leitlinien oder europäischen technischen Zulassungen nach dem Bauproduktengesetz oder in anderen Vorschriften zur Umsetzung von Richtlinien der Europäischen Gemeinschaft enthalten sind, Bauprodukte nach Absatz 1 Satz 1 Nr. 2 erfüllen müssen**

   **und**

2. **bekannt machen, inwieweit andere Vorschriften zur Umsetzung von Richtlinien der Europäischen Gemeinschaft die wesentlichen Anforderungen nach § 5 Abs. 1 des Bauproduktengesetzes nicht berücksichtigen.**

***VV BauO NRW*** *(infolge Befristung mit Ablauf des 31.12.2005 ausgelaufen)*

***20 Bauprodukte und Bauarten (§§ 20 bis 28)***

*Mit den Regelungen in §§ 20 bis 28 wurde*

– *die Bauproduktenrichtlinie hinsichtlich der Verwendung von Bauprodukten im Anwendungsbereich der BauO NRW umgesetzt und*

– *sichergestellt, dass die für Bauprodukte maßgebenden Verfahren nach dem Bauordnungsrecht weitgehend dem Verfahren über Bauprodukte nach dem BauPG entsprechen.*

*Durch das BauPG erfolgte die Umsetzung der Bauproduktenrichtlinie hinsichtlich des Inverkehrbringens und des freien Warenverkehrs von Bauprodukten. Die Umsetzung der Bauproduktenrichtlinie hinsichtlich der Verwendung von Bauprodukten, die nach dem BauPG oder nach weiteren, der Umsetzung anderer EG-Richtlinien dienenden Vorschriften in den Verkehr gebracht werden, erfolgte für den bauaufsichtlichen Anwendungsbereich in den §§ 20 bis 28.*

*Die §§ 20ff. richten sich zwar in erster Linie unmittelbar an die Hersteller und die bei der Prüfung, Zertifizierung und Überwachung von Bauprodukten und Bauarten einzuschaltenden Stellen; sie wirken sich jedoch auch auf verwendende bzw. anwendende Entwurfsverfasserinnen und Entwurfsverfasser, Bauherrinnen und Bauherren und Unternehmerinnen und Unternehmer aus; für die unteren Bauaufsichtsbehörden sind sie vor allem im Rahmen der Bauüberwachung und der Bauzustandsbesichtigung nach §§ 81 und 82 von Bedeutung.*

*Da die §§ 20ff. wegen ihrer sehr komplexen Regelungsinhalte und ihres rechtlichen Zusammenspiels mit Regelungen des BauPG und andere Richtlinien der EG umsetzenden Bundesrechts sowie entsprechenden Rechts anderer Vertragsstaaten des Abkommens über den Europäischen Wirtschaftsraum nicht leicht verständlich sind, werden für ihren Vollzug folgende Hinweise gegeben:*

*Die §§ 20ff. betreffen sowohl Bauprodukte (§ 2 Abs. 9) als auch Bauarten (§ 2 Abs. 10).*

*20.1 Bauprodukte, die nach EG-Richtlinien umsetzenden Vorschriften in den Verkehr gebracht werden (§ 20 Abs. 1 Satz 1 Nr. 2)*

*20.11 Allgemeines*

*Bauprodukte, die nach EG-Richtlinien umsetzenden Vorschriften in den Verkehr gebracht und gehandelt werden, dürfen ohne weiteren Verwendbarkeits- oder Übereinstimmungsnachweis verwendet werden, wenn sie eine CE-Kennzeichnung und zusätzliche Angaben zur CE-Kennzeichnung mit Angabe der geforderten Klassen und Leistungsstufen nach § 20 Abs. 7 Nr. 1 tragen.*

*Unter Umsetzungsvorschriften in diesem Sinne fallen auch die entsprechenden Vorschriften der anderen Staaten des Europäischen Wirtschaftsraumes (§ 20 Abs. 1 Satz 1 Nr. 2 Buchstaben b und c), nach denen Bauprodukte in diesen Staaten in den Verkehr gebracht und gehandelt werden, wenn sie die CE-Konformitätskennzeichnung tragen. Tragen heißt in diesem Zusammenhang: Kennzeichnung auf dem Bauprodukt oder auf seiner Verpackung oder, wenn das nicht möglich ist, auf dem Lieferschein (§ 8 Abs. 7 BauPG). Ermöglichen die Vorschriften (in zugrunde liegenden Normen, Leitlinien für europäische technische Zulassungen oder Zulassungen selbst) die Festlegung von Klassen und Leistungsstufen für das Bauprodukt, so werden die erforderlichen Klassen oder Leistungsstufen für den jeweiligen Verwendungszweck des Bauproduktes in der Bauregelliste B bekannt gemacht (§ 20 Abs. 7 Nr. 1).*

*Die CE-Konformitätskennzeichnung aufgrund aller EG-Richtlinien besteht nach der Richtlinie 93/68/EWG des Rates vom 22. Juli 1993 (ABl. EG Nr. L 220 vom 30. 8. 1993, S. 1) aus den Buchstaben „CE“ mit folgendem Schriftbild:*

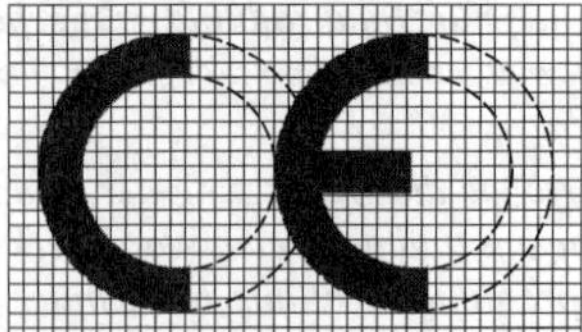

*Bei Verkleinerungen und Vergrößerungen der CE-Kennzeichnung müssen die sich aus dem abgebildeten Raster ergebenden Proportionen eingehalten werden. Die verschiedenen Bestandteile der CE-Kennzeichnung müssen etwa gleich hoch sein; die Mindesthöhe beträgt 5 mm, so dass die Lesbarkeit der Konformitätskennzeichnung noch gegeben ist. Zusätzlich notwendige Angaben werden in einer Verordnung nach § 15 Abs. 1 in Verbindung mit § 12 BauPG des Bundesministeriums für Verkehr, Bau- und Wohnungswesen über die CE-Kennzeichnung, die Konformitätserklärung und das Konformitätszertifikat nach dem Bauproduktengesetz festgelegt werden.*

*20.12 Besondere Hinweise*

*20.121 Bauprodukte, die nach BauPG oder entsprechenden Umsetzungsvorschriften anderer Staaten des Europäischen Wirtschaftsraumes in den Verkehr gebracht werden (§ 20 Abs. 1 Satz 1 Nr. 2 Buchstaben a und b).*

*Nach § 3 Abs. 1 Satz 1 Nr. 4 BauPG können auch Bauprodukte ohne CE-Kennzeichnung in den Verkehr gebracht und gehandelt werden, wenn sie von untergeordneter Bedeutung im Hinblick auf die wesentlichen Anforderungen des § 5 Abs. 1 BauPG (mechanische Festigkeit und Standsicherheit, Brandschutz, Hygiene, Gesundheit und Umweltschutz, Nutzungssicherheit, Schallschutz sowie Energieeinsparung und Wärmeschutz) sind und in einer von der Europäischen Kommission erstellten, vom Bundesministerium für Verkehr, Bau- und Wohnungswesen im Bundesanzeiger bekannt gemachten Liste enthalten sind und die Herstellerin oder der Hersteller die Erklärung nach § 4 Abs. 3 BauPG abgegeben hat.*

*Entsprechenden Regelungen anderer Staaten des Europäischen Wirtschaftsraumes unterfallende Bauprodukte dürfen ebenfalls ohne CE-Kennzeichnung in Deutschland in den Verkehr gebracht und gehandelt werden.*

*Ist die Verwendung eines (im In- oder Ausland) hergestellten Bauproduktes nur für den Einzelfall vorgesehen, stellen weder die Bauproduktenrichtlinie noch das BauPG Anforderungen an das Bauprodukt (§ 4 Abs. 4 BauPG). Die Verwendbarkeit richtet sich nach den Vorschriften der Bauordnungen der Länder, in Nordrhein-Westfalen siehe § 25 Abs. 2 Satz 3. Den Herstellerinnen oder Herstellern steht es jedoch frei, im Entsprechensfall die Brauchbarkeit und Konformität nach BauPG nachzuweisen.*

*Bauprodukte müssen nach dem BauPG in den Verkehr gebracht werden, wenn dies ausdrücklich in den vom Bundesministerium für Verkehr, Bau- und Wohnungswesen im Bundesanzeiger bekannt gemachten harmonisierten Normen oder Leitlinien für europäische technische Zulassungen festgelegt ist. Ist das nicht der Fall, so dürfen die Bauprodukte auch verwendet werden, wenn sie die Voraussetzungen des § 20 Abs. 1 Nr. 1 erfüllen.*

20.122 *Bauprodukte, die nach Vorschriften zur Umsetzung sonstiger Richtlinien der EG in den Verkehr gebracht und gehandelt werden (§ 20 Abs. 1 Satz 1 Nr. 2 Buchstabe c)*

*Bauprodukte fallen u. U. auch unter den Anwendungsbereich anderer EG-Richtlinien, die in nationales Recht umgesetzt werden.*

*Dies sind derzeit:*

- *Richtlinie 87/404/EWG des Rates vom 25. Juni 1987 zur Angleichung der Rechtsvorschriften der Mitgliedstaaten für einfache Druckbehälter (ABl. EG Nr. L 220 vom 8. 8. 1987, S. 48), zuletzt geändert durch die Richtlinie 93/68/EWG vom 22. Juli 1993 (ABl. EG Nr. L 220 vom 30. 8. 1993, S. 1), umgesetzt in Deutschland durch die Sechste Verordnung zum Gerätesicherheitsgesetz (Verordnung über das Inverkehrbringen von einfachen Druckbehältern – 6. GSGV) vom 25. Juni 1992 (BGBl. I S. 1171), zuletzt geändert durch Verordnung vom 28. September 1995 (BGBl. I S. 1213);*
- *Richtlinie 90/396/EWG des Rates vom 29. Juli 1990 zur Angleichung der Rechtsvorschriften der Mitgliedstaaten für Gasverbrauchseinrichtungen (ABl. EG Nr. L 196 vom 26. 7. 1990, S. 15), geändert durch die Richtlinie 93/68/EWG des Rates vom 22. Juli 1993 (ABl. EG Nr. L 220 vom 30. 8. 1993, S. 1), umgesetzt in Deutschland durch die Siebte Verordnung zum Gerätesicherheitsgesetz (Gasverbrauchseinrichtungsverordnung – 7. GSGV) vom 26. Januar 1993 (BGBl. I S. 133), geändert durch Verordnung vom 28. September 1995 (BGBl. I S. 1213);*
- *Richtlinie 73/23/EWG des Rates vom 19. Februar 1973 zur Angleichung der Rechtsvorschriften der Mitgliedstaaten betreffend elektrische Betriebsmittel zur Verwendung innerhalb bestimmter Spannungsgrenzen (ABl. EG Nr. L 77 vom 26. 3. 1973, S. 29), geändert durch die Richtlinie 93/68/EWG vom 22. Juli 1993 (ABl. EG Nr. L 220 vom 30. 8. 1993, S. 1), umgesetzt in Deutschland durch die Erste Verordnung zum Gerätesicherheitsgesetz (Verordnung über das Inverkehrbringen elektrischer Betriebsmittel zur Verwendung innerhalb bestimmter Spannungsgrenzen – 1. GSGV) vom 11. Juni 1979 (BGBl. I S. 629), geändert durch Verordnung vom 28. September 1995 (BGBl. I S. 1213);*
- *Richtlinie 89/392/EWG des Rates vom 14. Juli 1989 zur Angleichung der Rechtsvorschriften der Mitgliedstaaten für Maschinen (ABl. EG Nr. L 183 vom 29. 6. 1989, S. 9), zuletzt geändert durch die Richtlinie 93/68/EWG vom 22. Juli 1993 (ABl. EG Nr. L 220 vom 30. 8. 1993, S. 1), umgesetzt in Deutschland durch die Neunte Verordnung zum Gerätesicherheitsgesetz (Maschinenverordnung – 9. GSGV) vom 12. Mai 1993 (BGBl. I S. 704), zuletzt geändert durch Verordnung vom 28. September 1995 (BGBl. I S. 1213);*
- *Richtlinie 92/42/EWG des Rates vom 21. Mai 1992 über die Wirkungsgrade von mit flüssigen oder gasförmigen Brennstoffen beschickten neuen Warmwasserheizkesseln (ABl. EG Nr. L 167 vom 22. 6. 1992, S. 17), geändert durch die Richtlinie 93/68/EWG vom 22. Juli 1993 (ABl. EG Nr. L 220 vom 30. 8. 1993, S. 1), grundsätzlich umgesetzt in Deutschland durch die Verordnung über energieeinsparende Anforderungen an heizungstechnische Anlagen und Brauchwasseranlagen (Heizungsanlagen-Verordnung – HeizAnlV) in der Fassung der Bekanntmachung vom 4. Mai 1998 (BGBl. I S. 851).*

*Bauprodukte, die nach diesen Richtlinien die CE-Kennzeichnung tragen, sind nach § 20 Abs. 1 Satz 1 Nr. 2 Buchstabe c verwendbar, soweit diese Richtlinien die wesentlichen Anforderungen des § 5 Abs. 1 BauPG (siehe dazu Nr. 20.121) berücksichtigen. Inwieweit diese wesentlichen Anforderungen von diesen Richtlinien nicht berücksichtigt werden, wird in der Bauregelliste B Teil 2 bekannt gemacht (§ 20 Abs. 7 Nr. 2). Für die nicht berücksichtigten wesentlichen Anforderungen können unter Umständen Verwendbarkeitsnachweise, Übereinstimmungsnachweise und die Kennzeichnung mit dem Übereinstimmungszeichen (Ü-Zeichen) nach § 20 Abs. 1 Satz 1 Nr. 1 zusätzlich erforderlich sein.*

*20.2 Bauprodukte, die nicht nach EG-Richtlinien umsetzenden Vorschriften in den Verkehr gebracht werden müssen*

*20.21 Allgemeines*

*Für Bauprodukte, die nicht nach EG-Richtlinien umsetzenden Vorschriften in den Verkehr gebracht und gehandelt werden müssen, bestimmt sich ihre Verwendbarkeit nach § 20 Abs. 1 Satz 1 Nr. 1 sowie Sätze 2 und 3, § 20 Abs. 2 bis 6, §§ 21 bis 23 und §§ 25 bis 27.*

*Diese Regelungen unterscheiden drei Gruppen von Bauprodukten:*

- *geregelte und nicht geregelte Bauprodukte, die ihre Übereinstimmung mit zugrunde liegenden technischen Regeln, Zulassungen, Prüfzeugnissen oder Zustimmungen der obersten Bauaufsichtsbehörde im Einzelfall durch Kennzeichnung mit dem Ü-Zeichen ausweisen müssen,*
- *Bauprodukte, die für die Erfüllung der Anforderungen der BauO NRW oder der Vorschriften aufgrund der BauO NRW nur eine untergeordnete Bedeutung haben und in einer Liste C bekannt gemacht werden (Bauprodukte der Liste C nach § 20 Abs. 3 Satz 2),*
- *sonstige Bauprodukte, die nach allgemein anerkannten Regeln der Technik hergestellt werden oder von diesen abweichen (sonstige Bauprodukte, siehe dazu Nr. 20.26).*

*20.22 Geregelte Bauprodukte*

*Geregelte Bauprodukte sind solche, die in der Bauregelliste A Teil 1 bekannt gemachten technischen Regeln entsprechen oder von ihnen nicht wesentlich abweichen (§ 20 Abs. 1 Satz 1 Nr. 1 in Verbindung mit § 20 Abs. 2). Geregelte Bauprodukte bedürfen keines besonderen Verwendbarkeitsnachweises.*

*20.23 Nicht geregelte Bauprodukte*

*Nicht geregelte Bauprodukte sind solche, die entweder von in der Bauregelliste A Teil 1 bekannt gemachten technischen Regeln wesentlich abweichen oder für die es allgemein anerkannte Regeln der Technik nicht gibt. Diese Bauprodukte bedürfen eines gesonderten Verwendbarkeitsnachweises (§ 20 Abs. 1 Satz 1 in Verbindung mit § 20 Abs. 3) in Form*

- *der allgemeinen bauaufsichtlichen Zulassung (§ 21),*
- *des allgemeinen bauaufsichtlichen Prüfzeugnisses (§ 22) oder*
- *der Zustimmung im Einzelfall (§ 23).*

*Allgemeine bauaufsichtliche Prüfzeugnisse sind anstelle von allgemeinen bauaufsichtlichen Zulassungen erforderlich, wenn dies mit der Bekanntmachung der technischen Regel oder Benennung des Bauproduktes selbst in der Bauregelliste A Teile 1 und 2 bestimmt wird.*

*Zustimmungen im Einzelfall können statt der allgemeinen bauaufsichtlichen Zulassung bzw. des allgemeinen bauaufsichtlichen Prüfzeugnisses beantragt werden, wenn das Bauprodukt nicht allgemein, sondern nur an einer bestimmten Baustelle verwendet werden soll.*

*Allgemeine bauaufsichtliche Zulassungen werden vom Deutschen Institut für Bautechnik, allgemeine bauaufsichtliche Prüfzeugnisse werden von anerkannten Prüfstellen nach § 28 Abs. 1 Satz 1 Nr. 1 und Zustimmungen im Einzelfall werden von der obersten Bauaufsichtsbehörde erteilt.*

*20.24 Übereinstimmungszeichen (Ü-Zeichen)*

*Geregelte und nicht geregelte Bauprodukte unterliegen einem Übereinstimmungsnachweis. Sie müssen das Ü-Zeichen nach § 25 Abs. 4 und 5 tragen (§ 20 Abs. 1 Satz 1 Nr. 1). Tragen in diesem Zusammenhang heißt, das Ü-Zeichen ist auf dem Bauprodukt, auf einem Beipackzettel oder wenn das nicht möglich ist, auf dem Lieferschein (z. B. einem Werksprüfzeugnis) anzubringen.*

*Mit dem Ü-Zeichen bestätigt die Herstellerin oder der Hersteller, dass das Bauprodukt mit der ihm zugrunde liegenden technischen Regel der Bauregelliste A, der allgemeinen bauaufsichtlichen Zulassung, dem allgemeinen bauaufsichtlichen Prüfzeugnis oder der Zustimmung im Einzelfall übereinstimmt oder nicht wesentlich davon abweicht.*

*Die Bestätigung der Übereinstimmung (§ 25) erfolgt durch*

- *Übereinstimmungserklärung des Herstellers aufgrund werkseigener Produktionskontrolle (§ 26 Abs. 1) ohne bzw. mit Erstprüfung des Bauproduktes durch eine anerkannte Prüfstelle (§ 26 Abs. 2) oder*
- *Übereinstimmungszertifikat einer anerkannten Zertifizierungsstelle (§ 27).*

*Ob eine Übereinstimmungserklärung mit Erstprüfung des Bauprodukts erforderlich ist, wird in der technischen Regel nach § 20 Abs. 2, in der Bauregelliste A oder in den besonderen Verwendbarkeitsnachweisen des § 20 Abs. 3 Satz 1 festgelegt.*

*Wann ein Übereinstimmungszertifikat erforderlich ist, wird in der Bauregelliste A, der allgemeinen bauaufsichtlichen Zulassung, dem allgemeinen bauaufsichtlichen Prüfzeugnis oder der Zustimmung im Einzelfall festgelegt. Im Einzelfall kann jedoch vom an sich vorgeschriebenen Übereinstimmungszertifikat von der obersten Bauaufsichtsbehörde abgesehen werden (§ 25 Abs. 2 Satz 4).*

*Form und Größe des Ü-Zeichens und die erforderlichen zusätzlichen Angaben richten sich nach der PÜZÜVO.*

*Ü-Zeichen, die in anderen Ländern bzw. aufgrund bilateraler Vereinbarung in anderen Staaten aufgebracht werden, gelten auch in Nordrhein-Westfalen (§ 25 Abs. 6). Die Länder haben wortgleiche Verordnungen erlassen.*

*20.25 Bauprodukte nach Liste C*

*Bauprodukte, die für die Erfüllung der bauaufsichtlichen Anforderungen nur eine untergeordnete Bedeutung haben und deshalb in der Liste C bekannt gemacht sind, bedürfen keines besonderen Verwendbarkeitsnachweises nach § 20 Abs. 3 Satz 1 (§ 20 Abs. 3 Satz 2) und keines Übereinstimmungsnachweises nach*

*§ 25; sie dürfen deshalb auch kein Ü-Zeichen tragen. Aus dem Gesetzeszusammenhang ergibt sich, dass nur solche Bauprodukte für eine Aufnahme in die Liste C in Betracht kommen, für die es keine allgemein anerkannten Regeln der Technik oder Technische Baubestimmungen gibt.*

*20.26 Sonstige Bauprodukte*

*Eine Vielzahl von Bauprodukten wird nach allgemein anerkannten Regeln der Technik erstellt, die deshalb nicht in die Bauregelliste A Teil 1 aufgenommen sind, weil sie entweder nicht zur Erfüllung der in der BauO NRW und den Vorschriften aufgrund der BauO NRW an bauliche Anlagen gestellten Anforderungen erforderlich sind oder weil sie ohne besondere baurechtliche Behandlung das Schutzziel der BauO NRW erreichen. Hierzu zählen DIN-Normen sowie Richtlinien von technisch-wissenschaftlichen Vereinigungen und Ingenieurverbänden, z. B.:*

- *VDI (Verein Deutscher Ingenieure),*
- *DASt/DAfStb (Deutscher Ausschuss für Stahlbau/Stahlbetonbau),*
- *DVGW (Deutscher Verein des Gas- und Wasserfaches),*
- *DVS (Deutscher Verband für Schweißtechnik),*
- *KTA (Kerntechnischer Ausschuss).*

*Auf dieser Grundlage hergestellte Bauprodukte werden unter dem Begriff „sonstige Bauprodukte" erfasst. Diese Bauprodukte dürfen kein Übereinstimmungszeichen (Ü) tragen. Selbst die Abweichung von technischen Regeln löst bei sonstigen Bauprodukten nicht das Erfordernis eines Verwendbarkeitsnachweises aus (§ 20 Abs. 3). Sie dürfen allerdings vom Schutzziel der Bauordnung und der technischen Regel selbst nicht beliebig abweichen; eine Abweichung ist nur soweit erlaubt, als die damit bewirkte andere Lösung in gleicher Weise die Anforderungen des § 3 Abs. 1 Satz 1 erfüllt.*

*20.3 Bauarten*

*Keiner Anwendbarkeits- oder Übereinstimmungsnachweise bedürfen Bauarten, die Technischen Baubestimmungen entsprechen oder nur unwesentlich von ihnen abweichen oder für die es allgemein anerkannte Regeln der Technik gibt.*

*Eines besonderen Anwendbarkeitsnachweises bedürfen jedoch Bauarten, die von Technischen Baubestimmungen wesentlich abweichen oder für die es allgemein anerkannte Regeln der Technik nicht gibt (nicht geregelte Bauarten, siehe § 24 Abs. 1 Satz 1).*

*Der Anwendbarkeitsnachweis besteht entweder*

- *in der allgemeinen bauaufsichtlichen Zulassung,*
- *in dem Allgemeinen bauaufsichtlichen Prüfzeugnis oder*
- *in der Zustimmung im Einzelfall.*

*Die allgemeine bauaufsichtliche Zulassung wird vom Deutschen Institut für Bautechnik, das allgemeine bauaufsichtliche Prüfzeugnis von einer dafür anerkannten Prüfstelle nach § 28 Abs. 1 Satz 1 Nr. 1 und die Zustimmung im Einzelfall von der obersten Bauaufsichtsbehörde erteilt (§ 24 Abs. 1 Satz 2). Auf den besonderen Anwendbarkeitsnachweis kann die oberste Bauaufsichtsbehörde im Einzelfall oder für genau begrenzte Fälle verzichten (§ 24 Abs. 1 Satz 5).*

*Nicht geregelte Bauarten bedürfen zusätzlich der Bestätigung ihrer Übereinstimmung mit den zugrunde liegenden allgemeinen bauaufsichtlichen Zulassungen, den allgemeinen bauaufsichtlichen Prüfzeugnissen oder der Zustimmung im Einzelfall (§ 25 Abs. 3). Art und Inhalt der Bestätigung der Übereinstimmung.*

*– Übereinstimmungserklärung des Herstellers (§ 26) oder*

*– Übereinstimmungszertifikat durch eine anerkannte Zertifizierungsstelle (§ 27)*

*werden in der allgemeinen bauaufsichtlichen Zulassung, in dem allgemeinen bauaufsichtlichen Prüfzeugnis oder in der Zustimmung im Einzelfall festgelegt.*

*Ein Ü-Zeichen wird für Bauarten nicht verlangt.*

*20.4* *Die Bauregellisten A und B sowie die Liste C werden vom Deutschen Institut für Bautechnik im Einvernehmen mit den obersten Bauaufsichtsbehörden der Länder bekannt gemacht und in den Mitteilungen des Deutschen Instituts für Bautechnik (Ernst & Sohn, Verlag für Architektur und Technische Wissenschaften GmbH, Mühlenstr. 33–34, 13187 Berlin) veröffentlicht. Maßgebend sind zur Zeit die Listen im Sonderheft 22/2000*.*

*Anmerkung:
aktuell gilt die Ausgabe 2007/1 (DIBt-Mitteilungen 2007, Sonderheft 34)

**Anmerkungen** (Autor: Czepuck)

**Übersicht**


| | | Rdn. |
|---|---|---|
| 0 | Änderungen gegenüber der BauO NW 1984 und der BauO NW 1995 | 01–02 |
| 1 | Überblick über die Systematik des § 20 | 1– 9 |
| 2 | Zu Absatz 1 | 10–12 |
| 2.1 | Verwendbarkeit von national geregelten Bauprodukten | 13–15 |
| 2.2 | Verwendbarkeit sonstiger Bauprodukte | 16–18 |
| 2.3 | Verwendbarkeit harmonisierter Bauprodukte | 19 |
| 2.3.1 | Zu Buchstabe a) | 20–23 |
| 2.3.2 | Zu Buchstabe b) | 24 |
| 2.3.3 | Zu Buchstabe c) | 25–26 |
| 2.4 | CE-Kennzeichnung | 27–29 |
| 3 | Zu Absatz 2 | 30–34 |
| 4 | Zu Absatz 3 | 35–40 |
| 5 | Zu Absatz 4 | 41–42 |
| 6 | Zu Absatz 5 | 43–44 |
| 7 | Zu Absatz 6 | 45–49 |
| 8 | Zu Absatz 7 | 50–53 |
| 9 | Sanktionen | 54–55 |


## 0 Änderungen gegenüber der BauO NW 1984 und der BauO NW 1995

Im Rahmen der **Neuregelung des Bauproduktenrechts** wurde mit der **BauO NW 1995** **01**
der § 20 völlig neu gefasst (vgl. die Anmerkungen zu § 1 Rdn. 3). Abweichungen ergaben sich in den Absätzen 2 und 3 nur insofern, als auf die allgemein anerkannten Regeln der Technik Bezug genommen wurde und nicht – wie in der MBO – auf die bauaufsichtlich eingeführten Technischen Baubestimmungen (zu den Beweggründen hierfür s. die An-

merkungen zu § 3 Rdn. 55–57, zu den sich ergebenden Vollzugsproblemen einer der MBO entsprechenden Regelung s. die Anmerkungen zu § 72 Rdn. 101–106).

02 Die **BauO NRW 2000** hat § 20 BauO NW 1995 unverändert übernommen, jedoch in **Anpassung an § 20 MBO 1997** (vgl. die Anmerkungen zu § 1 Rdn. 4) Absatz 5 Satz 1 um die Worte *„und den Nachweis hierüber gegenüber einer Prüfstelle nach § 28 zu erbringen hat"* erweitert. Hierdurch wird die Ermächtigung auf die Forderung nach Nachweisen gegenüber speziellen Prüfstellen ausgedehnt, um sicherzustellen, dass die Herstellungs- und Anwendungserfordernisse, insbesondere im Hinblick auf das Schweißen und Leimen von Bauprodukten, durch anerkannte Prüfstellen überwacht werden (vgl. die Begründung LT-Drucks. 12/3738, S. 73 zu Art. I Nr. 11 – § 20).

## 1 Überblick über die Systematik des § 20

1 Die Vorschriften des § 20 BauO NRW bilden den **Schlüssel zum Verständnis** der nachfolgenden Bestimmungen über Bauprodukte und Bauarten. Sie dienen der Konkretisierung der allgemeinen Anforderungen des § 3 Abs. 2 BauO NRW (s. die Anmerkungen zu § 3 Rdn. 80–84) und befassen sich mit verfahrensrechtlichen Vorschriften zum Nachweis der Eignung von Bauprodukten und Bauarten. Die **mit den anderen Landesbauordnungen inhaltsgleichen Verwendungsvorschriften** richten sich vorrangig an **Hersteller von Bauprodukten** und werden von der **obersten Bauaufsichtsbehörde** zusammen mit dem **Deutschen Institut für Bautechnik** vollzogen (s. die Anmerkungen vor §§ 20 bis 28 BauO NRW Rdn. 42). Zwar haben die Vorschriften auch Bedeutung für die Unternehmer (s. die Anmerkungen zu § 59 Rdn. 23 und 26), für die Bauleiter (s. die Anmerkungen zu § 59a Rdn. 10–12) und für die Bauaufsichtsbehörden (s. Nr. 81.13 VV BauO NRW), die praktischen Auswirkungen „vor Ort" halten sich dennoch in Grenzen.

2 **Absatz 1** unterscheidet zwischen

- Bauprodukten, für die es allgemein anerkannte Regeln der Technik, jedoch keine anderen öffentlich-rechtlichen Vorschriften als die der BauO NRW über das Inverkehrbringen gibt (= [noch] **nicht harmonisierte** Bauprodukte, **Satz 1 Nr. 1 und Satz 2**),
- Bauprodukten, deren Inverkehrbringen durch das BauPG oder vergleichbare Vorschriften geregelt ist (= **harmonisierte** Bauprodukte, **Satz 1 Nr. 2**; Nr. 20.1 VV BauO NRW).

Bis auf den Absatz 7 gelten die weiteren Absätze des § 20 BauO NRW in der Regel nur dann, wenn es sich um nicht harmonisierte Bauprodukte handelt.

3 Die **nicht harmonisierten Bauprodukte** sind durch § 20 BauO NRW in **vier Gruppen** unterteilt (s. die Anmerkungen vor §§ 20 bis 28 Rdn. 36–39 sowie Nrn. 20.22, 20.23, 20.25. und 20.26 VV BauO NRW):

- Bauprodukte, die von den in der – nationalen – Bauregelliste A bekannt gemachten technischen Regeln nicht oder nicht wesentlich abweichen (**geregelte Bauprodukte**),
- Bauprodukte, die von den in der – nationalen- Bauregelliste A bekannt gemachten technischen Regeln wesentlich abweichen oder für die es allgemein anerkannte Regeln der Technik nicht gibt (**nicht geregelte Bauprodukte**),
- Bauprodukte, die nach allgemein anerkannten Regeln der Technik, die nicht in der – nationalen – Bauregelliste A enthalten sind, nach Maßgabe des § 3 Abs. 1 Satz 2 oder 3 BauO NRW verwendet werden (**sonstige Bauprodukte**) und

– Bauprodukte, die für die Erfüllung **bauordnungsrechtlicher** Anforderungen nur eine untergeordnete Bedeutung haben und die deshalb in die – nationale – Liste C aufgenommen worden sind (**unbedeutende Bauprodukte**).

**Absatz 2** trifft anknüpfend an Absatz 1 Satz 1 Nr. 1 die **Regelung über die Bauregelliste A**. Die in ihr aufgeführten technischen Regeln für Bauprodukte müssen eingehalten bzw. von ihnen darf nicht wesentlich abgewichen werden, wenn die bauordnungsrechtlichen Anforderungen an Bauwerke erfüllt sein sollen. Diese Bestimmung schafft die Verknüpfung zwischen den die Leistungsmerkmale von Bauprodukten bestimmenden technischen Regeln und den Anforderungen des Bauordnungsrechts an bauliche Anlagen. 4

**Absatz 3 Satz 1** bestimmt die Notwendigkeit eines besonderen **Verwendbarkeitsnachweises**, zum einen für die Bauprodukte, die von Regeln, die in der Bauregelliste A aufgeführt sind, wesentlich abweichen, und zum anderen für Bauprodukte, für die es allgemein anerkannte Regeln der Technik nicht gibt (hierzu s. Rdn. 35–39) und legt mögliche Formen dafür fest. **Satz 2** bestimmt, dass die in der Liste C enthaltenen Bauprodukte nur untergeordnete Bedeutung haben (s. Rdn. 40). 5

**Absatz 4** schafft die Möglichkeit, für Bauprodukte, die Anforderungen aus anderen Rechtsbereichen unterliegen (s. Rdn. 41 und 42), durch Rechtsverordnung zu bestimmen, dass hinsichtlich dieser Anforderungen bauaufsichtliche Verwendbarkeitsnachweise nach §§ 20 bis 23 BauO NRW und Übereinstimmungsnachweise nach §§ 25 bis 28 BauO NRW zu erbringen sind. Diese Ermächtigung hat auch Bedeutung für die Verwendung von Bauprodukten in baulichen Anlagen, die vom Anwendungsbereich der Bauordnung gemäß § 1 Abs. 2 BauO NRW ausgeschlossen sind. 6

**Absatz 5** ist die Rechtsgrundlage, den **Nachweis besonderer Sachkunde und Erfahrung** sowie das **Vorhandensein bestimmter Vorrichtungen** zu fordern, wenn dies für die Herstellung bestimmter Bauprodukte oder die Anwendung bestimmter Bauarten erforderlich ist (s. Rdn. 43 und 44). Der Nachweis kann sowohl durch Verwaltungsakt (allgemeine bauaufsichtliche Zulassung, Zustimmung im Einzelfall) oder durch Rechtsverordnung der obersten Bauaufsichtsbehörde verlangt werden. 7

**Absatz 6** erweitert die Bestimmungen über die Herstellung von Bauprodukten insofern, als auf der Grundlage dieser Regelung auch die **Überwachung** bestimmter Tätigkeiten, bei denen Bauprodukte verwendet werden, vorgeschrieben werden kann (s. Rdn. 45–49). Dabei geht es um **Transport** und **Einbau** sowie um **Instandhaltung** und **Reinigung**. Diese besondere Überwachung kann – wie im Falle des Absatzes 5 – sowohl durch Verwaltungsakt (allgemeine bauaufsichtliche Zulassung, Zustimmung im Einzelfall) oder durch Rechtsverordnung der obersten Bauaufsichtsbehörde vorgeschrieben werden. 8

**Absatz 7** enthält die näheren **Bestimmungen über die Bauregelliste B**, die ihre Bedeutung allein im Zusammenhang mit ganz oder teilweise harmonisierten Regelungen entfaltet (s. Rdn. 2 und nachfolgend Rdn. 50–53). Die Bauregelliste B enthält Bestimmungen im Hinblick auf die Einhaltung des nationalen Schutzniveaus bei der Verwendung harmonisierter Bauprodukte (s. die Anmerkungen vor §§ 20–28 Rdn. 35). 9

## 2 Zu Absatz 1

Absatz 1 regelt als Einstiegsbestimmung (s. Rdn. 1) die **allgemeinen Anforderungen an die Verwendbarkeit** von Bauprodukten. Die Anforderungen gelten in Bezug auf die **Errichtung**, **Änderung** und **Instandhaltung** von **baulichen Anlagen**. Die Begriffe Errich- 10 tung, Änderung und Instandhaltung sind mit den in § 3 Abs. 1 Satz 1 BauO NRW aufgeführten Begriffen identisch, da die Benutzung derselben Begriffe in einem Gesetz mit unterschiedlicher Bedeutung vom Gesetzgeber wohl kaum gewollt sein kann.

**11** Der Begriff der **baulichen Anlage** ist im Sinne der Legaldefinition des § 2 Abs. 1 BauO NRW zu verstehen. Nicht einbezogen sind **andere Anlagen und Einrichtungen** nach § 1 Abs. 1 Satz 2 BauO NRW. Da dieser **Auffangtatbestand**, der z. B. Werbeanlagen in Form von Beschriftungen und Bemalungen erfasst, nur **selten eingreift**, weil fast immer der Begriff der baulichen Anlage oder der Begriff des Bauprodukts erfüllt ist, hat dies keine nachteiligen Auswirkungen (s. die Anmerkungen zu § 1 Rdn. 37 und 38). Die Anknüpfung an den in § 1 Abs. 1 verwandten und in § 2 Abs. 1 BauO NRW definierten Begriff der baulichen Anlage darf nicht zu dem Trugschluss führen, dass die Verwendungsregeln des Bauproduktenrechts der BauO NRW keine Anwendung auf bauliche Anlagen finden, die dem Anwendungsbereich des Bauordnungsrechts gemäß § 1 Abs. 2 BauO NRW entzogen sind (so aber Boeddinghaus/Hahn/Schulte, BauO NRW, zu § 20 Rdn. 1). Diese Auffassung übersieht, dass es dem Gesetzgeber für das Straßenrecht, das Wasserrecht, das Arbeitsschutzrecht, das Immissionsschutzrecht oder ein anderes Rechtsgebiet freisteht, in seinem **Fachgesetz** seinerseits die **Geltung der §§ 20 bis 28 BauO NRW anzuordnen** (s. die Anmerkungen vor §§ 20–28 Rdn. 31). Das Bauordnungsrecht weist daher **Elemente eines wirtschaftsrechtlichen Produktgesetzes** auf (s. die Anmerkungen zu § 1 Rdn. 26).

**12** Absatz 1 stellt eine **materiell-rechtliche Regelung** dar, die **unabhängig** davon gilt, ob die Bauprodukte für eine **genehmigungsbedürftige oder genehmigungsfreie Anlage** verwendet werden. Die Vorschriften gelten auch, wenn eine **Genehmigung** der baulichen Anlage **nach bestimmten anderen Rechtsvorschriften** oder Vorschriften über das gesetzliche Planfeststellungsverfahren die Baugenehmigung oder die Zustimmung nach § 80 BauO NRW gemäß § 63 Abs. 2 und 3 BauO NRW **einschließt**.

### 2.1 Verwendbarkeit von national geregelten Bauprodukten

**13** Die **Verwendbarkeit** der weiterhin national geregelten Bauprodukte (**Satz 1 Nr. 1**) ist gegeben, wenn sie entweder den in der Bauregelliste A bekannt gemachten Technischen Regeln **entsprechen** oder nicht wesentlich von diesen abweichen – **geregelte Bauprodukte** (s. Rdn. 30) oder für sie ein **Verwendbarkeitsnachweis gemäß Absatz 3** geführt worden ist – **nicht geregelte Bauprodukte** (s. Rdn. 35). Die Verwendbarkeit der **nicht** in der Bauregelliste A enthaltenen **„sonstigen Bauprodukte“** im Sinne des **Satzes 2** (s. Rdn. 16–18) erfordert zwar keine bauproduktenrechtlichen Nachweise, setzt aber die Einhaltung der allgemein anerkannten Regeln der Technik oder – im Falle der Abweichung – die Gewährleistung einer, die Schutzziele des Bauordnungsrechts wahrenden, gleichwertigen technischen Lösung voraus.

**14** Die Verwendbarkeit des Bauprodukts steht nicht immer für jeden Verwendungszweck in einer baulichen Anlage von vornherein fest. Deswegen muss die **konkrete Verwendung** des Bauprodukts in einer baulichen Anlage nach dem Gesetzeswortlaut („für den Verwendungszweck“) auch **dem in der technischen Regel** bzw. **dem Verwendbarkeitsnachweis angegebenen Verwendungszweck entsprechen**.

**15** Für geregelte wie nicht geregelte Bauprodukte fordert Satz 1 gleichermaßen als Voraussetzung für eine rechtmäßige Verwendung, dass für sie ein **Übereinstimmungsnachweisverfahren** geführt wurde (s. die Anmerkungen zu § 25 Rdn. 1–8). Die Bestätigung der

Übereinstimmung erfolgt entweder durch eine Übereinstimmungserklärung des Herstellers nach § 26 BauO NRW oder durch ein Übereinstimmungszertifikat nach § 27 BauO NRW. Das Vorliegen dieser Voraussetzungen wird gemäß § 25 Abs. 4 BauO NRW durch den Hersteller dokumentiert, indem er das Bauprodukt, seine Verpackung, den Lieferschein oder eine Ablage zum Lieferschein mit dem **Ü-Zeichen** kennzeichnet.

### 2.2 Verwendbarkeit sonstiger Bauprodukte

Die Kategorie der **sonstigen Bauprodukte** nach **Absatz 1 Sätze 2 und 3** lässt sich nur negativ abgrenzen. Hierunter fallen Bauprodukte, die **16**

- **nicht** zu den **geregelten** nach **Satz 1 Nr. 1** oder **nicht geregelten** nach **Absatz 3 Satz 1** gehören,
- **nicht** nach den Vorschriften des **Satzes 1 Nr. 2** als **harmonisierte Bauprodukte** in den Verkehr gebracht und frei gehandelt werden und
- **nicht** bauordnungsrechtlich bedeutsam und daher nach **Absatz 3 Satz 2** in die **Liste C** aufgenommen worden sind.

Auch **sonstige Bauprodukte** werden nach **allgemein anerkannten Regeln der Technik** hergestellt. Es waren insbesondere die Technischen Regeln bestimmter technischer Organisationen, etwa des VDI oder des DVGW, die sich schon bisher in der Praxis so bewährt hatten, dass der Gesetzgeber keinen Anlass sah, Bauprodukte, die nach diesen Regeln hergestellt werden, für die Zukunft neuen bauordnungsrechtlichen Regelungen zu unterwerfen. **17**

Sonstige Bauprodukte **bedürfen keines Verwendbarkeitsnachweises**, damit auch **keines Übereinstimmungsnachweises** und dürfen deswegen auch **kein Ü-Zeichen** tragen (vgl. Nr. 20.26 VV BauO NRW). Allerdings muss das Bauprodukt gemäß § 3 Abs. 1 Satz 2 BauO NRW der betreffenden allgemein anerkannten Regel der Technik insoweit entsprechen, als diese der Wahrung bauordnungsrechtlicher Schutzgüter dient. Auch wenn das Bauprodukt von der betreffenden allgemein anerkannten Regel der Technik abweicht, sei es wesentlich oder nicht wesentlich, unterfällt es gleichwohl nach § 20 Absatz 1 Satz 2 BauO NRW keiner bauproduktenrechtlichen Verwendungsvorschrift. Im Falle der Abweichung ist dann aber darauf zu achten, dass gemäß § 3 Abs. 1 Satz 3 BauO NRW die allgemeinen bauaufsichtlichen Anforderungen nach § 3 Abs. 1 Satz 1 BauO NRW in gleicher Weise – also **gleichwertig** – erfüllt sind. Ist dieser **Gleichwertigkeitsnachweis nicht möglich**, dann handelt es sich um ein anderes, nicht geregeltes Bauprodukt (**Aliud**), für das dann wiederum nach § 20 Absatz 3 Satz 1 BauO NRW ein besonderer **bauproduktenrechtlicher Verwendbarkeitsnachweis** erforderlich ist (ebenso Wilke/Dageförde/Knuth/Meyer, zu § 18 Rdn. 30). **18**

### 2.3 Verwendbarkeit harmonisierter Bauprodukte

**Nach Satz 1 Nr. 2** sind die nach dem BauPG oder nach der BPR vergleichbaren oder sonstigen Richtlinien der Europäischen Gemeinschaft umsetzenden Vorschriften in den Verkehr gebrachten **Bauprodukte grundsätzlich verwendbar** (s. die Anmerkungen vor §§ 20 bis 28 Rdn. 22–26). Die Nr. 2 nennt unter den Buchstaben **a) bis c) drei Gruppen** von harmonisierten Bauprodukten. **10**

### 2.3.1 Zu Buchstabe a)

20 Hinsichtlich der Bauprodukte nach **Buchstabe a)**, die gemäß § 3 BauPG unter den Anwendungsbereich des Bauproduktengesetzes fallen, sind die allgemeinen Anforderungen über das Inverkehrbringen in § 4 BauPG geregelt:

- sie müssen im Sinne des § 5 BauPG brauchbar sein,
- ihre Konformität muss nach § 8 BauPG nachgewiesen sein und
- sie müssen die CE-Kennzeichnung nach § 12 Abs. 1 BauPG tragen.

Hiervon gibt es aber **drei wichtige Ausnahmen**:

21 Nach der **ersten Ausnahme** besteht entsprechend **§ 4 Abs. 2 BauPG** (vgl. Art. 6 Abs. 2 BPR) nur dann die **Pflicht**, Bauprodukte nach dem BauPG in den Verkehr zu bringen, **wenn** bei der Bekanntmachung der harmonisierten Normen oder Leitlinien für die europäische technische Zulassung dies **ausdrücklich bestimmt** wurde. Ist dies unterblieben, so dürfen die Bauprodukte auch verwendet werden, wenn sie die Voraussetzungen des § 20 Abs. 1 Nr. 1 BauO NRW erfüllen (s. Nr. 20.121 – letzter Absatz VV BauO NRW). Der **Hersteller** hat dann **ein Wahlrecht,** wie er ein Bauprodukt in den Verkehr bringen bzw. verwenden will, **nach BauPG-Vorschriften** mit der **CE-Kennzeichnung oder nach den Vorschriften der BauO NRW** – oder einer anderen Landesbauordnung – mit dem **Ü-Zeichen** auf dem so genannten **nationalen Weg**. Dieses Wahlrecht besteht aber nur bei der Produktion für den inländischen Markt, nicht für den Export, das heißt den freien Handel im Sinne der BPR. Bauprodukte, die nach nationalen Vorschriften in den Verkehr gebracht werden, dürfen gemäß § 4 Abs. 2 BauPG die CE-Kennzeichnung nicht tragen.

22 Die **zweite Ausnahme** enthält **§ 4 Abs. 3 BauPG** (vgl. Art. 4 Abs. 5 BPR). Hiernach dürfen Bauprodukte, für die „*die wesentlichen Anforderungen nach § 5 Abs. 1 nur eine untergeordnete Bedeutung haben und die die Kommission der Europäischen Gemeinschaften in einer Liste erfasst hat*" (§ 4 Abs. 1 Satz 1 Nr. 4 BauPG), ohne einen Brauchbarkeits- und Konformitätsnachweis nach dem BauPG in den Verkehr gebracht und frei gehandelt werden. Sie dürfen dementsprechend die CE-Kennzeichnung ebenfalls nicht tragen. Die **Kommissions-Liste der marginalen Produkte** wird im Bundesanzeiger bekannt gemacht (§ 3 Abs. 1 Satz 2 BauPG).

23 Die **dritte Ausnahme** wird in **§ 4 Abs. 4 BauPG** (vgl. die Protokollerklärung in Nr. 2 zur BPR) geregelt. Danach bedürfen die Bauprodukte, deren **Verwendung „nur für den Einzelfall**" vorgesehen ist, ebenfalls keines Brauchbarkeits- und Konformitätsnachweises nach dem BauPG, wiederum mit der Konsequenz, dass eine CE-Kennzeichnung nicht vorgenommen werden darf. Unter Einzelfall ist dabei in der Regel eine einzelne bauliche Anlage zu verstehen. Im Zweifelsfall ist danach zu urteilen, ob das Bauprodukt in den allgemeinen Handel gelangt oder ob es gezielt nur für den konkreten Einzelfall hergestellt wird.

### 2.3.2 Zu Buchstabe b)

24 Die **BPR** war nicht nur von Deutschland, sondern auch von anderen Staaten der Europäischen Union und des Europäischen Wirtschaftsraums (EWR) in das **jeweilige nationale Recht umzusetzen**. Diese **Regelungen entsprechen dem deutschen BauPG**. Bauprodukte, die nach den Vorschriften anderer Staaten zur Umsetzung der BPR in den Verkehr gebracht werden, dürfen gemäß Absatz 1 Satz 1 Nr. 2 Buchstabe b) wie solche nach dem BauPG in den Verkehr gebrachte Produkte verwendet werden (vgl. Nr. 20.11 VV BauO NRW).

### 2.3.3 Zu Buchstabe c)

Diese Regelung trägt dem Umstand Rechnung, dass das Inverkehrbringen und der freie Handel mit Produkten, die nach der Definition der BPR Bauprodukte sind, nicht nur in der BPR, sondern auch in **anderen Richtlinien der EG** geregelt worden sind (vgl. Art. 2 Abs. 2 und 3 BPR). Dementsprechend ist in Deutschland die Umsetzung dieser Richtlinien in nationales Recht nicht nur durch das BauPG, sondern auch in Rechtsvorschriften anderer Rechtsbereiche vorgenommen worden. Im Einzelnen handelt es sich um die in Nr. 20.122 VV BauO NRW aufgeführten Richtlinien bzw. die die Umsetzung bewirkenden deutschen Rechtsvorschriften. 25

Wenn diese Produkte die CE-Kennzeichnung – ggf. mit der Ausweisung der nach der Bauregelliste B festgelegten Klassen und Leistungsstufen – tragen, sind sie verwendbar, ohne dass es weiterer Nachweise bedarf. Dies gilt jedoch nur unter der Voraussetzung, **„soweit diese Richtlinien die wesentlichen Anforderungen des § 5 Abs. 1 BauPG berücksichtigen"**. In der Bauregelliste B Teil 2 wird gemäß § 20 Abs. 7 Nr. 2 BauO NRW bekannt gemacht, inwieweit die Richtlinien diese Anforderungen nicht berücksichtigen. Das hat zur Folge, dass für die nicht berücksichtigten Anforderungen des § 5 Abs. 1 BauPG die §§ 20 bis 28 BauO NRW beachtet werden müssen. Das hängt jedoch wiederum davon ab, ob die Bauregelliste A insoweit entsprechende Technische Regeln enthält, die für die nicht berücksichtigten Anforderungen maßgeblich sind. 26

### 2.4 CE-Kennzeichnung

Soweit die harmonisierten Bauprodukte nach Absatz 1 Satz 1 Nr. 2 als Voraussetzung der Verwendbarkeit die CE-Kennzeichnung zu tragen haben (wegen der Ausnahmen s. Rdn. 21 bis 23), muss das Bauprodukt selbst oder auf der Verpackung, ggf. auf dem Lieferschein, vom Hersteller mit der **CE-Kennzeichnung** versehen sein (§ 8 Abs. 6 und 7 BauPG). Die CE-Kennzeichnung begründet gemäß § 12 Abs. 3 BauPG die **widerlegbare Vermutung**, dass das Bauprodukt im Sinne von § 5 BauPG brauchbar ist und dass die Konformität nach § 8 BauPG nachgewiesen ist. 27

§ 15 Abs. 1 Nr. 1 BauPG enthält eine **Rechtsverordnungsermächtigung** für die Festlegung der **CE-Kennzeichnung** und die **zusätzliche Angaben zu diesem Zeichen**. Bis zum Inkrafttreten dieser Rechtsverordnung müssen nach der Überleitungsvorschrift des § 16 Abs. 2 BauPG die CE-Kennzeichnung und die zusätzlichen Angaben mindestens die Anforderungen des Anhangs III Nr. 4.1 der BPR erfüllen. 28

Für die CE-Kennzeichnung ist der Hersteller des Bauprodukts verantwortlich. Dieser hat auch die gegebenenfalls zusätzlich auszuweisenden **Klassen und Leistungsstufen** (s. Rdn. 50–53) in die Kennzeichnung mit aufzunehmen. 29

## 3 Zu Absatz 2

Nach Absatz 2 **Satz 1** sind in der **Bauregelliste A** die **technischen Regeln** bekannt zu machen, die **zur Erfüllung** der an bauliche Anlagen gestellten bauordnungsrechtlichen **Anforderungen** erforderlich sind. Die Bauregelliste A weist **drei Teile** auf; die Teile 1 und 2 betreffen Bauprodukte, Teil 3 betrifft Bauarten. Die in Satz 1 angesprochenen technischen Regeln enthält Teil 1. In erster Linie handelt es sich hierbei um technische 30

Regeln für die Herstellung bestimmter Bauprodukte oder Bauproduktgruppen. Aufgenommen werden können darüber hinaus Querschnittsnormen, wie Prüfnormen oder Berechnungsnormen, ohne die eine Produktbeschreibung häufig gar nicht möglich wäre. Dies gilt auch für ausländische Regelwerke und europäische Normen, soweit es sich nicht um harmonisierte oder anerkannte Normen im Sinne des BauPG handelt. Der Text des Absatzes 2 macht nämlich durch die (negative) Bezugnahme auf die Vorschriften des Absatzes 1 Satz 1 Nr. 2 unmissverständlich klar, dass **in die Bauregelliste A nicht aufgenommen werden dürfen**

- harmonisierte oder anerkannte Normen nach § 3 Abs. 1 Satz 1 Nr. 1 BauPG oder den entsprechenden die BPR umsetzenden Vorschriften anderer Staaten,
- technische Regeln für Bauprodukte, für die der Anwendungsbereich des BauPG gemäß § 3 Abs. 1 Satz 1 Nrn. 2 bis 4 BauPG eröffnet ist.

Die technischen Regeln für Bauprodukte, z. B. die in der europäischen Liste der Bauprodukte enthalten sind, für die die wesentlichen Anforderungen nur eine untergeordnete Bedeutung haben („Marginalliste", vgl. Rdn. 22), dürfen demnach auch nicht in die Bauregelliste A Teil 1 aufgenommen werden. Die Sperre gilt jeweils nur, wenn die entsprechenden Bezugsdokumente die weitere Anwendung nationaler Vorschriften ausdrücklich ausschließen (s. Rdn. 21).

Nach Absatz 2 **Satz 2** gelten die technischen Regeln, die in der Bauregelliste A enthalten sind, als allgemein anerkannte Regeln der Technik. Das bedeutet insbesondere, dass hinsichtlich der in die Bauregelliste A aufgenommenen technischen Regeln die **widerlegbare Vermutung** besteht, dass diese **Bauprodukte die Anforderungen des § 3 Abs. 2 BauO NRW erfüllen**. Sollte die Bauaufsichtsbehörde dies im Einzelfall nicht akzeptieren, müsste sie den Nachweis führen, dass und warum das – ausnahmsweise – nicht der Fall ist.

31 Die Bauregelliste A (wie die Bauregelliste B und die Liste C) wird gemäß **Absatz 2 Satz 1** vom **Deutschen Institut für Bautechnik** (**DIBt**) im Einvernehmen mit der obersten Bauaufsichtsbehörde bekannt gemacht (s. die Anmerkungen vor §§ 20–28 Rdn. 42–46). Die BauO NRW wiederholt damit nur, was durch das zwischen dem Bund und den Ländern abgeschlossene Abkommen über das Deutsche Institut für Bautechnik (**DIBt-Abkommen**) bereits in Art. 2 Abs. 2 verbindlich festgelegt worden ist. Die **Bauregellisten** sind **bundeseinheitlich**, weil das Einvernehmen der obersten Bauaufsichtsbehörde jedes Landes gefordert wird. Das Einvernehmen ist auch erforderlich, weil man es nicht einer technischen Instanz überlassen konnte, Bekanntmachungen zu veröffentlichen, die wie die genannten Listen Außenwirkung gegenüber Herstellern und Verwendern haben. Nach Auffassung von Bund und Ländern bestehen hinsichtlich dieser besonderen gesetzestechnischen Konstruktion keine verfassungsrechtlichen Bedenken. Die **Ausgabe 2007/1** enthält ausführliche **Vorbemerkungen** bezüglich der **Bauregelliste A**:

*„1 Allgemeines*

*Die Landesbauordnungen unterscheiden zwischen geregelten, nicht geregelten und sonstigen Bauprodukten.*

*Geregelte Bauprodukte entsprechen den in der Bauregelliste A Teil 1 bekannt gemachten technischen Regeln oder weichen von ihnen nicht wesentlich ab. Nicht geregelte Bauprodukte sind Bauprodukte, die wesentlich von den in der Bauregelliste A Teil 1 bekannt gemachten technischen Regeln abweichen oder für die es keine Technischen Baubestimmungen oder allgemein anerkannte Regeln der Technik gibt.*

*Die Verwendbarkeit ergibt sich:*

*a) für geregelte Bauprodukte aus der Übereinstimmung mit den bekannt gemachten technischen Regeln*

*b) für nicht geregelte Bauprodukte aus der Übereinstimmung mit*
   - *der allgemeinen bauaufsichtlichen Zulassung oder*
   - *dem allgemeinen bauaufsichtlichen Prüfzeugnis oder*
   - *der Zustimmung im Einzelfall.*

*Geregelte und nicht geregelte Bauprodukte dürfen verwendet werden, wenn ihre Verwendbarkeit in dem für sie geforderten Übereinstimmungsnachweis bestätigt ist und sie deshalb das Übereinstimmungszeichen (Ü-Zeichen) tragen.*

*Sonstige Bauprodukte sind Produkte, für die es allgemein anerkannte Regeln der Technik gibt, die jedoch nicht in der Bauregelliste A enthalten sind. An diese Bauprodukte stellt die Bauordnung zwar die gleichen materiellen Anforderungen, sie verlangt aber weder Verwendbarkeits- noch Übereinstimmungsnachweise; sie sind deshalb auch nicht in der Bauregelliste A erfasst.*

*Die Landesbauordnungen bezeichnen das Zusammenfügen von Bauprodukten zu baulichen Anlagen oder Teilen von baulichen Anlagen als Bauart. Nicht geregelte Bauarten sind Bauarten, die von Technischen Baubestimmungen wesentlich abweichen oder für die es allgemein anerkannte Regeln der Technik nicht gibt. Die Anwendbarkeit nicht geregelter Bauarten ergibt sich aus der Übereinstimmung mit*

- *der allgemeinen bauaufsichtlichen Zulassung oder*
- *dem allgemeinen bauaufsichtlichen Prüfzeugnis oder*
- *der Zustimmung im Einzelfall.*

*Die Festlegungen der Bauregelliste A Teile 1, 2 und 3 und der Liste C betreffen die Voraussetzungen für die Verwendung von Bauprodukten (und die Anwendung von Bauarten im Falle der Bauregelliste A Teil 3) und nicht die Voraussetzungen für das In-Verkehr-Bringen sowie den freien Warenverkehr von Bauprodukten im Sinne des Bauproduktengesetzes (BauPG). Die Festlegungen in der Bauregelliste A Teile 1, 2 und 3 und der Liste C werden nach Ablauf einer von der Europäischen Kommission festgelegten sog. Koexistenzperiode daher nicht unmittelbar gestrichen (zur Koexistenzperiode s. Abschnitt 3.2 Bauregelliste B Teil 1).*

***2 Bauregelliste A Teile 1, 2 und 3***

*2.1 Bauregelliste A Teil 1*

*In der Bauregelliste A Teil 1 werden in Spalte 3 technische Regeln für Bauprodukte angegeben, die zur Erfüllung der Anforderungen der Landesbauordnungen von Bedeutung sind und die die betroffenen Produkte hinsichtlich der Erfüllung der für den Verwendungszweck maßgebenden Anforderungen hinreichend bestimmen. Diese technischen Regeln bezeichnen die geregelten Bauprodukte. Im Einzelfall sind technische Regeln ggf. nur für bestimmte Verwendungszwecke maßgeblich. Weitere Bestimmungen sind ggf. in den Anlagen zur Bauregelliste A Teil 1 enthalten.*

*Bauprodukte sind in die Bauregelliste A Teil 1 nur aufgenommen worden, wenn ihre Anforderungen hinsichtlich einer erforderlichen Feuerwiderstands- oder Baustoffklasse geregelt sind. In der Spalte 3 dieser Liste wird eine Norm aus der Reihe DIN 4102 dann genannt, wenn*

- *Regelungen zum Erreichen einer Feuerwiderstandsklasse zu beachten sind oder*
- *die Ermittlung der Baustoffklasse bedeutsam ist.*

*Auf eine Normangabe wird in der Regel verzichtet, wenn die Baustoffklasse als bekannt vorausgesetzt werden kann – z. B. Nichtbrennbarkeit von Stahl – oder wenn in der zitierten Produktnorm auf DIN 4102 hingewiesen wird.*

*Je nach Zusammensetzung der Bauprodukte und der Art ihrer Verwendung können Anforderungen im Hinblick auf den Gesundheits- bzw. Umweltschutz gestellt sein, die durch die in der Bauregelliste A enthaltenen technischen Regeln nicht abgedeckt sind. Solche Anforderungen ergeben sich zum Beispiel aus stofflichen Verboten oder Beschränkungen sowie allgemeinen Vorschriften oder Grundsätzen anderer Rechtsbereiche (z. B. Chemikaliengesetz, Gefahrstoffverordnung, Wasserhaushaltsgesetz), aus denen einschränkende Bestimmungen abzuleiten wären.*

*In die Bauregelliste A Teil 1 können auch Normen und sonstige Bestimmungen und/oder technische Vorschriften anderer Vertragsstaaten des Abkommens über den Europäischen Wirtschaftsraum aufgenommen werden, sofern das festgestellte Sicherheitsniveau gleichermaßen dauerhaft erreicht wird.*

*Nicht harmonisierte europäische Normen für Bauprodukte, die zu den in der Bauregelliste A Teil 1 aufgeführten Produktbereichen gehören, können – erforderlichenfalls auch mit notwendigen Anlagen – in die Bauregelliste A Teil 1 aufgenommen werden.*

*Sind solche Normen nicht in die Bauregelliste aufgenommen, so handelt es sich um „sonstige Bauprodukte" im Sinne der Landesbauordnungen.*

*2.2 Bauregelliste A Teil 2*

*Die Bauregelliste A Teil 2 enthält nicht geregelte Bauprodukte,*

- *deren Verwendung nicht der Erfüllung erheblicher Anforderungen an die Sicherheit baulicher Anlagen dient und für die es keine allgemein anerkannten Regeln der Technik gibt oder*
- *für die es Technische Baubestimmungen oder allgemein anerkannte Regeln der Technik nicht oder nicht für alle Anforderungen gibt und die hinsichtlich dieser Anforderungen nach allgemein anerkannten Prüfverfahren beurteilt werden können.*

*Sie bedürfen anstelle einer allgemeinen bauaufsichtlichen Zulassung nur eines allgemeinen bauaufsichtlichen Prüfzeugnisses. Der Übereinstimmungsnachweis bezieht sich auf die Übereinstimmung mit dem allgemeinen bauaufsichtlichen Prüfzeugnis.*

*Ausgenommen sind die in Liste C aufgeführten nicht geregelten Bauprodukte (siehe Nummer 4 der Vorbemerkungen).*

*2.3 Bauregelliste A Teil 3*

*Die Bauregelliste A Teil 3 enthält nicht geregelte Bauarten,*

- *deren Anwendung nicht der Erfüllung erheblicher Anforderungen an die Sicherheit baulicher Anlagen dient und für die es keine allgemein anerkannten Regeln der Technik gibt oder*

- *für die es allgemein anerkannte Regeln der Technik nicht gibt oder nicht für alle Anforderungen gibt und die hinsichtlich dieser Anforderungen nach allgemein anerkannten Prüfverfahren beurteilt werden können.*

*Sie bedürfen anstelle einer allgemeinen bauaufsichtlichen Zulassung nur eines allgemeinen bauaufsichtlichen Prüfzeugnisses. Der Übereinstimmungsnachweis bezieht sich auf die Übereinstimmung mit dem allgemeinen bauaufsichtlichen Prüfzeugnis. Hierbei hat der Anwender der Bauart zu bestätigen, dass die Bauart entsprechend den Bestimmungen des allgemeinen bauaufsichtlichen Prüfzeugnisses ausgeführt wurde und die hierbei verwendeten Produkte den Bestimmungen des allgemeinen bauaufsichtliche Prüfzeugnisses entsprechen."*

Unter dem Abschnitt „**Bauregelliste A**" wird dann in den **Vorbemerkungen** weiter Folgendes ausgeführt:

„***– Ausgabe 2007/1 –***

***1*** *Bauprodukte, für die in der Bauregelliste A Teil 1 technische Regeln angegeben sind und Bauprodukte, die in der Bauregelliste A Teil 2 genannt sind, sowie Bauarten, die in der Bauregelliste A Teil 3 enthalten sind, bedürfen für ihre Verwendung eines Übereinstimmungsnachweises. Die jeweils erforderliche Art dieses Nachweises ist in Spalte 4 bzw. Spalte 5 bestimmt:*

- *Übereinstimmungserklärung des Herstellers (ÜH),*
- *Übereinstimmungserklärung des Herstellers nach vorheriger Prüfung des Bauproduktes durch eine anerkannte Prüfstelle (ÜHP) oder*
- *Übereinstimmungszertifikat durch eine anerkannte Zertifizierungsstelle (ÜZ).*

*Maßgebend ist öffentlich-rechtlich stets die jeweils vorgeschriebene Art des Übereinstimmungsnachweises, auch wenn in der technischen Regel etwas anderes vorgesehen ist. Eine in einer technischen Regel vorgesehene Fremdüberwachung ist daher öffentlich-rechtlich unbeachtlich, wenn in der Spalte 4 bzw. Spalte 5 kein Übereinstimmungszertifikat vorgeschrieben ist.*

*Sind in den technischen Regeln Prüfungen von Bauprodukten, insbesondere Eignungsprüfungen, Erstprüfungen oder Prüfungen zur Erlangung von Prüfzeugnissen oder Werksbescheinigungen vorgesehen, so sind diese Prüfungen im Rahmen der vorgeschriebenen Übereinstimmungsnachweise durchzuführen. Dies ist in der Bauregelliste A Teil 1 Spalte 3 nicht ausdrücklich festgelegt.*

*Die werkseigene Produktionskontrolle ist die vom Hersteller vorzunehmende kontinuierliche Überwachung der Produktion, die sicherstellen soll, dass die von ihm hergestellten Bauprodukte den maßgebenden technischen Regeln entsprechen. Sie bestimmt sich nach DIN 18200:2000–05, Abschnitt 3. Im Übrigen sind für die werkseigene Produktionskontrolle die in den technischen Regeln enthaltenen Bestimmungen maßgebend. Dabei gelten Bestimmungen für die Eigenüberwachung als Bestimmungen für die werkseigene Produktionskontrolle.*

*Werden Bauprodukte nicht in Serie von Betrieben hergestellt, die oder deren Betreiber in die Handwerksrolle eingetragen sind, gelten die Anforderungen an die werkseigene Produktionskontrolle im Sinne von DIN 18200:2000–05, Abschnitt 3, bei Einhaltung der handwerklichen Regeln als erfüllt.*

*Die Fremdüberwachung bestimmt sich nach DIN 18200:2000–05, Abschnitte 4.1 und 4.3. Im Übrigen sind die für die Fremdüberwachung in den technischen Regeln enthaltenen Bestimmungen maßgebend.*

*In DIN EN-Normen enthaltene Bestimmungen für den Konformitätsnachweis gelten als Bestimmungen für den Übereinstimmungsnachweis.*

*Wenn die technische Regel normative Anhänge enthält, gelten diese mit, es sei denn, sie sind im Einzelfall als technische Regeln ausgenommen.*

*Werden Bauprodukte, für die technische Regeln in der Bauregelliste A Teil 1 bekannt gemacht sind und die von diesen wesentlich abweichen, ausschließlich für Verwendungszwecke nach Liste C hergestellt und eingesetzt, so ist ein Übereinstimmungsnachweis nicht erforderlich. Eine Kennzeichnung mit dem Ü-Zeichen ist in diesen Fällen nicht zulässig.*

***2** In der Bauregelliste A Teil 1 wird in Spalte 5 bestimmt, in welchen Fällen bei wesentlichen Abweichungen von den technischen Regeln der Verwendbarkeitsnachweis durch eine allgemeine bauaufsichtliche Zulassung (Z) oder an deren Stelle durch ein allgemeines bauaufsichtliches Prüfzeugnis (P) zu führen ist.*

*Bauprodukte, die in der Bauregelliste A Teil 2 genannt sind, und Bauarten, die in der Bauregelliste A Teil 3 genannt sind, bedürfen zum Nachweis ihrer Verwendbarkeit nur eines allgemeinen bauaufsichtlichen Prüfzeugnisses (P).*

***3** Die Prüfstellen, die allgemeine bauaufsichtliche Prüfzeugnisse erteilen, sowie die Prüf-, Überwachungs- und Zertifizierungsstellen, die im Rahmen des Übereinstimmungsnachweises eingeschaltet werden, müssen für den jeweiligen Bereich nach den Landesbauordnungen anerkannt sein.*

***4** Prüfungen, Überwachungen und Zertifizierungen, die von Stellen eines anderen Mitgliedstaates der Europäischen Union oder der Türkei oder eines EFTA-Staates, der Vertragspartei des Abkommens über den Europäischen Wirtschaftsraum ist, erbracht werden, sind ebenfalls anzuerkennen, sofern die Stellen aufgrund ihrer Qualifikation, Integrität, Unparteilichkeit und technischen Ausstattung Gewähr dafür bieten, die Prüfung, Überwachung bzw. Zertifizierung gleichermaßen sachgerecht und aussagekräftig durchzuführen. Diese Voraussetzungen gelten insbesondere als erfüllt, wenn die Stellen nach Artikel 16 Absatz 2 der Richtlinie 89/106/EWG vom 21. 12. 1988 für diesen Zweck zugelassen worden sind.“*

**32** Die **Bauregelliste A Teil 1** enthält **geregelte Bauprodukte** und ist in 17 Gliederungsnummern nach Produktgruppen unterteilt. Die Tabellen weisen jeweils fünf Spalten auf. In **Spalte 3** sind die technischen Regeln aufgeführt, zu denen auch die jeweiligen **Anlagen zu Teil 1** rechnen. Aus **Spalte 4** ergibt sich das **Übereinstimmungsnachweisverfahren**. Weicht ein Bauprodukt wesentlich von der in Spalte 3 aufgeführten technischen Regel ab, so ergibt sich aus **Spalte 5**, welcher **Verwendbarkeitsnachweis** geführt werden muss.

**Auszug aus der Bauregelliste A Teil 1 – Ausgabe 2007/1**

**12 Bauprodukte der Grundstücksentwässerung**

| Lfd. Nr. | Bauprodukt | Technische Regeln | Übereinstimmungsnachweis | Verwendbarkeitsnachweis bei wesentlicher Abweichung von den technischen Regeln |
|---|---|---|---|---|
| 1 | 2 | 3 | 4 | 5 |
| 12.1.16 | Faserzementschächte für erdverlegte Abwasserkanäle und -leitungen | DIN 19850-3: 1990-11 Zusätzlich gilt: Anlage 1.15 | ÜZ | Z |

Die in Spalte 4 und 5 benutzten Abkürzungen haben folgende Bedeutung:

ÜH – Übereinstimmungserklärung des Herstellers
ÜHP – Übereinstimmungserklärung des Herstellers nach vorheriger Prüfung des Bauprodukts durch eine anerkannte Prüfstelle
ÜZ – Übereinstimmungszertifikat durch eine anerkannte Zertifizierungsstelle
Z – Allgemeine bauaufsichtliche Zulassung
P – Allgemeines bauaufsichtliches Prüfzeugnis

**Anlage 1.15 (2004/1)**
Dem Beton dürfen Betonzusatzmittel nur zugegeben werden, wenn deren Verwendbarkeit gemäß DIN EN 934-2:2002-02 sowie DIN V 18998:2002-11 in Verbindung mit DIN V 18998/A1:2003-05 oder durch eine allgemeine bauaufsichtliche Zulassung nachgewiesen ist und deren Verwendung DIN V 20000–100 bzw. der allgemeinen bauaufsichtlichen Zulassung entspricht.

Die **Bauregelliste A Teil 2** enthält **nicht geregelte Bauprodukte**, für die als Verwendbar- **33**
keitsnachweis das allgemeine bauaufsichtliche Prüfzeugnis reicht. Es wird zwischen zwei unterschiedlichen Produktgruppen differenziert:

- **Gliederungsnummer 1** führt die Bauprodukte auf, deren Verwendung nicht der Erfüllung erheblicher Anforderungen an die Sicherheit baulicher Anlagen dient,
- **Gliederungsnummer 2** führt die Bauprodukte auf, die nach allgemein anerkannten Prüfverfahren beurteilt werden können.

**Auszug aus der Bauregelliste A Teil 2 – Ausgabe 2007/1 – Gliederungsnummer 1**

| Lfd. Nr. | Bauprodukt | Verwendbarkeitsnachweis | Übereinstimmungsnachweis |
|---|---|---|---|
| 1 | 2 | 3 | 4 |
| 1.5 | Dachabdichtungen mit Flüssigkunststoffen | P | ÜHP |

**Auszug aus der Bauregelliste A Teil 2 – Ausgabe 2007/1 – Gliederungsnummer 2**

| Lfd. Nr. | Bauprodukt | Verwendbarkeitsnachweis | anerkanntes Prüfverfahren nach | Übereinstimmungsnachweis |
|---|---|---|---|---|
| 1 | 2 | 3 | 4 | 5 |
| 2.12 | Schornstein-reinigungs-verschlüsse und Rußabsperrer | P | Bau- und Prüfgrundsätze für Schornsteinreinigungsverschlüsse (1979-10) | ÜHP |

34 Die **Bauregelliste A Teil 3** enthält **nicht geregelte Bauarten**. Die Tabelle zu Teil 3 Kapitel 1 (Bauarten, die nicht der Erfüllung erheblicher Anforderungen an die Sicherheit baulicher Anlagen dienen) ist derzeit noch leer. Die Tabelle zu Teil 3 Kapitel 2 sind wie die Tabellen zu Teil 2 Gliederungsnummer 2 strukturiert; Spalte 3 ist nicht mit Verwendbarkeitsnachweis, sondern mit **Anwendbarkeits**nachweis überschrieben, da Bauarten **an**gewendet, jedoch nicht **ver**wendet werden. Als Anwendbarkeitsnachweis reicht das allgemeine bauaufsichtliche Prüfzeugnis.

**Auszug aus der Bauregelliste A Teil 3 – Ausgabe 2007/1**

| Lfd. Nr. | Bauart | Anwendbarkeitsnachweis | anerkanntes Prüfverfahren nach | Übereinstimmungsnachweis |
|---|---|---|---|---|
| 1 | 2 | 3 | 4 | 5 |
| 2.12 | Absturzsichernde Verglasung nach TRAV, deren Tragfähigkeit unter stoßartigen Einwirkungen nachgewiesen werden soll | P | Technische Regeln für die Verwendung von absturzsichernden Verglasungen (TRAV), Fassung 2003-01, Abschnitte 6.2 und 6.3.2 b und c | Übereinstimmungserklärung des Anwenders[1]) |

[1]) – Siehe Vorbemerkungen zur Bauregelliste A, Bauregelliste B und Liste C, Abschnitt 2.3

## 4 Zu Absatz 3

35 Während die geregelten Bauprodukte die Vermutung der Verwendbarkeit für sich haben (Absatz 1 Satz 1 Nr. 1 i.V.m. Absatz 2), bedürfen die **nicht geregelten Bauprodukte** im Sinne des Absatzes 3 **Satz 1** eines besonderen Verwendbarkeitsnachweises. Das Gesetz unterscheidet in Satz 1 **zwei Gruppen** von nicht geregelten Bauprodukten:

- Bauprodukte, die von **technischen Regeln,** die für sie in der Bauregelliste A bekannt gemacht worden sind, **wesentlich abweichen** (Satz 1, 1. Alternative), und
- Bauprodukte **für die es keine allgemein anerkannten Regeln der Technik gibt** (Satz 1, 2. Alternative).

Ein Verwendbarkeitsnachweis im Sinne des Satzes 1, 2. Alternative ist nicht erforderlich, wenn es sich um Bauprodukte handelt, die in Liste C aufgeführt sind (Satz 2, vgl. Rdn. 40); sobald für diese technische Regeln vorliegen, werden sie in Liste C entfallen.

36 Der **Begriff der wesentlichen Abweichung** in Satz 1, 1. Alternative, der rechtlich dafür maßgeblich ist, ob ein Bauprodukt nach Absatz 1 Satz 1 Nr. 1 in Verbindung mit Absatz 2 ohne oder nach Absatz 3 nur mit einem besonderen Verwendbarkeitsnachweis verwendet werden darf, ist im Gesetz nicht definiert. Es ist davon auszugehen, dass es sowohl auf das Bauprodukt als auch auf seine konkrete Verwendung und Sicherheitsrelevanz sowie die jeweilige technische Regel ankommt. Eine **Abweichung** wird etwa **dann wesentlich** sein, wenn das Bauprodukt nach der jeweiligen technischen Regel nicht mehr sicher als gebrauchstauglich im Sinne des § 3 Abs. 2 BauO NRW beurteilt werden kann. Bei der technischen Regel wird die Feststellung wichtig sein, ob bestimmte Maße oder Kennwerte nur Anhaltswerte darstellen oder strikt eingehalten werden müssen. Auch wenn die technischen Regeln selbst insofern Bandbreiten aufweisen, können Ergebnisse, die außerhalb dieser Bandbreiten liegen, nicht dazu führen, dass stets das Vorliegen einer wesentlichen Abweichung bejaht wird. Eine Abweichung ist jedoch dann nicht wesentlich, wenn die Ergebnisse innerhalb dieser Bandbreiten liegen.

37 **Satz 1, 2. Alternative** bezieht sich auf **innovative Produkte**; für die es weder technische Regeln in der Bauregelliste A noch – außerhalb dieser Liste – allgemein anerkannte Regeln der Technik gibt. Durch diese gesetzliche Regelung werden aber auch solche Bauprodukte aufgefangen, bei denen die Frage auftaucht, ob es sich noch um eine wesentliche Abweichung von einer technischen Regel nach der Bauregelliste A handelt, oder ob es sich um ein Aliud, also ein völlig neues Bauprodukt handelt. In beiden Fällen hat der Gesetzgeber die gleiche Rechtsfolge vorgesehen, so dass stets ein **besonderer Verwendbarkeitsnachweis** erforderlich wird.

38 Der **besondere Verwendbarkeitsnachweis** nach Satz 1 kann **entweder generell** in der Form der allgemeinen bauaufsichtlichen Zulassung bzw. des allgemeinen bauaufsichtlichen Prüfzeugnisses **oder** – nur **für den einzelnen Anwendungsfall** – in der Form der Zustimmung im Einzelfall geführt werden. Wann anstelle der Zulassung das Prüfzeugnis in Betracht kommt, ist nach § 22 BauO NRW zu beurteilen. Der **Hersteller** hat das **Wahlrecht,** ob er die Zulassung bzw. das Prüfzeugnis erreichen oder eine Zustimmung beantragen will. Er wird die Zulassung dann wählen, wenn er das Bauprodukt in Serie herzustellen beabsichtigt, es also nicht nur im Einzelfall verwendet werden soll. Allerdings steht der gleichzeitigen Beantragung sowohl einer Zustimmung wie einer Zulassung rechtlich nichts im Wege, wenn er das Produkt, das auch in Serie gefertigt werden soll, schon alsbald in einem Einzelfall verwenden will. Erfahrungsgemäß ist eine Zustimmung im Einzelfall durch die oberste Bauaufsichtsbehörde schneller zu erhalten als eine Zulassung durch das DIBt.

39 Die **nicht geregelten Bauprodukte** (s. Rdn. 35) **bedürfen** ebenso wie die geregelten Bauprodukte des **Übereinstimmungsnachweises und des Ü-Zeichens** (wegen der Einzelheiten s. die Anmerkungen zu § 25 Rdn. 1–8).

40 **Satz 2** regelt zum einen die Voraussetzungen für die Aufnahme von **Bauprodukten** in die **Liste C** und legt zum anderen fest, dass Bauprodukte, die in diese Liste aufgenommen sind, ohne besonderen **Verwendbarkeitsnachweis** und folglich ohne **Übereinstimmungsnachweis** und **Ü-Zeichen** verwendet werden dürfen. In die **Liste C** werden solche **Bauprodukte** aufgenommen, die für die Erfüllung der Anforderungen der Landesbauordnungen oder auf sie gestützter Vorschriften nur eine **untergeordnete Bedeutung** haben. Ob das der Fall ist, wird häufig von der konkreten Verwendung abhängen; für

Türen z.B., an die keine Anforderungen hinsichtlich Schall-, Wärme- oder Brandschutz gestellt werden, wird eine untergeordnete Bedeutung für die Erfüllung bauaufsichtlicher Anforderungen angenommen werden können. Gleiches gilt für Fensterbänke, Dränelemente, Zubehörteile für Putz (Eckschienen, Putzträger u.a.). Im Regelfall wird daher in die Liste C ein Bauprodukt nur für eine bestimmte Verwendung aufgenommen. Die Liste C wird vom **DIBt** im Einvernehmen mit den obersten Bauaufsichtsbehörden der Länder **bekannt gemacht** (s. Rdn. 32) und bezeichnet lediglich die Bauprodukte. Die **Ausgabe 2007/1** enthält folgende **Vorbemerkungen** bezüglich der **Liste C**:

„***4 Liste C***

*Bauprodukte, für die es weder Technische Baubestimmungen noch allgemein anerkannte Regeln der Technik gibt und die für die Erfüllung bauordnungsrechtlicher Anforderungen nur eine untergeordnete Bedeutung haben, werden in die Liste C aufgenommen. Bei diesen Produkten entfallen Verwendbarkeits- und Übereinstimmungsnachweise. Diese Bauprodukte dürfen kein Übereinstimmungszeichen (Ü-Zeichen) tragen.*

*Ungeachtet dessen können jedoch je nach Zusammensetzung der Bauprodukte und der Art ihrer Verwendung Anforderungen im Hinblick auf den Brandschutz, Gesundheits- oder Umweltschutz gestellt sein. Solche Anforderungen ergeben sich zum Beispiel aus dem Verwendungsverbot für Baustoffe, die auch in Verbindung mit anderen Baustoffen leichtentflammbar sind, ferner aus stofflichen Verboten oder Beschränkungen sowie allgemeinen Vorschriften oder Grundsätzen anderer Rechtsbereiche (z.B. Chemikaliengesetz, Gefahrstoffverordnung, Wasserhaushaltsgesetz), aus denen einschränkende Bestimmungen abzuleiten wären.*“

**Auszug aus der Liste C – Ausgabe 2007/1**

**1.4** Mauerwerksbewehrung, die nicht für die Standsicherheit des Mauerwerks erforderlich ist

**1.5** Hilfsstoffe für Bauwerks- und Dachabdichtungen wie z.B. Grundierungen, Deckaufstrichmittel, Trennlagen, Schutzlagen, Fugenverfüllungen sowie Produkte für An- und Abschlüsse

**1.6** Abdichtungen von Fassaden zum Schutz gegen Wind und Schlagregen

## 5 Zu Absatz 4

41 Die im Absatz 4 enthaltene **Rechtsverordnungsermächtigung** trägt der Tatsache Rechnung, dass Produkte, die nach der Definition in § 2 Abs. 9 BauO NRW Bauprodukte sind, in Deutschland auch in anderen Rechtsbereichen gesetzlich geregelt sind. Der Gesetzgeber ist einem praktischen Bedürfnis gefolgt, das insbesondere aus dem Bereich der Anlagen zum Umgang mit wassergefährdenden Stoffen resultiert, weil es das Rechtsinstitut der Prüfzeichenpflicht, das die Berücksichtigung wasserrechtlicher Anforderungen ermöglichte, nach Ablauf einer Übergangsfrist inzwischen nach § 90 Abs. 2 Satz 2 BauO NW 1995 nicht mehr gibt. Durch Rechtsverordnung kann nunmehr bestimmt werden, dass für **Anforderungen anderer Rechtsbereiche** bestimmte **Verwendbarkeits- und Übereinstimmungsnachweise nach der Landesbauordnung** gefordert werden können. **Voraussetzungen** für den Erlass einer solchen Rechtsverordnung bzw. die Aufnahme entsprechender Regelungen für bestimmte Produkte sind, dass

– die Bauprodukte dem **Anwendungsbereich der Bauordnung nach § 1 unterfallen** und
– die **anderen Rechtsvorschriften diese Nachweise verlangen oder zulassen.**

Es soll damit verhindert werden, dass das Baurecht Produkte einer Nachweispflicht unterwirft, für die andere Rechtsbereiche bewusst keinen formalen Nachweis der Erfüllung seiner Anforderungen verlangen. Praktisch können durch Aufnahme baurechtsfremder technischer Regeln in die Bauregelliste A aus sonstigen Bauprodukten im Sinne von Absatz 1 Satz 2 (s. Rdn. 16–18) geregelte Bauprodukte werden, für die dann die Verwendbarkeits- und Übereinstimmungsnachweisverfahren nach der BauO NRW gelten.

Die Ermächtigung wurde mit der **42**

- **Verordnung zur Feststellung der wasserrechtlichen Eignung von Bauprodukten und Bauarten durch Nachweise nach der Landesbauordnung – WasBauPVO**

genutzt. Die WasBauPVO betrifft nur serienmäßig hergestellte Bauprodukte, für die nach **§ 19h WHG** eine **wasserrechtliche Eignungsfeststellung** grundsätzlich vorgeschrieben ist; § 1 WasBauPVO erfasst in

- **Nummer 1 Abwasserbehandlungsanlagen** und in
- **Nummer 2 Bauprodukte und Bauarten für ortsfest verwendete Anlagen zum Lagern, Abfüllen und Umschlagen von wassergefährdenden Stoffen**.

Die nach § 19h WHG erforderliche wasserrechtliche Eignungsfeststellung wird durch das bauordnungsrechtliche (bauproduktenrechtliche) Verwendbarkeits- und Übereinstimmungsnachweisverfahren ersetzt. Für **nicht serienmäßig hergestellte** Bauprodukte verbleibt es dagegen bei der wasserrechtlichen Eignungsfeststellung. Nicht in § 1 WasBauPVO aufgenommen wurden geregelte bzw. nicht geregelte Bauprodukte, für die bereits von daher ein Verwendbarkeits- und Übereinstimmungsnachweis vorgeschrieben ist, sowie die Bauprodukte, die durch § 19h Abs. 1 Satz 2 Nr. 1 WHG als einfach und herkömmlich von der wasserrechtlichen Eignungsfeststellung freigestellt sind.

## 6 Zu Absatz 5

Die Vorschrift entspricht der Regelung in § 20 Abs. 2 BauO NW 1984. Wie bislang schon, besteht auch weiterhin ein Bedürfnis, für Bauprodukte, deren Herstellung in außergewöhnlichem Maße **besondere Sachkunde und Erfahrung** der damit betrauten Personen verlangt und von der **Ausstattung mit besonderen Vorrichtungen** abhängt, verlangen zu können, dass die Hersteller über solche Fachkräfte und Vorrichtungen verfügen. Entsprechende Regelungen gab es für Schweißarbeiten an tragenden Stahlbauteilen (großer oder kleiner „Schweißnachweis"), die Herstellung geleimter tragender Holzbauteile und die Herstellung bzw. die Bearbeitung von Beton B II. Der **Nachweis des Vorhandenseins besonderer Fachkräfte** oder **Vorrichtungen** kann in der allgemeinen bauaufsichtlichen Zulassung (das allgemeine bauaufsichtliche Prüfzeugnis kommt hier wegen der nach § 22 BauO NRW besonderen materiell-rechtlichen Prämissen sinnvoller weise nicht in Betracht), der Zustimmung im Einzelfall oder generell durch Rechtsverordnung der obersten Bauaufsichtsbehörde verlangt werden. Durch die Erweiterung von Satz 1 (s. Rdn. 02) kann nunmehr auch verlangt werden, den **Nachweis gegenüber einer Prüfstelle** nach § 28 BauO NRW zu führen. In der Rechtsverordnung können gemäß Satz 2 zugleich auch **Mindestanforderungen an** die **Ausbildung**, die durch Prüfung nachzuweisende **Befähigung** (somit wohl auch für ein Prüfungsverfahren) und die **Ausbildungsstätten einschließlich** der **Anerkennungsvoraussetzungen** für diese Institutionen festgelegt werden. **43**

44 Die Ermächtigung zu einer generellen Regelung wurde mit der

– **Verordnung über Anforderungen an Hersteller von Bauprodukten und Anwender von Bauarten – Hersteller- und AnwenderVO – HAVO**

genutzt. Die HAVO legt selbst keine Anforderungen fest, sondern verweist in § 1 Abs. 1 Satz 2 auf technische Regeln, die selbst wiederum Anforderungen an die Fachkräfte und deren Ausbildung enthalten. Den Herstellern von Bauprodukten und Anwendern von Bauarten werden durch § 2 HAVO **erstmalige und wiederkehrende Nachweispflichten** in Bezug auf die vorgeschriebenen Fachkräfte und Vorrichtungen **gegenüber anerkannten Prüfstellen** auferlegt. Für den Einzelfall ermächtigt § 3 HAVO die oberste Bauaufsichtsbehörde zu Abweichungen von den §§ 1 und 2 HAVO, wenn nachgewiesen ist, dass keine Gefahren im Sinne des § 3 Abs. 1 Satz 1 BauO NRW zu erwarten sind.

### 7 Zu Absatz 6

45 Die sich in der Regel auf die Herstellung der Bauprodukte beziehende **Überwachung kann** nach Absatz 6 **auf andere Tätigkeiten**, nämlich den **Einbau**, den **Transport,** die **Instandhaltung** und die **Reinigung** von Bauprodukten, in der allgemeinen bauaufsichtlichen Zulassung, in der Zustimmung im Einzelfall oder generell durch Rechtsverordnung **ausgedehnt** werden, wenn für diese Bauprodukte entweder wegen ihrer besonderen Eigenschaften oder wegen des besonderen Verwendungszwecks diese Tätigkeiten einer besonderen Sorgfalt bedürfen. Dabei spielt es keine Rolle, ob dies bei der Verwendung in einer baulichen Anlage oder bei Errichtung einer solchen gefordert wird. Die Ausdehnung der Überwachung auf andere Tätigkeiten entspricht den Forderungen der Praxis, z. B. bei Instandhaltungsarbeiten von Behältern durch Fachbetriebe.

46 Die Möglichkeit, eine Überwachung nach Absatz 6 vorzuschreiben, besteht **auch** für **harmonisierte Bauprodukte**, die nach § 20 Abs. 1 Satz 1 Nr. 2 BauO NRW in den Verkehr gebracht werden. Dies ergibt sich zum einen aus dem Vergleich mit Absatz 5, der eine ausdrückliche entsprechende Einschränkung formuliert, die bei Absatz 6 fehlt. Zum anderen ist dies auch unbedenklich, weil die Bauprodukte selbst durch die Überwachung bestimmter Tätigkeiten unverändert bleiben.

47 Die außergewöhnliche Sorgfalt bei diesen Tätigkeiten, muss wegen der **besonderen Eigenschaften** oder des **besonderen Verwendungszwecks** des Bauprodukts erforderlich sein. Die besonderen Eigenschaften können in der Zusammensetzung des Bauprodukts bestehen, z. B. mineralfaserhaltige Dämmstoffmatten, die beim Einbau zur Vermeidung von Gesundheitsschäden außergewöhnliche Sorgfalt verlangen. Ein besonderer Verwendungszweck ist gegeben, wenn ein Bauprodukt nicht wie üblich verwendet werden soll, sondern in einer baulichen Anlage mit besonders hohem Gefährdungspotential, z. B. in Anlagen zum Lagern oder Behandeln von wassergefährdenden Stoffen.

48 Die **Überwachung** kann in der allgemeinen bauaufsichtlichen Zulassung, in der Zustimmung im Einzelfall oder durch Rechtsverordnung **vorgeschrieben** werden. Das allgemeine bauaufsichtliche Prüfzeugnis ist in diesem Zusammenhang bewusst nicht erwähnt worden, da es regelmäßig nur in Betracht kommt, wenn es um weniger sicherheitsrelevante Anforderungen geht; genau das ist aber hier nicht der Fall. Die Überwachung wird durch **Überwachungsstellen** vorgenommen, die hierfür nach § 28 Abs. 1 Nr. 5 BauO NRW besonders anerkannt sind (s. die Anmerkungen zu § 28 Rdn. 4–18).

Die Ermächtigung zu einer generellen Regelung wurde mit der 49

- **Verordnung über die Überwachung von Tätigkeiten mit Bauprodukten und bei Bauarten – ÜTVO**

genutzt. § 1 Satz 1 ÜTVO führt in den Nummern 1 bis 6 **Tätigkeiten** auf, **für die Technische Baubestimmungen bestehen**, die bezüglich des Einbaus bzw. der Instandsetzung **detaillierte Anweisungen für die Ausführung** enthalten. Diese Tätigkeiten, wie der in Nr. 4 genannte Einbau von Verpressankern, bergen für den Bestand der baulichen Anlagen erhebliche Risiken in sich, wenn die Ausführung nicht genau nach den technischen Vorgaben erfolgt. Auf Regelungen in Bezug auf Transport und Reinigung wurde verzichtet, da kein erhöhtes Sicherheitsrisiko erkennbar ist. Die Überwachung erfolgt gemäß § 1 Satz 2 ÜTVO für die in Satz 1 aufgeführten Tätigkeiten nach den Technischen Baubestimmungen und kann sich auf Stichproben beschränken.

## 8 Zu Absatz 7

Absatz 7 enthält **zwei unterschiedliche Regelungen**. Zum einen wird in **Nr. 1** eine **Ermächtigung** für das DIBt festgelegt, in Ergänzung des § 20 Abs. 1 Satz 1 Nr. 2 BauO NRW die **Klassen und Leistungsstufen festzulegen,** die die CE-Kennzeichnung für Bauprodukte zusätzlich ausweisen muss, die nach den Vorschriften des BauPG, den entsprechenden Vorschriften anderer Mitgliedstaaten der EG bzw. des EWR oder nach sonstigen Umsetzungsvorschriften der BPR in den Verkehr gebracht oder frei gehandelt werden. Die **Begriffe „Klassen**“ und „**Leistungsstufen**“ sind gesetzlich nicht definiert. Von einer **Klasse** ist auszugehen, wenn der Anforderungsbereich in verschiedene Bandbreiten von Anforderungskategorien eingeteilt ist und jede Bandbreite eine eigens benannte „Klasse“ bildet. Eine **Leistungsstufe** liegt vor, wenn ein bestimmter Wert zu erreichen ist oder nicht unterschritten werden darf. Klassen und Leistungsstufen können in harmonisierten oder anerkannten **Normen**, in **Leitlinien** oder **europäischen technischen Zulassungen** nach dem BauPG oder in anderen Vorschriften zur Umsetzung von Richtlinien der EG **enthalten** sein, und zwar bezogen auf jede oder einzelne der wesentlichen Anforderungen. Die Festlegung von Klassen und Leistungsstufen dient dazu, Unterschiede bei geographischen, klimatischen oder lebensgewohnheitlichen Bedingungen oder unterschiedlichen Schutzniveaus, die auf einzelstaatlicher, regionaler oder lokaler Ebene bestehen, berücksichtigen zu können (vgl. Art. 3 Abs. 2 BPR). Die so bestimmten Klassen und Leistungsstufen können nicht abgeändert oder neue gebildet werden. Das DIBt kann mit der Festlegung in der Bauregelliste B nur bestimmen, welche Klasse und Leistungsstufe das Bauprodukt für eine bestimmte Verwendung einhalten muss. Allerdings ist damit auch das Recht gegeben, keine Klasse oder Leistungsstufe, die in den maßgebenden Dokumenten enthalten ist, für eine Verwendung zu verlangen. Das hat dann zur Folge, dass ein Bauprodukt, unabhängig davon, ob und mit welcher Klasse oder Leistungsstufe es ausgezeichnet ist, verwendet werden darf. 50

Zum anderen wird in **Nr. 2** eine **Ermächtigung** für das DIBt ausgesprochen, für Bauprodukte, die aufgrund von Vorschriften in den Verkehr gebracht werden, die sonstige Richtlinien der EG – also nicht die BPR – umsetzen, **bekannt zu machen**, **inwieweit** diese **Vorschriften die wesentlichen Anforderungen des § 5 Abs. 1 BauPG nicht berücksichtigen**. Die Nr. 2 des Absatzes 7 ergänzt die Regelung des § 20 Abs. 1 Satz 1 Nr. 2 Buchst. c) BauO NRW. Es kann vorkommen, dass Vorschriften, die andere Richtlinien der EG als die BPR umsetzen, für Bauprodukte nicht die oder nicht alle wesentlichen 51

Anforderungen des § 5 Abs. 1 BauPG berücksichtigen. Die Bekanntmachung solcher Vorschriften in der Bauregelliste B soll zum einen der Schwierigkeit, die für jedermann besteht, dies zu erkennen, Rechnung tragen. Zum anderen werden in der Bauregelliste B zweckmäßigerweise auch für die nicht berücksichtigten Anforderungen Hinweise auf die Verwendungsregelungen etwa der Bauregelliste A aufgenommen, ob z. B. Verwendbarkeitsnachweise, Übereinstimmungsnachweise und die Kennzeichnung mit dem Übereinstimmungszeichen nach § 20 Abs. 1 Satz 1 Nr. 1 BauO NRW zusätzlich erforderlich werden (s. Nr. 20.122 VV BauO NRW).

Sowohl die **Festsetzungen** nach Nr. 1 als auch die Bekanntmachung nach Nr. 2 erfolgen in der **Bauregelliste B**, die in den **Mitteilungen des DIBt veröffentlicht** werden muss. Das DIBt nimmt seine Befugnis im Einvernehmen mit den obersten Bauaufsichtsbehörden wahr (s. Rdn. 31).

Die **Ausgabe 2007/1** enthält hierzu folgende **Vorbemerkungen**:

*„**3 Bauregelliste B***

*3.1 Allgemeines*

*In die Bauregelliste B werden Bauprodukte aufgenommen, die nach Vorschriften der Mitgliedstaaten der Europäischen Union – einschließlich deutscher Vorschriften – und der Vertragsstaaten des Abkommens über den Europäischen Wirtschaftsraum zur Umsetzung von Richtlinien der Europäischen Gemeinschaften in den Verkehr gebracht und gehandelt werden dürfen und die die CE-Kennzeichnung tragen.*

*3.2 Bauregelliste B Teil 1*

*In die Bauregelliste B Teil 1 werden unter Angabe der vorgegebenen technischen Spezifikation oder Zulassungsleitlinie Bauprodukte aufgenommen, die aufgrund des Bauproduktengesetzes (BauPG) oder aufgrund der zur Umsetzung der Richtlinie 89/106/EWG des Rates vom 21. 12. 1988, geändert durch die Richtlinie 93/68/EWG des Rates vom 22. 7. 1993, zur Angleichung der Rechts- und Verwaltungsvorschriften der Mitgliedstaaten über Bauprodukte (Bauproduktenrichtlinie) von anderen Mitgliedstaaten der Europäischen Union und anderen Vertragsstaaten des Abkommens über den Europäischen Wirtschaftsraum erlassenen Vorschriften in den Verkehr gebracht und gehandelt werden. In der Bauregelliste B Teil 1 wird in Abhängigkeit vom Verwendungszweck festgelegt, welche Klassen und Leistungsstufen, die in den technischen Spezifikationen oder Zulassungsleitlinien festgelegt sind, von den Bauprodukten erfüllt sein müssen. Welcher Klasse oder Leistungsstufe ein Bauprodukt entspricht, muss aus der CE-Kennzeichnung erkenntlich sein.*

*Für Bauprodukte der Bauregelliste B Teil 1, mit Ausnahme der Bauprodukte, für die eine europäische technische Zulassung ohne Leitlinie erteilt wird (Abschnitt 4), werden von der Europäischen Kommission sog. Koexistenzperioden im Amtsblatt der Europäischen Union (Ausgabe C) bekannt gemacht, nach deren Ablauf die CE-Kennzeichnungspflicht für das In-Verkehr-Bringen des Bauprodukts besteht.*

*Während der Koexistenzperiode können Bauprodukte in den EU-Mitgliedstaaten und anderer EWR-Staaten sowohl mit der CE-Kennzeichnung als auch aufgrund der bislang geltenden Regelungen in den Verkehr gebracht werden.*

*Nach Ablauf der Koexistenzperiode können Bauprodukte, die vor Ablauf der Koexistenzperiode nach den jeweiligen nationalen Regelungen in den Verkehr gebracht worden sind („Lagerbestände"), in baulichen Anlagen noch verwendet werden.*

*3.3 Bauregelliste B Teil 2*

*In die Bauregelliste B Teil 2 werden Bauprodukte aufgenommen, die aufgrund der Vorschriften zur Umsetzung der Richtlinien der Europäischen Gemeinschaft mit Ausnahme von solchen, die die Bauproduktenrichtlinie umsetzen, in den Verkehr gebracht und gehandelt werden, wenn die Richtlinien wesentliche Anforderungen nach § 5 Abs. 1 BauPG nicht berücksichtigen und wenn für die Erfüllung dieser Anforderungen zusätzliche Verwendbarkeitsnachweise oder Übereinstimmungsnachweise nach den Bauordnungen erforderlich sind; diese Bauprodukte bedürfen neben der CE-Kennzeichnung auch des Übereinstimmungszeichens (Ü-Zeichen) nach den Bauordnungen der Länder. Welche wesentliche Anforderung nach § 5 Abs. 1 BauPG von den Richtlinien nicht abgedeckt wird, ist in Spalte 4 der Bauregelliste B Teil 2 angegeben. Die Spalten 5 und 6 enthalten die zur Berücksichtigung dieser wesentlichen Anforderung nach den Bauordnungen der Länder erforderlichen Verwendbarkeits- und Übereinstimmungsnachweise. Wesentliche Anforderungen nach § 5 Abs. 1 BauPG sind mechanische Festigkeit, Standsicherheit, Brandschutz, Hygiene, Gesundheit, Umweltschutz, Nutzungssicherheit, Schallschutz, Energieeinsparung und Wärmeschutz. Die wesentlichen Anforderungen sind in den Grundlagendokumenten nach Art. 12 der Richtlinie 89/106/EWG des Rates vom 21. 12. 1988 präzisiert.*

*EG-Richtlinien, die die wesentlichen Anforderungen des Bauproduktengesetzes nicht oder nur teilweise berücksichtigen:*[1]

- *Richtlinie 73/23/EWG des Rates vom 19. 2. 1973 zur Angleichung der Rechtsvorschriften der Mitgliedstaaten betreffend elektrische Betriebsmittel zur Verwendung innerhalb bestimmter Spannungsgrenzen (Niederspannungsrichtlinie), zuletzt geändert durch Richtlinie 93/68/EWG des Rates vom 22. 7. 1993.*
  *In Deutschland umgesetzt durch das Gesetz über technische Arbeitsmittel und Verbraucherprodukte (Geräte- und Produktsicherheitsgesetz – GSPG) vom 6. 1. 2004 (BGBl. I S. 2) und die Erste Verordnung zum Geräte- und Produktsicherheitsgesetz (Verordnung über das Inverkehrbringen elektrischer Betriebsmittel zur Verwendung innerhalb bestimmter Spannungsgrenzen – 1. GPSGV) vom 11. 6. 1979 (BGBl. I S. 629), zuletzt geändert durch Gesetz vom 6. 1. 2004 (BGBl. I S. 2). **

- *Richtlinie 89/336/EWG*[2] *des Rates vom 3. 5. 1989 zur Angleichung der Rechtsvorschriften der Mitgliedstaaten über die elektromagnetische Verträglichkeit (EMV-Richtlinie), zuletzt geändert durch Richtlinie 93/68/EWG des Rates vom 22. 7. 1993.*
  *In Deutschland umgesetzt durch das Gesetz über die elektromagnetische Verträglichkeit von Geräten (EMVG) vom 18. 9. 1998 (BGBl. I S. 2882), zuletzt geändert durch Artikel 230 der Verordnung vom 25. 11. 2003 (BGBl. I S. 2304).*

- *Richtlinie 90/396/EWG des Rates vom 29. 6. 1990 zur Angleichung der Rechtsvorschriften der Mitgliedstaaten für Gasverbrauchseinrichtungen (Gasgeräterichtlinie), zuletzt geändert durch Richtlinie 93/68/EWG des Rates vom 22. 7. 1993.*
  *In Deutschland umgesetzt durch das Gesetz über technische Arbeitsmittel und Verbraucherprodukte (Geräte- und Produktsicherheitsgesetz – GSPG) vom 6. 1. 2004 (BGBl. I S. 2) und die Siebte Verordnung zum Geräte- und Produktsicherheitsgesetz (Gasverbrauchseinrichtungsverordnung – 7. GSGV) vom 26. 1. 1993 (BGBl. I S. 133), zuletzt geändert durch Gesetz vom 6. 1. 2004 (BGBl. I S. 2). **

- *Richtlinie 92/42/EWG des Rates vom 21. 5. 1992 über die Wirkungsgrade von mit flüssigen oder gasförmigen Brennstoffen beschickten neuen Warmwasserheizkesseln (Heiz-*

*kesselwirkungsgradrichtlinie), zuletzt geändert durch Richtlinie 93/68/EWG des Rates vom 22. 7. 1993.*
*In Deutschland umgesetzt durch das Bauproduktengesetz (BauPG) vom 28. 4. 1998 (BGBl. I S. 812), zuletzt geändert durch Art. 8a des Gesetzes zur Neuordnung der Sicherheit von technischen Arbeitsmitteln und Verbraucherprodukten vom 6. 1. 2004 (BGBl. I S. 2), und die Verordnung über das Inverkehrbringen von Heizkesseln und Geräten nach dem Bauproduktengesetz (BauPG HeizkesselV) vom 28. 4. 1998 (BGBl. I S. 796) sowie durch das Gesetz zur Einsparung von Energie in Gebäuden (Energieeinsparungsgesetz – EnEG) vom 22. 7. 1976 (BGBl. I S. 1873), zuletzt geändert durch Gesetz vom 10. 11. 2001 (BGBl. I S. 2992), und die Verordnung über energiesparenden Wärmeschutz und energiesparende Anlagentechnik bei Gebäuden (Energieeinsparverordnung – EnEV) vom 16. 11. 2001 (BGBl. I S. 3085), zuletzt geändert durch Art. 296 der Verordnung vom 25. 11. 2003 (BGBl. I S. 2304).*
Anmerkung: jetzt gültige EnEV vom 24. 7. 2007 (BGBl. I S. 1519)

- *Richtlinie 93/42/EWG des Rates vom 14. 6. 1993 über Medizinprodukte, zuletzt geändert durch Verordnung (EG) Nr. 1882/2003 des Europäischen Parlaments und des Rates vom 29. 9. 2003.*
  *In Deutschland umgesetzt durch das Gesetz über Medizinprodukte (Medizinproduktegesetz – MPG) vom 7. 8. 2002 (BGBl. I S. 3146), zuletzt geändert durch Art. 109 der Verordnung vom 25. 11. 2003 (BGBl. I S. 2304), und die Verordnung über Medizinprodukte (Medizinprodukte-Verordnung – MPV) vom 20. 12. 2001 (BGBl. I S. 3854).* *
- *Richtlinie 94/9/EG des Europäischen Parlaments und des Rates vom 23. 3. 1994 zur Angleichung der Rechtsvorschriften der Mitgliedstaaten für Geräte und Schutzsysteme zur bestimmungsgemäßen Verwendung in explosionsgefährdeten Bereichen, zuletzt geändert durch Verordnung (EG) Nr. 1882/2003 des Europäischen Parlaments und des Rates vom 29. 9. 2003.*
  *In Deutschland umgesetzt durch das Gesetz über technische Arbeitsmittel und Verbraucherprodukte (Geräte- und Produktsicherheitsgesetz – GSPG) vom 6. 1. 2004 (BGBl. I S. 2) und die Elfte Verordnung zum Geräte- und Produktsicherheitsgesetz (Explosionsschutzverordnung – 11. GSGV) vom 12. 12. 1996 (BGBl. I S. 1914), zuletzt geändert durch Gesetz vom 6. 1. 2004 (BGBl. I S. 2).* *
- *Richtlinie 97/23/EG des Europäischen Parlaments und des Rates vom 29. 6. 1995 zur Angleichung der Rechtsvorschriften der Mitgliedstaaten über Druckgeräte, zuletzt geändert durch Verordnung (EG) Nr. 1882/2003 des Europäischen Parlaments und des Rates vom 29. 9. 2003.*
  *In Deutschland umgesetzt durch das Gesetz über technische Arbeitsmittel und Verbraucherprodukte (Geräte- und Produktsicherheitsgesetz – GSPG) vom 6. 1. 2004 (BGBl. I S. 2) und die Vierzehnte Verordnung zum Geräte- und Produktsicherheitsgesetz (Druckgeräteverordnung – 14. GSGV) vom 27. 9. 2002 (BGBl. I S. 3777, 3806), zuletzt geändert durch Gesetz vom 6. 1. 2004 (BGBl. I S. 2).* *
- *Richtlinie 98/37/EG des Europäischen Parlaments und des Rates vom 22. 6. 1998 zur Angleichung der Rechtsvorschriften der Mitgliedstaaten für Maschinen (Maschinenrichtlinie), zuletzt geändert durch Richtlinie 98/79/EG des Europäischen Parlaments und des Rates vom 27. 10. 1998.*
  *In Deutschland umgesetzt durch das Gesetz über technische Arbeitsmittel und Verbraucherprodukte (Geräte- und Produktsicherheitsgesetz – GSPG) vom 6. 1. 2004 (BGBl. I S. 2) und die Neunte Verordnung zum Geräte- und Produktsicherheitsgesetz (Maschi-*

*nenverordnung – 9. GSGV) vom 12. 5. 1993 (BGBl. I S. 704), zuletzt geändert durch Gesetz vom 6. 1. 2004 (BGBl. I S. 2). **

[1] *Die folgende Aufzählung der Rechtsgrundlagen berücksichtigt den Gesetzesstand bis Oktober 2004. Die in den mit * gekennzeichneten Abschnitten benannten Rechtsgrundlagen sind in ihrer aktuellen Fassung unter www.zls-muenchen.de abrufbar. Die dort hinterlegten Texte sind keine amtlichen Texte.*

[2] *Für Funkanlagen und Telekommunikationssendeeinrichtungen gelten mit Wirkung vom 8. 4. 2000 nur noch einzelne Bestimmungen der EMV-Richtlinie und zwar die Schutzanforderungen des Artikels 4 i. V. m. Anhang III sowie das Konformitätsbewertungsverfahren gem. Artikel 10 Abs. 1 und Abs. 2 i. V. m. Anhang I. Die Einschränkung der Geltung regelt die Richtlinie 1999/5/EG des Europäischen Parlaments und des Rates vom 9. 3. 1999.*

Die **Bauregelliste B Teil 1** legt **Klassen und Leistungsstufen** fest, die ein Bauprodukt im Hinblick auf seinen Verwendungszweck erfüllen muss. 52

Die Bauregelliste B Teil 1 ist in **4 Gliederungsnummern** tabellarisch unterteilt, die entweder Bezug nehmen auf

- harmonisierte Normen,
- Zulassungsleitlinien oder
- europäische technische Zulassungen ohne Leitlinie.

Aus Spalte 4 ergibt sich die jeweils erforderliche Klasse und Stufe durch Angabe einer bestimmten Anlage, die die speziell zu beachtenden Maßgaben beschreibt.

**Auszug aus der Bauregelliste B Teil 1 – Ausgabe 2007/1 – Gliederungsnummer 3 Bausätze im Geltungsbereich von Leitlinien für europäische technische Zulassungen**

| Lfd. Nr. | Bezeichnung | Zulassungsleitlinie | In Abhängigkeit vom Verwendungszweck erforderliche Stufen und Klassen |
|---|---|---|---|
| 1 | 2 | 3 | 4 |
| 3.10 | Bausätze für Blockhäuser | ETAG 012 veröffentlicht im Bundesanzeiger Jg. 55, Nr. 193a, 16. 10. 2003 | Anlage 01 |

**Anlage 01 (2007/1)**
Es gelten die in den Landesbauordnungen und in den Vorschriften aufgrund der Landesbauordnungen vorgegebenen Stufen, Klassen und Verwendungsbedingungen.

Für die Zuordnung der Feuerwiderstandsklassen nach DIN EN 13501-2 und DIN EN 13501-3 zu den bauaufsichtlichen Benennungen gilt Bauregelliste A Teil 1 Anlage 0.1.2. Für die Zuordnung der nach DIN EN 13501-1 klassifizierten Brandeigenschaften von Baustoffen zu den bauaufsichtlichen Benennungen gilt Bauregelliste A Teil 1 Anlage 0.2.2. Für die Zuordnung der nach DIN EN 13501-5 klassifizierten Eigenschaften zum Verhalten von Bedachungen bei einer Brandbeanspruchung von außen gilt Bauregelliste A Teil 1 Anlage 0.1.3

Die **Bauregelliste B Teil 2** nennt die Bauprodukte, die aufgrund anderer EG-Richtlinien in Verkehr gebracht werden dürfen und deshalb die CE-Kennzeichnung tragen, jedoch **nicht alle wesentlichen Anforderungen nach § 5 Abs. 1 BauPG** erfüllen. 53

In Teil 2 ist deshalb festgelegt, welche **Verwendbarkeits- und Übereinstimmungsnachweise zusätzlich zur CE-Kennzeichnung** erforderlich sind.

Die Bauregelliste B Teil 2 ist in **3 Gliederungsnummern** tabellarisch unterteilt:

**Tabelle 1** Technische Gebäudeausrüstung,

**Tabelle 2** Bauprodukte für ortsfest verwendete Anlagen zum Lagern, Abfüllen und Umschlagen von wassergefährdenden Stoffen,

**Tabelle 3** Zubehörteile für den Brandschutz.

**Auszug aus der Bauregelliste B Teil 2 – Ausgabe 2007/1 – Gliederungsnummer 3 Zubehörteile für den Brandschutz**

| Lfd. Nr. | Bauprodukt | Vorschriften zur Umsetzung der genannten EG-Richtlinien | In den Vorschriften nach Spalte 3 nicht berücksichtigte wesentliche Anforderungen nach § 5 Abs. 1 BauPG und die hierfür noch nachzuweisenden Produktmerkmale | Zusätzlich zur CE-Kennzeichnung erforderlicher Verwendbarkeits- und Übereinstimmungsnachweis für die Anforderungen nach Spalte 4 | |
|---|---|---|---|---|---|
| 1 | 2 | 3 | 4 | 5 | 6 |
| 3.3 | Feststellanlagen für Feuerschutzabschlüsse | 73/23/EWG 89/336/EWG 98/37/EG | *Brandschutz*: Brandmeldung, Auslösevorrichtung, Feststellvorrichtung | Z | –[1)] |

[1)] Der erforderliche Übereinstimmungsnachweis wird in der Zulassung geregelt.

### 9 Sanktionen

54 Stellt die Bauaufsichtsbehörde fest, daşs Bauprodukte verwendet werden, die entgegen § 25 Abs. 4 BauO NRW mit dem Ü-Zeichen gekennzeichnet sind, so hat sie gemäß **§ 61 Abs. 4 BauO NRW** die Befugnis, die **Verwendung zu untersagen** und die **Kennzeichnung** der Bauprodukte **entwerten oder beseitigen** zu lassen. Werden Bauprodukte verwendet, die unberechtigt die CE-Kennzeichnung tragen (§ 20 Abs. 1 Nr. 2 BauO NRW) oder mit dem Ü-Zeichen (§ 25 Abs. 4 BauO NRW) gekennzeichnet sind, kann die Bauaufsichtsbehörde gemäß **§ 61 Abs. 5 BauO NRW** auch die **Einstellung der Bauarbeiten** anordnen (s. die Anmerkungen zu § 61 Rdn. 118–122).

55 Die gleichen Tatbestände sind als **Ordnungswidrigkeiten bußgeldbewehrt**, und zwar hinsichtlich der **unberechtigten CE-Kennzeichnung** nach **§ 14 BauPG** und der Anbringung des **Ü-Zeichens** nach **§ 84 Abs. 1 Nrn. 3 BauO NRW**. Gemäß **§ 84 Abs. 1 Nr. 4 und 5 BauO NRW** handelt ordnungswidrig, wer Bauprodukte entgegen § 20 Abs. 1 Nr. 1 BauO NRW ohne das Ü-Zeichen verwendet oder Bauarten entgegen § 24 BauO NRW ohne allgemeine bauaufsichtliche Zulassung, allgemeines bauaufsichtliches Prüfzeugnis oder Zustimmung im Einzelfall anwendet (s. die Anmerkungen zu § 84 Rdn. 35–37).

## § 21
## Allgemeine bauaufsichtliche Zulassung

**(1) [1]Das Deutsche Institut für Bautechnik erteilt eine allgemeine bauaufsichtliche Zulassung für nicht geregelte Bauprodukte, wenn deren Verwendbarkeit im Sinne des § 3 Abs. 2 nachgewiesen ist.**

**(2) [1]Die zur Begründung des Antrags erforderlichen Unterlagen sind beizufügen. [2]Soweit erforderlich, sind Probestücke von der Antragstellerin oder vom Antragsteller zur Verfügung zu stellen oder durch Sachverständige, die das Deutsche Institut für Bautechnik bestimmen kann, zu entnehmen oder Probeausführungen unter Aufsicht der Sachverständigen herzustellen. [3]§ 72 Abs. 1 Satz 2 gilt entsprechend.**

**(3) Das Deutsche Institut für Bautechnik kann für die Durchführung der Prüfung die sachverständige Stelle und für Probeausführungen die Ausführungsstelle und Ausführungszeit vorschreiben.**

**(4) [1]Die allgemeine bauaufsichtliche Zulassung wird widerruflich und für eine bestimmte Frist erteilt, die in der Regel fünf Jahre beträgt. [2]Die Zulassung kann mit Nebenbestimmungen erteilt werden. [3]Sie kann auf schriftlichen Antrag in der Regel um fünf Jahre verlängert werden; [4]§ 77 Abs. 2 Satz 2 gilt entsprechend.**

**(5) Die Zulassung wird unbeschadet der Rechte Dritter erteilt.**

**(6) Das Deutsche Institut für Bautechnik macht die von ihm erteilten allgemeinen bauaufsichtlichen Zulassungen nach Gegenstand und wesentlichem Inhalt öffentlich bekannt.**

**(7) Allgemeine bauaufsichtliche Zulassungen nach dem Recht anderer Länder gelten auch im Land Nordrhein-Westfalen.**

**Anmerkungen** (Autor: Czepuck)

**Übersicht**


| | | Rdn. |
|---|---|---|
| 0 | Änderungen gegenüber der BauO NW 1984 und der BauO NW 1995 | 01 |
| 1 | Allgemeines | 1– 7 |
| 2 | Zu Absatz 1 | |
| 2.1 | Zuständigkeit | 8 |
| 2.2 | Materielle Voraussetzungen | 9–10 |
| 2.3 | Wirkungen der allgemeinen bauaufsichtlichen Zulassung | 11–12 |
| 3 | Zu Absätzen 2, 3, 4 und 6 – Verfahren | 13–18 |
| 4 | Rechtsschutz bei Ablehnungen | 19–20 |
| 5 | Zu Absatz 5 – Rechte Dritter | 21–22 |
| 6 | Zu Absatz 7 – Geltungsbereich | 23–24 |


### 0 Änderungen gegenüber der BauO NW 1984 und der BauO NW 1995

§ 21 **BauO NW 2000** entspricht § 21 **BauO NW 1995** und bildet im Wesentlichen § 22 BauO NW 1984 nach. Das 1984-er System regelte in gleicher Weise und mit gleicher Bezeichnung die Verwendbarkeit innovativer Bauprodukte. **01**

## 1 Allgemeines

1 Die Regelungen des § 21 BauO NRW **knüpfen an § 20 Abs. 3 BauO NRW an**, wonach für **nicht geregelte Bauprodukte**, also solche, die von den in der Bauregelliste A für sie bekannt gemachten technischen Regeln wesentlich abweichen oder für die es allgemein anerkannte Regeln der Technik nicht gibt, der Nachweis der Verwendbarkeit durch eine allgemeine bauaufsichtliche Zulassung geführt werden kann. Wie früher schon hat der **Antragsteller** grundsätzlich die **Wahl** zwischen dem abstrakt generellen Nachweis der Verwendbarkeit – eben der **allgemeinen bauaufsichtlichen Zulassung** – und der **Zustimmung im Einzelfall** nach § 23 BauO NRW, die – wie schon die Bezeichnung ausdrückt – die Verwendbarkeit nicht allgemein, sondern nur für den jeweiligen Einzelfall erlaubt (s. die Anmerkungen zu § 23 Rdn. 4).

2 Die in § 20 Abs. 3 BauO NRW weiterhin genannte **Form eines Verwendbarkeitsnachweises**, des allgemeinen bauaufsichtlichen Prüfzeugnisses nach § 22 BauO NRW, steht nach dem ausdrücklichen Wortlaut des § 22 Abs. 1 BauO NRW („anstelle einer allgemeinen bauaufsichtlichen Zulassung") **nicht zur Wahl des Antragstellers**. Wenn in der Bauregelliste A ein allgemeines bauaufsichtliches Prüfzeugnis nach § 22 Abs. 1 Satz 2 BauO NRW vorgeschrieben ist, kommt demnach eine allgemeine bauaufsichtliche Zulassung nicht in Betracht.

3 Die allgemeine bauaufsichtliche Zulassung ist – wie das allgemeine bauaufsichtliche Prüfzeugnis und die Zustimmung im Einzelfall – als Form des Verwendbarkeitsnachweises allerdings **nur so lange zulässig**, wie sich die Verwendbarkeit **nicht ausschließlich nach den Vorschriften gemäß § 20 Abs. 1 Satz 1 Nr. 2 BauO NRW richtet**, also insbesondere nicht die Vorschriften des § 3 BauPG greifen. Sollte dies zutreffen, dann ist das Bauprodukt bereits brauchbar und damit verwendungsfähig, weil es den Vorgaben einer harmonisierten oder anerkannten Norm oder einer europäischen technischen Zulassung entspricht.

4 Bei Bauprodukten, die aufgrund einer allgemeinen bauaufsichtlichen Zulassung verwendet werden dürfen, sind ebenso wie für Bauprodukte, die den technischen Regeln der Bauregelliste A entsprechen oder von diesen nicht wesentlich abweichen, gemäß § 25 Abs. 2 BauO NRW ein **Übereinstimmungsnachweis** und gemäß § 25 Abs. 4 BauO NRW die Kennzeichnung mit dem **Ü-Zeichen** erforderlich.

5 Die allgemeine bauaufsichtliche Zulassung ist im Sinne des § 59 Abs. 1 Satz 2 BauO NRW ein Nachweis der Verwendbarkeit, der **vom Unternehmer zu erbringen** sowie **auf der Baustelle bereitzuhalten** ist (s. die Anmerkungen zu § 59 Rdn. 26). Den mit der Bauüberwachung beauftragten Personen ist gemäß § 81 Abs. 4 BauO NRW auf Verlangen Einsicht in die Unterlagen zu gewähren.

6 Wegen der allgemeinen bauaufsichtlichen Zulassungen nach altem Recht wird auf die **Übergangsvorschrift** des **§ 88 Abs. 1 BauO NRW** verwiesen, wonach eine alte allgemeine bauaufsichtliche Zulassung als eine solche nach neuem Recht gilt. Das hat folgende Konsequenzen: Auch die Gültigkeit alter Zulassungen kann nach Ablauf der Gültigkeit nach neuem Recht verlängert werden (s. § 21 Abs. 4 Satz 3 BauO NRW), wenn das neue materielle Recht nicht entgegensteht. Ebenso können alte Zulassungen widerrufen (§ 21 Abs. 4 Satz 1 BauO NRW) und mit Nebenbestimmungen versehen (§ 21 Abs. 4 Satz 2 BauO NRW) werden. Eine nicht ausdrücklich geklärte Frage in diesem Zusammenhang ist die Form des Übereinstimmungsnachweises (s. § 25 Abs. 1 und 2 BauO

NRW). Da die Übergangsbestimmung dazu zwingt, die alte allgemeine bauaufsichtliche Zulassung dem neuen System anzupassen, kann man in den Fällen, in denen die alte Zulassung keinen besonderen Hinweis enthält, davon ausgehen, dass die Herstellererklärung ausreicht. Verlangte die alte Zulassung eine (Fremd-)Überwachung, wird nunmehr ein Übereinstimmungszertifikat erforderlich.

Die allgemeine bauaufsichtliche Zulassung ist ein dinglich-produktbezogener **Verwaltungsakt in der Form der Allgemeinverfügung** im Sinne des § 35 VwVfG. NRW. Jedermann kann also eine allgemeine bauaufsichtliche Zulassung nutzen, allerdings auch unter Beachtung aller Nebenbestimmungen, die dem ursprünglichen Antragsteller auferlegt worden sind (s. auch nachfolgende Rdn. 17). Im Gegensatz dazu ist eine **europäische technische Zulassung ein rein konkret produkt- und herstellerbezogener Verwaltungsakt**. Jeder, der das gleiche Produkt in gleicher Weise ebenfalls herstellen möchte, bedarf auch dann, wenn ihm der im Besitz der europäischen Zulassung befindliche Hersteller das ausdrücklich gestattet, einer neuen, eigenen europäischen technischen Zulassung. 7

## 2 Zu Absatz 1

### 2.1 Zuständigkeit

Das Land Nordrhein-Westfalen hat nicht zuletzt schon um der Notwendigkeit der einheitlichen Entscheidung willen bereits in der Bauordnung selbst in Übereinstimmung mit dem insoweit konstitutiven Abkommen über das DIBt (s. die Anmerkungen vor §§ 20 bis 28 Rdn. 42 und zu § 20 Rdn. 31) die Zuständigkeit für die Erteilung allgemeiner bauaufsichtlicher Zulassungen dem **Deutschen Institut für Bautechnik** (**DIBt**) übertragen. Die **Zuständigkeit gilt** nicht nur für die Erteilung oder Versagung der allgemeinen bauaufsichtlichen Zulassung, sondern **für das ganze Verfahren**, einschließlich Verlängerung und Widerruf. Das Verfahren richtet sich nach **nordrhein-westfälischem Recht**. 8

### 2.2 Materielle Voraussetzungen

Eine allgemeine bauaufsichtliche Zulassung wird erteilt, wenn für das Bauprodukt dessen **Verwendbarkeit im Sinne des § 3 Abs. 2 BauO NRW nachgewiesen** ist (s. die Anmerkungen zu § 3 Rdn. 80–84). Damit wird zunächst ausgedrückt, dass sich die **Verwendbarkeit** letztlich nicht auf das Bauprodukt selbst bezieht, sondern auf seine **Funktion im Bauwerk**. Die Anforderungen der Bauordnung und der auf ihrer Grundlage erlassenen Vorschriften an eine bauliche Anlage, in der das Bauprodukt verwendet werden soll, sind für die Verwendbarkeit maßgebend. Die Nachweispflicht hinsichtlich der Verwendbarkeit hat der Antragsteller; ein „non liquet", das heißt, wenn der Nachweis nicht oder nicht völlig gelingt, geht dies zu seinen Lasten. 9

Erfüllt das Bauprodukt die materiellen Voraussetzungen, hat der Antragsteller einen **Rechtsanspruch auf Erteilung der allgemeinen bauaufsichtlichen Zulassung** (so OVG Rh-Pf, Urteil vom 24. 3. 1971 – 2 A 80/70, DÖV 1971, 498 und Hamb. OVG, Urteil vom 28. 1. 1982 – Bf II 115/77, BRS 39 Nr. 97), es sei denn, die Bauregelliste A sieht gemäß § 22 Abs. 1 Satz 2 BauO NRW anstelle einer allgemeinen bauaufsichtlichen Zulassung ein allgemeines bauaufsichtliches Prüfzeugnis vor (s. Rdn. 2). Das DIBt hat, worauf schon der Wortlaut des Absatzes 1 hinweist, keinen Ermessensspielraum, es handelt sich vielmehr um eine **gebundene Entscheidung**. Das DIBt kann den Antrag auch nicht mit dem Hinweis ablehnen, der Antragsteller könne eine Zustimmung im Einzelfall be- 10 antragen, da diese eben keine allgemeine, sondern nur eine begrenzte Wirkung hat. Ebenso wäre eine Ablehnung der Zulassung unzulässig mit der Begründung, es seien Bauprodukte am Markt, die bauordnungsrechtlich den Vorzug verdienten.

### 2.3 Wirkungen der allgemeinen bauaufsichtlichen Zulassung

**11** Kann bei der Verwendung eines im Sinne des § 20 Abs. 3 BauO NRW nicht geregelten Bauprodukts eine allgemeine bauaufsichtliche Zulassung vorgelegt werden, darf die Bauaufsichtsbehörde in der Regel dessen Verwendung nicht untersagen, weil die **Zulassung** gerade den **Zweck** hat, die **Verwendbarkeit des Bauprodukts auszuweisen**. Eine Untersagung der Verwendung kann deswegen nur in Ausnahmefällen, und zwar dann gerechtfertigt sein, wenn die Bauaufsichtsbehörde ihrerseits belegen kann, dass der Einsatz des Bauprodukts im konkreten Fall, beispielsweise wegen eines außergewöhnlichen Verwendungszwecks oder wegen besonderer örtlicher Gegebenheiten des Baugrundes, den allgemeinen Anforderungen des § 3 BauO NRW zuwiderliefe.

**12** Die Bauaufsichtsbehörde ist nicht gehindert, auf der Baustelle zu prüfen, ob die vom DIBt mit einer allgemeinen bauaufsichtlichen Zulassung verbundenen **Nebenbestimmungen** bei der konkreten Verwendung eingehalten werden. Bei Nichtbeachtung dieser Nebenbestimmungen hat sie unter Beachtung des Verhältnismäßigkeitsgrundsatzes gemäß § 61 Abs. 1 Satz 2 BauO NRW die erforderlichen Maßnahmen zu ergreifen, die unter anderem darin bestehen können, dass sie eine Nachbesserung, soweit dies noch möglich ist, oder einen Ausbau und ordnungsgemäßen Wiedereinbau verlangt.

### 3 Zu Absätzen 2, 3, 4 und 6 – Verfahren

**13** Die allgemeine bauaufsichtliche Zulassung wird nach **Absatz 2 Satz 1 nur auf schriftlichen Antrag** erteilt. Den Antrag wird in erster Linie der Hersteller des Bauprodukts stellen. Es ist nicht ausgeschlossen, dass ein am Bau Beteiligter als Antragsteller auftritt, weil durch die Zulassung lediglich bestätigt wird, dass das in ihr beschriebene Bauprodukt bei Verwendung in baulichen Anlagen den öffentlich-rechtlichen Vorschriften nach dem derzeitigen Stand der technischen Entwicklung entspricht. Auch ausländische Personen, die dort ein Bauprodukt herstellen und es in Nordrhein-Westfalen verwenden möchten, können den Antrag auf Zulassung beim DIBt stellen. Da das DIBt aufgrund der Bauordnung des Landes entscheidet, in dem der Antragsteller seinen Wohn- oder Geschäftssitz hat, kann dann aber keine deutsche Bauordnung herangezogen werden. In einem solchen Fall entscheidet das DIBt unter Heranziehung von § 52 VwGO nach der BauO Bln (vgl. Wilke/Dageförde/Knuth/Meyer, zu § 19 Rdn. 4).

**14** Der Antrag ist unmittelbar an das DIBt zu richten. Mit dem Antrag sind **die Unterlagen vorzulegen**, die zur „Begründung" (besser „Beurteilung", da die Entscheidung, was letztlich erforderlich ist, beim DIBt liegt) des Antrages erforderlich sind (**Absatz 2 Satz 1**). Zu den Antragsunterlagen gehören in jedem Fall **schriftliche Erläuterungen** und **zeichnerische Darstellungen**; erforderlichenfalls sind **Probestücke** zur Verfügung zu stellen (**Absatz 2 Satz 2**). Das gemäß der Verweisung in **Absatz 2 Satz 3** auf § 72 Abs. 1 Satz 2 BauO NRW bestehende Recht des DIBt, den Antrag auf Zulassung wegen Unvollständigkeit oder erheblicher Mängel der Antragsunterlagen zurückzuweisen, kommt zum Tragen, wenn die Unterlagen ausschließlich vom Antragsteller vervollständigt werden können und dieser trotz Aufforderung mit Fristsetzung die Unterlagen nicht ergänzt.

Soweit **Probestücke oder Probeausführungen** für die Beurteilung des Antrages auf Zulassung erforderlich sind, sind vom Antragsteller und auf dessen Kosten gemäß **Absatz 2 Satz 2** 15

- Probestücke zur Verfügung zu stellen oder auf Verlangen des DIBt von einem durch dieses benannten Sachverständigen zu entnehmen,
- Probeausführungen unter Aufsicht eines vom DIBt benannten Sachverständigen herzustellen.

Das DIBt ist auch befugt, für die Durchführung der Prüfung die sachverständige Stelle und für die Probeausführung Ort und Zeit vorzuschreiben (**Absatz 3**).

Die allgemeine bauaufsichtliche Zulassung wird nur **widerruflich** und nur **für eine bestimmte** – in der Regel fünfjährige – **Frist** erteilt (**Absatz 4 Satz 1**). Sie ist vor Ablauf der Frist zu widerrufen, wenn sich herausgestellt hat, dass die Verwendbarkeit des Bauprodukts nicht mehr gegeben ist. Die Geltungsdauer der Zulassung kann auf Antrag – regelmäßig wiederum jeweils befristet auf fünf Jahre – **verlängert** werden (**Absatz 4 Satz 3, 1. Halbsatz**). Die Verlängerung der Geltungsdauer **kann auch rückwirkend** erfolgen (**Absatz 4 Satz 3, 2. Halbsatz** in Verbindung mit § 77 Abs. 2 Satz 2 BauO NRW). Wird eine Verlängerung erst nach Ablauf der Geltungsdauer der Zulassung beantragt, dann knüpft die Frist der verlängerten Zulassung an das Ende der vorher gültigen Frist an. 16

Die Zulassung kann mit **Nebenbestimmungen** verbunden werden (**Absatz 4 Satz 2**). Es wird sich im Regelfall um Auflagen handeln, die sich auf die Herstellung (Forderung einer Qualifikation des an der Herstellung beteiligten Personals oder Vorhandensein einer bestimmten technischen Ausrüstung), die Bauprodukteigenschaften, die Art der Verwendung, die (Fremd-)Überwachung, den Übereinstimmungsnachweis, die Kennzeichnung, die Weitergabe von Zulassungsabschriften und die Unterrichtung der Abnehmer beziehen können. Die **Nichtbeachtung** der Auflagen bzw. sonstigen Nebenbestimmungen kann gemäß 49 Abs. 2 Nr. 2 VwVfG. NRW. zum **Widerruf der Zulassung** führen. 17

Das DIBt ist gemäß **Absatz 6** verpflichtet, die von ihm erteilten allgemeinen bauaufsichtlichen Zulassungen **öffentlich bekannt zu machen**. Das entspricht auch dem Charakter der allgemeinen bauaufsichtlichen Zulassung als Allgemeinverfügung (s. Rdn. 7). Die Bekanntmachung muss den jeweiligen Gegenstand der Zulassung sowie deren wesentlichen Inhalt erkennen lassen. Die Restriktionen, was den Inhalt der Veröffentlichung anbetrifft, bezwecken den Schutz der Hersteller bzw. ihrer Geschäftsgeheimnisse (s. nachfolgende Rdn. 21–22). Die vom DIBt unter dem Titel *„Bauaufsichtliche Zulassungen (BAZ) – Amtliches Verzeichnis der allgemeinen bauaufsichtlichen Zulassungen für Bauprodukte und Bauarten nach Gegenstand und Inhalt"* vorgenommene Veröffentlichung ist beim Erich Schmidt Verlag GmbH & Co., Genthiner Straße 30 G, 10785 Berlin erfolgt. Über alle vom DIBt erteilten, derzeit gültigen nationalen und europäischen Zulassungen vermittelt die Datenbank (www.dibt.de/de/zulassungen/htm) weitere Informationen. Der Zugang zur Datenbank erfolgt über eine Registrierung des Benutzers und ist kostenfrei. Der Ausdruck von Zulassungsbescheiden selbst ist gebührenpflichtig. 18

### 4 Rechtsschutz bei Ablehnungen

**Gegen die Ablehnung** einer beantragten allgemeinen bauaufsichtlichen **Zulassung** oder die **Hinzufügung von beschwerenden Nebenbestimmungen** kann der Antragsteller **Wi-** 19

**derspruch** einlegen. Das DIBt selbst entscheidet gemäß § 73 Abs. 1 Nr. 3 VwGO in Verbindung mit Art. 1 Abs. 4 des DIBt-Abkommens **über den Widerspruch**.

20 Wird der Widerspruch abgewiesen, ist hiergegen die **Klage zum Verwaltungsgericht** zulässig. **Beklagte** ist das **DIBt als rechtsfähige Anstalt des öffentlichen Rechts. Örtlich zuständig** ist gemäß § 52 Nr. 3 und 5 VwGO das **Verwaltungsgericht**, in dessen **Bezirk** sich der **Wohn- oder Geschäftssitz** des inländischen **Klägers** befindet.

### 5 Zu Absatz 5 – Rechte Dritter

21 Die allgemeine bauaufsichtliche Zulassung wirkt in erster Linie gegenüber dem Antragsteller. Wenn Absatz 5 bestimmt, dass auch die allgemeine bauaufsichtliche Zulassung die **Rechte Dritter nicht berührt**, wird damit eine im Bauordnungsrecht generell durchgehaltene Linie beschrieben (s. die Anmerkungen zu § 75 Rdn. 165–167). Rechte Dritter – von praktischer Bedeutung sind hier vor allem Patentrechte und Gebrauchsmusterschutz – müssen soweit wie möglich durch das Zulassungsverfahren (Verschwiegenheitspflicht der Beteiligten) und den begrenzten Inhalt der öffentlichen Bekanntmachung der Zulassung geschont werden.

22 Die Vorschrift des Absatzes 5 bewirkt auch, dass die Erteilung der allgemeinen bauaufsichtlichen **Zulassung durch einen Dritten nicht angefochten werden kann**. Es wird im Zulassungsverfahren vom DIBt nämlich nicht geprüft, ob **Patentrechte** oder **Urheberrechte** verletzt sein können. Inhaber derartiger Rechte müssen diese Rechte gegebenenfalls nach den einschlägigen Vorschriften geltend machen.

### 6 Zu Absatz 7 – Geltungsbereich

23 Allgemeine bauaufsichtliche **Zulassungen** nach dem Recht **anderer Länder** der Bundesrepublik Deutschland **gelten** gemäß Absatz 7 **kraft Gesetzes** unmittelbar auch **in Nordrhein-Westfalen**. Eine entsprechende Vorschrift enthalten die Landesbauordnungen aller Länder, so dass im Ergebnis die Zulassungen im gesamten Bundesgebiet gelten, unabhängig davon, wo der Antragsteller seinen Wohnsitz oder Firmensitz hat. Deswegen kommt es auch nicht entscheidend darauf an, welche Landesbauordnung das DIBt seiner Entscheidung zugrunde legt. Es hat nur positiv festzustellen, ob die Verwendbarkeit im Sinne des § 3 Abs. 2 BauO NRW bzw. der jeweils entsprechenden Vorschrift eines anderen Landes nachgewiesen ist.

24 Weil es nur um die **Verwendbarkeit** geht, erscheint die bisweilen auftauchende Frage unerheblich, ob das DIBt formal auch Abweichungen gemäß § 73 BauO NRW von entgegenstehenden bauordnungsrechtlichen Vorschriften zulassen kann. Die Zulassung ist ein bauaufsichtliches Institut eigener Art (sui generis) und ausschließlich **auf das Bauprodukt oder die Bauart bezogen**. Wenn von der Zulassung abgewichen werden soll, kommt nicht die Abweichung nach § 73 BauO NRW, sondern **nur** die Zustimmung im Einzelfall nach § 23 BauO NRW zum Tragen.

## § 22
## Allgemeines bauaufsichtliches Prüfzeugnis

**(1) [1]Bauprodukte,**

**1. deren Verwendung nicht der Erfüllung erheblicher Anforderungen an die Sicherheit baulicher Anlagen dient oder**

**2. die nach allgemein anerkannten Prüfverfahren beurteilt werden,**

**bedürfen anstelle einer allgemeinen bauaufsichtlichen Zulassung nur eines allgemeinen bauaufsichtlichen Prüfzeugnisses. [2]Das Deutsche Institut für Bautechnik macht dies mit der Angabe der maßgebenden technischen Regeln und, soweit es keine allgemein anerkannten Regeln der Technik gibt, mit der Bezeichnung der Bauprodukte im Einvernehmen mit der obersten Bauaufsichtsbehörde in der Bauregelliste A bekannt.**

**(2) [1]Ein allgemeines bauaufsichtliches Prüfzeugnis wird von einer Prüfstelle nach § 28 Abs. 1 Satz 1 Nr. 1 für nicht geregelte Bauprodukte nach Absatz 1 erteilt, wenn deren Verwendbarkeit im Sinne des § 3 Abs. 2 nachgewiesen ist. [2]§ 21 Abs. 2 bis 7 gilt entsprechend.**

**Anmerkungen** (Autor: Czepuck)

**Übersicht** Rdn.

0 Änderungen gegenüber der BauO NW 1984 und der BauO NW 1995 . . . . . . . 01
1 Allgemeines . . . . . . . 1– 5
2 Zu Absatz 1 . . . . . . . 6– 9
3 Zu Absatz 2
3.1 Zuständigkeit . . . . . . . 10
3.2 Materielle Voraussetzungen . . . . . . . 11
3.3 Rechtsnatur und Wirkung . . . . . . . 12
3.4 Verfahren . . . . . . . 13–19

### 0 Änderungen gegenüber der BauO NW 1984 und der BauO NW 1995

§ 22 **BauO NW 2000** entspricht § 22 **BauO NW 1995**. Mit dem bauaufsichtlichen Prüfzeugnis wurde die nicht direkt vergleichbare Vorschrift des § 23 BauO NW 1984 über das Prüfzeichen abgelöst. 01

### 1 Allgemeines

Das **allgemeine bauaufsichtlichen Prüfzeugnisses** ist ein Verwendbarkeitsnachweis, der unter den Voraussetzungen des § 22 Abs. 1 Satz 1 BauO NRW, wenn es sich entweder um weniger sicherheitsrelevante Bauprodukte handelt (Nr. 1) oder um solche, die allein nach allgemein anerkannten Prüfverfahren beurteilt werden (Nr. 2), **an die Stelle der allgemeinen bauaufsichtlichen Zulassung** tritt. Formal ist das Verfahren gegenüber dem der allgemeinen bauaufsichtlichen Zulassung vereinfacht, weshalb auch von einer „**kleinen Zulassung**" die Rede ist. Mit der Formulierung „anstelle einer allgemeinen bauaufsichtlichen Zulassung" ist zugleich ausgedrückt, dass das **allgemeine bauaufsichtliche Prüfzeugnis** – wie die allgemeine bauaufsichtliche Zulassung – **nur für nicht geregelte** 1

**Bauprodukte** in Betracht kommt (vgl. § 20 Abs. 3 BauO NRW). Das Prüfzeugnis wird von einer hierfür nach § 28 Abs. 1 Satz 1 Nr. 1 BauO NRW **anerkannten Prüfstelle** erteilt, die als beliehene Unternehmerin tätig wird (s. die Anmerkungen zu § 28 Rdn. 8). Das Prüfzeugnis übernimmt die Funktion des Prüfzeichens alter Art, soweit dieses für neue Baustoffe oder Bauteile vorgeschrieben war (s. auch Rdn. 7) und führt damit eine gängige Praxis fort, die auch die Regelungen des Art. 4 Abs. 4 BPR bzw. des § 5 Abs. 5 BauPG aufgreift.

2 **Ob anstelle der bauaufsichtlichen Zulassung** jeweils das erleichterte Verfahren eines **allgemeinen bauaufsichtlichen Prüfzeugnisses** erforderlich ist, ergibt sich gemäß **Absatz 1 Satz 2** aus der **Bauregelliste A** (s. Rdn. 9).

3 Bauprodukte, die aufgrund eines allgemeinen bauaufsichtlichen Prüfzeugnisses verwendbar sind, **bedürfen** gemäß § 25 Abs. 1 BauO NRW eines Übereinstimmungsnachweises, und zwar in der Form der **Übereinstimmungserklärung des Herstellers** (vgl. § 26 Abs. 1 BauO NRW) oder in der Form des **Übereinstimmungszertifikates** (vgl. § 27 Abs. 1 Nr. 1 BauO NRW). Bauprodukte mit einem allgemeinen bauaufsichtlichen Prüfzeugnis sind vom Hersteller mit einem **Ü-Zeichen** zu kennzeichnen (s. die Anmerkungen zu § 25 Abs. 4 Rdn. 19 und 20).

4 Der **Nachweis** der Verwendbarkeit eines Bauproduktes aufgrund eines allgemeinen bauaufsichtlichen Prüfzeugnisses ist gemäß § 59 Abs. 1 Satz 2 BauO NRW vom Bauunternehmer **auf der Baustelle bereitzuhalten**. Der Nachweis ist gemäß § 81 Abs. 4 BauO NRW den mit der Überwachung beauftragten Personen der Bauaufsichtsbehörde **auf Verlangen zur Einsicht vorzulegen** (s. die Anmerkungen zu § 59 Rdn. 26).

5 Im Hinblick auf die Regelung des allgemeinen bauaufsichtlichen Prüfzeugnisses sind die **Übergangsvorschriften des § 88 Abs. 1 BauO NRW** zu beachten. Prüfzeichen alter Art gelten nicht als Prüfzeugnisse weiter, sondern als allgemeine bauaufsichtliche Zulassungen nach § 21 BauO NRW. Schrieb das Prüfzeichen damals die (Fremd-) Überwachung vor, ist nunmehr (s. Rdn. 3) ein Übereinstimmungszertifikat erforderlich, da nur dieses Instrument der Fremdüberwachung nach altem Recht vergleichbar ist (s. auch die Anmerkungen zu § 21 Rdn. 6).

## 2 Zu Absatz 1

6 Nach **Satz 1** kommt das allgemeine bauaufsichtliche Prüfzeugnis anstelle einer allgemeinen bauaufsichtlichen Zulassung für Bauprodukte in Betracht, deren Verwendung „nicht der Erfüllung erheblicher Anforderungen an die Sicherheit baulicher Anlagen dient" (Nr. 1) oder „die nach allgemeinen Prüfverfahren beurteilt werden" (Nr. 2).

7 Die Formulierung des **Satzes 1 Nr. 1** ist nicht besonders klar. Um den Sinn der Vorschrift zu erschließen, ist zu bedenken, was mit ihr im Zusammenhang mit dem Absatz 1 bezweckt werden soll: Es sollen die Bauprodukte definiert und aufgelistet werden können, für die ein erleichtertes Verfahren für den Nachweis der Verwendbarkeit ausreichend erscheint. Die **Sicherheitsrelevanz bezieht sich auf das Bauprodukt** und unterscheidet nicht etwa zwischen erheblichen und weniger erheblichen Anforderungen an die Sicherheit der baulichen Anlagen. Ein Bauprodukt ist für die Sicherheit der baulichen Anlage weniger erheblich, wenn auch bei einem Versagen des Bauprodukts die Sicherheit der baulichen Anlage selbst nicht gefährdet ist oder problemlos wiederhergestellt werden kann. Die in Nr. 1 genannten Voraussetzungen sind gewissermaßen nur

ein Kürzel, denn es sind nicht nur die geringeren Anforderungen hinsichtlich der Sicherheit, sondern auch hinsichtlich der übrigen in § 3 Abs. 2 BauO NRW einbezogenen Anforderungen („öffentliche Ordnung" „natürliche Lebensgrundlagen") gemeint.

Unabhängig von der Sicherheitsrelevanz des jeweiligen Bauprodukts kann das allgemeine bauaufsichtliche Prüfzeugnis als erleichtertes Verfahren zur Erlangung eines Verwendungsnachweises auch dann gemäß **Satz 1 Nr. 2** in Betracht kommen, wenn das **Bauprodukt anhand allgemein anerkannter Prüfverfahren beurteilt wird** oder werden kann. Die Regelung begegnet immer dann keinen Bedenken, wenn für das Bauprodukt nicht Konstruktionsregeln oder Produktnormen angewendet werden müssen, die eine gewisse Kompliziertheit aufweisen oder für das Zusammensetzen beachtet werden müssen, sondern die Leistungsmerkmale des in einem bestimmten, geregelten Verfahren hergestellten Bauprodukts lediglich nach einem allgemein anerkannten Prüfverfahren oder einer Prüfnorm gemessen oder geprüft und bestätigt werden können. Sie schließt eine gutachterliche Bewertung aufgrund anderer Prüfungen aus. Prüfverfahrensregelungen können, wie DIN 4102 – Brandverhalten von Baustoffen und Bauteilen – zeigt, in DIN-Normen enthalten sein, aber es gibt auch vom DIBt aufgestellte, zu beachtende „Bau- und Prüfgrundsätze". Die Prüfregeln legen auch den Bereich fest, der von einem allgemeinen bauaufsichtlichen Prüfzeugnis umfasst werden kann. 8

Für die Zulässigkeit des Verwendbarkeitsnachweises in Form des allgemeinen bauaufsichtlichen Prüfzeugnisses reicht nicht aus, dass allein die Voraussetzungen des Satzes 1, insbesondere der Nummern 1 oder 2 erfüllt sind. Nach **Absatz 1 Satz 2** ist weiterhin erforderlich, dass das **DIBt** dies im Einvernehmen mit der obersten Bauaufsichtsbehörde (s. die Anmerkungen zu § 20 Rdn. 31) in der **Bauregelliste A** bekannt macht. Dies erfolgt 9

- unter **Angabe der maßgebenden technischen Regel in der Bauregelliste A Teil 1**, für den Fall der wesentlichen Abweichung, oder
- unter **genauer Bezeichnung des Bauprodukts in der Bauregelliste A Teil 2**, soweit es keine allgemein anerkannte Regel der Technik gibt.

## 3 Zu Absatz 2

### 3.1 Zuständigkeit

Die Zuständigkeit für die Erteilung des allgemeinen bauaufsichtlichen Prüfzeugnisses liegt nach **Satz 1** weder bei der obersten Bauaufsichtsbehörde noch beim DIBt, sondern ausschließlich bei einer **Prüfstelle, die gemäß § 28 Abs. 1 Satz 1 Nr. 1 BauO NRW für diese Prüftätigkeit besonders anerkannt** sein muss (s. die Anmerkungen zu § 28 Rdn. 9–12). 10

### 3.2 Materielle Voraussetzungen

Ein allgemeines bauaufsichtliches Prüfzeugnis wird erteilt, wenn für das Bauprodukt dessen Verwendbarkeit im Sinne des § 3 Abs. 2 BauO NRW nachgewiesen ist. Somit sind **die materiellen Voraussetzungen** in gleicher Weise beschrieben **wie für die allgemeine bauaufsichtliche Zulassung** (s. die Anmerkungen zu § 3 Rdn. 80–84 und zu § 21 Rdn. 10). Dies gilt auch hinsichtlich des Rechtsanspruchs des Herstellers auf Erteilung eines allgemeinen bauaufsichtlichen Prüfzeugnisses, soweit nur die entsprechende Bekanntmachung des DIBt erfolgt ist (s. auch Rdn. 9). 11

### 3.3 Rechtsnatur und Wirkung

12 Das allgemeine bauaufsichtliche Prüfzeugnis ist ein dinglich-produktbezogener Verwaltungsakt in Form einer **Allgemeinverfügung** (s. die Anmerkungen zu § 21 Rdn. 7). Die Rechtswirkungen des allgemeinen bauaufsichtlichen Prüfzeugnisses entsprechen denen einer allgemeinen bauaufsichtlichen Zulassung. Die Bauaufsicht kann die Verwendung eines mit einem allgemeinen bauaufsichtlichen Prüfzeugnis ausgestatteten und mit einem Ü-Zeichen gekennzeichneten Bauprodukts (s. Rdn. 3) nur untersagen, wenn infolge der **besonderen Umstände des Einzelfalls** der „**Gegenbeweis**" gelingt; sie muss dann schlüssig nachweisen, dass das Bauprodukt im konkreten Fall nicht verwendbar ist (s. die Anmerkungen zu § 21 Rdn. 9).

### 3.4 Verfahren

13 Gemäß **Absatz 2 Satz 2** gelten die auf die allgemeine bauaufsichtliche Zulassung bezogenen Vorschriften des § 21 Abs. 2 bis 7 entsprechend auch für das allgemeine bauaufsichtliche Prüfzeugnis (s. die Anmerkungen zu § 21 Rdn. 13–24). Dabei sind jedoch einige **verweisungsbedingte Besonderheiten** zu beachten. Zur Handhabung der Vorschriften hat das DIBt „**Hinweise für Prüfstellen zur Erteilung von allgemeinen bauaufsichtlichen Prüfzeugnissen**" in den DIBt-Mitteilungen 2/2000 S. 50 ff. veröffentlicht.

14 Die Erteilung des Prüfzeugnisses bedarf eines schriftlichen Antrags mit **den erforderlichen Unterlagen** an eine gemäß § 28 Abs. 1 Satz 1 Nr. 1 BauO NRW anerkannte, als beliehene Unternehmerin tätige Prüfstelle des Landes, in dem der Antragsteller seinen Geschäfts- oder Wohnsitz hat (§ 3 VwVfG. NRW.). Die **Prüfstelle** ist **für das gesamte Verfahren**, nicht nur für die Erteilung oder die Versagung des Prüfzeugnisses **zuständig**. Die **Entscheidung** ist ein **Verwaltungsakt**, gegen die der Widerspruch gegeben ist. Die **Prüfstelle** ist auch **Widerspruchsbehörde** (§ 73 Abs. 1 VwGO).

15 Die Prüfstelle kann auf Kosten des Antragstellers **Probestücke** durch von ihr bestimmte Sachverständige entnehmen lassen oder verlangen, dass **Probeausführungen** herzustellen sind, für die sie Ausführungszeit und -ort bestimmen kann.

16 Allgemeine bauaufsichtliche Prüfzeugnisse werden von der Prüfstelle **widerruflich** und in der Regel **auf fünf Jahre befristet** erteilt; die Frist kann (auch rückwirkend) verlängert werden. Die Beifügung von **Nebenbestimmungen** durch die Prüfstelle ist zulässig.

17 Durch allgemeine bauaufsichtliche Prüfzeugnisse werden **Rechte Dritter nicht berührt**. Daher können **Patent**- und **Gebrauchsmusterrechte** gegen den Inhaber eines Prüfzeugnisses geltend gemacht werden (s. die Anmerkungen zu § 21 Rdn. 21 und 22).

18 Den **Prüfstellen** obliegt die **öffentliche Bekanntmachung** der von ihnen erteilten allgemeinen **bauaufsichtlichen Prüfzeugnisse** nach **Gegenstand** und **wesentlichem Inhalt**. Die Bauordnung regelt nicht, wie die öffentliche Bekanntmachung vorzunehmen ist; es gelten daher die allgemeinen rechtlichen Anforderungen an öffentliche Bekanntmachungen. Daher müssen vor allem Art und Ort der Bekanntmachung so gewählt werden, dass die interessierten Kreise Kenntnis nehmen können. Eine allgemein zugängliche Schrift der Prüfstelle oder eines Zusammenschlusses von Prüfstellen würde diesem Erfordernis genügen, wie auch eine Veröffentlichung in den Mitteilungen des DIBt.

19 Allgemeine bauaufsichtliche **Prüfzeugnisse** von in **anderen Ländern anerkannten Prüfstellen gelten auch im Lande NRW** (s. die Anmerkungen zu § 21 Rdn. 23 und 24).

## § 23
## Nachweis der Verwendbarkeit von Bauprodukten im Einzelfall

**(1) [1]Mit Zustimmung der obersten Bauaufsichtsbehörde dürfen im Einzelfall**

**1. Bauprodukte, die ausschließlich nach dem Bauproduktengesetz oder nach sonstigen Vorschriften zur Umsetzung von Richtlinien der Europäischen Gemeinschaft in Verkehr gebracht und gehandelt werden dürfen, jedoch deren Anforderungen nicht erfüllen, und**

**2. nicht geregelte Bauprodukte**

**verwendet werden, wenn deren Verwendbarkeit im Sinne des § 3 Abs. 2 nachgewiesen ist. [2]Wenn Gefahren im Sinne des § 3 Abs. 1 nicht zu erwarten sind, kann die oberste Bauaufsichtsbehörde im Einzelfall erklären, dass ihre Zustimmung nicht erforderlich ist.**

**(2) Die Zustimmung für Bauprodukte nach Absatz 1, die in Baudenkmälern nach § 2 Abs. 2 des Gesetzes zum Schutz und zur Pflege der Denkmäler im Lande Nordrhein-Westfalen (Denkmalschutzgesetz – DSchG) vom 11. März 1980 (GV. NW. S. 226), zuletzt geändert durch Gesetz vom 20. Juni 1989 (GV. NW. S. 366) – SGV. NRW. 224 – verwendet werden, erteilt die untere Bauaufsichtsbehörde.**

**Anmerkungen** (Autor: Czepuck)

**Übersicht** Rdn.

0 Änderungen gegenüber der BauO NW 1984 und der BauO NW 1995 . . . . . . . 01
1 Allgemeines . . . . . . . . . . 1– 3
2 Zu Absatz 1 . . . . . . . . . . 4– 9
3 Zu Absatz 2 . . . . . . . . . . 10–11

### 0 Änderungen gegenüber der BauO NW 1984 und der BauO NW 1995

§ 23 **BauO NW 2000** entspricht§ 23 **BauO NW 1995,** lediglich in Absatz 2 wurde die Fundstelle der letzten Änderung des DSchG aktualisiert. Mit § 23 **BauO NW** 1995 wurde das Rechtsinstitut der Zustimmung im Einzelfall aus § 21 Abs. 2 BauO NW 1984 fortentwickelt. Neu war 1995 die Regelung des Absatzes 2 mit der Zuständigkeit der unteren Bauaufsichtsbehörde für Zustimmungen im Einzelfall bei Baudenkmälern. **01**

### 1 Allgemeines

Nach § 23 **Abs. 1** Satz 1 BauO NRW ist die „Zustimmung im Einzelfall“ als Nachweis der Verwendbarkeit des Bauprodukts **im konkreten einzelnen Fall** (§ 21 Abs. 2 Sätze 2 und 3 BauO NRW 1984) zulässig. Dies gilt nicht nur für die Fälle, in denen sich die Verwendung der Bauprodukte allein nach der Bauordnung richtet (s. § 20 Abs. 1 Satz 1 Nr. 1 und Abs. 3 BauO NRW – nicht geregelte Bauprodukte), sondern auch für die Fälle, in denen Bauprodukte nach den Vorschriften des BauPG oder nach Vorschriften anderer Mitgliedstaaten der EG oder des EWR, durch die die BPR umgesetzt wird, sowie nach sonstige Richtlinien der EG umsetzenden Vorschriften in den Verkehr gebracht werden dürfen (§ 20 Abs. 1 Satz 1 Nr. 2 BauO NRW), die Bauprodukte aber von den jeweiligen Anforderungen wesentlich abweichen. Für Letztere ist dies durch Protokollerklärung **1**

Nr. 2 zur Bauproduktenrichtlinie und § 4 Abs. 4 BauPG abgedeckt. **Absatz 2** trifft eine **Sonderregelung** für die **Verwendung von Bauprodukten in Baudenkmälern**. Die Zustimmung im Einzelfall wird hierbei von der **unteren Bauaufsichtsbehörde** erteilt.

2 Die **Zustimmung im Einzelfall** tritt, soweit für die Verwendung des Bauprodukts ausschließlich die Vorschriften der Bauordnung maßgeblich sind, **an die Stelle einer allgemeinen bauaufsichtlichen Zulassung oder** – unter den Voraussetzungen des § 22 BauO NRW – **eines allgemeinen bauaufsichtlichen Prüfzeugnisses** (wegen des nicht gegebenen Wahlrechts s. die Anmerkungen zu § 21 Rdn. 2 und zu § 22 Rdn. 2).

3 Auch für Bauprodukte, deren Verwendbarkeit aufgrund einer Zustimmung im Einzelfall gegeben ist, muss ein **Übereinstimmungsnachweisverfahren** gemäß § 25 BauO NRW durchgeführt werden. In der Zustimmung im Einzelfall kann gemäß § 25 Abs. 2 Satz 2 BauO NRW bestimmt werden, dass zur Bestätigung der Übereinstimmung zum Nachweis einer ordnungsgemäßen Herstellung ein **Übereinstimmungszertifikat** erforderlich ist; das gilt auch trotz des § 25 Abs. 2 Satz 3 BauO NRW, der für Bauprodukte, die nicht in Serie hergestellt werden, regelmäßig nur die Herstellererklärung genügen lässt, weil diese Vorschrift wiederum den Vorbehalt („sofern nichts anderes bestimmt ist") einer anderen Festlegung durch die oberste Bauaufsichtsbehörde enthält. Das Bauprodukt muss schließlich als Voraussetzung der ordnungsgemäßen Verwendung mit dem **Ü-Zeichen** gekennzeichnet sein (s. die Anmerkungen zu § 25 Abs. 4 Rdn. 19 und 20).

## 2 Zu Absatz 1

4 **Verwendung „im Einzelfall" heißt nicht**, dass es sich nicht um eine Vielzahl gleicher Bauprodukte handeln dürfte, sondern die Verwendung für ein **einzelnes**, **bestimmtes Bauvorhaben**, und zwar für denselben Verwendungszweck vorgesehen ist. Das einzelne Bauvorhaben kann auch im Rahmen eines größeren Baukomplexes durchaus aus mehreren baulichen Anlagen bestehen; zu fordern ist aber stets ein **räumlich-funktionaler** und auch **zeitlicher Zusammenhang** der Baumaßnahmen.

5 Die **Zustimmung im Einzelfall** wird vorbehaltlich der Fälle des Absatzes 2 (s. Rdn. 10 und 11) **durch die oberste Bauaufsichtsbehörde erteilt** (**Satz 1**), und zwar unabhängig davon, ob es sich um harmonisierte Bauprodukte gemäß § 20 Abs. 1 Satz 1 Nr. 2 oder um nicht geregelte Bauprodukte gemäß § 20 Abs. 3 Satz 1 BauO NRW handelt (s. Rdn. 1).

6 Die Zustimmung im Einzelfall ist wie die allgemeine bauaufsichtliche Zulassung oder das allgemeine bauaufsichtliche Prüfzeugnis zu erteilen, wenn die **Verwendbarkeit im Sinne des § 3 Abs. 2 BauO NRW nachgewiesen** ist (s. die Anmerkungen zu § 21 Rdn. 10 und zu § 22 Rdn. 11). Die Tatsache, dass die Verwendbarkeit nur für eine Verwendung in einem konkreten Einzelfall zu beurteilen ist, kann jedoch nicht dazu führen, dass die Voraussetzungen gemäß § 3 Abs. 2 BauO NRW weniger ernst genommen oder – anders ausgedrückt – abgemildert werden könnten. Sind die Voraussetzungen der Verwendbarkeit gegeben, ist ein **Anspruch des Antragstellers auf Erteilung der Zustimmung** gegeben (s. die Anmerkungen zu § 21 Rdn. 9 und 10).

7 Die BauO NRW enthält keine ausdrückliche **Regelung des Verfahrens**. Es sind daher die Vorschriften des VwVfG. NRW. heranzuziehen. Die Zustimmung im Einzelfall ist ein **mitwirkungsbedürftiger Verwaltungsakt**. Dem **Antrag** sind die zur Beurteilung der Verwendbarkeit **notwendigen Unterlagen** beizufügen. Wird im Rahmen eines Bauge-

nehmigungsverfahrens die Zustimmung im Einzelfall erforderlich, muss der Antrag hierzu bei der zuständigen Bauaufsichtsbehörde gestellt werden. Deren Entscheidung ergeht durch Verwaltungsakt unmittelbar gegenüber dem Antragsteller. Antragsteller kann jeder am Bau beteiligte sein, er muss allerdings für die Gebühren aufkommen.

Die Zustimmung im Einzelfall **erlaubt** die im Einzelfall vorgesehene und im Antrag bezeichnete **örtlich bestimmte** Verwendung des Bauproduktes. Sie hat demnach nicht wie z.B. die allgemeine bauaufsichtliche Zulassung den Charakter einer Allgemeinverfügung. Die Beifügung von **Nebenbestimmungen** richtet sich ebenfalls nach allgemeinem Verwaltungsverfahrensrecht (s. auch die Anmerkungen zu § 21 Rdn. 17). Wegen des **Charakters der Zustimmung im Einzelfall** als sofort in die konkrete Bauausführung einfließende Entscheidung, die sich faktisch nicht mehr ohne Bauwerkszerstörung rückgängig machen lässt, scheiden die **Befristung** oder der **Widerrufsvorbehalt** als zulässige Nebenbestimmung von vornherein aus. 8

**Satz 2** bezweckt eine Erleichterung für die Praxis. Die oberste Bauaufsichtsbehörde hat danach die Möglichkeit, sofern Gefahren im Sinne des § 3 Abs. 2 BauO NRW nicht zu erwarten sind, im Einzelfall zu erklären, dass ihre **Zustimmung nicht erforderlich** ist. Auch solch eine Entscheidung erfordert zumindest eine gewisse Prüfung und ist gebührenpflichtig. Die Regelung kommt nur in einfach gelagerten Fällen zum Tragen, wenn sofort erkennbar ist, dass die materiellen Voraussetzungen vorliegen. Ein Rechtsanspruch auf die Verzichtserklärung der obersten Bauaufsichtsbehörde nach Satz 2 besteht nicht. 9

### 3 Zu Absatz 2

Die Vorschrift trifft eine **Sonderregelung** für die **Verwendung** von Bauprodukten **in Baudenkmälern**. Die Zustimmung im Einzelfall wird für diese Fälle von der **unteren Bauaufsichtsbehörde** erteilt. Die Regelung wurde seinerzeit von der Deutschen Stiftung Denkmalschutz für die MBO angeregt, um die Verwendung von unter denkmalpflegerischen Aspekten einzusetzenden Bauprodukten zu erleichtern. Auch sollte mit der Verlagerung eine Entlastung der obersten Bauaufsichtsbehörde erreicht werden. 10

Tatsächlich sind aber auch in Baudenkmälern die ursprünglich befürchteten Konflikte mit dem Bauproduktenrecht nicht aufgetreten. Dies liegt vor allem darin begründet, dass die Bauteile des Baudenkmals nach der Zielsetzung des DSchG in ihrer Substanz erhalten werden sollen. Es kommt daher in den meisten Fällen allenfalls zum partiellen Austausch überhaupt nicht mehr zu erhaltender Bauteile, wie z.B. von Türen und Fenstern, die dann aber **handwerklich als Einzelstücke** angefertigt werden müssen. Als solche handwerklich gefertigten Einzelstücke unterfallen sie der „**Handwerksklausel**" des Art. 13 Abs. 5 BPR, die durch § 8 Abs. 5 BauPG und § 25 Abs. 2 Satz 3 BauO NRW umgesetzt wurde (s. die Anmerkungen zu § 25 Rdn. 15). 11

## § 24
## Bauarten

**(1) [1]Bauarten, die von Technischen Baubestimmungen wesentlich abweichen oder für die es allgemein anerkannte Regeln der Technik nicht gibt (nicht geregelte Bauarten), dürfen bei der Errichtung, Änderung und Instandhaltung baulicher Anlagen nur angewendet werden, wenn für sie**

**1. eine allgemeine bauaufsichtliche Zulassung oder**

**2. eine Zustimmung im Einzelfall**

**erteilt worden ist. [2]Anstelle einer allgemeinen bauaufsichtlichen Zulassung genügt ein allgemeines bauaufsichtliches Prüfzeugnis, wenn die Bauart nicht der Erfüllung erheblicher Anforderungen an die Sicherheit baulicher Anlagen dient oder nach allgemein anerkannten Prüfverfahren beurteilt wird. [3]Das Deutsche Institut für Bautechnik macht diese Bauarten mit der Angabe der maßgebenden technischen Regeln und, soweit es keine allgemein anerkannten Regeln der Technik gibt, mit der Bezeichnung der Bauarten im Einvernehmen mit der obersten Bauaufsichtsbehörde in der Bauregelliste A bekannt. [4]§ 20 Abs. 5 und 6 sowie §§ 21 und 23 gelten entsprechend. [5]Wenn Gefahren im Sinne des § 3 Abs. 1 nicht zu erwarten sind, kann die oberste Bauaufsichtsbehörde im Einzelfall oder für genau begrenzte Fälle allgemein festlegen, dass eine allgemeine bauaufsichtliche Zulassung oder eine Zustimmung im Einzelfall nicht erforderlich ist.**

**(2) Die oberste Bauaufsichtsbehörde kann durch Rechtsverordnung vorschreiben, dass für bestimmte Bauarten, auch soweit sie Anforderungen nach anderen Rechtsvorschriften unterliegen, Absatz 1 ganz oder teilweise anwendbar ist, wenn die anderen Rechtsvorschriften dies verlangen oder zulassen.**

**Anmerkungen** (Autor: Czepuck)

**Übersicht**


| | | Rdn. |
|---|---|---|
| 0 | Änderungen gegenüber der BauO NW 1984 und der BauO NW 1995 | 01 |
| 1 | Allgemeines | 1– 4 |
| 2 | Zu Absatz 1 | 5–11 |
| 3 | Zu Absatz 2 | 12 |


### 0 Änderungen gegenüber der BauO NW 1984 und der BauO NW 1995

**01** Die **BauO NRW 2000** hat § 24 BauO NW 1995 übernommen, jedoch in Absatz 1 die Sätze 2 und 3 eingefügt. Satz 2 ermöglicht es, für **nicht geregelte Bauarten** das **allgemeine bauaufsichtliche Prüfzeugnis** anzuwenden, um eine **Verfahrenserleichterung** zu schaffen (s. die Begründung in LT-Drucks. 12/3738 S. 73, zu Art. I Nr. 12 – § 24). Satz 3 erweitert die **Bauregelliste A** um **Teil 3** und stellt eine inhaltliche Erweiterung des § 21 BauO NW 1984 dar, mit der die Anpassung an das Konzept zur Umsetzung der Bauproduktenrichtlinie erfolgte (s. die Anmerkungen vor §§ 20 bis 28 Rdn. 17–21).

### 1 Allgemeines

**1** Im Gegensatz zur BauO NW 1984 enthielt § 2 Abs. 10 BauO NW 1995 erstmalig eine **Definition des Begriffs „Bauart“** (s. die Anmerkungen zu § 2 Rdn. 258–260). **§ 24 BauO**

**NRW regelt** ausdrücklich für Bauarten **nur** die Fälle, in denen von einschlägigen Technischen Baubestimmungen wesentlich abgewichen wird oder in denen es allgemein anerkannte Regeln der Technik nicht gibt (**nicht geregelte Bauarten**). Demnach bedürfen Bauarten, die Technischen Baubestimmungen entsprechen, keines weiteren Nachweises der „Anwendbarkeit“. Der **Begriff Anwendbarkeit** tritt im Zusammenhang mit Bauarten an die Stelle des Begriffs Verwendbarkeit, da nur Bauprodukte „verwendet“, Bauarten jedoch „**angewendet**“ werden.

In Bezug auf Bauarten ist die **Bauproduktenrichtlinie nicht zu berücksichtigen**, da sie – wie schon die Bezeichnung ausdrückt – nur für Bauprodukte gilt. Diese Rechtslage erforderte es, die bisher im deutschen Bauordnungsrecht nicht immer scharf getroffene Unterscheidung zwischen Bauprodukten und Bauarten zu verbessern. 2

Die Regelungen für die Anwendbarkeit von Bauarten knüpfen an die Regelungen für die Verwendbarkeit von Bauprodukten an und schreiben **bei nicht geregelten Bauarten** dementsprechend als **Anwendbarkeitsnachweise** 3

– die **allgemeine bauaufsichtliche Zulassung**

**oder** wahlweise

– die **Zustimmung im Einzelfall**

vor. Bei dieser Sachlage ist es konsequent und einsichtig, dass § 24 BauO NRW im Wesentlichen nur die Regelungen für diese Rechtsinstitute für entsprechend anwendbar erklärt. Dies gilt auch für die erforderlichen Übereinstimmungsnachweise.

Auch für Bauarten gilt gemäß **§ 25 Abs. 3** BauO NRW die **Notwendigkeit eines Übereinstimmungsnachweisverfahrens**. Die Form des Nachweises – Herstellererklärung oder Übereinstimmungszertifikat – ergibt sich regelmäßig aus dem jeweiligen Anwendbarkeitsnachweis. Das Übereinstimmungszeichen – **Ü-Zeichen** – nach § 25 Abs. 4 BauO NRW ist nicht erforderlich, da Absatz 3 für Bauarten nicht auf Absatz 4 verweist. 4

## 2 Zu Absatz 1

**Satz 1** bestimmt, dass **nur für nicht geregelte Bauarten ein Anwendbarkeitsnachweis erforderlich** ist (s. Rdn. 1). Dies gilt sowohl für die Errichtung als auch die Änderung und Instandhaltung von baulichen Anlagen. Aus der Begriffsbestimmung der nicht geregelten Bauart ergibt sich, dass für geregelte Bauarten, das sind solche, die allgemein anerkannten Regeln der Technik oder Technischen Baubestimmungen entsprechen oder von diesen nur unwesentlich abweichen, kein Anwendbarkeitsnachweis erforderlich ist. Für nicht geregelte Bauarten schreibt Satz 1 grundsätzlich als Anwendbarkeitsnachweis die **allgemeine bauaufsichtliche Zulassung** oder die **Zustimmung im Einzelfall** vor. **Satz 2** eröffnet auch die Möglichkeit, den Anwendbarkeitsnachweis durch das **allgemeine bauaufsichtliche Prüfzeugnis** zu führen, allerdings unter den gleichen Bedingungen, die auch für nicht geregelte Bauprodukte nach § 22 Abs. 1 Satz 1 BauO NRW gelten. **Satz 3** bestimmt als logische Konsequenz zur **Gleichstellung** der nicht geregelten **Bauarten** mit den nicht geregelten Bau**produkten**, dass diese ebenfalls in die **Bauregelliste A** aufzunehmen sind; dies erfolgt in deren **Teil 3**. 5

**Satz 4** ordnet die entsprechende Geltung des § 20 Abs. 5 und 6 BauO NRW sowie der §§ 21 und 23 BauO NRW an. Die **Verweisung auf § 20 Abs. 5 BauO NRW** ermöglicht es – soweit nicht schon durch eine Rechtsverordnung der obersten Bauaufsichtsbehörde 6 vorgeschrieben – auch in einem Anwendbarkeitsnachweis (allgemeine bauaufsichtliche Zulassung oder Zustimmung im Einzelfall) unter der Voraussetzung, dass die Bauart in außergewöhnlichem Maß von der Sachkunde und Erfahrung der damit betrauten Personen oder von einer Ausstattung mit besonderen Vorrichtungen abhängt, das Vorhandensein geeigneter Fachkräfte und Vorrichtungen beim Anwender zu verlangen (vgl. die Anmerkungen zu § 20 Abs. 5 Rdn. 43–44).

7 Aus der **Verweisung auf § 20 Abs. 6 BauO NRW** folgt das Recht, bei Bauarten, die wegen ihrer besonderen Eigenschaften oder Anwendungszwecke einer außergewöhnlichen Sorgfalt bei Einbau, Transport, Instandhaltung oder Reinigung bedürfen, zu bestimmen, dass diese Tätigkeiten durch eine Überwachungsstelle nach § 28 BauO NRW zu überwachen sind (vgl. die Anmerkungen zu § 20 Abs. 6 Rdn. 45–49).

8 Die **Verweisung auf die §§ 21 und 23 BauO NRW** hat folgende Konsequenzen: die **Zuständigkeit** liegt für die allgemeine bauaufsichtliche Zulassung beim DIBt, für die Zustimmung im Einzelfall bei der obersten und in den Fällen des § 23 Abs. 2 BauO NRW bei der unteren Bauaufsichtsbehörde.

9 Die **materiellen Voraussetzungen** für die Erteilung eines Anwendbarkeitsnachweises – gleich welcher Art – sind identisch mit denen der Verwendbarkeisnachweise gemäß § 21 Abs. 1 und § 23 Abs. 1 Satz 1 BauO NRW. Die Anwendbarkeit muss im Sinne des § 3 Abs. 2 BauO NRW nachgewiesen sein.

10 Die **Verfahrensvorschriften** für die allgemeine bauaufsichtliche Zulassung wie für die Zustimmung im Einzelfall sind die gleichen wie für Bauprodukte. Das gilt hinsichtlich der Antragsvoraussetzungen, der Möglichkeit, Probeausführungen anzuordnen, der Zulässigkeit von Nebenbestimmungen, der generellen Befristung und Erteilung unter Widerrufsvorbehalt, der Wirkung der Anwendbarkeitsnachweise und ihres **Geltungsbereichs** und schließlich hinsichtlich der Feststellung, dass Rechte Dritter durch die Anwendbarkeitsnachweise nicht berührt werden. Deswegen kann auf die diesbezüglichen Anmerkungen insgesamt Bezug genommen werden.

11 **Satz 5** gibt der obersten Bauaufsichtsbehörde das Recht, im Einzelfall oder für genau begrenzte Fälle allgemein festzulegen, dass **Anwendbarkeitsnachweise ausnahmsweise nicht erforderlich** sind. Dies ist jedoch an die Voraussetzung gebunden, dass Gefahren im Sinne des § 3 Abs. 1 BauO NRW durch die nicht geregelte Bauart nicht zu erwarten sind. Von dieser Möglichkeit wird die oberste Bauaufsichtsbehörde wohl nur dann Gebrauch machen, wenn die Prognose sicher ist, also die Wahrscheinlichkeit eines Schadenseintritts nicht gegeben ist.

### 3 Absatz 2

12 Absatz 2 entspricht der Regelung des § 20 Abs. 4 BauO NRW für Bauprodukte. Für bestimmte **Bauarten** soll, auch soweit sie **Anforderungen nach anderen Rechtsvorschriften** als der BauO NRW unterliegen, durch Rechtsverordnung der obersten Bauaufsichtsbehörde bestimmt werden können, dass Anwendbarkeitsnachweise und Übereinstimmungsnachweisverfahren entsprechend den Vorschriften der BauO NRW erforderlich sind, allerdings unter der Voraussetzung, dass die anderen Rechtsbereiche entsprechende Regelungen ermöglichen (vgl. die Anmerkungen zu § 20 Rdn. 41–42).

## § 25
## Übereinstimmungsnachweis

**(1) Bauprodukte bedürfen einer Bestätigung ihrer Übereinstimmung mit den technischen Regeln nach § 20 Abs. 2, den allgemeinen bauaufsichtlichen Zulassungen, den allgemeinen bauaufsichtlichen Prüfzeugnissen oder den Zustimmungen im Einzelfall; als Übereinstimmung gilt auch eine Abweichung, die nicht wesentlich ist.**

**(2) [1]Die Bestätigung der Übereinstimmung erfolgt durch**

**1. Übereinstimmungserklärung des Herstellers (§ 26) oder**

**2. Übereinstimmungszertifikat (§ 27).**

**[2]Die Bestätigung durch Übereinstimmungszertifikat kann in der allgemeinen bauaufsichtlichen Zulassung, in der Zustimmung im Einzelfall oder in der Bauregelliste A vorgeschrieben werden, wenn dies zum Nachweis einer ordnungsgemäßen Herstellung erforderlich ist. [3]Bauprodukte, die nicht in Serie hergestellt werden, bedürfen nur der Übereinstimmungserklärung des Herstellers nach § 26 Abs. 1, sofern nichts anderes bestimmt ist. [4]Die oberste Bauaufsichtsbehörde kann im Einzelfall die Verwendung von Bauprodukten ohne das erforderliche Übereinstimmungszertifikat gestatten, wenn nachgewiesen ist, dass diese Bauprodukte den technischen Regeln, Zulassungen, Prüfzeugnissen oder Zustimmungen nach Absatz 1 entsprechen.**

**(3) Für Bauarten gelten die Absätze 1 und 2 entsprechend.**

**(4) Die Übereinstimmungserklärung und die Erklärung, dass ein Übereinstimmungszertifikat erteilt ist, hat der Hersteller durch Kennzeichnung der Bauprodukte mit dem Übereinstimmungszeichen (Ü-Zeichen) unter Hinweis auf den Verwendungszweck abzugeben.**

**(5) Das Ü-Zeichen ist auf dem Bauprodukt, auf einem Beipackzettel oder auf seiner Verpackung oder, wenn dies Schwierigkeiten bereitet, auf dem Lieferschein oder auf einer Anlage zum Lieferschein anzubringen.**

**(6) Ü-Zeichen aus anderen Ländern und aus anderen Staaten gelten auch im Land Nordrhein-Westfalen.**

**Anmerkungen** (Autor: Czepuck)

**Übersicht** Rdn.


| | | Rdn. |
|---|---|---|
| 0 | Änderungen gegenüber der BauO NW 1984 und der BauO NW 1995 | 01–02 |
| 1 | Allgemeines | 1– 8 |
| 2 | Zu Absatz 1 | 9–10 |
| 3 | Zu Absatz 2 | 11–16 |
| 4 | Zu Absatz 3 | 17–18 |
| 5 | Zu Absatz 4 | 19–20 |
| 6 | Zu Absatz 5 | 21–22 |
| 7 | Zu Absatz | 23 |

### 0 Änderungen gegenüber der BauO NW 1984 und der BauO NW 1995

01 Die **BauO NRW 2000** hat § 25 BauO NW 1995 übernommen, welcher mit §§ 26 und 27 BauO NW 1995 an die Stelle der Überwachungsvorschrift des § 24 BauO NW 1984 getreten war. Der § 25 BauO NRW entspricht weitgehend den Regelungen der §§ 8 bis 10 BauPG über die **Konformitätsnachweisverfahren**, die den Art. 13ff. BPR umsetzen. Eine Anpassung der Vorschriften der BauO NRW war nicht zwingend, erfolgte aber mit Rücksicht auf die **Kompatibilität der Systeme** (s. die Anmerkungen vor §§ 20 bis 28 Rdn. 47–49).

02 **Absatz 5** wurde in Anpassung an die MBO 1997 **erweitert**. Die Regelung über die Anbringung des Übereinstimmungszeichens entsprach nicht bei allen Bauprodukten den Kennzeichnungsmöglichkeiten; sie war auch zu erweitern, um den Vertriebsgegebenheiten von Bauprodukten zu entsprechen (so die Begründung LT-Drucks. 12/3738 S. 74 zu Art. I Nr. 13 – § 25).

### 1 Allgemeines

1 Das Bauordnungsrecht verlangt, dass ein Bauprodukt **verwendbar** und **gebrauchstauglich** im Sinne des § 3 Abs. 2 BauO NRW ist. Als geregeltes Bauprodukt darf es von den technischen Regeln der Bauregelliste A Teil 1 nicht oder nur unwesentlich abweichen, als nicht geregeltes Bauprodukt von dem besonderen Verwendbarkeitsnachweis (allgemeine bauaufsichtliche Zulassung, allgemeines bauaufsichtliches Prüfzeugnis, Zustimmung im Einzelfall). Ob das auf der Baustelle angelieferte Bauprodukt auch tatsächlich diesen Anforderungen genügt, also vom Hersteller genau nach diesen Vorgaben produziert worden ist, muss in irgendeiner Weise **für die am Bau Beteiligten erkennbar** sein. Diesem Ziel dient das bauaufsichtliche **Überwachungssystem für Bauprodukte**, das auf die frühere **Güteüberwachung** zurückgeht (s. die Anmerkungen vor §§ 20 bis 28 Rdn. 2). Die von früher her bekannten Systeme der **Eigenüberwachung** und der **Fremdüberwachung** wurden übernommen, fortentwickelt und an die Regelungen zum Konformitätsnachweis nach dem BauPG angepasst, damit die Hersteller und Verwender nicht zwei völlig unterschiedliche Regelungen beachten müssen.

2 Im Regelungssystem ist neben dem **Nachweis der Verwendbarkeit** der Bauprodukte regelmäßig auch der **Nachweis der Übereinstimmung** mit den jeweils maßgeblichen technischen Spezifikationen gefordert. Der Nachweis der Übereinstimmung wird in einem in § 25 in Verbindung mit den §§ 26 und 27 BauO NRW näher geregelten Verfahren geführt. Dabei sieht § 25 Abs. 2 Satz 1 BauO NRW zwei **unterschiedlichen Formen** des Übereinstimmungsnachweises durch den Hersteller selbst oder durch eine Zertifizierungsstelle vor. Ist der Übereinstimmungsnachweis durch Eigen- oder Fremdüberwachung erbracht, ist der **Hersteller** nicht nur berechtigt, sondern nach Absatz 4 auch **verpflichtet,** das Bauprodukt mit dem **Ü-Zeichen** unter Hinweis auf den Verwendungszweck zu kennzeichnen. **Zweck des Verfahrens** ist es generell, die Übereinstimmung des Bauprodukts mit den in der Bauregelliste A bekannt gemachten technischen Regeln bzw. der allgemeinen bauaufsichtlichen Zulassung, dem allgemeinen bauaufsichtlichen Prüfzeugnis oder der Zustimmung im Einzelfall zu bestätigen.

3 Das **Nachweisverfahren** kommt **nur für geregelte Bauprodukte** und **für nicht geregelte Bauprodukte** zur Anwendung. **Kein** Übereinstimmungsnachweis ist **für sonstige Bauprodukte** erforderlich, da für diese weder in der Bauregelliste A Teil 1 bekannt gemach-

te technische Regeln bestehen noch eine allgemeine bauaufsichtliche Zulassung, ein allgemeines bauaufsichtliches Prüfzeugnis oder eine Zustimmung im Einzelfall vorliegt. **Kein Übereinstimmungsnachweis** ist ferner **für unbedeutende Bauprodukte** erforderlich, die in die **Liste C** aufgenommen wurden (zu sonstigen und zu unbedeutenden Bauprodukten s. die Anmerkungen vor §§ 20 bis 28 Rdn. 39 und zu § 20 Rdn. 16–18 und Rdn. 40). Schließlich ist zu beachten, dass die nach dem BauPG oder nach Vorschriften (anderer Mitgliedstaaten) zur Umsetzung der BPR in den Verkehr gebrachten Bauprodukte ein eigenes Konformitätsnachweisverfahren durchlaufen haben und die CE-Kennzeichnung tragen; diese europäischen Bauprodukte bedürfen deshalb keines weiteren Nachweisverfahrens nach der BauO NRW (s. die Anmerkungen zu § 20 Rdn. 19–24). Für europäische Bauprodukte, die nicht nach der BPR, sondern nach anderen EG-Richtlinien in den Verkehr gebracht sind und die ebenfalls die CE-Kennzeichnung tragen, wird zusätzlich ein Verwendbarkeits- und Übereinstimmungsnachweis in der Bauregelliste B Teil 2 gefordert (s. die Anmerkungen zu § 20 Rdn. 25–26 und 53).

Ergibt sich die Verwendbarkeit aus einer in der Bauregelliste A Teil 1 bekannt gemach- 4
ten technischen Regel, hat das Übereinstimmungsverfahren für das **geregelte Bauprodukt** die **Funktion**, die **Übereinstimmung mit der technischen Regel** oder – wenn die technische Regel die Erstprüfung durch eine anerkannte Prüfstelle vorschreibt (vgl. die Anmerkungen zu § 26 Abs. 2 Rdn. 6–9) – die **Übereinstimmung mit dem Prototyp** zu bestätigen. Im Übrigen soll gewährleistet werden, dass die **Übereinstimmung bei der laufenden Produktion** der Bauprodukte auch **erhalten bleibt**.

Da der Verwendbarkeitsnachweis bei **nicht geregelten Bauprodukten** in der Regel be- 5
reits durch einen der in § 20 Abs. 3 BauO NRW genannten besonderen Verwendbarkeitsnachweise erbracht worden ist (s. die Anmerkungen zu § 20 Rdn. 35–40), bedarf es nur noch eines Nachweises der **Übereinstimmung der laufenden Herstellung** der Bauprodukte **mit dem Bezugsdokument**, also der allgemeinen bauaufsichtlichen Zulassung, dem allgemeinen bauaufsichtlichen Prüfzeugnis oder der Zustimmung im Einzelfall.

Bei der hiernach für den Übereinstimmungsnachweis stets wesentlichen Kontrolle der 6
laufenden Produktion ist **immer** eine **werkseigene Produktionskontrolle erforderlich**. Eine solche formalisierte werkseigene Produktionskontrolle war dem deutschen Bauordnungsrecht bislang fremd.

Für die **Durchführung des Übereinstimmungsnachweisverfahrens** ist stets der **Herstel- 7
ler verantwortlich**, auch wenn andere Stellen in das Verfahren eingeschaltet werden. Der Abschluss des jeweils in den technischen Bezugsdokumenten für ein bestimmtes Bauprodukt festgelegten Verfahrens wird ebenfalls vom Hersteller durch Kennzeichnung des Produkts mit dem Ü-Zeichen nach außen kundgetan. Das **Übereinstimmungsnachweisverfahren** ist daher **kein Verwaltungsverfahren**, sondern eine durch die BauO NRW vorgeschriebene Rechtspflicht des Herstellers (zu diesem Rechtsverhältnis s. die Anmerkungen zu § 28 Rdn. 18).

Je nach Sicherheitsrelevanz der Bauprodukte sind nach Vorgabe der maßgeblichen 8
technischen Bezugsdokumente **zusätzlich Prüfstellen, Überwachungsstellen und Zertifizierungsstellen einzuschalten**. Sind in den nationalen technischen Regeln Prüfungen von Bauprodukten, insbesondere **Eignungsprüfungen**, **Erstprüfungen** oder **Prüfungen zur Erlangung von Prüfzeugnissen** oder **Werksbescheinigungen** vorgesehen, so sind diese Prüfungen im Rahmen der vorgeschriebenen Übereinstimmungsnachweise durchzuführen (s. die Anmerkungen zu § 20 Rdn. 31 zur Bauregelliste A).

### 2 Zu Absatz 1

9 Der **Begriff „Übereinstimmung"** ist im Absatz 1 nicht näher definiert. Gemeint ist damit schlicht die Tatsache, dass das Bauprodukt entsprechend der in der Bauregelliste A Teil 1 für das betreffende Bauprodukt aufgeführten technischen Regel hergestellt ist bzw. – bei Performancenormen – die in ihr enthaltenen technischen Kennwerte durch das Bauprodukt eingehalten bzw. erfüllt sind. Beim Vorliegen einer allgemeinen bauaufsichtlichen Zulassung, eines allgemeinen bauaufsichtlichen Prüfzeugnisses oder einer Zustimmung im Einzelfall zielt der Nachweis der Übereinstimmung darauf, dass das Bauprodukt die Vorgaben dieses besonderen Verwendbarkeitsnachweises einhält.

10 Schwierigkeiten kann in diesem Zusammenhang jedoch **Absatz 1, 2. Halbsatz** bereiten: Als **Übereinstimmung** gilt hiernach auch eine **nicht wesentliche Abweichung** von dem technischen Bezugsdokument. Voraussetzung für die Erklärung der Übereinstimmung bei einer Abweichung ist, dass die Verwendbarkeit des Bauprodukts noch aus dem Gesamtzusammenhang der in Betracht kommenden technischen Regeln oder Verwendbarkeitsnachweisen beurteilt und somit als gegeben angesehen werden kann. Nicht wesentlich kann eine Abweichung nur dann sein, wenn die veränderte technische Ausführung im Einzelfall nicht in anderen Bezugsdokumenten gesondert beurteilt wurde und wenn die technischen Regeln und Prüfverfahren für diese andere Ausführung (z. B. andere Baustoffe, Bauteile, Größen, Materialstärken) nicht eine erneute Beurteilung erfordern. Verbleiben bei dieser Betrachtung Zweifel über die Verwendbarkeit des Bauprodukts liegt eine wesentliche Abweichung vor. Abweichungen im Anwendungsbereich (z. B. andere Montage, Montagemittel, geometrische Anordnungen) sind analog zu betrachten.

### 3 Zu Absatz 2

11 **Satz 1** nennt **zwei Formen des Übereinstimmungsnachweises**, nämlich

- die **Übereinstimmungserklärung des Herstellers** nach § 26 BauO NRW oder
- das **Übereinstimmungszertifikat einer Zertifizierungsstelle** nach § 27 BauO NRW.

In § 26 BauO NRW sind wiederum **zwei Unterfälle der Übereinstimmungserklärung des Herstellers** geregelt:

- die Erklärung aufgrund **werkseigener Produktionskontrolle** und
- die Erklärung aufgrund „**Erstprüfung**" des Bauprodukts **durch eine anerkannte Prüfstelle und werkseigener Produktionskontrolle**.

12 Welche **Form** des Übereinstimmungsnachweisverfahrens anzuwenden ist, steht **nicht zur Disposition des Herstellers**, sondern ergibt sich entweder aus der BauO NRW selbst oder aus den technischen Bezugsdokumenten. Es kann den nachfolgenden Sätzen 2 bis 4 indirekt entnommen werden, dass die **Übereinstimmungserklärung des Herstellers die Regel** und das Übereinstimmungszertifikat eher die Ausnahme darstellt.

13 Aus **Satz 2** ergibt sich, dass regelmäßig die Übereinstimmungserklärung des Herstellers ausreicht, wenn sich nicht aus der **Bauregelliste A** oder der **allgemeinen bauaufsichtlichen Zulassung** bzw. der **Zustimmung im Einzelfall** die **Forderung nach einem Übereinstimmungszertifikat** ergibt. In einem allgemeinen bauaufsichtlichen Prüfzeugnis kann das Verlangen nach einem Übereinstimmungszertifikat demnach nicht gestellt

werden. Für Bauprodukte, die nach den Voraussetzungen des § 22 Abs. 1 BauO NRW nur eines allgemeinen bauaufsichtlichen Prüfzeugnisses bedürfen, wäre ein Nachweis der ordnungsgemäßen Herstellung durch Übereinstimmungszertifikat auch überzogen.

Das **Übereinstimmungszertifikat** unterscheidet sich von der Übereinstimmungserklärung des Herstellers im Wesentlichen dadurch, dass neben die stets erforderliche Eigenüberwachung (vgl. § 26 Abs. 1 Satz 1 BauO NRW) die **Fremdüberwachung** (vgl. § 27 Abs. 2 Satz 2 BauO NRW) tritt. Die Vorschrift macht das **Verlangen** nach einem Übereinstimmungszertifikat davon abhängig, dass dies zum **Nachweis** ordnungsgemäßer Herstellung erforderlich ist. Letzteres wird man annehmen müssen, wenn nach einer Risikoabschätzung entweder im Hinblick auf die Funktion des Bauprodukts in der baulichen Anlage oder wegen schwieriger Produktionsbedingungen (s. die Anmerkungen zu § 20 Rdn. 43) die Ordnungsgemäßheit des Produktionsprozesses besonderer Vorsichtsmaßnahmen bedarf. **14**

Der Nachweis ordnungsgemäßer Herstellung kann auch bei **innovativen** Bauprodukten notwendig erscheinen. Im Hinblick auf den zuletzt genannten Gesichtspunkt kann deswegen – und dies lässt die Rechtslage zweckmäßigerweise zu – bei einem Bauprodukt, das nach einer technischen Regel der Bauregelliste A hergestellt wird, nur die Übereinstimmungserklärung gefordert sein, aber für dasselbe Bauprodukt, das von dieser Regel wesentlich abweichend produziert wird, in dem dann erforderlichen Verwendbarkeitsnachweis das Übereinstimmungszertifikat verlangt werden.

**Satz 3** beinhaltet für **nicht in Serie hergestellte Bauprodukte** eine Sonderregelung. Sie findet ihre Parallele in der sog. „**Handwerksklausel**" des § 8 Abs. 5 BauPG, der Art. 13 Abs. 5 BPR umsetzt. Die Vorschrift macht eine Abgrenzung zwischen Serienproduktion und Nicht-Serienproduktion notwendig. Diese ist am ehesten vom Zweck der Sonderregelung her zu finden, die in geringer Stückzahl, meist überwiegend handwerklich hergestellte Bauprodukte von der aufwendigen Einschaltung von Stellen nach § 28 BauO NRW, die in keinem Verhältnis zur wirtschaftlichen Produktion steht, freistellt. Eine handwerkliche und daher nicht auf Serie eingerichtete Herstellung von Bauprodukten liegt vor, wenn in geringer Stückzahl, vor allem aber auf Bestellung zum Einbau in eine bestimmte bauliche Anlage produziert wird. **15**

Für nicht in Serie hergestellte Bauprodukte kommt **regelmäßig nur eine Übereinstimmungserklärung**, und zwar ohne Erstprüfung durch eine gemäß § 28 Abs. 1 Nr. 2 BauO NRW anerkannte Prüfstelle, in Betracht. **Etwas anderes gilt nach Satz 3** nur, wenn in der Bauregelliste A oder in dem besonderen Verwendbarkeitsnachweis ausdrücklich das Übereinstimmungszertifikat verlangt wird.

Nach **Satz 4** kann die **oberste Bauaufsichtsbehörde im Einzelfall gestatten**, dass das Bauprodukt **ohne das erforderliche Übereinstimmungszertifikat verwendet** wird. Diese Gestattung ist ein **Verwaltungsakt für eine konkrete Baumaßnahme**. Voraussetzung für eine solche **Ermessensentscheidung** („kann" gestatten) ist der Nachweis, dass das Bauprodukt den in Absatz 1 genannten technischen Bezugsdokumenten entspricht. Sie wird in Betracht kommen, wenn die Ausnahme des Satzes 3 (**Handwerksklausel**) nicht zutrifft, aber der **Aufwand für eine Fremdüberwachung** wegen nur geringer Stückzahl **wirtschaftlich nicht vertretbar** erscheint. Ein Verzicht liegt auch nahe, wenn für ein Bauprodukt wegen wesentlicher Abweichung von der in der Bauregelliste A bekannt gemachten technischen Regel und der dort festgesetzten Notwendigkeit eines Übereinstimmungszertifikates eine Zustimmung im Einzelfall erteilt werden soll. **16**

### 4 Zu Absatz 3

17 Nach Absatz 3 gelten die Absätze 1 und 2 entsprechend für Bauarten (zum Begriff s. die Anmerkungen zu § 2 Rdn. 258–260). Es fällt auf, dass die entsprechende Anwendbarkeit der Absätze 1 und 2 nicht auf die „nicht geregelten" Bauarten (zu diesem Begriff s. die Anmerkungen zu § 24 Rdn. 1) beschränkt ist, sondern alle Bauarten einbezieht, also auch die den geregelten Bauprodukten vergleichbaren, jedoch als solche nicht gesetzlich definierten „sonstigen" Bauarten. Diese „sonstigen" Bauarten sind jedoch nicht in der Bauregelliste A bekannt gemacht und sind auch keine Bauarten im Sinne des § 20 Abs. 2.Da die Führung eines Anwendbarkeitsnachweises für nicht geregelte Bauarten jedoch durch § 24 Abs. 1 BauO NRW ausdrücklich gefordert ist, ergibt sich damit, dass **Absatz 3** nur auf die **nicht geregelten Bauarten** zielen kann.

18 Die Vorschrift besagt also, dass für **nicht geregelte Bauarten**, die nur bei Vorliegen einer allgemeinen bauaufsichtlichen Zulassung, eines allgemeinen bauaufsichtlichen Prüfzeugnisses oder einer Zustimmung im Einzelfall angewendet werden dürfen (s. § 24 Abs. 1 Sätze 1 und 2 BauO NRW), **ein Übereinstimmungsverfahren** nach §§ 25 ff. BauO NRW durchgeführt werden muss, also eine Übereinstimmungserklärung des Herstellers oder ein Übereinstimmungszertifikat erforderlich ist. Im Einzelnen wird deshalb auf die vorhergehenden Ausführungen zu den Absätzen 1 und 2 verwiesen; das betrifft auch die Anmerkungen zu dem ebenfalls entsprechend anwendbaren Absatz 2 Sätze 3 und 4. Absatz 3 ist im Übrigen negativ zu entnehmen, dass ein **Übereinstimmungszeichen** (Ü-Zeichen), wie es nach Absatz 4 für Bauprodukte erforderlich ist, **bei Bauarten nicht gefordert** wird, weil es im Übrigen auch nicht sinnvoll angebracht werden kann.

### 5 Zu Absatz 4

19 **Der Hersteller** ist berechtigt und **verpflichtet**, das Übereinstimmungsnachweisverfahrens in Form seiner Übereinstimmungserklärung nach § 26 BauO NRW oder des Übereinstimmungszertifikats nach § 27 BauO NRW durch **Kennzeichnung** des Bauprodukts **mit dem Übereinstimmungszeichen (Ü-Zeichen)** abzuschließen. Mit dem Ü-Zeichen ist ein Hinweis auf den Verwendungszweck des Bauprodukts zu verbinden. Hierbei sind die durch eine Rechtsverordnung der obersten Bauaufsichtsbehörde gemäß § 85 Abs. 6 Nr. 1 BauO NRW geforderten zusätzlichen Angaben zu machen.

20 Der Sicherstellung einer bundeseinheitlichen Handhabung des Ü-Zeichens dient die Muster-Übereinstimmungszeichen-Verordnung der ARGEBAU, die mit der

- **Verordnung über die Anerkennung als Prüf-, Überwachungs- oder Zertifizierungsstelle und über das Übereinstimmungszeichen – PÜZÜVO**

in Landesrecht umgesetzt wurde und damit die **Form des Ü-Zeichens** verbindlich vorschreibt. Nach § 7 PÜZÜVO besteht das Ü-Zeichen aus einem Großbuchstaben mit zusätzlichen Angaben in getrennten Schriftfeldern. Diese enthalten

- nach § 7 Abs. 1 Nr. 1 PÜZÜVO den **Namen des Herstellers** (Herstellerwerk),
- nach § 7 Abs. 1 Nr. 2 PÜZÜVO die **Grundlagen des Übereinstimmungsnachweises**, das sind
  a) die Kurzbezeichnung der maßgebenden technischen Regeln und der für den Verwendungszweck wesentlichen Merkmale des Bauprodukts,

b) die Bezeichnung für eine allgemeine bauaufsichtliche Zulassung als „Z" und deren Nummer,

c) die Bezeichnung für ein allgemeines bauaufsichtliches Prüfzeugnis als „P", die Bezeichnung der Prüfstelle und die Nummer des Prüfzeugnisses oder

d) die Bezeichnung „Zustimmung im Einzelfall" und die Behörde,

- nach § 7 Abs. 1 Nr. 3 PÜZÜVO die **für den Verwendungszweck wesentlichen Merkmale** des Bauprodukts, soweit sie nicht durch die Angabe der Kurzbezeichnung der technischen Regel nach Nr. 2 Buchstabe a abschließend bestimmt sind,
- nach § 7 Abs. 1 Nr. 4 PÜZÜVO die **Bezeichnung** oder das **Bildzeichen der Zertifizierungsstelle**, sofern deren Einschaltung gefordert ist.

## 6 Zu Absatz 5

Das **Ü-Zeichen** wird nicht immer **auf dem Bauprodukt** selbst angebracht werden können. Problemlos möglich ist dies nur bei Bauteilen, dagegen nicht bei Steinen, Zement oder flüssigen Stoffen. Absatz 5 lässt daher **Alternativen** zu; Anbringung des Ü-Zeichens auf 21

- dem Beipackzettel oder auf der Verpackung,

oder wenn das Schwierigkeiten bereitet, Anbringung des Ü-Zeichens auf

- dem Lieferschein oder auf einer Anlage zum Lieferschein.

Die Aufzählung enthält eine Folge von alternativen Möglichkeiten, die nicht gleichrangig nebeneinander stehen, sondern **nacheinander anzuwenden** sind. Nur wenn die Anbringung des Ü-Zeichens auf dem Bauprodukt selbst nicht möglich ist, kommt die Anbringung auf dem Beipackzettel oder auf der Verpackung in Betracht. Verfügt das Bauprodukt auch über keine Verpackung, verbleibt als letzte Alternative die Anbringung auf dem Lieferschein oder einer Anlage hierzu. 22

## 7 Zu Absatz 6

Die Vorschrift dient der **Gleichstellung der Ü-Zeichen anderer Länder der Bundesrepublik Deutschland und anderer Staaten**. Ü-Zeichen können nämlich sowohl in Mitgliedstaaten der Europäischen Gemeinschaft oder des Europäischen Wirtschaftsraums, z. B. aufgrund des Verfahrens nach Art. 16 BPR, als auch in Drittstaaten, z. B. aufgrund von Anerkennungen von Prüf-, Überwachungs- und Zertifizierungsstellen ausländischer Staaten durch die oberste Bauaufsichtsbehörde, angebracht werden. 23

## § 26
## Übereinstimmungserklärung des Herstellers

**(1) Der Hersteller darf eine Übereinstimmungserklärung nur abgeben, wenn er durch werkseigene Produktionskontrolle sichergestellt hat, dass das von ihm hergestellte Bauprodukt den maßgebenden technischen Regeln, der allgemeinen bauaufsichtlichen Zulassung, dem allgemeinen bauaufsichtlichen Prüfzeugnis oder der Zustimmung im Einzelfall entspricht.**

**(2) [1]In den technischen Regeln nach § 20 Abs. 2, in der Bauregelliste A, in den allgemeinen bauaufsichtlichen Zulassungen, in den allgemeinen bauaufsichtlichen Prüfzeugnissen oder in den Zustimmungen im Einzelfall kann eine Prüfung der Bauprodukte durch eine Prüfstelle vor Abgabe der Übereinstimmungserklärung vorgeschrieben werden, wenn dies zur Sicherung einer ordnungsgemäßen Herstellung erforderlich ist. [2]In diesen Fällen hat die Prüfstelle das Bauprodukt daraufhin zu überprüfen, ob es den maßgebenden technischen Regeln, der allgemeinen bauaufsichtlichen Zulassung, dem allgemeinen bauaufsichtlichen Prüfzeugnis oder der Zustimmung im Einzelfall entspricht.**

**Anmerkungen** (Autor: Czepuck)

**Übersicht** Rdn.


| | | Rdn. |
|---|---|---|
| 0 | Änderungen gegenüber der BauO NW 1984 und der BauO NW 1995 | 01 |
| 1 | Allgemeines | 1 |
| 2 | Zu Absatz 1 | 2–5 |
| 3 | Zu Absatz 2 | 6–8 |


### 0 Änderungen gegenüber der BauO NW 1984 und der BauO NW 1995

01 Die **BauO NRW 2000** hat die Vorschrift des § 26 **BauO NW 1995** unverändert übernommen. Sie war Teil des neuen bauproduktenrechtlichen Überwachungssystems, das die früheren Überwachungsvorschriften des § 24 BauO NW 1984 abgelöst hat. Die **werkseigene** Produktionskontrolle war dem früheren System in dieser Form unbekannt, da es nur auf durch die oberste Bauaufsichtsbehörde anerkannte Überwachungsgemeinschaften und Prüfstellen setzte (s. die Anmerkungen Vor §§ 20 bis 28 Rdn. 47–49).

### 1 Allgemeines

1 Die Vorschrift regelt die **Form** der Übereinstimmungserklärung des Herstellers als eines der beiden möglichen Nachweisverfahren nach § 25 Abs. 2 Satz 1 BauO NRW. Die aufgrund der werkseigenen Kontrolle abgegebene Übereinstimmungserklärung des Herstellers ist für diesen weniger kostenintensiv als das in § 27 BauO NRW geregelte Übereinstimmungszertifikat, das von einer durch die oberste Bauaufsichtsbehörde gemäß § 28 BauO NRW anerkannten Zertifizierungsstelle erteilt werden muss. Die Übereinstimmungserklärung des Herstellers kommt nur zur Anwendung, wenn das **Bauprodukt unter Sicherheitsaspekten unproblematisch** ist.

Im Falle des § 26 **Abs. 1** BauO NRW wird sie **allein vom Hersteller** abgegeben.

Im Falle des § 26 **Abs. 2** BauO NRW darf eine Übereinstimmungserklärung erst nach **Einschaltung** einer von der obersten Bauaufsichtsbehörde gemäß § 28 BauO NRW **an-**

**erkannten Prüfstelle**, die den **Prototyp des Bauprodukts** auf die Übereinstimmung mit den maßgebenden technischen Spezifikationen prüft, abgegeben werden.

Die **Übereinstimmungserklärung** bildet die **Voraussetzung** zur **Anbringung des Ü-Zeichens**.

### 2 Zu Absatz 1

Die Abgabe der Übereinstimmungserklärung und die Kennzeichnung des Bauprodukts mit dem Ü-Zeichen durch den Hersteller unter Hinweis auf den Verwendungszweck und gegebenenfalls die Hinzufügung der nach der PÜZÜVO geforderten zusätzlichen Angaben (s. die Anmerkungen zu § 25 Rdn. 20) **setzt voraus**, dass der Hersteller die **werkseigene Produktionskontrolle** (Eigenüberwachung) durchgeführt hat. Die Eigenüberwachung soll sicherstellen, dass das von ihm hergestellte Bauprodukt den nach der Bauregelliste A hierfür maßgebenden technischen Regeln oder den besonderen Verwendbarkeitsnachweisen (allgemeine bauaufsichtliche Zulassung, allgemeines bauaufsichtliches Prüfzeugnis, Zustimmung im Einzelfall) entspricht und daher mit dem technischen Bezugsdokument übereinstimmt. 2

Der **Begriff „werkseigene Produktionskontrolle“** entspricht in etwa dem, was man nach altem Recht unter „Eigenüberwachung“ verstand und bedeutet nach Nr. 3 des Leitpapiers 7 (Leitlinien für die Durchführung der werkseigenen Produktionskontrolle für Bauprodukte) „die ständige Eigenüberwachung der Produktion durch den Hersteller oder seine Beauftragten in der Eigenverantwortung des Herstellers“. Nach Nr. 7 des Leitpapiers umfasst die werkseigene Produktionskontrolle Betriebstechniken und alle erforderlichen Maßnahmen zur Aufrechterhaltung und Regulierung der Beschaffenheit des Bauprodukts. Sie besteht aus Überwachungen und Prüfungen sowie der Nutzung ihrer Ergebnisse im Hinblick auf Ausrüstung, Ausgangsmaterial und wesentliche Bestandteile, Herstellungsverfahren und das Produkt selbst sowie aus der Berücksichtigung der diesbezüglichen in den technischen Bezugsdokumenten angegebenen Anforderungen. Die zuvor zitierte Nr. 3 des Leitpapiers 7 macht auch deutlich, dass sich der Hersteller für die Eigenüberwachung eines Beauftragten bedienen darf, er sie also nicht unbedingt selbst durchführen muss. Der Hersteller bleibt letztlich aber selbst in der Verantwortung für die Ordnungsgemäßheit der werkseigenen Produktionskontrolle. 3

Der **Umfang der werkseigenen Produktionskontrolle**, etwa Art und Häufigkeit der Kontrollen, ist **gesetzlich nicht geregelt**. Dieser wird von der Risikoanfälligkeit des Bauprodukts und seiner bestimmungsgemäßen Verwendung abhängig sein, schließlich auch von der Schwierigkeit des Herstellungsvorgangs. Einzelheiten der erforderlichen Produktionskontrolle können **DIN 18200:2000–05, Abschnitt 3** entnommen werden (zum Umfang der werkseigenen Kontrolle s. auch die Anmerkungen zu § 20 Rdn. 31 und den dort abgedruckten Auszug aus der Bauregelliste A). 4

Wenn Absatz 1 als Voraussetzung für die Übereinstimmungserklärung des Herstellers ausdrücklich nur die werkseigene Produktionskontrolle nennt, so ergibt sich aber zumindest aus dem Zusammenhang mit § 25 Abs. 1 BauO NRW, dass der Hersteller (s. aber auch die nachfolgenden Anmerkungen zu Absatz 2) zunächst geprüft hat und die Verantwortung dafür übernimmt, dass das Produkt, dessen dauerhafte ordnungsgemäße Herstellung dann der werkseigenen Produktionskontrolle unterliegt, mit den maßgeblichen Bezugsdokumenten übereinstimmt. Eine **Erstprüfung des Produkts durch den Hersteller** geht also immer der Kontrolle der Produktion durch den Hersteller voraus. 5

### 3 Zu Absatz 2

6 Gemäß **Satz 1** kann in der Bauregelliste A oder den besonderen Verwendbarkeitsnachweisen in den technischen Bezugsdokumenten festgelegt werden, dass die stets notwendige Erstprüfung des Bauprodukts vor Abgabe der Übereinstimmungserklärung (s. zuvor Rdn. 5) nicht allein durch den Hersteller, sondern durch eine hierfür gemäß § 28 Abs. 1 Nr. 2 BauO NRW besonders **anerkannte Prüfstelle** durchgeführt werden muss. Diese Erschwernis setzt jedoch voraus, dass die Einschaltung einer anerkannten Prüfstelle **zur Sicherung einer ordnungsgemäßen Herstellung erforderlich** ist (zum Begriff der ordnungsgemäßen Herstellung s. die Anmerkungen zu § 25 Rdn. 14). Erweist sich jedoch unter Sicherheitsaspekten die Produktionsüberwachung als das wichtigere Überwachungselement, so ist in den maßgeblichen technischen Spezifikationen nicht die Erstprüfung des Produkts, sondern das Konformitätszertifikat mit der anschließenden Fremdüberwachung der Produktionskontrolle gefordert.

7 Die für die **Erstprüfung des Produkts zuständige Prüfstelle**, die nach § 28 Abs. 1 Satz 1 Nr. 2 BauO NRW hierfür **besonders anerkannt** sein muss, wird direkt vom Hersteller im Rahmen eines Werkvertrags beauftragt. Die Bauaufsichtsbehörden wirken hierbei nicht mit. Die Prüfstelle hat gemäß Satz 2 die Prüfung des Bauprodukts darauf auszurichten, ob der **Prototyp des Bauprodukts** mit den maßgebenden technischen Spezifikationen übereinstimmt. Diese Spezifikationen ergeben auch im Wesentlichen selbst oder durch Verweisung auf entsprechende Prüfnormen, welche Prüfungen nach Art und Umfang die anerkannte Prüfstelle für das betreffende Bauprodukt durchzuführen hat.

8 Da der Hersteller in **Zweifelsfällen** die Erfüllung der **Voraussetzungen** für das rechtmäßige Anbringen des Ü-Zeichens gegebenenfalls **nachweisen** muss, wird das Ergebnis der Prüfung regelmäßig dem Hersteller von der Prüfstelle in **schriftlicher Form** mitgeteilt werden müssen. Die Prüfstelle erstattet ihre Prüffeststellung in gutachterlicher Form (Prüfungsbericht). Die **Prüffeststellung** ist **kein Verwaltungsakt** und kann daher nicht mit Nebenbestimmungen versehen werden (so auch Große-Suchsdorf/Lindorf/Schmaltz/Wiechert, zu § 28 a Rdn. 5; s. auch die Anmerkungen zu § 28 Rdn. 18).

## § 27
## Übereinstimmungszertifikat

**(1) Ein Übereinstimmungszertifikat ist von einer Zertifizierungsstelle nach § 28 zu erteilen, wenn das Bauprodukt**

**1. den maßgebenden technischen Regeln, der allgemeinen bauaufsichtlichen Zulassung, dem allgemeinen bauaufsichtlichen Prüfzeugnis oder der Zustimmung im Einzelfall entspricht und**

**2. einer werkseigenen Produktionskontrolle sowie einer Fremdüberwachung nach Maßgabe des Absatzes 2 unterliegt.**

**(2) [1]Die Fremdüberwachung ist von Überwachungsstellen nach § 28 durchzuführen. [2]Die Fremdüberwachung hat regelmäßig zu überprüfen, ob das Bauprodukt den maßgebenden technischen Regeln, der allgemeinen bauaufsichtlichen Zulassung, dem allgemeinen bauaufsichtlichen Prüfzeugnis oder der Zustimmung im Einzelfall entspricht.**

**Anmerkungen** (Autor: Czepuck)

**Übersicht** Rdn.


0 Änderungen gegenüber der BauO NW 1984 und der BauO NW 1995 ....... 01
1 Allgemeines .......... 1–2
2 Zu Absatz 1 .......... 3–5
3 Zu Absatz 2 .......... 6–8


### 0 Änderungen gegenüber der BauO NW 1984 und der BauO NW 1995

Die **BauO NRW 2000** hat § 27 **BauO NW 1995** unverändert übernommen. Er war Teil des neuen bauproduktenrechtlichen Überwachungssystems, das die früheren Überwachungsvorschriften des § 24 BauO NW 1984 abgelöst hat (s. die Anmerkungen Vor §§ 20 bis 28 Rdn. 47–49). 01

### 1 Allgemeines

Das Übereinstimmungszertifikat ist gemäß § 25 Abs. 2 Satz 2 BauO NRW die Form des Übereinstimmungsnachweisverfahrens, die als **Alternative zur Übereinstimmungserklärung des Herstellers** nach § 26 BauO NRW für geregelte oder nicht geregelte Bauprodukte erforderlich wird. Es kommt zur Anwendung, wenn die in Betracht kommende technische Spezifikation dies verlangt (s. die Anmerkungen zu § 25 Rdn. 11–13). Während § 25 BauO NRW festgelegt, wann ein Übereinstimmungszertifikat erforderlich ist, regelt § 27 BauO NRW, unter welchen Voraussetzungen ein solches zu erteilen ist. 1

Das Übereinstimmungszertifikat erfordert sowohl **produkt**bezogene Prüfungen (s. Absatz 1 Nr. 1) als auch **produktions**bezogene Überwachungen (s. Absatz 1 Nr. 2). Es wird von einer **anerkannten Zertifizierungsstelle** (s. § 28 BauO NRW) ausgestellt, wenn sie sich von der Ordnungsgemäßheit der Prüfungen des Produkts durch den Hersteller selbst oder durch eine anerkannte Prüfstelle im Sinne des § 28 Abs. 1 Satz 1 Nr. 2 BauO NRW, und der Fremdüberwachungen der Produktion durch eine Überwachungsstelle im Sinne des § 28 Abs. 1 Satz 1 Nr. 5 BauO NRW überzeugt hat. Die Zertifizierungsstel- 2 le hat gegebenenfalls die Tätigkeit der Prüfstelle sowie der Überwachungsstelle zu kontrollieren und darf erst dann, wenn sie selbst jeweils zu einem positiven Ergebnis gekommen ist, das Übereinstimmungszertifikat ausstellen.

### 2 Zu Absatz 1

3 **Satz 1** regelt die Voraussetzungen, unter denen der Hersteller einen Anspruch auf Erteilung eines Zertifikats durch die Zertifizierungsstelle hat. Die Voraussetzungen ergeben sich aus den Nummern 1 und 2, die beide erfüllt sein müssen. Bei Erfüllung der Voraussetzungen hat der Hersteller einen Rechtsanspruch auf das Zertifikat.

4 Nach **Nr. 1** muss das Produkt den in der Bauregelliste A bekannt gemachten technischen Regeln oder den besonderen Verwendbarkeitsnachweisen entsprechen. Die Zertifizierungsstelle hat zunächst die **produktbezogenen Bewertungen** des Herstellers oder die Bewertungen der Prüfergebnisse der mit der Erstprüfung des Produkts befassten Prüfstelle nachzuvollziehen. Die Voraussetzung der Nr. 1 ist dann erfüllt, wenn die Zertifizierungsstelle ihrerseits zu einem positiven Ergebnis kommt.

5 Nach **Nr. 2** muss die **Zertifizierungsstelle** sich davon überzeugen, ob die **werkseigene Produktionskontrolle und die Fremdüberwachung** im Sinne des Absatzes 2 (vgl. die Anmerkungen zu § 26 Rdn. 3 und 4), durchgeführt worden sind. Auch in diesem Zusammenhang übt die Zertifizierungsstelle nicht selbst die produktbezogenen Prüfungen oder produktionsbezogenen Überwachungen aus, sondern bewertet die vorangegangene Tätigkeit sowie die Kontrollergebnisse der Prüf- und Überwachungsstellen.

### 3 Zu Absatz 2

6 Die als Voraussetzung für ein Übereinstimmungszertifikat stets erforderliche Fremdüberwachung ist nach **Satz 1** durch eine hierfür anerkannte **Überwachungsstelle nach § 28 Abs. 1 Satz 1 Nr. 4 BauO NRW** durchzuführen (zur Rechtsnatur des Verhältnisses zwischen Überwachungsstelle und Hersteller s. die Anmerkungen zu § 28 Rdn. 18).

7 **Satz 2** bestimmt, worin die **Fremdüberwachung** besteht: Die (Fremd-) Überwachungsstelle hat zu kontrollieren, ob das fertige Bauprodukt den maßgeblichen technischen Regeln oder den besonderen Verwendbarkeitsnachweisen entspricht und ob auch die stets erforderliche werkseigene Produktionskontrolle, gegebenenfalls gemäß § 26 Abs. 2 BauO NRW unter Einschaltung einer anerkannten Prüfstelle für die Erstprüfung des Produkts, ordnungsgemäß durchgeführt worden ist (s. die Anmerkungen zu § 25 Rdn. 14). Sie prüft und überwacht Produkt und Produktion nicht selbst, sondern überprüft nur die vorgeschriebenen Kontrollen und die Kontrollergebnisse des Herstellers und der gegebenenfalls eingeschalteten Prüfstelle.

8 Die Fremdüberwachung hat „**regelmäßig**" zu erfolgen, ohne dass dieser Begriff näher definiert wird. Maßgeblich sind zunächst die Festlegungen in den für das jeweilige Bauprodukt in Betracht kommenden technischen Regeln. Existieren solche nicht, so hängt es zum einen von dem Bauprodukt selbst und seinem (risikobehafteten) Verwendungszweck ab, und zum anderen davon, ob der Produktionsvorgang schwierig ist und wie intensiv deshalb die Fremdüberwachung sein muss. Aus diesem Grund ist die „Regelmäßigkeit" der Fremdüberwachung bei einem Bauprodukt, das aufgrund einer Zustimmung im Einzelfall hergestellt wird, anders zu beurteilen als bei einer Serienproduktion.

## § 28
## Prüf-, Zertifizierungs- und Überwachungsstellen

**(1) [1]Die oberste Bauaufsichtsbehörde kann eine Person, Stelle oder Überwachungsgemeinschaft als**

**1. Prüfstelle für die Erteilung allgemeiner bauaufsichtlicher Prüfzeugnisse (§ 22 Abs. 2),**

**2. Prüfstelle für die Überprüfung von Bauprodukten vor Bestätigung der Übereinstimmung (§ 26 Abs. 2),**

**3. Zertifizierungsstelle (§ 27 Abs. 1),**

**4. Überwachungsstelle für die Fremdüberwachung (§ 27 Abs. 2),**

**5. Überwachungsstelle für die Überwachung nach § 20 Abs. 6 oder**

**6. Prüfstelle für die Überwachung nach § 20 Abs. 5**

**anerkennen, wenn sie oder die bei ihr Beschäftigten nach ihrer Ausbildung, Fachkenntnis, persönlichen Zuverlässigkeit, ihrer Unparteilichkeit und ihren Leistungen die Gewähr dafür bieten, dass diese Aufgaben den öffentlich-rechtlichen Vorschriften entsprechend wahrgenommen werden, und wenn sie über die erforderlichen Vorrichtungen verfügen. [2]Satz 1 ist entsprechend auf die Behörden anzuwenden, wenn sie ausreichend mit geeigneten Fachkräften besetzt und mit den erforderlichen Vorrichtungen ausgestattet sind.**

**(2) [2]Die Anerkennung von Prüf-, Zertifizierungs- und Überwachungsstellen anderer Länder gilt auch im Land Nordrhein-Westfalen. Prüf-, Zertifizierungs- und Überwachungsergebnisse von Stellen, die nach Artikel 16 Abs. 2 der Bauproduktenrichtlinie von einem anderen Mitgliedstaat der Europäischen Gemeinschaft oder von einem anderen Vertragsstaat des Abkommens über den Europäischen Wirtschaftsraum anerkannt worden sind, stehen den Ergebnissen der in Absatz 1 genannten Stellen gleich. [2]Dies gilt auch für Prüf-, Zertifizierungs- und Überwachungsergebnisse von Stellen anderer Staaten, wenn sie in einem Artikel 16 Abs. 2 der Bauproduktenrichtlinie entsprechenden Verfahren anerkannt worden sind.**

**(3) [1]Die oberste Bauaufsichtsbehörde erkennt auf Antrag eine Person, Stelle, Überwachungsgemeinschaft oder Behörde als Stelle nach Artikel 16 Abs. 2 der Bauproduktenrichtlinie an, wenn in dem in Artikel 16 Abs. 2 Bauproduktenrichtlinie vorgesehenen Verfahren nachgewiesen ist, dass die Person, Stelle, Überwachungsgemeinschaft oder Behörde die Voraussetzungen erfüllt, nach den Vorschriften eines anderen Mitgliedstaates der Europäischen Gemeinschaft oder eines anderen Vertragsstaates des Abkommens über den Europäischen Wirtschaftsraum zu prüfen, zu zertifizieren oder zu überwachen. [2]Dies gilt auch für die Anerkennung von Personen, Stellen, Überwachungsgemeinschaften oder Behörden, die nach den Vorschriften eines anderen Staates zu prüfen, zu zertifizieren oder zu überwachen beabsichtigen, wenn der erforderliche Nachweis in einem Artikel 16 Abs. 2 der Bauproduktenrichtlinie entsprechenden Verfahren geführt wird.**

**Anmerkungen** (Autor: Czepuck)

**Übersicht**

| | | Rdn. |
|---|---|---|
| 0 | Änderungen gegenüber der BauO NW 1984 und der BauO NW 1995 | 01–02 |
| 1 | Allgemeines | 1– 3 |
| 2 | Zu Absatz 1 | 4–18 |
| 3 | Zu Absatz 2 | 19–20 |
| 4 | Zu Absatz 3 | 21 |

## 0 Änderungen gegenüber der BauO NW 1984 und der BauO NW 1995

01 Die Regelungen des § 28 **BauO NRW** sind Teil des bauproduktenrechtlichen Überwachungssystems, das 1995 § 24 BauO NW 1984 abgelöst hat (s. die Anmerkungen vor §§ 20 bis 28 Rdn. 47–49).

02 Die **BauO NRW 2000** hat die Vorschrift übernommen, in Absatz 1 Satz 1 **Nr. 6** neu angefügt, um einer seit langer Zeit praktizierten Handhabung die rechtliche Basis zu verschaffen (so die Amtl. Begründung LT-Drucks. 12/3738 S. 74 zu Art. I Nr. 14 – § 28).

## 1 Allgemeines

1 Sowohl nach dem **europäischen** als auch nach dem **nationalen Weg** des Bauproduktenrechts kommt den **Prüf-**, **Überwachungs-** und **Zertifizierungsstellen** eine **entscheidende Bedeutung** zu. Daher sind die entsprechenden Vorschriften des BauPG und der BauO NRW harmonisch aufeinander abgestimmt. Dies ermöglicht es den Stellen, in beiden Rechtsbereichen tätig zu werden (s. die Anmerkungen vor §§ 20 bis 28 Rdn. 22 und 50–54). Die **Begriffe** „Prüfstelle“, „Überwachungsstelle“ und „Zertifizierungsstelle“ werden im **BauPG** und der **BauO NRW in gleicher Weise verwendet**.

2 Die §§ 20–27 BauO NRW sehen die Einschaltung von Prüf-, Überwachungs- und Zertifizierungsstellen vor. Die jeweilige Kontrollfunktion und rechtliche Verortung der Stellen kann der Aufzählung des § 28 Abs. 1 Satz 1 BauO NRW entnommen werden. **§ 28 Abs. 1 BauO NRW regelt** zunächst **die Voraussetzungen**, unter denen Personen, private Stellen und Überwachungsgemeinschaften sowie Behörden für die verschiedenen Aufgaben der in Satz 1 genannten Stellen im Rahmen der §§ 20ff. BauO NRW **anerkannt** werden können (Absatz 1). **Anerkennungen anderer Bundesländer gelten** wegen der gebotenen Kompatibilität des deutschen Bauordnungsrechts gemäß § 28 Abs. 2 Satz 1 BauO NRW **auch in Nordrhein-Westfalen**, und zwar unabhängig davon, ob die Anerkennung durch eine im anderen Land zuständige Behörde oder nach Übertragung der Zuständigkeit auf das DIBt von diesem ausgesprochen worden ist.

3 In Umsetzung der Art. 16 und 17 BPR wird weiterhin bestimmt, dass **andere Mitgliedstaaten der EG und Vertragsstaaten des EWR** oder aufgrund entsprechender Vereinbarungen **Drittstaaten** Stellen bestimmen können, die nach in der Bundesrepublik Deutschland geltenden Vorschriften prüfen, überwachen und zertifizieren dürfen, bzw. **deren Prüf-, Zertifizierungs- und Überwachungsergebnisse den entsprechenden Ergebnissen deutscher Stellen gleichgestellt** sind (Absatz 2 Sätze 2 und 3). Schließlich ist geregelt, dass die oberste Bauaufsichtsbehörde **auch deutsche Stellen** anerkennen kann, die **nach Vorschriften ausländischer Staaten tätig** werden (Absatz 3).

## 2 Zu Absatz 1

Den in § 28 BauO NRW genannten, unterschiedlichen **Stellen** obliegen **spezielle Aufgaben**, nach denen sie unterschieden werden können: 4

- **Prüfstelle** ist ein Laboratorium, das die Eigenschaften oder die Leistungen im Wesentlichen von Bauprodukten misst, untersucht, prüft, kalibriert oder auf andere Weise bestimmt.
- **Überwachungsstelle** ist eine Stelle, die über die Organisation, das Personal, die Kompetenz und die Integrität verfügt, um Funktionen wie die Beurteilung, die Empfehlung für die Annahme und nachfolgende Begutachtung der Wirksamkeit der werkseigenen Qualitätskontrolle oder die Auswahl und Bewertung von Produkten auf der Baustelle oder im Werk oder an einem anderen Ort nach bestimmten Kriterien ausüben zu können.
- **Zertifizierungsstelle** ist eine unparteiische Stelle, die für die Durchführung der Konformitäts- bzw. Übereinstimmungszertifizierung nach vorgegebenen Verfahrens- und Durchführungsregeln die erforderliche Kompetenz und Verantwortlichkeit besitzt.

**Eine Stelle kann für mehrere Aufgaben anerkannt werden**. Grundsätzlich ist es auch rechtlich zulässig, dass eine Stelle für alle Funktionen anerkannt wird. Während eine Zusammenfassung von Prüf- und Überwachungsfunktionen generell unbedenklich erscheint, müsste allerdings bei der Zusammenfassung von Prüf- und Überwachungsfunktionen mit der Zertifizierungsfunktion durch satzungsmäßige Festlegung und entsprechende organisatorische Vorkehrungen sichergestellt sein, dass die Zertifizierungsfunktion in der notwendigen Unabhängigkeit und Objektivität ausgeübt wird; regelmäßig wird das auch bedingen, dass innerhalb der Stelle verschiedene Personen für die unterschiedlichen Funktionen tätig werden. 5

Sowohl bei den Prüfstellen wie bei den Überwachungsstellen werden **jeweils zwei verschiedene Typen** unterschieden. In Satz 1 wird hinsichtlich der jeweiligen Aufgaben aller im Einzelnen aufgeführten Stellen generell auf die vorhergehenden Vorschriften verwiesen, in denen die Tätigkeit und Funktion der Stellen im Rahmen des Übereinstimmungsnachweisverfahrens angesprochen wird. Deswegen wird auf die Anmerkungen zu den zitierten Vorschriften hier Bezug genommen. 6

Es gibt 7

- (**spezielle**) **Prüfstellen**, die in abweichenden Fällen einen besonderen Nachweis im Rahmen des Nachweisverfahrens durchführen (s. § 11 Abs. 1 Satz 1 Nr. 1 BauPG und § 28 Abs. 1 Satz 1 Nr. 1 BauO NRW), und
- (**allgemeine**) **Prüfstellen**, die im Rahmen der Überprüfung der Konformität bzw. Übereinstimmung mit den maßgebenden technischen Spezifikationen in dem jeweils in Betracht kommenden Nachweisverfahren eingeschaltet werden (s. § 11 Abs. 1 Satz 1 Nr. 2 BauPG und § 28 Abs. 1 Satz 1 Nr. 2 BauO NRW).

Die Unterscheidung der **Prüfstellen in Satz 1 Nr. 1 und 2** ist trotz gleichartiger Tätigkeiten auch deswegen gerechtfertigt, weil die Prüfstelle gemäß Nr. 1 mit der Erteilung eines Verwendbarkeitsnachweises („kleine Zulassung“) öffentlich-rechtlich tätig wird, während die Prüfstelle nach Nr. 2 im Rahmen des Übereinstimmungsnachweisverfahrens aufgrund einer privatrechtlichen Vereinbarung tätig wird (s. Rdn. 18).

8 Die in **Satz 1 Nrn. 4 und 5** genannten **Überwachungsstellen** unterscheiden sich – bei grundsätzlich gleichartiger Tätigkeit – dadurch, dass die Überwachungsstelle nach Nr. 4 im Zusammenhang mit dem Übereinstimmungsnachweisverfahren im Rahmen der Fremdüberwachung bei der Produktion von Bauprodukten tätig wird, während die Überwachungsstelle nach Nr. 5 nicht bei der Herstellung von Bauprodukten, sondern bei bestimmten Tätigkeiten mit bestimmten Bauprodukten eingeschaltet werden muss.

9 Als **Anerkennungsvoraussetzungen** verlangt das Gesetz **für die anzuerkennende Person** bzw. hinsichtlich der in der anzuerkennenden Stelle **beschäftigten Personen** eine den Anforderungen entsprechende Ausbildung und Fachkenntnisse, die persönliche Zuverlässigkeit, die Unparteilichkeit und den Nachweis von Leistungen (im Rahmen der bisherigen beruflichen Tätigkeiten), die insgesamt die Gewähr dafür bieten müssen, dass die jeweiligen Aufgaben den maßgebenden Vorschriften entsprechend erfüllt werden. Wenn im Gesetz der Ausdruck „öffentlich-rechtliche Vorschriften" verwendet wird, so ist das nicht im engeren Sinne zu verstehen, da sich Art und Umfang der einzelnen Tätigkeiten, wie das im Zusammenhang mit der Kommentierung der die Aufgaben im Einzelnen beschreibenden Vorschriften ausgeführt wurde, insbesondere auch nach den jeweils maßgebenden technischen Regeln und Bezugsdokumenten zu richten hat.

10 Die anzuerkennende Person oder Stelle muss im Anerkennungsverfahren nachweisen, dass sie über die für ihre Tätigkeit erforderlichen **Vorrichtungen** verfügt, ohne dass näher festlegt ist, was im Einzelnen erforderlich wird. Das wird je nach Aufgabenstellung und zu prüfenden Bauprodukten bzw. Bauarten zu entscheiden sein.

11 Anerkannt werden können nach Satz 1 **Personen**, **Stellen** oder **Überwachungsgemeinschaften**:

- Als **Person** kommt jede natürliche oder juristische Person in Betracht. Auch eine Einzelperson ist grundsätzlich antragsberechtigt; wenn sie die materiellen und verfahrensmäßigen Voraussetzungen erfüllt.
- Eine **Stelle** muss nicht rechtlich selbständig sein, sondern kann ein unselbständiger Teil einer juristischen Person des privaten oder öffentlichen Rechts sein. So kann eine Abteilung einer Personen- oder Kapitalgesellschaft oder ein Universitätsinstitut als eine Stelle anerkannt werden, Letzteres allerdings nur, wenn das Institut nicht selbst die Behördeneigenschaft im Sinne des Absatzes 1 Satz 2 besitzt.
- **Überwachungsgemeinschaften** sind Zusammenschlüsse von Herstellern, die ohne rechtlich selbständig zu sein, über eine organisatorische und finanzielle Selbständigkeit verfügen und deren Aufgabe die Überwachung von Herstellungsprozessen ist.

12 Nach **Satz 2** können auch **Behörden als Prüf-, Überwachungs- und Zertifizierungsstellen** tätig werden, wenn sie ausreichend **mit Fachleuten besetzt** und mit den **erforderlichen Vorrichtungen** ausgestattet sind. Die Behörden sind hinsichtlich dieser speziellen Tätigkeiten nicht auf ihren räumlichen Zuständigkeitsbereich beschränkt, es sei denn, dass dies in ihren Aufgaben ausdrücklich so bestimmt ist.

13 Aufgrund des § 85 Abs. 6 Nr. 2 BauO NRW ist die

- **Verordnung über die Anerkennung als Prüf-, Überwachungs- oder Zertifizierungsstelle und über das Übereinstimmungszeichen – PÜZÜVO**

erlassen worden, die das **Anerkennungsverfahren** nach § 28 Abs. 1 BauO NRW, die **Voraussetzungen für die Anerkennung**, ihren **Widerruf** und ihr **Erlöschen** regelt, insbesondere auch Altersgrenzen festlegt. Die in diesem Zusammenhang auch gegebene Ermächtigung, durch die Verordnung auch eine ausreichende Haftpflichtversicherung zu fordern, ist nicht genutzt worden. Die PÜZÜVO regelt daneben das Ü-Zeichen (s. die Anmerkungen zu § 25 Rdn. 20).

Die Befugnisse zur Anerkennung, den Widerruf, die Rücknahme und die nachträgliche Änderung von Anerkennungen wurden mit der **DIBt-ÜTVO** vom Land auf das DIBt übertragen. Damit übernimmt das DIBt die Aufgaben der Anerkennungsbehörde gemäß § 3 PÜZÜVO, wenn die antragstellende Person oder Stelle ihren Wohnsitz oder Geschäftssitz in NRW hat. **14**

Das Verfahren der Anerkennung in NRW richtet sich im Übrigen nach dem VwVfG. NRW. Die Anerkennung ist ein **Verwaltungsakt**, der durch **schriftlichen Bescheid** ausgesprochen wird. Mit der Formulierung „kann … anerkennen" soll zum Ausdruck gebracht werden, dass es sich nicht um eine gebundene Entscheidung, auf die der Antragsteller bei Erfüllung der Voraussetzungen einen Anspruch hätte, sondern um eine **Ermessensentscheidung** handelt. Eine **Bedürfnisprüfung darf** allerdings im Hinblick auf die durch Art. 12 Abs. 1 garantierte Berufsfreiheit im Rahmen der Ausübung des pflichtgemäßen Ermessens **nicht vorgenommen werden** (vgl. Große-Suchsdorf/Lindorf/Schmaltz/Wiechert, zu § 28 c Rdn. 4). Bei der Anerkennung werden die Art der Aufgaben und die Bauprodukte oder Produktbereiche, auf die sich die Anerkennung bezieht, von der anerkennenden Behörde durch Bezugnahme auf die jeweilige technische Spezifikation oder deren Bekanntmachung bestimmt. Die Anerkennung kann mit **Nebenbestimmungen** versehen werden. In Betracht kommen kann eine **Befristung** und regelmäßig wohl auch der **Vorbehalt des Widerrufs** für den Fall, dass die Anerkennungsvoraussetzungen nicht mehr gegeben sind. **15**

Für Personen, Stellen, Überwachungsgemeinschaften und Behörden, die nach bisherigem Recht zu Prüfstellen bestimmt oder als Überwachungsstellen für die Fremdüberwachung anerkannt waren, enthält **§ 88 Abs. 2 BauO NRW** wichtige **Übergangsbestimmungen** (vgl. die Anmerkungen zu § 88 Abs. 2). **16**

Das DIBt führt gemäß Art. 2 Abs. 1 Nr. 6 des DIBt-Abkommens **Verzeichnisse aller Prüf-, Überwachungs- und Zertifizierungsstellen in der Bundesrepublik Deutschland**. Damit hat ein Hersteller, der grundsätzlich die Wahl hat, sich eine solche Stelle auszusuchen, die Möglichkeit, eine Übersicht über die für ihn und sein Bauprodukt in Betracht kommenden Stellen zu erlangen. **17**

Prüf-, Überwachungs- und Zertifizierungsstellen werden aufgrund eines **privatrechtlichen Vertrages zwischen dem Hersteller und der jeweiligen Stelle** tätig, obwohl die „Anerkennung" der Stelle selbst durch die zuständige Behörde ein Verwaltungsakt ist (s. vorausgehende Rdn. 15). Die Stellen üben ihre Tätigkeit im öffentlichen Interesse aus, weshalb überhaupt erst die Anerkennung durch die oberste Bauaufsichtsbehörde gerechtfertigt ist. Obwohl die Stellen nur aufgrund eines privatrechtlichen Auftrags tätig werden, sind sie gleichwohl **an die öffentlich-rechtlichen Vorschriften gebunden**. Kommt eine Stelle ihren Prüf-, Überwachungs- oder Zertifizierungspflichten nicht ordnungsgemäß nach, kann sich der betroffene Hersteller von Bauprodukten oder der Anwender von Bauarten an die Anerkennungsbehörde wenden. Diese kann dann für den Fall, dass eine Überprüfung die Vorwürfe bestätigt, nötigenfalls die Anerkennung nach den Regeln des VwVfG. NRW. widerrufen (s. Rdn. 15). **18**

### 3 Zu Absatz 2

19 **Satz 1 regelt Anerkennungen anderer Bundesländer** (s. vorausgehende Rdn. 2). **Satz 2** schreibt vor, dass die Ergebnisse der in anderen Mitgliedstaaten der EG oder des EWR nach Art. 16 Abs. 2 BPR „zugelassenen“ Prüf-, Überwachungs- und Zertifizierungsstellen wie Ergebnisse der in der Bundesrepublik Deutschland anerkannten Stellen zu behandeln sind (s. vorausgehende Rdn. 3). **Über den Wortlaut des Satzes 2 hinaus** hat der Europäische Gerichtshof den Grundsatz entwickelt, dass Prüfungen, Überwachungen und Zertifizierungen, die von Stellen anderer Mitgliedstaaten der EG oder anderer Vertragsstaaten des EWR-Abkommens erbracht sind, ebenfalls anzuerkennen sind, sofern die Stellen aufgrund ihrer Qualifikation, Integrität, Unparteilichkeit und technischen Ausstattung Gewähr dafür bieten, die Prüfung, Überwachung und Zertifizierung gleichermaßen sachgerecht und aussagekräftig durchzuführen. Die genannten Voraussetzungen gelten als erfüllt, wenn die Stellen **nach Art. 16 Abs. 2 BPR** für diesen Zweck **zugelassen** sind (so auch die Vorbemerkungen zu der Bauregelliste A, abgedruckt unter Rdn. 31 zu § 20).

20 **Satz 3 erweitert** im Interesse eines freien Handels **die Möglichkeiten**, die für ausländische Hersteller in der EU oder dem EWR bestehen, ihre Produkte im eigenen Land durch dort zugelassene Stellen nach den in NRW bzw. der Bundesrepublik Deutschland bestehenden Vorschriften prüfen, überwachen und zertifizieren zu lassen, auf **Drittstaaten**. Voraussetzung ist, dass die Stellen in einem dem Art. 16 Abs. 2 BPR vergleichbaren Verfahren zugelassen sind. Das setzt entsprechende Vereinbarungen zwischen der Bundesrepublik Deutschland und dem betreffenden Staat voraus.

### 4 Zu Absatz 3

21 Absatz 3 ist die spiegelbildliche Regelung zu Absatz 2 Sätze 2 und 3. Die Bestimmung eröffnet **inländischen Herstellern** die **Möglichkeiten**, ihre für den Export bestimmten Bauprodukte im Inland durch in der Bundesrepublik anerkannte Stellen **nach den Vorschriften der anderen Mitgliedstaaten der EG oder des EWR (Satz 1) bzw. der Drittstaaten (Satz 2) prüfen, überwachen und zertifizieren zu lassen**. Die oberste Bauaufsichtsbehörde kann Personen, Stellen, Überwachungsgemeinschaften oder Behörden hierfür anerkennen, wenn sie in einem Verfahren gemäß Art. 16 Abs. 2 BPR nachgewiesen haben, dass – entsprechend den Anerkennungsvoraussetzungen nach Absatz 1 – sie oder die bei ihr beschäftigten Personen nach ihrer Ausbildung, persönlichen Zuverlässigkeit, ihrer Unparteilichkeit und ihren Leistungen die Gewähr dafür bieten, dass sie Prüfungen und Überwachungen nach den Vorschriften der ausländischen Staaten wahrnehmen können und über die erforderlichen Vorrichtungen verfügen.

# Dritter Abschnitt
# Wände, Decken und Dächer

## Vor §§ 29 bis 35

**Anmerkungen** (Autor: Temme)

**Übersicht** Rdn.


| | | |
|---|---|---|
| 0 | Änderungen gegenüber der BauO NW 1984 und der BauO NW 1995 . . . . . . . | 01–02 |
| 1 | Allgemeines zu den §§ 29 bis 35 . . . . . . . . . . . . . . . . . . . . . . . . . . . . | 1– 5 |
| 2 | Modifikationen gegenüber der MBO 2002 und anderen Bauordnungen . . . . . . | 6– 8 |
| 3 | Modifikationen der MBO 2002 . . . . . . . . . . . . . . . . . . . . . . . . . . . . | 9–13 |


### 0 Änderungen gegenüber der BauO NW 1984 und der BauO NW 1995

Die mit der **BauO NW 1995** bewirkten Änderungen der §§ 29–35 verfolgten **drei Ziele**: 01

- Anpassung an die Regelungen der MBO,
- Erleichterung des Ausbaus von Dachgeschossen,
- Ermöglichung einer weitergehenden Verwendung des Baustoffes Holz.

Bei der Anpassung der Vorschriften der §§ 29–35 BauO NW 1995 an die Regelungen der MBO wurde das **Sicherheitsniveau insgesamt nicht gesenkt**. Ermöglicht wurde dabei die Holzbauart für alle Gebäude geringer Höhe. Auch wurde eine **Unlogik** der Regelungen des § 25 Abs. 1 BauO NW 1984 durch die Regelungen des § 29 BauO NW 1995 **ausgeräumt**. Mussten nach dem Vorgängerrecht **Trennwände** in Gebäuden geringer Höhe in der Feuerwiderstandsklasse F 60 und in den wesentlichen Teilen aus nichtbrennbaren Baustoffen (F 60 – AB) hergestellt werden, so verlangte § 29 Abs. 1 BauO NW 1995 die Ausführung der Trennwände in F 30. Da die tragende Konstruktion der Gebäude geringer Höhe für den Brandfall lediglich auf eine Zeit von 30 Minuten zu bemessen ist, ergab die Anforderung von 60 Minuten für Trennwände keinen Sinn. Die **Schallschutzanforderungen** an Trennwände und Decken in §§ 26 und 30 BauO NW 1984 entfielen als überflüssige Doppelregelung zu § 18 Abs. 2 BauO NW 1984 = 1995.

Die **BauO NRW 2000** führte die Anpassung an die MBO weiter, um für die am Bau Be- 02
teiligten eine Vereinheitlichung der Brandschutzvorschriften zu erreichen, die ebenfalls einen **Beitrag zur Verfahrensbeschleunigung** leistet (so die Begründung in LT-Drucks. 12/3738 S. 67). Darüber hinaus wurde eine für die tägliche Praxis bedeutsame Erleichterung bewirkt, da nach der neu gefassten **Nr. 1** des § 31 Abs. 1 BauO NRW 2000 der **brandschutztechnische Mindestabstand zu Nachbargrenzen von 2,50 m** nunmehr – durch das Gesetz gedeckt – ausdrücklich als **Baulast** übernommen werden darf.

### 1 Allgemeines zu den §§ 29 bis 35

Der dritte Abschnitt des dritten Teils der BauO NRW regelt die aus Gründen des **vor-** 1
**beugenden baulichen Brandschutzes** erforderlichen **bautechnischen Anforderungen** an die **wesentlichen Bauteile** wie Wände, Stützen, Decken und Dächer. Die BauO NRW differenziert in ihren Anforderungen die Bauteile eindeutig; ist z. B. der oberste Ab-

schluss eines Raumes das Dach, gelten hierfür die Anforderungen an Dächer (§ 35 BauO NRW) und nicht die an Decken (§ 34 BauO NRW).

2 **§ 29 BauO NRW** regelt die Anforderungen an das **Brandverhalten** (an die Feuerwiderstandsdauer und die Brennbarkeit der Baustoffe) von

- **tragenden Wänden, Pfeilern und Stützen**,
- **nichttragenden Außenwänden**,
- **Trennwänden**,
- **Gebäudeabschlusswänden** und
- **Gebäudetrennwänden**

in Abhängigkeit von den **brandschutztechnischen Aufgaben** und vom **Gebäudetyp**.

3 Die §§ **30, 31 und 32 BauO NRW** regeln, **wo** Trennwände, Gebäudeabschlusswände und Gebäudetrennwände **anzuordnen** sind, während **§ 33 BauO NRW** lediglich die **Qualitätsanforderung „Brandwand"** konkretisiert (s. Rdn. 8).

4 Die §§ **34 und 35 BauO NRW** regeln die Anforderungen an das **Brandverhalten** von **Decken** als horizontale abschottende Bauteile und von **Dächern** einschließlich deren Aufbauten als obere Gebäudeabschlüsse.

5 Neben den Anforderungen an die Anordnung und brandschutztechnische Ausbildung dieser Bauteile regeln die §§ 30–35 BauO NRW auch die **Zulässigkeit von Öffnungen** und die Anforderungen an die **Dichtheit der Verschlüsse**.

## 2 Modifikationen gegenüber der MBO 2002 und anderen Bauordnungen

6 Eine der auffallendsten Abweichungen der BauO NRW gegenüber der MBO und anderen Landesbauordnungen liegt darin, dass die Anforderungen an Wände, Pfeiler und Stützen sowie an Decken in **Tabellen** geregelt sind. Diese bereits in der BauO NW 1984 enthaltene Regelungstechnik fand bei den Praktikern allgemein Zustimmung. Auch der hessische Gesetzgeber folgte mit der HBO 1993 dem nordrhein-westfälischen Vorbild. Durch die Tabellen ist das **Anforderungsspektrum überschaubarer** als in der rein textlichen Regelungen der MBO und den darauf basierenden Landesbauordnungen.

7 Auch verwendet die BauO NRW bei der Konkretisierung der Brandschutzanforderungen **nicht** - wie die MBO – die Rechtsbegriffe **„feuerhemmend"** und **„feuerbeständig"**. Die BauO NRW verwendet die **Terminologie der Norm DIN 4102** und bestimmt das erforderliche Brandverhalten der Baustoffe und Bauteile nach **Baustoffklassen** und **Feuerwiderstandsklassen**. Die mit der Norm DIN 4102 übereinstimmenden Begriffe sind gleichwohl in der Tabelle zu § 29 BauO NRW definiert. Diese Regelungstechnik schafft eine **Abhängigkeit zwischen der BauO NRW und dem technischen Regelwerk**. In einer künftig novellierten BauO NRW wird sich der Gesetzgeber vermutlich der Begriffe „feuerhemmend", „hochfeuerhemmend" und „feuerbeständig" bedienen müssen (s. die Anmerkungen zu § 17 Rdn. 30ff.).

8 Der Begriff **„Brandwand"** bezeichnet nicht – wie in der MBO – ein bestimmtes Bauteil, sondern stellt eine **Qualitätsanforderung** dar. Bestimmte Wände sind als Brandwände (z. B. Gebäudeabschlusswände, Gebäudetrennwände) oder in der Bauart von Brandwänden (z. B. Treppenraumwände) herzustellen. Die Begriffe **„Gebäudeabschlusswände"** und **„Gebäudetrennwände"** sind der MBO und anderen Landesbauordnungen un-

bekannt. Sie bezeichnen zum einen solche Wände, die zum Abschluss eines Gebäudes zur Nachbargrenze oder zu anderen Gebäuden auf dem Grundstück selbst erforderlich sind (§ 31 BauO NRW), zum anderen solche Wände, mit denen ausgedehnte Gebäude in Brandabschnitte zu unterteilen sind (§ 32 BauO NRW).

### 3 Modifikationen der MBO 2002

Die Erarbeitung der MBO 2002 stand unter folgenden **Vorgaben der Bauministerkonferenz** vom 2./3.12.1999: 9

- es sollten die Anforderungen so modifiziert werden, dass sich jedes Bundesland in der MBO wiederfinden könne, – wobei nach Möglichkeit die geringste Anforderung zu übernehmen sei –, um so im Rahmen der Novellierung der einzelnen Bauordnungen den Ländern die Möglichkeit zu einheitlichen materiellen Anforderungen zu bieten,
- es sollten die Anforderungen an den baulichen Brandschutz so modifiziert werden, dass dem Baustoff „Holz" eine weitergehende Verwendungsmöglichkeit geboten wird.

Die zuständigen Gremien der ARGEBAU versuchten dieses Ziel – bezogen auf den baulichen Brandschutz – wie folgt zu erreichen:

- die Unterteilung der Gebäude nach den Gebäudetypen „Gebäude geringer Höhe" und „Gebäude mittlerer Höhe" wurde durch die Einteilung in „**Gebäudeklassen**" ersetzt,
- zwischen den beiden Feuerwiderstandsklassen F 30/feuerhemmend und F 90/feuerbeständig wurde eine neue Zwischenklasse **F60/hochfeuerhemmend** geschaffen, die eine weitergehende Verwendung des Baustoffs Holz ermöglicht.

Da bereits heute die Frage gestellt wird, ob im Rahmen einer **Abweichung** nach § 73 BauO NRW von diesen Regelungen der MBO 2002 Gebrauch gemacht werden kann, bedarf die Systematik der Muster – Vorschriften einer kurz gefassten Erläuterung.

Nach § 2 Abs. 3 MBO 2002 werden Gebäude als Kriterium unterschiedlicher Anforderungen in **fünf Gebäudeklassen** eingeteilt: 10

1. **Gebäudeklasse 1**:
   a) freistehende Gebäude mit einer Höhe bis zu 7 m und nicht mehr als zwei Nutzungseinheiten von insgesamt nicht mehr als 400 m$^2$ und

   b) freistehende land- oder forstwirtschaftlich genutzte Gebäude,
2. **Gebäudeklasse 2**:
   Gebäude mit einer Höhe bis zu 7 m und nicht mehr als zwei Nutzungseinheiten von insgesamt nicht mehr als 400 m$^2$,
3. **Gebäudeklasse 3**:
   sonstige Gebäude mit einer Höhe bis zu 7 m,
4. **Gebäudeklasse 4**:
   Gebäude mit einer Höhe bis zu 13 m und Nutzungseinheiten mit jeweils nicht mehr als 400 m$^2$,
5. **Gebäudeklasse 5**:
   sonstige Gebäude einschließlich unterirdischer Gebäude.

Die **Höhe** im Sinne dieser Einteilung in Gebäudeklassen ist nach § 2 Abs. 3 Satz 2 MBO 2202 das Maß der Fußbodenoberkante des höchstgelegenen Geschosses, in dem ein Aufenthaltsraum möglich ist, über der Geländeoberfläche im Mittel.

Die **Grundflächen der Nutzungseinheiten** im Sinne der Einteilung in Gebäudeklassen sind nach § 2 Abs. 3 Satz 3 MBO 2002 die Brutto-Grundflächen; bei der Berechnung der Brutto-Grundflächen bleiben Flächen in Kellergeschossen außer Betracht.

Der Begriff „**Hochhaus**" bleibt erhalten und wird unter der Benennung der „Sonderbauten" in § 2 Abs. 4 Nr. 1 MBO 2002 als „Gebäude mit einer Höhe nach Absatz 3 Satz 2 von mehr als 22 m" definiert.

11 Die allgemeinen Anforderungen an das **Brandverhalten von Baustoffen und Bauteilen** regelt **§ 26 MBO 2002** regelt in zwei Absätzen:

**(1)** [1]**Baustoffe** werden nach den Anforderungen an ihr Brandverhalten unterschieden in

1. **nicht**brennbare,
2. **schwer**entflammbare,
3. **normal**entflammbare.

[2]Baustoffe, die nicht mindestens normalentflammbar sind (**leichtentflammbare** Baustoffe), dürfen nicht verwendet werden; dies gilt nicht, wenn sie in Verbindung mit anderen Baustoffen nicht leichtentflammbar sind.

**(2)** [1]**Bauteile** werden nach den Anforderungen an ihre Feuerwiderstandsfähigkeit unterschieden in

1. feuerbeständige,
2. hochfeuerhemmende,
3. feuerhemmende;

die Feuerwiderstandsfähigkeit bezieht sich bei tragenden und aussteifenden Bauteilen auf deren Standsicherheit im Brandfall, bei raumabschließenden Bauteilen auf deren Widerstand gegen die Brandausbreitung. [2]**Bauteile** werden zusätzlich nach dem **Brandverhalten ihrer Baustoffe** unterschieden in

1. Bauteile aus nichtbrennbaren Baustoffen,
2. Bauteile, deren tragende und aussteifende Teile aus nichtbrennbaren Baustoffen bestehen und die bei raumabschließenden Bauteilen zusätzlich eine in Bauteilebene durchgehende Schicht aus nichtbrennbaren Baustoffen haben,
3. Bauteile, deren tragende und aussteifende Teile aus brennbaren Baustoffen bestehen und die **allseitig** eine brandschutztechnisch wirksame Bekleidung aus nichtbrennbaren Baustoffen (**Brandschutzbekleidung**) und Dämmstoffe aus nichtbrennbaren Baustoffen haben,
4. Bauteile aus brennbaren Baustoffen.

[3]Soweit in diesem Gesetz oder in Vorschriften aufgrund dieses Gesetzes nichts anderes bestimmt ist, müssen

1. Bauteile, die feuerbeständig sein müssen, mindestens den Anforderungen des Satzes 2 Nr. 2,

2. Bauteile, die hochfeuerhemmend sein müssen, mindestens den Anforderungen des Satzes 2 Nr. 3 entsprechen.

Für **Gebäude** deren tragende, aussteifende oder raumabschließende Teile **aus Holz oder Holzwerkstoffen** bestehen, die nach bauaufsichtlichen Vorschriften 12

- hochfeuerhemmend sein müssen,
- allseitig eine brandschutztechnisch wirksame Bekleidung aus nichtbrennbaren Baustoffen haben müssen und
- deren Dämmstoffe nur aus nichtbrennbaren Baustoffen bestehen dürfen,

gilt die „**Muster-Richtlinie über brandschutztechnische Anforderungen an hochfeuerhemmende Bauteile in Holzbauweise – M-HFHHolzR**" – Fassung Juli 2004 (DIBt-Mitteilungen 2004, S. 161; auch veröffentlicht unter www.is-argebau.de.).

Nach ihrer Nr. 1 gilt diese Muster-Richtlinie nur für **Holzbauarten**, die einen gewissen Grad der **Vorfertigung** haben, wie Holztafel-, Holzrahmen- und Fachwerkbauart; sie gilt nicht für Holz – Massivbauarten, wie Brettstapel- und Blockbauarten, ausgenommen Brettstapeldecken.

Als **Kriterium unterschiedlicher Anforderungen** – unter Verwendung vorstehend definierter Baustoffe und Bauteile – dienen die fünf **Gebäudeklassen** nach § 2 Abs. 3 MBO 2002. Aus den weiteren Anforderungen der MBO 2002 ergibt sich z. B., dass Gebäude der Gebäudeklasse 4 künftig in hochfeuerhemmender Bauart zulässig sind, also unter Verwendung brennbarer Baustoffe auch in den tragenden und aussteifenden Bauteilen. 13

## § 29
## Wände, Pfeiler und Stützen

**(1) Wände, Pfeiler und Stützen sowie deren Bekleidungen und Dämmstoffe müssen unbeschadet des § 17 Abs. 2 hinsichtlich ihres Brandverhaltens nachfolgende Mindestanforderungen erfüllen:**

| | Spalte | 1 | 2 | 3 | 4 |
|---|---|---|---|---|---|
| | Gebäude | Freistehende Wohngebäude mit nicht mehr als einer Wohnung (siehe auch Absatz 2) | Wohngebäude geringer Höhe mit nicht mehr als zwei Wohnungen | Gebäude geringer Höhe | andere Gebäude |
| Zeile | Bauteile | | | | |
| 1 a | tragende und aussteifende Wände, Pfeiler und Stützen | keine | F 30 | F 30 | F 90-AB |
| 1 b | in Kellergeschossen | keine | F 30-AB | F 90-AB | F 90-AB |
| 1 c | in Geschossen im Dachraum, über denen Aufenthaltsräume möglich sind | keine | F 30 | F 30 | F 90 |
| 1 d | in Geschossen im Dachraum, über denen Aufenthaltsräume nicht möglich sind | keine | keine | keine | keine |
| 2 | nichttragende Außenwände sowie nichttragende Teile von Außenwänden | keine | keine | keine | A oder F 30 |
| 3 | Oberflächen von Außenwänden, Außenwandbekleidungen und Dämmstoffe in Außenwänden | keine | keine (siehe jedoch Absatz 3) | keine (siehe jedoch Absatz 3) | B 1 |
| 4 a | Trennwände nach § 30 | ./. | F 30 (siehe jedoch § 30 Abs. 4) | F 30 (siehe jedoch § 30 Abs. 4) | F 90-AB (siehe jedoch § 30 Abs. 4) |
| 4 b | in obersten Geschossen von Dachräumen | ./. | F 30 (siehe jedoch § 30 Abs. 4) | F 30 (siehe jedoch § 30 Abs. 4) | F 90 (siehe jedoch § 30 Abs. 4) |
| 5 | Gebäudeabschlusswände nach § 31 | ./. | F 90-AB (siehe auch § 31 Abs. 4) | Brandwand (siehe auch Absatz 4) | Brandwand |
| 6 | Gebäudetrennwände nach § 32 | ./. | F 90-AB | Brandwand (siehe auch Absatz 4) | Brandwand |

| **Es bedeuten:** | |
|---|---|
| **F/T 30/90 usw.** | **Feuerwiderstandsklasse des jeweiligen Bauteils nach seiner Feuerwiderstandsdauer** |
| **A** | **aus nichtbrennbaren Baustoffen** |
| **AB** | **in den wesentlichen Teilen aus nichtbrennbaren Baustoffen** |
| **Brandwand** | **siehe § 33** |
| **B 1** | **aus schwerentflammbaren Baustoffen** |
| **B 2** | **aus normalentflammbaren Baustoffen** |

**(2) Spalte 1 der Tabelle gilt auch für andere freistehende Gebäude ähnlicher Größe sowie für freistehende landwirtschaftliche Betriebsgebäude.**

**(3) Bei der Verwendung normalentflammbarer Baustoffe (B 2) in den Fällen der Zeile 3 Spalten 2 und 3 der Tabelle muss durch geeignete Maßnahmen eine Brandausbreitung auf Nachbargebäude und Brandabschnitte verhindert werden.**

**(4) [1]Anstelle der in Zeilen 5 und 6 Spalte 3 der Tabelle gestellten Anforderungen sind bei Wohngebäuden geringer Höhe Wände der Feuerwiderstandsklasse F 90 und in den wesentlichen Teilen aus nichtbrennbaren Baustoffen (F 90-AB) zulässig. [2]Für diese Wände gelten die Vorschriften des § 33 Abs. 2 bis 6 sinngemäß.**

***VV BauO NRW*** *(infolge Befristung mit Ablauf des 31. 12. 2005 ausgelaufen)*

***29 Wände, Pfeiler und Stützen (§ 29)***

*29.1 Zu Absatz 1 Tabelle Zeile 3*

*Die Anforderungen an die Außenwandbekleidung und an die Dämmschichten gelten grundsätzlich auch für deren Unterkonstruktionen, Halterungen, Befestigungen und Verbindungselemente.*

*Stabförmige Unterkonstruktionen von Außenwandbekleidungen sind jedoch aus normalentflammbaren Baustoffen (B 2) zulässig*

- *bei Gebäuden geringer Höhe,*
- *bei anderen Gebäuden, wenn der Abstand zwischen Außenwand einschließlich etwaiger Dämmschichten und der Bekleidung einschließlich einer waagerecht angeordneten Traglattung (frei durchströmbarer Hohlraum) nicht größer als 4 cm ist und die Fenster- und Türleibungen gegen den Luftzwischenraum umseitig mit Baustoffen der für Außenwandbekleidungen erforderlichen Baustoffklasse abgeschlossen sind; dies gilt nicht für Hochhäuser, bei denen der Fußboden mindestens eines Aufenthaltsraumes mehr als 60 m über der Geländeoberfläche liegt.*

*Werden Außenwandbekleidungen hinterlüftet, so müssen die Halterungen und Befestigungen der Bekleidungen und der Unterkonstruktionen aus nichtbrennbaren Baustoffen bestehen. Dies gilt nicht für Halterungen von Dämmschichten und auch nicht für Dübel, die in tragenden Wänden aus nichtbrennbaren Baustoffen befestigt sind und deren Brauchbarkeit für den Verwendungszweck, z. B. durch eine allgemeine bauaufsichtliche Zulassung, nachgewiesen ist.*

*An das Brandverhalten von Fensterprofilen und Dichtmitteln werden – abgesehen von dem generellen Verbot der Verwendung leichtentflammbarer Baustoffe – keine Anforderungen gestellt. Für kleinflächige Bestandteile der Außenwandbekleidung (z. B. Kantenabdeckung) genügen normalentflammbare Baustoffe (B 2).*

*An Obergeschossen dürfen Außenwandbekleidungen, die als brennend abfallend oder brennend abtropfend gelten, nicht verwendet werden (siehe Nr. 17.1).*

*29.3 Zu Absatz 3*

*Geeignete Maßnahmen zur Verhinderung einer Brandausbreitung auf Nachbargebäude oder Brandabschnitte sind insbesondere*

- *ein im Bereich der Gebäudeabschlusswand oder Gebäudetrennwand angeordneter Streifen der Außenwandbekleidung von mindestens 1,0 m Breite aus nichtbrennbaren Baustoffen,*
- *ein mindestens 0,5 m vor die Außenwand vorstehender Teil der Gebäudeabschlusswand oder Gebäudetrennwand, der nicht brennbar bekleidet ist oder*
- *ein Versatz der Außenwand im Bereich der Gebäudeabschlusswand oder Gebäudetrennwand von mindestens 1,0 m, die hier nicht brennbar bekleidet ist.*

**Anmerkungen** (Autor: Temme)

**Übersicht**

| | | Rdn. |
|---|---|---|
| 0 | Änderungen gegenüber der BauO NW 1984 und der BauO NW 1995 | 01–03 |
| 1 | Allgemeines zur Tabelle | 1– 2 |
| 2 | Bauteile | 3 |
| 2.1 | Tragende und aussteifende Wände | 4– 9 |
| 2.2 | Anforderungen an Außenwände | 10 |
| 2.2.1 | Nichttragende Außenwände | 11–12 |
| 2.2.2 | Außenwände: Oberflächen, Bekleidungen, Dämmstoffe | 13–15 |
| 2.3 | Trennwände | 16 |
| 2.4 | Gebäudeabschlusswände | 17–19 |
| 2.5 | Gebäudetrennwände | 20 |

### 0 Änderungen gegenüber der BauO NW 1984 und der BauO NW 1995

**01** Die Änderungen des § 29 **BauO NW 1995** gegenüber § 25 BauO NW 1984 sollten die **Verwendung des Baustoffes Holz** für Gebäude geringer Höhe und für Dachgeschosse in Gebäuden mittlerer Höhe erleichtern. Zu diesem Zweck wurde die Tabelle des Absatzes 1 um die Zeilen 1 c, 1 d und 4 b erweitert. Da die Gebäude geringer Höhe generell aus Holz bestehen dürfen, konnte auf die spezielleren Regelungen für Wohngebäude mit nicht mehr als zwei Geschossen über der Geländeoberfläche verzichtet werden.

**02** Auf die Ausnahmeregelung des § 25 Abs. 3 BauO NW 1984, wonach für Gebäude ohne Wohnungen mit nicht mehr als einem Geschoss über der Geländeoberfläche Ausnahmen von den Werten der Zeile 1 a der Tabelle gestattet werden konnten, wurde mit Blick auf § 73 BauO NW 1995 verzichtet. Danach können **Abweichungen** unter den gleichen Voraussetzungen gestattet werden, wie sie das Vorgängerrecht für eine **Ausnahme** vorsah, wenn also wegen des Brandschutzes keine Bedenken bestehen.

**03** Die **BauO NRW 2000** hat § 29 BauO NW 1995 unverändert übernommen und lediglich in **Absatz 3** hinter dem Wort „Nachbargebäude" die Worte „**und Brandabschnitte**" eingefügt, um eine Regelungslücke zu schließen. Es soll nicht nur die Brandausbreitung auf Nachbargebäude, sondern auch auf andere Brandabschnitte im Bereich der Außenwand verhindert werden (so die Begründung in LT-Drucks. 12/4394 S. 70 Nr. 13).

## 1 Allgemeines zur Tabelle

Die Tabelle zu Absatz 1 enthält die **brandschutztechnischen Anforderungen** an Wände, Pfeiler und Stützen sowie deren Bekleidungen und Dämmstoffe in Abhängigkeit von ihrer Aufgabe – insbesondere im Störfall „Brand“ – und in Abhängigkeit von dem Gebäudetyp. Somit ist der Tabelle zu entnehmen, welche Wand in welcher **Brandschutzqualität** herzustellen ist. **Wo** diese bestimmte Wand **anzuordnen** ist, regeln die §§ 30 bis 32 BauO NRW. Die Tabelle wird in ihren Aussagen und Variationsmöglichkeiten erst umfassend verständlich, wenn die Vorschriften mit herangezogen werden, auf die innerhalb der Tabelle – in Klammern – hingewiesen wird. 1

Die vier Spalten enthalten vier verschiedene **Gebäudetypen**, die sich nach ihrem Gefahrenpotential unterscheiden (s. die Anmerkungen zu § 2 Abs. 3 Rdn. 150–153). Dem Gebäudetyp in Spalte 1, dem „freistehenden Wohngebäude mit nicht mehr als einer Wohnung“, sind dem Gefahrenpotential nach „andere freistehende Gebäude ähnlicher Größe sowie freistehende landwirtschaftliche Betriebsgebäude“ gleichgesetzt, denn auch für sie gilt nach § 29 Abs. 2 BauO NRW die Spalte 1 der Tabelle. „Freistehend“ im Sinne dieser Vorschrift sind Gebäude, die nicht aneinander gebaut sind und die untereinander und zu Nachbargrenzen Abstände einhalten. 2

## 2 Bauteile

Den vier **Gebäudetypen** sind in den Zeilen 1 a bis 6 **Wände unterschiedlicher Brandschutzfunktion** zugeordnet. 3

### 2.1 Tragende und aussteifende Wände

**Zeile 1 a** der Tabelle regelt die Anforderungen an **tragende und aussteifende Wände, Pfeiler** und **Stützen**. Das sind Bauteile, die in das Konzept des Standsicherheitsnachweises nicht nur allein durch ihr Eigengewicht eingehen, sondern die auch zur Aufnahme und Weiterleitung von Kräften unverzichtbar bestimmt sind und die Standsicherheit der baulichen Anlage insgesamt sichern. Die hier gestellten Anforderungen dienen der ausreichenden **Standsicherheit für den Brandfall**. Sie treffen daher nur solche Bauteile, die Bauteile tragen und aussteifen, an die hinsichtlich ihrer Feuerwiderstandsklasse Anforderungen gestellt werden. 4

Die Forderung der BauO NRW nach einer bestimmten Feuerwiderstandsklasse der tragenden und aussteifenden Bauteile (Wände, Pfeiler, Stützen, Decken) in Abhängigkeit von den Gebäudetypen soll im Brandfall die **tragende Substanz des Gebäudes** für bestimmte Zeiten erhalten, damit die in § 17 Abs. 1 BauO NRW aufgeführten Ziele erreicht werden können, nämlich die Rettung von Menschen und Tieren sowie wirksame Löscharbeiten zu ermöglichen (s. die Anmerkungen zu § 37 Rdn. 35). 5

Sowohl bei Neubauten als auch im Zuge von Modernisierungen älterer Gebäude kommen **Balkone in Holz- oder Stahlkonstruktion** zur Anwendung. Da Balkone früher häufig als vor das Gebäude herausgezogene Geschossdecke konzipiert waren, ergab sich die Frage nach der erforderlichen Feuerwiderstandsklasse. Die mit dieser Frage befasste ARGEBAU stellte hierzu fest, dass die Landesbauordnungen – außer im Land Rheinland-Pfalz – keine Anforderungen an die Feuerwiderstandsklasse vorkragender Bauteile, wie Balkone, stellen. Unter die Anforderungen der Landesbauordnungen an tragende 6 und aussteifende Wände, Pfeiler, Stützen und Decken lassen sich Anforderungen an Balkone nicht einbeziehen. Derartige **Anforderungen an die Feuerwiderstandsdauer** sind **auch nicht erforderlich** – auch dann nicht, wenn der Balkon die anleiterbare Stelle (s. die Anmerkungen zu § 17 Abs. 3 Rdn. 51) erschließt. Dieses begründet sich wie folgt:

1. Balkone – als vor die Außenwand vortretende Bauteile – werden in aller Regel nur im Wohnungsbau und dort bei maximal 3- bis 4geschossigen Gebäuden geplant und gebaut.
2. Balkone tragen nicht zur Standsicherheit des Gebäudes bei – sie tragen nur sich selbst.
3. Sofern es in einem Raum unterhalb eines Balkons brennt und Flammen aus einer Tür oder einem Fenster schlagen, so kann dieser Balkon schon wegen der Hitzeentwicklung nicht als anleiterbare Stelle genutzt werden.
4. Den Feuerwehren sind keine Fälle bekannt, bei denen es durch Versagen der Standsicherheit für den Brandfall eines Balkons zu Behinderungen der Rettungsarbeiten gekommen ist.

Würden die Landesbauordnungen Anforderungen an die Feuerwiderstandsklasse von Balkonen stellen, so wäre die nachträgliche Anbringung von Holz- oder Stahlkonstruktionen nicht möglich. Die ARGEBAU hat seinerzeit – um Missverständnissen vorzubeugen – die MBO 1997 geändert; § 25 Abs. 1 MBO 1997 = § 27 Abs. 1 MBO 2002 regelt ausdrücklich, dass die Anforderungen an tragende und aussteifende Wände, Pfeiler und Stützen nicht für Balkone gelten. Gleiches gilt nach § 29 Abs. 1 MBO 1997 = § 31 Abs. 1 MBO 2002 auch für die Decken. Es wurde jedoch klargestellt, dass die tragende Konstruktion offener Gänge vor Außenwänden, die als notwendige Flure dienen, mindestens in der Feuerwiderstandsklasse herzustellen ist wie die Decken des Gebäudes.

7 Hinsichtlich der Anforderungen an tragende und aussteifende Wände und Stützen von **Wintergärten**, die häufig als Glasanbauten mit Überkopfverglasungen auf zuvor als offene Terrasse genutzten Flächen konzipiert werden, können Abweichungen von den Anforderungen des § 29 BauO NRW im Einzelfall wegen geringer Brandlast vertretbar sein. Die Anforderungen stehen in Verbindung mit denen des § 35 Abs. 7 BauO NRW an die Bedachung von Anbauten (siehe die Anmerkungen zu § 35 Rdn. 30 und 31).

8 **Zeile 1b** der Tabelle berücksichtigt durch höhere Anforderungen in den Spalten 2 und 3 die besonderen Gefahren, die durch **Kellerbrände** entstehen können, die häufig erst sehr spät an der Schwelle eines Vollbrandes bemerkt werden, wenn alle brennbaren Stoffe ihre Zündtemperatur fast oder schon erreicht haben. Der Feuerübersprung zum Vollbrand verzögert sich aufgrund des Sauerstoffmangels. Die daraus resultierende starke Verqualmung der Kellerräume bereitet der Feuerwehr große Schwierigkeiten, vor allem bei der Auffindung des Brandherdes. Darüber hinaus befinden sich in den Kellergeschossen in aller Regel die „Hausanschlussräume“ mit zusätzlichen Gefahren im Bereich der Gaszähler (s. die Anmerkungen zu § 34 Rdn. 4 und zu Abweichungen Rdn. 5).

9 **Zeilen 1c und d** regeln die Anforderungen an die Feuerwiderstandsklasse der tragenden Konstruktion innerhalb des **Dachgeschosses**. Sie betreffen die Bauteile, die solche Bauteile tragen und aussteifen, an die Anforderungen hinsichtlich ihrer Feuerwiderstandsklasse gestellt sind (s. vorausgehende Rdn. 4), das sind in der Regel Decken und nicht die Dachkonstruktion. Die Regelungen ermöglichen in Dachgeschossen auch von Gebäuden mittlerer Höhe den Baustoff Holz in der tragenden Konstruktion.

## 2.2 Anforderungen an Außenwände

Die Anforderungen an die Außenwände in den Zeilen 2 und 3 der Tabelle regeln unterschiedliche Tatbestände, da sie **unterschiedlichen Schutzzielen** dienen. Die Anforderungen in **Zeile 2** dienen dem Schutzziel **Standsicherheit im Brandfall**, sie betreffen die Feuerwiderstandsdauer der **Bauteile** im Bereich der Außenwand. Die Anforderungen in **Zeile 3** dienen dem Schutzziel **Behinderung der Brandausbreitung**, sie betreffen das Brand- bzw. Entflammungsverhalten der **Baustoffe** im Bereich der Außenwand. 10

### 2.2.1 Nichttragende Außenwände

**Zeile 2** regelt die Anforderungen an die **Standsicherheit im Brandfall** der **nichttragenden** Außenwände sowie der **nichttragenden Teile** von **Außenwänden**; Letztere sind z. B. Brüstungen, Brüstungselemente, Schürzen, aber auch großflächige Ausfachungen, z. B. Stahl- oder Stahlbetonskelettbauweise. Nichttragend sind solche Bauteile, die nur die auf sie selbst wirkenden Kräfte aufnehmen und ableiten; ihr Fehlen oder Versagen darf die Standsicherheit insgesamt nicht gefährden. Betroffen werden von den Anforderungen nur die genannten Bauteile der Spalte 4 der Tabelle, nämlich die Gebäude mittlerer Höhe. In der alternativen Anforderung: Baustoffe der Baustoffklasse A anstelle der Feuerwiderstandsklasse F 30, besteht nur ein scheinbarer Widerspruch zur Aussage, Zeile 2 regele die Anforderungen an die Standsicherheit im Brandfall der Außenwandbauteile. Aus der alternativen Anforderung wird lediglich erkennbar, dass der Gesetzgeber es als ausreichend (stand)sicher erkennt, wenn nichttragende Außenwände und nichttragende Teile von Außenwänden aus Baustoffen der Baustoffklasse A hergestellt werden. Hierzu zählt im Bereich der Außenwand vorwiegend der Baustoff Glas. 11

Wenn die Regelungen der Zeile 2 direkt oder indirekt dazu beitragen, eine vertikale Brandausbreitung von Geschoss zu Geschoss im Bereich der Außenwand zu behindern, so wird aus der – zulässigen – vollständigen Ausfachung mit Glas eines z. B. als Stahlbetonskeletts konzipierten Außenwand erkennbar, dass die Behinderung der Brandausbreitung nicht das eigentliche Ziel dieser Regelungen ist. Ein solches Ziel hat die Regelung des § 3 Abs. 3 HochhVO, die verlangt, dass bei Außenwänden von Hochhäusern zwischen den Geschossen Bauteile so angeordnet werden müssen, dass der Überschlagsweg für Feuer mindestens 1,0 m beträgt. Diese Bauteile müssen mindestens der Feuerwiderstandsklasse W 90 (für nichttragende Außenwände nach der Norm DIN 4102 Teil 3) entsprechen und aus nichtbrennbaren Baustoffen (W 90-A) bestehen 12

### 2.2.2 Außenwände: Oberflächen, Bekleidungen, Dämmstoffe

**Zeile 3** regelt **Anforderungen an die Oberflächen** von **Außenwänden**, an die **Außenwandbekleidungen** und an die **in** oder **auf Außenwänden** zu verwendenden **Dämmstoffe** (vgl. die Anmerkungen zu § 17 Rdn. 44). Nr. 29.1 VV BauO NRW bestimmt, dass die Anforderungen an die Außenbekleidung und an die Dämmstoffe grundsätzlich auch für die **Unterkonstruktionen**, **Halterungen**, **Befestigungen** und **Verbindungselemente** gelten und unter welchen Bedingungen für **stabförmige Unterkonstruktionen** anstelle der sonst erforderlichen schwerentflammbaren Baustoffe normalentflammbare zulässig sind. Für **Fensterprofile** und kleinflächige Bestandteile von Außenwänden, wie z. B. Kantenabdeckungen, genügen nach Nr. 29.1 VV BauO NRW normalentflammbare Baustoffe. 13

14 Ziel dieser Regelung ist es, die **Ausbreitung** eines Feuers im Bereich der Außenwand in vertikaler und in horizontaler Richtung zu **behindern**. Oberflächen, Bekleidungen und Dämmstoffe müssen bei Gebäuden mittlerer Höhe aus schwerentflammbaren Baustoffen (Baustoffklasse B 1) bestehen. Bei den Gebäudetypen der Spalten 2 und 3 muss bei der Verwendung normalentflammbarer Baustoffe (Baustoffklasse B 2) durch geeignete Maßnahmen eine Brandausbreitung auf unmittelbar angrenzende bzw. anschließende Nachbargebäude verhindert werden; diese Regelung betrifft nur solche Gebäude in der **geschlossenen Bauweise** bzw. beim Bauen ohne Grenzabstand. Welche Maßnahmen geeignet sind, richtet sich nach Nr. 29.3 VV BauO NRW.

15 Die Anforderungen des § 6 Abs. 8 BauO NW 1995, wonach bei Gebäuden in **offener** Bauweise bzw. bei **freistehenden** Gebäuden mit normalentflammbaren Baustoffen im Bereich der Außenwände größere Grenzabstände (mindestens 5 m) zu beachten waren, konnten im Hinblick auf die Regelungen über Gebäudeabschlusswände entfallen (so die Begründung in LT-Drucks. 12/3738 S. 71 zu Art. I Nr. 4 Buchstabe d).

### 2.3 Trennwände

16 **Zeilen 4a und b** regeln die brandschutztechnischen Anforderungen an **Trennwände** unterschieden nach dem Normalgeschoss und dem Dachgeschoss. Welche Wände als Trennwände auszubilden sind, regelt § 30 BauO NRW.

### 2.4 Gebäudeabschlusswände

17 **Zeile 5** regelt die brandschutztechnischen Anforderungen an **Gebäudeabschlusswände**. Welche Wände als Gebäudeabschlusswände auszubilden sind und **wo** diese Wände anzuordnen sind, regelt § 31 BauO NRW.

18 Bei Gebäudeabschlusswänden von **Wohn**gebäuden geringer Höhe (Spalte 3) sind nach Absatz 4 anstelle von Brandwänden Wände der Feuerwiderstandsklasse F 90 und in den wesentlichen Teilen aus nichtbrennbaren Baustoffen (F 90-AB) zulässig; jedoch gelten ansonsten für diese Wände die Vorschriften des § 33 Abs. 2–6 BauO NRW, das heißt die Regelungen für Brandwände.

19 Um auch unter dem Aspekt des ökologischen und des Kosten sparenden Bauens Gebäude in **Holztafelbauart** oder zumindest in den tragenden und aussteifenden Bauteilen aus brennbaren Baustoffen zu ermöglichen, wurde für die Gebäudeabschlusswände von Wohngebäuden geringer Höhe mit nicht mehr als zwei Wohnungen (Spalte 2) eine erleichternde Regelung gefunden (s. die Anmerkungen zu § 31 Abs. 4 Rdn. 10ff.).

### 2.5 Gebäudetrennwände

20 **Zeile 6** regelt die brandschutztechnischen Anforderungen an **Gebäudetrennwände**. Wo und in welchen Gebäuden solche Wände anzuordnen sind, bestimmt § 32 BauO NRW. Gebäudetrennwände sind bei den Gebäudetypen 3 und 4 in der Regel als Brandwände nach § 33 BauO NRW auszuführen. Nur für **Wohn**gebäude geringer Höhe (Spalte 3) genügt nach Absatz 4 eine Wand in der Feuerwiderstandsklasse F 90 und in den wesentlichen Teilen aus nichtbrennbaren Baustoffen (F 90-AB). Diese Wände müssen ansonsten die Anforderungen an Brandwände nach § 33 Abs. 2–6 BauO NRW erfüllen.

## § 30
## Trennwände

**(1) Trennwände sind herzustellen**

**1. zwischen Wohnungen sowie zwischen Wohnungen und anders genutzten Räumen,**

**2. zwischen sonstigen Nutzungseinheiten mit Aufenthaltsräumen sowie zwischen diesen Nutzungseinheiten und anders genutzten Räumen.**

**(2) [1]Öffnungen in Trennwänden sind zulässig, wenn sie wegen der Nutzung des Gebäudes erforderlich sind; diese Öffnungen sind mit selbstschließenden Abschlüssen in der Feuerwiderstandsklasse T 30 zu versehen. [2]Leitungen dürfen durch Trennwände der Feuerwiderstandklasse F 90 nur hindurchgeführt werden, wenn eine Übertragung von Feuer und Rauch nicht zu befürchten ist oder entsprechende Vorkehrungen hiergegen getroffen werden.**

**(3) In Dachräumen sind Aufenthaltsräume und Wohnungen einschließlich ihrer Zugänge durch Trennwände in der Feuerwiderstandsklasse F 30 gegen den nichtausgebauten Dachraum abzuschließen; dies gilt nicht für freistehende Wohngebäude mit nur einer Wohnung.**

**(4) [1]Trennwände nach Absätzen 1 und 3 sind bis zur Rohdecke oder bis unter die Dachhaut zu führen und entsprechend der nach den Zeilen 4 a und 4 b der Tabelle in § 29 Abs. 1 erforderlichen Feuerwiderstandsdauer auszusteifen. [2]Werden in Dachräumen Trennwände nur bis zur Rohdecke geführt, so sind diese Decke und die sie tragenden und aussteifenden Bauteile mindestens in der Feuerwiderstandsklasse F 30 auszuführen.**

***VV BauO NRW*** *(infolge Befristung mit Ablauf des 31.12.2005 ausgelaufen)*

***30 Trennwände (§ 30)***

*30.22 Zu Absatz 2 Satz 2*

*30.221 Eine Übertragung von Feuer und Rauch ist – ohne dass es eines besonderen Nachweises nach Nr. 30.222 bedarf – nicht zu befürchten*

- *bei der Durchführung von Leitungen für Wasser und Abwasser aus nichtbrennbaren Rohren – mit Ausnahme von solchen aus Aluminium –, wenn der verbleibende Öffnungsquerschnitt mit nichtbrennbaren, formbeständigen Baustoffen vollständig geschlossen wird, bei Bauteilen aus mineralischen Baustoffen, z. B. mit Mörtel oder Beton; werden Mineralfasern hierzu verwendet, so müssen diese eine Schmelztemperatur von mindestens 1000 °C aufweisen (vgl. DIN 4102-17: 1990-12),*
- *bei der Durchführung von Leitungen aus brennbaren Rohren mit einem Durchmesser von < 32 mm, wenn der verbleibende Öffnungsquerschnitt wie vorstehend beschrieben geschlossen wird,*
- *bei der Durchführung von Leitungen aus brennbaren Rohren oder von Rohren aus Aluminium, wenn die Rohrleitungen auf einer Gesamtlänge von 4,0 m, jedoch auf keiner Seite weniger als 1,0 m, mit mineralischem Putz ≥ 15 mm dick auf nichtbrennbarem Putzträger oder auf Holzwolle-Leichtbauplatten nach DIN 1101: 1989-11 oder mit einer gleichwertigen Bekleidung aus nicht-*

*brennbaren Baustoffen ummantelt sind; von diesen Leitungen abzweigende Rohrleitungen, die nur auf eine Seite der Trennwände und nicht durch Decken geführt werden, brauchen nicht ummantelt zu werden,*

- *bei der Durchführung von elektrischen Leitungen, wenn die Leitungen einzeln (nicht gebündelt) geführt werden und der verbleibende Öffnungsquerschnitt vollständig mit mineralischem Mörtel verschlossen wird.*

*30.222 Vorkehrungen gegen eine Übertragung von Feuer und Rauch sind*

- *bei der Durchführung von Rohrleitungen Maßnahmen, die die Anforderungen nach DIN 4102–11 der Feuerwiderstandsklasse R 90 erfüllen; bei Leitungen aus brennbaren Rohren (B 1 bzw. B 2) sind dies Rohrabschottungen;*
- *bei der Durchführung von gebündelten elektrischen Leitungen: Kabelschotts nach DIN 4102–9 der Feuerwiderstandsklasse S 90.*

*Die Brauchbarkeit von Rohrabschottungen und Kabelschotts ist nach § 20 Abs. 3 Satz 1 Nr. 1 nachzuweisen.*

*30.223 Die Anforderungen an Lüftungsleitungen sind ausschließlich in § 42 geregelt. Siehe dazu Nr. 42.2.*

**Anmerkungen** (Autor: Temme)

**Übersicht**


| | | Rdn. |
|---|---|---|
| 0 | Änderungen gegenüber der BauO NW 1984 und der BauO NW 1995 | 01–03 |
| 1 | Allgemeines | 1– 2 |
| 2 | Zu Absatz 1 – Anordnung von Trennwänden | 3– 8 |
| 3 | Zu Absatz 2 – Öffnungen in Trennwänden | 9–10 |
| 4 | Zu Absatz 3 – Trennwände in Dachräumen | 11–12 |
| 5 | Zu Absatz 4 – Führung von Trennwänden | 13–14 |


## 0 Änderungen gegenüber der BauO NW 1984 und der BauO NW 1995

**01** Die Vorschrift des § 30 **BauO NW 1995** entsprach im Wesentlichen § 25 BauO NW 1984. Nach dieser Regelung galten die Vorschriften an Wohnungstrennwände auch für Trennwände von anderen Nutzungseinheiten. Die Absätze 3 und 6 des § 26 Abs. BauO NW 1984, die Anforderungen an den Schallschutz von Trennwänden regelten, wurden nicht in die BauO NW 1995 übernommen, da sich die Anforderungen an die Schalldämmung bereits aus § 18 Abs. 2 (Schallschutz) und der bauaufsichtlich eingeführten Norm DIN 4109 ergaben (so die Begründung in LT-Drucks. 11/7153, S. 164 zu § 30).

**02** Mit der BauO NW 1995 wurde die Regelung über die Führung von Trennwänden (§ 26 Abs. 5 BauO NW 1984 = § 30 Abs. 4 BauO NW 1995) erweitert. Wenn im Einzelfall im Bereich der **Kehlbalkenlage** die Trennwand zwischen zwei Nutzungseinheiten nicht bis unter die Dachhaut im Bereich des Firstes geführt werden soll, so übernimmt die Decke – an die eigentlich nach § 34 Abs. 1 Tabelle Zeile 4 BauO NW 1995 keine Anforderung gestellt wird – die Aufgabe der Trennwand. Aus diesem Grund wurde in Absatz 4 klarstellend Satz 2 mit Anforderungen an die Decke aufgenommen.

**03** Die **BauO NRW 2000** hat § 30 BauO NW 1995 im Wortlaut übernommen.

## 1 Allgemeines

Die Vorschriften des § 30 BauO NRW dienen der **Verhinderung der Brandausbreitung** zwischen den verschiedenen Nutzungseinheiten bzw. Wohnungen eines Gebäudes. Trennwände haben auch die Aufgabe, Wohnungen und andere Nutzungseinheiten mit Aufenthaltsräumen gegen- und untereinander vor gegenseitigen **Beeinträchtigungen durch Lärm** zu schützen, was sich aus § 18 BauO NRW in Verbindung mit der Norm DIN 4109 ergibt (s. die Anmerkungen zu § 18 Rdn. 31). Trennwände dienen darüber hinaus dem bauordnungsrechtlichen Abgeschlossenheitsgebot des § 49 Abs. 1 BauO NRW für Wohnungen (s. die Anmerkungen zu § 49 Rdn. 7). 1

Der noch in § 26 BauO NW 1984 verwandte **Begriff „Wohnungstrennwand"** wurde mit § 30 BauO NW 1995 aufgegeben, da es nicht nur um Trennwände zwischen Wohnungen geht, sondern auch Trennwände zwischen gewerblich genutzten Einheiten erfasst werden (s. Rdn. 3). § 30 BauO NRW benutzt daher nur noch den nutzungsneutralen **Begriff „Trennwand"**. 2

## 2 Zu Absatz 1 – Anordnung von Trennwänden

**Wo** Trennwände anzuordnen sind, bestimmt sich nach Absatz 1, nämlich 3

- **zwischen Wohnungen**,
- **zwischen Wohnungen und anders genutzten Räumen**, wie z. B. gewerblich genutzte Abstellräume, die selbst keine Aufenthaltsräume sind oder Abstellräume, die zu anderen Wohnungen gehören oder Räume zur gemeinschaftlichen Nutzung der Hausbewohner (Räume zum Abstellen von Kinderwagen, Fahrrädern, Rollstühlen und Gehwagen oder Wasch- und Trockenräume) oder haustechnische Räume (Heizräume, Hausanschlussräume, Räume zur Aufbewahrung von Brennstoffen oder Räume für Abfallbehälter),
- **zwischen sonstigen Nutzungseinheiten mit Aufenthaltsräumen** (zum Begriff des Aufenthaltsraums s. die Anmerkungen zu § 2 Rdn. 219–234), z. B. Büros, Praxen, Ladenlokalen sowie
- **zwischen** den vorgenannten **Nutzungseinheiten und anders genutzten Räumen**.

Eine **Nutzungseinheit** ist eine aus einem oder aus mehreren Räumen bestehende in sich gegenüber anderen Einheiten – wie anderen Nutzungseinheiten oder allgemein zugänglichen Bereichen – nutzungstechnisch und baulich abgetrennte Einheit, die (zunächst) nur einem Nutzer zur Verfügung steht. 4

Die ARGEBAU hat sich bislang vergeblich bemüht, den Begriff „Nutzungseinheit" allgemeingültig für das gesamte Bauordnungsrecht zu definieren, da er je nach dem Schutzziel einer bauordnungsrechtlichen Vorschrift (z. B. Brandschutz, Sozialfürsorge, Ergänzung des Städtebaurechts) unterschiedlich aufzufassen sein kann.

Für das hier maßgebende **Schutzziel des baulichen Brandschutzes** hat der Begriff „Nutzungseinheit" eine **eigenständige Bedeutung**, wie dies § 17 Abs. 4 Satz 1 MBO 1997 = § 33 Abs. 1 MBO 2002 verdeutlicht (s. auch die Anmerkungen zu § 17 Rdn. 47).

Dass diese Nutzungseinheiten unter- und gegeneinander brandschutztechnisch abzutrennen sind, dient auch dem „**Nachbarschutz**". Allerdings haben die Abtrennungen analog zu den Regelungen der IndBauR (s. die Anmerkungen zu § 32 Rdn. 4–6) eine 4a weitere Aufgabe: nach dieser Richtlinie werden ausgedehnte Industriebauten in „**Brandbekämpfungsabschnitte**“ unterteilt. Deren baulicher und gegebenenfalls anlagentechnischer Brandschutz ist so zu bemessen, dass es spätestens mit Hilfe des abwehrenden bzw. bekämpfenden Brandschutzes durch die Feuerwehr (s. die Anmerkungen zu § 17 Rdn. 8–9) gelingt, einen einmal ausgebrochenen Brand auf den Brandbekämpfungsabschnitt zu begrenzen. Demgemäß betrachtet der Kommentator **Nutzungseinheiten** in einem Gebäude als **vergleichbar** mit **Brandbekämpfungsabschnitten** in industriell oder ähnlich genutzten Gebäuden.

5 Eine nicht Wohnzwecken dienende Nutzungseinheit kann aus **einem** (großen) **Raum** mit **mehreren unterschiedlich genutzten** Bereichen bestehen – wie z. B. im Bereich **von Verkaufsstätten**, **Produktions- oder Lagerräumen** –, ohne dass es einer brandschutztechnischen Abtrennung dieser Bereiche bedarf. Würde verlangt, dass all diese Bereiche unter sich oder gegen andere Bereiche brandschutztechnisch abzutrennen seien, so könnten neuzeitliche Verkaufsstätten oder Produktionsräume mit angegliederten oder integrierten technischen Büroeinheiten nicht betrieben werden. Allein die Tatsache, dass ein Bereich unterschiedlich – **auch von den Brandlasten her** – genutzt wird oder mehreren Nutzern zur Verfügung steht, bedingt noch nicht das Erfordernis einer brandschutztechnischen Abtrennung.

6 Einem Bauherrn ist es unbenommen, im Rahmen eines Bauantrages die **ganzheitliche brandschutztechnische Betrachtung** eines unterschiedlich genutzten Raumes als Sonderbau zu beantragen, um dem „**Trennwandzwang**“ des § 30 Abs. 1 BauO NRW zu entgehen. Auf der Grundlage eines **Brandschutzkonzepts** lässt sich der Nachweis erbringen, dass

- entweder **keine getrennten Nutzungseinheiten** im brandschutztechnischen Sinne vorliegen (s. vorausgehende Rdn. 4)
- oder im speziellen Fall eine **Erleichterung** im Sinne des § 54 Abs. 1 Satz 2 BauO NRW **vertretbar** ist (s. die Anmerkungen zu § 54 Rdn. 18–21).

Für die in § 68 Abs. 1 Satz 3 BauO NRW aufgeführten „großen“ Sonderbauten muss der Bauherr in jedem Fall ein **Brandschutzkonzept** erstellen lassen, z. B. für einen Industriebau unter Zuhilfenahme der Norm DIN 18230 – Brandschutz im Industriebau – auf der Grundlage einer Wärmebilanzberechnung oder eines anderen anerkannten technischen Regelwerks (s. die Anmerkungen zu § 54 Rdn. 22–24 a).

7 Die **bauaufsichtliche Forderung nach** einer **brandschutztechnischen Abtrennung von Nutzungsbereichen innerhalb einer nicht Wohnzwecken dienenden Nutzungseinheit** hat die Bauaufsichtsbehörde oder die anstelle der Bauaufsichtsbehörde zuständige Genehmigungsbehörde (z. B. nach BImSchG oder GenTG) zu **begründen** und gegebenenfalls im Verwaltungsstreitverfahren zu belegen.

Die Behörde muss nachweisen können, dass das entsprechende Verlangen als eine **besondere Anforderung** auf § 54 Abs. 1 Satz 1 BauO NRW (s. die Anmerkungen zu § 54 Rdn. 15–17) gestützt werden kann, weil dies im speziellen Fall zur Verwirklichung der allgemeinen Anforderungen nach § 3 Abs. 1 Satz 1 BauO NRW geboten ist (s. die Anmerkungen zu § 3 Rdn. 4–9 und 31–42).

8 Die Anforderungen an die **Feuerwiderstandsdauer** der Trennwände und an die in ihnen zu verwendenden Baustoffe sind in § 29 Abs. 1 Tabelle Zeile 4 a und 4 b BauO NRW geregelt. Sie sind **abhängig vom Gebäudetyp** und dienen als Teil des **inneren Brandab-**

**schottungssystems** der **Verhinderung der Feuerausbreitung** innerhalb des Gebäudes (s. die Anmerkungen zu § 17 Rdn. 12).

## 3 Zu Absatz 2 – Öffnungen in Trennwänden

**Absatz 2** regelt, unter welchen Voraussetzungen **Öffnungen** in Trennwänden zulässig sind und wie die **Verschlüsse** dieser Öffnungen (als Tür oder Leitungs- oder Kabeldurchführung) auszubilden sind. Türöffnungen z. B. sind in der Regel mit selbstschließenden Abschlüssen der Feuerwiderstandsklasse T 30 zu versehen. Andere Maßnahmen, die für Wohnungen oder vergleichbare Nutzungseinheiten im Wege einer **Abweichung** nach § 73 BauO NRW als äquivalente Maßnahme gestattet werden könnten, sind **kaum vorstellbar**. Anderes mag für größere **Sonderbauten** gelten, bei denen **aufwändige Ersatzmaßnahmen**, wie z. B. selbsttätige Feuerlöschanlagen, zur Anwendung gelangen, um besonderen Nutzungsvorstellungen Rechnung tragen zu können, so dass dann eine solche Lösung als **Erleichterung** nach § 54 Abs. 1 Satz 2 BauO NRW zugelassen werden kann. 9

Unter welchen Voraussetzungen **Leitungen durch Trennwände der Feuerwiderstandsklasse F 90** hindurchgeführt werden dürfen, ist in Abschnitt 4 der Leitungsanlagen-Richtlinie – **LAR NRW** – vom 20. 8. 2001 (MBl. NRW. 1253) geregelt. An Leitungsdurchführungen durch Trennwände der Feuerwiderstandsklassen F 30 und F 60 werden keine besonderen Anforderungen gestellt. Bei der Durchführung von Lüftungsleitungen durch Trennwände sind die Anforderungen des § 42 Abs. 2 BauO NRW zu beachten (s. die Anmerkungen zu § 17 Rdn. 20 und zu § 42 Rdn. 15–17). 10

## 4 Zu Absatz 3 – Trennwände in Dachräumen

Werden **Wohnungen** oder auch **einzelne Aufenthaltsräume in Dachräume** eingebaut, so sind diese nach der Vorschrift des Absatzes 3 einschließlich ihrer Zugänge gegen den **nicht ausgebauten Dachraum** durch Trennwände der Feuerwiderstandsklasse F 30 abzuschließen. Die Anforderung gilt nicht, wenn einzelne Aufenthaltsräume in den Dachraum eines freistehenden Wohngebäudes mit nur einer Wohnung eingebaut werden, da hier ohnehin keine Brandabschnittsbildung erforderlich ist. 11

**Nichtausgebaute Dachräume** können nur solche sein, die nach den bauordnungsrechtlichen Vorschriften ausbaubar und nutzbar sind. Demnach erfasst die Vorschrift des Absatzes 3 nicht solche Wände, die Aufenthaltsräume von **Abseitenräumen** trennen. Dazu rechnen auch die **Raumzwickel** zwischen der Aufmauerung des Drempels (Kniestocks) und der Aufenthaltsraumabmauerung unter der Dachschräge. Insofern stellt § 34 Abs. 1 Tabelle Zeile 4 BauO NRW auch keine brandschutztechnischen Anforderungen an Decken im Dachraum, über denen Aufenthaltsräume nicht möglich sind. 12

## 5 Zu Absatz 4 – Führung von Trennwänden

Nach **Satz 1** dieser Vorschrift sind die Trennwände bis zur Rohdecke oder bis unter die Dachhaut zu führen und entsprechend den Anforderungen in § 29 Abs. 1 Tabelle Spalten 4 a und 4 b BauO NRW in deren Feuerwiderstandsklasse auszuführen. Wird jedoch im Einzelfall in einem Dachgeschoss eine Trennwand **nicht bis zum First** oder **bis unter die Dachhaut** geführt, sondern nur bis unter die oberste Decke im Dachraum, so über- 13 nimmt nach **Satz 2** diese **Decke** dann die **Funktion dieser Trennwand**. In einem solchen Fall sind diese Decke und die sie tragenden und aussteifenden Bauteile mindestens in der Feuerwiderstandsklasse F 30 auszuführen, was in der Technikersprache auch als **Sargdeckelkonstruktion** bezeichnet wird.

14 Eine **höhere Feuerwiderstandsdauer als F 30 der genannten Bauteile** ist gleich aus zwei Gründen **nicht erforderlich**. Einerseits würde sich nämlich ein Brand in einem Dachgeschoss sehr schnell den Weg durch die Dachhaut wählen, was schon zur Energieentlastung beiträgt. Andererseits können oberhalb der obersten Decke der benachbarten Nutzungseinheit auch aufgrund der Energieentlastung keine Temperaturen entstehen, die der Einheitstemperaturkurve nach der Norm DIN 4102 Teil 2 auch nur annähernd entsprechen.

## § 31
## Gebäudeabschlusswände

**(1) Gebäudeabschlusswände sind herzustellen**

**1. bei aneinandergereihten Gebäuden auf demselben Grundstück sowie bei Gebäuden, die weniger als 2,50 m von der Nachbargrenze entfernt errichtet werden, es sei denn, dass ein Abstand von mindestens 5 m zu bestehenden oder nach den baurechtlichen Vorschriften zulässigen Gebäuden öffentlich-rechtlich gesichert ist,**

**2. bei Wohngebäuden und angebauten landwirtschaftlichen Betriebsgebäuden auf demselben Grundstück, wenn der umbaute Raum des Betriebsgebäudes größer als 2000 m³ ist.**

**(2) Anstelle einzelner Gebäudeabschlusswände ist eine gemeinsame Gebäudeabschlusswand zulässig.**

**(3) Absatz 1 gilt nicht für seitliche Wände von Vorbauten wie Erker, die nicht mehr als 1,5 m vor der Flucht der vorderen oder hinteren Außenwand des Nachbargebäudes vortreten, wenn sie von dem Nachbargebäude oder der Nachbargrenze einen Abstand einhalten, der ihrer eigenen Ausladung entspricht, mindestens jedoch 1 m beträgt.**

**(4) Öffnungen in Gebäudeabschlusswänden sind unzulässig.**

**(5) [1]Bei aneinandergereihten Gebäuden sind abweichend von den Werten der Zeile 5 Spalte 2 der Tabelle in § 29 Gebäudeabschlusswände zulässig, die von innen nach außen der Feuerwiderstandsklasse F 30 und von außen nach innen der Feuerwiderstandsklasse F 90 entsprechen und die außen jeweils eine ausreichend widerstandsfähige Schicht aus nichtbrennbaren Baustoffen haben. [2]Dies gilt nicht für gemeinsame Gebäudeabschlusswände nach Absatz 2.**

***VV BauO NRW*** *(infolge Befristung mit Ablauf des 31.12.2005 ausgelaufen)*

***31 Gebäudeabschlusswände (§ 31)***

*31.3 Zu Absatz 3*

*Die Bestimmung ist auch anwendbar, wenn Gebäude versetzt angeordnet sind, die Außenwand des Vorhabens sich also nicht in der Flucht der Außenwand des Nachbargebäudes befindet.*

*Ist das Bauvorhaben gegenüber dem Nachbargebäude zurückgesetzt, darf ein Vorbau bis zu 1,50 m über die Außenwand des Nachbargebäudes hinausragen, ohne dass der Vorbau eine Gebäudeabschlusswand benötigt.*

*Ist dagegen das Nachbargebäude gegenüber dem Bauvorhaben zurückgesetzt, reduziert sich die zulässige Tiefe des Vorbaus um das Maß, um das die Außenwand des Nachbargebäudes zurückspringt; beträgt der Versprung mehr als 1,50 m, wäre ein Vorbau ohne Gebäudeabschlusswand unzulässig. In solchen Fällen wird aber vielfach eine Abweichung gerechtfertigt sein.*

**Anmerkungen** (Autor: Temme)

**Übersicht**



| | | Rdn. |
|---|---|---|
| 0 | Änderungen gegenüber der BauO NW 1984 und der BauO NW 1995 | 01–02 |
| 1 | Allgemeines | 1– 3 |
| 2 | Zu Absatz 1 – Anordnung von Gebäudeabschlusswänden | 4– 9 |
| 3 | Zu Absatz 2 – Gemeinsame Gebäudeabschlusswand | 10–11 |
| 4 | Zu Absatz 3 – Vorbautenprivileg | 12–13 |
| 5 | Zu Absatz 4 – Öffnungen | 14–17 |
| 6 | Zu Absatz 5 – Sonderfälle | 18–20 |



### 0 Änderungen gegenüber der BauO NW 1984 und der BauO NW 1995

01 § 31 **BauO NW 1995** hat § 27 BauO NW 1984 mit wenigen Änderungen übernommen. In **Absatz 2** wurde lediglich der fälschlicherweise verwendete Begriff „Gebäudetrennwände" durch den zutreffenden Begriff „Gebäudeabschlusswände" ersetzt. Die Einschränkung in Bezug auf „nicht gegeneinander versetzte Gebäude" in **Absatz 4 Satz 1** entfiel, da Untersuchungen gezeigt hatten, dass auch bei einem Gebäudeversatz die Behinderung der Brandausbreitung ausreichend gewährleistet ist.

02 Mit der **BauO NRW 2000** wurde § 31 BauO NW 1995 den Regelungen der MBO 1997 angepasst. In **Absatz 1** wurden die Nummern 1 und 2 zusammengefasst und mit einem **neuen Baulasttatbestand** ausgestattet; die alte Nr. 3 rückte dadurch zur neuen Nr. 2 auf. Die Vorschrift verlangt unmissverständlich einen **brandschutztechnischen Mindestabstand von 5 m zwischen Gebäuden** und räumt die Möglichkeit der Baulastsicherung ein. Der eingefügte **Absatz 3** schafft ein **Privileg für Vorbauten**, um Abweichungen nach § 73 BauO NRW zu erübrigen (vgl. LT-Drucks. 12/3738 S. 74 zu Art. I Nr. 15 – § 31). Die alten Absätze 3 und 4 verschoben sich zu den neuen Absätzen 4 und 5.

### 1 Allgemeines

1 Eine der wesentlichsten und ältesten Brandschutzvorschriften ist die, dass „Brandwände" den Nachbarn vor Unbill durch Feuer zu schützen haben. Die BauO NRW nennt diese Trennwände „**Gebäudeabschlusswände**". Sie haben die Aufgabe, einen einmal ausgebrochenen Brand auf den eigenen „**Brandabschnitt**" (s. die Anmerkungen zu § 32 Rdn. 2) und auf das eigene Grundstück zu begrenzen, um so den Nachbarn in dessen Leben und Gesundheit, aber auch in gewissem Umfang in dessen Hab und Gut zu schützen (s. auch die Anmerkungen zu § 17 Rdn. 28). Auch der oder die Nutzer eines weiteren Gebäudes auf dem gleichen Grundstück werden geschützt.

2 Die Brandschutzvorschriften des § 31 in Verbindung mit § 29 Abs. 1 Tabelle Zeile 5 BauO NRW dienen sowohl dem **Nachbarschutz** als auch dem **Eigenschutz**. Entsprechend § 17 Abs. 1 BauO NRW soll der Ausbreitung von Feuer auf angrenzende Grundstücke und benachbarte Gebäude vorgebeugt werden. Ausgangspunkt der Regelungen des § 31 BauO NRW ist sowohl ein möglicher Brand **im Gebäude** als auch **auf dem Grundstück**, z. B. der Brand von Lagergut oder ein Fahrzeugbrand. Ein solcher Brand soll auf ein benachbartes Gebäude nicht übergreifen können. Aus diesem Grund sind Öffnungen in Gebäudeabschlusswänden unzulässig (s. Rdn. 5).

3 Die **Gebäudeabschlusswand** ist **Teil des „Systems der äußeren Brandabschottung"** von Gebäuden (s. die Anmerkungen zu § 17 Rdn. 12). Die Vorschriften des § 31 BauO NRW dürfen nicht mit den Regelungen des Bauplanungsrechts über die Bauweise verwechselt oder gleichgesetzt werden. Ob ein Gebäude überhaupt an der Grundstücksgrenze oder grenznah zu einer seitlichen Grundstücksgrenze errichtet werden darf, ergibt sich aus den Festsetzungen des Bebauungsplans in Verbindung mit den Vorgaben des § 22 BauNVO über die Bauweise oder aus den Planersatzvorschriften der §§ 34 und 35 BauGB. Erst wenn nach dem Bauplanungsrecht eine Bebauung an der Grundstücksgrenze oder eine grenznahe Bebauung zulässig ist, greifen die bauordnungsrechtlichen Bestimmungen des § 31 BauO NRW über die Ausführung der Wände.

## 2 Zu Absatz 1 – Anordnung von Gebäudeabschlusswänden

4 **Absatz 1** regelt in den **Nummern 1 und 2**, welche Wände eines Gebäudes als Gebäudeabschlusswände anzuordnen sind. Die Regelung des § 31 Abs. 1 BauO NRW ist – anders als die Regelungen des § 6 BauO NRW – keine einen erforderlichen Grenzabstand regelnde Vorschrift, sie zieht lediglich Konsequenzen aus einem zu geringen Grenz- bzw. Gebäudeabstand. Die **Anforderungen an die brandschutztechnische Ausbildung**, wie **Feuerwiderstandsdauer** und **Standsicherheit im Brandfall**, ergeben sich aus **§ 29 Abs. 1 Tabelle Zeile 5** und **§ 33 BauO NRW**. Absatz 1 **Nr. 1** erfasst zwei unterschiedliche Fallgestaltungen und stellt dabei auf den in der BauO NRW selbst nicht definierten, wohl aber als bekannt vorausgesetzten Begriff des **Grundstücks** ab (zu diesem Begriff vgl. die Anmerkungen zu § 1 Rdn. 27–36).

5 Die **erste Fallgestaltung** erfasst **Gebäude** (zum Gebäudebegriff s. die Anmerkungen zu § 2 Abs. 2 Rdn. 104ff.), die auf **demselben Grundstück** aneinander gereiht werden. Bei diesen aneinander gereihten Gebäuden sind – zunächst bei jedem für sich – Gebäudeabschlusswände herzustellen, es sei denn, die Gebäude werden durch eine gemeinsame Gebäudeabschlusswand nach Absatz 2 (s. Rdn. 10 und 11) voneinander getrennt, oder in ihrer Funktion **und** auch baulich zu einer Nutzungseinheit miteinander verbunden – dann liegt schon **begrifflich** nur **ein einheitliches Gebäude** vor.

6 Die **zweite Fallgestaltung** erfasst **Gebäude auf unterschiedlichen Grundstücken**. Jedes Gebäude, dass **weniger als 2,50 m** von der Nachbargrenze entfernt errichtet wird, ist in diesem Bereich mit einer **Gebäudeabschlusswand** abzuschließen. Das **Maß von 2,50 m wird** – wie alle übrigen bauordnungsrechtlich geregelten Abstände oder Abstandflächen – **senkrecht zur Wand gemessen**. Von dieser Regel werden die Gebäude erfasst, die nach den **bauplanungsrechtlichen Vorschriften direkt an der seitlichen Grenze** errichtet werden, das sind:

- Gebäude in der **geschlossenen Bauweise**,
- Gebäude in der **offenen Bauweise als Doppelhäuser oder Hausgruppen**,
- Gebäude in der **abweichenden Bauweise** mit **einseitiger Grenzbebauung**.

Nach dem Bauplanungsrecht kann in der **abweichenden Bauweise** eine **grenznahe Bebauung** zulässig sein, das ist im brandschutztechnischen Sinne eine Bebauung, die **näher als 2,50 m** zur Grundstücksgrenze liegt, z. B. in Form **schmaler Traufgassen**. In der abweichenden Bauweise kann durch Festsetzung des Bebauungsplans bestimmt sein, dass ohne oder mit nur geringem Abstand an die **hintere** (rückwärtige) **Grundstücksgrenze** zu bauen ist, z. B. für Gewerbeeinheiten in Handwerkerhöfen.

**7** Die oberste Bauaufsichtsbehörde hat zu beiden Fallgestaltungen in einem nicht veröffentlichten RdErl. vom 10.8.2001 – II A3–100/31 – Stellung genommen und darüber hinaus die Anwendung der Nr. 4.2 VV BauO NRW ausgesetzt (der Erlass ist auszugsweise abgedruckt bei den Anmerkungen zu § 4 Rdn. 114).

**8** In der **offenen Bauweise als Einzelhaus** müssen die Gebäude ohnehin einen Abstand einhalten, der sich nach den Vorschriften des **§ 6 BauO NRW** bemisst und **mindestens 3 m** beträgt. Daher tritt dort ein Anwendungsproblem des § 31 BauO NRW im Regelfall nicht auf. Dies gilt auch für die „freien" Seiten von Doppel- und Endhäusern in Hausgruppen. Sollte jedoch in der offenen Bauweise zur seitlichen Grundstücksgrenze hin ein **Vorbau** bzw. **Erker** mit einem Abstand **von nur 2 m** geplant sein (z. B. bei Übernahme der fehlenden Abstandfläche von 1 m durch Baulast), so ist dessen **Abschlusswand zum Nachbarn als Gebäudeabschlusswand**, das heißt **öffnungslos** auszuführen, falls keine öffentlich-rechtliche Sicherung des Brandschutzabstands von 5 m zu bestehenden oder nach den baurechtlichen Vorschriften zulässigen Gebäuden gemäß § 31 Abs. 1 Nr. 1 BauO NRW zustande kommt (zur Baulastsicherung s. Rdn. 15).

**9** **Nr. 3** erfasst den Fall, dass **auf demselben Grundstück** ein landwirtschaftliches Betriebsgebäude (z. B. ein Stall oder eine Scheune) an ein Wohnhaus angebaut wird. Es handelt sich also um zwei voneinander getrennte, jeweils selbständige Gebäude. Das **Wohngebäude** und das angebaute **landwirtschaftliche Betriebsgebäude** auf demselben Grundstück sind, wenn der **umbaute Raum des Betriebsgebäudes größer als 2000 m³** ist, jedes für sich durch Gebäudeabschlusswände abzuschließen. Diese Fallgestaltung unterscheidet sich von der nach § 32 Abs. 2 BauO NRW insofern, als kein einheitliches landwirtschaftliches Gebäude mit Wohnteil und landwirtschaftlichem Betriebsteil vorliegt, sondern zwei **voneinander getrennte Gebäude** aneinander grenzen.

### 3 Zu Absatz 2 – Gemeinsame Gebäudeabschlusswand

**10** Von dem Prinzip, dass jedes Gebäude für sich – sofern die Tatbestände des Absatzes 1 vorliegen – durch eine Gebäudeabschlusswand abzuschließen ist, wird durch die Regelung des **Absatzes 2** von Gesetzes wegen eine **alternative Lösung** zugestanden, auf die der Bauherr einen Rechtsanspruch hat, die also keiner Abweichungsentscheidung bedarf. Hiernach ist anstelle einzelner Gebäudeabschlusswände bei aneinander gebauten Gebäuden eine **gemeinsame Gebäudeabschlusswand zulässig**. Es handelt sich bei der gemeinsamen Gebäudeabschlusswand zugleich um ein **gemeinsames Bauteil im Sinne des § 15 Abs. 2 BauO NRW**, dessen **Bestand öffentlich-rechtlich zu sichern** ist (s. die Anmerkungen zu § 15 Rdn. 25–29). Die BauO NW 1984 bezeichnete diese Wand rechtsirrtümlich noch als Gebäudetrennwand (s. Rdn. 01). Die **gemeinsame** Gebäudeabschlusswand unterteilt jedoch nicht ein (einheitliches) Gebäude wie eine Gebäudetrennwand, sondern sie **trennt zwei Gebäude** voneinander. Der **Unterschied** hat **erhebliche Bedeutung in Bezug auf Öffnungen**:
- in gemeinsamen Gebäudeabschlusswänden sind Öffnungen wegen des gesetzlichen Verbots (s. Rdn. 14) stets **unzulässig** (§ 31 Abs. 4 BauO NRW),
- in Gebäudetrennwänden sind Öffnungen bei Einhaltung genau umschriebener Voraussetzungen **zulässig** (§ 32 Abs. 3 BauO NRW).

**11** Die **gemeinsame Gebäudeabschlusswand** übernimmt die **Aufgabe**, die sonst **zwei voneinander getrennte Gebäudeabschlusswände** zu erfüllen hätten. Zwei aneinander grenzende Gebäudeabschlusswände bieten naturgemäß eine größere Sicherheit im Brandfall als eine gemeinsame Gebäudeabschlusswand. Fällt eine der beiden Gebäudeabschlusswände aus, bietet immer noch die andere Schutz gegen Brandübertragung. Durch das Zugeständnis des Gesetzgebers im Interesse der Kosteneinsparung verringert sich in gewissen Grenzen das Schutzniveau. Aus diesem Grunde wurde auch mit Absatz 5 Satz 2 bestimmt, dass bei der Anwendung von Sonderlösungen (z. B. Holztafelbauart) gemeinsame Gebäudeabschlusswände unzulässig sind. Die am Bau Beteiligten sollten sich des erheblichen Risikos bei unsachgemäßer Ausführung gemeinsamer Gebäudeabschlusswände stets bewusst sein und der **einwandfreien bautechnischen** und **brandschutztechnischen Ausführung besondere Sorgfalt** widmen.

### 4 Zu Absatz 3 – Vorbautenprivileg

Die in Angleichung an die MBO neu aufgenommene Regelung schafft für **seitliche** 12
**Wände von Vorbauten wie Erker** eine gesetzliche Vergünstigung, so dass die bislang zur Legalisierung erforderliche Abweichungsentscheidung nach § 73 BauO NRW entbehrlich wird (so LT-Drucks. 12/3738 S. 74 zu Art. I Nr. 15 – § 31). Die Vorschrift erfasst nur Vorbauten wie Erker,

- die **nicht mehr als 1,5 m** vor die **Flucht der vorderen oder hinteren Außenwand des Nachbargebäudes vortreten** und
- die **von dem Nachbargebäude** oder der **Nachbargrenze** einen **Abstand** einhalten, der ihrer **eigenen Ausladung** entspricht, **mindestens** jedoch **1 m** beträgt.

Der Begriff Vorbau bzw. Erker ist im gleichen Sinne zu verstehen, wie ihn auch § 6 Abs. 7 Satz 1 BauO NRW benutzt, das heißt, der **Unterordnungsgrundsatz** muss beachtet werden. Auch bei Einhaltung des in § 31 Abs. 3 BauO NRW genannten maximalen Ausladungsmaßes von 1,5 m muss der Vorbau bzw. Erker zur Wand des Hauptgebäudes, aus der er hervortritt, untergeordnete Bedeutung aufweisen (vgl. OVG NRW, Beschluss vom 29. 11. 1985 – 7 B 2402/85, BRS 44 Nr. 101). Bei Einhaltung dieser Voraussetzungen brauchen die seitlichen Wände von Vorbauten wie Erker nicht als Gebäudeabschlusswände ausgebildet zu werden, dürfen also z. B. Fensteröffnungen haben. Ob der Vorbau bzw. Erker zulässig ist oder zugelassen werden kann, beurteilt sich **zuerst nach den bauplanungsrechtlichen Vorgaben**, z. B. den Baugrenzen in Verbindung mit den Bestimmungen des § 23 BauNVO (vgl. OVG. NRW, Beschluss vom 8. 12. 1998 – 10 B 2255/98, BauR 1999, 628 = BRS 60 Nr. 208), **sodann nach den Vorgaben des § 6 Abs. 7 BauO NRW** und erst **nachrangig** nach § 31 Abs. 3 BauO NRW.

Aus dem Regelungszusammenhang ergibt sich, dass die Vorschrift auf **aneinander gren-** 13
**zende Gebäude auf verschiedenen Grundstücken** abstellt, die zur Straßenseite oder zur Gartenseite hin Vorbauten wie Erker aufweisen. Dies folgt aus der Verwendung des Begriffs „**Nachbargebäude**". **Nicht erfasst** sind die **Vorbauten** bzw. **Erker in der Abstandfläche zur seitlichen Grundstücksgrenze** hin (zu deren Ausbildung s. Rdn. 8), da ausdrücklich auf die Flucht der vorderen (straßenseitigen) oder hinteren (gartenseitigen) Außenwand des Nachbargebäudes abgestellt wird. Der einzuhaltende **Abstand** zum Nachbargebäude bzw. zur Nachbargrenze hin **korrespondiert** mit dem **Ausladungsmaß**. Bei einem maximal zulässigen Ausladungsmaß von 1,5 m muss der Vorbau bzw. Erker daher auch einen Abstand von 1,5 m zum Nachbargebäude bzw. zur Nachbargrenze einhalten. Der Mindestabstand beträgt 1 m; diesen haben also auch Vorbauten bzw. Erker

einzuhalten, die z. B. nur 0,8 m ausladen. Der Abstand bzw. Mindestabstand zum Nachbargebäude bzw. zur Nachbargrenze hin ist nur einzuhalten, wenn die zum Nachbarn hin gewandte seitliche Wand des Vorbaus bzw. Erkers nicht als Gebäudeabschlusswand ausgebildet wird. Weist der Vorbau bzw. Erker dagegen zum Nachbarn hin eine Gebäudeabschlusswand auf, bedarf es nicht der Einhaltung der brandschutztechnischen Abstände.

### 5 Zu Absatz 4 – Öffnungsverbot

14 In Gebäudeabschlusswänden, auch als „**äußere Brandwand**" bezeichnet, sind bereits seit dem preußischen Baupolizeirecht **Öffnungen** jeglicher Art **unzulässig**. Auch durch Glasbausteine (z. B. in der Feuerwiderstandsklasse G 90) geschlossene Öffnungen sind unzulässig (OVG NRW, Urteil vom 25. 4. 1973 – VII A 345/72, BRS 27 Nr. 103; OVG Bremen, Urteil vom 3. 12. 1985 – 1 BA 56/85, BRS 44 Nr. 105; OVG Saar, Urteil vom 2. 2. 1990 – 2 R 110/87, BRS 50 Nr. 119; OVG Bln, Urteil vom 23. 4. 2002 – 2 B 3.00, BRS 65 Nr. 136). Hinsichtlich der Zulässigkeit von Öffnungen in Wänden, die als Brandwände bzw. in der Bauart von Brandwänden herzustellen sind, wird zwischen Gebäude**abschluss**wänden und Gebäude**trenn**wänden unterschieden. In Gebäudeabschlusswänden sind Öffnungen, wegen der diesen Wänden zukommenden **besonderen Aufgabe**, nämlich das **Nachbargebäude** zu **schützen**, unzulässig. Da Gebäudeabschlusswände nach § 29 Abs. 1 Tabelle Zeile 5 Spalten 3 und 4 BauO NRW in der Bauart von Brandwänden bzw. als F 90-AB-Wände auszuführen sind, gelten für sie auch die Vorschriften des § 33 Abs. 5 BauO NRW und die Regelungen der Nr. 33.5 VV BauO NRW hinsichtlich der Durchführung von **Leitungen** (s. die Anmerkungen zu § 33 Rdn. 14).

15 Die in § 31 Abs. 1 Nr. 1 BauO NRW neu aufgenommene Möglichkeit der **Baulastsicherung des brandschutztechnisch erforderlichen Mindestabstands** erlangt ihre praktische Bedeutung in erster Linie wegen des Öffnungsverbots in Gebäudeabschlusswänden. In der Vergangenheit hat sich immer wieder ein Bedürfnis ergeben, Gebäudeaußenwände mit Öffnungen oder Teilflächen aus Glasbausteinen ohne Einhaltung des erforderlichen Abstands zur Grundstücksgrenze auf dem Abweichungswege zuzulassen, weil die Nachbarn untereinander hierüber Einigkeit erzielten und auch bereit waren, gegenüber der Bauaufsichtsbehörde die notwendigen Sicherungen zu treffen. Daher zeigte der RdErl. vom 29. 4. 1996 – II A 5–100/31/4.2, n. v., die Lösungsmöglichkeit auf, durch Eintragung einer **Flächenbaulast** mit einer Mindesttiefe von 5 m vor der entsprechenden Wand die Voraussetzungen für eine Abweichungsentscheidung nach § 73 BauO NRW zu schaffen. Infolge der gesetzlichen Neuregelung ist dieses umständliche Verfahren insoweit vereinfacht worden, als nunmehr die Flächenbaulast zur Sicherung des Brandschutzabstands alleine ausreicht.

16 Die **brandschutztechnische Flächenbaulast** nach § 31 Abs. 1 Nr. 1 BauO NRW hat einen **anderen Inhalt als die Abstandflächenbaulast** nach § 7 Abs. 1 BauO NRW. Letztere bezweckt lediglich die Verlagerung der erforderlichen Abstandfläche auf ein angrenzendes Grundstück. Die so auf dem Fremdgrundstück gesicherte Fläche darf jedoch mit Gebäuden, die nach abstandrechtlichen Vorschriften privilegiert sind, sehr wohl überbaut werden, beispielsweise mit den in § 6 Abs. 11 Nr. 1 BauO NRW genannten Garagen. Die **Abstandflächenbaulast beinhaltet** demnach **kein absolutes Bauverbot**. Auch eine „**Vereinigungsbaulast**" nach § 4 Abs. 2 BauO NRW ist kein geeignetes Instrument zur Lösung des brandschutztechnischen Problems, wenn die Einhaltung des brandschutztechnischen Mindestabstands nicht sichergestellt ist (zu den Anwendungsbeschränkungen der Vereinigungsbaulast s. die Anmerkungen zu § 4 Rdn. 111 ff.).

Nach § 31 BauO NRW müssen die in brandschutztechnischer Beziehung zueinander stehenden Gebäude entweder Gebäudeabschlusswände bzw. gemeinsame Gebäudetrennwände aufweisen oder aber untereinander einen Mindestabstand von 5 m einhalten. Dieser **brandschutztechnische Mindestabstand** der Gebäude untereinander muss **frei von jedweden Brandlasten** sein (s. Rdn. 2), so dass ein **absolutes Bauverbot erforderlich** ist (z.B. ausschließliche Nutzung als Verkehrsfläche, Grünfläche oder Freifläche). Nach Auffassung des OVG NRW (Urteil vom 12.12.1985 – 7 A 2254/84, n. v.) ermöglicht sogar ein auf dem Nachbargrundstück vorbeiführender 3,50 m breiter Grundstücksstreifen, der mit einem durch Baulast gesicherten Wegerecht belastet ist, keine andere Beurteilung, da zum einen der sich aus § 31 Abs. 1 Nr. 1 BauO NRW ergebende Gebäudemindestabstand von 5,0 m nicht eingehalten wird und da zum anderen eine solche Fläche in den Obergeschossen überbaut werden könnte. **17**

## 6 Zu Absatz 5 – Sonderfälle

Um auch unter dem Aspekt des kostensparenden Bauens Gebäude in **Holztafelbauart** oder unter **Verwendung brennbarer Baustoffe** in den wesentlichen Teilen tragender und aussteifender Bauteile zu ermöglichen, wurde für Gebäudeabschlusswände von **aneinandergereihten** Wohngebäuden geringer Höhe mit nicht mehr als zwei Wohnungen (hierzu s. OVG NRW, Beschluss vom 1.12.1998 – 10 B 2304/98, BRS 60 Nr. 156) eine Erleichterung geschaffen. Die in Absatz 5 beschriebenen Wände sind anstelle der in § 29 Abs. 1 Tabelle Spalte 2 Zeile 5 BauO NRW geforderten Qualität F 90-AB als Gebäudeabschlusswände zulässig. Der brandschutztechnisch erleichterte **Wandaufbau gilt** nach Absatz 5 Satz 2 jedoch **nicht für die gemeinsame Gebäudeabschlusswand** nach § 31 Abs. 2 BauO NRW (zu den Gründen s. auch Rdn. 11). **18**

Bei den **Wänden nach Absatz 5** handelt es sich nicht – wie häufig fälschlicherweise ausgeführt – **um zweischalige Wände**. Jede Gebäudeabschlusswand muss diese Anforderung für sich erfüllen, sie muss von innen nach außen mindestens der Feuerwiderstandsklasse F 30 und von außen nach innen mindestens der Feuerwiderstandsklasse F 90 entsprechen. Ferner muss **jede Wand außen** jeweils eine ausreichend **widerstandsfähige Schicht aus nichtbrennbaren Baustoffen** haben. Über die **Art** und die erforderliche **Dicke** dieser Schicht kann keine allgemeingültige Aussage getroffen werden, diese sind abhängig vom Aufbau und der jeweiligen Konstruktion der Wand. Auskunft hierüber erteilen beispielsweise die für die Brandprüfung benannten Prüfstellen im Rahmen eines Gutachtens (s. hierzu auch die Erläuterung zu DIN 4102 Teil 2). Die spezielle Wandlösung des Absatzes 5 betrifft **vorwiegend werkmäßig hergestellte Holztafeln für Fertighäuser**. So verfügen Fertighaushersteller bereits über entsprechende Nachweise für diese Wände einschließlich der Schicht aus nichtbrennbaren Baustoffen. **19**

Der Gesetzgeber hat diese Gebäudeabschlusswand mit einem **brandschutztechnisch asymmetrischen Aufbau** (von innen F 30, von außen F 90) deswegen für zulässig erklärt, da die tragenden Bauteile dieser Wohngebäude „nur“ in der Feuerwiderstandsklasse F 30 zu erstellen sind und somit die Gesamtkonstruktion des Gebäudes eine Feuerwiderstandsdauer von nur 30 Minuten aufweist. Mit dieser Konstruktion können die Gebäudeabschlusswände nicht in der Feuerwiderstandsklasse F 90 ausgesteift werden. Sollte in einem Brandfall der Feuerwiderstand der Gebäudeabschlusswand tatsächlich nach der 30. Minute versagen, so steht dieser Wand eine Gebäudeabschlusswand des Nachbargebäudes mit einer Feuerwiderstandsdauer von – zumindest von außen nach innen – mindestens F 90 gegenüber. **20**

## § 32
## Gebäudetrennwände

**(1) [1]Ausgedehnte Gebäude sind durch Gebäudetrennwände in höchstens 40 m lange Gebäudeabschnitte (Brandabschnitte) zu unterteilen. [2]Größere Abstände können gestattet werden, wenn die Nutzung des Gebäudes es erfordert und wenn wegen des Brandschutzes Bedenken nicht bestehen.**

**(2) Landwirtschaftliche Gebäude sind zwischen dem Wohnteil und dem landwirtschaftlichen Betriebsteil durch Brandwände zu unterteilen, wenn der umbaute Raum des Betriebsteiles größer als 2000 m³ ist.**

**(3) [1]Öffnungen in Gebäudetrennwänden sind zulässig, wenn die Nutzung des Gebäudes dies erfordert. [2]Öffnungen müssen mit selbstschließenden Abschlüssen der Feuerwiderstandsklasse T 90 versehen sein. [3]Anstelle eines Abschlusses nach Satz 2 kann eine Schleuse mit Wänden und Decke der Feuerwiderstandsklasse F 90 und aus nichtbrennbaren Baustoffen (F 90-A) sowie mit einem nichtbrennbaren Fußbodenbelag (A), die mit selbstschließenden Abschlüssen mindestens der Feuerwiderstandsklasse F 30 versehen ist, angeordnet werden.**

**(4) In Gebäudetrennwänden können Teilflächen mit lichtdurchlässigen Baustoffen gestattet werden, wenn diese Flächen insgesamt der Feuerwiderstandsklasse F 90 entsprechen.**

**Anmerkungen** (Autor: Temme)

**Übersicht**


| | | Rdn. |
|---|---|---|
| 0 | Änderungen gegenüber der BauO NW 1984 und der BauO NW 1995 | 01–02 |
| 1 | Allgemeines | 1 |
| 2 | Zu Absatz 1 – Anordnung von Gebäudetrennwänden | 2– 6 |
| 3 | Zu Absatz 2 – Landwirtschaftliche Gebäude | 7 |
| 4 | Zu Absatz 3 – Öffnungen | 8–10 |
| 5 | Zu Absatz 4 – Lichtdurchlässige Baustoffe | 11–12 |


### 0 Änderungen gegenüber der BauO NW 1984 und der BauO NW 1995

01 § 32 **BauO NW 1995** entsprach im Regelungsinhalt § 28 BauO NW 1984. Der in § 28 **Abs. 3 Satz 1** BauO NW 1984 noch enthaltene Ausnahmetatbestand für **Öffnungen in Gebäudetrennwänden** wurde in einen **Zulässigkeitstatbestand** umgewandelt und der im gleichen Absatz enthaltene 2. Halbsatz von Satz 2 durch den neu angefügten **Satz 3** mit der **Schleusenregelung** ersetzt, um eine Ausnahmeentscheidung zu erübrigen.

02 Die **BauO NRW 2000** hat **§ 32 BauO NW 1995 im Wortlaut übernommen.**

### 1 Allgemeines

1 Die Forderung des **Absatzes 1**, ausgedehnte Gebäude in bestimmten Abständen durch Gebäudetrennwände in **Brandabschnitte** zu unterteilen, soll bewirken, dass ein ausgebrochener Brand innerhalb eines Gebäudeabschnitts so unter Kontrolle gebracht werden kann, dass Menschen auch in anderen, benachbarten Gebäudeabschnitten nicht

gefährdet werden. Auch soll ein Zünden von Brandlasten in den benachbarten Gebäudeabschnitten verhindert werden. Die Gebäudetrennwand ist Teil des Systems der **inneren Brandabschottung** (s. die Anmerkungen zu § 17 Abs. 1 Rdn. 12). Obwohl die Brandschutzvorschriften vorrangig dem Personenschutz dienen, wird durch § 32 BauO NRW auch der Sachgüterschutz erfasst (s. die Anmerkungen zu § 17 Rdn. 29).

**2 Zu Absatz 1 – Anordnung von Gebäudetrennwänden**

Jedes ausgedehnte Gebäude ist nach **Absatz 1** unabhängig von seiner Nutzung durch Gebäudetrennwände in höchstens **40 m lange Gebäudeabschnitte** zu unterteilen. Die so entstehenden Gebäudeabschnitte definiert die BauO NRW als „**Brandabschnitte**". Ein Brandabschnitt ist demnach Teil eines Gebäudes oder bei – nicht ausgedehnten – Gebäuden, die keiner Unterteilung durch Gebäudetrennwände bedürfen, das Gebäude selbst. Die **Brandabschnittsfläche** setzt sich aus der Summe aller Geschossflächen innerhalb des Brandabschnitts zusammen; für eingeschossige Gebäude kann sie höchstens **40 m × 40 m = 1600 m²** betragen. Die Anforderungen an die **Ausbildung der Gebäudetrennwände**, wie **Feuerwiderstandsdauer** und **Standsicherheit im Brandfall**, sind in **§ 29 Abs. 1 Tabelle Zeile 6** und in **§ 33 BauO NRW** geregelt. 2

Falls die Nutzung eines (Wohn-) Gebäudes dies erfordert, können nach **Satz 2** im Wege der **Abweichung** nach § 73 BauO NRW durch die Bauaufsichtsbehörde auch **längere Brandabschnitte** als 40 m gestattet werden, wenn wegen des Brandschutzes Bedenken nicht bestehen. Es ist in diesem Zusammenhang jedoch darauf hinzuweisen, dass **Erleichterungen** für Sonderbauten nach § 54 Abs. 1 Satz 2 BauO NRW keiner formellen Abweichungsentscheidung nach § 73 BauO NRW bedürfen. Gerade im gewerblichen Bereich sind häufig aus produktionstechnischen Gründen oder aus Gründen einer sinnvollen Lagerhaltung und Lagerbeschickung entschieden längere Brandabschnitte als 40 m erforderlich. Bei der **Prüfung der Abweichungsvoraussetzungen** nach Absatz 1 Satz 2 bzw. der **Erleichterungsvoraussetzungen** nach § 54 Abs. 1 Satz 2 BauO NRW und somit bei der Beurteilung der Genehmigungsfähigkeit solcher vergrößerter Brandabschnitte sind insbesondere **zu berücksichtigen**: 3

- der **Personenschutz** und damit die **Lage und Anordnung der Rettungswege**,
- die **Brandlasten** und das **Abbrandverhalten der Produktions- und Lagerstoffe**,
- die **Ventilationsverhältnisse** und damit die **Zu- und Abluftführung**,
- die **Geschossigkeit des Gebäudes**,
- die **Feuerwiderstandsdauer der Bauteile**,
- die **brandschutztechnische Infrastruktur**, wie **betriebliche Brandschutzmaßnahmen** oder **Brandmelde-** und **Feuerlöschanlagen**.

Für den Bereich des gewerblichen und des industriellen Bauens ist die in **Nr. 3.3** der **Liste der Technischen Baubestimmungen** (RdErl. vom 8. 11. 2006, MBl. NRW. S. 582) enthaltene „Richtlinie über den baulichen Brandschutz im Industriebau – **Industriebaurichtlinie - IndBauR**" (Fundstelle: MBl. NRW. 2001, S. 924) zu beachten. Rechengrundlage für diese Richtlinie ist die Norm DIN 18230 – Baulicher Brandschutz im Industriebau – Teil 1: Rechnerisch erforderliche Feuerwiderstandsdauer (Ausgabe Mai 1998). 4

Der Einführungserlass zur IndBauR ist hinsichtlich der Anwendung der Richtlinie irreführend! Sofern ein Bauherr **Erleichterungen** von den Vorschriften der BauO NRW 5 oder von Vorschriften aufgrund der BauO NRW für Bauvorhaben wünscht, die nicht dem Geltungsbereich der Industriebaurichtlinie unterliegen, kann er von der **Industriebaurichtlinie** und dem Rechenverfahren nach der **DIN 18230** Gebrauch machen zum Nachweis, dass die Voraussetzungen des § 54 Abs. 1 Satz 2 BauO NRW vorliegen. Mit dem – nicht unbedingt vorausgesetzten – Rechenverfahren wird über Faktoren, wie Brandlasten, Abbrandverhalten der Bau-, Produktions- und Lagerstoffe, der Ventilation (aus Zuluft- und Abluftöffnungen), Sicherheitsfaktoren (in Abhängigkeit von der Geschossigkeit), brandschutztechnischer Infrastruktur (Werkfeuerwehr, selbsttätige Feuerlöschanlagen), die „rechnerisch erforderliche Feuerwiderstandsdauer" der tragenden und abschottenden Bauteile und danach je „Brandbekämpfungsabschnitt" die äquivalente Branddauer $\boldsymbol{t_{ä}}$ und die rechnerisch erforderliche Feuerwiderstandsdauer $\boldsymbol{erf\ t_F}$ ermittelt. Danach ergeben sich aus der Richtlinie die zulässigen Flächengrößen und die Anforderungen an die Bauteile. Ein **Brandbekämpfungsabschnitt** ist – innerhalb eines Brandabschnitts (s. Rdn. 2) – ein gegenüber anderen Gebäudebereichen brandschutztechnisch abgeschlossener, ein- oder mehrgeschossiger Gebäudebereich mit besonderen Anforderungen an Wände und Decken, die diesen Abschnitt begrenzen. **Brandschutzklassen** sind Klassierungsstufen, die der Festlegung von brandschutztechnischen Anforderungen dienen. Industriebauten müssen – den jeweiligen Brandschutzklassen entsprechend – den Anforderungen der Industriebaurichtlinie an die Feuerwiderstandsdauer der Bauteile, an die Größe der Brandbekämpfungsabschnitte, die Länge der Rettungswege und die Lage und Zugänglichkeit entsprechen.

6 Dem Bauherrn ist es jedoch freigestellt, ob er von dem Rechenverfahren der Norm DIN 18230-1 Gebrauch macht oder ob er ein anderes Nachweisverfahren wählt, um sich Erleichterungen nach § 54 Abs. 1 Satz 2 BauO NRW gestatten zu lassen. Wer ein Rechenverfahren vermeiden möchte, ermittelt aus der **Richtlinie unmittelbar** die maximal zulässige Größe der Brandabschnitte je Geschoss in Abhängigkeit von der Feuerwiderstandsklasse der tragenden und abschottenden Bauteile sowie von der brandschutztechnischen Infrastruktur (ausgedrückt in Sicherheitskategorien) der baulichen Anlage. Wer von weitergehenden Erleichterungen Gebrauch machen will, bedient sich des Rechenverfahrens der Norm **DIN 18230 Teil 1**. Darüber hinaus können auch **allgemein anerkannte Methoden des Brandschutzingenieurwesens** (z. B. Wärmebilanzberechnung) eingesetzt werden zum Nachweis, dass die Ziele der Industriebaurichtlinie, nämlich die Mindestanforderungen an den baulichen Brandschutz für Industriebauten zu regeln, erreicht werden.

### 3 Zu Absatz 2 – Landwirtschaftliche Gebäude

7 Nach Absatz 2 sind nicht nur ausgedehnte Gebäude durch Gebäudetrennwände in der Bauart von Brandwänden in Brandabschnitte zu unterteilen, sondern auch **landwirtschaftliche Gebäude**, und zwar zwischen dem landwirtschaftlichen Betriebsteil und dem Wohnteil dann, wenn der umbaute Raum des Betriebsteils größer als 2000 $m^3$ ist. Diese Regelung resultiert aus der **unterschiedlichen Nutzung der Gebäudeteile** und deren **unterschiedlichen Gefahrenpotential** (s. die Anmerkungen zu § 34 Rdn. 7).

### 4 Zu Absatz 3 – Öffnungen

8 Absatz 3 normiert die **Zulässigkeit von Öffnungen in Gebäudetrennwänden** unter der Voraussetzung, dass die Nutzung des Gebäudes dies **erfordert**. In normalgroßen Wohn-

gebäuden ist es kaum vorstellbar, dass nutzungsbedingt ein solches „Erfordernis" auftritt. Es ist jedoch bei gemischt genutzten Gebäuden, die länger als 40 m sind, eine solche Fallgestaltung denkbar. Das Erfordernis ist dagegen häufig bei **Sonderbauten** ausgelöst, z. B. bedingt durch den Arbeitsablauf in Produktionshallen.

Die Öffnungen – und hier handelt es sich regelmäßig um **Türöffnungen**, denn die Durchführung von Leitungen ist in § 33 Abs. 5 BauO NRW und die Durchführung von Lüftungsanlagen ist in § 42 Abs. 2 BauO NRW geregelt – müssen mit (zumindest im Brandfall) selbstschließenden Abschlüssen der Feuerwiderstandsklasse **T 90** versehen sein. Anstelle dieses T 90 – Abschlusses kann eine **Schleuse** mit Wänden und Decke der Feuerwiderstandsklasse F 90 und aus nichtbrennbaren Baustoffen (F 90-AB) sowie mit einem nichtbrennbaren Fußbodenbelag (A), die mit selbstschließenden Abschlüssen mindestens der Feuerwiderstandsklasse T 30 versehen ist, angeordnet werden. Eine solche Schleuse wird auch als **„Sicherheitsschleuse"** bezeichnet. 9

Auch **andere äquivalente Maßnahmen** als die der Sicherheitsschleuse sind für **Wohngebäude** anstelle des nach Satz 2 erforderlichen Abschlusses in der Feuerwiderstandsklasse T 90 im Wege einer **Abweichung** nach § 73 BauO NRW, häufiger aber für **Sonderbauten** im Wege der **Erleichterung** nach § 54 Abs. 1 Satz 2 BauO NRW denkbar und möglich, wenn der Brandschutz gesichert ist. Als eine der möglichen Maßnahmen sei insbesondere für Sonderbauten auf eine **wirksame Sprühwasserlöschanlage (Wasservorhang) im Bereich der Öffnung** hingewiesen. Die erforderlichen Maßnahmen hängen von einer **Vielzahl von Faktoren** ab; so ist anzuraten, dass der Bauherr diese Maßnahmen frühzeitig mit der zuständigen Bauaufsichtsbehörde und der zuständigen Brandschutzdienststelle abklärt. 10

### 5 Zu Absatz 4 – Lichtdurchlässige Baustoffe

Aus Gründen der Nutzung eines Gebäudes, z. B. wegen des Sichtkontaktes, kann es erforderlich werden, in Gebäudetrennwände lichtdurchlässige Baustoffe einzubauen. Um ein **Durchzünden** von Brandabschnitt zu Brandabschnitt zu **verhindern**, dürfen keine Baustoffe zum Verschluss der Öffnungen verwendet werden, die **Hitzestrahlung** durchlassen, wie Gläser der Feuerwiderstandsklasse G 30, G 60 oder G 90. Diese Öffnungen müssen mit Gläsern der **Feuerwiderstandsklasse F** (s. die Anmerkungen zu § 17 Rdn. 40 ff.) geschlossen werden. Wegen der hohen Anforderungen, denen die Gebäudetrennwand entsprechen muss, sind Gläser der Feuerwiderstandsklasse **F 90** erforderlich, die keine Hitzestrahlung durchlassen und somit ein Durchzünden verhindern. Im Brandversuch raumabschließender Bauteile nach DIN 4102 Teil 2 dürfen sich diese bei der Prüfung ihrer Feuerwiderstandsdauer auf der dem Feuer abgekehrten Seite während der entsprechenden Zeit im Mittel um nicht mehr als 140 K (Kelvin) über die Anfangstemperatur des Probekörpers erwärmen; an keiner Messstelle darf eine Temperaturerhöhung von mehr als 180 K über die Anfangstemperatur eintreten. 11

Bei **Verglasungen** der Feuerwiderstandsklasse **F**, die erst durch eine Temperaturbeanspruchung ihre Brandschutzwirkung erreichen (dazu zählen alle auf dem Markt befindlichen F-Verglasungen), ist eine Beurteilung der Brauchbarkeit zur Herstellung der Feuerwiderstandsfähigkeit nach DIN 4102 Teil 2 allein nicht möglich. Sie dürfen daher, sofern sie nicht in DIN 4102 Teil 4 beschrieben sind, nur verwendet werden, wenn ihre Brauchbarkeit für den Verwendungszweck, z. B. durch eine allgemeine bauaufsichtliche Zulassung, nachgewiesen wird (s. die Anmerkungen zu § 17 Rdn. 42–43). 12

## § 33
## Brandwände

**(1) Brandwände müssen in der Feuerwiderstandsklasse F 90 und aus nichtbrennbaren Baustoffen hergestellt sein; sie müssen so beschaffen sein, dass sie bei einem Brand ihre Standsicherheit nicht verlieren und die Verbreitung von Feuer und Rauch auf andere Gebäude oder Brandabschnitte verhindern.**

**(2) [1]Brandwände müssen durchgehend in allen Geschossen übereinander angeordnet sein. [2]Es ist zulässig, dass anstelle von Brandwänden Wände zur Unterteilung eines Gebäudes geschossweise versetzt angeordnet werden, wenn**

**1. die Nutzung des Gebäudes dies erfordert,**

**2. die Wände in der Bauart von Brandwänden hergestellt sind,**

**3. die Decken, soweit sie in Verbindung mit diesen Wänden stehen, in der Feuerwiderstandsklasse F 90 und aus nichtbrennbaren Baustoffen (F 90-A) hergestellt sind,**

**4. die Bauteile, die diese Wände und Decken unterstützen, in der Feuerwiderstandsklasse F 90 und aus nichtbrennbaren Baustoffen (F 90-A) hergestellt sind,**

**5. die Außenwände innerhalb des Gebäudeabschnitts, in dem diese Wände angeordnet sind, in allen Geschossen in der Feuerwiderstandsklasse F 90 und in den wesentlichen Teilen aus nichtbrennbaren Baustoffen (F 90-AB) hergestellt sind und**

**6. Öffnungen in den Außenwänden so angeordnet oder andere Vorkehrungen so getroffen sind, dass eine Brandübertragung in andere Brandabschnitte nicht zu befürchten ist.**

**(3) [1]Die Brandwand ist bei Gebäuden geringer Höhe durchgehend mindestens bis unmittelbar unter die Dachhaut zu führen. [2]Bei sonstigen Gebäuden ist sie durchgehend entweder 0,30 m über Dach zu führen oder in Höhe der Dachhaut mit einer beiderseits 0,50 m auskragenden Stahlbetonplatte in der Feuerwiderstandsklasse F 90 abzuschließen. [3]Bei Gebäuden mit weicher Bedachung (§ 35 Abs. 3) ist die Brandwand 0,50 m über Dach zu führen.**

**(4) [1]Bauteile mit brennbaren Baustoffen dürfen Brandwände oder die Stahlbetonplatte nach Absatz 3 Satz 2 nicht überbrücken. [2]Bauteile dürfen in Brandwände nur so weit eingreifen, dass der verbleibende Wandquerschnitt die Feuerwiderstandsklasse F 90 behält; für Leitungen, Leitungsschlitze und Schornsteine gilt dies entsprechend.**

**(5) Leitungen dürfen durch Brandwände nur hindurchgeführt werden, wenn eine Übertragung von Feuer und Rauch nicht zu befürchten ist oder Vorkehrungen hiergegen getroffen sind.**

**(6) [1]Müssen Gebäude und Gebäudeteile, die über Eck zusammenstoßen, durch eine Brandwand abgeschlossen oder unterteilt werden, so muss die Wand über die innere Ecke mindestens 3 m hinausragen. [2]Dies gilt nicht, wenn die Gebäude oder Gebäudeteile in einem Winkel von mehr als 120° über Eck zusammenstoßen.**

*VV **BauO NRW** (infolge Befristung mit Ablauf des 31. 12. 2005 ausgelaufen)*

***33 Brandwände (§ 33)***

*33.1 Zu Absatz 1*

*Greifen Stahlträger oder Stahlstützen in Brandwände ein, so müssen sie zur Wahrung der Standsicherheit der Brandwand entsprechend der Feuerwiderstandsklasse F 90 ausgebildet sein (z. B. durch geeignete Ummantelung).*

*33.5 Zu Absatz 5*

*Es gilt Nr. 30.22.*

**Anmerkungen** (Autor: Temme)

**Übersicht**

| | | Rdn. |
|---|---|---|
| 0 | Änderungen gegenüber der BauO NW 1984 und der BauO NW 1995 | 01–02 |
| 1 | Begriff „Brandwand“ | 1 |
| 2 | Zu Absatz 1 – Feuerwiderstandsdauer und Standsicherheit | 2– 6 |
| 3 | Zu Absatz 2 – Durchgehende und versetzte Brandwände | 7–11 |
| 4 | Zu Absatz 3 – Führung der Brandwand | 12–17 |
| 5 | Zu Absatz 4 – Bauteile im Bereich von Brandwänden | 18–20 |
| 6 | Zu Absatz 5 – Leitungsdurchführungen | 21–22 |
| 7 | Zu Absatz 6 – Brandwände „über Eck“ | 23–24 |

## 0 Änderungen gegenüber der BauO NW 1984

§ 34 **BauO NW 1995** stimmt weitgehend mit § 29 BauO NW 1984 überein. Der Gesetzgeber **verzichtete** bereits bei der Änderung der BauO NW 1984 gegenüber dem Vorgängerrecht auf die bis dahin geltende Anforderung, nach der Brandwände **keine Hohlräume** haben durften. Hierfür war ausschlaggebend, dass eine Brandwand die Anforderungen des Absatzes 1 erfüllen muss, und zwar unabhängig von ihrem Aufbau. **01**

Mit der BauO NW 1995 wurde lediglich in **Absatz 3** ein Abweichungstatbestand („können gestattet werden“) in einen **Zulässigkeitstatbestand** umgewandelt.

Die **BauO NRW 2000** hat § 33 BauO NW 1995 mit folgenden Änderungen übernommen: **02**

- die alten **Absätze 2 und 3** wurden **in der Reihenfolge getauscht**,
- der alte Absatz 3 wurde als **neuer Absatz 2** inhaltlich an die **MBO 1997 angepasst** und zählt übersichtlich die Voraussetzungen und Kriterien auf, unter denen anstelle von Brandwänden Wände zur Unterteilung eines Gebäudes geschossweise versetzt angeordnet werden dürfen.

Die Neuformulierung dient der Vereinfachung (so LT-Drucks. 12/3738 S. 74 zu Art. I Nr. 16 – § 33). Im Gesetzgebungsverfahren hat der Landtag im neuen Absatz 2 Satz 1 noch klarer gefasst. Anstelle der Formulierung: „Brandwände müssen in allen Ebenen durchgehend sein“ wurde die Formulierung gewählt: „Brandwände müssen durchgehend in allen Geschossen übereinander angeordnet sein“ (vgl. LT-Drucks. 12/4394 S. 70 Nr. 14).

## 1 Begriff „Brandwand“

1 Der Begriff „**Brandwand**“ bezeichnet in der BauO NRW **kein Bauteil**, sondern stellt eine **Qualitätsanforderung** dar, die bestimmte Wände zu erfüllen haben. Nach § 29 Abs. 1 Tabelle Spalten 3 und 4 BauO NRW müssen bei den dort genannten Gebäudetypen Gebäudeabschlusswände (§ 31 BauO NRW) und Gebäudetrennwände (§ 32 BauO NRW) die Mindestanforderungen an Brandwände erfüllen, und nach § 37 Abs. 7 Satz 1 Nr. 2 BauO NRW sind die Wände von Treppenräumen, außer in Gebäuden geringer Höhe, in der „Bauart von Brandwänden“ herzustellen. Welche Mindestanforderungen eine Brandwand zu erfüllen hat, ist in § 33 BauO NRW abschließend geregelt.

## 2 Zu Absatz 1 – Feuerwiderstandsdauer und Standsicherheit

2 Die Qualitätsanforderung „**Brandwand**“ ist wegen der besonderen Aufgabe, die **diese als abschottender Bauteil** im Brandfall zu erfüllen hat (s. die Anmerkungen zu § 31 Rdn. 1–3 und zu § 32 Rdn. 1), recht hoch. Wände erfüllen diese Qualitätsanforderung, wenn sie nicht nur in der Feuerwiderstandsklasse **F 90** und aus **nichtbrennbaren Baustoffen** hergestellt sind, sondern darüber hinaus auch so beschaffen sind, dass sie **bei einem Brand** ihre **Standsicherheit nicht verlieren** und dadurch die Ausbreitung von Feuer und Rauch auf andere Gebäude oder Brandabschnitte verhindern.

3 Die Anforderungen an die **Feuerwiderstandsdauer** und an die **Standsicherheit** der Brandwände sowie die **Prüfkriterien** und **Prüfungsanforderungen** sind in der **Norm DIN 4102 Teil 3 Abschnitt 4** geregelt. Danach müssen folgende Anforderungen zusätzlich erfüllt werden:

- Brandwände müssen aus Baustoffen der Klasse A nach DIN 4102 Teil 1 bestehen.
- Brandwände müssen bei mittiger und ausmittiger Belastung die Anforderungen mindestens der Feuerwiderstandsklasse F 90 nach DIN 4102 Teil 2 erfüllen.
- Brandwände müssen bei den Prüfungen unter der dort definierten Stoßbeanspruchung standsicher und raumabschließend im Sinne von DIN 4102 Teil 2 bleiben.

4 Die **Sonderstellung der Brandwände** gegenüber sonstigen Wänden der Feuerwiderstandsklasse F 90 nach DIN 4102 ergibt sich vor allem aus der wesentlich **höheren Stoßfestigkeit** und der **Standsicherheit** im Brandfall auch unter ausmittiger Belastung. Wände erfüllen die Anforderungen an Brandwände **ohne Nachweis** und somit **als klassifiziertes Sonderbauteil**, wenn sie den in der Norm DIN 4102 Teil 4 Abschnitt 4.7 geregelten Anforderungen hinsichtlich der **Mindestdicke**, der **Anschlüsse und Bewehrungen** entsprechen. Die Mindestdicken auch für zweischalige Brandwände sind der Tabelle 42 zu DIN 4102 Teil 4 zu entnehmen. Brandwände, deren Beurteilung nach DIN 4102 Teil 3 allein nicht möglich ist, dürfen nur verwendet werden, wenn ihre Brauchbarkeit für den Verwendungszweck nachgewiesen ist, z. B. durch eine **allgemeine bauaufsichtliche Zulassung** (siehe die Anmerkungen zu § 17 Rdn. 40–43).

5 Nach **Absatz 4** Satz 2 dürfen **andere Bauteile**, wie Stahlträger, Stahlstützen und Holzbalken sowie Schornsteine oder auch Leitungen und Leitungsschlitze, in Brandwände nur so weit **eingreifen**, dass der **verbleibende Wandquerschnitt** den Anforderungen des Absatzes 1 entsprechend die **Feuerwiderstandsklasse F 90** behält. In die Brandwand **eingreifende Bauteile** oder Bauteile, die ihre Kräfte statisch auf die Brandwand ablei-

ten, oder Rahmentragwerke, die frei vor der Brandwand angeordnet sind, dürfen im Brandfall durch Längenveränderung, wie z.B. durch Ausdehnung, die **Standsicherheit** der Brandwand **nicht beeinträchtigen**. So müssen z.B. Stahlträger oder Stahlstützen, die in Brandwände eingreifen, zur Wahrung der Standsicherheit der Wand entsprechend der Feuerwiderstandsklasse F 90 z.B. über eine geeignete Ummantelung verfügen (s. Nr. 33.1 VV BauO NRW) oder es muss nachgewiesen werden, dass ein Versagen des Stahltragwerkes die Standsicherheit der Wand nicht gefährdet.

Ein Bauteil, das der Qualitätsanforderung „Brandwand“ entsprechen muss, hat nach einem Brand seine Aufgabe als abschottendes Bauteil erfüllt. Sofern die Möglichkeit besteht, dass ein solches Bauteil, z.B. eine **Gebäudetrennwand**, durch einen Brand zu einer „Außenwand“ werden kann, so muss es über die zuvor beschriebenen brandschutztechnischen Standsicherheitsanforderungen und die „normalen“ Anforderungen an seine Standsicherheit als tragendes Bauteil **nicht auf Windlast** nach DIN 1055 Teil 4 – Lastannahmen; Verkehrslasten, Windlasten ... – bemessen sein. 6

### 3 Zu Absatz 2 – Durchgehende und versetzte Brandwände

**Satz 1** formuliert einen **Grundsatz**, wonach Brandwände **durchgehend in allen Geschossen übereinander angeordnet** sein müssen, der bislang nur aus § 33 Abs. 2 Satz 1 und – im Umkehrschluss – aus Absatz 3 BauO NW 1995 indirekt abzuleiten war. Es ist zu begrüßen, dass der Gesetzgeber den Grundsatz der in Satz 2 beschriebenen alternativen Wandführung vorangestellt hat, da dies dem Rechtsanwender die Systematik besser verdeutlicht. Damit ist auch klargestellt, dass die in Satz 2 beschriebenen „Wände“ keine „Brandwände“ sind, gleichwohl jedoch Brandabschnitte begrenzen. 7

Funktionale Gründe der Gebäudenutzung erfordern in bestimmten Fällen, Brandabschnitte anders zu trennen als durch eine durchgehende Brandwand. Solche Lösungen sind nach **Satz 2 zulässig**, wenn statt durchgehender innerer Brandwände **Wände**, die die Anforderungen des Absatzes 1 auch hinsichtlich ihrer besonderen Standsicherheit erfüllen, in Verbindung mit **öffnungslosen Decken** der Feuerwiderstandsklasse F 90 und aus nichtbrennbaren Baustoffen (F 90 – A) angeordnet werden und wenn die **Nutzung** des Gebäudes dies **erfordert** und eine **senkrechte Brandübertragung** nicht zu befürchten ist oder wenn die Gefahr der Brandübertragung durch **geeignete Vorkehrungen** vermindert wird. Den Nachweis, dass alle Voraussetzungen für die Zulässigkeit dieser Lösung gegeben sind, hat der Bauherr im Genehmigungsverfahren zu erbringen. 8

Werden Gebäudetrennwände gegeneinander versetzt, so sind diese Wände keine „Brandwände“ und die so entstehenden Abschnitte sind keine „Brandabschnitte“ entsprechend § 32 Abs. 1 BauO NRW. Da die bei dieser Anordnung der Gebäudetrennwände entstehenden Abschnitte nicht mehr nur nebeneinander, sondern auch **übereinander** liegen, sind zur Vermeidung der Brandübertragung im Bereich der **Außenwand** besondere Maßnahmen zu treffen. Der **Feuerüberschlagsweg** muss hier – in Abhängigkeit von der Nutzung des Gebäudes und dessen Brandbelastung – durch geeignete Maßnahmen vergrößert werden. 9

Aber auch im **Innern** des Gebäudes sind besondere Maßnahmen erforderlich. Nicht nur, dass die Decken den brandschutztechnischen Anforderungen des Absatzes 2 entsprechen müssen, es muss auch dafür Sorge getragen werden, dass die versetzten Brandwände entsprechend ihrer geforderten Feuerwiderstandsklasse und Standsicherheit für den Brandfall unterfangen und ausgesteift werden (s. Abb. 33.1). 10

11 Die Industriebaurichtlinie und die Norm DIN 18230 – Brandschutz im Industriebau – bezeichnen Abschnitte, die durch Wände nach Absatz 2 gebildet werden, als „**Brandbekämpfungsabschnitte**". Diese Regelwerke stellen an Wände (und Decken), die Brandbekämpfungsabschnitte begrenzen, in Abhängigkeit von der ermittelten Brandschutzklasse Anforderungen, die höher oder niedriger sind als die des Absatzes 3.

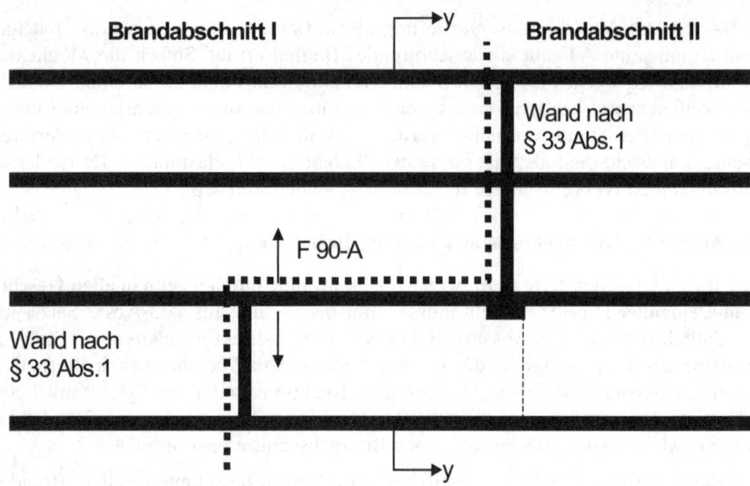

**Abbildung 33.1 Systemskizze – versetzte Gebäudetrennwände nach § 33 Abs. 2 BauO NRW** (s. Rdn. 8–11)

## 4 Zu Absatz 3 – Führung der Brandwand

Brandwände sind **durchgehend** entweder bis **unmittelbar unter die Dachhaut** oder bis **über das Dach** zu führen. „Durchgehend" bedeutet: **ohne Unterbrechung** und **in einem Zug von der Gründung bis unter die Dachhaut bzw. bis über das Dach**. Demnach ist eine Wand, die zwar die Anforderungen des Absatzes 1 erfüllt, aber innerhalb der Geschosse – entsprechend Absatz 2 Satz 2 – verspringt, keine Brandwand, weil sie durch den Versprung unterbrochen wird. 12

Die Forderung des Absatzes 3 **Satz 1** hinsichtlich der Führung der Brandwand betrifft nur Gebäude geringer Höhe (Spalte 3 der Tabelle zu § 29 Abs. 1 BauO NRW). Sie betrifft allerdings auch Wohngebäude geringer Höhe ohne Begrenzung der Wohnungsanzahl, bei denen gemäß § 29 Abs. 4 BauO NRW anstelle einer Brandwand eine F 90-AB-Wand zulässig ist. „Führung bis unmittelbar unter die Dachhaut" bedeutet, dass Bauteile bzw. Baustoffe, die nicht die äußerste Dachhaut bilden, auch nicht über diese Wand geführt werden dürfen, wie Schalung oder Dachlatten. Damit soll auch verhindert werden, dass ein Brand zwischen dem oberen Abschluss der Brandwand und der Dachhaut hindurch auf den benachbarten Brandabschnitt übertragen wird. 13

Die Forderung des Absatzes 3 **Satz 2** betrifft alle „anderen Gebäude" (§ 29 Abs. 1 Tabelle Spalte 4 BauO NRW). Bei diesen Gebäuden ist die Brandwand entweder 0,30 m über Dach zu führen oder in Höhe der Dachhaut mit einer beiderseits 0,50 m auskragenden Stahlbetonplatte in der Feuerwiderstandsklasse F 90 abzuschließen, um so im Bereich der schwächsten Stelle einen Feuerüberschlag zu verhindern. Gemessen wird bei der Überhöhung bzw. bei der Auskragung das tatsächliche über die Dachhaut bzw. über die Wand auskragende Maß. Im Bereich von Nachbargrenzen ist auch der Fall denkbar, dass bei einem der angrenzenden Gebäude die Brandwand über Dach geführt wird und bei dem anderen Gebäude eine auskragende Stahlbetonplatte angeordnet wird. Ob dieses jedoch statisch zu bewältigen ist, darf angezweifelt werden. 14

Die beiderseits **auskragende Stahlbetonplatte** ist nur als Kompromiss anzusehen, der den Gestaltungswünschen der Bauherren und Entwurfsverfasser entgegenkommt. Eine solche auskragende Platte kann nur sinnvoll sein und ihren Zweck, die Ausbreitung eines Brandes auf einen benachbarten Brandabschnitt zu behindern, im Bereich der Gebäude erfüllen, die von den Brandschutzanforderungen der BauO NRW direkt erfasst werden. Solche Kragplatten sind nicht denkbar bei Hochhäusern oder im Bereich von gewerblichen oder industriellen Bauvorhaben. Gerade bei Letzteren sollen häufig große Brandabschnitte mit hohen Brandlasten durch Gebäudetrennwände in der Bauart einer Brandwand voneinander getrennt werden. In solchen Fällen muss die Gebäudetrennwand im Regelfall über das Dach geführt werden. 0,30 m reichen dazu nicht aus; 0,50 m sollten zumindest erreicht werden. Bei einer Höhe von 0,80 m hat die Feuerwehr die Möglichkeit, den Brand vom Dach des benachbarten Brandschutzabschnitts zu bekämpfen, nämlich im Schutze dieser über das Dach geführten Brandwand (s. auch Rdn. 17). 15

Nach **Satz 3** ist die Brandwand bei Dächern, die nicht gegen Flugfeuer und strahlende Wärme widerstandsfähig sind (weiche Bedachung, s. die Anmerkungen zu § 35 Rdn. 8), mindestens 0,50 m über das Dach zu führen. 16

**Über das Dach hinausgeführte Brandwände** haben unter dem Aspekt des abwehrenden (bekämpfenden) Brandschutzes besondere Vorzüge. In der Deckung dieser Brandwände 17 hat die Feuerwehr die Möglichkeit, vom Dach aus den Brand innerhalb eines benachbarten Brandabschnittes zu bekämpfen und die Funktion der Brandwand durch Wasserkühlung zu unterstützen. Aus diesen Gründen kann im Falle ausgedehnter Gebäudekomplexe nur angeraten werden, die erforderlichen Gebäudetrennwände ausreichend hoch über Dach zu führen. In Industriebauten und ähnlichen Gebäuden, die nach der IndBauR gebaut werden, sind Brandwände grundsätzlich über Dach zu führen.

### 5 Zu Absatz 4 – Bauteile im Bereich von Brandwänden

18 Die Forderungen des Absatzes 4 **Satz 1** ergänzen die des Absatzes 3 Satz 1. Danach dürfen Bauteile mit brennbaren Baustoffen – das betrifft insbesondere die Holzbauteile der Dachkonstruktion, wie Pfetten, Dachlatten und ähnliche Bauteile, aber auch die Dachhaut – Gebäudeabschluss- und Gebäudetrennwände als Brandwände oder die Stahlbetonplatte nach Absatz 3 Satz 2 (s. Rdn. 15) nicht überbrücken. Diese Vorschrift, die häufig und gern von den am Bau Beteiligten übersehen wird, soll eine Brandübertragung über die Brandwand hinweg verhindern. Ein Verstoß gegen diese Vorschrift gewährleistet, wie die Brandstellenpraxis belegt, nahezu die Brandübertragung von einem Brandabschnitt auf den anderen.

19 Besonders ist darauf hinzuweisen, dass diese Vorschrift auch die Gebäudeabschlusswände von **aneinander gereihten giebelständigen Gebäuden** (s. § 35 Abs. 5 Satz 2 BauO NRW) erfasst. Hier ist gerade im Bereich aneinander stoßender oder sich gegenüberliegender Traufen eine sorgfältige Planung und Ausführung erforderlich. Aus der Verbindung von § 33 Abs. 4 Satz 1 mit § 35 Abs. 5 BauO NRW folgt, dass eine Dachhaut aus brennbaren Baustoffen nicht über eine Brandwand hinweg geführt werden darf. Im Umkehrschluss ergibt sich, dass bei Anordnung einer Dachhaut aus brennbaren Baustoffen die „Brandwand" regelmäßig über Dach zu führen ist.

20 Nach **Satz 2** dürfen Bauteile, wie z. B. Holzbalken oder Stahlträger, sowie Leitungsschlitze und Schornsteine eine Brandwand nur so weit schwächen, dass der verbleibende Wandquerschnitt die Feuerwiderstandsklasse F 90 behält.

### 6 Zu Absatz 5 – Leitungsdurchführungen

21 Durch **Gebäudeabschlusswände** (§ 31 BauO NRW) und durch **Gebäudetrennwände** (§ 32 BauO NRW) dürfen – wie durch Trennwände (§ 30 BauO NRW) der Feuerwiderstandsklasse F 90 – **Leitungen**, das sind sowohl Rohre als auch Kabel, nur hindurchgeführt werden, wenn eine Übertragung von Feuer und Rauch nicht zu befürchten ist oder wenn Vorkehrungen gegen eine solche Übertragung getroffen sind.

22 Welche Maßnahmen oder Vorkehrungen hierfür im Einzelnen erforderlich sind, ist in der **Leitungsanlagen-Richtlinie – LAR NRW** vom 20. 8. 2001 (MBl. NRW. 1253) beschrieben (s. die Anmerkungen zu § 17 Rdn. 20). **Maßnahmen** bei der Hindurchführung von Leitungen durch die oben genannten Bauteile sind unter anderem das Verschließen der verbleibenden Öffnungsquerschnitte mit nichtbrennbaren, formbeständigen Baustoffen oder die Ummantelung der Leitungen mit mineralischem Putz. **Vorkehrungen** gegen eine Übertragung von Feuer und Rauch sind unter anderem:

– bei der Durchführung von Rohrleitungen Maßnahmen, die die Anforderungen nach DIN 4102 Teil 11 der Feuerwiderstandsklasse R 90 erfüllen; bei Leitungen aus brennbaren Rohren sind dies **Rohrabschottungen**;

– bei der Durchführung von gebündelten elektrischen Leitungen: **Kabelschotts** nach DIN 4102 Teil 9 der Feuerwiderstandsklasse R 90.

## 7 Zu Absatz 6 – Brandwände „über Eck"

**Ziel** und **Zweck** der Vorschrift ist die Vermeidung oder zumindest die Behinderung des Übergreifens von Feuer als Teil des Systems der äußeren und inneren Abschottung der Gebäude (s. die Anmerkungen zu § 17 Rdn. 12). Nichts scheint jedoch in Worten schwerer ausdrücken zu sein als das, was Absatz 6 regelt, das bewies auch schon die frühere Regelung des § 32 Abs. 8 BauO NW 1970. Deshalb soll nachfolgende **Systemskizze** – auch mit alternativen Lösungen – bei „über Eck" zusammenstoßenden Gebäuden bzw. Gebäudeteilen, die durch eine Gebäudeabschlusswand oder durch eine Gebäudetrennwand in der Bauart einer Brandwand abgeschottet bzw. unterteilt werden müssen, als Erläuterung des **Absatzes 6** dienen (s. Abb. 33.2). 23

**Satz 1** bezweckt die Behinderung der Weiterleitung von Feuer an einer Wand in der Bauart einer Brandwand vorbei, wenn Gebäude und Gebäudeteile über Eck zusammenstoßen und in dieser Ecke durch eine Brandwand abgeschlossen oder unterteilt werden müssen. In einem derartigen Fall muss die „Brandwand" mindestens 3 m über die Ecke hinausragen. Die Behinderung der Brandübertragung soll dadurch erreicht werden, dass Öffnungen in den einander winklig zugeordneten Wänden einen Mindestabstand einhalten müssen. Nach **Satz 2** besteht die Forderung nur dann, wenn der von den Außenwänden gebildete Winkel **weniger als** 120° oder **genau** 120° beträgt. Bei einem Winkel von mehr als 120° ist eine Brandübertragung über die innere Ecke nicht zu befürchten. 24

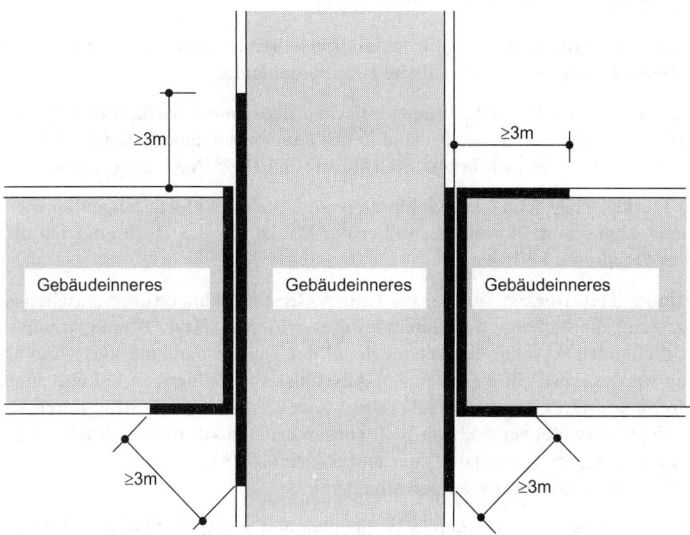


**Abbildung 33.2 Systemskizze – Beispiel zur Anordnung von Brandwänden „über Eck"** (s. Rdn. 23 und 24)

## § 34
## Decken

**(1) Decken sowie deren Bekleidung müssen unbeschadet des § 17 Abs. 2 hinsichtlich ihres Brandverhaltens nachfolgende Mindestanforderungen erfüllen:**

| | Spalte | 1 | 2 | 3 | 4 |
|---|---|---|---|---|---|
| | Gebäude | Freistehende Wohngebäude mit nicht mehr als einer Wohnung (siehe auch Absatz 2) | Wohngebäude geringer Höhe mit nicht mehr als zwei Wohnungen | Gebäude geringer Höhe | andere Gebäude |
| Zeile | Bauteile | | | | |
| 1 | Decken | keine | F 30 | F 30 | F 90-AB |
| 2 | Decken über Kellergeschossen | keine | F 30 | F 90-AB | F 90-AB |
| 3 | Decken im Dachraum, über denen Aufenthaltsräume möglich sind | keine | F 30 | F 30 | F 90 |
| 4 | Decken im Dachraum, über denen Aufenthaltsräume nicht möglich sind | keine | keine (siehe jedoch § 30 Abs. 4) | keine (siehe jedoch § 30 Abs. 4) | keine (siehe jedoch § 30 Abs. 4) |

**Wegen der Kurzbezeichnungen siehe Tabelle zu § 29**

**(2) Spalte 1 der Tabelle gilt auch für andere freistehende Gebäude ähnlicher Größe sowie für freistehende landwirtschaftliche Betriebsgebäude.**

**(3) Decken und ihre Unterstützungen zwischen dem landwirtschaftlichen Betriebsteil und dem Wohnteil eines Gebäudes sind in der Feuerwiderstandsklasse F 90 und in den wesentlichen Teilen aus nichtbrennbaren Baustoffen (F 90-AB) herzustellen.**

**(4) Bei Decken eingeschossiger Gebäude werden keine Anforderungen an die Feuerwiderstandsklasse gestellt, wenn sich über der Decke nur das Dach oder ein nicht benutzbarer Dachraum befindet.**

**(5) [1]Öffnungen in Decken, für die eine Feuerwiderstandsklasse vorgeschrieben ist, sind zulässig, wenn die Nutzung des Gebäudes dies erfordert. [2]Die Öffnungen müssen mit selbstschließenden Abschlüssen entsprechend der Feuerwiderstandsklasse der Decken versehen werden; dies gilt nicht für den Abschluss von Öffnungen bei einschiebbaren Bodentreppen und Leitern nach § 36 Abs. 2 Satz 2. [3]Leitungen dürfen durch Decken, für die die Feuerwiderstandsklasse F 90 vorgeschrieben ist, nur hindurchgeführt werden, wenn eine Übertragung von Feuer und Rauch nicht zu befürchten ist oder entsprechende Vorkehrungen hiergegen getroffen sind.**

**(6) Absatz 5 gilt nicht für Decken in Wohngebäuden geringer Höhe mit nicht mehr als zwei Wohnungen und innerhalb von Wohnungen.**

***VV BauO NRW*** *(infolge Befristung mit Ablauf des 31.12.2005 ausgelaufen)*

***34 Decken (§ 34)***

*34.53 Zu Absatz 5 Satz 3*

*34.531 Eine Übertragung von Feuer und Rauch ist – ohne dass es eines besonderen Nachweises nach Nr. 34.532 bedarf – nicht zu befürchten*

- *bei der Durchführung von Leitungen für Wasser und Abwasser aus nichtbrennbaren Rohren – mit Ausnahme von solchen aus Aluminium –, wenn der verbleibende Öffnungsquerschnitt mit nichtbrennbaren, formbeständigen Baustoffen vollständig geschlossen wird, bei Bauteilen aus mineralischen Baustoffen, z. B. mit Mörtel oder Beton; werden Mineralfasern hierzu verwendet, so müssen diese eine Schmelztemperatur von mindestens 1000°C aufweisen (vgl. DIN 4102-17: 1990-12),*
- *bei der Durchführung von Leitungen aus brennbaren Rohren mit einem Durchmesser von < 32 mm, wenn der verbleibende Öffnungsquerschnitt wie vorstehend beschrieben geschlossen wird,*
- *bei der Durchführung von Leitungen aus brennbaren Rohren oder von Rohren aus Aluminium, wenn die Rohre durchgehend in jedem Geschoss, außer im obersten Geschoss von Dachräumen, mit mineralischem Putz ≥ 15 mm dick auf nichtbrennbarem Putzträger oder auf Holzwolle-Leichtbauplatten nach DIN 1101: 1989-11 oder mit einer gleichwertigen Bekleidung aus nichtbrennbaren Baustoffen ummantelt bzw. bekleidet oder abgedeckt werden; bei Leitungen aus schwerentflammbaren Rohren (B 1) oder aus Rohren aus Aluminium sind diese Schutzmaßnahmen nur in jedem zweiten Geschoss erforderlich; abzweigende Rohrleitungen, soweit sie nur innerhalb eines Geschosses und nicht durch Trennwände nach § 30 geführt werden, brauchen nicht ummantelt zu werden,*
- *bei der Durchführung von elektrischen Leitungen, wenn die Leitungen einzeln (nicht gebündelt) geführt werden und der verbleibende Öffnungsquerschnitt vollständig mit mineralischem Mörtel verschlossen wird.*

*34.532 Es gilt die Nr. 30.222 entsprechend.*

*34.533 Die Anforderungen an Lüftungsleitungen sind ausschließlich in § 42 geregelt. Siehe hierzu Nr. 42.2.*

## **Anmerkungen** (Autor: Temme)

**Übersicht**

| | | Rdn. |
|---|---|---|
| 0 | Änderungen gegenüber der BauO NW 1984 und der BauO NW 1995 | 01–02 |
| 1 | Allgemeines | 1 |
| 2 | Zu Absatz 1 und 2 – Anforderungen | 2– 2b |
| 2.1 | Decken | 3 |
| 2.2 | Decken über Kellergeschossen | 4– 5 |
| 2.3 | Decken im Dachraum | 6– 6a |
| 3 | Zu Absatz 3 – Landwirtschaftliche Gebäude | 7 |
| 4 | Zu Absatz 4 – Eingeschossige Gebäude | 8 |
| 5 | Zu Absatz 5 und 6 – Öffnungen | 9–15 |

### 0 Änderungen gegenüber der BauO NW 1984 und der BauO NW 1995

01 Die Änderungen des § 34 **BauO NW 1995** gegenüber § 30 BauO NW 1984 sollten die **Verwendung des Baustoffes Holz** für Gebäude geringer Höhe und für Dachgeschosse in Gebäuden mittlerer Höhe erleichtern. Dazu wurde die Tabelle des Absatzes 1 um Zeile 3 „Decken im Dachraum, über denen Aufenthaltsräume möglich sind" erweitert. Da Gebäude geringer Höhe generell aus Holz bestehen dürfen, konnte auf die speziellere Regelung für Wohngebäude mit nicht mehr als zwei Geschossen über der Geländeoberfläche verzichtet werden. Die Ausnahmeregelung des § 30 Abs. 8 BauO NW 1984 wurde in einen Zulässigkeitstatbestand umgewandelt (Absatz 5). Absätze 6 und 7 des § 30 BauO NW 1984 entfielen, da sich die Anforderungen an die Schalldämmung von Decken bereits aus § 18 BauO NW 1995 in Verbindung mit DIN 4109 ergeben.

02 Die **BauO NRW 2000** hat § 34 BauO NW 1995 im Wortlaut übernommen.

### 1 Allgemeines

1 Neben ihrer tragenden und das Gesamtbauwerk statisch aussteifenden Funktion haben Decken für den Brandfall die Funktion einer **horizontalen Abschottung**. Sie sollen innerhalb des Brandabschnitts eine vertikale Brandausbreitung von Geschoss zu Geschoss verhindern. Decken sind somit Teil des Systems der inneren Abschottung der Gebäude (s. die Anmerkungen zu § 17 Abs. 1 Rdn. 12 und 13). Die Anforderungen an die Feuerwiderstandsdauer der Decken sind abhängig vom Gebäudetyp und von ihrer Aufgabe. Wegen ihrer Abschottungsfunktion sind Öffnungen in Decken nur unter den in Absatz 5 bestimmten Voraussetzungen zulässig.

### 2 Zu Absatz 1 und 2 – Anforderungen

2 Die Tabelle zu Absatz 1 enthält die **brandschutztechnischen Anforderungen** an Decken in Abhängigkeit vom Gebäudetyp. Die Tabelle ordnet den **vier Gebäudetypen**, die sich nach ihrem Gefahrenpotential unterscheiden (s. die Anmerkungen zu § 2 Abs. 3 Rdn. 150–153), Decken unterschiedlicher Brandschutzfunktion zu. Hinsichtlich ihres erforderlichen Brandverhaltens sind **vier „Deckentypen"** zu unterscheiden. Somit ist der Tabelle zu entnehmen, welche Decke in welcher **Brandschutzqualität** herzustellen ist.

2a Nach **Absatz 2** gilt Spalte 1 der Tabelle auch für andere freistehende Gebäude ähnlicher Größe und freistehende landwirtschaftliche Betriebsgebäude. Diese Gebäude werden durch Absatz 2 freistehenden Wohngebäuden mit nicht mehr als einer Wohnung gleichgesetzt, da ihr brandschutztechnisches Gefahrenpotential vergleichbar ist.

2b Die brandschutztechnischen **Anforderungen** an die **Feuerwiderstandsfähigkeit von Decken gelten nicht für Balkone** (s. die Anmerkungen zu § 29 Rdn. 7).

#### 2.1 Decken

3 **Zeile 1** erfasst alle Decken, die nicht unter die Deckentypen der Zeilen 2 bis 4 fallen.

#### 2.2 Decken über Kellergeschossen

4 Der Begriff **Kellergeschoss** ist in der BauO NRW nicht definiert. Ein Kellergeschoss gilt allgemein als ein Geschoss unter dem ersten über der Geländeoberfläche liegenden Geschoss (s. auch die Anmerkungen zu § 2 Rdn. 193ff. und Rdn. 217).

Bei den in **Zeile 2** Spalte 3 gegenüber der Zeile 1 höheren Anforderungen wurde berücksichtigt, dass **Kellerbrände** häufig sehr spät bemerkt werden und dass eine Brandbekämpfung in Kellergeschossen infolge ungünstiger Lage und Ventilationsverhältnisse den Feuerwehren große Schwierigkeiten bereitet (s. die Anmerkungen zu § 29 Rdn. 8). Da die höheren Anforderungen der Zeile 2 die zuvor beschriebenen besonderen Probleme berücksichtigen, können die für eine Abweichung nach § 73 BauO NRW erforderlichen Voraussetzungen vorliegen, wenn die zuvor beschriebenen Schwierigkeiten nicht gegeben sind. Voraussetzungen für eine Abweichung von § 34 Abs. 1 Tabelle Zeile 2 Spalte 3 BauO NRW können für ein Gebäude geringer Höhe z. B. dann vorliegen, wenn zumindest eine Längsseite des Kellergeschosses voll zugänglich ist und völlig frei liegt, was bei in Gebäuden in Hanglage nicht selten der Fall ist. Bei dieser besonderen Situation sollten allerdings auch im Rahmen der Abweichung die Anforderungen an die Decke nicht unterschritten werden, die sich aus Zeile 1 ergeben. 5

### 2.3 Decken im Dachraum

Die **Zeilen 3** und **4** regeln die Anforderungen an Decken innerhalb von Dachgeschossen. Hierbei unterscheiden die Anforderungen danach, ob über den Decken im Dachraum Aufenthaltsräume möglich sind oder nicht. Der Dachraum ist in der Regel ein durch geneigte Dachflächen umschlossener Raum. Bei steiler Neigung der Dachflächen können in einen solchen Dachraum auch mehrere Geschossebenen eingebaut sein. 6

An Decken im Dachraum, über denen aufgrund ihrer Abmessungen Aufenthaltsräume im Sinne der Legaldefinition des § 2 Abs. 7 BauO NRW (s. die Anmerkungen zu § 2 Rdn. 219 bis 234 und zu § 48 Rdn. 3 ff.) **nicht** möglich sind, stellt der Gesetzgeber bei keinem der vier Gebäudetypen brandschutztechnische Anforderungen. Übernimmt jedoch eine solche Decke die trennende (abschottende) Funktion einer Wohnungstrennwand, so hat sie deren brandschutztechnische Anforderungen zu erfüllen (**Sargdeckelkonstruktion** – s. die Anmerkungen zu § 30 Rdn. 13). 6a

## 3 Zu Absatz 3 – Landwirtschaftliche Gebäude

Die Regelung des **Absatzes 3** korrespondiert mit der des § 32 Abs. 2 BauO NRW. Sie berücksichtigt zum einen die so unterschiedliche Nutzung der Geschosse in **landwirtschaftlich genutzten Gebäuden** und zum anderen, dass ein im Betriebsteil entstehender Brand (z. B. eine Selbstentzündung von Stroh oder Heu) in aller Regel erst sehr spät bemerkt wird. Decken und deren Unterstützungen sind wegen dieses besonderen Gefahrenpotentials zwischen dem landwirtschaftlichen Betriebsteil und dem Wohnteil eines Gebäudes in der Feuerwiderstandsklasse F 90 und in den wesentlichen Teilen aus nichtbrennbaren Baustoffen (F 90-AB) herzustellen. 7

## 4 Zu Absatz 4 – Eingeschossige Gebäude

Die erleichternde Regelung des **Absatzes 4** regelt solche Fälle, in denen zwar konstruktiv noch eine Decke vorhanden ist, der darüber unterhalb des Daches befindliche Raum aber zu keinerlei Zwecken genutzt werden kann. Die Regelung bezieht sich zwar nur auf **eingeschossige** Gebäude, es muss jedoch davon ausgegangen werden – insbesondere in Beurteilung des Gefahrenrisikos –, dass der Gesetzgeber damit nicht die Zulässigkeit eines Kellergeschosses bei diesen Gebäuden ausschließen wollte. 8

### 5 Zu Absatz 5 und 6 – Öffnungen

9 **Absatz 5 Satz 1** ermöglicht grundsätzlich Öffnungen in Decken, an die nach Absatz 1 Anforderungen an eine Feuerwiderstandsklasse gestellt werden. Damit verbunden ist jedoch die **einschränkende Voraussetzung**, dass die Nutzung des Gebäudes dies **erfordert**. Anforderungen an eine Feuerwiderstandsklasse der Decken enthält Tabelle zu Absatz 1 in den Spalten 2–4 und den Zeilen 1–3.

10 Nach **Absatz 5 Satz 2** muss der **Verschluss** der Öffnungen hinsichtlich seiner **Feuerwiderstandsklasse der Decke** entsprechen und **selbstschließend** sein. Bei nach § 36 Abs. 2 Satz 2 zulässigen **einschiebbaren Bodentreppen** und **Leitern** (s. die Anmerkungen zu § 36 Rdn. 15–16) gelten die Anforderungen an eine Feuerwiderstandsklasse des Verschlusses **nicht**.

11 Werden in einem Gebäude aus architektonischen Gründen (nicht notwendige) **Freitreppen** über zwei oder mehr Geschosse errichtet, so werden als Ausgleichsmaßnahmen für die hier notwendigerweise fehlenden Decken und Deckenverschlüsse entsprechende Anforderungen an die Wände dieses – nicht notwendigen – Treppenraums und auch an die Dichtheit der Verschlüsse der Öffnungen zwischen diesem Raum und den von ihm erschlossenen Räumen bzw. notwendigen Fluren (§ 38 BauO NRW) sowie in aller Regel Rauchabzugsöffnungen im Dachbereich erforderlich.

12 Nach **Absatz 6** brauchen Deckenöffnungen in **Wohngebäuden geringer Höhe mit nicht mehr als zwei Wohnungen** (Spalte 2 der Tabelle zu Absatz 1) und **innerhalb von Wohnungen** keine Abschlüsse aus Gründen des Brandschutzes zu haben. Korrespondierend mit § 36 Abs. 11 und § 37 Abs. 1 Satz 2 (Maisonette-Treppe) und Absatz 13 sind somit in diesen Gebäuden und Wohnungen **Treppen ohne eigenen Treppenraum** zulässig.

13 Nach **Absatz 5 Satz 3** dürfen durch Decken, für die die Feuerwiderstandsklasse F 90 vorgeschrieben ist, wie auch durch Trennwände nach § 30 BauO NRW der Feuerwiderstandsklasse F 90, durch Gebäudeabschlusswände nach § 31 BauO NRW, durch Gebäudetrennwände nach § 32 BauO NRW und durch Treppenraumwände nach § 37 Abs. 7 BauO NRW, **Leitungen** nur hindurchgeführt werden, wenn eine Übertragung von Feuer und Rauch nicht zu befürchten ist. Unter welchen Voraussetzungen eine solche Übertragung nicht zu befürchten ist und welche Maßnahmen hierfür erforderlich sind, ist in Abschnitt 4 der mit RdErl. vom 20. 8. 2001 (MBl. NRW. S. 1253) als Technische Baubestimmung nach § 3 Abs. 3 BauO NRW eingeführten **Leitungsanlagen-Richtlinie – LAR NRW** – Fassung März 2000 – beschrieben (s. die Anmerkungen zu § 17 Rdn. 20).

14 Anforderungen an die Durchführung von **Lüftungsanlagen** durch Decken sind in § 42 Abs. 2 BauO NRW, Nr. 42.2 VV BauO NRW und in der mit RdErl. vom 10. 6. 2003 (MBl. NRW. S. 618) als Technische Baubestimmung nach § 3 Abs. 3 BauO NRW eingeführten **Lüftungsanlagen-Richtlinie – LüAR NRW** – Fassung Mai 2003 – konkretisiert (s. die Anmerkungen zu § 42 Rdn. 15–17).

15 Werden zwischen der Rohdecke und der Tragschicht des Fußbodenbelags Hohlräume für Installationen ausgebildet, ist die mit RdErl. vom 8. 11. 2006 (MBl. NRW. S. 582) in die Liste der Technischen Baubestimmungen aufgenommene Muster-Richtlinie über brandschutztechnische Anforderungen an Systemböden – **Muster-Systembödenrichtlinie** – Fassung September 2005 – (DIBt-Mitteilungen 3/2006, S. 135) zu beachten, welche die Richtlinie über brandschutztechnische Anforderungen an Hohlraumestriche und Doppelböden – Fassung Dezember 1998 – (DIBt-Mitteilungen 6/1999, S. 184) abgelöst hat.

## § 35
## Dächer

**(1) Bedachungen müssen gegen Flugfeuer und strahlende Wärme widerstandsfähig sein (harte Bedachung).**

**(2) [1]Bedachungen, die die Anforderungen nach Absatz 1 nicht erfüllen, sind bei Gebäuden geringer Höhe zulässig, wenn die Gebäude**

**1. einen Abstand von der Grundstücksgrenze von mindestens 12 m,**

**2. von Gebäuden auf demselben Grundstück mit harter Bedachung einen Abstand von mindestens 15 m,**

**3. von Gebäuden auf demselben Grundstück mit Bedachungen die die Anforderungen nach Absatz 1 nicht erfüllen, einen Abstand von mindestens 24 m,**

**4. von kleinen, nur Nebenzwecken dienenden Gebäuden ohne Feuerstätten auf demselben Grundstück einen Abstand von mindestens 5 m**

**einhalten. [2]Soweit Gebäude nach Satz 1 Abstand halten müssen, genügt bei Wohngebäuden geringer Höhe mit nicht mehr als zwei Wohnungen in den Fällen**

**1. der Nummer 1 ein Abstand von mindestens 6 m,**

**2. der Nummer 2 ein Abstand von mindestens 9 m,**

**3. der Nummer 3 ein Abstand von mindestens 12 m und**

**4. der Nummer 4 ein Abstand von mindestens 3 m.**

**[3]Auf den Abstand nach Satz 1 Nr. 1 und Satz 2 Nr. 1 dürfen angrenzende öffentliche Verkehrsflächen, öffentliche Grünflächen und öffentliche Wasserflächen bis zu ihrer Mitte angerechnet werden.**

**(3) Die Absätze 1 und 2 gelten nicht für**

**1. lichtdurchlässige Bedachungen aus nichtbrennbaren Baustoffen,**

**2. Lichtkuppeln und Oberlichte von Wohngebäuden,**

**3. Eingangsüberdachungen und Vordächer aus nichtbrennbaren Baustoffen,**

**4. Eingangsüberdachungen aus brennbaren Baustoffen, wenn die Eingänge nur zu Wohnungen führen.**

**(4) Abweichungen von den Absätzen 1 und 2 können**

**1. für lichtdurchlässige Teilflächen aus brennbaren Baustoffen in Bedachungen nach Absatz 1 und**

**2. für begrünte Bedachungen**

**zugelassen werden, wenn Bedenken wegen des Brandschutzes nicht bestehen.**

**(5) [1]An Dächer, bei denen aufgrund ihrer Anordnung die Übertragung von Feuer auf andere Gebäude oder Gebäudeteile zu befürchten ist, können besondere Anforderungen gestellt werden. [2]Bei aneinander gebauten giebelständigen Gebäuden ist das Dach für eine Brandbeanspruchung von innen nach außen in der Feuerwiderstandsklasse F 30 herzustellen. [3]Öffnungen in Dachflächen müssen mindestens 2 m von dem Gebäu-**

**deabschluss entfernt sein; eine geringere Entfernung ist zulässig, wenn der Abstand zu Öffnung in der gegenüberliegenden Dachfläche mindestens 4 m beträgt.**

**(6) [1]Dachvorsprünge, Dachgesimse und Dachaufbauten, lichtdurchlässige Bedachungen und Lichtkuppeln sind so anzuordnen und herzustellen, dass ein Brand nicht auf andere Gebäude oder Gebäudeteile übertragen werden kann. [2]Von der Außenfläche von Gebäudeabschlusswänden und von der Mittellinie gemeinsamer Gebäudeabschlusswände (§ 31 Abs. 2) oder Gebäudetrennwände müssen sie mindestens 1,25 m entfernt sein.**

**(7) [1]Dächer von Anbauten, die an Wände mit Öffnungen oder an Wände, die nicht mindestens in der Feuerwiderstandsklasse F 90 erstellt sind, anschließen, sind in einem mindestens 5 m breiten Streifen vor diesen Wänden in mindestens der gleichen Feuerwiderstandsklasse herzustellen wie die Decken des höheren Gebäudes. [2]In diesem Bereich sind Dachhaut und Dämmschichten aus brennbaren Baustoffen gegen Entflammen zu schützen. [3]Dies gilt nicht für Anbauten an Wohngebäuden geringer Höhe.**

**(8) Bei Dächern an Verkehrsflächen und über Eingängen können Vorrichtungen zu Schutz gegen das Herabfallen von Schnee und Eis verlangt werden.**

**(9) Für die vom Dach aus vorzunehmenden Arbeiten sind sicher benutzbare Vorrichtungen anzubringen.**

***VV BauO NRW*** *(infolge Befristung mit Ablauf des 31.12.2005 ausgelaufen)*

***35 Dächer (§ 35)***

*35.1 Zu Absatz 1*

*35.11 Zur Bedachung zählen Dacheindeckung und die Dachabdichtungen einschließlich etwaiger Dämmschichten sowie Lichtkuppeln oder andere Abschlüsse für Öffnungen im Dach. Gegen Flugfeuer und strahlende Wärme widerstandsfähige (harte) Bedachungen sind solche, die den Anforderungen nach DIN 4102-7 entsprechen.*

*35.4 Zu Absatz 4:*

*Wegen des Brandschutzes bestehen keine Bedenken:*

*35.41 bei Lichtbändern aus brennbaren Baustoffen in Dächern mit harter Bedachung, wenn sie*

- *eine Fläche von höchstens 40 m² haben und höchstens 20,0 m lang sind,*
- *untereinander und von den Dachrändern mindestens 2,0 m Abstand haben und*
- *zu Brandwänden oder zu unmittelbar angrenzenden vorhandenen oder zulässigen höheren Gebäuden oder Gebäudeteilen mindestens 5,0 m Abstand haben sowie*

*35.42 bei Lichtkuppeln aus brennbaren Baustoffen in Dächern mit harter Bedachung, wenn*

- *die Grundrissfläche der einzelnen Lichtkuppeln in der Dachfläche 6 m² nicht überschreitet,*
- *die Grundrissfläche aller Lichtkuppeln höchstens 20 % der Dachfläche erreicht,*
- *die Lichtkuppeln untereinander und von den Dachrändern mindestens 1,0 m Abstand, von den Lichtbändern nach Nr. 35.41 einen Abstand von mindestens 2,0 m haben,*

- *die Lichtkuppeln zu Brandwänden bzw. zu unmittelbar angrenzenden vorhandenen oder zulässigen höheren Gebäuden oder Gebäudeteilen mindestens 5,0 m Abstand haben,*

35.43 *bei Dächern mit Intensivbegrünung und Dachgärten – das sind solche, die bewässert und gepflegt werden und die in der Regel eine dicke Substratschicht aufweisen – sowie*

*bei Dächern mit Extensivbegrünung durch überwiegend niedrigwachsende Pflanzen (z. B. Gras, Sedum, Eriken) ist ein ausreichender Widerstand gegen Flugfeuer und strahlende Wärme gegeben, wenn*

- *eine mindestens 3 cm dicke Schicht Substrat (Dachgärtnererde, Erdsubstrat) mit höchstens 20 Gew.-% organischer Bestandteile vorhanden ist. Bei Begrünungsaufbauten, die dem nicht entsprechen (z. B. Substrat mit höherem Anteil organischer Bestandteile, Vegetationsmatten aus Schaumstoff), ist ein Nachweis nach DIN 4102-7 bei einer Neigung von 15 Grad und im trockenen Zustand (Ausgleichsfeuchte bei Klima 23/50) ohne Begrünung zu führen;*
- *Gebäudeabschlusswände, Brandwände oder Wände, die anstelle von Brandwänden zulässig sind, in Abständen von höchstens 40 m, mindestens 30 cm über das begrünte Dach, bezogen auf Oberkante Substrat bzw. Erde, geführt sind. Sofern diese Wände aufgrund bauordnungsrechtlicher Bestimmungen nicht über Dach geführt werden müssen, genügt auch eine 30 cm hohe Aufkantung aus nichtbrennbaren Baustoffen oder ein 1 m breiter Streifen aus massiven Platten oder Grobkies;*
- *vor Öffnungen in der Dachfläche (Dachfenster, Lichtkuppeln) und vor Wänden mit Öffnungen ein mindestens 0,5 m breiter Streifen aus massiven Platten oder Grobkies angeordnet wird, es sei denn, dass die Brüstung der Wandöffnung mehr als 0,8 m über Oberkante Substrat hoch ist;*
- *bei aneinandergereihten, giebelständigen Gebäuden im Bereich der Traufe ein in der Horizontalen gemessener mindestens 1 m breiter Streifen nachhaltig unbegrünt bleibt und mit einer Dachhaut aus nichtbrennbaren Baustoffen versehen ist.*

35.6 *Zu Absatz 6*

*Es bestehen keine Bedenken gegen eine Abweichung (§ 73 BauO NRW) von den Abstandregelungen des Satzes 2*

*a) bei Oberlichtern und Öffnungen im Dach, wenn die Gebäudeabschlusswände oder die Gebäudetrennwände mindestens 0,30 m über Dach geführt sind,*

*b) bei Dachgauben und ähnlichen Dachaufbauten aus brennbaren Baustoffen, wenn sie durch die Gebäudeabschlusswände oder die Gebäudetrennwände gegen Brandübertragung geschützt sind.*

35.7 *Zu Absatz 7 Satz 2*

*Als wirksamer Schutz gegen Entflammen gilt bei brennbarer Dachhaut und brennbarer Dämmschicht eine mindestens 5 cm dicke Schicht aus nichtbrennbaren Baustoffen, z. B. eine Grobkiesauflage.*

*Zu Absatz 7 Satz 3*

*Bei Wohngebäuden mittlerer Höhe bestehen keine Bedenken gegen eine Abweichung (§ 73) von der Vorschrift des Absatzes 5 bei Wintergärten oder ähnlichen*

*Anbauten mit geringer Brandlast, wenn das Dach in einem lichtdurchlässigen Baustoff ausgeführt wird, dessen Brandverhalten dem von Drahtglas in einer Dicke von mindestens 6 mm mit punktverschweißtem Draht entspricht.*

**Anmerkungen** (Autor: Temme)

**Übersicht**


| | | Rdn. |
|---|---|---|
| 0 | Änderungen gegenüber der BauO NW 1984 und der BauO NW 1995 | 01–02 |
| 1 | Allgemeines | 1– 2 |
| 2 | Zu Absatz 1 – Grundforderung nach harter Bedachung | 3– 5 |
| 3 | Zu Absatz 2 – Abstände bei weicher Bedachung | 6–10 |
| 4 | Zu Absatz 3 – Nichtgeltung der Absätze 1 und 2 | 11–12 |
| 5 | Zu Absatz 4 – Abweichungen von den Absätzen 1 und 2 | 13–14 |
| 6 | Zu Absatz 5 – Anforderungen an die Feuerwiderstandsdauer | 15–21 |
| 7 | Zu Absatz 6 – Dachvorsprünge, Dachaufbauten, Oberlichte | 22–26 |
| 8 | Zu Absatz 7 – Dächer von Anbauten | 27–31 |
| 9 | Zu Absatz 8 – Dächer an Verkehrsflächen | 32–33 |
| 10 | Zu Absatz 9 – Vorrichtungen für Arbeiten vom Dach aus | 34–35 |


## 0 Änderungen gegenüber der BauO NW 1984 und der BauO NW 1995

01 § 35 **BauO NW 1995** hat § 31 BauO NW 1984 weitgehend unverändert übernommen. Der bisherige Ausnahmetatbestand des Absatzes 1 Satz 2, wonach Teilflächen der Bedachung und Vordächer ausnahmsweise nicht den Anforderungen an harte Bedachung genügen müssen, wurde in einen bedingten Zulässigkeitstatbestand umgewandelt. Ergänzend wurden in der VV BauO NW 1997 die brandschutztechnischen Anforderungen an begrünte Dächer und verglaste Teilflächen der Bedachung näher beschrieben.

02 Die **BauO NRW 2000** änderte § 35, um ihn der MBO 1997 anzupassen.

- **Absatz 1** enthält die bislang in § 35 Abs. 1 Satz 1 BauO NW 1995 geregelte **Grundforderung** und **Legaldefinition der harten Bedachung**.
- **Absatz 2** übernimmt die Regelungen des § 35 Abs. 3 BauO NW 1995 mit Ergänzungen. Die Vorschrift regelt die **Abstände**, die **Gebäude mit weicher Bedachung** zu Grundstücksgrenzen und zu anderen Gebäuden einhalten müssen.
- **Absatz 3** übernimmt einen Teil des § 35 Abs. 1 Satz 2 BauO NW 1995 und ordnet ohne brandschutztechnische Vorbehalte die **Nichtgeltung der Absätze 1 und 2** für bestimmte **lichtdurchlässige Bedachungen** aus **nichtbrennbaren Baustoffen** sowie **Lichtkuppeln**, **Oberlichte** und **Eingangsüberdachungen** an.
- **Absatz 4** übernimmt ebenfalls – wie Absatz 3 – einen Teil des § 35 Abs. 1 Satz 2 BauO NW 1995. Die Vorschrift enthält anders als Absatz 3 keine Zulässigkeitstatbestände, sondern regelt **Abweichungstatbestände von den Absätzen 1 und 2**, da die hier angesprochenen **lichtdurchlässigen Teilflächen aus brennbaren Baustoffen** und **begrünten Bedachungen** ein höheres Gefahrenpotential in sich tragen.
- **Absatz 5** übernimmt § 35 Abs. 2 BauO NW 1995.

- **Absatz 6** entspricht § 35 Abs. 4 BauO NW 1995, wobei die Worte „Glasdächer und Oberlichte" durch „lichtdurchlässige Bedachungen und Lichtkuppeln" ersetzt wurden.
- **Absatz 7** übernimmt § 35 Abs. 5 BauO NW 1995 über **Dächer von Anbauten**. Der neu angefügte **Satz 3** schafft für Wohngebäude geringer Höhe Erleichterungen, indem er bestimmt, dass die Anforderungen der Sätze 1 und 2 für diese nicht gelten. Vorwiegend werden von dieser Regelung Glasanbauten und Wintergärten erfasst (**Wintergartenprivileg**).
- **Absatz 8** übernimmt den bisherigen § 35 Abs. 6 BauO NW 1995.
- **Absatz 9** übernimmt den bisherigen § 35 Abs. 7 BauO NW 1995.

## 1 Allgemeines

Das Dach bildet den **oberen Abschluss** eines Bauwerks. Seine vorrangige Aufgabe ist es, einen ausreichenden **Schutz vor Witterungseinflüssen** durch Regen, Schnee, Sonne und Kälte zu bieten. Darüber hinaus enthält § 35 BauO NRW abschließend geregelte Anforderungen an Dächer aus Gründen des **Brandschutzes** (Absatz 1–7), der **Verkehrssicherheit** (Absatz 8) und des **Arbeitsschutzes** (Absatz 9). Ist der oberste Abschluss eines Raumes das Dach, gelten hierfür die Anforderungen des § 35 BauO NRW und nicht die an Decken (s. die Anmerkungen zu § 34 Rdn. 1). 1

Das **Dach** besteht unabhängig von seiner Form (z. B. Flachdach, Satteldach, Pultdach) aus der „**Bedachung**" und dem „**Dachtragwerk**". Die **Bedachung** kann bestehen aus 2

- der Dachhaut – auch als Dacheindeckung bezeichnet – (wie Ziegel, Dachpappe oder Ähnlichem),
- der Wärmedämmung,
- der Dampfsperre,
- Lichtkuppeln, Lichtbänder oder anderen Abschlüssen für Öffnungen im Dach (s. Nr. 35.4 VV BauO NRW) und
- dem Träger der Dachhaut.

Das **Dachtragwerk** ist die tragende Unterkonstruktion der Bedachung, die aus Lattung, Sparren, Pfetten, Dachbindern, Dachverbänden oder ähnlichen Bauteilen besteht.

## 2 Zu Absatz 1 – Grundforderung nach harter Bedachung

Nach **Absatz 1** muss die Bedachung gegen **Flugfeuer** (wie Funkenflug) und **strahlende Wärme** (insbesondere Hitzestrahlung eines benachbarten Schadensfeuers) widerstandsfähig sein, das Gebäude muss deshalb eine „**harte Bedachung**" haben. Diese bauordnungsrechtliche Anforderung schützt also das Gebäude gegen **Brandeinwirkung von „oben**" (s. Rdn. 8). 3

Eine Bedachung ist gegen Flugfeuer und strahlende Wärme widerstandsfähig, wenn sie die Anforderungen an (den Klammerbegriff) „**harte Bedachung**" erfüllt. Dies ist dann der Fall, wenn für die Bedachung diese Qualität durch einen Brandversuch nach DIN 4102 Teil 7 (Ausgabe Juli 1998) – Bedachungen; Begriffe, Anforderungen und Prüfungen – nachgewiesen wird oder ohne Nachweis, wenn die Bedachung nach DIN 4102 Teil 4 Abschnitt 8.7.2 – Zusammenstellung widerstandsfähiger Bedachungen – klassifiziert ist. 4

5 Die Anforderungen des Absatzes 1 stellen sicher, dass bei einem Brand von benachbarten Gebäuden der Brand nicht durch **brennende Teile**, die auf das Dach fallen, weitergeleitet wird und dienen damit der **Verhinderung der Brandübertragung**. Auch soll die **Überzündung durch Hitzestrahlung** verhindert werden. Insofern kann dieser Vorschrift **kein vorrangiger Nachbarschutz** zugebilligt werden. Es handelt sich vielmehr um eine Vorschrift, die vorrangig dem **Eigenschutz** dient, und um eine solche, die die Grundregel des § 17 Abs. 1 BauO NRW konkretisiert, wonach der Ausbreitung von Feuer vorgebeugt werden soll (s. Rdn. 8).

### 3 Zu Absatz 2 – Abstände bei weicher Bedachung

6 Die Vorschriften des **Absatzes 2** lassen für Gebäude geringer Höhe (Satz 1) bzw. Wohngebäude geringer Höhe (Satz 2) Dächer mit **weicher Bedachung** zu. Zu „weichen Bedachungen" zählen alle Bedachungen, welche die Anforderungen der Norm DIN 4102 Teil 7 (s. Rdn. 4) **nicht** erfüllen, wie z. B. Stroh-, Reet- oder Rohrdächer und Holzschindeln. Im Handel erhältlich sind zwar bereits Bedachungen aus brennbaren Baustoffen, die – entsprechend imprägniert – die Prüfung nach DIN 4102 Teil 7 bestanden haben. Einige dieser Imprägniermittel haben jedoch die unangenehme Eigenschaft, bei Auswaschung durch Regen nicht gerade pflanzenfreundlich zu wirken. Darüber hinaus muss die Imprägnierung in Zeitabständen erneuert werden.

7 **Gebäude geringer Höhe mit weicher Bedachung** bzw. **Wohngebäude geringer Höhe mit nicht mehr als zwei Wohnungen und weicher Bedachung** müssen aus Gründen des Brandschutzes die in Absatz 2 **Satz 1** bzw. **Satz 2** aufgeführten Abstände

– von 12 m bzw. 6 m zu Grundstücksgrenzen,
– von 15 m bzw. 9 m zu anderen Gebäuden mit harter Bedachung auf demselben Grundstück,
– von 24 m bzw. 12 m zu anderen Gebäuden mit weicher Bedachung auf demselben Grundstück,
– von 5 m bzw. 3 m zu kleinen Nebengebäuden ohne Feuerstätten auf demselben Grundstück

einhalten. Die für **Wohngebäude geringer Höhe mit nicht mehr als zwei Wohnungen** nach **Satz 2** reduzierten Werte erschienen dem Gesetzgeber im Hinblick auf die typische Gefahrenlage vertretbar. Die Begründung (LT-Drucks. 12/3738 S. 74 f.) führt zu Absatz 2 unter anderem aus:

*„… Diese Regelung berücksichtigt die gegenüber harten Bedachungen größeren Risiken durch eine geringere Feuerwiderstandsdauer gegen Brandbeanspruchung von außen sowie eine hohe Brandlast und die leichtere Entflammbarkeit bei für diese Bedachungen verbreiteten Baustoffen. Die Bemessung der erforderlichen Abstände hat sich historisch aufgrund von Vorgaben entwickelt, die bis in die Mitte des 19. Jahrhunderts zurückzuverfolgen sind. Für Gebäude mit Stroh- oder Rohrbedachung waren z. B. Abstände untereinander von 5 Ruthen = ca. 23.37 m gefordert. Für solche Bedachungen bestand in der Entstehungszeit dieser Vorschrift eine besondere Gefährdung durch den Umgang mit offenem Licht. Da die Errichtung von Gebäuden jeder Art und Größe – außer Gebäuden mit feuergefährlichen Gewerbebetrieben – mit Stroh- oder Rohrdeckung zulässig war, wurden die Abstände auch im Hinblick auf die Gefahren durch große brennende Stroh- oder Rohrbedachungen (Flugfeuer) für die Umgebung bemessen.*

*Rohr (Reet) wird auch heute insbesondere in landschaftlich dadurch geprägten Gegenden für die Bedachung von Gebäuden verwendet, für die die Risiken hinsichtlich der Brandentstehung und -ausbreitung aufgrund ihrer Nutzung und ihrer Größe unverändert entsprechend zu beurteilen sind, z. B. Hotels, Verkaufsstätten und landwirtschaftliche Betriebsgebäude. Dies trifft auf Ein- und Zweifamilienhäuser nicht zu, da ihre Bedachungen eine bestimmte Größe in aller Regel nicht überschreiten. Im übrigen haben sich auch die für die Wohnnutzung früher typischen Gefahren, insbesondere durch offenes Licht und offene Feuerstellen, wesentlich verringert. Im Hinblick auf die im Vergleich zu Hotels und Verkaufsstätten deutlich geringeren Risiken bei Wohngebäuden geringer Höhe mit nicht mehr als zwei Wohnungen wird für diese in Absatz 2 Satz 2 eine Abstufung der erforderlichen Abstände vorgenommen. Sie müssen nach Satz 2 gegenüber den Abständen nach Satz 1 bis zur Hälfte reduzierte Abstände einhalten, untereinander mindestens 12,00 m. Damit wird die Errichtung dieser Gebäude mit einem deutlich geringeren Grundstücksverbrauch ermöglicht.“*

Die **Abstände** nach § 35 Abs. 2 BauO NRW **übertreffen** zum Teil weit **die nach § 6 BauO NRW erforderlichen Abstände**. Der zur Grundstücksgrenze zum Nachbarn hin erforderliche Abstand soll für diesen **nachbarschützende Wirkung** haben (Hess. VGH, Urteil vom 22. 2. 1980 – IV OE 58/78, BRS 36 Nr. 153), was indessen zu bezweifeln ist. Die Bestimmungen dienen vielmehr vorrangig dem **Eigenschutz**, da sie verhindern sollen, dass bei einem Brand eines benachbarten Gebäudes durch Hitzestrahlung oder Funkenflug die weiche Bedachung zur Zündung gebracht wird (s. Rdn. 5). Die Prüfung auf harte Bedachung erfolgt nach DIN 4102 Teil 7 mittels eines auf das Probedach aufgesetzten mit Holzwolle gefüllten Drahtgestells – also **von oben** – und basiert auf dem mit RdErl. vom 7. 2. 1963 (MBl. NRW. S. 231) eingeführten Prüfverfahren. Nachbarschützend sind dagegen solche Brandschutzvorschriften, die Anforderungen an die Feuerwiderstandsdauer eines abschottenden Bauteils stellen, welches zumindest von der dem Nachbarn abgewandten Seite aus auf seine Feuerwiderstandsdauer geprüft wird. **8**

Abstände nach Absatz 2 zu Grundstücksgrenzen, können durch **Baulast** nach § 83 BauO NRW **auf Nachbargrundstücke verlagert** werden. Aus der Vorschrift über den Abstand von zu errichtenden Gebäuden mit weicher Bedachung zu Grundstücksgrenzen oder anderen Gebäuden kann im Umkehrschluss nicht hergeleitet werden, dass neue Gebäude mit harter Bedachung zu vorhandenen Gebäuden mit weicher Bedachung einen erweiterten Abstand einhalten müssen (OVG Lüneburg, Urteil vom 12. 11. 1974 – I A 124/74, BRS 29 Nr. 82 = SchlHAnz. 1975, 119 = VerwRspr. 26, 864). **9**

Nach **Satz 3** dürfen auf die einzuhaltenden Abstände nach Satz 1 Nr. 1 und Satz 2 Nr. 1 öffentliche Verkehrsflächen, öffentliche Grünflächen und öffentliche Wasserflächen bis zu ihrer Mitte angerechnet werden. Diese Regelung entspricht der für Abstandflächen nach § 6 Abs. 2 Satz 2 BauO NRW und billigt jedem Angrenzer die Inanspruchnahme der **Hälfte der öffentlichen Fläche** zu. **10**

## 4 Zu Absatz 3 – Nichtgeltung der Absätze 1 und 2

Nach § 35 Abs. 1 Satz 2 BauO NW 1995 waren Teilflächen der Bedachung sowie Vordächer, die den Anforderungen an harte Bedachung nicht genügten, zulässig, wenn Bedenken wegen des Brandschutzes nicht bestanden. Diese Formulierung war für den Entwurfsverfasser bzw. Fachplaner insofern problematisch, als der Vorschrift direkt nicht entnommen werden konnte, ob diese Bedenken auch tatsächlich nicht bestanden. Daher waren in manchen Fällen Rückfragen bei der Bauaufsichtsbehörde und der **11**

Brandschutzdienststelle erforderlich. Der Gesetzgeber hat diese für die Praxis unbefriedigende Gesetzesfassung aufgegeben und die Vorschrift in **zwei Regelungen** aufgeteilt:

- **Absatz 3** enthält als **Zulässigkeitstatbestand** die weniger problematischen Fälle,
- **Absatz 4** enthält als **Abweichungstatbestand** die schwieriger zu beurteilenden Fälle.

12 Bei den in Absatz 3 **Nr. 1** und **Nr. 3** aufgenommenen lichtdurchlässigen Bedachungen, Eingangsüberdachungen und Vordächern aus **nichtbrennbaren Baustoffen** ist zumindest das Risiko aus Funkenflug infolge von Bränden benachbarter Gebäude eingedämmt. Bei den in **Nr. 2** und **Nr. 4** angesprochenen Lichtkuppeln und Oberlichten von Wohngebäuden sowie Eingangsüberdachungen zu Wohnungen aus brennbaren Baustoffen wird es sich regelmäßig um kleinflächige Elemente handeln.

### 5 Zu Absatz 4 – Abweichungen von den Absätzen 1 und 2

13 Nach Absatz 4 können lichtdurchlässige **Teilflächen aus brennbaren Baustoffen in harten Bedachungen** sowie **begrünte Dächer** im Wege der **Abweichung** nach § 73 BauO NRW zugelassen werden, wenn Bedenken wegen des Brandschutzes nicht bestehen. Es handelt sich hierbei um brandschutztechnisch problematischere Bedachungen, so dass ein Zulässigkeitstatbestand, wie ihn Absatz 3 normiert, unter Gefahrenabwehrgesichtspunkten als nicht vertretbar erschien. Voraussetzungen und Tatbestände, unter denen Bedenken wegen des Brandschutzes nicht bestehen und unter denen dann **lichtdurchlässige Teilflächen aus brennbaren Baustoffen** in Bedachungen und begrünte Bedachungen als „nicht harte" Bedachung zugelassen werden können, sind unter Nr. 35.41 und Nr. 35.42 VV BauO NRW aufgeführt.

14 Da die Prüfnorm DIN 4102 Teil 7 (s. vorausgehende Rdn. 4) für **begrünte Dächer** (z. B. Extensivbegrünung, Intensivbegrünung, Dachgärten) zum Nachweis der Widerstandsfähigkeit gegen Flugfeuer und strahlende Wärme (harte Bedachung) ungeeignet ist, hat die ARGEBAU deshalb einen Richtlinienvorschlag ausgearbeitet, der in Nr. 35.43 VV BauO NRW aufgenommen wurde. Diese Regelungen dienen zur Beurteilung der Abweichungsvoraussetzungen für begrünte Dächer. Sie unterscheiden Dächer mit **Intensivbegrünung und Dachgärten**, das sind solche, die einer Bewässerung und der Pflege bedürfen und die in der Regel eine dickere Substratschicht aufweisen, und Dächer mit **Extensivbegrünung** durch niedrig wachsende Pflanzen (z. B. Gras, Sedum, Eriken).

### 6 Zu Absatz 5 – Anforderungen an die Feuerwiderstandsdauer

15 Die BauO NRW stellt keine grundsätzlichen Anforderungen an die **Feuerwiderstandsdauer von Dächern**. Aus Gründen der Brandbekämpfung und zur Behinderung der Brandausbreitung durch thermische Entlastung des Brandraumes wäre das „Idealdach" ein solches, das durch die Temperatureinwirkung eines Brandes sich öffnet und gleichzeitig nicht zur Brandausbreitung innerhalb des Daches beiträgt.

Anforderungen in den Absätzen 5 (soweit erforderlich) und 7 an die Feuerwiderstandsdauer von Dächern (nicht von Dachtragwerken) dienen vorrangig der Behinderung einer Brandausbreitung von einem Gebäudeteil auf das andere oder von einem Gebäude auf ein anderes Gebäude. Sie dienen nicht dem Personenschutz, denn kein Mensch kann sich innerhalb der Temperatureinwirkung nach der Einheitstemperaturkurve in einem Dachraum aufhalten. Sofern demgemäß an ein Dach keine Anforderung an seine Feuerwiderstandsfähigkeit gestellt wird, gelten an die dieses Dach tragenden Bauteile nicht die Regelungen des § 29 BauO NRW!

16 Insofern ist **Satz 1** als „**Auffangvorschrift**" zu verstehen. Diese Vorschrift kann z.B. zur Anwendung gelangen, wenn Gebäude mit geneigten Dächern (z.B. mit Satteldächern) über Eck aneinander stoßen und die Gebäude selbst durch Gebäudeabschlusswände abzuschließen sind. In solchen Fällen reicht die Erfüllung der Anforderung an harte Bedachung der winklig aneinander stoßenden Dachflächen allein nicht aus, um eine Brandausbreitung (Feuerübersprung) oberhalb der Gebäudeabschlusswände zu verhindern. Die Forderung, derartige Dächer für eine Brandbeanspruchung von innen nach außen zumindest in der Feuerwiderstandsklasse F 30 herzustellen, wäre wohl gerechtfertigt.

17 Verlaufen – wie bei **aneinander gebauten giebelständigen** Gebäuden – die Traufen der Dächer parallel zur Nachbargrenze, so können sich geneigte Dachflächen benachbarter Gebäude direkt gegenüberliegen. Auch in diesen Fällen reicht die Erfüllung der Anforderungen an harte Bedachung allein nicht aus, um den schon durch die Anforderungen an die Gebäudeabschlusswände angestrebten Nachbarschutz zu gewährleisten. Da das Bauordnungsrecht Wände, Decken und Dächer hinsichtlich seiner Anforderungen unterscheidet (s. die Anmerkungen vor §§ 29 bis 35 Rdn. 1), gelten die dem Nachbarschutz dienenden Anforderungen an die Anordnung und Ausbildung von Gebäudeabschlusswänden innerhalb des „Schutzbereichs" von 2,50 m zur Nachbargrenze nicht für die Dächer. Insofern verlangt **Satz 2**, dass diese Dächer (nicht nur innerhalb des Schutzbereichs von 2,50 m) für eine Brandbeanspruchung von innen nach außen in der Feuerwiderstandsklasse F 30 herzustellen sind. Auch diese Anforderung dient ausschließlich dem **Nachbarschutz** und nicht dem Schutz der Bewohner oder Nutzer des Dachraums (s. Rdn. 15), da das Bauordnungsrecht ansonsten die Nutzer von Dachräumen in freistehenden und in aneinander gebauten Gebäuden unterschiedlich behandeln würde.

18 Die Anforderung an die Feuerwiderstandsdauer des Dachs bei aneinander gebauten giebelständigen Gebäuden kann durch eine entsprechende **untere Bekleidung der Dachkonstruktion** – einschließlich der sie tragenden und unterstützenden Konstruktion – erfüllt werden. Diese Dächer sind somit **Teil des äußeren Abschottungssystems** (s. die Anmerkungen zu § 17 Rdn. 12 und 13).

19 **Unsicherheiten in der praktischen Anwendung** dieser Vorschrift bestehen bei **Endhäusern** von Hausgruppen und bei Doppelhaushälften bezogen auf die dem **Nachbarn abgekehrten** Dachflächen bzw. auf die Dachflächen, in deren Bereich nicht angebaut werden kann. Auch wenn der Gesetzestext fordert, dass bei aneinander gebauten giebelständigen Gebäuden das „Dach" von innen nach außen in der Feuerwiderstandsklasse F 30 herzustellen ist, ergibt sich aus dem Schutzziel der Regel, nämlich dem Nachbarschutz, dass von der Anforderung nur das Bauteil des Daches erfasst wird, das dem unmittelbar angrenzenden Nachbarn zugekehrt ist. Diese Dachfläche ist jedoch in sich so auszusteifen, dass sie einem Brand insgesamt 30 Minuten widersteht; der erforderliche Nachweis gelingt jedoch in der Regel nur über die Gesamtdachkonstruktion.

20 **Satz 3, 1. Halbsatz** stellt Anforderungen an die Lage und Anordnung von Öffnungen im Bereich von Gebäudeabschlusswänden. Die Vorschrift kann sich nur auf Dächer nach Satz 2 beziehen, da die Zulässigkeit von Öffnungen in anderen Dachflächen (wie bei traufständigen Gebäuden) in Absatz 6 geregelt ist. Der **Abstand der Öffnungen** nach Satz 3, 1. Halbsatz zum Gebäudeabschluss an der Grenze muss mindestens **2 m** betragen. Bei Dachflächenfenstern ist die Unterkante der Öffnung maßgebend. **Gemessen wird in der Waagerechten**.

21 Ein **geringerer Abstand** zum Gebäudeabschluss kann nur gestattet werden, wenn der Abstand zu Öffnungen in der gegenüberliegenden Dachfläche mindestens 4 m beträgt. Die Zulässigkeit eines geringeren Abstandes kann jedoch erst beurteilt werden, wenn die Bauabsichten des Nachbarn bekannt sind. Somit gehen beide Nachbarn im Falle der Anwendung der Ausnahmeregelung eine **Schicksalsgemeinschaft** ein, die durch **Baulast** nach § 83 BauO NRW **abzusichern** ist. Nur so kann – unter Wahrung der **Chancengleichheit** – die Zulässigkeit einer entsprechenden Abweichung beurteilt werden.

### 7 Zu Absatz 6 – Dachvorsprünge, Dachaufbauten, Oberlichte

22 Die Vorschriften des **Absatzes 6** betreffen – anders als im Sonderfall des Absatzes 5 Satz 2 und 3 für aneinander gebaute giebelständige Dächer – Gebäude in **traufständiger** Bauweise unabhängig von der Dachneigung, also auch Gebäude mit Flachdächern.

23 Über die Grundsatzforderung des **Satzes 1** hinaus regelt Absatz 6 für **Dachvorsprünge** und **Dachgesimse** keine konkreten Einzelanforderungen hinsichtlich ihrer Anordnung und Ausbildung. Diese sind insbesondere im Bereich zur Nachbarbebauung, z. B. durch die Verwendung nichtbrennbarer Baustoffe, so anzuordnen und herzustellen, dass entsprechend der Grundanforderung ein Brand nicht auf andere Gebäude oder Gebäudeteile übertragen werden kann.

24 Für **Oberlichte**, **Glasdächer** und **Dachaufbauten** enthält **Satz 2** konkrete Abstandvorschriften, die sich auf die **eigene** Gebäudeabschlusswand bzw. Gebäudetrennwand und nicht auf die Nachbargrenze beziehen. Ein Brand von innen nach außen dringt schneller durch eine in der Dachfläche vorhandene **Öffnung** als durch die Dachfläche selbst, auch dann, wenn das Dach selbst keiner Feuerwiderstandsklasse entspricht. Die mögliche frühzeitige Hitzestrahlung erfordert zum Schutz des Nachbarn einen Mindestabstand des Bauteils zu diesem. Bei **Dachgauben** (ältere Schreibweise: Dachgaupe) und bei ähnlichen Dachaufbauten aus brennbaren Baustoffen ist das vergleichbar, jedoch kommt hier ein weiterer Umstand hinzu: Die Betrachtung ist auch hier vom Nachbarn aus auf das eigene Gebäude vorzunehmen. Beim Brand eines Nachbargebäudes – sein Dach kann in relativ kurzer Zeit durchgebrannt sein – dürfen die eigenen Dachaufbauten aus brennbaren Baustoffen durch die Hitzestrahlung nicht gezündet werden und müssen deshalb einen Mindestabstand zum Nachbarn einhalten. Die Vorschriften dienen somit sowohl dem **Nachbarschutz** als auch dem **Eigenschutz** (vgl. Rdn. 8 und 17).

25 Diese Gesichtspunkte sind bei der Beurteilung von **Ersatzmaßnahmen** zu beachten, die im Rahmen einer Abweichung nach § 73 BauO NRW anzuordnen sind, um einen **geringeren Abstand** als 1,25 m zu gestatten. Als Ersatzmaßnahmen kommen vorwiegend solche in Betracht, die sich auf die Brennbarkeit der zu verwendenden Baustoffe beziehen. Es nützt wenig, wenn z. B. die Seitenteile einer Dachgaube die Feuerwiderstandsklasse F 30 erfüllen, die diese Dachgaube tragende Dachkonstruktion jedoch nicht die Anforderungen an eine Feuerwiderstandsklasse erfüllt. Sinnvoller ist da die Verwendung nichtbrennbarer Baustoffe insbesondere im Bereich der Außenhaut der Dachaufbauten.

26 Werden die **Dachaufbauten insgesamt aus nichtbrennbaren Baustoffen** hergestellt, ist der geforderte **Mindestabstand von 1,25 m nicht erforderlich**. Der Mindestabstand ist auch dann nicht einzuhalten, wenn die Gebäudeabschlusswand bzw. die Gebäudetrennwand die Dachgaube oder den Dachaufbau im Profil begleitet; das ist dann der Fall, wenn die Aufbauten Teil dieser Wände sind.

## 8 Zu Absatz 7 – Dächer von Anbauten

Die Vorschriften des **Absatzes 7** dienen der Verhinderung der (senkrechten) Brandausbreitung von Anbauten über die höher liegenden Öffnungen des aufgehenden Gebäudes auf dieses selbst. Da die Anforderungen an Decken nicht auch für Dächer gelten (s. die Anmerkungen vor §§ 29 bis 35 Rdn. 1), regelt **Satz 1**, dass Dächer von solchen Anbauten in einem mindestens **5 m breiten – waagerecht gemessenen – Streifen** vor den aufgehenden Wänden mit Öffnungen in mindestens der gleichen Feuerwiderstandsklasse herzustellen sind wie die Decken des höheren Gebäudes; das gilt auch für die Tragkonstruktion des Daches. **Öffnungen** innerhalb des 5-m-Streifens sind **unzulässig**. In diesem Bereich sind nach **Satz 2** Dachhaut und Dämmschichten aus brennbaren Baustoffen gegen Entflammen zu schützen. Nr. 35.7 VV BauO NRW beschreibt beispielhaft als wirksamen Schutz eine mindestens 5 cm dicke Schicht aus nichtbrennbaren Baustoffen, wie eine Grobkiesauflage. Diese Vorschriften sind **Teil des inneren Abschottungssystems** (s. die Anmerkungen zu § 17 Abs. 1 Rdn. 12 und 13). 27

Der Begriff **„Anbau"** wird mitunter extensiv ausgelegt. So werden Anforderungen an die Feuerwiderstandsdauer des Daches gestellt, obwohl die „Brandlast" des Anbaus so gering ist, dass sie zur Brandausbreitung über die Außenwand des Gebäudes auf höher liegende Geschosse nicht oder nur unbedeutend beitragen kann. Der Begriff „Anbau" ist unter dem Aspekt der Ver- bzw. Behinderung der Brandausbreitung aus diesem Bereich auf höher liegende Geschosse zu definieren. Dort, wo keine oder nur eine unbedeutende Brandlast vorhanden ist, bedarf es keiner zusätzlichen Maßnahmen zur Ver- bzw. Behinderung der Brandausbreitung. Somit muss in die Betrachtung mit einbezogen werden, ob sich aufgrund des Anbaus und der daraus gegebenenfalls resultierenden größeren Brandlast im Bereich der Außenwand für die höher liegenden Geschosse eine ungünstigere brandschutztechnische Situation ergibt. Anbauten sind hier z. B.: 28

- selbständige Gebäude, die an ein mehrgeschossiges Gebäude angebaut werden,
- über die Außenwand der höher liegenden Geschosse hinausreichende tiefer liegende Geschosse (z. B. Breitfußtypen, Terrassenhäuser, gewerblich genutzte Anbauten).

**Keine Anbauten** im Sinne dieser Vorschrift sind vor die Fassade vortretende Vorbauten, die als eine andere Form des sonst in der Fassade erforderlichen Fensters anzusehen sind, wie Blumenfenster oder Erker geringen Ausmaßes. Auch überdachte Balkone oder Veranden sind, sofern sie nicht als Aufenthaltsräume genutzt werden oder gar die Hausbibliothek aufnehmen, keine Anbauten in diesem Sinne. Absatz 7 erfasst nämlich nicht solche Anbauten oder Vorbauten, die keine zusätzliche – bedeutende – Brandlast vor die Außenwand der höher liegenden Geschosse bringen. 29

Bei **überkopfverglasten Wintergärten** oder bei diesen vergleichbaren Anbauten mit geringer Brandlast bestanden nach Nr. 35.5 VV BauO NW 1997 keine Bedenken gegen eine Abweichung nach § 73 BauO NW 1995 von der Vorschrift des § 35 Abs. 5 BauO NW 1995, wenn das Dach in einem lichtdurchlässigen Baustoff ausgeführt werden sollte, dessen Brandverhalten dem von Drahtglas in einer Dicke von mindestens 6 mm mit punktverschweißtem Draht entspricht. Für die brandschutztechnische Beurteilung dieser baulichen Anlagen hatte die oberste Bauaufsichtsbehörde in Zusammenarbeit mit Vertretern anderer Bauaufsichtsbehörden des Landes Kriterien sowie Abweichungsvoraussetzungen erarbeitet und diese nach Tatbeständen geordnet in einer Tabelle zusammengestellt (s. die Anmerkungen der 9. Auflage zu § 35 Rdn. 6). 30

31 Der durch die BauO NRW 2000 neu angefügte **Satz 3** beseitigt das Erfordernis einer Abweichungsentscheidung für überkopfverglaste Anbauten an **Wohngebäude geringer Höhe**. Die Erleichterung erschien hinnehmbar, da bei diesen Gebäuden die Anforderungen an den baulichen Brandschutz im Gebäudeinneren gering sind (so die Begründung, LT-Drucks. 12/3738 S. 75). Für überkopfverglaste Wintergärten als Anbauten an andere als Wohngebäude geringer Höhe verbleibt es bei einem Abweichungserfordernis.

### 9 Zu Absatz 8 – Dächer an Verkehrsflächen

32 **Absatz 8** dient der **Verkehrssicherheit** und ermächtigt die Bauaufsichtsbehörde, in Einzelfällen zum **Schutz gegen Dachlawinen** de Anbringung von Vorrichtungen verlangen zu können, wie Schneefanggitter im Bereich der an die Verkehrsfläche angrenzenden Traufe, oder von Vordächern über den Gebäudeeingängen. Der Begriff „**Verkehrsfläche**“ zielt nicht nur auf **öffentliche** Verkehrsflächen, sondern erfasst vielmehr auch die **privaten** Verkehrsflächen auf dem Grundstück, auf denen sich regelmäßig Personen dem Gebäude nähern, um entweder an diesem vorbeizugehen oder dieses zu betreten.

33 Von der Ermächtigung wird nur dort Gebrauch gemacht werden können, wo die **steile Neigung** und die **große Ausdehnung** des Dachs sowie seine **Lage zur Verkehrsfläche** Gefahren erwarten lassen (vgl. Buntenbroich/Voß, zu §§ 29–35 Rdn. 105). Bei der Anwendung des Absatzes 8 sollte zwischen den **tiefer** und **höher gelegenen Landesteilen** unterschieden werden, obwohl die Ermächtigung insoweit keine Einschränkung enthält. Mit Schneefall ist aber aufgrund der klimatischen Gegebenheiten regelmäßig nur in den höher gelegenen Landesteilen zu rechnen.

### 10 Zu Absatz 9 – Vorrichtungen für Arbeiten vom Dach aus

34 **Absatz 9** dient dem **Arbeitsschutz**. Die Vorschrift ist **zwingend** und soll Personen schützen, die vom Dach aus Arbeiten vornehmen. Das sind nicht Reparaturarbeiten, sondern vornehmlich **Schornsteinfegerarbeiten** in Erfüllung der **Kehrverpflichtung**. Das Dach muss über eine ausreichend große Ausstiegsöffnung verfügen und ist mit entsprechenden Vorrichtungen, wie Laufstegen, Trittflächen, Einzeltritten und Sicherheitsdachhaken für Leitern (s. auch DIN EN 516 und DIN EN 517), zu versehen, sofern die erforderlichen Arbeiten nur vom Dach aus ausgeführt werden können. Vorrichtungen für andere Arbeiten als für Schornsteinfegerarbeiten können bauaufsichtlich nicht verlangt, höchstens unter Arbeitsschutzgesichtspunkten angeraten werden.

35 Dem Bauherrn bzw. dem Entwurfsverfasser ist zu empfehlen, wegen der erforderlichen Vorrichtungen **frühzeitig Kontakt mit dem Bezirksschornsteinfeger** aufzunehmen. Letzterer hat nach § 43 Abs. 7 BauO NRW dem Bauherrn zu bescheinigen, dass der Schornstein sich in einem ordnungsgemäßen Zustand befindet und für die angeschlossenen Feuerstätten geeignet ist. Diese Überprüfung nimmt der Bezirksschornsteinfegermeister gemäß **§ 3 Abs. 2** des **Schornsteinfegergesetzes – SchfG** als **öffentliche Aufgabe** wahr. Die Vorschrift des Absatzes 9 wird ergänzt durch **§ 9 Abs. 3** der **Kehr- und Überprüfungsordnung – KÜO**, die lautet:

„*Müssen Kehr- und Überprüfungsarbeiten vom Dach aus durchgeführt werden und ist das Dach vom Haus aus nicht durch eine Ausstiegsöffnung zu erreichen, ist eine Leiter zum Besteigen des Daches bereitzuhalten.*“

## Vierter Abschnitt
## Treppen, Rettungswege, Aufzüge und Öffnungen

### Vor §§ 36 bis 41

**Anmerkungen** (Autor: Temme)

Die mit der **BauO NW 1995** bewirkten Änderungen der §§ 32–37 BauO NW 1984 verfolgten **das Ziel**, diese Vorschriften als neue §§ 36–41 BauO NW 1995 an die Regelungen der MBO anzugleichen. Die Änderungen betrafen vornehmlich die Vorschriften des § 38 (Notwendige Flure und Gänge) und des § 39 (Aufzüge). Die **BauO NRW 2000** hat die Anpassung der §§ 36–41 BauO NW 1995 an die fortgeschriebene MBO weitergeführt, um so eine zunehmende Vereinheitlichung der Brandschutzvorschriften zu erreichen (s. auch die Anmerkungen vor §§ 29 bis 35 Rdn. 03). Die Änderungen betrafen schwerpunktmäßig die Vorschriften des § 37 (Treppenräume), der im Ergebnis neu gefasst wurde, und wiederum die §§ 38 und 39. 1

Der vierte Abschnitt des dritten Teils der BauO NRW regelt die aus Gründen des **vorbeugenden baulichen Brandschutzes**erforderlichen **Anforderungen** an die **Bauteile**, die der **Rettung von Menschen** im Brandfall dienen, wie Treppen, Treppenräume, notwendige Flure und Öffnungen. Weiter konkretisieren insbesondere die Vorschriften des § 36 (Treppen), des § 40 (Fenster, Türen, Kellerlichtschächte) und des § 41 (Umwehrungen) die allgemeinen Anforderungen des § 19 an die Verkehrssicherheit. Die Aufzugsvorschrift (§ 39) muss in Verbindung mit § 55 (Bauliche Maßnahmen für besondere Personengruppen) gesehen werden, da Menschen mit Behinderungen nur so in Keller- und Obergeschosse eines Gebäudes gelangen können. 2

Der **Rettung von Menschen** im Brandfalle dient nicht nur das **System der äußeren Rettungswege**vor und auf dem Grundstück (s. die Anmerkungen zu § 4 Rdn. 19, 30–34, 41 und 42 sowie zu § 5 Rdn. 1–6 b), sondern auch das **System der inneren Rettungswege** (s. die Anmerkungen zu § 17 Rdn. 22–22 b). In Ergänzung der Vorschriften der §§ 4 und 5, denen das **äußere** Rettungswegesystem entnommen werden kann, bilden die Vorschriften der §§ 36–38 (**1. Rettungsweg**) und die Vorschriften des § 17 Abs. 3 in Verbindung mit § 40 Abs. 4 (**2. Rettungsweg**) das **innere** Rettungswegesystem. Die **Sicherstellung der Rettung von Menschen im Brandfall**, also die Gewährleistung des 1. und des 2. Rettungswegs, kann als das **wichtigste Schutzziel des Bauordnungsrechts** bezeichnet werden, da es dem **Schutz des Lebens** der Bewohner, Nutzer oder Besucher dient (s. § 3 Abs. 1 Satz 1 und die Anmerkungen zu § 3 Rdn. 45). Aus diesem Grund müssen die am Bau Beteiligten äußerste Sorgfalt bei der Planung und Ausführung des inneren Rettungswegesystems walten lassen. 3

Das Ziel der Rettung von Menschen kollidiert in gewisser Weise mit dem ebenso wichtigen Ziel, innerhalb des Gebäudes die **Feuer- und Rauchausbreitung** im Brandfall zu **verhindern**. Das zuletzt genannte Ziel erfordert nämlich, dass abschottende Bauteile, wie Trennwände, Gebäudetrennwände und Decken möglichst nicht durchbrochen werden. Eine solche Durchbrechung erfolgt aber notgedrungen durch Treppen, Flure, Leitungen, Lüftungskanäle und Kabel. Um diesen Mangel aufzufangen, müssen **Anforderungen** an **Treppenraum**-, **Aufzugs**- und **Flurwände** – und die **Öffnungen** in diesen Wänden – gestellt werden (s. die Anmerkungen zu § 17 Rdn. 12–21). 4

## § 36
## Treppen

**(1) [1]Jedes nicht zu ebener Erde liegende Geschoss und der benutzbare Dachraum eines Gebäudes müssen über mindestens eine Treppe zugänglich sein (notwendige Treppe); weitere Treppen können gefordert werden, wenn die Rettung von Menschen im Brandfall nicht auf andere Weise möglich ist. [2]Statt notwendiger Treppen können Rampen mit flacher Neigung gestattet werden.**

**(2) [1]Einschiebbare Treppen und Rolltreppen sind als notwendige Treppen unzulässig. [2]Einschiebbare Treppen und Leitern sind bei Gebäuden geringer Höhe als Zugang zu einem Dachraum ohne Aufenthaltsräume zulässig; sie können als Zugang zu sonstigen Räumen, die keine Aufenthaltsräume sind, gestattet werden, wenn wegen des Brandschutzes Bedenken nicht bestehen.**

**(3) [1]Die tragenden Teile notwendiger Treppen sind in der Feuerwiderstandsklasse F 90 und aus nichtbrennbaren Baustoffen herzustellen. [2]Bei Gebäuden geringer Höhe sind sie aus nichtbrennbaren Baustoffen herzustellen; dies gilt nicht für Wohngebäude geringer Höhe mit nicht mehr als zwei Wohnungen.**

**(4) In Gebäuden mit mehr als zwei Geschossen über der Geländeoberfläche sind die notwendigen Treppen in einem Zuge zu allen anderen angeschlossenen Geschossen zu führen; sie müssen mit den Treppen zum Dachraum unmittelbar verbunden sein.**

**(5) Die nutzbare Breite der Treppen und Treppenabsätze notwendiger Treppen muss mindestens 1 m betragen; in Wohngebäuden mit nicht mehr als zwei Wohnungen genügt eine Breite von 0,8 m.**

**(6) Treppen müssen mindestens einen festen und griffsicheren Handlauf haben. Bei großer nutzbarer Breite der Treppen können Handläufe auf beiden Seiten und Zwischenhandläufe gefordert werden.**

**(7) [1]Die freien Seiten der Treppen, Treppenabsätze und Treppenöffnungen müssen durch Geländer gesichert werden. [2]Fenster, die unmittelbar an Treppen liegen und deren Brüstungen unter der notwendigen Geländerhöhe liegen, sind zu sichern.**

**(8) Auf Handläufe und Geländer kann, insbesondere bei Treppen bis zu fünf Stufen, verzichtet werden, wenn wegen der Verkehrssicherheit auch unter Berücksichtigung der Belange Behinderter oder alter Menschen Bedenken nicht bestehen.**

**(9) Treppengeländer müssen mindestens 0,90 m, bei Treppen mit mehr als 12 m Absturzhöhe mindestens 1,10 m hoch sein.**

**(10) Eine Treppe darf nicht unmittelbar hinter einer Tür beginnen, die in Richtung der Treppe aufschlägt; zwischen Treppe und Tür ist ein Treppenabsatz anzuordnen, der mindestens so tief sein soll, wie die Tür breit ist.**

**(11) Die Absätze 3 bis 7 gelten nicht für Treppen innerhalb von Wohnungen.**

**Anmerkungen** (Autor: Temme)

**Übersicht**


| | | Rdn. |
|---|---|---|
| 0 | Änderungen gegenüber der BauO NW 1984 und der BauO NW 1995 | 01–02 |
| 1 | Allgemeines | 1– 8 |
| 2 | Zu Absatz 1 – Notwendige Treppen und ihre Führung | 9–14 |
| 3 | Zu Absatz 2 – Einschiebbare Treppen und Rolltreppen | 15–16 |
| 4 | Zu Absatz 3 – Feuerwiderstandsdauer | 17–17a |
| 5 | Zu Absatz 4 – Führung notwendiger Treppen | 18–19 |
| 6 | Zu Absatz 5 – Nutzbare Breite | 20–20a |
| 7 | Zu Absatz 6 bis 9 – Handläufe und Treppengeländer | 21–23 |
| 8 | Zu Absatz 10 – Türen an Treppen | 24–24a |
| 9 | Zu Absatz 11 – Rückausnahme | 25 |


## 0 Änderungen gegenüber der BauO NW 1984 und der BauO NW 1995

Die Vorschrift des **§ 36 BauO NW 1995** entsprach – bis auf Absatz 3 – den Regelungen des § 32 BauO NW 1984. Die Anforderungen an die tragenden Teile notwendiger Treppen in Absatz 3 wurden auf Treppen in Gebäuden geringer Höhe ausgedehnt. 01

Die **BauO NRW 2000** hat § 36 BauO NW 1995 **im Wortlaut übernommen**. 02

## 1 Allgemeines

Die Vorschriften des § 36 BauO NRW dienen sowohl dem **Brandschutz** als auch der **Verkehrssicherheit** (§ 19 BauO NRW). Sie erfassen die **notwendigen Treppen** (§ 17 Abs. 3 BauO NRW) als Teile der vertikalen Rettungswege und auch die aus Gründen des Brandschutzes **nicht notwendigen** Treppen. Sie korrespondieren mit den Vorschriften des § 37 BauO NRW – Treppenräume – und als Teil des Rettungswegesystems mit den Vorschriften des § 38 BauO NRW – notwendige Flure und Gänge. **Sonderbauvorschriften**, wie z. B. die VStättVO und die Bauaufsichtlichen Richtlinien für Schulen, enthalten aufgrund der besonderen oder auch anderen Nutzung dieser Sonderbauten teilweise abweichende und weitergehende Anforderungen an Treppen. 1

**Innerhalb von Wohnungen** und somit auch in **Einfamilienhäusern** gelten, wie sich aus der Rückausnahme des Absatzes 11 ergibt, nur Absatz 1 (als Grundforderung), Absatz 2 (Regelung einschiebbarer Treppen) und Absatz 10 (Treppen hinter Türen). Die Absätze 8 und 9 (Handläufe und Treppengeländer regelnd) kommen zunächst nicht zur Anwendung, da sie sich auf Vorschriften beziehen, die nach Absatz 11 aus dem Geltungsbereich ausgenommen sind (s. jedoch Rdn. 23). 2

Bereits die Novellierung des Bauordnungsrechts im Jahr 1984 reduzierte den Vorschriftenbestand für Treppen. **Verzichtet** wurde unter anderem auf Anforderungen an das Steigungsverhältnis von Treppen, an Mindestauftrittsbreiten und Mindestauftrittshöhen, an Wendel- und Spindeltreppen, an die Lage und Führung des Handlaufs bei Wendelstufen, an die Durchgangshöhe von Treppen sowie an das Mindestmaß der lichten Höhe zwischen den Stufen in Gebäuden, in denen mit dauernder oder häufiger Anwe- 3 senheit von Kindern zu rechnen ist. Der Gesetzgeber sah dies unter dem Aspekt der Stärkung der Verantwortlichkeit der am Bau Beteiligten als sinnvoll an (s. Rdn. 6).

4 Der **Bauherr** ist neben dem Entwurfsverfasser, dem Unternehmer und dem Bauleiter einer der am Bau Beteiligten. Er trägt nach den §§ 56 und 57 BauO NRW die **Hauptverantwortung für die Einhaltung des öffentlichen Baurechts**. So, wie die Baugenehmigung auch für und gegen den Rechtsnachfolger des Bauherrn gilt (§ 75 Abs. 2 BauO NRW), übernimmt der **Rechtsnachfolger** (z. B. der Käufer) auch dessen (öffentlich-rechtliche) Verantwortlichkeit für das Bauvorhaben. Auf seinem Grundstück und innerhalb seines Gebäudes tragen der **Bauherr**, bzw. als dessen Rechtsnachfolger der **Eigentümer** oder der **Nutzer, neben der öffentlich-rechtlichen** auch die **privat-rechtliche Verantwortung** für die ordnungsgemäße und gefahrenfreie Nutzbarkeit des Grundstücks und des Gebäudes. Aus **§ 823 Abs. 1 BGB** resultiert im Einzelfall eine besondere **Verkehrssicherungspflicht** des Grundstückseigentümers, die zum Schutz bedrohter Rechtsgüter höhere Anforderungen stellen und mehr an Sorgfalt verlangen kann, als in öffentlich-rechtlichen Bestimmungen normiert ist, wenn Kinder vor den Folgen ihrer Unerfahrenheit und Unbesonnenheit zu schützen sind (BGH, Urteil vom 4. 5. 1999 – VI ZR 379/98, NJW 1999, 2364).

5 Diese Rechtslage berücksichtigte bereits § 10 Abs. 9 der Ausführungsverordnung zur BauO NW 1970. Diese Vorschrift nahm Einfamilienhäuser, in denen auch mit dauernder oder häufiger Anwesenheit von Kindern zu rechnen ist, von der Regelung aus, wonach bei Treppen ohne Setzstufen oder geschlossene Unterseiten das lichte Maß der Öffnungen zwischen den Stufen 12 cm nicht übersteigen durfte. Das Bauordnungsrecht ging somit von der **Eigenverantwortlichkeit der Nutzer**, insbesondere auch der Eltern für ihre Kinder bei der Nutzung des Hauses und der Wohnung aus. Diesem gesetzgeberischen Ansatz lag auch die Überlegung zugrunde, dass Treppen nur ihrer Bestimmung gemäß zu nutzen sind. Die Gefahr, auf einer Treppe zu stürzen, ist weitaus größer als die Gefahr, durch eine Öffnung zwischen einzelnen Stufen zu rutschen; das gilt auch für die Nutzung einer Treppe durch **Kleinkinder**. Treppen sind potentielle Gefahrenquellen, vor denen Kleinkinder – wie vor anderen Gefahrenquellen auch – durch die Erziehungsberechtigten und Aufsichtspersonen aufgrund ihrer Fürsorgepflicht zu schützen sind.

6 Technische Regeln über das Steigungsverhältnis von Treppen und über Mindestauftrittsbreiten von Stufen enthält unter anderem die Norm **DIN 18065** – Gebäudetreppen; Definitionen, Messregeln, Hauptmaße (Ausgabe Januar 2000). Darüber hinaus bestehen noch zahlreiche weitere Regeln, die bei der Planung zu beachten sind (vgl. Meyer-Bohe, Die Treppe, DAB 2000, S. 1574 ff.). Die in der Norm DIN 18065 mit Toleranzen angegebenen Maße berücksichtigen sowohl die **Verkehrssicherheit** als auch die **Bequemlichkeit** von Treppen. Eine bauaufsichtliche Einführung der Norm DIN 18065 ist in Nordrhein-Westfalen nicht erforderlich. Nach § 3 Abs. 3 BauO NRW werden nur bauaufsichtlich relevante Normen eingeführt, die von der Bauaufsicht im bauaufsichtlichen Verfahren zu prüfen sind (s. die Anmerkungen zu § 3 Rdn. 55–67 und zu § 72 Rdn. 95–99).

7 Die Norm DIN 18065 ist eine der **Sicherheit** dienende **allgemein anerkannte Regel der Technik** im Sinne des § 3 Abs. 1 Satz 2 BauO NRW. Da sie nicht nach § 3 Abs. 3 BauO NRW bauaufsichtlich eingeführt ist, werden die Bauvorlagen von der Bauaufsicht nicht auf ihre Übereinstimmung mit den Regelungen der Norm überprüft. Gleichwohl kann die Bauaufsichtsbehörde die Norm bei Bauzustandsbesichtigungen oder bei der Kontrolle einer Treppe aufgrund von Beschwerden zur Beurteilung der **Verkehrssicherheit** heranziehen, um gefahrenträchtige Zustände im Rahmen des ordnungsbehördlichen

Einschreitens nach § 61 BauO NRW zu beseitigen (vgl. VG Freiburg, Urteil vom 20. 3. 2001 – 7 K 521/00, BauR 2001, 1724 = BRS 64 Nr. 135).

Die **Übereinstimmung von Treppen** und deren **Umwehrungen mit** den Regelungen der Norm **DIN 18065** begründet die **Vermutung**, dass die allgemein anerkannten Regeln der Technik unter dem Aspekt der Sicherheit entsprechend § 3 Abs. 1 Satz 2 BauO NRW beachtet sind. Der Bauherr trägt nach den §§ 56 und 57 BauO NRW die Verantwortung, dass die öffentlich-rechtlichen Vorschriften eingehalten werden (s. Rdn. 4). Während der Entwurfsverfasser unter anderem dafür zu sorgen hat, dass die für die Ausführung notwendigen Zeichnungen und Berechnungen den öffentlich-rechtlichen Vorschriften entsprechen (§ 58 Abs. 1 BauO NRW), sind der Unternehmer und der Bauleiter unter anderem für die ordnungsgemäße, den allgemein anerkannten Regeln der Technik und den genehmigten Bauvorlagen entsprechende Ausführung der Treppe verantwortlich (§§ 59 Abs. 1 und 59 a Abs. 1 BauO NRW). 8

## 2 Zu Absatz 1 – Notwendige Treppen und ihre Führung

Absatz 1 ergänzt die Grundforderung des § 17 Abs. 3 Satz 1 und 2 BauO NRW und wird durch die Anforderungen des **Absatzes 4** ergänzt (s. Rdn. 21). Aus der Kombination dieser Vorschriften ergibt sich: 9

Über **notwendige Treppen** als erster Rettungsweg sind zugänglich zu machen:

- jedes Geschoss mit Aufenthaltsräumen (§ 17 Abs. 3 Satz 1 BauO NRW),
- jedes nicht zu ebener Erde liegende (s. nachfolgende Rdn. 10) Geschoss unterhalb des Dachraumes, das keine Aufenthaltsräume enthält, jedoch genutzt wird, z. B. als Installationsgeschoss oder als Garagengeschoss, für Nebenräume, wie Abstellräume oder Trockenräume (Absatz 1 Satz 1), und
- jedes benutzbare (s. nachfolgende Rdn. 12) Geschoss innerhalb des Dachraumes unabhängig von seiner Nutzung (Absatz 1 Satz 1).

Satz 1 bezieht sich auf **alle** Geschosse eines Gebäudes, die **nicht zu ebener Erde** liegen. Nicht zu ebener Erde liegen auch sog. „Erdgeschosse“, wenn die Oberkante des Erdgeschosses mehr als eine Stufenhöhe über der anstoßenden Geländeoberfläche gelegen ist, sowie Kellergeschosse. 10

**Galerien** bzw. **Emporen** als Bestandteil eines Raumes sind selbst keine Geschosse (s. die Anmerkungen zu § 2 Rdn. 190). Sie dürfen dann jedoch keine weiteren Räume erschließen, und sie müssen sich im Rahmen ihrer Integration dem Gesamtraum, in dem sie eingebaut sind, ihrer Fläche nach unterordnen. 11

**Benutzbar** ist ein Dachraum nicht nur dann, wenn er die zur Aufnahme von Aufenthaltsräumen (s. die Anmerkungen zu § 2 Rdn. 219–234) erforderliche lichte Höhe (s. die Anmerkungen zu § 48 Rdn. 4–8) aufweist, sondern auch dann, wenn er als Abstellraum oder als Trockenraum genutzt werden kann. Ein Dachraum, der nicht die Kopfhöhe von etwa 2 m erreicht, kann allerdings nicht mehr als benutzbar gelten. 12

Wenn die Rettung von Menschen auf andere Weise nicht möglich ist, können nach Absatz 1 **weitere notwendige Treppen** gefordert werden; dies wird z. B. dann der Fall sein, wenn anleiterbare Stellen nicht oder nicht in ausreichender Zahl vorhanden sind, um den zweiten Rettungsweg über die Leitern der Feuerwehr sicherzustellen. 13

14 **Rampen** können die Aufgabe notwendiger Treppen übernehmen. Sie können für bauliche Anlagen erforderlich sein, die von Menschen mit Behinderung, alten Menschen und Personen mit Kleinkindern nicht nur gelegentlich aufgesucht werden (s. die Anmerkungen zu § 55 Rdn. 25–26). Solche Rampen dürfen nach § 55 Abs. 4 BauO NRW nicht mehr als 6 vom Hundert geneigt sein, sie müssen mindestens 1,20 m breit sein und beidseitig einen festen und griffsicheren Handlauf haben; dese Vorschrift regelt auch die bei solchen Rampen erforderlichen Podeste.

### 3 Zu Absatz 2 – Einschiebbare Treppen und Rolltreppen

15 Nach **Satz 1** sind **einschiebbare Treppen** und **Rolltreppen** als notwendige Treppen grundsätzlich unzulässig. **Satz 2** schränkt die Forderung des Absatzes 1, nach der der benutzbare Dachraum über eine notwendige Treppe zugänglich sein muss, für **Gebäude geringer Höhe** ein. In diesen Gebäuden sind danach sowohl **einschiebbare Treppen** als auch **Leitern** als Zugang zu einem Dachraum **ohne Aufenthaltsräume** (s. die Anmerkungen zu § 2 Rdn. 218 und 234) zulässig. An den Abschluss der Deckenöffnung stellt § 34 Abs. 5 Satz 2 BauO NRW keine brandschutztechnische Anforderung.

16 Im Rahmen einer Abweichung nach § 73 BauO NRW können einschiebbare Treppen und Leitern als Zugang zu **sonstigen** – nicht im Dachraum gelegenen – **Räumen ohne Aufenthaltsqualität** gestattet werden, wenn wegen des Brandschutzes keine Bedenken bestehen. Bei der Prüfung der Abweichungsvoraussetzungen wird die Nutzung des Raumes und insbesondere dessen Brandbelastung zu würdigen sein.

### 4 Zu Absatz 3 – Feuerwiderstandsdauer

17 Aus den Regelungen der **Absätze 3** und **11** ergeben sich folgende Anforderungen an den baulichen Brandschutz **tragender Teile notwendiger Treppen**:

- **keine** Anforderungen bei Wohngebäuden geringer Höhe mit nicht mehr als zwei Wohnungen, innerhalb von Wohnungen und somit auch innerhalb von Einfamilienhäusern,
- **keine** Anforderungen an die Feuerwiderstandsklasse, jedoch aus **nichtbrennbaren** Baustoffen bei Gebäuden geringer Höhe,
- Feuerwiderstandsklasse **F 90** und aus **nichtbrennbaren** Baustoffen bei allen anderen Gebäuden.

Auf eine Stahlbetonplatte der Feuerwiderstandsklasse F 90 **aufgesetzte Stufen** sind keine tragenden Teile und werden von dieser Vorschrift nicht erfasst. Ob solche aufgesetzten Stufen aus Holz zulässig sind, richtet sich nach § 37 Abs. 9 BauO NRW. Danach müssen aufgesetzte Stufen als Bodenbelag mindestens **schwerentflammbar** (B 1) sein. Harthölzer als Bodenbelag, wie Eiche oder Buche, erfüllen in der Regel die Anforderung.

17a Die MBO 2002 mindert diese Anforderungen zum Teil wesentlich. Kriterium der Anforderungen sind die **fünf Gebäudeklassen** nach § 2 Abs. 3 MBO 2002 (s. die Anmerkungen vor §§ 29 bis 35 Rdn. 10). Nach § 34 Abs. 4 MBO 2002 müssen die tragenden Teile notwendiger Treppen in Gebäuden

- der Gebäudeklasse 5 feuerhemmend und aus nichtbrennbaren Baustoffen,
- der Gebäudeklasse 4 aus nichtbrennbaren Baustoffen,
- der Gebäudeklasse 3 aus nichtbrennbaren Baustoffen oder feuerhemmend

sein. Tragende Teile von **Außentreppen** (s. die Anmerkungen zu § 37 Rdn. 9) für Gebäude der Gebäudeklassen 3 bis 5 müssen aus nichtbrennbaren Baustoffen bestehen.

### 5 Zu Absatz 4 – Führung notwendiger Treppen

Nach **Absatz 4** sind in Gebäuden mit mehr als zwei Geschossen über der Geländeoberflä- 18
che (s. die Anmerkungen zu § 2 Abs. Rdn. 217–218) die notwendigen Treppen **in einem Zuge** zu allen anderen angeschlossenen Geschossen (s. Rdn. 9–12) zu führen. Diese Vorschrift ergänzt § 37 Abs. 1 Satz 1 BauO NRW, wonach jede notwendige Treppe in einem **eigenen durchgehenden** Treppen**raum** liegen muss. Durch diese Vorschriften soll eine gefahrlose Rettung von Personen im Gefahrenfall ermöglicht werden. Der Verlauf der Treppe soll vom obersten und auch vom tiefstgelegenen Geschoss bis zum Ausgang ins Freie (§ 37 Abs. 2 Satz 1 BauO NRW) nicht unterbrochen werden und auch nicht durch andere Räume – wie Flure – führen (s. auch die Anmerkungen zu § 37 Rdn. 12–13).

Die Vorschrift des **Absatzes 4** zweiter Halbsatz ist nur eine Klarstellung, da Absatz 1 die 19
Geschosse unterhalb des Dachraumes und die Geschosse im Dachraum unterscheidet. Aus ihr kann nicht abgeleitet werden, dass **nicht** benutzbare Geschosse (s. Rdn. 12) innerhalb des Dachraumes an die notwendige Treppe angeschlossen werden müssen. Auch Treppen, die nach § 37 Abs. 1 Satz 2 BauO NRW als innere Verbindung von Geschossen innerhalb einer Nutzungseinheit Geschosse in Dachräumen erschließen, werden von der Vorschrift nicht erfasst.

### 6 Zu Absatz 5 – Nutzbare Breite

Die nutzbare **Breite** der Treppen und Treppenabsätze wird zwischen den Handläufen 20
oder zwischen Handlauf und Wand gemessen (zum Einbau eines Hängelifts s. VG Freiburg, Urteil vom 20. 3. 2001 – 7 K 521/00, BauR 2001, 1724 = BRS 64 Nr. 135). Treppen mit **geringer Benutzung** können solche sein, die zu einem wenig benutzten Dachgeschoss führen. Nach der Rechtsprechung kann bei einem Treppenhaus für insgesamt 7 Wohnungen schon nicht mehr von einer geringen Benutzung ausgegangen werden, weil grundsätzlich auf die mit der Baugenehmigung gestattete maximal zulässige Bewohnbarkeit des Gebäudes abzustellen ist (Nds. OVG, Urteil vom 24. 6. 1994 – 6 L 5528/92, BRS 56 Nr. 118 zur Unzulässigkeit des Einbaus eines Schrägaufzugs). Die Vorschrift gilt gemäß Absatz 11 nicht für Treppen innerhalb von Wohnungen und Einfamilienhäusern.

Aufgrund des ansteigenden Bedarfs zum **nachträglichen Einbau von Treppenliften**, um 20a
älteren oder gehbehinderten Menschen die Erreichbarkeit ihrer Wohnungen in den Obergeschossen der Wohngebäude zu erleichtern, hat die oberste Bauaufsichtsbehörde mit RdErl. vom 17. 11. 2004 – II A 4.R-100/36, n. v., **Kriterien für Abweichungsentscheidungen** nach § 73 BauO NRW bekannt gemacht, die für Treppen mit einer **Mindestbreite** von **1 m** in **Wohngebäuden** gelten. Gegen die Erteilung einer Abweichung nach § 73 BauO NRW für den nachträglichen Einbau bestehen danach keine Bedenken, wenn folgende Kriterien erfüllt sind:

1. *Die Treppe erschließt nur Wohnungen und/oder vergleichbare Nutzungen (in Abhängigkeit von der Personenzahl).*
2. *Die Mindestlaufbreite der Treppe von 100 cm darf durch die Führungskonstruktion nicht wesentlich unterschritten werden; eine untere Einschränkung des Lichtraumpro-*

*fils (s. Bild 5 der DIN 18065 „Gebäudetreppen") von höchstens 20 cm Breite und höchstens 50 cm Höhe ist hinnehmbar, wenn die Treppenlauflinie (s. 3.6 der DIN 18065) oder der Gehbereich (s. 9 der DIN 18065) nicht verändert wird. Ein Handlauf muss zweckentsprechend genutzt werden können.*

3. *Wird ein Treppenlift über mehrere Geschosse geführt, muss mindestens in jedem Geschoss eine ausreichend große Wartefläche vorhanden sein, um das Abwarten einer begegnenden Person bei Betrieb des Treppenlifts zu ermöglichen. Das ist nicht erforderlich, wenn neben dem benutzten Lift eine Restlaufbreite der Treppe von 60 cm gesichert ist.*
4. *Der nicht benutzte Lift muss sich in einer Parkposition befinden, die den Treppenlauf nicht mehr als nach Nr. 2 zulässig einschränkt. Im Störfall muss sich der Treppenlift auch von Hand ohne größeren Aufwand in die Parkposition fahren lassen.*
5. *Während der Leerfahrten in die bzw. aus der Parkposition muss der Sitz des Treppenlifts hochgeklappt sein. Neben dem hochgeklappten Sitz bzw. einer Fußablage muss eine Restlaufbreite der Treppe von 60 cm verbleiben.*
6. *Gegen die missbräuchliche Nutzung muss der Treppenlift gesichert sein.*
7. *Der Treppenlift soll aus nichtbrennbaren Materialien bestehen, soweit das technisch möglich ist.*

Diese Kriterien beziehen sich ausdrücklich nur für die Ausführung als **Sitztreppenlift**. Bezüglich anderer Treppenlifte, wie z. B. Plattformlifte, muss im Einzelfall geprüft werden, ob diese Kriterien für eine Abweichungsentscheidung hilfreich sein können.

### 7 Zu Absatz 6 bis 9 – Handläufe und Treppengeländer

**21** Die Vorschriften der Absätze 6 bis 9 dienen der **Verkehrssicherheit auf Treppen**. Sie stehen mit den Vorschriften des § 41 BauO NRW in Verbindung, der die Anordnung, Höhe und Ausbildung von Umwehrungen regelt. Die Vorschriften gelten nicht nur für notwendige, sondern für alle Treppen, sowohl innerhalb von Gebäuden als auch auf Grundstücken, wenn sie hier z. B. unterschiedliche Geländehöhen überbrücken.

**22** Der **Handlauf** muss so angeordnet und ausgebildet sein, dass er – insbesondere im Gefahrenfall, wenn Personen eine Treppe in Eile nutzen müssen – einen sicheren Halt bietet. Bei der Gestaltung und Anordnung des Handlaufs sollten auch und gerade die Belange behinderter und alter Menschen berücksichtigt werden, die auf einen **griffsicheren** Handlauf angewiesen sind. Seile als einziger Handlauf sind unzulässig, weil sie nicht der Forderung entsprechen, nach der der Handlauf **fest** sein muss.

**22a** Handläufe auf **beiden Seiten** können bei großer **nutzbarer Breite** gefordert werden. Ist die Treppe sehr stark frequentiert, oder sind auf die Treppe im Gefahrenfall viele Personen angewiesen, so sollte diese Forderung bereits bei Treppen von mehr als 1 m gestellt werden. Sind nur wenige Personen auf die Treppe angewiesen, oder hat die Treppe ein sehr bequemes Steigungsverhältnis, sollte die Forderung erst bei entschieden größeren Treppenbreiten gestellt werden. Jedoch sollten vom Bauherrn auch die Belange behinderter und alter Menschen berücksichtigt werden.

**22b** Treppen von **mehr als 4 m Breite** für viele Personen, wie sie mitunter in **Sonderbauten** zur Anwendung kommen, sollten durch **Zwischenhandläufe** unterteilt werden. Ohnehin besteht für Sonderbauten nach § 54 Abs. 2 Nr. 4 BauO NRW die Ermächtigung zu besonderen Anforderungen an die Verkehrssicherheit. Für **Versammlungsstätten** begrenzt § 8 Abs. 3 VStättVO die lichte Breite notwendiger Treppen auf 2,40 m.

**Absatz 9** regelt die **Höhe aller Treppengeländer**, die die freien Seiten von Treppen sichern. Auch wenn nach Absatz 11 die freien Seiten der Treppen innerhalb von Wohnungen nicht durch Geländer gesichert sein müssen, so muss die Höhe eines freiwillig angebrachten Treppengeländers dennoch Absatz 9 entsprechen. Stellt eine Person fest, dass eine Treppe kein Geländer hat, verhält sie sich vorsichtiger, als auf einer Treppe mit Geländer. Weist eine Treppe ein Geländer auf, so erwartet der Nutzer unbewusst, dass dieses – wie gewohnt – eine ausreichende Höhe aufweist. 23

## 8 Zu Absatz 10 – Türen an Treppen

Der **Absatz 10** regelt eine Selbstverständlichkeit – nämlich, dass eine Treppe nicht unmittelbar hinter einer Tür beginnen darf, die in Richtung der Treppe aufschlägt, und ferner, dass zwischen Treppe und Tür ein Treppenabsatz anzuordnen ist, der mindestens so tief sein soll, wie die Tür breit ist. Die Praxis beweist, wie wenig selbstverständlich diese der Verkehrssicherheit dienende Vorschrift ist. Die Regelung findet grundsätzlich Anwendung, so dass sie auch für nicht notwendige Treppen gilt. Die Regelung wird auch nicht von der Rückausnahme des Absatzes 11 erfasst. 24

Der Treppenabsatz unmittelbar hinter einer Tür ist einerseits geboten, um zu verhindern, dass eine Person die Tür öffnet, nicht mit der Treppe rechnet und deshalb nach einem Fehltritt das Gleichgewicht verliert und die Treppe herunterstürzt. Andererseits kann beim Aufsteigen das Öffnen der Tür zu einer Gefahr werden. Bauherren und Entwurfsverfassern sei hier zur Erläuterung nur folgende Situation vor Augen geführt: Eine Person steigt – mit einem Tablett in einer Hand – eine Treppe hoch und soll nun – oben angekommen – eine Tür öffnen, die ihr entgegen aufschlägt. 24a

## 9. Zu Absatz 11 – Rückausnahme

Die Vorschrift des **Absatzes 11** schließt die Regelungen der Absätze 3 bis 7 für Treppen **innerhalb von Wohnungen** aus – unabhängig davon, ob es sich um notwendige oder nicht notwendige Treppen handelt. Innerhalb von Wohnungen und somit innerhalb von **Einfamilienhäusern** gelten demnach nur Absatz 1 als Grundforderung, Absatz 2 hinsichtlich der einschiebbaren Treppen und Absatz 10 hinsichtlich der Türen an Treppen. Die Absätze 8 und 9 – Handläufe und Treppengeländer regelnd – kommen innerhalb von Wohnungen und somit innerhalb von Einfamilienhäusern in der Regel nicht zur Anwendung, da sie sich unmittelbar auf die Vorschriften der Absätze 6 und 7 beziehen, die nach Absatz 11 vom Geltungsbereich ausgenommen sind (zu den Regelungen in Absatz 9 s. jedoch Rdn. 23). 25

## § 37
## Treppenräume

**(1) [1]Jede notwendige Treppe muss in einem eigenen Treppenraum (notwendiger Treppenraum) liegen. [2]Für die Verbindung von Geschossen innerhalb derselben Nutzungseinheit sind notwendige Treppen ohne Treppenraum zulässig.**

**(2) [1]Von jeder Stelle eines Aufenthaltsraumes sowie eines Kellergeschosses muss mindestens ein notwendiger Treppenraum oder ein Ausgang ins Freie in höchstens 35 m Entfernung erreichbar sein. [2]Sind mehrere notwendige Treppenräume erforderlich, müssen sie so verteilt sein, dass die Rettungswege möglichst kurz sind.**

**(3) Übereinanderliegende Kellergeschosse müssen jeweils mindestens zwei Ausgänge zu notwendigen Treppenräumen oder ins Freie haben.**

**(4) [1]Notwendige Treppenräume müssen durchgehend sein und an einer Außenwand liegen. [2]Notwendige Treppenräume, die nicht an einer Außenwand liegen (innenliegende notwendige Treppenräume), sind zulässig, wenn ihre Benutzung durch Raucheintritt nicht gefährdet werden kann.**

**(5) [1]Jeder notwendige Treppenraum muss einen sicheren Ausgang ist Freie haben. [2]Sofern der Ausgang eines notwendigen Treppenraumes nicht unmittelbar ins Freie führt, muss der Raum zwischen dem notwendigen Treppenraum und dem Ausgang ins Freie**

**1. mindestens so breit sein wie die dazugehörigen Treppen,**

**2. Wände haben, die die Anforderungen an die Wände des Treppenraumes erfüllen,**

**3. rauchdichte und selbstschließende Türen zu notwendigen Fluren haben und**

**4. ohne Öffnung zu anderen Räumen, ausgenommen zu notwendigen Fluren, sein.**

**[3]Abweichungen von Satz 2 Nummern 2 und 4 können zugelassen werden, wenn Bedenken wegen des Brandschutzes nicht bestehen.**

**(6) In Geschossen mit mehr als vier Wohnungen oder Nutzungseinheiten vergleichbarer Größe müssen notwendige Flure angeordnet sein.**

**(7) [1]Die Wände notwendiger Treppenräume und ihrer Zugänge zum Freien sind**

**1. in Gebäuden geringer Höhe in der Feuerwiderstandsklasse F 90 und in den wesentlichen Teilen aus nichtbrennbaren Baustoffen (F 90-AB),**

**2. in anderen Gebäuden in der Bauart von Brandwänden (§ 33)**

**herzustellen. [2]Dies gilt nicht, soweit diese Wände Außenwände sind, den Anforderungen des § 29 Abs. 1 entsprechen und durch andere an diese Außenwände anschließende Bauteile nicht gefährdet werden können. [3]Bauteile dürfen in Treppenraumwände nur so weit eingreifen, dass der verbleibende Wandquerschnitt die Feuerwiderstandsklasse F 90 behält; für Leitungen, Leitungsschlitze und Schornsteine gilt dieses entsprechend. [4]Leitungen dürfen durch Treppenraumwände nur hindurchgeführt werden, wenn eine Übertragung von Feuer und Rauch nicht zu befürchten ist oder Vorkehrungen hiergegen getroffen sind.**

**(8) [1]Der obere Abschluss notwendiger Treppenräume ist**

**1. in Gebäuden geringer Höhe mindestens in der Feuerwiderstandsklasse F 30,**

**2. in anderen Gebäuden mindestens in der Feuerwiderstandsklasse F 90**

**herzustellen. [2]Dies gilt nicht, wenn der obere Abschluss das Dach oder ein Hohlraum nach § 2 Abs. 6 Satz 2 ist.**

**(9) [1]In notwendigen Treppenräumen und in Räumen nach Absatz 5 Satz 2 müssen**

**1. Bekleidungen, Putze, Dämmstoffe, Unterdecken und Einbauten aus nichtbrennbaren Baustoffen,**

**2. Bodenbeläge, ausgenommen Gleitschutzprofile, aus mindestens schwerentflammbaren Baustoffen**

**bestehen. [2]Leitungsanlagen sind zulässig, wenn Bedenken wegen des Brandschutzes nicht bestehen.**

**(10) In notwendigen Treppenräumen müssen**

**1. Öffnungen zum Kellergeschoss, zu nicht ausgebauten Dachräumen, Werkstätten, Läden, Lagerräumen und ähnlichen Räumen sowie zu Nutzungseinheiten mit mehr als 200 m² Nutzfläche ohne notwendige Flure rauchdichte und selbstschließende Türen mit einer Feuerwiderstandsklasse T 30,**

**2. Öffnungen zu notwendigen Fluren, rauchdichte und selbstschließende Türen und**

**3. sonstige Öffnungen außer in Gebäuden geringer Höhe dichtschließende Türen**

**erhalten.**

**(11) [1]Notwendige Treppenräume müssen zu lüften und zu beleuchten sein. [2]Notwendige Treppenräume, die an einer Außenwand liegen, müssen in jedem Geschoss Fenster mit einer Größe von mindestens 0,5 m² haben, die geöffnet werden können. [3]Innenliegende notwendige Treppenräume müssen in Gebäuden mit mehr als fünf Geschossen oberhalb der Geländeoberfläche eine Sicherheitsbeleuchtung haben.**

**(12) [1]In Gebäuden mit mehr als fünf Geschossen oberhalb der Geländeoberfläche sowie bei innenliegenden notwendigen Treppenräumen muss an der obersten Stelle eines notwendigen Treppenraumes ein Rauchabzug vorhanden sein. [2]Der Rauchabzug muss eine Rauchabzugsöffnung mit einem freien Querschnitt von mindestens 5 vom Hundert der Grundfläche, mindestens jedoch von 1 m² haben. [3]Der Rauchabzug muss vom Erdgeschoss und vom obersten Treppenabsatz aus bedient werden können. [4]Abweichungen können zugelassen werden, wenn der Rauch auf andere Weise abgeführt werden kann.**

**(13) [1]Die Absätze 1 bis 5 und 7 bis 11 gelten nicht für Wohngebäude mit nicht mehr als zwei Wohnungen. [2]Absatz 6 gilt nicht für Wohngebäude geringer Höhe.**

***VV BauO NRW*** *(infolge Befristung mit Ablauf des 31. 12. 2005 ausgelaufen)*

***37 Treppenräume (§ 37)***

*37.1 Zu Absatz 1*

*37.11 Der eigene, durchgehende Treppenraum*

*Nach Satz 1 muss jede notwendige Treppe in einem eigenen und somit geschlossenen Treppenraum liegen. Dies gilt nach Absatz 13 nicht für Wohngebäude geringer Höhe mit nicht mehr als zwei Wohnungen.*

*Es bestehen keine Bedenken gegen die Erschließung von Wohnungen in einem Gebäude geringer Höhe sowie von nicht mehr als vier Wohnungen in einem Gebäude mittlerer Höhe über eine außenliegende, offene Treppe im Rahmen einer Abweichung von der Vorschrift des § 37 Abs. 1 Satz 1, wenn im Brandfall die Benutzung der Treppe nicht gefährdet und die Verkehrssicherheit der Treppe gewährleistet ist.*

*37.12 Die notwendige Treppe ohne Treppenraum*

*Nach Satz 2 sind für die Verbindung von Geschossen innerhalb derselben Nutzungseinheit notwendige Treppen ohne Treppenraum zulässig.*

*Bei baulichen Anlagen, die keine Sonderbauten sind, führen die inneren Verbindungen von Nutzungseinheiten in der Regel über nicht mehr als zwei Geschosse. Sollen innere Verbindungen über mehrere Geschosse geführt werden, so ist die höchstzulässige Entfernung bis zum Ausgang ins Freie oder in einen notwendigen Treppenraum nach § 37 Abs. 2 zu beachten. Bei Sonderbauten ist im Einzelfall zu prüfen, unter welchen Voraussetzungen innere Verbindungen über mehrere Geschosse unter Berücksichtigung der Belange des vorbeugenden Brandschutzes zugelassen werden können.*

*37.4 Zu Absatz 4*

*37.41 An der Außenwand angeordnete notwendige Treppenräume*

*Ein Treppenraum ist an der Außenwand angeordnet, wenn zumindest die Tiefe eines Treppenpodestes in allen Geschossen oberhalb des Erdgeschosses an der Außenwand gelegen ist und von hier ausreichend beleuchtet und belüftet werden kann (s. § 37 Abs. 11).*

*37.42 Innenliegende notwendige Treppenräume*

*Innenliegende notwendige Treppenräume sind dann zulässig, wenn die Benutzung durch Raucheintritt nicht gefährdet werden kann. Die Bauherrin oder der Bauherr hat den Nachweis zu erbringen, dass eine solche Gefahr nicht besteht. Eine Gefährdung besteht dann nicht, wenn die in den Nrn. 37.421 bis 37.44 aufgeführten Anforderungen sowie die nachfolgenden allgemeinen Anforderungen erfüllt werden.*

*Allgemeine Anforderungen:*

- *Die Lüftungsanlagen sind einschließlich der Ansaugleitung vom Freien so anzuordnen und herzustellen, dass Feuer und Rauch durch sie nicht in den notwendigen Treppenraum übertragen werden können. Sofern die Lüftungsanlage mit nur einem Ventilator betrieben wird, muss dieser die Zuluft fördern.*
- *Die Wirksamkeit der Lüftungsanlagen ist vor der ersten Inbetriebnahme durch Prüfbericht eines Sachverständigen nach TPrüfVO nachzuweisen.*
- *Die in § 37 Abs. 12 verlangten Rauchabzüge müssen im Erdgeschoss und in Abständen von höchstens 3 Geschossen bedient werden können und im Erdgeschoss eine gleich große Zuluftöffnung haben; falls der notwendige Treppenraum einen direkten Ausgang ins Freie hat, kann die Zuluftöffnung die Haustür sein, wenn diese die entsprechende Größe und eine Feststellvorrichtung hat.*

37.421 *Gebäude geringer Höhe*

*Die Anforderungen des § 37 – außer Absatz 4 Satz 1, wonach der notwendige Treppenraum an der Außenwand liegen muss – müssen erfüllt sein.*

37.422 *Gebäude mit nicht mehr als fünf Geschossen oberhalb der Geländeoberfläche*

37.4221 *Der notwendige Treppenraum darf aus den Geschossen nur über einen Vorraum oder einen höchstens 10 m langen notwendigen Flur oder Flurabschnitt zugänglich sein.*

*Die Tür zwischen dem Treppenraum und dem Vorraum bzw. dem notwendigen Flur muss mindestens in der Feuerwiderstandsklasse T 30 und selbstschließend sein; bei einem Abstand von mehr als 2,50 m zu den Türen zu den Nutzungseinheiten kann eine rauchdichte und selbstschließende Tür angeordnet werden.*

*Die aus den Nutzungseinheiten in den Vorraum oder den notwendigen Flur führenden Ausgänge müssen rauchdichte und selbstschließende Türen haben.*

37.4222 *Abweichend von Nr. 37.4221 ist in Gebäuden mit nicht mehr als 10 Wohnungen oder Nutzungseinheiten von nicht mehr als 200 m² Nutzfläche der Vorraum oder der Flur nicht erforderlich, wenn die Öffnungen zum Treppenraum rauchdichte und selbstschließende Türen in der Feuerwiderstandsklasse T 30 erhalten; die Türen müssen mit Freilauf-Türschließern mit integriertem Rauchmelder ausgestattet werden.*

37.4223 *Abweichend von Nr. 37.4221 ist ebenfalls der Vorraum oder der Flur nicht erforderlich, wenn der notwendige Treppenraum mit einer Überdrucklüftungsanlage ausgestattet wird, die im Brandfall selbsttätig aktiviert wird, und wenn die Nutzer des Gebäudes über eine Alarmierungsanlage gewarnt werden. Der Überdruck im notwendigen Treppenraum darf bei geschlossenen Türen 15 Pa nicht unterschreiten und darf 100 N je 2 m² Türfläche nicht überschreiten. Der erforderliche Überdruck muss in einem Zeitraum von höchstens drei Minuten nach Inbetriebnahme der Anlage aufgebaut sein. Der in § 37 Abs. 12 zur Kaltentrauchung vorgeschriebene Rauchabzug darf zur Druckhaltung benutzt werden.*

*Fahrschächte von Aufzügen, die vom notwendigen Treppenraum zugänglich sind, müssen bei der Überdruckbemessung berücksichtigt werden.*

*Die Öffnungen zwischen den Nutzungseinheiten und dem notwendigen Treppenraum müssen selbstschließende Türen in der Feuerwiderstandsklasse T 30 erhalten; die Türen müssen mit Freilauf-Türschließern ausgestattet werden.*

37.424 *Bei Treppenräumen nach Nr. 37.4223 muss eine Ersatzstromversorgungsanlage (Ersatzstromanlage) für alle Sicherheitseinrichtungen des Treppenraums angeordnet sein, die sich bei Ausfall der Allgemeinen Stromversorgung selbsttätig innerhalb von 15 Sekunden einschaltet. Die Ersatzstromanlage ist für eine Betriebsdauer von mindestens 60 Minuten auszulegen; bei Wohngebäuden mit nicht mehr als 10 Wohnungen genügt eine Betriebsdauer von mindestens 30 Minuten. Als Ersatzstromanlage können Batterieanlagen oder Notstromdieselanlagen vorgesehen werden.*

*Anstelle einer Ersatzstromanlage können auch zwei voneinander unabhängige Netzeinspeisungen (siehe DIN VDE 0108 Teil 1 – Ausgabe Oktober 1989 – Abschnitt 6.4.6 – Besonders gesichertes Netz) oder eine Lösung, die als gleichwertig durch einen Sachverständigen nach TPrüfVO bescheinigt wird, angeordnet werden.*

*Die Beleuchtungsstärke in den Achsen der Rettungswege muss mindestens 1 Lux betragen.*

37.423 *Gebäude mit mehr als 5 Geschossen oberhalb der Geländeoberfläche*

37.4231 *Der notwendige Treppenraum darf aus den Geschossen nur über einen Vorraum zugänglich sein. Der Vorraum soll mindestens 3 m² Grundfläche bei 1 m Mindestbreite haben; er darf weitere Öffnungen nur zu Aufzügen und zu Sanitärräumen haben. Die Wände des Vorraums sind in der Feuerwiderstandsklasse F 90 und aus nichtbrennbaren Baustoffen (F 90-A), die Lüftungsschächte sind in der Feuerwiderstandsklasse L 90 herzustellen.*

*Türen zwischen notwendigem Treppenraum und Vorraum sowie zwischen Vorraum und Geschoss müssen mindestens in der Feuerwiderstandsklasse T 30 hergestellt sein; diese Türen müssen zueinander einen Abstand von mindestens 3 m einhalten. Die Tür zwischen notwendigem Treppenraum und dem Vorraum kann eine rauchdichte und selbstschließende sein.*

*Die Vorräume sind mit einer Lüftungsanlage mit Ventilatoren so zu be- und entlüften, dass in sämtlichen zu den Treppenräumen gehörenden Vorräumen ein mindestens 30-facher stündlicher Außenluftwechsel gewährleistet ist. Die Lüftungsanlage muss über Rauchmelder, die in dem Raum vor dem Vorraum anzubringen sind, automatisch in Betrieb gesetzt werden können.*

*Die Lüftungsanlage kann auch für einen mindestens 30fachen stündlichen Außenluftwechsel in mindestens drei zu einem Treppenraum gehörenden, unmittelbar übereinander liegenden Vorräumen bemessen werden, wenn die für die Be- und Entlüftung erforderlichen beiden Öffnungen in jedem Vorraum mit dicht schließenden Klappen versehen sind, die bei Rauchentwicklung durch Auslösen der Rauchmelder bei gleichzeitiger Inbetriebsetzung der Lüftungsanlage nur in dem jeweiligen Geschoss automatisch geöffnet werden.*

37.4232 *Abweichend von Nr. 37.4231 ist der Vorraum nicht erforderlich, wenn der Treppenraum mit einer Überdrucklüftungsanlage entsprechend 37.4223 und 37.4224 ausgestattet wird.*

*Die Öffnungen zwischen den Nutzungseinheiten und dem Treppenraum müssen selbstschließende Türen in der Feuerwiderstandsklasse T 30 erhalten; die Türen müssen mit Freilauf-Türschließern ausgestattet sein.*

*Die Ersatzstromanlage ist jedoch für eine Betriebsdauer von mindestens 60 Minuten auszulegen.*

37.424 *Hochhäuser*

37.4241 *Es gelten die Anforderungen der Nr. 37.4231.*

*Zusätzlich ist der notwendige Treppenraum mit einer Lüftungsanlage zu versehen, die im Brandfall den notwendigen Treppenraum mit einem Luftvolumenstrom von mindestens 20000 m³/h von unten nach oben, in Kellergeschossen von oben nach unten durchspült. Der erforderliche Luftvolumenstrom muss durch mindestens zwei gleich starke Ventilatoren gefördert werden. Der im notwendigen Treppenraum durch diesen Luftvolumenstrom entstehende maximale Überdruck darf 100 N je 2 m² Türfläche nicht überschreiten. Die verstärkte Lüftung muss in jedem Geschoss durch Rauchschalter selbsttätig in Betrieb gesetzt werden; sie muss im Erdgeschoss auch von Hand eingeschaltet werden können.*

*Die Rauchabzugsvorrichtungen sind entsprechend zu bemessen; ihre Größe muss jedoch mindestens § 37 Abs. 10 Satz 1 entsprechen.*

*37.4242 Die Lüftung gemäß Nr. 37.4241 ist nicht erforderlich, wenn der Treppenraum und der Vorraum eine gemeinsame Überdrucklüftungsanlage erhalten, bei der der Überdruck im Treppenraum durch (ggf. druckregelnde) Überströmöffnungen in den Vorraum und von dort ggf. in das anschließende Geschoss oder in einen Aufzugsschacht abgebaut wird (Druckgefälle).*

*Der Überdruck im notwendigen Treppenraum darf bei geschlossenen Türen 15 Pa nicht unterschreiten und darf 100 N je 2 m² Türfläche nicht überschreiten. Der erforderliche Überdruck muss in einem Zeitraum von höchstens 3 Minuten nach Inbetriebnahme der Anlage aufgebaut sein. Der in § 37 Abs. 12 zur Kaltentrauchung vorgeschriebene Rauchabzug darf zur Druckhaltung benutzt werden.*

*Die Überströmöffnung zwischen Treppenraum und Vorraum braucht keiner Feuerwiderstandsdauer zu entsprechen.*

*Sofern eine Überströmöffnung zwischen Vorraum und dem anschließenden Geschoss angeordnet wird, ist diese in der Feuerwiderstandsdauer von mindestens 30 Minuten für den Brandfall zu schließen (z. B. K30 oder K30-18017).*

*37.4243 Bei Treppenräumen nach Nrn. 37.4241 und 37.4242 gilt Nr. 37.4224 entsprechend. Die Ersatzstromanlage ist jedoch für eine Betriebsdauer von mindestens 90 Minuten auszulegen.*

*37.43 Sicherheitstreppenräume*

*Nach § 17 Abs. 3 ist ein zweiter Rettungsweg nicht erforderlich, wenn die Rettung über einen sicher erreichbaren (notwendigen) Treppenraum möglich ist, in den Feuer und Rauch nicht eindringen können (Sicherheitstreppenraum). Dass Feuer und Rauch nicht in den Sicherheitstreppenraum eindringen können, wird sichergestellt durch die Zugänglichkeit des Treppenraumes*

- *über einen im freien Windstrom angeordneten offenen Gang oder*
- *durch eine Sicherheitsschleuse bei Überdruck im Treppenraum.*

*Notwendige Flure, die nur in eine Richtung zu einem Sicherheitstreppenraum führen, dürfen bis zum offenen Gang oder bis zur Sicherheitsschleuse nicht länger als 10 m sein (§ 38 Abs. 3).*

*37.431 Sicherheitstreppenräume mit offenem Gang*

*37.4311 Der Sicherheitstreppenraum muss in jedem Geschoss über einen unmittelbar davor liegenden offenen Gang erreichbar sein. Dieser Gang ist so im Windstrom anzuordnen, dass Rauch jederzeit ungehindert – und ohne in den Sicherheitstreppenraum zu gelangen – ins Freie entweichen kann; er darf daher nicht in Gebäudenischen oder -winkeln angeordnet sein. Ein Laubengang gilt nur in dem Bereich als offener Gang zum Sicherheitstreppenraum, in dem er die Anforderungen der nachfolgenden Nrn. 37.4313 und 37.4314 erfüllt. Der Sicherheitstreppenraum und der offene Gang müssen in Gebäuden mit mehr als 5 Geschossen oberhalb der Geländeoberfläche eine von der allgemeinen Beleuchtung unabhängige Beleuchtung haben.*

*37.4312 Die Wände des Sicherheitstreppenraumes dürfen Öffnungen nur zu den offenen Gängen und ins Freie haben; alle anderen Öffnungen (z. B. zu weiterführenden Treppen, zu Kellergeschossen oder zu Aufzugs-, Installations- und Abfallschächten) sind unzulässig. Die Türen müssen dicht- und selbstschließend sein und in*

*Fluchtrichtung aufschlagen. Die an den offenen Gängen angeordneten und zur Beleuchtung des Treppenraumes erforderlichen Öffnungen müssen eine Verglasung mindestens der Feuerwiderstandsklasse G 30 nach DIN 4102–5, Fensterflügel eine Verglasung in der technischen Ausführung einer G 30-Verglasung erhalten. Dies gilt auch für die Verglasung der Türen. Die erforderlichen Fenster dürfen nicht geöffnet werden können; ist eine Reinigung dadurch nicht möglich, so sind mit Steckschlüsseln zu öffnende Fenster zulässig. Leitungen, die nicht der Brandbekämpfung oder dem Betrieb des Sicherheitstreppenraumes dienen, sowie Schächte dürfen in ihm nicht vorhanden sein.*

*37.4313 Der offene Gang muss mindestens so breit wie die Laufbreite der Treppe des Sicherheitstreppenraumes, mindestens doppelt so lang wie breit und mindestens auf einer Längsseite offen sein. Er darf an seinen offenen Seiten nur durch die geschlossene 1,10 m hohe Brüstung und durch einen Sturz eingeschränkt sein. Die Unterkante des Sturzes darf höchstens 20 cm unter der Unterkante der Decke und muss mindestens 30 cm über der Oberkante der Sicherheitstreppenraumtür liegen. Wetterschutzvorrichtungen können in der Deckenebene gestattet werden, wenn der Rauchabzug hierdurch nicht gehindert ist.*

*37.4314 Die Wände, welche die offenen Gänge begrenzen, sind in der Feuerwiderstandsklasse F 90 und aus nichtbrennbaren Baustoffen (F 90-A) herzustellen. Sie dürfen außer den für die Rettungswege erforderlichen Türen und den für die Beleuchtung des Sicherheitstreppenraumes und der Innenflure erforderlichen Fenstern keine Öffnungen haben. Die Türen des Sicherheitstreppenraumes müssen bei dreiseitig offenen Gängen mindestens 1,0 m, bei weniger als dreiseitig offenen Gängen mindestens 3 m von den Türen der Innenflure bzw. den Einmündungen der Rettungswege in die offenen Gänge entfernt sein. Der seitliche Abstand zwischen Fenstern oder Fenstertüren anderer Räume und den Türen des Sicherheitstreppenraumes oder den Türen bzw. Einmündungen nach Satz 3 muss mindestens 1,50 m betragen. Die Tragplatten und die Brüstungen der offenen Gänge sind in der Feuerwiderstandsklasse F 90 sowie aus nichtbrennbaren Baustoffen (F 90-A) herzustellen; Öffnungen, mit Ausnahme von Entwässerungsöffnungen, sind nicht zulässig.*

*37.432 Sicherheitstreppenräume mit Sicherheitsschleuse*

*37.4321 Der notwendige Treppenraum darf in jedem Geschoss nur über eine Sicherheitsschleuse erreichbar sein. Die Sicherheitsschleuse muss Wände und Decken der Feuerwiderstandsklasse F 90 und aus nichtbrennbaren Baustoffen (F 90-A), selbstschließende Türen der Feuerwiderstandsklasse T 30 sowie einen nichtbrennbaren Fußbodenbelag erhalten. Sie muss mindestens 1,5 m breit sein; die Türen müssen mindestens 3 m voneinander entfernt sein. Die Tür zwischen Treppenraum und Sicherheitsschleuse kann eine rauchdichte und selbstschließende Tür sein.*

*37.4322 Der notwendige Treppenraum mit den zugehörigen Sicherheitsschleusen muss eine eigene Lüftungsanlage haben. Der Treppenraum muss mit seinen Zugängen und der Lüftungsanlage so beschaffen sein, dass Feuer und Rauch nicht in ihn eindringen können. Diesen Nachweis hat der Bauherr im Rahmen des Brandschutzkonzeptes (§§ 54 Abs. 2 Nr. 19 und 69 Abs. 1 Satz 2) zu erbringen.*

*Der Nachweis gilt als erbracht, wenn im Rahmen des Brandschutzkonzeptes die Lüftungsanlage nach folgendem System eingerichtet und bemessen wird:*

*Die Lüftungsanlage des notwendigen Treppenraumes ist so einzurichten oder durch eine zweite Lüftungsanlage für alle Schleusen so zu ergänzen, dass im Brandfall in dem vom Brand betroffenen Geschoss bei geöffneten Schleusentüren und beim ungünstigsten Druck im Treppenraum von der Schleuse in den der Schleuse vorgelagerten Raum ein Luftvolumenstrom*

$$V_L = k \times b \times h^{1.5} \text{ in } m^3/s$$

*strömt. Darin sind b und h die Breite und Höhe der Tür in Meter, k ist ein Faktor, der von der Temperatur abhängig ist, die im Brandfall in dem der Schleuse vorgelagerten Raum auftreten kann. Ist der Schleuse ein notwendiger Flur vorgelagert, so ist k mit 1,5, in allen anderen Fällen ist k mit 1,8 anzusetzen.*

*Die für diesen Volumenstrom erforderliche Druckdifferenz richtet sich nach der Art, wie die Rauchgase aus den möglichen Brandräumen ins Freie abgeführt werden. Werden die Rauchgase durch z. B. waagerechte Kanäle aus den Brandräumen gedrückt, so muss der Druck in der Schleuse entsprechend dem Strömungswiderstand der Kanäle erhöht werden. Sind z. B. Schächte angeordnet oder Abzugventilatoren, die in den Brandräumen einen Unterdruck erzeugen, so kann bei fensterlosen Räumen der Druck in der Schleuse um den Betrag des erzeugten Unterdrucks im Brandraum verringert werden. Bei Räumen mit Fenstern ist die Lüftungsanlage für einen Druck in der Schleuse von mindestens 10 Pa auszulegen. Sind die Lüftungsverhältnisse der möglichen Brandräume unterschiedlich, so ist der ungünstigste Fall der Bemessung zugrunde zu legen.*

*Die Wirksamkeit der Lüftungsanlage ist vor Inbetriebnahme des Gebäudes durch Prüfbericht eines Sachverständigen nachzuweisen.*

*Der Überdruck im notwendigen Treppenraum oder in der Sicherheitsschleuse darf bei geschlossenen Türen 100 N je 2 m² Türfläche nicht überschreiten.*

*37.4323 Die Lüftungsanlage muss sich in jedem Geschoss durch Rauchschalter selbsttätig in Betrieb setzen können. Sie muss im Erdgeschoss auch von Hand eingeschaltet werden können. Die Rauchabzugsklappen in den Schächten oder Kanälen müssen im Brandgeschoss vom Rauchschalter geöffnet werden können. Die Schachtwände sind in der Feuerwiderstandsklasse F 90 und aus nichtbrennbaren Baustoffen (F 90-A) herzustellen. Die Klappen müssen im geschlossenen Zustand die Anforderungen der Feuerwiderstandsklasse K 90 nach DIN 4102-6 sinngemäß erfüllen.*

*37.4324 Anstelle der Lüftungsanlage nach Nr. 37.4322 ist für den Treppenraum und für die Sicherheitsschleuse eine Lüftungsanlage nach Nr. 37.4242 zulässig.*

*Die Ersatzstromanlage ist für eine Betriebsdauer von mindestens 90 Minuten auszulegen.*

*37.4325 Aufzüge dürfen von den notwendigen Treppenräumen und von Sicherheitsschleusen nicht zugänglich sein.*

*37.44 Anwendung der Hochhausverordnung (HochhVO)*

*Ist ein Sicherheitstreppenraum der einzige notwendige Treppenraum innerhalb eines Hochhauses oder eines Brandabschnitts innerhalb eines Hochhauses, so ist nach § 8 Abs. 1 Satz 3 HochhVO dieser so anzuordnen, dass er über einen offenen Gang zu erreichen ist. Diese Regelung entspricht dem „Muster für Richtlinien über die bauaufsichtliche Behandlung von Hochhäusern" in der Fassung von Mai 1981.*

*Die Erkenntnisse und Erfahrungen mit Lüftungssystemen ermöglichen heute die Gestaltung von innenliegenden Sicherheitstreppenräumen mit einem höheren Sicherheitsstandard als Treppenräume ihn haben, die über einen offenen Gang zugänglich sind. Brände in der Vergangenheit haben gezeigt, dass beim Brand niedriger Gebäude und Gebäudeteile ganze Hochhausfassaden verrauchen können.*

*Insofern bestehen diesseits keine Bedenken, wenn von der Vorschrift des § 8 Abs. 1 Satz 3 HochhVO nach § 73 BauO NRW abgewichen wird. Es muss dann der Nachweis erbracht werden, dass der Treppenraum § 17 Abs. 3 Satz 3 entsprechend von Rauch und Feuer freigehalten wird.*

*Dieser Nachweis ist Bestandteil des erforderlichen Brandschutzkonzeptes.*

*37.441* *Der Nachweis ist erbracht, wenn der Sicherheitstreppenraum den Regelungen der Nr. 37.432 entspricht.*

*37.45* *Prüfungen der Lüftungsanlagen*

*Die Wirksamkeit und die Betriebssicherheit von Lüftungsanlagen für innenliegende Treppenräume und für Sicherheitstreppenräume sind entsprechend den „Überdruckanlagen zur Rauchfreihaltung von Rettungswegen“ nach der Verordnung über die Prüfung technischer Anlagen und Einrichtungen von Sonderbauten durch staatlich anerkannte Sachverständige und durch Sachkundige – Technische Prüfverordnung (TPrüfVO) – vor der ersten Inbetriebnahme und nach wesentlichen Änderungen sowie wiederkehrend zu prüfen.*

*37.72* *Zu Absatz 7 Satz 2*

*Außenwände von Treppenräumen müssen hinsichtlich ihrer Feuerwiderstandsdauer die Anforderungen in § 29 Abs. 1 Tabelle Zeile 1 a bzw. Zeile 2 erfüllen. Werden Öffnungen in diesen Wänden mit lichtdurchlässigen Baustoffen geschlossen, so müssen diese Baustoffe bei „anderen Gebäuden“ (§ 29 Abs. 1 Tabelle Spalte 4) aus nichtbrennbaren Baustoffen bestehen.*

*37.74* *Zu Absatz 7 Satz 4*

*Nr. 30.22 VV BauO NRW gilt entsprechend.*

*37.8* *Zu Absatz 8*

*Hohlräume zwischen dem oberen Abschluss des Treppenraumes und dem Dach, in denen gemäß § 2 Abs. 6 Satz 2 Aufenthaltsräume nicht möglich sein dürfen, sind aus Brandschutzgesichtspunkten unbedenklich, weil ein Brand im Hohlraum das Dach früher zerstören wird als den Hohlraumboden und es auf diese Weise zu einer energetischen Entlastung nach oben kommt. Ein späteres Durchbrennen des Hohlraumbodens kann als Restrisiko hingenommen werden. Diese Bauausführung kommt nur für Treppenräume in Betracht, die keine Sicherheitstreppenräume sind.*

**Anmerkungen** (Autor: Temme)

**Übersicht** Rdn.

0 Änderungen gegenüber der BauO NW 1984 und der BauO NW 1995 . . . . . . . 01–02

1 Allgemeines . . . . . . . . . . . . . . . . . . . . . . . . . . . . . . . . . . . . . . . 1– 3

| | | |
|---|---|---|
| 2 | Zu Absatz 1 – Grundforderung | |
| 2.1 | Eigener, durchgehender Treppenraum | 4– 9 |
| 2.2 | Verzicht auf notwendigen Treppenraum innerhalb der Nutzungseinheit | 10–11 |
| 3 | Zu Absatz 2 – Anordnung der Treppenräume | 12–13 |
| 4 | Zu Absatz 3 – Übereinanderliegende Kellergeschosse | 14–15 |
| 5 | Zu Absatz 4 – Lage an der Außenwand oder im Gebäudeinneren | |
| 5.1 | Lage an der Außenwand | 16–18 |
| 5.2 | Lage im Gebäudeinneren | 19–21 |
| 5.3 | Sicherheitstreppenräume | 22–24 |
| 6 | Zu Absatz 5 – Ausgang ins Freie | 25–29 |
| 7 | Zu Absatz 6 – Mehr als vier Nutzungseinheiten je Geschoss | 30–31 |
| 8 | Zu Absatz 7 – Treppenraumwände | 32–38 |
| 9 | Zu Absatz 8 – Oberer Abschluss | 39–40 |
| 10 | Zu Absatz 9 – Bekleidungen, Dämmstoffe, Einbauten, Fußbodenbeläge | 41–42 |
| 11 | Zu Absatz 10 – Öffnungen in Treppenraumwänden | 43–49 |
| 12 | Zu Absatz 11 – Lüftung und Beleuchtung | 50–51 |
| 13 | Zu Absatz 12 – Rauchabzugsvorrichtungen | 52–54 |
| 14 | Zu Absatz 13 – Nichtgeltung der Treppenraumvorschriften | 55 |


## 0 Änderungen gegenüber der BauO NW 1984 und der BauO NW 1995

**§ 37 BauO NW 1995** entsprach mit wenigen Änderungen § 33 BauO NW 1984. Die Verwendung des neuen Begriffs „notwendiger Flur“ und die durch die Ergänzung des § 38 BauO NW 1995 geschaffene Erleichterung für Nutzungseinheiten mit Nutzflächen von nicht mehr als 400 m² erforderten redaktionelle und materielle Änderungen und Ergänzungen des § 37 BauO NW in den Absätzen 4 und 8. Aufgrund der Ersetzung des Instituts der „Ausnahme“ durch das Institut der „Abweichung“ erfolgten redaktionelle Änderungen in den Absätzen 1, 8 und 10. **01**

Die **BauO NRW 2000** hat die materiellen Regelungen des § 37 BauO NW 1995 übernommen, diese jedoch in Anpassung an § 32 MBO 1996 neu geordnet und geändert: **02**

- **Absatz 1** übernimmt aus dem alten Absatz 1 die Sätze 1 und 4 als neue Sätze 1 und 2. Der neue Satz 2 wurde gegenüber dem Vorgängerrecht (alter Satz 3) erweitert und erlaubt jetzt den Verzicht auf den notwendigen Treppenraum innerhalb von Nutzungseinheiten für die Verbindung gleich mehrerer Geschosse (bisher nur von höchstens zwei Geschossen); entfallen ist ferner die Voraussetzung, dass in jedem Geschoss ein anderer Rettungsweg erreicht werden kann.
- **Absatz 2** entspricht dem alten Absatz 2. In Anpassung an die MBO wird nur noch der Begriff „notwendiger Treppenraum“ anstelle der Formulierung „Treppe“ verwendet.
- **Absatz 3** übernimmt aus dem alten Absatz 5 den Satz 1. Auf die Regelung des alten Absatzes 5 Satz 2 wurde wegen der hohen Anforderungen des neuen Absatzes 4 Satz 2 in Verbindung mit Nr. 37.42 VV BauO NRW verzichtet.
- **Absatz 4** übernimmt aus dem alten Absatz 1 die Sätze 2 und 3.
- **Absatz 5** entspricht vom Regelungsgehalt her dem alten Absatz 3 Sätze 1 und 2, beschreibt jedoch klarer die Anforderungen, die aus Gründen des Brandschutzes an den Raum zu stellen sind, der zwischen einem notwendigen Treppenraum und dem Ausgang ins Freie angeordnet sein darf.

- **Absatz 6** entspricht dem alten Absatz 4; die bislang in der Eingangsformulierung des alten Absatzes 4 enthaltene Erleichterung für Gebäude geringer Höhe wurde – allerdings beschränkt auf Wohngebäude – in Absatz 13 geregelt.
- **Absatz 7** entspricht dem alten Absatz 4, enthält jedoch in Satz 2 Präzisierungen im Vergleich zum Vorgängerrecht.
- **Absatz 8** übernimmt den alten Absatz 7 und ergänzt Satz 2 um Hohlräume im Sinne des § 2 Abs. 6 Satz 2 BauO NRW.
- **Absatz 9** übernimmt in präziserer Formulierung den Regelungsgehalt des alten Absatzes 3 Satz 3 und enthält jetzt auch Anforderungen an Leitungsanlagen.
- **Absatz 10** entspricht dem alten Absatz 8 Satz 1. Auf die Regelung des alten Absatzes 8 Satz 2 wurde im Hinblick auf die im neuen Absatz 9 Satz 2 enthaltenen Anforderungen an Leitungsanlagen verzichtet.
- **Absatz 11** übernimmt mit präziseren Formulierungen den alten Absatz 9.
- **Absatz 12** übernimmt mit präziseren Formulierungen und begrifflichen Anpassungen an das technische Regelwerk den alten Absatz 10. Die wohl wesentlichste Änderung gegenüber der Vorgängerregelung ergibt sich aus der Grundforderung, dass nunmehr nicht schon bei Gebäuden mittlerer Höhe, sondern erst bei Gebäuden mit mehr als 5 Geschossen oberhalb der Geländeoberfläche an oberster Stelle eines notwendigen Treppenraumes ein Rauchabzug vorhanden sein muss. Der alte Satz 1 wurde in die neuen Sätze 1 bis 3 aufgeteilt. Die Ermächtigung des alten Satzes 2, wonach die Bauaufsichtsbehörde verlangen konnte, dass die Rauchabzugsvorrichtung auch von anderer Stelle als vom Erdgeschoss und vom obersten Treppenabsatz bedient werden kann, ist entfallen. Die Forderung wurde ohnehin nur in besonderen Fällen gestellt. Hierbei handelt es sich regelmäßig um große Sonderbauten, die ohnehin brandschutztechnisch von der Bauaufsichtsbehörde geprüft werden; gestützt auf § 54 Abs. 2 Nr. 7 BauO NRW können sich Anforderungen im Einzelfall auch auf den Regelungsgehalt des fortgefallenen alten Satzes 2 erstrecken. Der neue Satz 4 übernimmt den alten Satz 3. Der Zulässigkeitstatbestand wurde in einen Abweichungstatbestand umgewandelt, da die Mitwirkung der Bauaufsichtsbehörde bei der Beurteilung des schwierigen Sachverhalts unverzichtbar erschien.
- **Absatz 13** entspricht dem alten Absatz 11, wobei jedoch hinsichtlich der Nichtanwendbarkeit des Absatzes 6 der neue Satz 2 angefügt wurde.

## 1 Allgemeines

1 Damit **notwendige Treppen** (§ 36 Abs. 1 Satz 1 BauO NRW) im Brandfall als **Rettungsweg** für Personen, die sich **selbst** zu retten in der Lage sind, und als **Rettungs- und Löschangriffsweg** für die **Feuerwehr** möglichst lange benutzbar bleiben, müssen sie in **eigenen Räumen** liegen. Diesen definiert § 37 Abs. 1 Satz 1 BauO NRW als **„notwendigen Treppenraum"**. An notwendige Treppenräume stellt die BauO NRW wegen der besonderen Aufgabe, die sie insbesondere im Gefahrenfall zu erfüllen haben, hohe Anforderungen. Diese erstrecken sich auf die Lage und Anordnung der notwendigen Treppenräume im Gebäude, auf die Feuerwiderstandsdauer und Standsicherheit für den Brandfall ihrer Umfassungswände, auf die Dichtheit der Verschlüsse von notwendigen Öffnungen in den Umfassungsbauteilen und auf ihre – weitgehende – Freihaltung von Rauch durch Fenster und andere Rauchabzugsöffnungen. Die Regelungen des § 37

BauO NRW sind **Teil des Systems der inneren Abschottung und des Systems der inneren Rettungswege** (s. die Anmerkungen zu § 17 Rdn. 12, 22–22 b und 47–57).

**Ziele** der in § 37 BauO NRW geregelten Anforderungen sind: 2

- eine **Feuerübertragung vom (Brand-)Geschoss auf den notwendigen Treppenraum** zu **behindern** bzw. – wie beim Sicherheitstreppenraum – zu verhindern,
- eine **Verrauchung** des notwendigen Treppenraumes zu **behindern** oder – wie beim Sicherheitstreppenraum – zu verhindern,
- eine **Übertragung von Feuer und Rauch von Geschoss zu Geschoss über den notwendigen Treppenraum** zu **behindern** und
- dem notwendigen Treppenraum eine seiner Höhe entsprechende **Standsicherheit für den Brandfall** zu **gewährleisten**.

Alle Anforderungen an den notwendigen Treppenraum ergeben sich aus § 37 BauO NRW. Die allgemein gehaltenen Vorschriften des § 37 BauO NRW werden durch **Nr. 37 VV BauO NRW** und das **technische Regelwerk** konkretisiert.

Die besonderen Anforderungen an die Anordnung und Ausbildung von notwendigen Treppenräumen in **Hochhäusern** regelt die **HochhVO**. Die Voraussetzungen für die Zulässigkeit von innenliegenden notwendigen Treppenräumen und von Sicherheitstreppenräumen in Hochhäusern ergeben sich aus Nr. 37.424 und 37.43 VV BauO NRW. 3

## 2 Zu Absatz 1 – Grundforderung

### 2.1 Eigener, durchgehender Treppenraum

Nach **Absatz 1 Satz 1** muss jede notwendige Treppe in einem **eigenen** Treppenraum liegen. „Notwendige Treppenräume" und „notwendige Flure" sind begrifflich voneinander zu unterscheiden, da sie die §§ 37 und 38 BauO NRW jeweils getrennt regeln. Der Treppenraum kann nicht Flur sein und eine große Zahl von Räumen oder Nutzungseinheiten erschließen. Beide „Räume" erfüllen unterschiedliche Aufgaben, so dass auch unterschiedliche Anforderungen gelten. Der notwendige Flur dient als **horizontaler** Rettungsweg der Verbindung einzelner Räume oder Nutzungseinheiten mit dem Treppenraum. Der Treppenraum dient als **vertikaler** Rettungsweg der Verbindung einzelner Nutzungseinheiten oder Flure mit dem „Freien". Es ist nicht Aufgabe des Treppenraumes, der horizontalen Verbindung von Räumen innerhalb einer Nutzungseinheit zu dienen. 4

Ein Treppen**raum** ist nur dann ein „Raum", wenn er von anderen Räumen – also auch von Fluren – abgeschottet ist. Nur durch seine **räumliche Abtrennung** von anderen Räumen genügt er dem Absatz 1 Satz 1, der den **eigenen Raum** verlangt. Die Forderung nach dem eigenen Raum hat den Zweck, den vertikalen Rettungsweg für eine ausreichende Zeit vor Feuer und Rauch zu schützen. Diesem Zweck dienen alle Anforderungen des § 37 BauO NRW an die Treppenräume notwendiger Treppen. 5

Der Begriff „Treppenraum" ist **eng auszulegen**. Er darf nur die notwendige Treppe mit den Treppenabsätzen und die in der Höhe des einzelnen Geschosses zur Benutzung der Treppe etwa erforderlichen Verkehrsflächen enthalten. Schleusen – wie bei innenliegenden Treppen – sind wesentlicher Bestandteil des notwendigen Treppenraums; wenn sie die gleichen Anforderungen erfüllen wie sie der notwendige Treppenraum zu erfüllen hat, können sie diesem zugerechnet werden. Aufzüge dürfen nur dann innerhalb eines notwendigen Treppenraums liegen, wenn das Gebäude nicht mehr als fünf Ge- 6 schosse über der Geländeoberfläche aufweist (s. § 39 Abs. 2 Satz 4 BauO NRW) und wenn es sich nicht um einen Sicherheitstreppenraum handelt.

7 Als **durchgehend** ist jeder Treppenraum anzusehen, dessen Umfassungswände in allen Geschossen senkrecht übereinander stehen. Ein „Versetzen" des Treppenraums derart, dass seine Lage im Gebäude abschnittsweise unter Beibehaltung des unmittelbaren Raumzusammenhangs (ohne Zwischenschaltung von Fluren) verändert wird, hebt das „Durchgehen" jedoch nicht auf. Es kommt insoweit nur darauf an, dass die **Treppe als Fluchtweg** vom obersten Geschoss bis zum Ausgang ins Freie innerhalb des Gesamttreppenraumes **in einem Zuge** (vgl. § 36 Abs. 4 BauO NRW) verläuft, das heißt eine **ununterbrochene Lauflinie** aufweist.

8 Die **Forderung** nach dem eigenen, durchgehenden Treppenraum **gilt nicht für notwendige Treppen in Wohngebäuden geringer Höhe mit nicht mehr als zwei Wohnungen** (s. Absatz 13 Satz 1). Das bedeutet, dass bei solchen Gebäuden die zweite Wohnung über eine innenliegende Treppe ohne eigenen Treppenraum oder auch über eine Außentreppe erschlossen werden kann.

9 Eine solche **Außentreppe** will Nr. 37.11 VV BauO NRW auch zur Erschließung von höher gelegenen Wohnungen in Gebäuden geringer Höhe sowie von nicht mehr als vier Wohnungen in einem Gebäude mittlerer Höhe ermöglichen. Bei der Entscheidung über eine entsprechende Abweichung nach § 73 BauO NRW ist insbesondere unter den Aspekten des Brandschutzes zu prüfen, ob die Außentreppe so geführt wird, dass ihre Benutzung als erster Rettungsweg beim Brand eines Untergeschosses nicht gefährdet wird. Aber auch ihre **Verkehrssicherheit** muss gemäß § 19 Abs. 1 BauO NRW auch unter winterlichen Einflüssen gewährleistet sein. Eine Außentreppe, die als notwendige Treppe ständig benutzt wird, muss vor Schnee- und Eisablagerungen geschützt sein.

### 2.2 Verzicht auf notwendigen Treppenraum innerhalb der Nutzungseinheit

10 Absatz 1 **Satz 2** erklärt notwendige Treppen **ohne eigenen Treppenraum** für die innere Verbindung derselben Nutzungseinheit für zulässig. Eine solche Verbindung ist der erste Rettungsweg, auch wenn sie nicht den Schutz eines eigenen Treppenraumes genießt. Die Nutzungseinheit kann über mehrere Geschosse führen, da die Beschränkung auf höchstens zwei Geschosse des § 37 Abs. 1 Satz 4 BauO NW 1995 nicht mehr besteht. Die ebenfalls nach dem Vorgängerrecht zu erfüllende Voraussetzung, dass in jedem Geschoss ein anderer Rettungsweg erreichbar sein musste, ist mit der BauO NRW 2000 aufgegeben worden. Diese Zulässigkeitsvoraussetzung korrespondierte unmittelbar mit den Regelungen des § 17 Abs. 3 Satz 1 und 2 BauO NRW, das bedeutet, dass der zweite Rettungsweg für solch eine Nutzungseinheit schon erbracht war, wenn als zweiter Rettungsweg je Geschoss eine anleiterbare Stelle zur Verfügung stand.

11 Die **Nutzungsart** und die **Größe der Nutzungseinheit** (zum Begriff der Nutzungseinheit s. die Anmerkungen zu § 30 Rdn. 4 und 5) sind nicht vorgegeben. Es können Nutzungseinheiten sein, die sowohl dem **Wohnen** als auch **Bürozwecken** dienen. Bei Nutzungseinheiten, die weit über die Größe einer (großen) Wohnung hinausgehen, z. B. bei ausgedehnten Nutzungseinheiten (mehr als 200 m² je Geschoss) in Verwaltungsgebäuden oder bei Großraumbüros, wird sich eine solche offene Verbindung zweier Geschosse schon aufgrund der besonderen Art der Nutzung verbieten oder aber nur über besondere Anforderungen zu kompensieren sein. Bei Sonderbauten ist gemäß § 54 Abs. 1 BauO NRW stets im Einzelfall zu prüfen, ob eine offene Verbindung der Geschosse un-

tersagt werden muss. Aufgrund der unterschiedlichen Fallgestaltungen sind allgemeingültige Vorgaben nicht möglich (so der RdErl. vom 19. 1. 2005 – II A 4. R-100/37.1, n. v.).

### 3 Zu Absatz 2 – Anordnung der Treppenräume

Die zulässige Länge der horizontalen Rettungswege bestimmt die **Anordnung** der notwendigen Treppenräume. Die **Entfernung** bis zum Treppenraum wird von der ungünstigsten Stelle eines Aufenthaltsraumes sowie eines Kellergeschosses bis zum Treppenraum gemessen. Schleusen als wesentlicher Bestandteil eines Treppenraumes können diesem zugerechnet werden. Die **zulässige Länge des horizontalen Rettungswegs (35 m)** wird nicht in der Luftlinie, sondern in der **Lauflinie** gemessen. Dies bedingt, dass sich der Entwurfsverfasser Gedanken über mögliche Hindernisse im Verlauf der Lauflinie macht. Einige Sonderbauverordnungen regeln hiervon abweichende Werte, z. B. nach § 12 Abs. 3 KhBauVO 30 m oder nach § 8 Abs. 2 Satz 1 Nr. 1 VkVO für Verkaufsräume 25 m, um der von Wohngebäuden abweichenden Gefahrenlage Rechnung zu tragen (s. auch Klingsohr/Messerer, S. 166 ff.). 12

Je ausgedehnter ein Gebäude ist, umso mehr notwendige Treppenräume werden aufgrund der 35-m-Begrenzung der Länge des Rettungswegs erforderlich. In solchen Fällen sind die notwendigen Treppenräume so zu **verteilen**, dass die Rettungswege möglichst kurz sind. Das bedeutet, dass dann – auch bei Einhaltung oder wesentlicher Unterschreitung der Höchstentfernung – es nicht in das Belieben des Bauherrn gestellt ist, wie er die Treppenräume verteilt. Sind, wie bei einem Hochhaus, zwei notwendige Treppenräume erforderlich, würde es der Vorschrift des Absatzes 2 Satz 2 widersprechen, wenn beide Treppenräume nebeneinander angeordnet werden. 13

### 4 Zu Absatz 3 – Übereinanderliegende Kellergeschosse

Absatz 3 berücksichtigt die **besonderen Schwierigkeiten**, die sich bei der Rettung von Menschen aus tief gelegenen Geschossen sowie aus dem häufig erst sehr späten Erkennen eines Kellerbrandes und dessen wirksamer Bekämpfung ergeben (s. die Anmerkungen zu § 29 Rdn. 8). Bei übereinanderliegenden Kellergeschossen muss jedes Geschoss mindestens zwei Ausgänge haben. Bei großer Ausdehnung der Geschosse werden es schon aufgrund der „35-m-Regel“ des Absatzes 2 entsprechend mehr sein müssen. Mindestens ein Ausgang (bei mehr als zwei notwendigen: jeder zweite) muss **unmittelbar** oder durch einen **eigenen** Treppenraum ins Freie führen. Die anderen Ausgänge dürfen in sonstige erforderliche Treppenräume und von dort ins Freie führen. 14

Auf **eigene** Treppenräume kann im Wege einer Abweichung nach § 73 BauO NRW **verzichtet** werden, wenn z. B. von jeder Stelle der Kellergeschosse mindestens zwei weitere Treppenräume in benachbarten Brandabschnitten erreichbar sind oder wenn die Brandlast und damit die Möglichkeit einer Verqualmung gering ist. 15

### 5 Zu Absatz 4 – Lage an der Außenwand oder im Gebäudeinneren

#### 5.1 Lage an der Außenwand

Der Sinn der Vorschrift des **Absatzes 4 Satz 1** wird erst erkennbar in der zusätzlichen Forderung des **Absatzes 11 Satz 2**, wonach an der Außenwand liegende Treppenräume **in jedem Geschoss öffenbare Fenster von mindestens 0,50 m²** erhalten müssen. Es ist einleuchtend, dass durch diese Fenster nicht nur gegebenenfalls in den Treppenraum 16 eingedrungene Küchendünste abziehen sollen. Diesem Bedarf nachzukommen, würde die Forderung des Absatzes 11 Satz 1 genügen, wonach Treppenräume zu lüften sein müssen. Die öffenbaren Fenster haben eine zusätzliche Aufgabe: Der **Rauch**, der trotz aller getroffenen Maßnahmen in den Treppenraum eingedrungen ist, muss **entweichen** können. Außer bei Gebäuden mit nicht mehr als fünf Geschossen oberhalb der Geländeoberfläche ist nach Absatz 12 in notwendigen Treppenräumen zusätzlich zu den öffenbaren Fenstern noch eine **Rauchabzugsöffnung** mit einem freien Querschnitt von mindestens 5 % der Grundfläche des Treppenraumes, mindestens jedoch 1 m², an der obersten Stelle anzubringen, die vom Erdgeschoss und vom obersten Treppenabsatz aus bedienbar sein muss.

**16 a** Die Forderungen nach **öffenbaren Fenstern** und **Rauchabzügen** an oberster Stelle des notwendigen Treppenraumes dienen der Rettung von Menschen. Bei Verrauchung des Treppenraumes muss Personen der zweite Rettungsweg zur Verfügung stehen. Die Forderungen dienen der Ermöglichung der so genannten „**Kaltentrauchung**" nach dem Brand. Der Feuerwehr soll ermöglicht werden, gegebenenfalls mittels transportabler Ventilatoren über die geforderten Öffnungen den Treppenraum raucharm zu halten (s. auch Rdn. 52–52 a).

**17** Abgesehen von der besseren Lüftbarkeit an der **Außenwand** angeordneter Treppenräume, können sich Menschen in solchen Treppenräumen bei Dunkelheit und zusätzlichem Ausfall der Beleuchtungsanlage besser **orientieren** als in innenliegenden Treppenräumen unter gleichen Bedingungen.

**18** Nach Nr. 37.41 VV BauO NRW gilt ein Treppenraum als an der Außenwand angeordnet, wenn zumindest die Tiefe eines Treppenpodestes an der **Außenwand** gelegen und von hier ausreichend (Absatz 11 Satz 1 und 2 entsprechend) zu beleuchten und belüften ist.

### 5.2 Lage im Gebäudeinneren

**19** Nach **Absatz 4 Satz 2** sind innenliegende Treppenräume zulässig, wenn ihre Benutzung **durch Raucheintritt nicht gefährdet** werden kann. Als innenliegend gelten auch an der Außenwand angeordnete Treppenräume, die nicht den Vorschriften des Absatzes 11 Satz 1 und 2 entsprechend ausreichend beleuchtet und belüftet werden können, also nicht in jedem Geschoss über Fenster mit einer Größe von mindestens 0,5 m² verfügen.

**20** Unter welchen Voraussetzungen die Benutzung eines **innenliegenden Treppenraumes** durch Raucheintritt nicht gefährdet wird und somit ein solcher Treppenraum möglich ist, beschreibt Nr. 37.42 VV BauO NRW. Die **Anforderungen** unterscheiden sich **nach Gebäudetypen** sowie der Zahl der Geschosse oberhalb der Geländeoberfläche (vgl. die Anmerkungen zu § 2 Rdn. 217). Berücksichtigt wurde bei den Regelungen, dass auf dem Markt Türen angeboten werden, die sowohl Anforderungen an die Feuerwiderstandsklasse als auch an die Rauchdichtigkeit erfüllen, z. B. rauchdichte und selbstschließende Türen in der Feuerwiderstandsklasse T 30. Bei Anordnung und Einbau solcher Türen kann in Gebäuden mit nicht mehr als 10 Wohnungen auf die Anordnung des sonst erforderlichen „Vorraumes" zwischen den Wohnungen und dem Treppenraum verzichtet werden, wenn die Türen zum Treppenraum mit „Freilauf-Türschließern" mit integriertem Rauchmelder ausgestattet werden. Durch die Forderung des Einbaus solcher Freilauf-Türschließer, die ihre Aufgabe des Selbstschließens erst bei Auftreten einer Verrauchung erfüllen, soll erreicht werden, dass die für den Brandfall erforderliche Selbstschließfunktion im „Normalbetrieb" nicht außer Tätigkeit gesetzt wird.

Folgende **beispielhafte Systemskizzen** sollen Nr. 37 VV BauO NRW verdeutlichen: 21

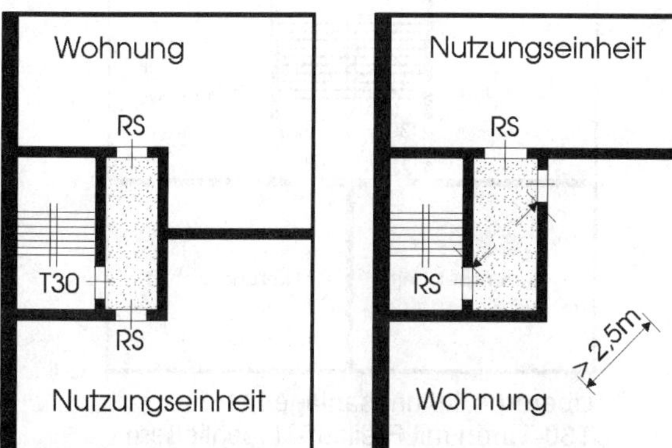


Mit Vorraum und T30 bzw. RS-Türen

**Systemskizze 37.1**
**Innenliegende** Treppenräume in Gebäuden mit **nicht mehr als 5 Geschossen** über der Geländeoberfläche **mit Vorraum** nach Nr. 37.4221 VV BauO NRW

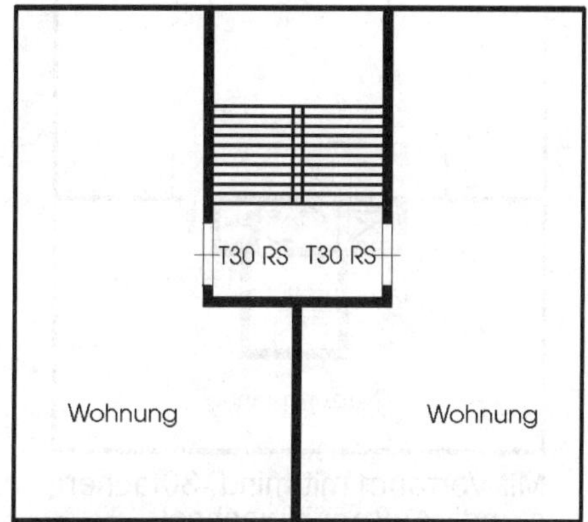


Nicht mehr als 10 Wohnungen und T30 RS-Türen mit Freilauf-Türschließern mit integriertem Brandmelder

**Systemskizze 37.2**
**Innenliegende** Treppenräume in Gebäuden mit **nicht mehr als 5 Geschossen** über der Geländeoberfläche und **nicht mehr als 10 Wohnungen**, jedoch **ohne Vorraum**, aber **mit Freilauf-Türschließern** nach Nr. 37.4222 VV BauO NRW

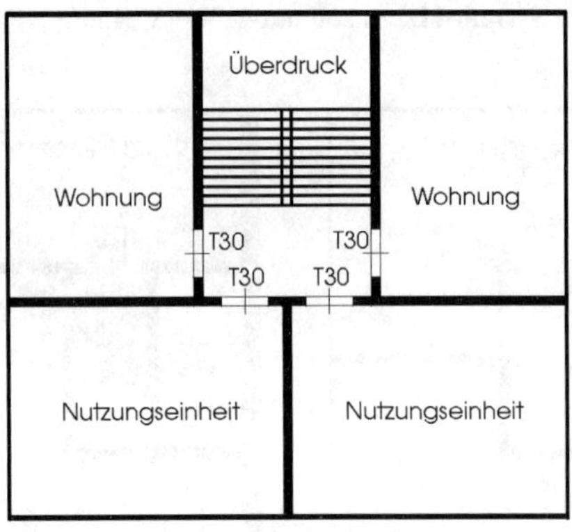


Überdrucklüftungsanlage mit
T30-Türen mit Freilauf-Türschließern

**Systemskizze 37.3**
**Innenliegende** Treppenräume in Gebäuden mit **nicht mehr als 5 Geschossen** über der Geländeoberfläche **mit Überdrucklüftungsanlage** nach Nr. 37.4223 VV BauO NRW

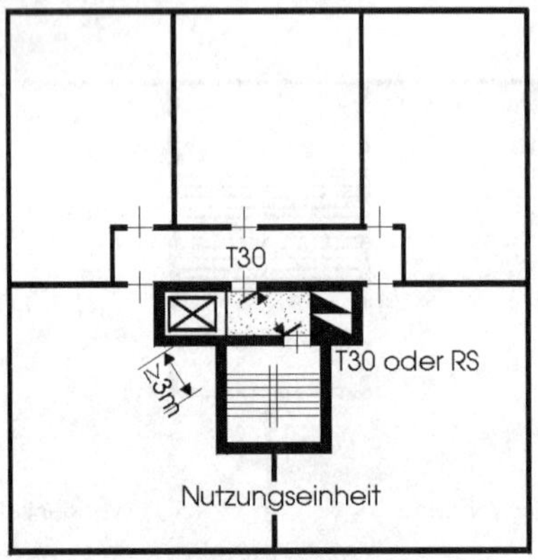


Mit Vorraum mit mind. 30fachem
stündl. Außenluftwechsel

**Systemskizze 37.4**
**Innenliegende** Treppenräume in Gebäuden mit **mehr als 5 Geschossen** oberhalb der Geländeoberfläche **mit Vorraum** nach Nr. 37.4231 VV BauO NRW

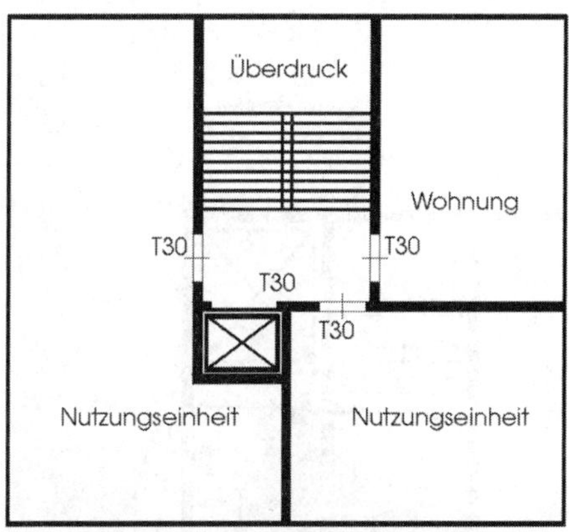


**Systemskizze 37.5**
**Innenliegende** Treppenräume in Gebäuden mit **mehr als 5 Geschossen** oberhalb der Geländeoberfläche **mit Überdrucklüftungsanlage** nach Nr. 37.4232 VV BauO NRW

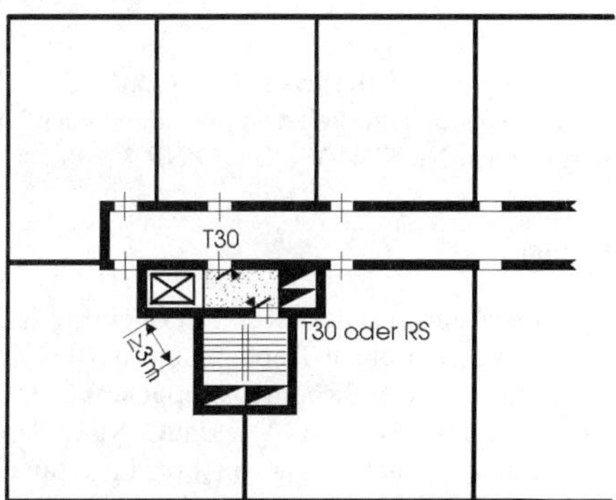


**Systemskizze 37.6**
**Innenliegende** Treppenräume in **Hochhäusern** mit **Lüftungsanlage im Vorraum und im Treppenraum** nach Nr. 37.4241 VV BauO NRW

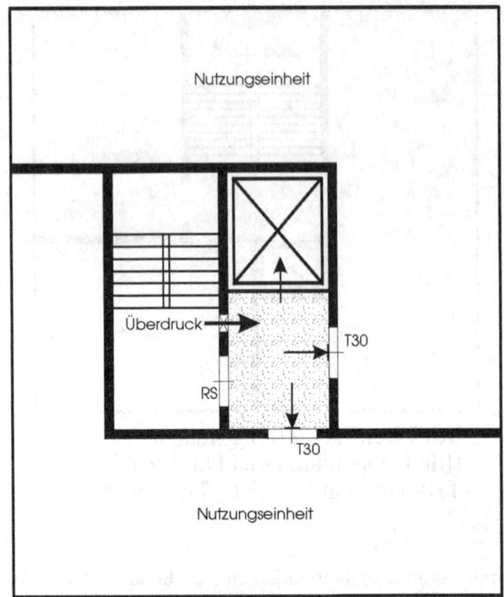


Überdrucklüftung mit Druckgefälle über
Überströmöffnung zum Vorraum und Fahrschacht

**Systemskizze 37.7**
**Innenliegende** Treppenräume mit **Überdrucklüftungsanlage** in **Hochhäusern** nach Nr. 37.4242 VV BauO NRW sowie **Sicherheitstreppenräume** nach Nr. 37.4324 VV BauO NRW und in **Hochhäusern** nach Nr. 37.44 VV BauO NRW

### 5.3 Sicherheitstreppenräume

**22** Nach § 17 Abs. 3 (s. die Anmerkungen zu § 17 Rdn. 53) ist ein zweiter Rettungsweg nicht erforderlich, wenn die Rettung über einen Treppenraum möglich ist, in den Feuer und Rauch nicht eindringen können – einen **Sicherheitstreppenraum**. Die Anforderungen an Sicherheitstreppenräume sind unter Nr. 37.43 VV BauO NRW dargestellt. Hierin werden die Sicherheitstreppenräume – unabhängig von ihrer Lage (an der Außenwand oder im Gebäudeinnern) – hinsichtlich ihrer **Zugänglichkeit** unterschieden, nämlich

- der Sicherheitstreppenraum mit **offenem Gang** und
- der Sicherheitstreppenraum mit **Sicherheitsschleuse**.

Der erste muss – in jedem Geschoss – über einen unmittelbar davor liegenden **offenen** Gang erreichbar sein, der so im **freien Windstrom** anzuordnen ist, dass Feuer und Rauch – insbesondere aus tiefer gelegenen Geschossen – nicht in den Treppenraum eindringen können. Der zweite darf – in jedem Geschoss – nur über eine **Sicherheitsschleuse** erreichbar sein, wobei Treppenraum und Sicherheitsschleuse eine **Lüftungsanlage** haben müssen. Diese Anlage ist so auszulegen und zu steuern, dass Feuer und Rauch nicht in den Treppenraum eindringen können (Überdrucksystem).

Notwendige **Flure**, die nur in **eine Richtung** zu einem **Sicherheitstreppenraum** führen, dürfen bis zum offenen Gang oder bis zur Sicherheitsschleuse nicht länger als 10 m sein. Dieser einschränkenden Vorschrift liegen Ergebnisse von Untersuchungen zugrunde, dass Menschen in verrauchten Räumen, selbst wenn diese ihnen vertraut sind, spätestens nach 10 bis 12 m jegliche Orientierung verlieren. **23**

Folgende **beispielhafte Systemskizzen** verdeutlichen Nr. 37.431/432 VV BauO NRW: **24**

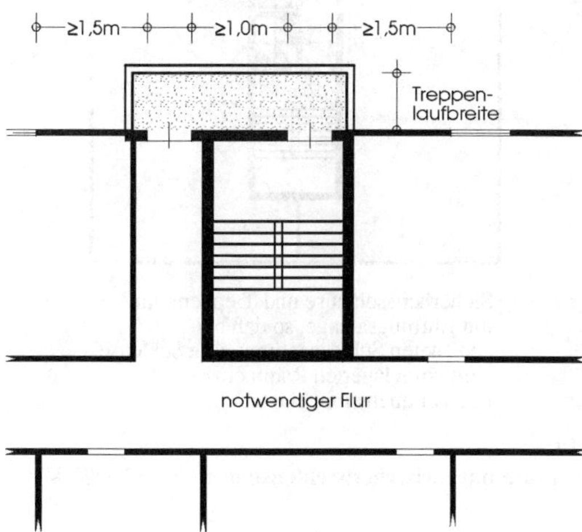


**Systemskizze 37.8**
**Sicherheitstreppenraum** mit **dreiseitig offenem Gang** nach Nr. 37.431 VV BauO NRW

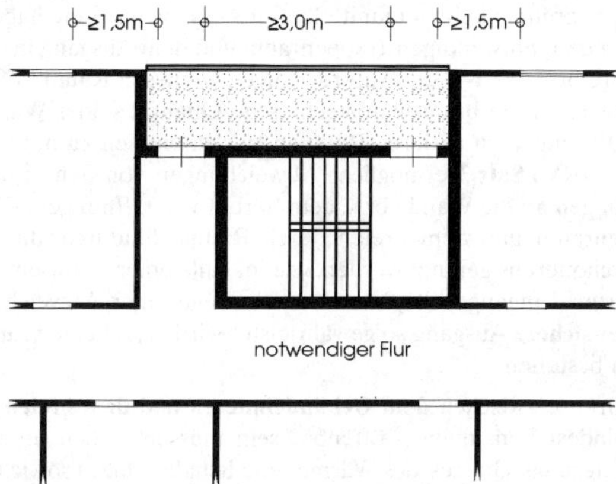


**Systemskizze 37.9**
**Sicherheitstreppenraum** mit **einseitig offenem Gang** nach Nr. 37.431 VV BauO NRW

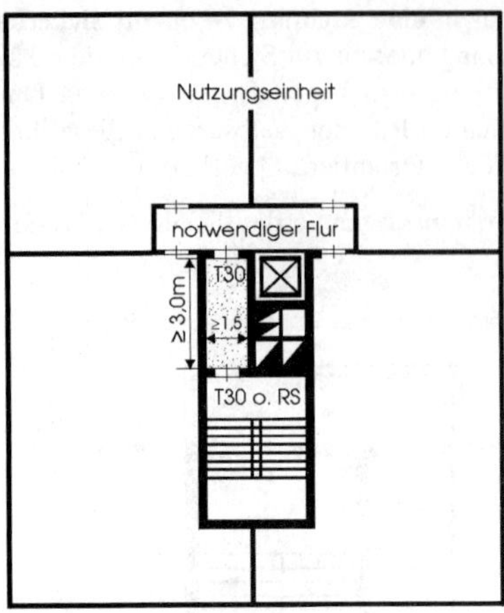


Sicherheitsschleuse und Treppenraum mit Lüftungsanlage, so daß bei geöffneten Schleusentüren von Schleuse zum vorgelagerten Raum ein Luftvolumenstrom entsteht

**Systemskizze 37.10**
**Sicherheitstreppenraum** mit **Sicherheitsschleuse** nach Nr. 37.4322 VV BauO NRW

### 6 Zu Absatz 5 – Ausgang ins Freie

25 Jeder notwendige Treppenraum muss nach **Satz 1** einen **sicheren Ausgang ins Freie** haben. Sicher ist der Ausgang, wenn er **unmittelbar** ins Freie führt. Diese Voraussetzung ist auch erfüllt, wenn der Ausgang selbst aus einem üblichen Windfang besteht. Da innenliegende Treppenräume keinen unmittelbaren Ausgang ins Freie haben, ist eine Verbindung zwischen dem notwendigen Treppenraum und dem Ausgang ins Freie erforderlich. **Satz 2** beschreibt in **Nr. 1–3** die Anforderungen an diesen Raum in Bezug auf seine Mindestbreite sowie an die brandschutztechnische Qualität seiner Wände und Türen; **Nr. 4** verbietet Öffnungen zu anderen Räumen, ausgenommen zu notwendigen Fluren nach § 38 BauO NRW. **Satz 3** ermöglicht Abweichungen von den brandschutztechnischen Anforderungen an die Wände bzw. dem Verbot von Öffnungen. Eine Verbindung zwischen Treppenraum und dem Freien durch Räume hindurch, die nicht nur zum Zwecke des Durchquerens genutzt werden, wie im Falle einer repräsentativen, mit Sitzgruppen möblierten Eingangshalle, kann nur im Wege einer Abweichung ermöglicht werden, wenn der **sichere** Ausgang so gewährleistet wird, dass keine brandschutztechnischen Bedenken bestehen.

26 **Türen**, die die Grenze **zwischen dem Gebäudeinneren und dem Freien** bilden und die jederzeit – zumindest von innen – öffenbar sein müssen, haben unter anderem die Funktion des Witterungsschutzes, des Wärme- und Schallschutzes sowie des Eigentumsschutzes. Diesen Türen kommt bei bestimmten Gebäuden eine zusätzliche Funktion zu: sie dürfen – aus unterschiedlichen Gründen – weder von außen noch von innen unkontrolliert geöffnet werden. Diese Gründe können sein z. B:

- in Versammlungsstätten: die Verhinderung des Einlasses nicht zahlender „Gäste“,
- in Gefängnissen: die Verhinderung unzulässiger „Ausgänge“,
- in sicherheitsempfindlichen Gebäuden der Schutz vor Terroranschlägen.

Somit stehen diese Gründe und auch der Eigentumsschutz in einer gewissen Diskrepanz zu der bauaufsichtlichen Forderung, wonach diese Ausgänge ins Freie jederzeit öffenbar sein müssen. Die Industrie und insbesondere die, die Türbeschläge herstellt, hat die Probleme, die sich aus dieser Diskrepanz ergeben, weitgehend gelöst.

Der Schutz vor Terroristen gerade in Gebäuden mit erhöhtem Publikumsverkehr stellte in den Jahren nach 1970 ein Problem dar. So verurteilte das Verwaltungsgericht Aachen mit Urteil vom 11. 7. 1979 (– 5 K 881/78, n. v.), das als „erstes **Schlüsselkastenurteil**“ bekannt geworden ist, den Präsidenten des Landgerichts, umgehend Sorge dafür zu tragen, dass alle notwendigen Ausgänge, die er – bis auf einen – zu schließen verfügt hatte, zumindest von innen wieder **öffenbar** zu gestalten seien, wobei die Auswahl unter den möglichen baupolizeilichen Mitteln der Entscheidung des Beigeladenen selbst überlassen bleibe. **Eines dieser Mittel** könne die Anbringung eines **Schlüsselkastens** auf der Innenseite des jeweiligen Ausgangs sein. Als Begründung führte das Verwaltungsgericht unter anderem an, dass zwischen den Belangen des Brandschutzes und des Schutzes vor Terroristen kein zugespitzter Konflikt in dem Sinne besteht, dass sich der eine Belang nur auf Kosten des anderen wahren und verwirklichen ließe. Vielmehr könnten bei entsprechenden organisatorischen Vorkehrungen beide Belange nebeneinander ausreichend zur Geltung kommen. Es dürfe auch nicht übersehen werden, dass Brandschutz und Schutz vor Terroristen konform gehen können; Terroristen seien auch schon durch Brandstiftung und Sprengstoffanschläge in Erscheinung getreten. Käme es aber gerade durch terroristische Betätigung einmal zu einem Brand in einem öffentlichen Gebäude, so wäre es ein seltsames Ergebnis, wenn der Brandschutz zuvor im Interesse des Schutzes vor Terroristen verringert worden wäre. 27

In einem Verfahren auf der Grundlage des **Arbeitsstättenrechts** kam das OVG NRW in seinem Urteil vom 3. 12. 1991 (– 4 A 1766/90, GewArch 1992, 238) zu einer weitergehenden Aussage. Leitsatz: „Türen im Verlauf von Rettungswegen, die verschlossen sind und bei denen der passende Schlüssel in einem daneben angebrachten Schlüsselkasten aufbewahrt wird, dessen Frontverglasung mit einem Werkzeug eingeschlagen werden kann, entsprechen nicht den Anforderungen des § 10 Abs. 7 Satz 2 ArbStättV.“ In diesem Urteil äußert sich das Gericht auch noch zu den Voraussetzungen für die Erteilung einer Ausnahmegenehmigung gemäß § 4 ArbStättV. Dieses Urteil wird auch als „zweites **Schlüsselkastenurteil**“ bezeichnet. 28

Das BVerwG bestätigt diese Aussage in seinem Beschluss vom 17. 6. 1992 (– 1 B 55.92, GewArch 1992, 386). Leitsatz: „Lässt sich eine Tür nur mit einem Schlüssel öffnen und ist dieser ohne Verletzungsgefahr nur dadurch zu erreichen, dass man die Frontscheibe eines Schlüsselkastens mit einem Werkzeug einschlägt, so entspricht die Tür nicht den Anforderungen des § 10 Abs. 7 Satz ArbStättV.“ 29

## 7 Zu Absatz 6 – mehr als vier Nutzungseinheiten je Geschoss

Die Vorschrift des **Absatzes 6** ist erforderlich, damit der Treppenraum im Brandfall seiner Aufgabe als erster Rettungsweg gerecht werden kann (s. vorausgehende Rdn. 4–6). Die Zahl der je Geschoss zu erschließenden Räume, Wohnungen und Nutzungseinhei- 30 ten muss beschränkt werden. Sollen in einem Geschoss mehr als 4 Wohnungen oder Nutzungseinheiten (Wohnungen) vergleichbarer Größe – als Anhaltswert hat sich in der Praxis 200 m² festgesetzt – angeschlossen werden, so sind diese Nutzungseinheiten über einen notwendigen Flur mit dem Treppenraum zu verbinden.

31 Öffnungen zwischen dem Treppenraum und diesen notwendigen Fluren müssen nach Absatz 10 Nr. 2 rauchdichte und selbstschließende Türen nach der Norm DIN 18095 Teil 1 (s. die Anmerkungen zu § 17 Rdn. 19) erhalten.

## 8 Zu Absatz 7 – Treppenraumwände

32 Bei den Anforderungen an die **Feuerwiderstandsklasse**, an die **Entflammbarkeit der Baustoffe** und an die **Standsicherheit im Brandfall** der Wände von Treppenräumen differenziert Absatz 7 nach Gebäudetypen. Aus **Absatz 13** ergibt sich für **Wohngebäude** geringer Höhe mit **nicht mehr als zwei Wohnungen** eine wesentliche Erleichterung, da bei diesem Gebäudetyp an die Wände von Treppenräumen **keine** brandschutztechnischen Anforderungen gestellt werden. Die in diesen Gebäuden freiwillig errichteten Wände gelten nicht als Treppenraumwände im Sinne des Absatzes 7. In Wohngebäuden, die nicht der Erleichterung des Absatzes 13 unterliegen, erfüllen die Treppenraumwände regelmäßig auch die Funktion einer Wohnungstrennwand nach § 30 BauO NRW.

33 In **Gebäuden geringer Höhe** sind nach Absatz 7 **Satz 1 Nr. 1** die Wände von Treppenräumen in der Feuerwiderstandsklasse F 90 und in den wesentlichen Teilen – das heißt in diesem Fall: in den tragenden und aussteifenden Teilen sowie mit einer in Bauteilebene durchgehenden Schicht – aus nichtbrennbaren Baustoffen (F 90-AB) herzustellen.

34 Diese Vorschrift führt gerade bei solchen Gebäuden zu Problemen, die **insgesamt in Holzbauart** errichtet werden sollen. In Holzbauart, das heißt mit tragenden und aussteifenden Wänden, Pfeilern, Stützen und Decken aus Holz, dürfen nach § 29 Abs. 1 Tabelle BauO NRW alle Gebäude geringer Höhe errichtet werden; die genannten tragenden Bauteile dieser Gebäude sind mindestens in F 30 zu erstellen. Wissenschaftlich wurde inzwischen nachgewiesen, dass Bauteile, die in den tragenden und aussteifenden Teilen zwar aus Holz bestehen, jedoch beidseitig jeweils mit einer „ausreichend widerstandsfähigen" Schicht aus nichtbrennbaren Baustoffen beplankt sind, nicht nur die erforderliche Feuerwiderstandsklasse erreichen, sondern darüber hinaus unter dem Aspekt der Behinderung der Brandausbreitung sich entschieden besser verhalten, als eine F 30-AB- bzw. F 90-AB-Konstruktion mit einer beidseitigen Beplankung aus brennbaren Baustoffen. Als „ausreichend widerstandsfähig" ist die Schicht aus nichtbrennbaren Baustoffen anzusehen, wenn sie während der Prüfzeit nach der Norm DIN 4102 Teil 2 nicht zerstört wird. Solche Schichten können als Putz auf nichtbrennbarem Putzträger hergestellt oder aus Gipskartonplatten, Gipsfaserplatten, Gipsglasvliesplatten, Kalziumsilikatplatten, aber auch aus Holzwolle-Leichtbauplatten bestehen. Diese Konstruktionen werden in Fachkreisen als „F 30-BA- bzw. F 90-BA-Bauteile" bezeichnet. Wegen dieses günstigen Brandverhaltens bestehen seitens der obersten Bauaufsichtsbehörde keine Bedenken, wenn im Einzelfall im Wege einer Abweichung nach § 73 BauO NRW in Gebäuden geringer Höhe, die in Holzbauart errichtet werden sollen, die Wände der Treppenräume in „F 90-BA" erstellt werden.

35 Des vorgenannten Problems bei Gebäuden in Holzbauart hat sich die ARGEBAU angenommen und in die neue Brandschutzkonzeption der MBO 2002 tragende und aus-

steifende Bauteile einbezogen (s. die Anmerkungen zu § 17 Rdn. 30 e). Diese Brandschutzkonzeption der MBO 2002 ermöglicht eine **hochfeuerhemmende** Bauart bei Gebäuden mit einer Fußbodenhöhe von bis zu 13 m und Nutzungseinheiten mit jeweils nicht mehr als 400 m² in einem Geschoss (Gebäudeklasse 4 nach § 2 Abs. 3 MBO 2002).

Nach Absatz 7 **Satz 1 Nr. 2** sind in den „anderen" Gebäuden, also in **Gebäuden mittlerer Höhe**, die Wände von Treppenräumen in der **Bauart von Brandwänden** nach § 33 BauO NRW herzustellen. Die „Bauart von Brandwänden" ist in § 33 Abs. 1 BauO NRW in Verbindung mit der Norm DIN 4102 Teil 3 konkretisiert (s. die Anmerkungen zu § 33 Rdn. 1–6). Die Absätze 2 bis 6 des § 33 BauO NRW finden bei Wänden von Treppenräumen keine Anwendung, da in diesen Absätzen nicht die Bauart von Brandwänden geregelt ist, es sei denn, die Treppenraumwände sind gleichzeitig Gebäudeabschlusswände. Insofern waren hinsichtlich des Eingreifens anderer Bauteile und hinsichtlich der Zulässigkeit von Leitungsdurchführungen in § 37 Abs. 7 BauO NRW eigenständige, dem § 33 Abs. 4 und 5 BauO NRW entsprechende Regelungen erforderlich. 36

Die Anforderungen an **Außenwände** von Treppenräumen regelt Absatz 7 **Satz 2.** Treppenraumaußenwände müssen hinsichtlich ihrer Feuerwiderstandsdauer die Anforderungen nach § 29 Abs. 1 Tabelle Zeile 1 a (sofern sie tragend sind) bzw. Zeile 2 BauO NRW (sofern es sich um nichttragende Außenwände sowie um nichttragende Teile von Außenwänden handelt) erfüllen. Werden Öffnungen in diesen Wänden mit lichtdurchlässigen Baustoffen geschlossen, so müssen diese Baustoffe bei Gebäuden mittlerer Höhe aus nichtbrennbaren Baustoffen – also Glas – bestehen (vgl. auch Nr. 37.72 VV BauO NRW). Werden Treppenräume, deren Wände in der Bauart von Brandwänden herzustellen sind, in Gebäudeecken angeordnet und sollen die Außenwände dieser Treppenräume nur den Anforderungen an Außenwände nach § 29 BauO NRW – wie zuvor beschrieben – entsprechen, so sind diese Außenwände vor Öffnungen in den rechtwinklig anschließenden Außenwänden entsprechend § 33 Abs. 6 BauO NRW zu schützen (s. die Anmerkungen zu § 33 Rdn. 23 und 24). 37

Nach Absatz 7 **Satz 3** dürfen Bauteile, Leitungen, Leitungsschlitze und Schornsteine nur so weit in Treppenraumwände eingreifen, dass für den verbleibenden Wandquerschnitt die Feuerwiderstandsklasse F 90 erhalten bleibt. **Satz 4** erklärt Leitungsdurchführungen nur dann für zulässig, wenn sie so geschlossen werden, dass eine Übertragung von Feuer und Rauch ausgeschlossen ist. Welche Maßnahmen hierfür erforderlich sind, wird konkretisiert durch die mit RdErl. vom 20. 8. 2001 (MBl. NRW. S. 1253) als Technische Baubestimmung gemäß § 3 Abs. 3 BauO NRW eingeführte „**Leitungsanlagen-Richtlinie – LAR NRW**". 38

### 9 Zu Absatz 8 – oberer Abschluss

Sofern der **obere Abschluss** eines Treppenraumes eine **Decke** ist, sind die Anforderungen an deren Feuerwiderstandsdauer und an die Brauchbarkeit der zu verwendenden Baustoffe nach Gebäudetypen in Absatz 8 **Satz 1** geregelt. In Gebäuden geringer Höhe ist diese Decke mindestens in der Feuerwiderstandsklasse F 30 und in Gebäuden mittlerer Höhe ist diese Decke mindestens in der Feuerwiderstandsklasse F 90 herzustellen. Diese Regelung dient dem **Schutz des Treppenraumes**. Eine Brandausbreitung aus dem Geschoss oberhalb des Treppenraumes auf diesen soll verhindert werden. Das heißt, die Regelung geht nicht von einem Brand vom Treppenraum aus, denn dieser ist ja ohne Brandlast. 39

40 Um ausführungstechnischen Problemen zu entgehen (s. die Anmerkungen zur Vorauflage Rdn. 39), ordnet **Satz 2** die **Nichtgeltung** der Anforderungen des Satzes 1 an, wenn der obere Abschluss durch das **Dach** oder einen **Hohlraum** nach § 2 Abs. 6 Satz 2 gebildet wird (zum Begriff des Hohlraums s. die Anmerkungen zu § 2 Rdn. 218).

### 10 Zu Absatz 9 – Bekleidungen, Dämmstoffe, Einbauten, Fußbodenbeläge

41 Der notwendige Treppenraum und der Raum zwischen dem notwendigen Treppenraum und dem Ausgang ins Freie sind besonders sicher auszubilden. Zur Verhinderung einer Brandentstehung und Brandausbreitung in diesem Bereich untersagt **Satz 1** die Verwendung brennbarer Baustoffe für **Bekleidungen**, **Dämmstoffe** und **Einbauten** (Nr. 1). **Fußbodenbeläge** müssen mindestens **schwerentflammbar** sein (Nr. 2), was gegenüber früherem Recht, das die Forderung nach nichtbrennbaren Fußbodenbelägen enthielt, eine Erleichterung darstellt. **Satz 2** ermöglicht Leitungsanlagen in notwendigen Treppenräumen unter der Voraussetzung, dass keine brandschutztechnischen Bedenken bestehen. Hierzu sind die Anforderungen der **LAR NRW** zu beachten (s. Rdn. 38).

42 Nach der Anmerkung zu Abschnitt 6 der Norm DIN 4102 Teil 1 (Ausgabe Mai 1981) – Brandverhalten von Baustoffen und Bauteilen; Baustoffe – können für die Beurteilung von **Fußbodenbelägen** zur Einreihung in die Baustoffklasse B 1 (schwerentflammbar) andere Prüfverfahren als die nach DIN 4102 Teil 1 angewendet werden (s. die Anmerkungen zu § 17 Rdn. 33 und 37). Fußbodenbeläge, die als Wandbelag verwendet werden sollen, sind nach DIN 4102 Teil 1 zu prüfen.

### 11 Zu Absatz 10 – Öffnungen in Treppenraumwänden

43 Absatz 10 stellt Anforderungen an die Dichtheit der Verschlüsse von **Türöffnungen** (s. die Anmerkungen zu § 17 Rdn. 16–19). Die Anforderungen dienen dem Schutz des Treppenraumes als – in aller Regel – erster vertikaler Rettungsweg. Sie sollen auch eine Brandausbreitung von Geschoss zu Geschoss behindern.

44 Folgende Öffnungen sind durch **rauchdichte** und **selbstschließende** Türen der Feuerwiderstandsklasse **T 30** zu schließen: Öffnungen zum **Kellergeschoss**, zu nichtausgebauten **Dachräumen**, zu **Werkstätten**, zu **Läden**, zu **Lagerräumen** und **ähnlichen Räumen**. Die gleiche Anforderung gilt auch für Öffnungen zwischen Treppenräumen und **Nutzungseinheiten mit mehr als 200 m²** Nutzfläche **ohne notwendige Flure**.

45 Letztere Anforderung korrespondiert mit § 38 Abs. 1 BauO NRW, wonach Flure innerhalb von Wohnungen oder Nutzungseinheiten vergleichbarer Größe – und hier geht der Gesetzgeber von einer Nutzfläche von **bis** zu 200 m² aus – nicht als notwendige Flure gelten. Sofern Nutzungseinheiten mit **mehr** als 200 m² **ohne notwendige Flure** an einen Treppenraum angeschlossen werden, z. B. Großraumbüros oder Nutzungseinheiten, die einer Büro- oder Verwaltungsnutzung dienen mit einer Nutzfläche in diesem Geschoss von nicht mehr als 400 m² mit Fluren, die nicht den Anforderungen des § 38 Abs. 4 BauO NRW entsprechen, stellt die BauO NRW höhere Anforderungen an den Verschluss der Türöffnungen zum Treppenraum als an den Verschluss von Türöffnungen zwischen notwendigen Fluren – auch großer Nutzungseinheiten – und dem Treppenraum. Dies ist darin begründet, dass bei „Vorschaltung" eines notwendigen Flures keine Gefahr einer unmittelbaren Temperaturbeanspruchung der Tür zum Treppenraum besteht.

Öffnungen zu **notwendigen Fluren** brauchen „nur" **rauchdichte** und **selbstschließende** Türen zu erhalten; das sind solche nach der Norm DIN 18095 Teil 1 – Rauchschutztüren (s. die Anmerkungen zu § 17 Rdn. 19). Zu diesen Öffnungen zählen auch die zu den notwendigen Fluren, die erforderlich werden, wenn mehr als vier Nutzungseinheiten in einem Geschoss an einen Treppenraum angeschlossen werden sollen (s. Rdn. 31). **46**

Die **übrigen** Öffnungen zum Treppenraum, darunter auch **Wohnungseingänge**, müssen außer in Gebäuden geringer Höhe **dichtschließende** Türen erhalten. Als „dichtschließend" gelten Türen mit stumpf einschlagendem oder gefälztem, vollwandigen Türblatt und mindestens dreiseitig umlaufender Dichtung (s. die Anmerkungen zu § 17 Rdn. 17). **47**

Handelt es sich um Öffnungen zu **Räumen besonderer Art und Nutzung** mit besonderer Brandgefahr, kann sich das Erfordernis höherer Anforderungen an die Dichtheit des Verschlusses ergeben; entsprechende Anforderungen können im Einzelfall auf der Grundlage des § 54 Abs. 1 BauO NRW gestellt werden. **48**

Häufig wünschen Bauherren oder Entwurfsverfasser, aus Gründen einer besseren Sichtverbindung die Öffnung zwischen Treppenraum und dem notwendigen Flur nicht nur durch eine Tür, sondern zusätzlich durch **Seitenteile** und **obere Blenden** zu schließen. In solchen Fällen müssen – analog zu § 8 Abs. 7 HochhVO – diese Öffnungen selbstschließende Türen erhalten, die **einschließlich** etwaiger Seitenteile und oberer Blenden mindestens der Feuerwiderstandsklasse **T 30** entsprechen müssen (s. auch Nr. 17.1 VV BauO NRW letzter Satz). Sofern diese Öffnungen **49**

- zu Öffnungen in gegenüberliegenden oder rechtwinklig anschließenden Wänden einen Abstand von 5 m und
- zu Öffnungen in derselben Wand einen Abstand von 2,5 m

einhalten, sind rauchdichte und selbstschließende Türen zulässig; etwaige Seitenteile und obere Blenden brauchen dann keiner Feuerwiderstandsklasse zu entsprechen.

## 12 Zu Absatz 11 – Lüftung und Beleuchtung

Die ausreichende **Lüftung** und **Beleuchtung** von Treppenräumen ist aus Sicherheitsgründen erforderlich (s. Rdn. 16–17. Sofern Treppenräume der Vorschrift des Absatzes 4 Satz 1 entsprechend an der **Außenwand** angeordnet werden, müssen in jedem Geschoss **öffenbare Fenster** in einer Größe von mindestens 0,50 m² lichter Öffnung angeordnet werden. Das vorgegebene Öffnungsmaß dient ausschließlich der ausreichenden Lüftung und Beleuchtung je Geschoss. Zum Einbringen von Rettungsgeräten der Feuerwehr sind diese Öffnungen nach der nordrhein-westfälischen Rechtslage nicht gedacht. Die Feuerwehr bedient sich in der Regel der Hauseingangstür, falls Rettungsgeräte in das Gebäude gebracht werden müssen. Um Missverständnissen vorzubeugen, ist darauf hinzuweisen, dass andere Landesbauordnungen eine erweiterte Zielsetzung verfolgen, wonach die Treppenraumfenster auch zum Einbringen von Geräten der Feuerwehr dienen (vgl. OVG Bln, Beschluss vom 22. 5. 2002 – 2 S 10.02, BauR 2003, 1355 = BRS 65 Nr. 137 unter Bezug auf § 32 Abs. 9 BauO Bln 1985, der ausdrücklich größere Fensteröffnungen und eine maximale Brüstungshöhe verlangt). **50**

Sofern Treppenräume der Vorschrift des Absatzes 4 Satz 2 entsprechend **innenliegend** angeordnet werden, so müssen diese in Gebäuden mit mehr als fünf Geschossen ober- **51** halb der Gebäudeoberfläche eine von der allgemeinen Beleuchtung **unabhängige Beleuchtung** haben. Für eine solche unabhängige Beleuchtung ist eine **Ersatzstromversorgungsanlage** (Ersatzstromanlage) erforderlich, die sich bei Ausfall der allgemeinen Stromversorgung selbsttätig innerhalb von 15 Sekunden einschaltet und die Stromversorgung für diese Beleuchtung und die übrigen sonst erforderlichen Sicherheitseinrichtungen der innenliegenden Rettungswege übernimmt (s. Nr. 37.4224 VV BauO NRW). Die Ersatzstromversorgung (zum Begriff Ersatzstrom- bzw. Sicherheitsstromversorgung s. Nds. OVG, Beschluss vom 28. 9. 2004 – 1 LA 23/04, BRS 67 Nr. 148) kann über **Batterien** erfolgen und muss für einen mindestens eineinhalbstündigen Betrieb aller Sicherheitseinrichtungen bemessen sein. Anstelle einer Ersatzstromanlage sind auch zwei voneinander unabhängige Netzeinspeisungen möglich (s. DIN VDE 0108 Teil 1 – Ausgabe Oktober 1989 – Abschn. 6.4.6 – Besonders gesichertes Netz). Die **Beleuchtungsstärke** in den Achsen der Rettungswege muss mindestens 1 Lux betragen. Für Sonderbauten stellen die Sonderbauvorschriften weitergehende Anforderungen an die **Sicherheitsbeleuchtung** (§ 14 Abs. 2 GarVO, § 16 VkVO, § 15 VStättVO, § 8 Abs. 1 BeVO, Nr. 7 SchulBauR) oder an die **Ersatzstrom-** bzw. **Sicherheitsstromversorgung** (§ 11 HochhVO, § 19 KhBauVO, § 19 VkVO, § 14 Abs. 1 VStättVO, § 8 Abs. 2 BeVO).

## 13 Zu Absatz 12 – Rauchabzug

52 Dem Treppenraum dient im Brandfall den Nutzern als erster Rettungsweg zur Selbstrettung sowie der Feuerwehr zur Bergung hilfloser Personen und als Angriffsweg für die Löscharbeiten. Aus diesen Gründen muss er so beschaffen sein, dass seine Benutzung **durch Raucheintritt nicht gefährdet** werden kann. Diesem Ziel dienen insbesondere die Vorschriften des § 37 Abs. 1 bis 11 BauO NRW. Diese Vorschriften gehen jedoch – anders als § 17 Abs. 3 Satz 3 BauO NRW (Sicherheitstreppenraum) – davon aus, dass Rauch in zunächst geringen, die gefahrlose Benutzung nicht beeinträchtigenden Mengen auch in den „normalen" Treppenraum gelangen kann. Um diesen Rauch abzuführen, ist nach Absatz 12 **Satz 1** in Anpassung an die Regelungen der MBO und anderer Landesbauordnungen nunmehr erst in **Gebäuden mit mehr als fünf Geschossen** oberhalb der Geländeoberfläche sowie bei **innenliegenden Treppenräumen** an der obersten Stelle des Treppenraumes ein **Rauchabzug** anzubringen. Dieser Rauchabzug muss nach **Satz 2** eine Rauchabzugsöffnung mit einem freien Querschnitt von mindestens 5 % der Grundfläche des Treppenraums, mindestens jedoch von 1 $m^2$ haben.

52a Die Forderung nach einem **Rauchabzug** an oberster Stelle eines **notwendigen Treppenraumes** dient **nicht** primär der „Raucharm- bzw. Rauchfreihaltung" des Treppenraumes zur Selbstrettung der Nutzer des Gebäudes. Dieser Rauchabzug dient nämlich **vorrangig** der „**Kaltentrauchung**" (s. auch Nr. 37.4223 Satz 4 VV BauO NRW). Das heißt, er dient zur Entrauchung des Treppenraumes nach Evakuierung des Gebäudes (s. Nr. 3.10 Liste C – Ausgabe 2007/1) und somit der Entrauchung des Rettungs- und Löschangriffswegs für die Feuerwehr. Es handelt sich hier **nicht** um eine Rauch- und Wärmeabzugsanlage – **RWA-Anlage**, wie mitunter fälschlicherweise von Behörden gefordert wird.

53 Der Rauchabzug muss nach **Satz 3** jeweils vom **Erdgeschoss** und vom **obersten Treppenabsatz** aus bedient werden können. Die Bedienungsvorrichtung im Erdgeschoss wird vor allem von der Feuerwehr betätigt werden, die auf dem obersten Treppenabsatz vor allem von den Benutzern des obersten Geschosses. Ist das oberste Fenster eines

Treppenraums so hoch angeordnet, dass der Zugang zur höchstgelegenen Nutzungseinheit durch Rauch nicht gefährdet wird, kann dieses zugleich als Rauchabzug dienen; es muss dann jedoch die Abmessungen nach Satz 2 haben und nach Satz 3 mit einer Vorrichtung vom Erdgeschoss aus geöffnet werden können.

Die **Abweichungsmöglichkeit** des **Satzes 4** setzt voraus, dass der Rauch auf andere Weise als durch die Rauchabzugsöffnungen nach den Sätzen 1 bis 3 abgeführt werden kann. Eine solche Möglichkeit kann z. B. in Sonderbauten durch Lüftungsanlagen gegeben sein, die im Brandfalle automatisch so geschaltet werden, dass sie den Rauch ins Freie ableiten. Der Nachweis der Gleichwertigkeit einer solchen Lösung sollte auf der Grundlage eines Brandschutzkonzepts geführt werden. **54**

## 14 Zu Absatz 13 – Nichtgeltung der Treppenraumvorschriften

Keine der Vorschriften des § 37 Abs. 1–12 BauO NRW ist auf Wohngebäude geringer Höhe mit nicht mehr als zwei Wohnungen anzuwenden, auch dann nicht, wenn der Bauherr freiwillig in seinem Bauvorhaben einen Treppenraum anordnet. In Bezug auf Absatz 6 besteht die Besonderheit, dass die Wohnungszahl nicht begrenzt ist. **55**

## § 38
## Notwendige Flure und Gänge

**(1) [1]Notwendige Flure sind Flure, über die Rettungswege von Aufenthaltsräumen zu Treppenräumen notwendiger Treppen oder zu Ausgängen ins Freie führen. [2]Als notwendige Flure gelten nicht**

**1. Flure innerhalb von Wohnungen oder Nutzungseinheiten vergleichbarer Größe,**

**2. Flure innerhalb von Nutzungseinheiten, die einer Büro- oder Verwaltungsnutzung dienen und deren Nutzfläche in einem Geschoss nicht mehr als 400 m² beträgt.**

**(2) [1]Notwendige Flure müssen so breit sein, dass sie für den größten zu erwartenden Verkehr ausreichen: Flure von mehr als 30 m Länge sollen durch nicht abschließbare, rauchdichte und selbstschließende Türen unterteilt werden. [2]In den Fluren ist eine Folge von weniger als drei Stufen unzulässig.**

**(3) [1]Notwendige Flure, die zu einem Sicherheitstreppenraum führen oder die als Stichflure nur eine Fluchtrichtung haben, dürfen bis zur Einmündung in einen notwendigen Treppenraum, den davor liegenden offenen Gang oder in eine Schleuse höchstens 10 m lang sein. [2]Der Stichflur darf 20 m lang sein, wenn die Räume einen zweiten Rettungsweg haben.**

**(4) [1]Wände notwendiger Flure sind unbeschadet der §§ 29 bis 33**

**1. in Gebäuden geringer Höhe in der Feuerwiderstandsklasse F 30 und**

**2. in anderen Gebäuden in der Feuerwiderstandsklasse F 30 und**

**– in den wesentlichen Teilen aus nichtbrennbaren Baustoffen (F 30-AB) oder**

**– mit einer beidseitig angeordneten ausreichend widerstandsfähigen Schicht aus nichtbrennbaren Baustoffen**

**herzustellen. [2]Die Wände sind bis an die Rohdecke oder bis an den oberen Raumabschluss zu führen, der die gleiche Feuerwiderstandsklasse wie die Wand hat (Fluchttunnel). [3]Türen in diesen Wänden müssen dicht schließen; Türen in Wänden von notwendigen Fluren nach Absatz 3 müssen rauchdicht und selbstschließend sein.**

**(5) [1]Wände und Brüstungen von notwendigen Fluren, die als offene Gänge vor den Außenwänden angeordnet werden, sind**

**1. in Gebäuden geringer Höhe in der Feuerwiderstandsklasse F 30 und**

**2. in anderen Gebäuden in der Feuerwiderstandsklasse F 30 und in den wesentlichen Teilen aus nichtbrennbaren Baustoffen (F 30-AB)**

**herzustellen. [2]Fenster sind in diesen Wänden ab einer Brüstungshöhe von 0,9 m zulässig. Im Übrigen gilt Absatz 2 entsprechend.**

**(6) [1]Bekleidungen einschließlich Unterdecken und Dämmstoffe müssen in notwendigen Fluren und offenen Gängen außer in Gebäuden geringer Höhe aus nichtbrennbaren Baustoffen bestehen. [2]Fußbodenbeläge müssen mindestens schwerentflammbar (B 1) sein. [3]Leitungsanlagen sind zulässig, wenn Bedenken wegen des Brandschutzes nicht bestehen.**

***VV BauO NRW** (infolge Befristung mit Ablauf des 31. 12. 2005 ausgelaufen)*

### *38 Notwendige Flure und Gänge (§ 38)*

*38.1 Zu Absatz 1*

*Satz 2 schließt nicht aus, dass mehrere Nutzungseinheiten je Geschoss angeordnet werden; ihre Umfassungsbauteile müssen dann den Anforderungen an Trennwände entsprechen.*

*Soweit in Sonderbauverordnungen (z. B. HochhVO, KhBauVO) der Begriff „allgemein zugänglicher Flur" verwendet wird, sind darunter „notwendige Flure" zu verstehen. Es gelten somit für die in den Sonderbauverordnungen geregelten „allgemein zugängliche Flure" die sich aus der Begriffsbestimmung ergebenden Konsequenzen; z. B. gelten die in den Sonderbauverordnungen geregelten Anforderungen an Flurtrennwände nur in Nutzungseinheiten, die einer Büro- oder Verwaltungsnutzung dienen und deren Nutzfläche in einem Geschoss mehr als 400 m² beträgt.*

*38.4 Zu Absatz 4*

*Lichtöffnungen sind in diesen Wänden zulässig, wenn sie durch Verglasungen in der Feuerwiderstandsklasse F 30 geschlossen werden. Keine Bedenken aus Gründen des Brandschutzes bestehen, wenn im Wege einer Abweichung (§ 73) Verglasungen mindestens der Feuerwiderstandsklasse G 30 nach DIN 4102–5, die mit ihrer Unterkante mindestens 1,8 m über dem Fußboden angeordnet sind, zugelassen werden.*

*Nach Absatz 4 Nr. 2 sind Wände notwendiger Flure in „anderen Gebäuden" in der Feuerwiderstandklasse F 30 und mit einer beidseits angeordneten ausreichend widerstandsfähigen Schicht aus nichtbrennbaren Baustoffen herzustellen. „Ausreichend widerstandsfähig" sind ohne weiteren Nachweis z. B. die nachfolgenden Schichten:*

- *Mineralischer Putz auf nichtbrennbarem Putzträger mit einer Dicke von ≥ 15 mm,*
- *Gipskartonplatten mit einer Dicke von ≥ 12,5 mm,*
- *Gipsfaserplatten mit einer Dicke von ≥ 10 mm,*
- *Gipsglasvliesplatten mit einer Dicke von ≥ 10 mm,*
- *Kalziumsilikatplatten mit einer Dicke von ≥ 8 mm.*

*Darüber hinaus bestehen keine Bedenken, wenn anstelle der Schicht aus nichtbrennbaren Baustoffen eine mindestens 25 mm dicke Holzwolle-Leichtbauplatte auch ohne Putz verwendet wird. Die Feuerwiderstandsklasse F 30 muss nachgewiesen werden.*

**Anmerkungen** (Autor: Temme)

**Übersicht**


| | | Rdn. |
|---|---|---|
| 0 | Änderungen gegenüber der BauO NW 1984 und der BauO NW 1995 | 01–03 |
| 1 | Allgemeines | 1– 3 |
| 2 | Zu Absatz 1 – Der notwendige Flur | 4– 8 |
| 3 | Zu Absatz 2 – Abmessungen und Unterteilungen | 9–11 |
| 4 | Zu Absatz 3 – Längenbegrenzung | 12–13 |
| 5 | Zu Absatz 4 – Flurtrennwände im Gebäudeinnern | 14–18 |
| 6 | Zu Absatz 5 – Flurtrennwände im Bereich offener Gänge | 19–20 |
| 7 | Zu Absatz 6 – Bekleidungen, Unterdecken, Dämmstoffe | 21–22 |


## 0 Änderungen gegenüber der BauO NW 1984 und der BauO NW 1995

01 Mit der **BauO NW 1995** wurde § 34 BauO NW 1984 übernommen, jedoch ein **neuer Absatz 1** mit der Begriffsbestimmung des notwendigen Flurs vorangestellt, wodurch sich die alten Absätze 1 bis 4 zu den neuen Absätzen 2 bis 5 verschoben.

Der bis 1995 verwendete Begriff „**allgemein zugänglicher Flur als Rettungsweg**“ wurde ersetzt durch den neuen Begriff „**notwendiger Flur**“. Der bisherige Begriff war – anders als der Begriff „notwendige Treppe“ – nicht definiert, gleichwohl wurden in § 34 BauO NW 1984 Anforderungen an den allgemein zugänglichen Flur als Rettungsweg gestellt, und zwar an die Breite, die Unterteilung, an die Feuerwiderstandsdauer der Wände sowie an die Entflammbarkeit der Baustoffe. Letztendlich ist jeder Flur allgemein zugänglich, und fast jeder Flur dient auch als Rettungsweg, selbst der Flur einer Wohnung, in der Besuch empfangen wird.

An die Flure in Wohnungen oder in Nutzungseinheiten vergleichbarer Größe – als Anhaltswert hatte sich in der Anwendungspraxis der Vorschrift eine Größe bis zu 200 m² festgesetzt – wurden jedoch nur in seltenen Fällen Anforderungen gestellt. So ergab sich die Notwendigkeit, analog zu den Regelungen über die notwendige Treppe und deren Treppenraum, einer Legaldefinition dieses Flures.

Die Definition erfolgte durch die ARGEBAU in Zusammenarbeit mit den Vertretern der Feuerwehren, sie fand Eingang in § 33 MBO 1996 (s. Böckenförde/Temme/Krebs, Einführung S. XVI f.).

02 Eine weitere umfangreiche, mit der BauO NW 1995 bewirkte Änderung betraf die Anforderungen an **Flurtrennwände im Bereich offener Gänge**. Die bisher in § 34 Abs. 3 BauO NW 1984 enthaltenen Vorschriften wurden in § 38 Abs. 4 BauO NW 1995 übernommen und materiell und redaktionell den Regelungen des vorangestellten Absatzes 3 (Absatz 2 alt) und der MBO 1996 angepasst.

03 Die **BauO NRW 2000** hat § 38 BauO NW 1995 übernommen, jedoch **Absatz 3** mit Regelungen zur **Längenbegrenzung notwendiger Flure und Stichflure** neu eingefügt. Hierdurch verschoben sich die alten Absätze 3 bis 5 zu den neuen Absätzen 4 bis 6. Im neuen **Absatz 4** wurde **Satz 3** um einen zusätzlichen Halbsatz über **Anforderungen an Türen in Wänden notwendiger Flure** ergänzt. Dem neuen **Absatz 6** wurde **Satz 3** mit einer Anforderung an **Leitungsanlagen in notwendigen Fluren** angefügt.

## 1 Allgemeines

Als **Rettungsweg** dienende **notwendige** Flure sind wesentliches Teil im System der Rettungswege (s. die Anmerkungen zu § 17 Rdn. 22 und 47–57 und zu § 37 Rdn. 1). Sie sind die **horizontale Verbindung** einzelner Räume oder Nutzungseinheiten **mit dem Treppenraum oder dem Freien**. Damit sie im Brandfall sowohl als Rettungsweg für derjenigen, der sich selbst retten kann, als auch für die Feuerwehr als Rettungs- und Löschangriffsweg möglichst lange benutzbar bleiben, stellt die BauO NRW an sie hohe Anforderungen (vgl. Klingsohr/Messerer, S. 156 ff.). Diese erstrecken sich auf die Abmessungen und Unterteilungen in „**Rauchabschnitte**“, auf die Feuerwiderstandsdauer der tragenden Bauteile, auf die Brennbarkeit der Baustoffe in Wänden, Decken, Unterdecken und Bekleidungen und auf die Dichtheit der Verschlüsse in den Flurwänden. 1

Ein **notwendiger Flur**, der als Rettungsweg dient, kann **nicht gleichzeitig Aufenthaltsraum** (z. B. als Warteraum in Kliniken, Gemeinschaftsraum in Heimen), Aktenkammer (z. B. in Verwaltungsgebäuden) oder Installationskanal (z. B. in hochinstallierten Gebäuden) sein. Er muss jederzeit seiner Funktion gerecht werden können, da er **im Gefahrenfall** als **Rettungsweg** dient. 2

Die Legaldefinition des notwendigen Flures gilt auch für Vorschriften aufgrund der BauO NRW. So regelt Nr. 38.1 VV BauO NRW, dass unter dem in **Sonderbauverordnungen** (z. B. HochhVO, KhBauVO) verwendeten Begriff „allgemein zugänglicher Flur“ als „notwendiger Flur“ im Sinne von § 38 Abs. 1 BauO NRW zu verstehen ist. Somit ergeben sich aus der Begriffsbestimmung des § 38 Abs. BauO NRW für die in den Sonderbauverordnungen geregelten „allgemein zugänglichen Flure“ Konsequenzen; z. B. gelten die in den Sonderbauverordnungen geregelten Anforderungen an Flurtrennwände nur in Nutzungseinheiten, die einer Büro- oder Verwaltungsnutzung dienen und deren Nutzfläche in einem Geschoss mehr als 400 m² beträgt. 3

## 2 Zu Absatz 1 – Der notwendige Flur

Absatz 1 enthält die **Legaldefinition** des „notwendigen Flures“. 4

Ein **Flur** gilt als „notwendig“, wenn er dazu dient, **als Rettungsweg** Aufenthaltsräume mit Treppenräumen notwendiger Treppen oder mit Ausgängen ins Freie zu verbinden. **Nicht** als „notwendige Flure“ gelten:

1. Flure innerhalb von **Wohnungen** oder Nutzungseinheiten vergleichbarer Größe,
2. Flure innerhalb von Nutzungseinheiten, die einer **Büro- oder Verwaltungsnutzung** dienen und deren Nutzfläche in einem Geschoss **nicht mehr als 400 m²** beträgt.

Die **Wege** innerhalb großer Räume, wie in Großraumbüros oder Produktionsstätten, können zwar Rettungswege sein, die auch von anderen Aufenthaltsräumen zum Treppenraum führen, sie sind jedoch **keine notwendigen Flure** und brauchen somit nicht den Anforderungen des § 38 BauO NRW zu entsprechen. Die Rettungswegsituation in Großräumen ist häufig günstiger, weil überschaubarer, als z. B. in Verwaltungsgebäuden mit einer Vielzahl von einzelnen Büroräumen. Entstehungsbrände können in Großräumen frühzeitig erkannt und von den Benutzern des Raumes sofort bekämpft werden. 5

**Flure innerhalb von Wohnungen** sind unabhängig von der Größe der Wohnung grundsätzlich keine notwendigen Flure gemäß § 38 Abs. 1 BauO NRW. Nutzungseinheiten 6

„vergleichbarer Größe“ sind vor allem kleine Büros von Freiberuflern im Sinne des § 13 BauNVO. Als **vergleichbare Größe** sollte bei diesen Nutzungseinheiten eine Größe von **bis zu 200 m²** gelten (s. Rdn. 01). Damit ist zugleich sichergestellt, dass die Anforderungen der Absätze 2 bis 6 innerhalb dieser Einheiten nicht anzuwenden sind, weil diese Flure aufgrund der **gesetzlichen Fiktion** nicht als notwendig gelten.

7 Die Regelungen der Absätze 2 bis 6 finden ebenfalls keine Anwendung auf **Flure innerhalb von Nutzungseinheiten, die einer Büro- oder Verwaltungsnutzung dienen**, wenn deren Nutzfläche **nicht mehr als 400 m²** beträgt. Diese Regelung gilt auch für Sonderbauten, z. B. für Hochhäuser (s. Nr. 38.1 VV BauO NRW). Mit dieser Klarstellung ergibt sich eine wesentliche **Erleichterung** für die hiervon betroffenen Nutzungseinheiten nicht nur in materieller, sondern auch in **verfahrensrechtlicher Hinsicht**. Ist es doch häufig so, dass der Bauherr eines Büro- oder Verwaltungsgebäudes zum Zeitpunkt der Stellung eines Bauantrages noch nicht weiß, wie die einzelnen Geschosse bzw. Nutzungseinheiten seines Gebäudes später aufgeteilt werden, oft kennt er noch nicht einmal die späteren Nutzer seines Gebäudes und deren Raumaufteilungswünsche. Sind die einzelnen Nutzungseinheiten nicht größer als 400 m², so ist es nach erfolgter Baugenehmigung dem späteren Nutzer anheim gestellt, wie er seine Raumaufteilung gestalten wird, ob als Großraumbüro, als Kombination von Großraum- mit Einzelbüros oder als durch Flur erschlossene Einzelbüros.

Die Beschränkung der Nutzfläche auf 400 m² innerhalb von Nutzungseinheiten, die einer Büro- oder Verwaltungsnutzung dienen, bedeutet nicht, dass bei größeren Nutzungseinheiten verlangt wird, sie mit notwendigen Fluren auszustatten. Selbstverständlich sind nach wie vor größere Nutzungseinheiten als Großraumbüro zulässig, sofern – der Vorschrift des Absatzes 2 entsprechend – von jeder Stelle dieses Büros mindestens ein notwendiger Treppenraum oder ein Ausgang ins Freie in höchstens 35 m Entfernung (Lauflinie) erreichbar ist. Der Bauherr bzw. der Nutzer eines Großraumbüros, bei dem diese Entfernung knapp bemessen ist, wird mit der Umgestaltung dieses Büros mit Fluren, die dann „notwendige“ Flure wären, Probleme mit der zum notwendigen Treppenraum einzuhaltenden Entfernung haben.

8 **Nicht notwendige Flure** in den zuvor genannten Wohnungen bzw. Nutzungseinheiten können auch Zwecken dienen, zu denen ein notwendiger Flur nicht genutzt werden darf, z. B. als Empfangsraum, als Büroraum oder als Aktenraum. Wird eine solche Einheit durch Flurtrennwände unterteilt, so brauchen diese Wände keiner Feuerwiderstandsklasse anzugehören, so dass sie z. B. insgesamt aus Glas bestehen können.

### 3 Zu Absatz 2 – Abmessungen und Unterteilungen

9 Die **nutzbare Breite** richtet sich nach dem größten zu erwartenden Verkehr. Als Mindestmaß kann hier das für notwendige Treppen in § 36 Abs. 5 BauO NRW vorgeschriebene Maß von 1 m gelten. Größere Abmessungen sind zwar sinnvoll, können jedoch in der Regel nur für Sonderbauten aufgrund der Ermächtigung des § 54 Abs. 2 Nr. 7 BauO NRW gefordert werden.

10 Überlange Flure sollen durch nicht abschließbare, **rauchdichte** und selbstschließende Türen (s. die Anmerkungen zu § 17 Rdn. 19) in „**Rauchabschnitte**“ unterteilt werden. Durch diese Forderung soll einer raschen Rauchausbreitung zumindest in der Anfangsphase eines Brandes vorgebeugt werden. Die so entstehenden Rettungsweglängen innerhalb eines Rauchabschnitts betragen bei Fluchtmöglichkeit in zwei Richtungen

höchstens 15 m. Die Türen dürfen während des „normalen" Betriebes offen gehalten werden, wenn sie mit einer auf Rauch ansprechenden Feststellvorrichtung versehen sind, sich also bei Rauchentwicklung selbsttätig schließen. Solche Feststellvorrichtungen sind immer dort zu empfehlen, wo im Verlauf von Fluren, als stark frequentierte Verkehrswege, Feuerschutztüren (s. die Anmerkungen zu § 17 Rdn. 18) oder Rauchschutztüren anzuordnen sind.

Innerhalb notwendiger Flure ist eine Folge von **weniger als drei Stufen** unzulässig. Hierdurch soll **Stolpergefahren** insbesondere im Gefahrenfall vorgebeugt werden. Es hat sich nämlich herausgestellt, dass Personen im Allgemeinen geringe Höhenunterschiede von lediglich ein oder zwei Stufen in Fluren leicht übersehen. Sollte ein derart geringer Höhenunterschied gebäudebedingt nicht zu umgehen sein, muss er durch Anrampung überwunden werden. 11

## 4 Zu Absatz 3 – Längenbegrenzung

Absatz 3 nimmt Bezug auf die Ergänzung in § 17 Abs. 3 Satz 3 BauO NRW, wonach der **Sicherheitstreppenraum** (s. die Anmerkungen zu § 17 Rdn. 53) „sicher zugänglich" sein muss. Da der zweite vertikale Rettungsweg in diesem Falle fehlt, muss der Treppenraum als erster Rettungsweg so beschaffen sein, dass in ihn Feuer und Rauch nicht eindringen können. Für Sicherheitstreppenräume beschreibt Nr. 37.43 VV BauO NRW die zu erfüllenden Anforderungen. Ergänzend zu § 17 Abs. 3 Satz 3 BauO NRW enthält § 38 Abs. 3 **Satz 1** BauO NRW eine **Längenbegrenzung** von **10 m** für notwendige Flure oder „Stichflure", die zu einem Sicherheitstreppenraum führen. Die Längenbegrenzung ist erforderlich, weil trotz der mit Absatz 4 Satz 3 Halbsatz 2 getroffenen Anforderung an die Türen in diesen notwendigen Fluren bzw. Stichfluren nie ganz ausgeschlossen werden kann, dass im Brandfalle infolge menschlichen Fehlverhaltens oder technischer Mängel z. B. am Selbstschließmechanismus der Tür nicht doch Rauch in den Flur eintritt. In diesem Fall besteht immer noch eine Chance, sich durch den verrauchten Flur über die relativ kurze Distanz von 10 m zum Sicherheitstreppenraum begeben zu können. **Satz 2** lässt für Stichflure ein Längenmaß von maximal 20 m zu, wenn die angeschlossenen Räume und Nutzungseinheiten über einen zweiten Rettungsweg verfügen. 12

Der nach Satz 1 oder Satz 2 zulässige 10 m bzw. 20 m lange notwendige Flur bzw. Stichflur muss nicht unmittelbar an den notwendigen Treppenraum anschließen. Der dem notwendigen Treppenraum vorgelagerte **offene Gang** oder die **Schleuse** rechnet bereits zum „**sicheren Bereich**", in den Feuer und Rauch nicht eindringen können. Diese Gänge und Schleusen können daher nicht auf die zulässige Länge des notwendigen Flures bzw. Stichflures zum Nachteil des Bauherrn angerechnet werden. Voraussetzung ist allerdings, dass der offene Gang bzw. die Schleuse tatsächlich gegen das Eindringen von Feuer und Rauch gesichert sind (s. hierzu Nr. 37.431 und Nr. 37.432 VV BauO NRW). 12a

Die entsprechende Regelung der MBO 2002 ist nicht so eng, wie die des § 38 Abs. 3 BauO NRW. Das rührt daher, dass Nordrhein-Westfalen im Jahre 2000 die damals zur Ergänzung der MBO als Entwurf vorgelegte Regelung übernommen hatte. Die später geänderte Fassung des § 36 Abs. 3 Satz 4 MBO 2002 lautet: „*Notwendige Flure mit nur einer Fluchtrichtung, die zu einem Sicherheitstreppenraum führen, dürfen nicht länger als 15 m sein.*" Diese Mustervorschrift kann für Anträge auf Erteilung einer Abweichung nach § 73 BauO NRW als Begründung dienen. 13

### 5 Zu Absatz 4 – Flurtrennwände im Gebäudeinnern

14 Bei den Anforderungen an die Feuerwiderstandsdauer der Wände notwendiger Flure – nachfolgend wegen ihrer besonderen Aufgabe im Brandfall als „**Flurtrennwände**" bezeichnet – und an die Brennbarkeit der in ihnen zu verwendenden Baustoffe unterscheidet Absatz 4 nach Gebäudetypen. So genügen in Gebäuden **geringer Höhe** Flurtrennwände der Feuerwiderstandsklasse F 30; normalentflammbare Baustoffe, auch als Bekleidung, sind zulässig. In Gebäuden **mittlerer Höhe**, sind Flurtrennwände in der Feuerwiderstandsklasse F 30 und in den wesentlichen Teilen (s. die Anmerkungen vor §§ 29 bis 35 Rdn. 3) aus nichtbrennbaren Baustoffen (F 30-AB) herzustellen; Bekleidungen (und somit auch die Oberfläche) und Dämmstoffe dieser Wände müssen nichtbrennbar sein (Absatz 6 Satz 1). Anstelle dieser Wand ist auch eine Wand unter weitergehender Verwendung brennbarer Baustoffe in den wesentlichen Teilen zulässig (F 30-B), wenn diese Wand mit einer beidseitig angeordneten, ausreichend widerstandsfähigen Schicht aus nichtbrennbaren Baustoffen hergestellt wird. Welche Schichten ohne weiteren Nachweis „ausreichend widerstandsfähig" sind, führt Nr. 38.3 VV BauO NRW beispielhaft auf.

15 **Lichtöffnungen** sind in diesen Wänden zulässig, wenn sie durch Verglasungen in der Feuerwiderstandsklasse F 30 geschlossen werden. Flurtrennwände können auch insgesamt aus einer **Verglasung** in der **Feuerwiderstandsklasse F 30** bestehen. Die Verglasungen bedürfen einer allgemeinen bauaufsichtlichen Zulassung durch das DIBt. In den Verglasungen dürfen allerdings – im Gegensatz zu Absatz 4 Satz 3 – nur **Türen** der Feuerwiderstandsklasse **T 30** und nicht „nur" dichtschließende Türen eingebaut werden.

**F 30-Verglasungen** werden als raumabschließendes Bauteil geprüft. Sofern unmittelbar angrenzend an ein solches Bauteil Öffnungen angeordnet werden, verliert dieses Bauteil seine Feuerwiderstandsdauer, wenn der Verschluss der Öffnung nicht mitgeprüft wurde.

16 **Flurtrennwände** sind bis an die Rohdecke zu führen. Es genügt auch eine Führung bis an einen oberen Raumabschluss des Flurs, wenn dieser die gleiche Feuerwiderstandsklasse wie die Wand hat. Diese Lösung definiert die BauO NRW als „**Fluchttunnel**". Dieser ist nicht zu verwechseln mit dem Rettungstunnel, der einen im Gebäudeinneren angeordneten Treppenraume mit dem Freien verbindet. Für Fluchttunnel ist nach der Norm DIN 4102–2 Abschnitt 6.2.2.5 ein besonderes Prüfverfahren vorgeschrieben:

„*Dient eine Unterdecke dem Schutz des darunter liegenden Raumes gegen einen Brand im Zwischendeckenbereich, so ist die Oberseite der Unterdecke dem Feuer auszusetzen.*"

Hierzu ist folgende Fußnote zu beachten:

„*Werden an den unter einer Unterdecke liegenden Raum die Anforderungen an Rettungswege gestellt und ist dieser Raum durch bis zur Unterdecke reichende Wände begrenzt, die nicht nach DIN 1053 Teil 1 oder DIN 1045 bemessen sind, so kann die Brennbarkeit der den Rettungsweg begrenzenden Bauteile nicht allein nach dieser Norm beurteilt werden; es sind weitere Nachweise zu erbringen (z. B. im Rahmen einer allgemeinen bauaufsichtlichen Zulassung).*"

Auf dem Markt gibt es bereits eine große Zahl solcher Fluchttunnel mit allgemeinen bauaufsichtlichen Zulassungen des DIBt.

17 **Türen** in den Flurtrennwänden müssen **dicht schließen** (s. die Anmerkungen zu § 17 Rdn. 17). Damit können sie auch unter weitestgehender Verwendung von Glas hergestellt werden. Bei diesen Anforderungen geht der Gesetzgeber davon aus, dass es sich

hier um Türen „normalen" Ausmaßes und nicht um „Tore", gar geteilten Ausmaßes, handelt. Da nicht vorgeschrieben ist, wie hoch Türen sein dürfen, sind Oberlichte oberhalb der Türen auch in Glas denkbar. An **Türen in den Wänden von Fluren nach Absatz 3**, die zu einem Sicherheitstreppenraum führen (s. vorausgehende Rdn. 12), werden weitergehende Anforderungen gestellt; sie müssen rauchdicht und selbstschließend sein (s. Nr. 17.1 VV BauO NRW und die Anmerkungen zu § 17 Rdn. 19).

Sofern der obere Bereich der Flurtrennwand als **durchlaufendes Lichtband**, also als **18**
**Oberlicht**, ausgeführt werden soll, so bestehen seitens der obersten Bauaufsichtsbehörde keine Bedenken aus Gründen des Brandschutzes, wenn im Wege einer Abweichung nach § 73 BauO NRW Verglasungen mindestens der Feuerwiderstandsklasse G 30 nach DIN 4102 Teil 5 (s. die Anmerkungen zu § 17 Abs. 1 Rdn. 40), die mit ihrer Unterkante mindestens 1,80 m über dem Fußboden angeordnet sind, zugelassen werden (Nr. 38.4 erster Absatz VV BauO NRW).

## 6 Zu Absatz 5 – Flurtrennwände im Bereich offener Gänge

Wenn **offene Gänge**, wie Laubengänge, die Funktion des notwendigen Flures überneh- **19**
men und als Rettungsweg die einzige Verbindung der Nutzungseinheiten oder Aufenthaltsräume mit dem Treppenraum darstellen, müssen die diesen Gang begrenzenden Bauteile den Anforderungen des **Absatzes 5** entsprechen. Diese Bauteile sind: die (Außen-)**Wände** und die **Brüstungen**. Sie sind

1. in Gebäuden geringer Höhe in der Feuerwiderstandsklasse F 30 und
2. in anderen Gebäuden, also in Gebäuden mittlerer Höhe, in der Feuerwiderstandsklasse F 30 und in den wesentlichen Teilen aus nichtbrennbaren Baustoffen (F 30-AB)

herzustellen. Unter „Brüstungen" sind hier insbesondere die **äußeren Umwehrungen** zu verstehen; im Brandfall kommt diesen nämlich eine besondere Aufgabe zu. Bei einem Brand in einem tiefer gelegenen Geschoss soll der darüber liegende offene Gang für eine bestimmte Zeit noch benutzbar bleiben.

In den Wänden der offenen Gänge sind (öffenbare) **Fenster** ohne Anforderungen an deren Brandschutzqualität zulässig, da Feuer und Rauch durch diese über den offenen Gang direkt entweichen können. Damit im Brandfall der Gang noch – wenn auch in gebückter Haltung oder auch kriechend – genutzt werden kann, sind Fenster in den Wänden des offenen Gangs nicht raumhoch, sondern erst ab einer **Brüstungshöhe von 0,9 m** zulässig; die Brüstungselemente der Fenster selbst sind in der gleichen Feuerwiderstandsklasse wie die Wände herzustellen.

Die **Türen** in den begrenzenden Bauteilen müssen dicht schließen.

Die (Fuß-)**Böden** dieser Gänge sind in der gleichen Feuerwiderstandsklasse zu erstellen wie die Decken des Gebäudes.

**Probleme** ergeben sich in aller Regel, wenn offene Gänge mit Fenstern in den Wänden **20**
im Nachhinein, z. B. im Zuge von **Sanierungsmaßnahmen**, geschlossen werden sollen. Ein Verschließen der Fenster mit strahlungsundurchlässiger Brandschutzverglasung (s. die Anmerkungen zu § 17 Rdn. 43 und 44) wird nur in seltenen Fällen möglich sein. So bietet sich nur ein Teilverschluss an, z. B. durch offene Lamellen, oder ein Verschließen mittels Fenster, die im Brandfall von verschiedenen Stellen des Ganges mechanisch geöffnet werden können, ähnlich der Rauchabzüge nach § 37 Abs. 12 BauO NRW.

**7 Zu Absatz 6 – Bekleidungen, Unterdecken, Dämmstoffe**

21 Wegen der besonderen Aufgaben, die notwendige Flure als Rettungswege zu erfüllen haben, sowie zur Verhinderung einer Brandentstehung und zur Behinderung einer Brandausbreitung innerhalb dieses Bereiches ist nach **Satz 1** die Verwendung brennbarer Baustoffe für **Bekleidungen, Unterdecken** und **Dämmstoffe** außer in Gebäuden geringer Höhe untersagt. **Fußbodenbeläge** in diesen Gebäuden (nicht geringer Höhe – hier muss dem Gesetzgeber ein Interpunktionsfehler unterlaufen sein: statt des Punktes hinter Satz 1 hätte ein Semikolon stehen müssen) müssen schwerentflammbar sein (s. die Anmerkungen zu § 37 Rdn. 28).

22 Der neu angefügte Satz 2 erklärt **Leitungsanlagen** in notwendigen Fluren nur dann für zulässig, wenn keine Bedenken wegen des Brandschutzes bestehen. Diese allgemein gehaltene Anforderung wird konkretisiert durch die **Leitungsanlagen-Richtlinie** und die **Muster-Systembödenrichtlinie** (s. die Anmerkungen zu § 34 Rdn. 13 und 15).

# § 39
# Aufzüge

**(1) [1]Aufzugsanlagen müssen weitergehenden Anforderungen aufgrund des § 11 des Gerätesicherheitsgesetzes auch dann entsprechen, wenn sie weder gewerblichen noch wirtschaftlichen Zwecken dienen und in ihrem Gefahrenbereich keine Arbeitnehmer beschäftigt werden. [2]Dies gilt auch für die Vorschriften über die Prüfung durch Sachverständige mit der Maßgabe, dass festgestellte Mängel auch der unteren Bauaufsichtsbehörde mitzuteilen sind.**

**(2) [1]Aufzüge im Innern von Gebäuden müssen eigene Fahrschächte haben. [2]In einem Fahrschacht dürfen bis zu drei Aufzüge liegen. [3]Die Wände der Fahrschächte sind in der Feuerwiderstandsklasse F 90 und in den wesentlichen Teilen aus nichtbrennbaren Baustoffen (F 90-AB) herzustellen. [4]Aufzüge ohne eigene Fahrschächte sind**

- **innerhalb eines Raumes und**
- **innerhalb eines Treppenraumes nach § 37 in Gebäuden mit nicht mehr als fünf Geschossen über der Geländeoberfläche**

**zulässig; die Aufzüge müssen sicher umkleidet sein.**

**(3) [1]Der Fahrschacht muss zu lüften und mit Rauchabzugsvorrichtungen versehen sein. [2]Die Rauchabzugsöffnungen in Fahrschächten müssen eine Größe von mindestens 2,5 vom Hundert der Grundfläche des Fahrschachtes, mindestens jedoch von 0,10 m² haben.**

**(4) Fahrschachttüren oder andere Abschlüsse in Schachtwänden nach Absatz 2 Satz 1 sind so herzustellen, dass Feuer und Rauch nicht in andere Geschosse übertragen werden können.**

**(5) Bei Aufzügen, die außerhalb von Gebäuden liegen oder die nicht mehr als drei übereinanderliegende Geschosse verbinden, sowie bei vereinfachten Güteraufzügen, Kleingüteraufzügen, Lagerhausaufzügen, Behindertenaufzügen und bei Aufzugsanlagen, die den bundesrechtlichen Vorschriften aufgrund von § 11 des Gerätesicherheitsgesetzes nicht unterliegen, kann von den Anforderungen nach Absätzen 1 und 2 abgewichen werden, wenn wegen der Betriebssicherheit und des Brandschutzes Bedenken nicht bestehen.**

**(6) [1]In Gebäuden mit mehr als fünf Geschossen über der Geländeoberfläche müssen Aufzüge in ausreichender Zahl eingebaut werden, von denen einer auch zur Aufnahme von Kinderwagen, Rollstühlen, Krankentragen und Lasten geeignet sein muss; das oberste Geschoss ist nicht zu berücksichtigen, wenn seine Nutzung einen Aufzug nicht erfordert oder wenn durch den nachträglichen Ausbau des Dachgeschosses Wohnungen geschaffen werden. [2]Fahrkörbe zur Aufnahme einer Krankentrage müssen eine nutzbare Grundfläche von mindestens 1,10 m x 2,10 m haben; ihre Türen müssen eine lichte Durchgangsbreite von mindestens 0,90 m haben. [3]Vor den Aufzügen muss eine ausreichende Bewegungsfläche vorhanden sein. [4]Zur Aufnahme von Rollstühlen bestimmte Aufzüge müssen eine nutzbare Grundfläche von mindestens 1,10 m x 1,40 m haben und von allen Wohnungen in dem Gebäude und von der öffentlichen Verkehrsfläche stufenlos erreichbar sein; ihre Türen müssen eine lichte Durchgangsbreite von mindestens 0,90 m haben. [5]§ 55 Abs. 4 Sätze 2 bis 6 gilt entsprechend.**

**(7) [1]Aufzüge müssen zur Aufnahme von Rollstühlen geeignet sein. [2]Von mehreren Aufzügen muss mindestens einer zur Aufnahme von Rollstühlen geeignet sein.**

*VV* ***BauO NRW*** *(infolge Befristung mit Ablauf des 31.12.2005 ausgelaufen)*

***39*** ***Aufzüge (§ 39)***

*39.1* *Zu Absatz 1*

*Nach dieser Vorschrift haben die Bauaufsichtsbehörden bei Aufzugsanlagen, die weder gewerblichen Zwecken dienen noch im Rahmen einer wirtschaftlichen Unternehmung Verwendung finden und in deren Gefahrenbereich auch keine Arbeitnehmer beschäftigt werden (z. B. Aufzugsanlagen in Eigentumswohnanlagen ohne Mietwohnungen), darüber zu wachen, dass die Anforderungen der AufzV an die Errichtung und den Betrieb von Aufzugsanlagen sowie hinsichtlich der Prüfung von Aufzugsanlagen durch amtliche oder amtlich anerkannte Sachverständige eingehalten werden. Die Anforderungen nach § 3 Abs. 1 AufzV sind als erfüllt anzusehen, soweit die Aufzugsanlagen den Vorschriften des Anhangs zur AufzV und den vom Deutschen Aufzugsausschuss ermittelten und vom Bundesminister für Arbeit und Sozialordnung im Bundesarbeitsblatt bekannt gemachten technischen Regeln entsprechen.*

*Vor Aufzügen und in den Aufzugskabinen sind deutlich sichtbare Schilder anzubringen, die darauf hinweisen, dass es verboten ist, den Aufzug im Brandfalle zu benutzen.*

*39.5* *Zu Absatz 5*

*Nach § 39 Abs. 1 in Verbindung mit den §§ 10 und 11 AufzV unterliegen Aufzugsanlagen im Abstand von zwei Jahren wiederkehrenden Hauptprüfungen und Zwischenprüfungen durch den Sachverständigen. Es bestehen keine Bedenken, wenn die unteren Bauaufsichtsbehörden bei Behindertenaufzügen, die bestimmten Personen dienen, die Prüffristen für die Hauptprüfung von zwei auf vier Jahre verlängern – mit der Folge, dass auch die Zwischenprüfungen nur noch einmal innerhalb dieser vier Jahre stattfinden –, wenn der tatsächliche Zustand der Behindertenaufzüge nach dem Ergebnis der letzten Sachverständigenprüfung zu keinen Bedenken Anlass gibt und die Behindertenaufzüge aufgrund eines Wartungsvertrages mit einer Fachfirma regelmäßig gewartet werden.*

## **Anmerkungen** (Autor: Czepuck)

**Übersicht** Rdn.


| | | Rdn. |
|---|---|---|
| 0 | Änderungen gegenüber der BauO NW 1984 und der BauO NW 1995 | 01–02 |
| 1 | Allgemeines | 1 |
| 1.1 | Anwendung verfahrensrechtlicher Vorschriften | 2– 7 |
| 1.2 | Anwendung materieller (technischer) Vorschriften | 8–11 |
| 2 | Zu Absatz 1 – Anwendung der BetrSichV im Bauordnungsrecht | 12–13 |
| 3 | Zu Absätzen 2 bis 4 – Aufzugsschächte | 14–20 |
| 4 | Zu Absatz 5 – Sonderfälle | 21–22 |
| 5 | Zu Absatz 6 – Anzahl und Abmessungen der Aufzüge | 23–29 |
| 6 | Zu Absatz 7 – Aufzüge für Rollstühle | 30 |

## 0 Änderungen gegenüber der BauO NW 1984 und der BauO NW 1995

**§ 39 BauO NRW ist gegenüber** 1995 inhaltlich leicht verändert und entspricht im wesentlichen § 35 BauO NW 1984. Damit wurden Änderungen im Bundesrecht berücksichtigt und dem barrierefreien Bauen stärker Rechnung getragen. Die Änderungen 1995 hatten die Ursache bzw. dienten im Einzelnen dem Ziel: 01

- In **Absatzes 1** Satz 1 erfolgte die Anpassung an veränderte bundesrechtlicher Vorschriften und eine Klarstellung des Anwendungsbereichs. Überwachungsbedürftige Anlagen waren nicht mehr in der Gewerbeordnung, sondern im Gerätesicherheitsgesetz (jetzt mittlerweile im Geräte- und Produktsicherheitsgesetz – GPSG) geregelt.
- **Absatzes 2** stellt klar, dass Aufzüge, die sich nur innerhalb eines Raumes bewegen, keines eigenen brandschutztechnisch abgeschotteten Fahrschachtes bedürfen.
- In **Absatz 5** erfolgten Folgeänderungen zu Absatz 1. Abweichungen auch von den nichttechnischen Anforderungen, z.B. Prüfvorschriften, über § 73 BauO NRW hinaus werden damit ermöglicht.
- **Absatz 6** erleichtert den nachträglichen Ausbau von Dachgeschossen und der Anpassung der Abmessungen der Durchgangsbreiten von Türen an die Norm DIN 18025 – barrierefreies Bauen.
- **Absatz 7** verlangt, dass Aufzüge, zumindest aber einer von mehreren in einem Gebäude, für Rollstuhlfahrer geeignet sein müssen. Damit wird den Anforderungen an eine barrierefreie Bauweise entsprochen, insbesondere im Hinblick auf die erleichternde Benutzung von Gebäuden durch Menschen, die auf die Benutzung eines Rollstuhls angewiesen sind.

Die Änderungen 2000 hatten die Ursache bzw. dienten im Einzelnen dem Ziel: 02

- **Absatz 1 Satz 2** erhielt eine Ergänzung, um sicherzustellen, dass die Sachverständigen, die Aufzüge prüfen, festgestellte Mängel auch der unteren Bauaufsichtsbehörde mitzuteilen haben.
- In **Absatz 5** wurde das Wort Mühlenaufzüge gestrichen.
- In **Absatz 6 Satz 1** wurde klargestellt, dass der Aufzug auch zur Aufnahme von Kinderwagen und Rollstühlen geeignet sein muss.
- In **Absatz 6 Satz 4** wurde bestimmt, dass der zur Aufnahme von Rollstühlen bestimmte Aufzug nicht nur von der öffentlichen Verkehrsfläche, sondern von allen Wohnungen in dem Gebäude stufenlos erreichbar sein muss.
- Dem **Absatz 6** wurde **Satz 5 neu angefügt**, um zu erreichen, dass die Vorschriften des § 55 Abs. 4 Sätze 2 bis 6 in Gebäuden mit mehr als fünf Geschossen über der Geländeoberfläche entsprechend Anwendung finden.

## 1 Allgemeines

Für Aufzugsanlagen gelten nach der Umsetzung der **Aufzugsrichtlinie** 95/16/EG des Europäischen Parlaments und des Rates vom 29. 6. 1995 zur Angleichung der Rechtsvorschriften der Mitgliedstaaten über Aufzüge (ABl. EG Nr. L 213, S. 1) in deutsches Recht sowohl **bundesrechtliche** als auch **landesrechtliche Vorgaben** in einer für den Laien kaum noch überschaubaren Gemengelage. Die komplexe Ausgestaltung des „Aufzugsrechts" ist der des Bauproduktenrechts durchaus vergleichbar und geht auf 1 die unterschiedlichen Gesetzgebungszuständigkeiten von Bund und Ländern zurück. Für das **Inverkehrbringen von Aufzügen** hat der **Bund** aufgrund Artikel 74 Nr. 11 GG die **Gesetzgebungskompetenz** (Recht der Wirtschaft). Daneben ist das **Arbeitsschutzrecht des Bundes** zu beachten, weil dieses insbesondere Sicherheitsanforderungen zum Schutz der Beschäftigten regelt. Das **Erfordernis zum Einbau** von Aufzügen in bauliche Anlagen und die **Anforderungen an Bauteile** von baulichen Anlagen, in die Aufzüge eingebaut werden, regelt das **Bauordnungsrecht**.

### 1.1 Anwendung verfahrensrechtlicher Vorschriften

2 Aufzugsanlagen unterliegen für das **Inverkehrbringen** den Vorschriften der noch aufgrund des § 4 Abs. 1 und des § 11 des Gerätesicherheitsgesetzes – GSG i. d. F. d. B. vom 23. 10. 1992 (BGBl. I S. 1793) erlassenen **Aufzugsverordnung** – **12. GPSGV** i. d. F. d. B. vom 17. 6. 1998 (BGBl. I S. 1393), z. g. d. G vom 6. 1. 2004 (BGBl. I S. 2). *Hinweis: Die Bezeichnung Aufzugsverordnung wurde der 12. GPSGV erst nach Aufhebung der AufzV i. d. F. d. Bekanntmachung v. 19. 6. 1998 (BGBl. I S. 1410) gegeben.* Das GSG ist durch das Geräte- und Produktsicherheitsgesetz – GPSG vom 6. 1. 2004 (BGBl. I S. 2) ersetzt worden. Die **12. GPSGV** dient der **Umsetzung der Aufzugsrichtlinie 95/16/EG**. Geregelt wird das **Inverkehrbringen von neuen Aufzügen, Sicherheitsbauteilen und Bauteilen, die in Aufzügen verwendet oder eingebaut werden sollen**, die Gebäude und Bauten dauerhaft bedienen. Wegen des an die Aufzugsrichtlinie anknüpfenden weiten Anwendungsbereichs enthält § 2 der 12. GPSGV in den Nr. 1 und 2 eine eigene **Begriffsbestimmung des Aufzugs**:

Nach **Nr. 1** gilt im Sinne der 12. GPSGV als Aufzug ein Hebezeug, das zwischen festgelegten Ebenen mittels eines Fahrkorbs verkehrt, der

a) zur Personenbeförderung,

b) zur Personen- und Güterbeförderung oder

c) sofern der Fahrkorb von einer Person betretbar ist und über Steuereinrichtungen verfügt, die im Innern des Fahrkorbs oder in Reichweite einer dort befindlichen Person angeordnet sind, nur zur Güterbeförderung

bestimmt ist und an starren Führungen entlang fortbewegt wird, die gegenüber der Horizontalen um mehr als 15 Grad geneigt sind.

Nach **Nr. 2** gelten Aufzüge, die nicht an starren Führungen, aber nach einem räumlich vollständig festgelegten Fahrverlauf fortbewegt werden, ebenfalls als Aufzüge im Sinne der 12. GPSGV.

3 Der Anwendungsbereich erfasst Aufzüge, die in Gebäuden – auch Wohngebäuden – zur Personen- und Güterbeförderung eingebaut werden, nicht jedoch gemäß § 1 Abs. 2 12. GPSGV Bühnenaufzüge, Aufzüge für militärische Zwecke. Die Aufzüge dürfen nur unter den in den §§ 4 und 5 der 12. GPSGV festgelegten Voraussetzungen, die auf die Sicherheitsanforderungen nach § 3 der 12. GPSGV Bezug nehmen, in den Verkehr gebracht werden. In **jedem Fahrkorb** und **auf jedem Sicherheitsbauteil** muss die **CE-Konformitätskennzeichnung** nach Anhang III der Aufzugsrichtlinie 95/16/EG zusätzlich zu der **Kennzeichnung** gemäß **Anhang I Nr. 5.1 und 5.2** der Aufzugsrichtlinie 95/16/EG angebracht sein. Eine **EG-Konformitätserklärung** gemäß **Anhang II Buchstabe B** und eine **Dokumentation** in deutscher Sprache nach **Anhang I Nr. 6.2** der Aufzugsrichtlinie 95/16/EG ist dem Aufzug beim Inverkehrbringen beizufügen.

4 Die **Betriebssicherheitsverordnung – BetrSichV** vom 27.9.2002 (BGBl. I S. 3777), z. g. d. G vom 7.7.2005 (BGBl. I S. 1970), enthält **Anforderungen an Arbeitsmittel** und unter anderem auch **Anforderungen an überwachungsbedürftige Aufzugsanlagen**. Diese Vorschriften der **BetrSichV** haben die **alte** Aufzugsverordnung – **AufzV** vom 19. 6. 1998 (BGBl. I S. 1410) – Ersatz für AufzV v. 27.2.1980 – **abgelöst** und betreffen nicht das Inverkehrbringen, sondern die **Bereitstellung** und die **Benutzung** überwachungsbedürftiger Aufzugsanlagen. Die BetrSichV wurde aufgrund unterschiedlicher gesetzlicher Ermächtigungen erlassen, darunter die §§ 18 und 19 des Arbeitsschutzgesetzes und die §§ 4 und 11 des Gerätesicherheitsgesetzes – GSG, das durch das Geräte- und Produktsicherheitsgesetz – GPSG ersetzt worden ist (s. Rdn. 2). Nach § 1 Abs. 2 gilt das GPSG für die **Errichtung und den Betrieb überwachungsbedürftiger Anlagen**, die **gewerblichen** oder **wirtschaftlichen Zwecken** dienen oder durch die **Beschäftigte gefährdet** werden können. § 2 Abs. 7 Satz 1 Nr. 5 GPSG bestimmt unter anderem Aufzugsanlagen zu **„überwachungsbedürftigen Anlagen“**.

5 Die BetrSichV gilt gemäß § 1 Abs. 1 für die Bereitstellung von Arbeitsmitteln durch Arbeitgeber sowie für die Benutzung von Arbeitsmitteln durch Beschäftigte bei der Arbeit und gemäß § 1 Abs. 2 Satz 1 Nr. 2 auch für überwachungsbedürftige Anlagen im Sinn des § 2 Abs. 7 GPSG, soweit es sich handelt um

a) **Aufzüge im Sinne** des **Artikels 1** der **Aufzugsrichtlinie** 95/16/EG des Europäischen Parlaments und des Rates vom 29. 6. 1995 zur Angleichung der Rechtsvorschriften der Mitgliedstaaten über Aufzüge (ABl. EG Nr. L 213, S. 1),

b) **Maschinen im Sinne** des **Anhangs IV Buchstabe A Nr. 16** der **Maschinenrichtlinie** 98/37/EG des Europäischen Parlaments und des Rates vom 22. 6. 1998 zur Angleichung der Rechts- und Verwaltungsvorschriften der Mitgliedstaaten über Maschinen (ABl. EG Nr. L 207, S. 1), soweit die Anlagen ortsfest und dauerhaft montiert, installiert und betrieben werden, mit Ausnahme folgender Anlagen

   aa) Schiffshebewerke,

   bb) Geräte und Anlagen zur Regalbedienung,

   cc) Fahrtreppen und Fahrsteige

   dd) Schrägbahnen, ausgenommen Schrägaufzüge,

   ee) handbetriebene Aufzugsanlagen,

   ff) Fördereinrichtungen, die mit Kranen fest verbunden und zur Beförderung der Kranführer bestimmt sind,

   gg) Versenkbare Steuerhäuser auf Binnenschiffen,

c) **Personen-Umlaufaufzüge**,

d) **Bauaufzüge mit Personenbeförderung** oder

e) **Mühlen-Bremsfahrstühle**.

Die **Begriffsbestimmungen** der unter c), d) und e) genannten Aufzugsanlagen ergeben sich aus § 2 Abs. 17 bis 19 BetrSichV.

**Ausschließlich der Güterbeförderung dienende Aufzüge** sind seit dem 1. 1. 2003 nicht mehr überwachungsbedürftig, jedoch Arbeitsmittel im Sinne der BetrSichV, so dass der Betreiber die Vorschriften der §§ 3 bis 11 BetrSichV zu beachten hat.

6 Aufzugsanlagen sind **bauliche Anlagen** im Sinne des § 2 Abs. 1 BauO NRW. Für sie gelten neben den bundesrechtlichen Vorschriften die materiellen und formellen Vorschriften der BauO NRW. Die **materiellen bauordnungsrechtlichen Anforderungen** an alle Aufzugsanlagen sind ausschließlich in § 39 Abs. 2 bis Abs. 7 BauO NRW geregelt. Diese betreffen die Anforderungen an den **baulichen Brandschutz** der Fahrschachtwände und der Fahrschachttüren, an das **Erfordernis des Einbaus** von Aufzügen, an die **Lage** der Zugänge sowie an die **Abmessungen der Zugänge** und der **Fahrkorbflächen**. Dagegen sind die **technische Anforderungen** an die **Betriebssicherheit** von Aufzugsanlagen **nicht** in der BauO NRW, sondern im Bundesrecht geregelt. Als bauliche Anlagen bedürfen gemäß § 63 Abs. 1 BauO NRW nur **Aufzugsanlagen in Sonderbauten** (§ 54 BauO NRW) der **Baugenehmigung**; **ansonsten sind Aufzüge gemäß § 65 Abs. 1 Nr. 12a BauO NRW verfahrensfrei**. Nach § 63 Abs. 2 BauO NRW schließt die **Erlaubnis** nach **§ 11** des **Gerätesicherheitsgesetzes** – **GSG** die Baugenehmigung nach § 63 Abs. 1 BauO NRW ein. Das GSG ist durch das GPSG abgelöst worden. Anstelle des § 11 GSG ist jetzt **§ 14 GPSG** einschlägig. Diese Vorschrift läuft indessen leer, da Aufzugsanlagen aufgrund der neuen bundesrechtlichen Vorgaben (s. Rdn. 1) weder einer Genehmigung noch einer Erlaubnis bedürfen. Die nach § 7 der aufgehobenen AufzV in der Fassung von 1998 (alte Aufzugsverordnung) vorgeschriebene **Anzeigepflicht** ist mit dem Inkrafttreten der BetrSichV am 3. 10. 2002 **entfallen**.

7 Die Vorschriften des GPSG finden Anwendung auf Aufzüge, die **gewerblichen oder wirtschaftlichen Zwecken dienen**, das heißt, die im Rahmen wirtschaftlicher Unternehmungen Verwendung finden, oder durch die **Beschäftigte gefährdet werden können**.

### 1.2 Anwendung materieller (technischer) Vorschriften

8 Gemäß § 3 Abs. 1 der 12. GPSGV dürfen Aufzugsanlagen nur in den Verkehr gebracht werden, wenn sie den grundlegenden Sicherheits- und Gesundheitsanforderungen des Anhangs 1 der Richtlinie 95/16/EG entsprechen und bei sachgemäßem Einbau, sachgemäßer Wartung und bestimmungsgemäßem Betrieb die Sicherheit und Gesundheit von Personen und die Sicherheit von Gütern nicht gefährden. Diese Anforderung gilt nach § 1 Abs. 1 Nr. 1 der 12. GPSGV für alle **Aufzüge, die Gebäude und Bauten dauerhaft bedienen**, und zwar unabhängig davon, ob es sich um überwachungsbedürftige Aufzüge im Sinne der BetrSichV handelt. Gemäß § 12 Abs. 4 BetrSichV hat der Betreiber sicherzustellen, dass auf **Notrufe** aus einem Fahrkorb in angemessener Zeit reagiert wird und Befreiungsmaßnahmen sachgerecht durchgeführt werden. Diese Bestimmung hat die nach § 20 AufzV vorgeschriebene Pflicht zur Bestellung eines Aufzugswärters ersetzt, der unter anderem für die Befreiung von Personen verantwortlich war.

9 **Überwachungsbedürftige** Aufzugsanlagen müssen gemäß § 12 Abs. 1 BetrSichV nach dem **Stand der Technik** montiert, installiert und betrieben werden. Zu den zu beachtenden Regeln nach dem **Stand der Technik** zählen die **europäischen Normen DIN EN 81 Teil 1** (elektrisch betriebene Aufzüge) und **Teil 2** (hydraulisch betriebene Aufzüge). Diese Normen haben die nationalen „Technischen Regeln für Aufzüge" – **TRA weitgehend abgelöst**, so auch die „TRA 200 – Personenaufzüge, Lastenaufzüge, Güteraufzüge". Die TRA 007 – Betrieb und TRA 106 – Leitsysteme für Notrufe behalten bis zur Veröffentlichung der neuen Technischen Regeln für Betriebssicherheit – TRBS im Bundesarbeitsblatt weiter Gültigkeit.

Wer eine Aufzugsanlage errichtet oder wesentlich ändert, hatte nach § 7 Abs. 1 AufzV alt dem Sachverständigen schriftlich Anzeige zu erstatten. Diese Bestimmung ist mit Inkrafttreten der BetrSichV durch **§ 14 BetrSichV** ersetzt worden (s. Rdn. 6). Die Vorschriften über die **Prüfung vor Inbetriebnahme** von überwachungsbedürftigen Anlagen finden gemäß § 14 Abs. 7 Satz 1 BetrSichV ausdrücklich **keine Anwendung auf Aufzugsanlagen im Sinne des § 1 Abs. 2 Satz 1 Nr. 2 Buchstabe a BetrSichV** (s. Rdn. 5), also Aufzugsanlagen im Sinne der 12. GPSGV. Daher unterfallen nur Aufzugsanlagen im Sinne des § 1 Abs. 2 Satz 1 Nr. 2 Buchstaben b bis e BetrSichV den Bestimmungen des § 14 BetrSichV. Das sind insbesondere die unter die **Maschinenrichtlinie** 98/37/EG fallenden Maschinen zum Heben von Personen, bei denen die Gefahr des Absturzes aus mehr als 3 m vertikaler Höhe besteht, und Bauaufzüge mit Personenbeförderung. Nur diese Anlagen bedürfen **vor Inbetriebnahme** der Prüfung durch **zugelassene Überwachungsstellen**. Nach **§ 15 BetrSichV** bedürfen überwachungsbedürftige Aufzugsanlagen **wiederkehrenden Prüfungen**. Die **Fristen** sind in § 15 Abs. 13 und 14 BetrSichV geregelt: 10

| | |
|---|---|
| Anlagen nach der Aufzugsrichtlinie | 2 Jahre |
| Anlagen nach der Maschinenrichtlinie | 4 Jahre |
| Personen-Umlaufaufzüge | 2 Jahre |
| Bauaufzüge mit Personenbeförderung | 2 Jahre |
| Mühlen-Bremsfahrstühle | 2 Jahre. |

Zwischen der Inbetriebnahme und der ersten wiederkehrenden Prüfung sowie zwischen zwei wiederkehrenden Prüfungen sind Aufzuganlagen zu prüfen, ob sie ordnungsgemäß betrieben werden können und ob die Tragmitte sich in einem ordnungsgemäßen Zustand befindet.

Die vorgeschriebenen technischen Prüfungen führten nach § 18 AufzV bislang anerkannte **Sachverständige** durch. Gemäß §§ 14 und 15 BetrSichV sind an deren Stelle nunmehr **zugelassene Überwachungsstellen** gemäß § 21 BetrSichV getreten. Hierbei handelt es sich um Stellen im Sinne des § 17 GPSG. Bis zum 31. 12. 2007 gelten jedoch die **Übergangsbestimmungen** des § 21 GPSG. Ab 1. 1. 2008 müssen überwachungsbedürftigen Aufzugsanlagen von zugelassenen Überwachungsstellen geprüft werden. 11

## 2 Zu Absatz 1 – Anwendung der BetrSichV im Bauordnungsrecht

§ 39 **Abs. 1** BauO NRW dehnt den **Anwendungsbereich** des GPSG und damit auch der BetrSichV auf die Aufzüge aus, die weder gewerblichen noch wirtschaftlichen Zwecken dienen und in deren Gefahrenbereich auch keine Arbeitnehmer beschäftigt werden. Der Landesgesetzgeber verbessert dadurch die für die Praxis auch **unter Sicherheitsaspekten unbefriedigende Rechtslage**. Zu den unter § 39 Abs. 1 BauO NRW fallenden Aufzugsanlagen zählen vorwiegend solche in **Wohngebäuden**, die vom Eigentümer oder von mehreren Eigentümern (in Eigentumswohnanlagen) selbst bewohnt werden (Mietwohngebäude dienen dagegen wirtschaftlichen Zwecken). Absatz 1 unterwirft Aufzugsanlagen in diesen und sonstigen Gebäuden den weitergehenden Vorschriften, das heißt den materiellen Anforderungen der BetrSichV, den darin vorgeschriebenen Prüfungen und den technischen Regeln. Das gilt auch für Aufzugsanlagen, die freiwillig in Gebäude eingebaut werden, um z. B. den Komfort der Bewohner zu erhöhen, also solche, die 12 nicht im Sinne von Absatz 6 Satz 1 gefordert sind. Damit werden die bundesrechtlichen Aufzugsvorschriften zum Bestandteil des Landesbauordnungsrechts.

**13** Nach Absatz 1 haben die Bauaufsichtsbehörden auch bei diesen Aufzugsanlagen darüber zu wachen, dass die bundesrechtlichen Anforderungen an die Errichtung, den Betrieb und die Prüfung von Aufzugsanlagen eingehalten werden. Die Ergänzung des Absatzes 1 Satz 2 berücksichtigt, dass Aufzüge mit Ausnahme solcher in Sonderbauten (§ 54) gemäß § 65 Abs. 1 Nr. 12 a BauO NRW verfahrensfrei sind. Den zugelassenen Überwachungsstellen bzw. Sachverständigen obliegt nach dem ergänzten Absatz 1 Satz 2 die Pflicht, festgestellte Mängel nicht nur der Bezirksregierung, sondern auch der unteren Bauaufsichtsbehörde mitzuteilen, damit diese die Behebung der Mängel auch überwachen kann (vgl. LT-Drucks. 12/3738 S. 76 f. zu Art. I Nr. 20 – § 39).

### 3 Zu Absätzen 2 bis 4 – Aufzugsschächte

**14** Die Absätze 2 bis 4 stellen die aus Gründen des **Brandschutzes** erforderlichen Anforderungen an die Anordnung und Ausbildung der Aufzugsschächte, Umfassungswände, Fahrschachttüren und Rauchabzugsvorrichtungen. Ziel dieser Anforderungen ist, die Ausbreitung von Feuer und Rauch von Geschoss zu Geschoss über die Schächte zu behindern. Damit sind diese Vorschriften und die Umfassungswände Teil des **Systems der inneren Abschottung** von Gebäuden (s. die Anmerkungen zu § 17 Rdn. 12).

**15** Nach der Grundforderung in **Absatz 2 Satz 1** müssen Aufzüge im Innern von Gebäuden **eigene Schächte** haben. Die Grundforderung dient der Unterbindung einer vertikalen Übertragung von Feuer und Rauch im Brandfall von Geschoss zu Geschoss über die Aufzugsanlage. Daher ist diese in einem eigenen Schacht unterzubringen. Nach **Satz 2** dürfen **höchstens drei Aufzüge in einem Fahrschacht** liegen. Zwischenwände sind innerhalb dieses Aufzugsschachtes nicht erforderlich. Die Umfassungswände der Aufzugsschächte sind nach **Satz 3** in der Feuerwiderstandsklasse **F 90** und in den wesentlichen Teilen aus nichtbrennbaren Baustoffen (**F 90-AB**) herzustellen.

**16** Aus der Funktion der Umfassungswände für den Brandfall, nämlich die Ausbreitung von Feuer und Rauch von Geschoss zu Geschoss über die Aufzugsschächte zu behindern bzw. zu unterbinden, wird zugleich erkennbar, dass Vorschriften hinsichtlich der erforderlichen Feuerwiderstandsklasse dieser Wände sich dann erübrigen, wenn ein Aufzug der Vertikalverbindung von Ebenen innerhalb eines **überhohen** Raumes dient, z. B. einer Hotelhalle. **Absatz 2 Satz 4 Halbsatz 1** regelt daher, dass **Aufzüge ohne eigene Fahrschächte innerhalb eines Raumes** oder **Aufzüge innerhalb eines Treppenraumes** eines Gebäudes mit nicht mehr als fünf Geschossen über der Geländeoberfläche zulässig sind. So kann der Aufzug innerhalb des Treppenauges oder neben der Treppe (wie in dem Beispiel zu § 37 Abs. 1 BauO NRW in der Systemskizze Nr. 37.5) angeordnet werden.

**17** Nach **Absatz 2 Satz 4 Halbsatz 2** müssen die **Aufzüge sicher umkleidet** sein, wenn sie in einem überhohen Raum oder in einem Treppenraum liegen. Hierdurch soll vermieden werden, dass Personen unbeabsichtigt die Aufzugskabine oder andere technische Einrichtungen berühren können. Diese bauordnungsrechtliche Anforderung korrespondiert mit den bundesrechtlichen Vorgaben und DIN EN 81. Die geforderten Umkleidungen können auch aus Glas sein, sofern dieses eine ausreichende Stabilität gegen mechanische Beanspruchungen aufweist, wie z. B. Drahtglas oder Sicherheitsglas.

Für den **Normalfall** muss der Fahrschacht gemäß **Absatz 3 Satz 1** zu **lüften** sein. Für den **Brandfall** muss der Fahrschacht eine **Rauchabzugsvorrichtung** haben, die hierfür erforderlichen Rauchabzugsöffnungen müssen die in **Satz 2** vorgeschriebenen Mindestmaße einhalten. Hierdurch soll sichergestellt werden, dass durch einen Brand eventuell eingedrungener Rauch abgeleitet werden kann. 18

Gemäß **Absatz 4** sind die in den Aufzugsschachtwänden (Umfassungswänden) erforderlichen **Fahrschachttüren** oder **anderen Abschlüsse** so herzustellen, dass Feuer und Rauch nicht in andere Geschosse übertragen werden kann. Die Vorschrift korrespondiert mit der Grundforderung des Absatzes 2 Satz 1 (vgl. Rdn. 14 und 15). 19

Die Anforderungen nach Absatz 4 sind erfüllt, wenn die Fahrschachttüren oder anderen Abschlüsse folgendem entsprechen: 20

- DIN 4102 Teil 5 (Ausgabe September 1977) – Brandverhalten von Baustoffen und Bauteilen; Feuerschutzabschlüsse, Abschlüsse in Fahrschachtwänden und gegen Feuer widerstandsfähige Verglasungen; Begriffe, Anforderungen und Prüfungen – (vergleiche dort Abschnitt 6),
- DIN 18090 (Ausgabe Januar 1997) – Fahrschacht-Dreh- und -Falttüren für Aufzüge in Fahrschächten mit Wänden der Feuerwiderstandsklasse F 90,
- DIN 18091 (Ausgabe Juli 1993) – Horizontal- und Vertikal-Schiebetüren für Aufzüge in Kleingüteraufzüge in Fahrschächten mit feuerbeständigen Wänden,
- DIN 18092 (Ausgabe April 1992) – Vertikal-Schiebetüren für Fahrschächte mit Wänden der Feuerwiderstandsklasse F 90,
- DIN 18093 (Ausgabe Juni 1987) – Feuerschutzabschlüsse; Einbau von Feuerschutztüren in massive Wände aus Mauerwerk oder Beton; Ankerlagen, Ankerformen, Einbau.

### 4 Zu Absatz 5 – Sonderfälle

Absatz 5 gestattet für die dort genannten (und unten näher beschriebenen) Aufzüge Abweichungen (vgl. Rdn. 01) von den Vorschriften des Absatzes 1 (demnach von den Vorschriften aufgrund des Gerätesicherheitsgesetzes (jetzt dem GPSG), wie von technischen Anforderungen, Prüfungen) und den Vorschriften des Absatzes 2 (Brandschutzanforderungen an Schächte). Bedeutung gewinnt die Abweichungsmöglichkeit nur für solche Aufzugsanlagen, die nicht dem Gerätesicherheitsgesetz unterliegen (s. vorausgehende Rdn. 7). Dagegen kommt die Möglichkeit, von den Brandschutzvorschriften Abweichungen gestatten zu können, für alle in Absatz 5 genannten Aufzugsarten in Betracht. Im Umkehrschluss sind Abweichungen von Absätzen 1 und 2 für alle nicht in Absatz 5 genannten Aufzugsanlagen nicht, **auch nicht gemäß § 73 BauO NRW**, zulässig. 21

Die Abweichungsregelung gilt für: 22

- Aufzüge, **die außerhalb von Gebäuden** angeordnet werden; sowohl für frei stehende als auch einseitig angebaute,
- Aufzüge, die nicht mehr als **drei übereinander liegende Geschosse** miteinander verbinden; das unterste dieser Geschosse kann auch ein Obergeschoss sein,

sowie für nachfolgende in Nr. 1 des Anhangs zu § 3 Abs. 1 der aufgehobenen AufzV alt definierte Anlagen:

- **Vereinfachte Güteraufzüge**; das sind Güteraufzüge mit höchstens drei Haltestellen, deren Tragfähigkeit 2000 kg, deren Fahrkorbgrundfläche 2,5 m² und deren Betriebsgeschwindigkeit 0,3 m/s nicht übersteigen (Nr. 1.7.1),
- **Kleingüteraufzüge**; das sind Güteraufzüge, deren Tragfähigkeit 300 kg und deren Fahrkorbfläche 1 m² nicht übersteigen (Nr. 1.7.2),
- **Lagerhausaufzüge**; das sind Güteraufzüge in landwirtschaftlichen Lagerhäusern, deren Tragfähigkeit 1000 kg, deren Fahrkorbgrundfläche 2,5 m² und deren Betriebsgeschwindigkeit 0,3 m/s nicht übersteigen,
- **Behindertenaufzüge**; das sind Aufzugsanlagen, die aufgrund ihrer Bauart ausschließlich zur Beförderung behinderter Personen mit einem Lastaufnahmemittel in einer deren Behinderungsart angemessenen Weise zwischen zwei Zugangsstellen bestimmt sind und deren Tragfähigkeit 300 kg nicht übersteigt (Nr. 1.8); dazu zählen auch Treppenaufzüge als Behindertenaufzüge mit einer dem Treppenlauf folgenden Fahrbahn (Nr. 1.8.1). Dieser Behindertenaufzug ist nicht zu verwechseln mit dem im Absatz 7 beschriebenen Aufzug zur Aufnahme von Rollstühlen (s. Rdn. 29 und 30).

### 5 Zu Absatz 6 – Anzahl und Abmessungen der Aufzüge

23 **Absatz 6** regelt, unter welchen Bedingungen welche Aufzüge eingebaut werden müssen. Diese Vorschriften werden ergänzt durch § 55 Abs. 5 BauO NRW, der den Absatz 6 auch für Gebäude mit weniger als 6 Geschossen zur Anwendung verpflichtet, soweit in ihnen Geschosse von **Behinderten mit Rollstühlen** stufenlos erreichbar sein müssen. Die Ergänzungen des Absatzes 6 (s. Rdn. 02) erfolgten in Anpassung an § 34 Abs. 5 und 6 MBO 1997, um bei Gebäuden mit mehr als fünf Geschossen die Erreichbarkeit der Nutzungseinheiten und hier insbesondere der Wohnungen mit Rollstühlen wesentlich zu verbessern (s. die Begründung in LT-Drucks. 12/3738 S. 76 f. zu Art. I Nr. 20 – § 39).

24 Die Regelung des **Satzes 1** verlangt, dass in Gebäuden mit **mehr als fünf** Geschossen oberhalb der Geländeoberfläche Aufzüge in ausreichender Zahl eingebaut werden müssen, von denen einer zur Aufnahme von Kinderwagen, Rollstühlen, Krankentragen und Lasten geeignet sein muss. Sofern die Nutzung des obersten Geschosses eines Gebäudes einen Aufzug nicht erfordert, ist dieses Geschoss bei der Ermittlung der Geschosszahl nicht zu berücksichtigen. Ein Erfordernis ist nur dann gegeben, wenn dieses Geschoss mit Rollstühlen erreichbar sein muss. Werden durch den nachträglichen Ausbau eines – bisher nicht ausgebauten oder zu anderen Zwecken genutzten – Dachgeschosses **Wohnungen** geschaffen, so ist dieses Geschoss bei der Ermittlung der Geschosszahl nicht zu berücksichtigen. So kann der Maschinenraum des Aufzugs in den Baukörper einbezogen werden, um störende Dachaufbauten zu erübrigen.

25 Als **ausreichend** kann die **Zahl** der Aufzüge angesehen werden, wenn entsprechend einer bis 1984 geltenden Regelung die Gesamtfläche der Fahrkörbe so bemessen ist, dass für je 20 der Bewohner oder ständigen Benutzer des Gebäudes ein Platz zur Verfügung steht. **Haltestellen** brauchen nicht in allen Geschossen angeordnet zu werden. So genügen Haltestellen z. B. in jedem zweiten oder dritten Geschoss, wobei im ungünstigsten Fall nur jeweils eine Geschosstreppe zu überwinden wäre. Denkbar ist auch die Anordnung der ersten Haltestelle im vierten, fünften oder gar sechsten Geschoss oberhalb der Geländeoberfläche. In allen Fällen ist jedoch eine Haltestelle im Bereich der Geländeoberfläche bzw. des Hauszugangs erforderlich, weil sonst das Einbringen von Lasten erschwert und somit der geforderte Lastenaufzug sinnlos würde.

**Einer** von den nach Satz 1 erforderlichen Aufzügen muss zur Aufnahme von **Kinderwagen**, **Rollstühlen**, **Krankentragen** und **Lasten** geeignet sein. Der Gesetzgeber geht davon aus, dass der Transport (insbesondere von Möbeln) über mehr als fünf Geschosse unzumutbar ist. **Geeignet** sind solche Aufzüge, deren Fahrkörbe und Türbreiten den Maßen des Satzes 2 entsprechen. Die Türen von Fahrkörben, die zur Aufnahme von Krankentragen vorgesehen sind, müssen eine lichte Durchgangsbreite von mindestens 0,90 m haben; dieses Maß entspricht der Norm DIN 18025 über barrierefreies Bauen. 26

**Satz 2** stellt Anforderungen an die Größe des Fahrkorbes zur Aufnahme einer Krankentrage. Bei der **nutzbaren** Grundfläche von 1,10 m × 2,10 m handelt es sich um ein lichtes Innenraummaß. Die Türen dieser Fahrkörbe müssen eine lichte Durchgangsbreite von mindestens 0,90 m haben. **Satz 3** verlangt eine **ausreichende Bewegungsfläche** vor dem Aufzug. Wegen des sachlichen Zusammenhangs mit Satz 2 ist die Bewegungsfläche auf eine Krankentrage abzustellen. Die Bewegungsfläche ist so zu bemessen, dass eine Krankentrage problemlos aus dem Auszug heraus bewegt werden kann. 27

Nach **Satz 4** müssen zur Aufnahme von **Rollstühlen** bestimmte Aufzüge eine nutzbare Grundfläche von mindestens 1,10 m × 1,40 m haben sowie von der **öffentlichen Verkehrsfläche** und von **allen Wohnungen** stufenlos erreichbar sein. Nach § 55 Abs. 5 BauO NRW gelten die Anforderungen auch für Gebäude mit weniger als 6 Geschossen über der Geländeoberfläche (s. vorausgehende Rdn. 23 und die Anmerkungen zu § 55 Rdn. 28). Die Forderung bedingt – sofern nicht eine Haltestelle zu ebener Erde liegt – zumindest eine **Rampenführung** bis zur untersten erreichbaren Haltestelle. 28

**Satz 5** ordnet die **entsprechende Geltung** des **§ 55 Abs. 4 Sätze 2 bis 6** an. **Rampen** dürfen nach § 55 Abs. 4 Satz 4 BauO NRW nicht mehr als 6 vom Hundert geneigt sein, sie müssen mindestens 1,20 m breit sein und beidseitig einen festen und sicheren Handlauf haben. Eine solche Rampenführung ist sehr aufwendig – bedingt doch ein Höhenunterschied von 0,60 m schon eine Rampenlänge von 10,00 m. Ein Absenken des Erdgeschosses oder zumindest des untersten Aufzugszuganges ist anzuraten. 29

## 6 Zu Absatz 7 – Aufzüge für Rollstühle

Absatz 7 verlangt, dass alle Aufzüge – zumindest aber einer von mehreren in einem Gebäude – zur Aufnahme für Rollstühle geeignet sein müssen. Gemäß Erläuterung zum Entwurf zur Änderung der BauO NRW sollte damit den Anforderungen an eine barrierefreie Bauweise, insbesondere im Hinblick auf die gefahrlose Benutzung von Gebäuden durch schwerstbehinderte Mitmenschen, entsprochen werden. Sinn erlangt diese Vorschrift jedoch erst dann, wenn diese Aufzüge bzw. dieser eine Aufzug auch vom Freien barrierefrei erreicht werden kann. 30

## § 40
## Fensterleibungen, Türen, Kellerlichtschächte

**(1) Können die Fensterflächen nicht gefahrlos vom Erdboden, vom Innern des Gebäudes oder von Loggien oder Balkonen aus gereinigt werden, so sind Vorrichtungen wie Aufzüge oder Anschlagpunkte für Sicherheitsgeschirr anzubringen, die eine Reinigung von außen ermöglichen.**

**(2) [1]Glastüren und andere Glasflächen, die bis zum Fußboden allgemein zugänglicher Verkehrsflächen herabreichen, sind so zu kennzeichnen, dass sie leicht erkannt werden können. [2]Für größere Glasflächen können Schutzmaßnahmen zur Sicherung des Verkehrs verlangt werden.**

**(3) Gemeinsame Kellerlichtschächte für übereinanderliegende Kellergeschosse sind unzulässig.**

**(4) [1]Öffnungen in Fenstern, die als Rettungswege dienen, müssen im Lichten mindestens 0,90 m x 1,20 m groß und nicht höher als 1,20 m über der Fußbodenoberkante angeordnet sein. [2]Liegen diese Öffnungen in Dachschrägen oder Dachaufbauten, so darf ihre Unterkante oder ein davor liegender Austritt, horizontal gemessen, nicht mehr als 1,20 m von der Traufkante entfernt sein; von diesen Fenstern müssen sich Menschen zu öffentlichen Verkehrsflächen oder zu Flächen für die Feuerwehr bemerkbar machen können.**

**Anmerkungen** (Autor: Temme)

**Übersicht** Rdn.


| | | Rdn. |
|---|---|---|
| 0 | Änderungen gegenüber der BauO NW 1984 und der BauO NW 1995 | 01 |
| 1 | Allgemeines | 1 |
| 2 | Zu Absatz 1 – Fensterreinigung | 2 |
| 3 | Zu Absatz 2 – Kennzeichnung von Glasflächen | 3 |
| 4 | Zu Absatz 3 – Kellerlichtschächte | 4 |
| 5 | Zu Absatz 4 – Fenster als zweiter Rettungsweg | 5 |
| 5.1 | Rettungsfenster generell | 6 |
| 5.2 | Rettungsfenster im Dach – Aufenthaltsräume in Dachgeschossen | 7–11 |


### 0 Änderungen gegenüber der BauO NW 1984 und der BauO NW 1995

01 Die Vorschriften des § 40 **BauO NW 1995** entsprechen im Wortlaut § 36 BauO NW 1984. Die **BauO NRW 2000** hat § 40 BauO NW 1995 ebenfalls unverändert übernommen.

### 1 Allgemeines

1 Die Vorschriften der **Absätze 1 und 2** dienen vornehmlich der **Verkehrssicherheit** bzw. der Betriebssicherheit; Absatz 1 ergänzt die Arbeitsschutzbestimmungen, soweit sie sich mit Maßnahmen der Fassadenreinigung befassen. Die Vorschriften der **Absätze 3 und 4** dienen dem **Brandschutz**. In Ergänzung zu § 17 Abs. 3 Satz 2 BauO NRW enthält **Absatz 4** Anforderungen an Fenster als zweiter Rettungsweg (vgl. die Anmerkungen zu § 17 Rdn. 51). Den Wärmeschutz von Fensterflächen regelt die EnEV. Das Rohbaumaß notwendiger Fenster von Aufenthaltsräumen ist § 48 Abs. 2 BauO NRW zu entnehmen.

## 2 Zu Absatz 1 – Fensterreinigung

**Absatz 1** betrifft vornehmlich nicht die normalen Wohngebäude. Ihm kann jedoch im Umkehrschluss entnommen werden, dass basierend auf §§ 3 Abs. 1 und 19 Abs. 1 BauO NRW, normalerweise Fensterflächen so anzuordnen sind, dass sie **gefahrlos** vom Erdboden, vom Gebäudeinnern oder von Loggien oder Balkonen aus **gereinigt werden können**. Wenn dieses, wie in vollklimatisierten Gebäuden ohne öffenbare Fenster, nicht möglich ist, sind entsprechende Vorrichtungen wie Aufzüge oder Anschlagpunkte für Sicherheitsgeschirr anzubringen. Die Fassaden solcher Gebäude werden von geschultem Personal oder Spezialfirmen gereinigt. Insofern müssen die erforderlichen Vorrichtungen dann mit den Unfallverhütungsvorschriften übereinstimmen. 2

## 3 Zu Absatz 2 – Kennzeichnung von Glasflächen

Durchsichtige Glastüren und Glasflächen an allgemein zugänglichen Verkehrsflächen bergen große Unfall- und Verletzungsgefahren; deswegen sind sie nach Absatz 2 entsprechend zu **kennzeichnen**, sei es durch in das Glas **eingeschliffene Ornamente** oder entsprechende Kennzeichen, sei es durch **aufgeklebte Folien**. Der Kennzeichnungspflicht wird auch genügt, wenn **Geländer** oder **Querholme** die Glasflächen begleiten oder Glastüren **Handgriffe** in Türbreite erhalten. 3

## 4 Zu Absatz 3 – Kellerlichtschächte

Wegen besonderer **Gefahren bei Kellerbränden** (s. die Anmerkungen zu § 37 Rdn. 14) und zur Verhinderung der Feuer- und Rauchübertragung auf andere Kellergeschosse verbietet Absatz 3 gemeinsame Kellerlichtschächte für übereinander liegende Kellergeschosse. Die erforderlichen Lichtschächte sind je Kellergeschoß **getrennt** anzuordnen. 4

## 5 Zu Absatz 4 – Fenster als zweiter Rettungsweg

Die Vorschriften des **Absatzes 4** sind Teil des Systems der inneren und äußeren Rettungswege (vgl. die Anmerkungen zu § 17 Rdn. 22). Sie korrespondieren mit denen des § 5 Abs. 5 BauO NRW und denen des § 17 Abs. 3 BauO NRW. Führt der **zweite Rettungsweg über anleiterbare Fenster** (s. die Anmerkungen zu § 5 Rdn. 2–4 und zu § 17 Rdn. 47–52), müssen diese nach Lage und Abmessung Absatz 4 entsprechen. 5

### 5.1 Rettungsfenster generell

Öffnungen in **anzuleiternden Fenstern**, die § 17 Abs. 3 Satz 1 und 2 BauO NRW entsprechend **als zweiter Rettungsweg** dienen, müssen unabhängig von ihrer Lage (im Normalgeschoß oder Dachgeschoss) den Abmessungen des **Satzes 1** entsprechen. Sie müssen, im Lichten gemessen, mindestens **0,90 m × 1,20 m** groß sein, so dass sie in voller Größe geöffnet werden können. Damit sind bestimmte Fensterbeschläge für diese Fenster unzulässig, z. B. solche, die das Fenster um eine mittlere Achse drehen oder schwingen lassen. Die Fensteröffnung kann liegend oder stehend angeordnet sein. Die volle Größe ist erforderlich, damit die **Feuerwehr** aus diesen Öffnungen heraus **Menschen** ins Freie **bergen** kann (zu diesem Vorgang s. Klingsohr/Messerer, S. 195 ff.). Dem Erfordernis der gefahrlosen Bergungsmöglichkeit dient auch **Satz 2**, nach dessen Vorgaben die Unterkante dieses Fensters nicht höher als **1,20 m** über der Fußbodenoberkante eines Ge- 6 schosses angeordnet sein darf. Diese Vorschrift hat noch ein weiteres Ziel: Im Brandfall sollen sich die gefährdeten Personen zumindest der Feuerwehr gegenüber **bemerkbar** machen können.

### 5.2 Rettungsfenster im Dach – Aufenthaltsräume in Dachgeschossen

7 Liegen anzuleiternde Fenster in **Dachschrägen** (Dachflächen) oder in **Dachaufbauten** (Dachgauben), so darf die Unterkante der Öffnung, horizontal gemessen, nicht mehr als **1,20 m** von der Traufkante entfernt sein. Wird dieses Maß erreicht, so beträgt die tatsächliche vom Feuerwehrpersonal zu überbrückende Entfernung zwischen der Leiter und dem Fenster ca. 1 m. Bei größerer Entfernung ist ein sicheres Anleitern der Öffnung und ein Bergen von Personen nicht gewährleistet. So ergibt sich, dass Öffnungen in Dachschrägen und Dachaufbauten von zweiten und weiteren darüber gelegenen Dachgeschossen über die Traufkante hinweg in aller Regel nicht angeleitert werden können.

8 Damit **verbietet** sich für diese Geschosse die Anordnung von **Aufenthaltsräumen**, sofern der **zweite Rettungsweg** nicht auf **andere Art** erbracht wird, z.B.:

- über einen **zweiten Treppenraum** oder
- über eine **Maisonette-Treppe** (s. die Anmerkungen zu § 37 Rdn. 20) mit Anschluss jeweils des oberen und unteren Geschosses an den notwendigen Treppenraum oder
- über einen **Austritt**.

9 Der **Austritt dient nicht als „Wartefläche“** für die in Not geratenen Personen im Gebäude, **sondern als anleiterbare Fläche** für die Feuerwehr. Die Fläche selbst und der „Weg“ von dort bis zum „Rettungsfenster“ ist letztendlich nichts anderes als die Verlängerung der Leiter der Feuerwehr. Insofern ist der Begriff „**Aus**tritt“ falsch gewählt und irreführend (s. die Anmerkungen zu § 17 Rdn. 51 c). Die vordere Kante des Austritts/Auftritts darf, horizontal gemessen, – wie das Fenster – nicht mehr als **1,20 m** von der Traufkante entfernt sein. Der Austritt/Auftritt kann, wenn die Unterkante der eigentlichen Öffnungen das zuvor genannte Maß nicht erheblich überschreitet, eine trittsichere Bohle oder ein entsprechender Gitterrost sein. In den meisten Fällen ist im Bereich des Austritts/Auftritts ein Haltegriff erforderlich, um der Feuerwehr ein sicheres Übersteigen von der Leiter aus zu ermöglichen. Die Dachfläche verunstaltende Umwehrungen im Sinne des § 41 BauO NRW sind dagegen nicht erforderlich. Der Austritt/Auftritt kann auch z.B. ein Balkon, eine Dachterrasse oder das Dach einer Dachgaube sein.

10 Das Dach einer solchen **Dachgaube** muss **nicht** für eine Brandbeanspruchung von innen nach außen in einer **Feuerwiderstandsklasse** hergestellt werden, da es zum einen, wie zuvor bereits ausgeführt, nicht als Wartefläche dient, und es zum anderen bei einer der Temperaturkurve entsprechenden Beflammung von unten nicht zum Anleitern genutzt werden kann; die aus dem darunter liegenden Fenster schlagenden Flammen würden dieses verbieten (s. hierzu auch die Anmerkungen zu § 29 Abs. 1 Rdn. 6 BauO NRW zur Feuerwiderstandsdauer von Balkonen). Dieses Dach ist dann, wenn es nur die Funktion des zweiten Rettungsweges hat, keine Fläche, die allgemein zum Begehen bestimmt ist. Somit bedarf sie auch keiner Umwehrung nach § 41 Abs. 1 BauO NRW.

11 Ob ein **Austritt/Auftritt als anleiterbarer Rettungsweg** geeignet ist, sollte bereits vom Entwurfsverfasser frühzeitig mit der Brandschutzdienststelle oder der örtlichen Feuerwehr abgestimmt werden. Dies gilt vor allem für den Fall des nachträglichen Ausbaus von so genannten Spitzböden zu Aufenthaltsräumen.

## § 41
## Umwehrungen

**(1) [1]In, an und auf baulichen Anlagen sind Flächen, die im Allgemeinen zum Begehen bestimmt sind und unmittelbar an mehr als 1 m tiefer liegende Flächen angrenzen, zu umwehren. [2]Dies gilt nicht, wenn eine Umwehrung dem Zweck der Fläche widerspricht, wie bei Verladerampen, Kais und Schwimmbecken.**

**(2) Nichtbegehbare Oberlichte und Glasabdeckungen in Flächen, die im Allgemeinen zum Begehen bestimmt sind, sind zu umwehren, wenn sie weniger als 0,50 m aus diesen Flächen herausragen.**

**(3) Kellerlichtschächte und Betriebsschächte, die an Verkehrsflächen liegen, sind zu umwehren oder verkehrssicher abzudecken; Abdeckungen an und in öffentlichen Verkehrsflächen müssen gegen unbefugtes Abheben gesichert sein.**

**(4) Notwendige Umwehrungen müssen folgende Mindesthöhen haben:**

**1. Umwehrungen zur Sicherung von Öffnungen in begehbaren Decken, Dächern sowie Umwehrungen von Flächen mit einer Absturzhöhe von 1 m bis zu 12 m 0,90 m,**

**2. Umwehrungen von Flächen mit mehr als 12 m Absturzhöhe 1,10 m.**

**(5) [1]Fensterbrüstungen müssen bei einer Absturzhöhe von bis zu 12 m mindestens 0,80 m, darüber mindestens 0,90 m hoch sein. [2]Geringere Brüstungshöhen sind zulässig, wenn durch andere brüstungsähnliche Vorrichtungen diese Mindesthöhen eingehalten werden. [3]Soll die Absturzsicherung im Wesentlichen durch eine Umwehrung, wie Geländer, erbracht werden, so sind die Mindesthöhen nach Absatz 4 einzuhalten. [4]Im Erdgeschoss können geringere Brüstungshöhen gestattet werden.**

**Anmerkungen** (Autor: Temme)

**Übersicht** Rdn.


| | | Rdn. |
|---|---|---|
| 0 | Änderungen gegenüber der BauO NW 1984 und der BauO NW 1995 | 01 |
| 1 | Allgemeines | 1– 3 |
| 2 | Zu Absatz 1 und 2 – Zu umwehrende Flächen | 4– 5 |
| 3 | Zu Absatz 3 – Schächte an Verkehrsflächen | 6– 6a |
| 4 | Zu Absatz 4 – Höhe der Umwehrungen | 7– 8 |
| 5 | Zu Absatz 5 – Höhe der Fensterbrüstungen | 9–12 |


### 0 Änderungen gegenüber der BauO NW 1984 und der BauO NW 1995

Die Vorschriften des § 41 **BauO NW 1995** entsprechen im Wortlaut § 37 BauO NW 1984. **01**
Die **BauO NRW 2000** hat § 41 BauO NW 1995 ebenfalls unverändert übernommen.

### 1 Allgemeines

Die Vorschriften des § 41 BauO NRW dienen in Konkretisierung der allgemeinen **1**
Grundforderung des § 19 Abs. 1 BauO NRW der **Verkehrssicherheit** der allgemein zum

Begehen bestimmten Flächen. Sie verlangen, dass diese Flächen entsprechend zu umwehren sind. Absatz 3 korrespondiert mit der Grundforderung des § 19 Abs. 2 BauO NRW, wonach die Sicherheit oder Ordnung des öffentlichen Verkehrs durch bauliche Anlagen oder deren Nutzung nicht gefährdet werden darf.

2 Der Begriff „**Umwehrungen**" ist gesetzlich nicht definiert, sondern wird als allgemein bekannt vorausgesetzt. Hierunter sind vor allem Geländer und Brüstungen zu verstehen. Das **Erfordernis** von Umwehrungen und die Höhe erforderlicher Umwehrungen richten sich nach der **Höhenlage der zu sichernden Fläche** bzw. nach der **Absturzhöhe**. Hinsichtlich der Bemessung der **Standsicherheit** von Umwehrungen und deren Brüstungselementen sei auf den erforderlichen Holmdruck nach den Lastannahmen der DIN 1055-3 verwiesen (s. Rdn. 10). Die Fachkommission Bautechnik der ARGEBAU hat „Technische Regeln für die Verwendung von absturzsichernden Verglasungen – TRAV" – Fassung Januar 2003 erarbeitet (DIBt-Mitteilungen 2/2003, S. 58), die als Technische Baubestimmungen nach § 3 Abs. 3 BauO NRW bauaufsichtlich eingeführt worden sind.

3 Bereits anlässlich der Novellierung der BauO NW im Jahr 1984 wurden die Vorschriften über die Ausbildung von Geländer und Brüstungen (z. B. an Öffnungsgrößen, an Abstände der Geländerstäbe oder hinsichtlich der Vermeidung eines „Leitereffekts") in, an und auf Gebäuden, in denen mit dauernder oder häufiger **Anwesenheit von Kindern** gerechnet werden muss, nicht mehr aufgenommen. Der Gesetzgeber verzichtete auf diese Regelung auch unter dem Aspekt der durch die Landesbauordnung geregelten **Verantwortlichkeit der am Bau Beteiligten**. Die Bauaufsichtsbehörde prüft nicht die Ausbildung der Geländer und Brüstungen. Die Verantwortung für deren Verkehrssicherheit tragen Entwurfverfasser und Bauherr. Sie können sich der Norm DIN 18065 – Gebäudetreppen; Definitionen, Messregeln, Hauptmaße (Ausgabe Januar 2000) bedienen; diese Norm enthält unter Abschnitt 3.19 auch Regelungen über die Ausbildung von Geländern und Umwehrungen. Wenn Geländer mit den Werten der Norm DIN 18065 übereinstimmen, besteht für den Bauherrn die Vermutung, dass sie den allgemein anerkannten Regeln der Technik entsprechen und damit sicher im Sinne von § 3 Abs. 1 Satz 2 BauO NRW sind (s. die Anmerkungen zu § 36 Rdn. 6–8). Entspricht die Ausbildung der Umwehrung **offensichtlich** nicht den allgemein anerkannten, der Sicherheit dienenden Regeln der Technik, so hat die Bauaufsichtsbehörde nach § 61 BauO NRW in Wahrnehmung ihrer Aufgaben nach pflichtgemäßem Ermessen die erforderlichen Maßnahmen zu treffen (s. auch die Anmerkungen zu § 36 Rdn. 7).

## 2 Zu Absatz 1 und 2 – Zu umwehrende Flächen

4 Zu den in **Absatz 1 Satz 1** genannten **Flächen** zählen z. B. Flachdächer, Dachterrassen, Balkone, Loggien, Galerien und Emporen. Die Vorschriften gelten aber nur dann, wenn diese Flächen im Allgemeinen zum Begehen **bestimmt** sind; es kommt hier nicht auf die Eignung an. So benötigen Flachdächer, die nur gelegentlich zu Reparaturarbeiten betreten werden müssen, aber nicht allgemein zugänglich sind, nach Satz 1 keine Umwehrung. Sind sie jedoch zum Begehen bestimmt, so müssen nicht nur sie selbst, sondern – nach Absatz 2 – auch weniger als 0,50 m aus ihnen herausragende, nicht begehbare **Oberlichte** und **Glasabdeckungen** umwehrt werden.

5 Flächen, die zwar nach ihrer Zweckbestimmung allgemein zum Begehen bestimmt sind, brauchen dann nach Absatz 1 **Satz 2** nicht umwehrt zu werden, wenn eine Umwehrung dem **Zweck der Fläche** widersprechen würde. Aus dieser Zweckbestimmung heraus brau-

chen Verladerampen, Kais oder Schwimmbecken nicht umwehrt zu werden. Geradezu widersinnig würde bei einem Verlangen nach Umwehrung die Zweckbestimmung der entsprechenden baulichen Anlage unmöglich gemacht. Die Aufzählung ist nicht abschließend, weshalb auch andere Anlagen in Betracht kommen, wie z.B. Bahnsteige an Bahnanlagen des nichtöffentlichen Verkehrs. Auf Bahnsteige der öffentlichen Verkehrsmittel findet allerdings das Bauordnungsrecht gemäß § 1 Abs. 2 Nr. 1 BauO NRW keine Anwendung.

## 3 Zu Absatz 3 – Schächte an Verkehrsflächen

Korrespondierend mit § 19 Abs. 2 BauO NRW, wonach die Sicherheit und Ordnung des öffentlichen Verkehrs durch bauliche Anlagen und deren Nutzung nicht gefährdet werden dürfen, regelt **Absatz 3**, dass die dort genannten **Kellerlichtschächte und Betriebsschächte**, sofern sie **an** Verkehrsflächen liegen, entweder zu **umwehren** oder verkehrssicher **abzudecken** sind. Erfasst sind damit sowohl öffentliche als auch private Verkehrsflächen, wie z.B. Zugänge und Zufahrten auf dem Grundstück. Dem Bauherrn steht ein Wahlrecht zu, ob er diese Schächte umwehrt oder abdeckt. Die erforderliche Tragfähigkeit der Abdeckung richtet sich nach der Nutzung dieser Verkehrsfläche. 6

Liegt die Abdeckung **an** oder **in** einer **öffentlichen** Verkehrsfläche, muss sie gegen unbefugtes Abheben gesichert sein. Hierdurch soll erreicht werden, dass die Nutzer der öffentlichen Verkehrsfläche vor Abstürzen bewahrt werden, die leicht dadurch ausgelöst werden können, dass eine Abdeckung widerrechtlich entfernt wurde oder nicht richtig in der Schachtwandung liegt. Denn Passanten oder Kraftfahrer vertrauen blindlings darauf, dass die öffentlichen Verkehrsflächen sicher sind. 6a

## 4 Zu Absatz 4 – Höhe der Umwehrungen

Die für notwendige Umwehrungen erforderlichen **Mindesthöhen** richten sich nach der **Absturzhöhe**. Die Absturzhöhe bemisst sich zwischen der Oberkante der zu sichernden Fläche und der Oberkante der tiefer liegenden Fläche. Bei **Treppenanlagen** besteht die konkrete Gefahr eines Absturzes im Sinne eines freien Falls über das gesamte Höhenmaß (Absturzhöhe). Bei zweiläufigen Treppen mit einem Treppenauge von nicht mehr als 20–30 cm ist ein Absturz über das Treppengeländer mit einem freien Fall von mehr als einer Geschosshöhe in der Regel nicht möglich. Nur wenn an der freien Stufenendung einer Treppenanlage der angrenzende Luftraum einen durchgehenden Absturz über das angegebene Gesamtmaß von 12 m hinaus ermöglicht, müssen die Umwehrungen die entsprechenden Mindesthöhen erhalten. 7

In **Arbeitsstätten** gehen die bundesrechtlichen Vorschriften der – **Arbeitsstättenverordnung – ArbStättV** zum **Schutz gegen Absturz** dem Bauordnungsrecht insoweit vor, als **größere Mindesthöhen** der Umwehrungen verlangt werden. Die allgemein gehaltenen Anforderungen der ArbStättV werden konkretisiert durch die **Arbeitsstättenrichtlinien – ASR**, hier durch ASR 12/1–3 – Schutz gegen Absturz und herabfallende Gegenstände – Ausgabe Oktober 1986. Nach Nr. 2.3 ASR 12/1–3 müssen Umwehrungen in Arbeitsstätten **mindestens 1 m hoch** sein. Niedrigere Umwehrungen in bereits errichteten Arbeitsstätten können bestehen bleiben, soweit sie den Vorschriften des Bauordnungsrechts entsprechen. Bei **Absturzhöhen von mehr als 12 m** muss die Höhe von Umwehrungen – wie nach § 36 Abs. 4 Nr. 2 BauO NRW – **mindestens 1,10 m** betragen. 8

### 5 Zu Absatz 5 – Höhe der Fensterbrüstungen

9 Fensterbrüstungen werden anders als Umwehrungen behandelt, sie dürfen niedriger als Umwehrungen sein. Bei den für Fensterbrüstungen erforderlichen Höhen hat der Gesetzgeber indirekt die psychologische Wirkung der **Tiefe der Brüstung** (Fensterbank und Sohlbank) mit in Ansatz gebracht. Die Fensterbrüstung ist ein Bestandteil der Außenwand, nicht der Fensteröffnung, und endet deshalb dort, wo die Fensteröffnung anfängt. Bei den in **Absatz 5** geforderten **Mindesthöhen** handelt es sich um das Maß **von Oberkante Fußboden bis Oberkante Fensterbank** ohne Hinzurechnung des Fensterrahmens. Unterer Bezugspunkt ist der Fußboden vor dem Fenster; befindet sich allerdings vor diesem ein betretbarer Sockel so ist angesichts des Schutzzwecks der Vorschrift auf die Oberkante des Sockels abzustellen (OVG NRW, Beschluss vom 30. 11. 2001 – 10 B 1465/01, BauR 2002, 1230 = BRS 64 Nr. 137).

10 Gleichwohl kann der feststehende untere Teil des Fensterrahmens als **andere brüstungsähnliche** Vorrichtung nach **Satz 2** mit in Ansatz gebracht werden, wenn ansonsten eine Brüstung in üblicher Tiefe vorhanden ist. Man kann davon ausgehen, dass zumindest der untere Teil eines Fensterrahmens den nach DIN 1055-3 – Lastannahmen für Bauten – erforderlichen Holmdruck aufnehmen kann.

Satz 2 gestattet auch andere Lösungen mit geringeren Brüstungshöhen, wenn die Mindesthöhe durch **andere brüstungsähnliche** Vorrichtungen eingehalten wird, wie durch feststehende Fensterteile oder Geländer, wenn sonst im unteren Bereich eine entsprechende Brüstungstiefe, z. B. durch eine Aufmauerung oder durch einen Heizkörper mit Abdeckung, vorhanden ist.

11 Soll jedoch die Absturzsicherung **im Wesentlichen** aus einer **Umwehrung**, wie durch ein Geländer oder durch eine verglaste Brüstung, bestehen, so sind die größeren Mindesthöhen nach Absatz 4 einzuhalten. Die Wörter „im Wesentlichen" bedeuten: zu mehr als der Hälfte der erforderlichen Mindesthöhe von 0,80 m bzw. 0,90 m. Soll demnach die erforderliche Mindesthöhe oberhalb der Brüstung z. B. durch Geländer mit Höhen von mehr als 0,40 m bzw. 0,45 m erbracht werden, sind die Maße des Absatzes 4 (mindestens 0,90 m bzw. 1,10 m) einzuhalten. Anders ausgedrückt: Sind Fensterbrüstungen niedriger als 0,40 m bzw. 0,45 m, müssen sie durch eine **zusätzliche** Umwehrung auf die dann erforderliche Mindesthöhe von 0,90 m bzw. 1,10 m – entsprechend Absatz 4 – gebracht werden.

12 Die **Abweichungsmöglichkeit** des Satzes 4 ist im Hinblick auf die psychologische Wirkung einer geringen Absturzhöhe zu sehen, wie sie in den meisten Erdgeschossen vorgefunden wird, wenn der Fußboden dieses Geschosses weniger als 1 m über der Geländeoberfläche gelegen ist. Von der Abweichungsmöglichkeit kann sicher auch bei großen Brüstungstiefen, z. B. durch Pflanztröge, Gebrauch gemacht werden.

## Fünfter Abschnitt
## Haustechnische Anlagen

### Vor §§ 42 bis 47

**Anmerkungen** (Autor: Czepuck)

Der fünfte Abschnitt des dritten Teils befasst sich mit den **materiellen Anforderungen an bestimmte haustechnische Anlagen**. Die Vorschriften über **Lüftungs-** und **Feuerungsanlagen** sind vor allem hinsichtlich des Brandschutzes von Bedeutung. Diese Vorschriften werden ergänzt durch die **Feuerungsverordnung – FeuVO NW** und die als **Technische Baubestimmungen** nach § 3 Abs. 3 BauO NRW eingeführte 1

- Richtlinie über die brandschutztechnischen Anforderungen an Lüftungsanlagen – **Lüftungsanlagen-Richtlinie – LüAR NRW** (MBl. NRW. 2003, S. 618),
- Richtlinie über brandschutztechnische Anforderungen an Leitungsanlagen – **Leitungsanlagen-Richtlinie – LAR NRW** (MBl. NRW. 2001, S. 1253),
- **Richtlinie über brandschutztechnische Anforderungen an Hohlraumestriche und Doppelböden – Fassung Dezember 1998** (MBl. NRW. 2000, S. 62 unter Verweis auf die Fundstelle in den DIBt-Mitteilungen 1999, S. 184) und die
- **Bauaufsichtliche Richtlinie über die Lüftung fensterloser Küchen, Bäder und Toiletten in Wohnungen – Fassung August 1996** (MBl. NRW. 1997, S. 1057).

Die im fünften Abschnitt enthaltenen Regelungen über **Wasserversorgungs-** und **Abwasseranlagen** stellen mit Ausnahme der Anforderungen an die Löschwasserversorgung Ergänzungen zu den bauordnungsrechtlichen Erschließungsanforderungen (§ 4 BauO NRW) dar. Auch enthalten diese Vorschriften **ökologische Anforderungen** bezüglich des sparsamen Umgangs mit Trinkwasser und der ortsnahen Niederschlagswasserbeseitigung. Die Anforderungen an **Anlagen für feste Abfälle** entfielen mit der BauO NRW 2000. Die Abfallbeseitigung rechnete auch bislang nicht zur bauordnungsrechtlichen Erschließung. Die Anforderungen an **Abfallschächte** fungieren nur noch als Übergangsvorschriften, da Abfallschächte nicht neu errichtet werden dürfen und **bestehende Abfallschächte bis zum 31. 12. 2003 außer Betrieb** zu nehmen waren. 2

Zur Haustechnik rechnen auch die **elektrischen Anlagen** und die **Telekommunikationsanlagen**. Das Bauordnungsrecht ignoriert weitgehend die Elektrizitäts- und die Telekommunikationsversorgung. Einige Sonderbauverordnungen enthalten Anforderungen an die **Sicherheitsstromversorgung** zur Beleuchtung der Rettungswege und zum Betrieb notwendiger Versorgungsanlagen bei Ausfall des Netzstroms. Die **Verordnung über den Bau und Betrieb von Betriebsräumen für elektrische Anlagen – EltBauVO** verlangt nur, dass innerhalb von Wohngebäuden und Sonderbauten Transformatoren und Schaltanlagen für Nennspannungen über 1 kV, ortsfeste Stromerzeugungsaggregate und Zentralbatterien für Sicherheitsbeleuchtungen in eigenen Betriebsräumen untergebracht sein müssen. Anforderungen an die Leitungsverlegung enthalten die **Leitungsanlagen-Richtlinie – LAR NRW** und die **Richtlinie über brandschutztechnische Anforderungen an Hohlraumestriche und Doppelböden**. 3

## § 42
## Lüftungsanlagen, Installationsschächte und Installationskanäle

**(1) Lüftungsanlagen müssen betriebssicher sein; sie dürfen den ordnungsgemäßen Betrieb von Feuerstätten nicht beeinträchtigen.**

**(2) [1]Lüftungsleitungen sowie deren Bekleidungen und Dämmstoffe müssen aus nichtbrennbaren Baustoffen bestehen; brennbare Baustoffe sind zulässig, wenn Bedenken wegen des Brandschutzes nicht bestehen. [2]Lüftungsanlagen, ausgenommen in Gebäuden geringer Höhe, und Lüftungsanlagen, die Gebäudetrennwände überbrücken, sind so herzustellen, dass Feuer und Rauch nicht in andere Geschosse, Brandabschnitte, Treppenräume oder notwendige Flure übertragen werden können.**

**(3) [1]Lüftungsanlagen sind so herzustellen, dass sie Gerüche und Staub nicht in andere Räume übertragen. [2]Die Weiterleitung von Schall in fremde Räume muss ausreichend gedämmt sein.**

**(4) [1]Lüftungsleitungen dürfen nicht in Schornsteine eingeführt werden. [2]In Lüftungsleitungen dürfen Abgase von Feuerstätten eingeleitet werden, wenn die Abluft ins Freie geführt wird und Bedenken wegen der Betriebssicherheit und des Brandschutzes nicht bestehen. [3]Die Abluft ist ins Freie zu führen. [4]Nicht zur Lüftungsanlage gehörende Einrichtungen sind in Lüftungsleitungen unzulässig.**

**(5) Für raumlufttechnische Anlagen und Warmluftheizungen gelten die Absätze 1 bis 4, für Installationsschächte und Installationskanäle die Absätze 2 und 3 Satz 2 sinngemäß.**

**(6) Die Absätze 2 und 3 Satz 1 und Absatz 5 gelten nicht für Lüftungsanlagen sowie Installationsschächte und -kanäle in Wohngebäuden mit nicht mehr als zwei Wohnungen, innerhalb einer Wohnung oder innerhalb einer Nutzungseinheit vergleichbarer Größe.**

***VV BauO NRW*** *(infolge Befristung mit Ablauf des 31. 12. 2005 ausgelaufen)*

***42 Lüftungsanlagen, Installationsschächte und Installationskanäle (§ 42)***

*42.2 Zu Absatz 2*

*Die nach § 42 Abs. 2 an Lüftungsanlagen zu stellenden Brandschutzanforderungen sind in den als Technische Baubestimmungen eingeführten Richtlinien über brandschutztechnische Anforderungen an Lüftungsanlagen in Gebäuden konkretisiert.*

*42.5 Zu Absatz 5*

*Werden Installationsschächte und -kanäle durch Decken und Wände hindurchgeführt, an die keine Anforderungen hinsichtlich ihrer Feuerwiderstandsklasse gestellt werden, so bestehen keine Bedenken aus Gründen des Brandschutzes, wenn schwerentflammbare Baustoffe (Klasse B 1) verwendet werden. Für äußere Bekleidungen, Anstriche und Dämmschichten auf Installationsschächten und -kanälen dürfen schwerentflammbare Baustoffe (Klasse B 1) verwendet werden, wenn die Bekleidungen, Anstriche und Dämmschichten nicht durch Wände und nicht durch Decken hindurchgeführt werden, für die mindestens die Feuerwiderstandsklasse F 30 vorgeschrieben ist. Für Installationsschächte und -kanäle in Treppen-*

*räumen mit notwendigen Treppen, in Fluren, die als Rettungswege dienen, und über Unterdecken, an die brandschutztechnische Anforderungen gestellt sind, ist die Verwendung brennbarer Baustoffe (Klasse B) unzulässig.*

*Die Übertragung von Feuer und Rauch gilt als ausgeschlossen, wenn Installationsschächte und -kanäle mindestens 30 Minuten und in Gebäuden mit mehr als fünf Geschossen über Geländeoberfläche mindestens 60 Minuten (in Hochhäusern 90 Minuten) Feuerwiderstandsdauer aufweisen. Zwischen Brandabschnitten muss die Feuerwiderstandsdauer der Installationsschächte und -kanäle mindestens 90 Minuten betragen.*

**Anmerkungen** (Autor: Czepuck)

**Übersicht**


| | | Rdn. |
|---|---|---|
| 0 | Änderungen gegenüber der BauO NW 1984 und der BauO NW 1995 | 01 |
| 1 | Allgemeines | |
| 1.1 | Ziel der Anforderungen | 1– 3 |
| 1.2 | Begriffe | 4–11 |
| 1.3 | Bauaufsichtliche Pflicht zum Einbau | 12–13 |
| 2 | Zu Absatz 1 – Betriebssicherheit | 14 |
| 3 | Zu Absatz 2 – Brandschutz | 15–17 |
| 4 | Zu Absatz 3 – Vermeidung der Geruchs-, Staub- und Schallübertragung | 18–20 |
| 5 | Zu Absatz 4 – Lüftungsleitungen und Schornsteine | 21–22 |
| 6 | Zu Absatz 5 – Raumlufttechnische Anlagen, Warmluftheizungen, Installationsschächte und Installationskanäle | 23–24 |
| 7 | Zu Absatz 6 – Erleichterungen in Wohngebäuden | 25 |


## 0 Änderungen gegenüber der BauO NW 1984 und der BauO NW 1995

**§ 42 BauO NRW 2000** entspricht § 42 BauO NW 1995, welcher folgende Änderungen **01**
und Ergänzungen zu § 38 BauO NW 1984 aufwies:

- Der Ausnahmetatbestand des **Absatzes 2 Satz 1, 2. Halbsatz** wurde in einen Zulässigkeitstatbestand umgewandelt und die Worte „allgemein zugängliche Flure als Rettungswege" durch den Begriff „notwendige Flure" ersetzt.
- In **Absatz 4 Satz 1, 2. Halbsatz** wurde der Ausnahmetatbestand für eine gemeinsame Benutzung von Lüftungsleitungen zur Lüftung und zur Ableitung von Abgasen durch einen bedingten Zulässigkeitstatbestand (keine Bedenken wegen der Betriebssicherheit und des Brandschutzes) ersetzt; der 2. Halbsatz wurde in den selbständigen neuen Satz 2 umgewandelt, wodurch sich die alten Sätze 2 und 3 zu den neuen Sätzen 3 und 4 verschoben.
- Im Rahmen einer Risikoabwägung wurde mit dem **neu angefügten Absatz 6** unter dem Aspekt der Förderung des Wohnungsbaus für Lüftungsleitungen sowie für Installationsschächte und Installationskanäle in bestimmten Fällen auf die sonst geforderten Brandschutzmaßnahmen und Vorkehrungen gegen eine Übertragung von Gerüchen und Staub verzichtet.

## 1 Allgemeines

### 1.1 Ziel der Anforderungen

1 Von **Lüftungsanlagen** und **-leitungen** gehen besondere Gefahren aus, wenn sie falsch angeordnet, ausgebildet oder betrieben werden. Funktionsbedingt überbrücken Lüftungsleitungen innerhalb oder auch außerhalb eines Gebäudes Trennwände, Decken, Räume, Geschosse und Brandabschnitte. Insofern müssen sie für den Brandfall Anforderungen entsprechen, durch die eine Ausbreitung von Feuer und Rauch vermieden wird. Darüber hinaus dürfen sie weder Schall noch Gerüche und Staub in andere bzw. fremde Räume übertragen. Sie dürfen nicht in Schornsteine eingeführt werden, damit deren Abgase nicht über die Lüftungsleitungen in die Räume eindringen können.

2 Gleiche Gefahren gehen auch von **raumlufttechnischen Anlagen** und **Warmluftheizungen** sowie **Installationsschächten** und **Installationskanälen** aus, wenn sie falsch angeordnet, ausgebildet oder betrieben werden. Deshalb gelten die Anforderungen an Lüftungsanlagen und -leitungen für diese Anlagen und Einrichtungen sinngemäß.

3 Die Anforderungen dienen der Gefahrenabwehr, nämlich der Wahrung der **Sicherheit** und dem **Gesundheitsschutz** der Benutzer der baulichen Anlagen.

### 1.2 Begriffe

4 **Lüftungsanlagen** bestehen aus Lüftungsleitungen und allen zur Funktion der Lüftung oder Klimatisierung erforderlichen Bauteilen und Einrichtungen, vgl. Nr. 2 **„Richtlinie über die brandschutztechnischen Anforderungen an Lüftungsanlagen – Lüftungsanlagen-Richtlinie – LüAR NRW“** – Fassung Mai 2003 RdErl. vom 10.6.2003 (MBl. NRW. S. 618). Sie versorgen Räume, Nutzungseinheiten oder ganze Gebäude mit Zuluft oder leiten Abluft aus ihnen ab.

5 **Lüftungsleitungen** bestehen gemäß Nr. 2 LüAR NRW aus allen von Luft durchströmten Bauteilen wie Lüftungsrohren, -formstücken, -schächten, -kanälen, Schalldämpfern, Ventilatoren, Luftaufbereitungseinrichtungen, **Absperrvorrichtungen** gegen die Übertragung von Feuer und Rauch (**Brandschutzklappen**) und **Absperrvorrichtungen** gegen Rauchübertragung (**Rauchschutzklappen**) sowie ihren Verbindungen, Befestigungen, Dämmschichten, brandschutztechnischen Ummantelungen, Dampfsperren, Folien, Beschichtungen und Bekleidungen. Nicht zur Lüftungsleitung und -anlage gehören selbst von Luft durchströmte Hohlräume der Systemböden, auch wenn in der Muster-Richtlinie über brandschutztechnische Anforderungen an Systemböden – Muster-Systembodenrichtlinie – MSysBöR (abgedruckt in den DIBt-Mitteilungen 2006, S. 135) Anforderungen bzgl. der Raucherkennung und zur Betriebsweise der Lüftungsanlagen gestellt werden.

6 **Absperrvorrichtungen** („**Brandschutzklappen**“ oder „**Rauchschutzklappen**“) sind dazu bestimmt, allein oder in Verbindung mit anderen Bauteilen (Auslöseeinrichtungen) die Übertragung von Feuer und Rauch oder nur von Rauch durch Lüftungsleitungen zu verhindern.

7 **Raumlufttechnische Anlagen** sind insbesondere Klimaanlagen und zeichnen sich durch eine maschinelle Luftförderung aus.

8 **Warmluftheizungen** sind Heizungsanlagen, bei denen erwärmte Luft durch Lüftungsleitungen in Räume transportiert wird.

**Installationsschächte** im Sinne der Norm DIN 4102–11 (s. die Anmerkungen zu § 17 Rdn. 30) sind vom übrigen Baukörper getrennte oder auf den Geschossdecken aufgesetzte Bauteile, die im Bereich der Geschossdecken brandschutztechnisch abgeschottet sein können; es werden unterschieden: 9

- Installationsschächte nur für nichtbrennbare Installationen (in diesen Schächten sind jedoch geringe Mengen brennbarer Baustoffe zur Dichtung der Leitungen sowie zur Körperschalldämmung an den Befestigungspunkten zulässig),
- Installationsschächte für beliebige Installationen,
- Elektroinstallationsschächte.

**Installationskanäle** im Sinne der Norm DIN 4102–11 (s. die Anmerkungen zu § 17 Rdn. 30) sind – in der Regel – nicht begehbare, vorwiegend waagerechte Bauteile zur Umhüllung von Elektroinstallationen, die durch mehrere Räume hindurchgehen. Ihr lichter Querschnitt kann im Bereich der Wände brandschutztechnisch abgeschottet sein. 10

**Abschlüsse von Revisionsöffnungen** sind Bestandteil von Lüftungsleitungen oder Installationsschächten und -kanälen und im Zusammenhang mit ihnen zu beurteilen. 11

### 1.3 Bauaufsichtliche Pflicht zum Einbau

Die bauaufsichtliche **Verpflichtung** zum Einbau von **Lüftungsanlagen** (wirksame Lüftung) ergibt sich für fensterlose Bäder und Toilettenräume aus § 50 Abs. 4 BauO NRW und für alle fensterlosen Aufenthaltsräume aus § 48 Abs. 4 und 5 BauO NRW. Auch für Fahrschächte von Aufzügen schreibt § 39 Abs. 3 Satz 1 BauO NRW eine Lüftung vor. Heizräume müssen nach § 6 Abs. 4 und 5 FeuVO NW eigene Öffnungen ins Freie haben oder mit nur der Heizraumlüftung dienenden Lüftungsleitungen belüftet werden; die Leitungen müssen bei Führung durch andere, nicht der Heizung dienenden Räumen, feuerbeständig sein. Auch in einigen Sonderbauverordnungen werden besondere Anforderungen an Lüftungsanlagen gestellt, so z. B. für Verkaufsräume (§ 14 VkVO), für Versammlungsräume mit mehr als 200 m² Grundfläche (§ 17 VStättVO), für Elektrische Betriebsräume (§ 4 Abs. 3, § 5 Abs. 4 und § 7 Abs. 5 EltBauVO), für bestimmte Räume in Krankenhäusern (§ 22 KhBauVO) und für Mittel- und Großgaragen (§ 15 GarVO). 12

Wegen der von unsachgemäß eingebauten Lüftungsanlagen und ähnlichen Anlagen und Einrichtungen ausgehenden besonderen Gefahren, sind nach § 65 Abs. 1 Nr. 9 BauO NRW von der **Genehmigungspflicht** nur Lüftungs- und raumlufttechnischen Anlagen, Warmluftheizungen, Installationsschächte und -kanäle ausgenommen, die keine Gebäudetrennwände und - außer in Gebäuden geringer Höhe - keine Geschosse überbrücken. 13

## 2 Zu Absatz 1 – Betriebssicherheit

Lüftungsanlagen können ihre Aufgabe, nicht natürlich belüftete Räume ihrem Zweck entsprechend nutzbar zu machen, nur dann erfüllen, wenn sie **betriebssicher** sind. Die Betriebssicherheit bedingt neben einer Ausbildung der Anlage für ihren Nutzungszweck, z. B. Küchenabluftabführung, eine ständige Wartung der Anlagen, insbesondere ihrer Aggregate und Steuereinrichtungen. Soweit nicht bereits in der TPrüfVO wiederkehrende Prüfungen der Anlagen vorgeschrieben sind, können bei Räumen und Gebäuden besonderer Art und Nutzung solche Prüfungen aufgrund der Vorschriften in § 54 Abs. 2 Nr. 22 BauO NRW durch die Bauaufsichtsbehörde gefordert werden. 14

### 3 Zu Absatz 2 – Brandschutz

15 **Falsch angeordnete und ausgebildete Lüftungsleitungen** können wie „**Zündschnüre**" ein Gebäude durchziehen und so im Brandfall der Brandausbreitung Vorschub leisten, oder sie können – was spektakuläre Krankenhausbrände bewiesen haben – „**Rauchverteilungsanlagen**" gleichkommen. Dem muss durch entsprechende Anordnung und Ausbildung der Leitungen begegnet werden.

16 Brandschutztechnische Anforderungen an die **Anordnung** und **Ausbildung** von **Lüftungsanlagen** und **Lüftungsleitungen** und somit auch an die **Zulässigkeit der Durchführung** durch abschottende **Wände** und **Decken** sind ausschließlich in § 42 Abs. 2 BauO NRW geregelt (s. auch Nr. 30.223, 33.5, 34.533 und 37.74 VV BauO NRW) und nicht in den §§ 30 bis 34 und 37 BauO NRW. Die teilweise allgemein gehaltenen Anforderungen des **Absatzes 2** sind in der als Technische Baubestimmung gemäß § 3 Abs. 3 BauO NRW eingeführten **LüAR NRW** konkretisiert (s. auch Nr. 3.6 des RdErl. vom 8. 6. 2005 – MBl. NRW. S. 698). Zwischenzeitlich hat die Fachkommission Bauaufsicht der ARGEBAU die Muster-Lüftungsanlagen-Richtlinie – M-LüAR überarbeitet (abgedruckt in den DIBt-Mitteilungen 2006, S. 119). Die weitergehenden Anforderungen in Bezug auf die Brandschutzklappen gemäß Bild 1.1 LüAR NRW sind weiterhin zu beachten, auch wenn in der M-LüAR diese Anforderung nicht gestellt wird.

17 Nach DIN 4102–6 – Brandverhalten von Baustoffen und Bauteilen; Lüftungsleitungen (Ausgabe September 1977) werden Lüftungsleitungen, -rohre und -formstücke sowie Absperrvorrichtungen in Lüftungsleitungen hinsichtlich ihres Brandverhaltens in Feuerwiderstandsklassen eingeteilt (s. hierzu die Anmerkungen zu § 17 Rdn. 30 und 40 ff.).

Installationsschächte und Installationskanäle werden nach der Norm DIN 4102-11 – Brandverhalten von Bauteilen; Rohrummantelungen, Rohrabschottungen, Installationsschächte und -kanäle sowie Abschlüsse ihrer Revisionsöffnungen, Begriffe, Anforderungen und Prüfungen (Ausgabe Dezember 1985) in Feuerwiderstandsklassen eingeteilt. Nachfolgend die Kennzeichnungen der Feuerwiderstandsklassen nach den unterschiedlichen Bauteilen nach DIN 4102-6 und DIN 4102-11:

| Bauteil | DIN 4102 | Feuerwiderstandsklassen entsprechend einer Feuerwiderstandsdauer in Minuten | | | |
|---|---|---|---|---|---|
| | | > = 30 | > = 60 | > = 90 | > = 120 |
| Rohre und Formstücke für Lüftungsleitungen | Teil 6 | L 30 | L 60 | L 90 | L 120 |
| Absperrvorrichtungen in Lüftungsleitungen (Brandschutzklappen) | | K 30 | K 60 | K 90 | |
| Installationsschächte und -kanäle sowie Abschlüsse ihrer Revisionsöffnungen | Teil 11 | I 30 | I 60 | I 90 | I 120 |
| Rohrdurchführungen | | R 30 | R 60 | R 90 | R 120 |

**Tabelle 42.1 Zusammenstellung der Feuerwiderstandsklassen der Bauteile** nach DIN 4102-6 und DIN 4102-11

## 4 Zu Absatz 3 – Vermeidung der Geruchs-, Staub- und Schallübertragung

Lüftungsleitungen müssen hinsichtlich ihrer Anordnung und Ausbildung sorgfältig geplant werden, um eine **Übertragung** von **Gerüchen** und **Staub** zu vermeiden. So sollten z.B. Räume mit starker Geruchsentwicklung ein von anderen getrenntes Lüftungssystem erhalten, Ansaugöffnungen sollten nicht in Bereichen liegen, in denen Auto- oder andere Abgase zu befürchten sind. Eine Übertragung von Gerüchen aus fensterlosen Küchen, Bädern und Toiletten ist nicht zu befürchten, wenn die Lüftungsanlagen den eingeführten technischen Baubestimmungen entsprechen (s. auch die Anmerkungen zu § 48 Rdn. 17). Zur Vermeidung einer Staubübertragung sind – soweit erforderlich – entsprechende Filteranlagen einzubauen. **18**

Dem **Schallschutz** kommt bei Lüftungsanlagen besondere Bedeutung zu, da Lüftungsleitungen oft zahlreiche Räume „lufttechnisch" miteinander verbinden. Schon der Luftstrom in den Leitungen, aber auch die Schwingungen der Lüftungsaggregate können zu Geräuschbelästigungen führen (s. die Anmerkungen zu § 18 Rdn. 24ff.). Auf die Norm DIN 4109 – Schallschutz im Hochbau (Ausgabe November 1989) und hier insbesondere auf das Beiblatt 1 Abschn. 9.3 – Lüftungsschächte und -kanäle – wird verwiesen. **19**

Nicht zuletzt aufgrund der Anforderungen der Absätze 2 und 3 wird dem Entwurfsverfasser angeraten, mit der Planung der Lüftungsanlagen einen **Fachplaner** (s. die Anmerkungen zu § 58 Rdn. 27–32) zu beauftragen. **20**

## 5 Zu Absatz 4 – Lüftungsleitungen und Schornsteine

In **Schornsteine** (zum Begriff s. die Anmerkungen zu § 43 Rdn. 13) dürfen Lüftungsleitungen nicht eingeführt werden. Dieses Verbot dient zum einen der Sicherung des Auftriebes im Schornstein, zum anderen der Verhinderung des Raucheintritts in die zu entlüftenden Räume (Umpolungseffekt bei Anlagenstillstand). Die **gemeinsame Benutzung** von (senkrechten) Lüftungsleitungen zur (Ent-)**Lüftung** und zur Ableitung von **Abgasen** ist jedoch zulässig, wenn die Abluft ins Freie geführt wird und wenn wegen der Betriebssicherheit und des Brandsschutzes keine Bedenken bestehen. Der häufigste Fall der gemeinsamen Verwendung eines Schachtes für Lüftung und Abgase ist bei innenliegenden Bädern oder Toilettenräumen mit Gas-Wasserheizern oder Raum-Gasheizungen gegeben. Hierbei sind die im DVGW-Arbeitsblatt G/626 bekannt gemachten Technischen Regeln für die Abführung der Abgase von Gaswasserheizern über Zentrallüftungsanlagen nach DIN 18017-3 zu beachten. Diese Regeln gelten für Durchlauf-, Vorrats- und Umlauf-Gaswasserheizer einschließlich Kombi-Gaswasserheizer mit Strömungssicherung, die mit Gasen nach DVGW – Arbeitsblatt G 260 betrieben werden, und für Zentrallüftungsanlagen mit Ventilatoren nach DIN 18017-3 (Ausgabe August 1970), in die die Abgase der Wasserheizer eingeleitet werden. Für die Abführung von Küchenabluft und Abgasen aus Feuerstätten ist Nr. 8.5 LüAR NRW zu beachten; für Gasfeuerstätten ist dabei das DVGW-Arbeitsblatt G 634 (September 1998) zu beachten, bei Festbrennstofffeuerstätten, z.B. Pizzaöfen sind die Abgase der Feuerstätte zusammen mit der Küchenabluft über fettbeständige Schornsteine abzuführen. **21**

Die zuvor unter Rdn. 4 bezeichnete **LüAR NRW** regelt unter Nr. 5.1.2 Anforderungen an Mündungen von Lüftungsleitungen und unter Nr. 5.1.4 die in Lüftungsleitungen zulässigen Einrichtungen; alle anderen, insbesondere nicht zur Lüftungsanlage gehörende Einrichtungen sind in Lüftungsleitungen unzulässig. **22**

## 6 Zu Absatz 5 – Raumlufttechnische Anlagen, Warmluftheizungen, Installationsschächte und Installationskanäle

23 Die zuvor erläuterten Anforderungen an Lüftungsanlagen und Lüftungsleitungen gelten **sinngemäß** auch für **raumlufttechnische Anlagen** (s. Rdn. 7) und für **Warmluftheizungen** (s. Rdn. 8).

24 Für **Installationsschächte** und **Installationskanäle** gelten die zuvor erläuterten Anforderungen an Lüftungsanlagen hinsichtlich des Brandschutzes in Absatz 2 und des Schallschutzes in Absatz 3. Hinsichtlich des **Brandverhaltens** (Entflammbarkeit) der bei diesen Anlagen zu verwendenden **Baustoffe** und hinsichtlich der **Feuerwiderstandsdauer der Bauteile** dieser Anlagen gelten jedoch die erleichternden Bestimmungen der Nr. 42.5 VV BauO NRW. Die Einteilung der Installationsschächte und -kanäle in Feuerwiderstandsklassen ist zuvor unter Rdn. 17 erläutert. Die allgemeinen Anforderungen des **Absatzes 5** sind für Installationschächte und Installationskanäle in Nr. 3.5 der mit RdErl. vom 20. 8. 2001 (MBl. NRW. S. 1253) als Technische Baubestimmung gemäß § 3 Abs. 3 BauO NRW eingeführten „**Richtlinie über brandschutztechnische Anforderungen an Leitungsanlagen**" – Fassung März 2000 konkretisiert (s. auch Mayr, Brandschutz bei haustechnischen Leitungsanlagen, DAB 2000, S. 1444 ff. und S. 1584 ff.).

## 7 Zu Absatz 6 – Erleichterungen in Wohngebäuden

25 In **Wohngebäuden** mit nicht mehr als zwei Wohnungen, innerhalb einer Wohnung oder innerhalb einer Nutzungseinheit vergleichbarer Größe **gelten** für Lüftungsanlagen, auch als Bestandteil von raumlufttechnischen Anlagen und Warmluftheizungen, sowie für Installationskanäle und Installationsschächte **nicht** die

- Anforderungen an das **Brandverhalten** der bei Lüftungsleitungen zu verwendenden **Baustoffe** in Absatz 2 Satz 1,
- Anforderungen an die **Feuerwiderstandsdauer** bzw. an das **Abschottungserfordernis** der Lüftungsleitungen in Absatz 2 Satz 2,
- Anforderungen hinsichtlich der Vermeidung der Übertragung von **Gerüchen** und **Staub.**

Ziel dieser Erleichterungen war die Baukostenminimierung im Wohnungsbau. Im Rahmen einer **Risikobetrachtung** hält der Gesetzgeber diese **Erleichterungen** von den sonst geltenden Brandschutzvorschriften für **vertretbar**.

## § 43
## Feuerungsanlagen, Wärme- und Brennstoffversorgungsanlagen

**(1) [1]Feuerstätten und Abgasanlagen, wie Schornsteine, Abgasleitungen und Verbindungsstücke (Feuerungsanlagen), Anlagen zur Abführung von Verbrennungsgasen ortsfester Verbrennungsmotoren sowie Behälter und Rohrleitungen für brennbare Gase und Flüssigkeiten müssen betriebssicher und brandsicher sein und dürfen auch sonst nicht zu Gefahren und unzumutbaren Belästigungen führen können. [2]Die Weiterleitung von Schall in fremde Räume muss ausreichend gedämmt sein. [3]Abgasanlagen müssen leicht und sicher zu reinigen sein. [4]Feuerungsanlagen für feste Brennstoffe dürfen in einem Abstand von weniger als 100 m zu Wald nur errichtet oder betrieben werden, wenn durch geeignete Maßnahmen gewährleistet ist, dass kein Waldbrand entsteht.**

**(2) Für die Anlagen zur Verteilung von Wärme und zur Warmwasserversorgung gilt Absatz 1 Sätze 1 und 2 sinngemäß.**

**(3) Feuerstätten, ortsfeste Verbrennungsmotore und Verdichter sowie Behälter für brennbare Gase und Flüssigkeiten dürfen nur in Räumen aufgestellt werden, bei denen nach Lage, Größe, baulicher Beschaffenheit und Benutzungsart Gefahren nicht entstehen können.**

**(4) [1]Die Abgase der Feuerstätten sind durch Abgasanlagen über Dach, die Verbrennungsgase ortsfester Verbrennungsmotoren sind durch Anlagen zur Abführung dieser Gase über Dach abzuleiten. [2]Abgasanlagen sind in solcher Zahl und Lage und so herzustellen, dass die Feuerstätten des Gebäudes ordnungsgemäß angeschlossen werden können.**

**(5) Die Abgase von Gasfeuerstätten mit abgeschlossenem Verbrennungsraum, denen die Verbrennungsluft durch dichte Leitungen vom Freien zuströmt (raumluftunabhängige Gasfeuerstätten), dürfen abweichend von Absatz 4 durch die Außenwand ins Freie geleitet werden, wenn**

**1. eine Ableitung des Abgases über Dach nicht oder nur mit unverhältnismäßig hohem Aufwand möglich ist und**

**2. die Nennwärmeleistung der Feuerstätte 11 kW zur Beheizung und 28 kW zur Warmwasserbereitung nicht überschreitet**

**und Gefahren oder unzumutbare Belästigungen nicht entstehen.**

**(6) Ohne Abgasanlage sind zulässig**

**1. Gasfeuerstätten, wenn durch einen sicheren Luftwechsel im Aufstellraum gewährleistet ist, dass Gefahren oder unzumutbare Belästigungen nicht entstehen,**

**2. Gas-Haushalts-Kochgeräte mit einer Nennwärmeleistung von nicht mehr als 11 kW, wenn der Aufstellungsraum einen Rauminhalt von mehr als 15 m³ aufweist und mindestens eine Tür ins Freie oder ein Fenster, das geöffnet werden kann, hat,**

**3. nicht leitungsgebundene Gasfeuerstätten zur Beheizung von Räumen, die nicht gewerblichen Zwecken dienen, sowie Gas-Durchlauferhitzer, wenn diese Gasfeuerstätten besondere Sicherheitseinrichtungen haben, die die Kohlenmonoxidkonzentration im Aufstellungsraum so begrenzen, dass Gefahren oder unzumutbare Belästigungen nicht entstehen.**

**(7) [1]Bei der Errichtung oder Änderung von Schornsteinen sowie beim Anschluss von Feuerstätten an Schornsteine oder Abgasleitungen hat die Bauherrin oder der Bauherr sich von der Bezirksschornsteinfegermeisterin oder dem Bezirksschornsteinfegermeister bescheinigen zu lassen, dass die Abgasanlage sich in einem ordnungsgemäßen Zustand befindet und für die angeschlossenen Feuerstätten geeignet ist. [2]Bei der Errichtung von Schornsteinen soll vor Erteilung der Bescheinigung auch der Rohbauzustand besichtigt worden sein. [3]Stellt die Bezirksschornsteinfegermeisterin oder der Bezirksschornsteinfegermeister Mängel fest, hat sie oder er diese Mängel der Bauaufsichtsbehörde mitzuteilen.**

**(8) Gasfeuerstätten dürfen in Räumen nur aufgestellt werden, wenn durch besondere Vorrichtungen an den Feuerstätten oder durch Lüftungsanlagen sichergestellt ist, dass gefährliche Ansammlungen von unverbranntem Gas in den Räumen nicht entstehen.**

**(9) Brennstoffe sind so zu lagern, dass Gefahren oder unzumutbare Belästigungen nicht entstehen.**

***VV BauO NRW*** *(infolge Befristung mit Ablauf des 31.12.2005 ausgelaufen)*

***43 Feuerungsanlagen, Wärme- und Brennstoffversorgungsanlagen (§ 43)***

*§ 43 enthält allgemeine Anforderungen an die Installation von Feuerungsanlagen und Wärme- und Brennstoffversorgungsanlagen, um einen sicheren Betrieb dieser Anlagen – vor allem in Gebäuden – zu gewährleisten. Die Installationsvorschriften berücksichtigen, dass die Anlagen nach Maßgabe der §§ 20ff. nur aus Bauprodukten hergestellt werden dürfen, deren Verwendbarkeit durch ein Ü-Zeichen oder eine CE-Kennzeichnung nachgewiesen ist.*

*43.1 Zu Absatz 1*

*Eine Feuerungsanlage besteht nach § 43 Abs. 1 aus der Abgasanlage und der oder den daran angeschlossenen Feuerstätte(n). Abgasanlage ist danach der Oberbegriff für alle technischen Einrichtungen, mit denen die Verbrennungsgase von Feuerstätten für feste, flüssige oder gasförmige Brennstoffe (= Abgase) abgeführt werden. Im Wesentlichen sind dies Schornsteine und Abgasleitungen sowie etwaige Verbindungsstücke zwischen diesen und den Feuerstätten. Als Schornsteine im Sinne dieser Vorschrift sind rußbrandbeständige Schächte anzusehen, die Abgase von Feuerstätten für feste Brennstoffe über Dach ins Freie leiten sollen. Um Abgasleitungen im Sinne dieser Vorschrift handelt es sich bei Leitungen oder Schächten, die nur Abgase von Feuerstätten für flüssige oder gasförmige Brennstoffe ableiten sollen, und zwar auch dann, wenn die Abgasanlage in der Bauart eines Schornsteins ausgeführt ist.*

*Die Verwendbarkeit (§ 20 Abs. 1) einer Abgasanlage für eine Feuerstätte hängt außer von der Brennstoffart noch von der Temperatur und dem Feuchtegehalt des Abgases sowie davon ab, ob die Abgase mit Überdruck oder Unterdruck gefördert werden. Welche Feuerstätten an Schornsteine oder Abgasleitungen im Einzelnen angeschlossen werden dürfen, ergibt sich bei Abgasanlagen mit Ü-Zeichen aus dem Übereinstimmungsnachweis (§ 25) und bei Abgasanlagen mit CE-Kennzeichnung aus dem Konformitätsnachweis gemäß der der CE-Kennzeichnung zugrunde liegenden Richtlinie der Europäischen Gemeinschaft.*

43.14 *Zu § 43 Abs. 1 Satz 4:*

*Ursache für Waldbrände können Flugfeuer, Funkenflug oder unkontrollierte Rußbrände in den Schornsteinen sein. Geeignete Maßnahmen gegen Flugfeuer und Funkenflug sind in erster Linie die Ausstattung der Feuerungsanlagen mit Funkenfängern oder Rauchkammern vor dem Schornstein. Funkenfänger sind z. B. trichterförmige oder korbartige Drahtgeflechte mit einer Maschenweite von 6 x 6 mm und einer Drahtdicke von 2,5 mm oder mehr in den Verbindungsstücken. Rauchkammern sind kammerartige Erweiterungen der Verbindungsstücke, in denen die Abgasgeschwindigkeit durch die Querschnittsvergrößerung derartig sinkt, dass brennende Abgasbestandteile sich absetzen. Unkontrollierte Rußbrände in den Schornsteinen können nur durch häufiges Reinigen der Schornsteine verhindert werden; erforderlichenfalls sind dabei besondere Reinigungsverfahren zu verwenden. Rechtsgrundlage hierfür ist die Kehr- und Überprüfungsordnung – KÜO – vom 29. März 1999 (GV.NRW. S. 138 / SGV. NRW. 7125). In der Baugenehmigung sollen die Bauherren auf die Reinigungspflichten nach der KÜO hingewiesen werden.*

43.7 *Zu Absatz 7*

*Nach § 43 Abs. 7 muss die Bauherrin oder der Bauherr sich bei der Errichtung oder Änderung von Feuerungsanlagen in den im Gesetz genannten Fällen von der Bezirksschornsteinfegermeisterin oder dem Bezirksschornsteinfegermeister (BZSM) – nach Prüfung – bescheinigen lassen, dass die Abgasanlage sich in einem ordnungsgemäßen Zustand befindet und für die angeschlossenen Feuerstätten geeignet ist. Die Bescheinigungspflicht ist beschränkt auf Abgasanlagen mit Abgasleitungen und auf Abgasanlagen als Schornsteine (zu den Begriffen siehe Nr. 43.1). Die Pflicht entsteht*

- *bei der Erstinstallation oder*
- *beim Auswechseln, auch wenn das Auswechseln gemäß § 65 Abs. 2 Nr. 4 keiner Unternehmer- oder Sachverständigenbescheinigung nach § 66 bedarf,*

*einer oder mehrerer Feuerstätten mit dem Anschluss der Feuerstätte(n) an die Abgasleitung oder den Schornstein. Änderungen an Feuerstätten wie das Auswechseln der Düse oder des Brenners sind nicht bescheinigungspflichtig, weil dies nicht den Tatbestand eines Feuerstättenanschlusses erfüllt.*

*Werden Feuerstätten und Abgasleitungen mit CE-Kennzeichnung, die nach den zugehörigen Konformitätsnachweisen miteinander verwendbar sind (siehe Nr. 43.1), errichtet, sind die ordnungsgemäße Beschaffenheit und Eignung der Abgasleitungen für den Anwendungsfall nach den gemeinschaftsrechtlichen Maßstäben bereits abschließend festgestellt. Eine BZSM-Bescheinigung nach § 43 Abs. 7 ist dafür nicht erforderlich.*

*Bescheinigungspflichtig ist aber auch das Errichten oder Ändern von Schornsteinen, auch wenn (noch) keine Feuerstätten angeschlossen werden; bei der Errichtung von Schornsteinen soll die Bauherrin oder der Bauherr außerdem der oder dem BZSM durch eine Besichtigung des Rohbauzustandes eine sichere Beurteilung des Schornsteins ermöglichen.*

*Die Bauherrin oder der Bauherr braucht die BZSM – Bescheinigung nicht der Bauaufsichtsbehörde vorzulegen, es sei denn, dass die Bauaufsichtsbehörde dies ausdrücklich verlangt und begründet. Stellt die oder der BZSM bei der für die Ausstellung der Bescheinigung erforderlichen Prüfung fest, dass die Abgasanlage sich nicht in einem ordnungsgemäßen Zustand befindet oder nicht für die angeschlossene(n) Feuerstätte(n) geeignet ist, hat die oder der BZSM die Mängel der Bauaufsichtsbehörde von sich aus mitzuteilen, und zwar so, dass die Bauaufsichtsbehörde ohne eigene Prüfung der Abgasanlage die zur Gefahrenabwehr erforderlichen Maßnahmen treffen kann. Dies schließt nicht aus, dass die oder der BZSM vor der Meldung der Bauherrin oder dem Bauherrn angemessene Gelegenheit gibt, die Mängel abzustellen.*

*Die von der oder dem BZSM auszustellende Bescheinigung nach § 43 Abs. 7 Satz 1 oder die Mängelmitteilung nach § 43 Abs. 7 Satz 3 muss die Angaben entsprechend dem in der Anlage A zu Nr. 43.7 bekannt gemachten Muster enthalten. Soweit die oder der BZSM eine schriftliche Mitteilung über die durchgeführte Besichtigung des Rohbauzustandes von Schornsteinen (§ 43 Abs. 7 Satz 2) für erforderlich hält, wird empfohlen, das hierfür in der Anlage B zu Nr. 43.7 bekannt gemachte Muster zu verwenden.*

*Bauherrinnen, Bauherren, Hauseigentümerinnen und Hauseigentümer können die BZSM im Rahmen des SchfG von sich aus mit der Wahrnehmung von Aufgaben beauftragen. Diese Möglichkeit ist auch im Zusammenhang mit § 66 gegeben. Danach steht es der Bauherrin oder dem Bauherrn frei, bei der Errichtung oder Änderung von Feuerungsanlagen anstelle einer Bescheinigung der Unternehmerin oder des Unternehmers eine Bescheinigung einer oder eines (neutralen) Sachverständigen der unteren Bauaufsichtsbehörde vorzulegen. Als Sachverständige im Sinne des § 66 kommen insbesondere auch die BZSM in Betracht, soweit es sich um die Errichtung oder Änderung von Abgasanlagen oder von Feuerstätten einfacher Bauart (ohne Wärmetauscher) wie offene Kamine oder Kaminöfen handelt. Bei weitergehenden Bescheinigungen müssen von den BZSM spezielle Sachkunde und Erfahrung für die bescheinigten Anlagen nachgewiesen sein. Eine Bescheinigung nach § 43 Abs. 7 steht der Ausstellung einer Sachverständigenbescheinigung nach § 66 durch die oder den BZSM – auch für dieselbe Anlage – nicht entgegen (vgl. auch § 66 Satz 3).*

***Anlage A zu Nr. 43.7 VV BauO NRW - Seite 1 -***

☐ Für die Bauherrin/den Bauherrn
☐ Für die Bezirksschornsteinfegermeisterin/den Bezirksschornsteinfegermeister
☐ Für die untere Bauaufsichtsbehörde[1)]

Anschrift der Bezirksschornsteinfegermeisterin/des Bezirksschornsteinfegermeisters

**Standort der Abgasanlage(n)**:

______________________
(Straße, Hausnummer)

______________________
(PLZ, Ort)

Anschrift der Bauherrin / des Bauherrn

______________________

______________________
(Straße)

______________________
(PLZ, Ort)

Untere Bauaufsichtsbehörde:
Aktenzeichen:
Datum der Besichtigung:
Bescheinigungs - Nr.:

☐ **Bescheinigung** [2)] ☐ **Mängelmitteilung**

**der Bezirksschornsteinfegermeisterin / des Bezirksschornsteinfegermeisters gemäß § 43 Abs. 7 der Bauordnung für das Land Nordrhein-Westfalen (BauO NRW)**

Sehr geehrte(r) Bauherrin / Bauherr,
ich habe in Ihrem Auftrag die Abgasanlage an dem oben genannten Standort überprüft.
Es handelt sich dabei um

1 ☐ einen Schornstein (= Abgasanlage für Feuerstätten für feste Brennstoffe).
☐[3)] ______________________
(nähere Angaben zur Lage des Schornsteins)

1.1 ☐ der errichtet wurde. ☐ der geändert wurde.
☐ Den Schornstein habe ich auch im Rohbauzustand besichtigt.

1.2 ☐ an den _____ (Anzahl) Feuerstätte(n) für feste Brennstoffe und
☐[4)] _____ (Anzahl) Feuerstätte(n) für flüssige Brennstoffe
☐[4)] _____ (Anzahl) Feuerstätte(n) für gasförmige Brennstoffe
angeschlossen wurde(n).

1.3 Der Schornstein
☐ wird durch Abgasventilator(en) mit Überdruck betrieben.
☐ besteht innen aus ☐ mineralischen Baustoffen ☐ Stahl ☐ _____ (sonstiger Baustoff)

2. ☐ eine Abgasleitung,[5)]
☐[3)] ______________________
(nähere Angaben zur Lage der Abgasleitung)

2.1 ☐ an die _____ (Anzahl) Feuerstätte(n) für flüssige Brennstoffe
☐ _____ (Anzahl) Feuerstätte(n) für gasförmige Brennstoffe
angeschlossen wurde(n).

2.2 Die Abgasleitung
☐ wird durch Abgasventilator(en) mit Überdruck betrieben.
☐ besteht innen aus ☐ mineralischen Baustoffen ☐ Stahl ☐ Kunststoff
☐ ______________________
(sonstiger Baustoff)

---

1) Übersendung an die untere Bauaufsichtsbehörde nur, wenn unter 3.2 Mängel aufgeführt sind und die gegebenenfalls eingeräumte Frist (siehe 3.22) fruchtlos verstrichen ist.
2) Für jede Abgasanlage ist eine eigene Bescheinigung erforderlich.
3) Nähere Angaben zur Lage sind nur erforderlich, wenn mehrere Abgasanlagen für ein Gebäude vorkommen.
4) Nur bei gemischter Belegung mit Feuerstätten für feste Brennstoffe ankreuzen. Der Anschluss von Feuerstätten für flüssige oder gasförmige Brennstoffe ist sonst stets unter 2.1 zu vermerken.
5) Um eine Abgasleitung handelt es sich auch dann, wenn Feuerstätten für flüssige oder gasförmige Brennstoffe an eine Abgasanlage von der Bauart eines Schornsteins angeschlossen werden.

***Anlage A zu Nr. 43.7 VV BauO NRW - Seite 2***

3. Ergebnis meiner Prüfung

3.11 Ich bescheinige gemäß § 43 Abs. 7 Satz 1 BauO NRW, dass die Abgasanlage
- ☐ sich in einem ordnungsgemäßen Zustand befindet und
- ☐ für die angeschlossene(n) Feuerstätte(n) geeignet ist.
- ☐ Die unter 3.2 aufgeführten Mängel sind inzwischen beseitigt worden.

Mit freundlichen Grüßen

______________, den ________________________________________
(Bezirksschornsteinfegermeisterin/Bezirksschornsteinfegermeister)

3.2 Ich habe festgestellt, dass die Abgasanlage wegen der nachfolgend beschriebenen Mängel
- ☐ nicht betriebssicher ☐ nicht brandsicher
- ☐[6] in sonstiger Weise gefährlich ☐ unzumutbar belästigend

ist und deshalb eine Bescheinigung nach § 43 Abs. 7 Satz 1 BauO NRW noch nicht ausgestellt werden kann.
Mängelschreibung: (ggf. auf besonderem Blatt ergänzen)

Sehr geehrte(r) Bauherrin / Bauherr,

ich empfehle Ihnen, die beschriebenen Mängel zu beseitigen oder beseitigen zu lassen.

3.21 ☐[7] Ich habe die beschriebenen Mängel gemäß § 43 Abs. 7 Satz 3 BauO NRW der unteren Bauaufsichtsbehörde mitgeteilt und bitte Sie, die Abgasanlage wegen der von ihr ausgehenden Gefahren bis zur Beseitigung der Mängel nicht zu betreiben.

3.22☐ Ich bitte, mir nach Beseitigung der Mängel Gelegenheit zur Nachprüfung bis zum ______________ (Frist) zu geben. Nach Ablauf dieser Frist muss ich gemäß § 43 Abs. 7 Satz 3 BauO NRW die Mängel der unteren Bauaufsichtsbehörde mitteilen.

Mit freundlichen Grüßen

______________, den ________________________________________
(Bezirksschornsteinfegermeisterin/Bezirksschornsteinfegermeister)

---

6) Hier auch ankreuzen, wenn die Abgasanlage für die angeschlossene(n) Feuerstätte(n) nicht geeignet ist.
7) Nur ankreuzen, wenn eine Fristsetzung zur Mängelbeseitigung gemäß Nr. 3.22 nach der Art der Mängel nicht verantwortet werden kann oder keinen Erfolg verspricht.

***Anlage B zu Nr. 43.7 VV BauO NRW***

Anschrift der Bezirksschornsteinfegermeisterin/des Bezirksschornsteinfegermeisters

☐ Für die Bauherrin/den Bauherrn
☐ Für die Bezirksschornsteinfegermeisterin / den Bezirksschornsteinfegermeister

Anschrift der Bauherrin / des Bauherrn

______________________________

______________________________
(Straße)

______________________________
(PLZ, Ort)

**Standort der Abgasanlage(n)**:

______________________________
(Straße, Hausnummer)

______________________________
(PLZ, Ort)

Datum der Besichtigung:

Bescheinigungs - Nr.:

**Besichtigung der Schornsteine im Rohbauzustand**
**durch die Bezirksschornsteinfegermeisterin / den Bezirksschornsteinfegermeister**
**gemäß § 43 Abs. 7 der Bauordnung für das Land Nordrhein-Westfalen (BauO NRW)**

Sehr geehrte(r) Bauherrin / Bauherr,

an dem oben genannten Standort wurde(n)
__________ Schornstein(e) (= Abgasanlage(n) für Feuerstätten für feste Brennstoff(e) errichtet.
(Anzahl)

Den Schornstein habe ich in Ihrem Auftrag gemäß § 43 Abs. 7 Satz 2 BauO NRW im Rohbauzustand besichtigt und
☐ keine Mängel festgestellt.
☐ folgende Mängel festgestellt, die voraussichtlich der Ausstellung einer Bescheinigung nach § 43 Abs. 7 Satz 1 BauO NRW entgegenstehen werden:

Mit freundlichen Grüßen

______________, den ______________________________
(Bezirksschornsteinfegermeisterin/Bezirksschornsteinfegermeister)

Geben Sie mir bitte nach Abschluss der Bauarbeiten Nachricht, damit ich dann die notwendige Überprüfung nach Fertigstellung durchführen kann.

**Anmerkungen** (Autor: Czepuck)

**Übersicht** Rdn.


| | | |
|---|---|---|
| 0 | Änderungen gegenüber der BauO NW 1984 und der BauO NW 1995 | 01–03 |
| 1 | Allgemeines | 1 |
| 1.1 | Begriffe | 2–25 |
| 1.2 | „Verfahren" nach BauO NRW | 26–28 |
| 1.3 | Regelungen nach dem Geräte- und Produktsicherheitsrecht | 29–30 |
| 1.4 | Regelungen nach Immissionsschutzrecht | 31–35 |
| 1.5 | Regelungen nach Energieeinsparungsrecht | 36 |
| 1.6 | Regelungsinhalt der Absätze 1 bis 9 | 37 |
| 2 | Zu Absatz 1 – Grundanforderungen | |
| 2.1 | Betriebs- und Brandsicherheit | 38–40 |
| 2.2 | Mündungshöhe von Schornsteinen und Abgasleitungen | 41 |
| 2.3 | Schalldämmung | 42 |
| 2.4 | Reinigung | 43 |
| 2.5 | Schutz gegen Funkenflug | 44 |
| 3 | Zu Absatz 2 – Wärmeverteilungs- und Warmwasserversorgungsanlagen | 45 |
| 4 | Zu Absatz 3 – Aufstellräume | 46–47 |
| 5 | Zu Absatz 4 – Führung der Abgase | 48–51 |
| 6 | Zu Absatz 5 – Gasaußenwandfeuerstätten | 52 |
| 7 | Zu Absatz 6 – Gasfeuerstätten ohne Abgasanlage | 53–56 |
| 8 | Zu Absatz 7 – Bescheinigung des Bezirksschornsteinfegermeisters | 57–60 |
| 9 | Zu Absatz 8 – Gasfeuerstätten ohne Flammenüberwachung | 61–62 |
| 10 | Zu Absatz 9 – Brennstofflagerung | 63–66 |


## 0 Änderungen gegenüber der BauO NW 1984 und der BauO NW 1995

01 Die **BauO NRW 2000** hat § 43 BauO NW 1995 übernommen, in **Absatz 1** jedoch **Satz 4** angefügt. Die Begründung (s. LT-Drucks. 12/3738 S. 77 zu Art. I Nr. 21 – § 43) führt hierzu aus:

*„Der neue **Absatz 1 Satz 4** dient der (Verfahrens-) Vereinfachung hinsichtlich des so genannten „Baunebenrechts". Eine nach § 46 Landesforstgesetz bisher noch gesondert erforderliche Genehmigung bei bestimmten Baumaßnahmen an Waldrändern kann dann entfallen, wenn einer Waldbrandgefahr durch geeignete bauliche Maßnahmen entgegengesteuert wird. Eine entsprechende Änderung des Landesforstgesetzes wird mit Art. II des Gesetzentwurfs vorgenommen."*

02 Die in Absatz 7 Satz 1 mit der BauO NRW 2000 vorgenommene Streichung der Worte „der Schornstein oder" ist redaktioneller Natur, da der Unterbegriff „Schornstein" vom Oberbegriff „Abgasanlage" umfasst wird.

03 **Damit ist der Regelungsgehalt des § 43 BauO NRW** gegenüber § 39 BauO NW 1984 teilweise geändert und aus Gründen der Energieeinsparung, des Immissionsschutzes und der Berücksichtigung neuer Technologie wesentlich erweitert (s. auch die Begründung in LT-Drucks. 11/7153 S. 167 ff.).

## 1 Allgemeines

§ 43 BauO NRW enthält **allgemeine Anforderungen** an die Installation von Feuerungsanlagen sowie Wärme- und Brennstoffversorgungsanlagen, um einen **sicheren Betrieb** – vor allem in Gebäuden – zu gewährleisten. Die Installationsvorschriften dienen auch der Umsetzung von Verwendungsregeln der EG-**Richtlinie über Gasverbrauchseinrichtungen** und berücksichtigen, dass Anlagen aus diesen Einrichtungen nach Maßgabe der §§ 20ff. BauO NRW nur aus Bauprodukten hergestellt werden dürfen, deren Verwendbarkeit durch die **CE-Kennzeichnung** oder das **Ü-Zeichen** nachgewiesen ist. 1

Noch aufgrund des § 4 Abs. 1 Gerätesicherheitsgesetz – GSG i. d. F. d. B. vom 23. 10. 1992 (BGBl. I S. 1793) erging die Siebte Verordnung zum Gerätesicherheitsgesetz – **Gaseinrichtungsverordnung – 7. GPSGV** vom 26. 1. 1993 (BGBl. I S. 133), z. g. d. G vom 6. 1. 2004 (BGBl. I S. 2); das GSG wurde durch das Geräte- und Produktsicherheitsgesetz – GPSG vom 6. 1. 2004 (BGBl. I S. 2) abgelöst. Die 7. GPSGV regelt unter anderem, dass Geräte und Ausrüstungen nur in Verkehr gebracht werden dürfen, wenn sie den grundlegenden Anforderungen nach Anhang I der Richtlinie 90/396/EWG des Rates zur Angleichung der Rechtsvorschriften der Mitgliedstaaten für Gasverbrauchseinrichtungen entsprechen und die Geräte bei vorschriftsmäßiger Verwendung die Sicherheit von Personen, Tieren und Gütern nicht gefährden. Beim Inverkehrbringen eines Gerätes muss dieses mit der **CE-Kennzeichnung** versehen sein.

Die Vorschriften des § 43 BauO NRW, die der Richtlinie 90/396/EWG und die der 7. GPSGV werden ergänzt durch die **Feuerungsverordnung – FeuVO NW**.

### 1.1 Begriffe

**Feuerungsanlagen** bestehen nach **§ 43 Abs. 1 Satz 1 BauO NRW** aus der **Feuerstätte** und der **zugehörigen Abgasanlage**, wie Schornsteine, Abgasleitungen und den gegebenenfalls erforderlichen Verbindungsstücken. 2

Eine vergleichbare Legaldefinition enthält **§ 2 Nr. 5** der **1. BImSchV**.

**Feuerstätten** sind nach der Begriffsbestimmung des § 2 Abs. 8 MBO 2002 „in oder an Gebäuden ortsfest benutzte Anlagen oder Einrichtungen, die dazu bestimmt sind, durch Verbrennung Wärme zu erzeugen". Eine entsprechende Legaldefinition findet sich weder in der BauO NRW, noch in der FeuVO NW und dem Immissionsschutzrecht. 3

**Brennwert-Feuerstätten** sind Feuerstätten, in denen die im Abgas in Form von Wasserdampf enthaltene Wärme durch Kondensation ganz oder teilweise nutzbar gemacht wird. Eine Begriffsbestimmung des **Brennwertgerätes** enthält **§ 2 Nr. 3** der **1. BImSchV**. 4

**Raumluftunabhängig** sind nach der Legaldefinition des **§ 2 Abs. 2 Satz 1** der **Muster-Feuerungsverordnung – M-FeuVO 2005** solche Feuerstätten, denen die **Verbrennungsluft** über Leitungen oder Schächte nur **direkt vom Freien** zugeführt wird und bei denen **kein Abgas** in gefahrdrohender Menge **in den Aufstellraum** austreten kann. 5

**Raumluftunabhängige Gasfeuerstätten** sind nach **§ 43 Abs. 5 BauO NRW** Gasfeuerstätten mit abgeschlossenem Verbrennungsraum, denen die Verbrennungsluft durch dichte Leitungen vom Freien zugeführt wird.

Andere Feuerstätten, als die in § 2 Abs. 2 Satz 1 M-FeuVO 2005 definierten, sind nach § 2 Abs. 2 **Satz 2** M-FeuVO 2005 im Umkehrschluss **raumluftabhängig**. 6

Insbesondere sind **raumluftabhängige Gasfeuerstätten** solche Feuerstätten, die die Verbrennungsluft dem Aufstellraum entnehmen.

7 **Außenwand-Gasfeuerstätten** (Gasaußenwandfeuerstätten) sind Gasfeuerstätten mit geschlossenem Verbrennungsraum, deren Abgase über Abgasrohre und Windschutzeinrichtungen unmittelbar ins Freie geleitet werden und deren Verbrennungsluft- und Abgasöffnungen nahe beieinander in einer Außenwand liegen.

8 **Abgasanlagen** ist der Oberbegriff für alle technischen Einrichtungen, mit denen die Verbrennungsgase von Feuerstätten für feste, flüssige oder gasförmige Brennstoffe (= Abgase) abgeführt werden

9 Als **Nennwärmeleistung** gilt

1. die auf dem Typenschild der Feuerstätte angegebene Leistung,
2. die in den Grenzen des auf dem Typenschild angegebenen Wärmeleistungsbereichs fest eingestellte höchste Leistung der Feuerstätte oder
3. bei Feuerstätten ohne Typenschild die nach der aus dem Brennstoffdurchsatz mit einem Wirkungsgrad von 80 % ermittelte Leistung.

10 **Gesamtnennwärmeleistung** ist die Summe der Nennwärmeleistungen der Feuerstätten, die gleichzeitig betrieben werden können.

11 **Strömungssicherung** ist eine Einrichtung an Gasfeuerstätten, die den Einfluss von zu starkem Auftrieb, von Stau oder Rückstrom in der Abgasanlage auf die Verbrennung in der Feuerstätte verhindert.

12 **Verbindungsstücke** (Abs. 1) sind die Bauteile zwischen Feuerstätten und Schornstein oder Abgasleitung, die die Abgase von der Feuerstätte in den Schornstein oder die Abgasleitung ableiten (Abgasrohre, Abgaskanäle, auch „Füchse" genannt).

13 **Schornsteine** (Abs. 1) sind rußbrandbeständige Abgasanlagen (s. auch DIN V 18160-1 – Abgasanlagen – Teil 1: Planung und Ausführung – Ausgabe Januar 2006).

14 **Abgasleitungen** sind Abgasanlagen zur Ableitung der Abgase von Feuerstätten für flüssige oder gasförmige Brennstoffe.

15 **Anlagen zur Verteilung von Wärme** (Abs. 2), wie Wasserheizungsanlagen, sind Anlagen mit Wärmeerzeugern, Rohrleitungen zur Weiterleitung des Wärmeträgers und Einrichtungen zur Beheizung, wie Heizkörper, die dazu bestimmt sind, in Gebäuden oder auf Baugrundstücken nicht nur vorübergehend ortsfest benutzt zu werden.

16 **Anlagen zur Warmwasserversorgung** (Abs. 2), wie Brauchwassererwärmungsanlagen, sind Anlagen mit Wärmeerzeugern, Rohrleitungen zur Weiterleitung des Warmwassers und Einrichtungen zur Entnahme des Warmwassers, die dazu bestimmt sind, in Gebäuden oder auf Baugrundstücken nicht nur vorübergehend ortsfest benutzt zu werden.

17 **Ortsfeste Verbrennungsmotore** (Abs. 3) sind vorwiegend Antriebsmittel von Stromerzeugungsaggregaten in Blockkraftheizwerken oder Ersatzstromversorgungsanlagen.

18 **Blockkraftheizwerke** sind lokale Einheiten zur Elektrizitäts- und Wärmeerzeugung und bestehen in der Regel aus einem Verbrennungsmotor, einem Generator zur Stromerzeugung, Wärmetauschern zur Gewinnung von Heizwärme (aus Kühlluft oder auch Kühlwasser und Abgas des Verbrennungsmotors) und der Anlage zur Abführung der Verbrennungsgase über Dach.

**Verdichter** (Abs. 3) sind Teilanlagen von Kompressionswärmepumpen. Bei den feuerbeheizten Austreibern von Absorptionswärmepumpen handelt es sich um Feuerstätten. **19**

**Wärmepumpen** dienen der Nutzbarmachung von Wärme mit niedrigem Temperaturniveau, indem sie unter Zufuhr von technischer Arbeit Wärme von einem niedrigeren zu einem höheren Temperaturniveau pumpen und die auf dem hohen Temperaturniveau anfallende Verflüssigungswärme nutzen. **20**

**Brennstoffe** (Abs. 9) werden unterschieden nach: **21**

- **festen** Brennstoffen (Kohle, Koks, stückigem Holz, Holzpellets usw.),
- **flüssigen** Brennstoffen (Heizöl und andere brennbare Flüssigkeiten),
- **gasförmigen** Brennstoffen (Erdgas, Stadtgas); hierzu zählen auch Flüssiggas (Propan, Butan und deren Gemische).

Die **zulässigen** Brennstoffe ergeben sich aus **§ 3 Abs. 1** der **1. BImSchV**.

**Brennstoffbehälter** sind ortsfeste Behälter zur Aufnahme von flüssigen Brennstoffen, Gasen, auch verflüssigten Gasen, unabhängig davon, ob diese oberirdisch, unterirdisch oder in Gebäuden aufgestellt werden. **22**

**Brennstofflagerräume** sind Räume zur Lagerung fester Brennstoffe oder zur Lagerung flüssiger bzw. gasförmiger Brennstoffe in Brennstoffbehältern. **23**

**Heizräume** im Sinne der FeuVO NW sind besondere Räume, in denen Feuerstätten für feste Brennstoffe zur Beheizung von Räumen oder zur Warmwasserbereitung mit einer Gesamtnennwärmeleistung von **mehr als 50 kW** aufgestellt werden müssen. **24**

**Aufstellräume** im Sinne des § 5 FeuVO NW sind Räume, in denen Feuerstätten für feste, flüssige und/oder gasförmige Brennstoffe zur Beheizung von Räumen oder zur Warmwasserbereitung mit einer Gesamtnennwärmeleistung von mehr als 50 kW aufgestellt werden. Hinweis: In § 5 Abs. 1 M-FeuVO 2005 wird die Nennleistung auf 100 kW angehoben. Die Gesamtnennwärmeleistung der Feuerstätte für feste Brennstoffe darf jedoch 50 kW nicht überschreiten (s. Rdn. 24). **25**

### 1.2 „Verfahren" nach BauO NRW

Auch wenn Anlagen zur Verteilung von Wärme bei Wasserheizungsanlagen einschließlich der Wärmeerzeuger, Feuerungsanlagen, Wärmepumpen, ortsfeste Behälter für brennbare oder schädliche Flüssigkeiten und für verflüssigte oder nicht verflüssigte Gase sowie Wasserversorgungsanlagen einschließlich ihrer Wärmeerzeuger oft keine **baulichen Anlagen** im Sinne von § 2 Abs. 1 BauO NRW sind (s. die Anmerkungen zu § 2 Rdn. 10 ff.), so gelten nach § 1 Abs. 1 Satz 2 BauO NRW für sie als „**Anlagen und Einrichtungen**" gleichwohl die Vorschriften der BauO NRW, da in diesem Gesetz und in Vorschriften aufgrund dieses Gesetzes, z.B. der FeuVO NW, **Anforderungen** gestellt werden. Die Anlagenteile und die Einrichtungen einschließlich ihrer Ausrüstungen und das Zubehör sind in der Regel werkmäßig hergestellt (z.B. Feuerstätten); sie werden durchweg durch Fachunternehmer eingebaut und installiert. **26**

Bauordnungsrechtliche **Anforderungen** an diese Anlagen und Einrichtungen enthalten § 43 BauO NRW und die FeuVO NW, **besondere Anforderungen** darüber hinaus auch § 15 VkVO, § 21 KhBauVO und § 15 GarVO. **27**

28 Da eine **präventive** Prüfung dieser Anlagen und Einrichtungen im Baugenehmigungsverfahren in aller Regel nicht möglich, jedoch auch nicht erforderlich ist, **verzichtet** § 66 BauO NRW bei der Errichtung und der Änderung nachfolgend aufgeführter Anlagen und Einrichtungen auf eine **Baugenehmigung**; sie verlangt statt dessen unter anderem bei:

1. Anlagen zur Verteilung von Wärme bei Wasserheizungsanlagen einschließlich der Wärmeerzeuger,
2. Feuerungsanlagen,
3. Wärmepumpen,
4. ortsfesten Behältern für brennbare oder schädliche Flüssigkeiten bis zu 50 $m^3$ Fassungsvermögen, für verflüssigte oder nicht verflüssigte Gase bis zu 5 $m^3$ Fassungsvermögen und
5. Wasserversorgungsanlagen einschließlich der Warmwasserversorgungsanlagen und ihrer Wärmeerzeuger,

dass sich der Bauherr **vor der Benutzung** der Anlagen **Bescheinigungen** des Unternehmers oder eines Sachverständigen beschaffen muss, wonach die Anlagen den öffentlich-rechtlichen Vorschriften entsprechen (s. auch die Anmerkungen zu § 66).

### 1.3 Regelungen nach dem Geräte- und Produktsicherheitsrecht

29 Die FeuVO NW regelt, dass Druckbehälter für Flüssiggas einschließlich ihrer Rohrleitungen (Flüssiggasanlagen) und Dampfkesselanlagen weitergehenden Anforderungen aufgrund des § 11 GSG (abgelöst durch § 14 GPSG s. Rdn. 1) auch dann entsprechen müssen, wenn sie weder gewerblichen noch wirtschaftlichen Zwecken dienen und in ihrem Gefahrenbereich keine Arbeitnehmer beschäftigt werden. Dies gilt auch für die Vorschriften über die Prüfung durch Sachverständige. Diese Aussagen gelten wiederum nicht für die in den Vorschriften genannten Flüssiggasanlagen und Dampfkesselanlagen, auf die diese Vorschriften keine Anwendung finden. **Zuständig** sind die **unteren Bauaufsichtsbehörden**. Bei den weitergehenden Anforderungen handelt es sich um die **Betriebssicherheitsverordnung – BetrSichV**, in die das Vorgängerrecht für überwachungsbedürftige Anlagen (Dampfkessel, Druckbehälter etc.) aufgegangen ist.

30 Die Errichtung und der Betrieb einer unter den Geltungsbereich des **GPSG** fallenden **Dampfkesselanlage** bedürfen nach **§ 13 BetrSichV** der **Erlaubnis**. Diese aufgrund einer Rechtsverordnung nach § 14 GPSG erforderliche Erlaubnis schließt gemäß § 63 Abs. 2 BauO NRW die Baugenehmigung ein.

**Zuständige Behörde** für die **Erlaubnis** nach dem GPSG ist nach Art. 1 in Verbindung mit Art. 24 des Gesetzes zur Straffung der Behördenstruktur in Nordrhein-Westfalen vom 12. 12. 2006 (GV. NRW. S. 622) **seit** dem **1. 1. 2007** die **Bezirksregierung**. Mit diesem Gesetz wurden die Aufgaben der bis dahin zuständigen Staatlichen Umweltämter auf die Bezirksregierungen übertragen.

Die **Zuständigkeit der Bauaufsichtsbehörde** ist nur dann gegeben, wenn eine Dampfkesselanlage nicht dem Geltungsbereich des GPSG unterliegt. In diesen Fällen hat die Bauaufsichtsbehörde die Einhaltung der Vorschriften der BetrSichV selbst zu überwachen. Der **Nachweis** wird in diesen Fällen durch Vorlage einer **Bescheinigung** der zugelassenen **Überwachungsstelle** bzw. des **Sachverständigen** geführt.

### 1.4 Regelungen nach Immissionsschutzrecht

Für die materiellen Anforderungen an Feuerungsanlagen sind unter Gesichtspunkten des Immissionsschutzes von Bedeutung das **BImSchG** sowie die hierzu erlassene **31**

- **Verordnung über kleine und mittlere Feuerungsanlagen – 1. BImSchV** und die
- **Verordnung über Großfeuerungs- und Gasturbinenanlagen – 13. BImSchV** vom 20.6. 2004 (BGBl. I S. 1717).

Die **1. BImSchV** gilt für die Errichtung, die Beschaffenheit und den Betrieb von Feuerungsanlagen, die keiner Genehmigung nach § 4 BImSchG bedürfen. Für diese Feuerungsanlagen, zu denen auch offene Kamine zählen, stellt die Verordnung Anforderungen an die zu verwendenden Brennstoffe. Sie begrenzt die Emissionen und Abgasverluste und regelt die Überwachung sowie die Ableitbedingungen für Abgase von Feuerungsanlagen. **32**

Die **13. BImSchV** gilt für die Errichtung, die Beschaffenheit und den Betrieb von Feuerungsanlagen einschließlich Gasturbinenanlagen sowie Gasturbinenanlagen zum Antreiben von Arbeitsmaschinen mit einer Feuerungswärmeleistung von 50 Megawatt oder mehr für den Einsatz fester, flüssiger oder gasförmiger Brennstoffe. Sie enthält Anforderungen, die zur Vorsorge gegen schädliche Umwelteinwirkungen nach § 5 Nr. 2 BImSchG zu erfüllen sind. Die Verordnung regelt die Grenzwerte der Emissionen, die Messverfahren und die Ableitbedingungen für Abgase. **33**

Die Verordnung über genehmigungsbedürftige Anlagen – **4. BImSchV** – bestimmt auf der Grundlage des § 4 BImSchG, welche Anlagen der immissionsschutzrechtlichen Genehmigung bedürfen. Bei diesen Anlagen unterscheidet § 2 Abs. 1 der 4. BImSchV solche, die dem Genehmigungsverfahren nach § 10 BImSchG, und solche, die dem vereinfachten Verfahren nach § 19 BImSchG unterliegen. **34**

Gemäß § 63 Abs. 2 BauO NRW schließt die immissionsschutzrechtliche Genehmigung nach den §§ 4 und 15 Abs. 1 BImSchG, auch wenn sie im vereinfachten Verfahren nach § 19 BImSchG erteilt wird, die **Baugenehmigung** ein. Die **Genehmigungsbehörde** ist damit auch zuständig für die Erteilung der Baugenehmigung und die Gestattung von Abweichungen nach § 73 BauO NRW und ist diesen Fällen aufgrund des Gesetzes zur Straffung der Behördenstruktur in Nordrhein-Westfalen (s. Rdn. 30) die **Bezirksregierung**, bei den der Bergaufsicht unterliegenden Anlagen die Bezirksregierung Arnsberg. **35**

### 1.5 Regelungen nach Energieeinsparungsrecht

Beim Bau und beim Betrieb der **Heizungstechnischen Anlagen** sowie der der Versorgung mit Brauchwasser dienenden Anlagen und Einrichtungen sind auch die Anforderungen nachfolgend aufgeführter, aufgrund des **Energieeinsparungsgesetzes – EnEG** erlassener Rechtsverordnungen des Bundes zu beachten: **36**

**– Energieeinsparverordnung – EnEV**

Diese Verordnung hat die frühere Heizungsanlagenverordnung und die Wärmeschutzverordnung zusammengefasst und abgelöst. Für die Anlagen der technischen Gebäudeausrüstung werden Anforderungen, auch für die Wartung, insbesondere an die Wärmeerzeuger von Wasserheizungen und Brauchwasseranlagen, an die Wärmedämmung der Rohrleitungen und Armaturen sowie an die Ausrüstung mit Steuerungs- und Regelungseinrichtungen gestellt. Wärmeerzeuger ist die Einheit von Wärmeaustauscher und Feuerungseinrichtung für den Betrieb mit festen, flüssigen und gasförmigen Brennstoffen.

– **Verordnung über Heizkostenabrechnung – HeizkostenV** i.d.F.d.B. vom 20.1.1989 (BGBl. I S. 115).

Diese noch aufgrund der §§ 2, 3 und 5 des EnEG in seiner Ursprungsfassung von 1976 erlassenen Verordnung regelt die Verteilung

1. der Kosten des Betriebes zentraler Heizungsanlagen und zentraler Warmwasserversorgungsanlagen,
2. der Kosten der Lieferung von Fernwärme und Fernwarmwasser

durch die Gebäudeeigentümer auf die Nutzer der mit Wärme und mit Warmwasser versorgten Räume. Dazu schreibt sie unter anderem die Verwendung von Wärmezählern oder Heizkostenverteilern zur Erfassung des anteiligen Wärmeverbrauchs vor. Die Verordnung erfasst auch bestehende Gebäude. Der **Vollzug** dieser Verordnung erfolgt im Wesentlichen **auf zivilrechtlichem Weg**.

### 1.6 Regelungsinhalt der Absätze 1 bis 9

**37** Die **Absätze 1 bis 9** enthalten **allgemeine Anforderungen** an die Installation von Feuerungsanlagen sowie Wärme- und Brennstoffversorgungsanlagen. Diese Anforderungen sollen einen sicheren Betrieb dieser Anlagen gewährleisten. Die Installationsvorschriften berücksichtigen, dass die Anlagen nach Maßgabe der §§ 20 bis 28 BauO NRW nur aus Bauprodukten hergestellt werden dürfen, deren Verwendbarkeit, mit Ausnahme der sonstigen Bauprodukte, durch die CE – Kennzeichnung oder das Ü-Zeichen nachgewiesen ist. Bei den nachfolgenden Anmerkungen **zu den Absätzen 1 bis 9** wird nicht auf jede Anforderung der FeuVO NW eingegangen, sondern nur auf solche mit direktem Bezug zu § 43 BauO NRW.

## 2 Zu Absatz 1 – Grundanforderungen

### 2.1 Betriebs- und Brandsicherheit

**38** Um die Grundanforderungen an die Betriebssicherheit und die Brandsicherheit erfüllen zu können, müssen **Feuerungsanlagen**, Anlagen zur **Abführung von Verbrennungsgasen** ortsfester **Verbrennungsmotoren** sowie **Behälter** und **Rohrleitungen** für brennbare Gase und Flüssigkeiten so beschaffen sein, dass sie den bei ihrem Betrieb auftretenden mechanischen, chemischen und physikalischen Beanspruchungen standhalten. Die Feuerungsanlage umfasst die Abgasanlage und die daran angeschlossene(n) Feuerstätte(n). Nach Absatz 1 ist „Abgasanlage" der Oberbegriff für alle technischen Einrichtungen, mit denen die Verbrennungsgase von Feuerstätten für feste, flüssige oder gasförmige Brennstoffe – als „Abgase" bezeichnet – abgeführt werden. Dies sind im Wesentlichen Schornsteine und Abgasleitungen sowie etwaige Verbindungsstücke zwischen diesen und den Feuerstätten (zum Begriff „Schornstein" siehe Rdn. 13). „Abgasleitungen" im Sinne dieser Regelungen sind Leitungen oder Abgas-Schächte, die nur Abgase von Feuerstätten für flüssige oder gasförmige Brennstoffe ableiten sollen, und zwar auch dann, wenn die Abgasleitung in der Bauart eines Schornsteins ausgeführt wird.

**39** Außer von der Brennstoffart hängt die **Verwendbarkeit** der Abgasanlage auch noch von der Temperatur und dem Feuchtegehalt des Abgases sowie davon ab, ob die Abgase mit Überdruck oder Unterdruck gefördert werden. Welche Feuerstätten an Schornsteine oder an Abgasleitungen im Einzelnen angeschlossen werden dürfen, ergibt sich bei Abgasanlagen mit Ü-Zeichen aus dem Übereinstimmungsnachweis (s. die Anmerkungen zu § 25) und bei Abgasanlagen mit CE-Kennzeichnung aus dem Konformitätsnachweis gemäß der zugrunde liegenden Richtlinie der Europäischen Gemeinschaft.

Feuerstätten einschließlich ihrer Feuerungseinrichtungen, wie Brenner, sowie Abgasanlagen müssen so aufeinander abgestimmt sein, dass Gefahren oder unzumutbare Belästigungen nicht entstehen. Soweit Gas-Feuerungsanlagen als Baueinheit auf dem Markt sind, ist die Abstimmung der einzelnen Teile durch die CE-Kennzeichnung bzw. das Ü-Zeichen nachgewiesen. **40**

### 2.2 Mündungshöhe von Schornsteinen und Abgasleitungen

Die Anforderungen an die **Lage der Mündungen** von Schornsteinen und Abgasleitungen ergeben sich aus den Vorschriften des § 9 FeuVO NW. Diese regeln die Abstände zum First, zur Dachfläche, zu Dachaufbauten und Öffnungen und zu ungeschützten Bauteilen aus brennbaren Baustoffen. Bei Einhaltung der Anforderungen an die Höhe und Anordnung von **Schornsteinen von Holzfeuerstätten und offenen Kaminen** aus dem aufgehobenen RdErl. vom 6. 6. 1986 (MBl. NRW. S. 977) kann davon ausgegangen werden, dass keine unzumutbaren Belästigungen zu erwarten sind. **41**

**§ 18** der **1. BImSchV** stellt **aus Gründen des Immissionsschutzes** über das Bauordnungsrecht **hinausgehende Anforderungen**:

*(1) „Bei Feuerungsanlagen mit einer Feuerungswärmeleistung von 1 Megawatt oder mehr hat die Höhe der Austrittsöffnung für die Abgase*

*1. die höchste Kante des Dachfirstes um mindestens 3 Meter zu überragen und*

*2. mindestens 10 Meter über Flur zu liegen.*

*Bei einer Dachneigung von weniger als 20 Grad ist die Höhe der Austrittsöffnung auf einen fiktiven Dachfirst zu beziehen, dessen Höhe unter Zugrundelegen einer Dachneigung von 20 Grad zu berechnen ist. Satz 1 Nr. 1 gilt nicht für Feuerungsanlagen in Warmumformungsbetrieben, soweit Windleitflächenentlüfter eingesetzt werden.“*

*(2) Die Abgase von Feuerungsanlagen nach § 11a sind über einen oder mehrere Schornsteine abzuleiten, deren Höhe nach den Vorschriften der TA Luft zu berechnen ist.*

Bei den in § 18 Abs. 2 der 1. BImSchV genannten Anlagen handelt es sich um Öl- und Gasfeuerungen mit einer Feuerungswärmeleistung von 10 Megawatt bis 20 Megawatt.

Bei der **Bestimmung der Schornsteinhöhe** kann im Einzelfall die VDI Richtlinie 3781 Blatt 4 (Bestimmung der Schornsteinhöhe für kleinere Feuerungsanlagen) bei der Prüfung der Einhaltung der Anforderungen aus § 22 BImSchG berücksichtigt werden und zur nachträglichen Verpflichtung zur Erhöhung der Abgasanlage führen, da § 22 BImSchG nicht nur zum Zeitpunkt der Errichtung und des Betriebsbeginns zu beachten ist, sondern solange die Anlage betrieben wird (VG Gießen, Urteil vom 29. 1. 2003 – 8 E 2187/02, NVwZ-RR 2004, 98). Ob ein **offener Kamin** im Sinne des § 22 Abs. 1 Satz 1 Nr. 1 BImSchG erhebliche **Belästigungen für die Nachbarschaft** herbeiführt, hängt von den Umständen des Einzelfalls ab (BVerwG, Beschluss vom 25. 8. 1999 – 4 B 55/99, NVwZ-RR 2000, 90).

Wurde ein Kamin baurechtlich zum **Schutz der Nachbarn** mit der Auflage genehmigt, er dürfe nur bei Ausfall der Primärenergie (z. B. Elektroheizung) als **Notkamin** betrieben werden, so können die **Nachbarn** die **Einhaltung dieser Auflage auch zivilrechtlich durchsetzen**, und zwar unabhängig davon, ob ein Auflagenverstoß sie konkret beeinträchtigt oder eine solche Beeinträchtigung unmittelbar bevorsteht (BGH, Urteil vom 27. 9. 1996 – V ZR 335/95, DVBl. 1997, 424 = UPR 1997, 30).

### 2.3 Schalldämmung

42 Nach **Satz 2** muss die Weiterleitung von Schall in fremde Räume ausreichend **gedämmt** sein. Hier sei verwiesen auf die Anmerkungen zu § 18 Rdn. 25 und 26, auf die nach § 3 Abs. 3 Satz 1 BauO NRW als Technische Baubestimmung eingeführte Norm **DIN 4109** – Schallschutz im Hochbau; Anforderungen und Nachweise (Ausgabe November 1989) sowie auf das **Beiblatt 1** zu DIN 4109 – Ausführungsbeispiele und Rechenverfahren.

### 2.4 Reinigung

43 **Satz 3** fordert, dass die Abgasanlagen leicht und sicher zu reinigen sein müssen. Das bedingt entsprechende **Reinigungsöffnungen**, jedoch nur bei den Anlagen, bei denen diese **erforderlich** sind. Erforderlich sind die Reinigungsöffnungen insbesondere dann, wenn sie im Verwendbarkeitsnachweis der Feuerstätte oder Abgasanlage als Bestandteil genannt werden und ihr Einbau dabei nicht vom Einzelfall abhängig gemacht ist. Nach heutigen Erkenntnissen ist dies bei modernen Feuerstätten nur bei **Schornsteinen** für **feste Brennstoffe** erforderlich, und zwar an der Sohle. Das Erfordernis dieser Reinigungsöffnungen ergibt sich aus § 7 Abs. 6 Nr. 5 FeuVO NW. **Prüföffnungen** für nicht reinigungsbedürftige Abgasanlagen werden von Satz 3 nicht erfasst. **Messöffnungen** sind für Kleinfeuerungsanlagen in §§ 13 ff. der 1. BImSchV geregelt. Beim Einbau einer raumluftunabhängigen Brennwertfeuerstätte können im Einzelfall Revisions-Reinigungsöffnungen im Dachgeschoss ausreichen (BayVGH, Urteil vom 5. 8. 1997 – 20 B 94.2688, BauR 1998, 115 = BRS 59 Nr. 125).

### 2.5 Schutz gegen Funkenflug

44 **Satz 4**, der mit der BauO NRW 2000 aus Gründen der Verfahrensvereinfachung angefügt wurde (s. Rdn. 01), betrifft **Feuerungsanlagen für feste Brennstoffe** in Waldnähe. Bei diesen Anlagen muss sichergestellt sein, dass beim Betrieb **kein Funkenflug** entsteht und so der nahe gelegene Wald in Brand gesetzt werden kann. **Fehlen Sicherungen gegen Funkenflug**, ist ein **Mindestabstand von 100 m zu Wald** einzuhalten.

## 3 Zu Absatz 2 – Wärmeverteilungs- und Warmwasserversorgungsanlagen

45 **Absatz 2** stellt die **Anlagen zur Verteilung von Wärme** und zur **Warmwasserversorgung** den Feuerungsanlagen hinsichtlich der Anforderungen nach Absatz 1 gleich. Das heißt, diese Anlagen müssen betriebs- und brandsicher sowie gegen die Weiterleitung von Schall in fremde Räume ausreichend gedämmt sein und sie dürfen auch sonst nicht zu Gefahren und unzumutbaren Belästigungen führen können.

## 4 Zu Absatz 3 – Aufstellräume

46 Nach Absatz 3 dürfen Feuerstätten nur in Räumen aufgestellt werden, bei denen nach Lage, Größe, baulicher Beschaffenheit und Benutzungsart Gefahren nicht entstehen können. Anforderungen an die Räume, in denen Feuerstätten aufgestellt werden, sind

in den §§ 3 bis 6 FeuVO NW geregelt. Diese Anforderungen an die Räume für die Aufstellung sind abhängig von der Gesamtnennwärmeleistung der Feuerstätten (bis 50 kW oder mehr als 50 kW) und vom Brennstoff (fest oder flüssig bzw. gasförmig). Die Anforderungen erstrecken sich unter anderem auf die Zuluftöffnungen, die Lage des Raumes im Gebäude und auf das Erfordernis eines Notschalters.

Nur Feuerstätten für **feste** Brennstoffe mit einer Gesamtnennwärmeleistung von mehr als 50 kW müssen nach § 6 Abs. 1 FeuVO NW in **Heizräumen** aufgestellt werden, die besondere Anforderungen vor allem an den Brandschutz und an die Lüftung dieser Räume erfüllen müssen. Ebenfalls stellt § 6 Abs. 5 und 6 FeuVO NW Anforderungen an die Lüftungsleitungen für und an durch Heizräume geführte Lüftungsleitungen. 47

## 5 Zu Absatz 4 – Führung der Abgase

**Satz 1** ist zu entnehmen, dass die Abgase von Feuerstätten und die Verbrennungsgase von ortsfesten Verbrennungsmotoren **grundsätzlich über Dach ins Freie** zu leiten sind. An welche Art einer Abgasablage eine Feuerstätte anzuschließen ist, regelt § 7 Abs. 2 FeuVO NW. Das Gebot, bauliche Vorkehrungen zur ordnungsgemäßen Ableitung der Abgase von Feuerstätten in einem Gebäude zu treffen, gilt für alle Abgasanlagen. 48

Nach **Satz 2** sind Abgasanlagen in solcher **Zahl** und **Lage** und so herzustellen, dass alle Feuerstätten des Gebäudes ordnungsgemäß angeschlossen werden können. Somit muss jedes Gebäude, das nicht an die Fernwärme angeschlossen, elektrisch oder durch Nutzung regenerativer Energie beheizt wird, mindestens eine Abgasanlage haben. 49

Anforderungen an die **Abmessungen** von Abgasanlagen, an den **Anschluss** von Feuerstätten an einen gemeinsamen Schornstein, an eine gemeinsame Abgasleitung oder an ein gemeinsames Verbindungsstück, an die Anordnung und Ausbildung von Abgasleitungen, Schornsteinen und Verbindungsstücken in Gebäuden enthält § 7 FeuVO NW in den Absätzen 1 bis 5 sowie 7 und 8. Materielle Anforderungen an **Schornsteine** ergeben sich aus § 7 Absatz 6 FeuVO NW. Der **Bemessung** von Schornsteinen dient die Norm DIN 4705 (Ausgabe Oktober 1993) – Feuerungstechnische Berechnung von Schornsteinabmessungen.

Die erforderlichen **Abstände** von Abgasanlagen zu brennbaren Bauteilen sowie zu Fenstern richten sich nach § 8 FeuVO NW. 50

Die erforderliche **Höhe** der Mündungen von Schornsteinen und von Abgasleitungen über Dach ist in § 9 FeuVO NW geregelt. Diese Vorschrift ermächtigt die Behörde, **weitergehende Anforderungen** zu stellen, wenn Gefahren oder unzumutbare Belästigungen zu befürchten sind. (zu diesen Anforderungen s. Rdn. 41). 51

## 6 Zu Absatz 5 – Gasaußenwandfeuerstätten

Die Zulässigkeit von Gasfeuerstätten mit abgeschlossenem Verbrennungsraum, denen die Verbrennungsluft durch dichte Leitungen vom Freien zuströmt (raumluftunabhängige Gasfeuerstätten), regelt Absatz 5. Zur Berücksichtigung eines Immissionsschutzanliegens wird danach die Einsatzmöglichkeit von **Gasaußenwandfeuerstätten** hinsichtlich ihrer **Nennwärmeleistung** zur Beheizung auf 11 kW und zur Warmwasserbereitung auf 28 kW und auf die Fälle **beschränkt**, in denen eine Ableitung des Abgases über Dach nicht oder nur mit unverhältnismäßig hohem Aufwand möglich ist. Diese Fälle sind hauptsächlich bei der Sanierung bestehender Gebäude gegeben. 52

Weitere Voraussetzung für die Zulässigkeit von raumluftunabhängigen Gasfeuerstätten ist, dass **keine Gefahren** oder **unzumutbaren Belästigungen** durch die Abgase der Feuerstätte entstehen. Bei Beachten des DVGW Regelwerk G 600 (TRGI Technische Regeln für Gasinstallationen) kann davon ausgegangen werden, dass keine Gefahren oder unzumutbaren Belästigungen entstehen (VGH B-W, Urteil vom 9. 3. 2004 – 5 S 2780/02, BauR 2004, 1602 = BRS 67 Nr. 149). Im Anwendungsbereich des Energiewirtschaftsgesetztes zählt das DVGW Regelwerk zu den allgemein anerkannten Regeln der Technik, die zu beachten sind (vgl. § 49 EnWG).

### 7 Zu Absatz 6 – Gasfeuerstätten ohne Abgasanlage

53 **Absatz 6** regelt die Zulässigkeitsvoraussetzungen für Gasfeuerstätten **ohne** eine Abgasanlage. Hierunter sind Gasfeuerstätten zu verstehen, die ihre Abgase in den Aufstellraum ableiten. Die Vorschriften des Absatzes 6 gehen noch auf § 38 Abs. 6 MBO 1997 zurück. Mit der MBO 2002 entfielen diese Muster-Regelungen, da sie in § 7 Abs. 3 M-FeuVO überführt wurden.

53 a **Nummer 1** beschreibt eine allgemein anwendbare Voraussetzung für den Verzicht auf eine Abgasanlage. Danach müssen die Abgase im Aufstellraum durch einen **sicheren Luftwechsel** so verdünnt werden, dass Gefahren oder unzumutbare Belästigungen nicht entstehen. Ein solcher sicherer Luftwechsel kann in der Regel nur durch **ventilator**betriebene Lüftungsanlagen erreicht werden. Die **Nummern 2 und 3** regeln für **spezielle** Feuerstätten von Nummer 1 abweichende Zulässigkeitsvoraussetzungen.

54 Nach **Nummer 2** sind **Gas-Haushalts-Kochgeräte** mit einer Nennwärmeleistung von nicht mehr als 11 kW ohne Abgasanlage zulässig, wenn der Aufstellraum einen Rauminhalt von mehr als 15 $m^3$ aufweist und mindestens eine Tür ins Freie oder ein öffenbares Fenster aufweist. Hiermit wird für Gaskochherde eine im häuslichen Bereich vielfach anzutreffende und bewährte Art der Aufstellung beschrieben. Die Wirksamkeit der geforderten Maßnahmen resultiert nicht aus der Lüftung über die Fensterfugen, sondern daraus, dass die Belastung der Küchenluft mit Wasserdampf und Koch- und Backdünsten die Benutzer des Herdes nach aller Erfahrung sehr schnell veranlasst, das Fenster zu öffnen und Herde dieser Nennleistung im Regelfall ständig vom Benutzer überwacht werden.

Dieser Vorschrift ist im Zusammenwirken mit den Vorschriften des Absatzes 8 zu entnehmen, dass sie nur für Gas-Haushalts-Kochgeräte **mit Flammenüberwachung** oder direkt verschalteter Lüftungsanlage gilt (s. Rdn. 61).

55 **Nummer 3** dient der Umsetzung von Verwendungsregeln der EG-Richtlinie über Gasverbrauchseinrichtungen (s. Rdn. 56). Nach Nummer 3 brauchen **nicht leitungsgebundene Gasfeuerstätten** zur Beheizung von Räumen, die nicht gewerblichen Zwecken dienen, und **Gasdurchlauferhitzer** nicht an eine Abgasanlage angeschlossen zu werden, wenn diese Gasfeuerstätten besondere Sicherheitseinrichtungen haben, die die Kohlenmonoxidkonzentration im Aufstellraum so begrenzen, dass Gefahren oder unzumutbare Belästigungen nicht entstehen.

Hierzu regelt § 4 Abs. 5 FeuVO NW, dass Gasfeuerstätten nach § 43 Abs. 6 Nr. 3 BauO NRW **ohne** Abgasanlage nur in Räumen aufgestellt werden dürfen, wenn die besonderen Sicherheitseinrichtungen der Feuerstätten verhindern, dass die Kohlenmonoxidkonzentration in den Räumen einen Wert von 30 ppm überschreitet.

Nr. 3.4.4 des **Anhangs I** der „**Richtlinie des Rates zur Angleichung der Rechtsvorschriften der Mitgliedstaaten für Gasverbrauchseinrichtungen**" (90/396/EWG) regelt, dass unabhängige Heizgeräte für den Hausgebrauch und Durchlauferhitzer, die nicht an einen Abzug für die Verbrennungsprodukte angeschlossen sind, in dem betroffenen Raum keine Kohlenmonoxidkonzentration erzeugen dürfen, die für die ihr ausgesetzten Personen unter Berücksichtigung der vorhersehbaren Expositionszeit eine Gesundheitsgefahr darstellen kann. 56

## 8 Zu Absatz 7 – Bescheinigung des Bezirksschornsteinfegermeisters

**Absatz 7** erfasst die Fälle, in denen der Bauherr bei der Errichtung oder Änderung von Feuerungsanlagen vom **Bezirksschornsteinfeger** – **BZSM** – nach dessen Prüfung bescheinigen lassen muss, dass sich die **Abgasanlage in ordnungsgemäßen Zustand** befindet **und für die angeschlossenen Feuerstätten geeignet** ist. Die Bescheinigungspflicht beschränkt sich auf Abgasanlagen als Schornsteine und auf Abgasanlagen als Abgasleitung. 57

Eine derartige Bescheinigung des Bezirksschornsteinfegers – **BZM-Bescheinigung** – wird sowohl im Falle der **Errichtung** oder **Änderung von Schornsteinen** als auch beim **Anschluss von Feuerstätten an Schornsteine** oder **Abgasleitungen** erforderlich. und Dies gilt auch für das **Auswechseln einer Feuerstätte** (OVG NRW Beschluss vom 11. 11. 2003 – 9 A 2821/01, BauR 2004, 480 = BRS 66 Nr. 139). Auf die für die jeweilige Maßnahme anzuwendende Verfahrensvorschrift (genehmigungspflichtig oder genehmigungsfrei) kommt es dabei nicht an.

Die Vorschrift dient der **Gefahrenabwehr**. So kann z. B. beim Auswechseln von Feuerstätten die damit zur Energieeinsparung verbundene niedrigere Abgastemperatur – selbst bei gleicher Leistung und bei gleichem Brennstoff – dazu führen, dass der **Auftrieb im Schornstein** zur **einwandfreien Ableitung der Abgase** der Feuerstätte **nicht mehr ausreicht**.

Die Fälle, in denen der Bauherr sich eine BZSM-Bescheinigung ausstellen lassen muss, sind in Nr. 43.7 VV BauO NRW beschrieben. Sofern der Bauherr die Feuerungsanlage nicht durch den BZM überprüfen lässt und damit seiner Verpflichtung nicht nachkommt, kann die Bauaufsichtsbehörde nach § 61 Abs. 1 Satz 2 BauO NRW die Vorlage der BZSM-Bescheinigung vom Bauherrn verlangen (OVG NRW, Beschluss vom 18. 3. 2003 – 10 A 885/03, BauR 2003, 1205 = BRS 66 Nr. 203). 58

**Die nachfolgende Tabelle 43.1** (nach Wischerhoff) zeigt auf, welche Maßnahmen

- **Unternehmerbescheinigungen** nach **§ 66 BauO NRW** und
- **BZSM-Bescheinigungen** nach **§ 43 Abs. 7 BauO NRW**

erfordern oder nicht erfordern.

| **Baumaßnahmen bei Feuerungsanlagen – Bescheinigungspflichten –** | **Unternehmer-bescheinigung – § 66 BauO NRW** | **BZSM-Bescheinigung § 43 Abs. 7 BauO NRW** |
|---|---|---|
| **1. Errichtung einer Feuerungsanlage (= Feuerstätte(n) + Abgasanlage)** | | |
| **a)** als Baueinheit mit CE-Kennzeichnung (z. B. Gasgeräte, deren EG-Baumusterprüfbescheinigung die verwendete Abgasleitung einschließt) | erforderlich | nicht erforderlich Nr. 43.7 VV BauO NRW |
| **b)** in allen anderen Fällen | | |

| **Baumaßnahmen bei Feuerungsanlagen – Bescheinigungspflichten –** | | **Unternehmer-bescheinigung – § 66 BauO NRW** | **BZSM-Bescheinigung § 43 Abs. 7 BauO NRW** |
|---|---|---|---|
| **2.** | **Errichtung einer Abgasanlage ohne Anschluss von Feuerstätten** | | |
| **a)** | Schornstein (= Abgasanlage von Feuerstätten für feste Brennstoffe) | erforderlich | erforderlich |
| **b)** | Abgasleitung (= Abgasanlage von Feuerstätten für flüssige oder gasförmige Brennstoffe) | erforderlich | nicht erforderlich |
| **3.** | **Errichtung von Feuerstätten** | | |
| **a)** | mit Anschluss an eine Abgasanlage | erforderlich | erforderlich |
| **b)** | ohne Anschluss an eine Abgasanlage (z. B. Gasaußenwandfeuerstätte, Gas-Haushalts-Kochgerät) | erforderlich | nicht erforderlich |
| **4.** | **Abbruch oder Beseitigung einer Feuerungsanlage oder von Teilen einer Feuerungsanlage** | nicht erforderlich § 65 Abs. 3 Nr. 1 BauO NRW | nicht erforderlich |
| **5.** | **Auswechseln gleichartiger Teile einer Feuerstätte (z. B. Brenner, Düse, Ventile)** | nicht erforderlich § 65 Abs. 2 Nr. 4 BauO NRW | nicht erforderlich |
| **6.** | **Auswechseln von gleichartigen Teilen einer Feuerungsanlage** | | |
| **a)** | Feuerstätten für denselben Brennstoff und mit etwa gleicher oder kleinerer Nennwärmeleistung (von dem Feuerstättenanschluss abgesehen wird die vorhandene Abgasanlage nicht geändert) | nicht erforderlich § 65 Abs. 2 Nr. 4 BauO NRW) | erforderlich |
| **b)** | Abgasleitungen, die für die vorhandenen Feuerstätten geeignet sind (mit Anschluss der vorhandenen Feuerstätten) | nicht erforderlich § 65 Abs. 2 Nr. 4 BauO NRW | erforderlich |
| **7.** | **Ersatz einer Feuerstätte durch mehrere Feuerstätten oder Ersatz mehrerer Feuerstätten durch eine Feuerstätte** | erforderlich | erforderlich |
| **8.** | **Ersatz einer Feuerstätte durch eine Feuerstätte mit Abgasanlage** | | |
| **a)** | als Baueinheit mit CE – Kennzeichnung – siehe 1 a) – | erforderlich | nicht erforderlich Nr. 43.7 VV BauO NRW |
| **b)** | in allen anderen Fällen | erforderlich | erforderlich |
| **9.** | **Änderung einer Feuerungsanlage, die nicht unter die Tatbestände 4 bis 8 fällt** | | |
| **a)** | Änderung am Schornstein (z. B. Innenauskleidung) | erforderlich | erforderlich |
| **b)** | Änderung an der Abgasleitung (z. B. Einbau einer Nebenlufteinrichtung | erforderlich | nicht erforderlich |
| **c)** | Auswechseln nicht gleichartiger Feuerstätten (z. B. bei verschiedenen Brennstoffen) | erforderlich | erforderlich |
| **d)** | Änderung an der Feuerstätte (z. B. Umstellung auf einen anderen Brennstoff) | erforderlich | nicht erforderlich, außer wenn dadurch andere Anforderung an Abgasanlage entsteht |
| **10.** | **Maßnahmen zur Instandhaltung einer Feuerungsanlage ohne bauliche Änderungen, z. B. Erneuerung von Dichtungen, Filtern, Kesselgliedern, Reglern und Begrenzern, deselektrischen Zubehörs** | nicht erforderlich § 65 Abs. 2 Nr. 6 BauO NRW | nicht erforderlich |

**Tabelle 43.1 Bescheinigungserfordernisse** (nach Wischerhoff)

Bauherren und Hauseigentümer können die Bezirksschornsteinfegermeister im Rahmen des Schornsteinfegergesetzes von sich aus mit der Wahrnehmung von Aufgaben beauftragen. Diese Möglichkeit besteht auch in Bezug auf die **Verfahrensregelung** des **§ 66** BauO NRW. Danach steht es dem Bauherrn frei, bei der Errichtung oder Änderung von Feuerungsanlagen anstelle einer Bescheinigung des Unternehmers eine Bescheinigung eines – neutralen – **Sachverständigen** der unteren Bauaufsichtsbehörde vorzulegen. Als Sachverständiger im Sinne des § 66 BauO NRW kommen auch die **Bezirksschornsteinfeger** in Betracht, soweit es sich um die Errichtung oder Änderung von Abgasanlagen oder von Feuerstätten **einfacher Bauart** (ohne Wärmetauscher) handelt, wie z. B. offene Kamine oder Kaminöfen. Bei weitergehenden Bescheinigungen müssen – so Nr. 43.7 VV BauO NRW letzter Absatz – von dem Bezirksschornsteinfegermeister spezielle Sachkunde und Erfahrung für die bescheinigte Anlage nachgewiesen sein. Eine BZSM-Bescheinigung nach Absatz 7 steht der Ausstellung einer Sachverständigenbescheinigung nach § 66 BauO NRW durch den Bezirksschornsteinfegermeister – auch für die gleiche Anlage – nicht entgegen (s. die Anmerkungen zu § 66 Rdn. 16–18). **59**

Eine **Überwachung** der Vorschriften des Absatzes 7 durch die **Bauaufsichtsbehörde**, z. B. durch Entgegennahme von Kontrollmitteilungen der Bezirksschornsteinfegermeister, ist vom Gesetzgeber ausdrücklich nicht vorgesehen. Die Vorschrift stellt vielmehr auf das gesetzestreue Verhalten der Bauherren ab und sieht eine Mitteilung des Bezirksschornsteinfegermeisters nur für den Fall vor, dass sicherheitsrelevante Mängel festgestellt wurden, deren Beseitigung durch die Bauaufsichtsbehörde durchgesetzt werden muss. Darüber hinaus braucht und soll die Bauaufsichtsbehörde im Zusammenhang mit den Vorschriften des Absatzes 7 nur ordnungsbehördlich eingreifen, wenn eine Beschwerde oder ein begründeter Verdacht vorliegt, dass die Vorschrift von den beteiligten Personen nicht ordnungsgemäß befolgt wurde. **60**

## 9 Zu Absatz 8 – Gasfeuerstätten ohne Flammenüberwachung

Die Regelungen des **Absatzes 8** dienen ebenfalls der Umsetzung von Verwendungsregeln der EG-Richtlinie über Gasverbrauchseinrichtungen 90/396/EWG (s. Rdn. 56). Aufgrund der EG-Bestimmungen dürfen Gasfeuerstätten – einschließlich Gas-Haushalts-Kochgeräte – **ohne Flammenüberwachung**, bei denen nach Erlöschen der Flamme (z. B. durch überkochende Flüssigkeiten) unverbranntes Gas austreten kann, nicht länger von der Anwendung ausgeschlossen werden. Die Mitgliedstaaten der EG sind vielmehr verpflichtet, durch spezielle **Lüftungsvorschriften** für die Aufstellräume solcher Feuerstätten einen gefahrfreien Betrieb zu ermöglichen. **61**

Die Anforderungen an diese Lüftungsanlagen sollen in Deutschland durch Verordnungen der Bundesländer (Feuerungsverordnungen) näher bestimmt werden. Aus der Regelung des Absatzes 8 ergibt sich, dass Gas-Haushalts-Kochgeräte gem. Absatzes 6 Nr. 2 regelmäßig **mit** Flammenüberwachung verwendet werden (s. Rdn. 54), da sonst eine Lüftungsanlage auch in Haushaltsküchen notwendig ist.

§ 4 Abs. 4 FeuVO NW regelt hierzu, dass Gasfeuerstätten **ohne Flammenüberwachung** nur in Räumen aufgestellt werden dürfen, bei denen durch mechanische Lüftungsanlagen sichergestellt ist, dass während des Betriebes der Feuerstätten mindestens ein fünffacher Luftwechsel sichergestellt ist; für Gas-Haushalts-Kochgeräte genügt ein Außenluftvolumenstrom von 100 $m^3/h$. **62**

**10 Zu Absatz 9 – Brennstofflagerung**

63 Absatz 9 enthält lediglich die **Grundforderung**, wonach Brennstoffe so zu lagern sind, dass **Gefahren** oder **unzumutbare Belästigungen** nicht entstehen. Konkrete **Einzelanforderungen** über die Brennstofflagerung enthalten die §§ **12** und **13 FeuVO NW**. Die Anforderungen unterscheiden die Brennstofflagerung **in** Brennstofflagerräumen (§ 12 FeuVO NW) und **außerhalb von** Brennstofflagerräumen (§ 13 FeuVO NW). Sie regeln das Lagern von festen Brennstoffen, von Heizöl oder Dieselkraftstoff und von Flüssiggas in Behältern. Die Anforderungen beschränken die Menge der zu lagernden Stoffe und Gase und betreffen die Bauteile der Brennstofflagerräume.

Bei Beachtung der in § 11 Abs. 1 M-FeuVO 2005 enthaltenen Regelungen für die **Lagerung von Holzpellets** bestehen keine Bedenken gegen die Lagerung von Holzpellets bis 10.000 l außerhalb von Brennstofflagerräumen. Bei Mengen von mehr als 10.000 l Holzpellets ist § 11 Abs. 6 M-FeuVO 2005 zu beachten, in diesen Fällen besteht durch die mögliche Staubbildung eine andere Gefahrenlage.

64 Für die **Lagerung von Heizöl** sind die Vorschriften der aufgrund des GPSG erlassenen Betriebssicherheitsverordnung – **BetrSichV** zu beachten.

Besondere Anforderungen im Hinblick auf den **Schutz der Gewässer** ergeben sich aus den Vorschriften des **Wasserrechts**. Hier sind insbesondere die Anforderungen der Verordnung über Anlagen zum Umgang mit wassergefährdenden Stoffen und über Fachbetriebe – **VAwS** und der hierzu ergangenen **VV-VAwS** zu nennen.

65 Nach § 19 g Abs. 1 WHG müssen Anlagen zum Lagern und Abfüllen wassergefährdender Stoffe so beschaffen sein und eingebaut, aufgestellt, unterhalten und betrieben werden, dass eine Verunreinigung der Gewässer oder eine sonstige nachteilige Veränderung ihrer Eigenschaften nicht zu besorgen ist. Diese Vorschrift bindet als unmittelbar geltendes Recht jeden, der solche Anlagen unterhält, und ist bei der Erteilung von öffentlich-rechtlichen Gestattungen von den dafür zuständigen Behörden – auch von den Bauaufsichtsbehörden – zu beachten (vgl. Gieseke/Wiedemann/Czychowski, zu § 19 g Rdn. 1). Die **Verwaltungsvorschrift wassergefährdende Stoffe** – **VwVwS** vom 17. 5. 1999 (BAnz. 1999 Nr. 98 a und Nr. 142 a) teilt die Stoffe entsprechend ihrer Gefährlichkeit in drei **Wassergefährdungsklassen** – **WKG** ein. Der nach wie vor häufig verwendete Brennstoff **Heizöl EL** ist z. B. der **WKG 2** – **wassergefährdend** – zugeordnet.

66 Nach § 19 h WHG dürfen Anlagen nach § 19 g Abs. 1 WHG nur verwendet werden, wenn ihre **Eignung** von der zuständigen Behörde **festgestellt** ist. Soweit solche Anlagen serienmäßig hergestellt werden, können sie der **Bauart** nach **zugelassen** werden. Nach § 19 g Abs. 3 WHG sind bei Einbau, Aufstellung, Unterhaltung und Betrieb dieser Anlagen die allgemein anerkannten Regeln der Technik zu beachten.

Nach § 4 VAwS gelten als allgemein anerkannten Regeln der Technik im Sinne der VAwS und des § 19 g Abs. 3 WHG insbesondere die technischen Vorschriften und die technischen Baubestimmungen, die durch öffentliche Bekanntmachung eingeführt wurden. Die **VAwS** regelt im Einzelnen das **Verfahren zur Erlangung der Eignungsfeststellung** (für den Einzelfall) und **der Bauartzulassung** (für serienmäßig hergestellte Anlagen). Sie regelt ferner, welche Anlagen **einfach** und **herkömmlich** sind und deshalb **keiner** Eignungsfeststellung oder Bauartzulassung bedürfen. Nr. 7.2.3 VV-VAwS weist darauf hin, dass Anlagen oder Anlagenteile, die nach den technischen Regeln für Bauprodukte gemäß Nr. 15 der Bauregelliste A Teil 1 (Bauprodukte für ortsfest verwendete Anlagen zum Lagern, Abfüllen und Umschlagen wassergefährdender Stoffe) gefertigt sind, als Anlagen einfacher und herkömmlicher Art gelten.

## § 44
## Wasserversorgungsanlagen

**(1) Wasserversorgungsanlagen sind so anzuordnen, herzustellen und instand zu halten, dass sie betriebssicher sind und Gefahren oder unzumutbare Belästigungen nicht entstehen können.**

**(2) [1]Jede Wohnung und jede sonstige Nutzungseinheit müssen einen eigenen Wasserzähler haben. [2]Dies gilt nicht bei Nutzungsänderungen, wenn die Anforderung nach Satz 1 nur mit unverhältnismäßigem Aufwand erfüllt werden kann.**

**(3) Zur Brandbekämpfung muss eine ausreichende Wassermenge zur Verfügung stehen; Abweichungen können für Einzelgehöfte in der freien Feldflur zugelassen werden.**

*VV **BauO NRW** (infolge Befristung mit Ablauf des 31. 12. 2005 ausgelaufen)*

**44 Wasserversorgungsanlagen (§ 44)**

*44.2 Zu Absatz 2*

*44.21 Der eigene Wasserzähler ist auch für nicht in sich abgeschlossene Wohnungen (§ 49 Abs. 1 Satz 2) vorgeschrieben. Der Wasserzähler muss nicht in der Wohnung oder Nutzungseinheit angebracht sein. Es kann auch ein Zwischenzähler außerhalb der Wohnung oder der Nutzungseinheit sein.*

*44.22 Ein unverhältnismäßiger Aufwand im Sinne des § 44 Abs. 2 Satz 2 ist dann anzunehmen, wenn zur Erfassung des Wasserverbrauchs der Wohnung oder sonstigen Nutzungseinheit bauliche Veränderungen vorgenommen werden müssten, die den üblichen Aufwand für einen Anschluss eines oder zweier Wasserzähler an ein vorhandenes Wasserrohrnetz deutlich überstiegen.*

*Die Bauaufsichtsbehörde kann die Ausstattung von Wohnungen mit Wasserzählern bei genehmigungspflichtigen Baumaßnahmen im Rahmen der Bauzustandsbesichtigung nachprüfen; bei genehmigungsfreien Baumaßnahmen kommen nur Ermittlungen aufgrund des § 61 Abs. 1 in Betracht.*

### **Anmerkungen** (Autor: Czepuck)

**Übersicht**


| | | Rdn. |
|---|---|---|
| 0 | Änderungen gegenüber der BauO NW 1984 und der BauO NW 1995 | 01–02 |
| 1 | Allgemeines | 1– 3 |
| 2 | Zu Absatz 1 – Grundanforderungen an Wasserversorgungsanlagen | 4– 8 |
| 3 | Zu Absatz 2 – Einbaupflicht für Wasserzähler | 9–15 |
| 4 | Zu Absatz 3 – Ausreichende Wassermenge zur Brandbekämpfung | 16–29 |


### 0 Änderungen gegenüber der BauO NW 1984 und der BauO NW 1995

Die **BauO NRW 2000** hat § 44 BauO NW 1995 inhaltlich unverändert übernommen, der **01**
die Anforderungen an die Wasserversorgungsanlagen der §§ 40 und 41 BauO NW 1984 enthielt und eine **Verpflichtung zum Einbau von Wasserzählern in jede Wohnung und jede sonstige Nutzungseinheit** einführte. Aus **Gründen der Gesetzessystematik** wurden

**Umstellungen** vorgenommen. § 44 Absatz 1 Satz 1 BauO NW 1995 („*Die Versorgung mit Trinkwasser von Gebäuden mit Aufenthaltsräumen muß dauernd gesichert sein*") findet sich jetzt in § 4 Abs. 1 Nr. 2 BauO NRW 2000, um deutlich zu machen, dass die ordnungsgemäße (bauordnungsrechtliche) Erschließung auch die Trink- und Löschwasserversorgung mit umfasst (so die Amtliche Begründung in LT-Drucks. 12/3738 S. 70 zu Art. I Nr. 3 – § 4). Die übrigen Änderungen betreffen lediglich eine geänderte Gruppierung der Vorschriften:

– der alte Satz 2 in Absatz 1 (ausreichende Wassermenge zur Brandbekämpfung) wurde als neuer Absatz 3 an das Ende der Vorschrift gesetzt,
– der alte Absatz 2 (Grundanforderungen an Wasserversorgungsanlagen) rückte zum neuen Absatz 1 auf,
– der alte Absatz 3 (Einbaupflicht für Wasserzähler) wurde als neuer Absatz 2 eingeordnet.

02 Der Gesetzentwurf sah eine **weitere bauliche Anforderung** zugunsten eines **sparsamen Wasserverbrauchs** vor. Dem Absatz 1 sollte ein neuer Satz 2 angefügt werden: „*Armaturen und Sanitäreinrichtungen sollen eine sparsame Wasserentnahme ermöglichen*" (vgl. LT-Drucks. 12/3738 S. 27 Nr. 22 und S. 77 zu Art. I Nr. 22 – § 44). Der Landtag hatte diesen Vorschlag jedoch **nicht übernommen**; die Begründung führt hierzu aus (LT-Drucks. 12/4394 S. 71 Nr. 18):

„*Es handelt sich bei der neuen Anforderung, wonach Armaturen und Sanitäreinrichtungen eine sparsame Wasserentnahme ermöglichen sollen, um eine Sollvorschrift, die hinsichtlich ihrer Wirkung vom Betrieb der angesprochenen Anlagen abhängig ist und aus diesem Grund von den Bauaufsichtsbehörden nicht überwacht werden kann.*"

## 1 Allgemeines

1 Die Vorschriften über Wasserversorgungsanlagen dienen dem Gesundheitsschutz und der Brandbekämpfung. Sie sind, soweit sie die bauordnungsrechtlichen Vorgaben für die Erschließung in § 4 Abs. 1 BauO NRW konkretisieren (s. die Anmerkungen zu § 4 Rdn. 4, 5, 14 und 15), **landesrechtliche Anforderungen** im Sinne des § 29 Abs. 2 BauGB, die den bundesrechtlichen Erschließungsbegriff nicht ausfüllen (BVerwG, Urteil vom 3. 5. 1988 – 4 C 54.85, BauR 1988, 576 = BRS 48 Nr. 92 = NVwZ 1989, 353), wohl aber unter bauordnungsrechtlichen Gesichtspunkten ergänzen.

2 Die mit der BauO NW 1995 neu eingefügten Regelungen in **Absatz 2** dienen der Umweltvorsorge und konkretisieren damit die in die bauaufsichtliche Generalklausel aufgenommene Verpflichtung zum Schutz der „natürlichen Lebensgrundlagen" (vgl. hierzu die Anmerkungen zu § 3 Rdn. 73–79). Der nordrhein-westfälische Gesetzgeber hat sich bislang nicht veranlasst gesehen auch Anforderungen an die Brauchwassernutzung (Regenwassernutzung) in das Bauordnungsrecht aufzunehmen, wie sie etwa § 44 Abs. 4 LBauO Rh-Pf für gewerbliche Anlagen vorschreibt, obwohl hierdurch erhebliche Wasserspareffekte erzielbar sind (vgl. König, Regenwassernutzung zwischen Ökologie und Ökonomie, DAB 1997, S. 903 ff.).

3 Für Wasserversorgungsanlagen sind gleich mehrere **Verfahrensvorschriften** zu beachten. Leitungen, die der öffentlichen Wasserversorgung dienen, sind einschließlich ihrer Masten, Unterstützungen sowie unterirdischen Anlagen und Einrichtungen gemäß § 1 Abs. 2 Nr. 3 BauO NRW vom Anwendungsbereich der Bauordnung ausgenommen

(s. die Anmerkungen zu § 1 Rdn. 137–140). Bauliche Anlagen, die der allgemeinen Versorgung mit Wasser dienen, wie Regler- oder Pumpstationen, bis zu 20 m² Grundfläche und 4 m Höhe sind gemäß § 65 Abs. 1 Nr. 9 a BauO NRW von einem Baugenehmigungsverfahren freigestellt. Weitere Freistellungstatbestände für Behälter bis zu 50 m³ Fassungsvermögen und bis zu 3,0 m Höhe, für Wasserbecken bis zu 100 m³ Fassungsvermögen außer im Außenbereich und für Brunnen enthält § 65 Abs. 1 Nr. 11, 30 und 46 BauO NRW. Wasserversorgungsanlagen einschließlich der Warmwasserversorgungsanlagen und ihrer Wärmeerzeuger bedürfen nach § 66 Satz 1 Nr. 5 BauO NRW keiner Baugenehmigung. Diese Freistellung ist jedoch gemäß § 66 Satz 2 BauO NRW für den Bauherrn mit der Pflicht verbunden, sich vor der Benutzung der Anlagen eine Unternehmer- bzw. Sachverständigenbescheinigung zu beschaffen.

## 2 Zu Absatz 1 – Grundanforderungen an Wasserversorgungsanlagen

Absatz 1 enthält Grundanforderungen bezüglich der Anordnung, Herstellung und Instandhaltung von **Wasserversorgungsanlagen** schlechthin, also nicht nur von Trink- und Löschwasserversorgungsanlagen, sondern auch solchen für Brauchwasser. Danach müssen diese Anlagen betriebssicher sein und dürfen weder Gefahren noch unzumutbare Belästigungen hervorrufen. Weitere detaillierte Regelungen enthält die Bauordnung selbst nicht. Insofern sind entsprechend § 3 BauO NRW die der Wahrung der öffentlichen Sicherheit oder Ordnung, insbesondere des Lebens und der **Gesundheit** dienenden, **allgemein anerkannten Regeln der Technik** zu beachten. Hierzu zählen: 4

- DIN 1988 – 1 bis 6 – Technische Regeln für Trinkwasser-Installation (TRW) des DVGW,
- DIN 2000 – Leitsätze für die zentrale Trinkwasserversorgung,
- DIN 2001 – Leitsätze für die Eigen- und Einzeltrinkwasserversorgung,
- DIN 4046 – Wasserversorgung – Technische Regeln des DVGW,
- DVGW W 101 – Arbeitsblatt Grund- und Quellwassergewinnungsanlagen,
- DVGW W 311 – Arbeitsblatt Wasserbehälter,
- DIN 14 210 – Löschwasserteiche,
- DIN 14 220 – Unterirdische Löschwasserbehälter
- DIN EN 806 – Technische Regeln für Installationen innerhalb von Gebäuden für Trinkwasser für den menschlichen Gebrauch

Gebäude mit **Brauchwasserversorgungsanlagen** benötigen neben dem Trinkwassernetz ein weiteres Leitungsnetz, das mit dem Trinkwassernetz nicht in Verbindung stehen darf. Wird in Gebäuden ein Löschwasserleitungsnetz fest installiert, um im Brandfall in dieses Löschwasser einspeisen zu können („trockene Steigleitungen"), so darf auch hierbei **keine Verbindung mit dem Trinkwassernetz** bestehen. Anderenfalls besteht die latente Gefahr, dass Brauch- oder Löschwasser in das Trinkwassernetz übertritt und so das Trinkwasser verschmutzt (s. DIN 1988 Teil 4 – Schutz des Trinkwassers). Für die Brauchwasserversorgungsanlagen bestehen (noch) keine technischen Regeln, so dass gewöhnlich die Ausführung unter Beachtung, jedoch abweichend von den Regeln für Trinkwasseranlagen erfolgt. Brauchwasserentnahmestellen müssen aus Gründen der Gefahrenabwehr unbedingt mit der Aufschrift „kein Trinkwasser" gekennzeichnet werden. Eine Kennzeichnungspflicht ergibt sich auch für die Leitungen selbst, da sonst Fehlinstallationen bei Instandhaltungsarbeiten nicht ausgeschlossen werden können. 5

6 **Gefahren** können in besonderem Maße beim Betrieb ausgedehnter **Warmwasserversorgungsanlagen** entstehen. Hier besteht das Risiko erhöhter **Legionellenvermehrung**. **Legionellen** sind Bakterien, die beim Menschen Lungenentzündung und andere schwere Infektionen hervorrufen können. Das Risiko lässt sich eindämmen, nicht jedoch völlig ausschließen, wenn die vom DVGW empfohlenen Maßnahmen beachtet werden (vgl. hierzu das DVGW-Arbeitsblatt W 551, Ausgabe März 1993). Ausgedehnte Warmwasserversorgungsnetze sind insbesondere in Hotels, Krankenhäusern und Schwimmbädern vorzufinden.

7 Seit dem Großbrand bei der Firma Sandoz in Basel mit der durch Löschwasser hervorgerufenen Rhein-Verschmutzung weiß man, dass auch Vorsorge hinsichtlich der **Löschwasserrückhaltung** erforderlich sein kann. Dies gilt insbesondere für Lagergebäude mit Stoffen der Wassergefährdungsklasse WGK 0 bis 3. Das Land NRW hat hierauf reagiert und die „Richtlinie zur Bemessung von Löschwasser-Rückhalteanlagen beim Lagern wassergefährdender Stoffe – **LöRüRL**“ mit RdErl. vom 14.10.1992 (MBl. NRW. S. 1720, berichtigt MBl. NRW. 1993 S. 879) eingeführt; s. Nr. 3.5 der mit RdErl. vom 6.5.2005 (MBl. NRW. S. 698) gemäß § 3 Abs. 3 BauO NRW bekannt gemachten Liste der Technischen Baubestimmungen.

8 Wasserversorgungsanlagen dürfen auch keine **unzumutbaren Belästigungen** hervorrufen. Solche können durch Geräusche beim Betrieb entstehen. DIN 4109, Beiblatt, Abschnitt 9 enthält Hinweise zum Schutz gegen Geräusche von Armaturen und Geräten der Wasserinstallation. Ergänzend zu beachten ist die VDI-Richtlinie 3733 – Geräusche bei Rohrleitungen. Zu Wohn- und Schlafräumen darf der Schalldruckpegel, der von haustechnischen Anlagen ausgeht, nach DIN 4109 30 dB (A) nicht überschreiten.

### 3 Zu Absatz 2 – Einbaupflicht für Wasserzähler

9 Von den an die Verbraucher abgegebenen Trinkwassermengen aus dem öffentlichen Versorgungsnetz entfielen im Jahre 1987 rund 75 % auf Haushalte und Kleingewerbe, 18 % auf die Industrie und 7 % auf öffentliche Einrichtungen (nach Umweltbundesamt, Daten zur Umwelt 1988/89, 1989, S. 302). Neben der Niederschlags- und Brauchwassernutzung wird die **verbrauchsabhängige Abrechnung** als eine Möglichkeit zur Schonung der Ressource Trinkwasser angesehen. Hierfür müssen jedoch **bauliche Voraussetzungen** zur Erfassung der Wassermenge je Wohnung oder sonstiger Nutzungseinheiten geschaffen werden (vgl. LT-Drucks. 11/7153 S. 169).

10 Die Forderung des § 44 Abs. 2 Satz 1 BauO NRW, die mit der BauO NW 1995 eingeführt wurde, gilt für Vorhaben, die ab 1.1.1996 genehmigt oder freigestellt errichtet werden, lässt also den „**Altbestand**“ **unberührt**, obwohl der Gesetzgeber auch dies hätte anordnen können. So wird sich ein spürbarer Effekt bei der Eindämmung des Wasserverbrauchs kaum erzielen lassen. Die Vorschrift kann deshalb nur als ein erster Versuch des Gesetzgebers zur Berücksichtigung des Umweltschutzes im Bauordnungsrecht angesehen werden.

11 Forderungen zur Ergänzung der MBO um eine Pflicht zur **Nachrüstung** des Gebäudebestandes wurden bislang von der ARGEBAU unter Hinweis auf den **Bestandsschutz** abgewehrt. Dieses Argument erweist sich aber bei näherer Betrachtung als nicht stichhaltig. Die Eigentumsgarantie des Art. 14 Abs. 1 Satz 1 GG ist nämlich im Zusammenhang mit Art. 14 Abs. 1 Satz 2 und Abs. 2 GG zu sehen, so dass der Gesetzgeber überholte Rechtspositionen aus Gründen des öffentlichen Interesses an neu erkannte

Erfordernisse anpassen darf, wobei dem Element des im Grundgesetz angelegten Verhältnisses von verfassungsrechtlich garantierter Rechtsstellung und dem Gebot einer sozialgerechten Eigentumsordnung in gleicher Weise Rechnung zu tragen ist (BVerfG, Beschluss vom 12. 6. 1979 – 1 BvL 19/76, NJW 1980, 985). Nachdem der **Umweltschutz** sogar **als Staatsziel Verfassungsrang** besitzt und die Aufbereitung von Trinkwasser zunehmend größeren Schwierigkeiten begegnet, kommt der Ressourcenschonung des begrenzten Wasserpotentials gestiegene Bedeutung zu. Aus Art. 20a GG ergibt sich außerdem die Verpflichtung zur konsequenten Verwirklichung des **Verursacherprinzips** als **Kostenzurechnungsprinzip** (so Murswiek, Staatsziel Umweltschutz [Art. 20a GG], NVwZ 1996, 222 ff.). Die verbrauchsabhängige Abrechnung ist so z. B. im Energieeinsparungsrecht durch die HeizkostenV bereits verwirklicht. Die Einführung einer verbrauchsabhängigen Abrechnung entspricht im Allgemeinen ordnungsmäßiger Verwaltung, allerdings haben die Wohnungseigentümer einen Ermessensspielraum die Verteilung der Kosten, z. B. verbrauchsabhängig, zu regeln (vgl. BGH Beschluss v. 25. 9. 2003 – V ZB 212/03).

Die Regelung des § 44 Abs. 2 BauO NRW dient nur der **Schaffung baulicher Voraussetzungen** für eine verbrauchsabhängige Wasserkostenabrechnung, beinhaltet selbst also keine Pflicht, eine solche vorzunehmen. Hierfür dürfte das Bauordnungsrecht auch nicht der richtige Ort sein; Bund und Land könnten in das Wasserrecht eine solche Verpflichtung aufnehmen. Bis zu einer gesetzlich angeordneten verbrauchsabhängigen Wasserkostenabrechnung sind auch in Gebäuden, die bereits mit Wasserzählern entsprechend der bauordnungsrechtlichen Forderung ausgerüstet sind, allein die zivilrechtlichen Vereinbarungen zwischen den Mietvertragsparteien bzw. den Eigentümern einer Anlage nach dem WEG maßgebend. Aus der Bauordnung kann auch nicht indirekt eine solche Verpflichtung abgeleitet werden. 12

Die Einbaupflicht erstreckt sich auf Wohnungen und sonstige Nutzungseinheiten. Zum Begriff **Wohnung** vgl. die Anmerkungen zu § 2 Rdn. 141–143. Nr. 44.21 VV BauO NRW weist darauf hin, dass von der Forderung auch die **nicht in sich abgeschlossenen Wohnungen** erfasst werden (§ 49 Abs. 1 Satz 2 BauO NRW). Eine **sonstige Nutzungseinheit** im Sinne des § 44 Abs. 2 BauO NRW ist eine Zusammenfassung von Räumen, die einer bestimmten Nutzung dient, wie z. B. Büroeinheiten, Ladenlokale, Arzt- oder Anwaltspraxen, und über einen **Wasseranschluss** verfügt. Nutzungseinheiten, die bestimmungsgemäß keinen Wasseranschluss erhalten sollen, wie z. B. Lagereinheiten ohne ständige Arbeitsplätze, fallen nicht hierunter. Ob eine sonstige Nutzungseinheit einen Wasseranschluss erhalten soll, richtet sich nach der **Entwurfskonzeption** des Gebäudes **und** den zu beachtenden **öffentlich-rechtlichen Bestimmungen**. So enthält beispielsweise das Arbeitsstättenrecht Vorgaben für die Ausrüstung von Arbeitsstätten mit Waschgelegenheiten und Toiletten. Hiernach lässt sich der Kreis sonstiger Nutzungseinheiten mit erforderlichem Wasseranschluss eindeutig bestimmen, so dass manipulative Entwurfskonzeptionen zur Umgehung der Einbauverpflichtung ausgegrenzt werden können. Soll eine sonstige Nutzungseinheit mit Wasseranschluss ausgerüstet werden, obwohl hierzu keine öffentlich-rechtliche Verpflichtung besteht, gilt gleichwohl die Einbauverpflichtung für Wasserzähler. 13

Nach **§ 44 Abs. 2 Satz 2 BauO NRW** entfällt die Verpflichtung nur bei **Nutzungsänderungen**, wenn der Einbau von Wasserzählern nur mit einem unverhältnismäßigen Aufwand erfüllt werden kann. Hieraus ergibt sich im Umkehrschluss, dass der **Einbau von Wasserzählern** sowohl **bei der Errichtung** als auch bei der **Änderung** und der **Nutzungs-** 14

**änderung** vorgeschrieben ist (so auch Böckenförde/Hindermann, Novellierung der BauO NW, 1996, S. 119 Rdn. 416). Angesichts der im Verhältnis zu sonstigen Baukosten relativ geringen Summen, die für den Wasserzählereinbau aufgewendet werden müssen, wäre die Freistellung **baulicher Änderungen** von der Verpflichtung unangemessen, zumal Nr. 44.21 VV BauO NRW auch Zwischenzähler zulässt, also nicht voraussetzt, dass der Zähler innerhalb der Nutzungseinheit liegen muss.

**15** Die **Kosten** für die Montage von Wasserzählern halten sich auch im Falle erschwerter Einbaubedingungen noch in vertretbaren Grenzen und sind **nicht unverhältnismäßig**. Der in Nr. 44.22 VV BauO NRW angesprochene Fall des deutlichen Übersteigens der Einbaukosten infolge durch den Wasserzählereinbau ausgelöster baulicher Veränderungen setzt ungewöhnlich ungünstige örtliche Verhältnisse voraus und dürfte deshalb auf besondere Ausnahmesituationen beschränkt bleiben.

## 4 Zu Absatz 3 – Ausreichende Wassermenge zur Brandbekämpfung

**16** Das Konzept der bauaufsichtlichen Anforderungen an den baulichen Brandschutz stellt auf das Vorhandensein einer (örtlichen) Feuerwehr und auf eine ausreichend zur Verfügung stehende **(Lösch-) Wassermenge** ab. Die Vorschrift des Absatzes 3 korrespondiert unmittelbar mit den für Gebäude schlechthin geltenden Vorschriften des § 4 Abs. 1 Nr. 2 BauO NRW, die die Sicherung der Benutzbarkeit der Versorgungsanlagen für Trink- und Löschwasser zu bauordnungsrechtlichen **Erschließungsvoraussetzungen** erklärt. Anders als § 44 Abs. 1 BauO NW 1995 knüpft die in § 4 Abs. 1 Nr. 2 BauO NRW 2000 geforderte Sicherung der Trinkwasserversorgung nicht mehr nur an Gebäude mit Aufenthaltsräumen an, vielmehr stellt die Vorschrift generell auf Gebäude ab. Soll Wasser aus dem Trinkwassernetz für Löscharbeiten herangezogen werden, spielt nämlich das Vorhandensein von Aufenthaltsräumen keine entscheidende Rolle. Das Brandrisiko ist schließlich nicht davon abhängig, ob sich in einem Gebäude Aufenthaltsräume befinden oder nicht, so kann ein Lagergebäude ohne Aufenthaltsraum eine wesentlich höhere Brandlast aufweisen als ein Wohnhaus.

**17** Die Löschwasserversorgung ist eine der wichtigsten Maßnahmen des vorbeugenden Brandschutzes überhaupt (s. auch die Anmerkungen zu § 17 Rdn. 23).

„*Wasser ist und bleibt trotzt aller begeistert aufgenommenen Neuerungen zum Trotz wegen seiner vielen Vorteile das für die weitaus überwiegende Zahl aller Brände am besten geeignete Löschmittel*" (so treffend Klingsohr/Messerer, S. 237).

Die **abhängige Löschwasserversorgung** aus dem Trinkwassernetz bildet dabei den **Regelfall, die unabhängige Löschwasserversorgung** über offene Gewässer, Löschwasserbrunnen, Löschwasserteiche und Löschwasserbehälter die **Ausnahme**.

**18** Die Löschwassermenge muss – bezogen auf den Einzelfall – **ausreichend** sein, das heißt, der **Löschwasserbedarf** richtet **sich nach Art und Umfang des Vorhabens**. Er bemisst sich insbesondere nach der vorhandenen Brandlast in Abhängigkeit unter anderem vom Abbrandverhalten der brennbaren Stoffe, der Größe der Brandabschnitte, den Ventilationsverhältnissen, der Art und Ausstattung der Feuerwehr. Die **öffentlichen Trinkwassernetze** werden lediglich auf einen **Mindestlöschwasserbedarf** nach den Vorgaben der Ersten Wassersicherstellungsverordnung – 1. WasSVO vom 31. 3. 1970 (BGBl. I S. 357) und dem DVGW-Arbeitsblatt W 405 – Bereitstellung von Löschwasser durch die öffentliche Trinkwasserversorgung (Ausgabe Juli 1978) ausgerichtet.

Für den Verteidigungs- und Katastrophenfall gibt die **1. WasSVO Mindestlöschwassermengen** je Hektar Baugebiet in Abhängigkeit von der Bebauungsdichte vor: 19

| Baugebiet | Bebauungsdichte | Mindestbedarf |
|---|---|---|
| WS, WR, WA, MI, MD | GFZ bis 0,6 | 144 $m^3$/5 h |
| WR, WA, MI, MD, MK, GE | GFZ bis 1,2 | 288 $m^3$/5 h |
| WR, WA, MI, MK, SO, GE | GFZ bis 2,4 | 576 $m^3$/5 h |
| MK, SO, GE | GFZ bis 4,0 | 960 $m^3$/5 h |
| GI | BMZ bis 9,0 | 960 $m^3$/5 h |

Das **DVGW-Arbeitsblatt W 405** gibt den **Mindestlöschwasserbedarf** in Abhängigkeit von der Bebauungsdichte und der Brandausbreitungsgefahr an und ist deshalb für die Vorsorgeplanung von Wasserversorgungsnetzen und die bauaufsichtliche Beurteilung von Vorhaben besser geeignet. 20

| Baugebiet | Bebauungsdichte | Mindestbedarf in $m^3$/h | | |
|---|---|---|---|---|
| | | klein | mittel | groß |
| WS, SW | Z bis II, GFZ bis 0,4 | 24 | 48 | 96 |
| WR, WA, WB, MI, MD, GE | Z bis III, GFZ bis 0,6 | 48 | 96 | 96 |
| WR, WA, WB, MI, MD, GE | Z über III, GFZ bis 1,2 | 96 | 96 | 192 |
| MK, GE | Z = I, GFZ bis 1,0 | 96 | 96 | 192 |
| MK, GE | Z über I, GFZ bis 2,4 | 96 | 192 | 192 |
| GI | BMZ bis 9,0 | 96 | 192 | 192 |

Der Löschwasserbedarf steht in Abhängigkeit von der überwiegenden Bauart:

**klein** = feuerbeständige oder feuerhemmende Umfassungen und harte Bedachung

**mittel** = keine feuerbeständigen oder feuerhemmenden Umfassungen, jedoch harte Bedachung oder feuerbeständige oder feuerhemmende Umfassungen, jedoch weiche Beachtung

**groß** = keine feuerbeständigen oder feuerhemmenden Umfassungen, weiche Bedachung, Umfassungen aus ausgemauertem Holzfachwerk, Häufung von Feuerbrücken, stark behinderte Zugänglichkeit

Nach diesen Vorgaben kann der Löschwasserbedarf zwischen 24 $m^3$/h = 400 l/min, 48 $m^3$/h = 800 l/min, 96 $m^3$/h = 1600 l/min und 192 $m^3$/h = 3200 l/min liegen.

Die Richtlinie über den baulichen Brandschutz im Industriebau – **Industriebaurichtlinie – IndBauR**, RdErl. vom 28.5.2001 (MBl. NRW. S. 924), s. Nr. 3.3 der mit RdErl. vom 6.5.2005 (MBl. NRW. S. 698) gemäß § 3 Abs. 3 BauO NRW bekannt gemachten Liste der Technischen Baubestimmungen, enthält in ihrer Nr. 5.1 folgende Ausführungen zum Löschwasserbedarf:

*„Für Industriebauten ist der Löschwasserbedarf im Benehmen mit der für den Brandschutz zuständigen Dienststelle unter Berücksichtigung der Flächen der Brandabschnitte oder Brandbekämpfungsabschnitte sowie der Brandlasten festzulegen. Hierbei ist auszugehen von einem Löschwasserbedarf über einen Zeitraum von zwei Stunden*

- *von mindestens 96 $m^3$/h bei Abschnittsflächen bis zu 2500 $m^2$ und*
- *von mindestens 192 $m^3$/h bei Abschnittsflächen von mehr als 4000 $m^2$.*

*Bei Industriebauten mit selbsttätiger Feuerlöschanlage genügt eine Löschwassermenge für Löscharbeiten der Feuerwehr von mindestens 96 m³/h über einen Zeitraum von einer Stunde."*

Nach Nr. 8 der Richtlinie über den Brandschutz bei der Lagerung von Sekundärstoffen aus Kunststoff – **Kunststofflager-Richtlinie** – **KRL**, RdErl. vom 3. 3. 1998 (MBl. NRW. S. 384), s. Nr. 3.8 der mit RdErl. vom 6. 5. 2005 (MBl. NRW. S. 698) gemäß § 3 Abs. 3 BauO NRW bekannt gemachten Liste der Technischen Baubestimmungen, muss für die Brandbekämpfung Löschwasser in einer Menge von mindestens 96 m³/h über einen Zeitraum von mindestens 2 Stunden zur Verfügung stehen; die für den Brandschutz zuständige Dienststelle kann eine größere Löschwassermenge verlangen, wenn dies erforderlich ist.

Beim **Lagern wassergefährdender Stoffe** ist für die Rückhaltung des Löschwassers Vorsorge zu treffen. Die Einzelheiten hierfür sind der **LöRüRL** (s. Rdn. 7) zu entnehmen.

**21** Die **Bereitstellung von Löschwasser** ist durch Gesetz **den Gemeinden auferlegt**; § 1 Abs. 2 des Gesetzes über den Feuerschutz und die Hilfeleistung – **FSHG** lautet:

*„Die Gemeinden treffen Maßnahmen zur Verhütung von Bränden. Sie stellen eine den örtlichen Verhältnissen angemessene Löschwasserversorgung sicher. Stellt die Bauaufsichtsbehörde auf der Grundlage einer Stellungnahme der zuständigen Brandschutzdienststelle fest, dass im Einzelfall wegen einer erhöhten Brandlast oder Brandgefährdung eine besondere Löschwasserversorgung erforderlich ist, hat hierfür der Eigentümer, Besitzer oder Nutzungsberechtigte Sorge zu tragen."*

**22** Durch § 1 Abs. 2 FSHG soll klargestellt werden, dass die Gemeinde nicht die Pflicht hat, für jede nur denkbare Gefahr Vorkehrungen zu treffen. Die Bauherren bzw. Eigentümer, Besitzer oder Nutzungsberechtigten von baulichen Anlagen, bei denen wegen einer **erhöhten** Brandlast oder Brandgefährdung eine **besondere** Löschwasserversorgung erforderlich ist, sollen für diese – über den angemessenen Bedarf hinausgehende – selbst Sorge tragen. So kann z. B. einer Gemeinde nicht zugemutet werden, für jedes **Einzelgehöft in der freien Feldflur** eine ausreichende Löschwasserversorgung sicherzustellen. Dieses berücksichtigt schon die Abweichungsregel in § 44 Abs. 3 Halbsatz 2 BauO NRW, der die Gesichtspunkte des Brandschutzes gegenüber wirtschaftlichen Überlegungen in der Landwirtschaft zurückstellt. Die Brandlasten, insbesondere in Scheunen, sind so hoch, dass eine Bekämpfung des Brandes mit Löschwasser nahezu sinnlos ist, andererseits bei Einzelgehöften in der freien Feldflur benachbarte Gebäude Dritter nicht gefährdet werden können.

**23** Eine Löschwasserversorgung ist als „normal" anzusehen und damit gleichzeitig den **örtlichen Verhältnissen angemessen**, wenn sie die für die in den jeweiligen Baugebieten **zulässigen** oder **ausnahmsweise zulässigen** baulichen Nutzungen üblicherweise zu erwartenden Erfordernisse berücksichtigt (siehe hierzu §§ 2 bis 14 BauNVO). Für die Ausweisung dieser Gebiete im Rahmen der **Bauleitplanung** ist die Gemeinde zuständig. Bei der Festsetzung von Baugebieten muss eine entsprechende Löschwasserversorgung eingeplant werden. Hierauf ist in der Begründung einzugehen.

**24** Unter den in einem Baugebiet **zulässigen** oder **ausnahmsweise zulässigen** Vorhaben können allerdings solche sein, die aufgrund ihrer **erhöhten Brandlast oder Brandgefährdung** eine Löschwasserversorgung erfordern, die über die hinausgeht, die für das Baugebiet selbst als angemessen anzusehen ist. Dieses ist jedoch nur denkbar bei

**gewerblichen** oder **industriellen Betrieben**. „Objekte mit erhöhtem Personenrisiko“ wie Versammlungsstätten oder Geschäftshäuser zählen in der Regel nicht dazu. Stellt die Bauaufsichtsbehörde auf der Grundlage einer Stellungnahme der zuständigen Brandschutzdienststelle das Erfordernis einer solchen **besonderen Löschwasserversorgung** fest, so hat nach § 1 Abs. 2 Satz 2 FSHG der Eigentümer, der Besitzer oder der Nutzungsberechtigte hierfür Sorge zu tragen.

In einem solchen Fall kann entweder das öffentliche Wasserversorgungsnetz verstärkt bzw. ausgebaut oder aber eine **unabhängige Löschwasserversorgung** geschaffen werden. Letztere setzt eine **sorgfältige Planung** voraus, um für den Brandfall auch tatsächlich ausreichend Vorsorge getroffen zu haben. Besonders zu beachten ist, dass alle Einrichtungen der **unabhängigen Löschwasserversorgung**, wie natürliche offene Gewässer, Löschwasserbrunnen, -teiche oder -behälter, **anfahrbar** sein müssen. **25**

Sollen **natürliche Gewässer** genutzt werden, so muss im Winter trotz Vereisung noch eine ausreichende Wasserförderung möglich sein; dies setzt eine Wassertiefe bei stehenden Gewässern von 2 m und bei fließenden Gewässern von 0,4 m voraus. Für das Eintauchen des nach DIN 14362 genormten Saugkorbes sind gegebenenfalls Vertiefungen baulich zu schaffen und gegen Versandung bzw. Verschlammung zu sichern. **26**

Die Förderleistung von **Löschwasserbrunnen** muss dem ermittelten Löschwasserbedarf entsprechen (s. Rdn. 20). DIN 14220 gibt drei Ergiebigkeitsklassen an: **27**

- klein, Ergiebigkeit 400 bis 800 l/min über 3 Stunden,
- mittel, Ergiebigkeit 800 bis 1600 l/min über 3 Stunden,
- groß, Ergiebigkeit mehr als 1600 l/min über 3 Stunden.

Löschwasserbrunnen sind so zu gestalten, dass die Verwendung eines Sauganschlusses nach DIN 14244 möglich und die Entnahmestelle gegen Vereisung geschützt ist.

Nach DIN 14210 sollen **Löschwasserteiche** ein Mindestfassungsvermögen von 1000 $m^3$ und eine Mindesttiefe von 2 m haben, um auch noch bei Vereisung eine Löschwasserentnahme zu gewährleisten. Zur Entnahme des Löschwassers ist ein Saugschacht oder ein Saugrohr baulich vorzusehen. **28**

**Unterirdische Löschwasserbehälter** sind nach DIN 14230 mit einer Mindestwassertiefe von 2 m, einer ausreichend tragfähigen Abdeckung (Erdauflast und Feuerwehrfahrzeug) und einem Saugschacht auszuführen. Das Fassungsvermögen muss dem ermittelten Löschwasserbedarf entsprechen (s. Rdn. 20). Nach DIN 14230 werden folgende Löschwasserbehälter unterschieden: **29**

- klein, Fassungsvermögen von 75 bis 150 $m^3$,
- mittel, Fassungsvermögen von 150 bis 300 $m^3$,
- groß, Fassungsvermögen über 300 $m^3$.

Ein kleiner Behälter mit 75 $m^3$ Fassungsvermögen erlaubt eine Wasserentnahme von 400 l/min über 3 Stunden und reicht aus, den Löschwasserbedarf einer Splittersiedlung aus freistehenden Wohnhäusern abzudecken.

## § 45
## Abwasseranlagen
## (aufgehoben)

(1) Abwasseranlagen sind so anzuordnen, herzustellen und instand zu halten, dass sie betriebssicher sind und Gefahren oder unzumutbare Belästigungen nicht entstehen können.

(2) [1]Kleinkläranlagen und Abwassergruben müssen wasserdicht und ausreichend groß sein. [2]Sie müssen eine dichte und sichere Abdeckung sowie Reinigungs- und Entleerungsöffnungen haben. Diese Öffnungen dürfen nur vom Freien aus zugänglich sein. [3]Die Anlagen sind so zu entlüften, dass Gesundheitsschäden oder unzumutbare Belästigungen nicht entstehen.

(3) [1]Abwasserleitungen müssen geschlossen, dicht und, soweit erforderlich, zum Reinigen eingerichtet sein. [2]Niederschlagswasser kann in offenen Gerinnen abgeleitet werden.

(4) [1]Im Erdreich oder unzugänglich verlegte Abwasserleitungen zum Sammeln oder Fortleiten, ausgenommen Niederschlagswasserleitungen und Leitungen, die in dichten Schutzrohren so verlegt sind, dass austretendes Abwasser aufgefangen und erkannt wird, sind nach der Errichtung oder Änderung von Sachkundigen auf Dichtheit prüfen zu lassen. [2]Über das Ergebnis der Dichtheitsprüfung ist eine Bescheinigung zu fertigen. [3]Die Bescheinigung ist von dem Eigentümer oder der Eigentümerin aufzubewahren und der Bauaufsichtsbehörde oder der Gemeinde auf Verlangen vorzulegen. [4]Die Dichtheitsprüfung ist in Abständen von höchstens zwanzig Jahren zu wiederholen.

(5) [1]Bei bestehenden Abwasserleitungen muss die erste Dichtheitsprüfung gemäß Absatz 4 bei einer Änderung, spätestens jedoch bis zum 31. Dezember 2015 durchgeführt werden. [2]Wenn sich die Abwasserleitung auf einem Grundstück in einem Wasserschutzgebiet befindet,

- zur Fortleitung industriellen oder gewerblichen Abwassers dient und vor dem 1. Januar 1990 errichtet wurde
  oder
- zur Fortleitung häuslichen Abwassers dient und vor dem 1. Januar 1965 errichtet wurde,

endet die Frist am 31. Dezember 2005.

(6) [1]Die Gemeinde kann für ihr Gebiet oder für abgegrenzte Teile des Gemeindegebietes durch Satzung kürzere Zeiträume für die erstmalige Prüfung nach Absatz 5 festlegen, wenn dies im Zusammenhang mit dem Ausbau oder der Instandhaltung der örtlichen Kanalisation steht und der Gefahrenabwehr dient. [2]Die Gemeinde kann ferner durch Satzung bestimmen, dass alle oder bestimmte Dichtheitsprüfungen nach den Absätzen 4 und 5 nur durch von der Gemeinde zugelassene Sachkundige durchgeführt werden.

(7) Die Absätze 4 bis 6 gelten nicht für Abwasserleitungen, die aufgrund wasserrechtlicher Vorschriften Selbstüberwachungspflichtigen unterliegen.

**An die Stelle des § 45 BauO NRW ist die nachfolgend abgedruckte Vorschrift des Landeswassergesetzes – LWG getreten:**

## LWG

## § 61 a

## Private Abwasseranlagen

**(1)** [1]Private Abwasseranlagen sind so anzuordnen, herzustellen und instand zu halten, dass sie betriebssicher sind und Gefahren oder unzumutbare Belästigungen nicht entstehen können. [2]Abwasserleitungen müssen geschlossen, dicht und soweit erforderlich zum Reinigen eingerichtet sein. [3]Im Übrigen gilt § 57 entsprechend.

**(2)** Die Gemeinde ist berechtigt, die Errichtung und den Betrieb von Inspektionsöffnungen oder Einsteigeschächten mit Zugang für Personal auf privaten Grundstücken satzungsrechtlich vorzuschreiben.

**(3)** [1]Der Eigentümer eines Grundstücks hat im Erdreich oder unzugänglich verlegte Abwasserleitungen zum Sammeln oder Fortleiten von Schmutzwasser oder mit diesem vermischten Niederschlagswasser seines Grundstücks nach der Errichtung von Sachkundigen auf Dichtheit prüfen zu lassen. [2]Eigentümer anderer Grundstücke, in denen diese Leitungen verlaufen, haben die Prüfung der Dichtigkeit und damit einhergehende Maßnahmen zu dulden. [3]Ausgenommen sind Abwasserleitungen zur getrennten Beseitigung von Niederschlagswasser und Leitungen, die in dichten Schutzrohren so verlegt sind, dass austretendes Abwasser aufgefangen und erkannt wird. [4]Über das Ergebnis der Dichtheitsprüfung ist eine Bescheinigung zu fertigen. [5]Die Bescheinigung hat der nach Satz 1 Pflichtige aufzubewahren und der Gemeinde auf Verlangen vorzulegen. [6]Die Dichtheitsprüfung ist in Abständen von höchstens zwanzig Jahren zu wiederholen.

**(4)** Bei bestehenden Abwasserleitungen muss die erste Dichtheitsprüfung gemäß Absatz 3 bei einer Änderung, spätestens jedoch bis zum 31. Dezember 2015 durchgeführt werden.

**(5)** [1]Die Gemeinde soll durch Satzung abweichende Zeiträume für die erstmalige Prüfung nach Absatz 4 Satz 1 festlegen,

1. wenn Sanierungsmaßnahmen an öffentlichen Abwasseranlagen in dem Abwasserbeseitigungskonzept nach § 53 Abs. 1 a oder in einem gesonderten Kanalisierungs- oder Fremdwassersanierungskonzept festgelegt sind oder
2. wenn die Gemeinde für abgegrenzte Teile ihres Gebietes die Kanalisation im Rahmen der Selbstüberwachungsverpflichtung nach § 61 überprüft.

[2]Die Gemeinde muss für bestehende Abwasserleitungen durch Satzung kürzere Zeiträume für die erstmalige Prüfung nach Absatz 4 Satz 1 festlegen, wenn sich diese auf einem Grundstück in einem Wasserschutzgebiet befinden und

1. zur Fortleitung industriellen oder gewerblichen Abwassers dienen und vor dem 1. Januar 1990 errichtet wurden oder
2. zur Fortleitung häuslichen Abwassers dienen und vor dem 1. Januar 1965 errichtet wurden.

[3]Im Falle des Satzes 2 sind bei Festlegung des Zeitraumes die Schutzziele der Wasserschutzgebietsverordnung zu berücksichtigen. [4]Die Gemeinde ist verpflichtet, die Grundstückseigentümer über die Durchführung der Dichtheitsprüfung zu unterrichten und zu beraten.

**(6)** Die oberste Wasserbehörde ist ermächtigt, die Anforderungen an die Sachkunde durch Verwaltungsvorschrift festzulegen. [2]Die Gemeinde kann bis zum Erlass der Verwaltungsvorschrift durch Satzung Anforderungen an die Sachkunde festlegen.

**(7)** Die Absätze 3 bis 5 gelten nicht für Abwasserleitungen, die aufgrund des § 61 Selbstüberwachungspflichtigen unterliegen.

**Anmerkungen** (Autor: Czepuck)

1 Bereits die BauO NRW 2000 übernahm § 45 BauO NW 1995 in modifizierter Form, um **Doppelregelungen zum Wasserrecht** zu **beseitigen** (s. die Anmerkungen der 11. Auflage Rdn. 03 und die Begründung in LT-Drucks. 12/3738 S. 77 zu Art. I Nr. 23–§ 45). Durch **Artikel 2** des vom Landtag am 6. 12. 2007 beschlossenen Gesetzes zur Änderung des Landeswassergesetzes, der Landesbauordnung und des Landesabfallgesetzes (s. die Einleitung Rdn. 101) wurde **§ 45 BauO NRW aufgehoben** und dessen Vorschriften in modifizierter Form als neuer **§ 61 a LWG** übernommen. Der Gesetzentwurf der Landesregierung vom 14. 8. 2007 bemerkt hierzu einleitend (LT-Drucks. 14/4835 S. 3 und 6):

*„Die Dichtheitsprüfung von privaten Abwasserleitungen wird vom Bauordnungsrecht in das Landeswassergesetz überführt. Mit § 61 a werden die maßgeblichen Regelungen mit Modifizierungen übernommen. Die Gemeinden als Abwasserbeseitigungspflichtige sollen stärker auf die rechtzeitige Durchführung der Dichtheitsprüfung Einfluss nehmen. Das Nichtbeachten von Fristen soll mit Bußgeld belegt werden.*

*Die Überführung der Dichtheitsprüfung in das Landeswassergesetz verursacht keine neuen Kosten, da die Prüfpflicht nicht verändert worden ist.“*

Die **Begründung** (LT-Drucks. 14/4835 S. 103 f., zu Nr. 33) führt im Einzelnen aus:

*„Mit § 61 a werden die Regelungen des § 45 der Landesbauordnung NRW (LBauO NRW) über die Dichtheitsprüfung von Abwasserleitungen in das Wasserrecht überführt, da die Zielsetzung der Regelung vorrangig dem Gewässerschutz zuzurechnen ist. Die maßgeblichen Regelungsinhalte der Landesbauordnung sind weitestgehend beibehalten worden, da die baurechtlichen Regelungen schon seit längerer Zeit Gegenstand des Vollzugs sind. Allerdings sind Modifizierungen aus Vollzugserkenntnissen geboten. § 61 a enthält wie die entfallende baurechtliche Regelung keine Vorgaben für die Sanierung der Abwasserleitungen. Diese muss im Bedarfsfalle ordnungsbehördlich durch die zuständige Wasserbehörde angeordnet werden. Dies bedingt eine enge Zusammenarbeit zwischen der Gemeinde und der Wasserbehörde.*

*Die Überschrift ist gegenüber der baurechtlichen Regelung weiter geworden und verdeutlicht das Verhältnis zu § 57, der historisch gesehen auch schon für private Abwasseranlagen galt. Insofern ist § 61 a eine Konkretisierung des § 57 für die hier geregelten Sachverhalte.*

*Absatz 1 übernimmt die maßgeblichen Grundanforderungen des § 45 Abs. 1 und 3 LBauO. Die Anforderungen des § 45 Abs. 2 LBauO für Kleinkläranlagen und Abwassergruben müssen nicht übernommen werden, da sie schon immer auch von § 57 LWG erfasst waren. Satz 4 stellt das Verhältnis zu § 57 klar.*

*Mit der Ermächtigung des Absatzes 2 werden Rechtsunsicherheiten beseitigt, die Entwässerungssatzungen von Gemeinden betreffen. Das OVG NRW hat mit Urteilen vom 9. 5. 2006 (Az.: u. a. 15 A 4247/03 und 15 A 4254/03) grundsätzlich in Frage gestellt, dass eine Gemeinde in der Abwasserbeseitigungssatzung generell die Errichtung und den Betrieb von Inspektionsöffnungen oder Einsteigschächten mit Zugang für Personal vorgeben kann. Solche Regelungen sind notwendig, da insbesondere Inspektionsöffnungen oder Einsteigschächte mit Zugang für Personal auf privaten Grundstücken auch dazu dienen, die ordnungsgemäße Erfüllung der Abwasserbeseitigungspflicht (ungestörter Abfluss oder Vermeidung von Fremdwassereinleitungen) feststellen zu können.*

*Absatz 3 übernimmt die Regelung des § 45 Abs. 4 LBauO.*

*Absatz 4 übernimmt die in § 45 Abs. 5 Satz 1 festgelegte Frist (31. Dezember 2015). Verzichtet wird auf die Übernahme der schon abgelaufenen Frist 31. Dezember 2005 für Abwasserleitungen in Wasserschutzgebieten. Regelungen hierfür sind in Absatz 5 getroffen.*

*Absatz 5 knüpft an § 45 Abs. 6 LBauO NRW dem Grunde nach an. So soll die Möglichkeit der Gemeinde zur Festlegung kürzerer Fristen durch Satzung erhalten bleiben. Die Gemeinde erhält aber auch die Möglichkeit, längere Fristen festzulegen. Die Regelung ist als Sollregelung ausgestaltet, da deutlich geworden ist, dass unter Gewässerschutz- und Effizienzaspekten Kontrolle und ggf. Sanierung öffentlicher Kanalisationen deutlich stärker mit der Kontrolle und ggf. Sanierung privater Abwasserleitungen zu verzahnen sind. Anknüpfungspunkt sollen die Abwasserbeseitigungs-, Sanierungs- oder Fremdwasserkonzepte sein. So betrifft die Fremdwasserproblematik sowohl die öffentliche als auch die private Kanalisation. Wasserwirtschaftliches Ziel muss es daher sein, den Sanierungsbedarf und die zeitliche Durchführung auf die Konzeptionen der Gemeinden abzustimmen. Nur diese Vorgehensweise kann für die jeweils Verpflichteten die mit der Regelung gewünschten Synergieeffekte bewirken. Hierbei ist zu berücksichtigen, dass Kontrolle und Sanierung von Kanälen, unabhängig davon, ob sie privat oder öffentlich sind, eine Daueraufgabe ist. Soweit es um die Prüfung bestimmter Abwasserleitungen in Wasserschutzgebieten geht, muss die Gemeinde kürzere Fristen als 2015 festlegen. Hierbei sind die Schutzziele der Wasserschutzgebietsverordnung zu beachten. Auch der Belang einer geordneten Wasserversorgung betrifft Originärinteressen der Gemeinden, so dass eine Erweitung der gemeindlichen Verantwortung gerechtfertigt ist. Eine Unterrichtung und Beratung der Bürger über die Durchführung der Prüfung durch die Gemeinde ist im praktischen Vollzug äußerst wichtig. Die Pflicht hierzu wird in Satz 4 geregelt.*

*Das Regelungskonzept des Absatzes 5 korrespondiert zudem mit der finanziellen Förderung von Gemeinden, die das Investitionsprogramm Abwasser für diese Bereiche vorsieht. Danach können die Gemeinden u. a. auch Förderungen für Maßnahmen erhalten, die eine ganzheitliche Sanierung von Kanalisationen im Zusammenhang mit der Elimination von Fremdwasser zum Ziel haben. In diesem Zusammenhang werden die Grundstückseigentümer auch verpflichtet, Nachweise zum Fremdwasseranfall zu erbringen. Ob der Finanzierungsansatz die entsprechenden Anreize entfaltet, soll zwei Jahre nach Inkrafttreten der Regelung überprüft werden.*

*Absatz 6 ermächtigt die oberste Wasserbehörde Kriterien für die Sachkunde festzulegen. Derartige Festlegungen sind notwendig, um sicherzustellen, dass die Prüfungen nach den einschlägigen technischen Regelwerken durchgeführt werden. Bestehende Satzungsregelungen von Gemeinden sollen insoweit erhalten bleiben, als sie die Fachkunde betreffen. Die satzungsrechtliche Beschränkung auf gemeindlich zugelassene Sachkundige entfällt, da eine solche Beschränkung sachlich nicht geboten und verfassungsrechtlich bedenklich ist.*

*Absatz 7 übernimmt die Regelung des § 45 Abs. 7 LBauO NRW.“*

2 Nicht nur die Vorschriften über die Dichtheitsprüfung (§ 45 Abs. 4–7 BauO NRW), sondern auch die Anforderungen an Abwasseranlagen (§ 45 Abs. 1–3 BauO NRW) sind entfallen. Dies entspricht dem **Vorbild der MBO 2002**, die § 40 MBO 1997 als entbehrliche Regelung nicht mehr übernahm, da das Bauplanungsrecht und das Wasserrecht ausreichende Vorgaben enthalten, so dass keine Regelungslücke zu befürchten ist (vgl. Jäde, S. 138 f.). Ergänzend zu § 4 Abs. 1 Nr. 3 BauO NRW regelte § 45 BauO NRW **bauordnungsrechtliche** Anforderungen an Abwasseranlagen, verdrängte jedoch nicht die **wasserrechtlichen Bestimmungen**. Auch nach Aufhebung des § 45 BauO NRW kann ein Vorhaben daher nur genehmigt oder freigestellt errichtet werden, wenn es die **Anforderungen des Wasserrechts an Abwasseranlagen** uneingeschränkt erfüllt.

3 Bezüglich der Abwasserbeseitigung enthalten die §§ 4, 50 und 52 BauO NRW weiterhin **materielle** Anforderungen. Nach § 4 Abs. 1 Nr. 3 BauO NRW dürfen Gebäude nur errichtet werden, wenn gesichert ist, dass die **Abwasseranlagen** benutzbar sind und die **Abwasserbeseitigung** entsprechend den wasserrechtlichen Vorschriften gewährleistet ist (s. die Anmerkungen zu § 4 Rdn. 54–87). § 50 BauO NRW regelt Anforderungen an die Ausstattung der Wohnungen mit Bädern und Toiletten (s. die Anmerkungen zu § 50 Rdn. 3–8). § 52 Abs. 4 Satz 2 BauO NRW verbietet die Zuführung flüssiger Abgänge aus Ställen und Dungstätten zu Abwasseranlagen. Der Ermächtigung für Erleichterungen oder besondere Anforderungen nach § 54 Abs. 2 Nr. 12 BauO NRW kommt dagegen keine praktische Bedeutung mehr zu (s. die Anmerkungen zu § 54 Rdn. 39).

**Formelle** Regelungen zum **Anwendungsbereich des Bauordnungsrechts** und zur **Freistellung von der Genehmigungspflicht** enthalten § 1 Abs. 2 Nr. 3 (s. die Anmerkungen zu § 1 Rdn. 147–151), § 65 Abs. 1 Nr. 7 a und Nr. 12, Abs. 2 Nr. 4 und Abs. 3 Nr. 1 sowie § 66 Satz 1 Nr. 6 BauO NRW. Diese Vorschriften verwenden teilweise **Begriffe**, die dem Wasserrecht entstammen und die **wegen der engen verfahrensrechtlichen Verzahnung von Wasser- und Bauordnungsrecht** durch § 58 Abs. 2 LWG, der wiederum auf das BauPG und die Verwendungsregeln der BauO NRW über Bauprodukte abstellt, nur im wasserrechtlichen Sinne verstanden werden können.

4 **Abwasseranlagen** unterliegen aufgrund des **Anwendungsbereichs** der BauO NRW und **verfahrensrechtlich**, vergleichbar den Wasserversorgungsanlagen (s. die Anmerkungen zu § 44 Rdn. 3), gleich mehreren Vorschriften:

- **Leitungen**, die der öffentlichen Abwasserbeseitigung dienen, sind einschließlich ihrer Masten, Unterstützungen sowie unterirdischen Anlagen und Einrichtungen gemäß § 1 Abs. 2 Nr. 3 BauO NRW vom Anwendungsbereich der Bauordnung ausgenommen (s. die Anmerkungen zu § 1 Rdn. 147–151).
- **Anlagen zur Einleitung von Abwasser**, ausgenommen Gebäude, Aufbauten und Überbrückungen, sind nach § 65 Abs. 1 Nr. 7 a BauO NRW freigestellt (s. die Anmerkungen zu § 65 Rdn. 37–38).
- **Abwasseranlagen**, soweit es sich nicht um Abwasserbehandlungsanlagen handelt, sind nach § 66 Satz 1 Nr. 6 BauO NRW freigestellt, wobei nach Satz 2 zugleich die Verpflichtung besteht, eine **Unternehmer- bzw. Sachverständigenbescheinigung** einzuholen (s. die Anmerkungen zu § 66 Rdn. 11 und 13–15).
- **Abwasserbehandlungsanlagen**, mit Ausnahme von Gebäuden, sind nach § 65 Abs. 1 Nr. 12 BauO NRW freigestellt, wobei die wasserrechtliche Genehmigungspflicht nach § 58 Abs. 2 LWG unberührt bleibt (s. die Anmerkungen zu § 65 Rdn. 51–52).

## § 46
## Abfallschächte

**(1) [1]Abfallschächte dürfen nicht errichtet werden. [2]Bestehende Abfallschächte sind spätestens bis zum 31. Dezember 2003 außer Betrieb zu nehmen. [3]Die zu ihrem Befüllen vorgesehenen Öffnungen sind bis zu diesem Zeitpunkt dauerhaft zu verschließen. [4]Bis sie stillgelegt werden, gelten für bestehende Abfallschächte die Absätze 2 bis 5.**

**(2) [1]Abfallschächte, ihre Einfüllöffnungen und die zugehörigen Sammelräume dürfen nicht in Aufenthaltsräumen und nicht an Wänden von Wohn- und Schlafräumen liegen. [2]Einfüllöffnungen dürfen nicht in Treppenräumen liegen. [3]Abfallschächte und Sammelräume müssen aus Bauteilen der Feuerwiderstandsklasse F 90 bestehen. [4]Die Bauteile sowie Bekleidungen, Dämmstoffe und innere Wandschalen und Einrichtungen innerhalb des Schachtes und des Sammelraumes müssen aus nichtbrennbaren Baustoffen bestehen. [5]Der Einbau einer Feuerlöscheinrichtung kann verlangt werden.**

**(3) [1]Vorhandene Abfallschächte müssen so beschaffen sein, dass sie Abfälle sicher abführen, dass Feuer, Rauch, Gerüche und Staub nicht in das Gebäude dringen können und dass die Weiterleitung von Schall gedämmt wird. [2]Eine ständig wirkende Lüftung muss gesichert sein.**

**(4) [1]Die Einfüllöffnungen müssen so beschaffen sein, dass Staubbelästigungen nicht auftreten und sperrige Abfälle nicht eingebracht werden können. [2]Am oberen Ende des Abfallschachtes muss eine Reinigungsöffnung vorhanden sein. [3]Alle Öffnungen müssen Verschlüsse aus nicht brennbaren Baustoffen haben.**

**(5) [1]Der Abfallschacht muss in einen ausreichend großen Sammelraum münden. [2]Die inneren Zugänge des Sammelraumes müssen selbstschließende Türen der Feuerwiderstandsklasse T 90 haben. [3]Der Sammelraum muss vom Freien aus zugänglich und entleerbar sein. [4]Die Abfälle sind in beweglichen Abfallbehältern zu sammeln. [5]Der Sammelraum muss eine ständig wirksame Lüftung und einen Bodenablauf mit Geruchverschluss haben.**

**Anmerkungen** (Autor: Czepuck)

**Übersicht** Rdn.


| | | Rdn. |
|---|---|---|
| 0 | Änderungen gegenüber der BauO NW 1984 und der BauO NW 1995 | 01–02 |
| 1 | Allgemeines | 1– 4 |
| 2 | Zu Absatz 1 – Verbot der Neuerrichtung und Stilllegungsgebot | 5–11 |
| 3 | Zu Absatz 2–4 Anforderungen an vorhandene Abfallschächte | |
| 3.1 | Brandschutz | 12–14 |
| 3.2 | Schallschutz | 15 |
| 3.3 | Schutz vor Gerüchen und Staub | 16–19 |
| 4 | Zu Absatz 5 – Abfallsammelräume | 20–24 |

## 0 Änderungen gegenüber der BauO NW 1984 und der BauO NW 1995

01 Die **BauO NRW 2000** hat inhaltlich die Absätze 2 bis 5 des **§ 46 BauO NW 1995** (welche § 42 BauO NW 1984 entsprachen) übernommen. Das 1995 in **Absatz 1** eingeführte Verbot der Neuerrichtung von **Abfallschächten** wurde um eine Verpflichtung zu Außerbetriebnahme (**Stilllegungsgebot**) bis **Ende 2003** ergänzt. Das Verbot der Neuerrichtung soll der getrennten Abfallbeseitigung Rechnung tragen (so LT-Drucks. 11/7153, S. 171), das Stilllegungsgebot entwickelt diese Verpflichtung gem. LT Drucks. 12/4394) weiter:

„*Abfallschächte sind mit den Vorschriften des Kreislaufwirtschaftsgesetzes und vor allem hinsichtlich des Trennens von Abfällen nicht in Einklang zu bringen. Die Regelung entwickelt das mit der letzten Novellierung der Landesbauordnung eingeführte Verbot der Errichtung neuer Abfallschächte für bestehende Schächte weiter.*“

02 Da **2000** noch in **Gebäuden**, vor allem jedoch in Hochhäusern, **Abfallschächte vorhanden** waren und bis **2003** in Benutzung bleiben durften, entfielen die Absätze 2 bis 5 nicht. Die enthaltenen speziellen materiellen Anforderungen für Abfallschächte erleichtern den bauaufsichtlichen Vollzug, ohne auf die allgemeinen Anforderungen zurückgreifen zu müssen.

## 1 Allgemeines

1 **Abfallschächte** haben im Wohnungsbau die **Bedeutung verloren**, die man ihnen ursprünglich beimaß. Der erhofften Erleichterung für den Nutzer bei der lästigen Beseitigung der Abfälle, standen Anforderungen im Bereich des Brandschutzes, des Schallschutzes, der Hygiene sowie des Schutzes vor Staub- und Geruchsbelästigungen entgegen. Betriebs- und Baukosten lohnten sich nur in Gebäuden mit einer großen Zahl von Nutzungseinheiten.

2 Das **Stilllegungsgebot** des § 46 Abs. 1 **Satz 2** BauO NRW **erfasst ausnahmslos sämtliche Abfallschächte**. Von diesem **formalen** Ziel sind **Abweichungen** nach § 73 BauO NRW **nicht denkbar**, da hierdurch das gesetzgeberische Ziel der Abfalltrennung unterlaufen würde (s. Rdn. 01 sowie Rdn. 7 und 8). Gemäß Absatz 1 **Satz 3** sind deshalb zur Nutzungsunterbindung Befüllöffnungen dauerhaft zu verschließen.

3 Den materiellen Anforderungen der Absätze 2 bis 5 kommt gemäß Absatz 1 **Satz 4** nur noch **Bedeutung bis zur Stilllegung** vorhandener Abfallschächte zu. Darüber hinaus können sie Bedeutung für sehr seltene Fälle noch nicht erfolgter Stilllegungen entfalten.

4 **Vorhandene Abfallschächte**, ihre Einfüllöffnungen und die Sammelräume müssen aus Gründen der **Gefahrenabwehr** und des **Gesundheitsschutzes** den Anforderungen des § 46 BauO NRW Absätze 2 bis 5 entsprechen (vgl. Rdn. 1).

## 2 Zu Absatz 1 – Verbot der Neuerrichtung und Stilllegungsgebot

5 Kaum eine der ökologischen Vorschriften der BauO NRW 2000 ist so konsequent formuliert wie Absatz 1: das **Verbot der Neuerrichtung** gilt **grundsätzlich** und enthält keine Sonderregelung für Abweichungen. Dadurch vermeidet § 46 Abs. 1 BauO NRW jede Inkonsequenz und ergänzt somit § 1 KrW-/AbfG, soweit dies bauordnungsrechtlich über-

haupt möglich ist. Die Vorschrift verhindert nämlich die **baulichen Voraussetzungen** für die nicht getrennte Müllentsorgung über Schächte zu schaffen, und trägt zur Schonung der natürlichen Ressourcen und der Sicherung der umweltverträglichen Beseitigung von Abfällen bei. Sie dient damit unmittelbar der Erhaltung der natürlichen Lebensgrundlagen im Sinne des § 3 Abs. 1 BauO NRW.

Ebenso konsequent ist das Stilllegungsgebot zum 31. 12. 2003 formuliert. Die Stilllegung 6
wird nämlich baulich begleitet durch dauerhaftes **Verschließen der Befüllöffnungen**. Dies erfordert eine **Versiegelung in der brandschutztechnisch geforderten Qualität**, der auch die **Wand des Abfallschachtes** selbst entsprechen muss.

Nach § 4 KrW-/AbfG sind Abfälle zu vermeiden, stofflich zu verwerten oder zur Gewin- 7
nung von Energie zu nutzen. Die **stoffliche Verwertung** erfordert bei der angestrebten Kreislaufwirtschaft das **Trennen der Abfälle**, um so sekundäre Rohstoffe gewinnen zu können. Nach § 5 Abs. 2 KrW-/AbfG hat die Verwertung von Abfällen Vorrang vor der Beseitigung; daher sind Abfälle zur Verwertung nach Möglichkeit getrennt zu halten.

Nach den Erfahrungen in großen Wohnanlagen und Hochhäusern, ist es trotz entspre- 8
chender Beschilderung aufgrund von Zuwiderhandlungen nicht zu verhindern, dass verwertbare Stoffe, wie Glas, Papier und Kunststoffverpackungen, über die Abfallschächte entsorgt werden. Die Abfälle werden dadurch **durchmischt** und so stark verunreinigt, dass eine **stoffliche Verwertung unwirtschaftlich** ist. Das nachträgliche Aussortieren und Reinigen der verwertbaren Stoffe verursacht unvertretbar hohe Kosten (zur Verwertungspflicht vgl. Lange, Nützlichkeit als Begriffsmerkmal der stofflichen Reststoff- und Abfallverwertung, NVwZ 1996, S. 729 ff.).

Das Verbot der Neuerrichtung bzw. das Stilllegungsgebot gilt nur für Abfallschächte. 9
Eine **Begriffsbestimmung des Abfalls** findet sich in der BauO NRW nicht. Da die Zielsetzung des § 46 Abs. 1 BauO NRW auf das Erfordernis der getrennten Abfallbeseitigung abstellt (s. Rdn. 02), ist die Legaldefinition des § 3 Abs. 1 KrW-/AbfG maßgebend:

*„Abfälle im Sinne dieses Gesetzes sind alle beweglichen Sachen, die unter die in Anhang I aufgeführten Gruppen fallen und derer sich ihr Besitzer entledigt, entledigen will oder entledigen muss. Abfälle zur Verwertung sind Abfälle, die verwertet werden; Abfälle die nicht verwertet werden, sind Abfälle zur Beseitigung.“*

Da auch verwertbare Stoffe (**Wertstoffe**) vom Abfallbegriff erfasst werden, gilt das Verbot der Neuerrichtung nicht nur für Hausmüllabfallschächte, sondern auch für sonstige Abfallschächte in Nicht-Wohngebäuden, z. B. für Abfallschächte in Bürogebäuden für Büroabfälle.

**Kein Abfall** liegt vor, wenn die Entledigungsabsicht fehlt, also der Besitz nicht aufgege- 10
ben werden soll, sondern nur eine **Sammlung zur Weiterverarbeitung** von Stoffen beabsichtigt ist. Die hierfür errichteten Sammelschächte sind keine Abfallschächte. So werden z. B. in Krankenhäusern Abwurfschächte für verschmutzte Bettwäsche, Handtücher und Kleidung benötigt, die von den Geschossen direkt in die Wäscherei führen, um den Transport zu vereinfachen. Auch in Gewerbe- und Industriebetrieben werden neben den Arbeitsplätzen Sammelschächte für bestimmte Produktionsrückstände angelegt, die diese Stoffe wieder dem Produktionskreislauf zuführen. Nach § 9 KrW-/AbfG und den Vorschriften des BImSchG sind Anlagenbetreiber ausdrücklich zur direkten Verwertung der Produktionsrückstände verpflichtet. Hiervon zu unterscheiden ist die indirekte Verwertung außerhalb der Anlage, die mit einer **Entledigung** einhergeht. Eine Entledigung liegt nach § 3 Abs. 2 KrW-/AbfG vor, „wenn der Besitzer bewegliche Sa-

chen einer Verwertung im Sinne des Anhangs II B oder einer Beseitigung im Sinne des Anhangs II A zuführt oder die tatsächliche Sachherrschaft über sie unter Wegfall jeder weiteren Zweckbestimmung aufgibt". Daraus folgt, dass Abfallschächte auch vorliegen, wenn diese dem **Sammeln zur Entledigung** bestimmter Stoffe dienen.

11 Die mit der **BauO NRW 2000** verfügte **Stilllegung** zum 31. 12. 2003 beseitigte den Mangel des Vorgängerrechts der Ungleichbehandlung von Bestand und Neuerrichtung und behandelt gleich, was gleich behandelt werden muss. Hierfür sprachen nämlich gerade die negativen Erfahrungen mit Abfallschächten, die zu dem Verbot der Neuerrichtung geführt haben (s. Rdn. 8). Der **Übergangszeitraum** reichte aus, um geeignete Abfallbehälterstandorte auf dem Grundstück anzuordnen die Befüllöffnungen zu verschließen.

## 3 Zu Absätzen 2–4 – Anforderungen an vorhandene Abfallschächte

### 3.1 Brandschutz

12 Wie senkrechte Lüftungsleitungen durchstoßen Abfallschächte Decken mit brandschutztechnischen Abschottungsfunktionen und verbinden Geschosse, die aus Gründen des Brandschutzes zur Vermeidung der Ausbreitung von Feuer und Rauch räumlich voneinander getrennt sein müssen. Deshalb müssen die **Wände** der Abfallschächte die Aufgabe übernehmen, die hinsichtlich der Feuerwiderstandsdauer die Decken zu erfüllen haben. Abfallschächte müssen aus Bauteilen der **Feuerwiderstandsklasse F 90** bestehen. Die Bauteile, etwaige Bekleidungen, Dämmstoffe sowie innere Wandschalen und Einrichtungen (z. B. die Verschlüsse der Einfüllöffnungen) müssen aus **nichtbrennbaren Baustoffen** bestehen. Der Nachweis der Feuerwiderstandsdauer der Bauteile der Abfallschächte selbst kann erbracht werden nach DIN 4102 Teil 1 Brandverhalten von Baustoffen und Bauteilen – als Bauteil der Widerstandsklasse F 90 oder nach DIN 4102 Teil 4 als feuerwiderstandsfähiger „Lüftungsschacht" (Lüftungsleitung) der Feuerwiderstandsklasse L 90. Ein Nachweis ist nicht erforderlich für solche Bauteile und Schächte, die in DIN 4102 Teil 4 für die Feuerwiderstandsklassen F 90 genannt sind (vgl. die Anmerkungen zu § 17 Rdn. 30 ff.).

13 Die BauO NRW regelt Anforderungen an die Art und Lage der Einfüllöffnungen, um einer Rauchausbreitung von Geschoß zu Geschoß vorzubeugen. Brandfälle haben gezeigt, dass in Treppenräumen angeordnete Einfüllöffnungen diesen wichtigen Rettungsweg unbenutzbar machen können. Absatz 2 Satz 1 und 2 fordern, dass **Einfüllöffnungen nicht in Aufenthaltsräumen** und **nicht in Treppenräumen** liegen dürfen. Diese Vorgabe berücksichtigt schlechte Erfahrungen bei Bränden in Abfallschächten und in Sammelräumen.

14 Nach Absatz 2 Satz 3 konnte der Einbau einer **Feuerlöscheinrichtung** verlangt werden. Ein solches Verlangen wäre dann auszusprechen, wenn es aus Gründen des Personenschutzes bzw. zur Rettung von Menschen erforderlich ist. Dies kann der Fall sein, wenn die Einfüllöffnungen z. B. an einem innenliegenden allgemein zugänglichen Flur angeordnet werden, der für eine Vielzahl von Personen der einzige Rettungsweg zum notwendigen Treppenraum ist.

### 3.2 Schallschutz

15 Zur Vermeidung von Lärmbelästigungen dürfen nach Absatz 2 Satz 1 Abfallschächte nicht an Wänden von Wohn- und Schlafräumen liegen. Eine Glasflasche zu unpassen-

der Zeit in den Abfallschacht gegeben, ist in der Lage, die Nachtruhe der Bewohner des Gebäudes zu stören. Darüber hinaus müssen alle Abfallschächte nach Absatz 3 Satz 1 so beschaffen sein, dass die Weiterleitung von **Schall gedämmt** wird. Diese Anforderungen sind erfüllt, wenn die Anlagen den allgemein anerkannten Regeln der Technik, insbesondere des Schallschutzes (Norm DIN 4109), entsprechen.

### 3.3 Schutz vor Gerüchen und Staub

Dem **Schutz vor Gerüchen und Staub**, die von diesen Anlagen funktionsbedingt ausgehen, dienen die Anforderungen an die **Lage und Anordnung** der **Einfüllöffnungen,** an die Einfüllöffnungen selbst und an die **Ausbildung** der Abfallschächte. 16

**Einfüllöffnungen** dürfen nicht in Aufenthaltsräumen und nicht in Treppenräumen liegen (Absatz 2 Satz 1 und 2). Sie müssen so beschaffen sein, dass **Staubbelästigungen** nicht auftreten und **sperrige Abfälle** nicht eingebracht werden können. Dies erfüllen Einfüllöffnungen mit dichtschließenden (Dichtungsbänder) **„Schleusenklappen“**, die beim Öffnen die Verbindung zum Abfallschacht unterbrechen (Mengen- und Größeportionierung) und beim Schließen die Verbindung selbsttätig wieder freigeben. 17

Die Abfallschächte selbst müssen innen **glattwandig** und **stoßfest** ausgebildet sein, damit die Abfälle entsprechend Absatz 3 Satz 1 sicher abgeführt werden können. 18

Einen zusätzlichen Schutz gegen Staub und Geruchsbelästigung gewährt die geforderte **ständig wirksame Lüftung** nach Absatz 3 Satz 2. Die Lüftung – am besten ins Freie geführt – muss den Anforderungen des § 42 BauO NRW genügen. 19

## 4 Zu Absatz 5 – Abfallsammelräume

Nach Absatz 5 Satz 1 muss der Abfallschacht in einen ausreichend großen **Sammelraum** münden. 20

Zur Vermeidung von **Schallbelästigungen** dürfen Sammelräume nicht an den Wänden von Wohn- und Schlafräumen angeordnet werden (Absatz 2 Satz 1). 21

Aus Gründen des Brandschutzes sind ihre Wände in der Feuerwiderstandsklasse F 90 und aus nichtbrennbaren Baustoffen (F 90 – AB) herzustellen. Bekleidungen und Dämmstoffe der Wände sowie die Einrichtungen des Raumes müssen aus nichtbrennbaren Baustoffen bestehen (Absatz 2 Satz 3). Die inneren Zugänge des Sammelraumes sind mit selbstschließenden Türen der Feuerwiderstandsklasse T 90 (s. die Anmerkungen zu § 17 Rdn. 18 und 40) zu versehen. Auch aus Gründen des Brandschutzes muss der Sammelraum vom Freien aus zugänglich und entleerbar sein. 22

Letztere Forderung dient auch der **Vermeidung von Belästigungen** durch **Gerüche und Staub** sowie der Gewährleistung ausreichender **Hygiene.** Zur Vermeidung eines Umladens sind die Abfälle in beweglichen Abfallbehältern (z. B. Müllcontainern) zu sammeln, damit sie aus dem Sammelraum direkt zu den Anlagen für feste Abfälle gefahren werden können. Auch der Sammelraum muss eine ständig wirksame Lüftung haben. 23

Wegen der aus **hygienischen Gründen** erforderlichen Reinigung muss der Sammelraum einen **Bodenablauf** aufweisen, der seinerseits **mit** einem **Geruchverschluss** zu versehen ist. 24

## § 47
## Anlagen für feste Abfälle
## (aufgehoben)

[1]Für die vorübergehende Aufbewahrung fester Abfälle sind dichte Abfallbehälter außerhalb der Gebäude herzustellen oder aufzustellen. [2]Ortsfeste Abfallbehälter sollen von Öffnungen von Aufenthaltsräumen mindestens 5 m, von den Nachbargrenzen mindestens 2 m entfernt sein. [3]Die Aufstellung beweglicher Abfallbehälter innerhalb von Gebäuden in besonderen, gut lüftbaren Räumen ist zulässig.

**Anmerkungen** (Autor: Czepuck)

1 **§ 47 BauO NW** 1995 wurde mit der BauO NRW 2000 aufgehoben. Die Begründung in LT-Drucks. 12/3738 (S. 78 zu Art. I Nr. 24 – § 47) führt hierzu aus: *„Die Vorschrift kann im Wege einer Deregulierung entfallen. Standorte für Abfallbehälter werden ohnehin im Sinne einer sozialverträglichen Nutzung gewählt. Die Überwachung durch die Bauaufsichtsbehörden ist aus Gründen der öffentlichen Sicherheit nicht erforderlich.“*

Angesichts der satzungsrechtlichen Möglichkeiten ist die Aufhebung verständlich. Einer im Einzelfall auftretende Gefahrensituationen kann unter Rückgriff auf die bauaufsichtliche Generalklausel entgegengewirkt werden (s. die Anmerkungen zu § 3 Rdn. 31–42).

2 Die Sicherung einer geregelten **Abfallbeseitigung** zählt nicht wie die Sicherung der Abwasserentsorgung zu den **Erschließungsvoraussetzungen**. Durch § 4 Abs. 1 BauO NRW wird **indirekt** sichergestellt, dass Entsorgungsfahrzeuge das Baugrundstück erreichen können (vgl. die Anmerkungen zu § 4 Rdn. 18–43). Erfasst wurden von § 47 BauO NW 1995 nur **Anlagen für feste Abfälle**. Danach war die Herstellung oder Aufstellung dichter Abfallbehälter außerhalb der Gebäude bzw. die Aufstellung beweglicher Abfallbehälter innerhalb der Gebäude vorzusehen. In der MBO 2002 werden weiterhin bei Aufbewahrung fester Abfallstoffe in Gebäuden in § 45 Anforderungen gestellt.

3 Die **Gemeinden** regeln die Abfallentsorgung gemäß § 6 LAbfG in Verbindung mit §§ 4 und 9 GO NRW durch **Ortssatzung**. Diese Ortssatzungen begründen unter anderem für **Hausabfälle** das **Anschluss- und Benutzungsrecht** sowie den **Anschluss- und Benutzungszwang**. Die **beweglichen Abfallbehälter** (Tonnen und Container) werden von der Gemeinde vorgeschrieben oder gestellt. Der Grundstückseigentümer hat dafür zu sorgen, dass die Abfallbehälter allen Nutzern zugänglich sind und ordnungsgemäß benutzt werden können. Die **Ortssatzungen** sehen nur noch bewegliche Abfallbehälter vor, da diese leicht in die Müllfahrzeuge entleert werden können. In Ortssatzungen können die **Standplätze** der beweglichen Abfallbehälter bestimmt werden, die sicher und leicht von den Fahrzeugen aus erreichbar sein sollen, um die Transportwege kurz und die Personalkosten niedrig zu halten. Diese Forderung kollidiert nicht selten mit gestalterischen Vorstellungen nach Freihaltung und Begrünung der Vorgärten.

4 Die Gemeinden können gemäß **§ 86 Abs. 1 Nr. 4 BauO NRW** auch als Ortssatzung **örtliche Bauvorschriften** über die **Gestaltung** der Standplätze für bewegliche Abfallbehälter erlassen. Die Ermächtigung ermöglicht **Begrünungs- und Bepflanzungsvorgaben**, womit heute übliche Containeranlagen gestalterisch in die Grundstücksfreiflächen einbezogen werden können. Im **Bebauungsplan** können nach § 9 Abs. 1 Nr. 22 BauGB Flächen für **Gemeinschaftsanlagen** zum Aufstellen beweglicher Abfallbehälter festgesetzt werden.

# Sechster Abschnitt
# Aufenthaltsräume und Wohnungen

## Vor §§ 48 bis 50

**Anmerkungen** (Autor: Czepuck)

Die im sechsten Abschnitt des dritten Teils enthaltenen Vorschriften über Aufenthaltsräume, Wohnungen, Bäder und Toilettenräume dienen vorrangig der **Verwirklichung sozialer Forderungen** und dem **Gesundheitsschutz**. Es geht hierbei nicht nur um ein gesundes Wohnen, sondern vielmehr um die Sicherstellung ausreichender Belichtung und Belüftung aller Räume, die dem ständigen Aufenthalt von Menschen dienen, und um die Gewährleistung hygienischer Mindestanforderungen hinsichtlich der Ausstattung mit Bädern und Toiletten. Die Vorschriften über die ausreichende Belichtung und Belüftung von Aufenthaltsräumen gehen zurück auf alte baupolizeiliche Forderungen zur Bekämpfung von Missständen in dicht bebauten Großstadtbereichen (s. die Anmerkungen zu § 48 Rdn. 2) und müssen nicht zuletzt im Zusammenhang mit dem Abstandflächenrecht gesehen werden. 1

Die Anforderungen an Aufenthaltsräume, wie sie § 48 BauO NRW formuliert, entfalten Rückwirkungen auf die Legaldefinition in § 2 Abs. 7 BauO NRW. Dem **Begriff Aufenthaltsraum**, wie ihn das Bauordnungsrecht definiert, kommt **erhebliche Bedeutung für das Bauplanungsrecht** bei der Ermittlung des Maßes der baulichen Nutzung zu (s. die Anmerkungen zu § 2 Rdn. 220). Wenn es sich bei den bauordnungsrechtlichen Anforderungen an Aufenthaltsräume auch um altes Baupolizeirecht handelt, so darf nicht übersehen werden, dass der Bund mit der ArbStättV und der HeimMindBauV zum Teil weitergehende Anforderungen an Aufenthaltsräume stellt, die das Bauordnungsrecht insoweit verdrängen (s. die Anmerkungen zu § 48 Rdn. 3 und 11). 2

Eine vergleichbare Rechtslage liegt hinsichtlich der **Anforderungen an Wohnungen** vor. Auch hier darf nicht der Eindruck entstehen, das Bauordnungsrecht regele abschließend diesen Rechtsbereich. Es ist vielmehr umgekehrt so, dass der Bund über die Gesetzgebungszuständigkeit für das Wohnungswesen verfügt und befugt wäre, bauordnungsrechtliche (baupolizeiliche) Vorschriften über Wohngebäude zu erlassen (s. die Anmerkungen der Einleitung Rdn. 62). Von dieser Zuständigkeit hat er bislang jedoch mit Rücksicht auf die **Bad Dürkheimer Vereinbarung** zwischen Bund und Ländern über die **Gewährleistung der Einheitlichkeit des Bauordnungsrechts** keinen abschließenden Gebrauch gemacht (s. die Anmerkungen der Einleitung Rdn. 70–72). Dennoch sind mehrere **wohnungsrechtliche Vorschriften vom Bund erlassen** worden und in diesen Vorschriften geregelte **Begriffe** zu beachten (s. die Anmerkungen zu § 49 Rdn. 1–6). Darüber hinaus ist das **wohnungseigentumsrechtliche Abgeschlossenheitsgebot** für den bauaufsichtlichen Vollzug von erheblicher Bedeutung, da die Bauaufsichtsbehörden an der Beurteilung dieser Abgeschlossenheit durch Erteilung einer **Abgeschlossenheitsbescheinigung** mitwirken (s. die Anmerkungen zu § 49 Rdn. 30 ff.). 3

## § 48
## Aufenthaltsräume

**(1) [1]Aufenthaltsräume müssen eine für ihre Benutzung ausreichende Grundfläche und eine lichte Höhe von mindestens 2,40 m haben. [2]Für Aufenthaltsräume in Wohngebäuden mit nicht mehr als zwei Wohnungen, für Aufenthaltsräume im Dachraum und im Kellergeschoss, im übrigen für einzelne Aufenthaltsräume und Teile von Aufenthaltsräumen kann eine geringere lichte Höhe gestattet werden, wenn wegen der Benutzung Bedenken nicht bestehen. [3]Aufenthaltsräume unter einer Dachschräge müssen eine ausreichende lichte Höhe über mindestens der Hälfte ihrer Grundfläche haben; Raumteile mit einer lichten Höhe bis zu 1,50 m bleiben außer Betracht.**

**(2) [1]Aufenthaltsräume müssen unmittelbar ins Freie führende Fenster von solcher Zahl und Beschaffenheit haben, dass die Räume ausreichend Tageslicht erhalten und belüftet werden können (notwendige Fenster). [2]Das Rohbaumaß der Fensteröffnungen muss mindestens ein Achtel der Grundfläche des Raumes betragen; ein geringeres Maß ist zulässig, wenn wegen der Lichtverhältnisse Bedenken nicht bestehen. [3]Oberlichte anstelle von Fenstern sind zulässig, wenn wegen der Nutzung des Aufenthaltsraumes Bedenken nicht bestehen.**

**(3) Verglaste Vorbauten und Loggien sind vor notwendigen Fenstern zulässig, wenn eine ausreichende Lüftung und Beleuchtung mit Tageslicht sichergestellt ist.**

**(4) [1]Aufenthaltsräume, deren Nutzung eine Beleuchtung mit Tageslicht verbietet, sind ohne Fenster zulässig, wenn eine wirksame Lüftung gesichert ist. [2]Küchen sind ohne eigene Fenster zulässig, wenn sie eine Sichtverbindung zu einem Aufenthaltsraum mit Fenstern nach Absatz 2 Sätze 1 und 2 haben und eine wirksame Lüftung gesichert ist. [3]Bei Aufenthaltsräumen, die nicht dem Wohnen dienen, ist anstelle einer ausreichenden Beleuchtung mit Tageslicht und Lüftung durch Fenster eine Ausführung nach Satz 1 zulässig, wenn wegen der Gesundheit Bedenken nicht bestehen. [4]Aufenthaltsräume, die dem Wohnen dienen, dürfen anstelle einer Lüftung durch Fenster mechanisch betriebene Lüftungsanlagen haben, wenn wegen der Gesundheit Bedenken nicht bestehen und die Lüftungsanlagen der Energieeinsparung dienen.**

**(5) [1]In Kellergeschossen sind Aufenthaltsräume zulässig, deren Nutzung eine Beleuchtung mit Tageslicht verbietet, ferner Verkaufsräume, Gaststätten, ärztliche Behandlungsräume, Sport- und Spielräume sowie ähnliche Räume; Absatz 4 gilt sinngemäß. [2]Einzelne Aufenthaltsräume, die dem Wohnen dienen, sind im Kellergeschoss zulässig, wenn sie zu einer Wohnung im Erdgeschoss gehören und mit dieser über eine in der Wohnung liegende Treppe unmittelbar verbunden sind. [3]Im übrigen sind Aufenthaltsräume und Wohnungen in Kellergeschossen nur zulässig, wenn das Gelände vor Außenwänden mit notwendigen Fenstern in einer für die Beleuchtung mit Tageslicht ausreichenden Entfernung und Breite nicht mehr als 0,80 m über dem Fußboden liegt.**

**(6) [1]Räume nach Absatz 5 müssen unmittelbar mit Rettungswegen in Verbindung stehen, die ins Freie führen. [2]Die Räume und Rettungswege müssen von anderen Räumen im Kellergeschoss durch Wände der Feuerwiderstandsklasse F 90 und in den wesentlichen Teilen aus nichtbrennbaren Baustoffen (F 90-AB) abgetrennt sein; Türen in diesen Wänden müssen der Feuerwiderstandsklasse T 30 entsprechen. [3]Dies gilt nicht für Wohngebäude mit nicht mehr als zwei Wohnungen.**

*VV **BauO NRW** (infolge Befristung mit Ablauf des 31.12.2005 ausgelaufen)*

***48 Aufenthaltsräume (§ 48)***

*48.1 Zu Absatz 1*

*Das Mindestmaß der lichten Höhe von 2,40 m kann bei den in § 48 Abs. 1 Satz 2 genannten Aufenthaltsräumen im Einzelfall unterschritten werden (§ 73, Abweichungen), wenn wegen der Benutzung Bedenken nicht bestehen. Bedenken wegen der Benutzung bestehen nicht:*

- *bei Wohngebäuden mit nicht mehr als zwei Wohnungen; hier ist im Allgemeinen eine lichte Höhe von 2,30 m vertretbar,*
- *im Dachraum und im Kellergeschoss; hier erscheint eine Reduzierung der lichten Höhe auf 2,20 m im allgemeinen vertretbar bei Kleinwohnungen (Appartements) und bei einzelnen Aufenthaltsräumen, die zu einer Wohnung in anderen Geschossen gehören,*
- *bei einzelnen Aufenthaltsräumen einer Wohnung.*

*Gegen eine Unterschreitung der lichten Höhe von 2,20 m bestehen im Hinblick auf die Benutzbarkeit vor allem wegen der Gesundheit Bedenken. Werden in einem Aufenthaltsraum Emporen oder Galerien eingebaut, so genügt oberhalb und unterhalb derselben eine geringere lichte Raumhöhe.*

*48.2 Zu Absatz 2*

*48.21 Bei der Bemessung der Grundfläche des Raumes ist § 48 Abs. 1 Satz 3, 2. Halbsatz entsprechend anzuwenden.*

*Bedenken gegen ein geringeres Fenstermaß bestehen wegen der Lichtverhältnisse z. B. nicht*

- *bei Schlafräumen, die nach Art, Lage und Größe eindeutig nur für diese Nutzung in Betracht kommen; Kinderzimmer gehören in der Regel nicht dazu,*
- *bei Aufenthaltsräumen, die nicht dem Wohnen dienen, soweit die Voraussetzungen des Absatzes 4 erfüllt sind,*
- *bei Fenstern, vor denen die Abstandfläche erheblich tiefer ist, als die Mindestabstandfläche nach § 6.*

*48.22 Oberlichte – z. B. Lichtkuppeln, Lichtbänder unterhalb der Decke oder in Sheddächern – als alleinige Quelle für die Beleuchtung mit Tageslicht kommen im Allgemeinen aus Gründen der Gesundheit (fehlende Sichtverbindung mit der Außenwelt) für Aufenthaltsräume nicht in Betracht. Abweichungen sind möglich, z. B. bei Hörsälen, Sitzungssälen und ähnlichen Räumen, in denen sich derselbe Personenkreis nur während weniger Stunden aufhält. Arbeits-, Pausen-, Bereitschafts-, Liege- und Sanitätsräume müssen nach § 7 Abs. 1 ArbStättV grundsätzlich eine Sichtverbindung nach außen haben.*

*48.4 Zu Absatz 4*

*48.41 Aufenthaltsräume, deren Nutzung die Anordnung von Fenstern verbietet, sind z. B. Dunkelkammern in Fotolabors.*

*Als Aufenthaltsräume, die ohne Fenster oder mit einer geringeren Fensterfläche als nach § 48 Abs. 2 zulässig sind, wenn wegen der Gesundheit Bedenken nicht bestehen, kommen in Betracht*

– *Hörsäle, Sitzungssäle und ähnliche Räume, in denen sich derselbe Personenkreis nur während weniger Stunden aufhält,*

– *Arbeitsräume, die nach § 7 Abs. 1 ArbStättV keine Sichtverbindung nach außen haben müssen.*

*48.42* *Ist die Anordnung von Fenstern in Arbeitsräumen möglich, erreicht die Fensterfläche aber nicht die nach § 48 Abs. 2 erforderliche Mindestgröße, so sind aus Gründen der Gesundheit aufgrund des Arbeitsstättenrechts gleichwohl Fenster erforderlich, die eine Sichtverbindung mit der Außenwelt herstellen („Kontaktfenster").*

*48.43* *Eine wirksame Lüftung fensterloser Küchen oder von Räumen, die nicht durch Fenster belüftet werden, ist gewährleistet, wenn die Lüftungsanlagen den Technischen Baubestimmungen entsprechen.*

**Anmerkungen** (Autor: Czepuck)

**Übersicht**


| | | Rdn. |
|---|---|---|
| 0 | Änderungen gegenüber der BauO NW 1984 und der BauO NW 1995 | 01 |
| 1 | Allgemeines | 1– 2 |
| 2 | Zu Absatz 1 – Grundfläche und lichte Höhe | |
| 2.1 | Ausreichende Grundfläche | 3–3b |
| 2.2 | Lichte Höhe | 4– 8 |
| 3 | Zu Absatz 2 und 3 – Notwendige Fenster | 9–15 |
| 4 | Zu Absatz 4 – Aufenthaltsräume ohne Fenster | 16–19 |
| 5 | Zu Absatz 5 – Aufenthaltsräume in Kellergeschossen | 20–26 |
| 6 | Zu Absatz 6 – Rettungswege in Kellergeschossen | 27–32 |


## 0 Änderungen gegenüber der BauO NW 1984 und der BauO NW 1995

**01** Die **BauO NRW 2000** hat § 48 BauO NW 1995 übernommen. Damit entsprechen die Absätze 1 bis 3 sowie 5 und 6 auch denen des § 44 BauO NW 1984. Absatz 4 Satz 3 und der Satz 4 des Absatzes 4 wurden 1995 in § 48 BauO NW neu unter dem Aspekt der Energieeinsparung aufgenommen. Lüftungsanlagen gewinnen in Gebäuden unter diesem Aspekt zunehmend an Bedeutung. Insbesondere wird das bisherige bauordnungsrechtliche Gebot, Wohnräume ausschließlich über Fenster zu lüften, gelockert und damit auch im Wohnbereich eine Wärmerückgewinnung mittels mechanischer Lüftungsanlagen ermöglicht.

## 1 Allgemeines

**1** Aufenthaltsräume sind Räume, die zum **nicht nur vorübergehenden Aufenthalt von Menschen bestimmt** oder **geeignet** sind – so die Legaldefinition in § 2 Abs. 6 BauO NRW (s. die Anmerkungen zu § 2 Rdn. 219–234). Als Aufenthaltsraum gilt in Anlehnung an die Kommentierung des Begriffs „Raum zum dauernden Aufenthalt von Menschen" durch Baltz/Fischer (S. 365 ff.) sowie der hierzu entwickelten Rechtsprechung ein Raum, der in einer Weise benutzt werden soll, die den Aufenthalt der darin verkehrenden Menschen als einen nicht bloß vorübergehenden erscheinen lässt, wobei die Benutzung nicht nur vereinzelt in größeren Zwischenräumen, sondern im wesentlichen fortgesetzt und stetig, je nach Bedürfnis, bald längere, bald kürzere Zeit, zumindest in einer durch die konkreten Verhältnisse bedingten regelmäßigen Wiederholung erfolgt.

Über die reine Gefahrenabwehr hinaus enthält das Bauordnungsrecht seit langem auch Anforderungen aus dem Bereich der Wohlfahrtspflege. Neben dem Bereich des **Gesundheitsschutzes** sind daher dem Bereich der **Wohlfahrtspflege** die Anforderungen an Aufenthaltsräume und Wohnungen zuzuordnen, die bereits in den preußischen Baupolizeiverordnungen des 19. Jahrhunderts enthalten waren. Die Anforderungen des § 48 BauO NRW an die Lage und Größe der Aufenthaltsräume sowie deren Beleuchtung und Belüftung bezwecken ein allgemeines Wohlbefinden der Benutzer dieser Räume; sie gehen zum Teil über den Bereich der unmittelbaren Gefahrenabwehr hinaus. Die Anforderungen des § 48 BauO NRW beziehen sich in erster Linie auf Wohnungen bzw. dem Wohnen vergleichbare Nutzungen. Daher können sich für **Aufenthaltsräume in Sonderbauten** weitergehende Anforderungen aus sonstigem öffentlichem Recht ergeben (vgl. z. B. die Anforderungen Arbeitsräume nach Nr. 1.2 des Anhangs zur ArbStättV). 2

## 2 Zu Absatz 1 – Grundfläche und lichte Höhe

### 2.1 Ausreichende Grundfläche

Die in **Satz 1** entsprechend der Benutzung geforderte **ausreichende Grundfläche** ist nicht näher bestimmt. Geht man davon aus, dass ein Aufenthaltsraum außer der ausreichenden Belichtung entsprechend Absatz 2 und einer lichten Mindesthöhe auch einen Mindestluftinhalt aufweisen muss, um bei natürlichem Luftwechsel noch als Aufenthaltsraum, z. B. als Schlafraum, geeignet zu sein, so dürften die früheren Vorschriften für Gefängniszellen, die ja auch als Aufenthaltsräume zu bewerten sind, das Minimum dessen darstellen, was im Interesse des Gesundheitsschutzes noch hingenommen werden kann. Nach den Richtlinien für den Bau und die Einrichtung von Gefängnissen in Preußen waren für die Einzelzelle 22 bis 24 m³ Luftraum gefordert, so dass bei einer lichten Raumhöhe von 2,50 m rund 9 m² Raumfläche erforderlich waren. Nach heutiger Auffassung ist man bereit, ein Luftraummaß der Einzelzelle als Schlafzelle von 15 m³ zuzulassen, so dass sich bei 2,50 m lichter Raumhöhe ein Flächenmaß von 6 m² ergibt. Dies entspricht auch wissenschaftlichen Erkenntnissen, wonach ein erforderliches **Minimum an Luftraum für den Schlaf einer Person** von **15 m³** sicherzustellen ist (OVG Lüneburg, Urteil vom 11. 5. 1978 – VI A 7/78, OVGE 34, 407). Hiervon ist bei der Ermittlung der Mindestgrundfläche eines Aufenthaltsraumes auszugehen. Teilt man das Volumen von 15 m³ durch die Mindestraumhöhe von 2,40 m bzw. die nach Nr. 48.1 VV BauO NRW „vertretbaren" Raumhöhen von 2,30 m und 2,20 m, so ergeben sich Mindestgrundflächen von 6,25 m², bzw. von 6,52 m² und 6,82 m². 3

Das Erfordernis eines **ausreichenden Raumluftwechsels** bietet einen weiteren Anhalt für die Mindestgröße eines Aufenthaltsraums. Um den Kohlesäuregehalt der Raumluft möglichst nicht über 1 Promille ansteigen zu lassen, ist rein rechnerisch für Erwachsene bei einfachem stündlichen Luftaustausch ein Luftraum von 32 m³ erforderlich. Selbst bei geschlossenen Fenstern, ergibt sich noch ein natürlicher 1,5- bis 2-facher stündlicher Luftwechsel, woraus sich ein Luftraum von 24 m³ bis 16 m³ und bei einer lichten Raumhöhe von 2,50 m bzw. 2,40 m eine Mindestraumgröße von 9,6 m² bis 6,4 m² bzw. von 10 m² bis 6,7 m² ableiten lässt (vgl. Neufert, Bauentwurfslehre, 34. Auflage 1996, S. 29). 3 a

**3 b** Diese Berechnungen zeigen, dass der unbestimmte Rechtsbegriff „**ausreichende** Grundfläche" sorgfältiger planerischer Überlegungen bedarf, wobei die beabsichtigte Nutzungsart des Raumes (z.B. Schlafraum oder Arbeitsraum) und die regelmäßig zu erwartende Personenzahl von Bedeutung sind, um Missstände bei der Benutzung der Räume von vornherein auszuschließen, was dem Entwurfsverfasser eine erhebliche Verantwortung auferlegt. Die Vorschrift stellt mit der Formulierung „**für ihre Benutzung**" auf die **Zweckbestimmung** des Raumes ab.

Für **dem Wohnen nicht vergleichbare Nutzungen** können sich andere Aufenthaltsraumgrößen ergeben, insbesondere wenn **Rechtsvorschriften** dies für **Sonderbauten** ausdrücklich regeln:

- nach § 27 **KhBauVO** müssen Einbettzimmer 10 m² Grundfläche und Mehrbettzimmer 8 m² Grundfläche je Bett haben;
- die §§ 14, 19 und 23 **HeimMindBauV** stellen Anforderungen an die Mindestfläche der Wohnplätze und der Pflegeplätze;
- nach Nr. 1.2 Abs. 1 des Anhangs zur **ArbStättV** müssen Arbeitsräume eine ausreichende Grundfläche aufweisen, so dass die Beschäftigten ohne Beeinträchtigung ihrer Sicherheit, ihrer Gesundheit oder ihres Wohlbefindens ihre Arbeit verrichten können, wobei nach Abs. 3 die Größe des notwendigen Luftraumes in Abhängigkeit von der Art der körperlichen Beanspruchung und der Anzahl der Beschäftigten sowie der sonstigen anwesenden Personen zu bemessen ist.

### 2.2 Lichte Höhe

**4** **Satz 1** verlangt für Aufenthaltsräume eine **lichte Höhe** von mindestens **2,40 m**. Dieses Maß entspricht dem der MBO und dem europäischen Modul der Höhenmaße (0,15/0,30/0,60/1,20/2,40 m). Die Anforderung bezieht sich auf Wohngebäude und Gebäude mit vergleichbaren Nutzungen. Für einzelne Sonderbauten bestehen Anforderungen oder Erleichterungen in Sonderbauvorschriften oder sonstigem öffentlichem Recht:

- nach § 27 **KhBauVO** müssen Bettenzimmer eine lichte Höhe von 3 m haben; bei solchen bis zu 5,50 m Tiefe reichen 2,70 m;
- nach § 14 Abs. 2 **CWVO** werden für Wochenendhäuser auf Wochenendplätzen keine Anforderungen an die lichte Höhe der Aufenthaltsräume gestellt;
- nach Nr. 1.2 Abs. 1 des Anhangs zur **ArbStättV** müssen Arbeitsräume eine, in Abhängigkeit von der Größe der Grundfläche der Räume, ausreichende lichte Höhe aufweisen, so dass die Beschäftigten ohne Beeinträchtigung ihrer Sicherheit, ihrer Gesundheit oder ihres Wohlbefindens ihre Arbeit verrichten können.

**Satz 2** ermöglicht es, wenn **wegen der Benutzung Bedenken nicht** bestehen, **geringere** lichte Höhen als 2,40 m zu gestatten:

- für Aufenthaltsräume in Wohngebäuden mit nicht mehr als zwei Wohnungen,
- für Aufenthaltsräume im Dachraum,
- für Aufenthaltsräume im Kellergeschoss,
- für einzelne Aufenthaltsräume (einer Nutzungseinheit) und
- für Teile von Aufenthaltsräumen.

**Wann** bzw. in welchen Fällen bzw. bei welchen Raumhöhen wegen der Benutzung **Bedenken nicht bestehen**, konkretisiert Nr. 48.1 VV BauO NRW. Da es einer Bauaufsichtsbehörde an Kriterien für die Feststellung mangeln wird, stellt Nr. 48.1 VV BauO NRW fest, dass in einem Wohngebäude mit nicht mehr als zwei Wohnungen eine lichte Höhe von 2,30 m vertretbar ist. Da gemäß § 48 Abs. 1 Satz 2 geringere Raumhöhen als 2,40 m „gestattet werden" **können,** bedeutet dies, dass in jedem **Einzelfall** über die Zulässigkeit geringerer Raumhöhen im Rahmen einer **Abweichung nach § 73 BauO NRW** entschieden werden muss. 5

Von der Abweichungsgestattung des Satzes 2 und von Nr. 48.1 VV BauO NRW werden nahezu ausschließlich **Wohngebäude** erfasst. Diese unterliegen entweder der „**Freistellung**" vom Genehmigungsverfahren nach § 67 BauO NRW oder dem **vereinfachten** Genehmigungsverfahren nach § 68 BauO NRW. Weder bei den freigestellten Maßnahmen noch im vereinfachten Genehmigungsverfahren werden jedoch die Raumhöhen geprüft (§ 68 Abs. 1 Satz 2 BauO NRW). In beiden Fällen muss der Bauherr, wenn er geringere Raumhöhen als 2,40 plant, die Bauaufsichtsbehörde über die Zulässigkeit der geplanten Höhen im Rahmen einer Abweichung nach § 73 BauO NRW entscheiden lassen; das ergibt sich aus der Verweisung in § 67 Abs. 5 Satz 7 auf § 68 Abs. 7 BauO NRW und aus der Vorschrift des § 68 Abs. 7 BauO NRW selbst, nach der über Abweichungen von den nach § 68 Abs. 1 Satz 2 BauO NRW nicht zu prüfenden Vorschriften die Genehmigungsbehörde auf **besonderen Antrag** entscheidet. 5 a

Nr. 48.1 VV BauO NRW hält folgende lichte Höhen von Aufenthaltsräumen für vertretbar: 6

- **2,30 m** bei Wohngebäuden mit **nicht mehr als zwei** Wohnungen,
- **2,20 m** im **Dachraum** und im Kellergeschoss, jedoch beschränkt auf Kleinwohnungen (Appartement) und auf einzelne Aufenthaltsräume, die zu einer Wohnung in anderen Geschossen gehören, jedoch nicht unmittelbar mit diesen Wohnungen verbunden sein müssen.

Für die Unterschreitung der sonst erforderlichen lichten Höhe von 2,40 m für **einzelne** Aufenthaltsräume einer Wohnung legt sich die VV BauO NRW auf kein Maß als vertretbar fest. Gegen eine Unterschreitung der lichten Höhe von 2,20 m bestehen jedoch Bedenken wegen der Benutzung, insbesondere wegen der Gesundheit.

Wenn die VV BauO NRW dies für Kleinwohnungen ausdrücklich als „vertretbar" bezeichnet, sollte auch bei Wohnungen im Dachraum (unabhängig vom Gebäudetyp und unabhängig von der Wohnungsgröße) für deren Aufenthaltsräume die Gestattung einer lichten Höhe von 2,30 m möglich sein, denn sonst wäre hier eine unzulässige Verschärfung des Gesetzes durch die VV BauO NRW erkennbar, die den Erfahrungen mit Aufenthaltsräumen im Dachraum nicht gerecht würde. Unter dem „**Dachraum**" ist der **durch das Dach begrenzte Raum** zu verstehen (vgl. OVG NRW, Urteil vom 20. 11. 1979 – X A 995/79, BRS 35 Nr. 107 = zur Unterscheidung von Decke und Dach als Raumabschluss). 7

Die Mindestmaße der VV BauO NRW dürfen nicht unterschritten werden; einzelne Bauteile, wie **Balken** oder **Unterzüge**, schränken die lichte Höhe jedoch nicht ein. **Emporen** und **Galerien** sind stets Bestandteil eines Raumes (nach innen gekehrter Balkon bzw. nach innen gekehrte Loggien). Oberhalb und unterhalb derselben genügt eine geringere lichte Höhe, da der Raum für sich die erforderliche Raumhöhe haben muss (s. die Anmerkungen zu § 2 Rdn. 190). 8

### 3 Zu Absatz 2 und 3 – Notwendige Fenster

9 Nach Absatz 2 **Satz 1** müssen Aufenthaltsräume **unmittelbar ins Freie** führende Fenster von solcher **Zahl** und **Beschaffenheit** haben, dass die Räume **ausreichend Tageslicht** erhalten und belüftet werden können. Diese Fenster definiert die BauO NRW als „**notwendige**" Fenster.

10 **Notwendige** Fenster müssen nicht nur wegen der erforderlichen Versorgung mit Tageslicht und Frischluft unmittelbar ins Freie führen, sondern auch, um eine ausreichende Sichtverbindung - den visuellen Kontakt - zur Außenwelt zu ermöglichen. Notwendige Fenster haben darüber hinaus den Zweck, dem Menschen von seinem privaten Hauptlebensraum aus die visuelle Partizipation an seiner natürlichen und sozialen Umwelt zu ermöglichen (OVG NRW, Urteil vom 30.6.1983 – 11 A 2491/82, BRS 40 Nr. 110 = WuM 1984, 58).

11 Daher reichen Oberlichte – z.B. Lichtkuppeln, Lichtbänder unterhalb der Decke oder in Sheddächern – als alleinige Quelle für die Beleuchtung mit Tageslicht **nicht** aus (vgl. Nr. 48.22 VV BauO NRW). Die Unterkante eines notwendigen Fensters sollte stets unterhalb der Augenhöhe und somit nicht höher als 1,20 m oberhalb des Fußbodens angeordnet sein (s. auch die Anmerkungen zu § 40 Rdn. 6). Das ergibt sich auch im Umkehrschluss aus Absatz 2 **Satz 3**, wonach **Oberlichte** anstelle von Fenstern dann zulässig sind, wenn wegen der Nutzung der Räume Bedenken nicht bestehen. Diese Bedenken bestehen nicht bei Hörsälen, Sitzungssälen und ähnlichen Räumen, in denen sich derselbe Personenkreis nur wenige Stunden aufhält (vgl. Nr. 48.22 VV BauO NRW). Eine Sichtverbindung nach außen („**Kontaktfenster**") schrieb bislang auch § 7 Abs. 1 der ArbStättV vom 20.3.1975 (BGBl. I S. 729) für Arbeits-, Pausen-, Bereitschafts-, Liege- und Sanitätsräume grundsätzlich vor. Aus der neu gefassten ArbStättV vom 12.8.2004 (BGBl. I S. 2179) ist diese Forderung nicht mehr direkt ablesbar. Auch Nr. 3.4 Abs. 1 des Anhangs zur ArbStättV verlangt lediglich, dass die Arbeitsstätten möglichst ausreichend Tageslicht erhalten und mit Einrichtungen für eine der Sicherheit und dem Gesundheitsschutz der Beschäftigten angemessenen künstlichen Beleuchtung ausgestattet sein müssen.

12 Die **Zahl** notwendiger Fenster hängt von der Grundrissform des Raumes und seiner Nutzung ab, aber auch von der auf die Grundfläche des Raumes bezogenen erforderlichen Fensterfläche (s. Rdn. 15). Bei übertiefen Räumen sollten diese durch zusätzliche seitliche oder rückwärtige Fenster beleuchtet werden. Wissenschaftliche Erkenntnisse haben gezeigt, dass ein Raum ab einer Tiefe von 8 m selbst dann nicht mehr ausreichend beleuchtet wird, wenn seine gesamte Außenwand als Fenster ausgebildet wird.

13 Die vom BGH im Urteil vom 13.7.1960 (– V ZR 90/59, MDR 1960, 915) vertretene Auffassung, nach dem allgemeinen Sprachgebrauch sei für den Begriff „Fenster" (allein) die Lichtdurchlässigkeit entscheidend, es sich also auch dann um Fenster handele, wenn Maueröffnungen mit Glasbausteinen fensterartig ausgefüllt seien, durch die man nicht hindurch sehen kann und die weder Luft noch Geräusche hindurch lassen, kann daher für die bauordnungsrechtlichen Anforderungen hinsichtlich der Beschaffenheit notwendiger Fenster **nicht** gelten (so auch Große-Suchsdorf/Lindorf/Schmaltz/Wiechert, zu § 43 Rdn. 26). Ein **Glasbausteinfenster** in der Außenwand eines Gebäudes ist kein Fenster im Sinne des Bauordnungsrechts; es kann daher kein notwendiges Fenster sein (Hess. VGH, Beschluss vom 13.3.1972 – IV TG 2/72, BRS 25 Nr. 110 sowie VGH B-W, Urteil vom 28.3.1979 – III 1455/77, BRS 35 Nr. 106).

Die Bestimmung, dass notwendige Fenster auch der **Belüftung** der Aufenthaltsräume dienen, bezieht sich nicht auf jedes Fenster, wenn ein Aufenthaltsraum mehrere Fenster hat, und schließt Aufenthaltsräume mit nicht zu öffnenden Fenstern und einer mechanischen Belüftung (z.B. durch Klimaanlage) nicht aus. Fenster, die nicht geöffnet werden können, kommen als zweiter Rettungsweg nach § 17 Abs. 3 in Verbindung mit § 40 Abs. 4 BauO NRW nicht in Betracht. **14**

Das **Rohbaumaß** der Fensteröffnung muss mindestens **ein Achtel der Grundfläche** des Raumes betragen, um die ausreichende Beleuchtung des Aufenthaltsraumes mit Tageslicht zu gewährleisten. Ein geringeres Maß ist nur für solche Fenster zulässig, die nicht rechtwinklig verbaut sind und vor denen die Freihaltung einer Abstandfläche gewährleistet ist, die nicht unwesentlich größer als die nach § 6 erforderliche sein muss (s. auch die Anmerkungen zu § 6 Rdn. 16). **15**

## 4 Zu Absatz 4 – Aufenthaltsräume ohne Fenster

Absatz 4 regelt in den **Sätzen 1** bis **3** die Fälle, in denen Aufenthaltsräume ohne Fenster zulässig sind. **16**

Die in **Satz 1** genannten Aufenthaltsräume, deren Nutzung eine natürliche Beleuchtung und Belüftung durch Fenster **verbietet**, können in erster Linie nur ganz spezielle Arbeitsräume sein, z.B. Dunkelkammern in Fotolabors. Aber auch die Zuschauerräume von Theatern und Kinos wären zu diesen Räumen ebenso zu rechnen wie Bühnenräume. Hier folgen die Rechtsvorschriften den sich aus dem Nutzungszweck ergebenden praktischen Notwendigkeiten und verlangen nur einen Ausgleich der unvermeidbaren Nachteile für den Gesundheitsschutz. Bei diesen Räumen muss eine **wirksame Lüftung**, z.B. durch eine Lüftungsanlage, nach den allgemein anerkannten Regeln der Technik gesichert sein.

**Satz 2** erleichtert die Grundrissgestaltung tiefer Gebäude. Danach sind Küchen ohne Fenster zulässig, wenn sie eine Sichtverbindung zu einem Aufenthaltsraum haben, der seinerseits notwendige Fenster ausreichender Größe entsprechend Absatz 2 Sätze 1 und 2 aufweist. Innenliegende Küchen sind dann zulässig, wenn sie z.B. durch (verglaste) Türen oder Lichtbänder so mit dem Aufenthaltsraum verbunden sind, dass zwischen beiden Räumen ein ständiger Sichtkontakt möglich ist. Das schließt Oberlichte unterhalb der Decke aus. Die fensterlose Küche muss außer dem Sichtkontakt zum Aufenthaltsraum eine wirksame Lüftung haben, wobei die Art der Lüftung nicht vorgeschrieben ist; sie muss den allgemein anerkannten Regeln der Technik entsprechen. Die bauaufsichtliche „Richtlinie über die Lüftung fensterloser Küchen, Bäder und Toilettenräume in Wohnungen“ ist als technische Baubestimmung nach § 3 Abs. 3 BauO NRW eingeführt (s. die Anmerkungen zu § 50 Rdn. 10). **17**

**Satz 3** erfasst Aufenthaltsräume, die nicht dem Wohnen dienen. Diese sind ohne Fenster oder mit geringerer Fensterfläche als nach Absatz 2 zulässig, wenn wegen der Gesundheit Bedenken nicht bestehen. Als Räume ohne Fenster kommen z.B. Hörsäle, Sitzungssäle und ähnliche Räume in Betracht, in denen sich derselbe Personenkreis nur während weniger Stunden aufhält. Gestattet die Lage von Aufenthaltsräumen die Anordnung von Fenstern, die ihrerseits jedoch nicht nach Absatz 2 erforderliche Fensterfläche erreichen, so sind gleichwohl aus Gründen der Gesundheit und der Erzielung des „Wohlbefindens“ sowie auch aufgrund des Arbeitsstättenrechts Fenster erforderlich, **18**

die eine Sichtverbindung (Kontaktfenster) herstellen. Nach dem nicht in die VV BauO NRW 2000 übernommenen Nr. 48.42 Satz 2 VV BauO NW 1997 konnte bei nachfolgenden Arbeitsräumen auf Kontaktfenster verzichtet werden:

a) bei Arbeitsräumen, die tagsüber von Arbeitnehmern nicht länger als etwa 4 Stunden benutzt werden, sofern sichergestellt ist, dass sie sich in der übrigen Zeit nicht in anderen fensterlosen Arbeitsräumen aufhalten,
b) bei großflächigen Arbeitsräumen, in denen sich aus der Anordnung der Arbeitsplätze zwingend ergibt, dass nur sehr wenigen Arbeitnehmern ein Ausblick aus dem Fenster möglich wäre,
c) bei großflächigen Verkaufs- oder Schankräumen mit starkem Kundenverkehr,
d) wenn die Fenster in so geringem Abstand zu vorhandener Bebauung liegen würden, dass ein Ausblick ins Freie nicht möglich wäre.

Es ist davon auszugehen, dass die nicht übernommenen Ausführungen der VV BauO NW 1997 nach wie vor herangezogen werden können.

**19** Nach **Satz 4** dürfen Wohnräume anstelle einer natürlichen Lüftung durch Fenster **mechanisch betriebene** Lüftungsanlagen haben, wenn wegen der Gesundheit Bedenken nicht bestehen und die Lüftungsanlagen der Energieeinsparung dienen. Mit dieser Regelung wird der zunehmenden Bedeutung von Lüftungsanlagen für die Energieeinsparung in Gebäuden Rechnung getragen. Damit ist auch im Wohnbereich eine Wärmerückgewinnung mittels mechanischer Lüftungsanlagen möglich. Eine wirksame Lüftung der Räume ist gewährleistet, wenn die Lüftungsanlage den Technischen Baubestimmungen entspricht. Lüftungsanlagen in Wohnungen oder diesen ähnlichen Nutzungseinheiten mit Einrichtungen zur Wärmerückgewinnung sind nach § 66 Satz 1 Nr. 7 BauO NRW von einem Baugenehmigungsverfahren **freigestellt**.

### 5 Zu Absatz 5 – Aufenthaltsräume in Kellergeschossen

**20** Die Vorschriften der Absätze 1 bis 3 ergeben, dass Aufenthaltsräume grundsätzlich oberhalb der Geländeoberfläche gelegen sein müssen – ansonsten wären die Anforderungen des Absatzes 2 nicht zu erfüllen. Absätze 5 und 6 regeln die Voraussetzungen, unter denen Aufenthaltsräume in Kellergeschossen zulässig sind. Unter **Kellergeschoss** sind solche Geschosse zu verstehen, die so tief unterhalb der Geländeoberfläche gelegen sind, dass die gegebenenfalls noch freiliegende Außenwand des Geschosses eine ausreichende Beleuchtung und Belüftung nach Absatz 2 nicht mehr zulässt.

**21** Erleichternd gegenüber den zuvor erläuterten Regelungen sind nach **Satz 1** in Kellergeschossen zulässig:

– Aufenthaltsräume, deren Nutzung eine Beleuchtung mit Tageslicht verbietet (s. Rdn. 16), ferner
– Verkaufsräume, Gaststätten, ärztliche Behandlungsräume, Sport- und Spielräume sowie ähnliche Räume.

Bei diesen Aufenthaltsräumen handelt es sich um solche, die **nicht dem Wohnen** dienen. An die Lage und die Ausstattung dieser Aufenthaltsräume werden in Sonderbauverordnungen Anforderungen gestellt. So dürfen Verkaufsräume im Mittel nur 5 m unter der Geländeoberfläche liegen, vgl. § 20 VkVO, in Versammlungsstätten werden Feuerlöschanlagen erforderlich, vgl. § 19 Abs. 6 VStättVO.

Bei den ähnlichen Räumen handelt es sich auch um **Bastel**- oder **Hobbyräume**, um **Fitnessräume** und um **Partykeller** in Wohngebäuden.

Alle genannten Räume sind den allgemein anerkannten Regeln der Technik entsprechend zu lüften.

**Satz 2** erklärt **einzelne** Aufenthaltsräume, die dem **Wohnen** dienen, dann im Kellergeschoss für zulässig, wenn sie zu einer Wohnung im Erdgeschoss gehören und mit dieser über eine **in der Wohnung selbst liegende** Treppe unmittelbar verbunden sind. Aus Satz 3 ergibt sich, dass diese Aufenthaltsräume keiner Fenster bedürfen, die den Vorschriften des Absatzes 2 an notwendige Fenster entsprechen. Durch die Einschränkung, dass die **Verbindungstreppe in der Wohnung** selbst liegen muss, will der Gesetzgeber verhindern, dass solche Aufenthaltsräume als selbständige Einheit (z.B. Appartement) genutzt werden können. Bei diesen Wohnungen wird man sicher nicht gerade den Wohnraum im Kellergeschoss anordnen; Schlafräume oder private Arbeitsräume, die auch zu lüften sein müssen, sind im Kellergeschoss durchaus denkbar. 22

**Satz 3** regelt die Voraussetzungen für die Zulässigkeit von **sonstigen Aufenthaltsräumen** und **Wohnungen** in Kellergeschossen. Diese Räume müssen den Vorschriften des Absatzes 2 entsprechende **notwendige Fenster** erhalten. Der Fußboden dieser Räume darf **nicht tiefer als 0,80 m** unterhalb des Geländes liegen, das an der Außenwand mit den notwendigen Fenstern ansteht. 23

Das **Gelände** muss hinsichtlich seiner Oberfläche (Breite und Entfernung vor dem notwendigen Fenster) so gestaltet sein, dass die Aufenthaltsräume ausreichend mit Tageslicht versorgt werden. Diese Forderung ist in **ebenem** Gelände oder in einem Gelände, das vom Gebäudeanschluss aus **abfällt**, stets erfüllt. 24

Anders ist es bei **ansteigendem** Gelände oder bei **Abgrabungen** zur Beleuchtung der Räume. In diesen Fällen sollte der Böschungswinkel so flach geneigt sein, dass eine ausreichende Beleuchtung der Aufenthaltsräume mit Tageslicht gewährleistet ist. Im Allgemeinen wird es genügen, wenn das Gelände erst 2 m vor der Außenwand mit den notwendigen Fenstern und von dort dann unter einem maximalen Neigungswinkel von 45° ansteigt. 25

Steigt das Gelände schon in einem Abstand von weniger als 2 m an, bietet sich eine **sinngemäße Anwendung** der **Abstandflächenregel** des § 6 BauO NRW an, die unter anderem die ausreichende Versorgung von Aufenthaltsräumen mit Tageslicht bezweckt (s. die Anmerkungen zu § 6 Rdn. 16). Danach wäre ein Aufenthaltsraum ausreichend mit Tageslicht versorgt, wenn das Gelände nur so ansteigt, dass es in einer für einen Gebäudemindestabstand erforderlichen Entfernung von 4,4 m (2 × 3 m Mindestabstand unberücksichtigt) vor dem notwendigen Fenster eine übliche Geschosshöhe (von 2,75 m) nicht übersteigt. Zu diesem Ergebnis kommt man über die Bemessungsregel des § 6 Abs. 4 und 5 BauO NRW:

$$2 \times 0{,}8\ (H) \times 2{,}75\ m = \mathbf{4{,}4\ m.}$$

Aus dieser Bemessungsüberlegung ergibt sich im Umkehrschluss, dass in einem Abstand von 2,5 m vor der Außenwand das Gelände nicht höher als

$$2{,}5\ m : 2 \times 0{,}8\ (H) = \text{rund } 1{,}55\ m$$

über der Fußbodenoberkante des Aufenthaltsraumes liegen darf (zum gleichen Ergebnis kommen auch Buntenbroich/Voß, zu § 48 Rdn. 23).

26 Die in den Rechenbeispielen eingesetzten Werte sollten nur das System der sinngemäßen Anwendung der Abstandflächenregel verdeutlichen. Das zweite Beispiel führt zu einem Ergebnis, in dem die Höhe der Geländekante gerade noch unterhalb der Augenhöhe eines Menschen in dem zu beleuchtenden Aufenthaltsraum liegt. In diesem Fall ist die erforderliche Kommunikation zwischen drinnen und draußen, der visuelle Kontakt zur Außenwelt (s. Rdn. 11) gerade noch möglich. Eine Wohnung im Kellergeschoss, dessen Deckenunterkante etwa in Höhe der Geländeoberfläche liegt, so dass sämtliche Aufenthaltsräume nur durch Abgrabung beleuchtet werden können, ist im Hinblick auf die Gesundheit der Bewohner bedenklich (ebenso Buntenbroich/Voß, zu § 48 Rdn. 23).

### 6 Zu Absatz 6 – Rettungswege in Kellergeschossen

27 Nach **Satz 1** müssen Aufenthaltsräume in Kellergeschossen unmittelbar mit Rettungswegen in Verbindung stehen. Der **erste** Rettungsweg muss nach § 17 Abs. 3 Satz 2 BauO NRW eine **notwendige Treppe** sein.

28 Der **zweite** Rettungsweg muss in den Fällen des Absatzes 5 Satz 1 und 2 eine zweite notwendige Treppe oder ein unmittelbarer Ausgang (auch über eine Kellertreppe) ins Freie sein. In Fällen des Satzes 3 kann der zweite Rettungsweg über die notwendigen Fenster gesichert werden.

29 In den Fällen des Absatzes 5 Satz 1 bis 3 kann der erste Rettungsweg auch eine Treppe nach § 37 Abs. 1 Satz 4 BauO NRW sein. Hiernach sind für die innere Verbindung von höchstens zwei Geschossen derselben Nutzungseinheit innenliegende Treppen ohne eigenen Treppenraum zulässig, wenn in jedem Geschoss ein anderer Rettungsweg erreicht werden kann.

30 Für **Sonderbauten** gelten die in den Sonderbauverordnungen geregelten besonderen Anforderungen. So müssen Verkaufsräume mit mehr als 2000 m² Nutzfläche, Beherbergungsräume und Versammlungsräume für mehr als 200 Besucher grundsätzlich (auch wenn sie über notwendige Fenster verfügen) an mindestens zwei voneinander unabhängige Treppenräume bzw. Rettungswege angeschlossen sein; direkte Ausgänge ins Freie erfüllen die gleiche Funktion (§ 3 BeVO, § 6 VStättVO).

31 Nach **Satz 2** müssen die Aufenthaltsräume und deren Rettungswege von anderen (fremden) Räumen im Kellergeschoss durch Wände der Feuerwiderstandsklasse F 90 und in den wesentlichen Teilen aus nichtbrennbaren Baustoffen (F 90-AB) abgetrennt sein; Türen in diesen Wänden müssen der Feuerwiderstandsklasse T 30 entsprechen. Die brandschutztechnischen Anforderungen sind in Kellergeschossen in aller Regel höher als in Normalgeschossen, da eine Brandbekämpfung in Kellergeschossen wegen der ungünstigen Lage und der ungünstigen Ventilationsverhältnisse sehr schwierig ist.

32 Die Anforderungen der Sätze 1 und 2 gelten entsprechend **Satz 3** nicht für Wohngebäude mit nicht mehr als zwei Wohnungen. Selbstverständlich gilt auch für diese Gebäude die Grundanforderung des § 17 Abs. 3 BauO NRW, wonach jede Nutzungseinheit mit Aufenthaltsräumen in jedem Geschoss über mindestens zwei voneinander unabhängige Rettungswege erreichbar sein muss.

## § 49
## Wohnungen

**(1) [1]Jede Wohnung muss von anderen Wohnungen und fremden Räumen baulich abgeschlossen sein und einen eigenen, abschließbaren Zugang unmittelbar vom Freien, von einem Treppenraum, einem Flur oder einem anderen Vorraum haben. [2]Dies gilt nicht für Wohnungen in Wohngebäuden mit nicht mehr als zwei Wohnungen. [3]Wohnungen in Gebäuden, die nicht nur zum Wohnen dienen, müssen einen besonderen Zugang haben; gemeinsame Zugänge sind zulässig, wenn Gefahren oder unzumutbare Belästigungen für die Benutzerinnen und Benutzer der Wohnungen nicht entstehen.**

**(2) [1]In Gebäuden mit mehr als zwei Wohnungen müssen die Wohnungen eines Geschosses barrierefrei erreichbar sein. [2]In diesen Wohnungen müssen die Wohn- und Schlafräume, eine Toilette, ein Bad und die Küche oder Kochnische mit dem Rollstuhl zugänglich sein. [3]Abweichungen von den Sätzen 1 und 2 sind zuzulassen, soweit die Anforderungen nur mit unverhältnismäßigem Mehraufwand erfüllt werden können, insbesondere wegen schwieriger Geländeverhältnisse, ungünstiger vorhandener Bebauung oder weil sie den Einbau eines sonst nicht notwendigen Aufzugs erfordern.**

**(3) [1]Wohnungen müssen durchlüftet werden können. [2]Reine Nordlage aller Wohn- und Schlafräume ist unzulässig.**

**(4) [1]Jede Wohnung muss eine Küche oder Kochnische haben sowie über einen Abstellraum verfügen. [2]Der Abstellraum soll mindestens 6 m² groß sein; davon soll außer in Wohngebäuden mit nicht mehr als zwei Wohnungen eine Abstellfläche von mindestens 0,5 m² innerhalb der Wohnung liegen.**

**(5) Für Gebäude mit Wohnungen in den Obergeschossen sollen leicht erreichbare und zugängliche Abstellräume für Kinderwagen und Fahrräder sowie Rollstühle, Gehwagen und ähnliche Hilfsmittel hergestellt werden.**

**(6) Für Gebäude mit mehr als zwei Wohnungen sollen ausreichend große Trockenräume zur gemeinschaftlichen Benutzung eingerichtet werden.**

***VV BauO NRW*** *(infolge Befristung mit Ablauf des 31.12.2005 ausgelaufen)*

***49 Wohnungen (§ 49)***

*49.1 Zu Absatz 1*

*In Wohngebäuden mit nicht mehr als zwei Wohnungen können die Zugänge zu den Wohnungen – z.B. Hauseingang, Vorraum, Treppenraum – gemeinsam genutzt werden (nicht abgeschlossene Wohnung, „Einliegerwohnung“). Gehören die Wohnungen verschiedenen Eigentümern oder soll für eine Wohnung ein Dauerwohnrecht begründet werden, so müssen sie allerdings voll den Anforderungen des § 49 Abs. 1 Satz 1 entsprechen (§ 3 Abs. 2 bzw. § 32 Abs. 1 WEG).*

*Die Anforderungen an Trennwände (§ 29 Abs. 1, § 30) und Decken (§ 34 Abs. 1) gelten auch für nicht abgeschlossene Wohnungen.*

*49.2 Zu Absatz 2*

*Die Wohnungen nach § 49 Abs. 2 müssen barrierefrei erreichbar sein. Dies bedeutet, dass auf dem Grundstück entsprechende bauliche Vorkehrungen getroffen werden müssen, wie z.B. Rampen, erforderliche Bewegungsflächen, ggf. Aufzüge etc. Da die wesentlichen Räume dieser Wohnungen mit dem Rollstuhl zugänglich sein müssen, müssen die erforderlichen Mindesttürbreiten und ggf. dafür notwendige Bewegungsflächen vorhanden sein.*

*Es ist nicht vorgesehen, die DIN 18025 bauaufsichtlich einzuführen, denn die Wohnungen nach § 49 Abs. 2 müssen nicht rollstuhlgerecht im Sinne der DIN 18025, Teil 1, sein. Die DIN 18025 kann daher zwar nicht unmittelbar angewendet werden. Die in ihr enthaltenen Begriffsbestimmungen und Maße können jedoch im Einzelfall geeignet sein, um die unbestimmten Rechtsbegriffe der Vorschrift zu konkretisieren.*

*Ein unverhältnismäßiger Mehraufwand ist nicht bereits dann anzunehmen, wenn wegen der Anforderungen gemäß § 49 Abs. 2 zusätzliche Kosten entstehen. Vielmehr muss es wegen der beabsichtigten Nutzung des Gebäudes entweder unmöglich sein, die Wohnungen im Erdgeschoss zu errichten, oder, wegen der Grundstücksverhältnisse, die im Erdgeschoss liegenden Wohnungen (auch über eine Rampe) zu erreichen, so dass ein Aufzug gebaut oder auf vergleichbar aufwendige technische Lösungen zurückgegriffen werden müsste.*

*49.3 Zu Absatz 3*

*Die Durchlüftung ist möglich durch Querlüftung, durch Lüftung über Eck oder durch Lüftungsleitungen, die für jede Wohnung getrennt angeordnet sind. Eine Querlüftung über Treppenräume oder andere gemeinschaftliche Vorräume ist nur möglich, wenn keine Belästigungen zu erwarten sind.*

*49.32 Als reine Nordlage gilt die Lage der Außenwand zwischen NO und NW. Besondere Bedeutung gewinnt diese Vorschrift bei Kleinwohnungen (z. B. Appartements, Altenwohnungen).*

*49.4 Zu Absatz 4*

*Ist ein Abstellraum innerhalb der Wohnung nicht vorgesehen, so muss in den Bauvorlagen eine Fläche von mindestens 0,5 m² dargestellt sein, auf der eine Abstellmöglichkeit – z. B. Schränke für Reinigungsgeräte – geschaffen werden kann.*

*Der übrige Abstellraum muss nicht im Wohngebäude selbst liegen; er kann auch in einem Nebengebäude angeordnet sein. Eine Unterschreitung der geforderten Grundfläche von 6 m² kommt nur in begründeten Fällen – z. B. Studentenwohnungen – in Betracht.*

*49.5 Zu Absatz 5*

*Als leicht erreichbar und gut zugänglich können Abstellräume für Kinderwagen und Fahrräder im Allgemeinen nur angesehen werden, wenn sie zu ebener Erde oder im Keller angeordnet sind. Die Abstellräume können auch in Nebengebäuden oder als Gemeinschaftsanlage in einem Gebäude für mehrere unmittelbar benachbarte Wohngebäude hergestellt werden.*

*Abstellräume für Rollstühle, Gehwagen und ähnliche Hilfsmittel dürfen nur im Erdgeschoss oder in einem Geschoss, dass mithilfe eines Aufzuges erreicht werden kann, eingerichtet werden.*

*Auf gesonderte Abstellräume kann verzichtet werden, wenn die Größe des Abstellraums nach Absatz 4 unter Berücksichtigung der Größe der Wohnung, für die er vorgesehen ist, für die Aufnahme der in Absatz 5 genannten Gegenstände ausreichend bemessen ist.*

*49.6 Zu Absatz 6*

*Als ausreichend kann eine Größe von 3 m² je Wohnung, mindestens jedoch 15 m² angesehen werden. Trockenräume können auch in Nebengebäuden oder als Gemeinschaftsanlage in einem Gebäude für mehrere unmittelbar benachbarte Gebäude eingerichtet werden. Auf Trockenräume kann verzichtet werden, wenn nach der Art der Wohnungen oder ihrer Ausstattung mit Trockengeräten offensichtlich kein Bedarf besteht.*

**Anmerkungen** (Autor: Czepuck)

**Übersicht**


| | | Rdn. |
|---|---|---|
| 1 | Änderungen gegenüber der BauO NW 1984 und der BauO NW 1995 | 01–02 |
| 1 | Allgemeines | 1– 6 |
| 2 | Zu Absatz 1 – Grundanforderungen | |
| 2.1 | Bauordnungsrechtliches Abgeschlossenheitsgebot | 7– 9 |
| 2.2 | Besonderer Zugang | 10–11 |
| 3 | Zu Absatz 2 – Barrierefreie Wohnungen | 12–16 |
| 4 | Zu Absatz 3 – Lage der Wohnungen | 17–19 |
| 5 | Zu Absatz 4 – Küchen, Kochnischen, Abstellräume | 20–24 |
| 6 | Zu Absatz 5 – Abstellräume für Kinderwagen, Fahrräder, Rollstühle | 25–26 |
| 7 | Zu Absatz 6 – Trockenräume | 25–29 |


## 0 Änderungen gegenüber der BauO NW 1984 und der BauO NW 1995

Die **BauO NRW 2000** hat § 49 BauO NW 1995 übernommen, jedoch Absatz 2 über **barrierefreie Wohnungen** neu eingefügt. Damit wurden die Absätze 2 bis 5 BauO NRW 1995 zu den Absätzen 3 bis 6. Die Änderungen aus 1995 in Absatz 1 (gleichstellungsgerechte Formulierung (Benutzerinnen und Benutzer) und die Veränderung des Ausnahmetatbestandes („*können gestattet werden*") in einen **Zulässigkeitstatbestand** („*sind zulässig*") wurden beibehalten. 01

Der neu eingefügte Absatz 2 berücksichtigt die Wohnbedürfnisse eines immer größer werdenden Anteils älterer und behinderter Menschen an der Gesamtbevölkerung. Erreicht werden soll auch eine verbesserte Teilnahme vor allem behinderter Menschen am gesellschaftlichen Leben (so die Amtliche Begründung, LT-Drucks. 12/3738 S. 68 und S. 78 zu Art. I Nr. 25 – § 49). 02

## 1 Allgemeines

Die Vorschriften des § 49 regeln zusammen mit den Vorschriften des § 50 BauO NRW die **bauordnungsrechtlichen Mindestanforderungen** an Wohnungen. Die an Wohnungen in diesen Vorschriften gestellten Anforderungen sollen aus Gründen des **Gesundheitsschutzes** und der **Wohlfahrtspflege** ein störungsfreies und gesundheitlich einwandfreies Wohnen sicherstellen. Es handelt sich hierbei um Mindestanforderungen an die Lage, Ausstattung und Beschaffenheit, die als Sozialbindung des Eigentums verfassungsrechtlich unbedenklich sind (so Finkelnburg/Ortloff, Band II S. 50). Für das Wohnen ist aus Sicht des Bauordnungsrechts wichtig, dass nicht nur Aufenthaltsräume, sondern auch 1 die **erforderlichen Nebenräume** vorhanden sind. Daher sind nicht nur an Wohn- und sonstige Aufenthaltsräume, sondern auch an die Wohnung insgesamt Anforderungen gestellt (so schon die Allgemeine Einführung in die Musterbauordnung – Fassung April 1960, Schriftenreihe des Bundesministers für Wohnungsbau, Band 17 S. 31 Nr. 7.5). Unabhängig von den bauordnungsrechtlichen Mindestanforderungen an Wohnungen können im Einzelfall folgende Vorschriften relevant sein:

- die Förderung des Wohnungsbaus und anderer Maßnahmen zur Unterstützung von Haushalten bei der Versorgung mit Mietwohnraum, einschließlich genossenschaftlich genutztem Wohneigentum regelt das Wohnraumförderungsgesetz – WoFG,
- die Berechnung der Wohnfläche regelt die Wohnflächenverordnung – WoFlV,
- die Erhaltung und Pflege von Wohngebäuden, Wohnungen und Wohnräumen regelt das Gesetz zur Erhaltung und Pflege von Wohnraum für das Land Nordrhein-Westfalen – Wohnungsgesetz – WoG,
- das Verbot der Zweckentfremdung von Wohnraum regelt Artikel 6 § 1 des Gesetzes zur Verbesserung des Mietrechts und zur Begrenzung des Mietanstiegs sowie zur Regelung von Ingenieur- und Architektenleistungen – MietRVerbG vom 4. 11. 1971 (BGBl. I S. 1745), z. g. d. G vom 19. 4. 2006 (BGBl. I S. 866).

2 Der **Begriff „Wohnung“** ist in der BauO NRW nicht definiert und ergibt sich auch nicht aus der Summierung aller bauordnungsrechtlichen Anforderungen. „**Wohnraum**“ ist nach § 17 Abs. 1 WoFG „umbauter Raum, der tatsächlich und rechtlich zur dauernden Nutzung geeignet und vom Verfügungsberechtigten dazu bestimmt ist. Wohnraum können Wohnungen oder einzelne Wohnräume sein“. Der Begriff „Wohnung“ und die weiteren Begriffe „**Wohngebäude**“ und „**Wohnnutzung**“ weisen in anderen, insbesondere bauplanungsrechtlichen und wohnungsrechtlichen Vorschriften erhebliche Bedeutung auf, ohne jedoch gesetzlich definiert zu sein (s. die Anmerkungen zu § 2 Rdn. 139–146). **Wegen der unterschiedlichen Zielsetzungen** der einzelnen Rechtsvorschriften ist ein **einheitlicher Wohnungsbegriff nicht gegeben** (BVerwG, Beschluss vom 8. 1. 2001 – 4 B 62.00, BauR 2001, 1698 = BRS 64 Nr. 64). Der bauordnungsrechtliche Begriff weist jedoch viele Gemeinsamkeiten mit dem bauplanungsrechtlichen, vor allem aber mit dem wohnungseigentumsrechtlichen Wohnungsbegriff auf, weil diese Rechtsvorschriften unter anderem ebenfalls ein **störungsfreies** Wohnen zum Ziel haben.

3 Eine **Begriffsbestimmung der Wohnung** findet sich in der zurückgezogenen **DIN 283 Teil 1** (Ausgabe März 1951):

„*Eine Wohnung ist die Summe der Räume, welche die Führung eines Haushaltes ermöglichen, darunter stets eine Küche oder ein Raum mit Kochgelegenheit. Zu einer Wohnung gehören außerdem Wasserversorgung, Ausguss und Abort. Die Eigenschaft als Wohnung geht nicht dadurch verloren, dass einzelne Räume vorübergehend oder dauernd zu beruflichen oder gewerblichen Zwecken genutzt werden.*“

Diese Definition wurde bereits der ersten Fassung der „Richtlinien für die Ausstellung von Bescheinigungen gemäß § 7 Abs. 4 Nr. 2 und § 32 Abs. 2 Nr. 2 des Wohnungseigentumsgesetzes“ vom 3. 8. 1951 (BAnz Nr. 152 vom 9. 8. 1951 und MBl. NRW. 1951 S. 1095) zugrunde gelegt. Die **Rechtsprechung** hat auf diese Definition zurückgegriffen, um den **bauordnungsrechtlichen Wohnungsbegriff** genau in diesem Sinne auszulegen (BVerwG, Urteil vom 26. 8. 1971 – VIII C 44.70, BVerwGE 38, 290; VGH B-W, Urteil vom

19.6.1968 – III 402/67, BRS 20 Nr. 98 und Urteil vom 23.7.1968 – III 402/67, BRS 20 Nr. 98; BayVGH, Urteil vom 20.5.1981 – Nr. 19 XIV 78, BRS 38 Nr. 116).

Als wesentliches Kriterium der Wohnung im bauordnungsrechtlichen Sinne ist – neben der **Abgeschlossenheit als selbständige Nutzungseinheit** im Sinne des § 17 Abs. 3 BauO NRW (s. die Anmerkungen zu § 17 Rdn. 47) – die **Möglichkeit zur selbständigen Haushaltsführung** zu sehen, was die Ausstattung mit Küche bzw. Kochnische und Bad voraussetzt. Eine Mindestzahl an Aufenthaltsräumen ist nicht vorausgesetzt. Auch ein **Appartement**, das nur aus einem Wohn- und Schlafraum mit Kochnische und Bad besteht, ist deshalb eine Wohnung. Die **Eigenschaft als Wohnung** geht auch nicht dadurch verloren, dass **einzelne Räume** vorübergehend oder dauernd zu **beruflichen** oder **gewerblichen Zwecken benutzt** werden (vgl. § 13 BauNVO und Nr. 4 der Allgemeinen Verwaltungsvorschrift zu §§ 7 und 32 WEG vom 19.3.1974, BAnz Nr. 58 vom 23.3.1974 S. 2). Eine Mindestgröße schreibt das Bauordnungsrecht selbst für Einraumwohnungen nicht vor (s. auch BayVGH, Urteil vom 25.5.2000 – 2 B 93.3969, NVwZ-RR 2000, 660). Der Begriff der Wohnung setzt voraus, dass auch der Begriff des „Wohnens“ im Gegensatz zur „Unterbringung“ erfüllt ist. Der Begriff des Wohnens ist durch eine **auf Dauer angelegte Häuslichkeit**, **Eigengestaltung der Haushaltsführung** und des häuslichen Wirkungskreises sowie **Freiwilligkeit des Aufenthalts** gekennzeichnet (BVerwG, Beschluss vom 25.3.1996 – 4 B 302/95, BRS 58 Nr. 56 = NVwZ 1996, 893 und OVG NRW, Urteil vom 15.8.1995 – 11 A 850/92, BauR 1996, 237 = BRS 57 Nr. 258 zur Auslegung des Begriffs des Wohnens im Sinne des § 3 BauNVO 1986 bzw. 1990). 4

**Keine Wohnungen** im Sinne des Bauordnungsrechts sind Räume in Arbeiterwohnheimen, obwohl sie auch dem „Wohnen“ dienen (BayVGH, Urteil vom 30.6.1978 – Nr. 278 II 75, BRS 33 Nr. 90). Hotelzimmer sind keine Wohnungen (Hess. VGH, Beschluss vom 24.1.1974 – IV N 10/72, BRS 28 Nr. 68; VGH B-W, Urteil vom 7.11.1974 – VIII 1054/74, BRS 28 Nr. 22). Nicht dem Wohnen, sondern der „**Unterbringung**“ dienen Gemeinschaftsunterkünfte für Asylbewerber, Obdachlose und Umsiedler (VGH B-W, Beschluss vom 19.5.1989 – 8 S 555/89, BRS 49 Nr. 48 zur heimähnlichen Unterbringung von Asylbewerbern). Vergleichbares gilt für Jugend- und Altenheime. Unterkünfte für Sozialhilfeempfänger, die je nach Bedarf mit einer Kochgelegenheit ausgerüstet werden, erfüllen nicht den Wohnungsbegriff (OVG Bln, Beschluss vom 23.8.1996 – 2 S 13.96, BRS 58 Nr. 205). Auf Wohnwagen, Mobilheime und Wochenendhäuser im Sinne des § 1 CW VO sind die Bestimmungen des § 49 BauO NRW nicht anwendbar (so auch Große-Suchsdorf/Lindorf/Schmaltz/Wiechert, zu § 44 Rdn. 1); auch nach dem Steuerrecht handelt es sich hierbei nicht um Wohnungen, selbst wenn sie nicht nur vorübergehend zu Zwecken des persönlichen Lebensbedarfs aufgestellt sind (OVG NRW, Urteil vom 29.11.1995 – 22 A 210/95, NVwZ-RR 1997, 315 zur Unwirksamkeit der Satzung über die Erhebung einer Zweitwohnungssteuer in der Stadt Winterberg, die in ihrem § 2 Abs. 3 bestimmte, dass auch Mobilheime, Wohnmobile, Wohnwagen und Campingwagen, die zu Zwecken des persönlichen Lebensbedarfs auf eigenen oder fremden Grundstücken für einen nicht nur vorübergehenden Zeitraum aufgestellt werden, als Wohnungen gelten). Gartenlauben in Kleingartenanlagen nach dem Bundeskleingartengesetz oder Jagdhütten sind ebenfalls keine Wohnungen im Sinne des Bauordnungsrechts (vgl. BVerwG, Beschluss vom 2.7.1968 – IV B 182.67, BRS 20 Nr. 44). 5

Ein **Einfamilienhaus** – die BauO NRW bezeichnet diese als Wohngebäude mit nicht mehr als einer Wohnung (s. Spalte 1 der Tabellen in §§ 29 und 34 BauO NRW) – besteht in seiner **Gesamtheit aus einer Wohnung**. Erleichternde Anforderungen der BauO 6

NRW in Bezug auf „innerhalb von Wohnungen" (z. B. § 36 Abs. 11 BauO NRW), gelten somit auch für Einfamilienhäuser. Der noch in der BauO NW 1962 und 1970 sowie in der Gebrauchssprache weiterhin verwendete **Begriff „Einliegerwohnung**" ist bereits im Rahmen der Änderung der BauO NW 1984 durchgängig **aufgegeben** worden und somit auch der Begriff „**Einfamilienhaus mit Einliegerwohnung**", der früher als Kriterium unterschiedlicher bauordnungsrechtlicher Anforderungen diente. Ersetzt wurde der zuletzt genannte Begriff – gleichfalls als Kriterium unterschiedlicher Anforderungen – durch den Begriff „Wohngebäude mit nicht mehr als zwei Wohnungen" (s. Spalte 2 der Tabellen in §§ 29 und 34 BauO NRW). Hierbei ist der Gesetzgeber davon ausgegangen, dass beide Gebäudetypen, auch in Abschätzung des Gefahrenrisikos, identisch sind, zumal § 11 des aufgehobenen II. WoBauG Einfamilienhäuser mit Einliegerwohnung definierte als Wohnhäuser (Eigenheim, Kaufeigenheim oder Kleinsiedlung) mit einer abgeschlossenen und einer zweiten (abgeschlossenen oder nicht abgeschlossenen) Wohnung von untergeordneter Bedeutung. Die Unterordnung braucht sich nicht in einer geringeren Wohnfläche auszudrücken, sie kann auch in anderen Kriterien begründet sein (z. B. geringerer Wohnwert durch ungünstigere Lage, Dachschrägen oder fehlende Gartennutzung).

## 2 Zu Absatz 1 – Grundanforderungen

### 2.1 Bauordnungsrechtliches Abgeschlossenheitsgebot

7 Die in Absatz 1 **Satz 1** verlangte „**Abgeschlossenheit**" und „**Abschließbarkeit**" von Wohnungen soll ein **störungsfreies** Wohnen sicherstellen. Für den **Begriff** der abgeschlossenen Wohnung kommt es auf die bauliche Gestaltung und auf die Zweckbestimmung an. Die Zweckbestimmung kann vom Verfügungsberechtigten vorgenommen werden, ist aber nur beachtlich, wenn sie der Gestaltung und Einrichtung entspricht. Befinden sich z. B. in einem Gebäude mit zwei Geschossen nur eine Küche und nur ein Bad, so handelt es sich nicht um ein Zweifamilienhaus bzw. um ein Gebäude mit zwei abgeschlossenen Wohnungen. Der **bauliche Abschluss** jeder Wohnung von fremden Wohnungen oder anderen Nutzungseinheiten muss aus Wänden und Decken bestehen, die den Anforderungen an Wohnungstrennwände nach § 29 und an Decken nach § 34 BauO NRW sowohl hinsichtlich des Brandschutzes als auch hinsichtlich des Schallschutzes entsprechen. Die **Wohnungseingangstüren** müssen **abschließbar** sein. Sie müssen darüber hinaus den **Brandschutzanforderungen** des § 37 Abs. 10 BauO NRW genügen, soweit es sich nicht um ein Wohngebäude mit nicht mehr als zwei Wohnungen handelt (s. § 37 Abs. 13 BauO NRW).

8 Die Vorschriften des Absatzes 1 Satz 1 gelten nach **Satz 2** nicht für Wohnungen in Wohngebäuden mit nicht mehr als zwei Wohnungen. Der Gesetzgeber sieht unter den vorrangigen Gesichtspunkten der Gefahrenabwehr kein Regelungsbedürfnis für eine bauliche Abgeschlossenheit der Wohnung in solchen Gebäuden. Die Bestimmung zielt auf die Regelung in § 11 des aufgehobenen II. WoBauG, wonach eine **Einliegerwohnung** eine in einem Eigenheim, einem Kaufeigenheim oder einer Kleinsiedlung enthaltene abgeschlossene oder nicht abgeschlossene zweite Wohnung ist, die gegenüber der Hauptwohnung untergeordnete Bedeutung aufweist (**Einliegerwohnungsprivileg**). Keine der beiden Wohnungen muss der anderen gegenüber baulich abgeschlossen sein, die Zugänge zu den Wohnungen – z. B. Hauseingänge, Vorraum, Treppenraum – können gemeinsam genutzt werden (VGH B-W, Urteil vom 10. 10. 1978 – III 2882/77, BRS 33 Nr. 91). Nr. 49.1 VV BauO NRW weist jedoch darauf hin, dass auch in solchen Gebäu-

den die Anforderungen des Brandschutzes an Trennwände und Decken auch für nicht abgeschlossene Wohnungen gelten.

Nr. 49.1 VV BauO NRW weist zusätzlich darauf hin, dass aufgrund von **Vorschriften außerhalb des Bauordnungsrechts** eine „Abgeschlossenheit" der Wohnung auch in den Fällen verlangt werden kann, in denen dieses die BauO NRW nicht fordert; sie weist auf die Vorschriften des § 3 Abs. 2 und des § 32 Abs. 1 WEG hin. Nach diesem Gesetz soll Sondereigentum (Eigentumswohnungen) nur eingeräumt und Dauerwohnrecht nur bestellt werden, wenn die Wohnung in sich abgeschlossen ist. 9

### 2.2 Besonderer Zugang

Nach Absatz 1 **Satz 3** müssen Wohnungen in gemischt genutzten Gebäuden, z. B. in Wohn- und Geschäftshäusern, einen **besonderen Zugang** haben. In mehrgeschossigen Gebäuden, bei denen eines oder mehrere untere Geschosse durchgehend und einheitlich gewerblichen Zwecken und die darüber liegenden Geschosse als Wohnungen dienen, müssen die Wohngeschosse einen eigenen notwendigen Treppenraum im Sinne des § 37 Abs. 1 BauO NRW haben. Die Vorschrift trägt dem Umstand Rechnung, dass gewerbliche Nutzungen mit Publikumsverkehr in aller Regel ein höheres Risiko in sich bergen als reine Wohnnutzungen. Auch berücksichtigt werden hierdurch die Gefahren, die für die Bewohner eines solchen gemischt genutzten Gebäudes entstehen können, wenn zur Nachtzeit in den nicht bewohnten Geschossen ein Brand entsteht und dieser erst spät bemerkt wird. Darüber hinaus sollen unzumutbare Belästigungen durch den Publikumsverkehr in den gewerblich genutzten Räumen für die Bewohner vermieden werden. 10

Wird die Wohnnutzung nicht geschossweise von der anderen Nutzung getrennt (z. B. Arztpraxen, Anwaltskanzleien oder Büros und Wohnungen in einem Geschoss), so lässt sich die Forderung nach getrennten Zugängen nicht oder nur unter außerordentlich erschwerten Bedingungen verwirklichen. Für solche Fälle gilt die Regelung des zweiten Halbsatzes, wonach **gemeinsame Zugänge zulässig** sind, wenn **keine Gefahren oder unzumutbaren Belästigungen für die Benutzer der Wohnungen** entstehen. Die Zulässigkeit mag in der Regel gegeben sein in Gebäuden mit Praxen, die in ihrer Größe mit Wohnungen vergleichbar sind, ferner in solchen Gebäuden, die überwiegend gewerblich genutzt werden, jedoch einzelne Wohnungen für z. B. Hauseigentümer, Hausmeister oder Bereitschaftspersonal enthalten. 11

## 3 Zu Absatz 2 – Barrierefreie Wohnungen

Die stärkere Berücksichtigung der **Belange von Menschen mit Behinderungen** und **alten Menschen**, die in der Bewegungsfreiheit eingeschränkt sind, ist ein **neueres Schutzgut** des Bauordnungsrechts, dem insbesondere die Vorschriften des § **55** BauO NRW Rechnung tragen. Diese Vorschriften berücksichtigen jedoch primär die dem allgemeinen Besucherverkehr dienenden Teile öffentlich zugänglicher Gebäude. § 49 **Abs. 2** BauO NRW will **weitergehend Vorsorge** treffen, damit für diese Personengruppen **geeignete Wohnungen** zur Verfügung stehen, und verfolgt damit ähnliche Ziele, wie der mit der Mietrechtsreform 2001 eingefügte § 554 a BGB – Barrierefreiheit. Diese zivilrechtliche Bestimmung räumt dem Mieter das Recht ein, vom Vermieter die Zustimmung zu baulichen Änderungen oder sonstigen Einrichtungen verlangen zu können, die für eine behindertengerechte Nutzung der Mietsache oder den Zugang zu ihr erforderlich sind. 12

13 Nach **Satz 1** müssen in **Gebäuden mit mehr als zwei Wohnungen** die Wohnungen **eines Geschosses** barrierefrei erreichbar sein. Damit besteht diese Forderung nicht für Ein- und Zweifamilienhäuser bzw. Einfamilienhäuser mit Einliegerwohnung. Es muss sich nicht um ein ausschließlich zu Wohnzwecken genutztes Gebäude handeln, so dass auch gemischt genutzte Gebäude dem Gebot unterfallen, wenn sie nur mehr als zwei Wohnungen aufweisen. Nicht sämtliche Wohnungen des Gebäudes, sondern nur die eines Geschosses sind barrierefrei herzurichten. Welches Geschoss hierfür bestimmt wird, kann der Bauherr auswählen. Normalerweise wird es sich um das Erdgeschoss handeln, da dieses am einfachsten barrierefrei erreichbar zu gestalten ist. Soll das Erdgeschoss gewerbliche Nutzungen aufnehmen, so muss der Bauherr die barrierefreie Erreichbarkeit eines der darüber liegenden Geschosse gewährleisten, sofern nicht eine Abweichung nach Satz 3 zuzulassen ist.

14 Die Wohnungen eines Geschosses müssen **barrierefrei erreichbar** sein. Die Forderung bezieht sich auf den **gesamten Zugangsweg** von der öffentlichen Verkehrsfläche bis zur Wohnungseingangstür. Im Verlauf dieses Zugangs dürfen weder Stufen oder Einengungen noch zu steile Rampen liegen, damit ein Bewohner, der auf einen Rollstuhl oder einen Gehwagen angewiesen ist, den Wohnungseingang auch tatsächlich ungehindert erreichen kann. Bei einer Vielzahl von Wohngebäuden wird das Kellergeschoss so angeordnet, dass es das Gelände überragt. Diese Anordnung wird gewählt, um z. B. das Kellergeschoss besser belichten und belüften zu können oder um Grundwasserprobleme zu vermeiden. In solchen Fällen ist zu bedenken, dass Rampen zum Erdgeschoss nicht mehr als 6 vom Hundert geneigt sein dürfen (§ 55 Abs. 4 Satz 4 BauO NRW). Nur bei Einhaltung dieses Neigungsverhältnisses ist es Behinderten mit Rollstühlen (aber auch mit Beinprothesen) möglich, ohne fremde Hilfe das Erdgeschoss zu erreichen. Das bedeutet für den Fall, dass das Erdgeschoss um 0,8 m über dem Gelände angeordnet wird eine Rampenlänge von ca. 13 m! Auch müssen sämtliche erforderlichen Bewegungsflächen so dimensioniert und geneigt sein, dass zumindest eine Benutzung durch Rollstühle gewährleistet ist. Zur Auslegung des unbestimmten Rechtsbegriffs „barrierefrei erreichbar" kann DIN 18025 herangezogen werden (s. Nr. 49.2 VV BauO NRW).

15 Nach **Satz 2** müssen in diesen Geschossen die Wohn- und Schlafräume, eine Toilette, ein Bad und die Küche oder Kochnische mit dem Rollstuhl zugänglich sein. Diese Vorschrift bezieht sich auf jede einzelne Wohnung in dem Geschoss. Gewollt ist, dass **in jeder Wohnung dieses Geschosses** neben den Wohn- und Schlafräumen und der Küche oder Kochnische zumindest eine Toilette und ein Bad mit dem Rollstuhl erreicht werden kann. Verfügt eine große Wohnung über mehrere Toiletten und Bäder, so genügt es, wenn eine Toilette und ein Bad den Anforderungen des Satzes 2 entsprechen. Die Amtliche Begründung (LT-Drucks. 12/3738 S. 78 zu Art. I Nr. 25 – § 49) führt aus:

*„In Satz 2 werden Anforderungen an diese Wohnungen zugunsten von Rollstuhlfahrern gestellt. Die Anforderungen betreffen nur den Zugang zu den genannten Räumen, nicht jedoch deren Nutzbarkeit für Rollstuhlfahrer, da eine derartige Anforderung in vielen Fällen die Verhältnismäßigkeitsgrenze überschreiten würde. Allerdings hat die Erreichbarkeit für Personen in Rollstühlen in gewissem Umfang auch zur Folge, dass in den jeweiligen Räumen Bewegungsflächen für Rollstühle entstehen. Die Aufzählung der Räume macht deutlich, dass eine Wohnung nicht gänzlich rollstuhlgerecht ausgestaltet sein muss; so gilt die Anforderung z. B. nicht für Gästetoiletten, Abstellräume und weitere Wohn- und Schlafräume.*"

Nach **Satz 3** besteht ein **Rechtsanspruch auf Zulassung einer Abweichung** von den Anforderungen der Sätze 1 und 2, wenn diese nur mit **unverhältnismäßigem Mehraufwand** erfüllt werden können; **bei Erfüllung der Voraussetzung** im Einzelfall hat die Bauaufsichtsbehörde **kein Ermessen** und muss daher die Abweichung zulassen. Zu diesem unbestimmten Rechtsbegriff enthält Nr. 49.2 VV BauO NRW eine an die Bauaufsichtsbehörden gerichtete Anweisung zur Auslegung der Bestimmung. Das Gesetz selbst nennt beispielhaft drei Fallgestaltungen: 16

- schwierige Geländeverhältnisse,
- ungünstige vorhandene Bebauung,
- Einbau eines sonst nicht notwendigen Aufzugs.

Sehen beispielsweise die Festsetzungen des Bebauungsplans im Erdgeschoss eine Ladennutzung vor, so dass die Wohnungen nur in den Obergeschossen liegen können, weist das Gebäude aber lediglich vier Geschosse auf und benötigt deshalb gemäß § 39 Abs. 6 BauO NRW keinen Aufzug, so sind die gesetzlichen Voraussetzungen erfüllt – die Abweichung muss erteilt werden.

## 4 Zu Absatz 3 – Lage der Wohnungen

Die **Vorschriften des Absatzes 3** dienen der **Wohnungshygiene**. Wohnungen müssen ausreichend **gelüftet** werden können. Die **Sonne** sollte zumindest einzelne Wohn- oder Schlafräume erreichen können, weshalb eine reine Nordlage aller Wohn- und Schlafräume untersagt ist. An und für sich handelt es sich bei diesen gesetzlichen Forderungen um Selbstverständlichkeiten, die jeder Entwurfsverfasser schon von sich aus beachten müsste. 17

Die Forderung nach „**Durchlüftbarkeit**“ geht weiter als die nach „Belüftbarkeit“ in § 48 Abs. 2 Satz 1 BauO NRW (s. die Anmerkungen zu § 48 Rdn. 14). Bei der Durchlüftung geht es um die Möglichkeit einer raschen Frischluftzufuhr. Ist eine Querlüftung und auch eine Lüftung über Eck durch ein **Fenster** nicht möglich, so muss diese Funktion von **Lüftungsleitungen**, die für jede Wohnung getrennt anzuordnen sind, übernommen werden. Diese Möglichkeit kommt jedoch nur für solche Wohnungen in Frage, die nur an einer Außenwand Fenster haben. Die Lüftung muss den allgemein anerkannten Regeln der Lüftungstechnik entsprechen. Nach Nr. 49.31 VV BauO NRW ist eine Querlüftung über Treppenräume oder über gemeinschaftliche Vorräume nur möglich, wenn keine Belästigungen zu erwarten sind. Da diese Voraussetzung gerade im Wohnungsbau (Küchendünste) wohl kaum gegeben sein wird, scheidet diese Form der Querlüftung in der Regel bei Wohngebäuden aus. 18

Der Begriff der **reinen Nordlage** ist in Nr. 49.32 VV BauO NRW erläutert; danach gilt als reine Nordlage die Lage an der Außenwand **zwischen Nordost und Nordwest**. Bei der Planung von Wohngebäuden sollte jedoch bedacht werden, dass schon bei der Lage eines Fensters nach Nordost oder Nordwest eine angemessene Besonnungszeit nur während der Sommermonate und nur frühmorgens oder spätabends gegeben ist. Die VV BauO NRW weist deswegen auch darauf hin, dass die Vorschrift des **Satzes 2** besondere Bedeutung bei Kleinwohnungen (z. B. Appartements, Altenwohnungen) gewinnt. Bei größeren Wohnungen mit mehreren Wohn- und Schlafräumen dürfte die Forderung in aller Regel erfüllt werden können, da diese Räume nie alle an einer Ge- 19 bäudeseite liegen dürften. Die Forderung ist striktes Recht und auch bei Nutzungsänderungen zu beachten (OVG Saar, Urteil vom 2.2.1990 – 2 R 109/87, BRS 50 Nr. 116). Sie ist auch bei ungünstig gelegenen Baulückenschließungen in Blockrandbebauungen nicht überzogen, weil der Grundriss eines Gebäudes immer so gestaltet werden kann, dass zumindest ein Aufenthaltsraum eine andere als die reine Nordlage aufweist.

**5 Zu Absatz 4 – Küchen, Kochnischen, Abstellräume**

20 Die **Küche** ist ein Aufenthaltsraum (s. die Anmerkungen zu § 2 Rdn. 233). Sie muss daher allen Anforderungen an Aufenthaltsräume nach § 48 BauO NRW entsprechen, die entsprechende lichte Raumhöhe aufweisen und notwendige Fenster erhalten (s. jedoch auch nachfolgende Rdn. 22). Eine Mindestgröße für die Küche ist nicht vorgeschrieben. Küchen können sowohl als reine Arbeitsküchen als auch als Wohnküchen ausgebildet werden. Die Wohnküche kann auch schon ein Aufenthaltsraum mit Kochstelle sein.

21 Eine **Kochnische** ist Bestandteil eines Aufenthaltsraumes, sie ist eine Kochstelle in einem Aufenthaltsraum. Es ist nicht erforderlich, dass diese „Nische“ baulich als solche ausgebildet ist. Sie kommt vornehmlich für Kleinwohnungen (z. B. Einraumwohnungen, Appartements, Altenwohnungen) in Betracht. Eine eigene Lüftung ist für die Kochnische nicht vorgeschrieben, da diese über das notwendige Fenster des Aufenthaltsraumes gelüftet werden kann.

22 Für die üblichen Wohnungen ist die Küche (s. Rdn. 20) erforderlich. § 48 Abs. 4 Satz 2 BauO NRW gestattet ausdrücklich die **innenliegende Küche** ohne Fenster, wenn diese eine **Sichtverbindung** zu einem Aufenthaltsraum mit notwendigem Fenster hat und eine wirksame **Lüftung** gesichert ist (s. die Anmerkungen zu § 48 Rdn. 17). Die **Sicht**verbindung kann eine verglaste Tür oder ein Lichtband, nicht jedoch ein Oberlicht sein. Die Vorschrift ermöglicht tiefere Grundrisse und somit eine kosten- und flächensparende Bauweise.

23 Zur einwandfreien Nutzbarkeit einer Wohnung gehört unbedingt ein ausreichend großer privater **Abstellraum**. Im Haushalt sind viele Geräte und Gegenstände vorzufinden, die nur zeitweise oder periodisch genutzt werden: Koffer, Kinderwagen, Kinderbetten, Reiseutensilien, Sportgerät usw. Diese in den Aufenthaltsräumen aufbewahren zu müssen wäre unzweckmäßig. Daher verlangt **Satz 1** für jede Wohnung außer der Küche oder Kochnische zwingend einen Abstellraum. Lediglich seine Größe von mindestens **6 m²** ist in **Satz 2** als **Sollvorschrift** geregelt. Eine Unterschreitung dieser Grundfläche kommt jedoch nur in begründeten Einzelfällen in Betracht; z. B. für Wohnungen, die nur für relativ kurze Zeit von derselben Person bewohnt werden. Für die übliche Wohnung, die Normalwohnung, werden im Regelfall keine Abweichungstatbestände gegeben sein (s. auch Hess. VGH, Urteil vom 20.1.1984 – IV OE 87/81, BRS 42 Nr. 124).

24 Der **Abstellraum** muss **nicht innerhalb der Wohnung** liegen, er kann im Kellergeschoss oder auch in einem Nebengebäude angeordnet werden. In diesen Fällen muss jedoch eine Abstell**fläche** von mindestens **0,5 m²** innerhalb der Wohnung selbst liegen. Die Fläche kann auf die 6 m² angerechnet werden; sie ist in den Bauvorlagen darzustellen (Nr. 49.4 VV BauO NRW). In Wohngebäuden mit nicht mehr als zwei Wohnungen bedarf es dieser Abstellfläche von 0,5 m² innerhalb der Wohnungen unter anderem wegen der Kürze der Entfernung zum Abstellraum nicht.

## 6 Zu Absatz 5 – Abstellräume für Kinderwagen, Fahrräder, Rollstühle

Absatz 5 verlangt als **Sollvorschrift** für Gebäude mit Wohnungen in den Obergeschossen zusätzlich zu den (privaten) Abstellräumen nach Absatz 3 die Herstellung leicht erreichbarer und gut zugänglicher (gemeinschaftlicher) **Abstellräume für Kinderwagen** und **Fahrräder** sowie für **Rollstühle**, **Gehwagen** und **ähnliche Hilfsmittel**. Nr. 49.5 VV BauO NRW beschreibt ausführlich, welche Räume als leicht erreichbar und gut zugänglich anzusehen sind. Wenn auch diese (gemeinschaftlichen) Abstellräume für Wohnungen notwendig sind, können hier mehr Ausnahmen von der Regel in Betracht kommen als bei den (privaten) Abstellräumen nach Absatz 4. Auf den gesonderten (gemeinschaftlichen) Abstellraum kann nach Nr. 49.5 VV BauO NRW verzichtet werden, wenn die Größe des (privaten) Abstellraumes nach Absatz 4 unter Berücksichtigung der Größe der Wohnung, für die er vorgesehen ist, für die Aufnahme der Fahrräder und Kinderwagen sowie der Rollstühle, Gehwagen und ähnlichen Hilfsmittel ausreichend bemessen ist. **25**

Wegen des Charakters der Sollvorschrift ist im Regelfall der (gemeinschaftliche) Abstellraum zu schaffen. Abweichungen von der Regel kommen aber in Betracht, wenn **andere zur gemeinschaftlichen Nutzung vorgesehene Räume** wie Trockenräume nach Absatz 6 unter Berücksichtigung der Zahl und Größe der Wohnungen ausreichen, um auch Fahrräder und Kinderwagen sowie Rollstühle, Gehwagen und ähnliche Hilfsmittel aufzunehmen, oder wenn nach Art der Wohnungen mit einer größeren Zahl dieser Gegenstände nicht zu rechnen ist. **26**

## 7 Zu Absatz 6 – Trockenräume

Nach Absatz 6 **sollen** für **Gebäude mit mehr als zwei Wohnungen ausreichend große Trockenräume** zur gemeinschaftlichen Nutzung eingerichtet werden (s. auch VGH B-W, Urteil vom 11. 12. 1979 – V 3593/78, BRS 35 Nr. 108). Wenn auch die Haushalte immer mehr technisiert worden sind, hat der Gesetzgeber auf die Einrichtung von Trockenräumen nicht verzichtet; er hat jedoch durch die Sollvorschrift Abweichungsmöglichkeiten eingeräumt. Die erforderliche **Größe** der Trockenräume ist im Gesetz selbst nicht mehr vorgeschrieben. Als ausreichend kann nach Nr. 49.6 VV BauO NRW eine Größe von 3 m² je Wohnung, mindestens jedoch 15 m² angesehen werden. **27**

Die Trockenräume müssen nicht im Gebäude selbst liegen, sie können auch in **Nebengebäuden** oder als **Gemeinschaftsanlage** (§ 11 BauO NRW) für mehrere unmittelbar benachbarte Gebäude eingerichtet werden. Die Entfernung zwischen Wohnung und Gemeinschaftsanlage muss dann jedoch für die Bewohner zumutbar sein. **28**

**Verzichtet** werden kann auf die Einrichtung von Trockenräumen nur bei Abweichungen vom Regelfall, z. B. wenn **Trockengeräte** vom Bauherrn gestellt werden. Ausreichend ist auch der Nachweis der Aufstellfläche für Trockengeräte in einem Raum und der zum Anschluss der Geräte erforderlichen Installation (Stromversorgung und ausreichende Lüftung). **29**

# Anhang
# Wohnungs- und Teileigentum

**Auszug aus dem Wohnungseigentumsgesetz – WEG**
vom 15.3.1951 (BGBl. I S. 175, ber. S. 209), z.g.d. G v. 26.3.2007 (BGBl. I S. 370)

## I. Teil. Wohnungseigentum

### § 1
### Begriffsbestimmungen

**(1) Nach Maßgabe dieses Gesetzes kann an Wohnungen das Wohnungseigentum, an nicht zu Wohnzwecken dienenden Räumen eines Gebäudes das Teileigentum begründet werden.**

**(2) Wohnungseigentum ist das Sondereigentum an einer Wohnung in Verbindung mit dem Miteigentumsanteil an dem gemeinschaftlichen Eigentum, zu dem es gehört.**

**(3) Teileigentum ist das Sondereigentum an nicht zu Wohnzwecken dienenden Räumen eines Gebäudes in Verbindung mit dem Miteigentumsanteil an dem gemeinschaftlichen Eigentum, zu dem es gehört.**

**(4) Wohnungseigentum und Teileigentum können nicht in der Weise begründet werden, dass das Sondereigentum mit Miteigentum an mehreren Grundstücken verbunden wird.**

**(5) Gemeinschaftliches Eigentum im Sinne dieses Gesetzes sind das Grundstück sowie die Teile, Anlagen und Einrichtungen des Gebäudes, die nicht im Sondereigentum oder im Eigentum eines Dritten stehen.**

**(6) Für das Teileigentum gelten die Vorschriften über das Wohnungseigentum entsprechend.**

### § 2
### Arten der Begründung

**Wohnungseigentum wird durch die vertragliche Einräumung von Sondereigentum (§ 3) oder durch Teilung (§ 8) begründet.**

### § 3
### Vertragliche Einräumung von Sondereigentum

**(1) Das Miteigentum (§ 1008 des Bürgerlichen Gesetzbuches) an einem Grundstück kann durch Vertrag der Miteigentümer in der Weise beschränkt werden, dass jedem der Miteigentümer abweichend von § 93 des Bürgerlichen Gesetzbuches das Sondereigentum an einer bestimmten Wohnung oder an nicht zu Wohnzwecken dienenden bestimmten Räumen in einem auf dem Grundstück errichteten oder zu errichtenden Gebäude eingeräumt wird.**

**(2) [1]Sondereigentum soll nur eingeräumt werden, wenn die Wohnung oder sonstige Räume in sich abgeschlossen sind. [2]Garagenstellplätze gelten als abgeschlossene Räume, wenn ihre Flächen durch dauerhafte Markierungen ersichtlich sind.**

## § 4
## Formvorschriften

**(1) Zur Einräumung und zur Aufhebung des Sondereigentums ist die Einigung der Beteiligten über den Eintritt der Rechtsänderung und die Eintragung in das Grundbuch erforderlich.**

**(2) [1]Die Einigung bedarf der für die Auflassung vorgeschriebenen Form. [2]Sondereigentum kann nicht unter einer Bedingung oder Zeitbestimmung eingeräumt oder aufgehoben werden.**

**(3) Für einen Vertrag, durch den sich ein Teil verpflichtet, Sondereigentum einzuräumen oder aufzuheben, gilt § 313 des Bürgerlichen Gesetzbuches entsprechend.**

## § 5
## Gegenstand und Inhalt des Sondereigentums

**(1) Gegenstand des Sondereigentums sind die gemäß § 3 Abs. 1 bestimmten Räume sowie die zu diesen Räumen gehörenden Bestandteile des Gebäudes, die verändert, beseitigt oder eingefügt werden können, ohne dass dadurch das gemeinschaftliche Eigentum oder ein auf Sondereigentum beruhendes Recht eines anderen Wohnungseigentümers über das nach § 14 zulässige Maß hinaus beeinträchtigt oder die äußere Gestaltung des Gebäudes verändert wird.**

**(2) Teile des Gebäudes, die für dessen Bestand oder Sicherheit erforderlich sind, sowie Anlagen und Einrichtungen, die dem gemeinschaftlichen Gebrauch der Wohnungseigentümer dienen, sind nicht Gegenstand des Sondereigentums, selbst wenn sie sich im Bereich der im Sondereigentum stehenden Räume befinden.**

**(3) Die Wohnungseigentümer können vereinbaren, dass Bestandteile des Gebäudes, die Gegenstand des Sondereigentums sein können, zum gemeinschaftlichen Eigentum gehören.**

**(4) [1]Vereinbarungen über das Verhältnis der Wohnungseigentümer untereinander können nach den Vorschriften des 2. und 3. Abschnittes zum Inhalt des Sondereigentums gemacht werden. [2]Ist das Wohnungseigentum mit der Hypothek, Grund- oder Rentenschuld oder der Reallast eines Dritten belastet, so ist dessen nach anderen Rechtsvorschriften notwendige Zustimmung zu der Vereinbarung nur erforderlich, wenn ein Sondernutzungsrecht begründet oder ein mit dem Wohnungseigentum verbundenes Sondernutzungsrecht aufgehoben, geändert oder übertragen wird. [3]Bei der Begründung eines Sondernutzungsrechts ist die Zustimmung des Dritten nicht erforderlich, wenn durch die Vereinbarung gleichzeitig das zu seinen Gunsten belastete Wohnungseigentum mit einem Sondernutzungsrecht verbunden wird.**

## § 6
## Unselbständigkeit des Sondereigentums

**(1) Das Sondereigentum kann ohne den Miteigentumsanteil, zu dem es gehört, nicht veräußert oder belastet werden.**

**(2) Rechte an dem Miteigentumsanteil erstrecken sich auf das zu ihm gehörende Sondereigentum.**

## § 7
## Grundbuchvorschriften

**(1) [1]Im Falle des § 3 Abs. 1 wird für jeden Miteigentumsanteil von Amts wegen ein besonderes Grundbuchblatt (Wohnungsgrundbuch, Teileigentumsgrundbuch) angelegt. [2]Auf diesem ist das zu dem Miteigentumsanteil gehörende Sondereigentum und als Beschränkung des Miteigentums die Einschränkung der zu den anderen Miteigentumsanteilen gehörenden Sondereigentumsrechte einzutragen. [3]Das Grundbuchblatt des Grundstücks wird von Amts wegen geschlossen.**

**(2) Von der Anlegung besonderer Grundbuchblätter kann abgesehen werden, wenn hiervon Verwirrung nicht zu besorgen ist. In diesem Falle ist das Grundbuchblatt als gemeinschaftliches Wohnungsgrundbuch (Teileigentumsgrundbuch) zu bezeichnen.**

**(3) Zur näheren Bezeichnung des Gegenstandes und des Inhalts des Sondereigentums kann auf die Eintragungsbewilligung Bezug genommen werden.**

**(4) [1]Der Eintragungsbewilligung sind als Anlagen beizufügen:**

**1. eine von der Baubehörde mit Unterschrift und Siegel oder Stempel versehene Bauzeichnung, aus der die Aufteilung des Gebäudes sowie die Lage und Größe der im gemeinschaftlichen Eigentum stehenden Gebäudeteile ersichtlich ist (Aufteilungsplan); alle zu demselben Wohnungseigentum gehörenden Einzelräume sind mit der jeweils gleichen Nummer zu kennzeichnen;**

**2. eine Bescheinigung der Baubehörde, dass die Voraussetzungen des § 3 Abs. 2 vorliegen.**

**[2]Wenn in der Eintragungsbewilligung für die einzelnen Sondereigentumsrechte Nummern angegeben werden, sollen sie mit denen des Aufteilungsplanes übereinstimmen. [3]Die Landesregierungen können durch Rechtsverordnung bestimmen, dass und in welchen Fällen der Aufteilungsplan (Satz 1 Nr. 1) und die Abgeschlossenheit (Satz 1 Nr. 2) von einem öffentlich bestellten oder anerkannten Sachverständigen für das Bauwesen statt von der Baubehörde ausgefertigt und bescheinigt werden. [4]Werden diese Aufgaben von dem Sachverständigen wahrgenommen, so gelten die Bestimmungen der Allgemeinen Verwaltungsvorschrift für die Ausstellung von Bescheinigungen gemäß § 7 Abs. 4 Nr. 2 und § 32 Abs. 2 Nr. 2 des Wohnungseigentumsgesetzes vom 19. März 1974 (BAnz. Nr. 58 vom 23. März 1974) entsprechend. [5]In diesem Fall bedürfen die Anlagen nicht der Form des § 29 der Grundbuchordnung. [6]Die Landesregierungen können die Ermächtigung durch Rechtsverordnung auf die Landesbauverwaltungen übertragen.**

**(5) Für Teileigentumsgrundbücher gelten die Vorschriften über Wohnungsgrundbücher entsprechend.**

## § 8
## Teilung durch den Eigentümer

**(1) Der Eigentümer eines Grundstücks kann durch Erklärung gegenüber dem Grundbuchamt das Eigentum an dem Grundstück in Miteigentumsanteile in der Weise aufteilen, dass mit jedem Anteil des Sondereigentum an einer bestimmten Wohnung oder an nicht zu Wohnzwecken dienenden bestimmten Räumen in einem auf dem Grundstück errichteten oder zu errichtenden Gebäude verbunden ist.**

**(2) Im Falle des Absatzes 1 gelten die Vorschriften des § 3 Abs. 2 und der §§ 5, 6, § 7 Abs. 1, 3 bis 5 entsprechend. Die Teilung wird mit der Anlegung der Wohnungseigentumsgrundbücher wirksam.**

## § 9
## Schließung der Wohnungsgrundbücher

**(1) Die Wohnungsgrundbücher werden geschlossen:**

**1. von Amts wegen, wenn die Sondereigentumsrechte gemäß § 4 aufgehoben werden;**

**2. auf Antrag sämtlicher Wohnungseigentümer, wenn alle Sondereigentumsrechte durch völlige Zerstörung des Gebäudes gegenstandslos geworden sind und der Nachweis hierfür durch eine Bescheinigung der Baubehörde erbracht ist;**

**3. auf Antrag des Eigentümers, wenn sich sämtliche Wohnungseigentumsrechte in einer Person vereinigen.**

**(2) Ist ein Wohnungseigentum selbständig mit dem Rechte eines Dritten belastet, so werden die allgemeinen Vorschriften, nach denen zur Aufhebung des Sondereigentums die Zustimmung des Dritten erforderlich ist, durch Absatz 1 nicht berührt.**

**(3) Werden die Wohnungsgrundbücher geschlossen, so wird für das Grundstück ein Grundbuchblatt nach den allgemeinen Vorschriften angelegt; die Sondereigentumsrechte erlöschen, soweit sie nicht bereits aufgehoben sind, mit der Anlegung des Grundbuchblatts.**

## § 15
## Gebrauchsregelung

**(1) Die Wohnungseigentümer können den Gebrauch des Sondereigentums und des gemeinschaftlichen Eigentums durch Vereinbarung regeln.**

**(2) Soweit nicht eine Vereinbarung nach Absatz 1 entgegensteht, können die Wohnungseigentümer durch Stimmenmehrheit einen der Beschaffenheit der im Sondereigentum stehenden Gebäudeteile und des gemeinschaftlichen Eigentums entsprechenden ordnungsgemäßen Gebrauch beschließen.**

**(3) Jeder Wohnungseigentümer kann einen Gebrauch der im Sondereigentum stehenden Gebäudeteile und des gemeinschaftlichen Eigentums verlangen, der dem Gesetz, den Vereinbarungen und den Beschlüssen und, soweit sich die Regelung hieraus nicht ergibt, dem Interesse der Gesamtheit der Wohnungseigentümer nach billigem Ermessen entspricht.**

## II. Teil. Dauerwohnrecht

## § 31
## Begriffsbestimmungen

**(1) [1]Ein Grundstück kann in der Weise belastet werden, dass derjenige, zu dessen Gunsten die Belastung erfolgt, berechtigt ist, unter Ausschluss des Eigentümers eine bestimmte Wohnung in einem auf dem Grundstück errichteten oder zu errichtenden**

**Gebäude zu bewohnen oder in anderer Weise zu nutzen (Dauerwohnrecht). [2]Das Dauerwohnrecht kann auf einen außerhalb des Gebäudes liegenden Teil des Grundstücks erstreckt werden, sofern die Wohnung wirtschaftlich die Hauptsache bleibt.**

**(2) Ein Grundstück kann in der Weise belastet werden, dass derjenige, zu dessen Gunsten die Belastung erfolgt, berechtigt ist, unter Ausschluss des Eigentümers nicht zu Wohnzwecken dienende bestimmte Räume in einem auf dem Grundstück errichteten oder zu errichtenden Gebäude zu nutzen (Dauernutzungsrecht).**

**(3) Für das Dauernutzungsrecht gelten die Vorschriften über das Dauerwohnrecht entsprechend.**

## § 32
## Voraussetzung der Eintragung

**(1) Das Dauerwohnrecht soll nur bestellt werden, wenn die Wohnung in sich abgeschlossen ist.**

**(2) [1]Zur näheren Bezeichnung des Gegenstandes und des Inhalts des Dauerwohnrechts kann auf die Eintragungsbewilligung Bezug genommen werden. [2]Der Eintragungsbewilligung sind als Anlagen beizufügen:**

1. **eine von der Baubehörde mit Unterschrift und Siegel oder Stempel versehene Bauzeichnung, aus der die Aufteilung des Gebäudes sowie die Lage und Größe der dem Dauerwohnrecht unterliegenden Gebäude- und Grundstücksteile ersichtlich ist (Aufteilungsplan); alle zu demselben Dauerwohnrecht gehörenden Einzelräume sind mit der jeweils gleichen Nummer zu kennzeichnen;**

2. **eine Bescheinigung der Baubehörde, dass die Voraussetzungen des Absatzes 1 vorliegen.**

**[3]Wenn in der Eintragungsbewilligung für die einzelnen Dauerwohnrechte Nummern angegeben werden, sollen sie mit denen des Aufteilungsplanes übereinstimmen. [4]Die Landesregierungen können durch Rechtsverordnung bestimmen, dass und in welchen Fällen der Aufteilungsplan (Satz 1 Nr. 1) und die Abgeschlossenheit (Satz 1 Nr. 2) von einem öffentlich bestellten oder anerkannten Sachverständigen für das Bauwesen statt von der Baubehörde ausgefertigt und bescheinigt werden. [5]Werden diese Aufgaben von dem Sachverständigen wahrgenommen, so gelten die Bestimmungen der Allgemeinen Verwaltungsvorschrift für die Ausstellung von Bescheinigungen gemäß § 7 Abs. 4 Nr. 2 und § 32 Abs. 2 Nr. 2 des Wohnungseigentumsgesetzes vom 19. März 1974 (BAnz. Nr. 58 vom 23. März 1974) entsprechend. [6]In diesem Fall bedürfen die Anlagen nicht der Form des § 29 der Grundbuchordnung. [7]Die Landesregierungen können die Ermächtigung durch Rechtsverordnung auf die Landesbauverwaltungen übertragen.**

**(3) Das Grundbuchamt soll die Eintragung des Dauerwohnrechts ablehnen, wenn über die in § 33 Abs. 4 Nr. 1 bis 4 bezeichneten Angelegenheiten, über die Voraussetzungen des Heimfallanspruchs (§ 36 Abs. 1) und über die Entschädigung beim Heimfall (§ 36 Abs. 4) keine Vereinbarungen getroffen sind.**

## *Allgemeine Verwaltungsvorschrift für die Ausstellung von Bescheinigungen gemäß § 7 Abs. 4 Nr. 2 und § 32 Abs. 2 Nr. 2 des Wohnungseigentumsgesetzes*

*Bekanntmachung des Bundesministers für Raumordnung, Bauwesen und Städtebau vom 19. 3. 1974 (BAnz Nr. 58 S. 2)*

*Auf Grund des Artikels 84 Abs. 2 des Grundgesetzes werden mit Zustimmung des Bundesrates folgende Richtlinien für die Baubehörden über die Bescheinigung gemäß § 7 Abs. 4 Nr. 2 bzw. § 32 Abs. 2 Nr. 2 des Wohnungseigentumsgesetzes vom 15. März 1951 (BGBl. I S. 175, 209), zuletzt geändert durch das Gesetz zur Änderung des Wohnungseigentumsgesetzes und der Verordnung über das Erbbaurecht vom 30. Juli 1973 (BGBl. I S. 910), erlassen:*

1. *Die Bescheinigung darüber, dass eine Wohnung oder nicht zu Wohnzwecken dienende Räume in sich abgeschlossen im Sinne des § 3 Abs. 2 bzw. des § 32 Abs. 1 des Wohnungseigentumsgesetzes sind, wird auf Antrag des Grundstückseigentümers oder Erbbauberechtigten durch die Bauaufsichtsbehörde erteilt, die für die bauaufsichtliche Erlaubnis (Baugenehmigung) und die bauaufsichtlichen Abnahmen zuständig ist, soweit die zuständige oberste Landesbehörde nichts anderes bestimmt hat.*

2. *Dem Antrag ist eine Bauzeichnung in zweifacher Ausfertigung im Maßstab mindestens 1:100 beizufügen; sie muss bei bestehenden Gebäuden eine Baubestandszeichnung sein und bei zu errichtenden Gebäuden den bauaufsichtlichen (baupolizeilichen) Vorschriften entsprechen.*

3. *Aus der Bauzeichnung müssen die Wohnungen, auf die sich das Wohnungseigentum, Wohnungserbbaurecht oder Dauerwohnrecht beziehen soll, oder die nicht zu Wohnzwecken dienenden Räume, auf die sich das Teileigentum, Teilerbbaurecht oder Dauernutzungsrecht beziehen soll, ersichtlich sein. Dabei sind alle zu demselben Wohnungseigentum, Teileigentum, Teilerbbaurecht, Dauerwohnrecht oder Dauernutzungsrecht gehörenden Einzelräume in der Bauzeichnung mit der jeweils gleichen Nummer zu kennzeichnen.*

4. *Eine Wohnung ist die Summe der Räume, welche die Führung eines Haushaltes ermöglichen, dazu gehören stets eine Küche oder ein Raum mit Kochgelegenheit sowie Wasserversorgung, Ausguss und WC. Die Eigenschaft als Wohnung geht nicht dadurch verloren, dass einzelne Räume vorübergehend oder dauernd zu beruflichen oder gewerblichen Zwecken benutzt werden. Räume die zwar zu Wohnzwecken bestimmt sind, aber die genannten Voraussetzungen nicht erfüllen, können nicht als Wohnung im Sinne der oben angeführten Vorschriften angesehen werden. Der Unterschied zwischen „Wohnungen" und „nicht zu Wohnzwecken dienenden Räumen" ergibt sich aus der Zweckbestimmung der Räume. Nicht zu Wohnzwecken dienende Räume sind z. B. Läden, Werkstatträume, sonstige gewerbliche Räume, Praxisräume, Garagen und dergleichen.*

5. *Aus der Bauzeichnung muss weiter ersichtlich sein, dass die „Wohnungen" oder „die nicht zu Wohnzwecken dienenden Räume" in sich abgeschlossen sind.*

   a) *Abgeschlossene Wohnungen sind solche Wohnungen, die baulich vollkommen von fremden Wohnungen und Räumen abgeschlossen sind, z. B. durch Wände und Decken, die den Anforderungen der Bauaufsichtsbehörden (Baupolizei) an Woh-*

*nungstrennwände und Wohnungstrenndecken entsprechen und einen eigenen abschließbaren Zugang unmittelbar vom Freien, von einem Treppenhaus oder einem Vorraum haben. Zu abgeschlossenen Wohnungen können zusätzliche Räume außerhalb des Wohnungsabschlusses gehören. Wasserversorgung, Ausguss und WC müssen innerhalb der Wohnung liegen. Zusätzliche Räume, die außerhalb des Wohnungsabschlusses liegen, müssen verschließbar sein.*

*b) Bei „nicht zu Wohnzwecken dienenden Räumen" gelten diese Erfordernisse sinngemäß.*

*6. Bei Garagenstellplätzen muss sich im Falle des § 3 Abs. 2 Satz 2 des Wohnungseigentumsgesetzes aus der Bauzeichnung, gegebenenfalls durch zusätzliche Beschriftung ergänzt, ergeben, wie die Flächen der Garagenstellplätze durch dauerhafte Markierung ersichtlich sind. Als dauerhafte Markierung kommen in Betracht*

*a) Wände aus Stein oder Metall,*

*b) festverankerte Geländer oder Begrenzungseinrichtungen aus Stein oder Metall,*

*c) festverankerte Begrenzungsschwellen aus Stein oder Metall,*

*d) in den Fußboden eingelassene Markierungssteine,*

*e) andere Maßnahmen, die den Maßnahmen nach den Buchstaben a bis d zumindest gleichzusetzen sind.*

*7. Bei Vorliegen der Voraussetzungen der Nummern 1 bis 6 ist die Bescheinigung nach dem Muster der Anlage zu erteilen. Die Bescheinigung ist mit Unterschrift sowie Siegel oder Stempel zu versehen. Mit der Bescheinigung ist eine als Aufteilungsplan bezeichnete und mit Unterschrift sowie mit Siegel oder Stempel versehene Ausfertigung der Bauzeichnung zu erteilen. Die Zusammengehörigkeit von Bescheinigung und Aufteilungsplan ist durch Verbindung beider mittels Schnur oder Siegel oder durch übereinstimmende Aktenbezeichnung ersichtlich zu machen.*

*8. Die Bescheinigung gemäß Nummer 7 ist bei zu errichtenden Gebäuden nicht zu erteilen, wenn die Voraussetzungen für eine bauaufsichtliche Genehmigung des Bauvorhabens nach Maßgabe der eingereichten Bauzeichnungen nicht gegeben ist.*

*Die Richtlinien treten am ersten Tage des auf die Veröffentlichung folgenden Monats in Kraft. Die Richtlinien des Bundesministers für Wohnungsbau vom 3. August 1951 für die Ausstellung von Bescheinigungen gemäß § 7 Abs. 4 Nr. 2 und § 32 Abs. 2 Nr. 2 des Wohnungseigentumsgesetzes (Bundesanzeiger Nr. 152 vom 9. August 1951) treten gleichzeitig außer Kraft.*

***Anlage***

**Bescheinigung**
auf Grund des § 7 Abs. 4 Nr. 2/§ 32 Abs. 2 Nr. 2 *)
des Wohnungseigentumsgesetzes

Die in dem beiliegenden Aufteilungsplan

mit Nummer ................................... bis ................................... bezeichneten Wohnungen*)

mit Nummer ................................... bis ................................... bezeichneten nicht zu Wohnzwecken dienenden Räume*)

in dem bestehenden/zu errichtenden*) Gebäude auf dem Grundstück

in ..............................................................................................................................
(Ort) (Straße, Nr.)

(Katastermäßige Bezeichnung) ...................................................................................

Grundbuch von .........................................................................................................

Band: ........................................................................... Blatt: ....................................

sind/gelten als*) in sich abgeschlossen.

Sie entsprechen daher dem Erfordernis des § 3 Abs. 2/§ 32 Abs. 1*)
des Wohnungseigentumsgesetzes

..............................................................., den ...................................................
(Ort)

(Siegel oder Stempel)

....................................
(Unterschrift der Behörde)

*) Nichtzutreffendes streichen

**Anmerkung** (s. Rdn. 57)
Das Bundesverwaltungsgericht empfiehlt in seinem Urteil vom 11.12.1987 – 8 C 55.85, NJW 1988, 649, die Aufnahme des folgenden Zusatzes in die Bescheinigung:
*„Bei der Erteilung dieser Bescheinigung war die bebauungsrechtliche (bauplanungsrechtliche) Zulässigkeit der zu errichtenden oder errichteten Räume und ihre Nutzung von Rechts wegen nicht zu prüfen."*

**Anmerkungen** (Autor: Heintz)

**Übersicht**

| | | Rdn. |
|---|---|---|
| 1 | Entstehung und Voraussetzungen des Wohnungseigentums | 30–40 |
| 2 | Wohnungseigentumsrechtliches Abgeschlossenheitsgebot | 41–46b |
| 3 | Bauplanungsrechtliche Beschränkung der Wohnungseigentumsbildung | 47–50 |
| 4 | Aufteilungsplan und Abgeschlossenheitsbescheinigung | 51–59 |
| 5 | Verfahren, Gebühren, Nachbarschutz | 60–67 |

## 1 Entstehung und Voraussetzungen des Wohnungseigentums

30 Der **Vorläufer des Wohnungseigentums**, das „**Stockwerkseigentum**" nach früheren landesrechtlichen Vorschriften, hatte sich nicht bewährt und ist in die Rechtsgeschichte unter der Bezeichnung „**Streit- und Händelhäuser**" eingegangen. In das Bürgerliche Gesetzbuch (BGB) v. 18. 8. 1896 (RGBl. S. 195) wurde deshalb das Stockwerkseigentum nicht übernommen. Lediglich das Einführungsgesetz zum Bürgerlichen Gesetzbuch (EGBGB) v. 18. 8. 1896 (RGBl. S. 604) eröffnete mit seinem Artikel 218 den Ländern die Möglichkeit, bestehende Rechtsvorschriften zum Stockwerkseigentum zu ändern. In der Folge hat das frühere Stockwerkseigentum eine gewisse Bedeutung nur noch in Baden-Württemberg und Bayern behalten. Nach dem II. Weltkrieg ergab sich das Erfordernis zu einer wirksamen Förderung des Wohnungsbaus. Nach Verabschiedung des I. Wohnungsbaugesetzes v. 24. 4. 1950 (BGBl. S. 83) erkannte man bald, dass die Ankurbelung der Bautätigkeit weitere gesetzliche Maßnahmen erforderte. Ohne die bekannten Nachteile des früheren Landesrechts wieder heraufzubeschwören, gelang es in Anknüpfung an die §§ 741 f. und 1008 f. BGB eine neue Rechtskonstruktion für die Bildung von Wohnungseigentum und Eigentum an nicht zu Wohnzwecken dienenden Räumen eines Gebäudes zu finden. Das **Wohnungseigentumsgesetz** – **WEG** vom 15. 3. 1951 (BGBl. I S. 175) stellt ein **Sonderrecht zum BGB** dar (vgl. Bärmann/Pick, Wohnungseigentumsgesetz, 13. Auflage 1994, Einleitung S. 23 ff., und Sauren, Wohnungseigentumsgesetz, 2. Auflage 1995, Einführung S. 1 ff.). Es wurde zunächst allerdings nur zögerlich angenommen, hat sich aber nach einer Anlaufzeit von rund zehn Jahren durchgesetzt (vgl. Diester, Zwanzig Jahre Wohnungseigentum, NJW 1971, S. 1153 ff.).

31 Um die Nachteile des früheren Stockwerkseigentums zu vermeiden, enthält das WEG die Forderung nach **Abgeschlossenheit der Wohnung** bzw. der **nicht zu Wohnzwecken dienenden Räume**. Das Sondereigentum muss eindeutig und zweifelsfrei geregelt sein, so dass spätere Streitigkeiten über seinen Inhalt vermieden werden. In dieses Verfahren hat der Gesetzgeber die Baubehörden einbezogen, die nach einer vom Bundesminister für Wohnungsbau erstmals am 3. 8. 1951 (Bundesanzeiger Nr. 152 v. 9. 8. 1951) erlassenen **Allgemeinen Verwaltungsvorschrift** zu prüfen haben, ob das Sondereigentum dem Abgeschlossenheitserfordernis entspricht und hierüber eine Bescheinigung ausstellen. Für die **Ausstellung der Bescheinigung** ist nach Nr. 1 der „Allgemeinen Verwaltungsvorschrift für die Ausstellung von Bescheinigungen gem. § 7 Abs. 4 Nr. 2 und § 32 Abs. 2 Nr. 2 des Wohnungseigentumsgesetzes" – Bekanntmachung des Bundesministers für Raumordnung, Bauwesen und Städtebau vom 19. 3. 1974 (Bundesanzeiger Nr. 58 vom 23. 3. 1974, S. 2) die **Bauaufsichtsbehörde zuständig**, die die bauaufsichtliche Erlaubnis (Baugenehmigung) erteilt und die bauaufsichtlichen Abnahmen vornimmt, soweit die oberste Landesbehörde nicht etwas anderes bestimmt.

**Sondereigentum** kann sowohl **an noch zu errichtenden** als auch **an bereits bestehenden Gebäuden** gebildet werden. Bei der Begründung von Sondereigentum an noch zu errichtenden Gebäuden ist es nicht erforderlich, dass die baurechtliche Zulässigkeit des Vorhabens bereits geklärt ist (s. Rdn. 57). Bei der Begründung von Sondereigentum an bestehenden Gebäuden prüfen die Bauaufsichtsbehörden auch, ob der Bestand des aufzuteilenden Gebäudes, wie er im Aufteilungsplan dargestellt ist, mit der Genehmigungslage übereinstimmt. Hierdurch wird sichergestellt, dass bei der Bildung des Sondereigentums keine illegal vorgenommenen Bestandsänderungen indirekt über den Weg der Abgeschlossenheitsbescheinigung sanktioniert werden. 32

Sondereigentum kann gemäß § 1 Abs. 1 WEG nur an **„Räumen eines Gebäudes"** begründet werden. **„Raum"** im Sinne des WEG ist stets ein nach außen abgeschlossener Raum als Teil eines Gebäudes. Es ist daher **nicht möglich**, **Sondereigentum an einer bloßen Grundstücksfläche zu begründen** (OLG Karlsruhe, Beschluss vom 27. 1. 1972 – 11 W 53/71, MDR 1972, 516). Der **Gebäudebegriff** nach dem WEG ist weitgehend deckungsgleich mit dem bauordnungsrechtlichen Begriff (zum Gebäudebegriff im Baurecht s. die Anmerkungen zu § 2 Rdn. 100–117). Es ist jedoch zu beachten, dass das Gebäude, an dem Sondereigentum gebildet werden soll, gemäß § 1 Abs. 4 WEG sich **nicht auf mehrere Grundstücke** erstrecken darf, während das Bauordnungsrecht ein Gebäude auf mehreren Grundstücken durchaus ermöglicht, wenn zuvor eine „Vereinigungsbaulast" gemäß § 4 Abs. 2 BauO NRW zustande gekommen ist (s. die Anmerkungen zu § 4 Rdn. 88 ff.). Bei der Begründung von Sondereigentum nach dem WEG ist deshalb eine grundbuchliche Vereinigung erforderlich – die Vereinigungsbaulast nach Bauordnungsrecht bietet keinen ausreichenden Ersatz. Scheitert die grundbuchliche Vereinigung, kann trotz einer eventuell bestehenden Vereinigungsbaulast kein Sondereigentum gebildet werden. 33

Anders als die Teilung von Grundstücken (Realteilung) ist die **Begründung von Sondereigentum** nicht auf eine Zerlegung eines zusammenhängenden unter einer laufenden Nummer im Bestandsverzeichnis des Grundbuches eingetragenen Teiles der Erdoberfläche, sondern auf die **Teilung des Eigentumsrechtes** an diesem Grundstück gerichtet. Hiervon begrifflich scharf zu trennen ist die ideelle Aufteilung eines Grundstückes durch Begründung von Bruchteilsberechtigungen. So können mehrere Personen zu gleichen Anteilen Eigentümer eines Grundstückes sein; hierdurch liegt noch kein Fall des Sondereigentums nach dem Wohnungseigentumsgesetz vor. Erst durch Bildung von **Sondereigentum an Räumen** eines Gebäudes **in Verbindung mit dem Miteigentumsanteil an dem gemeinschaftlichen Eigentum** ist dies gegeben. 34

Das Wohnungseigentumsgesetz weist eine **irreführende Überschrift** auf; es müsste eigentlich Sondereigentumsgesetz heißen. Denn **Sondereigentum** kann sein 35

- das **Wohnungseigentum an einer Wohnung** in Verbindung mit dem Miteigentumsanteil an dem gemeinschaftlichen Eigentum (§ 1 Abs. 2 WEG),
- das **Teileigentum an nicht zu Wohnzwecken dienenden Räumen** in Verbindung mit dem Miteigentumsanteil an dem gemeinschaftlichen Eigentum (§ 1 Abs. 3 WEG):

In Rechtsprechung und Literatur hat sich für beide Formen des Sondereigentums der Oberbegriff „**Raumeigentum**" etabliert. Wohnungs- bzw. Teileigentum kann nur an selbständigen Nutzungseinheiten gebildet werden. Als gängige Beispiele aus der Praxis sind zu nennen: Wohnung, Laden, Werkstatt, Praxis, Büro. Sondereigentum kann dagegen nicht an unselbständigen Räumen gebildet werden, die einer Nutzungseinheit dienend zugeordnet sind. So kann z.B. an notwendigen Toilettenräumen als Zubehör zu einer Wohnung kein Sondereigentum gebildet werden (OLG Düsseldorf, Beschluss vom 4.2.1976 – 3 W 315/75, NJW 1976, 1458). Sinn und Zweck des § 3 Abs. 1 WEG besteht darin, das Sondereigentum an einer Wohnung oder an nicht zu Wohnzwecken dienenden Räumen zu ermöglichen, nicht aber an völlig untergeordneten einzelnen Räumen, die keine selbständige Nutzungseinheit darstellen, da hierdurch das Sondereigentum nur eine Hülse wäre (so Bärmann/Pick, Wohnungseigentumsgesetz, 13. Auflage 1994, zu § 3 Rdn. 7). Zu abgeschlossenen Wohnungen bzw. sonstigen abgeschlossenen Nutzungseinheiten können jedoch **zusätzliche Räume außerhalb des Raumeigentumsabschlusses** gehören, wie z.B. (**private**) **Abstellräume** im Keller, die dann aber **verschließbar** sein müssen (s. Nr. 5 der Allgemeinen Verwaltungsvorschrift).

36 **Sondereigentum** kann auch an **dauerhaft markierten Stellplätzen in Garagengebäuden** begründet werden, obwohl diese nicht das Merkmal der Abgeschlossenheit im Sinne des § 3 Abs. 2 Satz 1 WEG erfüllen; insoweit enthält jedoch § 3 Abs. 2 Satz 2 WEG eine Sonderregelung in Form einer gesetzlichen Fiktion („gelten" als abgeschlossen). An **oberirdischen**, **nicht überdachten Stellplätzen im Freien** kann kein Sondereigentum begründet werden, da es sich hierbei nicht um ein Gebäude, sondern nur um eine Grundstücksfläche handelt (s. Rdn. 32). An solchen Stellplätzen, wie auch an sonstigen Grundstücksflächen, wie z.B. Terrassen und Gärten, können aber durch die Eigentümergemeinschaft nach Maßgabe des § 15 WEG **Gebrauchsregelungen** zugunsten eines Sondereigentums getroffen werden, die auch als „**Sondernutzungsrechte**" bezeichnet werden.

37 Beide **Sondereigentumsformen** stehen **gleichberechtigt** nebeneinander. Sinn des WEG ist es nämlich zu ermöglichen, dass das Eigentum an Räumen eines Gebäudes erworben werden kann, gleichgültig ob sie Wohnungszwecken oder Nichtwohnungszwecken dienen. Die **Besonderheit dieser Eigentumsform** liegt darin begründet, dass der Eigentümer von Sondereigentum zwar die **alleinige Verfügungsberechtigung** über die Wohnung oder die nicht zu Wohnzwecken dienenden Räume besitzt, **nicht jedoch über das gemeinschaftliche Eigentum**, bestehend aus Grundstück sowie Teilen, Anlagen und Einrichtungen des Gebäudes, die nicht im Sondereigentum stehen. Zu letzteren zählen z.B. die Fundamente, Außenwände, tragende Wände und Decken, Dach, Treppenraum, allgemein zugängliche Flure, Gemeinschaftsräume, Heiz-, Wasch- und Trockenräume, Fahrrad- und Kinderwagenabstellräume, Ver- und Entsorgungsanlagen. So kann zwar **Sondereigentum auch an sämtlichen Räumen eines Gebäudes** bestellt werden, wenn sich mehrere Gebäude auf demselben Grundstück befinden, seine Erstreckung auf die konstruktiven Teile dieses Gebäudes ist jedoch ausgeschlossen (BGH, Beschluss vom 3.4.1968 – V ZB 14/67, NJW 1968, 1230).

38 Das Sondereigentum kann entweder

– durch **vertragliche Einräumung** nach § 3 WEG oder

– durch **Teilung des Eigentümers** nach § 8 WEG

zustande kommen. Bei der vertraglichen Einräumung sind die Formvorschriften der §§ 4 und 7 WEG, § 313 BGB sowie § 29 GBO zu beachten. Die einseitige **Teilungserklärung des Grundstückseigentümers** nach § 8 WEG wird **in der Praxis bevorzugt**, da es so z.B. für Bauträger auf diese einfache Weise möglich ist, bereits vor Beginn der Baumaßnahme das Verhältnis der künftigen Wohnungs- bzw. Teileigentümer untereinander mit dinglicher Wirkung festzulegen. Vorteilhaft ist auch, dass die Bildung des Grundstücks im grundbuchrechtlichen Sinne noch nicht erfolgt sein muss; es genügt, dass sich die Teilungserklärung auf einen bestimmten räumlich abgegrenzten Teil der Erdoberfläche (ein Grundstück im wirtschaftlichen Sinne) bezieht, der als Grundstück im grundbuchrechtlichen Sinne eingetragen werden kann und soll (OLG Saarbrücken, Beschluss vom 8.7.1971 – 5 W 59/71, NJW 1972, 691).

Das Grundbuchamt legt von Amts wegen ein **besonderes Grundbuchblatt (Wohnungsgrundbuch, Teileigentumsgrundbuch)** an. Nur wenn keine Verwirrung zu befürchten ist, kann hiervon abgesehen werden. Es wird dann das Grundbuchblatt als **gemeinschaftliches Wohnungsgrundbuch** bzw. **Teileigentumsgrundbuch** bezeichnet. Steht das Eigentum an einem Grundstück mehreren Personen in Bruchteilsgemeinschaft zu, so hat eine Teilung nach dem WEG zur Folge, dass sich die Bruchteilsgemeinschaft an den einzelnen Raumeigentumsrechten fortsetzt (BayObLG, Beschluss vom 4.3.1969 – 2 Z 97/68, NJW 1969, 883). 39

Nach § 31 WEG ist es auch zulässig, an einer Wohnung ein **Dauerwohnrecht** bzw. an nicht zu Wohnzwecken dienenden Räumen ein **Dauernutzungsrecht** zu erlangen. Diese Nutzungsformen sind jedoch selten üblich. Der Unterschied zwischen Raumeigentum und Dauerwohnrecht bzw. Dauernutzungsrecht liegt vor allem darin, dass der Nutzungsberechtigte kein Eigentümer ist, sondern lediglich nießbrauchsähnliche Rechte an einer Wohnung (Dauerwohnrecht) oder an einer nicht zu Wohnzwecken dienenden Nutzungseinheit (Dauernutzungsrecht) besitzt. Diese Rechte sind ebenso wie das Raumeigentum veräußerlich und vererblich. 40

### 2 Wohnungseigentumsrechtliches Abgeschlossenheitsgebot

Wichtigstes Merkmal des Begriffs „**Abgeschlossenheit**“ ist die **eindeutige Abgrenzung des Sondereigentums vom gemeinschaftlichen Eigentum.** Hierbei greift das WEG sowie die dazu ergangene Verwaltungsvorschrift auf **bauordnungsrechtliche Begriffe** zurück. Die §§ 30 und 34 BauO NRW regeln die Anforderungen an **Trennwände** und **Decken**, durch die Wohnungen bzw. Wohnungen und fremde Räume zu trennen sind. § 49 Abs. 1 BauO NRW normiert darüber hinaus ein bauordnungsrechtliches Abgeschlossenheitsgebot für Wohnungen (s. Rdn. 7–9). Dabei muss jedoch beachtet werden, dass der in § 49 Abs. 1 Satz 2 BauO NRW eingeräumte Verzicht auf das Abgeschlossenheitsgebot für Wohnungen in Gebäuden mit nicht mehr als zwei Wohnungen (**Einliegerwohnungsprivileg**) nur bauordnungsrechtliche Bedeutung besitzt. Sofern die **Bildung von Wohnungseigentum** beabsichtigt ist, **gehen die bundesrechtlichen Vorschriften des WEG vor,** in diesem Fall muss auch die Einliegerwohnung in sich abgeschlossen sein. Daher darf kein Wohnungseigentum begründet werden, wenn die Einliegerwohnung nur über die Hauptwohnung erreichbar ist, also keinen eigenen Zugang besitzt. Abgeschlossenheit bedeutet einfach ausgedrückt, dass eine Wohnung **alle Räume aufweist**, die **zur Führung eines Haushaltes erforderlich** sind, über zumindest Kochgelegenheit, Wasserversorgungs- und Abwasserbeseitigungseinrichtungen sowie WC verfügt, durch **Trennwände** und **Decken** baulich abgeschirmt ist und einen **direkten Ausgang in das Treppenhaus oder ins Freie** aufweist. Für andere Nutzungseinheiten, wie z.B. Büros, Läden, Praxen, gilt diese sondereigentumsrechtliche Bestimmung sinngemäß. 41

Die **materiellen Voraussetzungen** der Abgeschlossenheit orientieren sich zwar offensichtlich am Bauordnungsrecht, dennoch ist der Begriff der Abgeschlossenheit nach § 3 42

Abs. 2 WEG **zivilrechtlicher Natur**. Das **Erfordernis der Abgeschlossenheit** nach § 3 Abs. 2 WEG **dient allein der Abwehr von Streitigkeiten**, wie sie unter der Geltung des früheren Stockwerkseigentums als Folge unklarer rechtlicher Verhältnisse entstanden, weil z. B. Toiletten und Küchen nicht in jeder Wohnung vorhanden waren und daher gemeinschaftlich benutzt werden mussten. Die Verwaltungspraxis beschränkte sich demzufolge bis 1990 auch tatsächlich nur auf die Prüfung der materiellen Voraussetzungen nach dem WEG hinsichtlich Wohnungsausstattung und räumlicher Abgeschlossenheit. In dieser Zeit drängten jedoch Politiker in Großstädten mit Wohnungsnot die Bauverwaltungen zu einer verschärften Prüfung der Abgeschlossenheit nach bauordnungsrechtlichen Kriterien. Altbauten, die in Eigentumswohnungen umgewandelt werden sollten, wurden einer bauordnungsrechtlichen Qualitätsprüfung der Trennwände und Decken unterzogen Als Ergebnis der Überprüfung konnte dann fast immer festgestellt werden, dass die Anforderungen des (neuen) Bauordnungsrechts nicht eingehalten waren; hierauf gestützt wurden die Anträge auf Erteilung einer Abgeschlossenheitsbescheinigung abgelehnt, obwohl die Trennwände und Decken aus dem Blickwinkel des sondereigentumsrechtlichen Abgeschlossenheitsgebots ausreichten.

**43** Die **verwaltungsgerichtliche Rechtsprechung stützte** anfänglich die von München ausgehende **geänderte Verwaltungspraxis**, die in wenigen Monaten Nachahmer im gesamten Bundesgebiet fand. Das Urteil des BayVGH vom 8. 5. 1989 (– 2 B 87.01993, NJW-RR 1990, 27 = WuM 1989, 338), nach dem auch die **Qualität der Trennwände und Decken** zu prüfen sei, sorgte in der Fachwelt für Erstaunen. Dieses wuchs, als das BVerwG mit Beschluss vom 26. 7. 1989 (– 8 B 112.89, NJW 1990, 848) der Rechtsprechung des BayVGH folgte und als Voraussetzung für die Erteilung einer Abgeschlossenheitsbescheinigung verlangte, dass die bauordnungsrechtlichen Anforderungen an Trennwände und Decken erfüllt sein müssen, insbesondere hinsichtlich des Brand-, Schall- und Wärmeschutzes. Dabei war nach dieser Rechtsprechung auf die Rechtslage zum Zeitpunkt der Erteilung der Abgeschlossenheitsbescheinigung abzustellen, so dass Altbausubstanz häufig diesen Anforderungen nicht genügte. Eine gegen diese Rechtsauslegung gerichtete Verfassungsbeschwerde wurde vom BVerfG mit Beschluss vom 3. 11. 1989 (– 1 BvR 1212/89, BBauBl. 1990, 295 = NJW 1990, 825) unter anderem mit der Begründung nicht zur Entscheidung angenommen, dass weder die eigentumsrechtliche Bestandsgarantie noch der Verhältnismäßigkeitsgrundsatz es verbieten, gewandelte Auffassungen über gesunde Wohnverhältnisse, die sich in Änderungen der Bauordnungen der Länder niederschlagen, bei der Neubegründung von Wohnungseigentum zu berücksichtigen und insoweit auch bei Altbauten die Erteilung einer Abgeschlossenheitsbescheinigung davon abhängig zu machen, dass die Wohnungen den heutigen Anforderungen des Bauordnungsrechtes an die Abgeschlossenheit genügen.

**44** Die **Zivilgerichte teilten die Rechtsauslegung durch die Verwaltungsgerichte nicht**. Nach deren Auffassung verlangt das Abgeschlossenheitsgebot bei der Begründung von Wohnungseigentum an schon bestehenden Gebäuden nur, dass **feste Bauteile** zur **dauerhaften Begrenzung** und zum **Schutz vor unbefugtem Betreten** vorhanden sind. Der 5. Zivilsenat des BGH rief deshalb mit Beschluss vom 14. 2. 1991 (– V ZB 12/90, BauR 1991, 359 = BBauBl. 1991, 470) den Gemeinsamen Senat der obersten Gerichtshöfe des Bundes an. Die Unterschiede in der Rechtsprechung der obersten Bundesgerichte erschwerten die Privatisierung des Wohnungsbestandes in den neuen Bundesländern derart, dass der Bund gesetzgeberische Maßnahmen ergriff. Das „Gesetz zur Beseitigung von Hemmnissen bei der Privatisierung von Unternehmen und zur Förderung von Investitionen“ vom 23.3.1991 (BGBl. I S.766) änderte durch Art. 11 das Wohnungseigentumsgesetz und fügte dem **§ 3 WEG einen neuen, zeitlich befristeten Absatz 3** an:

*„Unbeschadet der im Übrigen Bundesgebiet bestehenden Rechtslage wird die Abgeschlossenheit von Wohnungen oder sonstigen Räumen, die vor dem 3. Oktober 1990 bauordnungsrechtlich genehmigt worden sind, in dem in Artikel 3 des Einigungsvertrages bezeichneten Gebiet nicht dadurch ausgeschlossen, dass die Wohnungstrennwände und Wohnungstrenndecken oder die entsprechenden Wänden oder Decken bei sonstigen Räumen nicht den bauordnungsrechtlichen Anforderungen entsprechen, die im Zeitpunkt der Erteilung der Bescheinigung nach § 7 Abs. 4. Nr. 2 gelten. Diese Regelung gilt bis zum 31. Dezember 1996.“*

Somit konnte in den neuen Bundesländern Wohnungs- und Teileigentum an Wohnungen und sonstigen Räumen auch dann gebildet werden, wenn die Trennwände und Decken nicht den Anforderungen des Brand-, Schall- und Wärmeschutzes entsprachen. Dies galt jedoch nur für Altbauten und für vor dem 3. Oktober 1990 genehmigte Neubauten.

Der **Gemeinsame Senat der obersten Gerichtshöfe des Bundes** führt im Beschluss vom 45
30.6.1992 (– GmS-OGB 1/91, BauR 1993, 91 = NJW 1992, 3290 = ZfBR 1993, 28) aus:

*„Die Antragstellerin ist Eigentümerin mehrerer bebauter Grundstücke. Sie hat beantragt, an diesen Grundstücken Wohnungseigentumsrechte gemäß ihren nach § 8 des Wohnungseigentumsgesetzes abgegebenen Teilungserklärungen in das Grundbuch einzutragen. die zuständige Baubehörde hat dafür Abgeschlossenheitsbescheinigungen erteilt, die folgenden Hinweis enthalten: „Die Wohnungstrennwände und Decken entsprechen nicht den heutigen Anforderungen nach DIN 4109, 4108 und 4102 (Schall-, Wärme- und Brandschutz).“*

*Das Grundbuchamt hat die Eintragungsanträge mangels Abgeschlossenheit der Raumeinheiten zurückgewiesen. Die dagegen gerichtete Beschwerde ist erfolglos geblieben. Das Oberlandesgericht teilt die Ansicht der Vorinstanzen und möchte deshalb die weitere Beschwerde zurückweisen. Daran sieht es sich jedoch durch den Beschluss des Bayerischen Obersten Landesgerichts vom 20. Juni 1990 – BReg 2 Z 37/90 = Bay-ObLGZ 1990, 168 gehindert und hat daher die Sache dem Bundesgerichtshof zur Entscheidung vorgelegt.*

*Der V. Zivilsenat des Bundesgerichtshofes meint, für das Erfordernis der Abgeschlossenheit im Sinne von § 3 Abs. 2 Satz 1 und § 7 Abs. 4 Satz 1 Nr. 2 WEG seien – jedenfalls bei einem schon errichteten Gebäude – bauordnungsrechtliche Kriterien nicht maßgebend. Er möchte deshalb der weiteren Beschwerde stattgeben. Daran sieht er sich gehindert, weil er damit von der Rechtsprechung des 8. Senats des Bundesverwaltungsgerichtes abweichen würde, der das vorlegende Oberlandesgericht folgen will. Der 8. Senat hat entschieden, dass der in § 3 Abs. 2 Satz 1 WEG verwendete Begriff „abgeschlossen“ im Bauordnungsrechtlichen Sinne zu verstehen sei; abgeschlossen seien danach nur solche Wohnungen oder sonstige Räume, die u.a. durch feste Wände und Decken, die den bauordnungsrechtlichen Anforderungen an (Wohnungs-) Trennwände und (Wohnungs-) Trenndecken – insbesondere hinsichtlich des Brand-, Schall-, Wärmeschutzes – entsprechen, baulich vollkommen von fremden Wohnungen und Räumen getrennt sind; diese Abgeschlossenheit im bauordnungsrechtlichen Sinne werde durch die Bescheinigung der Baubehörde nach § 7 Abs. 4 Satz 1 Nr. 2 WEG den in ihr bezeichneten Räumen attestiert (Urteil vom 11. Dezember 1987 – BVerwG 8 C 55.85 – Buchholz 454.11 WEG Nr. 1, S. 1).*

*In einem Nichtzulassungs-Beschluss hat der 8. Senat des Bundesverwaltungsgerichts unter Hinweis auf dieses Urteil klargestellt, dass bei der Prüfung der Abgeschlossenheit im bauordnungsrechtlichen Sinne auf die jeweils gegenwärtige Sach- und Rechtslage abzustellen sei (Beschluss vom 26 Juli 1989 – BVerwG 8 B 112.89 – Buchholz 454.11 WEG Nr. 4, S. 5). Der vorlegende Senat hat deshalb das Verfahren ausgesetzt und dem Gemeinsamen Senat der obersten Gerichtshöfe des Bundes die Frage vorgelegt, ob Wohnungen und sonstige Räume in bestehenden Gebäuden nur dann im Sinne von § 3 Abs. 2 Satz 1 WEG in sich abgeschlossen sind, wenn die Trennwände und Trenndecken den Anforderungen entsprechen, die das Bauordnungsrecht des jeweiligen Bundeslandes an Neubauten stellt.*

*Der im Vorlagebeschluss vertretenen Rechtsauffassung hat sich der 8. Senat des Bundesverwaltungsgerichts nicht angeschlossen (Beschluss vom 18. April 1991 – BVerwG 8 ER 9.91/1).*

*Der Oberbundesanwalt beim Bundesverwaltungsgericht hat sich an dem Verfahren vor dem Gemeinsamen Senat beteiligt. Er vertritt den Standpunkt, die Vorlagefrage sei mit dem vorlegenden Senat des Bundesgerichtshofes zu verneinen.*

1. *Die Vorlage ist zulässig (§ 2 Abs. 1 des Gesetzes zur Wahrung der Einheitlichkeit der Rechtsprechung der obersten Gerichtshöfe des Bundes – RsprEinhG – vom 19. Juni 1968 – BGBl I S. 661). Der V. Zivilsenat des Bundesgerichtshofes will in der bezeichneten Rechtsfrage von dem angeführten Beschluss des 8. Senats des Bundesverwaltungsgerichts abweichen.*

2. *Der Gemeinsame Senat beantwortet die ihm vorgelegte Rechtsfrage dahin, dass Wohnungen und sonstige Räume in Bestehenden Gebäuden auch dann im Sinne von § 3 Abs. 2 Satz 1 WEG in sich abgeschlossen sein könnten, wenn die Trennwände und Trenndecken nicht den Anforderungen entsprechen, die das Bauordnungsrecht des jeweiligen Bundeslandes aufstellt.*

   a) *Für diese Auslegung spricht im Lichte der Verkehrsanschauung schon der Wortlaut des Gesetztes. Danach soll Sondereigentum nur eingeräumt werden, wenn die Wohnungen „in sich abgeschlossen", dem Wortsinn nach also nicht ohne weiteres zugänglich sind. irgendeinen Hinweis auf weitergehende Anforderungen gibt das Gesetz in diesem Zusammenhang nicht.*

   b) *Auch der Entstehungsgeschichte des Gesetzes lassen sich Bezüge auf das Bauordnungsrecht nicht entnehmen: sie lässt – vor dem Hintergrund schlechter Erfahrungen mit dem altrechtlichen Stockwerkseigentum – das Ziel eindeutiger Abgrenzung der Sondereigentumsbereiche erkennen.*

   *Schon bei Einführung des Bürgerlichen Gesetzbuchs hat sich der Gesetzgeber dagegen ausgesprochen, Rechtsformen des Sondereigentums an Stockwerken oder Wohnungen in das Reichszivilrecht zu übernehmen. In den Materialien (Mat III S. 45 f) ist dazu u. a. ausgeführt, es dürften nicht Verhältnisse geschaffen werden, „welche ihrer ganzen Struktur nach dazu angetan sind, den Frieden in dem Inneren der Häuser zu gefährden".*

   *Die Beratungen zum Wohnungseigentumsgesetz sind durch einen Gesetzesantrag der Abgeordneten Wirths, Dr. Schäfer und Fraktion vom 30. November 1949 eingeleitet worden (BT-Drucks. Nr. 252; vgl. zum Gesetzgebungsverfahren im Einzelnen die Darstellung bei Weitnauer, Wohnungseigentumsgesetz 7. Aufl. Rdn. 11 a vor § 1, sowie die Materialiensammlung in „Partner im Gespräch“ Band 8 S. 61 ff. mit Einführung Weitnauer, a. a. O., S. 53 ff.). Er sah zu Frage der Abgeschlossen vor, dass Gegenstand des Wohnungseigentums nur „selbständige Wohnungen“ sein könnten (§ 2 Abs. I); Wohnungseigentum sollte nur gebildet werden „an Teilen von Gebäuden, die aufgrund neuzeitlicher, auf Abgeschlossenheit der einzelnen Wohnungen gerichteter Bauweise die Gewähr für größtmögliche Ausschaltung aller gegenseitigen Störungen der Hausbewohner bieten“ (§ 2 Abs. 3). In der Begründung wurde „Selbstständigkeit“ gleichgesetzt mit völliger Trennung und Abgeschlossenheit der einzelnen Wohnungen; durch eine neuzeitliche Bauweise „sollte“ die Gewähr für die Ausschaltung von Störungen geboten werden. Eine schärfere Fassung im Sinne genauerer Bestimmungen der technischen Anforderungen wurde in der Begründung zwar erwogen, aber mit der Erwägung verworfen, gegenüber den Zeiten des alten Stockwerkseigentums biete die moderne Bauweise allein bereits eine ausreichende Gewähr für die Abgeschlossenheit der einzelnen Wohnungen. Eine „besondere Rücksichtnahme auf Altbauten“ wurde als entbehrlich angesehen, da Wohnungen in ungeeigneten alten Häusern schwerlich Käufer finden würden und die rechtlichen Gefahren mithin nicht hoch zu veranschlagen seien.*

*In einem Entwurf des Bundesministeriums der Justiz vom 22. September 1950 war in § 2 Abs. 2 folgende – schärfere – Formulierung vorgesehen: „Sondereigentum soll nur eingeräumt werden, wenn durch geeignete Bauweise und hinreichende Abgeschlossenheit der Gebäudeteile eine möglichst weitgehende Ausschaltung gegenseitiger Störungen bei dem Gebrauch gewährleistet ist.“ In der Begründung wurden „bauliche Eignung (z. B. zweckmäßige Anlage von Treppen und gemeinsamen Versorgungseinrichtungen)“ einerseits sowie „hinreichende Abgeschlossenheit der Räume und Grundstücksteile“ anderseits unterschieden. Als Zweck der Vorschrift wurde herausgestellt, „nach Möglichkeit gegenseitige Störungen der Miteigentümer auszuschließen und so von vornherein jenen Streitigkeiten vorzubeugen, die das Stockwerkseigentum in seinen älteren Formen weitgehend in Verruf gebracht haben.“ Dieser Entwurf war Gegenstand der Beratungen in der gemeinsamen Sitzung des Ausschusses für Bau- und Bodenrecht vom 3. November 1950. Nach dem Kurzprotokoll wurden gegen die Fassung des Absatzes 2 „von fast allen Seiten Bedenken vorgetragen“. Nach „eingehender Diskussion“ entschloss sich der Ausschuss zu der – später Gesetz gewordenen – Neufassung: „Sondereigentum soll nur eingeräumt werden, wenn die Wohnungen oder sonstigen Räume in sich abgeschlossen sind“. Aus welchen Gründen die schärfere Formulierung verworfen wurde, ist aus den Unterlagen nicht ersichtlich. In der zweiten und dritten Beratung des Gesetzentwurfs im Plenum des Bundestages hat der Abgeordnete Dr. Brönner als Berichterstatter u. a. ausgeführt (Stenografischer Bericht über die 115. Sitzung des Bundestagen vom 31. Januar 1951, S. 4386): „Durch die Abgeschlossenheit sollen all die Streitigkeiten vermieden werden, die im Stockwerkseigentum wegen der unklaren rechtlichen Verhältnisse entstanden sind. Die Einzelheiten über diese Abgeschlossenheit werden nach § 59 dieses Gesetzes durch Richtlinien festgelegt.“*

*Alles in allem kann den Gesetzesmaterialien nicht entnommen werden, dass Wohnungseigentum bei bereits bestehenden Gebäuden nur begründet werde sollte, wenn das Gebäude den jeweils neuesten bautechnischen oder gar bauordnungsrechtlichen Anforderungen für Neubauten entsprach. Der Gesetzgeber wollte wohl nur eine Abgeschlossenheit im engeren räumlichen Sinne gewährleisten, weitergehende Anforderungen an die Bauqualität sind zwar erwogen, aber nicht zum Inhalt des Gesetztes gemacht worden.*

c) *Auch die systematische und teleologische Auslegung ergibt, dass der Begriff „in sich abgeschlossen" vom sachenrechtlichen Bedarf der Eigentumsabgrenzung im Sinne der Rechtsklarheit bestimmt wird.*

*Schutzgegenstand der Abgeschlossenheit im Sinne des § 3 Abs. 2 Satz 1 WEG ist das Sondereigentum; von ihm her sind Zweck, Art und Ausmaß der Abgeschlossenheit zu bestimmen. Inhalt des Sondereigentums ist gemäß § 13 Abs. 1 WEG das Recht, mit den im Sondereigentum stehenden Gebäudeteilen (einschließlich der von ihnen gebildeten Räume) nach Belieben zu verfahren und andere von Einwirkungen auszuschließen. Dadurch unterscheidet sich das Sondereigentum sachenrechtlich von der nach § 1010 Abs. 1 BGB möglichen raumgebundenen Benutzungsregelung zugunsten eines einfachen Miteigentümers (Sondernutzungsrecht). Im Unterschied zum Sondereigentum verlangt das Sondernutzungsrecht keinen räumlichen Abschluss des Sondernutzungsbereichs, obwohl der sondernutzungsberechtigte Miteigentümer ebenfalls allen Unzuträglichkeiten, z. B. eines Mehrfamilienhauses, ausgesetzt sein kann und – stärker als ein Mieter – durch ein dauerndes Recht an das Hausgrundstück gefesselt bleibt. Das Erfordernis des Raumabschlusses nach § 3 Abs. 2 Satz 1 WEG muss daher seinen Grund darin finden, dass zum Sondereigentum gemäß § 13 Abs. 1 WEG anders als beim schlichten Miteigentum nach Bruchteilen – die alleinige Sachteil- und Raumherrschaft des Sondereigentümers gehört. Dieser Herrschaftsbereich des Sondereigentums soll vermittels Abgeschlossenheit nach § 3 Abs. 2 Satz 1 WEG sowohl klar und dauerhaft abgegrenzt als auch gegen widerrechtliches Eindringen (§ 123 StGB) tatsächlich abgeschirmt werden. Dem „Eigenheim auf der Etage" soll nach dem Plan des Gesetzes durch die Macht der Tatsachen der Burgfriede gewährt werden, den das Heim auf eigenem Grund und Boden von Natur aus hat; hierzu reichen feste, geschlossene Wände und verschließbare Zugänge aus. Eine weitergehende Funktion des Abgeschlossenheitserfordernisses ist dem Regelungszusammenhang des Wohnungseigentumsgesetzes nicht zu entnehmen.*

*Eine Verweisung auf das Bauordnungsrecht, zumal auf das jeweils geltende, ergibt sich insbesondere nicht aus § 7 Abs. 4 Nr. 2 WEG. Nach dieser Vorschrift ist der Eintragungsbewilligung für das Wohnungsgrundbuch neben dem Aufteilungsplan eine Bescheinigung der Baubehörde vorzulegen, dass die Voraussetzungen des § 3 Abs. 2 WEG (Abgeschlossenheit der Wohnungen oder sonstigen Räume) gegeben sind. Die Einschaltung der Baubehörde bleibt auch dann sinnvoll, wenn sie allein dazu dient, dem Grundbuchamt die Prüfung bautechnischer Fragen zu erleichtern. Dementsprechend bindet die Abgeschlossenheitsbescheinigung das Grundbuchamt nicht (BVerwG, Urt. v. 11. Dezember 1987–8 C 55/85 – Buchholz 454.11 Nr. 1 m. w. N.); dieses hat vielmehr in eigener Verantwortung zu prüfen, ob die Baubehörde § 3 Abs. 2 Satz 1 WEG richtig ausgelegt hat.*

*Eine Abhängigkeit der Abgeschlossenheit von bauordnungsrechtlichen Bestimmungen lässt sich auch nicht aus der Allgemeinen Verwaltungsvorschrift für die Ausstellung von Bescheinigungen gemäß § 7 Abs. 4 Nr. 2 und § 32 Nr. 2 WEG herleiten, die der Bundesminister für Wohnungsbau am 19. März 1974 erlassen hat*

*(BAnz. Nr. 58 vom 23. März 1974). Dort heißt es unter Nr. 5 Buchst. a): „Abgeschlossene Wohnungen sind solche Wohnungen, die baulich vollkommen von fremden Wohnungen und Räumen abgeschlossen sind, z. B. durch Wände und Decken, die den Anforderung der Bauaufsichtsbehörden (Baupolizei) an Wohnungstrennwände und Wohnungstrenndecken entsprechen und einen eigenen abschließbaren Zugang unmittelbar vom Freien, von einem Treppenhaus oder einem Vorraum haben ...“. Schon die sprachliche Fassung dieser Richtlinie für die Baubehörden ist unklar, denn sie lässt offen, auf welche andere als die beispielhaft aufgeführte Weise das Abgeschlossenheitserfordernis ebenfalls erfüllt werden kann. Dabei ist – ganz abgesehen von der Frage der Rechtsnormqualität – zu berücksichtigen, dass diese Verwaltungsvorschrift auf der Grundlage des § 59 WEG erlassen worden ist und sich deshalb in dem hierdurch vorgegebenen Rahmen halten muss. § 59 enthält im Rahmen des IV. Teils des Wohnungseigentumsgesetzes („Ergänzende Bestimmungen“) eine Vorschrift über die Ausführungsbestimmungen für die Baubehörden. Danach erlässt der Bundesminister für Wohnungsbau im Einvernehmen mit dem Bundesminister der Justiz „Richtlinien für die Baubehörden über die Bescheinigung gemäß § 7 Abs. 4 Nr. 2, § 32 Abs. 2 Nr. 2“. § 59 WEG knüpft über § 7 Abs. 4 Nr. 2 an den Abgeschlossenheitsbegriff des § 3 Nr. 2 Satz 1 WEG an. Die auf seiner Grundlage erlassene Verwaltungsvorschrift dient nur zur verwaltungstechnischen Umsetzung dieser Gesetzesbestimmung. Sie kann den gesetzlich vorgegebenen Abgeschlossenheitsbegriff nicht abändern, sondern muss sich ihrerseits an ihm messen und nach ihm auslegen lassen. Schon deshalb kann sie den – zuvor nach den Methoden der Gesetzesauslegung ermittelten – Inhalt des Abgeschlossenheitsbegriffs nicht zusätzlich durch bauordnungsrechtliche Anforderungen verengen.*

*d) Die Berücksichtigung bauordnungsrechtlicher Vorschriften würde die Gefahr landesrechtlicher Auflösung des bundesrechtlichen Abgeschlossenheitsbegriffs gemäß § 3 Abs. 2 Satz 1 WEG begründen. Der Gesetzeszweck, die Missstände des altrechtlichen Stockwerkseigentums beim Sondereigentum auszuschalten, kann aber nicht in einem Bundesland andere Voraussetzungen des bürgerlichen Sachenrechts an die Abgeschlossenheit des Sondereigentums rechtfertigen als in einem anderen. Gleichwohl zugelassene regionale Unterschiede der Abgeschlossenheit kommen daher – außerhalb der Überleitung bestehender, auf älterem Landrecht beruhender Rechtsverhältnisse in die durch das Wohnungseigentumsgesetz geschaffenen Rechtsformen aufgrund von § 63 Abs. 3 WEG – nur in Betracht, wenn sie auf einer besonderen Interessenabwägung des Bundesgesetzgebers beruhen, wie dies im Zusammenhang mit § 3 Abs. 3 WEG i. d. F. von Art. 11 Nr. 1 des Hemmnisbeseitigungsgesetzes vom 22. März 1991 (BGBl. I S. 766) geschehen ist. Unbeschadet der im übrigen Bundesgebiet bestehenden Rechtslage wird nach dieser Vorschrift die Abgeschlossenheit von Wohnungen oder sonstigen Räumen, die vor dem 3. Oktober 1990 bauordnungsrechtlich genehmigt worden sind, in dem in Artikel 3 des Einigungsvertrages bezeichneten Gebiet nicht dadurch ausgeschlossen, dass die Wohnungstrennwände und Wohnungstrenndecken nicht den bauordnungsrechtlichen Anforderungen entsprechen, die im Zeitpunkt der Erteilung der Bescheinigung nach § 7 Abs. 4 Nr. 2 WEG gelten.*

*Für eine vergleichbare Aufsplitterung des Abgeschlossenheitsbegriffs nach den u. U. unterschiedlichen Anforderungen des jeweiligen Bauordnungsrechts der einzelnen Bundesländer fehlt im Wohnungseigentumsgesetz jeder Anhaltspunkt. Des-*

*halb besteht auch kein Hindernis, insoweit die Rechtseinheit zwischen den alten und den neuen Bundesländern aufrechtzuerhalten.*

*e) Die Verengung des Abgeschlossenheitsbegriffs durch bauordnungsrechtliche Elemente würde für den weiteren Bereich bereits bestehender Gebäude die erklärten Ziele des Wohnungseigentumsgesetzes unterlaufen. Dieses Gesetz sollte eine breite Streuung des Eigentums ermöglichen (Rede des Abgeordneten Dr. Brönner in der 115. Sitzung des Deutschen Bundestages am 31. Januar 1951, StenProt. Bd. 6 S. 4385). Außerdem sollte der Immobilienmarkt für das kleinere und mittlere Privatkapital, insbesondere für das Sparkapital, erschlossen und die Bautätigkeit belebt werden (vgl. den Gesetzesantrag der Abgeordneten Wirths, Dr. Schäfer und FDP-Fraktion vom 30. November 1949, Begründung/Allgemeines, BT-Drucks. 1/252; Regierungsentwurf eines Wohnungseigentumsgesetzes, BR-Drucks. 75/51 Anl. 2, S. 2).*

*Bereits errichtete Häuser nehmen dabei keine Sonderstellung ein. Auch für die Erhaltung, Instandsetzung und Modernisierung älterer Wohn- und Gewerbegebäude konnte und kann das erforderliche Privatkapital durch die Bildung von Wohnungseigentum gewonnen werden. Dies würde aber wesentlich erschwert, wenn die in Sondereigentum umzuwandelnden Wohnungen nur dann als „in sich abgeschlossen" anerkannt würden, falls sie den im Zeitpunkt der Erteilung der Bescheinigung nach § 7 Abs. 4 Nr. 2 Weg geltenden bauordnungsrechtlichen Anforderungen entsprechen.*

*Eine solche Entwicklung würde nicht zuletzt dem in § 63 II. WoBauG festgeschriebenen Ziel zuwiderlaufen. Soweit Mehrfamilienhäuser geschaffen werden, soll nach dieser Bestimmung ein angemessener Teil so gebaut werden, dass eine spätere Überlassung der Wohnungen als Eigentumswohnungen möglich ist. Die Umwandlung in Wohnungseigentum wäre aber nicht mehr möglich, wenn jede spätere Änderung der bauordnungsrechtlichen Anforderungen, insbesondere an den Wärme-, Schall- und Brandschutz der Wohnungstrennwände und -trenndecken, den Wohnungen die Qualität der Abgeschlossenheit im Sinne des § 3 Abs. 2 WEG nähme.*

*f) Es ist nicht zu übersehen und fällt ins Gewicht, dass seit dem Inkrafttreten des Wohnungseigentumsgesetzes im Jahre 1951 die Bauverwaltungen und Grundbuchämter sowie eine weit verbreitete Rechtsüberzeugung die Abgeschlossenheit von Wohnungen oder sonstigen Räumen jahrzehntelang nur in einem engeren Sinne fester und dauerhafter räumlicher Abgrenzung und einer Verschließbarkeit der Zugänge verstanden haben. Wohl erst Mitte der 80er Jahre sind die Bauaufsichtsbehörden in München („Münchener Linie") und anderen Großstädten dazu übergegangen, die Abgeschlossenheitsbescheinigung auch von bauordnungsrechtlichen Anforderungen abhängig zu machen. Dabei haben sie sich von der mietpolitischen Erwägung leiten lassen, sich häufenden Missständen auf dem Wohnungsmarkt zu begegnen; verhindert werden sollte die massenweise Verdrängung von Mietern, zumal aus zahlungsschwächeren Bevölkerungskreisen, durch „Luxussanierungen" der Mietwohnungen nebst anschließender Umwandlung in Wohnungseigentum und Veräußerung an finanzkräftige Interessenten, die ihrerseits Eigenbedarf geltend machen könnten.*

*Der Gemeinsame Senat verkennt nicht, dass hier ein dringendes rechtspolitisches Schutzproblem bestehen kann. Das Anliegen des Mieterschutzes lässt sich aber nach geltendem Recht nicht auf dem Umweg über das – sachenrechtlich konzipierte und nach sachenrechtlichen Grundsätzen auszulegende – Wohnungseigentumsgesetz erfüllen. Dieses Gesetz ist nicht als Flankenschutz des sozialen Mietrechts und des Mietwohnungsbaus gedacht. Würden die Abgeschlossenheitsbescheinigungen dennoch unter Berufung auf das Bauordnungsrecht verweigert, führte das in vielen Fällen zu Ergebnissen, die sich auch mit dem Gedanken des Mieterschutzes nicht einsichtig machen ließen.*

*In dem Gesetzesentwurf des Bundesrates vom 14. Februar 1992 (BT-Drucks. 12/2505 vom 30. April 1992), der grundsätzlich der Linie des Bundesverwaltungsgerichts folgen will, werden immerhin vier Fallgruppen herausgestellt, für welche die Landesregierungen ermächtigt werden sollen, durch Rechtsverordnung zu bestimmen, dass Wohnungen oder sonstige Räume auch dann in sich abgeschlossen sind, wenn die Trennwände und Trenndecken nicht den bauordnungsrechtlichen Anforderungen entsprechen, die im Zeitpunkt der Erteilung der Abgeschlossenheitsbescheinigung gelten (Art. 1 Nr. 1 des Entwurfs). Diese Ausnahmen betreffen a) die Förderung von Investitionen für wohnwerterhöhende oder wohnraumschaffende Maßnahmen, b) die Erhaltung oder weitere Nutzung von Baudenkmälern, c) die Förderung des Erwerbs von Wohnungen durch ihre Mieter und d) die Begründung von Wohnungseigentum zugunsten von Miterben, wenn das Grundstück zum Nachlass gehört. In der Begründung heißt es u. a., der Erwerb der Wohnungen durch ihre Mieter sollte nicht künstlich erschwert oder sogar verhindert werden; hier würde sich die gute Absicht geradezu schädlich auswirken, denn Eigentum sei „der beste Mieterschutz" (Begründung B zu Art. 1 Nr. 1). In der – ablehnenden – Stellungnahme der Bundesregierung wird, weil auch dann Interessen von Mietern nicht berührt werden, weiterer Bedarf für Ausnahmen herausgestellt. Angeführt werden vor allem*

*a) die Begründung von Teileigentum an einem Hausgrundstück, das nur gewerblich genutzt wird, aber auch an gemischt genutzten Grundstücken,*

*b) die Aufteilung einer größeren baulichen Anlage durch mehrere Investoren in der Weise, dass jeder eine größere Zahl von Wohnungen oder Teileigentumseinheiten erhält und Eigenbedarf nicht zu erwarten ist, und*

*c) die Begründung von Wohnungseigentum an einem Hause, das nicht an Mieter überlassen ist, insbesondere in leerstehenden Häusern.*

*Jedenfalls nach geltendem Recht, das in allen diesen Richtungen Ausnahmen nicht vorsieht und auch richterrechtlich nicht ermöglicht, erweise sich die von der Heranziehung des Bauordnungsrechts ausgehende generelle Erschwerung der Bildung von Wohnungseigentum als eine - selbst im Hinblick auf die Brennpunkte des Wohnungsbedarfs - zu undifferenzierte und deshalb so nicht angemessene Lösung. Dem tritt noch hinzu, dass es von der Zielsetzung eines möglichst störungsfreien Wohnens her auch wenig einleuchtet, erhöhte Anforderungen an den Schall-, Wärme- und Brandschutz der Trennwände und Decken von Wohnungen zu stellen, zugleich aber von entsprechenden Anforderungen an die Außenwände abzusehen.*

*Zu bedenken ist darüber hinaus, dass eine auf das Bauordnungsrecht zurückgreifende Behinderung der Bildung von Wohnungseigentum selbst in den Fällen, in denen das Ergebnis als solches annehmbar oder gar wünschenswert sein mag, nicht verlässlich Abhilfe brächte, sondern im Gegenteil zu einer Verschlechterung der Lage führen könnte. Je stärker die Begründung von Wohnungseigentum erschwert wird, desto mehr könnte nämlich die Praxis versucht sein, auf Miteigentumsmodelle auszuweichen, die für alle Beteiligten noch nachteiliger wären. Dies gilt z. B. für das „Kellermodell" und das „Bruchteilsmodell" (vgl. zu ihnen etwa Reithmann, NJW 1992, 649, 650; Pause, NJW 1992, 671f.). Beim „Kellermodell" wird wohnungseigentumsrechtlich Teileigentum an Nebenräumen (z. B. an Kellern) kombiniert mit der Vereinbarung von Sondernutzungsrechten an einzelnen Wohnungen, die aber – ohne Bildung von Sondereigentum – im gemeinschaftlichen Eigentum bleiben; die Rechtswirksamkeit dieser Gestaltungsform ist vom Bayerischen Obersten Landesgericht bereits bejaht worden (Beschl. v. 7. November 1991, NJW 1992, 700). Beim „Bruchteilsmodell" wird – außerhalb des Wohnungseigentumsgesetzes – an (Altbau-)Grundstücken Miteigentum zu ideellen Bruchteilen gebildet und die Verwaltung und Benutzung der vorhandenen Wohnungen gemäß § 1010 BGB im einzelnen geregelt. Nach beiden Modellen erlangt nicht nur der Erwerber eine schwächere Rechtsstellung als nach dem Wohnungseigentumsgesetz, vielmehr wird auch der verstärkte Mieterschutz ausgeschaltet, den der Gesetzgeber bereits seit dem Jahre 1971 für die Umwandlung von vermieteten Altbauten in Wohnungseigentum eingeführt hat (vgl. Pause, NJW 1992, 671, 672 m. W. N.; näher dazu sogleich unter g).*

g) *Es ist nicht Aufgabe der rechtsprechenden, sondern der gesetzgebenden Gewalt, zu bewerten und zu entscheiden, ob und wie nachteiligen Auswirkungen der Umwandlung bestehender Gebäude in Wohnungseigentum begegnet werden soll. Der Gesetzgeber hat sich in der Vergangenheit dieser Aufgabe bereits mehrfach gestellt. Durch das Gesetz vom 28. November 1971 (BGBl. I S. 1839) hat er die Eigenbedarfskündigung des Erwerbers der Eigentumswohnung auf drei Jahre ausgeschlossen und hat dem Vermieter unbefristet verwehrt, wegen der Umwandlung in Wohnungseigentum ein Mietverhältnis mit der Begründung zu kündigen, dass sonst eine beabsichtigte Veräußerung verhindert würde (§ 564 b Abs. 2 Nr. 2 Satz 1 und Nr. 3 Satz 2 und 3 BGB; vgl. auch Kurtenbach, Betrieb 1971, 2453). Durch das Gesetz vom 20. Juli 1990 (BGBl. I S. 1456) ist für den Fall der Bildung von Wohnungseigentum die Sperrfrist für Eigenbedarfskündigungen verlängert worden, sofern die ausreichende Versorgung der Bevölkerung mit Mietwohnungen zu angemessenen Bedingungen in einer Gemeinde oder in einem Teil einer Gemeinde besonders gefährdet ist (vgl. § 564b Abs. 2 Nr. 2 Satz 3 und 4 BGB). Gegen „Luxussanierungen" hat der Gesetzgeber zahlungsschwache Mieter zudem in mehreren Schritten und unabhängig von einer Umwandlung geschützt. Nach § 541b Abs. 1 BGB in der Fassung des Gesetzes zur Erhöhung des Angebots an Mietwohnungen vom 20. Dezember 1982 (BGBl. I S. 1912) braucht der Mieter solche Maßnahmen dann nicht zu dulden, wenn sie unter Berücksichtigung der zu erwartenden Erhöhung des Mietzinses für ihn oder seine Familie eine Härte bedeuten würden, die auch unter Würdigung der berechtigten Interessen des Vermieters und anderer Mieter in dem Gebäude nicht zu rechtfertigen ist (näher hierzu und zur Bedeutung etwaiger Wohngeldansprüche BGH, Beschl. v. 19. Februar 1992, VIII ARZ 5/91, NJW 1992, 1386). Der Gesetzgeber hat ferner durch das Gesetz zur Regelung der Miethöhe vom 18. Dezember 1974 (BGBl. I S. 3603) den Anstieg der Mieten beschränkt; am 26. Mai 1992 hat die Bundesregierung den Entwurf eines weiteren Gesetzes zur*

*Begrenzung des Mietanstiegs verabschiedet („Recht“ 3/92, S. 44). Ferner hat der Gesetzgeber durch das Wohnungsbau-Erleichterungsgesetz vom 17. Mai 1990 (BGBl. I S. 926) auf verschiedenen Wegen die Schaffung neuen Wohnraums begünstigt. Die Frage etwaiger weiterer miet- und wohnungsbaupolitischer Maßnahmen bleibt ihm aufgegeben.*

*h) Nach alledem ist der Ausweg eines Mieterschutzes durch eine bauordnungsrechtliche Verschärfung der Anforderungen an die Abgeschlossenheitsbescheinigung nach § 7 Abs. 4 Nr. 2 i. V. m. § 3 Abs. 2 WEG nach geltendem Recht versperrt.“*

Aufgrund dieser grundlegenden Entscheidung konnten fortan im gesamten Bundesgebiet Abgeschlossenheitsbescheinigungen für **Altbauten** erteilt werden, auch wenn die Trennwände und Decken **nicht** den **aktuellen bauordnungsrechtlichen Anforderungen** entsprechen, die das Bauordnungsrecht des jeweiligen Bundeslandes enthält. Die vom Gemeinsamen Senat der obersten Gerichtshöfe des Bundes festgestellte Rechtslage besteht bis heute unverändert fort. Der **Gesetzgeber hat diese Entscheidung akzeptiert** und nicht, wie im Verfahren des Investitionserleichterungs- und Wohnbaulandgesetzes vorgeschlagen, einen § 22 a BauGB – Sicherung des Bestandes am Mietwohnungen – in das Bauplanungsrecht aufgenommen. Mit der Mietrechtsreform 2001 wurde bei der Wohnungseigentumsbildung an vermieteten Wohnungen das Vorkaufsrecht des Mieters (neu: § 577 BGB – alt: § 570 b BGB) und die Kündigungsbeschränkung bei Wohnungsumwandlung (neu: § 577 a BGB – alt: § 564 b BGB) neu gefasst. **46**

Am 1. 7. 2007 trat das **Gesetz zur Änderung des Wohnungseigentumsgesetzes und anderer Gesetze** vom 26. 3. 2007 (BGBl. I S. 370) in Kraft. Ziel dieses Gesetzes war in erster Linie die **Vereinfachung der Verwaltung** des Sondereigentums. Bei der **Instandhaltung des Gemeinschaftseigentums** wurde das Einstimmigkeitsprinzip aufgegeben und durch eine **Mehrheitsentscheidung** ersetzt. Weiter bewirkte die Novelle die Vereinheitlichung der Streitverfahren in Angelegenheiten des WEG mit anderen zivilrechtlichen Vorschriften; das Verfahren richtet sich nach der **ZPO**. Die Informationsrechte über die Beschlüsse der Eigentümergemeinschaft wurden insofern erleichtert, als der **Verwalter** eine **Sammlung der Beschlüsse** zu führen hat, so dass sich Käufer leichter über die ihnen zukommenden Rechte und Pflichte informieren können. Die Rechtsstellung der Eigentümergemeinschaft gegenüber einzelnen Eigentümern, die ihren Zahlungsverpflichtungen bezüglich gemeinschaftlich zu tragender Kosten (Hausgeld) nicht nachkommen, wurde verbessert. **46 a**

Schließlich ergänzte die Novelle die §§ 7 und 32 WEG durch Einführung einer **Rechtsverordnungsermächtigung**, wonach die **Landesregierungen** die Abgeschlossenheitsprüfung auf „öffentlich bestellte oder anerkannte Sachverständige“ für das Bauwesen übertragen können (zu den Änderungen im Einzelnen vgl. Niedenführ, Die WEG-Novelle 2007, NJW 2007, 1841). Hierdurch können die **Bauaufsichtsbehörden** von sachfremden Aufgaben **entlastet** werden. Die neue Vorschrift trägt dem Umstand Rechnung, dass die Länder ihr Bauordnungsrecht geändert und **genehmigungsfreie** Wohnbauvorhaben ermöglicht haben, bei denen nur noch die Gemeinde, nicht jedoch die Bauaufsichtsbehörde mitwirkt. Die Regelung stellt auf den **öffentlich bestellten** oder **anerkannten Sach**verständigen ab, und zwar insbesondere wegen dessen **Unabhängigkeit** gegenüber dem teilenden Eigentümer, da nur so die Genauigkeit der Angaben im Aufteilungsplan hinreichend sicher geprüft werden kann (so die Begründung in BT-Drucks. 16/887, S. 17). Von der Ermächtigung wurde bislang in Nordrhein-Westfalen noch kein Gebrauch gemacht. **46 b**

### 3 Bauplanungsrechtliche Beschränkung des Wohnungseigentums

47 Eine **Möglichkeit zur Begrenzung der Wohnungseigentumsbildung** hat der Gesetzgeber mit **§ 22 BauGB** geschaffen, um in **Kur- und Erholungsorten** Übernachtungsmöglichkeiten für Feriengäste zu erhalten, damit eine wirtschaftliche Ausnutzung vorhandener Einrichtungen sicherzustellen und einer **schleichenden Umstrukturierung** entgegenzuwirken (vgl. Schlichter/Stich/Driehaus/Paetow, zu § 22 Rdn. 1). Dies kann durch die Überhandnahme von Zweitwohnungen gefährdet sein, wenn Beherbergungsbetriebe und Wohngebäude in Eigentumswohnungen zur Nutzung als Zweitwohnsitz umgewandelt werden, da hierdurch die Tendenz zu einer so genannten „Rollladensiedlung" entsteht (BVerwG, Urteil vom 27. 9. 1995 – 4 C 28.94, BRS 57 Nr. 122 = DÖV 1996, 170 = DVBl. 1996, 52 = NVwZ-RR 1996, 373).

48 **Voraussetzung** zur **Begründung des bauplanungsrechtlichen Genehmigungsvorbehalts** ist, dass der **Bebauungsplan** oder in eine **sonstige Satzung** diesen einführt. Die sonstige Satzung kommt in Betracht, wenn für einen bereits vorhandenen Bestand kein Bebauungsplan erforderlich ist oder die Gemeinde gleich mehrere Bebauungsplanbereiche sichern möchte. Das Satzungsverfahren ist im Übrigen einfacher zu handhaben, da das aufwendige Bauleitplanverfahren nicht durchlaufen werden muss (vgl. auch Greiving, Die Satzung zur Sicherung von Gebieten mit Fremdenverkehrsfunktion gemäß § 22 BauGB und ihre gemeindliche Anwendungspraxis, DVBl. 2001, S. 336 ff.)

49 Von der Ermächtigung zur Einführung des Genehmigungsvorbehaltes kann die Gemeinde nur bei **Vorliegen der gesetzlichen Voraussetzungen** Gebrauch machen. Diese Voraussetzungen erfordern, dass

- durch die Begründung oder Teilung der Rechte nach dem WEG die **vorhandene** oder **vorgesehene Zweckbestimmung des Gebietes für den Fremdenverkehr** und dadurch die geordnete städtebauliche Entwicklung **beeinträchtigt** werden kann,
- ein **Kurgebiet**, ein **Gebiet für die Fremdenbeherbergung**, ein Wochenend- und Ferienhausgebiet, ein im Zusammenhang bebauter Ortsteil, dessen Eigenart den vorg. Gebieten entspricht, oder ein sonstiges **Gebiet mit Fremdenverkehrsfunktion**, das **durch Beherbergungsbetriebe** und **Wohngebäude mit Fremdenbeherbergung geprägt** ist, vorliegt.

Die Prägung eines „sonstigen Gebiets mit Fremdenverkehrsfunktionen" durch Beherbergungsbetriebe und Wohngebäude mit Fremdenbeherbergung wird grundsätzlich nicht dadurch aufgehoben, dass sich in ihm auch Gemeinbedarfsflächen und Flächen öffentlicher Nutzung befinden, die selbst nicht unmittelbar Fremdenverkehrszwecken dienen; solche Flächen müssen nicht aus dem Geltungsbereich der Satzung ausgeklammert werden (BVerwG, Urteil vom 15. 5. 1997 – 4 C 9.96, BRS 59 Nr. 104 = DVBl. 1997, 1126 = NVwZ 1998, 276 = UPR 1997, 464 = ZfBR 1997, 313).

50 Über den Antrag entscheidet gemäß § 22 Abs. 5 BauGB die **Baugenehmigungsbehörde im Einvernehmen mit der Gemeinde**; § 19 Abs. 3 Satz 2 bis 5 BauGB ist entsprechend anwendbar (vgl. Nds. OVG, Urteil vom 25. 1. 2001 – 1 L 3233/00, ZfBR 2001, 352). Die Baugenehmigungsbehörde darf die Genehmigung nur in den aus § 22 Abs. 4 BauGB abschließend genannten Gründen versagen. Hierbei muss jedoch die Härteregelung des § 22 Abs. 4 Satz 3 BauGB berücksichtigt werden, die es gestattet, Ausnahmen zu erteilen, um wirtschaftliche Nachteile zu vermeiden, die für den Eigentümer eine besondere

Härte bedeuten. Die Handhabung dieser Vorschrift ist nicht unproblematisch, wie die Erfahrung mit § 35 Abs. 4 Nr. 5 BBauG 1979 gezeigt hat. Der Eigentümer muss in einem solchen Falle nachweisen, dass bei Versagung der Genehmigung die Aufrechterhaltung der bisherigen Nutzungsform nicht mehr möglich ist. Da er bei Versagung der Genehmigung und Erfüllung der in § 40 Abs. 2 BauGB genannten Voraussetzungen die Übernahme des Grundstückes zum Verkehrswert gemäß § 22 Abs. 7 BauGB verlangen kann, wird die Gemeinde einer schwierigen Situation in diesem Verfahren ausgesetzt. Ist ein Beschluss zur Aufstellung eines Bebauungsplans oder einer sonstigen Satzung gefasst und ortsüblich bekannt gemacht, kann die Baugenehmigungsbehörde auf Antrag der Gemeinde die Entscheidung gemäß § 22 Abs. 6 Satz 3 BauGB bis zu zwölf Monaten zurückstellen. Auf die Dauer einer Zurückstellung ist allerdings die Zeit einer rechtswidrigen Verweigerung der Genehmigung oder des Negativattests anzurechnen (BVerwG, Urteil vom 21. 8. 1997 – 4 C 6.96, BauR 1998, 96 = BRS 59 Nr. 105 = DVBl. 1998, 42 = NVwZ 1998, 277 = UPR 1998, 109).

### 4 Aufteilungsplan und Abgeschlossenheitsbescheinigung

Die **Bauaufsichtsbehörden** (zur Zuständigkeit s. vorausgehende Rdn. 31) sind in das 51
Verfahren nach dem WEG als „**Gehilfen der Grundbuchämter**" eingebunden. Da deren Bedienstete in aller Regel nicht über die Kenntnisse verfügen, um die bautechnischen Einzelheiten der Aufteilung beurteilen zu können, verlangen die §§ 7 Abs. 4 und 32 Abs. 2 WEG, dass der Eintragungsbewilligung ein „**Aufteilungsplan**" und eine „**Abgeschlossenheitsbescheinigung**" beizufügen sind. Der Aufteilungsplan ist daraufhin zu prüfen, ob die Voraussetzungen des WEG erfüllt sind (hierzu vgl. Trendel, Die Abgeschlossenheitsbescheinigung nach dem Wohnungseigentumsgesetz, BauR 1984, S. 215 ff.). Die Baubehörde muss also zwangsläufig auch prüfen, welche Art von Sondereigentum in Betracht kommt (OVG Lüneburg, Urteil vom 30. 6. 1983 – 14 A 6/82, BauR 1984, 278 und OVG Lüneburg, Urteil vom 30. 6. 1983 – 14 A 69/82, BauR 1984, 280).

Mit der **Bescheinigung** und den zugehörigen Bauzeichnungen wird das Vorliegen der 52
Voraussetzungen für die Abgeschlossenheit bestätigt. Bei der Erteilung der Bescheinigung muss die **Bauaufsichtsbehörde größte Sorgfalt** walten lassen, da durch die Bezugnahme auf die Eintragungsbewilligung nach § 7 Abs. 3 WEG der zur Abgeschlossenheitsbescheinigung gehörende **Aufteilungsplan** einbezogen und somit **Inhalt des Grundbuchs** wird. Nur aus dem Aufteilungsplan lassen sich das Sondereigentum und das Gemeinschaftseigentum entnehmen und im Falle späterer Streitigkeiten die genauen Grenzen des jeweiligen Sondereigentums feststellen.

Der vom Antragsteller der Bauaufsichtsbehörde vorzulegende **Aufteilungsplan** muss 53

- die **Aufteilung des Gebäudes in Sondereigentum** und
- das **gemeinschaftliches Eigentum**

**in eindeutiger Weise** erkennen lassen, anderenfalls liegt ein Verstoß gegen den Bestimmtheitsgrundsatz des § 3 Abs. 2 bzw. 32 Abs. 1 WEG vor (vgl. Sertl, Aufteilungspläne nach dem WEG in der Praxis, DAB 1994, S. 964 ff. mit Darstellungsbeispielen und Rechtsprechungsnachweisen). Danach soll Sondereigentum nur eingeräumt bzw. Dauerwohnrecht nur bestellt werden, wenn die Wohnung oder die sonstigen Räume in sich abgeschlossen sind. Der Aufteilungsplan besteht regelmäßig aus **Grundriss-, Schnitt- und Ansichtszeichnungen mindestens im Maßstab 1 : 100**, wie sie normalerweise auch im Baugenehmigungsverfahren erforderlich sind. Das BayObLG führt im Beschluss vom 31.7.1980 (– 2 Z 54/79, Rechtspfleger 1980, 435) aus:

*„Die für Grundbucheintragungen erforderliche Bestimmtheit gebietet es, bei Begründung von Wohnungseigentum im Aufteilungsplan Sonder- und Gemeinschaftseigentum genau abzugrenzen. Hierzu ist es erforderlich, eine Bauzeichnung von allen Teilen des Gebäudes (z.B. auch des Dachgeschosses) vorzulegen, die regelmäßig auch Schnitte und Ansichten zu enthalten hat."*

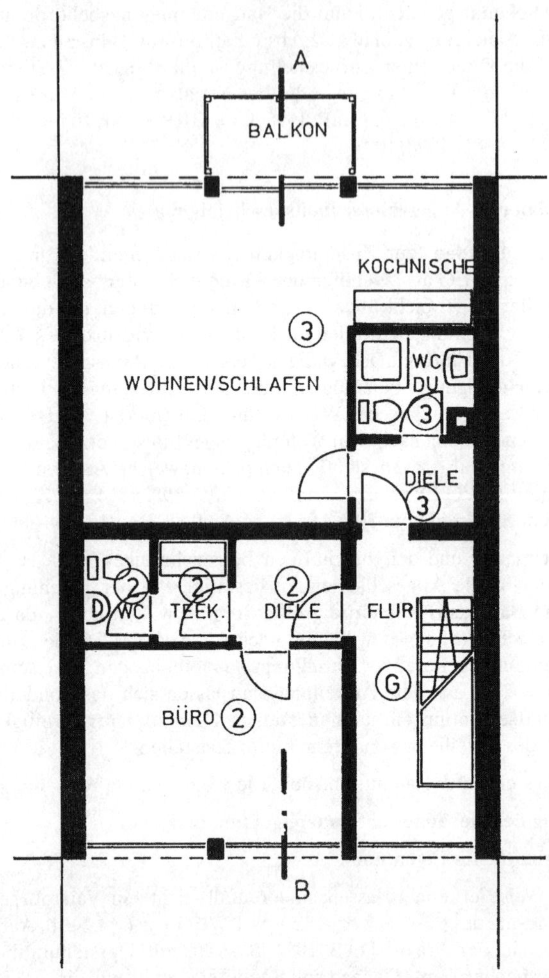


**Abbildung 49.1 Beispiel für die Darstellung im Grundriss** – die im **Gemeinschaftseigentum** stehenden Räume sind mit **G**, die Räume der **Sondereigentumseinheiten** mit **Zahlen** gekennzeichnet (s. Rdn. 53).

Aus den **Bauzeichnungen** müssen die Sondereigentumseinheiten und die im gemeinschaftlichen Eigentum verbleibenden Räume wie z.B. Treppen-, Heizungs-, Hausanschluss- oder Fahrradabstellraum eindeutig erkennbar sein. Nach § 7 Abs. 4 und § 32 Abs. 2 WEG in Verbindung Nr. 3 der Verwaltungsvorschrift müssen alle zu demselben Wohnungseigentum, Teileigentum, Dauerwohn- bzw. Dauernutzungsrecht gehörenden Räume mit der jeweils **gleichen Nummer** im Aufteilungsplan eindeutig gekennzeichnet sein. Sofern sich auf dem Grundstück mehrere Gebäude befinden, so z.B. außer dem Wohngebäude noch Garagengebäude, muss dem Aufteilungsplan ein **Lageplan** bzw. eine **Flurkarte** mit Eintragung de einzelnen Gebäude beigefügt werden, da sonst leicht Verwirrung über den Inhalt des Sondereigentums eintreten kann. 54

**Bei bestehenden Gebäuden** muss die Bauzeichnung den **Bestand genau darstellen** (Baubestandszeichnung). Zu berücksichtigen bleibt in jedem Falle, dass Wohnungseigentum nur begründet werden darf, wenn die **Wohnung durch Bauteile ohne Öffnungen von fremden Nutzungseinheiten abgetrennt ist** und über Küche bzw. Kochnische sowie Wasserversorgung, Ausguss und WC verfügt – vgl. Nr. 4 und 5 der Allgemeinen Verwaltungsvorschrift. Bei der Abgeschlossenheit in bestehenden Gebäuden geht es um **dauerhafte** und **feste Wandkonstruktionen**, die zwar nicht dem derzeit geltenden Bauordnungsrecht entsprechen müssen (s. Rdn. 45), die aber einen hinreichenden **mechanischen Widerstand gegen unbefugtes Eindringen** gewährleisten. Ferner muss eine **Überstimmung der Baubestandszeichnung mit der seinerzeit erteilten Baugenehmigung** für das Gebäude gegeben sein (s. Rdn. 32). 55

**Bei zu errichtenden Gebäuden** muss die Bauzeichnung den **aktuellen bauordnungsrechtlichen Anforderungen** genügen. Anders als bei bestehenden Gebäuden, ist bei noch zu errichtenden Gebäuden das **geltende** Bauordnungsrecht **in vollem Umfang zu beachten**. Die Bauzeichnung muss deshalb eine Prüfung der bauordnungsrechtlichen Anforderungen durch die Bauaufsichtsbehörde zulassen. Diese Prüfungsmöglichkeit ist nur gegeben, wenn die Bauzeichnung den Vorgaben des § 4 BauPrüfVO genügt, also unter anderem Angaben über die Maße und das Brandverhalten der Baustoffe und die Feuerwiderstandsdauer der Bauteile enthält, soweit aus Gründen des Brandschutzes an diese Forderungen gestellt werden. 56

Es sind nur die wohnungseigentumsrechtlichen und bauordnungsrechtlichen Voraussetzungen zu prüfen, **bauplanungsrechtliche Vorschriften** sind **kein Prüfungsgegenstand** (BVerwG, Urteil vom 11. 12. 1987 – 8 C 55.85, NJW 1988, 649; OVG Lüneburg, Urteil vom 30. 6. 1983 – 14 A 6/82, BauR 1984, 278). Eine darüber hinausgehende verbindliche Aussage über den Umfang der baurechtlich zulässigen Nutzung des Sondereigentums enthält die Abgeschlossenheitsbescheinigung von Gesetzes wegen nicht. Daher kann **aus einer Abgeschlossenheitsbescheinigung** auch **kein Anspruch auf Erteilung der Baugenehmigung** hergeleitet werden. Das Bundesverwaltungsgericht empfiehlt daher im Urteil vom 11. 12. 1987, a. a. O.): 57

*„In einer Abgeschlossenheitsbescheinigung wird dementsprechend zweckmäßigerweise der klarstellende Zusatz aufzunehmen sein, dass bei der Erteilung dieser Bescheinigung die bebauungsrechtliche (bauplanungsrechtliche) Zulässigkeit der zu errichtenden oder errichteten Räume und ihrer Nutzung von Rechts wegen nicht zu prüfen war.“*

Die **Abgeschlossenheitsbescheinigung** ist nach dem **Muster der Allgemeinen Verwaltungsvorschrift** zu erteilen. Hierbei handelt es sich nicht um einen feststellenden Verwaltungsakt, sondern lediglich um einen urkundlichen Nachweis gegenüber dem Grund- 58 buchamt, dass die Wohnungen bzw. sonstigen Räume in sich abgeschlossen sind. Verweigert die Baubehörde die Ausstellung der Bescheinigung, so kann deren Erteilung vom Antragsteller nur mit der allgemeinen Leistungsklage verfolgt werden, da es sich bei der Abgeschlossenheitsbescheinigung nicht um einen Verwaltungsakt handelt (BVerwG, Urteil vom 11.12.1987 – 8 C 55.85, NJW 1988, 649 und VG Berlin, Urteil vom 26.2.1997 – 19 A 766/95, NVwZ 1998, 1327).

59 **Zweck der Abgeschlossenheitsbescheinigung** ist es, **dem Grundbuchamt** namentlich **die Prüfung bautechnischer Fragen zu erleichtern**. Die Begründung des Entwurfes zum WEG führt zu § 7 Abs. 4 aus, dass die Bescheinigung dem Grundbuchrichter im Regelfall eine weitere Nachprüfung ersparen wird (BR-Drucksache 75/51). Dem Grundbuchamt steht ein materielles Prüfungsrecht zu. Es ist aber nicht seine Aufgabe, die Abgeschlossenheitsbescheinigung darauf zu überprüfen, ob die Baubehörde bei der Erteilung der Bescheinigung die Erfüllung der bautechnischen Anforderungen an die Wohnungstrennwände und -decken überprüft und zutreffend bejaht hat (BayObLG, Beschluss vom 30.11.1989 – 2 Z 114/89, NJW-RR 1990, 212). Da der Abgeschlossenheitsbescheinigung die für die Annahme eines Verwaltungsaktes erforderliche rechtsverbindliche hoheitliche Einzelfallregelung durch eine Verwaltungsbehörde fehlt, können durch die Baubehörde **keine Nebenbestimmungen** getroffen werden (z.B. Auflage zur Schließung einer Wandöffnung), durch die ein Versagungstatbestand auszuräumen wäre. Entweder liegen die Voraussetzungen vor, um die Bescheinigung erteilen zu können, oder sie liegen nicht vor, dann muss der Antrag auf Erteilung abschlägig beschieden werden (OLG Hamm, Beschluss vom 20.5.1976 – 15 W 255/72, NJW 1976, 1752).

### 5 Verfahren, Gebühren, Nachbarschutz

60 Der **Antrag auf Erteilung der Abgeschlossenheitsbescheinigung** ist bei der zuständigen unteren Bauaufsichtsbehörde unter Beifügung des Aufteilungsplans in mindestens **zweifacher Ausfertigung** (**Antragsteller- und Behördenexemplar**) einzureichen. In der Praxis ist es üblich weitere Exemplare des Aufteilungsplans vorzulegen, um jeweils für alle beteiligten Sondereigentümer, den Verwalter, den Notar und das Grundbuchamt eine baubehördlich geprüfte Ausfertigung zu erhalten. Besondere Formvorschriften für den Antrag bestehen nicht, insbesondere ist **kein verbindlicher Antragsvordruck** eingeführt; viele Bauaufsichtsbehörden halten jedoch zur Erleichterung für den Antragsteller selbst ausgestaltete Antragsvordrucke bereit. Die Person, die den Aufteilungsplan fertigt, braucht **nicht** nach § 70 BauO NRW bauvorlageberechtigt zu sein, da es sich um ein Verfahren nach dem WEG handelt; weder das WEG noch die Allgemeine Verwaltungsvorschrift erklären die entsprechenden bauordnungsrechtlichen Bestimmungen für anwendbar. Erforderlich ist aber, dass die Zeichnungen den Anforderungen des WEG und der Allgemeinen Verwaltungsvorschrift entsprechen.

61 Den Antrag kann nur der **Grundstückseigentümer** oder der **Erbbauberechtigte** wirksam stellen (s. Nr. 1 der Allgemeinen Verwaltungsvorschrift). Der entsprechende Nachweis ist durch **notariellen Vertrag** oder Vorlage eines **aktuellen Grundbuchauszugs** zu führen. Steht das Grundstück im Eigentum einer juristischen Person, müssen dem Antrag Urkunden beigefügt werden, aus welchen sich die Zeichnungsberechtigung ergibt. Die verfügungsberechtigte Person kann eine andere Person bevollmächtigen; in diesem Falle ist jedoch zusätzlich die **Vorlage der Vollmacht** erforderlich. Fehlt der Nachweis der Verfügungsberechtigung oder der Bevollmächtigung, hat die Bauauf-

sichtsbehörde den Antragsteller gemäß § 25 VwVfG. NRW. zur **Behebung der Antragsmängel unter Fristsetzung** aufzufordern. Nach **fruchtlosem Verstreichen der Frist** ist die Erteilung der Bescheinigung wegen **fehlender Antragsberechtigung** abzulehnen. Eine Zurückweisung des Antrags in entsprechender Anwendung des § 72 Abs. 1 Satz 2 BauO NRW ist nicht möglich, da das Verfahren zur Erteilung einer Abgeschlossenheitsbescheinigung nicht unter den Anwendungsbereich der BauO NRW fällt.

In der Praxis kommt es regelmäßig vor, dass die Antragstellung zur Erteilung der Baugenehmigung und der Abgeschlossenheitsbescheinigung zeitgleich erfolgt. Zweckmäßigerweise werden der **zeitgleich gestellte Bauantrag** und der **Antrag auf Erteilung der Abgeschlossenheitsbescheinigung** von der Bauaufsichtsbehörde **gemeinsam bearbeitet** und **entschieden**. Es nützt dem Bauherrn nämlich wenig, wenn die Abgeschlossenheitsbescheinigung unverzüglich erteilt wird, der Bauantrag wegen entgegenstehender öffentlich-rechtlicher Vorschriften aber noch eine wesentliche Abänderung erfährt, die dann die bereits erteilte Abgeschlossenheitsbescheinigung in Widerspruch zur Baugenehmigung bringt. In diesem Falle wird die Abgeschlossenheitsbescheinigung unrichtig und kann von der Bauaufsichtsbehörde für kraftlos erklärt werden (Bärmann/Pick, Wohnungseigentumsgesetz, 13. Auflage 1994, zu § 7 Rdn. 41; s. auch Rdn. 63). **62**

Ändert sich im Zuge des Bauforschrittes die Ausführung, was häufig vorkommt, sollte die Bauaufsichtsbehörde den Bauherrn auf die Folgen hinsichtlich der Abgeschlossenheitsbescheinigung hinweisen und ihn veranlassen, zusammen mit dem Bauantrag auf Genehmigung der **Änderung der Bauausführung** (Nachtragsbaugesuch) auch eine **neue Abgeschlossenheitsbescheinigung** zu beantragen. Die Bauaufsichtsbehörde hat ferner das **Grundbuchamt** bei einer vom genehmigten Aufteilungsplan erheblich abweichenden Bauausführung zu **benachrichtigen** (RdErl. vom 16. 2. 1977, MBl. NRW. S. 247). Denn es ist **kein gültiges Sondereigentum** entstanden, wenn nach den Grundbucheintragungen das Gebäude erheblich von der genehmigten Bauzeichnung abweichend errichtet wurde. Können die Räume einer im Aufteilungsplan ausgewiesenen Raumeinheit aufgrund abweichender Bauausführung nicht zugeordnet werden, entsteht an ihnen kein Sondereigentum, sondern **gemeinschaftliches Eigentum** (BGH, Urteil vom 5. 12. 2003 – V ZR 447/01, NJW 2004, 1798). Nur unwesentliche Änderungen, die auf die Abgrenzung des Sondereigentums vom Gemeinschaftseigentum keinen Einfluss haben, wie z. B. die Anordnung nichttragender Wände innerhalb einer Wohnung, sind unschädlich (BayObLG, Beschluss vom 20. 1. 1967 – 2 Z 64/66, NJW 1967, 986). Die Nichtentstehung des Sondereigentums hat die Nichtentstehung des zugehörigen Teileigentums als Ganzes zur Folge; die Eintragung des Teileigentums im Grundbuch ist von Amts wegen insgesamt zu löschen (OLG Hamm, Beschluss vom 20. 5. 1976 – 15 W 255/72, NJW 1976, 1752). **63**

Der **Prüfungsaufwand** ist bei zu errichtenden und bestehenden Gebäuden **unterschiedlich**. Bei bestehenden Gebäuden entsteht der Bauaufsichtsbehörde ein erheblicher Aufwand, da die **Archivakte** beigezogen und durch **Ortsbesichtigung** geprüft werden muss, ob der Aufteilungsplan (Baubestandszeichnung) mit den genehmigten Bauvorlagen übereinstimmt und ob die Wohnungstrennwände und -decken der Sondereigentumseinheiten keine unzulässigen Öffnungen aufweisen. Der Zugang zu vermietetem Wohnraum kann aus Anlass der Prüfung der Abgeschlossenheit nicht hoheitlich erzwungen werden, da das WEG keine dem § 61 Abs. 6 BauO NRW (Einschränkung des Grundrechts auf Unverletzlichkeit der Wohnung) nachgebildete Bestimmung enthält. Es ist daher Sache des Antragstellers, der Bauaufsichtsbehörde den Zutritt zu vermietetem Wohnraum zwecks Überprüfung zu ermöglichen. **64**

65 Nach Maßgabe der **AVerwGebO NRW** erheben die Bauaufsichtsbehörden für die Erteilung der Abgeschlossenheitsbescheinigung **Gebühren**, deren Höhe in Tarifstelle 2.7 des Allgemeinen Gebührentarifs angegeben ist. Für die erste Ausfertigung des Aufteilungsplans werden nach Tarifstelle 2.71 des Allgemeinen Gebührentarifs 50 Euro, für jede weitere Ausfertigung 30 Euro erhoben. Die Gebühr für die Erteilung der Abgeschlossenheitsbescheinigung selbst richtet sich nach Tarifstelle 2.72 des Allgemeinen Gebührentarifs; dort wird wegen des unterschiedlichen Aufwands (s. Rdn. 64) unterschieden zwischen **zu errichtenden** und **bestehenden** Gebäuden. Bei zu errichtenden Gebäuden beträgt die Gebühr je Sondereigentumsanteil 50 Euro, bei bestehenden Gebäuden beträgt die Gebühr je Sondereigentumsanteil 100 Euro. Jede Mehrausfertigung der Abgeschlossenheitsbescheinigung schlägt mit 30 Euro zu Buche.

66 Das **öffentliche Baurecht** ist **grundstücksbezogen**, so dass nur der **Eigentümer** oder **dinglich Berechtigte** über **nachbarliche Abwehrrechte in öffentlich-rechtlicher Hinsicht** verfügt. Der **Sondereigentümer** kann, da er Miteigentümer des gemeinschaftlichen Grundbesitzes ist, wie der (alleinige) Grundstückseigentümer gegenüber der Bauaufsichtsbehörde geltend machen, dass durch eine dem Nachbarn erteilte Baugenehmigung in seine öffentlich-rechtlich geschützte Position eingegriffen wird (OVG Bln., Urteil vom 3.10.1975 – II B 38.74, BRS 29 Nr. 143). Eines Beschlusses der Eigentümergemeinschaft bedarf es insoweit nicht, da dieses Recht aus dem Miteigentumsanteil an dem gemeinschaftlichen Eigentum fließt (OVG NRW, Urteil vom 12.12.1991 – 7 A 172/89, BRS 54 Nr. 180). Der Miteigentümer kann als Nachbar Einwendungen gegen beeinträchtigende Bauvorhaben auch dann geltend machen, wenn die anderen Miteigentümer der Geltendmachung von Nachbarrechten widersprechen (OVG Saar, Urteil vom 6.11.1970 – II R 30/70, BRS 23 Nr. 161).

67 Das Sondereigentum nach dem Wohnungseigentumsgesetz schließt **öffentlich-rechtliche Nachbarschutzansprüche innerhalb der Gemeinschaft der Miteigentümer desselben Grundstücks** aus (BVerwG, Urteil vom 14.10.1988 – 4 C 1.86, BRS 48 Nr. 155 = DVBl. 1989, 356 = NVwZ 1989, 250). Dies gilt auch gegenüber Störungen, die ein nicht zur Eigentümerschaft gehörender Dritter bei der baulichen Nutzung des gemeinschaftlichen Grundstücks verursacht (BVerwG, Urteil vom 12.3.1998 – 4 C 3.97, BRS 60 Nr. 173 = DVBl. 1998, 893 = NVwZ 1998, 954 = UPR 1998, 349 = ZfBR 1998, 254). Zur Begründung führt das BVerwG aus:

*„Der Senat hält an seiner Rechtsauffassung fest, daß das Sondereigentum nach dem Wohnungseigentumsgesetz öffentlich-rechtliche Nachbarschutzansprüche innerhalb der Gemeinschaft der Miteigentümer ein und desselben Grundstücks ausschließt (vgl. Urteil vom 14.10.1988 – BVerwG 4 C 1.86 – Buchholz 406.19 Nachbarschutz Nr. 83 – NVwZ 1989, 250). Dies gilt auch gegenüber Störungen, die bei der baulichen Nutzung des gemeinschaftlichen Grundstücks nicht von einem Mitglied der Eigentümergemeinschaft, sondern von einem außenstehenden Dritten verursacht werden. Denn der Ausschluß öffentlich-rechtlicher Schutzansprüche durch das Wohnungseigentumsgesetz ist nicht personen-, sondern grundstücksbezogen.*

*Maßgeblicher Ausgangspunkt für die Überlegungen des Senats ist, daß das Wohnungseigentum als Sondereigentum an einer Wohnung in Verbindung mit einem Miteigentumsanteil an dem gemeinschaftlichen Eigentum, zu dem es gehört (§ 1 Abs. 2 WEG), eine besondere Form des Miteigentums ist. Zwar wird jedem der Miteigentümer das alleinige („Sonder“ – Eigentum an einer bestimmten Wohnung oder an nicht zu Wohnzwecken dienenden Räumen in einem Gebäude eingeräumt; rechtlich bleibt das Sondereigentum jedoch an das Miteigentum gebunden (vgl. BVerwG, Urteil vom 4.5.1988 – 4 C 20.85 – Buchholz 406.19 Nachbarschutz Nr. 79 – NJW 1988, 3279). Unbeschadet der wirtschaftlichen Erstrangigkeit des Sondereigentums steht juristisch das Miteigentum im Vordergrund; das Sondereigentum bildet nur sein Anhängsel (BGB, Beschluß vom 17.1.1968 – V ZB 9/67 – BGHZ 49, 250). Dies verkennt die Revision, wenn sie geltend macht, jede Eigentumswohnung müsse baurechtlich als ein selbständiges Teilgrundstück angesehen werden.*

*Die Rechtsverhältnisse unter Miteigentümern richten sich grundsätzlich allein nach dem bürgerlichen Recht (vgl. auch BVerwG, Beschluß vom 27.4.1988 – 4 B 67.88 – Buchholz 406.11 § 19 BauGB Nr. 52 – NJW 1988, 2056). Bei einem nach dem Wohnungseigentumsgesetz aufgeteilten Grundstück sind die wechselseitigen Rechte der Sondereigentümer und damit auch die Abwehrrechte gegen Störungen auf dem Grundstück durch dieses Gesetz besonders geregelt. Kommt es zu einem Nutzungskonflikt, so gestalten seine Normen die zwischen dem nachteilig betroffenen Wohnungseigentümer und dem Störer bestehende Rechtslage. Etwaige öffentlich-rechtliche Drittschutzansprüche werden durch das Zivilrecht überlagert und verdrängt. Dagegen bleibt das vom öffentlichen Recht gesteuerte Handeln der Baugenehmigungsbehörde ohne Einfluss auf die gegenseitigen Rechte der Beteiligten. Seine Bestätigung findet dies in dem baurechtlichen Grundsatz, daß die behördliche Genehmigung „unbeschadet privater Rechte Dritter“ erteilt wird.*

*Wann und in welchem Umfang materielle Abwehrrechte gegen baurechtlich unzulässige Baumaßnahmen auf dem gemeinschaftlichen Grundstück bestehen, ergibt sich aus § 15 Abs. 3 WEG, nach dieser Vorschrift kann jeder Wohnungseigentümer einen Gebrauch der im Sondereigentum stehenden Gebäudeteile und des gemeinschaftlichen Eigentums verlangen, der dem Gesetz, den Vereinbarungen und Beschlüssen und, soweit sich die Regelung hieraus nicht ergibt, dem Interesse der Gesamtheit der Wohnungseigentümer nach billigem Ermessen entspricht. Die Vorschrift setzt voraus, daß die Wohnungseigentümer den Gebrauch des Sondereigentums und des gemeinschaftlichen Eigentums durch Vereinbarung regeln können (§ 15 Abs. 1 WEG). Damit geht auch § 15 Abs. 3 WEG vom Vorrang des privaten Rechts vor dem disponiblen Gesetzesrecht aus. Im Rahmen der gesetzlichen Regelungen bestimmen sich die gegenseitigen Rechte und Pflichten aus dem Sondereigentum in erster Linie nach den getroffenen Vereinbarungen und Beschlüssen. Soweit keine speziellen vertraglichen Regelungen bestehen, gelten ergänzend auch die Normen des öffentlichen Baurechts, und zwar unabhängig davon, ob sie ihrerseits unmittelbar nachbarschützend sind oder nicht (BVerwG, Urteil vom 14.10.1988 – 4C 1.86 – Buchholz 406.19 Nachbarschutz Nr. 83 – NVwZ 1989, 250). Aber auch dann besteht kein selbständiger öffentlich-rechtlicher Abwehranspruch; vielmehr beruht die Anwendbarkeit des öffentlichen Rechts auch in diesem Fall auf der privatrechtlichen Vorschrift des § 15 Abs. 3 WEG.*

*Unerheblich ist, ob die geltend gemachte Störung des Wohnungseigentums von einem Mitglied der Eigentümergemeinschaft oder von einem Dritten – hier: dem Käufer des Teileigentums an den Räumen im Erd- und im Kellergeschoß – verursacht wird. Für den Abwehranspruch des Wohnungseigentümers ist nämlich entscheidend, daß das Wohnungseigentumsgesetz den Inhalt des Sondereigentums und damit zugleich auch die auf ihm beruhende Abwehrbefugnis gegenüber allen Beeinträchtigungen bestimmt, die ihren Ursprung auf dem gemeinschaftlichen Grundstück haben. Auch ein Dritter darf das Sondereigentum baulich nur so nutzen, wie es jeweils gemäß § 15 Abs. 1 und 3 WEG ausgestaltet ist; soweit eine Nutzungsart nicht vom Inhalt des Sondereigentums getragen wird, werden die anderen Miteigentümer in ihrem dinglichen Eigentumsrecht verletzt und haben einen dinglichen Abwehranspruch aus § 1004 BGB mit absoluter Wirkung gegen jeden zweckwidrig Nutzenden (vgl. BGH, Urteil vom 18. 1. 1995 – XII ZR 30/93 – NJW-RR 1995, 715; OLG München, Urteil vom 25. 2. 1992 – 25 U 3550/91 – NJW-RR 1992, 1492; OLG Karlsruhe, Urteil vom 22. 9. 1993 – 6 U 49/93 – NJW-RR 1994, 146).*

*Dagegen kommt es nicht darauf an, ob der Wohnungseigentümer im Verfahren nach § 43 WEG Rechtsschutz erhalten könnte. Als verfahrensrechtliche Spezialvorschrift regelt § 43 WEG nur, daß Streitigkeiten der Wohnungseigentümer untereinander im Verfahren der freiwilligen Gerichtsbarkeit auszutragen sind. Schon für Rechtsstreitigkeiten mit der Baugenehmigungsbehörde enthält § 43 WEG keine Aussage. Erst recht gilt dies für einen Streit mit einem Dritten. Dementsprechend ist in der zivilrechtlichen Rechtsprechung anerkannt, daß der Wohnungseigentümer bei einer unzulässigen störenden Nutzung des Wohnungs- oder Teileigentums eines anderen Miteigentümers etwa durch dessen Mieter nicht auf den im Verfahren der freiwilligen Gerichtsbarkeit durchsetzbaren Anspruch aus § 15 Abs. 3 WEG gegen den Miteigentümer beschränkt ist, sondern gemäß § 1004 Abs. 1 BGB auch auf dem ordentlichen Rechtsweg unmittelbar gegen den Mieter vorgehen kann (vgl. BGH, Urteil vom 18. 1. 1995 – XII ZR 30/93 – NJW-RR 1995, 715; BGH, Urteil vom 29. 11. 1995 – XII ZR 230/94 – NJW 1996, 714; OLG München, Urteil vom 25. 2. 1992 – 25 U 3550/91 – NJW-RR 1992, 1492; OLG Karlsruhe, Urteil vom 22. 9. 1993 – 6 U 49/93 – NJW-RR 1994, 146). Maßgeblich ist vielmehr, daß das Sondereigentum schon keinen materiellen öffentlich-rechtlichen Abwehranspruch enthält.*

*Die Rechtsauffassung des Senats führt nicht zu einer Verkürzung des Rechtsschutzes des Wohnungseigentümers, wie die Revision geltend macht. Verwaltungsgerichtlicher Rechtsschutz gegenüber der Baugenehmigungsbehörde ist zwar mangels eines öffentlich-rechtlichen Abwehranspruchs nicht möglich. Er ist aber auch nicht erforderlich, weil sich der Wohnungseigentümer gegen die Ausnutzung einer nach seiner Ansicht rechtswidrigen Baugenehmigung mit Hilfe der Zivilgerichte zur Wehr setzen kann. Gegen einen anderen Sondereigentümer kann er gemäß § 43 WEG im Verfahren der freiwilligen Gerichtsbarkeit vorgehen; er kann verlangen, daß dieser eine rechtswidrige Beeinträchtigung seines Sondereigentums durch bauliche Maßnahmen am Teileigentum verhindert. Mit demselben Ziel kann er aber, wie bereits dargelegt, im ordentlichen Rechtsweg auch unmittelbar gegen den Dritten vorgehen.*

*In beiden Fällen bleibt der Rechtsschutz inhaltlich nicht hinter dem Rechtsschutz zurück, der dem Wohnungseigentümer in einem verwaltungsgerichtlichen Verfahren, wäre es zulässig, gewährt werden könnte. Denn soweit das für den Anspruch aus § 15 Abs. 3 WEG maßgebliche Privatrecht auf das öffentliche Baurecht Bezug nimmt, ist auch dies von den Zivilgerichten anzuwenden. Soweit jedoch das Privatrecht die Anwendung des öffentlichen Rechts ausschließt, könnte es auch vom Verwaltungsgericht nicht innerhalb einer öffentlich-rechtlichen Nachbarklage berücksichtigt werden. Die von der Revision vorgetragene gegenteilige Rechtsauffassung ist unzutreffend. Sollte sich aus der Gemeinschaftsordnung für das Grundstück der Kl. ergeben, daß im Erdgeschoß des Hauses privatrechtlich jede gewerbliche Nutzung zugelassen ist, so würde dies zwar nicht die Baugenehmigungsbehörde von der Beachtung der für das Grundstück geltenden öffentlich-rechtlichen Vorschriften entbinden. Es würde aber bedeuten, daß die Miteigentümer auch eine baurechtswidrige Nutzung hinnehmen müßten; denn die privatrechtliche Regelung würde im Verhältnis der Miteigentümer zueinander vorrangig sein und einen öffentlich-rechtlichen Abwehranspruch ausschließen."*

## § 50
## Bäder und Toilettenräume

**(1) Jede Wohnung muss ein Bad mit Badewanne oder Dusche haben.**

**(2) [1]Jede Wohnung und jede Nutzungseinheit mit Aufenthaltsräumen muss mindestens eine Toilette haben. [2]Sie muss mit Wasserspülung versehen sein, wenn sie an eine dafür geeignete Sammelkanalisation oder an eine Kleinkläranlage angeschlossen werden kann. [3]In Bädern von Wohnungen dürfen nur Toiletten mit Wasserspülung angeordnet werden. [4]Toilettenräume für Wohnungen müssen innerhalb der Wohnung liegen.**

**(3) Fensterlose Bäder und Toilettenräume sind nur zulässig, wenn eine wirksame Lüftung gewährleistet ist.**

**Anmerkungen** (Autor: Czepuck)

**Übersicht**


| | | Rdn. |
|---|---|---|
| 0 | Änderungen gegenüber der BauO NW 1984 und der BauO NW 1995 | 01–02 |
| 1 | Allgemeines | 1– 2 |
| 2 | Zu Absatz 1 – Bäder in Wohnungen | 3– 4 |
| 3 | Zu Absatz 2 – Toilettenräume in Wohnungen | 5– 8 |
| 4 | Zu Absatz 3 – Fensterlose Bäder und Toilettenräume | 9–10 |


### 0 Änderungen gegenüber der BauO NW 1984 und der BauO NW 1995

Die **BauO NRW 2000** hat § 50 BauO NW 1995 übernommen, jedoch Absatz 3 gestrichen und stimmt damit für Wohngebäude auch mit § 46 BauO NW 1984 überein. 01

Der gestrichene alte Absatz 3 der BauO 1995 betraf bauliche Anforderungen an Toilettenanlagen, die für zahlreiche Personen oder die Öffentlichkeit bestimmt sind, und schrieb die Geschlechtertrennung und die Ausstattung mit eigenem Vorraum und Waschbecken vor. Zur Aufhebung führt die Begründung (LT-Drucks. 12/3738 S. 79 zu Art. I Nr. 26 – § 50) aus: 02

*„§ 50 Abs. 3 kann entfallen, weil die darin enthaltenen Anforderungen einen heute allseits verbreiteten Standard beschreiben, der nicht mehr zum Gegenstand bauaufsichtlicher Überwachung gemacht werden muss."*

### 1 Allgemeines

Die Vorschriften des § 50 Abs. 1 und 2 BauO NRW ergänzen § 49 BauO NRW hinsichtlich der **Mindestausstattung von Wohnungen**. Bäder und Toiletten sind unverzichtbare Nebenräume einer Wohnung. Die Anforderungen an diese Räume dienen dem **Gesundheitsschutz** und der **Wohlfahrtspflege**. 1

Dienen Toilettenanlagen **gewerblichen Betrieben**, so sind die Vorschriften des **§ 6 Abs. 2 ArbStättV** zu beachten. Einige **Sonderbauverordnungen** stellen ebenfalls besondere Anforderungen an Toilettenanlagen; hier ist auf die Regelungen des § 12 VStättVO, des § 8 CW VO und des § 29 KhBauVO hinzuweisen. 2

## 2 Zu Absatz 1 – Bäder in Wohnungen

3 **Absatz 1** schreibt für jede **Wohnung** ein Bad mit Badewanne oder mit Dusche zwingend vor. Der Begriff Bad erfasst einen eigenen Raum, der nur dem Zweck der Körperpflege dient und der auch die Toilette aufnehmen kann (s. Rdn. 7). Auf eine frühere Einschränkung, wonach die Forderung nur galt, wenn eine ausreichende Wasserversorgung und Abwasserbeseitigung möglich sind, konnte verzichtet werden, insbesondere unter den Aspekten des Wasserrechts und der eindeutigen Regelungen des § 4 Abs. 1 Nr. 2 und 3 BauO NRW (s. die Anmerkungen zu § 4 Rdn. 44–87).

4 Ein Bad setzt eine **ausreichende Wasserversorgung** und eine **einwandfreie Entsorgung des Abwassers** voraus. Eine einwandfreie Entsorgung ist gegeben, wenn die Einleitung in eine öffentliche Kanalisation (s. die Anmerkungen zu § 4 Rdn. 60–63) oder in eine Kleinkläranlage (s. die Anmerkungen zu § 4 Rdn. 68 bis 72) möglich ist. Die Ableitung der Abwässer aus Bädern in Gruben scheidet regelmäßig aus, da in aller Regel wasserrechtliche Bedenken bestehen (s. die Anmerkungen zu § 4 Rdn. 73 bis 75).

## 3 Zu Absatz 2 – Toilettenräume in Wohnungen

5 **Absatz 2 Satz 1** fordert für jede **Wohnung** und für jede **Nutzungseinheit** (vgl. hierzu die Anmerkungen zu § 17 Rdn. 47) mit Aufenthaltsräumen, wie z. B. selbständige Büroeinheiten, Praxen, Betriebs- und Arbeitsstätten, mindestens eine **Toilette**.

6 Die Toilette muss nach **Satz 2** mit **Wasserspülung** versehen sein, wenn der Anschluss an eine öffentliche Kanalisation oder an eine Kleinkläranlage möglich ist. Ist ein derartiger Anschluss nicht möglich und verbietet sich der Anschluss an eine Abwassergrube, bleibt nur eine Entsorgung über **Trockenaborte**. Diese sollten jedoch nur bei Behelfsbauten vorgesehen werden (s. die Anmerkungen zu § 53 Rdn. 4 ff.).

7 Bad und Toilette müssen nicht voneinander getrennt sein. Werden **Toiletten in Bädern** von Wohnungen angeordnet, so müssen sie nach **Satz 3** eine **Wasserspülung** erhalten. Toilettenräume dürfen seit 1995 auch von Aufenthaltsräumen unmittelbar zugänglich sein.

8 **Toilettenräume für Wohnungen** müssen nach **Satz 4 innerhalb der Wohnung** liegen. Bei anderen Nutzungseinheiten mit Aufenthaltsräumen dürfen diese **außerhalb** der Nutzungseinheit angeordnet werden, jedoch nicht außerhalb des Gebäudes. Den Nutzern jeder Nutzungseinheit muss mindestens ein eigener Toilettenraum zur Verfügung stehen.

## 4 Zu Absatz 3 – Fensterlose Bäder und Toilettenräume

9 Nach **Absatz 3** sind fensterlose Bäder und Toilettenräume unter der Voraussetzung zulässig, dass eine **wirksame Lüftung** gewährleistet ist. Diese ist gegeben, wenn die Lüftung den allgemein anerkannten Regeln der Technik entspricht.

10 Technischen Baubestimmungen hierzu sind die Richtlinie über die brandschutztechnischen Anforderungen an Lüftungsanlagen – Lüftungsanlagen-Richtlinie – LüAR NRW (MBl. NRW. 2003, S. 618) und die Bauaufsichtliche Richtlinie über die Lüftung fensterloser Küchen, Bäder und Toilettenräume in Wohnungen (MBl. NRW. 1997 S. 1057).

# Siebenter Abschnitt
# Besondere Anlagen

## Vor §§ 51 bis 55

**Anmerkungen** (Autor: Heintz)

Dieser Abschnitt enthält verschiedene Vorschriften, die kaum Bezüge zu den übrigen Abschnitten aufweisen. Dies gilt vor allem unter dem Gesichtspunkt, dass die Bauordnung selbst nur den Regelfall regelt, das ist das Wohngebäude und das dem Wohngebäude hinsichtlich des Gefahrenrisikos vergleichbare Gebäude (s. die Anmerkungen zu § 54 Nr. 1). Daher sind Vorschriften erforderlich, die vom Regelfall abweichende **Sonderfälle** behandeln. Diesem Umstand trägt auch die Überschrift „**Besondere Anlagen**" Rechnung. Insbesondere **§ 54 BauO NRW** regelt die bauaufsichtliche Behandlung von baulichen Anlagen und Räumen besonderer Art oder Nutzung (**Sonderbauten**). Für bauliche Anlagen mit erhöhtem Gefahrenpotential wurden **Sonderbauverordnungen** erlassen (s. die Aufzählung in der Einleitung Rdn. 105 und die Anmerkungen zu § 54 Rdn. 2 und 6), deren Regelungen vorgehen. In enger Verbindung hiermit stehen die Vorschriften des **§ 55 BauO NRW** – Bauliche Maßnahmen für besondere Personengruppen –, die zum Ziel haben, die Zugänglichkeit von Gebäuden mit Besucherverkehr im Interesse von Menschen mit Behinderungen, alten Menschen und Personen mit Kleinkindern zu verbessern. **1**

Das Gegenstück zu den gefahrenträchtigen Sonderbauten bilden **Behelfsbauten** und **untergeordnete Gebäude**. Bei diesen Anlagen ist die Gefahrenlage deutlich gemindert, so dass mit **§ 53 BauO NRW** von den Regelanforderungen **gesetzliche Erleichterungen** eingeräumt werden konnten. Die Vorschrift erlangt auch für die Fälle der Errichtung von nach § 65 Abs. 1 freigestellten Gebäuden große praktische Bedeutung, da hierdurch Nebengebäude, wie Gartenlauben und Geräteschuppen, begünstigt werden. **2**

Der siebte Abschnitt ist insoweit **Sammelposition** für verschiedene Regelungen, da die §§ **51** und **52** nicht ausschließlich bauliche Anlagen besonderer Art oder Nutzung erfassen. § 51 – Stellplätze und Garagen, Abstellplätze für Fahrräder – hätte redaktionell ebenso gut den grundstücksbezogenen Vorschriften der §§ 4–11 zugeordnet werden können. Stellplätze und Garagen sind nämlich auch bei der Errichtung von Wohngebäuden in Erfüllung der Stellplatzpflicht zu errichten. Ein Teil der Regelungen des § 52 – Ställe, Dungstätten und Gärfutterbehälter – weist inhaltliche Bezüge zu den Vorschriften über Abwasser- und Abfallbeseitigung auf. **3**

## § 51
## Stellplätze und Garagen, Abstellplätze für Fahrräder

**(1) [1]Bei der Errichtung von baulichen Anlagen und anderen Anlagen, bei denen ein Zu- und Abgangsverkehr zu erwarten ist, müssen Stellplätze oder Garagen hergestellt werden, wenn und soweit unter Berücksichtigung der örtlichen Verkehrsverhältnisse und des öffentlichen Personenverkehrs zu erwarten ist, dass der Zu- und Abgangsverkehr mittels Kraftfahrzeug erfolgt (notwendige Stellplätze und Garagen). [2]Hinsichtlich der Herstellung von Fahrradabstellplätzen gilt Satz 1 sinngemäß. [3]Es kann gestattet werden, dass die notwendigen Stellplätze oder Garagen innerhalb einer angemessenen Frist nach Fertigstellung der Anlagen hergestellt werden.**

**(2) Wesentliche Änderungen von Anlagen nach Absatz 1 oder wesentliche Änderungen ihrer Benutzung stehen der Errichtung im Sinne des Absatzes 1 gleich.**

**(3) [1]Die Stellplätze und Garagen sind auf dem Baugrundstück oder in der näheren Umgebung davon auf einem geeigneten Grundstück herzustellen, dessen Benutzung für diesen Zweck öffentlich-rechtlich gesichert ist. [2]Die Bauaufsichtsbehörde kann, wenn Gründe des Verkehrs dies erfordern, im Einzelfall bestimmen, ob die Stellplätze auf dem Baugrundstück oder auf einem anderen Grundstück herzustellen sind. [3]Fahrradabstellplätze sind auf dem Baugrundstück herzustellen.**

**(4) Die Gemeinde kann für abgegrenzte Teile des Gemeindegebietes oder bestimmte Fälle durch Satzung bestimmen, dass**

1. **notwendige Stellplätze oder Garagen sowie Abstellplätze für Fahrräder bei bestehenden baulichen Anlagen herzustellen sind, soweit die Sicherheit oder Ordnung des öffentlichen Verkehrs oder die Beseitigung städtebaulicher Missstände dies erfordert,**
2. **die Herstellung von Stellplätzen oder Garagen untersagt oder eingeschränkt wird, soweit Gründe des Verkehrs, insbesondere die Erreichbarkeit mit öffentlichen Verkehrsmitteln, städtebauliche Gründe oder der Schutz von Kindern dies rechtfertigen.**

**(5) [1]Ist die Herstellung notwendiger Stellplätze oder Garagen nicht oder nur unter großen Schwierigkeiten möglich, so kann die Bauaufsichtsbehörde unter Bestimmung der Zahl der notwendigen Stellplätze im Einvernehmen mit der Gemeinde auf die Herstellung von Stellplätzen verzichtet, wenn die zur Herstellung Verpflichteten an die Gemeinde einen Geldbetrag nach Maßgabe einer Satzung zahlen. [2]Ist die Herstellung notwendiger Stellplätze oder Garagen aufgrund einer Satzung nach Absatz 4 Nr. 2 untersagt oder eingeschränkt, so ist für die Differenz zwischen notwendigen Stellplätzen und hergestellten zulässigen Stellplätzen oder Garagen ein Geldbetrag an die Gemeinde zu zahlen. [3]Den Geldbetrag zieht die Gemeinde ein. [4]Der Geldbetrag darf 80 vom Hundert der durchschnittlichen Herstellungskosten von Parkeinrichtungen nach Absatz 6 Buchstabe a einschließlich der Kosten des Grunderwerbs im Gemeindegebiet oder in bestimmten Teilen des Gemeindegebietes nicht überschreiten. [5]Die Höhe des Geldbetrags je Stellplatz ist durch Satzung festzulegen.**

**(6) [1]Der Geldbetrag nach Absatz 5 ist zu verwenden**

**a) für die Herstellung zusätzlicher Parkeinrichtungen im Gemeindegebiet,**

**b) für investive Maßnahmen zur Verbesserung des öffentlichen Personennahverkehrs oder**

**c) für investive Maßnahmen zur Verbesserung des Fahrradverkehrs.**

**[2]Die Verwendung des Geldbetrages muss für die Erreichbarkeit des Bauvorhabens, das die Zahlungspflicht auslöst, einen Vorteil bewirken.**

**(7) [1]Stellplätze und Garagen müssen so angeordnet und ausgeführt werden, dass ihre Benutzung die Gesundheit nicht schädigt und Lärm oder Gerüche das Arbeiten und Wohnen, die Ruhe und die Erholung in der Umgebung nicht über das zumutbare Maß hinaus stören. [2]Es kann verlangt werden, dass anstelle von Stellplätzen Garagen hergestellt werden.**

**(8) [1]Notwendige Stellplätze, Garagen und Fahrradabstellplätze dürfen nicht zweckentfremdet werden. [2]Sie dürfen Personen, die nicht Nutzer oder Besucher der Anlage nach Absatz 1 Satz 1 sind, nur dann und lediglich zum Abstellen von Kraftfahrzeugen oder Fahrrädern vermietet oder sonst überlassen werden, wenn und solange sie nicht für Nutzer und Besucher benötigt werden.**

**(9) Werden in einem Gebäude, das vor dem 1. Januar 1993 fertiggestellt war, Wohnungen durch Ausbau des Dachgeschosses geschaffen, so brauchen notwendige Stellplätze und Garagen entsprechend Absatz 2 nicht hergestellt zu werden, soweit dies auf dem Grundstück nicht oder nur unter großen Schwierigkeiten möglich ist.**

***VV BauO NRW*** (infolge Befristung mit Ablauf des 31. 12. 2005 ausgelaufen)

***51 Stellplätze und Garagen, Abstellplätze für Fahrräder (§ 51)***

*51.1 Zu Absatz 1*

*51.11 Grundsätzlich ist die Zahl der notwendigen Stellplätze jeweils im Einzelfall zu ermitteln, dabei ist von den in der Gemeinde vorhandenen Erkenntnissen (über die örtlichen Verkehrsverhältnisse z. B. aufgrund eines Verkehrsgutachtens) auszugehen. Erst wenn für den zu entscheidenden Fall keine ausreichenden Erkenntnisse vorliegen, ist von den Zahlen der in der Anlage zu Nr. 51.11 abgedruckten Tabelle* ***auszugehen****, um die Zahl der herzustellenden Stellplätze unter Berücksichtigung der örtlichen Verkehrsverhältnisse und des ÖPNV zu bestimmen.*

- *Dabei ist zunächst zu ermitteln, ob das Bauvorhaben überdurchschnittlich gut mit öffentlichen Verkehrsmitteln erreicht werden kann; in diesem Fall ist die sich aus der Tabelle ergebende Mindestzahl der notwendigen Stellplätze um bis zu 30 vom Hundert zu mindern.*

  *Ein Bauvorhaben kann z. B. dann überdurchschnittlich gut mit öffentlichen Verkehrsmitteln erreicht werden, wenn*

  - *es weniger als 400 Meter von einem ÖPNV-Haltepunkt entfernt ist und*
  - *dieser Haltepunkt werktags zwischen 6 und 19 Uhr von mindestens einer Linie des ÖPNV in zeitlichen Abständen von jeweils höchstens zwanzig Minuten angefahren wird.*

  *Eine überdurchschnittlich gute Erreichbarkeit mit Mitteln des ÖPNV kann auch auf andere Gesichtspunkte gestützt werden. In Betracht kommt, dass ein Haltepunkt zwar weiter entfernt oder die Taktfolge ungünstiger ist, das öffentliche Verkehrsmittel jedoch besonders attraktiv ist, etwa weil die Linie gut an den überregionalen Verkehr angebunden ist oder im Vergleich zum örtlichen Kfz-Verkehr einen rascheren Transport ermöglicht (Busse oder Straßenbahnen auf eigener Spur, U-Bahnen und dgl.).*

*Auf Gebäude geringer Höhe, in denen sich ausschließlich Wohnungen befinden, ist das vorgenannte Verfahren nicht anzuwenden; hier ist, sofern keine besonderen Umstände im Einzelfall festgestellt werden, je Wohnung von einem notwendigen Stellplatz auszugehen. Gleiches gilt für Ferien- und Wochenendhäuser.*

- *Weiterhin sind besondere örtliche Verkehrsverhältnisse (z. B. Fremdenverkehr, Ausflugsverkehr) oder die besondere Art oder Nutzung der baulichen oder anderen Anlage (z. B. geringe Zahl von Beschäftigten oder Besuchern) zu berücksichtigen. Ein verringerter Stellplatzbedarf kann sich z. B. für Gebäude mit Altenwohnungen ergeben, wenn diese Wohnungen für Personen vom vollendeten 75. Lebensjahr an bestimmt sind. Die besondere Art oder Nutzung der baulichen oder anderen Anlage ist gegebenenfalls von der Bauherrin oder dem Bauherrn darzulegen.*

*Für Bauvorhaben, die in der Tabelle nach Nr. 51.11 nicht aufgeführt sind, können Ausgangszahlen für Nutzungsarten mit vergleichbarem Stellplatzbedarf sinngemäß herangezogen werden. Das in den vorstehenden Sätzen genannte Ergebnis ist im Einzelfall von der Bauaufsichtsbehörde zu begründen. Der Bauherrin oder dem Bauherrn ist auf Wunsch die voraussichtliche Zahl der notwendigen Stellplätze für ein hinreichend beschriebenes Bauvorhaben mitzuteilen, auch wenn noch kein Bauantrag gestellt wurde.*

*51.13* *Bei Anlagen mit unterschiedlicher Nutzung ist der Stellplatzbedarf für die jeweilige Nutzungsart getrennt zu ermitteln. Bei Anlagen mit Mehrfachnutzung ist die Nutzungsart mit dem größeren Stellplatzbedarf maßgebend. Bei Anlagen mit regelmäßigem An- oder Auslieferungsverkehr kann auch eine ausreichende Zahl von Stellplätzen für Lastkraftwagen verlangt werden. Dies gilt sinngemäß auch für Anlagen, bei denen ein Besucherverkehr mit Autobussen oder Motorrädern zu erwarten ist. Wenn Vorhaben mit geringer Stellplatzverpflichtung errichtet werden sollen, weil ihren Benutzern ein geringerer Stellplatzbedarf unterstellt wird, z. B. Gebäude mit Altenwohnungen oder Studentenwohnheime, sollen die Bauaufsichtsbehörden durch Nebenbestimmung ausdrücklich vermerken, dass Fehlbelegungen als genehmigungspflichtige Nutzungsänderungen zwingend eine Neuberechnung der Stellplatzverpflichtung (in der Regel verbunden mit einer Erhöhung der Anzahl erforderlicher Stellplätze) erforderlich machen.*

*51.9* *Zu Absatz 9*

*Die Vorschrift dient zur Erleichterung des nachträglichen Ausbaus von Dachgeschossen zu Wohnzwecken. Sie bewirkt, dass beim Vorliegen der Tatbestandsvoraussetzungen die Pflicht zur Herstellung eigentlich notwendiger Stellplätze und Garagen entfällt. In diesen Fällen ist deshalb auch die Forderung nach einem Geldbetrag nach Absatz 5 (Ablösebetrag) ausgeschlossen. Die Erleichterung betrifft ausschließlich die Anzahl von Wohnungen, die innerhalb des bestehenden Dachstuhls eines Gebäudes durch nachträglichen Aus- und Umbau desselben entstehen. Dabei werden Grenzen durch die bestehende Kubatur des Dachgeschosses gezogen. Die Vorschrift ist bei Teilung von Wohnungen nicht einschlägig.*

***Anlage zu Nr. 51.11 VV BauO NRW***

## *Richtzahlen für den Stellplatzbedarf*

| *Nr.* | *Nutzungsart* | *Zahl der Stellplätze (Stpl.)* | *Anteil für Besucher in v. H.* |
|---|---|---|---|
| ***1*** | ***Wohngebäude und Wohnheime*** | | |
| *1.1* | *Gebäude mit Wohnungen (soweit nicht Nr. 51.11)* | *1 Stpl. je Wohnung* | *–* |
| *1.2* | *Kinder- und Jugendwohnheime* | *1 Stpl. je 20 Plätze,* | *75* |
| *1.3* | *Altenwohnheime, Altenheime, Wohn-heime für Menschen mit Behinderungen* | *1 Stpl. je 10–17 Plätze, jedoch mindestens 3 Stpl.* | *75* |
| *1.4* | *Sonstige Wohnheime* | *1 Stpl. je 2–5 Plätze, jedoch mindestens 2 Stpl.* | *10* |
| ***2*** | ***Gebäude mit Büro, Verwaltungs- und Praxisräumen*** | | |
| *2.1* | *Büro- und Verwaltungsräume allgemein* | *1 Stpl. je 30–40 m² Nutzfläche* | *20* |
| *2.2* | *Räume mit erheblichem Besucherverkehr (Schalter-, Abfertigungs- oder Beratungsräume, Arztpraxen o.ä.)* | *1 Stpl. je 20–30 m² Nutzfläche, jedoch mindestens 3 Stpl.* | *75* |
| ***3*** | ***Verkaufsstätten*** | | |
| *3.1* | *Verkaufsstätten bis 700 m² Verkaufsfläche* | *1 Stpl. je 30–50 m² Verkaufsnutzfläche, jedoch mindestens 2 Stpl.* | *75* |
| *3.2* | *Verkaufsstätten mit mehr als 700 m² Verkaufsfläche* | *1 Stpl. je 10–30 m² Verkaufsnutzfläche* | *75* |
| ***4*** | ***Versammlungsstätten** (außer Sportstätten), **Kirchen*** | | |
| *4.1* | *Versammlungsstätten* | *1 Stpl. je 5–10 Sitzplätze* | *90* |
| *4.2* | *Kirchen* | *1 Stpl. je 10–30 Sitzplätze* | *90* |
| ***5*** | ***Sportstätten*** | | |
| *5.1* | *Sportplätze* | *1 Stpl. je 250 m² Sportfläche, zusätzlich 1 Stpl. je 10–15 Besucherplätze* | *–* |

| Nr. | Nutzungsart | Zahl der Stellplätze (Stpl.) | Anteil für Besucher in v. H. |
|---|---|---|---|
| 5.2 | *Spiel- und Sporthallen* | *1 Stpl. je 50 m² Hallenfläche, zusätzlich 1 Stpl. je 10–15 Besucherplätze* | – |
| 5.3 | *Freibäder und Freiluftbäder* | *1 Stpl. je 200–300 m² Grundstücksfl.* | – |
| 5.4 | *Reitanlagen* | *1 Stpl. je 4 Pferdeeinstellplätze* | – |
| 5.5 | *Hallenbäder* | *1 Stpl. je 5–10 Kleiderablagen, zusätzl. 1 Stpl. je 10–15 Besucherplätze* | |
| 5.6 | *Fitnesscenter* | *1 Stpl. je 15 m² Sportfläche* | |
| 5.7 | *Tennisanlagen* | *4 Stpl. je Spielfeld, zusätzlich 1 Stpl. je 10–15 Besucherplätze* | |
| 5.8 | *Minigolfplätze* | *6 Stpl. je Minigolfanlage* | – |
| 5.9 | *Kegel-, Bowlingbahnen* | *4 Stpl. je Bahn* | – |
| 5.10 | *Bootshäuser und Bootsliegeplätze* | *1 Stpl. je 2–5 Boote* | – |
| **6** | ***Gaststätten und Beherbergungsbetriebe*** | | |
| 6.1 | *Gaststätten* | *1 Stpl. je 6–12 m² Gastraum* | 75 |
| 6.2 | *Hotels, Pensionen, Kurheime und andere Beherbergungsbetriebe* | *1 Stpl. je 2–6 Betten, für zugehörigen Restaurationsbetrieb Zuschlag nach Nr. 6.1 oder 6.2* | 75 |
| 6.3 | *Spiel- und Automatenhallen* | *1 Stpl. je 20–25 m² Spielhallenfläche, mindestens jedoch 3 Stpl.* | – |
| 6.4 | *Tanzlokale, Discotheken* | *1 Stpl. je 4–8 m² Gastraum* | – |
| 6.5 | *Jugendherbergen* | *1 Stpl. je 10 Betten* | 75 |
| **7** | ***Krankenanstalten*** | | |
| 7.1 | *Universitätskliniken und ähnliche Lehrkrankenhäuser* | *1 Stpl. je 2–3 Betten* | 50 |
| 7.2 | *Krankenhäuser, Kliniken und Kureinrichtungen* | *1 Stpl. je 2–6 Betten, zusätzlich Stellplätze nach 2.2* | 60 |
| 7.3 | *Pflegeheime* | *1 Stpl. je 10–15 Plätze, mind. 3 Stpl.* | 75 |

| *Nr.* | *Nutzungsart* | *Zahl der Stellplätze (Stpl.)* | *Anteil für Besucher in v.H.* |
|---|---|---|---|
| ***8*** | ***Schulen, Einrichtungen der Jugendförderung*** | | |
| *8.1* | *Grundschulen* | *1 Stpl. je 30 Schüler* | *–* |
| *8.2* | *Sonstige allgemeinbildende Schulen, Berufsschulen, Berufsfachschulen* | *1 Stpl. je 25 Schüler, zusätzlich 1 Stpl. je 5–10 Schüler über 18 Jahre* | *–* |
| *8.3* | *Sonderschulen für Behinderte* | *1 Stpl. je 15 Schüler* | *–* |
| *8.4* | *Fachhochschulen, Hochschulen* | *1 Stpl. je 2–4 Studierende* | *–* |
| *8.5* | *Kindergärten, Kindertagesstätten und dergleichen* | *1 Stpl. je 20–30 Kinder, jedoch mindestens 2 Stpl.* | *–* |
| *8.6* | *Jugendfreizeitheime und dergleichen* | *1 Stpl. je 15 Besucherplätze* | *–* |
| ***9*** | ***Gewerbliche Anlagen*** | | |
| *9.1* | *Handwerks- und Industriebetriebe* | *1 Stpl. je 50–70 m² Nutzfläche oder je 3 Beschäftigte*)* | *10–30* |
| *9.2* | *Lagerräume, Lagerplätze, Ausstellungs- und Verkaufsplätze* | *1 Stpl. je 80–100 m² Nutzfläche oder je 3 Beschäftigte*)* | *–* |
| *9.3* | *Kraftfahrzeugwerkstätten* | *6 Stpl. je Wartungs- od. Reparaturstand* | *–* |
| *9.4* | *Tankstellen mit Verkaufsstätte* | *3 Stpl., zusätzlich Stellplätze nach 3.1* | *–* |
| ***10*** | ***Verschiedenes*** | | |
| *10.1* | *Kleingartenanlagen* | *1 Stpl. je 3 Kleingärten* | |
| *10.2* | *Friedhöfe* | *1 Stpl. je 2000 m² Grundstücksfläche, jedoch mindestens 10 Stpl.* | *–* |
| *10.3* | *Sonnenstudios* | *1 Stpl. je 4 Sonnenbänke, jedoch mindestens 2 Stpl.* | *–* |
| *10.4* | *Waschsalons* | *1 Stpl. je 6 Waschmaschinen, jedoch mindestens 2 Stpl.* | *–* |

*) Der Stellplatzbedarf ist in der Regel nach der Nutzfläche zu berechnen; ergibt sich dabei ein offensichtliches Missverhältnis zum tatsächlichen Stellplatzbedarf, so ist die Zahl der Beschäftigten zugrunde zu legen.

**Anmerkungen** (Autor: Heintz)

**Übersicht** Rdn.


| | | Rdn. |
|---|---|---|
| 0 | Änderungen gegenüber der BauO NW 1984 und der BauO NW 1995 | 01– 04 |
| 1 | Allgemeines | 1– 12 |
| 2 | Zu Absatz 1 – Stellplatzpflicht bei der Errichtung baulicher Anlagen | |
| 2.1 | Satz 1 – Grundforderung im Hinblick auf Kraftfahrzeuge | 13– 25 |
| 2.1.1 | Ermittlung der Zahl notwendiger Stellplätze | 26– 35 |
| 2.1.2 | Örtliche Verkehrsverhältnisse und öffentlicher Personennahverkehr | 36– 37 |
| 2.2 | Satz 2 – Grundforderung im Hinblick auf Fahrräder | 38– 39 |
| 2.3 | Satz 3 – Aufschub der Herstellungspflicht für Kraftfahrzeugstellplätze | 40– 41 |
| 3 | Zu Absatz 2 – Wesentliche Änderung und wesentliche Nutzungsänderung | 42– 52 |
| 4 | Zu Absatz 3 – Lage der Stellplätze, Garagen und Fahrradabstellplätze | |
| 4.1 | Satz 1 – Wahlrecht zur Erfüllung der Kfz-Stellplatzpflicht | 53– 54 |
| 4.1.1 | Nachweis auf dem Baugrundstück | 55– 56 |
| 4.1.2 | Geeignetes Grundstück in der näheren Umgebung | 57– 58 |
| 4.1.2.1 | Eignung | 59– 61 |
| 4.1.2.2 | Nähere Umgebung | 62– 63 |
| 4.1.2.3 | Öffentlich-rechtliche Sicherung | 64– 68 |
| 4.2 | Satz 2 – Bestimmung des Herstellungsorts für Kfz-Stellplätze | 69– 70 |
| 4.3 | Satz 3 – Herstellungsort für Fahrradabstellplätze | 71– 73 |
| 5 | Zu Absatz 4 – Satzungen der Gemeinde | 74– 76 |
| 5.1 | Herstellungspflicht bei bestehenden baulichen Anlagen | 77– 82 |
| 5.2 | Untersagung oder Einschränkung der Herstellungspflicht | 83– 85 |
| 6 | Zu Absatz 5 – Ablösung der Kfz-Stellplatzpflicht | |
| 6.1 | Ablösung als Surrogat (Ersatz) der Herstellung | 86– 90 |
| 6.2 | Sätze 1 und 2 – Voraussetzungen der Ablösung | 91– 98 |
| 6.3 | Satz 3 – Form und Durchführung der Ablösung | 99–103 |
| 6.4 | Sätze 4 und 5 – Höhe des Ablösungsbetrags durch Satzung | 104–106 |
| 7 | Zu Absatz 6 – Verwendung der Ablösebeträge | 107–108 |
| 7.1 | Satz 1 – Zweckbindung | 109–114 |
| 7.2 | Satz 2 – Gruppennützige Verwendung | 115–117 |
| 7.3 | Frist zur Mittelverwendung | 118–119 |
| 7.4 | Rückforderung des Ablösungsbetrags | 120–122 |
| 8 | Zu Absatz 7 – Rücksichtnahme auf die Umgebung | 123–130 |
| 9 | Zu Absatz 8 – Verbot der Zweckentfremdung | 131–136 |
| 10 | Zu Absatz 9 – Dachgeschossausbau zu Wohnzwecken | 137–140 |


## 0 Änderungen gegenüber der BauO NW 1984 und der BauO NW 1995

01 Bereits mit dem **Vierten Gesetz zur Änderung der Landesbauordnung** vom 24. 11. **1992** (GV. NRW. S. 467) wurde § 47 BauO NW 1984 geändert bzw. ergänzt. Das Änderungsgesetz verfolgte im Wesentlichen drei Ziele:

- Schaffung von Anreizen zur Nutzung des öffentlichen Personennahverkehrs (ÖPNV),
- Berücksichtigung der erwünschten stärkeren Benutzung des Fahrradverkehrs,
- Ausweitung der Verwendungszwecke für Ablösebeträge.

Die **BauO NW 1995** behielt diese Modifikationen mit **zwei Ergänzungen** bei:

- Die Satzungsermächtigung in **Absatz 5 Nr. 3** wurde erweitert, um der Gemeinde die Möglichkeit zu geben, auch **zum Schutz der Kinder** eine Untersagungs- bzw. Einschränkungssatzung erlassen zu können.
- **Absatz 10** wurde neu angefügt, um den **Dachgeschossausbau zu Wohnzwecken** bestehender Gebäude, nicht mit Stellplatzforderungen zu belasten.

Mit der **BauO NRW 2000** wurde § 51 BauO NW 1995 **neu gefasst** und von zahlreichen Sonderregelungen befreit, so dass eine an den lokalen Verkehrsverhältnissen orientierte Einzelfallbetrachtung vorzunehmen ist, um Stellplätze entsprechend dem örtlichen Bedarf unter Berücksichtigung des öffentlichen Personennahverkehrs zu schaffen (vgl. die Begründung in LT-Drucks. 12/3738 S. 3 Nr. 5, zu den einzelnen Regelungen s. S. 79 f.). Die **Vorschrift** wurde wie folgt **gestrafft**: 02

- **Absatz 1 Satz 1** regelt die **Stellplatzpflicht** bei der **Errichtung** baulicher Anlagen und macht die Herstellung notwendiger Stellplätze und Garagen insgesamt davon abhängig, dass ein konkreter Zu- und Abgangsverkehr mittels Kraftfahrzeugen zu erwarten ist. Hierbei sind die örtlichen Verkehrsverhältnisse und das Vorhandensein des ÖPNV zu berücksichtigen. Der **alte Satz 2**, dessen einzelne Vorgaben sich auch unmittelbar aus der Grundforderung des Satzes 1 herleiten lassen, **entfiel** und wurde durch den **neuen Satz 2** ersetzt, wonach sich die **Stellplatzpflicht** künftig auch generell **auf Fahrradabstellplätze erstreckt**, ohne dass es – wie noch nach § 51 Abs. 4 BauO NW 1995 – einer Satzung der Gemeinde bedarf. **Satz 3** wurde **unverändert** übernommen. Die alten **Sätze 4 und 5** mit der Aussetzung der Stellplatzpflicht wegen Inanspruchnahme des ÖPNV **entfielen** wegen ihrer Unpraktikabilität (vgl. Wenzel, Ablösung der Stellplatzpflicht unter Berücksichtigung des ÖPNV – Aussetzung der Zahlung des Ablösebetrages nach § 51 BauO NW 1995, BauR 2000, S. 322 ff.).
- **Absatz 2** übernimmt aus dem alten Absatz 2 nur noch den **Satz 1**, der die Fälle der **wesentlichen Änderung** den Errichtungsfällen gleichstellt. Der **alte Satz 2**, der die Stellplatzpflicht im Falle der nicht wesentlichen (sonstigen) Änderung regelte, **entfiel** zur Erleichterung der Umnutzung bestehender Gebäude.
- **Absatz 3** mit den **Sätzen 1 und 2** wurde **unverändert** übernommen und um den **neuen Satz 3** ergänzt, wonach Fahrradabstellplätze stets auf dem Baugrundstück herzustellen sind.
- **Absatz 4 neu** übernimmt in gestraffter Form **Satzungsermächtigungen** aus dem alten Absatz 5. **Absatz 4 alt entfiel**, da bereits Absatz 1 Satz 2 die Voraussetzungen für die Herstellung von Fahrradabstellplätzen gesetzlich regelt.
- **Absatz 5 neu** übernimmt aus dem alten Absatz 6 die alten Nr. 1 und 3 als neue Nr. 1 und 2, wobei die alte Nr. 3 (jetzt neue Nr. 2) um die sich aus der Aussetzung der Stellplatzpflicht ergebenden Regelungen gekürzt wurde.
- **Absatz 6 neu** regelt die **gruppennützige Verwendungsmöglichkeit der Ablösebeträge** unter Berücksichtigung **verfassungsrechtlicher Schranken**.
- **Absatz 7 neu** entspricht Absatz 8 alt.
- **Absatz 8 neu** übernimmt in gestraffter Form Absatz 9 alt.
- **Absatz 9 neu** entspricht Absatz 10 alt.

## 1 Allgemeines

1 Das öffentliche Baurecht befasst sich sowohl unter **städtebaulichem** als auch unter **bauordnungsrechtlichem** Blickwinkel mit Stellplätzen und Garagen. Die städtebaulichen Vorgaben finden sich mit **Schwerpunkt** in **§ 12** und **§ 23 Abs. 5 BauNVO** (sämtliche Fassungen); diese Vorschriften regeln die bauplanungsrechtliche Zulässigkeit von Stellplätzen und Garagen in den unterschiedlichen Baugebieten und auf den nicht überbaubaren Grundstücksflächen. Mit der Festsetzung eines Baugebietes werden die **§§ 12 und 23 BauNVO** in den Bebauungsplan inkorporiert und entfalten dadurch **Rechtswirkungen mit Satzungsqualität** (zu übergeleiteten Plänen s. die Anmerkungen zu § 2 Rdn. 235). Unbeschadet dieser bauplanungsrechtlichen Vorschriften regelt das **Bauordnungsrecht** die **Pflicht zur Schaffung** von Stellplätzen durch **§ 51 BauO NRW**; die baulichen und betrieblichen **Anforderungen** an Garagen und Stellplätze ergeben sich aus der **GarVO**. Daneben ist noch ergänzend **§ 9 Abs. 1 BauO NRW** insoweit zu beachten, als ein Mindestmaß an ausreichender Begrünung und Bepflanzung zu gewährleisten ist (zur Problematik insgesamt s. Hamb. OVG, Urteil vom 31. 3. 1994 – Bf II 114/91, BRS 56 Nr. 122 und OVG Schl-H, Urteil vom 21. 9. 1994 – 1 L 91/93, BRS 56 Nr. 69).

2 Die **Aufteilung der Rechtsmaterie** in Bundes- und Landesrecht ist in der Kompetenzordnung des GG begründet, das dem Bund nur die Zuständigkeit für das Bodenrecht einräumt, so dass im Übrigen die Länder zum Erlass von Bauvorschriften befugt sind (s. hierzu die Einleitung Rdn. 59–64). Die Übersichtlichkeit der Rechtsmaterie wird zusätzlich dadurch erschwert, dass die Länder in ihren Bauordnungen **Satzungsmöglichkeiten** zugunsten der Gemeinde enthalten. Die meisten Länder haben ferner „**Richtzahlen für den Stellplatzbedarf**" bekannt gemacht (s. die Anlage zu Nr. 51 VV BauO NRW). Der Bauherr und sein Entwurfsverfasser müssen somit bei der Planung eines Vorhabens gleich mehrere **bundes- und landesrechtliche Vorschriften** beachten (zu den Schnittstellenproblemen s. Reichel/Schulte, S. 113 Rdn. 452–453).

3 Eine **Normierung des Garagen- und Stellplatzrechts** erfolgte erst nach 1930, als die beginnende Motorisierung zu ersten Problemen führte. Die Baupolizeiverordnungen enthielten bis dahin nur Bau- und Betriebsvorschriften für Garagen aus Gründen der Gefahrenabwehr. Städtebauliche Vorgaben fehlten ebenso wie die Pflicht zur Anlegung geeigneter Abstellflächen für Kraftfahrzeuge auf dem Grundstück. Die Verpflichtung des Bauherrn, mit der Errichtung eines Bauvorhabens Stellplätze und Garagen herzustellen, erfolgte erst mit den §§ 2 ff. der **Reichsgaragenordnung** (**RGaO**) vom 17. 2. 1939 (RGBl. I S. 219). Die Einleitungsformulierung der RGaO hat auch heute noch immer Bedeutung (so treffend Finkelnburg/Ortloff, Bd. II S. 58 f.); sie lautet:

*„Die Zunahme der Kraftfahrzeuge im Straßenverkehr erfordert, daß die öffentlichen Verkehrsflächen für den fließenden Verkehr freigemacht und möglichst wenig durch ruhende Kraftfahrzeuge belastet werden. Zu diesem Zweck müssen die Kraftfahrzeuge dort, wo sie regelmäßig längere Zeit stehen, außerhalb der öffentlichen Verkehrsflächen ordnungsgemäß eingestellt werden."*

Die Vorschriften der RGaO in der späteren Fassung vom 13. 9. 1944 (RArbBl. I S. 325) sind – soweit sie in die Gesetzgebungskompetenz des Landes fallen – durch § 108 Abs. 1 Nr. 8 BauO NW 1962 aufgehoben und durch die Vorschriften des § 64 BauO NW 1962 ersetzt worden (s. auch die Anmerkungen zu § 2 Rdn. 236). Diese Vorschrift entspricht vom Grundsatz her nach wie vor § 51 BauO NRW 2000.

Der Landesgesetzgeber war befugt, die Vorschriften der RGaO zu ersetzen, soweit sie als Landesrecht fortgalten (vgl. BVerwG, Urteil vom 26.5.1955 – I C 86.54, BRS 4, VB 6 S. 325 = BBauBl. 1955, 478). Das GG hat dem **Bundesgesetzgeber keine Befugnis zur Regelung der Pflicht**, **Stellplätze herzustellen**, zugewiesen. Aus **Art. 74 Nr. 18 GG** ergibt sich **keine derartige Kompetenz**; das Stellplatz- und Garagenrecht gehört nicht zum Bodenrecht im Sinne dieser Bestimmung (BVerwG, Beschluss vom 14.10.1958 – I CB 32/58, BVerwGE 2, 122 = BRS 8, VB 6 S. 166 = NJW 1968, 1842 sowie BVerwG, Urteil vom 13.7.1979 – 4 C 67.76, BVerwGE 29, 261 = BRS 35 Nr. 126). Die bauordnungsrechtliche Stellplatzpflicht besteht unabhängig von der Erschließungsbeitragspflicht (BVerwG, Urteil vom 13.7.1979 – 4 C 58.78, BRS 35 Nr. 127). Die Regelung der Stellplatzpflicht soll zwar Störungen vom Straßenverkehr fernhalten, sie wurde aber von Anfang an als Baupolizeirecht angesehen. Sie ist im Übrigen mit dem Baurecht eng verflochten und kann zweckmäßig nur von der Bauaufsicht vollzogen werden (vgl. Hamb. OVG, Urteil vom 13.11.1980 – Bf. II 22/79, BauR 1981, 275 = BRS 36 Nr. 142). 4

Die Verpflichtung zur Schaffung privater Stellplätze findet ihre Begründung in der **Unzulässigkeit der über den Gemeingebrauch hinausgehenden Nutzung der öffentlichen Verkehrsflächen**. Damit leistet das Bauordnungsrecht auch einen Beitrag zur Sicherheit und Leichtigkeit des fließenden Verkehrs (vgl. Jeromin, zu § 47 Rdn. 1). Nach dem Grundgedanken der Stellplatzpflicht ist mit der Zweckbestimmung der öffentlichen Verkehrsflächen nicht vereinbar, dass der Eigentümer eines Grundstücks die Straßen mit dem Abstellen von Kraftfahrzeugen (Kfz) der Bewohner und Benutzer oder der Besucher seines Grundstücks belastet und sie insoweit dem fließenden Verkehr zeitweise entzieht. In Altbaubeständen ohne Abstellmöglichkeiten für Kraftfahrzeuge auf den privaten Grundstücken muss jedoch der öffentliche Straßenraum zwangsläufig zum Abstellen der Kraftfahrzeuge genutzt werden. Die Rechtsprechung hat sogar anerkannt, dass das **Dauerparken** noch dem **Gemeingebrauch** zuzurechnen ist (BVerwG, Urteil vom 12.12.1969 – VII C 76.68, NJW 1970, 962), was eigentlich dem Grundgedanken der Stellplatzpflicht widerspricht, da das übermäßige Abstellen von Kfz auf öffentlichen Verkehrsflächen den ungehinderten Verkehrsfluss beeinträchtigen kann. Daher muss dem Grundstückseigentümer die **bauordnungsrechtliche Verpflichtung** auferlegt werden, den Benutzern und Besuchern die notwendigen Stellplätze oder Garagen für die auf dem Grundstück errichtete bauliche Anlage zur Verfügung zu stellen. Unabhängig hiervon besteht nach § 1 Abs. 5 Nr. 8 BauGB die **bauplanungsrechtliche Verpflichtung** zur angemessenen Berücksichtigung der **Belange des Verkehrs** im Rahmen der Bauleitplanung. Den Verkehrsbelangen kommt eine **herausragende Bedeutung** zu, da die **Sicherung der Erschließung** Voraussetzung für die Zulässigkeit von Vorhaben ist (vgl. Battis/Krautzberger/Löhr, zu § 1 Rdn. 75 und Voß/Buntenbroich Rdn. 689; s. auch die Anmerkungen zu § 4 Rdn. 1–13).). Die Gemeinde hat die angemessene Bereitstellung **öffentlicher Parkplätze** im Straßenraum und **öffentlicher Parkplätze**, **Parkhäuser** und **Tiefgaragen** an Orten mit erhöhtem Parkraumbedarf planerisch vorzubereiten und durch Ausbau der Erschließungsanlagen umzusetzen. Die Berechtigung, für das Parken Gebühren zu erheben, bleibt von § 51 BauO NRW unberührt. 5

Den **auf der MBO beruhenden Ansatz** einer bauordnungsrechtlichen Stellplatzpflicht haben **nicht mehr alle Landesbauordnungen** in dieser Form übernommen. Zunehmend wird erkannt, dass die bauordnungsrechtliche Stellplatzpflicht erhebliche **städtebauliche** und **verkehrspolitische Bezüge** aufweist, da eine **optimale Bereitstellung** privater Stellplätze zwangläufig **Rückwirkungen auf das Verkehrsverhalten** der Bevölkerung 6 entfaltet und den Anteil des Individualverkehrs am Gesamtverkehr erhöht, was im Interesse des Gemeinwohls in stark verdichteten Räumen wegen der damit verbundenen Auswirkungen auf die Umwelt unerwünscht ist. Es zeigt sich daher eine Tendenz in der Landesgesetzgebung zum Überdenken der mit der RGaO eingeführten Stellplatzpflicht, um negativen städtebaulichen Tendenzen nicht auch noch durch das Bauordnungsrecht Vorschub zu leisten. So wurde z.B. mit § 50 HBO 1993 (= § 44 HBO 2002) die Stellplatzpflicht in die Regelungskompetenz der Gemeinden als Selbstverwaltungsangelegenheit entlassen (vgl. Allgeier/von Lutzau, S. 315ff. Anm. 44 und 44.1), was die Rechtsprechung als verfassungsrechtlich unbedenklich bestätigte (Hess. VGH, Urteil vom 10.4.2000 – 9 UE 2459/96, BRS 63 Nr. 164 = DÖV 2001, 253). Berlin hat mit § 48 BauO Bln die Stellplatzpflicht auf Plätze für Behinderte bei der Errichtung öffentlich zugänglicher Gebäude begrenzt und ansonsten wegen seines optimalen öffentlichen Personennahverkehrsnetzes abgeschafft (vgl. Wilke/Dageförde/Knuth/Meyer, zu § 48 Rdn. 5ff.). Auch die neuen Bundesländer nahmen teilweise Änderungen vor (vgl. Bultmann, Neuregelung der Stellplatzablösung in den Bauordnungen der neuen Bundesländer unter besonderer Berücksichtigung der BbgBO und SächsBO, BauR 2001, S. 174ff.).

7 Die Regelungen des **§ 51 BauO NRW** richten sich – außer an den Bauherrn – sowohl an die Bauaufsichtsbehörde als auch an die Gemeinde, die beim Vollzug eng zusammenarbeiten müssen. Die Vorschrift weist folgende **Struktur** auf:

- **Absatz 1** enthält die **Grundregel**, nämlich die **Herstellungspflicht** in Bezug auf neue Vorhaben.
  - **Satz 1** regelt die **Verpflichtung zur Herstellung** von Stellplätzen oder Garagen im Falle der **Errichtung** baulicher Anlagen (**notwendige Stellplätze und Garagen**) unter Berücksichtigung der örtlichen Verkehrsverhältnisse und des öffentlichen Personennahverkehrs.
  - **Satz 2** erlegt dem Bauherrn zusätzlich zur Stellplatzpflicht für Kraftfahrzeuge eine **Verpflichtung zur Schaffung von Fahrradabstellplätzen** auf.
  - **Satz 3** normiert das **Hinausschieben der Fertigstellung** der Stellplätze und Garagen – nicht jedoch der für Fahrradabstellplätze – als **Ermessensentscheidung** der Bauaufsichtsbehörde.
- **Absatz 2** stellt die **wesentliche Änderung** baulicher Anlagen den Errichtungsfällen gleich.
- **Absatz 3** regelt den **Erfüllungsort** der Herstellungspflicht, also **wo** Stellplätze und Garagen sowie Fahrradabstellplätze herzustellen sind.
  - **Satz 1** benennt als gleichwertige Möglichkeiten das **Baugrundstück** oder ein **geeignetes, durch Baulast gesichertes Grundstück** in der **näheren Umgebung** des zu bebauenden Grundstücks.
  - **Satz 2** enthält eine an die Bauaufsichtsbehörde gerichtete **Ermächtigung**, im Einzelfall aus Gründen des Verkehrs einen **bestimmten** Erfüllungsort für die Herstellung von Stellplätzen oder Garagen verlangen zu können.
  - **Satz 3** bestimmt, dass **Fahrradabstellplätze stets auf dem Grundstück herzustellen** sind, ohne dass von dieser Forderung abgewichen werden kann.
- **Absatz 4** ermächtigt die **Gemeinden** zum **Erlass von Ortssatzungen** unter den Voraussetzungen der

- **Nr. 1** über die **nachträgliche Herstellung** von Stellplätzen oder Garagen sowie Abstellplätzen für Fahrräder bei bestehenden baulichen Anlagen und der
- **Nr. 2** über die **Untersagung** oder **Einschränkung** von Stellplätzen oder Garagen.

– **Absatz 5** regelt die **Ablösung der Verpflichtung** zur Herstellung von Stellplätzen oder Garagen durch Zahlung eines **Geld**betrags.

- **Satz 1** nennt die **Voraussetzungen**, unter denen überhaupt eine Ablösung der Stellplatzpflicht vorgenommen werden darf.
- **Satz 2** stellt klar, dass **im Falle** des Vorliegens einer **Untersagungs- bzw. Einschränkungssatzung** nach Absatz 4 Nr. 2 die **Ablösung** der Stellplatzpflicht zum Tragen kommt.
- **Satz 3** bestimmt die **Gemeinde als Empfänger der Ablösebeträge**.
- Die **Sätze 4 und 5** sind eigentlich in der Reihenfolge vertauscht. Satz 5 ermächtigt die Gemeinde zur Festlegung der **Höhe des Ablösebetrages** durch **Satzung**; dabei hat die Gemeinde die **Vorgaben aus Satz 4** zu beachten.

– **Absatz 6** richtet sich an die **Gemeinde** und legt die **Verwendungsmöglichkeiten** der vereinnahmten **Ablösebeträge** fest.

- **Satz 1** zählt unter den **Buchstaben a) bis c) drei Alternativen** auf.
- **Satz 2** bindet – unter Beachtung der **verfassungsrechtlichen Vorgaben** – die Gemeinde an eine **gruppennützige Verwendung** der Ablösebeträge.

– **Absatz 7** ist für den bauaufsichtlichen Vollzug von erheblicher Bedeutung.

- **Satz 1** verpflichtet den Bauherrn **zur Rücksichtnahme auf die Umgebung** bei der Anordnung der Stellplätze und Garagen auf dem Grundstück. Dieser Bestimmung kommt **nachbarschützende Bedeutung** zu.
- **Satz 2** richtet sich an die Bauaufsichtsbehörde, die vom Bauherrn **verlangen** kann, anstelle von Stellplätzen **Garagen herzustellen**.

– **Absatz 8** verbietet die **Zweckentfremdung** von Stellplätzen und Garagen.

- **Satz 1** normiert das **grundsätzliche Verbot**, Stellplätze, Garagen und Abstellplätze für Fahrräder für andere Zwecke zu nutzen.
- **Satz 2** lässt jedoch unter genau festgelegten Voraussetzungen zu, dass diese Anlagen an Dritte, die nicht Nutzer oder Besucher der stellplatzpflichtigen Anlage sind, vermietet oder sonst überlassen werden dürfen.

– **Absatz 9** wurde erlassen, um die **Wohnungsbauerleichterungen** des Bundes zu flankieren. Hierbei handelt es sich um eine **Einschränkung der Stellplatzpflicht** unter genau festgelegten Voraussetzungen für den **Ausbau von Dachgeschossen** bestimmter **Gebäude zu Wohnzwecken.**

Die **Legaldefinition** der **Begriffe „Stellplätze“** und **„Garagen“** enthält **§ 2 Abs. 8 BauO NRW**. Danach sind **Stellplätze** Flächen, die dem Abstellen von Kraftfahrzeugen außerhalb der öffentlichen Verkehrsflächen dienen. **Garagen** sind ganz oder teilweise umschlossene Räume zum Abstellen von Kraftfahrzeugen (s. die Anmerkungen zu § 2 Rdn. 237 bis 239). Die im **Bundesrecht** gleichlautend verwendeten **Begriffe** Stellplätze und Garagen weisen keine eigenständige Bedeutung auf und gehen von der **Begriffsbe-** 8

**stimmung des Landesrechts** aus (BVerwG, Urteil vom 4.10.1985 – 4 C 26.81, BauR 1986, 76 = BRS 44 Nr. 108). Im Bauplanungsrecht finden sich weitere Begriffe, wie **Garagengeschoss**, **Gemeinschaftsgarage** oder **Gemeinschaftsstellplatz** (s. die Anmerkungen zu § 2 Rdn. 236 und 243–245 sowie zu § 11 Rdn. 2).

Die **Garagenverordnung (GarVO)** enthält **weitere Begriffsbestimmungen** und konkrete **Einzelanforderungen** an den Bau und den Betrieb von Garagen. Diese Begriffe haben Bedeutung für die in den §§ 67 und 68 BauO NRW getroffenen Regelungen. Hinsichtlich ihrer Anforderungen unterscheidet **§ 2 Abs. 1 GarVO** die Garagen nach der Größe ihrer Nutzflächen als

- **Kleingaragen** (bis 100 m²),
- **Mittelgaragen** (über 100 bis 1000 m²),
- **Großgaragen** (über 1000 m²).

9 Vom Baugenehmigungsverfahren **freigestellt** sind nach **§ 65 Abs. 1 Nr. 24 und 25 BauO NRW**:

- nicht überdachte Stellplätze für Personenkraftwagen und Motorräder bis zu insgesamt 100 m²,
- überdachte und nicht überdachte Fahrradabstellplätze bis zu insgesamt 100 m².

Garagen und überdachte Stellplätze bis zu 1000 m² Nutzfläche, die einem Wohngebäude dienen, bedürfen gemäß **§ 67 Abs. 1 und 7 BauO NRW** unter den dort genannten Voraussetzungen keiner Baugenehmigung. In der Freistellung nach § 67 BauO NRW sind bei der Errichtung von Garagen mit einer Nutzfläche von über 100 m² bis 1000 m² Nutzfläche bestimmte **Nachweispflichten** zu erfüllen (s. § 67 Abs. 7 BauO NRW).

10 Soweit nicht § 67 BauO NRW einschlägig ist, findet auf

- nicht überdachte Stellplätze für Personenkraftwagen und Motorräder mit mehr als 100 m²,
- nicht überdachte Stellplätze für andere Kraftfahrzeuge (als Personenkraftwagen und Motorräder), wie z. B. Lastkraftwagen und Omnibusse, und zwar unabhängig von der Flächengröße,
- überdachte und nicht überdachte Fahrradabstellplätze mit mehr als 100 m² sowie
- Garagen bis zu 1000 m² Nutzfläche

gemäß **§ 68 Abs. 1 Satz 1 BauO NRW** das **vereinfachte Genehmigungsverfahren** Anwendung. Garagen unterliegen **bei Überschreitung der Nutzfläche von 1000 m²** gemäß § 68 Abs. 1 Satz 3 BauO NRW als **„große“** Sonderbauten dem **normalen Genehmigungsverfahren (§ 63 Abs. 1 BauO NRW)**. Derartige Anlagen weisen ein **erhöhtes Sicherheitsrisiko** auf und bedürfen einer umfassenden bauaufsichtlichen Prüfung (s. auch die Einleitung Rdn. 101 und die Anmerkungen zu § 54 Rdn. 7, 8 und 68).

10 a Gemäß **§ 2 Nr. 4 Buchstabe c) letzter Absatz Bürokratieabbaugesetz I** bedarf abweichend von § 63 Abs. 1 Satz 1 BauO NRW die **Errichtung von Kleingaragen** (s. Rdn. 8) keiner Baugenehmigung, sondern ist bei der unteren Bauaufsichtsbehörde vor Durchführung des Vorhabens schriftlich anzuzeigen (**Anzeigeverfahren**). Der Anzeige sind die für eine Prüfung des Vorhabens erforderlichen Bauvorlagen beizufügen. Ein **Baugenehmigungsverfahren** ist jedoch durchzuführen, wenn die Kleingarage als Grenzbebau-

ung oder grenznahe Bebauung errichtet werden soll und **keine Einverständniserklärung des Grenznachbarn** vorliegt. Da diese Vorschrift nur auf den Fall der Errichtung abstellt, ist für die **Änderung** einer Kleingarage nach wie vor eine **Baugenehmigung** erforderlich, selbst wenn die Einverständniserklärung des Grenznachbarn vorliegt.

Nach **§ 3 Abs. 1 Nr. 14 BauPrüfVO** sind im **Lageplan** unter anderem die Lage, Anzahl und Größe der Stellplätze für Kraftfahrzeuge und der Abstellplätze für Fahrräder darzustellen. Die Anlage zur BauPrüfVO enthält für diese Darstellung keine Vorgaben. Es hat sich für diese Darstellung die Praxis herausgebildet, auf die Umgrenzungsdarstellung nach Nr. 15.3 der Anlage zur PlanzV 90 zurückzugreifen (vgl. die Anmerkungen zu § 9 Rdn. 28 und das **Darstellungsbeispiel** in Abbildung 9.1). In der dem Bauantrag beizufügenden **Baubeschreibung** (s. Anlage I/7 zur VV BauPrüfVO) sind in den **Ziffern 15** und **16** außerdem Angaben zur Anzahl, Befestigung, Gestaltung und Eingrünung der Stellplätze für Kraftfahrzeuge einschließlich der Zufahrten sowie zur Größe und Beschaffenheit der Fahrradabstellplätze zu treffen. **11**

Die Regelung der **Stellplatzpflicht nach Absatz 1 und 2** ist **grundsätzlich nicht nachbarschützend** (OVG NRW, Urteil vom 10.7.1998 – 11 A 7238/95, BauR 1999, 237 = BRS 60 Nr. 123 = NVwZ-RR 1999, 365 und BayVGH, Urteil vom 2.2.1977 – Nr. 380 II 74, BRS 32 Nr. 110). Die Stellplatzregelung dient auch **nicht dem Schutz besonderer Belange der Kommunen** (OVG Rh-Pf, Urteil vom 26.4.2001 – 1 A 11339/00, BauR 2002, 74 = BRS 64 Nr. 139). **Nachbarschützende Wirkungen** entfalten aber die Regelungen des § 51 **Abs. 7** BauO NRW (s. Rdn. 123). **12**

Unbeschadet des Bauordnungsrechts kann eine nicht zur Verfügung stehende große Zahl von erforderlichen Stellplätzen gegenüber dem Nachbarn **im bauplanungsrechtlichen Sinne rücksichtslos** sein (OVG Bremen, Beschluss vom 18.10.2002 – 1 B 315/02, BauR 2003, 509 = BRS 65 Nr. 144 = NVwZ-RR 2003, 549, zu fehlenden Stellplätzen für die Erweiterung einer Hochschule und OVG NRW, Beschluss vom 15.11.2005 – 7 B 1823/05, BRS 69 Nr. 168 = DÖV 2006, 305 = NVwZ-RR 2006, 306, zu fehlenden Stellplätzen eines Fußballstadions).

## 2 Zu Absatz 1 – Stellplatzpflicht bei der Errichtung baulicher Anlagen

### 2.1 Satz 1 – Grundforderung im Hinblick auf Kraftfahrzeuge

**Bauliche Anlagen** (s. die Anmerkungen zu § 2 Rdn. 27–55) sowie **andere Anlagen** (s. die Anmerkungen zu § 1 Rdn. 37–38), bei denen Kraftfahrzeugverkehr zu erwarten ist, dürfen nach § 51 Abs. 1 **Satz 1** BauO NRW nur **errichtet** (s. die Anmerkungen zu § 3 Rdn. 20–22) werden, wenn zugleich **Stellplätze** oder **Garagen** (s. die Anmerkungen zu § 2 Rdn. 235–245) hergestellt werden. Erfasst sind von der Verpflichtung auch **andere Anlagen**, die selbst **keine** baulichen Anlagen sind und auch nicht als solche gelten (s. die Anmerkungen zu § 2 Abs. 1 Rdn. 27 ff.). Das können z. B. Festwiesen oder Badeseen sein (so Buntenbroich/Voß, zu § 51 Rdn. 12). **13**

Die aufgrund der gesetzlichen Stellplatzpflicht herzustellenden Kfz-Einstellplätze bezeichnet die BauO NRW als **notwendige Stellplätze oder Garagen**. Stellplätze oder Garagen, die über den nach dem Bauordnungsrecht erforderlichen Bedarf zusätzlich geschaffen werden, sind **keine notwendigen** Stellplätze oder Garagen. Diese Unterscheidung ist von erheblicher Bedeutung, da nur **notwendige** Stellplätze nach Absatz 8 **nicht zweckentfremdet** werden dürfen. **14**

15 Die **Unterscheidung** hat auch **bauplanungsrechtliche Bedeutung**. Nach **§ 12 Abs. 2 BauNVO** (sämtliche Fassungen) sind in Kleinsiedlungsgebieten, reinen und allgemeinen Wohngebieten sowie Sondergebieten, die der Erholung dienen, Stellplätze und Garagen nur für den durch die zugelassene Nutzung verursachten Bedarf zulässig. Die Vorschrift stellt – wenn auch nicht ausschließlich – mit dem Begriff **„zugelassene Nutzung"** auf die notwendigen Stellplätze ab. Sie meint jedoch nicht die notwendigen Stellplätze des einzelnen Grundstücks bzw. den durch das einzelne Bauvorhaben ausgelösten Stellplatzbedarf, sondern den **durch die Baugebietsfestsetzung insgesamt hervorgerufenen Bedarf**, zumal auch nach Bauordnungsrecht der Stellplatzbedarf nicht nur auf dem Baugrundstück selbst, sondern auch in der näheren Umgebung auf einem dafür geeigneten Grundstück nachgewiesen werden darf (BVerwG, Urteil vom 16.9.1993 – 4 C 28.91, BauR 1994, 223 = BRS 55 Nr. 167).

16 In **reinen Wohngebieten** sind gemäß **§ 12 Abs. 3 Nr. 1 BauNVO** (sämtliche Fassungen) Stellplätze und Garagen für **Lastkraftwagen** und **Kraftomnibusse** sowie für **Anhänger dieser Fahrzeuge** (nur Fassungen 1990 und 1977) unzulässig. Nach **Nr. 2** sind in **Kleinsiedlungsgebieten** und **allgemeinen Wohngebieten** Stellplätze und Garagen für **Kraftfahrzeuge mit einem Eigengewicht über 3,5 Tonnen** sowie für **Anhänger dieser Kraftfahrzeuge** (nur Fassungen 1990 und 1977) unzulässig. Diese Vorgaben der BauNVO finden gemäß § 34 Abs. 2 BauGB ebenfalls Anwendung auf Baugebiete, für die kein Bebauungsplan besteht, die aber den vorgenannten Gebieten aufgrund ihrer jeweiligen Nutzungsstruktur entsprechen.

17 Die Verpflichtung zur Herstellung notwendiger Stellplätze oder Garagen für Kraftfahrzeuge nach Satz 1 wird im Sprachgebrauch kurz als **Stellplatzpflicht** bezeichnet. Die **Erfüllung** der Stellplatzpflicht in Bezug auf die Herstellung der Stellplätze oder Garagen für Kraftfahrzeuge ist **Voraussetzung** des Baurechtsanspruchs. Kann der Bauherr die Stellplatzpflicht hinsichtlich des Kraftfahrzeugverkehrs nicht durch Herstellung von Stellplätzen oder Garagen erfüllen, kommt die **Ablösung** durch Zahlung eines Geldbetrags in Betracht. Die Stellplatzpflicht folgt dem **Verursacherprinzip** und nimmt die Bauherren oder Eigentümer der baulichen Anlagen oder anderen Anlagen in Anspruch, deren Nutzung den ruhenden Verkehr erzeugt. Das BVerwG stellte in seinem Grundsatzurteil vom 26.5.1955 (– I C 86.54, BRS 4, VB 6 S. 325) fest, dass die durch die Stellplatzpflicht hervorgerufene **Belastung des Grundeigentums im Rahmen der Sozialpflichtigkeit des Eigentums** nach Art. 14 Abs. 1 Satz 2 und Abs. 2 GG liegt. § 51 BauO NRW konkretisiert auch die Grundforderung des § 19 Abs. 2 BauO NRW, wonach die Sicherheit oder Ordnung des öffentlichen Verkehrs durch bauliche Anlagen oder andere Anlagen nicht gefährdet werden darf.

18 Die Zahl der Stellplätze richtet sich – wie noch § 51 Abs. 1 Satz 2 BauO NW 1995 ausdrücklich regelte (s. Rdn. 04) – nach der **Art der vorhandenen und der zu erwartenden Kraftfahrzeuge der Personen**, die die Anlagen **ständig benutzen** oder **besuchen**, das heißt der ständigen Benutzer und der Besucher der Anlage. Durch den Wegfall dieser Bestimmung hat sich der Inhalt der Vorschrift aber nicht verändert, da die fortgefallene Bestimmung nur Selbstverständlichkeiten umschrieb, die auch durch Auslegung der Begriffsbestimmung in Satz 1 gefunden werden können. **Ständige Benutzer** sind bei Wohngebäuden die Bewohner, bei gewerblichen oder industriellen Anlagen, bei Läden oder Gaststätten die dem Betrieb angehörenden Personen. **Besucher** sind die Personen, die die Anlagen jeweils nur für kürzere Verweildauer aufsuchen. Bei Abfassung der Richtzahlen wurde berücksichtigt, dass ein bestimmter Anteil des Besucherverkehrs öffent-

liche Stellplätze im Straßenraum in Anspruch nimmt. Aus diesem Grund liegen die in den Richtzahlen eingearbeiteten Werte für den Besucheranteil relativ niedrig.

**19** Die im Gesetzeswortlaut des § 51 Abs. 1 Satz 2 BauO NW 1995 ebenfalls noch enthaltene **Hervorhebung**, dass Stellplätze oder Garagen in **ausreichender Größe** sowie in **geeigneter Beschaffenheit** herzustellen sind, konnte zur **Straffung** des Gesetzestextes entfallen. Auch diese Forderung lässt sich nämlich bereits aus dem Sinn und Zweck der Vorschrift herleiten, da zu kleine oder zu schmale bzw. nicht ausreichend befestigte oder gekennzeichnete Stellplätze nicht zu einer Erfüllung der gesetzlichen Verpflichtung führen. Die geeignete Beschaffenheit setzt voraus, dass der jeweilige notwendige Stellplatz **ungehindert angefahren** werden kann, was bei **hintereinander angeordneten**, so genannten „**gefangenen**" Stellplätzen regelmäßig nicht gegeben ist (VGH B-W, Urteil vom 23.10.1985 – 3 S 1434/85, BRS 44 Nr. 109 und OVG Rh-Pf, Urteil vom 22.8. 2002–1 A 10439/02, BRS 65 Nr. 142 = NVwZ-RR 2003, 548).

Die **Größe** und **Beschaffenheit** des Stellplatzes hängt von der Art des abzustellenden Kraftfahrzeugs ab. Garagenstellplätze für Personenkraftwagen müssen nach § 6 Abs. 1 GarVO mindestens 5 m lang und mindestens 2,30 m breit sein; für Fahrzeuge von Behinderten müssen sie mindestens 3,50 m breit sein. Für größere Kraftfahrzeuge, wie Fernlastzüge, Omnibusse oder Spezialfahrzeuge, muss die Größe der erforderlichen Stellplätze im Einzelfall ermittelt werden. Zu den Stellplatzflächen rechnen in aller Regel noch die notwendigen Verkehrsflächen und der nach § 3 Abs. 1 GarVO erforderliche Stauraum. Die geeignete Beschaffenheit ergibt sich aus den Vorschriften der GarVO.

**20** Die Vorschrift des **Satzes 1** ist daran geknüpft, dass **Kraftfahrzeugverkehr zu erwarten** sein muss. Der **Begriff „Kraftfahrzeuge"** entspricht weitgehend dem **straßenverkehrsrechtlichen** Begriff (so auch Boeddinghaus/Hahn/Schulte, zu § 51 Rdn. 30).

**21** **Zu erwarten** ist Kraftfahrzeugverkehr, wenn das Grundstück für diesen Ziel oder Quelle ist (BVerwG, Beschluss vom 2.11.1961 – I B 34.61, NJW 1962, 508). **Satz 1** dient unzweifelhaft der **Entlastung des öffentlichen Straßennetzes**. Das Gesetz geht davon aus, dass die öffentlichen Straßen in erster Linie dem „**fließenden** Verkehr" dienen sollen, der durch den „**ruhenden** Verkehr" nicht gestört werden darf. Der ruhende Verkehr ist deshalb grundsätzlich **außerhalb** des öffentlichen Straßenraumes auf den privaten Grundstücken unterzubringen (OVG Lüneburg, Urteil vom 29. 6. 1979 – I A 37/78, BauR 1979, 494 = BRS 35 Nr. 125).

**22** Dem Bauherrn ist es freigestellt, ob er **Stellplätze** anlegt oder **Garagen** errichtet. Dieses **Wahlrecht** des Bauherrn kann in zweierlei Hinsicht **eingeschränkt** sein:

- einerseits unmittelbar durch das **Bauplanungsrecht**, insbesondere durch die Festsetzungen des Bebauungsplans,
- andererseits durch das gemäß § 51 Absatz 7 Satz 2 BauO NRW geregelte **Verlangen der Bauaufsichtsbehörde** an den Bauherrn, anstelle von Stellplätzen Garagen herzustellen.

**23** Die Gemeinde ist durch **§ 9 Abs. 1 Nr. 4 BauGB** in Verbindung mit §§ 12 und 23 BauNVO ermächtigt, im **Bebauungsplan** für die zu bebauenden Flächen die **Anordnung von Garagen und Stellplätzen** zu regeln. Die Anordnung der Stellplätze und Garagen auf dem Grundstück kann durch Festsetzungen zur Art der baulichen Nutzung oder über die nicht überbaubaren Grundstücksflächen gemäß § 12 Abs. 6 BauNVO in Verbindung mit § 23 Abs. 5 BauNVO eingeschränkt oder ausgeschlossen sein. Im **Bebau-**

**ungsplan** können nach § 9 Abs. 1 Nr. 22 BauGB auch Flächen für **Gemeinschaftsgaragen** oder **Gemeinschaftsstellplätze** festgesetzt werden. Ebenso ist die Gemeinde gemäß § 12 Abs. 4 BauNVO ermächtigt, **Garagengeschosse** oder **Tiefgaragen** festzusetzen. Die Auslegung eines Bebauungsplanes anhand der Festsetzungen überbaubarer Grundstücksflächen, von Gemeinschaftsstellplätzen sowie befahrbarer Wohnwege kann ergeben, dass in einem Baugebiet einzelne Stellplätze und Garagen auf den zu bebauenden Grundstücken unzulässig sein sollen und daher diese in der Gemeinschaftsanlage angeordnet werden müssen (Bay VGH, Beschluss vom 16. 5. 1983 – Nr. 14 B 1294/79, BRS 40 Nr. 129; OVG NRW vom 22. 8. 1996 – 7 A 3508/93, BauR 1997, 97 = BRS 58 Nr. 35 = ZfBR 1997, 46).

24 Besteht **kein Bebauungsplan**, richtet sich die bauplanungsrechtliche Zulässigkeit von Stellplätzen und Garagen nach den Vorschriften über das Bauen im nicht beplanten Innenbereich oder Außenbereich (§§ 34, 35 BauGB). Innerhalb der im Zusammenhang bebauten Ortsteile im Sinne des **§ 34 BauGB** müssen Garagen und Stellplätze dem **Einfügungsgebot** genügen. Im **Außenbereich** im Sinne des **§ 35 BauGB** dürfen durch die Errichtung dieser Anlagen keine **öffentlichen Belange** entgegenstehen bzw. beeinträchtigt werden.

25 Ist das **Wahlrecht** des Bauherrn **nicht** durch bauplanungsrechtliche Vorgaben **eingeschränkt**, kann der Bauherr **anstelle von ursprünglich beantragten** (und genehmigten) **Garagen** auch lediglich **Stellplätze** herrichten. Der Bauherr ist nämlich nicht verpflichtet, die Genehmigung zum Bau der Garagen auszunutzen, sondern muss nur seiner Stellplatzpflicht nachkommen, die er natürlich ebenso gut durch Herrichtung von Stellplätzen erfüllen kann. Er muss sich gegebenenfalls bei Überschreitung der Freistellungsgrenze nach § 65 Abs. 1 Nr. 24 BauO NRW für Stellplätze diese Änderung seiner Bebauungskonzeption genehmigen lassen, weil er sonst von der erteilten Baugenehmigung abweicht. Dieses gilt sinngemäß in der Genehmigungsfreistellung für Wohngebäude nach § 67 BauO NRW (s. Rdn. 9). Ist die Errichtung der Stellplatzanlage dagegen wegen Unterschreitung der Freistellungsgrenze genehmigungsfrei, reicht es aus, die Nichtausnutzung der Baugenehmigung in diesem Punkt, also den Ersatz der Garagen durch Stellplätze, der Bauaufsichtsbehörde lediglich mitzuteilen, um diese von der Änderung der Bebauungskonzeption in Kenntnis zu setzen. Auf diese Weise kann der Bauherr auch sicherstellen, nach Abschluss der Bauarbeiten an den Stellplätzen nicht noch von einem bauaufsichtlichen Verlangen gemäß § 51 Abs. 7 Satz 2 BauO NRW überrascht zu werden, denn die Bauaufsichtsbehörde ist verpflichtet, aus Gründen der Verhältnismäßigkeit zeitnah nach Bekanntgabe der geänderten Bebauungskonzeption zu prüfen, ob sie ein solches Verlangen ausspricht. Sie muss nämlich davon ausgehen, dass der Bauherr die geänderte Bebauungskonzeption auch kurze Zeit später realisiert, um seiner Stellplatzpflicht zu genügen.

### 2.1.1 Ermittlung der Zahl notwendiger Stellplätze

26 Die **korrekte Ermittlung der Zahl notwendiger Stellplätze** für ein konkretes Vorhaben erfordert vom Entwurfsverfasser **erheblichen Arbeitsaufwand**. Es gilt unter Berücksichtigung der **örtlichen Verkehrsverhältnisse** und des **öffentlichen Personennahverkehrs** die **richtige Zahl** notwendiger Stellplätze auszumachen. Die früher übliche Methode der alleinigen Heranziehung der Richtzahlen trägt zu einem falschen Ergebnis bei. Die Vorschrift kann dazu führen, dass extrem wenige Stellplätze erforderlich sind. Beispielsweise dient eine Verkaufsstätte für Bücher und Zeitschriften in einem Bahnhofsgebäu-

de den Nutzern der Bahn, so dass die Heranziehung der Nr. 3.1 der Anlage zu Nr. 51.11 VV BauO NRW (1 Stellplatz je 30 bis 50 m² Verkaufsnutzfläche, jedoch mindestens 2 Stellplätze; davon für Besucher 75 %) bei einer Verkaufsfläche von 300 m² eine überhöhte Zahl von rechnerisch notwendigen Stellplätzen zwischen 6 und 10 ergibt, obwohl für Bahnreisende überhaupt keine Stellplätze erforderlich sind – weil sie eben nicht das Kraftfahrzeug benutzen – und auch ein Teil des Personals mit der Bahn anreist.

Das **Gesetz verbietet** jeden **Schematismus**, weil es ausdrücklich auf die Berücksichtigung der örtlichen Verkehrsverhältnisse und des öffentlichen Personennahverkehrs abstellt, und erfordert die Erstellung einer **Prognose des Stellplatzbedarfs** für das jeweils zu beurteilende Vorhaben, was sich aus der Formulierung **„zu erwarten ist"** in § 51 Abs. 1 Satz 1 BauO NRW ergibt. Die örtlichen Verkehrsverhältnisse und der öffentliche Personennahverkehr können auch in kleinen Gemeinden des Landes sehr unterschiedlich sein, umso größere Sorgfalt ist bei der Ermittlung in den Großstädten geboten. Hinreichend genaue Kriterien für die **Auslegung** der in § 51 BauO NRW enthaltenen **unbestimmten Rechtsbegriffe im Hinblick auf die Prognose** fehlen leider (vgl. Fischer, Wieviele Stellplätze sind für ein Urban-Entertainment-Center im innerstädtischen Ballungsraum notwendig, BauR 2000, S. 225 ff.). 27

Ursprünglich war seitens der Landesregierung nicht mehr vorgesehen, eine Richtzahlentabelle in die VV BauO NRW aufzunehmen, um auszuschließen, dass die Bauherrn bei der Ermittlung und die Bauaufsichtsbehörden bei der Prüfung nur die Werte der Tabelle zugrunde legen (vgl. LT-Drucks. 12/3738 S. 79 zu Art. I Nr. 27 – § 51). Hiergegen haben die kommunalen Spitzenverbände jedoch geltend gemacht, dass **ohne Richtzahlen keinerlei Anhalt** mehr besteht; darunter würden in erster Linie die vielen Bauherren leiden, die nur relativ kleine Vorhaben realisieren. Dieser Argumentation wollte sich die oberste Bauaufsichtsbehörde nicht verschließen, hat jedoch die **Nachrangigkeit** der Richtzahlen in Nr. 51.11 VV BauO NRW deutlich herausgestellt. Die **Richtzahlen sind**, wie schon die Einordnung als **Verwaltungsvorschrift** verdeutlicht, **keine Rechtsnorm**. Ihnen kommt auch **kein normergänzender Charakter** zu (BayVGH, Urteil vom 14. 1. 1986 – Nr. 8 B 80 A. 1734, BayVBl. 1986, 524). Sie sind in Wahrung des Gleichheitsgrundsatzes **nur dann** von der Bauaufsichtsbehörde **anzuwenden, wenn** im Einzelfall **keine ausreichenden Erkenntnisse** zur Beurteilung des Stellplatzbedarfs vorliegen und sich auch **keine besonderen Verhältnisse** ergeben, die eine Anwendung der Richtzahlen von vornherein verbieten. 28

In der Tat hätte ein Verzicht auf eine Richtzahltabelle die Bauaufsichtsbehörden (und die Verwaltungsgerichte) vor nur schwer lösbare Aufgaben gestellt, da bei der **Überprüfung der Zahl** der notwendigen Stellplätze **kein Ermessens-** und auch **kein Beurteilungsspielraum** eingeräumt ist. Die Bauaufsichtsbehörde hat keine Wahlmöglichkeit zwischen verschiedenen Entscheidungsmöglichkeiten (so Boeddinghaus/Hahn/Schulte, zu § 51 Rdn. 46); es besteht auch **keine Bandbreite von Entscheidungsmöglichkeiten** (VGH B-W, Urteil vom 17. 12. 1999 – 5 S 50/97, BRS 62 Nr. 149 zur Berechnung des Stellplatzbedarfs für eine Bar, ein Bordell und einen angegliederten Kontaktraum). Bei der **Prüfung der** in den Bauvorlagen darzulegenden **Prognose** besteht für die Bauaufsichtsbehörde – **trotz** der durch die Schwierigkeit der Aufgabe naturgemäß gegebenen **Unsicherheiten** in der Beurteilung – auch **kein** der gerichtlichen Überprüfung entzogener **Beurteilungsfreiraum**. Das **Prüfergebnis** der Bauaufsichtsbehörde unterliegt nämlich der **uneingeschränkten gerichtlichen Kontrolle** (VGH B-W, Urteil vom 27. 3. 1985 – 3 S 2183/94, BRS 44 Nr. 110). Es liegt auf der Hand, dass diese schwierige Aufgabe ohne 29 minimalste Anhaltspunkte, wie sie eine Richtzahlentabelle hergeben, zu einem zeitaufwändigen Prüfverfahren führen würde und damit letztlich kontraproduktiv zu dem Anliegen des Gesetzgebers gestanden hätte, die Verfahrensabwicklung weiter zu beschleunigen (s. LT-Drucks. 12/3738 S. 91 zu Art. I Nr. 48 – § 72). Die in der Richtzahlen enthaltenen Werte für Wohnungen erweisen sich schließlich für Wohnbauvorhaben in der Freistellung nach § 67 BauO NRW als große Arbeitshilfe (s. Rdn. 33).

30 **Nachweispflichtig** für die Zahl der notwendigen Stellplätze ist der **Bauherr** bzw. der in seinem Auftrag handelnde **Entwurfsverfasser**. Es ist entgegen einer verbreiteten Annahme **nicht Aufgabe der Bauaufsichtsbehörde**, diese Ermittlungsaufgabe zu übernehmen. Der Bauaufsichtsbehörde kommt nur die **Aufgabe** zu, die **Richtigkeit der Angaben in den Bauvorlagen zu überprüfen** und gegebenenfalls durch **Nebenbestimmung** in der Baugenehmigung **Anforderungen** festzulegen, wenn diese Prüfung ergibt, dass die in den Bauvorlagen angegebene Zahl der notwendigen Stellplätze nicht ausreicht. Insofern kann der **Text der Nr. 51.11 VV BauO NRW** in seinem letzten Absatz zu erheblichen **Missverständnissen** beitragen. Die VV BauO NRW ist lediglich eine Anweisung der obersten an die nachgeordneten Verwaltungsbehörden, um einen **einheitlichen Verwaltungsvollzug** zu gewährleisten. Der Bauherr, der die Ermittlung der Zahl der notwendigen Stellplätze entsprechend Nr. 51.11 und 51.13 VV BauO NRW vornimmt und in den Bauvorlagen darstellt und erläutert, darf erwarten – sofern keine vom Regelfall abweichenden ungewöhnlichen Umstände im Einzelfall vorliegen –, dass die Bauaufsichtsbehörde die so ermittelte Zahl der Stellplätze auch akzeptiert. Der letzte Absatz der Nr. 51.11 VV BauO NRW ist als **Hinweis** für den Bauherrn gedacht, der **vor Einreichung des Bauantrags** sichergehen möchte, dass die ermittelte Zahl der Stellplätze zutrifft. Gerade weil die Ermittlung einzelfallbezogen und nicht schematisch vorzunehmen ist, können bei größeren Vorhaben erhebliche Unsicherheiten entstehen (s. Rdn. 26). Der Bauherr erhält in einem solchen Fall **auf schriftlichen Antrag** mit entsprechenden Bauvorlagen und Nachweisen zu dieser **Einzelfrage** des Bauvorhabens einen **Vorbescheid** gemäß § 71 BauO NRW. In der **Genehmigungsfreistellung** nach § 67 BauO NRW findet das Rechtsinstitut des Vorbescheids keine Anwendung (das folgt aus der Einleitungsformulierung des § 71 Abs. 1 BauO NRW: „Vor Einreichung des Bauantrages" und der fehlenden Verweisung auf § 71 in § 67 Abs. 5 Satz 7 BauO NRW), so dass sich der Bauherr hier nur der Einholung einer **schriftlichen Auskunft** ohne Bindungswirkung bedienen kann. Um Missverständnissen vorzubeugen, sei angemerkt, dass diese Auskunft „richtig" sein muss und bei schuldhaft falschen Auskünften gegebenenfalls **Amtshaftungsansprüche** entstehen können (s. die Anmerkungen zu § 75 Rdn. 80).

31 Die Richtzahlen beziehen sich nur auf den **Kraftfahrzeugverkehr** und entsprechen im Wesentlichen immer noch denen, die bereits im Jahr **1972 von der ARGEBAU erarbeitet** und den Ländern zur Einführung empfohlen wurden, das heißt, dass sie den **zwischenzeitlich angewachsenen Kraftfahrzeugbestand** nicht mehr ausreichend berücksichtigen. Sie stellen **keine antizipierten Sachverständigengutachten** dar, sondern gelten lediglich als **gesicherte Erfahrungsgrundlage** bzw. als **sachverständig festgestellte Erfahrungswerte** (OVG NRW, Urteil vom 23. 1. 1978 – X A 500/77, BRS 33 Nr. 104 und VGH B-W, Urteil vom 15. 4. 1981 – 3 S 313/81, BRS 38 Nr. 134) und sind als Maßstab geeignet (Hamb. OVG, Urteil vom 29. 2. 1988 – Bf II 72/85, BRS 48 Nr. 105). Die Richtzahlen der ARGEBAU basieren wiederum auf Richtzahlen der Länder; so wurden mit RdErl. vom 9. 8. 1950 „Richtzahlen zur RGaO" den Baupolizeibehörden übersandt, denen der Satz vorangestellt war: „**Ich warne ausdrücklich vor einer schematischen Anwendung**

**dieser Richtzahlen**“, eine Warnung, die angesichts der Neufassung des Absatzes 1 erst recht wieder Aktualität erlangt. Die Richtzahlen sollen nämlich nur einen **Anhalt** bieten und können sowohl **abweichend** nach **oben** wie nach **unten** den örtlichen Verhältnissen oder dem tatsächlichen Bedarf – sofern dieser verlässlich zu ermitteln ist – angepasst werden. Die Richtzahlen schließen im Regelfall den Stellplatzbedarf für die Besucherfahrzeuge ein. Bei atypischen Anlagen mit sehr hohem Besucheranteil ist der Umfang des regelmäßigen Besucherverkehrs gesondert zu ermitteln.

Die Richtzahlen gehen vom **gleichzeitigen Vorhandensein ausreichender öffentlicher Parkplätze** aus. Der Hinweis auf vorhandene öffentliche Parkplätze kann die Stellplatzpflicht nicht mindern, weil der Eigentümer im Rahmen der Sozialpflichtigkeit damit belastet ist, für den vom Grundstück ausgehenden Kraftfahrzeugverkehr Stellplätze zu schaffen (BVerwG, Beschluss vom 28.7.1992 – 4 B 57.92, BRS 54 Nr. 108). Es darf aber ein offensichtliches Überangebot im öffentlichen Straßenraum mitberücksichtigt werden. Dies gilt vor allem, wenn die Erschließungsanlagen eines Bebauungsplanes bereits ausgebaut wurden, danach aber eine Rückzonung der Bebauungsdichte erfolgte, weil sich die Vorstellungen über das Wohnen in der Gemeinde gewandelt haben. Es wäre in einem solchen Fall unsinnig, bei überdimensionierten Erschließungseinrichtungen diesen Faktor zu ignorieren. 32

Wie schon ein Blick in die Richtzahlentabelle zeigt, enthält diese nur Werte für die am häufigsten vorkommenden Vorhaben. Dabei ist die Tabelle **am statistischen Mittelwert des Bedarfs ausgerichtet** und trägt durch Angabe von Höchst- und Mindestwerten der Tatsache Rechnung, dass auch innerhalb einer Nutzungsart je nach der spezifischen Art des Vorhabens erhebliche Unterschiede des Stellplatzbedarfs bestehen können. In der **Freistellung nach § 67 BauO NRW** müssen sich Bauherr und Entwurfsverfasser **eigenverantwortlich an den Richtzahlen orientieren**, da eine präventive Prüfung durch die Bauaufsichtsbehörden unterbleibt. Um ihnen dies zu erleichtern, wurden bei den Wohnnutzungen feste Werte in die Richtzahlen eingearbeitet, also keine Schwankungsbreiten vorgesehen. **Sonderfälle**, die eine Reduzierung der regulären Richtzahlen zur Folge haben sollen, wie z.B. Gebäude mit Altenwohnungen oder Studentenwohnheime, nennt Nr. 51.13 VV BauO NRW. Nach Fertigstellung der baulichen Anlagen auftretende **Fehlbelegungen** führen zu einer **Nutzungsänderung**. 33

Die Bestimmung der Zahl der notwendigen Stellplätze setzt eine **genaue Grundlagenermittlung** voraus. In den Richtzahlen sind **unterschiedliche Bemessungsgrundlagen** enthalten, so z.B.: 34

- die Wohn-, Nutz- oder Grundstücksfläche,
- die Zahl der Sitzplätze, Betten oder Spielfelder.

Soweit aufgrund der Zahl der Sitzplätze, Betten, Kleiderablagen oder ähnlicher abzählbarer Größen bemessen wird, geschieht dies anhand der **Bestuhlungs- oder Einrichtungspläne**, die der Antragsteller seiner Berechnung aus Gründen der Nachvollziehbarkeit beizufügen hat. Soweit auf **Nutzflächen** Bezug genommen wird, ist gemäß § 6 BauPrüfVO grundsätzlich nach **DIN 277 Teil 1** (**Ausgabe Juni 1987**) zu verfahren. Dabei ist zu prüfen, ob abweichend von DIN 277 Nutzflächen den Konstruktions-, Funktions- oder Verkehrsflächen zugeordnet sind. Wird die Verkaufsnutzfläche als Maßstab herangezogen, ist die Begriffsbestimmung des Verkaufsraumes in § 1 Abs. 3 VkVO zu beachten. Bei Spielhallen ist die Nutzfläche die Fläche, die von den Besuchern betreten werden kann (VGH B-W, Urteil vom 27.3.1985, a.a.O. Rdn. 27). Die Anzahl der Stellplätze eines Hotels bemisst sich entgegen Nr. 6.2 der Anlage zu Nr. 51.11 VV BauO NRW nach der Anzahl der Gästezimmer, nicht nach der Bettenzahl (VGH B-W, Urteil vom 14. 3. 2001 – 8 S 2257/00, BauR 2002, 69 = BRS 64 Nr. 141).

**35** Die **Stellplatzverpflichtung** kann **zeitlich begrenzt** werden, so dass eine **Doppel- oder Mehrfachnutzung** der Stellplätze möglich ist. Es reicht z. B. aus, für ein Geschäftshaus die Stellplätze für die regelmäßige Geschäftszeit nachzuweisen und diese Stellplätze außerhalb der Geschäftszeit für Theater oder für Barbetriebe zur Verfügung zu stellen (OVG NRW, Urteil vom 20. 2. 1964 – VII A 383/63, BRS 15 Nr. 72). Im Interesse der Besucher einer Gaststätte kann es erforderlich sein, die Tiefgarage eines Geschäftshauses mit Besucherstellplätzen während der Öffnungszeiten der Gaststätte offen zu halten (OVG Schl-H, Urteil vom 26. 10. 1994 – 1 L 131/93, BRS 56 Nr. 124).

### 2.1.2 Örtliche Verkehrsverhältnisse und öffentlicher Personennahverkehr

**36** Dass die örtlichen Gegebenheiten Einfluss auf den Stellplatzbedarf haben, ist eine Erfahrungstatsache. In dicht bebauten Wohnvierteln der Gründerzeit, in denen der zur Verfügung stehende Parkraum äußerst knapp ist, liegt der Pkw-Bestand je Haushalt niedriger als im locker bebauten Einfamilienhausgebiet. Auch wird jeder leicht aufgrund eigener Lebenserfahrung nachvollziehen können, dass der am Stadtrand gelegene Verbrauchermarkt wesentlich mehr Stellplätze benötigt, als eine gleich große Einrichtung im Hauptbahnhofsgebäude der gleichen Stadt. Die örtlichen Gegebenheiten sind ausschlaggebend für die **Erreichbarkeit mit öffentlichen Verkehrsmitteln**. Hiervon hängt wiederum die Benutzerhäufigkeit des ÖPNV ab. Je günstiger das Grundstück zu Haltestellen des ÖPNV liegt, umso mehr Benutzer und Besucher werden diesen und nicht den Pkw in Anspruch nehmen.

**37** Wie der Bauherr hierbei vorgehen kann und wie die Bauaufsichtsbehörde bei der Prüfung zu verfahren hat, konkretisiert Nr. 51.11 VV BauO NRW. Die Ausführungen weisen einleitend auf **Erkenntnisse über die örtlichen Verkehrsverhältnisse** hin. Solche Erkenntnisse finden sich vorrangig in Untersuchungen der Gemeinden, die aus Anlass der Aufstellung des Flächennutzungsplans oder einer städtebaulichen Rahmenplanung erarbeitet werden. Derartige Untersuchungen können jedoch bereits nach wenigen Jahren überholt sein. Bei der **Verwendung solcher Untersuchungen** zur Ermittlung der Stellplatzzahl ist daher stets zu prüfen, ob sich die **tatsächlichen Verhältnisse**, die den Annahmen der Untersuchung zugrunde liegen, **geändert** haben. Eine **Bedarfsberechnung** kann auch über **Gutachten eines Sachverständigen** geführt werden. Derartige Gutachten sind für umfangreichere Vorhaben, wie großflächige Einkaufszentren oder Vergnügungsparks seit jeher üblich. Die Bauaufsichtsbehörde hat das Sachverständigengutachten auf **Schlüssigkeit** zu überprüfen, bevor sie dem Gutachtervorschlag folgt und die Stellplatzbemessung entsprechend akzeptiert.

### 2.2 Satz 2 – Grundforderung im Hinblick auf Fahrräder

**38** **Satz 2** verfolgt eine von Satz 1 **abweichende Zielsetzung**. Da Fahrräder erheblich geringere Flächen als Kraftfahrzeuge in Anspruch nehmen, geht es hier nicht so sehr um die Entlastung des öffentlichen Straßenraums, sondern vielmehr um **Anreize zur Benutzung des Fahrrads** anstelle des Kraftfahrzeuges. Dabei spielt die Überlegung eine gewichtige Rolle, dass derartige Anreize ausgelöst werden, wenn die Verkehrsteilnehmer nicht nur auf Wohnbaugrundstücken, sondern auch auf Grundstücken, die anderen

Zwecken dienen, Abstellflächen für Fahrräder vorfinden. Satz 2 nimmt auf Satz 1 **sinngemäß** Bezug und ist wie folgt zu lesen:

*„Bei der Errichtung von baulichen Anlagen und anderen Anlagen, bei denen ein Zu- und Abgangsverkehr zu erwarten ist, müssen Abstellplätze für Fahrräder hergestellt werden, wenn und soweit unter Berücksichtigung der örtlichen Verkehrsverhältnisse und des öffentlichen Personennahverkehrs zu erwarten ist, dass der Zu- und Abgangsverkehr mittels Fahrrädern erfolgt (notwendige Abstellplätze für Fahrräder).“*

Somit sind auch die erforderlichen Fahrradabstellplätze als **notwendig** zu charakterisieren. **Fahrradverkehr** in nennenswertem Umfang ist **nur in dafür geeigneten Landschaftsräumen zu erwarten**, mehr im **Flachland** als in den Mittelgebirgsräumen des Landes Nordrhein-Westfalen. **Richtzahlen** für den Fahrradverkehr sind in die VV BauO NRW **nicht aufgenommen** worden, so dass der **Bedarf nur aufgrund der örtlichen Verkehrsverhältnisse** prognostiziert werden kann. Enthalten Satzungen, die aufgrund der Ermächtigung des § 51 Abs. 4 BauO NRW erlassen wurden, Regelungen über die erforderliche Zahl der notwendigen Abstellplätze für Fahrräder, so sind diese Werte maßgebend. 39

Die **Anwendung des alten Satzungsrechts** steht unter dem **Vorbehalt**, dass die Satzungsregelungen nicht den Vorgaben des § 51 Abs. 1 Satz 2 BauO NRW 2000 erkennbar zuwiderlaufen. Dies kann der Fall sein, wenn die Werte für den Stellplatzbedarf deutlich niedriger liegen, als die aufgrund einer Prognosebetrachtung nach Satz 2 unter Berücksichtigung der örtlichen Verkehrsverhältnisse gefundenen Ergebnisse.

Werte für die **Anzahl der Fahrradabstellplätze** in Abhängigkeit von der Nutzungsart wurden vom Institut für Landes- und Stadtentwicklungsforschung des Landes Nordrhein-Westfalen (ILS) veröffentlicht (ILS-Bausteine für die Planungspraxis in Nordrhein-Westfalen, Ruhender Verkehr, Heft 10, 1990, S. 61–63). „**Orientierungswerte zur Ermittlung der Anzahl der planerisch gewünschten Fahrradabstellplätze**“ finden sich im Anhang der „Hinweise zum Fahrradparken“ – Ausgabe 1995, die in der Forschungsgesellschaft für Straßen- und Verkehrswesen vom Arbeitskreis „Fahrradparken“ des Arbeitsausschusses „Ruhender Verkehr“ erarbeitet wurden. Wertvolle Hinweise zum Fahrradparken für Architekten und Bauherren enthält auch die von der Arbeitsgemeinschaft „Fahrradfreundliche Städte und Gemeinden in NRW“ im Jahre 2003 erstmals erschienene Broschüre „… und wo steht Ihr Fahrrad“.

### 2.3 Satz 3 – Aufschub der Herstellungspflicht für Kraftfahrzeugstellplätze

Stellplätze oder Garagen müssen so hergestellt werden, dass sie benutzt werden können, wenn die Bauzustandsbesichtigung für die abschließende Fertigstellung des Vorhabens angezeigt wird. Nach Satz 3 kann gestattet werden, dass die notwendigen Stellplätze und Garagen innerhalb einer angemessenen **Frist nach Fertigstellung** der Anlagen hergestellt werden. Die Fristgewährung liegt im **Ermessen der Bauaufsichtsbehörde**. Diese sollte von ihrem Ermessen zugunsten des Antragstellers nur Gebrauch machen, wenn tatsächlich **objektive Hinderungsgründe für die Fertigstellung** der Stellplätze vorliegen. Ein solcher Grund kann beispielsweise vorliegen, wenn auf der Fläche, die der Erstellung der Stellplätze oder Garagen dienen soll, bauliche Anlagen oder Baustelleneinrichtungen vorhanden sind, die erst nach Fertigstellung der Hauptanlage beseitigt werden können. 40

41 Die Bauaufsichtsbehörde sollte in jedem Fall **absichern**, dass die erforderlichen Stellplätze oder Garagen nach Ablauf der gewährten Frist angelegt oder errichtet werden. Es sollte auch geprüft werden, ob zur Sicherung der späteren Erstellung eine **Sicherheitsleistung** in Höhe der voraussichtlichen Herstellungskosten vom Bauherrn verlangt werden kann, z. B. durch eine Bankbürgschaft. Als **angemessene Frist** kann regelmäßig ein Zeitraum von zwei Jahren angesehen werden, der allenfalls bei unabweisbarer Begründung gegebenenfalls noch einmal verlängert werden könnte (ebenso Boeddinghaus/Hahn/Schulte, zu § 51 Rdn. 75).

### 3 Zu Absatz 2 – Wesentliche Änderung und wesentliche Nutzungsänderung

42 Die Vorschrift setzt **wesentliche Änderungen** von Anlagen nach Absatz 1 und **wesentliche Änderungen** ihrer **Benutzung** der Errichtung dieser Anlagen gleich und ist eine **zulässige Bestimmung über Inhalt und Schranken des Eigentums** im Sinne von Art. 14 Abs. 1 Satz 2 GG (BVerwG, Beschluss vom 28. 7. 1992, a. a. O. Rdn. 30). Die **wesentliche Änderung** zielt auf bauliche Vorgänge, wie z. B. **Umbaumaßnahmen**, die **wesentliche Änderung der Benutzung** vor allem auf **Nutzungsänderungsvorgänge**, wie z. B. der Wechsel der Nutzung eines Gebäudes, ohne dass es auf bauliche Maßnahmen ankommt. Hierunter fällt aber auch, was durch die Worte „wesentliche Änderungen ihrer **Benutzung**" deutlich wird, eine **Steigerung der Benutzungsintensität**, wie z. B. die Erhöhung der Personenzahl ohne Änderung der Nutzungsart der baulichen Anlage.

43 **Nicht wesentliche** Änderungen bzw. Änderungen der Benutzung der Anlagen nach Absatz 1 lösen infolge der mit der BauO NRW 2000 erfolgten **Streichung** von § 51 Abs. 2 **Satz 2** BauO NW 1995 **keine** Stellplatzpflicht mehr aus. Diese nicht wesentlichen Änderungen wurden nach § 51 Abs. 2 Satz 2 BauO NW 1995 als „**sonstige**" Änderungen bezeichnet. Im Falle sonstiger Änderungen musste nach § 51 Abs. 2 BauO NW 1995 die Differenz des Stellplatzbedarfs zwischen der neuen und der alten Nutzung ermittelt werden; der aufgrund des aktuellen Rechts ermittelte zusätzliche Stellplatzbedarf war nachzuweisen (OVG NRW, Urteil vom 23. 1. 1978 – X A 500/77, BRS 33 Nr. 104). Dieser Stellplatz**mehrbedarf bleibt** nach der Neufassung des § 51 Abs. 2 BauO NRW 2000 **unberücksichtigt**, um die sinnvolle Nutzung bestehender Gebäude zu erleichtern. Der Gesetzgeber nimmt in Kauf, dass in gewissem Umfang eigentlich notwendige Stellplätze nicht hergestellt werden (so LT-Drucks. 12/3738 S. 79 zu Art. I Nr. 27 – § 51).

44 **Probleme in der Beurteilung der Wesentlichkeit** können sich beim **Zusammentreffen unterschiedlicher Vorgänge** ergeben. Oftmals fallen bauliche Änderungen und Änderungen der Benutzung zusammen, z. B. wenn ein älteres Gebäude umgebaut und zugleich anders genutzt werden soll. In diesen **Mischfällen** muss das neu entstehende Ganze im Hinblick auf die Wesentlichkeit beurteilt werden, weil sich die einzelnen Vorgänge nicht getrennt beurteilen lassen.

45 Werden **Umbaumaßnahmen** im Inneren eines bestehenden Gebäudes mit **Erweiterungen** verbunden, können auch dort völlig neue Raumzusammenhänge und völlig anders zugeschnittene Nutzungseinheiten trotz Beibehaltung der ursprünglichen Nutzung entstehen. **Erweiterungen** sind schon begrifflich **keine baulichen Änderungen**, sondern **der Errichtung** gleichzusetzen. Erweiterungsmaßnahmen bedingen regelmäßig bauliche Änderungen an den berührenden Bauteilen (s. die Anmerkungen zu § 3 Rdn. 23 und 24). Die Beurteilung der Stellplatzpflicht kann hier nur einzelfallbezogen erfolgen. Die Erweiterung eines Gebäudes um einen Anbautrakt zur Aufnahme bislang nicht vorhan-

dener Bäder, Abstellräume und Balkone als Bestandteil vorhandener Altbauwohnungen entfaltet keine Stellplatzrelevanz. Dient der Anbau dagegen der Schaffung neuer Kleinwohnungen, müssen für diese Stellplätze nachgewiesen werden.

Der Begriff der **wesentlichen Änderung** im Sinne der Vorschrift des Absatzes 2 ist mit dem gleichlautenden Begriff in § 87 Abs. 2 BauO NRW nicht gleichzusetzen. **Wesentliche Änderungen einer baulichen Anlage** im Sinne der Stellplatzvorschrift können nur solche Maßnahmen sein, die deren **Nutzeffekt erheblich steigern**, indem etwa durch bauliche Eingriffe andere Raumzusammenhänge geschaffen werden, die mit einer Vergrößerung des Stellplatzbedarfs verbunden sind. Durch Umbaumaßnahmen am Gebäude ergeben sich fast nie bauliche Änderungen, die im Hinblick auf den Stellplatzbedarf als **wesentlich** bezeichnet werden können. Eine in diesem Sinne wesentliche Änderung liegt **nicht** vor, wenn ein Mietwohnhaus durch geringfügige bauliche Änderungen in Einraumwohnungen aufgeteilt wird, die fortan als möblierte Zimmer an Studenten vermietet werden sollen (OVG NRW, Urteil vom 23. 1. 1978 – X A 500/77, BRS 33 Nr. 104 und Hamb. OVG, Urteil vom 10. 4. 2003 – 2 Bf 432/99, BauR 2004, 1921 = BRS 66 Nr. 142). Wo die Grenze zwischen einer wesentlichen und einer unwesentlichen baulichen Änderung liegt, muss der Entscheidung im Einzelfall überlassen bleiben. Es ist denkbar, dass der **Nutzeffekt** einer baulichen Anlage nur durch zweckmäßigere Umgestaltungsmaßnahmen eine **wesentliche Steigerung** erfährt, z. B. wenn ein hoher Kinosaal durch Einziehen einer Zwischendecke und Aufteilung der Geschossebenen in mehrere Kleinkinos mit weit höherer Sitzplatzzahl aufgeteilt wird. 46

Auf **Modernisierungsmaßnahmen**, bei denen die **Bausubstanz und die Raumzusammenhänge erhalten** bleiben und bei denen **keine zusätzlichen** Nutzungseinheiten entstehen, finden die Vorschriften des Absatzes 2 keine Anwendung, auch wenn nach Abschluss der Arbeiten das Gebäude optisch als neuwertig erscheint. **Modernisierung im engeren Sinne** bedeutet nämlich begrifflich nichts anderes als **erhaltende Erneuerung**, die auf die Wiederherstellung eines ursprünglich vorhanden gewesenen Nutzwerts zielt, indem z. B. alte Installationsleitungen durch neue ausgetauscht, alte Bäder und Küchen durch neue ersetzt, Außenwände und Dächer mit verbessertem Wärmeschutz versehen oder anstelle von kleinen Dachflächenfenstern größere zur Verbesserung der Belichtung eingebaut werden. Es ist nicht erkennbar, dass durch derartige Maßnahmen ein erhöhter Stellplatzbedarf ausgelöst werden könnte. 47

**Modernisierungen im weiteren Sinne**, die unter **Aufgabe der alten Baustruktur** zu völlig neuen Raumzusammenhängen und Nutzungseinheiten führen, **können** dagegen als bauliche Änderungen oder sogar damit verbundene Nutzungsänderungen **wesentlich** im Sinne des Absatzes 2 sein. Voraussetzung ist aber auch hierfür, dass durch die Maßnahmen eine **nicht nur unerhebliche Steigerung des Stellplatzbedarfs** eintritt. 48

Im Gegensatz zur wesentlichen (baulichen) Änderung ist die **wesentliche Änderung der Benutzung** (bzw. die **Nutzungsänderung**) **einfacher zu beurteilen**, weil es hierbei nur darauf ankommt, ob die **neue** Nutzung mit der **alten** Nutzung **nicht verwandt** ist (zu den Begriffen „Änderung der Benutzung“ bzw. „Nutzungsänderung“ s. die Anmerkungen zu § 3 Rdn. 97–107). Das ist insbesondere der Fall, wenn für die Stellplatzbemessung nach den Richtzahlen eine **andere Nutzungsgruppe** maßgebend ist. Eine grundsätzliche Änderung der Nutzungsart, z. B. die Umwandlung von Wohnungen in Büros oder Geschäftslokale, eines Lichtspieltheaters in ein Waren- oder Geschäftshaus, die Zusammenfassung kleinerer Einzelhandelsgeschäfte zu einer größeren Gaststätte, ist stets eine wesentliche Änderung. 49

50 Bei der Auslegung des **Begriffs der Wesentlichkeit** muss davon ausgegangen werden, dass es nach dem Zweck der Vorschrift auf die **Lösung des Stellplatzbedarfs** ankommt. Änderungen baulicher Anlagen oder Änderungen ihrer Benutzung sind dann für die Bewertung der Stellplatzpflicht als **wesentlich** anzusehen, wenn sie so beschaffen sind, dass es unter dem **Gesichtspunkt des Bestandsschutzes** als gerechtfertigt erscheint, sie in Tatbestand und Rechtsfolge einem **Neubau gleichzustellen**.

Zum **Begriff** der wesentlichen Änderung der Benutzung und der daraus resultierenden Stellplatzpflicht hat das OVG NRW (Urteil vom 1. 9. 1988 – 11 A 1158/87, BRS 48 Nr. 106 zur Nutzungsänderung eines Ladenlokals in einen Schnellimbiss) wie folgt entschieden:

1. Eine wesentliche Änderung der Benutzung von baulichen Anlagen im Sinne der Regelung der Stellplatzpflicht liegt vor, wenn eine neue Nutzung aufgenommen wird, die nach der Verkehrsanschauung mit der alten nicht verwandt, sondern von ihr grundsätzlich verschieden ist.
2. Ein erheblich erhöhter Stellplatzbedarf ist keine notwendige Voraussetzung einer solchen wesentlichen Änderung, sondern nur ein (gewichtiges) von vielen denkbaren Indizien.
3. Darauf, ob die wesentliche Änderung zu einem vermehrten, einem gleichbleibenden oder einem verringerten Stellplatzbedarf führt, kommt es bei der Anwendung des § 47 Abs. 2 Satz 1 BauO NW 1984 nicht an. Entscheidend ist, dass nach einer wesentlichen Änderung insgesamt überhaupt ein Stellplatzbedarf besteht; dieser muss ggf. uneingeschränkt gedeckt werden.

51 Zur Verdeutlichung dieser Grundsätze sollen nachfolgende **Beispiele aus der Rechtsprechung** zur **wesentlichen Änderung der Benutzung** im Sinne des § 51 Abs. 2 BauO NRW dienen:

– Nutzungsänderung einzelner **Räume eines Möbelgeschäfts** in eine **Arztpraxis** (OVG Lüneburg, Urteil vom 29. 6. 1979 – I A 37/78, BRS 35 Nr. 125),
– Nutzungsänderung eines **Restaurants** in einen **Fußbodenbelag- und Teppichhandel** (VGH B-W, Urteil vom 16. 2. 1983 – 3 S 2027/82, BRS 40 Nr. 141),
– Nutzungsänderung einer **Gaststätte** in eine **Spielhalle** (OVG NRW, Urteil vom 24. 8. 1989 – 7 A 2552/87, BRS 49 Nr. 140),
– Nutzungsänderung eines **Antiquitäten- und Teppichgeschäfts** in ein **Ladenlokal zum Verkauf von Kaffee, Tee, Kakao, Brot und Waren aller Art** sowie zum Ausschank von Kaffee, Tee, Kakao und Speisen zum sofortigen Verzehr an Stehtischen (OVG NRW, Urteil vom 7. 11. 1991 – 11 A 487/89, BRS 52 Nr. 113),

52 Liegt eine wesentliche Änderung von Anlagen oder eine wesentliche Änderung ihrer Benutzung vor, ist der **Stellplatzbedarf** für die gesamte Anlage so zu ermitteln, als würde sie **neu errichtet**. Die Genehmigung dieser Änderung muss von der Erfüllung der **Stellplatzpflicht im gesamten Umfang abhängig** gemacht werden. Hierzu stellt der VGH B-W im Urteil vom 16. 2. 1983 (– 3 S 2027/82, BRS 40 Nr. 141) fest: Der Umfang der Stellplatzpflicht bei wesentlichen Änderungen einer baulichen Anlage oder wesentlichen Änderungen ihrer Benutzung ist so groß, wie wenn die bauliche Anlage gänzlich neu errichtet würde. Die Differenz zwischen der auf die ursprüngliche Anlage bezogenen Pflicht und der neuen Pflicht ist nicht maßgebend. Es kommt nicht darauf an, ob das wesentlich geänderte Vorhaben mehr Stellplätze erfordert als das frühere.

## 4 Zu Absatz 3 – Lage der Stellplätze, Garagen und Fahrradabstellplätze

### 4.1 Satz 1 – Wahlrecht zur Erfüllung der Kfz-Stellplatzpflicht

Die notwendigen Stellplätze sind auf dem **Baugrundstück** herzustellen, das heißt, auf demselben Grundstück, auf welchem die stellplatzpflichtige bauliche Anlage errichtet werden soll. Satz 1 nennt **zugleich** aber auch ein **geeignetes Grundstück in der näheren Umgebung**, dessen Benutzung für diesen Zweck öffentlich-rechtlich gesichert sein muss. Der Bauherr hat daher nach Satz 1 zur Erfüllung der Stellplatzpflicht das **Wahlrecht zwischen** dem **Baugrundstück oder** einem **in der näheren Umgebung gelegenen Grundstück**. Die Unterbringung der Stellplätze auf einem Grundstück in der näheren Umgebung hängt jedoch davon ab, ob die Stellplätze noch geeignet sind, eine Funktion als dem Einzelgrundstück zugeordnete Stellplätze wahrzunehmen, ob sie also **vom Nutzer** als solche **akzeptiert** werden. Die **Entfernung** zwischen dem notwendigen Stellplatz und der baulichen Nutzung, der er zugeordnet ist, **darf nicht zu groß sein**, damit seine Benutzung zumutbar und damit seine Eignung als notwendiger Stellplatz erhalten bleibt (OVG NRW, Urteil vom 18.5.2000 – 7 A 1155/99, BauR 2000, 1447 = BRS 63 Nr. 89 = NVwZ-RR 2001, 646). 53

Es sind demnach gleich **mehrere gesetzliche Bedingungen** zu erfüllen, wenn die Stellplatzpflicht nicht auf dem Baugrundstück selbst erfüllt werden soll oder kann. Ein Angebot des Bauherrn, die Stellplätze auf einem anderen geeigneten Grundstück in der Nähe zu schaffen, muss vor Erteilung der Baugenehmigung rechtlich so abgesichert werden, dass die getroffene Regelung nach Eintritt der Unanfechtbarkeit durchgesetzt werden kann.

Nach **Satz 2** kann die Bauaufsichtsbehörde **aus Gründen des Verkehrs** entscheiden, ob notwendige Stellplätze auf dem Baugrundstück zugelassen werden können oder ob sie auf einem anderen geeigneten Grundstück hergestellt werden müssen. Letzteres kommt dann in Betracht, wenn das Baugrundstück so gelegen ist, dass die erforderlichen Zufahrten zu den Stellplätzen wegen der Sicherheit und Leichtigkeit des fließenden Verkehrs nicht an die öffentliche Verkehrsfläche angebunden werden können, was besonders bei Eckgrundstücken an verkehrsmäßig stark belasteten Straßen vorkommt. Die Baugenehmigung ist dann davon abhängig zu machen, dass die Erfüllung der Stellplatzpflicht ohne Inanspruchnahme des Baugrundstücks nachgewiesen wird. 54

#### 4.1.1 Nachweis auf dem Baugrundstück

Die Erfüllung der Stellplatzpflicht **auf dem Baugrundstück** bildet in der Vielzahl der Fälle nach wie vor die Regel, da die Erfüllung der gesetzlichen Bedingungen für den Nachweis auf einem Fremdgrundstück eine relativ hohe Hürde darstellt. Doch auch der Nachweis auf dem Baugrundstück selbst setzt voraus, dass die **öffentlich-rechtlichen Vorschriften** in Bezug auf Stellplätze und Garagen **erfüllt** sind. 55

Hier sind zunächst die **bauplanungsrechtlichen Vorgaben** zu nennen (s. Rdn. 23 und 24). Ebenso sind die **bauordnungsrechtlichen Beschränkungen** zu beachten (s. Rdn. 123–130). Schließlich kann die Zulässigkeit von Stellplätzen und Garagen durch **sonstige öffentlich-rechtliche Vorschriften** eingeschränkt sein, z.B. durch **straßenrechtliche**, **denkmalrechtliche** oder **naturschutzrechtliche Beschränkungen** (s. die Anmerkungen zu § 1 Rdn. 16–26). 56

#### 4.1.2 Geeignetes Grundstück in der näheren Umgebung

57 Die Vorschriften des Absatzes 3 Satz 1 räumen die Möglichkeit ein, die Stellplatzpflicht auf einem **anderen Grundstück** zu erfüllen. Die Bauaufsichtsbehörde kann ein solches Angebot jedoch nur annehmen, wenn die ausdrücklich angegebenen Voraussetzungen erfüllt sind:

- das Ersatzgrundstück muss für die Erfüllung der Stellplatzpflicht **geeignet** sein,
- das zur Erfüllung der Stellplatzpflicht in Aussicht genommene andere Grundstück muss in der **näheren Umgebung** des pflichtigen Baugrundstücks liegen,
- die Benutzung für den Stellplatzzweck muss **öffentlich-rechtlich** auf Dauer gesichert sein.

58 Diese **Voraussetzungen** müssen **kumulativ** vorliegen, die Eintragung einer Baulast reicht alleine nicht aus, um die Stellplatzverpflichtung zu erfüllen (OVG NRW, Urteil vom 11. 8. 1989 – 11 A 980/88, BRS 49 Nr. 141). Das Grundstück muss ferner für den Zweck geeignet sein und es muss in der näheren Umgebung des Baugrundstücks liegen, damit die Stellplätze und Garagen von den Nutzern und Besuchern der stellplatzpflichtigen Anlage auch tatsächlich benutzt werden können. Fehlt nur eine dieser gesetzlichen Voraussetzungen, so ist die Stellplatzpflicht nicht ausreichend erfüllt.

##### 4.1.2.1 Eignung

59 Die **Eignung** ist nach **rechtlichen** und **sachlich-technischen Gesichtspunkten** zu prüfen. § 67 Abs. 6 Satz 2 MBO 1960 enthielt noch den Zusatz, dass das Grundstück zur Verfügung stehen muss. Diese Ergänzung entfiel später, da der Begriff der Eignung auch die Verfügbarkeit beinhaltet. Es ist erforderlich, dass das öffentlich-rechtlich gesicherte Grundstück auch **zivilrechtlich nutzbar** sein muss. Das ist auch nach Eintragung einer Baulast keineswegs selbstverständlich, weil die öffentlich-rechtliche Verpflichtung die private Nutzungsberechtigung nicht beinhaltet (BGH, Urteil vom 8. 7. 1983 – V ZR 204/82, BRS 40 Nr. 180), so dass daneben zivilrechtliche Absicherungen erforderlich sind (OVG Lüneburg, Beschluss vom 2. 9. 1983 – 1 A 72/82, BRS 40 Nr. 223).

60 In **öffentlich-rechtlicher** Hinsicht ist das Ersatzgrundstück nur dann geeignet, wenn insbesondere bauplanungsrechtliche Bestimmungen der Nutzung des Grundstücks für den Stellplatzzweck nicht entgegenstehen. So muss die Baugebietsverträglichkeit gegeben sein (OVG NRW, Urteil vom 11. 8. 1989 – 11 A 980/88, BRS 49 Nr. 141 zu einer im Kerngebiet gelegenen Spielhalle, deren notwendige Stellplätze unzulässigerweise in einem Mischgebiet hergestellt werden sollten). Die entsprechende Flächen darf nicht für andere Zwecke als die gewünschte Stellplatznutzung bestimmt sein (OVG NRW, Urteil vom 11. 2. 1983 – 10 A 100/81, BRS 40 Nr. 137 zur Unzulässigkeit von Stellplätzen auf einer mit Geh-, Fahr- und Leitungsrechten belasteten Fläche). Die Nutzung eines Grundstücks als Stellplatzfläche kann ist ebenfalls ausgeschlossen, wenn in einem Bebauungsplan für die in Betracht kommende Fläche die Errichtung von Hauptanlagen vorgesehen ist und durch die Schaffung der Stellplätze ein städtebaulicher Missstand entstünde, z. B. wenn die im Bebauungsplan vorgesehene Schließung einer Blockrandbebauung unmöglich gemacht würde. In die öffentlich-rechtliche Prüfung der Eignungsfrage sind auch die Vorschriften des Absatzes 7 einzubeziehen. Schließlich dürfen auch keine anderen öffentlich-rechtlichen Vorschriften entgegenstehen (s. Rdn. 56).

In **sachlich-technischer** Hinsicht ist zu prüfen, ob das Ersatzgrundstück die benötigten Flächen einschließlich der zugehörigen Fahrflächen in einer für den Stellplatzzweck geeigneten Lage und Beschaffenheit (z.B. topographische Beschaffenheit) aufweist, und ob die erforderlichen Zu- und Abfahrten ohne Gefährdung der Leichtigkeit und Sicherheit des fließenden öffentlichen Verkehrs angelegt werden können. Dabei ist zwischen den Stellplätzen für die Bewohner und Beschäftigten einerseits und den Stellplätzen für die Besucher andererseits zu differenzieren. Während z.B. dem Bewohner durchaus zugemutet werden kann, eine mechanische Doppelparkeranlage zu bedienen, müssen die Stellplätze für Besucher relativ einfach angefahren werden können, da diese mit den Bedienungsvorgängen mechanischer Hilfen nicht vertraut sind (vgl. OVG NRW, Urteil vom 21. 8. 1990 – 11 A 2085/88, BRS 50 Nr. 127 zur Untauglichkeit eines Parkliftes, um den Stellplatzbedarf einer Spielhalle zu befriedigen, ebenso VGH B-W, Urteil vom 29. 9. 1999 – 3 S 1163/99, BRS 62 Nr. 151 zur Untauglichkeit eines Parklifts für die Stellplatzandienung eines islamischen Zentrums). 61

#### 4.1.2.2 Nähere Umgebung

Der Begriff der **näheren Umgebung** nach Satz 1 bestimmt sich nach der Nutzung der baulichen Anlage und auch nach dem Gebiet, in dem die bauliche Anlage liegt. § 64 Abs. 6 BauO NW 1970 verwendete noch das Kriterium der zumutbaren Entfernung, die vom **öffentlichen Interesse** her, nicht nach Wunsch und Ansicht des Bauherrn, ausgelegt wurde. Der heute verwendete Begriff der näheren Umgebung erscheint dagegen konkreter (so Boeddinghaus/Hahn/Schulte, zu § 51 Rdn. 99), obwohl nicht zu verkennen ist, dass beide Begriffe ineinander übergehen. Das Hamb. OVG führte bereits im Urteil vom 15. 7. 1954 (– Bf II 26/53, BRS 4 VB 6 S. 312), dem noch die RGaO zugrunde lag, hierzu aus: 62

*„In der Nähe des Bauwerks muß die Möglichkeit zur Erfüllung der Stellplatzpflicht bestehen. Der Begriff der Nähe ist nicht in fester Meterzahl zu bestimmen. In ihm vereinigen sich objektive und subjektive Elemente. Es geht um ein Merkmal der gesetzlichen Bestimmung, das aber zu beziehen ist auf die Zumutbarkeit einer Entfernung. Beides geht ineinander über.*

*In diesem Zusammenhang sind zu bedenken nicht nur die allgemeinen Unterschiede zwischen Großstadt und Kleinstadt, Groß- oder Kleinräumigkeit des Geländes, sondern auch die lokalen Verschiedenheiten innerhalb einer Stadt, ja eines Stadtteiles mit seiner örtlichen Straßen- und Verkehrslage. Rund 300 m mögen … einen groben Anhalt im Durchschnitt geben. Er kann jedoch nicht für alle Fälle bindend sein.“*

Ob das Ersatzgrundstück ausreichende Nähe aufweist, damit die zu schaffenden Stellplätze von den Benutzern und Besuchern des stellplatzpflichtigen Baugrundstücks auch angenommen werden, muss nach den örtlichen Gegebenheiten beurteilt werden. Es erscheint durchaus vertretbar, die notwendigen Stellplätze z.B. eines Warenhauses auf verschiedenen und unterschiedlich weit vom Gebäude entfernten Grundstücken dergestalt unterzubringen, dass etwa die Stellplätze für die Bediensteten des betreffenden Warenhauses 500 bis 600, ja sogar bis 800 m weit, die Stellplätze für die Besucher dagegen höchstens 300 m weit entfernt liegen. In zentralen Bereichen der Großstädte verschieben sich die Relationen, und man wird als nähere Umgebung größere Bereiche und längere Wegstrecken annehmen können als in einer Stadtrandlage. Bei Großveranstaltungen sind sogar weit größere Entfernungen hinnehmbar. So werden z.B. bei Messeveranstaltungen auch weit entfernte Flächen geeignet sein, wenn spezielle Pendelbusse den Zubringerdienst übernehmen.

63 In Verwaltungspraxis und Rechtsprechung hat sich als vertretbare Entfernung für den **Regelfall** das **Maß von 300 m** herausgebildet. Dieses Maß kann jedoch **nur als grober Anhalt** dienen (so der BGH im Urteil vom 27. 11. 1980 – III ZR 82/79, BauR 1981, 279 = BRS 36 Nr. 143) und nicht für alle Fälle bindend sein. Die **Beispiele aus der Rechtsprechung** belegen eine relativ enge Auslegung des Begriffs nähere Umgebung:

– Die Entfernung von 240 m zwischen einer Gaststätte im Ortskern einer kleinen Gemeinde und den auf einem anderen Grundstück nachgewiesenen Stellplätzen ist noch zumutbar (VGH B-W, Urteil vom 23. 10. 1985 – 3 S 1434/85, BRS 44 Nr. 109); eine Entfernung von 500 m in einem vergleichbaren Fall (Gaststätte) dagegen bereits zu groß (BayVGH, Urteil vom 10. 12. 1985 – Nr. 26 B 83 A. 996, BRS 46 Nr. 117).

– Die Entfernung von 400 bis 450 m Fußweg für notwendige Stellplätze, die für Besucher eines Bürogebäudes herzustellen sind, ist nicht mehr zumutbar (Hess. VGH, Urteil vom 19. 6. 1981 – IV OE 70/80, BRS 38 Nr. 135).

– In einer Großstadt ist den Bediensteten eine Entfernung zwischen ihrer Arbeitsstätte und den zugehörigen Kraftfahrzeug-Stellplätzen von mehr als 1000 m regelmäßig nicht zumutbar (OVG Saar, Urteil vom 19. 11. 1991 – 2 R 65/90, BRS 52 Nr. 116).

– Die Entfernung von 800 m zwischen einer Spielhalle und den auf einem anderen Grundstück nachgewiesenen Stellplätzen ist zu groß (VGH B-W, Urteil vom 27. 3. 1985 – 3 S 2183/84, BRS 44 Nr. 110); ebenso entschieden im Falle der Spielhallennutzung für nur 300 m und auch für lediglich 230 m (OVG NRW, Beschluss vom 23. 6. 1988 – 7 B 649/88, n.v. und Urteil vom 15. 1. 1992 – 7 A 211/90, n. v.).

#### 4.1.2.3 Öffentlich-rechtliche Sicherung

64 Die **Benutzung** des geeigneten Grundstücks in der näheren Umgebung, auf dem Stellplätze hergestellt werden sollen, muss für diesen Zweck **öffentlich-rechtlich gesichert** sein. Im Rahmen dieser Sicherung muss darauf geachtet werden, dass das belastete Grundstück möglicherweise bereits selbst aufgrund einer stellplatzauslösenden Anlage notwendige Stellplätze aufweist, die natürlich nicht mehr für das begünstigte Grundstück in Anspruch genommen werden dürfen, es sei denn, dass ein Fall der zulässigen Doppel- oder Mehrfachnutzung vorliegt (s. Rdn. 35). Ergibt sich, dass aus der Art und dem Umfang der Stellplatznutzung ein zeitliches Nacheinander möglich ist, können dieselben Stellplätze zur Abdeckung der Stellplatzpflicht mehrerer Grundstücke verwendet werden (vgl. Wenzel, S. 150 Rdn. 438). Es genügt zur Erfüllung der Stellplatzpflicht, wenn die Anlagen zu den jeweiligen Bedarfszeiten zur Verfügung stehen (OVG NRW, Urteil vom 20. 2. 1964 – VII A 383/63, BRS 15 Nr. 72). Bei der Bestellung der Baulast ist zusätzlich darauf zu achten, dass die baulastgesicherte Fläche über einen unmittelbaren Anschluss an eine befahrbare öffentliche Verkehrsfläche verfügt, anderenfalls wird zusätzlich eine Zufahrtsbaulast im Sinne des § 4 Abs. 1 BauO NRW erforderlich (s. das Beispiel bei Wenzel, S. 151 Rdn. 440–441, s auch die Problematik der Sicherung einzelner Stellplätze in einer Tiefgarage oder in einem Parkhaus, S. 149 Rdn. 437).

65 Folgende **unterschiedliche Fallgestaltungen** sind zu berücksichtigen:

1. **Herstellung** der Stellplätze oder Garagen **auf einem eigenen** – dem Bauherrn gehörenden – geeigneten **Grundstück** in der näheren Umgebung des Baugrundstücks.

2. **Herstellung** der Stellplätze oder Garagen **auf einem fremden Grundstück** in der näheren Umgebung des Baugrundstücks.

3. **Erwerb eines durch Baulast gesicherten Nutzungsrechts** an bestimmten Flächen und für bestimmte Zeiten zugunsten einer bestimmten stellplatzpflichtigen Anlage **in einer gewerblich betriebenen Stellplatz-** oder **Garagenanlage**.

4. **Herstellung** der Stellplätze oder Garagen in einer **bauplanungsrechtlich festgesetzten**, für das pflichtige Baugrundstück bestimmten **Gemeinschaftsanlage** (zu diesem Begriff s. die Anmerkungen zu § 11 Rdn. 2) durch den Bauherrn auf dessen Kosten, wobei es gleichgültig ist, ob die Gemeinschaftsanlage im gemeinschaftlichen Eigentum mehrerer Eigentümer bestimmter pflichtiger Baugrundstücke steht oder welche Eigentumsform sonst vorliegen mag.

Die **öffentlich-rechtliche Sicherung** von Stellplätzen auf anderen Grundstücken als dem Baugrundstück ist in den zuvor unter Nr. 1 bis 3 genannten Fällen durch Übernahme der entsprechenden **Baulast** durch den Grundstückseigentümer vorzunehmen. Nach **§ 83 BauO NRW** kann der Eigentümer eines Grundstücks durch Baulast die Verpflichtung übernehmen, einem Stellplatzpflichtigen die Herstellung und Nutzung einer bestimmten Anzahl von Stellplätzen (oder Garagen) und der notwendigen Verkehrsfläche dazu auf einer bestimmten Teilfläche seines Grundstücks zu gestatten. Die Frage einer hierfür etwa zu zahlenden Entschädigung ist baurechtlich ohne Belang. Die Baulast wird erst durch die Eintragung im Baulastenverzeichnis wirksam. Hat ein Grundstückseigentümer sich verpflichtet, dem Nachbarn eine Stellplatzbaulast einzuräumen, kann der Nachbar eine Bebauung der als Stellplatz vorgesehenen Fläche öffentlich-rechtlich nicht abwehren, wenn die Baulast nicht eingetragen worden ist (Nds. OVG, Beschluss vom 29. 11. 1995 – 1 M 7198/95, BRS 57 Nr. 240 = NVwZ 1996, 1237). Nur im Falle der Nr. 4 kann bei Erfüllung bestimmter Voraussetzungen (s. nachfolgende Rdn. 66) die Festsetzung des Bebauungsplans als öffentlich-rechtliche Sicherung ausreichen und daher eine Baulast entbehrlich sein.

Sofern das Grundstück, auf dem die Stellplatzpflicht erfüllt werden soll, planungsrecht- 66
lich als Fläche für **Gemeinschaftsstellplätze** und **Gemeinschaftsgaragen** festgesetzt ist (vgl. § 9 Abs. 1 Nr. 22 BauGB), genügt an sich diese Festsetzung als öffentlich-rechtliche Sicherung. Denn die Festsetzung setzt eine Zuordnung zu den Grundstücken voraus, denen die Gemeinschaftsanlage zu dienen bestimmt ist (BVerwG, Urteil vom 4. 10. 1974 – IV C 62–64.72, BRS 28 Nr. 72 und OVG NRW, Urteil vom 10. 8. 1988 – 7 A 2525/86, BRS 48 Nr. 101). Die Herstellung, Unterhaltung und Verwaltung der Gemeinschaftsanlage kann von den Berechtigten auch einem Träger durch zivilrechtliche Regelung übertragen werden. Voraussetzung ist, dass der **Stellplatzpflichtige über die auf ihn entfallenden Teilflächen der Gemeinschaftsanlage verfügungsberechtigt** ist. Das Nutzungsrecht eines Pflichtigen an einer Gemeinschaftsanlage, die für ihn bestimmt ist, muss aber noch durch Baulast geregelt werden, wenn der Pflichtige kein Eigentum an der Gemeinschaftsanlage besitzt oder erwirbt und wenn das Grundstück der Gemeinschaftsanlage im Eigentum eines privaten Dritten (nicht der Gemeinde) steht. Ist die Gemeinde Eigentümerin des planungsrechtlich als Gemeinschaftsanlage festgesetzten Grundstücks, bedarf es nur der vertraglichen Regelung des Nutzungsrechts.

Die **grundbuchliche Eintragung** einer Grunddienstbarkeit als privatrechtliche Siche- 67
rung **reicht nicht** aus, da sie jederzeit in gegenseitigem Einvernehmen der Beteiligten ohne Einwirkungsmöglichkeit der Bauaufsichtsbehörde gelöscht werden kann (ebenso

Jeromin, zu § 47 Rdn. 47). Ein Bauherr kann den Nachweis auch nicht allein dadurch führen, dass er die erforderlichen Stellplätze lediglich anmietet (VGH B-W, Urteil vom 27.4.1983 – 3 S 34/83, BRS 40 Nr. 147).

**68** Die zugunsten eines anderen Grundstücks übernommene **Baulast**, Stellplätze anlegen und nutzen zu lassen, **verpflichtet** den belasteten Grundstückseigentümer **nicht**, die **Flächen unentgeltlich zur Verfügung zu stellen**. Eine solche Baulast bewirkt nur eine öffentlich-rechtliche Verpflichtung, die weder dem Eigentümer des begünstigten Grundstücks ein Nutzungsrecht gewährt noch grundsätzlich den mit der Baulast belasteten Grundstückseigentümer verpflichtet, die Nutzung zu dulden. Weigert sich der begünstigte Grundstückseigentümer, eine angemessene Monatsmiete für den Stellplatz zu zahlen, ist es nicht rechtsmissbräuchlich, wenn der belastete Grundstückseigentümer dem begünstigten Grundstückseigentümer die (Mit-)Benutzung seines Grundstücks untersagt und diesen Anspruch gerichtlich durchsetzt (BGH, Urteil vom 8. 7. 1983, a. a. O. Rdn. 59; zur **Durchsetzung einer Stellplatzbaulast** durch die Bauaufsichtsbehörde, wenn zwischen Baulastverpflichteten und Baulastbegünstigten Streit über die Nutzung des Stellplatzes generell oder die Modalitäten der Nutzung besteht, s. OVG Lüneburg, Beschluss vom 2. 9. 1983 – 1 A 72/82, BRS 40 Nr. 223).

### 4.2 Satz 2 – Bestimmung des Herstellungsorts für Kfz-Stellplätze

**69** Die Bauaufsichtsbehörde ist nach Satz 2 ermächtigt, **im Einzelfall** einen bestimmten Herstellungsort zur Erfüllung der Stellplatzpflicht verlangen zu können. Diese Ermächtigung ist daran geknüpft, dass **Gründe des Verkehrs** dies **erfordern**. Ein Einzelfall liegt nicht mehr vor, wenn das Verlangen für Straßenabschnitte ausgesprochen werden soll, z. B. um dort einen Fußgängerbereich einrichten zu können, da eine solche Regelung der Satzung nach § 51 Abs. 4 Nr. 2 BauO NRW vorbehalten ist.

**70** Als weitere Voraussetzung müssen **Gründe des Verkehrs** das Verlangen **erfordern**. Diese sehr einengende Formulierung setzt voraus, dass eine vorgesehene Stellplatz- oder Garagenanordnung auf dem Baugrundstück, die Sicherheit und Ordnung des öffentlichen Verkehrs im Sinne des § 19 Abs. 2 BauO NRW gefährdet (s. die Anmerkungen zu § 19 Rdn. 6 und 7). So kann die Bauaufsichtsbehörde z. B. verlangen, dass die für mehrere nebeneinander angeordnete Doppelhäuser vorgesehenen Einzelgaragen in den seitlichen Gebäudeabständen an einer stark befahrenen Hauptverkehrsstraße wegen der damit verbundenen zahlreichen Zufahrten in einer Garagengruppe mit nur noch einer Zufahrt zusammengefasst werden, wenn dem keine bauplanungsrechtlichen Vorgaben entgegenstehen (s. das Beispiel bei Wenzel, Rdn. 186).

### 4.3 Satz 3 – Herstellungsort der Abstellplätze für Fahrräder

**71** Für Fahrradabstellplätze sieht der Gesetzgeber – im Gegensatz zu Kraftfahrzeugstellplätzen - keine Wahlmöglichkeit zum Herstellungsort vor. Diese müssen „aufgrund ihrer geringen Ausmaße“ (so LT-Drucks. 12/3738 S. 79 f. zu Art. I Nr. 26 – § 50) nach Satz 3 **auf dem Baugrundstück** hergestellt werden. Dieser Rechtssatz ist **zwingend** und weder eine Verlagerung des Erfüllungsorts auf ein geeignetes Grundstück in der näheren Umgebung noch eine Ablösung gesetzlich vorgesehen.

**72** In den **meisten Fällen** wird die Erfüllung der Stellplatzpflicht in Bezug auf Fahrräder **problemlos möglich** sein. Für Gebäude mit Wohnungen in den Obergeschossen müssen gemäß § 49 Abs. 5 BauO NRW ohnehin besondere Abstellräume für Kinderwagen und

Fahrräder sowie für Rollstühle, Gehwagen und ähnliche Hilfsmittel hergestellt werden (s. die Anmerkungen zu § 49 Rdn. 25 und 26). Für die Wohnungen in den Obergeschossen ist die Verpflichtung aus § 51 Abs. 3 Satz 3 BauO NRW durch Bereitstellung des entsprechenden Abstellraums bereits erfüllt, so dass nur noch ergänzend die Erdgeschossnutzungen bedacht werden müssen. Auch dort, wo keine beengten Grundstücksverhältnisse vorliegen, wird sich immer eine Fläche zum Abstellen von Fahrrädern finden lassen, sei es im Vorgartenbereich oder auf den rückwärtigen Grundstücksteilen bzw. – in der offenen Bauweise – in den seitlichen Abstandflächen der Gebäude.

**Problematisch** könnte sich die Stellplatzpflicht für Fahrräder aber gerade dort erweisen, wo die Grundstücke dicht bebaut sind und aufgrund der Nutzungsstruktur ein hoher Stellplatzbedarf gegeben ist, nämlich in den Innenstädten. Will hier ein Bauherr ein Geschäftsgebäude errichten und muss er dabei städtebauliche und gestalterische Vorgaben zur Schaffung durchgehender Ladenfronten beachten, wird die Schaffung der erforderlichen Abstellflächen für die Fahrräder der Kunden zwangsläufig Schwierigkeiten verursachen. Es ist deshalb nicht recht verständlich, dass der Gesetzgeber die Stellplatzpflicht in Bezug auf Fahrräder ohne Baulast- und Ablösemöglichkeiten normiert hat. Die Bauaufsichtsbehörde kann Probleme im Einzelfall nur über eine **Abweichung nach § 73 BauO NRW** ausräumen. 73

### 5 Zu Absatz 4 – Satzungen der Gemeinde

Die **Ordnung** des **ruhenden Verkehrs** ist im Rahmen der Erschließung eine Aufgabe der Gemeinde. Der im BauGB nicht definierte Erschließungsbegriff ist in umfassendem Sinne zu verstehen (vgl. Battis/Krautzberger/Löhr, Vorbemerkungen zu den §§ 123 bis 135, Rdn. 1). Bei der Aufstellung der Bauleitpläne muss die Gemeinde auch die Auswirkungen des ruhenden Verkehrs in ihre Überlegungen einbeziehen. Zusammen mit den Vorschriften des Bauordnungsrechts über die Erfüllung der Stellplatzpflicht ergibt sich ein abgerundetes Regelungsgefüge. Normalerweise reichen diese Vorschriften aus, um einen ordnungsgemäßen Zustand der Baugebiete herbeizuführen. Die Erfahrung hat jedoch gezeigt, dass die normalerweise anwendbaren Rechtsvorschriften besondere örtliche Gegebenheiten oder besondere Fallgestaltungen nur unzureichend berücksichtigen. Daher hat der Gesetzgeber den Gemeinden mit den in Absatz 4 geregelten Satzungen besondere Instrumente zur Verfügung gestellt. Ob die **Gemeinde** von den Ermächtigungen Gebrauch macht, hat sie **eigenverantwortlich** zu entscheiden, ein **aufsichtsbehördlicher Zwang scheidet aus** (vgl. Boeddinghaus/Hahn/Schulte, zu § 51 Rdn. 114). 74

Die Satzungen nach Absatz 4 können für **abgegrenzte Teile** des Gemeindegebietes oder für **bestimmte Fälle** erlassen werden. Denkbar ist auch eine Kombination, um in abgegrenzten Gebieten nur bestimmte Fälle zu regeln, z. B. in Altstadtgebieten die Erleichterung von wesentlichen Nutzungsänderungen zu Wohnzwecken. Die „**abgegrenzten Teile**“ des Gemeindegebiets müssen **eindeutig festgelegt** werden. Das kann durch textliche Aufzählung der erfassten Grundstücke nach den Ordnungsmerkmalen des Liegenschaftskatasters (Gemarkung, Flur, Flurstück) oder durch zeichnerische Darstellung des Geltungsbereichs in einer Karte geschehen. Die **Abgrenzung** muss **bestimmt** sein, so dass zweifelsfrei ermittelt werden kann, ob ein Grundstück von der Satzung erfasst wird oder nicht (vgl. BVerwG, Beschluss vom 4. 1. 1994 – 4 NB 30.93, BRS 56 Nr. 33 zu unscharfen Festsetzungen im Randbereich eines Bebauungsplans). Dieser Genauigkeitsgrad erfordert im Falle der zeichnerischen Darstellung eine Kartengrundlage die 75

– wie die Deutsche Grundkarte – die Eigentumsgrenzen der Grundstücke enthält. Die „**bestimmten Fälle**“ müssen eindeutig umschrieben sein, z. B. nach der Art der Nutzung (gewerbliche Betriebe, Wohngebäude, Verwaltungsgebäude oder ähnliche Nutzungskategorien) oder nach Tatbestandsmerkmalen (z. B. Dachgeschossausbauten zu Nicht-Wohnzwecken, die von § 51 Absatz 9 BauO NRW nicht erfasst sind). Bei der Verwendung unbestimmter Rechtsbegriffe ist das von der Rechtsprechung herausgestellte Gebot angemessener Bestimmtheit zu beachten (vgl. BVerwG, Urteil vom 16. 6. 1994 – 4 C 2.94, BRS 56 Nr. 233, wonach mit der Formulierung „innerhalb der im Zusammenhang bebauten Ortsteile und des Geltungsbereichs der Bebauungspläne“ der räumliche Geltungsbereich einer Baumschutzsatzung hinreichend bestimmt umschrieben wird).

**76** Voraussetzungen für den Erlass einer gemeindlichen Satzung nach Absatz 4 sind **Gründe des Verkehrs** oder **städtebauliche Gründe** sowie zusätzlich im Falle der Nr. 2 **Sicherheitsaspekte** (z. B. Schutz der Kinder). Der Ermittlung und Darlegung dieser Gründe muss besondere Sorgfalt gewidmet werden. Denn eine solche Satzung kann in nicht unerheblicher Weise in Rechtspositionen eingreifen. Es erscheint sachgerecht, auch bezüglich der Satzungen nach Absatz 4 einen **Abwägungsvorgang** zu fordern und hierfür die Gesichtspunkte heranzuziehen, die zum Erlass sog. Gestaltungssatzungen nach § 103 BauO NW 1970 entwickelt worden sind. Danach muss der Erlass einer solchen Satzung auf **sachgerechten Erwägungen** beruhen und setzt eine **Abwägung** der Belange des Einzelnen und der Allgemeinheit voraus (vgl. OVG NRW, Urteil vom 30. 6. 1981 – 11 A 392/80, BRS 38 Nr. 138, Urteil vom 21. 4. 1983 – 11 A 765/81, BRS 40 Nr. 153 und Urteil vom 25. 4. 1991 – 11 A 1708/88, BRS 52 Nr. 122; vgl. auch VGH B-W, Beschluss vom 26. 8. 1982 – 5 S 858/82, BRS 39 Nr. 133).

### 5.1 Herstellungspflicht bei bestehenden baulichen Anlagen

**77** Nach dem bis 1985 geltenden Recht (§ 64 Abs. 4 BauO NW 1970) konnte die **Bauaufsichtsbehörde** bei Vorliegen bestimmter Voraussetzungen die Herstellung von Stellplätzen oder Garagen für bestehende bauliche Anlagen **im Einzelfall** verlangen. Mit dem Inkrafttreten der BauO NW 1984 wurde diese Einzelfallentscheidung abgeschafft; seitdem besteht nur noch die Möglichkeit für die **Gemeinde**, die nachträgliche Herstellung durch eine **Satzung** nach Absatz 4 **Nr. 1** vorzuschreiben. Mit dem Vierten Gesetz zur Änderung der BauO NW 1984 vom 24. 11. 1992 (GV. NRW. S. 467) wurden in die Ermächtigung auch **Abstellplätze für Fahrräder einbezogen**. Voraussetzung für den Erlass einer solchen Satzung ist, dass

– die **Sicherheit oder Ordnung des öffentlichen Verkehrs** oder
– die **Beseitigung städtebaulicher Missstände**

das Verlangen **erfordern**.

**78** Von einer solchen Satzung werden nur **bestehende bauliche Anlagen** erfasst. Bestehende **andere** Anlagen im Sinne des § 1 Abs. 1 Satz 2 BauO NRW, die keine baulichen Anlagen sind, fallen nicht hierunter. Die in Nr. 1 genannten Voraussetzungen müssen das **nachträgliche** Verlangen zur Anlegung notwendiger Stellplätze **erfordern**. Die Satzung kann somit nicht dazu dienen, wegen des in der Zwischenzeit gestiegenen Kraftfahrzeugverkehrs Nachforderungen zu stellen. Es können auch nur solche Stellplätze oder Garagen bzw. Abstellplätze für Fahrräder nachträglich verlangt werden, die **nachweislich notwendig** sind. Für die von einer Satzung nach Absatz 4 Nr. 1 erfassten Gebäude ist es zunächst unwesentlich, zu welchem Zeitpunkt sie errichtet wurden. Wesentlich dagegen ist, dass die Satzung hinsichtlich ihrer Forderungen nach nachträglicher Erstellung von Stellplätzen bzw. Abstellplätzen für Fahrräder nur solche baulichen Anlagen **erfassen kann**, die zu einem Zeitpunkt errichtet wurden, zu dem es eine Stellplatzpflicht noch nicht gab, oder die die zum Zeitpunkt der Errichtung geltende Stellplatzpflicht nicht erfüllt haben. **Nicht** erfasst werden können solche baulichen Anlagen, für die die Stellplatzpflicht erfüllt wurde oder bei denen eine Befreiung von der damals geltenden Stellplatzpflicht erteilt wurde. Die Satzung selbst und ihre Handhabung steht im Übrigen unter dem Grundsatz der **Gleichbehandlung** gleichgelagerter Fälle.

Die **Sicherheit oder Ordnung des öffentlichen Verkehrs** ist nachteilig berührt, wenn in einem Bereich die Stellplatznachfrage das Angebot an Stellplätzen erheblich übersteigt oder wenn die für den fließenden Verkehr erforderlichen Flächen durch (wild) parkende Fahrzeuge stark eingeschränkt und behindert sind und der Straßenraum nicht erweitert werden kann. Dies kann insbesondere in innerstädtischen Bereichen mit hoher Ausnutzung der Grundstücke der Fall sein. **79**

Der Begriff des **städtebaulichen Missstands** wird in § 136 Abs. 2 BauGB genannt und ist offen gegenüber sich wandelnden Aufgaben (so Battis/Krautzberger/Löhr, zu § 136 Rdn. 11). Diese weit gefasste Bedeutung, die bei der städtebaulichen Sanierung durchaus ihre Berechtigung hat, kann dem in § 51 Abs. 4 Nr. 1 BauO NRW wortgleichen Begriff nicht beigemessen werden. Auch die städtebaulichen Missstände, deren Beseitigung durch das nachträgliche Erstellen notwendiger Stellplätze erreicht werden soll, müssen ihre Ursache im Wesentlichen im ruhenden Verkehr haben, der entweder den fließenden Verkehr oder andere Nutzungen oder Maßnahmen behindert, wie z. B. Freiflächen für Kinder, Verkehrsberuhigungen. **80**

Die Satzung kann die Herstellungspflicht **auf bestimmte Fälle** beschränken, z. B. auf gewerbliche Betriebe oder Verwaltungsgebäude. Die Satzung ermächtigt die **Bauaufsichtsbehörde**, die nachträgliche Forderung durch besondere Verfügung zu stellen. Hinsichtlich der **Lage** der Stellplätze gilt Absatz 3. Anstelle der Herstellung kann die Bauaufsichtsbehörde im Einvernehmen mit der Gemeinde unter den Voraussetzungen des Absatzes 5 Satz 1 auch die Ablösung der Stellplatzpflicht durch einen Geldbetrag verlangen (Hess. VGH, Urteil vom 13. 12. 1990 – 3 UE 2416/86, BRS 50 Nr. 129). **81**

Dem Erlass einer Satzung nach Absatz 5 Nr. 1 sollten wegen der möglichen Folgewirkungen eine **sorgfältige Prüfung und eine sorgfältige Abwägung** (s. Rdn. 76) vorangehen. Zum einen muss von vornherein abzusehen sein, dass durch eine solche Satzung die Probleme des ruhenden oder fließenden Verkehrs auch gelöst werden können. Zum anderen können **nachträgliche** Forderungen zur Erstellung von Stellplätzen oder zur Ablösung derselben erhebliche finanzielle Auswirkungen für die betroffenen Grundstückseigentümer haben, die von diesen in der Regel nicht ohne Rechtsstreit hingenommen werden. Für die von einer solchen Satzung Betroffenen ist der Sachverhalt ein anderer, als für den, der einen Neubau erstellen will oder der eine Nutzungsänderung beantragt. Die Antragsteller veranlassen in letzteren Fällen selbst die Stellplatzpflicht und können deren rechtliche und finanzielle Folgen rechtzeitig abschätzen. **82**

### 5.2 Untersagung oder Einschränkung der Herstellungspflicht

Die BauO NW 1970 eröffnete bereits die Möglichkeit, durch eine gemeindliche Satzung die Herstellung von Stellplätzen oder Garagen zu **untersagen** oder **einzuschränken**. Die Voraussetzungen dieser Regel waren andere als die des Absatzes 4 **Nr. 2**. Ziel der Rege- **83** lungen ist es, bestimmte städtische Bereiche von dem Verkehr **zu entlasten**, den der Stellplatzbedarf und daraus resultierend die Stellplatzpflicht des Absatzes 1 in Verbindung mit Absatz 3 Satz 1 bedingen. In Innenstädten lassen Bebauungsdichte und Straßennetz häufig eine weitere Zunahme oder Einschränkung der Leichtigkeit des Kraftfahrzeugverkehrs nicht mehr zu, wie sie bei Erfüllung der Stellplatzpflicht entstehen. Auch die städtebaulich erwünschte Anlegung von Fußgängerbereichen gerät in einen Zielkonflikt mit Absatz 3 Satz 1, wonach die Stellplätze auf den Baugrundstücken selbst anzulegen sind. Absatz 4 Nr. 2 ermöglicht den Gemeinden, für bestimmte Bereiche oder für bestimmte Fälle die Herstellung von Stellplätzen ganz zu untersagen oder in der Zahl zu beschränken. Die Stellplatzpflicht nach Absatz 1 bleibt hiervon unberührt und muss unter Anwendung des Absatzes 5 regelmäßig durch Zahlung eines Geldbetrages abgelöst werden. Voraussetzungen für den Erlass einer Satzung nach **Nr. 2** ist, dass

- Gründe des Verkehrs, insbesondere die Erreichbarkeit mit öffentlichen Verkehrsmitteln **oder**
- städtebauliche Gründe **oder**
- der Schutz von Kindern

dies **rechtfertigen**.

84 **§ 12 Abs. 6 BauNVO** gestattet **im Bebauungsplan** die **Festsetzung**, dass in Baugebieten oder in bestimmten Teilen von Baugebieten **Stellplätze und Garagen unzulässig** oder in **beschränktem Umfang zulässig** sind, soweit landesrechtliche Vorschriften nicht entgegenstehen. Die Vorschriften der BauO NRW stehen einer derartigen Festsetzung nicht entgegen, weil die Herstellung der Stellplätze als einzige zulässige Form der Erfüllung der Stellplatzpflicht nicht zwingend ist, sondern die Möglichkeit der Ablösung ausdrücklich eingeräumt wird (vgl. Jäde/Dirnberger/Weiß, zu § 12 BauNVO Rdn. 9). Nach **§ 12 Abs. 7 BauNVO** bleiben landesrechtliche Vorschriften über die Ablösung der Verpflichtung zur Herstellung von Stellplätzen und Garagen außerhalb der im Bebauungsplan festgesetzten Bereiche bei Festsetzungen nach § 12 Abs. 6 BauNVO unberührt. Damit wird zum Ausdruck gebracht, dass die entsprechende Festsetzung des Bebauungsplans nicht zugleich die Ablösungsmöglichkeit beseitigt, sondern gerade unberührt lässt (vgl. Jäde/Dirnberger/Weiß, zu § 12 BauNVO Rdn. 10). Ein **Bebauungsplan** mit entsprechenden Festsetzungen entfaltet somit die **gleiche Wirkung** wie eine **Satzung nach Absatz 4 Nr. 2**, denn nach der ausdrücklichen Bestimmung des § 51 **Abs. 5 Satz 2** BauO NRW hat der Stellplatzpflichtige im Falle des Vorliegens einer Untersagungs- bzw. Einschränkungssatzung einen Ablösebetrag an die Gemeinde zu zahlen (zu den Bedenken gegen eine solche erzwungene Ablösung s. Schröer, Erzwungene Ablösung von Kfz-Stellplätzen verfassungswidrig, NVwZ 1997, S. 140 ff. und Meißner, Rechtmäßigkeit der Stellplatzablöseverpflichtung nach der Stellplatzeinschränkungssatzung, NVwZ 1998, S. 927 ff.).

85 Bei näherer Betrachtung verkehrt die Untersagungssatzung nach Absatz 4 Nr. 2 die Grundforderung ins Gegenteil: obwohl eventuell eine geeignete Fläche auf dem Baugrundstück oder ein geeignetes Grundstück in der näheren Umgebung zur Erfüllung der Stellplatzpflicht zur Verfügung steht, darf der Stellplatzpflichtige diese Möglichkeit nicht nutzen und muss stattdessen einen Ablösebetrag an die Gemeinde zahlen, was für ihn eine erhebliche finanzielle Belastung darstellen kann, da der gezahlte Betrag für ihn faktisch verloren ist. Denn trotz der durch Absatz 6 Satz 2 vorgeschriebenen gruppennützigen Verwendung der Ablösebeträge entsteht für den Zahlungspflichtigen nicht un-

mittelbar ein direkt spürbarer Vorteil. Dürfte er aber die Stellplätze auf seinem Grundstück herstellen, so stünden diese den Nutzern zur Verfügung, so dass er sie auch vermieten oder sogar veräußern könnte. Diese **wirtschaftlichen Verwertungsmöglichkeiten** stehen infolge der Untersagungssatzung nicht mehr zur Verfügung, da die **Wirkung der Satzung** gerade darin besteht, die **Herstellung** der Stellplätze oder Garagen zu **verbieten**. Es liegt auf der Hand, dass besondere Gründe vorliegen müssen, um eine derart gravierende Beschränkung des Eigentumsrechts zu rechtfertigen.

Zwar hat der Gesetzgeber bereits mit dem Vierten Gesetz zur Änderung der BauO NW 1984 vom 24.11.1992 (GV. NRW. S. 467) den einengenderen Begriff „**erfordern**" durch den Begriff „**rechtfertigen**" zur erleichterten Anwendung des Satzungsinstruments ersetzt, dies ändert jedoch nichts daran, dass besondere örtliche Verhältnisse vorliegen müssen, um den Einsatz dieses in seiner Wirkung besonders einschneidenden Instruments überhaupt rechtfertigen zu können. Eine denkbare Einsatzmöglichkeit liegt in Fußgängerzonen der Geschäftszentren der Innenstädte vor. Gerade hier aber besteht ein erhebliches Interesse der Investoren, dass in fußläufig bequem erreichbarer Entfernung Parkplätze, Parkhäuser oder Tiefgaragen geschaffen werden können. Die **Untersagungssatzung** entfaltet aber die **fatale Wirkung**, dass sie diese private Investitionsmöglichkeit in ihrem Geltungsbereich gerade unterbindet, weil der stellplatzpflichtige Bauherr einer Verkaufsstätte die kalkulierten Mittel zur Herstellung von Stellplätzen in der näheren Umgebung an die Gemeinde abführen muss, um dieser nun ihrerseits die Möglichkeit zu verschaffen, die Mittel gruppennützig zu verwenden. Die Beträge zur Herstellung von Stellplätzen werden aufgrund dieser Umschichtung vom stellplatzpflichtigen Bauherrn zur Gemeinde nur mit zum Teil erheblicher zeitlicher Verzögerung wirksam. Nicht wenige Gemeinden haben die Unsinnigkeit dieser Mittelumverteilung erkannt, woraus sich erklärt, dass die Untersagungssatzung in der Praxis keine größere Bedeutung erlangt hat.

## 6 Zu Absatz 5 – Ablösung der Kfz-Stellplatzpflicht

### 6.1 Ablösung als Surrogat (Ersatz) der Herstellung

Die Anlegung von Stellplätzen auf dem Baugrundstück bzw. auf einem geeigneten Grundstück in der näheren Umgebung kann in bebauten Gebieten mitunter auf unüberwindbare Schwierigkeiten stoßen oder aber einen unvertretbar hohen Aufwand erfordern. Zu denken ist hier z. B. an die Schließung von schmalen Baulücken in den Innenstädten oder an wesentliche Nutzungsänderungen von Gebäuden auf fast vollständig überbauten Grundstücken. Diesem Umstand trägt die BauO NRW dadurch Rechnung, dass sie es dem Stellplatzpflichtigen ermöglicht, seine **Rechtspflicht** durch Zahlung eines Geldbetrags **abzulösen** (vgl. Hoppe/Bönker/Grotefels, S. 512 Rdn. 44 und 45). **Voraussetzung** der Stellplatzablösung ist weiterhin, dass die Gemeinde überhaupt eine **Satzung nach Satz 5** zur Festlegung des Geldbetrags erlassen hat. Ohne das Vorliegen einer solchen scheidet die Ablösung von vornherein aus, weil der Verpflichtete gemäß Satz 1 einen Geldbetrag „**nach Maßgabe einer Satzung**" zu zahlen hat. Die **Ablösebeträge** werden **steuerrechtlich wie Herstellungskosten** behandelt; dies gilt selbst dann, wenn eine Verpflichtung zur nachträglichen Herstellung von Stellplätzen bei bereits bestehenden baulichen Anlagen abgelöst wird (vgl. Bundesministerium der Finanzen, Amtliches Einkommensteuer-Handbuch 2000, S. 231 unter Bezug auf BFH, Urteil vom 8. 3. 1984 – IX R 45/80, BStBl. II S. 427 = NVwZ 1985, 520). 86

87 Die **Ablösung** ist **gegenüber** der konkreten **Herstellung** der Stellplätze als **nachrangige Möglichkeit** einzuordnen. Die Bauaufsichtsbehörde hat zunächst **die in den Bauvorlagen anzugebende Anzahl der notwendigen Stellplätze** (s. Rdn. 11) daraufhin **zu überprüfen**, ob der angegebene Stellplatzbedarf den gesetzlichen Vorgaben entspricht und ob die erforderliche Zahl der **notwendigen Stellplätze** durch Eintragung in den Bauvorlagen vollständig **nachgewiesen** ist. Die Prüfung muss sich darauf erstrecken, ob die Herstellung auf dem Baugrundstück oder einem geeigneten Grundstück in der näheren Umgebung unter Beachtung aller öffentlich-rechtlichen Vorgaben erfolgt. Wird bei dieser Prüfung festgestellt, dass die rechnerisch ermittelte Anzahl der notwendigen Stellplätze nicht vollständig auf dem Baugrundstück oder einem geeigneten Grundstück in der näheren Umgebung in den Bauvorlagen dargestellt ist oder aber einige der nachgewiesenen Stellplätze wegen Verstoßes gegen bestimmte öffentlich-rechtliche Vorschriften unzulässig sind, so folgt daraus zunächst noch nicht die grundsätzliche Zulässigkeit der Ablösung. Bietet das Baugrundstück oder das geeignete Grundstück in der näheren Umgebung nämlich die entsprechenden Möglichkeiten zur Herstellung weiterer Stellplätze – und sei es auch durch Schaffung einer Tiefgarage –, besteht im öffentlichen Interesse und zugleich im wohlverstandenen Interesse des Bauherrn nicht der geringste Anlass, von der Verpflichtung des Bauherrn abzugehen, die Stellplätze konkret herzustellen. Wenn das **zulässige** Maß der baulichen Nutzung **eingehalten** wird, ist die Schaffung der **Stellplätze** auf dem Baugrundstück in der Regel auch **möglich**. Die Bauaufsichtsbehörden müssen aus der Entwicklung der Motorisierung die unumgängliche Konsequenz ziehen, dass **Befreiungen von dem zulässigen Maß der baulichen Nutzung** grundsätzlich überhaupt **nur** in Betracht gezogen werden dürfen, **wenn die Stellplatzfrage** in gesetzlich einwandfreier Weise ausreichend **gelöst** ist.

88 Immerhin gibt es, wie die Praxis lehrt, eine große Anzahl von Baufällen, bei denen der Nachweis der Stellplätze auf dem Baugrundstück nicht oder nicht vollständig bzw. nur unter großen Schwierigkeiten möglich ist. Die Schaffung der Stellplätze auf dem Baugrundstück ist in manchen Fällen auch wirtschaftlich nicht ohne weiteres zumutbar, dann nämlich, wenn z.B. in einem Geschäftsgebiet die Stellplätze auf dem Grundstück nur unter vollständiger oder weitgehender Preisgabe der Erdgeschossnutzung geschaffen werden können. Es bleibt dann immer noch sorgfältig zu prüfen, ob die Stellplätze nicht in Kellergeschossen oder auf der Dachfläche geschaffen werden können. Auch können technische Erschwernisse und die sich daraus ergebenden finanziellen Belastungen im Mietwohnungsbau, insbesondere im sozialen Wohnungsbau, bei der Regelung der Art und Weise der Pflichterfüllung angemessen berücksichtigt werden. Auf keinen notwendigen Stellplatz darf jedoch ohne zureichenden Grund verzichtet werden.

Ist die **Erfüllung der Stellplatzpflicht** auf dem Baugrundstück **nicht oder nur unter unzumutbar großen Schwierigkeiten möglich**, obliegt es dem **Bauherrn**, ein **Ersatzgrundstück** in der Nähe ausfindig zu machen, auf dem er die notwendigen Stellplätze schaffen kann (s. Rdn. 92). **Erst wenn** sich sein **Bemühen** als **ergebnislos** erwiesen hat, was von ihm nachzuweisen und glaubhaft zu machen ist, kann die Bauaufsichtsbehörde von der **Ablösung der Stellplatzpflicht** durch Zahlung eines Geldbetrages Gebrauch machen, was zumeist durch Abschluss eines öffentlich-rechtlichen Vertrags (**Stellplatzablösungsvertrag**) zwischen Bauherr und Gemeinde geregelt wird.

89 Das **Austauschverhältnis** bei einem Stellplatzablösungsvertrag besteht darin, dass der Bauherr dafür, dass auf die Herstellung notwendiger Stellplätze verzichtet wird, die bei der Realisierung des geplanten Vorhabens nach der Rechtslage real angelegt werden

müssten, an die Gemeinde einen von dieser **zweckgebunden zu verwendenden Geldbetrag** zu zahlen hat (OVG NRW, Urteil vom 5.9.1996 – 7 A 958/94, BauR 1997, 450 = BRS 58 Nr. 122 = NVwZ-RR 1998, 15). Die Ablösung notwendiger Stellplätze durch Zahlung eines vertraglich vereinbarten Geldbetrages wirkt **grundstücksbezogen** (OVG NRW, Urteil vom 24.8.1989 – 7 A 2552/87, BRS 49 Nr. 140); sie wirkt grundstücks- und nicht nutzungsbezogen, wenn andere vertragliche Vereinbarungen nicht getroffen worden sind (OVG NRW, Urteil vom 26.2.1991 – 11 A 2284/88, BRS 52 Nr. 117).

Der Verzicht auf die Herstellung notwendiger Stellplätze oder Garagen gegen Zahlung eines Geldbetrags (Ablösung) ist **Surrogat** (Ersatz) der Herstellungspflicht (BVerwG, Urteil vom 30.8.1985 – 4 C 10.81, BauR 1985, 668 = BRS 44 Nr. 114). Die durch Nebenbestimmung in der Baugenehmigung verfügte Stellplatzablösung ist eine **zweckgebundene Sonderabgabe** (zu den Voraussetzungen für Sonderabgaben vgl. Simon, Der Rechtsgrund der Sonderabgaben, DÖV 2001, S. 63ff. sowie BVerfG, Beschluss vom 9.11.1999 – 2 BvL 5/95, NVwZ 2000, 307 und Urteil vom 6.7.2005 – 2 BvR 2335/95 u.a., DÖV 2005, 912), die der Finanzierung einer besonderen Aufgabe – **Entlastung der Straßen vom ruhenden Verkehr** – dient. Da sie einem homogenen Personenkreis, nämlich den durch Bautätigkeit im weitesten Sinne Ziel- und Quellverkehr Verursachenden, auferlegt wird, ist sie **verfassungsrechtlich unbedenklich** (zur Qualifizierung der Stellplatzablösung als Sonderabgabe s. BVerwG, Urteil vom 16.9.2004 – 4 C 5.03, BauR 2005, 375 = BRS 67 Nr. 158 = UPR 2005, 108 = ZfBR 2005, 285; OVG NRW, Beschluss vom 22.1.1985 – 11 B 2567/84, BRS 44 Nr. 115). Die in einem **Stellplatzablösungsvertrag** zwischen Bauherr und Gemeinde vereinbarte Zahlung eines Ablösebetrages soll dagegen **keine** Sonderabgabe darstellen, weil die **Vertragsschließung freiwillig** erfolgt und es damit an einer für eine Abgabe kennzeichnenden hoheitlich auferlegten Zahlungspflicht fehlt (VGH B-W, Urteil vom 14.12.1995 – 5 S 896/95, NVwZ 1997, 204). 90

### 6.2 Sätze 1 und 2 – Voraussetzungen der Ablösung

Die **Anwendung der Ablösung** ist nicht in das Belieben des Bauherrn gestellt, sondern an bestimmte **Voraussetzungen** geknüpft, die einem Missbrauch der eingeräumten rechtlichen Möglichkeiten entgegenwirken sollen. Von der Ablösung darf – beim **Vorliegen einer Ablösesatzung** (s. Rdn. 86) – nur dann Gebrauch gemacht werden, 91

- wenn die **Herstellung** der notwendigen Stellplätze oder Garagen auf dem Baugrundstück selbst **objektiv nicht möglich** und der Bauherr nicht in der Lage ist, zur Erfüllung seiner Stellplatzpflicht auf ein anderes geeignetes Grundstück in der näheren Umgebung zurückzugreifen, oder
- wenn die **Herstellung** der notwendigen Stellplätze oder Garagen auf dem Baugrundstück selbst oder einem anderen geeigneten Grundstück in der näheren Umgebung nur unter **sehr großen**, das heißt unzumutbaren technischen oder auch kostenmäßigen **Schwierigkeiten** möglich ist,

**und** als weitere Voraussetzungen,

- wenn die **Gemeinde** ihr **Einverständnis** (Einvernehmen) **zur Ablösung** erklärt,
- die **Bauaufsichtsbehörde** den **Verzicht** auf die Herstellung **ausspricht**.

Die **wesentliche Nutzungsänderung** im Sinne von Absatz 2 genießt im Hinblick auf das Vorliegen dieser Voraussetzungen **keine Sonderstellung**. Soll die Nutzung einer baulichen Anlage, für die in der Vergangenheit Stellplätze abgelöst worden sind, wesentlich geändert werden, so hat die Baugenehmigungsbehörde zu prüfen, ob auch im Hinblick auf die geplante neue Nutzung die Stellplatzablösung als surrogative Form der Erfüllung der Stellplatzpflicht geeignet ist (OVG NRW, Urteil vom 24.8.1989 – 7 A 2552/87, BRS 49 Nr. 140). Eine Ablösung der Pflicht zur Herstellung von Kraftfahrzeugstellplätzen bei beabsichtigter oder durchgeführter ungenehmigter Nutzungsänderung ist stets dann nicht zulässig, wenn es dem Verpflichteten rechtlich und tatsächlich möglich sowie wirtschaftlich zumutbar ist, das Gebäude wie genehmigt zu nutzen und den dieser Nutzung entsprechenden Stellplatzbedarf real zu decken (Hess. VGH, Urteil vom 22.3. 1982 – IV OE 54/79, BRS 39 Nr. 127).

**92** Eine **Unmöglichkeit** der Herstellung notwendiger Stellplätze oder Garagen ist gegeben, wenn **rechtliche** oder **tatsächliche** Hindernisse vorliegen. Diese Hindernisse müssen **objektiv gegeben** sein, auf die subjektive Auffassung der am Verfahren Beteiligten kommt es nicht an. Häufig entstehen zwischen Bauaufsichtsbehörde und Bauherr Meinungsverschiedenheiten über das Vorliegen tatsächlicher Hindernisse, weil sich je nach Betrachtungsweise trefflich hierüber streiten lässt. Andere als die zuvor genannten Gründe gibt es nicht. Deshalb scheidet auch eine bei Nichterfüllung der Herstellungspflicht gegebene günstigere Ausnutzung des Grundstücks als Grund für die Ablösung aus, selbst wenn die Gemeinde eine solche Lösung städtebaulich bevorzugt. Die rechtlichen oder tatsächlichen Hindernisse müssen nicht nur in Bezug auf das Baugrundstück selbst gegeben sein. Denn in diesem Fall ist der Bauherr gesetzlich gehalten, nach einem geeigneten Grundstück zur Herstellung von Stellplätzen in der näheren Umgebung zu suchen. Erst wenn sich auch für ein solches Grundstück rechtliche oder tatsächliche Hindernisse zur Herstellung von Stellplätzen ergeben, kann der Bauherr die Ablösung beantragen. Es kann auch sein, dass in der näheren Umgebung keine geeigneten Ersatzgrundstücke zur Verfügung stehen. Selbstverständlich muss der **Bauherr** den **Nachweis führen**, sich **ernsthaft** um ein geeignetes Grundstück in der näheren Umgebung **bemüht zu haben**. Die bloße Behauptung des Bauherrn, derartige Versuche unternommen zu haben, reicht hierfür nicht aus, vielmehr wird die Vorlage entsprechender **Nachweise** erforderlich. Das können z.B. von ihm aufgegebene Zeitungsanzeigen sein mit der schriftlichen Versicherung, dass sich hierauf keine Grundstückseigentümer gemeldet haben. Geeignet sind auch Bescheinigungen von Immobilienmaklern, aus denen hervorgeht, dass keine geeigneten Grundstücke gefunden werden konnten. Sofern der Bauaufsichtsbehörde aus vergleichbaren Verfahren bekannt ist, dass sich in der näheren Umgebung keine geeigneten Grundstücke finden lassen, kann es auch damit sein Bewenden haben, wenn dies nur aktenkundig gemacht wird.

**93** **Rechtliche Hindernisse** sind gegeben im Falle des Vorliegens

- einer **Untersagungs- bzw. Einschränkungssatzung** nach § 51 Abs. 4 Nr. 2 BauO NRW (s. Rdn. 83),
- von **Festsetzungen eines Bebauungsplanes** nach § 12 Abs. 6 BauNVO (s. Rdn. 84) oder
- von **straßenrechtlichen Widmungsbeschränkungen** nach § 6 StrWG NRW.

Als rechtliches Hindernis ist ferner ein nicht ausräumbarer **Verstoß gegen § 19 BauO NRW** zu nennen, der gegeben sein kann, wenn die Stellplatzzufahrt Unfälle durch ein- und ausfahrende Kraftfahrzeuge befürchten lässt, z.B. bei Eckgrundstücken an stark befahrenen Straßenkreuzungen.

**Tatsächliche Hindernisse** sind gegeben, wenn das Grundstück so klein bzw. so schmal ist, dass Stellplätze nicht in dem erforderlichen Umfang untergebracht werden können. Soll z.B. eine nur 6 m breite und 15 m tiefe Baulücke in einem Altstadtbereich in Anpassung an die Nachbarbebauung mit einem dreigeschossigen Gebäude bebaut werden, das in jedem Geschoss eine Wohnung aufweist, entsteht ein Bedarf von mindestens 3 Stellplätzen. Neben dem Hauszugang und Treppenraum verbleibt in diesem Fall infolge des schmalen Grundstücks nur Platz zur Anlegung eines Stellplatzes. 94

Die gesetzliche Formulierung „**große Schwierigkeiten**" stellt auf **tatsächliche** Hindernisse ab und zeigt, dass bei der Prüfung strenge Anforderungen zu stellen sind. Die Schwierigkeiten müssen **technisch oder kostenmäßig begründet** sein. Es kann zwar die Möglichkeit zur Schaffung von Stellplätzen gegeben sein, sie muss jedoch zu **unzumutbaren Verhältnissen** führen. Ist ein Grundstück z.B. ausreichend breit und tief, um eine Tiefgarage aufnehmen zu können, so kann deren Schaffung jedoch aufgrund der nicht unterkellerten Nachbarbebauung und eines hohen Grundwasserstandes außerordentliche technische Vorkehrungen erfordern, die das Bauvorhaben untragbar machen, weil die Kosten für die Herstellung das ortsübliche Maß weit überschreiten und somit die im Rahmen einer ordnungsgemäßen Bewirtschaftung erzielbaren Erträge deutlich übersteigen. Dem Bauherrn drohen nur noch Verluste zu entstehen, weil die Herstellungskosten höher als diese erzielbaren Erträge liegen. Bei dieser Betrachtung kommt es entscheidend auf die **Grundstückssituation** an, da sich im Geschäftszentrum höhere Mietkosten für Stellplätze realisieren lassen, als in einer unbedeutenden Randlage. Wichtig ist ebenso, ob sich die Bebauung als maßvoll oder übertrieben darstellt. Soll ein Grundstück nämlich so übermäßig bebaut werden, dass deshalb die Stellplätze nicht mehr untergebracht werden können, sind die daraus folgenden Schwierigkeiten ohne Belang (OVG NRW, Urteil vom 3.2.1977 – X A 1552/75, BRS 32 Nr. 108). 95

Das **Einvernehmen der Gemeinde** ist erforderlich, da sie die Auswirkungen der fehlenden Stellplätze zu tragen und den von dem Stellplatzpflichtigen zu zahlenden Ablösebetrag zweckgebunden nach Maßgabe der Bestimmungen des Absatzes 6 zu verwenden hat. Bei Gemeinden, die gleichzeitig Träger der unteren Bauaufsichtsbehörde sind, entfällt das Einvernehmenserfordernis. Ob die Gemeinde zustimmen will, steht in ihrem pflichtgemäßen **Ermessen**. Wesentlich für ihre Entscheidung sind Gesichtspunkte der örtlichen Verkehrs- und Investitionsplanung (zum gemeindlichen Ermessen s. BayVGH, Urteil vom 26.4.1990 – 2 B 89.1302, BRS 50 Nr. 130 zur Verweigerung der Ablösung wegen besonderer Verkehrs- und Wohnsituation). Die Gemeinde erteilt ihr **Einvernehmen verwaltungsintern** gegenüber der Bauaufsichtsbehörde, nicht durch Verwaltungsakt gegenüber dem Bauherrn, da sie nicht unmittelbar gegenüber dem Bauherrn Stellung nimmt (so auch Große-Suchsdorf/Lindorf/Schmaltz/Wiechert, zu § 47 a Rdn. 8 und Jeromin, zu § 47 Rdn. 58; a. A. Hess. VGH, Urteil vom 19.6.1981 – IV OE 70/80, BRS 38 Nr. 135). Sollte die Gemeinde ihr **Einvernehmen missbräuchlich versagt** haben, kann dieses Verfahrenshindernis durch die Kommunalaufsicht im Wege der **Ersatzvornahme** beseitigt werden (zum Einvernehmen s. auch die Anmerkungen zu § 72 Rdn. 35–42). Zusätzlich zum Einvernehmen ist eine **Entscheidung der Bauaufsichtsbehörde** über den **Verzicht auf die Herstellung** erforderlich (s. Rdn. 100). 96

Immer wieder zu hören ist der Vorwurf, die Gemeinden nutzten ihren Ermessensspielraum im Rahmen der Verhandlungen über die Ablösevereinbarung aus, um **städtebaulich unerwünschte Entwicklungen** zu unterdrücken, für die sie ansonsten einen Bebauungsplan aufstellen müssten. Das seien sachfremde Überlegungen. Den Rahmen des 97

**Spielraums**, den die **Gemeinden** jedoch bei ihrer **Entscheidung über das Einvernehmen** haben, mögen nachfolgende **Beispiele aus der Rechtsprechung** aufzeigen:

– Die bebauungsrechtliche Zulässigkeit eines Vorhabens, dessen Ausführbarkeit an entsprechendem Landesrecht deshalb scheitert, weil die erforderlichen Stellplätze nicht geschaffen werden können, hindert die Gemeinde nicht daran, die vom Bauherrn angebotene Ablösung der Stellplatzpflicht abzulehnen (BVerwG, Beschluss vom 27.9.1983 – 4 B 122.83, BRS 40 Nr. 146 zur Nutzungsänderung einer Gaststätte in eine Spielothek im ungeplanten Innenbereich).

– Die Ablösung kann mit der Begründung verweigert werden, dass die Wohn-, Arbeits- und Lebensqualität in einem städtebaulich wertvollen Altstadtgebiet gewahrt werden soll und dass den Belangen der Anwohner ausreichend Rechnung zu tragen ist (BayVGH, Urteil vom 10.12.1985 – Nr. 26 B 83 A. 996, BRS 46 Nr. 117 zur Umwandlung eines Ladenlokals in eine Gaststätte).

**98** Stellplatzablösungsverträge (s. Rdn. 100) verstoßen nicht gegen das **Koppelungsverbot**, das den Verkauf hoheitlicher Maßnahmen untersagt, weil das Bauordnungsrecht die Ablösung als Surrogat ausdrücklich vorsieht (BVerwG, Urteil vom 13.7.1979 – 4 C 67.76, BRS 35 Nr. 126 und Urteil vom 13.7.1979 – 4 C 58.78, BRS 35 Nr. 127; VGH B-W, Urteil vom 13.2.1980 – III 1696/79, BRS 36 Nr. 144; s. auch Ziegler, Zur Ablösung der Stellplatzpflicht, DÖV 1984, S. 831 ff.). Eine vertragliche Regelung ist daher nicht ausgeschlossen (OVG NRW, Urteil vom 24.8.1989 – 7 A 2552/87, BRS 49 Nr. 140).

### 6.3 Satz 3 – Form und Durchführung der Ablösung

**99** Die Ablösung kann nur zustande kommen, wenn hierbei Bauherr, Gemeinde und Bauaufsichtsbehörde mitwirken. Die **Zahl der abzulösenden Stellplätze** bestimmt die **Bauaufsichtsbehörde**. Die **Höhe des Ablösungsbetrages** bestimmt die **Gemeinde** durch **Satzung nach Satz 5**. Den **Geldbetrag** zur Ablösung **zieht** gemäß **Satz 3** nicht die Bauaufsichtsbehörde, sondern die **Gemeinde unmittelbar ein**. Auch wenn die bauaufsichtlichen und die gemeindlichen Funktionen in einer Körperschaft zusammenfallen, ist ihr jeweiliges Handeln rechtlich klar voneinander zu trennen (BayVGH, Urteil vom 15.3.1990 – 2 B 89.336, BRS 50 Nr. 128), das heißt, es muss ersichtlich sein, ob die Gemeinde in ihrer durch Absatz 5 zugewiesenen Funktion oder als untere Bauaufsichtsbehörde tätig wird. Schon aus diesem Grund empfiehlt sich der Abschluss eines Stellplatzablösungsvertrages zwischen Gemeinde und Bauherr, da den Feinheiten der jeweiligen gemeindlichen Funktion keine entscheidende Bedeutung zukommt, weil regelmäßig alle drei Vertragspartner mitwirken:

– der **Bauherr** mit dem **Einverständnis zur Zahlung** des Ablösebetrags,

– die **Gemeinde in ihrer durch Absatz 5 zugewiesenen Funktion** mit ihrem **Einverständnis zur Ablösung** und

– die **Gemeinde als untere Bauaufsichtsbehörde** durch **Erklärung des Verzichts** auf die reale Herstellung der Stellplätze.

Um **Missverständnissen vorzubeugen**, sei darauf hingewiesen, dass die **Organisationseinheit**, die für die Erteilung der Baugenehmigung zuständig ist, z. B. das Bauaufsichtsamt, auch zugleich für die gemeindliche Funktion zuständig sein kann. In diesem Fall kann durch Organisationsverfügung geregelt sein, dass diese Organisationseinheit der Gemeindeverwaltung die Stellplatzablösungsverträge mit dem Bauherrn abschließt, die

Stellplatzablösebeträge vom Bauherrn entgegennimmt, die eingenommenen Stellplatzablösebeträge auf einer besonderen Haushaltsstelle zweckgebunden verwaltet und für Verwendungszwecke nach Maßgabe des Absatzes 6 zur Verfügung stellt.

Für die Erklärung des **Verzichts** bieten sich folgende Verfahrensvarianten an: 100

- Erlass eines **selbständigen Verwaltungsakts**,
- Beifügung einer **Nebenbestimmung zur Baugenehmigung**,
- **Regelung im Rahmen eines öffentlich-rechtlichen Vertrags** (Stellplatzablösungsvertrag).

Die zuerst genannte Alternative des **selbständigen Verwaltungsakts** zur Festsetzung des Ablösebetrages wird in Nordrhein-Westfalen nicht mehr praktiziert, weil die Rechtsprechung die Zulässigkeit dieser Variante kritisch beurteilt (vgl. OVG NRW, Urteil vom 2.2.1983 – 11 A 2515/80, BRS 40 Nr. 148).

Die Variante der **Nebenbestimmung** zur Baugenehmigung beschränkt sich in der Praxis auf **Ausnahmefälle**, da Anfechtungsmöglichkeiten durch den Bauherrn gegeben sind. Zumindest aber entfällt nicht die Zahlungspflicht des Bauherrn, wenn dieser wechselt, sondern geht auf dessen Rechtsnachfolger über (OVG M-V, Urteil vom 25.11.2004 – 3 L 218/03, BRS 67 Nr. 156 = DÖV 2005, 920). Da Ablösebeträge keine öffentlichen Abgaben im Sinne des § 80 Abs. 2 Nr. 1 VwGO sind (vgl. OVG M-V, Beschluss vom 12.10.2004 – 3 M 147/03, UPR 2005, 117) haben **Widerspruch und Klage gegen die Nebenbestimmung** zur Baugenehmigung, einen Ablösebetrag an die Gemeinde zu zahlen, grundsätzlich **aufschiebende Wirkung** (OVG NRW, Beschluss vom 22.1.1985 – 11 B 2567/84, BRS 44 Nr. 115 und Hamb. OVG, Beschluss vom 19.5.1999 – 2 Bs 229/98, BRS 62 Nr. 154).

In der Praxis hat sich deshalb der **öffentlich-rechtliche Vertrag** (Stellplatzablösungsvertrag) durchgesetzt, weil er gegenüber den anderen Varianten erhebliche Vorteile aufweist (vgl. Ehlers, Die Zulässigkeit von öffentlich-rechtlichen Verträgen über die Ablösung der Stellplatz- oder Garagenbaupflicht, DVBl. 1986, S. 529 ff.). Eine Bauaufsichtsbehörde verletzt in Nordrhein-Westfalen die ihr einem Bauherrn gegenüber obliegende Amtspflicht nicht, wenn sie die Erteilung der Genehmigung zu einer wesentlichen Erweiterung eines Geschäftshauses vom Abschluss eines öffentlich-rechtlichen Vertrages abhängig macht, durch den sich der Bauherr verpflichtet, einen Geldbetrag in Höhe von 90 % der durchschnittlichen Herstellungskosten (nach früherem Recht) für zusätzliche Parkeinrichtungen zu zahlen oder nach seiner Wahl mittels Grundpfandrecht oder Bankbürgschaft sicherzustellen (OLG Düsseldorf, Urteil vom 16.7.1981 – 18 U 71/81, BRS 38 Nr. 136). Der **Stellplatzablösungsvertrag** zwischen Gemeinde und Bauherr ist **öffentlich-rechtlicher Natur** (BVerwG, Urteil vom 13.7.1979 – 4 C 67.76, BRS 35 Nr. 126). Zur **Geschäftsgrundlage** des Stellplatzablösungsvertrages gehört nicht nur die **Erteilung der Baugenehmigung**, sondern regelmäßig auch der **Umfang des durch das Vorhaben verursachten Stellplatzbedarfs** (OVG Rh-Pf, Urteil vom 13.11.2003 – 8 A 10878/03, BauR 2004, 477 = BRS 66 Nr. 144 = NVwZ-RR 2004, 243).

In diesem Zusammenhang ist darauf hinzuweisen, dass **kooperative Handlungsformen** von den Bauherrn und den Gemeinden dem hoheitlichen Vorgehen vorgezogen werden und besonders auf dem Gebiet des Städtebaus **im Zuge der Zeit** liegen (vgl. die ausführliche Darstellung bei Voß/Buntenbroich, Rdn. 601–661).

101 Absatz 5 gewährt der Bauaufsichtsbehörde keinen Ermessensspielraum dahin gehend, dass sie die Ablösungsforderung bei Verzicht auf die Herstellung der Stellplätze fallen lassen dürfte (OVG NRW, Urteil vom 2. 2. 1983, a. a. O. Rdn. 100). Bei Nichterfüllung der Stellplatzpflicht und Vorliegen einer Ablösesatzung besteht **für** eine **Abweichung** nach § 73 BauO NRW **regelmäßig kein Raum** (vgl. Boeddinghaus/Hahn/Schulte, zu § 51 Rdn. 168). Das gilt auch, wenn die Pflicht zur Schaffung von Kinderspielflächen mit der Pflicht zur Schaffung von Stellplätzen konkurriert; in diesem Fall normiert § 9 Abs. 2 BauO NRW das höherrangige Schutzgut, so dass der Bauherr die Stellplatzpflicht ablösen muss (s. die Anmerkungen zu § 9 Rdn. 59). Indessen sind auch **besondere Fallgestaltungen** denkbar, in denen von der Verpflichtung zur Herstellung von Stellplätzen eine **Abweichung** zugelassen werden kann, weil ein besonderes öffentliches Interesse besteht, z. B. in einer Gemeinde, wenn **keine Ablösesatzung** besteht und die betreffende **öffentliche Verkehrsflächen überdimensioniert** ist, so dass sie den ruhenden Verkehr problemlos ohne Beeinträchtigung des fließenden Verkehrs aufnehmen kann.

102 Macht die Gemeinde vom Stellplatzablösungsvertrag Gebrauch, so kann sie die sich aus dem Ablösungsvertrag ergebenden Ansprüche nicht durch den Erlass eines Verwaltungsaktes (Leistungsbescheid) durchsetzen, sondern sie ist darauf angewiesen, eine (allgemeine) Leistungsklage zu erheben (OVG NRW, Urteil vom 25. 1. 1977 – VII A 64/75, BRS 32 Nr. 107 = DVBl. 1977, 903), es sei denn, der Verpflichtete hat sich gemäß § 61 VwVfG. NRW. der sofortigen Vollstreckung unterworfen. Das Problem des **Zahlungszeitpunkts** kann vertraglich in der Weise geregelt werden, dass der **Zahlungseingang Voraussetzung für die Baugenehmigung** ist, was vom Ergebnis her einer Nebenbestimmungslösung in Form der **Bedingung** gleichkommt, die von der Rechtsprechung als zulässig erachtet wurde (OVG Bln, Urteil vom 12. 7. 1996 – 2 B 5.94, BRS 58 Nr. 124).

103 Die **Zahlung des Ablösebetrags** durch den Bauherrn oder seinen Rechtsnachfolger bereitet im Einzelfall immer wieder Probleme, wie nachfolgende **Beispiele aus der Rechtsprechung** belegen:

- Der auf eine bestandskräftige Auflage gestützte Anspruch auf Zahlung eines Ablösebetrages kann jedenfalls dann mit einer Leistungsklage geltend gemacht werden, wenn die Auflage keinen Vollstreckungstitel im Sinne des § 6 Abs. 1 Nr. 1 VwVfG. NRW. darstellt; dem steht nicht entgegen, dass der durch die Auflage begründete Zahlungsanspruch auch durch Leistungsbescheid geltend gemacht werden kann (OVG. NW., Urteil vom 7. 4. 1986 – 7 A 819/86, BRS 46 Nr. 118).
- Die einer Baugenehmigung beigefügte Auflage, für notwendige Kraftfahrzeugstellplätze einen Ausgleichsbetrag zu zahlen, gilt nicht gegen den Rechtsnachfolger des Bauherrn und alle über die Bauanlage Verfügungsberechtigten (Hamb. OVG, Urteil vom 26. 4. 1990 – Bf II 51/89, BRS 50 Nr. 131).
- Eine pflichtwidrige Verzögerung der Erteilung einer Baugenehmigung liegt noch nicht vor, wenn die Baubehörde als Sicherheit für die Stellplatzverpflichtung statt angebotener Grundpfandrechte eine Bankbürgschaft fordert (BayObLG, Urteil vom 29. 10. 1979 – RReg. 2 Z 84/78, BRS 35 Nr. 151).
- Hat der Bauherr mit der Gemeinde eine Ablösevereinbarung getroffen, so steht der Gemeinde der Anspruch auf vereinbarte Verzugszinsen nach Fälligkeit auch dann zu, wenn der Bauherr seine Stellplatzpflicht erst später auf andere Weise erfüllt (OVG Lüneburg, Urteil vom 23. 2. 1987 – 6 A 47/86, BRS 47 Nr. 116).

– Der zur Herstellung von Stellplätzen und damit ggf. zur Zahlung des Ablösebetrages Verpflichtete ist regelmäßig der Bauherr. Im Falle des Verkaufs kann auch der Erwerber herangezogen werden, wenn dieser sich gegenüber dem Bauherrn zur Übernahme der Stellplatzschuld verpflichtet hat; insoweit steht der Behörde ein Auswahlermessen zu (OVG Saar, Urteil vom 12.6.1987 – 2 R 247/85, BRS 47 Nr. 115).
– Bei einer Bauherrengemeinschaft haften die Gesellschafter als Gesamtschuldner, so dass sich die Gemeinde an jedes einzelne Mitglied zur Erfüllung der Zahlungspflicht wenden kann (OVG NRW, Urteil vom 12.9.1996 – 7 A 3131/95, BRS 58 Nr. 125).

### 6.4 Sätze 4 und 5 – Höhe des Ablösungsbetrags durch Satzung

Nach Absatz 5 **Satz 5** ist die **Höhe des** zur Ablösung der Stellplatzpflicht zu entrichtenden **Geldbetrages** in einer **Satzung der Gemeinde** festzulegen. Die Ermächtigung ist **eng auszulegen** und betrifft lediglich die **Höhe** des Geldbetrags selbst, nicht jedoch Einzelheiten der Zahlungsabwicklung; diese Regelungen ergeben sich bereits aus dem Verwaltungsverfahrens- und Verwaltungsvollstreckungsrecht und können auch Gegenstand eines Stellplatzablösungsvertrags sein (s. Rdn. 99–103). Die Satzung kann das gesamte Gemeindegebiet oder auch nur Teilbereiche erfassen. Sie kann das Gemeindegebiet auch in Gebietszonen z.B. nach der Intensität der Nutzung aufteilen (innerer Kernbereich, Stadtkernrandbereiche, sonstige Bereiche). Die Gebietszonen sollten nach ihrem Bodenwert möglichst einheitlich sein und Bereiche umfassen, in denen vergleichbare Verhältnisse der stellplatzpflichtigen Grundstücke vorliegen. Die Satzung muss das von ihr erfasste Gebiet eindeutig abgrenzen und bezeichnen (s. Rdn. 75). 104

Nach Absatz 5 **Satz 4** beschränkt sich die **Höhe des Geldbetrages** auf **höchstens 80 vom Hundert** der durchschnittlichen Herstellungskosten von Parkeinrichtungen nach Absatz 6 Buchstabe a einschließlich der Kosten des Grunderwerbs in dem von der Satzung erfassten Gemeindegebiet. Mag vordergründig die Ablösung für den Bauherrn gegenüber der Herstellung der Anlagen auf seinem Grundstück wirtschaftlich vorteilhafter sein, so ist bei der Festlegung des Vomhundertsatzes zu bedenken, dass die Ablösungsbeträge die Finanzierung des Bauvorhabens voll belasten, ohne dass der Pflichtige insoweit einen Ertrag verbuchen kann. 105

Die **durchschnittlichen Herstellungskosten** einschließlich der Kosten des Grunderwerbs beziehen sich auf die zusätzlich herzustellenden Parkeinrichtungen. Erfasst eine Satzung ein gesamtes Gemeindegebiet mit sich in der Ausnutzbarkeit stark unterscheidenden Grundstücken, und ermittelt dafür die durchschnittlichen Herstellungskosten, so werden in der Regel die Bauherren in den Bereichen des Gemeindegebietes höher belastet, in denen ansonsten die ebenerdige Herstellung von Stellplätzen und Garagen möglich ist, während die Bauherren in innerstädtischen Bereichen, in denen Stellplätze häufig nur kostenträchtig in Geschossen hergestellt werden können, bevorteilt würden. Insofern bietet es sich an, die durchschnittlichen Herstellungskosten differenziert nach Gebietszonen gleicher Herstellungsbedingungen zu ermitteln und festzusetzen. 106

## 7 Zu Absatz 6 – Verwendung des Ablösungsbeträge

Die Vorschriften über die Verwendung der eingenommenen Ablösemittel sind mit der BauO NRW 2000 **neu gefasst** worden. Der Katalog der Verwendungszwecke wurde bereits mit dem Vierten Änderungsgesetz zur BauO NW 1984 wesentlich erweitert und 107 schöpft nach Auffassung des Gesetzgebers (vgl. LT-Drucksache 11/3928, S. 13) den von der Rechtsprechung (BVerwG, Urteil vom 30. 8. 1985 – 4 C 10.81, BRS 44 Nr. 114) gesetzten Rahmen voll aus. Bei genauer Analyse der Entscheidung wird man aber unschwer zu dem Ergebnis gelangen, dass einige der vorgesehenen Verwendungszwecke den Rahmen, den das BVerwG gesetzt hat, deutlich überschreiten. Es war daher ein Anliegen der Novelle, eine „**gruppennützige Verwendung**" der Ablösebeträge in den Vordergrund der Überlegungen zu stellen. Zur Neufassung führt die Gesetzesbegründung aus (LT-Drucks. 12/3738, S. 79 f. zu Artikel I Nr. 27 – § 51):

*„Absatz 6 regelt die Verwendung der Ablösebeträge. Die Regelung erlaubt nunmehr, die Ablösebeträge auch für investive Maßnahmen des öffentlichen Personennahverkehrs und des Fahrradverkehrs zu verwenden, weil auch derartige Maßnahmen grundsätzlich geeignet sind, das mit der Errichtung von Stellplätzen verfolgte Ziel – Entlastung der Straßen vom ruhenden Individualverkehr – ersatzweise zu erreichen. Bereits der geltende § 51 geht davon aus, dass eine vorhandene ÖPNV-Anbindung den Stellplatzbedarf mindert.*

*Durch § 51 Abs. 6 Satz 2 wird eine gruppennützige Verwendung des Ablösebetrages gewährleistet, denn zwischen den von der Sonderabgabe bewirkten Belastungen für Bauherrinnen und Bauherren und den mit ihr finanzierten Begünstigungen muss eine sachgerechte Verknüpfung in der Weise bestehen, dass der Ablösebetrag Vorteile für die Erreichbarkeit des Bauvorhabens mit sich bringt. ‚Gruppennützige Verwendung' bedeutet, dass die Ablösebeträge überwiegend im Interesse der Gesamtgruppe verwendet werden. Es bedeutet nicht, dass das Aufkommen im spezifischen Interesse jedes einzelnen Abgabepflichtigen zu verwenden ist. Die im Absatz 6 Satz 2 enthaltene Vorteilsklausel stellt sogar eine Einschränkung gegenüber der bisherigen Regelung dar. Die danach verlangten konkreten Vorteile können z. B. dann gegeben sein, wenn in der Nähe der baulichen Anlage Fahrradwege bzw. bessere oder zusätzliche Anbindungen an den ÖPNV geschaffen werden."*

108 Die **Neufassung** der Verwendungsmöglichkeiten muss jedoch – trotz aller Bemühungen des Gesetzgebers – nach wie vor **kritisch** betrachtet werden. Denn investive Maßnahmen zur Verbesserung des ÖPNV oder des Fahrradverkehrs mögen zwar langfristig zu einer Entlastung der öffentlichen Straßen vom ruhenden Verkehr beitragen, sie stellen aber nicht in jedem Fall **für die Erreichbarkeit des jeweiligen Vorhabens einen messbaren Vorteil** dar (vgl. Neuhausen, Zur Änderung des § 51 BauO NRW [Stellplätze und Garagen, Abstellplätze für Fahrräder], BauR 2000, S. 329 ff. und Otto, Neue Regelungen für die Stellplatzpflicht und ihre Ablösung in der Landesbauordnung Nordrhein-Westfalen, ZfBR 2001, S. 21 ff.). Jedenfalls gilt das für solche investiven Maßnahmen, die lediglich der Erneuerung älterer Anlagen dienen, ohne den Nutzwert zu erhöhen.

### 7.1 Satz 1 – Zweckbindung

109 Die Gemeinde ist verpflichtet, die eingehenden **Geldbeträge zweckgebunden** zu verwenden. Sie darf die Stellplatzablösebeträge also unter keinen Umständen für andere als die in Absatz 6 aufgeführten Zwecke verwenden, was eine **sorgfältige Verwaltung** der vereinnahmten Beträge erfordert. Die Mittel sind im **Vermögenshaushalt** einzustellen und mit einem **haushaltsrechtlichen Zweckbindungsvermerk** zu versehen. Um zu vermeiden, dass die Mittel versehentlich für andere als die gesetzlich vorgesehenen Zwecke ausgezahlt werden, empfiehlt sich die Einrichtung einer besonderen **internen Kontrolle**, dies auch schon deshalb, um jederzeit dem Rat oder der Kommunalaufsichts-

behörde gegenüber Rechenschaft abgeben zu können, darüber hinaus auch, um einen zeitnahen, gruppennützigen Einsatz der Mittel zu erzielen. Den Gemeinden ist aus Gründen der **besseren Akzeptanz** des ohnehin schwierig zu handhabenden Stellplatzablöseinstrumentariums die Öffentlichkeit – z. B. durch die örtliche Presse – in regelmäßigen Abständen über die Verwendung der Mittel zu informieren. In größeren Städten sollten die vereinnahmten Mittel entsprechend dem Aufkommen örtlich verteilt werden; hierzu empfiehlt sich eine Aufteilung nach Stadtbezirken. Die **Verwendungszwecke** zählt **Absatz 6 abschließend** auf. Die Vorschrift findet auch Anwendung auf **nach altem Recht vereinnahmte Ablösebeträge**, da das Gesetz zur Änderung der Landesbauordnung vom 9. 11. 1999 (GV. NRW. S. 622) in seinem Artikel III insoweit keine spezielle Überleitungsregelung enthält.

Die BauO NRW verlangt **keine bestimmte Art der Finanzierung** der zusätzlichen Park- **110**
einrichtungen (s. hierzu auch BGH, Urteil vom 27. 11. 1980 – III ZR 82/79, BRS 36 Nr. 143 noch zu § 2 RGaO und VGH B-W, Urteil vom 13. 2. 1980 – III 1696/79, BRS 36 Nr. 144 zur LBO B-W). Deshalb sind die Gemeinden durch die neue Regelung des Absatzes 6 auch in die Lage gesetzt, solche Stellflächen (z. B. durch Darlehen) zu finanzieren, zu bezuschussen oder zu fördern, die über die Stellplatzpflicht eines Grundstückseigentümers hinausgehen, wenn diese zusätzlichen Stellflächen der Entlastung des öffentlichen Straßenraums dienen.

Über die **Lage** bzw. **Entfernung** der zusätzlich zu schaffenden öffentlichen Parkeinrich- **111**
tungen oder privaten Stellplätze und Garagen zu den ablösungspflichtigen Grundstücken enthält die Regelung keine Vorschriften. Gleichwohl ist die Gemeinde gehalten, Parkeinrichtungen dort zu schaffen, wo zur Entlastung der öffentlichen Verkehrsflächen entsprechender Bedarf besteht. Diese zusätzlichen Parkeinrichtungen können auch, sofern ein leistungsfähiges öffentliches Nahverkehrsnetz besteht oder aufgebaut wird, an dessen Haltestellen als P+R-Anlagen geschaffen werden.

Nach **Buchstabe a)** kann der Betrag zur Herstellung **zusätzlicher Parkeinrichtungen im** **112**
**Gemeindegebiet** verwendet werden. Das können sowohl öffentliche als auch private Parkeinrichtungen sein. **Öffentliche Parkeinrichtungen** sind sowohl öffentliche Parkplätze – auch solche im Straßenraum – als auch privat betriebene Anlagen, sei es auf der Erdoberfläche oder innerhalb von Parkhäusern und Tiefgaragen, die der Öffentlichkeit zur allgemeinen Benutzung zur Verfügung stehen. Die BauO NRW bestimmt jedoch ausdrücklich, dass es sich um **zusätzliche** Anlagen handeln muss. **Zusätzlich** sind öffentliche Parkeinrichtungen dann, wenn durch sie Stellflächen geschaffen werden, die über den bisherigen Bestand bzw. Bedarf hinausgehen, z. B. Flächen, die die Gemeinde nicht ohnehin schon als Trägerin der Straßenbaulast (§§ 3, 5 FStrG sowie §§ 9, 43, 44 StrWG NRW) und der Erschließungslast (§§ 123 ff. BauGB) schaffen würde und müsste. Diese zusätzlichen Anlagen müssen geeignet sein, zur Entlastung der öffentlichen Verkehrsflächen beizutragen. Die Anlagen müssen, wie jetzt der Gesetzeswortlaut unmissverständlich klarstellt, **im Gemeindegebiet** liegen.

Nach **Buchstabe b)** kann der Betrag für **investive Maßnahmen zur Verbesserung des** **113**
**öffentlichen Personennahverkehrs** verwendet werden. Die Stellplatzablösebeträge könnten somit auch zur Finanzierung zum Ausbau von Straßenbahn- und Buslinien verwendet werden. Dazu rechnen auch **P+R-Anlagen**, obwohl die Hervorhebung dieser Möglichkeit des Vorgängerrechts (vgl. § 51 Abs. 7 Buchstabe a BauO NW 1995) entfallen ist. Derartige Anlagen tragen aber zur Verbesserung des öffentlichen Personennahverkehrs bei und sind geeignet, den Stellplatzbedarf in den zentralen Bereichen der

Städte und Gemeinden zu mindern. Hier ist also noch eine Beziehung zu der „Gruppe der Kraftfahrzeugbenutzer“ gegeben.

114 Nach **Buchstabe c)** kann der Betrag für **investive Maßnahmen zur Verbesserung des Fahrradverkehrs** verwendet werden, was deshalb merkwürdig erscheint, weil es keinen Verzicht auf die Herstellung der Abstellplätze für Fahrräder durch Ablösung gibt und die „Gruppe der Fahrradfahrer“ nichts zur Finanzierung dieser Abstellplätze beiträgt (vgl. Buntenbroich/Voß, zu § 51 Rdn. 80). Zu den denkbaren investiven Maßnahmen rechnet insbesondere die **Einrichtung von öffentlichen Abstellplätzen für Fahrräder**.

### 7.2 Satz 2 – Gruppennützige Verwendung

115 Nach Absatz 6 **Satz 2** muss die Verwendung des Geldbetrages für die Erreichbarkeit des Bauvorhabens, das die Zahlungspflicht auslöst, einen **Vorteil bewirken**. Dieser Rechtssatz trägt dem Umstand Rechnung, dass die Erhebung von Stellplatzablösebeträgen lediglich als zweckgebundene Sonderabgabe zulässig ist (s. Rdn. 86–90).

116 Sinn der gesetzlich geregelten Stellplatzpflicht ist es, die öffentlichen Verkehrsflächen von dem ruhenden Verkehr zu entlasten. Daher genügt es für die ordnungsgemäße Verwendung der vereinnahmten Ablösebeträge, dass die zu schaffenden zusätzlichen öffentlichen Parkeinrichtungen auch uneingeschränkt dem öffentlichen Verkehr – ohne besonderes Nutzungsrecht des Stellplatzpflichtigen – zur Verfügung stehen. Die Verpflichtung zur Schaffung öffentlicher Parkeinrichtungen zur Entlastung der öffentlichen Verkehrsflächen kann nur im öffentlichen Interesse liegen und begründet sein. Eine Pflichterfüllung lediglich im öffentlichen Interesse schließt die Annahme eines **subjektiv-öffentlichen** Rechts aus (vgl. Ziegler, Zur Ablösung der Stellplatzpflicht – Ansprüche bei nicht zweckentsprechender Verwendung der Beträge, DÖV 1984, 831).

117 Nachfolgende **Beispiele aus der Rechtsprechung** mögen Probleme, die sich aus der Verwendung der Ablösungsbeträge ergeben haben, darlegen:

- Die Rechtmäßigkeit der Erhebung eines Ausgleichsbetrages im Falle der Unmöglichkeit, Stellplätze auf einem Grundstück herzustellen, hängt nicht davon ab, dass dem den Ausgleichsbetrag zahlenden Bauherrn besondere Nutzungsrechte an den Anlagen zum Parken oder Abstellen von Kraftfahrzeugen, die unter Verwendung des Ausgleichsbetrags hergestellt worden sind, eingeräumt werden (Hamb. OVG, Urteil vom 13. 11. 1980 – Bf. II 22/79, BRS 36 Nr. 142).
- Der stellplatzpflichtige Bauherr kann die Zahlung des Ablösungsbetrags nicht davon abhängig machen, dass die Gemeinde ein Objekt nachweist, für das der Geldbetrag verwendet wird (OVG NRW, Urteil vom 2. 2. 1983 – 11 A 2515/80, BRS 40 Nr. 148).
- Der zur Ablösung der Stellplatzverpflichtung geleistete Geldbetrag ist auch dann „bestimmungsgemäß“ verwendet worden, wenn er auf ein von der Gemeinde bereits errichtetes Parkhaus angerechnet wird, das geeignet ist, den von dem Bauvorhaben zu erwartenden Verkehr aufzunehmen (BGH, Urteil vom 27. 11. 1980 – III ZR 82/79, BRS 36 Nr. 143).
- Der stellplatzpflichtige Bauherr kann die Zahlung des geforderten Ablösungsbetrags nicht vom Nachweis eines konkreten Objekts abhängig machen, für welches der Geldbetrag verwendet wird. Insoweit kommt ein Leistungsverweigerungsrecht jedenfalls dann nicht in Betracht, wenn nicht mit hinreichender Sicherheit feststeht, dass die Gemeinde nicht willens oder in der Lage ist, ihrer Pflicht zur Herstellung zusätz-

licher Parkeinrichtungen innerhalb eines angemessenen Zeitraums nachzukommen (OVG NRW, Urteil vom 24.5.1983 – 7 A 591/82, BRS 40 Nr. 149).

- Eine Verzögerung in der Herstellung der Parkeinrichtung, für die ein vertraglich vereinbarter Ablösungsbetrag bestimmt ist, begründet für den Zahlungspflichtigen kein Leistungsverweigerungsrecht (OVG NRW, Urteil vom 23.1.1978 – X A 600/77, BRS 33 Nr. 102).
- Ein Stellplatzablösungsvertrag ist nicht deshalb ungültig, weil in ihm keine Vereinbarung über den Zeitpunkt getroffen worden ist, bis zu dem öffentliche Parkflächen als Ersatz für fehlende Stellplätze herzustellen sind (VGH B-W, Urteil vom 13.2.1980 – III 1696/79, BRS 36 Nr. 144).

### 7.3 Frist zur Mittelverwendung

Über die **Frist zur Erfüllung** der Herstellungsverpflichtung durch die Gemeinde ist gesetzlich nichts bestimmt. Wenn auch im Allgemeinen gefordert werden muss, dass bei Ingebrauchnahme einer stellplatzpflichtigen baulichen Anlage die notwendigen Stellplätze gebrauchsfähig vorhanden sind, so kann dies im Falle der Ablösung in der Regel nicht erreicht werden. Die Gemeinden wären überfordert, wenn sie für die Schaffung der zusätzlichen Parkeinrichtungen nicht einen gewissen zeitlichen Spielraum hätten. Immerhin sollte die Realisierung der übernommenen Verpflichtung nicht auf unabsehbare Zeit hinausgeschoben werden. Ein angemessener Zeitraum muss jedoch den Gemeinden zur Herstellung der zusätzlichen Parkeinrichtungen eingeräumt sein. Das OLG Düsseldorf äußert sich hierzu mit Urteil vom 16.7.1981 (– 18 U 71/81, BRS 38 Nr. 136): **118**

*„Im Übrigen ist zu berücksichtigen, dass die Verpflichtung der Gemeinde zur Schaffung abgelöster Stellplätze nicht im Interesse des einzelnen Bauherrn besteht, sondern ausschließlich im Interesse der Sicherheit und Leichtigkeit des Verkehrs. Durch die Anforderungen, die in diesem Zusammenhang an die Planungen der Gemeinde gestellt werden, soll im öffentlichen Interesse, nämlich im Interesse von Sicherheit und Leichtigkeit des Verkehrs, sichergestellt werden, dass der durch ein Bauvorhaben ausgelöste Stellplatzbedarf tatsächlich auch gedeckt wird. Da der Bauherr nach erfolgter Ablösung von der Verpflichtung, den Stellplatzbedarf zu decken, freigestellt ist, werden ausschließlich die Belange des öffentlichen Straßenverkehrs beeinträchtigt, wenn die Stellplatzplanung nicht innerhalb eines bestimmten Zeitraumes realisiert wird.“*

Welcher **Zeitraum angemessen** ist, bestimmt sich nach den Umständen des Einzelfalls. **119** Hierbei haben die örtlichen Gegebenheiten, vor allem die sich bei der Planung und ihrer Durchführung ergebenden Probleme, besonderes Gewicht. Auch ein Zeitraum von 10 und mehr Jahren kann daher angemessen sein. Daraus folgt auch, dass die Zahlungsverpflichtung nicht davon abhängig gemacht werden kann, dass die Gemeinde eine geeignete zusätzliche Parkeinrichtung nachweist (OVG NRW, Urteil vom 5.5.1982 – 11 A 2554/79, BRS 39 Nr. 128 = NJW 1983, 2834).

### 7.4 Rückforderung des Ablösungsbetrags

Die Gemeinde ist zur **zweckentsprechenden Verwendung der Ablösungsbeträge** verpflichtet. **120** Die Erfüllung dieser Verpflichtung ist keine tatbestandliche Voraussetzung der Ablösung, sondern nur deren **Folge**, die auf der Erklärung des Einvernehmens der Gemeinde basiert; diese Erklärung hat Tatbestandswirkung. Der Pflicht der Gemeinde entspricht kein subjektiv-öffentliches Recht (s. vorausgehende Rdn. 116). Die Erfüllung kann nur Gegenstand aufsichtsbehördlicher Maßnahmen sein (Ziegler, a. a. O. Rdn. 116). Somit kann der Bauherr die Gemeinde nicht auf Herstellung der zusätzlichen öffentlichen Parkeinrichtungen verklagen. Danach kann auch **kein Anspruch auf Rückerstattung** der Ablösebeträge bestehen. Von der Verpflichtung zur zweckentsprechenden Verwendung der Ablösebeträge kann niemand die Gemeinde befreien; allenfalls kann die Aufsichtsbehörde die Verwendung durchsetzen. Die Rechtsprechung hat sich zu diesem Problem eindeutig bzw. abschließend noch nicht geäußert. Das OVG NRW hat den Gedanken der Beständigkeit in seinem Urteil vom 5. 5. 1982 (– 11 A 2554/79, BRS 39 Nr. 128) in der Erörterung der Frage, ob Ablösungsbeträge überhaupt zurückgefordert werden können, einbezogen, aber nicht beantwortet (hierzu ausführlich: Ziegler, a. a. O. Rdn. 116). Würde jedoch der Ablösebetrag von der Gemeinde zurückgezahlt, so entstünde damit automatisch für den Bauherrn bzw. den Eigentümer der Anlage die Stellplatzpflicht nach Absatz 1 mit all ihren Folgen. Die Rückforderung eines Ablösebetrages wegen Nichtigkeit der Stellplatz-Ablösevereinbarung kann gegen Treu und Glauben verstoßen, wenn der Bauherr nicht gleichzeitig anbietet, auf welche baurechtlich zulässige Weise er seiner Stellplatzpflicht nachkommen will (BVerwG, Beschluss vom 5. 3. 1998 – 4 B 3.98, BRS 60 Nr. 127 = NJW 1998, 3135).

121 Dies liegt jedoch anders, wenn das genehmigte Vorhaben nicht oder nur in reduzierter Form zur Ausführung kommt, weil dann das Austauschverhältnis bei einem Stellplatzablösungsvertrag nicht mehr in der ursprünglich gegebenen Form gegeben ist (s. Rdn. 89). Die **Zahlungspflicht entfällt** und führt gegebenenfalls zu einem **Anspruch auf Erstattung bereits gezahlter Beträge**, wenn die **Rechtspflicht zur Herstellung** der Stellplätze, die abgelöst werden sollen, mangels Realisierung des geplanten Vorhabens **nicht zu erfüllen ist** (OVG NRW, Urteil vom 5. 9. 1996 – 7 A 958/94, BauR 1997, 450 = BRS 58 Nr. 122 = NVwZ-RR 1998, 15 und Beschluss vom 3. 11. 2000 – 10 A 1966/99, BauR 2001, 769 = BRS 63 Nr. 165). Die gegenteilige Auffassung des VGH B-W im Beschluss vom 11. 7. 1990 (– 5 S 357/90, BRS 50 Nr. 132) vermag nicht zu überzeugen.

122 Zur **Rückzahlung des Ablösungsbetrages Beispiele aus der Rechtsprechung**:

- Ein Schadensersatzanspruch entsteht nicht, wenn eine Bauaufsichtsbehörde ohne Aufgabe der gestellten Sicherheit die zusätzliche Parkeinrichtung während eines Zeitraums von acht Jahren nicht herstellt (OLG Düsseldorf, Urteil vom 16. 7. 1981 – 18 U 71/81, BRS 38 Nr. 136).
- Ein öffentlich-rechtlicher Erstattungsanspruch des Bauherrn gegen die Gemeinde auf Rückzahlung eines im Hinblick auf die Stellplatzpflicht geleisteten Ablösebetrages ist nicht wegen Fehlens des rechtlichen Grundes der Leistung begründet, wenn der Leistung eine bestandskräftige und nicht nichtige Zahlungsauflage zugrunde liegt. Einer als Zuschuss zur Schaffung zusätzlicher öffentlicher Stellplätze bezeichneten Ablösezahlung liegt objektiv nur der Zweck zugrunde, damit allgemein zur Errichtung zusätzlicher öffentlicher Stellplätze im Stadtgebiet beizutragen. Werden solche überhaupt irgendwo geschaffen, ist auch ein öffentlich-rechtlicher Erstattungsanspruch des Bauherrn wegen Nichteintritts des mit der Leistung bezweckten Erfolges nicht begründet. (Hess. VGH, Urteil vom 7. 12. 1981 – IV OE 1/81, BRS 38 Nr. 137).
- Ob ein Verstoß der Gemeinde gegen das Gebot, den Ablösungsbetrag zweckgebunden zu verwenden, überhaupt einen Rückanspruch des Bauherrn begründen kann, oder ob nur eine im öffentlichen Interesse (fort)bestehende Verpflichtung der Ge-

meinde vorliegt, bleibt offen (OVG NRW, Urteil vom 5. 5. 1982 – 11 A 2554/79, BRS 39 Nr. 128 = NJW 1983, 2834).

- Ein öffentlich-rechtlicher Erstattungsanspruch des Bauherrn gegen die Gemeinde auf Rückzahlung eines im Hinblick auf die Stellplatzpflicht geleisteten Ablösebetrages ist nicht wegen Fehlens des rechtlichen Grundes der Leistung begründet, wenn die vom Ablösenden aufgrund eines öffentlich-rechtlichen Vertrages erbrachte Gegenleistung den gesamten Umständen nach angemessen ist und im sachlichen Zusammenhang mit der vertraglichen Leistung der Behörde steht. Angemessen ist die Leistung stets dann, wenn der gezahlte Betrag nicht kostendeckend ist (Hess. VGH, Urteil vom 28. 1. 1983 – IV OE 111/81, BRS 40 Nr. 150).
- Die Rückforderung des Ablösungsbetrags, den ein Bauherr aufgrund eines nichtigen Vertrages an die Gemeinde zur Schaffung öffentlicher Parkplätze gezahlt hat, kann gegen Treu und Glauben verstoßen, wenn das Bauvorhaben aufgrund des Vertrages genehmigt und errichtet worden ist (OVG Lüneburg, Urteil vom 18. 5. 1987 – 1 A 85/84, BRS 47 Nr. 117).
- Die Geschäftsgrundlage eines Ablösevertrags wird nicht dadurch berührt, dass sich die Rechtslage nach Bestandskräftigwerden der Baugenehmigung durch Änderung des Landesbauordnungsrechts ändert und dadurch anstelle einer Ablösung eine Abweichungsentscheidung ermöglicht wird (VGH B-W, Beschluss vom 10. 11. 1998 – 8 S 2581/98, BauR 1999, 1452 = BRS 60 Nr. 126).
- Wird der Bauherr nachträglich in die Lage versetzt, die von ihm abgelösten Stellplätze auf dem Baugrundstück oder in zumutbarer Entfernung herzustellen, kann er sich nicht darauf berufen, die Geschäftsgrundlage des mit der Gemeinde abgeschlossenen Ablösevertrags sei weggefallen, wenn eine solche Entwicklung nach den getroffenen Vereinbarungen in seinen Risikobereich fallen soll (VGH B-W, Urteil vom 9. 3. 1999 – 8 S 2877/98, BauR 2000, 716 = BRS 62 Nr. 153).

## 8 Zu Absatz 7 – Rücksichtnahme auf die Umgebung

Absatz 7 **Satz 1** stellt **Anforderungen an die Lage und Anordnung von Stellplätzen und Garagen** auf dem Grundstück. Diese Regelung, die einen Ausgleich zwischen dem öffentlichen Interesse an der Entlastung der öffentlichen Verkehrsflächen vom ruhenden Verkehr und privaten Bedürfnissen der Nachbarn nach Schutz der dort aufgeführten Rechtsgüter (Gesundheit, Arbeiten, Wohnen, Ruhe und Erholung) herbeiführen soll, hat **nachbarschützenden Charakter** (OVG NRW, Beschluss vom 28. 9. 1981 – 11 B 501/81, BRS 38 Nr. 184; Hess. VGH, Urteil vom 10. 3. 1977 – IV OE 100/72, BRS 32 Nr. 111 und Beschluss vom 12. 10. 1981 – IV TG 67/81, BRS 38 Nr. 128; OVG Lüneburg, Urteil vom 15. 3. 1979 – I A 178/76, BRS 35 Nr. 194 und OVG Rh-Pf, Beschluss vom 14. 11. 1979 – 1 B 415/79, BRS 36 Nr. 200). Dieses kommt insbesondere darin zum Ausdruck, dass die Vorschrift auf das **zumutbare Maß an Immissionen** abstellt. 123

Die bauordnungsrechtlichen Vorgaben verdrängen nicht die Anwendung des § 15 Abs. 1 Satz 2 BauNVO (BVerwG, Urteil vom 7. 12. 2000 – 4 C 3.00, BauR 2001, 914 = BRS 63 Nr. 160 = UPR 2001, 227 = DVBl. 2001, 645), wie überhaupt festzuhalten ist, dass zunächst die **bauplanungsrechtliche Zulässigkeit** von Stellplätzen und Garagen insbesondere nach den Vorschriften des **§ 12 BauNVO** zu prüfen ist. Erweist sich eine Stellplatzanlage bereits bauplanungsrechtlich als unzulässig, was bei größeren Stellplatzanlagen 124 in Wohngebieten aufgrund der **Zufahrtsproblematik** gegeben sein kann (vgl. BVerwG, Beschluss vom 19.9.1995 – 4 NB 24.94, BRS 57 Nr. 78 = NVwZ-RR 1996, 249 = ZfBR 1996, 57 zu einer Tiefgarage mit 380 Stellplätzen als „Quartiersgarage"), bedarf es keiner weiteren Prüfung nach § 51 Abs. 7 BauO NRW (hierzu s. Sarnighausen, Garagen und Stellplätze im Baunachbarrecht, NVwZ 1996 S. 7 ff. und Dürr, Der baurechtliche Nachbarschutz gegenüber Stellplätzen und Garagen, BauR 1997 S. 7 ff.).

**125** Die **bauordnungsrechtliche Unzumutbarkeit** im Sinne des Absatzes 7 Satz 1 ist nicht im enteignungsrechtlichen Sinne zu verstehen, sondern meint unterhalb dieser Schwelle Belästigungen durch Lärm oder Gerüche, die der Umgebung, insbesondere den unmittelbaren Nachbarn, billigerweise nicht zugemutet werden sollen. Die Frage, wann die Benutzung von Einstellplätzen oder Garagen die Umgebung unzumutbar stört, lässt sich nicht abstrakt und generell nach festen Merkmalen, wie etwa der Zahl der Plätze, ihrer technischen Ausführung, der Art und Größe der einzustellenden Kraftfahrzeuge beurteilen. Vielmehr kommt es entscheidend auf die konkrete Situation an, in der sich die erwähnten Momente auswirken. Dementsprechend ist von Bedeutung, an welchem Standort die Stellplätze angeordnet werden sollen, in welcher Lage sich dieser Standort zu dem Grundstück, dem Wohnhaus und gegebenenfalls gegenüber den Wohnräumen des betroffenen Nachbarn befindet (OVG NRW vom 9.5.1985 – 7 A 2411/84, n.v.).

**126** Entscheidend für die Feststellung, ob die Auswirkungen von Stellplätzen als unzumutbar zu bewerten sind, ist weiter der Umstand, **wie der Bereich**, in dem die Stellplätze errichtet werden sollen bzw. wo sie sich auswirken werden, **zu qualifizieren ist** und **welche Einwirkungen** die Bewohner dort bereits hinzunehmen oder zu erwarten haben. Dabei muss von dem Grundsatz ausgegangen werden, dass die von Stellplätzen oder Garagen ausgehenden Belästigungen nur selten zu unzumutbaren Beeinträchtigungen der Umgebung führen, wenn die Stellplätze, wie üblich und in der Regel durch die Konzeption der Bebauung vorgegeben, nahe der Straße untergebracht werden.

**127** Der **Grundstücksnachbar hat** die Errichtung der **für ein zulässiges Wohngebäude notwendigen Stellplätze** und **die mit ihrem Betrieb üblicherweise verbundenen Immissionen grundsätzlich hinzunehmen**. Bei besonders beengten Grundstücksverhältnissen kann das baurechtliche Gebot der Rücksichtnahme den Verzicht des Bauherrn auf eine das notwendige Maß übersteigende Zahl an Stellplätzen gebieten (VGH B-W, Urteil vom 19.5.1992 – 8 S 551/92, BRS 54 Nr. 100). Lärm- und Geruchsbelästigungen von Stellplätzen oder Garagen werden im rückwärtigen Gartengelände weitaus eher die Grenze des Zumutbaren überschreiten (OVG Schl-H, Urteil vom 9.12.1991 – 1 L 28/91, BRS 54 Nr. 101 zu einer rückwärtig angeordneten Garage mit einer 40 m langen Zufahrt zwischen den Nachbargebäuden).

**128** Dabei muss diese Grenze umso niedriger angesetzt werden, je **empfindlicher** und **schutzwürdiger** der Bereich, in dem die Garagen oder Stellplätze errichtet werden sollen, **hinsichtlich der in Absatz 7 Satz 1 genannten Schutzgüter** ist. Bei der **Bestimmung der Zumutbarkeitsschwelle** ist die nähere Umgebung des Nachbargrundstücks insoweit zu berücksichtigen, als sie prägende Wirkung im Hinblick auf die Schutzgüter dieser Vorschrift hat (Thür. OVG, Beschluss vom 11.5.1995 – 1 EO 486/94, BRS 57 Nr. 221). Die technisch-rechnerisch ermittelten **Immissionswerte** – seien es Einzelwerte, Wirk- oder Beurteilungspegel – sind für die Beurteilung **nicht ausschlaggebend** (OVG NRW, Urteil vom 10.9.1993 – 7 A 2544/92, n.v. und Urteil vom 9.3.1999 – 11 A 4159/96, n.v.; OVG Lüneburg, Urteil vom 15.3.1979 – I A 178/76, BRS 35 Nr. 194; VGH B-W, Beschluss vom 20.7.1995 – 3 S 3538/94, BRS 57 Nr. 167 = DVBl. 1996, 266 = NVwZ-RR

1996, 254; s. jedoch OVG Rh-Pf, Beschluss vom 27.6.2002 – 1 A 11669/99, BauR 2003, 368 = BRS 65 Nr. 143, das zur Beurteilung die TA-Lärm als Anhaltspunkt heranzieht).

Die **möglichen Störungen**, die zu einer Unzumutbarkeit im Sinne des Absatzes 7 führen können, **gehen nicht von der baulichen Anlage selbst aus**. Die Auswirkungen, die von einer Garage oder von einem überdachten Stellplatz als Gebäude ausgehen, und die sich daraus ergebende bauordnungsrechtliche Zulässigkeit sind von den Abstandregeln des § 6 BauO NRW erfasst. Die **möglichen Störungen**, die zu einer Unzumutbarkeit führen können, gehen von der **Nutzung** der Stellplätze und Garagen einschließlich der Zufahrten, also von **Geräuschen** oder **Geruchsbelästigungen** durch Abgase aus. Die Benutzung eines jeden Stellplatzes verursacht Lärm; durch das Anlassen der Fahrzeuge, das Warmlaufenlassen der Motore, das Zuschlagen von Türen, die Unterhaltung von Autobenutzern sowie das Rangieren und Fahren selbst können nicht unerhebliche Geräusche verursacht werden. Natürlich spielt bei der Beurteilung die konkrete Lage des Stellplatzes eine Rolle; hierzu Beispiele aus der Rechtsprechung: **129**

- Es ist ein Unterschied, ob der Stellplatz direkt an der Nachbargrenze oder abgeschirmt von ihr liegt (VGH B-W, Urteil vom 18.6.1990 – 5 S 446/90, BRS 50 Nr. 124).
- Eine Massierung von Stellplätzen im grenznahen Bereich eines Grundstücks kann gegen Absatz 7 verstoßen (vgl. Hess. VGH, Beschluss vom 17.1.1983 – IV TG 61/82, BRS 40 Nr. 216).
- Die Anordnung von fünf Stellplätzen (OVG NRW vom 9.5.1985 – 7 A 2411/84, n. v.) oder einer nicht abgeschirmten Zufahrt zu einer größeren Tiefgarage (OVG NRW vom 21.3.1985 – 10 A 951/81, n. v.) im bisher unbelasteten, der Erholung dienenden Blockinnenbereich kann unzumutbar sein, ebenso die Anordnung von 6 Garagen im Untergeschoss, das nur über eine 30 m lange Rampe mit 15 % Neigung entlang der Nachbargrenze von der öffentlichen Verkehrsfläche aus erreichbar ist (OVG NRW, Beschluss vom 25.9.2000 – 7 B 1118/00, BRS 63 Nr. 162).
- Die Stellplätze für eine Spielhalle in einem bisher ungestörten Wohngartenbereich mit gepflegten und ruhigen Erholungsmöglichkeiten können vor allem abends trotz innerstädtischer Lage zu unzumutbaren Belästigungen für betroffene Nachbarn führen (Nds. OVG, Urteil vom 23.9.1991 – 6 L 131/89, BRS 52 Nr. 115).
- Eine Stellplatzanlage mit 13 Stellplätzen und Wendehammer im rückwärtigen Gartenbereich einer Mischgebietsbebauung an einer stark belasteten Straße kann unzumutbar sein, weil es sich bei dem Garten der bereits straßenseitig lärmbelasteten Bebauung um eine Art „letztes Refugium" handelt, in das sich die Bewohner zum weitgehenden Aufenthalt im Freien noch zurückziehen können (VGH B-W, Urteil vom 2.7.1999 – 3 S 1393/99, BRS 62 Nr. 150).
- Ein Verstoß gegen das Verbot unzumutbarer Belästigungen durch Garagen kann nicht dadurch ausgeräumt werden, dass der Eigentümer des Baugrundstücks auf die „Rücksichtnahme" verzichtet, wenn die Belange einer größeren Zahl von Mietern betroffen sind (Nds. OVG, Urteil vom 12.3.2001 – 1 L 3697/00, BauR 2001, 1249 = BRS 64 Nr. 142 = UPR 2001, 318).
- Die aus der Nutzung einer grenzständigen Doppelduplexgarage auf ein Nachbargrundstück bei Tag und bei Nacht einwirkenden Lärmimmissionen sind im Regelfall vom Nachbarn als sozialadäquat hinzunehmen (BayVGH, Beschluss vom 11.6.1999 – 20 ZB 99.1359, BauR 1999, 1450 = BRS 62 Nr. 152).

130 Grundsätzlich hat der Bauherr die Wahl, ob er Stellplätze oder Garagen herstellt, sofern nicht städtebauliche Bestimmungen vorgehen oder dieses Wahlrecht durch bauebehördliches Verlangen nach **Satz 2** eingeschränkt wird. (s. Rdn. 22–25). Eines bauaufsichtlichen Verlangens bedarf es nicht mehr, wenn bereits der Bebauungsplan zwingende Vorgaben zur Herstellung von Garagen enthält. Wegen der grundsätzlich gegebenen Wahlfreiheit des Bauherrn zur Herstellung von Garagen oder von Stellplätzen steht die Einschränkung dieses Rechts unter **engen Voraussetzungen**; bei **objektiver Betrachtung** muss eine Beeinträchtigung der durch § 3 Abs. 1 Satz 1 oder der durch § 51 Abs. 7 Satz 1 BauO NRW geschützten Güter zu befürchten sein (so Jeromin, zu § 47 Rdn. 24–27). Die Ermächtigung kann nicht genutzt werden, um anstelle von Garagen die Herstellung von Stellplätzen zu verlangen (vgl. Boeddinghaus/Hahn/Schulte, zu § 51 Rdn. 223). Bedeutung erlangt die Vorschrift insbesondere dann, wenn durch offene Stellplatzanlagen mit zahlreichen Stellplätzen **Lärmbeeinträchtigungen** der Anwohner zu befürchten sind. Die Bauaufsichtsbehörde kann in einem solchen Fall die Herstellung von Garagen – auch von Tiefgaragen oder geschlossenen Garagen – verlangen (vgl. OVG NRW, Beschluss vom 17. 11. 2000 – 10 B 1196/00, BRS 63 Nr. 161 zur Unzulässigkeit einer Stellplatzanlage mit 14 Carports im grenznahen Bereich).

### 9 Zu Absatz 8 – Verbot der Zweckentfremdung

131 Absatz 8 **Satz 1** enthält das **Verbot der Zweckentfremdung** notwendiger Stellplätze, Garagen und Fahrradabstellplätze. Eine Zweckentfremdung ist gegeben bei einer Nutzungsänderung oder bei der Beseitigung. **Keine** Zweckentfremdung liegt vor, wenn z. B. eine Garage auf einer **Teilfläche**, die nicht zum Abstellen eines Kraftfahrzeugs benötigt wird, als **Abstellfläche** oder **Abstellraum** z. B. für Gartengeräte oder ähnliche Gegenstände genutzt wird. Eine **überhöhte Entgeltforderung** für die Stellplatznutzung kann zu einer **baurechtswidrigen Erschwerung der Nutzung** führen; unklar bleibt, ob darin unter Umständen eine Zweckentfremdung zu sehen ist (Hamb. OVG, Beschluss vom 24. 11. 1998 – 2 Bs 70/98, BRS 60 Nr. 125 = NVwZ 1999, 1240).

132 Eine unzulässige Zweckentfremdung liegt im Falle der **Nutzungsänderung** vor, wenn eine Garage oder ein Raum zum Abstellen von Fahrrädern z. B. als Aufenthaltsraum oder als gewerblicher Abstellraum genutzt wird. Die Nutzung eines notwendigen Stellplatzes zum Abstellen eines Wohnwagens stellt auch dann eine Zweckentfremdung dar, wenn die Zeit von zwei Wochen nicht überschritten wird, für die nach § 12 Abs. 3 b StVO ein Anhänger ohne Zugfahrzeug auf der Straße geparkt werden darf (OVG NRW, Beschluss vom 23. 8. 1989 – 7 B 1436/89, BRS 49 Nr. 135). Eine Nutzungsänderung bedarf nach § 63 Abs. 1 BauO NRW der Genehmigung, die jedoch wegen Verstoßes gegen Absatz 8 nicht erteilt werden kann.

133 Der ersatzlose **Abbruch** einer Garage oder die ersatzlose **Beseitigung** eines Stellplatzes bedeuten stets eine Zweckentfremdung. Der Abbruch von Gebäuden bis zu 300 m³ umbautem Raum sowie die Beseitigung von Stellplätzen für Kraftfahrzeuge oder von Fahrradabstellplätzen sind zwar nach § 65 Abs. 3 BauO NRW genehmigungsfrei, jedoch entbindet die Genehmigungsfreiheit nicht von der Verpflichtung zur Einhaltung der Anforderungen, die in der BauO NRW oder in anderen öffentlich-rechtlichen Vorschriften gestellt werden (§ 65 Abs. 4 BauO NRW), das heißt, dass trotz Genehmigungsfreiheit die Beseitigung notwendiger Stellplätze und Garagen aufgrund des Absatzes 8 in Verbindung mit Absatz 1 verboten ist, es sei denn, das Gebäude, für das die Stellplatzpflicht besteht, würde beseitigt.

Eine umstrittene Frage war bislang, ob die **Vermietung an hausfremde Kraftfahrzeughalter** eine **Zweckentfremdung** darstellt. Die Frage ist durch die Rechtsprechung geklärt. Die notwendigen Stellplätze dienen der Befriedigung des Stellplatzbedarfs der Benutzer und Besucher der baulichen Anlage; nur deshalb hält sich die Stellplatzpflicht auch im Rahmen einer zulässigen Sozialbindung des Eigentums (BayVerfGH, Entscheidung vom 10. 3. 1995 – Vf. 124-VI-93, BRS 57 Nr. 164). Daraus folgt, dass der **Begriff „Zweckentfremdung"** im Sinne des Absatzes 8 Satz 1 **eng auszulegen** ist und deshalb nicht nur die Umwandlung der entsprechenden Flächen in eine andere Nutzungsart erfasst (denn dann hätte der Gesetzgeber den Begriff Nutzungsänderung verwenden müssen), sondern weitergehend auch den Entzug der Möglichkeit der Stellplatznutzung zugunsten der Benutzer und Besucher der Anlage (denn sonst hätte es auch nicht der Abweichungsregelung des Satzes 2 bedurft, s. auch Rdn. 136). Eine Zweckentfremdung ist ebenfalls gegeben, wenn für die Nutzung der notwendigen Stellplätze so **abschreckend hohe Gebühren** zu entrichten sind, dass die Benutzer und Besucher ihre Kraftfahrzeuge auf den öffentlichen Verkehrsflächen abstellen (s. auch Rdn. 131). 134

Bei der Klärung der Frage, ob und inwieweit Stellplätze und Garagen zu anderen Zwecken genutzt werden können, wenn **keine Kraftfahrzeuge** vorhanden sind, ist davon auszugehen, dass die Stellplatzpflicht des Absatzes 1 von einem **abstrakten Bedarf** ausgeht, also nicht darauf abhebt, ob im konkreten Fall bei den Nutzern der Anlage ein Stellplatzbedarf besteht. Dieser abstrakte Bedarf **bleibt so lange bestehen, wie die Anlage selbst besteht**. Eine Beseitigung der Stellplätze oder Garagen ist deshalb insoweit unzulässig (s. Rdn. 133). 135

Vom Verbot der Zweckentfremdung lässt **Satz 2** eine **Abweichungsmöglichkeit** zu. Die Bestimmung wurde mit der BauO NRW 2000 neu gefasst. Die Gesetzesbegründung (LT-Drucks. 12/3738, S. 79 f. zu Artikel I Nr. 27 – § 51) führt hierzu aus: 136

*„Satz 2 lässt eine Vermietung oder sonstige Überlassung notwendiger Stellplätze, Garagen und Abstellplätze für Fahrräder an Dritte – nur zum bestimmungsgemäßen Gebrauch – so lange zu, wie Besucherinnen und Besucher sowie Benutzerinnen und Benutzer der Anlagen die Parkeinrichtungen nicht benötigen bzw. vorübergehend anderweitig nutzen."*

Werden vorhandene Stellplätze nicht genutzt, weil die Benutzer und Besucher keinen Stellplatzbedarf haben, so kann der Eigentümer seine Stellplätze **hausfremden** Kraftfahrzeugbesitzern überlassen. Er kann hierzu jedoch von der Bauaufsichtsbehörde nach den Bestimmungen des Bauordnungsrechts nicht gezwungen werden. Dem Zweck des Gesetzes genügt es nämlich, wenn Stellplätze **tatsächlich geschaffen** werden.

Ein **Zwang zur Nutzung** dieser Stellplätze **besteht so lange nicht**, **als die Benutzer und Besucher** der Anlage, für die die Plätze geschaffen wurden, **tatsächlich keinen Stellplatzbedarf verursachen**. Besteht wegen der konkreten Nutzung der Anlage kein Stellplatzbedarf durch die Benutzer oder Besucher, so kann dies eine gegebenenfalls **zeitlich befristete Abweichung vom Zweckentfremdungsverbot** hinsichtlich einer anderweitigen Nutzung rechtfertigen, setzt jedoch einen entsprechenden Antrag und eine Nutzungsänderungsgenehmigung voraus (OVG NRW, Urteil vom 25. 10. 1993 – 11 A 1349/91, BRS 55 Nr. 124). Die Verpflichtung der Eigentümer, entsprechende Mietverträge mit hausfremden Personen bei später sich ergebendem Bedarf der Benutzer und Besucher der baulichen Anlage wieder zu kündigen, kann auch durch Baulast gesichert werden (so Allgeier/von Lutzau, zu § 50 S. 331 f. Anm. 44.3).

### 10 Zu Absatz 9 – Dachgeschossausbau zu Wohnzwecken

137 Absatz 9 ist der Stellplatzvorschrift durch die Novelle 1995 angefügt worden und hat das erklärte Ziel, den **Dachgeschossausbau zu Wohnzwecken** zu fördern. Dieses Ziel wäre auch durch Satzung nach § 47 Abs. 4 Nr. 2 BauO NW 1984 erreichbar gewesen, wenn alle Gemeinden die von den kommunalen Spitzenverbänden ausgearbeitete Mustersatzung umgesetzt hätten. Da es dazu nicht kam und eine Ungleichbehandlung drohte, entschloss sich der Gesetzgeber zu einer gesetzlichen Lösung des Problems (vgl. LT-Drucksache 11/7153, S. 172).

138 Die Vorschrift findet nur Anwendung auf Gebäude, die **vor dem 1. 1. 1993 fertiggestellt** waren. Ohne dass dies zum Ausdruck kommt, darf es sich nicht um einen „Schwarzbau" handeln. Damit ist sowohl das eigentliche Gebäude als auch der ohne Genehmigung zu einem Zeitraum vor dem 1. 1. 1993 aufgesetzte Dachstuhl gemeint. Ob ein Bauwerk **rechtmäßig** vor dem 1. 1. 1993 fertiggestellt wurde, lässt sich unschwer der Bescheinigung über die Bauzustandsbesichtigung zur abschließenden Fertigstellung bzw. dem vor 1985 üblichen Schlussabnahmeschein entnehmen.

139 **Begünstigt** ist nur die **Schaffung** von **Wohnungen** durch **Ausbau** des **Dachgeschosses**. Es muss sich um mindestens eine zusätzliche Wohnung handeln, die durch Ausbau eines bereits bestehenden Dachraumes **neu entsteht**. Weder der Ausbau zu freiberuflichen oder gewerblichen Zwecken, noch der Umbau bereits vorhandener Wohneinheiten wird erfasst. Das Dachgeschoss muss bereits so vorhanden sein, dass ein „Ausbau" erfolgen kann. Muss dagegen die Dachkonstruktion z. B. wegen zu geringer lichter Höhe entfernt und dann wieder neu errichtet werden, greift Absatz 9 nicht ein.

140 Bei Erfüllung dieser tatbestandlichen Voraussetzungen tritt die Rechtsfolge ein, dass **notwendige Stellplätze nicht hergestellt** zu werden brauchen,

- **soweit dies auf dem Grundstück nicht**
- **oder nur unter großen Schwierigkeiten möglich ist**.

Da kraft gesetzlicher Regelung die Stellplatzpflicht fortfällt, braucht der Bauherr auch **keinen Geldbetrag an die Gemeinde** zu zahlen. Die Begründung des Gesetzentwurfs (vgl. LT-Drucksache 11/7153, S. 172) verdeutlicht dies unmissverständlich:

„*Die Formulierung ‚soweit dies auf dem Grundstück nicht oder nur unter großen Schwierigkeiten möglich ist' ist identisch mit der im Absatz 6 Satz 1* (Anmerkung: entspricht jetzt Absatz 5 Satz 1). *Das bedeutet, dass der Verzicht auf die Herstellung von Stellplätzen immer dann greift, wenn aufgrund des Absatzes 6* (Anmerkung: entspricht jetzt Absatz 5) *eine ‚Ablösesumme' zu zahlen wäre.*"

## § 52
## Ställe, Dungstätten und Gärfutterbehälter

**(1) [1]Ställe sind so anzuordnen, zu errichten und instand zu halten, dass eine ordnungsgemäße Tierhaltung sichergestellt ist und die Umgebung nicht unzumutbar belästigt wird. [2]Ställe müssen ausreichend zu lüften sein.**

**(2) Die ins Freie führenden Stalltüren dürfen nicht nach innen aufschlagen. Ihre Zahl, Höhe und Breite müssen so groß sein, dass die Tiere bei Gefahr ohne Schwierigkeiten ins Freie gelangen können.**

**(3) [1]Bauteile wie Wände, Decken, Fußböden müssen gegen schädliche Einflüsse der Stallluft, der Jauche und des Flüssigmists geschützt sein. [2]Der Fußboden des Stalles oder darunter liegende Auffangräume für Abgänge müssen wasserdicht sein. [3]Für Pferdeställe, Schafställe, Ziegenställe und Kleintierställe sowie für Offenställe, Laufställe und für Räume, in denen Tiere nur vorübergehend untergebracht werden, können Abweichungen zugelassen werden.**

**(4) [1]Für Stalldung sind Dungstätten mit wasserdichten Böden anzulegen. Die Wände müssen bis in ausreichender Höhe wasserdicht sein. [2]Flüssige Abgänge aus Ställen und Dungstätten sind in wasserdichte Jauchebehälter oder Flüssigmistbehälter zu leiten, die keine Verbindung zu anderen Abwasseranlagen haben dürfen.**

**(5) Dungstätten, Jauchebehälter und Flüssigmistbehälter sollen**

**1. von Öffnungen zu Aufenthaltsräumen mindestens 5 m,**

**2. von der Nachbargrenze mindestens 2 m,**

**3. von öffentlichen Verkehrsflächen mindestens 10 m und**

**4. von Brunnen und oberirdischen Gewässern mindestens 15 m**

**entfernt sein.**

**(6) [1]Gärfutterbehälter, die nicht nur vorübergehend benutzt werden, müssen dichte Wände und Böden haben und so angeordnet, hergestellt und instandgehalten werden, dass Gefahren oder unzumutbare Belästigungen nicht entstehen. [2]Die Sickersäfte sind einwandfrei zu beseitigen. [3]Absatz 5 Nr. 4 gilt entsprechend.**

**Anmerkungen** (Autor: Czepuck)

**Übersicht**


| | | Rdn. |
|---|---|---|
| 0 | Änderungen gegenüber der BauO NW 1984 und der BauO NW 1995 | 01 |
| 1 | Allgemeines | 1– 5 |
| 2 | Zu Absatz 1 – Grundanforderungen, Stalllüftung | 6– 9 |
| 3 | Zu Absatz 2 – Stalltüren | 10–11 |
| 4 | Zu Absatz 3 – Wände, Decken, Fußböden von Ställen | 12–15 |
| 5 | Zu Absatz 4 bis 6 – Dungstätten, Jauche-, Flüssigmist-, Gärfutterbehälter | 16–21 |

## 0 Änderungen gegenüber der BauO NW 1984 und der BauO NW 1995

01 Die **BauO NRW 2000** hat § 52 BauO NW 1995 übernommen und weist gegenüber § 48 BauO NW 1984 zwei Änderungen auf: In Absatz 1 wurde den Vorschriften des Tierschutzgesetzes Rechnung getragen, in Absatz 3 Satz 3 der Begriff Ausnahme durch den Begriff Abweichung ersetzt.

## 1 Allgemeines

1 Die **bauordnungsrechtlichen** Anforderungen des § 52 BauO NRW erfassen solche Gebäude und baulichen Anlagen oder deren Teile, die vorrangig **landwirtschaftlichen** sowie (landwirschaftlich-) **gewerblichen** Betrieben dienen. Das Planungsrecht und das Immissionsschutzrecht bilden den Rahmen der Zulässigkeit solcher Betriebe.

2 Die **planungsrechtliche** Zulässigkeit beurteilt sich nach den §§ 30 bis 35 BauGB und der BauNVO. Das Planungsrecht nennt begrifflich

- land- und forstwirtschaftliche Betriebe,
- landwirtschaftliche Nebenerwerbsstellen,
- Ställe für Kleintierhaltung als Zubehör zu Kleinsiedlungen und landwirtschaftlichen Nebenerwerbsstellen,
- untergeordnete Nebenanlagen und Einrichtungen für die Kleintierhaltung.

Hinsichtlich der **Ställe** unterscheidet das Planungsrecht solche,

- die einem **landwirtschaftlichen Betrieb dienen**, z. B. zur Viehzucht oder zur Mast,
- die einem **gewerblichen Betrieb dienen**, z. B. Reitställe.

3 Bei der planungsrechtlichen Prüfung sind die **Geruchsauswirkungen** zu berücksichtigen, um dem **Gebot der Rücksichtnahme** auf Nachbarn gerecht zu werden (s. auch nachfolgende Rdn. 17 mit weiteren Beispielen aus der Rechtsprechung). Dabei ist der Nachweis zu erbringen, dass die Entstehung erheblicher Belästigungen oder Nachteile eher unwahrscheinlich ist (VGH B-W, Urteil vom 8. 3. 1973 – III 774/71, BRS 27 Nr. 182 zur Unzulässigkeit eines Schweinezuchtstalls im Außenbereich, der zu einem ebenfalls im Außenbereich gelegenen, jedoch nicht privilegierten Hotel einen Abstand von etwa 150 m einhält und infolge der Geruchsauswirkungen einen Gästeschwund befürchten lässt, bestätigt durch BVerwG, Beschluss vom 7. 6. 1973 – IV B 82.73, BRS 27 Nr. 166). Selbst in einem Gebiet mit dörflichem Charakter ist es dem Bauherrn eines Schweinestalls zuzumuten, durch ergänzende Schutzmaßnahmen dafür zu sorgen, dass die Geruchsbeeinträchtigungen für den Nachbarn möglichst gering gehalten werden (VGH B-W, Urteil vom 1. 8. 1983 – 8 S 2493/82, BRS 40 Nr. 207). Die Beurteilung hat entsprechend der Schutzbedürftigkeit der vorhandenen Umgebungsbebauung zu erfolgen (OVG Saar, Urteil vom 13. 2. 1976 – II R 87/75, BRS 30 Nr. 158).

4 Ställe für **Massentierhaltung** können zu einem landwirtschaftlichen Betrieb gehören, sie können aber auch – wenn sie nicht im betrieblichen Zusammenhang mit Ackerbau, Wiesen- und Weidewirtschaft stehen (§ 201 BauGB) – Gewerbebetriebe sein. Wegen der von ihnen ausgehenden Belästigungen sind sie in aller Regel als „erheblich störende Gewerbebetriebe“ einzustufen. Dem **immissionsschutzrechtlichen Verfahren** aufgrund des § 4 BImSchG unterliegen nach Nr. 7.1 des Anhangs zur 4. BImSchV Anlagen

zum Halten oder zur Aufzucht von **Geflügel** oder zum Halten oder zur getrennten Aufzucht von **Rindern** oder **Schweinen** im Rahmen der dort aufgeführten Platzzahlen. **Anlagen der Massentierhaltung** dürfen gemäß § 35 Abs. 1 Nr. 5 BauGB in der Regel wegen ihrer nachteiligen Wirkung auf die Umgebung (Gerüche) und wegen ihrer besonderen Zweckbestimmung ihren Standort nur im Außenbereich haben (hierzu s. BVerwG, Beschluss vom 27. 6. 1983 – 4 B 201.82, BRS 40 Nr. 74 zu einem Geflügelmaststall mit 180.000 Mastplätzen).

Die BauO NRW unterscheidet hinsichtlich ihrer materiellen und verfahrensrechtlichen Anforderungen: 5

- **freistehende** landwirtschaftliche **Betriebsgebäude** (§ 29 Abs. 2 BauO NRW),
- Wohngebäude mit **angebautem** landschaftlichem **Betriebsgebäude** (§ 31 Abs. 3 BauO NRW).
- landwirtschaftliche Gebäude mit **Wohnteil** und landwirtschaftlichem Betriebsteil (§ 32 Abs. 2 BauO NRW).

**Ställe** bis zu einer Grundfläche von 1.600 m² unterliegen dem vereinfachten Genehmigungsverfahren. Weist der Stall mehr als 1.600 m² Grundfläche auf, zählt er gemäß § 68 Abs. 1 Satz 3 Nr. 3 bzw. 15 BauO NRW zu den „großen" Sonderbauten, für die – sofern nicht das immissionsschutzrechtliche Genehmigungsverfahren zur Anwendung kommt – das normale Genehmigungsverfahren durchzuführen ist.

## 2 Zu Absatz 1 – Grundanforderungen, Stalllüftung

Mit der **Grundanforderung**, dass Ställe so anzuordnen, zu errichten und instand zu halten sind, dass eine **ordnungsgemäße Tierhaltung** sichergestellt ist, wird den Vorschriften des Tierschutzgesetzes Rechnung getragen. § 13 Abs. 1 dieses Gesetzes sowie Artikel 2 des Gesetzes zum Europäischen Übereinkommen vom 10. 3. 1976 zum Schutz von Tieren in landwirtschaftlichen Tierhaltungen ermächtigen den zuständigen Bundesminister, in Rechtsverordnungen Vorschriften für die einzelnen Tierarten zu erlassen. Mehrere Rechtsverordnungen sind bereits erlassen, wie die Hennenhaltungsverordnung, die Schweinehaltungsverordnung und die Kälberhaltungsverordnung (hierzu vgl. Maisack, Die Käfighaltung von Legehennen im Licht des Tierschutz- und Grundgesetzes, NVwZ 1997, 761 und den RdErl. vom 29. 11. 1999 – II C 3-4201-7221 / II C 7-78.016 / VB, n. v., zur Entscheidung des BVerfG vom 6. 7. 1999, BGBl. I S. 1914, über die Nichtigkeit der Hennenhaltungsverordnung sowie den RdErl. vom 16. 1. 2001 – VI-5-4200-9337, n. v., zur Nichtanwendung der Schweinehaltungsverordnung und den ergänzenden RdErl. vom 6. 6. 2001 – VI-5-4200-9337, n. v., über anlagenbezogene Anforderungen an Schweinemastanlagen unter Tierschutzaspekten). Diese Verordnungen enthalten auch bauliche Anforderungen an die Ställe. Da diese Gebäude bauliche Anlagen bzw. Räume **besonderer Art oder Nutzung** im Sinne des § 54 BauO NRW sind, werden im Baugenehmigungsverfahren regelmäßig die zuständigen Behörden beteiligt. 6

Eine Überprüfung der Erfüllung der Anforderungen dieser Vorschriften durch die Bauaufsichtsbehörde findet jedoch bei Ställen, die nicht dem normalen Genehmigungsverfahren bzw. dem immissionsschutzrechtlichen Genehmigungsverfahren unterliegen, nicht statt (s. auch vorausgehende Rdn. 5). Im vereinfachten Genehmigungsverfahren nach § 68 BauO NRW ist § 52 BauO NRW nicht zu prüfen.

7 **Satz 1** stellt als weitere Grundanforderung an Ställe den „**Umgebungsschutz**". Danach hat die **Anordnung** auf dem Grundstück, die **Errichtung** hinsichtlich der baulichen Gestaltung und Beschaffenheit und die **Instandhaltung** zur Erhaltung der baulichen Substanz der Ställe so zu erfolgen, dass unzumutbare Belästigungen, z.B. durch Gerüche, Geräusche, Ungeziefer, nicht entstehen. Der Umgebungsschutz hängt nicht allein von der planungsrechtlichen und ggf. immissionsschutzrechtlichen Einordnung des Betriebes ab; er bestimmt sich auch nach seiner Art, der Anzahl der Tiere, der Dungbeseitigung und der Zuordnung der Ställe zu den anderen (Betriebs-)Gebäuden.

8 **Planung** und **Ausführung** landwirtschaftlicher Betriebe erfordern Spezialkenntnisse sowohl hinsichtlich landwirtschaftlicher Betriebsabläufe und der funktionellen Zuordnung dieser Abläufe als auch der zu verwendenden Baukonstruktionen und Baustoffe. Bei der Planung von Ställen spielen Gesichtspunkte der Betriebswirtschaft, der Tierhaltung, der Stallhygiene und nicht zuletzt des Umweltschutzes (Umgebungsschutzes) eine wesentliche Rolle. Bei der Planung landwirtschaftlicher Betriebsgebäude stehen Bauherren und Entwurfsverfassern die Bauberatungsreferate der **Landwirtschaftskammern** Rheinland und Westfalen-Lippe zur Verfügung.

9 **Stalllüftung** ist für eine gesunde Tierhaltung von ausschlaggebender Bedeutung. Der Anfall von Dämpfen, Dünsten und Luftfeuchtigkeit ist in Ställen sehr hoch. So **fordert Satz 2** eine ausreichende Lüftung der Ställe, ohne die Lüftung zu konkretisieren. Sie erfolgt in der Regel über Fenster oder Lüftungsöffnungen als Querlüftung, gegebenenfalls mit zusätzlichen Ventilatoren. Nach der Preußischen Einheitsbauordnung sollte die Fensterfläche in der Regel 1/15 bis 1/25 der Stallgrundfläche betragen, wobei 1/30 der Stallgrundfläche als Mindestmaß angegeben war.

### 3 Zu Absatz 2 – Stalltüren

10 Die Vorschriften des **Absatzes 2** dienen unter dem Aspekt der Gefahrenabwehr vornehmlich dem **Brandschutz**. Aufbauend auf der Forderung des § 17 Abs. 1 BauO NRW, wonach bauliche Anlagen unter anderem so beschaffen sein müssen, dass bei einem Brand die Rettung von Menschen und Tieren möglich sein muss, verlangt Absatz 2 Türen, die nach Zahl, Höhe und Breite so groß sein müssen, dass die Tiere bei Gefahr ohne Schwierigkeiten ins Freie gelangen können. Die Gefahr muss nicht der Brandfall allein sein.

11 Die Stalltüren dürfen **nicht nach innen** aufschlagen, und sie müssen nutzungsbedingt auch von außen zu öffnen sein. Die Regelung des **Satzes 1** ermöglicht auch Schiebetüren, die dann als „Fluchttüren" dienen. Vornehmlich sollten jedoch nach außen aufschlagende Türen angeordnet werden. Man rechnet eine Stalltür auf 15 bis 20 Stück Großvieh. Da Tiere im Brandfall in besonderem Maße panisch reagieren, müssen bei größeren Tierställen Stalltüren in größerer Zahl vorgesehen werden; hier sollte man z.B. auf sechs Pferde eine Tür rechnen. Für die Rettung der Tiere im Brandfall ist es zweckmäßig, die Stalltüren gut zu **verteilen** und so anzulegen, dass die Tiere den Stallraum auf kurzen Wegen verlassen können. Diesbezügliche Gesichtspunkte stehen allerdings mit den betriebswirtschaftlichen Belangen manchmal im Widerspruch. Zu berücksichtigen ist auch, dass Tiere gewohnheitsabhängig sind und im Gefahrenfalle nur diejenigen Ausgänge aufsuchen, die sie ständig benutzen. Es muss ferner bedacht werden, dass sich verständlicherweise Menschen in Gefahr begeben, um ihr Eigentum zu retten. Die Rettungswege für die Tiere sollten deshalb so geplant werden, dass ein Betreten des Stallinnern im Brandfall auf das Notwendigste beschränkt bleibt.

## 4 Zu Absatz 3 – Wände, Decken, Fußböden von Ställen

Maßnahmen gegen Stallfeuchtigkeit und Stalldämpfe (Lüftung!) sowie zur einwandfreien Ableitung der Jauche dienen der Stallhygiene und Erhaltung der Bausubstanz. Chemische Einwirkungen gehen vom Ammoniakgehalt ($NH_3$) des Mistes und der Jauche aus. In Viehställen entsteht Salpetersäure ($HNO_3$) durch Oxydation von Ammoniak und bildet löslichen Mauersalpeter (Kalziumnitrat [$Ca(NO_3)_2$]), der Mörtel und Beton zerstören kann. 12

**Gefährdete Bauteile** sind materialmäßig so auszuführen, dass sie eine möglichst geringe Wasseraufnahmefähigkeit und Wasserdurchlässigkeit aufweisen, um solchen chemischen Einwirkungen zu begegnen. Zu diesem Zweck werden unter anderem luftporenbildende Zusatzstoffe zum Mörtel und Beton empfohlen. Der Gehalt von geschlossenen Luftporen bewirkt eine Verminderung der kapillaren Saugfähigkeit, verhindert die Wasseraufnahmefähigkeit und Wasserdurchlässigkeit und vergrößert die Widerstandsfähigkeit gegenüber der Einwirkung schädlicher Salze. Die Zugabe von luftporenbildenden Mitteln erhöht allgemein die Widerstandsfähigkeit gegen chemische Einwirkungen.

Fußböden, Wände und Decken sind nach den allgemein anerkannten Regeln der Technik für Stallanlagen auszubilden. Hier sei z. B. auf die Norm DIN 18908 – Fußböden von Stallanlagen, Spaltenböden; Maße, Anforderungen, Verlegung – hingewiesen.

Die Vorschriften des **Satzes 2** dienen in erster Linie dem **Grundwasserschutz**. Die Abweichungsregelung des **Satzes 3** von den Bestimmungen der Sätze 1 und 2 ist auf die genannten Stallarten und Räume beschränkt. Es ist aber selbstverständlich, dass von der Abweichungsermächtigung nur dann Gebrauch gemacht werden kann, wenn bei diesen Stallarten die Gefahren, Nachteile oder Belästigungen, denen mit den Vorschriften der Sätze 1 und 2 entgegengewirkt werden soll, nicht oder nur in geringem Maße auftreten. So kann die Abweichungsregelung bei Schaf- und Ziegenställen nur angewandt werden, wenn es sich um die Aufstallung nur einiger weniger Tiere handelt, wie sie in Verbindung mit Kleinsiedlungen, landwirtschaftlichen Nebenerwerbsstellen oder Landarbeiterstellen vorkommt. Bei umfangreicher Schaf- und Ziegenhaltung liegen die gleichen Verhältnisse vor wie bei anderen Ställen auch. 13

Die BauO NRW rechnet offenbar Schafe und Ziegen nicht zu den Kleintieren, da sich sonst die besondere Aufführung der Schaf- und Ziegenställe neben den Kleintierställen erübrigt hätte. Wenn schon Schafe und Ziegen von den Kleintieren unterschieden werden, können erst recht nicht Schweine Kleintiere sein. Für Schweineställe, gleich welcher Größe, ist die Ausnahmeregelung also nicht anwendbar. Auch die Jungtiere von Großvieh und von Schafen, Ziegen und Schweinen sind keine Kleintiere. Als **Kleintierställe** kommen demnach Geflügel- und Kaninchenställe in Betracht. Kleintiere sind auch die Pelztiere, deren Zucht zur Pelzgewinnung betrieben wird. Die Stallhaltung der meisten Pelztierarten ist mit starken und unangenehmen Geruchserscheinungen verbunden, so dass bei Pelztierställen Absatz 1 in besonderem Maße zu beachten ist. 14

**Offenställe** und **Laufställe** sind moderne Arten der Stallausführung. Bei diesen Stallarten steht der Stallraum in offener Verbindung mit der Außenluft. Offenställe sollen lediglich einen Schutz gegen Regen, Wind und Sonne bieten. Die Türen werden ständig offengehalten. Die Tiere behalten ihre Bewegungsfreiheit und können den Stallraum nach Belieben aufsuchen oder verlassen. Unter **Laufställen** sind solche Ställe zu verstehen, bei welchen die Tiere nicht an einem bestimmten Standplatz angekettet werden. Offenställe sind regelmäßig auch Laufställe. Dagegen können Laufställe auch geschlos- 15 sene Ställe sein. Jungvieh wird vielfach in Laufställen gehalten, Ställe für Schafherden sind gewöhnlich Laufställe.

**Schutzunterstände** für die Tiere auf Weiden oder Koppeln gelten nicht als Ställe. An ihre Ausführung werden bauaufsichtlich keine besonderen Anforderungen gestellt. Sofern ihre Firsthöhe nicht mehr als 4,0 m beträgt, bedürfen sie nach § 65 Abs. 1 Nr. 4 BauO NRW keiner Baugenehmigung.

## 5 Zu Absatz 4 bis 6 – Dungstätten, Jauche-, Flüssigmist-, Gärfutterbehälter

16 Die Vorschriften der Absätze 4 bis 6 dienen dem **Nachbarschutz**, dem **Schutz des Grundwassers** und dem **Schutz der Gesundheit**, insbesondere vor Geruchsbelästigungen. Die bautechnische Ausbildung dieser baulichen Anlagen, ihre funktionale Einbindung in den betrieblichen Ablauf und damit ihre Anordnung in den Gebäuden und auf dem Grundstück erfordern besondere Kenntnisse (s. Rdn. 9).

17 Aus Gründen des Nachbarschutzes und des Gesundheitsschutzes müssen **Dungstätten**, **Jauchebehälter** und **Flüssigmistbehälter** die in **Absatz 5** Nr. 1–3 geregelten Abstände zu Öffnungen von Aufenthaltsräumen, zur Nachbargrenze und zu öffentlichen Verkehrsflächen einhalten. Die Vorschrift hat **nachbarschützende Funktion** (OVG Rh-Pf, Urteil vom 5. 12. 1974 – 1 A 60/73, BRS 28 Nr. 144; BayVGH, Urteil vom 28. 4. 1977 – Nr. 49 XIV 74, BRS 32 Nr. 168 = BayVBl. 1977, 735; OVG Saar, Urteil vom 13. 2. 1976 – II R 87/75, BRS 30 Nr. 158 und Urteil vom 6. 12. 1985 – 2 R 158/84, BRS 44 Nr. 165).

Die **Rechtsprechung** hat sich seit vielen Jahren schon des Themas „Nachbarschutz bei Gebäuden der Landwirtschaft“ angenommen:

- Zum Nachbarschutz gegen einen Güllebehälter, der mit einer geruchsdichten Abdeckung versehen ist, äußert sich das OVG Lüneburg in seinem Urteil vom 28. 7. 1982 (– 1 A 16/81, BRS 39 Nr. 211).
- Zum Nachbarschutz infolge einer undichten Dungstätte mit dadurch verursachtem Übertritt von Jauche in das Kellermauerwerk des Angrenzers s. Hess. VGH, Urteil vom 9. 6. 1983 (– III OE 73/82, BRS 40 Nr. 184).
- Bei der im Rahmen des Gebots der Rücksichtnahme vorzunehmenden Abwägung zwischen dem, was den Nachbarn einerseits und dem Landwirt andererseits zuzumuten ist, kann auf die VDI-Richtlinie 3471 zurückgegriffen werden (OVG Lüneburg, Urteil vom 13. 7. 1979 – I A 31/78, BRS 35 Nr. 197 = RdL 1981, 234; zur Bedeutung dieser Richtlinie im Rahmen der Zulässigkeitsprüfung eines Schweinestalls mit 280 Mastplätzen in einem Dorfgebiet s. OVG Lüneburg, Urteil vom 15. 3. 1979 – I A 134/78, BRS 35 Nr. 56 = RdL 1981, 326).
- Immissionsschutzrechtliche Anforderungen unter Heranziehung der VDI-Richtlinie 3471 können der Genehmigung eines Schweinestalles mit Dungstätte in der Nähe eines Wohngebäudes entgegenstehen (BayVGH, Urteil vom 15. 5. 1989 – 2 B 88.1113, BRS 50 Nr. 192).
- Die von einem Schweinestall ausgehenden Geruchsbelästigungen sind im Dorfgebiet dann zumutbar und verstoßen nicht gegen das Gebot der Rücksichtnahme, wenn sich die Geruchsereignisse quantitativ auf unter 3 % der Jahresstunden beschränken und qualitativ nicht in besonderer Weise intensiv oder unangenehm sind (VGH B-W, Urteil vom 12. 10. 1992 – 8 S 1408/89, NVwZ 1993, 1217 = NuR 1993, 438).

**Absatz 6 Satz 1** bestimmt, dass **Gärfutterbehälter**, die nicht nur vorübergehend benutzt werden, unter anderem so angeordnet, hergestellt und instand gehalten werden müssen, dass Gefahren oder unzumutbare Belästigungen nicht entstehen. Auch diese Regelung dient dem Gesundheitsschutz vor den Geruchsbelästigungen, die durch den Gärprozess entstehen können. Gärfutterbehälter werden zwar in der Regel luftdicht verschlossen, ihr Betrieb (Beschickung und Entnahme) schließt Belästigungen auch für die Nachbarschaft nicht aus. Ihre **Abstände** zu Gebäuden und somit zu Öffnungen von Aufenthaltsräumen (vgl. Absatz 5 Nr. 1) sowie zu Nachbargrenzen (vgl. Absatz 5 Nr. 2) bestimmen sich nach den Vorschriften des § 6 BauO NRW, da von Gärfutterbehältern stets Wirkungen wie von Gebäuden ausgehen (§ 6 Abs. 10 BauO NRW). **18**

Die Anforderungen an die **Dichtigkeit** von Böden und Wänden von Dungstätten, Jauchebehältern, an die **Mindestabstände** dieser Anlagen von Brunnen und oberirdischen Gewässern sowie an die einwandfreie **Beseitigung der Sickersäfte** dienen dem **Schutz des Grundwassers**. Nach § 19 g Abs. 2 WHG müssen Anlagen zum Umschlagen wassergefährdender Stoffe und Anlagen zum Lagern und Abfüllen von **Jauche**, **Gülle** und **Silagesickersäften** so beschaffen sein und so eingebaut, aufgestellt, unterhalten und betrieben werden, dass der bestmögliche Schutz der Gewässer vor Verunreinigung oder sonstiger nachteiliger Veränderung ihrer Eigenschaften erreicht wird. Die Schutzvorschriften einer Wasserschutzgebietsverordnung schließen die Anwendung der nach § 19g WHG maßgeblichen allgemeinen wasserrechtlichen Regelungen über das Lagern von Jauche, Gülle und Silagesickerkräften nicht aus, das heißt, dass die Feststellung der Schutzgebietsverträglichkeit nicht die Prüfung entbehrlich macht, ob sich sonstige wasserrechtliche Vorschriften als Zulassungshindernis erweisen (BVerwG, Urteil vom 12.4. 2001 – 4 C 5/00, NVwZ 2001, 1048). **19**

Mit dem RdErl. vom 27. 1. 1995 (SMBl. NRW. 770) wurden **die wasserwirtschaftlichen Anforderungen** an Anlagen zum Lagern und Abfüllen von Jauche, Gülle und Silagesickersäften eingeführt. In diesem Erlass wurde unter anderem deutlich gemacht, dass die Verantwortung für den ordnungsgemäßen Betrieb sowie die Feststellung der dauernden Dichtigkeit der Anlage allein dem Betreiber obliegt. Um die generellen Vorgaben für die Überwachung der genannten Anlagen aufzuzeigen, wurde innerhalb der Wasserwirtschafts- und Landwirtschaftsverwaltung NRW ein „Merkblatt zur Überwachung von Anlagen zum Lagern und Abfüllen von Jauche, Gülle und Silagesickersäften" erarbeitet. Dieses Merkblatt soll den Betreibern, Wasserbehörden und landwirtschaftlichen Beratungsstellen aufzeigen, welche entsprechenden Prüf- und Wartungsarbeiten zur Gewährleistung der dauernden Dichtheit derartiger Anlagen durchzuführen sind. Das Merkblatt ist durch RdErl. vom 8. 8. 1996 (MBl. NRW. S. 1578) veröffentlicht worden. **20**

Nach § 65 Abs. 1 Nr. 11 BauO NRW bedürfen **geschlossene Behälter** und **Flachsilos** bis zu 50 m² Fassungsvermögen und bis zu 3 m Höhe keiner Baugenehmigung; dies gilt nicht für offene Behälter für Jauche und Flüssigmist. Das heißt, geschlossene Behälter für Jauche und Flüssigmist bis zu den genannten Inhalts- und Höhenmaßen bedürfen keiner Baugenehmigung. **21**

## § 53
## Behelfsbauten und untergeordnete Gebäude

**(1) Die §§ 29 bis 52 gelten nicht für Anlagen, die nach ihrer Ausführung für eine dauernde Nutzung nicht geeignet sind oder die für eine begrenzte Zeit aufgestellt werden sollen (Behelfsbauten).**

**(2) Absatz 1 gilt auch für kleine, Nebenzwecken dienende Gebäude ohne Feuerstätten und für freistehende andere Gebäude, die eingeschossig sind und nicht für einen Aufenthalt oder nur für einen vorübergehenden Aufenthalt bestimmt sind wie Lauben und Unterkunftshütten sowie für Gebäude mit Abstellräumen nach § 6 Abs. 11.**

**(3) [1]Gebäude nach Absatz 1, die überwiegend aus brennbaren Baustoffen bestehen, dürfen nur erdgeschossig hergestellt werden. [2]Ihre Dachräume dürfen nicht nutzbar sein und müssen von den Giebelseiten oder vom Flur aus für die Brandbekämpfung erreichbar sein. [3]Brandwände (§ 33) sind mindestens alle 30,0 m anzuordnen und stets 0,30 m über Dach und vor die Seitenwände zu führen.**

**Anmerkungen** (Autor: Temme)

**Übersicht** Rdn.

0 Änderungen gegenüber der BauO NW 1984 und der BauO NW 1995 . . . . . . . 01–02
1 Allgemeines . . . . . . . . . . . . . . . . . . . . . . . . . . . . . . . . . . . . 1– 3
2 Zu Absatz 1 – Behelfsbauten . . . . . . . . . . . . . . . . . . . . . . . . . . . . 4– 7
3 Zu Absatz 2 – Untergeordnete Gebäude . . . . . . . . . . . . . . . . . . . . . . 8–13
4 Zu Absatz 3 – Behelfsbauten aus brennbaren Baustoffen . . . . . . . . . . . . . . 14–18

### 0 Änderungen gegenüber der BauO NW 1984 und der BauO NW 1995

01 Die Vorschrift des **§ 53 BauO NW 1995** entsprach § 49 BauO NW 1984. Lediglich der Begriff Ausnahme wurde durch den Begriff Abweichung ersetzt.

02 Die **BauO NRW 2000** hat § 53 BauO NW 1995 übernommen, jedoch den Abweichungstatbestand aus Absatz 1 entfernt und bestimmt, dass die §§ 29 bis 52 BauO NRW keine Anwendung finden, um die Bauaufsichtsbehörden von Abweichungsverfahren zu entlasten (so die Begründung in LT-Drucks. 12/3738 S. 80 zu Art. I Nr. 28 – § 53).

### 1 Allgemeines

1 Die Vorschriften des § 53 BauO NRW enthalten Erleichterungen für **Behelfsbauten** (Absatz 1) und **untergeordnete Gebäude** (Absatz 2) sowie **besondere Anforderungen** an Behelfsbauten, wenn diese aus brennbaren Baustoffen hergestellt werden (Absatz 3). Grundsätzlich muss jede bauliche Anlage allen Anforderungen der BauO NRW entsprechen. Es wäre jedoch widersinnig, ein Gebäude, das nur für verhältnismäßig kurze Zeit einen bestimmten Zweck erfüllen soll, in allen Teilen so auszubilden wie ein auf Dauer errichtetes Gebäude. Andererseits müssen an Bauten, die aufgrund ihrer Bauart in höherem Maße brandgefährdet sind, aus Gründen der Sicherheit besondere Anforderungen gestellt werden.

Die Vorschriften unterscheiden als **Behelfsbauten** (Absatz 1): 2

- Anlagen, die nach ihrer **Ausführung**, z. B. hinsichtlich der Grundrissgestaltung oder der Raumgrößen, für eine dauernde Nutzung ungeeignet sind, und
- Anlagen, die nur für eine **begrenzte Zeit** aufgestellt und genutzt werden sollen,

sowie als **untergeordnete Gebäude** (Absatz 2):

- kleine, **Nebenzwecken** dienende Gebäude **ohne Feuerstätte** und
- freistehende, **eingeschossige** Gebäude, diese auch mit Feuerstätte, die nicht für einen Aufenthalt oder für einen nur vorübergehenden Aufenthalt bestimmt sind.

Auch Behelfsbauten und untergeordnete Gebäude werden von der Genehmigungspflicht des § 63 Abs. 1 BauO NRW erfasst, sofern sie als Nebengebäude von Wohngebäuden geringer und mittlerer Höhe im Sinne von § 67 Abs. 1 BauO NRW nicht vom Baugenehmigungsverfahren freigestellt sind. Nach § 65 BauO NRW bedürfen keiner Baugenehmigung z. B. nachfolgende von § 53 BauO NRW erfasste Gebäude: Gartenlauben in Kleingartenanlagen nach § 65 Abs. 1 Nr. 2 BauO NRW, und zum vorübergehenden Aufenthalt dienende Unterkünfte als Baustelleneinrichtung (Baubuden) nach § 65 Abs. 1 Nr. 38 BauO NRW. Für genehmigungsbedürftige Behelfsbauten und untergeordnete Gebäude ist das vereinfachte Genehmigungsverfahren durchzuführen (§ 68 BauO NRW). Bei diesen Bauvorhaben sind infolge der Änderung des Absatzes 1 Abweichungsentscheidungen der Bauaufsichtsbehörde nicht erforderlich. 3

## 2 Zu Absatz 1 – Behelfsbauten

**Absatz 1** definiert **Behelfsbauten** als Anlagen, die nach ihrer **Ausführung** für eine dauernde Nutzung nicht geeignet sind oder die für eine **begrenzte Zeit** aufgestellt werden sollen. Behelfsbauten sind – schon vom Begriff her – nicht für eine dauernde Verwendung bestimmt, sie können gleichwohl für eine dauernde Verwendung geeignet sein. Von seinem Wesen her hat ein Behelfsbau nur eine vorübergehende Bedeutung. Es wird selten vorkommen, dass ein Behelfsbau in voller Übereinstimmung mit allen materiellen Bauvorschriften ausgeführt werden soll, da es widersinnig wäre, ein Gebäude, das schon nach seiner Ausführung für eine dauernde Nutzung nicht geeignet ist oder das nur für eine verhältnismäßig kurze Zeit einen bestimmten Zweck erfüllen soll, qualitativ wie eine Daueranlage auszubilden. 4

Behelfsbauten wollte der Gesetzgeber nicht ausschließen. Die Erfahrung zeigt jedoch: **nichts währt länger als ein Provisorium**. Die spätere Beseitigung von nur befristet genehmigten Behelfsbauten bereitet selbst bei ausreichender Rechtsgrundlage immer wieder Schwierigkeiten. Bei der Beantragung von Behelfsbauten sollten Bauherren daher eine gewisse Zurückhaltung üben und dies auf dringende Fälle beschränken. 4a

Dem **Wesen** von Behelfsbauten entsprechend, aber auch nach dem Wortlaut des Absatzes 1 („begrenzte Zeit"), darf die **Baugenehmigung** nur **befristet** oder mit einem **Widerrufsvorbehalt** ergehen. In der Baubeschreibung sind Angaben über den **Verwendungszweck** des Behelfsbaues sowie dessen beabsichtigte **Verwendungsdauer** erforderlich. Diese Angaben stellen eine verbindliche Willensäußerung des Bauherrn dar. Dabei ist es gleichgültig, ob der Bauherr eine befristete Baugenehmigung beantragt. Für die **Befristung** oder den **Vorbehalt des Widerrufs** von Baugenehmigungen gelten die Bestimmungen des § 36 VwVfG. NRW (s. die Anmerkungen zu § 75 Rdn. 154). 5

6 Für Behelfsbauten gelten nach Absatz 1 **alle** Vorschriften der §§ 29 bis 52 BauO NRW, das heißt auch die Vorschriften an den Brandschutz, **nicht**. Behelfsbauten müssen jedoch der Grundforderung des § 3 BauO NRW ebenso entsprechen wie unter anderem den Vorschriften der §§ 4–11 (die Grundstücke und ihre Bebauung), des § 12 (Gestaltung), § 15 (Standsicherheit), § 16 (Schutz gegen Feuchtigkeit, Korrosion und Schädlinge), § 17 (Grundanforderungen an den Brandschutz), § 18 (Wärme-, Schall- und Erschütterungsschutz) und § 19 BauO NRW (Verkehrssicherheit). § 53 BauO NRW ist **kein Freibrief für die Verschandelung des Orts-, Straßen- und Landschaftsbildes** durch hässliche Schuppen und Provisorien aller Art.

7 Zu den von Absatz 1 erfassten Anlagen zählen auch **Unterkünfte für Bauarbeiter** und **Ausstellungsstände**, sofern sie nur für kurze Zeit aufgestellt werden sollen. Wenn auch häufig als Provisorium beantragt, sind **Schulpavillons** als Ersatzklassenraum in den wenigsten Fällen echte Behelfsbauten. Sollen Schulpavillons jahrelang als Ersatz für fehlenden Schulraum dienen, können sie nicht als Behelfsbauten angesehen werden, sondern unterliegen uneingeschränkt den Anforderungen des Bauordnungsrechts; als Behelfsbauten zu werten, sind sie z.B. für die Dauer einer Umbau- oder Instandhaltungsmaßnahme an einem Schulgebäude, um den Unterricht fortführen zu können.

### 3 Zu Absatz 2 – Untergeordnete Gebäude

8 Absatz 1 gilt für die in **Absatz 2** genannten **untergeordneten Gebäude**. Somit finden die Vorschriften der **§§ 29 bis 52 BauO NRW** ebenfalls keine Anwendung. Anders als bei Behelfsbauten werden untergeordnete Gebäude als Nebenanlage im Sinne des § 14 BauNVO auf Dauer errichtet. Sofern sie nicht freigestellt sind, scheiden die Befristung und der Widerrufsvorbehalt als zulässige Nebenbestimmung zur Baugenehmigung aus.

9 **Untergeordnete Gebäude** sind:

- **kleine**, **Nebenzwecken** dienende **Gebäude ohne Feuerstätte**, wobei als Nebenzweck alle Nutzungen anzusehen sind, die keinen Aufenthaltsraum bedingen, wie z.B. die nach § 6 Abs. 11 Nr. 1 BauO NRW an der Nachbargrenze zulässigen Gebäude mit **Abstellräumen** und **Gewächshäuser**, ferner Geräteschuppen, Wagenremisen, Wirtschaftsgebäude von Kleinsiedlungen und Feldhütten sowie die nicht gewerbliche Garagennutzung (deren Erleichterungen sind allerdings in der GarVO geregelt);
- **freistehende**, **eingeschossige Gebäude** mit Räumen, die **nicht** für einen Aufenthalt bestimmt sind, auch mit Feuerstätte, wobei sich die Größenordnung der in Betracht kommenden Gebäude aus ihrem praktischen Zweck ergibt, den der Gesetzgeber durch Benennung von Beispielen erläutert hat; gemeint sind Gebäude, die Menschen oder Tieren Schutz vor der Witterung bieten oder Abstellzwecken dienen.

10 Zu den untergeordneten Gebäuden rechnen auch die in § 6 Abs. 11 Nr. 1 BauO NRW aufgeführten **Gebäude mit Abstellräumen** („**Gartenhäuschen**") und **Gewächshäuser**. Als **Lauben** kommen kleine Gartenhäuschen und Gartenlauben in Kleingartenanlagen in Betracht, in denen Gartengeräte aufbewahrt werden und die bei Unwetter Schutz zu bieten vermögen. Eine gelegentliche Übernachtung in ihnen ist nicht ausgeschlossen.

11 **Unterkunftshütten** sind z.B. Jagd- bzw. Fischerhütten, auch Schutzhütten für Wanderer (nicht zu verwechseln mit bewirtschafteten Hüttenbetrieben) oder für Land- und Forstarbeiter. Der Begriff Hütte kann dahin gehend definiert werden, dass eine Hütte erheblich einfacher sein muss als ein Haus. Ein Gebäude, das als **Wochenendhaus** verwendet

werden kann, ist in aller Regel keine Hütte mehr, wobei es ohne Belang ist, ob ein solches Gebäude in Verbindung mit der Jagd- oder Fischereiausübung genutzt wird. Die Wohn- und Schlafräume von Wochenendhäusern sind Aufenthaltsräume im Sinne des § 2 Abs. 6 BauO NRW, da sie zum nicht nur vorübergehenden Aufenthalt von Menschen bestimmt sind, jedenfalls aber entsprechend benutzt werden können, z. B. für die Dauer der Sommermonate. Auch in Hütten braucht eine gelegentliche Übernachtung nicht ausgeschlossen zu sein. Sobald solche Gebäude jedoch einen gewissen Grad von **Komfort** bieten, können sie nicht mehr als Hütten angesehen werden.

**Baubuden** dienen den Bauarbeitern auf den Baustellen als Aufenthaltsräume für die Ruhe- und Esspausen, zum Schutz vor ungünstiger Witterung sowie zum Umkleiden und zur Aufbewahrung von Lebensmitteln und Kleidung. Sie müssen ausreichend beleuchtet, gesundheitlich einwandfrei, wetterfest und heizbar eingerichtet sein. Baubuden sind typische bauliche Anlagen, die für einen nur vorübergehenden Aufenthalt von Menschen bestimmt sind. Sie lassen sich als Behelfsbauten auch unter Absatz 1 einordnen. **12**

Auch **kleine Wochenendhäuser** und die ihnen in der CW VO gleichgestellten **ortsfest aufgestellten Wohnwagen** und **Mobilheime** verfügen über Aufenthaltsräume im Sinne des § 2 Abs. 6 BauO NRW. Sie werden von § 53 BauO NRW **nicht erfasst**. Erleichternde Anforderungen an diese sind in § 14 Abs. 2 CW VO geregelt. **13**

### 4 Zu Absatz 3 – Behelfsbauten aus brennbaren Baustoffen

Behelfsbauten nach Absatz 1, die **überwiegend aus brennbaren Baustoffen** bestehen, dürfen nach Satz 1 nur **erdgeschossig** hergestellt werden. Darüber hinaus dürfen sie über **keinen nutzbaren Dachraum** verfügen, wobei sowohl die Aufenthaltsraumnutzung als auch die Nutzung für Abstellzwecke erfasst sind. Das Gesetz stellt hierbei auf **leere** Dachräume im Sinne eines Hohlraumes ab. **14**

**Überwiegend aus brennbaren Baustoffen** besteht ein Gebäude, wenn seine tragenden Bauteile auch in den tragenden und aussteifenden Teilen aus brennbaren Baustoffen bestehen und auch die Funktion seiner nichttragenden Bauteile, wie Wände und Ausfachungen, im Wesentlichen durch brennbare Baustoffe erbracht wird. **15**

**Erdgeschossig** sind solche Gebäude, die nur ein Geschoss ausweisen, die also kein zusätzliches Kellergeschoss oder Dachgeschoss haben dürfen. Die Regelung des Satzes 2, wonach diese Behelfsbauten **keinen nutzbaren Dachraum** haben dürfen, kann sich nur auf einen Hohlraum beziehen, der nicht die Tatbestandsmerkmale für ein Geschoss aufweist (s. die Anmerkungen zu § 2 Rdn. 217–218). Wäre der Raum nutzbar, wäre er nämlich ein Geschoss; insofern handelt es sich hier um eine Überregelung. **16**

Nicht nutzbare Dachräume müssen von den **Giebelseiten** oder vom **Flur** für die Brandbekämpfung erreichbar sein. Diese „Erreichbarkeit" erfordert giebelseitige Einstiegsöffnungen von mindestens 60 cm × 60 cm. Die Dachräume werden im Brandfall wohl kaum von Feuerwehrpersonal betreten werden, die Öffnungen sollen jedoch die Ablöschung von Brandnestern ermöglichen, was ein Mindestmaß an Zugänglichkeit bedingt. **17**

**Ausgedehnte Behelfsbauten**, die überwiegend aus brennbaren Baustoffen bestehen, müssen durch Gebäudetrennwände in der Bauart von **Brandwänden** nach § 33 BauO NRW in höchstens **30 m** lange Brandabschnitte unterteilt sein. Diese Gebäudetrennwände sind stets **0,30 m über das Dach** und auch **vor die Seitenwände** zu führen, um eine Brandausbreitung auf benachbarte Brandabschnitte zu behindern. **18**

## § 54
## Sonderbauten

**(1) [1]Für bauliche Anlagen und Räume besonderer Art oder Nutzung (Sonderbauten) können im Einzelfall zur Verwirklichung der allgemeinen Anforderungen nach § 3 Abs. 1 Satz 1 besondere Anforderungen gestellt werden. [2]Erleichterungen können im Einzelfall gestattet werden, soweit es der Einhaltung von Vorschriften**

**a) wegen der besonderen Art oder Nutzung baulicher Anlagen und Räume oder**

**b) wegen der besonderen Anforderungen nach Satz 1 nicht bedarf.**

**(2) Anforderungen und Erleichterungen können sich insbesondere erstrecken auf**

**1. die Abstände von Nachbargrenzen, von anderen baulichen Anlagen auf dem Grundstück und von öffentlichen Verkehrsflächen sowie auf die Größe der auf Baugrundstücken freizuhaltenden Flächen,**

**2. die Anordnung der baulichen Anlagen auf dem Grundstück,**

**3. die Öffnungen nach öffentlichen Verkehrsflächen und nach angrenzenden Grundstücken,**

**4. die Bauart und Anordnung aller für die Standsicherheit, Verkehrssicherheit, den Brandschutz, den Wärme- und Schallschutz oder Gesundheitsschutz wesentlichen Bauteile,**

**5. Brandschutzeinrichtungen und Brandschutzvorkehrungen,**

**6. die Feuerungsanlagen und Heizräume,**

**7. die Anordnung und Herstellung der Aufzüge sowie die Treppen, Treppenräume, Flure, Ausgänge, sonstige Rettungswege und ihre Kennzeichnung,**

**8. die zulässige Zahl der Benutzerinnen und Benutzer, Anordnung und Zahl der zulässigen Sitzplätze und Stehplätze bei Versammlungsstätten, Gaststätten, Vergnügungsstätten, Tribünen und Fliegenden Bauten,**

**9. die Lüftung,**

**10. die Beleuchtung und Energieversorgung,**

**11. die Wasserversorgung,**

**12. die Aufbewahrung und Beseitigung von Abwasser und von Abfällen,**

**13. die Stellplätze und Garagen sowie die Abstellplätze für Fahrräder,**

**14. die Anlagen der Zufahrten und Abfahrten,**

**15. die Anlage von Grünstreifen, Baumbepflanzungen und anderen Pflanzungen sowie die Begrünung von Aufschüttungen und Abgrabungen,**

**16. Löschwasser-Rückhalteanlagen,**

**17. die Qualifikation der Bauleitern oder des Bauleiters und der Fachbauleiterinnen und der Fachbauleiter,**

**18. die Bestellung einer oder eines Brandschutzbeauftragten für den Betrieb eines Gebäudes,**

**19. die Pflicht, ein Brandschutzkonzept vorzulegen, und dessen Inhalt,**

**20. weitere Bescheinigungen, die nach Fertigstellung des Rohbaus oder nach abschließender Fertigstellung der baulichen Anlagen zu erbringen sind,**

**21. Nachweise über die Nutzbarkeit der Rettungswege im Brandfall,**

**22. Prüfungen und Prüfungen, die von Zeit zu Zeit zu wiederholen sind (wiederkehrende Prüfungen), sowie die Bescheinigungen, die hierfür zu erbringen sind,**

**23. den Betrieb und die Benutzung.**

**(3) Die Vorschriften der Absätze 1 und 2 gelten insbesondere für die in § 68 Abs. 1 Satz 3 aufgeführten Vorhaben.**

***VV BauO NRW*** *(infolge Befristung mit Ablauf des 31. 12. 2005 ausgelaufen)*

***54 Bauliche Anlagen und Räume besonderer Art oder Nutzung (§ 54)***

*54.1 Zu Absatz 1*

*54.11 Für einige bestimmte Sonderbauten sind die besonderen Anforderungen oder Erleichterungen in Rechtsverordnungen („Sonderbauverordnungen" nach § 85 Abs. 1 Nr. 5) enthalten. Da sich diese besonderen Anforderungen oder Erleichterungen nur auf übliche Sonderbauten beziehen, enthalten die meisten Sonderbauverordnungen eine Ermächtigung, im Einzelfall zur Gefahrenabwehr weitere Anforderungen zu stellen (z. B. § 40 KhBauVO). Soweit diese Ermächtigung nicht vorhanden ist, können Anforderungen, die über die Sonderbauverordnungen hinausgehen, nur bei atypischen Fällen gestellt werden, um einer im Einzelfall bestehenden Gefahr zu begegnen. Erleichterungen von Anforderungen in Sonderbauverordnungen können nur durch eine Abweichung gem. § 73 Abs. 1 zugelassen werden.*

*54.12 Die in § 54 Abs. 1 Satz 2 genannten Erleichterungen von einer Vorschrift der Landesbauordnung können im Einzelfall gestattet werden, wenn*

*a) die besondere Art oder Nutzung der baulichen Anlage oder Räume der Einhaltung einer Vorschrift ganz offensichtlich nicht bedarf, weil sie von dem Regelfall, der der Vorschrift zugrunde liegt, erheblich abweicht;*

*b) die Erleichterung durch eine besondere Anforderung kompensiert wird (z. B. automatische Feuerlöschanlagen bei größeren Brandabschnitten, Alarmmeldeanlagen bei größeren Rettungsweglängen, Maßnahmen zur Entrauchung für wirksame Löscharbeiten).*

*Erleichterungen nach § 54 Abs. 1 Satz 2 kommen von allen materiellen Anforderungen in Betracht. Mit diesen Erleichterungen sind jedoch keine Abweichungen von Technischen Baubestimmungen gemeint (vgl. § 3 Abs. 1 Satz 3).*

*54.2 Zu Absatz 2*

*54.205 Die besonderen Anforderungen an Sonderbauten können sich auch auf Brandschutzeinrichtungen und Brandschutzvorkehrungen erstrecken. Hierzu zählen insbesondere technische Anlagen und Einrichtungen wie Feuerlöschanlagen, Rauch- und Wärmeabzugsanlagen, Drucklüftungsanlagen, Brandmeldeanlagen und Alarmmeldeanlagen, wie sie für Sonderbauten bereits in mehreren Regelwerken vorgeschrieben sind.*

*Brandmeldeanlagen der Kenngröße „Rauch" sind insbesondere erforderlich bei unübersichtlich geführter Rettungswegsituation oder in Sonderbauten, in denen gewohnt und geschlagen wird, wie Entbindungs-, Säuglings-, Kinder- und Pflegeheime (§ 68 Abs. 1 Satz 1 Satz 3 Nr. 9), Altenwohnheime, Wohnheime für Menschen mit Behinderungen u. ä.*

*Sofern bei Sonderbauten auf Grund von § 54 Abs. 1 das Erfordernis von Brandschutzeinrichtungen oder Brandschutzvorkehrungen (§ 54 Abs. 2 Nr. 5) besteht, ist der Bauherrin oder dem Bauherrn oder der Betreiberin oder dem Betreiber in der Baugenehmigung aufzugeben, deren Wirksamkeit und Betriebssicherheit entsprechend den Vorschriften der TPrüfVO zu prüfen.*

*Zu den Brandschutzvorkehrungen nach § 54 Abs. 2 Nr. 5 können auch Feuerwehrpläne nach DIN 14095-1 gehören.*

*54.217 Bei Sonderbauten nach § 68 Abs. 1 Satz 3 sollen Fachbauleiterinnen und Fachbauleiter für den Brandschutz benannt oder von der Bauaufsichtsbehörde gefordert werden. Sie haben darüber zu wachen, dass das genehmigte Brandschutzkonzept während der Errichtung des Sonderbaus beachtet und umgesetzt sowie Änderungen oder Ergänzungen des Konzeptes einer Genehmigung zugeführt werden. Als für die Fachbauleitung geeignet sind vor allem die Personen anzusehen, die als Fachplanerinnen oder Fachplaner nach Nr. 58.3 das Brandschutzkonzept aufstellen können.*

*54.218 Brandschutzbeauftragte sollen – sofern sich ihr Erfordernis nicht bereits aus Sonderregelungen für Sonderbauten ergibt (vgl. Verkaufsstättenverordnung, Industriebau-Richtlinie) – von der Bauaufsichtsbehörde insbesondere bei Sonderbauten nach § 68 Abs. 1 Satz 3 gefordert werden. Sie haben u. a. die Aufgabe, während des Betriebes die Einhaltung des genehmigten Brandschutzkonzeptes und der sich daraus ergebenden betrieblichen Brandschutzanforderungen zu überwachen und dem Betreiber festgestellte Mängel zu melden. Die Aufgaben der oder des Brandschutzbeauftragen sind im Einzelfall schriftlich festzulegen. Der Name des oder der Brandschutzbeauftragten sind der überwachenden Behörde auf Verlangen mitzuteilen. Eine Brandschutzbeauftragte oder ein Brandschutzbeauftragter kann auch für mehr als ein Objekt benannt werden.*

*54.219 Absatz 2 Nr. 19 greift für Sonderbauten, die nicht vom Katalog des § 68 Abs. 1 Satz 3 erfasst sind. Bei diesen Sonderbauten soll ein Brandschutzkonzept insbesondere in den Fällen verlangt werden, in denen wesentliche Erleichterungen von den sonst geltenden Vorschriften der BauO NRW gewünscht werden.*

*54.220 Nachweise für die Nutzbarkeit der Rettungswege im Brandfall können vor Inbetriebnahme des Sonderbaus insbesondere zur Unterstützung oder in Ergänzung von Rechenverfahren nach Methoden des Brandschutzingenieurwesens erforderlich sein. Die Nachweise können z. B. geführt werden durch*

- *Druckdifferenzmessungen,*
- *Luftvolumenstrommessungen,*
- *Strömungsgeschwindigkeitsmessungen oder*
- *ggf. durch ergänzende Rauchversuche.*

*Die Nachweise können auch von Personen geführt werden, die als Fachplanerin oder Fachplaner das Brandschutzkonzept aufgestellt haben.*

*54.3 Zu Absatz 3*

*54.31 Zu einem Bauantrag für Sonderbauten sind zu hören*

- *die für den Brandschutz zuständige Dienststelle hinsichtlich den in Nr. 54.33 genannten Anforderungen,*
- *das Staatliche Amt für Arbeitsschutz, soweit es sich um Arbeitsstätten handelt,*
- *das Staatliche Umweltamt, soweit Belange des Immissionsschutzes berührt sind, und*
- *das Bergamt, soweit die baulichen Anlagen und Räume der Bergaufsicht unterliegen.*

*Eine Anhörung ist entbehrlich, wenn durch die Anhörung offensichtlich keine Erkenntnisse gewonnen werden, die zu besonderen Anforderungen führen können (Bagatellfall, Wiederholungsfall).*

*Eine Anhörung des Staatlichen Amtes für Arbeitsschutz bei Gaststätten (Schank- und Speisewirtschaften, Beherbergungsbetriebe), Verkaufsstätten und Büros findet nur nach Maßgabe des Gem. RdErl. d. Ministeriums für Bauen und Wohnen u. d. Ministeriums für Arbeit, Soziales und Stadtentwicklung, Kultur und Sport v. 2. 6. 1998 (SMBl. NRW 23210) – Baugenehmigung von Arbeitsstätten; hier: Gaststätten, Verkaufsstätten, Büros – statt.*

*Soweit danach das Staatliche Amt für Arbeitsschutz nicht beteiligt wird, hat die Bauaufsichtsbehörde die Erfüllung der Anforderungen des baulichen Arbeitsschutzes selbst zu prüfen, auf Antrag über Ausnahmen nach § 4 Abs. 1 ArbStättV zu entscheiden und gegebenenfalls erforderliche Nebenbestimmungen in die Baugenehmigung aufzunehmen.*

*In den Fällen, in denen Ausnahmegenehmigungen nach § 4 Abs. 1 ArbStättV erteilt werden, gilt das Einvernehmen nach der Verordnung zur Regelung von Zuständigkeiten auf dem Gebiet des Arbeits- und technischen Gefahrenschutzes (ZustVOArbtG) als hergestellt. Die Bauaufsichtsbehörde hat das örtlich zuständige Staatliche Amt für Arbeitsschutz über erteilte Ausnahmegenehmigungen zu unterrichten.*

*Staatlich anerkannte Sachverständige können im Wege der Bescheinigung nach SV VO nur feststellen, dass ein Vorhaben den Anforderungen der Landesbauordnung bzw. der Sonderbauverordnungen entspricht. Die Entscheidung über zusätzliche Anforderungen bzw. Erleichterungen im Sinne von § 54 Abs. 1 trifft ausschließlich die Bauaufsichtsbehörde.*

*54.32 Die Prüfung der Bauvorlagen auf ihre Übereinstimmung mit den Vorschriften der Bauordnung oder der aufgrund der Bauordnung erlassenen Rechtsverordnungen und Verwaltungsvorschriften obliegt grundsätzlich den Bauaufsichtsbehörden. Die in Nr. 54.31 genannten Dienststellen und Behörden sind deshalb nur zu solchen Fragen zu hören, die*

*a) Gegenstände betreffen, für deren Beurteilung im Einzelfall die Kenntnisse der Bauaufsichtsbehörde nicht ausreichen (z. B. Einrichtungen für die Brandbekämpfung, zu erwartende Emissionen) oder*

*b) in deren Aufgabenbereich liegen (z. B. Immissionsschutzrecht, Arbeitsstättenrecht).*

54.33 *Beteiligung der Brandschutzdienststellen*

*Die Brandschutzdienststelle soll sich äußern, ob die Anforderungen erfüllt sind an*

- *die Löschwasserversorgung und die Einrichtung zur Löschwasserversorgung,*
- *die Zugänglichkeit der Grundstücke und baulichen Anlagen für die Feuerwehr sowie an Zufahrten, Durchfahrten, Aufstell- und Bewegungsflächen, insbesondere wenn eine von Nr. 5 VV BauO NRW abweichende Lösung geplant ist,*
- *Lage und Anordnung der zum Anleitern bestimmten Stellen (§ 17 Abs. 3 in Verbindung mit § 40 Abs. 4),*
- *Lage und Anordnung von Löschwasser-Rückhalteanlagen,*
- *Anlagen, Einrichtungen und Geräte für die Brandbekämpfung (wie Wandhydranten, Schlauchanschlussleitungen, Feuerlöschgeräte, Feuerlöschanlagen) und für den Rauch- und Wärmeabzug bei Bränden,*
- *Anlagen und Einrichtungen für die Brandmeldung (wie Brandmeldeanlagen) und für die Alarmierung im Brandfall (Alarmierungseinrichtungen),*
- *betriebliche Maßnahmen zur Brandverhütung und Brandbekämpfung sowie zur Rettung von Menschen und Tieren (wie Hausfeuerwehr, Brandschutzordnung, Feuerschutzübungen).*

*Die Bauaufsichtsbehörde entscheidet über die Berücksichtigung der Stellungnahme der Brandschutzdienststelle und über vorgeschlagene Bedingungen, Auflagen oder Hinweise für die Baugenehmigung. Soll der Stellungnahme nicht gefolgt werden und wird ein Einvernehmen nach erneuter – ggf. mündlicher – Anhörung nicht erreicht, so unterrichtet die Bauaufsichtsbehörde die Brandschutzdienststelle von ihrer Entscheidung. Auf Nr. 73.12 VV BauO NRW wird hingewiesen.*

54.34 *Beteiligung der Staatlichen Ämter für Arbeitsschutz*

*Die Staatlichen Ämter für Arbeitsschutz haben unter Berücksichtigung der konkreten Fragen der Bauaufsichtsbehörde zu prüfen, ob das in den Bauvorlagen dargestellte Bauvorhaben die an Arbeitsstätten zu stellenden Anforderungen erfüllt. Auflagen und Bedingungen sind von den Staatlichen Ämtern für Arbeitsschutz nur in dem Umfang vorzuschlagen, der sich aufgrund der Darstellungen in den Bauvorlagen als notwendig erweist; die Vorschläge sind unter Angabe der Rechtsgrundlage kurz zu begründen. Die Bauaufsichtsbehörden entscheiden in eigener Verantwortung über die Vorschläge der Staatlichen Ämter für Arbeitsschutz. Auf Nr. 54.31 2. Absatz wird verwiesen.*

54.35 *Beteiligung der Staatlichen Umweltämter*

*Die Staatlichen Umweltämter haben unter Berücksichtigung der konkreten Fragen der Bauaufsichtsbehörde zu prüfen, ob das in den Bauvorlagen dargestellte Bauvorhaben den Belangen des Immissionsschutzes entspricht. Auflagen und Bedingungen sind von den Staatlichen Umweltämtern nur in dem Umfang vorzuschlagen, der sich aufgrund der Darstellungen in den Bauvorlagen als notwendig erweist; die Vorschläge sind unter Angabe der Rechtsgrundlage kurz zu begründen. Die Bauaufsichtsbehörden entscheiden in eigener Verantwortung über die Vorschläge der Staatlichen Umweltämter.*

*Für die Zusammenarbeit mit den Staatlichen Umweltämtern bei Belangen des Immissionsschutzes gelten im Übrigen die Runderlasse*

- *vom 8. 7. 1982 (SMBl. NRW. 2311) – Berücksichtigung von Emissionen und Immissionen bei der Bauleitplanung sowie bei der Genehmigung von Vorhaben (Planungserlass), hier Teil II,*
- *vom 2. 4. 1998 (SMBl. NRW. 283) – Abstände zwischen Industrie- bzw. Gewerbegebieten und Wohngebieten im Rahmen der Bauleitplanung und sonstige für den Immissionsschutz bedeutsame Abstände (Abstanderlass), hier Nr. 3,*
- *vom 16. 07. 1993 (SMBl. NRW. 7129) – Verwaltungsvorschriften zum Bundes-Immissionsschutzgesetz, hier Nr. 14.3.*

**Hinweis**: Mit dem Gesetz zur Straffung der Behördenstruktur in Nordrhein-Westfalen vom 12. 12. 2006 (GV. NRW. S. 622) wurden die Staatlichen Umweltämter und Staatlichen Ämter für Arbeitsschutz aufgelöst und in die Bezirksregierungen eingegliedert. Mit dem Gesetz zur Kommunalisierung von Aufgaben des Umweltrechts vom 11. 12. 2007 (GV. NRW. S. 662) wurden entsprechend der in Artikel 15 dieses Gesetzes enthaltenen Zuständigkeitsverordnung Umweltschutz – **ZustVU** – Teile der bislang den staatlichen Behörden obliegenden Aufgaben den Kreisen und kreisfreien Städten übertragen.

**Anmerkungen** (Autor: Temme)

**Übersicht** Rdn.

| | | Rdn. |
|---|---|---|
| 0 | Änderungen gegenüber der BauO NW 1984 und der BauO NW 1995 | 01–04 |
| 1 | Allgemeines | 1–12 |
| 2 | Zu Absatz 1 – Besondere Anforderungen und Erleichterungen | 13–14 |
| 2.1 | Besondere Anforderungen | 15–17 |
| 2.2 | Erleichterungen | 18–24 |
| 3 | Zu Absatz 2 – Gegenstände von Anforderungen und Erleichterungen | 25–50 |
| 4 | Zu Absatz 3 – Katalog der Sonderbauten | 51–71 |

## 0 Änderungen gegenüber der BauO NW 1984 und der BauO NW 1995

Die **BauO NW 1995** hat § 50 BauO NW 1984 mit Änderungen und Ergänzungen der Absätze 2 und 3 übernommen. Der Katalog möglicher besonderer Anforderungen bzw. Erleichterungen in **Absatz 2** erfuhr folgende Anpassungen: **01**

- in **Nr. 13** wurden **Abstellplätze für Fahrräder** aufgenommen, da es angemessen erschien, für diese im Einzelfall Erleichterungen zulassen zu können,
- nach Nr. 15 wurde die **neue Nr. 16** eingefügt, wodurch sich die Nr. 16–18 (alt) zu Nr. 17–19 (neu) verschoben; mit der neuen **Nr. 16** wurde die Möglichkeit geschaffen, die Errichtung **von Löschwasser-Rückhalteanlagen** verlangen zu können,
- die Umformulierung der **Nr. 17** stellte klar, dass es nicht auf die Durchführung einer Bauzustandsbesichtigung ankommt, sondern dass die Vorlage der dort genannten Bescheinigung unmittelbar an den Abschluss von Bauarbeiten gekoppelt sein soll,
- die Neuformulierung der **Nr. 18** (Nr. 17 alt) verdeutlicht, dass auch einmalig stattfindende Prüfungen von dieser Regelung erfasst sein sollen; daneben diente die Einführung der Begriffsbestimmung „**wiederkehrende Prüfungen**“ der Anpassung an den in der TPrüfVO verwendeten Begriff.

Weitere Änderungen betrafen den Sonderbautenkatalog in **Absatz 3**.

02 Die **BauO NRW 2000** hat § 54 BauO NW 1995 mit Änderungen und Ergänzungen übernommen. In **Absatz 1** Satz 1 wurde hinter den Worten „bauliche Anlagen und Räume besonderer Art oder Nutzung“ der Klammerzusatz (**Sonderbauten**) eingefügt und damit ein in der Praxis bereits seit langer Zeit üblicher Kurzbegriff in das Gesetz förmlich eingeführt; ebenso wurde die Überschrift der Vorschrift geändert, allerdings erst im Gesetzgebungsverfahren (vgl. LT-Drucks. 12/4394 S. 72 f. Nr. 26).

03 **Absatz 2** wurde erneut ergänzt:

- in **Nr. 7** wurden „**Treppenräume**“ und „**Flure**“ entsprechend der MBO aufgenommen,
- nach Nr. 16 wurden **Nr. 17–19** (**neu**) entsprechend den Empfehlungen der „Unabhängigen Sachverständigenkommission beim Ministerpräsidenten des Landes Nordrhein-Westfalen zur Prüfung von Konsequenzen aus dem Brand auf dem Rhein-Ruhr-Flughafen Düsseldorf“ eingefügt (vgl. die Amtliche Begründung in LT-Drucks. 12/3738 S. 69 Nr. 5 und S. 81 zu Art. I Nr. 29 – § 54), wodurch sich die alte Nr. 17 zur neuen Nr. 20 verschob; nach Nr. 20 wurde die **neue Nr. 21** eingefügt und danach die alten Nummern 18 und 19 als neue Nummern 22 und 23 angehängt,
- die neu eingefügte **Nr. 17** ermächtigt die Bauaufsichtsbehörden, Anforderungen an die **Qualifikation des Bauleiters** bzw. **Fachbauleiters** stellen zu können, um sicherzustellen, dass das ordnungsgemäße Ineinandergreifen der Gewerke entsprechend den Vorgaben des Brandschutzkonzepts von fachlich geeigneten Personen überwacht und im Zuge des Baufortschritts sich als erforderlich erweisende Änderungen und Ergänzungen dieses Konzepts auch tatsächlich festgestellt und einer Genehmigung zugeführt werden (s. Nr. 54.217 VV BauO NRW),
- die neu eingefügte **Nr. 18** ermächtigt die Bauaufsichtsbehörden, die Bestellung eines **Brandschutzbeauftragten für den Betrieb eines Gebäudes** verlangen zu können, um eine Überwachung der Einhaltung der Brandschutzforderungen entsprechend dem Brandschutzkonzept zu gewährleisten (s. Nr. 54.218 VV BauO NRW),
- die neu eingefügte **Nr. 19** ermächtigt die Bauaufsichtsbehörden, die **Erstellung eines Brandschutzkonzepts und dessen Inhalt** verlangen zu können; diese Ermächtigung hat Bedeutung für die „kleinen“ Sonderbauten, da für die in § 68 Abs. 1 Satz 3 BauO NRW aufgeführten „großen“ Sonderbauten gemäß § 69 Abs. 1 Satz 2 BauO NRW bereits die Vorlage eines Brandschutzkonzepts entsprechend § 9 BauPrüfVO gesetzlich vorgeschrieben ist (s. Nr. 54.219 VV BauO NRW),
- die neu eingefügte **Nr. 21** ermächtigt die Bauaufsichtsbehörden, **Nachweise über die Nutzbarkeit der Rettungswege im Brandfall** verlangen zu können, um sicherzustellen, dass deren Funktion nicht beeinträchtigt wird (s. Nr. 54.221 VV BauO NRW).

04 **Absatz 3** enthält nur eine **Verweisung auf den Katalog** der „**großen**“ Sonderbauten in § 68 Abs. 1 Satz 3 BauO NRW, für die das vereinfachte Genehmigungsverfahren nicht gilt. Dadurch ist der Gesetzestext zwar kurz gefasst, jedoch für den Rechtsanwender nicht unbedingt leichter verständlich. An der früheren Rechtslage hat sich nichts geändert, da die Verweisung auf den Katalog des § 68 Abs. 1 Satz 3 BauO NRW nicht abschließend ist, was aus dem Wort „insbesondere“ folgt. Es ist also dieser Katalog nur „insbesondere“ in Bezug genommen (so ausdrücklich die Amtliche Begründung in LT-Drucks. 12/3738 S. 81 zu Art. I Nr. 29 – § 54), so dass besondere Anforderungen und Erleichterungen im Sinne des § 54 Abs. 1 BauO NRW auch in Bezug auf von diesem Katalog nicht erfasste Sonderbauten geltend gemacht werden können.

## 1 Allgemeines

Die materiellen Anforderungen der Landesbauordnung selbst können nur die am **häufigsten vorkommenden**, **üblichen Arten** oder **Nutzungen** baulicher Anlagen erfassen. Daher richten sich diese Anforderungen in erster Linie an **Wohngebäude** und an **Gebäude**, **die Wohngebäuden** – auch **hinsichtlich ihres Gefahrenrisikos** und ihrer **Gefahrentatbestände – in der Nutzung ähnlich** sind (s. die Anmerkungen zu § 17 Rdn. 6–7 und 10 b), wie z. B. Nutzungseinheiten für die Berufsausübung von Freiberuflern (s. die Anmerkungen zu § 2 Rdn. 145 und 146). 1

Erfasst werden von den Regelungen der BauO NRW aber auch **landwirtschaftliche Betriebsgebäude**, wie traditionell übliche Scheunen und Ställe, egal ob freistehend oder mit dem Wohnanteil in einem Gebäude zusammengefasst (s. § § 29, 31, 32, 34 und 52 BauO NRW). Ferner erfasst werden **Behelfsbauten** und **untergeordnete Gebäude** (s. § 53 BauO NRW).

Der Landesbauordnung liegt also ein **begrenztes Nutzungsspektrum als „Regelfall"** zugrunde.

Die Art und die Zweckbestimmung **anderer** baulicher Anlagen sind so vielgestaltig und unterliegen einem solchen Wandel der Entwicklung, dass in der BauO NRW keine ins Einzelne gehenden Anforderungen an solche **baulichen Anlagen und Räume besonderer Art oder Nutzung** normiert werden können, ohne den Gesetzesumfang zu sprengen (zum Brandrisiko von Wohngebäuden und Sonderbauten s. Klingsohr/Messerer, S. 72 ff.).

Im Zuge der Novellierung der BauO NRW wurde aus verfahrensrechtlichen Gründen der nicht abschließende Beispiel-Katalog der Sonderbauten dem § 54 entzogen und in abgewandelter Form als Aufzählung **„großer"** Sonderbauten dem **§ 68 Abs. 1 Satz 3** BauO NRW zugeordnet. Die ursprüngliche Absicht, einen Katalog der Sonderbauten „abschließend" zu formulieren, musste aufgegeben werden, da eine derartige Aufzählung nicht abschließend sein kann. Die Entwicklung in Industrie und Gewerbe und in der Gebäudetechnik schreitet derart schnell voran, dass die Aufzählung stets erweitert werden müsste, um Rechtslücken oder -unsicherheiten zu vermeiden. Daher enthält § 54 Abs. 1 Satz 1 BauO NRW nach wie vor eine Legaldefinition des Sonderbaus, unter die auch Vorhaben fallen, die nicht in der Verfahrensvorschrift des § 68 Abs. 1 Satz 3 BauO NRW enthalten sind. 2

Auch § 2 Abs. 4 Nr. 18 MBO 2002 enthält einen **Auffangtatbestand**, um nicht voraussehbare Sonderfälle erfassen zu können. So sind z. B. Gebäude mit „Reinräumen" nicht in diesem Katalog enthalten. Bei diesen Gebäuden handelt es sich um Anlagen zur Herstellung von z. B. Chips. Sie bestehen zu 80 % ihrer Geschossflächen aus aufwendiger Technik und zum Rest aus Nutzflächen. Die Rettung von Menschen aus diesen Gebäuden sowie der bauliche Brandschutz dieser Gebäude ist so kompliziert, dass keine Brandschutzregeln, auch nicht die der DIN 18230 und die der Industriebau-Richtlinie, zur unmittelbaren Anwendung geeignet sind. Für solche Anlagen bedarf es eines besonderen Brandschutzkonzepts für den Bauantrag und den Betrieb.

Selbst wenn ein Gebäude ausschließlich Wohnnutzungen oder vergleichbare Nutzungen aufweist, kann es sich gleichwohl um einen Sonderbau handeln. Denn nicht nur die Nutzung, sondern auch die **Art** der baulichen Anlage selbst kann ungewöhnlich sein. Auch hier orientiert sich die BauO NRW an den am **häufigsten vorkommenden**, **üb-** 2a

**lichen Bauformen** und stellt deshalb lediglich Anforderungen an Gebäude geringer und mittlerer Höhe.

Auch von den materiellen Vorschriften der BauO NRW nicht erfasste Risiken können ein Wohngebäude zu einer „baulichen Anlage besonderer Art oder Nutzung“ machen, wie dies bei hohen Gebäuden der Fall ist. Anforderungen an **Hochhäuser** sind nicht in der BauO NRW, sondern in der **Hochhausverordnung** geregelt. Aber nicht nur die Gebäudehöhe, sondern auch die **Gebäudeform** oder die **bautechnische Gestaltung** kann vom Üblichen abweichen und deshalb eine besondere Risikobetrachtung erfordern.

**Ungewöhnliche Baukörper**, wie pyramiden- oder kugelförmige Gebäude oder Hügelhäuser, bedingen eingehende Überlegungen, da die BauO NRW – in vielen Einzelregelungen erkennbar – auf die **Hausbautradition** mit in Geschossen unterteilten rechteckigen oder quadratischen Baukörpern und geneigtem Dach oder Flachdach abstellt. Deshalb kann es in der Praxis immer wieder zu Problemen kommen, wenn Wohnnutzungen in zu erhaltenden, aber dafür jedoch ursprünglich nicht konzipierten Gebäuden, wie aufgelassenen Kirchen oder stillgelegten Industriebauten, eingerichtet werden sollen. Gebäude mit einer für diese bisher nicht üblichen geschlossenen Doppelfassade sind als Beispiel für eine besondere bautechnische Gestaltung zu nennen.

**3** Die Vorschriften des § 54 BauO NRW findet nicht nur Anwendung auf Gebäude, sondern auf **bauliche Anlagen** schlechthin (zu diesem Begriff s. die Anmerkungen zu § 2 Rdn. 27 ff.). Erfasst werden durch die Inbezugnahme auf diesen Begriff sogar die „**fiktiven**“ baulichen Anlagen, die nichts Gebautes im klassischen Sinne aufweisen, jedoch vom **typischen Gefahrenpotenzial** eines Wohnhausgrundstücks abweichen. Somit sind z.B. gewerblich oder industriell genutzte Lagerplätze oder Camping- und Wochenendplätze ebenfalls als Sonder„**bauten**“ zu werten.

**4** Absatz 1 Satz 1 BauO NRW bezieht sich darüber hinaus auf „**Räume**“. Hierunter sind einzelne Räume in einem Gebäude gemeint, das ansonsten nur Wohnungen oder dem Wohnen vergleichbare Nutzungen aufweist. Auf die Größe des Raumes kommt es nicht an. Entscheidend für die Abgrenzung ist das Gefahrenpotenzial. So kann ein **Labor** einer Arztpraxis das Gefahrenrisiko erheblich erhöhen (s. Nr. 67.1 VV BauO NRW). Auch Räume, die dem **Einzelhandel** von Waren dienen, sind gefahrenträchtig. Eine vergleichbare Gefahrensituation liegt bei Räumen als gewerbliches **Großhandelswarenlager** oder als **Materiallager** eines Handwerksbetriebs vor.

**5** Die BauO NRW überlässt es den Bauaufsichtsbehörden, **im Einzelfall** und unter bestimmten Voraussetzungen (s. Rdn. 15–24) nach dem jeweiligen Stand der Wissenschaften, der Erkenntnisse und der technischen Praxis – in Abweichung von den in der BauO NRW normierten Anforderungen – **spezielle**, die besondere Art oder Nutzung der baulichen Anlagen berücksichtigende **Anforderungen** mit dem **Ziel der Gefahrenabwehr** im Sinne von § 3 Abs. 1 BauO NRW zu stellen. Sind bei diesen baulichen Anlagen und Räumen **besondere Gefahren** zu erwarten, werden diese speziellen Anforderungen **höher** sein müssen als die in der BauO NRW normierten. Absatz 1 Satz 1 bezeichnet diese als **besondere Anforderungen**. Wenn dagegen gerade die besondere Art oder Nutzung der baulichen Anlagen oder Räume eine Anwendung der in der BauO NRW enthaltenen Anforderungen entbehrlich macht, können sich die speziellen Anforderungen auch als **Erleichterungen** darstellen.

**6** Aufgrund der Ermächtigung des § 85 Abs. 1 Nr. 5–9 BauO NRW kann die oberste Bauaufsichtsbehörde **durch Rechtsverordnung generell Vorschriften** über besondere Anforderungen oder Erleichterungen erlassen, die sich aus der besonderen Art oder Nutzung der baulichen Anlagen und Räume für deren Errichtung, Änderung, Instandhaltung, Betrieb und Benutzung ergeben. Auf dieser Rechtsgrundlage oder den entsprechenden Bestimmungen früherer Fassungen der Landesbauordnung basieren alle **Sonderbauverordnungen** (s. die Anmerkungen zu § 85 Rdn. 10).

**Verfahrensrechtlich** werden die Sonderbauten durch die BauO NRW 2000 in **zwei Gruppen** eingeteilt (s. die Einleitung Rdn. 100 und 101): 7

- die in **§ 68 Abs. 1 Satz 3 BauO NRW** in insgesamt 19 Nummern **abschließend** aufgeführten Sonderbauten mit erheblichem Gefahrenpotenzial unterliegen dem „**normalen**" Genehmigungsverfahren mit **uneingeschränkter präventiver Prüfung** durch die Bauaufsichtsbehörden – für diese hat sich in der Fachsprache die Kurzbezeichnung „**große**" Sonderbauten durchgesetzt.
- alle nicht vom abschließenden Katalog des § 68 Abs. 1 Satz 3 BauO NRW erfassten baulichen Anlagen und Räume besonderer Art oder Nutzung unterfallen dem **vereinfachten** Genehmigungsverfahren mit **eingeschränkter präventiver Prüfung** durch die Bauaufsichtsbehörden – sie werden in der Fachsprache mit der Kurzbezeichnung „**kleine**" Sonderbauten charakterisiert.

Diese verfahrensrechtliche Unterteilung hat keinen Einfluss auf die **Prüfung des baulichen Brandschutzes**, da der Gesetzgeber mit der BauO NRW 2000 unmissverständlich bestimmt hat, dass dieser Aspekt bei Sonderbauten (also unabhängig davon, ob es sich um „kleine" oder „große" handelt) **in jedem Fall zum Prüfprogramm** gehört. Dies ergibt sich einerseits aus § 68 Abs. 1 Satz 4 Nr. 2 BauO NRW durch die Formulierung: „**bei Sonderbauten auch mit § 17**". Andererseits enthält § 72 Abs. 6 BauO NRW für die Sachverständigenbescheinigung, die eine Prüfung durch die Bauaufsichtsbehörde entbehrlich macht, in **Satz 6** folgende Einschränkung:

„**Die Sätze 1 bis 5 gelten im Hinblick auf den Brandschutz einer baulichen Anlage nicht für Sonderbauten (§ 54)**".

Die verfahrensrechtliche Unterscheidung der Sonderbauten tritt besonders deutlich in den Anforderungen an die Bauvorlagen in Erscheinung. Für „**große**" Sonderbauten besteht gemäß § 69 Abs. 1 Satz 2 BauO NRW die **gesetzliche Verpflichtung zur Vorlage eines Brandschutzkonzepts**. Das Brandschutzkonzept ist eine **Bauvorlage** (§ 1 Abs. 1 Nr. 7 BauPrüfVO) und soll gemäß § 58 Abs. 3 BauO NRW von einem staatlich anerkannten Sachverständigen für die Prüfung des Brandschutzes aufgestellt werden (zu dieser Soll – Vorschrift s. die Anmerkungen zu § 58 Rdn. 33–40). 8

Für „**kleine**" Sonderbauten **kann** die Bauaufsichtsbehörde nach § 54 Abs. 2 Nr. 19 BauO NRW **im Einzelfall** die **Vorlage eines Brandschutzkonzepts verlangen** (s. Nr. 54.219 VV BauO NRW).

Das **Brandschutzkonzept** enthält eine **in sich schlüssige Gesamtbewertung** des baulichen und des abwehrenden Brandschutzes. Sein **erforderlicher Inhalt** richtet sich nach **§ 9 BauPrüfVO**. Das Brandschutzkonzept muss vor Erteilung der Baugenehmigung bzw. Teilbaugenehmigung prüffähig vorliegen und ist dem Stand der Planung und Ausführung entsprechend zu ergänzen. Es muss spätestens vor Inbetriebnahme der baulichen Anlage der Bauaufsichtsbehörde vollständig vorliegen. Das Brandschutzkonzept ist **Prüf- und Beurteilungsgrundlage für** – eventuell nach § 54 Abs. 2 Nr. 22 BauO NRW durch die Bauaufsichtsbehörde anzuordnende – **wiederkehrende Prüfungen**.

9 Die Bauaufsichtsbehörde darf bei Sonderbauten auf die **Prüfung des Brandschutzes** als **zentrale Kernaufgabe** nicht verzichten. Diese besonders wichtige Aufgabe lässt sich nicht auf Sachverständige in Anwendung des § 61 Abs. 3 BauO NRW „abschieben", da diese Ermächtigung nur zum Tragen kommt, wenn im Einzelfall besonders schwierige Sachverhalte beurteilt werden müssen und der Bauaufsichtsbehörde das entsprechende Fachwissen fehlt. So kann es in besonders gelagerten Fällen geboten sein, Sachverständige in die Prüfung eines Brandschutzkonzepts einzubeziehen, um z. B. angewandte Rechenverfahren zur Ermittlung von Brandschutzklassen nach Methoden des Brandschutzingenieurwesens auf ihre Richtigkeit zu überprüfen.

Nicht sachgerecht – und auch nicht von der Rechtslage gedeckt – ist die mitunter zu beobachtende Praxis einzelner Bauaufsichtsbehörden, bei Sonderbauten „regelmäßig" Sachverständige auf Kosten des Bauherrn heranzuziehen und mit der Prüfung des Brandschutzkonzepts zu beauftragen, obwohl kein besonders schwierig zu beurteilender Sachverhalt vorliegt. Dass die Bauaufsichtsbehörden mit fachlich geeigneten Personen ausreichend zu besetzen sind, die auch eine brandschutztechnische Prüfung von Sonderbauten beherrschen, folgt aus § 60 Abs. 3 BauO NRW (s. die Anmerkungen zu § 60 Rdn. 15–21).

10 Den erhöhten Schwierigkeitsgrad in der Beurteilung von Sonderbauten berücksichtigt das **Gebührenrecht**, da für diese besonderen baulichen Anlagen die **Genehmigungs- und Bauüberwachungsgebühren höher** liegen als für die normale bauliche Anlage; insoweit trägt der höhere Gebührensatz dem **gesteigerten Prüfaufwand** nach § 54 Abs. 1 BauO NRW Rechnung.

Dabei wurde ebenfalls zwischen „kleinen" und „großen" Sonderbauten differenziert:

- nach Tarifstelle 2.4.1.2 des Allgemeinen Gebührentarifs der AVerwGebO NRW beträgt die Gebühr für „**kleine**" Sonderbauten **10 v. T.** der Rohbausumme,
- nach Tarifstelle 2.4.1.3 des Allgemeinen Gebührentarifs zur AVerwGebO NRW beträgt die Gebühr für „**große**" Sonderbauten **13 v. T.** der Rohbausumme,
- in beiden Fällen jedoch mindestens 50 Euro.

Diese Gebühren schließen die Entscheidungen über besondere Anforderungen oder Erleichterungen mit ein.

11 **Nr. 54.3 VV BauO NRW** regelt ausführlich, welche **Ämter** und **Dienststellen** und wie diese im **Baugenehmigungsverfahren für Sonderbauten** durch die Bauaufsichtsbehörden zu **beteiligen** sind. Zu diesen Dienststellen zählen die Brandschutzdienststellen, die für den Umweltschutz zuständigen Behörden und die Bergämter (zur geänderten Behördenstruktur und zu den geänderten Zuständigkeiten s. den Hinweis zur vorne abgedruckten Nr. 54 VV BauO NRW und die Anmerkungen zu § 72 Rdn. 9).

Die Bauaufsichtsbehörden haben den Bauantrag, bevor sie ihn zur Stellungnahme weiterreichen, so vorzuprüfen, dass den zu beteiligenden Stellen ihre Prüfaufgabe eindeutig erkennbar wird. Die in der Vergangenheit leider häufig geübte Praxis einiger Bauaufsichtsbehörden, den zu beteiligenden Stellen die Bauvorlagen völlig ungeprüft zu überlassen, verleitete diese Stellen geradezu, in der Umkehrung dessen, was erreicht werden soll, sich auch außerhalb ihres Kompetenzbereichs (z. B. bei Brandschutzdienststellen der abwehrende Brandschutz) mit der Prüfung des Antrages zu befassen. Dieses oft zeitraubende Verfahren kann dann vermieden werden, wenn die Bauaufsichtsbehörden die Anhörung nach sorgfältiger Vorprüfung auf konkrete Sachverhalte beschränken und den zu beteiligenden Stellen gezielte Fragen stellen.

Neben Nr. 54.3 VV BauO NRW sind im Baugenehmigungsverfahren für Sonderbauten **spezielle Runderlasse** zu berücksichtigen, deren jeweilige Thematik und Fundstelle der **Anlage zu Nr. 72.11 VV BauO NRW** entnommen werden kann.

**Weitere Handlungsanweisungen** an die Bauaufsichtsbehörden in Bezug auf die **wiederkehrende Prüfung von Sonderbauten** enthalten mehrere nicht veröffentliche Runderlasse. Die Ergebnisse der „Unabhängigen Sachverständigenkommission beim Ministerpräsidenten des Landes Nordrhein-Westfalen zur Prüfung der Konsequenzen aus dem Brand auf dem Rhein-Ruhr-Flughafen Düsseldorf" wurden den Bauaufsichtsbehörden mit RdErl. vom 21. 5. 1996 (– II-100/17) und vom 10. 6. 1997 (– II A 5–100/17-USK) bekannt gemacht und diese zugleich zur **zeitgerechten Durchführung** der wiederkehrenden Prüfungen angehalten. **12**

Mit RdErl. vom 13. 3. 2001 (– II A 2–10.2) wurden den Bauaufsichtsbehörden für die Durchführung der wiederkehrenden Prüfungen „**Checklisten**" für die unterschiedlichen Sonderbauten als Hilfsmittel zur Anwendung empfohlen.

„**Hinweise zum vorbeugenden Brandschutz**" enthält der RdErl. des Innenministeriums des Landes Nordrhein - Westfalen vom 9. 2. 2001 (– V D 2–4.111–3, n. v.), der das bauaufsichtliche Verfahren im Hinblick auf die sich aus § 5 FSHG ergebenden Erfordernisse beleuchtet, schwerpunktmäßig aber die **Durchführung der Brandschau** gemäß § 6 FSHG und die **Stellung von Brandsicherheitswachen** nach § 7 FSHG zum Thema hat. Dieser RdErl. regelt in seinen Nummern 2.2 bis 2.4 auch das Vorgehen beim **Zusammentreffen von wiederkehrenden Prüfungen und Brandschauen**.

## 2 Zu Absatz 1 – Besondere Anforderungen und Erleichterungen

**Besondere Anforderungen** oder **Erleichterungen** auf der Grundlage des § 54 Abs. 1 BauO NRW können im Einzelfall nur gestellt oder gestattet werden, soweit nicht in einer Sonderbauverordnung aufgrund des § 85 Abs. 1 Nr. 5 BauO NRW abschließende, das Bauvorhaben betreffende Regelungen enthalten sind. **13**

Da solche Vorschriften wiederum nur **übliche** Sonderbauten erfassen, also **Regelfälle** normieren, enthalten einige Sonderbauverordnungen die Ermächtigung zu **weiteren Anforderungen im Einzelfall zur Abwehr von Gefahren** (s. § 28 VkVO, § 40 KhBauVO, § 13 Abs. 3 CW VO). Sind diese Ermächtigungen nicht vorhanden, können über die Bestimmungen der Sonderbauverordnungen hinausgehende Anforderungen nur bei atypischen Fällen gestellt werden, um einer im Einzelfall bestehenden Gefahr zu begegnen (s. Nr. 54.11 VV BauO NRW).

**Abweichungen** von **Anforderungen in Sonderbauverordnungen** sind **keine Erleichterungen im Sinne von § 54 Abs. 1 Satz 2 BauO NRW** und können daher nur über eine **förmliche Abweichung nach § 73 BauO NRW** zugelassen werden. **14**

Die gemäß § 85 Abs. 1 BauO NRW erlassenen Sonderbauverordnungen sehen bereits generell Erleichterungen vor (s. Rdn. 6). Insoweit besteht kein Freiraum für zusätzliche Erleichterungen nach § 54 Abs. 1 Satz 2 BauO NRW. Es ist jedoch darauf zu achten, ob die jeweilige Sonderbauverordnung für bestimmte Fälle Abweichungen von einzelnen Anforderungen zulässt (§ 22 GarVO, § 13 Abs. 2–4 CW VO).

**2.1 Besondere Anforderungen**

15 **Satz 1** ermächtigt die Bauaufsichtsbehörden, an bauliche Anlagen und Räume besonderer Art oder Nutzung im Einzelfall **besondere Anforderungen** zu stellen, soweit die Vorschriften der BauO NRW oder die Vorschriften aufgrund der BauO NRW nicht ausreichen, um in Verwirklichung der allgemeinen Anforderungen des § 3 Abs. 1 Satz 1 BauO NRW **Gefahren** für die öffentliche Sicherheit und Ordnung, insbesondere für Leben und Gesundheit, **zu verhindern** oder zu beseitigen. Das heißt, dass die besonderen Anforderungen **notwendig** sein müssen. Anders ausgedrückt: der Sonderbau kann ohne Erfüllung der besonderen Anforderung nicht errichtet bzw. betrieben werden können.

Dafür trägt die fordernde Behörde die **Beweispflicht**. Die besonderen Anforderungen sind folglich von der Bauaufsichtsbehörde zur Verhinderung oder Beseitigung von Gefahren unter Einhaltung des gesetzlichen Rahmens der Grundforderung des § 3 BauO NRW und unter Berücksichtigung der näheren allgemeinen materiellen Anforderungen der BauO NRW zu stellen (zum Begriff der Gefahr s. die Anmerkungen zu § 3 Rdn. 33–42). Von der Ermächtigung kann demnach kein Gebrauch gemacht werden, wenn es nur darum geht, das allgemeine Sicherheitsniveau anzuheben.

Bei der Ermessensausübung können aber in Bezug auf den Brandschutz auch die für den jeweiligen Sachverhalt einschlägigen berufsgenossenschaftlichen Unfallverhütungsvorschriften berücksichtigt werden (OVG Rh-Pf, Urteil vom 24. 1. 2002 – 1 A 11023/01, BauR 2002, 927 = BRS 65 Nr. 139 zu einer feuerbeständigen Abtrennung des Lackierbereichs in einer Werkstatt).

15a Die Bauaufsichtsbehörde kann von einem Bauherrn beim Bauen im Bestand auf der Grundlage von **Absatz 2 Nr. 19** die Erstellung eines **Brandschutzkonzepts** für die gesamte, auch vom Bauantrag nicht unmittelbar betroffene Anlage verlangen, wenn diese besondere Forderung **notwendig** ist. Anders ausgedrückt: die Behörde muss – gegebenenfalls auch gegenüber dem Gericht – den Nachweis erbringen, dass ohne Erfüllung der besonderen Forderung eine Prüfung der Zulässigkeit des Vorhabens nicht möglich ist. Etwas anderes gilt nur, wenn die Voraussetzungen für ein Verlangen nach § 87 Abs. 1 BauO NRW wegen einer konkreten Gefahr im Bestand vorliegen.

16 Wird im **bauaufsichtlichen Verfahren** von der Ermächtigung Gebrauch gemacht, so erhält die Baugenehmigung in der Regel **belastende Nebenbestimmungen** (Auflagen, Bedingungen oder Befristungen). Zwar bedarf gemäß § 75 Abs. 1 Satz 2 zweiter Halbsatz BauO NRW die Baugenehmigung keiner Begründung (s. die Anmerkungen zu § 75 Rdn. 141–144), aus Gründen der Rechtssicherheit und auch der Bürgerfreundlichkeit sollte jedoch die besondere Anforderung dem Antragsteller gegenüber ausreichend **begründet** werden.

Nr. 54.3 VV BauO NRW, welche die Beteiligung der für den Brandschutz zuständigen Dienststelle, der für den Umweltschutz und Arbeitsschutz zuständigen Behörden und des Bergamtes regelt (zum Behördenumbau s. den Hinweis am Ende der abgedruckten Nr. 54 VV BauO NRW), verlangt von diesen Stellen und Ämtern eine Begründung der vorgeschlagenen Auflagen und Bedingungen unter Angabe der Rechtsgrundlage. Wie anders wäre diese Vorschrift zu verstehen, als dass diese Begründungen an den Antragsteller dann weitergegeben werden sollen, wenn die Bauaufsichtsbehörde den Vorschlägen folgt. Die Begründung der besonderen Anforderung sollte zum einen die Gesichtspunkte erkennen lassen, von denen die Bauaufsichtsbehörde bei der Ausübung ihres

Ermessens ausgegangen ist, und zum anderen unter Benennung der Rechtsgrundlagen deren **Erfordernis** nachvollziehbar enthalten.

Absatz 1 Satz 1 ermächtigt auch zu **selbständigen Ordnungsverfügungen** außerhalb **17**
eines anhängigen Baugenehmigungsverfahrens, um **nachträglich Nebenbestimmungen** durchsetzen zu können (ebenso Buntenbroich/Voß, zu § 54 Rdn. 9). Dabei sind die sich aus § 87 BauO NRW ergebenden Grenzen zu beachten (so Boeddinghaus/Hahn/Schulte, zu § 54 Rdn. 32).

Hinzuweisen ist ferner auf die sich aus § 61 Abs. 2 Satz 1 BauO NRW ergebenden Einschränkungen für nachträgliche Anforderungen (s. Nr. 61.2 VV BauO NRW). Die entsprechende Ordnungsverfügung muss gemäß § 39 Abs. 1 VwVfG. NRW. begründet werden, soweit nicht die Voraussetzungen des § 39 Abs. 2 VwVfG. NRW. vorliegen; danach ist eine Begründung entbehrlich, wenn dem Ordnungspflichtigen die Auffassung der Bauaufsichtsbehörde über die Sach- und Rechtslage bereits aus dem bis dahin geführten Schriftwechsel hinreichend bekannt ist.

### 2.2 Erleichterungen

**Satz 2** ermächtigt die Bauaufsichtsbehörden, im Einzelfall für die in Satz 1 genannten **18**
baulichen Anlagen und Räume Erleichterungen zu gestatten, soweit es der Einhaltung der materiellen Vorschriften der BauO NRW

**a)** wegen der besonderen Art oder Nutzung der baulichen Anlagen oder

**b)** wegen der besonderen Anforderungen nach Satz 1

nicht bedarf.

**Zu a)**: Erleichterungen können gestattet werden, wenn eben die besondere Art oder **19**
Nutzung der baulichen Anlagen oder Räume der Einhaltung einer Vorschrift ganz offensichtlich nicht bedarf, weil sie **vom Regelfall**, welcher der Vorschrift zugrunde liegt, **erheblich abweicht**. Hierzu ein **Beispiel**:

Bei eingeschossigen Hallen sind nach § 29 Abs. 1 Tabelle BauO NRW die tragenden und aussteifenden Wände und Stützen in der Feuerwiderstandsklasse F 30 herzustellen, und die Halle ist nach § 32 Abs. 1 BauO NRW durch Gebäudetrennwände (als Brandwände) in höchstens 40 m lange Brandabschnitte zu unterteilen. Bei einer solchen Halle, die freistehend und bei der eine Brandübertragung auf benachbarte Gebäude ausgeschlossen ist, in der ausschließlich nichtbrennbarer Klinker (Rohmaterial zur Zementherstellung) gelagert wird, in der sich keine Aufenthaltsräume befinden, bei der also – worauf es beim Brandschutz entscheidend ankommt – keine Gefahren für Leben und Gesundheit von Menschen und Tieren zu befürchten sind, bedarf es wegen ihrer besonderen Art und Nutzung ganz offensichtlich nicht der Einhaltung vorstehend beschriebener Brandschutzvorschriften.

Da derartige Hallenbauten relativ häufig vorkommen, wurden sie in der Industriebau-Richtlinie berücksichtigt (s. Rdn. 24).

**Zu b)**: Erleichterungen können gestattet werden, wenn die Erleichterungen durch **besondere Anforderungen** kompensiert werden. **20**

Hierzu führt Nr. 54.12 VV BauO NRW einige **Beispiele** auf. Als kompensatorische Maßnahmen kommen danach in Betracht:

– **automatische Feuerlöschanlagen** bei größeren Brandabschnitten,

– **Alarmmeldeanlagen** bei größeren Rettungsweglängen,

– Maßnahmen zur **Entrauchung**, um wirksame Löscharbeiten zu ermöglichen.

21 Die „Erleichterungen“ stellen, obwohl sie Abweichungen von Regelvorschriften der BauO NRW sind, **keine „Abweichungen“ im Sinne des § 73 BauO NRW** dar. Über die Gewährung einer Erleichterung entscheidet die Bauaufsichtsbehörde im Rahmen eines „Gestattungsaktes“. Der Gesetzgeber hat mit dem Institut der „Erleichterungen“ ein **Rechtsinstitut sui generis** geschaffen, das eigenständig neben dem Institut der Abweichung steht.
Für die Entscheidung über eine Erleichterung enthält der Allgemeine Gebührentarif zur AVerwGebO NRW keine besondere Tarifstelle (s. Rdn. 10). Abweichungen von Sonderbauverordnung, wie z. B. der HochhVO oder der VkVO, sind dagegen Abweichungen im Sinne des § 73 auch hinsichtlich des Anfalls von Gebühren nach dem Allgemeinen Gebührentarif (s. Rdn. 14).

22 Die Bauaufsichtsbehörde gestattet die Erleichterung, wenn die zuvor genannten Voraussetzungen vorliegen. Den **Nachweis** darüber hat der Bauherr zu erbringen.

Dazu bedient sich der Bauherr oder auch der Entwurfsverfasser eines **Fachplaners** (§ 58 Abs. 2 BauO NRW) – in der Umgangssprache: eines „Brandschutzsachverständigen“. Dieser erarbeitet zum Nachweis des Vorliegens der gesetzlich geforderten Voraussetzungen der gewünschten Erleichterung ein „**Brandschutzkonzept**“ (s. Rdn. 8).

23 Die Erleichterungsermächtigung des Satzes 2 bildet **nicht** die Rechtsgrundlage für die **Abweichung von Technischen Baubestimmungen**.

Die Rechtsgrundlagen für die Abweichung von allgemein anerkannten Regeln der Technik sind in § 3 Abs. 1 Sätze 3 und 4 BauO NRW geregelt, diese Vorschriften regeln die Voraussetzungen für solche Abweichungen eigenständig (s. die Anmerkungen zu § 3 Rdn. 68–72). Das heißt, wer von einer solchen Abweichung nach § 3 Abs. 1 Satz 3 Gebrauch machen macht, bedarf keiner Erleichterung nach Absatz 1 Satz 2.

24 Zur Erläuterung der bzw. als Beispiel für die Rdn. 22 und 23 möge die „Richtlinie über den baulichen Brandschutz im Industriebau – **Industriebaurichtlinie** – **IndBauR**“ vom 28. 5. 2001 (MBl. NRW. S. 924) dienen. Diese gilt für Industriebauten, das sind Gebäude oder Gebäudeteile im Bereich der Industrie und des Gewerbes, die der Produktion (Herstellung, Behandlung, Verwertung, Verteilung) oder der Lagerung von Produktion dienen.

Hierfür besteht mit der Norm **DIN 18230 Teil 1** (Ausgabe Mai 1998) – Baulicher Brandschutz im Industriebau; rechnerisch erforderliche Feuerwiderstandsdauer – ein **Rechenverfahren**, das die einheitliche brandschutztechnische Bemessung von Industriebauten mit festgelegter Brandbelastung in Bezug auf die Standsicherheit und die zulässige Größe im Brandfall ermöglicht.

Die **IndBauR** enthält für Industriebauten **weitgehende Erleichterungen** bezüglich der **Größen der Brandabschnitte** bzw. der **Brandbekämpfungsabschnitte**.

Die in Nordrhein-Westfalen mit Erlass vom 23. 10. 1989 (MBl. NRW. S. 1566) veröffentlichte IndBauR hatte noch den Rechtscharakter einer **Verwaltungsvorschrift**. Der Bauherr war nicht gezwungen sie zu beachten. Er hatte jedoch die Möglichkeit, sich ihrer zu bedienen als Nachweis dafür, dass ihm Erleichterungen nach § 54 BauO NRW zustanden.

Mit dem eingangs zitierten Erlass vom 28. 5. 2001 wurde die IndBauR als **Technische Baubestimmung** nach § 3 Abs. 3 Satz 1 BauO NRW bauaufsichtlich eingeführt. Damit ist der Bauherr nach § 3 Abs. 1 Satz 2 BauO NRW verpflichtet, sie zu beachten; die Bauaufsichtsbehörde hat ihre Beachtung nach § 3 Abs. 3 Satz 3 in Verbindung mit § 72 Abs. 4 BauO NRW zu prüfen.

Die **„Erleichterungen"** von den sonst geltenden Vorschriften der BauO NRW sind **bereits Gegenstand der IndBauR**. Der Bauherr kann nach § 3 Abs. 1 Satz 3 BauO NRW von dieser Richtlinie abweichen und bedarf daher keiner (zusätzlichen) Erleichterung nach § 54 Abs. 1 Satz 2 BauO NRW.

### 3 Zu Absatz 2 – Gegenstände von Anforderungen und Erleichterungen

Die besonderen Anforderungen und die Erleichterungen bei baulichen Anlagen oder Räumen besonderer Art und Nutzung können sich auf die in Absatz 2 aufgeführten Gegenstände erstrecken. Wie sich aus dem Wort **„insbesondere"** ergibt, ist die Aufzählung **nicht abschließend**. Die besonderen Anforderungen und Erleichterungen können daher auch noch weitere Gegenstände erfassen. 25

Will die Bauaufsichtsbehörde allerdings über die Gegenstände des Katalogs hinausgehen, diesen also im Einzelfall erweitern, so ist diese einzelfallbezogene Erweiterung am **Maßstab** der **Ermächtigung des Absatzes 1** zu messen – Verwirklichung der allgemeinen Anforderungen des § 3 Abs. 1 BauO NRW.

Die Anforderungen oder Erleichterungen können **nur Bauordnungsrecht** betreffen und dürfen **nicht im Widerspruch zu sonstigen öffentlich-rechtlichen Vorschriften** stehen. Zahlreiche **bundesrechtliche** Vorschriften enthalten bauliche und auch betriebliche Anforderungen. Zu nennen sind hier vor allem die **ArbStättV** und die hierzu ergangenen **Arbeitsstättenrichtlinien** sowie die **BetrSichV** als „andere öffentlich-rechtliche Vorschriften" (s. die Anmerkungen zu § 68 Rdn. 33–34 und zu § 69 Rdn. 3). 26

**Nr. 1 bis 16** enthalten mögliche **bauliche** Anforderungen, die aus sich heraus weitgehend verständlich sind. 27

**Nr. 17 bis 23** enthalten **betriebliche** Anforderungen, wenn man die Forderungsermächtigung nach zusätzlichen Bescheinigungen oder wiederkehrenden Prüfungen auch hierzu zählt.

**Nr. 1** betrifft die **Anforderungen des § 6 BauO NRW** an die einzuhaltenden Abstände und Abstandflächen zu Nachbargrenzen, zu anderen baulichen Anlagen auf demselben Grundstück und zu öffentlichen Verkehrsflächen. In erster Linie ist in Nr. 1 an Vergrößerungen der Abstände zu denken, weil z. B. ein Sonderbau besondere Brandgefahren beinhaltet, die das normalerweise geltende Abstandrecht nicht auffängt. Gleichwohl kommen auch Erleichterungen in Betracht, um ungewöhnlich geformten Baukörpern, wie z. B. zylindrischen oder kugelförmigen Bauten ohne hohe Brandlasten gerecht werden zu können, da bei diesen Gebäuden keine voneinander getrennten Gebäudewände auszumachen und somit ungerechte Ergebnisse vorprogrammiert sind. 28

Daneben betrifft Nr. 1 auch die Anforderungen des **§ 5 BauO NRW** an die **Größe der auf dem Grundstück freizuhaltenden Flächen** für den Einsatz der Feuerwehr. Für Sonderbauten mit großen Menschenansammlungen oder sehr hohen Brandlasten kann es erforderlich werden, die Feuerwehrzufahrten und Bewegungsflächen für die Feuerwehr erheblich zu vergrößern. Umgekehrt kann auf derartige Zufahrten und Flächen in

Hafengebieten für Lagergebäude teilweise verzichtet werden, weil Löscharbeiten vom Wasser aus durch Löschboote vorgenommen werden können.

29 **Nr. 2** betrifft die **Anforderungen des § 3 BauO NRW** an die **Anordnung der baulichen Anlagen auf dem Grundstück**. Konkrete Einzelvorschriften unter Verwendung des Begriffs „Anordnung" (zu diesem Begriff s. die Anmerkungen zu § 3 Rdn. 15–19) bestehen jedoch in der BauO NRW nicht, so dass es hier nur darum gehen kann, die allgemeinen Anforderungen an die Anordnung in Bezug auf mögliche Gefährdungstatbestände im Rahmen des § 54 BauO NRW auszufüllen. Beispielsweise kann bei baulichen Anlagen mit außergewöhnlich hohen Brandlasten, wie z. B. Holz- oder Reifenlagern, verlangt werden, dass diese abgerückt von den übrigen Gebäuden auf dem Grundstück angeordnet werden, soweit dies die bauplanungsrechtlichen und sonstigen öffentlich-rechtlichen Vorschriften überhaupt zulassen.

30 **Nr. 3** betrifft die normalerweise zulässigen **Öffnungen zu öffentlichen Verkehrsflächen und Nachbargrundstücken** in Außenwänden von Sonderbauten. Bei Einhaltung der Vorschriften des § 6 BauO NRW sind Öffnungen in Außenwänden ohne weitere Einschränkungen zulässig. Es kann im Einzelfall aber erforderlich sein, die Anzahl und Größe der Öffnungen in den Außenwänden von Sonderbauten einzuschränken, um einer Brandeinwirkung auf angrenzende Verkehrsflächen oder Nachbargrundstücke entgegenzuwirken, weil z. B. aufgrund von Besonderheiten der Nutzung im Brandfalle mit besonders gravierenden Folgen zu rechnen ist.

31 **Nr. 4** betrifft die **Bauart und Anordnung wesentlicher Bauteile**, die im Hinblick auf die Standsicherheit, die Verkehrssicherheit, den Brandschutz, den Wärme- und Schallschutz oder Gesundheitsschutz von Bedeutung sind. Die Anforderungen an diese Schutzgüter des Bauordnungsrechts sind mit Ausnahme des Brandschutzes nur allgemein in den § § 15–19 BauO NRW formuliert; Einzelheiten der Ausführung müssen dem technischen Regelwerk entnommen werden.

Der **Begriff Bauart** ist in § 2 Abs. 10 BauO NRW definiert (s. die Anmerkungen zu § 2 Rdn. 258–260).

Der **Begriff Anordnung** im Rahmen der Nr. 4 zielt auf die innere Organisation von Sonderbauten (s. auch die Anmerkungen zu § 3 Rdn. 17).

Aus Gründen der Gefahrenabwehr können besonders hohe Anforderungen an wesentliche Bauteile, die den vorgenannten Schutzzielen dienen, erforderlich werden; z. B. dürfen aus gentechnische Labors der höchsten Sicherheitsstufe auch im Brandfalle keine gentechnisch veränderten Stoffe entweichen können.

32 **Nr. 5** betrifft **Brandschutzeinrichtungen** und **Brandschutzvorkehrungen**. Dieser Ermächtigung kommt besondere Bedeutung zu, da derartige Einrichtungen oder Vorkehrungen häufig in Sonderbauten vorgesehen sind, um größere Brandabschnitte oder andere Erleichterungen zu ermöglichen (s. die Anmerkungen zu § 17 Rdn. 5–7 a und 10–10 b).

Brandschutzeinrichtungen sind technische Anlagen und Einrichtungen, wie z. B. Sprinkleranlagen oder Rauchabzugsanlagen.

Der Begriff Brandschutzvorkehrungen zielt vorrangig auf betriebliche Maßnahmen, wie z. B. die Bereithaltung einer Werksfeuerwehr, das Verbot des Umgangs mit offenem Feuer oder die Erstellung von Feuerwehrplänen (s. Nr. 54.205 VV BauO NRW).

**Nr. 6** betrifft **Feuerungsanlagen** und **Heizräume**. Es kann im Einzelfall geboten sein, über die Anforderungen des § 43 BauO NRW und der FeuVO NW hinaus die Erfüllung zusätzlicher Anforderungen zu verlangen, z.B. weil die spezielle Nutzung des Sonderbaus mit erhöhten Brandgefahren verbunden ist. 33

**Nr. 7** betrifft die **Anordnung** und **Herstellung** der **Aufzüge**, **Treppen**, **Treppenräume**, **Flure**, **Ausgänge**, **sonstige Rettungswege** und ihre **Kennzeichnung**. Mit der BauO NRW 2000 wurden die Worte Treppenräume und Flure in die Aufzählung mit aufgenommen. Die Ermächtigung ermöglicht Anforderungen an das innere Rettungswegesystem (s. die Anmerkungen zu § 17 Rdn. 22). Bedeutung erlangt Nr. 7 insbesondere für Messe- und Ausstellungsbauten, Büro- und Verwaltungsgebäude, Hochschulen, Abfertigungsgebäude von Flughäfen und Bahnhöfen, Justizvollzugsanstalten sowie Gewerbe- und Industriebauten, weil für diese baulichen Anlagen keine Sonderbauverordnungen bestehen. 34

Nr. 7 kann genutzt werden, um besondere Anforderungen an die Rettungswege und deren Beschaffenheit zu stellen. **Türen** im Verlauf der Rettungswege müssen während des Betriebs jederzeit leicht in Fluchtrichtung zu öffnen sein (s. hierzu den RdErl. vom 3. 2. 1989, MBl. NRW. 1989 S. 261, über Anforderungen an elektrische Verriegelungen von Türen in Rettungswegen).

**Nr. 8** betrifft die **zulässige Zahl der Benutzer**, die **Anordnung** und **Zahl der zulässigen Sitz- und Stehplätze** in Versammlungsstätten, Gaststätten, Vergnügungsstätten, Tribünen und Fliegenden Bauten. Die Vorschrift besitzt nur Bedeutung für Sonderbauten, die nicht unter den Anwendungsbereich der Versammlungsstättenverordnung und der Gaststättenbauverordnung fallen. 35

**Nr. 9** betrifft die **Lüftung**. In ausgedehnten Sonderbauten sind regelmäßig Lüftungsanlagen erforderlich, um einen ausreichenden Luftaustausch zu gewährleisten. Dies gilt in besonderem Maße für Aufenthaltsräume, die wegen ihrer besonderen Zweckbestimmung fensterlos ausgeführt werden sollen (§ 48 Abs. 4 BauO NRW), wie z.B. Hörsäle oder Vortragsräume in Hochschulen zur Vorführung von Filmen oder ähnlichen Medien. Es kann dabei erforderlich sein, noch über die Anforderungen des § 42 BauO NRW und die der mit RdErl. vom 10. 6. 2003 (MBl. NRW. S. 618) als Technische Baubestimmung nach § 3 Abs. 3 BauO NRW eingeführten „**Lüftungsanlagen-Richtlinie – LüAR NRW**“ hinauszugehen. 36

**Nr. 10** betrifft die **Beleuchtung** und **Energieversorgung**. Für die üblichen Wohngebäude oder vergleichbaren Gebäude gibt sich das Bauordnungsrecht mit dem Vorhandensein der notwendigen Fenster gemäß § 48 Abs. 2 BauO NRW zufrieden und überlässt es dem Nutzer, bei Dunkelheit für Beleuchtung zu sorgen. 37

An die Art der Energieversorgung stellt die BauO NRW keine Anforderungen. Anforderungen an **Betriebsräume für elektrische Anlagen** enthält allerdings die **EltBauVO** (s. die Anmerkungen zu § 17 Rdn. 11 a).

In Sonderbauten kann es erforderlich werden, dafür zu sorgen, dass im Gefahrenfall eine **Sicherheitsbeleuchtung** bei Energieausfall ihre Funktionstüchtigkeit behält.

**Nr. 11** betrifft die **Wasserversorgung nach § 44 BauO NRW**. In Betracht kommen besondere Anforderungen an die **Löschwasserbevorratung**, um im Brandfalle über eine ausreichende Kapazität zu verfügen (s. die Anmerkungen zu § 44 Rdn. 16–29). 38

39 **Nr. 12** betrifft die **Aufbewahrung** und **Beseitigung von Abwasser** und **Abfällen**. Diese Ermächtigung dürfte aufgrund der Anforderungen des Wasserrechts (s. die Anmerkungen zum aufgehobenen § 45) und des Abfallrechts (s. die Anmerkungen zum aufgehobenen § 47) weitgehend leer laufen.

40 **Nr. 13** betrifft die **Stellplätze** und **Garagen** sowie die **Abstellplätze für Fahrräder**. Auch diese Ermächtigung läuft insoweit leer, als **§ 51 BauO NRW** in Verbindung mit Nr. 51 VV BauO NRW bereits ausreichend Raum dafür bietet, die unterschiedlichsten Nutzungen – also auch Sonderbauten – berücksichtigen zu können.

41 **Nr. 14** betrifft die **Anlage der Zufahrten** und **Abfahrten nach § 4 Abs. 1 BauO NRW**. Für Sonderbauten mit hoher Beschäftigtenzahl oder hohem Besucheranteil kann es erforderlich sein, an die Dimensionierung der Zu- bzw. Abfahrten – über § 4 Abs. 1 BauO NRW hinaus – Anforderungen stellen zu müssen, um stoßartig auftretende Verkehrsspitzen bewältigen zu können, wie diese z. B. bei Industriebetrieben im Schichtbetrieb, Autokinos oder Messe- und Ausstellungsbauten auftreten.

42 **Nr. 15** betrifft die **Anlage von Grünstreifen**, **Baumbepflanzungen** und **anderen Pflanzungen** sowie die **Begrünung von Aufschüttungen** und **Abgrabungen**. Die Ermächtigung ermöglicht – über **§ 9 Abs. 1 BauO NRW** hinaus –, eine intensive Eingrünung der Grundstücke, auf denen der Sonderbau errichtet werden sollen, verlangen zu können, um Störungen des Straßen-, Orts- oder Landschaftsbildes entgegenzuwirken, die unterhalb der Verunstaltungsschwelle des § 12 Abs. 2 Satz 1 BauO NRW liegen.

43 **Nr. 16**, eingefügt mit der BauO NW 1995, betrifft **Löschwasser-Rückhalteanlagen**. Solche Anlagen werden nach dem Besorgnisgrundsatz des § 19 g WHG erforderlich, um Gewässer vor **verunreinigtem Löschwasser** zu schützen, das beim Löschen von Bränden in baulichen Anlagen anfällt, in denen mit wassergefährdenden Stoffen umgegangen wird. Zur Bemessung solcher Anlagen dient die mit RdErl. vom 14. 10. 1992 (MBl. NRW. S. 1719) als Technische Baubestimmung nach § 3 Abs. 3 BauO NRW eingeführte „Richtlinie zur Bemessung von Löschwasser- Rückhalteanlagen beim Lagern wassergefährdender Stoffe – **Löschwasser-Rückhalte-Richtlinie – LöRüRL**“.

44 **Nr. 17** wurde mit der BauO NRW 2000 neu aufgenommen (s. vorausgehende Rdn. 03). Infolge der Wiedereinführung des Bauleiters durch § 59a BauO NRW 2000 hat der Bauherr gemäß § 57 Abs. 1 BauO NRW einen **Bauleiter** und bei Vorliegen der Voraussetzungen des § 59 a Abs. 3 BauO NRW auch **Fachbauleiter** zu beauftragen (s. die Anmerkungen zu § 57 Rdn. 14–21).

Der Bauleiter oder der Fachbauleiter muss nach § 59 a BauO NRW über die für seine Aufgabe erforderliche Sachkunde und Erfahrung verfügen, hat dies jedoch selbst einzuschätzen (§ 59 a Rdn. 18–22). Über diese generellen Bestimmungen hinaus ermöglicht es Nr. 17 der Bauaufsichtsbehörde, im Einzelfall **besondere Anforderungen** an die **Qualifikation** des **Bauleiters** oder **Fachbauleiters** stellen zu können.

Diese Ermächtigung erlangt vor allem praktische Bedeutung für **„große“ Sonderbauten** nach § 68 Abs. 1 Satz 3 BauO NRW, bei denen es darum geht, die Umsetzung des Brandschutzkonzepts einer besonders intensiven Kontrolle durch fachlich qualifizierte Personen zu unterziehen (zur Anwendung der Ermächtigung s. Nr. 54.217 VV BauO NRW). Infrage kommen hierfür die in § 58 Abs. 3 BauO NRW aufgeführten Personen (s. die Anmerkungen zu § 58 Rdn. 33–40). Ein Fachbauleiter für den Brandschutz hat darüber zu wachen, dass das Brandschutzkonzept während der Errichtung des Sonderbaus beachtet und umgesetzt wird sowie, dass Änderungen oder Ergänzungen des Konzeptes einer Genehmigung zugeführt werden (s. Nr. 54.217 VV BauO NRW).

Will die Bauaufsichtsbehörde von der Ermächtigung im Einzelfall Gebrauch machen, hat sie dem Bauherrn durch **Nebenbestimmung** in der Baugenehmigung aufzugeben, einen Bauleiter bzw. Fachbauleiter zu beauftragen, der die Qualifikationsanforderungen erfüllt. Die geforderte Qualifikation ist zu beschreiben, damit der Bauherr der Forderung auch nachkommen kann und nicht im Ungewissen über das Gewollte bleibt; insoweit sind die Anforderungen des VwVfG. NRW. an Nebenbestimmungen zu beachten (s. die Anmerkungen zu § 75 Rdn. 145 ff.).

**Nr. 18** wurde mit der BauO NRW 2000 neu aufgenommen (s. vorausgehende Rdn. 03). **45**
Die Ermächtigung zielt darauf ab, vom Bauherrn die Bestellung eines **Brandschutzbeauftragten während des Betriebs des Sonderbaus** verlangen zu können. Dem Brandschutzbeauftragten obliegt die Pflicht, während des Betriebs des Sonderbaus die **Einhaltung der sich aus dem Brandschutzkonzept ergebenden Brandschutzanforderungen** zu **überwachen**. Dazu zählen sowohl die baulichen als auch die betrieblichen Anforderungen. Er hat auch darüber zu wachen, dass keine dem Brandschutzkonzept widersprechenden Nutzungsänderungen erfolgen, dass Kabelschotts bei Wechselbelegung ordnungsgemäß verschlossen werden oder, dass das Betriebspersonal der Brandschutzordnung entsprechend unterwiesen wird.

Der Brandschutzbeauftragte hat festgestellte Mängel dem **Betreiber** zu melden, dem dann die Beseitigung obliegt; an den Betreiber ist auch gegebenenfalls eine Ordnungsverfügung der Bauaufsichtsbehörde zu richten, um die Beseitigung zwangsweise durchzusetzen.

Das Verlangen zur Bestellung eines Brandschutzbeauftragten sollte bereits durch **Nebenbestimmung in der Baugenehmigung** gegenüber dem Bauherrn ausgesprochen werden.

Es ist aber auch nicht ausgeschlossen, dass die Bauaufsichtsbehörde für einen **bestehenden Sonderbau nachträglich** die Bestellung durch gesonderten Verwaltungsakt fordert; in diesem Falle ist die **Ordnungsverfügung an den Betreiber** zu richten. Die Ermächtigung kommt vornehmlich für „große" Sonderbauten nach § 68 Abs. 1 Satz 3 BauO NRW in Betracht (s. auch Nr. 54.218 VV BauO NRW).

**Nr. 19** wurde mit der BauO NRW 2000 neu aufgenommen (s. vorausgehende Rdn. 03). **46**
Im Gegensatz zu Nr. 17 und 18 ist die Ermächtigung, die **Vorlage eines Brandschutzkonzepts** verlangen zu können, auf **„kleine" Sonderbauten** ausgerichtet, da für „große" Sonderbauten bereits nach § 69 Abs. 1 Satz 2 BauO NRW die gesetzliche Verpflichtung zur Einreichung eines Brandschutzkonzepts mit den Bauvorlagen besteht. In diesem Zusammenhang ist darauf hinzuweisen, dass Nr. 19 nicht herangezogen werden kann, um für „große" Sonderbauten hinsichtlich der Vorlagepflicht Erleichterungen zu gewähren. Denn einer solchen Handhabung steht § 1 Abs. 2 Satz 4 BauPrüfVO entgegen, der es der Bauaufsichtsbehörde ausdrücklich untersagt, auf die Vorlage des Brandschutzkonzepts zu verzichten; im Übrigen sind Erleichterungen nur von materiellen, nicht jedoch von formellen Anforderungen möglich. Die Ermächtigung der Nr. 19 kommt insbesondere zur Anwendung, wenn Erleichterungen von materiellen Vorschriften für „kleine" Sonderbauten gewährt werden sollen und deshalb Kompensationsmaßnahmen vorzusehen sind (s. auch Nr. 54.219 VV BauO NRW).

Nach der insoweit eindeutigen Formulierung kann kein Zweifel darüber bestehen, dass die Bauaufsichtsbehörde auch ermächtigt ist, den **Inhalt des Brandschutzkonzepts** festzulegen. Sie kann diesen also abweichend von § 9 BauPrüfVO bestimmen, weil z.B. nur bestimmte Angaben zur bauaufsichtlichen Prüfung eines Erleichterungstatbestands benötigt werden. Nach § 72 Abs. 1 BauO NRW hat die Bauaufsichtsbehörde unter anderem innerhalb einer Woche nach Eingang des Bauantrags zu prüfen, ob der Bauantrag und die Bauvorlagen den Anforderungen des § 69 BauO NRW entsprechen (s. die Anmerkungen zu § 72 Rdn. 54–60). Im Rahmen der Vorprüfung sollte aus Gründen der Verfahrensbeschleunigung auch das Verlangen nach Vorlage eines Brandschutzkonzepts ausgesprochen werden. Es ist nicht ausgeschlossen, dieses in einem späteren Stadium der Bearbeitung zu verlangen, weil z.B. eine Verletzung materieller Vorschriften erst nach Beteiligung der Brandschutzdienststelle festgestellt wurde.

Die Bauaufsichtsbehörde sollte die Ermächtigung der Nr. 19 nicht dazu nutzen, bei jedem „kleinen" Sonderbau ein Brandschutzkonzept zu verlangen. Die Forderung nach einem Brandschutzkonzept nach Absatz 1 Satz 1, sollte nur erhoben werden, wenn die Zulässigkeit des „kleinen" Sonderbaus in Bezug auf den baulichen Brandschutz aufgrund der „normalen" Bauvorlagen nicht beurteilt werden kann (s. auch Rdn. 15–15 a).

**47** **Nr. 20** ermächtigt, als **Nachweis** der Erfüllung in der Baugenehmigung enthaltener „besonderer Anforderungen" **weitere Bescheinigungen** verlangen zu können, die **nach der Fertigstellung des Rohbaus** oder **nach der abschließenden Fertigstellung** der baulichen Anlage zu erbringen sind. Die von der Bauaufsichtsbehörde zu fordernden Bescheinigungen sind vom Bauherrn auf seine Kosten zu erbringen und bei Durchführung der Bauzustandsbesichtigungen der Bauaufsichtsbehörde vorzulegen. Bei diesen Bescheinigungen wird es sich in der Regel um nachprüfbare Erklärungen von Sachverständigen handeln, aus denen hervorgeht, dass die in der Baugenehmigung enthaltenen besonderen Anforderungen bei der Bauausführung mit dem bauaufsichtlich geforderten Effekt erfüllt wurden. Dabei sollte in der Baugenehmigung angegeben werden, ob und von welchen Sachverständigen die entsprechenden Erfüllungsbescheinigungen durch den Bauherrn zur abschließenden Bauzustandsbesichtigung zu erbringen sind.

**48** **Nr. 21** wurde mit der BauO NRW 2000 neu aufgenommen (s. vorausgehende Rdn. 03) und betrifft **Nachweise über die Nutzbarkeit der Rettungswege im Brandfall**. Hierzu bemerkt die Amtliche Begründung (LT-Drucks. 12/3738 S. 81 zu Art. I Nr. 29 – § 54):

*„Sofern Rettungswege innerhalb eines Luftraumes, z. B. eines überdachten Atriumhofes oder eines überdachten Großraumes zwischen Gebäudetrakten, als offener Gang, Galerie oder Empore geführt werden, muss die Nutzbarkeit dieser Rettungswege nachgewiesen werden. Die Funktion der Rettungswege darf nämlich im Brandfall durch Rauch nicht beeinträchtigt werden. Der Nachweis der Rauchfreihaltung erfolgt zunächst im Rahmen des Brandschutzkonzepts aufgrund wissenschaftlicher Bemessungsgrundlagen."*

Nachweise für die Nutzbarkeit der Rettungswege im Brandfall können vor Inbetriebnahme des Sonderbaues insbesondere zur Unterstützung oder in Ergänzung von Rechenverfahren nach Methoden des Brandschutzingenieurswesens erforderlich sein. Nr. 54.221 VV BauO NRW erläutert, dass solche Nachweise z.B. geführt werden können durch

- Druckdifferenzmessungen,
- Luftvolumenstrommessungen,
- Strömungsgeschwindigkeitsmessungen oder

– gegebenenfalls durch ergänzende Rauchversuche.

Die Nachweise können auch von Personen geführt werden, die als Fachplaner das Brandschutzkonzept aufgestellt haben.

Die Forderung der Beibringung entsprechender Nachweise ist als Nebenbestimmung in die Baugenehmigung aufzunehmen (zur Anwendung der Ermächtigung s. Nr. 54.221 VV BauO NRW). Die Nachweise müssen spätestens bei Nutzungsaufnahme vorliegen, das kann nach § 82 Abs. 8 Satz 2 BauO NRW auch ein Zeitpunkt vor der abschließenden Fertigstellung sein, wenn die Bauaufsichtsbehörde die Nutzungsaufnahme vorzeitig gestattet. Dann spätestens muss aber feststehen, dass keine Sicherheitsbedenken bestehen, die Rettungswege also im Brandfall benutzbar sind.

**Nr. 22** definiert Prüfungen, die von Zeit zu Zeit zu wiederholen sind, als **„wiederkehrende Prüfungen“**. Bestimmungen in Sonderbauverordnungen, wie z. B. § 38 Abs. 3 KhBauVO, § 46 Abs. 2 VStättVO und § 27 Abs. 2 VkVO verpflichten die Bauaufsichtsbehörden, diese Gebäude **in bestimmten Zeitabständen** unter Beteiligung der Brandschutzdienststellen **zu überprüfen**. Bei bauliche Anlagen und Räume besonderer Art oder Nutzung, die keiner Sonderbauverordnung unterliegen, werden die Bauaufsichtsbehörden an der **Brandschau** nach § 6 FSHG (s. Rdn. 12) beteiligt. **49**

Nr. 22 ermächtigt die Bauaufsichtsbehörden, durch **Nebenbestimmung** in der Baugenehmigung

1) den Bauherrn zu verpflichten, Nachprüfungen bzw. Prüfungen seiner baulichen Anlage auch nach deren Fertigstellung durch die Bauaufsichtsbehörde zu **dulden**, und

2) den Bauherrn zu verpflichten, „wiederkehrende Prüfungen“, z. B. seiner technischen Anlagen, selbst zu **veranlassen**.

Bei den **Prüfungen** nach **Ziffer 1** handelt es sich, wie bei den zuvor genannten Sonderbauten, um Prüfungen – analog zu den Brandschauen – des **Gebäudes selbst**. Diese Prüfungen sind durch die **Bauaufsichtsbehörde** durchzuführen. Durch eine solche Nebenbestimmung verpflichtet sich die Bauaufsichtsbehörde selbst, diese Prüfungen durchzuführen.

Diese wiederkehrenden Prüfungen dienen in erster Linie der Überprüfung, ob das Gebäude noch mit der Baugenehmigung, mit den zur Baugenehmigung verfügten Nebenbestimmungen und somit mit dem der Baugenehmigung zugrunde liegenden Brandschutzkonzept übereinstimmt; daneben ist weiter zu prüfen, ob aus Gründen der Gefahrenabwehr Nachforderungen hinsichtlich baulichen Brandschutzes erforderlich sind (s. die Anmerkungen zu § 61 Abs. 2 und § 87). Sie dienen auch dazu, im Rahmen der Prüfungen darüber zu wachen, dass die in der TPrüfVO vorgeschriebenen Prüfungen vor der ersten Inbetriebnahme und nach wesentlichen Änderungen sowie die wiederkehrenden Prüfungen der sicherheitsrelevanten technischen Einrichtungen und Anlagen entsprechend den festgesetzten Fristen durch anerkannte Sachverständige bzw. Sachkundige auf ihre Wirksamkeit und Betriebssicherheit überprüft worden sind.

Die wiederkehrenden Prüfungen nach **Ziffer 2** erfassen insbesondere die zum sicheren Betrieb einer baulichen Anlage besonderer Art oder Nutzung erforderlichen **technischen Anlagen**, wie lüftungstechnische Anlagen, Brandmeldeanlagen, Rauchabzugsanlagen, selbsttätige Feuerlöschanlagen oder – bei Garagen: CO-Warnanlagen. Diese Prüfungen sind von den Bauherren selbst zu veranlassen.

Die TPrüfVO regelt das Verfahren und die Zeitabstände für diese wiederkehrenden Prüfungen; sie regelt darüber hinaus, welche Personen die technischen Anlagen vor der ersten Inbetriebnahme sowie in den wiederkehrenden Prüfungen zu prüfen haben. Diese Verordnung legt auch die **Prüffristen** für die wiederkehrenden Prüfungen fest. Die Prüfung der technischen Anlagen erfolgt durch staatlich anerkannte **Sachverständige** oder durch **Sachkundige**. Sie soll die **Funktionsfähigkeit der technischen Anlagen sicherstellen**.

Nach dem Brand am Flughafen Düsseldorf sind die Bauaufsichtsbehörden angewiesen worden (s. vorausgehende Rdn. 12), wiederkehrende Prüfungen **zeitgerecht** durchzuführen. In den Genehmigungen für bauliche Anlagen und Räume **für große Menschenansammlungen** von großer Ausdehnung oder mit erhöhter Brand-, Explosions- oder Verkehrsgefahr (wie Abfertigungsgebäude von Flughäfen, Messehallen und diesen in der Nutzung ähnliche Gebäude, die für mehr als 1000 Nutzer bestimmt sind) sind wiederkehrende Prüfungen in Abständen von längstens **fünf Jahren** festzusetzen. Je nach Gefahrenlage oder Gefahrenpotential sind diese Zeitabstände zu verkürzen. Im Rahmen der wiederkehrenden Prüfungen soll das gesamte Brandschutzkonzept, das der Baugenehmigung zugrunde gelegen hat, kritisch auch darauf hin überprüft werden, ob es nach einem möglicherweise – ohne Genehmigung – erfolgten Um- oder Ausbau oder nach einer – ungenehmigten – veränderten Nutzung des Gebäudes noch in sich stimmig ist. Bei diesen wiederkehrenden Prüfungen ist auch auf **verdeckte Mängel** zu achten. Deshalb sollen auch – soweit erforderlich -

– Hohlräume in Sonderbauteilen, wie Installationsschächte, Installationskanäle und Deckenzwischenräume, und

– die Dichtheit von Verschlüssen in abschottenden Bauteilen, wie Rohrabschottungen, Kabelschotts und Feuerschutzabschlüsse,

überprüft werden. Gerade dort können verdeckte Mängel infolge unsachgemäßer Wartungs-, Nachrüstungs- oder Nachbelegungsarbeiten erhebliche Gefahren auslösen.

Neben den wiederkehrenden Prüfungen nach Bauordnungsrecht durch die Bauaufsichtsbehörden finden in baulichen Anlagen besonderer Art oder Nutzung auch regelmäßig **Brandschauen** statt (s. die Anmerkungen zu § 17 Rdn. 9). Nach § 6 FSHG sind die Gemeinden verpflichtet, in Zeitabständen von längstens fünf Jahren eine Brandschau durchzuführen. Durch die Brandschau sind Gebäude und Einrichtungen zu überprüfen, die in erhöhtem Maße brand- oder explosionsgefährdet sind oder in denen bei Ausbruch eines Brandes oder bei einer Explosion eine große Anzahl von Personen oder erhebliche Sachwerte gefährdet sein würden. Die notwendigen Maßnahmen zur Beseitigung der bei einer Brandschau festgestellten Gefahren treffen die örtlichen Ordnungsbehörden, soweit nicht die Zuständigkeit einer anderen Behörde – oder in Bezug auf bauliche Mängel die der Bauaufsichtsbehörde – gesetzlich bestimmt ist. Die Einzelheiten der Durchführung der Brandschau regelt der RdErl. des Innenministeriums des Landes Nordrhein – Westfalen vom 9. 2. 2001 (– V D 2–4.111–3, n. v.).

50 **Nr. 23** eröffnet die Möglichkeit, besondere Anforderungen an den **Betrieb** und an die **Benutzung** der baulichen Anlagen zu stellen. Danach kann z. B. innerhalb eines Produktionsbetriebes der Betrieb auf bestimmte Flächen, bestimmte Lärmwerte oder bestimmte Zeiten beschränkt werden. Es kann auch die Aufstellung einer Brandschutzordnung (über das Verhalten im Brandfall) verlangt oder erlassen werden.

### 4 Zu Absatz 3 – Bauliche Anlagen besonderer Art oder Nutzung

Absatz 3 in der Fassung der **BauO NW 1995** zählte noch beispielhaft bauliche Anlagen und Räume auf, an die wegen ihrer besonderen Art oder Nutzung und damit der von ihnen ausgehenden besonderen Gefahren oder Beeinträchtigungen der öffentlichen Sicherheit und Ordnung im Einzelfall besondere Anforderungen gestellt oder bei denen Erleichterungen gestattet werden können. Diese **Aufzählung** war, wie sich aus dem Wort „insbesondere" ergab, **nicht abschließend** (s. auch vorausgehende Rdn. 2). **51**

Der mit der **BauO NRW 2000** neu gefasste Absatz 3 **verweist auf den Katalog** der **„großen"** Sonderbauten des § 68 Abs. 1 Satz 3 BauO NRW, der aus verfahrensrechtlichen Gründen abschließend gefasst werden musste, um die Gegenstände des vereinfachten Genehmigungsverfahrens von denen des normalen Genehmigungsverfahrens abgrenzen zu können. Die Verweisung in § 54 Abs. 3 BauO NRW wurde jedoch unter Verwendung des Wortes **„insbesondere"** so gefasst, dass die Sonderbauten mit dem in Bezug genommenen Katalog nicht abschließend, sondern nur beispielhaft aufgezählt sind (s. vorausgehende Rdn. 04 und Nds. OVG, Urteil vom 18. 9. 2002 – 1 LB 2855/01, BRS 65 Nr. 138). **52**

Um zu erkennen, was der Gesetzgeber als Sonderbauten erfasst sehen möchte, bedarf es bei der Anwendung des § 54 BauO NRW also einer Betrachtung dieses Katalogs, da die dort genannten **Schwellenwerte** lediglich **verfahrensrechtliche Bedeutung** besitzen. Die durch die Schwellenwerte bewirkte Differenzierung zwischen **„großen"** und **„kleinen"** Sonderbauten hat nicht nur verfahrensrechtliche, sondern auch Auswirkungen auf die Anwendung der Vorschriften des § 54 BauO NRW und soll nachfolgend erläutert werden.

**Nr. 1** des § 68 Abs. 1 Satz 3 BauO NRW 2000 übernimmt § 54 Abs. 3 Nr. 1 BauO NW 1995 und erfasst **Hochhäuser**. Hierunter fallen nach § 2 Abs. 3 Satz 2 BauO NRW Gebäude, bei denen der Fußboden mindestens eines Aufenthaltsraumes mehr als 22 m über der Geländeoberfläche liegt (s. die Anmerkungen zu § 2 Rdn. 159–162 und Klingsohr/Messerer, S. 93 ff. zur Problematik der Rettungsmöglichkeiten der Feuerwehr ab dieser Höhe). Besondere Anforderungen sind abschließend in der **Hochhausverordnung – HochhVO** geregelt. Die HochhVO enthält keine Ermächtigung für weitere Anforderungen oder Erleichterungen im Einzelfall. Hochhäuser sind **„große"** Sonderbauten, die im „normalen" Genehmigungsverfahren von der Bauaufsichtsbehörde umfassend zu prüfen sind. Das **Brandschutzkonzept** ist gemäß § 69 Abs. 1 Satz 2 BauO NRW **notwendiger Antragsbestandteil.** **53**

**Nr. 2** des § 68 Abs. 1 Satz 3 BauO NRW 2000 hat in § 54 Abs. 3 BauO NW 1995 kein Vorbild und erfasst **bauliche Anlagen mit mehr als 30 m Höhe**. Hierunter fallen hohe bauliche Anlagen, die selbst keine Gebäude sind, wie Windenergieanlagen, Sendemasten des Mobilfunks oder Industrieschornsteine. Erfasst werden aber auch Gebäude, die keine hoch gelegenen Aufenthaltsräume aufweisen und deshalb nicht der HochhVO unterliegen, wie Kirchtürme, Aussichtstürme oder Fernmeldetürme (Turmrestaurants oder Arbeitsräume). Bei **Überschreitung der Höhe von 30 m** handelt es sich um **„große"** Sonderbauten, die wegen der mit dieser Höhe verbundenen besonderen bautechnischen und konstruktiven Probleme eine umfassende Prüfung im „normalen" Genehmigungsverfahren erfordern (vgl. LT-Drucks. 12/3738 S. 87). Das **Brandschutzkonzept** ist gemäß § 69 Abs. 1 Satz 2 BauO NRW **notwendiger Antragsbestandteil.** **54**

Eine vergleichbare bauliche Anlage **unterhalb dieses Schwellenwerts** kann ebenfalls ein Sonderbau sein, wenn sie die Voraussetzungen des § 54 Absatz 1 Satz 1 BauO NRW erfüllt und vom „Regelfall“ abweicht, von dem die BauO NRW erkennbar ausgeht (s. Rdn. 1–4); als Beispiel sei eine lediglich 30 m hohe Windenergieanlage genannt (der Schwellenwert erfordert eine Höhe von **mehr als** 30 m). In diesem Fall handelt es sich um „**kleine**“ Sonderbauten, für die das vereinfachte Genehmigungsverfahren nach § 68 BauO NRW Anwendung findet. Die Bauaufsichtsbehörde kann für derartige Anlagen, gestützt auf § 54 Abs. 2 Nr. 19 BauO NRW die Vorlage eines Brandschutzkonzepts verlangen (s. Rdn. 46). Dabei ist zu berücksichtigen, dass das Brandschutzkonzept für die in Nr. 2 aufgeführten baulichen Anlagen nur geringen Aussagewert haben dürfte, weil die Angaben nach § 9 Abs. 2 BauPrüfVO erkennbar auf Gebäude zugeschnitten sind.

Für die in Nr. 2 aufgeführten baulichen Anlagen bestehen **keine** Sonderbauverordnungen, so dass § 54 BauO NRW unmittelbar Anwendung findet, die Bauaufsichtsbehörde also über besondere Anforderungen oder Erleichterungen im Einzelfall zu entscheiden hat. Für **Windenergieanlagen** sind die **„Grundsätze für Planung und Genehmigung von Windkraftanlagen – WKA-Erl.“** zu beachten, die mit Erlass vom 21. 10. 2005 (MBl. NRW. S. 1288) bekannt gemacht wurden.

55 **Nr. 3** des § 68 Abs. 1 Satz 3 BauO NRW 2000 hat in § 54 Abs. 3 BauO NW 1995 ebenfalls kein Vorbild und erfasst **bauliche Anlagen und Räume mit mehr als 1600 m² Grundfläche**. Die Flächenbegrenzung von 1 600 m² Grundfläche orientiert sich an der Maximalgröße eines Brandabschnitts von 40 m × 40 m; insofern bildet Nr. 3 auch eine Verfahrensregelung zu § 32 Abs. 1 Satz 2 BauO NRW (s. die Anmerkungen zu § 32 Rdn. 1–6). Bei **Überschreitung der Grundfläche von mehr als 1600 m²** handelt es sich um „**große**“ Sonderbauten. Die bei größeren Grundflächen zu beantwortende Frage, ob gemäß § 32 Abs. 1 Satz 2 BauO NRW größere Brandabschnitte gestattet werden können und ob dazu andere kompensatorische Vorkehrungen erforderlich sind, setzen nicht nur einen besonderen brandschutztechnischen Sachverstand voraus, sondern erfordern auch eine Risikoabwägung im Rahmen der Gefahrenabwehr, die eine Prüfung und Entscheidung durch die Bauaufsichtsbehörde nahe legt (so die Amtliche Begründung in LT-Drucks. 12/3738 S. 87). Das **Brandschutzkonzept** ist gemäß § 69 Abs. 1 Satz 2 BauO NRW **notwendiger Antragsbestandteil**.

56 **Nr. 4** des § 68 Abs. 1 Satz 3 BauO NRW 2000 übernimmt § 54 Abs. 3 Nr. 2 BauO NW 1995 und erfasst **Verkaufsstätten mit mehr als 700 m² Verkaufsfläche**. Verkaufsstätten sind in der **Verkaufsstättenverordnung – VkVO** geregelt. Die Vorschriften der VkVO gelten erst für Verkaufsstätten, deren Verkaufsräume und Ladenstraßen einschließlich ihrer Bauteile eine Fläche von insgesamt mehr als 2000 m² haben (§ 1 VkVO). Verkaufsstätten sind gemäß § 2 Abs. 1 VkVO Gebäude oder Gebäudeteile, die ganz oder teilweise dem Verkauf von Waren dienen, mindestens einen Verkaufsraum haben und keine Messebauten sind.

Der Schwellenwert von 700 m² Verkaufsfläche resultiert noch aus der früheren und inzwischen überholten Rechtsprechung des Bundesverwaltungsgerichts zu Großflächigkeit von Einzelhandelsbetrieben, das auch Eingang in den **Einzelhandelserlass** vom 7. 5. 1996 (MBl. NRW. S. 922) gefunden hat. Nach einer neueren Entscheidung sind Einzelhandelsbetriebe jedoch erst **großflächig** im Sinne des § 11 Abs. 3 Satz 1 Nr. 2 BauNVO 1990, wenn sie eine Verkaufsfläche von **800 m² überschreiten** (BVerwG, Urteil vom 24. 11. 2005 – 4 C 10.04, BauR 2006, 639 = BRS 69 Nr. 71 = DVBl. 2006, 448 = NVwZ 2006, 452 = UPR 2006, 150 = ZfBR 2006, 247). Diese zum Bauplanungsrecht ergangene Rechtsprechung hat **keine Auswirkungen** auf den in Nr. 4 festgelegten **Schwellenwert**, da es hierfür erst noch einer Gesetzesänderung bedarf. Bei einer **Überschreitung der Verkaufsfläche von mehr als 700 m²** handelt es sich daher um „**große**" Sonderbauten, die eine umfassende Prüfung im „normalen" Genehmigungsverfahren erfordern. Das **Brandschutzkonzept** ist gemäß § 69 Abs. 1 Satz 2 BauO NRW **notwendiger Antragsbestandteil**.

Eine vergleichbare bauliche Anlage **unterhalb dieses Schwellenwerts** kann ebenfalls ein Sonderbau sein, wenn sie die Voraussetzungen des § 54 Absatz 1 Satz 1 BauO NRW erfüllt und vom „Regelfall" abweicht, von dem die BauO NRW erkennbar ausgeht (s. Rdn. 1–4 und Nds. OVG, Urteil vom 18. 9. 2002 – 1 LB 2855/01, BauR 2003, 226 = BRS 65 Nr. 138); als Beispiel mag ein lediglich 700 m² Verkaufsfläche umfassender Buchladen dienen (der Schwellenwert bedingt eine Verkaufsfläche von **mehr als** 700 m²).

Die Größenbegrenzung hat zur Folge, dass alle gängigen Supermarktfilialen mit bis zu 700 m² Verkaufsfläche als „**kleine**" Sonderbauten noch dem vereinfachten Genehmigungsverfahren nach § 68 BauO NRW unterliegen. Die Bauaufsichtsbehörde kann zwar für derartige Anlagen, gestützt auf § 54 Abs. 2 Nr. 19 BauO NRW die Vorlage eines Brandschutzkonzepts verlangen (s. vorausgehende Rdn. 46). Brandschutzkonzept für die in Nr. 4 aufgeführten baulichen Anlagen sind nur erforderlich, wenn besondere Schwierigkeiten bei der bauaufsichtlichen Beurteilung auftreten, da im Regelfall die Bescheinigung des staatlich anerkannten Sachverständigen für die Prüfung des Brandschutzes ausreicht (vgl. LT-Drucks. 12/3738 S. 87). Dies gilt vor allem für die brandschutztechnische Beurteilung freistehender Supermärkte oder erdgeschossiger Läden in Wohn- und Geschäftshäusern ohne hohe Brandlasten bis zu 700 m² Verkaufsfläche.

**Nr. 5** des § 68 Abs. 1 Satz 3 BauO NRW 2000 hat in § 54 Abs. 3 BauO NW 1995 kein Vorbild und erfasst **Messe- und Ausstellungsbauten**. Diese Bauten sind unabhängig von ihrer Größe stets „**große**" Sonderbauten und erfordern eine umfassende Prüfung im „normalen" Genehmigungsverfahren. Das **Brandschutzkonzept** ist gemäß § 69 Abs. 1 Satz 2 BauO NRW **notwendiger Antragsbestandteil**. Die generelle Erfassung dieser Bauten, die Gebäude im Sinne des § 2 Abs. 2 BauO NRW sind, ist gerechtfertigt, da in derartigen Gebäuden von Messe zu Messe bzw. von Ausstellung zu Ausstellung wechselnd Stände mit zum Teil erheblichen Brandlasten aufgestellt werden und außerdem mit hohen Besucherzahlen zu rechnen ist (s. auch die Anmerkungen zu § 2 Rdn. 29). **57**

**Nr. 6** des § 68 Abs. 1 Satz 3 BauO NRW 2000 übernimmt § 54 Abs. 3 Nr. 4 BauO NW 1995 und erfasst **Büro- und Verwaltungsgebäude mit mehr als 3000 m² Geschossfläche**. Nutzungen für Büro- und Verwaltungszwecke erfordern regelmäßig nur dann besondere Anforderungen, wenn es sich um größere bauliche Anlagen handelt, in denen sich eine nicht unerhebliche Zahl von Benutzern und Besuchern aufhält. Nur wenn viele Menschen solche Gebäude benutzen, ist davon auszugehen, dass besondere Gefahrenrisiken bestehen. Bei **Überschreitung der Geschossfläche von mehr als 3000 m²** handelt es sich stets um „**große**" Sonderbauten, die eine umfassende Prüfung im „normalen" Genehmigungsverfahren erfordern. Das **Brandschutzkonzept** ist gemäß § 69 Abs. 1 Satz 2 BauO NRW **notwendiger Antragsbestandteil**. **58**

Eine vergleichbare bauliche Anlage **unterhalb dieses Schwellenwerts** kann ebenfalls ein Sonderbau sein, wenn sie die Voraussetzungen des § 54 Absatz 1 Satz 1 BauO NRW erfüllt und vom „Regelfall" abweicht, von dem die BauO NRW erkennbar ausgeht (s. vorausgehende Rdn. 1–4); als Beispiel soll ein Büro- und Verwaltungsgebäude mit lediglich 3000 m² Geschossfläche dienen (der Schwellenwert erfordert eine Geschossfläche von **mehr als** 3000 m²). In diesem Fall handelt es sich um einen „**kleinen**" Sonderbau, für den das vereinfachte Genehmigungsverfahren nach § 68 BauO NRW Anwendung findet. Die Bauaufsichtsbehörde kann für derartige Anlagen, gestützt auf § 54 Abs. 2 Nr. 19 BauO NRW die Vorlage eines Brandschutzkonzepts verlangen (s. vorausgehende Rdn. 46). Für Büro- und Verwaltungsgebäude geringer Höhe bedarf es jedoch zur Beurteilung des baulichen Brandschutzes keines Brandschutzkonzepts. Büroräume für Freiberufler können ohnehin anhand der Anforderungen der BauO NRW, wie sie auch für Wohngebäude gelten, beurteilt werden.

Für die vor allem in Büro- und Verwaltungsgebäuden gebräuchlichen Fußbodenkonstruktionen zur Aufnahme von Leitungen und Kabelanlagen besteht die mit RdErl. vom 8. 6. 2005 (MBl. NRW. S. 698) in die Liste der Technischen Baubestimmungen nach § 3 Abs. 3 BauO NRW aufgenommene „**Richtlinie über brandschutztechnische Anforderungen an Hohlraumestriche und Doppelböden**" (DIBt Mitteilungen 6/1999, S. 184).

59 **Nr. 7** des § 68 Abs. 1 Satz 3 BauO NRW 2000 übernimmt aus § 54 Abs. 3 Nr. 3 BauO NW 1995 die **Versammlungsstätten** und erfasst zusätzlich auch **Kirchen**, wenn diese Räume **mit mehr als 200 Personen** aufweisen. **Versammlungsstätten** sind bauliche Anlagen oder Teile baulicher Anlagen, die für die gleichzeitige Anwesenheit vieler Menschen bei Veranstaltungen erzieherischer, geselliger, kultureller, künstlerischer, politischer, sportlicher oder unterhaltender Art bestimmt sind. Zu den Versammlungsstätten zählen z. B. Kinos, Theater, Konzertsäle, Mehrzweckhallen, Kongresszentren, Zirkusanlagen und größere Hörsäle (hinsichtlich der typischen Gefahren s. Klingsohr/Messerer, S. 84 ff.). Besondere Anforderungen an Versammlungsstätten in Abhängigkeit von der besonderen Nutzungsart der Versammlungsstätte und von der Zahl der Besucher regelt die **Versammlungsstättenverordnung – VStättVO**. Der Schwellenwert von mehr als 200 Personen orientiert sich an § 1 Abs. 1 Nr. 1 VStättVO und bezieht – abweichend von § 1 Abs. 3 VStättVO – **Kirchen** mit ein. Bei **Überschreitung der Zahl von mehr als 200 Personen** handelt es sich stets um „**große**" Sonderbauten, die eine umfassende Prüfung im „normalen" Genehmigungsverfahren erfordern. Das **Brandschutzkonzept** ist gemäß § 69 Abs. 1 Satz 2 BauO NRW **notwendiger Antragsbestandteil**.

Eine vergleichbare bauliche Anlage **unterhalb dieses Schwellenwerts** kann ebenfalls ein Sonderbau sein, wenn sie die Voraussetzungen des § 54 Absatz 1 Satz 1 BauO NRW erfüllt und vom „Regelfall" abweicht, von dem die BauO NRW erkennbar ausgeht (s. vorausgehende Rdn. 1–4); als Beispiel ist ein gerade 200 Personen fassender Versammlungsraum zu nennen (der Schwellenwert bedingt **mehr als** 200 Personen). Versammlungsstätten und Kirchen unterhalb des Schwellenwerts sind „**kleine**" Sonderbauten, für die das vereinfachte Genehmigungsverfahren nach § 68 BauO NRW Anwendung findet. Die Bauaufsichtsbehörde kann zwar für derartige Anlagen, gestützt auf § 54 Abs. 2 Nr. 19 BauO NRW die Vorlage eines Brandschutzkonzepts verlangen (s. vorausgehende Rdn. 46). Sie wird dies wegen des Gefahrenpotenzials immer dann verlangen, wenn ein Fall des § 1 Abs. 1 Nr. 1 VStättVO vorliegt, die Versammlungsstätte also mit Bühnen oder Szenenflächen ausgestattet ist oder Filmvorführungen dient und mehr als 100 Besucher fasst.

60 **Nr. 8** des § 68 Abs. 1 Satz 3 BauO NRW 2000 übernimmt aus § 54 Abs. 3 Nr. 6 BauO NW 1995 die **Sportstätten**, allerdings erst **mit mehr als 1600 m² Grundfläche oder mehr als 200 Zuschauerplätzen**, **Freisportanlagen mit mehr als 400 Tribünenplätzen**. Sportstadien, die mehr als 5.000 Besucher fassen, sind Versammlungsstätten, für die die Bestim-

mungen der §§ 26–30 VStättVO gelten. Für Schießsportstätten bedarf es neben der Genehmigung gemäß § 44 des Waffengesetzes einer Genehmigung gemäß § 19 BImSchG (vgl. 4. BImSchV), die gemäß § 63 Abs. 2 BauO NRW die Baugenehmigung einschließt. Zu beachten sind auch die Vorgaben der **Sportanlagenlärmschutzverordnung** – 18. BImSchV vom 18.7.1991 (BGBl. I S. 1588, ber. S. 1790). Die Schwellenwerte der Nr. 8 orientieren sich an denen der Nr. 3 bzw. 7; für Freisportanlagen erschien eine Verdoppelung der Zuschauerzahl noch vertretbar, weil die Tribünen im Freien liegen. Bei **Überschreitung dieser Schwellenwerte** handelt es sich stets um **„große"** Sonderbauten, die eine umfassende Prüfung im „normalen" Genehmigungsverfahren erfordern. Das **Brandschutzkonzept** ist gemäß § 69 Abs. 1 Satz 2 BauO NRW **notwendiger Antragsbestandteil**.

Eine vergleichbare bauliche Anlage **unterhalb dieses Schwellenwerts** kann ebenfalls ein Sonderbau sein, wenn sie die Voraussetzungen des § 54 Absatz 1 Satz 1 BauO NRW erfüllt und vom „Regelfall" abweicht, von dem die BauO NRW erkennbar ausgeht (s. vorausgehende Rdn. 1–4); als Beispiel ist eine lediglich **1600 m²** große Sporthalle mit **bis zu 200 Zuschauerplätzen** zu nennen (der Schwellenwert erfordert eine Grundfläche von **mehr als** 1600 m² bzw. Zuschauerplätze von **mehr als** 200). Sportstätten unterhalb des Schwellenwerts sind **„kleine"** Sonderbauten, für die das vereinfachte Genehmigungsverfahren nach § 68 BauO NRW Anwendung findet. Die Bauaufsichtsbehörde kann zwar für derartige Anlagen, gestützt auf § 54 Abs. 2 Nr. 19 BauO NRW die Vorlage eines Brandschutzkonzepts verlangen (s. vorausgehende Rdn. 46). Infolge des relativ geringen Gefahrenpotenzials wird eine bauaufsichtliche Prüfung derartiger Anlagen regelmäßig auch ohne Brandschutzkonzept möglich sein.

**Nr. 9** des § 68 Abs. 1 Satz 3 BauO NRW 2000 übernimmt aus § 54 Abs. 3 Nr. 5 BauO NW 1995 **Krankenhäuser**, **Entbindungs-**, **Säuglings-**, **Kinder- und Pflegeheime** und fügt dieser Aufzählung noch **Sanatorien** hinzu. **Krankenhäuser** sind bauliche Anlagen mit Einrichtungen, in denen durch ärztliche und pflegerische Hilfeleistung Krankheiten, Leiden oder Körperschäden festgestellt, geheilt oder gelindert werden sollen oder Geburtshilfe geleistet wird und in denen die zu versorgenden Personen untergebracht und gepflegt werden können. Die **Krankenhausbauverordnung – KhBauVO** regelt besondere Anforderungen an Krankenhäuser, wie Polikliniken, Fachkrankenhäuser, Sonderkrankenhäuser, an deren Pflegeeinheiten, Pflegebereiche, Untersuchungs- und Behandlungsbereiche sowie an Operations-, Entbindungs- und Intensiveinheiten. **Pflegeheime** dienen der umfassenden Betreuung chronisch kranker und pflegebedürftiger Menschen; bauliche Anforderungen enthält die **Heimmindestbauverordnung – HeimMindBauV** i.d.F.d. B. vom 3.5.1983 (BGBl. I S. 550), z.g.d. VO vom 25.11.2003 (BGBl. I S. 2346). **61**

Für Gebäude dieser besonderen Nutzung sind die Gesichtspunkte der Hygiene von vorrangiger Bedeutung. Dies gilt insbesondere für die Bereiche und Räume der medizinischen Nutzung. Da Kranke dieser Anstalten und auch auf die Benutzung der Heime Angewiesene häufig nicht gehfähig sind, sind unter den Aspekten des Brandschutzes besondere Anforderungen an die Anordnung und Ausbildung der Rettungswege erforderlich. Die in Nr. 9 aufgeführten Bauten sind unabhängig von ihrer Größe stets **„große"** Sonderbauten und erfordern eine umfassende Prüfung im „normalen" Genehmigungsverfahren. Das **Brandschutzkonzept** ist gemäß § 69 Abs. 1 Satz 2 BauO NRW **notwendiger Antragsbestandteil**. Die generelle Erfassung dieser Gebäude ist infolge der regelmäßig gegebenen Hilflosigkeit der Nutzer im Gefahrenfall gerechtfertigt (s. auch Klingsohr/Messerer, S. 82 f.).

62 **Nr. 10** des § 68 Abs. 1 Satz 3 BauO NRW 2000 hat in § 54 Abs. 3 BauO NW 1995 kein Vorbild und erfasst **Kindergärten und -horte mit mehr als zwei Gruppen oder mit dem Aufenthalt für Kinder dienenden Räumen außerhalb des Erdgeschosses sowie Tageseinrichtungen für Menschen mit Behinderungen und alte Menschen**. Es sprachen für diese Regelung die gleichen Gesichtspunkte, die auch für Nr. 9 gelten, nämlich die zu erwartende Hilflosigkeit im Brandfall (vgl. LT-Drucks. 12/3738 S. 88). Die in Nr. 10 aufgeführten **Tageseinrichtungen** sind unabhängig von ihrer Größe stets „**große**" Sonderbauten und erfordern eine umfassende Prüfung im „normalen" Genehmigungsverfahren; ihre generelle Erfassung ist infolge der regelmäßig gegebenen Hilflosigkeit der Nutzer im Gefahrenfall geboten. Für **Kindergärten** und **-horte** gilt dies nur bei ungünstiger Lage der Räume für den Aufenthalt von Kindern außerhalb des Erdgeschosses, z. B. im Kellergeschoss oder in einem Obergeschoss, oder bei mehr als zwei Gruppen. Die Schwelle von zwei Gruppen wurde gewählt, weil bei größeren Kindergärten oder -horten die Rettung im Brandfall wegen der relativ großen Anzahl von Kindern Probleme bereiten kann. Das **Brandschutzkonzept** ist gemäß § 69 Abs. 1 Satz 2 BauO NRW **notwendiger Antragsbestandteil**.

Ob für Kindergärten und -horte mit bis zu zwei Gruppen oder lediglich erdgeschossigen Räumen für den Aufenthalt von Kindern, die „**kleine**" Sonderbauten sind, gestützt auf § 54 Abs. 2 Nr. 19 BauO NRW, die Vorlage eines Brandschutzkonzepts gefordert werden soll, kann nur unter Berücksichtigung der **örtlichen Gegebenheiten** entschieden werden. Für freistehende Anlagen auf Grundstücken des Gemeinbedarfs wird ein solches Erfordernis regelmäßig nicht bestehen; anders kann die Situation zu beurteilen sein, wenn z. B. ein solcher Kindergarten oder -hort durch Nutzungsänderung in einem bestehenden Wohn- und Geschäftshaus eingerichtet werden soll.

63 **Nr. 11** des § 68 Abs. 1 Satz 3 BauO NRW 2000 übernimmt die **Gaststätten** unter ausdrücklicher Erwähnung der **Beherbergungsbetriebe** und die **Vergnügungsstätten** aus § 54 Abs. 3 Nr. 3 BauO NW 1995. Für **Gaststätten** gilt ein Schwellenwert von **mehr als 40 Gastplätzen**, für **Beherbergungsbetriebe** ein solcher von **mehr als 30 Betten**. Gaststätten sind bauliche Anlagen oder Teile von baulichen Anlagen für Schank- oder Speisewirtschaften oder für Beherbergungsbetriebe, die jedermann oder bestimmten Personenkreisen zugänglich sind. Besondere Anforderungen an Beherbergungsbetriebe und Beherbergungsräume sind in der **Beherbergungsstättenverordnung – BeVO** geregelt; für Beherbergungsbetriebe gilt dieses Verordnungsrecht nur, wenn diese mehr als 12 Gastbetten aufweisen (§ 1 BeVO). Die Festlegung der Schwellenwerte erfolgte, um zu erreichen, dass nicht bereits jede kleine Gaststätte oder Pension einer umfassenden Prüfung im normalen Genehmigungsverfahren unterliegt; hinsichtlich des Schwellenwerts für Beherbergungsbetriebe war entscheidend, dass § 12 der aufgehobenen GastBauVO besondere Anforderungen aus Gründen des Brandschutzes erst für Betriebe mit mehr als 30 Gastbetten enthält (so die Amtliche Begründung in LT-Drucks. 12/3738 S. 88). Bei Unterschreitung der Schwellenwerte handelt es sich um „**kleine**" Sonderbauten. Ob die Bauaufsichtsbehörde, gestützt auf § 54 Abs. 2 Nr. 19 BauO NRW, die Vorlage eines Brandschutzkonzepts verlangt, hängt von den örtlichen bzw. gebäudebedingten Gegebenheiten ab. Die Einrichtung eines Beherbergungsbetriebs mit gerade 30 Betten in den Obergeschossen eines alten Fachwerkhauses oder einer Gaststätte mit gerade 40 Gastplätzen in einem Gewölbekeller kann unter brandschutztechnischen Aspekten kritisch zu beurteilen sein und deshalb die Aufarbeitung der Problematik in einem Brandschutzkonzept erfordern. Ein solches ist jedoch entbehrlich, wenn z. B. ein ehe-

maliges Ladenlokal als kleine Schank- oder Speisewirtschaft im Erdgeschoss eines Mehrfamilienhauses umgenutzt werden soll.

Für Vergnügungsstätten besteht dagegen **kein Schwellenwert**, so dass diese baulichen Anlagen stets „**große**“ Sonderbauten sind. Der Begriff ist weder im Bauordnungsrecht noch im Bauplanungsrecht definiert. **Vergnügungsstätten** sind bauliche Anlagen oder Teile von baulichen Anlagen, die als gewinnorientierte Gewerbebetriebe durch die Art ihres Angebots der Freizeitgestaltung dienen. Hierunter fallen Betriebsstätten unterschiedlichster Ausprägung unter Ansprache des Sexual-, Spiel- und / oder Geselligkeitstriebs (so Fickert/Fieseler, zu § 4 a Rdn. 22), wie z. B. Nachtbars, Stripteaselokale, Peep-Shows, Tanzbars, Diskotheken, Sex-Kinos, Spielkasinos, Spiel- und Automatenhallen. Für Vergnügungsstätten ist das **Brandschutzkonzept** gemäß § 69 Abs. 1 Satz 2 BauO NRW **notwendiger Antragsbestandteil**.

**Nr. 12** des § 68 Abs. 1 Satz 3 BauO NRW 2000 übernimmt aus § 54 Abs. 3 Nr. 6 BauO NW 1995 die **Schulen** unter Hinzufügung der **Hochschulen** und **ähnlichen Einrichtungen**. Schulen sind bauliche Anlagen, die der Allgemeinbildung und der Berufsbildung dienen, in denen gleichzeitig eine größere Zahl von Personen regelmäßig unterrichtet wird. Besondere Anforderungen an allgemeinbildende und berufsbildende Schulen, das sind Grundschulen, Hauptschulen, Realschulen, Gymnasien, Gesamtschulen, Sonderschulen und Berufs- und Fachschulen, regelt die als **besondere** Verwaltungsvorschrift zu § 54 BauO NRW mit RdErl. vom 29. 11. 2000 (MBl. NRW. S. 1608), g. d. VO vom 15. 11. 2005 (MBl. NRW. S. 1310) bekannt gemachte **Richtlinie über bauaufsichtliche Anforderungen an Schulen – Schulbaurichtlinie – SchulBauR**. **64**

Die Grundsätze der SchulBauR können auch zur bauaufsichtlichen Beurteilung von Hochschulen, das sind die Universitäten, Fach- und Gesamthochschulen, und von ähnlichen Einrichtungen, wie z. B. Volkshochschulen oder Bildungsseminare, mit herangezogen werden. Bei unverändert bestehenden Schulgebäuden kann ein **Anpassungsverlangen** an die Vorgaben der SchulBauR nur bei Feststellung einer **konkreten Gefahr** gestellt werden (s. die Anmerkungen zu § 87 Rdn. 19).

Da keine Schwellenwerte festgelegt wurden, sind Schulen, Hochschulen und ähnliche Einrichtungen stets „**große**“ Sonderbauten, die im „normalen“ Genehmigungsverfahren umfassend zu prüfen sind. Das **Brandschutzkonzept** ist gemäß § 69 Abs. 1 Satz 2 BauO NRW **notwendiger Antragsbestandteil**.

**Nr. 13** des § 68 Abs. 1 Satz 3 BauO NRW 2000 hat in § 54 Abs. 3 BauO NW 1995 kein Vorbild und erfasst **Abfertigungsgebäude von Flughäfen und Bahnhöfen**. Diese baulichen Anlagen wurden als Folge der Brandkatastrophe im Flughafen Düsseldorf ausdrücklich genannt (s. auch Rdn. 12). Der Begriff des **Abfertigungsgebäudes** ist weder im Luftverkehrsrecht noch im Eisenbahnrecht normiert. Hierunter sind Gebäude mit **erheblichem Personenaufkommen** zu verstehen, die neben dem Ticketverkauf auch sonstige Einrichtungen, wie z. B. Wartezonen, Gepäckaufbewahrung und Gastronomieeinrichtungen, für die Versorgung der Flug- bzw. Fahrgäste aufweisen. Aufgrund ihrer erheblichen – und nutzungsbedingt trennwandlosen – Ausdehnung, der umfangreichen technischen Installationen und der zu Hauptverkehrszeiten sehr hohen Zahl sich rasch im Gebäudekomplex fortbewegenden Personen rechnen Abfertigungsgebäude unter den Aspekten des vorbeugenden baulichen Brandschutzes zu den am schwierigsten beherrschbaren Objekten überhaupt (s. auch Klingsohr, Vorbeugender baulicher Brandschutz in Abfertigungsgebäuden von Flughäfen, DAB 1998, S. 1146 ff.). **65**

Infolge fehlender Schwellenwerte sind Abfertigungsgebäude stets „**große**“ Sonderbauten, die im „normalen“ Genehmigungsverfahren von der Bauaufsichtsbehörde umfassend zu prüfen sind. Das **Brandschutzkonzept** ist gemäß § 69 Abs. 1 Satz 2 BauO NRW **notwendiger Antragsbestandteil**.

**66** **Nr. 14** des § 68 Abs. 1 Satz 3 BauO NRW 2000 hat ebenfalls in § 54 Abs. 3 BauO NW 1995 kein Vorbild und erfasst **Justizvollzugsanstalten und bauliche Anlagen für den Maßregelvollzug**. Da die Insassen dieser Anstalten zwangsweise untergebracht sind, ergibt sich eine besondere Rettungswegproblematik. Es muss nämlich durch Kompensationsmaßnahmen sichergestellt werden, dass die Insassen im Brandfall durch das Wachpersonal rechtzeitig evakuiert werden können. Die Gesamtproblematik lässt sich nur anhand eines Brandschutzkonzepts bewältigen, das gemäß § 69 Abs. 1 Satz 2 BauO NRW **notwendiger Antragsbestandteil** ist.

**67** **Nr. 15** des § 68 Abs. 1 Satz 3 BauO NRW 2000 übernimmt aus § 54 Abs. 3 Nr. 7, Nr. 8 und Nr. 9 BauO NW 1995 und erfasst **bauliche Anlagen und Räume, deren Nutzung mit Explosionsgefahr oder erhöhter Brand-, Gesundheits- oder Verkehrsgefahr verbunden ist, und Anlagen, die am 01. Januar 1997 in der Vierten Verordnung zur Durchführung des Bundes-Immissionsschutzgesetzes enthalten waren**.

Bauliche Anlagen und Räume mit Explosionsgefahr oder erhöhter Brand-, Gesundheits- oder Verkehrsgefahr können z. B. sein:

- Anlagen zur Lagerung oder zum Abfüllen explosiver Flüssigkeiten, Feuerwerks-, Munitions- und Sprengstofffabriken und -lager (Explosionsgefahr),
- Holzbearbeitungsbetriebe, Lackfabriken, Spritzlackierräume, Anlagen zur Lagerung oder zum Abfüllen brennbarer Flüssigkeiten (erhöhte Brandgefahr),
- Schlachthöfe, Schlachthäuser, Wurst- und Fleischfabriken, Tierkörperbeseitigungsanstalten, Fischmehlfabriken, Geflügelschlachtbetriebe, Knochenverarbeitungsbetriebe, Schweinemästereien (erhöhte Gesundheitsgefahr),
- Anlagen, von denen die Sicherheit und Leichtigkeit des öffentlichen Verkehrs beeinträchtigt wird, wie etwa Tankstellen oder Verladeanlagen von Industriebetrieben (erhöhte Verkehrsgefahr).

Bei diesen Anlagen handelt es sich zumeist um Betriebe, die unter die nach § 4 BImSchG genehmigungsbedürftigen Anlagen fallen. Da die zum 1. 2. 1997 in Kraft getretene Änderung der 4. BImSchV zahlreiche Vorhaben aus dem immissionsschutzrechtlichen Genehmigungsverfahren entlassen hat, an die aber wegen der von ihrem Betrieb ausgehenden Gefahren und ihrer betriebsbedingten baulichen Besonderheiten in der Regel besondere Anforderungen gestellt werden müssen, wurde auf den Stand der 4. BImSchV zum 1. 1. 1997 in Form einer **statischen Verweisung** abgestellt (so die Amtliche Begründung in LT-Drucks. 12/3738 S. 88). Diese Fassung ist zur Erleichterung des Vollzugs in der Anlage zu Nr. 68.13 VV BauO NRW abgedruckt. Die aufgeführten Anlagen sind mangels Festlegung von Schwellenwerten bei Erfüllung des Begriffsinhalts „**große**“ Sonderbauten, die im „normalen“ Genehmigungsverfahren von der Bauaufsichtsbehörde umfassend zu prüfen sind. Das **Brandschutzkonzept** ist gemäß § 69 Abs. 1 Satz 2 BauO NRW **notwendiger Antragsbestandteil**.

Neben den immissionsschutzrechtlichen, arbeitsschutzrechtlichen und wasserrechtlichen Vorschriften sind im Einzelfall auch besondere bauaufsichtliche Anforderungen, die ihren Niederschlag in **Technischen Baubestimmungen** gefunden haben, zu beachten. Hier sind insbesondere zu nennen:

- die „**Industriebaurichtlinie – IndBauR**" (s. Rdn. 24),
- die mit RdErl. vom 3. 3. 1998 (MBl. NRW. S. 384) eingeführte „Richtlinie über den Brandschutz bei der Lagerung von Sekundärstoffen aus Kunststoff - **Kunststofflager-Richtlinie – KRL**" und
- die „**Richtlinie zur Bemessung von Löschwasser-Rückhalteanlagen beim Lagern wassergefährdender Stoffe – LöRüRL**" (s. Rdn. 43).

**Nr. 16** des § 68 Abs. 1 Satz 3 BauO NRW 2000 hat in § 54 Abs. 3 BauO NW 1995 kein Vorbild und erfasst **Garagen mit mehr als 1000 m² Nutzfläche**. Sonderanforderungen an **Garagen** enthält die **Garagenverordnung – GarVO**. Die GarVO unterscheidet hinsichtlich ihrer Anforderungen **68**

- Kleingaragen (bis 100 m² Nutzfläche),
- Mittelgaragen (über 100 m² bis 1000 m² Nutzfläche),
- **Großgaragen (über 1000 m² Nutzfläche)**.

Großgaragen sind „**große**" Sonderbauten, die im „normalen" Genehmigungsverfahren von der Bauaufsichtsbehörde umfassend zu prüfen sind. Das **Brandschutzkonzept** ist gemäß § 69 Abs. 1 Satz 2 BauO NRW **notwendiger Antragsbestandteil**.

**Nr. 17** des § 68 Abs. 1 Satz 3 BauO NRW 2000 übernimmt aus § 54 Abs. 3 Nr. 12 BauO NW 1995 die **Camping- und Wochenendplätze**, die in der **Camping- und Wochenendplatzverordnung – CW VO** geregelt sind. **69**

**Campingplätze** sind nach § 1 Abs. 1 Satz 1 CW VO Plätze, die ständig oder wiederkehrend während bestimmter Zeiten des Jahres betrieben werden und die zum vorübergehenden Aufstellen und Bewohnen von mehr als drei Wohnwagen oder Zelten bestimmt sind. **Zeltlager**, die **gelegentlich** oder nur für **kurze Zeit** eingerichtet werden, sind gemäß § 1 Abs. 1 Satz 2 CW VO **keine Campingplätze** im Sinne der Verordnung.

**Wochenendplätze** sind nach § 1 Abs. 4 Satz 1 CW VO Plätze, die nur zum Aufstellen oder Errichten von Wochenendhäusern mit einer Grundfläche von höchstens 40 m² und einer Gesamthöhe von höchstens 3,50 m dienen und die ständig oder wiederkehrend während bestimmter Jahreszeiten betrieben werden.

Die CW VO stellt unter anderem Anforderungen an Fahrwege, Standplätze und Brandschutzstreifen. Camping- und Wochenendplätze sind infolge fehlender Schwellenwerte stets „**große**" Sonderbauten, die im „normalen" Genehmigungsverfahren von der Bauaufsichtsbehörde umfassend zu prüfen sind. Das **Brandschutzkonzept** ist gemäß § 69 Abs. 1 Satz 2 BauO NRW **notwendiger Antragsbestandteil**.

**Nr. 18** hat in § 54 Abs. 3 BauO NW 1995 kein Vorbild und erfasst **Regale mit mehr als 9 m Lagerhöhe (Oberkante Lagergut)**. Solche „Hochregale" können brandschutztechnisch nicht bemessen werden. Die DIN 18230 – Brandschutz im Industriebau – schließt Lager mit Regalen mit Lagerguthöhen von mehr als 9 m Oberkante Lagergut aus dem Anwendungsbereich der Norm aus, da sich der Abbrandfaktor m in Brandversuchen nur bis zu dieser Höhe bestimmen lässt. Der Abbrandfaktor m ist ein dimensionsloser Beiwert, mit dem die Brandlast aus einem Stoff oder Stoffgemisch zur Berücksichti- **70**

gung ihres Brandverhaltens in bestimmter Form, Verteilung, Lagerungsdichte und Feuchte bei der Rechung nach DIN 18230 zu multiplizieren ist.

Insofern muss bei diesen Hochregalen eine **Betrachtung im Einzelfall** erfolgen, insbesondere unter dem Aspekt des abwehrenden Brandschutzes, vor allem unter Berücksichtigung der Ermöglichung von Löscharbeiten. In der Regel sind solche Regale nur mit Regalsprinklerung möglich.

Als **Planungsgrundlage** bietet sich hier eine Richtlinie des Vereins Deutscher Ingenieure an, die

**VDI 3564 – Empfehlungen für Brandschutz in Hochregallagern**.

Diese Empfehlungen erfassen gerade Regallagerungen mit mehr als 9 m Lagerhöhe. (Oberkante Lagergut).

71 **Nr. 19** des § 68 Abs. 1 Satz 3 BauO NRW 2000 übernimmt § 54 Abs. 3 Nr. 11 BauO NW 1995 und erfasst **Zelte, soweit sie nicht Fliegende Bauten sind**. Fliegende Bauten sind nach § 79 Abs. 1 BauO NRW bauliche Anlagen, die geeignet und dazu bestimmt sind, wiederholt aufgestellt und zerlegt zu werden (zur Legaldefinition s. die Anmerkungen zu § 79 Rdn. 8–14). Für sie gelten die Vorschriften des § 79 BauO NRW und die der mit RdErl. vom 8. 9. 2000 (MBl. NRW. S. 1227) bekannt gemachten **Verwaltungsvorschriften über Ausführungsgenehmigungen für Fliegende Bauten und deren Gebrauchsabnahme – FlBauVV**. Nr. 1 FlBauVV weist darauf hin, dass wesentliches Merkmal eines Fliegenden Baus das Fehlen einer festen Beziehung der Anlage zu einem Grundstück ist. Werden diese Anlagen länger als drei Monate an einem Ort aufgestellt, so verlieren sie in aller Regel ihre Eigenschaft als Fliegender Bau. Hieran anknüpfend bestimmt Nr. 19, dass Zelte, die infolge einer dauerhaften Beziehung zum Grundstück nicht als Fliegende Bauten zu werten sind (vgl. hierzu OVG Saar, Beschluss vom 9. 7. 1986 – 2 W 911/86, BRS 46 Nr. 202), als „**große**“ Sonderbauten dem „normalen“ Genehmigungsverfahren unterliegen. Das **Brandschutzkonzept** ist gemäß § 69 Abs. 1 Satz 2 BauO NRW **notwendiger Antragsbestandteil**. Die Aufnahme in den Katalog der „großen“ Sonderbauten ist gerechtfertigt, da derartige Zelte vor allem als Ergänzung von Einzelhandelseinrichtungen in den Sommermonaten genutzt werden (z. B. Verkauf von Gartenmöbeln) und oft hohe Brandlasten aufweisen.

## § 55
## Barrierefreiheit öffentlich zugänglicher baulicher Anlagen

**(1) Bauliche Anlagen, die öffentlich zugänglich sind, müssen in den dem allgemeinen Besucherverkehr dienenden Teilen von Menschen mit Behinderung, alten Menschen und Personen mit Kleinkindern barrierefrei erreicht und ohne fremde Hilfe zweckentsprechend genutzt werden können.**

**(2) [1]Absatz 1 gilt insbesondere für**

**1. Einrichtungen der Kultur und des Bildungswesens,**

**2. Sport- und Freizeitstätten,**

**3. Einrichtungen des Gesundheitswesens,**

**4. Büro-, Verwaltungs- und Gerichtsgebäude,**

**5. Verkaufs- und Gaststätten,**

**6. Stellplätze, Garagen und Toilettenanlagen.**

**[2]Bei Stellplätzen und Garagen muss mindestens 1 vom Hundert der Einstellplätze, mindestens jedoch ein Einstellplatz, für schwerbehinderte Menschen vorgehalten werden.**

**(3) Für bauliche Anlagen sowie andere Anlagen und Einrichtungen, die überwiegend oder ausschließlich von Menschen mit Behinderungen oder alten Menschen genutzt werden, wie**

**1. Tagesstätten, Schulen, Werkstätten und Heime für Menschen mit Behinderungen,**

**2. Altenheime, Altenwohnheime, Altenpflegeheime und Altenwohnungen,**

**gilt Absatz 1 nicht nur für die dem allgemeinen Besucherverkehr dienenden Teile, sondern für die gesamte Anlage und die gesamten Einrichtungen.**

**(4) [1]Bauliche Anlagen sowie andere Anlagen und Einrichtungen nach den Absätzen 2 und 3 müssen mindestens durch einen Eingang stufenlos erreichbar sein. [2]Der Eingang muss eine lichte Durchgangsbreite von mindestens 0,90 m haben. [3]Vor Türen muss eine ausreichende Bewegungsfläche vorhanden sein. [4]Rampen dürfen nicht mehr als 6 vom Hundert geneigt sein, sie müssen mindestens 1,50 m breit sein und beidseitig einen festen und griffsicheren Handlauf haben. [5]Am Anfang und am Ende jeder Rampe ist ein Podest, alle 6,0 m ein Zwischenpodest anzuordnen. [6]Die Podeste müssen eine Länge von mindestens 1,50 m haben. [7]Treppen müssen an beiden Seiten Handläufe erhalten, die über Treppenabsätze und Fensteröffnungen sowie über die letzten Stufen zu führen sind. [8]Die Treppen müssen Setzstufen haben. [9]Flure müssen mindestens 1,40 m breit sein. [10]Ein Toilettenraum muss auch für Benutzerinnen und Benutzer von Rollstühlen geeignet und erreichbar sein; er ist zu kennzeichnen.**

**(5) § 39 Abs. 6 gilt auch für Gebäude mit weniger als sechs Geschossen, soweit Geschosse von Menschen mit Behinderungen mit Rollstühlen stufenlos erreichbar sein müssen.**

**(6) Abweichungen von den Absätzen 1, 4 und 5 können zugelassen werden, soweit die Anforderungen wegen schwieriger Geländeverhältnisse, ungünstiger vorhandener Bebauung oder im Hinblick auf die Sicherheit der Menschen mit Behinderungen oder alten Menschen nur mit einem unverhältnismäßigen Mehraufwand erfüllt werden können.**

**Anmerkungen** (Autor: Czepuck)

**Übersicht** Rdn.

| | | Rdn. |
|---|---|---|
| 0 | Änderungen gegenüber der BauO NW 1984 und der BauO NW 1995 | 01–04 |
| 1 | Allgemeines | 1–12 |
| 2 | Zu Absatz 1 – Grundanforderung | 13–14 |
| 3 | Zu Absatz 2 – Beispielhafte Aufzählung baulicher Anlagen | 15–21a |
| 4 | Zu Absatz 3 – Bauliche Anlagen für Behinderte und alte Menschen | 22–24a |
| 5 | Zu Absatz 4 – Einzelanforderungen | 25–27 |
| 6 | Zu Absatz 5 – Aufzüge | 28–28a |
| 7 | Zu Absatz 6 – Abweichungen | 29–33 |

## 0 Änderungen gegenüber der BauO NW 1984 und der BauO NW 1995

01 Die **BauO NRW 2000** hat § 55 BauO NW 1995 übernommen, jedoch wurde in den Absätzen 1, 3 und 6 den Begriff „Behinderter" durch „Menschen mit Behinderungen" in Anpassung an den mittlerweile üblichen Sprachgebrauch ersetzt (so LT-Drucks. 12/4394 S. 73 Nr. 30). In Absatz 4 Satz 2 wurde das Maß 0,95 m durch das Maß 0,90 m in Anpassung an die MBO und an DIN 18025–1 geändert (LT-Drucks. 12/3738 S. 81 zu Art. I Nr. 30 – § 55).

02 **Artikel 6** des **Gesetzes zur Gleichstellung von Menschen mit Behinderung und zur Änderung anderer Gesetze** vom 16. 12. 2003 (GV. NRW. S. 766) führte zu folgenden Änderungen des **§ 55** BauO NRW:

– die Überschrift wurde neu gefasst,

– die Absätze 1 und 2 erhielten eine neue Fassung,

– in Absatz 4 Satz 6 wurde die Maßangabe „1,20 m" durch „1,50 m" ersetzt.

Die neu gefassten Absätze 1 und 2 entsprechen § 50 Abs. 2 und 3 MBO 2002. Die gegenüber dem Vorgängerrecht **verschärften Anforderungen** dienen der **einfachgesetzlichen Umsetzung** des sich aus **Art. 3 Abs. 3 Satz 2 GG** ergebenden **Benachteiligungsverbots behinderter Menschen** (so LT-Drucks. 13/3855 S. 47). Dass im neu gefassten Absatz 1 von „Menschen mit Behinderung", in den übrigen Absätzen jedoch von „Menschen mit Behinderung**en**" die Rede ist, hat keine besondere inhaltliche Bedeutung für den jeweilige Regelungsgehalt, sondern ist darauf zurückzuführen, dass das Gesetz zur Gleichstellung von Menschen mit Behinderung und zur Änderung anderer Gesetze nur noch den Begriff „Behinderung" im Singular verwendet.

03 **Artikel 6** führte zur Ergänzung in **§ 68** Abs. 1 Satz 4 Nr. 2 BauO NRW, der Vorschrift über den **Umfang der Prüfung im vereinfachten Genehmigungsverfahren**; § 55 wurde angefügt, um zu verhindern, dass die verschärften Anforderungen bei „**kleinen**" Sonderbauten, wie z. B. Arztpraxen, nicht beachtet werden (so LT-Drucks. 13/3855 S. 58). „**Große**" Sonderbauten, das sind die in § 68 Abs. 1 **Satz 3** BauO NRW aufgeführten Vorhaben, unterliegen ohnehin einer umfassenden Prüfung der bauordnungsrechtlichen Vorschriften und damit auch der Bestimmungen des § 55 BauO NRW (s. auch die Anmerkungen zu § 54 Rdn. 52).

Die bereits in § **55 BauO NW 1995** erfolgte Ergänzung gegenüber § 51 BauO NW 1984 in Absatz 1 sollte im Zusammenhang mit der beispielhaften Aufzählung von Bauvorhaben in Absatz 2 eindeutig klarstellen, dass alle allgemein zugänglichen Gebäude und Einrichtungen so zu gestalten sind, dass sie von behinderten Menschen ohne fremde Hilfe genutzt werden können. In der beispielhaften Aufzählung des Absatzes 2 Satz 1 wurde der Begriff „Geschäftshäuser" durch den Begriff „Verkaufsstätten" ersetzt. In die beispielhafte Aufzählung wurden „allgemein zugängliche Stellplätze und Garagen" aufgenommen, um Erschwernisse für behinderte Kraftfahrer bei der Teilnahme am Straßenverkehr weiter abzubauen. Dem gleichen Ziel dient die Forderung des Absatzes 2 Satz 2, die einen bestimmten Anteil behindertengerecht gestalteter Einstellplätze an der Gesamtzahl der Einstellplätze in Stellplatz- und Garagenanlagen verlangt. In Absatz 3 Nr. 2 wurden „Altenwohnungen" mit aufgenommen. In Absatz 6 wurde der Begriff Ausnahme durch den Begriff Abweichung ersetzt. **04**

## 1 Allgemeines

Das Grundgesetz sichert jedem Menschen ein Recht auf ein menschenwürdiges Dasein und auf eine freie Entfaltung seiner Persönlichkeit zu. Insbesondere mit **Art. 3 Abs. 3 Satz 2 GG – „Niemand darf wegen seiner Behinderung benachteiligt werden**" – soll erreicht werden, dass behinderte Menschen am Leben in der Gemeinschaft gleichberechtigt teilnehmen können. Der Bund hat hierzu das **Behindertengleichstellungsgesetz – BGG** vom 27. 4. 2002 (BGBl. I S. 1467), z. g. d. G vom 21. 3. 2005 (BGBl. I S. 818), erlassen. Mit dem an das Bundesrecht angelehnten Gesetz zur Gleichstellung von Menschen mit Behinderung und zur Änderung anderer Gesetze vom 16. 12. 2003 (GV. NRW. S. 766) wurde dem Verfassungsgebot auch auf Landesebene Rechnung getragen. Artikel 1 dieses Gesetzes ist das **Behindertengleichstellungsgesetz Nordrhein-Westfalen – BGG NRW**. Die Artikel 2 bis 12 betreffen Änderungen anderer Rechtsvorschriften, darunter im **verkehrlichen Bereich** mit **Artikel 4** das **Straßen- und Wegegesetz** und mit und im **baulichen Bereich** mit **Artikel 6** die **Landesbauordnung**. Auf den verkehrlichen und baulichen Bereich wirkt sich vor allem die in diesen Gesetzen geforderte **Barrierefreiheit** von öffentlichen Verkehrsanlagen und baulichen Anlagen aus. **1**

Die **einfachrechtliche Umsetzung** der Forderung nach Barrierefreiheit erfordert entsprechend der Kompetenzordnung des Grundgesetzes (s. die Einleitung, Rdn. 59–64) **bauplanungsrechtliche** und **bauordnungsrechtliche Vorschriften**. Nach **§ 1 Abs. 6 Nr. 3 BauGB** haben die Gemeinden bei der **Aufstellung der Bauleitpläne** unter anderem „die sozialen und kulturellen Bedürfnisse der Bevölkerung, insbesondere die Bedürfnisse der Familien, der jungen, alten und **behinderten** Menschen, unterschiedliche Auswirkungen auf Frauen und Männer sowie die Belange des Bildungswesens und von Sport, Freizeit und Erholung" zu berücksichtigen. **Bauwerksbezogene Anforderungen** ergeben sich aus den **§§ 4** und **7 BGG NRW** in Verbindung mit **§ 55 BauO NRW**. **2**

Die Bemühungen zur Verbesserung der Situation behinderter Menschen reichen zeitlich relativ weit zurück. Bereits das Gesetz zur Änderung der BauO NW 1970 vom 18. 8. 1976, das am 1. 1. 1977 in Kraft trat, verpflichtete erstmalig **die Bauherren** baulicher Anlagen, die von Behinderten, alten Menschen und Müttern mit Kleinkindern nicht nur gelegentlich aufgesucht werden, diese so herzustellen und zu unterhalten, dass sie von diesen Personen ohne fremde Hilfe zweckentsprechend genutzt werden kön- **3** nen. Anforderungen an die **Barrierefreiheit von** (nichtöffentlich zugänglichen) **Wohnungen** sind in **§ 49 Abs. 2** BauO NRW enthalten (s. die Anmerkungen zu § 49 Rdn. 12–16).

4 Der Gesetzgeber verwendet in § 55 BauO NRW und im § 1 BGG NRW den Begriff „**Menschen mit Behinderung**". Den Teilbegriff **Behinderung** definiert § 3 Abs. 1 BGG NRW (eine entsprechende Definition findet sich in § 3 BGG):

*„Menschen haben eine Behinderung, wenn ihre körperlichen Funktionen, geistige Fähigkeiten oder seelische Gesundheit mit hoher Wahrscheinlichkeit länger als sechs Monate von dem für das Lebensalter typischen Zustand abweichen und daher ihre Teilhabe am Leben in der Gesellschaft beeinträchtigt ist."*

5 Ausführlicher als § 4 BGG, aber im Kern identisch hiermit, enthält § 4 BGG NRW eine Begriffsbestimmung der **Barrierefreiheit**:

*„Barrierefreiheit ist die Auffindbarkeit, Zugänglichkeit und Nutzbarkeit der gestalteten Lebensbereiche für alle Menschen. Der Zugang und die Nutzung müssen für Menschen mit Behinderung in der allgemein üblichen Weise, ohne besondere Erschwernis und grundsätzlich ohne fremde Hilfe möglich sein; hierbei ist die Nutzung persönlicher Hilfsmittel zulässig. Zu den gestalteten Lebensbereichen gehören insbesondere bauliche und sonstige Anlagen, die Verkehrsinfrastruktur, Beförderungsmittel im Personennahverkehr, technische Gebrauchsgegenstände, Systeme der Informationsverarbeitung, akustische und visuelle Informationsquellen sowie Kommunikationseinrichtungen."*

Diese Definition ist auch für den in § 55 BauO NRW verwendeten Begriff der Barrierefreiheit heranzuziehen, der hier nicht definiert wird, auch wenn die Absätze 4 bis 6 nähere Baubestimmungen enthalten.

6 **Welche** baulichen und technischen Maßnahmen erforderlich sind, bestimmen letztlich Art und Schwere der Behinderung:

- **Gehbehinderte**, insbesondere **Rollstuhlbenutzer**, benötigen unter anderem schwellenlose Ein- und Zugänge, flach geneigte Rampen statt Treppen, ausreichend große Bewegungs- und Stellflächen, gut erreichbare Bedienungsvorrichtungen, Handläufe und angemessen große Aufzüge.
- Für **geistig Behinderte** sind einfache und überschaubare Raumstrukturen sowie bildhafte und einprägsame Orientierungssysteme durch Symbole, Farben, einfache Formen und überschaubare Räumlichkeiten zu fordern.
- **Blinde** bedürfen zur Unterstützung ihres Tastsinnes und des Gehörs geeigneter Orientierungshilfen, unter anderem Handläufe, Bordsteine, griffige Baustoffe, Geräuschquellen, ferner eine übersichtliche Raum- und Wegeplanung.
- Für **Sehbehinderte** ist ein guter Sonnen- und Blendschutz sowie eine zweckmäßige Allgemein- und Einzelplatzbeleuchtung eine große Hilfe.
- **Hörgeschädigte** erfahren durch zusätzlichen Lärmschutz und besondere akustische Baumaßnahmen eine spürbare Unterstützung ihres Resthörvermögens.
- **Psychisch Kranke** und Epileptiker sollten vor Verletzungen an Ecken und Kanten, z. B. an Radiatoren unter anderem geschützt werden.

Die entsprechenden baulichen und technischen Maßnahmen sind weniger kostenaufwendig sind, wenn sie von vornherein **bei der Planung** bedacht werden. Der Forderung nach Eingliederung der Behinderten in das Gemeinschaftsleben kann am ehesten dadurch entsprochen werden, dass die Umwelt schlechthin behindertenfreundlicher geplant und gestaltet wird, damit diesem Personenkreis es ermöglicht wird, die öffentlichen Verkehrsflächen und Verkehrsanlagen sowie die öffentlichen Einrichtungen benutzen zu können.

Auch die Verbesserung der Lebensverhältnisse **älterer Menschen** erfordert die Schaffung einer weitgehend hindernisfreien Umwelt. Dieses Ziel zu erreichen dienen insgesamt die Bestimmungen des § 55 BauO NRW. Diesen Personenkreis stärker am Leben der Gemeinschaft teilnehmen zu lassen, kann mit den Bestimmungen des **Bauordnungsrechts** jedoch nur so weit erreicht werden, wie es in der Kompetenz des Landesgesetzgebers liegt und es im Rahmen der BauO NRW möglich ist. Insofern sind die „begrenzten" Möglichkeiten der BauO NRW ergänzt worden, z.B. durch entsprechende Regelungen in den **Wohnungsbauförderungsbestimmungen**. **7**

Die **Normen** DIN 18024 und DIN 18025 wurden erstmals in einem gemeinsamen RdErl. vom 10.4.1978 (SMBl. NRW. 236) bekannt gemacht, für Bundes- und Landesbauten sowie für Förderungsmaßnahmen verbindlich eingeführt und zur Anwendung im kommunalen Bereich empfohlen. Diese Normen wurden später fortgeschrieben: **8**

- DIN 18024 – Teil 1 (Ausgabe Januar 1998) – Barrierefreies Bauen – Straßen, Plätze, Wege, öffentliche Verkehrs- und Grünanlagen, Planungsgrundlagen;
- DIN 18024 – Teil 2 (Ausgabe November 1996) – Barrierefreies Bauen, Gebäude und Arbeitsstätten, Planungsgrundlagen,
- DIN 18025 – Teil 1 (Ausgabe Dezember 1992) – Barrierefreie Wohnungen – Wohnungen für Rollstuhlbenutzer, Planungsgrundlagen,
- DIN 18025 – Teil 2 (Ausgabe Dezember 1992) – Barrierefreie Wohnungen – Planungsgrundlagen.

Sie sind, soweit sie vom Bauordnungsrecht erfasste Bereiche regeln und ihre Regelungen nicht bereits durch bauordnungsrechtliche Bestimmungen abgedeckt sind (z.B. durch § 39 Abs. 6 BauO NRW), als allgemein anerkannte Regeln der Technik nach § 3 Abs. 1 Satz 2 BauO NRW zu beachten. Von Bedeutung für das Bauordnungsrecht ist vor allem DIN 18025. Teil 1 beinhaltet Anforderungen an die Gestaltung von Wohnraum für schwerstbehinderte Menschen. Teil 2 regelt Mindeststandards für Wohnungen, in denen Menschen mit geringen bewegungseinschränkenden Behinderungen und alte Menschen selbständig wohnen können.

**Besondere Anforderungen** hinsichtlich baulicher Maßnahmen für besondere Personengruppen, insbesondere für Behinderte, enthalten neben § 55 BauO NRW nachfolgende Vorschriften in **Sonderbauverordnungen**: **9**

- § 10 Abs. 1 HochhVO,
- § 6 Abs. 1 Satz 2 GarVO,
- § 26 VkVO,
- § 10 Abs. 7, § 12 Abs. 2, § 13 VStättVO,
- § 6 Abs. 2, § 12 Abs. 7, § 14 Abs. 8, § 16 Abs. 3, § 24 Abs. 1, § 29 Abs. 2 KhBauVO.

**10** Zu dem Kreis der „besonderen Personengruppen" zählt die BauO NRW neben den Menschen mit Behinderung und alten Menschen auch **Personen mit Kleinkindern**. Bauliche Anlagen, die rollstuhlgerecht errichtet werden, können auch von alten Menschen und von Personen mit Kleinkindern ohne Missstände genutzt werden. Jedoch muss nicht bei allen Maßnahmen das Schwergewicht auf eine rollstuhlgerechte Durchbildung abgestellt sein; die Maßnahmen müssen nach dem in Frage kommenden Nutzerkreis ausgerichtet sein.

**11** Bei Gebäuden im Sinne des Absatzes 3, die insgesamt „behinderten (rollstuhl-) gerecht" gebaut werden sollen, muss bereits in der Planungsphase die Lage und Anordnung der **Rettungswege** nach § 17 Abs. 3 BauO NRW sorgfältig geklärt werden (vgl. die Anmerkungen zu § 17 Rdn. 47–57). In mehrgeschossigen Gebäuden sind **Rollstuhlfahrer** zur Erreichung der Obergeschosse stets auf **Aufzüge** angewiesen. Diese Rollstuhlfahrer sind im Brandfalle auch gehindert, den Treppenraum als ersten Rettungsweg zu nutzen, so dass ein vom Regelfall abweichendes Rettungswegesystem in Abstimmung mit der Brandschutzdienststelle konzipiert werden muss. Im Brandschutzkonzept ist in einem solchen Fall darzulegen, welche sicheren Möglichkeiten dem Rollstuhlfahrer zur Selbstrettung (1. Rettungsweg) und zur Rettung durch die Feuerwehr (2. Rettungsweg) zur Verfügung stehen.

**12** **Aufzüge gelten nicht als Rettungswege**, da sie, sofern sie nicht besonders gesteuert werden, im Brandfall ausfallen oder aber sogar das Brandgeschoss anfahren können. Daher ist bei der Planung des Gebäudes zu überlegen, ob überhaupt das Erfordernis besteht, sämtliche Geschosse entsprechend barrierefrei zu gestalten oder ob es ausreicht, nur das Erdgeschoss über Rampen erreichbar zu machen. Es ist natürlich möglich den Aufzug mit hohem baulichen Aufwand als auch im Brandfall sicheren Feuerwehraufzug nach DIN EN 81 „Sicherheitsregeln für die Konstruktion und den Einbau von Aufzügen Teil 72 (Ausgabe November 2003) – Feuerwehraufzüge" auszubilden, wie er für Hochhäuser über 30 m Höhe gefordert wird.

## 2 Zu Absatz 1 – Grundanforderung

**13** Die Grundanforderung des Absatzes 1 dient vornehmlich der **Wohlfahrtspflege**. Danach müssen **bauliche Anlagen**, die **öffentlich zugänglich** sind, in den dem **Besucherverkehr dienenden Teilen**, von Menschen mit Behinderung, alten Menschen und Personen mit Kleinkindern

– **barrierefrei erreichbar**

**und**

– **ohne fremde Hilfe zweckentsprechend nutzbar**

sein. Die Grundanforderungen greift bereits ein, wenn die bauliche Anlage – in den meisten Fällen wird es sich um Gebäude handeln – öffentlich zugänglich ist. Es kommt entgegen dem Vorgängerrecht nicht mehr darauf an, ob die bauliche Anlage von dem geschützten Personenkreis „nicht nur gelegentlich aufgesucht wird". Hierin liegt eine gewollte Verschärfung der Vorschrift, um die Zielsetzung des § 1 BGG NRW umzusetzen. Da die Vorschriften des Bundes über Arbeitsstätten und das Schwerbehindertenrecht bereits Anforderungen an die behindertengerechte Ausgestaltung der Arbeitsplätze enthalten, konnte Absatz 1 auf die dem allgemeinen Besucherverkehr dienenden Teile beschränkt werden.

Erfasst werden von dieser Regel nicht nur die inneren Teile der **baulichen Anlagen** (**Gebäude**), sondern auch die **Zugänge auf dem Grundstück**. Weist das Grundstück zwischen der öffentlichen Verkehrsfläche und dem Zugang **Höhenunterschiede** auf, können erhebliche bauliche Maßnahmen erforderlich werden, um die Barrierefreiheit zu erreichen. Welche baulichen Anlagen der Forderung nach Barrierefreiheit des für den **Besucherverkehr dienenden Teils** unterfallen, zählt Absatz 2 **beispielhaft** auf. Sind in einem mehrgeschossigen Gebäude unterschiedliche Nutzungseinheiten vorgesehen, die für Menschen mit Behinderung, alten Menschen oder Personen mit Kleinkindern erreichbar sein müssen, so reicht es nicht aus, für diese Personengruppen im Erdgeschoss lediglich einen „Funktionsraum" bereitzuhalten (Nds. OVG, Beschluss vom 25. 4. 2006 – 1 LA 264/05, BauR 2006, 1285 = BRS 70 Nr. 135). Bauliche Anlagen, die **überwiegend** oder **ausschließlich** von Behinderten oder alten Menschen benutzt werden, sind in Absatz 3 ebenfalls beispielhaft aufgeführt. Diese baulichen Anlagen müssen dann insgesamt barrierefrei hergestellt werden. 14

### 3 Zu Absatz 2 – Beispielhafte Aufzählung baulicher Anlagen

**Satz 1** zählt **beispielhaft** solche baulichen Anlagen auf, bei denen zumindest die dem **allgemeinen Besucherverkehr** dienenden Teile nach Absatz 4 so auszubilden sind, dass sie von Menschen mit Behinderung, alten Menschen und Personen mit Kleinkindern zweckentsprechend genutzt werden können. Der **Katalog** wurde gegenüber dem Vorgängerrecht **gestrafft**, da er nicht abschließend ist (vgl. LT-Drucks. 13/3855, S. 58). Es kann daraus aber nicht der Schluss gezogen werden, dass bauliche Anlagen, die zuvor ausdrücklich aufgeführt waren, nun aber in der Aufzählung fehlen, wie z. B. Versammlungsstätten einschließlich der für den Gottesdienst bestimmten Anlagen, nicht mehr barrierefrei gestaltet sein müssen. Die einzelnen Nummern des Katalogs wurden nämlich in Anpassung an § 50 Abs. 2 MBO nur deshalb gestrafft und auf die wichtigsten Anlagen beschränkt, weil es sich um eine **nicht abschließende Aufzählung** handelt. Ohnehin lassen sich die meisten der zuvor einzeln aufgeführten Anlagen unter den weiter gefassten Nummern subsumieren. 15

**Nr. 1** erfasst **Einrichtungen der Kultur und des Bildungswesens**. Hierunter fallen Museen, Bibliotheken, Theater, Kinos, Versammlungsstätten, Kirchen und Anlagen für den Gottesdienst sowie Hochschulen, Berufsschulen und allgemein bildende Schulen. 16

**Nr. 2** erfasst **Sport- und Freizeitstätten**. Zu den Sportstätten rechnen sowohl die Hallenbauten als auch Sportplätze im Freien. Auch ein Fitness-Studio rechnet zu den Sportanlagen (VGH B-W, Urteil vom 27. 9. 2004 – 3 S 1719/03, BauR 2005, 1903 = BRS 67 Nr. 147 = NVwZ-RR 2005, 795). Der Begriff Freizeitstätten ist im weitesten Sinne gemeint, da Menschen mit Behinderungen nach der Zielsetzung des § 1 BGG NRW die **gleichberechtigte Teilhabe** am Leben in der Gesellschaft ermöglicht werden soll. Zu einer solchen Teilhabe gehört aber gerade auch der Freizeitbereich. 17

**Nr. 3** erfasst **Einrichtungen des Gesundheitswesens**. Neben Krankenhäusern, Kliniken und Sanatorien rechnen hierzu auch Arztpraxen, Praxisräume der Heilberufe und Kureinrichtungen sowie Besucherräume der Krankenversicherungen. 18

**Nr. 4** erfasst **Büro-, Verwaltungs- und Gerichtsgebäude**. Wegen der gebotenen weiten Auslegung der Begriffe fallen hierunter auch die früher gesondert aufgeführten Schalter- und Abfertigungsräume sowie Banken und Sparkassen. 19

20 **Nr. 5** erfasst **Verkaufs- und Gaststätten**. Unter Verkaufsstätten sind nicht nur Kaufhäuser, sondern alle Ladenlokale zu verstehen, und zwar unabhängig davon, ob sie den Bestimmungen der Verkaufsstättenverordnung unterliegen oder nicht. Der Begriff Gaststätte ist im weit gefassten Sinne des Gaststättengesetzes gemeint.

21 **Nr. 6** erfasst **Stellplätze, Garagen und Toilettenanlagen**. Zu beachten ist auch hierbei, dass es sich um öffentlich zugängliche Anlagen handeln muss. Allerdings wurde die in der Vorgängerfassung noch enthaltene Beschränkung für Stellplätze und Garagen, wonach erst Anlagen ab 1.000 m² Nutzfläche barrierefrei zu gestalten sind, aufgegeben. Somit unterfallen alle öffentlich zugänglichen Stellplatz- und Garagenanlagen der Bestimmung. Dabei ist unerheblich, ob die Anlagen öffentlich oder privat betrieben werden.

21a **Satz 2** stellt eine Sonderregelung zu § 51 BauO NRW dar und bezieht sich auf die **notwendigen** Stellplätze, die für eine bauliche Anlage nach § 55 Abs. 2 BauO NRW hergestellt werden müssen. Danach muss **1 %** der Einstellplätze für **schwerbehinderte** Menschen geeignet sein, im Falle von Bruchteilswerten unter 1 mindestens jedoch 1 Einstellplatz.

### 4 Zu Absatz 3 – Bauliche Anlagen für Behinderte und alte Menschen

22 **Absatz 3** zählt **beispielhaft** die baulichen Anlagen sowie andere Anlagen und Einrichtungen auf, die **überwiegend** oder **ausschließlich** von **Behinderten** oder von **alten Menschen** genutzt werden. Bei diesen Anlagen gilt die Grundanforderung des Absatzes 1 nicht nur für die dem allgemeinen Besucherverkehr dienenden Teile, sondern für die **gesamte Anlage** und die gesamte **Einrichtung**.

23 Bei den unter **Nr. 1** genannten baulichen Anlagen und Einrichtungen handelt es sich ausschließlich um solche, die **Behinderten** zur Aus- und Fortbildung, zu Rehabilitation und zum Wohnen dienen. Die Anforderungen richten sich hier nach der Art der Nutzung bzw. nach der speziellen Art der Behinderung (s. Rdn. 6) des auf die Anlage angewiesenen Personenkreises. Auch hier ist ein besonderes Augenmerk auf die Rettungsmöglichkeit im Gefahrenfall zu richten. Das Problem wird in der Regel auch betrieblich gelöst werden können.

24 Bei den unter **Nr. 2** genannten baulichen Anlagen und Einrichtungen handelt es sich ausschließlich um solche, die **alten Menschen** dienen. Nach Förderungsrecht sollen in Alten**heimen** die alten Menschen aufgenommen werden, die zur Führung eines eigenen Haushalts nicht mehr in der Lage sind, die jedoch zum Zeitpunkt der Aufnahme in das Altenheim nur einer Betreuung und nicht der ständigen Pflege bedürfen. Alten**pflegeheime** dienen den alten Menschen zur besonderen Betreuung, wenn sie eine altersgerechte, individuelle, reaktivierende Grundpflege ständig oder für längere Zeit benötigen. In Alten**wohnheimen** leben Menschen, die in der Lage sind, mit oder ohne Betreuungsleistungen einen eigenen Haushalt zu führen. Alten**wohnungen** sind dagegen lediglich altengerecht hergestellte Wohnungen; die Erwähnung des Begriffs ist missverständlich und hat zu Auslegungsproblemen beigetragen.

24a Die Aufzählung in Nr. 2 wurde mit der BauO NRW 1995 um den Zusatz „**und Altenwohnungen**" auf Anregung der Verbraucherverbände ergänzt (s. LT-Drucks. 11/8435, S. 85 und Anlage S. 35). Dabei wurde versäumt klarzustellen, dass es sich um Altenwohnungen in speziellen Wohnanlagen handeln muss. Denn **Absatz 3** stellt lediglich eine **Verschärfung der Grundforderung des Absatzes 1** dar, der aber tatbestandlich das Vorliegen der **öffentlichen Zugänglichkeit** voraussetzt. Absatz 3 steht nicht eigenständig neben Absatz 1, sondern ergänzt diese Bestimmung, indem er verlangt, dass außer den dem allgemeinen Besucherverkehr dienenden Teilen die **gesamte** Anlage den Anforderungen an die Barrierefreiheit genügen muss. Somit kann es sich hier nur um Altenwohnungen **in speziellen Wohnanlagen** – **Altenwohnanlagen** – oder aber um **Wohngebäude mit überwiegendem oder ausschließlichem Altenwohnungsanteil** handeln, denn ansonsten würde bereits eine einzelne altengerecht gestaltete Wohnung in einem Wohngebäude zur Folge haben, dass dieses insgesamt den verschärften Anforderungen des Absatzes 3 unterfiele, was angesichts der Eingangsformulierung des Absatzes 3 („ … die überwiegend oder ausschließlich von … alten Menschen genutzt werden“) und auch wegen der Regelung des § 49 Abs. 2 BauO NRW vom Gesetzgeber offensichtlich nicht gewollt ist und auch lebensfremd wäre.

## 5 Zu Absatz 4 – Einzelanforderungen

Absatz 4 regelt konkret die **baulichen Maßnahmen**, die im Einzelfall erforderlich werden, wenn bauliche Anlagen und andere Anlagen und Einrichtungen nach Absatz 2 und 3 den Grundanforderungen des Absatzes 1 entsprechend errichtet werden. Grundsätzlich müssen die baulichen Anlagen **stufenlos** erreichbar sein, sei es, dass die Oberkante des Fußbodens auf der Höhe der Geländeoberfläche angeordnet wird, oder sei es, dass ein Höhenunterschied durch eine entsprechende Gestaltung des Geländes oder durch eine Rampe ausgeglichen wird. 25

**Rampen** und auch entsprechende Geländeführungen dürfen nicht mehr als 6 vom Hundert geneigt sein, sie müssen mindestens 1,20 m breit sein und beidseitig einen festen und griffsicheren Handlauf haben, sonst könnten sie weder von Rollstuhlfahrern noch von Beinprothesenträgern genutzt werden. Die Rampen benötigen **Anfangs-, Zwischen-** und **Endpodeste** bestimmter Abmessungen als Ruhe- bzw. Erholzonen. Die **Tiefe** der Podeste wurde von 1,20 m auf **1,50 m** angehoben, um die gesetzliche Anforderung mit dem technischen Regelwerk in Übereinstimmung zu bringen. Das Steigungsmaß von **6 %** bedeutet, dass sich z. B. zur Überwindung einer Sockelhöhe von nur 0,80 m unter Berücksichtigung notwendiger Podeste eine rund **18 m** lange Rampe ergibt. 26

**Treppen** und **Flure** müssen – über §§ 36 und 38 BauO NRW hinaus – weitergehenden Anforderungen entsprechen. **Toilettenräume** sind nach DIN 18024 – Teil 2 anzulegen und zu kennzeichnen. 27

## 6 Zu Absatz 5 – Aufzüge

Nach § 39 Abs. 6 BauO NRW sind in Gebäuden mit mehr als fünf Geschossen über der Geländeoberfläche Aufzüge in ausreichender Zahl einzubauen. Die Vorschrift regelt unter anderem auch die Anordnung der Zugänge, die Abmessungen der Aufzüge und der Bewegungsflächen vor den Aufzügen sowie die Türbreiten (s. die Anmerkungen zu § 39 Rdn. 19 ff.). Diese Regelungen gelten nach Absatz 5 auch für Gebäude mit **weniger als sechs Geschossen**, soweit in diesen Gebäuden Geschosse von Behinderten mit **Rollstühlen** stufenlos erreichbar sein müssen. Zur **Anwendung** dieser Regelung reicht jedoch nicht die Behinderung eines Benutzers eines Geschosses oder des Gebäudes; hier kommt es auf die beantragte **Zweckbestimmung** des Gebäudes oder der Geschosse des Gebäudes an. 28

28a Sofern die nicht mit Rampen erreichbaren Geschosse über Aufzüge für Rollstuhlfahrer zugänglich gemacht werden, ist die **Rettungswegproblematik** besonders sorgfältig zu berücksichtigen. Dieser Aspekt ist in § 55 BauO NRW nicht angesprochen, weil dessen Regelungen nur die Zugänglichkeit zum Inhalt haben. Es genügt jedoch nicht, Rollstuhlfahrern die Zugänglichkeit der entsprechenden Geschosse zu ermöglichen, zu bedenken ist im Rahmen des Brandschutzkonzepts erst recht, wie sich diese Personen im Brandfalle nach § 17 Abs. 3 BauO NRW selbst retten können oder welche Möglichkeiten für die Rettung durch die Feuerwehr zur Verfügung stehen (s. Rdn. 11 und 12).

### 7 Zu Absatz 6 – Abweichungen

29 Absatz 6 gestattet **Abweichungen** von den Anforderungen der Absätze 1, 4 und 5. Die Vorschrift legt die **Voraussetzungen** fest, nach denen die Bauaufsichtsbehörden im Einzelfall nach pflichtgemäßem Ermessen die Abweichungen gestatten können. Ausnahmen sind danach möglich, soweit die Anforderungen von Absatz 1, 4 und 5 nur mit einem unverhältnismäßigen Mehraufwand erfüllt werden können. Sie dürfen allerdings nur zugelassen werden, wenn der Mehraufwand kausal zurückgeht auf

- das Vorliegen schwieriger Geländeverhältnisse,
- die Tatsache einer ungünstigen vorhandenen Bebauung oder
- Erfordernisse in Bezug auf die Sicherheit der Behinderten oder alten Menschen.

30 **Schwierige Geländeverhältnisse** können vorliegen, wenn ein Gebäude z.B. wegen hohen Grundwasserstandes oder anstehenden Felsens mit seinem Erdgeschossfußboden so hoch über der öffentlichen Verkehrsfläche gelegen ist, dass ein behindertengerechter Zugang zu diesem Gebäude nur mit einem unverhältnismäßigen Mehraufwand hergestellt werden kann.

31 Bei Baulückenschließung muss sich ein Gebäude der vorhandenen Bebauung anpassen (einfügen). Dabei kann die **vorhandene Bebauung** so **ungünstig** zum geplanten Bauvorhaben situiert sein, dass eine behindertengerechte Erschließung nur mit einem unverhältnismäßigen Mehraufwand hergestellt werden kann.

32 **Im Hinblick auf die Sicherheit der Behinderten oder alten Menschen** müssen für den Gefahrenfall (Brandfall) besondere Maßnahmen ergriffen werden, seien es solche betrieblicher oder baulicher Art, wie z.B. besonders gesteuerte Aufzüge mit eigenen Vorräumen. Auch diese Maßnahmen können zu einem unverhältnismäßigen Mehraufwand führen, der zu einer Abweichung von der Grundforderung des Absatzes 1 berechtigt.

33 Liegt eine der genannten Voraussetzungen vor, ist es für die Gestattung der Ausnahme weiter erforderlich, dass die Erfüllung der Anforderungen der Absätze 1, 4 oder 5 zu einem unverhältnismäßigen **Mehraufwand** führt. Die Feststellung eines „unverhältnismäßig hohen Mehraufwandes" erfordert eine für den konkreten Einzelfall vorzunehmende **Abwägung** der **zusätzlichen Kosten** für die vorgeschriebenen Maßnahmen mit der **Zielsetzung** des § 55 BauO NRW (s. Rdn. 3–7). **Mehrkosten von bis zu 20 %** der Normalkosten dürften noch zumutbar und damit verhältnismäßig sein (so auch Große-Suchsdorf/Lindorf/Schmaltz/Wiechert, zu § 48 Rdn. 38). Bezugskosten zur Ermittlung des Mehraufwandes sind bei Neubauten die Gesamtherstellungskosten, bei Änderungen, insbesondere bei Um- und Erweiterungsbauten, die Kosten der Änderung.

# Vierter Teil
# Die am Bau Beteiligten
## Vor §§ 56 bis 59 a

**Anmerkungen** (Autor: Heintz)

An der **Realisierung** eines Bauvorhabens wirken **viele Beteiligte** mit. Neben dem Grundstückseigentümer, dem Bauherrn und den in den §§ 58 bis 59 a BauO NRW erwähnten Personen sind z. B. Notare, Öffentlich bestellte Vermessungsingenieure und Sachverständige zu nennen. Die Vorschriften des Vierten Teils (§§ 56–59 a BauO NRW) betreffen nur **wenige ausgewählte am Bau Beteiligte**, um diesen dann die **Verantwortung** für die **Einhaltung der öffentlich-rechtlichen Vorschriften** aufzuerlegen. Für die in der BauO NRW nicht erwähnten am Bau Beteiligten ergeben sich zahlreiche Pflichten bereits aus anderen Rechtsvorschriften, so z. B. für Öffentlich bestellte Vermessungsingenieure aus § 1 Abs. 2 VermKatG NRW in Verbindung mit ihrer Berufsordnung. 1

Die Landesbauordnung folgt den Regelungen der MBO 1997, die noch auf den traditionellen Vorstellungen vom Bauablauf basieren, seit 1962 im Wesentlichen unverändert geblieben sind und die Rechtsfigur des staatlich anerkannten Sachverständigen außen vor lassen. Diese Regelungen haben schwerpunktmäßig 2

- die **Planungs- und Genehmigungsphase** und
- die **Bauausführungsphase**

im Auge. Auf diese beiden Phasen sind die Regelungen der §§ 56 bis 59 a BauO NRW ausgerichtet. **Sie erfassen nicht die nachfolgende Nutzungsphase**, in der allerdings aufgrund **von Sonderbauverordnungen weitere Ordnungspflichten** für bestimmte Personen begründet sein können (s. die Anmerkungen zu § 56 Rdn. 7).

Die nach der SV-VO und der TPrüfVO bestellten **staatlich anerkannten Sachverständigen** blieben bislang **im Vierten Teil unerwähnt**, obwohl gerade diesen Personen im Baugenehmigungsverfahren bzw. bei der Realisierung von nach § 67 BauO NRW freigestellten Wohnbauvorhaben – ähnlich dem Bauleiter – **wichtige Überwachungsfunktionen** übernehmen und wie die übrigen am Bau Beteiligten **direkt vom Bauherrn beauftragt** werden. Mit dem in **§ 58 BauO NRW** aufgenommenen **Absatz 3** berücksichtigt der Gesetzgeber auch die mit der BauO NW 1995 geschaffene Rechtsfigur des **staatlich anerkannten Sachverständigen** in seiner **Funktion als Fachplaner für das Brandschutzkonzept** nach § 9 BauPrüfVO. 3

Die **Regelungen des Vierten Teils** stehen in **Verbindung** mit dem **BGB** (Werk- und Dienstvertragsrecht), der **HOAI** (Honorarrecht der Architekten und Ingenieure), dem **BauKaG NRW**, dem **ArbSchG** und den hierzu erlassenen Verordnungen, insbesondere der **BaustellV** sowie den Unfallverhütungsvorschriften der Bauberufsgenossenschaften – **UVV** (s. die Anmerkungen zu § 14 Rdn. 14)). Es wird vorausgesetzt, dass zwischen dem Bauherrn und den sonstigen am Bau Beteiligten entsprechende **zivilrechtliche Vertragsverhältnisse** begründet werden. 4

Das **Verhältnis zwischen** dem **Bauherrn** und den anderen am **Bau Beteiligten** ist **zivilrechtlicher Art** und richtet sich nach den Vorschriften des **BGB**, insbesondere dem **Werk-** und **Dienstvertragsrecht**. Im Regelfall wird die ordnungsrechtliche Beauftragung 5 eines anderen am Bau Beteiligten durch den Bauherrn (s. § 57 Abs. 1 Satz 1 BauO NRW) gleichzeitig mit oder nach einem zivilrechtlichen Vertrag vorgenommen. Denkbar ist auch ein Tätigwerden ohne eine vertragliche Grundlage, z.B. bei Nachbarschafts-, Freundschafts- oder Verwandtenhilfe. Für die Bauaufsichtsbehörde ist jedenfalls nur die Beauftragung durch den Bauherrn maßgeblich; die Rechtsbeziehungen zwischen diesen Personen im Innenverhältnis sind für die Bauaufsichtsbehörde ohne Belang. **Zivilrechtliche Vereinbarungen bewirken keine Einschränkung der Verantwortlichkeit** der am Bau Beteiligten gemäß §§ 58–59 a BauO NRW gegenüber der Bauaufsichtsbehörde (s. Boeddinghaus/Hahn/Schulte, zu § 56 Rdn. 9; zur außervertraglichen Haftung der am Bau Beteiligten s. Locher, Rdn. 710–747).

**6** Die ersten drei Teile der Landesbauordnung regeln die **materiellen Anforderungen** an bauliche Anlagen und sonstige Anlagen und Einrichtungen im Sinne des § 1 Abs. 1 Satz 2 BauO NRW. Die **Verpflichtung von Personen für die Einhaltung der materiellen Anforderungen** ist im **Vierten Teil** geregelt. Die §§ 56 bis 59 a BauO NRW ordnen unter Berücksichtigung der nachfolgenden verfahrensrechtlichen Vorschriften den am Bau Beteiligten bestimmte Pflichten zu. Hierdurch ist es für die Bauaufsichtsbehörde einfacher zu erkennen, welche Person im Zuge des Bauablaufs gegen bauordnungsrechtliche Vorschriften verstoßen hat. Ohne diese Regelungen müsste die Bauaufsichtsbehörde im Rahmen der Eingriffsverwaltung auf die **Bestimmungen des OBG** zurückgreifen, das als allgemeines Ordnungsrecht der **speziellen Problematik des Bauablaufs** mit seinen Gefahren für die öffentliche Sicherheit und Ordnung nur unzureichend Rechnung tragen kann. (vgl. Große-Suchsdorf/Lindorf/Schmaltz/Wiechert, zu § 57 Rdn. 1).

Die **Regelungen vermitteln keinen Nachbarschutz** (vgl. Hahn/Schulte, Rdn. 361).

**7** Das **OBG** ist lediglich **subsidiär** neben der BauO NRW anwendbar (s. § 60 Abs. 2 Satz 1 BauO NRW und § 1 Abs. 2 OBG). Daraus ergeben sich folgende Konsequenzen: Die Vorschriften der §§ 56 bis 59 a BauO NRW gehen einerseits dem allgemeinen Ordnungsrecht als spezielle Vorschriften (leges speciales) vor, soweit sie eine **Begrenzung der Verantwortlichkeit** der am Bau Beteiligten **auf deren Wirkungskreis** anordnen. Andererseits gehen sie auch über die Vorschriften des OBG zur Verhaltenshaftung hinaus, da eine Verantwortlichkeit unabhängig von einem konkreten Verhalten an die Funktion des am Bau Beteiligten anknüpft (vgl. Hess. VGH, Urteil vom 26. 2. 1982 – IV OE 43/79, BRS 39 Nr. 98). Die **Verantwortlichkeit** im Sinne des OBG **anderer Personen** als der in den §§ 56 bis 59 a BauO NRW aufgeführten am Bau Beteiligten **bleibt unberührt**, ebenso wie die des Eigentümers einschließlich eines dinglich Berechtigten (z.B. Nießbrauchers, Erbbauberechtigten) oder des Besitzers.

**8** **Verstöße** gegen die Bestimmungen des Vierten Teils sind nur zum Teil **Ordnungswidrigkeiten** im Sinne des § 84 BauO NRW. Diese Begrenzung war vertretbar, da einerseits sonstige öffentlich-rechtliche Vorschriften, insbesondere die des Arbeitsschutzrechts, Ordnungswidrigkeitentatbestände beinhalten, andererseits auch das **Strafrecht** dafür sorgt, dass die am Bau Beteiligten ihre Verantwortung ernst nehmen (s. die Anmerkungen zu § 56 Rdn. 21).

# § 56
# Grundsatz

**Bei der Errichtung, Änderung, Instandhaltung, Nutzungsänderung oder dem Abbruch baulicher Anlagen sowie anderer Anlagen und Einrichtungen im Sinne des § 1 Abs. 1 Satz 2 sind die Bauherrin oder der Bauherr und im Rahmen ihres Wirkungskreises die anderen am Bau Beteiligten (§§ 58 bis 59 a) dafür verantwortlich, dass die öffentlich-rechtlichen Vorschriften eingehalten werden.**

**Anmerkungen** (Autor: Heintz)

**Übersicht**

| | | Rdn. |
|---|---|---|
| 0 | Änderungen gegenüber der BauO NW 1984 und der BauO NW 1995 | 01 |
| 1 | Allgemeines | 1– 6 |
| 2 | Verantwortungsbereich der am Bau Beteiligten | 7–16 |
| 3 | Zusammenfassung von Funktionen in einer Person | 17–18 |
| 4 | Zivilrechtliche Haftung und strafrechtliche Verantwortlichkeit | 19–21 |

## 0 Änderungen gegenüber der BauO NW 1984 und der BauO NW 1995

Die Vorschrift entspricht inhaltlich § 52 BauO NW 1984. Änderungen ergaben sich mit 01
der BauO NW 1995 durch die Aufnahme des Begriffs der **Instandhaltung** und die im Gesetz verwendeten **gleichstellungsgerechten Formulierungen**, die – bei aller Berechtigung – den Gesetzestext schwerer lesbar machen. Mit der BauO NW 1995 entfiel auch die Vorschrift über den Bauleiter (§ 56 BauO NW 1984) und damit auch die Erwähnung des Bauleiters in § 56 BauO NW 1995. Infolge der **Wiederaufnahme der Bestimmung über den Bauleiter in § 59 a BauO NRW 2000** wurden die Paragraphen in der Klammeraufzählung des § 56 BauO NRW angepasst.

## 1 Allgemeines

Anknüpfend an sonstige Vorschriften außerhalb des Bauordnungsrechts (s. die Anmer- 1
kungen vor §§ 56–59 a Rdn. 4) regelt § 56 BauO NRW die **öffentlich-rechtlichen Pflichten der am Bau Beteiligten**. Der **Grundsatz**, dass der **Bauherr** (§ 57 BauO NRW) und neben ihm **im Rahmen ihres Wirkungskreises** auch

- der **Entwurfsverfasser** nebst **Fachplanern** (§ 58 BauO NRW),
- der **Unternehmer** nebst **Fachunternehmern** oder **Fachleuten** (§ 59 BauO NRW) und
- der **Bauleiter** nebst **Fachbauleitern** (§ 59 a BauO NRW)

für die **Einhaltung der öffentlich-rechtlichen Vorschriften** verantwortlich sind, besteht seit der BauO NW 1962. Die Begründung zum Regierungsentwurf der BauO NW 1962 (LT-Drucks. 4/327 S. 119 f.) bemerkte zu Teil VIII „Die am Bau Beteiligten" (§§ 71–75):

*„Diese Vorschriften legen die Verantwortlichkeit der am Bau beteiligten Personen gegenüber der Bauaufsichtsbehörde fest. Die gesetzliche Klarstellung ist erforderlich, damit einwandfrei feststeht, an welche der am Bau beteiligten Personen die Bauaufsichtsbehörde Verfügungen richten kann. Darüber hinaus wird weiter klargestellt, welche verantwortlichen Personen bei einem Bauvorhaben aus Gründen der öffentlichen Sicherheit und*

*Ordnung bestellt werden müssen ... Die Vorschriften tragen dem Umstand Rechnung, daß die Bautechnik schwieriger geworden ist und sich mehr und mehr spezialisiert hat. Besonders ist darauf hinzuweisen, daß die in dieser Vorschrift festgelegten und gegeneinander abgegrenzten Verantwortlichkeiten zu einer wesentlichen Entlastung des Bauherrn führen werden. Aus dem vorstehend Dargelegten ergibt sich, daß es sich bei den §§ 71–75 um reines Ordnungsrecht handelt, nicht aber um Regelungen des Berufsrechts oder des Berufsausübungsrechts. Ebensowenig wird durch diese Vorschriften die strafrechtliche oder die zivilrechtliche Verantwortlichkeit der genannten Personen berührt.“*

2 Dieser Grundsatz gilt bei der **Errichtung**, **Änderung**, **Instandhaltung**, **Nutzungsänderung** und dem **Abbruch** baulicher Anlagen (zu den Begriffen s. die Anmerkungen zu § 3 Rdn. 15–30 und 93–107). Die Verantwortlichkeit von Personen für andere als diese Tätigkeiten richtet sich nach den Vorgaben des allgemeinen Ordnungsrechts (s. die Anmerkungen vor §§ 56 bis 59 a Rdn. 5 und 6), soweit nicht öffentlich-rechtliche Vorschriften außerhalb des Bauordnungsrechts oder aufgrund der BauO NRW erlassene Rechtsvorschriften weitergehende Anforderungen enthalten (s. Rdn. 7). Handelt es sich dabei um **Boden- und Grundwasserverunreinigungen** sind die bodenschutz- und wasserrechtlichen Vorschriften einschlägig (zur bodenschutzrechtlichen Verantwortlichkeit s. BayVGH, Beschluss vom 15. 9. 2000 – 22 ZS 00.1994, UPR 2001, 271 und VGH B-W, Beschluss vom 11. 12. 2000 – 10 S 1188/00, UPR 2001, 274).

3 Die **Störerauswahl** bei Verstößen der am Bau beteiligten Personen gegen öffentlich-rechtliche Vorschriften **hinsichtlich der Nutzung** baulicher Anlagen und anderer Anlagen und Einrichtungen im Sinne des § 1 Abs. 1 Satz 2 BauO NW richtet sich nach den Bestimmungen der **§§ 17 und 18 OBG**. Wird ein Verstoß gegen öffentlich-rechtliche Vorschriften durch die Nutzung selbst ausgelöst, beispielsweise durch Nichtbeachtung der Vorschriften über die Freihaltung der Rettungswege für die Feuerwehr, so kann die Bauaufsichtsbehörde nicht automatisch den Bauherrn in Anspruch nehmen, sondern muss zunächst erforschen, welche Person als **Zustandsstörer** oder **Handlungsstörer** in Erscheinung getreten ist. Die Bauherreneigenschaft endet nämlich mit abschließender Fertigstellung der Baumaßnahme gemäß § 82 Abs. 3 Satz 3 BauO NRW, so dass ein Bauherr im Sinne des § 57 BauO NRW nicht mehr auszumachen ist. Dies gilt auch für einen während der Nutzungsphase auftretenden **Instandhaltungsmangel**. Erst wenn dieser Mangel durch eine bauliche **Instandhaltungsmaßnahme** im Sinne eines Bauvorgangs beseitigt wird, greift wiederum als Spezialregel § 56 BauO NRW ein.

4 Wie im allgemeinen Ordnungsrecht hat die Bauaufsichtsbehörde **bei mehreren bauordnungsrechtlich verantwortlichen Personen** ein **Auswahlermessen** (OVG NRW, Urteil vom 10. 12. 1996 – 10 A 4248/92, BRS 58 Nr. 216). Eine wesentliche Folge der Regelungen der §§ 56 bis 59 a BauO NRW besteht darin, dass die Bauaufsichtsbehörde ihre **Verfügungen unmittelbar an** die im Rahmen ihres Wirkungskreises Verantwortlichen **am Bau Beteiligten** richten kann. Das bedeutet z. B., dass Beanstandungen fehlerhafter oder unvollständiger Bauvorlagen unmittelbar an den Entwurfsverfasser (§ 58 BauO NRW) und fehlerhafter Bauausführungen unmittelbar an den Bauunternehmer (§ 59 BauO NRW) gerichtet werden können. Daneben bleibt natürlich im Rahmen des Auswahlermessens die Möglichkeit der Bauaufsichtsbehörde bestehen, ihre Verfügung direkt an den **Bauherrn** zu richten, weil diesen eine **Hauptverantwortung** trifft.

5 Nach dem Wortlaut des § 56 BauO NRW ist in Übereinstimmung mit dem allgemeinen Ordnungsrecht in erster Linie der **Bauherr für die Einhaltung der öffentlich-rechtlichen Vorschriften** (zum Begriff „öffentlich-rechtliche Vorschriften“ s. die Anmerkungen zu

§ 75 Rdn. 81) verantwortlich, und zwar als **Handlungsstörer** und meist – als Eigentümer oder Besitzer – auch als **Zustandsstörer** (vgl. §§ 17 und 18 OBG). Wenn die BauO NRW darüber hinaus auch den Entwurfsverfasser, den Unternehmer und den Bauleiter aufgrund ihrer – zivilrechtlichen – Beauftragung durch den Bauherrn (s. § 57 Abs. 1 Satz 1 BauO NRW) im Rahmen ihres jeweiligen Wirkungskreises zu ordnungspflichtigen Personen bestimmt, so entspricht auch das den **Grundsätzen des allgemeinen Ordnungsrechts über die Handlungshaftung**.

Der schon mit der BauO NW 1984, danach mit der BauO NW 1995 und jetzt erneut mit der BauO NRW 2000 forciert gewollte Abbau bauaufsichtlicher Tätigkeiten führt zwangsläufig zu einer **stärkeren Betonung der Verantwortlichkeit der am Bau Beteiligten**. Deutlich wird dies in der Ausweitung des Katalogs der genehmigungsfreien Vorhaben bzw. Anlagen, bei deren Ausführung gleichwohl das materielle Bauordnungsrecht eingehalten werden muss (s. § 65 Abs. 4 BauO NRW). Auch der Wegfall bautechnischer Prüfungen im vereinfachten Genehmigungsverfahren (§ 68 BauO NRW) führt zu einer erhöhten Verantwortung der am Bau Beteiligten. Dies gilt erst recht im Hinblick auf § 67 BauO NRW, der bei bestimmten Wohnungsbauvorhaben in qualifiziert beplanten Gebieten auf eine Baugenehmigung gänzlich verzichtet und damit insbesondere dem Entwurfsverfasser und den vom Bauherrn privat zu beauftragenden staatlich anerkannten Sachverständigen die Verantwortlichkeit für die Rechtmäßigkeit des Vorhabens zuweist. **6**

## 2 Verantwortungsbereich der am Bau Beteiligten

Die Vorschriften der §§ 56 bis 59 a BauO NRW gelten nur für die eigentliche **Planungs- und Bauausführungsphase**, erfassen also nicht vorlaufende Grundstücks- und Finanzierungsfragen und auch nicht nachfolgende, für die Sicherheit unbedeutende Mängelbeseitigungen nach zivilrechtlichen Haftungs- bzw. Gewährleistungsansprüchen (s. Rdn. 2). Die **Verantwortlichkeit** des Bauherrn und der anderen am Bau Beteiligten nach der BauO NRW reicht vom **Beginn bis zum Ende** der jeweiligen Tätigkeit. Sie **beginnt mit der Aufnahme der Tätigkeiten**, die nach der Grundsatzregelung des § 56 BauO NRW die Verantwortlichkeit der am Bau beteiligten Person begründet und **endet grundsätzlich mit dem endgültigen Abschluss** der jeweiligen Tätigkeit. So sind z. B. in der Regel mit dem Übergang der ausschließlichen Verfügungsmacht des Bauträgers auf die Wohnungseigentümer diese für den bauordnungsrechtlichen Zustand der Wohnanlage verantwortlich (BayVGH, Urteil vom 10. 10. 1979 – Nr. 12 XV 76, BRS 35 Nr. 211). **Nach der** im Sinne des Bauordnungsrechts **mängelfreien Fertigstellung** einer baulichen Anlage richtet sich die **Verantwortlichkeit** von Personen **für den ordnungsgemäßen Zustand** einer baulichen Anlage wieder **nach** den allgemeinen Regelungen des **OBG, soweit nicht Sonderbauvorschriften besondere Verantwortlichkeiten** für bestimmte Personen **begründen**, wie z. B. während der **Betriebszeit** **7**

- von **Verkaufsstätten** für den **Betreiber** nach § 24 VkVO oder
- von **Versammlungsstätten** für den **Betreiber** nach § 38 VStättVO.

Für die **Beendigung eines Verantwortungsbereichs** wird ein für alle Beteiligten gleicher Zeitpunkt kaum angegeben werden können. Abzustellen ist darauf, ob der einzelne am Bau Beteiligte seine sich aus dem Bauordnungsrecht und sonstigen öffentlich-rechtlichen Vorschriften in Bezug auf das konkrete Bauvorhaben ergebenden Pflichten erfüllt hat. Hat ein am Bau Beteiligter eine Gefahr verursacht, so bleibt seine Verantwort- **8** lichkeit bestehen, auch wenn seine Tätigkeit inzwischen beendet ist (vgl. Boeddinghaus/Hahn/Schulte, zu § 56 Rdn. 3; Hess. VGH, Urteil vom 26.2.1982 – IV OE 43/79, BRS. 39 Nr. 98 zur Verpflichtung des Unternehmers zur Belassung der Baustellenabsicherung bei Einstellung der Bauarbeiten; Nds. OVG, Beschluss vom 11. 8. 1993 – 1 L 5267/92, BRS 55 Nr. 212 zur Verantwortlichkeit des Bauherrn auch nach Abschluss der Bauarbeiten für eine widerrechtlich vorgenommene Auffüllung mit belastetem Bodenmaterial). Der BGH bejaht im Urteil vom 11.12.1984 (– VI ZR 292/82, NJW 1985, 1078) die Verantwortlichkeit des Rohbauunternehmers zum Schutz der nach ihm tätigen Handwerker für die Ausbaugewerke und andere Personen, welche die Baustelle betreten, auch nach Fertigstellung der Rohbauarbeiten, wenn die Belassung von Schutzeinrichtungen auf der Baustelle vereinbart worden ist.

9 Verantwortlich nach §§ 56 bis 59 a BauO NRW kann jede **natürliche oder juristische Person des privaten oder öffentlichen Rechts** sein, z. B. eine GmbH, eine AG, eine Gemeinde oder ein Landkreis (vgl. Große-Suchsdorf/Lindorf/Schmaltz/Wiechert, zu § 57 Rdn. 3). Bei **juristischen Personen** müssen die gesetzlichen Voraussetzungen an Sachkunde und Erfahrung von deren **Organen** erfüllt sein. Mehrere Personen können eine **Bauherrengemeinschaft** bilden, die aber **keine juristische Person**, sondern eine **Gesellschaft bürgerlichen Rechts** ist, wobei jeder einzelne Gesellschafter gegenüber der Bauaufsichtsbehörde verantwortlich bleibt (vgl. Boeddinghaus/Hahn/ Schulte, zu § 57 Rdn. 8 und Große-Suchsdorf/Lindorf/Schmaltz/Wiechert, zu § 57 Rdn. 8).

10 Die **BauO NRW schließt nicht aus**, dass eine **Mehrheit von Personen als am Bau Beteiligter** fungiert. Dies wird regelmäßig nur bei der Rechtsfigur des **Bauherrn** auftreten; der Fall kann bereits eintreten bei einem **Ehepaar**, einer **Miteigentümergemeinschaft** oder einer **Bauherrengemeinschaft**. Treten **mehrere Personen als Bauherr** auf, so ist (zwingend) gemäß § 69 Abs. 3 BauO NRW gegenüber der Bauaufsichtsbehörde ein **Vertreter** zu bestellen, der die einem Bauherrn nach den öffentlich-rechtlichen Vorschriften obliegenden Verpflichtungen zu erfüllen hat. Für die anderen am Bau Beteiligten fehlt eine entsprechende Vorschrift.

11 Relativ häufig tritt der Fall auf, dass **verschiedene Personen in der gleichen Funktion nacheinander tätig** werden, z. B. der Genehmigungsentwurf durch einen Entwurfsverfasser, die Ausführungsplanung durch einen anderen Entwurfsverfasser erfolgt oder dass sich verschiedene Personen die Bauleitung teilen. Die Ausführung des Baus erfolgt regelmäßig entsprechend den ausgeschriebenen Gewerken durch verschiedene Unternehmer, sofern nicht ein Generalunternehmer oder eine Fertighausfirma tätig wird.

12 In der **Grundsatzregelung des § 56 BauO NRW** und **in den §§ 57 bis 59 a BauO NRW** sind die **Verantwortungsbereiche** der am Bau Beteiligen im Einzelnen **näher bestimmt** und **gegeneinander abgegrenzt**. Hierbei handelt es sich um **ordnungsrechtliche Verantwortungszuweisungen**, welche die berufsrechtlichen, gewerberechtlichen, haftungsrechtlichen und strafrechtlichen Vorschriften unberührt lassen (so Allgeier/von Lutzau, S. 339 f. Anm. 47). Die **Verantwortlichkeit** der Beteiligten ist **unterschiedlich verteilt** und kann folgendermaßen **vereinfachend charakterisiert** werden:

- § 57 BauO NRW begründet die **umfassende Verantwortung des Bauherrn**,
- § 58 BauO NRW macht den **Entwurfsverfassers für den Entwurf verantwortlich**,
- § 59 BauO NRW regelt die **Verantwortung des Unternehmers für die Ausführung**,
- § 59 a BauO NRW regelt die **Verantwortung des Bauleiters für den Bauablauf**.

Der jeweilige **Verantwortungsbereich umfasst sämtliche damit im Zusammenhang stehenden Tätigkeiten** (vgl. Schlotterbeck/von Arnim/Hager, zu § 41 Rdn. 11). So ist z.B. der Unternehmer neben der ordnungsgemäßen Ausführung seiner Arbeiten auch für die sichere Lagerung des Baumaterials auf dem Grundstück verantwortlich.

Der Grundsatz des § 56 BauO NRW **gilt unabhängig** davon, **ob** das Vorhaben **genehmigungsbedürftig** ist **oder nicht** (ebenso Allgeier/von Lutzau, S. 339 f. Rdn. 47). Dies ergibt sich eindeutig aus dem Wortlaut der Vorschrift. Die in § 56 BauO NRW aufgeführten **Tätigkeiten** werden nämlich **ohne den Zusatz „genehmigungsbedürftigen"** benutzt. Dagegen setzt die Verpflichtung des Bauherrn zur Bestellung eines Entwurfsverfassers, Unternehmers und Bauleiters nach § 57 Abs. 1 Satz 1 und Abs. 4 BauO NRW die Genehmigungsbedürftigkeit des Vorhabens voraus bzw. knüpft an die Regelungen des § 67 BauO NRW über die Zulässigkeit freigestellter Wohngebäude an. 13

Bei der **Realisierung nach §§ 65 BauO NRW freigestellter Anlagen**, für die kein Entwurfsverfasser bzw. kein Bauleiter zu bestellen ist und die häufig in Selbst- oder Nachbarschaftshilfe ausgeführt werden, trifft den Bauherrn allein gemäß § 56 BauO NRW die Verantwortung für die Einhaltung der öffentlich-rechtlichen Vorschriften. Dass für freigestellte Vorhaben die öffentlich-rechtlichen Vorschriften zu beachten sind, ergibt sich unmittelbar aus § 65 Abs. 4 BauO NRW. Beauftragt der Bauherr für eine freigestellte Anlage (freiwillig) einen Entwurfsverfasser, Unternehmer oder Bauleiter, so trifft diese Personen wiederum die Verantwortung im Rahmen ihres Wirkungskreises, da die durch § 56 BauO NRW in Bezug genommenen §§ 58 bis 59 a BauO NRW ihrerseits nicht darauf abstellen, dass die zur Ausführung kommende Anlage genehmigungsbedürftig ist. 14

Bei der **Realisierung** von nach § 66 BauO NRW **freigestellten haustechnischen Anlagen** gilt die **Besonderheit**, dass der Bauherr allein nicht die Verantwortung für die Einhaltung des öffentlichen Rechts übernehmen kann und darf. Vielmehr hat sich der Bauherr gemäß § 66 Satz 2 BauO NRW vom **Unternehmer** oder einem **Sachverständigen** die **Einhaltung der öffentlich-rechtlichen Vorschriften förmlich bescheinigen** zu lassen; das Erfordernis besteht nach dem Gesetz ausnahmslos. Die spezielle Regel des § 66 Satz 2 BauO NRW verdrängt die allgemeinere des § 56 BauO NRW, die primär auf die Ordnungspflicht des Bauherrn abstellt. Insofern übernimmt bei den nach § 66 Satz 1 BauO NRW freigestellten Anlagen nicht der Bauherr, sondern der **Unternehmer** bzw. der **Sachverständige** die **volle Verantwortung für die Einhaltung des öffentlichen Rechts**. Diese gesetzliche Privilegierung des Unternehmers oder Sachverständigen kann **Auswirkungen auf** die **Störerauswahl** haben, wenn sich später herausstellt, dass die Bescheinigung falsch war. **Hat beispielsweise** der ausführende **Unternehmer** eine nach § 66 Satz 1 Nr. 6 BauO NRW freigestellte **Abwasserleitung rechtswidrig** ausgeführt und **dennoch** dem Bauherrn die nach § 66 Satz 2 BauO NRW vorgeschriebene **Bescheinigung ausgestellt**, kann die Bauaufsichtsbehörde – natürlich vorausgesetzt, das Unternehmen besteht später überhaupt noch – die **Ordnungsverfügung auf Herstellung eines rechtmäßigen Zustandes unmittelbar an den Unternehmer** richten. 15

Die §§ 56 bis 59 a BauO NRW finden auf **Fliegende Bauten nach § 79 BauO NRW** keine Anwendung, da diese eben gerade nicht dem üblichen Bauablauf unterliegen. Vielmehr handelt es sich um eine Spezialmaterie, für die ausschließlich **§ 79 BauO NRW** in Verbindung mit den Verwaltungsvorschriften über Ausführungsgenehmigungen für Fliegende Bauten und deren Gebrauchsabnahme – **FlBauVV** einschlägig ist. Die §§ 56 bis 59 a BauO NRW finden auch keine Anwendung im **Zustimmungsverfahren nach § 80 BauO NRW**. Da der Gesetzgeber in § 80 Abs. 5 BauO NRW eine **Alleinverantwort-** 16

**lichkeit des öffentlichen Bauherrn** normiert hat und dabei eine **Besetzung der Dienststelle mit besonders qualifiziertem Personal** verlangt, bedarf es für Vorhaben öffentlicher Bauvorhaben, die nach der Entscheidung des öffentlichen Bauherrn nicht im Genehmigungsverfahren, sondern im Zustimmungsverfahren realisiert werden sollen, keines Rückgriffs auf die Bestimmungen des Vierten Teils. Wählt der öffentliche Bauherr anstelle des Zustimmungsverfahrens das Baugenehmigungsverfahren – was ihm freisteht –, so muss er auch die §§ 56 bis 59 a BauO NRW beachten.

### 3 Zusammenfassung von Funktionen in einer Person

17 Wenn die BauO NRW in den §§ 56 bis 59 a die Verantwortungsbereiche gegeneinander abgrenzt, so legt sie damit **nur bestimmte Funktionen beim Bauen** fest; sie **verbietet nicht** die **Übernahme mehrerer Verantwortungsbereiche durch ein und dieselbe Person**. Beispielsweise übernehmen „auf Vorrat" bauende Bauträger die Bauherrenfunktion und daneben häufig auch die Funktion des Entwurfsverfassers. Die Zusammenfassung der Funktionen darf nicht verwechselt werden mit der im Eigenheimbau üblichen Selbst- oder Nachbarschaftshilfe (§ 57 Abs. 2 Satz 2 BauO NRW).

18 **Voraussetzung für die Zusammenfassung** mehrerer Funktionen nach den §§ 57 bis 59 a BauO NRW **in einer Person** ist, dass diese über die jeweils vorausgesetzten **Eigenschaften** bzw. über die jeweils geforderten **Qualifikationen** verfügt. Diese ergeben sich im Einzelnen aus den §§ 57 bis 59 a BauO NRW. Hinsichtlich der erforderlichen **Qualifikation des Entwurfsverfassers** sind die den § 58 BauO NRW ergänzenden Regelungen des § 70 BauO NRW über die **Bauvorlageberechtigung** zu beachten.

### 4 Zivilrechtliche Haftung und strafrechtliche Verantwortlichkeit

19 Die §§ 56–59 a BauO NRW regeln ausschließlich die **bauordnungsrechtliche Verantwortlichkeit** und lassen sowohl die **zivilrechtliche Haftung** als auch die **strafrechtliche Verantwortlichkeit** der am Bau Beteiligten **unberührt** (so schon die Begründung zur BauO NW 1962 – s. Rdn. 1). Die Pflichten nach den §§ 56 bis 59 a BauO NRW gehören allerdings zu den **zivilrechtlichen Sorgfalts- und Verkehrssicherungspflichten**, deren Verletzung einen Schadenersatz gemäß § 823 Abs. 1 BGB zur Folge haben kann (vgl. Große-Suchsdorf/Lindorf/Schmaltz/Wiechert, zu § 57 Rdn. 4).

20 Die gesetzgeberische Zurückhaltung bei der Sanktionierung von Verstößen gegen die in den Vorschriften des Vierten Teils verankerten Pflichten der am Bau Beteiligten wird im Hinblick auf die gesetzlichen Vorschriften über **die Haftpflicht** verständlicher (vgl. Schmalzl, Die Haftpflichtversicherung der Baubeteiligten, BauR 1981, S. 505 ff.). Aufgrund der in § 15 Abs. 2 Nr. 5 und § 35 Satz 2 BauKaG NRW geregelten **Pflicht zum Abschluss einer Haftpflichtversicherung für Architekten und Ingenieure** entfiel die in § 65 Abs. 5 BauO NW 1984 enthaltene Regelung bereits mit der BauO NW 1995.

21 Für die **strafrechtliche Verantwortlichkeit** der am Bau Beteiligten sind vor allem drei Vorschriften einschlägig, nämlich § **319 – Baugefährdung** (vor der Neufassung in § 323 StGB verortet), **222 StGB – Fahrlässige Tötung** und **§ 229 StGB – Fahrlässige Körperverletzung**. Die strafrechtliche Verantwortung ist nur gegeben, wenn der am Bau Beteiligte durch sein Verhalten den **Tatbestand** einer dieser Strafvorschriften **rechtswidrig** und **schuldhaft** erfüllt (hierzu s. Gallas, Die strafrechtliche Verantwortung der am Bau Beteiligten, 1963 und Schünemann, Grundfragen der strafrechtlichen Zurechnung im Tatbestand der Baugefährdung, ZfBR 1980, S 4 ff., S 113 ff. und S. 159 ff).

## § 57
## Bauherrin, Bauherr

**(1) [1]Die Bauherrin oder der Bauherr hat zur Vorbereitung und Ausführung eines genehmigungsbedürftigen Bauvorhabens eine Entwurfsverfasserin oder einen Entwurfsverfasser (§ 58), Unternehmerinnen oder Unternehmer (§ 59) und eine Bauleiterin oder einen Bauleiter (§ 59 a) zu beauftragen. [2]Die Bauherrin oder der Bauherr hat gegenüber der Bauaufsichtsbehörde die nach den öffentlich-rechtlichen Vorschriften erforderlichen Anzeigen und Nachweise zu erbringen, soweit hierzu nicht die Bauleiterin oder der Bauleiter verpflichtet ist.**

**(2) [1]Bei technisch einfachen baulichen Anlagen und anderen Anlagen und Einrichtungen im Sinne des § 1 Abs. 1 Satz 2 kann die Bauaufsichtsbehörde darauf verzichten, dass eine Entwurfsverfasserin oder ein Entwurfsverfasser und eine Bauleiterin oder ein Bauleiter beauftragt werden. [2]Bei Bauarbeiten, die in Selbst- oder Nachbarschaftshilfe ausgeführt werden, ist die Beauftragung von Unternehmerinnen oder Unternehmern nicht erforderlich, wenn dabei genügend Fachkräfte mit der nötigen Sachkunde, Erfahrung und Zuverlässigkeit mitwirken. [3]Genehmigungsbedürftige Abbrucharbeiten dürfen nicht in Selbst- oder Nachbarschaftshilfe ausgeführt werden.**

**(3) [1]Sind die von der Bauherrin oder vom Bauherrn beauftragten Personen für ihre Aufgabe nach Sachkunde und Erfahrung nicht geeignet, so kann die Bauaufsichtsbehörde vor und während der Bauausführung verlangen, dass ungeeignete Beauftragte durch geeignete ersetzt oder Sachverständige beauftragt werden. [2]Die Bauaufsichtsbehörde kann die Bauarbeiten einstellen lassen, bis geeignete Beauftragte oder Sachverständige beauftragt sind.**

**(4) Absatz 1 Satz 1 gilt auch für Bauvorhaben, die gemäß § 67 von der Genehmigungspflicht freigestellt sind.**

**(5) [1]Die Bauherrin oder der Bauherr hat vor Baubeginn die Namen der Bauleiterin oder des Bauleiters und der Fachbauleiterinnen oder Fachbauleiter und während der Bauausführung einen Wechsel dieser Personen mitzuteilen. [2]Die Bauaufsichtsbehörde kann verlangen, dass für bestimmte Arbeiten die Unternehmerinnen oder Unternehmer namhaft gemacht werden. [3]Wechselt die Bauherrin oder der Bauherr, so hat die neue Bauherrin oder der neue Bauherr dies der Bauaufsichtsbehörde unverzüglich schriftlich mitzuteilen.**

**(6) Die Bauherrin oder der Bauherr trägt die Kosten für**

**1. die Entnahme von Proben und deren Prüfung (§ 81 Abs. 3),**

**2. die Tätigkeit von Sachverständigen oder sachverständigen Stellen aufgrund von § 61 Abs. 3 sowie von Rechtsverordnungen nach § 85 Abs. 2 Nr. 3.**

***VV BauO NRW*** *(infolge Befristung mit Ablauf des 31. 12. 2005 ausgelaufen)*

***57 Bauherrin, Bauherr (§ 57)***

*57.2 Zu Absatz 2*

*„Technisch einfach" im Sinne dieser Vorschrift können bauliche Anlagen und Einrichtungen sein, bei denen keine besonderen Anforderungen an die Bauvorlagen zu stellen sind und aus diesem Grunde eine Entwurfsverfasserin oder ein*

*Entwurfsverfasser (§ 58) entbehrlich ist. Ob diese Voraussetzung vorliegt, hat die Bauaufsichtsbehörde im Einzelfall zu prüfen. Sie kann auf Antrag darauf verzichten, dass die Bauherrin oder der Bauherr eine Entwurfsverfasserin oder einen Entwurfsverfasser, eine Bauleiterin oder einen Bauleiter beauftragt. Sie kann aber auch bei der Vorlage eines Bauantrages ohne Angabe einer Entwurfsverfasserin oder eines Entwurfsverfassers feststellen, ob die Voraussetzungen für den Verzicht vorliegen oder ob der Bauantrag zurückzuweisen ist (§ 72 Abs. 1 Satz 2). Der Verzicht sollte in den Bauakten vermerkt werden.*

**Anmerkungen** (Autor: Heintz)

**Übersicht**


| | | Rdn. |
|---|---|---|
| 0 | Änderungen gegenüber der BauO NW 1984 und der BauO NW 1995 | 01–02 |
| 1 | Allgemeines | 1– 3 |
| 2 | Begriff des Bauherrn | 4–13 |
| 3 | Zu Absatz 1 – Pflichten des Bauherrn | 14–15 |
| 3.1 | Satz 1 – Beauftragung der anderen am Bau Beteiligten - | 16–21 |
| 3.2 | Satz 2 – Mitteilungs-, Anzeige-, Nachweispflichten, sonstige Pflichten - | 22–24 |
| 4 | Zu Absatz 2 – Ausnahmen von der Pflicht zur Beauftragung | |
| 4.1 | Satz 1 – Technisch einfache Bauvorhaben | 25–28 |
| 4.2 | Sätze 2 und 3 – Bauarbeiten in Selbst- oder Nachbarschaftshilfe | 29–32 |
| 5 | Zu Absatz 3 – Befugnis zur Ersetzung ungeeigneter Personen | 33–38 |
| 6 | Zu Absatz 4 – Beauftragungspflicht für Vorhaben nach § 67 BauO NRW | 39–40 |
| 7 | Zu Absatz 5 – Mitteilungspflichten, besondere Eignungsnachweise | 41–44 |
| 8 | Zu Absatz 6 – Kostentragungspflicht des Bauherrn | 45–48 |


## 0 Änderungen gegenüber der BauO NW 1984 und der BauO NW 1995

01 § 57 **BauO NW 1995** entspricht weitgehend § 53 BauO NW 1984. Mit der BauO NW 1995 fanden gleichstellungsgerechte Formulierungen Eingang in den Text der Vorschrift. Da mit der BauO NW 1995 die **Bauleiterbestimmung** (§ 56 BauO NW 1984) entfiel, mussten in der Vorschrift die Bezüge auf den Bauleiter gestrichen werden.

In **Abs. 3 Satz 1** wurde der Begriff *„herangezogen"* durch den Begriff *„beauftragt"* ersetzt, da die Sachverständigen aufgrund eines Privatrechtsverhältnisses tätig werden.

**Absatz 4** wurde neu eingefügt, um zu gewährleisten, dass bei der Planung und Durchführung von nach § 67 BauO NRW genehmigungsfreien Vorhaben ebenfalls Entwurfsverfasser und Unternehmer beauftragt werden müssen.

In **Absatz 6 Nr. 2** wurde die Kostentragungspflicht des Bauherrn ergänzt, um klarzustellen, dass hierunter auch die Kosten für Sachverständige fallen, die gemäß § 61 Abs. 3 BauO NRW von der Bauaufsichtsbehörde herangezogen werden. Die noch in der BauO NW 1984 enthaltene Regelung der alten Nr. 3 (Kostentragungspflicht für wiederkehrende Prüfungen) entfiel, da wiederkehrende Prüfungen von technischen Anlagen vom späteren Betreiber und nicht vom Bauherrn zu veranlassen sind.

02 Mit der **BauO NRW 2000** fand die Bauleiterbestimmung als § 59a wieder Eingang in die Bauordnung. Daher mussten die Bezüge auf den Bauleiter in Abs. 1 Satz 1 und Satz 2 sowie in Abs. 2 Satz 1 ergänzt werden. In Absatz 5 wurde der neue Satz 1 eingefügt.

## 1 Allgemeines

Während § 56 BauO NRW allgemein die bauordnungsrechtliche Verantwortlichkeit des **Bauherrn** dafür begründet, dass die Baumaßnahme dem öffentlichen Recht entspricht (vgl. die Anmerkungen zu § 56 Rdn. 1, 5 und 12), regelt § 57 BauO NRW die **besonderen Pflichten**. Diese bestehen vor allem darin, dass der **Bauherr für genehmigungsbedürftige bzw. unter § 67 BauO NRW fallende Vorhaben** 1

- den **Entwurfsverfasser**, **Unternehmer** und den **Bauleiter beauftragen muss** (Abs. 1 Satz 1, Abs. 2 Satz 3 und Abs. 4), soweit die Bauaufsichtsbehörde hierauf nicht verzichtet (Abs. 2 Satz 1) oder besondere Fachkräfte im Falle der Selbst- oder Nachbarschaftshilfe mitwirken (Abs. 2 Satz 2),
- bestimmte **Mitteilungspflichten** erfüllen muss (Abs. 1 Satz 2 und Abs. 5) sowie
- die **Kosten** für Proben und Sachverständige zu tragen hat (Abs. 6).

Der **Bauherr** übernimmt unter den am Bau Beteiligten die **Hauptverantwortung**. Die übrigen am Bau Beteiligten, der **Entwurfsverfasser**, **Unternehmer** und der **Bauleiter** sind nämlich lediglich von ihm für bestimmte Aufgaben herangezogene **Erfüllungsgehilfen**, denen allein schon deshalb nur eine eingeschränkte bauordnungsrechtliche Verantwortung zugewiesen werden kann. Die Regelung des § 57 BauO NRW lässt die anderweitig geregelte **zivilrechtliche Haftung** des Bauherrn sowie seine **strafrechtliche Verantwortlichkeit unberührt** (s. die Anmerkungen zu § 56 Rdn. 19–21). 2

Einem besonderen Vollzugsproblem der Bauaufsichtsbehörden trägt die in Absatz 3 geregelte **Ersetzungsbefugnis ungeeigneter Entwurfsverfasser**, **Unternehmer** oder **Bauleiter** Rechnung. Da zwischen dem Bauherrn und den anderen am Bau Beteiligten in aller Regel zivilrechtliche Vertragsverhältnisse bestehen und sich hieraus Rechte und Pflichten ergeben, wird die Auflösung solcher Vertragsverhältnisse dem Bauherrn mitunter Probleme bereiten, selbst wenn er erkennt, dass ein am Bau Beteiligter nicht geeignet ist. In einem solchen Falle erleichtert die in Absatz 3 geregelte Ersetzungsbefugnis das Vorgehen der Bauaufsichtsbehörde. 3

## 2 Begriff des Bauherrn

Der **Begriff** ist **weder in der MBO noch in der BauO NRW definiert**. Die Rechtsprechung hat sich deshalb schon früh mit diesem Begriff befassen müssen, zumal er einer der zentralen Begriffe des materiellen und formellen Bauordnungsrechts darstellt. Auf die – soweit ersichtlich – erste Entscheidung durch das OVG Rh-Pf (Urteil vom 14. 7. 1966 – 1 A 78/65, BRS 17 Nr. 146) griffen später auch andere Gerichte zurück: 4

*„Bauherr im Sinne der Landesbauordnung ist derjenige, auf dessen Veranlassung und in dessen Interesse die bauliche Anlage errichtet wird."*

Einige Bauordnungen haben diese Rechtsauslegung als Begriffsbestimmung übernommen. So definieren Art. 56 Abs. 1 Satz 1 **BayBO** und § 54 Abs. 1 **HBauO**: 5

*„Bauherr ist, wer auf seine Verantwortung eine bauliche Anlage oder andere Anlage oder Einrichtung vorbereitet oder ausführt oder vorbereiten oder ausführen läßt".*

Inhaltlich vergleichbar, jedoch anders formuliert § 55 Abs. 1 Satz 1 **BremLBO**:

*„Bauherr ist, wer selbst oder durch Dritte ein Bauvorhaben im eigenen Namen, für eigene oder fremde Rechnung wirtschaftlich und technisch vorbereitet und durchführt."*

6 Erwähnenswert ist auch § 15 Abs. 1 **Einkommensteuer-Durchführungsverordnung**:

*„Bauherr ist, wer auf eigene Rechnung und Gefahr ein Gebäude baut oder bauen lässt."*

Eine indirekte Begriffsbestimmung enthält § 34c Abs. 1 Satz 1 Nr. 2 Buchstabe a **GewO**:

*„... als Bauherr im eigenen Namen für eigene oder fremde Rechnung vorbereiten oder durchführen ..."*

Diese Begriffsbestimmungen dürfen nicht mit dem bauordnungsrechtlichen Begriff gleichgesetzt werden. Für das Bauordnungsrecht ist es unerheblich, wer die Baumaßnahme bezahlt. So kommt es vor, dass Eltern für das Bauvorhaben ihres Kindes wesentliche Kosten der Baumaßnahme tragen, selbst aber bei der Realisierung nicht mitwirken, also weder vorbereiten noch durchführen. Daher sind die einkommensteuerrechtliche und die gewerberechtliche Definition wenig hilfreich (zum Begriff des Bauherrn im Gewerberecht s. BVerwG, Urteil vom 10. 6. 1986 – 1 C 9.85, NJW 1987, 511).

7 Die **Literatur** sieht als Bauherrn den an, auf dessen Veranlassung und in dessen Interesse eine Baumaßnahme oder Nutzungsänderung vorbereitet und durchgeführt wird (vgl. Boeddinghaus/Hahn/Schulte, zu § 57 Rdn. 5; Buntenbroich/Voß, zu § 57 Rdn. 3; Große-Suchsdorf/Lindorf/Schmaltz/Wiechert, zu § 57 Rdn. 7; Jeromin, zu § 55 Rdn. 2; Schlotterbeck/von Arnim/Hager, zu § 42 Rdn. 3; Wilke/Dageförde/Knuth/Meyer, zu § 52 Rdn. 3). Knapp und treffend kommentieren Allgeier/von Lutzau (S. 342 Anm. 48.1):

***„Bauherrschaft ist die Person, durch deren Willen der Ablauf des Bauvorhabens letztlich beherrscht wird."***

8 Als Bauherr muss sich auch behandeln lassen, **wer sich gegenüber der Bauaufsichtsbehörde** durch Verhandlungen oder durch das Einreichen eines von ihm **unterschriebenen Bauantrags als solcher ausgibt** (VGH B-W, Urteil vom 26. 11. 1980 – 3 S 2005/80, BauR 1981, 185 = BRS 36 Nr. 209), selbst wenn in Wahrheit die Maßnahme nicht in seinem Auftrag ausgeführt werden soll (so Boeddinghaus/Hahn/Schulte, zu § 57 Rdn. 6). Dies gilt auch für das **bauaufsichtliche Einschreiten**. Wer nämlich durch **persönliches Verhalten** den **Eindruck erweckt**, **für einen ordnungswidrigen Zustand verantwortlich zu sein**, ohne auf eine Organstellung oder auf ein Vertretungsverhältnis bezüglich einer juristischen Person des Privatrechts hinzuweisen, darf im Rahmen des **Auswahlermessens** der Behörde als verantwortlicher Bauherr in Anspruch genommen werden (OVG NRW, Urteil vom 6. 9. 1993 – 11 A 694/90, NVwZ-RR 1994, 386).

9 Der **Bauherr** braucht zur **Vorbereitung** eines Vorhabens **nicht Eigentümer** des Grundstücks zu sein, da das Eigentum oder ein vergleichbares Recht **keine Voraussetzung für die Antragstellung** ist (BVerwG, Urteil vom 23. 3. 1973 – IV C 49.71, BRS 27 Nr. 130; OVG Schl-H, Urteil vom 27. 6. 1995 – 1 L 89/94, BRS 57 Nr. 199). Aus § 69 Abs. 2 Satz 3 BauO NRW ergibt sich für den Fall, dass der Bauherr nicht Eigentümer des Grundstücks ist, dass die Bauaufsichtsbehörde die Zustimmung des Eigentümers zum Bauvorhaben verlangen kann (s. die Anmerkungen zu § 69 Rdn. 89 und 90). Die Vorschrift des § 75 Abs. 3 Satz 1 BauO NRW trägt dem ebenfalls Rechnung, wenn auch bei Vorliegen zivilrechtlicher Hinderungsgründe das Sachbescheidungsinteresse an der Erteilung der Baugenehmigung fehlen mag (vgl. die Anmerkungen zu § 75 Rdn. 166 und 167). Selbst die **Durchführung** einer Maßnahme **erfordert nicht das Eigentum am Grundstück**. Denn auch ein Pächter, Mieter oder sonstiger Nutzungsberechtigter (z. B. ein Bauträger) kann Bauherr sein, wenn er nur die erforderliche „**Sachherrschaft**" hat (BVerwG, Beschluss vom 10. 11. 1993 – 4 B 185.93, BRS 55 Nr. 197).

**Bauherr** kann eine **natürliche Person**, eine **juristische Person** und auch eine **Personenmehrheit** sein (s. die Anmerkungen zu § 56 Rdn. 9 und 10). Treten jedoch **mehrere Personen als Bauherr** auf, so muss zwingend nach § 69 Abs. 3 BauO NRW **gegenüber der Bauaufsichtsbehörde** ein **Vertreter** bestellt werden, der die dem Bauherrn obliegenden Verpflichtungen nach den öffentlich-rechtlichen Vorschriften zu erfüllen hat (s. die Anmerkungen zu § 69 Rdn. 91 und 92). Wird bei **Personenmehrheit** gegenüber der Bauaufsichtsbehörde kein solcher **Vertreter** bestellt, so ist jedes einzelne Mitglied der Personenmehrheit als Bauherr zur Einhaltung der entsprechenden Vorschriften verpflichtet (BayVGH vom 3. 11. 1972 – Nr. 218 I 72, BayVBl. 1973, 102). Unabhängig von dieser auf die Personenmehrheit ausgerichteten Regelung können **Vertreter** oder **Bevollmächtigte des Bauherrn** bestellt sein (hierzu s. Meissner, Vertretung und Vollmacht in den Rechtsbeziehungen der am Bau Beteiligten, BauR 1987, S. 497 ff.). 10

Zur Ausnutzung von **Steuervorteilen** wurden unterschiedliche **Bauherrenmodelle** entwickelt (hierzu s. Locher, Rdn. 618–622), bei denen eine **Bauherrengemeinschaft** anstelle eines einzelnen Bauherrn auftritt. Zwar hat eine als Gesellschaft bürgerlichen Rechts nach den §§ 705 ff. BGB gegründete Bauherrengemeinschaft keine eigene Rechtspersönlichkeit im Sinne einer juristischen Person, was aber nicht ausschließt, dass die Personenverbindung als solche dazu befähigt ist, am Rechtsverkehr teilzunehmen und gesamthänderisch Rechte zu erwerben und Verbindlichkeiten einzugehen (Hess. VGH, Beschluss vom 23. 1. 1997 – 4 TG 4829/96, BRS 59 Nr. 159; OVG NRW, Urteil vom 12. 9. 1996 – 7 A 3131/95, BRS 58 Nr. 125 zur Inanspruchnahme einer Bauherrengemeinschaft zur Ablösung der Stellplatzpflicht; OVG NRW, Urteil vom 5. 8. 1996 – 9 A 5293/93, BRS 58 Nr. 134 zur Gebührenschuld im Baugenehmigungsverfahren). 11

Der **Bauherr kann Rechte und Pflichten aus der Baugenehmigung auf eine andere Person übertragen**, etwa auf den Käufer des Baugrundstücks. Ein Wechsel des Bauherrn liegt auch dann vor, wenn an die Stelle des ursprünglichen Bauherrn eine Bauherrengemeinschaft tritt, welcher der bisherige Bauherr angehört (VGHB-W, Urteil vom 13. 12. 1989 – 3 S 2489/89, BRS 50 Nr. 158). Die Bauherreneigenschaft kann unabhängig von der Grundeigentumsfrage durch eine rechtsgeschäftliche Vereinbarung übertragen werden (VGH B-W, Urteil vom 17. 9. 1993 – 8 S 1589/92, BRS 55 Nr. 147 zu einem Nachtragsbaugesuch, das vom ursprünglichen Bauherrn und vom Erwerber des Grundstücks unterzeichnet war und in dem der Erwerber ausdrücklich als neuer Bauherr bezeichnet war). Mit der Übertragung geht die Verantwortlichkeit kraft Gesetzes auf die neue Person über. **Maßgebender Zeitpunkt** ist das **Wirksamwerden der entsprechenden Vereinbarung** zwischen altem und neuem Bauherrn und nicht etwa der Zeitpunkt der nach Absatz 5 Satz 3 vorgeschriebenen Mitteilung des Wechsels (VGH B-W, Urteil vom 26. 11. 1980 – 3 S 2005/80, BauR 1981, 185 = BRS 36 Nr. 209). 12

Die **Verantwortlichkeit des Bauherrn endet** mit dem **Abschluss der Bauarbeiten** bzw. der **Nutzungsänderung**, soweit nicht aus der Durchführungsphase noch **Pflichten nachwirken** (s. die Anmerkungen zu § 56 Rdn. 7 und 8). Daher kann eine Baugenehmigung nicht mehr gegenüber dem Bauherrn widerrufen werden, der nach Abschluss der Maßnahme keinerlei rechtliche Beziehungen zum Grundstück hat, weil inzwischen das Objekt an eine andere Person übergegangen ist (OVG Lüneburg, Urteil vom 8. 12. 1978 – I A 24/78, BRS 35 Nr. 168). Der Bauherr bleibt jedoch gegenüber solchen Störungen der öffentlichen Ordnung verantwortlich, die durch sein Verhalten verursacht worden sind (OVG Rh-Pf, Urteil vom 14. 7. 1966 – 1 A 78/65, BRS 17 Nr. 146; s. auch Thür. OVG, Beschluss vom 27. 2. 1997 – 1 EO 233/96, BRS 59 Nr. 217). 13

### 3 Zu Absatz 1 – Pflichten des Bauherrn

14 Die **Pflichten** des Bauherrn **regelt § 57 BauO NRW nicht abschließend**. Neben den nachfolgend erläuterten, als besonders wichtig hervorgehobenen Pflichten trägt der **Bauherr** für das von ihm veranlasste Bauvorhaben eine **umfassende Verantwortung**. Diese Verantwortung resultiert aus der hervorgehobenen Nennung des Bauherrn in § 56 BauO NRW und damit letztlich aus dem im Ordnungsrecht allgemein geltenden **Verursacherprinzip** (so auch Große-Suchsdorf/Lindorf/Schmaltz/Wiechert, zu § 57 Rdn. 10).

15 Damit der Bauherr seiner umfassenden Verantwortung auch tatsächlich gerecht werden kann, andererseits nur selten über die für das Bauen notwendigen Fachkenntnisse verfügt, ferner um zu vermeiden, dass unbeteiligte Dritte zu Schaden kommen und schließlich zur Entlastung der Bauaufsichtsbehörden normiert § 57 BauO NRW **besondere Pflichten**. Innerhalb dieser besonderen Pflichten sind die **Bestellungspflichten** der übrigen am Bau Beteiligten nach § 57 Abs. 1 Satz 1 BauO NRW nochmals in ihrer Bedeutung **hervorgehoben**. Dies folgt aus § 57 Abs. 4 BauO NRW, da selbst bei Realisierung eines nach § 67 BauO NRW freigestellten Vorhabens auf die Bestellung des Entwurfsverfassers, Unternehmers und Bauleiters nicht verzichtet werden kann.

#### 3.1 Satz 1 – Beauftragung der anderen am Bau Beteiligten

16 Der Gesetzgeber geht davon aus, dass der **Bauherr in der Regel über keine hinreichenden Kenntnisse** verfügt, um die Bauvorlagen selbst anfertigen sowie die Ausführung des Bauvorhabens und die Bauleitung selbst übernehmen zu können. Unbeschadet seiner generellen bauaufsichtlichen Verantwortlichkeit nach § 56 BauO NRW hat er deshalb nach § 57 Abs. 1 Satz 1 BauO NRW zur **Vorbereitung**, **Überwachung** und **Ausführung** eines genehmigungsbedürftigen Vorhabens einen **Entwurfsverfasser**, **Unternehmer** und **Bauleiter** zu beauftragen. Durch die Verwendung des Begriffs „**beauftragen**" (s. Rdn. 01) wird hervorgehoben, dass es keines öffentlich-rechtlichen Bestellungsaktes bedarf, sondern die **zivilrechtliche Beauftragung** ausreicht.

17 Wesentlich ist die **gesetzliche Verpflichtung des Bauherrn**, sich der Hilfe der sachverständigen Personen zu bedienen, soweit die nachfolgenden Absätze des § 57 BauO NRW nicht ausdrücklich **Erleichterungen** einräumen. Soweit hierfür keine Voraussetzungen vorliegen, darf von der Bestellung nicht abgesehen werden. Die bauordnungsrechtliche **Verantwortlichkeit** (im Rahmen ihres Wirkungskreises) von Entwurfsverfasser, Unternehmer und Bauleiter **entsteht mit der Annahme des „Auftrages"** des Bauherrn, der zumeist die Form eines **Werk- oder Dienstvertrags** aufweist. Mit dieser **Auftragsannahme** ergeben sich auch die **zivilrechtlichen** und ggf. **strafrechtlichen Konsequenzen**. Die **Ordnungspflicht der Beauftragten** ist **Folge der zivilrechtlichen Funktionsübernahme** und entsteht in dem sich aus dem Bauordnungsrecht ergebenden Umfang, der **durch zivilrechtliche Vereinbarungen nicht veränderbar** ist.

18 Die **Verträge** des Bauherrn mit den Beauftragten müssen **so gestaltet** sein, dass sie den durch die §§ **58 bis 59 a BauO NRW** begründeten **Umfang der Verantwortlichkeit** abdecken (vgl. Buntenbroich/Voß, zu § 57 Rdn. 5). Jedenfalls sind die beauftragten Personen ordnungsrechtlich im Rahmen dieser Vorschriften verantwortlich, wenn und sobald sie die Funktionen erfüllen. Sind die vom Bauherrn Beauftragten an der Wahrnehmung ihrer öffentlich-rechtlichen Pflichten zivilrechtlich gehindert, ergibt sich für sie die **Verpflichtung**, entweder den **Auftrag** mit Hinweis auf den Rechtsverstoß **zurückzugeben**

oder aber zumindest die **Bauaufsichtsbehörde** unverzüglich **zu informieren**, damit diese die nach § 61 Abs. 1 BauO NRW gebotenen Maßnahmen ergreifen kann.

Aus dem Wortlaut des Absatzes 1 Satz 1 in Verbindung mit Absatz 4 geht hervor, dass die Beauftragung der genannten Personen nur bei **genehmigungsbedürftigen Vorhaben** und bei **Wohnbauvorhaben nach § 67 BauO NRW** erforderlich ist, nicht aber bei den nach §§ 65 und 66 BauO NRW genehmigungsfreien Vorhaben. Die Beauftragung ist auch erforderlich für Vorhaben, deren Zulassung in einem **anderen öffentlich-rechtlichen Verfahren** erfolgt, **das die Baugenehmigung einschließt** (so auch Große-Suchsdorf/Lindorf/Schmaltz/Wiechert, zu § 57 Rdn. 13; Jeromin, zu § 55 Rdn. 14; Schlotterbeck/von Arnim/Hager, zu § 42 Rdn. 10). Ein Verstoß gegen dieses Gebot ist gemäß § 84 Abs. 1 Nr. 6 BauO NRW eine **Ordnungswidrigkeit**, allerdings nur dann, wenn die Erleichterungen des § 57 Abs. 2 BauO NRW nicht zur Anwendung kommen. 19

Bei nach § 65 BauO NRW **genehmigungsfreien Vorhaben** ist der **Bauherr** nach der gesetzlichen Konzeption grundsätzlich **allein ordnungspflichtig** (s. § 65 Abs. 4 BauO NRW). Es bleibt ihm aber unbenommen, eine Beauftragung verantwortlicher Personen vorzunehmen (so auch Boeddinghaus/Hahn/Schulte, zu § 57 Rdn. 13). Die Bestellung durch den Bauherrn hat zur Folge, dass die durch den Bauherrn **freiwillig beauftragten Personen** wiederum **im Rahmen ihres Wirkungskreises bauordnungsrechtlich verantwortlich** sind (vgl. Schlotterbeck/von Arnim/Hager, zu § 42 Rdn. 11; s. auch die Anmerkungen zu § 56 Rdn. 14). Bei nach § 66 BauO NRW **genehmigungsfreien Anlagen** kann der **Bauherr** nach der gesetzlichen Konzeption grundsätzlich **nicht allein verantwortlich** sein, da diese Vorschrift zwingend die **Bescheinigung** eines Unternehmers oder Sachverständigen vorschreibt (s. die Anmerkungen zu § 56 Rdn. 15). Ein „genehmigungsbedürftiges" Vorhaben im Sinne des § 57 Abs. 1 Satz 1 BauO NRW liegt nicht vor im Falle der **Ausführungsgenehmigung für Fliegende Bauten** nach § 79 Abs. 2 Satz 1 BauO NRW, ebenso nicht im Falle der **Zustimmung zu Vorhaben öffentlicher Bauherren** nach § 80 Abs. 1 Satz 2 BauO NRW (s. die Anmerkungen zu § 56 Rdn. 16). 20

Die Pflicht zur Beauftragung bestimmter am Bau Beteiligter bezieht sich nicht ohne weiteres auf die von diesen gegebenenfalls hinzuzuziehenden **Fachplaner**, **Fachunternehmer** und **Fachleute** sowie **Fachbauleiter**. Entwurfsverfasser, Unternehmer und Bauleiter haben zwar, wenn ihnen auf einzelnen Fachgebieten die erforderliche Sachkunde und Erfahrung fehlt, dafür zu sorgen, dass Fachplaner (§ 58 Abs. 2 BauO NRW), Fachunternehmer oder Fachleute (§ 59 Abs. 3 BauO NRW) und Fachbauleiter (§ 59 a Abs. 3 BauO NRW) herangezogen werden. Dies bedingt jedoch nicht immer ein unmittelbares Vertragsverhältnis zwischen dem Bauherrn und den Fachpersonen. Vielmehr kann vertraglich vereinbart sein, dass z. B. der Entwurfsverfasser berechtigt ist, geeignete Fachplaner zu beauftragen. Besteht keine derartige Ermächtigung, ist der Bauherr verpflichtet, auf Anforderung des Entwurfsverfassers, Unternehmers oder Bauleiters die Fachpersonen zu beauftragen (zu den Folgen bei Weigerung des Bauherrn s. Rdn. 18). 21

### 3.2 Satz 2 – Mitteilungs-, Anzeige-, Nachweispflichten, sonstige Pflichten

Zur Pflicht des Bauherrn gehört die **Erstattung von Anzeigen** und **Mitteilungen** sowie die **Führung von Nachweisen** nach den bauordnungsrechtlichen und sonstigen öffentlich-rechtlichen Vorschriften gegenüber der Bauaufsichtsbehörde, soweit hierzu nicht der Bauleiter gemäß § 59 a BauO NRW verpflichtet ist. Nach der BauO NRW kommen z. B. in Betracht: 22

– nach § 57 Abs. 5 Satz 1 BauO NRW die **Benennung des Bauleiters** bzw. der **Fachbauleiter** und ein **Wechsel dieser Personen**,
– nach § 57 Abs. 5 Satz 2 BauO NRW **auf Anforderung** der Bauaufsichtsbehörde die **Benennung der Unternehmer für bestimmte Arbeiten**,
– nach § 57 Abs. 5 Satz 3 BauO NRW die **Mitteilung über den Bauherrenwechsel** durch den neuen Bauherrn,
– nach § 67 Abs. 5 Satz 1 bzw. § 75 Abs. 7 Satz 1 BauO NRW die **Mitteilung des Ausführungsbeginns** genehmigungsfreier Wohnbauvorhaben bzw. genehmigungsbedürftiger Vorhaben,
– nach § 67 Abs. 5 Satz 6 BauO NRW die **Mitteilung der Fertigstellung** genehmigungsfreier Wohnbauvorhaben,
– nach § 81 Abs. 2 Satz 1 BauO NRW der **Nachweis über die Einhaltung der Grundrissflächen und Höhenlagen** der baulichen Anlagen,
– nach § 81 Abs. 2 Satz 1 BauO NRW **auf Anforderung** der Bauaufsichtsbehörde die Vorlage eines **amtlichen Nachweises** der **Einhaltung der Grundrissflächen und Höhenlagen**,
– nach § 82 Abs. 2 Satz 1 BauO NRW die **Anzeige der Fertigstellung des Rohbaus** und der **abschließenden Fertigstellung** genehmigter baulicher Anlagen.

23 Neben den vorstehend behandelten Pflichten werden in der BauO NRW dem Bauherrn auch noch **sonstige Pflichten** auferlegt, hierzu rechnen beispielsweise:
– nach § 11 Abs. 1 Satz 3 BauO NRW die **Herstellung**, die **Unterhaltung** und der **Betrieb von Gemeinschaftsanlagen**, soweit er nicht Eigentümer des Grundstücks ist,
– nach § 14 Abs. 3 BauO NRW die **Aufstellung eines Baustellenschilds**,
– nach § 43 Abs. 7 BauO NRW die **Beschaffung der Bescheinigung des Bezirksschornsteinfegermeisters** über den ordnungsgemäßen Zustand der Abgasanlage,
– nach § 66 Satz 2 BauO NRW die **Beschaffung von Unternehmer- oder Sachverständigenbescheinigungen** über den ordnungsgemäßen Zustand bestimmter haustechnischer Anlagen,
– nach § 67 Abs. 4, Abs. 5 und Abs. 7 BauO NRW das **Vorhalten bestimmter bautechnischer Nachweise und Bescheinigungen** für nach § 67 BauO NRW freigestellte Wohnbauvorhaben,
– nach § 67 Abs. 4 Satz 3 BauO NRW die **Unterrichtung der Angrenzer** über die Durchführung eines nach § 67 BauO NRW freigestellten Wohnbauvorhabens,
– nach § 68 Abs. 2 BauO NRW die **Vorlage von bestimmten bautechnischen Nachweisen und Bescheinigungen** bei Bauvorhaben, die dem vereinfachten Genehmigungsverfahren unterliegen.

24 Auch **sonstige öffentlich-rechtliche Vorschriften** enthalten Pflichten, die an Baumaßnahmen anknüpfen:
– nach **§ 4 BaustellV** hat der Bauherr die nach § 2 und § 3 Abs. 1 BaustellV vorgeschriebenen Maßnahmen zu treffen, soweit er hierzu nicht Dritte beauftragt hat; zu diesen Maßnahmen zählen insbesondere die Übermittlung der **Vorankündigung** der Bau-

stelle an die Arbeitsschutzverwaltung, die Erstellung eines **Sicherheits- und Gesundheitsschutzplans** bei besonders gefährlichen Arbeiten und die **Bestellung eines Koordinators**,

- nach **§ 202 BauGB** den **Mutterboden**, der bei der Errichtung und Änderung baulicher Anlagen sowie bei wesentlichen anderen Veränderungen der Erdoberfläche ausgehoben wird, in nutzbarem Zustand zu erhalten und vor Vernichtung oder Vergeudung zu **schützen**, wobei die **Ordnungspflicht** den **Bauherrn** bzw. im Rahmen seines Wirkungskreises auch den **Unternehmer** trifft (vgl. Ernst/Zinkahn/Bielenberg/Krautzberger, zu § 202 Rdn. 14),
- nach **§ 14 Abs. 2 VermKatG NRW** besteht eine gesetzliche **Einmessungspflicht** für neu errichtete Gebäude und solche, die in ihrem Grundriss verändert werden; diese Pflicht obliegt dem Bauherrn jedoch nur, wenn er auch **Eigentümer** oder **Erbbauberechtigter** des Grundstücks ist, da sich die vermessungsrechtliche Vorschrift ausdrücklich an diese Personen richtet.

## 4 Zu Absatz 2 – Ausnahmen von der Pflicht zur Beauftragung

### 4.1 Satz 1 – Technisch einfache Bauvorhaben

Bei technisch einfachen baulichen Anlagen und sonstigen Anlagen und Einrichtungen im Sinne des § 1 Abs. 1 Satz 2 BauO NRW, die überhaupt noch einer Baugenehmigung bedürfen, **kann die Bauaufsichtsbehörde** nach Absatz 2 Satz 1 **auf die Beauftragung** eines **Entwurfsverfassers** und eines **Bauleiters verzichten**. Dies setzt einen entsprechenden **Antrag des Bauherrn** voraus. Ist **im Antragsformular kein Entwurfsverfasser eingetragen**, so ist bereits dieses **Fehlen der Angaben** als **Antrag auf Verzicht** zu **werten** (s. Nr. 57.2 VV BauO NRW). Weil viele Nebenanlagen und auch Nebengebäude nach Ausweitung des Katalogs des § 65 BauO NRW genehmigungsfrei sind, hat die Vorschrift nur noch **geringe praktische Bedeutung**. 25

Die Bauaufsichtsbehörde entscheidet über den Antrag **nach pflichtgemäßem Ermessen** unter Berücksichtigung der grundlegenden Zielsetzung des Vierten Teils (s. die Anmerkungen zu § 56 Rdn. 1) und der besonderen Umstände des Einzelfalls. Angesichts der denkbaren unterschiedlichen Fallgestaltungen besteht ein erheblicher Ermessensspielraum der Behörde und lediglich ein Anspruch des Bauherrn auf fehlerfreie Ermessensausübung (vgl. Boeddinghaus/Hahn/Schulte, zu § 57 Rdn. 20). **Voraussetzung des Verzichts** ist, dass es sich um eine **technisch einfache Anlage** handelt. 26

**Technisch einfache Anlagen** sind solche, bei denen keine größere Risiken auftreten können, wie z. B. auf ebenem Gelände zu errichtende Schuppen oder Kleingaragen. Diese Anlagen können gleichwohl erhebliche rechtliche Probleme verursachen, z. B. solche abstandrechtlicher Art. Dennoch hat die Bauaufsichtsbehörde die rechtliche Problematik nicht in ihre Ermessensentscheidung einzubeziehen, da **allein** der **Tatbestand der technischen Einfachheit maßgebend** ist. **Gebäude** im Sinne des § 2 Abs. 2 BauO NRW sind **technisch einfach**, wenn sie unter § 70 Abs. 2 BauO NRW fallen, da bei diesen die **Anerkennung der Bauvorlagen durch einen bauvorlageberechtigten Entwurfsverfasser** nicht erforderlich ist (ebenso Boeddinghaus/Hahn/Schulte, zu § 57 Rdn. 22). Hierzu rechnen neben Garagen und überdachten Stellplätzen bis zu 100 $m^2$ sowie überdachten Fahrradabstellplätzen auch die Behelfsbauten und untergeordnete Gebäude im Sinne des § 53 BauO NRW. 27

28 Die **Ausnahmeregelung** des § 70 Abs. 2 BauO NRW vom Erfordernis der Bauvorlageberechtigung des Entwurfsverfassers kann auch **herangezogen** werden, um **zu bewerten, ob eine Baumaßnahme technisch einfach** im Sinne des § 57 Abs. 2 Satz 1 BauO NRW ist. Sollen z. B. an bestehenden Wohngebäuden Vordächer oder Terrassenüberdachungen angebracht werden, erfüllt dies zwar nach § 70 Abs. 1 BauO NRW den Tatbestand der Änderung eines Gebäudes, gleichwohl aber handelt es sich um eine technisch einfache Anlage. Verzichtet die Bauaufsichtsbehörde gemäß § 57 Abs. 2 Satz 1 BauO NRW auf die Beauftragung eines Entwurfsverfassers, so entfällt damit auch das Erfordernis der Bauvorlageberechtigung nach § 70 Abs. 1 BauO NRW, da diese Vorschrift nur an das grundsätzliche Erfordernis eines Entwurfsverfassers anknüpft.

### 4.2 Sätze 2 und 3 – Bauarbeiten in Selbst- oder Nachbarschaftshilfe

29 Die BauO NRW will und kann wie schon das frühere Recht (§ 53 Abs. 2 Satz 2 BauO NW 1984) die Ausführung von Bauarbeiten ohne Heranziehung von Unternehmern in Selbst- oder Nachbarschaftshilfe nicht verbieten. Die Bauausführung in Selbst- oder Nachbarschaftshilfe ist im Einfamilienhausbau immer noch üblich und sehr häufig bei der Realisierung von Nebenanlagen beliebt. Rechtlich ist sie **nicht auf technisch einfache Bauten beschränkt**. Die Ausführung der Selbst- oder Nachbarschaftshilfe ist aber an die **Bedingung** geknüpft, dass die Bauarbeiten entweder unmittelbar von **sachkundigen, erfahrenen und zuverlässigen Facharbeitern** ausgeführt werden **oder** aber **entsprechende Personen daran „mitwirken“**.

30 Die **Mitwirkung** (§ 72 Abs. 2 Satz 1 BauO NW 1970 sprach noch von „beaufsichtigen“) ist einer **Anleitung gleichzusetzen**. Der Bauherr muss die Erfüllung dieser Bedingung der Bauaufsichtsbehörde gegenüber nachweisen können, da er auch erklären muss, dass er keinen Unternehmer beauftragt. Die Entscheidung liegt beim Bauherrn selbst; es bedarf anders als bei den technisch einfachen baulichen Anlagen nach Satz 1 keiner Ermessensentscheidung der Bauaufsichtsbehörde, da § 57 Abs. 2 Satz 2 BauO NRW insoweit die Beauftragung eines Unternehmers als nicht erforderlich erklärt. Haben die bei Selbst- oder Nachbarschaftshilfe beschäftigten Personen nicht die erforderlichen Sachkenntnisse oder wirken keine entsprechenden Fachkräfte mit, kann die Stilllegung der Bauarbeiten durch die Bauaufsichtsbehörde gerechtfertigt sein (OVG Lüneburg, Beschluss vom 4. 2. 1975 – VI B 97/74, BauR 1975, 202 = BRS 29 Nr. 180).

31 Um **Selbst- oder Nachbarschaftshilfe** handelt es sich nur, wenn es um **Bauarbeiten für den eigenen Bedarf** geht. Dem eigenen Bedarf dienen nicht nur Wohn- oder gewerbliche Räume für den Bauherrn selbst, sondern auch für nahe Verwandte. Schließlich gehört begrifflich hierzu auch, dass die Bauarbeiten vom Bauherrn selbst oder mit nachbarschaftlicher Hilfe durchgeführt werden. Begrifflich gehören zur Nachbarschaftshilfe die **grundsätzliche Unentgeltlichkeit** und eine **persönliche Beziehung** zum Nachbarn (nicht im baurechtlichen Sinne gemeint) und seiner Familie. Die **Grenze für erlaubte Nachbarschaftshilfe** wird durch das **Gesetz zur Bekämpfung der Schwarzarbeit und illegalen Beschäftigung – SchwarzArbG** vom 23. 7. 2004 (BGBl. I S. 1842), z. g. d. G vom 19. 8. 2007 (BGBl. I S. 1970) gezogen. Schwarzarbeit im Sinne des § 1 Abs. 2 SchwarzArbG kann mit Geldbuße geahndet werden (§ 8 SchwarzArbG) und ist bei Erfüllung der tatbestandlichen Voraussetzungen der §§ 9–11 SchwarzArbG strafbar. Die Vorschriften über Schwarzarbeit finden nach § 1 Abs. 3 SchwarzArbG keine Anwendung für nicht nachhaltig auf Gewinn gerichtete Dienst- oder Werkleistungen, die

1. von Angehörigen im Sinne des § 15 der Abgabenordnung oder Lebenspartnern,
2. aus Gefälligkeit,
3. im Wege der Selbsthilfe im Sinne des § 36 Abs. 2 und 4 II. WoBauG i. d. F. d. B. vom 19. 8. 1994 (BGBl. I S. 2137) oder des § 12 Abs. 1 Satz 2 WoFG,

erbracht werden. Als nicht nachhaltig auf Gewinn gerichtet gilt insbesondere eine Tätigkeit, die gegen geringes Entgelt erbracht wird.

Für **genehmigungsbedürftige Abbrucharbeiten** ist die **Selbst- oder Nachbarschaftshilfe** nach **Satz 3** grundsätzlich **wegen erhöhter Gefahr ausgeschlossen**. Zur Realisierung genehmigungsbedürftiger Abbrucharbeiten ist **stets ein geeigneter Abbruchunternehmer** zu beauftragen, dessen Eignung im Genehmigungsverfahren durch die Bauaufsichtsbehörde geprüft wird. Im Vordruck für einen Antrag auf Abbruchgenehmigung (s. Anl. I/6 VV BauPrüfVO) ist stets der **beauftragte Abbruchunternehmer** zu benennen. Ein Verstoß gegen dieses Verbot ist gemäß § 84 Abs. 1 Nr. 7 BauO NRW eine **Ordnungswidrigkeit**. Für **genehmigungsfreie** Abbrucharbeiten nach § 65 Abs. 3 BauO NRW – der Katalog wurde gegenüber dem des entsprechenden § 62 Abs. 3 BauO NW 1984 wesentlich ausgeweitet – ist dagegen ein bauaufsichtliches **Verfahren nicht vorgeschrieben**; diese genehmigungsfreien Abbrucharbeiten unterfallen nicht dem Verbot des § 57 Abs. 2 Satz 3 BauO NRW. 32

## 5 Zu Absatz 3 – Befugnis zur Ersetzung ungeeigneter Personen

Absatz 3 stellt – mittelbar – den Grundsatz auf, dass der **Bauherr nur geeignete Personen beauftragen** darf, und folgt damit dem Grundgedanken des inzwischen weggefallenen § 53 a GewO, der bestimmte, dass bei solchen Bauten, zu deren sachgemäßer Ausführung nach dem Ermessen der Behörde ein höherer Grad praktischer Erfahrung oder technischer Vorbildung erforderlich ist, im Einzelfall die Ausführung durch bestimmte Personen untersagt werden kann, wenn Tatsachen vorliegen, aus denen sich ergibt, dass diese wegen Unzuverlässigkeit zur Ausführung ungeeignet sind. 33

Die **Befugnis der Bauaufsichtsbehörde** nach **Satz 1** verlangen zu können, dass **ungeeignete Beauftragte durch geeignete ersetzt** oder **Sachverständige heranzuziehen** sind, erstreckt sich im Gegensatz zu § 72 Abs. 4 BauO NW 1970 auch auf den Entwurfsverfasser. Aus dem Wortlaut der Vorschrift ergibt sich, dass die Bauaufsichtsbehörde nicht nur während, sondern auch **vor** der Bauausführung ein derartiges Verlangen stellen kann; vor der Bauausführung in der Phase der Prüfung des Bauantrags tritt aber nur der Entwurfsverfasser in Erscheinung. Allerdings steht die Vorschrift hinsichtlich des **Entwurfsverfassers** in Konkurrenz zu § 72 Abs. 1 Satz 2 BauO NRW, wonach unvollständige oder mit erheblichen Mängeln behaftete Bauanträge zurückgewiesen werden sollen (s. hierzu auch die Anmerkungen zu § 72 Rdn. 61–73). Sie besitzt deshalb in Bezug auf das Verlangen nach Ersetzung des Entwurfsverfasser nur geringe praktische Bedeutung und wird allenfalls zur Anwendung kommen, wenn der Entwurfsverfasser nach erfolgter Zurückweisung (mehrfach) erneut ungeeignete Entwürfe zur Prüfung vorlegt und damit den Beweis seiner Ungeeignetheit selbst erbringt oder aber nach erfolgter Baugenehmigung bei der Anfertigung der Ausführungsplanung versagt. 34

Die **Befugnis** der Bauaufsichtsbehörde besteht **nur im Einzelfall** (beim einzelnen Bau) **unter Beachtung des Grundsatzes der Verhältnismäßigkeit**. Der Beauftragte muss zur Erfüllung der Aufgaben geeignet sein, die sich bei dem konkreten Bauvorhaben stellen 35 (so OVG Lüneburg, Beschluss vom 4. 2. 1975 – VI B 97/74, BRS 29 Nr. 180; Hess. VGH, Beschluss vom 13. 11. 1978 – IV TH 87/78, BRS 33 Nr. 100). Die Formulierung des Absatzes 3 lässt keinen Zweifel daran, dass eine **generelle vorhergehende Kontrolle der Eignung** durch die Bauaufsichtsbehörde **nicht gewollt** ist (so auch Große-Suchsdorf/Lindorf/Schmaltz/Wiechert, zu § 57 Rdn. 23). Insbesondere besteht hierzu kein Anlass, wenn der Entwurfsverfasser bzw. der Bauleiter über die in § 70 Abs. 3 BauO NRW bezeichnete Qualifikation verfügt.

**36** Das Ersetzungsverlangen hat zur Voraussetzung, dass der **Betroffene nach dem Ergebnis** der getroffenen Feststellungen **für die Aufgabe nach Sachkunde** und **Erfahrung ungeeignet** ist. Die erforderliche „**Sachkunde und Erfahrung**" hängt vom jeweiligen **Bauvorhaben** ab. Es handelt sich um ein **Begriffspaar**, das eine **Qualifikationsanforderung** umschreibt. Sachkunde kann durch Ausbildung, aber auch durch langjährige Anwendungspraxis gewonnen werden; Erfahrung in der Anwendungspraxis setzt eine bestimmte Sachkenntnis voraus. Mangelnde Eignung im Sinne von fehlender Sachkunde und Erfahrung wird während der Ausübung der Tätigkeit zu beobachten und zu erkennen sein, vor allem dann, wenn der Betreffende die ihm im Rahmen seines Wirkungskreises obliegenden Pflichten vernachlässigt, seine typischen Berufsaufgaben nicht beherrscht, die materiellen Anforderungen des Bauordnungsrechts nur unzureichend kennt und sich fahrlässig bei der Beachtung der allgemein anerkannten Regeln der Technik verhält. Ein solches Verhalten lässt **unzureichende Einsicht in die Tragweite** der Aufgabe erkennen. Anders liegen die Dinge, soweit die **spezielle** Aufgabe Spezialkenntnisse oder Spezialfähigkeiten verlangt. Erkennt die Bauaufsichtsbehörde bei der Prüfung eines Bauantrags oder im Rahmen der Bauüberwachung, dass für bestimmte Planungen oder Arbeiten Spezialkenntnisse oder Spezialfähigkeiten erforderlich sind, so kann sie die Beauftragung einer Person mit **spezieller** Sachkunde und Erfahrung (Fachplaner, Fachunternehmer, Fachbauleiter) durch den Bauherrn verlangen.

**37** Die **Forderung nach Ersetzung** eines **vor** der Bauausführung als ungeeignet erkannten Entwurfsverfassers oder **während** der Bauausführung als ungeeignet erkannten Unternehmers oder Bauleiters, ist von der Bauaufsichtsbehörde **an den Bauherrn** zu richten. Es darf nur die Ersetzung der ungeeigneten Person durch eine andere geeignete Person, nicht jedoch die Ersatzbestellung einer bestimmten Person verlangt werden (vgl. Schlotterbeck/von Arnim/Hager, zu § 42 Rdn. 29). Da eine solche Verfügung sowohl in die Rechte des Bauherrn als auch in die Rechte des Unternehmers oder Bauleiters eingreift, können hiergegen alle Betroffenen, also der **Bauherr** und der jeweilige **Entwurfsverfasser**, **Unternehmer** oder **Bauleiter** mit **Widerspruch** und **Anfechtungsklage** vorgehen (vgl. Boeddinghaus/Hahn/Schulte, zu § 57 Rdn. 39).

**38** Die **Ersetzungsforderung** muss, da mit ihr vom Bauherrn ein Handeln verlangt wird, in Form einer **schriftlichen Ordnungsverfügung** ergehen (vgl. § 20 OBG). Ergibt sich aus der mangelnden Eignung eines der am Bau Beteiligten **während der Bauausführung** ein **akuter Gefahrenzustand**, bedarf eine Ordnungsverfügung nach § 20 Abs. 1 Satz 2 OBG bei Gefahr im Verzuge nicht der Schriftform. Die Bauaufsichtsbehörde kann und muss bei Gefahr im Verzuge selbstverständlich sofort die erforderlichen Anordnungen treffen, um den Gefahrenzustand zu beseitigen. Das wird regelmäßig auf die **Einstellung der Bauarbeiten** nach **Satz 2** herauslaufen. Erst danach wird sie die Ablösung der ungeeigneten Personen regeln, bis zur Erfüllung dieser Anordnung aber die Einstellung der Bauarbeiten aufrechterhalten. **Satz 2** geht als **spezielle Norm** der allgemeinen Befugnis zum Einschreiten aus § 61 Abs. 1 Satz 2 BauO NRW vor.

## 6 Zu Absatz 4 – Beauftragungspflicht für Vorhaben nach § 67 BauO NRW

Der bereits mit der BauO NW 1995 eingefügte Absatz 4 begründet für den Bauherrn die Pflicht, auch für **genehmigungsfreie Wohnbauvorhaben** nach § 67 BauO NRW einen Entwurfsverfasser, Unternehmer und einen Bauleiter zu beauftragen. Von besonderer Bedeutung ist hierbei die Pflicht zur Beauftragung des Entwurfsverfassers. Mit **dem** Verzicht auf eine Baugenehmigung im Verfahren nach § 67 BauO NRW geht nämlich eine **gesteigerte Verantwortlichkeit des Bauherrn und des Entwurfsverfassers** einher, da sie selbst darauf zu achten haben, dass das Bauvorhaben dem geltenden Recht entspricht (VG Münster, Urteil vom 26. 11. 1998 – 2 K 819/98, BRS 60 Nr. 161). **39**

Durch die **Verweisung** in § 67 Abs. 5 Satz 7 BauO NRW **auf § 70 BauO NRW** wird bestimmt, dass der **Entwurfsverfasser** für Vorhaben nach § 67 BauO NRW über die **Bauvorlageberechtigung** verfügen muss, soweit nicht die Ausnahmeregelung des § 70 Abs. 2 BauO NRW greift. Obwohl § 57 Abs. 4 BauO NRW nur die entsprechende Geltung von Absatz 1 Satz 1 anordnet, darf Absatz 2 nicht außer Acht gelassen werden. Es ist nicht anzunehmen, dass der Gesetzgeber die in Absatz 2 enthaltenen **Erleichterungen** (s. hierzu Rdn. 25–38) im Falle der Realisierung von Wohnbauvorhaben nach § 67 BauO NRW ausschließen wollte. Anderenfalls hätte der Bauherr selbst bei der Realisierung von Vordächern und Terrassenüberdachungen oder kleinen Nebengebäuden stets einen Entwurfsverfasser, Unternehmer und Bauleiter zu bestellen. Der Bauherr könnte dem nur entgehen, indem er gemäß § 67 Abs. 1 Satz 3 BauO NRW die Durchführung des Baugenehmigungsverfahrens verlangt, da dann die Erleichterungen nach § 57 Abs. 2 BauO NRW wiederum zur Geltung kommen. **40**

## 7 Zu Absatz 5 – Mitteilungspflichten, besondere Eignungsnachweise

**Satz 1** wurde infolge des wieder aufgenommenen Bauleiterparagraphen (§ 59 a) erforderlich (s. Rdn. 03). Nach dieser Vorschrift sind vom Bauherrn stets **vor Baubeginn** die **Namen des Bauleiters** bzw. **Fachbauleiters** der Bauaufsichtsbehörde **mitzuteilen**, ebenso ein Wechsel dieser Personen während der Bauausführung. Die **Verletzung der Mitteilungspflicht** ist gemäß § 84 Abs. 1 Nr. 8 BauO NRW eine **Ordnungswidrigkeit**. **41**

**Satz 2** ermächtigt die Bauaufsichtsbehörde zu verlangen, dass ihr für **bestimmte Arbeiten** der **Unternehmer benannt** wird. Von dieser Ermächtigung wird regelmäßig in den Fällen Gebrauch gemacht, in denen ein besonderer **Eignungsnachweis für die Ausführung bestimmter Bauarbeiten** erforderlich ist. Die Ermächtigung muss bei genehmigungsbedürftigen Abbrucharbeiten stets genutzt werden (s. Nr. 63.13, 3. Absatz VV BauO NRW). Das Erfordernis besonderer an die Person oder den Betrieb des Ausführenden gebundener **Eignungsnachweise** ergibt sich **für Bauprodukte** aus § 20 Abs. 4 und 5 BauO NRW und **für Bauarten** aus § 24 i. V. m. § 20 Abs. 4 und 5 BauO NRW (vgl. auch die Anmerkungen. zu § 20 Rdn. 43 f. und zu § 24 Rdn. 6 f.). **42**

Gemäß **Satz 3** ist der **Wechsel des Bauherrn der Bauaufsichtsbehörde anzuzeigen**. Da der **Bauherr** nach § 57 BauO NRW **immer Ordnungspflichtiger** für sein Vorhaben ist, muss die Bauaufsichtsbehörde stets wissen, wer Bauherr ist. Durch falsch adressierte Ordnungsverfügungen kann wichtige Zeit zur Beseitigung gefahrdrohender Zustände verstreichen. Die ordnungsrechtliche Verantwortung geht aber – schon oder erst – in dem Zeitpunkt über, und zwar unabhängig von dem Eingang der Mitteilung bei der Bauaufsichtsbehörde, in dem der neue Bauherr die Sachherrschaft als Anknüpfungs- **43** punkt der Ordnungspflicht erlangt (OVG Lüneburg, Urteil vom 8. 12. 1978 – I A 24/78, BRS 35 Nr. 168). Eine Baugenehmigung darf nicht an einen Antragsteller erteilt werden, der vor der Aushändigung seine Stellung als Bauherr aufgegeben hat; jedoch kann die Bauaufsichtsbehörde einen Antragsteller, dem die Baugenehmigung erteilt ist, als Pflichtigen in Anspruch nehmen, solange ihr ein Wechsel in der Person des Bauherrn nicht mitgeteilt wurde und sie von diesem Wechsel nicht in ausreichender Weise anderweitig Kenntnis erlangt (Hess. VGH, Beschluss vom 3. 2. 1984 – 4 TG 76/83, BRS 42 Nr. 166).

**44** Der **Wechsel** des Bauherrn ist der Bauaufsichtsbehörde **vom neuen Bauherrn schriftlich mitzuteilen**. Allerdings kann diese Mitteilung in dessen Vertretung durch den bisherigen Bauherrn erfolgen. Das Erfordernis der **Schriftform für die Mitteilung** des Bauherrenwechsels unterstreicht die zentrale Bedeutung des Bauherrn für die Bauaufsichtsbehörde. Vom Sinn der Vorschrift her ist eine Einverständniserklärung des alten Bauherrn für die Anzeige durch den neuen Bauherrn nicht erforderlich. Die **Verletzung der Mitteilungspflicht** ist gemäß § 84 Abs. 1 Nr. 8 BauO NRW eine **Ordnungswidrigkeit**.

## 8 Zu Absatz 6 – Kostentragungspflicht des Bauherrn

**45** Die Bestimmung dient der **Klarstellung**, **wer** in den genannten Fällen **Kostenschuldner** ist, nämlich jeweils der Bauherr. Insoweit ist das Verwaltungsgebührenrecht (Gebührengesetz NRW), das in diesem Zusammenhang sonst einschlägig ist, wegen seiner Subsidiarität – s. § 1 Abs. 2 Nr. 1 GebG NRW – nicht anzuwenden.

**46** **Nr. 1** bezieht sich auf **§ 81 Abs. 3 BauO NRW**. Danach kann die Bauaufsichtsbehörde **Proben von Bauprodukten** oder **Proben aus fertigen Bauteilen** selbst oder durch Beauftragte entnehmen und prüfen lassen. Sowohl die Kosten der Probeentnahme als auch der Prüfung der Proben sind vom Bauherrn zu tragen, stets aber unter der Voraussetzung, dass die Entnahme und die Prüfung „erforderlich" war. Für die Entscheidung, ob das der Fall ist, hat die Bauaufsichtsbehörde einen weiten Beurteilungsspielraum.

**47** **Nr. 2** wurde durch die BauO NW 1995 gegenüber der Fassung des § 53 Abs. 5 Nr. 2 BauO NW 1984 erweitert. Dadurch ist klargestellt, dass sich die Kostentragungspflicht auch auf die **Kosten für Sachverständige** bezieht, die von der Bauaufsichtsbehörde **gemäß § 61 Abs. 3 BauO NRW herangezogen** werden. Die Kostentragungspflicht besteht auch dann, wenn die Vorlage eines Sachverständigengutachtens nach anfänglicher Ablehnung des Bauantrags erst im Widerspruchsverfahren gefordert wird (OVG Lüneburg, Urteil vom 11. 2. 1985 – 6 A 127/83, BRS 44 Nr. 148). Holt ein Bauherr ein **Gutachten im Widerspruchs- oder Klageverfahren** ein, um die Anordnung der sofortigen Vollziehung der Baugenehmigung zu erreichen, so handelt es sich um Kosten, die noch dem Baugenehmigungsverfahren zuzurechnen sind und die deshalb der Bauherr zu tragen hat (Nds. OVG, Beschluss vom 6. 5. 1999 – 1 O 182/99, BRS 62 Nr. 199).

**48** Bei den **Sachverständigen aufgrund von Rechtsverordnungen** nach § 85 Abs. 2 Nr. 3 BauO NRW handelt es sich um

- **Prüfingenieure für Baustatik nach § 21 Abs. 3 BauPrüfVO** und
- **staatlich anerkannte Sachverständige nach der SV-VO**.

Die **staatlich anerkannten Sachverständigen nach der TPrüfVO** werden ohnehin nur im Auftrage des Bauherrn bzw. des Betreibers aufgrund von Sonderbauvorschriften tätig; insofern kann kein Zweifel aufkommen, dass sie vom Bauherrn bzw. dem Betreiber auch bezahlt werden müssen.

## § 58
## Entwurfsverfasserin, Entwurfsverfasser

**(1) [1]Die Entwurfsverfasserin oder der Entwurfsverfasser muss nach Sachkunde und Erfahrung zur Vorbereitung des jeweiligen Bauvorhabens geeignet sein. [2]Sie oder er ist für die Vollständigkeit und Brauchbarkeit ihres oder seines Entwurfs verantwortlich. [3]Die Entwurfsverfasserin oder der Entwurfsverfasser hat dafür zu sorgen, dass die für die Ausführung notwendigen Einzelzeichnungen, Einzelberechnungen und Anweisungen geliefert werden und dem genehmigten Entwurf und den öffentlich-rechtlichen Vorschriften entsprechen.**

**(2) [1]Besitzt die Entwurfsverfasserin oder der Entwurfsverfasser auf einzelnen Fachgebieten nicht die erforderliche Sachkunde und Erfahrung, so hat sie oder er dafür zu sorgen, dass geeignete Fachplanerinnen oder Fachplaner herangezogen werden. [2]Diese sind für die von ihnen gelieferten Unterlagen verantwortlich. [3]Für das ordnungsgemäße Ineinandergreifen aller Fachentwürfe bleibt die Entwurfsverfasserin oder der Entwurfsverfasser verantwortlich.**

**(3) Brandschutzkonzepte für bauliche Anlagen gemäß § 54 Abs. 2 Nr. 19 und § 69 Abs. 1 Satz 2 sollen von staatlich anerkannten Sachverständigen nach § 85 Abs. 2 Satz 1 Nr. 4 für die Prüfung des Brandschutzes aufgestellt werden.**

***VV BauO NRW*** *(infolge Befristung mit Ablauf des 31. 12. 2005 ausgelaufen)*

***58 Entwurfsverfasserin, Entwurfsverfasser (§ 58)***

*58.3 Zu Absatz 3*

*Brandschutzkonzepte sollen von staatlich anerkannten Sachverständigen für die Prüfung des Brandschutzes aufgestellt werden.*

*Allerdings ist § 9 Abs. 1 Satz 3 BauPrüfVO zu beachten. Danach werden die nach § 36 der Gewerbeordnung öffentlich bestellten und vereidigten Sachverständigen für den baulichen Brandschutz den staatlich anerkannten Sachverständigen gleichgestellt, soweit es um das Aufstellen von Brandschutzkonzepten geht.*

*Neben den vorgenannten Sachverständigen kommen im Einzelfall auch weitere Personen in Betracht, deren Brandschutzkonzepte von den Bauaufsichtsbehörden akzeptiert werden.*

*Es handelt sich um Personen, deren jeweilige Ausbildung und berufliche Erfahrung sie als hinreichend qualifiziert im Sinne des Regelungsziels des § 58 Abs. 3 erscheinen lassen, vor allem solche, die*

- *zu dem Zeitpunkt, an dem die Änderung der Landesbauordnung in Kraft tritt, bereits regelmäßig Brandschutzgutachten für Sonderbauten aufgestellt haben,*
- *sich als Lehrer an einer deutschen Hochschule mit der Erforschung des baulichen Brandschutzes befassen,*
- *als von anderen Ländern der Bundesrepublik anerkannten Sachverständige den staatlich anerkannten Sachverständigen für die Prüfung des Brandschutzes vergleichbar sind,*
- *die Befähigung zum höheren oder gehobenen bautechnischen Verwaltungsdienst besitzen, für ihre dienstliche Tätigkeit,*

– *die Befähigung zum höheren oder gehobenen feuerwehrtechnischen Dienst besitzen und eine mindestens fünfjährige Tätigkeit im vorbeugenden Brandschutz und bei der Erstellung von Brandschutzkonzepten nachweisen können,*
– *als Angehörige von Werksfeuerwehren aufgrund ihrer Ausbildung auch den vorbeugenden Brandschutz der baulichen Anlagen ihres Betriebes beurteilen können.*

*Im Zweifel kann sich die Bauaufsichtsbehörde die erforderliche Sachkunde und Erfahrung nachweisen lassen.*

*Die erforderlichen Erkenntnisse über die Belange des abzuwehrenden Brandschutzes, die für das Brandschutzkonzept beachtet werden müssen, können die Sachverständigen dadurch erlangen, dass sie mit der zuständigen Brandschutzdienststelle rechtzeitig Kontakt aufnehmen.*

**Anmerkungen** (Autor: Heintz)

**Übersicht**

| | | Rdn. |
|---|---|---|
| 0 | Änderungen gegenüber der BauO NW 1984 und der BauO NW 1995 | 01–02 |
| 1 | Allgemeines | 1–10 |
| 2 | Zu Absatz 1 – Eignung und Verantwortlichkeit des Entwurfsverfassers | |
| 2.1 | Satz 1 – Eignung des Entwurfsverfassers | 11–14 |
| 2.2 | Satz 2 – Verantwortlichkeit des Entwurfsverfassers | 15–22 |
| 2.3 | Satz 3 – Pflicht zur Ausführungsplanung | 23–24 |
| 2.4 | Konsequenzen bei Nichteignung des Entwurfsverfassers | 25–26 |
| 3 | Zu Absatz 2 – Heranziehung von Fachplanern | 27–32 |
| 4 | Zu Absatz 3 – Fachplaner für Brandschutzkonzepte | 33–40 |

## 0 Änderungen gegenüber der BauO NW 1984 und der BauO NW 1995

01 Die die **BauO NW 1995** hat § 54 BauO NW 1984 übernommen und um gleichstellungsgerechte Formulierungen ergänzt.

02 Die **BauO NRW 2000** fügte **Absatz 3** an, der **Anforderungen** an den **Fachplaner für das Brandschutzkonzept** enthält (s. LT-Drucks. 12/3738 S. 82 zu Art. I Nr. 33 – § 58).

## 1 Allgemeines

1 Die BauO NRW regelt grundsätzlich **kein Berufsrecht**, obwohl § 70 BauO NRW (Bauvorlageberechtigung) durchaus Elemente einer berufsrechtlichen Regelung in Ergänzung des Baukammerngesetzes aufweist. Eben weil die BauO NRW grundsätzlich keine berufsrechtlichen Regelungen treffen will, sind **in §§ 56–59 a BauO NRW** auch **keine bestimmten Berufe** angesprochen, sondern nur **Träger bestimmter Funktionen** bei der Ausführung eines Baus. Das erklärt, warum in § 58 BauO NRW z. B. nicht vom Architekten oder Bauingenieur bzw. vom Vermessungsingenieur oder Statiker die Rede ist, sondern vom **Entwurfsverfasser** bzw. **Fachplaner**.

2 Der **Entwurfsverfasser** ist derjenige, der für das Vorhaben den **Entwurf** mit den **zugehörigen Ausführungsunterlagen anfertigt** oder **unter seiner Leitung** durch Mitarbeiter oder Dritte **anfertigen lässt** sowie dafür sorgt, dass geeignete Fachplaner herangezogen werden und dass deren **Fachentwürfe** auf den Entwurf **abgestimmt** sind. Er **bereitet das**

**Bauvorhaben in seiner Gesamtheit vor** (vgl. Allgeier/von Lutzau, S. 345 Anm. 49). Der **Entwurfsverfasser** ist nach § 58 Abs. 1 Satz 2 BauO NRW für **seinen Entwurf**, der **Fachplaner** nach § 58 Absatz 2 Satz 2 BauO NRW für **seinen Fachentwurf** in öffentlich-rechtlicher Hinsicht **verantwortlich**. Dem **Entwurfsverfasser** als **Hauptverantwortlichem** obliegt die **Koordination der Fachentwürfe**.

Die BauO NRW definiert nicht, was unter einem **Entwurf** oder einem **Fachentwurf** im öffentlich-rechtlichen Sinne zu verstehen ist. Das öffentliche Baurecht setzt einfach voraus, dass das private Baurecht, das unter anderem auch die Rechtsbeziehungen zwischen dem Bauherrn und dem Entwurfsverfasser zum Gegenstand hat, hierzu ausreichende Regelungen enthält. Doch auch im zivilen Baurecht bestehen keine Vorschriften, die den Umfang oder den Inhalt des Entwurfs bzw. Fachentwurfs verbindlich regeln. Erlassen wurden lediglich **Honorarvorschriften**, die selbst wiederum bei der Festlegung der Honorarsätze an das **Leistungsbild** der **Architekten** und **Ingenieure** anknüpfen. Diese Vorschriften erfassen mehr als die eigentliche Entwurfstätigkeit, die nur einen Teil der Aufgaben der Architekten und Ingenieure darstellt. Die in **§ 15** der Verordnung über die Honorare für Leistungen der Architekten und Ingenieure – **HOAI** i. d. F. d. B. vom 4. 3. 1991 (BGBl. I S. 533), z. g. d. G vom 10. 11. 2001 (BGBl. I S. 2992), enthaltene Unterteilung der Objektplanung für Gebäude in **9 Leistungsphasen** kann nur **hilfsweise herangezogen** werden, um zu einer Begriffsklärung beizutragen. 3

Aus § 58 Abs. 1 Satz 2 und 3 BauO NRW ergibt sich, dass der **Entwurf** die notwendigen **Unterlagen zur Erlangung der Baugenehmigung** beinhaltet, auf dem die **zugehörige Ausführungsplanung** aufbaut. Die für die Ausführung notwendigen Einzelzeichnungen, Einzelberechnungen und Anweisungen können erst auf der Grundlage des **genehmigten** Entwurfs angefertigt werden. In öffentlich-rechtlicher Hinsicht umfasst die Ausführungsplanung alle Darstellungen, die zur ordnungsgemäßen Beschaffenheit erforderlich sind, aber keine baurechtlich unwesentlichen Details, wie z. B. die Inneneinrichtung von Wohnhäusern (so auch Große-Suchsdorf/Lindorf/Schmaltz/Wiechert, zu § 58 Rdn. 3). Um Missverständnissen vorzubeugen, ist darauf hinzuweisen, dass sich bauaufsichtliche Anforderungen im Einzelfall auch auf die Inneneinrichtung erstrecken können, z. B. müssen gemäß § 11 Abs. 4 Satz 3 VKVO in Verkaufsstätten Verkaufsstände an Hauptgängen unverrückbar und gemäß § 10 Abs. 1 Satz 1 VStättVO in Versammlungsstätten in Reihen angeordnete Bestuhlungen unverrückbar befestigt bzw. fest miteinander verbunden sein. Die **Sonderbauverordnungen** schreiben vereinzelt sogar die Erstellung **besonderer Ausführungszeichnungen** für die Inneneinrichtung und deren Prüfung durch die Bauaufsichtsbehörde vor (z. B. der Bestuhlungsplan nach § 32 VStättVO). 4

Aus § 58 BauO NRW folgt nicht, dass der Entwurfsverfasser nur eine Person sein darf. **Einzelne Leistungsphasen** können von **verschiedenen Personen** bearbeitet werden. So ist relativ häufig zu beobachten, dass Voranfrage und Genehmigungsplanung auseinander fallen. Nicht selten besteht die Praxis, die Ausführungsplanung an einen auf ein derartiges Leistungsbild spezialisierten Planer zu vergeben. Es ist **zulässig, die Einzelfunktionen der am Bau Beteiligten in einer Person zu vereinigen** (vgl. die Anmerkungen zu § 56 Rdn. 17 und 18). Auch der Bauherr selbst kann als Entwurfsverfasser tätig werden, soweit er nur ausreichend sachkundig und erfahren ist (s. Absatz 1 Satz 1). Neben § 58 Abs. 1 BauO NRW, der materiell-rechtliche Anforderungen an die Qualifikation eines Entwurfsverfassers festlegt, sind für bestimmte genehmigungsbedürftige Vorhaben die in § 70 BauO NRW (Bauvorlageberechtigung) festgelegten „formellen" Anforderungen zu berücksichtigen. 5

6 Eine sachgerechte Anwendung des § 58 BauO NRW erfordert die Berücksichtigung der §§ 56 und 57 BauO NRW. Gemäß § 56 BauO NRW ist der **Entwurfsverfasser in seinem Wirkungsbereich**, der in § 58 BauO NRW näher beschrieben wird, **neben dem Bauherrn öffentlich-rechtlich verantwortlich**. In § 57 BauO NRW ist ausdrücklich geregelt, dass der Bauherr bei **genehmigungsbedürftigen Vorhaben** und bei **Vorhaben nach § 67 BauO NRW** einen **Entwurfsverfasser bestellen muss**. Nur die **Bauaufsichtsbehörde** kann gemäß § 57 Abs. 2 Satz 1 BauO NRW auf die Beauftragung bei **technisch einfachen** Anlagen **verzichten** (s. die Anmerkungen zu § 57 Rdn. 25–28).

7 Die nach § 57 BauO NRW grundsätzlich **vorgeschriebene Beauftragung** des Entwurfsverfassers für genehmigungsbedürftige Vorhaben und für nach § 67 BauO NRW freigestellte Wohnbauvorhaben sagt nichts über das Erfordernis der **Bauvorlageberechtigung** aus. Zu den genehmigungsbedürftigen Vorhaben rechnen nämlich auch solche, für die **keine** Bauvorlageberechtigung nach § 70 BauO NRW verlangt wird, beispielsweise für die **Nutzungsänderung ohne bauliche Änderungen**, die **Errichtung** einer **Kleingarage** oder eines **untergeordneten Gebäudes**. Traut er sich dies zu, kann der Bauherr für genehmigungsbedürftige, aber **technisch einfache** Vorhaben die Entwurfsbearbeitung selbst übernehmen, sollte dann aber auch im Antragsvordruck den Verzicht nach § 57 Abs. 2 Satz 1 BauO NRW durch einen entsprechenden Zusatz beantragen.

8 Niemand hindert den Bauherrn, einen Entwurfsverfasser **freiwillig** zu beauftragen, weil er sich z. B. nicht in der Lage sieht, die gesamte **Verantwortung für die ordnungsgemäße Ausführung** eines freigestellten Vorhabens zu übernehmen. Obwohl die Beauftragung eines Entwurfsverfassers für die nach § 65 BauO NRW freigestellten Vorhaben nicht vorgeschrieben ist, greifen dennoch die Vorschriften des § 58 BauO NRW, wenn der Bauherr einen Entwurfsverfasser einschaltet (s. die Anmerkungen zu § 57 Rdn. 20).

9 Der **Vertrag**, den ein **Bauherr mit einem Entwurfsverfasser** schließt, kann schriftlich, mündlich oder durch schlüssiges Verhalten zustande kommen (so Locher, Rdn. 353). Die Beauftragung des Entwurfsverfassers mit der **Bauplanung** und der **örtlichen Bauaufsicht** ist als **Werkvertrag zu qualifizieren** (BGH mit Urteil vom 26. 11. 1959 – VII ZR 120/58, NJW 1960, 4; vgl. auch Schmalzl, Zur Rechtsnatur des Architektenvertrages nach der neueren Rechtsprechung, BauR 1977, S. 80 ff.). Selbst unmittelbar bauwerksbezogene Teilleistungen, wie die „Bauführung" (örtliche Aufsicht über die Bauarbeiten), sind werkvertraglicher Natur (BGH, Urteil vom 22. 10. 1981 – VII ZR 310/79, BauR 1982, 79). Dagegen kann die Beauftragung **nicht unmittelbar bauwerksbezogener Einzelleistungen**, wie z. B. die Objektbetreuung und Dokumentation, als **Dienstvertrag** einzuordnen sein (vgl. Locher, Rdn. 365).

10 Der **Unterschied zwischen Werk- und Dienstvertrag** hat erhebliche Auswirkungen auf den **Gewährleistungsanspruch des Bauherrn**, was unter anderem die lange Dauer des Streits um die rechtliche Einordnung erklärt. Nach dem **Dienstvertragsrecht** besteht lediglich eine **verschuldensabhängige Gewährleistung**, während das **Werkvertragsrecht** eine **verschuldensunabhängige Gewährleistung** kennt. Die **zivilrechtliche Haftung des Entwurfsverfassers** beschränkt sich nicht auf den technischen Leistungsbereich, sondern erfasst auch die **Planung** des Bauvorhabens selbst, weshalb diese **in öffentlich-rechtlicher Hinsicht genehmigungsfähig** sein muss (hierzu s. Locher, S. Rdn. 396–400 und Jacob, Was schuldet der Architekt: die „dauerhaft genehmigungsfähige Planung"?, Baurecht 2003, S. 1623 ff.; zur **strafrechtlichen Verantwortlichkeit** s. die Anmerkungen zu § 56 Rdn. 21).

## 2 Zu Absatz 1 – Eignung und Verantwortlichkeit des Entwurfsverfassers

### 2.1 Satz 1 – Eignung des Entwurfsverfassers

**Satz 1** schreibt vor, dass der Entwurfsverfasser **nach Sachkunde und Erfahrung** zur Vorbereitung des jeweiligen Bauvorhabens **geeignet sein muss**. Hierbei handelt es sich um eine **materielle** und keine formelle **Qualifikationsanforderung**. Dadurch wird zunächst deutlich, dass **die Bauvorlageberechtigung** nach § 70 BauO NRW für sich allein noch **keine Garantie für ausreichende Sachkunde und Erfahrung** darstellt. Die Bauvorlageberechtigung bildet lediglich eine **zusätzliche formelle Voraussetzung** für den Entwurfsverfasser, Bauvorlagen im bauaufsichtlichen Verfahren durch Unterschrift anerkennen zu dürfen. Erkennt der Bauvorlageberechtigte den von einem anderen, nicht bauvorlageberechtigten Entwurfsverfasser gefertigten Entwurf durch seine Unterschrift an, ist er in zivilrechtlicher Hinsicht für Mängel dieses Entwurfs haftbar (BGH, Urteil vom 8.2.2001 – VII ZR 152/00, ZfBR 2001, 316 zur unterlassenen Überprüfung der Höheneintragungen im Lageplan mit der Folge zusätzlicher Umplanungs- und Bauarbeiten). 11

In erster Linie müssen die **Fähigkeiten des Entwurfsverfassers** den **im Einzelfall gestellten Anforderungen** entsprechen. Welches **Maß an Sachkunde und Erfahrung** erforderlich ist, ergibt sich **im Einzelfall für das konkrete Vorhaben** aus den öffentlich-rechtlichen **Anforderungen an den Entwurf**. Unter **Sachkunde** ist das Fachwissen des Entwurfsverfassers, unter **Erfahrung** sein durch praktische Anwendung des Fachwissens gewonnener Erkenntnisstand zu verstehen. So sind die öffentlich-rechtlichen Anforderungen an Sachkunde und Erfahrung beim Entwurf für ein Fußballstadion deutlich höher als die für ein Wohnhaus. Ein Entwurfsverfasser, der sich jahrelang ausschließlich dem Wohnungsbau zugewandt hat, wird erhebliche Probleme mit dem Entwurf eines derartigen Sonderbaus haben (ebenso Wilke/Dageförde/Knuth/Meyer, zu § 52a Rdn. 2). 12

**Ob** der **Entwurfsverfasser** den in Satz 1 genannten **Voraussetzungen genügt**, muss er **selbstverantwortlich entscheiden** (zu den Anforderungen s. Rdn. 15–19). Durch die Regelung soll die Qualifikation des Entwurfsverfassers für das jeweilige Bauvorhaben gesichert werden. Die Einhaltung dieser Vorschrift wird indirekt durch die Prüfung der Bauvorlagen durch die Bauaufsichtsbehörde und durch die Vorschrift des § 72 Abs. 1 Satz 2 BauO NRW gewährleistet, nach der bei erheblichen Mängeln eine Zurückweisung des Bauantrags erfolgen soll (s. die Anmerkungen zu § 72 Rdn. 61–73). 13

Die Forderung nach **Eignung** des Entwurfsverfassers **bezieht sich auf den Entwurf als Ganzes**, nicht jedoch auf sämtliche mit der Entwurfsbearbeitung verbundenen Fachbereiche. Deshalb darf nicht der Fehlschluss gezogen werden, dass das Fehlen von Sachkunde und Erfahrung in Bezug auf die gesamte Entwurfsaufgabe durch die Heranziehung von Fachplanern nach Abs. 2 Satz 2 kompensiert werden könnte. Diese Vorschrift trägt lediglich dem Umstand Rechnung, dass kaum ein Entwurfsverfasser auf allen Fachgebieten über Sachkunde und Erfahrung verfügen kann. Die **Spezialisierung im Bauwesen** hat zu einer **Vielzahl von Fachgebieten** geführt. Daher sind für Fachaufgaben, wie z.B. Baugrunduntersuchungen, Vermessungen, bauphysikalische Untersuchungen, Tragwerksplanungen, Brandschutzkonzepte, Eingriffsbewertungen nach dem Naturschutzrecht oder Begrünungsplanungen, Fachplaner heranzuziehen. Der Entwurfsverfasser kann unmöglich in all diesen Fachgebieten über ausreichendes Detailwissen verfügen, er muss aber den **Überblick behalten** und **fähig sein zu erkennen**, **ob** ein oder mehrere **Fachplaner** notwendigerweise **einzuschalten sind**. 14

### 2.2 Satz 2 – Verantwortlichkeit des Entwurfsverfassers

15 Die **öffentlich-rechtlichen Pflichten** und damit die **Verantwortlichkeit des Entwurfsverfassers** bestimmen sich nach Art und Nutzung der zu planenden baulichen Anlage und der hierfür geltenden baurechtlichen Vorschriften. Der **Entwurfsverfasser haftet zivilrechtlich für die öffentlich-rechtliche Genehmigungsfähigkeit seiner Planung** (BGH, Beschluss vom 26.5.1983 – III ZR 212/82, VersR 1983, 980; OLG München, Urteil vom 2.7.1990 – 28 U 6783/89, BauR 1992, 534; vgl. Maser, Die Haftung des Architekten für die Genehmigungsfähigkeit der Planung, BauR 1994, S. 180ff. und Locher, Die Haftung des Planers für eine nicht genehmigungsfähige Planung, BauR 2002, S. 1303ff.).

16 Die **Eigenverantwortlichkeit des Entwurfsverfassers** ist infolge der **Freistellung** von Wohnbauvorhaben nach § 67 BauO NRW, aber auch durch die **Prüfeinschränkungen** für Vorhaben im **vereinfachten Genehmigungsverfahren** nach § 68 BauO NRW **wesentlich gesteigert** (BGH, Urteil vom 27.9.2001 – VII ZR 391/99, BauR 2002, 114). Damit einher geht die **ausdrückliche Übernahme der Verantwortung** für die **Einhaltung der Brandschutzvorschriften**, weil der Gesetzgeber gemäß § 67 Abs. 2 Satz 1 BauO NRW und § 68 Abs. 6 BauO NRW dem Entwurfsverfasser die Abgabe entsprechender **schriftlicher Erklärungen** abverlangt. Dies führt zu einer **Ausweitung des Haftungsumfangs** gegenüber dem Bauherrn (hierzu s. Schulte, Die erweiterte Haftung für Architekten durch die Entwicklung im Bauordnungsrecht, BauR 1996, S. 599ff.).

17 Der Entwurfsverfasser **schuldet** eine **Planung**, die zu einer **dauerhaften** und **nicht mehr rücknehmbaren Baugenehmigung** führt (OLG Düsseldorf, Urteil vom 31.5.1996 – 22 U 176/95, BauR 1997, 159). Vom Entwurfsverfasser wird erwartet, dass er **aufgrund Ausbildung und Berufspraxis über die zur Lösung der übernommenen Planungsaufgabe erforderlichen Kenntnisse und Fähigkeiten verfügt** (BGH, Urteil vom 17.4.1980 – III ZR 167/78, NJW 1980, 2576). Soll die Genehmigungsfähigkeit ausnahmsweise nicht geschuldet sein, so setzt dies eine ausdrückliche Vereinbarung voraus, die nicht schon aus der Vereinbarung eines für die Planung einzuhaltenden Maßes der baulichen Nutzung abgeleitet werden kann (KG Bln, Urteil vom 11.1.2000 – 27 U 5302/99, BauR 2002, 111). Die Genehmigungsfähigkeit wird ausnahmsweise nicht geschuldet, wenn der Auftrag nur den Versuch zur Erlangung der Baugenehmigung enthält und der Architekt über die Risiken der Genehmigungsfähigkeit und die Möglichkeit einer kostensparenden Bauvoranfrage zur Klärung der Genehmigungsfähigkeit umfassend aufgeklärt hat (OLG Düsseldorf, Urteil vom 12.12.1995 – 21 U 53/95, BauR 1996, 287).

18 Der **Entwurfsverfasser trägt** für die Planung die **Verantwortung, auch wenn die Bauaufsichtsbehörde Fehler übersieht** und daraufhin die Baugenehmigung zurückgenommen werden muss (BGH, Urteil vom 9.3.1992 – III ZR 117/90, NVwZ 1992, 911 zu nicht beachteten Abstandflächenvorschriften). Diese auf den ersten Blick erstaunliche Entscheidung findet ihre Grundlage jedoch im **Verweisungsprivileg** des **§ 839 BGB**. Die **öffentliche Hand haftet** danach **nur nachrangig für Fehler von Amtsträgern**. Solange der Entwurfsverfasser aus seiner zivilvertraglichen Verpflichtung zur Erstellung einer dauerhaft genehmigungsfähigen Planung in Anspruch genommen werden kann, scheidet ein Anspruch gegen die Anstellungskörperschaft des fehlerhaft handelnden Amtsträgers aus (hierzu s. Troidl, Die Haftung des Architekten für eine „haltbare" Planung – muss er klüger sein als das Bauordnungsamt?, BauR 2007, S. 12ff.).

19 Der **Entwurfsverfasser muss sämtliche öffentlich-rechtlichen Aspekte des Bundes- und Landesbaurechts** im Rahmen der Entwurfsbearbeitung **berücksichtigen**. Dazu rechnen

auch die nach § 3 Abs. 1 Satz 2 BauO NRW zu beachtenden **allgemein anerkannten Regeln der Technik**, soweit diese der **Wahrung der Belange der öffentlichen Sicherheit oder Ordnung** dienen und soweit sie überhaupt Vorgaben enthalten, die sich an die Planung richten. So hat der Entwurfsverfasser die Festsetzungen zum Maß der baulichen Nutzung zu beachten (OLG Hamm, Urteil vom 23. 1. 2001 – 34 U 124/99, BauR 2001, 984). Er muss die Abstandflächen eines zu errichtenden Gebäudes prüfen und entweder einhalten oder den Bauherrn auf die mit der Nichteinhaltung verbundenen Risiken und das Erfordernis der Nachbarzustimmung mit der erforderlichen Deutlichkeit hinweisen (OLG Hamm, Urteil vom 26. 11. 1999 – 25 U 56/99, BauR 2000, 918). Ist die Genehmigungsfähigkeit zweifelhaft, darf der Entwurfsverfasser nicht ohne weiteres den Vorentwurf, den Entwurf und die Bauvorlagen fertigen, sondern muss den Bauherrn über die kostensparende **Möglichkeit einer Bauvoranfrage** belehren (OLG Köln, Urteil vom 21. 10. 1992 – 11 U 84/92, BauR 1993, 358). Verzichtet der Bauherr dennoch auf die Voranfrage, kann er von dem Entwurfsverfasser später keinen Schadenersatz für Kosten der Tragwerksplanung verlangen, wenn die Baugenehmigung verweigert wird (OLG Celle, Urteil vom 13. 9. 2001 – 13 U 68/01, BauR 2002, 116).

Die **Beurteilung, ob** der **Entwurf vollständig und brauchbar** im Sinne von Absatz 1 **Satz 2** ist, richtet sich ausschließlich nach öffentlich-rechtlichen Vorschriften, nicht etwa danach, ob der Entwurf zivilrechtlichen oder wirtschaftlichen Anforderungen genügt oder praktisch durchführbar ist oder künstlerischen Wünschen entspricht (vgl. Boeddinghaus/Hahn/Schulte, zu § 58 Rdn. 7). Die Bauvorlagen müssen insbesondere den Vorschriften der BauPrüfVO und der Sonderbauverordnungen entsprechen und weitergehenden Anforderungen anderer öffentlich-rechtlicher Vorschriften genügen. **20**

Der Entwurf ist **vollständig**, wenn er alle zur Prüfung des Vorhabens nach den öffentlich-rechtlichen Vorschriften erforderlichen Zeichnungen, Beschreibungen und sonstigen Angaben enthält (s. die Anmerkungen zu § 69 Rdn. 49–59). Der Entwurf ist **brauchbar**, wenn er die öffentlich-rechtlichen Vorschriften zumindest insoweit einhält, dass auf seiner Grundlage eine zur Ausräumung geringfügiger Verstöße mit Nebenbestimmungen versehene Baugenehmigung erteilt werden kann (OVG NRW, Urteil vom 22. 7. 1987 – 11 A 958/85, BRS 47 Nr. 139 und Urteil vom 11. 12. 1992 – 11 A 1823/90, BRS 55 Nr. 141). Die zivilrechtlichen Anforderungen erfassen weitergehend auch die Gewährleistung eines mängelfreien, zweckgerechten Werks (BGH, Urteil vom 6. 5. 1985 – VII ZR 304/83, BauR 1985, 567; OLG Düsseldorf, Urteil vom 30. 3. 1990 – 22 U 203/89, BauR 1992, 536). Die **Folge eines unvollständigen Entwurfs** ist nach fruchtlosem Nachbesserungsverlangen der Bauaufsichtsbehörde die **Zurückweisung des Bauantrags** (s. die Anmerkungen zu § 72 Rdn. 61–73). Die **Folge eines unbrauchbaren Entwurfs** ist nach erfolglosem Änderungsverlangen der Bauaufsichtsbehörde die **Ablehnung des Bauantrags**. **21**

Die Verantwortlichkeit für den Entwurf bedingt nicht, dass der Entwurfsverfasser alle Zeichnungen, Berechnungen und Beschreibungen persönlich verfasst. Er behält aber die **Verantwortung für die von seinen Hilfskräften oder von ihm beauftragten Dritten angefertigten Unterlagen** (s. Rdn. 2 und Boeddinghaus/Hahn/Schulte, zu § 58 Rdn. 4 unter Hinweis auf BayObLG, Beschluss vom 8. 8. 1979, BayVBl. 1979, 731). Zur **Vollständigkeit** und **Brauchbarkeit des Entwurfs** gehören **Detailzeichnungen der Konstruktion**. Es ist Aufgabe des Entwurfsverfassers und der Fachplaner, die Erreichung der in den einschlägigen Rechtsvorschriften und technischen Baubestimmungen festgelegten **Mindestanforderungen nachzuweisen** (s. Nr. 18 VV BauO NRW). **22**

### 2.3 Satz 3 – Pflicht zur Ausführungsplanung

23 Nach **Satz 3** hat der Entwurfsverfasser dafür zu sorgen, dass die **zur Bauausführung notwendigen Einzelzeichnungen**, **Einzelberechnungen** und **Anweisungen** geliefert und den ausführenden Unternehmern zur Verfügung gestellt werden. Er braucht sie nicht selbst anzufertigen, trägt aber die Verantwortung für die Lieferung und die Übereinstimmung mit den genehmigten Bauvorlagen und den öffentlich-rechtlichen Vorschriften (vgl. Wilke/Dageförde/Knuth/Meyer, zu § 52 a Rdn. 5). Die **Ausführungsplanung** ist das **Bindeglied zwischen genehmigtem Entwurf und Bauausführung** und bezweckt, dass der Unternehmer gefahrlos und mit der erforderlichen Genauigkeit bauen kann (vgl. OLG Hamm, Beschluss vom 18. 8. 1976 – IV Ss Owi 976/76, BRS 30 Nr. 188).

24 In der Regel sind die zur bauaufsichtlichen Prüfung eines Vorhabens eingereichten **Bauvorlagen zur praktischen Bauausführung nicht geeignet**, da sie nach § 4 Abs. 1 Satz 2 BauPrüfVO im Maßstab 1 : 100 anzufertigen sind, nur die für die öffentlich-rechtliche Prüfung erforderlichen Angaben enthalten sollen und schon allein deshalb nicht sämtliche Details darstellen können. Zur einwandfreien Bauausführung im Sinne gefahrenfreien Bauens gehören aber ergänzende Ausführungszeichnungen im Maßstab 1 : 50 oder in noch kleineren Maßstäben mit Angabe sämtlicher Details, ohne die der Unternehmer unmöglich mit der erforderlichen Genauigkeit arbeiten kann. Nur in wenigen Ausnahmefällen wird für einfache Vorhaben auf Detailangaben verzichtet werden können. Selbstverständlich müssen die **Ausführungsunterlagen mit den genehmigten Bauvorlagen und den öffentlich-rechtlichen Vorschriften übereinstimmen**.

### 2.4 Konsequenzen bei Nichteignung des Entwurfsverfassers

25 Von einer nicht geringen Zahl von Bauaufsichtsbehörden wird **bemängelt**, dass die Entwurfsverfasser **unvollständige** und **unbrauchbare Entwürfe** zur Genehmigung einreichen. Es ist Aufgabe des Entwurfsverfassers, aufgrund des zwischen ihm und dem Bauherrn geschlossenen Werkvertrages genehmigungsfähige Bauvorlagen herzustellen. Hierfür wird er vom Bauherrn bezahlt, wie es die entsprechenden Positionen der HOAI ausdrücklich belegen. Daher sollte sich die Bauaufsichtsbehörde nicht bedrängen lassen, für den Entwurfsverfasser Bauvorlagen zu vervollständigen oder zu korrigieren. Dies ist durch die Gebühreneinnahmen nicht gedeckt und im Grunde genommen ein **unzulässiger Einsatz von Steuermitteln**. Daneben hält diese Tätigkeit die Bauaufsichtsbehörde davon ab, vollständige und brauchbare Bauanträge zügig zu bearbeiten und zu genehmigen. Letztlich führt dies zu einer allgemeinen, auch von Entwurfsverfassern selbst immer wieder beklagten Verzögerung der Baugenehmigungsverfahren.

26 Bessert der Entwurfsverfasser trotz wiederholter Aufforderungen der Bauaufsichtsbehörde beanstandete Unterlagen nur unzureichend nach oder enthalten aufgrund von Beanstandungen neu vorgelegter Unterlagen wiederum gravierende Verstöße gegen öffentlich-rechtliche Vorschriften, so hat er damit selbst seine **Ungeeignetheit für die Entwurfsaufgabe nachgewiesen**. Damit liegen für die Bauaufsichtsbehörde die Voraussetzungen des § 57 Abs. 3 Satz 1 BauO NRW vor, **vom Bauherrn** die **Ersetzung des ungeeigneten Entwurfsverfassers verlangen** zu können (s. die Anmerkungen zu § 57 Rdn. 33–38). Bei erstmalig vorgelegten mangelhaften Bauvorlagen wird nach dem Grundsatz der Verhältnismäßigkeit vor einem Verlangen nach § 57 Abs. 3 Satz 1 BauO NRW die Zurückweisung des Bauantrages nach § 72 Abs. 1 Satz 2 BauO NRW in Betracht kommen.

### 3 Zu Absatz 2 – Heranziehung von Fachplanern

Schon die BauO NW 1984 verwendete anstelle des **Begriffs „Sachverständiger“** in den Sätzen 1 und 3 den **Begriff „Fachplaner“**. Dies entspricht dem Sprachgebrauch der Praxis und berücksichtigt, dass der Begriff Sachverständiger im Allgemeinen nur dort Anwendung findet, wo es nicht um das Tätigwerden eines am Bau Beteiligten geht, sondern das Tun dieser Personen sachverständig beurteilt wird (zum Begriff des Sachverständigen s. die Anmerkungen vor §§ 56 bis 59 a Rdn. 1 sowie Nr. 61.3 VV BauO NRW). 27

**Fehlt** dem **Entwurfsverfasser auf einzelnen Fachgebieten** die **erforderliche Sachkunde und Erfahrung**, muss er gemäß **Satz 1** einen oder mehrere **Fachplaner** hinzuziehen. Für Brandschutzkonzepte hat der Gesetzgeber eine Sonderregelung getroffen (s. Rdn. 33–40). Der Entwurfsverfasser wird insbesondere die für die technische Ausarbeitung einzelner Bauteile oder für besondere Berechnungen oder technische Nachweise erforderlichen Fachplaner, etwa den Vermessungsingenieur, Bodengutachter, Statiker oder Heizungs- und Lüftungsingenieur hinzuziehen. Es gehört zu seinen Pflichten, die entsprechenden Fachbeiträge entweder selbst zu erstellen oder für einen Fachplaner zu sorgen (s. auch OVG Bln., Beschluss vom 19. 11. 1996 – 2 S 23.96, BRS 58 Nr. 200, wonach die Berücksichtigung der Bodenverhältnisse zu den zentralen Aufgaben des Entwurfsverfassers gehört). Allerdings kann und muss der Entwurfsverfasser zunächst selbst entscheiden, inwieweit seine eigene Tätigkeit der Ergänzung durch Fachplaner bedarf (s. Rdn. 14), haftet aber auch, wenn er es versäumt, einen erforderlichen Fachbeitrag einzuholen (OLG Frankfurt, Urteil vom 20. 12. 1995 – VI ZR 33/96, BauR 1997, 330 zu einer bei Ausschachtung der Baugrube ausgelösten Hangrutschung). 28

Die **Bauaufsichtsbehörde kann** die **Hinzuziehung eines Fachplaners** gestützt auf Absatz 2 Satz 1 **nicht verlangen**, jedoch die **Ungeeignetheit der vorgelegten Unterlagen** im Hinblick auf genau bezeichnete öffentlich-rechtliche Vorschriften **feststellen** und eine **Ergänzung** des Bauantrags **durch Fachentwürfe verlangen**. Ein Ersetzungsverlangen nach § 57 Abs. 3 BauO NRW scheidet aus, da dieses voraussetzt, dass ein vom Bauherrn beauftragter Fachplaner ungeeignet ist. Nach fruchtlosem Verstreichen der eingeräumten Frist zur Vorlage ergänzender Unterlagen kommt dann wiederum als Folge die **Zurückweisung** des Bauantrags nach § 72 Abs. 1 Satz 2 BauO NRW in Betracht (so auch Boeddinghaus/Hahn/Schulte, zu § 58 Rdn. 13). 29

Der **Fachplaner** ist nach **Satz 2** für die Vollständigkeit und Brauchbarkeit der von ihnen gefertigten Unterlagen ausschließlich **selbst verantwortlich** und tritt insoweit an die Stelle des Entwurfsverfassers. Seine Fachpläne sind von ihm gemäß § 69 Abs. 2 Satz 2 BauO NRW zu unterschreiben. Mit seiner **Unterschrift** übernimmt der Fachplaner die öffentlich-rechtliche **Verantwortung** für die vollständige Bearbeitung nach den technischen Erfordernissen des jeweiligen Vorhabens und für die Beachtung der öffentlich-rechtlichen Vorschriften bei der Lösung der Planungsaufgabe. Der Fachplaner muss berücksichtigen, dass der Entwurfsverfasser bei der weiteren Planung auf dem Fachbeitrag aufbaut. Erweisen sich später die Vorgaben als unzutreffend, kann dem Entwurfsverfasser kein Vorwurf schuldhaften Verhaltens gemacht werden, sofern aufgrund der ihm möglichen Prüfung kein Anlass bestand, den Feststellungen und Schlussfolgerungen des Gutachtens zu misstrauen (BGH, Urteil vom 26. 1. 1996 – V ZR 264/94, BauR 1996, 404 zu fehlerhaften Angaben eines Boden- und Gründungsgutachtens). 30

Dem Fachplaner obliegt die gleiche **Sorgfaltspflicht** für seine Fachplanung wie dem Entwurfsverfasser für den Entwurf als Ganzes (s. Rdn. 15–22). So muss z. B. ein Öffent- 31 lich bestellter Vermessungsingenieur bei der Verwendung eines älteren Lageplans für ein neues Vorhaben diesen auf seine Richtigkeit hin überprüfen, da er als Fachplaner nicht zu den Personen zählt, die dem öffentlichen Glauben des alten Plans vertrauen dürfen. Vielmehr vertraut das Publikum seinen Angaben, deren Richtigkeit er bescheinigt hat, ohne zwischen eigenen Messungen und der Übernahme vorhandener Zahlen zu unterscheiden (KG Bln, Urteil vom 30.4.1996 – 21 U 8014/95, Forum 1996, 435 zu einem nicht überprüften älteren Lageplan mit fehlerhaften Höhenangaben; auf dem Lageplan hatte der Öffentlich bestellte Vermessungsingenieur vermerkt: „Angefertigt auf Grund des Lageplans vom 10.5.1965 – letzte Eintragung vom 13.3.1981 – und örtlicher Messung ... Erste Anfertigung durch Dipl.-Ing. S. am 18.3.1987“ – unter dem Vermerk war, die Richtigkeit bescheinigend, das Dienstsiegel angebracht).

32 Der beauftragte **Entwurfsverfasser** ist nach **Satz 3 für das ordnungsgemäße Ineinandergreifen aller Fachentwürfe verantwortlich**. Diese auch als **Koordinierungspflicht** bezeichnete Aufgabe erfordert große Sorgfalt, da der Entwurfsverfasser gezwungen ist, die Fachentwürfe auf Übereinstimmung mit seiner Planung bzw. mit seinen gelieferten Ausgangsunterlagen und möglicherweise inzwischen eingetretenen Planungsänderungen zu überprüfen. Er darf deshalb den Fachbeiträgen nicht einfach blind vertrauen. Der Entwurfsverfasser hat insbesondere die Fachbeiträge daraufhin zu untersuchen, ob sich **Auswirkungen auf andere Fachplanungen** ergeben, beispielsweise ob der Statiker die Angaben des Bodengutachters entsprechend berücksichtigt hat (BGH, Urteil vom 15.12.1966 – VII ZR 151/64, VersR 1967, 260).

### 4 Zu Absatz 3 – Fachplaner für Brandschutzkonzepte

33 Die **Erstellung eines Brandschutzkonzepts** macht **§ 69 Abs. 1 Satz 2** BauO NRW für die hinsichtlich ihres **Gefahrenpotentials** besonders bedeutsamen **„großen“ Sonderbauten**, die dem „normalen“ Genehmigungsverfahren unterliegen, dem Bauherrn generell zur **Pflicht** (s. die Einleitung Rdn. 100–101 sowie die Anmerkungen zu § 69 Rdn. 58–59). Hierdurch wird den Bauaufsichtsbehörden und den im Genehmigungsverfahren zu beteiligenden Brandschutzdienststellen eine bessere Beurteilungsgrundlage als nach früherem Recht verschafft, um entscheiden zu können, ob für das Sonderbauvorhaben besondere Anforderungen gestellt werden müssen oder Erleichterungen zugelassen werden können (vgl. die Begründung, LT-Drucks. 12/3738 S. 90 zu Art. I Nr. 45 – § 69). Die **hierunter fallenden Vorhaben führt § 68 Abs. 1 Satz 3 BauO NRW abschließend auf**, indem die in insgesamt **19 Nummern** bezeichneten baulichen Anlagen vom vereinfachten Genehmigungsverfahren ausgeschlossen und dem „normalen“ Genehmigungsverfahren mit einer **uneingeschränkten präventiven Prüfung** durch die Bauaufsichtsbehörde zugewiesen werden (zum Katalog „großer“ Sonderbauten s. im Einzelnen die Anmerkungen zu § 54 Rdn. 53–71).

34 Nach § 54 Abs. 1 Satz 1 BauO NRW können **Sonderbauten** zur Verwirklichung der allgemeinen Anforderungen nach § 3 Abs. 1 Satz 1 BauO NRW **im Einzelfall** besondere **Anforderungen** gestellt werden (s. die Anmerkungen zu § 54 Rdn. 13–24). Nach § 54 Abs. 2 Nr. 19 BauO NRW zählt zu diesen Anforderungen auch die **Pflicht, ein Brandschutzkonzept aufzustellen**. Die Regelung des § 54 Abs. 2 Nr. 19 BauO NRW ist im Zusammenhang mit § 69 Abs. 1 Satz 2 BauO NRW zu sehen, der zwingend die Vorlage des Brandschutzkonzepts für „große“ Sonderbauten verlangt, so dass in diesen Fällen ein

besonderes Verlangen der Bauaufsichtsbehörde zur Vorlage eines Brandschutzkonzepts nicht mehr erforderlich ist, weil der Gesetzgeber bereits die Entscheidung verbindlich getroffen hat (vgl. die Begründung, LT-Drucks. 12/3738 S. 81 zu Art. I Nr. 29 – § 54). Für die nicht von § 68 Abs. 1 Satz 3 BauO NRW erfassten **„kleinen"** **Sonderbauten**, die dem vereinfachten Genehmigungsverfahren unterliegen, **kann** die Bauaufsichtsbehörde, gestützt auf die **Ermächtigung** des § 54 Abs. 1 Satz 1 in Verbindung mit § 54 Abs. 2 Nr. 19 BauO NRW, **im Einzelfall** die **Erstellung eines Brandschutzkonzepts verlangen**, wenn sie dieses zur Beurteilung benötigt (s. die Anmerkungen zu § 54 Rdn. 46).

Die Vorschrift des § 58 Abs. 3 BauO NRW ordnet an, dass **Brandschutzkonzepte** nur von **bestimmten Fachplanern** aufgestellt werden dürfen, gleichgültig ob es sich um solche für **„kleine"** oder **„große"** Sonderbauten handelt. **Im Regelfall** ist das Brandschutzkonzept von einem **staatlich anerkannten Sachverständigen für die Prüfung des Brandschutzes** aufzustellen. **§ 16 SV-VO** regelt die Aufgabenerledigung der staatlich anerkannten Sachverständigen für die Prüfung des Brandschutzes. Wie sich aus dieser Vorschrift, aber auch aus der **Bezeichnung** der staatlich anerkannten Sachverständigen ergibt, sind diese für die **Prüfung** des Brandschutzes und die Ausstellung von Bescheinigungen nach § 67 Abs. 4, § 68 Abs. 2 und § 72 Abs. 6 BauO NRW zuständig. Die Prüfung des Brandschutzes und die Ausstellung von Bescheinigungen ist allerdings **auf Wohngebäude beschränkt**, da auch „kleine" Sonderbauten gemäß § 68 Abs. 2 Satz 4 Nr. 2 BauO NRW von der Bauaufsichtsbehörde hinsichtlich der Vereinbarkeit mit § 17 BauO NRW geprüft werden müssen. 35

Mit § 58 Abs. 3 BauO NRW hat der Gesetzgeber den **staatlich anerkannten Sachverständigen** für die Prüfung des Brandschutzes ein **weiteres Aufgabenfeld** zugewiesen. Außer der auf Wohngebäude beschränkten Prüfung des Brandschutzes sollen sie nach der gesetzgeberischen Konzeption **Brandschutzkonzepte aufstellen**. Hierbei kommt ihnen – anders als bei den Wohngebäuden – **keinerlei Prüfungskompetenz** zu, was mitunter insofern verkannt wird, als Bauherrn oder Entwurfsverfasser annehmen, die im Brandschutzkonzept enthaltenen Darlegungen zur Zulässigkeit einer begehrten Erleichterung seien für die Bauaufsichtsbehörde bindend. Der staatlich anerkannte Sachverständige für die Prüfung des Brandschutzes wird bei der Aufstellung des Brandschutzkonzepts **nicht** als Sachverständiger mit Prüfungsbefugnissen tätig, um damit eine bauaufsichtliche Prüfung entbehrlich zu machen, sondern tritt lediglich als **Fachplaner** zur Erstellung eines Fachbeitrages zum baulichen Brandschutz – dem so bezeichneten Brandschutzkonzept – in Erscheinung. Als solcher unterfällt der staatlich anerkannte Sachverständige für die Prüfung des Brandschutzes der **Regelung über den Entwurfsverfasser** (vgl. die Begründung, LT-Drucks. 12/3738 S. 82 zu Art. I Nr. 33 – § 58). 36

Aus der Formulierung als **Sollvorschrift** ergibt sich, dass dies **im Regelfall** der staatlich anerkannte Sachverständige für die Prüfung des Brandschutzes ist (kritisch hierzu Jansen, Aufgaben und Arbeit des Brandschutzsachverständigen, BBauBl. 4/2001, S. 47 ff. und 7/2001, S. 55 ff.). Die Fassung als Sollvorschrift hat § 58 Abs. 3 BauO NRW erst im Gesetzgebungsverfahren gefunden (vgl. LT-Drucks. 12/4394 S. 73 Nr. 31). Die ursprünglich vorgesehene Erwähnung sachverständiger Stellen entfiel im Gesetzgebungsverfahren, da **nur natürliche Personen als Sachverständige** staatlich anerkannt werden (s. LT-Drucksache 12/4416). Den staatlich anerkannten Sachverständigen für die Prüfung des Brandschutzes sind durch § 9 Abs. 1 Satz 3 BauPrüfVO die **gemäß § 36 GewO öffentlich bestellten und vereidigten Sachverständigen für den baulichen Brandschutz insoweit gleichgestellt**; diese können demnach ebenfalls Brandschutzkonzepte aufstel- 37 len, ohne dass die Bauaufsichtsbehörde – gestützt auf die Sollvorschrift des § 58 Abs. 3 BauO NRW – eine Möglichkeit hätte, auf der Aufstellung des Brandschutzkonzepts durch einen staatlich anerkannten Sachverständigen für die Prüfung des Brandschutzes zu beharren.

**38** Aus der Sollvorschrift folgt, dass **in Ausnahmefällen auch andere Personen** als staatlich anerkannte Sachverständige für die Prüfung des Brandschutzes das Brandschutzkonzept erstellen dürfen. **Welche Personen** im Einzelfall in Betracht kommen, kann **Nr. 58.3 VV BauO NRW** entnommen werden. Die Aufzählung ist **beispielhaft** und lässt Raum für weitere Personen, soweit diese über die entsprechende Qualifikation wie staatlich anerkannte Sachverständige für die Prüfung des Brandschutzes verfügen. Welche **Qualifikationsanforderungen** dies sind, um von **ausreichender Sachkunde** und **Erfahrung** ausgehen zu können, kann sinngemäß **§ 13 SV-VO** entnommen werden:

- **Erfahrung in der brandschutztechnischen Fachplanung von Sonderbauten**,
- **Kenntnisse der Baustofftechnologie und des Brandverhaltens der Bauprodukte**,
- **Kenntnisse des baulichen und anlagentechnischen Brandschutzes**,
- **Kenntnisse der Nachweis- und Berechnungsmethoden des Brandschutzingenieurwesens**,
- **Grundkenntnisse des abwehrenden Brandschutzes**.

**39** Die Personen, die Brandschutzkonzepte aufstellen, sind **Fachplaner** im Sinne des § 58 Abs. 2 BauO NRW und damit wie Entwurfsverfasser **verantwortlich**. Ob die Person die für das jeweilige Vorhaben ausreichende **Sachkunde** und **Erfahrung** hat, muss sie – wie der Entwurfsverfasser – **eigenverantwortlich** entscheiden (s. Rdn. 13). Dabei ist die Verantwortlichkeit und die sich hieraus ergebende **Haftungsproblematik** zu berücksichtigen (s. Rdn. 15–22 und KG Bln, Urteil vom 5. 6. 2001 – 7 U 6697/00, ZfBR 2001, 474 zur Aufklärungspflicht in Bezug auf kostengünstige Brandschutzmaßnahmen). Es kann durchaus sein, dass ein staatlich anerkannter Sachverständiger für die Prüfung des Brandschutzes die Aufstellung des Brandschutzkonzepts für ein kompliziertes Sonderbauvorhaben nach Selbsteinschätzung ablehnt, weil es ihm an der erforderlichen Sachkunde und Erfahrung für ein derartiges Vorhaben mangelt.

**40** Stellt die Bauaufsichtsbehörde bei der Prüfung des Brandschutzkonzepts fest, dass die gelieferten **Unterlagen unbrauchbar** sind (s. Rdn. 21), kann sie nach **erfolglosem Nachbesserungsverlangen** die **Ersetzung des Fachplaners für das Brandschutzkonzept verlangen** (s. Rdn. 26). Ein monatelang sich hinziehendes Verhandeln mit einem ungeeigneten Fachplaner würde nur das Baugenehmigungsverfahren unnötig verzögern. Eine solche **Unbrauchbarkeit** des Brandschutzkonzepts ist stets gegeben, wenn eine Sonderbauvorschrift nicht beachtet worden ist. Sie kann sich z. B. auch daraus ergeben, dass der Fachplaner für das Brandschutzkonzept nur einzelne Abschnitte der als Technische Baubestimmung gemäß § 3 Abs. 3 BauO NRW eingeführten Industriebaurichtlinie – IndBauR (RdErl. vom 28. 5. 2001, MBl. NRW. S. 924) zur Begründung von Erleichterungen nach § 54 Abs. 1 BauO NRW auf ein Vorhaben hilfsweise angewandt hat, dass selbst nicht dem Anwendungsbereich der IndBauR unterfällt und für das ansonsten keine Sonderbauvorschrift besteht, ohne aber dabei die Gesamtheit der Regelungen der IndBauR in die hilfsweise Betrachtung einzubeziehen (vgl. auch Millich, Brandschutz im Industriebau, BBauBl. 7/2001, S. 20 ff.).

## § 59
## Unternehmerin, Unternehmer

**(1) [1]Jede Unternehmerin oder jeder Unternehmer ist für die ordnungsgemäße, den allgemein anerkannten Regeln der Technik und den Bauvorlagen entsprechende Ausführung der von ihr oder ihm übernommenen Arbeiten und insoweit für die ordnungsgemäße Einrichtung und den sicheren bautechnischen Betrieb der Baustelle sowie für die Einhaltung der Arbeitsschutzbestimmungen verantwortlich. [2]Sie oder er hat die erforderlichen Nachweise über die Verwendbarkeit der verwendeten Bauprodukte und Bauarten zu erbringen und auf der Baustelle bereitzuhalten. [3]Sie oder er darf, unbeschadet der Vorschriften des § 75, Arbeiten nicht ausführen oder ausführen zu lassen, bevor nicht die dafür notwendigen Unterlagen und Anweisungen an der Baustelle vorliegen.**

**(2) Die Unternehmerin oder der Unternehmer hat auf Verlangen der Bauaufsichtsbehörde für Bauarbeiten, bei denen die Sicherheit der baulichen Anlagen sowie anderer Anlagen und Einrichtungen in außergewöhnlichem Maße von der besonderen Sachkenntnis und Erfahrung der Unternehmerin oder des Unternehmers oder von einer Ausstattung des Unternehmens mit besonderen Vorrichtungen abhängt, nachzuweisen, dass sie oder er für diese Bauarbeiten geeignet ist und über die erforderlichen Vorrichtungen verfügt.**

**(3) [1]Besitzt eine Unternehmerin oder ein Unternehmer für einzelne Arbeiten nicht die erforderliche Sachkunde und Erfahrung, so hat sie oder er dafür zu sorgen, dass Fachunternehmerinnen oder Fachunternehmer oder Fachleute herangezogen werden. [2]Diese sind für ihre Arbeiten verantwortlich. [3]Für das ordnungsgemäße Ineinandergreifen ihrer oder seiner Arbeiten mit denen der Fachunternehmerinnen oder Fachunternehmer oder Fachleute ist die Unternehmerin oder der Unternehmer verantwortlich.**

**Anmerkungen** (Autor: Heintz)

**Übersicht**

| | | Rdn. |
|---|---|---|
| 0 | Änderungen gegenüber der BauO NW 1984 und der BauO NW 1995 | 01–02 |
| 1 | Allgemeines | 1– 6 |
| 1.1 | Begriff des Unternehmers | 7– 8 |
| 1.2 | Verhältnis des Unternehmers zu den anderen am Bau Beteiligten | 9–13 |
| 2 | Zu Absatz 1 – Verantwortlichkeit des Unternehmers | 14–28 |
| 3 | Zu Absatz 2 – Besonderes Verlangen der Bauaufsichtsbehörde | 29–30 |
| 4 | Zu Absatz 3 – Heranziehung von Fachunternehmern oder Fachleuten | 31–34 |

### 0 Änderungen gegenüber der Bau ONW 1984 und der BauO NW 1995

Die **BauO NW 1995** hat die Vorschrift des § 55 BauO NW 1984 inhaltlich übernommen. **01**
Neben den neuen, gleichstellungsgerechten Formulierungen wurden lediglich in Absatz 1 Satz 2 Folgeänderungen zu § 2 Abs. 9 und 10 BauO NW über Begriffsbestimmungen zu Bauprodukten und Bauarten vorgenommen.

Die Fassung des § 59 **BauO NRW 2000** entspricht wörtlich § 59 BauO NW 1995. **02**

## 1 Allgemeines

1 Die Realisierung eines **genehmigungsbedürftigen Bauvorhabens** oder **nach § 67 BauO NRW freigestellten Wohnbauvorhabens** erfordert regelmäßig vom Bauherrn die **Beauftragung mehrerer Unternehmer** für die **unterschiedlichen Gewerke**. Hiervon geht jedenfalls der Gesetzgeber aus, da er in § 57 Abs. 1 Satz 1 BauO NRW von jeweils **einem** Entwurfsverfasser und **einem** Bauleiter, dagegen vom **Unternehmer in der Mehrzahl** spricht. Dies deckt sich mit der in Deutschland traditionell üblichen, dem Handwerksrecht und der VOB entsprechenden **Vergabe nach Gewerken**, obwohl in der Praxis zunehmend ein **Generalunternehmer** beauftragt wird, der nicht mit dem „**Generalübernehmer**" verwechselt werden darf, welcher nicht die Rolle des Unternehmers, sondern die des Bauherrn übernimmt (vgl. Große-Suchsdorf/Lindorf/Schmaltz/Wiechert, zu § 59 Rdn. 2).

2 Es spielt für das öffentliche Recht keine Rolle, ob der Bauherr **mehrere** Unternehmer oder **einen** Generalunternehmer beauftragt, da er durch seine zivilrechtliche Vertragsgestaltung die öffentlich-rechtlichen Vorschriften des § 59 BauO NRW nicht beeinflussen kann. Wer **als Unternehmer** oder **als Subunternehmer** (vgl. Hök, Arbeitskräfteüberlassung und Subunternehmerleistungen im Baugewerbe unter besonderer Berücksichtigung der Rechtsprechung des Kammergerichtes in Ordnungswidrigkeitensachen, BauR 1995 S. 45 ff.) Bauarbeiten durchführt, ist nach § 59 BauO NRW für die von ihm ausgeführten Bauarbeiten in öffentlich-rechtlicher Hinsicht **verantwortlich**, da § 59 Abs. 1 Satz 1 BauO NRW vor dem Wort Unternehmer ausdrücklich den Zusatz „**jeder**" verwendet, um damit in Bezug auf die traditionelle Baumethode auszudrücken, dass es „den" sämtliche Gewerke ausführenden Unternehmer schon nach dem Handwerksrecht nicht gibt, dass demnach das zivilrechtliche Auftragsverhältnis als General- oder Subunternehmer nicht von Bedeutung sein kann und dass **jeder einzelne** Unternehmer für die Einhaltung des öffentlichen Rechts einzustehen hat (vgl. Allgeier/von Lutzau, S. 353 ff. Anm. 50.1; undeutlich Boeddinghaus/Hahn/Schulte, zu § 57 Rdn. 4, die nur auf die unmittelbare Rechtsbeziehung zwischen Bauherr und Unternehmer abstellen; a. A. Schlotterbeck/von Arnim/Hager, zu § 44 Rdn. 2). Anderes gilt für Fertighäuser, Fertiggaragen und vergleichbare Bauprodukte, weil dort in der Regel der **Fertighausunternehmer** von der Werksmontage bis zur Aufstellung auf dem Grundstück sämtliche Bauleistungen übernimmt (s. Rdn. 8).

3 Die gegenteilige Auffassung verkennt, dass eine andere Auslegung Absatz 3 ins Leere laufen lassen würde, da im Rechtsverhältnis zwischen Bauherr und Unternehmer kein Unterschied besteht, ob der Unternehmer seinerseits nur Subunternehmer oder Fachunternehmer und Fachleute beauftragt, was auf der Baustelle nicht mehr zu unterscheiden ist. Für die Bauaufsichtsbehörde und für den Bauleiter muss der **ein Gewerk tatsächlich fehlerhaft ausführende Unternehmer** der zutreffende **Ansprechpartner** sein, wenn es darum geht, gefahrenträchtige Zustände abzuwehren. Im Interesse eines **wirksamen Vollzugs** der öffentlich-rechtlichen Vorschriften **zur Gefahrenabwehr**, muss der auf der Baustelle rechtswidrig handelnde Unternehmer **während der Ausführung** in Anspruch genommen werden können. Wenn dieser die Möglichkeit hätte, sich wegen des Subunternehmerverhältnisses aus der Verantwortung herauszustehlen, wäre eine im öffentlichen Interesse wirksame Bauüberwachung schlichtweg undurchführbar.

4 Die Vorschriften des § 59 BauO NRW gelten auch, wenn der Bauherr – ohne dazu verpflichtet zu sein – **für nach § 65 BauO NRW freigestellte Vorhaben** Unternehmer beauf-

tragt (vgl. Boeddinghaus/Hahn/Schulte, zu § 57 Rdn. 2 und Große-Suchsdorf/Lindorf/Schmaltz/Wiechert, zu § 59 Rdn. 1; Schlotterbeck/von Arnim/Hager, zu § 44 Rdn. 1). Für die Realisierung der **nach § 66 BauO NRW freigestellten Anlagen** wird der Bauherr indirekt von Gesetzes wegen bereits angehalten, einen Unternehmer zu beauftragen, da er sich von diesem oder aber einem Sachverständigen eine **den öffentlich-rechtlichen Vorschriften entsprechende Ausführung bescheinigen** lassen muss. Hierbei tritt der **Unternehmer** über die sich für ihn normalerweise aus § 59 BauO NRW ergebende, auf seinen eigentlichen Wirkungskreis begrenzte Verantwortlichkeit hinaus, als **Sachwalter des öffentlichen Rechts** – vergleichbar der Funktion der Bauaufsichtsbehörde im Baugenehmigungsverfahren – in Erscheinung und trägt dabei eine **erhebliche Verantwortung** (s. die Anmerkungen zu § 56 Rdn. 15).

Nach § 57 Abs. 2 Satz 1 BauO NRW kann die Bauaufsichtsbehörde bei **technisch einfachen Vorhaben** (s. die Anmerkungen zu § 57 Rdn. 25–28) zwar auf die Beauftragung eines Entwurfsverfassers und eines Bauleiters verzichten, **nicht jedoch auf die Beauftragung von Unternehmern**. Daher ist **§ 59 BauO NRW** nur dann **nicht anwendbar**, wenn gemäß § 57 Abs. 2 Satz 2 BauO NRW **Bauarbeiten in Selbst- oder Nachbarschaftshilfe** ausgeführt werden, da allein für diesen Fall das Gesetz ausdrücklich darauf verzichtet, dass Unternehmer bestellt werden (vgl. auch die Anmerkungen zu § 57 Rdn. 29–31 und OVG Lüneburg, Beschluss vom 4. 2. 1975 – VI B 97/74, BRS 29 Nr. 180). 5

**Nach § 59 BauO NRW** obliegen dem **Unternehmer Pflichten**. Der Unternehmer 6

- ist für die **ordnungsgemäße**, den **allgemein anerkannten Regeln der Technik** und den **genehmigten Bauvorlagen entsprechende Ausführung** der von ihm übernommenen Arbeiten **verantwortlich** (Absatz 1 Satz 1),
- ist für die **ordnungsgemäße Einrichtung** und den **sicheren bautechnischen Betrieb der Baustelle** in Bezug auf die von ihm übernommenen Arbeiten **verantwortlich** (Absatz 1 Satz 1),
- ist für die **Einhaltung der Arbeitsschutzbestimmungen** in Bezug auf die von ihn übernommenen Arbeiten **verantwortlich** (Absatz 1 Satz 1),
- hat die erforderlichen **Nachweise** über die **Verwendbarkeit der verwendeten Bauprodukte** und **Bauarten zu erbringen** und auf der Baustelle **bereitzuhalten** (Absatz 1 Satz 2),
- darf **vor Zugang der Baugenehmigung** oder **Teilbaugenehmigung genehmigungsbedürftige Arbeiten nicht ausführen** oder **ausführen lassen** (Absatz 1 Satz 3),
- darf **Arbeiten nicht ausführen** oder **ausführen lassen, ohne** dass die dafür **notwendigen Unterlagen** und **Anweisungen** an der Baustelle **vorliegen** (Absatz 1 Satz 3),
- hat auf **Verlangen der Bauaufsichtsbehörde** für bestimmte **sicherheitsrelevante Arbeiten seine Eignung** und die **Verfügungsgewalt über erforderliche Vorrichtungen nachzuweisen** (Absatz 2),
- hat hinsichtlich von **Arbeiten, für die er nicht die erforderliche Sachkunde und Erfahrung besitzt, für die Heranziehung** von **Fachunternehmern** oder von **Fachleuten** durch den Bauherrn **zu sorgen** (Absatz 3 Satz 1),
- ist für das **ordnungsgemäße Ineinandergreifen seiner Arbeiten mit denen der Fachunternehmer** oder **Fachleute verantwortlich** (Absatz 3 Satz 3).

### 1.1 Begriff des Unternehmers

7 **Unternehmer** im Sinne des § 59 BauO NRW ist, wer **mit der selbständigen Ausführung von Bauarbeiten auf der Baustelle betraut** ist, egal ob er dabei **eigenhändig** oder **durch sein Personal** (so Große-Suchsdorf/Lindorf/Schmaltz/Wiechert, zu § 59 Rdn. 2) **als selbständiger Handwerker** oder **als Gewerbetreibender** tätig wird (Allgeier/von Lutzau, S. 353 Anm. 50). Die Unternehmereigenschaft ist unabhängig davon, ob die Bauarbeiten auf der Baustelle **handwerklich** oder **industriell** ausgeführt werden. Bei **entsprechender Eignung** kann der **Bauherr** auch **zugleich Unternehmer** sein, wie dies z. B. bei **Bauträgern** der Fall ist, die Gebäude zur späteren Veräußerung errichten, ändern oder instand setzen (s. die Anmerkungen zu § 57 Rdn. 17 und 18). Voraussetzung der Unternehmereigenschaft ist auf jeden Fall die **Beauftragung zur Ausführung von Bauarbeiten** durch den Bauherrn; der Inhaber eines Baugeschäfts wird deshalb noch nicht dadurch zum Unternehmer im Sinne des § 59 BauO NRW, dass er zur Durchführung eines Bauvorhabens einem Bauherrn lediglich **Arbeiter** seines Betriebes in einem **Leiharbeitsverhältnis** zur Verfügung stellt (OLG Karlsruhe, Beschluss vom 21. 6. 1977 – 3 Ss [B] 78/77, DÖV 1978, 148).

8 Zu den **Arbeiten** für die Ausführung eines Bauvorhabens, die dem Unternehmer in Auftrag gegeben werden, rechnen neben den **Rohbauarbeiten**, den **Ausbauarbeiten** und den **Instandhaltungsarbeiten** auch die **Abbrucharbeiten**. Arbeiten zur Ausführung eines Bauvorhabens sind nur die **Arbeiten auf der Baustelle**, nicht aber die Herstellungsarbeiten in einem Fertighauswerk oder in einer von der Baustelle getrennten Betriebsstelle zur Vorfertigung (vgl. die Anmerkungen zu § 14 Rdn. 4 und 5). Unternehmer im Sinne des § 59 BauO NRW ist nur die Person, die **Bauarbeiten** zur Realisierung eines Vorhabens **auf der Baustelle** ausführt, nicht jedoch derjenige, der Baustoffe, Bauteile oder Anlagen bzw. aus Baustoffen und Bauteilen vorgefertigte Anlagen herstellt (vgl. die Anmerkungen zu § 2 Rdn. 253–257). Diese Hersteller unterliegen bereits den Überwachungsvorschriften der §§ 20 bis 28 BauO NRW (s. die Anmerkungen vor §§ 20 bis 28). Der Hersteller eines Fertighauses, einer Fertiggarage oder eines ähnlichen Fertigprodukts kann zugleich Unternehmer im Sinne des § 59 BauO NRW sein, wenn er die Montagearbeiten auf der Baustelle durchführt, was die Regel ist.

### 1.2 Verhältnis des Unternehmers zu den anderen am Bau Beteiligten

9 Die Vorschrift des § 59 BauO NRW regelt nur die öffentlich-rechtliche Verantwortlichkeit **des Unternehmers**. Dessen **Pflichten** können sich mit denen des **Bauherrn** nach § 57 BauO NRW, des **Entwurfsverfassers** nach § 58 BauO NRW, vor allem jedoch mit denen des **Bauleiters** nach § 59a BauO NRW **überschneiden**. Ähnlich dem Unternehmer hat der Bauleiter auf den sicheren bautechnischen Betrieb der Baustelle und die Einhaltung der Arbeitsschutzbestimmungen zu achten (vgl. den Wortlaut von § 59 Abs. 1 Satz 1 und § 59a Abs. 1 Satz 2 BauO NRW). Für die Eingriffsmöglichkeiten der Bauaufsichtsbehörde stellt eine solche Überschneidung kein besonderes Problem dar, da sie bei Verstößen gegen öffentlich-rechtliche Pflichten hinsichtlich der **Inanspruchnahme des Störers** ein **Auswahlermessen** hat (s. die Anmerkungen zu § 56 Rdn. 4 und 5).

10 Das Verhältnis zwischen dem Bauherrn und dem Unternehmer ist **zivilrechtlicher Art** (im Regelfall Werkvertrag im Sinne des BGB). Ein ausdrücklicher **öffentlich-rechtlicher Bestellungsakt** durch den Bauherrn ist **nicht vorgeschrieben**. Die **öffentlich-rechtliche Stellung des Unternehmers** ergibt sich in der Regel – wie die des Entwurfsverfassers

und des Bauleiters – allein aus der **zivilrechtlichen Beauftragung** durch den Bauherrn (s. die Anmerkungen vor §§ 56 bis 59 a Rdn. 5 und zu § 57 Rdn. 16); sie ist allerdings auf die jeweils **auszuführenden Arbeiten beschränkt**.

Die öffentlich-rechtliche **Verantwortung des Unternehmers** setzt mit **der Vorbereitung der Arbeitsausführung auf der Baustelle** ein (zur zivilrechtlichen Haftung und strafrechtlichen Verantwortlichkeit s. die Anmerkungen zu § 56 Rdn. 19–21). Da regelmäßig **verschiedene** Unternehmer auf der Baustelle tätig werden, ist es im zivilrechtlichen Auftragsverhältnis üblich, dem **Rohbauunternehmer** auch die Arbeiten für die **Einrichtung und die Sicherung der Baustelle** zu übertragen. Dieser hat dann – wofür er bezahlt wird – bis zur Fertigstellung des Bauvorhabens die für die Baustelle und deren Sicherung erforderlichen Einrichtungen zur Verfügung zu stellen, auch wenn nach Fertigstellung des Rohbaus noch lange Zeit bis zum Abschluss der Bauarbeiten verstreichen kann; hierzu bemerkt der Hess. VGH im Urteil vom 26. 2. 1982 (– IV OE 43/79, BRS 39 Nr. 98): 11

*„Endet die privat-rechtliche Verpflichtung des Unternehmers gegenüber dem Bauherrn während der begonnenen und noch nicht abgeschlossenen Bauausführung, besteht die Verantwortlichkeit des Unternehmers (hier Baustellensicherung) während eines Abwicklungsstadiums fort."*

Aus § 57 Abs. 3 BauO NRW ergibt sich, dass der Bauherr nur **geeignete Unternehmer** und **Fachunternehmer** beauftragen darf (wegen des Begriffs Eignung und der Folgen bei festgestellter mangelnder Qualifikation s. die Anmerkungen zu § 57 Rdn. 33–38). Fehlt einem Unternehmer für einzelne Arbeiten die erforderliche Sachkunde und Erfahrung, muss er sich nach Absatz 3 um die Beauftragung eines geeigneten **Fachunternehmers** oder geeigneter **Fachleute** bemühen. Er bleibt dann trotzdem für das **ordnungsgemäße Ineinandergreifen** seiner Arbeiten mit denen des Fachunternehmers oder denen der Fachleute **verantwortlich**. Der **Bauleiter** hat hierauf zu achten. Der Unternehmer ist aufgrund des § 59 Abs. 1 Satz 3 BauO NRW – trotz eines vorliegenden Auftrags – gesetzlich daran gehindert, Arbeiten auszuführen, für die der **Bauherr** noch nicht die erforderliche Baugenehmigung eingeholt hat oder für die der **Entwurfsverfasser** noch nicht die dafür notwendigen Unterlagen und Anweisungen geliefert hat. 12

Die Vorschrift des **§ 59 BauO NRW findet** selbst dann **Anwendung**, wenn der **Bauherr** – z. B. als Bauträger – die **Funktion des Unternehmers** übernimmt (s. Rdn. 7), sie **findet** jedoch **keine Anwendung** bei der Ausführung von **Bauarbeiten in Selbst- oder Nachbarschaftshilfe** (s. Rdn. 5), da in diesem Fall die Beauftragung eines Unternehmers nicht erforderlich ist. **Genehmigungsbedürftige Abbrucharbeiten dürfen nicht in Selbst- oder Nachbarschaftshilfe** ausgeführt werden (s. die Anmerkungen zu § 57 Rdn. 32). Es ist nicht ausgeschlossen, dass bei Bauarbeiten in Selbst- oder Nachbarschaftshilfe der Bauherr einzelne komplizierte Gewerke an einen Unternehmer vergibt, wenn diese aufgrund fehlender Kenntnisse oder fehlender technischer Hilfsmittel nicht selbst ausgeführt werden können, so dass dann – allerdings nur in Bezug auf diese beauftragten Arbeiten – für den Unternehmer § 59 BauO NRW wieder eingreift. 13

## 2 Zu Absatz 1 – Verantwortlichkeit des Unternehmers

Zur **Verantwortlichkeit des Unternehmers** rechnet nach **Satz 1** seine **Pflicht zur ordnungsgemäßen Ausführung** der von ihm übernommenen Arbeiten in Bezug auf die unmittelbar im Anschluss an den Begriff **„ordnungsgemäß"** bezeichneten **zwei Zielsetzungen**. Die Formulierung des Satzes 1 könnte den Eindruck erwecken, es handle sich um 14 eine Aufzählung der Anforderungen „ordnungsgemäße Ausführung“, „den allgemein anerkannten Regeln der Technik entsprechende Ausführung“ und „den genehmigten Bauvorlagen entsprechende Ausführung“. Das ist nicht der Fall, da es zur Herbeiführung einer derart umfassenden Verantwortlichkeit des Unternehmers genügt hätte, allein die ordnungsgemäße Ausführung zu nennen, da dieser allgemeine Begriff sämtliche öffentlich-rechtlichen Anforderungen einschließt (vgl. z.B. § 44 LBO B-W und § 59 Abs. 1 Satz 1 NBauO, die den Unternehmer weitergehend für die Einhaltung der öffentlich-rechtlichen Vorschriften verantwortlich machen). Der nordrhein-westfälische Gesetzgeber wollte den Unternehmer keineswegs in einem derart umfassenden Sinne verantwortlich machen, sondern vielmehr – der unterschiedlichen Aufgabenstellung der am Bau Beteiligten realistisch Rechnung tragend – seinen **Wirkungskreis** und damit seine **Pflichten** insbesondere von denen des Bauherrn und des Entwurfsverfassers abgrenzen.

Satz 1 **grenzt** deshalb den Begriff „**ordnungsgemäße**“ Ausführung **ein**, indem er diese **inhaltlich** als

– eine den **allgemein anerkannten Regeln der Technik** und

– eine den **genehmigten Bauvorlagen**

**entsprechende Ausführung** der vom Unternehmer übernommenen Arbeiten bestimmt (so auch Allgeier/von Lutzau, S. 353 ff. Anm. 50.1).

**15** Die Reihenfolge der Nennung in Satz 1 entspricht eigentlich nicht der tatsächlichen Rangfolge, die genau umgekehrt ist. Zunächst ist der Unternehmer nämlich für die bauliche **Umsetzung der von der Bauaufsichtsbehörde genehmigten Bauvorlagen** bzw. der in der **Freistellung der Gemeinde vorgelegten Bauvorlagen** anhand der **Ausführungspläne des Entwurfsverfassers** verantwortlich. Er hat also vor jeder einzelnen Ausführung eines Bauteils zu kontrollieren, ob die Ausführungspläne des Entwurfsverfassers mit den genehmigten Bauvorlagen übereinstimmen. Ist dies der Fall, so kann dem Unternehmer kein Vorwurf gemacht werden, wenn sich später herausstellt, dass die von der Bauaufsichtsbehörde genehmigten Pläne Verstöße gegen öffentlich-rechtliche Vorschriften enthalten. Der Unternehmer darf nämlich darauf vertrauen, dass die Bauaufsichtsbehörde das öffentliche Baurecht uneingeschränkt beachtet und die erforderlichen Nebenbestimmungen trifft, um einen evtl. gegebenen Rechtsverstoß auszuräumen. Ansonsten wäre die präventive Prüfung überflüssig (zum Verantwortungsbereich der Bauaufsichtsbehörde in Abgrenzung zu der des Unternehmers s. BGH, Beschluss vom 29. 3. 1990 – III ZR 145/88, BRS 53 Nr. 58).

**16** Da die **Prüfung im vereinfachten Genehmigungsverfahren** durch § 68 BauO NRW **eingeschränkt** erfolgt und in der **Freistellung** nach § 67 BauO NRW sogar **entfällt**, besteht für den Unternehmer das **Problem** der **Einschätzung**, ob die Ausführungsplanung hinsichtlich der nicht präventiv geprüften Bestandteile der Bauvorlagen in allen Einzelheiten dem öffentlichen Recht entspricht. Soweit keine präventive bauaufsichtliche Prüfung erfolgte, sind gemäß § 56 BauO NRW im Rahmen **ihres Wirkungskreises** der **Bauherr** und der **Entwurfsverfasser** für dem öffentlichen Recht entsprechende Pläne verantwortlich. Es kann dem Unternehmer nicht abverlangt werden, jedes nicht präventiv geprüfte Planungsdetail auf Übereinstimmung mit den öffentlich-rechtlichen Vorschriften zu untersuchen, da die Verantwortung für die **Vollständigkeit** und **Brauchbarkeit des Entwurfs** in den **Wirkungskreis des Entwurfsverfassers** fällt (s. die Anmerkungen zu § 58 Rdn. 15–22).

Der Unternehmer trägt eine **Mitverantwortung** für **offensichtliche Rechtsverstöße**, die er aufgrund seiner **Befähigung zur Berufsausübung** erkennen muss. So ist auch für den Unternehmer ersichtlich, dass ein Fensterrohbaumaß von lediglich 0,5 m$^2$ für ein 10 m$^2$ großes Kinderzimmer unzureichend ist. Bei derart offensichtlichen Rechtsverstößen muss er vor der Ausführung auf **der Änderung der Ausführungsplanung** durch den Entwurfsverfasser oder aber der **Vorlage des Abweichungsbescheids** der Bauaufsichtsbehörde nach § 73 BauO NRW bestehen, da gemäß § 68 Abs. 7 BauO NRW im **vereinfachten Genehmigungsverfahren** und gemäß § 67 Abs. 5 Satz 7 BauO NRW in der **Freistellung** über **Abweichungen** auf **besonderen Antrag** entschieden wird (ebenso Große-Suchsdorf/Lindorf/Schmaltz/Wiechert, zu § 59 Rdn. 3). **17**

Weiterhin trägt der **Unternehmer** bei der **Umsetzung der Ausführungsplanung** die **Verantwortung** für die **Einhaltung der allgemein anerkannten Regeln der Technik** (s. die Anmerkungen zu § 3 Rdn. 58–67). Die Beachtung der allgemein anerkannten Regeln der Technik obliegt, soweit darin **Vorgaben für die Planung** gemacht sind, selbstverständlich dem **Entwurfsverfasser**, da sein Entwurf insoweit gemäß § 58 Abs. 1 Satz 2 BauO NRW vollständig und brauchbar sein muss (s. die Anmerkungen zu § 58 Rdn. 19). Die Zuweisung der Verantwortung für diesen Bereich an den Unternehmer findet ihre Rechtfertigung darin, dass sich **zahlreiche Vorgaben in technischen Regeln** nicht oder nur schwer in Bauvorlagen darstellen lassen, weil sie direkt die **Art der Ausführung der Arbeiten** betreffen, wie z. B. das gefahrlose Unterfangen eines an der Grundstücksgrenze befindlichen Nachbargebäudes, die technisch einwandfreie Verbindung und Abdichtung von Abwasserrohren oder der ausreichende Schutz von Warmwasserleitungen vor Wärmeverlusten. **18**

Der Unternehmer hat im Hinblick auf die Ausführung die **allgemein anerkannten Regeln der Technik** bereits nach den **zivil- und strafrechtlichen Vorschriften** zu beachten. In der Praxis wird nämlich in aller Regel die **VOB Teil B** dem Bauvertrag zugrunde gelegt. Strafrechtlich gilt ohnehin **§ 319 Abs. 1 StGB**, der direkt einen Verstoß gegen die allgemein anerkannten Regeln der Technik sanktioniert, wenn hierdurch Leib oder Leben eines anderen gefährdet wird (s. die Anmerkungen zu § 56 Rdn. 21). Weder die zivilrechtlichen noch die strafrechtlichen Vorschriften decken aber sämtliche **bauordnungsrechtlichen Schutzgüter** ab. Diese sind **vielfach eigenständiger Natur**, wie z. B. die im Bauordnungsrecht enthaltenen Schutzgüter, die allein der **Erreichung sozialer Ziele** dienen. Beispielsweise deckt weder das Zivilrecht noch das Strafrecht die Berücksichtigung der für Menschen mit körperlichen Behinderungen erforderlichen baulichen Ausgestaltung baulicher Anlagen ab, wie sie sich aus § 55 BauO NRW in Verbindung mit DIN 18024 und DIN 18025 ergibt (s. die Anmerkungen zu § 55 Rdn. 8). **19**

Die **bauordnungsrechtliche Beachtungspflicht** zielt unabhängig vom Zivil- und Strafrecht auf die durch Vorgaben in allgemein anerkannten Regeln der Technik bewirkte **Wahrung der Belange der öffentlichen Sicherheit oder Ordnung im Sinne des § 3 Abs. 1 Satz 1 BauO NRW**. Ein Verstoß gegen diese Vorgaben kann Schäden hervorrufen, die einfache Schutzgüter betreffen, wie z. B. den Schutz von zu erhaltenden Bäumen, Sträuchern und sonstigen Bepflanzungen nach § 14 Abs. 3 BauO NRW, aber auch hochrangige Schutzgüter tangieren, wie z. B. die Standsicherheit des Nachbargebäudes bei unsachgemäßer Unterfangung der Nachbarfundamente. Kommt es im zuletzt genannten Falle dabei zu einer Gefährdung von Leib oder Leben, greift zugleich die strafrechtliche Sanktionierung. Die Beispiele zeigen, dass die bauordnungsrechtliche Bedeutung der bauordnungsrechtlichen Beachtungspflicht keineswegs untergeordneter Natur ist. So- **20** weit diese technischen Regeln **planerische Vorgaben** enthalten, ist der **Entwurfsverfasser** für die Einhaltung **verantwortlich**, soweit sie **unmittelbar Ausführungsdetails** betreffen, trägt der **Unternehmer Verantwortung**.

21 Der **Unternehmer darf** gemäß § 3 Abs. 3 BauO NRW bei der Ausführung von den technischen Regeln **abweichen**, wenn eine **andere Lösung in gleicher Weise** die **Anforderungen des § 3 Abs. 1 Satz 1 BauO NRW erfüllt** (s. die Anmerkungen zu § 3 Rdn. 68–72). Diese gesetzliche Abweichungsermächtigung berücksichtigt, dass **allgemein anerkannte Regeln der Technik keine Rechtsnormen** sind (s. BVerwG, Urteil vom 29. 8. 1961 – I C 14.61, DVBl. 1962, 137 und Beschluss vom 30. 9. 1996 – 4 B 175.96, BRS 58 Nr. 99). Es handelt sich bei dieser Abweichung nicht um eine, die einer förmlichen Entscheidung der Bauaufsichtsbehörde gemäß § 73 BauO NRW bedarf, sondern um eine **materielle Abweichungsklausel**. Abweichungen nach § 73 BauO NRW sind nur solche von Rechtsvorschriften, zu denen aber technische Regeln nicht zählen. Der Unternehmer hat deshalb **eigenverantwortlich** unter Beachtung der **Sorgfaltspflicht** über die **Gleichwertigkeit der Alternativlösung** zu **entscheiden**. In der Praxis kommt es nur selten zur Anwendung von Alternativlösungen, da derjenige Unternehmer, der eine solche verwirklichen will, im öffentlich-rechtlichen Streitfall den **Nachweis der Gleichwertigkeit** führen können muss.

22 Eine Verantwortlichkeit des Unternehmers für die Einhaltung von Vorgaben in allgemein anerkannten Regeln der Technik, die nicht der Wahrung der Sicherheits- oder Ordnungsbelange dienen, lässt sich aus § 59 Abs. 1 Satz 1 BauO NRW nicht herleiten, obwohl der Begriff dort ohne die in § 3 Abs. 1 Satz 2 BauO NRW enthaltene Einschränkung Verwendung findet. Möchte der Bauherr die Einhaltung sämtlicher, also auch der nicht den bauordnungsrechtlichen Belangen dienenden rein **zivilrechtlich motivierten Vorgaben in allgemein anerkannten Regeln der Technik** durch den Unternehmer erreichen, muss er dies im **Bauvertrag** mit dem Unternehmer vereinbaren. Bei Vertragsverletzungen ist dann aber nicht das öffentliche Recht anwendbar, so dass hierbei dem Bauherrn weder die Bauaufsichtsbehörden noch die Verwaltungsgerichte beistehen können, da allein der **Zivilrechtsweg** offen steht. Die Bauaufsichtsbehörde hat bei gerügten Verstößen gegen Vorgaben allgemein anerkannter Regeln der Technik sorgfältig zu prüfen, ob bauordnungsrechtliche Belange im Sinne des § 3 Abs. 1 Satz 1 BauO NRW berührt sind und bei Verneinung auf den Zivilrechtsweg zu verweisen.

23 Welche allgemein anerkannten Regeln der Technik **zweifelsohne** den in § 3 Abs. 1 Satz 1 BauO NRW angesprochenen Belangen dienen, kann der Unternehmer dem RdErl. vom 8. 11. 2006 (MBl. NRW S. 582) entnehmen, der die **eingeführten technischen Baubestimmungen** aufführt. Darüber hinaus gelten die **technischen Regeln für Bauprodukte** gemäß § 20 Abs. 2 Satz 2 BauO NRW, die in der **Bauregelliste A** enthalten sind, als allgemein anerkannte Regeln der Technik im Sinne des § 3 Abs. 1 Satz 2 BauO NRW (s. die Anmerkungen zu § 3 Rdn. 85–90). Die Bauregelliste wird gemäß § 20 Abs. 2 BauO NRW in Verbindung mit Art. 2 Abs. 2 des DIBt-Abkommens veröffentlicht (aktuell gilt die Ausgabe 2007/1, DIBt-Mitteilungen 2007, Sonderheft 34).

24 Die **weiteren in Satz 1 angesprochenen Zielsetzungen** betreffen

- die **ordnungsgemäße Einrichtung der Baustelle**,
- den **sicheren bautechnischen Betrieb der Baustelle** und
- die **Einhaltung der Arbeitsschutzbestimmungen**.

Die **Anforderungen nach ordnungsgemäßer Einrichtung der Baustelle** ergeben sich aus **§ 14 BauO NRW** (s. die Anmerkungen zu § 14 Rdn. 1–6 und 26–27). Die Pflicht zur Anbringung des **Baustellenschilds** ist gemäß § 14 Abs. 3 BauO NRW dem **Bauherrn** auferlegt, der vertraglich hierzu den Unternehmer beauftragen kann (s. die Anmerkungen zu § 14 Rdn. 28–31). Der **sichere bautechnische Betrieb** ist in der BauO NRW selbst nicht geregelt und kann sowohl **bauliche** Anforderungen als auch **betriebliche** Anforderungen erfordern. Die **betrieblichen Anforderungen** ergeben sich aus dem **Immissionsschutzrecht** (s. die Anmerkungen zu § 14 Rdn. 22–25) und dem **Arbeitsschutzrecht** (s. Rdn. 25). Als **baulichen Anforderungen** sind die **allgemein anerkannten Regeln der Technik** für Gerüste zu nennen. Bereits mit der BauO NW 1984 wurden die Worte „insbesondere für die Tauglichkeit und Betriebssicherheit der Gerüste, Geräte und sonstigen Baustelleneinrichtungen“ gestrichen, da entsprechende technische Regeln bestehen (s. die Anmerkungen zu § 14 Rdn. 16).

Der **Unternehmer** ist nach **Satz 1** für die Einhaltung der **Arbeitsschutzbestimmungen verantwortlich**. Hier sind in erster Linie die **baustellenspezifischen Arbeitsschutzbestimmungen** der **Baustellenverordnung** hervorzuheben (s. die Anmerkungen zu § 14 Rdn. 9). Soweit für die Betriebssicherheit der Baustelle andere als bauordnungsrechtliche Bestimmungen zu beachten sind, ergibt sich die Pflicht des Unternehmers zu deren Beachtung nicht unmittelbar aus dem Bauordnungsrecht. Deren **Verbindlichkeit beruht** auf **Ermächtigungen** des **Sozialgesetzbuchs** bzw. des **ArbSchG**. Als solche vom Unternehmer einzuhaltenden Vorgaben sind z. B. zu nennen 25

- die Bestimmungen der **ArbStättV** über Baustellen und die hierzu ergangenen **Arbeitsstättenrichtlinien** 45/1–6 – „Tagesunterkünfte auf Baustellen“, 47/1–3, 5 – „Waschräume auf Baustellen“ und 48/1, 2 – „Toiletten und Toilettenräume auf Baustellen“ sowie
- die **Unfallverhütungsvorschriften der Berufsgenossenschaften**.

Die **rechtssystematische Einordnung** der Arbeitsschutzbestimmungen ist nicht immer einfach, zumal sich die bauordnungsrechtlichen Pflichten mit denen, die dem Unternehmer nach dem Arbeitsschutzrecht obliegen, teilweise **überschneiden**. Aufgrund der nicht eindeutigen Abgrenzung ergeben sich bei der behördlichen Kontrolle, ob der Unternehmer seine Pflichten einhält, mitunter Vollzugsprobleme. Grundsätzlich besteht für die Baustelle einerseits die **Zuständigkeit der Bauaufsichtsbehörden** in Bezug auf die Anforderungen an Baustellen, wie sie § 14 BauO NRW im Einzelnen bezeichnet und andererseits die **Zuständigkeit der Bezirksregierung** für den sozialen Arbeitsschutz sowie der Berufsgenossenschaften für den Arbeitsvertragsschutz.

Zu den Pflichten des Unternehmers gehört gemäß **Satz 2**, dass er die erforderlichen **Nachweise über die Verwendbarkeit** der eingesetzten Bauprodukte **und der Anwendbarkeit** der angewendeten Bauarten erbringt. Diese **Nachweise** sind gemäß § 20 Abs. 3 BauO NRW **für nicht geregelte Bauprodukte** (s. Nr. 20.23 VV BauO NRW) und gemäß § 24 BauO NRW **für nicht geregelte Bauarten** (s. Nr. 20.3 VV BauO NRW) vorgeschrieben. Die Nachweise muss der **Bauunternehmer** gemäß § 81 Abs. 4 BauO NRW **auf der Baustelle bereithalten**, um der Bauaufsichtsbehörde bei der Durchführung der Bauüberwachung jederzeit eine Kontrolle zu ermöglichen (OVG Saar, Urteil vom 11. 11. 1985 – 2 R 146/84, BRS 44 Nr. 150). Von Bedeutung sind vor allem Zulassungsbescheide nach § 21 BauO NRW, Prüfzeugnisse nach § 22 BauO NRW und Zustimmungsbescheide nach § 23 BauO NRW (s. Nr. 81.13 VV BauO NRW). 26

27 **Satz 3** verbietet dem Unternehmer, Bauarbeiten auszuführen oder ausführen zu lassen, ehe er im **Besitz der zur ordnungsgemäßen Ausführung erforderlichen Zeichnungen, Berechnungen oder sonstigen technischen Anweisungen** ist. Beginnt er vor Zugang der Baugenehmigung oder der Teilbaugenehmigung mit den Bauarbeiten, begeht er gemäß § 84 Abs. 1 Nr. 13 BauO NRW eine bußgeldbewährte Ordnungswidrigkeit. Entsprechendes gilt nach § 84 Abs. 1 Nr. 10 BauO NRW für nach § 67 freigestellte Wohnbauvorhaben, wenn diese ohne Einreichung von Bauvorlagen oder ohne Abwarten der Monatsfrist nach § 67 Abs. 2 BauO NRW begonnen werden. Der Unternehmer hat auch insoweit eine **Aufklärungspflicht gegenüber dem Bauherrn**, dass für das Vorhaben eine Genehmigungsbedürftigkeit besteht. Kommt er dieser Pflicht nicht nach, macht er sich schadenersatzpflichtig (OLG Stuttgart vom 2.11.1978 – 10 U 98/78, BauR 1980, 67 und OLG Frankfurt, Urteil vom 1.2.1989 – 17 U 224/87, BauR 1990, 90).

28 Hinsichtlich der **Beurteilung der notwendigen Unterlagen und Anweisungen für die Ausführung bestimmter Bauarbeiten oder Bauteile** ist der **Unternehmer als qualifizierter Fachmann** angesprochen. Er muss **selbstverantwortlich beurteilen**, ob alle notwendigen Unterlagen vorhanden und geeignet sind, und kann seine Verantwortung nicht auf den Entwurfsverfasser oder den Fachplaner abwälzen. Ein Verschulden des Unternehmers kommt in Betracht, wenn er bei der Errichtung des Bauwerks erkennen musste, dass dessen ordnungsgemäße Funktionstauglichkeit aufgrund der unzureichenden Planung nicht gewährleistet ist (BGH, Urteil vom 10.5.2001 – VII ZR 248/00, ZfBR 2001, 408 zu einer nicht ordnungsgemäßen Entwässerungsplanung). Eine besondere Sorgfaltspflicht obliegt dem Unternehmer bei der Ausführung von Arbeiten, die typischerweise als gefährlich einzuschätzen ist (BGH, Urteil von dem 12.7.1996 – V ZR 280/94, BauR 1996, 877 zu unzureichenden Vorkehrungen beim Aushub der Baugrube). Zwar ist der Entwurfsverfasser gemäß § 58 Abs. 1 Satz 3 BauO NRW verpflichtet, alle für die Ausführung notwendigen Unterlagen zu liefern (s. die Anmerkungen zu § 58 Rdn. 23–24). Eine Verletzung dieser Pflicht enthebt den Unternehmer nicht von der Verantwortung, wenn er Bauarbeiten aufgrund unzulänglicher Unterlagen ausführt.

### 3 Zu Absatz 2 – Besonderes Verlangen der Bauaufsichtsbehörde

29 Nach Absatz 2 bestehen besondere **Nachweispflichten**, soweit dies die **Bauaufsichtsbehörde ausdrücklich verlangt**. Das Verlangen ist an die Voraussetzung gebunden, dass entweder in außergewöhnlichem Maße die Sicherheit des Vorhabens von einer **besonderen Qualifikation des Unternehmers** oder von der **Ausstattung des Unternehmens mit besonderen Vorrichtungen** abhängt. Hierbei handelt es sich um problematische Arbeiten, die sich bei fehlerhafter Ausführung insbesondere auf die Standsicherheit der baulichen Anlage nachteilig auswirken können, wie z.B. das Schweißen von Stahlbauteilen oder von Aluminiumbauteilen und das Herstellen von Spannbeton. Der genehmigungsbedürftige Abbruch baulicher Anlagen erfordert besondere Sachkenntnis und das Vorhandensein besonderer technischer Arbeitsmittel; die **Eignung des Abbruchunternehmers** wird deshalb auch im Verfahren zur Erteilung der Abbruchgenehmigung sorgfältig geprüft (s. hierzu Nr. 63.11–63.14 VV BauO NRW).

30 Die Bauaufsichtsbehörde kann die Anforderungen im Einzelfall durch Auflage in der Baugenehmigung stellen. Die Bauaufsichtsbehörden haben den **Eignungsnachweis regelmäßig** zu **verlangen**, soweit ein solcher für bestimmte Arbeiten in **Rechtsverordnungen** oder **technischen Bezugsdokumenten** vorgeschrieben ist (s. die Anmerkungen zu § 20 Rdn. 43–49).

### 4 Zu Absatz 3 – Heranziehung von Fachunternehmern oder Fachleuten

Der Unternehmer hat hinsichtlich seiner Verpflichtung aus **Satz 1 selbstverantwortlich** 31
zu entscheiden, inwieweit er bzw. sein Personal **fachlich befähigt** ist und inwieweit sein Unternehmen nach dem **technischen Ausrüstungsstand in der Lage ist**, auch **schwierige Bauarbeiten** auszuführen. Ein Verschweigen fehlender Sach- und Fachkunde bei Auftragserteilung gegenüber dem Bauherrn kann zivilrechtliche Schadenersatzansprüche zur Folge haben (vgl. OLG Köln, Urteil vom 15.12.2000 – 11 U 61/00, ZfBR 2001, 327). In der Regel sind für Gewerke zur Ausführung der **technischen Gebäudeausrüstung**, insbesondere für **spezielle Brandschutzmaßnahmen aufgrund eines Brandschutzkonzepts** (s. die Anmerkungen zu § 58 Rdn. 33–34) Fachunternehmer unverzichtbar. Aus dem Vertragsverhältnis mit dem Bauherrn ergibt sich, ob der Unternehmer **von sich aus geeignete Fachunternehmer** oder **Fachleute** zur Ausführung heranzieht oder aber die **Heranziehung durch den Bauherrn** veranlassen muss. **Fachleute** sind im Gegensatz zu Fachunternehmern **Sachverständige** oder **Sachkundige**, die beratend oder aufsichtsführend an den Bauarbeiten mitwirken.

Arbeiten zur **Entfernung von Asbest**, **PCB** oder **PCP** (s. die Anmerkungen zu § 14 32
Rdn. 18 und 19) erfordern geschultes Personal und besondere Ausrüstung, über die nur Fachunternehmer verfügen. Der Unternehmer handelt ordnungswidrig und fahrlässig, wenn er Arbeiten ausführt, ohne die für sie **erforderliche Sachkunde und Erfahrung** zu besitzen (s. die Anmerkungen zu § 57 Rdn. 36). Hat ein solches Handeln Gefahren für Leib und Leben der Arbeiter und anderer Personen zur Folge, muss der Unternehmer sogar mit einer Strafverfolgung aufgrund des § 319 StGB rechnen (s. die Anmerkungen zu § 56 Rdn. 21).

**Satz 2** stellt unmissverständlich klar, dass die **Fachunternehmer** und **Fachleute** für die 33
übernommenen Arbeiten **ordnungsrechtlich verantwortlich** sind. Sie haften für die ordnungsgemäße Ausführung der ihnen obliegenden Arbeiten selbst, und zwar ausschließlich. Es ist Aufgabe jedes einzelnen Fachunternehmers, den Ablauf der übernommenen Arbeiten und die Einhaltung der einzelnen Arbeitsschritte eigenverantwortlich zu überwachen (OLG Nürnberg, Urteil vom 23.12.1994 – 6 U 1885/94, BauR 1996, 135). Eine ordnungsrechtliche Mithaftung des Unternehmers tritt weder hinsichtlich der Handlungshaftung (s. § 17 OBG) noch der Zustandshaftung (s. § 18 OBG) ein.

Für die **Verantwortlichkeit des Fachunternehmers** ist es unerheblich, ob er zivilrechtlich 34
als Subunternehmer oder als selbständiger Unternehmer tätig wird (s. Rdn. 2). Die Verantwortlichkeit des Unternehmers, der Fachunternehmer oder Fachleute einschaltet, bleibt gemäß **Satz 3** insoweit bestehen, als es die **Koordination** seiner eigenen Arbeiten mit denen der herangezogenen Fachunternehmer oder Fachleute betrifft. Die **Reichweite der Koordinationspflicht** ergibt sich im Einzelfall aus den allgemein anerkannten Regeln der Technik.

## § 59 a
## Bauleiterin, Bauleiter

**(1) [1]Die Bauleiterin oder der Bauleiter hat darüber zu wachen, dass die Baumaßnahme dem öffentlichen Baurecht, insbesondere den allgemein anerkannten Regeln der Technik und den genehmigten Bauvorlagen entsprechend durchgeführt wird, und die dafür erforderlichen Weisungen zu erteilen. [2]Sie oder er hat im Rahmen dieser Aufgabe auf den sicheren bautechnischen Betrieb der Baustelle, insbesondere auf das gefahrlose Ineinandergreifen der Arbeiten der Unternehmerinnen oder der Unternehmer und auf die Einhaltung der Arbeitsschutzbestimmungen zu achten. [3]Die Verantwortlichkeit der Unternehmerinnen oder Unternehmer bleibt unberührt.**

**(2) Die Bauleiterin oder der Bauleiter hat die Anzeigen nach § 75 Abs. 7 und § 82 Abs. 2 zu erstatten, sofern dies nicht durch die Bauherrin oder den Bauherrn geschieht.**

**(3) [1]Die Bauleiterin oder der Bauleiter muss über die für ihre oder seine Aufgabe erforderliche Sachkunde und Erfahrung verfügen. [2]Verfügt sie oder er auf einzelnen Teilgebieten nicht über die erforderliche Sachkunde und Erfahrung, so hat sie oder er dafür zu sorgen, dass Fachbauleiterinnen oder Fachbauleiter herangezogen werden. [3]Diese treten insoweit an die Stelle der Bauleiterin oder des Bauleiters. [4]Die Bauleiterin oder der Bauleiter hat die Tätigkeit der Fachbauleiterinnen oder Fachbauleiter und ihre oder seine Tätigkeit aufeinander abzustimmen.**

***VV BauO NRW*** *(infolge Befristung mit Ablauf des 31. 12. 2005 ausgelaufen)*

***59 a Bauleiterin, Bauleiter (§ 59 a)***

*59 a.1 Zu Absatz 1 Satz 2*

*Die Aufgaben nach Satz 2 obliegen der Bauleiterin oder dem Bauleiter nur im Rahmen der in Satz 1 aufgeführten Hauptpflichten. Ist für ein Bauvorhaben neben der Bauleiterin oder dem Bauleiter ein Koordinator nach § 3 der Verordnung über Sicherheit und Gesundheitsschutz auf Baustellen vom 10. Juni 1998 (BGBl. I S. 128) bestellt worden, so ist vorrangig dieser dafür zuständig, die Belange des Arbeitsschutzes zu wahren. Überwachungsbehörde ist insoweit das zuständige Staatliche Amt für Arbeitsschutz.*

### Anmerkungen (Autor: Heintz)

**Übersicht** Rdn.


| | | |
|---|---|---|
| 0 | Änderungen gegenüber der BauO NW 1984 und der BauO NW 1995 | 01–03 |
| 1 | Allgemeines | 1– 4 |
| 2 | Zu Absatz 1 – Pflichten des Bauleiters | |
| 2.1 | Begriff und Funktion des Bauleiters | 5– 9 |
| 2.2 | Überwachungspflicht | 10–13 |
| 2.3 | Weisungsrecht | 14–15 |
| 3 | Zu Absatz 2 – Pflicht zur Erstattung von Anzeigen | 16–17 |
| 4 | Zu Absatz 3 – Eignung des Bauleiters, Heranziehung von Fachbauleitern | 18–22 |

## 0 Änderungen gegenüber der BauO NW 1984 und der BauO NW 1995

Eine Vorschrift über den Bauleiter enthielt noch § 56 BauO NW 1984. Der Gesetzentwurf der Landesregierung zur Novelle 1995 wollte die Vorschrift übernehmen und sah gleichzeitig eine Ausweitung der Befugnisse des Bauleiters vor. Diese beabsichtigte **Aufgabenausweitung** stand im Zusammenhang mit der angestrebten **Liberalisierung** und **Entstaatlichung des Bauordnungsrechts**, mit der generell die Verantwortlichkeit der am Bau Beteiligten gestärkt werden sollte, um die Bauaufsichtsbehörden zu entlasten (vgl. LT-Drucks. 11/7153 S. 138 und S. 176 f.). **01**

Für die Fachöffentlichkeit überraschend, strich der Landtag jedoch – ohne nähere Begründung – die im Gesetzentwurf enthaltene Vorschrift über den Bauleiter ersatzlos (LT-Drucks. 11/8435 S. 90), so dass die mit der **BauO NW 1995** erfolgte Ausweitung des vereinfachten Genehmigungsverfahrens und der Einführung der Freistellung von Wohnbauvorhaben nicht durch die von der Landesregierung vorgeschlagene Stärkung der Verantwortlichkeit der am Bau Beteiligten kompensiert werden konnte. Nach **Abschaffung der Bauleitervorschrift** zeigten sich in der Praxis dann auch bald **negative Auswirkungen** der Streichung der Vorschrift. **02**

Diese negativen Auswirkungen führten im Wesentlichen zur Wiederaufnahme einer Bauleitervorschrift in die **BauO NRW 2000**. Die Begründung (LT-Drucks. 12/3738 S. 82 zu Art. I Nr. 34 – § 59 a) führt hierzu aus: **03**

*„Mit der Wiedereinführung der Bauleiterregelung, die dem § 56 BauO NW 1984 entspricht, wird nicht nur Anregungen des Städtetages NW und der Bauaufsichtsbehörden, sondern auch der Baukammern und der Architekten- und Ingenieurverbände Rechnung getragen. Sie berücksichtigt, dass es einer gesetzlichen Vorgabe vor allem im Hinblick auf die kleineren, von Privatpersonen durchgeführten Bauvorhaben bedarf. Nach den Feststellungen der Bauaufsichtsbehörden hat der Wegfall der Bauleiterreglung dazu geführt, dass in vielen Gemeinden die Anzahl der wegen Verstößen gegen baurechtliche Vorschriften bei der Bauausführung eingeleiteten Ordnungswidrigkeitenverfahren um mehrere hundert Prozent gestiegen ist, weil vor allem Bauherrinnen und Bauherren kleinerer Vorhaben in der Meinung, Kosten zu sparen, darauf verzichteten, die Bauausführung durch fachlich qualifizierte Personen koordinieren zu lassen. Dies habe häufig erhebliche wirtschaftliche Schäden durch mangelhafte Bauausführung, Rechtsstreitigkeiten, Stilllegung des Bauvorhabens, Bußgelder etc. zur Folge gehabt. Die von der Bauordnung vorgeschriebenen stichprobenhaften Kontrollen staatlich anerkannter Sachverständiger konnten die durch den Wegfall der Bauleiterregelung entstandenen Lücken nicht schließen, da sie sich nur auf Einzelgesichtspunkte des Bauvorhabens beziehen.*

*Einer gesetzlich festgeschriebenen Mindestqualifikation, wie sie von den Baukammern und den Interessenverbänden der Architekten und Ingenieure gefordert wird, bedarf es dagegen nicht, entscheidend ist vielmehr, dass als Bauleiter Personen tätig werden, die über hinreichend praktische Erfahrungen bei der Bauausführung verfügen. Außerdem bleibt durch eine allgemein auf die erforderliche Sachkunde und Erfahrung abstellende Regelung die Möglichkeit erhalten, dass ein Bauleiter auch Mitarbeiter eines bauausführenden Unternehmens sein kann, was vor allem dann praktisch bedeutsam werden könnte, wenn ein Generalunternehmer mit der schlüsselfertigen Erstellung eines Gebäudes beauftragt worden ist.“*

## 1 Allgemeines

1 Der Gesetzgeber hat es wegen der immer **komplizierter gewordenen Bautechnik**, der sich daraus ergebenden **erhöhten Risiken** und der schlechten Erfahrungen der Bauaufsichtsbehörden in der „bauleiterlosen Phase der Gesetzesanwendung" (s. Rdn. 02) für erforderlich erachtet, die **Bauausführung** insgesamt, also die Herstellung des Baues als eines Ganzen, unter eine **zusätzliche Überwachung durch eine am Bau beteiligte Person** zu stellen, die unbeschadet der baubehördlichen Verpflichtung zur Überwachung tätig wird. Für den bauordnungsrechtlichen Bereich bestimmt § 57 Abs. 1 BauO NRW deshalb, dass der **Bauherr** als der, welcher mit seinem Bauvorhaben den **gefährlichen Betrieb** eröffnet, für die **Überwachung** einen **Bauleiter beauftragen** muss. Der **Verzicht auf die Beauftragung eines Bauleiters** erfordert gemäß § 57 Abs. 2 Satz 1 BauO NRW einen entsprechenden **Antrag des Bauherrn an die Bauaufsichtsbehörde** (s. die Anmerkungen zu § 57 Rdn. 25 und 26). Voraussetzung für den Verzicht ist tatbestandlich das Vorliegen eines **technisch einfachen Vorhabens** (zum Begriff s. die Anmerkungen zu § 57 Rdn. 27–28). Im Rahmen der Prüfung hat die Bauaufsichtsbehörde zu berücksichtigen, dass nicht nur das Vorhaben, sondern auch dessen **Baudurchführung** und der **Baustellenbetrieb technisch einfach** sein muss.

2 Mit der **zivilrechtlichen Beauftragung** durch den Bauherrn wird für den **bauordnungsrechtlichen Bereich** eindeutig klargestellt, **welche Person die Funktion des Bauleiters ausübt** und die bauordnungsrechtliche Verantwortung für die Überwachung der Bauausführung trägt. Eine Notwendigkeit, dass die „Bestellung" des Bauleiters durch den Bauherrn gegenüber der Bauaufsichtsbehörde vom Bauleiter mitunterzeichnet wird, wie sie noch § 72 Abs. 5 BauO NW 1970 vorsah, besteht nicht. Was **Inhalt der Bauleitung** im bauordnungsrechtlichen Sinne ist und welche Pflichten den Bauleiter treffen, bestimmt § 59 a BauO NRW und grenzt diese gegenüber den Pflichten der übrigen am Bau Beteiligten entsprechend der Funktion des Bauleiters und seines Wirkungskreises ab (hierzu s. Lotz, Der Bauleiter und Fachbauleiter im Sinne der Landesbauordnungen, BauR 2003, S. 957 ff.). In der Praxis wird häufig der Entwurfsverfasser (Architekt, Bauingenieur) vom Bauherrn auch mit der „**Objektüberwachung**" nach § 15 Abs. 2 Nr. 8 HOAI beauftragt. Die Aufgabenbereiche nach § 59a BauO NRW und § 15 Abs. 2 Nr. 8 HOAI weisen **viele Gemeinsamkeiten** auf. Bauherren und objektüberwachende Entwurfsverfasser betrachten daher den entsprechenden zivilrechtlichen Werkvertrag (s. die Anmerkungen vor §§ 56 bis 59 a Rdn. 5 und zu § 58 Rdn. 9 und 10) als ausreichend, obwohl die Aufgaben nach § 59 a BauO NRW nicht immer ausdrücklich geregelt sind.

3 Bauleiter kann jemand sein, der bereits als Unternehmer oder als Entwurfsverfasser ein am Bau Beteiligter ist, es muss nicht eine zusätzliche Person sein (s. die Anmerkungen zu § 57 Rdn. 17–18). So ist in der Praxis auch häufig der **Entwurfsverfasser** oder der vom Unternehmer eingesetzte **Firmenbauführer** bzw. **Polier** der Bauleiter im Sinne des § 59 a BauO NRW. Bauordnungsrechtlich ist es gleichgültig, wen der Bauherr mit der Bauleitung beauftragt, wenn dieser nur die **ausreichende Qualifikation** besitzt (s. Rdn. 18–20). Die Pflichten des Bauleiters beginnen mit seiner zivilrechtlichen Beauftragung durch den Bauherrn und dem tatsächlichen Beginn der Bauarbeiten, ohne dass es einer behördlichen Mitwirkung bedarf. Die **Pflichten** setzen auch ein, wenn der Bauherr die vorgeschriebene Mitteilung des Namens an die Bauaufsichtsbehörde nach § 57 Abs. 5 Satz 1 BauO NRW versehentlich unterlassen hat, da dieser Mitteilung keine konstitutive Bedeutung zukommt (so Boeddinghaus/Hahn/Schulte, zu § 59 a Rdn. 10). Die

Pflichten des Bauleiters enden mit der ordnungsgemäßen Fertigstellung des Bauvorhabens oder der vorzeitigen Auflösung des Vertragsverhältnisses. Im Falle der vorzeitigen Beendigung entfallen die Pflichten des Bauleiters, ohne dass es auf eine entsprechende Mitteilung gegenüber der Bauaufsichtsbehörde ankommt (OLG Karlsruhe, Beschluss vom 5. 9. 1978 – 3 Ss [B] 156/78; s. auch Rdn. 15). Beauftragt der Bauherr nicht unverzüglich einen neuen Bauleiter, kann die Bauaufsichtsbehörde gemäß § 57 Abs. 3 Satz 2 BauO NRW die Bauarbeiten einstellen lassen (vgl. die Anmerkungen zu § 57 Rdn. 38).

**Nach § 59 a BauO NRW** obliegen dem **Bauleiter zahlreiche Pflichten**. Der Bauleiter 4

- hat darüber **zu wachen**, dass die Baumaßnahme dem **öffentlichen Baurecht** entsprechend durchgeführt wird (Absatz 1 Satz 1),
- hat darüber **zu wachen**, dass die Baumaßnahme insbesondere den **allgemein anerkannten Regeln der Technik** entsprechend durchgeführt wird (Absatz 1 Satz 1),
- hat darüber **zu wachen**, dass die Baumaßnahme insbesondere den (genehmigten) **Bauvorlagen** entsprechend durchgeführt wird (Absatz 1 Satz 1),
- hat auf den **sicheren bautechnischen Betrieb** der Baustelle **zu achten** (Absatz 1 Satz 2),
- hat insbesondere auf das **gefahrlose Ineinandergreifen der Arbeiten der Unternehmer zu achten** (Absatz 1 Satz 2),
- hat insbesondere auf die **Einhaltung der Arbeitsschutzbestimmungen** (durch die Unternehmer) **zu achten** (Absatz 1 Satz 2),
- hat die **Anzeigen nach § 75 Abs. 7 und § 82 Abs. 2 zu erstatten**, soweit dies nicht durch den Bauherrn geschieht (Absatz 2),
- hat hinsichtlich von **Teilgebieten, für die er nicht über die erforderliche Sachkunde und Erfahrung verfügt, für die Heranziehung** von **Fachbauleitern** durch den Bauherrn **zu sorgen** (Absatz 3 Satz 2),
- hat die **Tätigkeit der Fachbauleiter** und **seine Tätigkeit aufeinander abzustimmen** (Absatz 3 Satz 3).

## 2 Zu Absatz 1 – Pflichten des Bauleiters

### 2.1 Begriff und Funktion des Bauleiters

Der **Begriff des Bauleiters** ist durch die Beschreibung seiner Aufgaben in § 59 a Abs. 1 BauO NRW in Übereinstimmung mit den entsprechenden Bestimmungen in den meisten Landesbauordnungen **öffentlich-rechtlich** festgelegt. Hiernach ist Bauleiter, wer die öffentliche Pflicht übernommen hat, „darüber zu **wachen**, dass die Baumaßnahme dem öffentlichen Baurecht … entsprechend durchgeführt wird, und die dafür erforderlichen **Weisungen** zu erteilen“. Aus der Formulierung des Aufgabenbereichs wird deutlich, dass der Bauleiter **nicht als Organ der Bauaufsichtsbehörde**, sondern in eigener Verantwortung tätig wird. Der **ordnungsgemäß tätige Bauleiter** entlastet gleichwohl die Bauaufsichtsbehörde erheblich, da dann keine dem öffentlichen Baurecht widersprechende Bauausführung erfolgen kann und der sichere bautechnische Betrieb der Baustelle gewährleistet ist. Trotz dieser faktischen Entlastungsfunktion wird durch die Beauftragung des Bauleiters die **Überwachungsbefugnis** und die **Überwachungspflicht der Bauaufsichtsbehörde nicht eingeschränkt** (BVerfG, Beschluss vom 27. 5. 1970 – 2 BvR 117/65, BVerfGE 28, 364). 5

6 Der **Umfang der Überwachung** in **sachlicher** Hinsicht lässt sich nicht generell regeln. Wie weit die Überwachung gehen kann und muss, lässt sich nur für den **Einzelfall** bestimmen. Hierbei werden sowohl der **Schwierigkeitsgrad des Bauvorhabens**, die **örtlichen Verhältnisse** auf dem Grundstück als auch das **angewandte Bauverfahren** von Bedeutung sein. Handelt es sich z. B. um ein schwieriges Vorhaben, bei dem neue Baustoffe, Bauteile und Einrichtungen oder neue Bauarten zum Einsatz kommen, so wird die Überwachung intensiver sein müssen als bei herkömmlicher Bauweise (vgl. OLG Brandenburg, Urteil vom 11. 1. 2000 – 11 U 197/98, BauR 2001, 283). Der Überwachungsumfang richtet sich weiter nach der beabsichtigten Nutzung des in Ausführung befindlichen Vorhabens. Der Bauleiter hat deshalb die Pflicht, Vorsorge gegen schädigende Auswirkungen des fertigen Bauwerks auf die Rechtsgüter der Personen zu treffen, „die bestimmungsgemäß mit dem Bauwerk in Berührung kommen"; dazu gehören auch die Nachbarn, die von den Auswirkungen unmittelbar betroffen sind (OLG Köln, Urteil vom 9. 3. 1994 – 11 U 204/93, BauR 1994, 649). Ferner ist für das Ausmaß der Überwachung ausschlaggebend, ob es sich um **erfahrene Unternehmer** mit einem **Facharbeiterstamm** handelt oder nur um Unternehmer mit angelernten Kräften. Die Beurteilung des erforderlichen Einsatzes richtet sich danach, ob nach den **gesamten Umständen**, den **örtlichen Verhältnissen**, der **Art der** jeweils zur Ausführung gelangenden **Arbeiten**, der **Zuverlässigkeit der Unternehmer**, seiner Beauftragten und Arbeiter, Veranlassung dazu besteht, entweder sehr intensiv oder nur beschränkt die Baustelle zu überwachen. Es gehört zur Eigenverantwortlichkeit des Bauleiters, der Sache nach zu entscheiden, welche Bauvorgänge er an Ort und Stelle überwachen muss, und welche er, ohne den Tatbestand der Fahrlässigkeit zu schaffen, unbeaufsichtigt durchführen lassen kann. Der Bauleiter kann sich durch Mitarbeiter vertreten lassen, so z. B. bei Großbaustellen mit Mehrschichtbetrieb (vgl. Wilke/Dageförde/Knuth/Meyer, zu § 53 Rdn. 6). **Spezielle Anweisungen** des Bauleiters an den Unternehmer bezüglich der während der Abwesenheit durchzuführenden Arbeiten sollten in einem **Bautagebuch beweiskräftig fixiert** werden, da sie unter Würdigung der Zuverlässigkeit des Weisungsempfängers als **Sicherstellung der Überwachungsaufgabe** angesehen werden können.

7 Den Bauleiter trifft **keine ständige Anwesenheitspflicht** auf der Baustelle. Schon die frühere Regelung des § 74 Abs. 3 BauO NW 1970 sah ausdrücklich eine Anwesenheitspflicht nur insoweit vor, „soweit es die Überwachungspflicht erfordert". Der **zeitliche Umfang** der Überwachungspflicht hängt von den besonderen Gegebenheiten des Einzelfalls ab. Die Bauaufsichtsbehörde darf daher eine ständige Anwesenheit des Bauleiters auf der Baustelle nicht fordern. Der Bauleiter muss die Arbeiten jedoch in angemessener und zumutbarer Weise überwachen und sich durch **häufige Kontrollen** vergewissern, dass seine **Anweisungen sachgerecht erledigt** werden (BGH, Urteil vom 15. 6. 1978 – VII ZR 15/78, BauR 1978, 498 = ZfBR 1978, 17). Darüber hinaus ist seine Anwesenheit erforderlich, wenn mit neuen Arbeitsvorgängen, die mit Gefahren verbunden oder bei denen Schwierigkeiten voraussehbar sind, begonnen wird (BGH, Urteil vom 26. 9. 1985 – VII ZR 50/84, BauR 1986, 112 = ZfBR 1986, 17 und BGH, Urteil vom 9. 11. 2000 – VII ZR 362/99, BauR 2001, 273). Bei erkannter **Unzuverlässigkeit des Unternehmers** hat der Bauleiter die **Überwachungsintervalle** so zu **verdichten**, dass zumindest keine gefahrenträchtigen Zustände für die Arbeiter auf der Baustelle und unbeteiligte Dritte entstehen können. Unbeschadet des zivilrechtlichen Vertragsverhältnisses mit dem Bauherrn gehört es zur Pflicht des Bauleiters, dem Bauherrn und gegebenenfalls der Bauaufsichtsbehörde über unzuverlässige oder sogar unfähige Unternehmer zu berichten, damit diese abgelöst werden können, bevor Menschen zu Schaden kommen.

Die **öffentlich-rechtliche Funktion des Bauleiters nach der BauO NRW** ist begrifflich zu unterscheiden von der **öffentlich-rechtlichen Funktion des Koordinators nach § 3 BaustellV**. Die BaustellV enthält **baustellenspezifische Arbeitsschutzbestimmungen** (s. die Anmerkungen zu § 14 Rdn. 9), die der Bauherr und die beteiligten Unternehmer beachten müssen (s. die Anmerkungen zu § 59 Rdn. 25). Der Koordinator ist gemäß § 3 Abs. 1 Satz 1 BaustellV bereits auf Baustellen erforderlich, auf denen Beschäftigte mehrerer Arbeitgeber tätig werden. Obwohl der Bauherr gemäß § 3 Abs. 1 Satz 2 BaustellV die Aufgaben des Koordinators auch selbst wahrnehmen darf, hat sich in der Praxis die Beauftragung des Bauleiters mit diesen Aufgaben als zweckmäßig erwiesen, da der Bauleiter nach § 59 a Abs. 1 Satz 2 BauO NRW auch auf die Einhaltung der Arbeitsschutzbestimmungen durch den Unternehmer zu achten hat. 8

Die **öffentlich-rechtliche Bauleiterfunktion** darf nicht mit der **zivilrechtlichen Aufgabenstellung** bei der „**Objektüberwachung**" nach § 15 Abs. 2 Nr. 8 HOAI und der **strafrechtlichen Verantwortlichkeit** nach § 319 StGB (s. die Anmerkungen zu § 56 Rdn. 21) gleichgesetzt werden. Diese **Rechtsgebiete** weisen insoweit **Eigenständigkeit** auf, als Rechtsverletzungen auf dem einen Rechtsgebiet noch keine unmittelbaren Rechtswirkungen auf das andere entfalten (vgl. Rabe, Die Verantwortlichkeit des Bauleiters, BauR 1981, S. 332 ff.). Unter dem Gesichtspunkt der Honorierung war lange streitig, ob die Bauleiterfunktion nach der BauO NRW über die Objektüberwachung nach § 15 Abs. 2 Nr. 8 HOAI hinausgeht. Dies wurde vom BGH mit Urteil vom 10. 3. 1977 (– VII ZR 258/75, BauR 1977, 428) aber bereits für die der HOAI entsprechende Vorgängerregelung dahin gehend entschieden, dass die öffentlich-rechtliche Bauleiterfunktion und die zivilrechtliche Objektüberwachung übereinstimmen. 9

### 2.2 Überwachungspflicht

Die Pflicht zur Überwachung der Baumaßnahme durch den vom Bauherrn beauftragten Bauleiter steht ausschließlich unter bauordnungsrechtlichen Grundsätzen und erstreckt sich insbesondere auf die Gewährleistung einer gefahrenfreien Bauausführung. Hierdurch soll die Entstehung einer Gefahr verhindert und etwa entstandene Gefahrensituationen beseitigt werden, bevor es zu einem Schaden kommt. Das gilt auch hinsichtlich der nachbarlichen Beeinträchtigung. Während der Unternehmer zur Einhaltung der genehmigten Bauvorlagen und zur Beachtung der allgemein anerkannten Regeln der Technik im Rahmen der Bauausführung verantwortlich ist (s. die Anmerkungen zu § 59 Rdn. 14–25), besteht für den **Bauleiter** – nur – die bauordnungsrechtliche Aufgabe, diese **Pflichterfüllung des Unternehmers** zu **überwachen**. Zwischen unmittelbarer Erfüllung und Überwachung besteht ein erkennbarer Unterschied. Die Bezeichnung Bauleiter könnte deshalb auch in gewisser Weise missverstanden werden, da dieser im engeren Sinne **nur überwachende**, jedoch **keine leitenden Aufgaben** am Bau hat (ebenso Wilke/Dageförde/Knuth/Meyer, zu § 53 Rdn. 1). Dies darf nicht in der Weise missverstanden werden, dass dem Bauleiter nur eine beobachtende Funktion zukommt. Er hat vielmehr nach § 59 a Abs. 1 Satz 1 BauO NRW die Baustelle zu „überwachen" und den Unternehmern „Weisungen" zu erteilen, um so auch tatsächlich eine **Beseitigung festgestellter Mängel** zu erreichen (so Wilke/Dageförde/Knuth/Meyer, zu § 53 Rdn. 4). 10

Der Gesetzgeber bringt mit Absatz 1 **kein grundsätzliches Misstrauen gegenüber dem Unternehmer** zum Ausdruck, sondern berücksichtigt, dass im Regelfall **mehrere** Unternehmer an einem Vorhaben tätig werden (s. die Anmerkungen zu § 59 Rdn. 1–3). Der einzelne Unternehmer hat aber lediglich die bauordnungsrechtliche Pflicht, seine eige- 11 nen Arbeiten ordnungsgemäß auszuführen und diese mit den Arbeiten der Fachunternehmer abzustimmen (s. die Anmerkungen zu § 59 Rdn. 12 und 34). Er ist also bauordnungsrechtlich nicht für die Arbeiten eines anderen Unternehmers verantwortlich. So können auf der Baustelle Gefahrensituationen entstehen, wenn bestimmte Arbeiten für unterschiedliche Gewerke sich gegenseitig ausschließen. Das **gefahrlose Ineinandergreifen** der Arbeiten der Unternehmer und damit die **Koordinierung dieser Arbeiten** ist deshalb eine **wesentliche Aufgabe** des Bauleiters. Der Gesetzgeber hat wohl auch der praktischen Lebenserfahrung Rechnung tragen wollen, die wegen der Vielschichtigkeit der Bauvorgänge bei Großbauten und bei Anwendung moderner Baumethoden sowie in Anbetracht der Interessenbindung der Unternehmer eine **Kontrollfunktion unumgänglich** erscheinen ließ. Menschliches Versagen ist häufig Ursache schwerwiegender Unfälle am Bau, die durch eine umsichtige Bauleitung möglicherweise hätten verhindert werden können (s. auch Große-Suchsdorf/Lindorf/Schmaltz/Wiechert, zu § 60 Rdn. 2).

12 Die Überwachung erstreckt sich nach Satz 1 insbesondere auf die den **genehmigten Bauvorlagen entsprechende** und auf die den **allgemein anerkannten Regeln der Technik entsprechende Durchführung** der Baumaßnahme. Es fällt auf, dass § 59 Abs. 1 Satz 1 BauO NRW von „**genehmigten** Bauvorlagen", § 59a Abs. 1 Satz 1 BauO NRW dagegen nur von „Bauvorlagen" spricht; hierbei dürfte es sich lediglich um ein redaktionelles Versehen handeln. Wenn ein Bauleiter feststellt, dass von den genehmigten Bauvorlagen nicht nur unwesentlich und somit gefahrbringend abgewichen worden ist, hat er die Bauaufsichtsbehörde von seinen Bedenken gegen den geschaffenen Zustand zu unterrichten, wenn er nicht selbst für die Herstellung des ordnungsgemäßen Zustands sorgen kann. Insofern ist er unbeschadet der rechtlichen Konstellation (s. Rdn. 5) faktisch eine **Hilfe für die Bauaufsichtsbehörde** bei der Bauüberwachung. Von seiner Verantwortlichkeit befreit ihn weder der Umstand, dass er dem Bauherrn gegenüber die Verantwortung für die Planabweichung ablehnt, noch die Zusicherung des Bauherrn, dass bestimmte und an sich geeignete Maßnahmen zur Sicherung ergriffen würden (BayObLG, Urteil vom 17. 1. 1964 – 3 St 135 a/b 63, Bauwelt 1964, 898). Der Bauleiter muss auch Fehler in der Ausführungsplanung erkennen und deren Korrektur verlangen (OLG Bamberg, Urteil vom 9. 11. 1994 – 8 U 133/93, BauR 1996, 284).

13 **Satz 2** beschreibt als wesentlichen Bestandteil der Überwachungspflicht die Sorge für den **sicheren bautechnischen Betrieb**. Die Formulierung „**im Rahmen dieser Aufgabe**" macht deutlich, dass der Bauleiter nicht selbst primär bauordnungsrechtlich verantwortlich ist, sondern dass er hierauf zu achten hat (so Nr. 59 a.1 VV BauO NRW). Allein dies wird auch der **Wirklichkeit des Baualltags** gerecht, da kein Bauleiter überall gleichzeitig sein kann. Dies ist insofern von Bedeutung, als die **Verantwortlichkeit** für den sicheren Baustellenbetrieb **primär beim Unternehmer** liegt. Einem Bauleiter, der jedoch bei der Überwachung feststellt, dass der oder die Unternehmer auf die Sicherheit des Baustellenbetriebs nicht ausreichend achten, erwächst die besondere Verantwortung, auf **Abstellung der Mängel** zu dringen und notfalls den Bauherrn und die Bauaufsichtsbehörde zu informieren (vgl. Wilke/Dageförde/Knuth/Meyer, zu § 53 Rdn. 2–4). Wenn **Satz 3** bestimmt, dass die **Verantwortlichkeit des Unternehmers unberührt** bleibt, ist dies nur eine logische Konsequenz aus der zuvor beschriebenen Rechtslage.

### 2.3 Weisungsrecht

14 Absatz 1 **Satz 1** bestimmt, dass der Bauleiter zur Durchführung der ihm obliegenden Überwachungspflicht „**die dafür erforderlichen Weisungen zu erteilen**" hat. Diese Be-

stimmung begründet kein öffentlich-rechtliches Weisungsrecht gegenüber den am Bau Beteiligten; der Bauleiter wird nicht zum Organ der Bauaufsicht (vgl. Allgeier/von Lutzau, S. 357 f. Anm. 51.1). Der Umfang seines Weisungsrechts hängt einerseits von dem konkreten Vertrag zwischen ihm und dem Bauherrn ab, andererseits darf der Vertrag nicht so gestaltet sein, dass er seinen öffentlich-rechtlichen Pflichten als Bauleiter generell nicht nachkommen könnte.

Der Bauleiter darf keine Weisungen erteilen, deren Ausführung einen Verstoß gegen die öffentlich-rechtlichen Bauvorschriften oder die Regeln der Technik darstellt. Halten sich dagegen Weisungen in den Grenzen des Zulässigen, so ergibt sich ihre Durchsetzbarkeit aus dem Zivilrecht und dem Bauordnungsrecht. Befolgt der Unternehmer die Weisungen des Bauleiters nicht, so muss der Bauleiter – soweit gegeben – kraft seiner zivilrechtlichen Vertretungsmacht für den Bauherrn die **Weiterführung der Arbeiten unterbinden** und notfalls die **Hilfe der Bauaufsichtsbehörde in Anspruch nehmen**; diese kann dann zur Gefahrenabwehr mit einer Ordnungsverfügung gegen den Unternehmer vorgehen. Mit der Mitteilung an die Bauaufsichtsbehörde hat der Bauleiter seiner Überwachungspflicht genügt. Das Gleiche gilt bei Anordnungen des Bauherrn selbst, die den Pflichten des Bauleiters gemäß § 56 widersprechen. Es genügt nicht, wenn der Bauleiter nur seinen Vertrag kündigt, vielmehr muss er zumindest die Kündigung der Bauaufsichtsbehörde mitteilen, damit diese geeignete Maßnahmen treffen kann. Ansonsten wäre der Zweck der Bauleiterregelung nur unvollkommen erreicht. **15**

### Zu Absatz 2 – Pflicht zur Erstattung von Anzeigen

Die in Absatz 2 bezeichneten Pflichten nach § 75 Abs. 7 und § 82 Abs. 2 BauO NRW betreffen – in Bezug auf **genehmigungsbedürftige Vorhaben** – die **Anzeige** **16**

- des **Ausführungsbeginns**,
- der **Fertigstellung des Rohbaus**,
- der **abschließenden Fertigstellung**,
- des **Beginns und Endes bestimmter Bauarbeiten**, wenn die **Bauaufsichtsbehörde** dies in der Baugenehmigung oder in einer besonderen Verfügung **verlangt** hat.

Es handelt sich bei diesen vorgeschriebenen Anzeigen in erster Linie um eine **Pflicht des Bauherrn**, wie sich auch aus den Formulierungen des § 75 Abs. 7 und des § 82 Abs. 2 BauO NRW ergibt. Wer von den beiden genannten Personen (Bauherr oder Bauleiter) letztendlich die Anzeigen zu erstatten hat, ist zwischen diesen zu regeln. **Überträgt der Bauherr** (zivilrechtlich) die **Anzeigepflicht auf den Bauleiter**, so ist **dieser zur Erstattung der Anzeigen verpflichtet**. Um Verwirrung zu vermeiden, ist eine klare vertragliche Vereinbarung unter diesen beiden am Bau Beteiligten zu empfehlen. Da das Nichterstatten der vorgeschriebenen Anzeigen nach § 84 Abs. 1 Nr. 15 und 17 BauO NRW eine Ordnungswidrigkeit darstellt, die mit Bußgeld geahndet werden kann, fällt der Bauaufsichtsbehörde bei der Verfolgung die undankbare Aufgabe zu, die **Verantwortlichkeit** des Bauherrn oder des Bauleiters im Einzelfall anhand der zivilrechtlichen Vertragsgestaltung **aufklären** zu müssen. Die Vorschrift des § 59 a Abs. 2 BauO NRW gilt unmittelbar nur für **genehmigungsbedürftige** Vorhaben. Für **freigestellte Wohnbauvorhaben** sind in § 67 Abs. 5 und 6 BauO NRW **eigenständige Anzeigepflichten** getroffen, für deren Erfüllung ausschließlich der **Bauherr verantwortlich** ist. **17**

**4 Zu Absatz 3 – Eignung des Bauleiters, Heranziehung von Fachbauleitern**

18 Nach **Satz 1** muss der Bauleiter über die für seine Aufgabe erforderliche **Sachkunde und Erfahrung** verfügen, was sich mittelbar bereits aus § 57 Abs. 3 BauO NRW ergibt (s. die Anmerkungen zu § 57 Rdn. 36) und in Bezug auf die jeweilige Baumaßnahme zu beurteilen ist (Hess. VGH, Beschluss vom 13. 11. 1978 – IV TH 87/78, BRS 33 Nr. 100). Die **Befugnis der Bauaufsichtsbehörde**, nach § 57 Abs. 3 BauO NRW vom Bauherrn die **Ersetzung eines ungeeigneten Bauleiters** zu verlangen, erstreckt sich nur auf die einzelne Baumaßnahme (vgl. die Anmerkungen zu § 57 Rdn. 33–38).

19 Der Bauleiter muss über **keine formale Qualifikation** verfügen, wie dies § 60 Abs. 3 BauO NRW für das Personal der Bauaufsichtsbehörden verlangt (ebenso Boeddinghaus/Hahn/Schulte, BauO NRW, zu § 59 a Rdn. 22 unter Bezug auf BVerwG, Urteil vom 27. 1. 1998 – 1 C 5.97, GewArch 1998, 247). Er muss die Ausführungspläne des Entwurfsverfassers lesen und überprüfen können (OLG Köln, Urteil vom 12. 9. 1996 – 18 U 171/95, BauR 1997, 505). Für einfache Bauvorhaben wird ein erfahrener Polier die Funktion des Bauleiters wahrnehmen können, **umfangreiche** Baumaßnahmen erfordern aber im Hinblick auf die gesetzlich festgelegte Funktion des Bauleiters (s. Rdn. 5 und 6) auf jeden Fall **vertiefte Kenntnisse** auf den Gebieten des Bauentwurfs, der Baukonstruktion und der Bauphysik, wie sie normalerweise nur in einem Studium an einer Hochschule erlangt werden können (so Hess. VGH, Beschluss vom 13. 11. 1978 – IV TH 87/78, BRS 33 Nr. 100), darüber hinaus auch eine mehrjährige praktische Erfahrungen mit dem Baustellenbetrieb (vgl. Buntenbroich/Voß, zu § 59a Rdn. 16).

20 Nach der Regelung des Absatzes 3 **Satz 2** hat der Bauleiter **selbstverantwortlich** zu entscheiden, inwieweit seine Sachkunde und Erfahrung ausreichen. Sind **spezielle Erfahrungen** und **Kenntnisse** erforderlich, wie z. B. bei Tiefgründungen, Verbundbauten, Flächentragwerken, Lüftungsanlagen oder besonderen Brandschutzausrüstungen, muss der Bauleiter dafür sorgen, dass **geeignete Fachbauleiter** herangezogen werden. Die bauliche Umsetzung von Brandschutzkonzepten für „große" Sonderbauten erfordert für die Fachbauleitung die gleiche Sachkunde und Erfahrung, die auch für die Erstellung des Brandschutzkonzepts selbst erforderlich ist (s. die Anmerkungen zu § 58 Rdn. 33–40). Fachbauleiter sind erforderlich, wenn es darum geht, gefährliche Bauprodukte (Asbest, PCB, PCB) aus bestehenden baulichen Anlagen zu entfernen (s. die Anmerkungen zu § 14 Rdn. 18 und 19). Die Bauaufsichtsbehörden haben die Heranziehung eines Fachbauleiters nach § 57 Abs. 3 BauO NRW in Fällen zu verlangen, in denen nach § 59 Abs. 2 BauO NRW ein besonderer Eignungsnachweis für den Unternehmer gefordert wird (s. die Anmerkungen zu § 59 Rdn. 29 und 30), es sei denn, dass der beauftragte Bauleiter über die erforderlichen speziellen Fachkenntnisse nachweislich selbst verfügt.

21 Nach **Satz 3** sind beauftragte **Fachbauleiter** im Rahmen ihres Wirkungskreises unmittelbar und allein verantwortlich im bauordnungsrechtlichen Sinne. Eine Ordnungspflicht des Bauleiters besteht insoweit nicht (mehr). Dem Bauleiter kommt dementsprechend auch **kein sachliches Weisungsrecht gegenüber** den **Fachbauleitern** zu.

22 Nach **Satz 4** ist der Bauleiter für die **Koordinierung seiner Bauleitungstätigkeit mit der Tätigkeit der Fachbauleiter** verantwortlich. Nur hierbei kann er den diesen Weisungen erteilten, z. B. über den Zeitpunkt der zu überwachenden Spezialarbeiten, über die Beschränkung ihres Baustellenbereichs oder die Mitbenutzung von Baustelleneinrichtungen. Ein Koordinierungsversagen des Bauleiters kann zivilrechtliche Schadenersatzansprüche auslösen (BGH, Urteil vom 7. 2. 1977 – VII ZR 10/75, BauR 1977, 220).

# Fünfter Teil
# Bauaufsichtsbehörden und Verwaltungsverfahren

**Anmerkungen** (Autor: Heintz)

Mit der **BauO NRW 2000** wurde der bislang ungegliederte fünfte Teil, der die §§ 60 bis 83 und damit das formelle Bauordnungsrecht im Wesentlichen umfasst, durch Einfügung von drei **Abschnittsüberschriften** zur Verbesserung der **Übersichtlichkeit** für den Rechtsanwender unterteilt: 1

**1. Abschnitt**: Bauaufsichtsbehörden (§§ 60–62),

**2. Abschnitt**: Genehmigungsbedürftige und genehmigungsfreie Vorhaben (§§ 63–68),

**3. Abschnitt**: Verwaltungsverfahren (§§ 69–83).

Auch die MBO 2002 wurde gegenüber der MBO 1997 zur Verbesserung der Übersicht in Abschnitte gegliedert.

Der **erste Abschnitt** enthält die Vorschriften über die **Struktur der Bauaufsicht** (§ 60), über **Aufgaben** und **Befugnisse** der Bauaufsichtsbehörden (§ 61) sowie über deren **sachliche Zuständigkeit** (§ 62). Dieser Abschnitt steht in enger Verbindung mit dem Ordnungsbehördengesetz (OBG). Die Regelungen des ersten Abschnitts sind keineswegs umfassend, so dass für bauaufsichtliche Maßnahmen der Gefahrenabwehr neben den in erster Linie heranzuziehenden speziellen Vorschriften des Bauordnungsrechts auch die **allgemeinen Bestimmungen des OBG** maßgebend sind. 2

Der **zweite Abschnitt** enthält die Vorschriften über genehmigungsbedürftige und genehmigungsfreie Vorhaben. Die Verfahrensbestimmungen enthalten ein bereits mit der BauO NW 1984 eingeführtes und später fortentwickeltes **dreistufiges System**: 3

- das „**normale**" Baugenehmigungsverfahren mit einer **umfassenden Prüfung**,
- das **vereinfachte** Genehmigungsverfahren mit **Prüfeinschränkungen** und
- die **Freistellungsvorschriften**, entweder **ohne** oder **mit Verfahrenskomponente**.

Dieses bewährte dreigliedrige System wurde durch das **Bürokratieabbaugesetz I** insofern **modifiziert**, als ein systemfremdes **Anzeigeverfahren** für Nutzungsänderungen und für die Errichtung von Kleingaragen hinzugetreten ist.

Der **dritte Abschnitt** umfasst sehr unterschiedliche Regelungen, wobei die Vorschriften zum Genehmigungsverfahren den Schwerpunkt bilden. Die MBO 2002 untergliedert diesen Abschnitt deshalb nochmals in die Abschnitte „Genehmigungsverfahren", „Bauaufsichtliche Maßnahmen", „Bauüberwachung" und „Baulasten". Besondere Vorschriften über bauaufsichtliche Maßnahmen fehlen in der BauO NRW, da seit der Novelle 1984 die Rechtsauffassung vertreten wird, dass für die Einstellung von Arbeiten, die Beseitigung von Anlagen und für die Nutzungsuntersagung die bauaufsichtliche Generalklausel des § 61 BauO NRW ausreicht. 4

## Erster Abschnitt
## Bauaufsichtsbehörden

### Vor §§ 60 bis 62

**Anmerkungen** (Autor: Heintz)

1 Mit dem Inkrafttreten des Ordnungsbehördengesetzes – **OBG** am 1.1.1957 wurden
- die **Gemeinden** zu **örtlichen Ordnungsbehörden**,
- die **Kreise** und **kreisfreien Städte** zu **Kreisordnungsbehörden** und
- die **Bezirksregierungen** zu **Landesordnungsbehörden**.

bestimmt. Die örtlichen Ordnungsbehörden und die Kreisordnungsbehörden nehmen die ihnen übertragenen ordnungsbehördlichen Aufgaben gemäß § 3 OBG als **Pflichtaufgaben zur Erfüllung nach Weisung** wahr; dies gilt auch für die ihnen als Sonderordnungsbehörden übertragenen Aufgaben. Die **Gefahrenabwehr** ist nach § 1 Abs. 1 OBG die eigentliche Aufgabe der Ordnungsbehörden. Nach § 1 Abs. 3 OBG nehmen sie darüber hinaus Aufgaben wahr, die ihnen **durch Gesetz oder Verordnung übertragen** worden sind. Die früheren Sonder**polizei**behörden wurden aufgrund § 49 OBG in Sonder**ordnungs**behörden umgewandelt. Das bis dahin geltende Polizeiverwaltungsgesetz fand gemäß § 51 Abs. 1 OBG auf ordnungsbehördliche Aufgaben der Gefahrenabwehr keine Anwendung mehr (s. die Anmerkungen zu § 61 Rdn. 1–2).

2 Die Ordnungsbehörden erfüllen ihre **Aufgaben** in erster Linie nach den **Rechtsvorschriften** für das jeweilige **Sachgebiet**. Das **Bauordnungsrecht** bildet **als Sonderordnungsrecht** einen **Teil des allgemeinen Ordnungsrechts**. Die Bauaufsichtsbehörden sind deshalb **Sonderordnungsbehörden**. Als solche haben die **unteren** Bauaufsichtsbehörden, wie auch die allgemeinen Ordnungsbehörden und die übrigen Sonderordnungsbehörden, **Pflichtaufgaben zur Erfüllung nach Weisung des Landes** wahrzunehmen. Bei der Wahrnehmung dieser Weisungsbefugnis ist der durch § 60 BauO NRW festgelegte und vom OBG abweichende Aufbau der Bauaufsichtsverwaltung einschließlich der sachlichen Zuständigkeitsbestimmung des § 62 BauO NRW maßgebend.

3 Soweit die BauO NRW keine speziellen Regelungen über die **Befugnisse** der Bauaufsichtsbehörden enthält, sind nach § 1 Abs. 2 OBG die allgemeinen **Vorschriften des OBG subsidiär** anzuwenden. Daraus folgt beispielsweise, dass die **Befugnisnorm** des **§ 61 BauO NRW** zum ordnungsbehördlichen Einschreiten der Bauaufsicht § 14 OBG insoweit verdrängt. Die **Polizei** hat den Ordnungsbehörden gemäß § 2 OBG **Vollzugshilfe** bei der Anwendung unmittelbaren Zwanges nach den Bestimmungen des **PolG NRW** zu leisten. Vollstreckungsmaßnahmen richten sich nach dem Verwaltungsvollstreckungsgesetz für das Land Nordrhein-Westfalen – **VwVG NRW**. Zu diesen Landesgesetzen sind umfangreiche **Verwaltungsvorschriften** ergangen, um ein rechtmäßiges Handeln der Behörden im Einzelfall sicherzustellen.

4 Für durch **schuldhaft rechtswidrige Amtshandlungen** erlittene **Vermögensschäden** haften die Bauaufsichtsbehörden im Falle von **Amtspflichtverletzungen** nach Maßgabe des **Art. 34 GG** in Verbindung mit **§ 839 BGB**. Daneben besteht mit den **§§ 39 bis 43 OBG** eine **verschuldensunabhängige Entschädigungsregelung** (s. die Anmerkungen zu § 75 Rdn. 70–80).

## § 60
## Bauaufsichtsbehörden

**(1) Bauaufsichtsbehörden sind:**

**1. Oberste Bauaufsichtsbehörde: das für die Bauaufsicht zuständige Ministerium;**

**2. Obere Bauaufsichtsbehörde: die Bezirksregierungen für die kreisfreien Städte und Kreise sowie in den Fällen des § 80, im Übrigen die Landräte als untere staatliche Verwaltungsbehörden;**

**3. Untere Bauaufsichtsbehörden:**

**a) die kreisfreien Städte, die Großen kreisangehörigen Städte und die Mittleren kreisangehörigen Städte,**

**b) die Kreise für die übrigen kreisangehörigen Gemeinden**

**als Ordnungsbehörden.**

**(2) [1]Die den Bauaufsichtsbehörden obliegenden Aufgaben gelten als solche der Gefahrenabwehr. [2]§ 86 bleibt unberührt.**

**(3) Die Bauaufsichtsbehörden sind zur Durchführung ihrer Aufgaben ausreichend mit Personen zu besetzen, die aufgrund eines Hochschulabschlusses der Fachrichtung Architektur oder Bauingenieurwesen die Berufsbezeichnung „Ingenieurin" oder „Ingenieur" führen dürfen und die insbesondere die erforderlichen Kenntnisse des öffentlichen Baurechts, der Bautechnik und der Baugestaltung haben.**

*VV BauO NRW (infolge Befristung mit Ablauf des 31.12.2005 ausgelaufen)*

***60 Bauaufsichtsbehörden (§ 60)***

*60.3 Zu Absatz 3*

*Die Voraussetzungen erfüllen in der Regel Beamtinnen oder Beamte*

*1. des höheren bautechnischen Verwaltungsdienstes, die die Prüfung*

*a) für die Laufbahn des höheren bautechnischen Verwaltungsdienstes Hochbau im Lande Nordrhein-Westfalen (§ 1 Abs. 1 Nr. 1 der Ausbildungsverordnung höherer bautechnischer Dienst Hochbau, Maschinen- und Elektrotechnik vom 21. September 1993 – GV. NRW. S. 718 / SGV. NRW. 20301) abgelegt haben, oder*

*b) für die Laufbahn des höheren bautechnischen Verwaltungsdienstes Städtebau im Lande Nordrhein-Westfalen (§ 1 Abs. 1 Nr. 1 der Ausbildungsverordnung höherer bautechnischer Dienst Städtebau, Stadtbauwesen, Straßenwesen vom 10. Juni 1991 – GV. NRW. S. 308/SGV. NRW. 20301) abgelegt haben.*

*In Frage kommen hier auch Beamtinnen und Beamte, die ein Vertiefungsstudium Städtebau im Rahmen des Studiums der Architektur oder ein Aufbaustudium des Städtebaus im Anschluss an ein Studium der Architektur absolviert haben.*

*2. des gehobenen bautechnischen Verwaltungsdienstes, die die Prüfung*

*a) für die Laufbahn im Fachgebiet Hochbau aufgrund der Verordnung über die Ausbildung und Prüfung für die Laufbahn des gehobenen bautechni-*

*schen Dienstes in den Gemeinden und Gemeindeverbänden des Landes Nordrhein-Westfalen vom 22. Februar 1987 (GV. NRW. S. 116), zuletzt geändert am 22. Februar 2000 (GV. NRW. S. 222) – SGV. NRW. 203015 – abgelegt haben, oder*

*b) für die Laufbahn im Fachgebiet Architektur (Hochbau) aufgrund der Verordnung über die Ausbildung und Prüfung des gehobenen bautechnischen Dienstes in der Finanzbauverwaltung und in der Staatshochbauverwaltung des Landes Nordrhein-Westfalen vom 20. Juni 1986 (GV. NRW. S. 548 / SGV. NRW. 203015) abgelegt haben.*

*Die Voraussetzungen erfüllen auch Beamtinnen oder Beamte des höheren oder gehobenen bautechnischen Verwaltungsdienstes, die entsprechende Laufbahnprüfungen nach dem Laufbahnrecht des Bundes oder anderer Bundesländer abgelegt haben.*

*Bei Beamtinnen oder Beamten des bautechnischen Verwaltungsdienstes und bei Angestellten, die die vorstehend genannten Voraussetzungen nicht erfüllen, ist für die Beurteilung der erforderlichen Fachkenntnisse im Wesentlichen auf den bisherigen beruflichen Werdegang abzustellen.*

**Anmerkungen** (Autor: Heintz)

**Übersicht**

| | | Rdn. |
|---|---|---|
| 0 | Änderungen gegenüber der BauO NW 1984 und der BauO NW 1995 | 01–02 |
| 1 | Allgemeines | 1– 2 |
| 2 | Zu Absatz 1 – Bestimmung der Bauaufsichtsbehörden | 3–10 |
| 3 | Zu Absatz 2 – Ordnungsbehördliche Aufgaben der Bauaufsicht | 11–14 |
| 4 | Zu Absatz 3 – Personelle Besetzung der Bauaufsichtsbehörden | 15–21 |

## 0 Änderungen gegenüber der BauO NW 1984 und der BauO NW 1995

01 Die Vorschrift des § 60 **BauO NW 1995** entsprach § 57 BauO NW 1984 und blieb abgesehen von redaktionellen Änderungen unverändert. In **Absatz 3** entfiel die Anforderung, wonach den Bauaufsichtsbehörden insbesondere Beamte des „höheren" bautechnischen Verwaltungsdienstes angehören müssen.

02 Die **BauO NRW 2000** hat § 60 BauO NW 1995 übernommen, **Absatz 3** jedoch mit folgender Begründung **neu gefasst** (LT-Drucks. 12/3738 S. 82, zu Art. I Nr. 36 – § 60):

*„Die erneute Änderung des **Absatzes 3** führt die bereits mit der BauO NW vom 7. 3. 1995 begonnene Reduzierung von Personalstandards für die Bauaufsichtsbehörden fort. Durch das Erfordernis des Ingenieurabschlusses wird klargestellt, dass die für eine Tätigkeit in der Bauaufsichtsbehörde notwendigen Fachkenntnisse durch eine fachspezifische Ausbildung auf Hochschulniveau erlangt sein müssen. Da das Qualifikationsniveau des in den Bauaufsichtsbehörden zu beschäftigenden Fachpersonals nicht gesenkt werden soll, muss weiterhin dafür gesorgt werden, dass die Beschäftigten insbesondere die erforderlichen Kenntnisse des öffentlichen Baurechts, der Bautechnik und der Baugestaltung haben. Die Neuformulierung der Vorschrift ermöglicht es damit den Kommunen innerhalb der von Art. 33 Abs. 4 GG gesetzten Grenzen, bei gleichbleibendem Qualifikationsniveau auch nicht beamtete Fachkräfte zu beschäftigen."*

## 1 Allgemeines

Die §§ 60 bis 62 BauO NRW müssen im Zusammenhang betrachtet werden, da diese in Ergänzung des OBG und des VwVfG. NRW. die **instanzielle** und **sachliche Zuständigkeit** der Bauaufsichtsbehörden sowie deren **Aufgabenbereich** festlegen. Die Bauordnungen der meisten **Flächenländer** sehen, dem Vorbild des § 57 MBO 2002 folgend, einen **dreistufigen Aufbau** der Bauaufsichtsbehörden vor. Soweit die Gemeinden als untere Bauaufsichtsbehörde zuständig sind, nehmen sie die Aufgaben der Bauaufsicht nicht als Selbstverwaltungsangelegenheit, sondern als **Pflichtaufgaben zur Erfüllung nach Weisung** (des Landes) wahr. 1

Die Vorschrift des **§ 60 BauO NRW** regelt unter der Überschrift „Bauaufsichtsbehörden“ 2

- in **Absatz 1** den **dreistufigen Aufbau der Bauaufsichtsverwaltung** und die Bestimmung von bestimmten Behörden zu Bauaufsichtsbehörden,
- in **Absatz 2** die **rechtliche Qualifizierung der Aufgaben** der Bauaufsichtsbehörden,
- in **Absatz 3** die **personelle Besetzung** der Bauaufsichtsbehörden.

## 2 Zu Absatz 1 – Bestimmung der Bauaufsichtsbehörden

Nach **Nr. 1** ist die „**oberste Bauaufsichtsbehörde**“ das für die Bauaufsicht zuständige Ministerium. Dies war seit 1962 der Innenminister, seit Juni 1985 der „Minister für Stadtentwicklung, Wohnen und Verkehr“, seit Juni 1990 das „Ministerium für Bauen und Wohnen“, seit Juli 2000 das „Ministerium für Städtebau und Wohnen, Kultur und Sport“, und ist seit Juli 2005 das „**Ministerium für Bauen und Verkehr**“. Zuständigkeit und Bezeichnung ergeben sich aus der gemäß § 4 Abs. 2 und 3 Landesorganisationsgesetz – LOG NRW vom 10. 7. 1962 (GV. NRW. S. 421), z. g. d. G vom 12. 12. 2006 (GV. NRW. S. 622) erlassenen Bekanntmachung vom 17. 8. 2005 (GV. NRW. S. 733). 3

Nach **Nr. 2** sind „**obere Bauaufsichtsbehörde**“: 4

a) die fünf **Bezirksregierungen**
   - für die kreisfreien Städte,
   - für die Kreise in deren Funktion als untere Bauaufsichtsbehörde,
   - für alle Vorhaben, die unter § 80 BauO NRW fallen;

b) die 31 **Landräte als untere staatliche Verwaltungsbehörden** für die Großen und Mittleren kreisangehörigen Städte.

Nach **Nr. 3** sind „**untere Bauaufsichtsbehörden**“: 5

- die **kreisfreien Städte**,
- die **Großen kreisangehörigen Städte** – das sind gemäß § 4 Abs. 1 GO NRW Städte mit mehr als 60.000 Einwohnern,
- die **Mittleren kreisangehörigen Städte** – das sind gemäß § 4 Abs. 1 GO NRW Städte mit mehr als 25.000 Einwohnern,
- die **Kreise** für die kreisangehörigen Gemeinden, die nicht mehr als 25.000 Einwohner haben.

Die „Verordnung zur Bestimmung der maßgebenden Einwohnerzahl nach § 96 Abs. 1 des Verwaltungsverfahrensgesetzes“ vom 2. 10. 1988 (GV.NRW. S. 408) legt, wie die Be- 6 zeichnung bereits aussagt, unter anderem auch mit Wirkung für die BauO NRW fest, wie die Einwohnerzahl zu ermitteln ist. **Welche Gemeinden** die Aufgaben einer Großen oder einer Mittleren kreisangehörigen Stadt wahrnehmen, ergibt sich aus §§ 1 und 2 der „Verordnung zur Bestimmung der Großen kreisangehörigen Städte und der Mittleren kreisangehörigen Städte nach § 4 der Gemeindeordnung für das Land Nordrhein-Westfalen" vom 13.11.1979 (GV. NRW. S. 867), z. g. d. VO vom 22.7.2003 (GV. NRW. S. 434). Eine **freiwillige Rückübertragung** der Aufgaben der unteren Bauaufsichtsbehörde durch eine Gemeinde auf den Kreis ist **nicht zulässig** (OVG NRW, Urteil vom 6.5.1985 – 15 A 943/82, StGR 1987, 30).

**7** Die Fragen der **Aufsicht über die Tätigkeit der Bauaufsichtsbehörden** sind nicht in der BauO NRW geregelt. Hier sind zunächst zu unterscheiden

- die **Fachaufsicht**, das ist die Aufsicht staatlicher Behörden über staatliche Behörden gemäß § 13 LOG NRW oder über kommunale Behörden bei Auftragsangelegenheiten, zu denen jedoch die Aufgaben der Bauaufsicht nicht zählen, und
- die **Sonderaufsicht**, das ist die Aufsicht staatlicher Behörden über kommunale Behörden gemäß § 116 Abs. 2 GO NRW bei Aufgaben, die zur Erfüllung nach Weisung übertragen worden sind.

**8** Die Aufgaben der **oberen** Bauaufsichtsbehörden sind Staatsaufgaben, für deren Bereich **Fachaufsicht** stattfindet. Die Zuständigkeit für die Fachaufsicht ist in § 13 LOG geregelt. Das unbeschränkt Weisungsrecht und das Recht auf Selbsteintritt im Rahmen der **Aufsichtsbefugnisse** nach § 13 Abs. 3 LOG NRW gehen weiter als bei der Sonderaufsicht.

**9** Die Aufgaben der **unteren** Bauaufsichtsbehörden sind gemäß § 3 OBG **„Pflichtaufgaben zur Erfüllung nach Weisung"**. Im Bereich der Pflichtaufgaben zur Erfüllung nach Weisung findet **Sonderaufsicht** statt. Die **Zuständigkeiten für die Sonderaufsicht** sind in § 7 OBG, die sich bei der Sonderaufsicht ergebenden Aufsichtsbefugnisse sind in den §§ 8 bis 10 OBG geregelt. Hierzu zählt insbesondere das **Unterrichtungsrecht** nach **§ 8 OBG**, das nicht nur im Einzelfall greift, sondern darüber hinaus **Geschäftsprüfungen** ermöglicht (s. den RdErl. vom 22.6.2006 – VI A 2–10.2, n. v., wonach Geschäftsprüfungen nur noch aus besonderem Anlass erfolgen, jedoch die Aufgabenerfüllung in Bezug auf Sonderbauten regelmäßig zu überprüfen ist). Die **Weisungsrechte** der staatlichen Aufsichtsbehörde gegenüber der kommunalen Behörde sind – das ist ein wichtiger Unterschied zur Fachaufsicht – gemäß § 9 OBG **begrenzt**. Weist die obere die untere Bauaufsichtsbehörde zur Rücknahme eines rechtswidrigen Verwaltungsaktes an, muss sie, weil sie als Aufsichtsbehörde nur die Recht- und Zweckmäßigkeit eines Verwaltungsakts zu prüfen hat und kein Ermessen anstelle der unteren Bauaufsichtsbehörde ausüben darf, wiederum **im Rahmen der aufsichtsbehördlichen Weisung Ermessen** im Sinne des § 48 Abs. 1 Satz 1 VwVfG. NRW. ausüben. Die untere Bauaufsichtsbehörde hat sich diese Ermessensausübung wegen der Weisung zuzueignen; man spricht in diesem Zusammenhang von einer **gestuften Ermessensbetätigung** (vgl. OVG NRW, Urteil vom 14.1.1992 – 10 A 111/88, BauR 1992, 347 = BRS 54 Nr. 164).

**10** Neben der Sonderaufsicht besteht die **allgemeine Kommunalaufsicht** über Gemeinden und Gemeindeverbände. Die Befugnisse der Kommunalaufsicht nach §§ 116–125 GO NRW bleiben gemäß § 11 OBG unberührt. Die Kommunalaufsicht ist in Bezug auf das kommunale Handeln lediglich **Rechtsaufsicht** (hierzu s. Oebbecke, Kommunalaufsicht – nur Rechtsaufsicht oder mehr?, DÖV 2001, S. 406 ff.).

## 3 Zu Absatz 2 – Ordnungsbehördliche Aufgaben der Bauaufsicht

Schon durch Absatz 1 **Nr. 3** ist klargestellt, dass es sich bei den Aufgaben der Bauaufsichtsbehörde um ordnungsbehördliche Aufgaben handelt, da die Gemeinden und Kreise „**als Ordnungsbehörden**" zu Bauaufsichtsbehörden erklärt werden; Absatz 2 Satz 1 hat somit nur deklaratorischen Charakter. Bei den Aufgaben der Bauaufsicht handelt es sich um Pflichtaufgaben zur Erfüllung nach Weisung (zu deren Charakter s. OVG NRW, Urteil vom 15. 7. 1958 – VII A 1063/56, OVGE 13, 356 = DVBl. 1958, 803 = DÖV 1960, 431). Dies gilt unabhängig davon, ob die Bauaufsichtsbehörden Bauordnungsrecht oder andere öffentlich-rechtliche Bauvorschriften anwenden. Zur Klarstellung dieses Gedankens sind bereits mit der BauO NW 1984 die noch in § 77 Abs. 2 Satz 1 BauO NW 1970 enthaltenen Wörter „nach diesem Gesetz" entfallen. 11

Absatz 2 **Satz 1** ist eine **gesetzliche Fiktion**, um im Einzelfall Zweifel auszuschließen, ob es sich bei den bauordnungsrechtlichen Anforderungen um solche der Gefahrenabwehr handelt oder nicht. In der Tat dienen nicht alle Vorschriften der Gefahrenabwehr, sondern wie z. B. §§ 12 und 13 BauO NRW der Gestaltung oder wie z. B. §§ 49 Abs. 3 und 50 Abs. 1 BauO NRW der Wohlfahrtspflege. Auch einige der ökologischen Vorschriften dienen weitgehend nicht der Gefahrenabwehr im engeren Sinne (vgl. z. B. § 9 Abs. 1, § 14 Abs. 4, § 44 Abs. 2 BauO NRW). Dass die Übertragung auch anderer als Gefahrenabwehraufgaben auf Ordnungsbehörden nicht untypisch ist, macht § 1 Abs. 3 OBG deutlich (vgl. für die Aufgaben der Denkmalbehörden § 20 Abs. 3 DSchG). 12

Die **wesentliche Konsequenz** aus Absatz 1 und Absatz 2 Satz 1 ist die **subsidiäre Geltung des OBG** (s. § 1 Abs. 2 OBG). Aber auch materiell-rechtlich kommt den Vorschriften des OBG im Rahmen der Gefahrenabwehr (§ 14 Abs. 2 Befugnisse, § 15 Verhältnismäßigkeitsgrundsatz, § 21 Wahl der Mittel) erhebliche Bedeutung zu. 13

Von der Fiktion, dass alle sich aus der Bauordnung ergebenden Aufgaben Gefahrenabwehraufgaben sind, nimmt Absatz 2 **Satz 2** den **Erlass von örtlichen Bauvorschriften** als Satzungen gemäß § 86 BauO NRW aus. Für den Erlass dieser Satzungen besteht **keine Zuständigkeit der Bauaufsichtsbehörden**, vielmehr sind hierfür allein die **Gemeinden** zuständig (s. die Anmerkungen zu § 86 Rdn. 4). 14

## 4 Zu Absatz 3 – Personelle Besetzung der Bauaufsichtsbehörde

Absatz 3 stellt zwei Forderungen auf, und zwar im Hinblick auf 15

- die **quantitative** Ausstattung und
- die **qualitative** Ausstattung

der Bauaufsichtsbehörden. Über die genaue **Personalstärke** einer Bauaufsichtsbehörde konnte und wollte der Gesetzgeber **keine zahlenmäßigen** Angaben machen.

Zu einer „ausreichend" und mit „geeigneten Fachkräften" ausgestatteten Bauaufsichtsbehörde gehören Hochbauingenieure, Bauingenieure und Ingenieure für Versorgungstechnik (jeweils mit mindestens Fachhochschulabschluss) sowie Baukontrolleure. Schließlich sind Bedienstete des gehobenen und mittleren Verwaltungsdienstes erforderlich. Die Aufgabe der **Prüfung der Anträge** sowie die Durchführung der **Bauüberwachung** und der **Bauzustandsbesichtigungen** sollten den **technischen** Sachbearbeitern obliegen. Das gilt auch für die Durchführung von **Wiederkehrenden Prüfungen bei Sonderbauten** (s. die Anmerkungen zu § 54 Rdn. 49). 16

17 Aufgrund des mit der BauO NW 1984 eingeleiteten und mit der BauO NW 1995 verstärkt fortgeführten Abbaus präventiver Prüfaufgaben haben viele Träger unterer Bauaufsichtsbehörden in den letzten Jahren Personal abgebaut, weil bei den für die Organisation zuständigen Dienststellen die Erwartungshaltung bestand, dass eine Entlastung eintreten werde. Dies war aber keineswegs das Anliegen des Gesetzgebers, der die Reform vorantrieb, weil ihm aus Geschäftsprüfungen bekannt war, dass die unteren Bauaufsichtsbehörden aufgrund ihrer personellen Ausstattung kaum mehr in der Lage waren, die ihnen übertragenen Aufgaben sachgerecht zu erfüllen, vor allem aber Genehmigungsverfahren innerhalb angemessener Zeiträume abzuschließen (so die Amtliche Begründung zur BauO NW 1995, LT-Drucks. 11/7153 S. 138). Die **tatsächlich nicht eingetretene Entlastung** der unteren Bauaufsichtsbehörden kann im Wesentlichen auf folgende Faktoren zurückgeführt werden:

- die am Bau Beteiligten nehmen die **Bauberatung** in einem sehr viel stärkeren Maße in Anspruch, als dies vor 1995 der Fall war, da ihnen mehr Verantwortung durch den Gesetzgeber auferlegt wurde und sie andererseits mangels ausreichender Rechtskenntnisse nicht Gefahr laufen möchten, rechtswidrige Bauvorhaben zu realisieren,
- der Düsseldorfer Flughafenbrand hat die Einsicht in das **Erfordernis der Bauüberwachung** und **wiederkehrender Prüfungen** von Sonderbauten wesentlich gestärkt,
- das „**Baunebenrecht**" wurde weiter ausgebaut (s. die Einleitung Rdn. 37 ff.).

Die von präventiven Prüfaufgaben entlasteten Bediensteten sind infolge dieser so nicht erwarteten Entwicklung mit beratenden und überwachenden Tätigkeiten stärker als je zuvor belastet, was bei der Personalbemessung nicht übersehen werden darf.

18 Hinsichtlich der **Anzahl der bei der unteren Bauaufsichtsbehörde zu beschäftigenden Bediensteten** wurden in den Vorauflagen Werte genannt, die auf der Überlegung beruhten, dass ein technischer Sachbearbeiter als Hochbauingenieur in der Lage sein sollte, täglich einen Bauantrag (vgl. die 8. Auflage, zu § 57 Rdn. 14) bzw. aufgrund der mit der BauO NW 1995 bewirkten Prüfeinschränkungen 1,5 Bauanträge zu prüfen (vgl. die 9. Auflage, zu § 60 Rdn. 14). Derartige Werte können jedoch niemals die Grundlage einer **seriösen** Organisationsuntersuchung bilden, da sie allenfalls als Anhalt brauchbar sind, zumal sich der **Aufgabenschwerpunkt** weg von der präventiven Prüfung hin zur Beratung, Überwachung und zum repressiven Vorgehen **verlagert** hat. Die Bauaufsichtsbehörden, die sich bei der Besetzung allein an diesen Anhaltswerten orientiert haben, laufen Gefahr, die nach der **Sicherheitsphilosophie des Bauordnungsrechts** unumgängliche Überwachung des Baugeschehens infolge Unterbesetzung nicht ordnungsgemäß wahrnehmen zu können. Dies wurde nach dem **Düsseldorfer Flughafenbrand** besonders deutlich, so dass sich die oberste Bauaufsichtsbehörde veranlasst sah, die unteren Bauaufsichtsbehörden nachhaltig auf die **Pflicht zur Durchführung wiederkehrender Prüfungen** nach den Sonderbauverordnungen hinzuweisen. Bei der Personalbemessung genießt der **Sicherheitsgedanke Vorrang vor möglichen Kostenreduzierungen**. Darüber hinaus muss der im Gebiet der jeweiligen Bauaufsichtsbehörde vorhandene Baubestand, die angestrebte städtebauliche Entwicklung unter Berücksichtigung der Sanierungsgebiete und Denkmäler sowie auch der **Beratungsbedarf** der am Bau Beteiligten aufgrund des **örtlichen** Satzungsrechts in die Überlegungen Eingang finden. Weiter ist zu berücksichtigen, dass Personal mit speziellen technischen Kenntnissen vorhanden sein sollte, um auch Standsicherheitsfragen und Aspekte der Haustechnik beurteilen zu können (vgl. Buntenbroich/Voß, zu § 60 Rdn. 15 und 16).

Den Bauaufsichtsbehörden müssen technisch vorgebildete Personen angehören, die über die erforderlichen **Kenntnisse** des **öffentlichen Baurechts**, der **Bautechnik** und der **Baugestaltung** verfügen. Diese Präzisierung der Anforderungen, die schon mit § 57 Abs. 2 Satz 2 BauO NW 1984 erfolgte, war die notwendige Konsequenz einer immer schwieriger werdenden Bautechnik, aus der hohe Anforderungen begründenden Vollzugsaufgaben der Bauaufsichtsbehörden bezüglich der städtebaulichen Pläne und wegen der engen Verbindung technischer und rechtlicher Fragen im Bereich der Bauaufsicht. Die BauO NW 1995 verzichtete auf die Forderung, dass es sich um Beamte des „**höheren**" bautechnischen Verwaltungsdienstes handeln muss. Das Land wollte auf ausdrücklichen Wunsch der kommunalen Spitzenverbände nach Abbau kommunaler „Personalstandards" keine weiteren Anforderungen an die personelle Besetzung der Bauaufsichtsbehörde mehr stellen, weil die Organisation der Aufgabenerfüllung in der Organisationshoheit des Trägers der jeweiligen Bauaufsichtsbehörde liegt. 19

Im Gesetzgebungsverfahren zur BauO NRW 2000 wurde weitergehend auf die Anforderung verzichtet, wonach den Bauaufsichtsbehörden überhaupt „**Beamte**" des bautechnischen Verwaltungsdienstes angehören müssen. Die vom Landtag verabschiedete Fassung des Absatzes 3 kam erst im Gesetzgebungsverfahren zustande (s. LT-Drucks. 12/4394, S. 73 zu Nr. 32). Danach reicht es aus, wenn die betreffenden Personen aufgrund eines Hochschulabschlusses der Fachrichtungen Architektur oder Bauingenieurwesen die Berufsbezeichnung „Ingenieur" führen dürfen. Sie müssen jedoch – und das ist eine wesentliche gesetzliche Bedingung – über die erforderlichen Kenntnisse des öffentlichen Baurechts, der Bautechnik und der Baugestaltung verfügen. Bei Hochschulabsolventen kann regelmäßig unterstellt werden, dass sie im Rahmen ihrer Ausbildung ausreichende Kenntnisse der Bautechnik und der Baugestaltung erlangt haben. **Kenntnisse des öffentlichen Baurechts** in dem für die Bauaufsicht erforderlichen Umfang werden an Hochschulen nicht vermittelt (vgl. Böckenförde/Hindermann, Novellierung der Bauordnung NW, 1996, Rdn. 18). Das Versagen der Hochschulen bei der Vermittlung eines ausreichenden Kenntnisstandes des öffentlichen Baurechts war bislang von den Ländern im Rahmen der Beamtenausbildung aufgefangen worden. Doch zieht sich der Staat auch hier zurück, da die Ausbildung von Beamten für die Laufbahn des höheren bautechnischen Verwaltungsdienstes der Fachrichtung Hochbau eingestellt wurde. 20

Nr. 60.3 VV BauO NRW geht davon aus, dass die **Voraussetzungen** des **Satzes 2 bei Beamten gegeben** sind, welche die aufgeführten **Laufbahnprüfungen** abgelegt haben. Die Voraussetzungen erfüllen auch Beamte des höheren oder gehobenen bautechnischen Verwaltungsdienstes, die entsprechende **Laufbahnprüfungen nach dem Laufbahnrecht anderer Bundesländer** bestanden haben. Schließlich stellt die genannte Verwaltungsvorschrift in ihrem letzten Absatz klar, dass auch bei **Beamten ohne die zuvor genannten Laufbahnprüfungen** die gesetzlichen Anforderungen gegeben sein können; mangels solch formeller Anhaltspunkte sei bei diesen Beamten für die Beurteilung der erforderlichen Fachkenntnisse dann im Wesentlichen auf den bisherigen beruflichen Werdegang abzustellen. Personen mit gerade erst erworbenem Hochschulabschluss, jedoch ohne Laufbahnprüfung, müssen für den Einsatz in einer Bauaufsichtsbehörde sorgfältig vorbereitet werden. Es bleibt daher nur zu hoffen, dass die Baukammern und unter anderem von der öffentlichen Hand getragene Einrichtungen, wie z. B. die kommunalen Studieninstitute oder die technischen Akademien, das Angebot spezieller Fortbildungsveranstaltungen zum Bauordnungsrecht künftig noch intensivieren, um die Ausbildungslücke schließen zu können. 21

## § 61
## Aufgaben und Befugnisse der Bauaufsichtsbehörden

**(1) [1]Die Bauaufsichtsbehörden haben bei der Errichtung, der Änderung, dem Abbruch, der Nutzung, der Nutzungsänderung sowie der Instandhaltung baulicher Anlagen sowie anderer Anlagen und Einrichtungen im Sinne des § 1 Abs. 1 Satz 2 darüber zu wachen, dass die öffentlich-rechtlichen Vorschriften und die aufgrund dieser Vorschriften erlassenen Anordnungen eingehalten werden. [2]Sie haben in Wahrnehmung dieser Aufgaben nach pflichtgemäßem Ermessen die erforderlichen Maßnahmen zu treffen. [3]Die gesetzlich geregelten Zuständigkeiten und Befugnisse anderer Behörden bleiben unberührt.**

**(2) [1]Auch nach Erteilung einer Baugenehmigung (§ 75) oder einer Zustimmung nach § 80 können Anforderungen gestellt werden, um dabei nicht voraussehbare Gefahren oder unzumutbare Belästigungen von der Allgemeinheit oder denjenigen, die die bauliche Anlage benutzen, abzuwenden. [2]Satz 1 gilt entsprechend, wenn bauliche Anlagen oder andere Anlagen oder Einrichtungen im Sinne von § 1 Abs. 1 Satz 2 ohne Genehmigung oder Zustimmung errichtet werden dürfen.**

**(3) Die Bauaufsichtsbehörden können zur Erfüllung ihrer Aufgaben Sachverständige und sachverständige Stellen heranziehen.**

**(4) Sind Bauprodukte entgegen § 25 Abs. 4 mit dem Ü-Zeichen gekennzeichnet, so kann die Bauaufsichtsbehörde die Verwendung dieser Bauprodukte untersagen und deren Kennzeichnung entwerten oder beseitigen lassen.**

**(5) Die Einstellung der Bauarbeiten kann angeordnet werden, wenn Bauprodukte verwendet werden, die unberechtigt mit der CE-Kennzeichnung (§ 20 Abs. 1 Nr. 2) oder dem Ü-Zeichen (§ 25 Abs. 4) gekennzeichnet sind.**

**(6) [1]Die mit dem Vollzug dieses Gesetzes beauftragten Personen sind berechtigt, in Ausübung ihres Amtes Grundstücke und bauliche Anlagen einschließlich der Wohnungen zu betreten. [2]Das Grundrecht der Unverletzlichkeit der Wohnung (Artikel 13 des Grundgesetzes) wird insoweit eingeschränkt.**

*VV BauO NRW (infolge Befristung mit Ablauf des 31. 12. 2005 ausgelaufen)*

***61 Aufgaben und Befugnisse der Bauaufsichtsbehörden (§ 61)***

*61.1 Zu Absatz 1*

*Können zur Durchsetzung einzelner öffentlich-rechtlicher Anforderungen neben den Bauaufsichtsbehörden auch andere Behörden in Betracht kommen, sollen die Bauaufsichtsbehörden sich mit diesen abstimmen.*

*61.2 Zu Absatz 2*

*§ 61 Abs. 2 nimmt die gleichlautende Vorschrift des § 88 Abs. 4 BauO NW 1970 wieder auf. Er ergänzt die §§ 48 und 49 des Verwaltungsverfahrensgesetzes. Danach sind nachträgliche Anforderungen – in der Regel weitere, die Genehmigung einschränkende Auflagen – insbesondere erforderlich, wenn bei den Bauarbeiten Altlasten entdeckt werden, die trotz sorgfältiger Nachforschungen vor Erteilung der Baugenehmigung nicht bekannt waren.*

61.3 *Zu Absatz 3*

61.31 *Die Entscheidung über die Eignung von Sachverständigen und sachverständigen Stellen trifft, unbeschadet Nr. 54.21 VV BauO NRW, die untere Bauaufsichtsbehörde, sofern nicht aufgrund von Rechtsverordnungen ein besonderes Anerkennungsverfahren durchzuführen ist (z. B. TPrüfVO, SV-VO). Die nach diesen Rechtsverordnungen staatlich anerkannten Sachverständigen können auch von den Bauaufsichtsbehörden zur Erfüllung ihrer Aufgaben herangezogen werden.*

*Als Sachverständige kommen gleichfalls in Betracht*

*a) Ingenieurinnen oder Ingenieure der entsprechenden Fachrichtungen, die mindestens den Abschluss einer Fachhochschule und eine fünfjährige Berufspraxis nachweisen können,*

*b) von den Industrie- und Handelskammern, den Handwerkskammern, einer Architektenkammer oder Ingenieurkammer öffentlich bestellte und vereidigte Sachverständige entsprechender Fachrichtungen,*

*c) für Fragen des Schallschutzes außerdem Personen oder Stellen, die entweder als Prüfstelle nach § 28 Abs. 1 Satz 1 Nr. 1 anerkannt sind oder in einem Verzeichnis über „Sachverständige Prüfstellen für Schallmessungen nach DIN 4109: Schallschutz im Hochbau" beim Verband der Materialprüfungsämter (VMPA), Berlin, Rudower Chaussee 5, geführt werden,*

*d) für Fragen der Standsicherheit u. a. die von einer obersten Bauaufsichtsbehörde anerkannten Prüfingenieurinnen oder Prüfingenieure für Baustatik,*

*e) für Fragen der technischen Anlagen und Einrichtungen die Sachverständigen der technischen Überwachungsorganisationen, die nach der Verordnung über die Organisation der technischen Überwachung vom 2. Dezember 1959 (GV. NW. S. 174), zuletzt geändert durch Verordnung vom 16. Juni 1994 (GV. NW. S. 360), – SGV. NW. 7131 – anerkannt sind.*

*Die Sachverständigen dürfen nicht zum Kreis der am Bau Beteiligten (§ 56) gehören.*

61.32 *Sachverständige Stellen sind die in Einführungserlassen zu den entsprechenden Normen aufgeführten Stellen sowie die durch die oberste Bauaufsichtsbehörde benannten Personen. Auf Nr. 67.41, Sätze 2 und 3 wird verwiesen.*

61.33 *Sachkundige (z. B. § 45 Abs. 5, § 65 Abs. 2 Nr. 1) können mit den am Bau Beteiligten identisch sein. Als Sachkundige kommen in Betracht*

- *Ingenieurinnen oder Ingenieure der entsprechenden Fachrichtungen mit mindestens fünfjähriger Berufserfahrung,*
- *Personen mit abgeschlossener handwerklicher Ausbildung oder mit gleichwertiger Ausbildung und mindestens fünfjähriger Berufserfahrung in der Fachrichtung, in der sie tätig werden,*
- *Unternehmerinnen oder Unternehmer, die Bescheinigungen nach § 66 ausstellen.*

61.5 *Zu Absatz 5*

*Neben der Baueinstellung wegen Verwendung unberechtigt gekennzeichneter Bauprodukte mit der CE-Kennzeichnung kommen auch Maßnahmen nach § 13 Abs. 2 BauPG in Betracht, um das Inverkehrbringen und den freien Warenverkehr mit diesen Bauprodukten zu verhindern oder zu beschränken oder sie aus dem Verkehr zu ziehen. Die hierfür zuständige Behörde wird durch Rechtsverordnung bestimmt.*

*61.6* *Die Absicht, Grundstücke und bauliche Anlagen einschließlich der Wohnungen nach der Bauzustandsbesichtigung nach abschließender Fertigstellung zu betreten, soll dem Eigentümer und dem unmittelbaren Besitzer rechtzeitig vorher mitgeteilt werden.*

**Anmerkungen** (Autor: Heintz)

**Übersicht**


| | | Rdn. |
|---|---|---|
| 0 | Änderungen gegenüber der BauO NW 1984 und der BauO NW 1995 | 01– 02 |
| 1 | Allgemeines | 1– 8 |
| 2 | Zu Absatz 1 – Aufgabenzuweisung und allgemeine Befugnisse | |
| 2.1 | Zu Satz 1 – Generelle Aufgabenbeschreibung | 9– 14 |
| 2.2 | Zu Satz 2 – Befugnisse der Bauaufsichtsbehörden | |
| 2.2.1 | Generalermächtigung und Spezialermächtigungen | 15– 19 |
| 2.2.2 | Vorgaben für das ordnungsbehördliche Handeln | 20– 24 |
| 2.3 | Anforderungen an Ordnungsverfügungen | |
| 2.3.1 | Sachverhaltsermittlung, Information, Beratung und Anhörung | 25– 27 |
| 2.3.2 | Formvorschriften, Bestimmtheitsgebot | 28–29a |
| 2.3.3 | Adressat, Bekanntgabe, Zustellung | 30– 33 |
| 2.4 | Ermessen | |
| 2.4.1 | Grundregeln für die Ermessensausübung | 34– 37 |
| 2.4.2 | Entschließungsermessen | 38– 43 |
| 2.4.3 | Auswahlermessen bezüglich verschiedener Mittel | 44– 45 |
| 2.4.4 | Auswahlermessen bei mehreren Störern | 46–47b |
| 2.5 | Standardmaßnahmen der repressiven Kontrolle | |
| 2.5.1 | Zielsetzung und gemeinsame Anwendungsvoraussetzungen | 48– 55 |
| 2.5.2 | Einstellung der Bauarbeiten | 56– 61 |
| 2.5.3 | Nutzungsuntersagung | 62– 66 |
| 2.5.4 | Beseitigungsanordnung | 67– 76 |
| 2.6 | Durchsetzung von Ordnungsverfügungen | 77– 78 |
| 2.6.1 | Sofortige Vollziehung nach § 80 Abs. 2 Nr. 4 VwGO | 79– 81 |
| 2.6.2 | Sofortvollzug nach § 55 Abs. 2 VwVG NRW | 82– 83 |
| 2.6.3 | Vorgaben für die Anwendung von Verwaltungszwang | 84– 86 |
| 2.6.4 | Ersatzvornahme | 87– 89 |
| 2.6.5 | Zwangsgeld | 90– 93 |
| 2.6.6 | Unmittelbarer Zwang | 94– 98 |
| 2.7 | Zu Satz 3 – Zuständigkeiten und Befugnisse anderer Behörden | 99–102 |
| 3 | Zu Absatz 2 – Nachträgliche Anforderungen | 103–106 |
| 4 | Zu Absatz 3 – Heranziehung von Sachverständigen | 107–117 |
| 5 | Zu Absatz 4 – Verbot unberechtigter Kennzeichnung von Bauprodukten | 118–120 |
| 6 | Zu Absatz 5 – Baueinstellung bei unberechtigter Kennzeichnung | 121–122 |
| 7 | Zu Absatz 6 – Wohnungsbetretungsrecht | 123–133 |


## 0 Änderungen gegenüber der Bauordnung 1984 und der BauO NW 1995

**01** Die Vorschrift des § 61 **BauO NW 1995** entsprach § 58 BauO NW 1984, wurde jedoch in Anpassung an die MBO wie folgt geändert und ergänzt:

- **Absatz 1** blieb abgesehen von der Folgeänderung zu § 3 Abs. 1 („Instandhaltung") unverändert.
- **Absatz 2** wurde neu eingefügt und nahm mit **Satz 1** die Regelung des früheren § 88 Abs. 4 BauO NW 1970 auf. Die Vorschrift war in die BauO NW 1984 im Hinblick auf die §§ 48 und 49 VwVfG. NRW. nicht übernommen worden. Ihre Wiedereinfügung erfolgte zur Verbesserung der Rechtssicherheit. **Satz 2** trägt dem Umstand Rechnung, dass nachträgliche Anforderungen auch für zulässigerweise ohne Genehmigung errichtete bauliche Anlagen oder sonstige Anlagen und Einrichtungen im Sinne des § 1 Abs. 1 Satz 2 in Betracht kommen können (vgl. LT-Drucks. 11/7153 S. 177).
- **Absatz 3** übernahm den früheren Absatz 2 unverändert.
- Die **Absätze 4 und 5** wurden neu eingefügt. Sie bieten der Bauaufsichtsbehörde die ausdrückliche Ermächtigung, die unberechtigte Kennzeichnung von Bauprodukten mit dem Ü-Zeichen und die Verwendung, unberechtigt mit der CE-Kennzeichnung oder dem Ü-Zeichen versehener Bauprodukte, durch ordnungsbehördliche Maßnahmen zu unterbinden (vgl. LT-Drucks. 11/7153 S. 178).
- **Absatz 6** übernahm den früheren Absatz 3 unverändert.

Die **BauO NRW 2000** hat § 61 BauO NW 1995 unverändert beibehalten. **02**

## 1 Allgemeines

Die Vorschrift des § 61 BauO NRW bildet die **Generalermächtigung zum ordnungsbehördlichen Einschreiten der Bauaufsichtsbehörden**. Vergleichbare Ermächtigungen enthalten das **OBG** und das **PolG NRW**. Die genaue Bedeutung dieser Bestimmung lässt sich erst vor dem Hintergrund der Rechtsentwicklung richtig einordnen. Alle diese Vorschriften gehen zurück auf § 14 des preußischen Polizeiverwaltungsgesetzes vom 1. 6. 1931. Die Aufgaben der Polizeibehörden umschrieb die Generalklausel des § 14 Polizeiverwaltungsgesetz wie folgt: **1**

*(1) Die Polizeibehörden haben im Rahmen der geltenden Gesetze die nach pflichtgemäßem Ermessen notwendigen Maßnahmen zu treffen, um von der Allgemeinheit oder dem einzelnen Gefahren abzuwehren, durch die die öffentliche Sicherheit oder Ordnung bedroht wird.*

*(2) Daneben haben die Polizeibehörden diejenigen Aufgaben zu erfüllen, die ihnen durch Gesetz besonders übertragen sind.*

Nach § 2 des preußischen Polizeiverwaltungsgesetzes gliederte sich die Polizei in die Landes-, Kreis- und Ortspolizeibehörden. Daneben bestanden aufgrund spezieller Rechtsvorschriften **Sonderpolizeibehörden** zur Wahrnehmung spezieller Aufgaben, wie z. B. die **Baupolizei**, die Bergpolizei, die Gewerbepolizei oder die Feld- und Forstpolizei. Während der nationalsozialistischen Herrschaft nach 1933 spielten rechtliche Bindungen keine Rolle mehr, was sich auch in der Rechtsetzung niederschlug (zur Baurechtsentwicklung in dieser Zeit s. die Einleitung Rdn. 49–54), so dass unter Missachtung der Reichsverfassung und der Polizeigesetze der Länder die Polizeibehörden für unterschiedlichste Aufgaben eingesetzt wurden. Nach Kriegsende führte die Britische Militärregierung im Lande Nordrhein-Westfalen schrittweise bis 1948 einen Polizei- und Verwaltungsaufbau nach britischem Vorbild ein und schränkte die polizeilichen Befugnisse wieder ein. Schließlich wurden mit dem ersten Ordnungsbehördengesetz – OBG – vom 16. 10. 1956 (GV. NRW. S. 216) die **Verwaltungsbehörden „entpolizeilicht"**, so dass **2** aus der „**Baupolizei**" die „**Bauaufsicht**" hervorging (zu den geänderten Bezeichnungen s. § 49 OBG). Die Ordnungsbehörden – und damit auch die Bauaufsichtsbehörden – nehmen seitdem die ihnen übertragenen Aufgaben als „**Pflichtaufgaben zur Erfüllung nach Weisung**" wahr (s. die Anmerkungen zu § 60 Rdn. 9). In Abstimmung mit den anderen Bundesländern schloss Nordrhein-Westfalen den Vereinheitlichungsprozess des Polizei- und Ordnungsbehördenrechts mit dem „Gesetz zur Neuordnung des Polizei-, Ordnungs-, Verwaltungsvollstreckungs- und Melderechts" vom 25. 3. 1980 (GV. NRW. S. 234) ab und erließ für die Polizei- und Ordnungsbehörden unter Novellierung bestehender Gesetze voneinander getrennte, aber inhaltlich aufeinander abgestimmte Rechtsgrundlagen. Trotz nachfolgender Änderungen einzelner Bestimmungen bilden diese Rechtsvorschriften, insbesondere das **OBG** und das **VwVG NRW** bis heute die wesentlichen **Grundlage für die Vollzugstätigkeit** der Ordnungsbehörden und damit auch der Bauaufsichtsbehörden.

3 Parallel hierzu erfolgte die **Kodifikation des Verwaltungsverfahrensrechts** nach dem im Jahre 1964 veröffentlichten Musterentwurf eines Verwaltungsverfahrensgesetzes. Bund und Länder haben weitgehend inhaltsgleiche Verwaltungsverfahrensgesetze nach diesem Muster erlassen. Das **allgemeine Verwaltungsverfahren** und das **verwaltungsgerichtliche Verfahren** werden seitdem als **einheitliches System** betrachtet, das stärker an den Bedürfnissen der Bürger orientiert ist. Die Bedeutung des VwVfG. NRW. für die Durchführung ordnungsbehördlicher Maßnahmen liegt in der Regelung des Verwaltungsverfahrens, da weder das OBG noch das VwVG NRW insoweit Vorschriften enthalten. Das **Verwaltungsverfahren** nach dem VwVfG. NRW. wird von folgenden **Grundsätzen** geprägt:

- **Nichtförmlichkeit** des Verfahrens (§ 10 VwVfG. NRW.),
- **Sachverhaltsermittlung von Amts wegen** durch die Behörde (§ 24 VwVfG. NRW.),
- **Beratungs- und Auskunftsrecht** der Beteiligten (§ 25 VwVfG. NRW.),
- **Anhörung der Beteiligten** durch die Behörde (§ 28 VwVfG. NRW.),
- **Akteneinsichtsrecht** der Beteiligten (§ 29 VwVfG. NRW.).

4 Neu geschaffen wurde mit dem VwVfG. NRW. eine sichere Rechtsgrundlage zum Abschluss **öffentlich-rechtlicher Verträge** (§§ 54–62 VwVfG. NRW.), die auch im ordnungsbehördlichen Bereich genutzt werden können. Es war ein wesentliches Anliegen des Gesetzgebers, einseitiges obrigkeitsstaatliches Verwaltungshandeln zurückzudrängen und **einvernehmliche Handlungsformen zu begünstigen**. Es ist – und dies kann nicht deutlich genug hervorgehoben werden – nach § 54 VwVfG. NRW. zulässig, dass **anstelle einer Ordnungsverfügung** zwischen der Bauaufsichtsbehörde und dem Ordnungspflichtigen ein **öffentlich-rechtlicher Vertrag** abgeschlossen wird, weil weder das OBG noch die BauO NRW entgegenstehende Vorschriften enthalten. Ein solcher Vertrag kann das Ergebnis einer informellen Streitbeilegung sein, wie z. B. der **Mediation** als Methode zur Regelung von Konflikten (hierzu s. Voß/Buntenbroich, Rdn. 1031–1050). Der öffentlich-rechtliche Vertrag kann und sollte in einem solchen Fall auch unter **Einbeziehung des Nachbarn** abgeschlossen werden.

5 Die Neuregelung des Ordnungsbehörden- und Verwaltungsvollstreckungsrechts ging einher mit der **Trennung des Straf- und Ordnungswidrigkeitenrechts**, weil aufgrund des **Rechtsprechungsmonopols** des **Art. 92 GG** die **Strafrechtsanwendung den Richtern vorbehalten** ist (s. die Anmerkungen zu § 84 Rdn. 2–3). Es ist deshalb im Rahmen des bauaufsichtlichen Einschreitens sorgfältig zu trennen zwischen

– der **Durchsetzung von Ordnungsverfügungen** mittels **Verwaltungszwang** und

– der **Ahndung von Ordnungswidrigkeiten** mittels **Verwarnung** oder **Geldbuße**.

Die Unterscheidung ist nicht nur wegen der unterschiedlichen Rechtsgrundlagen (VwVfG NRW und OWiG) und der unterschiedlichen Gerichtsbarkeit (Verwaltungsgerichte und Strafgerichte), sondern auch deshalb von erheblicher Bedeutung, weil das zur Durchsetzung von Ordnungsverfügungen nach § 60 VwVG NRW mögliche **Zwangsgeld** der zur Ahndung von Ordnungswidrigkeiten zu verhängenden **Geldbuße** für den Betroffenen **in der Wirkung** gleichkommt: in beiden Fällen hat er an die Behörde einen Geldbetrag zu zahlen. Es ist wichtig dem Ordnungspflichtigen deutlich zu machen, aus welchem Grund Zwangsgeld oder Geldbuße gezahlt werden soll, zumal die Rechtsordnung es ermöglicht, beides gleichzeitig anzuwenden (s. die Anmerkungen zu § 84 Rdn. 1). Für die Verhängung einer Geldbuße sind ausschließlich die Vorschriften des OWiG maßgebend, die auch das Verfahren regeln.

Neben der präventiven Prüftätigkeit, die noch bis 1995 wegen der Genehmigungsbedürftigkeit der meisten baulichen Vorgänge den Schwerpunkt der Tätigkeit bildete, gewinnt aufgrund der ausgeweiteten **Freistellungsvorschriften** (s. die Anmerkungen vor §§ 63 bis 68) das **repressive Vorgehen** immer mehr an **Bedeutung**, so dass § 61 BauO NRW auch als „**zweite Säule**“ der Bauaufsicht bezeichnet werden kann (so Boeddinghaus/Hahn/Schulte, zu § 61 Rdn. 1). Dem trägt auch Tarifstelle 2.8.2 des Allgemeinen Gebührentarifs zur AVerwGebO NRW Rechnung, wonach für verschiedene repressive Maßnahmen **Gebühren** erhoben werden. Die Überschrift des § 61 BauO NRW nennt seit der BauO NW 1984 neben den „**Aufgaben**“ auch die „**Befugnisse**“ der Bauaufsichtsbehörden. Hierdurch wird deutlich, dass nicht schon aus gesetzlich formulierten Aufgaben auf entsprechende gesetzliche Befugnisse geschlossen werden kann, in die Rechte des Bürgers einzugreifen. Die Eingriffsbefugnis muss vielmehr gesetzlich ausdrücklich genannt werden, was auch im Rahmen der einzelnen Vorschriften des Bauordnungsrechts erfolgen kann. Soweit **spezielle Befugnisse** fehlen, fungiert § 61 Abs. 1 BauO NRW als **Auffangnorm** (so auch Jeromin, zu § 59 Rdn. 2). Die BauO NRW selbst und die Verordnungen aufgrund der BauO NRW enthalten an mehreren Stellen **Spezialermächtigungen** (s. Rdn. 19). 6

Die **Konzeption** des nordrhein-westfälischen Bauordnungsrechts verfolgt im Hinblick auf die Eingriffsbefugnisse den **Grundsatz**, bereits **im OBG enthaltene Ermächtigungen** zum ordnungsbehördlichen Einschreiten **im Bauordnungsrecht nicht zu wiederholen**. Insoweit hat die BauO NRW die Spezialermächtigungen für die **Standardmaßnahmen der repressiven Kontrolle** nach dem Vorbild der §§ 79 und 80 MBO 2002 (Baueinstellung und Beseitigung bzw. Nutzungsuntersagung) **nicht übernommen**. Ob dies besonders anwenderfreundlich war, muss bezweifelt werden, da immerhin die 15 anderen Landesbauordnungen im Interesse der am Bau Beteiligten und der Bauaufsichtsbehörden mustertreu geblieben sind. Ohnehin wurde der vorstehend beschriebene Grundsatz nicht konsequent durchgehalten, da sich § 78 und § 79 Abs. 1 Satz 2 Nr. 3 und 4 MBO 2002 in § 61 Abs. 4 und 5 BauO NRW wiederfinden, obwohl auch diese Ermächtigungen zum Einschreiten aus § 25 Abs. 4 BauO NRW in Verbindung mit den Bestimmungen des OBG hergeleitet werden könnten. Bislang hat die Rechtsprechung des OVG NRW nicht erkennen lassen, dass die Nichterwähnung der Standardmaßnahmen nach dem Vorbild der MBO nachteilige Folgen für den bauaufsichtlichen Vollzug hätte. 7

8 Die **Generalermächtigung zum ordnungsbehördlichen Einschreiten** steht im engen **Zusammenhang** mit der **materiellen Grundnorm** des § 3 Abs. 1 Satz 1 BauO NRW (s. die Anmerkungen zu § 3 Rdn. 4–9). Während die materielle Grundnorm die bauaufsichtlichen Anforderungen an bauliche Anlagen und andere Anlagen und Einrichtungen im Sinne des § 1 Abs. 1 Satz 2 BauO NRW generell beschreibt, legt § 61 BauO NRW als **Aufgabe der Bauaufsichtsbehörde** fest, dass diese die Einhaltung der baurechtlichen Bestimmungen und der auf ihrer Grundlage erlassenen Anordnungen zu überwachen hat. Durch § 61 Abs. 1 Satz 2 BauO NRW wird den Bauaufsichtsbehörden in allgemeiner Form zugleich die **Befugnis** übertragen, in Wahrnehmung ihrer Aufgaben **nach pflichtgemäßem Ermessen** die **erforderlichen Maßnahmen** zu treffen. Die Bauaufsicht ist **gesetzesakzessorische Verwaltung**. Die anzuwendenden gesetzlichen Bestimmungen bezeichnen nicht nur Inhalt und Schranken der bauaufsichtlichen Tätigkeit, sondern auch die möglichen Grenzen ihrer Untätigkeit (so Hess. VGH, Urteil vom 25. 11. 1999 – 4 UE 2222/92, BauR 2000, 873 = BRS 62 Nr. 184). Die **Überschreitung** der Ermächtigung stellt eine **rechtswidrige Maßnahme** dar und kann **Schadenersatzansprüche aus Amtspflichtverletzungen** nach Art. 34 GG in Verbindung mit § 839 BGB oder **Entschädigungsansprüche** nach § 39 Abs. 1 OBG auslösen (s. die Anmerkungen zu § 75 Rdn. 70–80; s. auch Rdn. 14).

## 2 Zu Absatz 1 – Aufgabenzuweisung und allgemeine Befugnisse

### 2.1 Zu Satz 1 – Generelle Aufgabenbeschreibung

9 **Satz 1** bestimmt in allgemeiner Form die Aufgaben der Bauaufsichtsbehörde. Deren Aufgaben bestehen danach in der **Überwachung baulicher Maßnahmen** hinsichtlich der Übereinstimmung mit den öffentlich-rechtlichen Vorschriften und den aufgrund dieser Vorschriften im Einzelfall getroffenen Anordnungen. Der Begriff „**Überwachung**" wird in § 61 Abs. 1 Satz 1 BauO NRW **im allgemeinen Sinne** verwendet und darf nicht verwechselt werden mit den Überwachungstätigkeiten nach § 20 Abs. 6 und §§ 25–28 BauO NRW für Bauprodukte und Bauarten, mit der Überwachungspflicht des öffentlichen Bauherrn nach § 80 BauO NRW und mit der Bauüberwachung der Ausführung genehmigter Vorhaben nach §§ 81 BauO NRW (s. die Anmerkungen zu § 81 Rdn. 1–3).

10 Die allgemeine **Überwachung** bezieht sich nicht nur auf die **baulichen Vorgänge** selbst, sondern auch auf den **ordnungsgemäßen Zustand**

- **baulicher Anlagen** (s. die Anmerkungen zu § 2 Rdn. 27–55) sowie
- **anderer Anlagen und Einrichtungen im Sinne des § 1 Abs. 1 Satz 2 BauO NRW** (s. die Anmerkungen zu § 1 Rdn. 37–38).

Zu den Aufgaben gehört auch die Überwachung des **ordnungsgemäßen Zustands der Grundstücke**, soweit das Bauordnungsrecht überhaupt Anforderungen an diese stellt (s. die Anmerkungen zu § 1 Rdn. 27). Zu überwachende **bauliche Vorgänge** sind

- die **Errichtung** (s. die Anmerkungen zu § 3 Rdn. 20–22),
- die **Änderung** (s. die Anmerkungen zu § 3 Rdn. 23–24),
- der **Abbruch** (s. die Anmerkungen zu § 3 Rdn. 93–96),
- die **Nutzungsänderung** (s. die Anmerkungen zu § 3 Rdn. 97–107) und
- die **Instandhaltung** (s. die Anmerkungen zu § 3 Rdn. 25–30).

Die allgemeine Aufgabenbeschreibung wäre unvollständig, wenn § 61 Abs. 1 Satz 1 BauO NRW nicht auch die Überwachung der zulässigen **Nutzung** einer rechtmäßig errichteten Anlage in den Blick nähme, die vom passiven Bestandsschutz gedeckt wird (s. die Anmerkungen zu § 75 Rdn. 109).

Mit der **ordnungsgemäßen Nutzung** ist nicht die Pflicht verbunden, die Anlage jeweils den neuen materiellen Rechtsvorschriften anzupassen, weil insoweit für **Eingriffe in den Bestandsschutz** mit § 87 BauO NRW **besondere Regelungen** bestehen (s. die Anmerkungen zu § 87 Rdn. 1–9). Bezüglich bestehender baulicher Anlagen besteht auch **keine Verpflichtung** der Bauaufsichtsbehörden **zur ständigen und lückenlosen Überwachung des Bestandes**. Das wäre **praxisfremd** und gilt – wie § 81 BauO NRW ergibt – nicht einmal für die Bauüberwachung bei der Errichtung, der Änderung und dem Abbruch baulicher Anlagen (vgl. OVG Bremen, Urteil vom 26. 2. 1985 – 1 BA 56/84, BRS 44 Nr. 190). Die **Überwachungspflicht verdichtet** sich jedoch, wenn durch **Hinweise aus der Nachbarschaft** oder durch **Mitteilungen anderer Behörden** baurechtswidrige Zustände bekannt werden. Die Bauaufsichtsbehörde hat dann aufzuklären, ob Anlass zum Einschreiten besteht (so Boeddinghaus/Hahn/Schulte, zu § 61 Rdn. 9 unter Bezug auf OVG NRW, Beschluss vom 10. 12. 1985 – 7 B 2500/85, n. v.). 11

Die Aufgabe der Überwachung bezieht sich auf die **Einhaltung der öffentlich-rechtlichen Vorschriften**. Der zu überwachende Rechtskreis ist mit dem identisch, den auch die Bauherrn bei der Realisierung freigestellter Vorhaben zu beachten haben (s. die Anmerkungen zu § 65 Rdn. 2 und 186–187). Zu diesen zählen nicht nur die BauO NRW oder die auf sie gestützten Rechtsverordnungen und Satzungen, vielmehr gehören hierzu **alle Vorschriften des öffentlichen Baurechts**, insbesondere auch das **Bauplanungsrecht** (BVerwG, Urteil vom 25. 11. 1983 – 4 C 21.83, BRS 40 Nr. 52). Der Bund hat es nämlich insoweit dem Landesrecht überlassen, dafür Sorge zu tragen, dass die bauplanungsrechtlichen Vorgaben beachtet werden und weist deshalb in § 14 Abs. 2, § 15 Abs. 1, § 22 Abs. 5, § 31, § 36 Abs. 1 und § 173 Abs. 1 Satz 2 den „**Baugenehmigungsbehörden**“ die Aufgabe zu, die jeweiligen Entscheidungen zu treffen. Das Bauen wird ferner durch das Landschafts-, Wasser-, Immissionsschutz-, Straßen- und Denkmalrecht in starkem Maße beeinflusst, um nur einige praxisrelevante Rechtsgebiete aufzuzählen. Letzteres wird häufig begrifflich unscharf als „**Baunebenrecht**“ bezeichnet (zu diesem Begriff s. die Einleitung Rdn. 4 und 19–21). Infolge der starken Ausweitung des Baunebenrechts (s. die Anmerkungen zu § 72 Rdn. 5–9) ist der Überwachungsauftrag, soweit keine spezialgesetzliche Zuständigkeit der Fachbehörde besteht, jedoch nur durchführbar, wenn die Fachbehörden die Bauaufsichtsbehörden hierbei auch nachhaltig mit ihrem besonderen Fachwissen unterstützen (s. auch Nr. 61.1 VV BauO NRW, die eine Abstimmung ausdrücklich verlangt). 12

Aus § 60 Abs. 1 Nr. 3 in Verbindung mit § 61 Abs. 1 und § 62 BauO NRW ergibt sich die **Zuständigkeit** der **unteren** Bauaufsichtsbehörde **als Ordnungsbehörde** (s. die Anmerkungen zu § 60 Rdn. 11–14). Denn § 1 Abs. 2 OBG bestimmt, dass die Ordnungsbehörden die Aufgaben der Gefahrenabwehr nach den hierfür erlassenen besonderen Gesetzen und Verordnungen durchführen. In erster Linie sind die Rechtsvorschriften für das jeweilige Sachgebiet maßgebend. Nur soweit besondere Vorschriften zur Gefahrenabwehr fehlen oder diese besonderen Gesetze oder Verordnungen keine abschließenden Regelungen hierzu enthalten, kommt das **OBG subsidiär** zur Anwendung (vgl. Nr. 1.2 VV OBG). Da das Bauordnungsrecht eingehende und weitreichende Regelungen zur Gefahrenabwehr enthält, ist ein Rückgriff auf das OBG nur hinsichtlich weniger Be- 13 stimmungen erforderlich. Die Funktion der unteren **Bauaufsichtsbehörde als Sonderordnungsbehörde** nach § 12 OBG hat aber zur Folge, dass die **Aufsichtsbefugnisse der oberen Bauaufsichtsbehörde** nach den §§ 7–11 OBG gelten. Für die den unteren Bauaufsichtsbehörden durch Gesetz oder besondere Zuständigkeitsverordnung übertragenen Entscheidungen aufgrund des BauGB und des „Baunebenrechts" gelten diese Aufsichtsbefugnisse ebenso.

**14** Die unteren Bauaufsichtsbehörden können nur ordnungsbehördlich tätig werden, soweit ihre **instanzielle**, **sachliche** und **örtliche Zuständigkeit** gegeben ist (s. die Anmerkungen zu § 62 Rdn. 1–3). Auf die **strikte Einhaltung** dieser rechtlichen Vorgaben muss aus rechtsstaatlichen Gründen in der Vollzugspraxis außerordentlicher Wert gelegt werden. Es stellt vor dem Hintergrund der historischen Entwicklung (s. Rdn. 1–2) **keinen bloßen Formalismus** dar, wenn die Aufsichtsbehörden oder die Verwaltungsgerichte Ordnungsverfügungen der unteren Bauaufsichtsbehörden wegen Verletzung der Bestimmungen über die Zuständigkeit aufheben (müssen). Im Rahmen des repressiven Vorgehens besteht ein **Zwang zur genauen Beachtung der Eingriffsermächtigungen** und der **Voraussetzungen zum Einschreiten**, also damit zu einem „**bürokratischen**" Vorgehen im positiven Sinne. Aus diesem Grunde – und auch wegen der **Vorgaben des § 60 Abs. 3 BauO NRW** – hat das bauaufsichtliche Einschreiten stets durch entsprechend **ausgebildetes Personal** zu erfolgen (s. die Anmerkungen zu § 60 Rdn. 15–21). Die **Amtsträger** müssen nämlich über die zur Führung ihres Amtes **notwendigen Rechts- und Verwaltungskenntnisse** verfügen (BGH, Beschluss vom 28. 9. 1995 – III ZR 202/94, BRS 57 Nr. 119). Eine Anstellungskörperschaft, die nicht ausreichend geschulte Bedienstete mit ordnungsbehördlichen Aufgaben der Eingriffsverwaltung betraut und auch für deren fachliche Fortbildung keine Sorge trägt, kann bei Amtspflichtverletzungen, die von diesen Personen verursacht werden, keinen Rückgriff nehmen, da insoweit ein schwerwiegendes Organisationsverschulden vorliegt.

### 2.2 Zu Satz 2 – Befugnisse der Bauaufsichtsbehörde

#### 2.2.1 Generalermächtigung und Spezialermächtigungen

**15** Absatz 1 **Satz 2** regelt die **Befugnisse** der Bauaufsichtsbehörde bezüglich der wahrzunehmenden Aufgaben. Die Befugnisse ergeben sich in allgemeiner Form aus der – unbestimmte Rechtsbegriffe enthaltenden – Formulierung „... **in Wahrnehmung dieser Aufgaben nach pflichtgemäßem Ermessen die erforderlichen Maßnahmen ... treffen**". Hierdurch soll sichergestellt werden, dass „die öffentlich-rechtlichen **Vorschriften** und die aufgrund dieser Vorschriften erlassenen **Anordnungen**" eingehalten werden. Unter „**Vorschriften**" sind alle Bestimmungen in Gesetzen, Verordnungen oder Satzungen gemeint, die in Beziehung zu baulichen Vorgängen oder zur Nutzung baulicher Anlagen stehen (s. Rdn. 12). Mit „**Anordnungen**" meint der Gesetzgeber vornehmlich die **Nebenbestimmungen in Baugenehmigungen** für Sonderbauten, die dem Bauherrn für die Nutzungsphase Pflichten auferlegen, z. B. bestimmte technische Anlagen oder Einrichtungen wiederkehrend prüfen zu lassen oder bei bestimmten Veranstaltungen eine Feuersicherheitswache zu stellen.

**16** **Voraussetzung** für ein Einschreiten der Bauaufsichtsbehörde ist in jedem Fall, dass die entsprechende bauliche Anlage bzw. andere Anlage und Einrichtungen im Sinne des § 1 Abs. 1 Satz 2 BauO NRW oder die entsprechenden Baumaßnahme, gegen die eingeschritten werden soll, in **Widerspruch zu dem zu überwachenden öffentlichen Baurecht**

**oder zu einer Anordnung** steht. Je nach **Art des Einschreitens** muss unterschieden werden, ob ein Verstoß gegen **formelles** öffentliches Baurecht bereits ausreicht, oder ob vielmehr auch noch ein Verstoß gegen **materielles** Recht hinzutreten muss, um die angeordnete bauaufsichtliche Maßnahme zu rechtfertigen. Die angeordneten Maßnahmen werden auf § 61 Abs. 1 Satz 2 BauO NRW in Verbindung mit der verletzten Vorschrift gestützt. Das **Einschreiten** ist **nicht davon abhängig**, dass durch die **Nichteinhaltung der Vorschrift** oder der Anordnung eine **konkrete Gefahr** entsteht, es sei denn, das Vorliegen einer konkreten Gefahr ist Tatbestandsmerkmal der verletzten Bestimmung, wie dies z.B. § 14 Abs. 1, § 18 Abs. 2 oder § 19 Abs. 2 BauO NRW verlangen. Ist z.B. die Standsicherheit einer baulichen Anlage nicht gewährleistet, kann die Bauaufsichtsbehörde auch dann Maßnahmen zu ihrer Wiederherstellung anordnen, wenn keine akute Gefahr eines Einsturzes besteht (VGH B-W, Beschluss vom 12. 5. 1999 – 8 S 963/99, BRS 62 Nr. 201). Eine **konkrete Gefahr** ist jedoch **Eingriffsvoraussetzung**, wenn die bauaufsichtliche Maßnahme allein auf die **materielle Grundnorm** des § 3 Abs. 1 BauO NRW gestützt wird, weil eine spezielle Vorschrift fehlt.

Während das OVG NRW die frühere Fassung der Generalermächtigung – § 76 Abs. 1 BauO NW 1970 – in ständiger Rechtsprechung lediglich als Aufgabenzuweisungsnorm interpretierte (vgl. OVG NRW, Beschluss vom 10. 9. 1970 – X B 326/70, OVGE 26, 64) und deshalb darauf bestand, dass die Bauaufsichtsbehörden ihre Ordnungsverfügungen ergänzend auf die Generalklausel des **§ 14 Abs. 1 OBG als Ermächtigungsgrundlage** stützten, sahen dagegen verschiedene Autoren § 76 Abs. 1 Satz 2 BauO NW 1970 als den § 14 Abs. 1 OBG verdrängende bauaufsichtliche Ermächtigungsnorm an (s. Knemeyer, Polizei- und Ordnungsrecht, 1984, Rdn. 358 und Pappermann/Gubelt, Fälle zum Wahlfach Bau- und Raumordnungsrecht sowie Straßenrecht, JuS-Schriftenreihe Heft 26, 2. Auflage 1979, S. 83). Die Streitfrage wurde vom Gesetzgeber mit der BauO NW 1984 durch Änderung der Formulierung entschieden. Ein Rückgriff auf § 14 Abs. 1 OBG ist daher für ein Einschreiten im Rahmen der Aufgabenzuweisung nach § 61 Abs. 1 Satz 1 BauO NRW nicht erforderlich; es reicht aus die entsprechende Ordnungsverfügung auf **§ 61 Abs. 1 Satz 2 BauO NRW** zu stützen (vgl. Boeddinghaus/Hahn/Schulte, zu § 61 Rdn. 11 und 24). Als Ermächtigungsgrundlage kommt § 14 Abs. 1 OBG nur noch in Betracht, wenn und soweit die baurechtlichen Vorschriften dazu Raum lassen (OVG NRW, Urteil vom 19. 9. 1991 – 11 A 1178/89, BRS 52 Nr. 226). Angesichts der umfassenden Regelungen der BauO NRW können dies nur solche seltenen Ausnahmefälle sein, in denen die Bauaufsichtsbehörde in Anwendung des § 6 OBG (s. hierzu Nr. 6.11 VV OBG) wegen Gefahr im Verzug die Befugnisse einer anderen Ordnungsbehörde ausübt oder im Zusammenhang mit einem Bauvorhaben Verstöße gegen **Vorschriften nichtbaurechtlicher Art** unterbunden werden sollen (vgl. OVG NRW, Urteil vom 27. 9. 2000 – 5 A 4916/98, BauR 2001, 381 zu einer auf § 14 Abs. 1 OBG gestützten Ordnungsverfügung, mit der Spielabläufe in einem „Laserdrom“ untersagt wurden, die ein „spielerisches Töten“ von Menschen zum Gegenstand haben). 17

Die **Ermächtigung** des § 61 Abs. 1 Satz 2 BauO NRW **deckt alle Maßnahmen** ab, die nach objektiven Gesichtspunkten **erforderlich** sind, um **ordnungsgemäße Zustände** oder **ordnungsgemäßes Verhalten** herbeizuführen. Das wichtigste **Handlungsinstrument** bildet dabei die **Ordnungsverfügung**, zu deren richtiger Anwendung neben der umfangreichen Literatur vor allem zahllose gerichtliche Entscheidungen zu beachten sind, die kaum noch überblickt werden können, aber von den Gerichten entwickelte Grundsätze für das bauaufsichtliche Einschreiten enthalten (kritisch hierzu Mampel, Bauordnungs- 18 verfügungen, BauR 2000, S. 996 ff.). Von der Ermächtigung gedeckt sind keineswegs nur die „klassischen“ Ordnungsverfügungen mit dem Ziel

- der **Einstellung unzulässiger Bauarbeiten**,
- der **Einstellung einer unzulässigen Nutzung** oder
- der **Beseitigung unzulässiger baulicher Anlagen**,

wenn auch diese **Standardmaßnahmen der repressiven Kontrolle** in der Praxis am häufigsten vorkommen. Die Absätze 3 bis 5 des § 61 BauO NRW nennen ausdrücklich weitere Handlungsmöglichkeiten, nämlich

- die **Heranziehung von Sachverständigen oder sachverständigen Stellen**,
- die **Untersagung der Verwendung unzulässiger Bauprodukte**,
- die **Entwertung oder Beseitigung unzulässiger bauproduktenrechtlicher Kennzeichnungen**,
- die **Einstellung genehmigter Bauarbeiten wegen Verwendung unzulässiger Bauprodukte**.

19 Zu nennen sind außer den ohnehin bereits in §§ 81 und 82 BauO NRW aufgeführten **speziellen Befugnissen im Rahmen der Bauüberwachung und der Bauzustandsbesichtigungen** noch weitere in der BauO NRW und in einzelnen Bestimmungen von Verordnungen aufgrund der BauO NRW ausdrücklich genannte **Spezialermächtigungen**, wie z. B.

- das **Verlangen nach Bereitstellung von Spielflächen für Kleinkinder für bestehende Gebäude mit Wohnungen** gemäß § 9 Abs. 2 Satz 5 BauO NRW (s. die Anmerkungen zu § 9 Rdn. 67–70), das auch durch Satzung nach § 86 Abs. 2 Nr. 2 BauO NRW begründet sein kann (s. die Anmerkungen zu § 86 Rdn. 60–61),
- das **Verlangen nach Ersetzung eines nicht geeigneten Entwurfsverfassers, Unternehmers oder Bauleiters** gemäß § 57 Abs. 3 BauO NRW, das mit der **Einstellung der genehmigten Bauarbeiten** verbunden werden kann, **bis dem Verlangen entsprochen ist** (s. die Anmerkungen zu § 57 Rdn. 33–38),
- das an den Bauherrn gemäß § 57 Abs. 5 Satz 2 BauO NRW gerichtete **Verlangen nach Benennung des Unternehmers für bestimmte Arbeiten** (s. die Anmerkungen zu § 57 Rdn. 42),
- die **Untersagung der Aufstellung oder des Gebrauchs Fliegender Bauten** gemäß § 79 Abs. 8 BauO NRW, die mit der **Einziehung des Prüfbuchs** verbunden werden kann (s. die Anmerkungen zu § 79 Rdn. 34 und 36),
- das **Verlangen nach Anpassung rechtmäßig bestehender Anlagen an neues Bauordnungsrecht** gemäß § 87 Abs. 1 BauO NRW (s. die Anmerkungen zu § 87 Rdn. 1 und 2),
- das **Verlangen nach Vorlage der Prüfberichte über die wiederkehrende Prüfung bestimmter technischer Anlagen** oder der **Anerkennungsbescheide der Sachverständigen** gemäß § 2 Abs. 2 Nr. 7 und 8 TPrüfVO,
- das **Verlangen nach Änderung der Mündung von Schornsteinen oder Abgasleitungen** gemäß § 9 Abs. 2 FeuVO NW.

### 2.2.2 Vorgaben für das ordnungsbehördliche Handeln

Die **Art des Vorgehens** schreibt die Generalermächtigung nicht vor. Die Auswahl steht im „**pflichtgemäßen Ermessen**" der Bauaufsichtsbehörde. Aus der Einräumung eines Ermessens folgt, dass die Bauaufsichtsbehörde **auf ein Einschreiten verzichten** kann, weil sie dieses angesichts der **Geringfügigkeit** des Verstoßes nicht für erforderlich erachtet. Es kommt jede „**Maßnahme**" in Betracht, die zur Beseitigung des ordnungswidrigen Zustands oder Verhaltens geeignet ist. Unter Maßnahme versteht die BauO NRW in Anlehnung an die Diktion des Ordnungs- und Polizeirechts nicht nur den „**Verwaltungsakt**", sondern vielmehr auch den „**Realakt**", der eine rein tatsächliche Handlung meint, die auf einen bestimmten Erfolg zielt, wie z.B. die **Belehrung der am Bau Beteiligten** über ein ordnungswidriges Verhalten. In manchen Fällen wird **regelmäßiges Kontrollieren**, ein geeigneter **Hinweis** oder auch eine **Ermahnung** ausreichen, um die Einhaltung des öffentlichen Baurechts zu gewährleisten. Oft wird aber auch die zwangsweise Durchsetzung des öffentlichen Rechts unumgänglich sein. 20

**Anordnungen der Ordnungsbehörde**, 21

- durch die **von bestimmten Personen** oder **von einem bestimmten Personenkreis** ein **Handeln**, **Dulden** oder **Unterlassen** verlangt wird oder
- durch die die **Versagung**, **Einschränkung** oder **Zurücknahme** einer **rechtlich vorgesehenen**, **ordnungsbehördlichen Erlaubnis** oder **Bescheinigung** ausgesprochen wird,

werden nach § 20 Abs. 1 OBG als **Ordnungsverfügungen** bezeichnet. Sie erfüllen zugleich den **Begriff des „Verwaltungsaktes"** im Sinne des § 35 VwVfG. NRW. und sind somit **belastende** Verwaltungsakte. Wird eine in den Zuständigkeitsbereich der Bauaufsichtsbehörde fallende ordnungsbehördliche Erlaubnis oder Bescheinigung, wie z.B. die Baugenehmigung, die Teilbaugenehmigung oder der Vorbescheid, versagt, eingeschränkt oder zurückgenommen, soll dieser Verwaltungsakt ausdrücklich als Ordnungsverfügung bezeichnet werden (so Nr. 20.11 VV OBG). Aus § 20 Abs. 1 OBG ergibt sich im Umkehrschluss, dass **begünstigende** Verwaltungsakte, wie z.B. die antragsgemäß erteilte Baugenehmigung oder Teilbaugenehmigung, **keine** Ordnungsverfügungen sind.

Im Rahmen der Aufgabenwahrnehmung nach § 61 Abs. 1 BauO NRW wird „**eingeschritten**" 22

- in der Regel nach § 20 Abs. 1 Satz 1 OBG durch den **Erlass einer schriftlichen Ordnungsverfügung** als Abschluss des Verwaltungsverfahrens nach dem VwVfG. NRW. und gegebenenfalls bei Nichtbefolgung durch anschließende zwangsweise Durchsetzung der angeordneten Maßnahmen mit den Mitteln der **Verwaltungsvollstreckung** nach den §§ 55 ff. VwVG NRW oder
- in seltenen Fällen nach § 20 Abs. 1 Satz 2 OBG durch den **Erlass einer mündlichen Ordnungsverfügung** „bei Gefahr im Verzug" und gegebenenfalls bei Nichtbefolgung durch Anwendung von **Verwaltungszwang ohne vorausgehenden Verwaltungsakt** nach § 55 Abs. 2 VwVG NRW, wenn die Behörde „innerhalb ihrer gesetzlichen Befugnisse" handelt und das zur Abwehr einer „gegenwärtigen Gefahr" notwendig ist.

Abweichungen vom Grundsatz der Schriftform sind gemäß § 20 Abs. 1 Satz 2 OBG lediglich „**bei Gefahr im Verzug**" zulässig. So kann z.B. der Bedienstete der Bauaufsichtsbehörde, der vor einer Baustelle auf dem Gehweg liegende einzelne Holzpfosten vorfindet, die Bauarbeiter auffordern, diese sofort auf die Baustelle zu verbringen. Die getroffene **mündliche Anordnung** ist nachträglich **auf Verlangen schriftlich zu bestätigen**. Auch ohne Verlangen des Betroffenen soll jedoch von Amts wegen geprüft werden, ob eine **nachträgliche schriftliche Bestätigung** erfolgt, da diese vor allem im Hinblick auf eine sichere Grundlage für den **Lauf der Rechtsmittelfrist** zweckmäßig ist (vgl. Nr. 20.12 VV OBG). Die mündliche Ordnungsverfügung darf nicht mit der Anwendung von Verwaltungszwang ohne vorausgehenden Verwaltungsakt nach § 55 Abs. 2 VwVG NRW verwechselt werden. Der Bedienstete der Bauaufsichtsbehörde hätte aufgrund des regen Fußgängerverkehrs wegen der gegenwärtigen Gefahr des Stolperns von Passanten die Holzpfosten sofort selbst auf die Baustelle verbringen können, weil z. B. keine Bauarbeiter auf der Baustelle waren. In diesem Falle greift er zum Mittel der Verwaltungsvollstreckung, ohne zuvor eine Ordnungsverfügung ausgesprochen zu haben (s. Rdn. 82–83).

**23** Die Bauaufsichtsbehörden erfüllen als Sonderordnungsbehörden ordnungsbehördliche Aufgaben nach Maßgabe des § 61 Abs. 1 BauO NRW in Verbindung mit § 14 Abs. 2 Satz 2 OBG. Insoweit sind sie wegen der **Verweisungen in § 24 OBG** auch befugt, bestimmte Vorschriften des **PolG NRW** anzuwenden, soweit sich dies als erforderlich erweist. Die **Vollstreckung** von bauaufsichtlichen Maßnahmen richtet sich nach dem **VwVG NRW**, wobei **Zwangsmittel** zum Einsatz kommen.

Vereinzelt leisten Betroffene bei der Anwendung der Ersatzvornahme oder des unmittelbaren Zwangs **Widerstand**, der gemäß § 65 Abs. 2 VwVG NRW mit Gewalt gebrochen werden kann. Hierbei können und sollten die Bauaufsichtsbehörden die **Amtshilfe der Polizei** in Anspruch nehmen. Bei Anwendung des OBG, des VwVG NRW und des PolG NRW kann im Einzelfall recht massiv in die Rechte der am Bau Beteiligten eingegriffen werden.

Die zuständigen obersten Landesbehörden haben zur **Sicherstellung eines rechtsstaatlichen Vollzugs** dieser Rechtsvorschriften für die **Eingriffsverwaltung** folgende Verwaltungsvorschriften erlassen, die auch von den Bediensteten der Bauaufsichtsbehörden zu beachten sind:

– die Verwaltungsvorschrift zur Durchführung des Ordnungsbehördengesetzes – **VV OBG** vom 4. 9. 1980 (MBl. NRW. S. 2114), z.g.d. RdErl. vom 26. 10. 2006 (MBl. NRW. S. 540),

– die Verwaltungsvorschrift zum Verwaltungsvollstreckungsgesetz – **VV VwVG NRW** vom 9. 10. 2004 (MBl. NRW. S. 890),

– die Verwaltungsvorschrift zum Polizeigesetz – **VV PolG NRW** vom 19. 12. 2003 (MBl. NRW. 2004 S. 82),

**24** Da die **mit Überwachungsaufgaben betrauten Bediensteten** der Bauaufsichtsbehörden unmittelbar vor Ort den am Bau Beteiligten gegenübertreten und in ihrer **ordnungsbehördlichen Funktion** auch befugt sind **Verwaltungszwang** anzuwenden, müssen sie gemäß § 13 Abs. 1 Satz 2 OBG in Verbindung mit § 68 Abs. 2 VwVG NRW einen **behördlichen Ausweis** (Dienstausweis) bei sich führen. Der von der Anstellungs- bzw. Beschäftigungsbehörde auszustellende **Dienstausweis** sollte – anders als ein allgemeiner Dienstausweis – die Berechtigung des Bediensteten zur Ausübung des Verwaltungszwangs beinhalten, um mögliche Zweifel über die Befugnisse der Bediensteten von vornherein auszuschließen, und ist **bei örtlichen Baustellenkontrollen** stets **unaufgefordert vorzuzeigen**.

### 2.3 Anforderungen an Ordnungsverfügungen

#### 2.3.1 Sachverhaltsermittlung, Information, Beratung und Anhörung

Bevor die Bauaufsichtsbehörde das ihr eingeräumte Ermessen über die Einleitung ordnungsbehördlicher Maßnahmen (**Entschließungsermessen** und **Auswahlermessen**) ausüben kann, ist entsprechend dem **Untersuchungsgrundsatz** die **Erforschung des genauen Sachverhalts** von Amts wegen durchzuführen. Dies ist besonders für beabsichtigte **Ordnungsverfügungen** mit dem Ziel der Beseitigung, der Nutzungsuntersagung oder der Baueinstellung von größter Bedeutung, weil diese Maßnahmen erfahrungsgemäß von den Betroffenen mit Rechtsmitteln angegriffen werden. In einem solchen Verfahren prüft das Verwaltungsgericht, ob die Bauaufsichtsbehörde im Rahmen der Ermächtigung gehandelt hat. Zu diesem Zweck sind regelmäßig erforderlich: **25**

- die **Besichtigung der Örtlichkeit**,
- die **Feststellung der Rechtsverletzung**,
- die **Ermittlung der Beteiligten** und
- die **Befragung von Zeugen**.

Es versteht sich von selbst, dass die **Ergebnisse** der Untersuchungen **vollständig zu den Akten** genommen werden müssen, weil sie die **Grundlage jeder Ermessensentscheidung** bilden. Nach Anordnung einer Maßnahme, also nachdem bereits eine Ermessensentscheidung vorliegt, lässt sich eine zur Begründung der Ermessensentscheidung erforderliche Sachaufklärung nicht mehr nachholen. Die Bauaufsichtsbehörde läuft dann Gefahr, dass im Zuge der verwaltungsgerichtlichen Kontrolle die Ordnungsverfügung aufgehoben werden muss, weil **aufgrund ungenügender Sachaufklärung** das **Ermessen nicht richtig ausgeübt** werden konnte.

Die Bauaufsichtsbehörde muss nicht sofort eine schriftliche Ordnungsverfügung erlassen, wenn für die Beseitigung des ordnungswidrigen Zustands das Verstreichen eines gewissen Zeitraums in Kauf genommen werden kann. Sie sollte sich in einem solchen Fall zunächst darauf beschränken, den **Ordnungspflichtigen** über den festgestellten ordnungswidrigen Zustand zu **informieren**. Die Information kann zusammen mit einer **Beratung** im persönlichen Gespräch aus Anlass einer Kontrolle vor Ort erfolgen, wenn dies nicht durch das Verhalten des Betroffenen unmöglich gemacht wird, was in der Vollzugspraxis leider immer wieder zu beobachten ist. Erfolgt die **Unterrichtung** über einen festgestellten ordnungswidrigen Zustand in einem **einfachen Schreiben**, sollte zugleich die Herstellung eines ordnungsgemäßen Zustands empfohlen werden, um ein ordnungsbehördliches Einschreiten zu erübrigen. Manche Bürger empfinden es geradezu als ehrverletzend, wenn die Bauaufsichtsbehörde sofort ordnungsbehördliche Schritte einleitet, ohne nicht zuvor die Möglichkeit zur freiwilligen Beseitigung des festgestellten Mangels einzuräumen. Der Bauaufsichtsbehörde geht auch keineswegs „kostbare Zeit" für das eventuell dennoch erforderlich werdende ordnungsbehördliche Einschreiten verloren, weil das Schreiben als Anhörung im Sinne des § 28 VwVfG. NRW. fungiert, die im Regelfall vor Erlass einer Ordnungsverfügung ohnehin erforderlich wird. **26**

**Vor** Erlass einer schriftlichen Ordnungsverfügung, die als belastender Verwaltungsakt zu qualifizieren ist (s. Rdn. 21), sind die Beteiligten gemäß § 28 VwVfG. NRW. **anzuhören**. Auf die **Anhörung** besteht im modernen Rechtsstaat ein **Rechtsanspruch**. Sie ist **keine bloße Formalie** und auch nicht dazu bestimmt, den Beteiligten eine verbesserte **27**

Möglichkeit zur Abwehr der beabsichtigten Maßnahme zu verschaffen oder durch übertriebene Ausnutzung dieses Rechtsinstituts die abschließende Entscheidung hinauszuzögern. Die Anhörung dient dem Ziel der **Sachaufklärung**. Denn es gibt in jedem Verwaltungsverfahren wichtige Gesichtspunkte, die der Bauaufsichtsbehörde trotz gründlicher Ermittlungen noch nicht bekannt sind, die aber in die Ermessensentscheidung eingestellt werden müssen, wie z. B. nur dem Bauherrn bekannte Besonderheiten der baulichen Anlage. Von einer Anhörung kann unter den Voraussetzungen des § 28 Abs. 2 und Abs. 3 VwVfG. NRW. abgesehen werden. Im bauaufsichtlichen Bereich wird von den in § 28 Abs. 2 VwVfG. NRW. genannten Fällen lediglich Nr. 1 Anwendung finden, wenn nämlich die sofortige Entscheidung „wegen Gefahr im Verzug oder im öffentlichen Interesse notwendig" ist. Eine unterbliebene Anhörung kann zwar nach § 45 Abs. 2 VwVfG. NRW. bis zum Abschluss des erstinstanzlichen, verwaltungsgerichtlichen Verfahrens nachgeholt werden, dabei besteht aber die Möglichkeit, dass wichtige Aspekte nachträglich bekannt werden, die die bereits getroffene Ermessensentscheidung rechtswidrig machen.

### 2.3.2 Formvorschriften, Bestimmtheitsgebot

**28** Mit wenigen Ausnahmen (s. Rdn. 22) sind Ordnungsverfügungen **schriftlich** zu erlassen (zur Abfassung von Ordnungsverfügungen vgl. Rüssel/Sensburg, Bescheidtechnik im Verwaltungsverfahren, VR 2004, S. 37 ff.). Nach Nr. 20.11 VV OBG sollen die in § 20 Abs. 1 Satz 1 OBG genannten Verfügungen zur Vermeidung von Zweifeln hinsichtlich Form, Inhalt und anwendbarer Rechtsmittel ausdrücklich als „**Ordnungsverfügungen**" bezeichnet werden. Wenngleich es sich bei der VV OBG um eine allgemeine Weisung nach § 9 Abs. 2 Buchstabe a OBG handelt, macht das Fehlen dieser Bezeichnung die Ordnungsverfügung nicht formell rechtswidrig (so Wiegand/Heider/Geyer, Ordnungsbehördengesetz Nordrhein-Westfalen, 9. Aufl. 2001, S. 5). Das Schreiben der Behörde enthält zweckmäßigerweise in Ausfüllung dieser Vorgabe nach der Anrede und dem einleitenden Satz mit den **Zitaten der anzuwendenden Rechtsvorschriften** eine entsprechend fett gedruckte Überschrift, an die sich die Schilderung der angeordneten Maßgabe anschließt. Die schriftliche Ordnungsverfügung ist gemäß § 39 VwVfG. NRW. zu **begründen**. In die Begründung aufzunehmen sind der Sachverhalt, der Rechtsverstoß und die Beweggründe für das bauaufsichtliche Einschreiten. Dazu gehört auch eine Darlegung der Gesichtspunkte, von denen die Bauaufsichtsbehörde bei der Ausübung des Ermessens ausgegangen ist (s. Rdn. 34). Das Fehlen der Begründung kann nur nach Maßgabe der §§ 45 und 46 VwVfG. NRW. nachträglich geheilt werden. Die Ordnungsverfügung ist nach § 20 Abs. 2 OBG mit einer **Rechtsmittelbelehrung** zu versehen. Sie muss nach § 37 Abs. 3 VwVfG. NRW. die **erlassende Behörde** erkennen lassen und die **Unterschrift** oder die **Namenswiedergabe des Behördenleiters**, seines **Vertreters** oder **Beauftragten** enthalten. Werden Vordrucke der Verlage verwendet, ist unbedingt darauf zu achten, dass die erlassende Behörde eingetragen wird, da die Verfügung anderenfalls gemäß § 44 Abs. 2 Nr. 1 VwVfG. NRW. nichtig ist.

**29** Die in der Ordnungsverfügung aufgegebene bauaufsichtliche Maßnahme muss **hinreichend bestimmt** formuliert sein (§ 37 Abs. 1 VwVfG. NRW.). So ist eine Verfügung unzureichend bestimmt, die dem Bauherrn aufgibt, gefahrdrohende Teile bei Einsturzgefahr zu beseitigen (OVG NRW, Beschluss vom 12. 4. 1951 – IV B 537/50, BRS 2 VA1b S. 79). Die nach § 23 Abs. 1 VwVfG. NRW. für Behörden verbindliche **Amtssprache** umfasst die **deutsche Umgangssprache** und die **Fachsprache**; die Verwendung fremdsprachiger Begriffe der Fachsprache ist zulässig, wenn diese Begriffe in einem Fachgebiet allgemein geläufig sind, wenn sich eine einheitliche und bedeutungsgleiche Übersetzung (noch) nicht herausgebildet hat oder wenn auch dem (nur) deutsch sprechenden Fachmann ihre Bedeutung ohne weiteres klar ist (OVG NRW, Beschluss vom 8.4.2005 – 10 B 2730/04, BauR 2005, 1309 = BRS 69 Nr. 193 zu einem „Showroom").

Das **Bestimmtheitsgebot** beruht auf dem **Grundsatz der Rechtsstaatlichkeit**. Die Verfügung ist rechtswidrig, wenn z. B. der Betroffene nur durch Befragung eines Sachverständigen wissen kann, was von ihm verlangt wird (OVG Bln, Urteil vom 4.3.1955 – III B 86.54, BRS 4 VA 1 b S. 122 und OVG NRW, Urteil vom 24.1.1983 – 7 A 1742/82, Eildienst Landkreistag Nordrhein-Westfalen 1984, 137). Die angeordnete Handlung ist so eindeutig festzulegen, dass sowohl der Pflichtige als auch die Vollstreckungsbehörde den genauen Umfang der Verpflichtungen **zweifelsfrei** entnehmen kann (BayVGH, Urteil vom 12.3.1976 – Nr. 230 II 74, BRS 30 Nr. 167 und OVG NRW, Urteil vom 25.3.1985 – 11 A 2823/84, n. v.). **Unklarheiten** gehen **zu Lasten der Bauaufsichtsbehörde**; gibt z. B. diese dem Bauherrn die Beseitigung einer Überdachung auf, obwohl sie eigentlich die Niederlegung des Gesamtbauwerks erreichen wollte, so folgt aus der Ordnungsverfügung nicht, dass auch die Seitenwände entfernt werden müssen (VGH B-W, Urteil vom 26.6.1975 – III 995/74, BRS 29 Nr. 91). Das Bestimmtheitsgebot ist in jedem Stadium des Vollstreckungsverfahrens zu beachten; dies gilt auch bei Bestandskraft der Grundverfügung sowie in Fällen, in denen der Pflichtige in einem vorausgegangenen, auf die Grundverfügung bezogenen Hauptsacheverfahren die Bestimmtheit nicht in Zweifel gezogen hat (OVG NRW, Beschluss vom 16.1.1998 – 10 B 3029/97, BRS 60 Nr. 171). 29 a

### 2.3.3 Adressat, Bekanntgabe, Zustellung

Ordnungsverfügungen können **nur gegen ordnungspflichtige Personen** ergehen, die **verwaltungsverfahrensrechtlich beteilungsfähig** sind. Dabei ist es gleichgültig, ob es sich um **natürliche** oder **juristische** Personen handelt. Den juristischen Personen stehen **Organisationen mit körperschaftlicher Verfassung** gleich (hierzu s. OVG Lüneburg, Urteil vom 16.3.1978 – I A 111/76, BRS 33 Nr. 180 zu einem nicht rechtsfähigen Verein). Fehlt eine solche, sind die einzelnen Berechtigten in Anspruch zu nehmen (BayVGH, Urteil vom 31.3.1978 – Nr. 40 II 75, BRS 33 Nr. 181 zu einer Bruchteilsgemeinschaft). Nach den **allgemeinen Regeln** (§§ 17 und 18 OBG) kommen sowohl der **Verhaltensstörer** als auch der **Zustandsstörer** in Betracht, soweit die BauO NRW keine speziellen Regeln enthält (vgl. Rabe/Heintz, S. 431 ff. Rdn. 70–73). 30

**Spezielle Regeln** über die **Verantwortlichkeit der am Bau Beteiligten** bestehen mit den **§§ 56 bis 59 a BauO NRW** (s. die Anmerkungen vor §§ 56 bis 58 Rdn. 6 und 7), die nur die eigentliche **Phase des Bauens** erfassen, nicht jedoch die danach folgende Nutzungsphase. Weitergehend legen verschiedene **Sonderbauverordnungen** die **Verantwortlichkeit bestimmter Personen** für bestimmte Aufgaben während der **Nutzungsphase** fest. So verlangt z. B. § 24 Abs. 1 VkVO, dass während der **Betriebszeit** einer Verkaufsstätte der **Betreiber** oder eine von ihm bestimmte Vertretung **ständig anwesend** sein muss. Maßnahmen zur Beseitigung baurechtswidriger Zustände sind **während der Bauzeit grundsätzlich** gegen den **Bauherrn** (§ 57 BauO NRW) in seiner Eigenschaft als **Verhaltensstörer** zu richten. Als Ordnungspflichtige kommen **daneben** aber auch der **Entwurfsverfasser** (§ 58 BauO NRW), der **Unternehmer** (§ 59 BauO NRW) und der **Bauleiter** (§ 59a BauO NRW) **insoweit** in Betracht, **als diesen Personen** durch die entsprechenden Bestimmungen **Pflichten auferlegt** sind. 30 a

30 b Bei **bestehenden Bauten**, das heißt nach endgültigem Abschluss der Bauarbeiten, sind Ordnungsverfügungen zur Beseitigung rechtswidriger Nutzungen oder zur Beseitigung von Mängeln gemäß § 18 OBG gegen den **Eigentümer** oder den **Besitzer** als **Zustandsstörer** zu richten (s. die Anmerkungen vor §§ 56 bis 59 a und zu § 56), soweit nicht Sonderbauverordnungen spezielle Regeln enthalten, die dann wegen der Subsidiarität des OBG vorgehen (s. Rdn. 13). Für den ordnungsgemäßen Zustand einer baulichen Anlage ist der Eigentümer grundsätzlich ohne Rücksicht auf seine Leistungsfähigkeit verantwortlich (BVerwG, Beschluss vom 11. 4. 1989 – 4 B 65.89, BRS 49 Nr. 143). **Polizeilicher und zivilrechtlicher Eigentumsbegriff stimmen überein**. Bei einer rechtsgeschäftlichen Eigentumsübertragung endet daher die Zustandshaftung des bisherigen Eigentümers erst mit der Eintragung des neuen Eigentümers im Grundbuch (VGH B-W, Urteil vom 30. 4. 1996 – 10 S 2163/95, DÖV 1996, 1057). Die **Zustandshaftung** des Eigentümers ist allerdings mit Blick auf Art. 14 Abs. 1 GG **nicht unbegrenzt** (BVerfG, Beschluss vom 16. 2. 2000 – 1 BvR 242/91 und 1 BvR 315/99, BRS 63 Nr. 212 zu den Grenzen der Zustandshaftung für die Grundstückssanierung bei Altlasten). Gemäß § 18 Abs. 2 OBG kann die Bauaufsichtsbehörde die Maßnahme gegen den **Inhaber der tatsächlichen Gewalt** richten und muss dies sogar tun,

– wenn dieser gegen den Willen des Eigentümers oder eines anderen Verfügungsberechtigten die tatsächliche Gewalt ausübt oder
– auf einen im Einvernehmen mit dem Eigentümer schriftlich oder protokollarisch gestellten Antrag von der Bauaufsichtsbehörde als allein verantwortlich anerkannt wird.

Zur Auslegung des Begriffs „Inhaber der tatsächlichen Gewalt“ können die Bestimmungen der §§ 854–856 BGB herangezogen werden (OVG NRW, Urteil vom 13. 5. 1976 – X A 1076/74, BRS 30 Nr. 164). Im Falle einer bordellartigen Nutzung von Räumlichkeiten ist es ermessensfehlerfrei, die Verfügung an den Grundstückseigentümer und nicht vorrangig an den Mieter zu richten (Hamb. OVG, Beschluss vom 10. 6. 2005 – 2 Bs 144/05, BauR 2005, 1911 = BRS 69 Nr. 187).

31 Zu berücksichtigen hat die Bauaufsichtsbehörde stets, ob an der baulichen Anlage, deren rechtswidriger Zustand oder rechtswidrige Nutzung Anlass zum Einschreiten bietet, **Rechte Dritter** bestehen. Dem Verantwortlichen kann nur etwas rechtlich Mögliches aufgegeben werden, so dass gegebenenfalls entgegenstehende private Rechte Dritter an dem betreffenden Bauwerk durch eine so genannte **Duldungsverfügung** (nicht zu verwechseln mit der Duldung einer rechtswidrigen baulichen Anlage, s. Rdn. 75–76) überwunden werden müssen. Derartige Verfügungen können auf die Befugnisnorm des § 61 Abs. 1 BauO NRW gestützt werden (BVerwG, Beschluss vom 13. 7. 1994 – 4 B 129/94, BauR 1994, 494 = BRS 56 Nr. 203; Hess. VGH, Beschluss vom 15. 9. 1994 – 4 TH 655/94, BRS 56 Nr. 200; OVG Saar, Beschluss vom 25. 6. 1990 – 1 W 13/90, BRS 50 Nr. 211; Thür. OVG, Beschluss vom 27. 2. 1997 – 1 EO 235/96, BRS 59 Nr. 216 = DÖV 1997, 555). So ist z. B. dem Mieter eines zu beseitigenden Hauses aufzugeben, den Abriss des Hauses zu dulden (BVerwG, Beschluss vom 13. 7. 1994 – 4 B 129.94, BauR 1994, 740 = BRS 56 Nr. 203). Ein **Nutzungsverbot** ist gegebenenfalls gegenüber dem Mieter auszusprechen; eine Verfügung, die dem Vermieter aufgibt, den Mieter aus dem Mietobjekt zu setzen, ist rechtswidrig (OVG NRW, Urteil vom 24. 11. 1988 – 7 B 2677/88, n. v.). Der Mieter, dem die Duldung einer gegen den Eigentümer erlassenen vollziehbaren Anordnung auf Beseitigung einer baurechtswidrigen Anlage aufgegeben wird, kann sich gegenüber dieser Duldungsanordnung grundsätzlich nicht mehr auf Mängel berufen, die der Beseitigungsanordnung anhaften (OVG Bln, Beschluss vom

28. 2. 1997 – 2 S 28.96, BRS 59 Nr. 208). Verfügungen gegen nur einen Miteigentümer (vgl. Hess. VGH, Beschluss vom 5. 7. 1982 – IV TH 14/82, BRS 39 Nr. 221) oder einen sonstigen Verantwortlichen sind nicht rechtswidrig, sondern können nur bis zum Erlass einer vollziehbaren Duldungsverfügung gegen die übrigen Eigentümer oder Dritte nicht vollstreckt werden.

Die bauaufsichtliche Eingriffsverfügung wirkt grundsätzlich auch gegen den **Rechtsnachfolger des Adressaten** (BVerwG, Urteil vom 28. 4. 1972 – IV C 42.69, BRS 25 Nr. 205; OVG Rh-Pf, Urteil vom 26. 7. 1983 – 8 A 62/83, BRS 40 Nr. 234; OVG NRW, Urteil vom 9. 9. 1986 – 11 A 1538/86, BRS 46 Nr. 196 = NVwZ 1987, 427). Diese Wirkung besteht unabhängig davon, ob es sich um Gesamtrechtsnachfolge (z. B. Erbschaft), Einzelrechtsnachfolge (z. B. Kaufvertrag, OVG NRW, Urteil vom 9. 9. 1986, a. a. O., unter Ablehnung der gegenteiligen Meinung des OVG Lüneburg, Urteil vom 4. 5. 1979 – I A 66/78, BRS 35 Nr. 132; vgl. Schoch, Rechtsnachfolge in die bauordnungsrechtliche Beseitigungsverfügung, BauR 1983, S. 53 ff.) oder um einen „originären“ Erwerb im Rahmen der Zwangsversteigerung handelt. 32

Ordnungsverfügungen sind Verwaltungsakte und bedürfen gemäß § 41 Abs. 1 Satz 1 VwVfG. NRW. der **Bekanntgabe an den Adressaten**. Nach § 41 Abs. 1 Satz 2 VwVfG. NRW. kann die Bekanntgabe auch an einen **Bevollmächtigten** erfolgen. Wurde ein Verwaltungsakt einem Nichtbevollmächtigten bekannt gegeben, bleibt dieser Mangel unbeachtlich, wenn der nunmehr Bevollmächtigte Widerspruch einlegt, ohne den Bekanntgabefehler zu rügen (OVG Bln, Beschluss vom 17. 8. 2000 – 2 SN 21.00, BRS 63 Nr. 217). Weder das OBG noch die BauO NRW enthalten Vorgaben zur **Form** der Bekanntgabe, so dass die Übersendung als einfacher Brief ausreicht. Die Ordnungsverfügung gilt gemäß § 41 Abs. 2 VwVfG. NRW. mit dem dritten Tage nach der Aufgabe zur Post als bekannt gegeben, außer wenn der Brief nicht oder zu einem späteren Zeitpunkt zugegangen ist; im Zweifel hat die Bauaufsichtsbehörde den Zugang des Briefes und den Zeitpunkt des Zuganges nachzuweisen. Mit der Bekanntgabe mittels einfachem Brief sind Unsicherheiten verbunden, weshalb sich eine formelle **Zustellung** nach den Vorschriften des LZG in Verbindung mit dem VwZG empfiehlt (s. die Anmerkungen zu § 75 Rdn. 157–159). Sofern die Ordnungsverfügung zugleich mit der Androhung eines Zwangsmittels verbunden wird, ist die Zustellung zwingend vorgeschrieben (s. Rdn. 85). 33

### 2.4 Ermessen

#### 2.4.1 Grundregeln für die Ermessensausübung

Die Bauaufsichtsbehörden sind zur Durchführung ihrer Aufgaben nach § 61 Abs. 1 Satz 1 BauO NRW verpflichtet. Insoweit haben sie keine Wahl, ob sie die Überwachungsaufgaben durchführen wollen oder nicht. Jedoch werden sie durch Satz 2 bei ihren Maßnahmen in Durchführung dieser Aufgaben ausdrücklich auf die **Anwendung des pflichtgemäßen Ermessens** verwiesen (zur Ermessenslehre s. Maurer, S. 132 ff.). Das ihr eingeräumte Ermessen bezieht sich auf zwei wesentliche Fragen, nämlich darauf 34

- **ob** sie einschreiten soll (**Entschließungsermessen**) und
- **wie** sie einschreiten soll (**Auswahlermessen**).

Bei der letztgenannten Frage geht es wiederum um die Auswahl

- des **geeigneten Mittels** (Auswahlermessen unter verschiedenen Mitteln) und
- der **heranzuziehenden Person** (Auswahlermessen unter mehreren Störern).

Zu berücksichtigen ist hierbei § 40 VwVfG. NRW., der vorschreibt, dass die Bauaufsichtsbehörde ihr Ermessen entsprechend dem **Zweck der Ermächtigung** auszuüben und dabei die **gesetzlichen Grenzen** des Ermessens einzuhalten hat. Missachtet die Bauaufsichtsbehörde den Zweck der Ermächtigung liegt **Ermessensfehlgebrauch** vor, überschreitet sie die gesetzlichen Grenzen, spricht man von **Ermessensüberschreitung**. In beiden Fällen erweist sich die Ordnungsverfügung als rechtswidrig. Eine Ermessensausübung ist ebenfalls rechtswidrig, wenn ihr ein **unrichtiger Sachverhalt** zugrunde liegt (BVerwG, Urteil vom 24.2.1960 – VIII C 47.59, BVerwGE 10, 173; OVG NRW, Urteil vom 15.8.1995 – 11 A 850/92, BRS 57 Nr. 258). Bei der **gerichtlichen Kontrolle** einer Ermessensentscheidung nach § 114 Satz 1 VwGO kommt der **Begründung** der Ordnungsverfügung insoweit Bedeutung zu, als das Verwaltungsgericht auch zu prüfen hat, ob Ermessensfehlgebrauch oder Ermessensüberschreitung vorliegt. Nach § 114 **Satz 2** VwGO kann die Verwaltungsbehörde ihre **Ermessenserwägungen** hinsichtlich des Verwaltungsaktes auch noch **im verwaltungsgerichtlichen Verfahren ergänzen**. Aufgrund dieser Bestimmung wird das **Nachschieben von Gründen** erleichtert, sofern denn solche zum Zeitpunkt des Erlasses des Verwaltungsaktes bereits bestanden haben. Ohnehin sind die Anforderungen an die Darlegung der Beweggründe zum Erlass der Ordnungsverfügung nicht allzu hoch. Bei einem Einschreiten gegen einen ordnungswidrigen Zustand ist der Begründungspflicht regelmäßig damit genügt, dass die Behörde zum Ausdruck bringt, der beanstandete Zustand müsse wegen seiner Rechts- oder Ordnungswidrigkeit beseitigt werden (BVerwG, Beschluss vom 28.8.1980 – 4 B 67.80, BRS 36 Nr. 93).

**35** Zum **pflichtgemäßen** Ermessen gehört, dass die Entscheidung von **sachlichen Beweggründen** getragen wird. Das „**Opportunitätsprinzip**" schließt jede Willkür aus (s. Nr. 16 VV OBG) und verpflichtet auch nicht wie das Legalitätsprinzip nach der StPO in jedem Fall zum Tätigwerden. Die für oder gegen eine bestimmte Entscheidung sprechenden Gründe müssen von der Bauaufsichtsbehörde abgewogen werden. Auch ist gemäß § 15 OBG im Hinblick auf die Erforderlichkeit der Maßnahme eine sorgfältige Abwägung nach dem **Grundsatz der Verhältnismäßigkeit** des Mittels vorzunehmen, dem **mit Rücksicht auf die Verfassung besonderer Stellenwert** zukommt (BVerfG, Beschluss vom 15.12.1965 – 1 BvR 513/65, BVerfGE 19, 342 und Beschluss vom 14.11.1969 – 1 BvR 253/68, BVerfGE 27, 211). Das Übermaßverbot bezieht zunächst auf die Auswahl des geeigneten Mittels, das den Einzelnen und die Allgemeinheit voraussichtlich am wenigsten beeinträchtigt (§ 15 Abs. 1 OBG). So ist eine Beseitigungsanordnung unzulässig, wenn eine Nutzungsuntersagung ausreicht (OVG NRW, Urteil vom 23.9.1976 – X A 1350/75, BRS 30 Nr. 175 und Urteil vom 20.11.1979 – X A 995/79, BRS 35 Nr. 107). Die Maßnahme darf auch bei richtiger Wahl des Mittels nicht zu einem Nachteil führen, der zu dem erstrebten Zweck erkennbar außer Verhältnis steht (§ 15 Abs. 2 OBG). Daher darf der Adressat nicht zu einem Tun oder Unterlassen verpflichtet werden, das ihm physisch oder psychisch unmöglich ist (so Nr. 15.11 VV OBG; s. auch VGH B-W, Urteil vom 6.9.1974 – III 224/74, BRS 28 Nr. 174). Wirtschaftliches Unvermögen begründet keine Unmöglichkeit in diesem Sinne (so Nr. 15.11 VV OBG), da es dem Ordnungspflichtigen durchaus zugemutet werden kann, einen Kredit zur Finanzierung der angeordneten Maßnahme aufzunehmen. Allerdings darf die Maßnahme nicht zu einem wirtschaftlichen „Ruin" führen. Zu berücksichtigen ist ebenfalls die Dauer der Anwendung, da eine Maßnahme nur solange zulässig ist, bis ihr Zweck erreicht ist oder aber sich zeigt, dass er eben nicht erreicht werden kann (§ 15 Abs. 3 OBG).

Schließlich hat die Bauaufsichtsbehörde den **Grundsatz der Gleichbehandlung** zu beachten. Hiernach dürfen gleichgelagerte Fälle nicht verschieden behandelt werden. Hat sich eine Ordnungsbehörde selbst feste Richtlinien gegeben, so darf sie von diesen nicht ohne vernünftigen Grund abweichen. Der Gleichbehandlungsgrundsatz hindert die Bauaufsichtsbehörde jedoch nicht, eine ständig geübte – rechtmäßige – Verwaltungspraxis zu ändern, wenn für die Änderung überzeugende sachliche Gründe sprechen (OVG NRW, Bescheid vom 25.11.1952 – VII A 1617/51, OVGE 6, 197 und Urteil vom 23.11.1954 – VII A 238/54, OVGE 9, 180). Allerdings muss sie, wenn sie die bisherige Verwaltungspraxis aufgibt, das deutlich machen und gleichgelagerte Fälle auf der neuen Linie wiederum in gleicher Weise entscheiden. Der Gleichbehandlungsgrundsatz zwingt die Bauaufsichtsbehörde nicht, mit Rücksicht auf eine frühere Praxis eine gesetzwidrige Amtshandlung vorzunehmen (BVerwG, Urteil vom 3.6.1977 – IV C 29.75, BauR 1977, 402 = BRS 32 Nr. 129; BGH, Urteil vom 20.9.1984 – III ZR 58/83, BRS 42 Nr. 164). Wer gegen die Vorschriften des Baurechts verstoßen hat, kann demnach keinen Anspruch darauf geltend machen, dass die Bauaufsichtsbehörde den rechtswidrigen Zustand weiterhin duldet, weil sie bisher nicht eingeschritten ist (OVG NRW, Urteil vom 25.11.1952 – VII A 315/52, BBauBl. 1953, 101 = BRS 2 VB2 S. 254 und Urteil vom 23.11.1954, VII A 238/54, BBauBl. 1955, 320 = BRS 4 VA1a S. 96). 36

Diese Frage spielt eine besondere Rolle beim **Einschreiten gegen Schwarzbauten**. Das OVG NRW führt im Urteil vom 22.3.1983 – 7 A 2029/81, BRS 40 Nr. 239 hierzu aus: 37

*„Dem Kläger steht nämlich, auch wenn man unterstellt, dass der Beklagte nach der Stillegung seines Hauses vergleichbare Vorhaben rechtswidrig genehmigt oder geduldet habe, kein auf den Gleichheitssatz zu stützender Anspruch darauf zu, seinen auch materiell unzulässigen Schwarzbau mit Duldung der Behörde fertig zu stellen. Mit einer solchen Duldung würde die Behörde nämlich rechtswidrig handeln. Zwar räumt § 14 OBG der Behörde bei der Entscheidung über die Stillegung ein Ermessen ein, ob sie einen Schwarzbau stilllegen will oder nicht, ein Ermessen, das gegebenenfalls auch durch Art. 3 Abs. 1 GG unter dem Gesichtspunkt der Gleichbehandlung gebunden sein kann. Bei Schwarzbauten, die – wie der des Klägers – auch materiell rechtswidrig und damit nicht genehmigungsfähig sind, wird jedoch in aller Regel ein Ermessensspielraum nicht bestehen, weil nur die Entscheidung, die Fertigstellung des in jeder Hinsicht illegalen Bauwerks zu verhindern, mit dem Zweck der Ermächtigung in Einklang steht (Ermessensschrumpfung auf Null). Jedenfalls bei Bauten, die – wie hier – nach Art und Nutzung auf lang anhaltenden Bestand angelegt sind, und solchen, deren Beseitigung – wie hier – nach Fertigstellung wegen bestehender Berufungsfälle aus Gründen der Gleichbehandlung nicht mehr verlangt werden könnte, würde die Duldung der Fertigstellung im Ergebnis weitgehend wie eine rechtswidrige Genehmigung wirken, ein Ergebnis, das sich mit dem Zweck der Ermächtigung zur Stillegung von Schwarzbauten nicht vereinbaren läßt. Die Eingriffsermächtigung wirkt deshalb hier wie eine zwingende Norm dahin, dass die Behörde stilllegen musste und die Stillegung aufrechterhalten muss, so dass die Duldung der Fertigstellung rechtswidrig wäre. Auch unter Berufung auf gleichgelagerte Fälle, in denen die Behörde rechtswidrig die Fertigstellung materiell illegaler Bauten geduldet oder gar genehmigt hat, kann sie deshalb nicht gezwungen werden, auch weiterhin rechtswidrig zu verfahren. Ein Anspruch auf Gleichbehandlung im Unrecht kann aus Art. 3 Abs. 1 GG nicht hergeleitet werden.“*

Es bedeutet keinen Verstoß gegen den Gleichbehandlungsgrundsatz, wenn die Behörde nicht gleichzeitig gegen alle Schwarzbauten eines bestimmten Gebiets vorgeht; **gleich-**

**heitswidrig** ist ein unterschiedliches Verhalten erst dann, wenn es **systemlos** und **willkürlich** ist (OVG NRW, Urteil vom 25. 7. 1974 – VII A 753/73, BRS 28 Nr. 165 = DÖV 1975, 721). Sie kann sich auf die **Regelung von Einzelfällen** beschränken, wenn hierfür **sachliche Gründe** vorliegen (BVerwG, Beschluss vom 23. 11. 1998 – 4 B 99.98, BauR 1999, 734 = BRS 60 Nr. 163).

Der Gleichbehandlungsgrundsatz erfordert nicht, dass die Behörde alle in ihrem Zuständigkeitsbereich liegenden Grundstücke regelmäßig und gezielt daraufhin überprüft, ob ungenehmigte bauliche Anlagen errichtet worden sind. Es reicht aus, dass sie Schwarzbauten überprüft, wenn ihr diese z. B. aufgrund von Hinweisen bekannt werden (OVG Bremen, Urteil vom 26. 2. 1985 – 1 BA 56/84, NVwZ 1986, 61; OVG Saar, Beschluss vom 7. 6. 1985 – 2 R 35/84, BRS 44 Nr. 191; VGH B-W, Urteil vom 29. 2. 1996 – 8 S 3371/95, BauR 1996, 699 = BRS 58 Nr. 210). Ist durch rechtskräftiges Urteil festgestellt, dass eine bauliche Anlage im Außenbereich nicht genehmigungsfähig ist, kann sich das Ermessen der Bauaufsichtsbehörde einzuschreiten, so verdichten, dass selbst die rechtswidrige Baugenehmigung für ein vergleichbares Vorhaben in der Nachbarschaft nicht zur Rechtswidrigkeit der Beseitigungsanordnung führt (Nds. OVG, Urteil vom 31. 3. 1995 – 1 L 4223/93, BRS 57 Nr. 250). Geht die Bauaufsichtsbehörde gegen eine grenznah errichtete Gartenhütte vor, obgleich in der Umgebung grenznahe Gartenhütten unbeanstandet geblieben sind, so liegt kein Verstoß gegen den Gleichheitssatz vor, wenn das Ermessen auf Null reduziert ist, weil der Nachbar einen Anspruch auf Erlass einer Beseitigungsverfügung gegen das grenznahe Gebäude hat (Hess. VGH, Urteil vom 4. 3. 1999 – 4 UE 3309/94, BRS 62 Nr. 209).

### 2.4.2 Entschließungsermessen

38 **Ob** die Bauaufsichtsbehörde einschreiten soll, lässt sich nur anhand der genauen Umstände des Einzelfalls richtig beurteilen. Da die **Überwachung** des Baugeschehens zu den **Pflichtaufgaben** gehört, auf deren Wahrnehmung nicht verzichtet werden darf (s. Rdn. 6 und 9–12), stellt das **Einschreiten** in Wahrnehmung der Überwachungsaufgaben die **Regel** dar. Ein **Verzicht** auf die Anordnung von Maßnahmen kann **nur in begründeten Ausnahmefällen** in Betracht kommen. Eine Bauaufsichtsbehörde, die personalwirtschaftliche Überlegungen zum Anlass nimmt, nicht tätig zu werden, weil z. B. die Kosten des Personaleinsatzes durch Gebühreneinnahmen nicht abzudecken sind, handelt rechtswidrig. Es kommt entscheidend auf **baurechtliche Gesichtspunkte** an, wobei der Gesichtspunkt der **dinglichen Wirkung** der Baugenehmigung (s. die Anmerkungen zu § 75 Rdn. 160) mit zu berücksichtigen ist, der es bis auf wenige Sonderfälle ausschließt, persönliche Verhältnisse zu berücksichtigen (s. die Anmerkungen zu § 75 Rdn. 164). Die **Sachbezogenheit des Baurechts** ist ein **wesentliches Kriterium** für die Beurteilung der Frage, ob eingeschritten werden soll. Bei Heranziehung **persönlicher Gesichtspunkte** im Rahmen des Entschließungsermessens würde derjenige, der gegen formelles und materielles Baurecht verstößt, besser gestellt als der rechtstreue Bauherr, der die Ablehnung eines Bauantrags hinnimmt; aus rechtsstaatlichen Gesichtspunkten ist es nicht gerechtfertigt, wenn dem rechtswidrig handelnden Bauherrn mit Rücksicht auf seine persönlichen Verhältnisse ein Bauwerk belassen wird, dessen Genehmigung im bauaufsichtlichen Verfahren nicht hätte erreicht werden können (OVG Saar, Urteil vom 26. 9. 1975 – II R 39/75, BRS 29 Nr. 171). Es kann auch **keine Kompensation mit sachfremden Gesichtspunkten** erfolgen, die auf einem bestimmten positiven Verhalten des Ordnungspflichtigen beruhen, wie z. B. der unentgeltlichen Abtretung eines Grundstücks für

öffentliche Zwecke (VHG B-W, Urteil vom 21.10.1975 – III 1221/74, BRS 29 Nr.167). Ausreichend Raum zur Berücksichtigung der besonderen persönlichen Verhältnisse verbleibt dagegen bei der Vollstreckung von Maßnahmen (VGH B-W, Urteil vom 7.4. 1982 – 3 S 2352/81, BRS 39 Nr. 223).

Gerade weil der Gesetzgeber der Bauaufsichtsbehörde ein Entschließungsermessen einräumt, liegt darin zugleich auch die **Befugnis im Einzelfall** ausnahmsweise **nicht einzuschreiten**. Dabei dürfen aber nur sachliche Gesichtspunkte eine Rolle spielen, wobei z. B. auf die Geringfügigkeit eines Verstoßes abgestellt werden kann. Es entspricht ständiger Rechtsprechung, dass für eine rechtsfehlerfreie Ermessensausübung das **Ausmaß** und die **Schwere der Störung oder Gefährdung** eine **maßgebende Bedeutung** haben (vgl. BVerwG, Urteil vom 18. 8. 1960 – I C 42/59, NJW 1961, 793 und Beschluss vom 27. 4. 1988 – 4 B 67/88, NVwZ 1988, 824). Bei dem Verzicht auf das Einschreiten gegen eine formell und materiell rechtswidrige bauliche Anlage handelt es sich um die **Duldung** eines rechtswidrigen Zustands, wobei zu unterscheiden ist, ob diese **39**

- **durch einfaches Nichttätigwerden** oder
- **durch ausdrücklichen schriftlichen Verwaltungsakt**

erfolgt.

Bei einer **Duldung durch bloßes Nichttätigwerden** verliert die Bauaufsichtsbehörde keineswegs die Berechtigung zu einem späteren Zeitpunkt das Einschreiten erneut zu prüfen (OVG NRW, Beschluss vom 3.2.1959 – VII A 1193/57, BRS 9 VA1 b S. 72 und Urteil vom 21. 9. 1973 – X A 4/72, BRS 27 Nr. 204), auch dann nicht, wenn diese Prüfung aufgrund einer aufsichtsbehördlichen Weisung erfolgen muss (Nds. OVG, Beschluss vom 31. 8. 1993 – 6 M 3482/93, BRS 55 Nr. 206). Die Bauaufsichtsbehörde kann z. B. den Ablauf eines auf die nachträgliche Legalisierung gerichteten Baugenehmigungsverfahrens abwarten, ohne ihre Berechtigung zum Einschreiten zu verlieren (so Jäde, Bauaufsichtliche Maßnahmen, 2. Auflage 2001, Rdn. 113 unter Bezug auf BayVGH, Urteil vom 26. 2. 1969 – 241 II 67, BayVBl. 1970, 70 und Beschluss vom 19. 7. 1999 – 14 B 99.675, n. v.). Das Einschreiten ist auch noch nach Jahrzehnten des Duldens zulässig (s. die Anmerkungen zu § 75 Rdn. 113), setzt dann aber besondere Ermessenserwägungen voraus (Nds. OVG, Beschluss vom 18. 2. 1994 – 1 M 5097/93 und OVG NRW, Urteil vom 27. 4. 1998 – 7 A 3818/96, BRS 60 Nr. 165), wobei insbesondere die Schwere des materiellen Rechtsverstoßes zu berücksichtigen ist (OVG NRW, Urteil vom 19. 12. 1966 – X A 1239/64, BRS 17 Nr. 143). Die **Befugnis** und Verpflichtung der für die Gefahrenabwehr zuständigen Behörden, zur Einhaltung der öffentlich-rechtlichen Vorschriften belastende Verwaltungsakte zu erlassen und durchzusetzen, **kann nicht verjähren oder durch Untätigkeit verwirkt werden** (Hess. VGH, Beschluss vom 12. 7. 1985 – 4 TH 530/85, BRS 44 Nr. 198; s. auch Martensen, Die Verjährung als Grenze polizeilicher Verantwortlichkeit, NVwZ 1997, S. 442 ff.). **40**

Dagegen ist die ausdrückliche schriftliche Duldung **ohne Vorbehalte** als **Zusicherung auf Nichteinschreiten** zu werten, die in Betracht kommt, wenn eine formell illegale bauliche Anlage **Bestandsschutz aufgrund früherer materieller Legalität** genießt (Hess. VGH, Beschluss vom 10. 11. 1994 – 4 TH 1864/94, BRS 57 Nr. 259; das Gericht verlangt dabei, dass der Ordnungspflichtige zusammen mit dem Antrag auf Erlass des Duldungsverwaltungsakts sämtliche Bauvorlagen einreicht, die es der Bauaufsichtsbehörde ermöglicht, die Feststellung zu treffen, dass die Anlage über einen maßgeblichen Zeitraum baurechtlich genehmigungsfähig war). Da aber neben Baugenehmigung und Vor- **41** bescheid für andere „genehmigungsartige Gestattungen" kein Raum ist, soll eine solche Duldung wiederum nicht uneingeschränkt ausgesprochen werden können (so Hess. VGH, Beschluss vom 29. 3. 1993 – 4 UE 470/90, BRS 55 Nr. 205; zum Problem der nicht mehr möglichen Erteilung einer nachträglichen Baugenehmigung wegen aktuell entgegenstehender öffentlich-rechtlicher Vorschriften s. die Anmerkungen zu § 75 Rdn. 114). Die **unbefristete Duldung** eines rechtswidrigen Zustandes in Form der schriftlichen Zusicherung nach § 38 VwVfG. NRW. schafft einen **positiven Vertrauenstatbestand** und ist deshalb einer Baugenehmigung sehr weit angenähert; wird eine derartige Zusicherung zu einer baulichen Anlage im Sinne des § 29 Abs. 1 BauGB ohne das erforderliche Einvernehmen der Gemeinde gemäß § 36 Abs. 1 BauGB erteilt, ist diese unwirksam (OVG NRW, Urteil vom 28. 9. 1976 – VII A 1538/75, BRS 30 Nr. 169). Eine **Verwirkung der Befugnis zum Einschreiten** tritt ein, wenn die **Bauaufsichtsbehörde am Zustandekommen des beanstandeten Zustands aktiv beteiligt** war (VGH B-W, Urteil vom 5. 7. 1996 – 8 S 1289/96, BRS 58 Nr. 212 = NVwZ-RR 1997, 464).

42 Eine **Pflicht zum Tätigwerden**, das heißt eine Situation, in der die Ermessensfreiheit derart zusammenschrumpft, dass nur eine einzige ermessensfehlerfreie Entscheidung denkbar ist und höchstens für die Art des Einschreitens noch ein Ermessensspielraum der Behörden offen bleibt („Ermessensreduzierung auf Null"; hierzu s. Gern, Die Ermessensreduzierung auf Null, DVBl. 1987, S. 1194 ff.), wird allgemein in **zwei Fallgruppen** angenommen:

– einerseits, wenn **besonders wichtige Rechtsgüter**, wie Leben oder Gesundheit, **unmittelbar gefährdet** werden,
– andererseits, wenn ein so **erheblicher Schaden droht**, dass eine Untätigkeit der Behörde ermessensfehlerhaft wäre, da ihr Verhallten mit den an eine ordnungsgemäße Verwaltung zu stellenden Anforderungen schlechterdings unvereinbar wäre (OVG NRW, Urteil vom 11. 5. 1950 – IV A 265/49, OVGE 2, 107; BVerwG, Urteil vom 18. 8. 1960 – I C 42/59, BBauBl. 1961, 25 = BRS 12 B5 S. 174 = DVBl. 1961, 125).

Im Bauordnungsrecht wird eine Ermessensschrumpfung allgemein angenommen bei materiell und formell illegalen Bauten. **Bei formell und materiell rechtswidrigen Bauten** besteht **regelmäßig kein Ermessensspielraum**: die Bauaufsichtsbehörde muss einschreiten, wenn keine besonderen Umstände vorliegen, die dem entgegenstehen (s. Rdn. 37 und OVG NRW, Urteil vom 17. 5. 1983 – 7 A 330/81, BRS 40 Nr. 191; BVerwG, Beschluss vom 28. 8. 1980 – 4 B 67.80, BRS 36 Nr. 93). Dies gilt insbesondere, wenn das Einschreiten dazu dient, **nachbarrelevante Störungen** abzuwenden (vgl. zur Einschränkung des Ermessens in derartigen Fällen BVerwG, Urteil vom 4. 6. 1996 – 4 C 15/95, BRS 58 Nr. 206 = NVwZ-RR 1997, 271; OVG Lüneburg, Urteil vom 4. 10. 1985 – 1 A 34/85, BRS 44 Nr. 195; Bay VGH, Urteil vom 6. 10. 1983 – Nr. 125 II 78, BRS 40 Nr. 237; OVG NRW, Urteil vom 17. 5. 1983 – 7 A 330/81, BRS 40 Nr. 191 und Urteil vom 27. 11. 1989 – 11 A 195/88, BauR 1990, 341 = BRS 50 Nr. 185; OVG Bremen, Urteil vom 4. 5. 2001 – 1 A 436/00, NVwZ-RR 2002, 488). Der **Anspruch des Nachbarn auf Einschreiten** ist nicht als Folgenbeseitigungsanspruch zu qualifizieren, sondern vielmehr **gesondert neben der Anfechtung der Baugenehmigung geltend zu machen** (OVG NRW, Urteil vom 17. 5. 1983 – 7 A 330/81, BRS 40 Nr. 191).

43 In den Fällen, in denen hiernach der Ermessensspielraum so zusammenschrumpft, dass nur eine bestimmte Entscheidung, nämlich tätig zu werden, ermessensfehlerfrei ist, besteht auch ein entsprechender **Anspruch** des Betroffenen **auf Einschreiten** gegen die

Ordnungsbehörde (grundlegend: BVerwG, Urteil vom 18. 8. 1960 – I C 42/59, BBauBl. 1961, 25 = BRS 12 B5 S. 174 = DVBl. 1961, 125; OVG NRW, Urteil vom 17. 5. 1983 – 7 A 330/81, BRS 40 Nr. 191; OVG NRW, Urteil vom 27. 11. 1989 – 11 A 195/88, BauR 1990, 341 = BRS 50 Nr. 185; s. auch BVerwG, Beschluss vom 24. 5. 1988 – 4 B 93.88, BRS 48 Nr. 161). Letzteres wird häufig aktuell, wenn der Nachbar gegen ein rechtswidriges Bauvorhaben vorgehen will (s. ausführlich Boeddinghaus/Hahn/Schulte, zu § 61 Rdn. 35 ff.), oder die **Nachbarklage mit Erfolg durchgeführt** worden ist (OVG NRW, Urteil vom 23. 4. 1982 – 10 A 645/80, BRS 39 Nr. 178). Zu berücksichtigen ist dabei, dass die Beachtung und Durchsetzung des materiellen Bauplanungsrechts im Rahmen landesrechtlich geregelter Verfahren nach der „**Wyhl-Entscheidung**" (BVerwG, Urteil vom 19. 12. 1985 – 7 C 65.82, BVerwGE 72, 300 = DVBl. 1986, 190) grundsätzlich nicht zur Disposition des Landesgesetzgebers steht. Dies hat Bedeutung auch für die Beantwortung der Frage, ob und gegebenenfalls in welchen Grenzen die Bauaufsichtsbehörde ein Entschließungsermessen besitzt, wenn es sich um die Wahrung der nach revisiblem Bundesrecht zu beurteilenden, bauplanungsrechtlichen Zustände handelt (BVerwG, Beschluss vom 17. 4. 1998 – 4 B 144.97, BauR 1999, 735 = BRS 60 Nr. 169). Für den Nachbarn, der durch eine rechtswidrige und im gerichtlichen Verfahren aufgehobene Baugenehmigung in seinen Rechten verletzt wird, kann sich aus einer an Art. 14 Abs. 1 GG auszurichtenden Auslegung der landesrechtlichen Ermächtigungsgrundlage gegen die Bauaufsichtsbehörde ein Anspruch ergeben, dass diese eine Beseitigungsanordnung oder eine Nutzungsuntersagung erlässt. Die **ermessensreduzierende Wirkung des Art. 14 Abs. 1 GG** und des **Anspruchs auf Folgenbeseitigung geht aber nicht weiter, als eine beeinträchtigende Rechtsposition gegeben ist** (BVerwG, Beschluss vom 9. 2. 2000 – 4 B 11.00, BauR 2000, 1318 = BRS 63 Nr. 210).

### 2.4.3 Auswahlermessen bezüglich verschiedener Mittel

Hinsichtlich der **anzuwendenden Mittel** hat die Bauaufsichtsbehörde ein Auswahlermessen. Sie muss klären, welche Mittel überhaupt erforderlich sind, denn nach § 61 Abs. 1 Satz 2 BauO NRW, sind nur die „**erforderlichen**" Maßnahmen zulässig. Bei dieser Erforderlichkeit geht es um die **Herbeiführung rechtmäßiger Zustände**, also um „das Verhältnis des beabsichtigten Mittels zu dem zu erreichenden Erfolg" (so treffend Boeddinghaus/Hahn/Schulte, zu § 61 Rdn. 52). Dass durch die angeordnete Maßnahme **keine rechtswidrigen Verhältnisse** (neu) entstehen dürfen, versteht sich von selbst; diese Gefahr besteht vor allem bei angeordneten Teilabbrüchen. Die Bauaufsichtsbehörde hat darauf zu achten, dass sie keine Maßnahme auswählt, die von dem Ordnungspflichtigen **tatsächlich** oder **rechtlich Unmögliches** verlangt, wie z. B. den nach § 9 DSchG genehmigungsbedürftigen Eingriff in ein Baudenkmal. Vielfach wird sie feststellen, dass nur ein bestimmtes Mittel zur Anwendung kommen kann, also kein Ermessensspielraum besteht. Das Auswahlermessen besteht in dieser Hinsicht nur, wenn zur Beseitigung des Rechtsverstoßes mehrere Mittel **gleichermaßen geeignet** und **zulässig** sind. Die Frage ist mit dem Grundsatz der **Verhältnismäßigkeit** (s. Rdn. 35) verbunden, da nur das „**mildeste**" Mittel zur Zielerreichung ausgewählt werden darf (OVG NRW, Urteil vom 24. 2. 1986 – 11 A 1709/84, BRS 46 Nr. 188). Kommen zur Gefahrenabwehr mehrere Mittel in Betracht, genügt nach § 21 OBG, wenn **eines** davon ausgewählt wird; dem Betroffenen ist auf Antrag zu gestatten, ein anderes ebenso wirksames Mittel anzuwenden, sofern die Allgemeinheit dadurch nicht stärker beeinträchtigt wird (zum **Austauschmittel** s. OVG NRW, Beschluss vom 18. 3. 1997 – 10 A 853/93, BRS 59 Nr. 209; 44

Beschluss vom 18. 3. 1997 – 10 A 853/93, BRS 59 Nr. 209 und Beschluss vom 12. 5. 1997 – 7 B 830/97, BRS 59 Nr. 210). Das angebotene Austauschmittel darf seinerseits keine rechtswidrigen Zustände (neu) hervorrufen (OVG NRW, Beschluss vom 28. 10. 1964 – VII B 481/64, BRS 15 Nr. 121).

**45** Manche Ordnungsverfügungen erweisen sich nicht wegen fehlerhaften Auswahlermessens, sondern wegen der **Nichterforderlichkeit der Maßnahme** zur Zielerreichung als rechtswidrig. Sie scheitern demnach bereits an einer wichtigen rechtlichen Voraussetzung. Besteht ein öffentlich-rechtlicher Vertrag über die Beseitigung einer baulichen Anlage, so ist der nachträgliche Erlass einer Beseitigungsanordnung regelmäßig nicht mehr erforderlich, sofern sich der Ordnungspflichtige der sofortigen Vollstreckung aus dem Vertrag unterworfen hat (BayVGH, Urteil vom 28. 10. 1996 – 14 B 94.1294, BRS 58 Nr. 219). Nicht erforderlich ist auch ein an den Vermieter bzw. Verpächter gerichtetes Gebot, ein gegenüber dem Mieter oder Pächter ausgesprochenes Nutzungsverbot zu dulden, weil dieser nicht verhindern kann, dass der Mieter bzw. Pächter sich an das Nutzungsverbot hält (Hess. VGH, Beschluss vom 15. 9. 1994 – 4 TH 655/94, BRS 56 Nr. 200 und BayVGH, Beschluss vom 9. 6. 1986 – 2 CB 85 A.1564, BRS 46 Nr. 198).

### 2.4.4 Auswahlermessen bei mehreren Störern

**46** Welche Person als Verhaltens- oder Zustandsstörer heranzuziehen ist, richtet sich in erster Linie nach den bauordnungsrechtlichen Bestimmungen und nur subsidiär nach den §§ 17 und 18 OBG (s. Rdn. 30). In der bauaufsichtlichen Vollzugspraxis wird in der **Bauphase** (zu deren Ende s. die Anmerkungen zu § 57 Rdn. 13), in der relativ häufig Abweichungen von der Baugenehmigung vorkommen, fast immer die **Heranziehung der am Bau Beteiligten** möglich sein. Als Verhaltensstörer darf die Bauaufsichtsbehörde bei einer abweichend von der Baugenehmigung errichteten baulichen Anlage die Person in Anspruch nehmen, die im Außenverhältnis wirtschaftlich als Verantwortlicher auftritt (Thür. OVG, Beschluss vom 27. 2. 1997 – 1 EO 233/96, BRS 59 Nr. 217) und der damit in Wahrheit die Bauherreneigenschaft zukommt (s. die Anmerkungen zu § 57 Rdn. 4–7). Um zu vermeiden, dass die Bauaufsichtsbehörde bei **Personenmehrheit als Bauherren** zwischen verschiedenen Verhaltensstörern auswählen muss, schreibt § 69 Abs. 3 BauO NRW **zwingend** die **Bestellung eines Vertreters** gegenüber der Bauaufsichtsbehörde vor (s. die Anmerkungen zu § 69 Rdn. 91–92). Nach wie vor kann es jedoch erforderlich werden Auswahlermessen auszuüben, wenn diese Bestimmung missachtet wird, bei Schwarzbauten Personenmehrheiten als Handlungsstörer aktiv werden oder in der späteren Nutzungsphase zwischen mehreren Zustandsstörern auszuwählen ist. Die Bauaufsichtsbehörde ist nicht verpflichtet – gewissermaßen als Vorstufe des Auswahlermessens – alle möglicherweise für eine Inanspruchnahme in Betracht kommenden Störer zu ermitteln, sondern kann sich an den ihr bereits bekannten Störer wenden (so Jäde, Bauaufsichtliche Maßnahmen, 2. Aufl. 2001, Rdn. 204 unter Bezug auf BayVGH, Urteil vom 16. 12. 1981 – 15 B 81 A.896, BayVBl. 1982, 435).

**47** Auch im Rahmen des Auswahlermessens bei mehreren in Betracht kommenden Störern ist der **Grundsatz der Verhältnismäßigkeit** zu beachten (§ 15 OBG). Der **Doppelstörer**, der zugleich Verhaltens- und Zustandsstörer ist, kann vor dem einfachen Störer herangezogen werden (OVG NRW, Urteil vom 9. 12. 1994 – 10 A 1753/91, BRS 57 Nr. 249 zur Verpflichtung des Betreibers eines illegalen Camping- und Wochenendplatzes, sämtliche illegalen baulichen Anlagen zu beseitigen; s. auch BayVGH, Urteil vom 23. 2. 1989 – 2 B 87.01634, BRS 49 Nr. 227 zur Ermessensreduzierung). Nach dem

**Grundsatz der Effektivität** handelt die Bauaufsichtsbehörde sachgerecht, wenn sie die Person in Anspruch nimmt die die Gefahr am schnellsten und wirksamsten zu beseitigen in der Lage ist (so Boeddinghaus/Hahn Schulte, zu § 61 Rdn. 121 und Wiegand/Heider/Geyer, Ordnungsbehördengesetz Nordrhein-Westfalen, 9. Aufl. 2001, S. 24 f.).

In der **Realisierungsphase** von Bauvorhaben ist zumeist zu beobachten, dass Störungen durch die am Bau Beteiligten verursacht werden, beispielsweise durch den Unternehmer ein Bauteil abweichend von den allgemein anerkannten Regeln der Technik ausgeführt wird. **Grundsätzlich** ist dann von der Bauaufsichtsbehörde der **Verhaltensstörer vor dem Zustandsstörer** heranzuziehen. Ist ein baurechtswidriger Zustand von einem anderen als dem Grundstückseigentümer, der nicht zugleich der Bauherr sein muss, geschaffen worden und hat der Eigentümer kein eigenes Interesse an der baulichen Anlage, handelt die Bauaufsichtsbehörde ermessensfehlerhaft, wenn sie den Eigentümer als Zustandsstörer anstelle des ihr bekannten Handlungsstörers (Bauherr oder Unternehmer) in Anspruch nimmt, obwohl dies zur wirksamen und schnellen Gefahrenbeseitigung nicht erforderlich ist (OVG Rh-Pf, Urteil vom 25. 1. 1990 – 1 A 77/87, BRS 50 Nr. 213). Bei Unzweckmäßigkeit sind allerdings Abweichungen von diesem Grundsatz zulässig (BayVGH, Urteil vom 22. 4. 1992 – 2 B 90.1348, NJW 1993, 81 zur Inanspruchnahme des Grundstückseigentümers bei Zahlungsunfähigkeit des Bauherrn). Die Bauaufsichtsbehörde kann jedoch von der Inanspruchnahme des Gesamtrechtsnachfolgers des (wahrscheinlichen) Handlungsstörers anstelle des Zustandsstörers mit der Begründung absehen, die Möglichkeit einer Gesamtrechtsnachfolge in abstrakte Polizeipflichten sei umstritten, weshalb im Fall der Inanspruchnahme des Gesamtrechtsnachfolgers eine langwierige prozessuale Auseinandersetzung mit ungewissem Ausgang zu befürchten ist (VGH B-W, Beschluss vom 25. 10. 1999 – 8 S 2407/99, BRS 62 Nr. 212). **47 a**

In der **späteren Nutzungsphase** eines Bauwerks, also nach der ordnungsgemäßen Beendigung der Bauarbeiten, wird zumeist nur noch der Grundstückseigentümer in Anspruch genommen werden können, da ein Handlungsstörer nicht (mehr) auszumachen ist. Will die Bauaufsichtsbehörde den Grundstückseigentümer in Anspruch nehmen, muss sie regelmäßig Einblick in das Grundbuch nehmen, um sich davon zu überzeugen, wer der richtige Adressat des beabsichtigten Verwaltungshandelns ist (OVG NRW, Beschluss vom 7. 8. 2002 – 10 B 761/02, BauR 2003, 87 = BRS 65 Nr. 200; s. auch die Anmerkungen zu § 1 Rdn. 29–30). **§ 18 OBG** bestimmt, dass wenn von einer **Sache** oder einem **Tier** eine Gefahr ausgeht, die entsprechende Maßnahme zur Gefahrenabwehr gegen den **Eigentümer** zu richten ist. Nach § 94 Abs. 1 BGB gehören die mit Grund und Boden fest verbundenen Sachen, das sind die baulichen Anlagen und die Gebäude, zu den wesentlichen Bestandteilen eines Grundstücks (s. die Anmerkungen zu § 2 Rdn. 100), so dass der Grundstückseigentümer auch deren Eigentümer ist. Der Eigentümer haftet ferner für den gefahrlosen Zustand im Rahmen der so genannten **Zustandsverantwortung** des Grundstücks selbst, so beispielsweise für die Beseitigung vermuteter Kampfmittel aus dem II. Weltkrieg, deren genaue Lage auf einem Grundstück aufgrund von Auswertungen von Luftbildern der alliierten Streitkräfte, die Jahrzehnte unter Verschluss geblieben sind, heute erst festgestellt werden kann. Bei Gefahren durch **Tiere** muss diese jedoch **ursächlich** mit einer baulichen Anlage in Verbindung stehen, um den Eigentümer des Grundstücks in Anspruch nehmen zu können (OVG NRW, Beschluss vom 6. 9. 2004 – 13 A 3802/02, EildStNW 2004, 183 zur gescheiterten Inanspruchnahme der Deutschen Bahn AG als Zustandsstörer beim Fernhalten von Tauben unter einer Bahnbrücke). **47 b**

## 2.5 Standardmaßnahmen der repressiven Kontrolle

### 2.5.1 Zielsetzung und gemeinsame Anwendungsvoraussetzungen

48 Die **Standardmaßnahmen** der repressiven Kontrolle nach dem Vorbild der MBO (s. Rdn. 7) sind dazu bestimmt, das **rechtswidrige Bauen** und **Nutzen** schnell und wirksam unterbinden zu können, um zu verhindern, dass der rechtswidrig handelnde Bauherr gegenüber dem rechtstreuen Bauherrn aus seinem ungesetzlichen Handeln ungerechtfertigte Vorteile ziehen kann (hierzu s. die ausführliche Darstellung von Jäde, Bauaufsichtliche Maßnahmen, 2. Aufl. 2001, S. 127 ff. mit umfangreichen Rechtsprechungsnachweisen). Diese Eingriffsermächtigungen, die ebenfalls auf § 61 Abs. 1 BauO NRW gestützt werden, sind zu unterscheiden von den seltener zur Anwendung gelangenden Eingriffsermächtigungen, die auch die rechtmäßig bestehende bauliche Anlage zum Gegenstand haben können (s. Rdn. 18 und 19). Bei den Standardmaßnahmen handelt es sich um seit jeher bestehende Aufgaben der **Gefahrenabwehr**, die bereits im früheren preußischen Baupolizeirecht verankert waren (hierzu s. Heintzen, Was standardisieren Standardmaßnahmen?, DÖV 2005, S. 1038 ff.). Die Besonderheit der Standardmaßnahmen liegt darin begründet, dass bereits die **abstrakte Gefährlichkeit** einer rechtswidrig errichteten baulichen Anlage **als Eingriffsvoraussetzung** ausreicht, während ein Eingriff in rechtmäßig bestehende bauliche Anlagen stets das Vorliegen einer konkreten Gefahr erfordert (s. Rdn. 16). Die abstrakte Gefahr besteht bereits dann, wenn gegen Vorschriften des **formellen** oder **materiellen** Baurechts verstoßen wird, so dass formelle oder materielle Illegalität vorliegt (zum Begriff der abstrakten Gefahr s. die Anmerkungen zu § 3 Rdn. 39–42). Im Zusammenhang mit den bauaufsichtlichen Standardmaßnahmen sind die im Gesetz nicht definierten, von Lehre und Rechtsprechung aber allgemein verwendeten Begriffe der **formellen** und **materiellen Illegalität** von erheblicher Bedeutung (vgl. Kischel, Formelle und materielle Illegalität im Recht der Gefahrenabwehr, DVBl. 1996, S. 185 ff.; Mampel, Formelle und materielle Illegalität?, BauR 1996, S. 13 ff.; Jäde, „Schwarzbau" und Bauaufsicht – Grundprobleme von Beseitigungsanordnung, Nutzungsuntersagung und Baueinstellung, ThürVBl. 1993, S. 82 ff.).

49 Von **formeller Illegalität** oder umgangssprachlich von „**Schwarzbau**" spricht man, wenn eine bauliche Anlage **ohne** eine erforderliche **bauaufsichtliche Gestattung** (Baugenehmigung, Zustimmung oder nach früherem Recht auch Bauanzeige) errichtet, geändert, abgebrochen, benutzt oder deren Nutzung geändert wird (zur Feststellung von Schwarzbauten s. die Anmerkungen zu § 75 Rdn. 110–114). Dem Fall der fehlenden, aber im Einzelfall erforderlichen Baugenehmigung ist der Tatbestand gleichzustellen, dass von der Baugenehmigung **nicht nur unwesentlich abgewichen** wird (OVG NRW, Urteil vom 11. 7. 1977 – X A 2101/76, BRS 32 Nr. 88 und Urteil vom 13. 2. 1987 – 10 A 29/87, BRS 47 Nr. 193 = NWVBl. 1987, 19; OVG Saar, Urteil vom 3. 12. 1982 – 2 R 182/81, BRS 39 Nr. 220; Bay VGH, Urteil vom 2. 8. 1982 – Nr. 2 B 81 A. 984, BRS 39 Nr. 228). Eine **wesentliche** Abweichung von der Baugenehmigung liegt z. B. vor, wenn eine Garage mit einer Höhe von 3,10 m anstatt mit einer genehmigten Höhe von 2,70 m ausgeführt wird (Hess. VGH, Urteil vom 8. 2. 1990 – 3 UE 7/86, BRS 50 Nr. 207). Ein planabweichend ausgeführtes Vorhaben ist unter baurechtlichen Gesichtspunkten ein „**aliud**", wenn durch die Abweichung Belange, die bei der Genehmigung des Vorhabens zu berücksichtigen sind, so erheblich berührt werden, dass die **Genehmigungsfrage erneut aufgeworfen** wird (BayVGH, Beschluss vom 26. 7. 1991 – 20 CS 89.1224, BRS 52 Nr. 147 und OVG Bln, Beschluss vom 26. 1. 1995 – 2 S 35.94, BRS 57 Nr. 193).

Für die Frage, ob die Errichtung eines Baues, seine Änderung bzw. seine Nutzungsänderung ohne die erforderliche Genehmigung, das heißt formell illegal, ausgeführt wurde, ist das zum **Zeitpunkt der Errichtung** oder **Änderung** bestehende Baurecht zugrunde zu legen (PrOVG, Urteil vom 12. 5. 1938 – IV C 187/36, PrOVGE 102, 253). Grundsätzlich hat der Ordnungspflichtige den Nachweis einer Baugenehmigung zu führen, vor allem wenn er behauptet, sein Bauwerk sei formell baurechtmäßig (BVerwG, Urteil vom 23. 2. 1979 – 4 C 86.76, NJW 1980, 252 = BRS 35 Nr. 206 und OVG NRW, Beschluss vom 18. 1. 2001 – 10 B 1898/00, BauR 2001, 758 = BRS 64 Nr. 161 = EildStNW 2001, 269 = ZfBR 2001, 354). Ist bei **sehr alten Anlagen** jedoch die Erteilung einer Baugenehmigung nicht mehr nachzuweisen, so spricht eine Vermutung dafür, dass **bauliche Anlagen, die seit unvordenklicher Zeit unter den Augen der Behörde bestanden haben** und von dieser als zu Recht bestehend angesehen und behandelt worden sind, seinerzeit auch ordnungsgemäß und in Übereinstimmung mit den damals bestehenden Gesetzen errichtet worden sind (PrOVG, Urteil vom 4. 5. 1915 – IX.A.50/14, PrOVGE 68, 362; OVG NRW, Urteil vom 23. 7. 1964 – VII A 656/62, BRS 15 Nr. 25).

Ein unfertiges, längere Zeit nicht vollendetes Vorhaben ist formell illegal, weil mit der **51** Baugenehmigung ein nach den Bauvorlagen fertiges Gebäude genehmigt wird; ein **Gebäudetorso** wird von der Baugenehmigung nicht gedeckt (BVerwG, Beschluss vom 22. 2. 1965 – IV B 22/65, BRS 16 Nr. 128 = NJW 1965, 1195; s. auch die Anmerkungen zu § 3 Rdn. 20). Der **Schlussabnahmeschein** nach früherem Recht oder die **Bescheinigung über die Bauzustandsbesichtigung** nach § 82 Abs. 5 Satz 2 BauO NRW **ersetzt** bei abweichender Bauausführung von den genehmigten Bauvorlagen **keine Baugenehmigung**, vermittelt daher **keine formelle Legalität** (s. die Anmerkungen zu § 82 Rdn 39). Schließlich wird ein ursprünglich genehmigtes Vorhaben formell illegal, wenn **Nutzung** und **Funktion** in baurechtlich relevanter Weise ohne erforderliche Baugenehmigung **geändert** werden (vgl. die Anmerkungen zu § 3 Rdn. 97 ff.).

Formelle Illegalität tritt nachträglich ein, wenn die Baugenehmigung befristet, auflö- **52** send bedingt oder widerruflich erteilt war und die Frist abgelaufen, die auflösende Bedingung eingetreten oder von der Widerrufsmöglichkeit unanfechtbar Gebrauch gemacht worden ist (Große-Suchsdorf/Lindorf/Schmaltz/Wiechert, zu § 89 Rdn. 14). Die gegebenenfalls unter Anordnung der sofortigen Vollziehung verfügte **Rücknahme** (OVG Bln, Beschluss vom 18. 2. 1999 – 2 SN 1.99, BRS 62 Nr. 202) und der – nicht schon ausdrücklich vorbehaltene – **Widerruf** einer Baugenehmigung gemäß §§ 48 und 49 VwVfG. NRW. führen ebenfalls zur formellen Illegalität. Gleiches gilt für die **gerichtliche Aufhebung** der Baugenehmigung aufgrund einer Nachbarklage.

Bei **genehmigungsfreien** Bauvorhaben kommt eine formelle Illegalität nicht in Be- **53** tracht, weil eben **keine bauaufsichtliche Gestattung** vorgeschrieben ist (vgl. Finkelnburg/Ortloff, Band II, S. 188). Das gilt auch in den Fällen des § 67 BauO NRW, obwohl die **Freistellung an formelle Voraussetzungen geknüpft** ist, nämlich an das **Einreichen von Bauvorlagen bei der Gemeinde** (nicht bei der Bauaufsichtsbehörde) und vor allem das **Abwarten einer Frist**, ohne dass damit aber eine der Baugenehmigung vergleichbare formelle Legalisierungswirkung verbunden ist, weil allein der Bauherr für die Einhaltung des materiellen Rechts verantwortlich bleibt (BayVGH, Beschluss vom 13. 1. 2000 – 26 CS 99.2149, BRS 63 Nr. 127). Vorhaben nach § 67 BauO NRW, die unter Missachtung der **formellen Freistellungsbedingungen** (Einreichung von Bauvorlagen bei der Gemeinde und Abwarten der Frist), errichtet oder geändert werden, können allein deswegen stillgelegt werden, da sichergestellt werden muss, dass Bauherrn auch diese formellen Bestimmungen beachten. Ein **Sonderfall** besteht für freigestellte Vorhaben insoweit, als sie bei Abweichung vom materiellen Baurecht nach § 73 Abs. 2 BauO NRW der „**isolierten**" Abweichungsentscheidung bedürfen (s. die Anmerkungen zu § 73 Rdn. 29 und 30). Eine **Abweichungsentscheidung** verschafft dem freigestellten Vorhaben nur in Bezug auf den Abweichungsgegenstand formelle Legalität; liegt diese nicht vor, obwohl sie erforderlich wäre, kann wegen dieses Umstandes eingeschritten werden (Hess. VGH, Beschluss vom 27. 1. 1989 – 4 TG 3800/88, BRS 49 Nr. 176).

54 **Materielle Illegalität** liegt vor, wenn eine bauliche Anlage in **Widerspruch zum materiellen, öffentlichen Baurecht** errichtet, geändert, abgebrochen, genutzt, oder deren Nutzung geändert wird. Für die **materielle** Legalität oder aber Illegalität spielt es keine Rolle, ob das Vorhaben einer bauaufsichtlichen Gestattung bedarf, da auch genehmigungsfreie Vorhaben gemäß § 65 Abs. 4 BauO NRW den materiellen baurechtlichen Bestimmungen entsprechen müssen (s. OVG NRW, Urteil vom 22. 8. 1996 – 7 A 3508/93, BRS 58 Nr. 35 und die Anmerkungen zu § 65 Rdn. 185–189).

55 Eine zunächst nicht gegebene materielle Legalität kann infolge Änderung der Rechtslage später eintreten, oder ein materiell ursprünglich legales Vorhaben kann im Laufe der Zeit durch Rechtsänderung nunmehr dem aktuellen Recht widersprechen. Herrschende Rechtsprechung und Meinung gehen davon aus, dass **materielle Illegalität** nur dann anzunehmen ist, wenn die bauliche Anlage **zu keinem Zeitpunkt mit dem materiellen Recht vereinbar** war; dies ist die Folge des sich aus der Baufreiheit ergebenden Bestandsschutzes (s. BVerwG, Urteil vom 28. 6. 1956 – I C 93/54, NJW 1957, 557; Urteil vom 31. 7. 1964 – I C 132.59, BRS 15 Nr. 117; Urteil vom 22. 1. 1971 – IV C 62/66, NJW 1971, 1624; OVG Lüneburg, Urteil vom 28. 3. 1966 – I A 198/63, 199/63,200/63 und 209/63, BRS 17 Nr. 150). Der **passive Bestandsschutz** beinhaltet das Recht, eine Anlage, die im Laufe des Bestehens – wenn auch lediglich für einen nennenswerten Zeitraum von wenigen Monaten – materiell legal war, weiter zu nutzen und zu erhalten, auch wenn es nach dem geltenden materiellen Recht nunmehr ausgeschlossen ist, die Anlage neu zu errichten (zum Bestandsschutz s. die Anmerkungen zu § 75 Rdn. 105–118). Vom Bestandsschutz bleibt das Recht der Bauaufsicht unberührt, unter den Voraussetzungen des § 87 BauO NRW die Anpassung der Anlage an neues Bauordnungsrecht zu verlangen (s. die Anmerkungen zu § 87 Rdn. 1–9).

### 2.5.2 Einstellung der Bauarbeiten

56 **Hauptzweck** der Baueinstellung ist die **Durchsetzung des formellen Baurechts**, wie sich aus der **Mustervorschrift der MBO 2002** ergibt:

***§ 79***
***Baueinstellung***

*(1) [1]Werden Anlagen im Widerspruch zu öffentlich-rechtlichen Vorschriften errichtet, geändert oder beseitigt, kann die Bauaufsichtsbehörde die Einstellung der Arbeiten anordnen. [2]Dies gilt auch, wenn*

*1. die Ausführung Vorhabens entgegen den Vorschriften des § 72 Abs. 6 und 8 begonnen wurde, oder*

*2. bei der Ausführung*

*a) eines genehmigungsbedürftigen Bauvorhabens von den genehmigten Bauvorlagen,*

*b) eines genehmigungsfreigestellten Bauvorhabens von den eingereichten Unterlagen abgewichen wird,*

*3. Bauprodukte verwendet werden, die entgegen § 17 Abs. 1 keine CE-Kennzeich-nung oder Ü-Zeichen tragen,*

*4. Bauprodukte verwendet werden, die unberechtigt mit der CE-Kennzeichnung (§ 17 Abs. 1 Satz 1 Nr. 2) oder dem Ü-Zeichen (§ 22 Abs. 4) gekennzeichnet sind.*

*(2) Werden unzulässige Bauarbeiten trotz einer schriftlich oder mündlich verfügten Einstellung fortgesetzt, kann die Bauaufsichtsbehörde die Baustelle versiegeln oder die an der Baustelle vorhandenen Bauprodukte, Geräte, Maschinen und Bauhilfsmittel in amtlichen Gewahrsam bringen.*

Allein die Mustervorschrift des § 79 Abs. 1 Satz 2 **Nr. 3** und **4** MBO 2002 wurde in § 61 Abs. 4 und 5 BauO NRW übernommen (s. Rdn. 7). Das Muster des § 75 Abs. 1 Nr. 2 MBO 2002 verdeutlicht, dass die Baueinstellung auch dem Ziel dienen kann, das **materielle Baurecht** durchzusetzen, wenn bei der Verwirklichung eines genehmigten oder freigestellten Vorhabens gegen (materielle) baurechtliche Vorschriften verstoßen wird. Aus § 75 Abs. 2 MBO 2002 ergibt sich weiter, dass die Baueinstellung sowohl in schriftlicher als auch in mündlicher Form (als Verwaltungsakt) erlassen und notfalls mit Mitteln der Verwaltungsvollstreckung durchgesetzt werden kann.

Die Stilllegungsverfügung tritt mit ihrer Bekanntgabe in Kraft (§§ 41, 43 VwVfG. **56 a**
NRW.) und wirkt als **Dauerverwaltungsakt**. Sie beinhaltet das andauernde Verbot, die Bauarbeiten wieder aufzunehmen (OVG NRW, Urteil vom 19. 12. 1995 – 11 A 2734/93, UPR 1996, 458) und besteht so lange fort, bis sie förmlich aufgehoben wird. Deshalb muss die Bauaufsichtsbehörde die verfügte Baueinstellung im Auge behalten und gegebenenfalls sofort wieder aufheben, wenn sich später ergibt, dass die Gründe für die Stilllegung aufgrund geänderter Sach- oder Rechtslage nicht mehr fortbestehen (Thür. OVG, Beschluss vom 29. 11. 1999 – 1 EO 658/99, BRS 62 Nr. 203). In der Praxis wird mitunter übersehen, eine förmliche Aufhebung vorzunehmen, wenn durch nachträgliche Erteilung der Baugenehmigung die formelle Illegalität beseitigt wird. Es kann davon ausgegangen werden, dass die Baugenehmigung die Aufhebung der Stilllegungsverfügung beinhaltet (BayVGH, Urteil vom 25. 1. 1988 – 14 B 86.02382, BRS 48 Nr. 197 zum vergleichbaren Fall der Baugenehmigung nach vorausgegangener vorläufiger Nutzungsuntersagung). Die Bauarbeiten oder Abbrucharbeiten können dann, ohne dass die Stilllegungsverfügung ausdrücklich zurückgezogen wurde, fortgeführt werden. Kommen die am Bau Beteiligten einem schriftlich oder mündlich erlassenen Verwaltungsakt mit dem Ziel der Einstellung der Bauarbeiten nicht nach, kann die Bauaufsichtsbehörde **Zwangsmaßnahmen** der Verwaltungsvollstreckung anwenden. Die Bauaufsichtsbehörde ist nicht gehindert ein Zwangsgeld zu verhängen, wirksamer ist aber die **Versiegelung** (so auch Jeromin, zu § 80 Rdn. 35; zur Versiegelung s. Rdn. 95).

Die **Einstellung von Bauarbeiten** ist nicht nur in Fällen der formellen Illegalität, son- **57**
dern unter anderem in folgenden weiteren Fällen rechtlich zulässig:

- Der Bauherr kommt der Verpflichtung nach § 57 Abs. 1 Satz 1 BauO NRW zur Beauftragung geeigneter Entwurfsverfasser, Unternehmer oder Bauleiter nicht nach (s. die Anmerkungen zu § 57 Rdn. 16–21).

– Neue Baustoffe, Bauteile sowie Einrichtungen werden verwendet oder neue Bauarten werden angewendet, ohne dass der Nachweis der Verwendbarkeit erbracht ist (vgl. §§ 20ff. BauO NRW; s. Rdn. 121–122).

– Mit der Bauausführung wird vor Zugang der Baugenehmigung entgegen § 75 Abs. 5 BauO NRW begonnen, bzw. es werden entgegen § 82 Abs. 6 BauO NRW die Bauarbeiten fortgesetzt (s. die Anmerkungen zu § 75 Rdn. 177–179 und zu § 82 Rdn. 40–44).

– Bei der Bauausführung wird gegen baurechtliche Vorschriften verstoßen. Hierzu zählt gemäß § 3 Abs. 1 Satz 2–4 BauO NRW auch eine wesentliche Abweichung von den allgemein anerkannten Regeln der Technik (s. die Anmerkungen zu § 3 Rdn. 55–72).

Baueinstellungsverfügungen sind in aller Regel für **sofort vollziehbar** zu erklären, ohne dass in der Begründung der Vollziehbarkeit auf den konkreten Einzelfall eingegangen werden muss; der **durch Tatsachen belegte „Anfangsverdacht" eines formellen oder materiellen Rechtsverstoßes reicht** aus (VGH B-W, Beschluss vom 10. 2. 2005 – 8 S 2834/04, BauR 2005, 1461 = BRS 69 Nr. 186 = DÖV 2005, 923).

58 Die Bauaufsichtsbehörde **kann** aufgrund eines **berechtigt** erscheinenden Rechtsbehelfs des **Nachbarn** gegen die bauaufsichtliche Gestattung, die **aufschiebende Wirkung** in Anwendung des § 80a Abs. 1 Nr. 2 in Verbindung mit § 80 Abs. 4 VwGO **anordnen** und die Stilllegung der Bauarbeiten verfügen. Sie **muss** dies tun, wenn das **Verwaltungsgericht** die aufschiebende Wirkung gemäß § 80 a Abs. 3 in Verbindung mit § 80 Abs. 5 VwGO anordnet (s. die Anmerkungen zu § 74 Rdn. 112–132). Infolge der Wiederherstellung der aufschiebenden Wirkung verfügt der Bauherr zwar weiterhin über eine Baugenehmigung, kann diese jedoch wegen der ausdrücklichen Bestimmung des § 80 Abs. 1 Satz 2 VwGO, wonach § 80 Abs. 1 Satz 1 VwGO auch Verwaltungsakte mit Doppelwirkung (§ 80 a VwGO) erfasst, nicht ausnutzen, bis über den Rechtsbehelf des Nachbarn entschieden ist (s. § 80b VwGO). Nimmt die Bauaufsichtsbehörde die Baugenehmigung unter Anordnung der sofortigen Vollziehung zurück, kommt auch eine gleichzeitige Baueinstellungsanordnung in Betracht (OVG Bln, Beschluss vom 18. 2. 1999 – 2 SN 1.99, BRS 62 Nr. 202). Das Rechtsschutzinteresse des Nachbarn an einer Stilllegungsanordnung kann auch noch bei weitgehender Vollendung des Bauvorhabens gegeben sein, z. B. bei der Nichteinhaltung der erforderlichen Abstandflächen, wenn dies erst relativ spät im Rahmen einer Vermessung festgestellt wird (OVG NRW, Beschluss vom 11. 9. 2000 – 10 B 939/00, BauR 2001, 380 = BRS 63 Nr. 205).

59 Die Befugnis zur Einstellung von Bauarbeiten besteht **regelmäßig schon bei formeller Illegalität** (ständige Rechtsprechung des OVG NRW, vgl. z. B. Beschluss vom 13. 4. 1965 – VII B 236/65, BRS 16 Nr. 132; Urteil vom 6. 2. 1970 – VII B 935/69, BRS 23 Nr. 205). Die Bauaufsichtsbehörde ist befugt die Einstellung der Bauarbeiten zu verfügen, wenn eine öffentlich-rechtliche Gestattung aussteht (s. OVG Bln, Beschluss vom 23. 12. 1994 – 2 S 29/94, BRS 57 Nr. 257 und Thür. OVG, Beschluss vom 22. 10. 1998 – 1 EO 1056/98, BauR 1999, 164 = BRS 60 Nr. 168, jeweils zu ausstehenden sanierungsrechtlichen Genehmigungen). Dies gilt selbst dann, wenn die Bauaufsichtsbehörde die Erteilung der öffentlich-rechtlichen Gestattung nicht abwarten muss (ebenso Jäde, Bauaufsichtliche Maßnahmen, 2. Aufl. 2001, Rdn. 269 unter Bezug auf BayVGH, Beschluss vom 22. 11. 1999 – 15 ZB 99.2187, n.v., zu einer naturschutzrechtlichen Befreiung; ebenso Hess. VGH, Beschluss vom 20. 12. 1999 – 4 TG 4637/98, BauR 2000, 555 = BRS 62 Nr. 204 = DÖV 2000, 339 = NVwZ-RR 2000, 494), um die Baugenehmigung erteilen zu

können (s. die Anmerkungen zu § 75 Rdn. 8 und 81–83), die aber dennoch im Hinblick auf die baufreigebende Wirkung der Baugenehmigung nicht unberücksichtigt bleiben kann, so dass der Beginn der Bauarbeiten durch eine Bedingung im Bauschein bis zu deren Erteilung aufzuschieben ist (s. die Anmerkungen zu § 75 Rdn. 82 und 171). Allein schon die Missachtung des bauordnungsrechtlichen Genehmigungsvorbehalts stellt eine Störung der öffentlichen Ordnung dar (OVG Saar, Urteil vom 3. 12. 1982 – 2 R 182/81, BRS 39 Nr. 220 und OVG Bln, Beschluss vom 19. 11. 1996 – 2 S 23.96, BRS 58 Nr. 200 = BRS 59 Nr. 219). Die Baueinstellung soll der Bauaufsichtsbehörde die Möglichkeit geben, die Genehmigungsfähigkeit des Vorhabens zu prüfen (BayVGH, Beschluss vom 24. 10. 1977 – Nr. 213 II 76, BRS 32 Nr. 190). Die Ordnungsfunktion des formellen Baurechts wäre unvollkommen, wenn nicht schon die formelle Illegalität die Stilllegung und damit auch die Verhinderung des zeitlichen Vorsprungs des Schwarzbauers rechtfertigte (so Große-Suchsdorf/Lindorf/Schmaltz/Wiechert, zu § 89 Rdn. 21). Die formelle Illegalität kann nicht zur Stilllegung der Bauarbeiten führen, wenn diese **offensichtlich genehmigungsfähig** sind und eine alsbaldige Baugenehmigung zu erwarten ist (OVG NRW, Beschluss vom 29. 3. 1974 – VII B 791/73, BauR 1974, 266 = BRS 28 Nr. 172).

Sind bei einem einheitlichen Bauvorhaben **nur einzelne Teile formell illegal**, weil diese 60
z. B. abweichend von der Baugenehmigung errichtet wurden, so ist gleichwohl die gesamte Baumaßnahme formell rechtswidrig (OVG NRW, Urteil vom 13. 2. 1987 – 10 A 29/87, BRS 47 Nr. 193). Eine Stilllegungsverfügung kann auf eine Gesamtbaumaßnahme bezogen werden, ohne nach – für sich betrachtet – genehmigungspflichtigen und genehmigungsfreien Baumaßnahmen unterscheiden zu müssen (OVG NRW, Beschluss vom 16. 1. 1997 – 10 B 3125/96, BRS 59 Nr. 218; s. auch die Anmerkungen zu § 65 Rdn. 12). Die Bauaufsichtsbehörde könnte damit die Bauarbeiten insgesamt einstellen. Im Rahmen der Ausübung des pflichtgemäßen Ermessens wird unter Berücksichtigung des Grundsatzes der Verhältnismäßigkeit jedoch zu entscheiden sein, ob gegebenenfalls nur für bestimmte Teile der Anlage die Bauarbeiten eingestellt werden.

In **besonderen Fällen** kann der Erlass einer Verfügung schon **vor** Beginn der Bauarbei- 61
ten zulässig sein. Es handelt sich dann um eine **vorbeugende Stilllegungsverfügung**, nämlich um eine Untersagung vom Bauherrn erst noch beabsichtigter Maßnahmen, von denen die Bauaufsichtsbehörde jedoch Kenntnis erlangt hat. Der Erlass einer **Untersagungsverfügung** kommt insbesondere in Betracht, wenn zu befürchten ist, dass innerhalb kurzer Zeit später nicht mehr oder nur noch sehr schwer rückgängig zu machende Baumaßnahmen erfolgen werden (VGH B-W, Urteil vom 1. 2. 1993 – 8 S 1594/92, BRS 55 Nr. 194 und Hess. VGH, Beschluss vom 25. 5. 2001 – 4 TG 764/01, BauR 2002, 611 = BRS 64 Nr. 194 = NVwZ-RR 2002, 489). Das Tätigwerden der Bauaufsichtsbehörde setzt dabei das Vorliegen **konkreter Anhaltspunkte** voraus, die z. B. darin bestehen können, dass der Bauherr an und für sich genehmigungsbedürftige Vorgänge lediglich angezeigt bzw. mitgeteilt hat (Thür. OVG, Beschluss vom 29. 11. 1999, a. a. O. Rdn. 56) oder dass mit noch genehmigungsfreien Bauarbeiten in Vorbereitung des genehmigungsbedürftigen Vorhabens begonnen wird (BayVGH, Urteil vom 2. 9. 1982 – Nr. 2 B 81 A.984, BRS 39 Nr. 228). Eine Untersagungsverfügung kommt schließlich in Betracht, wenn eine Wartefrist im Falle freigestellter Vorhaben nach § 67 BauO NRW verstrichen ist und somit keine formelle Illegalität vorliegt (s. Rdn. 53), danach aber erst die materielle Unzulässigkeit des Vorhabens festgestellt wird (Sächs. OVG, Beschluss vom 17. 11. 1998 – 1 S 669/98, BRS 60 Nr. 167).

### 2.5.3 Nutzungsuntersagung

62 Die Befugnis zur **endgültigen** Nutzungsuntersagung kann als ein **Unterfall der Beseitigungsanordnung** angesehen werden und wurde deshalb auch in § 80 MBO 2002 aufgenommen (zum Text des Musters s. Rdn. 67). Nutzungsuntersagungen sind häufig die Folge von unter Missachtung des baurechtlichen Genehmigungsvorbehalts durchgeführten Nutzungsänderungen (hierzu s. Stockburger, Nutzungsänderung und Nutzungsverbot im Baurecht, ZfBR 1999, S. 9 ff.). Über die Frage, ob überhaupt eine Nutzungsänderung vorliegt, lässt sich trefflich streiten, da es um Feinheiten der Betrachtung geht (s. die Anmerkungen zu § 3 Rdn. 97–107) und für die Bauaufsichtsbehörde nicht selten Beweisprobleme auftreten, wie bei der Wohnungsprostitution (vgl. Stühler, Prostitution und Baurecht, NVwZ 2000, S. 990 ff.).

62 a Sollen bestimmte Nutzungen aus formellen oder materiellen Gründen untersagt werden, bedarf es sorgfältiger **konkreter Feststellungen** dazu, **welche Nutzungen** möglicherweise **genehmigt** sind und welche Nutzungen **tatsächlich ausgeübt** werden, da sich anderenfalls nicht sicher beurteilen lässt, ob die Nutzungen, die untersagt werden sollen, außerhalb der **Variationsbreite** des möglicherweise Erlaubten liegen (OVG NRW, Beschluss vom 29. 11. 2004 – 10 B 2076/04, BauR 2005, 851 = BRS 67 Nr. 206).

62 b Die Nutzungsuntersagung ist die geeignete Maßnahme, wenn sich die **Nutzung** einer baulichen Anlage als **materiell illegal** erweist, jedoch die bauliche Anlage selbst durchaus weiter bestehen bleiben kann, z. B. weil sie einer zulässigen anderen Nutzung zugeführt werden könnte oder von der materiell illegalen Nutzung nur einzelne Nutzungseinheiten oder Räume eines Gebäudes betroffen sind, da dann eine Nutzungsuntersagung als milderes Mittel verfügt werden kann (vgl. OVG NRW vom 23. 9. 1976 – X A 1350/75, BRS 30 Nr. 172). Die endgültige Nutzungsuntersagung setzt in jedem Fall die **materielle Illegalität** voraus. Dies gilt gerade auch für **genehmigungsfreie** Vorhaben.

63 Die Nutzungsuntersagung ist darüber hinaus anwendbar, um bei **formeller Illegalität** die Einhaltung der Verfahrensvorschriften zu sichern und kann somit auch als **Unterfall der Baueinstellung** fungieren, wenn die Bauarbeiten bereits abgeschlossen sind und somit eine Baueinstellung ausscheidet. Sie ist die geeignete bauaufsichtliche Maßnahme, wenn eine ungenehmigte, aber gemäß § 63 BauO NRW genehmigungsbedürftige Nutzungsänderung durchgeführt wurde, die bis zum Abschluss der Prüfung **vorläufig** untersagt werden soll, insbesondere wenn die Beurteilung der materiellen Zulässigkeit weitere Ermittlungen voraussetzt, z. B. weil Nachteile für die städtebauliche Ordnung oder für die Nachbarschaft nicht ausgeschlossen werden können (VGH B-W, Urteil vom 22. 9. 1989 – 5 S 3086/88, BRS 49 Nr. 228).

63 a Eine vorläufige Nutzungsuntersagung ist regelmäßig für **sofort vollziehbar** zu erklären, um zu **verhindern**, dass sich der **rechtsuntreue Bürger Nutzungsvorteile** gegenüber dem rechtstreuen Bürger verschafft (VGH B-W, Beschluss vom 1. 2. 2007 – 8 S 2606/06, DÖV 2007, 569). Allerdings darf eine wegen Verstoßes gegen das Genehmigungserfordernis formell rechtswidrige **Wohnnutzung**, die für die **Bewohner** den **alleinigen Mittelpunkt ihrer privaten Existenz** bildet, aus Gründen der **Verhältnismäßigkeit** nicht untersagt werden, wenn sie **offensichtlich genehmigungsfähig** ist (BayVGH, Urteil vom 5. 12. 2005 – 1 B 03.2608, BauR 2006, 1882 = BRS 70 Nr. 189).

64 Für die **vorläufige** Nutzungsuntersagung reicht regelmäßig die **formelle Illegalität** der Nutzung aus (vgl. Boeddinghaus/Hahn/Schulte, zu § 61 Rdn. 74–74 a; OVG NRW, Be-

schluss vom 27.2.1987 – 11 B 2903/86, BRS 47 Nr. 202; BayVGH, Beschluss vom 6.2. 1980 – 14.Cs-1776/79, BRS 36 Nr. 213 und Beschluss vom 29.9.1981 – Nr. 69 II 78, BRS 38 Nr. 208; Hess. VGH, Beschluss vom 14.1.1972 – IV TH 53/71, BRS 25 Nr. 207 und Beschluss vom 26.7.1994 – 4 TH 1779/93, BRS 56 Nr. 212; OVG Lüneburg, Beschluss vom 8.7.1985 – 6 B 70/85, BRS 44 Nr. 202; OVG Rh-Pf, Urteil vom 22.5.1996 – 8 A 11880/95, BauR 1997, 103 = BRS 58 Nr. 202 unter Aufgabe der früheren Rechtsprechung; OVG Saar, Urteil vom 9.3.1984 – 2 R 175/82, BRS 42 Nr. 227 = NVwZ 1985, 122; Sächs. OVG, Urteil vom 28.3.1996 – 1 S 139/95, BRS 58 Nr. 203). Nicht eindeutig ist die Verpflichtung des **Einzelrechtsnachfolgers** zur Beachtung einer dem früheren Eigentümer gegenüber ausgesprochenen Nutzungsuntersagung (vgl. Hamb. OVG, Urteil vom 14.12.1995 – Bf II 16/94, BauR 1997, 104 = BRS 58 Nr. 218 = NVwZ-RR 1997, 11, das Gericht erachtet es für erforderlich die Nutzungsuntersagung gegenüber dem Einzelrechtsnachfolger erneut auszusprechen, weil die Verfügung weniger den Zustand einer Sache als vielmehr das Verhalten des pflichtigen Eigentümers anbetrifft und es auch keine besonderen Vollzugsprobleme bereitet, die sofortige Vollziehung anzuordnen).

**Ergänzend** zur vorläufigen Nutzungsuntersagung kann die an den Grundstückseigentümer gerichtete **Untersagung des Abschlusses von Mietverträgen** das gebotene Mittel sein, da bereits bei Abschluss des Mietvertrages wegen der Überlassungspflicht der Mietsache aus §§ 535 Satz 1 und 536 BGB die Gefahr besteht, dass eine zuvor bauaufsichtlich untersagte Nutzung der baulichen Anlage fortgeführt wird (OVG NRW, Beschluss vom 24.10.1997 – 7 B 2565/97, BRS 59 Nr. 220). **64 a**

Wie bei der Baueinstellung kommt eine vorläufige Nutzungsuntersagung bei allein formeller Illegalität dann nicht in Betracht, wenn die formell rechtswidrige Nutzung **offensichtlich genehmigungsfähig** und eine alsbaldige Baugenehmigung des vorliegenden Bauantrags zu erwarten ist (OVG NRW, Beschluss vom 2.10.1987 – 11 B 1594/87, BRS 47 Nr. 197 und Beschluss vom 23.9.1988 – 11 B 1739/88, BRS 48 Nr. 134). Auch ohne vorliegenden Bauantrag scheidet bei **sich aufdrängender materieller Zulässigkeit** der formell illegalen Nutzung eine vorläufige Nutzungsuntersagung aus (BVerwG, Urteil vom 24.10.1980 – 4 C 81.77, BRS 36 Nr. 99). **65**

Die Aufnahme der Nutzung ist formell illegal, wenn eine bauliche Anlage entgegen § 82 Abs. 8 Satz 1 BauO NRW **vorzeitig** benutzt wird. Wurden jedoch die Bauarbeiten ordnungsgemäß abgeschlossen, so liegt ersichtlich kein Grund für eine vorläufige Nutzungsuntersagung vor, weil die bauliche Anlage **offensichtlich materiell rechtmäßig** und damit auch der **genehmigten** Nutzung zugänglich ist (s. die Anmerkungen zu § 82 Rdn. 49–50). Auch kann die vorzeitige Benutzung von der Bauaufsichtsbehörde auf Antrag gemäß § 82 Abs. 8 Satz 2 BauO NRW gestattet werden, wenn keine Bedenken wegen der öffentlichen Sicherheit oder Ordnung bestehen. **65 a**

Hat die Bauaufsichtsbehörde durch ihr **eigenes Verhalten** Anlass dazu gegeben, dass der Betroffene im **Vertrauen auf die Zulässigkeit einer Nutzungsänderung** Aufwendungen gemacht hat, bedarf die vorläufige Nutzungsuntersagung einer besonderen Ermessensausübung (OVG Lüneburg, Urteil vom 27.2.1981 – 1 A 64/79, BRS 38 Nr. 205 zur Genehmigung einer Feuerungsanlage für die Nutzung des Nebengebäudes einer Kläranlage zur Herbeiführung der Bewohnbarkeit mit nachfolgender Nutzungsuntersagung zu Wohnzwecken). Ein öffentliches Interesse an der **Vollziehung des Nutzungsverbots** ist zu verneinen, wenn die Bauaufsichtsbehörde über längere Zeit trotz bestehender Vollstreckungsmöglichkeiten das angeordnete Nutzungsverbot nicht durchsetzt (OVG NRW, Beschluss vom 25.6.1987 – 7 B 1183/87, BRS 47 Nr. 198). **66**

### 2.5.4 Beseitigungsanordnung

67 Die Anordnung der vollständigen oder teilweisen Beseitigung erfolgt zur **Durchsetzung des materiellen Baurechts**. Ihr gleich steht die **endgültige** Nutzungsuntersagung (Beseitigung einer materiell rechtswidrigen Nutzung; s. Rdn. 62). Die MBO 2002 fasst beide Eingriffsbefugnisse in einer Mustervorschrift zusammen:

***§ 80***

***Beseitigung baulicher Anlagen***

*[1] Werden Anlagen im Widerspruch zu öffentlich-rechtlichen Vorschriften errichtet oder geändert, so kann die Bauaufsichtsbehörde die teilweise oder vollständige Beseitigung der baulichen Anlagen anordnen, wenn nicht auf andere Weise rechtmäßige Zustände hergestellt werden können. [2] Werden Anlagen im Widerspruch zu öffentlich-rechtlichen Vorschriften benutzt, so kann diese Benutzung untersagt werden.*

67 a Von der Anordnung der Beseitigung nach § 61 Abs. 1 Satz 2 BauO NRW ist das **Rückbau- und Entsiegelungsgebot nach § 179 BauGB** scharf zu unterscheiden (vgl. Schlichter/Stich/Driehaus/Paetow, zu § 179 Rdn. 2). Dieses Gebot ist anders als die Beseitigungsordnung eine **städtebauliche Maßnahme**, für die nicht die Bauaufsichtsbehörde, sondern die Gemeinde zuständig ist. Das städtebauliche Rückbaugebot ist zulässig, wenn eine bauliche Anlage im **Widerspruch zu den Bebauungsplanfestsetzungen** steht, aber auch wenn sie **Missstände und Mängel** im Sinne des § 177 Abs. 2 und 3 Satz 1 BauGB aufweist, die durch eine Modernisierung oder Instandsetzung nicht behoben werden können.

67 b Die auf Bauordnungsrecht gestützte **Beseitigungsanordnung** kann aus ähnlichen Gründen in Betracht kommen, nämlich wenn ein legal errichtetes Gebäude aufgrund **Verwahrlosung** und **mangelnder Instandhaltung** einzustürzen droht und damit eine **Gefahr für das Nachbarhaus oder Passanten** darstellt (Hess. VGH, Beschluss vom 22. 3. 2000 – 4 TG 4287/99, BRS 63 Nr. 213). Soweit keine Gefahr für Leben oder Gesundheit besteht, kann die **Beseitigung von verwahrlosten Gebäuderesten** wegen Verstoßes gegen die öffentliche Ordnung verfügt werden, wobei jedoch im Hinblick auf die Eigentumsgarantie des Art. 14 GG geprüft werden muss, ob sich aufgrund objektiver Umstände die ernsthafte Absicht des Eigentümers des im Verfall begriffenen Bauwerks feststellen lässt, innerhalb eines angemessenen Zeitraums die noch vorhandene Bausubstanz im Rahmen eines Umbaus oder Wiederaufbaus zu nutzen (OVG Rh-Pf, Urteil vom 22. 4. 1999 – 1 A 11193/98, BRS 62 Nr. 207 = NVwZ-RR 1999, 718).

68 Die Beseitigungsanordnung hat eine endgültige, nicht mehr rückgängig zu machende Maßnahme zum Inhalt. Anders als bei der Stilllegung von Bauarbeiten und der vorläufigen Nutzungsuntersagung ist die Beseitigungsanordnung daher grundsätzlich **nur zulässig, wenn** die bauliche Anlage **formell – und – materiell illegal** ist (ständige, übereinstimmende Rechtsprechung; vgl. PrOVG, Urteil vom 29. 9. 1927 – IV B 29/36, BRS 1 DIIA2 S. 214; BVerwG, Urteil vom 14. 11. 1957 – I C 168.65, BRS 7 VA1 b S. 77; OVG NRW, Urteil vom 26. 1. 1954 – VII A 606/53, BRS 4 VA1 b S. 104 und Urteil vom 13. 2. 1987 – 10 A 29/87, BRS 47 Nr. 193; s. auch Rasch, Die zwangsweise Durchsetzung von baurechtlichen Beseitigungsanordnungen, BauR 1988, S. 266 ff.; a. A. Mampel, Formelle und materielle Illegalität? – Zu den Voraussetzungen von Abbruchverfügungen, BauR 1996, S. 13 ff.). Die Beseitigungsanordnung, die allein auf die materielle Illegalität gestützt wird, obwohl eine – wenn auch fehlerhafte – Baugenehmigung vorliegt, ist

rechtswidrig (so auch Jeromin, zu § 81 Rdn. 7). Daher muss zunächst die Baugenehmigung nach den Regeln der §§ 48 und 49 VwVfG. NRW. zurückgenommen oder widerrufen werden, soweit dies überhaupt noch rechtlich möglich ist.

Trotz eines Widerspruchs zu materiellen Bauvorschriften kann – in seltenen Ausnahmefällen – dennoch materielle Legalität gegeben sein, weil ein **Anspruch** auf Zulassung einer **Abweichungsentscheidung** besteht (s. die Anmerkungen zu § 73 Rdn. 17–19). Aus diesem Grunde muss eine Beseitigungsanordnung, die sich auf die materielle Illegalität stütz, auch der Frage nachgehen, ob **bei Ausübung pflichtgemäßen Ermessens** nicht – noch nachträglich – eine Abweichungsentscheidung möglich ist. **69**

Bei **genehmigungsfreien** Vorhaben kann nur auf die **materielle Illegalität** abgestellt werden. Liegt eine **„isolierte“ Abweichungsentscheidung** vor, **verschafft** diese dem freigestellten Vorhaben **formelle Legalität bezüglich des Abweichungstatbestands** (s. Rdn. 54). Öffentlich-rechtliche Genehmigungsverfahren nach anderen Vorschriften des „**Baunebenrechts**“ (s. Rdn. 12) bleiben unberührt, da für deren Vollzug nicht die Bauaufsichtsbehörde, sondern die jeweilige Fachbehörde zuständig ist. Verstößt die freigestellte Anlage gegen materielle bauplanungs- oder bauordnungsrechtliche Vorschriften, kann die Bauaufsichtsbehörde die Beseitigung anordnen, auch wenn für die Errichtung eine andere öffentlich-rechtliche Gestattung erforderlich ist (Hess. VGH, Beschluss vom 28. 10. 1997 – 4 UE 3676/95, BRS 59 Nr. 206 zur Beseitigungsanordnung einer im Außenbereich bauplanungsrechtlich unzulässigen Einfriedungsmauer, deren Errichtung nach Landschaftsrecht genehmigungsbedürftig ist). Neben der baurechtlichen Beseitigungsanordnung kann aber auch zusätzlich eine solche nach Fachrecht von der dafür zuständigen Behörde erlassen werden (VGH B-W, Urteil vom 24. 11. 1997 – 5 S 3409/95, BRS 59 Nr. 207). **70**

Eine Beseitigungsanordnung **allein bei formeller Illegalität**, kann nur dann in Betracht kommen, wenn die Beseitigung ohne Eingriff in die Substanz möglich und somit eine **Wiederherstellung** des vor der Beseitigung bestehenden Zustandes **unschwer wieder möglich** ist. In jedem Fall muss die Beseitigung der baulichen Anlage **ohne erheblichen Substanzverlust** und andere – absolut und im Wert zur baulichen Anlage gesehen – hohe Kosten für Entfernung und Lagerung möglich sein (OVG NRW, Beschluss vom 7. 10. 2005 – 10 B 1394/05, BauR 2006, 369 = BRS 69 NR. 188). Als Beispiele aus der Rechtsprechung sind zu nennen die Beseitigung eines ohne Genehmigung aufgestellten Wohnwagens (OVG Lüneburg, Urteil vom 29. 3. 1984 – 1 A 164/82, BRS 42 Nr. 213; Hess. VGH, Beschluss vom 29. 5. 1985 – 3 TH 815/85, BRS 44 Nr. 206) oder einer ungenehmigten Werbeanlage (OVG NRW, Beschluss vom 29. 10. 1979 – XI B 1447/79, BRS 35 Nr. 143). In Bezug auf **Werbeanlagen** ist dabei ein **tragender Gesichtspunkt** auch, **dass dem Schwarzbauer keine wirtschaftlichen Vorteile gegenüber dem rechtstreuen Bürger erwachsen** (so ausdrücklich OVG NRW, Beschluss vom 17. 5. 2000 – 7 B 723/00, BRS 63 Nr. 214). Eine Beseitigungsanordnung, die sich auf eine leicht auf- und abbaubare bauliche Anlage bezieht, enthält **zugleich** das **Verbot der Wiedererrichtung** am im Wesentlichen selben Standort (VGH B-W, Beschluss vom 28. 3. 2007 – 8 S 159/07, DÖV 2007, 571 zu einer transportablen Weidehütte). **71**

Nach dem Sprachgebrauch liegt eine Beseitigung zwar auch vor, wenn eine Anlage nur zerstört, das Bauwerk also „niedergelegt“ wird. Eine Beseitigungsverfügung enthält aber auch die Anordnung zur **Beseitigung des Bauschutts** (so VGH B-W, Urteil vom 6. 7. 1988 – 3 S 2764/87, BRS 48 Nr. 188; BVerwG, Beschluss vom 10. 11. 1993 – 4 B 185.93, BRS 55 Nr. 197); die gegenteilige Auffassung des OVG NRW im Urteil vom **72**

13.2.1987 (– 10 A 29/87, BRS 47 Nr. 193 = NWVBl. 1987, 19) wurde aufgegeben (OVG NRW, Beschluss vom 31.10.1994 – 10 A 4084/92, BauR 1995, 372 = BRS 56 Nr. 198):

„*Die nordrhein-westfälischen Bauaufsichtsbehörden sind nach § 58 [jetzt § 61] BauO NW auch dann befugt, Maßnahmen zur Beseitigung bauplanungs- oder bauordnungswidriger Zustände zu ergreifen, wenn diese Zustände durch Lagerung von Abfall im Sinne des § 1 Abs. 1 AbfG herbeigeführt worden sind. Die Zuständigkeit der Abfallwirtschaftsbehörden zur Überwachung der abfallwirtschaftlichen Entsorgung des Abfalls bleibt hiervon unberührt …*

*Maßgeblich für die Zuständigkeit entweder der Bauaufsichts- oder der Abfallwirtschaftsbehörde ist die Zielrichtung, die mit dem behördlichen Handeln verfolgt wird: Geht es darum, dem Baurecht auf dem in Anspruch genommenen Grundstück Geltung zu verschaffen, ist die Bauaufsicht zuständig; geht es um die abfallwirtschaftliche Entsorgung, ist die Zuständigkeit der Abfallwirtschaftsbehörde begründet.*“

**73** Die Anordnung der Beseitigung einer baulichen Anlage bedarf, insbesondere, wenn ihre Durchsetzung nicht mehr rückgängig zu machen ist, einer besonders sorgfältigen Ausübung des **pflichtgemäßen Ermessens** und der Beachtung des **Grundsatzes der Verhältnismäßigkeit** (s. Rdn. 35). Die sofortige Vollziehung der Beseitigung einer baulichen Anlage ist grundsätzlich nicht gerechtfertigt, sofern die Möglichkeit besteht, dass dem öffentlichen Interesse vorläufig durch eine zwangsgeldbewehrte Nutzungsuntersagung hinreichend Rechnung getragen wird (VGH B-W, Beschluss vom 13.6.1996 – 5 S 1211/96, BRS 58 Nr. 207 = NVwZ 1997, 601 zu Bauarbeiten für einen Whirlpool in einem Bordell). Unverhältnismäßig und damit rechtswidrig kann eine Beseitigungsverfügung sein, wenn sie wegen Verletzung des vorgeschriebenen Abstandes um wenige Zentimeter erlassen wird (OVG Lüneburg, Urteil vom 28.2.1983 – 6 A 69/82, BRS 40 Nr. 226). Dagegen steht der Grundsatz der Verhältnismäßigkeit einer Anordnung, die Oberkante der Fertigsohle einer errichteten Garage, auf die genehmigte Höhe zurückzubauen, nicht entgegen, wenn die genehmigte Höhe um 0,6 m überschritten wird (Nds. OVG, Urteil vom 8.7.1999 – 1 L 1620/97, BRS 62 Nr. 208 = NVwZ-RR 2000, 142). Auch ist zu prüfen, ob nicht nur eine teilweise Beseitigung verfügt werden kann, weil die bauliche Anlage ansonsten materiell rechtmäßig wäre. Eine Beseitigungsanordnung setzt auch voraus, dass die Rechtmäßigkeit der Anlage nicht durch Nebenbestimmungen herbeigeführt werden kann.

**74** Bei Erlass der Beseitigungsverfügung sollte die **Frage des Vollzugs** bereits vorgeprüft sein, da z.B. Teilbeseitigungen baulicher Anlagen besondere Probleme in dieser Hinsicht aufwerfen (vgl. Rasch, Die zwangsweise Durchsetzung von baurechtlichen Beseitigungsanordnungen, BauR 1988, S. 256 ff.). Beseitigungsanordnungen gelten als vorhabenbezogene Verfügungen auch gegenüber einem **Rechtsnachfolger** (BVerwG, Urteil vom 22.1.1971 – IV C 62/66, NJW 1971, 1624; VGH B-W, Urteil vom 14.5.1976 – III 741/75, NJW 1977, 861; OVG NRW, Urteil vom 19.9.1991 – 11 A 1178/89, OVGE 42, 210). Etwas anderes gilt nur, wenn der Eigentumswechsel noch während eines anhängigen Verfahrens erfolgt, die Beseitigungsverfügung kann dann gegenüber dem ursprünglichen Eigentümer nicht aufrechterhalten bleiben (OVG NRW, Urteil vom 23.4.1996 – 10 A 3565/92, BauR 1996, 700 = BRS 58 Nr. 217 = NVwZ-RR 1997, 12).

**75** Mitunter stellt sich die Frage, ob die Bauaufsichtsbehörde, die über Jahre hinweg nicht gegen ein formell und materiell illegales Bauwerk eingeschritten ist, nicht für den Ordnungspflichtigen eine der materiellen Legalität vergleichbare Rechtsposition durch

**Duldung** schafft, die den Vollzug der Beseitigungsverfügung nicht mehr zulässt. **Bauaufsichtlichen Eingriffsbefugnisse unterliegen**, anders als die subjektiven Abwehrrechte eines Nachbarn gegen ein Bauvorhaben, **nicht der Verwirkung** (OVG Saar, Beschluss vom 25.1.2005 – 1 Q 51/04, BauR 2006, 826 = BRS 69 Nr. 194). Nur die **vorbehaltlose, schriftliche Zusicherung**, nicht einzuschreiten, schafft eine derartige **Bindung** bezüglich des künftigen Verhaltens der Bauaufsichtsbehörde (s. Rdn. 40–41). Eine derart weitreichende Duldung muss unter allen denkbaren Aspekten äußerst sorgfältig abgewogen werden, da sie im Einzelfall dem Eigentümer eine starke Position aus Art. 14 Abs. 1 Satz 1 GG verschaffen kann (vgl. BVerfG, Beschluss vom 2. 9. 2004 – 1 BvR 1860/02, BRS 69 Nr. 190 = NVwZ 2005, 203 und BVerwG, Beschluss vom 24. 7. 2006 – 4 B 53.06, BauR 2006, 1881 = BRS 70 Nr. 191).

Der in der Praxis einzelner Baugenehmigungsbehörden übliche **Begriff der Belassung** 75 a
ist nach seinem Regelungsgehalt auf die Duldung eines illegalen Vorhabens beschränkt, erweckt jedoch den falschen Eindruck, dem Bauherrn werde etwas rechtmäßig erworbenes zur weiteren Verfügung und Nutzung überlassen, und **sollte aus Gründen der Rechtsklarheit nicht verwendet werden** (OVG NRW, Beschluss vom 22. 11. 2006 – 10 A 3012/05, BauR 2007, 1034 = BRS 70 Nr. 193).

Die Duldung eines auf lang anhaltenden Bestand angelegten Bauwerks kann **Wirkun-** 76
**gen wie eine rechtswidrige Genehmigung** erzeugen, vor allem, wenn sich in der näheren Umgebung weitere vergleichbar rechtswidrig geduldete bauliche Anlagen befinden. Dann kann sie unter dem **Gesichtspunkt des Gleichheitssatzes** unzulässig sein (OVG NRW, Urteil vom 22. 3. 1983 – 7 A 2029/81, BRS 40 Nr. 239; vgl. auch Wegmann, Zur Ermessensausübung bei Abbruchverfügungen, insbesondere zur Berücksichtigung des Gleichheitssatzes, NVwZ 1984, S. 777 ff.; zum Grundsatz der Gleichbehandlung s. Rdn. 36–37).

### 2.6 Durchsetzung von Ordnungsverfügungen

Bei **Anwendung des Verwaltungszwanges** sind die **gesetzlichen Voraussetzungen** und 77
**Verfahrensvorschriften** genauestens zu beachten. Für den bauaufsichtlichen Vollzug ist der zweite Abschnitt des VwVG NRW von Bedeutung, der das **Verfahren** und die **gesetzlich zugelassenen Zwangsmittel** regelt. Als Zwangsmittel kommen

- die **Ersatzvornahme**,
- das **Zwangsgeld** und
- der **unmittelbare Zwang**

in Betracht. Die **Zwangsmittel** sind **in einem dreistufigen Verfahren** anzuwenden:

- die **Androhung unter Fristsetzung**,
- die **Festsetzung** und
- die **Ausführung**.

Neben diesen allgemeinen Vorgaben, sind zwei wesentliche Aspekte zu beachten. Zunächst ist stets zu prüfen, ob etwaige **Vollstreckungshindernisse** bestehen. Ist der Ordnungspflichtige zur Erfüllung der Verfügung nicht in der Lage, weil er in Rechte Dritter eingreifen müsste, so führt dies zwar nicht zur Rechtswidrigkeit der Grundverfügung, hindert aber ihre Durchsetzbarkeit und zwar so lange, bis eine vollziehbare **Duldungs-**

**verfügung** gegen den Dritten erlassen ist. So kann z.B. dem Ordnungspflichtigen die Ausführung einer Beseitigungsanordnung unmöglich sein, wenn eine Person das abzubrechende Gebäude möglicherweise ohne wirksamen Mietvertrag, aber im Einverständnis mit dem Pflichtigen bewohnt und ohne diese Unterkunft obdachlos würde (OVG NRW, Beschluss vom 10.10.1996 – 11 B 2310/96, BRS 58 Nr. 223 = NVwZ-RR 1998, 76). Auch das sich aus dem Miteigentum ergebende Vollstreckungshindernis kann durch Erlass einer Anordnung gegen den nicht beigeladenen Miteigentümer ausgeräumt werden (BVerwG, Beschluss vom 24.7.1998 – 4 B 69.98, BRS 60 Nr. 170 = UPR 1998, 458). Sodann ist darauf zu achten, dass es der **Beugecharakter der Zwangsmittel** nicht erlaubt, diese überhaupt oder weiterhin anzuwenden, wenn der Ordnungspflichtige der Ordnungsverfügung nachkommt.

**78** Die Anwendung des Verwaltungszwanges darf nach § 55 Abs. 1 VwVG NRW nur erfolgen, wenn die **Bestandskraft des Eingriffsverwaltungsaktes** eingetreten ist, also eine bestandskräftige **Grundverfügung** vorliegt, oder aber **Rechtsmitteln keine aufschiebende Wirkung zukommt**. Nach § 80 Abs. 1 Satz 1 VwGO haben Rechtmittel grundsätzlich aufschiebende Wirkung (**Suspensiveffekt**), jedoch kann ihnen nach § 80 Abs. 2 Nr. 4 VwGO durch behördliche **Anordnung der „sofortigen Vollziehung“** die aufschiebende Wirkung genommen werden. Ferner darf die Anwendung von **Verwaltungszwang** gemäß § 55 Abs. 2 VwVG NRW **ohne vorausgehenden Verwaltungsakt** erfolgen, wenn ein solches Vorgehen **zur Abwehr einer gegenwärtigen Gefahr notwendig** ist und die Vollzugsbehörde hierbei **innerhalb ihrer Befugnisse** handelt. Dies wird als **„sofortiger Vollzug“** oder abkürzend als **„Sofortvollzug“** bezeichnet und stellt einen Sonderfall des Verwaltungszwangs dar. Wegen der fast identischen Formulierungen „sofortige Vollziehung“ nach der VwGO und „sofortiger Vollzug oder abkürzend Sofortvollzug“ nach dem VwVG NRW kommt es mitunter zu Verwechslungen, obwohl zwischen beiden Rechtsinstituten begrifflich scharf zu trennen ist.

### 2.6.1 Sofortige Vollziehung nach § 80 Abs. 2 Nr. 4 VwGO

**79** Rechtsbehelfe haben nach § 80 Abs. 1 VwGO grundsätzlich **aufschiebende Wirkung**, so dass die Ordnungsverfügung bereits bei deren Einlegung keine Bestandskraft erlangt. Aufgrund der Dauer von Rechtsbehelfsverfahren können längere Zeiträume verstreichen. Ist der Vollzug der Maßnahme zur Gefahrenabwehr dringlich, so kann die Bauaufsichtsbehörde die **sofortige Vollziehung** gemäß § 80 Abs. 2 Nr. 4 VwGO anordnen. Die Behörde kann entweder bereits die Grundverfügung mit der Anordnung der sofortigen Vollziehung versehen oder eine selbständige Verfügung erlassen, wobei in beiden Fällen das **besondere Interesse** gemäß § 80 Abs. 3 VwGO **zu begründen** ist. Die Begründung muss auf die **besonderen Umstände des Einzelfalls** eingehen und eine Aussage darüber enthalten, warum die Behörde den Suspensiveffekt ausschließt (vgl. Kopp/Schenke, zu § 80 Rdn. 84–88).

**80** Die Anordnung der sofortigen Vollziehung setzt **tatbestandlich** entweder das Vorliegen eines **öffentlichen Interesses** oder eines **überwiegenden Interesses eines Beteiligten** voraus, letzteres hat im Bereich der Eingriffsverwaltung kaum praktische Bedeutung. Das öffentliche Interesse bzw. das überwiegende Interesse eines Beteiligten an der Vollziehung muss das Interesse des vom Verwaltungsakt Belasteten, von der Vollziehung verschont zu bleiben, deutlich überwiegen und damit verdrängen. So können drohende erhebliche Nachteile oder Gefahren für die Allgemeinheit das **öffentliche Interesse** begründen, z.B. bei der Abbruchverfügung eines einsturzgefährdeten Gebäudes (Hess. VGH, Beschluss vom 22.3.2000 – 4 TG 4287/99, BRS 63 Nr. 213), bei der Nutzungsuntersagung bestimmter Räume im Falle einer illegal vorgenommenen Nutzungsänderung (OVG NRW, Beschluss vom 25.6.1987 – 7 B 1183/87, BRS 47 Nr. 198), zumal wenn damit auch noch Brandschutzmängel verbunden sind (OVG Bln, Beschluss vom 8.6.2000 – 2 SN 4.00/2 L 9.00, BRS 63 Nr. 216), bei wiederholt illegalen Bauarbeiten (OVG NRW, Beschluss vom 10.5.1989 – 11 B 1262/89, BRS 49 Nr. 231), bei der Beseitigungsanordnung einer Holzhütte im Außenbereich, wenn dies ohne wesentlichen Substanzverlust möglich ist und von der baulichen Anlage eine erhebliche Nachahmungswirkung ausgeht (OVG NRW, 28.8.1995 – 11 B 1957/95, BauR 1996, 236 = BRS 57 Nr. 252 = NVwZ-RR, 192), bei der Beseitigungsanordnung für einen Carport im Vorgarten, wenn damit eine negative Vorbild- und Nachahmungswirkung besteht und die Bausubstanz gering ist (OVG Bln, Beschluss vom 21.5.1999 – 2 S 3.99, BRS 62 Nr. 206) oder bei formal illegalen Werbeanlagen (OVG NRW, Beschluss vom 17.5.2000, a.a.O. Rdn. 71). Dagegen reicht das öffentliche Interesse, das den Erlass des Verwaltungsakts als solchen rechtfertigt, regelmäßig nicht aus, gegenüber dem vom Gesetz vorgegebenen Interesse des Betroffenen an der Erhaltung des Suspensiveffektes zu überwiegen, wenn es um einschneidende Maßnahmen geht, die einen nennenswerten Substanzverlust zur Folge haben oder sogar bauliche Maßnahmen zur Wiederherstellung des ursprünglichen Bauzustands erfordern (OVG NRW, Beschluss vom 12.1.1998 – 10 B 3025/97, BauR 1998, 537 = BRS 60 Nr. 166 zur Rechtswidrigkeit einer für sofort vollziehbar erklärten Ordnungsverfügung, mit der die Beseitigung der Schließung einer Eingangsloggia und die Wiederherstellung der ursprünglich vorhandenen Treppenanlage verlangt wurde). Ein öffentliches Interesse an der sofortigen Vollziehung einer Beseitigungsanordnung, die mit der Vernichtung wesentlicher Bausubstanz verbunden ist, besteht regelmäßig nicht (Thür. OVG, Beschluss vom 13.5.1997 – 1 EO 609/96, BRS 59 Nr. 211), ausnahmsweise kann es gegeben sein, wenn es um die Beseitigung von nicht genehmigungsfähigen Bauwerken in landschaftlich reizvoller Gegend geht (BayVGH, Beschluss vom 13.1.1997 – 1 Cs 96.3580, BRS 59 Nr. 212).

Die Aufhebung der Anordnung der sofortigen Vollziehung kann der Betroffene nur mit den Rechtsbehelfen nach den §§ 80 ff. VwGO, nicht jedoch mit der Anfechtungsklage erreichen (BVerwG, Beschluss vom 30.11.1994 – 4 B 243.94, BRS 56 Nr. 213). Die **Ausgangsbehörde** kann gemäß § 80 Abs. 4 VwGO die **Vollziehung aussetzen**. Nach § 80 Abs. 5 VwGO kann sich der Betroffene auch an das **Verwaltungsgericht** wenden, um die Wiederherstellung der aufschiebenden Wirkung zu erreichen. Bei der Prüfung des Aussetzungsantrages ist das öffentliche Interesse an der sofortigen Vollziehung des Verwaltungsaktes gegen das Interesse des Betroffenen an einem möglichst weitgehenden, durch Art. 19 IV GG verbürgten Rechtsschutz abzuwägen. Bei der Beurteilung der Erfolgsaussichten eines Rechtsbehelfs im Aussetzungsverfahren ist im Übrigen mit der gebotenen Zurückhaltung zu verfahren, denn die Entscheidung in der Hauptsache soll grundsätzlich dem Hauptverfahren vorbehalten bleiben (VGH B-W, Beschluss vom 17.2.1970 – III 725/69, BRS 23 Nr. 202). So würde beispielsweise durch die sofortige Vollziehung einer Abbruchanordnung das Ergebnis in der Hauptsache vorweggenommen, denn durch den Abbruch eines Gebäudes würde insoweit ein irreparabler Zustand eintreten, den § 80 Abs. 1 VwGO jedoch verhindern will. Die Befürchtung der Behörde, andere Bauherren würden das rechtswidrige Vorhaben nachahmen und ebenfalls ohne Genehmigung bauen, ist regelmäßig kein ausreichender Grund für die sofortige Vollziehung, denn diese hat keinen Strafcharakter und dient auch nicht der Abschreckung (VGH B-W, Beschluss vom 19.6.1975 – III 766/75, BRS 29 Nr. 173). **81**

### 2.6.2 Sofortvollzug nach § 55 Abs. 2 VwVG NRW

82 Der sofortige Vollzug im Sinne des § 55 Abs. 2 VwVG NRW, nachfolgend kurz als „Sofortvollzug" bezeichnet, zielt auf die **sofortige Verwirklichung eines Zwangsmittels, ohne vorausgehenden**, erst noch **zu vollziehenden Verwaltungsakt** (vgl. Engelhardt/App, zu § 6 VwVG, Rdn. 22). Die Bauaufsichtsbehörde muss innerhalb ihrer gesetzlichen Befugnisse handeln, das heißt, aufgrund einer Rechtsvorschrift berechtigt sein, einen entsprechenden Verwaltungsakt zu erlassen, wenn sie unter normalen Umständen Zeit und Gelegenheit dazu hätte. Der Sofortvollzug muss zur Abwehr einer gegenwärtigen Gefahr notwendig sein. Eine solche liegt vor, wenn die Einwirkung des schädigenden Ereignisses bereits begonnen hat oder unmittelbar oder in allernächster Zeit mit an Sicherheit grenzender Wahrscheinlichkeit bevorsteht (s. das Beispiel bei Rdn. 22). Bei der Wahl der Zwangsmittel kommen nur die **Ersatzvornahme** oder der **unmittelbarere Zwang** in Betracht, da das Zwangsgeld von der Natur der Sache her nicht zur Herbeiführung des unmittelbaren Erfolgs der Maßnahme geeignet ist. So kann z. B. aus Anlass örtlicher Kontrollen die **Absperrung** eines Gehwegs für Passanten vorgenommen werden, weil sich Putzteile von der Fassade gelöst haben und abzufallen drohen. Zu denken ist auch an die **Versiegelung** von in Ausführung befindlichen, illegalen baulichen Anlagen, um die Fortführung der Ausbauarbeiten sofort zu unterbinden (vgl. Rasch, Die Versiegelung – ein Instrument der Bauaufsicht, BauR 1989, S. 1 ff.).

83 **Ob** der **Sofortvollzug** selbst wiederum **als Verwaltungsakt zu qualifizieren** ist, wird unterschiedlich gesehen (s. Kopp/Ramsauer, zu § 35 Rdn. 67d.). Der Streitfrage kommt letztlich keine große praktische Bedeutung zu, da gemäß § 18 Abs. 2 VwVG NRW gegen die Anwendung von Zwangsmitteln ohne vorausgehenden Verwaltungsakt die Rechtsmittel zulässig sind, die auch gegen Verwaltungsakte ergriffen werden können. **Vorläufiger Rechtsschutz** gegen eine im Wege des Sofortvollzugs vorgenommene Zwangsmaßnahme ist **nach § 80 Abs. 5 VwGO** gegeben. Die Maßnahme ist entsprechend § 37 Abs. 2 Satz 2 VwVfG. NRW. einer Bestätigung zugänglich, die selbst keinen eigenständigen Verwaltungsakt darstellt (OVG NRW, Beschluss vom 25. 11. 1993 – 10 B 360/93, BRS 55 Nr. 207 mit weiteren Ausführungen zur Rechtsnatur des Sofortvollzugs).

### 2.6.3 Vorgaben für die Anwendung von Verwaltungszwang

84 Für die Vollziehung von Verwaltungsakten im Aufgabenbereich der Bauaufsicht sind die **unteren Bauaufsichtsbehörde** zuständig, auch soweit es sich um solche in Gestalt eines Widerspruchsbescheids der oberen Bauaufsichtsbehörde handelt (vgl. § 56 Abs. 1 VwVG NRW in Verbindung mit § 7 AG VwGO). Die Aufsichtsbehörde kann der unteren Bauaufsichtsbehörde unter den einschränkenden Voraussetzungen des § 9 OBG Weisungen zum Vollzug erteilen. Die **Zwangsmittel**, die § 57 VwVG NRW abschließend aufführt (s. Rdn. 77), müssen in einem angemessenen Verhältnis zum angestrebten Erfolg stehen und dürfen nur dazu eingesetzt werden den entgegenstehenden Willen des Ordnungspflichtigen auszuschalten (**Beugemittel**). Die Wahl des Zwangsmittels ist in das pflichtgemäße Ermessen der Behörde gestellt, wobei jedoch der **Verhältnismäßigkeitsgrundsatz** des § 58 VwVG NRW zu beachten ist. Voraussetzung der Anwendung der Zwangsmittel ist, dass die Gründe, die zum Erlass der Ordnungsverfügung geführt haben, nach wie vor fortbestehen, dass also die **Sach- und Rechtslage unverändert** geblieben ist. Von Bedeutung ist diese Prüfung stets bei **Nachbarstreitigkeiten**, die Anlass zum bauordnungsrechtlichen Einschreiten waren, vor allem solcher um die Einhaltung der **Abstandflächenvorschriften**. Es kann angesichts relativ lang andauernder Nachbar-

streitverfahren der Fall eintreten, dass der unterlegene Bauherr eine genehmigungsfähige Änderung seines Bauentwurfs einreicht, so dass z.B. die vom Nachbarn erstrittene Beseitigungsanordnung ihre Grundlage verliert. Ein gleichwohl vom Nachbarn gestellter Vollstreckungsantrag kann dann gegen das auch im öffentlichen Baurecht geltende **Schikaneverbot** nach § 226 BGB verstoßen (OVG NRW, Beschluss vom 12.6.1995 – 7 E 1130/94, NVwZ-RR 1996, 126; zum Schikaneverbot s. auch die Anmerkungen zu § 74 Rdn. 57). Grundsätzlich löst allein die Nichteinhaltung der erforderlichen Abstandflächen unabhängig vom Grad der mit der Unterschreitung verbundenen Beeinträchtigung einen nachbarlichen Abwehranspruch aus, dem die Bauaufsichtsbehörde mit einer Abrissverfügung Rechnung zu tragen hat; es ist dann Sache des Bauherrn zur Abwehr der Vollstreckung geeignete Austauschmittel vorzuschlagen (OVG NRW, Urteil vom 13.10.1999 – 7 A 998/99, NVwZ-RR 2000, 205).

Der Anwendung von **Zwangsmitteln** muss nach § 63 VwVG NRW die **Androhung** vorausgehen. Sie ist als Kernstück des Verwaltungszwangs zu bezeichnen. Durch sie soll psychologisch auf den Ordnungspflichtigen eingewirkt werden, damit dieser den Widerstand gegen die verfügte Maßnahme möglichst aufgibt und sich dadurch die Anwendung der Zwangsmaßnahmen erübrigt. An Form und Inhalt der Androhung stellt § 63 VwVG NRW besondere Anforderungen. Die Rechtmäßigkeit der Androhung ist Voraussetzung für die Rechtmäßigkeit der nachfolgenden Festsetzung und Anwendung des Zwangsmittels. Zu beachten ist, dass **85**

– die **Schriftform** gewählt,

– nach §§ 3 bis 5 VwZG **zugestellt** und

– eine **angemessene Frist** gesetzt

werden muss. Einer Fristsetzung bedarf es gemäß § 63 Abs. 1 Satz 1 VwVG NRW nicht, wenn eine Duldung oder Unterlassung aufgegeben wird. Der Ordnungspflichtige soll sich auf den beabsichtigten Verwaltungszwang einstellen können. Aus diesem Grund muss in der Androhung angeführt werden:

– das **vorgesehene Zwangsmittel**, wenn nur ein bestimmtes angewendet werden soll,

– bei **mehreren Zwangsmitteln**, in **welcher Reihenfolge** sie anzuwenden sind.

Wird die **Ersatzvornahme** angedroht, so sind die **voraussichtlichen Kosten** mitzuteilen. Bei Androhung von **Zwangsgeld** ist dessen **genaue Höhe** anzugeben.

Verstreicht die in der Androhung genannte Frist, ohne dass der Ordnungspflichtige den angeordneten Maßnahmen nachkommt, ist das **Zwangsmittel** gemäß § 64 VwVG NRW **festzusetzen**. Ist eine Fristsetzung im Rahmen der Androhung nicht möglich, kann festgesetzt werden, sobald der Ordnungspflichtige der Duldungs- oder Unterlassungsanordnung zuwiderhandelt. Die **Festsetzung** des Zwangsmittels bildet die eigentliche **Vollstreckungsanordnung** und muss dem Ordnungspflichtigen mitgeteilt werden, das geschieht in aller Regel schriftlich. Eine förmliche Zustellung ist hierfür nicht vorgeschrieben. Nach der Festsetzung kann unmittelbar mit der Anwendung der Zwangsmittel gemäß § 65 VwVG NRW begonnen werden. Die **Anwendung darf der Festsetzung direkt folgen**, jedoch nur in deren Umfang. **Rechtsbehelfe gegen Maßnahmen der Vollstreckung** haben gemäß § 8 AG VwGO **keine aufschiebende Wirkung**. Will der Ordnungspflichtige die aufschiebende Wirkung dennoch erreichen, muss er die Wiederherstellung der aufschiebenden Wirkung nach § 80 Abs. 4 oder 5 VwGO beantragen. **86**

### 2.6.4 Ersatzvornahme

87 Wurde eine „**vertretbare Handlung**“ aufgegeben und führt der Ordnungspflichtige diese nicht selbst aus, kann die Bauaufsichtsbehörde gemäß § 59 VwVG NRW die Handlung selbst vornehmen oder eine andere Person mit der Ausführung beauftragen; die Kosten muss der Ordnungspflichtige tragen. Der Begriff „**vertretbare Handlung**“ meint, dass die Vornahme der Handlung durch eine andere Person möglich ist. Die Ersatzvornahme kann durch die Behörde selbst (**Selbstvornahme**) oder durch einen Beauftragten, z. B. einen Unternehmer (**Fremdvornahme**) erfolgen. Kann nur der Betroffene die Handlung vornehmen, z. B. wenn er eine Erklärung abgeben soll, scheidet dieses Zwangsmittel von vornherein aus. Die Ersatzvornahme war in der vor dem 1. 7. 1980 geltenden Fassung des § 59 VwVG NRW nur als Fremdvornahme zulässig, die Selbstvornahme galt als unmittelbarer Zwang. Die Begriffserweiterung erfolgte mit der Gesetzesänderung, um dem Ordnungspflichtigen auch die Kosten der Selbstvornahme auferlegen zu können.

88 Nach § 59 Abs. 2 VwVG NRW können die **voraussichtlichen Kosten** der Maßnahme **im Voraus** erhoben und nötigenfalls im **Verwaltungszwangsverfahren** beigetrieben werden. Sollen die voraussichtlichen Kosten der Ersatzvornahme im Voraus erhoben werden, sind diese in der **Androhung unter Fristsetzung zur Zahlung** anzufordern und **nach Fristablauf festzusetzen**. Die Ersatzvornahme beginnt mit der **Beitreibung der Kosten**. Auf eine eventuell nach Durchführung der Maßnahme entstehende Über- oder Unterschreitung der Kosten findet § 77 VwVG NRW in Verbindung mit der Kostenordnung zum Verwaltungsvollstreckungsgesetz – **KostO NRW** vom 12. 8. 1997 (GV. NRW. S. 258), z. g. d. G vom 18. 12. 2002 (GV. NRW. 2003 S. 24) Anwendung, die überzahlten Beträge sind zu erstatten, eine Restforderung kann nachträglich erhoben werden. Einer Anforderung der vorläufigen Kosten der Ersatzvornahme stehen die **Vollstreckungsverbote** aus § 89 Abs. 1 und § 210 der **Insolvenzordnung** regelmäßig **nicht entgegen** (OVG NRW, Urteil vom 1. 6. 2006 – 8 A 4495/04, UPR 2006, 456 zu einer immissionsschutzrechtlichen Anordnung; s. auch Kley, Die Rechtsprechung des Bundesverwaltungsgerichts zu Ordnungspflichten in der Insolvenz, DVBl. 2005, S. 727 ff.).

89 Die Anforderungen an die **hinreichende Bestimmtheit** von Ordnungsverfügungen im Rahmen der Ersatzvornahme dürfen nicht unterschätzt werden. Die Verpflichtung zur **genauen Beschreibung der angeordneten Handlung** ergibt sich aus § 37 VwVfG NRW. Der Betroffene muss **ohne** Einschaltung von Fachkundigen oder Sachverständigen die angeordnete Maßnahme verstehen können. Erfordert die Ordnungsverfügung zu ihrer Ausführung noch zusätzlicher Erläuterungen, so ist sie für Vollstreckungsmaßnahmen ungeeignet. Umfangreiche „**Rückbaumaßnahmen**“ erfordern genaue maßliche Angaben sowie Darstellungen in Bauzeichnungen, damit die angeordnete Handlung auch zweifelsfrei verständlich wird. Das OVG NRW hat in einem solchen Fall die durch Ordnungsverfügung angedrohte Rückbaumaßnahme eines illegal ausgeführten 3. Obergeschosses, verbunden mit der Rekonstruktion eines Dachstuhles an einem unter Denkmalschutz stehenden Gebäude – durch Angabe genauer Maße sowie unter Bezug auf genaue Bauzeichnungen – als ausreichend für die Vollstreckung anerkannt (OVG NRW, Urteil v. 7. 4. 1987 – 7 A 1545/85, n. v.).

### 2.6.5 Zwangsgeld

90 Die Anwendung von Zwangsgeld nach § 60 VwVG NRW ist zulässig, um Handlungen, Unterlassungen oder Duldungen zu erzwingen. Die Ursprungsfassung des § 60 VwVG NRW sah die Subsidiarität des Zwangsgeldes gegenüber der Ersatzvornahme vor. Die

**Zulässigkeit** der Anwendung des Zwangsgeldes ist seit der Rechtsänderung von 1980 **gesetzlich nicht** mehr **eingeschränkt.** Die Bauaufsichtsbehörden wählen dieses Mittel im Rahmen des ihnen eingeräumten Auswahlermessens bevorzugt aus, da es von den Ordnungspflichtigen gegenüber der Ersatzvornahme und dem unmittelbaren Zwang als „**milder**“ empfunden wird. Zwangsgeld ist aber nur Beugemittel und darf anders als die **Geldzahlungen** nach den Straf- und Bußgeldvorschriften nie zur Ahndung eingesetzt werden. Mitunter kann die Bauaufsichtsbehörde nur das Zwangsgeld auswählen, da die anderen Mittel von vornherein nicht in Betracht kommen. Das ist der Fall wenn „**unvertretbare Handlungen**“ erzwungen werden sollen, wie z. B. die Erteilung von Auskünften oder die Herausgabe von Plänen. Zwangsgeld ist aber auch das geeignete Mittel, um **Duldungspflichten**, vor allem aber **Unterlassungspflichten** (Verbote) durchzusetzen. Die Auswahl des Zwangsgeldes kann auch erforderlich sein, um die Voraussetzung zur Anwendung unmittelbaren Zwanges zu schaffen, der gemäß § 62 Abs. 1 Satz 1 VwVG NRW erst angewendet werden darf, wenn die anderen Zwangsmittel nicht in Betracht kommen oder keinen Erfolg versprechen oder unzweckmäßig sind.

Bei der **Bemessung der Höhe** des Zwangsgeldes sind die **Bedeutung** des ordnungsbe- **91**
hördlichen Zwecks, das **Verhalten** des Ordnungspflichtigen, der dem Ordnungspflichtigen erwachsende **Vorteil** aus seinem rechtswidrigen Verhalten und die wirtschaftliche **Leistungsfähigkeit** des Ordnungspflichtigen zu berücksichtigen. Somit bedarf der durch § 60 Abs. 1 Satz 1 VwVG NRW gesetzte Rahmen der Ausfüllung im Einzelfall. „**Zwangsgeldkataloge**“ sind ungeeignet, da sie zu einer **fehlerhaften**, weil schematischen **Ermessensausübung** verleiten. Das Zwangsgeld ist so hoch zu bemessen, dass der Betroffene der Verfügung nachkommt, andererseits diesem noch die Geldmittel verbleiben, seiner Ordnungspflicht zu genügen und seinen sonstigen Zahlungsverpflichtungen zu entsprechen. Zwangsgeldfestsetzungen, die den Pflichtigen überfordern, sind als Beugemittel ebenso ungeeignet wie zu niedrige. Da das Zwangsgeld ein Beugemittel ist, kann es so oft **wiederholt** werden, bis der Betroffene die Ordnungsverfügung vollinhaltlich erfüllt hat. Die **Zwangsgeldbeträge** können **bei Hartnäckigkeit** des Betroffenen **erhöht** werden, da Artikel 103 Abs. 3 GG auf Beugemittel keine Anwendung findet. Die Ausschöpfung des als **Zwangsgeldobergrenze** im Gesetz vorgesehenen Höchstsatzes kommt nach dem Verhältnismäßigkeitkeitsgrundsatz nur unter besonderen Voraussetzungen und regelmäßig erst nach Wiederholung des Zwangsmittels in Betracht (VG Koblenz, Beschluss vom 29. 12. 2004 – 7 L 3443/04, NVwZ-RR 2005, 762).

Die Bauaufsichtsbehörde hat die **genaue Höhe** des Zwangsgeldes unter Einräumung **92**
angemessener **Frist zur Zahlung** festzusetzen. Eine Androhung von Zwangsgeld „bis“ zu einem bestimmten Betrag ist unwirksam. Nach fruchtlosem Verstreichen der Frist kann unmittelbar aus dem **Festsetzungsbescheid** vollstreckt werden, da dieser **als Leistungsbescheid** fungiert. Richtet sich eine Ordnungsverfügung auf die Vornahme einer Handlung, darf ein angedrohtes Zwangsgeld nicht mehr festgesetzt werden, wenn der Ordnungspflichtige seiner Handlungspflicht zwar nicht innerhalb der ihm gesetzten Frist, wohl aber nach deren Ablauf nachgekommen ist (OVG NRW, Beschluss vom 11. 5. 2000 – 10 B 306/00, BauR 2000, 1477 = BRS 63 Nr. 220). Die Beitreibung richtet sich nach den §§ 1 bis 54 VwVG NRW über die Vollstreckung von Geldforderungen. Kommt der Betroffene seiner Ordnungspflicht jetzt endlich nach, ist die Beitreibung sofort einzustellen, da das Zwangsgeld eben nur Beugemittel und keine Strafe ist.

Kann das Zwangsgeld nicht eingebracht werden, kann das Verwaltungsgericht auf **93**
Antrag der Bauaufsichtsbehörde **Ersatzzwangshaft** nach § 61 VwVG NRW anordnen,

worauf in der **Androhung** bereits **hinzuweisen** ist, da ansonsten dieses Mittel nicht angewendet werden kann (vgl. Weber, Zur Zwangshaft im Verwaltungsvollstreckungsverfahren, VR 2004, S. 363 ff.). Die Ersatzzwangshaft ist **Beugehaft**, nicht Strafe und nicht Ersatzahndungsmittel wie etwa die „anstelle einer an sich verwirkten Geldstrafe" tretende Haft. Wegen des Eingriffs in das Grundrecht auf Freiheit der Person nach Art. 2 Abs. 2 GG, ist Ersatzzwangshaft **nur als letztes Mittel** anzuwenden (BVerwG, Beschluss vom 6. 12. 1956 – I C 10.56, DÖV 1957, 88 = DVBl. 1957, 204 = NJW 1957, 602). Dies kann bei der Durchsetzung einer Verfügung der Fall sein, die den Schutz von Leben und Gesundheit bezweckt (OVG NRW, Beschluss vom 30. 1. 2006 – 5 E 1392/05, NJW 2006, 2569). Zur Erzwingung vertretbarer Handlungen scheidet dieses Beugemittel ohnehin aus, da auf die Ersatzvornahme ausgewichen werden kann (so Boeddinghaus/Hahn/Schulte, zu § 61 Rdn. 168 unter Bezug auf OVG NRW, Beschluss vom 2. 3. 1990 – 7 B 3584/89, n. v.). Die vom Verwaltungsgericht verhängte Beugehaft kann zwischen einem Tag und zwei Wochen betragen und wird gemäß § 61 Abs. 2 VwVG NRW auf Antrag der Bauaufsichtsbehörde von der Justizverwaltung nach den Bestimmungen der §§ 904–910 ZPO vollstreckt.

### 2.6.6 Unmittelbarer Zwang

94 Für dieses Zwangsmittel enthält das VwVG NRW **ausführliche Vorschriften über** die **Zulässigkeit** und die **Anwendung** unmittelbaren Zwangs. Die **Begriffsbestimmung** ergibt sich aus § 67 Abs. 1 VwVG NRW:

„*Unmittelbarer Zwang ist die Einwirkung auf Personen oder Sachen durch körperliche Gewalt, ihre Hilfsmittel und durch Waffen.*"

Das Gesetz über Ausübung und Grenzen des unmittelbaren Zwanges wurde durch Art. III des Gesetzes zur Neuordnung des Polizei-, Ordnungs-, Verwaltungsvollstreckungs- und Melderechts vom 25. 3. 1980 (GV. NRW. S. 234) aufgehoben und dessen Vorschriften in das VwVG NRW übernommen. Die **Zulässigkeit** des unmittelbaren Zwangs regelt **§ 62** VwVG NRW, seine **Anwendung** regeln die **§§ 62 bis 76** VwVG NRW. Unmittelbarer Zwang ist nach § 62 Abs. 1 VwVG NRW **nur erlaubt**, wenn die anderen Zwangsmittel nicht in Betracht kommen, keinen Erfolg versprechen oder unzweckmäßig sind; nach § 62 Abs. 2 VwVG NRW ist er zur **Abgabe** einer **Erklärung ausgeschlossen**. Daneben ist der Verhältnismäßigkeitsgrundsatz des § 58 Abs. 3 VwVG NRW besonders zu beachten, der § 62 Abs. 1 VwVG NRW gleicht, die Anwendung unmittelbaren Zwangs nur erlaubt, wenn andere Zwangsmittel nicht zum Ziele führen oder untunlich sind und darüber hinaus vorschreibt, dass unter mehreren möglichen und geeigneten Maßnahmen diejenigen auszuwählen sind, die den Einzelnen und die Allgemeinheit am wenigsten belasten. Hierdurch wollte der Gesetzgeber die **Subsidiarität des unmittelbaren Zwanges** als des regelmäßig schwerwiegendsten Zwangsmittels verdeutlichen und zusätzlich vorgeben, dass bei seiner Anwendung jeweils das **mildeste Mittel** auszuwählen ist. Selbst wenn die Anwendung unmittelbaren Zwangs nicht zu umgehen ist, bedarf es der weiteren Prüfung, ob der Einsatz körperlicher Gewalt (§ 67 Abs. 2 VwVG NRW) oder von Hilfsmitteln der körperlichen Gewalt (§ 67 Abs. 3 VwVG NRW) erforderlich ist.

95 In der bauaufsichtlichen Vollzugspraxis kommt vor allem dem **Zwangsmittel der Versiegelung** Bedeutung zu (vgl. Rasch, Die Versiegelung – ein Instrument der Bauaufsicht, BauR 1989, S. 1 ff.). Die Versiegelung ist eine Form des unmittelbaren Zwangs (OVG NRW, Beschluss vom 30. 12. 1971 – X B 506/71, BRS 24 Nr. 204 und OVG M-V, Beschluss vom 19. 7. 1994 – 3 M 12/94, DÖV 1996, 81 = NVwZ 1996, 488). Die Anwendung

setzt voraus, dass der Ordnungspflichtige die schriftlich oder mündlich verfügte Baueinstellung oder Fortsetzung der Nutzungsausübung **nicht** von sich aus **beachtet** (VGH B-W, Beschluss vom 25. 10. 1988 – 8 S 2639/88, BRS 49 Nr. 155).

Das eigentliche **Problem der Anwendung** der Versiegelung liegt in seiner **richtigen Ausführung**, so dass der Ordnungspflichtige die Maßnahme nicht unterlaufen kann. Mit dem Siegel soll auf den Ordnungspflichtigen derart eingewirkt werden, dass er die Fortsetzung der untersagten Tätigkeit unterlässt. Daher muss es bei Betreten der Baustelle oder der baulichen Anlage deutlich in Erscheinung treten. Ist dem Ordnungspflichtigen die Versiegelung gegenwärtig, kommt es jedoch nicht darauf an, ob das Siegel bei Betreten der Baustelle aus jeder Himmelsrichtung sofort wahrgenommen werden kann (OVG NRW, Beschluss vom 27. 12. 1999 – 7 B 2016/99, BauR 2000, 1859 = BRS 63 Nr. 215). Die Versiegelung von Bauteilen hat so zu erfolgen, dass eine Fortsetzung der Bauarbeiten bzw. der Nutzungsausübung nur durch Siegelbeschädigung oder Beseitigung des Siegels möglich ist (OVG NRW, Beschluss vom 20. 10. 1965 – VII B 691/65, MBR 1966, 537). 95 a

Die Versiegelung ist ein Realakt im Zusammenhang mit der Vollstreckung einer Stilllegungsverfügung oder mit dem Sofortvollzug der Stilllegung ohne vorausgehenden, hierauf gerichteten Verwaltungsakt (OVG NRW, Beschluss vom 25. 11. 1993 – 10 B 360/93, BauR 1994, 233 = BRS 55 Nr. 207; Hess. VGH, Beschluss vom 17. 5. 1984 – 3 TH 971/84, BauR 1985, 306 = BRS 42 Nr. 228; OVG Lüneburg, Beschluss vom 27. 9. 1983 – 6 B 87/83, BRS 40 Nr. 227; die beiden letzten Entscheidungen beziehen sich auf Vorschriften, die § 75 Abs. 2 MBO 1997 entsprechen, s. Rdn. 56). Will der Bauherr an einem versiegelten Gebäude wieder rechtmäßige Zustände durch Rückbau illegaler Bauteile herstellen und damit seiner Ordnungspflicht genügen, muss er zuvor einen **Antrag auf Änderung der Stilllegungsverfügung** gemäß § 22 OBG an die Bauaufsichtsbehörde richten (OVG NRW, Beschluss vom 27. 12. 1999, a. a. O.). 95 b

Die **Dienstkräfte der Vollzugsbehörden** sind gemäß § 68 Abs. 4 VwVG NRW **nicht berechtigt**, bei der Durchführung unmittelbaren Zwanges ohne besondere gesetzliche Ermächtigung **Waffengewalt** anzuwenden (zum Begriff der Waffe s. § 67 Abs. 4 VwVG NRW). Eine solche gesetzliche Ermächtigung liegt für den Bereich der Bauaufsicht **nicht** vor. Wird dennoch der Einsatz von Waffen erforderlich, so ist gemäß § 65 Abs. 2 VwVG NRW die **Polizei um Amtshilfe** zu ersuchen. Sie ist zum Gebrauch zugelassener Waffen ermächtigt (s. § 57 ff. PolG NRW). Dies kann z. B. erforderlich werden, wenn der Ordnungspflichtige sich mit Gewalt einer Versiegelungsmaßnahme oder dem Betreten von Grundstücken, Wohnungen und Geschäftsräumen widersetzt. 96

Die Anwendung unmittelbaren Zwangs ist auch im bauaufsichtlichen Bereich nach § 66 Abs. 1 VwVG NRW nur den **Vollzugsdienstkräften** in rechtmäßiger Ausübung öffentlicher Gewalt erlaubt. Nach § 68 Abs. 1 Nr. 2 VwVG NRW rechnen zu den Vollzugsdienstkräften die Dienstkräfte der Ordnungsbehörden im Sinne des § 13 OBG. Die unteren Bauaufsichtsbehörden sind gemäß § 60 Abs. 1 Nr. 3 BauO NRW zugleich Ordnungsbehörden und nehmen gemäß §§ 3 und 12 Abs. 1 OBG die ihnen übertragenen Pflichtaufgaben zur Erfüllung nach Weisung als „Sonderordnungsbehörden" wahr (s. die Anmerkungen zu § 60 Rdn. 9 und 11). Die **Dienstkräfte der Bauaufsichtsbehörden** sind somit **Vollzugsdienstkräfte** im Sinne des § 68 Abs. 1 Nr. 2 VwVG NRW. Die Vollzugsdienstkräfte der Bauaufsichtsbehörden sind aufgrund der Vorschriften des VwVG NRW ermächtigt, auf Personen oder Sachen **durch körperliche Gewalt und ihre Hilfsmittel** einzuwirken. Sie dürfen z. B. 97

– sich gewaltsam Zugang auf Baustellen oder in Gebäude verschaffen,
– Baustellen, Räume oder Gebäude versiegeln oder
– Baugeräte oder Bauprodukte sicherstellen.

98 Bei Anwendung des unmittelbaren Zwanges haben die **Vollzugsdienstkräfte in eigener Verantwortung** zu prüfen, ob das ausgewählte Zwangsmittel eingesetzt werden darf, oder ob nicht ein anderes als geeigneter erscheint. Diese Prüfpflicht aus eigener Verantwortung trifft gemäß § 71 Abs. 1 Satz 1 VwVG NRW die Vollzugsdienstkräfte nicht, wenn eine **dienstliche Anordnung** zur Anwendung unmittelbaren Zwanges durch einen Weisungsberechtigten ergeht. Sie entfällt bei der **Ausführung von Vollstreckungsmaßnahmen aufgrund von Entscheidungen der Gerichte** (s. § 66 Abs. 1 Nr. 2 VwVG NRW), z. B. wenn das Verwaltungsgericht auf den Antrag des Nachbarn hin entscheidet, der Bauaufsichtsbehörde aufzugeben, die Bauarbeiten für das streitige Vorhaben einzustellen oder eine streitige Nutzung zu unterbinden.

### 2.7 Zu Satz 3 – Zuständigkeiten und Befugnisse anderer Behörden

99 Nach § 61 Abs. 1 Satz 3 BauO NRW bleiben die gesetzlich geregelten **Zuständigkeiten und Befugnisse anderer Behörden unberührt**. Hierdurch sollen Zweifelsfragen vermieden werden, die sich sonst bei der Anwendung des Grundsatzes ergäben, dass das spezielle Gesetz dem allgemeinen vorgeht. Als relativ deutlich abgegrenzte Zuständigkeiten sind unter anderem die der Wasserbehörden, Bergbehörden und Forstbehörden nach den einschlägigen Rechtsvorschriften zu nennen. Weniger klar sind die **konkurrierenden Zuständigkeiten** geregelt, wenn sich die Notwendigkeit zu behördlichen Maßnahmen aus anderen Rechtsgebieten ergeben kann, z. B. hinsichtlich landschafts-, denkmal- oder immissionsschutzrechtlicher Maßnahmen, und damit auch die Zuständigkeit anderer Behörden neben der Bauaufsichtsbehörde in Betracht kommt (s. die Anmerkungen zu § 75 Rdn. 86–90). Stellt die beabsichtigte ordnungsbehördliche Maßnahme nicht zugleich eine baugenehmigungsbedürftige Maßnahme dar, darf die nach dem Fachrecht zuständige Behörde ohne Beteiligung der Bauaufsichtsbehörde tätig werden; jedoch sollte sie die Bauaufsichtsbehörde zumindest nachträglich unterrichten.

100 **Probleme** können unter anderem auftreten, wenn es sich um eine ordnungsbehördliche **Maßnahme einer anderen Behörde handelt, die zugleich formelles Bauordnungsrecht berührt**. So kann z. B. die für den Immissionsschutz zuständige Behörde zum Schutz der Nachbarschaft vor erheblichen Belästigungen durch Luftverunreinigungen, gestützt auf § 22 BImSchG, nachträglich die Erhöhung des Schornsteins eines bauaufsichtlich genehmigten Wohnhauses ohne Beteiligung der Bauaufsichtsbehörde verlangen (BVerwG, Beschluss vom 9. 3. 1988 – 7 B 34.88, DVBl. 1988, 541 = DÖV 1988, 560). Anders hat das OVG NRW (Beschluss vom 17. 3. 1986 – 7 B 150/86, BRS 46 Nr. 189 = NVwZ 1987, 430) entschieden:

„*Wird eine denkmalschutzrechtliche Anordnung nach § 7 Abs. 2 Denkmalschutzgesetz, die baugenehmigungspflichtige Maßnahmen zum Gegenstand hat, von einer Behörde erlassen, der die bauaufsichtliche Zuständigkeit fehlt, so ist die Maßnahme rechtswidrig, wenn nicht zumindest eine Zustimmung der Bauaufsichtsbehörde erteilt wird.*“

101 **Konkurrierende Zuständigkeiten** treten nicht selten auf. Eine **geordnete** Verwaltung wird dafür Sorge tragen, dass nicht mangels Abstimmung unterschiedliche Anordnungen ergehen. Insofern sollte bei denkbaren konkurrierenden Zuständigkeiten die je-

weils andere Behörde unterrichtet werden. Ergibt sich für eine Behörde aus ihrem Rechtsbereich die Befugnis, eine erforderliche Maßnahme anzuordnen, die ihrerseits eine baugenehmigungsbedürftige Maßnahme darstellt, so ist die Bauaufsichtsbehörde um Zustimmung zu bitten (s. auch Große-Suchsdorf/Lindorf/Schmaltz/Wiechert, zu § 89 Rdn. 9–13). Es erscheint rechtlich nicht erforderlich und ist auch wenig zweckmäßig, dass die Bauaufsichtsbehörde selbst die erforderlichen Maßnahmen verfügt. Auch wäre es systemfremd, den Betroffenen zu zwingen, vor Durchführung der von der Fachbehörde angeordneten Maßnahme eine Baugenehmigung oder eine Abbruchgenehmigung zu beantragen (vgl. OVG NRW, Urteil vom 7.4.1987 – 7 A 508/87, BRS 47 Nr. 187; OVG NRW, Urteil vom 12.5.1987 – 7 A 1979/86, BRS 47 Nr. 188; BVerwG, Urteil vom 15.6.1960 – VIII C 20.60, BVerwGE 11, 18).

Hinsichtlich der **Zusammenarbeit der unteren Bauaufsichtsbehörde mit den örtlichen Ordnungsbehörden und der Polizei** fehlt es an einer dem § 78 BauO NW 1970 entsprechenden Vorschrift. Diese Vorschrift lautete: **102**

„*Ist die örtliche Ordnungsbehörde nicht zugleich untere Bauaufsichtsbehörde, so hat sie die untere Bauaufsichtsbehörde von allen Vorgängen unverzüglich zu unterrichten, die deren Eingreifen erfordern. Die Befugnisse der örtlichen Ordnungsbehörde und der Polizei, zur Gefahrenabwehr die notwendigen unaufschiebbaren Maßnahmen zu treffen, bleiben unberührt.*“

In der Sache gilt diese Bestimmung nach wie vor. Die Unterrichtungspflicht gegenüber der Bauaufsichtsbehörde ergibt sich nach allgemeinem Verwaltungs- und Organisationsrecht (§ 3 Abs. 4 Satz 2 VwVfG. NRW., s. auch für die Polizei § 1 Abs. 1 Satz 4 PolG NRW). Das Recht zum Einschreiten der Polizei und der örtlichen Ordnungsbehörde (soweit diese nicht selbst Bauaufsichtsbehörde ist) bei Gefahr im Verzug ist in § 1 Abs. 1 Satz 3 PolG NRW für die Polizei und in § 6 Abs. 1 Satz 1 OBG (s. auch Nr. 6.11 VV OBG) für die örtliche Ordnungsbehörde hinreichend geregelt. Bei den heutigen kommunikationstechnischen Möglichkeiten sind nur wenige Fälle denkbar, in denen die Bauaufsichtsbehörde nicht noch rechtzeitig tätig werden kann.

## 3 Zu Absatz 2 – Nachträgliche Anforderungen

Die BauO NW 1984 hatte im Hinblick auf die §§ 48 und 49 VwVfG. NRW. auf eine Absatz 2 entsprechende Vorschrift verzichtet. Die Rechtsprechung hatte es allerdings auch nach der Rechtslage der BauO NW 1984 für zulässig erachtet, nachträgliche Forderungen stellen zu können (OVG NRW, Urteil vom 3.1.1991 – 10 A 2824/88, n.v.). Mit der **BauO NW 1995** wurde die Bestimmung jedoch zur **Erhöhung der Rechtssicherheit** und in Anpassung an § 69 Abs. 9 MBO 1993 wieder aufgenommen, um keine Zweifel aufkommen zu lassen, dass im Interesse einer wirksamen Abwehr von Gefahren oder unzumutbaren Belästigungen auch nachträgliche Forderungen gestellt werden dürfen (s. Rdn. 01). Die amtliche Begründung nennt als Beispiel die Entdeckung von Altlasten trotz sorgfältiger Nachforschungen vor Erteilung der Baugenehmigung im Zuge der Bauarbeiten (LT-Drucks. 11/7153 S. 177). Derartige „Überraschungen“ können es erforderlich machen, zumindest die Beseitigung der schädlichen Wirkungen der Altlast zu verlangen, sofern der Bauherr nicht schon von sich aus die Initiative ergreift und die notwendigen Schritte unter Beteiligung der für den Bodenschutz zuständigen Behörden einleitet. Aus der Zielsetzung der Vorschrift wird deutlich, dass die rechtstechnische Verortung – entsprechend der MBO – besser in § 75 BauO NRW erfolgt wäre. **103**

104 **Satz 1** betrifft Anforderungen **nach** Erteilung der **Baugenehmigung** (§ 75) oder der **Zustimmung** (§ 80), wobei die Vorschrift bedauerlicherweise nur den **zeitlichen Beginn** der Befugnis, aber **kein zeitliches Ende** angibt. Hierdurch kann es zu erheblichen **Irritationen** bei den Rechtsanwendern kommen, weil das Gesetz nämlich mit **§ 87 BauO NRW** noch eine **weitere Befugnis für nachträgliche Anforderungen** enthält, die allerdings nur eingreift, wenn der Bau bereits Bestandsschutz genießt, das heißt im Wesentlichen fertiggestellt und nutzbar ist (BVerwG, Urteil vom 22. 1. 1971 – IV C 62.66, BRS 24 Nr. 29), sich aber später ergibt, dass ein nachträgliches Anpassungsverlangen an geändertes Bauordnungsrecht aus Gründen der Gefahrenabwehr erforderlich wird (s. die Anmerkungen zu § 87 Rdn. 1–3). Im Unterschied zu § 87 BauO NRW, der das rechtmäßig bestehende Bauwerk zum Ziel hat, gestattet es § 61 Abs. 2 Satz 1 BauO NRW in dem Zeitraum zwischen der Erteilung der Baugenehmigung oder der Zustimmung und der abschließenden Fertigstellung einzugreifen (s. die Anmerkungen zu § 87 Rdn. 4). Dafür, dass § 61 Abs. 2 Satz 1 BauO NRW auch noch nach Fertigstellung der baulichen Anlage herangezogen werden können soll (so Boeddinghaus/Hahn/Schulte, zu § 61 Rdn. 103), spricht lediglich die fehlende zeitliche Begrenzung der Befugnis im Gesetzeswortlaut, nicht aber die Gesetzessystematik. Die Vorschrift findet keine Anwendung, wenn die Bauaufsichtsbehörde einen Instandhaltungsmangel feststellt, z. B. durch abfallende Verputzteile, undichte Regenrinnen oder sogar Baufälligkeit schlechthin. In einem solchen Fall bildet § 61 Abs. 1 BauO NRW die Eingriffsermächtigung.

105 Die nachträglichen Anforderungen sind nur zur **Abwehr**

– **nicht voraussehbarer Gefahren** (s. die Anmerkungen zu § 3 Rdn. 33–42) oder
– **nicht voraussehbarer unzumutbarer Belästigungen** (s. die Anmerkungen zu § 3 Rdn. 9)

von der Allgemeinheit oder den Benutzern der baulichen Anlage abzuwenden. Aus den Worten „**nicht voraussehbarer**" wird deutlich, dass es bei einem ordnungsgemäßen Ablauf des Baugenehmigungs- oder Zustimmungsverfahrens nicht möglich gewesen sein muss, den Mangel zu erkennen. Die Bestimmungen des Absatzes 2 Satz 1 bieten **keine Grundlage zur Korrektur fehlerhafter Baugenehmigungen**, die aufgrund einer unsorgfältigen Prüfung ergangen sind. Ist die Baugenehmigung infolge des Übersehens (= Nichterkennens trotz Vorhersehbarkeit) tatsächlicher oder rechtlicher Gesichtspunkte rechtswidrig, kann sie nach den Vorschriften des VwVfG. NRW. ganz oder teilweise aufgehoben werden (s. die Anmerkungen zu § 75 Rdn. 41–44). Jedenfalls bietet § 61 Abs. 2 Satz 1 BauO NRW keine Rechtsgrundlage für die Aufhebung einer Baugenehmigung (so Boeddinghaus/ Hahn/Schulte, zu § 61 Rdn. 105 unter Bezug auf OVG NRW, Beschluss vom 8. 11. 2000 – 10 B 986/00, n. v.), sondern nur für nachträgliche Anforderungen unter Aufrechterhaltung der erteilten Baugenehmigung oder Zustimmung.

106 **Satz 2** erstreckt die **Befugnis** nach Satz 1 auf **freigestellte Vorhaben**, die keiner Baugenehmigung oder Zustimmung bedürfen, erfasst somit also die in den §§ 65, 66 und 67 BauO NRW aufgeführten Vorhaben. Das ist eine selbstverständliche Konsequenz aus der Regelung des § 65 Abs. 4 BauO NRW, wonach auch nicht genehmigungsbedürftige Vorhaben dem materiellen Recht entsprechen müssen (s. die Anmerkungen zu § 65 Rdn. 185–189). Die MBO und andere Landesbauordnungen enthalten keine entsprechende Bestimmung. Die Vorschrift erweist sich somit als überflüssig (ebenso Boeddinghaus/Hahn/Schulte, zu § 61 Rdn. 102). Hinsichtlich freigestellter Vorhaben steht mit § 61 Abs. 1 BauO NRW eine eigene Rechtsgrundlage zum Einschreiten zur Verfügung.

### 4 Zu Absatz 3 – Heranziehung von Sachverständigen

Absatz 3 ermächtigt die Bauaufsichtsbehörde, zur Erfüllung ihrer Aufgaben Sachverständige und sachverständige Stellen heranzuziehen. Die Begriffe „**Sachverständiger**" und „**sachverständige Stelle**" sind in der BauO NRW nicht näher erläutert, ebenso nicht der Begriff „**Sachkundiger**", wie er z.B. in § 65 Abs. 2 Nr. 1 BauO NRW Verwendung findet. **Sachverständige** können nach unterschiedlichen Vorschriften bestellt werden (s. die Anmerkungen vor §§ 56 bis 59 a Rdn. 1). Von den **Rechtsverordnungsermächtigungen** des § 85 Abs. 2 Satz 1 Nr. 3 bis 5 BauO NRW wurde mit der **SV-VO** und der **TPrüf-VO** Gebrauch gemacht (s. die Anmerkungen zu § 85 Rdn. 11 und 18). Die nach diesen Verordnungen staatlich anerkannten Sachverständigen können von den Bauaufsichtsbehörden zur Erfüllung ihrer Aufgaben in den Sachbereichen, für die sie anerkannt sind, gemäß § 61 Abs. 3 BauO NRW herangezogen werden (vgl. Nr. 61.31 VV BauO NRW und § 72 Abs. 6 BauO NRW). **Sachverständige für Fragen der Standsicherheit** sind auch die **Prüfingenieure für Baustatik**. Aufgrund der **§§ 21 ff. BauPrüfVO** können natürliche Personen als Prüfingenieure anerkannt werden. Die von anderen Ländern der Bundesrepublik Deutschland anerkannten Prüfingenieure gelten auch in Nordrhein-Westfalen als anerkannt (§ 22 Abs. 5 BauPrüfVO). Nach der BauPrüfVO anerkannte **Prüfingenieure** werden **auf Antrag** von der Ingenieurkammer-Bau auch als **Sachverständige für die Prüfung der Standsicherheit** anerkannt, ohne dass es einer weiteren Prüfung der fachlichen Anerkennungsvoraussetzungen bedarf (§ 22 Abs. 4 BauPrüfVO, § 9 Abs. 2 SV-VO). Dies gilt entsprechend für **von anderen Ländern** der Bundesrepublik Deutschland **anerkannte Prüfingenieure für Baustatik**. Generell stehen den Anerkennungen als staatlich anerkannte Sachverständige nach § 2 Abs. 2 SV-VO **vergleichbare Anerkennungen anderer Länder** der Bundesrepublik Deutschland gleich. 107

Als „**sachverständige Stellen**" sind unter anderem die in den **Listen des Deutschen Instituts für Bautechnik** eingetragenen **Institute** zu nennen. Ferner enthalten verschiedene **Einführungserlasse** zu den Technischen Baubestimmungen Hinweise auf entsprechende Stellen (s. Nr. 61.32 VV BauO NRW). 108

Nr. 61.33 VV BauO NRW enthält Beispiele für **Sachkundige**. Die **wesentliche Unterscheidung zum Sachverständigen** ergibt sich daraus, dass für den Sachkundigen die für einen Sachverständigen notwendige Unparteilichkeit nicht gefordert wird. Der **Sachkundige** darf mit einem **am Bau Beteiligten identisch** sein. Der Sachkundige wird in baurechtlichen Bestimmungen also dort gefordert, wo es in erster Linie darauf ankommt, dass etwas besonders sorgfältig und vor allem mit speziellem Sachwissen und spezieller Erfahrung ausgeführt werden muss, der Gesichtspunkt der unabhängigen Kontrolle demgegenüber nicht wesentlich ist. 109

Soweit Sachverständige und sachverständige Stellen nicht durch oder aufgrund von Rechts- oder Verwaltungsvorschriften bestimmt werden, trifft die untere Bauaufsichtsbehörde unter Berücksichtigung der Kriterien der Nr. 61.31 VV BauO NRW die Entscheidung über die **Eignung** und **Auswahl** von Sachverständigen und sachverständigen Stellen. Für die Eignung kommt es auf die durch eine **berufliche Ausbildung** erworbene Befähigung und auf die durch **mindestens fünfjährige Berufspraxis** zugewachsene Erfahrung an. Wichtig ist nach dieser Verwaltungsvorschrift weiterhin, dass Sachverständige **nicht mit einem am Bau Beteiligten identisch** sein dürfen, da die Sachverständigeneigenschaft zwingend die **Unparteilichkeit** in dem betreffenden Einzelfall voraussetzt. 110

111 Die Ermächtigung ist nicht auf **materielle Fragen** beschränkt, wenngleich auch diese den **Hauptanwendungsbereich** bilden, so dass auch zu besonders schwierigen **Verfahrensaspekten** sachverständiger Rat eingeholt werden kann, z. B. hinsichtlich der rechtssicheren Ausgestaltung öffentlich-rechtlicher Verträge. Die **allgemeine** Ermächtigung tritt zurück, soweit in der BauO NRW selbst oder in Vorschriften aufgrund der BauO NRW **spezielle** Vorschriften über die Heranziehung von Sachverständigen bestehen, wie z. B. in **§ 66 Satz 2 BauO NRW**, wonach sich der Bauherr von einem Unternehmer oder einem Sachverständigen die ordnungsgemäße Errichtung oder Änderung bestimmter haustechnischer Anlagen vor deren Benutzung bescheinigen lassen muss (s. die Anmerkungen zu § 66 Rdn. 13–15).

112 Die **allgemeine Ermächtigung** zur Heranziehung darf nicht isoliert betrachtet werden, da sie nur im **Zusammenhang mit den übrigen Verfahrensvorschriften** richtig eingeordnet werden kann. Grundsätzlich haben die Bauaufsichtsbehörden die gesetzliche Verpflichtung, die ihnen übertragenen Aufgaben der Prüfung von Baugesuchen und der Überwachung des Baugeschehens in der gebotenen Qualität und Schnelligkeit durchzuführen. Aus diesem Grunde verlangt § 60 Abs. 3 BauO NRW eine **ausreichende Besetzung** mit qualifiziertem Personal (s. die Anmerkungen zu § 60 Rdn. 15–21). Die Dienstkräfte müssen in der Lage sein, die baurechtlichen Prüf- und Überwachungsaufgaben **uneingeschränkt** abwickeln zu können. Die Besetzungsvorschrift des § 60 Abs. 3 BauO NRW will gewährleisten, dass die **Regelfälle von eigenen Dienstkräften** der Bauaufsichtsbehörde bewältigt werden können. Vor allem in technischen Sonderfragen kann es jedoch immer wieder vorkommen, dass der technische Ausbildungsstand der Bediensteten nicht ausreicht, um eine **komplizierte** Fachfrage hinreichend sicher beurteilen zu können. Lediglich für diesen **Sonderfall** ermächtigt § 61 Abs. 3 BauO NRW die Bauaufsichtsbehörde zur Heranziehung von Sachverständigen oder sachverständigen Stellen. Es ist daher **von der Ermächtigung nicht gedeckt**, wenn die Bauaufsichtsbehörde Sachverständige oder sachverständige Stellen für Prüfaufgaben heranzieht, die ihr **im Regelfall** obliegen, wie z. B. die Prüfung der Einhaltung der Abstandflächen, der Einhaltung des Verunstaltungsverbots, die Prüfung des baulichen Brandschutzes oder die Prüfung des Stellplatznachweises. Erst recht ausgeschlossen ist die Heranziehung von Sachverständigen, um personellen Engpässen zu begegnen oder den Prüfaufwand für die Behördenbediensteten zu verringern bzw. die Arbeit der Bauaufsichtsbehörde zu erleichtern (so Boeddinghaus/Hahn/Schulte, zu § 61 Rdn. 174).

113 Durch die Heranziehung ergibt sich **keine Verlagerung der Verantwortung**. Die Bauaufsichtsbehörde bleibt nämlich gegenüber dem Bürger für ihre Entscheidungen verantwortlich, auch wenn Baugenehmigungen oder Ordnungsverfügungen auf Aussagen von Sachverständigen oder von sachverständigen Stellen beruhen. Insofern ist die **Heranziehung** von Sachverständigen oder sachverständigen Stellen **durch die Bauaufsichtsbehörde** zu unterscheiden von der **Übertragung von Aufgaben** auf Sachverständige aufgrund der den §§ 67, 68 und 72 Abs. 6 BauO NRW in Verbindung mit den Regelungen der SV-VO und der TPrüfVO **durch den Gesetz- bzw. Verordnungsgeber**. Nach diesen Vorschriften werden für bestimmte Prüfaufgaben die Sachverständigen nicht von der Bauaufsichtsbehörde, sondern direkt vom Bauherrn beauftragt und tragen nach der Konstruktion dieser Vorschriften gegenüber dem Bauherrn die Verantwortung für die Richtigkeit ihrer Bescheinigungen (vgl. die Anmerkungen zu § 72 Rdn. 104–106). Dagegen wird der Sachverständige oder die sachverständige Stelle bei der Heranziehung gemäß § 61 Abs. 3 BauO NRW – vergleichbar der Regelung des § 26 Abs. 1 Satz 2 Nr. 2

VwVfG. NRW. – als **Gutachter** tätig, um der Bauaufsichtsbehörde für die zu treffende Entscheidung (Baugenehmigung oder Ordnungsverfügung) die erforderlichen **Beweismittel für die Richtigkeit einer Annahme** zu verschaffen (s. die Anmerkungen zu § 72 Rdn. 107–108).

Dass die Bauaufsichtsbehörde unabhängig von der Ermächtigung des § 61 Abs. 3 BauO NRW im Rahmen der **Bauberatung** dem Bauherrn empfehlen kann, zur Untermauerung einer beabsichtigten Erleichterung nach § 54 Abs. 1 Satz 2 BauO NRW oder einer Abweichung nach § 73 BauO NRW ein **Sachverständigengutachten** in Auftrag zu geben und den Bauvorlagen beizufügen, ergibt sich bereits aus der Beratungspflicht der Bauaufsichtsbehörde nach § 25 VwVfG. NRW. Es dürfte im Vorfeld einer Antragstellung wohl kaum vorkommen, dass die Bauaufsichtsbehörde, gestützt auf die Ermächtigung des § 61 Abs. 3 BauO NRW, von sich aus einen Sachverständigen heranzieht (so aber Boeddinghaus/Hahn/Schulte, zu § 61 Rdn. 172), zumal zu einem solchen Zeitpunkt noch unsicher ist, ob der Antrag überhaupt gestellt wird. Die Beauftragung von Sachverständigen aufgrund vorausgegangener Beratung unmittelbar durch den Bauherrn ist gängige Praxis. **Bedeutung** erlangen Sachverständigengutachten vor allem **114**

- zur **Ausräumung der widerlegbaren Vermutung der Zentrenschädlichkeit großflächiger Handelsbetriebe** nach § 11 Abs. 3 BauNVO,
- für die **Ermittlung der erforderlicher Ausgleichsmaßnahmen** für Eingriffe in Natur und Landschaft nach §§ 4–6 LG,
- zum **Nachweis der Aufnahmefähigkeit des Untergrundes zur Beseitigung des Niederschlagswassers** oder bei fehlender Sammelkanalisation die Möglichkeit zur ordnungsgemäßen Beseitigung des Schmutzwassers (s. die Anmerkungen zu § 4 Rdn. 67–72) nach den wasserrechtlichen Vorschriften,
- im Rahmen einer **Gefährdungsabschätzung Asbest-, PCB- oder PCP-haltiger Bauteile** in Gebäuden (s. die Anmerkungen zu § 16 Rdn. 32),
- im Rahmen eines **Gefahrerforschungsverlangens hinsichtlich verunreinigten Baugrunds** bei **Altlastenverdacht** (s. die Anmerkungen zu § 16 Rdn. 43 und 44 sowie Nr. 61.2 VV BauO NRW),
- im Rahmen einer **Gefährdungsabschätzung bei Befall von Bauteilen durch Hausbock, Termiten und Hausschwamm** (s. die Anmerkungen zu § 16 Rdn. 56 und 57),
- zum Nachweis der **Einhaltung immissionsschutzrechtlicher Anforderungen** im Hinblick auf den Schutz benachbarter Wohngebäude vor Lärm und Erschütterungen, die durch gewerbliche Vorhaben verursacht werden (s. die Anmerkungen zu § 18 Rdn. 24 und 39–45),
- zur **Einschätzung des Stellplatzbedarfs größerer Vorhaben** mit zeitlich sich überlagernden unterschiedlichen Nutzungen (s. die Anmerkungen zu § 51 Rdn. 37).

Bei der Ausübung des **pflichtgemäßen Ermessens** über die Heranziehung muss berücksichtigt werden, dass der **Bauherr** gemäß § 57 Abs. 6 Nr. 2 BauO NRW in Verbindung mit Tarifstelle 2.2.1 des Allgemeinen Gebührentarifs zur AVwGebO NRW die **Kosten für die Tätigkeit** des Sachverständigen oder der sachverständigen Stelle zu tragen hat (s. die Anmerkungen zu § 57 Rdn. 45–48). Dies ist ein nicht zu vernachlässigender Gesichtspunkt bei der Ermessensausübung, da der Bauherr diese Kosten **neben** den Bau- **115** genehmigungsgebühren und damit **zusätzlich** zu tragen hat. Die Bauaufsichtsbehörde, die einen Sachverständigen oder eine sachverständige Stelle **unnötig** heranzieht, obwohl sie angesichts des Schwierigkeitsgrades der Prüfung durchaus in der Lage sein müsste, die entsprechenden Aspekte selbst richtig beurteilen zu können, läuft Gefahr, die **Kosten selbst tragen** zu müssen. In einem solchen Fall kann der Bauherr notfalls im Widerspruchs- bzw. Klageverfahren erreichen, dass die Bauaufsichtsbehörde die Gebühren für die Erteilung der Baugenehmigung um die unnötig verursachten Kosten des Sachverständigen zu ermäßigen hat (vgl. Hörstel, Kostendeckungs- und Äquivalenzprinzip als Schranke öffentlich-rechtlicher Gebühren- und Beitragssätze, BauR 1997, S. 14 ff.). Um derartige Probleme nicht aufkommen zu lassen, ist es ratsam, dass die Bauaufsichtsbehörde sich mit dem Bauherrn über das Erfordernis eines Sachverständigengutachtens verständigt. Der Bauherr kann dann von sich aus einen Auftrag an den Sachverständigen erteilen und dessen Kosten unmittelbar begleichen. Beauftragt dagegen die Bauaufsichtsbehörde in Anwendung des § 61 Abs. 3 BauO NRW in Verbindung mit § 26 Abs. 1 Satz 2 Nr. 2 VwVfG. NRW. einen Sachverständigen, so richten sich dessen Kosten gemäß § 26 Abs. 3 Satz 2 VwVfG. NRW. nach dem Justizvergütungs- und -entschädigungsgesetz vom 5. 5. 2004 (BGBl. I S. 718) soweit nicht die speziellen Vorschriften der SV-VO über die Honorierung der staatlich anerkannten Sachverständigen bzw. die Bestimmungen der AVwGebO NRW über die Gebühren und Auslagen der Prüfingenieure für Baustatik Anwendung finden (zur Frage, ob und in welchem Umfang die Bauaufsichtsbehörde die Vergütung des von ihr beauftragten Prüfingenieurs für Baustatik vom Bauherrn als Auslage erheben kann s. OVG NRW, Urteil vom 15. 7. 1986 – 12 A 1593/84, BRS 46 Nr. 167).

116 Aus vorstehenden Gesichtspunkten ergibt sich, dass die Heranziehung von Sachverständigen oder sachverständigen Stellen in **Sonderfällen** gerechtfertigt ist, um **fehlendes Fachwissen** zu kompensieren, das benötigt wird, um eine **rechtmäßige Entscheidung** treffen zu können (vgl. Schlotterbeck/von Arnim/Hager, zu § 47 Rdn. 124–125). Fehlendes Fachwissen kann sich vor allem ergeben, wenn Rechtsfragen außerhalb des eigentlichen Baurechts zu klären sind, wie z. B. Fragen des Bodenschutzes oder des Immissionsschutzes (vgl. OVG Lüneburg, Urteil vom 11. 2. 1985 – 6 A 127/83, BRS 44 Nr. 148 zu immissionsschutzrechtlichen Fragen der Ansiedlung einer Tischlereiwerkstatt). Selbst dann bedarf es jedoch nicht ausnahmslos der Einholung eines Sachverständigengutachtens (BVerwG, Beschluss vom 14. 8. 1989 – 4 NB 24.88, BRS 49 Nr. 22 zum Erfordernis im Bauleitplanverfahren). Zur Beurteilung des Erfordernisses kann die Rechtsprechung zur früheren Prüfingenieurverordnung hilfsweise herangezogen werden, wonach unter anderem das Vorliegen einer **besonderen Schwierigkeit** erforderlich war, um einem Prüfamt oder einem Prüfingenieur die Prüfung des Standsicherheitsnachweises übertragen zu können (OVG NRW, Urteil vom 15. 7. 1986 – 12 A 1593/84, BRS 46 Nr. 167).

117 In diesem Zusammenhang ist auf die **Problematik der Heranziehung von Sachverständigen zur Prüfung des Brandschutzkonzepts** einzugehen. Aus § 68 Abs. 1 Satz 4 Nr. 2 und § 72 Abs. 6 Satz 6 BauO NRW ergibt sich unmissverständlich, dass bei „kleinen" und „großen" Sonderbauten die Prüfung des Brandschutzes und damit auch die Prüfung des Brandschutzkonzepts zu den **zentralen Kernaufgaben** rechnet (s. die Anmerkungen zu § 54 Rdn. 7–9). Das **Brandschutzkonzept** als **Bauvorlage** (s. die Anmerkungen zu § 69 Rdn. 58–59), das gemäß § 58 Abs. 3 BauO NRW von einem staatlich anerkannten Sachverständigen für die Prüfung des Brandschutzes aufgestellt werden soll (s. die Anmerkungen zu § 58 Rdn. 33–40), **erleichtert** gegenüber dem Vorgängerrecht **die Prüfung**, da

in diesem alle Brandschutzaspekte nach Maßgabe des § 9 BauPrüfVO darzustellen sind. Die Bauaufsichtsbehörde findet daher im Brandschutzkonzept die zu prüfenden Brandschutzfragen systematisch zusammengefasst vor und muss diese nicht mehr – wie nach früherem Recht – aus dem Lageplan, den Bauzeichnungen und der Baubeschreibung mühsam entnehmen. Es ist auch nicht ansatzweise zu erkennen, warum eine ausreichend besetzte Bauaufsichtsbehörde diese Prüfung des Brandschutzes nicht selbst mit eigenen Dienstkräften durchführen kann. Denn gerade wegen der Erleichterung des Prüfvorgangs gegenüber dem Vorgängerrecht und der Anforderungen an die Qualifikation des Fachplaners für das Brandschutzkonzept, der ja im Regelfall selbst Sachverständiger ist, wird es nur in seltenen Fällen überhaupt zu Beurteilungsproblemen kommen können. Eine **besondere Schwierigkeit** bei der Prüfung des Brandschutzkonzepts könnte sich allenfalls ergeben, wenn die in § 9 Abs. 2 Nr. 18 BauPrüfVO genannten **Rechenverfahren** zur Ermittlung der Brandschutzklassen nach Methoden des Brandschutzingenieurwesens zur Anwendung gelangen (vgl. Nr. 9.11 VV BauPrüfVO). Im Übrigen ist davon auszugehen, dass die in § 9 Abs. 2 Nr. 1–17 BauPrüfVO aufgeführten Aspekte des Brandschutzes von der Bauaufsichtsbehörde unter Beteiligung der Brandschutzdienststelle beurteilt werden müssen.

## 5 Zu Absatz 4 – Verbot unberechtigter Kennzeichnung von Bauprodukten

Die Vorschrift entspricht § 78 MBO 2002. Im Regelungssystem (§§ 20 ff. BauO NRW) kommt der ordnungsgemäßen Kennzeichnung der Bauprodukte besondere Bedeutung zu. Bei dieser komplizierten Regelung ist es entscheidend, sich auf die durch die ordnungsgemäße Kennzeichnung ausgedrückte Verwendbarkeit eines Bauprodukts verlassen zu können. Absatz 4 regelt die **Befugnisse der Bauaufsichtsbehörden bei** einer dem § 25 Abs. 4 BauO NRW widersprechenden und somit **rechtswidrigen Kennzeichnung** von Bauprodukten mit dem Ü-Zeichen. Das ist zum einen der Fall, wenn die **Voraussetzungen für das Anbringen des Ü-Zeichens nicht gegeben** sind, weil z. B. 118

- das Bauprodukt nicht mit den technischen Spezifikationen übereinstimmt,
- anstelle einer Herstellererklärung ein Übereinstimmungszertifikat gefordert war,
- die Einschaltung von Drittstellen nicht oder nicht vollständig erfolgt ist oder nicht die richtigen Drittstellen eingeschaltet waren oder
- die Angabe des Verwendungszwecks oder sonstige nach der PÜZÜVO erforderliche zusätzliche Angaben bei dem Ü-Zeichen fehlen.

Während nach § 25 Abs. 4 BauO NRW der Hersteller für die Kennzeichnung der Bauprodukte verantwortlich ist (s. die Anmerkungen zu § 25 Rdn. 19–20), gehört der ordnungsgemäße Gebrauch des Ü-Zeichens zu den Nachweispflichten des Unternehmers nach § 59 Abs. 1 Satz 2 BauO NRW (s. die Anmerkungen zu § 59 Rdn. 26).

Sind die Bauprodukte entgegen dem § 25 Abs. 4 BauO NRW mit dem Ü-Zeichen gekennzeichnet, hat die Bauaufsichtsbehörde nicht nur die Befugnis deren **Verwendung zu untersagen**, sie kann auch beispielsweise, um die Verwendung der Bauprodukte auf anderen Baustellen zu verhindern, die **Kennzeichnung entwerten oder beseitigen lassen**. Für Letzteres werden regelmäßig die Voraussetzungen des Sofortvollzuges an Ort und Stelle nach § 55 Abs. 2 VwVG NRW vorliegen. Die Bauaufsichtsbehörde kann die unrechtmäßige Kennzeichnung als Ordnungswidrigkeit im Sinne von § 84 Abs. 1 Nr. 3 119

BauO NRW **mit einem Bußgeld ahnden**; die Verwendung von Bauprodukten ohne das erforderliche Ü-Zeichen ist eine Ordnungswidrigkeit nach § 84 Abs. 1 Nr. 4 BauO NRW (s. die Anmerkungen zu § 84 Rdn. 35–36).

120 Die dem Absatz 4 entsprechenden **Befugnisse** der Bauaufsichtsbehörde **bei unberechtigter Kennzeichnung mit der CE-Kennzeichnung** ergeben sich aus **§ 13 Abs. 1 BauPG**. Die Bauaufsichtsbehörde kann das Inverkehrbringen oder den freien Handel mit diesen Bauprodukten untersagen oder die Kennzeichnung entwerten oder beseitigen lassen. Da es an einer entsprechenden Zuständigkeitszuweisung an die unteren Bauaufsichtsbehörden fehlt, ist gemäß § 8 Abs. 3 LOG die **Bezirksregierung** als allgemeine Vertretung der Landesregierung im Bezirk **zuständig**. Unberechtigt ist eine Kennzeichnung nicht nur, wenn die Konformität des Bauprodukts mit den maßgeblichen Spezifikationen nicht gegeben ist, sondern auch, wenn erforderliche zusätzliche Angaben fehlen oder Angaben falsch sind. Der unberechtigten CE-Kennzeichnung steht es gleich, wenn die Bauprodukte mit einem Zeichen versehen sind, das mit der CE-Kennzeichnung nach § 12 Abs. 1 BauPG verwechselt werden kann (§ 13 Abs. 1 Satz 2 BauPG).

### 6 Zu Absatz 5 – Baueinstellung bei unberechtigter Kennzeichnung

121 Die Vorschrift entspricht § 79 Abs. 1 Nr. 3 und 4 MBO 2002 und passt eigentlich nicht in die Systematik des § 61 BauO NRW, weil Nordrhein-Westfalen die Mustervorschriften über die Baueinstellung, die Beseitigung und die Nutzungsuntersagung wegen der allgemeinen Befugnisse nach dem OBG nicht übernommen hat (s. Rdn. 7). Die Übernahme der Bestimmung erfolgte jedoch mit Rücksicht auf die Vereinbarung von Bund und Ländern (s. die Anmerkungen vor §§ 20 bis 28 Rdn. 17–21).

122 Bei unberechtigter CE-Kennzeichnung (s. Rdn. 118–120) oder unberechtigter Kennzeichnung mit dem Ü-Zeichen kann die Bauaufsichtsbehörde nach Absatz 5 die **Stilllegung der Bauarbeiten** anordnen. Regelmäßig werden hierfür ebenfalls die Voraussetzungen für einen Sofortvollzug nach § 55 Abs. 2 VwVG. NW. gegeben sein. Die gegenüber den nach Absatz 4 weitergehenden Maßnahmen wird die Bauaufsichtsbehörde dann verfügen, wenn abgeklärt werden soll, ob durch die Verwendung der unberechtigt gekennzeichneten Bauprodukte Gefahren für die Sicherheit gegeben sind, oder es feststeht, dass solche Gefahren mit der Verwendung dieser Bauprodukte verbunden sind.

### 7 Zu Absatz 6 – Wohnungsbetretungsrecht

123 Das Betreten privater Grundstücke, baulicher Anlagen und Wohnungen durch Dienstkräfte der Bauaufsichtsbehörde kann notwendig werden

- zur Prüfung eines Bauantrags (Ortsbesichtigung),
- zur Einmessung baulicher Anlagen (vgl. § 75 Abs. 6 BauO NRW),
- zur Bauüberwachung und Bauzustandsbesichtigung (§§ 81, 82 BauO NRW),
- zur Kontrolle eines bekannt gewordenen Gefahrenzustands, eines Schwarzbaus oder einer rechtswidrigen Nutzung (§ 61 Abs. 1 Satz 2 BauO NRW).

Das **Betretungsrecht** besteht **für alle Vollzugsaufgaben nach der BauO NRW** (so auch Boeddinghaus/Hahn/Schulte, zu § 61 Rdn. 178).

124 **Absatz 6 gestattet nicht die Durchsuchung** (= das ziel- und zweckgerichtete Suchen staatlicher Organe in einer Wohnung zur Ausforschung eines für die freie Entfaltung

der Persönlichkeit wesentlichen Lebensbereichs, so BVerwG, Urteil vom 6.9.1974 – I C 17/73, NJW 1975, 130 = DVBl. 1974, 846; BVerfG, Beschluss vom 3.4.1997 – 1 BvR 994/76, NJW 1979, 1539; s. auch BayVGH, Urteil vom 10.4.1986 – Nr. 2 B 85 A. 630, BRS 46 Nr. 199 und Hamb. OVG, Beschluss vom 23.10.1996 – Bf V 21/96, DÖV 1997, 384). Das wird aber regelmäßig auch nicht in Betracht kommen, da das Betretungsrecht der Feststellung dient, ob bauliche Anlagen dem öffentlichen Baurecht entsprechen, nicht aber der Erkundung persönlicher Verhältnisse. Das **bauaufsichtliche Betreten** und **Besichtigen einer Wohnung** ist **keine Durchsuchung** im Sinne von Art. 13 Abs. 2 GG, sondern fällt in den Anwendungsbereich von Art. 13 Abs. 7 GG (BVerwG, Beschluss vom 7.6.2006 – 4 B 36.06, BauR 2006, 1460 = BRS 70 Nr. 185 = NJW 2006, 2504 = UPR 2006, 356 = ZfBR 2006, 688; s. hierzu auch Suttmann, Baubehördliche Betretungsrechte und Privatwohnungen, BauR 2006, S. 1986 ff.).

Ob bei der **Prüfung eines Bauantrags** eine Ortsbesichtigung auch innerhalb der Gebäude und eventuell auch der Wohnungen erforderlich ist, entscheidet die mit dem Antrag befasste Bauaufsichtsbehörde. Da der Bauherr die Baugenehmigung begehrt, muss er der Bauaufsichtsbehörde auch gestatten, die Gebäude zu betreten, um alle zur Beurteilung des Bauvorhabens erforderlichen Feststellungen treffen zu können, die nicht aus den Bauvorlagen zu ersehen sind. Bezieht sich der Bauantrag auf ein noch nicht baulich genutztes Grundstück, ergibt sich das Recht, das Grundstück zwecks Ortsbesichtigung zu betreten, unmittelbar aus Absatz 6 Satz 1. **125**

**Während der Bauausführung** braucht die Bauaufsichtsbehörde die von ihr für notwendig erachteten Baustellenkontrollen dem Bauherrn nicht anzukündigen. Es ist auch nicht vorgeschrieben, den Bauherrn bei der Durchführung der Bauzustandsbesichtigungen zu beteiligen, wenngleich die Anwesenheit des Bauherrn oder seines Beauftragten bei der Durchführung der Bauzustandsbesichtigung in der Regel zweckmäßig sein wird. **126**

Die Bauaufsichtsbehörden sollen gemäß **Nr. 61.6 VV BauO NRW**, wenn sie das Grundstück und bauliche Anlagen einschließlich der Wohnungen **nach der abschließenden Bauzustandsbesichtigung** betreten wollen, den **Zeitpunkt der Ortsbesichtigung** dem Eigentümer und dem unmittelbaren Besitzer **rechtzeitig vorher mitteilen**. Bei rechtzeitiger Ankündigung darf der Eigentümer oder unmittelbare Besitzer der Bauaufsichtsbehörde den Zutritt nicht verweigern. Das **Betretensrecht** steht nicht nur den Bediensteten der Bauaufsichtsbehörden zu, sondern **allen „mit dem Vollzug dieses Gesetzes beauftragten Personen … in Ausübung ihres Amtes“**. Das können somit auch Prüfingenieure oder im Einzelfall von der Bauaufsicht beauftragte Sachverständige oder Personen sein, z. B. private Unternehmer und deren Arbeitnehmer im Rahmen einer behördlich angeordneten Ersatzvornahme. Das Betretensrecht wird man aber den **zivilrechtlich** vom Bauherrn **beauftragten, staatlich anerkannten Sachverständigen** nicht zugestehen können. Hier ist der Bauherr verantwortlich, dafür zu sorgen, dass diese Sachverständigen das Grundstück, die baulichen Anlagen einschließlich der Wohnungen im Rahmen ihrer Aufgaben betreten dürfen. **127**

Absatz 6 ist auch einschlägig, wenn aufgrund von **Sonderbauverordnungen** nach der abschließenden Bauzustandsbesichtigung von Zeit zu Zeit **wiederkehrende Prüfungen** bestimmter Anlagen und Einrichtungen erforderlich sind. Solche wiederkehrenden Prüfungen sind in Sonderbauverordnungen generell vorgesehen oder können im Einzelfall durch **Auflage zur Baugenehmigung** als **besondere Anforderung** gemäß § 54 Abs. 2 Nr. 22 BauO NRW vorgeschrieben werden. **128**

129 Die **Ankündigung der Besichtigung** ist noch kein Verwaltungsakt, da weder durch die Ankündigung noch durch die Besichtigung ein Einzelfall auf dem Gebiet des öffentlichen Rechts geregelt wird. Der Eigentümer oder unmittelbare Besitzer kann um Vereinbarung eines anderen ihm passenden Zeitpunktes nachsuchen. Verweigert er den Zutritt, ist der Erlass einer Ordnungsverfügung erforderlich, um die Besichtigung zu erzwingen, soweit nicht § 55 Abs. 2 VwVG NRW Anwendung findet (zu den Voraussetzungen, unter denen die Bauaufsichtsbehörde bei ungenehmigten Bauarbeiten berechtigt ist, ein Grundstück ohne vorausgehenden Verwaltungsakt zu betreten, s. OVG Bln, Beschluss vom 24.11.1987 – 2 S 51.87, BauR 1988, 333 = BRS 47 Nr. 189 = DÖV 1988, 385).

130 Die **Unverletzlichkeit der Wohnung** ist durch Art. 13 GG gewährleistet. Entsprechend Art. 19 Abs. 1 Satz 2 GG bestimmt Absatz 6 **Satz 2**, dass durch das Betretensrecht nach Satz 1 das Grundrecht insoweit eingeschränkt wird. Allerdings sind beim Betreten von Wohnungen die einschränkenden Voraussetzungen des Art. 13 Abs. 3 GG zu beachten: Eingriffe und Beschränkungen (hier das **Betreten wider den Willen des Verfügungsberechtigten**) dürfen nur „**zur Abwehr einer gemeinen Gefahr oder einer Lebensgefahr für einzelne Personen**, aufgrund eines Gesetzes (hier § 61 Abs. 6 Satz 1 BauO NRW) auch **zur Verhütung dringender Gefahren für die öffentliche Sicherheit oder Ordnung** … vorgenommen werden“. Der Begriff **Wohnung im Sinne des Art. 13 GG** meint nicht nur Wohnräume im engeren Sinne, sondern auch Arbeits-, Geschäfts- und Betriebsräume, und zwar auch dann, wenn sie für die Öffentlichkeit zugänglich sind.

131 Eine **gemeine Gefahr** liegt vor, wenn der Umfang des drohenden Schadens sich nicht auf bestimmte Personen oder Sachen beschränkt und der Schaden Leib oder Leben von Menschen oder bedeutenden Sachwerten droht.

132 Von einer **dringenden Gefahr** wird gesprochen, wenn sie sowohl hinsichtlich ihrer zeitlichen Nähe wie hinsichtlich der Erheblichkeit des verletzten Rechtsgutes von besonderem Gewicht ist (BVerwG, Urteil vom 12.12.1967 – I C 112.64, DVBl. 1968, 752). Sie braucht nicht bereits eingetreten zu sein; es genügt, dass die Maßnahme dem Zweck dient, einen Zustand nicht eintreten zu lassen, der seinerseits eine dringende Gefahr für die öffentliche Sicherheit und Ordnung darstellen würde (BVerfG, Urteil vom 13.2.1964 – 1 BvL 17/61 u.a., DÖV 64, 452). Nicht jeder Widerspruch gegen öffentlich-rechtliche Vorschriftn erfüllt damit die Voraussetzungen des Betretensrechtes einer Wohnung gegen den Willen der Betroffenen; es muss ein erhebliches Rechtsgut sein. Gegen den Willen der Bewohner ist das Betreten nur in relativ engen Grenzen zulässig (vgl. Hess. VGH, Beschluss vom 26.10.1990 – 4 TH 1480/90, BRS 50 Nr. 202). Die Verletzung der baurechtlichen Genehmigungspflicht reicht in der Regel aus, um das Betreten einer Wohnung zum Zwecke der Besichtigung ihres baulichen Zustandes zu rechtfertigen (OVG Rh-Pf, Urteil vom 15.2.2006 – 8 A 11500/05, BauR 2006, 971 = BRS 70 Nr. 184).

133 Die **zwangsweise Durchsetzung** des Wohnungsbetretungsrechts setzt in der Regel den Erlass einer **Duldungsverfügung** voraus (s. BayVGH, Urteil vom 10.4.1986 – Nr. 2 B 85 A. 630, BauR 1987, 306 = BRS 46 Nr. 199; OVG Bremen, Beschluss vom 25.8.1992 – 1 B 54/92, BRS 54 Nr. 213). Diese kann auch mündlich ergehen, muss dann aber auf Verlangen schriftlich bestätigt werden (BayVGH, Beschluss vom 9.6.1986 – Nr. 2 CB 85 A. 1564, BRS 46 Nr. 198). Die Duldungsanordnung muss die Gründe angeben, die die Bauaufsichtsbehörde zur Ausübung des Betretensrechts veranlassen (OVG Bremen, a. a. O.). Bei Vorliegen einer gegenwärtigen Gefahr kann nach § 55 Abs. 2 VwVG NRW ohne vorhergehenden Verwaltungsakt die Wohnung betreten werden (vgl. OVG Bln, Beschluss vom 24.11.1987 – 2 S 51.87, BRS 47 Nr. 189).

# § 62
# Sachliche Zuständigkeit

**Für den Vollzug dieses Gesetzes sowie anderer öffentlich-rechtlicher Vorschriften für die Errichtung, die Änderung, die Nutzungsänderung, die Instandhaltung und den Abbruch baulicher Anlagen sowie anderer Anlagen und Einrichtungen im Sinne des § 1 Abs. 1 Satz 2 ist die untere Bauaufsichtsbehörde zuständig, soweit nichts anderes bestimmt ist.**

**Anmerkungen** (Autor: Heintz)

**Übersicht**

| | | Rdn. |
|---|---|---|
| 0 | Änderungen gegenüber der BauO NW 1984 und der BauO NW 1995 | 01 |
| 1 | Allgemeines | 1– 3 |
| 2 | Sachliche Zuständigkeit | 4–11 |
| 3 | Örtliche Zuständigkeit | 12–13 |

## 0 Änderungen gegenüber der BauO NW 1984 und der BauO NW 1995

Die Vorschrift des § 62 **BauO NW 1995** entsprach unter Berücksichtigung des Begriffs „Instandhaltung" § 59 BauO NW 1984 und wurde in die **BauO NRW 2000** übernommen. **01**

## 1 Allgemeines

Die **Abgrenzung der Zuständigkeit** zwischen Bauaufsichtsbehörden und Fachbehörden richtet sich nach dem OBG. Hiernach wird unterschieden zwischen **instanzieller, sachlicher** und **örtlicher** Zuständigkeit. Die genaue Beachtung der einschlägigen Vorschriften ist von erheblicher Bedeutung für die Bestandskraft der Verwaltungsakte. Bei Unzuständigkeit der Bauaufsichtsbehörde kann ein von ihr dennoch erlassener Verwaltungsakt rechtswidrig oder sogar nichtig sein. Es ist deshalb stets erforderlich, zu Beginn eines Verwaltungsverfahrens genauestens die Zuständigkeitsfragen zu klären und gegebenenfalls die Sache an die zuständige Behörde abzugeben. Soweit die BauO NRW oder die auf ihrer Grundlage erlassenen Rechtsverordnungen Zuständigkeitsregelungen enthalten, gehen diese als Spezialrecht anderen Zuständigkeitsregelungen vor. **1**

Die **Bauaufsichtsbehörden** sind **Sonderordnungsbehörden**. Für sie gelten daher bezüglich ordnungsbehördlicher Tätigkeiten die Vorschriften des OBG, soweit nicht die BauO NRW spezielle Regelungen trifft (s. die Anmerkungen zu § 60 Rdn. 11–14). Vorschriften über die **örtliche**, die **sachliche** und die **außerordentliche** Zuständigkeit der Ordnungsbehörden finden sich in den **§§ 4–6 OBG**. Eine die sachliche Zuständigkeitsregelung des § 5 OBG verdrängende Vorschrift stellt § 62 BauO NRW dar. Zur örtlichen Zuständigkeit bestimmt § 4 Abs. 1 OBG, dass die Ordnungsbehörde zuständig ist, in deren Bezirk die zu schützenden Interessen verletzt oder gefährdet werden. Nach § 4 Abs. 2 OBG kann die gemeinsame Aufsichtsbehörde eine bestimmte Ordnungsbehörde für zuständig erklären, wenn es zweckmäßig ist, ordnungsbehördliche Aufgaben in benachbarten Bezirken einheitlich zu erfüllen; hiervon ist nach Nr. 4 VV OBG „nur in zwingend gebotenen Ausnahmefällen Gebrauch zu machen", die in bauaufsichtlichen Angelegenheiten wohl kaum vorliegen dürften. Den Fall, dass ein Vorhaben die örtliche Zuständigkeitsgrenze überschreitet (z. B. Mühle über Bachlauf, dessen Mitte die Zu- **2** ständigkeitsgrenze bildet), regelt § 4 OBG nicht; vielmehr ist § 3 VwVfG. NRW. einschlägig. Eine außerordentliche Zuständigkeit kann nach § 6 OBG nur „bei Gefahr im Verzug" vorliegen; sie berechtigt ausnahmsweise zum Tätigwerden abweichend von den Vorschriften über die örtliche und sachliche Zuständigkeit (vgl. Nr. 6 VV OBG).

3 Die Bestimmungen des OBG und VwVfG. NRW. über die örtliche und sachliche Zuständigkeit sind **im Bußgeldverfahren** nicht anzuwenden, da die **§§ 36, 37 und 39 OWiG** abschließende Regelungen enthalten (s. die Anmerkungen zu § 84 Rdn. 12–14).

## 2 Sachliche Zuständigkeit

4 Die Vorschrift des § 62 BauO NRW bewirkt die **Konzentration** aller Aufgaben der Bauaufsicht **bei den unteren Bauaufsichtsbehörden**, soweit nicht in Rechtsvorschriften etwas anderes bestimmt ist. Die BauO NRW enthält an mehreren Stellen Zuständigkeitsregelungen in instanzieller und zugleich sachlicher Hinsicht (z. B. in § 3 Abs. 3 oder in § 23 Abs. 2 BauO NRW), sie enthält aber auch vereinzelt örtliche Zuständigkeitsregelungen (z. B. § 79 Abs. 7 Satz 1 BauO NRW). Soweit die BauO NRW nur von der Bauaufsichtsbehörde spricht, ergibt sich aufgrund des § 62 BauO NRW die sachliche Zuständigkeit der **unteren** Bauaufsichtsbehörde (s. die Anmerkungen zu § 60 Rdn. 5–6).

5 **Behördenintern** werden die bauaufsichtlichen Aufgaben in aller Regel von einem Amt der Verwaltung („Bauaufsichtsamt") als organisatorischer Einheit bearbeitet. Der Organisationsbegriff „Amt" darf nicht mit dem Behördenbegriff „Bauaufsichtsbehörde" verwechselt werden. Durchweg handelt es sich um **einfache Geschäfte der laufenden Verwaltung** im Sinne des **§ 41 Abs. 3 GO NRW**. Überschreitet ein Bauvorhaben, über das entschieden werden soll, den Rahmen dessen, was in der Gemeinde noch als einfaches Geschäft der laufenden Verwaltung anzusehen ist, etwa nach entsprechenden Bestimmungen der Hauptsatzung oder Beschluss des Rates im Einzelfall, so muss die Sache dem Rat, einem Ausschuss oder der Bezirksvertretung zur Beschlussfassung vorgelegt werden. Die Ausführung des Beschlusses obliegt dann wiederum der Verwaltung.

6 Neben § 62 BauO NRW ist stets § 61 Abs. 1 Satz 1 BauO NRW als generelle Aufgabenzuweisung an die Bauaufsichtsbehörden zu beachten, ferner **§ 61 Abs. 1 Satz 3 BauO NRW**, der ausdrücklich bestimmt, dass die **gesetzlich geregelten Zuständigkeiten und Befugnisse anderer Behörden unberührt** bleiben. Die sachliche Zuständigkeit mehrerer Behörden kann hinsichtlich des gleichen Gegenstandes gegeben sein. So besteht für ein im Landschaftsschutzgebiet beantragtes Vorhaben eine sachliche Zuständigkeit der unteren Bauaufsichtsbehörde für die Baugenehmigung nach § 75 BauO NRW und eine sachliche Zuständigkeit der unteren Landschaftsbehörde für die Befreiung vom Landschaftsschutz nach § 69 LG (vgl. OVG NRW, Urteil vom 14. 9. 2001 – 7 A 620/00, BauR 2002, 451). Die sachliche Zuständigkeit der unteren Bauaufsichtsbehörde endet dort, wo das Bauordnungsrecht selbst eine andere Zuständigkeit regelt oder sich eine solche zugunsten einer anderen Behörde aus anderen öffentlich-rechtlichen Vorschriften ergibt. Umgekehrt sind ordnungsbehördliche Maßnahmen anderer Behörden ausgeschlossen, die eine bauaufsichtliche Zulassungsentscheidung voraussetzen (OVG NRW, Beschluss vom 17. 3. 1986 – 7 B 150/86, BRS 46 Nr. 189 zu von einer nicht bauaufsichtlich privilegierten Gemeinde angeordneten baugenehmigungsbedürftigen Sicherungsmaßnahmen an einem Denkmal). Jeder von einem Verwaltungsakt Betroffene kann die sachliche Unzuständigkeit der erlassenden Behörde rügen (BayVGH, Beschluss vom 13. 8. 1996 – 20 CS 96.2369, BRS 58 Nr. 184).

Sachliche **Zuständigkeitsprobleme** entstehen immer wieder beim **Vollzug anderer öffentlich-rechtlicher Vorschriften**, die durch bauliche Vorgänge berührt werden. Solange die einschreitende Behörde, z. B. eine kreisfreie Stadt, auch für den Vollzug anderer öffentlich-rechtlicher Vorschriften zuständig ist, spielt es keine Rolle, welches „Amt" innerhalb der Behörde tätig wird, so dass es in verfahrensrechtlicher Hinsicht von dem Betroffenen nicht beanstandet werden kann, wenn z. B. das „Bauaufsichtsamt" wasser-, abfall- oder landschaftsrechtliche Verstöße im Rahmen baulicher Vorgänge mit verfolgt. Kompetenzprobleme können jedoch bei aufeinander treffenden Zuständigkeiten verschiedener Behörden bezüglich des gleichen Gegenstandes entstehen. Solange nur ein **baurechtlicher Anknüpfungspunkt** besteht, kann die Bauaufsichtsbehörde tätig werden, um baurechtmäßige Zustände zu erzwingen (BVerwG, Beschluss vom 10. 11. 1993 – 4 B 185.93, BRS 55 Nr. 197). Entscheidend für die jeweilige Zuständigkeit ist die **Zielrichtung des behördlichen Handelns**; geht es darum, dem Baurecht auf dem in Anspruch genommenen Grundstück Geltung zu verschaffen, ist die Bauaufsichtsbehörde zuständig, geht es um die abfallwirtschaftliche Entsorgung, ist die Zuständigkeit der Abfallwirtschaftsbehörde begründet (so OVG NRW, Beschluss vom 31. 10. 1994 – 10 A 4084/92, BRS 56 Nr. 198).

Die **obersten Bauaufsichtsbehörde** ist im Wesentlichen zuständig für 8

- die Wahrnehmung der **Fachaufsicht**über die oberen Bauaufsichtsbehörden,
- die **Einführung Technischer Baubestimmungen** nach § 3 Abs. 3 Satz 1 BauO NRW,
- die **Erteilung des Einvernehmens zu Bekanntmachungen des Deutschen Instituts für Bautechnik** in Bezug auf die **Bauregelliste A** (§ 20 Abs. 2 in Verbindung mit § 22 Abs. 1 Nr. 2, § 24 Abs. 1 Satz 3 und § 26 Abs. 2 BauO NRW), die **Bauregelliste B** (§ 20 Abs. 7 BauO NRW) und die **Liste C** (§ 20 Abs. 3 BauO NRW),
- die **Erteilung einer Zustimmung im Einzelfall** und der **Verzicht auf die Zustimmung im Einzelfall** gemäß § 23 Abs. 1 BauO NRW, soweit nicht gemäß § 23 Abs. 2 BauO NRW bei Baudenkmälern die untere Bauaufsichtsbehörde zuständig ist,
- den **Verzicht auf einen besonderen Anwendbarkeitsnachweis bei nicht geregelten Bauarten** gemäß § 24 Abs. 2 BauO NRW,
- den **Verzicht auf ein erforderliches Übereinstimmungszertifikat bei der Verwendung von Bauprodukten** gemäß § 25 Abs. 2 Satz 4 BauO NRW,
- die **Erteilung einer Typengenehmigung** gemäß § 78 BauO NRW,
- die **Bestimmung der zuständigen Bauaufsichtsbehörden für die Erteilung von Ausführungsgenehmigungen für Fliegende Bauten** nach § 79 Abs. 4 BauO NRW,
- den **Erlass von Rechtsverordnungen** und **Verwaltungsvorschriften** gemäß § 20 Abs. 4 bis 6 BauO NRW, § 24 Abs. 2 BauO NRW und § 85 Abs. 1 bis 9 BauO NRW,
- die **Bestimmung der Prüfämter für Baustatik** gemäß § 21 Abs. 1 BauPrüfVO,
- die **Anerkennung von Prüfingenieuren für Baustatik** nach § 21 Abs. 3 BauPrüfVO.

Die **oberen Bauaufsichtsbehörden** haben nur noch beschränkte Aufgaben und Zuständigkeiten, nachdem die baurechtlichen Zustimmungsvorbehalte entfallen sind. In Bezug auf die Zuständigkeit ist zwischen den **Bezirksregierungen** und den **Landräten als untere staatliche Verwaltungsbehörden** zu differenzieren. 9

10 Die **Bezirksregierungen als obere Bauaufsichtsbehörde** sind im Wesentlichen zuständig für die **Fachaufsicht über die Landräte** als untere staatliche Verwaltungsbehörden in deren Eigenschaft als obere Bauaufsichtsbehörden, für die **Sonderaufsicht** über die **kreisfreien Städte** und **Kreise** sowie für die **Erteilung von Zustimmungen im Zustimmungsverfahren** nach § 80 BauO NRW. Die **staatliche Anerkennung von Sachverständigen** obliegt als landesweit wahrgenommene Aufgabe nach § 4 TPrüfVO der **Bezirksregierung Düsseldorf**.

11 Die **Landräte** als untere staatliche Verwaltungsbehörde in ihrer Eigenschaft **als obere Bauaufsichtsbehörde** sind im Wesentlichen zuständig für die **Sonderaufsicht** über die **Großen** und **Mittleren kreisangehörigen Städte**.

### 3 Örtliche Zuständigkeit

12 Die örtliche Zuständigkeit bezeichnet den räumlichen Bereich, innerhalb dessen eine sachlich und instanziell zuständige Behörde zu handeln befugt ist. Die **örtliche Zuständigkeit** der Bauaufsichtsbehörde richtet sich, abgesehen von den in § 79 Abs. 3 und 7 BauO NRW geregelten Sonderfällen für Fliegende Bauten, nach § 3 Abs. 1 Nr. 1 VwVfG. NRW. und damit nach der **Belegenheit des Grundstücks**, da es sich bei der Bauaufsicht um Angelegenheiten handelt, die sich auf **unbewegliches Vermögen** beziehen (s. Rdn. 2). Sind mehrere Bauaufsichtsbehörden örtlich zuständig, so entscheidet nach § 3 Abs. 2 Satz 1 VwVfG. NRW. die Bauaufsichtsbehörde, die **zuerst** mit der Sache befasst worden ist (**Grundsatz des ersten Zugriffs**), es sei denn, die gemeinsame fachlich zuständige Aufsichtsbehörde bestimmt, dass eine andere örtlich zuständige Behörde zu entscheiden hat. Das Merkmal „**zuerst**" bedeutet nicht, dass überhaupt zwei Behörden mit der Angelegenheit „befasst" werden müssen (OVG NRW, Urteil vom 19. 12. 1989 – 10 A 2177/87, BauR 1990, 336, = BRS 50 Nr. 156). Dieses Merkmal soll gerade im Interesse der Beschleunigung des Verwaltungsverfahrens **Kompetenzkonflikte vermeiden**. Deshalb ist nicht einmal das Einvernehmen mit der anderen Behörde zur Sachentscheidung erforderlich. Trifft auf Anregung eines Beteiligten oder einer der Bauaufsichtsbehörden die nächsthöhere Bauaufsichtsbehörde eine Zuständigkeitsregelung, so handelt es sich hierbei um einen nicht unmittelbar anfechtbaren innerdienstlichen Vorgang (BVerwG, Urteil vom 16. 7. 1965 – IV C 82.63, BVerwGE 21, 352).

13 Eine § 3 VwVfG. NRW. vorgehende Regelung hinsichtlich der **örtlichen** Zuständigkeit enthält **§ 206 Abs. 1 BauGB** für Verwaltungsverfahren nach dem BauGB im Hinblick auf das vom Verfahren „**betroffene**" **Grundstück**. Diese Vorschrift verlangt, dass bei Grundstücken im örtlichen Zuständigkeitsbereich mehrerer Bauaufsichtsbehörden die nächsthöhere gemeinsame Bauaufsichtsbehörde die zuständige Behörde bestimmt, so dass für bauplanungsrechtlich relevante Vorgänge der in § 3 Abs. 2 Satz 1 VwVfG. NRW. normierte Grundsatz des ersten Zugriffs nicht gilt. Bedeutung kann diese Vorschrift nur entfalten, wenn von dem Vorhaben Grundstücke betroffen sind, die „örtlich oder wirtschaftlich zusammenhängen und **demselben Eigentümer** gehören", wie dies bei landwirtschaftlichen Betrieben mitunter der Fall ist, die sich über die Zuständigkeitsgrenzen der Bauaufsichtsbehörden hinaus erstrecken. Wenn die Grundstücke **verschiedenen Eigentümern** gehören, sind wiederum allein die Vorschriften des § 3 Abs. 2 VwVfG. NRW. zu beachten (vgl. Jäde/Dirnberger/Weiß, zu § 206 Rdn. 9).

## Zweiter Abschnitt
## Genehmigungsbedürftige und genehmigungsfreie Vorhaben
## Vor §§ 63 bis 68

**Anmerkungen** (Autor: Heintz)

Wie die Begründung zur BauO NW 1995 hervorhebt (s. LT-Drucks. 11/7153 S. 136), waren im Zeitpunkt der Beratungen über die Novellierung der Musterbauordnung insbesondere auf dem Gebiet der Verfahrensvorschriften **deutliche Unterschiede der einzelnen Länderregelungen** festzustellen. Im Herbst 1993 wurde bekannt, dass Bayern weitgehende, von der MBO abweichende Verfahrenserleichterungen beabsichtigte. Deswegen unternahm Nordrhein-Westfalen den Versuch, innerhalb der ARGEBAU ein einheitliches Vorgehen der Länder zu erreichen. Die ARGEBAU – Ministerkonferenz am 10./11. 12. 1993 konnte sich aber nicht auf von allen Ländern getragene Verfahrensvorschriften einigen und beschloss lediglich eine Änderung der MBO (Fassung Dezember 1993). Das magere Ergebnis bestand in der **Ergänzung der Rechtsverordnungsermächtigung nach § 81 Abs. 2 MBO 1993** um eine **neue Nr. 2**, die praktisch jede Verfahrensvariante abdeckte, die in der Folgezeit von einem Land erlassen wurde. 1

Die **Novellierungsüberlegungen** liefen **in Nordrhein-Westfalen** deswegen weitgehend unabhängig von denen der anderen Länder, orientierten sich allerdings stark an den Reformbemühungen in Bayern. Für das Gesetzgebungsverfahren der **BauO NW 1995** stand von vornherein fest, dass die **Entstaatlichung der Bauaufsicht** durch Freistellungsregelungen und Ausweitung des Sachverständigenwesens voranzutreiben war. 2

Auch sollte das **Bauanzeigeverfahren** nicht wieder eingeführt werden. Einerseits hatte sich das Bauanzeigeverfahren in der Praxis **nicht bewährt**. Andererseits erschien die Fiktion der Übereinstimmung des Vorhabens mit dem gesamten öffentlichen Recht nach Ablauf einer relativ kurz bemessenen Frist grundsätzlich unvertretbar. Zu diesem Ergebnis gelangt auch der Bericht der Unabhängigen Expertenkommission zur Vereinfachung und Beschleunigung von Planungs- und Genehmigungsverfahren („Investitionsförderung durch flexible Genehmigungsverfahren", 1994, Rdn. 727):

„*Dabei hat sich ergeben, dass eine solche Genehmigungsfiktion praktisch kaum eine wirksame Beschleunigung verspricht, in heiklen Genehmigungsfällen die Behörden zur Untätigkeit verleiten kann und außerdem schwerwiegenden rechtlichen Bedenken unterliegt, die sie nur unter weitreichenden Kartellen als tragbar erscheinen lassen.*"

Für den **Landesgesetzgeber** stellte im Übrigen das seinerzeit gegebene **Bauplanungsrecht** eine **starke Bindung** dar. Nach § 29 BauGB 1986 **galten die §§ 30 bis 37 BauGB nämlich nur**, also die Vorschriften über die bauplanungsrechtliche Zulässigkeit von Vorhaben, welche die Errichtung, Änderung oder Nutzungsänderung von baulichen Anlagen (der bundesrechtliche Begriff „bauliche Anlagen" ist nicht mit dem in den Landesbauordnungen verwendeten identisch; s. die Anmerkungen zu § 2 Rdn. 9–14) zum Inhalt haben, **wenn die Vorhaben – nach Landesrecht – einer bauaufsichtlichen Genehmigung oder Zustimmung bedurften**. Der Abbruch baulicher Anlagen wird von den §§ 29 ff. BauGB nicht erfasst, da er regelmäßig – abgesehen von den in §§ 172 ff., 179 BauGB geregelten Fällen – städtebaulich irrelevant ist (OVG NRW, Urteil vom 26. 5. 1982 – 11 A 15/80, BRS 39 Nr. 172). Eine **Ausnahme** galt nur für **genehmigungsfreie** 3

**Vorhaben im Geltungsbereich von Bebauungsplänen**, weil die Festsetzungen dieser Pläne als **Satzungsrecht** aus sich heraus gelten (vgl. § 65 Abs. 4 BauO NW 1995). Da der Bundesgesetzgeber somit alle bodenrechtlich relevanten Fälle von einigem Gewicht erfassen wollte, durfte der Landesgesetzgeber nur solche Vorhaben freistellen, die bodenrechtlich nur von geringem Gewicht sind (so BVerwG, Urteil vom 19. 12. 1985 – 7 C 65.82, BVerwGE 72, 300 = DVBl. 1986, 190 – „Wyhl-Entscheidung"). Weil **städtebaulich relevante Vorhaben** daher zumindest einer **bauplanungsrechtlichen Kontrolle durch die Bauaufsichtsbehörden** nicht entzogen werden durften, konnte der Katalog der generell freigestellten Vorhaben (§ 65 BauO NW 1995) nur relativ geringfügig erweitert werden. Die **Benutzungsgenehmigung für haustechnische Anlagen** nach § 60 Abs. 2 BauO NW 1984 **entfiel** zugunsten einer in § 66 BauO NW 1995 geregelten „bedingten" Freistellung; nach dieser Regelung hatte der Bauherr Unternehmer- oder Sachverständigenbescheinigungen vor Aufnahme der Benutzung (Inbetriebnahme) der haustechnischen Anlagen der Bauaufsichtsbehörde vorzulegen.

4 Nordrhein-Westfalen folgte im Übrigen dem Weg, der mit der seit Juli 1994 in Bayern geltenden Bauordnung eingeschlagen war: gemäß **§ 67 BauO NW 1995** wurde für **Wohngebäude** im Geltungsbereich eines **qualifizierten Bebauungsplans** nach § 30 Abs. 1 BauGB 1986 oder eines **Vorhaben- und Erschließungsplans** nach § 7 BauGB-MaßnahmenG unter bestimmten Voraussetzungen auf ein **Baugenehmigungsverfahren verzichtet**. Diese Regelung erfasst Wohngebäude **geringer** und **mittlerer Höhe** ohne Beschränkung der Zahl der Wohnungen einschließlich ihrer Nebengebäude und Nebenanlagen.

5 Nach § 64 BauO NW 1984 blieben **bauordnungsrechtlich nicht relevante Vorhaben**, die eigentlich baugenehmigungsfrei gestellt werden könnten, gleichwohl baugenehmigungsbedürftig, soweit ein Verzicht auf eine bauplanungsrechtliche Kontrolle nach Bundesrecht unzulässig war. Für sie wurde seinerzeit das **vereinfachte Genehmigungsverfahren** geschaffen. Diese Verfahrensart ist dadurch charakterisiert, dass das materielle Bauordnungsrecht im Wesentlichen nicht mehr geprüft wird. Neben dem Bauplanungsrecht unterliegen der Kontrolle im Wesentlichen nur die die bauordnungsrechtlichen Regelungen über die Erschließung, die Abstandflächen, die Gestaltung, die Stellplatzverpflichtung sowie eventuell vorhandene örtliche Bauvorschriften. Dem vereinfachten Genehmigungsverfahren gemäß **§ 68 BauO NW 1995** unterfielen vor allem Wohngebäude **geringer** und **mittlerer Höhe** ohne Beschränkung der Zahl der Wohnungen einschließlich ihrer Nebengebäude und Nebenanlagen.

6 Die Freistellung von Wohngebäuden mittlerer Höhe in beplanten Gebieten (§ 67 BauO NW 1995) und die Ausweitung des Katalogs der dem vereinfachten Genehmigungsverfahren unterliegenden Vorhaben (§ 68 BauO NW 1995) erforderten, dass vor Ausführungsbeginn eine **Kontrolle wichtiger Sicherheitsaspekte** des Bauordnungsrechts durch **private Dritte** erfolgt. Für Teilbereiche war schon bisher die Einschaltung von Privaten im Baurecht längst selbstverständlich. Der Prüfingenieur für Baustatik, der Öffentlich bestellte Vermessungsingenieur und der Bezirksschornsteinfegermeister üben als Beliehene, also mit öffentlich-rechtlichem Status, anstelle der – nicht für die – Bauaufsicht Kontrollen aus. Da der Gesetzgeber eine Entlastung der Bauaufsichtsbehörden anstrebte, war es nur folgerichtig, diese **Kontrollen** im Auftrage des Bauherrn – **privatrechtlich** – durchführen zu lassen. Diese Entscheidung führte zur **Einführung** der Rechtsfigur **des staatlich anerkannten Sachverständigen**. Der staatlich anerkannte Sachverständige wird zwar privatrechtlich tätig, seine Bescheinigungen begründen nach

§ 72 Abs. 7 BauO NW 1995 gleichwohl aber die Vermutung, dass die bauaufsichtlichen Anforderungen im Hinblick auf den bescheinigten Gegenstand erfüllt sind. Obwohl der staatlich anerkannte Sachverständige nicht wie der Prüfingenieur für Baustatik Beliehener ist, **haftet** er dem Bauherrn gegenüber **für die Richtigkeit** seiner Bescheinigung. Da die **Bauaufsichtsbehörde** nicht zur Nachprüfung verpflichtet ist, **haftet** sie in Konsequenz dessen auch **nicht** für die **Folgen einer eventuell unrichtigen Bescheinigung**. Aufgrund der Ermächtigungen des **§ 85 Abs. 2 Satz 1 Nr. 3 und 4 BauO NW 1995** hat die oberste Bauaufsichtsbehörde mit der **SV-VO** und der **TPrüfVO** die rechtlichen Grundlagen für die staatliche Anerkennung der Sachverständigen noch im Jahre 1995 geschaffen.

Die Vorschriften über **genehmigungsbedürftige** und **genehmigungsfreie** Vorhaben wurden mit der **BauO NW 1995 neu strukturiert**: **7**

- Entsprechend § 60 BauO NW 1984 normiert **§ 63** BauO NW 1995 den **Grundsatz**, dass die Errichtung, die Änderung, die Nutzungsänderung und der Abbruch baulicher Anlagen sowie anderer Anlagen und Einrichtungen im Sinne des § 1 Abs. 1 Satz 2 BauO NW 1995 **der Baugenehmigung** bedürfen, soweit in den nachfolgenden Vorschriften nichts anderes geregelt ist; die Vorschrift ordnet ferner an, dass bestimmte **Genehmigungen** bzw. **Erlaubnisse nach anderen Rechtsvorschriften** die **Baugenehmigung einschließen** und dass die **Vorschriften über Planfeststellungsverfahren unberührt** bleiben.

- Wie bereits § 61 BauO NW 1984 stellt **§ 64** BauO NW 1995 Wasserbauten, Anlagen der öffentlichen Versorgung, Sprengstoffanlagen und Atomanlagen **unter der Bedingung verfahrensfrei**, dass diese Anlagen einem anderen öffentlichen Verfahren oder der staatlichen Aufsicht unterliegen.

- Wie zuvor § 62 BauO NW 1984 enthält **§ 65** BauO NW 1995 einen gegenüber dem Vorgängerrecht ausgeweiteten **Katalog der genehmigungsfreien Vorhaben**; die Freistellung ist mit Ausnahme statischer Eingriffe, für die ein Sachkundiger die Unbedenklichkeit bescheinigen muss, nicht an verfahrensmäßige Bedingungen geknüpft, jedoch ausdrücklich mit der **Verpflichtung zur Beachtung des materiellen Baurechts** verbunden.

- Die in **§ 66** BauO NW 1995 aufgeführten **haustechnischen Anlagen** sind vom bauaufsichtlichen Verfahren befreit; diese **Freistellung** ist für den Bauherr mit der **Verpflichtung** verbunden, für die betreffende haustechnische Anlage die **Bescheinigung** eines Fachunternehmers oder Sachverständigen zu beschaffen und diese sodann **der Bauaufsichtsbehörde vorzulegen**.

- Die in **§ 67** BauO NW 1995 genannten, in einem qualifiziert beplanten Gebiet liegenden **Wohngebäude** einschließlich der **Nebengebäude** und **Nebenanlagen** sind von einem präventiven bauaufsichtlichen Verfahren befreit, wenn sie den Festsetzungen des Plans entsprechen; die Freistellung ist für den Bauherrn mit der **Verpflichtung** verbunden, **der Gemeinde Bauvorlagen einzureichen** und abzuwarten, ob diese die Durchführung eines Baugenehmigungsverfahrens anordnet.

- Entsprechend § 64 BauO NW 1984 regelt **§ 68** BauO NW 1995 das **vereinfachte Genehmigungsverfahren** für **Wohngebäude** und **bestimmte kleinere Vorhaben**, für die eine **bauordnungsrechtliche Vollprüfung nicht erforderlich** ist.

**8** Wegen der tiefgreifenden Veränderungen des Verfahrensrechts durch die BauO NW 1995 bestand von Anfang an Klarheit darüber, dass die praktischen Auswirkungen der Reform einer **Überprüfung** bedurften und dass auch weitere Rechtsänderungen erforderlich sein würden. Trotz anfänglicher Kritik in der Fachöffentlichkeit an der mit der BauO NW 1995 bewirkten Verfahrensreform gewöhnten sich die am Bau Beteiligten und die Bauaufsichtsbehörden relativ rasch an das neue Recht. Nicht anders als vermutet, zeigten sich in der praktischen Anwendung **Schwächen** einzelner Vorschriften. Die oberste Bauaufsichtsbehörde ermittelte in Dienstbesprechungen mit den unteren Bauaufsichtsbehörden und mit den Baukammern den unumgänglichen **Nachbesserungsbedarf**. Hinzu kam das Bestreben nach einem **Ausbau des vereinfachten Genehmigungsverfahrens zum Regelverfahren** und nach **Umsetzung der Ergebnisse** der „Unabhängigen Sachverständigenkommission beim Ministerpräsidenten des Landes Nordrhein-Westfalen zur Prüfung der Konsequenzen aus dem Brand auf dem Rhein-Ruhr-Flughafen Düsseldorf".

**9** Neben erforderlichen **Rechtsanpassungen** einzelner Verfahrensvorschriften **zur Behebung von Vollzugsproblemen** (§§ 67 und 68 BauO NW 1995), der Aufnahme der Gegenstände des § 64 BauO NW 1995 in den Freistellungskatalog des § 65 und der Streichung der noch in § 66 BauO NW 1995 enthaltenen Pflicht zur Vorlage bei der Bauaufsichtsbehörde von Bescheinigungen der Sachverständigen bzw. Unternehmer bezüglich der Errichtung und Änderung haustechnischer Anlagen verfolgt die **BauO NRW 2000** im Wesentlichen zwei verfahrensrechtliche Hauptziele:

- **Aufwertung des vereinfachten Genehmigungsverfahrens zum „Regelverfahren"**,
- **Pflicht zur Vorlage eines Brandschutzkonzepts für Sonderbauten**.

Um das vereinfachte Genehmigungsverfahren aufwerten zu können, sollten gewerbliche Vorhaben und öffentlichen Zwecken dienende Vorhaben in dieses einbezogen werden. Aus diesem Grunde war es erforderlich, in den Verfahrensvorschriften eine **Differenzierung zwischen den Sonderbauten nach ihrem Gefahrenpotenzial** vorzunehmen. Nur Sonderbauten mit geringem Gefahrenpotenzial konnten nämlich dem vereinfachten Genehmigungsverfahren mit seinem eingeschränkten Prüfumfang zugeordnet werden. Die Differenzierung erfolgte durch **Aufnahme eines Katalogs** der vom vereinfachten Genehmigungsverfahren ausgenommenen „großen" Sonderbauten in § 68 Abs. 1 Satz 3 BauO NRW 2000, woraus im Umkehrschluss folgt, welche Vorhaben „kleine" Sonderbauten sind (s. die Anmerkungen zu § 54 Rdn. 7 und 51–71). In § 54 Abs. 2 BauO NRW 2000 wurde mit der neuen Nr. 18 die Ermächtigung für die Bauaufsichtsbehörde aufgenommen, für „kleine" Sonderbauten die **Vorlage eines Brandschutzkonzepts** verlangen zu können (s. die Anmerkungen zu § 54 Rdn. 46). Die entsprechende Vorlagepflicht für „große" Sonderbauten wurde in § 69 Abs. 1 Satz 2 BauO NRW 2000 gesetzlich begründet (s. die Anmerkungen zu § 69 Rdn. 58 und 59).

**10** Das am 15. 4. **2007** in Kraft getretene **Bürokratieabbaugesetz I** hat in das so geschaffene Verfahrensrecht erneut eingegriffen. Für Nutzungsänderungen und die Errichtung von Kleingaragen wurde ein **Anzeigeverfahren** eingeführt, das die ursprünglichen Reformüberlegungen ignoriert (s. Rdn. 2 und die Anmerkungen zu § 63 Rdn. 11–11 g).

## § 63
## Genehmigungsbedürftige Vorhaben

**(1) [1]Die Errichtung, die Änderung, die Nutzungsänderung und der Abbruch baulicher Anlagen sowie anderer Anlagen und Einrichtungen im Sinne des § 1 Abs. 1 Satz 2 bedürfen der Baugenehmigung, soweit in den §§ 65 bis 66, 79 und 80 nichts anderes bestimmt ist. [2]Soweit für das bauliche Vorhaben nach § 1 i.V.m. Anlage 1 Nrn. 20, 21, 27, 28 des Gesetzes über die Umweltverträglichkeitsprüfung in Nordrhein-Westfalen (UVPG NW) eine Umweltverträglichkeitsprüfung oder eine Vorprüfung des Einzelfalls durchzuführen ist, müssen die Durchführung der Umweltverträglichkeitsprüfung sowie die Vorprüfung des Einzelfalles den Anforderungen des UVPG NW entsprechen.**

**(2) Die Genehmigung nach § 4 und § 15 Abs. 1 des Bundes-Immissionsschutzgesetzes, auch wenn sie im vereinfachten Verfahren nach § 19 Bundes-Immissionsschutzgesetz erteilt wird, die Erlaubnis nach § 11 des Gerätesicherheitsgesetzes, die Anlagengenehmigung nach § 8 des Gentechnikgesetzes, die Genehmigung nach § 7 Abs. 3 des Abfallgesetzes und die Verbindlichkeitserklärung eines Sanierungsplanes nach § 13 Abs. 6 Bundes-Bodenschutzgesetz oder § 15 Abs. 3 Landesbodenschutzgesetz schließen eine Genehmigung nach Absatz 1 sowie eine Zustimmung nach § 80 ein.**

**(3) Die Vorschriften über gesetzlich geregelte Planfeststellungsverfahren bleiben unberührt.**

### Erstes Gesetz
### zum Bürokratieabbau (Bürokratieabbaugesetz I)

**vom 13. 3. 2007**

(GV. NRW. S. 133),

g. d. G vom 9. 10. 2007 (GV. NRW. S. 393)

**– Auszug –**

**§ 2**

Im Lande Nordrhein-Westfalen gelten die folgenden Vorschriften mit folgender Maßgabe:

**232**

4. **Bauordnung für das Land Nordrhein-Westfalen – Landesbauordnung – (BauO NRW)** in der Fassung der Bekanntmachung vom 1. März 2000 (GV. NRW. S. 256), zuletzt geändert durch Artikel I des Gesetzes vom 12. Dezember 2006 (GV. NRW. S. 615):

   c) Abweichend von § 63 Abs. 1 Satz 1 bedarf die Nutzungsänderung baulicher Anlagen sowie anderer Anlagen und Einrichtungen im Sinne des § 1 Abs. 1 Satz 2 in der Regel keiner Baugenehmigung, sondern ist bei der unteren Bauaufsichtsbehörde vor Durchführung des Vorhabens schriftlich anzuzeigen.

   Der Anzeige sind die für eine Prüfung des Vorhabens erforderlichen Bauvorlagen beizufügen.

   Der Antragsteller kann abweichend von Satz 1 auf die Durchführung eines Baugenehmigungsverfahrens bestehen.

Die Nutzungsänderung kann aufgenommen werden, wenn die Bauaufsichtsbehörde nicht innerhalb von zwei Wochen nach Eingang der Anzeige und der Bauvorlagen erklärt, dass das Genehmigungsverfahren durchgeführt werden soll.

[1]Die Bauaufsichtsbehörde kann die Erklärung insbesondere wegen der notwendigen Beteiligung anderer Behörden oder aus Gründen des Immissions- oder Brandschutzes abgeben. [2]Sie hat dann die Anzeige als Bauantrag zu behandeln.

Erklärt die Bauaufsichtsbehörde nach der Anzeige, dass ein Genehmigungsverfahren durchgeführt werden soll, so ist die Anzeigegebühr auf die Genehmigungsgebühr anzurechnen.

[1]Gleiches gilt für die Errichtung von Kleingaragen. [2]Jedoch ist ein Genehmigungsverfahren durchzuführen, wenn im Falle der Grenzbebauung oder der grenznahen Bebauung keine Einverständniserklärung des Grenznachbarn vorliegt.

***VV BauO NRW*** *(infolge Befristung mit Ablauf des 31.12.2005 ausgelaufen)*

***63 Gehmigungsbedürftige Vorhaben (§ 63)***

*63.1 Zu Absatz 1 (Abbruch baulicher Anlagen)*

*63.11 Im Abbruch-Genehmigungsverfahren ist zu prüfen, ob das Vorhaben*

- *einer wohnungsrechtlichen Abbruchgenehmigung bedarf,*
- *von einem Rückbauverbot nach §§ 172 bis 174 BauGB erfasst ist oder*
- *eine erlaubnispflichtige Maßnahme nach § 9 Abs. 1 DSchG ist.*

*Eine wohnungsrechtliche Abbruchgenehmigung ist erforderlich*

*a) bei öffentlich geförderten Wohnungen nach § 12 WoBindG,*

*b) bei allen übrigen Wohnungen, sofern sie in den Gebieten liegen, die durch die ZweckentfremdungsVO bestimmt sind.*

*Wenn die Bauaufsichtsbehörde nicht selbst feststellen kann, ob eine wohnungsrechtliche Abbruchgenehmigung erforderlich ist, hat sie zunächst der für die Genehmigung zuständigen Behörde Gelegenheit zur Prüfung und zur Stellungnahme zu geben. Ist eine solche Genehmigung erforderlich, hat die Bauaufsichtsbehörde den Antragsteller darauf hinzuweisen, dass die Abbruchgenehmigung erst erteilt werden kann, wenn die wohnungsrechtliche Genehmigung zum Abbruch erteilt worden ist, und, dass der Antrag zunächst der für diese Genehmigung zuständigen Behörde zugeleitet worden ist. Die Bauaufsichtsbehörde erhält eine Durchschrift der Entscheidung über die wohnungsrechtliche Genehmigung. Ist diese Genehmigung versagt worden, sollte der Antragstellerin oder dem Antragsteller im Interesse der Kostenersparnis empfohlen werden, den Antrag auf Erteilung der Abbruchgenehmigung zurückzunehmen.*

*63.12 Die Bauaufsichtsbehörde kann zwar bei geringfügigen und bei technisch einfachen baulichen Anlagen darauf verzichten, dass eine Entwurfsverfasserin oder ein Entwurfsverfasser bestellt wird (§ 57 Abs. 2); Verzichtsvoraussetzungen liegen jedoch nicht vor, wenn die Prüfung ergibt, dass der Abbruch einer solchen baulichen Anlage erhebliche Gefahren in sich birgt.*

*63.13 Abbrucharbeiten können ihrer Natur nach unerwartete, mit der vorbereitenden Planung allein nicht zu bewältigende Schwierigkeiten zeitigen und können in Fol-*

*ge dessen mit außergewöhnlichen Gefahren verbunden sein. Insofern wird auf die erforderliche Kenntnis und die Verantwortlichkeit der Abbruchunternehmerin oder des Abbruchunternehmers (§ 59) gerade in Fragen der Standsicherheit und der Arbeitsschutzbestimmungen (Unfallverhütungsvorschriften Bauarbeiten – BGV C 22 [bisher VBG 37]) hingewiesen. Die Unternehmerin oder der Unternehmer müssen über mehrjährige Erfahrung auf dem Gebiet des Abbruchs baulicher Anlagen verfügen.*

*Der Abbruch von Stahl- und Stahlbetonkonstruktionen erfordert spezielle Sachkenntnisse.*

*Die Bauaufsichtsbehörden sind verpflichtet zu prüfen, ob die Unternehmerin oder der Unternehmer für die Ausführung der vorgesehenen Abbrucharbeiten nach Sachkunde und Erfahrung wie auch hinsichtlich der Ausstattung mit Gerüsten und sonstigen Einrichtungen geeignet ist (§ 59 Abs. 1 und 2). Sie haben deshalb von der Ermächtigung nach § 69 Abs. 3 dahin gehend Gebrauch zu machen, dass die Bauherrin oder der Bauherr vor der Erteilung der Abbruchgenehmigung die Unternehmerin oder den Unternehmer namhaft macht. Das ist umso mehr notwendig, als die Ausübung des Gewerbes der Abbruchunternehmungen nicht erlaubnispflichtig ist, obwohl hierzu spezielle fachliche Qualitäten Voraussetzung sind.*

*Ergibt die bauaufsichtliche Prüfung, dass die von der Bauherrin oder vom Bauherrn bestellten und namhaft gemachten Personen, wie die Unternehmerin oder der Unternehmer, für die Aufgabe nicht geeignet sind, kann die Bauaufsichtsbehörde diese nach § 57 Abs. 3 ersetzen lassen. Die Forderung kann auch noch während der Ausführung der Abbrucharbeiten erhoben werden, wenn sie zur Gefahrenabwehr erforderlich ist. Die Abbruchgenehmigung ist regelmäßig unter der Auflage zu erteilen, dass die Bauherrin oder der Bauherr den Wechsel der Unternehmerin oder des Unternehmers vor oder während der Abbrucharbeiten der Bauaufsichtsbehörde unverzüglich mitzuteilen hat.*

*63.14 Von der Abbruchgenehmigung und von der Anzeige des Ausführungsbeginns genehmigter Abbrucharbeiten sind in geeigneter Weise in Kenntnis zu setzen:*

*das Staatliche Umweltamt,**

*das Staatliche Amt für Arbeitsschutz,**

*die untere Abfallwirtschaftsbehörde,*

*die Bauberufsgenossenschaft,*

*die Katasterbehörde,*

*ggf. die Untere Denkmalbehörde.*

*63.2 Zu Absatz 2*

*Der Katalog der Genehmigungen und Erlaubnisse, die die Baugenehmigung einschließen, ist nicht abschließend. Auch in anderen Gesetzen können Spezialgenehmigungen mit Konzentrationswirkungen vorgesehen sein, so z. B. in § 7 Abs. 3 Abgrabungsgesetz.*

* **Hinweis**: Mit dem Gesetz zur Straffung der Behördenstruktur in Nordrhein-Westfalen vom 12. 12. 2006 (GV. NRW. S. 622) wurden die Staatlichen Umweltämter und Ämter für Arbeitsschutz in die Bezirksregierungen eingegliedert und mit dem Gesetz zur Kommunalisierung von Aufgaben des Umweltrechts vom 11. 12. 2007 (GV. NRW. S. 662) Teile der Aufgaben von den Bezirksregierungen auf Kreise und kreisfreie Städte verlagert.

**Anmerkungen** (Autor: Heintz)

**Übersicht** Rdn.


| | | |
|---|---|---|
| 0 | Änderungen gegenüber der BauO NW 1984 und der BauO NW 1995 sowie der BauO NRW 2000 | 01–04 |
| 1 | Allgemeines | 1– 3 |
| 2 | Zu Absatz 1 – Grundsatz der präventiven Prüfung | 4– 5 |
| 2.1 | Satz 1 – Genehmigungsvorbehalt und Ausnahmen | 6–10a |
| 2.2 | Anzeigeverfahren nach dem Bürokratieabbaugesetz I | 11–11g |
| 2.3 | Satz 2 – Umweltverträglichkeitsprüfung | 12–12q |
| 3 | Zu Absatz 2 – Konzentrationswirkung anderer Genehmigungen | 13–19 |
| 4 | Zu Absatz 3 – Verhältnis zu Planfeststellungsverfahren | 20–24 |


## 0 Änderungen gegenüber der BauO NW 1984 und der BauO NW 1995 sowie der BauO NRW 2000

**01** Die Vorschrift des § 63 BauO NW 1995 entsprach im Wesentlichen § 60 BauO NW 1984. Folgende Änderungen und Ergänzungen erfolgten:

- In **Absatz 1** war auf die neu hinzugekommenen Vorschriften der Landesbauordnung hinzuweisen, nach denen Vorhaben genehmigungsfrei errichtet werden dürfen.
- Das in § 60 Abs. 2 BauO NW 1984 geregelte **Rechtsinstitut der Benutzungsgenehmigung** für haustechnische Anlagen wurde **nicht übernommen**. Regelungen über die „bedingte" Genehmigungsfreiheit dieser Anlagen wurden mit § 66 BauO NW 1995 getroffen.
- **Absatz 2** wurde als Folge der Aufhebung des § 24 Gewerbeordnung und der Schaffung anderer Rechtsgrundlagen für überwachungsbedürftige Anlagen nach dem Gerätesicherheitsgesetz umformuliert. Auch die Anlagengenehmigung nach § 8 des Gentechnikgesetzes wurde berücksichtigt, da sie die Baugenehmigung einschließt.

**02** Die **BauO NRW 2000** hat § 63 BauO NW 1995 mit folgenden Änderungen übernommen:

- In **Absatz 1** erfolgte eine Anpassung der Verweisungen an den fortgefallenen § 64.
- In **Absatz 2** wurden die spezialrechtlichen Verfahren des Bundes-Bodenschutzgesetzes und des Landesbodenschutzgesetzes erwähnt, die die Baugenehmigung einschließen.

**03** Durch **Artikel 9** des **Gesetzes zur Umsetzung der UVP-Änderungsrichtlinie im Lande Nordrhein-Westfalen** vom 4. 5. **2004** (GV. NRW. S. 259) wurde § 63 **Abs. 1** BauO NRW ein **neuer Satz 2** angefügt, der für **wenige bauliche Vorhaben** die Durchführung einer **Umweltverträglichkeitsprüfung im Baugenehmigungsverfahren** anordnet.

**04** Durch **§ 2 Nr. 4 Buchstabe c) Bürokratieabbaugesetz I** vom 13. 3. **2007** (GV. NRW. S. 133) wurde ein **Anzeigeverfahren** in Bezug auf

- **Nutzungsänderungen baulicher Anlagen** und
- die **Errichtung von Kleingaragen**

eingeführt. Das Anzeigeverfahren gilt **abweichend** von § 63 Abs. 1 Satz 1 BauO NRW und ist aufgrund § 5 Abs. 3 Bürokratieabbaugesetz I **bis zum 31. 12. 2010 befristet**.

## 1 Allgemeines

Nach dem in Absatz 1 postulierten **Grundsatz**, der seit jeher Bestandteil des Bauordnungsrechts war, bedürfen baulich relevante Vorgänge der **Baugenehmigung**, sofern 1

- das **Bauordnungsrecht** gemäß § 1 BauO NRW überhaupt **Anwendung** findet und
- nachfolgende Verfahrensvorschriften **keine Genehmigungsfreiheit** oder vom Baugenehmigungsverfahren **abweichende Verfahrensarten** vorsehen.

Damit wird ein **Regel-Ausnahme-Verhältnis** festgelegt:

- die **Genehmigungsbedürftigkeit ist die Regel**,
- die **Genehmigungsfreiheit** und vom Baugenehmigungsverfahren **abweichende Verfahrensarten bedürfen ausdrücklicher gesetzlicher Bestimmungen**.

Als baulich relevante Vorgänge nennt § 63 Abs. 1 BauO NRW: 2

- die **Errichtung** (s. die Anmerkungen zu § 3 Rdn. 20–22),
- die **Änderung** (s. die Anmerkungen zu § 3 Rdn. 23–24),
- die **Nutzungsänderung** (s. die Anmerkungen zu § 3 Rdn. 97–107) und
- den **Abbruch** (s. die Anmerkungen zu § 3 Rdn. 93–96)

**baulicher Anlagen** (s. die Anmerkungen zu § 2 Rdn. 27–55) sowie **anderer Anlagen und Einrichtungen** im Sinne des § 1 Abs. 1 Satz 2 BauO NRW (s. die Anmerkungen zu § 1 Rdn. 37–38). Nicht erwähnt ist die **Instandhaltung** (s. die Anmerkungen zu § 3 Rdn. 25–30). Die Instandhaltung, also die Aufrechterhaltung des ordnungsgemäßen qualitativen baulichen Zustandes, ist eine sich aus § 3 Abs. 1 Satz 1 BauO NRW ergebende Rechtspflicht, um zu vermeiden, dass Gefahren für Bewohner, Nutzer oder Passanten entstehen können. Die Ausübung der zulässigen **Nutzung** einer rechtmäßig errichteten Anlage wird vom Bestandsschutz erfasst (s. die Anmerkungen zu § 75 Rdn. 109).

Die verfassungsrechtlich garantierte materielle „Baufreiheit" schließt einen **Genehmigungsvorbehalt** nicht aus (vgl. im Einzelnen die Anmerkungen zu § 75 Rdn. 1–3). Durch den Grundsatz des § 63 Abs. 1 BauO NRW wird **in verfassungsrechtlich zulässiger Weise** das Bauen unter ein **Verbot mit Erlaubnisvorbehalt** gestellt, um im öffentlichen Interesse zu klären, ob das Verhalten des Bürgers rechtmäßige Grundrechtsausübung ist (BVerfG, Urteil vom 5. 8. 1966 – 1 BvL 1/61, BVerfGE 20, 150). Die Einschränkung der allgemeinen Handlungsfreiheit durch Einführung einer vorbeugenden Verwaltungskontrolle greift nicht in verfassungsrechtlich geschützte Grundrechte des Bürgers ein, soweit dies im Rahmen einer sinnvollen, dem Wohl der Allgemeinheit dienenden Ordnung erforderlich ist (BVerfG, Beschluss vom 12. 6. 1979 – 1 BvL 19/76, BVerfGE 52, 1). Die Landesbauordnung trägt diesen Anforderungen Rechnung, indem sie in erheblichem Umfang bauliche Vorgänge verfahrensfrei stellt. 3

## 2 Zu Absatz 1 – Grundsatz der präventiven Prüfung

Die **grundsätzliche Genehmigungsbedürftigkeit** erstreckt sich auf **alle baulichen Anlagen**, also auch auf diejenigen, die nach § 2 Abs. 1 Satz 3 BauO NRW nur **fiktiv** als solche gelten (s. die Anmerkungen zu § 2 Rdn. 55–99). Der Grundsatz gilt ferner für **andere Anlagen und Einrichtungen** im Sinne des § 1 Abs. 1 Satz 2 BauO NRW, die selbst nicht dem Begriff der baulichen Anlage unterfallen (s. die Anmerkungen zu § 1 Rdn. 37–38). 4

Durch die bereits in § 60 Abs. 1 BauO NW 1984 vorgenommene entsprechende Klarstellung wurden mögliche Zweifel beseitigt (vgl. die 6. Auflage, Anmerkungen zu § 80 S. 495). Der **Genehmigungsvorbehalt** für die Errichtung, die Änderung, die Nutzungsänderung und den Abbruch baulicher Anlagen und anderer Anlagen und Einrichtungen im Sinne des § 1 Abs. 1 Satz 2 BauO NRW besteht **nicht uneingeschränkt**. Gemäß § 1 Abs. 2 BauO NRW **gilt die Bauordnung** nämlich **nicht** für die dort aufgeführten Vorhaben, weil diese anderen Rechtsvorschriften unterliegen, die ebenfalls eine präventive Prüfung des öffentlich Rechts verlangen (vgl. die Anmerkungen zu § 1 Rdn. 42–44). Der Verzicht auf die Genehmigungspflicht nach der BauO NRW gilt für diese Anlagen nicht grenzenlos, vielmehr ordnet die BauO NRW **Rückausnahmen für Gebäude** an, weil gerade bezüglich dieser baulichen Anlagen die Einhaltung des materiellen Bauordnungsrechts nur sichergestellt werden kann, wenn die Bauaufsichtsbehörden präventiv prüfen (s. die Anmerkungen zu § 1 Rdn. 117–119).

5 Neben den in Absatz 1 aufgeführten Vorschriften der BauO NRW, die hinsichtlich der generellen Genehmigungsbedürftigkeit abweichende Bestimmungen treffen, ist **§ 85 Abs. 2 Satz 1 Nr. 1** BauO NRW zu beachten, wonach die oberste Bauaufsichtsbehörde ermächtigt wird, **durch Rechtsverordnung weitere und weitergehende Ausnahmen von der Genehmigungspflicht** festzulegen. Nachdem die Freistellungsverordnung vom 18. 11. 1988 (GV. NRW. S. 455) durch § 90 Abs. 2 Satz 1 Nr. 2 BauO NW 1995 aufgehoben worden ist, besteht zurzeit **keine entsprechende Rechtsverordnung**.

### 2.1 Satz 1 – Genehmigungsvorbehalt und Ausnahmen

6 Die Baugenehmigungsbedürftigkeit entfällt gemäß **§ 65 BauO NRW** bei **Vorhaben** (baulichen Anlagen sowie anderen Anlagen und Einrichtungen im Sinne des § 1 Abs. 1 Satz 2 BauO NRW), die **nur geringe Auswirkungen auf die öffentliche Sicherheit und Ordnung** haben, so dass ein Baugenehmigungsverfahren im Hinblick auf die generelle Baufreiheit unverhältnismäßig und damit rechtlich bedenklich wäre (vgl. Große-Suchsdorf/Lindorf/Schmaltz/Wiechert, zu § 68 Rdn. 3). Es ist im Wesentlichen die **bauordnungsrechtliche Geringfügigkeit** entsprechender Baumaßnahmen, die zur Aufnahme in den Katalog der baugenehmigungsfreien Vorhaben berechtigt.

7 Auch bestimmte **haustechnische Anlagen** sind nach **§ 66 BauO NRW** vom Baugenehmigungsverfahren freigestellt. Hierbei handelt es sich um Anlagen, die ohnehin kaum einer präventiven Prüfung durch die Bauaufsichtsbehörde zugänglich sind oder bei denen eine solche wenig zweckmäßig wäre. An die Stelle einer bauaufsichtlichen Prüfung mit abschließender Baugenehmigung tritt die Bescheinigung des Unternehmers oder eines Sachverständigen, dass die Anlage den öffentlich-rechtlichen Vorschriften entspricht. Somit handelt es sich hierbei um eine lediglich „bedingte“ Freistellung.

8 Nach **§ 67 BauO NRW** entfällt die Baugenehmigung für **genehmigungsfreie Wohngebäude**, **Stellplätze und Garagen** im Bereich eines qualifizierten oder vorhabenbezogenen Bebauungsplans, wenn kein Widerspruch zu den Planfestsetzungen gegeben ist und die Gemeinde aufgrund der vorzulegenden Bauvorlagen die Einleitung eines Baugenehmigungsverfahrens nicht anordnet. Die von der Vorschrift erfassten Wohngebäude geringer oder mittlerer Höhe einschließlich ihrer Nebengebäude und Nebenanlagen bedürfen der Baugenehmigung im vereinfachten Genehmigungsverfahren,

- wenn die Gemeinde entsprechend § 67 Abs. 1 Satz 1 Nr. 3 BauO NRW erklärt, dass ein Genehmigungsverfahren durchgeführt werden soll,

– oder aber der Bauherr von sich aus nach § 67 Abs. 1 Satz 3 BauO NRW die Durchführung des Baugenehmigungsverfahrens beantragt, was ihm freisteht.

Schließlich bedarf es keiner Baugenehmigung für solche Bauvorhaben, die nach **einer abweichenden Verfahrensart** geprüft werden: **9**

– **Fliegende Bauten** gemäß **§ 79 BauO NRW** und

– **Vorhaben öffentlicher Bauherren** gemäß **§ 80 BauO NRW**.

Bei diesen Verfahren handelt es sich um **speziell ausgebildete Verfahren**, die dem besonderen Verwendungszweck bzw. der besonderen Bauherreneigenschaft Rechnung tragen. Diese Vorschriften stellen sicher, dass die im Baugenehmigungsverfahren zu prüfenden Sachverhalte auch in diesen speziellen Verfahrensvarianten Beachtung finden. Somit handelt es sich hierbei lediglich um besondere Verfahrensformen, eben um **spezielle** Baugenehmigungsverfahren.

Für das **Baugenehmigungsverfahren** enthält das Bauordnungsrecht **zwei Varianten**: **10**

– das „**normale**" Genehmigungsverfahren mit einer **uneingeschränkten Prüfung** des öffentlichen Rechts, das sich aus § 63 Abs. 1 BauO NRW in Verbindung mit § 75 Abs. 1 Satz 1 BauO NRW ergibt, weil die nachfolgenden Vorschriften insoweit keine abweichenden Bestimmungen oder Einschränkungen enthalten und

– das **vereinfachte** Genehmigungsverfahren nach **§ 68 BauO NRW** mit den in dieser Vorschrift festgelegten **Prüfeinschränkungen** in Bezug auf bestimmte Vorschriften des Bauordnungsrechts.

**Welche** dieser **Verfahrensvarianten** Anwendung findet, regelt der **Ausschlusskatalog des § 68 Abs. 1 Satz 3 BauO NRW**. Nur die dort unter Nr. 1 bis 19 aufgeführten Vorhaben unterliegen – **nicht** – dem vereinfachten Genehmigungsverfahren. Daraus folgt im Umkehrschluss, dass alle von Satz 3 nicht ausgeschlossenen Vorhaben dem vereinfachten Genehmigungsverfahren unterliegen; das sind nach den Erfahrungen, die bislang mit dem neuen Recht gemacht werden konnten, weit mehr als 90 % aller Vorhaben. Damit hat sich das **vereinfachte Genehmigungsverfahren** mit der stark eingeschränkten Prüfung des materiellen Bauordnungsrechts zum „**Regelverfahren**" entwickelt.

Die vom Ausschlusskatalog des § 68 Abs. 1 Satz 3 BauO NRW erfassten Vorhaben sind die „**großen**" **Sonderbauten**, die wegen der Gefahrensituation noch einer **Vollprüfung des materiellen Bauordnungsrechts** bedürfen (s. die Anmerkungen zu § 54 Rdn. 7). Die Bezeichnung „**normales**" Genehmigungsverfahren ist hierfür eher irreführend, weil nach der Bauordnungsrechtsreform 2000 nur noch wenige Vorhaben der Vollprüfung unterliegen, also dieses Verfahren nunmehr die „Ausnahme" von der Regel bildet. Die in der Fachsprache benutzte Bezeichnung will mit dem Wort „normal" zum Ausdruck bringen, dass in diesem Verfahren nicht nur einige wenige, sondern grundsätzlich alle bauordnungsrechtlichen Vorschriften geprüft werden: eben „normale" (nicht eingeschränkte) im Gegensatz zur „vereinfachten" Prüfung. In der Tat unterfiel nach dem Vorgängerrecht – zumindest in den Großstädten des Landes – nur eine Minderheit der Vorhaben dem vereinfachten Genehmigungsverfahren, so dass die fachsprachliche Bezeichnung „normales" Genehmigungsverfahren für viele Vorhaben noch zutraf. Es bleibt abzuwarten, ob die historisch gewachsene Bezeichnung noch lange erhalten bleibt. Vielleicht differenziert die Fachsprache künftig nur noch zwischen „vereinfachten Genehmigungsverfahren" und „Sonderverfahren", was der Rechtslage eher entsprechen würde. **10 a**

**2.2 Anzeigeverfahren nach dem Bürokratieabbaugesetz I**

11 Das **Bürokratieabbaugesetz I** vom 13. 3. 2007 (GV. NRW. S. 133) geht zurück auf das „Gesetz zum Bürokratieabbau in der Modellregion Ostwestfalen-Lippe – Bürokratieabbaugesetz OWL" vom 16. 3. 2004 (GV. NRW. S. 134), g. d. G vom 3. 5. 2005 (GV. NRW. S. 484), mit dem mehrere Rechtsvorschriften zeitlich befristet abgeändert wurden. Den in der Modellregion erprobten Vorschriften sollte **landesweite Geltung** verschafft werden, da sie sich nach Auffassung der Landesregierung bewährt haben (so ausdrücklich die Begründung in LT-Drucks. 14/2242 S. 13). Das Bürokratieabbaugesetz I enthält einen von der gewohnten Vorschriftenstruktur abweichenden Aufbau, was das Zitieren einzelner Bestimmungen erschwert, so dass sich in den behördlichen Bescheiden für den Adressaten schwer lesbare Hinweise auf die jeweils einschlägige Vorschrift ergeben.

§ **1** Bürokratieabbaugesetz I erläutert in Satz 1 die gesetzgeberische Intention. Satz 2 enthält eine Absichtserklärung zur Fortentwicklung des Dauerrechts. Beide Sätze haben keinen Regelungsgehalt und wären besser als **einleitende Präambel** formuliert worden.

§ **2** Bürokratieabbaugesetz I enthält – unter Voranstellung der jeweiligen Gliederungsnummer der Sammlung des bereinigten Gesetz- und Verordnungsblattes Nordrhein-Westfalen – **zeitlich befristete Maßgaben** zu folgenden Rechtsvorschriften:

- in Nr. 1 zum Straßen- und Wegegesetz des Landes NRW,
- in Nr. 2 zur Landeshaushaltsordnung,
- in **Nr. 3** zum **Ausführungsgesetz zur Verwaltungsgerichtsordnung – AG VwGO**,
- in **Nr. 4** zur **Landesbauordnung** und
- in Nr. 5 zum Gesetz über den öffentlichen Personennahverkehr in NRW.

§ **3** Bürokratieabbaugesetz I enthält eine **Maßgabe** zum Landesplanungsgesetz, die nur in der **Modellregion Ostwestfalen-Lippe** gilt.

§ **4** Bürokratieabbaugesetz I **hebt** das **Bürokratieabbaugesetz OWL auf**.

§ **5** Bürokratieabbaugesetz I regelt die **zeitlichen Geltung**.

Erhebliche **Auswirkungen auf bauaufsichtliche Verfahren** resultieren aus den Maßgaben der **Nr. 3** zum **AG VwGO**. Das **Vorverfahren** nach **§ 68 VwGO – Widerspruchsverfahren – entfällt** unter anderem bei Entscheidungen der Bauaufsichtsbehörden und der Baugenehmigungsbehörden. Die Maßgabe wurde durch **Artikel 2** des **Bürokratieabbaugesetzes II** vom 9. 10. 2007 (GV. NRW. S. 393) **aufgehoben**, jedoch unverändert in den durch Artikel 1 dieses Gesetzes neu gefassten **§ 6 AG VwGO** überführt.

Die das Bauordnungsrecht unmittelbar betreffende **Nr. 4** des **§ 2** enthält in **drei Buchstaben** unterteilte Maßgaben, die insoweit die Vorschriften der BauO NRW verdrängen:

- **Buchstabe a)** enthält eine in vier Absätze gegliederte Maßgabe zur **Ersetzung** des von der Gemeinde **rechtswidrig versagten Einvernehmens** nach § 36 Abs. 1 BauGB.
- **Buchstabe b)** besteht nur aus einem Satz, der den **Freistellungstatbestand für Werbeanlagen** abweichend von § 65 Abs. 1 Nr. 33 a BauO NRW erweitert.
- **Buchstabe c)** führt abweichend von § 63 Abs. 1 Satz 1 BauO NRW ein **Anzeigeverfahren** für **Nutzungsänderungen** und für die **Errichtung von Kleingaragen** ein. Diese Maßgaben sind – nur schwer erkennbar – in **sieben Absätze** unterteilt.

Die **Rechtswirkungen dieser Maßgaben** sind vergleichbar denen des BauGB-MaßnahmenG zum BauGB (s. die Einführung Rdn. 80). Neben der BauO NRW ist somit ein weiteres Gesetz mit **bauordnungsrechtlichen Verfahrensregelungen** zu beachten, wodurch sich für die am Bau Beteiligten und für die Bauaufsichtsbehörden infolge der **Überschneidungen** und **Wechselwirkungen** zwischen diesen beiden Gesetzen – aber auch zwischen dem Bürokratieabbaugesetz I und dem untergesetzlichen Regelwerk zur BauO NRW – eine nur **schwer überschaubare Rechtslage** ergibt.

Der Gesetzentwurf vom 6.7.2006 wurde in erster Lesung vom Landtag an den federführenden Ausschuss für Kommunalpolitik und Verwaltungsstrukturreform überwiesen und durchlief ein kurzes Beratungsverfahren. Die Koalitionsfraktionen der CDU und der FDP legten zwei Anträge zur **Abänderung des Gesetzentwurfs** vor, die unter anderem damit begründet waren, dass in der dreijährigen Anwendungsphase des Bürokratieabbaugesetzes OWL aufgetretene **Unklarheiten** und **Probleme im bauaufsichtlichen Vollzug** berücksichtigt werden müssten. In der öffentlichen Anhörung am 29.11.2006 äußerten sich neben anderen angehörten Verbänden die Arbeitsgemeinschaft der kommunalen Spitzenverbände Nordrhein-Westfalen und die Architektenkammer Nordrhein-Westfalen kritisch zu den vorgesehenen Regelungen (s. Stellungnahmen 14/0704 und 14/0708). Der Ausschuss für Kommunalpolitik und Verwaltungsstrukturreform folgte in der Abschlussberatung den Anträgen der Koalitionsfraktionen und änderte den Gesetzentwurf entsprechend ab; neu gefasst wurden dabei die Bestimmungen des § 2 Nr. 4 Buchstabe c) und neben dem Anzeigeverfahren für Nutzungsänderungen auch ein solches für die Errichtung von Kleingaragen eingeführt (vgl. LT-Drucks. 14/3863 S. 7 und S. 15 f.). **11a**

Der Landtag verabschiedete den Gesetzentwurf in zweiter Lesung am 9.3.2007 in der vom federführenden Ausschuss abgeänderten Fassung. Das Bürokratieabbaugesetz I trat am 15.4.2007 in Kraft und gilt als zeitlich befristete **Sonderregelung** vorerst **bis zum 31.10.2010**. Ob das Bürokratieabbaugesetz I die ihm zugedachte Funktion zur Erleichterung des Verwaltungsverfahrens letztlich erfüllen kann, wird wesentlich davon abhängen, ob die Bauwilligen die neuen Möglichkeiten auch nutzen. Nach vorliegenden Auswertungen im ersten Halbjahr nach dem Inkrafttreten des Gesetzes liegt die **Zahl der Anzeigen** lediglich im **unteren einstelligen Prozentbereich** der Antragseingänge.

**§ 2 Nr. 4 Buchstabe c)** Bürokratieabbaugesetz I beinhaltet **zwei verfahrensrechtliche Sonderregelungen** über die Einführung eines **Anzeigeverfahrens** **11b**
- für **Nutzungsänderungen** und
- für die **Errichtung von Kleingaragen**.

Die erste Sonderregelung betrifft die **Nutzungsänderung** baulicher Anlagen sowie anderer Anlagen und Einrichtungen im Sinne des § 1 Abs. 1 Satz 2 BauO NRW (zum Begriff Nutzungsänderung s. die Anmerkungen zu § 3 Rdn. 97–107), die nach **Absatz 1** abweichend von § 63 Abs. 1 Satz 1 BauO NRW „in der Regel" keiner Baugenehmigung bedarf, sondern bei der unteren Bauaufsichtsbehörde **schriftlich anzuzeigen** ist. Die Formulierung „in der Regel" verdeutlicht, dass das Anzeigeverfahren keineswegs zwingend ist, denn dem Antragsteller steht nach **Absatz 3** ein **Wahlrecht** zu, ob er abweichend von Absatz 1 **auf Durchführung eines Baugenehmigungsverfahrens** besteht. Macht er von diesem Recht Gebrauch, so ist die Genehmigung der Nutzungsänderung nach Maßgabe des § 69 BauO NRW in Verbindung mit den Vorgaben der BauPrüfVO unter Verwendung der in der VV BauO NRW amtlich bekannt gemachten Vordruckmuster zu beantragen. Wählt der Antragsteller dagegen das **Anzeigeverfahren**, so richtet sich die

**Ausgestaltung der Anzeige** allein nach den Vorgaben des § 2 Nr. 4 Buchstabe c) Bürokratieabbaugesetz I. Mangels einer entsprechenden gesetzlichen Bestimmung ist die Verwendung eines **Antragsvordrucks nicht vorgeschrieben**, so dass ein **formloses Schreiben** mit den zur Bearbeitung **erforderlichen Mindestangaben** ausreicht:

- Name und Anschrift des Antragstellers,
- Bezeichnung des Grundstücks nach Straße und Hausnummer sowie Gemarkung, Flur und Flurstück,
- Angaben zur Art der beabsichtigten neuen Nutzung und bei Nutzungsänderungen von Räumen auch Angaben zur genauen Lage im Gebäude.

11c Der Anzeige sind nach **Absatz 2** die für eine Prüfung des Vorhabens **erforderlichen Bauvorlagen** beizufügen. Die Anforderung stimmt insoweit mit der des § 69 Abs. 1 Satz 1 BauO NRW überein. Regelmäßig erforderlich sind ein Auszug aus der Liegenschaftskarte/Flurkarte und bei Nutzungsänderungen von Gebäuden eine Grundrisszeichnung im Maßstab 1:100 mit Eintragung der neuen Nutzung der einzelnen Räume. Die Beurteilung der Frage, was darüber hinaus im Einzelfall **erforderlich** ist, richtet sich nicht nur nach der Gebäudeart (Wohngebäude, Bürogebäude, Versammlungsstätte, Verkaufsstätte usw.), sondern insbesondere nach den von der Nutzungsänderung berührten öffentlich-rechtlichen Vorschriften (s. die Anmerkungen zu § 69 Rdn. 3). Nutzungsänderungen von Sonderbauten können von einer hohen Komplexität und damit für ein Anzeigeverfahren ungeeignet sein. Das Anzeigeverfahren eignet sich daher nur für Nutzungsänderungen, deren **öffentlich-rechtliche Zulässigkeit** sich ohne zeitaufwändige Sachaufklärung als **auf Anhieb beurteilbar** erweist. Jedenfalls dachte der Gesetzgeber an „einfache" Sachverhalte, für die sich aus Sicht des Antragstellers ein Baugenehmigungsverfahren als unangemessener Aufwand darstellt, wie z. B. die Nutzung einzelner Wohnräume eines Gebäudes zu freiberuflichen Zwecken im Sinne des § 13 BauNVO oder der Wechsel von einem Kosmetikstudio zu einer Änderungsschneiderei. Im Änderungsantrag zum Gesetzentwurf der Landesregierung gingen die Koalitionsfraktionen daher wohl auch davon aus, dass Inhalt und Umfang der Bauvorlagen auf einem vergleichsweise niedrigen Niveau gehalten werden sollten, um für Antragsteller und Bauaufsichtsbehörde den Aufwand zu reduzieren, hielten aber gleichwohl „Ausführungsanweisungen" für erforderlich (s. LT-Drucks. 14/3863 S. 15). Um Rechtsunsicherheiten zu beseitigen, könnte die oberste Bauaufsichtsbehörde von der **Ermächtigung** des § 85 Abs. 3 BauO NRW Gebrauch machen und die BauPrüfVO um Regelungen über **Bauvorlagen im Anzeigeverfahren** ergänzen.

Es reicht aus, die **Bauvorlagen** in **einfacher Ausfertigung** bei der Bauaufsichtsbehörde einzureichen, da die Vorschrift abweichend von § 69 Abs. 1 Satz 1 BauO NRW nicht den Zusatz „in ausreichender Anzahl" enthält, so dass die hierzu ergangenen Bestimmungen in § 10 Abs. 1 Satz 1 BauPrüfVO (dreifache Ausfertigung) nicht herangezogen werden können. Die einfache Ausfertigung reicht grundsätzlich aus, da die Unterlagen dem Antragsteller nicht zurückzugeben sind, sondern bei der Bauaufsichtsbehörde verbleiben. Anders als im Baugenehmigungsverfahren, erhält der Antragsteller nämlich keinen Bescheid mit den geprüften Bauvorlagen übersandt. Erkennt die Bauaufsichtsbehörde, dass eine andere Behörde oder Dienststelle zur Prüfung der Anzeige zu beteiligen ist, muss sie entweder das vorgelegte Exemplar selbst vervielfältigen oder – da die Prüffrist vom Gesetzgeber ohnehin äußerst knapp bemessen wurde – die Durchführung des Baugenehmigungsverfahrens anordnen.

Aus **Absatz 4** folgt, dass die Anzeige mindestens **zwei Wochen vor Aufnahme der neuen Nutzung einzureichen** ist, denn die Bauaufsichtsbehörde kann **innerhalb** dieser Frist die Durchführung des **Genehmigungsverfahrens anordnen**. Die Bestimmung gleicht § 67 Abs. 1 Satz 1 Nr. 3 BauO NRW (s. die Anmerkungen zu § 67 Rdn. 21–22). Die Durchführung des Anzeigeverfahrens scheidet aus, wenn die Nutzungsänderung bereits vollzogen ist (OVG NRW, Beschluss vom 12.7.2007 – 7 E 664/07, BauR 2007, 1870 = ZfBR 2007, 702). Unterlässt die Bauaufsichtsbehörde eine entsprechende Erklärung innerhalb der Frist, darf der Antragsteller die neue Nutzung aufnehmen. Da weder eine Baugenehmigung noch ein sonstiger die präventive Prüfung bestätigender Bescheid erteilt wird und das Gesetz auch keine entsprechende Bescheidung nach Fristablauf fingiert, kann der Bauherr aus der Erstattung der Anzeige **keine formelle Legalität** seines Vorhabens herleiten. Somit ist er nicht gegen eine Nutzungsuntersagung durch die Bauaufsichtsbehörde geschützt, wenn sich später herausstellen sollte, dass die neue Nutzung gegen öffentlich-rechtliche Vorschriften verstößt und ein Einschreiten unerlässlich ist, z. B. weil die neue Nutzung gegen nachbarschützende Vorschriften verstößt. **11 d**

Die Gründe in **Absatz 5 Satz 1** sind **nicht abschließend**. Die Bestimmung nennt für die Anordnung der Durchführung des Baugenehmigungsverfahrens **drei Beispiele**:

- die notwendige Beteiligung anderer Behörden,
- Gründe des Immissionsschutzes,
- Gründe des Brandschutzes.

Die Durchführung des Genehmigungsverfahrens kann auch aus anderen Gründen angeordnet werden, z. B. weil die die **Gemeinde** nach Maßgabe des **§ 36 BauGB** zur Erteilung des **Einvernehmens** zu beteiligen ist (s. die Anmerkungen zu § 72 Rdn. 35–36), das **Bundesrecht** hierfür aber einen Zeitraum von **zwei Monaten** vorsieht (s. § 36 Abs. 2 Satz 2 BauGB). Nach § 36 Abs. 1 Satz 2 BauGB ist das Einvernehmen auch erforderlich, wenn in einem **anderen** als dem Baugenehmigungsverfahren über die Zulässigkeit von Vorhaben nach den §§ 31, 33 bis 35 BauGB entschieden wird. Hierunter fällt das Anzeigeverfahren nach § 2 Nr. 4 Buchstabe c) Bürokratieabbaugesetz I. Das Erfordernis der Beteiligung ergibt sich auch in der **Genehmigungsfreistellung**, da die Länder durch § 36 Abs. 1 Satz 3 BauGB bundesrechtlich verpflichtet sind sicherzustellen, dass die Gemeinde rechtzeitig vor Ausführung eines Vorhabens über Maßnahmen zur Sicherung der Bauleitplanung nach den §§ 14 und 15 BauGB entscheiden kann. Während § 67 BauO NRW dieser Rechtspflicht genügt (s. die Anmerkungen zu § 72 Rdn. 41), hat der Landesgesetzgeber die Problematik der im Widerspruch zum Bundesrecht stehenden kurzen Bearbeitungsfrist von zwei Wochen wohl übersehen.

Nach **Absatz 5 Satz 2** ist die Anzeige im Falle der Anordnung der Durchführung des Baugenehmigungsverfahrens als **Bauantrag** weiter zu behandeln. Dies bereitet insofern Probleme, da die der Anzeige beizufügenden Bauvorlagen regelmäßig nicht den Anforderungen an Bauvorlagen für das Baugenehmigungsverfahren genügen. Zur Beschleunigung der Bearbeitung sollte die Bauaufsichtsbehörde den Antragsteller daher bereits zusammen mit der Erklärung zur Ergänzung der Bauvorlagen auffordern.

Nach **Absatz 6** ist eine **Anzeigegebühr** auf die Genehmigungsgebühr anzurechnen. Die noch im Regierungsentwurf enthaltene gesetzliche Gebührenregelung (50 € bis 250 €) entfiel aufgrund des Änderungsantrags der Koalitionsfraktionen (s. Rdn. 11 a). Mit der Zehnten Verordnung zur Änderung der AVerwGebO NRW vom 27. 11. 2007 (GV. NRW. **11 e**

S. 589) wurde in den Allgemeinen Gebührentarif **Tarifstelle 2.4.3.1** eingefügt, nach der für die Prüfung der Bauvorlagen bei der Anzeige von Nutzungsänderungen 50 bis 250 € zu erheben sind. Diese Gebühr entfällt, wenn die Bauaufsichtsbehörde die Anzeige zum Anlass nimmt, die Durchführung des Genehmigungsverfahrens anzuordnen. In diesem Fall richtet sich die Gebühr nach Tarifstelle 2.4.3 mit einem Gebührenrahmen von 50 bis 2.500 €.

**11f** Nach **Absatz 7 Satz 1** gelten die Bestimmungen der vorausgehenden Absätze 1 bis 6 („Gleiches gilt") auch für die **Errichtung von Kleingaragen**, die **§ 2 Abs. 1 GarVO** als Garagen mit einer **Nutzfläche bis 100 m$^2$** definiert. Warum lediglich Kleingaragen, nicht aber auch nach § 6 Abs. 11 BauO NRW abstandrechtlich begünstigte Gewächshäuser und Abstellräume dem Anzeigeverfahren unterfallen, bleibt das Geheimnis des Gesetzgebers. Dem Gesetzgebungsmaterial lässt sich hierzu nichts entnehmen. Die Beschränkung auf Garagen ist insofern unverständlich, als der Gesetzgeber mit dem Zweiten Gesetz zur Änderung der Landesbauordnung vom 12. 12. 2006 (GV. NRW. S. 615) kurz zuvor das Abstandflächenrecht und in diesem Zusammenhang die Vorschriften des § 6 Abs. 11 BauO NRW mit dem Ziel der Erleichterung von Nebengebäuden an der Grenze novelliert hat (vgl. die Begründung in LT-Drucks. 14/2433 S. 16 f.).

Das Anzeigeverfahren gilt nur für den Fall der **Errichtung** (zu diesem baulichen Vorgang s. die Anmerkungen zu § 3 Rdn. 20–22). Daraus ergibt sich, dass die **Änderung** einer Kleingarage, z. B. die der Dachform, nach wie vor einer **Baugenehmigung** bedarf. Nicht ersichtlich ist, warum die Änderung anders verfahrensrechtlich behandelt wird als die Errichtung. Denn auf die Änderung trifft eher das zu, was die Begründung zur Errichtung ausführt: sie ist in der Regel materiell-rechtlich unbedenklich und das Gefahrenpotential selbst bei nicht fachgerechter Ausführung relativ gering (vgl. LT-Drucks. 14/3863 S. 15 f.). Diese durch den Änderungsantrag der Koalitionsfraktionen bewirkte Ergänzung des Gesetzentwurf (s. Rdn. 11 a) konnte wohl infolge des kurzen Beratungsverfahrens hinsichtlich der verfahrensrechtlichen Auswirkungen nicht ausreichend bedacht werden.

In der AVerwGebO NRW fehlt eine Gebührentarifstelle für die Prüfung der Bauvorlagen von Anzeigen für die Errichtung von Kleingaragen, da sich die Tarifstelle 2.4.3.1 ausdrücklich nur auf Nutzungsänderungen bezieht. Daher kann nur die **„Auffangtarifstelle" 30.5** des Allgemeinen Gebührentarifs genutzt werden. Diese Tarifstelle gilt für Amtshandlungen, für die keine andere Tarifstelle vorgesehen ist und die nicht einem von der handelnden Behörde wahrzunehmenden besonderen öffentlichen Interesse dienen.

**11g** Soll die Garage als **Grenzbebauung** oder **grenznahe Bebauung** errichtet werden, so kann das Anzeigeverfahren gemäß **Absatz 7 Satz 2** nur Anwendung finden, wenn die **Einverständniserklärung des Grenznachbarn** vorliegt. Die Begriffe „Grenzbebauung" und „grenznahe Bebauung" sind – da in der Vorschrift selbst nicht näher definiert – nur im Sinne des § 6 Abs. 11 BauO NRW, der die **abstandrechtlich begünstigten** Garagen regelt (s. die Anmerkungen zu § 6 Rdn. 275–298), sinnvoll auszulegen. Eine „Grenzbebauung" ist danach durch eine **unmittelbar an der Grundstücksgrenze** errichtete Garage gegeben. Eine „grenznahe Bebauung" ist bei der Errichtung einer Garage **in einem Abstand bis zu 3 m** von der Grundstücksgrenze gegeben. Mit „Grenznachbar" kann nur der Eigentümer eines angrenzenden bebaubaren Grundstücks gemeint sein, nicht dagegen der Eigentümer einer öffentlichen Verkehrs-, Grün- oder Wasserfläche.

Garagen mit einem Abstand von **3 m und mehr** von der Grundstücksgrenze können im Anzeigeverfahren **ohne** Einverständniserklärung des Grenznachbarn errichtet werden (so auch Buntenbroich/Voß, zu § 63 Rdn. 31).

### 2.3 Satz 2 – Umweltverträglichkeitsprüfung

Die Vorschrift wurde aufgrund **Artikel 9 UVPG NW** dem Absatz 1 **angefügt** (s. Rdn. 03). Das **UVPG NW** ergänzt das **UVPG** des Bundes. Beide Gesetze **dienen** der **Umsetzung** 12

- der Richtlinie 85/337/EWG des Rates vom 27. 6. 1985 über die Umweltverträglichkeitsprüfung bei bestimmten öffentlichen und privaten Projekten (ABl. EG Nr. 175 S. 40), nachfolgend als **UVP-Richtlinie** bezeichnet, geändert durch Richtlinie 97/11/EG des Rates vom 3. 3. 1997 (ABl. EG Nr. L 73 S. 5),
- der Richtlinie 2001/42/EG des Europäischen Parlaments und des Rates vom 27. 6. 2001 über die Prüfung der Umweltauswirkungen bestimmter Pläne und Programme (ABl. EG Nr. L 197 S. 30), nachfolgend **SUP-Richtlinie** genannt, sowie
- der Richtlinie 2003/35/EG des Europäischen Parlaments und des Rates vom 26. 5. 2003 über die Beteiligung der Öffentlichkeit bei der Ausarbeitung bestimmter umweltbezogener Pläne und Programme und zur Änderung der Richtlinie 85/337/EWG und 96/61/EG des Rates in Bezug auf die Öffentlichkeitsbeteiligung und den Zugang zu Gerichten (ABl. EU Nr. L 156 S. 17)

in deutsches Recht (Bundes- und Landesrecht). Die rechtliche Umsetzung der UVP-Richtlinie erfolgte in der Bundesrepublik Deutschland zunächst nicht fristgerecht und zudem auch nicht vollständig (EuGH, Urteil vom 9. 8. 1994 – C 396/92, DVBl. 1994, 1126).

Die **UVP-Richtlinie** regelt in ihren Artikeln 12 und 14 die Verpflichtung der Mitgliedstaaten zur **Einführung innerstaatlicher Rechtsvorschriften** über die **Umweltverträglichkeitsprüfung** bei **öffentlichen** und **privaten Projekten**, die **möglicherweise erhebliche Auswirkungen auf die Umwelt** haben. Nach Art. 1 Abs. 2 sind **Projekte**: 12 a

- die Errichtung von baulichen und sonstigen Anlagen,
- sonstige Eingriffe in Natur und Landschaft einschließlich derjenigen zum Abbau von Bodenschätzen.

Die Richtlinie findet nach Art. 1 Abs. 5 **keine Anwendung** auf Projekte, deren Zulässigkeit durch **einzelstaatlichen Gesetzgebungsakt** begründet wird, da die mit der Richtlinie verfolgten Ziele einschließlich des Ziels der Bereitstellung von Informationen auch im Wege des Gesetzgebungsverfahrens erreicht werden.

Artikel 2 Abs. 1 verpflichtet die Mitgliedstaaten Projekte mit erheblichen Auswirkungen auf die Umwelt einer **Genehmigungspflicht** und einer **Prüfung in Bezug auf ihre Auswirkungen** zu unterwerfen. Nach Art. 2 Abs. 2 können die Mitgliedstaaten **bestehende Verfahrensvorschriften** zur Genehmigung der Projekte für die Umweltverträglichkeitsprüfung nutzen. Welche Projekte hierunter fallen ergibt sich aus Art. 4 und den zugehörigen Anhängen I und II. In Ausnahmefällen können die Mitgliedstaaten ein einzelnes Projekt ganz oder teilweise von den Bestimmungen der Richtlinie ausnehmen, haben dabei jedoch bestimmte Maßgaben zu beachten, darunter die Unterrichtung der Kommission über die Gründe für die Gewährung der Ausnahme.

Artikel 3 verfolgt einen umfassenden Ansatz zur Erfassung erheblicher Auswirkungen:

*„Die Umweltverträglichkeitsprüfung identifiziert, beschreibt und bewertet in geeigneter Weise nach Maßgabe eines jeden Einzelfalls gemäß den Artikeln 4 bis 11 die **unmittelbaren und mittelbaren Auswirkungen** eines Projekts auf folgende **Faktoren**:*

- *Mensch, Fauna und Flora,*
- *Boden, Wasser, Luft, Klima und Landschaft,*
- *Sachgüter und kulturelles Erbe,*
- *die **Wechselwirkung zwischen** den unter dem ersten, dem zweiten und dem dritten Gedankenstrich genannten **Faktoren**.*“

**12 b** Nach Art. 4 Abs. 1 ist die **Umweltverträglichkeitsprüfung** für die in **Anhang I** aufgeführten Projekte **obligatorisch**, so dass die Mitgliedstaaten hiervon nicht abweichen können. Die in Anhang I aufgeführten Projekte unterfallen in der Bundesrepublik Deutschland ausnahmslos entweder einer Planfeststellung oder Plangenehmigung oder ein fachplanungsrechtlichen Genehmigung mit Konzentrationswirkung.

Nach Art. 4 Abs. 2 bestimmen die **Mitgliedstaaten** für Projekte nach **Anhang II** anhand

a) einer Einzelfalluntersuchung oder

b) der von den Mitgliedstaaten festgelegten Schwellenwerte bzw. Kriterien,

**ob** das Projekt einer **Umweltverträglichkeitsprüfung** zu unterziehen ist, wobei gemäß Art. 4 Abs. 3 die relevanten **Auswahlkriterien** des **Anhangs III** zu **berücksichtigen** sind.

Zu den im **Anhang II** aufgeführten **Projekten** zählen auch solche, die in der Bundesrepublik Deutschland durch die **Bauleitplanung** vorbereitet werden oder die im Wege der **Baugenehmigung** zugelassen werden:

10. Infrastrukturprojekte
    a) Anlage von Industriezonen.
    b) Städtebauprojekte, einschließlich der Errichtung von Einkaufszentren und Parkplätzen.
    c) …

12. Fremdenverkehr und Freizeit
    a) Skipisten, Skilifte, Seilbahnen und zugehörige Einrichtungen.
    b) Jachthäfen.
    c) Feriendörfer und Hotelkomplexe außerhalb von städtischen Gebieten und zugehörige Einrichtungen.
    d) Ganzjährig betriebene Campingplätze.
    e) Freizeitparks.

**12 c** Für das von den Mitgliedstaaten in ihren jeweiligen Rechts- und Verwaltungsvorschriften zu regelnde **Verfahren der Umweltverträglichkeitsprüfung** sind die **Artikel 5 bis 10 a** maßgebend.

Artikel 5 regelt in Verbindung mit **Anlage IV** die vom Projektträger vorzulegen **Angaben** und die **Mitwirkung der zuständigen Behörden** bei der Beschaffung umweltrelevanter Informationen. Ferner regelt Artikel 5, dass der Projektträger bereits vor Einreichung des Genehmigungsantrags die zuständige Behörde um eine **Stellungnahme** zu den erforderlichen Angaben ersuchen kann.

Wichtige Verfahrensaspekte sind nach Artikel 6 die **Beteiligung** der **Behörden** und der **Öffentlichkeit** und nach Artikel 7 die **Beteiligung benachbarter Mitgliedstaaten** bei erheblichen Auswirkungen auf deren Umwelt. Artikel 8 schreibt die **Berücksichtigung der Ergebnisse** in der abschließenden Zulassungsentscheidung vor.

Artikel 9 regelt die **Information der Öffentlichkeit** und die **Information beteiligter Mitgliedstaaten über das Ergebnis der Umweltverträglichkeitsprüfung**. Nach Artikel 10 berühren diese Bestimmungen nicht die Verpflichtung der zuständigen Behörde, die von den einzelstaatlichen Rechts- und Verwaltungsvorschriften und der herrschenden Rechtspraxis auferlegten Beschränkungen zur Wahrung der gewerblichen und handelsbezogenen Geheimnisse einschließlich des geistigen Eigentums und des öffentlichen Interesses zu beachten.

Nach Artikel 10 a haben die Mitgliedstaaten darüber hinaus den **Mitgliedern der betroffenen Öffentlichkeit**, das sind nach Art. 1 Abs. 2 **insbesondere Nichtregierungsorganisationen, die sich für den Umweltschutz einsetzen** und alle nach innerstaatlichem Recht geltenden Voraussetzungen erfüllen, einen **ausreichenden Zugang zu einem Überprüfungsverfahren** vor einem **Gericht oder** einer anderen auf gesetzlicher Grundlage geschaffenen **unabhängigen und unparteiischen Stelle** zu gewähren, um die **materiellrechtliche** und **verfahrensrechtliche Rechtmäßigkeit** von **Entscheidungen, Handlungen** oder **Unterlassungen** anfechten zu können, für die die Bestimmungen der Richtlinie über die Öffentlichkeitsbeteiligung gelten.

Die **SUP-Richtlinie** regelt in ihren Artikeln 12 und 14 die Verpflichtung der Mitgliedstaaten zur **Einführung innerstaatlicher Rechtsvorschriften** über die **Umweltverträglichkeitsprüfung** bei **öffentlichen** und **privaten Projekten**, die **möglicherweise erhebliche Auswirkungen auf die Umwelt** haben. Nach Artikel 1 ist es ihr **Ziel**, im Hinblick auf die **Förderung einer nachhaltigen Entwicklung** ein hohes Umweltschutzniveau sicherzustellen und dazu beizutragen, dass Umwelterwägungen bei der Ausarbeitung und Annahme von Plänen und Programmen einbezogen werden. Artikel 11 ermächtigt die Mitgliedstaaten zur **Festlegung koordinierter** oder **gemeinsamer Verfahren** zur **Vermeidung von Mehrfachprüfungen**, wenn sich die Verpflichtung zur Durchführung der Prüfung der Umweltauswirkungen sowohl aus der SUP-Richtlinie als auch aus einer anderen Rechtsvorschrift der Gemeinschaft ergibt, wie z. B. der UVP-Richtlinie. **12 d**

Nach Artikel 2 unterfallen der Richtlinie **Pläne und Programme**, einschließlich der von der Europäischen Gemeinschaft mitfinanzierten, sowie deren Änderungen,

- die von einer Behörde auf nationaler, regionaler oder lokaler Ebene ausgearbeitet und/oder angenommen werden oder die von einer Behörde für die Annahme durch das Parlament oder die Regierung im Wege eines Gesetzgebungsverfahrens ausgearbeitet werden und
- die aufgrund von Rechts- oder Verwaltungsvorschriften erstellt werden müssen.

Nach Art. 3 Abs. 2 ist eine **Umweltprüfung obligatorisch** bei Plänen und Programmen,

a) die in den Bereichen Landwirtschaft, Forstwirtschaft, Fischerei, Energie, Industrie, Verkehr, Abfallwirtschaft, Wasserwirtschaft, Telekommunikation, Fremdenverkehr, Raumordnung oder Bodennutzung ausgearbeitet werden und durch die der Rahmen für die künftige Genehmigung der in den Anhängen I und II der UVP-Richtlinie aufgeführten Projekte gesetzt wird oder

b) bei denen angesichts ihrer voraussichtlichen Auswirkungen auf Gebiete eine Prüfung nach der Richtlinie 92/43/EWG des Rates vom 21. 5. 1992 zur Erhaltung der natürlichen Lebensräume sowie der wildlebenden Tiere und Pflanzen – FFH-Richtlinie – für erforderlich erachtet wird.

Nach Art. 3 Abs. 3 bedürfen die unter Absatz 2 fallenden Pläne und Programme, die die Nutzung **kleiner Gebiete auf lokaler Ebene** festlegen, sowie **geringfügige Änderungen** der unter Absatz 2 fallenden Pläne und Programme nur dann einer Umweltprüfung, wenn die Mitgliedstaaten bestimmen, dass sie voraussichtlich erhebliche Umweltauswirkungen haben. Nach Art. 3 Abs. 4 befinden die Mitgliedstaaten auch darüber, ob **nicht unter Absatz 2 fallende Plänen und Programmen**, durch die der Rahmen für die künftige Genehmigung von Projekten gesetzt wird, voraussichtlich erhebliche Umweltauswirkungen haben.

Gemäß Art. 3 Abs. 5 erfolgen die Festlegungen nach den Absätzen 3 und 4 unter Berücksichtigung der **Kriterien nach Anhang II** entweder durch Einzelfallprüfung oder durch Bestimmung von Arten von Plänen und Programmen oder durch eine Kombination dieser beiden Ansätze.

Die **Umweltprüfung** umfasst nach Maßgabe der Artikel 4 bis 9

- die Ausarbeitung eines Umweltberichts,
- die Durchführung von Konsultationen (Beteiligungen) der Behörden mit umweltbezogenem Aufgabenbereich, der Öffentlichkeit und gegebenenfalls benachbarter Mitgliedstaaten,
- die Berücksichtigung des Umweltberichts und der Ergebnisse der Konsultationen bei der Entscheidungsfindung und
- die Unterrichtung über die Entscheidung.

Der **Umweltbericht** bildet einen Teil der Plan- oder Programmdokumentation mit den in Artikel 5 und in **Anhang I** vorgesehenen **Informationen**.

Artikel 10 verlangt die **Überwachung** der erheblichen Auswirkungen der **Durchführung** der Pläne und Programme auf die Umwelt, um unter anderem frühzeitig **unvorhergesehene negative Auswirkungen ermitteln** und **geeignete Abhilfemaßnahmen** ergreifen zu können.

12 e Mit dem **UVPG** wurden in **Bundesrecht** umgesetzt

- die **UVP-Richtlinie** im **2. Teil** (§§ 3 a–14) – Umweltverträglichkeitsprüfung, und
- die **SUP-Richtlinie** im **3. Teil** (§§ 14 a–14 o) – Strategische Umweltprüfung.

Das UVPG enthält im **4. Teil** (§§ 15–19 b) besondere Verfahrensvorschriften für die Umweltprüfungen. Mit diesen Vorschriften nutzt der Bund unter anderem die Ermächtigung aus Artikel 2 UVP-Richtlinie, die Prüfung der umweltrechtlichen Belange in bereits **bestehende Rechtsvorschriften** einbeziehen zu können. Für das **Bauplanungsrecht** enthält **§ 17 UVPG** eine entsprechende Regelung.

Nach **§ 1** UVPG ist es Zweck des Gesetzes sicherzustellen, dass **bei bestimmten öffentlichen und privaten Vorhaben** sowie **bei bestimmten Plänen und Programmen** zur wirksamen **Umweltvorsorge** nach einheitlichen Grundsätzen

1. die Auswirkungen auf die Umwelt im Rahmen von **Umweltprüfungen – UP** – das sind
   die **Umweltverträglichkeitsprüfung – UVP** – und
   die **Strategische Umweltprüfung – SUP** –
   frühzeitig und umfassend ermittelt, beschrieben und bewertet werden,

2. die Ergebnisse der durchgeführten Umweltprüfungen

   a) bei allen behördlichen Entscheidungen über die Zulässigkeit von Vorhaben,

   b) bei der Aufstellung oder Änderung von Plänen und Programmen

   so früh wie möglich berücksichtigt werden.

Aus dieser Zielsetzung folgt, dass **UVP** und **SUP** als **Unterfälle der UP** zu verstehen sind. Da die durch das EAG Bau grundlegend geänderten Bestimmungen über die Berücksichtigung des Umweltschutzes im Rahmen der Bauleitplanung der Umsetzung beider EU-Richtlinien dienen (vgl. Krautzberger/Söfker, Rdn. 19), wurde der umfassendere Begriff „Umweltprüfung" in § 2 Abs. 4 BauGB verwendet. Dies entspricht im Übrigen auch der ausdrücklichen Vorgabe des § 17 UVPG.

Nach **§ 2 Abs. 1 Satz 1** UVPG ist die **UVP** ein **unselbständiger Teil verwaltungsbehördlicher Verfahren**, die der **Entscheidung über die Zulässigkeit von Vorhaben** dienen. Nach **Satz 2** umfasst die UVP die Ermittlung, Beschreibung und Bewertung der unmittelbaren und mittelbaren Auswirkungen eines Vorhabens auf

1. Menschen, einschließlich der menschlichen Gesundheit, Tiere, Pflanzen und biologische Vielfalt,
2. Boden, Wasser, Luft, Klima und Landschaft
3. Kulturgüter und sonstige Sachgüter sowie
4. der Wechselwirkungen zwischen den vorgenannten Sachgütern.

Die UVP wird nach **Satz 3** unter **Beteiligung der Öffentlichkeit** durchgeführt.

Die der UVP unterliegenden Vorhaben ergeben sich aus **§ 2 Abs. 2** UVPG und **Anlage 1**. Diese umfasst **19 Nummern** und enthält **Merkmale** bzw. **Größen- oder Leistungswerte**, bei deren Erfüllung bzw. Erreichung ausgelöst wird **12 f**

- nach Maßgabe des **§ 3 b** UVPG in Verbindung mit **Spalte 1** eine **UVP**,
- nach Maßgabe der **§§ 3 c und 3 d** UVPG in Verbindung mit **Spalte 2**
  - eine **allgemeine Vorprüfung des Einzelfalls** oder
  - eine **standortbezogene Vorprüfung des Einzelfalls** oder
  - eine **UVP-Pflicht nach Maßgabe des Landesrechts**.

**Anlage 1** erfasst einen Großteil der Vorhaben, die nach dem Fachplanungsrecht der Planfeststellung, der Plangenehmigung oder einer sonstigen Zulassungsentscheidung mit Konzentrationswirkung bedürfen, so dass für den Landesgesetzgeber nur wenige Gegenstände verbleiben. Dies sind die Fälle, in denen ein Vorhaben allein in die Landeszuständigkeit fällt, wie z. B. der Bau einer Seilbahn, oder der Landesgesetzgeber durch § 3 d UVPG ausdrücklich ermächtigt wird, die UVP-Pflicht näher zu bestimmen. Auch kommen Fälle in Betracht, in denen ein Vorhaben die Merkmale bzw. Größen- oder Leistungswerte nicht erfüllt, unter denen es der UVP-Pflicht nach dem UVPG unterliegt.

**Nr. 18** der Anlage 1 zum UVPG führt **Bauvorhaben** auf, deren Umweltverträglichkeit bei Erfüllung bestimmter Merkmale oder Größenwerte zu prüfen ist, wenn sie im bisherigen **Außenbereich** im Sinne des **§ 35 BauGB** liegen und zur Begründung ihrer bauplanungsrechtlichen Zulässigkeit ein **Bebauungsplan aufgestellt** wird:

**Anlage 1 Liste „UVP-pflichtiger Vorhaben" (Auszug)**

**Legende:**

UVP = Vorhaben ist UVP-pflichtig

A = allgemeine Vorprüfung des Einzelfalls: siehe § 3 c Satz 1

| **Nr.** | **Vorhaben** | **Prüfung** |
|---|---|---|
| **18.** | **Bauvorhaben:** | |
| **18.1** | Bau eines Feriendorfes, eines Hotelkomplexes oder einer sonstigen großen Einrichtung für die Ferien- und Fremdenbeherbergung, für den im bisherigen Außenbereich im Sinne des § 35 des Baugesetzbuchs ein Bebauungsplan aufgestellt wird, mit | |
| 18.1.1 | einer Bettenzahl von jeweils insgesamt 300 oder mehr oder mit einer Gästezimmerzahl von jeweils insgesamt 200 oder mehr, | UVP |
| 18.1.2 | einer Bettenzahl von jeweils insgesamt 100 bis weniger als 300 oder mit einer Gästezimmerzahl von jeweils insgesamt 80 bis weniger als 200; | A |
| **18.2** | Bau eines ganzjährig betriebenen Campingplatzes, für den im bisherigen Außenbereich im Sinne des § 35 des Baugesetzbuchs ein Bebauungsplan aufgestellt wird, mit einer Stellplatzzahl von | |
| 18.2.1 | 200 oder mehr, | UVP |
| 18.2.2 | 50 bis weniger als 200; | A |
| **18.3** | Bau eines Freizeitparks, für den im bisherigen Außenbereich im Sinne des § 35 des Baugesetzbuchs ein Bebauungsplan aufgestellt wird, mit einer Größe des Plangebiets von | |
| 18.3.1 | 10 ha oder mehr, | UVP |
| 18.3.2 | 4 ha bis weniger als 10 ha; | A |
| **18.4** | Bau eines Parkplatzes, für den im bisherigen Außenbereich im Sinne des § 35 des Baugesetzbuchs ein Bebauungsplan aufgestellt wird, mit einer Größe von | |
| 18.4.1 | 1 ha oder mehr, | UVP |
| 18.4.2 | 0,5 ha bis weniger als 1 ha; | A |
| **18.5** | Bau einer Industriezone für Industrieanlagen, für den im bisherigen Außenbereich im Sinne des § 35 des Baugesetzbuchs ein Bebauungsplan aufgestellt wird, mit einer zulässigen Grundfläche im Sinne des § 19 Abs. 2 der Baunutzungsverordnung oder einer festgesetzten Größe der Grundfläche von insgesamt | |
| 18.5.1 | 100.000 qm oder mehr, | UVP |
| 18.5.2 | 20.000 qm bis weniger als 100.000 qm; | A |
| **18.6** | Bau eines Einkaufszentrums, eines großflächigen Einzelhandelsbetriebes oder eines sonstigen großflächigen Handelsbetriebes im Sinne des § 11 Abs. 3 Satz 1 der Baunutzungsverordnung, für den im bisherigen Außenbereich im Sinne des § 35 des Baugesetzbuchs ein Bebauungsplan aufgestellt wird, mit einer zulässigen Geschossfläche von | |
| 18.6.1 | 5.000 qm oder mehr, | UVP |
| 18.6.2 | 1.200 qm bis weniger als 5.000 qm; | A |

| Nr. | Vorhaben | Prüfung |
|---|---|---|
| **18.7** | Bau eines Städtebauprojektes für sonstige bauliche Anlagen, für den im bisherigen Außenbereich im Sinne des § 35 des Baugesetzbuchs ein Bebauungsplan aufgestellt wird, mit einer zulässigen Grundfläche im Sinne des § 19 Abs. 2 der Baunutzungsverordnung oder einer festgesetzten Größe der Grundfläche von insgesamt | |
| 18.7.1 | 100.000 qm oder mehr, | UVP |
| 18.7.2 | 20.000 qm bis weniger als 100.000 qm; | A |
| **18.8** | Bau eines Vorhabens der in den Nummern 18.1 bis 18.7 genannten Art, soweit der jeweilige Prüfwert für die Vorprüfung erreicht oder überschritten wird und für den in sonstigen Gebieten ein Bebauungsplan aufgestellt, geändert oder ergänzt wird; | A |
| **18.9** | Vorhaben, für das nach Landesrecht zur Umsetzung der Richtlinie 85/337/EWG des Rates über die Umweltverträglichkeitsprüfung bei bestimmten öffentlichen und privaten Projekten (ABl. EG Nr. L 175 S. 40) in der durch die Änderungsrichtlinie 97/11/EG des Rates (ABl. EG Nr. L 73 S. 5) geänderten Fassung eine Umweltverträglichkeitsprüfung vorgesehen ist, sofern dessen Zulässigkeit durch einen Bebauungsplan begründet wird oder ein Bebauungsplan einen Planfeststellungsbeschluss ersetzt; | |

Nach § 2 **Abs. 3** UVPG sind **Entscheidungen** im Sinne des Absatzes 1 Satz 1 **12 g**

1. Bewilligung, Erlaubnis, Genehmigung, Planfeststellungsbeschluss und sonstige behördliche Entscheidungen über die Zulässigkeit von Vorhaben, die in einem Verwaltungsverfahren getroffen werden, mit Ausnahme von Anzeigeverfahren,
2. Linienbestimmungen und Entscheidungen im vorgelagerten Verfahren nach § 16 Abs. 1 FStrG, § 13 Abs. 1 WaStrG und § 6 Abs. 1 LuftVG sowie Raumordnungsverfahren nach § 15 ROG,
3. Beschlüsse nach § 10 BauGB über die Aufstellung, Änderung oder Ergänzung von Bebauungsplänen, durch die die Zulässigkeit von Vorhaben im Sinne der Anlage 1 begründet werden soll, sowie Beschlüsse nach § 10 BauGB über Bebauungspläne, die Planfeststellungsbeschlüsse für Vorhaben im Sinne der Anlage 1 ersetzen.

Nach **§ 2 Abs. 4** UVPG ist die **SUP** – ein **unselbständiger Teil** behördlicher Verfahren zur Aufstellung oder Änderung von Plänen und Programmen, die von einer Behörde, einer Regierung oder im Wege eines Gesetzgebungsverfahrens angenommen werden, wobei Absatz 1 Satz 2 und 3 entsprechend gelten (s. Rdn. 12 a).

Unter **Plänen** und **Programmen** sind nach § 2 Abs. 5 UVPG **bundesrechtlich** vorgesehene Pläne und Programme zu verstehen, zu deren Ausarbeitung, Annahme oder Änderung eine Behörde durch Rechts- oder Verwaltungsvorschriften verpflichtet ist. Welche Pläne und Programme der SUP-Pflicht unterliegen, ergibt sich gemäß § 3 Abs. 1 a in Verbindung mit § 14 b Abs. 1 UVPG aus der **Anlage 3**, der Liste „SUP-pflichtiger Pläne und Programme."

Nach **Nr. 1.8** der Anlage 3 ist die **SUP für Flächennutzungs- und Bebauungspläne** nach den §§ 6 und 10 BauGB **obligatorisch**. Das führt insofern zu keiner besonderen Verfahrenserschwernis, als im Aufstellungsverfahren für diese Bauleitpläne ohnehin gemäß § 1 BauGB alle abwägungserheblichen öffentlichen und privaten Belange zu berücksichtigen sind.

**12 h** Nach **§ 17 Abs. 1 UVPG** sind die Anforderungen an die Umweltverträglichkeitsprüfung bereits auf der Ebene der Bauleitplanung abzuarbeiten. Dies erfolgt unter **Berücksichtigung der Belange** nach **§ 1 Abs. 6 Nr. 7** in Verbindung mit **§ 1 a BauGB** (vgl. Battis/Krautzberger/Löhr, zu § 1 Rdn. 64–70) durch die **UP** im Rahmen des **Aufstellungsverfahrens** gemäß **§ 2 Abs. 4 BauGB** (vgl. Jäde/Dirnberger/Weiß, zu § 2 Rdn. 50–58). Die **Ergebnisse** der UP finden nach § 1 Abs. 7 BauGB Eingang in die **Abwägung** der öffentlichen und privaten Belange und bedürfen gemäß **§ 2 a BauGB** einer Darlegung im **Umweltbericht** als **gesondertem Teil der Begründung** (s. Schlichter/Stich/Driehaus/Paetow, zu § 2 a Rdn. 36–44).

Im **nachfolgenden Zulassungsverfahren** soll dann gemäß **§ 17 Abs. 3 UVPG** die Umweltverträglichkeitsprüfung auf zusätzliche oder andere erhebliche Umweltauswirkungen des Vorhabens **beschränkt** bleiben und demnach nur solche Umweltaspekte erfassen, die im Bauleitplanverfahren noch nicht geprüft worden sind. Für die in Nr. 18 der Anlage zum UVPG aufgeführten Bauvorhaben sind regelmäßig alle denkbaren Umweltaspekte Gegenstand der Untersuchung im Aufstellungsverfahren des betreffenden Bebauungsplans. Soweit also die Umweltverträglichkeit bereits im Bauleitplanverfahren geprüft wurde, ist eine UVP im Baugenehmigungsverfahren nicht erforderlich (so auch Boeddinghaus/Hahn/Schulte, zu § 63 Rdn. 136).

**12 i** Das **UVPG NW** entspricht dem UVPG des Bundes und betrifft sowohl Vorhaben der Anlage 1 als auch der Anlage 2 des UVPG. Die Anlage 1 des UVPG ordnet für einzelne Vorhaben eine UVP-Pflicht nach Maßgabe des Landesrechts an, z. B. in Nr. 17.1.2 für Erstaufforstungen im Sinne des Bundeswaldgesetzes mit weniger als 50 ha Wald.

Die **Anlage 1** des UVPG NW konkretisiert diese bundesrechtlichen Vorgaben, so die für Erstaufforstungen durch deren Nr. 24. Hiermit vollzieht das UVPG NW nur nach, was das UVPG bereits zur Umsetzung für das Landesrecht vorgibt. Anlage 1 trifft weiter auch Maßgaben zu den in die **Landeszuständigkeit** fallenden Vorhaben **nach Anhang II** der **UVP-Richtlinie** (s. Rdn. 12 b). Der Landesgesetzgeber hat anhand der Kriterien des Anhangs III der UVP-Richtlinie lediglich zu prüfen, in welchen Fällen mit erheblichen nachteiligen Umweltauswirkungen zu rechnen ist. Besteht danach eine Möglichkeit erheblicher nachteiliger Auswirkungen, darf Landesrecht die UVP-Relevanz nicht durch Bildung unterer Schwellenwerte ausschließen (EuGH, Urteil vom 21. 9. 1999 – C-392/96, so genanntes **Irland-Urteil**).

Für **größere** Vorhaben gibt Anlage 1 des UVPG NW die **UVP** zwingend vor. Hierunter fallen z. B. Flusskanalisierungen (Nr. 8 a). Für die meisten Vorhaben schreibt Anlage 1 jedoch keine UVP vor, sondern

- eine **allgemeine Vorprüfung** des Einzelfalls oder
- eine **standortbezogene Vorprüfung** des Einzelfalls.

Wie sich – vereinfachend ausgedrückt – aus den **Schwellenwerten** ablesen lässt, gilt

- die **allgemeine** Vorprüfung für **mittelgroße** Vorhaben,
- die **standortbezogene** Vorprüfung für **kleinere** Vorhaben.

Hierdurch berücksichtigt das Landesrecht die Rechtsprechung des EuGH zur UVP-Richtlinie. Nach dem vorstehend zitierten Urteil des EuGH ist auch bei einem kleineren Vorhaben eine Prüfung der Umweltverträglichkeit erforderlich, wenn dieses Vorhaben erhebliche nachteilige Auswirkungen auf ein schützenswertes Gebiet haben kann.

Anlage 1 regelt abschließend für das Landesrecht, für welche Vorhaben eine UVP oder eine allgemeine bzw. standortbezogene Vorprüfung des Einzelfalls erforderlich ist. Die Nummern 1 bis 14 betreffen wasserwirtschaftliche Vorhaben, die Nummern 15 bis 18 verkehrliche Vorhaben, die Nummern 22 und 23 abgrabungsrechtliche Vorhaben, die Nummern 24 und 25 forstrechtliche Vorhaben, Nr. 26 landschaftsrechtliche Vorhaben. **12j**

Nr. 28 betrifft **Windenergieanlagen**, die jedoch seit der Änderung der 4. BImSchV vom 20. 6. 2005 (BGBl. I S. 1687) einer immissionsschutzrechtlichen Genehmigung im vereinfachten Verfahren nach § 19 BImSchG bedürfen, wenn sie eine Gesamthöhe von 50 m überschreiten. Mit dieser Rechtsänderung wurde zugleich Anlage 1 zum UVPG geändert; Nr. 1.6 betrifft jetzt nur noch die Errichtung und den Betrieb einer **Windfarm** mit Anlagen in einer Gesamthöhe von jeweils mehr als 50 m (zum Begriff „Windfarm" s. BVerwG, Beschluss vom 8. 5. 2007 – 4 B 11.07, BauR 2007, 1698).

Von **bauaufsichtlicher** Bedeutung sind damit nur noch die **Nummern 20**, **21** und **27**.

**Anlage 1 (zu § 1)** **Liste „UVP-pflichtiger Vorhaben" (Auszug)**

**Legende:**

UVP = Vorhaben ist UVP-pflichtig

A = allgemeine Vorprüfung des Einzelfalls

S = standortbezogene Vorprüfung des Einzelfalls

| **Nr.** | **Vorhaben** | **Prüfung** |
|---|---|---|
| 20. | Errichtung und Betrieb von Skiliften einschließlich der zugehörigen Betriebsanlagen | UVP |
| 21. | Errichtung und Betrieb von Skipisten, einschließlich der zugehörigen Betriebsanlagen und -einrichtungen | |
| a) | mit Beschneiungsanlagen | UVP |
| b) | ab 10 ha Größe ohne Beschneiungsanlagen | A |
| c) | von 2 bis unter 10 ha Größe ohne Beschneiungsanlagen | S |
| 27. | Bau eines Feriendorfes, eines Hotelkomplexes oder einer sonstigen Einrichtung für die Ferien- und Fremdenbeherbergung,<br>eines ganzjährig betriebenen Campingplatzes, eines Freizeitparks, eines Parkplatzes oder eines Einkaufszentrums, eines großflächigen Einzelhandelsbetriebes oder eines sonstigen großflächigen Handelsbetriebes im Sinne des § 11 Abs. 3 Satz 1 der BauNVO,<br>Vorhaben gemäß Nummern 18.1, 18.2, 18.3, 18.4, 18.6 oder 18.8 der Anlage 1 zum UVPG, für das kein Beschluss zur Aufstellung, Änderung oder Ergänzung eines Bebauungsplanes gefasst wurde, soweit der in diesen Nummern genannte jeweilige Prüfwert für die Vorprüfung erreicht oder überschritten wird | A |
| 28. | Errichtung von 1 oder 2 Windenergieanlagen, die zusammen mit anderen zu berücksichtigenden Windenergieanlagen die Schwellenwerte des UVPG überschreiten | |
| a) | bei 20 oder mehr zu berücksichtigenden Anlagen | UVP |
| b) | bei 6 bis 19 zu berücksichtigenden Anlagen | A |
| c) | bei 3 bis 5 zu berücksichtigenden Anlagen | S |

12 k Die Nummern **20** und **21** betreffen Vorhaben nach Anhang II Nr. 12 Buchstabe a der UVP-Richtlinie (s. Rdn. 12 b). Skilifte und Skipisten – im Übrigen auch Sprungschanzen – sind auf einen bestimmten Standort angewiesen und gemäß § 35 Abs. 1 Nr. 4 BauGB im Außenbereich privilegiert (vgl. Ernst/Zinkahn/Bielenberg/Krautzberger, zu § 35 Rdn. 57 unter Sportanlagen). Für die Errichtung und den Betrieb von Skipisten unter 2 ha Größe hat der Gesetzgeber durch Angabe dieses Schwellenwerts bereits entschieden, dass keine erheblichen nachteiligen Umweltauswirkungen zu befürchten sind und daher auf ein Prüfverfahren verzichtet (vgl. LT-Drucks. 13/4784 S. 29).

Nr. **27** betrifft Vorhaben nach Anhang II Nr. 10 Buchstaben a und b sowie Nr. 12 Buchstaben c, d und e der UVP-Richtlinie (s. Rdn. 12 b). Das UVPG erfasst diese Vorhaben bereits in Anlage 1 Nr. 18, soweit ihre Zulässigkeit durch Bebauungsplan begründet wird (s. Rdn. 12 f). Sollen diese Vorhaben aufgrund der Planersatzvorschriften der §§ 34 oder 35 BauGB zugelassen werden, was angesichts der Größe dieser Anlagen unwahrscheinlich, aber nicht von vornherein völlig ausgeschlossen ist, bedarf es aufgrund der Maßgabe der Nr. 27 für die vom UVPG in Anlage 1 Nr. 18 größenmäßig erfassten Vorhaben einer Prüfung ihrer Umweltverträglichkeit im Baugenehmigungsverfahren. Nr. 27 trifft dagegen keine Regelung zu Industriezonen nach Nr. 18.5 und zu Städtebauprojekten nach Nr. 18.7, da es sich hierbei um Kategorien der Bauleitplanung und nicht um baugenehmigungsbedürftige Vorhaben handelt (so LT-Drucks. 13/4784 S. 32).

12 l Das UVPG NW verweist auf die **Verfahrensregelungen** des UVPG, um sicherzustellen, dass die **UVP** sowohl nach Bundes- als auch nach Landesrecht den **gleichen Kriterien und Verfahrensvorschriften** unterliegt (vgl. LT-Drucks. 13/4784 S. 23). Verfahrensrechtlich ergeben sich aus den Vorschriften des UVPG NW **zwei Prüfvorgänge**:

- für **größere Vorhaben** direkt die **UVP**,
- für **mittlere** und **kleinere Vorhaben** zunächst eine **allgemeine** oder **standortbezogene Vorprüfung des Einzelfalls**, erst bei Bestätigung der UVP-Relevanz im Anschluss daran die eigentliche UVP (s. Rdn. 12 i).

Die Vorprüfung des Einzelfalls erfolgt nach den **Kriterien der Anlage 2**, die inhaltlich der Anlage 2 des UVPG entspricht, jedoch in Nr. 2 anstelle der Vorschriften des Bundes die landesrechtlichen Gesetze aufführt. Die Anlage 2 gliedert sich in drei Nummern:

**1.** I. Merkmale der Vorhaben,

**2.** II. Standort der Vorhaben,

**3.** III. Merkmale der möglichen Auswirkungen.

Die **allgemeine** Vorprüfung erfolgt nach **sämtlichen Kriterien** der Anlage 2.

Die **standortbezogene** Vorprüfung erfolgt nur nach den **Kriterien** der **Nr. 2** der Anlage 2.

12 m Die **Vorprüfung** anhand der Kriterien der Anlage 2 ergibt entweder ein Erfordernis zur Durchführung der UVP oder eine fehlende UVP-Relevanz des Vorhabens (hierzu s. Schink – Die Vorprüfung in der Umweltverträglichkeitsprüfung nach § 3 c UVPG, NVwZ 2004, S. 1182 ff.), was von der zuständigen Behörde festzustellen ist. Diese Feststellung – genauer die **Begründung** des Prüfergebnisses – muss gemäß § 3 a Satz 2 UVPG nach dem **Umweltinformationsgesetz** – **UIG** vom 22. 12. 2004 (BGBl. I S. 3704) in Verbindung mit dem **Umweltinformationsgesetz Nordrhein-Westfalen** – **UIG NRW** vom 29. 3. 2007 (GV. NRW. S. 142) **zugänglich für die Öffentlichkeit** sein. Sie ist demnach bereit zu halten, falls eine **Einsichtnahme** beantragt wird. Die **Feststellung fehlender**

**UVP-Relevanz** des Vorhabens – und damit das Absehen von einer UVP – ist darüber hinaus gemäß § 3 a Satz 2 Halbsatz 2 UVPG **bekannt zu geben**. Das **Ergebnis** der Vorprüfung ist gemäß § 3 a Satz 3 UVPG **nicht selbständig anfechtbar** und nach § 3 a Satz 4 UVPG nur eingeschränkt der verwaltungsgerichtlichen Kontrolle unterworfen.

Die **UVP** richtet sich entsprechend den Vorgaben der UVP-Richtlinie (s. Rdn. 12 c) nach den **§§ 5 – 14 UVPG**. Nur in seltenen Fällen wird die Bauaufsichtsbehörde allein für die UVP zuständig sein. Sofern nämlich neben der Baugenehmigung weitere selbständige Entscheidungen erforderlich sind, bestimmt nach § 14 UVPG das Landesrecht die **federführende** Behörde. Die entsprechenden Regelungen hierzu enthält § 3 UVPG NW. Nach § 4 UVPG NW ist die **Hinzuziehung von Sachverständigen** auf Kosten des Trägers des Vorhabens zulässig. Die UVP selbst umfasst im Wesentlichen **drei Schritte**: **12 n**

- der **erste Schritt** dient der **Beibringung und Erarbeitung der erforderlichen Unterlagen** (§§ 5–6 UVPG),
- der **zweite Schritt** hat die **Beteiligung** der **Behörden** und der **Öffentlichkeit** unter **Wahrung des Datenschutzes** zum Gegenstand (§§ 7–10 UVPG),
- im **dritten Schritt** erfolgt die **zusammenfassende Darstellung** und **Bewertung der Umweltauswirkungen** sowie die **Berücksichtigung des Ergebnisses bei der Baugenehmigung** (§§ 11–12 UVPG).

Nach § 9 Abs. 2 UVPG hat die zuständige Behörde die **Zulässigkeitsentscheidung** oder die **Ablehnung öffentlich bekannt zu machen** sowie den **Bescheid** mit Begründung und einer Rechtsbehelfsbelehrung **zur Einsicht auszulegen**.

Die **Schwierigkeit** des UVP-Verfahrens liegt weniger im ersten Schritt, da es die Bauaufsichtsbehörden gewohnt sind, auf die Vervollständigung von Unterlagen zu dringen. Probleme bereiten vielmehr der **zweite** und **dritte** Schritt. Der zweite Schritt bedingt einen hohen Zeitaufwand. Im dritten Schritt bindet die inhaltliche Bewältigung der Rechtsmaterie erhebliche Personalkapazitäten und stellt die Bauaufsichtsbehörde infolge des vom Gesetzgeber nicht gelösten Widerspruchs zwischen den Maßgaben des § 12 UVPG und denen des § 75 Abs. 1 Satz 1 BauO NRW vor nahezu unlösbare Probleme. **12 o**

Die im **zweiten** Schritt erforderlich werdende **Öffentlichkeitsbeteiligung** sah das Baugenehmigungsverfahren bislang nicht vor, da es auf zügige Durchführung angelegt ist. Infolge dieser Öffentlichkeitsbeteiligung ergeben sich **erhebliche Verzögerungen** des Verfahrens, da nach vorausgehender Bekanntmachung die **Auslegung** der Unterlagen mit daran anschließender Äußerungsmöglichkeit einschließlich **Erörterungstermin** selbst bei rascher Abwicklung mindestens **drei bis vier Monate** in Anspruch nimmt.

Der **dritte** Schritt beginnt mit der Erarbeitung einer **zusammenfassenden Darstellung**, da § 11 UVPG der zuständigen Behörde aufgibt, die **Umweltauswirkungen** des Vorhabens **in sich geschlossen** – wenn auch nicht notwendig in einem von der Zulassungsentscheidung gesonderten Dokument – **darzustellen** (hierzu s. BVerwG, Beschluss vom 10. 10. 2006 – 9 B 27/05, NVwZ 2007, 84). Die Erarbeitung erfordert schon deshalb große Sorgfalt, weil die zusammenfassende Darstellung nach § 12 UVPG die Grundlage für die **Bewertung der Umweltauswirkungen** bildet, die wiederum **Berücksichtigung bei der Zulassungsentscheidung** finden muss. Die Bewertung und Berücksichtigung bereiten in der Praxis seit Erlass des UVPG Probleme, da von Anfang an umstritten war, ob ein fachlicher oder ein rechtlicher Bewertungsmaßstab anzuwenden ist.

12 p Den **Bewertungsmaßstab** können nur die **einschlägigen Vorschriften des Fachrechts** bilden, wie sich aus dem Wortlaut des § 12 UVPG ergibt:

*„Die zuständige Behörde bewertet die Umweltauswirkungen des Vorhabens auf der Grundlage der zusammenfassenden Darstellung nach § 11 und berücksichtigt diese Bewertung bei der Entscheidung über die Zulässigkeit des Vorhabens im Hinblick auf eine wirksame Umweltvorsorge im Sinne der §§ 1, 2 Abs. 1 Satz 2 und 4* ***nach Maßgabe der geltenden Gesetze****.“*

Bei der **Baugenehmigung** handelt es sich um eine **gebundene Erlaubnis**, die nach § 75 Abs. 1 Satz 1 BauO NRW erteilt werden muss, wenn keine öffentlich-rechtlichen Vorschriften entgegenstehen, so dass eine **rechtliche** Bewertung der Umweltauswirkungen vorzunehmen ist (vgl. Hamann, Die Umweltverträglichkeitsprüfung im Baugenehmigungsverfahren, ZfBR 2006, S. 537 ff.). Aus der **Heranziehung der Fachgesetzte** als Bewertungsmaßstab resultieren zwar klare Ergebnisse im Hinblick auf den jeweiligen Umweltaspekt (z. B. Wasserrecht, Immissionsschutzrecht, Landschaftsrecht). Auf der Strecke bleibt bei dieser Methode allerdings die **medienübergreifende Bewertung**, also die Berücksichtigung der **Wechselwirkungen** zwischen den einzelnen Umweltaspekten. Die UVP-Richtlinie will eigentlich durch ihre Vorgaben für die Gesetzgebung der Mitgliedstaaten erreichen, dass nicht ein bestimmter Umweltaspekt in den Vordergrund der Bewertung geschoben wird und dadurch ein oder gleich mehrere andere Umweltaspekte Nachteile erleiden (s. Rdn. 12 a). So kann z. B. eine Lärmschutzwand optimal für den Immissionsschutz, jedoch nachteilig für den Landschaftsschutz sein. Eine medienübergreifende Bewertung erfordert im Grunde eine **Abwägung**, wie sie im Rahmen der Bauleitplanung möglich ist, im Baugenehmigungsverfahren aber naturgemäß nicht geleistet werden kann. Die aus § 12 UPVG resultierende problematische Rechtslage wird in der Literatur wie folgt treffend charakterisiert (Beckmann in: Hoppe [Herausgeber], Gesetz über die Umweltverträglichkeitsprüfung [UVPG], 1995, zu § 12 Rdn. 5):

*„Hin- und hergerissen zwischen dem Wunsch, die einfachgesetzlichen Anforderungen an die Zulassung von Vorhaben aus Gründen der Rechtssicherheit und der Praktikabilität nicht ändern zu müssen und der Befürchtung, die Fachgesetze könnten aufgrund ihrer traditionell medialen Ausrichtung auf bestimmte Umweltbelange nicht in der Lage sein, eine medienübergreifende Ermittlung, Beschreibung und Bewertung der Umweltauswirkungen im Sinne des § 2 Abs. 1 Satz 2 zu ermöglichen, hat der Gesetzgeber in § 12 mit dem Verweis einerseits auf das Gebot der Umweltvorsorge im Sinne der §§ 1, 2 Abs. 1 Satz 2 und 4 und andererseits mit der Maßgabe der geltenden Gesetze einen für den Rechtsanwender schwer zu überwindenden Gegensatz in das Gesetz aufgenommen, der die Auslegung des Gesetzes vor nahezu unlösbare Probleme stellt.“*

Es bleibt somit dem Geschick der zuständigen bzw. der federführenden Behörde überlassen, zwischen den beteiligten Fachbehörden möglichst einen Konsens über die im Sinne des vorsorgenden Umweltschutzes bestmögliche Lösung herbeizuführen, so dass diese eventuell bestehende Spielräume bei der jeweils eigenen Entscheidung auch tatsächlich nutzen.

12 q Für UVP-pflichtige Vorhaben darf gemäß § 13 UVPG ein **Vorbescheid** oder eine **Teilzulassung erst nach Durchführung der UVP** erteilt werden. Diese verfahrensrechtliche Maßgabe findet auf Vorbescheide nach § 71 BauO NRW und auch auf Teilbaugenehmigungen nach § 76 BauO NRW Anwendung.

### 3 Zu Absatz 2 – Konzentrationswirkung anderer Genehmigungen

Die in Absatz 2 behandelten Rechtsfragen hängen mit der **Spezialisierungstendenz** des öffentlichen Rechts zusammen und konnten bis heute **keiner praxisgerechten Lösung** zugeführt werden. Das Kernproblem liegt darin begründet, dass verschiedene Gesetze den gleichen Gegenstand zum Ziel unterschiedlicher Anforderungen haben können. Dabei sind sowohl **Konflikte** hinsichtlich des materiellen Rechts als auch der Verfahrensregeln denkbar. Im schlimmsten Fall muss sich der Bauherr **mehrere** Genehmigungen oder Erlaubnisse nach öffentlich-rechtlichen Vorschriften beschaffen und kann dennoch den Bau **nicht ausführen**, weil sich Nebenbestimmungen widersprechen, so dass die Befolgung der einen Nebenbestimmung einen Rechtsverstoß gegen die andere nach sich ziehen würde. 13

Ursprünglich bestanden neben dem Baupolizeirecht nur wenige Spezialgesetze, die zusätzliche Anforderungen an bauliche Anlagen enthielten. So nahm noch § 90 Abs. 4 MBO 1960 lediglich auf die §§ 16 und 24 GewO Bezug und bestimmte, dass die für die gewerberechtliche Genehmigung zuständige Behörde neben der gewerberechtlichen Genehmigung auch die Baugenehmigung im Einvernehmen mit der Bauaufsichtsbehörde zu erteilen hat. Nach damaligem Verständnis waren beide Genehmigungen nebeneinander erforderlich. Denkbaren Konflikten wurde durch die **Zuständigkeitsregelung** für die Genehmigungserteilung entgegengewirkt. Nach 1960 setzte dann ein Fortentwicklungsprozess ein, der zur Folge hatte, dass zunehmend einzelne gewerberechtliche Vorschriften durch neue Gesetze abgelöst wurden (s. die Einleitung Rdn. 37–43). Dabei begründete der Gesetzgeber neue Zulassungen nach Fachrecht, die mit **Konzentrationswirkung** ausgestattet waren (vgl. grundlegend hierzu Gaentzsch, Konkurrenz paralleler Anlagegenehmigungen, NJW 1986 S. 2787 ff.). 14

Die Vorschrift des § 63 Abs. 2 BauO NRW hat in erster Linie **klarstellenden Charakter** und regelt, dass eine Baugenehmigung oder Zustimmung neben der spezialgesetzlichen Zulassungsentscheidung weder nötig noch möglich ist. Auch ohne ausdrückliche Erwähnung in der BauO NRW werden die Baugenehmigung sowie die Zustimmung von einer anderen Zulassungsentscheidung eingeschlossen, wenn dies das jeweilige Fachgesetz bestimmt. 15

Den **Einschluss** anderer öffentlich-rechtlicher Genehmigungen, Zulassungen, Verleihungen, Erlaubnisse und Bewilligungen und damit auch der Baugenehmigung oder Zustimmung ordnen ausdrücklich an:

- **§ 13 BImSchG** für die **immissionsschutzrechtliche Genehmigung**,
- **§ 22 Abs. 1 GenTG** für die **gentechnische Anlagengenehmigung** und
- **§ 13 Abs. 6 BBodSchG** und **§ 15 Abs. 3 LBodSchG** für den **Sanierungsplan**.

Die Aufzählung der Rechtsvorschriften in Absatz 2 ist infolge der Rechtsentwicklung teilweise nicht mehr aktuell: 15 a

- Das Abfallgesetz ist durch das Kreislaufwirtschafts- und Abfallgesetz – KrW-/AbfG abgelöst worden. Nach § 31 Abs. 1 KrW-/AbfG bedürfen die Errichtung und der Betrieb von ortsfesten **Abfallbeseitigungsanlagen** zur Lagerung oder Behandlung von Abfällen sowie die wesentliche Änderung einer solchen Anlage der **immissionsschutzrechtlichen Genehmigung** nach dem BImSchG; eine weitere Zulassung nach dem KrW-/AbfG ist nicht erforderlich. Damit findet § 13 BImSchG Anwendung.

– Das Gesetzes zur Neuordnung der Sicherheit von technischen Arbeitsmitteln und Verbraucherprodukten vom 6. 1. 2004 (BGBl. I S. 2) hat das GSG durch das **Geräte- und Produktsicherheitsgesetz – GPSG** abgelöst. Anstelle der Rechtsverordnungsermächtigung des § 11 GSG ist nunmehr die des § 14 GPSG einschlägig.

**15 b** Die aufgrund des § 11 GSG erlassenen Rechtsverordnungen für überwachungsbedürftige Anlagen gehen zum Teil noch auf § 24 GewO zurück. Durch Artikel 8 der „Verordnung zur Rechtsvereinfachung im Bereich der Sicherheit und des Gesundheitsschutzes bei der Bereitstellung von Arbeitsmitteln und deren Benutzung bei der Arbeit, der Sicherheit beim Betrieb überwachungsbedürftiger Anlagen und der Organisation des betrieblichen Arbeitsschutzes" vom 27. 9. 2002 (BGBl. I S. 3777) wurden die

1. Dampfkesselverordnung vom 27. 2. 1980 (BGBl. I S. 173), z. g. d. V vom 29. 10. 2001 (BGBl. I S. 2785)
2. Druckbehälterverordnung i. d. F. d. B. vom 21. 4. 1989 (BGBl. I S. 843), g. d. V vom 29. 10. 2001 (BGBl. I S. 2785)
3. Aufzugsverordnung i. d. F. d. B. vom 19. 6. 1998 (BGBl. I S. 1410), g. d. V vom 29. 10. 2001 (BGBl. I S. 2785),
4. Verordnung über elektrische Anlagen in explosionsgefährdeten Bereichen, i. d. F. d. B. vom 13. 12. 1996 (BGBl. I S. 1931),
5. Acetylenverordnung vom 27. 2. 1980 (BGBl. I S. 173), z. g. d. V vom 29. 10. 2001 (BGBl. I S. 2785)
6. Verordnung über brennbare Flüssigkeiten i. d. F. d. B. vom 13. 12. 1996 (BGBl. I S. 1937), g. d. V vom 29. 10. 2001 (BGBl. I S. 2785),
7. Getränkeschankanlagenverordnung i. d. F. d. B. vom 19. 6. 1998 (BGBl. I S. 1421), g. d. V vom 29. 10. 2001 (BGBl. I S. 2785)

mit Wirkung zum 1. 1. 2003 außer Kraft gesetzt.

Anstelle dieser Vorschriften ist durch Artikel 1 der vorgenannten Verordnung zur Rechtsvereinfachung die **Betriebssicherheitsverordnung – BetrSichV** getreten.

**15c** Nach **§ 13 BetrSichV** bedürfen Montage, Installation, Betrieb, wesentliche Veränderungen und Änderungen der Bauart oder der Betriebsweise, welche die Sicherheit der Anlage beeinflussen, von

1. **Dampfkesselanlagen** im Sinne des § 1 Abs. 2 Satz 1 Nr. 4 Buchstabe a BetrSichV, die befeuerte oder anderweitig beheizte überhitzungsgefährdete Druckgeräte zur Erzeugung von Dampf oder Heißwasser mit einer Temperatur von mehr als 110 Grad Celsius beinhalten, die gemäß Artikel 9 in Verbindung mit Anhang 11 Diagramm 5 der Richtlinie 97/23/EG in die Kategorie IV einzustufen sind,
2. **Füllanlagen** im Sinne des § 1 Abs. 2 Satz 1 Nr. 4 Buchstabe c BetrSichV **mit Druckgeräten zum Abfüllen von Druckgasen** in ortsbewegliche Druckgeräte zur Abgabe an Andere mit einer Füllkapazität von mehr als 10 Kilogramm je Stunde sowie zum Befüllen von Land-, Wasser- und Luftfahrzeugen mit Druckgasen,
3. **Lageranlagen**, **Füllstellen** und **Tankstellen** im Sinne des § 1 Abs. 2 Satz 1 Nr. 4 Buchstabe a bis c BetrSichV **für leichtentzündliche oder hochentzündliche Flüssigkeiten**,

4. **ortsfesten Flugfeldbetankungsanlagen** im Sinne des § 1 Abs. 2 Satz 1 Nr. 4 Buchstabe c

der **Erlaubnis** der zuständigen Behörde.

Dieser Erlaubnis nach § 13 BetrSichV für überwachungsbedürftige Anlagen kommt aus bundesrechtlicher Sicht keine Konzentrationswirkung zu, da weder das GPSG noch die BetrSichV eine § 13 BImSchG vergleichbare Regelung enthält. In diesem Fall wirkt § 63 Abs. 2 BauO NRW nicht klarstellend, sondern regelt unmittelbar, dass die Baugenehmigung oder Zustimmung von der Erlaubnis eingeschlossen wird.

In Bezug auf **Aufzugsanlagen** besteht seit dieser Rechtsänderung, die nicht zuletzt auf **europarechtliche Vorgaben** zurückgeht, eine nur **schwer überschaubare Rechtslage** (s. die Anmerkungen zu § 39 Rdn. 1–11). Aufzugsanlagen bedürfen aufgrund der geänderten bundesrechtlichen Vorgaben weder einer Genehmigung noch einer Erlaubnis. Die nach § 7 der aufgehobenen AufzV in der Fassung von 1998 (alte Aufzugsverordnung) vorgeschriebene **Anzeigepflicht** ist mit dem Inkrafttreten der BetrSichV am 3. 10. 2002 **entfallen**, so dass die Bezugnahme auf § 11 GSG in § 63 Abs. 2 BauO NRW in dieser Hinsicht leer läuft. Aufzüge, mit Ausnahme solcher in Sonderbauten sind nach § 65 Abs. 1 Nr. 12a BauO NRW freigestellt (s. die Anmerkungen zu § 65 Rdn. 53). **15 d**

Die **Aufzählung in Absatz 2 ist nicht vollständig** (vgl. Nr. 63.2 VV BauO NRW). Als **bundesrechtliche** Vorschrift wären eigentlich auch noch § 7 Atomgesetz und § 17 SprengG zu nennen. **16**

- Die Genehmigung zur Errichtung, zum Betrieb und zur wesentlichen Änderung von ortsfesten Anlagen zur Erzeugung oder zur Bearbeitung oder zur Spaltung von Kernbrennstoffen oder zur Aufarbeitung bestrahlter Kernbrennstoffe enthält zwar keine ausdrückliche Bestimmung über den Einschluss baurechtlicher Entscheidungen, wird jedoch gemäß § 7 Abs. 4 Atomgesetz unter Beteiligung aller Behörden des Bundes, der Länder, der Gemeinden und der sonstigen Gebietskörperschaften erteilt, deren Zuständigkeitsbereich berührt ist. Daher sind diese Anlagen nach § 65 Abs. 1 Nr. 12 b BauO NRW freigestellt worden (s. die Anmerkungen zu § 65 Rdn. 55–56).
- Die Genehmigung zur Errichtung, zum Betrieb und zur wesentlichen Änderung von Lagern, in denen explosionsgefährliche Stoffe zu gewerblichen Zwecken, im Rahmen einer wirtschaftlichen Unternehmung oder eines land- oder forstwirtschaftlichen Betriebs oder bei der Beschäftigung von Arbeitnehmern aufbewahrt werden sollen, schließt Entscheidungen aufgrund baurechtlicher Vorschriften ein. Die Konzentrationswirkung des § 17 Abs. 1 Satz 2 SprengG läuft jedoch insoweit ins Leere, da baulichen Anlagen, die **ausschließlich** zur Lagerung von Sprengstoffen dienen nach § 65 Abs. 1 Nr. 12 c BauO NRW **freigestellt** sind (s. die Anmerkungen zu § 65 Rdn. 57–58).

**Landesrechtliche** Vorschriften enthalten entsprechende **Bestimmungen im jeweiligen Fachgesetz**, dessen Genehmigungstatbestände die Baugenehmigung einschließen, wie z. B. § 7 Abs. 3 Abgrabungsgesetz. Das Landesrecht kennt umgekehrt auch Fälle, in denen die **Baugenehmigung** die **fachgesetzliche Entscheidung einschließt**:

- nach § 9 Abs. 3 Satz 1 DSchG schließt die Baugenehmigung oder Zustimmung die denkmalschutzrechtliche Erlaubnis ein, sofern letztere nicht isoliert beantragt wird,
- nach § 6 Abs. 1 LG schließt die Baugenehmigung oder Zustimmung die landschaftsrechtliche Entscheidung über Eingriffe in Natur und Landschaft ein.

**17** Die nach den in § 63 Abs. 2 BauO NRW aufgeführten Vorschriften erforderliche öffentlich-rechtliche Zulassungsentscheidung **schließt die Baugenehmigung oder die Zustimmung mit ein**, soweit die **bauaufsichtliche** Prüfung des Vorhabens durch die **im Verfahren zu beteiligende Bauaufsichtsbehörde** keine Hinderungsgründe ergeben hat. Etwa von der Bauaufsichtsbehörde für erforderlich gehaltene Nebenbestimmungen zur Ausräumung von Verstößen gegen **baurechtliche** Vorschriften, z. B. Festsetzungen eines Bebauungsplanes, Anforderungen an die Standsicherheit oder den Brandschutz, sind von der Genehmigungsbehörde in deren konzentrierende Entscheidung mit aufzunehmen. Für die Mitwirkung im spezialgesetzlichen Verfahren können von der Bauaufsichtsbehörde keine Gebühren erhoben werden.

**18** Die Konzentrationswirkung erfasst nur die bauaufsichtliche Genehmigung oder Zustimmung, nicht jedoch auch die Bauüberwachung. Die **Bauüberwachung** (§ 81 BauO NRW) und die **Bauzustandsbesichtigungen** (§ 82 BauO NRW) sind daher **weiterhin durch die Bauaufsichtsbehörde** durchzuführen. Für die damit im Zusammenhang stehenden Amtshandlungen stehen die **Gebühren** den Bauaufsichtsbehörden zu (s. die Anmerkungen zu § 81 Rdn. 7 und 9–15 sowie zu § 82 Rdn. 9 und 12–13).

**19** Die Vorschrift des § 63 Abs. 2 BauO NRW steht im Zusammenhang mit § 61 Abs. 1 Satz 3 BauO NRW, wonach gesetzlich geregelte Zuständigkeiten und Befugnisse anderer Behörden als der Bauaufsichtsbehörde unberührt bleiben. Die **Zuständigkeiten** für die spezialgesetzlichen Genehmigungen oder Erlaubnisse ergeben sich aus den einschlägigen Zuständigkeitsverordnungen, vor allem aus der Verordnung zur Regelung von Zuständigkeiten auf dem Gebiet des technischen Umweltschutzes (**ZustVOtU**).

### 4 Zu Absatz 3 – Verhältnis zu Planfeststellungsverfahren

**20** Absatz 3 stellt eine Parallelvorschrift zu § 38 BauGB dar, der Vorhaben, die einer fachgesetzlichen Planfeststellung bedürfen, von der Anwendung der §§ 29 bis 37 BauGB ausnimmt, weil über die Zulässigkeit dieser Vorhaben materiell und formell im **Planfeststellungsbeschluss** entschieden wird. Die Planfeststellung entfaltet gemäß § 75 VwVfG. NRW. **formelle Konzentrationswirkung** in Bezug auf andere behördliche Entscheidungen, insbesondere öffentlich-rechtliche Genehmigungen, Verleihungen, Erlaubnisse, Bewilligungen und Zustimmungen, soweit das jeweilige Fachrecht keine hiervon abweichenden Regelungen trifft.

**21** Im Fachplanungsrecht wurde auch das **Rechtsinstitut der Plangenehmigung** eingeführt (s. die Anmerkungen zu § 1 Rdn. 50). Die Plangenehmigung, die – vereinfachend ausgedrückt – einer „vereinfachten“ Planfeststellung gleichkommt, entfaltet gemäß § 74 Abs. 6 Satz 2 VwVfG. NRW. die **Rechtswirkungen der Planfeststellung** und schließt die Baugenehmigung mit ein. Unabhängig von der Prüfung, ob ein Planfeststellungs- oder Plangenehmigungsverfahren noch Raum für eine Baugenehmigung lässt, ist zunächst zu untersuchen, ob im Hinblick auf § 1 Abs. 2 Nr. 1 BauO NRW das Bauordnungsrecht überhaupt gilt oder nach § 65 bis 67 BauO NRW eine Baugenehmigung erforderlich ist. Nur soweit diese Vorschriften **nicht** greifen, kann eine Ersetzung der Baugenehmigung durch eine Planfeststellung oder Plangenehmigung in Betracht kommen.

**22** **Gesetzlich geregelte Planfeststellungsverfahren** gibt es z. B. nach:

– § 17 FStrG für **Bundesfernstraßen** (s. die Anmerkungen zu § 1 Rdn. 63),

- § 38 StrWG NRW für **Landesstraßen** und **Kreisstraßen** sowie **Gemeindestraßen im Außenbereich** (s. die Anmerkungen zu § 1 Rdn. 69),
- § 18 AEG für **Eisenbahnbetriebsanlagen** (s. die Anmerkungen zu § 1 Rdn. 77),
- §§ 3 SeilbG NRW für **Seilbahnen** (Standseilbahnen, Seilschwebebahnen, Schleppaufzüge) sowie **Zahnradbahnen des öffentlichen Verkehrs** (s. die Anmerkungen zu § 1 Rdn. 85),
- §§ 28 und 41 PBefG für **Betriebsanlagen der Straßenbahnen** und **Obusse** (s. die Anmerkungen zu § 1 Rdn. 87–90)
- § 14 WaStrG für **Bundeswasserstraßen** (s. die Anmerkungen zu § 1 Rdn. 101),
- § 31 WHG für **Gewässer, Deich- und Dammbauten** (s. die Anmerkungen zu § 1 Rdn. 105),
- §§ 8 und 9 LuftVG für **Flughäfen** und **Landeplätze mit beschränktem Bauschutzbereich** (s. die Anmerkungen zu § 1 Rdn. 109 sowie hinsichtlich der eingeschränkten Konzentrationswirkung Rdn. 111 und 112),
- §§ 57 a f. BBergG für **umweltrelevante Bergbauvorhaben** (s. die Anmerkungen zu § 1 Rdn. 128),
- § 43 Abs. 1 Satz 1 EnWG in Verbindung mit § 20 UVPG für **Hochspannungsfreileitungen**, ausgenommen Bahnstromfernleitungen, mit einer Nennspannung von 110 Kilovolt oder mehr, und **Gasversorgungsleitungen** mit einem Durchmesser von mehr als 300 Millimeter (s. die Anmerkungen zu § 1 Rdn. 144),
- § 20 UVPG für **Rohrfernleitungsanlagen** im Sinne der Verordnung über Rohrfernleitungsanlagen, (s. die Anmerkungen zu § 1 Rdn. 154–157),
- § 41 FlurbG für den **Wege- und Gewässerplan in der Flurbereinigung**,
- § 31 KrW-/AbfG für **Deponien**,
- § 9 b AtomG für **Anlagen zur Sicherstellung und zur Endlagerung radioaktiver Abfälle**.

Die **Unberührtheitsklausel** des Absatzes 3 für die Vorschriften über die gesetzlich geregelten Planfeststellungsverfahren hat wegen der jeweils inhaltlich unterschiedlichen Regelungen in den entsprechenden Fachgesetzen auch für das Baugenehmigungsverfahren verschiedene Bedeutung. Überwiegend ersetzt das Planfeststellungsverfahren die Baugenehmigung. Zu beachten ist jedoch stets, ob das Planfeststellungsverfahren alle (baulichen) Anlagen einbezieht oder für bestimmte (Neben-) Anlagen das bauaufsichtliche Verfahren unberührt lässt. So unterliegen z. B. nach § 29 Abs. 1 Satz 2 PBefG Anlagen, die keine Betriebsanlagen sind, weiterhin dem Baugenehmigungserfordernis. Für Anlagen, die einer Planfeststellung nach dem LuftVG zugänglich sind, besteht eine besonders unübersichtliche Rechtslage (s. die Anmerkungen zu § 1 Rdn. 111–112). **23**

**Besondere Aktualität** erlangt die Vorschrift des § 63 Abs. 3 BauO NRW aufgrund der Bemühungen der **Deutschen Bahn AG** zur **Verwertung ihrer Liegenschaften**. Dabei kommt es mitunter zu erheblichen Meinungsverschiedenheiten zwischen den zuständigen Bauaufsichtsbehörden und der Deutschen Bahn AG sowie dem Eisenbahnbundesamt als Bahnaufsichtsbehörde. Diese Meinungsverschiedenheiten können immer dann auftreten, wenn eine planfestgestellte Eisenbahnanlage nicht mehr entsprechend dem ursprünglichen Zweck der Planfeststellung genutzt wird und nunmehr neue Nutzungen **24**

gesucht werden, um die Anlagen einer wirtschaftlichen Verwertung zuzuführen. In derartigen Fällen ist rechtlich die **Entwidmung der Eisenbahnanlage** zu fordern, um diese aus der Eisenbahnaufsicht wieder in die **Planungshoheit der Gemeinde** und damit auch in die **Zuständigkeit der Bauaufsichtsbehörde** zu überführen.

Um den Bauaufsichtsbehörden eine **Handlungsanweisung** zu bieten, hat die ARGEBAU einen **Muster-Erlass** zur **bauaufsichtlichen Behandlung von Bahnanlagen** erarbeitet:

*„1 Rechtswirkungen der Planfeststellung*

*1.1 Verfahrensrecht*

*1.1.1 Baurechtliche Genehmigungsverfahren*

*In der Reichweite der eisenbahnrechtlichen Planfeststellung (einschl. der ihr entsprechenden früheren rechtlichen Formen der Zulassung des Baus von Schienenwegen) ist für bauaufsichtliche Genehmigungsverfahren, in denen die Ausführung baulicher Anlagen zugelassen wird, kein Raum. Dies folgt hinsichtlich der Entscheidung über die bauplanungsrechtlichen Zulässigkeit von Vorhaben aus der Sperrwirkung des § 38 Satz 1 BauGB (BVerwG vom 16. 12. 1988, BVerwGE 81, 111), hinsichtlich des bauordnungsrechtlichen Verfahrensrechts aus der (formellen) Konzentrationswirkung der Planfeststellung. Anderes gilt für Vorbescheide (§ 65 MBO = § 71 BauO NRW), die unter dem Vorbehalt der Entlassung der zur Bebauung bestimmten (Teil-)Fläche aus der Widmung zu Eisenbahnzwecken ergehen (BVerwG, a. a. O.).*

*1.1.2 Bauaufsichtliche Maßnahmen*

*In der Reichweite der eisenbahnrechtlichen Planfeststellung sind bauaufsichtliche Eingriffsmaßnahmen ausgeschlossen. § 4 Abs. 1 und 2 AEG weist auch insoweit die sicherheitsrechtliche Verantwortlichkeit abschließend dem Eisenbahnbundesamt zu (vgl. BVerwG vom 13. 10. 1994, NVwZ 1995, 379; entsprechend zum früheren Recht vom 29. 8. 1961, NJW 1962, 552).*

*1.2. Materielles Bauordnungsrecht*

*Soweit auf Bahnanlagen grundsätzlich materielles Bauordnungsrecht anwendbar ist (vgl. § 1 Abs. 2 Nr. 1 MBO = § 1 Abs. 2 Nr. 1 BauO NW), unterliegt dieses der materiellen Konzentrationswirkung der eisenbahnrechtlichen Planfeststellung, kann also nach Maßgabe des fachplanungsrechtlichen Entscheidungsprogramms in der Abwägung modifiziert werden (BVerwG vom 14. 12. 1979, BVerwGE 59, 253).*

*2. Reichweite der Planfeststellung*

*2.1 Sachliche Reichweite*

*2.1.1 Bahnanlagen*

*Planfeststellungsbedürftig und -fähig sind nur Bahnanlagen (Betriebsanlagen der Eisenbahn). Das sind Schienenwege von Eisenbahnen einschließlich der für den Betrieb der Schienenwege notwendigen Anlagen und Bahnstromfernleitungen (§ 16 Abs. 1 Satz 1 AEG). Für den Bereich der Schienenwege notwendig sind aber auch die betriebsbezogenen Teile der Bahninfrastruktur, d. h. alle Anlagen, die dazu bestimmt sind, der Abwicklung und Sicherung des äußeren Eisenbahnverkehrs zu dienen. Das sind beispielsweise Gebäude, in denen sich Verkaufs- und*

*Abfertigungseinrichtungen für den Personen- und Güterverkehr befinden, sowie ortsfeste und bewegliche Verkaufs-, Abfertigungs- und Verladeeinrichtungen (vgl. § 2 Abs. 3 Satz 1 und 3 AEG). Zu den Bahnanlagen in diesem Sinne gehören also insbesondere auch die Bahnhöfe (BVerwG vom 29. 8. 1996, a. a. O.).*

*Die sachliche Reichweite der Planfeststellung erfaßt bauliche Anlagen jeweils nur so weit, wie sie durch die Planfeststellung Bahnzwecken gewidmet, für solche Zwecke in Anspruch genommen und durch sie geprägt sind. Eine rechtlich und tatsächlich einheitliche bauliche Anlage kann daher im Einzelfall dem formellen und materiellen Vorrang des Fachplanungsrechts auch nur teilweise unterliegen, während im übrigen das formelle und materielle Bauordnungsrecht zur Anwendung gelangt. Dabei sind unterschiedliche Anforderungen an Schnittstellen im Rahmen der eisenbahnrechtlichen Planfeststellung oder des bauaufsichtlichen Genehmigungsverfahrens zu koordinieren.*

*2.1.2 Nebennutzungen*

*Zu den Bahnanlagen gehören herkömmlich auch Anlagen, die zwar für den Betrieb des Schienenverkehrs nicht zwingend erforderlich, ihm aber verkehrsüblicherweise zugeordnet sind und ihm in diesem Sinne dienen. Dazu gehören auch bestimmte Serviceeinrichtungen in Bahnhöfen, wie Verkaufsstätten insbesondere zur Deckung des Bedarfs der Reisenden, Gaststätten, die vorwiegend für Reisende bestimmt sind, Friseurgeschäfte u. ä. Ob die bauliche Anlage die erforderliche dienende Funktion für den Schienenverkehr erfüllt, hängt von den Umständen des Einzelfalls ab, zum einen von dem Benutzerkreis, auf welchen die Einrichtung ihrer erkennbaren Konzeption nach zielt, zum anderen von Größe und Funktion der Bahnanlage (im engeren Sinne), der sie funktional zugeordnet sein soll.*

*2.1.3 Widmung zu Bahnzwecken*

*Ob eine bauliche Anlage Bahnzwecken dient, kann nicht immer aus ihrer objektiven Beschaffenheit entnommen werden, die sowohl für eine Nutzung im Interesse des Betriebs des Schienenverkehrs als auch für eine Nutzung durch Dritte offen ist. Dann ist ausschlaggebend, ob die Anlage nach den konkreten Umständen des Einzelfalls tatsächlich für dem Bahnbetrieb dienende Zwecke in Dienst genommen und ihnen vorbehalten ist (vgl. etwa VGH B-W vom 24. 4. 1989, NVwZ 1990, 585 – Park & Ride-Parkplatz).*

*2.2 Zeitliche Reichweite*

*Die Sperrwirkung der eisenbahnrechtlichen Planfeststellung endet grundsätzlich erst mit deren Aufhebung oder Änderung, durch welche die in Betracht kommende Fläche und/oder bauliche Anlage aus dem Fachplanungsrecht entlassen wird. Außer durch Änderung oder Aufhebung des Planfeststellungsbeschlusses kann eine solche Entlassung aus der Fachplanungshoheit nur durch eindeutige und bekanntgemachte Erklärung der Bahn geschehen, die für jedermann klare Verhältnisse schafft (BVerwG vom 16. 12. 1988, a. a. O.). Eine nur vorübergehende Überlassung einer (auch für Bahnzwecke tatsächlich nicht mehr genutzten) Fläche oder baulichen Anlage genügt für eine solche fachplanerische Entwidmung nicht (BVerwG vom 5. 12. 1990, NVwZ 1990, 387).*

*Die Freigabe einer Fläche oder baulichen Anlage kann auch schlüssig (konkludent) erfolgen, wenn die Inanspruchnahme für Eisenbahnzwecke in einer den*

*Anforderungen an die öffentliche Erkennbarkeit und Eindeutigkeit genügenden Weise ersichtlich auf Dauer aufgegeben werden soll, beispielsweise dann, wenn die Bahn eine für Zwecke des Schienenverkehrs auch nicht widmungsfähige Nutzung aufnimmt.*

*3 Folgerungen*

*3.1 Planfeststellungsfähige Anlagen*

*Sind bauliche Anlagen eisenbahnrechtlich planfeststellungsfähig und planfestgestellt, so genießen sie formell-rechtlichen Bestandsschutz, der durch die eisenbahnrechtliche Planfeststellung vermittelt wird. Sie können weder einem bauaufsichtlichen Genehmigungsverfahren unterworfen werden, noch können bauaufsichtliche Eingriffsmaßnahmen auf sie Zugriff nehmen.*

*Sind bauliche Anlagen eisenbahnrechtlich planfeststellungsbedürftig und -fähig, aber nicht planfestgestellt, liegt ein formell eisenbahnrechtswidriger Zustand vor. Dieser unterliegt eisenbahnaufsichtlicher, nicht bauaufsichtlicher Würdigung. Weder bauaufsichtliche Genehmigungsverfahren noch bauaufsichtliche Eingriffsmaßnahmen kommen in Betracht.*

*3.2.1 Planfeststellungsunfähige Anlagen*

*Sind bauliche Anlagen eisenbahnrechtlich nicht planfeststellungsfähig und auch nicht planfestgestellt, unterliegen sie sowohl hinsichtlich erforderlicher Genehmigungsverfahren als auch hinsichtlich bauaufsichtlicher Eingriffsmaßnahmen dem Bauordnungsrecht (vgl. etwa BVerwG vom 29. 8. 1961 – Anlage der Fremdwerbung; VGH B-W vom 22. 3. 1973, BRS 27 Nr. 45 – private Lagerhalle; OVG Lüneburg vom 7. 6. 1977, BRS 32 Nr. 126 – privater Lagerplatz; OVG NRW vom 6. 10. 1988, NVwZ 1989, 576 – durch Dritte zu betreibende Spielhalle; VGH B-W vom 4. 11. 1986, NVwZ 1987, 1091 – Selbstbedienungsmarkt).*

*Sind bauliche Anlagen (offensichtlich) eisenbahnrechtlich nicht planfeststellungsfähig, aber gleichwohl eisenbahnrechtlich planfestgestellt, entfaltet die eisenbahnrechtliche Planfeststellung keine bau-(ordnungs)rechtliche Legalisierungswirkung. Solche Anlagen bedürfen daher unbeschadet der Planfeststellung einer baurechtlichen Genehmigung und stehen bauaufsichtlichen Maßnahmen offen. Die eisenbahnrechtliche Planfeststellung ist dann auf ein (offensichtlich) rechtlich unmögliches Ergebnis gerichtet, so dass sie insoweit nichtig ist.“*

## § 64
## Besondere bauliche Anlagen
## (aufgehoben)

Einer Baugenehmigung nach § 63 bedürfen nicht die Errichtung, Änderung, Nutzungsänderung oder der Abbruch von

1. – Anlagen an und in oberirdischen Gewässern einschließlich der Lande- und Umschlagstellen und der Rückhaltebecken,
   – Anlagen der Gewässerbenutzung wie Anlagen zur Entnahme von Wasser, Anlagen zur Einleitung von Abwasser, Stauanlagen,
   – Anlagen der Gewässerunterhaltung und des Gewässerausbaues,
   – Deiche, Dämme und Stützmauern;

   dies gilt nicht für Gebäude, Aufbauten und Überbrückungen,
2. oberirdische Anlagen und Einrichtungen, die der öffentlichen Versorgung mit Wasser, Gas, Elektrizität, Wärme oder dem Fernmeldewesen dienen; dies gilt nicht für Anlagen mit mehr als 50 $m^3$ umbautem Raum oder Fassungsvermögen, ortsfeste Behälter für Gas von mehr als 5 $m^3$ Fassungsvermögen sowie Gebäude mit Aufenthaltsräumen,
3. bauliche Anlagen, die ausschließlich der Lagerung von Sprengstoffen dienen,

wenn sie einer Genehmigung, Erlaubnis, Anzeige oder staatlichen Aufsicht nach anderen Rechtsvorschriften unterliegen

sowie

4. Anlagen, die einer Genehmigung nach § 7 Atomgesetz bedürfen.

**Anmerkungen** (Autor: Heintz)

Die Vorschrift entfiel mit der **BauO NRW 2000**. Die Vorgängerfassung des § 64 BauO NW 1995, der **in der MBO kein Vorbild** hatte, war schon in früheren Fassungen der BauO NW (vgl. § 61 BauO NW 1984, § 98 Abs. 1 BauO NW 1970) enthalten. Die Einbeziehung der einzelnen Tatbestände in den Freistellungskatalog des § 65 Abs. 1 BauO NRW 2000 führt in einem weiteren Punkt zur Angleichung des Landesbauordnungsrechts an die MBO. 1

Die Begründung (LT-Drucks. 12/3738 S. 82 f.) führt zur Aufhebung aus: 2

*„§ 64 entfällt zur besseren Übersichtlichkeit der Freistellungstatbestände in der Landesbauordnung. Die in ihm bislang geregelten Fallgruppen werden in den § 65 (genehmigungsfreie Vorhaben) integriert.*

*§ 64 Nr. 1 befasste sich mit Anlagen an und in oberirdischen Gewässern einschließlich der Lande- und Umschlagstellen und der Rückhaltebecken, Anlagen der Gewässerbenutzung wie Anlagen zur Entnahme von Wasser, Anlagen zur Einleitung von Wasser, Stauanlagen, Anlagen der Gewässerunterhaltung und des Gewässerausbaues, Deichen, Dämmen und Stützmauern, jeweils mit Ausnahme von Gebäuden, Aufbauten und Überbrückungen. Die Genehmigungsfreiheit dieser Anlagen wurde bislang davon abhängig gemacht, dass*

*sie einer Genehmigung, Erlaubnis, Anzeige oder der staatlichen Aufsicht nach anderen Rechtsvorschriften unterlagen. Gemäß § 99 Abs. 2 Satz 3 des Landeswassergesetzes (LWG) haben die Wasserbehörden bei diesen Anlagen auch die Einhaltung der baurechtlichen Vorschriften zu prüfen, wenn eine Zuständigkeit der Bauaufsichtsbehörden nicht gegeben ist. Es ist daher gewährleistet, dass durch eine vollständige Genehmigungsfreiheit in der BauO NW Belange des Bauordnungsrechts nicht beeinträchtigt werden. § 64 Nr. 2 BauO NW erfasste oberirdische Anlagen und Einrichtungen, die der öffentlichen Versorgung mit Wasser, Gas, Elektrizität, Wärme oder dem Fernmeldewesen dienen; davon ausgenommen waren Anlagen mit mehr als 50 m$^3$ umbauten Raum oder Fassungsvermögen, ortsfeste Behälter von mehr als 50 m$^3$ Fassungsvermögen sowie Gebäude mit Aufenthaltsräumen. Auch diese Genehmigungsfreistellung galt nur dann, wenn die Anlagen und Einrichtungen einer Genehmigung, Erlaubnis, Anzeige oder der staatlichen Aufsicht nach anderen Rechtsvorschriften unterlagen.*

*Nr. 19 des Anhangs zu § 62 der Musterbauordnung (MBO) stellt bauliche Anlagen, die ausschließlich dem Fernmeldewesen, der öffentlichen Versorgung mit Elektrizität, Gas, Öl, Wärme und Wasser oder der Wasserwirtschaft dienen, die Transformatoren-, Schalt, Regler- oder Pumpstationen bis 20 m$^2$ Grundfläche und 4 m Höhe grundsätzlich von der Baugenehmigungspflicht frei. Es erscheint vertretbar, die genannten Anlagen und Einrichtungen bedingungslos freizustellen. Bereits jetzt war unbestritten, dass der Anwendungsbereich der Vorschrift äußerst gering war, vor allem im Hinblick auf die in der Regelung enthaltenen Rückausnahmen und die größenmäßige Beschränkung. Außerdem enthält das neue Energiewirtschaftsgesetz vom 24. 4. 1998 (BGBl. I, S. 730) eigene materielle Anforderungen an Energieanlagen (Gas und Strom), die von der dafür zuständigen Aufsichtbehörde (in NRW: MWMTV) ggf. durchzusetzen sind. Weiterhin ist zu berücksichtigen, dass die Landesbauordnung für Anlagen, die nicht bauliche Anlagen sind, sowie für Einrichtungen grundsätzlich nicht gilt, es sei denn, dass die BauO selbst oder auf ihr beruhende Vorschriften materielle Anforderungen an solche Anlagen und Einrichtungen enthalten. Dies ist jedoch nicht der Fall. Aus diesem Grund enthält auch die MBO nur eine Freistellungsregelung, die sich auf bauliche (Versorgungs-)Anlagen bezieht.*

*Gemäß § 64 Nr. 3 wurden bauliche Anlagen, die ausschließlich der Lagerung von Sprengstoffen dienen, von einer Baugenehmigung freigestellt, wenn sie einer Genehmigung, Erlaubnis, Anzeige oder der staatlichen Aufsicht nach anderen Rechtsvorschriften unterlagen. Eine solche Genehmigungspflicht ist in § 17 Abs. 1 des Sprengstoffgesetzes vorgesehen. § 17 Abs. 2 SprengG sieht dabei vor, dass die Genehmigung unter anderem auch dann zu versagen ist, wenn andere öffentlich-rechtliche Vorschriften oder Belange des Arbeitsschutzes der Errichtung, dem Betrieb oder der wesentlichen Änderung eines solchen Lagers entgegenstehen. Den bauaufsichtlichen Belangen ist auf diese Weise hinreichend Rechnung getragen, so dass eine unbedingte Freistellung von der Genehmigungspflicht vertretbar erscheint. Die bisher von § 64 Nr. 4 erfassten Anlagen, die einer Genehmigung nach § 7 Atomgesetz bedürfen, können ohne weiteres in den Freistellungskatalog nach § 65 BauO NW aufgenommen werden."*

## § 65
## Genehmigungsfreie Vorhaben

**(1) Die Errichtung oder Änderung folgender baulicher Anlagen sowie anderer Anlagen und Einrichtungen im Sinne des § 1 Abs. 1 Satz 2 bedarf keiner Baugenehmigung:**

**Gebäude**

**1. Gebäude bis zu 30 m³ Brutto – Rauminhalt ohne Aufenthaltsräume, Ställe, Aborte oder Feuerstätten, im Außenbereich nur, wenn sie einem land- oder forstwirtschaftlichen Betrieb dienen (§ 35 Abs. 1 Nr. 1 des Baugesetzbuches); dies gilt nicht für Garagen und Verkaufs- und Ausstellungsstände,**

**2. Gartenlauben in Kleingartenanlagen nach dem Bundeskleingartengesetz,**

**3. Wochenendhäuser auf genehmigten Wochenendplätzen,**

**4. Gebäude bis zu 4,0 m Firsthöhe, die nur zum vorübergehenden Schutz von Pflanzen und Tieren bestimmt sind und die einem land- oder forstwirtschaftlichen Betrieb dienen,**

**5. Gewächshäuser ohne Verkaufsstätten bis zu 4,0 m Firsthöhe, die einem land- oder forstwirtschaftlichen Betrieb dienen,**

**6. Fahrgastunterstände des öffentlichen Personenverkehrs oder der Schülerbeförderung,**

**7. Schutzhütten für Wanderer,**

**Anlagen in, an und außerhalb von Gewässern**

**7a. Anlagen an und in oberirdischen Gewässern einschließlich der Lande- und Umschlagstellen und der Rückhaltebecken, Anlagen der Gewässerbenutzung wie Anlagen zur Entnahme von Wasser, Anlagen zur Einleitung von Abwasser, Stauanlagen, Anlagen der Gewässerunterhaltung und des Gewässerausbaues, Deiche, Dämme und Stützmauern, mit Ausnahme von Gebäuden, Aufbauten und Überbrückungen,**

**Bauteile**

**8. nichttragende oder nichtaussteifende Bauteile innerhalb baulicher Anlagen; dies gilt nicht für Wände, Decken und Türen von notwendigen Fluren als Rettungswege,**

**8a. Verkleidung von Balkonbrüstungen,**

**Versorgungsanlagen, Leitungen, Behälter, Abwasserbehandlungsanlagen, Aufzüge**

**9. Lüftungsanlagen, raumlufttechnische Anlagen, Warmluftheizungen, Installationsschächte und Installationskanäle, die keine Gebäudetrennwände und – außer in Gebäuden geringer Höhe – keine Geschosse überbrücken; § 66 Satz 1 Nr. 7 bleibt unberührt,**

**9a. bauliche Anlagen, die dem Fernmeldewesen, der Allgemeinen Versorgung mit Elektrizität, Gas, Öl, Wärme und Wasser dienen, wie Transformatoren-, Schalt-, Regeler- oder Pumpstationen, bis 20 m² Grundfläche und 4 m Höhe,**

**10. Energieleitungen einschließlich ihrer Masten und Unterstützungen,**

**11. Behälter und Flachsilos bis zu 50 m³ Fassungsvermögen und bis zu 3,0 m Höhe außer ortsfesten Behältern für brennbare oder schädliche Flüssigkeiten oder für verflüssigte oder nicht verflüssigte Gase und offenen Behältern für Jauche und Flüssigmist,**

**12. Abwasserbehandlungsanlagen, mit Ausnahme von Gebäuden,**

**12 a. Aufzüge, mit Ausnahme solcher in Sonderbauten (§ 54)**

**Kernenergieanlagen, Sprengstofflager, Füllanlagen**

**12 b. Anlagen, die einer Genehmigung nach § 7 des Atomgesetzes bedürfen,**

**12 c. bauliche Anlagen, die ausschließlich zur Lagerung von Sprengstoffen dienen,**

**12 d. Füllanlagen für Kraftfahrzeuge an Tankstellen,**

**Einfriedungen, Stützmauern, Brücken**

**13. Einfriedungen bis zu 2,0 m, an öffentlichen Verkehrsflächen bis zu 1,0 m Höhe über der Geländeoberfläche, im Außenbereich nur bei Grundstücken, die bebaut sind oder deren Bebauung genehmigt ist,**

**14. offene Einfriedungen für landwirtschaftlich (§ 201 des Baugesetzbuches) oder forstwirtschaftlich genutzte Grundstücke im Außenbereich,**

**15. Brücken und Durchlässe bis zu 5,0 m Lichtweite,**

**16. Stützmauern bis zu 2,0 m Höhe über der Geländeoberfläche,**

**Masten, Antennen und ähnliche Anlagen und Einrichtungen**

**17. Unterstützungen von Seilbahnen,**

**18. Parabolantennenanlagen mit Reflektorschalen bis zu einem Durchmesser von 1,20 m und bis zu einer Höhe von 10,0 m, sonstige Antennen und Sendeanlagen einschließlich der Masten mit einer Höhe bis zu 10,0 m und zugehörige nach der Nummer 9 a zulässige Versorgungseinheiten sowie die Änderung der Nutzung oder der äußeren Gestaltung der baulichen Anlage, wenn die Antenne, Sendeanlage oder die Versorgungseinheit in, auf oder an einer bestehenden baulichen Anlage errichtet werden,**

**19. ortsveränderliche Antennenträger, die nur vorübergehend aufgestellt werden,**

**20. Blitzschutzanlagen,**

**21. Signalhochbauten der Landesvermessung,**

**22. Fahnenmasten,**

**23. Flutlichtanlagen bis zu 10,0 m Höhe über der Geländeoberfläche,**

**Stellplätze, Abstellplätze, Lagerplätze**

**24. nicht überdachte Stellplätze für Personenkraftwagen und Motorräder bis zu insgesamt 100 m²,**

**25. überdachte und nicht überdachte Fahrradabstellplätze bis zu insgesamt 100 m², **

**26. Ausstellungsplätze, Abstellplätze und Lagerplätze bis zu 300 m² Fläche außer in Wohngebieten und im Außenbereich,**

**27. unbefestigte Lagerplätze, die einem land- oder forstwirtschaftlichen Betrieb dienen, für die Lagerung land- oder forstwirtschaftlicher Produkte,**

**Bauliche Anlagen in Gärten und zur Freizeitgestaltung**

**28. bauliche Anlagen, die der Gartengestaltung oder der zweckentsprechenden Einrichtung von Gärten dienen, wie Bänke, Sitzgruppen, Pergolen,**

**29. bauliche Anlagen, die der zweckentsprechenden Einrichtung von Sport- und Spielflächen dienen, wie Tore für Ballspiele, Schaukeln und Klettergerüste, ausgenommen Tribünen,**

**30. Wasserbecken bis zu 100 m³ Fassungsvermögen außer im Außenbereich,**

**31. Landungsstege,**

**32. Sprungschanzen und Sprungtürme bis zu 10,0 m Höhe,**

**Werbeanlagen, Warenautomaten**

**33. Werbeanlagen und Hinweiszeichen nach § 13 Abs. 3 Nr. 3 bis zu einer Größe von 1 m²,**

**33a. Werbeanlagen in durch Bebauungsplan festgesetzten Gewerbe-, Industrie- und vergleichbaren Sondergebieten an der Stätte der Leistung, an und auf Flugplätzen, Sportanlagen, an und in abgegrenzten Versammlungsstätten, sowie auf Ausstellungs- und Messegeländen, soweit sie nicht in die freie Landschaft wirken,**

**33b. Werbeanlagen im Geltungsbereich einer Satzung nach § 86 Abs. 1 Nr. 1, wenn die Satzung Festsetzungen über Art, Größe und Anbringungsort der Werbeanlagen enthält und die Werbeanlagen diesen Festsetzungen entsprechen,**

**34. Werbeanlagen für zeitlich begrenzte Veranstaltungen, insbesondere für Ausverkäufe und Schlussverkäufe an der Stätte der Leistung, jedoch nur für die Dauer der Veranstaltung.**

**35. Werbeanlagen, die an der Stätte der Leistung vorübergehend angebracht oder aufgestellt sind, soweit sie nicht fest mit dem Boden oder anderen baulichen Anlagen verbunden sind,**

**36. Warenautomaten,**

**Vorübergehend aufgestellte oder genutzte Anlagen**

**37. Gerüste und Hilfseinrichtungen zur statischen Sicherung von Bauzuständen,**

**38. Baustelleneinrichtungen einschließlich der Lagerhallen, Schutzhallen und Unterkünfte,**

**39. Behelfsbauten, die der Landesverteidigung, dem Katastrophenschutz oder der Unfallhilfe für kurze Zeit dienen,**

**40.** **bauliche Anlagen, die zu Straßenfesten, Märkten und ähnlichen Veranstaltungen nur für kurze Zeit aufgestellt werden und die keine Fliegenden Bauten sind,**

**41.** **bauliche Anlagen, die für höchstens drei Monate auf genehmigtem Messe- und Ausstellungsgelände errichtet werden, ausgenommen Fliegende Bauten,**

**Sonstige bauliche Anlagen und Einrichtungen**

**41 a.** **Zugänge und Zufahrten, ausgenommen solche nach § 5,**

**42.** **selbständige Aufschüttungen und Abgrabungen bis zu 2,0 m Höhe oder Tiefe, im Außenbereich nur, wenn die Aufschüttungen und Abgrabungen nicht mehr als 400 m² Fläche haben,**

**43.** **Regale mit einer Lagerhöhe (Oberkante Lagergut) von bis zu 7,50 m Höhe,**

**44.** **Solarenergieanlagen auf oder an Gebäuden oder als untergeordnete Nebenanlagen,**

**45.** **Denkmalen, Skulpturen und Brunnenanlagen sowie Grabdenkmale und Grabsteine auf Friedhöfen,**

**46.** **Brunnen,**

**47.** **Fahrzeugwaagen,**

**48.** **Hochsitze,**

**49.** **unbedeutende bauliche Anlagen und Einrichtungen, soweit sie nicht durch die Nummern 1 bis 48 erfasst sind, wie Teppichstangen, Markisen, nicht überdachte Terrassen sowie Kleintierställe bis zu 5 m³.**

**(2) Keiner Baugenehmigung bedürfen ferner:**

**1.** **eine geringfügige, die Standsicherheit nicht berührende Änderung tragender oder aussteifender Bauteile innerhalb von Gebäuden; die nicht geringfügige Änderung dieser Bauteile, wenn eine Sachkundige oder ein Sachkundiger der Bauherrin oder dem Bauherrn die Ungefährlichkeit der Maßnahme schriftlich bescheinigt,**

**2.** **die Änderung der äußeren Gestaltung durch Anstrich, Verputz, Verfugung, Dacheindeckung, Solaranlagen, durch Einbau oder Austausch von Fenstern und Türen, Austausch von Umwehrungen sowie durch Bekleidungen und Verblendungen; dies gilt nicht in Gebieten, für die eine örtliche Bauvorschrift nach § 86 Abs. 1. Nr. 1 oder 2 besteht,**

**3.** **Nutzungsänderung, wenn die Errichtung oder Änderung der Anlage für die neue Nutzung genehmigungsfrei wäre,**

**4.** **das Auswechseln von gleichartigen Teilen haustechnischer Anlagen, wie Abwasseranlagen, Lüftungsanlagen und Feuerungsanlagen,**

**5.** **das Auswechseln von Belägen auf Sport- und Spielflächen,**

**6.** **die Instandhaltung von baulichen Anlagen sowie anderen Anlagen und Einrichtungen.**

**(3) [1]Der Abbruch oder die Beseitigung von baulichen Anlagen sowie anderen Anlagen und Einrichtungen nach Absatz 1 bedarf keiner Baugenehmigung. [2]Dies gilt auch für den Abbruch oder die Beseitigung von**

**1. genehmigungsfreien Anlagen nach § 66**

**2. Gebäuden bis zu 300 m³ umbauten Raum,**

**3. ortsfesten Behältern,**

**4. luftgetragenen Überdachungen,**

**5. Mauern und Einfriedungen,**

**6. Schwimmbecken,**

**7. Regalen,**

**8. Stellplätzen für Kraftfahrzeuge,**

**9. Lager- und Abstellplätzen,**

**10. Fahrradabstellplätzen,**

**11. Camping- und Wochenendplätzen,**

**12. Werbeanlagen.**

**(4) Die Genehmigungsfreiheit entbindet nicht von der Verpflichtung zur Einhaltung der Anforderungen, die in diesem Gesetz, in Vorschriften aufgrund dieses Gesetzes oder in anderen öffentlich-rechtlichen Vorschriften gestellt werden.**

## Erstes Gesetz zum Bürokratieabbau (Bürokratieabbaugesetz I)

**vom 13. 3. 2007**

(GV. NRW. S. 133)

g. d. G vom 9. 10. 2007 (GV. NRW. S. 393)

**– Auszug –**

**§ 2**

Im Lande Nordrhein-Westfalen gelten die folgenden Vorschriften mit folgender Maßgabe:

**232**

4. **Bauordnung für das Land Nordrhein-Westfalen – Landesbauordnung – (BauO NRW)** in der Fassung der Bekanntmachung vom 1. März 2000 (GV. NRW. S. 256), zuletzt geändert durch Artikel I des Gesetzes vom 12. Dezember 2006 (GV. NRW. S. 615):

   b) Abweichend von § 65 Abs. 1 Nr. 33 a bedarf die Errichtung oder Änderung von Werbeanlagen an der Stätte der Leistung auch dann keiner Baugenehmigung, wenn das Gewerbe-, Industrie- oder vergleichbare Sondergebiet nicht durch Bebauungsplan festgesetzt ist.

***VV BauO NRW** (infolge Befristung mit Ablauf des 31.12.2005 ausgelaufen)*

**65 Genehmigungsfreie Vorhaben (§ 65)**

*Die in dieser Vorschrift genannten Vorhaben sind vom Baugenehmigungsverfahren befreit und unterliegen auch nicht der Bauüberwachung (§ 81) und der Bauzustandsbesichtigung (§ 82). Die Verpflichtung, nach anderen Vorschriften erforderlicher Genehmigungen, Erlaubnisse u. ä. einzuholen, bleibt bestehen. In Frage kommen z. B. die Erlaubnis nach dem Denkmalschutzgesetz, die Genehmigung nach dem Straßenrecht oder Ausnahmen und Befreiungen nach Landschaftsrecht. Die Genehmigungsfreiheit lässt auch die Pflicht unberührt, öffentlich-rechtliche Vorschriften einzuhalten (§ 65 Abs. 4). Die Vorhaben müssen vor allem den allgemeinen Anforderungen des Bauordnungsrechts (§§ 3, 12 bis 19) genügen. Zu beachten sind auch örtliche Bauvorschriften in Bebauungsplänen und Satzungen nach § 86. Es dürfen nur Bauprodukte und Bauarten verwendet bzw. angewendet werden, deren Brauchbarkeit nachgewiesen ist (§§ 20 bis 28).*

*Genehmigungsfreie Teile eines genehmigungspflichtigen Vorhabens sind nicht Gegenstand des Baugenehmigungsverfahrens (z. B. nichttragende oder nichtaussteifende Bauteile nach § 65 Abs. 1 Nr. 8). Soweit derartige Teile in den Bauvorlagen dargestellt sind, bedarf eine Abweichung bei der Bauausführung daher auch keiner Nachtragsgenehmigung. Als genehmigungsfreie Baumaßnahmen unterliegen sie – für sich betrachtet – auch keiner Bauzustandsbesichtigung (§ 82). Im Übrigen wird auf § 65 Abs. 4 verwiesen. Nach § 63 Abs. 1 genehmigungsbedürftige bauliche Anlagen und Einrichtungen im Sinne von § 1 Abs. 1 Satz 2 bleiben dagegen in Verbindung mit genehmigungsfreien Vorhaben genehmigungsbedürftig.*

*65.17 Zu Absatz 1 Nr. 7*

*Eine Schutzhütte ist ein Gebäude, das jedermann jederzeit zugänglich ist, um Zuflucht bei ungünstiger Witterung zu gewähren. Sie darf keine Aufenthaltsräume enthalten.*

*65.19 a Zu Absatz 1 Nr. 9 a*

*Bauliche Anlagen nach Nr. 9a können auch zusammen mit genehmigungsfreien Antennenanlagen nach Nr. 18 genehmigungsfrei errichtet werden.*

*65.110 Es handelt sich hierbei um private Energieleitungen für Gas und Strom; im Übrigen wird auf § 1 Abs. 2 Nr. 3 verwiesen.*

*65.142 Zu Absatz 1 Nr. 42*

*Es ist die Grundfläche der Aufschüttung oder Abgrabung zugrunde zu legen.*

*65.21 Zu Absatz 2 Nr. 1*

*Als „Änderung" eines tragenden oder aussteifenden Bauteiles gilt z. B. das Herstellen von Schlitzen oder Durchbrüchen für Leitungen, aber auch der Durchbruch einer neuen Türöffnung. Der Ersatz des gesamten tragenden oder aussteifenden Bauteils durch ein anderes gilt nicht als Änderung, sondern bedarf der Baugenehmigung. Die Standsicherheit wird im allgemeinen erkennbar nicht berührt von kleineren senkrechten Schlitzen und Durchbrüchen für Rohrleitungen. Sie kann z. B. berührt werden von längeren waagerechten Schlitzen und von größeren Durchbrüchen (z. B. für Türen); dies gilt insbesondere, wenn der Durchbruch in der Nähe des auszusteifenden Bauteils vorgesehen ist.*

**Anmerkungen** (Autor: Heintz)

**Übersicht**


| | | Rdn. |
|---|---|---|
| 0 | Änderungen gegenüber der BauO NW 1984 und der BauO NW 1995 | 01– 04 |
| 1 | Allgemeines | 1–15c |
| 2 | Zu Absatz 1 – Katalog der genehmigungsfreien Vorhaben | 16– 17 |
| 2.1 | Gebäude | 18– 36 |
| 2.2 | Anlagen in, an und außerhalb von Gewässern | 37– 38 |
| 2.3 | Bauteile | 39– 42 |
| 2.4 | Versorgungsanlagen, Leitungen, Behälter, Abwasserbehandlungsanlagen, Aufzüge | 43– 54 |
| 2.5 | Kernenergieanlagen, Sprengstofflager, Füllanlagen | 55– 60 |
| 2.6 | Einfriedungen, Stützmauern, Brücken | 61– 76 |
| 2.7 | Masten, Antennen und ähnliche Anlagen und Einrichtungen | 77– 85 |
| 2.8 | Stellplätze, Abstellplätze, Lagerplätze | 86– 97 |
| 2.9 | Bauliche Anlagen in Gärten und zur Freizeitgestaltung | 98–106 |
| 2.10 | Werbeanlagen, Warenautomaten | 107–122 |
| 2.11 | Vorübergehend aufgestellte oder genutzte Anlagen | 123–132 |
| 2.12 | Sonstige bauliche Anlagen und Einrichtungen | 133–150 |
| 3 | Zu Absatz 2 – Freistellung baulicher Vorgänge | 151–166 |
| 4 | Zu Absatz 3 – Freigestellte Abbruch- oder Beseitigungsmaßnahmen | 167–184 |
| 5 | Zu Absatz 4 – Beachtung der öffentlich-rechtlichen Vorschriften | 185–190 |


## 0 Änderungen gegenüber der BauO NW 1984 und der BauO NW 1995

Die Vorschrift des § 65 **BauO NW 1995** übernahm § 62 BauO NW 1984 in geänderter und ergänzter Form. In **Absatz 1** wurde der Katalog der freigestellten Vorhaben in Anpassung an den Anhang zu § 62 MBO der besseren Übersichtlichkeit und Lesbarkeit wegen **systematisch neu geordnet**, mit **Zwischenüberschriften** versehen und um **Nr. 7, 12, 23, 25, 27, 32, 33, 37, 39, 40, 41, 44** und **46 erweitert**. In **Absatz 2** wurden **Nr. 5** und **6 angefügt**. In **Absatz 3** Satz 2 wurden die Abbruch- und Beseitigungstatbestände aus Gründen der Übersichtlichkeit neu gegliedert und durch **Nr. 4 bis 11 ergänzt**. **Absatz 4** blieb unverändert. 01

Die **BauO NRW 2000** hat am systematischen Aufbau des § 65 BauO NW 1995 festgehalten. Die Annäherung an § 62 MBO 1997 erfolgte durch **Einbeziehung** der Tatbestände des aufgehobenen **§ 64 BauO NW 1995**; hierbei handelt es sich in **Absatz 1** um die Nummern **7 a, 9 a, 12 b** und **12 c** (s. die Anmerkungen zum aufgehobenen § 64). Entsprechend dem Gesetzentwurf der Landesregierung (s. die Begründung in LT-Drucks. 12/3738 S. 83 ff. zu Art. I Nr. 40 – § 65) wurden in Absatz 1 die Nummern **8 a, 12 a, 12 d, 33 a, 33 b** und **41 a** zusätzlich aufgenommen und die Beschränkung in **Nr. 36** auf bestimmte Warenautomaten gestrichen. In **Absatz 2** wurde **Nr. 2 erweitert**. In **Absatz 3** wurde **Nr. 10 neu eingefügt**, wodurch sich die alten Nr. 10 und 11 zu den neuen Nr. 11 und 12 verschoben; in Nr. 12 (neu) konnten die Warenautomaten wegen der Neufassung von Absatz 1 Nummer 36 gestrichen werden. 02

In **Absatz 1** erhielt **Nr. 18** durch das Gesetz zur Änderung der Landesbauordnung vom 22. 7. 2003 (GV. NRW. S. 434) eine neue Fassung, um die Errichtung von **Mobilfunk-Basisstationen verfahrensrechtlich** zu **erleichtern** und damit die Bauaufsichtsbehörden zu entlasten, wenn dies mit einer Nutzungsänderung bestehender baulicher Anlagen 03 verbunden ist (so die Begründung in LT-Drucks. 13/4044 S. 1). Gegenstand des Gesetzes war zugleich die Aufnahme eines neuen **§ 74a** – Ausnahmen und Befreiungen nach dem Bauplanungsrecht – in die Landesbauordnung.

04 Durch **§ 2 Nr. 4 Buchstabe b) Bürokratieabbaugesetz I** vom 13. 3. **2007** (GV. NRW. S. 133) wurde in **Absatz 1** der Anwendungsbereich des Freistellungstatbestandes der **Nr. 33a** dadurch befristet (hierzu s. die Anmerkungen zu § 63 Rdn. 11–11 a) ausgedehnt, dass der Freistellungstatbestand auch Anwendung findet, wenn die Gewerbe-, Industrie- oder vergleichbaren Sondergebiete **nicht** durch Bebauungsplan festgesetzt sind.

## 1 Allgemeines

1 Wenn § 65 Abs. 1 Satz 1 BauO NRW eingangs formuliert: „Die Errichtung oder Änderung folgender baulicher Anlagen ... bedarf keiner Baugenehmigung ...", so ist der Begriff in seiner umfassenden Bedeutung gemeint. Für die von § 65 BauO NRW erfassten Vorhaben bzw. Vorgänge ist daher **weder eine Baugenehmigung noch eine** die Baugenehmigung ersetzende **Zustimmung** nach § 80 BauO NRW erforderlich. Die Freistellung von der Genehmigungspflicht bewirkt zugleich, dass auch die Bauüberwachung und die Bauzustandsbesichtigungen entfallen.

2 Die **Verfahrensfreiheit** bestimmter, aus Sicht des Bauordnungsrechts unbedeutender Vorhaben stellt **keine Freistellung vom materiellen Recht** dar. Dies ergibt ein Blick in den bedeutsamen **Absatz 4**, der leider nicht am Schluss stehen dürfte, sondern vielmehr die **Vorschrift einleiten** sollte. Freistellung bedeutet nämlich nur eine Entbindung von der Pflicht, einen Bauantrag mit den erforderlichen Bauvorlagen einreichen und die Erteilung der Baugenehmigung abwarten zu müssen. Darin liegt die wesentliche Wirkung der Genehmigungsfreiheit für den Bauherrn. Eine **Erleichterung** ist damit **nicht in jedem Fall** verbunden, da der ordnungsgemäß handelnde Bauherr die zu beachtenden **materiellen Bauvorschriften** erst mühsam **bei den zuständigen Behörden erfragen** muss. Dieser Prozess kann mitunter länger dauern als ein vereinfachtes Genehmigungsverfahren, zumal mangels Baugenehmigung deren Konzentrationseffekt hinsichtlich eingeschlossener öffentlich-rechtlicher Gestattungen entfällt, der Bauherr also gezwungen ist, **selbständige Genehmigungen oder Erlaubnisse** (z. B. nach Straßen-, Denkmal-, Landschafts- oder Baumschutzrecht) bei den dafür zuständigen Behörden einzuholen. Das ergibt sich mittelbar aus § 75 Abs. 3 Satz 2 BauO NRW, da dies auch für baugenehmigungsbedürftige Vorhaben gilt (argumentum a maiore ad minus; s. auch die Anmerkungen zu § 75 Rdn. 168 und 169).

3 **Verfahrensfreistellungen bewirken nicht stets eine Entlastung der Bauaufsichtsbehörden.** Zwar tritt ein Fortfall der präventiven Prüfaufgaben, der Bauüberwachung und der Bauzustandsbesichtigungen bezüglich verfahrensfreier Vorhaben ein, dieser Entlastungseffekt wird aber nicht selten durch **erforderliche repressive bauaufsichtliche Maßnahmen** zunichte gemacht, vor allem, wenn die Verletzung nachbarschützender Vorschriften gerügt und ein Einschreiten verlangt wird (zum Nachbarschutz s. die Anmerkungen zu § 67 Rdn. 8; zur Pflicht zum Einschreiten s. die Anmerkungen zu § 61 Rdn. 42–43). Es erstaunt daher immer wieder, mit jeder Baurechtsnovelle das Anwachsen der Freistellungskataloge beobachten zu können, ohne dass die damit verbundenen Nachteile zumindest erwähnt werden, stattdessen in den Gesetzesbegründungen aber nur von der erforderlichen Entlastung der Bauaufsichtsbehörden die Rede ist (so auch die Begründung in LT-Drucks. 12/3738 S. 83 zu Art. I Nr. 40 – § 65).

Bei der **Freistellung** ist einerseits aus bauordnungsrechtlicher Sicht die **Grenze** zu berücksichtigen, die **durch mögliche Gefahren** für die öffentliche Sicherheit oder Ordnung gezogen wird. Viele unbedeutende Vorhaben und Vorgänge sind in dieser Hinsicht unproblematisch, wie z.B. Instandhaltungsarbeiten an baulichen Anlagen, die Montage eines Weidezaunes, die Errichtung kleiner Nebengebäude, oder die Herstellung bzw. Beseitigung nichttragender Wände. Derartige Maßnahmen waren schon immer verfahrensfrei (vgl. die preußischen Mustervorschriften für Baupolizeiverordnungen: jeweils § 1 Buchstabe B der „Einheitsbauordnung für Städte" vom 25.4.1919 und der „Bauordnung für das platte Land" vom 22.3.1931). Andererseits kann eine Freistellung auch erfolgen, wenn für das Vorhaben ein **anderes öffentlich-rechtliches Genehmigungs- oder Erlaubnisverfahren** vorgeschrieben ist, in dem die bauordnungsrechtlichen Belange mit geprüft werden. Hierdurch wird **dem Bauherrn** eine **doppelte Antragstellung erspart**. 4

Der Gesichtspunkt der Vermeidung einer für den Bauherrn doppelten Antragstellung liegt ebenso der bauplanungsrechtlichen Zulässigkeitsprüfung städtebaulich relevanter Vorhaben zugrunde. Der Bund hätte kompetenzrechtlich im Bundesbaurecht zur Kontrolle der Einhaltung des materiellen Zulässigkeitsrechts für Vorhaben auch abschließende verfahrensrechtliche Bestimmungen treffen können. Mit Blick auf die seit jeher bestehenden baupolizeilichen Verfahren zur präventiven Kontrolle des öffentlichen Baurechts hat er **kein eigenständiges städtebauliches Genehmigungsverfahren** durch die Gemeinde vorgesehen, sondern lediglich ergänzende Verfahrensvorschriften erlassen, die die Beteiligung der Gemeinde absichern. Seit dem Inkrafttreten des BBauG 1960 bestand die bundesrechtliche Konzeption der **Einbettung der bauplanungsrechtlichen Zulässigkeitsprüfung von Vorhaben in das bauordnungsrechtliche Genehmigungs-**, **Zustimmungs**- oder **Anzeigeverfahren** (s. § 29 BBauG 1960 bzw. § 29 BauGB 1986). Diese Vorgabe erlaubt es den Ländern nicht, städtebaulich relevante Vorhaben verfahrensfrei zu stellen (s. die Anmerkungen vor §§ 63 bis 68 Rdn. 3). Dies berücksichtigte § 86 MBO 1960 mit einem „**moderaten**" Freistellungskatalog. 5

Die auf das Bundesbaurecht abgestimmte **Freistellungsregelung** in § 86 MBO 1960 wurde **in späteren Jahren erheblich ausgeweitet**. Es entsprach einer allgemeinen **Tendenz zur Deregulierung**, mit jeder Bauordnungsnovelle neue Freistellungstatbestände zu schaffen. Dabei wurde von den Ländern nicht immer § 29 BBauG = § 29 BauGB 1986 berücksichtigt, bis das BVerwG schließlich eingriff und in seiner „**Wyhl – Entscheidung**" (Urteil vom 19.12.1985 – 7 C 65.82, BVerwGE 72, 300 = DVBl. 1986, 190) deutlich die **bei der Freistellung zu beachtenden Grenzen** aufzeigte. Diese Entscheidung hinderte die Länder nicht, ihre Freistellungsbemühungen fortzusetzen und sogar die **Freistellung für bebauungsplankonforme Wohngebäude** einzuführen (vgl. Jäde, Zum Stand der Bauordnungsreform, ZfBR 2000, S. 519ff.). Die Vorschriften zur Genehmigungsfreistellung „bebauungsplankonformer Wohngebäude" nach dem Muster Bayerns, dem § 67 BauO NW 1995 entsprach, sahen jedoch **mit Rücksicht auf das Bauplanungsrecht** eine **Einschaltung der Gemeinde** vor, so dass diese ihre Planungshoheit nach wie vor ausüben konnte. 6

Dagegen stellten einzelne Landesbauordnungen derartige Wohngebäude frei, ohne dass die Gemeinde Kenntnis von dem Vorhaben erhielt, was den **Bund** schließlich zu **gesetzgeberischen Reaktionen** veranlasste. Mit dem **BauROG** wurden die Vorschriften des **§ 15 Abs. 1 Satz 2 und 3**, des **§ 29 Abs. 1** und des **§ 36 Abs. 1 Satz 3 BauGB** geändert bzw. neu eingefügt, um so der Gemeinde die Möglichkeit zu erhalten, bezüglich freigestellter Wohnbauvorhaben von den Instrumenten der Zurückstellung wirksam Gebrauch machen zu können (hierzu s. Jäde, Bauordnungsrecht und Bundesbaurecht – Lösungen und Probleme des BauGB 1998, ZfBR 1998, S. 129 ff. und Uechtritz/Schladebach, Die vorläufige Untersagung nach § 15 Abs. 1 Satz 2 BauGB: Probleme bei der Harmonisierung von Planungsrecht und „deregulierten" Verfahren, BauR 2001, S. 37 ff.).

7 Mit dem BauROG wurde vor allem durch Änderung des § 29 BauGB 1986 die **Geltung des materiellen Bauplanungsrechts vom Verfahrensrecht der Landesbauordnungen entkoppelt**, um so auch der Rechtsprechung des BVerwG Rechnung zu tragen (vgl. BVerwG, Beschluss vom 4. 3. 1997 – 4 B 233.96, BRS 59 Nr. 127 = DÖV 1997, 643 = UPR 1997, 326 = ZfBR 1997, 218 zur planungsrechtlichen Unzulässigkeit eines nach Bauordnungsrecht freigestellten Stellplatzes; zu den Beweggründen des Gesetzgebers vgl. Lüers, Die Änderungen des Baugesetzbuchs durch das Bau- und Raumordnungsgesetz 1998 – BauROG – Teil 2, ZfBR 1997, S. 275 ff.). Das materielle Zulässigkeitsrecht für Vorhaben nach den §§ 29 bis 37 BauGB ist dadurch seit dem 1. 1. 1998 unabhängig vom Verfahrensrecht der Landesbauordnungen stets zu beachten, wenn der **bauplanungsrechtliche Begriff der baulichen Anlage** erfüllt ist (s. die Anmerkungen zu § 2 Rdn. 9–14). Diese Entkoppelung schließt insoweit nunmehr aus, dass den Ländern weiterhin noch eine Dispositionsbefugnis zusteht, über Freistellungstatbestände die Anwendung des materiellen Bauplanungsrechts beeinflussen zu können. Die hierdurch bewirkte Beschneidung der Landeskompetenz und die in gewisser Weise eintretende „**Verschärfung**" der materiellen Rechtslage war dem Bundesgesetzgeber durchaus bewusst. Allerdings nahm die Bundesregierung noch an, dass die in den Freistellungskatalogen der Landesbauordnungen aufgeführten „unbedeutenden" baulichen Anlagen regelmäßig nach den materiellen bauplanungsrechtlichen Vorschriften zulässig sein würden (vgl. BT-Drucks. 13/6392 S. 55). Dieser Auffassung ist das BVerwG entgegengetreten; es führt im Urteil vom 7. 5. 2001 (– 6 C 18.00, BauR 2001, 1558 = BRS 64 Nr. 89 = NVwZ 2001, 1046) zur Zulässigkeit einer nach der LBO Rh-Pf freigestellten Gerätehütte aus Holz im Außenbereich und im Landschaftsschutzgebiet aus:

*„Im Zuge der sog. Deregulierung des Bauordnungsrechts stellten die Landesbauordnungen zunehmend Bauvorhaben von der Baugenehmigungspflicht frei und sahen auch sonst kein präventives behördliches Prüfungsverfahren vor. Dieser Befund gab Anlaß zu gesetzgeberischen Überlegungen (BT-Drucks. 13/6392, S. 55), die dazu führten, das materielle Bauplanungsrecht von dem jeweiligen bauordnungsrechtlichen Verfahren abzulösen. Die §§ 30 bis 37 BauGB sollten unabhängig von einem landesrechtlichen Verfahren für alle Vorhaben gelten, welche die Errichtung, Änderung oder Nutzungsänderung von baulichen Anlagen zum Gegenstand haben.*

*§ 29 BauGB n. F. bietet keinen Anhalt dafür, daß für solche Vorhaben, die bereits nach früherem, im einzelnen unterschiedlichem Landesrecht keinem Gestattungs- oder Anzeigeverfahren unterlagen, die §§ 30 bis 37 BauGB nicht gelten sollen. Der erkennende Senat braucht daher nicht zu entscheiden, ob das Genehmigungsverfahren des § 6 Abs. 1 Satz 2 LPflG nicht ohnehin ein solches i. S. des § 29 BauGB alter Fassung war und schon deshalb auch nach früherem Recht die §§ 30 bis 37 BauGB anzuwenden gewesen wären (vgl. dazu Gaentzsch, BauGB, 1991, § 29 Rdnr. 11; Hess. VGH, Beschluß v. 5. 12. 1994 – 4 TH 2165/94 –, BRS 57 Nr. 283 = DVBl. 1995, 524), so daß die vom Berufungsgericht aufgeworfene Frage ohnehin gegenstandslos wäre.*

*Der Wortlaut des § 29 BauGB gibt keinen Hinweis für eine im Sinne des Berufungsgerichts einschränkende Auslegung. Er stellt allein darauf ab, ob es sich um ein Vorhaben handelt, das der Errichtung, Änderung oder Nutzungsänderung baulicher Anlagen dient. Das Vorhaben nach § 29 Abs. 1 Halbs. 1 BauGB ist durch das verhältnismäßig weite Merkmal des Bauens und zusätzlich und zwingend (Urteil v. 6. 12. 1993 – 4 C 22.92 –, Buchholz 406.11 § 29 BauGB Nr. 52, S. 18) durch das Element möglicher bodenrechtlicher Relevanz gekennzeichnet (Urteil v. 31. 8. 1973 – 4 C 33.71 –, BVerwGE 44, 59, 61 = BRS 27 Nr. 122 = BauR 1973, 366). Als Bauen ist das Schaffen von Anlagen anzusehen, die in einer auf Dauer gedachten Weise künstlich mit dem Erdboden verbunden sind. Diese Voraussetzung erfüllt auch eine Gerätehütte, die aus Bauprodukten hergestellt und mit dem Boden in geeigneter Weise verbunden werden soll, um dort auf Dauer zu stehen (vgl. auch Beschluß v. 10. 8. 1999 – 4 B 57.99 –, BRS 62 Nr. 161 = BauR 2000, 1161). Bodenrechtliche Relevanz ist gegeben, wenn das Vorhaben die in § 1 Abs. 5 BauGB genannten Belange in einer Weise berührt oder berühren kann, die geeignet ist, das Bedürfnis nach einer ihre Zulässigkeit regelnden Bauleitplanung hervorzurufen (Urteil v. 31. 8. 1973, a. a. O.). Dabei ist nicht allein das einzelne Objekt in den Blick zu nehmen; vielmehr ist die Frage auf der Grundlage einer das einzelne Objekt verallgemeinernden Betrachtungsweise zu beantworten (Urteil v. 3. 12. 1992 – 4 C 27.91 –, BVerwGE 91, 234, 236 = BRS 54 Nr. 126). Bodenrechtliche Relevanz besteht dann, wenn die Anlage auch und gerade in ihrer unterstellten Häufung Belange erfaßt oder berührt, welche im Hinblick auf § 1 Abs. 3 und 5 BauGB städtebauliche Betrachtung und Ordnung erfordern. Hierzu gehören nach § 1 Abs. 5 Nr. 4 BauGB auch die Gestaltung des Landschaftsbildes und nach § 1 Abs. 5 Nr. 7 BauGB die Belange des Naturschutzes und der Landschaftspflege. Die vom Kläger vorgesehene Gerätehütte berührt, wenn man sie vervielfacht in den Blick nimmt, die genannten Belange. Ob es außerdem erforderlich ist, dass die bauliche Anlage in ihrer konkreten Ausgestaltung Gegenstand einer planerischen Festsetzung sein kann (so Urteil v. 16. 12. 1993 – 4 C 22.92 –, a. a. O.; zweifelnd Dürr, in: Brügelmann, BauGB, § 29 Rdnr. 8; Löhr, in: Battis/Krautzberger/Löhr, BauGB, 7. Aufl. 1999, § 29 Rdnr. 14), kann auf sich beruhen. Auch eine solche Voraussetzung ist hier erfüllt. Denn nach § 9 Abs. 1 Nr. 10 BauGB können im Bebauungsplan Flächen, die von der Bebauung freizuhalten sind, und deren Nutzung festgesetzt werden, nach § 9 Abs. 1 Nr. 18 die Flächen für die Landwirtschaft und Wald, nach § 9 Abs. 1 Nr. 20 BauGB die Flächen oder Maßnahmen zum Schutz, zur Pflege und zur Entwicklung von Boden, Natur und Landschaft. Diese Festsetzungsmöglichkeiten schließen es ein, eine Gerätehütte der hier vorgesehenen Art für unzulässig zu erklären. Damit erfüllt die vom Kläger vorgesehene Anlage alle Voraussetzungen des § 29 Abs. 1 BauGB.*

*Der Senat braucht daher nicht darüber zu befinden, ob die Lösung des bundesrechtlichen Bodenrechtes von einem Gestattungs- oder Anzeigeverfahren nicht ohnehin zu einem Verständnis des Begriffs des baulichen Vorhabens im Sinne des § 29 BauGB dahingehend nötigt, daß dem Element der bodenrechtlichen Relevanz eine tendenziell andere Gewichtung beigemessen werden muß. Die gesetzgeberische Entscheidung, die Anwendung des bundesrechtlichen Bodenrechts nicht von einem Gestattungs- oder Anzeigeverfahren abhängig zu machen, könnte zu der Folgerung führen, daß grundsätzlich alle baulichen Anlagen dem bundesrechtlichen Bodenrecht unterworfen sind, wenn nicht ausnahmsweise wegen der konkreten Anordnung, Nutzung oder Ausgestaltung Regelungsziele des Bodenrechts offensichtlich nicht berührt werden können.*

*Dem Gesetzgeber war bewußt, daß die Abkoppelung des § 29 BauGB von Gestattungs- oder Anzeigeverfahren auch zur Unterwerfung kleinerer, regelmäßig unbedeutender Vorhaben unter das Planungsrecht zur Folge haben könnte (vgl. amtliche Begründung zum*

*Regierungsentwurf, BT-Drucks. 13/6392, S. 55). Der Gesetzgeber hatte allerdings die Vorstellung, daß solche unbedeutenden Anlagen regelmäßig den materiellrechtlichen Vorschriften nach §§ 30, 34 oder 35 Abs. 2 BauGB entsprächen. Auch wenn sich diese Vorstellung als verfehlt erweisen sollte (vgl. Schmaltz, in: Schrödter, BauGB, 6. Aufl. 1998, § 29 Rdnr. 29), weil sich im Außenbereich regelmäßig auch kleinere Anlagen als unzulässig herausstellen und sich ihre Zulässigkeit im unbeplanten Innenbereich u. a. danach richtet, ob sie sich einfügen, läßt sich jedenfalls den Erwägungen im Gesetzgebungsverfahren nicht entnehmen, daß derartige Anlagen nicht den §§ 30, 34 und 35 BauGB unterfallen sollten, wie das Berufungsgericht meint.*"

**8** Folgen für die Gesetzgebungstätigkeit der Länder auf dem Gebiet des Bauordnungsrechts entfaltet auch der mit dem BauROG neu geschaffene § 36 Abs. 1 **Satz 3** BauGB:

*„Richtet sich die Zulässigkeit von Vorhaben nach § 30 Abs. 1, stellen die Länder sicher, dass die Gemeinde rechtzeitig vor Ausführung des Vorhabens über Maßnahmen zur Sicherung der Bauleitplanung nach den §§ 14 und 15 entscheiden kann.*"

Über **§ 36 BauGB** wird an und für sich nur die **Beteiligung der Gemeinde** zur Sicherung ihrer Planungshoheit in nicht beplanten Bereichen bzw. im Falle der Abweichung von Bebauungsplanfestsetzungen geregelt (s. die Anmerkungen zu § 72 Rdn. 25). Der neue **Satz 3**, der als wenig geglückt bezeichnet werden kann, will gewährleisten, dass bei einem landesrechtlichen Verzicht auf ein präventives Prüfverfahren für Vorhaben im Geltungsbereich eines qualifizierten Bebauungsplans die Gemeinde Kenntnis von der Ausführung des Vorhabens erhält, wobei dieser **Informationsanspruch durch Landesrecht auszugestalten** ist (so BR-Drucks. 635/96 S. 60). Die Bundesregierung wollte indessen mit dieser Gesetzesänderung nur die entsprechend § 67 BauO NRW freigestellten Wohnbauvorhaben und nicht etwa auch die im Freistellungskatalog des § 65 BauO NRW enthaltenen Kleinstvorhaben erfassen. Das kann jedoch der Formulierung des § 36 Abs. 1 **Satz 3** BauGB so nicht entnommen werden. In der geltenden Fassung wird man die bundesrechtliche Maßgabe auch vor dem Hintergrund der Rechtsprechung des BVerwG nur so auslegen können, dass die Länder verpflichtet sind, nicht nur für Wohnbauvorhaben, sondern vielmehr für **alle** städtebaulich relevanten Vorhaben im beplanten Bereich eine Mitwirkung der Gemeinde anzuordnen. Dass auch einzelne der im Freistellungskatalog des § 65 BauO NRW enthaltenen Vorhaben städtebauliche Relevanz entfalten können, ergibt sich zweifellos bereits dadurch, dass die Gemeinde gemäß §§ 12, 14 und 23 Abs. 5 BauNVO ermächtigt ist, durch Festsetzung die Zulässigkeit von Nebenanlagen sowie von Stellplätzen und Garagen außerhalb der überbaubaren Grundstücksflächen im Bebauungsplan einzuschränken oder diese Anlagen sogar auszuschließen. Dieser bauplanungsrechtliche Gesichtspunkt hat auch Folgen für das Verhältnis der Vorschriften des § 65 zu denen des §§ 67 BauO NRW (s. Rdn. 15).

**9** Die richtige **Einordnung der Freistellungstatbestände** des § 65 BauO NRW bereitet seit jeher **Schwierigkeiten in der Vollzugspraxis**, weil nicht nur das Verhältnis zum **Anwendungsbereich** des Bauordnungsrechts nach **§ 1 BauO NRW** und zum **verfahrensrechtlichen Grundsatz** des **§ 63 BauO NRW**, sondern auch das **Verhältnis zu den übrigen Verfahrensvorschriften** zu beachten ist, deren Umfang sich durch die Einführung des vereinfachten Genehmigungsverfahrens und der Genehmigungsfreistellung für Wohnbauvorhaben erhöht hat. Die Materie ist derart komplex, dass die Bediensteten der Bauaufsichtsbehörden im Rahmen der Bauberatung sehr genau aufpassen müssen, um den anfragenden Bürger nicht auf die falsche Fährte zu locken. Aus diesem Grunde schon sollten nur erfahrene Bedienstete mit der Bauberatung betraut werden.

Ein Vorhaben kann nur dann der Freistellungsvorschrift unterfallen oder genehmigungsbedürftig sein, wenn das Bauordnungsrecht überhaupt nach § 1 BauO NRW **Anwendung** findet. Diese Frage ist nicht immer einfach zu klären, weil die Regeln des **Absatzes 2** dieser Vorschrift („Dieses Gesetz gilt nicht …“) auf die **Erfüllung von Tatbeständen** abstellen, die genauestens zu beachten sind, darüber hinaus selbst bei deren Erfüllung wiederum **Rückausnahmen für Gebäude** greifen und schließlich noch die versteckt angeordnete Anwendungsvorschrift des **§ 13 Abs. 6 BauO NRW** für Werbeanlagen nicht übersehen werden darf. Vor allem bei der Privatisierung nicht benötigter Bahnanlagen treten hierbei Unsicherheiten auf (s. die Anmerkungen zu § 63 Rdn. 24). **10**

Die **Genehmigungsfreiheit** nach § 65 BauO NRW greift jeweils **nur isoliert in Bezug auf den einzelnen Tatbestand**. Das schließt nicht aus, gleichzeitig mehrere Freistellungstatbestände zu nutzen, z. B. im Wohngarten eines Wohngebäudes ein nach § 65 Abs. 1 Nr. 1 BauO NRW freigestelltes Kleingebäude ohne Aufenthaltsraum zum Abstellen der Gartengeräte und Gartenmöbel sowie im Vorgarten einen nach § 65 Abs. 1 Nr. 24 BauO NRW freigestellten Stellplatz für das Motorrad zu errichten. Es ist aber Vorsicht geboten, wenn für die Realisierung ein und desselben Vorhabens mehrere Freistellungstatbestände kombiniert herangezogen werden, um die Genehmigungsfreiheit zu begründen. In einem derartigen Fall muss das Vorhaben insgesamt nach jedem einzelnen der zur Anwendung kommenden Tatbestände genehmigungsfrei sein, weil es nicht in einzelne jeweils für sich genehmigungsfreie Teile „zerlegt“ werden kann (Nds. OVG, Urteil vom 18. 2. 1993 – 1 L 246/89, BRS 55 Nr. 84 zu einer freigestellten Dungstätte mit einer freigestellten Begrenzungsmauer, die beide deshalb als bauliche Einheit vom Gericht gewertet wurden, weil die Mauer nicht nur als bloße Einfriedung fungierte, sondern vielmehr auch dazu diente, das Fassungsvermögen der Dungstätte zu steigern). **11**

Der **Gesichtspunkt des Funktionszusammenhangs** muss auch bei der Einbeziehung an und für sich genehmigungsfreier Teile in ein genehmigungsbedürftiges Vorhaben beachtet werden. Nahezu jedes **genehmigungsbedürftige Vorhaben** umfasst auch **genehmigungsfreie Teile**, wie z. B. nichttragende Wände nach § 65 Abs. 1 Nr. 8 BauO NRW. Ein **genehmigungsbedürftiges Vorhaben lässt sich jedoch nicht in genehmigungsbedürftige und genehmigungsfreie Teile aufspalten**, wenn damit zugleich **Auswirkungen auf die Nutzung** verbunden ist (OVG NRW, Urteil vom 12. 8. 1968 – VII A 738/67, BRS 20 Nr. 149 zur Unzulässigkeit der Aufspaltung einer Umbaumaßnahme in genehmigungsbedürftige und lediglich anzeigepflichtige oder genehmigungsfreie Teile). Wird z. B. die Errichtung eines Gebäudes mit gewerblichem Lagerteil und privatem Garagenteil genehmigt und soll die innere Aufteilung zur Vergrößerung des Lagerteils durch verschobene Anordnung einer nichttragenden Wand abweichend von den genehmigten Bauvorlagen ausgeführt werden, so ist ein Nachtragsbauantrag erforderlich, weil § 65 Abs. 2 Nr. 3 BauO NRW (genehmigungsfreie Nutzungsänderung) nur greift, wenn das Vorhaben insgesamt genehmigungsfrei wäre. **12**

**Nr. 65 Abs. 2 VV BauO NRW** ist insoweit **missverständlich** formuliert, als auf die Folgen einer eventuell genehmigungsbedürftigen Änderung der Nutzung nicht hingewiesen wird. Soweit allerdings innerhalb der gleichen Nutzungseinheit nichttragende bzw. nichtaussteifende Wände anders als genehmigt angeordnet werden ohne den Nutzungsumfang zu erhöhen, wird dies regelmäßig keinen Einfluss auf die Nutzung haben (BVerwG, Urteil vom 18. 4. 1996 – 4 C 17.94, ZfBR 1996, 284 zur geänderten Raumaufteilung einer Spielhalle, um diese den Anforderungen der Spielverordnung anzupassen). Dagegen kann die Aufstellung weiterer Spielgeräte in einem baurechtlich als

Gaststätte genehmigten Betrieb mit Elementen einer Spielhalle wegen der bauplanungsrechtlich bedeutsamen Verstärkung des Spielhallencharakters eine genehmigungsbedürftige Nutzungsänderung sein (Hess. VGH, Beschluss vom 15. 10. 1986 – 3 TH 2544/85, BRS 46 Nr. 134).

13 **Genehmigungsbedürftige Nutzungsvorgänge** können auch mit der Errichtung einzelner freigestellter Anlagen verbunden sein. So sind Gewächshäuser ohne Verkaufsstätten bis zu 4,0 m Firsthöhe, die einem land- oder forstwirtschaftlichen Betrieb dienen, gemäß § 65 Abs. 1 Nr. 5 BauO NRW genehmigungsfrei. Vorausgesetzt wird dabei aber eine entsprechend legale Bodennutzung. Soll diese erst noch genehmigt werden, so sind auch die auf dieser Fläche zu errichtenden Gewächshäuser genehmigungsbedürftig (OVG Bln, Beschluss vom 23. 8. 1988 – 2 S 7.88, BRS 48 Nr. 125 zu Gewächshäusern als unselbständige Teile eines beantragten Gartenbaubetriebs, die nach der Konzeption des Bauherrn und nach ihrer Funktion in einem engen baulichen und zeitlichen Zusammenhang mit dem Gesamtvorhaben standen).

13a **Einheitliche Vorhaben**, die aus **genehmigungsfreien** und **genehmigungsbedürftigen Teilen zusammengesetzt** sind, unterliegen **insgesamt dem Genehmigungserfordernis**, wenn sie nach ihrer Funktion in einem Zusammenhang stehen und eine isolierte Betrachtung ausscheidet (vgl. Finkelnburg/Ortloff, Band II S. 98; Hoppe/Bönker/Grotefels, S. 518 f. Rdn. 15; Wilke/Dageförde/Knuth/Meyer, zu § 56 Rdn. 3). Es ist **kein „Splitting" zwischen den Einzelteilen** möglich (so Jeromin, zu § 62 Rdn. 13 unter Bezug auf OVG NRW, Urteil vom 12. 8. 1968 – VII A 738/67, BRS 20 Nr. 149; s. auch Rdn. 11).

14 Bei den **Freistellungsvorschriften** gilt der **Grundsatz der Spezialität**. Danach verdrängt die speziellere die allgemeinere Regelung. So geht z. B. § 65 Abs. 1 Nr. 5 BauO NRW (Fahrgastunterstände) gegebenenfalls der Nr. 1 (Gebäude bis 30 m$^3$ Brutto-Rauminhalt) vor, selbst wenn der Fahrgastunterstand mehr als 30 m$^3$ Brutto-Rauminhalt haben sollte. Oft kann aber nicht auf Anhieb erkannt werden, welcher Tatbestand allgemein und welcher andere speziell ist. Erst recht treten Probleme im Verhältnis der Freistellungsvorschriften der §§ 65 bis 67 BauO NRW untereinander auf, weil der Gesetzgeber hierzu keine Regelungen getroffen hat (s. Rdn. 15–15 b). Für **§ 66 BauO NRW** ist indessen deutlich erkennbar, dass diese auf die Errichtung und Änderung **haustechnischer Anlagen** ausgerichtete Freistellung mit der „**Bescheinigungslösung**" eine **besondere verfahrensrechtliche Regelung** darstellt, die den §§ 65 und 67 BauO NRW insoweit vorgeht, als es um die **Errichtung** und **Änderung** der von der speziellen Vorschrift erfassten Anlagen geht (s. die Anmerkungen zu § 66 Rdn. 1–3).

15 Im **Verhältnis** zwischen den Tatbeständen der **§§ 65 und 67 BauO NRW** muss die bundesrechtliche Vorgabe des § 36 Abs. 1 **Satz 3** BauGB 1997 berücksichtigt werden (s. Rdn. 8). Hierbei handelt es sich um eine Regelungsvorgabe des Bundes an die Länder, ohne dass der Bund damit eine Frist zur Umsetzung in Landesrecht verbunden hat. Die bereits mit der BauO NW 1995 eingeführten und mit der BauO NRW 2000 fortentwickelten Regelungen des § 67 BauO NRW entsprechen der erst mit dem BauROG im Jahre 1997 geschaffenen **bundesrechtlichen Vorgabe zur Sicherstellung der Gemeindebeteiligung**. Man wird unter Berücksichtigung des Bundesrechts nur zu der Auffassung gelangen können, dass die Bestimmungen des § 67 BauO NRW in Ausführung des Bundesrechts den Freistellungstatbeständen des § 65 BauO NRW vorgehen. Im Geltungsbereich eines Bebauungsplans sind somit Vorhaben oder Vorgänge, die sowohl § 65 als auch § 67 BauO NRW unterfallen, nur nach den insoweit **spezielleren** Regelungen des § 67 BauO NRW freigestellt.

Die Regelungen des **§ 67 BauO NRW** sind **deshalb spezieller**, weil sie dem Bauherrn **verfahrensrechtliche Pflichten** auferlegen, während die Pflicht zur Beachtung des materiellen Rechts – und damit auch der Festsetzungen des Bebauungsplans – nach beiden Vorschriften gleichermaßen besteht. Auch nach der Ursprungskonzeption des Bundesbaurechts galt nämlich bislang schon, dass die nach dem Bauordnungsrecht freigestellten Vorhaben den **Festsetzungen eines Bebauungsplanes** nicht widersprechen dürfen, da diese Festsetzungen als **Rechtssätze** aus sich heraus gelten und nicht erst einer Wirkungsvermittlung über § 29 BBauG 1960 = BauGB 1986 bedürfen (vgl. BVerfG, Beschluss vom 14. 5. 1985 – 2 BvR 397/82 u. a., BRS 44 Nr. 24; BVerwG, Urteil vom 4. 11. 1966 – IV C 36.65, BRS 17 Nr. 1 sowie Urteil vom 28. 4. 1978 – 4 C 59.75, BRS 33 Nr. 31 und Beschluss vom 4. 3. 1997 – 4 B 233.96, BRS 59 Nr. 127 = DÖV 1997, 643 = UPR 1997, 326 = ZfBR 1997, 218 für baugebietswidrige Nutzungen; OVG NRW, Urteil vom 22. 8. 1996 – 7 A 3508/93, BauR 1997, 97 = BRS 58 NR. 35; VGH B-W, Urteil vom 27. 6. 1990 – 3 S 2655/89, BRS 50 Nr. 189). 15a

Nachdem nunmehr das BVerwG auch **freigestellte Kleinstvorhaben als städtebaulich relevante Anlagen** ansieht (s. Rdn. 7), muss der Gemeinde die Möglichkeit eröffnet sein, auch in Bezug auf solche Vorhaben ihre Planungshoheit wirksam durchsetzen zu können. Diese Möglichkeit hat die Gemeinde jedoch nur im Freistellungsverfahren nach § 67 BauO NRW, da ihr nach § 65 BauO NRW keine Mitteilung vom Bauherrn erstattet werden muss.

Der **Entscheidungsspielraum** wird erst vor dem Hintergrund des **§ 23 Abs. 5 BauNVO** richtig verständlich. Häufig sind freigestellte Kleinstvorhaben nämlich **Nebenanlagen im Sinne des § 14 Abs. 1 Satz 1 BauNVO**, die auf den **nicht überbaubaren Grundstücksflächen** nicht etwa von vornherein zulässig sind, sondern nur **„zugelassen werden können"**, es sei denn, in dem Bebauungsplan wird die Zulässigkeit von Nebenanlagen eingeschränkt oder sogar völlig ausgeschlossen. 15b

Die Vorschrift entfaltete – nach bisherigem Verständnis – nur insoweit Bedeutung, als die Bauaufsichtsbehörde im Baugenehmigungsverfahren über die Zulassung nach pflichtgemäßem Ermessen zu entscheiden hatte. Da bezüglich dieser Kleinstvorhaben aber kein Baugenehmigungsverfahren vorgesehen ist, andererseits aber die städtebauliche Relevanz z. B. eines Abstellschuppens oder eines Kleingewächshauses als Nebengebäude (zu diesem Begriff s. die Anmerkungen zu § 2 Rdn. 147–149) eines im Geltungsbereich eines Bebauungsplans gelegenen Wohnhauses angesichts der Rechtsprechung des BVerwG nicht länger negiert werden kann (s. Rdn. 8), zwingt dies zu der Auffassung, dass auch die isolierte Errichtung oder Änderung solcher Vorhaben dem Verfahrensregime des § 67 BauO NRW unterliegt.

Zuzugestehen ist allerdings, dass es für den Bauherrn – ebenso auch für die Gemeinde und die Bauaufsichtsbehörde – im Einzelfall **schwierig** sein kann, **zu erkennen**, ob eine **städtebauliche Relevanz** vorliegt. Angesichts dieser undurchsichtigen Rechtslage, die ihre Ursache in der so sicher vom Bundesgesetzgeber **nicht beabsichtigten „Nebenwirkung" des § 36 Abs. 1 Satz 3 BauGB** findet, sollten die Bauaufsichtsbehörden davon absehen, bezüglich der Errichtung oder Änderung von Kleinstvorhaben im Geltungsbereich eines Bebauungsplans wegen Nichtbeachtung des § 67 Abs. 2 BauO NRW Bußgeldverfahren nach § 84 Abs. 1 Nr. 10 BauO NRW einzuleiten. Es dürfte ausreichend sein, die materielle Rechtmäßigkeit solcher Anlagen zu prüfen und gegebenenfalls ein Beseitigungsverlangen auszusprechen. 15c

## 2 Zu Absatz 1 – Katalog der genehmigungsfreien Vorhaben

16 Absatz 1 enthält den Katalog derjenigen baulichen Anlagen sowie anderer Anlagen und Einrichtungen, deren **Errichtung** und **Änderung** genehmigungsfrei ist. Der auch sonst jeweils verwendete Zusatz „im Sinne des § 1 Abs. 1 Satz 2" ist hier zur Klarstellung erwähnt, obwohl eine Freistellung solcher anderen Anlagen und Einrichtungen nur in Betracht kommen kann, wenn das Bauordnungsrecht gemäß § 1 BauO NRW überhaupt Anwendung findet und damit auch der Grundsatz des § 63 Abs. 1 BauO NRW gilt.

17 **Nutzungsänderungen** baulicher Anlagen sind gemäß § 63 Abs. 1 BauO NRW in der Regel stets genehmigungsbedürftig und nach § 65 Abs. 2 Nr. 3 BauO NRW nur in Bezug auf die in § 65 Abs. 1 BauO NRW aufgeführten Anlagen freigestellt. Eine Sonderregelung in Bezug auf Nutzungsänderungen besteht mit § 65 Abs. 1 Nr. 18 BauO NRW für Mobilfunk-Basisstationen. Inwieweit der **Abbruch** und die **Beseitigung** von Anlagen genehmigungsfrei erfolgen darf, ergibt sich aus § 65 Abs. 3 BauO NRW.

### 2.1 Gebäude

18 **Nr. 1** erfasst **Gebäude bis zu 30 m³ Brutto – Rauminhalt ohne Aufenthaltsräume**, **Ställe**, **Aborte oder Feuerstätten**, **im Außenbereich nur**, **wenn sie einem land- oder forstwirtschaftlichen Betrieb dienen**. Der Tatbestand **gilt** ausdrücklich **nicht für Garagen und Verkaufs- und Ausstellungsstände**. Die Vorschrift entspricht im Wesentlichen § 62 Abs. 1 Nr. 1 BauO NW 1984. In der Fassung, die die Vorschrift durch die BauO NW 1995 erhalten hat, wurde der Satzteil „und untergeordnete bauliche Anlagen bis zu 30 m³" gestrichen. Der Regierungsentwurf zur BauO NW 1995 enthält zu dieser Streichung keine Begründung. Im Hinblick auf Absatz 1 Nr. 49, durch die „**unbedeutende bauliche Anlagen und Einrichtungen**" genehmigungsfrei gestellt sind, entfaltete Nr. 1 insoweit ohnehin keine praktische Bedeutung. Die BauO NRW 2000 hat den Begriff „**Brutto-Rauminhalt**" anstelle „**umbauter Raum**" eingeführt, um eine Anpassung an die DIN-Normen herbeizuführen (s. die Begründung, LT-Drucks. 12/3738 S. 84).

19 Die Vorschrift erfasst aus **bauordnungsrechtlicher Sicht** relativ **unbedeutende Gebäude** (zum Gebäudebegriff s. die Anmerkungen zu § 2 Rdn. 104–117; zur städtebaulichen Relevanz s. Rdn. 15–15 b), was bereits die **tatbestandlichen Anwendungsbeschränkungen** verdeutlichen:

- **Brutto-Rauminhalt** nur bis **maximal 30 m³**,
- **keine Aufenthaltsräume** (s. die Anmerkungen zu § 2 Rdn. 219–234); eine Aufenthaltsraumnutzung ist schon gegeben, wenn der Raum objektiv für einen nicht ganz kurzen Aufenthalt, sei es auch nur tagsüber und in der warmen Jahreszeit, geeignet ist, so der BayVGH, Urteil vom 5. 7. 1982 – Nr. 72 XV 77, BRS 39 Nr. 147),
- **keine Ställe** (s. die Anmerkungen zu § 52 Rdn. 1–5); zu beachten ist jedoch, dass nach § 65 Abs. 1 Nr. 49 BauO NRW Kleintierställe bis zu 5 m³ freigestellt sind, wobei dieser Freistellungstatbestand nicht greift, wenn sich der Kleintierstall in einem größeren Gebäude nach Nr. 1 befindet,
- **keine Aborte** (dieser ältere Begriff meint Toiletten); die Bestimmung ist weit auszulegen, so dass auch Trockenaborte ohne Anschluss an eine Abwasserleitung oder Grube gemeint sind (so auch Jeromin, zu § 62 Rdn. 16),
- **keine Feuerstätten** (s. die Anmerkungen zu § 43 Rdn. 3).

Zusätzliche Anwendungsbeschränkungen resultieren aus dem **Ausschluss** von

- **Garagen** (s. die Anmerkungen zu § 2 Rdn. 239–241) und
- **Verkaufs- und Ausstellungsständen**, auch als überwiegend ortsfest benutzte mobile Anlagen (s. die Anmerkungen zu § 2 Rdn. 49 und 50).

**Hauptanwendungsfall** des Freistellungstatbestands nach Nr. 1 sind die durch § 6 Abs. 11 **20**
BauO NRW an der Nachbargrenze abstandrechtlich privilegierten **Gebäude mit Abstellräume** (s. die Anmerkungen zu § 6 Rdn. 285–286). Die Erleichterungen des § 53 BauO NRW gelten auch für diese Gebäude (s. die Anmerkungen zu § 53 Rdn. 8–10).

Die Vorschrift **differenziert** auch **in bauplanungsrechtlicher Hinsicht**. Die Freistellung **21**
der hier erfassten Gebäude gilt einschränkend **im Außenbereich** (§ 35 BauGB) **nur für die Nutzung im Rahmen eines land- oder forstwirtschaftlichen Betriebs** (zum Begriff der Landwirtschaft s. § 201 BauGB und Schlichter/Stich/Driehaus/Paetow, zu § 201). Die Fassung schließt aus, dass Nicht-Land- oder Forstwirte solche baulichen Anlagen ohne Baugenehmigung errichten dürfen. Die Legaldefinition des **§ 201 BauGB** des **Begriffs Landwirtschaft** und die dazu ergangene Rechtsprechung kann zur Auslegung des Freistellungstatbestandes herangezogen werden (so auch Boeddinghaus/Hahn/Schulte, zu § 65 Rdn. 22 und Jeromin, zu § 62 Rdn. 19). Zu beachten ist, dass Landwirtschaft nur bei **unmittelbarer Bodenertragsnutzung** vorliegt (BVerwG, Urteil vom 14. 5. 1969 – IV C 19.68, BRS 22 Nr. 68). Hinzukommen muss eine **planmäßige, eigenverantwortliche Bodenbewirtschaftung** (BVerwG, Urteil vom 13. 12. 1974 – IV C 22.73, BRS 28 Nr. 45). Zur **„dienenden Funktion“** und zum Begriff **„Betrieb“** hat das BVerwG im Urteil vom 3. 11. 1972 (– IV C 9.70, BRS 25 Nr. 60) folgende Grundsätze herausgestellt:

- Ein Vorhaben **„dient“** der Landwirtschaft nur dann, wenn ein „vernünftiger Landwirt“ auch und gerade unter Berücksichtigung des Gebots größtmöglicher Schonung des Außenbereichs dieses Vorhaben mit etwa gleichem Verwendungszweck und mit etwa gleicher Gestaltung und Ausstattung für einen entsprechenden Betrieb errichten würde und das Vorhaben durch diese Zuordnung zu dem konkreten Betrieb auch äußerlich erkennbar geprägt wird.
- Ein landwirtschaftlicher **„Betrieb“** liegt nur dann vor, wenn die Landwirtschaft nachhaltig, das heißt auf eine dem Wesen der Landwirtschaft entsprechend langen Dauer betrieben werden soll.

Auch ein landwirtschaftlicher **„Nebenerwerbsbetrieb“** kann diese Voraussetzungen erfüllen, wenn er einen notwendigen, gemessen am Gesamtaufwand nicht unbedeutenden Bestandteil der Existenzgrundlage des Betreibers darstellt und Erträge erwirtschaftet werden können, die über die bloße Selbstversorgung deutlich hinausgehen (BVerwG, Beschluss vom 27. 9. 1973 – IV B 90.73, BRS 27 Nr. 63).

Zum Begriff **Forstwirtschaft** fehlt eine Legaldefinition. Der Begriff zielt auf **Betriebe**, die den planmäßigen Anbau, die Pflege und den Abschlag von Hoch-, Mittel- oder Niederwald **zum Zwecke der Holzgewinnung** verfolgen (BVerwG, Urteil vom 4. 3. 1983 – 4 C 69.79, BRS 40 Nr. 71). Die Anerkennung eines forstwirtschaftlichen Betriebs setzt die forstwirtschaftliche Nutzung **größerer** Waldflächen und eine gewisse **Betriebsintensität** voraus (BVerwG, Urteil vom 13. 1. 1967 – IV C 47.65, BRS 18 Nr. 32).

Der **Brutto-Rauminhalt** bezieht sich nur auf das **einzelne** Gebäude und nicht etwa auf **22**
die Summe aller auf dem Grundstück vorhandenen freigestellten Gebäude (VGH B-W,

Beschluss vom 11.1.2001 – 5 S 2545/00, BauR 2001, 1410 = BRS 64 Nr. 153) und ist nach **DIN 277 Teil 1** zu ermitteln (s. § 6 BauPrüfVO). Hierbei kommt es entscheidend auf die **Außenmasse** an (Hess. VGH, Urteil vom 28.6.1972 – IV OE 45/69, BRS 25 Nr. 145). Nur übliche Dachüberstände bleiben unberücksichtigt (BayVGH, Urteil vom 14.4.1976 – Nr. 297 II 74, BRS 30 Nr. 118). Ein umbauter Raum liegt bereits dann vor, wenn die überdachten oder überdeckten Grundrissflächen nicht oder nur teilweise von Wänden umschlossen sind (OVG Rh-Pf, Urteil vom 27.10.1977 – 1 A 131/76, BRS 32 Nr. 125). Bei einem Gebäude mit überdachtem Freisitz oder Unterstellplatz ist der Raum unter dem vorspringenden Dach einzubeziehen (BayVGH, Urteil vom 5.7.1982 – Nr. 72 XV 77, BRS 39 Nr. 147).

**23** **Nr. 2** erfasst **Gartenlauben in Kleingartenanlagen nach dem Bundeskleingartengesetz – BKleingG**. Die Vorschrift entspricht § 62 Abs. 1 Nr. 2 BauO NW 1984. Sowohl die Gartenlaube selbst als auch die Kleingartenanlage in der sie liegt, muss den Bestimmungen des BKleingG entsprechen. Liegen die Lauben nicht in einer Kleingartenanlage nach dem BKleingG, so sind sie nach Nr. 2 auch nicht freigestellt.

**24** Nach § 1 Abs. 1 Nr. 1 BKleingG ist ein **Kleingarten** ein Garten, der dem Nutzer (Kleingärtner) zur nichterwerbsmäßigen gärtnerischen Nutzung, insbesondere zur Gewinnung von Gartenbauerzeugnissen für den Eigenbedarf, und zur Erholung dient (kleingärtnerische Nutzung) und in einer Kleingartenanlage liegt. Nach § 1 Abs. 1 Nr. 2 BKleingG ist eine **Kleingartenanlage** eine Anlage, in der mehrere Einzelgärten mit gemeinschaftlichen Einrichtungen, zum Beispiel Wegen, Spielflächen und Vereinshäusern, zusammengefasst sind. Eine **Kleingartenanlage** ist eine **bauliche Anlage** im Sinne des § 2 Abs. 1 BauO NRW und als solche **genehmigungsbedürftig** (OVG NRW, Beschluss vom 30.11.1987 – 7 B 3066/87, NWVBl. 1988, 115). Aus § 1 Abs. 2 BKleingG ergibt sich, wann **kein** Kleingarten vorliegt; danach unterfallen Eigentümer-, Wohnungs- und Arbeitnehmergärten sowie Grundstücke, auf denen vertraglich nur bestimmte Gartenbauerzeugnisse angebaut werden dürfen oder die vertraglich nur mit einjährigen Pflanzen bestellt werden dürfen (Grabeland) nicht diesem Begriff (zu den **negativen Begriffsbestimmungen** s. Ernst/Zinkahn/Bielenberg/Krautzberger, zu § 1 BKleingG Rdn. 4–13).

**25** Nach § 3 Abs. 2 Satz 1 BKleingG ist **im Kleingarten** „eine **Laube** in einfacher Ausführung mit höchstens **24 m² Grundfläche einschließlich überdachtem Freisitz**" zulässig; die §§ 29 bis 36 BauGB bleiben unberührt. Sie darf gemäß § 3 Abs. 2 Satz 2 BKleingG nach ihrer Beschaffenheit, insbesondere nach ihrer Ausstattung und Einrichtung, **nicht zum dauernden Wohnen geeignet** sein.

Die Bestimmungen über die Größe und die Beschaffenheit grenzen den Freistellungstatbestand enger ein, als dies bei § 65 Abs. 1 Nr. 1 BauO NRW der Fall ist. Ein Kleingartengebiet ist nämlich **kein Baugebiet**, in dem Wochenendhäuser zulässig sind, sondern eine **Grünfläche**, die für die individuelle **gärtnerische Nutzung** bestimmt ist (Hess. VGH, Urteil vom 25.1.1974 – IV OE 45/72, BRS 28 Nr. 21). Die vorausgegangene **baurechtliche Kontrolle der Kleingartenanlage** im Baugenehmigungsverfahren, die das Bauplanungsrecht einschließt, rechtfertigt es erst, die Lauben vom Baugenehmigungserfordernis freizustellen. Dabei ist zu beachten, dass Festsetzungen des Bebauungsplans die zulässige Grundfläche der Lauben **einengen** können. Die Gemeinde darf auch für bestehende Kleingartenanlagen einengende Festsetzungen treffen, soweit dies nach § 1 Abs. 3 BauGB erforderlich ist (vgl. OVG NRW, Urteil vom 30.1.1996 – 11a D 127/92.NE, BRS 58 Nr. 15 zur Abwägung bei der Überplanung einer Gartenkolonie mit der Festsetzung „Private Grünfläche – Dauerkleingärten").

In Kleingärten sind neben der üblichen Laube **weitere Kleingebäude zum Abstellen der Gartengeräte unzulässig** (vgl. Ernst/Zinkahn/Bielenberg/Krautzberger, zu § 3 BKleingG Rdn. 9). **Lauben**, die größer sind als für die kleingärtnerische Nutzung erforderlich, sind im Außenbereich unzulässig, weil sie die Entstehung einer Splittersiedlung befürchten lassen (BVerwG, Urteil vom 17.2.1984 – 4 C 55.81, BRS 42 Nr. 94). Lauben dürfen **nur eingeschossig** und **nicht vollständig unterkellert** sein (OVG Bremen, Urteil vom 5.5. 1981 – 1 BA 7/81, BRS 38 Nr. 74). Baurechtswidrige Nutzungen in Kleingartenanlagen, vor allem zu groß dimensionierte Gebäude als Behelfsheime, sind nicht selten Anlass für ein bauaufsichtliches Einschreiten (zum Nutzungsverbot eines Behelfsheims in einer Kleingartenanlage s. OVG Bremen, Urteil vom 8.10.1985 – 1 BA 30/85, BRS 44 Nr. 205; zum Bereinigungskonzept unter Beachtung des Gleichbehandlungsgrundsatz s. OVG Bremen, Urteil vom 6.9.1994 – 1 BA 24/93, BRS 56 Nr. 206). 26

**Nr. 3** erfasst **Wochenendhäuser auf genehmigten Wochenendplätzen**. Die Vorschrift entspricht § 62 Abs. 1 Nr. 3 BauO NW 1984. Wochenendhäuser sind bereits durch § 14 Abs. 1 CW VO vom 10.11.1982 freigestellt, wenn sie auf genehmigten Wochenendplätzen errichtet werden. Diese verordnungsrechtliche Freistellung wird durch die gesetzliche nach § 65 Abs. 1 Nr. 3 BauO NRW verdrängt. Die Freistellung ist davon abhängig, dass der Wochenendplatz selbst **genehmigt** ist (Hess. VGH, Beschluss vom 22.10.1985 – 4 TH 1864/85, BRS 44 Nr. 136 und Beschluss vom 20.3.1987 – 4 TH 2828/86, BRS 47 Nr. 135). Nach § 1 Abs. 4 CW VO sind **Wochenendplätze** „Plätze", die nur zum Aufstellen oder Errichten von Wochenendhäusern mit einer Grundfläche von höchstens 40 $m^2$ und einer Gesamthöhe von höchstens 3,50 m dienen und die ständig oder wiederkehrend während bestimmter Zeiten des Jahres betrieben werden. Wochenendplätze gelten nach § 2 Abs. 1 Nr. 3 BauO NRW als bauliche Anlagen und sind als solche genehmigungspflichtig (s. die Anmerkungen zu § 2 Rdn. 69–75). 27

**Wochenendhäuser** sind nach § 1 Abs. 4 **Satz 1** CW VO **Gebäude** mit einer Grundfläche von höchstens 40 $m^2$ und einer Gesamthöhe von höchstens 3,50 m; bei der Ermittlung der Grundfläche bleibt ein überdachter Freisitz bis zu 10 $m^2$ Grundfläche oder ein Vorzelt unberücksichtigt. Als Wochenendhaus **gelten** nach § 1 Abs. 4 **Satz 2** CW VO **„nicht jederzeit ortsveränderlich aufgestellte Wohnwagen und Mobilheime"**. Das BVerwG beurteilt Wochenendhäuser und ortsfest aufgestellte Wohnwagen trotz der landesrechtlichen Fiktion in bodenrechtlicher Hinsicht unterschiedlich, weil bei ortsfest aufgestellten Wohnwagen der Bezug zum Standort durch die Möglichkeit, sie ohne nennenswerten Zeit- und Kostenaufwand sowie ohne Verlust an Substanz wieder zu entfernen, weniger dauerhaft ist (Urteil vom 3.4.1987 – 4 C 43.84, BRS 47 Nr. 76). 28

**Nr. 4** erfasst **Gebäude bis zu 4,0 m Firsthöhe, die nur zum vorübergehenden Schutz von Pflanzen und Tieren bestimmt sind und die einem land- oder forstwirtschaftlichen Betrieb dienen**. Die Vorschrift entspricht § 62 Abs. 1 Nr. 4 BauO NW 1984. Die Genehmigungsfreiheit ist stets – nicht nur im Außenbereich (§ 35 BauGB) – davon abhängig, dass die Anlage einem land- oder forstwirtschaftlichen Betrieb dient (s. Rdn. 21). 29

Die in Nr. 4 aufgeführten baulichen Anlagen sind wohl stets **Behelfsbauten** oder **untergeordnete Gebäude** im Sinne des § 53 BauO NRW mit der besonderen Zweckbestimmung, dass sie nicht Menschen, sondern Pflanzen oder Tieren zum **vorübergehenden Schutz** dienen sollen. Es handelt sich z. B. um die auf Viehweiden üblichen, ohne Fundament und leicht gebauten Schutzhütten, aber auch um zerlegbare, transportable Gewächshäuser, die je nach Bedarf auf den Gartenbauflächen über schutzbedürftige Früh- 30 kulturen aufgestellt werden. Auf die Größe der Grundfläche kommt es nicht an, nur auf die maximale Firsthöhe von 4,0 m. Das Gebäude muss nach objektiven Merkmalen geeignet sein, lediglich vorübergehenden Zwecken zu dienen, was eine **einfache Ausführung** erfordert (OVG Saar, Beschluss vom 29.1.1988 – 2 R 363/86, BRS 48 Nr. 52; OVG Rh-Pf, Beschluss vom 25.2.2004 – 8 A 10256/04, BauR 2004, 1284 = BRS 67 Nr. 167).

31 **Nr. 5** erfasst **Gewächshäuser ohne Verkaufsstätten bis zu 4,0 m Firsthöhe, die einem land- oder forstwirtschaftlichen Betrieb dienen**. Die Vorschrift entspricht § 62 Abs. 1 Nr. 5 BauO NW 1984. Ein Gewächshaus ist ein Tragwerk mit sehr hohem Anteil an Glasflächen, damit von möglichst vielen Seiten wärmendes Sonnenlicht eindringen kann, um der Anzucht solcher Pflanzen zu dienen, die aus klimatischen Gründen geschützt werden müssen. Das Gewächshaus muss einem land- oder forstwirtschaftlichen Betrieb dienen (vgl. Rdn. 21). Ein Gewächshaus, das lediglich dem Gartenbau zum Zwecke der Selbstversorgung dient, wird von der Vorschrift nicht erfasst (VGH B-W, Urteil vom 20.4.1977 – III 1424/75, BRS 32 Nr. 106). Das Gewächshaus muss äußerlich erkennbar der Land- oder Forstwirtschaft dienen (VGH B-W, Urteil vom 18.3.1988 – 8 S 54/88, BRS 48 Nr. 126 zu einer Terrassenüberdachung aus Glas an ein im Außenbereich gelegenes Wohnhaus).

32 Im Gewächshaus darf **keine Verkaufsstätte** – z.B. für Blumen oder für Obst – angeordnet sein, anderenfalls unterfällt die bauliche Anlage insgesamt dem Baugenehmigungsverfahren, selbst wenn die Verkaufsstelle im Verhältnis zum Gewächshaus völlig untergeordnet ist. Mit der Freistellung ist **keine Flächenbegrenzung** verbunden (zu den sich hieraus ergebenden brandschutztechnischen Problemen s. den RdErl. vom 12.11.2007 – VI A 4 - 100/54, n.v.), so dass bei Einhaltung der sonstigen Voraussetzungen (land- oder forstwirtschaftliche Nutzung, dienende Funktion, keine Verkaufsstelle, Firsthöhe bis zu 4,0 m) auch die im Erwerbsgartenbau üblichen, großflächigen Gewächshäuser freigestellt sind.

33 **Nr. 6** erfasst **Fahrgastunterstände des öffentlichen Personenverkehrs oder der Schülerbeförderung**. Die Vorschrift entspricht § 62 Abs. 1 Nr. 5 BauO NW 1984. Fahrgastunterstände des öffentlichen Personenverkehrs (s. § 22 PBefG) oder der Schülerbeförderung (s. § 45 PBefG) sind Vorhaben, die trotz der generellen Nichtgeltung der BauO NRW für Anlagen des öffentlichen Verkehrs gemäß § 1 Abs. 2 Nr. 1 BauO NRW wegen der Rückausnahme für Gebäude dem Bauordnungsrecht unterfallen. Als Haltestellenbestandteil der Eisenbahnen und Straßenbahnen werden Fahrgastunterstände in der Regel von der Konzentrationswirkung der Planfeststellung oder Plangenehmigung erfasst, so dass dem Freistellungstatbestand praktische Bedeutung vorwiegend für die Haltestellen der Omnibusse zukommt (s. die Anmerkungen zu § 1 Rdn. 93).

34 Die Fahrgast**unterstände** sind nur freigestellt, wenn sie dem **Witterungsschutz** dienen, so dass einbezogene Zeitschriftenverkaufsstellen oder Kioske die Anlage insgesamt baugenehmigungsbedürftig machen. Nach § 13 Abs. 4 Satz 3 BauO NRW können an Gebäuden, die nach ihrer Zweckbestimmung auf öffentlichen Straßen errichtet werden, untergeordnete **Werbeanlagen** zugelassen werden, soweit sie das Ortsbild nicht beeinträchtigen (s. die Anmerkungen zu § 13 Rdn. 128–131). Besteht der Fahrgastunterstand überwiegend aus Werbeflächen, so dominiert die werbende Funktion, was zur Folge hat, dass er als Werbeanlage wegen Überschreitung der Freistellungstatbestände für Werbeanlagen nach § 65 Abs. 1 Nr. 33–35 BauO NRW genehmigungsbedürftig ist (vgl. OVG NRW, Urteil vom 29.5.1973 – XI A 580/71, BRS 27 Nr. 43).

Werden Fahrgastunterstände auf der öffentlichen Verkehrsfläche **an der Grenze zum Anliegergrundstück** errichtet, so erstreckt sich die **Abstandfläche** auf dieses Grundstück (zur Atypik und den Abweichungsvoraussetzungen s. OVG NRW, Urteil vom 29.5.1995 – 7 A 2181/93, BRS 57 Nr. 163).

Für eine **Immissionsabwehrklage**, die auf eine nur mit behördlicher Genehmigung mögliche Haltestellenverlegung eines privatrechtlich betriebenen Omnibusunternehmens abzielt, ist der **Rechtsweg vor den Zivilgerichten** eröffnet (BGH, Urteil vom 11.11.1983 – V ZR 231/82, DVBl. 1984, 472).

**Nr. 7** erfasst **Schutzhütten für Wanderer**. Die Vorschrift wurde mit der BauO NW 1995 eingefügt und bezieht sich nur auf **Schutzhütten für Wanderer**, nicht auch auf Gebäude, die anderen Zwecken dienen (s. Nr. 65.17 VV BauO NRW). Die Hütten dürfen insbesondere keine Aufenthaltsräume, wie z.B. Übernachtungsmöglichkeiten oder Spielräume für Kinder aufweisen. Die Zweckbestimmung wird nur als erfüllt anzusehen sein, wenn Schutzhütten an gekennzeichneten Wanderwegen liegen, im Regelfall weit ab von sonstigen Schutzmöglichkeiten (vgl. Buntenbroich/Voß, zu § 65 Rdn. 16). 35

Eine **Größenbeschränkung** der Schutzhütten für Wanderer in der Fläche oder im Volumen ist **nicht geregelt**. Eine solche lässt sich aber indirekt aus der Funktion und der unterzubringenden Personenzahl ableiten, auch um dem Gebot des § 35 Abs. 5 Satz 1 BauGB zu entsprechen, das Vorhaben in einer flächensparenden, die Bodenversiegelung auf das notwendige Maß begrenzenden und den Außenbereich schonenden Weise auszuführen. Schutzhütten zur Unterbringung einer Wandergruppe bis zu 15 Personen dürften von der Freistellung noch gedeckt sein, was unter Berücksichtigung der Sitzplatz- und Bewegungsflächen eine Raumgröße von rund 9 m² (3 × 3 m) erfordert. Das Volumen eines derartigen Gebäudes wird noch innerhalb der Freistellungsgrenze nach Nr. 1 liegen und 30 m³ Brutto – Rauminhalt nicht zu überschreiten brauchen. 36

### 2.2 Anlagen in, an und außerhalb von Gewässern

**Nr. 7 a** erfasst die bislang in § 64 Nr. 1 BauO NW 1995 enthaltenen 37

- **Anlagen an und in oberirdischen Gewässern einschließlich der Lande- und Umschlagstellen und der Rückhaltebecken**,
- **Anlagen der Gewässerbenutzung wie Anlagen zur Entnahme von Wasser, Anlagen zur Einleitung von Abwasser, Stauanlagen**,
- **Anlagen der Gewässerunterhaltung und des Gewässerausbaus** sowie
- **Deiche, Dämme und Stützmauern**,

**mit Ausnahme von Gebäuden, Aufbauten** und **Überbrückungen**. Die Genehmigungsfreiheit dieser Anlagen war nach § 64 BauO NW 1995 davon abhängig, dass sie einer Genehmigung, Erlaubnis, Anzeige oder der staatlichen Aufsicht nach anderen Rechtsvorschriften unterlagen. Der Vorbehalt wurde gestrichen, da im wasserrechtlichen Verfahren die Einhaltung der baurechtlichen Vorschriften geprüft wird. Nr. 7 a erfasst auch die in **Nr. 31** genannten **Landungsstege** (s. Rdn. 104).

Bei den Anlagen in oder an oberirdischen Gewässern (§ 99 LWG) kommt es nicht darauf an, ob sie öffentlichen Zwecken dienen. Wasserbauten finden ihre gesetzliche Regelung im Wasserrecht. Maßgebliche Rechtsvorschriften sind insoweit das WaStrG, das 38

WHG und das LWG (s. die Anmerkungen zu § 1 Rdn. 95–106). Ergänzend ist darauf hinzuweisen, dass Anlagen der Gewässer**benutzung** der Erlaubnis oder Bewilligung gemäß §§ 7 und 8 WHG in Verbindung mit §§ 24–32 LWG bedürfen, dass sich die Gewässer**unterhaltung** (§ 90 LWG) auf das Gewässerbett und die Ufer erstreckt und den Unterhaltungspflichtigen obliegt (§ 91 LWG) und der Gewässer**ausbau** nach § 31 Abs. 1 WHG in Verbindung mit § 104 LWG der Planfeststellung bzw. Plangenehmigung bedarf (hierzu s. Honert/Rüttgers/Sanden, zu § 100 S. 374 ff.). Die **Freistellung** erstreckt sich auf alle Wasserbauten **mit Ausnahme von Gebäuden**, **Aufbauten** und **Überbrückungen**. Für diese **Rückausnahmen**, war der Gesichtspunkt maßgebend, dass die baurechtlichen Vorschriften weiterhin bauaufsichtlich geprüft werden sollen.

### 2.3 Bauteile

39 **Nr. 8** erfasst **nicht tragende** oder **nicht aussteifende Bauteile innerhalb baulicher Anlagen**; dies **gilt** jedoch **nicht für Wände**, **Decken und Türen von notwendigen Fluren als Rettungswegen**. Die Vorschrift entspricht § 62 Abs. 1 Nr. 10 BauO NW 1984. Da solche Bauteile stets bei der Errichtung von Gebäuden ausgeführt werden, werden sie auch regelmäßig von der Baugenehmigung für diese mit erfasst (zur geänderten Ausführung unter dem Gesichtspunkt des Funktionszusammenhangs s. Rdn. 12). Daher hat Nr. 8 nur Bedeutung beim nachträglichen Einbau oder beim nachträglichen Umbau.

**Absatz 2** mit **Nr. 1** enthält für die genehmigungsfreie **Änderung tragender** oder **aussteifender** Bauteile **innerhalb von Gebäuden** einen besonderen Tatbestand (s. Rdn. 151).

40 Der Freistellungstatbestand der Nr. 8 stellt nicht darauf ab, ob irgendwelche Anforderungen an die Feuerwiderstandsdauer oder an die Brennbarkeit der verwendeten Baustoffe gestellt werden. Derartige Anforderungen können aber von erheblicher brandschutztechnischer Bedeutung sein, wenn nichttragende oder nichtaussteifende Bauteile Nutzungseinheiten von notwendigen Fluren abtrennen. Die Freistellung gilt daher nicht für Wände, Decken und Türen von „**notwendigen Fluren als Rettungswege**". Der Zusatz „als Rettungswege" ist entbehrlich, da „**notwendige**" Flure stets Rettungswege sind (zum Begriff „notwendige Flure" s. die Anmerkungen zu § 38 Rdn. 4–8).

41 **Nr. 8a** wurde mit der BauO NRW 2000 neu aufgenommen und erfasst **Verkleidungen von Balkonbrüstungen**. Der hier verwendete Begriff „Verkleidung" ist dem sonst verwendeten Begriff „Bekleidung" gleichzusetzen. Werden in bauordnungsrechtlichen Vorschriften aus Gründen des Brandschutzes Anforderungen an die Brennbarkeit der **Bekleidungen** von Bauteilen wie Wänden und Decken gestellt werden, so gelten die Anforderungen auch für die **Oberflächen nichtbekleideter Bauteile** (s. die Anmerkungen zu § 17 Rdn. 44). An **Balkone** werden **keine brandschutztechnischen Anforderungen** gestellt, weil sie grundsätzlich anders zu bewerten sind als die Außenwände des Gebäudes (s. die Anmerkungen zu § 29 Rdn. 6), insofern ist die Freistellung der Verkleidungen nachvollziehbar.

42 Der Freistellungstatbestand der Nr. 8 a ist angesichts **Absatz 2 Nr. 2** nicht überzeugend, da nach diesem Freistellungstatbestand unter anderem die Änderung der äußeren Gestaltung durch „**Austausch von Umwehrungen**" sowie auch durch deren „**Bekleidung**" freigestellt ist, sofern **keine örtliche Bauvorschrift** besteht. Die **Brüstung eines Balkons** ist zweifelsohne **auch eine Umwehrung**, so dass sich die Frage stellt, welcher Freistellungstatbestand überhaupt Anwendung findet und ob nicht sogar Nr. 8 a ins Leere läuft. Diese Zweifel werden noch verstärkt, wenn man in der Regierungsvorlage vergeblich

nach einer Begründung für diesen neuen Freistellungstatbestand sucht. Wenn die Vorschrift überhaupt Sinn machen soll, so kann sie nur als „**speziellere**“ Regelung als die des Absatzes 2 Nr. 2 **in Bezug auf örtliche Bauvorschriften** aufgefasst werden. Die Anbringung oder Änderung der Verkleidung einer Balkonbrüstung ist demnach auch dann freigestellt, wenn eine örtliche Bauvorschrift besteht, darf aber natürlich nicht gegen deren Bestimmungen verstoßen.

### 2.4 Versorgungsanlagen, Leitungen, Behälter, Abwasserbehandlungsanlagen, Aufzüge

**Nr. 9** erfasst **Lüftungsanlagen, raumlufttechnische Anlagen, Warmluftheizungen, Installationsschächte und Installationskanäle, die keine Gebäudetrennwände und – außer in Gebäuden geringer Höhe – keine Geschosse überbrücken; § 66 Satz 1 Nr. 7 bleibt unberührt.** Die Vorschrift entspricht nahezu § 62 Abs. 1 Nr. 19 BauO NW 1984. Mit der BauO NW 1995 wurden raumlufttechnische Anlagen und der Hinweis auf § 66 Satz 1 Nr. 7 aufgenommen. Dieser Hinweis verdeutlicht, dass der fast gleichlautende Freistellungstatbestand für Lüftungsanlagen, raumlufttechnische Anlagen und Warmluftheizungen **in Wohnungen oder ähnlichen Nutzungseinheiten** unter der Voraussetzung des Vorhandenseins einer **Wärmerückgewinnungseinrichtung** vorgeht (s. die Anmerkungen zu § 66 Rdn. 12); sofern also keine Wärmerückgewinnungseinrichtung vorhanden ist, bedarf es auch keiner Unternehmer- bzw. Sachverständigenbescheinigung nach § 66 Satz 2 BauO NRW. 43

Voraussetzung für die Freistellung ist, dass die in Nr. 9 aufgeführten Anlagen **weder Gebäudetrennwände** nach § 32 BauO NRW **noch Geschosse überbrücken**. Bei der Geschossüberbrückung (zum Geschossbegriff s. die Anmerkungen zu § 2 Rdn. 185–190) muss es sich nicht um Vollgeschosse handeln, da diesem Begriff ausschließlich bauplanungsrechtliche Bedeutung zukommt (s. die Anmerkungen zu § 2 Rdn. 182–184). In Gebäuden geringer Höhe (zu diesem Begriff s. die Anmerkungen zu § 2 Rdn. 154–158) kommt der Geschossüberbrückung keine einschränkende Bedeutung für diesen Freistellungstatbestand zu – und zwar unabhängig von der Nutzung der Gebäude geringer Höhe. Für die in Nr. 9 genannten Anlagen ergeben sich die bauaufsichtlichen Anforderungen aus § 42 BauO NRW und den technischen Regeln. 44

**Nr. 9 a** erfasst die bislang in § 64 Nr. 2 BauO NW 1995 enthaltenen **bauliche Anlagen, die dem Fernmeldewesen, der allgemeinen Versorgung mit Elektrizität, Gas, Öl, Wärme und Wasser dienen, wie Transformatoren, Schalt-, Regler- oder Pumpstationen, bis 20 m² Grundfläche und 4 m Höhe**. Diese Anlagen wurden ohne die noch in § 64 BauO NW 1995 enthaltenen Vorbehalte freigestellt. Zu beachten ist die Ausnahme nach § 1 Abs. 2 Nr. 3 BauO NRW vom Anwendungsbereich der Bauordnung für entsprechende **Leitungen** (s. die Anmerkungen zu § 1 Rdn. 130–146). 45

Bei den Versorgungsanlagen ist von ausschlaggebender Bedeutung, dass sie der **allgemeinen Versorgung** dienen, was einer **öffentliche Zweckbestimmung** gleichkommt. Es muss sich um **bauliche Anlagen** handeln (s. die Anmerkungen zu § 2 Rdn. 27 ff.). Die Aufzählung (Transformatoren, Schalt-, Regler- oder Pumpstationen) nennt nur Beispiele, so dass auch andere bauliche Anlagen erfasst werden, z. B. Versorgungseinheiten von Mobilfunk-Basisstationen. Die Einschränkung des Volumens ($20\,m^2 \times 4\,m = 80\,m^3$) sorgt dafür, dass **größere Wasser- oder Gasbehälter nicht freigestellt** sind. 46

**Nr. 10** erfasst **Energieleitungen einschließlich ihrer Masten und Unterstützungen**. Die Vorschrift entspricht § 62 Abs. 1 Nr. 21 BauO NW 1984. Der hier verwendete Begriff 47

„**Energie**" ist nicht nur im engen Sinne des § 3 Nr. 14 EnWG auszulegen. Als Energie sind danach nur **Elektrizität** und **Gas** anzusehen, soweit sie zur **leitungsgebundenen** Energieversorgung verwendet werden; diese Begriffsbestimmung erfasst demnach nicht die leitungsgebundene Wärmeversorgung (Fernwärme). Es ist aber nicht erkennbar, dass der Gesetzgeber die **leitungsgebundene Wärmeversorgung** ausnehmen und einem Genehmigungserfordernis unterwerfen wollte. Soweit Energieleitungen der öffentlichen Versorgung dienen, sind sie nach § 1 Abs. 2 Nr. 3 BauO NRW vom Anwendungsbereich der BauO NRW ausgenommen (s. die Anmerkungen zu § 1 Rdn. 141–146). Daher entfaltet der Freistellungstatbestand nur Bedeutung für „**private**" Energieleitungen einschließlich deren Masten und Unterstützungen (s. Nr. 65.110 VV BauO NRW).

48 Die „**privaten**" Energieleitungen können sowohl **oberirdisch** als auch **unterirdisch** verlaufen. Aus der Erwähnung der **Masten** und **Unterstützungen** kann nicht rückgeschlossen werden, dass die Leitungen nur bei oberirdischem Verlauf freigestellt sind, vielmehr will der Gesetzgeber nur verdeutlichen, dass bei oberirdischem Verlauf auch das **Traggerüst** der Leitungen an der Freistellung teilnimmt. Es muss sich um eine Energie**leitung** handeln (zu diesem Begriff s. die Anmerkungen zu § 1 Rdn. 130–136). Daher sind **Energieerzeugungseinrichtungen**, wie z. B. Wasserkraft- oder Windenergieanlagen, von diesem Freistellungstatbestand **nicht erfasst**, ebenso nicht die **Beleuchtungsmaste** eines privaten Parkplatzes (OVG Lüneburg, Beschluss vom 28. 2. 1974 – I B 160/73, BRS 28 Nr. 93).

49 **Nr. 11** erfasst **Behälter und Flachsilos bis zu 50 m³ Fassungsvermögen und bis zu 3 m Höhe außer ortsfesten Behältern für brennbare oder schädliche Flüssigkeiten oder für verflüssigte oder nicht verflüssigte Gase und offenen Behältern für Jauche und Flüssigmist**. Die Vorschrift entspricht § 62 Abs. 1 Nr. 20 BauO NW 1984. Die für die Freistellung als höchstzulässig festgelegten **Maße** der Behälter und Flachsilos von 50 m³ Behälterinhalt und bis zu 3,0 m Höhe sind **nicht kumulativ** gemeint; wird eines dieser Maße überschritten, so wird der Behälter baugenehmigungsbedürftig. Das **Fassungsvermögen** richtet sich nach der Aufnahmekapazität des Innenraums des einzelnen Behälters. Werden mehrere Behälter durch kommunizierende Leitungen miteinander verbunden, gilt das Gesamtfassungsvermögen aller Behälter.

50 Von der Freistellung sind ausdrücklich ausgenommen

- **ortsfeste Behälter** für brennbare oder schädliche Flüssigkeiten oder für verflüssigte oder nicht verflüssigte Gase,
- **offene Behälter** für Jauche und Flüssigmist,

Ortsfeste Behälter für brennbare und schädliche Flüssigkeiten bis zu 50 m³ Fassungsvermögen oder für verflüssigte oder nicht verflüssigte Gase bis zu 5 m³ Fassungsvermögen sind nach § 66 Nr. 4 BauO NRW freigestellt (s. die Anmerkungen zu § 66 Rdn. 9).

Offene Behälter für Jauche und Flüssigmist sind dagegen genehmigungsbedürftig.

Ein Behälter ist **ortsfest,** wenn er nach seinem Zweck dazu bestimmt ist, überwiegend genutzt zu werden; eine feste Verbindung mit dem Boden ist nicht erforderlich, es genügt vielmehr, wenn der Behälter infolge seines Gewichts, seiner Größe und Form oder anderer Umstände unverrückbar aufgestellt ist.

Ein Behälter ist **offen**, wenn er über keine vollständig geschlossene Abdeckung verfügt.

Der Begriff „**brennbare Flüssigkeiten**" geht zurück auf die **Definition** in § 3 der aufgehobenen Verordnung über brennbare Flüssigkeiten – VbF und erfasst Stoffe mit Flammpunkt, die bei 35° C weder fest noch salbenförmig sind, bei 50° C einen Dampfdruck von 3 bar oder weniger haben und zu einer der Gefahrklassen A und B gehören. Die anstelle der VbF anwendbare BetrSichV (s. die Anmerkungen zu § 63 Rdn. 15 b und 15 c) verwendet die Begriffe entzündliche, leichtentzündliche und hochentzündliche Flüssigkeiten (s. § 2 Abs. 11 und 12 BetrSichV), die in **Anhang I** der **GefStoffV** näher beschrieben sind. Hauptanwendungsfall sind die Behälter zur Lagerung von Heizöl, Diesel oder Benzin.

Zu den **schädlichen** (= wassergefährdenden) **Flüssigkeiten** rechnen nach § 19 g WHG diejenigen, die geeignet sind, die physikalische, chemische oder biologische Beschaffenheit des Wassers nachteilig zu verändern, wie z. B. Säuren, Laugen, Mineral- und Teeröle, flüssige Kohlenwasserstoffe oder Gifte.

**Nr. 12** erfasst **Abwasserbehandlungsanlagen, mit Ausnahme von Gebäuden**. Die Vorschrift wurde mit der BauO NW 1995 aufgenommen. Die Abwasserbehandlungsanlagen konnten baugenehmigungsfrei gestellt werden, da Abwasserbehandlungsanlagen nach § 58 Abs. 2 Satz 1 LWG der wasserrechtlichen Genehmigungspflicht unterliegen (s. auch die Anmerkungen zu § 66 Rdn. 11). Im wasserrechtlichen Verfahren wird auch das öffentliche Baurecht geprüft. Eine wasserrechtliche Genehmigungspflicht entfällt gemäß § 58 Abs. 2 Satz 2 bis 4 LWG für serienmäßig hergestellte Abwasserbehandlungsanlagen, die der Bauart nach zugelassen werden. Keiner wasserrechtlichen Genehmigungspflicht bedürfen gemäß § 58 Abs. 2 Satz 5 LWG schließlich durch Rechtsverordnung festgelegte Abwasserbehandlungsanlagen einfacher Bauart und solche Abwasserbehandlungsanlagen, die nach bauproduktenrechtlichen Vorschriften in den Verkehr gebracht werden. Diese Bestimmung hat insbesondere Bedeutung für die Kleinkläranlagen (s. die Anmerkungen zu § 4 Rdn. 68–72). **51**

**Abwasserbehandlungsanlagen** sind begrifflich den Abwasseranlagen zuzuordnen und dienen der abwassermäßigen Erschließung (s. die Anmerkungen zu § 4 Rdn. 55–59). Nach § 51 Abs. 3 Satz 1 LWG sind hierunter Einrichtungen zu verstehen, die dazu dienen, **52**

1. die Schadwirkung des Abwassers zu vermindern oder zu beseitigen oder
2. den im Zusammenhang mit der Abwasserbehandlung anfallenden Klärschlamm für eine ordnungsgemäße Beseitigung aufzubereiten.

**Nr. 12 a** erfasst **Aufzüge, mit Ausnahme solcher in Sonderbauten** (§ 54). Dieser Freistellungstatbestand wurde mit der BauO NRW 2000 neu aufgenommen. Aufzüge, die gewerblichen oder wirtschaftlichen Zwecken dienen oder durch die Beschäftigte gefährdet werden können, gehören zu den **überwachungsbedürftigen Anlagen** nach dem **GPSG** (zum Begriff „Aufzug" s. die Anmerkungen zu § 39 Rdn. 2). Für sie gelten umfangreiche bundesrechtliche Vorschriften, die das **Inverkehrbringen**, die **Inbetriebnahme** und **regelmäßige Überprüfungen durch Sachverständige** regeln (s. die Anmerkungen zu § 39 Rdn. 3–11), was die bauordnungsrechtliche Freistellung rechtfertigt. Beim nachträglichen Einbau von **Treppenliften**, die ebenfalls unter den Aufzugsbegriff fallen, kommt es immer wieder zu Konflikten mit den materiell-rechtlichen Anforderungen an die erforderliche Breite von Treppen (s. die Anmerkungen zu § 36 Rdn. 20 a). **53**

**Ausgenommen** sind **Aufzüge in Sonderbauten** (§ 54), das sind bauliche Anlagen und Räume besonderer Art oder Nutzung (s. die Anmerkungen zu § 54 Rdn. 1–4). Die Ausnahme besteht unabhängig davon, ob es sich um „kleine" oder „große" Sonderbauten **54**

handelt (s. die Anmerkungen zu § 54 Rdn. 7). Für Sonderbauten können gemäß § 54 Abs. 1 BauO NRW besondere Anforderungen gestellt oder Erleichterungen gestattet werden (s. die Anmerkungen zu § 54 Rdn. 13–24). **Gegenstände besonderer Anforderungen** oder **Erleichterungen** können nach § 54 Abs. 2 **Nr. 7** BauO NRW auch die Anordnung und Herstellung der Aufzüge sein (s. die Anmerkungen zu § 54 Rdn. 34). Da bundesrechtliche Vorschriften weder eine Genehmigungs- noch eine Erlaubnispflicht für Aufzugsanlagen vorsehen, entfaltet § 63 Abs. 2 BauO NRW keine Wirkung (s. die Anmerkungen zu § 63 Rdn. 15 d), so dass die Ausnahme von der Freistellung zur Folge hat, dass Aufzüge in Sonderbauten **baugenehmigungsbedürftig** sind.

### 2.5 Kernenergieanlagen, Sprengstofflager, Füllanlagen

55 **Nr. 12 b** erfasst die bislang in § 64 Nr. 4 BauO NW 1995 enthaltenen **Anlagen, die einer Genehmigung nach § 7 des Atomgesetzes bedürfen**. Die rechtstechnische Verortung dieses Freistellungstatbestandes in § 65 Abs. 1 Nr. 12 b war lediglich eine Folge der Auflösung des § 64 BauO NW 1995, ohne dass damit eine Rechtsänderung verbunden ist. Denn auch bislang schon war der Freistellungstatbestand nach § 64 Nr. 4 BauO NW 1995, anders als die übrigen Freistellungstatbestände dieser Vorschrift an keine Bedingungen geknüpft.

56 Der Freistellungstatbestand gilt für **ortsfeste Anlagen zur Erzeugung**, **Verarbeitung**, **Spaltung** oder **Aufarbeitung von Kernbrennstoffen**. Diese Anlagen bedürfen nach § 7 AtomG einer **atomrechtlichen Genehmigung**. Im atomrechtlichen Verfahren findet eine intensive Prüfung des öffentlichen Rechts und damit auch des Bauordnungsrechts statt. Die Bauaufsichtsbehörden sind gemäß § 7 Abs. 4 AtomG in diesem Verfahren beteiligt. Kommt eine atomrechtliche Genehmigung nicht in Betracht, weil z.B. die auf dem Gelände eines Kernkraftwerks zu errichtende bauliche Anlage nicht dem § 7 AtomG unterfällt, so ist zu prüfen, ob eine Freistellung nach §§ 65, 66 oder 67 BauO NRW einschlägig oder ein Zustimmungsverfahren nach § 80 BauO NRW durchzuführen ist, anderenfalls bedarf die Anlage einer Baugenehmigung nach § 63 Abs. 1 BauO NRW. Da bisweilen streitig sein kann, ob eine Anlage, die im Zusammenhang mit einer nach § 7 AtomG genehmigten Anlage steht, ebenfalls einer atomrechtlichen Genehmigung bedarf, kann der Bauherr die atomrechtliche Genehmigungsbehörde um eine Entscheidung ersuchen. Diese Entscheidung ist für die Bauaufsichtsbehörde verbindlich.

57 **Nr. 12 c** erfasst die bislang in § 64 Nr. 3 BauO NW 1995 enthaltenen **baulichen Anlagen, die ausschließlich zur Lagerung von Sprengstoffen dienen**. Diese Freistellung stand unter dem Vorbehalt, dass die entsprechenden Lageranlagen einer Genehmigung, Erlaubnis, Anzeige oder der staatlichen Aufsicht nach anderen Rechtsvorschriften unterliegen. Die Errichtung und der Betrieb sowie die wesentliche Änderung der Beschaffenheit oder des Betriebs von Sprengstofflagern bedürfen nach § 17 Abs. 1 Satz 1 SprengG einer **speziellen Zulassungsentscheidung** – der so genannten **Lagergenehmigung**.

Die **Lagergenehmigung schließt** gemäß § 17 Abs. 1 Satz 2 SprengG **andere behördliche Entscheidungen**, insbesondere Entscheidungen aufgrund **baurechtlicher** Vorschriften **ein**. Nach § 17 Abs. 2 Nr. 2 SprengG ist die Genehmigung zu versagen, wenn **andere** öffentlich-rechtlichen Vorschriften oder Belange des Arbeitsschutzes der Errichtung, dem Betrieb oder der wesentlichen Änderung eines Sprengstofflagers entgegenstehen. Die Beachtung der Anforderungen des Bauordnungsrechts ist somit in diesem speziellen Verfahren sichergestellt, so dass die Anlagen ohne Vorbehalte freigestellt werden konnten.

Der Freistellungstatbestand erfasst nur bauliche Anlagen, die **ausschließlich** der Lagerung von Sprengstoff dienen, **gilt** also **nicht** für bauliche Anlagen, in denen außer Sprengstoff auch **andere Stoffe** gelagert werden oder die daneben noch **andere als Lagernutzungen** aufweisen. Die Genehmigungspflicht nach § 17 Abs. 1 Satz 1 SprengG gilt dagegen unabhängig davon, ob ein Gebäude ausschließlich, oder nur teilweise der Lagerung von Sprengstoff dient. Im Falle der nicht nur ausschließlichen Nutzung eines Gebäudes zur Lagerung von Sprengstoff ist zwar eine Baugenehmigungspflicht ausgelöst, da der Freistellungstatbestand nach Nr. 12 c keine Anwendung findet, die erforderliche Baugenehmigung wird aber von der Lagergenehmigung nach § 17 Abs. 1 Satz 1 SprengG umfasst, da die Konzentrationswirkung des § 17 Abs. 1 Satz 2 SprengG auch ohne eine klarstellende Regelung in § 63 Abs. 2 BauO NRW greift (s. die Anmerkungen zu § 63 Rdn. 15 und 16). **58**

Errichtung und der Betrieb von Anlagen zur **Herstellung, Bearbeitung** oder **Verarbeitung von explosionsgefährlichen oder explosionsfähigen Stoffen** im Sinne des SprengG bedürfen nach § 1 in Verbindung mit **Nr. 10.1** der **Anlage** der **4. BImSchV** der **immissionsschutzrechtlichen Genehmigung**. Nach § 17 Abs. 1 Satz 3 SprengG schließt diese die Lagergenehmigung für Sprengstofflager **als Bestandteil** nach BImSchG **genehmigungsbedürftiger Anlagen** ein.

**Nr. 12 d** erfasst **Füllanlagen für Kraftfahrzeuge an Tankstellen**. Der Tatbestand wurde mit der BauO NRW 2000 neu aufgenommen, weil die Errichtung und alle Änderungen, durch die die Sicherheit beeinträchtigt werden kann, zum damaligen Zeitpunkt noch der Erlaubnis nach §§ 9 und 10 der Verordnung über Anlagen zur Lagerung, Abfüllung und Beförderung brennbarer Flüssigkeiten zu Lande – VbF – bedurften. Diese Vorschrift ist durch die Erlaubnis nach § 13 BetrSichV ersetzt worden (s. die Anmerkungen zu § 63 Rdn. 15 b–15 c). Die Prüfung im Erlaubnisverfahren schließt alle denkbaren Sicherheitsaspekte ein, so dass eine bauaufsichtliche Prüfung entbehrlich ist (s. LT-Drucks. 12/3738 S. 84 zu Art. I Nr. 40 – § 65 – zu Absatz 1 Nr. 12 d) **59**

Unter der Bezeichnung „Füllanlagen für Kraftfahrzeuge an Tankstellen" sind die **Zapfsäulen** einschließlich der Leitungen zu den Lagerbehältern zu verstehen. Die Lagerbehälter und baulichen Anlagen der Tankstelle werden vom Freistellungstatbestand **nicht** erfasst. Die Kraftstofflagerbehälter von Tankstellen haben regelmäßig ein Fassungsvermögen, das die Freistellungsgrenze nach § 66 Satz 1 Nr. 4 BauO NRW überschreitet. **60**

### 2.6 Einfriedungen, Stützmauern, Brücken

**Nr. 13** erfasst **Einfriedungen bis zu 2,0 m, an öffentlichen Verkehrsflächen bis zu 1,0 m Höhe über der Geländeoberfläche, im Außenbereich nur bei Grundstücken, die bebaut sind oder deren Bebauung genehmigt ist.** Die Vorschrift entspricht weitgehend § 62 Abs. 1 Nr. 12 BauO NW 1984. Mit der BauO NW 1995 wurden die im Vorgängerrecht noch einbezogenen Stützmauern in einer eigenen Nr. 16 geregelt und der 2. Halbsatz angefügt, der die Genehmigungsfreiheit im Außenbereich einschränkt. Nach Aufhebung des § 10 BauO NW 1995 durch die BauO NRW 2000 kann die Herstellung von Einfriedungen nur noch verlangt werden, wenn Rechtsvorschriften entsprechende Anforderungen enthalten oder wenn eine konkrete Gefahrenlage im Sinne des § 3 Abs. 1 Satz 1 BauO NRW abzuwehren ist (s. die Anmerkungen zu § 10 Rdn. 2). **61**

62 Nicht selten stehen öffentlich-rechtliche Vorschriften der Errichtung von Einfriedungen entgegen (s. die Anmerkungen zu § 10 Rdn. 5). Die Gemeinden verfolgen mitunter in Wohngebieten das Ziel einer harmonisch aufeinander abgestimmten Gestaltung der öffentlichen und privaten Flächen. Diesem Zweck dienen gestalterische Festsetzungen der **Bebauungspläne** oder selbständige **Gestaltungssatzungen**. Nach **§ 86 Abs. 1 Nr. 5 BauO NRW** kann die Gemeinde örtliche Bauvorschriften über die Verpflichtung zur Herstellung und das Verbot der Herstellung sowie über Art, Höhe und Gestaltung von Einfriedungen erlassen (s. die Anmerkungen zu § 86 Rdn. 52–53). Derartige Gestaltungsvorschriften können je nach Zielrichtung auch dem **Nachbarschutz** dienen (BayVGH, Urteil vom 11. 8. 1988 – Nr. 2 B 87.02300, BRS 48 Nr. 171). **Zivilrechtliche** Vorschriften über Einfriedungen enthalten im Übrigen die **§§ 32–39 NachbG NRW**.

63 Der Begriff „**Einfriedung**" ist in der BauO NRW nicht definiert (hierzu vgl. Wolff, Der Begriff Einfriedung im Baurecht, BauR 2001, S. 1046 ff.). Nach der Rechtsprechung ist darunter eine Anlage zu verstehen, die dazu bestimmt ist, ein Grundstück vollständig oder teilweise zu umschließen und nach außen abzuschirmen, um unbefugtes Betreten oder Verlassen oder sonstige störende Einwirkungen, z. B. Lärm, Wind oder Straßenschmutz, abzuwehren (vgl. OVG NRW, Urteil vom 27. 2. 1970 – X A 7/69, BRS 23 Nr. 132; Hess. VGH, Beschluss vom 17. 5. 1990 – 4 TG 510/90, BRS 50 Nr. 121; OVG Rh-Pf, Beschluss vom 5. 7. 2006 – 8 B 10574/06, BauR 2006, 1734 = BRS 70 Nr. 190). Als Einfriedung ist deshalb alles anzusehen, was ein Grundstück oder einen Grundstücksteil gegenüber der Außenwelt schützen und ein Hindernis für alles sein soll, was von außen her den Frieden des Grundstücks stören und dessen Nutzung beeinträchtigen könnte (OVG NRW, Urteil vom 12. 7. 1982 – 7 A 2198/80, BauR 1982, 562 = BRS 39 Nr. 111). Auf die Frage, aus welchem Material die Einfriedung besteht und ob sie „offenen" oder „geschlossenen" Charakter aufweist, kommt es nicht an. Es muss sich nur um eine bauliche Anlage im Sinne des § 2 Abs. 1 BauO NRW handeln, die aus Bauprodukten hergestellt ist (s. die Anmerkungen zu § 2 Rdn. 31–35), wie z. B. ein 2 m hoher **Bretterzaun** (OVG NRW, Urteil vom 20. 4. 1972 – VII A 250/70, BRS 25 Nr. 125) oder ein **Maschendrahtzaun** mit Holzpfosten (Hess. VGH, Urteil vom 2. 8. 1985 – 4 OE 2/83, BRS 44 Nr. 73).

64 Eine **Hecke als Einfriedung** fällt regelmäßig nicht unter den Begriff der baulichen Anlage, da sie nicht aus Bauprodukten hergestellt ist. Gleichwohl kann sie dem Anwendungsbereich des Bauordnungsrechts unterfallen, nämlich dann, wenn eine Rechtsvorschrift aufgrund der Landesbauordnung entsprechende Anforderungen enthält. In einem solchen Fall wird die Hecke dann zu einer **anderen Anlage und Einrichtung** im Sinne des § 1 Abs. 1 Satz 2 BauO NRW (s. die Anmerkungen zu § 1 Rdn. 37–38). Anforderungen an die **Gestaltung** von Einfriedungen können insoweit örtliche Bauvorschriften enthalten (s. Rdn. 62), indem diese als **Art** der Ausführung gerade die Verwendung von Bauprodukten verbieten und stattdessen eine pflanzliche Beschaffenheit verlangen.

65 **Einfriedungen**, die dem **städtebaulichen Begriff der baulichen Anlage** unterfallen (vgl. d. Anmerkungen zu § 2 Rdn. 9–11), sind **Vorhaben im Sinne des § 29 Abs. 1 BauGB** und unterliegen deshalb den Zulässigkeitsvorschriften der §§ 30–37 BauGB. Sie sind als **Nebenanlagen im Sinne des § 14 Abs. 1 Satz 1 BauNVO** zu qualifizieren. Die bauplanungsrechtliche Zulässigkeit solcher Nebenanlagen kann durch Festsetzung nach § 9 Abs. 1 BauGB in Verbindung mit § 23 Abs. 5 BauNVO außerhalb der überbaubaren Grundstücksflächen ausgeschlossen oder eingeschränkt sein. Die Höhenbegrenzung von Einfriedungen kann auch aus bauplanungsrechtlichen Gründen beschränkt werden (OVG Lüneburg, Urteil vom 10. 7. 1976 – I A 12/76, BRS 30 Nr. 13). Bauplanungsrechtliche Be-

schränkungen können auch im Bebauungsplan nach § 9 Abs. 1 Nr. 25 BauGB (**Anpflanzen** von oder **Bindungen** für die Erhaltung von **sonstigen Bepflanzungen**) festgesetzt sein.

Die **Freistellung** von Einfriedungen **bezieht sich auf unterschiedliche Höhenmaße**. An „**öffentlichen**" Verkehrsflächen sind Einfriedungen aus Gründen der **Gestaltung** und der **Verkehrssicherheit** nur **bis zu 1,0 m Höhe** freigestellt. Für nicht an öffentlichen Verkehrsflächen gelegene Einfriedungen beträgt die Freistellungsgrenze 2,0 m Höhe. Es ist kein Grund ersichtlich, den Begriff „**öffentliche**" Verkehrsfläche einengend auf die öffentlichen Straßen, Wege und Plätze im Sinne des Straßenrechts zu beziehen, vielmehr kann er nicht anders als in § 1 Abs. 2 Nr. 1 und in § 6 Abs. 2 Satz 2 BauO NRW ausgelegt werden (s. die Anmerkungen zu § 1 Rdn. 45–47 und zu § 6 Rdn. 173–174). Bedeutung erlangt der Freistellungstatbestand allerdings in erster Linie für Einfriedungen an öffentlichen Straßen, Wegen und Plätzen (s. die Anmerkungen zu § 1 Rdn. 56–71). Eine Einfriedung muss nicht unmittelbar an der Grundstücksgrenze zur öffentlichen Verkehrsfläche stehen, sondern kann auch **abgerückt** von ihr verlaufen, um noch **an** dieser zu liegen (BayVGH, Urteil vom 10. 1. 1978 – Nr. 230 I 75, BRS 33 Nr. 132 zu einer Mauer, die in einen Abstand von 0,95 m bzw. 3,10 m zur Straße einhält). Als zulässig ist angesehen worden, in einer örtlichen Bauvorschrift ein **Zurücksetzen der Einfriedung** von der Begrenzungslinie der öffentlichen Verkehrsfläche zu regeln (VGH B-W, Beschluss vom 26. 8. 1982 – 5 S 858/82, BRS 39 Nr. 133 zu einer örtlichen Bauvorschrift, die für Einfriedungen einen Abstand von 0,6 m zur Straßengrenze vorschreibt). 66

Gemessen wird die **Höhe** von der **Geländeoberfläche** (zu diesem Begriff s. die Anmerkungen zu § 2 Rdn. 164 ff.) auf dem Grundstück am Standort der Einfriedung. Die Höhenbegrenzung ist als tatbestandliches Element der Freistellung eng auszulegen. Die Höhe darf **an keiner Stelle** im Verlauf der Einfriedung überschritten werden. Eine **Mittelung** der Höhen entsprechend § 6 Abs. 4 Satz 4 BauO NRW hat der Gesetzgeber **nicht vorgesehen**. Bei Überschreitung der Höhen wird eine Baugenehmigung erforderlich, dies schon wegen der notwendigen Prüfung der bauplanungsrechtlichen Vorgaben. Nach § 6 Abs. 10 Satz 1 Nr. 1 BauO NRW lösen **Einfriedungen bis zu einer Höhe von 2,0 m** über der Geländeoberfläche **keine abstandrechtlichen Wirkungen** aus (s. die Anmerkungen zu § 6 Rdn. 272). 67

**Einfriedungen im Außenbereich** sind vom Freistellungstatbestand **ausgenommen**, und zwar unabhängig von der Höhe und der Lage an Verkehrsflächen, so dass diese grundsätzlich dem Genehmigungsvorbehalt des § 63 Abs. 1 BauO NRW unterfallen. Der Begriff **Außenbereich** ist im Sinne des **§ 35 BauGB** zu verstehen, da der Genehmigungsvorbehalt des 2. Halbsatzes mit Rücksicht auf das Bauplanungsrecht eingefügt wurde (vgl. Große-Suchsdorf/Lindorf/Schmaltz/Wiechert, zu § 69 Rdn. 45). Die weitgehende Genehmigungspflicht für Einfriedungen im Außenbereich ist verfassungsrechtlich unbedenklich (BVerwG, Beschluss vom 31. 10. 1969 – IV B 131.69, BRS 22 Nr. 89). 68

Die Bestimmung enthält eine **Rückausnahme** für Einfriedungen von Grundstücken im **Außenbereich, die bebaut sind oder deren Bebauung genehmigt** ist. Der Begriff „Bebauung" wird auch in § 8 Abs. 1 Satz 1 BauO NRW als verfahrensrechtlicher Anknüpfungspunkt benutzt, allerdings mit teilungsspezifischem Inhalt (s. die Anmerkungen zu § 8 Rdn. 18–21). Im Rahmen des Freistellungstatbestands nach § 65 Abs. 1 Nr. 13 BauO NRW ist er im **bauplanungsrechtlichen Sinne** auszulegen. Aber selbst das Bauplanungsrecht benutzt diesen Begriff mit unterschiedlichem Inhalt (s. die Anmerkungen zu § 2 69

Rdn. 14). Man wird diesen Begriff hier so zu verstehen haben, dass sich auf dem Grundstück eine der in § 35 Abs. 1, 2 oder 4 BauGB aufgeführten privilegierten, sonstigen oder sonstigen begünstigten baulichen Anlagen befinden muss. Der Freistellungstatbestand greift auch, wenn eine solche Bebauung zwar noch nicht vorhanden, aber bereits „**genehmigt**" ist. Unter Genehmigung zu verstehen sind die Baugenehmigung selbst, die diese ersetzende Zustimmung nach § 80 BauO NRW und die diese einschließende Genehmigung oder Erlaubnis nach § 63 Abs. 2 BauO NRW.

Trotz der bauordnungsrechtlichen Freistellung können im Außenbereich durch die Einfriedung von bebauten Grundstücken bzw. von Kleingärten **öffentliche Belange** beeinträchtigt werden (BVerwG, Beschluss vom 31. 10. 1969, a. a. O. Rdn. 68; BayVGH, Urteil vom 13. 12. 1972 – Nr. 49 II 72, BRS 25 Nr. 66; Hess. VGH, Urteil vom 26. 9. 1990 – 4 UE 3721/87, BRS 52 Nr. 82).

70 **Nr. 14** erfasst **offene Einfriedungen für landwirtschaftlich (§ 201 des Baugesetzbuches) oder forstwirtschaftlich genutzte Grundstücke im Außenbereich**. Die Vorschrift entspricht § 62 Abs. 1 Nr. 13 BauO NW 1984. Es genügt nicht, dass das Grundstück zu einem land- oder forstwirtschaftlichen Betrieb gehört; das Grundstück selbst muss vielmehr entsprechend **genutzt** werden (zum Begriff der Land- und Forstwirtschaft s. Rdn. 21). Das Grundstück muss im Außenbereich liegen (s. Rdn. 68), so dass er für im Innenbereich gelegene land- oder forstwirtschaftlich genutzte Grundstücke nicht greift; für diese gilt vielmehr Nr. 13 (vgl. Boeddinghaus/Hahn/Schulte, zu § 65 Rdn. 100). Die Errichtung von Einfriedungen kann in Natur- und Landschaftsschutzgebieten unzulässig sein. Nach **§ 57 LG** besteht im Außenbereich an bestimmten Gewässern ein landschaftsrechtliches Verbot der Errichtung baulicher Anlagen (zum landschaftsrechtlichen Begriff der baulichen Anlage vgl. d. Anmerkungen zu § 2 Rdn. 23–26). Nach **§ 4 LFoG** bedarf das Sperren von Waldflächen der forstrechtlichen Genehmigung.

71 Der Begriff der „**offenen**" Einfriedung steht in enger Verbindung mit einer sinnvollen landwirtschaftlichen bzw. forstwirtschaftlichen Nutzung der Grundstücke (zum Begriff Einfriedung im bauordnungsrechtlichen und bauplanungsrechtlichen Sinne s. Rdn. 63–65). Hierunter fallen nur solche Einfriedungen, die als **Nebenanlagen** zur Hauptnutzung der entsprechenden Grundstücke der Bodenertragsnutzung dienen und die ein Land- oder Forstwirt vernünftigerweise aus wirtschaftlichen Aspekten benötigt; das sind also vor allem Weidezäune, Gatter und Drahtzäune für Schonungen. Die Einfriedung nimmt deshalb an der **Privilegierung im Sinne des § 35 Abs. 1 Nr. 1 BauGB** teil (so auch Jeromin, zu § 62 Rdn. 61). Die Verknüpfung mit dem Bauplanungsrecht stellt sicher, dass die Ausgestaltung der Einfriedung zwangsläufig auf die Privilegierungserfordernisse abgestimmt ist (vgl. Große-Suchsdorf/Lindorf/Schmaltz/Wiechert, zu § 69 Rdn. 46), so dass eine Höhenbeschränkung nicht erforderlich war. Gefordert wird nur, dass es sich um eine „offene" Einfriedung handelt; sie muss – wie z. B. Weidezäune oder Maschendrahtzäune – durchsichtig sein und darf nicht wie eine geschlossene Wand wirken.

Sind die Zaunteile breiter als die Zwischenräume, wird man nicht mehr von einer offenen Einfriedung sprechen können. Ein derartiger Zaun verunstaltet wegen seiner optischen Massivität das Landschaftsbild (BayVGH, Urteil vom 27. 10. 1995 – 2 B 93.2417, BRS 57 Nr. 103 zu einem Weidezaun aus doppelt übereinander angebrachten Straßenleitplanken). Von einer Privilegierung kann auch nicht mehr ausgegangen werden, wenn die Einfriedung über einen durchgehenden massiven Sockel verfügt, weshalb bereits mit der BauO NW 1984 der entsprechender Vorbehalt des § 81 Abs. 1 Nr. 11 BauO

NW 1970 entfallen ist. Ein vernünftiger Land- oder Forstwirt wird stets bemüht sein, die Kosten der Einfriedung in Grenzen zu halten, um noch einen ausreichenden Bodennutzungsertrag erzielen zu können. Daher ist es sachgerecht, zu unterstellen, dass eine privilegierte offene Einfriedung ohne durchgehenden massiven Sockel errichtet wird.

Der Freistellungstatbestand nach **Nr. 14** ist **eng auszulegen** und gilt nicht für Nutzungen, die der privilegierten Landwirtschaft ähneln, jedoch nicht im Sinne des § 35 Abs. 1 Nr. 1 BauGB privilegiert sind. Hier hält der Gesetzgeber weiterhin eine präventive Kontrolle durch die Bauaufsichtsbehörde für erforderlich. Nicht freigestellt sind daher offene Einfriedungen für landwirtschaftliche Hobbynutzungen, wie z. B. der Zaun für die Weide einer nichtprivilegierten Person zur Haltung eines Reitpferdes (OVG NRW, Urteil vom 18. 12. 1969 – X A 867/68, BRS 22 Nr. 64). Es reicht auch nicht aus, dass neben der Hobbynutzung einem Landwirt ein Nutzungsrecht eingeräumt wird (BayVGH, Urteil vom 10. 9. 1965 – Nr. 27 I 64, BRS 16 Nr. 82). Die Einfriedung von Damwildgehegen ist nicht privilegiert, wenn diese Haltung nicht für Zwecke der Landwirtschaft betrieben wird (BayVGH, Urteil vom 17. 10. 1983 – Nr. 14 B 82 A.456, BRS 40 Nr. 163 und OVG Rh-Pf, Urteil vom 11. 6. 1986 – 1 A 125/83, BRS 46 Nr. 86). 72

**Nr. 15** erfasst **Brücken und Durchlässe bis zu 5,0 m Lichtweite**. Die Freistellung ist gegenüber § 62 Abs. 1 Nr. 25 BauO NW 1984 hinsichtlich der Lichtweite bereits mit der BauO NW 1995 von 3,0 m auf 5,0 m erweitert worden. Diese Änderung erschien auch unter Gefahrenabwehrgesichtspunkten vertretbar. Unter Brücken bzw. Durchlässen versteht man bauliche Anlagen, die dazu dienen, den Verkehrsweg über ein künstliches oder natürliches Hindernis zu führen (VGH B-W, Urteil vom 19. 1. 1971 – II 670/68, BRS 24 Nr. 130 zu einem Anlegesteiger der Personenschifffahrt, der vom Ufer zu einem schwimmenden Ponton verläuft und den das Gericht nicht als Brücke einstuft). 73

Brücken und Durchlässe als Bestandteil von **Anlagen des öffentlichen Verkehrs** sind nach § 1 Abs. 2 Nr. 1 BauO NRW ohnehin vom Anwendungsbereich des Bauordnungsrechts **ausgenommen** (s. die Anmerkungen zu § 1 Rdn. 45–47). Daher hat dieser Freistellungstatbestand nur Bedeutung für „**private**" Verkehrsanlagen, wie z. B. Zugänge oder Zufahrten nach den §§ 4 und 5 BauO NRW. 74

**Nr. 16** erfasst **Stützmauern bis zu 2,0 m Höhe über der Geländeoberfläche**. Die Vorschrift entspricht § 62 Abs. 1 Nr. 12 BauO NW 1984. Stützmauern stehen relativ häufig in Verbindung mit Anlagen des öffentlichen Verkehrs. Als Bestandteil derartiger Anlagen sind sie gemäß § 1 Abs. 2 Nr. 1 BauO NRW vom Anwendungsbereich des Bauordnungsrechts ausgenommen (s. die Anmerkungen zu § 1 Rdn. 45–47; s. auch VGH B-W, Urteil vom 16. 1. 1996 – 3 S 769/95, BRS 58 Nr. 98). Der Freistellungstatbestand kann daher nur Bedeutung für Stützmauern auf dem Grundstück selbst entfalten, um entweder das Gelände abzufangen oder bauliche Anlagen in hängigem Gelände gegen Abrutschen zu sichern. Daneben kommen Stützmauern auch in Betracht, um Geländeabgrabungen vor der Kelleraußenwand zur Verbesserung der Belichtung oder Geländeanschüttungen zum Bau einer Terrasse zu ermöglichen. 75

**Stützmauern** im Sinne der Nr. 16 dienen dem **Erhalt der natürlichen Geländeoberfläche** (zum Begriff der Geländeoberfläche s. die Anmerkungen zu § 2 Rdn. 164 ff.), um bauliche Anlagen erst zu ermöglichen und weisen damit **dienende Funktion** auf (so Boeddinghaus/Hahn/Schulte, zu § 65 Rdn. 104). Stützmauern zur Erhöhung oder Absenkung der Geländeoberfläche des gesamten Grundstücks oder großer Teile desselben sind nicht baugenehmigungsfrei, da sie mit der Anschüttung oder Abgrabung in funktionaler 76

Verbindung stehen (OVG NRW, Urteil vom 27.11.1989 – 11 A 195/88, BRS 50 Nr. 185 zu einer im rückwärtigen Grundstücksbereich mit Hilfe von Stützmauern errichteten Hügelanlage in der Nähe der Grundstücksgrenze zum Nachbarn). Werden **Stützmauern für bauliche Anlagen** ausgeführt, sind sie als Bestandteil dieser baulichen Anlagen anzusehen und mit diesen genehmigungspflichtig.

### 2.7 Masten, Antennen und ähnliche Anlagen und Einrichtungen

77 **Nr. 17** erfasst **Unterstützungen von Seilbahnen**. Die Vorschrift entspricht § 62 Abs. 1 Nr. 24 BauO NW 1984. **Seilbahnen** unterliegen dem SeilbahnG. Gemäß § 1 Abs. 2 Nr. 1 BauO NRW gilt für Seilbahnen des öffentlichen Verkehrs das Bauordnungsrecht nicht (s. die Anmerkungen zu § 1 Rdn. 85). Der Freistellungstatbestand erfasst somit lediglich **private** Seilbahnen, wie z. B. nicht dem öffentlichen Verkehr dienende Transportseilbahnen. Freigestellt sind auch nur die Tragmasten des Seils, nicht dagegen sonstige bauliche Anlagen, die zum Betrieb der privaten Seilbahn erforderlich sind, wie z. B. Gebäude zur Aufnahme der Motor- und Steuereinrichtungen.

78 **Nr. 18** erfasst **Parabolantennenanlagen mit Reflektorschalen bis zu einem Durchmesser von 1,20 m und bis zu einer Höhe von 10,0 m, sonstige Antennen und Sendeanlagen einschließlich der Masten mit einer Höhe bis zu 10,0 m und zugehörige nach der Nummer 9 a zulässige Versorgungseinheiten sowie die Änderung der Nutzung oder der äußeren Gestaltung der baulichen Anlage, wenn die Antenne, Sendeanlage oder die Versorgungseinheit in, auf oder an einer bestehenden baulichen Anlage errichtet werden**. Der Freistellungstatbestand gilt sowohl für **Antennen zum Empfang** als auch **zur Sendung** elektromagnetischer Schwingungen.

Die Vorschrift entspricht hinsichtlich der Antennen § 62 Abs. 1 Nr. 23 BauO NW 1984. Parabolantennen waren nach § 1 Freistellungsverordnung vom 18. 11. 1988 (GV. NRW. S. 455), g. d. VO vom 26. 4. 1990 (GV. NRW. S. 268) verfahrensfrei; dieser Freistellungstatbestand wurde unter Aufhebung der Freistellungsverordnung in § 65 Nr. 18 BauO NW 1995 übernommen. Die noch in § 62 Abs. 1 Nr. 23 BauO NW 1984 enthaltenen ortsveränderlichen Antennenträger, wurden mit der BauO NW 1995 in Nr. 19 überführt.

Die erneute Erweiterung des Freistellungstatbestands in Nr. 18 erfolgte mit dem Gesetz zur Änderung der Landesbauordnung vom 22. 7. 2003 (GV. NRW. S. 434, um die Errichtung von **Mobilfunk-Basisstationen verfahrensrechtlich** zu **erleichtern** (s. Rdn. 03).

**Funkstationen der Eisenbahnen** des öffentlichen Verkehrs sind **als Betriebsanlagen** gemäß § 1 Abs. 2 Nr. 1 BauO NRW vom Anwendungsbereich des Bauordnungsrechts ausgeschlossen. Diese Anlagen werden im Wege der Plangenehmigung nach § 18 AEG zugelassen (hierzu s. BVerwG, Urteil vom 10. 12. 2003 – 9 A 73.02, UPR 2004, 265).

78a Die Verfahrensfreiheit darf nicht darüber hinwegtäuschen, dass **§ 65 Abs. 4** BauO NRW die Beachtung des **materiellen Baurechts** verlangt. Das **Bauplanungsrecht** bereitet bei der Klärung der materiellen Zulässigkeitsfrage besondere Schwierigkeiten, da Feinheiten des Begriffs „**Nebenanlage**" von Bedeutung sein können (s. Rdn. 79–79 b).

Für das **Bauordnungsrecht** ist vorab zu prüfen, ob die Antenne als „**bauliche Anlage**" im Sinne des § 2 Abs. 1 BauO NRW oder lediglich als „**andere Anlage oder Einrichtung**" im Sinne des § 1 Abs. 1 Satz 2 BauO NRW zu qualifizieren ist. Kleine Stabantennen, zum Empfang von Rundfunk- und Fernsehprogrammen, wie sie zur Montage an Balkongeländern oder Fensterrahmen angeboten werden, können nicht als bauliche

Anlagen gewertet werden. Die **Unterscheidung** hat **keine Bedeutung für** das **Verunstaltungsverbot nach § 12** BauO NRW, da diese Vorschrift ausdrücklich auch für andere Anlagen und Einrichtungen im Sinne des § 1 Abs. 1 Satz 2 BauO NRW gilt, **wohl aber für örtliche Bauvorschriften nach § 86** BauO NRW. Denn nach § 86 Abs. 1 Nr. 1 und 2 BauO NRW können satzungsrechtliche Anforderungen zur positiven Gestaltungspflege nur zur äußeren Gestaltung **baulicher** Anlagen erlassen werden, wobei es sich sogar – im Gegensatz zu „fingierten" – um „**echte**" bauliche Anlagen handeln muss (s. die Anmerkungen zu § 86 Rdn. 28). Weiter ist zu beachten, dass das **Grundrecht der Informationsfreiheit** nach Art. 5 GG es nicht zulässt, Antennen durch örtliche Bauvorschrift gänzlich auszuschließen (s. die Anmerkungen zu § 86 Rdn. 32).

Unter **Gesichtspunkten** des **vorbeugenden Brandschutzes** können Antennen auf dem Dach von Gebäuden, bei denen **Blitzschlag** leicht eintreten kann, den Anforderungen des **§ 17 Abs. 4** BauO NRW unterfallen (s. die Anmerkungen zu § 17 Rdn. 58–60). Blitzschutzanlagen bedürfen ebenfalls keiner Baugenehmigung (s. Rdn. 82).

Wenn Antennen **höher als 2 m** sind **und** von ihnen **Wirkungen wie von Gebäuden** ausgehen, lösen sie gemäß § 6 Abs. 10 BauO NRW grundsätzlich **Abstandflächen** aus (s. die Anmerkungen zu § 6 Rdn. 272). **Antennenanlagen bis zu 1,5 m Höhe auf grenzständigen** oder **grenznahen Garagen**, **Gewächshäusern** oder **Gebäuden mit Abstellräumen** sind nach § 6 Abs. 11 Satz 1 BauO NRW **abstandrechtlich begünstigt** (s. die Anmerkungen zu § 6 Rdn. 293).

Antennen zur **Sendung** elektromagnetischer Schwingungen (**Funkanlagen**) müssen den **Anforderungen der 26. BImSchV** entsprechen. Die Einhaltung der Anforderungen wird nach der „**Verordnung über das Nachweisverfahren zur Begrenzung elektromagnetischer Felder – BEMFV**" vom 20. 8. 2002 (BGBl. I S. 3366) dadurch sichergestellt, dass zum Betrieb einer ortsfesten Funkanlage mit einer äquivalenten Strahlungsleistung von 10 Watt und mehr eine **Standortbescheinigung** der **Bundesnetzagentur** (Bundesagentur für Elektrizität, Gas, Telekommunikation, Post und Eisenbahnen, zuvor: Regulierungsbehörde für Telekommunikation und Post) erforderlich ist. Das **Nachweisverfahren** dient der Gewährleistung des Schutzes von Personen in den durch den Betrieb entstehenden elektromagnetischen Feldern (s. auch die Anmerkungen zu § 16 Rdn. 27).

Für Antennenanlagen enthält der Freistellungstatbestand der Nr. 18 eine **Begrenzung** **78b**
**der Höhe auf 10,0 m**. Diese **Höhenbegrenzung** erfolgte aus **statisch-konstruktiven** Gesichtspunkten. Daher darf bei der Berechnung der Höhe einer Dachantennenanlage nur die Höhe der Antenne selbst, gegebenenfalls einschließlich des Sockels, nicht aber zusätzlich die Höhe des Gebäudes, auf dem sie errichtet werden soll, berücksichtigt werden (OVG Lüneburg, Urteil vom 18. 10. 1985 – 1 A 15/84, BRS 44 Nr. 41; VGH B-W, Urteil vom 27. 6. 1990 – 3 S 2655/89, BauR 1990, 703 = BRS 50 Nr. 189). Antennenanlagen, die **freistehend auf dem Grundstück** angeordnet werden sollen, bedürfen bei Überschreitung des Höhenmaßes von 10,0 m, das in diesem Fall von der Geländeoberfläche aus zu messen ist, stets einer Baugenehmigung.

Die **bauplanungsrechtliche Einordnung** von Antennenanlagen bereitet – ähnlich der **79**
von Werbeanlagen – seit jeher Probleme. Die Schwierigkeiten beruhen darauf, dass die jeweilige Anlage überhaupt **städtebauliche Relevanz** aufweisen muss, was **bei kleinen Antennen** zum Rundfunk- und Fernsehempfang **zu verneinen** ist (s. die Anmerkungen zu § 2 Rdn. 9–14). Darüber hinaus benutzt der Verordnungsgeber den Begriff „**Nebenanlage**" in § 14 BauNVO mit **unterschiedlichem Inhalt** und definiert den Begriff

„Hauptanlage" überhaupt nicht. Die Bedeutung des Begriffs „**Hauptanlage**" erschließt sich nur **als Gegenstück zur Nebenanlage**. Für „Hauptgebäude" und „Nebengebäude" ist die Unterscheidung noch relativ einfach zu treffen (s. die Anmerkungen zu § 2 Rdn. 147–148). Bei der Einordnung **technischer Anlagen** oder **Einrichtungen** sind dagegen schwer verständliche Besonderheiten und Differenzierungen in Bezug auf die Baugebietscharakteristik und den Anbringungsort der Anlage zu beachten.

**79a** Wird eine städtebaulich relevante Antennenanlage **in**, **auf** oder **an** einem **Gebäude** der **Hauptnutzung** angebracht, stellt sich zunächst die Frage, ob sie **Teil dieser Hauptanlage** ist. Für übliche Antennen zum **Rundfunk- und Fernsehempfang** ist dies zu bejahen, da derartige Anlagen wie Wasserversorgung, Heizung oder Telefonanschluss – **nach heutigem Verständnis** – zum **Wohnen**, zum **Arbeiten** und zur **Freizeitgestaltung unabdingbar** sind und zum **Kern der Hauptnutzung** gehören (vgl. König/Roeser/Stock, zu § 14 Rdn. 10). Zudem besteht kein funktioneller Unterschied, ob der Empfang von Rundfunk- und Fernsehprogrammen über einen Breitbandkabelanschluss im Keller oder eine Antenne auf dem Dach des Gebäudes erfolgt. Eine mit dem Hauptgebäude konstruktiv verbundene Anlage stellt einen Teil der Hauptanlage und keine Nebenanlagedar. Eine **Nebenanlage** kann **nur bei ausreichender räumlicher Trennung** von der Hauptanlage angenommen werden (BVerwG, Beschluss vom 13.6.2005 – 4 B 27.05, BauR 2005, 1755 = BRS 69 Nr. 87 = ZfBR 2005, 698 zu einer Sonnenschutzanlage).

**79b** Wird eine städtebaulich relevante Antennenanlage getrennt vom Gebäude der Hauptnutzung entweder **auf dem Grundstück** oder **in**, **auf** oder **an** einem **Nebengebäude** angebracht, stellt sich die Frage ihrer Zulässigkeit als Nebenanlage. Eine Nebenanlage im Sinne des § 14 Abs. 1 Satz 1 BauNVO muss sich **funktionell** und **räumlich-gegenständlich** der Hauptanlage **unterordnen**, mit ihr in einem **Funktionszusammenhang** stehen oder eine zumindest **zubehörähnliche Hilfsfunktion** aufweisen (BVerwG, Urteil vom 7.5.1976 – IV C 43.74, BRS 30 Nr. 56 und Urteil vom 28.4.2004 – 4 C 10.03, BRS 67 Nr. 68). Übliche **Antennen** für den **Rundfunk- und Fernsehempfang** erfüllen diese Voraussetzung. Als **weitere Beispiele** für Antennen, entweder als Bestandteil der Hauptnutzung oder als getrennt angeordnete Nebenanlage, sind zu nennen:

- privat genutzte Antennenanlage eines **Funkamateurs**,
- **betriebseigene Funkanlage** eines Versorgungs- oder Verkehrsunternehmens, die benötigt werden, um außerhalb des Betriebs tätige Mitarbeiter erreichen zu können.

**Sehr hohe** Anlagen können dabei aufgrund ihrer Dominanz im **Widerspruch zur Eigenart des Baugebiets** stehen und trotz Erfüllung der sonstigen Voraussetzungen für Nebenanlagen nach § 14 Abs. 1 Satz 1 BauNVO unzulässig sein (vgl. OVG NRW, Urteil vom 27.7.2000 – 7 A 3558/96, BauR 2001, 232 = BRS 63 Nr. 148 zu einem von einem Amateurfunker genutzten Stahlgittermast mit Sendeanlage, der aus mehreren Segmenten besteht und auf eine Höhe von 18 m ausfahrbar ist, in einem Umfeld, das durch straßennahe, relativ kleinmaßstäbliche Wohnhäuser mit typischem Siedlungscharakter und weit in die Tiefe bis zu einem Bach und teilweise darüber hinausreichende Gärten mit ausgeprägter Aufenthaltsqualität geprägt ist).

**80** **Mobilfunk-Basisstationen**, die aus der **Antenne** und einer **technischen Versorgungseinheit** bestehen, waren bislang schon aufgrund befürchteter gesundheitlicher Auswirkungen der von ihnen ausgehenden elektromagnetischer Felder, dem so genannten „**Elektrosmog**", Gegenstand von Rechtsstreitigkeiten (s. die Anmerkungen zu § 16 Rdn. 25–27). Derartige Anlagen hat die obergerichtliche Rechtsprechung anfänglich, Anlagen der

Fremdwerbung vergleichbar (s. BVerwG, Urteil vom 3.12.1992 – 4 C 27.91, BRS 54 Nr. 126), auch in Baugebieten nach der BauNVO 1990 als **eigenständige – gewerbliche – Hauptnutzung** eingeordnet, da der für Nebenanlagen in § 14 Abs. 1 Satz 1 BauNVO geforderte enge Funktionszusammenhang mit der Zweckbestimmung des Baugebiets fehlt (so z.B. Hess. VGH, Beschluss vom 29.7.1999 – 4 TG 2118/99, BauR 2000, 1162 = BRS 62 Nr. 83). Zu berücksichtigen ist jedoch, dass Mobilfunk-Basisstationen als **fernmeldetechnische Nebenanlagen** nach § 14 **Abs. 2 Satz 2** BauNVO 1990 im Wege einer **Ausnahme** in den Baugebieten zugelassen werden können, jedoch nur in Baugebieten nach der **BauNVO 1990**, da § 14 Abs. 2 BauNVO in den Fassungen von 1962, 1968 und 1977 nicht auf fernmeldetechnische Nebenanlagen anwendbar ist (BVerwG, Beschluss vom 1.11.1999 – 4 B 3.99, BauR 2000, 703 = BRS 62 Nr. 82 = DÖV 2000, 474 = NVwZ 2000, 680 = UPR 2000, 225 = ZfBR 2000, 276). In der weit überwiegenden Zahl der Fälle findet indessen die BauNVO 1990 Anwendung, da die meisten Gemeinden ältere Bebauungspläne auf diese Vorschrift umgestellt haben.

Die richtige Einordnung von Mobilfunkanlagen als Haupt- oder Nebenanlagen beschäftigte Rechtsprechung und Literatur viele Jahre mit unterschiedlichen Ergebnissen. Nach der einen Auffassung sollen Mobilfunkanlagen **sowohl Hauptanlagen als auch ausnahmsweise zulässige fernmeldetechnische Nebenanlagen** sein können (BayVGH, Urteil vom 1.7.2005 – 25 B 01.2747, BauR 2006, 339 = BRS 69 Nr. 85), was mit dem **zulässigkeitserweiternden Zweck** des als Fremdkörper im System der Baugebietsvorschriften einzuordnenden § 14 Abs. 2 Satz 2 BauNVO 1990 begründet wird (so König/Roeser/Stock, zu § 14 Rdn. 35; Schidlowski/Duikers, Mobilfunk und Gesundheitsschutz – zur bauplanungsrechtlichen Zulässigkeit von Mobilfunksendeanlagen, BauR 2007, S. 1503 ff.). Die gegenteilige Auffassung wendet ein, dass § 14 Abs. 2 Satz 2 BauNVO 1990 in einem Spezialitätsverhältnis zu den §§ 2 ff. BauNVO stehe und daher auf Mobilfunkanlagen als fernmeldetechnische Nebenanlagen immer anzuwenden sei (so Gehrken, Keine Baugenehmigungspflicht für Mobilfunkanlagen?, NVwZ 2006, S. 977 ff.). **Praktische Bedeutung kommt diesem Streit nicht zu**. Denn Mobilfunkanlagen sind auch bei der Einordnung als Hauptanlage in den meisten Baugebieten zulassungsfähig. Selbst im allgemeinen Wohngebiet können sonstige nicht störende Gewerbebetriebe ausnahmsweise zugelassen werden. Eine Ausnahme ist auch bei der Einordnung als Nebenanlage gemäß § 14 Abs. 2 Satz 2 BauNVO 1990 erforderlich. In reinen Wohngebieten, in denen eine ausnahmsweise Zulassung ausscheidet, ergibt sich eine Lösungsmöglichkeit auf dem Befreiungswege nach § 31 Abs. 2 BauGB (vgl. Nds. OVG, Beschluss vom 6.12.2004 – 1 ME 256/04, BauR 2005, 975 = BRS 67 Nr. 64).

Die Rechtsprechung hat erkannt, dass Mobilfunkanlagen als Infrastruktureinrichtungen aufgrund der technischen Zwänge auf bestimmte Standorte angewiesen sind, um störungsfreie Sende- und Empfangsleistungen zu gewährleisten. Mobilfunkanlagen werden als fernmeldetechnische Nebenanlagen auch in reinen Wohngebieten für zulassungsfähig angesehen, wie folgende **Beispiele** aus der **Rechtsprechung** belegen:

- Gibt es keine städtebaulichen Gründe, die der Zulassung einer Ausnahme widersprechen könnten, bleibt für eine ablehnende Ermessensentscheidung kein Raum mehr (VGH B-W, Urteil vom 19.11.2003 – 5 S 2726/02, BRS 66 Nr. 75 = DÖV 2004, 306).
- Sind keine städtebaulichen Gesichtspunkte ersichtlich, die einer ausnahmsweisen Zulassung einer Mobilfunkbasisstation in einem reinen Wohngebiet entgegenstehen könnten, besteht ein Anspruch auf Genehmigung (Hess. VGH, Urteil vom 6.12.2004 – 9 UE 2582/03, BauR 2005, 983 = BRS 67 Nr. 65).

Das Allgemeinwohlinteresse an einer flächendeckenden angemessenen und ausreichenden Versorgung mit Telekommunikationsdienstleistungen kann im Einzelfall die Befreiung von Bebauungsplanfestsetzungen rechtfertigen, die der Errichtung eines Antennenträgers für Mobilfunkanlagen entgegenstehen (OVG NRW, Urteil vom 8. 10. 2003 – 7 A 1397/02, BauR 2004, 649 = BRS 66 Nr. 92 = NVwZ-RR 2004, 404).

- Bei der Ermessensentscheidung über die Erteilung einer Ausnahme ist neben der Wertung des Verordnungsgebers in § 14 Abs. 2 Satz 2 BauNVO zu berücksichtigen, dass der Nutzungszweck des reinen Wohngebiets als Regelfall erhalten bleiben und der gewerbliche Nutzungszweck der Mobilfunkstation den Charakter einer Ausnahmeerscheinung in dem betroffenen Gebiet behalten muss (OVG NRW, Beschluss vom 6. 5. 2005 – 10 B 2622/04, BauR 2005, 1284 = BRS 69 Nr. 83 = NVwZ-RR 2005, 608).
- Fernmeldetechnische Nebenanlagen können in allen Baugebieten – auch reinen Wohngebieten – als Ausnahme zugelassen werden. Die Versagung einer Ausnahme kommt nur aus städtebaulichen Gründen in Betracht (OVG NRW, Beschluss vom 6. 5. 2005 – 7 B 2752/04, BauR 2005, 1425 = BRS 69 Nr. 84 = ZfBR 2005, 474).

**80 a** Werden Mobilfunkanlagen in, auf oder an einem Gebäude errichtet, bedurften sie nach der früheren Rechtslage einer Baugenehmigung, wenn ihre Einfügung in ein bestehendes Gebäude diesem in mehr als nur untergeordnetem Umfang mit der **gewerblichen** Mobilfunkstation eine **neue Nutzung hinzufügt**, welche von der bisherigen Nutzung abweicht (VGH B-W, Urteil vom 26. 10. 1998 – 8 S 1848/98, BRS 62 Nr. 164; Hess. VGH, Urteil vom 19. 12. 2000 – 4 TG 3629/00, BRS 63 Nr. 174 = NVwZ-RR 2001, 429; Nds. OVG, Beschluss vom 31. 1. 2002 – 1 MA 4216/01, BauR 2002, 772 = BRS 65 Nr. 203; OVG NRW, Beschluss vom 29. 4. 2002 – 10 B 78/02, BauR 2002, 1225 = BRS 65 Nr. 202). Dabei spielt es keine Rolle, ob die technische Versorgungseinheit innerhalb oder außerhalb des Gebäudes angeordnet wird (OVG NRW, Beschluss vom 2. 7. 2002 – 7 B 924/02, BauR 2002, 1844 = BRS 65 Nr. 158). Dieses Baugenehmigungsbedürfnis wollte der Gesetzgeber mit der Gesetzesänderung im Jahre 2003 beseitigen, wie die Begründung (LT-Drucks. 13/4044, S. 5) verdeutlicht:

*„Durch die Gesetzesänderung wird klargestellt, dass die Freistellung auch Mobilfunksendeanlagen erfasst und nicht nur solche Antennenanlagen, die ohne weitere Änderungen oder Nutzungsänderungen des bestehenden Gebäudes für sich funktionsfähig und bestimmungsgemäß nutzbar sind, wie Antennenanlagen für den Fernsehempfang oder für den im Wohngebäude wohnenden Funkamateur.“*

Die Erweiterung des Freistellungstatbestandes der Nr. 18 entspricht § 61 Abs. 1 Nr. 4 Buchstabe a MBO 2002. Die Bezugnahme auf Nr. 9 a verdeutlicht, dass die **zugehörige Versorgungseinheit** ebenfalls **freigestellt** ist (s. Rdn. 45–46).

**80 b** Den städtebaulichen Vorschriften Rechnung tragend, musste zugleich aus Anlass des Nutzungsänderungen betreffenden neuen Freistellungstatbestandes ein **bauordnungsrechtliches Verfahren** eingeführt werden, um zu gewährleisten, dass über eine eventuell erforderliche Ausnahme nach § 14 Abs. 2 Satz 2 BauNVO 1990 von der Bauaufsichtsbehörde entschieden werden kann. Dieses zur Prüfung der **städtebaulichen Zulässigkeit der Ausnahme** dienende Verfahren wurde mit **§ 74 a BauO NRW** neu eingeführt (s. die Anmerkungen zu § 74 a). Es ist auch auf **Befreiungen** nach § 31 Abs. 2 BauGB anzuwenden, wenn eine freigestellte Antennenanlage entgegen den Festsetzungen eines Bebauungsplans zugelassen werden soll. Hierdurch wird indessen der angestrebte **Freistellungseffekt teilweise** wieder **aufgehoben**, da das Verfahren nach § 74 a BauO NRW kaum weniger Bearbeitungszeit beanspruchen dürfte als ein vereinfachtes Genehmigungsverfahren nach § 68 BauO NRW.

**Nr. 19** erfasst **ortsveränderliche Antennenträger, die nur vorübergehend aufgestellt werden**. Die Vorschrift wurde gegenüber § 62 Abs. 1 Nr. 23 BauO NW 1984 bereits mit der BauO NW 1995 insofern geändert, als sie sich nur noch auf vorübergehend aufgestellte Antennenträger bezieht und im Übrigen nicht nur auf solche der „Deutschen Bundespost" bzw. ihrer Nachfolgerin, der „Deutschen Telekom AG". Die Tatbestandsmerkmale „ortsveränderliche" und „nur vorübergehend aufgestellt" entsprechen den Definitionsmerkmalen, die für Fliegende Bauten (s. § 79 BauO NRW) maßgeblich sind. Sind solche Antennen zwar geeignet, aber nicht dazu bestimmt, ortsveränderlich aufgestellt zu werden, gilt die Freistellung nicht, allenfalls können sie nach Nr. 18 freigestellt sein. 81

**Nr. 20** erfasst **Blitzschutzanlagen**. Die Vorschrift entspricht § 62 Abs. 1 Nr. 23 BauO NW 1984. Der Tatbestand enthält keine Höhenbegrenzung für die Blitzschutzanlagen. Nach § 17 Abs. 4 BauO NRW sind baulichen Anlagen, bei denen nach Lage, Bauart oder Nutzung Blitzschlag leicht eintreten und zu schweren Folgen führen kann, mit dauernd wirksamen Blitzschutzanlagen zu versehen (s. die Anmerkungen zu § 17 Rdn. 58–60). 82

**Nr. 21** erfasst **Signalhochbauten der Landesvermessung**. Die Vorschrift entspricht § 62 Abs. 1 Nr. 22 BauO NW 1984. Die Bezeichnung „Signalhochbauten" wird heute nicht mehr verwendet und geht zurück auf die „Verordnung über baupolizeiliche Erleichterungen für Signalhochbauten der Landesaufnahme" vom 19. 1. 1937 (RGBl. I S. 22). Die Vorschrift zielt auf für die Dauer von Vermessungsarbeiten errichteten **Sichtzeichen** (s. § 8 Abs. 1 VermKatG NRW). Dieses können Stangen oder Gerüste sein. Die Freistellung ist nicht auf bestimmte Abmessungen beschränkt. 83

**Nr. 22** erfasst **Fahnenmasten**. Fahnen**stangen** waren durch den Auffangtatbestand des § 62 Abs. 1 Nr. 34 BauO NW 1984 freigestellt. Höhenbeschränkungen bestehen nicht. Soll an einem Fahnenmast ein Werbeträger im Sinne des § 13 Abs. 1 Satz 1 BauO NRW angebracht werden, so ist die Anlage insgesamt baugenehmigungsbedürftig (OVG NRW, Beschluss vom 24. 7. 2006 – 10 B 785/06, BRS 70 Nr. 142 = NVwZ-RR 2006, 773), sofern nicht einer der Tatbestände des § 65 Abs. 1 Nr. 33 bis 35 BauO NRW greift. 84

**Nr. 23** erfasst **Flutlichtanlagen bis zu 10,0 m Höhe über der Geländeoberfläche**. Der Tatbestand wurde mit der BauO NW 1995 in den Katalog der freigestellten Vorhaben aufgenommen. Die Höhe wird von der Geländeoberfläche aus gemessen (zum Begriff der Geländeoberfläche s. die Anmerkungen zu § 2 Rdn. 164 ff.). Die Freistellung ist nicht auf einen bestimmten Aufstellungsort, etwa einen Sportplatz oder ein Sportstadion, beschränkt. 85

### 2.8 Stellplätze, Abstellplätze, Lagerplätze

**Nr. 24** erfasst **nicht überdachte Stellplätze für Personenkraftwagen und Motorräder bis zu insgesamt 100 m²**. Der vergleichbare Tatbestand des § 62 Abs. 1 Nr. 8 BauO NW 1984 wurde mit der BauO NW 1995 um nicht überdachte Stellplätze für Motorräder erweitert. Nicht überdachte Stellplätze für Personenkraftwagen und Motorräder wurden, um keine planungsrechtlichen Probleme auszulösen, nur bis zu einer Größenordnung von insgesamt 100 m² freigestellt. Das darf aber nicht darüber hinwegtäuschen, dass auch bereits ein einzelner nach Bauordnungsrecht freigestellter Stellplatz bauplanungsrechtlich unzulässig sein kann, wenn der Bebauungsplan gemäß § 12 Abs. 6 BauNVO Stell- 86 plätze ausschließt (BVerwG, Beschluss vom 4. 3. 1997 – 4 B 233.96, BRS 59 Nr. 127 = DÖV 1997, 643 = UPR 1997, 326 = ZfBR 1997, 218). Der Begriff „Stellplatz" ist in § 2 Abs. 7 BauO NRW definiert (s. die Anmerkungen zu § 2 Rdn. 88–93 und 237–238). Unerheblich ist es, ob die nicht überdachten Stellplätze „notwendig" im Sinne des § 51 Abs. 1 BauO NRW sind (zum Begriff des notwendigen Stellplatzes s. die Anmerkungen zu § 51 Rdn. 13–25).

87 Die Freistellung steht unter **drei Vorbehalten**:

- die Stellplätze müssen entweder für **Personenkraftwagen** oder für **Motorräder** bestimmt sein,
- die Stellplätze dürfen **nicht überdacht** sein,
- die Stellplatzfläche darf **insgesamt 100 m² nicht überschreiten**.

Wird nur eine dieser Bedingungen nicht eingehalten, so ist die Stellplatzanlage genehmigungsbedürftig (zu den verfahrensrechtlichen Fragen s. die Anmerkungen zu § 51 Rdn. 9–10 und 90). Die **Genehmigungsbedürftigkeit** ist gegeben, wenn die Stellplätze dem Abstellen von **Lastkraftwagen**, **Omnibussen** oder **Anhängern** dienen. Die Freistellungsregelung kann für ein Grundstück bei Einhaltung der Bedingungen **mehrfach** genutzt werden, sofern die einzelnen Stellplatzanlagen **deutlich voneinander getrennt** sind. Das **stückweise Erweitern** um jeweils einen freigestellten Stellplatz macht eine Gesamtanlage bei Überschreitung der Fläche von 100 m² insgesamt genehmigungsbedürftig. Auch nicht überdachte freigestellte Stellplätze können im Widerspruch zu den bauplanungsrechtlichen Zulässigkeitsbeschränkungen stehen (s. die Anmerkungen zu § 51 Rdn. 23–24). Darüber hinaus sind die bauordnungsrechtlichen Einschränkungen im Hinblick auf die Wohnruhe zu beachten (s. die Anmerkungen zu § 51 Rdn. 123–130).

88 Das Gegenstück zu „nicht überdachten" Stellplätzen sind „überdachte" Stellplätze, die begrifflich den Garagen zugeordnet werden. Gemäß § 2 Abs. 3 Satz 2 GarVO sind **offene Garagen** auch **Stellplätze mit Schutzdächern**. Vorhandene, nicht überdachte Stellplätze werden insgesamt baugenehmigungsbedürftig, wenn sie **nachträglich** überdacht werden sollen. Die Freistellung erfasst nur nicht überdachte Stellplätze **auf der Geländeoberfläche**, nicht dagegen über Zufahrtsrampen erreichbare Einstellplätze auf dem Dach eines Gebäudes, die als **Dacheinstellplätze** den Bestimmungen der GarVO unterfallen (s. § 2 Abs. 6 Satz 2 GarVO). Mitunter versuchen Bauherren die Voraussetzung, wonach die Fläche nicht überdacht sein darf, dadurch zu umgehen, dass sie lediglich eine „Pergola" errichten, die nach § 65 Abs. 1 Nr. 28 BauO NRW freigestellt ist. Dabei darf jedoch nicht übersehen werden, dass eine Pergola nach dieser Bestimmung nur freigestellt ist, wenn sie der Gartengestaltung oder der zweckentsprechenden Einrichtung von Gärten dient. Das setzt einerseits voraus, dass die Stellplatzanlage überhaupt Teil des Gartens ist und sich nicht abgesetzt von diesem befindet. Andererseits muss die Pergola aus Gründen der Gartengestaltung errichtet sein, um z. B. die Stellplatzanlage in den Garten zu integrieren und eine unschöne optische Wirkung zu kaschieren, indem die Pergola als Rankgerüst für Pflanzen dient. Verfügt die **Pergola** (s. auch Rdn. 99) dagegen über ein dachähnliches enges Rankgitter, das einen nahezu lückenlosen Bewuchs ermöglicht, so kann nicht mehr von einer Freistellung ausgegangen werden, da die Anlage **als Überdachungsersatz** fungiert (ebenso Boeddinghaus/Hahn/Schulte, zu § 65 Rdn. 135 unter Bezug auf OVG NRW, Beschluss vom 9. 5. 1996 – 7 B 934/96, BRS 58 Nr. 118, und Urteil vom 6. 7. 1998 – 7 A 5721/96, n. v.).

Die **Freistellungsgrenze von 100 m²** verursacht in der Vollzugspraxis immer wieder **Beurteilungsprobleme**, weil der Gesetzgeber keine klaren Vorgaben über die Anrechnungsmodalitäten von (inneren) Verkehrsflächen getroffen hat. Fraglich ist, ob nur die reine Fläche der Einstellplätze anzusetzen ist (so Buntenbroich/Voß, zu § 65 Rdn. 36, die ausgehend von der Mindestgröße eines Einstellplatzes von 5,0 × 2,3 m zu der Auffassung gelangen, das bei 100 m² Fläche annähernd 8 Stellplätze freigestellt errichtet werden können, was allerdings nur zutrifft, wenn 8 Stellplätze nebeneinander im Vorgarten unmittelbar an der Grundstücksgrenze zur öffentlichen Verkehrsfläche angeordnet werden). Der Freistellungstatbestand des § 65 Abs. 1 **Nr. 24** BauO NRW **orientiert** sich nicht am Bauplanungsrecht, sondern an der in § 2 Abs. 1 GarVO definierten **Kleingarage**, die **100 m² Nutzfläche** nicht überschreiten darf. Nach § 2 Abs. 6 Satz 1 GarVO ist die **Nutzfläche einer Garage** die **Summe** aller Flächen der **Garageneinstellplätze** und der **Verkehrsflächen**. Anders als bei Kleingaragen kann es bei der Ermittlung der Fläche der freigestellten Stellplatzanlage zweifelhaft sein, ob nur die Fläche der Einstellplätze selbst oder auch eine davor liegende Verkehrsfläche mit zu rechnen ist oder nicht; die Bestimmung des § 2 Abs. 6 Satz 2 GarVO über die Anrechnung der Dacheinstellplatzfläche kann auch nicht hilfsweise herangezogen werden, da sie nicht durchgängig für alle Garagentypen gilt, sondern allein brandschutztechnische Ziele verfolgt. Es bietet sich deshalb an, die Regelung des § 2 Abs. 6 Satz 1 GarVO zur Nutzflächenberechnung auf nicht überdachte Stellplatzflächen zu übertragen, allerdings nur, wenn die betreffende Stellplatzanlage wie eine Kleingarage als Gesamtanlage konzipiert ist – in einem solchen Fall kann die Fläche der **Zufahrt** von der öffentlichen Verkehrsfläche zur Stellplatzanlage selbst **nicht** mitgerechnet werden. Innerhalb der Stellplatzanlage darf dann die Summe aus der Fläche der Einstellplätze und der (inneren) Verkehrsflächen 100 m² nicht überschreiten. Dagegen muss die Zufahrt mitgerechnet werden, wenn auch sie zum Abstellen von Kraftfahrzeugen **regelmäßig** benutzt wird, weil auch eine derart genutzte **Garagenzufahrt** zugleich Stellplatzfläche ist (OVG NRW, Urteil vom 6. 2. 1964 – VII A 644/63, BRS 15 Nr. 23). Werden einzelne Stellplätze so im Vorgartenbereich oder in der seitlichen Abstandfläche angeordnet, dass sie unmittelbar von der öffentlichen Verkehrsfläche aus angefahren werden können, darf die Zufahrtsstrecke nicht als (innere) Verkehrsfläche der Stellplatzanlage mitgerechnet werden, wenn sie nicht zugleich auch dem Abstellen von Kraftfahrzeugen dient, da sonst eine Ungleichbehandlung zu Kleingaragen einträte. 89

**Nr. 25** erfasst **überdachte** und **nicht überdachte Fahrradabstellplätze bis zu insgesamt 100 m²**. Die Vorschrift wurde mit der BauO NW 1995 aufgenommen. Fahrradabstellplätze dürfen nicht mit Stellplätzen für Kraftfahrzeuge verwechselt werden. Der **Begriff** des Fahrradabstellplatzes ist **gesetzlich nicht definiert**; der Gesetzgeber meint hiermit Abstellplätze für Fahrräder auf dem Grundstück. Nach § 51 Abs. 1 Satz 2 BauO NRW sind bei der Errichtung von baulichen Anlagen und anderen Anlagen, bei denen ein Zu- und Abgangsverkehr zu erwarten ist, nicht nur Stellplätze für Kraftfahrzeuge, sondern auch Fahrradabstellplätze herzustellen (s. die Anmerkungen zu § 51 Rdn. 04, 7 und 38–39). Für Gebäude mit Wohnungen in den Obergeschossen fordert § 49 Abs. 5 BauO NRW darüber hinaus die Herstellung von Abstellräumen für Kinderwagen und Fahrräder sowie für Rollstühle, Gehwagen und ähnliche Hilfsmittel (s. die Anmerkungen zu § 49 Rdn. 25 und 26). Ein solcher Abstellraum braucht nicht zwingend in dem Gebäude mit Wohnungen selbst angeordnet zu werden, sondern kann auch an anderer Stelle auf dem Grundstück liegen. Dann ist aber nicht Nr. 25, sondern Nr. 1 als Freistellungstatbestand maßgebend, da **Nr. 25 allein auf Fahrradabstellplätze** abstellt. 90

91 Die Freistellung ist auf eine Größe bis zu 100 m² beschränkt, wobei es keine Rolle spielt, ob die Abstellanlage **überdacht** oder **nicht überdacht** ist. Zu der bei diesem Freistellungstatbestand erlaubten Überdachung dürfen keine **seitlichen Umschließungen** hinzutreten, da dann ein Genehmigungserfordernis ausgelöst wird. Bei der Flächenermittlung ist auf die Gesamtanlage abzustellen, deren Fläche sich aus den Abstellplätzen und den Verkehrsflächen zusammensetzt.

92 **Nr. 26** erfasst **Ausstellungsplätze, Abstell- und Lagerplätze bis zu 300 m² Fläche außer in Wohngebieten und im Außenbereich**. Die Vorschrift entspricht § 62 Abs. 1 Nr. 15 BauO NW 1984. Ausstellungs-, Abstell- und Lagerplätze rechnen, wenn sie keine Befestigung aufweisen und damit „echte" baulichte Anlagen sind, zu den „fiktiven" baulichen Anlagen im Sinne des § 2 Abs. 1 Satz 3 Nr. 2 BauO NRW (s. die Anmerkungen zu § 2 Rdn. 65–68). Wird nur eine der in Nr. 26 genannten Voraussetzungen nicht erfüllt, so ist der Platz genehmigungsbedürftig. Ein gemäß § 2 Abs. 1 Satz 3 Nr. 2 BauO NRW als bauliche Anlage geltender Lagerplatz, der nicht nach Nr. 26 genehmigungsfrei ist, ist auch nicht den Regelungen der BauO NRW entzogen, weil er im Zusammenhang oder aus Anlass von Kanalbauarbeiten errichtet und betrieben wird, die gemäß § 1 Abs. 2 Nr. 3 BauO NRW nicht dem Geltungsbereich der Landesbauordnung unterliegen (OVG NRW, Beschluss vom 28. 12. 1994 – 7 B 2739/94, BRS 57 Nr. 183 – das Gericht legt die Ausnahmen des § 1 Abs. 2 Nr. 3 BauO NRW vom Anwendungsbereich eng aus und ist der Auffassung, dass nur die dort aufgeführten Leitungen selbst nicht dem Bauordnungsrecht unterliegen).

93 Wenn in Nr. 26 von „**Plätzen**" die Rede ist, so ist damit die **Fläche** gemeint, die dem Ausstellungs-, Abstell- oder Lagerzweck zu dienen bestimmt ist. Diese Fläche muss von der des Grundstücks unterschieden werden, auf denen die Plätze eingerichtet werden, was nicht ausschließt, dass auch ein gesamtes Grundstück in Anspruch genommen wird. Für die Genehmigungsfreiheit von Lager- und Abstellplätzen bis zu 300 m² ist nicht nur die jeweils konkret beanspruchte Lagerfläche, sondern der Umfang der Gesamtanlage (des „Platzes") maßgebend (BayObLG, Beschluss vom 4. 7. 1989 – 3 ObWi 90/89, BayVBl. 1989, 730 = NuR 1990, 382). Bei **fiktiven** Anlagen kann die Beurteilung, welche Grundstücksfläche der Ausstellungs-, Abstell- oder Lagernutzung zu dienen bestimmt ist, schwierig sein. Dies gilt vor allem, wenn klar zu erkennende Abgrenzungen in der Örtlichkeit fehlen. Befindet sich das entsprechende Ausstellungs-, Abstell- oder Lagergut locker verteilt auf dem Grundstück, so ist die gesamte Grundstücksfläche anzusetzen.

94 Die Freistellung gilt **nicht** für Plätze **in Wohngebieten** und im **Außenbereich**. **Zu den „Wohngebieten" gehören** alle Baugebiete, die in ihrer Kurzkennzeichnung nach § 1 Abs. 2 BauNVO ein „W" aufweisen, also die Kleinsiedlungsgebiete (WS), die reinen Wohngebiete (WR), die allgemeinen Wohngebiete (WA) und die besonderen Wohngebiete (WB); die übrigen Baugebiete, also auch die Dorfgebiete (MD), gehören nicht dazu. Der Begriff **Außenbereich** wird im bauplanungsrechtlichen Sinne benutzt (§ 35 BauGB). Lagerplätze auf Flächen, die einem land- oder forstwirtschaftlichen Betrieb dienen und auf denen land- oder forstwirtschaftliche Produkte gelagert werden, sind jedoch unter der Voraussetzung, dass sie unbefestigt sind, nach Nr. 27 freigestellt (s. Rdn. 95).

95 **Nr. 27** erfasst **unbefestigte Lagerplätze, die einem land- oder forstwirtschaftlichen Betrieb dienen, für die Lagerung land- und forstwirtschaftliche Produkte**. Die Vorschrift wurde unter anderem zur Klarstellung gegenüber der Nr. 26 aufgenommen (vgl. Nr. 62.115 VV BauO NW 1984), wobei nicht allein auf die Lage im Außenbereich abzu-

stellen ist, so dass auch unbefestigte Lagerplätze im Bebauungszusammenhang erfasst werden. Der Lagerplatz muss einem land- oder forstwirtschaftlichen Betrieb **dienen** (hierzu s. Rdn. 21). **Land- oder forstwirtschaftliche Produkte** sind z.B. Rüben, Kartoffeln, Stroh, Heu und Holz.

Aus der Anknüpfung an die einem land- oder forstwirtschaftlichen Betrieb **dienende** Lagernutzung folgt, dass es sich um **eigene** Produkte handeln muss. Erwirbt ein Forstwirt z.B. von einem anderen Waldbauern Holzbestände, um sie abzulagern und zu einem späteren Zeitpunkt weiter zu veräußern, so ist diese Lagerung nicht mehr von Nr. 27 erfasst. Das Gleiche gilt, wenn ein Land- oder Forstwirt keine land- bzw. fortwirtschaftlichen Produkte, sondern Sand, Kies oder Schotter für den Wegebau lagert. 96

Eine Beschränkung hinsichtlich der Größe besteht nicht. Allerdings ist die Freistellung abhängig davon, dass die Lagerplätze **unbefestigt** sind und damit als fiktive bauliche Anlagen nach § 2 Abs. 1 Satz 3 Nr. 2 BauO NRW eingestuft werden können (s. die Anmerkungen zu § 2 Rdn. 65–68). Nur deshalb ist auch angesichts der fehlenden Größenbeschränkung die Freistellung überhaupt zu rechtfertigen. Der Gesetzgeber unterstellt dabei, dass der Land- oder Forstwirt vernünftigerweise nur im Zusammenhang mit der Bodenertragsnutzung land- oder forstwirtschaftliche Produkte zur weiteren Verwertung zwischenlagert, so dass es nur zu einer **zeitlich begrenzten** Lagerung und damit auch zu **keiner wirklichen Verfestigung** kommt. 97

### 2.9 Bauliche Anlagen in Gärten und zur Freizeitgestaltung

**Nr. 28** betrifft **bauliche Anlagen, die der Gartengestaltung oder der zweckentsprechenden Einrichtung von Gärten dienen, wie Bänke, Sitzgruppen, Pergolen**. Die Vorschrift entspricht in etwa § 62 Abs. 1 Nr. 7 BauO NW 1984. Bauliche Anlagen für die zweckentsprechende Einrichtung von Spiel- und Sportplätzen wurden mit der BauO NW 1995 in Nr. 29 unter Verwendung der Begriffe Sport- und Spielflächen geregelt. Der Freistellungstatbestand stellt entscheidend auf die **dienende Funktion** dieser baulichen Anlagen bezüglich der Garten**gestaltung** und der **zweckentsprechenden Einrichtung** von Gärten ab. Gärten sind nach den Vorgaben der BauNVO grundsätzlich nicht dazu bestimmt überbaut zu werden. Auch die Bestimmungen des § 9 Abs. 1 BauO NRW machen deutlich, dass diese Flächen nicht bebaut, sondern begrünt werden sollen (s. die Anmerkungen zu § 9 Rdn. 3–10). Die übermäßige Anhäufung baulicher Anlagen, wie auch die Ablagerung von Gerümpel (s. die Anmerkungen zu § 9 Rdn. 16) ist vom Freistellungstatbestand nicht abgedeckt. 98

Die **Aufzählung** „Bänke, Sitzgruppen, Pergolen" ist **nicht abschließend**. So sind z.B. auch die in Nr. 28 nicht mehr als Beispiele aufgeführten Trockenmauern (s. noch § 1 Abs. 1 Nr. 27 der Freistellungsverordnung vom 5. 9. 1978, GV. NRW. S. 526) nach wie vor baugenehmigungsfrei, desgleichen etwa Müllboxen, Kompostanlagen, Wege, künstliche Teiche und Grillplätze. Auch **Kleinkinderspielflächen** dienen der zweckentsprechenden Einrichtung von Gärten der Gebäude mit Wohnungen. Ebenso rechnen **Mauern** dazu, die errichtet werden, um innerhalb des Gartens windgeschützte Sitzecken zu schaffen oder beispielsweise Stellplätze für Kraftfahrzeuge oder Kompostanlagen abzugrenzen. Auch können Mauern als einseitige seitliche Begrenzung einer Pergola dienen. Eine **Pergola** ist ein nach oben offener Laubengang, der zum Ranken von Pflanzen dient (BayVGH, Urteil vom 29. 11. 1977 – Nr. 323 I 74, BRS 32 Nr. 102). Von einer Pergola kann nicht mehr die Rede sein, wenn sie mit einer Bedachung ausgeführt ist (s. auch 99

Rdn. 88). **Gebäude mit Abstellräumen** und **Einfriedungen** fallen nicht hierunter, da hierzu mit Nr. 1 und Nr. 13 **besondere** Freistellungstatbestände bestehen.

100 **Nr. 29** erfasst **bauliche Anlagen, die der zweckentsprechenden Einrichtung von Sport- und Spielflächen dienen**. Die Vorschrift war nur unwesentlich anders Bestandteil des § 62 Abs. 1 Nr. 7 BauO NW 1984. **Öffentliche** Sport- und Spielflächen sind nach § 63 Abs. 1 in Verbindung mit § 2 Abs. 1 Satz 1 BauO NRW baugenehmigungsbedürftig (vgl. OVG Saar, Urteil vom 14. 9. 1984 – 2 R 248/83, BRS 42 Nr. 70 zu einer Tennisübungswand und OVG Lüneburg, Urteil vom 6. 2. 1984 – 6 A 40/83, BRS 42 Nr. 154 zu einem Dressurplatz); dies gilt auch für die fiktiven baulichen Anlagen nach § 2 Abs. 1 Satz 3 Nr. 4 BauO NRW (s. die Anmerkungen zu § 2 Rdn. 76–87). **Private** Kleinkinderspielflächen im Sinne des § 9 Abs. 2 BauO NRW können als **Teil der Gartengestaltung** nach **Nr. 28** freigestellt sein, für die gegebenenfalls die Vorgaben **örtlicher Bauvorschriften** nach § 86 Abs. 1 Nr. 3 BauO NRW zu beachten sind (s. die Anmerkungen zu § 86 Rdn. 42–48).

101 Die **Aufzählung** „Tore für Ballspiele, Schaukeln und Klettergerüste" ist **nicht abschließend**, sondern erfasst alle Anlagen, die der **zweckentsprechenden Einrichtung** dieser Flächen dienen. Die Anlagen müssen demnach in einem funktionellen Zusammenhang mit der Sport- oder Spielfläche stehen. **Tribünen** sind ausdrücklich **von der Freistellung ausgenommen**, und zwar unabhängig von ihrer Größe. Hierfür sprach die Tatsache, dass Tribünen insbesondere unter Standsicherheitsaspekten nicht ungefährlich sind und deswegen einem Baugenehmigungsverfahren unterliegen sollen. Auch **Flutlichtanlagen**, mögen sie auch der zweckentsprechenden Einrichtung von Sport- und Spielflächen dienen, sind – obwohl sie nicht wie die Tribünen ausdrücklich ausgenommen sind – gleichwohl aus denselben Gründen nach dieser Vorschrift nicht genehmigungsfrei, da **Nr. 23 als spezieller Freistellungstatbestand** vorgeht (vgl. Boeddinghaus/Hahn/Schulte, zu § 65 Rdn. 121 und 137 unter Bezug auf OVG NRW, Urteil vom 25. 4. 1983 – 10 A 2080/80, n. v., und Beschluss vom 2. 8. 1982 – 11 B 37/82, n. v.).

102 **Nr. 30** erfasst **Wasserbecken bis zu 100 m³ Fassungsvermögen außer im Außenbereich**. Die Vorschrift entspricht § 62 Abs. 1 Nr. 28 BauO NW 1984. Die Freistellung betrifft generell Wasserbecken unabhängig von ihrer Nutzung. Es fallen also nicht nur **Schwimmbecken** unter diese Vorschrift, sondern auch **Fischteiche** oder Wasserbecken für sonstige Nutzungszwecke. Wasserbecken sind **nur bis zu 100 m³ Fassungsvermögen freigestellt**. Die Freistellung gilt aus bauplanungsrechtlichen Gründen **nicht für Wasserbecken im Außenbereich** im Sinne des § 35 BauGB.

103 Die Freistellung gilt unabhängig davon, ob die Wasserbecken offen sind, oder über eine **Abdeckung** verfügen. Soweit Wasserbecken eine **Überdachung** aufweisen, die nicht nur dicht über der Wasserfläche angebracht ist, sondern einen **begehbaren Raum** abschließt, der von Menschen betreten werden kann, handelt es sich um ein **Gebäude**, das z. B. als überdachte Schwimmhalle einer Baugenehmigung bedarf, da wohl kaum die Freistellungsgrenze nach Nr. 1 von 30 m³ Brutto – Rauminhalt unterschritten werden dürfte (s. auch OVG NRW, Urteil vom 2. 8. 1993 – 11 A 1347/91, BRS 55 Nr. 87 zu einer unterirdischen Schwimmhalle als Anbau an ein Wohnhaus).

104 **Nr. 31** erfasst **Landungsstege**, wozu auch größere Anlagen für die Personenschifffahrt rechnen (VGH B-W, Urteil vom 19. 1. 1971 – II 670/68, BRS 24 Nr. 130). Die Vorschrift entspricht § 62 Abs. 1 Nr. 26 BauO NW 1984, kann aber im Hinblick auf den Freistellungstatbestand nach **Nr. 7 a keine eigenständige Bedeutung** mehr erlangen. Es wurde

im Gesetzgebungsverfahren schlicht die Streichung des überflüssig gewordenen Tatbestands übersehen (s. Rdn. 37).

**Nr. 32** erfasst **Sprungschanzen und Sprungtürme bis zu 10,0 m Höhe**. Die Vorschrift wurde mit der BauO NW 1995 aufgenommen und erfasst nur Anlagen im Freien, da Sprungtürme in Hallenbädern Bestandteil der genehmigungsbedürftigen Halle sind. Die Zweckbestimmung gilt für Sprungtürme in Freibädern und für Sprungschanzen des Wintersports. Da sowohl Freibäder als auch Wintersportanlagen regelmäßig im Außenbereich liegen ist diese Freistellung nicht recht verständlich, zumal gerade bei Wintersportanlagen der Eingriffs- und Ausgleichsproblematik nach dem Bundesnaturschutzrecht erhebliche Bedeutung zukommt. **Sprungchancen als Bestandteil von Skipisten** sind sogar **UVP-pflichtige Vorhaben** (s. die Anmerkungen zu § 63 Rdn. 12 j–12 k). **105**

Die Freistellung ist **auf eine Höhe bis zu 10,0 m beschränkt**, wobei – obwohl gesetzlich nicht ausdrücklich bestimmt – wie bei Flutlichtanlagen nach Nr. 23 auf die **Geländeoberfläche** abzustellen ist. Aufgrund der Höhenbeschränkung werden nur kleinere Anlagen freigestellt. Bei höheren Anlagen werden zwangsläufig Belange des Orts- und Landschaftsbildes sowie Stansicherheits- und Verkehrssicherheitsaspekte berührt, so dass auf eine präventive bauaufsichtliche Prüfung nicht verzichtet werden kann. **106**

### 2.10 Werbeanlagen, Warenautomaten

Werbeanlagen unterfallen unabhängig davon, ob sie im Sinne des § 2 Abs. 1 BauO NRW bauliche Anlagen sind, gemäß § 1 Abs. 1 Satz 3 BauO NRW dem Bauordnungsrecht, da an Werbeanlagen gemäß § 13 BauO NRW „Anforderungen gestellt werden". Im Zusammenhang mit der Freistellung nach Nr. 33, aber auch mit den Tatbeständen nach Nr. 33a bis 35, steht der **Anwendungsausschluss** vom Bauordnungsrecht gemäß § 13 Abs. 6 BauO NRW. Diese Vorschrift bestimmt, dass **107**

1. Anschläge und Lichtwerbung an dafür genehmigten Säulen, Tafeln und Flächen,
2. Werbemittel an Zeitungs- und Zeitschriftenverkaufsstellen,
3. Auslagen und Dekorationen in Fenstern und Schaukästen,
4. Wahlwerbung für die Dauer eines Wahlkampfs,

nicht dem Bauordnungsrecht unterfallen, sich damit die Frage der Baugenehmigungsbedürftigkeit von vornherein nicht stellt (s. die Anmerkungen zu § 13 Rdn. 135–140).

Bei **Werbeanlagen** und **Warenautomaten** muss beachtet werden, dass die Gemeinde durch **Satzung** nach § 86 Abs. 2 Nr. 1 BauO NRW für **besonders schutzwürdige Gebiete** für genehmigungsfreie Werbeanlagen ein **Genehmigungserfordernis** einführen und damit die gesetzliche Freistellung durch eine satzungsrechtliche Bestimmung wieder aufheben kann (s. die Anmerkungen zu § 86 Rdn. 58–59). **108**

Soweit Werbeanlagen nicht freigestellt sind, ist die **Errichtung** oder **Änderung**, insbesondere der **Austausch der die Werbeinformation tragenden Bauteile**, regelmäßig baugenehmigungsbedürftig. Dies gilt nur dann nicht, wenn die Werbeanlage von Anfang an als Träger für wechselnde Werbung, z. B. als Plakattafel, genehmigt worden ist (OVG NW, Urteil vom 20. 3. 1992 – 11 A 610/90, BRS 54 Nr. 135). Auch Baustellenschilder können zugleich Werbeanlagen sein (OVG NRW, Beschluss vom 28. 9. 1988 – 11 B 849/88, BRS 49 Nr. 150; s. die Anmerkungen zu § 14 Rdn. 31). **109**

110 **Nr. 33** erfasst **Werbeanlagen und Hinweiszeichen nach § 13 Abs. 3 Nr. 3 bis zu einer Größe von 1 m²**. Die Vorschrift entspricht hinsichtlich der Werbeanlagen § 62 Abs. 1 Nr. 30 BauO NW 1984; die Freistellung der Hinweiszeichen nach § 13 Abs. 3 Nr. 3 wurde mit der BauO NW 1995 aufgenommen. Mit der BauO NRW 2000 wurde die Größe von 0,5 m² für Werbeanlagen auf 1 m² heraufgesetzt, um einem Bedürfnis der bauaufsichtlichen Praxis zu entsprechen und dem Umstand Rechnung zu tragen, dass bauordnungsrechtlich relevantere Vorhaben ebenfalls ohne Baugenehmigung errichtet werden dürfen (so LT-Drucks. 12/3738 S. 84).

111 Der Freistellungstatbestand der Nr. 33 stellt auf die **Größe von 1 m²** der **Werbeanlagen** bzw. der **Hinweiszeichen** ab, im Gegensatz zum Vorgängerrecht ohne größenmäßige Differenzierung zwischen Werbeanlagen (nach BauO NW 1995 nur 0,5 m²) und Hinweiszeichen (nach BauO NW 1995 bereits 1 m²). Die **Größe** ergibt sich bei Schildern und entsprechenden einseitig wirkenden Anlagen aus dem einfachen Flächenmaß. Bei einer von beiden Seiten eines Schildes wirksamen Werbung (**zweidimensionale** Werbeanlage) bestimmt sich die Antwort auf die Frage, ob die Anlage ihrer Größe wegen nach Nr. 33 genehmigungspflichtig oder frei ist, nach dem **einfachen Flächenmaß** (Flächenausdehnung), nicht nach dem Gesamtmaß aller werbewirksamen Flächen (OVG NRW, Urteil vom 11. 3. 1985 – 11 A 1030/84, BauR 1986, 549, unter ausdrücklicher Aufgabe der in den Urteilen vom 22. 2. 1968 – X A 947/66, BRS 20 Nr. 119 und vom 19. 11. 1971 – XII A 851/69, n. v., vertretenen Auffassung). Wird die Werbeanlage ohne eigene Unterlage unmittelbar auf einer Wand angebracht, bemisst sich ihre Ansichtsfläche bei unregelmäßiger Form nach dem Rechteck, das die Anlage umschließt.

112 Das Urteil des OVG NRW vom 11. 3. 1985 (a. a. O. Rdn. 111) lässt die Frage, ob demgegenüber bei **räumlich gestalteten** (**dreidimensionalen**) Anlagen der Außenwerbung, wie **Würfeln**, **Prismen**, **Säulen** oder **Kugeln**, auf das Gesamtmaß aller werbewirksamen Flächen abzustellen ist, ausdrücklich unentschieden. Bei räumlich gestalteten Werbeanlagen und bei zusammenhängend wirkenden Werbeanlagen kommt es auf die Flächenmaße der gesamten Anlage an, weil anderenfalls zu leicht das Genehmigungserfordernis umgangen werden könnte (so Boeddinghaus/Hahn/Schulte, zu § 65 Rdn. 150).

113 **Nr. 33 a** erfasst **Werbeanlagen in durch Bebauungsplan festgesetzten Gewerbe-, Industrie- und vergleichbaren Sondergebieten an der Stätte der Leistung, an und auf Flugplätzen, Sportanlagen, an und in abgegrenzten Versammlungsstätten, sowie auf Ausstellungs- und Messegeländen, soweit sie nicht in die freie Landschaft wirken**. Die Vorschrift wurde mit der BauO NRW 2000 eingefügt und zielt auf Werbeanlagen, die aufgrund ihres Aufstellungs- oder Anbringungsortes das Stadtbild nicht merklich nachteilig beeinflussen können; in Bayern und Berlin bestehen bereits vergleichbare Regelungen (so LT-Drucks. 12/3738 S. 84).

114 Der Freistellungstatbestand ist **schwer lesbar**, weil nicht deutlich wird, ob sich der letzte Satzteil („soweit sie nicht in die freie Landschaft wirken") auf alle vorausgehenden Satzteile bezieht. Tatsächlich meint der Gesetzgeber aber nur die nach den Worten „an der Stätte der Leistung" folgende Aufzählung baulicher Anlagen, die oft im oder am Rande zum Außenbereich liegen. Bei Werbeanlagen an der Stätte der Leistung in durch Bebauungsplan festgesetzten Gewerbe-, Industrie- und vergleichbaren Sondergebieten hat die Gemeinde bereits im Rahmen der Planaufstellung die Belange des Landschaftsbildes zu berücksichtigen und gegebenenfalls durch einschränkende Festsetzungen Vorsorge gegen verunstaltende Werbeanlagen zu treffen. Die Freistellung umfasst somit

zwei unterschiedliche Gruppen von Werbeanlagen mit jeweils einzuhaltenden Voraussetzungen, die rechtstechnisch besser in zwei getrennten Nummern aufgeführt wären:

- **Werbeanlagen an der Stätte der Leistung** in durch **Bebauungsplan** festgesetzten **Gewerbe-, Industrie- und vergleichbaren Sondergebieten,**
- **Werbeanlagen** – ohne Beschränkung auf Stätte der Leistung – an und auf **Flugplätzen**, **Sportanlagen**, an und in abgegrenzten **Versammlungsstätten**, sowie auf **Ausstellungs- und Messegeländen**, **soweit sie nicht in die freie Landschaft wirken**.

In beiden Fallgruppen besteht **keine Größenbeschränkung**.

115 Zur Auslegung des Begriffs „**Werbung an der Stätte der Leistung**" kann die gleichlautende Formulierung des § 13 Abs. 3 Satz 2 Nr. 1 BauO NRW herangezogen werden (s. die Anmerkungen zu § 13 Rdn. 111).

Wenn die Vorschrift vom „**Bebauungsplan**" spricht, so ist dies im umfassenden Sinne zu verstehen. Es spielt keine Rolle, ob der entsprechende Plan qualifiziert, vorhabenbezogen oder einfach ist (§ 30 Abs. 1 bis 3 BauGB). Der Bebauungsplan muss aber eine entsprechende Gebietsfestsetzung nach den §§ 8, 9 oder 11 BauNVO enthalten.

Durch **§ 2 Nr. 4 Buchstabe b Bürokratieabbaugesetz I** gilt Nr. 33 a mit der **bis zum 31. 10. 2010 befristeten Maßgabe**, dass die genannten Gebiete **nicht durch Bebauungsplan festgesetzt sein müssen** (s. Rdn. 04 und die Anmerkungen zu § 63 Rdn. 11–11 a). Damit sind zusätzlich die **Gewerbe-**, **Industrie- und vergleichbaren Sondergebieten** erfasst, die nach § 34 Abs. 2 BauGB der BauNVO entsprechen, also entsprechende **faktische** Baugebiete (vgl. LT-Drucks. 14/2242 S. 16 f. und Buntenbroich/Voß, zu § 65 Rdn. 49 a). Der durch das Bürokratieabbaugesetz I erweiterte Freistellungstatbestand gilt somit **nicht für Gemengelagen**, die sich nicht eindeutig einem der genannten Gebiete nach der BauNVO zuordnen lassen.

116 Die Begriffe „**Flugplätze**", „**Sportanlagen**", „**Versammlungsstätten**" sowie „**Ausstellungs- und Messegelände**" korrespondieren ersichtlich mit § 13 Abs. 1 Satz 2 **Nr. 4** und **5** BauO NRW (s. die Anmerkungen zu § 13 Rdn. 114 und 115). Die Bedingung, dass Werbeanlagen an und auf diesen baulichen Anlagen **nicht in die freie Landschaft wirken** dürfen, um kein Genehmigungserfordernis auszulösen, hat nicht nur verfahrensrechtliche Bedeutung, sondern auch einen materiell-rechtlichen Hintergrund. Die in § 13 Abs. 2 Nr. **4** (nicht dagegen in Nr. 5) BauO NRW aufgeführten Werbeanlagen sind bauordnungsrechtlich nur zulässig, soweit sie nicht in die freie Landschaft wirken. Eine Werbeanlage wirkt in die freie Landschaft, wenn sie **von dieser aus sichtbar** ist. Unter „**freier Landschaft**" ist nicht nur der Außenbereich nach § 35 BauGB zu verstehen, sondern auch durch Bebauungsplan festgesetzte Grünflächen oder in der Ortslage vorhandene Freiflächen, Parks und Seen (OVG NRW, Beschluss vom 12. 9. 2002 – 10 B 1530/02, BauR 2003, 235 = BRS 65 Nr. 153).

117 **Nr. 33 b** erfasst **Werbeanlagen im Geltungsbereich einer Satzung nach § 86 Abs. 1 Nr. 1, wenn die Satzung Festsetzungen über Art, Größe und Anbringungsort der Werbeanlagen enthält und die Werbeanlagen diesen Festsetzungen entsprechen**. Dieser Freistellungstatbestand wurde mit der BauO NRW 2000 aufgenommen. Nummer 33 b geht davon aus, dass Genehmigungsverfahren für Werbeanlagen jedenfalls dort überflüssig sind, wo eine kommunale Satzung detailliert die Voraussetzungen für ihre Zulässigkeit regelt; entspricht die Werbeanlage den Festsetzungen nicht, so ist sie auch formell illegal (so LT-Drucks. 12/3738 S. 84).

118 Die Freistellung steht unter **zwei Voraussetzungen**, die **kumulativ** zu erfüllen sind:

- die **Satzung** muss **Festsetzungen** sowohl über die **Art** und die **Größe** als auch über den **Anbringungsort** der Werbeanlagen enthalten,
- die **Werbeanlage** muss **diesen Festsetzungen entsprechen**.

Fehlt nur eine dieser Voraussetzungen, so besteht ein Genehmigungserfordernis. Örtliche Bauvorschriften können auch als **gestalterische Festsetzungen** gemäß § 86 Abs. 4 BauO NRW in Verbindung mit § 9 Abs. 4 BauGB Bestandteil eines Bebauungsplans sein (s. die Anmerkungen zu § 86 Rdn. 64–67).

119 **Nr. 34** erfasst **Werbeanlagen für zeitlich begrenzte Veranstaltungen, insbesondere für Ausverkäufe und Schlussverkäufe an der Stätte der Leistung, jedoch nur für die Dauer der Veranstaltung**. Die Vorschrift entspricht unverändert § 62 Abs. 1 Nr. 31 BauO NW 1984. Der Freistellungstatbestand stellt unter **zwei Voraussetzungen** nur auf den **Zweck der Werbeanlage** ab:

- es muss sich um eine **zeitlich begrenzte Veranstaltung** handeln,
- die Werbeanlage ist nur für die **Dauer der Veranstaltung** freigestellt.

Bei Nr. 34 ist wegen der besonderen Zweckbestimmung davon auszugehen, dass die Werbeanlagen auf jeden Fall nur **eng begrenzte Zeit** bestehen bleiben, was erst die Freistellung rechtfertigt. Die genannten Veranstaltungen sind, wie das Wort „insbesondere" ergibt, nicht abschließend aufgeführt. Es sind durchaus auch andere Veranstaltungen denkbar, wie z.B. Märkte, Messen, Verkaufsausstellungen, Volksfeste oder kulturelle Veranstaltungen. Die **Voraussetzungen** der Freistellung müssen **kumulativ** erfüllt sein. Der Freistellungstatbestand enthält **keine Begrenzung der Größe** der Werbeanlage. Die Werbeanlage muss nicht frei auf dem Boden stehen, sondern kann auch an anderen baulichen Anlagen befestigt sein (vgl. Boeddinghaus/Hahn/Schulte, zu § 65 Rdn. 157).

120 Die Einfügung „**insbesondere für Ausverkäufe und Schlussverkäufe an der Stätte der Leistung**" dient der **Verdeutlichung** (zum Begriff Stätte der Leistung s. die Anmerkungen zu § 13 Rdn. 111). Die Beschränkung der Genehmigungsfreiheit auf „Ausverkäufe und Schlussverkäufe an der Stätte der Leistung" ist eine rein verfahrensrechtliche Regelung, die nicht zugleich ein (unzulässiges) Verbot der sogenannten Hinweisreklame für diese zeitlich begrenzten Veranstaltungen beinhaltet (BVerwG, Urteil vom 28. 6. 1955 – I C 146/53, BRS 4 VB2 S. 222). Entsprechende Hinweisreklame an anderer Stelle als an der Stätte der Leistung ist nach ihrer Größe zu beurteilen und damit gegebenenfalls nach Nr. 33 baugenehmigungsfrei.

121 **Nr. 35** erfasst **Werbeanlagen, die an der Stätte der Leistung vorübergehend angebracht oder aufgestellt sind, soweit sie nicht mit dem Boden oder einer baulichen Anlage verbunden sind**. Die Vorschrift entspricht § 62 Abs. 1 Nr. 32 BauO NW 1984. Der Unterschied zu Nr. 34 besteht darin, dass die Genehmigungsfreiheit nach Nr. 35 voraussetzt, dass die Werbeanlagen, die an der Stätte der Leistung (zu diesem Begriff s. die Anmerkungen zu § 13 Rdn. 111) im Zuge der wirtschaftlichen Betätigung vorübergehend aufgestellt oder angebracht sind, **nicht mit dem Erdboden oder einer baulichen Anlage verbunden sein dürfen**, während diese Voraussetzung für zeitlich begrenzte Veranstaltungen an der Stätte der Leistung nach Nr. 34 nicht gilt. Unter „**Verbindung**" mit dem Boden oder der baulichen Anlage kann hier nur eine **konstruktive Maßnahme**, nicht aber das bloße Ruhen durch eigene Schwere oder das lose Verbinden mittels jederzeit lösbaren Schnüren verstanden werden.

**Nr. 36** erfasst **Warenautomaten**. Die Vorschrift entspricht § 62 Abs. 1 Nr. 33 BauO NW 1984. Die **Beschränkung**, wonach die Warenautomaten in räumlicher Verbindung mit einer offenen Verkaufsstelle stehen und deren Anbringungs- oder Aufstellungsort innerhalb der Grundrissfläche des Gebäudes liegen müssen, wurde jedoch mit der BauO NRW 2000 **aufgehoben**. Es handelt sich bei Warenautomaten um Anlagen, die keiner präventiven bauaufsichtlichen Kontrolle bedürfen, insbesondere dort nicht, wo keine kommunale Gestaltungssatzung ihre Aufstellung regelt oder ausschließt (so die Begründung, LT-Drucks. 12/3738 S. 84). 122

### 2.11 Vorübergehend aufgestellte oder genutzte Anlagen

**Nr. 37** erfasst **Gerüste und Hilfseinrichtungen zur statischen Sicherung von Bauzuständen**. Die Vorschrift entspricht hinsichtlich der Gerüste § 62 Abs. 1 Nr. 16 BauO NW 1984; die Hilfseinrichtungen zur statischen Sicherung von Bauzuständen wurden mit der BauO NW 1995 – auch als Folgeänderung hinsichtlich der getrennten Aufführung in § 2 Abs. 1 Satz 3 Nr. 6 und 7 BauO NRW – neben den Gerüsten zusätzlich genannt, ohne dass damit eine Rechtsänderung verbunden ist. Bislang hatte man zwischen Gerüsten als Arbeitsgerüsten und Gerüsten als Trag-, Schal- oder Stützgerüsten nicht unterschieden; letztere werden nunmehr als Hilfseinrichtungen zur statischen Sicherung von Bauzuständen bezeichnet (s. die Anmerkungen zu § 2 Rdn. 94–99). 123

Gerüste und Hilfseinrichtungen zur statischen Sicherung von Bauzuständen sind unabhängig von ihrer Funktion, ihrer Größe und der Tatsache, ob sie technischen Baubestimmungen oder allgemeinen bauaufsichtlichen Zulassungen entsprechen, generell von der Baugenehmigungspflicht freigestellt. Die maßgebliche Begründung hierfür liegt in dem Gedanken, dass die Gerüste und Hilfseinrichtungen vor allem unter **Arbeitsschutzgesichtspunkten** bauaufsichtlich relevant waren, dass aber die Überwachung der Einhaltung der Vorschriften über Gerüste (und Hilfseinrichtungen) in erster Linie zum **Aufgabenbereich der Staatlichen Ämter für Arbeitsschutz** und der **Bau – Berufsgenossenschaften** rechnet. Baugerüste gelten gemäß § 79 Abs. 1 Satz 2 BauO NRW **nicht** als Fliegende Bauten. Für Gerüste und die Hilfseinrichtungen enthält die BauO NRW keine materiellen Anforderungen; sie müssen aber den **Technischen Baubestimmungen** und Gerüstbauteile den in der Bauregelliste A bekannt gemachten technischen Regeln entsprechen. Bei wesentlichen **Abweichungen von** diesen **Technischen Baubestimmungen** oder diesen **technischen Regeln** ist eine allgemeine bauaufsichtliche Zulassung oder eine Zustimmung im Einzelfall erforderlich. 124

**Nr. 38** erfasst **Baustelleneinrichtungen einschließlich der Lagerhallen, Schutzhallen und Unterkünfte**. Die Vorschrift entspricht § 62 Abs. 1 Nr. 17 BauO NW 1984, wobei die auf Unterkünfte bezogene Einschränkung, wonach diese nur zum vorübergehenden Aufenthalt dienen dürfen, bereits mit der BauO NW 1995 gestrichen wurde. Anforderungen an die Baustelle und deren Einrichtung enthält § 14 BauO NRW (hinsichtlich der Begriffe „Baustelle“ und „Baustelleneinrichtung“ s. die Anmerkungen zu § 14 Rdn. 4–6). Die zu den Baustelleneinrichtungen gehörenden Gerüste und Hilfseinrichtungen zur statischen Sicherung von Bauzuständen sind durch Nr. 37 erfasst. 125

Die Freistellung der Lagerhallen, Schutzhallen und der Unterkünfte ist davon abhängig, dass sie einen **räumlichen** und **zeitlichen Bezug zu einer Baustelle** haben, der sie dienen. Fehlt es an diesem räumlichen und zeitlichen Zusammenhang, sind Lagerhallen, Unterkünfte und ähnliche Einrichtungen nicht als Baustelleneinrichtungen freige- 126 stellt, sondern grundsätzlich baugenehmigungspflichtig; in der Regel müssen die Anlagen auf dem Baugrundstück oder in unmittelbarer Nähe liegen (vgl. Buntenbroich/Voß, zu § 65 Rdn. 54). Die Genehmigungsfreiheit greift nur bei solchen Baustelleneinrichtungen, die bauliche Vorgänge betreffen, die auch dem Anwendungsbereich der BauO NRW unterliegen (OVG NRW, Beschluss vom 28. 12. 1994 – 7 B 2739/94, BRS 57 Nr. 183). Stellt eine Baustelleneinrichtung eine nach den immissionsschutzrechtlichen Bestimmungen genehmigungspflichtige Anlage dar, wird man wegen des Vorrangs des Bundesrechts nicht von einer nach Bauordnungsrecht genehmigungsfreien baulichen Anlage ausgehen können (vgl. BVerwG, Beschluss vom 22. 2. 1988 – 7 B 28.88, DVBl. 1988, 540).

127 **Nr. 39** erfasst **Behelfsbauten, die der Landesverteidigung, dem Katastrophenschutz oder der Unfallhilfe für kurze Zeit dienen**. Diese Vorschrift wurde mit der BauO NW 1995 aufgenommen. Behelfsbauten sind gemäß § 53 Abs. 1 Anlagen, die sich nach ihrer Ausführung für eine dauernde Nutzung nicht eignen oder die für eine begrenzte Zeit aufgestellt werden sollen (s. die Anmerkungen zu § 53 Rdn. 4–7). Behelfsbauten sind gemäß § 79 Abs. 1 BauO NRW begrifflich keine Fliegenden Bauten. Beschränkungen hinsichtlich der Größe oder Lage der Behelfsbauten werden für die Freistellung nicht gemacht.

128 Die Freistellung gilt nur, wenn die Behelfsbauten **lediglich für kurze Zeit** dem besonderen Zweck dienen. „**Dienen**" ist hierbei **funktional zu verstehen**, das heißt, werden die Behelfsbauten lediglich von Kräften der Landesverteidigung, des Katastrophenschutzes oder der Unfallhilfe zu anderen als den ureigenen Nutzungszwecken, z. B. auf Märkten, Volksfesten, Werbeveranstaltungen (für den eigenen Dienst) oder dergleichen aufgestellt, so ist nicht Nr. 39, sondern Nr. 40 einschlägig (so auch Buntenbroich/Voß zu § 65 Rdn. 56).

129 **Nr. 40** erfasst **bauliche Anlagen, die zu Straßenfesten, Märkten und ähnlichen Veranstaltungen nur für kurze Zeit aufgestellt werden und die keine Fliegenden Bauten sind**. Die Vorschrift entspricht § 62 Abs. 1 Nr. 8 BauO NW 1984, allerdings wurde mit der BauO NW 1995 die **Rückausnahme für Tribünen** gestrichen. Neben den Straßenfesten sind Märkte als Beispiel genannt. Hierdurch wird deutlich, dass dieser Freistellungstatbestand insbesondere für **Wochen**- und **Weihnachtsmärkte** gilt.

130 Tatbestandliche Voraussetzung dieser Freistellung ist ein **eng begrenzter Zeitraum**, wie er für die beispielhaft aufgeführten Straßenfeste und Märkte typisch ist. Von einer „**kurzen Zeit**" kann nicht mehr gesprochen werden, wenn zwei Monate überschritten werden (so Boeddinghaus/Hahn/Schulte, zu § 65 Rdn. 171). Ohnehin wird die Zeitdauer durch in der Regel erforderliche Genehmigungen nach anderen Rechtsvorschriften, insbesondere der straßenrechtlichen Sondernutzungserlaubnis begrenzt sein (vgl. Buntenbroich/Voß, zu § 65 Rdn. 57).

131 Der **Ausschluss Fliegender Bauten** betrifft nur solche, die einer **Ausführungsgenehmigung** bedürfen, was die Vorschrift so aber nicht zum Ausdruck bringt. Würde man Nr. 40 wörtlich nehmen, könnten die angesprochenen Straßenfeste und Märkte praktisch nicht durchgeführt werden, weil zu deren Durchführung kleine Stände und ähnliche Bauten benötigt werden, die gerade die Begriffsbestimmung des Fliegenden Baus erfüllen (s. die Anmerkungen zu § 79 Rdn. 8–12). Fliegende Bauten bis zu 5 m Höhe, die nicht dazu bestimmt sind, von Besuchern betreten zu werden, sowie Zelte bis zu einer Grundfläche von 75 m$^2$ bedürfen gemäß § 79 Abs. 2 Satz 3 BauO NRW keiner Ausführungsgenehmigung (s. Nr. 2.1 FlBauVV).

**Nr. 41** erfasst **bauliche Anlagen, die für höchstens drei Monate auf genehmigten Messe- und Ausstellungsgelände errichtet werden, ausgenommen Fliegende Bauten**. Diese Vorschrift wurde mit der BauO NW 1995 aufgenommen. Auch Nr. 41 gilt wie Nr. 40 **nur für solche Anlagen, die keine Fliegenden Bauten** sind (s. vorausgehende Rdn. 40). Eine Beschränkung der Größe der baulichen Anlagen ist nicht vorgenommen worden. Voraussetzung für die Freistellung ist, dass sie auf einem **genehmigten** Messe- oder Ausstellungsgelände errichtet werden. Im Übrigen ist die Freistellung daran gebunden, dass die baulichen Anlagen **nicht länger als drei Monate** stehen bleiben sollen, andernfalls sind die Anlagen also genehmigungsbedürftig. **132**

### 2.12 Sonstige bauliche Anlagen und Einrichtungen

**Nr. 41 a** erfasst **Zugänge und Zufahrten, ausgenommen solche nach § 5**. Dieser Freistellungstatbestand ist mit der BauO NRW 2000 eingefügt worden und zielt auf die privaten Verkehrsflächen auf dem Grundstück. Das sind die Zugänge und Zufahrten zwischen der öffentlichen Verkehrsfläche und den Gebäuden und sonstigen baulichen Anlagen auf dem Grundstück, wie z. B. die Hauszugangswege oder die Zufahrten zu den Garagen, Stellplätzen oder Lager- und Abstellplätzen. Die materiellen Anforderungen an die Oberflächengestaltung ergeben sich aus § 9 Abs. 1 BauO NRW, wonach diese Flächen vor allem wasseraufnahmefähig zu belassen oder herzustellen sind (s. die Anmerkungen zu § 9 Rdn. 11–13). **133**

Von der Freistellung **ausgenommen** sind solche **Zugänge und Zufahrten**, die nach § 5 BauO NRW **für die Feuerwehr** bestimmt sind, die also dem **Einsatz von Feuerlösch- und Rettungsgeräten** dienen (s. die Anmerkungen zu § 5 Rdn. 1–2). Ob Zufahrten stets keine bodenrechtliche Relevanz entfalten, wie das Hamb. OVG im Urteil vom 15. 6. 2000 (– 2 Bf 15/97, BauR 2000, 1842 = BRS 63 Nr. 157) meint, ist zu bezweifeln. Immerhin übersieht das Gericht, dass die Gemeinde im Bebauungsplan gemäß § 9 Abs. 1 Nr. 4 BauGB auch Festsetzungen über Flächen für Stellplätze und Garagen mit ihren **Einfahrten** treffen kann.

**Nr. 42** erfasst **selbständige Aufschüttungen oder Abgrabungen bis zu 2,0 m Höhe oder Tiefe, im Außenbereich nur, wenn die Aufschüttungen und Abgrabungen nicht mehr als 400 m² Fläche haben**. Die Vorschrift hat gegenüber § 62 Abs. 1 Nr. 14 BauO NW 1984 bereits mit der BauO NW 1995 eine veränderte Fassung erhalten. Für die mit der Neufassung erweiterte Freistellung war die Absicht maßgeblich, Verfahrenserschwernisse durch Übernahme einer entsprechenden Regelung im LG zu vermeiden. Nach § 4 Abs. 2 Nr. 2 LG stellen Aufschüttungen und Abgrabungen mit den genannten Maßen auch keinen Eingriff in Natur und Landschaft dar. **Aufschüttungen** sind künstliche Erhöhungen eines bestehenden Zustandes der Erdoberfläche, z. B. Schlacken- und Abraumhalden, Ablagerungen am Hang und die Auffüllung eines Grundstücks (s. die Anmerkungen zu § 2 Rdn. 57). **Abgrabungen** sind künstliche Vertiefungen eines bestehenden Zustandes der Erdoberfläche, z. B. Sand-, Kies- und Lehmgruben (s. die Anmerkungen zu § 2 Rdn. 58). **134**

Die Freistellung betrifft nur „**selbständige**" Aufschüttungen und Abgrabungen, das heißt solche, die eine eigene Funktion und eine eigene Zweckbestimmung haben (vgl. Hess. VGH, Beschluss vom 14. 6. 1982 – III TG 1/82, BRS 39 Nr. 101, und Beschluss vom 28. 10. 1982 – IV TG 68/82, BRS 39 Nr. 102). Aufschüttungen und Abgrabungen, die im räumlichen oder funktionalen Zusammenhang mit einer anderen baulichen Anlage **135** durchgeführt werden, wie z. B. Anschüttungen für Terrassen oder Abgrabungen für die Belichtung des Kellers, sind **keine** selbständigen Aufschüttungen und Abgrabungen im Sinne dieser Vorschrift. Weil sie im Zusammenhang mit der anderen baulichen Anlage gesehen werden müssen, sind sie mit der Baugenehmigung für diese abgedeckt oder sie sind, wenn die andere bauliche Anlage selbst genehmigungsfrei ist, wie diese auch genehmigungsfrei (vgl. VGH B-W, Beschluss vom 7. 8. 1986 – 8 S 1575/86, BRS 46 Nr. 137 zu einer Baugrube für ein Gebäude). So ist auch ein Erdwall, der dazu dient, eine Lärmschutzwand zu tragen, keine – isoliert zu sehende – bloße Aufschüttung, sondern bildet zusammen mit der Lärmschutzwand eine einheitliche bauliche Anlage (OVG Lüneburg, Urteil vom 29. 9. 1988 – 1A 75/, BRS 48 Nr. 164).

**136** Aufschüttungen und Abgrabungen sind nur dann freigestellt, wenn sie in der **Höhe** oder **Tiefe 2,0 m** nicht überschreiten. Nach der Neufassung der Nr. 42 kommt es auf die Flächengröße der Aufschüttungen und Abgrabungen nicht mehr an, soweit sie nicht im Außenbereich liegen. Der Begriff Außenbereich wird im bauplanungsrechtlichen Sinne des § 35 BauGB benutzt. **Im Außenbereich** gilt nach dem 2. Halbsatz die Freistellung nur, wenn die Aufschüttungen oder Abgrabungen **neben** der maximalen Höhe oder Tiefe von 2,0 m **nicht mehr als 400 m² Fläche** aufweisen. Soweit nur eine dieser **größenmäßigen Beschränkungen überschritten** sind, besteht ein Genehmigungserfordernis (OVG Rh-Pf, Urteil vom 12. 12. 2001 – 8 A 10806/01, BauR 2002, 608 = DÖV 2002, 621 zu einer 900 m² umfassenden Aufschüttung von lediglich 10 cm Höhe). Was eine **Aufschüttung oder Abgrabung größeren Umfangs** im Sinne des § 29 Abs. 1 BauGB darstellt, kann nicht am Maßstab der bauordnungsrechtlichen Freistellung nach Nr. 42 beurteilt werden. Das **Bauplanungsrecht** verwendet den **Begriff eigenständig**, so dass auch eine freigestellte Anschüttung oder Abgrabung die in § 1 Abs. 5 BauGB genannten Belange bereits berühren kann oder umgekehrt eine nach Bauordnungsrecht genehmigungsbedürftige Aufschüttung oder Abgrabung bauplanungsrechtlich ohne Belang bleibt. Wegen der unterschiedlichen städtebaulichen Anforderungen im beplanten Bereich, im Innenbereich oder im Außenbereich kommt es vielmehr auf die spezifische Situation im Einzelfall an, um die **bauplanungsrechtliche Relevanz richtig einschätzen** zu können (vgl. Jäde/Dirnberger/Weiß, zu § 29 Rdn. 26).

**137** **Ob** Aufschüttungen oder Abgrabungen **zulässig** sind, richtet sich **nicht** nach der Freistellungsregelung der Nr. 42, was häufig übersehen wird.

**Bauplanungsrechtliche Beschränkungen** können sich vor allem aus den **Festsetzungen** der Bebauungspläne, dem **Einfügungsgebot** des § 34 BauGB oder den im Außenbereich entgegenstehenden **öffentlichen Belangen** ergeben.

**Bauordnungsrechtliche Beschränkungen** können sich aus § 9 Abs. 3 BauO NRW und den Regeln des § 6 BauO NRW ergeben.

Unbeschadet der Regelung des § 4 Abs. 2 Nr. 2 LG ist zu beachten, dass in **Naturschutz- und Landschaftsschutzgebieten** und **geschützten Landschaftsbestandteilen** Veränderungsverbote der Geländeoberfläche gelten.

Aufschüttungen, die zwecks Abfallbeseitigung vorgenommen werden, unterliegen dem **Kreislaufwirtschafts- und Abfallgesetz**.

Abgrabungen, die der oberirdischen Gewinnung von Bodenschätzen dienen, die im Verfügungsrecht des Grundeigentümers stehen (anderenfalls ist das BBergG einschlägig), bedürfen einer Genehmigung nach dem **Abgrabungsgesetz**.

**Auskiesungen** und **Verfüllungen**, die das Grundwasser berühren, bedürfen einer **wasserrechtlichen Erlaubnis**.

**Nr. 43** erfasst **Regale mit einer Lagerhöhe (Oberkante Lagergut) von bis zu 7,50 m Höhe**. Die Vorschrift wurde gegenüber § 62 Abs. 1 Nr. 18 BauO NW 1984 insofern bereits durch die BauO NW 1995 geändert, als nicht mehr auf die Regalhöhe sondern auf die **Lagerhöhe**, das heißt auf die **Oberkante des Lagerguts**, abgestellt wird. Das Maß der maximalen Lagerhöhe der Regale wurde von 12,0 m auf 7,50 m reduziert. Seit der BauO NW 1984 wird der Begriff „Regale" und nicht mehr – wie noch in der BauO NW 1970 – der Begriff „Hochregale" verwendet. **138**

Die Vorschrift betrifft nur solche Regale, die **selbständige bauliche Anlagen im Freien** sind, also nicht Regale als Teil einer baulichen Anlage und schon gar nicht Regale als Einrichtungsgegenstände in Gebäuden. Soweit ein Regal mit zur Unterstützung des umgebenden Gebäudes herangezogen wird, ist es konstruktiver Bestandteil des Gebäudes und als solches zu behandeln, also nicht von vornherein als Regal baugenehmigungsfrei (vgl. Boeddinghaus/Hahn/Schulte, zu § 65 Rdn. 180). **139**

Werden Regale mit zusätzlichen Einrichtungen, z. B. Treppen, Aufzügen, Arbeitsbühnen, verbunden, unterfallen sie nicht mehr der Nr. 43, sondern sind baugenehmigungsbedürftig.

Als wenig geglückt muss Nr. 43 im **Verhältnis zu § 68 Abs. 1 Satz 3 Nr. 18** BauO NRW bezeichnet werden. Bei Überschreitung des Maßes von 7, 50 m Lagerhöhe (Oberkante Lagergut) unterliegen Regale dem vereinfachten Genehmigungsverfahren, aber bereits bei Überschreitung des Maßes von **9 m** Lagerhöhe (Oberkante Lagergut) als „große" Sonderbauten der uneingeschränkten präventiven Prüfung im normalen Genehmigungsverfahren. **140**

Die Freistellung ohne Bezugnahme auf bestimmte ungefährliche Lagergüter kann **aus brandschutztechnischer Sicht problematisch** sein, z. B. wenn Regale der Lagerung von Papier oder Holz dienen (s. die Anmerkungen zu § 54 Rdn. 70).

**Nr. 44** erfasst **Solarenergieanlagen auf oder an Gebäuden oder als untergeordnete Nebenanlagen**. Die Vorschrift wurde mit der BauO NW 1995 aufgenommen. **Solarenergieanlagen** sind Anlagen, die entweder durch Austausch von Sonnenenergie direkt oder durch Umwandlung in elektrischen Strom (Fotovoltaikanlagen) Energie erzeugen. Eine Größen- oder Höhenbeschränkung ist nicht vorgegeben, es besteht ferner auch **keine Beschränkung auf den Bebauungszusammenhang oder das Vorliegen denkmal- oder landschaftsrechtlicher Baubeschränkungen**. Die Anbringung der Solarenergieanlage ist demnach auch auf einem unter Denkmalschutz stehenden, im Außenbereich und im Landschaftsschutzgebiet gelegenen Gebäude genehmigungsfrei. **141**

Der **Zusatz** „oder als untergeordnete Nebenanlagen" ist **einschränkend** zu verstehen, wenn die Solarenergieanlage nicht auf oder an einem Gebäude, sondern auf dem Grundstück aufgestellt wird. Hierdurch soll vermieden werden, dass die Geländeoberfläche des Grundstücks mit Solarenergieanlagen voll gestellt werden kann. Die **Unterordnung als Nebenanlage** setzt voraus, dass die Solaranlage der eigentlichen **Hauptnutzung** des Grundstücks und der hierfür benötigten Bebauung **dienend zu- und untergeordnet** ist (BVerwG, Urteil vom 17. 12. 1976 – IV C 6.75, BRS 30 Nr. 117).

Der Anbringung von Solarenergieanlagen können **örtlichen Bauvorschriften** im Einzelfall entgegenstehen. Es ist dann zu prüfen, ob nicht eine **Abweichung** nach § 73 BauO **142**

NRW in Betracht kommt. Nach § 73 Abs. 1 **Satz 2** BauO NRW sind Abweichungen unter den Voraussetzungen des Satzes 1 dieser Vorschrift zuzulassen, wenn sie der Verwirklichung von Vorhaben zur Einsparung von Energie dienen (s. die Anmerkungen zu § 73 Rdn. 20 und 21). Weiterhin ist zu beachten, ob **denkmalrechtliche** oder **landschaftsrechtliche** Vorschriften berührt werden, die ein denkmalrechtliches bzw. landschaftsrechtliches Genehmigungserfordernis auslösen. Die Solarenergieanlage bleibt jedoch auch in einem solchen Fall nach Bauordnungsrecht genehmigungsfrei, so dass der Bauherr gegebenenfalls eine **gesonderte** denkmalrechtliche oder landschaftsrechtliche Genehmigung bei der dafür zuständigen Behörde einholen muss.

143 **Nr. 45** erfasst **Denkmale, Skulpturen und Brunnenanlagen sowie Grabdenkmale und Grabsteine auf Friedhöfen**. Die Vorschrift wurde gegenüber § 62 Abs. 1 Nr. 27 BauO NW 1984 bereits durch die BauO NW 1995 insoweit geändert, als die Höhenbeschränkung auf 3,0 m für Denkmale entfallen ist. Zusätzlich wurden Skulpturen, Brunnenanlagen und auf Friedhöfen Grabdenkmale von einer Baugenehmigung freigestellt.

Der hier verwendete Begriff „**Denkmale**" zielt nicht auf solche im Sinne des DSchG, sondern meint die auf öffentlichen Plätzen oder Grünanlagen aufgestellten Monumentalfiguren (hierzu s. auch BVerwG, Beschluss vom 27. 6. 1991 – 4 B 138.90, BRS 52 Nr. 118 und Beschluss vom 13. 4. 1995 – 4 B 70.95, BRS 57 Nr. 109), Ehrenmale, Gedenksteine, Siegessäulen, Plastiken oder Reiterstandbilder, die an ein Ereignis oder eine Person erinnern sollen. Sie sind unabhängig von ihrer Höhe freigestellt.

144 **Skulpturen** sind Arbeiten von Bildhauern, das heißt Werke der bildenden Kunst, die im Freien aufgestellt werden und wegen ihrer Größe oder sonstigen Beschaffenheit standsicher sein müssen, wie z. B. Freiplastiken. Eine klare Abgrenzung der Begriffe Denkmal und Skulptur ist kaum möglich. Unter **Brunnenanlagen** sind im Hinblick auf Nr. 46, die Brunnen zur Wassergewinnung erfasst, Zier- und Springbrunnen zu verstehen, und zwar ohne Beschränkung ihrer Ausmaße, die etwa bei Brunnenanlagen mit stadtbildprägendem Charakter durchaus beachtlich sein können.

145 In Bezug auf **Grabdenkmale und Grabsteine** sind etwaige Bestimmungen kommunaler oder kirchlichengemeindlicher Satzungen (Friedhofsordnungen) zu beachten. Die Befugnis der Gemeinden, die Benutzung ihrer Friedhöfe durch Satzungen zu regeln, wird durch Art. 2 GG begrenzt; dunkle, polierte Grabsteine dürfen nicht verboten werden, sofern der Friedhofsbenutzer nicht an anderer Stelle des Friedhofs einen solchen Grabstein aufstellen kann (BVerwG, Urteil vom 8. 11. 1963 – VII C 148.60, DVBl. 1964, 235). Mausoleen und Grüfte sind bauliche Anlagen, unter Umständen sogar „Gebäude" im Sinne des § 2 Abs. 2 BauO NRW und baugenehmigungspflichtig, wenn nicht der Freistellungstatbestand des § 65 Abs. 1 Nr. 1 BauO NRW zutrifft.

146 **Nr. 46** erfasst **Brunnen**. Dieser Freistellungstatbestand wurde mit der BauO NW 1995 im Hinblick auf die wasserrechtlichen Erlaubnisvorbehalte nach § 3 Abs. 1 Nr. 6 WHG aufgenommen und zielt auf Wassergewinnungsanlagen. Das Entnehmen von Grundwasser ist eine Benutzung im Sinne des Wasserrechts, die nach § 2 Abs. 1 WHG einer wasserbehördlichen Erlaubnis bedarf. Diese Erlaubnis ist nach § 33 Abs. 1 Nr. 1 WHG nicht erforderlich, wenn Grundwasser „für den Haushalt" entnommen wird (zu den Anforderungen im Einzelnen s. die Anmerkungen zu § 44 Rdn. 50 und 51).

147 **Nr. 47** erfasst **Fahrzeugwaagen**. Die Vorschrift entspricht § 62 Abs. 1 Nr. 29 BauO NW 1984. Diese sind freigestellt, da weder bauplanungs- noch bauordnungsrechtliche Belange berührt werden. Freigestellt nach diesem Tatbestand ist nur die eigentliche Waa-

ge. Zugehörige bauliche Anlagen zur Aufnahme der Messgeräte sind ebenfalls erfasst. Befinden sich die Messeinrichtungen in einem **Gebäude**, so besteht, wenn dieses keinen Aufenthaltsraum enthält, bei Einhaltung des maximalen Brutto – Rauminhalts von 30 m³ eine Freistellung nach Nr. 1. Gebäude, die noch anderen Zwecken als der Aufnahme der Messeinrichtungen dienen, die z. B. einen Arbeitsplatz und damit auch einen Aufenthaltsraum für das Bedienungspersonal enthalten, sind genehmigungsbedürftig.

**Nr. 48** erfasst **Hochsitze**. Die Vorschrift entstand mit der BauO NW 1995 gesondert; die Freistellung war früher im Auffangtatbestand des § 62 Abs. 1 Nr. 34 BauO NW 1984 enthalten. Hochsitze sind Jagdeinrichtungen, die ausschließlich der **Jagdausübung** dienen, das sind hochgestellte, alleinstehende oder an Bäume angelehnte Sitze, die dem Jäger das Beobachten und Erlegen des Wildes durch die Gewährleistung von ausreichender Sicht und genügendem Wetterschutz zu erleichtern (Hess. VGH, Beschluss vom 7. 3. 1996 – 4 TH 3212/95, BRS 58 Nr. 240). **148**

Allgemein zugängliche **Beobachtungs- oder Aussichtskanzeln** werden vom Freistellungstatbestand **nicht erfasst** (so Buntenbroich/Voß, zu § 65 Rdn. 66).

**Nr. 49** erfasst **unbedeutende bauliche Anlagen und Einrichtungen, soweit sie nicht durch die Nummern 1 bis 48 erfasst sind, wie Teppichstangen, Markisen, nicht überdachte Terrassen sowie Kleintierställe bis zu 5 m³**. Die Vorschrift entspricht § 62 Abs. 1 Nr. 34 BauO NW 1984, allerdings wurden mit der BauO NW 1995 die früher genannten Beispiele Fahnenstangen (s. jetzt Nr. 22 Fahnenmasten) und Hochsitze (s. jetzt Nr. 48) als eigene Tatbestände aufgeführt. **149**

Der **Katalog** der „unbedeutenden“ Anlagen und Einrichtungen ist **nur beispielhaft**, also **nicht abschließend**. Nr. 49 erweist sich, wie der Gesetzestext unmissverständlich festlegt, als ein **Auffangtatbestand**, der nur genutzt werden kann, wenn eine spezielle Bestimmung in den Nrn. 1 bis 48 nicht greift.

Ob eine Anlage oder Einrichtung **unbedeutend** ist, muss nach bauordnungsrechtlichen und bauplanungsrechtlichen Kriterien beurteilt werden. Hierbei dienen die **Beispiele als Orientierung**. Neben den beispielhaft angeführten unbedeutenden Anlagen kommen in Betracht etwa Mülltonnenschränke oder freistehende Briefkästen. Ferner wird man auf die durch die übrigen Freistellungstatbestände gegebenen Beurteilungsmaßstäbe vergleichsweise zurückgreifen können.

**Teppichstangen** dienen der Reinigung und Lüftung der Teppiche. **150**

**Markisen** sind aufrollbare oder faltbare Sonnendächer (vgl. Boeddinghaus/Hahn/Schulte, zu § 62 Rdn. 194 unter Bezugnahme auf OVG NRW, Beschluss vom 2. 3. 1990 – 7 B 537/90, n. v.).

**Terrassen** sind befestigte Flächen, die ebenerdig oder allenfalls geringfügig erhöht, dem Aufenthalt im Freien dienen und nicht durch massive Außenwände abgeschlossen sind (OVG NRW, Urteil vom 19. 3. 1983 – 11 A 1128/82, BRS 40 Nr. 122). Aus diesem Grund sind auch Wintergärten durch Nr. 49 nicht freigestellt. Die Freistellung greift nur, wenn die Terrasse **nicht überdacht** ist, wobei ein Sonnenschutz, wie z. B. eine Markise, die Freistellung nicht aufhebt. Auch eine – in der Praxis durchaus häufige – Abgrenzung der Terrasse durch eine Einfriedung zur Grundstücksgrenze, z. B. als Sichtschutz gegenüber den Nachbarn, macht die Anlage nicht genehmigungsbedürftig.

**Dachterrassen** sind von Nr. 49 **nicht erfasst** (vgl. OVG NW, Beschluss vom 13. 3. 1990 – 10 A 1895/88, BRS 50 Nr. 149 zu einer Dachterrasse auf einer Grenzgarage).

Hinsichtlich der **Kleintierställe** ist auf das **Volumen der Gesamtanlage**, die gegebenenfalls aus mehreren zusammenstehenden Ställen zusammengesetzt sein kann, und nicht allein auf das Volumen des nutzbaren Raums abzustellen (ebenso Boeddinghaus/Hahn/Schulte, zu § 65 Rdn. 196).

Zu den **Kleintieren** im Sinne der Nr. 49 sind kleine Hunde, Katzen, Hasen, Kaninchen, Hamster, Meerschweinchen, kleine Vögel und Geflügel zu zählen, nicht aber Pferde, Kühe und Esel. Die Vorschrift stellt auf die häusliche Kleintierhaltung ab und erfasst nicht die gewerbsmäßige Zucht.

### 3 Zu Absatz 2 – Freistellung baulicher Vorgänge

151 **Nr. 1** erfasst **eine geringfügige, die Standsicherheit nicht berührende Änderung tragender oder aussteifender Bauteile innerhalb von Gebäuden; die nicht geringfügige Änderung dieser Bauteile, wenn eine Sachkundige oder ein Sachkundiger der Bauherrin oder dem Bauherrn die Ungefährlichkeit der Maßnahme schriftlich bescheinigt**. Die Vorschrift entspricht § 62 Abs. 2 Nr. 1 BauO NW 1984. Im Hinblick auf die durch § 63 Abs. 1 BauO NRW vorgenommene Unterscheidung zwischen Errichtung, Änderung, Nutzungsänderung und Abbruch baulicher Anlagen, die grundsätzlich baugenehmigungsbedürftig sind, muss genau beachtet werden, dass Nr. 1 nur die **Änderung** freistellt, damit aber die **Errichtung** der genannten Bauteile in Gebäuden **baugenehmigungsbedürftig** bleibt.

Der Tatbestand des Absatzes 2 Nr. 1 betrifft die Änderung tragender oder aussteifender Bauteile. Handelt es sich dagegen um nichttragende oder nichtaussteifende Bauteile ist der Tatbestand nach Absatz 1 Nr. 8 einschlägig (s. Rdn. 39 und 40).

152 Das tragende oder aussteifende Bauteil, das geändert wird, muss in seiner wesentlichen **tragenden oder aussteifenden Funktion** erhalten bleiben. Eine „**Änderung**" ist nicht gegeben, wenn die statische Funktion eines bisher tragenden oder aussteifenden Bauteils von einem anderen Bauteil (z. B. von einem Unterzug) übernommen werden muss. Einer Baugenehmigung bedarf auch die Beseitigung eines tragenden oder aussteifenden Bauteils und die Ersetzung desselben durch ein neues Bauteil. Die Freistellung der Änderung der genannten Bauteile hat den Sinn, Modernisierungsvorhaben verfahrensmäßig zu erleichtern, die ohne solche Änderungen, z. B. durch Schlitze oder Durchbrüche für Leitungen oder durch Schaffung neuer Öffnungen für Türen und Fenster, kaum möglich sind. Konsequenterweise wird auf eine Baugenehmigung und die Vorlage eines Standsicherheitsnachweises verzichtet.

153 Die Vorschrift stellt die Änderung tragender oder aussteifender Bauteile nur **innerhalb von Gebäuden** frei (zum Begriff Gebäude s. die Anmerkungen zu § 2 Rdn. 104–117). Ein Bauteil liegt **innerhalb** eines Gebäudes, wenn es nicht der äußeren Umschließung dient; unschädlich ist dabei, wenn das innere Bauteil mit einem äußeren fest verbunden ist oder in ein äußeres Bauteil eingreift. Diese Sichtweise ist deshalb schon geboten, weil tragende oder aussteifende Bauteile regelmäßig mit äußeren Bauteilen in Verbindung stehen. Bei einer einengenden Auslegung könnte ansonsten der Freistellungstatbestand nur äußerst selten genutzt werden, was aber ersichtlich nicht das Anliegen des Gesetzgebers gewesen sein kann, da er andererseits die erstmalige Schaffung von Fenstern und Türen in äußeren Bauteilen nach Nr. 2 genehmigungsfrei gestellt hat, ohne damit verfahrensrechtliche Bedingungen zu verknüpfen (s. Rdn. 158).

Die Änderung ist nur unter der Voraussetzung baugenehmigungsfrei, dass durch diese die **Standsicherheit nicht berührt** wird. Der Begriff „**tragende oder aussteifende Bauteile**" umfasst sowohl **Wände**, **Pfeiler** und **Stützen** (s. § 29 Abs. 1) als auch **Decken** (s. § 34 Abs. 1). 154

**Nr. 1** unterscheidet zwischen **geringfügigen** (1. Halbsatz) und **nicht geringfügigen** (2. Halbsatz) Änderungen tragender oder aussteifender Bauteile. Diese unbestimmten Rechtsbegriffe knüpfen an den Aspekt der **Standsicherheit** an, so dass es bei der Unterscheidung darum geht, ob die Standsicherheit nur geringfügig oder eben nicht geringfügig tangiert ist. Durch das Gesetz selbst wird der Begriff „**geringfügige**" Änderung definiert als eine solche, die die **Standsicherheit nicht berührt**. Das Vorliegen der Voraussetzungen lässt sich tatbestandlich anhand des technischen Regelwerks (s. die Anmerkungen zu § 15 Rdn. 6) bzw. anhand des **Standsicherheitsnachweises** für das zu ändernde tragende oder aussteifende Bauteil mit hinreichender Sicherheit beurteilen.

Nr. 65.21 VV BauO NRW gibt Hinweise, wann **geringfügige** Änderungen vorliegen. Geringfügige Änderungen können ohne statische Hilfsmaßnahmen durchgeführt werden, so dass die tragende oder aussteifende Funktion des Bauteils unberührt bleibt. Hierzu rechnen kleinflächige Öffnungen in einem tragenden oder aussteifendem Bauteil (s. auch die Anmerkungen zu § 15 Rdn. 14). Bei Pfeilern und Stützen mit ihrem relativ geringen tragenden Querschnitt und ihren Empfindlichkeit gegen Ausknicken bei Querschnittsänderungen ist diese Frage anders zu beurteilen als bei Wänden und Decken. 155

**Nicht geringfügige** Änderungen sind solche, die statischer Maßnahmen bedürfen. Wird z. B. eine Tür in eine Wand gebrochen, so muss der über dem Durchbruch liegende Wandteil dauerhaft abgestützt werden, z. B. durch einen Träger. Bei nicht geringfügigen Änderungen wird kein Standsicherheitsnachweis gefordert, sondern stattdessen die schriftliche **Bescheinigung eines Sachkundigen** verlangt, dass die **Maßnahme ungefährlich** ist.

Wer **Sachkundiger** sein kann, ist in **Nr. 61.33 VV BauO NRW** beschrieben. Der Sachkundige muss zur Beurteilung der Standsicherheitsaspekte **fachlich geeignet** sein. Die Bescheinigung des Sachkundigen ist dem Bauherrn auszuhändigen. Ist niemand bereit, eine solche Bescheinigung auszustellen, so besteht die Vermutung der materiellen Unzulässigkeit der Maßnahme. Der Bauherr muss dann von der Ausführung in dieser Form absehen, da dann auch – für den Fall der Genehmigungsbedürftigkeit – keine Baugenehmigung erteilt werden könnte. 156

**Nr. 2** erfasst **die Änderung der äußeren Gestaltung durch Anstrich**, **Verputz**, **Verfugung**, **Dacheindeckung**, **Solaranlagen**, **durch Einbau oder Austausch von Fenstern und Türen**, **Austausch von Umwehrungen sowie durch Bekleidungen und Verblendungen**; **dies gilt nicht in Gebieten**, **für die eine örtliche Bauvorschrift nach § 86 Abs. 1 Nr. 1 oder 2 besteht**. Die Vorschrift entspricht weitgehend § 62 Abs. 2 Nr. 2 BauO NW 1984. Mit der BauO NRW 2000 wurde Nr. 2 an den Anhang zu § 62 Abs. 1 MBO angepasst, die **Beschränkung** der Außenwandbekleidungen auf Wände mit nicht mehr als 8,0 m Höhe über der Geländeoberfläche **gestrichen** und neben dem Austausch von Fenstern und Türen auch deren **Einbau** freigestellt. Änderungen im Gebäudeinneren sind nicht nach Absatz 2 Nr. 2, sondern gegebenenfalls nach Abs. 2 Nr. 1 baugenehmigungsfrei. 157

Die Regelung in **Nr. 2** bestimmt näher, welche **Änderungen der äußeren Gestaltung** freigestellt sind, nämlich nur die aufgezählten. Hierdurch wird eine wünschenswerte 158

Klarstellung erreicht, da es sich um eine **abschließende Aufzählung** handelt, so dass andere als die aufgeführten Maßnahmen von Nr. 2 nicht erfasst sind. Die „äußere Gestaltung" kann nicht nur die **Fassade**, sondern auch die **Dacheindeckung** betreffen. Wenn die Vorschrift neben dem **Austausch** von Fenstern und Türen auch deren **Einbau** erwähnt, wird damit nunmehr die **erstmalige Schaffung** dieser Bauteile freigestellt. Unerheblich ist, ob durch den Einbau oder den Austausch von Fenstern und Türen die äußere Gestaltung beeinflusst wird. Es spielt auch keine Rolle, ob mit dem erstmaligen Schaffung von Tür- oder Fensteröffnungen **statische Eingriffe** vorgenommen werden müssen, da insoweit Nr. 2 – anders als Nr. 1 – **keine verfahrensrechtlichen Vorbehalte** bestehen. Obwohl diese Ungleichbehandlung an und für sich gleich zu beurteilender Standsicherheitsaspekte nicht nachvollziehbar ist, besteht für den Bauherrn keine Verpflichtung, sich die Ungefährlichkeit der Maßnahme durch einen Sachkundigen bescheinigen zu lassen. Gleichwohl müssen die materiellen Anforderungen an die Standsicherheit beachtet werden (s. § 65 Abs. 4 in Verbindung mit § 15 Abs. 1 Satz 1 BauO NRW), da eine bauliche Anlage nicht nur im Ganzen, sondern auch in ihren (einzelnen) Teilen standsicher sein muss (s. die Anmerkungen zu § 15 Rdn. 2 und 3).

**159** Die Freistellung entfällt, wenn die Maßnahme in einem Gebiet durchgeführt werden soll, für das eine **örtliche Bauvorschrift** (Gestaltungssatzung) nach § 86 Abs. 1 Nr. 1 oder 2 BauO NRW besteht. Dabei ist es unerheblich, ob die örtliche Bauvorschrift als selbständige Satzung erlassen ist. Örtliche Bauvorschrift können nämlich auch als **gestalterische Festsetzungen** gemäß § 86 Abs. 4 BauO NRW in Verbindung mit § 9 Abs. 4 BauGB Bestandteil eines Bebauungsplans sein (s. die Anmerkungen zu § 86 Rdn. 64–67). Selbstverständlich dürfen die freigestellten Maßnahmen nicht zu **Verunstaltungen** der baulichen Anlage im Sinne des § 12 BauO NRW führen. Durch Änderungen, die ohne jede Rücksicht auf das ursprüngliche Bauwerk durchgeführt werden, kann auch eine **Verwahrlosung** eintreten, insbesondere dann, wenn gleichzeitig erforderliche Instandhaltungsmaßnahmen unterbleiben (s. die Anmerkungen zu § 12 Rdn. 15).

**160** Unberührt bleiben **§§ 172, 173 BauGB**, so dass die nach diesen Vorschriften in **Erhaltungsgebieten** notwendige **städtebauliche Genehmigung** für die Änderung baulicher Anlagen vom Bauherrn eingeholt werden müssen. Für diese besondere Genehmigung ist grundsätzlich die **Gemeinde** zuständig. Ist die Gemeinde nicht zugleich auch Baugenehmigungsbehörde, wird die Genehmigung durch die Baugenehmigungsbehörde im Einvernehmen mit der Gemeinde erteilt (s. § 173 Abs. 1 BauGB).

Die Genehmigungsfreiheit nach Nr. 2 berührt auch nicht die Verpflichtung, eine nach **§ 9 DSchG** erforderliche **denkmalrechtliche Erlaubnis** einzuholen, wenn die zu ändernde Anlage ein Denkmal ist oder den denkmalrechtlichen Umgebungsschutz berührt.

**161** **Nr. 3** erfasst **Nutzungsänderungen, wenn die Errichtung oder Änderung der Anlage für die neue Nutzung genehmigungsfrei wäre**. Die Vorschrift entspricht § 62 Abs. 2 Nr. 3 BauO NW 1984. Der Freistellungstatbestand soll das Verfahren bei Nutzungsänderungen vereinfachen und beschleunigen. **Bezugspunkt ist die neue Nutzung**. Wäre eine Anlage mit der neuen Nutzung, würde sie neu errichtet, baugenehmigungsfrei, so ist auch die Nutzungsänderung baugenehmigungsfrei (zum Begriff der Nutzungsänderung s. die Anmerkungen zu § 3 Rdn. 97–107).

Die Vorschrift enthält unter den Aspekten der Verfahrensvereinfachung und Verfahrensbeschleunigung eine ähnliche Regelung wie § 67 Abs. 1 Satz 2 BauO NRW, darf aber keinesfalls mit dieser gleichgesetzt werden. Der entscheidende Unterschied ist, dass die Genehmigungsfreistellung von Wohngebäuden nach § 67 BauO NRW an ein bestimmtes Verfahren geknüpft und insbesondere davon abhängig ist, dass die Gemeinde nicht eine Erklärung nach § 67 Abs. 1 Satz 1 Nr. 3 BauO NRW abgibt, dass ein Genehmigungsverfahren durchgeführt werden soll.

Unabhängig von der bauordnungsrechtlichen Freistellung ist besonders im Hinblick auf die nach § 65 Abs. 1 Nr. 26 BauO NRW freigestellten Ausstellungsplätze, Abstellplätze und Lagerplätze bis zu 300 $m^2$ Fläche außer in Wohngebieten und im Außenbereich (s. Rdn. 92–94) das **Bauplanungsrecht** zu beachten. Das Bauplanungsrecht verwendet nämlich in § 29 Abs. 1 BauGB den Begriff „**Lagerstätten**" in eigenständiger Weise ohne Anknüpfung an die Größenbeschränkung der bauordnungsrechtlichen Freistellung und meint damit Grundstücksflächen, auf denen dauerhaft Gegenstände im weitesten Sinne gelagert werden (BVerwG, Beschluss vom 29. 6. 1999 – 4 B 44.99, BauR 1999, 1133 = BRS 62 Nr. 116 = NVwZ-RR 1999, 623 = UPR 1999, 357 = ZfBR 1999, 284). Eine bauplanungsrechtlich relevante Nutzungsänderung im Sinne des § 29 BauGB liegt bereits vor, wenn die jeder Nutzung eigene tatsächliche Variationsbreite überschritten wird und der neuen Nutzung unter städtebaulichen Gesichtspunkten eine andere Qualität zukommt (BVerwG, Beschluss vom 14. 4. 2000 – 4 B 28/00, BRS 63 Nr. 173 = NVwZ-RR 2000, 758 zur Nutzungsänderung des Lagerplatzes einer Baufirma in einen Sammel- und Umschlagplatz für gebrauchte Maschinen, Fahrzeuge und Fahrzeugteile).

**Nr. 4** erfasst **das Auswechseln von gleichartigen Teilen haustechnischer Anlagen, wie** **162**
**Abwasseranlagen**, **Lüftungsanlagen** und **Feuerungsanlagen**. Die Vorschrift entspricht § 62 Abs. 2 Nr. 4 BauO NW 1984; der 2. Halbsatz mit der Aufzählung von Beispielen wurde zur Verdeutlichung bereits mit der BauO NW 1995 angefügt. Diese **Aufzählung** ist **nicht abschließend**. Unter haustechnischen Anlagen sind daher die in §§ 42 bis 46 BauO NRW genannten Anlagen sowie die in § 66 BauO NRW aufgeführten Anlagen zu verstehen, und zwar im Zusammenhang mit Nr. 4 unabhängig davon, ob die in § 66 BauO NRW enthaltenen Maßbeschränkungen eingehaltenen werden oder nicht.

Tatbestandliche Voraussetzung des Freistellungstatbestands nach Nr. 4 ist, dass es sich **163**
um **gleichartige Teile** einer haustechnischen Anlage handelt. Das Begriffspaar „gleichartige Teile" setzt zunächst voraus, dass die neuen Teile die gleichen **materiellen Anforderungen erfüllen** wie die alten auszuwechselnden Teile und dass **Funktion** und **Nutzung** der haustechnischen Anlage **unverändert** bleiben. Sodann kann es sich nach dem insoweit klaren Gesetzeswortlauts nur um **Teile** einer haustechnischen Anlage handeln, was es ausschließt die gesamte Anlage nach diesem Freistellungstatbestand vollständig zu beseitigen und sodann durch eine andere neue Anlage zu ersetzen. Hierbei handelt es sich um zwei zeitlich unmittelbar aufeinander folgende Vorgänge, nämlich die Beseitigung und die Errichtung. Die Beseitigung ist nach § 65 Abs. 3 BauO NRW genehmigungsfrei. Für die Errichtung und die Änderung sind entweder die Freistellungstatbestände nach § 65 Abs. 1 Nr. 9–12 BauO NRW oder aber die Freistellungstatbestände des § 66 BauO NRW zu beachten. Von einem Auswechseln gleichartiger Teile kann nicht mehr gesprochen werden, wenn damit eine Änderung der haustechnischen Anlage verbunden ist. So ist z. B. ein genehmigungsfreies Auswechseln nicht mehr gegeben, wenn die Rauchrohranschlüsse einer Feuerstätte verlegt werden (OVG Bln, Urteil vom 10. 8. 1979 – II B 94.77, BRS 35 Nr. 145).

**Nr. 5** erfasst **das Auswechseln von Belägen auf Sport- und Spielflächen**. Die Vorschrift **164**
wurde mit der BauO NW 1995 aufgenommen. Sport- und Spielflächen können nach § 2

Abs. 1 **Satz 1** bzw. **Satz 3 Nr. 4** BauO NRW sowohl **„echte“** als auch **„fiktive“** bauliche Anlagen sein (s. die Anmerkungen zu § 2 Rdn. 76–78). Bei den von Nr. 5 erfassten Sport- und Spielflächen handelt es sich, wegen der vorhandenen **Beläge** aufweisen stets um **„echte“** bauliche Anlagen. Die Aufnahme des Freistellungstatbestandes nach Nr. 5 erfolgte, weil die Freistellung nach Absatz 1 Nr. 29 nur die „zweckentsprechende Einrichtung von Sport- und Spielflächen“ erfasst. Die Freistellung ist **nicht auf öffentliche Anlagen beschränkt,** sie kann in gleicher Weise auch für private Anlagen in Anspruch genommen werden. Die ausgewechselten Beläge müssen mit den ursprünglichen **nicht gleichartig** sein, so kann z. B. eine Aschenfläche durch eine Kunststoffoberfläche ersetzt werden.

**165** **Nr. 6** erfasst **die Instandhaltung von baulichen Anlagen sowie anderen Anlagen und Einrichtungen**. Auch diese Vorschrift wurde mit der BauO NW 1995 aufgenommen. Die Instandhaltung baulicher Anlagen „im engeren Sinne“ des Begriffs zielt auf die Erhaltung der einmal geschaffenen Substanz (s. die Anmerkungen zu § 3 Rdn. 25). Derartige Maßnahmen im engeren Sinne beschränken sich auf die Pflege der Substanz, z. B. durch die Erneuerung von Anstrichen ohne Änderung der Farbgebung, das Ersetzen einzelner undicht gewordener Dachpfannen ohne Material- und Farbwechsel oder den Austausch verrosteter Türbeschläge, können unter keinem denkbaren Gesichtspunkt bauordnungsrechtliche Anforderungen negativ berühren. Ohnehin ergibt sich aus § 3 Abs. 1 Satz 1 BauO NRW die Rechtspflicht zur ordnungsgemäßen Instandhaltung. Auch enthalten andere öffentlich-rechtliche Vorschriften vergleichbare Anforderungen (s. die Anmerkungen zu § 3 Rdn. 28–30). Die ordnungsgemäße Instandhaltung nach § 3 Abs. 1 Satz 1 BauO NRW kann nicht genehmigungsbedürftig sein, insofern kommt Nr. 6 nur eine **klarstellende Bedeutung** zu (so auch Wilke/Dageförde/Knuth/Meyer, zu § 55 Rdn. 26). **Unterhaltungs- und Instandsetzungsarbeiten** sind **vom passiven Bestandsschutz gedeckt** (BVerwG, Urteil vom 18. 10. 1974 – IV C 75.71, BauR 1975, 114 = BRS 28 Nr. 114 = DVBl. 1975, 501; s. auch die Anmerkungen zu § 75 Rdn. 118).

**166** Mitunter wird der Begriff Instandhaltung „im weiteren Sinne“ gebraucht, um die genehmigungsfreie Durchführung von Änderungen oder Erneuerungen im Sinne einer **Modernisierung** zu rechtfertigen. Bei der Freistellung nach Nr. 6 muss stets die Abgrenzung zu anderen baulichen Vorgängen beachtet werden (vgl. Boeddinghaus/Hahn/Schulte, zu § 65 Rdn. 220). Soweit eine Änderung oder eine Neuerrichtung nicht nach anderen Tatbeständen des § 65 BauO NRW bzw. nach § 66 BauO NRW freigestellt ist, kann eine solche Maßnahme **nicht** auf die Freistellung der Instandhaltung nach Nr. 6 gestützt werden (vgl. OVG Bln, Urteil vom 20. 11. 1992 – 2 B 33.90, BRS 54 Nr. 117 zur vollständigen Auswechslung einer Hauseingangstür, die nach der früheren BauO Bln nicht freigestellt war). Es ist nämlich zu beachten, dass genehmigungsfreie Instandhaltungsarbeiten nicht über das hinausgehen dürfen, was vom **passiven Bestandsschutz** gedeckt ist (so Große-Suchsdorf/Lindorf/Schmaltz/Wiechert, zu § 69 Rdn. 93; s. auch die Anmerkungen zu § 75 Rdn. 109–118).

### 4 Zu Absatz 3 – Freigestellte Abbruch- oder Beseitigungsmaßnahmen

**167** Während Absatz 1 bestimmt, welche Vorhaben ohne Baugenehmigung errichtet und geändert werden können, betrifft **Absatz 3** den **Abbruch** oder die **Beseitigung der in Absatz 1 aufgeführten Anlagen**. Darüber hinaus erfasst Absatz 3 mit Satz 2 Nr. 1 die genehmigungsfreien **haustechnischen Anlagen nach § 66 BauO NRW** insgesamt und nach

Satz 2 Nr. 2–10 **bestimmte Anlagen**, deren Errichtung oder Änderung im **vereinfachten Genehmigungsverfahren** geprüft wird. Soweit Abbruch und Beseitigung nicht durch Absatz 3 genehmigungsfrei gestellt sind, bedürfen diese Vorgänge gemäß § 63 Abs. 1 BauO NRW einer **umfassenden präventiven Prüfung im normalen Baugenehmigungsverfahren**, weil das vereinfachte Genehmigungsverfahren gemäß § 68 Abs. 1 Satz 1 BauO NRW nur für die Errichtung und Änderung der von dieser Vorschrift erfassten Vorhaben durchgeführt wird. Die Zuordnung der Abbruch- und Beseitigungsvorgänge zum **normalen Genehmigungsverfahren** wurde vorgenommen, weil gerade eine Prüfung solcher bauordnungsrechtlichen Vorschriften erforderlich ist, die vom Prüfkatalog des vereinfachten Genehmigungsverfahrens nicht erfasst werden (zur Prüfung von Abbrüchen s. Nr. 63.1 VV BauO NRW).

**Zwischen Abbruch und Beseitigung** besteht **kein Unterschied**, beide Vorgänge zielen **168**
auf die vollständige oder teilweise **Beseitigung** von Anlagen. Es ist aber sprachlich unüblich, von Abbruch zu sprechen, wenn nur ein Reklameschild oder eine Wasserleitung demontiert wird. Die freigestellten Abbruch- und Errichtungsvorgänge sind zwar nicht nach Bauordnungsrecht, mitunter jedoch **nach anderen Rechtsvorschriften genehmigungsbedürftig**, was vom Bauherrn im Hinblick auf § 65 Abs. 4 BauO NRW beachtet werden muss.

Nach **§ 9 Abs. 1 DSchG** bedarf die Beseitigung von Baudenkmälern der **denkmalrechtlichen Erlaubnis** (s. die Anmerkungen zu § 3 Rdn. 96).

Das **wohnungsrechtliches Genehmigungserfordernis** für den Abbruch von Wohnraum ist durch das Außerkrafttreten der **Verordnung über das Verbot der Zweckentfremdung von Wohnraum** zum 31. 12. 2006 entfallen.

Das **Städtebaurecht** verwendet den Begriff „**Rückbau**", um klarzustellen, dass ein Be- **169**
seitigungsgebot der Gemeinde auch für Teile baulicher Anlage erlassen werden kann (vgl. Jäde/Dirnberger/Weiß, zu § 179 BauGB Rdn. 3). Abbruch und Beseitigung sind keine Vorhaben im Sinne des § 29 Abs. 1 BauGB (vgl. Jäde/Dirnberger/Weiß, zu § 29 Rdn. 18), können aber dennoch **städtebauliche Bedeutung** in Gebieten erlangen,

- für die eine **Veränderungssperre als Satzung** gemäß § 16 BauGB erlassen wurde, weil bauliche Anlagen dort nach § 14 Abs. 1 Nr. 1 BauGB nicht beseitigt werden dürfen,
- für die eine **Sanierungssatzung** gemäß § 142 BauGB erlassen wurde, weil bauliche Anlagen dort nach § 144 Abs. 1 Nr. 1 i. V. m. § 14 Abs. 1 BauGB nicht beseitigt werden dürfen,
- für die eine **Entwicklungssatzung** gemäß § 165 BauGB erlassen wurde, weil bauliche Anlagen dort nach § 169 Abs. 1 Nr. 3 i. V. m. § 144 Abs. 1 Nr. 1 und § 14 Abs. 1 BauGB nicht beseitigt werden dürfen,
- für die eine **Erhaltungssatzung** gemäß § 172 Nr. 1 BauGB erlassen wurde, die den Rückbau baulicher Anlagen der Genehmigungspflicht nach § 173 BauGB unterwirft.

Das Verbot des § 57 Abs. 2 Satz 3 BauO NRW, Abbrucharbeiten in **Selbst- oder Nach-** **170**
**barschaftshilfe** auszuführen, gilt nur, wenn diese Arbeiten genehmigungsbedürftig sind (s. die Anmerkungen zu § 57 Rdn. 32). Bei von der Genehmigungsbedürftigkeit nach Absatz 3 freigestellten Abbruch- oder Beseitigungsmaßnahmen gilt dieses Verbot demnach **nicht**. Dies ist im Hinblick auf einzelne der von Absatz 3 erfassten baulichen Anla-

gen, die ohne Beschränkung auf bestimmte Größen bzw. Abmessungen freigestellt sind, nicht unbedenklich, weil auch dort ein nicht unerhebliches **Gefahrenpotenzial** besteht.

171 Nach Absatz 3 **Satz 1** sind der **Abbruch** oder die **Beseitigung** von baulichen Anlagen und anderen Anlagen und Einrichtungen im Sinne des § 1 Abs. 1 Satz 2 BauO NRW genehmigungsfrei, **wenn** deren **Errichtung** und **Änderung nach Absatz 1 genehmigungsfrei** wäre. Sind solche Anlagen und Einrichtungen nur beschränkt freigestellt, etwa lediglich bei Einhaltung bestimmter Abmessungen oder Volumina oder im Hinblick auf ihre Lage in einem bestimmten Baubereich, so ist nur insoweit deren Abbruch oder Beseitigung genehmigungsfrei. Hierbei kommt es auf die Rechtslage zum Zeitpunkt des Abbruchs oder der Beseitigung an, nicht aber darauf, ob die Anlage zum Zeitpunkt ihrer Errichtung genehmigungsfrei war (s. Boeddinghaus/Hahn/Schulte, zu § 65 Rdn. 225).

172 Absatz 3 **Satz 2** wurde durch die **BauO NW 1995** in der Formulierung **geändert** und gegenüber § 62 Abs. 3 Satz 2 BauO NW 1984 durch zahlreiche **Tatbestände** – **Nr. 1** und **Nr. 4 bis 11** – **ergänzt**. Mit der **BauO NRW 2000** wurde **Nr. 3 geändert**, **Nr. 10 neu eingefügt**, wodurch sich die alten Nr. 10 und 11 zu den neuen Nr. 11 und 12 verschoben, und **Nr. 12** (= Nr. 11 alt) ebenfalls **geändert**. Die Tatbestände des Satzes 2 reichen erheblich über die Freistellungsgrenzen für die Errichtung oder Änderung der in Absatz 1 aufgeführten Anlagen hinaus und betreffen in Einzelfällen auch den Abbruch bzw. die Beseitigung solcher Anlagen, die nach § 68 Abs. 1 Satz 3 BauO NRW „**große**" Sonderbauten sind.

173 **Nr. 1** erfasst die **genehmigungsfreien Anlagen nach § 66** und wurde bereits mit der BauO NW 1995 eingefügt. Die rechtstechnische Verortung dieser Freistellung trägt nicht gerade zum leichten Auffinden bei. Es wäre übersichtlicher gewesen, in § 66 Satz 1 BauO NRW 2000 den Abbruch und die Beseitigung neben der Errichtung und Änderung gleich mit aufzuführen.

174 **Nr. 2** entspricht § 62 Abs. 3 Satz 2 Nr. 1 BauO NW 1984 und erstreckt die Genehmigungsfreiheit auf **Gebäude bis zu 300 m³ umbautem Raum**. Die Errichtung oder Änderung von Gebäuden bis zu 30 m³ Brutto-Rauminhalt ist nach § 65 Abs. 1 Nr. 1 BauO NRW 2000 unter bestimmten Voraussetzungen freigestellt (s. vorausgehende Rdn. 18–22). Ferner dürfen die in Absatz 1 Nr. 2 bis 7 aufgeführten Gebäude besonderer Zweckbestimmung ohne Begrenzung des Brutto-Rauminhalts unter bestimmten Voraussetzungen genehmigungsfrei errichtet oder geändert werden (s. vorausgehende Rdn. 23–36). Der Abbruch der in Absatz 1 Nr. 1–7 aufgeführten Gebäude wird bereits von Absatz 3 Satz 1 erfasst. Der Freistellungstatbestand nach Absatz 3 Satz 2 Nr. 2 wird damit nur für Abbrüche von Gebäuden relevant, die nicht unter die Freistellungstatbestände nach Absatz 1 Nr. 1–7 fallen. Eine obere Grenze der Freistellung besteht mit 300 m³ umbautem Raum, ohne dass es auf die Zweckbestimmung des Gebäudes ankommt. Im Gesetzgebungsverfahren wurde leider verabsäumt anstelle des Begriffs „**umbauter Raum**" auch bei diesem Tatbestand den Begriff „**Brutto-Rauminhalt**" zu verwenden (s. Rdn. 18). Das freigestellte Abbruchvolumen ist relativ groß, so dass auch der Abbruch von Gebäuden mit Aufenthaltsräumen, wie z. B. kleiner Wohngebäude ermöglicht wird. Bei Ausnutzung dieses Freistellungstatbestandes können Genehmigungserfordernisse nach anderen öffentlich-rechtlichen Vorschriften zu beachten sein (s. Rdn. 168 und 169).

175 **Nr. 3** entspricht teilweise § 62 Abs. 3 Satz 2 Nr. 2 BauO NW 1984 und erfasst **ortsfeste Behälter**. Die Errichtung und Änderung dieser Anlagen ist nach § 65 Abs. 1 Nr. 11 BauO NRW 2000 nur bis zu 50 m³ Fassungsvermögen und bis zu 3 m Höhe unter be-

stimmten Voraussetzungen freigestellt (s. vorausgehende Nr. 49 und 50), so dass auch deren Beseitigung bereits von Absatz 3 Satz 1 erfasst wird. Die früher in § 62 Abs. 3 Satz 2 Nr. 2 BauO NW 1984 enthaltene Freistellung der Beseitigung von Feuerstätten sowie die Bezugnahme auf die der Benutzungsgenehmigung nach § 60 Abs. 2 BauO NW 1984 unterliegenden haustechnischen Anlagen wurde bereits mit der BauO NW 1995 gestrichen und in die seinerzeit neu geschaffene Nr. 1 aufgenommen.

**Aufgehoben** wurde mit der BauO NRW 2000 die **Begrenzung der Freistellung auf 300 m³ Fassungsvermögen**, weil bei der Außerbetriebnahme großer Behälter für brennbare oder wassergefährdende Flüssigkeiten die besonderen Vorschriften der **VbF** (nunmehr BetrSichV) und der **VAwS** beachtet werden müssen (so LT-Drucks. 12/3738 S. 85). Die ortsfesten Behälter können im Einzelfall mehr als 30 m Höhe aufweisen oder mit erhöhter Brandgefahr verbunden sein, so dass es sich dann nach § 68 Abs. 1 Satz 3 Nr. 2 bzw. Nr. 15 BauO NRW 2000 um „**große**" Sonderbauten handelt. Die Erfahrungen der Bauaufsichts- und Wasserbehörden mit diesem Freistellungstatbestand sind nicht nur positiv, weil beim Abbruch bzw. bei der Beseitigung mitunter die spezialgesetzlichen Anforderungen übersehen werden.

**Nr. 4** erfasst **luftgetragene Überdachungen** ohne Begrenzung des Rauminhalts, z. B. sol- **176**
che über Schwimmbecken oder Tennisplätzen. Luftgetragene Überdachungen, auch als **Traglufthallen** bezeichnet, sind begrifflich den Gebäuden zuzuordnen (s. die Anmerkungen zu § 2 Rdn. 117). Die Errichtung oder Änderung luftgetragener Überdachungen ist fast immer genehmigungsbedürftig, weil die Voraussetzungen der Freistellungstatbestände nach Absatz 1 Nr. 1 bis 7 so gut wie nie zutreffen. Obwohl nicht ausdrücklich erwähnt, rechnen zu den freigestellten Beseitigungsmaßnahmen auch das Entfernen der technischen Aggregate, mit denen der Luftüberdruck in der Hülle erzeugt wird.

**Nr. 5** erfasst **Mauern und Einfriedungen**. Der Abbruch von **Mauern** in dem hier verwen- **177**
deten Sinne ist auf solche beschränkt, die sich auf dem Grundstück befinden. Da das Wort „**Mauern**" **als Oberbegriff** selbständig neben dem Begriff Einfriedung verwendet wird (a. A. Boeddinghaus/Hahn/Schulte, zu § 65 Rdn. 232, die unter diesem Freistellungstatbestand nur Einfriedungsmauern erfasst sehen) fallen hierunter auch **Stützmauern**, deren Errichtung genehmigungsbedürftig ist (s. Rdn. 75–76). Die Errichtung oder Änderung von baulichen Anlagen, die der Gartengestaltung oder der zweckentsprechenden Einrichtung von Gärten dienen, ist nach Absatz 1 Nr. 28 freigestellt (s. Rdn. 98–99) und damit auch deren Beseitigung bereits von Absatz 3 Satz 1 erfasst.

Absatz 3 Satz 2 Nr. 5 kommt damit nur Bedeutung für solche Mauern zu, die z. B. als Nebenanlagen gewerblichen Betrieben oder öffentlichen Einrichtungen dienen. In derartigen Fällen werden Mauern verwendet, um bestimmte Nutzflächen voneinander abzugrenzen und so ein ungestörtes Arbeiten zu ermöglichen oder ein Vermischen von Lagergut zu verhindern. Derartige Mauern sind z. B. bei Selbstwaschplätzen von Tankstellen oder Materiallagern von Bauhöfen vorzufinden.

**Einfriedungen** sind nach Absatz 1 Nr. 13 und 14 nur bis zu bestimmten Höhen bzw. nur unter genau einzuhaltenden Bedingungen genehmigungsfrei (s. vorausgehende Rdn. 61–72). Auch deren Abbruch wird insoweit bereits von Absatz 3 Satz 1 erfasst, so dass Absatz 3 Satz 2 Nr. 5 nur Bedeutung für den Abbruch bzw. die Beseitigung genehmigungsbedürftiger Einfriedungen erlangt.

**Nr. 6** erfasst **Schwimmbecken**. Als **Wasserbecken** bis zu 100 m³ Fassungsvermögen ist die **178**
Errichtung oder Änderung von Schwimmbecken nach Absatz 1 Nr. 30 freigestellt (s. vo-

rausgehende Rdn. 102–103) und damit auch deren Beseitigung bereits von Absatz 3 Satz 1 erfasst. Absatz 3 Satz 2 Nr. 6 erlangt daher nur Bedeutung für Schwimmbecken, deren Errichtung genehmigungsbedürftig ist. Der Tatbestand kann in Kombination mit dem nach Absatz 3 Satz 2 Nr. 4 genutzt werden, so dass auch der Abbruch eines Schwimmbeckens und die Beseitigung der zugehörigen luftgetragenen Überdachung keiner Baugenehmigung bedarf.

179 **Nr. 7** erfasst **Regale**. Der Tatbestand zielt nur auf solche Regale, die **selbständige bauliche Anlagen im Freien** sind, also nicht Regale als Teil baulicher Anlagen oder als Einrichtungsgegenstände. Die Errichtung oder Änderung von Regalen mit einer Lagerhöhe (Oberkante Lagergut) von bis zu 7,50 m Höhe ist nach Nr. 43 freigestellt (s. Rdn. 138–140) und damit auch deren Beseitigung bereits von Absatz 3 Satz 1 erfasst. Der Tatbestand kommt nur Bedeutung für genehmigungsbedürftige Regale zu, die allerdings bei Überschreitung der Lagerhöhe von 9 m nach § 68 Abs. 1 Satz 3 BauO NRW „große" Sonderbauten sind (s. die Anmerkungen zu § 54 Rdn. 70).

180 **Nr. 8** erfasst **Stellplätze für Kraftfahrzeuge**. Die Errichtung oder Änderung nicht überdachter Stellplätze für Personenkraftwagen und Motorräder bis zu insgesamt 100 m² ist nach Absatz 1 Nr. 24 freigestellt (s. Rdn. 86–89) und damit auch deren Beseitigung bereits von Absatz 3 Satz 1 erfasst. Der Tatbestand erlangt nur Bedeutung für genehmigungsbedürftige Stellplätze. Es ist darauf hinzuweisen, dass die Errichtung von Stellplätzen für Lastkraftwagen und Omnibusse von Absatz 1 Nr. 24 nicht erfasst wird und unabhängig von der Größe einer Baugenehmigung bedarf.

Bei den zur Beseitigung freigestellten Stellplätzen kann es sich auch um **„notwendige"** Stellplätze im Sinne des § 51 BauO NRW handeln (s. die Anmerkungen zu § 51 Rdn. 13 und 14). Gemäß § 51 Abs. 8 Satz 1 BauO NRW dürfen notwendige Stellplätze nicht zweckentfremdet werden. Die **Beseitigung notwendiger Stellplätze ist Zweckentfremdung** im Sinne dieser Vorschrift und daher gesetzlich untersagt (s. die Anmerkungen zu § 51 Rdn. 133). Vor Beseitigung sollte sich der Bauherr deshalb mit der Bauaufsichtsbehörde in Verbindung setzen, wenn nicht zweifelsfrei feststeht, dass es sich um nicht notwendige Stellplätze handelt.

181 **Nr. 9** erfasst **Lager- und Abstellplätze**. Die Errichtung oder Änderung von Ausstellungsplätzen, Abstellplätzen und Lagerplätzen bis zu 300 m² Fläche außer in Wohngebieten und im Außenbereich ist gemäß Absatz 1 Nr. 26 freigestellt, so dass auch deren Beseitigung bereits von Absatz 3 Satz 1 erfasst wird. Der Freistellungstatbestand nach Absatz 3 Satz 2 Nr. 9 erlangt demnach nur Bedeutung für die Beseitigung genehmigungsbedürftiger Lager- und Abstellplätze. Dagegen bleibt die Beseitigung von Ausstellungsplätzen, die nicht unter Absatz 1 Nr. 26 fallen, genehmigungsbedürftig, was an und für sich nicht nachvollzogen werden kann.

182 **Nr. 10** erfasst **Fahrradabstellplätze**. Der Freistellungstatbestand wurde mit der BauO NRW 2000 eingefügt, um die Beseitigung der Fahrradabstellplätze der Beseitigung der Stellplätze für Kraftfahrzeuge gleichzustellen (so LT-Drucks. 12/3738 S. 85), wobei jedoch ebenfalls Vollzugsprobleme auftreten (s. vorausgehende Rdn. 180). Die Errichtung und Änderung **überdachter** und **nicht überdachter** Fahrradabstellplätze bis zu insgesamt 100 m² ist nach Absatz 1 Nr. 25 freigestellt (s. Rdn. 90–91).

Absatz 3 Satz 2 Nr. 10 erlangt damit nur Bedeutung für genehmigungsbedürftige Fahrradabstellplätze, das sind solche, die 100 m² überschreiten. Bei der **Beseitigung nicht überdachter** Fahrradabstellplätze ist ihre **Größe unerheblich**. Die **Beseitigung über-**

**dachter Fahrradabstellplätze über 100 m²** bedarf dagegen der **Genehmigung**, weil Absatz 3 Satz 1 insoweit nicht eingreift und Absatz 3 Satz 2 Nr. 10 Überdachungen nicht erwähnt, so dass nur nicht überdachte Fahrradabstellplätze von diesem Freistellungstatbestand erfasst werden. Fahrradabstellplätze können im Sinne des § 51 **„notwendig"** sein (s. die Anmerkungen zu § 51 Rdn. 38). Notwendige Fahrradabstellplätze genießen ebenfalls den Schutz des § 51 Abs. 8 BauO NRW vor Zweckentfremdung (s. die Anmerkungen zu § 51 Rdn. 131).

**Nr. 11** erfasst **Camping- und Wochenendplätze**, die stets baugenehmigungsbedürftig sind. Die Vorschrift entspricht unverändert § 65 Abs. 3 Satz 2 Nr. 10 BauO NW 1995. **183**

**Nr. 12** erfasst **Werbeanlagen**. Die Errichtung oder Änderung von Werbeanlagen ist nach Absatz 1 Nr. 33 bis 35 unter den dort jeweils aufgeführten Voraussetzungen freigestellt (s. Rdn. 110–121), so dass die Beseitigung entsprechender Werbeanlagen bereits von Absatz 3 Satz 1 erfasst wird. Absatz 3 Satz 2 Nr. 12 entfaltet daher nur Bedeutung für genehmigungsbedürftige Werbeanlagen. Die noch in § 65 Abs. 3 Satz 2 Nr. 11 BauO NW 1995 erwähnten Warenautomaten konnten entfallen, da diese nach Absatz 1 Nr. 36 ohne Voraussetzungen genehmigungsfrei gestellt wurden (s. Rdn. 122), deren Beseitigung von Absatz 3 Satz 1 erfasst wird. **184**

## 5 Zu Absatz 4 – Beachtung der öffentlich-rechtlichen Vorschriften

Absatz 4 enthält eine wichtige **Klarstellung**, die Missverständnisse ausräumen soll, die in der Praxis immer wieder auftreten. Eine rechtlich erforderliche Regelung enthält die Vorschrift zwar nicht, da auch ohne eine solche feststeht, dass der Bauherr die Anforderungen des öffentlichen Baurechts einzuhalten hat, ihre rechtstechnische Verortung ist aber angesichts der für den Rechtsanwender bedeutsamen **Hinweisfunktion** ausgesprochen schlecht gewählt (s. Rdn. 2). Hinzu kommt, dass der Hinweis des Gesetzgebers noch an praktischer Bedeutung gewonnen hat, weil auch die Freistellungsregelung für Wohnbauvorhaben mit § 67 Abs. 5 Satz 7 BauO NRW ausdrücklich auf diese Bestimmung Bezug nimmt. **185**

Vom Bauherrn zu beachten sind **alle das Bauen berührenden öffentlich-rechtlichen Bestimmungen**, seien sie im engeren Sinne **baurechtlicher Art**, das heißt bauplanungs- oder bauordnungsrechtlicher Natur, oder sei es, dass sie zum **Baunebenrecht** gehören (zu diesem Begriff s. die Einleitung Rdn. 4 und 19–21). Die bauordnungsrechtliche Freistellung entbindet den Bauherrn auch nicht von der Beachtung der mit den einzelnen Tatbeständen verbundenen Bedingungen und ferner nicht davon, nach anderen öffentlich-rechtlichen Vorschriften eventuell erforderliche Erlaubnisse, Genehmigungen oder sonstige öffentlich-rechtliche Gestattungen bei den jeweils hierfür zuständigen Behörden einzuholen. **186**

Die Freistellung nach § 65 BauO NRW entlastet somit einerseits von der Verpflichtung eine Baugenehmigung einholen zu müssen, bürdet dem **Bauherrn** aber andererseits die **alleinige Verantwortung** für die Einhaltung der öffentlich-rechtlichen Vorschriften auf (vgl. Boeddinghaus/Hahn/Schulte, zu § 65 Rdn. 242), was besonders in bauplanungsrechtlicher Hinsicht bei der Realisierung von Nebenanlagen im Geltungsbereich eines Bebauungsplans Schwierigkeiten bereiten kann (s. Rdn. 15). **187**

Der Bauherr kann sich nach Realisierung eines freigestellten Vorhabens, das gegen öffentlich-rechtliche Vorschriften verstößt, gerade wegen des Hinweises in Absatz 4 nicht darauf berufen, er habe die Freistellung als „Entbindung“ vom öffentlichen Baurecht verstanden. Um zu verhindern, dass verantwortungslos handelnde Bauherrn die Freistellungsvorschriften als Ermunterung zur Ausnutzung eines rechtsfreien Raums verstehen, kommt den **Bauaufsichtsbehörden erhebliche Verantwortung** zu. Sie haben gegebenenfalls, gestützt auf die Ermächtigung des § 61 BauO NRW, **repressive Maßnahmen** zu ergreifen, um die **Einhaltung der (Bau-)Rechtsordnung** zu erzwingen (so auch Jeromin, zu § 62 Rdn. 115).

**188** Bei der Planung eines freigestellten Vorhabens wird der Bauherr oder der von ihm beauftragte Entwurfsverfasser mitunter feststellen, dass bauordnungsrechtliche Vorschriften bestehen, die das Vorhaben wesentlich erschweren oder sogar unmöglich machen. Hier bietet es sich an zu prüfen, ob eine Abweichung von diesen Vorschriften möglich erscheint.

Nach § **73 Abs. 2 BauO NRW** ist auch für freigestellte Vorhaben eine **Abweichung** bei der Bauaufsichtsbehörde **schriftlich zu beantragen**. Diese Bestimmung stellt ausdrücklich klar, dass das **Abweichungsrecht auch für freigestellte Vorhaben** Anwendung findet (s. die Anmerkungen zu § 73 Rdn. 29–32). Das freigestellte Vorhaben wird durch das Abweichungsverfahren nicht etwa genehmigungsbedürftig, sondern bleibt nach wie vor freigestellt. Die Entscheidung über die Abweichung ergeht durch einen „**isolierten**“ **Abweichungsbescheid** der Bauaufsichtsbehörde.

**189** Soweit eine Abweichung ausscheidet, kann geprüft werden, ob sich eventuell über eine **Baulast** nach § 83 BauO NRW Rechtsverstöße ausräumen lassen. So kann z. B. ein Gebäude mit Abstellraum an der Nachbargrenze eine Abstandfläche auslösen, weil die abstandrechtlichen Privilegierungsvoraussetzungen des § 6 Abs. 11 BauO NRW trotz Einhaltung eines Brutto-Rauminhalts von 30 m$^3$ nicht eingehalten sind; sofern der Nachbar bereit ist eine Flächenbaulast auf sein Grundstück zu übernehmen, lässt sich so der Verstoß gegen § 6 Abs. 2 Satz 1 BauO NRW ausräumen. Das Rechtsinstitut der Baulast kann nämlich auch für freigestellte Vorhaben genutzt werden, da seine Anwendung nicht auf genehmigungsbedürftige Vorhaben beschränkt ist. Kommt eine Baulast zum Tragen, muss der Bauherr allerdings die hierfür geltenden besonderen **Verfahrensvorschriften** des § 83 BauO NRW i. V. m. § 18 BauPrüfVO beachten. Das freigestellte Vorhaben selbst bleibt jedoch auch bei Durchführung des Baulastverfahrens wie im Falle der isolierten Abweichung verfahrensfrei.

**190** Soweit mit einem freigestellten Vorhaben **Ausnahmen** oder **Befreiungen**

- von den **Festsetzungen eines Bebauungsplans**,
- von **Festsetzungen einer sonstigen städtebaulichen Satzung** oder
- von **Regelungen der Baunutzungsverordnung** über die **zulässige Art der baulichen Nutzung nach § 34 Abs. 2 Halbsatz 2 BauGB**

verbunden sind, müssen diese nach Maßgabe des **§ 74 a BauO NRW** schriftlich bei der Bauaufsichtsbehörde beantragt werden. Der Antrag muss **begründet** werden. Über diesen Antrag hat die Bauaufsichtsbehörde innerhalb von 6 Wochen zu entscheiden. Erst **nach** einer **positiven Entscheidung** kann die **Ausführung** des freigestellten Vorhabens erfolgen.

## § 66
## Genehmigungsfreie Anlagen

**[1]Die Errichtung oder Änderung folgender Anlagen bedarf keiner Genehmigung:**

**1. Anlagen zur Verteilung von Wärme bei Wasserheizungsanlagen einschließlich der Wärmeerzeuger,**

**2. Feuerungsanlagen,**

**2a. in Serie hergestellte Blockheizkraftwerke,**

**2b. in Serie hergestellte Brennstoffzellen,**

**3. Wärmepumpen,**

**4. ortsfeste Behälter für brennbare oder schädliche Flüssigkeiten bis zu 50 m$^3$ Fassungsvermögen, für verflüssigte oder nicht verflüssigte Gase bis zu 5 m$^3$ Fassungsvermögen,**

**5. Wasserversorgungsanlagen einschließlich der Warmwasserversorgungsanlagen und ihre Wärmeerzeuger,**

**6. Abwasseranlagen, soweit sie nicht als Abwasserbehandlungsanlagen von der Genehmigungspflicht freigestellt sind (§ 65 Abs. 1 Nr. 12),**

**7. Lüftungsanlagen, raumlufttechnische Anlagen und Warmluftheizungen in Wohnungen oder ähnlichen Nutzungseinheiten mit Einrichtungen zur Wärmerückgewinnung.**

**[2]Die Bauherrin oder der Bauherr hat sich vor der Benutzung der Anlagen von der Unternehmerin oder dem Unternehmer oder einem Sachverständigen bescheinigen zu lassen, dass die Anlagen den öffentlich-rechtlichen Vorschriften entsprechen. [3]§ 43 Abs. 7 bleibt unberührt.**

*VV **BauO NRW** (infolge Befristung mit Ablauf des 31. 12. 2005 ausgelaufen)*

***66 Genehmigungsfreie Anlagen (§ 66)***

*Die Errichtung und Änderung der in § 66 genannten haustechnischen Anlagen bedürfen keiner Baugenehmigung und werden von der Baugenehmigung für ein Gebäude – auch wenn die Anlagen zusammen mit dem Gebäude errichtet oder geändert werden – nicht erfasst. Die Bauherrin oder der Bauherr muss sich jedoch vor Benutzung der errichteten oder geänderten haustechnischen Anlage von der Unternehmerin oder dem Unternehmer oder einer oder einem Sachverständigen bescheinigen lassen, dass die Anlage den öffentlich-rechtlichen Vorschriften entspricht. Die Bescheinigung muss entsprechend den in der Anlage zu Nr. 66 bekannt gemachten Mustern ausgestellt werden.*

*Legt die Bauherrin oder der Bauherr der Bauaufsichtsbehörde die Bescheinigung nicht vor, wenn diese es verlangt, bestehen an der Sachkunde und Erfahrung der Unternehmerin, des Unternehmers, der Sachverständigen oder des Sachverständigen Zweifel oder gibt der Inhalt der Bescheinigung Anlass zu Bedenken, so kommt im Rahmen des ordnungsbehördlichen Einschreitens auch eine Untersagung der Inbetriebnahme oder des Betriebes der haustechnischen Anlagen bis zur Vorlage der Bescheinigung in Betracht. Auf die Gebührenregelungen in der*

*Tarifstelle 2.8.2.6 des Allgemeinen Gebührentarifs der AVerwGebO NRW wird verwiesen.*

*Sind mehrere Unternehmerinnen oder Unternehmer an der Errichtung oder Änderung einer Anlage beteiligt, sind der Bauherrin oder dem Bauherrn Bescheinigungen von jeder Unternehmerin oder jedem Unternehmer auszustellen.*

*Eine Unternehmer- oder Sachverständigenbescheinigung vor der Benutzung der errichteten oder geänderten haustechnischen Anlage ist nach § 66 auch dann erforderlich, wenn die haustechnische Anlage*

*a) zu einem Gebäude gehört, dessen Errichtung oder Änderung nach den §§ 65 oder 67 genehmigungsfrei ist oder nach § 68 dem vereinfachten Genehmigungsverfahren unterliegt oder*

*b) einer Genehmigung, Erlaubnis, Anzeige oder der staatlichen Aufsicht nach anderen Rechtsvorschriften, ausgenommen Planfeststellungsverfahren, unterliegt.*

*Die Benutzung einer haustechnischen Anlage nach der Errichtung oder einer Änderung ohne Unternehmer- oder Sachverständigen-Bescheinigung kann nach § 84 Abs. 1 Nr. 9 mit einem Bußgeld geahndet werden.*

*Der Abbruch oder die Beseitigung von haustechnischen Anlagen im Sinne des § 66 ist baugenehmigungsfrei (siehe § 65 Abs. 3 Nr. 1) und bedarf keiner Fachunternehmer- oder Sachverständigenbescheinigung.*

*Weder einer Baugenehmigung noch einer Unternehmer- oder Sachverständigenbescheinigung bedürfen ferner*

*1. die Nutzungsänderung (ohne bauliche Änderung), das Auswechseln gleichartiger Teile und die Instandhaltung haustechnischer Anlagen im Sinne des § 66 (siehe § 65 Abs. 2 Nrn. 3, 4 und 6),*

*2. die Errichtung oder Änderung von Abwasserbehandlungsanlagen, Solarenergieanlagen und Brunnen (siehe § 65 Abs. 1 Nrn. 12, 44 und 46) als Teile haustechnischer Anlagen im Sinne des § 66 sowie*

*3. die Errichtung oder Änderung von haustechnischen Anlagen im Sinne des § 66 als Teile von vorübergehend aufgestellten oder genutzten Anlagen nach § 65 Abs. 1 Nrn. 37 bis 41.*

*Zu den Feuerungsanlagen nach § 66 Nr. 2 gehören auch die Abgasanlagen (siehe Definition der Feuerungsanlage in § 43 Abs. 1). Somit ist auch die Errichtung oder Änderung von Schornsteinen genehmigungsfrei; sie bedarf jedoch der Unternehmer- oder Sachverständigenbescheinigung. Neben den Unternehmer- oder Sachverständigenbescheinigungen nach § 66 Nr. 2 sind bei Feuerungsanlagen für bestimmte Tatbestände noch Bescheinigungen der Bezirksschornsteinfegermeisterin oder des Bezirksschornsteinfegermeisters in § 43 Abs. 7 vorgeschrieben. Auf Nr. 43.7 VV BauO NRW wird hierzu hingewiesen.*

**Anlage zu Nr. 66 VV BauO NRW**

*Bescheinigungen nach § 66 müssen den nachfolgenden Mustern entsprechen.*

Unternehmerin/Unternehmer (Name),
Sachverständige/Sachverständiger (Name)

Straße

Plz, Ort

**Bescheinigung**
**gemäß § 66 BauO NRW über die Errichtung oder Änderung *) von**
## Wasserheizungsanlagen

**WH**

*) Die Bescheinigung ist nicht erforderlich beim Auswechseln gleichartiger Teile der Anlage

Bauherrin/Bauherr

Straße

Plz, Ort

Standort der Anlage

Straße

Plz, Ort

**1.** Ich habe an dem o.g. Standort die Wasserheizungsanlage
☐ errichtet ☐ geändert.
☐ als Sachverständige/Sachverständiger überprüft.

*Abschnitt 2 nur ausfüllen, wenn auch der/die Wärmeerzeuger errichtet oder geändert wurde(n).*

**2.** Der/die Wärmeerzeuger ist/sind
☐ _____ Feuerstätte(n) [1)] für
Anzahl
☐ feste Brennstoffe ☐ Erdgas
☐ Heizöl extra leicht [5)] ☐ Flüssiggas [6)]
☐
sonstige Brennstoffe
☐ eine Wärmepumpe [2)]
☐ ein Blockheizkraftwerk [3)]
☐ eine Brennstoffzelle [4)]
☐ eine Fernwärmeübergabestation
☐ elektrisch beheizt
☐ mit Solarenergie beheizt
☐
sonstige Beheizung

**3.** Die Anlage, ihre Teile und Einrichtungen besitzen die erforderlichen CE-Kennzeichnungen oder Ü-Zeichen.

**4. Die von mir durchgeführte/überprüfte Maßnahme entspricht den öffentlich-rechtlichen Vorschriften und den allgemein anerkannten Regeln der Technik.**

1) Für Feuerungsanlagen/Feuerstätten ist die Bescheinigung F erforderlich.
2) Für Wärmepumpen ist die Bescheinigung WP erforderlich.
3) Für Blockheizkraftwerke ist die Bescheinigung HK erforderlich.
4) Für Brennstoffzellen ist die Bescheinigung Z erforderlich.
5) Für Heizöllagerbehälter ist die Bescheinigung BF erforderlich.
6) Für Flüssiggaslagerbehälter ist die Bescheinigung BG erforderlich.

Datum/Unterschrift Unternehmerin/Unternehmer, Sachverständige/Sachverständiger

**Verteiler: Bauherrin/Bauherr, Unternehmerin/Unternehmer, Sachverständige/Sachverständiger**

Unternehmerin/Unternehmer (Name),
Sachverständige/Sachverständiger (Name)

Straße

Plz, Ort

## Bescheinigung

**gemäß § 66 BauO NRW über die Errichtung oder Änderung *) von**

## Feuerungsanlagen

**F**

*) Die Bescheinigung ist nicht erforderlich beim Auswechseln gleichartiger Teile der Anlage

Bauherrin/Bauherr

Straße

Plz, Ort

Standort der Anlage

Straße

Plz, Ort

**1.** Ich habe an dem o.g. Standort
- ☐ die Feuerungsanlage(n) insgesamt
- ☐ nur die Feuerstätte(n)
- ☐ nur die Abgasanlage(n)
- ☐ errichtet. ☐ geändert.
- ☐ als Sachverständige/Sachverständiger überprüft.

**2.** Für die Abgasanlage(n) ist eine Bescheinigung der Bezirksschornsteinfegermeisterin/des Bezirksschornsteinfegermeisters ☐ erforderlich ☐ nicht erforderlich.

**3.** Ich habe mich davon überzeugt, dass
- der Aufstellraum und der Standort für die Feuerstätte(n) geeignet sind und
- die erforderlichen Lüftungseinrichtungen vorhanden sind.

**4.** Beschreibung der Feuerungsanlage(n)

| | *1. Anlage* | *2. Anlage* |
|---|---|---|
| Aufstellort | | |
| Feuerstätte<br>Brennstoff | Anzahl____ Nennleistung _____kW<br>☐ Heizöl EL ☐ feste Brennstoffe<br>☐ Erdgas ☐ Flüssiggas<br>☐<br>sonstiger Brennstoff | Anzahl _____ Nennleistung _____kW<br>☐ Heizöl EL ☐ feste Brennstoffe<br>☐ Erdgas ☐ Flüssiggas<br>☐<br>sonstiger Brennstoff |
| Art | ☐ Heizkessel ☐ Einzelheizgerät<br>☐ nur Warmwasser-bereiter ☐ Außenwandfeuerstätte<br>☐ raumluftunabhängig ☐ offener Kamin<br>☐ ohne Abgasstutzen ☐ mit Abgasleitung<br>☐<br>sonstige Feuerstättenart | ☐ Heizkessel ☐ Einzelheizgerät<br>☐ nur Warmwasser-bereiter ☐ Außenwandfeuerstätte<br>☐ raumluftunabhängig ☐ offener Kamin<br>☐ ohne Abgasstutzen ☐ mit Abgasleitung<br>☐<br>sonstige Feuerstättenart |
| Ausstattung | ☐ Brenner mit Gebläse ☐ Brenner ohne Gebläse<br>☐ Abgasüberwachung ☐ Strömungssicherung<br>☐<br>sonstige Ausstattung | ☐ Brenner mit Gebläse ☐ Brenner ohne Gebläse<br>☐ Abgasüberwachung ☐ Strömungssicherung<br>☐<br>sonstige Ausstattung |
| Abgas-anlage | ☐ Abgasleitung ☐ Schornstein<br>☐ nicht erforderlich siehe § 43 Abs. 6 BauO NRW ☐ Außenwandanschluss<br>☐<br>sonstige Abgasanlage | ☐ Abgasleitung ☐ Schornstein<br>☐ nicht erforderlich siehe § 43 Abs. 6 BauO NRW ☐ Außenwandanschluss<br>☐<br>sonstige Abgasanlage |

**5.** Die Anlage(n), ihre Teile und Einrichtungen besitzen die erforderlichen CE-Kennzeichnungen oder Ü-Zeichen.

**6. Die von mir durchgeführte/überprüfte Maßnahme entspricht den öffentlich-rechtlichen Vorschriften und den allgemein anerkannten Regeln der Technik.**

Datum/Unterschrift Unternehmerin/Unternehmer, Sachverständige/Sachverständiger

**Verteiler: Bauherrin/Bauherr, Unternehmerin/Unternehmer, Sachverständige/Sachverständiger**

Unternehmerin/Unternehmer (Name),
Sachverständige/Sachverständiger (Name)

Straße

Plz, Ort

**Bescheinigung**
**gemäß § 66 BauO NRW über die Errichtung oder Änderung *) von**
**Blockheizkraftwerken**

**HK**

*) Die Bescheinigung ist nicht erforderlich beim Auswechseln gleichartiger Teile der Anlage

Bauherrin/Bauherr

Straße

Plz, Ort

Standort der Anlage

Straße

Plz, Ort

**1.** Ich habe an dem o.g. Standort das Blockheizkraftwerk
☐ errichtet ☐ geändert.
☐ als Sachverständige/Sachverständiger überprüft.

**2.** Beschreibung des Blockheizkraftwerks:
Nennleistung _____ kW elektrisch
_____ kW thermisch
Antrieb ☐ Dampfturbine
☐ Erdgasmotor
☐ Dieselmotor
☐ 
sonstiger Antrieb

**3.** Ich habe mich davon überzeugt, dass die bauaufsichtlichen Anforderungen an die
- Aufstellung des Blockheizkraftwerks
- Abführung der Verbrennungsgase

eingehalten sind.

**4.** Die Anlage, ihre Teile und Einrichtungen besitzen die erforderlichen CE-Kennzeichnungen oder Ü-Zeichen.

**5. Die von mir durchgeführte/überprüfte Maßnahme entspricht den öffentlich-rechtlichen Vorschriften und den allgemein anerkannten Regeln der Technik.**

Datum/Unterschrift Unternehmerin/Unternehmer, Sachverständige/Sachverständiger

**Verteiler: Bauherrin/Bauherr, Unternehmerin/Unternehmer, Sachverständige/Sachverständiger**

Unternehmerin/Unternehmer (Name),
Sachverständige/Sachverständiger (Name)

Straße

Plz, Ort

**Bescheinigung**
**gemäß § 66 BauO NRW über die Errichtung oder Änderung *) von**
**Brennstoffzellen**

**Z**

*) Die Bescheinigung ist nicht erforderlich beim Auswechseln gleichartiger Teile der Anlage

Bauherrin/Bauherr

Straße

Plz, Ort

Standort der Anlage

Straße

Plz, Ort

**1.** Ich habe an dem o.g. Standort die Brennstoffzelle
☐ errichtet ☐ geändert
☐ als Sachverständige/Sachverständiger überprüft.

**2.** Beschreibung der Brennstoffzelle:
Nennleistung ______ kW elektrisch
______ kW thermisch
Brennstoff ☐ Erdgas
☐ sonstiger Brennstoff

**3.** Ich habe mich davon überzeugt, dass die bauaufsichtlichen Anforderungen an die
- Aufstellung der Brennstoffzelle
- Abführung der Reaktionsgase

eingehalten sind.

**4.** Die Anlage, ihre Teile und Einrichtungen besitzen die erforderlichen CE-Kennzeichnungen oder Ü-Zeichen.

**5. Die von mir durchgeführte/überprüfte Maßnahme entspricht den öffentlich-rechtlichen Vorschriften und den allgemein anerkannten Regeln der Technik.**

Datum/Unterschrift Unternehmerin/Unternehmer, Sachverständige/Sachverständiger

**Verteiler: Bauherrin/Bauherr, Unternehmerin/Unternehmer, Sachverständige/Sachverständiger**

Unternehmerin/Unternehmer (Name),
Sachverständige/Sachverständiger (Name)

Straße

Plz, Ort

**Bescheinigung**
**gemäß § 66 BauO NRW über die Errichtung oder Änderung *) von**
## Wärmepumpen

**WP**

*) Die Bescheinigung ist nicht erforderlich beim Auswechseln gleichartiger Teile der Anlage

Bauherrin/Bauherr

Straße

Plz, Ort

Standort der Anlage

Straße

Plz, Ort

**1.** Ich habe an dem o.g. Standort die Wärmepumpe
☐ errichtet ☐ geändert.
☐ als Sachverständige/Sachverständiger überprüft.

**2.** Beschreibung der Anlage
Art der Pumpe: ☐ Kompressionswärmepumpe
Antriebsleistung ______ kW
Antrieb ☐ Elektromotor
☐ Erdgasmotor
☐ Dieselmotor
☐ sonstiger Antrieb
feuerbeheizte ☐ Sorptionswärmepumpe [1)]
Nennwärmeleistung ______ kW
Brennstoff ☐ Erdgas
☐ sonstiger Brennstoff
Wärmequelle: ☐ Außenluft
☐ Grundwasser
☐ Oberflächenwasser
☐ Abgas [1)]
☐ Erdreich
☐ sonstige Wärmequelle
Aufstellort: ☐ im Freien
☐ im Gebäude

**3.** Ich habe mich davon überzeugt, dass die bauaufsichtlichen Anforderungen an die
- Aufstellung der Wärmepumpe und
- Abführung der Verbrennungsgase

eingehalten sind.

**4.** Die Anlage, ihre Teile und Einrichtungen besitzen die erforderlichen CE-Kennzeichnungen oder Ü-Zeichen.

**5. Die von mir durchgeführte/überprüfte Maßnahme entspricht den öffentlich-rechtlichen Vorschriften und den allgemein anerkannten Regeln der Technik.**

1) Bei Sorptions- und Abgaswärmepumpen ist für die Feuerungsanlage auch die Unternehmerbescheinigung F erforderlich.

Datum/Unterschrift Unternehmerin/Unternehmer, Sachverständige/Sachverständiger

**Verteiler: Bauherrin/Bauherr, Unternehmerin/Unternehmer, Sachverständige/Sachverständiger**

Unternehmerin/Unternehmer (Name),
Sachverständige/Sachverständiger (Name)

Straße

Plz, Ort

**Bescheinigung**
**gemäß § 66 BauO NRW über die Errichtung oder Änderung *) von**
Behältern für brennbare oder schädliche Flüssigkeiten
**bis zu 50 m³ Fassungsvermögen**

**BF**

*) Die Bescheinigung ist nicht erforderlich beim Auswechseln gleichartiger Teile der Anlage

Bauherrin/Bauherr

Straße

Plz, Ort

Standort der Anlage

Straße

Plz, Ort

**1.** Ich habe an dem o.g. Standort den/die nachfolgend beschriebenen Behälter
☐ errichtet. ☐ geändert.
☐ als Sachverständige/Sachverständiger überprüft.

**2.** Beschreibung des/der Behälter und des Lagergutes

| | | |
|---|---|---|
| Lagergut | ☐ Heizöl ☐ Dieselkraftstoff<br>☐ sonstiges Lagergut | |
| Behälter | Anzahl ____ Fassungsvermögen ____ m³ | |
| Baustoff | ☐ Stahl ☐ GFK ☐ PE<br>☐ sonstiger Baustoff | |
| Aufstellung | ☐ unterirdisch ☐ oberirdisch<br>☐ im Gebäude ☐ im Freien<br>☐ im Wasserschutzgebiet | |
| Schutzvorkehrung | ☐ einwandig ☐ doppelwandig<br>☐ Auffangraum ☐ Leckanzeigegerät<br>☐ Innenblase<br>☐ kathodischer Korrosionsschutz<br>☐ sonstige Schutzvorkehrung | |

**3.** Die erforderlichen Abstände sind eingehalten.

**4.** Ich habe mich davon überzeugt, dass
- der Aufstellraum und der Standort für den/die Behälter geeignet sind,
- die erforderlichen Sicherheitseinrichtungen vorhanden sind.

**5.** Nach Wasserrecht besteht Prüfpflicht durch (einen) Sachverständige(n) für
☐ unterirdische ☐ oberirdische Behälter
☐ unterirdische Rohrleitungen
☐
☐ vor Inbetriebnahme.
☐ wegen wesentlicher Änderungen.

**6.** Die Anlage, ihre Teile und Einrichtungen besitzen die erforderlichen CE-Kennzeichnungen oder Ü-Zeichen.

**7. Die von mir durchgeführte/überprüfte Maßnahme entspricht den öffentlich-rechtlichen Vorschriften und den allgemein anerkannten Regeln der Technik.**

Datum/Unterschrift Unternehmerin/Unternehmer, Sachverständige/Sachverständiger

**Verteiler: Bauherrin/Bauherr, Unternehmerin/Unternehmer, Sachverständige/Sachverständiger**

Unternehmerin/Unternehmer (Name),
Sachverständige/Sachverständiger (Name)

Straße

Plz, Ort

**Bescheinigung**
**gemäß § 66 BauO NRW über die Errichtung oder Änderung *) von**
ortsfesten Gasbehältern
**bis zu 5 m³ Fassungsvermögen**

**BG**

*) Die Bescheinigung ist nicht erforderlich beim Auswechseln gleichartiger Teile der Anlage

Bauherrin/Bauherr

Straße

Plz, Ort

Standort der Anlage

Straße

Plz, Ort

**1.** Ich habe an dem o.g. Standort den/die nachfolgend beschriebenen Behälter
☐ errichtet. ☐ geändert.
☐ als Sachverständige/Sachverständiger überprüft.

**2.** Beschreibung des/der Behälter und des Lagergutes

| | | |
|---|---|---|
| Lagergut | ☐ Flüssiggas | ☐ Kohlendioxid |
| | ☐ Propan | ☐ Sauerstoff |
| | ☐ Butan | ☐ Stickstoff |
| | ☐ sonstiges Lagergut | |
| Zustand | ☐ verflüssigt | ☐ nicht verflüssigt |
| Behälter | Anzahl_____ | Fassungsvermögen______m³ |
| Aufstellung | ☐ unterirdisch | ☐ oberirdisch |
| | ☐ im Gebäude | ☐ im Freien |
| Betriebs-überdruck | __________ bar | |

**3.** Die erforderlichen Abstände und Schutzzonen sind eingehalten.

**4.** Ich habe mich davon überzeugt, dass
- der Aufstellraum und der Standort für den/die Behälter geeignet sind,
- die erforderlichen Sicherheitseinrichtungen vorhanden sind.

**5.** Für die Behälteranlage ist am Aufstellort eine Sachverständigenprüfung nach der Druckbehälterverordnung
☐ nicht erforderlich.
☐ erforderlich.

**6.** Die Anlage, ihre Teile und Einrichtungen besitzen die erforderlichen CE-Kennzeichnungen oder Ü-Zeichen.

**7. Die von mir durchgeführte/überprüfte Maßnahme entspricht den öffentlich-rechtlichen Vorschriften und den allgemein anerkannten Regeln der Technik.**

Datum/Unterschrift Unternehmerin/Unternehmer, Sachverständige/Sachverständiger

**Verteiler: Bauherrin/Bauherr, Unternehmerin/Unternehmer, Sachverständige/Sachverständiger**

Unternehmerin/Unternehmer (Name),
Sachverständige/Sachverständiger (Name)

Straße

Plz, Ort

**Bescheinigung**
**gemäß § 66 BauO NRW über die Errichtung oder Änderung *) von**
## Wasser- und Warmwasserversorgungsanlagen

**WV**

*) Die Bescheinigung ist nicht erforderlich beim Auswechseln gleichartiger Teile der Anlage

Bauherrin/Bauherr

Straße

Plz, Ort

Standort der Anlage

Straße

Plz, Ort

**1.** Ich habe an dem o.g. Standort die
- ☐ Wasserversorgungsanlage
- ☐ Warmwasserversorgungsanlage
- ☐ errichtet ☐ geändert.
- ☐ als Sachverständige/Sachverständiger überprüft.

*Abschnitt 2 nur ausfüllen, wenn auch der/die Wärmeerzeuger errichtet oder geändert wurde(n).*

**2.** Der/die Wärmeerzeuger ist/sind
- ☐ ____ Feuerstätte(n) [1] für
  Anzahl
  - ☐ feste Brennstoffe ☐ Erdgas
  - ☐ Heizöl extra leicht [5] ☐ Flüssiggas [6]
  - ☐ sonstige Brennstoffe
- ☐ eine Wärmepumpe [2]
- ☐ ein Blockheizkraftwerk [3]
- ☐ eine Brennstoffzelle [4]
- ☐ eine Fernwärmeübergabestation
- ☐ elektrisch beheizt
- ☐ mit Solarenergie beheizt
- ☐ sonstige Beheizung

**3.** Für jede Wohnung oder sonstige Nutzungseinheit ist ein Wasserzähler
☐ vorhanden. ☐ nicht vorhanden.

**4.** Die Anlage, ihre Teile und Einrichtungen besitzen die erforderlichen CE-Kennzeichnungen oder Ü-Zeichen.

**5. Die von mir durchgeführte/überprüfte Maßnahme entspricht den öffentlich-rechtlichen Vorschriften und den allgemein anerkannten Regeln der Technik.**

1) Für Feuerungsanlagen/Feuerstätten ist die Bescheinigung F erforderlich.
2) Für Wärmepumpen ist die Bescheinigung WP erforderlich.
3) Für Blockheizkraftwerke ist die Bescheinigung HK erforderlich.
4) Für Brennstoffzellen ist die Bescheinigung Z erforderlich
5) Für Heizöllagerbehälter ist die Bescheinigung BF erforderlich.
6) Für Flüssiggaslagerbehälter ist die Bescheinigung BG erforderlich.

Datum/Unterschrift Unternehmerin/Unternehmer, Sachverständige/Sachverständiger

**Verteiler: Bauherrin/Bauherr, Unternehmerin/Unternehmer, Sachverständige/Sachverständiger**

Unternehmerin/Unternehmer (Name), Sachverständige/Sachverständiger (Name)

Straße

Plz, Ort

**Bescheinigung**
**gemäß § 66 BauO NRW über die Errichtung oder Änderung *) von**
## Abwasseranlagen

**A**

*) Die Bescheinigung ist nicht erforderlich beim Auswechseln gleichartiger Teile der Anlage

Bauherrin/Bauherr

Straße

Plz, Ort

Standort der Anlage

Straße

Plz, Ort

1. Ich habe an dem o.g. Standort
   - ☐ die Grundleitungen der Abwasseranlage
   - ☐ die Abwasseranlage im Übrigen
   - ☐ errichtet. ☐ geändert.
   - ☐ als Sachverständige/Sachverständiger überprüft.

2. Einleitung
   Das Abwasser wird eingeleitet in
   - ☐ die Sammelkanalisation.
   - ☐ eine Kleinkläranlage. ☐ eine Abwassergrube.
   - ☐
     sonstige Einleitung

   Das Niederschlagswasser wird eingeleitet in
   - ☐ die Sammelkanalisation.
   - ☐ einen Vorfluter. ☐ den Untergrund.
   - ☐
     sonstige Einleitung

3. Die im Erdreich oder unzugänglich verlegten Abwasserleitungen für Schmutz- und Mischwasser sind, soweit sie nicht in dichten Schutzrohren verlegt sind, auf Dichtheit geprüft worden von
   ☐ mir ☐ der/dem Sachkundigen:

   Name

   Anschrift

   - ☐ mit Wasserdruck.
   - ☐ mit Luftüberdruck.
   - ☐ mittels Kanalfernsehanlage.

   Eine Skizze über die Lage der Leitungen und evtl. Einbauten (z.B. Revisionsschächte, Einstiege) ist dieser Bescheinigung beigefügt.

4. Die Anlage, ihre Teile und Einrichtungen besitzen die erforderlichen CE-Kennzeichnungen oder Ü-Zeichen.

5. **Die von mir durchgeführte/überprüfte Maßnahme entspricht den öffentlich-rechtlichen Vorschriften und den allgemein anerkannten Regeln der Technik.**

Datum/Unterschrift Unternehmerin/Unternehmer, Sachverständige/Sachverständiger

**Verteiler: Bauherrin/Bauherr, Unternehmerin/Unternehmer, Sachverständige/Sachverständiger**

Unternehmerin/Unternehmer (Name),
Sachverständige/Sachverständiger (Name)

Straße

Plz, Ort

**Bescheinigung**
**gemäß § 66 BauO NRW über die Errichtung oder Änderung *) von**

## Wohnungslüftungsanlagen mit Wärmerückgewinnung

**L**

*) Die Bescheinigung ist nicht erforderlich beim Auswechseln gleichartiger Teile der Anlage

Bauherrin/Bauherr

Straße

Plz, Ort

Standort der Anlage

Straße

Plz, Ort

**1.** Ich habe an dem o.g. Standort die Lüftungsanlage(n) mit Einrichtung(en) zur Wärmerückgewinnung
☐ errichtet. ☐ geändert.
☐ als Sachverständige/Sachverständiger überprüft.
Die Anlage dient der Lüftung
☐ einer Wohnung ☐ mehrerer Wohnungen
☐ einer/mehrerer ähnlichen/r Nutzungseinheit(en), bitte angeben

**2.** Die Lüftungsleitungen der Anlage(n) überbrücken
☐ Geschosse in einem Gebäude mittlerer Höhe [1)] oder in einem Hochhaus
☐ Gebäudetrennwände

Ich habe mich davon überzeugt, dass die Wohnungslüftungsanlage(n) die Brandschutzanforderungen nach § 42 Abs. 2 BauO NRW und die dazu erlassene Richtlinie über brandschutztechnische Anforderungen an Lüftungsanlagen einhält/einhalten.

**3.** Bei der/den Einrichtung(en) zur Wärmerückgewinnung handelt es sich um
☐ (einen) Wärmeübertrager (Wärmetauscher).
☐ (eine) Wärmepumpe(n).

**4.** Die Anlage(n), ihre Teile und Einrichtungen besitzen die erforderlichen CE-Kennzeichnungen oder Ü-Zeichen.

**5. Die von mir durchgeführte/überprüfte Maßnahme entspricht den öffentlich-rechtlichen Vorschriften und den allgemein anerkannten Regeln der Technik.**

*) Die Bescheinigung ist nicht erforderlich
- für Wohnungslüftungsanlagen ohne Wärmerückgewinnung
- beim Auswechseln gleichartiger Teile der Wohnungslüftungsanlage

1) Bei Gebäuden mittlerer Höhe liegt der Fußboden mindestens eines Aufenthaltsraumes im Mittel mehr als 7 m und nicht mehr als 22 m über der Geländeoberfläche (§ 2 Abs. 3 BauO NRW).

Anmerkung: Der Begriff "Wohnungslüftungsanlagen" steht hier für Lüftungsanlagen, raumlufttechnische Anlagen und Warmluftheizungen zur Versorgung von Wohnungen oder von ähnlichen Nutzungseinheiten. Lüftungsanlagen, raumlufttechnische Anlagen und Warmluftheizungen für andere Nutzungseinheiten mit oder ohne Wärmerückgewinnung sowie Wohnungslüftungsanlagen ohne Wärmerückgewinnung sind baugenehmigungspflichtig, wenn an sie Brandschutzanforderungen nach § 42 Abs. 2 Satz 2 BauO NRW gestellt werden **und** die Gebäude, in denen sich die Lüftungsanlagen befinden, ihrer Art nach baugenehmigungspflichtig sind; diese Lüftungsanlagen für andere Nutzungseinheiten bedürfen weder einer Baugenehmigung noch einer Unternehmerbescheinigung, wenn § 42 Abs. 2 Satz 2 BauO NRW an sie keine Anforderungen stellt (vgl. § 63 Abs. 1 i.V.m. § 65 Abs. 1 Nr. 9, § 66 Satz 1 Nr. 7 und § 67 Abs. 1 BauO NRW).

Datum/Unterschrift Unternehmerin/Unternehmer, Sachverständige/Sachverständiger

**Verteiler: Bauherrin/Bauherr, Unternehmerin/Unternehmer, Sachverständige/Sachverständiger**

**Anmerkungen** (Autor: Czepuck)

**Übersicht**

| | | Rdn. |
|---|---|---|
| 0 | Änderungen gegenüber der BauO NW 1984 und der BauO NW 1995 | 01–02 |
| 1 | Allgemeines | 1– 3 |
| 2 | Zu Satz 1 – Tatbestände | 4–12a |
| 3 | Zu Satz 2 – Unternehmer- oder Sachverständigen-Bescheinigung | 13–15 |
| 4 | Zu Satz 3 – Bescheinigung des Bezirksschornsteinfegermeisters | 16–18 |

## 0 Änderungen gegenüber der BauO NW 1984 und der BauO NW 1995

Die **BauO NRW 2000** hat § 66 BauO NW 1995 mit folgenden Änderungen übernommen: **01**

– in **Satz 1** wurden **Nr. 2 a** (Blockheizkraftwerke) und **2 b** (Brennstoffzellen) eingefügt,

– in **Satz 2** entfiel die Vorlagepflicht der Bescheinigung bei der Bauaufsichtsbehörde.

Der mit der BauO NW 1995 **verpflichtend** eingeführte **Nachweis,** die ordnungsgemäße Ausführung und den gefahrenfreien Betrieb der haustechnischen Anlage **durch eine Bescheinigung** des **(Fach-) Unternehmers** oder des **Sachverständigen** zu erbringen, blieb im Sinne der bewährten Deregulierung beibehalten. Den Sachverständigen und Unternehmern obliegt damit eindeutiger die Verantwortung alle Vorschriften eingehalten zu haben. **02**

## 1 Allgemeines

Eine dem § 66 BauO NRW entsprechende Regelung findet sich weder in § 61 MBO 2002 noch in anderen Landesbauordnungen. Die in § 66 BauO NRW aufgeführten Anlagen der technischen Gebäudeausrüstung waren auch nach dem Anhang zu § 62 MBO 1997 genehmigungsfrei, ohne dass damit eine Verpflichtung des Bauherrn verbunden wäre, sich vor Aufnahme der Benutzung (Fach-) Unternehmer- oder Sachverständigen-Bescheinigungen beschaffen zu müssen. **1**

Die **besondere verfahrensrechtliche Regelung** für die in § 66 BauO NRW aufgeführten Anlagen in Form der **bedingten Freistellung** findet nach Auffassung des Gesetzgebers ihre Begründung darin, dass eine völlige Freistellung wegen des Gefahrenpotentials nicht vertretbar erschien und die für eine echte Präventivprüfung dieser Anlagen erforderlichen Details in üblichen Bauvorlagen nur schlecht darstellbar seien. In der Tat kann die tatsächliche Beschaffenheit der Anlagen und die Einhaltung der öffentlich-rechtlichen Vorschriften unter dem Gesichtspunkt eines gefahrenfreien Betriebs erst nach Abschluss der Bauausführung festgestellt werden. Mit der Ausstellung der Bescheinigung durch qualifiziertes Fachpersonal wird der Ausführung von technisch fehlerhaften „Heimwerkerlösungen" entgegengewirkt.

Die Gesamtregelung lässt keinen Zweifel aufkommen, dass **die von Satz 1 erfassten Anlagen durch die Baugenehmigung für das Gebäude**, in dem sie aufgestellt bzw. eingerichtet werden, **nicht erfasst** werden. Für sie gilt die Regelung in § 66 BauO NRW auch dann, wenn sie zusammen mit dem Gebäude errichtet oder geändert werden (vgl. Nr. 66 Satz 1 VV BauO NRW). Aus der isolierten Betrachtung der technischen Anlagen folgt auch, dass die Freistellungsregelung des § 66 BauO NRW Änderungen am Bauwerk, in **2** das diese Anlagen eingebaut werden, nicht mit abdeckt. Wird z.B. beim Einbau einer Lüftungsanlage erkennbar, dass genehmigte Bauteile des Gebäudes abweichend von der Baugenehmigung errichtet werden müssen, so wird gegebenenfalls ein Nachtragsgesuch erforderlich.

Die **Verfahrensfreiheit** bedeutet **keine Freistellung vom materiellen Recht**, so dass auch dem **Nachbarschutz** dienendes materielles Bauordnungsrecht zu beachten ist (s. die Anmerkungen zu § 65 Rdn. 2–3 und zu § 67 Rdn. 8).

3 Die Vorschrift gilt nur für die **Errichtung** oder **Änderung** technischer Anlagen. Der **Abbruch** oder die **Beseitigung** ist dagegen nach § 65 Abs. 3 Nr. 1 BauO NRW baugenehmigungsfrei, ohne dass eine Fachunternehmer- oder Sachverständigenbescheinigung erforderlich wird. Keiner Baugenehmigung und keiner Bescheinigungen nach § 66 Satz 2 BauO NRW bedürfen auch

- das **Auswechseln gleichartiger Teile** von haustechnischen Anlagen und
- die **Instandhaltung** haustechnischer Anlagen (vgl. Nr. 66 Absatz 7 Nr. 1 VV BauO NRW unter Hinweis auf § 65 Abs. 2 Nr. 4 und 6 BauO NRW),

sowie die **Errichtung** und **Änderung** von

- **Abwasserbehandlungsanlagen**, **Solarenergieanlagen und Brunnen** als Teile technischer Anlagen (Nr. 66 Abs. 7 Nr. 2 VV BauO NRW),
- technischen Anlagen im Sinne des § 66 BauO NRW **als Teilen von vorübergehend aufgestellten oder genutzten Anlagen** (Nr. 66 Abs. 7 Nr. 3 VV BauO NRW).

Auch die reine **Nutzungsänderung ohne bauliche Änderungen** von technischen Anlagen wird von § 66 BauO NRW nicht erfasst, sondern ist nach § 65 Abs. 2 Nr. 3 BauO NRW freigestellt. Sie wird in der Praxis nicht vorkommen, da technische Anlagen immer für einen bestimmten Zweck konzipiert sind und daher bauliche Änderungen – und wenn es nur im Detail der Fall sein sollte – unumgänglich sind, so dass dann wieder § 66 BauO NRW über den Tatbestand der Änderung eingreift.

## 2 Zu Satz 1 – Tatbestände

4 **Nr. 1** erfasst **Anlagen zur Verteilung von Wärme bei Wasserheizungsanlagen einschließlich der Wärmeerzeuger**. Als **Bestandteile der Anlagen zur Verteilung von Wärme** sind das Rohrsystem zur Weiterleitung des erwärmten Wassers und auch die Heizkörper und die wärmeabgebenden Leitungen einer Fußbodenheizung anzusehen. Nr. 1 betrifft ausdrücklich nur **Wasserheizungsanlagen**, nicht auch Warmluftanlagen, die von § 65 Abs. 1 Nr. 9 bzw. von § 66 Satz 1 Nr. 7 BauO NRW erfasst werden. Die Vorschrift bezieht ausdrücklich die **Wärmeerzeuger** ein. Auf die Art der Wärmebereitstellung kommt es nicht an. Sie erfolgt in den meisten Fällen noch immer durch Verbrennung von Kohle, Öl oder Gas, aber auch durch Fern- und Nahwärme. Die Wärmeerzeugung kann umweltfreundlich z.B. mittels Wärmepumpen (s. § 66 Satz 1 Nr. 3 BauO NRW) oder mittels Solarenergieanlagen erfolgen. Solarenergieanlagen sind nach § 65 Abs. 1 Nr. 44 BauO NRW baugenehmigungsfrei. Für die der Nr. 1 unterfallenden Anlagen besteht nach der EnEV in Verbindung mit der EnEV-UVO (s. die Anmerkungen zu § 18 Rdn. 3–13), die Pflicht des Bauherrn, eine „**Fachunternehmererklärung zur Energieeinsparverordnung 2002 über die Technische Gebäudeausrüstung**“ einzuholen und diese der Bauaufsichtsbehörde vorzulegen (s. § 2 Abs. 3 EnEV-UVO).

**Nr. 2** betrifft **Feuerungsanlagen**. Der **Begriff** der Feuerungsanlage ist in § 43 Abs. 1 Satz 1 BauO NRW definiert und erfasst **Feuerstätten und Abgasanlagen** (s. die Anmerkungen zu § 43 Rdn. 1 und 2). 5

Unberührt bleibt die **Genehmigungspflicht** nach dem **BImSchG**. Sie hängt nach Nr. 1.2 und 1.3. des Anhangs zur **4. BImSchV** von der Feuerungswärmeleistung und dem eingesetzten Brennstoff ab.

Die **bauaufsichtlichen Anforderungen an Feuerungsanlagen** ergeben sich aus **§ 43 BauO NRW** und der **FeuVO NW**. Soweit die Bauaufsichtsbehörde im Rahmen des immissionsschutzrechtlichen Genehmigungsverfahrens beteiligt wird, findet wegen der Freistellung der Feuerungsanlagen durch § 66 BauO NRW eine bauaufsichtliche Prüfung der Feuerungsanlagen **nicht** statt. Anders als es noch gemäß § 60 Abs. 2 Satz 1 Nr. 2 BauO NW 1984 der Fall war, sind **Schornsteine** in die Regelung des § 66 BauO NRW einbezogen. Eine Baugenehmigung nach § 63 Abs. 1 BauO NRW ist damit weder für Schornsteine noch für **Abgasanlagen** und **offene Kamine** erforderlich (s. Nr. 66 Abs. 8 VV BauO NRW). Zusätzlich zu den Bescheinigungen gemäß § 66 Satz 2 BauO NRW muss der Bezirksschornsteinfegermeister die Ordnungsgemäßheit der Schornsteine sowie Abgasleitungen und deren Eignung für die angeschlossenen Feuerstätten vor der Benutzung bescheinigen (s. Nr. 43.7 VV BauO NRW sowie die Anmerkungen zu § 43 Rdn. 57–59), sofern die Feuerstätte und die Abgasleitung kein **gemeinsames** CE-Zeichen tragen.

**Nr. 2 a** erfasst **in Serie hergestellte Blockheizkraftwerke**. Hierbei handelt es sich um lokale Einheiten zur Elektrizitäts- und Wärmeerzeugung. Die Anlagen bestehen regelmäßig aus einem Verbrennungsmotor, einem Generator zur Stromerzeugung, Wärmetauschern und der Abgasanlage. Der Freistellungstatbestand betrifft nur die technischen Anlagen, nicht auch das Gebäude, in das diese eingebaut werden. 6

**Nr. 2 b** erfasst **in Serie hergestellte Brennstoffzellen**. Sie befinden sich noch in der Markteinführungsphase, werden aber künftig in der Antriebstechnik für Kraftfahrzeuge und der Strom- und Wärmeversorgung von Gebäuden an Bedeutung gewinnen. 7

**Nr. 3** erfasst **Wärmepumpen**. Diese Anlagen dienen der Energiegewinnung auf niedrigem Temperaturniveau durch Entzug von Wärme aus dem Boden, dem Grundwasser, der Luft oder den Abgasen von Feuerstätten. Anforderungen an die Aufstellung von Wärmepumpen und die Abführung der Abgase enthalten die §§ 10 und 11 FeuVO NW. 8

**Nr. 4** betrifft **ortsfeste Behälter** für **brennbare** oder **schädliche Flüssigkeiten** bis zu **50 m³** Fassungsvermögen, für **verflüssigte** oder **nicht verflüssigte Gase** bis zu **5 m³** Fassungsvermögen. Zur Auslegung der unbestimmten Rechtsbegriffe „**brennbar**“ und „**schädlich**“ kann auf § 3 der aufgehobenen und durch die BetrSichV ersetzten VbF und § 19 g Abs. 5 WHG zurückgegriffen werden. Die Errichtung oder Änderung ortsfester Behälter für brennbare oder schädliche Flüssigkeiten unterliegt größtenteils Verwaltungsverfahren oder Sachverständigenprüfungen nach anderen öffentlich-rechtlichen Vorschriften (Genehmigung nach BImSchG, Anzeige, Erlaubnis und Sachverständigenprüfung für überwachungsbedürftige Behälter im Sinne von § 13 BetrSichV, Eignungsfeststellung nach WHG). 9

Soweit in den einzelnen Rechtsgrundlagen das **Fassungsvermögen** von Bedeutung ist, muss das tatsächliche Fassungsvermögen, wenn dieses uneingeschränkt nach rechtlichen Vorschriften und technischen Regeln genutzt werden darf, zugrunde gelegt werden. Bei Zweifeln hinsichtlich des anzusetzenden Fassungsvermögens und der eventuell gegebenen Genehmigungspflicht nach anderen öffentlich-rechtlichen Vorschriften, ist eine Kontaktaufnahme mit der jeweils zuständigen Genehmigungsbehörde anzuraten, um die nötige Rechtssicherheit zu erlangen.

**Ortsfeste Behälter und Flachsilos** bis zu 50 $m^3$ Fassungsvermögen und bis zu 3,0 m Höhe **für andere als die** hier genannten **brennbaren oder schädlichen Flüssigkeiten oder Gase** sind nach § 65 Abs. 1 Nr. 11 BauO NRW **baugenehmigungsfrei**; für **offene** Behälter für Jauche oder Flüssigmist gilt die Genehmigungsfreistellung nach § 65 Abs. 1 Nr. 11 BauO NRW ausdrücklich nicht (s. die Anmerkungen zu § 65 Rdn. 49–50).

10 **Nr. 5** betrifft **Wasserversorgungsanlagen einschließlich der Warmwasserversorgungsanlagen und ihre Wärmeerzeuger**. Der **Begriff** „Wasserversorgungsanlagen" erfasst alle Anlagen zur Versorgung mit Trinkwasser, Löschwasser und Brauchwasser (s. die Anmerkungen zu § 44 Rdn. 4 und 5). Die bauaufsichtlichen Anforderungen an Wasserversorgungsanlagen ergeben sich aus § 44 BauO NRW und den technischen Regeln. Soll die Entnahme von Wasser über eine Eigenversorgungsanlage erfolgen, besteht gegebenenfalls eine wasserbehördliche Erlaubnispflicht und im Falle der Trinkwassergewinnung eine Anzeige- und Untersuchungspflicht nach der Trinkwasserverordnung (s. die Anmerkungen zu § 4 Rdn. 50 und 51).

11 **Nr. 6** erfasst **Abwasseranlagen, soweit sie nicht als Abwasserbehandlungsanlagen von der Genehmigungspflicht freigestellt sind**. Die **Begriffe** „Abwasseranlagen" und „Abwasserbehandlungsanlagen" erfassen alle Anlagen zur Beseitigung von Schmutz- und Niederschlagswasser (s. die Anmerkungen zu § 4 Rdn. 54–59). Da § 58 Abs. 2 LWG für Abwasserbehandlungsanlagen eine Genehmigung der Wasserbehörde vorschreibt, die die Baugenehmigung einschließt, konnte auf ein bauaufsichtliches Verfahren verzichtet werden. **Abwasserbehandlungsanlagen mit Ausnahme von Gebäuden** sind gemäß § 65 Abs. 1 Nr. 12 BauO NRW **freigestellt**. Die **Anforderungen an Abwasseranlagen** ergeben sich aus § 61 a LWG und den technischen Regeln (§ 61 a LWG ist abgedruckt bei den Anmerkungen zu § 45). Gemäß **§ 4 Abs. 1 Nr. 2 BauO NRW** dürfen Gebäude nur errichtet werden, wenn gesichert ist, dass bis zum Beginn ihrer Benutzung unter anderem die Abwasseranlagen benutzbar sind und die Abwasserbeseitigung entsprechend den wasserrechtlichen Vorschriften gewährleistet ist. Die Erfüllung des § 4 Abs. 1 Nr. 3 BauO NRW ist von der Bauaufsichtsbehörde im Baugenehmigungsverfahren zu prüfen. Das Verfahren nach § 66 Satz 2 BauO NRW soll die ordnungsgemäße technische Ausführung der Abwasseranlagen gewährleisten. Für im Erdreich oder unzugänglich verlegte Abwasserleitungen zum Sammeln oder Fortleiten, ausgenommen Niederschlagswasserleitungen und Leitungen, die in dichten Schutzrohren so verlegt sind, dass austretendes Abwasser aufgefangen und erkannt wird, schreibt **§ 61 a LWG** eine **erstmalig** und **wiederkehrend** durchzuführende „**Dichtheitsprüfung durch Sachkundige**" vor (s. die Anmerkungen zu § 45 Rdn. 1–4).

12 **Nr. 7** erfasst **Lüftungsanlagen, raumlufttechnische Anlagen und Warmluftheizungen in Wohnungen oder ähnlichen Nutzungseinheiten mit Einrichtungen zur Wärmerückgewinnung**. Zu den Lüftungsanlagen gehören alle Bauteile, Einrichtungen und Ausrüstungen, die Räume oder Gebäude mit Zuluft versorgen oder Abluft aus ihnen ableiten. Die Vorschrift bezieht sich nicht nur auf Wohnungen, sondern auch auf vergleichbare Nutzungseinheiten (zum Begriff Wohnung s. die Anmerkungen zu § 49 Rdn. 2–6, zum Begriff vergleichbare Nutzungseinheit s. die Anmerkungen zu § 38 Rdn. 6). Eine nahezu

gleichlautende Genehmigungsfreistellung enthält § 65 Abs. 1 Nr. 9 BauO NRW. Die Freistellung nach § 66 Satz 1 Nr. 7 BauO NRW setzt tatbestandlich voraus, dass die entsprechende Anlage für die Wohnung oder ähnliche Nutzungseinheit mit einer **Einrichtung zur Wärmerückgewinnung** ausgestattet ist; ansonsten greift die Freistellung nach § 65 Abs. 1 Nr. 9 BauO NRW. Die materiellen Anforderungen an Lüftungsanlagen ergeben sich aus § 42 BauO NRW und den technischen Regeln.

Die unter Nummern 1–7 genannten Anlagen oder deren Teile müssen, sofern die Vorschriften zur Umsetzung europäischer Richtlinien einen Konformitätsnachweis erfordern oder die Konformität zu Normen und Vorschriften erklärt werden muss, die entsprechenden **CE-Kennzeichen** tragen. **12 a**

### 3 Zu Satz 2 – Unternehmer- oder Sachverständigenbescheinigung

Die durch **Satz 2** begründete **Pflicht des Bauherrn**, sich vor der Benutzung der technischen Anlagen die **Bescheinigung** des Unternehmers oder eines Sachverständigen zu beschaffen, ist **wesentlicher Bestandteil der Freistellung**. Weder die BauO NRW noch eine hierzu ergangene Rechtsverordnung schreiben aber die **Form** der Bescheinigung vor. Dieses Versäumnis ist angesichts der Bußgeldandrohung des § 84 Abs. 1 Nr. 9 BauO NRW nicht nachzuvollziehen. Der Bauherr genügt seiner Rechtspflicht, wenn er eine Bescheinigung des (Fach-) Unternehmers oder eines Sachverständigen vor Inbetriebnahme der technischen Anlagen einholt, aus der sich die **Übereinstimmung der Anlage** mit den einschlägigen **öffentlich-rechtlichen Vorschriften** ergibt. Die **Bescheinigung** des Unternehmers oder Sachverständigen **kann**, muss aber nicht den in der **Anlage zu Nr. 66 VV BauO NRW** bekannt gemachten **Mustern** entsprechen: **13**

**WH** Wasserheizungsanlagen,

**F** Feuerungsanlagen,

**HK** Blockheizkraftwerke,

**Z** Brennstoffzellen,

**WP** Wärmepumpen,

**BF** Behälter für brennbare oder schädliche Flüssigkeiten bis zu 50 m$^3$ Fassungsvermögen,

**BG** Gasbehälter bis zu 5 m$^3$ Fassungsvermögen,

**WV** Wasser- und Warmwasserversorgungsanlagen,

**A** Abwasseranlagen,

**L** Wohnungslüftungsanlagen mit Wärmerückgewinnung.

Die **Verwendung der Muster** ist deshalb **nicht zwingend**, weil dies nicht durch Rechtsvorschrift, sondern nur durch die mittlerweile ausgelaufene Verwaltungsvorschrift angeordnet war. Die Verwaltungsvorschrift kann jedoch keine Rechtspflichten für den Bürger begründen (ebenso Buntenbroich/Voß, zu § 66 Rdn. 11). In den Mustern werden die für die verschiedenen technischen Anlagen nach den einschlägigen öffentlich-rechtlichen Vorschriften jeweils in Betracht kommenden Anlagenkriterien abgefragt. Die Muster sind praktisch „**Checklisten**", so dass ein Unternehmer oder Sachverständiger bei deren Verwendung sichergeht, auch tatsächlich alle relevanten Aspekte beachtet zu haben; allein schon aus diesem Grunde ist die **Verwendung zu empfehlen**. **14**

15 Die Bescheinigungen brauchen der Bauaufsichtsbehörde **nicht** mehr vorgelegt zu werden. Der Gesetzgeber hat die noch in § 66 Satz 2 BauO NW 1995 enthaltene Vorlagepflicht aufgegeben, um die Bauaufsichtsbehörden „vom zeitaufwendigen Sammeln der Bescheinigungen zu entlasten" (so die Begründung in LT-Drucks. 12/3738 S. 85 zu Art. I Nr. 41 – § 66). Die **Bauaufsichtsbehörde** kann allerdings im Rahmen der Überwachung – gestützt auf § 61 Abs. 1 Satz 2 BauO NRW – die Vorlage der Bescheinigungen verlangen, wenn im Einzelfall **Zweifel an der ordnungsgemäßen Ausführung** technischer Anlagen bestehen.

Werden die technischen Anlagen schon benutzt, obwohl **nicht zuvor** dem Bauherrn **die erforderlichen Bescheinigungen vorliegen**, kann dies von der Bauaufsicht als **Ordnungswidrigkeitentatbestand** gemäß § 84 Abs. 1 Nr. 9 BauO NRW mit einem Bußgeld geahndet werden (s. die Anmerkungen zu § 84 Rdn. 41). Ergeben die Ermittlungen der Bauaufsichtsbehörde Verstöße gegen materielle Vorschriften, so kann sie gemäß § 61 Abs. 1 Satz 2 BauO NRW die **Benutzung der technischen Anlagen untersagen**. Ist von der Benutzbarkeit der technischen Anlagen die Nutzung des Gebäudes abhängig, kommt darüber hinaus eine Nutzungsuntersagung der Räumlichkeiten in Betracht.

## 4 Zu Satz 3 – Bescheinigung des Bezirksschornsteinfegermeisters

16 Die **Unberührtheitsklausel** des Satzes 3 hat **nicht für alle** in Satz 1 genannten **technischen Anlagen**, sondern nur für **Feuerungsanlagen** praktische Bedeutung. Nach § 43 Abs. 7 BauO NRW ist die Einschaltung des Bezirksschornsteinfegermeisters bei der Errichtung oder Änderung von Schornsteinen oder Abgasanlagen erforderlich. Der **Bezirksschornsteinfegermeister** hat zu **bescheinigen**, dass sich der Schornstein oder die Abgasanlage in einem **ordnungsgemäßen Zustand** befindet und für die angeschlossene Feuerstätte **geeignet** ist (s. die Anmerkungen zu § 43 Rdn. 57–60).

17 Die **Verpflichtung**, die Bescheinigung des Bezirkschornsteinfegermeisters einzuholen, trifft den **Bauherrn**. Ein Verstoß kann aber nicht mit Bußgeld geahndet werden, da § 84 Abs. 1 BauO NRW insoweit keinen Bußgeldtatbestand enthält; § 84 Abs. 1 Nr. 9 BauO NRW ist nicht einschlägig, da der Bezirksschornsteinfegermeister nicht neben dem Unternehmer oder Sachverständigen zusätzlich aufgeführt ist. Eine analoge Anwendung scheidet im Hinblick auf die Vorgaben des § 1 OWiG aus (s. die Anmerkungen zu § 84 Rdn. 25 und 26).

18 Wie sich aus § 43 Abs. 7 BauO NRW ergibt, ist die Bescheinigung **nicht** der Bauaufsichtsbehörde **vorzulegen**. Vielmehr hat der Bezirksschornsteinfegermeister festgestellte Mängel der Bauaufsichtsbehörde mitzuteilen, die dann nach pflichtgemäßem Ermessen gegebenenfalls ordnungsbehördliche Maßnahmen zur Beseitigung der Mängel einleiten kann.

## § 67
## Genehmigungsfreie Wohngebäude, Stellplätze und Garagen

**(1) [1]Im Geltungsbereich eines Bebauungsplanes im Sinne von § 30 Abs. 1 oder § 30 Abs. 2 des Baugesetzbuches bedürfen die Errichtung oder Änderung von Wohngebäuden mittlerer und geringer Höhe einschließlich ihrer Nebengebäude und Nebenanlagen keiner Baugenehmigung, wenn**

**1. das Vorhaben den Festsetzungen des Bebauungsplanes nicht widerspricht,**

**2. die Erschließung in Sinne des Baugesetzbuches gesichert ist und**

**3. die Gemeinde nicht innerhalb eines Monats nach Eingang der Bauvorlagen erklärt, dass das Genehmigungsverfahren durchgeführt werden soll.**

**[2]Satz 1 gilt auch für Nutzungsänderungen von Gebäuden, deren Errichtung oder Änderung bei geänderter Nutzung genehmigungsfrei wäre. [3]Die Bauherrin oder der Bauherr kann beantragen, dass für die in Satz 1 genannten Vorhaben das Baugenehmigungsverfahren durchgeführt wird.**

**(2) [1]Den bei der Gemeinde einzureichenden Bauvorlagen ist eine Erklärung der Entwurfsverfasserin oder des Entwurfsverfassers beizufügen, dass das Vorhaben den Anforderungen an den Brandschutz entspricht. [2]Mit dem Vorhaben darf einen Monat nach Eingang der Bauvorlagen bei der Gemeinde begonnen werden. [3]Teilt die Gemeinde der Bauherrin oder dem Bauherrn vor Ablauf der Frist schriftlich mit, dass kein Genehmigungsverfahren durchgeführt werden soll, darf unverzüglich mit dem Vorhaben begonnen werden. [4]Ein Rechtsanspruch auf eine solche Mitteilung besteht nicht.**

**(3) [1]Die Gemeinde kann die Erklärung nach Absatz 1 Satz 1 Nr. 3 abgeben, weil sie beabsichtigt, eine Veränderungssperre nach § 14 des Baugesetzbuches zu beschließen oder eine Zurückstellung nach § 15 des Baugesetzbuches zu beantragen, oder wenn sie aus anderen Gründen die Durchführung eines Genehmigungsverfahrens für erforderlich hält. [2]Erklärt die Gemeinde, dass das Genehmigungsverfahren durchgeführt werden soll, hat sie der Bauherrin oder dem Bauherrn mit der Erklärung die Bauvorlagen zurückzureichen, falls die Bauherrin oder der Bauherr bei der Vorlage nicht ausdrücklich bestimmt hat, dass sie im Falle der Erklärung der Gemeinde nach Absatz 1 Nr. 3 als Bauantrag zu behandeln sind. [3]Die Gemeinde leitet dann die Bauvorlagen zusammen mit ihrer Stellungnahme an die untere Bauaufsichtsbehörde weiter; § 72 Abs. 1 Satz 3 ist nicht anzuwenden.**

**(4) [1]Bei Wohngebäuden mittlerer Höhe und Wohngebäuden geringer Höhe mit mehr als zwei Wohnungen, jedoch nicht bei deren Nebengebäuden und Nebenanlagen, müssen vor Baubeginn ein von einer oder einem staatlich anerkannten Sachverständigen im Sinne des § 85 Abs. 2 Satz 1 Nr. 4 geprüfter Nachweis über die Standsicherheit und von einer oder einem staatlich anerkannten Sachverständigen aufgestellte oder geprüfte Nachweise über den Schallschutz und den Wärmeschutz vorliegen. [2]Bei Wohngebäuden mittlerer Höhe muss zusätzlich von einer oder einem staatlich anerkannten Sachverständigen geprüft und bescheinigt werden, dass das Vorhaben den Anforderungen an den Brandschutz entspricht. [3]Die Bauherrin oder der Bauherr hat den Angrenzern (§ 74 Abs. 1) vor Baubeginn mitzuteilen, dass ein genehmigungsfreies Bauvorhaben nach Absatz 1 oder Absatz 7 durchgeführt werden soll, zu dem die Gemeinde keine Erklärung nach Absatz 1 Satz 1 Nr. 3 abgegeben hat.**

**(5) [1]Die Bauherrin oder der Bauherr hat den Ausführungsbeginn eines Vorhabens nach den Absätzen 1 und 7 mindestens eine Woche vorher der Bauaufsichtsbehörde schriftlich anzuzeigen und dabei die Namen der Bauleiterin oder des Bauleiters und der Fachbauleiterinnen oder Fachbauleiter sowie der staatlich anerkannten Sachverständigen nach § 85 Abs. 2 Satz 1 Nr. 4, die die Nachweise nach Absatz 4 aufstellen oder prüfen und stichprobenhafte Kontrollen nach Satz 7 durchführen, mitzuteilen. [2]Die Bauaufsichtsbehörde unterrichtet das Staatliche Amt für Arbeitsschutz und, soweit erforderlich, das Staatliche Umweltamt. [3]Vor Baubeginn muss die Grundrissfläche und die Höhenlage der baulichen Anlage abgesteckt sein. [4]Die Bauvorlagen und die Bescheinigungen der Sachverständigen nach Absatz 4 müssen an der Baustelle von Baubeginn an vorliegen. [5]Bauliche Anlagen im Sinne der Absätze 1 und 7 dürfen erst dann benutzt werden, wenn sie ordnungsgemäß fertig gestellt und sicher benutzbar sind. [6]Ihre Fertigstellung ist der Bauaufsichtsbehörde anzuzeigen. [7]Bei Fertigstellung müssen Bescheinigungen von staatlich anerkannten Sachverständigen vorliegen, wonach sie sich durch stichprobenhafte Kontrollen während der Bauausführung davon überzeugt haben, dass die baulichen Anlagen entsprechend den in Absatz 4 genannten Nachweisen errichtet oder geändert worden sind. [8]§ 65 Abs. 4, § 68 Abs. 7 und § 70 gelten entsprechend. [9]Der in § 81 Abs. 2 Satz 1 genannte Nachweis muss der Bauherrin oder dem Bauherrn vorliegen.**

**(6) Die Bauherrin oder der Bauherr und die späteren Eigentümer haben die Bauvorlagen, Nachweise und Bescheinigungen aufzubewahren.**

**(7) [1]Die Absätze 1 bis 3 gelten auch für Garagen und überdachte Stellplätze bis 1000 m² Nutzfläche, wenn sie einem Wohngebäude im Sinne des Absatzes 1 dienen. [2]Bei Garagen mit einer Nutzfläche über 100 m² bis 1000 m² muss vor Baubeginn ein von einer oder einem staatlich anerkannten Sachverständigen geprüfter Nachweis über die Standsicherheit vorliegen sowie zusätzlich von einer oder einem staatlich anerkannten Sachverständigen geprüft und bescheinigt worden sein, dass das Vorhaben den Anforderungen an den Brandschutz entspricht. [3]Für diese Garagen gelten zusätzlich Absatz 4 Satz 3 und Absatz 6. [4]Soll in einer geschlossenen Mittelgarage eine natürliche Lüftung vorgesehen werden, so muss zuvor von einer oder einem staatlich anerkannten Sachverständigen die Unbedenklichkeit bescheinigt worden sein. [5]Die Bescheinigung ist aufgrund durchgeführter Messungen innerhalb eines Monats nach Inbetriebnahme der Garage von der oder dem Sachverständigen zu bestätigen.**

**(8) [1]Wird nach Durchführung des Bauvorhabens die Nichtigkeit des Bebauungsplanes festgestellt, so bedarf das Bauvorhaben auch dann keiner Baugenehmigung. [2]Seine Beseitigung darf wegen eines Verstoßes gegen bauplanungsrechtliche Vorschriften, der auf der Nichtigkeit des Bebauungsplanes beruht, nicht verlangt werden, es sei denn, dass eine Beeinträchtigung von Rechten Dritter dies erfordert.**

***VV BauO NRW*** *(infolge Befristung mit Ablauf des 31. 12. 2005 ausgelaufen)*

***67 Genehmigungsfreie Wohngebäude, Stellplätze und Garagen (§ 67)***

*67.1 Zu Absatz 1*

*In **Wohngebäuden** nach § 67 sind auch Räume für die Berufsausübung freiberuflich Tätiger und solcher Gewerbetreibender, die ihren Beruf in gleicher Weise ausüben, zulässig. In Frage kommen aber nur solche freiberuflich bzw. gewerblich genutzten Räume, deren Nutzung mit einer Wohnnutzung hinsichtlich des ihnen innewohnenden Gefährdungspotentials vergleichbar ist.*

*Damit sind in einem Wohngebäude nach § 67 jedenfalls keine Nutzungseinheiten zulässig, die den Betrieb eines – und sei es nur kleinen – Labors mit sich bringen, das Aufstellen schwerer Apparaturen oder die Lagerung größerer Mengen brennbaren Materials erfordern. Übliche Arzt- und Zahnarztpraxen sind daher in der Regel in einem Wohngebäude im Sinne des § 67 nicht zulässig.*

*Das Wohngebäude muss durch die Wohnnutzung geprägt sein; das heißt, anders genutzte Räume dürfen sowohl nach Anzahl als auch nach Fläche nur in deutlich untergeordnetem Maße vorhanden sein.*

*Zu den freigestellten Vorhaben im Sinne des § 67 gehören auch Ferien- und Wochenendhäuser.*

***Nebengebäude und Nebenanlagen** sind Gebäude und andere bauliche Anlagen, die dem Wohngebäude räumlich und funktional zugeordnet sein müssen. Darüber hinaus müssen sie im Vergleich zum Wohngebäude von der Größe her untergeordnet sein. Hierzu zählen z. B. nicht überdachte Stellplätze, Gartenhäuschen, Geräteschuppen, Einfriedungen, Freisitze und ähnliche Anlagen, sofern sie nicht bereits nach § 65 vom Genehmigungsverfahren freigestellt sind.*

*67.11 Dass das Vorhaben gemäß § 67 Abs. 1 Satz 1 Nr. 1 den Festsetzungen eines qualifizierten Bebauungsplans nicht widersprechen darf, gewährleistet, dass die bodenrechtlichen Vorschriften des BauGB beachtet werden. Es ist daher nicht möglich, Bauvorhaben genehmigungsfrei zu errichten, die sich in einem Bereich befinden, in dem sich die planungsrechtliche Zulässigkeit von Vorhaben nach § 33 BauGB bestimmen würde.*

*Das Erfordernis einer Ausnahme oder einer Befreiung nach § 31 BauGB schließt die genehmigungsfreie Errichtung von Bauvorhaben nach § 67 aus. Dies gilt auch dann, wenn die Ausnahme oder die Befreiung vor Inanspruchnahme der Freistellungsregelung bei der Bauaufsichtsbehörde beantragt wurde.*

*Dies bewirkt auch, dass Wohnungen für Aufsichts- und Bereitschaftspersonal, die nur **ausnahmsweise** in Gewerbe- und Industriegebieten zulässig sind, nicht genehmigungsfrei errichtet werden können. Dagegen können Wohngebäude auch in Dorfgebieten nach § 5 BauNVO ohne Baugenehmigung errichtet werden, da sie dort zulässig sind, ohne dass hierfür eine Ausnahme nach § 31 BauGB erteilt werden müsste.*

*Die Anwendung der Freistellung ist somit immer ausgeschlossen, wenn hinsichtlich der planungsrechtlichen Zulässigkeit noch eine Entscheidung im Einzelfall erforderlich ist.*

*Die Möglichkeit, auch bei der Freistellungsregelung von bauordnungsrechtlichen Anforderungen abzuweichen, ist durch die Verweisung auf § 68 Abs. 7 in § 67 Abs. 5 ausdrücklich vorgesehen. In diesen Fällen ist allerdings eine gesonderte Entscheidung der Bauaufsichtsbehörde über die Zulassung der Abweichung erforderlich.*

*67.12 Die Erschließung im Sinne des § 67 Abs. 1 Satz 1 Nr. 2 ist dann gesichert, wenn aufgrund der vorhandenen Anzeichen vernünftigerweise erwartet werden kann, dass zum Zeitpunkt der Benutzbarkeit der baulichen Anlage die für eine von § 30 Abs. 1 BauGB geforderte planungsrechtliche Erschließung erforderlichen Anlagen vorhanden und benutzbar sind. Da es im Rahmen des § 67 auf die planungs-*

*rechtliche Erschließung ankommt, sind Bescheinigungen über das Vorliegen der Voraussetzungen des § 4 nicht erforderlich.*

67.13 *Bei der Erklärung der Gemeinde (§ 67 Abs. 1 Satz 1 Nr. 3) handelt es sich nicht um einen Verwaltungsakt, sie muss daher auch nicht gemäß § 39 VwVfG. NRW. begründet werden. Da die Gemeinde die Erklärung innerhalb eines Monats nach Eingang der Bauvorlagen abgeben muss, hat sie sicherzustellen, dass sie diese Frist tatsächlich zur Wahrnehmung der ihr zukommenden Beteiligungsrechte nutzen kann. Entscheidend ist der Eingang der Bauvorlagen bei der Gemeinde, unabhängig davon, bei welcher Organisationseinheit (Amt) sie eingereicht werden.*

*Im Zweifel hat die Bauherrin oder der Bauherr den Eingang der Bauvorlagen bei der Gemeinde darzulegen und zu beweisen, während die Gemeinde ihrerseits den Zeitpunkt der Abgabe der gemeindlichen Erklärung darzulegen und zu beweisen hat.*

*Die Gemeinde erhält durch das Verfahren nach § 67 nicht die Stellung einer Bauaufsichtsbehörde. Sie wird in dem Verfahren beteiligt, um die Möglichkeit zu erhalten, eigene Rechte, die sich aus der kommunalen Planungshoheit ergeben, wahrzunehmen.*

*Diese ausschließliche Wahrnehmung eigener Rechte hat zur Folge, dass der Gemeinde keinerlei Prüfpflichten zukommen, die sie als Amtspflichten gegenüber Dritten zu erfüllen hätte. Dies gilt auch in den Fällen, in denen die Gemeinde gleichzeitig untere Bauaufsichtsbehörde ist. Da die Gemeinde lediglich zur Wahrung eigener Rechte beteiligt ist und in diesem Zusammenhang frei darüber entscheiden kann, in welchem Umfang sie diese Rechte wahrnehmen will, kann sie von der Bauherrin oder dem Bauherrn auch keine Gebühren erheben. Etwas anderes gilt nur, wenn die Gemeinde im Interesse der Bauherrin oder des Bauherrn vorzeitig bescheinigt, dass sie nicht die Durchführung eines Genehmigungsverfahrens verlangen will, bzw., dass sie nicht die Durchführung eines Genehmigungsverfahrens verlangt hat. In diesen Fällen ist jeweils die Erhebung einer Gebühr in Höhe von DM 100,– vorgesehen (Tarifstellen 2.4.9.1 und 2.4.9.2 des Allgemeinen Gebührentarifs der AVwGebO NRW).*

*Das Schweigen innerhalb der Monatsfrist, das die genehmigungsfreie Errichtung eines Wohngebäudes ermöglicht, entfaltet für die Gemeinde hinsichtlich ihrer bauleitplanerischen Absichten keinerlei Bindungswirkung.*

*Die Bauherrin oder der Bauherr hat darauf zu achten, dass sich die rechtlichen Grundlagen für die Durchführung seines Bauvorhabens nicht ändern.*

*Entspricht ein Bauvorhaben nicht mehr den Festsetzungen des Bebauungsplans, so ist es nicht nur materiell, sondern wegen der aufgrund Nichtübereinstimmung eintretenden Genehmigungsbedürftigkeit auch formell rechtswidrig.*

*Ändert die Gemeinde den Bebauungsplan vor Fertigstellung des Bauvorhabens, so hat die untere Bauaufsichtsbehörde im Hinblick auf das nunmehr formell und materiell rechtswidrige Bauvorhaben zu prüfen, ob im Rahmen des ihr zukommenden Ermessens die Stillegung bzw. der Abbruch des Bauwerks verfügt werden kann.*

67.14 *Beantragt die Bauherrin oder der Bauherr, dass für ein Vorhaben, das die Voraussetzungen des § 67 erfüllt, ein Genehmigungsverfahren durchgeführt wird, so kann die Bauaufsichtsbehörde diesen Antrag nicht zurückweisen.*

*67.2 Zu Absatz 2*

*67.21 Die Vordrucke für Bauvorlagen in der Genehmigungsfreistellung (Anlagen I/1 und I/2 zur VV BauPrüfVO) sind u. a. zusammen mit dem Muster eines Baustellenschildes (siehe Anlage B zu Nr. 14.3 VV BauO NRW) und den vom Landesamt für Datenverarbeitung und Statistik NRW (LDS) zur Verfügung gestellten Erhebungsbögen nach dem HBauStatG von den unteren Bauaufsichtsbehörden und den Gemeinden (siehe § 22 Abs. 2 GO) vorzuhalten und den Bauherrinnen oder Bauherren sowie den Entwurfsverfasserinnen und Entwurfsverfassern auszuhändigen. Art und Umfang der einzureichenden Bauvorlagen ergeben sich aus § 13 BauPrüfVO. Zusammen mit den Bauvorlagen nach § 13 BauPrüfVO reichen die Bauherrinnen und Bauherren die von ihnen ausgefüllten Erhebungsbögen nach dem HBauStatG bei der Gemeinde ein, die sie um die von ihr zu machenden Angaben ergänzt (siehe § 6 Abs. 2 des HBauStatG). Die Gemeinde leitet die Erhebungsbögen an das LDS weiter. Notwendige Rückfragen zu Angaben im Erhebungsbogen, für die nicht die Gemeinde, sondern die Bauherrin oder der Bauherr auskunftspflichtig ist (das sind die Angaben nach § 3 Abs. 1 und 2 des HBauStatG), richtet das LDS unmittelbar an die Bauherrin oder den Bauherrn.*

*Die für die Meldung der Baufertigstellung vorgesehene Ausfertigung des Erhebungsbogens leitet die Gemeinde der Bauaufsichtsbehörde zu.*

*67.22 Die Gemeinde hat weder die Vollständigkeit noch die Richtigkeit der Bauvorlagen sowie das Vorliegen der Bauvorlageberechtigung der Entwurfsverfasserinnen oder Entwurfsverfasser zu prüfen. Kann die Gemeinde aufgrund unvollständiger Bauvorlagen nicht entscheiden, ob sie verlangen soll, dass ein Genehmigungsverfahren durchgeführt wird, kann sie die Vorlage nicht entsprechend § 72 Abs. 1 Satz 2 zurückweisen. In solchen Fällen kann sie nur die Durchführung eines Genehmigungsverfahrens verlangen.*

*67.3 Zu Absatz 3*

*Die Gemeinde wird von dem Bauvorhaben durch die Bauvorlagen in Kenntnis gesetzt, um ihre eigenen Belange wahrnehmen zu können. Sie hat dagegen nicht die Aufgabe, die Rechtmäßigkeit des Bauvorhabens zu prüfen. Der Gemeinde wird durch die Regelung des § 67 Abs. 3 Satz 1 eine sehr weitgehende Möglichkeit gegeben, im eigenen Interesse die Durchführung eines Baugenehmigungsverfahrens zu verlangen. Die Grenze für die rechtliche Zulässigkeit der gemeindlichen Erklärung bildet das Willkürverbot.*

*67.32 Es ist möglich, dass ein Bauvorhaben nur durchgeführt werden darf, wenn zuvor andere behördliche Genehmigungen oder Erlaubnisse erteilt wurden. In diesen Fällen kann die Gemeinde zwar verlangen, dass ein Baugenehmigungsverfahren durchgeführt wird, sie muss es aber nicht, weil die am Bau Beteiligten selbst das geltende Recht beachten müssen.*

*67.33 Die Gemeinde ist nicht verpflichtet, die Bauherrin oder den Bauherrn darüber zu informieren, dass sie, nachdem sie zu dem Bauvorhaben geschwiegen hat, beabsichtigt, eine Veränderungssperre zu erlassen oder den Bebauungsplan zu ändern.*

*67.4 Zu Absatz 4*

*67.41 Hinsichtlich der Aufgabenerledigung der staatlich anerkannten Sachverständigen wird auf Nr. 72.6 VV BauO NRW verwiesen. Die von staatlich anerkannten Sach-*

*verständigen aufgestellten bzw. geprüften Nachweise sowie deren Bescheinigungen müssen der Bauherrin oder dem Bauherrn vor Baubeginn vorliegen; sie brauchen jedoch weder der Gemeinde noch der unteren Bauaufsichtsbehörde vorgelegt zu werden.*

*67.5 Zu Absatz 5*

*Erfährt die Bauaufsichtsbehörde, dass den ihr benannten Sachverständigen der Auftrag für die stichprobenhaften Kontrollen wieder entzogen wurde, so hat sie die Bauherrin oder den Bauherrn unverzüglich zu veranlassen, ihr die nunmehr beauftragten Sachverständigen zu benennen.*

*Aufgrund der Anzeige nach Satz 1 hat die untere Bauaufsichtsbehörde über den Baubeginn außer dem Staatlichen Amt für Arbeitsschutz und dem Staatlichen Umweltamt folgende Behörden und Stellen zu unterrichten:*

- *das örtlich zuständige Finanzamt (siehe § 29 Abs. 3 BewG)*
- *die Katasterbehörde (§ 2 Abs. 3 VermKatG NRW)*
- *die untere Abfallwirtschaftsbehörde*
- *die Bauberufsgenossenschaft (§ 195 Abs. 3 SGB VII).*

*Aufgrund der Fertigstellungsanzeige nach Satz 5 hat die untere Bauaufsichtsbehörde das Landesamt für Datenverarbeitung und Statistik zu unterrichten. Zu diesem Zweck trägt sie in die für die Meldung der Baufertigstellung vorgesehene Ausfertigung des statistischen Erhebungsbogens, die ihr von der Gemeinde zugeleitet worden ist (siehe Nr. 67.21), das von der Bauherrin oder vom Bauherrn gemeldete Datum der Fertigstellung ein und übersendet diese Ausfertigung dem Landesamt.*

*67.7 Zu Absatz 7*

*Die in Satz 3 genannten staatlich anerkannten Sachverständigen für die Prüfung von Mittelgaragen werden nach der TPrüfVO anerkannt.*

**Hinweis zu § 67 Abs. 5 BauO NRW und zu Nr. 67.5 VV BauO NRW**:

Mit dem „Gesetz zur Straffung der Behördenstruktur in Nordrhein-Westfalen" vom 12.12.2006 (GV. NRW. S. 622) wurden die Staatlichen Umweltämter und die Staatlichen Ämter für Arbeitsschutz aufgelöst und die Aufgaben den Bezirksregierungen übertragen.

**Anmerkungen** (Autor: Heintz)

**Übersicht**


| | | Rdn. |
|---|---|---|
| 0 | Änderungen gegenüber der BauO NW 1984 und der BauO NW 1995 | 01–02 |
| 1 | Allgemeines | 1–11 |
| 2 | Zu Absatz 1 – Voraussetzungen für die Genehmigungsfreistellung | 12–24b |
| 3 | Zu Absatz 2 – Beteiligung der Gemeinde und Baubeginn | 25–30 |
| 4 | Zu Absatz 3 – Gründe für die gemeindliche Erklärung | 31–33 |
| 5 | Zu Absatz 4 – Bautechnische Nachweise / Unterrichtung der Angrenzer | 34–44 |
| 6 | Zu Absatz 5 – Pflichten im Rahmen der Bauausführung | 45–56 |
| 7 | Zu Absatz 6 – Aufbewahrungspflichten | 57–58 |
| 8 | Zu Absatz 7 – Garagen und überdachte Stellplätze | 59–61 |
| 9 | Zu Absatz 8 – Folgen der Nichtigkeit des Bebauungsplans | 62–67 |

## 0 Änderungen gegenüber der BauO NW 1984 und der BauO NW 1995

Die Vorschrift wurde mit der **BauO NW 1995** neu eingeführt. 01

Die **BauO NRW 2000** hat § 67 BauO NW 1995 mit Änderungen übernommen: 02

- **Absatz 1 Satz 1** wurde an das durch das BauROG geänderte Bauplanungsrecht angepasst, da der Bundesgesetzgeber das Instrument des Vorhaben- und Erschließungsplans (§ 7 BauGB-MaßnahmenG) in das Dauerrecht als **vorhabenbezogener Bebauungsplan** übernommen hat (§ 12 in Verbindung mit § 30 Abs. 2 BauGB).
- In Satz 1 **Nr. 1 entfiel** die **Erwähnung örtlicher Bauvorschriften** so dass es nur noch darauf ankommt, ob das Vorhaben bebauungsplankonform ist. Die **Forderung**, wonach das Vorhaben den Bebauungsplanfestsetzungen **entsprechen** muss, wurde **entschärft**: das Vorhaben darf den Festsetzungen **nicht widersprechen**.
- **Nr. 2** knüpft ausschließlich an die Erschließung **im Sinne des Baugesetzbuchs** an.
- Nach Satz 2 wurde in Absatz 1 ein **neuer Satz 3** angefügt, der ein **Wahlrecht** zwischen der Freistellung und dem vereinfachtem Genehmigungsverfahren vorsieht.
- Der **alte Satz 3** des Absatzes 1 ging im **neu angefügten Absatz 8** auf.
- In **Absatz 5** wurden die für den Rechtsanwender schwer lesbaren Verweisungen auf andere Vorschriften durch einen besser verständlichen **Volltext** ersetzt, soweit dies möglich und sinnvoll war. Die Verpflichtung des Bauherrn gegenüber der Bauaufsichtsbehörde, die staatlich anerkannten Sachverständigen zu **benennen**, die mit den Kontrollen beauftragt wurden, fand neu Aufnahme in die Vorschrift.
- In **Absatz 6** wurden neben dem Bauherrn auch die **späteren Eigentümer** verpflichtet, die Bauvorlagen, Nachweise und Bescheinigungen aufzubewahren.
- In **Absatz 7** wurde ein **neuer Satz 3** eingefügt, wodurch sich die alten Sätze 3 und 4 zu den neuen Sätzen 4 und 5 verschoben. Der neue Satz 3 ordnet für Mittelgaragen die Geltung von Absatz 4 Satz 3 (Benachrichtigung der Angrenzer) und Absatz 6 (Aufbewahrungspflicht von Unterlagen) an.
- Der **neu angefügte Absatz 8** ersetzte den alten Absatz 1 Satz 3 durch eine weniger missverständliche Formulierung, welche die ordnungsbehördliche Befugnis der Bauaufsichtsbehörde im Falle der **Nichtigkeit des Bebauungsplans** begrenzt.

## 1 Allgemeines

Die Freistellung von Wohngebäuden erfolgte erstmals mit der baden-württembergischen „Verordnung über den Wegfall der Genehmigungspflicht bei Wohngebäuden und Nebenanlagen – Baufreistellungsverordnung“ – vom 26.4.1990 (GBl. S. 144), die anstelle des Baugenehmigungsverfahrens ein „**Kenntnisgabeverfahren**“ vorsah und heftige Reaktionen in der Fachöffentlichkeit auslöste (vgl. Broß, Aus der Steinzeit des Baurechts – oder: Vom Niedergang einer klassischen Verwaltungsrechtsmaterie, ZfBR 1991, S. 43 ff.). Die in § 67 BauO NW 1995 aufgenommene **Freistellungsregelung** war das Ergebnis einer über viele Jahre, insbesondere in den Jahren 1992 und 1993 verstärkt geführten Diskussion um die Fortentwicklung des Bauordnungsrechts und der entsprechenden Neufassung der Musterbauordnung. Die Diskussion bezog sich nicht nur auf die Vereinfachung des Bauordnungsrechts sowie die Vereinheitlichung und Beschleuni- 1 gung des Baugenehmigungsverfahrens, sondern auch auf die teilweise **Entstaatlichung der Bauaufsicht** durch **Verlagerung von Prüfaufgaben auf Sachverständige** (vgl. Böckenförde/Temme/Krebs, Einführung S. XVf. und Jäde, Neuere Entwicklungen im Bauordnungsrecht, ZfBR 1996, S. 241ff.). Eine Einigung der Länder in der entscheidenden Sitzung der Ministerkonferenz der ARGEBAU am 10.12.1993 auf die damals von Bayern bereits geplante neue Variante der Genehmigungsfreistellung von Wohngebäuden nach Art. 70 BayBO 1994, eingeführt durch das bayerische „Gesetz zur Vereinfachung und Beschleunigung bau- und wasserrechtlicher Verfahren" vom 12.4.1994 (GVBl. S. 210), konnte nicht erzielt werden. Stattdessen erfolgte, um der Möglichkeit abweichender Verfahrensregelungen der Länder in der MBO Rechnung zu tragen, eine Erweiterung der Tatbestände des § 81 Abs. 2 MBO – Verordnungsermächtigungen – durch Einfügung einer neuen Nr. 2:

*„(2) Die oberste Bauaufsichtsbehörde wird ermächtigt, zur Vereinfachung, Erleichterung oder Beschleunigung des bauaufsichtlichen Verfahrens oder zur Entlastung der Bauaufsichtsbehörden durch Rechtsverordnung Vorschriften zu erlassen über*

*1. …*

*die Veränderung des Baugenehmigungsverfahrens sowie die Einführung eines vom Baugenehmigungsverfahren abweichenden Verfahrens für bestimmte Vorhaben; dabei kann sie auch vorschreiben, dass auf die behördliche Prüfung der Einhaltung von öffentlich-rechtlichen Vorschriften ganz oder teilweise verzichtet wird,*

*3. …"*

Dass sich die Länder im Bereich der Verfahrensvorschriften nicht von vornherein auf eine bestimmte einheitliche Vorgehensweise einigen konnten, ist bemängelt worden (vgl. Ortloff, Abschied von der Baugenehmigung – Beginn beschleunigten Bauens?, NVwZ 1995, S. 112ff.). Demgegenüber wird die wohl zutreffendere Auffassung vertreten, nur durch verfahrensrechtliche „Experimente" einzelner Länder komme es überhaupt zu einer Fortentwicklung des Bauordnungsrechts (so Jäde, Nochmals: Abschied von der Baugenehmigung – Beginn beschleunigten Bauens?, NVwZ 1995, S. 672ff.).

2 **Nordrhein-Westfalen** hat das Freistellungsverfahren des **§ 67 BauO NW 1995** weitgehend der in **Art. 70 BayBO 1994** geregelten Genehmigungsfreistellung **angeglichen**. Die Übernahme dieser Regelung in die Landesbauordnung und nicht erst in eine auf die Verordnungsermächtigung des – aus der MBO wörtlich übernommenen – § 85 Abs. 2 Satz 1 Nr. 2 BauO NW 1995 gestützte Rechtsverordnung bot sich an, da die Landesbauordnung ohnehin gänzlich neu erlassen und nicht nur geändert und ergänzt werden sollte. Die Vorschriften in Baden-Württemberg, Bayern und Nordrhein-Westfalen zur Freistellung von Wohngebäuden regten weitere Länder an, entsprechende Freistellungsregelungen in ihre Landesbauordnungen aufzunehmen. Mit der jüngsten Reform der Musterbauordnung wurde die Genehmigungsfreistellung schließlich – das Ergebnis der insoweit längst geänderten Landesbauordnungen nachvollziehend – in **§ 62 MBO 2002** rechtstechnisch verortet.

3 Die beabsichtigte Einführung der **Freistellung** von Wohngebäuden stieß bereits im Vorfeld des Gesetzentwurfs auf Kritik der kommunalen Spitzenverbände, weil die **Begründung** für die neue Regelung in einem schon damals erkennbaren Widerspruch zum Inhalt und zum Umfang der beabsichtigten Regelung stand. Die Vorschrift sollte nämlich nach der Begründung (LT-Drucks. 11/7153 S. 182) das Ziel haben,

– **Genehmigungsverfahren abzubauen** und dadurch die **Bauaufsichtsbehörden zu entlasten** sowie

– dem Bauherrn eine **rasche Durchführung des von ihm geplanten Bauvorhabens** zu ermöglichen und damit die ansonsten häufig **im Laufe eines längeren Baugenehmigungsverfahrens eintretenden Baukostensteigerungen zu vermeiden**.

**Diese** angestrebten **Ziele** – und das ist nach mehrjähriger Erfahrung mit dem neuen Recht in der Praxis deutlich herauszustellen – wurden **verfehlt**,

– da die Bauaufsichtsbehörden einen **überproportional hohen Beratungsbedarf** der Bauherren und Entwurfsverfasser verzeichnen und das **repressive** Vorgehen in erheblichem Umfang Arbeitskraft bindet,

– das „Freistellungs**verfahren**" wie das frühere Bauanzeigeverfahren regelmäßig **vier Wochen** Bearbeitungszeit in Anspruch nimmt und bei Anordnung des Genehmigungsverfahrens durch die Gemeinde die anschließende Durchführung des vereinfachten Genehmigungsverfahrens bei der Bauaufsichtsbehörde sogar noch um die für den Bauherrn **nutzlos verstrichene** Wartezeit bis zur Anordnung der Gemeinde **verlängert** wird und

– ein **Zusammenhang zwischen** einer **längeren** Verfahrensdauer gegenüber dem vereinfachten Genehmigungsverfahren mit seiner Bearbeitungsfrist von sechs Wochen und dadurch eintretenden **Baukostensteigerungen** überhaupt **nicht nachweisbar** ist.

In diesem Zusammenhang ist auch darauf hinzuweisen, dass es anscheinend zur **Manie** geworden ist, **in Gesetzesvorlagen** zur Änderung des Baurechts stets von **Entlastung** der Bauaufsichtsbehörden zu reden und dabei bewusst deren **ordnungsbehördliche Verpflichtungen** zu verdrängen (s. auch die Anmerkungen zu § 65 Rdn. 3 sowie die kritische Betrachtung von Lautner, Bauaufsichtsrecht und Deregulierung, VR 1999, S. 37 ff.).

Das **wahre Ziel** der Freistellung ist vielmehr **rechtspolitischer Natur** und in dem Bestre- 4
ben zu sehen, die **Verantwortung** für die Einhaltung des öffentlichen Rechts **auf den Bauherrn zu verlagern** (zu der gesteigerten Verantwortlichkeit des Bauherrn s. VG Münster, Urteil vom 26. 11. 1998 – 2 K 819/98, BauR 1999, 626 = BRS 60 Nr. 161; OVG NRW Beschluss vom 18. 1. 2005 – 7 B 2751/04, BauR 2005, 1452 = BRS 69 Nr. 126), um so auf lange Sicht eine **Verschlankung der Bauaufsichtsverwaltung** zu erreichen. Die **komplizierten** Verfahrensregeln der Vorschrift nähern das Bauen in der Freistellung **aus Sicht des** mit den juristischen Feinheiten nicht vertrauten **Bauherrn** im Ergebnis dem früheren **Bauanzeigeverfahren** an, weil der Bauherr das Vorhaben durch Einreichung von Bauvorlagen anzeigen muss, wodurch eine **Wartefrist ausgelöst** wird, nach deren Ablauf erst die Bauausführung erfolgen darf, was im Ergebnis einem **Anzeigeverfahren mit Freigabefunktion** entspricht (so Schlotterbeck/von Arnim/Hager, zu § 51 Rdn. 3). Dennoch ist das Freistellungsverfahren mit dem früheren Bauanzeigeverfahren nicht vergleichbar, da **keine präventive Prüfung** durch die Bauaufsichtsbehörde erfolgt und auch **keine Bestätigung der Vereinbarkeit mit dem öffentlichen Recht** – fiktiv – ausgesprochen wird (vgl. Wilke/Dageförde/Knuth/Meyer, zu § 56a Rdn. 1).

Der **Ablauf** im Freistellungsverfahren ist **mit dem klassischen Verständnis der „Freistel- 4a
lung" unvereinbar**, die dadurch charakterisiert ist, dass gerade **kein** Verfahren stattfindet, wobei es wiederum aus Sicht des Bauherrn nicht darauf ankommt, ob er Unterlagen bei der Gemeinde oder bei der Bauaufsichtsbehörde vorzulegen hat, zumal in

Nordrhein-Westfalen die meisten Gemeinden zugleich auch untere Bauaufsichtsbehörden sind. Entlarvend war insoweit das krampfhafte Bemühen der Befürworter der Neuregelung bei den Beratungen des Gesetzentwurfs das Wort „Freistellungs**verfahren**" zu vermeiden, das sich im Übrigen **in der Praxis inzwischen durchgesetzt** hat. Zur Unterstützung des Gesetzentwurfs war vom damaligen Ministerium für Bauen und Wohnen eine Untersuchung in Auftrag gegeben worden (vgl. Prognos, Grenzen, Möglichkeiten und Auswirkungen innovativer gesetzlicher Regelungen auf das Bauordnungsverfahren in Nordrhein-Westfalen, August 1994), nach deren Ergebnis die Einführung der Freistellung von Wohngebäuden zur Erreichung der oben zitierten Ziele **geeignet** sein sollte. Es kann daher nicht verwundern, dass die an der Untersuchung beteiligten Bauaufsichtsbehörden in einer eigenen Stellungnahme vom November 1994 dieser Aussage widersprachen. Hierauf reagierte der Gutachter mit einer Replik vom Dezember 1994, die unter anderem den Untersuchungsgemeinden die Objektivität bei ihrer Stellungnahme absprach, weil sie um den **Erhalt** der ausschließlichen Zuständigkeit bei der Freigabe von Bauvorhaben und damit ihrer Personalausstattung bestrebt wären.

**4b** Weniger mit dem Vorwurf mangelnder Objektivität – der eher auf die Untersuchung selbst zutraf, weil sie die vorgesehene Freistellung insbesondere von Wohngebäuden **mittlerer Höhe** von vornherein nicht in Frage stellen wollte und durfte – als vielmehr mit der Verdeutlichung des Gewollten stellte die Replik aber das heraus, was der Gesetzentwurf tatsächlich beabsichtigte, aber an keiner Stelle deutlich zum Ausdruck brachte: die angestrebte **Verschlankung der Bauaufsichtsbehörden**. Dieses Ziel hat angesichts der **Finanznöte** der Kommunalverwaltung gewiss seine **Berechtigung**, dem jedoch gegenüber steht, dass dem Bauherrn die **Baugenehmigung mit ihrer Bestandskraft und ihren inhaltlichen Regelungswirkungen abhanden** kommt. Diese Regelungswirkungen gegenüber der **Bauverwaltung**, aber auch gerade gegenüber den **Nachbarn**, die bei nicht fristgerecht vorgebrachten Bedenken aufgrund der materiellen Präklusion des § 74 BauO NRW ausgeschlossen sind, treten erst aufgrund der Abschaffung der Baugenehmigung im Anwendungsbereich des § 67 BauO NRW wieder deutlich hervor, so dass sich für manche Bauträger **größerer Wohnungsvorhaben** – vor allem von Hausgruppen oder Mehrfamilienwohnhäusern – die Deregulierung als **Danaergeschenk** erweist (so Oeter, Baurechtsvereinfachung, Drittschutz und die Erfordernisse wirksamen Rechtsschutzes, DVBl. 1999, S. 189 ff.). Die **Konfliktpotenziale** und dadurch verursachten **Verzögerungen des Bauens** werden durch die Privatisierung nicht etwa aus der Welt geschafft, sondern nur vom staatlichen Baugenehmigungsverfahren in den privaten Bereich verschoben (vgl. Korioth, Der Abschied von der Baugenehmigung nach § 67 BauO NW 1995, S. 665 ff.).

**4c** Das darf nicht darüber hinwegtäuschen, dass der **typische Einfamilienhausbau** durch die Genehmigungsfreistellung **vereinfacht** wurde, denn diese Vorhaben können als Gebäude geringer Höhe mit nicht mehr als zwei Wohnungen vom Entwurfsverfasser allein und **ohne Einschaltung staatlich anerkannter Sachverständiger** für die Prüfung der Standsicherheit bzw. für die Prüfung des Brandschutzes errichtet und – was noch wichtiger ist – **geändert** werden. Da die meisten bauvorlageberechtigten Entwurfsverfasser auch als staatlich anerkannte Sachverständige für Schall- und Wärmeschutz anerkannt sind, braucht der Bauherr regelmäßig nur diesen Entwurfsverfasser zu beauftragen und kann allein mit dessen Hilfe sein gesamtes Bauvorhaben abwickeln. Auch sehen sich die meisten Entwurfsverfasser bei der Anwendung baurechtlicher Vorschriften in Bezug auf Gebäude geringer Höhe mit nicht mehr als zwei Wohnungen nicht vor Probleme gestellt, die nur mit andauernder Hilfe der beratenden Bauaufsicht gelöst werden könnten. Es stellt sich daher immer deutlicher die Frage, ob nicht die Genehmigungsfreistellung für diesen Gebäudetyp auf weitere Anwendungsfälle ausgedehnt werden kann, in denen die **Gemeinde** ihre **Planungshoheit bereits ausgeübt** hat, beispielsweise auf den Fall des vorausgegangenen Vorbescheids zum Planungsrecht, der so genannten Bebauungsgenehmigung (s. Wilke/Dageförde/Knuth/Meyer zu § 56 a Rdn. 15 zur entsprechenden Regelung des § 56 a Abs. 2 Satz 1 Nr. 1b BauO Bln). Immer dort, wo keine bauplanungsrechtlichen Fragen mehr offen bleiben und wo unproblematische Baumaßnahmen anstehen, kann der Staat auf eine präventive bauaufsichtliche Kontrolle im Rahmen seiner Deregulierungsbemühungen verzichten, zumal dort in aller Regel auch keine Konflikte mit Nachbarn auftreten.

Eine zum damaligen Zeitpunkt geführte Diskussion um dieses Hauptziel hätte die unterschiedlichen Positionen verdeutlicht und zu klareren politischen Standpunkten der im Landtag vertretenen Parteien beigetragen, anstatt im **Wettstreit mit Bayern** um das „**bessere**" Baurecht immer höher hinaus zu wollen, nämlich exakt bis zur **Hochhausgrenze**. Denn sowohl für den Bauherrn als auch für die Gemeinde und die Bauaufsichtsbehörde ergibt sich mit der Freistellung größerer Wohnbauvorhaben nach § 67 BauO NRW eine **weitere Verfahrensvariante**, die schon wegen ihrer komplexen Ausgestaltung nicht zwingend mit einer Erleichterung verbunden ist (vgl. Jeromin, zu § 67 Rdn. 1). So aber ergab sich im Gesetzgebungsverfahren nur eine **heftige Kritik** an einzelnen der vorgesehenen Bestimmungen (vgl. Ausschussprotokoll 11/1394 über das Landtagshearing am 15. 11. 1994). Darüber hinaus trat die paradoxe Situation ein, dass ausgerechnet die für die Stärkung der Eigenverantwortlichkeit der Bürger eintretende CDU-Fraktion noch vor Inkrafttreten der neuen Bauordnung zum 1. 1. 1996 mit Antrag vom 30. 10. 1995 (LT-Drucks. 12/313) die Aussetzung des Inkrafttretens verlangte. Sie begründete dies, soweit es das Freistellungsverfahren betraf, mit folgenden **Bedenken**: 5

- Der Eindruck, es dürfe verfahrensfrei ohne Baugenehmigung gebaut werden, sei falsch, vielmehr werde mit der Freistellung ein zusätzliches Verfahren eingeführt.
- Für den Bauherrn werde das Verfahren durch die Hinzuziehung mehrerer Sachverständiger komplizierter und es entstehe ein erheblicher Koordinierungsaufwand.
- Für den Bauherrn entstehe, da er keine Baugenehmigung erhalte, Rechtsunsicherheit.
- Das Bauen werde durch die Hinzuziehung von privaten Sachverständigen teurer.
- Das neue Verfahren erfasse nur einen sehr geringen Prozentsatz der Bauvorhaben.

Die Argumente für oder gegen eine Freistellung von Wohnbauvorhaben **mittlerer Höhe** erfordern vor dem Hintergrund des **komplizierten materiellen Baurechts** eine differenziertere Betrachtung, als sie im Gesetzgebungsverfahren 1995 erfolgte. Wenn auch die Verlagerung der Verantwortung aus dem staatlichen in den privaten Bereich vom Grundsatz her zu begrüßen ist (vgl. Heintz, Neue Landesbauordnung – großer Wurf des Gesetzgebers?, EildStNW 1995, S. 288 ff.), kann andererseits der Wert der regulierenden Tätigkeit der Bauaufsicht für die Allgemeinheit nicht mit der durch keine empirische Untersuchungen belegte Behauptung zur Seite geschoben werden, bei Wegfall der präventiven bauaufsichtlichen Kontrolle werde sich die Differenz zwischen Baurechtsordnung und gebauter Wirklichkeit gegenüber dem status quo ante nicht in einer nicht mehr hinnehmbaren Weise vergrößern (so aber Jäde, Die bauaufsichtliche Lebenslüge, die Schutznormtheorie und das Bundesverwaltungsgericht, UPR 1998, S. 326 ff.). Denn 6 wenn diese These zuträfe, könnte man die gesamte Bauaufsichtsverwaltung auflösen und bräuchte keine Sorge mehr um die Erhaltung der Baurechtsordnung zu haben. Dem stehen aber gerade die schlechten Erfahrungen der Bauaufsichtsbehörden mit in der Freistellung realisierten **größeren** Wohnbauvorhaben entgegen. Insoweit trifft die materielle Beweislast für die Richtigkeit dieser These nicht die Gegner, sondern die Befürworter allzu großzügiger Freistellungsregelungen.

6a Weiter darf auch nicht verkannt werden, dass eine allzu weitreichende Entlassung in die „Freiheit" von vielen Bauherren **überhaupt nicht erwünscht** ist, weil sie nicht so sehr auf Verfahrensbeschleunigung setzen, sondern vielmehr **Rechtssicherheit** erstreben, die ihnen das Bauen in der Freistellung nicht vermitteln kann (s. Rdn. 62–67). In der Diskussion über die Genehmigungsfreistellung wurde als **schwerwiegendes Argument** vorgebracht, dass die **Baugenehmigung** insoweit Vorteile bringe, als am Ende des Verfahrens eine **verbindliche Aussage über die Rechtmäßigkeit des Bauvorhabens** steht. Es liegt auf der Hand, dass dort, wo dieses Genehmigungsverfahren nicht mehr stattfindet, auch diese Aussage zugunsten der Bauherren nicht mehr getroffen wird und für Bauherren und Architekten Risiken bestehen (vgl. Ortloff, Genehmigungsfreies Bauen: Neue Haftungsrisiken für Bauherren und Architekten, NJW 1996, S. 2346ff. und Mampel, Ver[de]reguliert: Einige Überlegungen zum Baugenehmigungs-Freistellungsverfahren, NVwZ 1996, S. 1160ff.). Die Missachtung dieses Gesichtspunkts durch den Gesetzgeber der BauO NW 1995 machte sich denn auch in der praktischen Anwendung der Vorschrift von Anfang an deutlich bemerkbar.

6b Viele Bauherren und Entwurfsverfasser erkannten die Möglichkeit, durch Einbau kleinster Abweichungen vom Bebauungsplan in ihre Bauvorlagen das für sie unerwünschte Bauen in der Freistellung umgehen zu können. Um dieses rein verfahrensrechtlich bedingte Verhalten zu erübrigen, wurde mit § 67 **Abs. 1 Satz 3** BauO NRW 2000 dem Bauherrn die Möglichkeit eröffnet, das Freistellungsverfahren **abzuwählen**, wenn er eine Baugenehmigung erstrebt. In diesem Fall findet gemäß § 68 **Abs. 1 Satz 2** BauO NRW das vereinfachte Genehmigungsverfahren Anwendung. Die tatsächlichen Fallzahlen belegen, dass dem Freistellungsverfahren nicht die Bedeutung zugewachsen ist, die der Gesetzgeber der BauO NW 1995 unterstellt hat. In den Großstädten, mit ihren häufig gemischt genutzten Baustrukturen, kommt es weniger als in den vorstädtischen Bereichen und in den ländlichen Räumen zur Anwendung. Der **Schwerpunkt** liegt auch bei den **Wohngebäuden geringer Höhe** und nicht bei den Wohngebäuden mittlerer Höhe. Denn „dort, wo keine Unsicherheit von Entwurfsverfassern und Bauherren vorliegt, findet das Freistellungsverfahren Anwendung" (so die Begründung in LT-Drucks. 12/3738 S. 85f. zu Art. I Nr. 42 – § 67). Derartige Unsicherheiten über die Zulässigkeit des Vorhabens nach den baurechtlichen Vorschriften bestehen aber gerade bei größeren Wohngebäuden und nicht bei der Errichtung oder Änderung typischer Einfamilienhäuser.

7 Zur Freistellung von Wohngebäuden wurden auch **Bedenken** im Hinblick auf die **bundesrechtlichen Vorschriften** der **§§ 29ff. BauGB 1986 und § 5 Abs. 1 und 4 BauGB-MaßnahmenG** unter Berufung auf die **Wyhl-Entscheidung** des BVerwG (Urteil vom 19. 12. 1985 – 7 C 65.82, BVerwGE 72, 300 = DVBl. 1986, 190) geltend gemacht (vgl. Schulte, Bundesrechtswidrige Baugenehmigungsfreistellung von Wohngebäuden durch Landesbauordnungen?, BauR 1995, S. 174ff.; Stollmann, Der Entwurf einer neuen Bauordnung für das Land Nordrhein-Westfalen, NWVBl. 1995, S. 41ff., dagegen Jäde, Nochmals: Das Genehmigungsfreistellungsverfahren, NWVBl. 1995, S. 206ff.). Die gleichen Bedenken waren Gegenstand der **Kleinen Anfrage 3050 im Landtag** vom 22. 3. 1995 (LT-Drucks.

11/8660). Die **Antwort der Landesregierung** vom 25.4.1995 (LT-Drucks. 11/8776) weist die Bedenken zurück (so auch Böckenförde/Hindermann, Die Novellierung der Bauordnung NW, 1996, Rdn. 43–61). Die Bedenken in Bezug auf das Bundesrecht erweisen sich bei genauer Betrachtung kaum hinsichtlich der (bedingten) Genehmigungsfreistellung für Wohngebäude als vielmehr hinsichtlich zu großzügiger Freistellungstatbestände des § 65 BauO NRW als berechtigt (vgl. BVerwG, Urteil vom 7.5.2001 – 6 C 18.00, BauR 2001, 1558 = BRS 64 Nr. 89 = NVwZ 2001, 1046). Der Bund, der in die Beratungen der ARGEBAU eingebunden war, hatte die Freistellungsregelung mit dem Bauplanungsrecht für vereinbar gehalten, weil diese eine Beteiligung der Gemeinde und damit ihre Planungshoheit gewährleistet. Die Gemeinde ist auch in der Lage, § 15 BauNVO, der sich an die Bauaufsichtsbehörde wendet (vgl. Fickert/Fieseler, zu § 15 Rdn. 1), zu berücksichtigen, da sie die Möglichkeit hat, die Durchführung des Genehmigungsverfahrens anzuordnen (vgl. Große-Suchsdorf/Lindorf/Schmaltz/Wiechert, zu § 69 a Rdn. 8). Mit dem BauROG wurde schließlich der **Meinungsstreit durch Änderung der §§ 29 und 36 BauGB beendet** (s. die Anmerkungen zu § 65 Rdn. 6–8).

Im Hinblick auf den **Nachbarschutz** ist die Genehmigungsfreistellung nach § 67 BauO NRW nicht anders zu betrachten als die Genehmigungsfreiheit nach den §§ 65 und 66 BauO NRW. **Der Unterschied** liegt nur in der **Art und Größe der Vorhaben**. Die Durchsetzung nachbarlicher Abwehransprüche gestaltet sich komplizierter als im Baugenehmigungsverfahren (vgl. Uechtritz, Nachbarrechtsschutz bei der Errichtung von Wohngebäuden im Freistellungs-, Anzeige- und vereinfachten Genehmigungsverfahren, NVwZ 1996, S. 640 ff.; Degenhardt, Genehmigungsfreies Bauen und Rechtsschutz des Nachbarn, NJW 1996, S. 1433 ff.; Borges, Der Nachbarrechtsschutz im Freistellungsverfahren, DÖV 1997, S. 900 ff.; Winkler, Das vereinfachte Genehmigungsverfahren nach Art. 80 BayBO [Art. 73 BayBO 1998], BayVBl. 1997, S. 744 ff.; Preschel, Abbau der präventiven bauaufsichtlichen Prüfung und Rechtsschutz, DÖV 1998, S. 45 ff.). Da eine Baugenehmigung in der Genehmigungsfreistellung nach § 67 BauO NRW entfällt und keine in der Rechtswirkung vergleichbare bauaufsichtliche Gestattung vorliegt, kann der **Nachbar** auch keine solche anfechten; er hat **keinen verfahrensrechtlichen Anspruch** auf Durchführung des Baugenehmigungsverfahrens, selbst wenn die Gemeinde das Vorhaben zu Unrecht als freigestellt behandelt (OVG NRW, Beschluss vom 8.12.1998 – 10 B 2255/98, BauR 1999, 628 = BRS 60 Nr. 208). Ebenso entfällt die Möglichkeit, einstweiligen Rechtsschutz nach den §§ 80 und 80 a VwGO in Anspruch zu nehmen. Der Nachbar kann auch nicht unmittelbar auf dem Verwaltungsrechtsweg gegen den Bauherrn vorgehen (diese Möglichkeit sieht dagegen Ortloff, Verwaltungsrechtsschutz zwischen Privaten?, NVwZ 1998, S. 932 ff.). 8

Will der Nachbar gegen ein freigestelltes Wohnbauvorhaben vorgehen, das **materiell baunachbarrechtswidrige Verstöße** aufweist, wie z.B. gegen die Abstandflächenvorschriften, kann er sich an die Bauaufsichtsbehörde wenden, um ein **bauaufsichtliches Einschreiten** zu erwirken (BVerwG, Beschluss vom 16.1.1997 – 4 B 244.96, BRS 59 Nr. 185; zum Anspruch des Nachbarn bei Feststellung der Nichtigkeit des Bebauungsplans nach Abschluss der Bauarbeiten s. Rdn. 62–67). Das **Entschließungsermessen** der Bauaufsichtsbehörde zum Einschreiten ist bei Verletzungen gegen öffentlich-rechtliche, **dem Nachbarschutz dienende** Vorschriften regelmäßig **verdichtet**, so dass ein Rechtsanspruch des Nachbarn auf Einschreiten gegeben sein kann (s. die Anmerkungen zu § 61 Rdn. 42–43). Andererseits hat die Rechtsprechung anerkannt, dass **zivilrechtliche Abwehrmöglichkeiten** von Störungen nach den §§ 823, 906 und 1004 BGB durchaus in die 8 a

Ermessensentscheidung einfließen können, um im Einzelfall ein Einschreiten trotz materiell baunachbarrechtswidriger Verstöße abzulehnen (BVerwG, Beschluss vom 10. 12. 1997 – 4 B 204.97, BRS 59 Nr. 188 und Beschluss vom 9. 2. 2000 – 4 B 11.00, BauR 2000, 1318 = BRS 63 Nr. 210; s. auch Schmaltz, Die Freistellung von Wohngebäuden vom Genehmigungsvorbehalt nach § 69 a NBauO, NdsVBl. 1995, S. 241 ff.; Uechtritz, Vorläufiger Rechtsschutz eines Nachbarn bei genehmigungsfreigestellten Bauvorhaben – Konkurrenz zwischen Zivil- und Verwaltungsprozess?, BauR 1998, S. 719 ff. und Sarnighausen, Behördliche Ermessensbindungen zum Schutz des Nachbarn gegen genehmigungsfreies Bauen, UPR 1998, S. 329 ff.).

8 b Verwehrt die Bauaufsichtsbehörde ein Einschreiten, so ist die **Verpflichtungsklage** das geeignete Mittel, um den nachbarlichen Anspruch durchzusetzen. Entsprechend der in Betracht kommenden Verpflichtungsklage richtet sich der **vorläufige Rechtsschutz nach § 123 VwGO** (VGH B-W, Beschluss vom 26. 10. 1994 – 8 S 2763/94, BauR 1995, 219 = BRS 52 Nr. 148; Hamb. OVG, Beschluss vom 21. 11. 1995 – Bs II 307/95, BauR 1996, 229 = BRS 57 Nr. 134; OVG NRW, Beschluss vom 10. 3. 1997 – 7 B 192/97, BRS 59 Nr. 201 und Beschluss vom 2. 10. 1998 – 11 B 845/98, BRS 60 Nr. 20; s. auch Bamberger, Die verwaltungsgerichtliche vorläufige Einstellung genehmigungsfreier Bauvorhaben, NVwZ 2000, S. 983 ff.). Allerdings können im Rahmen des Rechtsschutzes nach § 123 VwGO im Genehmigungsfreistellungsverfahren hinsichtlich eines Anspruchs des Nachbarn auf behördliches Einschreiten nicht dieselben Anforderungen an die Ermessensreduzierung auf Null gestellt werden wie im Baugenehmigungsverfahren (BayVGH, Beschluss vom 24. 5. 1996 – M 1 E 96.2516, NVwZ 1997, 928; zu den Maßstäben im Verfahren nach § 123 VwGO bei freigestellten Vorhaben nach § 67 BauO NRW s. auch OVG NRW, Beschluss vom 31. 1. 1997 – 10 B 3207/96, NVwZ-RR 1998, 218).

9 Das „**Freistellungsverfahren**" nach § 67 Abs. 1 Satz 1 BauO NRW erfasst die **Errichtung** und **Änderung** (s. die Anmerkungen zu § 3 Rdn. 20–24) von **Wohngebäuden mittlerer** und **geringer Höhe** einschließlich ihrer **Nebengebäude** und **Nebenanlagen**.

Es gilt nach § 67 Abs. 1 Satz 2 BauO NRW auch hinsichtlich der **Nutzungsänderung** (zum Begriff Nutzungsänderung s. die Anmerkungen zu § 3 Rdn. 97–107) von Gebäuden, deren Errichtung oder Änderung **genehmigungsfrei** ist (zur Nutzungsänderung im Anzeigeverfahren s. Rdn. 24 a–24 b).

Den **Abbruch und die Beseitigung** (s. die Anmerkungen zu § 3 Rdn. 93–96) erwähnt § 67 BauO NRW **nicht**. Diese baulichen Vorgänge sind, soweit es sich um kleinere Gebäude handelt, nach § 65 Abs. 3 BauO NRW **weitgehend genehmigungsfrei** (s. die Anmerkungen zu § 65 Rdn. 167–184). Sollen größere Wohngebäude abgebrochen werden, ist schon wegen des Volumens der in Frage kommenden baulichen Anlagen von einer höheren Gefahrenlage auszugehen. Daher ist für nicht von § 65 Abs. 3 BauO NRW erfasste Abbruch- und Beseitigungsvorgänge das „**normale**" Baugenehmigungsverfahren durchzuführen (s. die Anmerkungen zu § 68 Rdn. 7).

10 Die §§ 1 bis 9 BauPrüfVO regeln die **Anforderungen an die Bauvorlagen**. Welche Bauvorlagen in der Freistellung nach § 67 BauO NRW erforderlich werden, regelt **§ 13 BauPrüfVO**. Danach hat der Bauherr der Gemeinde zusammen mit dem Antragsvordruck lediglich den Lageplan und die Bauzeichnungen in **einfacher** Ausfertigung einzureichen. Die **inhaltlichen Anforderungen** an den **Lageplan** und die **Bauzeichnungen** unterscheiden sich nicht von denen im vereinfachten Genehmigungsverfahren (s. die Anmerkungen zu § 68 Rdn. 9). Will der Bauherr erreichen, dass die eingereichten Bauvorlagen

bei Anordnung der Durchführung des Genehmigungsverfahrens gleich im vereinfachten Genehmigungsverfahren weiterbearbeitet werden, muss er alle Bauvorlagen nach § 10 BauPrüfVO in dreifacher Ausfertigung vorlegen. Die Bauvorlagen für Wohngebäude müssen von einem **bauvorlageberechtigten Entwurfsverfasser** durch Unterschrift anerkannt sein. Für die Gemeinde besteht hinsichtlich der Vollständigkeit und Richtigkeit der Bauvorlagen keine Prüfpflicht, weil durch das Beteiligungsverfahren der Gemeinde nur die Gelegenheit geboten werden soll, eigene Rechte und Interessen im von ihr gewünschten Umfange wahrzunehmen (s. Nr. 67.22 und 67.3 VV BauO NRW). Die Verantwortung für die Ordnungsgemäßheit und Vollständigkeit der Bauvorlagen liegt ausschließlich beim Bauherrn und seinem Entwurfsverfasser; das gilt auch hinsichtlich der Angaben nach dem HBauStatG (s. die Anmerkungen zu § 69 Rdn. 52). Erkennt die Gemeinde, ohne dass eine Prüfung im eigentlichen Sinne stattgefunden hat, die **Unrichtigkeit oder Unvollständigkeit der Bauvorlagen** oder bemerkt sie das **Fehlen der Bauvorlageberechtigung**, darf sie die Bauvorlagen nicht entsprechend § 72 Abs. 1 Satz 2 BauO NRW „zurückweisen"; es ist ihr ebenso verwehrt, weitere Unterlagen zu verlangen (s. Nr. 67.22 VV BauO NRW). Die Gemeinde hat nur das Recht, durch eine entsprechende Erklärung die **Durchführung des Baugenehmigungsverfahrens zu verlangen**, was sie im eigenen Interesse aber dann auch sollte.

Die Einreichung der Bauvorlagen nach § 13 BauPrüfVO hat für den Bauherrn nor- 11
malerweise **keine gebührenrechtliche Folge**, selbst dann nicht, wenn die Gemeinde **von Amts wegen** die Erklärung nach § 67 Abs. 2 Satz 3 BauO NRW abgibt, dass mit dem Vorhaben auch schon vor Ablauf der Wartefrist begonnen werden darf. Nach **Tarifstelle 2.4.9.1** des Allgemeinen Gebührentarifs zu AVwGebO NRW wird jedoch eine **Gebühr von 50 Euro** fällig, wenn diese **vorzeitige Mitteilung auf Antrag** des Bauherrn abgegeben wurde. Die gleiche Gebühr wird nach **Tarifstelle 2.4.9.2** erhoben für die **auf Antrag** des Bauherrn ausgestellte **Bestätigung** der Gemeinde, keine Erklärung nach § 67 Abs. 1 Satz 1 Nr. 3 BauO NRW über die Anordnung der Durchführung des vereinfachten Genehmigungsverfahrens abgegeben zu haben (zum Meinungsstreit über die Befugnis des Landes zur Regelung dieser Gebühren s. Rosenbach, Gebühren für das Baugenehmigungsverfahren [Entgegnung auf Neuhausen, BauR 1996, 192, 199], BauR 1996, S. 510 ff. und Neuhausen, Gebühren für das Genehmigungsfreistellungsverfahren nach § 67 BauO NW [Erwiderung auf Rosenbach, BauR 1996, 510], BauR 1997, S. 23 ff.).

## 2 Zu Absatz 1 – Voraussetzungen für die Genehmigungsfreistellung

Absatz 1 Satz 1 sieht die **genehmigungsfreie Errichtung und Änderung** von **Wohnge-** 12
**bäuden mittlerer und geringer Höhe** einschließlich ihrer **Nebengebäude und Nebenanlagen** vor. Die BauO NRW definiert den Begriff Wohngebäude nicht; sie enthält insbesondere **nicht** die Aussage, dass es sich dabei um **ausschließlich dem Wohnen dienende Gebäude** handeln muss. Nach § 13 BauNVO (sämtliche Fassungen) sind in den Baugebieten nach den §§ 2 bis 4 BauNVO **Räume**, in den Baugebieten nach den §§ 4 a bis 9 BauNVO auch **Gebäude** für die Berufsausübung freiberuflich Tätiger und solcher Gewerbetreibender, die ihren Beruf in ähnlicher Art ausüben, zulässig. Im Hinblick auf § 13 BauNVO darf jedoch nicht übersehen werden, dass diese Vorschrift einen rein **bauplanungsrechtlichen** Ansatz hat. Daneben ist aber einschränkend unbedingt der **Gefahrenabwehraspekt des Bauordnungsrechts** zu berücksichtigen. Die Vergleichbarkeit der in § 13 BauNVO genannten Tätigkeiten wird man dann nur für diejenigen Tätigkeiten

bejahen können, die gegenüber einer reinen Wohnnutzung keine besonderen baulichen Probleme aufwerfen oder keine weitergehenden technischen Anforderungen an Planung und Ausführung des Gebäudes stellen.

12a In einem „**Wohngebäude**“ **im Sinne des § 67 BauO NRW** sind keine Nutzungseinheiten zulässig, die den Betrieb eines – und sei es kleinen – Labors mit sich bringen, der das Aufstellen schwerer Apparate oder die Lagerung größerer Mengen brennbaren Materials erfordert. „Übliche Arzt- und Zahnarztpraxen sind in der Regel in einem Wohngebäude im Sinne des § 67 BauO NRW nicht zulässig“ (so Nr. 67.1 VV BauO NRW). Darüber hinaus muss der **Anteil an Wohnungen deutlich überwiegen**, so dass Gebäude im Sinne des § 13 BauNVO nicht mehr den bauordnungsrechtlichen Begriff des Wohngebäudes erfüllen (s. die Anmerkungen zu § 2 Rdn. 139–146). Gemischt genutzte Gebäude außerhalb des Anwendungsbereichs des § 13 BauNVO fallen nicht unter den Begriff des Wohngebäudes (VG Koblenz, Urteil vom 11. 5. 2000 – 1 K 471/00, BauR 2000, 1467 = BRS 63 Nr. 219).

13 Nach Absatz 1 Satz 1 muss sich entweder um ein **Wohngebäude geringer Höhe** (s. die Anmerkungen zu § 2 Rdn. 154–158) oder aber um ein **Wohngebäude mittlerer Höhe** (s. die Anmerkungen zu § 2 Rdn. 163) handeln. Die in diese Regelung einbezogenen **Nebengebäude** und **Nebenanlagen** müssen den Wohngebäuden **räumlich und funktional zugeordnet** und im Vergleich zu dem jeweiligen Wohngebäude **von der Größe her untergeordnet** sein. Dieses Begriffspaar zielt somit auf **Anlagen im Sinne des § 14 BauNVO** (vgl. Nr. 67.1 VV BauO NRW; s. die Anmerkungen zu § 2 Rdn. 147–149).

13a **Absatz 7** erweitert die Anwendbarkeit des Freistellungsverfahrens auf **Garagen** und **überdachte Stellplätze bis 1000 m² Nutzfläche**, wenn sie einem Wohngebäude im Sinne des Absatzes 1 **dienen**. Stellplätze und Garagen sind in **§ 12 BauNVO** gesondert geregelt, so dass sie **nicht** dem Begriff der Nebenanlage nach § 14 BauNVO unterfallen. Liegen die Voraussetzungen der räumlich-funktionalen Zuordnung und der größenmäßigen Unterordnung bzw. des Dienens nicht vor, bedürfen die Nebengebäude oder Nebenanlagen, Garagen und überdachten Stellplätze einer Baugenehmigung, sofern sie nicht nach § 65 BauO NW freigestellt sind (zum Verhältnis der §§ 65 und 67 BauO NRW s. die Anmerkungen zu § 65 Rdn. 14–15).

13b Die Errichtung oder Änderung der Nebengebäude, Nebenanlagen, Garagen oder überdachten Stellplätze **braucht nicht zeitgleich** mit der des Wohngebäudes zu erfolgen. Auch die **spätere Realisierung** unterfällt ebenfalls dem Freistellungsverfahren (s. hierzu Böckenförde/Hindermann, Novellierung der BauO NW, 1996, Rdn. 81). Bezüglich der Garagen können sich Zweifel an der Anwendbarkeit des Freistellungsverfahrens ergeben, da für die **Errichtung von Garagen** mit § 2 Nr. 4 Buchstabe c Bürokratieabbaugesetz I ein **Anzeigeverfahren** eingeführt wurde (s. die Anmerkungen zu § 63 Rdn. 11 f–11 g). Infolge seiner **Spezialität** verdrängt jedoch insoweit das Freistellungsverfahren das Anzeigeverfahren (s. Rdn. 59 b).

14 Die genannten Gebäude und baulichen Anlagen müssen im Geltungsbereich eines **qualifizierten** Bebauungsplans im Sinne des § 30 Abs. 1 BauGB oder eines **vorhabenbezogenen** Bebauungsplans im Sinne des § 30 Abs. 2 BauGB liegen. Dieser **zentralen Voraussetzung** der Genehmigungsfreistellung liegt der Gedanke zugrunde, dass die **Bebaubarkeit des Grundstücks** bereits **abschließend und rechtsverbindlich** durch die Gemeinde geregelt ist, so dass die bauplanungsrechtlichen Voraussetzungen dem Bebauungsplan unmittelbar entnommen werden können (vgl. Böckenförde/Hindermann, Novellierung der Bauordnung NW, 1996, Rdn. 43–51).

Es muss sich um einen **rechtsverbindlichen Bebauungsplan** handeln. Das hat zur Folge, dass die während der Planaufstellung **gemäß § 33 BauGB zulässigen Bauvorhaben nicht Gegenstand des Freistellungsverfahrens** nach § 67 BauO NRW sein können, selbst dann nicht, wenn die Voraussetzungen des § 33 Abs. 1 BauGB vorliegen (vgl. Nr. 67.11 VV BauO NRW).

Die Bezugnahme auf § 30 **Abs. 1** BauGB besagt, dass der Bebauungsplan **mindestens Festsetzungen über** 15

- die **Art** und das **Maß der baulichen Nutzung**,
- die **überbaubaren Grundstücksflächen** und
- die **örtlichen Verkehrsflächen**

enthalten muss und damit als **qualifizierter** Bebauungsplan gilt (zu dieser Bezeichnung s. Schlichter/Stich/Driehaus/Paetow, zu § 30 Rdn. 39). Es ist nicht erforderlich, dass der Bebauungsplan noch weitere oder sogar alle nach § 9 BauGB möglichen Festsetzungen trifft, da § 30 Abs. 1 BauGB nur von Festsetzungen über die genannten Kriterien spricht (vgl. Ernst/Zinkahn/Bielenberg/Krautzberger, zu § 30 Rdn. 14). Geht aus den Festsetzungen des Bebauungsplans hervor, dass z. B. hinsichtlich der überbaubaren Flächen bewusst nur Teilregelungen – etwa durch Festsetzung nur einer Baulinie oder einer Baugrenze – getroffen werden sollten, sind die Voraussetzungen des § 30 Abs. 1 BauGB gleichwohl erfüllt (BVerwG, Urteil vom 12. 1. 1968 – IV C 167.65, BRS 20 Nr. 8).

Der **vorhabenbezogene** Bebauungsplan nach § 30 **Abs. 2** in Verbindung mit § 12 BauGB, der der früheren Satzung über den Vorhaben- und Erschließungsplan nach § 7 BauGB-MaßnahmenG weitgehend entspricht, ist dem qualifizierten Bebauungsplan **gleichgestellt**, weil auch durch diesen Plan eine **abschließende Zulässigkeitsregelung** für Vorhaben getroffen wird. Darüber hinaus besteht für den Vorhabenträger eine **vertragliche Durchführungsverpflichtung**.

Das **Vorhaben** darf gemäß § 67 Abs. 1 Satz 1 **Nr. 1** BauO NRW den Festsetzungen des Bebauungsplans **nicht widersprechen**. Die Formulierung des § 67 Abs. 1 Satz 1 BauO NW 1995, wonach das Vorhaben den Festsetzungen **entsprechen** musste (hierzu s. OVG NRW, Beschluss vom 2. 10. 1998 – 11 B 845/98, BauR 1999, 379 = BRS 60 Nr. 207 = NVwZ-RR 1999, 427), wurde **mit der BauO NRW 2000 geändert**. In der Formulierung des § 67 Abs. 1 Satz 1 Nr. 1 BauO NW **1995** lag eine von der bauplanungsrechtlichen Zulässigkeitsforderung des § 30 Abs. 1 BauGB **abweichende**, **verschärfte** Anforderung, auf die bereits die Untersuchungsgemeinden im Gesetzgebungsverfahren – leider ohne gehört zu werden – hingewiesen hatten (s. auch Sendler, Zulässigkeit von Bauvorhaben, BBauBl. 1968, S. 15 ff.). 16

Die verschärfte Formulierung „entsprechen" führte dazu, dass bereits eine geringfügige Abweichung von den Festsetzungen das Bauen in der Freistellung ausschloss, wie etwa das **Vor- und Zurücktreten von Gebäudeteilen** in geringfügigem Ausmaß in Bezug auf eine **Baulinie** nach § 23 Abs. 2 Satz 2 BauNVO oder das **Vortreten von Gebäudeteilen** in geringfügigem Ausmaß über eine **Baugrenze** nach § 23 Abs. 3 Satz 2 BauNVO (s. auch LT-Drucks. 12/3738 S. 85 zu Art. I Nr. 42 – § 67). Die Neufassung der Formulierung wird den Bedürfnissen der Praxis gerecht, denn das Vortreten von **Gebäudeteilen** in geringfügigem Ausmaß über die Baugrenze ist angesichts der in den meisten Bebauungsplänen knapp bemessenen überbaubaren Flächen die Regel.

17 Die Freistellung nach § 67 BauO NRW ist **nicht** mehr gegeben, wenn hinsichtlich der bauplanungsrechtlichen Zulässigkeit eine **gesonderte Entscheidung über** die Erteilung einer **Ausnahme** oder einer **Befreiung** getroffen werden muss. Eine derartige Entscheidung ist in den Fällen des § 23 Abs. 2 Satz 2 und § 23 Abs. 3 Satz 2 BauNVO gerade nicht vorgesehen, weil die Über- bzw. Unterschreitungsermächtigung mit der Festsetzung von Baulinien oder Baugrenzen Bestandteil des Bebauungsplans wird. Die genehmigungsfreie Errichtung oder Änderung ist dagegen **nicht möglich** ist, wenn eine **bauplanungsrechtliche Ausnahme oder Befreiung nach § 31 BauGB** erteilt werden muss. Da in **Gewerbe- und Industriegebieten** Wohngebäude für Aufsichts- und Bereitschaftspersonen sowie für Betriebsinhaber und Betriebsleiter nur ausnahmsweise zugelassen werden können, greift in diesen Baugebieten die Freistellung nicht. Nr. 67.11 VV BauO NRW weist darauf hin, dass die Freistellungsregelung auch dann nicht zulässig ist, wenn die Ausnahme oder Befreiung **vor** Inanspruchnahme der Freistellungsregelung bei der Bauaufsichtsbehörde beantragt wurde.

18 **Entfallen** ist auch die Forderung, wonach das Vorhaben **örtlichen Bauvorschriften** nicht widersprechen darf, weil diese zum Bauordnungsrecht rechnen, das wegen des Verweises in § 67 Abs. 5 Satz 7 auf § 65 Abs. 4 BauO NRW ohnehin beachtet werden muss. Erfordert das geplante Bauvorhaben eine **bauordnungsrechtliche Abweichungsentscheidung** nach § 73 BauO NRW, so ist diese aufgrund der **Verweisung** in § 67 Abs. 5 Satz 7 auf § 68 Abs. 7 BauO NRW **gesondert zu beantragen**.

19 Weitere Voraussetzung der Genehmigungsfreistellung ist die **gesicherte Erschließung im bauplanungsrechtlichen Sinne**. Das stellt die geänderte Formulierung der **Nr. 2** jetzt ausdrücklich klar (s. Nr. 67.12 VV BauO NRW). Die bauordnungsrechtlichen Anforderungen an die Erschließung gemäß § 4 BauO NRW sind nicht Gegenstand der Frage, ob das Vorhaben freigestellt ist. **Von** einer **gesicherten Erschließung** ist nach allgemeiner Auffassung dann **auszugehen**, wenn aufgrund von Anhaltspunkten vernünftigerweise erwartet werden kann, dass die erforderlichen Erschließungsanlagen zum **Zeitpunkt der Nutzungsaufnahme** der baulichen Anlagen vorhanden und benutzbar sind (BVerwG, Urteil vom 21. 2. 1986 – 4 C 10.83, BauR 1986, 305 = BRS 46 Nr. 106; vgl. auch Schlichter/Stich/Driehaus/Paetow, zu § 30 Rdn. 14;).

20 Die **ordnungsgemäße Erschließung umfasst** unter heutiger Betrachtung im Wesentlichen das Vorhandensein von **Straßen**. Bei Straßen in Wohngebieten wird nicht nur die Befestigung der Fahrbahn, sondern auch die Beleuchtung und die Straßenentwässerung gefordert (BVerwG, Urteil vom 28. 10. 1981 – 8 C 4.81, BRS 38 Nr. 58), die Anlagen zur **Versorgung** mit Energie und Trinkwasser sowie die **Entsorgung** des Abwassers (s. BVerwG, Urteil vom 13. 2. 1976 – IV C 53.74, BRS 30 Nr. 40; OVG NRW, Urteil vom 24. 8. 1979 – XI A 611/79, BRS 35 Nr. 150). **Nicht** zu einer gesicherten Erschließung gehört die Abfallentsorgung, ebenfalls nicht die Anschlussmöglichkeit von Telefon- und Kabelfernsehanschlüssen.

Wegen des Grundsatzes der Verhältnismäßigkeit kann nicht mehr, aber auch nicht weniger als das Vorhandensein oder die Sicherung einer **im Einzelfall „ausreichenden" Erschließung** verlangt werden. Die Betrachtung richtet sich demnach auf das **konkrete Baugrundstück** und das **konkrete Bauvorhaben** (vgl. Finkelnburg/Ortloff, Öffentliches Baurecht I, S. 378 ff.). Im Geltungsbereich eines Bebauungsplans richten sich die Anforderungen an die Erschließung des konkreten Baugrundstücks nach dessen verbindlichen Festsetzungen. Die BauO NRW geht davon aus, dass der Bauherr in der Lage sein muss, die Erschließungssituation in einem Plangebiet zu beurteilen.

Hinsichtlich der **Abwassersituation** hat § 51 a LWG, der die Verpflichtung einer **ortsnahen Beseitigung des Niederschlagwassers** beinhaltet, die Beurteilung der gesicherten Erschließung verkompliziert (s. die Anmerkungen zu § 4 Rdn. 64–67).

Nach **Nr. 3** darf die **Gemeinde nicht innerhalb eines Monats** nach Eingang der Bauvorlagen bei der Gemeinde **erklärt haben, dass das Baugenehmigungsverfahren durchgeführt werden soll**. Diese Erklärung setzt wiederum **voraus**, dass die **Bedingungen** für die Anwendung des § 67 BauO NRW **erfüllt** sind, also das Vorhaben nach Nr. 1 den Festsetzungen des Bebauungsplans nicht widerspricht und dass nach Nr. 2 die Erschließung gesichert ist. Fehlt nur eine dieser Voraussetzungen, unterfällt das Vorhaben nicht dem Freistellungsverfahren nach § 67 BauO NRW mit der Folge, dass die **Unterlagen** dem Bauherrn mit dem Hinweis auf die Genehmigungsbedürftigkeit **zurückzugeben** sind. Es liegt dann kein Fall der Erklärung nach Nr. 3 vor, vielmehr handelt es sich hierbei um eine Beratung im Sinne des **§ 25 VwVfG. NRW.**, da die Behörde nach dieser Vorschrift den **Bauherrn über die richtige Antragstellung aufklären** soll, wenn der Antrag versehentlich oder aus Unkenntnis unrichtig abgegeben oder gestellt wurde. 21

Es kommt nicht nur selten, sondern regelmäßig vor, dass der Bauherr die **Voraussetzungen** für die Freistellung **falsch eingeschätzt** hat, 21a

- weil das Vorhaben kein reines Wohngebäude ist,
- der Bebauungsplan noch keine Rechtskraft erlangt hat,
- der Bebauungsplan nicht qualifiziert im Sinne des § 30 Abs. 1 BauGB ist,
- überhaupt kein Bebauungsplan vorliegt oder
- die Erschließungseinrichtungen nicht oder nur teilweise vorhanden sind,

um nur einige Beispiele aus der täglichen Praxis zu nennen. **Erst wenn die Voraussetzungen** der **Nr. 1** (kein Widerspruch zu den Festsetzungen) und der **Nr. 2** (gesicherte Erschließung) **erfüllt** sind, kann die Gemeinde prüfen, ob sie die Durchführung des Genehmigungsverfahrens anordnen will und gegebenenfalls die entsprechende Erklärung nach Nr. 3 abgeben.

Diese **Erklärung** muss **eindeutig** zum Ausdruck bringen, dass für das Vorhaben die Durchführung des Baugenehmigungsverfahrens angeordnet wird (BayVGH, Beschluss vom 13. 1. 2000 – 26 CS 99.2149, BauR 2000, 705 = BRS 63 Nr. 127 = NVwZ-RR 2001, 649). Die Einbindung der Gemeinde in das Genehmigungsfreistellungsverfahren war geboten, um dessen Konformität mit dem Bundesrecht zu sichern, indem der Gemeinde die Möglichkeit gegeben wird, ihre Interessen in den Ablauf gestaltend einzubringen (so Jäde, Nochmals: Das Genehmigungsfreistellungsverfahren, NWVBl. 1995, S. 206 ff.). Da der Bauherr nach ungenutztem Ablauf der Monatsfrist mit dem Vorhaben beginnen darf (Absatz 2 Satz 2), ist die Gemeinde gehalten, durch **organisatorische Maßnahmen** sicherzustellen, dass die **Monatsfrist** dazu genutzt werden kann festzustellen, ob im gemeindlichen Interesse ein Baugenehmigungsverfahren durchgeführt werden soll. 21b

Ob innerhalb einer **Gemeinde**, die **zugleich Bauaufsichtsbehörde** ist, die Bearbeitung nach § 67 BauO NRW genehmigungsfreier Bauvorhaben der Organisationseinheit, welche die Aufgaben der Bauaufsicht wahrnimmt, zugewiesen wird, kann im Rahmen der Organisationshoheit der Gemeinde von ihr frei entschieden werden, was sich allerdings in der Praxis als durchaus zweckmäßig erwiesen hat, um gerade durch die in vielen Fäl- 21c len gebotene Berichtigung von Anträgen zu einer Beschleunigung der Verfahrensabläufe beitragen zu können. Andere Dienststellen der privilegierten Gemeinde verfügen nämlich nicht über ausreichende Kenntnisse des Verfahrensrechts, um den Bauherrn unterstützend beraten zu können, was auch angesichts der höchst komplizierten Regelungen der BauO NRW nicht verwundern kann. Insoweit sind die Bauherren, die in nicht privilegierten Gemeinden bauen wollen, schlechter gestellt, da sie im weiteren Verlauf des Baugeschehens stets mit zwei unterschiedlichen Behörden Kontakt halten müssen, nämlich der Gemeinde und dem Kreis als untere Bauaufsichtsbehörde.

**22** Hinsichtlich der **Rechtsnatur der gemeindlichen Erklärung** besteht bereits seit dem Gesetzgebungsverfahren zur BauO NW 1995 Streit über die Frage, ob es sich um einen **Verwaltungsakt** handelt oder nicht. Die Erklärung über die Durchführung eines gebührenpflichtigen Baugenehmigungsverfahrens erfüllt die Voraussetzungen des Begriffs des Verwaltungsakts, da sie **konstitutiv** ist und **Außenwirkung** gegenüber dem Bauherrn sowie den Angrenzern entfaltet (so Boeddinghaus/Hahn/Schulte, zu § 67 Rdn. 42; a. A. Nr. 67.13 VV BauO NRW). Rechtsbehelfe dagegen unterliegen jedoch den Einschränkungen des § 44a VwGO, so dass die Erklärung der Gemeinde eine **nicht isoliert anfechtbare Verwaltungshandlung** darstellt (so auch Jeromin, zu § 67 Rdn. 53). Die Erklärung bedarf auch **keiner Begründung**. Die Bauaufsichtsbehörde hat nicht die Möglichkeit, den Vorgang an die Gemeinde mit der Begründung zurückzuverweisen, das Bauvorhaben eigne sich sehr wohl für ein Freistellungsverfahren nach § 67 BauO NRW. Die **Entscheidung der Gemeinde** ist für die Bauaufsichtsbehörde **bindend**.

**23** Absatz 1 **Satz 2** sieht die Genehmigungsfreistellung auch für **Nutzungsänderungen** von Gebäuden vor, deren Errichtung oder Änderung bei geänderter Nutzung genehmigungsfrei wäre. Die Formulierung „bei geänderter Nutzung wäre“ bedeutet, dass **auf das Ergebnis der Nutzungsänderung abzustellen** ist. Die Genehmigungsfreistellung tritt danach ein, wenn durch die geplante Nutzungsänderung das Gebäude begrifflich als ein Wohngebäude geringer oder mittlerer Höhe angesehen werden kann, unabhängig davon, wie das Gebäude zuvor genutzt wurde. Wird z. B. ein im Geltungsbereich eines qualifizierten Bebauungsplans gelegenes Bürogebäude geringer Höhe durch Nutzungsänderung vollständig in Wohnraum umgewandelt, findet das Freistellungsverfahren Anwendung, da auch die Errichtung dieses Wohngebäudes § 67 BauO NRW unterfällt. Die Regelung des Satzes 2 gilt nicht nur für die Wohngebäude geringer oder mittlerer Höhe selbst, sondern auch für **Nebengebäude** (zu diesem Begriff s. Rdn. 13 und die Anmerkungen zu § 2 Rdn. 147–149).

**23 a** Voraussetzung ist, dass das Gebäude „genehmigungsfrei“ ist. Aus der Verwendung dieses Begriffs **ohne klarstellenden Zusatz** „nach Satz 1“ können **Zweifel** über die **anzuwendende Vorschrift** resultieren, da auch die in § 65 Abs. 1 Nr. 1 BauO NRW aufgeführten Nebengebäude – vor allem einem Wohngebäude **dienende** Kleingewächshäuser und Gebäude mit Abstellräumen – genehmigungsfrei errichtet werden dürfen (s. die Anmerkungen zu § 65 Rdn. 18–20). Aus dem **engen Zusammenhang** der Sätze 1 und 2 kann jedoch nur geschlossen werden, dass es sich – als verfahrensrechtliche Voraussetzung für die Nutzungsänderung von Nebengebäuden – um die **Genehmigungsfreiheit nach** § 67 Abs. 1 **Satz 1** BauO NRW handeln muss.

**23 b** Zweifelhaft könnte nach dem Gesetzestext sein, ob Satz 2 auch für **Nebenanlagen** gilt, da nur von „Nebengebäuden“ die Rede ist. Es besteht aber kein Grund anzunehmen, dass Satz 2 – anders als Satz 1 – Nebenanlagen nicht erfassen wollte, was im Übrigen verfahrensrechtlich auch keinen Sinn ergäbe. Vielmehr ist von einer **Unschärfe der For-**

**mulierung** auszugehen, die dadurch entstanden sein könnte, dass man bei der Nutzungsänderung zunächst nur an eine solche von Räumen eines Gebäudes denkt und leicht die Möglichkeit einer Nutzungsänderung von Nebenanlagen übersieht.

**Satz 3** gibt dem Bauherrn das **Wahlrecht**, die Durchführung des vereinfachten Genehmigungsverfahrens verlangen zu können (s. Rdn. 6 und LT-Drucks. 12/3738 S. 86 zu Art. I Nr. 42 – § 67). Mit dem Wahlrecht wird im Hinblick auf größere oder problematische Wohnbauvorhaben einem Bedürfnis vieler Bauherren entsprochen und die Diskussion darüber beendet, ob der Gesetzgeber im Hinblick auf den Bestandsschutz ein Verwaltungsverfahren bereithalten muss (vgl. Held, Das subjektive Recht auf Baugenehmigung, UPR 1999, S. 210 ff.). Den Antrag kann nur der **Bauherr** stellen, und zwar auch noch nach dem erfolgreichen Abschluss des Freistellungsverfahrens. Der Antrag ist für die Bauaufsichtsbehörde **bindend**. Die Formulierung des Satzes 3 könnte den Eindruck erwecken, dass der Bauaufsichtsbehörde ein Ermessen zustünde, ob sie dem Antrag entsprechen will oder nicht, was nicht der Fall ist. Die Vorschrift zwingt die Bauaufsichtsbehörde zur Durchführung des vereinfachten Genehmigungsverfahrens, wenn der Bauherr einen entsprechenden Antrag stellt. Die Bauaufsichtsbehörde darf die Bearbeitung des Bauantrags nicht ablehnen, weil sie die Auffassung vertritt, die Freistellungsvoraussetzungen seien erfüllt und deshalb sei auch in der Freistellung zu bauen (vgl. Nr. 67.14 VV BauO NRW). Wohl aber darf der Antrag wegen unvollständiger oder mangelhafter Bauvorlagen gemäß § 72 Abs. 1 Satz 2 BauO NRW zurückgewiesen werden. 24

Eine **Nutzungsänderung** bedarf nach **§ 2 Nr. 4 Buchstabe c Bürokratieabbaugesetz I** abweichend von § 63 Abs. 1 Satz 1 BauO NRW in der Regel keiner Baugenehmigung, sondern ist bei der unteren Bauaufsichtsbehörde vor Durchführung des Vorhabens schriftlich **anzuzeigen** (s. die Anmerkungen zu § 63 Rdn. 11–11 e). Auch diese Vorschrift räumt dem Antragsteller ein **Wahlrecht** ein, auf der Durchführung des Baugenehmigungsverfahrens zu bestehen. Macht der Antragsteller von dem Wahlrecht keinen Gebrauch und liegen im Übrigen für die Nutzungsänderung die Anwendungsvoraussetzungen des § 67 BauO NRW vor, stellt sich die Frage, welche der beiden Vorschriften **spezieller** und damit **anzuwenden** ist. Dass der Gesetzgeber die Rangfolge im Bürokratieabbaugesetz I nicht direkt geregelt hat, ist als echte **Fehlleistung** zu bezeichnen, da die Prüfung der im Einzelfall anzuwendenden Vorschrift bei einem durchschnittlichen Antragsteller, der über keine besonderen Kenntnisse des bauaufsichtlichen Verfahrensrecht verfügt, erhebliche **Unsicherheiten** auslösen wird, die sich in der Regel nicht ohne **Beratung durch die Bauaufsichtsbehörde** ausräumen lassen. Diese Unsicherheiten dürften aber **auch bei der Bauaufsichtsbehörde** entstehen, wenn eine Nutzungsänderung nach § 2 Nr. 4 Buchstabe c Bürokratieabbaugesetz I angezeigt wird, obwohl ein qualifizierter oder vorhabenbezogener Bebauungsplan vorliegt und die neue Nutzung dessen Festsetzungen nicht widerspricht. 24 a

Beide Vorschriften haben zur Folge, dass nach Ablauf einer Wartefrist die Nutzungsänderung realisiert werden darf, so dass sich aus dem **Verfahrensablauf** im Wesentlichen **keine Unterschiede** ergeben. Dass die Einzelheiten des Verfahrens leicht differieren, kann für die Beantwortung der Frage des Vorrangs nicht von ausschlaggebender Bedeutung sein. Für den Vorrang des **Anzeigeverfahrens** spricht, dass es von der **Bauaufsichtsbehörde** durchgeführt wird und dadurch **näher** zum Baugenehmigungsverfahren steht. Dagegen spricht das **Leerlaufen** des § 67 Abs. 1 **Satz 2** BauO NRW beim Vorrang des Anzeigeverfahrens. Ein **Vorrang** des **Freistellungsverfahrens** folgt letztlich aus der begrenzten Anwendbarkeit für den Geltungsbereich qualifizierter und vorhabenbezo- 24 b gener Bebauungspläne, wohingegen das Anzeigeverfahren grundsätzlich nicht auf bestimmte Bereiche beschränkt ist, also auch im Geltungsbereich eines einfachen Bebauungsplans, im Innenbereich oder auch im Außenbereich angewendet werden kann. Das Freistellungsverfahren erweist sich infolge der **beschränkten Anwendbarkeit** auf qualifizierte und vorhabenbezogene Bebauungspläne als die **speziellere Regelung**.

### 3 Zu Absatz 2 – Beteiligung der Gemeinde und Baubeginn

25 Nach Absatz 2 **Satz 1** ist den **bei der Gemeinde** einzureichenden Bauvorlagen (s. Rdn. 10) die **Erklärung des Entwurfsverfassers** beizufügen, dass das **Vorhaben den Anforderungen an den Brandschutz entspricht**. Die entsprechende Erklärung ist in dem verbindlichen Vordruck (s. Anlage I/3 zur VV BauPrüfVO) bereits eingearbeitet, die der Entwurfsverfasser nur zu unterschreiben braucht. Die für den abwehrenden Brandschutz zuständigen Dienststellen haben im Gesetzgebungsverfahren zur BauO NW 1995 die Aufnahme einer solchen Forderung verlangt. Diese wollten auf diese Weise das Augenmerk der Entwurfsverfasser auf die in der bisherigen Praxis häufig vernachlässigten Belange des Brandschutzes lenken (vgl. Böckenförde/Hindermann, Novellierung der BauO NW, 1996, Rdn. 129).

Die **Forderung** ist in doppelter Hinsicht als ausgesprochen **unsystematisch** zu bezeichnen. Einerseits sind der Gemeinde im Freistellungsverfahren keinerlei Sachverständigenbescheinigungen oder bautechnische Nachweise vorzulegen. Andererseits hat der Entwurfsverfasser nicht nur den Brandschutz, sondern auch die anderen – ebenso bedeutsamen – allgemeinen Anforderungen des Beordnungsrechts, wie z. B. die Standsicherheit, den Schall- und Wärmeschutz sowie die Verkehrssicherheit, zu beachten, ohne dass ihm eine entsprechende Erklärung abverlangt wird.

Darüber hinaus zeigen die praktischen Erfahrungen mit dieser Vorschrift, dass die – **formularmäßige** – Erklärung **keinerlei Sicherheitsgewinn** und erst recht **keine Sicherheitsgarantie** bringt, da sie auch abgegeben wird, obwohl das Vorhaben offensichtlich gegen Brandschutzvorschriften verstößt, entweder weil der Entwurfsverfasser irrtümlich davon ausgeht, die Anforderungen an den Brandschutz seien eingehalten oder er die Folgen der Erklärung überhaupt nicht überblickt.

26 Nach Absatz 2 **Satz 2** darf mit dem Vorhaben **ein Monat nach Eingang der Bauvorlagen bei der Gemeinde** begonnen werden. Der rechtmäßige **Baubeginn** setzt jedoch voraus, dass die Gemeinde nicht vor Ablauf der Monatsfrist die Erklärung nach Absatz 1 Satz 1 Nr. 3 abgegeben hat (s. Rdn. 21–22). Die **Monatsfrist ist nicht verlängerbar**. Die Erklärung muss innerhalb der Frist zugegangen sein; es genügt nicht, dass sie innerhalb der Monatsfrist von der Gemeinde abgesendet worden ist (vgl. BVerwG, Urteil vom 19. 9. 1969 – IV C 16.68, BRS 22 Nr. 97 zur entsprechenden Regelung des § 19 Abs. 4 BBauG 1960).

Das **Recht zum Baubeginn** ist **an keine Frist gebunden**, da eine § 77 BauO NRW entsprechende Begrenzung der zeitlichen Geltung der Baugenehmigung nicht vorgesehen und auch kein Verweis auf diese Vorschrift angeordnet ist (vgl. Neuhausen, Genehmigungsfreie Wohngebäude, Garagen und Stellplätze [§ 67 BauO NW], BauR 1996, S. 192 ff.). Den Zeitpunkt des Eingangs der Bauvorlagen bei der Gemeinde hat im Zweifel der Bauherr darzulegen und zu beweisen. Es empfiehlt sich daher, entweder die Bauvorlagen gegen Empfangsbekenntnis bei der Gemeinde einzureichen oder eine Zustellungsart, wie z. B. Einschreiben mit Rückschein, zu wählen, bei der das Datum des

Eingangs bei der Gemeinde nachvollziehbar festgehalten wird. Umgekehrt muss die Gemeinde ein Interesse daran haben, den Zugang der Erklärung nach Absatz 1 Satz 1 Nr. 3 beim Bauherrn gegebenenfalls nachweisen zu können. Wer als Bauherr die Monatsfrist nicht abwartet oder es überhaupt unterlässt, Bauvorlagen bei der Gemeinde einzureichen und vorzeitig mit dem Bau beginnt, begeht nach § 84 Abs. 1 Nr. 10 BauO NRW eine bußgeldbewehrte Ordnungswidrigkeit (s. die Anmerkungen zu § 84 Rdn. 42).

Für die **Berechnung der Monatsfrist** gilt § 31 VwVfG. NRW., dessen Absatz 1 bestimmt, dass die §§ 187 bis 193 BGB entsprechend anzuwenden sind. Nach § 187 Abs. 1 BGB beginnt damit die Monatsfrist des § 67 Abs. 1 Satz 1 Nr. 3 BauO NRW am Tag nach Einreichung der Bauvorlagen und endet nach § 188 BGB mit dem Ablauf desjenigen Tages – des nächsten Monats –, welcher durch seine Zahl dem Tage entspricht, an dem die Bauvorlagen eingereicht wurden. Wurden die Bauvorlagen z. B. am Dienstag, dem 3. März eingereicht, so endet die Monatsfrist am 3. April. Endet die Frist an einem „Sonntag, einem am Erklärungsort … staatlich anerkannten allgemeinen Feiertag oder an einem Sonnabend, so tritt gemäß § 193 BGB an die Stelle eines solchen Tages der nächste Werktag". Wurden die Bauvorlagen z. B. am 5. März eingereicht, wäre erst am 7. April das Fristende gewesen, wenn der 5. April ein Sonnabend (Samstag) war. **27**

Während Absatz 2 Satz 2 den Fall der schlichten Nichtäußerung der Gemeinde regelt, bestimmt **Satz 3**, dass, wenn die **Gemeinde vor Ablauf der Frist schriftlich mitgeteilt hat**, ein Genehmigungsverfahren solle nicht durchgeführt werden, mit der Ausführung des Bauvorhabens nach Zugang der Mitteilung **sofort begonnen** werden darf. Für diese gemeindliche Mitteilung gemäß Satz 3 ist nach Tarifstelle 2.4.9.1 des Allgemeinen Gebührentarifs der AVwGebO NW eine **Gebühr** von 50 Euro nur dann zu entrichten, wenn diese Amtshandlung auf Antrag des Bauherrn erfolgte (s. Rdn. 11). Es darf jedoch erwartet werden, dass die Gemeinde im Interesse der Beschleunigung des Bauens von dieser Möglichkeit stets Gebrauch macht – eines Antrages des Bauherrn bedarf es dafür nicht –, wenn das Vorhaben offensichtlich **gemeindliche Interessen nicht berührt**. **28**

Absatz 2 **Satz 4** stellt klar, dass ein **Rechtsanspruch auf eine Mitteilung**, es könne vor Ablauf der Monatsfrist mit dem Bau bereits begonnen werden, **nicht besteht**. Dies gilt auch dann, wenn von der Gemeinde bereits die mündliche Auskunft erteilt wurde, dass hinsichtlich des Bauvorhabens keine Einwände erhoben würden. Möglicherweise ergeben sich in einem solchen Fall jedoch Amtshaftungsansprüche, wenn der Bauherr bereits im Vertrauen auf eine solche mündliche Erklärung Vorbereitungen zur Realisierung des Vorhabens getroffen hat, die ihn infolge der Verzögerung durch das vereinfachte Genehmigungsverfahren finanziell schwer belasten; auch eine mündliche Auskunft muss nämlich dem **Grundsatz von Treu und Glauben** gerecht werden (s. die Anmerkungen zu § 75 Rdn. 80). Die Formulierung des Satzes 4 will lediglich verdeutlichen, dass der Bauherr von der Gemeinde nicht beanspruchen kann, dass sie eine Erklärung nach Absatz 1 Satz 1 Nr. 3 nicht abgibt. **29**

Die BauO NRW enthält keine Regelung, wo die **Bauvorlagen verbleiben**, wenn die Gemeinde durch Verstreichenlassen der Frist oder durch ausdrückliche Mitteilung kein Genehmigungsverfahren verlangt. Die Gemeinde sollte im Hinblick auf ihre Planungshoheit die Bauvorlagen aufbewahren, um eventuell später nachvollziehen zu können, welche Bauvorhaben in ihrem Gebiet nach § 67 BauO NRW genehmigungsfrei errichtet wurden. Keinesfalls hat der Bauherr einen Rechtsanspruch darauf, die Bauvorlagen mit einem Prüf- oder Gesehenvermerk zurück zu erhalten. **30**

### 4 Zu Absatz 3 – Gründe für die gemeindliche Erklärung

31 Absatz 3 **Satz 1** nennt zunächst als Gründe für eine Verweisung in das bauaufsichtliche Verfahren den beabsichtigten Erlass einer **Veränderungssperre** nach § 14 BauGB oder die Absicht, die **Zurückstellung des Baugesuchs** gemäß § 15 BauGB zu beantragen. Damit werden jedoch die typischerweise in Betracht kommenden Fälle lediglich herausgehoben. Mit der Regelung der gemeindlichen Beteiligung in § 67 BauO NRW sollte der Gemeinde die Möglichkeit zur **Sicherung eigener Rechte im weitesten Sinne** gegeben werden, insbesondere der Sicherung und Wahrung ihrer städtebaulichen Zielvorstellungen. Dies macht die weitere Formulierung deutlich: „... **oder** wenn sie **aus anderen Gründen** die Durchführung des Genehmigungsverfahrens für erforderlich hält". Die BauO NRW gesteht somit der Gemeinde das Recht zu, bei **Zweifeln jedweder Art** an der Rechtmäßigkeit oder Durchführbarkeit des Bauvorhabens die Durchführung eines Baugenehmigungsverfahrens verlangen zu können – das können selbstverständlich auch **bauordnungsrechtliche Gründe** sein. Der Gemeinde ist ein weiter Ermessensspielraum eingeräumt, der nur durch das **Willkürverbot** begrenzt wird (s. Nr. 67.3 VV BauO NRW; ebenso Erbguth/Stollmann, Das bauordnungsrechtliche Genehmigungsfreistellungsverfahren, BayVBl. 1996, S. 65 ff.).

31a Die Gemeinde kann beispielsweise die Durchführung des Baugenehmigungsverfahrens verlangen, weil sie erkennt, dass abweichend von den Maßgaben des § 9 Abs. 3 BauO NRW die **Geländeoberfläche verändert** werden soll. Im Freistellungsverfahren steht es auch nicht im Belieben des Bauherrn, eine von der natürlichen Geländeoberfläche abweichende Geländeoberfläche der Ermittlung der Abstandserfordernisse des Vorhabens zugrunde zu legen (OVG NRW, Beschluss vom 10. 3. 1997 – 7 B 192/97, BRS 59 Nr. 201). Sofern der Bebauungsplan keine Festsetzungen über die Änderung der Geländeoberfläche enthält, bedarf deren Änderung einer Baugenehmigung (OVG NRW, Beschluss vom 2. 10. 1998 – 11 B 845/98, BauR 1999, 379 = BRS 60 Nr. 207 = NVwZ-RR 1999, 427). Die Entscheidung der Gemeinde, das Vorhaben in das Baugenehmigungsverfahren zu verweisen, wäre hiernach regelmäßig nur dann ermessensfehlerhaft, wenn sie allein aus Gründen erfolgte, die nicht in einem sachlichen Zusammenhang mit dem Bauvorhaben stehen und nicht im weitesten Sinne baurechtlichen Charakter haben, wie z. B. aus Gründen, die in der Person des Bauherrn oder des Entwurfsverfassers liegen.

31b Die **Ausführung** eines nach § 67 BauO NRW freigestellten Bauvorhabens kann von der Erteilung **anderer behördlicher Genehmigungen und Erlaubnisse** abhängig sein. So ist beispielsweise für die in § 51 a LWG geforderte ortsnahe Beseitigung des Niederschlagswassers eine **wasserrechtliche Erlaubnis** einzuholen. Nr. 67.32 VV BauO NRW führt unter Hinweis auf die alleinige Verantwortlichkeit des Bauherrn und seines Entwurfsverfassers für die Ordnungsgemäßheit des Bauvorhabens aus, dass diese Sachlage nicht stets Anlass für die Gemeinde sein muss, die Durchführung eines Baugenehmigungsverfahrens zu verlangen.

32 Der Bauherr oder sein Rechtsnachfolger kann **keine Amtshaftungsansprüche** gegen die Gemeinde mit der Begründung geltend machen, die Gemeinde hätte das geplante Vorhaben in das Genehmigungsverfahren verweisen müssen, weil sie die Rechtswidrigkeit des Vorhabens erkannt hätte oder zumindest hätte erkennen müssen. Die Beteiligung der Gemeinde ist ausschließlich im kommunalen Interesse vorgesehen worden. Die Gemeinde hat keine ihr gegenüber dem Bauherrn oder einem sonstigen Dritten obliegende Amtspflicht. Die Frage eines amtspflichtwidrigen Unterlassens vorbeugender Maß-

nahmen gegenüber einem erkennbar rechtswidrigen Vorhaben stellt sich insbesondere für die in Nordrhein-Westfalen häufigen Fälle, in denen die **Gemeinde gleichzeitig untere Bauaufsichtsbehörde** ist und die Handhabung des Beteiligungsverfahrens der Organisationseinheit übertragen worden ist, die auch für die Durchführung des bauaufsichtlichen Verfahrens zuständig ist.

Auch bei dieser Sachlage ändert sich nichts am Ergebnis, dass im Freistellungsverfahren **keine Prüfpflicht der Gemeinde** besteht. Wenn die Organisationseinheit Bauaufsicht Gefahren für die öffentliche Sicherheit und Ordnung bzw. die Rechtswidrigkeit des Bauvorhabens erkennt, kann sie – insofern als Gemeinde handelnd – die Erklärung abgeben, dass ein Baugenehmigungsverfahren durchgeführt werden soll.

Im Übrigen ist es der für die Aufgaben der Bauaufsicht zuständigen Organisationseinheit der Gemeinde unbenommen, **auch ohne Verweisung** ins Baugenehmigungsverfahren **ordnungsbehördlich einzuschreiten**. Sie kann aufgrund der Ermächtigung des § 61 Abs. 1 BauO NRW die Ausführung eines **baurechtswidrigen** Vorhabens durch Ordnungsverfügung untersagen.

Absatz 3 **Satz 2** sieht eine **Rückgabe der Bauvorlagen an den Bauherrn** vor, wenn die Gemeinde die Erklärung abgibt, dass ein Baugenehmigungsverfahren durchgeführt werden soll. Nach **Satz 3, Halbsatz 1** sind die **Bauvorlagen** von der Gemeinde **an die Bauaufsichtsbehörde weiterzuleiten**, wenn der Bauherr bei ihrer Einreichung bestimmt hat, dass diese im Falle der Erklärung der Gemeinde als Bauantrag weiter zu behandeln sind und für diesen Fall vorsorglich die erforderlichen Bauvorlagen für das vereinfachte Genehmigungsverfahren beigefügt hat (s. Rdn. 10). Um das Verfahren zu verkürzen, hat die **Gemeinde zeitgleich** mit den Bauvorlagen der Bauaufsichtsbehörde auch **ihre Stellungnahme zum Bauantrag** zuzuleiten, wie sich aus **Satz 3, Halbsatz 2** ergibt, der eine erneute Beteiligung der Gemeinde durch die Bauaufsichtsbehörde nach § 72 Abs. 1 Satz 3 BauO NRW ausschließt. Ein **Aufbewahren** der Bauvorlagen **durch die Gemeinde** ist in den Fällen der Sätze 2 und 3 **nicht erforderlich**, weil sich bei Weiterleitung an die Bauaufsichtsbehörde ein Baugenehmigungsverfahren anschließt, nach dessen Abschluss die Gemeinde eine Ausfertigung der Baugenehmigung einschließlich der mit dem Genehmigungsvermerk versehenen Bauvorlagen erhält (s. § 75 Abs. 4 BauO NRW und Nr. 75.4 VV BauO NRW). 33

## 5 Zu Absatz 4 – Bautechnische Nachweise/Unterrichtung der Angrenzer

Absatz 4 **Sätze 1 und 2** regeln, ob und **welche bautechnischen Nachweise** neben der ebenfalls erforderlichen Erklärung des Entwurfsverfassers über den Brandschutz **bei Baubeginn** vorliegen müssen. Die Missachtung dieser Vorgaben, wie auch die der Vorlagepflichten nach Absatz 5, stellt nach § 84 Abs. 1 Nr. 11 BauO NRW eine bußgeldbewehrte Ordnungswidrigkeit dar (s. die Anmerkungen zu § 84 Rdn. 43). Anders als im vereinfachten Genehmigungsverfahren müssen die bautechnischen Nachweise weder der Bauaufsichtsbehörde noch der Gemeinde eingereicht werden (s. Nr. 67.41 VV BauO NRW). Dies wäre auch mit der Philosophie des Verfahrens nach § 67 BauO NRW nicht vereinbar, da die Beteiligung der Gemeinde nur erfolgt, damit diese ihre kommunalen Rechte und Interessen geltend machen kann. Die von den staatlich anerkannten Sachverständigen geprüften bzw. nur aufgestellten bautechnischen Nachweise müssen **vor Baubeginn vorliegen**, und zwar **nur dem Bauherrn selbst**. Sie gehören im Übrigen zu den Bauvorlagen, die gemäß § 67 Abs. 5 Satz 4 BauO NRW **an der Baustelle von Baubeginn an** vorliegen müssen. 34

35 Hiernach **müssen nach Satz 1 vorliegen:**

- bei **Wohngebäuden geringer Höhe mit mehr als zwei Wohnungen**
  - ein von einem staatlich anerkannten Sachverständigen für die Prüfung der Standsicherheit geprüfter Nachweis über die Standsicherheit und
  - ein von einem staatlich anerkannten Sachverständigen für Schall- und Wärmeschutz aufgestellter oder geprüfter Nachweis über den Schall- und Wärmeschutz,
- bei **Wohngebäuden mittlerer Höhe**
  - ein von einem staatlich anerkannten Sachverständigen für die Prüfung der Standsicherheit geprüfter Nachweis über die Standsicherheit,
  - ein von einem staatlich anerkannten Sachverständigen für Schall- und Wärmeschutz aufgestellter oder geprüfter Nachweis über den Schall- und Wärmeschutz sowie
  - **zusätzlich** nach **Satz 2** ein von einem staatlich anerkannten Sachverständigen für die Prüfung des Brandschutzes geprüfter Nachweis, dass das Vorhaben den Brandschutzanforderungen entspricht.

Die für die beiden genannten Typen von Wohngebäuden verlangten Nachweise sind nach Satz 1 **nicht erforderlich für deren Nebengebäude und Nebenanlagen.**

36 Aus Satz 1 folgt mittelbar, dass für **Wohngebäude geringer Höhe mit nicht mehr als zwei Wohnungen keine zusätzlichen Unterlagen und Nachweise** verlangt werden. Im Gesetzentwurf zur BauO NW 1995 (LT-Drucks. 11/7153 S. 100) war diese Einschränkung noch nicht enthalten; die Gebäude geringer Höhe wurden ohne Berücksichtigung der Zahl der Wohnungen hinsichtlich der zusätzlich zu erbringenden Unterlagen und Nachweise gleichbehandelt. Erst im Rahmen der Gesetzesberatungen führte die Überlegung, die bisherige Rechtslage nicht verschärfen zu wollen – geprüfte Nachweise über die Standsicherheit und Nachweise über den Schall- und Wärmeschutz wurden nach der BauO NW 1984 nicht verlangt –, zum Verzicht auf diese Nachweise für Wohngebäude geringer Höhe mit nicht mehr als zwei Wohnungen (s. LT-Drucks. 11/8435, S. 55 der Anlage zur Beschlussempfehlung und Bericht zur 2. Lesung).

37 Der **Standsicherheitsnachweis** muss von einem staatlich anerkannten Sachverständigen hinsichtlich seiner Vollständigkeit und Richtigkeit geprüft worden sein. Wegen des im Gesetz verankerten **Vier-Augen-Prinzips** ist eine Prüfung des Standsicherheitsnachweises durch einen staatlich anerkannten Sachverständigen in jedem Falle notwendig, also auch dann, wenn der Aufsteller des Standsicherheitsnachweises selbst staatlich anerkannter Sachverständiger ist. Die vom staatlich anerkannten Sachverständigen verlangte Unabhängigkeit bzw. das Vier-Augen-Prinzip schließt aus, dass die Prüfung des Standsicherheitsnachweises durch einen staatlich anerkannten Sachverständigen durchgeführt wird, dessen Angestellter den Standsicherheitsnachweis aufgestellt hat (s. die Anmerkungen zu § 68 Rdn. 42 und zu § 15 Rdn. 7–9).

Die Prüfung der Standsicherheit umfasst gemäß § 12 Abs. 1 Satz 1 SV-VO auch den **statisch-konstruktiven Brandschutz** und somit das Brandverhalten der Baustoffe und die Feuerwiderstandsdauer der Bauteile (so genannte „**heiße Bemessung**"). Zur **Bescheinigung** des Sachverständigen gehören der **Prüfbericht** und **eine Ausfertigung des geprüften Standsicherheitnachweises**. In Nordrhein-Westfalen oder einem anderen Bundesland anerkannte Prüfingenieure für Baustatik können nur dann Nachweise im Sinne des Absatzes 4 prüfen, wenn sie auf Antrag von der Ingenieurkammer-Bau NRW als

Sachverständige für die Prüfung der Standsicherheit anerkannt worden sind (s. § 22 Abs. 4 und 5 BauPrüfVO in Verbindung mit § 9 Abs. 2 SV-VO). Wenn dies auch nur ein formaler Akt ist, so ist dieser nach der Rechtslage doch unentbehrlich.

Die Nachweise über den **Schallschutz und den Wärmeschutz** unterliegen nicht dem Vier-Augen-Prinzip. Verlangt wird jedoch vom Gesetz, dass diese Nachweise von einem staatlich anerkannten Sachverständigen für Schall- und Wärmeschutz verantwortet werden. Entweder muss der Aufsteller diese Qualifikation besitzen oder, wenn dies nicht der Fall ist, müssen die Nachweise von einem staatlich anerkannten Sachverständigen für Schall- und Wärmeschutz geprüft sein (s. die Anmerkungen zu § 68 Rdn. 41). Obwohl in der Fachsprache häufig nur kurz vom „Schall- und Wärmeschutznachweis" die Rede ist, handelt es sich hierbei um **zwei getrennte Nachweise**, nämlich **38**

- dem auf dem Bauordnungsrecht (§ 18 Abs. 2 BauO NRW in Verbindung mit § 8 Abs. 4 BauPrüfVO) basierenden **Nachweis zum Schallschutz** und
- dem auf dem Energieeinsparungsrecht des Bundes basierenden **Nachweis zum Wärmeschutz**.

Die Bezugnahme in Absatz 4 Satz 1 auf den **Wärmeschutz** wäre an und für sich **entbehrlich** gewesen, da insoweit die **EnEV-UVO** zum Vollzug der bundesrechtlichen EnEV eine **abschließende Regelung** trifft (s. Rdn. 54). Die SV-VO differenziert jedoch nicht entsprechend und kennt nur einheitlich den staatlich anerkannten Sachverständigen für Schall- und Wärmeschutz (s. § 5 a in Verbindung mit §§ 20–23 SV-VO). Rechtstechnisch vorteilhafter wäre eine Unberührtheitsklausel wegen des dadurch bewirkten Hinweises auf das nicht nach Gebäudetypen differenzierende und stets zu beachtende Energieeinsparungsrecht.

Der **Nachweis** nach Absatz 4 **Satz 2**, dass das Vorhaben den Anforderungen an den **Brandschutz** entspricht, muss von einem staatlich anerkannten Sachverständigen für die Prüfung des Brandschutzes geprüft sein. Auch für den Brandschutz gilt also das **Vier-Augen-Prinzip** (s. die Anmerkungen zu § 68 Rdn. 43). Gegenstand der eigenständigen Beurteilung des Brandschutzsachverständigen ist der **bauliche Brandschutz**, nicht jedoch der statisch-konstruktive Brandschutz. Die Bescheinigung kann nur ausgestellt werden, wenn sich der Sachverständige zuvor in Zusammenarbeit mit den örtlichen Brandschutzdienststellen davon überzeugt hat, dass die Belange des **abwehrenden** Brandschutzes hinreichend beachtet wurden. Insoweit hat er die Erkenntnisse und Stellungnahmen der örtlichen Brandschutzdienststelle zu berücksichtigen und gemäß § 16 Abs. 2 SV-VO den zur Wahrung des abwehrenden Brandschutzes erhobenen Forderungen (s. § 5 FSHG) zu entsprechen. Zur Bescheinigung des staatlich anerkannten Sachverständigen für die Prüfung des Brandschutzes gehören der **Prüfbericht** und eine **Ausfertigung der brandschutztechnisch geprüften Bauvorlagen**. **39**

Absatz 4 **Satz 3** regelt die **Angrenzerbeteiligung**. Hiernach hat der **Bauherr vor Baubeginn den Angrenzern mitzuteilen**, dass ein genehmigungsfreies Bauvorhaben durchgeführt werden soll, zu dem die Gemeinde keine Erklärung abgegeben hat. Damit fordert das Gesetz im Freistellungsverfahren nach § 67 BauO NRW **generell** die Angrenzerbeteiligung, die ansonsten gemäß § 74 Abs. 2 BauO NRW nur verlangt wird vor Abweichungsentscheidungen, bei denen zu erwarten ist, dass öffentlich-rechtlich geschützte Belange berührt werden. Diese Bestimmung ist entscheidend im Interesse des Bauherrn selbst formuliert worden. Für ihn ist es wichtig, dass die Angrenzer Art und Umfang des Bauvorhabens rechtzeitig erfahren, ihnen insbesondere auch klargemacht **40** wird, dass kein Schwarzbau errichtet wird, damit sie nicht wegen vermeintlich rechtserheblicher Beeinträchtigung ihrer Rechte Einwendungen – was große wirtschaftliche Nachteile zur Folge haben könnte – erst während der Bauausführung geltend machen. Eine rechtzeitige und umfassende Information verringert aber nicht nur die Wahrscheinlichkeit von Nachbarstreitigkeiten, ihr kann auch im Hinblick auf eine etwaige Verwirkung von Nachbarrechten wesentliche Bedeutung zukommen.

**41** Satz 3 verlangt nur die Beteiligung der **Angrenzer** und verweist bezüglich der Definition des Angrenzers auf § 74 Abs. 1 BauO NRW. Auch Nachbarn, nicht nur Angrenzer, können Nachbarrechte geltend machen (s. die Anmerkungen zu § 74 Rdn. 3). Deswegen liegt es ebenfalls im Interesse des Bauherrn, nicht nur die Angrenzer, sondern gegebenenfalls in gleicher Weise **Nachbarn** zu beteiligen, das sind Eigentümer und Erbbauberechtigte von Grundstücken, mit denen das Baugrundstück keine gemeinsamen Grenzen hat, die ihre Grundstücke etwa auf der anderen Straßenseite haben, oder deren Grundstücke nur durch ein schmales, im öffentlichen Eigentum stehendes Grundstück, z. B. einen Bachlauf oder einen Fußweg, vom Baugrundstück getrennt sind.

**42** Da die Regelung im Wesentlichen dem Schutz des Bauherrn dient, hat der Gesetzgeber einen Verstoß gegen diese gesetzliche Mitteilungspflicht nicht mit einem **Bußgeld** belegt. Auch kommen **ordnungsbehördliche Maßnahmen**, etwa um eine Unterrichtung, die der Bauherr nicht vorgenommen hat, zu erzwingen, **nicht in Betracht**.

**43** Als **Form der Beteiligung** ist nur die **Mitteilung** vorgeschrieben, dass ein nach § 67 BauO NRW genehmigungsfreies Vorhaben durchgeführt werden soll, ohne Näheres darüber auszusagen, welcher Art und wie umfänglich diese Mitteilung sein muss. Demnach genügte schon ein Anruf oder eine schlichte Postkarte mit dem entsprechenden Hinweis. In diesem Zusammenhang ist darauf hinzuweisen, dass eine ausführlichere Regelung im Hinblick auf das gegebene Eigeninteresse des Bauherrn entbehrlich war.

**44** Vom Bauherrn, der seine gesetzliche Mitteilungspflicht gegenüber den Angrenzern erfüllen will, kann hinsichtlich der Ermittlung, wer Eigentümer oder Erbbauberechtigter angrenzender Grundstücke ist, nichts Unzumutbares verlangt werden. Zumutbar ist die **Einsichtnahme in das Grundbuch**. Gemäß § 12 Abs. 1 GBO ist die Einsichtnahme in das Grundbuch jedem gestattet, der ein berechtigtes Interesse darlegt. Das ist im Freistellungsverfahren gegeben.

Da die BauO NRW generell die **Entlastung der Bauaufsichtsbehörden** anstrebt, sind diese **nicht verpflichtet**, für den Bauherrn **Namen und Anschriften der Angrenzer zu ermitteln**.

## 6 Zu Absatz 5 – Pflichten im Rahmen der Bauausführung

**45** Die in § 67 Abs. 5 BauO NW 1995 noch zahlreich enthaltenen und schwer erfassbaren Verweisungen auf andere Bestimmungen wurden mit der BauO NRW 2000 weitgehend in Lesetext umgewandelt. Die in Absatz 5 enthaltenen **Pflichten des Bauherrn** gleichen denen im Baugenehmigungsverfahren. Das Gleiche gilt hinsichtlich der **Pflichten der Bauaufsichtsbehörde** zur Unterrichtung anderer Behörden oder Dienststellen. Trotz der Angleichung an die entsprechenden Vorschriften des § 75 BauO NRW finden Bauüberwachung und Bauzustandsbesichtigungen bei Vorhaben nach § 67 BauO NRW **nicht** statt, da die §§ 81 und 82 BauO NRW nur auf genehmigungsbedürftige Vorhaben Anwendung finden und § 67 BauO NRW auf diese Vorschriften auch nicht verweist.

46 **Mitteilungspflichten gegenüber anderen Verwaltungsdienststellen** können der unteren Bauaufsichtsbehörde im Zusammenhang mit genehmigungsfreien Bauvorhaben nur in dem Umfang auferlegt werden, wie ihr überhaupt Erkenntnisse vorliegen. Damit ist klar, dass allenfalls die Mitteilungen über den **Beginn** und die **Beendigung** der Bauarbeiten an andere Behörden weitergegeben werden können. Dass die Bauaufsichtsbehörden zur Erstattung dieser Mitteilungen für zuständig erklärt wurden, kann nur als **Missgriff des Gesetzgebers** bezeichnet werden. Systemgerecht wäre es vielmehr gewesen, allein die Bauherren selbst zu verpflichten und im Falle von Zuwiderhandlungen empfindliche Bußgeldtatbestände vorzusehen. Die Einbeziehung der Bauaufsichtsbehörden ist darauf zurückzuführen, dass der Gesetzgeber ein gewisses **Misstrauen hinsichtlich des gesetzestreuen Verhaltens der Bauherren** hegt. Die Mitwirkung der Bauaufsichtsbehörden – und sei es nur in Form des „Postboten" bei der Übermittlung von Beginn- und Fertigstellungsanzeigen – soll in gewisser Weise auch Druck auf die Bauherren ausüben, sich gesetzeskonform zu verhalten, da ja – was aber wiederum vom Gesetzgeber nicht deutlich ausgesprochen wird – nicht auszuschließen ist, dass die Bauaufsichtsbehörde die Mitteilungen zum Anlass nimmt, eine Kontrolle im Rahmen der allgemeinen Überwachung nach § 61 Abs. 1 BauO NRW durchzuführen.

47 Dass der Bauaufsichtsbehörde keine Bauvorlagen bei Baubeginn vorzulegen sind, ist an und für sich unsinnig, da hierdurch ein bauaufsichtliches Einschreiten unnötig erschwert wird. Die **merkwürdige Kombination** in Absatz 5 **aus Mitteilungspflichten der Bauaufsichtsbehörde** einerseits und **dem Vorenthalten der Bauvorlagen** andererseits ist nur durch das **Misstrauen des Gesetzgebers** zu erklären, die Bauaufsichtsbehörde könne vielleicht doch ungefragt die eingereichten Bauvorlagen überprüfen, dabei möglicherweise Verstöße gegen das öffentliche Baurecht aufdecken und so die gesetzgeberische Vorstellung des gesetzestreu handelnden Bauherrn massiv stören. Die praktischen Erfahrungen der Bauaufsichtsbehörden mit § 67 BauO NRW zeigen, dass im Freistellungsverfahren bei der Errichtung und Änderung größerer Wohngebäude immer wieder Rechtsverstöße auftreten.

Eine **empirische Untersuchung** der durch die Freistellungsregelungen bewirkten tatsächlichen Situation in Bezug auf die Einhaltung des öffentlichen Baurechts **steht aus**, obwohl genügend Anhaltspunkte dafür vorliegen, dass die Freistellung keineswegs nur positiv zu beurteilen sein dürfte.

48 **Satz 1** verpflichtet den Bauherrn, der Bauaufsichtsbehörde mindestens eine Woche vorher den **Baubeginn anzuzeigen**, um zu gewährleisten, dass diese auch vom Ausführungsbeginn genehmigungsfreier Wohnbauvorhaben rechtzeitig Kenntnis erhält. Die Bauaufsichtsbehörde erhält bewusst keine Bauvorlagen, damit auch nicht im Ansatz der Eindruck entstehen kann, sie habe im Verfahren nach § 67 BauO NRW eine Prüfpflicht der Unterlagen.

Als Folge der Wiederaufnahme der Vorschrift über den Bauleiter (§ 59 a) wurde die Verpflichtung des Bauherrn aufgenommen, die Namen der **Bauleiter** bzw. **Fachbauleiter** mitzuteilen. Ferner sind die Namen der **staatlich anerkannten Sachverständigen** mitzuteilen, welche die Nachweise nach Absatz 4 aufstellen oder prüfen; diese haben auch **stichprobenhafte Kontrollen** nach Satz 7 durchzuführen. Die Ergänzung erfolgte im Gesetzgebungsverfahren, weil die Erfahrungen der Praxis zeigten, dass die Bauherren die staatlich anerkannten Sachverständigen oftmals nicht mit diesen Kontrollen beauftragt haben (vgl. LT-Drucks. 12/4394 S. 74 zu Nr. 34). Die Bestimmung entspricht § 68 Abs. 2 Satz 2 BauO NRW (s. die Anmerkungen zu § 68 Rdn. 44).

49 **Satz 2 verpflichtet** die **Bauaufsichtsbehörde** nach Erhalt der Baubeginnanzeige, diese **Information** an die **Bezirksregierung** (früher Staatliches Amt für Arbeitsschutz bzw. Staatliches Umweltamt) weiterzugeben. Das Gesetz schweigt sich allerdings darüber aus, wie die Bauaufsichtsbehörde **ohne** Bauvorlagen feststellen soll, **ob** eine Unterrichtung des Staatlichen Umweltamtes überhaupt **erforderlich** ist. Somit begünstigt die Vorschrift eine – unsinnige – regelmäßige Unterrichtung. Nach Nr. 67.5 VV BauO NRW sind von der Bauaufsichtsbehörde ferner zu unterrichten: das örtlich zuständige Finanzamt, die Katasterbehörde, die untere Abfallwirtschaftsbehörde und die Bauberufsgenossenschaft (s. auch die Anmerkungen zu § 75 Rdn. 196 u. 197).

50 **Satz 3** verpflichtet den Bauherrn zur **Absteckung der Grundrissfläche und der Höhenlage** der baulichen Anlage **vor Baubeginn**. Da eine Bauüberwachung nicht stattfindet, läuft die **bauaufsichtliche** Kontrollfunktion der Bestimmung ins Leere. Bei genehmigungsbedürftigen Bauvorhaben wird die vergleichbare Vorschrift des § 75 Abs. 6 Satz 1 BauO NRW nämlich durch § 81 Abs. 2 Satz 1 BauO NRW ergänzt, wonach der Bauherr die Einhaltung der Grundrissfläche und Höhenlage der baulichen Anlage **der Bauaufsichtsbehörde nachzuweisen** hat (vgl. die Anmerkungen zu § 75 Rdn. 180–187 und zu § 81 Rdn. 40–43). Gerade über diesen Nachweis verfügt die Bauaufsichtsbehörde aber **nicht**, da dieser nach § 67 Abs. 5 **Satz 9** BauO NRW nur dem Bauherrn selbst vorliegen muss. Die Absteckungspflicht hat daher nur den Sinn, überhaupt die Führung des Nachweises nach Satz 9 zu ermöglichen; denn wer sich als Bauherr einen Nachweis über die Einhaltung der Grundrissfläche und der Höhenlage beschaffen muss, hat auch die Absteckung – als notwendige Voraussetzung – zu veranlassen. Wegen dieses Sachzusammenhangs hätte es nahe gelegen, die Sätze 3 und 9 zusammenzufassen. Eine weitere Bedeutung dieser Bestimmungen liegt in der Möglichkeit, dass die Bauaufsichtsbehörde überprüfen kann, ob ordnungsgemäß gebaut wird, wenn sich z. B. ein Angrenzer an die Bauaufsichtsbehörde mit der Behauptung wendet, es werde abweichend von den bei der Gemeinde eingereichten Bauvorlagen gebaut.

51 Um eine allgemeine Überwachung des Baugeschehens nach § 61 Abs. 1 BauO NRW zu ermöglichen, verpflichtet **Satz 4** den Bauherrn, die **Bauvorlagen an der Baustelle bereitzuhalten**. Die Vorschrift entspricht § 75 Abs. 6 Satz 2 BauO NRW (vgl. die Anmerkungen zu § 75 Rdn. 188–190). Ihr kommt deshalb außerordentliche Bedeutung zu, weil die Bauaufsichtsbehörde über keine Bauvorlagen verfügt, sich also nur im Rahmen örtlicher Kontrollen über das Bauvorhaben durch Einsichtnahme in die an der Baustelle vorzuhaltenden Bauvorlagen informieren kann. Neben den Bauvorlagen hat der Bauherr auch die **Bescheinigungen der staatlich anerkannten Sachverständigen**, soweit solche nach Absatz 4 erforderlich sind, an der Baustelle vorzuhalten.

52 **Satz 5** ordnet an, dass die nach § 67 BauO NRW freigestellten Vorhaben **erst benutzt** werden dürfen, wenn sie **ordnungsgemäß fertiggestellt** und **sicher benutzbar** sind. Das entspricht der generellen Regelung in § 82 Abs. 8 Satz 1 BauO NRW. Der Philosophie des § 67 BauO NRW entspricht es wiederum, dass nicht etwa die Regelung des § 82 Abs. 8 Satz 2 BauO NRW ebenfalls entsprechend anwendbar ist, wonach die Bauaufsichtsbehörde auf Antrag einen früheren Bezug des Gebäudes gestatten kann, wenn wegen der öffentlichen Sicherheit und Ordnung Bedenken nicht bestehen. Eine solche Entscheidungskompetenz könnte die Bauaufsichtsbehörde, die und weil sie bislang außer der Baubeginnanzeige von dem Vorhaben keinerlei Kenntnis hat, überhaupt nicht wahrnehmen, zumal sie weder die Bauüberwachung nach § 81 BauO NRW noch die Bauzustandsbesichtigungen nach § 82 BauO NRW durchzuführen hat.

53 Nach **Satz 6** ist vom Bauherrn die **Fertigstellung** des Bauvorhabens der Bauaufsichtsbehörde **anzuzeigen**, anders als nach § 82 Abs. 2 Satz 1 BauO NRW, aber nicht mindestens eine Woche vor Bezug. Die Fertigstellungsanzeige hat bei Vorhaben nach § 67 BauO NRW nämlich nicht wie bei den genehmigten Vorhaben den Sinn, der Bauaufsichtsbehörde die Möglichkeit einzuräumen, früh genug vor Bezug noch die Ordnungsgemäßheit des Vorhabens zu prüfen, sondern löst lediglich die Verpflichtung der Bauaufsichtsbehörde aus, dem Landesamt für Datenverarbeitung und Statistik (LDS) die erforderliche **statistische Meldung** zu erstatten (s. Nr. 67.5 VV BauO NRW).

54 Nach **Satz 7** müssen dem Bauherrn zum Zeitpunkt der Fertigstellung **Bescheinigungen** von staatlich anerkannten Sachverständigen über **stichprobenhafte Kontrollen** während der Bauausführung vorliegen, durch die sie sich davon überzeugt haben, dass die baulichen Anlagen „entsprechend den in Absatz 4 genannten Nachweisen" zur **Standsicherheit** und zum **Brandschutz** errichtet oder geändert worden sind. Die Bezugnahme auf Absatz 4 bedeutet, dass die Bescheinigungen **nur dann** und **insoweit** gefordert werden, als bautechnische Nachweise von staatlich anerkannten Sachverständigen aufgestellt oder geprüft sein müssen. Diese Anforderungen differenzieren zwischen Wohngebäuden mittlerer und geringer Höhe mit mehr als zwei Wohnungen:

- für Wohngebäude **mittlerer Höhe** ist sowohl die **Standsicherheit** als auch der **Brandschutz** durch staatlich anerkannte Sachverständige zu prüfen und zu bescheinigen,
- für Wohngebäude **geringer Höhe mit mehr als zwei Wohnungen** spielt der Aspekt der **Standsicherheit** eine Rolle,
- für Wohngebäude **geringer Höhe mit nicht mehr als zwei Wohnungen** sind Bescheinigungen nach Absatz 5 Satz 7 – mit Ausnahme der Bescheinigungen nach der EnEV-UVO – nicht erforderlich.

Für **alle** der Freistellung nach § 67 BauO NRW unterfallenden **Wohngebäude** – somit auch der Wohngebäude geringer Höhe mit nicht mehr als zwei Wohnungen – besteht aufgrund der EnEV in Verbindung mit der EnEV-UVO eine **Nachweispflicht**. Die Nachweise führt § 2 Abs. 1 Satz 2 EnEV-UVO auf. Die staatlich anerkannten Sachverständigen für Schall- und Wärmeschutz, die nach § 2 Abs. 1 Satz 1 EnEV-UVO die **Nachweise des Wärmeschutzes** aufstellen oder prüfen, haben gemäß § 2 Abs. 2 Satz 1 EnEV-UVO **Bescheinigungen** auszustellen, dass sie sich durch **stichprobenhafte Kontrollen während der Bauausführung** davon überzeugt haben, dass die Gebäude entsprechend den Nachweisen errichtet wurden. Die Bescheinigung muss dem Bauherrn gemäß § 2 Abs. 4 EnEV-UVO im Zeitpunkt der Fertigstellung vorliegen.

55 **Art**, **Zahl und Umfang der stichprobenhaften Kontrollen** konnten in der BauO NRW nicht geregelt werden, da sie vom Einzelfall abhängig sind. So wird z. B. wegen der generellen Gefahrenrelevanz der Standsicherheit der für die Prüfung der Standsicherheit zuständige Sachverständige in aller Regel häufiger an der Baustelle sein müssen als der staatlich anerkannte Sachverständige für Schall- und Wärmeschutz. Auch werden Art, Zahl und Umfang der stichprobenhaften Kontrollen davon abhängen, ob es sich um ein Wohngebäude mit technischen Besonderheiten handelt. Letztlich liegt die **Verantwortung** für die ordnungsgemäße Durchführung der stichprobenhaften Kontrollen **bei den staatlich anerkannten Sachverständigen** selbst. Sie müssen nach Art, Zahl und Umfang der Kontrollen in der Lage sein und verantworten können, eine Bescheinigung auszustellen, dass die Ausführung der baulichen Anlagen entsprechend den im Einzelfall nach Absatz 4 geforderten und vorliegenden Nachweisen erfolgt ist.

56 **Satz 8** verweist auf

- **§ 65 Abs. 4 BauO NRW**, um zu verdeutlichen, dass das **materielle Recht einzuhalten** ist (s. die Anmerkungen zu § 65 Rdn. 185–189),
- **§ 68 Abs. 7 BauO NRW**, da **Abweichungen von bauordnungsrechtlichen Vorschriften** einschließlich der von örtlichen Bauvorschriften gesondert zu beantragen sind (s. die Anmerkungen zu § 68 Rdn. 64–65 und Nr. 67.11 VV BauO NRW),
- **§ 70 BauO NRW** im Hinblick auf die für Wohngebäude erforderliche **Bauvorlageberechtigung des Entwurfsverfassers** (s. die Anmerkungen zu § 70 Rdn. 10–12).

### 7 Zu Absatz 6 – Aufbewahrungspflichten

57 Die Regelung, nach der der Bauherr die **Bauvorlagen**, **Nachweise** und **Bescheinigungen aufzubewahren** hat, folgt einer im Gesetzgebungsverfahren vorgetragenen Anregung. Sie hat den **Zweck**, dem Bauherrn im Bedarfsfall den Nachweis ordnungsgemäßer Planung und Bauausführung seines Gebäudes zu ermöglichen. Dies gilt insbesondere dann, wenn die Bauaufsichtsbehörde aufgrund ihr bekannt gewordener Tatsachen erwägt, ob ordnungsbehördlich die Nutzung untersagt oder die Stillegung angeordnet werden muss. Auch könnten die Gerichte ansonsten auf keine zuverlässigen Beurteilungsunterlagen zurückgreifen (so Boeddinghaus/Hahn/Schulte, zu § 67 Rdn. 67).

Die Vorschrift hat auch **Appellfunktion**. Ein verantwortungsbewusster Bauherr und sein späterer Rechtsnachfolger werden ohnehin im eigenen Interesse die genannten Unterlagen sorgfältig aufbewahren.

58 In ihrer ursprünglichen Fassung nahm die Bestimmung nur den Bauherrn in die Pflicht. Dabei stellte sich die Frage, wie lange jemand im Sinne des § 67 BauO NRW überhaupt Bauherr ist. Eine Verpflichtung des Bauherrn, dem Rechtsnachfolger die Unterlagen weiterzugeben, war aus dem Gesetz nicht zu entnehmen. Um diese Rechtslücke zu schließen, wurden mit der BauO NRW 2000 die Worte **„und die späteren Eigentümer“** aufgenommen.

### 8 Zu Absatz 7 – Garagen und überdachte Stellplätze

59 **Absatz 1 Satz 1** erfasst neben den Wohngebäuden bereits **Nebengebäude** und **Nebenanlagen** (s. Rdn. 13). Mit dem Begriff der Nebenanlage knüpft § 67 BauO NRW direkt an das **Bauplanungsrecht** an. Zu den Nebenanlagen nach § 14 BauNVO rechnen **nicht** Garagen und Stellplätze, da diese in § 12 BauNVO geregelt sind. Da Absatz 7 Garagen und überdachte Stellplätze bis 1000 m² Nutzfläche **gesondert** nennt, umfasst der in Absatz 1 Satz 1 verwendete Begriff des Nebengebäudes keine Garagen und auch keine überdachten Stellplätze. Die Bedeutung des Absatzes 7 **Satz 1** liegt in der **Erweiterung der Freistellung** um **Garagen und überdachte Stellplätze bis 1000 m² Nutzfläche**, die einem Wohngebäude **dienen**.

59 a Die **Nutzflächengrenze von 1000 m²** steht im Zusammenhang mit den Regelungen der **GarVO**, die Garagen entsprechend ihrer **Gefahrenlage** nach der Größe typisiert (s. die Anmerkungen zu § 2 Rdn. 239).

**Kleingaragen** weisen nach § 2 Abs. 1 Nr. 1 GarVO bis 100 m² Nutzfläche auf.

**Mittelgaragen** haben nach § 2 Abs. 1 Nr. 2 GarVO über 100 m² bis 1000 m² Nutzfläche.

**Großgaragen** über 1000 m² Nutzfläche unterliegen nach § 68 Abs. 1 Satz 3 Nr. 16 BauO NRW als „**große**" Sonderbauten dem „**normalen**" Genehmigungsverfahren.

**Überdachte Stellplätze** sind **begrifflich** den **Garagen** zuzuordnen, da nach § 2 Abs. 3 Satz 2 GarVO Stellplätze mit Schutzdächern **offene** Garagen sind (s. die Anmerkungen zu § 2 Rdn. 240). Insoweit hätte es genügt, in Absatz 7 nur Garagen aufzuführen.

Weder Absatz 1 noch Absatz 7 erwähnen **Stellplätze ohne Überdachung**, die bis zu insgesamt 100 m² nach § 65 Abs. 1 Nr. 24 BauO NRW freigestellt sind (s. die Anmerkungen zu § 65 Rdn. 86–89). Es kann sich nur um ein Versehen handeln, da kein Grund ersichtlich ist, warum z. B. eine 200 m² große Stellplatzfläche ohne Überdachung vom Freistellungsverfahren nicht erfasst sein soll, wohl aber eine gleich große Garage.

Ein Wohngebäude mittlerer Höhe oder geringer Höhe mit mehr als zwei Wohnungen **einschließlich Großgarage** in einem Baukörper unterfällt insgesamt dem „**normalen**" Genehmigungsverfahren, da sich ein Vorhaben bei **untrennbarer funktionaler Einheit** nicht verfahrensrechtlich aufspalten lässt (VG Koblenz, Urteil vom 11.5.2000 – 1 K 471/00, BauR 2000, 1467 = BRS 63 Nr. 219 = NVwZ-RR 2000, 764).

Die **Errichtung** (nicht auch die Änderung!) **von Kleingaragen** bedarf nach **§ 2 Nr. 4 Buchstabe c Bürokratieabbaugesetz I** abweichend von § 63 Abs. 1 Satz 1 BauO NRW in der Regel keiner Baugenehmigung, sondern ist bei der unteren Bauaufsichtsbehörde vor Durchführung des Vorhabens schriftlich **anzuzeigen** (s. die Anmerkungen zu § 63 Rdn. 11 f–11 g). Aus den gleichen Gründen wie diese für Nutzungsänderungen bestehen (s. Rdn. 24 a–24 b), erweist sich das **Freistellungsverfahren als speziellere** Regelung. Es ist damit anzuwenden, wenn die Errichtung der Garage unter den besonderen Voraussetzungen des § 67 Abs. 1 BauO NRW im Geltungsbereich eines qualifizierten oder vorhabenbezogenen Bebauungsplans erfolgen soll. **59 b**

Die Freistellung gilt nach Absatz 7 **Satz 1** nur dann, wenn die Garage oder der überdachte Stellplatz **einem Wohngebäude dient**. Die Garagen und überdachten Stellplätze müssen einem Wohngebäude funktional und räumlich zu- und untergeordnet sein. Ist die **Voraussetzung des Dienens** nicht gegeben, so unterliegt das Vorhaben dem Genehmigungserfordernis. Satz 1 ordnet die entsprechende Anwendung der Absätze 1 bis 3 an. Die dort geregelten Voraussetzungen für die Freistellung der Wohngebäude müssen demnach auch für die Garagen und überdachten Stellplätze erfüllt sein. Absatz 7 entfaltet im Übrigen seine verfahrensrechtliche **Bedeutung für Mittelgaragen**, da sich die Bestimmungen der Sätze 2 bis 5 nur auf diesen Garagentyp beziehen. **60**

**Satz 2** schreibt für **Mittelgaragen** vor, dass dem Bauherrn **bei Baubeginn** vorliegen müssen: **61**

- ein von einem staatlich anerkannten Sachverständigen für die Prüfung der Standsicherheit geprüfter **Nachweis der Standsicherheit** sowie
- die **Bescheinigung** eines staatlich anerkannten Sachverständigen für die Prüfung des Brandschutzes, dass das Vorhaben den **Anforderungen an den Brandschutz** entspricht.

**Satz 3** wurde mit der BauO NRW 2000 neu eingefügt und verweist auf Absatz 4 Satz 3 und Absatz 6, um Mittelgaragen hinsichtlich der **Benachrichtigung der Angrenzer** und des **Aufbewahrens von Unterlagen** denselben Anforderungen zu unterwerfen wie die in Absatz 1 genannten Anlagen (so die Begründung in LT-Drucks. 12/3738 S. 86).

Die **Sätze 4** und **5**, die für **geschlossene** Mittelgaragen **mit natürlicher Lüftung** die **Unbedenklichkeitsbescheinigung** eines staatlich anerkannten Sachverständigen **und** eine **Bestätigung aufgrund von Messungen** innerhalb eines Monats nach Inbetriebnahme der Garage verlangen, entsprechen der Regelung des § 15 Abs. 3 GarVO (s. die Anmerkungen zu § 68 Rdn. 45).

### 9 Zu Absatz 8 – Folgen der Nichtigkeit des Bebauungsplans

62 Absatz 8 ersetzt Satz 3 aus § 67 Absatz 1 BauO NW 1995 in abgewandelter Form, um möglichen Missverständnissen entgegenzuwirken (so die Amtliche Begründung in LT-Drucks. 12/3738 S. 86). Das Freistellungsverfahren bedingt die **Rechtsverbindlichkeit des Bebauungsplans** (s. Rdn. 14). Nach der Formulierung des Vorgängerrechts sollte die „Rechtmäßigkeit des Vorhabens nicht durch die spätere Nichtigkeit des Bebauungsplans berührt" werden. Gemeint war dabei die Rechtmäßigkeit des bereits **fertig gestellten** Vorhabens (so OVG NRW, Beschluss vom 30. 5. 1996 – 10 a B 1073/96.NE, BauR 1996, 826 = BRS 58 Nr. 51 = NVwZ 1997, 923 = NWVBl. 1997, 138 zur Bedeutung des § 67 Abs. 1 Satz 3 BauO NW 1995 für die allgemeine Interessenabwägung im Rahmen eines Normenkontroll-Eilverfahrens). Die Neuformulierung beschränkt sich auf die **Regelung des ordnungsbehördlichen Einschreitens** durch die Bauaufsichtsbehörde bei **Nichtigkeit des Bebauungsplans**.

63 Die Vorschrift berücksichtigt, dass die durch § 67 BauO NRW freigestellten baulichen Anlagen über **keinen Bestandsschutz aufgrund einer Baugenehmigung** verfügen, sondern **bestandsgeschützt nur** dann sind, **wenn und solange sie den Festsetzungen des Bebauungsplans nicht widersprechen**. Da die Nichtigkeit eines Bebauungsplans mit Rückwirkung für die Vergangenheit (ex tunc) festgestellt wird und damit die materielle Legalität für das Vorhaben nachträglich entfällt, dient die Regelung – soweit dies überhaupt bauplanungsrechtlich möglich ist – der Sicherung des Fortbestands der baulichen Anlage. Der Bauherr, der mit der Errichtung eines plankonformen Bauvorhabens im Freistellungsverfahren beginnt, handelt insoweit auf **eigenes Risiko**, als das Vorhaben erst „**nach**" seiner Durchführung einen vergleichbaren Status formeller Legalität hat wie ein durch eine Baugenehmigung abgesichertes Vorhaben (OVG NRW, Beschluss vom 1. 9. 2000 – 7 a B 1225/00.NE, BauR 2001, 1399 = BRS 63 Nr. 59).

64 **Satz 1** bewirkt lediglich, dass nach Feststellung der Nichtigkeit des Bebauungsplans durch das Normenkontrollgericht für eine im Verfahren nach § 67 BauO NRW **fertig gestellte** bauliche Anlage **nachträglich kein Genehmigungserfordernis** mehr eintritt. Es handelt sich damit um einen **besonderen gesetzlichen Freistellungstatbestand**, der ausschließlich an die Nichtigkeitsfeststellung anknüpft und damit nachträglich die Genehmigungsfreiheit **fingiert**. Wird der Bebauungsplan dagegen im Verfahren nach dem BauGB aufgehoben bzw. nachteilig geändert, greift Satz 1 nicht ein (s. Rdn. 67).

65 **Satz 2** hat seine endgültige Fassung erst im Gesetzgebungsverfahren durch Einfügung der Worte „der auf der Nichtigkeit des Bebauungsplans beruht" erhalten, um klarzustellen, dass nicht auch die Bauvorhaben geschützt werden sollen, die bereits den Festsetzungen des für nichtig erklärten Bebauungsplans nicht entsprochen haben (so LT-Drucks. 12/4394 S. 74 zu Nr. 35). Die Vorschrift **begrenzt die Befugnis** der Bauaufsichtsbehörde zum ordnungsbehördlichen Einschreiten in Bezug auf den Erlass einer **Beseitigungsanordnung**. Auch diese Bestimmung setzt tatbestandlich – wie Satz 1 – die Feststellung der Nichtigkeit des Bebauungsplans voraus.

Das Einschreiten wird insoweit ausgeschlossen, als nunmehr aufgrund des Fortfalls des Bebauungsplans andere bauplanungsrechtliche Vorschriften entgegenstehen. Das sind vor allem die Vorschriften der §§ 34 und 35 BauGB, da das Wiederaufleben eines älteren Bebauungsplans auf sehr seltene Ausnahmefälle beschränkt sein wird. Ob das Land zu einer solchen Regelung im Hinblick auf das Bauplanungsrecht befugt war, begegnet starken Bedenken. Es ist nämlich fraglich, ob und gegebenenfalls in welchen Grenzen die Bauaufsichtsbehörde ein Entschließungsermessen besitzt, wenn es sich um die Wahrung der nach Bundesrecht zu beurteilenden bauplanungsrechtlichen Zulässigkeit handelt (BVerwG, Beschluss vom 17.4.1998 – 4 B 144.97, BRS 60 Nr. 169). Dies gilt insbesondere für Fälle, die nach § 35 BauGB zu beurteilen sind, weil die aufgrund des nichtigen Bebauungsplans im Werden begriffene Bebauung noch nicht den Status eines im Zusammenhang bebauten Ortsteils im Sinne des § 34 BauGB erreicht hat. **65 a**

Eine Ausnahme von der Begrenzung der Befugnis ist gegeben, wenn **Rechte Dritter** so stark beeinträchtigt sind, dass ein **Einschreiten erforderlich** wird. Allein aus formeller Illegalität kann der Nachbar kein Abwehrrecht herleiten, da ein Verstoß gegen materielles nachbarschützendes Baurecht hinzutreten muss (OVG NRW, Beschluss vom 10.3.1997 – 7 B 192/97, BRS 59 Nr. 201). Für den Nachbarn kann sich aus der an Art. 14 Abs. 1 GG auszurichtenden Auslegung der landesrechtlichen Ermächtigungsgrundlage (§ 61 Abs. 1 BauO NRW) gegen die Bauaufsichtsbehörde ein Anspruch ergeben, dass sie eine Beseitigungsanordnung erlässt, wobei die ermessensreduzierende Wirkung des Art. 14 Abs. 1 GG und des Anspruchs auf Folgenbeseitigung nicht weiter geht, als eine beeinträchtigende Rechtsposition gegeben ist (BVerwG, Beschluss vom 9.2.2000 – 4 B 11.00, BRS 63 Nr. 210). **65 b**

Es liegt im Interesse des Bauherrn, mit der Ausführung eines genehmigungsfreien Bauvorhabens unverzüglich zu beginnen, da er das **Risiko einer Änderung der planungsrechtlichen Vorstellungen der Gemeinde trägt**. Entspricht sein Bauvorhaben nämlich nicht mehr den Festsetzungen des Bebauungsplans, so ist es nicht nur materiell, sondern wegen der bei Nichtübereinstimmung eintretenden Genehmigungsbedürftigkeit auch **formell rechtswidrig** (so Nr. 67.13 VV BauO NRW). Darüber hinaus besteht immer die Gefahr, dass der Nachbar den Bebauungsplan in der **Normenkontrolle** angreift. **66**

Soll ein Vorhaben im Freistellungsverfahren errichtet werden, hat der betroffene **Grundstücksnachbar** grundsätzlich die Möglichkeit, im Wege der **einstweiligen Anordnung** nach § 47 Abs. 6 VwGO die vorläufige Außervollzugsetzung des Bebauungsplans zu beantragen. Er kann zumindest dann nicht auf den Individualrechtsschutz nach § 123 VwGO verwiesen werden, wenn der angegriffene Bebauungsplan nur einen engen räumlichen Bereich erfasst (BayVGH, Beschluss vom 28.7.1999 – 1 NE 99.813, BRS 62 Nr. 58). Zur Verpflichtung der Bauaufsichtsbehörde auf Einschreiten bedarf es jedoch zusätzlich eines Antrags des Nachbarn nach § 123 VwGO, da im Verfahren nach § 47 Abs. 6 VwGO für eine Anordnung zur Stilllegung von bereits begonnenen Vorhaben kein Raum ist (OVG NRW, Beschluss vom 1.9.2000 – 7 a B 1225/00.NE, BauR 2001, 1399 = BRS 63 Nr. 59 = UPR 2001, 394). **66 a**

Als **problematisch** erweisen sich damit für den Bauherrn die Fälle, in denen **während der Bauausführung** der Bebauungsplan zum Nachteil des Bauherrn durch die Gemeinde geändert oder aufgehoben oder aber die Nichtigkeit des Bebauungsplans durch das Normenkontrollgericht festgestellt wird. In diesen Fällen hat die untere Bauaufsichtsbehörde zu prüfen, ob es ermessensgerecht ist, das Vorhaben stillzulegen und gegebenenfalls dessen Beseitigung anzuordnen. **66 b**

66 c Ist das **Bauvorhaben bereits weitgehend errichtet** und wäre eine Beseitigungsanordnung unverhältnismäßig, muss nicht nur eine Baueinstellung unterbleiben, sondern auch ausnahmsweise die Fertigstellung des Vorhabens von der Bauaufsichtsbehörde geduldet werden. Bei weniger fortgeschrittener Bauausführung kann etwas anderes gelten, insbesondere, wenn die Bauarbeiten gerade erst begonnen wurden. Angesichts des für den Bauherrn sprechenden Vertrauensschutzes ist bei der Ermessensabwägung zu berücksichtigen, ob abweichende planerische Vorstellungen der Gemeinde den Abriss unabdingbar erfordern.

67 **Wird** der **Bebauungsplan** während der Bauphase zum Nachteil des Bauherrn **geändert**, so ist bei der Ermessenentscheidung über eine Beseitigungsverfügung zu berücksichtigen, dass diese vermutlich nur im gemeindlichen Interesse erginge, nämlich um die geänderten Planungsziele nicht zu beeinträchtigen. Wenn die Gemeinde im Rahmen ihrer Beteiligung durch Abgabe der Erklärung den Eintritt dieser Situation hätte verhindern können, dann werden bauaufsichtliche Maßnahmen jedenfalls nicht getroffen werden können, wenn die drohende Gefährdung der kommunalen Planungsziele die einzige Gefahr für die öffentliche Sicherheit darstellt und der Bauherr unmittelbar oder zumindest alsbald nach Ablauf der Monatsfrist das Bauvorhaben begonnen hat.

Die Gemeinde sollte, wenn sie den Erlass einer **Veränderungssperre beabsichtigt**, weil sie für das in Betracht kommende Gebiet eine Überplanung vornehmen will, von der Möglichkeit der **Anordnung des Genehmigungsverfahrens** Gebrauch machen.

Ist die **Monatsfrist** nach § 67 Abs. 1 Satz 1 Nr. 3 BauO NRW **bereits verstrichen**, sollte sie die **Bauherren** von der Veränderungssperre in geeigneter Weise **unterrichten**, um sie darauf aufmerksam zu machen, dass ihr Vorhaben nicht mehr den geltenden bauplanungsrechtlichen Anforderungen entsprechen wird.

## § 68
## Vereinfachtes Genehmigungsverfahren

**(1) [1]Das vereinfachte Genehmigungsverfahren wird für die Errichtung und Änderung von baulichen Anlagen sowie anderen Anlagen und Einrichtungen im Sinne des § 1 Abs. 1 Satz 2 durchgeführt, soweit sie nicht nach den §§ 65 bis 67 genehmigungsfrei sind. [2]Das vereinfachte Genehmigungsverfahren wird auch durchgeführt, wenn die Bauherrin oder der Bauherr dies gemäß § 67 Abs. 1 Satz 3 beantragt. [3]Das vereinfachte Genehmigungsverfahren gilt nicht für die Errichtung und Änderung von**

1. **Hochhäusern,**
2. **baulichen Anlagen mit mehr als 30 m Höhe,**
3. **baulichen Anlagen und Räumen mit mehr als 1.600 m² Grundfläche,**
4. **Verkaufsstätten mit mehr als 700 m² Verkaufsfläche,**
5. **Messe- und Ausstellungsbauten,**
6. **Büro- und Verwaltungsgebäuden mit mehr als 3.000 m² Geschossfläche,**
7. **Kirchen und Versammlungsstätten mit Räumen für mehr als 200 Personen,**
8. **Sportstätten mit mehr als 1.600 m² Grundfläche oder mehr als 200 Zuschauerplätzen, Freisportanlagen mit mehr als 400 Tribünenplätzen,**
9. **Sanatorien und Krankenhäusern, Entbindungs-, Säuglings-, Kinder- und Pflegeheimen,**
10. **Kindergärten und -horten mit mehr als 2 Gruppen oder mit dem Aufenthalt für Kinder dienenden Räumen außerhalb des Erdgeschosses sowie Tageseinrichtungen für Menschen mit Behinderungen und alte Menschen,**
11. **Gaststätten mit mehr als 40 Gastplätzen oder Beherbergungsbetrieben mit mehr als 30 Betten und Vergnügungsstätten,**
12. **Schulen, Hochschulen und ähnliche Einrichtungen,**
13. **Abfertigungsgebäuden von Flughäfen und Bahnhöfen,**
14. **Justizvollzugsanstalten und baulichen Anlagen für den Maßregelvollzug,**
15. **baulichen Anlagen und Räumen, deren Nutzung mit Explosionsgefahr oder erhöhter Brand-, Gesundheits- oder Verkehrsgefahr verbunden ist, und Anlagen, die am 1. Januar 1997 in der Vierten Verordnung zu Durchführung des Bundesimmissionsschutzgesetzes enthalten waren,**
16. **Garagen mit mehr als 1.000 m² Nutzfläche,**
17. **Camping- und Wochenendplätzen,**
18. **Regalen mit mehr als 9 m Lagerhöhe (Oberkante Lagergut)**
19. **Zelten, soweit sie nicht Fliegende Bauten sind.**

**[4]Im vereinfachten Genehmigungsverfahren prüft die Bauaufsichtsbehörde nur die Vereinbarkeit des Vorhabens mit**

1. **den Vorschriften der §§ 29 bis 38 des Baugesetzbuches,**

**2. den §§ 4, 6, 7, § 9 Abs. 2, §§ 12, 13, 51 und 55, bei Sonderbauten auch mit § 17,**

**3. den örtlichen Bauvorschriften nach § 86,**

**4. anderen öffentlich-rechtlichen Vorschriften, deren Einhaltung nicht in einem anderen Genehmigungs-, Erlaubnis- oder sonstigen Zulassungsverfahren geprüft wird.**

**[5]Das vereinfachte Genehmigungsverfahren wird auch durchgeführt, wenn durch eine Nutzungsänderung eine bauliche Anlage entsteht, die keine bauliche Anlage im Sinne des Satzes 3 ist.**

**(2) [1]Spätestens bei Baubeginn sind bei der Bauaufsichtsbehörde einzureichen**

**1. Nachweise über den Schallschutz und den Wärmeschutz, die von einer oder einem staatlich anerkannten Sachverständigen nach § 85 Abs. 2 Satz 1 Nr. 4 aufgestellt oder geprüft sein müssen,**

**2. ein Nachweis über die Standsicherheit, der von einer oder einem staatlich anerkannten Sachverständigen nach § 85 Abs. 2 Satz 1 Nr. 4 geprüft sein muss, und**

**3. die Bescheinigung einer oder eines staatlich anerkannten Sachverständigen nach § 85 Abs. 2 Satz 1 Nr. 4, dass das Vorhaben den Anforderungen an den Brandschutz entspricht; dies gilt nicht für Wohngebäude geringer Höhe und Sonderbauten.**

**[2]Gleichzeitig sind der Bauaufsichtsbehörde die staatlich anerkannten Sachverständigen nach § 85 Abs. 2 Satz 1 Nr. 4 zu benennen, die mit den stichprobenhaften Kontrollen der Bauausführung beauftragt worden sind. [3]Soll bei der Errichtung geschlossener Garagen mit einer Nutzfläche über 100 m² bis 1.000 m² eine natürliche Lüftung vorgesehen werden, so muss zuvor von einer oder einem staatlich anerkannten Sachverständigen die Unbedenklichkeit bescheinigt worden sein; die Bescheinigung ist aufgrund durchgeführter Messungen innerhalb eines Monats nach Inbetriebnahme der Garage von der oder dem Sachverständigen zu bestätigen.**

**(3) Die Nachweise gemäß Absatz 2 müssen für**

**1. Wohngebäude geringer Höhe mit bis zu zwei Wohnungen einschließlich ihrer Nebengebäude und Nebenanlagen,**

**2. freistehende landwirtschaftliche Betriebsgebäude, auch mit Wohnteil, bis zu zwei Geschossen über der Geländeoberfläche, ausgenommen solche mit Anlagen für Jauche und Flüssigmist und**

**3. eingeschossige Gebäude mit einer Grundfläche bis 200 m²**

**nicht von staatlich anerkannten Sachverständigen nach § 85 Abs. 2 Satz 1 Nr. 4 aufgestellt oder geprüft werden.**

**(4) Für die folgenden Vorhaben müssen die bautechnischen Nachweise nach Absatz 2 nicht vorgelegt werden:**

**1. Gewächshäuser mit bis zu 4,0 m Firsthöhe,**

**2. Garagen und überdachte Stellplätze mit einer Nutzfläche bis 100 m²,**

**3. untergeordnete Gebäude (§ 53),**

**4. Wasserbecken bis zu 100 m³, einschließlich ihrer Überdachungen,**

**5. Verkaufs- und Ausstellungsstände,**

**6. Einfriedungen,**

**7. Aufschüttungen und Abgrabungen,**

**8. Werbeanlagen.**

**(5) [1]Auf Antrag der Bauherrin oder des Bauherrn kann die Bauaufsichtsbehörde die Nachweise nach Absatz 2 Nummern 1 und 2 prüfen. [2]Dies gilt auch für die Anforderungen an den baulichen Brandschutz, soweit hierüber Sachverständigenbescheinigungen vorzulegen sind.**

**(6) Bei Wohngebäuden geringer Höhe ist den Bauvorlagen eine Erklärung der Entwurfsverfasserin oder des Entwurfsverfassers beizufügen, dass das Vorhaben den Anforderungen an den Brandschutz entspricht.**

**(7) Über Abweichungen (§ 73) von den nach Absatz 1 nicht zu prüfenden Vorschriften entscheidet die Genehmigungsbehörde auf besonderen Antrag.**

**(8) [1]Die Bauaufsichtsbehörde hat über den Bauantrag innerhalb einer First von 6 Wochen nach Eingang des Antrags bei ihr zu entscheiden,**

**– wenn das Vorhaben im Geltungsbereich eines Bebauungsplanes im Sinne des § 30 Abs. 1 oder § 30 Abs. 2 des Baugesetzbuches liegt, oder**

**– für das Bauvorhaben ein Vorbescheid (§ 71) erteilt worden ist, in dem über die Zulässigkeit des Vorhabens auf dem Grundstück, die Bebaubarkeit des Grundstücks, die Zugänge auf dem Grundstück sowie über die Abstandflächen entschieden wurde.**

**[2]Die Bauaufsichtsbehörde kann die Frist aus wichtigen Gründen bis zu 6 Wochen verlängern. [3]Als wichtige Gründe gelten insbesondere die notwendige Beteiligung anderer Behörden oder die notwendige Entscheidung über eine Befreiung nach § 31 Abs. 2 des Baugesetzbuches oder eine Abweichung nach § 73.**

**(9) [1]Bauüberwachung (§ 81) und Bauzustandsbesichtigung (§ 82) beschränken sich auf den bei der Genehmigung geprüften Umfang. [2]Unberührt bleibt § 43 Abs. 7.**

***VV BauO NRW*** *(infolge Befristung mit Ablauf des 31. 12. 2005 ausgelaufen)*

***68 Vereinfachtes Genehmigungsverfahren (§ 68)***

*68.1 Zu Absatz 1*

*Für Bauvorhaben, die nach § 67 ohne Genehmigung errichtet werden könnten, kann das vereinfachte Genehmigungsverfahren nur durchgeführt werden, wenn entweder die Gemeinde die Erklärung nach § 67 Abs. 1 Satz 1 Nr. 3 abgegeben hat oder die Bauherrin bzw. der Bauherr beantragt, dass das Baugenehmigungsverfahren durchgeführt wird.*

*68.13 Zu Absatz 1 Satz 3*

*Zu den in § 68 Abs. 1 Satz 3 Nr. 15 geregelten Anlagen, die in der Vierten Verordnung zur Durchführung des Bundes-Immissionsschutzgesetzes am 1. 1. 1997 enthalten waren, wird auf die im Anhang enthaltene Anlage * zu Nr. 68 verwiesen.*

*68.14 Zu Absatz 1 Satz 4*

*Der Prüfumfang wird gegenüber dem bisherigen Recht nur in Bezug auf § 16 BauO NRW geändert. Die untere Bauaufsichtsbehörde prüft zwar nicht präventiv, ob das Grundstück gem. § 16 Satz 2 BauO NRW für bauliche Anlagen geeignet ist. Die notwendige Information anderer Behörden findet jedoch weiterhin statt. Sofern z. B. der Verdacht besteht, dass das Baugrundstück mit Altlasten belastet ist, wird die Abfallwirtschaftsbehörde beteiligt. Erklärt diese, dass der Altlastenverdacht nicht ausgeräumt ist, kann die Baugenehmigung nicht erteilt werden. Es wird auf die Nr. 5 des gemeinsamen Runderlasses von MURL und MBW v. 15. 05. 1992 (MBl. NRW. S. 876/SMBl. NRW. 2311) hingewiesen.*

*Bei Sonderbauten wird über § 17 die Übereinstimmung mit sämtlichen Brandschutzvorschriften geprüft. Bescheinigungen staatlich anerkannter Sachverständiger für die Prüfung des Brandschutzes kommen insoweit nicht in Betracht.*

*68.2 Zu Absatz 2*

*68.21 Zu Satz 1*

*Bei Garagen und überdachten Stellplätzen bis zu 100 m² Nutzfläche ist regelmäßig auf die Nachweise über den Schallschutz, den Wärmeschutz und über die Standsicherheit zu verzichten (siehe § 1 Abs. 2 Satz 3 BauPrüfVO).*

*68.22 Zu Satz 2*

*§ 81 Abs. 1 Satz 3 sieht stichprobenhafte Kontrollen staatlich anerkannter Sachverständiger dann vor, wenn zuvor Sachverständigenbescheinigungen nach § 68 Abs. 2 oder § 72 Abs. 6 im Genehmigungsverfahren vorgelegt wurden. Nur in diesen Fällen sind daher der Bauaufsichtsbehörde staatlich anerkannte Sachverständige nach Satz 2 zu benennen. Erfährt die Bauaufsichtsbehörde, dass den ihr benannten Sachverständigen der Auftrag für die stichprobenhaften Kontrollen wieder entzogen wurde, so hat sie die Bauherrin oder den Bauherrn unverzüglich zu veranlassen, ihr die nunmehr beauftragten Sachverständigen zu benennen.*

*68.3 Zu Absatz 3*

*Zwar müssen die Nachweise nicht von staatlich anerkannten Sachverständigen aufgestellt oder geprüft sein. Sie müssen jedoch von geeigneten Entwurfsverfasserinnen oder Entwurfsverfassern oder Fachplanerinnen oder Fachplanern (§ 58) aufgestellt sein. Der Entwurfsverfasser muss zudem ggf. bauvorlageberechtigt sein (§ 70).*

*Nach § 2 Abs. 1 Satz 2 WärmeschutzUVO muss der Nachweis über den Wärmeschutz nach der WärmeschutzV von staatlich anerkannten Sachverständigen aufgestellt oder geprüft werden. Die Bauaufsichtsbehörde hat daher nicht die Möglichkeit, einen nicht von Sachverständigen aufgestellten Wärmeschutznachweis zu prüfen, auch dann nicht, wenn die Bauherrin oder der Bauherr dies gemäß Absatz 5 beantragt.*

*68.6 Zu Absatz 6*

*Die Erklärung der Entwurfsverfasserin oder des Entwurfsverfassers hinsichtlich des Brandschutzes ist in den als Anlage I/1 zur VV BauPrüfVO bekannt gemachten Antragsvordruck eingearbeitet (siehe Abschnitt II Nr. 17 des Vordrucks).*

* **Hinweis**: umfangbedingt nicht abgedruckt – s. Schlöbcke/Temme/Böckenförde, Landesbauordnung Nordrhein-Westfalen, Textausgabe, 27. Aufl. 2002

## **Anmerkungen** (Autor: Heintz)

**Übersicht**

| | | Rdn. |
|---|---|---|
| 0 | Änderungen gegenüber der BauO NW 1984 und der BauO NW 1995 | 01–09 |
| 1 | Allgemeine | 1–10 |
| 2 | Zu Absatz 1 – Umfang des vereinfachten Genehmigungsverfahrens | |
| 2.1 | Zu Satz 1 – Vereinfachtes Genehmigungsverfahren als Regelverfahren | 11–12 |
| 2.2 | Zu Satz 2 – Alternative zur Genehmigungsfreistellung | 13–14 |
| 2.3 | Zu Satz 3 – Definition „großer" Sonderbauten | 15–16 |
| 2.4 | Zu Satz 4 – Umfang der bauaufsichtlichen Prüfung | 17–22 |
| 2.4.1 | Nr. 1 – bauplanungsrechtliche Zulässigkeitsvorschriften | 23–25 |
| 2.4.2 | Nr. 2 – bauordnungsrechtliche Vorschriften | 26–30 |
| 2.4.3 | Nr. 3 – örtliche Bauvorschriften | 31–32 |
| 2.4.4 | Nr. 4 – sonstige öffentlich-rechtliche Vorschriften | 33–34 |
| 2.5 | Zu Satz 5 – Nutzungsänderungen | 35–36 |
| 3 | Zu Absatz 2 – Bautechnische Nachweise im Regelfall | 37–45a |
| 4 | Zu Absatz 3 – Ausnahmen von der Prüfpflicht | 46–50 |
| 5 | Zu Absatz 4 – Ausnahmen von der Vorlagepflicht | 51–59 |
| 6 | Zu Absatz 5 – Prüfung auf Antrag | 60–61 |
| 7 | Zu Absatz 6 – Erklärung zum Brandschutz | 62–63 |
| 8 | Zu Absatz 7 – Besonderer Antrag für Abweichungen | 64–65 |
| 9 | Zu Absatz 8 – Bearbeitungsfristen | 66–71 |
| 10 | Zu Absatz 9 – Bauüberwachung und Bauzustandsbesichtigungen | 72–74 |

### 0 Änderungen gegenüber der BauO NW 1984 und der BauO NW 1995

Das vereinfachte Genehmigungsverfahren wurde erstmals mit § 64 BauO NW 1984 eingeführt und ersetzte das frühere Bauanzeigeverfahren. Die BauO NW 1995 hat an der neuen Verfahrensvorschrift festgehalten, mit **§ 68 BauO NW 1995** das vereinfachte Genehmigungsverfahren jedoch weiterentwickelt. Der Anwendungsbereich des vereinfachten Genehmigungsverfahrens wurde durch **Ergänzung** des **Vorhabenkatalogs** in **Absatz 1** wesentlich ausgedehnt: **01**

- Schwerpunkt dieser Ausdehnung war in **Nr. 1** die Einbeziehung von **Wohngebäuden mittlerer Höhe** sowie von zugehörigen Nebengebäuden und Nebenanlagen.
- In **Nr. 2** (freistehende landwirtschaftliche Betriebsgebäude) erfolgte durch den Einschub „auch mit Wohnteil" eine Erweiterung, zugleich durch die Ausnahme von Anlagen für Jauche und Flüssigmist jedoch auch eine Einschränkung.
- **Nr. 3** erfasste eingeschossige Gebäude, auch mit Aufenthaltsräumen, soweit sie nicht unter die Nummern 1 und 2 fielen oder es sich um Gebäude besonderer Art oder Nutzung gemäß § 54 Abs. 3 Nr. 7 bis 9 BauO NW 1995 handelte.
- In **Nr. 4** (Gewächshäuser mit bis zu 4,0 m Firsthöhe) entfiel die Einschränkung „ohne Verkaufsstätten".

- In **Nr. 5** (Garagen und überdachte Stellplätze) wurde die Beschränkung auf „oberirdische“ aufgegeben und die Nutzflächenbeschränkung von 100 $m^2$ auf 1000 $m^2$ angehoben; für Garagen mit einer Nutzfläche über 100 $m^2$ galt die Einbeziehung nur, wenn sie im Zusammenhang mit Wohngebäuden nach Nr. 1 errichtet wurden.
- **Nr. 6** (überdachte und nicht überdachte Fahrradabstellplätze von mehr als 100 $m^2$) wurde neu aufgenommen.
- **Nr. 7** (Behelfsbauten und untergeordnete Gebäude) entsprach der alten Nr. 6.
- In **Nr. 8** (Wasserbecken bis zu 100 $m^3$), die der alten Nr. 7 entsprach, wurden Überdachungen einbezogen.
- **Nr. 9** (Verkaufs- und Ausstellungsstände) und **Nr. 10** (Ausstellungsplätze, Abstellplätze und Lagerplätze) entsprachen den bisherigen Nummern 8 und 9.
- In **Nr. 11** wurde der letzte Halbsatz gestrichen, wonach Einfriedungen, die an öffentlichen Verkehrsflächen liegen, vom vereinfachten Genehmigungsverfahren ausgenommen waren.
- **Nr. 12** (Aufschüttungen und Abgrabungen) und **Nr. 13** (Werbeanlagen und Warenautomaten) wurden neu angefügt.

**02** **Absatz 2** des § 68 BauO NW **1995** entsprach im Wesentlichen dem alten Absatz 2 des § 64 BauO NW 1964 und beschrieb den **Umfang der baurechtlichen Prüfung** im vereinfachten Genehmigungsverfahren. Während § 64 Abs. 2 BauO NW 1984 **positiv** die **zu prüfenden Vorschriften** aufzählte, grenzte § 68 Abs. 2 **Nr. 1** BauO NW 1995 **negativ** die **nicht zu prüfenden Vorschriften** ab. **Verzichtet** wurde auf die Prüfung der Zulässigkeit von Wohnungen in Kellergeschossen (§ 44 Abs. 5 BauO NW 1984). **Erweitert** wurde dagegen der Prüfumfang um

- das Vorhandensein von Kinderspielflächen gemäß § 9 Abs. 2 BauO NW 1995,
- die Gestaltung nach § 12 BauO NW 1995,
- die Anforderungen an Werbeanlagen und Warenautomaten nach § 13 BauO NW 1995,
- die Eignung des Baugrundstücks nach § 16 Abs. 1 Satz 2 BauO NW 1995 sowie
- die Prüfung des Brandschutzes für die in das vereinfachte Genehmigungsverfahren einbezogenen Wohngebäude mittlerer Höhe durch Verweisung auf die Grundsatzbestimmung des § 17 BauO NW 1995.

**Nr. 2** verzichtete auf die Prüfung der Nachweise über die Standsicherheit sowie den Schallschutz und Wärmeschutz im Hinblick auf die neu eingefügten Regelungen in Absatz 5 (s. Rdn. 04).

**03** Die **Absätze 3** und **4** des § 68 BauO NW **1995** wurden **neu eingefügt**:

- **Absatz 3** stellte klar, dass für **Abweichungen** von im vereinfachten Genehmigungsverfahren nicht zu prüfenden Vorschriften ein **gesonderter Antrag** erforderlich wird.
- **Absatz 4** forderte im vereinfachten Genehmigungsverfahren eine **Erklärung des Entwurfsverfassers** über die **Beachtung der Brandschutzanforderungen**.

**04** **Absatz 5** des § 68 BauO NW **1995** ersetzte Absatz 3 des § 64 BauO NW 1984.

- **Satz 1** stellte sicher, dass im vereinfachten Genehmigungsverfahren für die Wohngebäude mittlerer Höhe und Wohngebäude geringer Höhe mit mehr als zwei Wohnungen die **Schallschutz- und Wärmeschutznachweise**, die gemäß Absatz 2 Nr. 2 keiner Prüfung bedürfen (s. Rdn. 02), von staatlich anerkannten Sachverständigen oder sachverständigen Stellen **aufgestellt oder geprüft** sein müssen; weiter war festgelegt, dass **Standsicherheitsnachweise** für diese Wohngebäude von staatlich anerkannten Sachverständigen oder sachverständigen Stellen **geprüft** sein müssen.

- Nach **Satz 2** waren die **Nachweise nicht** für die baulichen Anlagen nach Absatz 1 Nr. 4 und 6 bis 13 sowie für Nebengebäude und Nebenanlagen nach Nr. 1 **erforderlich**.
- **Satz 3** verlangte für **geschlossene Garagen** über 100 m² bis 1000 m² Nutzfläche mit **natürlicher Lüftung** entsprechend § 15 Abs. 3 GarVO **Unbedenklichkeitsbescheinigungen** durch staatlich anerkannte Sachverständige oder sachverständige Stellen.

Die **Absätze 6** und **7** des § 68 BauO NW **1995** übernahmen Absätze 4 und 5 des § 64 BauO NW 1984, allerdings mit Folgeänderungen aus dem geänderten Absatz 2 bzw. dem neu geschaffenen Rechtsinstitut der Abweichung (§ 73 BauO NW 1995). 05

**Absatz 8** des § 68 BauO NW **1995** übernahm Absatz 6 des § 64 BauO NW 1984. Nach Satz 2 wurde ein **neuer Satz 3** eingefügt, so dass sich der alte Satz 3 zum neuen Satz 4 verschob. Der neue Satz 3 verlangte, mit der Fertigstellungsanzeige bei Wohngebäuden mittlerer Höhe und Wohngebäuden geringer Höhe mit mehr als zwei Wohnungen **Bescheinigungen über stichprobenhafte Kontrollen** von staatlich anerkannten Sachverständigen oder sachverständigen Stellen einzureichen. 06

Die **BauO NRW 2000** hat § 68 BauO NW 1995 mit **Änderungen** übernommen sowie **Struktur und Gliederung überarbeitet**. Schwerpunkt der Rechtsänderung ist die **Aufwertung** des vereinfachten Genehmigungsverfahrens **zum Regelverfahren**. Der **neue Absatz 1**, fasst die bisherigen Absätze 1 und 2 des § 68 BauO NW 1995 zusammen: 07

- **Satz 1** ordnet die **Anwendung des vereinfachten Genehmigungsverfahrens als Grundregel** an. Aus diesem Grund **entfiel** der Vorhabenkatalog des § 68 Abs. 1 **Nr. 1 bis 13** BauO NW 1995.
- **Satz 2** regelt, dass das vereinfachte Genehmigungsverfahren auch anzuwenden ist, wenn dies der **Bauherr ausdrücklich beantragt**, weil er nicht in der Freistellung nach § 67 BauO NRW bauen möchte.
- **Satz 3** grenzt negativ ab, für welche **„großen"** Sonderbauten das vereinfachte Genehmigungsverfahren **nicht** gilt. Nur noch diese Vorhaben unterliegen dem „normalen" Genehmigungsverfahren mit seiner Vollprüfung.
- **Satz 4** entspricht Absatz 2 des § 68 BauO NW 1995. Während das Vorgängerrecht **negativ** die **nicht zu prüfenden Vorschriften** abgrenzte, zählt § 68 Abs. 1 **Satz 4** BauO NRW 2000 wieder **positiv** die **zu prüfenden Vorschriften** auf, wie dies bereits bei § 64 Abs. 2 BauO NW 1984 der Fall war (s. Rdn. 02). In der Aufzählung der zu prüfenden bauordnungsrechtlichen Bestimmungen entfiel § 16 Abs. 1 Satz 2 BauO NW 1995, um das Verfahren weiter zu beschleunigen (so LT-Drucks. 12/3738 S. 89). Dieser Beschleunigungseffekt kann angesichts der Regelungen des BBodSchG und des LBodSchG nicht eintreten, da das Bodenschutzrecht als „andere öffentlich-rechtliche Vorschriften" nach § 68 Abs. 1 Satz 4 Nr. 3 BauO NRW 2000 zu prüfen sind (s. die Anmerkungen zu § 16 Rdn. 34–55 und Nr. 68.14 VV BauO NRW).
- **Satz 5** sieht das vereinfachte Genehmigungsverfahrens für **Nutzungsänderungen** vor, soweit diese nicht zur Entstehung „großer" Sonderbauten führen.

08 Die **Absätze 2 bis 5** betreffen die bautechnischen Nachweise.

- **Absatz 2** übernimmt im Wesentlichen Sätze 1 und 2 aus Absatz 5 des § 68 BauO NW 1995 als neue Sätze 1 und 3. An die Stelle der präventiven **Prüfung des Brandschutzes** durch die Bauaufsichtsbehörde tritt für **Wohngebäude mittlerer Höhe** die **Bescheinigung** des staatlich anerkannten Sachverständigen. Aufgenommen wurde mit dem neu eingefügten Satz 2 eine **Verpflichtung des Bauherrn zur Benennung** der mit stichprobenhaften Kontrollen der Bauausführung beauftragten staatlich anerkannten Sachverständigen. Geregelt wurde ferner, dass für **Sonderbauten keine Sachverständigenbescheinigungen zum Brandschutz** vorzulegen sind, da für diese nach wie vor einer präventiven **Prüfung** des Brandschutzes erfolgt.
- **Absatz 3** regelt ergänzend zu Absatz 2, für welche technisch einfacheren Bauvorhaben zwar bautechnische Nachweise **einzureichen**, jedoch **nicht** von staatlich anerkannten Sachverständigen zu prüfen sind. Die Aufzählung der Bauvorhaben orientiert sich an § 68 Abs. 1 Nr. 1 bis 3 BauO NW 1995.
- **Absatz 4** regelt, **für welche Vorhaben keine bautechnischen Nachweise** erforderlich sind. Die Aufzählung orientiert sich an § 68 Abs. 1 Nr. 4 bis 13 BauO NW 1995.
- **Absatz 5** ermöglicht es dem Bauherrn, die **baubehördliche Prüfung** der bautechnischen Nachweise und des Brandschutzes zu **beantragen**.

09 Die **Absätze 6 bis 9** entsprechen weitgehend dem Vorgängerrecht.

- **Absatz 6** übernimmt unverändert Absatz 4 des § 68 BauO NW 1995.
- **Absatz 7** entspricht inhaltlich Absatz 3 des § 68 BauO NW 1995.
- **Absatz 8** fasst inhaltlich die Absätze 6 und 7 des § 68 BauO NW 1995 zusammen.
- **Absatz 9** entspricht in verkürzter Form Absatz 8 des § 68 BauO NW 1995. Auf die **überflüssigen Doppelregelungen** der alten Sätze 3 und 4 wurde **verzichtet**.

## 1 Allgemeines

1 Das vereinfachte Genehmigungsverfahren dient der **Erleichterung formellen Rechts** und zugleich dem **Abbau staatlicher Bauaufsicht** unter gleichzeitiger bewusster **Verstärkung der Verantwortlichkeit der am Bau Beteiligten** (so ausdrücklich der BGH im Urteil vom 27. 9. 2000 – VII ZR 391/99, BauR 2002, 114).

Die Verfahrenserleichterung entbindet die am Bau Beteiligten nicht von der Pflicht zur **Beachtung des nicht geprüften materiellen Baurechts** (hierzu s. Ortloff/Rapp, Genehmigungsfreies Bauen: Neue Haftungsrisiken für Bauherren und Architekten, NJW 1996, S. 2346 ff.). Eine Beschleunigung des Baugenehmigungsverfahrens ist allerdings nur insoweit gegeben, als die vormals erforderliche umfassende Prüfung aller bauordnungsrechtlichen Vorschriften und der bautechnischen Nachweise nicht mehr durchgeführt werden muss, um eine Baugenehmigung erteilen zu können. Im Übrigen zeigen die Erfahrungen der Praxis, dass die „vereinfachten" Verfahren infolge der Verkürzung der bauordnungsrechtlichen Prüfung keineswegs rascher ablaufen, so dass von einer Beschleunigung nicht die Rede sein kann. Schuld daran ist vor allem das **ausgeuferte Baunebenrecht** (hierzu s. die Einleitung, Rdn. 1–6 und 19–21 sowie die Anmerkungen zu § 69 Rdn. 38 und zu § 75 Rdn. 8 und 89), dessen Prüfung der Gesetzgeber nicht einschränken konnte oder wollte.

2 Das vereinfachte Genehmigungsverfahren ist die notwendige Konsequenz daraus, dass Nordrhein-Westfalen seit der **BauO NW 1984 nur noch genehmigungsbedürftige und genehmigungsfreie Vorhaben** kennt. Anzeigebedürftige Vorhaben (vgl. § 80 Abs. 2 BauO NW 1970) sind seitdem nicht mehr vorgesehen; die **Bauanzeigenverordnung** vom 20. 9. 1978 (GV. NRW. S. 534) war durch § 83 Abs. 2 Nr. 4 BauO NW 1984 **aufgehoben** worden. Das Institut der Bauanzeige nach der Bauanzeigenverordnung hatte sich nach Auffassung des Gesetzgebers nicht bewährt, da die präventive Prüfung von Bauvorlagen aufgrund einer Anzeige keine entlastende Wirkung entfaltete und im Ergebnis nur der am Ende des Verfahrens stehende Gestattungsakt entfiel. Die – völlige oder bedingte- Freistellung der bislang anzeigepflichtigen Vorhaben erschien vor allem unter bauplanungsrechtlichen Aspekten und auch wegen der erforderlichen Sicherung einer ordnungsgemäßen Erschließung bei Erlass der BauO NW 1984 als nicht vertretbar, so dass rechtssystematisch nur die Baugenehmigungsbedürftigkeit der bislang anzeigepflichtigen Vorhaben in Betracht kam. Bei der Festlegung der Vorhaben war bedacht worden, ob die mit dem vereinfachten Genehmigungsverfahren verfolgten Ziele nicht erlaubten, neben den vormals anzeigepflichtigen weitere bauordnungsrechtlich weniger relevante Vorhaben konsequenterweise einzubeziehen. Diese Überlegungen führten zur Aufnahme der Tatbestände des § 64 Abs. 1 Nrn. 4 bis 10 BauO NW 1984 im Rahmen der Gesetzesberatungen (s. Bericht zur 2. Lesung, LT-Drucks. 9/3341, S. 99).

3 Mit der **BauO NW 1995** wurde das vereinfachte Genehmigungsverfahren auf **Wohngebäude mittlerer Höhe** ausgedehnt. Gleichzeitig entfiel die Beschränkung auf maximal zwei Wohnungen. Weitere Erleichterungen ergaben sich durch Ausweitung des Vorhabenkatalogs (s. Rdn. 01) und durch weitere Reduzierung der präventiven Prüfung bauordnungsrechtlicher Vorschriften und bautechnischer Nachweise (s. Rdn. 02 und 04). Damit bezweckte der Gesetzgeber eine **weitere Vereinfachung** und **Beschleunigung** des Baugenehmigungsverfahrens (so die Begründung in LT-Drucks. 11/7153, S. 184).

4 Der entscheidende **Durchbruch zur Aufwertung des vereinfachten Genehmigungsverfahrens** gelang aber erst mit der **BauO NRW 2000**. Aus dem Zusammenhang der Änderungen der **Sätze 1** und **3** in Absatz 1 des § 68 (s. Rdn. 07) ergibt sich, dass das vereinfachte Genehmigungsverfahren als „**Regelverfahren**" anzusehen ist (s. die Anmerkungen zu § 63 Rdn. 10), da es mit **Ausnahme** der „**großen**" **Sonderbauten** nunmehr alle Vorhaben erfasst (s. die Einleitung Rdn. 100). Für das „normale" Genehmigungsverfahren verbleiben nur noch die gefahrenträchtigsten Bauvorhaben, bei denen auf eine umfassende präventive Prüfung durch die Bauaufsichtsbehörde nicht verzichtet werden kann. Das **vereinfachte Verfahren ist dadurch gekennzeichnet**, dass sich

- die **bauaufsichtliche Prüfung** auf die in § 68 **Abs. 1 Satz 4** BauO NRW 2000 genannten Vorschriften **beschränkt**,
- bei Erfüllung der Voraussetzungen nach **Absatz 8** eine **Entscheidungsfrist** von **sechs Wochen** nach Eingang des Bauantrags bei der Bauaufsichtsbehörde besteht und
- nach **Absatz 9** entsprechend dem eingeschränkten Prüfumfang **Bauüberwachung** und **Bauzustandsbesichtigungen** nur **eingeschränkt** durchgeführt werden.

5 Entfällt die Prüfung des Bauvorhabens auf die Vereinbarkeit mit bestimmten Anforderungen des öffentlichen Baurechts (s. Rdn. 17 ff.), ist insoweit auch eine **Anfechtung der Baugenehmigung durch den Nachbarn** ausgeschlossen (Nds. OVG, Beschluss vom 17. 12. 1996 – 1 M 5481/96, BRS 58 Nr. 183; Sächs. OVG, Beschluss vom 25. 2. 1998 – 1 S 38/98, BRS 60 Nr. 106 und BayVGH, Beschluss vom 27. 10. 1999 – 2 CS 99.2387, BRS 62

Nr. 166). Auf Bauordnungsrecht beruhende Nachbarrechte können durch eine Baugenehmigung nicht verletzt werden, wenn über sie nicht in der Genehmigung entschieden worden ist, so dass dann nur eine Rechtsverletzung durch das Vorhaben selbst in Betracht kommt; der Nachbar kann Rechtsschutz mit einem **Antrag auf Verpflichtung zum bauaufsichtlichen Einschreiten** gegen das Vorhaben selbst begehren (BVerwG, Beschluss vom 16. 1. 1997 – 4 B 244.96, BRS 59 Nr. 185).

Die Inanspruchnahme **vorläufigen Rechtsschutzes** richtet sich nach **§ 123 VwGO**. Für den Nachbarn gestaltet sich die Durchsetzung eines Abwehranspruchs komplizierter (vgl. Uechtritz, Nachbarrechtsschutz bei der Errichtung von Wohngebäuden im Freistellungs-, Anzeige- und vereinfachten Genehmigungsverfahren, NVwZ 1996, S. 640 ff.; Winkler, Das vereinfachte Genehmigungsverfahren nach Art. 80 BayBO [Art. 73 BayBO 1998], BayVBl. 1997, S. 744 ff.; Preschel, Abbau der präventiven bauaufsichtlichen Prüfung und Rechtsschutz, DÖV 1998, S. 45 ff.).

6 Das vereinfachte Genehmigungsverfahren bezieht sich auf die **Errichtung** und **Änderung** (s. die Anmerkungen zu § 3 Rdn. 20–24) der von der Vorschrift erfassten Vorhaben. Absatz 1 schreibt das vereinfachte Genehmigungsverfahren nur vor, **wenn** die abstrakt bezeichneten Vorhaben **nicht im Einzelfall genehmigungsfrei** sind. Die Formulierung „soweit die Vorhaben nicht nach den §§ 65 bis 67 genehmigungsfrei sind" lässt auch die Auffassung zu, dass eine eventuell weitergehende Freistellung durch eine zukünftige, auf § 85 Abs. 2 Satz 1 Nr. 1 BauO NRW gestützte Rechtsverordnung zu beachten wäre. Die **Nutzungsänderung** (s. die Anmerkungen zu § 3 Rdn. 97–107) war nach § 64 BauO NW 1984 bzw. nach § 68 BauO NW 1995 **nicht im vereinfachten Genehmigungsverfahren** zu behandeln. Nach § 68 Abs. 1 **Satz 5** BauO NRW 2000 wird auch dieser Vorgang erfasst, soweit dadurch kein „großer" Sonderbau entsteht. Die Rechtfertigung hierfür liegt in der starken Aufwertung des vereinfachten Genehmigungsverfahrens zum Regelverfahren, das nunmehr für eine Vielzahl unterschiedlicher Bauvorhaben gilt, darunter auch „kleine" Sonderbauten.

6 a Durch **§ 2 Nr. 4 Buchstabe c Bürokratieabbaugesetz I** (s. die Anmerkungen zu § 63 Rdn. 11–11 a) wurde – vorerst bis zum 31. 10. 2010 befristet – für **Nutzungsänderungen** und die **Errichtung von Kleingaragen** ein Anzeigeverfahren eingeführt. Dieses Anzeigeverfahren verdrängt insoweit die Vorschriften des § 68 Abs. 1 Satz 5 BauO NRW. Der Antragsteller kann jedoch die Durchführung des Baugenehmigungsverfahrens ausdrücklich verlangen (s. die Anmerkungen zu § 63 Rdn. 11 b–11 g). In diesem Fall finden die Vorschriften des § 68 BauO NRW weiterhin Anwendung.

7 Der **Abbruch und die Beseitigung** (s. die Anmerkungen zu § 3 Rdn. 93–96) werden, anders als noch in § 64 Abs. 1 Satz 1 BauO NW 1984 geregelt, seit der BauO NW 1995 **nicht mehr aufgeführt**. In der Gesetzesvorlage an den Landtag findet sich hierfür zwar keine Begründung, der Wegfall ist aber damit zu erklären, dass einerseits der Abbruch und die Beseitigung von baulichen Anlagen durch § 65 Abs. 3 BauO NRW **weitgehend genehmigungsfrei** gestellt wurden (s. die Anmerkungen zu § 65 Rdn. 167–184) und andererseits das vereinfachte Genehmigungsverfahren auf Wohngebäude bis zur Hochhausgrenze ausgedehnt wurde. Soweit größere bauliche Anlagen abgebrochen werden sollen, die dem vereinfachten Genehmigungsverfahren unterliegen, ist schon allein wegen des Volumens der in Frage kommenden baulichen Anlagen von einer höheren Gefahrenlage auszugehen. Daher findet auf nicht von § 65 Abs. 3 BauO NRW erfasste Abbruch- und Beseitigungsvorgänge das vereinfachte Genehmigungsverfahren keine Anwendung, vielmehr ist das „**normale**" Baugenehmigungsverfahren durchzuführen,

da z. B. beim Abbruch eines Gebäudes mittlerer Höhe, einer 29 m hohen baulichen Anlage oder eines Verwaltungsgebäudes mit 2.900 $m^2$ Geschossfläche, um nur einige brisante Beispiele zu nennen, **hochrangige bauordnungsrechtliche Schutzgüter betroffen** sein können und daher eine **umfassende bauaufsichtliche Prüfung unverzichtbar** ist (s. die Anmerkungen zu § 63 Rdn. 1 und zu § 65 Rdn. 167 sowie Nr. 63.1 VV BauO NRW; a. A. Boeddinghaus/Hahn/Schulte, zu § 68 Rdn. 6, allerdings entgegen der insoweit eindeutigen gesetzlichen Anordnung des § 63 Abs. 1 BauO NRW ohne nähere Begründung dieser Sichtweise).

Im Rahmen seiner einzelnen Tatbestandsvoraussetzungen schreibt § 68 BauO NRW das **vereinfachte Genehmigungsverfahren zwingend** vor. Das vereinfachte Genehmigungsverfahren findet gemäß § 68 **Abs. 1 Satz 2** BauO NRW auch Anwendung, wenn der **Bauherr** gemäß § 67 Abs. 1 Satz 3 BauO NRW die **Durchführung des Baugenehmigungsverfahrens beantragt**, weil er nicht in der Freistellung bauen möchte, sondern eine Baugenehmigung anstrebt (s. die Anmerkungen zu § 67 Rdn. 24). Es steht nicht im Belieben des Antragstellers oder der Bauaufsichtsbehörde – auch nicht, wenn dies der Antragsteller wünscht –, das normale Baugenehmigungsverfahren durchzuführen. Allerdings ermöglicht es § 68 **Abs. 5** BauO NRW dem Bauherrn, zu bestimmten **Teilaspekten**, die regulär vom Prüfprogramm ausgeschlossen sind, eine Prüfung durch die Bauaufsichtsbehörde zu beantragen. Hierbei handelt es sich um die **bautechnischen Nachweise** sowie die **Anforderungen an den baulichen Brandschutz**, soweit hierüber Sachverständigenbescheinigungen vorzulegen sind. 8

Die §§ 1 bis 9 BauPrüfVO regeln **Anforderungen an Bauvorlagen**. Die im vereinfachten Genehmigungsverfahren erforderlichen Bauvorlagen beschreibt **§ 10 BauPrüfVO**. Daneben ist im Hinblick auf den reduzierten Prüfumfang die grundsätzliche Bestimmung des **§ 1 Abs. 2 Satz 1 BauPrüfVO** von Bedeutung, wonach sich der **Inhalt der Bauvorlagen** im Einzelfall auf das **für die materielle Beurteilung Erforderliche** beschränkt (s. die Anmerkungen zu § 69 Rdn. 60–75). Obwohl im vereinfachten Genehmigungsverfahren eine Prüfung der Zulässigkeit nach den vom Prüfprogramm ausgeschlossenen bauordnungsrechtlichen Vorschriften entfällt, sind die **inhaltlichen Anforderungen** an den **Lageplan** und die **Bauzeichnungen** die gleichen wie im normalen Genehmigungsverfahren. In den Bauzeichnungen müssen die in § 4 BauPrüfVO geforderten Angaben enthalten sein; insbesondere ist die innere Raumaufteilung des Gebäudes einschließlich der vorgesehenen Wände, Treppen und Öffnungen darzustellen. 9

Diese Anforderung der BauPrüfVO war im Hinblick auf den **Gesichtspunkt des Funktionszusammenhangs** geboten, weil auch die **genehmigungsfreien** Bauteile nach § 65 BauO NRW **als Bestandteil eines genehmigungsbedürftigen** Vorhabens am **Genehmigungserfordernis** teilnehmen. Denn ein insgesamt genehmigungsbedürftiges Vorhaben lässt sich nicht in einen genehmigungsbedürftigen und genehmigungsfreie Teile aufspalten (OVG NRW, Urteil vom 12. 8. 1968 – VII A 738/67, BRS 20 Nr. 149 und Beschluss vom 22. 8. 2003 – 7 B 1537/03, BauR 2004 = BRS 66 Nr. 173). Dies gilt **bis zur Fertigstellung** des genehmigten Vorhabens, so dass die – isoliert zu betrachtende – Genehmigungsfreiheit einzelner Baumaßnahmen erst **danach** einsetzt (s. die Anmerkungen zu § 65 Rdn. 12). Soll von den genehmigten Bauvorlagen abgewichen werden, z. B. durch andere Grundrissaufteilung oder andere Fassadengliederung, bedarf es einer **Nachtragsbaugenehmigung** („Tekturgenehmigung“), da die Ursprungsgenehmigung lediglich die Ausführung der genehmigten Bauvorlagen abdeckt (s. die Anmerkungen zu § 75 Rdn. 48). 9 a

9b Eine andere Frage ist, ob die die Bauausführung überwachende Bauaufsichtsbehörde gegen **Abweichungen von den genehmigten Bauvorlagen** einschreiten soll. Sofern die geänderte Ausführung eines Bauteils nach Fertigstellung der baulichen Anlage als **isolierte** Maßnahme nach § 65 BauO NRW genehmigungsfrei wäre und **kein Verstoß** gegen öffentlich-rechtliche Vorschriften erkennbar ist, kann die Bauaufsichtsbehörde es dabei bewenden lassen, die Änderung in den **Akten zu vermerken**. Wird dagegen ein Verstoß gegen materielle Anforderungen festgestellt, ist zu prüfen, ob ein **repressives Einschreiten** erforderlich wird (s. die Anmerkungen zu § 61 Rdn. 15 ff. und 34 ff.).

10 Das **Gebührenrecht** trägt dem eingeschränkten Prüfumfang Rechnung (zur Gebührenerhebung s. die Anmerkungen zu § 69 Rdn. 17–20 und zu § 75 Rdn. 17). Die **Tarifstellen 2.4.1.1–2.4.1.4** des **Allgemeinen Gebührentarifs** zur **AVwGebO NRW differenzieren** zwischen „normalen" Gebäuden bzw. baulichen Anlagen sowie „kleinen" und „großen" Sonderbauten, indem jeweils 6 v.T., 10 v.T. oder 13 v.T. der Rohbausumme anzusetzen sind. Beantragt der Bauherr nach § 68 Abs. 5 BauO NRW die Prüfung bautechnischer Nachweise bzw. die Prüfung des baulichen Brandschutzes, erhöhen sich die Gebühren gemäß **Tarifstelle 2.4.1.5**. Diese Grundsätze hinsichtlich der Gebührenbemessung sind auch bei der Bauüberwachung und den Bauzustandsbesichtigungen zu beachten (s. die Anmerkungen zu § 81 Rdn. 9–15 und zu § 82 Rdn. 12–13).

## 2 Zu Absatz 1 – Umfang des vereinfachten Genehmigungsverfahrens

### 2.1 Zu Satz 1 – Vereinfachtes Genehmigungsverfahren als Regelverfahren

11 Die **Grundregel** des § 68 Abs. 1 **Satz 1** BauO NRW **ergänzt den grundsätzlichen Genehmigungsvorbehalt** des **§ 63 Abs. 1 Satz 1** BauO NRW. Soweit aufgrund des § 63 Abs. 1 Satz 1 BauO NRW überhaupt ein Baugenehmigungsverfahren durchzuführen ist, weil kein Fliegender Bau nach § 79 BauO NRW und kein Bauvorhaben eines öffentlichen Bauherrn nach § 80 BauO NRW vorliegt, ist das vereinfachte Genehmigungsverfahren die **Regel**. Dass dieses im Falle eines nach den §§ 65 bis 67 BauO NRW freigestellten Vorhabens nicht erforderlich ist, ergibt sich aus § 63 Abs. 1 Satz 1 BauO NRW und stellt eine verzichtbare Doppelregelung dar. Das Gleiche gilt hinsichtlich der Bezugnahme auf bauliche Anlagen sowie andere Anlagen und Einrichtungen im Sinne des § 1 Abs. 1 Satz 2 BauO NRW. Eine Verbindung der Grundregel des § 68 Abs. 1 Satz 1 BauO NRW mit § 63 Abs. 1 Satz 1 BauO NRW verdeutlicht die **wesentliche Botschaft**:

***Hinsichtlich der Errichtung, Änderung oder Nutzungsänderung ist das Baugenehmigungsverfahren vereinfacht nach § 68 durchzuführen, soweit es sich nicht um einen „großen" Sonderbau handelt oder durch die Änderung oder Nutzungsänderung ein solcher nicht entsteht.***

12 Die zu wählende Verfahrensvariante „**normales**" oder **vereinfachtes** Genehmigungsverfahren ergibt sich nicht etwa direkt aus § 63 BauO NRW, sondern nur „**versteckt**" aus dem **Zusammenhang** der **Sätze 1** und **3** des § 68 Abs. 1 BauO NRW (kritisch hierzu Schwarzmann, Mehr Schatten als Licht im neuen Baugesetz, Städte- und Gemeinderat, Heft 9/2000, S. 6 ff.). Nach Satz 3 unterliegen nur die dort unter Nr. 1 bis 19 aufgeführten „großen" Sonderbauten **nicht** § 68 BauO NRW, so dass im **Umkehrschluss** alle von dieser Vorschrift nicht ausgeschlossenen Vorhaben dem vereinfachten Genehmigungsverfahren zuzuordnen sind. Nach den Erfahrungen der Praxis ergibt sich aus dem hohen Anteil von weit mehr als 90 % aller Baugenehmigungsverfahren, dass es sich um das „**Regelverfahren**" handelt (s. die Anmerkungen zu § 63 Rdn. 10–11).

### 2.2 Zu Satz 2 – Alternative zur Genehmigungsfreistellung

Satz 2 bildet lediglich eine **Klarstellung** zu **§ 67 Abs. 1 Satz 3** BauO NRW, wonach der Bauherr die Durchführung des Baugenehmigungsverfahrens beantragen kann, obwohl die Freistellungsvoraussetzungen gegeben sind. Es braucht nicht erst abgewartet zu werden, ob die Gemeinde von ihrem Recht nach § 67 Abs. 1 Satz 1 Nr. 3 BauO NRW Gebrauch macht und die Durchführung des Genehmigungsverfahrens verlangt. Der Bauherr kann anstelle der Einreichung von Bauvorlagen bei der Gemeinde in der Genehmigungsfreistellung sofort einen Bauantrag bei der Bauaufsichtsbehörde einreichen, der dann **konkludent** die Erklärung nach § 67 Abs. 1 Satz 3 BauO NRW beinhaltet. Der **Antragsvordruck** für den Bauantrag beinhaltet bereits ein entsprechendes Auswahlfeld, das der Bauherr nur noch ankreuzen muss (s. Anlage I/3 VV BauO NRW). Durch die Wahl des Baugenehmigungsverfahrens anstelle der Freistellung kann **nicht** das **anzuwendende Verfahren** bestimmt werden. Dieses ergibt sich aus den **Vorgaben des § 68 Abs. 1** BauO NRW. Die Durchführung des vereinfachten Genehmigungsverfahrens ist Folge der Entscheidung des Bauherrn. Es bleibt ihm jedoch unbenommen, zugleich mit dem Antrag nach § 67 Abs. 1 Satz 3 BauO NRW auch den Antrag nach § 68 Abs. 5 BauO NRW zu verbinden, um die baubehördliche Prüfung der bautechnischen Nachweise und der Anforderungen an den baulichen Brandschutz zu erreichen. 13

Die **Klarstellung** ist an dieser Stelle im Gesetzestext **überflüssig**. Die der Freistellung nach § 67 BauO NRW unterfallenden Vorhaben sind nämlich **keine „großen“** Sonderbauten nach § 68 Abs. 1 Satz 3 BauO NRW, weil es sich nur um Wohngebäude mittlerer und geringer Höhe einschließlich ihrer Nebengebäude und Nebenanlagen handelt. Es wäre im Interesse des Rechtsanwenders deshalb übersichtlicher gewesen, die Klarstellung unmittelbar in § 67 Abs. 1 Satz 3 BauO NRW durch Einfügung des Wortes „vereinfachte“ vor dem Wort „Baugenehmigungsverfahren“ vorzunehmen. 14

### 2.3 Zu Satz 3 – Definition „großer“ Sonderbauten

Satz 3 dient als **Ausschlusskatalog** im Hinblick auf das vereinfachte Genehmigungsverfahren. Nur die in diesem Rechtssatz abschließend aufgeführten „großen“ Sonderbauten unterliegen noch einer umfassenden bauaufsichtlichen Prüfung im „normalen“ Baugenehmigungsverfahren. Allerdings werden die Konturen zwischen beiden Verfahrensarten dadurch unscharf, dass auch im normalen Baugenehmigungsverfahren aufgrund der Bestimmungen des § 72 Abs. 6 BauO NRW bestimmte Prüfungen durch die Bauaufsichtsbehörde entfallen können, wenn der Bauherr Bescheinigungen staatlich anerkannter Sachverständiger vorlegt (s. die Anmerkungen zu § 72 Rdn. 104–114). Die rechtstechnische Verortung in § 68 BauO NRW ist nicht unproblematisch, weil dadurch leicht der **Zusammenhang mit § 54 BauO NRW** übersehen werden kann (s. die Anmerkungen zu § 54 Rdn. 2). 15

In den Katalog des Satzes 3 mussten zwangsläufig teilweise **Schwellenwerte** aufgenommen werden, um eine **abschließende** Regelung für die „großen“ Sonderbauten treffen zu können. **Unterhalb dieser Schwellenwerte** einzuordnende Vorhaben sind ebenfalls Sonderbauten, aber eben nur „**kleine**“. Der **Unterschied** zwischen „großen“ und „kleinen“ Sonderbauten besteht nicht etwa in ihrer materiell-rechtlichen, sondern allein in ihrer **verfahrensrechtlichen Behandlung** (s. die Anmerkungen zu § 54 Rdn. 52). Zu den in § 68 Abs. 1 Satz 3 **Nr. 1–19** BauO NRW aufgeführten „großen“ Sonderbauten wird auf die ausführlichen Anmerkungen zu § 54 Rdn. 53–71 verwiesen. 16

### 2.4 Zu Satz 4 – Umfang der bauaufsichtlichen Prüfung

17 Eines der entscheidenden Merkmale des vereinfachten Genehmigungsverfahrens ist die **eingeschränkte Prüfung des Bauordnungsrechts**. Die Regelung des Satzes 4 stellt eine **Ausnahme vom Grundsatz** des § 75 Abs. 1 Satz 1 BauO NRW dar, wonach die Baugenehmigung die **Übereinstimmung** des Vorhabens mit „**allen**" Bauvorschriften bestätigt (s. die Anmerkungen zu § 75 Rdn. 81). Satz 4 bewirkt, dass die **materiellen Anforderungen des Bauordnungsrechts** – ausgenommen einige Vorschriften mit mehr oder weniger starkem städtebaulichem Bezug – **ungeprüft** bleiben. Somit handelt es sich bei der **Prüfeinschränkung** um eine **Teilfreistellung von der Genehmigungspflicht**. Diesem eingeschränkten Prüfungsumfang entspricht die Bestimmung des Absatzes 9: Bauüberwachung und Bauzustandsbesichtigungen erstrecken sich nur auf den bei der Genehmigung geprüften Umfang. Obwohl nicht ausdrücklich in § 68 BauO NRW erwähnt, gilt auch in Bezug auf die Prüfeinschränkung der Grundsatz des § 65 Abs. 4 BauO NRW, der die **am Bau Beteiligten** zur **Beachtung der – nicht geprüften – materiellen Anforderungen** verpflichtet (s. die Anmerkungen zu § 65 Rdn. 2 und 185–187).

18 Anders als in der Genehmigungsfreistellung nach § 67 BauO NRW kann sich der Bauherr der gesetzlichen Beschränkung der bauaufsichtlichen Prüftätigkeit nicht dadurch entziehen, dass er dennoch eine umfassende Prüfung verlangt. Eine **Erweiterung des eingeschränkten Prüfprogramms** kann **nur nach Maßgabe des Absatzes 5** beantragt werden (s. Rdn. 8). Daher können die bauordnungsrechtlichen Vorschriften, die von der Prüfung ausgeschlossen sind, vom Bauherrn **nicht** zur Prüfung gestellt werden. Zu den **nicht zu prüfenden Vorschriften** kann auch **kein Vorbescheid** – als vorweggenommener Teil der Baugenehmigung (s. die Anmerkungen zu § 71 Rdn. 11) – erteilt werden, weil zu diesen Fragen auch keine Baugenehmigung möglich ist (s. die Anmerkungen zu § 71 Rdn. 6–8). Bei **Zweifeln über die Zulässigkeit** einer Baumaßnahme im Hinblick auf einzelne Vorschriften, die von der präventiven Prüfung ausgeschlossen sind, kann eine **Bauberatung** in Anspruch genommen oder eine **Auskunft** beantragt werden (vgl. Große-Suchsdorf/Lindorf/Schmaltz/Wiechert, zu § 75 a Rdn. 22).

19 Von der **Feststellungswirkung einer Baugenehmigung im vereinfachten Genehmigungsverfahren nach § 68 BauO NRW** werden nur die Sachverhalte der nach Satz 4 zu prüfenden Vorschriften erfasst. Bezüglich der übrigen materiellen Anforderungen enthält die Baugenehmigung keine Feststellung, dass das Vorhaben insoweit dem öffentlichen Recht entspricht und entfaltet insoweit auch keine baufreigebende Wirkung. Im Interesse der Rechtssicherheit sollte die **Baugenehmigung** einen **Hinweis auf die eingeschränkte Prüfung** enthalten (so Wilke/Dageförde/Knuth/Meyer, zu § 60 Rdn. 6). Da die Feststellung der Übereinstimmung mit dem öffentlichen Recht Voraussetzung für den verfügenden Teil der Baugenehmigung ist, müssen beide Teile **übereinstimmen**, so dass der Bau nur insoweit freigegeben wird, als gleichzeitig seine öffentlich-rechtliche Zulässigkeit bejaht wird (BVerwG, Urteil vom 9. 12. 1983 – 4 C 44.80, BRS 40 Nr. 176), der **verfügende Teil** der Baugenehmigung ist insoweit **eingeschränkt** (OVG Rh-Pf, Beschluss vom 18. 11. 1991 – 8 B 11955/91, BauR 1992, 219 = BRS 52 Nr. 148).

20 Bei der Prüfung von Bauvorlagen im vereinfachten Genehmigungsverfahren kommt es regelmäßig vor, dass **Rechtsverstöße bezüglich nicht zu prüfender Vorschriften** entdeckt werden. Das Bemerken derartiger Verstöße gegen materielles Recht liegt darin begründet, dass die mit der Rechtsmaterie vertrauten Bediensteten der Bauaufsichtsbehörden aufgrund **langjähriger Prüftätigkeit** eine gewisse **Routine** entwickeln. Man wird von

diesen Bediensteten nicht erwarten können und dürfen, dass sie beim Prüfen der Bauvorlagen, die sich inhaltlich von denen im normalen Genehmigungsverfahren kaum unterscheiden (s. Rdn. 9), beim Betrachten der Bauzeichnungen das „bauordnungsrechtliche Auge" gleichsam zukneifen. Wer im normalen Genehmigungsverfahren die Bauzeichnungen umfassend prüft, wird im vereinfachten Genehmigungsverfahren den routinierten Blick nicht abstellen können. Offensichtlich hat der Gesetzgeber bei der Einführung des vereinfachten Genehmigungsverfahrens die in der Person der Prüfer – die keine Maschinen, sondern Menschen sind – liegende „Gefahr" des unbewussten Prüfens nicht erkannt, denn sonst hätte er der Vorschrift eine Bestimmung beigefügt, wie in derartigen Fällen zu verfahren ist.

Die **Behandlung von Rechtsverstößen außerhalb des gesetzlichen Prüfprogramms** im vereinfachten Genehmigungsverfahren kann nicht in der Weise erledigt werden, dass die Bauaufsichtsbehörde unter Berufung auf den Gesetzeswortlaut („... prüft die Bauaufsichtsbehörde nur ...") diesen Verstoß bewusst übersieht. Denn dadurch würde sie gegen ihre **allgemeine Überwachungspflicht** nach § 61 Abs. 1 Satz 1 BauO NRW verstoßen. Es ist vielmehr so, dass die Bauaufsichtsbehörde sogar **zum Einschreiten verpflichtet** ist, wenn der Rechtsverstoß zur **Gefährdung von Leben oder Gesundheit** der Bewohner, Besucher oder Benutzer der baulichen Anlage führen kann (Sächs. OVG, Beschluss vom 25. 2. 1998 – 1 S 38/98, BRS 60 Nr. 106). Eine derartige Gefährdung ist anzunehmen, wenn die Bauzeichnungen zu schmale oder zu steile Treppen, fehlende zweite Rettungswege oder ungeeignete Räume zum dauernden Aufenthalt von Menschen darstellen, um nur einige der auffälligsten Mängel anzusprechen. **21**

In derartigen Fällen ist der Bauherr zweckmäßigerweise zur **Abänderung der Pläne** aufzufordern. Kommt er dem Verlangen der Bauaufsichtsbehörde nicht nach, kann diese den Bauantrag wegen **fehlenden Sachbescheidungsinteresses** ablehnen, da auf eine Baugenehmigung, deren Ausführung anschließend mit einer **vorbeugenden Bauuntersagungsverfügung** verhindert werden müsste, kein Rechtsanspruch besteht (OVG Rh-Pf, Beschluss vom 18. 11. 1991 – 8 B 11955/91, BauR 1992, 219 = BRS 52 Nr. 148 und VG Darmstadt, Urteil vom 7. 6. 2005 – 2 E 2905/04/2, NVwZ-RR 2006, 680). **21a**

**Geringfügige Rechtsverstöße** werden gewöhnlich im „**normalen**" Baugenehmigungsverfahren durch Beifügung einer einfachen **Auflage** behoben, weil diese noch kein modifizierender Eingriff in die Entwurfskonzeption bewirkt (s. die Anmerkungen zu § 75 Rdn. 147, 151 und 153). Diese Möglichkeit ist im vereinfachten Genehmigungsverfahren hinsichtlich der nicht zu prüfenden Vorschriften ausgeschlossen. Im vereinfachten Genehmigungsverfahren kann jedoch – und sollte auch – der fehlerhaften Bauausführung durch Beifügung eines **Hinweises** (s. die Anmerkungen zu § 75 Rdn. 155) entgegengewirkt werden. Befolgt der Bauherr diesen Hinweis nicht, kann die Bauaufsichtsbehörde aufgrund der Ermächtigung aus § 61 Abs. 1 Satz 2 BauO NRW **repressive Maßnahmen** einleiten, um eine ordnungsgemäße Bauausführung letztlich zu erzwingen. **21b**

Systematisch anders als bisher (s. Rdn. 02) bezeichnet § 68 Abs. 1 Satz 4 BauO NRW **positiv** die zu prüfenden Rechtsbereiche. Die positive Aufzählung der zu prüfenden Vorschriften, die § 63 MBO 2002 entspricht, ist für den Rechtsanwender besser lesbar und verständlicher. Die in § 68 Abs. 1 **Nr. 2** BauO NW **1995** noch gesondert genannten bautechnischen Nachweise führt das neue Recht nicht mehr auf, da die Nachweise erst **bei Baubeginn** vorzulegen sind, so dass sie **keine Voraussetzung für die Erteilung** der Baugenehmigung im vereinfachten Verfahren bilden. **22**

Das **bauaufsichtliche Prüfprogramm** des vereinfachten Genehmigungsverfahrens gliedert sich nach Satz 4 **Nr. 1 bis 4** BauO NRW 2000 in folgende **Prüfbereiche**:

- **Nr. 1** – bauplanungsrechtliche Zulässigkeitsvorschriften,
- **Nr. 2** – bauordnungsrechtliche Vorschriften,
- **Nr. 3** – örtliche Bauvorschriften und
- **Nr. 4** – sonstige öffentlich-rechtliche Vorschriften.

**2.4.1 Nr. 1 – bauplanungsrechtliche Zulässigkeitsvorschriften**

23 **Nr. 1** ordnet die **Prüfung der Zulässigkeit des Vorhabens** nach den **Vorschriften der §§ 29 bis 38 BauGB** an. Die Prüfung des – bundesrechtlichen – Bauplanungsrechts ist unverzichtbar, da das Bundesbaurecht mit Rücksicht auf das Landesbauordnungsrecht kein eigenständiges Gestattungsverfahren bereithält (vgl. die Anmerkungen zu § 65 Rdn. 5). Die **Aufzählung** ist eigentlich **unvollständig**, da auch die Vorschriften über die Veränderungssperre (**§ 14 BauGB**) und über die Zurückstellung von Baugesuchen (**§ 15 BauGB**) zu erwähnen sind, die aber auch aus sich heraus wirken.

24 Die **Vorschriften der BauNVO** sind ebenfalls nicht gesondert erwähnt, nehmen aber über §§ 30 bis 33 BauGB an der Prüfung teil, weil sie durch die Festsetzungen der Bebauungspläne in diese inkorporiert werden. Im Rahmen der Prüfung der Zulässigkeit von Vorhaben im unbeplanten Innenbereich ergibt sich die Anwendung der Vorschriften der BauNVO über die Art der baulichen Nutzung (§§ 2–15 BauNVO) unmittelbar aufgrund der Anordnung des **§ 34 Abs. 2 BauGB**. Im Übrigen können die Vorschriften der BauNVO zur **Ausfüllung** der in **§ 34 Abs. 1** und in **§ 35 Abs. 3 BauGB** enthaltenen **unbestimmten Rechtsbegriffe** herangezogen werden.

25 Soweit das Zulässigkeitsrecht für Vorhaben **Verweisungen auf einzelne bauordnungsrechtliche Bestimmungen** enthält, sind diese in die Prüfung nach Nr. 1 einbezogen. Das ist der Fall bei den Verweisungen in § 18 BauNVO 1962, 1968 und 1977 sowie in § 20 Abs. 1 BauNVO 1990 auf die **Vollgeschossregelung des § 2 Abs. 5 BauO NRW** (s. die Anmerkungen zu § 2 Rdn. 177–181). Darüber hinaus sind **bauordnungsrechtliche Begriffsbestimmungen** heranzuziehen zur **Ausfüllung gleichlautender bauplanungsrechtlicher Begriffe**, soweit die Rechtsprechung anerkannt hat, dass die entsprechenden Begriffe im Sinne des Landesbauordnungsrechts auszulegen sind, so bei den Begriffen **Aufenthaltsraum** (s. die Anmerkungen zu § 2 Rdn. 219–220), **Geländeoberfläche** (s. die Anmerkungen zu § 2 Rdn. 164–166), **Stellplatz** und **Garage** (s. die Anmerkungen zu § 2 Rdn. 235–236).

**2.4.2 Nr. 2 – bauordnungsrechtliche Vorschriften**

26 **Nr. 2** bestimmt, dass nur wenige Bestimmungen des Bauordnungsrechts zu prüfen sind. Der **Katalog** dieser Bestimmungen hat **schwerpunktmäßig städtebaulichen Bezug**. Im Einzelnen handelt es sich um folgende bauordnungsrechtliche Vorschriften:

- **§ 4 BauO NRW** – die **bauordnungsrechtlichen Erschließungsvorschriften** stehen als eigenständige Anforderungen neben den bauplanungsrechtlichen Erschließungsanforderungen, die bereits nach Nr. 1 Inhalt der Prüfung der §§ 29–38 BauGB sind.
- **§ 6 BauO NRW** – die **Abstandflächenvorschriften** ergänzen einerseits die bauplanungsrechtlichen Vorschriften über die Bauweise (§ 22 BauNVO, § 34 Abs. 1 BauGB)

hinsichtlich der Tiefe und der Lage der seitlichen Abstandflächen und regeln andererseits Abstände zur vorderen und rückwärtigen Grundstücksgrenze, die bei offener oder geschlossener Bauweise nicht bauplanungsrechtlich normiert sind, weil die Vorschriften über die offene oder geschlossene Bauweise nur die Erforderlichkeit eines seitlichen Grenzabstandes regeln.

- die Verweisung auf **§ 7 BauO NRW** ist nach der Änderung des § 6 und der damit verbundenen Aufhebung des § 7 durch das „Zweite Gesetzes zur Änderung der Landesbauordnung für das Land Nordrhein-Westfalen" vom 12.12.2006 (GV. NRW. S. 615) gegenstandslos geworden (s. die Anmerkungen zu § 6 Rdn. 03).
- **§ 9 Abs. 2 BauO NRW** – die **Bereitstellung von Kleinkinderspielflächen** dient, wenn sie in einer Gemeinschaftsanlage oder auf einem geeigneten öffentlichen Spielplatz erfolgt, auch dem Vollzug des Bebauungsplanes.
- **§ 12 BauO NRW** – das Verunstaltungsabwehrrecht weist, obwohl es dem Bauordnungsrecht zugeordnet ist, auch städtebauliche Bedeutung auf, insbesondere wenn es darum geht, **negative Auswirkungen auf** das **Straßen-**, **Orts-** oder **Landschaftsbild** abzuwehren.
- **§ 13 BauO NRW** – das Recht der Außenwerbung weist eine sehr **enge Verbindung zum Baunutzungsrecht** auf und kann nicht losgelöst von diesem betrachtet werden, zumal es hierbei in besonderem Maße um den Schutz des Außenbereichs und der Wohngebiete geht.
- **§ 51 BauO NRW** – die **Bemessung des Stellplatzbedarfs** und die **Herstellungspflicht von Stellplätzen oder Garagen** ist nicht im Bauplanungsrecht geregelt; die Vorschriften der §§ 12 und 21 a BauNVO betreffen lediglich die bauplanungsrechtliche Zulässigkeit der Anordnung der Stellplätze und Garagen.
- **§ 55 BauO NRW** – die Prüfung der Anforderungen an die **Barrierefreiheit** wurde aufgrund **Artikel 6** des **Gesetzes zur Gleichstellung von Menschen mit Behinderung und zur Änderung anderer Gesetze** vom 16. 12. 2003 (GV. NRW. S. 766) eingefügt (s. die Anmerkungen zu § 55 Rdn. 02 und 03). Diese Bestimmung weist keinen städtebaulichen Bezug auf. Die Prüfung dieser Anforderungen stimmt mit dem Grundgedanken des vereinfachten Genehmigungsverfahrens nicht überein (s. Rdn. 17).

Neben dem städtebaulichen Bezug weisen die vorgenannten Vorschriften **eigenständige** **27**
**bauordnungsrechtliche Bedeutung** auf, die es dem Gesetzgeber geboten erschienen ließ, an einer Prüfung im vereinfachten Genehmigungsverfahren festzuhalten. Das wird z.B. bei den Schutzzielen des § 9 Abs. 2 BauO NRW (s. die Anmerkungen zu § 9 Rdn. 42–44) und des § 12 Abs. 1 BauO NRW (s. die Anmerkungen zu § 12 Rdn. 22–25) deutlich. Vergleicht man die Vorhaben, die von den §§ 67 und 68 BauO NRW erfasst werden, so fällt auf, dass der Gesetzgeber diese **bauordnungsrechtlichen Belange** in Bezug auf Wohngebäude mittlerer und geringer Höhe **ungleich bewertet**. Denn es ist **kein sachlicher Grund** dafür zu erkennen, dass ein im Bebauungsplan gelegenes Wohngebäude mittlerer oder geringer Höhe, das dessen Festsetzungen nicht widerspricht und damit dem Anwendungsbereich des § 67 BauO NRW unterfällt, von der Prüfung dieser bauordnungsrechtlichen Vorschriften freigestellt ist, während das gleiche Vorhaben bei Abweichung von einer Bebauungsplanfestsetzung und damit verbundenem Befreiungserfordernis oder Lage außerhalb eines Bebauungsplans im Innen- oder Außenbereich aufgrund der Zuordnung zum vereinfachten Genehmigungsverfahren nach § 68 BauO

NRW auf Einhaltung der vorgenannten Vorschriften zu prüfen ist. Die bauplanungsrechtlichen Zulässigkeitsvoraussetzungen haben keine Bedeutung für die bauordnungsrechtlichen Schutzgüter. Es ist daher geboten, die Prüfung oder Nichtprüfung bauordnungsrechtlicher Bestimmungen allein **am Gefahrenpotenzial** auszurichten.

**28** Das Gefahrenpotenzial war denn auch Grund für den Gesetzgeber, im Hinblick auf die **Prüfung des § 17 BauO NRW** eine **neue Regelung** zu treffen. Nach § 68 Abs. 2 Nr. 1 Halbsatz 2 BauO NW 1995 waren bei Wohngebäuden mittlerer Höhe und bei Garagen mit einer Nutzfläche über 100 $m^2$ bis 1000 $m^2$ auch die Vorschriften des § 17 zu prüfen. Die **Prüfpflicht des § 17 erstreckt sich** nach § 68 Abs. 1 Satz 4 Nr. 2 BauO NRW 2000 nunmehr **auf Sonderbauten**. Erfasst werden von dieser Bestimmung „**kleine**" Sonderbauten, weil die dem Katalog der „**großen**" Sonderbauten nach Satz 3 zugeordneten Vorhaben ohnehin umfassend geprüft werden. Diese Rechtsänderung ist **im Grundsatz sachgerecht**, da infolge der Aufwertung des vereinfachten Genehmigungsverfahrens zum „Regelverfahren" eine große Zahl „kleiner" Sonderbauten nicht mehr dem normalen Genehmigungsverfahren unterliegt, andererseits aber bei diesen Vorhaben gerade die Einhaltung des baulichen Brandschutzes für die Gefahrenabwehr eine herausragende Bedeutung besitzt. Bei der Rechtsänderung wurde aber übersehen, **Kleingaragen** von der Prüfung des baulichen Brandschutzes durch die Bauaufsichtsbehörden auszunehmen. Kleingaragen sind nämlich nach der Legaldefinition des § 54 Abs. 1 Satz 1 BauO NRW ebenfalls Sonderbauten (s. die Anmerkungen zu § 54 Rdn. 68), andererseits aber in der GarVO abschließend geregelt, so dass eine Prüfung durch die Bauaufsichtsbehörden verzichtbar ist – und auch zuvor war. Dass der Gesetzgeber eine solche Prüfung nicht bezweckte, ergibt sich aus der Regelung des Absatzes 4 Nr. 2, wonach für Garagen und überdachte Stellplätze mit einer Nutzfläche bis 100 $m^2$ keine bautechnischen Nachweise vorgelegt werden müssen. Aus diesem Zusammenhang ergibt sich eine Rechtfertigung für die Annahme, dass die Prüfpflicht – entgegen dem Wortlaut der Vorschrift – Kleingaragen nicht erfasst.

**29** Die alleinige **Bezugnahme auf § 17 BauO NRW** hat in der Praxis **Rechtsunsicherheiten** bezüglich der **Reichweite des Prüfauftrags** verursacht. Bei dieser Vorschrift handelt es sich nämlich lediglich um die **Grundnorm des baulichen Brandschutzes**, auf der alle näheren Brandschutzvorschriften der BauO NRW selbst, die Sonderbauverordnungen, die bauaufsichtlich eingeführten Technischen Baubestimmungen und die als Verwaltungsvorschrift bekannt gemachten Richtlinien basieren (s. die Anmerkungen zu § 17 Rdn. 1). Die **Vorschrift kann aus sich heraus** ohne Einbeziehung der die allgemeinen Anforderungen konkretisierenden Bestimmungen **nicht sinnvoll ausgelegt und angewandt werden**. Nr. 68.14 VV BauO NRW verdeutlicht deshalb, dass bei Sonderbauten durch die Bezugnahme auf § 17 BauO NRW die Übereinstimmung mit **sämtlichen** Brandschutzvorschriften des Bauordnungsrechts zu prüfen ist.

**30** **Bescheinigungen** staatlich anerkannter Sachverständiger für die Prüfung des Brandschutzes kommen für „kleine" Sonderbauten **nicht** in Betracht. Eine dem Bauantrag beigefügte Bescheinigung bleibt **wirkungslos**, da die Prüfung des § 17 BauO NRW trotz der Bescheinigung von der Bauaufsichtsbehörde durchzuführen ist. Auch nach § 72 Abs. 6 Satz 6 BauO NRW darf die Bauaufsichtsbehörde die Vorlage einer solchen Bescheinigung nicht vom Bauherrn verlangen (s. die Anmerkungen zu § 72 Rdn. 114). Die staatlich anerkannten Sachverständigen für die Prüfung des Brandschutzes können dennoch im vereinfachten Genehmigungsverfahren mitwirken, da sie nach § 58 Abs. 3 BauO NRW vom Bauherrn mit der Aufstellung von **Brandschutzkonzepten** zu beauftragen sind (s. die Anmerkungen zu § 58 Rdn. 33–40), wenn dies von der Bauaufsichtsbehörde aufgrund der Ermächtigung des § 54 Abs. 2 Nr. 19 BauO NRW **verlangt** wird, um gutachtliche Äußerungen zum Brandschutz zu erhalten (s. die Anmerkungen zu § 54 Rdn. 46 und zu § 72 Rdn. 108). Das auf Verlangen vorgelegte Brandschutzkonzept ist sodann wiederum von der Bauaufsichtsbehörde **selbst** zu prüfen. Eine auf § 61 Abs. 3 BauO NRW gestützte **Heranziehung** von Sachverständigen zur **Begutachtung schwieriger Teilaspekte des Brandschutzkonzepts** kann **nur in besonderen Ausnahmefällen** in Betracht kommen (s. die Anmerkungen zu § 61 Rdn. 117).

### 2.4.3 Nr. 3 – örtliche Bauvorschriften

**Nr. 3** bezieht nicht Satzungen der Gemeinden schlechthin, sondern nur **örtliche Bauvorschriften nach § 86 BauO NRW** in die Prüfung ein. Örtliche Bauvorschriften können sowohl als **selbständige Satzung** erlassen als auch in einen **Bebauungsplan** aufgenommen werden (s. die Anmerkungen zu § 86 Rdn. 64 und 65). Als Bestandteil eines Bebauungsplans bleiben sie **Bauordnungsrecht**. Bei Abweichungen ist nicht § 31 BauGB, sondern § 73 BauO NRW einschlägig (s. die Anmerkungen zu § 73 Rdn. 4). Hat die Gemeinde im vereinfachten Genehmigungsverfahren zu dem Bauantrag positiv Stellung genommen, obwohl das Vorhaben gegen einzelne Bestimmungen einer örtlichen Bauvorschrift verstößt, und wurde daraufhin die Baugenehmigung erteilt und von dieser Gebrauch gemacht, so hat die Gemeinde ihr Abwehrrecht verwirkt (OVG Rh-Pf, Urteil vom 5. 8. 1993 – 1 A 11772/92, BRS 55 Nr. 130). 31

Erfasst werden von Nr. 3 nur solche örtlichen Bauvorschriften bzw. nur solche Bestimmungen in örtlichen Bauvorschriften, die überhaupt einen **Bezug zur präventiven Zulässigkeitsprüfung** aufweisen. Das ist nicht bei allen örtlichen Bauvorschriften der Fall. So kann z. B. eine Satzung über die Lage, Größe, Beschaffenheit, Ausstattung und Unterhaltung von Kinderspielflächen nach § 86 Abs. 1 Nr. 3 BauO NRW Bestimmungen zur Ausstattung und Unterhaltung enthalten, die einer präventiven Prüfung nicht zugänglich sind (s. die Anmerkungen zu § 86 Rdn. 46 und 47). 32

### 2.4.4 Nr. 4 – sonstige öffentlich-rechtliche Vorschriften

**Nr. 4** erfasst **andere öffentlich-rechtliche Vorschriften** mit der **Einschränkung**, dass **deren Einhaltung nicht in einem anderen Genehmigungs-, Erlaubnis- oder sonstigen Zulassungsverfahren geprüft wird**. Nr. 4 zielt auf das **„Baunebenrecht“** (zum Begriff s. die Anmerkungen der Einleitung Rdn. 4 und 19 bis 21), soweit keine rechtlich selbständigen Entscheidungen mit Außenwirkung in Spezialgesetzen neben der Baugenehmigung vorgesehen sind (zum materiell-rechtlichen Prüfprogramm im Hinblick auf die wichtigsten das Bauen beeinflussenden baunebenrechtlichen Vorschriften, s. die Anmerkungen zu § 69 Rdn. 3). Hierzu gehören die **Anbaubeschränkungen des Straßenrechts** ebenso wie die **Eingriffsregelungen des Landschaftsrechts**, die **denkmalschutzrechtlichen** und die **arbeitsschutzrechtlichen** Bestimmungen oder die Vorgaben des **Immissionsschutzrechts**, um die wichtigsten Bereiche zu nennen. 33

Die Formulierung der Nr. 4 verhindert nicht, dass im vereinfachten Genehmigungsverfahren nicht die gleichen Probleme wie im normalen Genehmigungsverfahren auftreten, die aus dem Nebeneinander von § 75 Abs. 1 **Satz 1** und Absatz 3 **Satz 2** BauO NRW herrühren und die in Literatur und Rechtsprechung unter dem Begriff **„Schlusspunkttheorie“** erörtert werden (s. die Anmerkungen zu § 75 Rdn. 8 und 81 ff.). Infolge der **Einschränkung** der Nr. 4 bleiben im vereinfachten Genehmigungsverfahren zwar solche 34

Rechtsfragen ungeprüft, die einer **selbständigen Gestattung** nach anderen öffentlich-rechtlichen Vorschriften zugänglich sind. Aufgrund der **baufreigebenden Wirkung** der Baugenehmigung – auch wenn sie im vereinfachten Genehmigungsverfahren erteilt wird – darf aber das **Vorliegen** dieser selbständigen Gestattungen **bei Baubeginn** nicht unberücksichtigt bleiben, so dass sich eine entsprechende Nebenbestimmung im Bauschein empfiehlt (s. die Anmerkungen zu § 75 Rdn. 171).

### 2.5 Zu Satz 5 – Nutzungsänderungen

35 Nach Satz 5 gilt das vereinfachte Genehmigungsverfahren auch für Nutzungsänderungen (zu diesem Begriff s. die Anmerkungen zu § 3 Rdn. 97–107). Durch die Aufwertung zum Regelverfahren erfasst das vereinfachte Genehmigungsverfahren zusätzlich „kleine" Sonderbauten (s. Rdn. 6). Gerade in gemischt genutzten **Wohn-** und **Geschäftshäusern** und in **Gewerbebauten** kommen Nutzungsänderungen relativ häufig vor. Nutzungsänderungen sind oft mit **baulichen Änderungen** verbunden, so dass die Einbeziehung in das vereinfachte Genehmigungsverfahren nahe lag. Einwände wegen des reduzierten Prüfumfangs im vereinfachten Genehmigungsverfahren sind unbegründet, da sonstige öffentlich-rechtliche Anforderungen, vor allem die Belange des Immissions- und Arbeitsschutzes, mitgeprüft werden (s. Rdn. 33).

35 a Soweit nicht von der Möglichkeit Gebrauch gemacht wird, die Durchführung des Genehmigungsverfahrens ausdrücklich zu verlangen, bedarf die Nutzungsänderung gemäß **§ 2 Nr. 4 Buchstabe c Bürokratieabbaugesetz I** lediglich einer **Anzeige** an die Bauaufsichtsbehörde (s. Rdn. 6 a und die Anmerkungen zu § 63 Rdn. 11–11 a).

36 Satz 5 enthält die **Einschränkung**, dass durch die Nutzungsänderung **kein „großer"** Sonderbau **entstehen** darf. Das wäre beispielsweise gegeben, wenn eine Verkaufsstätte mit weniger als 700 $m^2$ in einen Versammlungsraum für mehr als 200 Personen umgewandelt werden soll. Über Nutzungsänderungen bestehender „großer" Sonderbauten enthält die Vorschrift keine Aussage. Soweit durch die Nutzungsänderung die Einordnung als „großer" Sonderbau erhalten bleibt, greift das normale Genehmigungsverfahren, z. B. bei der Umwandlung einer Grundschule in einen Kinderhort mit mehr als zwei Gruppen. Bleibt die bauliche Anlage ein „großer" Sonderbau, weil eine andere Nutzungseinheit als die zu ändernde dem Katalog des § 68 Abs. 1 Satz 3 BauO NRW unterfällt, muss die Nutzungsänderung ebenfalls im normalen Genehmigungsverfahren durchgeführt werden. Soll dagegen die Nutzung eines „großen" Sonderbaus so geändert werden, dass ein „kleiner" Sonderbau entsteht, das vereinfachte Genehmigungsverfahrens durchzuführen. Ein Beispiel hierfür bildet die Umnutzung einer Gaststätte mit mehr als 40 Gastplätzen in eine Verkaufsstätte mit weniger als 700 $m^2$.

## 3 Zu Absatz 2 – Bautechnische Nachweise im Regelfall

37 Im **vereinfachten Genehmigungsverfahren** sind nach § 10 BauPrüfVO nur die dort aufgeführten Bauvorlagen **ohne die bautechnischen Nachweise** dem Bauantrag beizufügen. Wie sich aus dem Vergleich von § 10 und § 11 BauPrüfVO ergibt, sind die **bautechnischen Nachweise** und das **Brandschutzkonzept** dagegen im normalen Genehmigungsverfahren zusammen mit den im vereinfachten Genehmigungsverfahren geforderten Bauvorlagen einzureichen. Diese **unterschiedliche Behandlung** resultiert aus dem **unterschiedlichen Prüfumfang**: während im normalen Genehmigungsverfahren alle Bau-

vorschriften umfassend geprüft werden, entfällt im vereinfachten Genehmigungsverfahren die Prüfung großer Teile des Bauordnungsrechts, darunter auch der Vorschriften über die Standsicherheit (§ 15 BauO NRW) und den Schall- und Wärmeschutz (§ 18 BauO NRW). Daher werden die entsprechenden bautechnischen Nachweise für die Erteilung der Baugenehmigung nicht benötigt.

Der Gesetzgeber konnte und wollte jedoch nicht vollständig auf eine **Kontrolle der Einhaltung der Standsicherheits- und Brandschutzvorschriften** verzichten. Die Gründe hierfür liegen in dem nicht von der Hand zu weisenden **Gefährdungspotenzial** von Gebäuden. Aufgrund der Vielzahl unterschiedlicher Vorhaben im vereinfachten Genehmigungsverfahren war eine **Differenzierung** nach dem Gefährdungspotenzial geboten, die über die Bestimmungen der **Absätze 3 und 4** erfolgt. Hinsichtlich des erforderlichen **Wärmeschutzes** der Gebäude ließen die **bundesrechtlichen Energieeinsparungsvorschriften** (s. die Anmerkungen zu § 18 Rdn. 3–13) eine Freistellung der Kontrolle nicht zu. Insoweit überlagern sich die Vorgaben des § 68 Abs. 2 und 3 BauO NRW mit denen der Verordnung zur Umsetzung der Energieeinsparungsverordnung – **EnEV-UVO**. 38

Um die gewünschte **Entstaatlichung und Entlastung der Bauaufsicht** zu erreichen, hat der Gesetzgeber die Kontrolle der bautechnischen Nachweise und die Prüfung des Brandschutzes **staatlich anerkannten Sachverständigen** übertragen. Diese treten an die Stelle der Bauaufsicht und sollen durch ihre prüfende und kontrollierende Tätigkeit gewährleisten, dass trotz des Verzichts auf eine präventive bauaufsichtliche Prüfung und trotz der insoweit eingeschränkten Bauüberwachung durch die Bauaufsichtsbehörden eine **ordnungsgemäße Bauausführung sichergestellt** ist und damit letztlich **Gefahren** für Leben oder Gesundheit der Bewohner, Benutzer oder Besucher der baulichen Anlagen **ausgeschlossen** sind. Die Regelung dient wegen der vorgeschriebenen Kontrolle der Bauausführung durch die staatlich anerkannten Sachverständigen auch dem **Verbraucherschutz**. 39

**Liegt bei Baubeginn** entgegen dieser Bestimmung eine **Bescheinigung** eines staatlich anerkannten Sachverständigen **nicht vor**, ist die Bauaufsichtsbehörde allein schon auf Grund dieses Rechtsverstoßes berechtigt, die erforderlichen Maßnahmen, wie z. B. **Stilllegung** oder **Nutzungsuntersagung**, zu treffen. Einer **weiteren Prüfung**, ob das Vorhaben den materiellen Vorschriften tatsächlich genügt, **bedarf es nicht** (OVG NRW, Beschluss vom 6. 7. 2006 – 10 B 695/06, BauR 2007, 91 = BRS 70 Nr. 186 zu einer fehlenden Bescheinigung nach Nr. 3 über die Brandschutzanforderungen). Werden die in Absatz 2 genannten Nachweise oder Bescheinigungen nicht spätestens vor Baubeginn eingereicht, so kann die Bauaufsichtsbehörde – unabhängig von der Berechtigung zum Einschreiten – dies gemäß § 84 Abs. 1 Nr. 12 BauO NRW mit einem **Bußgeld** ahnden. 39 a

**Satz 1** verlangt, **spätestens bei Baubeginn** bei der Bauaufsichtsbehörde bestimmte **Nachweise** und **Bescheinigungen** einzureichen. Die **Verpflichtung** richtet sich an den **Bauherrn** und betrifft 40

- nach **Nr. 1** die **Nachweise über den Schallschutz und den Wärmeschutz**, die von einem **staatlich anerkannten Sachverständigen für Schall- und Wärmeschutz** aufgestellt oder geprüft sein müssen,
- nach **Nr. 2** den **Nachweis über die Standsicherheit**, der von einem **staatlich anerkannten Sachverständigen für die Prüfung der Standsicherheit** geprüft sein muss, und

– nach **Nr. 3** die **Bescheinigung** eines **staatlich anerkannten Sachverständigen für die Prüfung des Brandschutzes**, dass das Vorhaben den **Anforderungen an den Brandschutz** entspricht; **ausgenommen** sind von der Verpflichtung nach Nr. 3 jedoch **Wohngebäude geringer Höhe** und **Sonderbauten**.

41 Nach **Nr. 1** muss der **Schall- und Wärmeschutznachweis entweder** von einem staatlich anerkannten Sachverständigen für den Schall- und Wärmeschutz **aufgestellt oder**, wenn der Aufsteller die geforderte Qualifikation nicht besitzt, von einem staatlich anerkannten Sachverständigen für Schall- und Wärmeschutz **geprüft** sein. Diese Differenzierung war geboten, weil Entwurfsverfasser, die selbst über keine staatliche Anerkennung als Sachverständiger verfügen, durchaus in der Lage sein können, ordnungsgemäße Schall- und Wärmeschutznachweise zu erstellen. Nr. 1 verlangt in einem solchen Fall jedoch die Prüfung durch einen staatlich anerkannten Sachverständigen für Schall- und Wärmeschutz.

Für die **Einhaltung der Anforderungen** an einen ausreichenden Wärmeschutz, der nicht nach bauaufsichtlichen Vorschriften, sondern nach der **EnEV** zu beurteilen ist, gilt die **EnEV-UVO**. Die Bauaufsichtsbehörde ist nicht verpflichtet, die nach § 2 Abs. 1 bis 3 EnEV-UVO vorzulegenden Nachweise, Bescheinigungen und Bestätigungen zu überprüfen (vgl. Nr. 18.1 VV BauO NRW).

42 Nach **Nr. 2** muss der **Standsicherheitsnachweis** stets von einem hierfür staatlich anerkannten Sachverständigen **geprüft** sein. Es genügt nicht, wenn ein staatlich anerkannter Sachverständiger für die Prüfung der Standsicherheit den Nachweis aufgestellt hat. Vielmehr muss, wenn ein staatlich anerkannter Sachverständiger den Standsicherheitsnachweis als Fachplaner erstellt hat, nach dem **Vier-Augen-Prinzip** die **Prüfung** durch einen **anderen** staatlich anerkannten Sachverständigen erfolgen (s. die Anmerkungen zu § 15 Rdn. 7–9).

**Ergänzend zu Nr. 2** muss die Vorschrift des **§ 1 Abs. 2 Satz 3 BauPrüfVO** gesehen werden, wonach die Bauaufsichtsbehörde auf die **Vorlage** des Nachweises der Standsicherheit und dessen **Prüfung verzichten** kann, soweit dies zur Beurteilung (der Standsicherheit) nicht erforderlich ist. Mit dieser Regelung will der Verordnungsgeber berücksichtigen, dass es **geringfügige** Baumaßnahmen gibt, deren Standsicherheit bereits aufgrund der Darstellungen in den Bauvorlagen angenommen werden kann. Als Orientierung für einen Verzicht auf Prüfung des Standsicherheitsnachweises eignen sich die in § 68 Abs. 3 BauO NRW, für einen Verzicht auf Vorlage des Standsicherheitsnachweises die in § 68 Abs. 4 BauO NRW aufgeführten Vorhaben. Der Verzicht bedarf einer ausdrücklichen Erklärung der Bauaufsichtsbehörde und kann zusammen mit der Baugenehmigung oder gesondert ausgesprochen werden. Es ist dem Bauherrn unbenommen, einen solchen Verzicht zu beantragen. Als Beispiel seien hergebrachte Konstruktionen, wie z. B. kleine Dachgauben genannt. Zu denken ist ebenso an Hauseingangsüberdachungen oder kleine Anbauten.

43 Nach **Nr. 3** ist eine **Bescheinigung** eines staatlich anerkannten Sachverständigen für die Prüfung des Brandschutzes erforderlich, dass das Vorhaben den **Anforderungen an den Brandschutz** entspricht. Diese Bescheinigung erstreckt sich auf die Brandschutzvorschriften, jedoch nicht auf den statisch-konstruktiven Brandschutz, der gemäß § 12 Abs. 1 Satz 1 SV-VO zum Aufgabenbereich des staatlich anerkannten Sachverständigen für die Prüfung der Standsicherheit gehört. Gemäß § 16 Abs. 1 Satz 2 SV-VO gehört zur Bescheinigung der **Prüfbericht** zum Umfang und Ergebnis der Prüfung sowie eine **Aus-**

**fertigung der brandschutztechnisch geprüften Bauvorlagen.** Im Prüfbericht sind die Forderungen der Brandschutzdienststelle kenntlich zu machen. Hieraus wird deutlich, dass es sich bei dieser Bescheinigung um einen Ersatz der präventiven Prüfung handelt. Nr. 3 enthält **zwei Ausnahmen** von der **Bescheinigungspflicht**

- für **Wohngebäude geringer Höhe**, weil der Gesetzgeber unterstellt, dass derartige Gebäude von den bauvorlageberechtigten Entwurfsverfassern auch in brandschutztechnischer Hinsicht ordnungsgemäß geplant werden können,
- für **Sonderbauten**, weil der Gesetzgeber durch § 68 Abs. 1 Satz 4 BauO NRW angeordnet hat, dass die Bauaufsichtsbehörde den Brandschutz prüft (s. Rdn. 28–30).

Die Ausnahme bezüglich der „Wohngebäude geringer Höhe“ war vertretbar, weil an diese gegenüber den „Wohngebäuden geringer Höhe mit nicht mehr als zwei Wohnungen“ in den §§ 29 und 34 BauO NRW kaum weitergehende Anforderungen gestellt werden, die der Prüfung bedürfen. Der Gesetzgeber hat es für vertretbar gehalten, allein dem Entwurfsverfasser die Verantwortung für die Einhaltung der Anforderungen des § 17 Abs. 3 BauO NRW an die erforderlichen Rettungswege zuzuweisen. Er hat eine gewisse **Kompensation** für fortfallende Kontrollen auch in der **Verantwortlichkeit** bzw. **Haftung des Entwurfsverfassers** gesehen (s. die Anmerkungen zu § 58 Rdn. 15–22).

**Satz 2** schreibt die **Benennung der staatlich anerkannten Sachverständigen** vor, die **mit den stichprobenhaften Kontrollen der Bauausführung beauftragt** wurden. Diese Bestimmung ist erst im Gesetzgebungsverfahren eingefügt worden. Nach § 68 Abs. 8 Satz 3 BauO NW 1995 waren mit der Anzeige der abschließenden Fertigstellung Bescheinigungen der staatlich anerkannten Sachverständigen über die stichprobenhaften Kontrollen einzureichen. Die Erfahrungen der Praxis hatten jedoch gezeigt, dass die staatlich anerkannten Sachverständigen in vielen Fällen erst gar nicht mit diesen Kontrollen vom Bauherrn beauftragt wurden. Um dieses Verhalten möglichst auszuschließen, entschloss sich der Gesetzgeber zur Einführung der Benennungspflicht gegenüber der Bauaufsichtsbehörde (vgl. LT-Drucks. 12/4394 S. 75 Nr. 38). 44

**Satz 3** übernimmt § 68 Abs. 5 Satz 3 BauO NW 1995 und betrifft **geschlossene Mittelgaragen mit natürlicher Lüftung.** Nach § 15 Abs. 1 GarVO müssen **geschlossene** Mittelgaragen grundsätzlich über eine **mechanische Lüftungsanlage** verfügen. Abweichend von diesem Grundsatz lässt § 15 Abs. 3 GarVO eine **natürliche** Lüftung genügen, wenn **im Einzelfall** aufgrund eines **Gutachtens eines anerkannten Sachverständigen** (§ 21 Abs. 1 GarVO) zu erwarten ist, dass der Mittelwert des Volumengehalts an Kohlenmonoxyd in der Luft, gemessen über jeweils eine halbe Stunde und in einer Höhe von 1,50 m über Fußboden (CO-Halbstundenmittelwert), auch während der regelmäßigen Verkehrsspitzen im Mittel nicht mehr als 100 ppm (= 100 $c^3/m^3$) betragen wird, und wenn dies auf der Grundlage von Messungen, die nach Inbetriebnahme der Garage über einen Zeitraum von mindestens einem Monat durchzuführen sind, von einem anerkannten Sachverständigen bestätigt wird. 45

Nach § 68 Abs. 2 Satz 3 BauO NRW muss die **Bescheinigung** von einem **staatlich anerkannten Sachverständigen** ausgestellt sein. Wegen des Verweises in § 15 Abs. 3 GarVO auf § 21 GarVO, der wiederum auf die TPrüfVO verweist, handelt es sich bei diesen Personen um **staatlich anerkannte Sachverständige für Lüftungstechnik**, wie sie **§ 3 Abs. 1 TPrüfVO** aufzählt. Hierzu rechnen insbesondere die nach § 4 TPrüfVO und nach früherem Recht anerkannten und die von anderen Bundesländern bauaufsichtlich anerkannten Sachverständigen. 45 a

**4 Zu Absatz 3 – Ausnahmen von der Prüfpflicht**

46 **Abweichend** vom generellen **Prüfungsgrundsatz** des Absatzes 2 (s. Rdn. 37–39) enthält Absatz 3 für bestimmte Vorhaben einen **Verzicht auf Prüfung** durch staatlich anerkannte Sachverständige. **Nicht verzichtet** wird dagegen auf **Vorlage der bautechnischen Nachweise** bei der Bauaufsichtsbehörde. Entscheidend hierfür war, dass aufgrund der früheren Rechtslage für diese Vorhaben keine Prüfung des Standsicherheitsnachweises vorgeschrieben war (vgl. § 64 Abs. 3 Satz 1 BauO NW 1984) und im Hinblick auf das generelle Gesetzgebungsziel, Verfahrensvereinfachung und -erleichterung zu schaffen, die Rechtslage nicht verschärft werden sollte. **Dem Bauherrn** ist es **unbenommen**, zu seiner eigenen Sicherheit gleichwohl **einen Sachverständigen mit der Prüfung zu beauftragen**. Das Bauordnungsrecht verzichtet darauf, an den Aufsteller der bautechnischen Nachweise besondere qualitative Anforderungen zu stellen. Der Fachplaner muss jedoch nach § 58 Abs. 2 Satz 1 BauO NRW zur Erfüllung der Aufgabe **geeignet sein** (s. die Anmerkungen zu § 58 Rdn. 11–14 und 27–28 sowie Nr. 68.3 VV BauO NRW). Die Eignung muss von der Bauaufsichtsbehörde nicht geprüft werden. Sie hat jedoch aufgrund ihres **allgemeinen Überwachungsauftrags** aus **§ 61 Abs. 1 BauO NRW** das Recht zur Kontrolle vorgelegter Nachweise und müsste z. B. die Nachbesserung eines Standsicherheitsnachweises verlangen, wenn offenkundig ist, dass der vorgelegte in keiner Hinsicht ausreicht. Erweist sich der **Fachplaner** als **ungeeignet**, kann sie nach § 57 Abs. 3 BauO NRW vom Bauherrn **verlangen**, dass diese ungeeignete durch eine geeignete Person **ersetzt** wird (s. die Anmerkungen zu § 57 Rdn. 33–38).

47 Bereits nach § 68 **Abs. 2 Satz 1 Nr. 3** BauO NRW ist für „Wohngebäude geringer Höhe" eine Bescheinigung eines staatlich anerkannten Sachverständigen über die Einhaltung der Brandschutzanforderungen **nicht erforderlich** (s. Rdn. 43). Insoweit bezieht sich die Ausnahmeregelung des § 68 **Abs. 3 Nr. 1** BauO NRW nur noch auf die **bautechnischen Nachweise** der **Standsicherheit** und des **Schallschutzes**. Absatz 3 enthält bezüglich des **Wärmeschutznachweises** eine bedauerliche **Überschneidung mit dem Energieeinsparungsrecht**, um nicht zu sagen, eine – unnötige – **Fehlinformation** des Bauherrn. Nach dem Wortlaut müssen die Nachweise gemäß Absatz 2 nicht von staatlich anerkannten Sachverständigen **aufgestellt** oder geprüft sein. In Vollzug von Bundesrecht verlangt § 2 Abs. 1 EnEV-UVO aber vom Bauherrn, dass mit der **Aufstellung** von Nachweisen für alle in den Geltungsbereich der EnEV fallenden Gebäude **staatlich anerkannte Sachverständige für Schall- und Wärmeschutz** zu beauftragen sind.

48 **Nr. 1** erfasst **Wohngebäude geringer Höhe mit bis zu zwei Wohnungen einschließlich ihrer Nebengebäude und Nebenanlagen**. Der Begriff „**Wohngebäude**" ist in der BauO NRW nicht definiert. Von einem Wohngebäude kann nicht schon dann gesprochen werden, wenn mehr als die Hälfte zu Wohnzwecken genutzt wird. Es muss sich vielmehr um reine Wohngebäude oder Gebäude mit Wohnungen handeln, auch wenn in den Wohnungen gemäß § 13 BauNVO einzelne Räume für freiberufliche Tätigkeit und solche von Gewerbetreibenden, die ihren Beruf in ähnlicher Art ausüben, vorgesehen sind (s. die Anmerkungen zu § 2 Rdn. 139–146). Gemischt genutzte Gebäude außerhalb des Anwendungsbereichs des § 13 BauNVO fallen nicht unter den Begriff des Wohngebäudes (VG Koblenz, Urteil vom 11. 5. 2000 – 1 K 471/00, BauR 2000, 1467 = BRS 63 Nr. 219). Das Wohngebäude muss ein „**Gebäude geringer Höhe**" sein (s. die Anmerkungen zu § 2 Rdn. 154–158). Es darf nur **bis zu zwei** Wohnungen aufweisen. Der Begriff „**Wohnung**" ist in der BauO NRW ebenfalls nicht definiert (s. die Anmerkungen zu § 49

Rdn. 2–6). Soll ein Doppelhaus oder eine Hausgruppe auf einem Grundstück errichtet werden, bei der jedes Element die Voraussetzungen der Nr. 1 einhält, so ist das vereinfachte Genehmigungsverfahren durchzuführen, da es sich bei dem Doppelhaus bzw. der Hausgruppe um mehrere einzelne Gebäude im Sinne der **bauordnungsrechtlichen Definition des § 2 Abs. 2 BauO NRW** handelt (s. die Anmerkungen zu § 2 Rdn. 104–117), selbst wenn die Gebäude über gemeinsame Bauteile verfügen (s. die Anmerkungen zu § 15 Rdn. 25–26). Der **bauplanungsrechtliche Begriffsinhalt** ist nicht maßgebend (s. die Anmerkungen zu § 2 Rdn. 118–138). Die nicht bauordnungsrechtlich definierten Begriffe „**Nebengebäude**" und „**Nebenanlagen**" weisen einen eigenen bauordnungsrechtlichen Inhalt auf (s. die Anmerkungen zu § 2 Rdn. 147–149).

**Nr. 2** erfasst **freistehende landwirtschaftliche Betriebsgebäude, auch mit Wohnteil, bis zu** 49
**zwei Geschossen über der Geländeoberfläche, ausgenommen solche mit Anlagen für Jauche und Flüssigmist**. Das Betriebsgebäude ist **freistehend,** wenn es nicht an ein anderes Gebäude angebaut ist, ohne dass es dabei auf die Größe des Abstands zwischen den Gebäuden oder zur Grundstücksgrenze ankommt. Die Formulierung landwirtschaftliche Betriebsgebäude knüpft an die Regelungen in §§ 35 und 201 BauGB und die Rechtsprechung hierzu an (s. die Anmerkungen zu § 65 Rdn. 21). Forstwirtschaftliche Betriebsgebäude sind von Nr. 2 nicht erfasst. Das Gebäude darf nicht mehr als **zwei Geschosse über der Geländeoberfläche** aufweisen. Da nicht von einem Vollgeschoss im Sinne des § 2 Abs. 5 BauO NRW die Rede ist, kann durchaus auch ein Geschoss auf die Zahl der über der Geländeoberfläche liegenden Geschosse angerechnet werden, das kein Vollgeschoss ist (zum Begriff „Geschoss über der Geländeoberfläche" s. die Anmerkungen zu § 2 Rdn. 217–218). Von dem vereinfachten Genehmigungsverfahren sind **landwirtschaftliche Betriebsgebäude mit Anlagen für Jauche und Flüssigmist ausgenommen**. Dies war erforderlich, weil diese vielfach unter Ställen angeordneten Anlagen nach § 52 Abs. 3 und 4 BauO NRW wegen der Gefahren für das Grundwasser wasserdicht sein müssen und auf die Prüfung dieser Dichtheit nicht verzichtet werden kann (s. die Anmerkungen zu § 52 Rdn. 13 und 19–20).

**Nr. 3** erfasst **eingeschossige Gebäude mit einer Grundfläche bis 200 m²**. Die Gebäude 50
dürfen auch **Aufenthaltsräume** haben. Die Grundfläche bemisst sich nach den **Außenmaßen des Gebäudes**, da insoweit auf § 19 BauNVO abgestellt werden kann (zur Ermittlung der Grundfläche s. Fickert/Fieseler, zu § 19 Rdn. 4 ff.). Bei dem „**einen**" Geschoss muss es sich nicht um ein Vollgeschoss im Sinne des § 2 Abs. 5 BauO NRW handeln, so dass ein auf dem erdgeschossigen Baukörper aufgesetztes begehbares Satteldach bereits als weiteres Geschoss rechnet und das Gebäude zu einem „zweigeschossigen" macht. Absatz 3 hat seine endgültige Fassung erst im Gesetzgebungsverfahren erhalten, um die Formulierung wieder stärker an § 68 Abs. 1 Nr. 1 bis 3 BauO NW 1995 zu orientieren (vgl. LT-Drucks. 12/4394 S. 75 Nr. 39). Dabei entfiel die bislang enthaltene Einschränkung, dass es sich bei den Gebäuden bis 200 m² Grundfläche nicht um Sonderbauten nach § 54 Abs. 3 Nr. 7–9 BauO NW 1995 handeln darf. Auf die Einschränkungen der Nr. 7 (bauliche Anlagen und Räume von großer Ausdehnung oder mit erhöhter Brand-, Explosions- oder Verkehrsgefahr) und der Nr. 9 (bauliche Anlagen und Räume, deren Nutzung mit einem starken Abgang unreiner Stoffe verbunden sind) konnte verzichtet werden, da es sich hierbei nach § 68 Abs. 1 Satz 3 Nr. 15 BauO NRW 2000 um „große" Sonderbauten handelt, für die ohnehin das „normale" Genehmigungsverfahren gilt. Auf die Einschränkung der Nr. 8 (bauliche Anlagen und Räume, die für gewerbliche Betriebe bestimmt sind) hätte nicht unbedingt verzichtet werden müssen, da

derartige Anlagen auch dem vereinfachten Genehmigungsverfahren unterliegen, wenn sie nicht gemäß § 68 Abs. 1 Satz 3 Nr. 15 BauO NRW in der 4. BImSchV nach dem Rechtsstand vom 1. 1. 1997 enthalten waren. Durch den Wegfall der Einschränkung ist insoweit eine **Erweiterung** des Kreises der eingeschossigen Gebäude bis 200 m² Grundfläche eingetreten, als es sich um **gewerblich** genutzte Gebäude handeln darf, soweit diese gewerbliche Nutzung nicht dem Verfahren nach dem BImSchG unterliegt.

### 5 Zu Absatz 4 – Ausnahmen von der Vorlagepflicht

51 **Abweichend** vom **Grundsatz** des Absatzes 2 (s. Rdn. 37–39) enthält Absatz 4 für bestimmte Vorhaben nicht nur einen **Verzicht auf die Prüfung** durch staatlich anerkannte Sachverständige, sondern weitergehend auch auf einen **Verzicht auf** die **Vorlage** der bautechnischen Nachweise bei der Bauaufsichtsbehörde. Auch die Formulierung des Absatzes 4 hat die endgültige Fassung erst im Gesetzgebungsverfahren gefunden, um deutlich zu machen, dass es sich um einen **vollständigen Verzicht** auf bautechnische Nachweise handelt (vgl. LT-Drucks. 12/4394 S. 56 Nr. 40). Die Vorschrift orientiert sich an dem Katalog des § 68 Abs. 1 Nr. 4 bis 13 BauO NW 1995.

52 **Nr. 1** erfasst **Gewächshäuser mit bis zu 4,0 m Firsthöhe**. Soweit Gewächshäuser einem land- oder forstwirtschaftlichen Betrieb dienen und keine Verkaufsstätten beinhalten, sind sie bereits nach § 65 Abs. 1 Nr. 5 BauO NRW genehmigungsfrei (s. die Anmerkungen zu § 65 Rdn. 31 und 32). Nr. 1 hat daher nur Bedeutung für Gewächshäuser mit bis zu 4,0 m Firsthöhe, die keinem land- oder forstwirtschaftlichen Betrieb dienen oder – soweit sie dennoch einem solchen dienen – eine untergeordnete Verkaufsstätte zum Verkauf der produzierten Erzeugnisse aufweisen.

53 **Nr. 2** erfasst **Garagen und überdachte Stellplätze mit einer Nutzfläche bis 100 m²**. Bei den hier erfassten Garagen und überdachten Stellplätzen bis 100 m² Nutzfläche handelt es sich um **Kleingaragen** im Sinne des § 2 Abs. 1 Nr. 1 GarVO. Die **Nutzfläche** ist nach § 2 Abs. 6 Satz 1 GarVO zu ermitteln und ergibt sich aus der Summe aller miteinander verbundenen Flächen der Garageneinstellplätze und der Verkehrsflächen. Eine Zuordnung zu einem Wohngebäude, wie sie § 68 Abs. 1 Nr. 5 BauO NW 1995 noch verlangte, ist als Einschränkung nicht mehr vorgesehen.

54 **Nr. 3** erfasst **untergeordnete Gebäude** (§ 53). Der Klammerzusatz „(§ 53)“ ist eher verwirrend als klärend, da § 53 BauO NRW zwischen Behelfsbauten (Absatz 1) und untergeordneten Gebäuden (Absatz 2) unterscheidet (s. die Anmerkungen zu § 53 Rdn. 2). Im Vergleich zu § 68 Abs. 1 Nr. 7 BauO NW 1995 fällt auf, dass der Begriff Behelfsbauten fortgefallen ist. Daher gilt § 68 Abs. 4 Nr. 3 BauO NRW 2000 nur noch für untergeordnete Gebäude im Sinne des § 53 Abs. 2 BauO NRW 2000. Hierunter fallen kleine, nur **Nebenzwecken** dienende Gebäude **ohne** Feuerstätte, wie z. B. Geräteschuppen oder Wirtschaftsgebäude von Kleinsiedlungen und Feldhütten. Weiter fallen hierunter freistehende, eingeschossige Gebäude mit Räumen, die **nicht** für einen Aufenthalt bestimmt sind (s. die Anmerkungen zu § 53 Rdn. 8–13). Es darf nicht aus dem Zusammenhang mit Absatz 3 Nr. 3 auf eine flächenmäßige Begrenzung bis 200 m² Grundfläche für die in Absatz 4 Nr. 3 angesprochenen Gebäude geschlossen werden, da Absatz 4 Nr. 3 als die speziellere Vorschrift angesehen werden muss. Die Genehmigungspflicht entfällt bei diesen Vorhaben, wenn die Voraussetzungen des § 65 Abs. 1 Nr. 1 BauO NRW vorliegen (s. die Anmerkungen zu § 65 Rdn. 18–22).

**Nr. 4** erfasst **Wasserbecken bis zu 100 m³, einschließlich ihrer Überdachungen**. Die Vorschrift wirkt praktisch nur im Außenbereich und bei Überdachung auch im Innenbereich und im beplanten Bereich, da die Errichtung dieser Wasserbecken, wenn sie nicht überdacht sind und nicht im Außenbereich liegen, gemäß § 65 Abs. 1 Nr. 30 BauO NRW baugenehmigungsfrei ist (s. die Anmerkungen zu § 65 Rdn. 102–103). Die Volumenangabe bezieht sich hierbei auf das Fassungsvermögen des Wasserbeckens. Die Wasserbecken können ober- oder unterhalb der Geländeoberfläche liegen. 55

**Nr. 5** erfasst **Verkaufs- und Ausstellungsstände**. Die Bestimmung betrifft Verkaufs- und Ausstellungsstände, die wegen § 65 Abs. 1 Nr. 1, letzter Halbsatz BauO NRW auch dann genehmigungsbedürftig sind, wenn ihr Volumen unter 30 m³ liegt. Bei diesen Vorhaben liegen regelmäßig gewerbliche Nutzungen vor (s. die Anmerkungen zu § 2 Rdn. 49–50). Nr. 5 ist nicht anzuwenden, wenn es sich um Fliegende Bauten nach § 79 BauO NRW handelt. Verkaufs- und Ausstellungsstände, die vorübergehend aufgestellt oder genutzt werden, sind unter den in § 65 Abs. 1 Nr. 40 und 41 BauO NRW genannten Voraussetzungen genehmigungsfrei (s. die Anmerkungen zu § 65 Rdn. 129–132). 56

**Nr. 6** erfasst **Einfriedungen** (zum Begriff s. die Anmerkungen zum aufgehobenen § 10 Rdn. 2). Nach § 65 Abs. 1 Nr. 13 und 14 BauO NRW sind Einfriedungen unter den dort genannten Voraussetzungen freigestellt (s. die Anmerkungen zu § 65 Rdn. 61–72). Die Vorschrift entfaltet aufgrund der großzügigen Freistellung kaum praktische Bedeutung. 57

**Nr. 7** erfasst **Aufschüttungen und Abgrabungen** (zu den Begriffen s. die Anmerkungen zu § 2 Rdn. 56–64). Nach § 65 Abs. 1 Nr. 42 BauO NRW sind **selbständige** Aufschüttungen und Abgrabungen bis zu 2,0 m Höhe oder Tiefe, im Außenbereich bis 400 m² Fläche genehmigungsfrei (vgl. die Anmerkungen zu § 65 Rdn. 134–137). Auch für Nr. 7 ergibt der Zusammenhang, dass trotz Fehlens des Wortes „selbständige" nur solche Aufschüttungen und Abgrabungen gemeint sein können. 58

**Nr. 8** erfasst **Werbeanlagen** (zum Begriff s. die Anmerkungen zu § 13 Rdn. 77–87). Nach § 65 Abs. 1 Nr. 33 bis 35 BauO NRW sind Werbeanlagen genehmigungsfrei (s. die Anmerkungen zu § 65 Rdn. 107–121). 59

### 6 Zu Absatz 5 – Prüfung auf Antrag

Die Vorschrift ist einerseits **Folge der starken Ausweitung des vereinfachten Genehmigungsverfahrens** und der relativ begrenzten Anzahl staatlich anerkannter Sachverständiger, vor allem solcher zur Prüfung des Brandschutzes. Andererseits verfügen größere Bauaufsichtsbehörden immer noch über einen beachtlichen Stamm von Mitarbeitern, die bis zur Novelle 1995 überwiegend mit der Prüfung bautechnischer Nachweise betraut waren. Dies gilt vor allem für die Städte mit ehemaligen Prüfämtern für Baustatik. Mitunter bereitete es Bauherren Schwierigkeiten, geeignete staatlich anerkannte Sachverständige für ihr Bauvorhaben gewinnen zu können. Um möglichen Engpässen und Verfahrensverzögerungen entgegenzuwirken, wird dem Bauherrn daher das Recht eingeräumt, die Prüfung der bautechnischen Nachweise oder des Brandschutzes durch die Bauaufsichtsbehörde beantragen zu können (vgl. die Amtliche Begründung, LT-Drucks. 12/3738 S. 90). Ob diese Vorschrift größere Bedeutung entfalten kann, ist zu bezweifeln, da die Träger der Bauaufsichtsbehörden zunehmend Personal abbauen und darüber hinaus seit dem Inkrafttreten der SV-VO genügend staatlich anerkannte Sachverständige von den Baukammern bestellt wurden. 60

61 Die Vorschrift räumt dem Bauherrn lediglich ein **Recht** auf die **Antragstellung** ein. Ob die Bauaufsichtsbehörde dem Antrag entsprechen kann, hängt entscheidend von ihrer eigenen **personellen Besetzung** ab. In den meisten Bauaufsichtsbehörden wurde seit dem Inkrafttreten der BauO NW 1995 vor allem das bislang mit der Prüfung von Standsicherheitsnachweisen betraute Personal abgebaut oder aber mit anderen Aufgaben betraut. Dem Antragsteller konnte daher **kein Rechtsanspruch auf die Prüfung** durch die Bauaufsichtsbehörde eingeräumt werden. Er hat aber einen Anspruch auf fehlerfreie Ausübung des Ermessens. Bei ihrer Entscheidung wird die Bauaufsichtsbehörde nicht nur die eigene personelle Ausstattung, sondern auch zu berücksichtigen haben, ob für die jeweilige Prüfaufgabe geeignete staatlich anerkannte Sachverständige vorhanden sind. Entspricht die Bauaufsichtsbehörde dem Antrag, muss sie nicht nur die Prüfung durchführen, vielmehr obliegt ihr **zugleich die Bauüberwachung**, da Prüfung und Bauüberwachung eine **Einheit** bilden.

### 7 Zu Absatz 6 – Erklärung zum Brandschutz

62 Die Vorschrift des Absatzes 6, wonach bei Wohngebäuden geringer Höhe eine **Erklärung des Entwurfsverfassers** den Bauvorlagen beizufügen ist, dass das **Vorhaben den Anforderungen an den Brandschutz entspricht**, wurde noch im Gesetzgebungsverfahren zur BauO NW 1995 eingefügt. Damit sollte bezüglich dieser Vorhaben die **besondere Verantwortung des Entwurfsverfassers** verdeutlicht und eine Übereinstimmung mit der Regelung des § 67 Abs. 2 Satz 1 BauO NW 1995 erzielt werden. Die Erklärung des Entwurfsverfassers hinsichtlich des Brandschutzes ist in den als Anlage I/1 zur VV BauPrüfVO bekannt gemachten **Antragsvordruck eingearbeitet**.

63 Wird die Erklärung nicht schon den Bauvorlagen beigefügt, sind diese **unvollständig**. Wegen dieses Mangels kann die Bauaufsichtsbehörde gemäß § 72 Abs. 1 Satz 2 BauO NRW die **Zurückweisung des Bauantrags** verfügen.

### 8 Zu Absatz 7 – Besonderer Antrag für Abweichungen

64 Soweit im vereinfachten Verfahren bauordnungsrechtliche Vorschriften geprüft werden, muss die Bauaufsichtsbehörde über Abweichungen von diesen Vorschriften entscheiden, ohne dass es eines besonderen Antrags bedarf. **Soweit eine Prüfung** nach § 68 Abs. 1 Satz 4 BauO NRW **nicht stattfindet**, kann die Bauaufsichtsbehörde wegen des reduzierten Prüfumfangs auch keine Abweichung zulassen. In diesen Fällen bedarf es nach Absatz 7 – in Anlehnung an die Regelung für freigestellte Vorhaben in § 73 Abs. 2 BauO NRW (s. die Anmerkungen zu § 73 Rdn. 29–32) – eines **ausdrücklichen Antrags auf Zulassung einer Abweichung**. Dem liegt der Gedanke zugrunde, dass auch teilfreigestellte Vorhaben in Übereinstimmung mit dem materiellen Recht stehen müssen. Diese Übereinstimmung wird durch die Abweichungsentscheidung hergestellt.

65 Über diesen Antrag ist eine der im vereinfachten Verfahren zu erteilenden Baugenehmigung **vorgreifende Entscheidung** der Bauaufsichtsbehörde notwendig. Der **Abweichungsbescheid** entfaltet **legalisierende Wirkung**, so dass Widerspruch und Klage eines Dritten gegen diesen Bescheid keine aufschiebende Wirkung zukommt (VGH B-W, Beschluss vom 9. 3. 1995 – 3 S 3321/94, BRS 57 Nr. 211 und OVG Schl-H, Beschluss vom 30. 10. 1997 – 1 M 52/97, BauR 1998, 1223 = BRS 59 Nr. 197 zu § 10 Abs. 2 Satz 1 BauGB-MaßnahmenG, der durch § 212 a Abs. 1 BauGB ersetzt wurde).

**9 Zu Absatz 8 – Bearbeitungsfristen**

Absatz 8 **Satz 1** bestimmt eine **Bearbeitungsfrist von sechs Wochen**, innerhalb derer die Bauaufsichtsbehörde über den Bauantrag zu entscheiden hat, wenn entweder 66

- das Vorhaben im Bereich eines **qualifizierten** oder **vorhabenbezogenen Bebauungsplans** liegt (**1. Alternative**) oder
- für das Bauvorhaben ein **Vorbescheid** (§ 71) erteilt worden ist, mit dem über die Zulässigkeit des Vorhabens auf dem Grundstück, die Zugänge auf dem Grundstück sowie über die Abstandflächen entschieden wurde (**2. Alternative**).

Diese Bearbeitungsfrist von sechs Wochen dürfte bei dem eingeschränkten Prüfungsumfang im Regelfall ausreichen, die Baugenehmigung erteilen zu können.

Im Falle der 1. Alternative kann unmittelbar nach Eingang des **vollständigen** Bauantrags die bauplanungsrechtliche Genehmigungsfähigkeit des Vorhabens festgestellt und das reduzierte bauordnungsrechtliche Prüfprogramm abgewickelt werden.

Im Falle der 2. Alternative wird die Berechtigung der Frist noch klarer, da das Prüfprogramm bereits im vorausgegangenen Vorbescheidsverfahren absolviert wurde.

**Schwierigkeiten bezüglich der Fristeinhaltung** können hinsichtlich des zu prüfenden **sonstigen öffentlichen Rechts** auftreten, wenn – vor allem zu Bauanträgen für „kleine" Sonderbauten – andere Behörden zu beteiligen sind. **Verzögerungen** in der Bearbeitung treten regelmäßig auch auf, wenn über eine **Befreiung** nach § 31 Abs. 2 BauGB oder eine **Abweichung** nach § 73 BauO NRW entschieden werden muss, dabei **nachbarliche Belange** berührt werden und eine Beteiligung des Angrenzers nach § 74 BauO NRW erforderlich wird. Diese Umstände berücksichtigt **Satz 2** mit der **Möglichkeit der Fristverlängerung**.

Die **Bearbeitungsfrist beginnt** mit dem **Eingang des Bauantrags** bei der Bauaufsichtsbehörde (so auch Boeddinghaus/Hahn/Schulte, zu § 68 Rdn. 66 und Buntenbroich/Voß, zu § 68 Rdn. 42). Nach anderer Auffassung ist der Behörde mit Rücksicht auf § 72 Abs. 1 Satz 1 BauO NRW eine **mehrtägige Eingangsprüfung** zuzubilligen (zur Vorprüfung in der Wochenfrist s. die Anmerkungen zu § 72 Rdn. 54–60) und erst nach deren Abschluss vom Fristanlauf auszugehen (so Jeromin, zu § 66 Rdn. 63 unter Hinweis auf § 65 Abs. 2 LBauO Rh-Pf, der § 72 Abs. 1 Satz 1 BauO NRW weitgehend entspricht). 67

Voraussetzung für das Anlaufen der Bearbeitungsfrist ist eine **wirksame Antragstellung**. Ferner müssen dem Antrag **vollständige Bauvorlagen** beigefügt sein, weshalb die **Frist nicht zu laufen beginnt**, wenn der **Antrag unvollständig** ist (Hess. VGH, Beschluss vom 8. 11. 1996 – 4 TG 3776/96, BRS 58 Nr. 133; OVG Rh-Pf, Urteil vom 20. 2. 2002 – 8 A 11330/01, BauR 2002, 1228 = BRS 65 Nr. 171 = DÖV 2002, 710 und Urteil vom 4. 7. 2007 – 8 A 10160/07, BauR 2007, 1718).

Die Bauaufsichtsbehörde hat gemäß § 72 Abs. 1 BauO NRW entweder die **Zurückweisung des Antrags** zu verfügen („soll zurückweisen") oder – bei nachbesserungsfähigen Anträgen – die **Vervollständigung der Bauvorlagen** zu verlangen (zur Handhabung der Vervollständigung bzw. Zurückweisung s. die Anmerkungen zu § 72 Rdn. 61–73). Im Falle der Vervollständigung der Bauvorlagen sollte dem Bauherrn gleichzeitig **mitgeteilt** werden, dass die **Bearbeitungsfrist** infolge der Unvollständigkeit des Bauantrags **noch nicht angelaufen** ist.

68 Nach Absatz 6 **Satz 2** kann die **Bearbeitungsfrist bis zu sechs Wochen verlängert** werden, so dass sich eine **maximale Verfahrensdauer von 12 Wochen** ergeben kann. Eine solche Verlängerung darf nur „**aus wichtigen Gründen**" ausgesprochen werden. Eine **unzureichende Personalausstattung** ist jedenfalls **kein wichtiger Grund** (so Allgeier/von Lutzau, zu § 57 S. 434).

Absatz 6 **Satz 3** nennt als Beispiele für wichtige Gründe die Notwendigkeit der **Beteiligung anderer Behörden** oder die notwendige Entscheidung über eine **Befreiung** nach § 31 Abs. 2 BauGB oder eine **Abweichung** nach § 73 BauO NRW. Aus dem Wort „**insbesondere**" ergibt sich, dass die **Aufzählung nicht abschließend** ist, so dass neben der Beteiligung anderer Behörden auch die Beteiligung anderer **Dienststellen** des Trägers der Bauaufsichtsbehörde in Frage kommt. Das ist auch sinnvoll, da es verfahrensmäßig keinen Unterschied macht, ob die Mittlere kreisangehörige Stadt als untere Bauaufsichtsbehörde den Kreis als untere Wasserbehörde oder ob das Bauaufsichtsamt einer kreisfreien Stadt das ebenfalls dieser angehörende Umweltamt als untere Wasserbehörde beteiligt.

Die **Verlängerung der Bearbeitungsfrist** ist dem Antragsteller **schriftlich** mitzuteilen und stellt eine **Verfahrenshandlung im Sinne des § 44 a VwGO** dar, die nicht selbständig mit Rechtsbehelfen anfechtbar ist (vgl. Boeddinghaus/Hahn/Schulte, zu § 68 Rdn. 67 und Jeromin, zu § 66 Rdn. 70). Rechtsbehelf im Sinne des § 44 a VwGO ist jeder in der VwGO geregelte Rechtsbehelf, also Widerspruch und Klage. Ausgeschlossen ist daher auch die Geltendmachung einstweiligen Rechtsschutzes gegen die Verlängerung.

69 In manchen Fällen wird sich ergeben, dass auch die **verlängerte Bearbeitungsfrist nicht ausreichend** ist, um die abschließende Entscheidung treffen zu können, weil z. B. ein **Altlastenverdacht** durch **Bodengutachten** ausgeräumt werden muss, ein **Erschließungsvertrag** oder ein **Ablösevertrag** erforderlich wird oder eine **Verpflichtungserklärung** für eine Baulast noch der **Unterschrift des Angrenzers** bedarf, um nur einige häufig vorkommende Verzögerungsursachen aufzuzeigen. Kann die Zulässigkeit des Vorhabens nach **Ablauf der maximalen Verfahrensdauer** von 12 Wochen noch nicht festgestellt werden, weil einzelne materielle Anforderungen des zu prüfenden Baurechts nicht erfüllt sind, so bestehen nur zwei rechtmäßige Handlungsmöglichkeiten. Die Bauaufsichtsbehörde kann entweder

- den Antragsteller ersuchen, auf die Einhaltung der Bearbeitungsfrist im eigenen Interesse zu **verzichten**, **um eine Ablehnung des Bauantrags** wegen der nach wie vor entgegenstehenden öffentlich-rechtlichen Vorschriften **zu vermeiden**, oder
- die **Erteilung der Baugenehmigung** wegen entgegenstehender öffentlich-rechtlicher Vorschriften (§ 75 Abs. 1 Satz 1 BauO NRW) **versagen**.

Es liegt auf der Hand, dass die zuerst genannte Möglichkeit eher im Interesse des Antragstellers liegen dürfte. Willigt dieser aber nicht in den Verzicht auf Einhaltung der Bearbeitungsfrist ein, verbleibt nur die **Versagung** als abschließende Verfahrenshandlung. Ergänzend ist darauf hinzuweisen, dass der Antragsteller **im Falle nicht ausräumbarer Verstöße gegen öffentlich-rechtliche Vorschriften** aufgrund der gesetzlichen Vorgaben auch einen **Rechtsanspruch auf fristgerechte Versagung** der Erteilung der Baugenehmigung hat. Die Formulierung des Absatzes 8 **Satz 1** geht nämlich nicht von der fristgerechten Genehmigung, sondern von der fristgerechten „**Entscheidung**" aus, die bei nicht ausräumbaren Verstößen gegen materielles Baurecht selbstverständlich negativ sein kann und vor dem Hintergrund des § 75 Abs. 1 Satz 1 BauO NRW auch sein muss.

Satz 3 darf von der Bauaufsichtsbehörde nicht als Selbstverständlichkeit „automatisch" genutzt werden, weil dadurch der **vom Gesetzgeber gewollte Beschleunigungseffekt** zunichte gemacht würde. Es darf erwartet werden, dass die Bauaufsichtsbehörde mit den üblicherweise zu beteiligenden Behörden und Dienststellen eng zusammenarbeitet, so dass die **Verlängerungsmöglichkeit** auch bei Beteiligungsfällen **auf Ausnahmefälle beschränkt** bleibt. Die Aufsichtsbehörden haben im Rahmen von Geschäftsprüfungen darauf zu achten, dass die unteren Bauaufsichtsbehörden diese Rechtslage nicht zum Nachteil der Bauherren ausnutzen. **70**

Die **Nichteinhaltung der Frist** durch die Bauaufsichtsbehörde hat in Nordrhein-Westfalen – anders als in mehreren anderen Bundesländern – **keine Genehmigungsfiktion** (sog. „fiktive Baugenehmigung"; s. auch Saurer, Die Fiktionstatbestände im vereinfachten Baugenehmigungsverfahren, DVBl. 2006, S. 605 ff.) zur Folge, so dass die Baugenehmigung nicht als erteilt gilt. Eine dem § 89 Abs. 2 BauO NW 1970 entsprechende Regelung wurde wegen ungünstiger Erfahrungen mit dieser Fiktion nicht in die späteren Fassungen der Bauordnung übernommen. **71**

Da **keine gesetzliche Fiktion** einer Baugenehmigung vorgesehen ist darf mit dem Bau nach Fristablauf nicht einfach begonnen werden. Vielmehr ist die **Erteilung der Baugenehmigung** auf jeden Fall **abzuwarten**. Die Nichteinhaltung der – gegebenenfalls verlängerten – Frist muss jedoch trotz der fehlenden Genehmigungsfiktion nicht ohne rechtliche Folgen bleiben.

Der Bauherr kann nämlich nach Ablauf der Frist **Untätigkeitsklage** nach § 75 VwGO gegen die Bauaufsichtsbehörde erheben, obwohl damit aufgrund der langen Verfahrensdauern bei den Verwaltungsgerichten **keine Zeitvorteile** verbunden sein dürften. Die Nichteinhaltung der gesetzlichen Bearbeitungsfrist wird aber regelmäßig als **Verstoß** gegen die der Bauaufsichtsbehörde im Genehmigungsverfahren obliegenden **Amtspflichten** zu bewerten sein, der **haftungsrechtlichen Folgen** auslösen kann (zu Amtshaftungsansprüchen s. die Anmerkungen zu § 75 Rdn. 70–80).

## 10 Zu Absatz 9 – Bauüberwachung und Bauzustandsbesichtigungen

Absatz 9 **Satz 1** stellt die Konsequenz aus der Tatsache dar, dass der Bauaufsichtsbehörde eine **Kontrolle** im Rahmen der Bauüberwachung und der Bauzustandsbesichtigungen nur möglich ist, soweit zuvor im Baugenehmigungsverfahren auch tatsächlich eine präventive Prüfung anhand von Bauvorlagen durchgeführt wurde. Da aber insbesondere auch die bautechnischen Nachweise keiner bauaufsichtlichen Prüfung mehr unterliegen, kann insoweit eine zuverlässige Kontrolle auch nicht mehr im Rahmen der Bauüberwachung oder der Bauzustandsbesichtigungen durchgeführt und damit auch nicht mehr gefordert werden. Im Übrigen können sich sowohl die Bauüberwachung als auch die Bauzustandsbesichtigungen nur auf die im vereinfachten Genehmigungsverfahren **geprüften Vorschriften** erstrecken. **72**

Durch Absatz 9 werden **im vereinfachten Verfahren** nicht etwa § 81 Abs. 1 und § 82 Abs. 1 BauO NRW außer Kraft gesetzt. Bauüberwachung und Bauzustandsbesichtigungen stehen hinsichtlich des **Ob** (§ 81 Abs. 1 Satz 4 und § 82 Abs. 1 Satz 3) und des **Umfangs** (§ 81 Abs. 1 Satz 2 und § 82 Abs. 1 Satz 2) **im Einzelfall** im **pflichtgemäßen Ermessen** der Bauaufsichtsbehörde und können **auf Stichproben beschränkt** werden (s. die Anmerkungen zu § 81 Rdn. 16–17 und 28–31 sowie zu § 82 Rdn. 14–17).

73 **Satz 2** enthält einen **Verweis** auf **§ 43 Abs. 7** BauO NRW. Hiernach hat sich der Bauherr bei der Errichtung oder Änderung von Schornsteinen sowie beim Anschluss von Feuerstätten an Schornsteine oder Abgasleitungen vom **Bezirksschornsteinfegermeister bescheinigen** zu lassen, dass sich der Schornstein oder die Abgasanlage in einem ordnungsgemäßen Zustand befindet und für die angeschlossenen Feuerstätten geeignet ist (s. die Anmerkungen zu § 43 Rdn. 57–60).

74 Bauüberwachung und Bauzustandsbesichtigungen führen bei Vorhaben im vereinfachten Genehmigungsverfahren zu **Prüfungen im Inneren** der Gebäude. Hierbei werden gerade von erfahrenen Bediensteten „beiläufig" auch Mängel in Bereichen festgestellt, die nicht in den zu prüfenden Bereichen liegen. Unter den Gesichtspunkten des § 61 Abs. 1 BauO NRW ist dann zu prüfen, ob der Mangel im Einzelfall zu einer solchen Gefährdung geführt hat, dass im Rahmen des Entschließungsermessens ein bauaufsichtliches Handeln unverzichtbar ist (s. die Anmerkungen zu § 61 Rdn. 38–43). Dieses Handeln muss aber nicht stets eine bauaufsichtliche Maßnahme, etwa in Gestalt einer Ordnungsverfügung sein. Entsprechend den mit der Schaffung des vereinfachten Genehmigungsverfahrens verfolgten Gesetzeszielen wird es in der Regel ausreichen, bei Mängeln zuerst die verantwortlichen am Bau Beteiligten in die Pflicht zu nehmen. Hierfür wird es häufig ausreichen, diese auf die festgestellten Mängel mündlich aufmerksam zu machen.

## Dritter Abschnitt
## Verwaltungsverfahren

### Vor §§ 69 bis 83

**Anmerkungen** (Autor: Heintz)

Die **BauO NRW** regelt die **Abwicklung der bauaufsichtlichen Verfahren** nicht umfassend, sondern **nur in** den baurechtlich bedeutsamen **Grundzügen**: 1

- Die für die **Antragstellung** wichtigen **Vorgaben über** den Inhalt und die Ausgestaltung der **Bauvorlagen** finden sich in der **BauPrüfVO** und in der **VV BauPrüfVO**.
- Die **Vorprüfung** der Antragsunterlagen und die **Beteiligung von Behörden und Dienststellen** richten sich in erster Linie nach den Regelungen des **§ 72 BauO NRW** über die Behandlung des Bauantrages.
- Die **Beteiligung der Angrenzer** bei **Abweichungen** regelt **§ 74 BauO NRW**.

An der **präventiven Prüfung** wirken **Prüfämter** und **Prüfingenieure** sowie **staatlich anerkannte Sachverständige** mit, denen bestimmte Aufgaben im Rahmen der Bauüberwachung und der Bauzustandsbesichtigungen obliegen. Es enthalten Regelungen 2

- über **Prüfämter** und **Prüfingenieure** die **BauPrüfVO** und die **VV BauPrüfVO** sowie
- über **staatlich anerkannte Sachverständige** die **SV-VO** und die **TPrüfVO**.

Das Städtebaurecht regelt **kein eigenständiges Verfahren** über die Zulassung von Vorhaben nach § 29 BauGB. In die **bauaufsichtliche Prüfung** sind daher **einbezogen**: 3

- die **Sicherungsvorschriften der Bauleitplanung** (§§ 14 und 15 BauGB),
- das **städtebauliche Zulässigkeitsrecht** für Vorhaben (§§ 29 bis 37 BauGB),
- die **Zulässigkeit** des **Rückbaus**, der **Änderung** oder der **Nutzungsänderung** einer baulichen Anlage **im Erhaltungsgebiet** (§§ 172 bis 174 BauGB).

Diese **städtebaulichen Verfahrensvorschriften** des **BauGB** betreffen unter anderem die **Beteiligung der Gemeinde** im bauaufsichtlichen Verfahren, um sicherzustellen, dass diese von ihrer **Planungshoheit** auch tatsächlich Gebrauch machen kann.

Über die **Zulässigkeit** der **Begründung** von **Wohnungs- oder Teileigentum in** einem **Gebiet mit Fremdenverkehrsfunktion** nach § 22 BauGB entscheidet zwar auch die **Baugenehmigungsbehörde** im Einvernehmen mit der Gemeinde (s. § 22 Abs. 5 Satz 1 BauGB). Diese Zulässigkeitsprüfung erfolgt jedoch in einem **speziellen städtebaulichen Verfahren** (s. die Anmerkungen im Anhang zu § 49 Rdn. 47–50). 4

Aufgrund des § 75 Abs. 1 Satz 1 BauO NRW ist bei der bauaufsichtlichen Prüfung darüber hinaus zu beachten, ob ein spezielles städtebauliches Genehmigungserfordernis 5

- im **Umlegungsgebiet** (§ 51 BauGB),
- im **Sanierungsgebiet** (§§ 144 und 145 BauGB),
- im **Entwicklungsbereich** (§§ 165 und 169 Abs. 1 Nr. 3 BauGB).

besteht. Hierbei handelt es sich um **spezielle städtebauliche Genehmigungsverfahren**, für die nicht die Bauaufsichtsbehörde, sondern die **Gemeinde zuständig** ist.

6 Bei der **Anwendung des Bauplanungsrechts** im bauaufsichtlichen Verfahren sind ferner einzelne Vorschriften der §§ **200–216 BauGB** zu beachten:

- § **200 Absätze 1 und 2** BauGB **erweitern** den **Anwendungsbereich** des Gesetzes auf **Grundstücksteile**, soweit städtebauliche Vorschriften für Grundstücke gelten, und auf **grundstücksgleiche Rechte**, soweit sich städtebauliche Vorschriften auf das Eigentum am Grundstück beziehen.
- § **201** BauGB ergänzt § **35 Abs. 1** BauGB und **definiert** den Begriff **Landwirtschaft**.
- § **202** BauGB enthält **materielle Anforderungen** zum **Schutz des Mutterbodens**.
- § **212 a Abs. 1** BauGB regelt den **Entfall** der **aufschiebenden Wirkung** der **Anfechtungsklage eines Dritten** gegen die **bauaufsichtliche Zulassung** eines Vorhabens.

7 Im bauaufsichtlichen Verfahren sind die Vorschriften des **Verwaltungsverfahrensgesetzes für das Land Nordrhein-Westfalen – VwVfG. NRW.** anzuwenden, soweit nicht Rechtsvorschriften des Landes inhaltsgleiche oder entgegenstehende Bestimmungen enthalten (s. § 1 Abs. 1 VwVfG. NRW.). Die **Verfahrensvorschriften** der §§ **69–83 BauO NRW gehen** damit denen des **VwVfG. NRW. vor**. Die BauO NRW enthält keine Regelung über die Zulässigkeit von **Nebenbestimmungen**, so dass die Bestimmungen des § **36 VwVfG. NRW.** maßgebend sind.

Soweit die BauO NRW die **Zustellung** der Bescheide vorsieht, richtet sich diese nach dem **Verwaltungszustellungsgesetz – VwZG**, da das **Landeszustellungsgesetz – LZG** auf dieses Bundesgesetz verweist.

8 Das **Bürokratieabbaugesetz II** hat das **Ausführungsgesetz zur Verwaltungsgerichtsordnung – AG VwGO** geändert. Diese Änderung bewirkte den **Wegfall des Widerspruchverfahrens**. Dem Bauherrn ist es damit nicht mehr möglich, gegen Nebenbestimmungen der Baugenehmigung Widerspruch einzulegen, vielmehr muss er innerhalb der Rechtsbehelfsfrist die **Klage** beim Verwaltungsgericht einreichen, falls er nicht die Bauaufsichtsbehörde zuvor auf gütlichem Wege zu einer Änderung des Bescheids bewegen kann.

Das Widerspruchsverfahren ist ebenso entfallen, wenn sich im bauaufsichtlichen Verfahren nicht beteiligte **Dritte** gegen den Erlass eines **den Bauherrn begünstigenden** Verwaltungsaktes wenden.

9 Zumindest in Bezug auf **belastende Nebenbestimmungen** zur Baugenehmigung, die nicht selten den Bauherrn finanziell belasten, weil sie zu erhöhten Baukosten beitragen, ist durch den Wegfall des Widerspruchverfahrens eine **sorgfältige Vorbereitung** der bauaufsichtlichen Zulassungsentscheidung geboten.

Zur Berücksichtigung sämtlicher **rechtserheblichen Tatsachen** erlangt dabei künftig die **Anhörung Beteiligter** nach § **28 VwVfG. NRW.** einen deutlich höheren Stellenwert, um von vornherein **unnötige Klageverfahren** zu **vermeiden**.

## § 69
## Bauantrag

**(1) [1]Der Bauantrag ist schriftlich mit allen für seine Bearbeitung sowie für die Beurteilung des Bauvorhabens erforderlichen Unterlagen (Bauvorlagen) in ausreichender Anzahl bei der Bauaufsichtsbehörde einzureichen. [2]Mit den Bauvorlagen für Sonderbauten gemäß § 68 Abs. 1 Satz 3 ist ein Brandschutzkonzept einzureichen. [3]Es kann gestattet werden, dass einzelne Bauvorlagen nachgereicht werden.**

**(2) [1]Die Bauherrin oder der Bauherr und die Entwurfsverfasserin oder der Entwurfsverfasser haben den Bauantrag, die Entwurfsverfasserin oder der Entwurfsverfasser die Bauvorlagen zu unterschreiben. [2]Die von den Fachplanerinnen oder den Fachplanern nach § 58 Abs. 2 bearbeiteten Unterlagen müssen auch von diesen unterschrieben sein. [3]Für Bauvorhaben auf fremden Grundstücken kann die Zustimmung der Grundstückseigentümerin oder des Grundstückseigentümers zu dem Bauvorhaben gefordert werden.**

**(3) Treten bei einem Bauvorhaben mehrere Personen als Bauherrinnen oder Bauherren auf, ist gegenüber der Bauaufsichtsbehörde eine Vertreterin oder ein Vertreter zu bestellen, die oder der die der Bauherrin oder dem Bauherrn nach den öffentlich-rechtlichen Vorschriften obliegenden Verpflichtungen zu erfüllen hat.**

***VV BauO NRW*** *(infolge Befristung mit Ablauf des 31. 12. 2005 ausgelaufen)*

***69 Bauantrag (§ 69)***

*69.1 Zu Absatz 1*

*69.11 Wegen Umfang, Art, Inhalt und Zahl der Bauvorlagen und der zu verwendenden Vordrucke wird auf die BauPrüfVO und die dazu ergangene VV BauPrüfVO verwiesen.*

*Das Nachreichen von Bauvorlagen (z. B. Standsicherheitsnachweis, andere bautechnische Nachweise) während des Genehmigungsverfahrens sollte insbesondere dann gestattet werden, wenn*

- *die bauplanungsrechtliche Zulässigkeit des Vorhabens nicht zweifelsfrei ist,*
- *die Baugenehmigung nur unter Befreiung oder Abweichung von zwingenden Vorschriften möglich ist,*
- *die Baugenehmigung von der Zustimmung oder von einer weiteren Genehmigung oder Erlaubnis einer anderen Behörde abhängig ist.*

*Im Übrigen wird auf § 8 Abs. 3 BauPrüfVO und § 11 Abs. 2 BauPrüfVO verwiesen.*

*Hat die Bauherrin oder der Bauherr ausdrücklich eine Prüfung nur der vorgelegten Bauvorlagen beantragt, ist der Bauantrag als Antrag auf Erteilung eines Vorbescheides (§ 71) zu werten. In Zweifelsfällen ist eine Rückfrage erforderlich.*

*Bauherrin oder Bauherr und Entwurfsverfasserin oder Entwurfsverfasser sollten, insbesondere wenn Zweifel über die grundsätzliche Zulässigkeit des Vorhabens bestehen, auf die Möglichkeit, einen Vorbescheid gem. § 71 einzuholen, hingewiesen werden.*

*Der Eingang des Bauantrages ist von der Bauaufsichtsbehörde durch Stempel mit Tagesangabe auf dem Bauantrag zu vermerken. Bauvorlagen, die nachgereicht oder erneut vorgelegt werden, sind ebenfalls mit einem Eingangsstempel zu versehen. Fristen für die Bearbeitung von Bauanträgen beginnen erst zu laufen, wenn der Bauantrag mit allen Bauvorlagen bei der Bauaufsichtsbehörde eingegangen ist.*

**Ergänzende Vorschriften**

**BauPrüfVO**
mit zugeordneter ***VV BauPrüfVO***
**– Auszug –**

**§ 1**
**Allgemeines**

**(1)** Bauvorlagen (§ 69 Abs. 1 Satz 1 BauO NRW) sind insbesondere

1. die Auszüge aus dem Katasterkartenwerk,
2. der Lageplan,
3. die Bauzeichnungen,
4. die Baubeschreibung und bei gewerblichen oder landwirtschaftlichen Betrieben die Betriebsbeschreibung,
5. die Berechnungen und Angaben zur Kostenermittlung,
6. die Nachweise der Standsicherheit und des Schallschutzes,
7. das Brandschutzkonzept.

**(2)** [1]Der Inhalt der Bauvorlagen beschränkt sich auf das zur Beurteilung der jeweiligen Anträge und Vorhaben Erforderliche. [2]Die Bauaufsichtsbehörde kann in zu begründenden Einzelfällen weitere Unterlagen fordern, wenn sie dies zur Beurteilung für erforderlich hält. [3]Die Bauaufsichtsbehörde kann auf Bauvorlagen und einzelne Angaben in den Bauvorlagen sowie auf die Nachweise der Standsicherheit und des Schallschutzes einschließlich deren Prüfung und Bescheinigung durch staatlich anerkannte Sachverständige (§ 72 Abs. 6 BauO NRW) verzichten, soweit sie zur Beurteilung nicht erforderlich sind. [4]Auf die Vorlage des Brandschutzkonzeptes bei Bauvorhaben nach § 68 Abs. 1 Satz 3 BauO NRW (§ 11 Abs. 1 Nr. 2) darf nicht verzichtet werden. Die Bauvorlagen müssen aus dauerhaftem Papier lichtbeständig hergestellt sein.

**(3)** Für Anträge, die Vorlage an die Gemeinde in der Genehmigungsfreistellung und einzelne Bauvorlagen sind die von der obersten Bauaufsichtsbehörde in der Sammlung des Ministerialblattes unter Gliederungsnummer 23210 bekannt gemachten Vordrucke zu verwenden.

**(4)** Bauaufsichtsbehörden, die nach bisherigem Recht erstellte Bauvorlagen durch Mikroverfilmung archiviert haben, können abweichend von § 3 Abs. 4 und § 4 Abs. 4 bis zum 31. Dezember 2004 verlangen, dass die einzureichenden Bauvorlagen für eine Schwarzweiß-Mikroverfilmung geeignet sein müssen.

***1.3 Zu Absatz 3***

*1.31 Für den Bauantrag, den Antrag auf Vorbescheid, die Vorlage in der Genehmigungsfreistellung an die Gemeinde, den Antrag auf Abbruchgenehmigung, den Antrag auf Genehmigung einer Grundstücksteilung sowie für die Baubeschreibung (§ 5 Abs. 1) und die Betriebsbeschreibungen (§ 5 Abs. 2 und 3) sind nur die als Anlage bekannt gemachten Vordrucke (Anlagen I/1 bis I/9) zu verwenden. Inhalt und graphische Anordnung sind verbindlich. Die drucktechnische Ausführung (Farbgestaltung, Durchschreibeblätter etc.) bleibt den Behörden oder Verlagen überlassen. Die Vordrucke sind unabhängig von der drucktechnischen Ausführung von allen Gemeinden und Bauaufsichtsbehörden entgegenzunehmen.*

*1.32 Die in Nummer 1.31 genannten Vordrucke sind von den unteren Bauaufsichtsbehörden und den Gemeinden bereitzuhalten (§ 22 Abs. 2 GO) und den Antragstellerinnen oder Antragstellern und Entwurfsverfasserinnen oder Entwurfsverfassern zusammen mit folgenden Unterlagen auszuhändigen:*

- *Erhebungsbogen nach dem Hochbaustatistikgesetz,*
- *Baustellenschild nach Nummer 14 VV BauO NRW,*
- *Merkblatt zur gesetzlichen Gebäudeeinmessungspflicht (Anlage 1/10).*

## § 2
## Auszüge aus dem Katasterkartenwerk

**(1)** Auszüge aus dem Katasterkartenwerk sind der Auszug aus der Liegenschaftskarte/Flurkarte und der Auszug aus der Deutschen Grundkarte 1 : 5000.

**(2)** [1]Im Auszug aus der Liegenschaftskarte/Flurkarte müssen das Baugrundstück und die benachbarten Grundstücke im Umkreis von 50 m um das Baugrundstück sowie der Standort des Bauvorhabens dargestellt sein. [2]Der Auszug darf nicht älter als sechs Monate sein und muss beglaubigt sein; aus der Beglaubigung soll hervorgehen, ob der Auszug durch Vergrößerung einer Katasterkarte entstanden ist. [3]Eine Beglaubigung des Auszugs ist nicht erforderlich, wenn der Lageplan (§ 3) von einem Katasteramt oder von einer Öffentlich bestellten Vermessungsingenieurin oder einem Öffentlich bestellten Vermessungsingenieur hergestellt wird.

**(3)** [1]Der Auszug aus der Deutschen Grundkarte 1:5000, der auch einen größeren Maßstab haben kann, muss aus deren neuesten Ausgabe angefertigt sein. [2]In ihm muss das Baugrundstück und seine Umgebung im Umkreis von 500 m sowie der Standort des Bauvorhabens dargestellt sein.

## § 3
## Lageplan

**(1)** [1]Der Lageplan ist im Maßstab nicht kleiner als 1 : 500 auf der Grundlage eines Auszuges aus der Liegenschaftskarte/Flurkarte, der nicht älter als sechs Monate sein darf, zu erstellen. [2]Er muss, soweit erforderlich, enthalten

1. seinen Maßstab und die Lage des Baugrundstücks zur Nordrichtung,
2. die Bezeichnung des Baugrundstücks und der benachbarten Grundstücke nach Straße, Hausnummer, Grundbuch und Liegenschaftskataster sowie die Angabe der Eigentümerin oder des Eigentümers des Baugrundstücks,
3. die rechtmäßigen Grenzen des Baugrundstücks und deren Längen sowie seinen Flächeninhalt,
4. die Höhenlage der Eckpunkte des Baugrundstücks und die Höhenlage des engeren Baufeldes über NN,
5. die Breite und die Höhenlage angrenzender öffentlicher Verkehrsflächen über NN,

6. die vorhandenen baulichen Anlagen auf dem Baugrundstück und auf den angrenzenden Grundstücken sowie die genehmigten oder nach § 67 Abs. 1 BauO NRW zulässigen, aber noch nicht ausgeführten baulichen Anlagen auf dem Baugrundstück, bei Gebäuden auch mit Angabe ihrer Geschosszahl, Wand- und Firsthöhen,
7. Denkmäler im Sinne des Denkmalschutzgesetzes auf dem Baugrundstück und dessen engerer Umgebung sowie geschützte Baumbestände auf dem Baugrundstück,
8. Flächen auf dem Baugrundstück, die von Baulasten betroffen sind, sowie Flächen auf den angrenzenden Grundstücken, die von Baulasten zugunsten des Baugrundstücks betroffen sind,
9. Flächen auf dem Baugrundstück, die mit grundbuchlich gesicherten Dienstbarkeiten zu Gunsten der Träger von Hochspannungsleitungen und unterirdischen Leitungen für die Versorgung mit Elektrizität, Gas, Wärme und Wasser belegt sind,
10. Hydranten und andere Wasserentnahmestellen für Feuerlöschzwecke,
11. die Bezeichnung des Bebauungsplanes oder anderer Satzungen nach dem Baugesetzbuch mit den Festsetzungen über Art und Maß der baulichen Nutzung, die Bauweise, die Darstellung der Baulinien und Baugrenzen und der Flächen auf dem Baugrundstück, für die der Bebauungsplan oder eine andere Satzung besondere Satzung besondere Festsetzungen trifft, sowie die Bezeichnung der örtlichen Bauvorschriften,
12. die geplanten baulichen Anlagen unter Angabe der Außenmaße, der Dachform, der Wand- und Firsthöhen, der Höhenlage der Eckpunkte der baulichen Anlage über NN an der Geländeoberfläche, der Höhenlage des Erdgeschossfußbodens über NN, der Grenzabstände, der Tiefe und Breite der Abstandflächen, der Abstände zu anderen baulichen Anlagen,
13. die Abstände der geplanten baulichen Anlage zu öffentlichen Verkehrsflächen, zu Grünflächen, zu Wasserflächen und zu Wäldern,
14. die Aufteilung der nicht überbauten Flächen auf dem Baugrundstück unter Angabe der Lage, Anzahl und Größe der Stellplätze für Kraftfahrzeuge, der Abstellplätze für Fahrräder, der Zu- und Abfahrten, der Bewegungsflächen für die Feuerwehr, der Kinderspielflächen und der Flächen, die gärtnerisch angelegt werden und/oder mit Bäumen bepflanzt werden sollen,
15. die Lage der Entwässerungsgrundleitungen bis zum öffentlichen Kanal oder die Lage der Abwasserbehandlungsanlage mit der Abwassereinleitung.

**(2)** Bei Vorhaben im Geltungsbereich eines Bebauungsplans oder anderer Satzungen nach dem Baugesetzbuch ist der Lageplan für bauliche Anlagen nach Absatz 1 Nr. 6 und geplante bauliche Anlagen auf dem Baugrundstück durch eine Berechnung ihrer Grundfläche, Geschossfläche, Zahl der Vollgeschosse und ihrer Baumasse zu ergänzen, mit der nachgewiesen wird, dass die festgesetzte Grundflächenzahl, Geschossflächenzahl, Zahl der Vollgeschosse oder Baumassenzahl eingehalten wird.

**(3)** [1]Der Lageplan (Absatz 1) und die Berechnungen nach Absatz 2 müssen von einem Katasteramt angefertigt oder von einer Öffentlich bestellten Vermessungsingenieurin oder einem Öffentlich bestellten Vermessungsingenieur angefertigt und mit öffentlichem Glauben beurkundet werden (amtlicher Lageplan), wenn

1. es sich bei den Grenzen des Baugrundstücks nicht um festgestellte Grenzen im Sinne des § 17 Abs. 1 VermKatG handelt,
2. die Grenzen des Baugrundstücks und die vorhandenen baulichen Anlagen auf dem Baugrundstück und den angrenzenden Grundstücken so vermessen sind, dass für die Grenzpunkte Koordinaten in einem einheitlichen System nicht ermittelt werden können,
3. auf dem Baugrundstück oder von angrenzenden Grundstücken her Grenzüberbauungen vorliegen,
4. eine Baulast im Sinne von § 18 auf dem Baugrundstück oder auf den angrenzenden Grundstücken ruht.

[2]Wenn besondere Grundstücksverhältnisse, insbesondere in Folge des unübersichtlichen Verlaufs der Grenzen des Baugrundstücks durch Grenzversprünge oder Grenzknicke, gegeben sind und die Voraussetzungen für die Anfertigung eines amtlichen Lageplanes nach Satz 1 nicht vorliegen, können der Lageplan nach Absatz 1 und die Berechnungen nach Absatz 2 auch von einer Vermessungsingenieurin oder einem Vermessungsingenieur, die oder der Mitglied einer Ingenieurkammer ist, angefertigt werden; die Mitgliedschaft in einer Ingenieurkammer ist auf Verlangen der Bauaufsichtsbehörde nachzuweisen. [3]In allen anderen Fällen können diese Bauvorlagen auch von der Entwurfsverfasserin oder dem Entwurfsverfasser angefertigt werden.

**(4)** [1]Für die Darstellungen im Lageplan sind die Zeichen und/oder Farben der Anlage zu dieser Verordnung und im Übrigen die Planzeichen der Verordnung über die Ausarbeitung der Bauleitpläne und die Darstellung des Planinhalts (Planzeichenverordnung 1990 – PlanzV 90) vom 18. Dezember 1990 (BGBl. I 1991 S. 58) zu verwenden. [2]Die sonstigen Darstellungen sind, soweit erforderlich, durch Beschriftung zu kennzeichnen. [3]Der Inhalt des Lageplanes ist auf besonderen Blättern darzustellen, wenn der Lageplan sonst unübersichtlich würde.

### *3.1 Zu Absatz 1*

*3.11 Zu den darzustellenden geplanten baulichen Anlagen (Nr. 12) zählen, auch Löschwasser-Rückhalteanlagen (siehe auch Richtlinie zur Bemessung von Löschwasser-Rückhalteanlagen beim Lagern wassergefährdender Stoffe (LöRüRL), RdErl. d. Ministeriums für Bauen und Wohnen v. 14. 10. 1992 (MBl. NRW. S. 1719/SMBl. NRW. 23236).*

*Es muss sichergestellt sein, dass erforderliche Mindestabstände eingehalten und im Lageplan entsprechend dargestellt werden können. Deshalb sind Vergrößerungen der Liegenschaftskarte/Flurkarte als Grundlage des Lageplanes nur geeignet, wenn die geometrische Genauigkeit der Darstellungen in der Liegenschaftskarte/Flurkarte hierfür ausreicht. Falls erforderlich, ist der Lageplan auf der Grundlage des Zahlennachweises des Liegenschaftskatasters und aufgrund ergänzender Vermessung anzufertigen. Die in der amtlichen Liegenschaftskarte/Flurkarte enthaltenen Punkte des Lage- und Höhenfestpunktfeldes sind mit ihren Schutzflächen (§ 8 Abs. 6 des Vermessungs- und Katastergesetzes) im Lageplan lagerichtig darzustellen.*

*Bei der Anforderung der erforderlichen Liegenschaftskarte/Flurkarte bzw. weiterer Unterlagen ist die Katasterbehörde darauf hinzuweisen, dass diese für die Er-*

*stellung eines Lageplanes dienen sollen. Bei der Abgabe der Liegenschaftskarte/ Flurkarte teilt die Katasterbehörde auf Antrag auch mit, ob die in Absatz 3 Nr. 1 und 2 genannten Tatbestände vorliegen.*

***3.2 Zu Absatz 2***

*Sofern die Berechnungen nach Absatz 2 Bestandteil eines Lageplanes nach Absatz 3 Satz 1 oder 3 sind, kann die Prüfung der Richtigkeit dieser Berechnung durch die Bauaufsichtsbehörde entfallen.*

***3.3 Zu Absatz 3***

*Ein Lageplan nach Satz 1 ist auch in den in § 17 Satz 1 Nr. 1 und § 18 genannten Fällen vorgeschrieben. In den Fällen des Satzes 2 kann der Lageplan auch von einer **nicht** Öffentlich bestellten Vermessungsingenieuren oder einem **nicht** Öffentlich bestellten Vermessungsingenieur angefertigt werden, jedoch muss die Vermessungsingenieurin oder der Vermessungsingenieur Mitglied einer Ingenieurkammer, z. B. der Ingenieurkammer-Bau NRW, sein. Im Zweifelsfall kann über die Mitgliedschaft in einer Ingenieurkammer ein Nachweis verlangt werden. In allen anderen Fällen kann der Lageplan auch von Entwurfsverfasserinnen oder Entwurfsverfassern angefertigt werden.*

## § 4
## Bauzeichnungen

**(1)** Für die Bauzeichnungen (Grundrisse, Schnitte, Ansichten) ist der Maßstab 1 : 100 zu verwenden. In den Bauzeichnungen sind anzugeben:

1. der Maßstab,
2. die Maße, auch die Maße der Öffnungen, in den Grundrissen und Schnitten,
3. das Brandverhalten der Baustoffe und die Feuerwiderstandsdauer der Bauteile, soweit aus Gründen des Brandschutzes an diese Forderungen gestellt werden,
4. bei Änderung baulicher Anlagen die zu beseitigenden und die neuen Bauteile.

**(2)** In den Grundrissen, die für alle Geschosse anzufertigen sind, müssen insbesondere angegeben und eingezeichnet werden

1. die vorgesehene Nutzung der Räume,
2. die Treppen und Rampen mit ihrem Steigungsverhältnis,
3. Art und Anordnung sowie lichte Durchgangsmaße der Türen in und an Rettungswegen,
4. die Lage und Außenmaße der Abgasanlagen,
5. Räume für die Aufstellung von Feuerstätten und für die Brennstofflagerung,
6. ortsfeste Behälter für schädliche oder brennbare Flüssigkeiten oder für verflüssigte oder nicht verflüssigte Gase, soweit sie baugenehmigungsbedürftig sind,
7. Aufzugsschächte und die nutzbare Grundfläche der Fahrkörbe von Personenaufzügen,
8. Lüftungsleitungen und Installationsschächte, soweit sie baugenehmigungsbedürftig sind,
9. Feuermelde- und Feuerlöscheinrichtungen, sofern diese besonders vorgeschrieben sind, mit Angabe ihrer Art,
10. der Aufstellungsort von Maschinen und Apparaten.

**(3)** Aus den Schnitten muss insbesondere ersichtlich sein

1. die Höhenlage des Erdgeschossfußbodens über NN,
2. der Anschnitt der vorhandenen und der geplanten Höhenlage der Geländeoberfläche über NN sowie Aufschüttungen und Abgrabungen,
3. die Höhe des Fußbodens des höchstgelegenen Aufenthaltsraumes über der Geländeoberfläche mit rechnerischem Nachweis (§ 2 Abs. 3 BauO NRW),
4. die lichten Raumhöhen,
5. die Höhen der Firste über der Geländeoberfläche, die Dachneigungen sowie das Maß H je Außenwand in dem zur Bestimmung der Abstandflächen erforderlichen Umfang (§ 6 Abs. 4 BauO NRW).

**(4)** [1]In den Ansichten müssen die geplanten baulichen Anlagen, bei Gebäuden auch das vorhandene und künftige Gelände mit Angabe seiner Höhenlage über NN dargestellt werden. [2]Soweit erforderlich, müssen geplante Gebäude zusammen mit den Gebäuden in der näheren Umgebung in einer Ansicht im Maßstab 1 : 200 dargestellt werden; anstelle dieser Ansicht ist auch ein farbiges Lichtbild oder eine farbige Lichtbildmontage zulässig.

**(5)** Für die Darstellung in den Bauzeichnungen sind die Zeichen und/oder Farben der Anlage zu dieser Verordnung zu verwenden; dies gilt nicht, wenn in den Bauzeichnungen nur vorgesehene Bauteile dargestellt werden. Einzelne Bauzeichnungen oder Teile hiervon können durch besondere Zeichnungen, Zeichen und Farben erläutert werden.

**(6)** In den Bauzeichnungen für Wohngebäude geringer Höhe mit nicht mehr als zwei Wohnungen sind die Angaben und Einzeichnungen nach Absatz 1 Nr. 3, Absatz 2 Nr. 3, 5 und 8 sowie Absatz 3 Nr. 4 nicht erforderlich.

## § 5
## Baubeschreibung und Betriebsbeschreibung

**(1)** [1]Soweit die für die Prüfung des Antrags notwendigen Angaben nicht bereits im Lageplan und in den Bauzeichnungen enthalten sind, sind diese in einer Baubeschreibung darzulegen. [2]In der Baubeschreibung sind das Vorhaben insbesondere hinsichtlich der Bauprodukte und Bauarten, die verwendet und angewandt werden sollen, seine äußere Gestaltung (Baustoffe, Farben) und seine Nutzung zu erläutern. [3]Sie muss, soweit es das Bauvorhaben erfordert, die Angaben enthalten, die in dem nach § 1 Abs. 3 bekannt gemachten Vordruck beschrieben sind.

**(2)** Für gewerbliche Anlagen, die einer immissionsschutzrechtlichen Genehmigung oder einer Erlaubnis nach den aufgrund des Gerätesicherheitsgesetzes erlassenen Rechtsverordnungen nicht bedürfen, muss eine Betriebsbeschreibung Angaben enthalten über

1. die Art der gewerblichen Tätigkeit unter Angabe der Art und der Zahl der Maschinen oder Apparate, der Art der zu verwendenden Rohstoffe und der herzustellenden Erzeugnisse, der Art ihrer Lagerung, insbesondere soweit sie feuer-, explosions- oder gesundheitsgefährlich sind,
2. die Art, die Menge und der Verbleib der Abfälle und des besonders zu behandelnden Abwassers,
3. die Zahl der Beschäftigten.

**(3)** Für landwirtschaftliche Betriebe muss eine Betriebsbeschreibung insbesondere Angaben enthalten über

1. die Größe der Betriebsflächen, deren Nutzungsarten und Eigentumsverhältnisse,
2. Art und Umfang der Viehhaltung,
3. Art, Lagerung und Verbleib der tierischen Abgänge,
4. Art, Menge und Lagerung der Stoffe, die feuer-, explosions- oder gesundheitsgefährlich sind,
5. Art, Menge und Verbleib der Abfälle und des besonders zu behandelnden Abwassers,
6. Anzahl der Arbeitskräfte, ihre fachliche Eignung sowie Art und Umfang ihrer Tätigkeiten,
7. die Kosten und den Nutzen.

## § 6
## Berechnungen und Angaben zur Kostenermittlung

Berechnungen und Angaben zur Kostenermittlung sind

1. bei Gebäuden eine nachprüfbare Berechnung des Brutto-Rauminhalts nach DIN 277 Teil 1 (Ausgabe 1987) oder für Gebäude, für die landesdurchschnittliche Rohbauwertsätze je $m^3$ Brutto-Rauminhalt nicht festgelegt sind, die Berechnung der veranschlagten (geschätzten) Rohbaukosten,
2. bei den übrigen baulichen Anlagen sowie anderen Anlagen und Einrichtungen im Sinne von § 1 Abs. 1 Satz 2 BauO NRW Angaben über die veranschlagten (geschätzten) Herstellungskosten.

***6 Berechnungen und Angaben zur Kostenermittlung (§ 6)***

*6.1 Hinsichtlich des Umfanges der anzugebenden veranschlagten (geschätzten) Rohbaukosten oder Herstellungskosten gelten die Tarifstellen 2.1.2 und 2.1.3 des Allgemeinen Gebührentarifs der Allgemeinen Verwaltungsgebührenordnung.*

## § 7
## Übereinstimmungserklärung

Werden Bauvorlagen zu unterschiedlichen Zeitpunkten eingereicht oder während des Genehmigungsverfahrens geändert, hat die Entwurfsverfasserin oder der Entwurfsverfasser jeweils zu erklären, dass die Bauvorlagen bezüglich ihres Planungs- und Bearbeitungsstandes übereinstimmen.

***7 Übereinstimmungserklärung (§ 7)***

*7.1 Nach § 58 Abs. 2 Satz 3 BauO NRW bleibt die Entwurfsverfasserin oder der Entwurfsverfasser für das ordnungsgemäße Ineinandergreifen, aller Fachentwürfe verantwortlich. Die Entwurfsverfasserin oder der Entwurfsverfasser hat die Bauvorlagen zu unterschreiben (§ 69 Abs. 2 BauO NRW). Wenn Bauvorlagen zu unterschiedlichen Zeitpunkten eingereicht oder während des Genehmigungsverfahrens geändert werden, bestätigt die Entwurfsverfasserin oder der Entwurfsverfasser jeweils durch Erklärung, dass alle Bauvorlagen bezüglich ihres Planungs- und Bearbeitungsstandes übereinstimmen. Die Erklärung ist auch dann erforderlich, wenn die Bauvorlagen bereits von staatlich anerkannten Sachverständigen geprüft sind.*

## § 8
## Nachweise der Standsicherheit und des Schallschutzes

**(1)** [1]Der Nachweis der Standsicherheit besteht aus einer Darstellung des gesamten statischen Systems einschließlich der Gründung, den erforderlichen Berechnungen, Konstruktionszeichnungen, Bewehrungs- und Schalungsplänen. [2]Die statischen Berechnungen müssen die Standsicherheit der baulichen Anlagen und ihrer Teile nachweisen. Die Beschaffenheit des Baugrundes und seine Tragfähigkeit sind anzugeben. [3]Der Standsicherheitsnachweis umfasst auch den Nachweis der Feuerwiderstandsdauer der tragenden Bauteile.

**(2)** Von der Vorlage eines Nachweises der Standsicherheit kann im Einvernehmen mit der Bauaufsichtsbehörde abgesehen werden, wenn bauliche Anlagen oder ihre Teile nach Bauart, statischem System, baulicher Durchbildung und Abmessungen sowie hinsichtlich ihrer Beanspruchung einer bewährten Ausführung entsprechen.

**(3)** Einzelnachweise gemäß Absatz 1, die nach ihrem Inhalt erst vorgelegt werden können, wenn die Ausführungsplanung erstellt ist, dürfen nach Erteilung der Baugenehmigung, jedoch rechtzeitig vor der Bauausführung zur Prüfung eingereicht werden.

**(4)** Als Nachweis des Schallschutzes sind, soweit erforderlich, Einzelnachweise durch Zeichnung, Beschreibung, Berechnung, Prüfzeugnisse oder Gutachten vorzulegen.

***8 Nachweise der Standsicherheit und des Schallschutzes (§ 8)***

*8.1 Die Nachweise des Wärmeschutzes sind nach Maßgabe der Verordnung zur Umsetzung der Energieeinsparverordnung (EnEV-UVO) aufzustellen oder zu prüfen sowie, soweit vorgeschrieben, der Bauaufsichtsbehörde vorzulegen.*

***8.3 Zu Absatz 3***

*Einzelnachweise, die nach ihrem Inhalt erst vorgelegt werden können, wenn die Ausführungsplanung erstellt ist, dürfen nach Erteilung der Baugenehmigung, jedoch rechtzeitig vor der Bauausführung zur Prüfung eingereicht werden. Die Baugenehmigung ist dann unter der Bedingung zu erteilen, dass diese Einzelnachweise vor Beginn der Bauausführung des jeweiligen Bauteils oder Bauabschnittes durch die Bauaufsichtsbehörde, eine Prüfingenieurin oder einen Prüfingenieur, ein Prüfamt oder eine staatlich anerkannte Sachverständige oder einen staatlich anerkannten Sachverständigen geprüft sein müssen. Die Entwurfsverfasserin oder der Entwurfsverfasser trägt dann die Verantwortung, dass die nachgereichten Einzelnachweise mit dem genehmigten Entwurf und den öffentlich-rechtlichen Vorschriften übereinstimmen.*

## § 9
## Brandschutzkonzept

**(1)** [1]Das Brandschutzkonzept ist eine zielorientierte Gesamtbewertung des baulichen und abwehrenden Brandschutzes bei Sonderbauten. [2]Gemäß § 58 Abs. 3 BauO NRW soll das Brandschutzkonzept von staatlich anerkannten Sachverständigen für die Prüfung des Brandschutzes aufgestellt werden. [3]Die gemäß § 36 der Gewerbeordnung öffentlich bestellten und vereidigten Sachverständigen für den baulichen Brandschutz sind ihnen insoweit gleichgestellt.

**(2)** Das Brandschutzkonzept muss insbesondere folgende Angaben enthalten:

1. Zu- und Durchfahrten sowie Aufstell- und Bewegungsflächen für die Feuerwehr,
2. den Nachweis der erforderlichen Löschwassermenge sowie den Nachweis der Löschwasserversorgung,
3. Bemessung, Lage und Anordnung der Löschwasser-Rückhalteanlagen,
4. das System der äußeren und der inneren Abschottung in Brandabschnitte bzw. Brandbekämpfungsabschnitte sowie das System der Rauchabschnitte mit Angaben über die Lage und Anordnung und zum Verschluss von Öffnungen in abschottenden Bauteilen,
5. Lage, Anordnung, Bemessung (ggf. durch rechnerischen Nachweis) und Kennzeichnung der Rettungswege auf dem Baugrundstück und in Gebäuden mit Angaben zur Sicherheitsbeleuchtung, zu automatischen Schiebetüren und zu elektrischen Verriegelungen von Türen,
6. die höchstzulässige Zahl der Nutzer der baulichen Anlage,
7. Lage und Anordnung haustechnischer Anlagen, insbesondere der Leitungsanlagen, ggf. mit Angaben zum Brandverhalten im Bereich von Rettungswegen,
8. Lage und Anordnung der Lüftungsanlagen mit Angaben zur brandschutztechnischen Ausbildung,
9. Lage, Anordnung und Bemessung der Rauch- und Wärmeabzugsanlagen mit Eintragung der Querschnitte bzw. Luftwechselraten sowie der Überdruckanlagen zur Rauchfreihaltung von Rettungswegen,
10. die Alarmierungseinrichtungen und die Darstellung der elektro-akustischen Alarmierungsanlage (ELA-Anlage),
11. Lage, Anordnung und ggf. Bemessung von Anlagen, Einrichtungen und Geräten zur Brandbekämpfung (wie Feuerlöschanlagen, Steigeleitungen, Wandhydranten, Schlauchanschlussleitungen, Feuerlöschgeräte) mit Angaben zu Schutzbereichen und zur Bevorratung von Sonderlöschmitteln,
12. Sicherheitsstromversorgung mit Angaben zur Bemessung und zur Lage und brandschutztechnischen Ausbildung des Aufstellraumes, der Ersatzstromversorgungsanlagen (Batterien, Stromerzeugungsaggregate) und zum Funktionserhalt der elektrischen Leitungsanlagen,
13. Hydrantenpläne mit Darstellung der Schutzbereiche,
14. Lage und Anordnung von Brandmeldeanlagen mit Unterzentralen und Feuerwehrtableaus, Auslösestellen,
15. Feuerwehrpläne,
16. betriebliche Maßnahmen zur Brandverhütung und Brandbekämpfung sowie zur Rettung von Personen (wie Werkfeuerwehr, Betriebsfeuerwehr, Hausfeuerwehr, Brandschutzordnung, Maßnahmen zur Räumung, Räumungssignale),
17. Anlagen darüber, welchen materiellen Anforderungen der Landesbauordnung oder in Vorschriften aufgrund der Landesbauordnung nicht entsprochen wird und welche ausgleichenden Maßnahmen stattdessen vorgesehen werden,
18. verwendete Rechenverfahren zur Ermittlung von Brandschutzklassen nach Methoden des Brandschutzingenieurwesens.

*9* ***Brandschutzkonzept (§ 9)***

***9.1 Zu Absatz 1***

*9.11* *Das Brandschutzkonzept muss die Angaben enthalten, die für eine zielorientierte Gesamtbewertung*

*– des vorbeugenden baulichen und anlagentechnischen Brandschutzes,*

*– des betrieblichen Brandschutzes und*

*– des abwehrenden Brandschutzes*

*erforderlich sind.*

*Es muss auf den Einzelfall und auf die Nutzung der baulichen Anlage abgestimmt sein. Die angewandten Nachweisverfahren und die zugrunde gelegten Parameter, insbesondere Brandszenarien, sind detailliert darzulegen. Bei beabsichtigten Abweichungen von bauordnungsrechtlichen Vorschriften ist eine Risikobetrachtung durchzuführen. Sofern abweichend von § 9 Abs. 2 Nr. 17 ausgleichende Maßnahmen nicht für erforderlich gehalten werden, ist dieses zu begründen und gegebenenfalls nachzuweisen.*

***9.2 Zu Absatz 2***

*9.21* *Aus dem – nicht abschließenden – Katalog von Inhalten des Brandschutzkonzeptes muss das Brandschutzkonzept für ein konkretes Bauvorhaben nur die Angaben enthalten, die für seine Beurteilung erforderlich sind. Sofern hierzu weitere Angaben erforderlich sind, können diese verlangt werden. Auf § 1 Abs. 2 wird verwiesen.*

## § 10
## Bauvorlagen zum Bauantrag im vereinfachten Genehmigungsverfahren

**(1)** [1]Dem Bauantrag für die Errichtung oder Änderung baulicher Anlagen, die dem vereinfachten Genehmigungsverfahren unterliegen (§ 68 Abs. 1 Sätze 1 und 2 BauO NRW), sind folgende Bauvorlagen in dreifacher Ausfertigung beizufügen:

1. bei Vorhaben nach den §§ 34 und 35 des Baugesetzbuches ein Auszug aus der Liegenschaftskarte/Flurkarte und ein Auszug aus der Deutschen Grundkarte 1 : 5000 (§ 2),
2. der Lageplan (§ 3),
3. die Bauzeichnungen (§ 4),
4. die Baubeschreibung und bei gewerblichen oder landwirtschaftlichen Betrieben die Betriebsbeschreibung (§ 5).

[2]Die Berechnungen oder Angaben zur Kostenermittlung (§ 6) sind in zweifacher Ausfertigung beizufügen. [3]Die Bauaufsichtsbehörde kann die Einreichung weiterer Ausfertigungen verlangen.

**(2)** [1]Dem Bauantrag für die Änderung baulicher Anlagen brauchen die in Absatz 1 Satz 1 Nummern 1 und 2 genannten Bauvorlagen nicht beigefügt zu werden, wenn Länge und Höhe der den Nachbargrenzen zugekehrten Wände unverändert bleiben. [2]Jedoch ist auf einem Übersichtsplan die zu ändernde bauliche Anlage kenntlich zu machen, wenn sich auf dem Baugrundstück mehrere bauliche Anlagen befinden und aus den sonstigen beizufügenden Bauvorlagen nicht ersichtlich ist, welche dieser baulichen Anlagen geändert werden sollen. [3]Absatz 1 Satz 2 gilt entsprechend.

**(3)** [1]Dem Bauantrag auf Erteilung einer Baugenehmigung für eine Nutzungsänderung sind die in Absatz 1 Satz 1 Nummern 1 und 2 genannten Bauvorlagen beizufügen; hinsichtlich des Lageplanes ist § 3 Abs. 3 Sätze 1 und 2 nicht anzuwenden. [2]Art und Umfang der Nutzungsänderung sind anzugeben und erforderlichenfalls in Bauzeichnungen (§ 4) sowie in Bau- und Betriebsbeschreibungen kenntlich zu machen (§ 5). [3]Sofern mit der Nutzungsänderung genehmigungsbedürftige bauliche Änderungen verbunden sind, sind dem Bauantrag auch die in Absatz 1 Nummern 3 und 4 genannten Bauvorlagen beizufügen. [4]Absatz 1 Satz 2 gilt entsprechend.

***10 Bauvorlagen zum Bauantrag im vereinfachten Genehmigungsverfahren (§ 10)***

***10.1 Zu Absatz 1***

*10.11 Zu der Erklärung der Entwurfsverfasserin oder des Entwurfsverfassers nach § 68 Abs. 6 BauO NRW gehört auch die Bestätigung, dass die in den Bauvorlagen gemachten erforderlichen Angaben zum Brandschutz vollständig und richtig sind.*

## § 11
## Bauvorlagen zum Bauantrag für Bauvorhaben nach § 68 Abs. 1 Satz 3 BauO NRW

**(1)** Dem Bauantrag für die Errichtung, Änderung und Nutzungsänderung von Bauvorhaben nach § 68 Abs. 1 Satz 3 BauO NRW sind neben den Bauvorlagen nach § 10 beizufügen:

1. die Nachweise der Standsicherheit und des Schallschutzes (§ 8) in zweifacher Ausfertigung; dem Bauantrag für eine Nutzungsänderung brauchen diese Nachweise nicht beigefügt zu werden,
2. das Brandschutzkonzept (§ 9) in dreifacher Ausfertigung.

**(2)** Dem Bauantrag brauchen die Nachweise der Standsicherheit und des Schallschutzes nicht beigefügt zu werden, wenn die Bauherrin oder der Bauherr sich bei Antragstellung verpflichtet, diese Nachweise zusammen mit entsprechenden Bescheinigungen nach § 72 Abs. 6 BauO NRW vor Erteilung der Baugenehmigung einzureichen.

***11 Bauvorlagen zum Bauantrag für Bauvorhaben nach § 68 Abs. 1 Satz 3 BauO NRW (§ 11)***

***11.1 Zu Absatz 1***

*11.11 Es besteht die Möglichkeit, Konstruktionszeichnungen, Bewehrungs- und Schalungspläne als Bestandteil des Standsicherheitsnachweises nach Erteilung der Baugenehmigung, jedoch rechtzeitig vor der Bauausführung zur Prüfung einzureichen.*

*11.12 Ergeben sich im Rahmen der bauaufsichtlichen Prüfungen Änderungen des Brandschutzkonzeptes, sind diese Änderungen vom Bauherrn das Brandschutzkonzept zu übernehmen. Das endgültige, geänderte Brandschutzkonzept ist vor Erteilung der Baugenehmigung der Bauaufsichtsbehörde vorzulegen.*

*Änderungen und Ergänzungen des Brandschutzkonzeptes nach Erteilung der Baugenehmigung bedürfen einer zusätzlichen Baugenehmigung.*

***11.2** Zu Absatz 2*

*11.21 In den Fällen des Absatzes 2 soll die Erteilung der Baugenehmigung von der Zahlung eines angemessenen Vorschusses oder von einer angemessenen Sicher-*

*heitsleistung bis zur Höhe der voraussichtlichen Baugenehmigungsgebühr abhängig gemacht werden (vgl. § 16 GebG NRW). Der Bauantrag ist abzulehnen, falls die in der Vorschrift genannten Nachweise und Bescheinigungen innerhalb von drei Monaten nach Antragseingang nicht vorgelegt worden sind.*

### § 12
### Zusätzliche Angaben und Bauvorlagen für besondere Vorhaben

**(1)** [1]Für Mittel- und Großgaragen (§ 2 Abs. 1 Garagenverordnung) müssen die Bauvorlagen Angaben enthalten über die Zahl, Abmessung und Kennzeichnung der Einstellplätze und Fahrgassen. [2]In den Bauvorlagen für geschlossene Großgaragen mit nicht nur geringem Zu- und Abgangsverkehr sind Art und Lage der CO-Warnanlagen (§ 15 Abs. 6 Garagenverordnung) darzustellen.

**(2)** [1]Für Versammlungsstätten im Sinne des § 1 der Versammlungsstättenverordnung sind die Anordnung der Sitz- und Stehplätze, einschließlich der Plätze für Benutzerinnen und Benutzer von Rollstühlen, der Bühnen-, Szenen- oder Spielflächen sowie der Verlauf und die erforderliche Breite der Rettungswege in einem Bestuhlungs- und Rettungswegeplan im Maßstab von mindestens 1:200 darzustellen. [2]Sind verschiedene Anordnungen vorgesehen, so ist für jede ein besonderer Plan vorzulegen.

**(3)** Für Verkaufsstätten im Sinne des § 1 der Geschäftshausverordnung müssen die Bauvorlagen ergänzt werden um

1. eine Berechnung der Flächen der Verkaufsräume und der Brandabschnitte,
2. eine Berechnung der erforderlichen Breiten der Ausgänge aus den Geschossen ins Freie oder in notwendige Treppenräume.

**(4)** Für Krankenhäuser im Sinne des § 1 der Krankenhausbauverordnung müssen die Bauvorlagen

1. Angaben über die Zahl der Betten und
2. eine Darstellung der Räume für Untersuchung und Behandlung mit ionisierenden Strahlen

enthalten.

**(5)** Für Beherbergungsstätten im Sinne des § 1 der Beherbergungsstättenverordnung, für die ein Brandschutzkonzept nicht gefordert ist, müssen die Bauvorlagen Angaben enthalten über

1. die Sicherheitsbeleuchtung,
2. die Sicherheitsstromversorgung,
3. die Brandmeldeanlage und
4. die Rettungswege auf dem Grundstück.

### § 13
### Bauvorlagen für Vorhaben nach § 67 BauO NRW

**(1)** [1]Bei Vorhaben nach § 67 Abs. 1 und 7 BauO NRW sind der Gemeinde einzureichen:

1. der Lageplan (§ 3),
2. die Bauzeichnungen (§ 4),

3. die Erklärung nach § 67 Abs. 2 Satz 1 BauO NRW.

[2]§ 10 Abs. 2 und 3 gilt entsprechend.

**(2)** [1]Die Bauvorlagen nach Absatz 1 sind in einfacher Ausfertigung einzureichen. [2]Hat die Bauherrin oder der Bauherr gemäß § 67 Abs. 3 Satz 2 BauO NRW ausdrücklich bestimmt, dass die Bauvorlagen im Falle der Erklärung der Gemeinde nach § 67 Abs. 1 Satz 1 Nr. 3 BauO NRW als Bauantrag zu behandeln sind, gilt § 10 Abs. 1 entsprechend. [3]In diesem Fall sind auch die Baubeschreibungen (§ 5 Abs. 1) und die Berechnungen und Angaben zur Kostenermittlung (§ 6) in der nach § 10 Abs. 1 Satz 2 erforderlichen Anzahl von Ausfertigungen einzureichen.

***13 Bauvorlagen für Vorhaben nach § 67 BauO NRW (§ 13)***

***13.1 Zu Absatz 1***

*13.11 Nach § 67 Abs. 1 Satz 3 BauO NRW kann die Bauherrin oder der Bauherr für Vorhaben nach § 67 Abs. 1 und 7 BauO NRW an Stelle der Behandlung in der Genehmigungsfreistellung die Durchführung eines (vereinfachten) Baugenehmigungsverfahrens beantragen. Dieser Antrag wird unter Verwendung des Vordrucks I/2 bei gleichzeitiger Einreichung des Bauantrags gestellt. Dem Antrag ist zu entsprechen. Ein Hinweis der Bauaufsichtsbehörde auf die Möglichkeit, die Freistellungsregelung in Anspruch zu nehmen, ist nicht erforderlich.*

*13.12 Für die Erklärung der Entwurfsverfasserin oder des Entwurfsverfassers nach § 67 Abs. 2 Satz 1 BauO NRW gilt Nummer 10.11 entsprechend.*

## § 14
## Bauvorlagen für Werbeanlagen

**(1)** Dem Bauantrag für die Errichtung, Aufstellung, Anbringung und Änderung von Werbeanlagen sind beizufügen:

1. der Auszug aus der Liegenschaftskarte/Flurkarte (§ 2 Abs. 1) mit Einzeichnung des Standortes der geplanten Werbeanlage und, soweit erforderlich, der Lageplan (§ 3), der nicht als Lageplan nach § 3 Abs. 3 angefertigt zu sein braucht,
2. die Zeichnung und die Beschreibung der Werbeanlage (Absatz 2),
3. ein farbiges Lichtbild oder eine farbige Lichtbildmontage (Absatz 3),
4. Angaben über die veranschlagten (geschätzten) Herstellungskosten.

**(2)** [1]Die Zeichnung, für die ein Maßstab nicht kleiner als 1:50 zu verwenden ist, muss die Darstellung der geplanten Werbeanlage, ihre Maße, auch bezogen auf den Anbringungsort, sowie die Farben mit Angabe der Nummer und Hilfsbezeichnung aus dem RAL-Farbregister enthalten. [2]In der Beschreibung sind die Art und die Werkstoffe der geplanten Werbeanlage anzugeben.

**(3)** Auf einem farbigen Lichtbild oder einer farbigen Lichtbildmontage sind wiederzugeben:

1. die Darstellung der geplanten Werbeanlage in Verbindung mit der baulichen Anlage, vor der oder in deren Nähe sie aufgestellt oder errichtet oder an der sie angebracht werden soll,
2. die Darstellung der vorhandenen Werbeanlagen auf dem Grundstück und den angrenzenden Grundstücken,

3. die Darstellung und Bezeichnung der Werbeanlagen, die beseitigt werden sollen.

**(4)** § 10 Abs. 1 gilt sinngemäß.

***14 Bauvorlagen für Werbeanlagen (§ 14)***

***14.1 Zu Absatz 1***

*14.11 Dem Bauantrag ist ein Lageplan beizufügen, wenn Gegenstand des Antrags die Errichtung, Aufstellung oder Änderung einer freistehenden Werbeanlage ist.*

## § 15
## Bauvorlagen für den Abbruch baulicher Anlagen

[1]Dem Antrag auf Erteilung der Genehmigung zum Abbruch baulicher Anlagen sind beizufügen:

1. die Benennung des Grundstücks, auch nach Straße und Hausnummer, auf dem die Abbruchmaßnahme durchgeführt werden soll,
2. ein Auszug aus der Liegenschaftskarte/Flurkarte (§ 2 Abs. 2) mit der Darstellung der Lage des Abbruchvorhabens,
3. die Bezeichnung des Abbruchvorhabens,
4. eine Beschreibung der abzubrechenden baulichen Anlagen nach ihrer wesentlichen Konstruktion und des vorgesehenen Abbruchvorganges mit Angabe der erforderlichen Sicherungsmaßnahmen,
5. Angaben über den Verbleib des Abbruchmaterials,
6. die Benennung der Abbruchunternehmerin oder des Abbruchunternehmers.

[2]§ 10 Abs. 1 Satz 3 gilt sinngemäß.

***15 Bauvorlagen für den Abbruch baulicher Anlagen (§ 15)***

*15.1 Die Angaben über den Verbleib des Abbruchmaterials sind der zuständigen Abfall-wirtschaftsbehörde rechtzeitig (vor Erteilung der Baugenehmigung) mitzuteilen, damit diese evtl. erforderliche Maßnahmen nach dem Kreislaufwirtschafts- und Abfallgesetz und dem Landesabfallgesetz gegenüber der Antragstellerin oder dem Antragsteller ergreift.*

## § 16
## Bauvorlagen beim Vorbescheid

[1]Dem Antrag auf Erteilung eines Vorbescheides sind die Bauvorlagen beizufügen, die zur Beurteilung der durch den Vorbescheid zu entscheidenden Fragen des Bauvorhabens erforderlich sind. [2]§ 10 Abs. 1 Satz 2 gilt sinngemäß.

## § 17
## Bauvorlagen für die Genehmigung von Grundstücksteilungen

[1]Dem Antrag auf Genehmigung einer Grundstücksteilung (§ 8 BauO NRW) sind in zweifacher Ausfertigung beizufügen:

1. der Lageplan (§ 3) mit den Angaben und Darstellungen

a) nach § 3 Abs. 1 Nrn. 1, 2 und 8 sowie die rechtmäßigen Grenzen, bezogen auf das zu teilende Grundstück,

b) der vorhandenen baulichen Anlagen auf dem zu teilenden Grundstück,

c) der Grenzabstände, der Abstandflächen und der Abstände zu den nach Buchstabe b darzustellenden baulichen Anlagen auf dem zu teilenden Grundstück,

d) der farblich unterlegten neuen Grenzen (Teilungslinie); der Lageplan muss von einer der in § 3 Abs. 3 Satz 1 genannten Behörden oder Personen hergestellt sein.

2. die Bauzeichnungen (§ 4) der in Nummer 1 Buchstabe b genannten baulichen Anlagen, soweit sie zur Beurteilung des Antrags erforderlich sind.

[2]§ 10 Abs. 1 Satz 3 gilt sinngemäß.

***17 Bauvorlagen für die Genehmigung von Grundstücksteilungen (§ 17)***

*17.1 Sofern ein Antrag auf Genehmigung der Teilung mehrerer Grundstücke oder auf Ausstellung von Negativzeugnissen für mehrere Grundstücke unter Verwendung nur eines Antragsvordruckes (Anlage I/5 zur VV BauPrüfVO) gestellt wird, können die notwendigen Angaben in den Rubriken des Vordruckes für die weiteren Grundstücke auf einem Beiblatt gemacht werden. Ein Antrag mit einem solche ergänzende Angaben enthaltenden Beiblatt kann nicht gemäß § 8 Abs. 4 in Verbindung mit § 72 Abs. 1 Satz 2 BauO NRW mit der Begründung zurückgewiesen werden, für jedes zu teilende Grundstück sei ein eigener Antragsvordruck einzureichen.*

## § 18
## Eintragung von Baulasten

[1]Für die Eintragung von Baulasten nach § 4 Abs. 1 oder 2 und § 7 Abs. 1 BauO NRW sowie anderen Baulasten, die sich flächenmäßig auf Grundstücke oder auf Teile von Grundstücken beziehen, ist, sofern in der Verpflichtungserklärung (§ 83 Abs. 1 BauO NRW) auf einen Lageplan (§ 3) Bezug genommen wird, dieser in zweifacher Ausfertigung beizufügen. [2]Er muss mindestens enthalten

1. die Angaben nach § 3 Abs. 1 Nr. 1 bis 3, 6, 8 und 12,

2. die Darstellung der Grundstücksflächen, die von der einzutragenden Baulast betroffen sind, entsprechend Nummer 1.12 der Anlage zu dieser Verordnung.

[2]Er muss von einer der in § 3 Abs. 3 Satz 1 genannten Behörden oder Personen hergestellt sein.

**Anlage zur BauPrüfVO**
(zu §3 Abs. 4, § 4 Abs. 4 und § 18)

## Zeichen und Farben für Bauvorlagen

| | | | |
|---|---|---|---|
| 1 | Lageplan | | |
| 1.1 | vorhandene öffentliche Verkehrsflächen | | |
| | grobes Punktraster, eng | | goldocker |
| 1.2 | Geplante öffentliche Verkehrsflächen | | |
| | grobes Punktraster, weit | | Bandierung goldocker |
| 1.3 | Vorhandene Wohn-, Büro- und Geschäftsgebäude usw. | | |
| | Schrägschraffur | | grau |
| 1.4 | Vorhandene Wirtschafts- und Werksgebäude, unbewohnte Nebengebäude, Garagen usw. | | |
| | Parallelschraffur | | grau |
| 1.5 | Geplante bauliche Anlagen | | |
| | Kreuzschraffur | | rot |
| 1.6 | Zu beseitigende bauliche Anlagen | | |
| | ausgekreuzte Umrisslinie | | gelb |
| 1.7 | Geschützter Baum | | |
| | Artbezeichnung<br>Stammumfang<br>Kronendurchmesser<br>(maßstäblich) | Eiche<br>u=0,6<br>d=8,0 | Bandierung grün |

| | | | |
|---|---|---|---|
| 1. 8 | Begleitzeichen für Grundstücksgrenzen | | |
| | dicke gerissene Linie | | |
| 1. 9 | Begrenzung für Abstandflächen | | |
| | gerissene Linie | | |
| 1. 10 | Abstandflächen | hellviolett | |
| 1. 11 | Flächen, die von bestehenden Baulasten betroffen sind | | |
| | feines Punkraster, eng | | |
| 1. 12 | Flächen, die von geplanten Baulasten betroffen sind | grüne Umgrenzung und Schraffur | |
| 1. 13 | Geplante Grundstücksgrenzen | rote Linie | |
| 1. 14 | Entwässerungsgrundleitungen | | |
| | a) Schmutzwasserleitungen durchgezogene Linie | | |
| | b) Regenwasserleitungen unterbrochene Linie | | |
| | c) Mischwasserleitungen strichpunktierte Linie | | |
| 2. | Bauzeichnungen bei baulichen Änderungen | | |
| 2. 1 | Vorhandene Bauteile durchgezogene Begrenzungslinien mit feinem Punktraster | grau | |
| 2. 2 | vorgesehene Bauteile durchgezogene Begrenzungslinien | rot | |
| 2. 3 | Zu beseitigende Bauteile ausgekreuzte Begrenzungslinien | gelb | |

**Anmerkungen** (Autor: Heintz)

**Übersicht** Rdn.


| | | |
|---|---|---|
| 0 | Änderungen gegenüber der BauO NW 1984 und der BauO NW 1995 | 01–04 |
| 1 | Allgemeines | |
| 1.1 | Verfahrensvorschriften | 1– 3 |
| 1.2 | Bestimmung des Antragsinhalts | 4– 8 |
| 1.3 | Bauantrag als Genehmigungsvoraussetzung | 9–11 |
| 1.4 | Nachtrag (Tektur), nachträglicher Bauantrag, Baugebot | 12–14 |
| 1.5 | Wiederholung und Wiederaufgreifen des Verfahrens | 15–16 |
| 1.6 | Gebühren | 17–20 |
| 2 | Zu Absatz 1 – Bauantrag und Bauvorlagen | |
| 2.1 | Rechtsentwicklung, Aufbau der BauPrüfVO | 21–25 |
| 2.2 | Bauvorlagen für unterschiedliche Antragsarten | 26–29 |
| 2.3 | Festlegung des Antragsgegenstandes | 30–35 |
| 2.4 | Mitenthaltene Entscheidungsbegehren | 36–39 |
| 2.5 | Schriftform des Antrages, Vordrucke zum Verfahren | 40–48 |
| 2.6 | Bestimmung der erforderlichen Bauvorlagen | 49–57 |
| 2.7 | Brandschutzkonzept als Bauvorlage | 58–59 |
| 2.8 | Anforderungen an Bauvorlagen | 60–61 |
| 2.8.1 | Ausreichende Anzahl | 62–65 |
| 2.8.2 | Papierqualität und Format | 66–67 |
| 2.8.3 | Schwarzweiße und farbige Darstellung | 68–71 |
| 2.8.4 | Zeichen, Darstellungen, Maßstab | 72–75 |
| 2.9 | Nachreichen einzelner Bauvorlagen | 76–83 |
| 3 | Zu Absatz 2 – Unterschriften, Zustimmung des Eigentümers | 84–90 |
| 4 | Zu Absatz 3 – Personenmehrheit als Bauherren | 91–92 |


## 0 Änderungen gegenüber der BauO NW 1984 und der BauO NW 1995

§ 69 **BauO NW 1995** hat § 63 BauO NW 1984 im Wesentlichen übernommen, jedoch von verfahrensleitenden Regelungen befreit, die in § 72 BauO NW 1995 eingefügt wurden. Die Änderungen des § 69 BauO NW 1995 gegenüber dem Vorgängerrecht wurden flankiert von einer **Neufassung der BauPrüfVO und der VV BauPrüfVO**. **01**

Die Überschrift des § 69 BauO NW 1995 wurde auf das Wort „Bauantrag" reduziert, obwohl die Vorschrift nach wie vor die **Legaldefinition der Bauvorlagen** und **Anforderungen an Bauantrag und Bauvorlagen** enthält. Die Reduzierung der Überschrift um den Zusatz „und Bauvorlagen" trug nicht gerade zur Übersichtlichkeit bei, da dem mit der Landesbauordnung nicht vertrauten Rechtsanwender beim Lesen des Inhaltsverzeichnisses verborgen bleibt, dass das Gesetz an dieser Stelle auch etwas über Bauvorlagen aussagt. Die Vorschrift ist wie folgt aufgebaut: **02**

- **Absatz 1** fasste die bisherigen Absätze 1 und 2 des § 63 BauO NW 1984 zusammen. Die Verpflichtung zur Einreichung des Bauantrages **bei der Gemeinde** wurde in eine zur Einreichung **bei der Bauaufsichtsbehörde** umgewandelt und die Beteiligung der Gemeinde im bauaufsichtlichen Verfahren in § 72 Abs. 1 Satz 3 geregelt.
- **Absatz 2** übernahm mit redaktioneller Anpassung Absatz 3 des § 63 BauO NW 1984.
- **Absatz 3** übernahm die Regelungen des Absatzes 4 des § 63 BauO NW 1984. Um die Verantwortlichkeit des Bauherrn herauszustellen, wurde jedoch die Bestellung eines

Vertreters der Bauherrschaft bei Personenmehrheit **zwingend** vorgeschrieben, wohingegen das Vorgängerrecht lediglich eine „Kann-Bestimmung“ enthielt, die die Bauaufsichtsbehörde ermächtigte, ein solches Verlangen auszusprechen.

03 Die **BauO NRW 2000** hat § 69 BauO NW 1995 übernommen, in Absatz 1 jedoch einen neuen Satz 2 eingefügt, wodurch sich der alte Satz 2 zum neuen Satz 3 verschob. **Der neue Satz 2** normiert die Pflicht, für „große“ Sonderbauten im Sinne des § 68 Abs. 1 Satz 3 BauO NRW 2000 mit den Bauvorlagen ein Brandschutzkonzept vorzulegen, um der Bauaufsichtsbehörde die Prüfung zu erleichtern, ob für das Vorhaben besondere Anforderungen gestellt werden müssen oder Erleichterungen zugelassen werden können (so LT-Drucks. 12/3738 S. 90 zu Art. I Nr. 45 – § 69; s. auch die Einleitung Rdn. 100–101 sowie die Anmerkungen zu § 54 Rdn. 7–8 und zu § 58 Rdn. 33–40).

04 Parallel zur BauO NRW 2000 wurden die **BauPrüfVO umfassend geändert** sowie die **VV BauPrüfVO neu gefasst**. Zu berücksichtigen waren unter anderem:

- die **geänderten Verfahrensvorschriften** in der Genehmigungsfreistellung (§ 67),
- das **geänderte Prüfprogramm im vereinfachten Genehmigungsverfahren** (§ 68),
- die **Einführung des Brandschutzkonzepts als Bauvorlage** (§ 69),
- der **Anpassungsbedarf der Vorgaben** für die **Darstellung** an die fortschreitende Automatisierung des Liegenschaftskatasters und moderne Arbeitsmittel,

Die Vorschriften über **Bauvorlagen** für **Sonderbauten** wurden aus den entsprechenden Sonderbauverordnungen ausgegliedert und in **§ 12 BauPrüfVO** zusammengefasst.

## 1 Allgemeines

### 1.1 Verfahrensvorschriften

1 Die BauO NRW enthält nur wenige Bestimmungen über den Bauantrag, die Bauvorlagen und die verfahrensmäßige Behandlung dieser Unterlage. Im Wesentlichen ergeben sich diese Vorgaben aus **§ 69 und § 72 BauO NRW**, die **als Einheit** gelesen werden müssen. Daneben sind die **Vorschriften des VwVfG. NRW.** mit **allgemeinen Bestimmungen zum Verwaltungsverfahren** zu beachten, soweit nicht spezielle Bestimmungen der BauO NRW oder von Rechtsverordnungen aufgrund der BauO NRW vorgehen. Zu Letzteren rechnen die BauPrüfVO, die SV-VO und TPrüfVO. Die Vorschriften über Bauvorlagen sind **nicht nachbarschützend** (so auch Hahn/Schulte, Rdn. 364; s. jedoch Rdn. 30, 33 und 89). Die **Legaldefinition der Bauvorlagen**, wie sie § 69 Abs. 1 Satz 1 BauO NRW enthält, hat sowohl Bedeutung für den Bauantrag als auch insbesondere für die Vorschriften der BauPrüfVO.

2 Die Regelungen des § 69 BauO NRW haben nicht nur Bedeutung für das eigentliche Baugenehmigungsverfahren. **Andere Bestimmungen**, nämlich

- § 8 Abs. 4 BauO NRW – über die Teilung von Grundstücken,
- § 71 Abs. 2 BauO NRW über den Vorbescheid,
- § 78 Abs. 4 BauO NRW über die Typengenehmigung,
- § 79 Abs. 10 BauO NRW über die Ausführungsgenehmigung für Fliegende Bauten,
- § 80 Abs. 1 Satz 3 BauO NRW über das Zustimmungsverfahren,

**erklären § 69 BauO NRW ganz oder teilweise für anwendbar.** Im Zusammenhang mit § 69 BauO NRW stehen ferner die §§ 56, 57, 58 und 70 BauO NRW über die Funktion des Bauherrn im bauaufsichtlichen Verfahren, die Stellung des Entwurfsverfassers und der Fachplaner sowie die Bauvorlageberechtigung einzelner Berufsgruppen für bestimmte Vorhaben. **Bedeutung** erlangt § 69 BauO NRW in Verbindung mit der BauPrüfVO **in Verfahren mit Konzentrationswirkung** nach sonstigem öffentlichem Recht, z.B. nach dem BImSchG (s. § 63 Abs. 2 BauO NRW). Die **BauPrüfVO** erlangt indirekt Bedeutung **für die Erteilung von Abgeschlossenheitsbescheinigungen** nach dem WEG (s. die Anmerkungen zu § 49 Rdn. 53–56).

**Die Prüfung des Bauplanungsrechts** ist **in das Baugenehmigungsverfahren einbezogen**, 3
da der Bund darauf verzichtet hat, als **Annexregelung** zum BauGB ein eigenständiges bauplanungsrechtliches Zulassungsverfahren für Vorhaben im Sinne des § 29 Abs. 1 BauGB zu regeln. Mit der Neufassung der §§ 29 und 36 BauGB durch das BauROG wurde die Geltung des materiellen Bauplanungsrechts vom Verfahrensrecht der Landesbauordnungen abgekoppelt. Die §§ 30 bis 37 BauGB gelten daher ab dem 1.1.1998 unabhängig von einem nach Landesrecht geregelten (oder nicht geregelten) Verfahren für alle Vorhaben, die die Errichtung, Änderung oder Nutzungsänderung von baulichen Anlagen zum Gegenstand haben (s. BT-Drucks. 13/6392, S. 55). **Einbezogen** in das Baugenehmigungsverfahren ist entsprechend dem nach § 75 Abs. 1 Satz 1 BauO NRW gegebenen materiell-rechtlichen Prüfprogramm die Berücksichtigung

- des Immissionsschutzes (§ 22 BImSchG),
- des Arbeitsschutzes (§§ 21–23 ArbSchG, §§ 120e–120f GewO),
- der naturschutzrechtlichen Eingriffsregelung (§ 8a BNatschG, §§ 4–6 LG),
- des Denkmalschutzes (§ 9 Abs. 3 DSchG),

um einige wichtige Bereiche anzusprechen. Insoweit kommt der Baugenehmigung eine **Feststellungs- und Bindungswirkung** zu (hierzu und zum materiell-rechtlichen Prüfprogramm vgl. Schlotterbeck/von Arnim/Hager, zu § 58 Rdn. 5–7 und 40–50). **Nicht einbezogen** in die Prüfung sind dagegen solche öffentlich-rechtlichen Vorschriften, für die Spezialgesetze rechtlich selbständige Entscheidungen mit Außenwirkung vorsehen (BVerwG, Urteil vom 19.4.1985 – 4 C 25.84, BauR 1985, 544 = BRS 44 Nr. 80).

### 1.2 Bestimmung des Antragsinhalts

Es ist grundsätzlich **Sache des Bauherrn**, den **Umfang eines Vorhabens** im Sinne des 4
§ 29 Abs. 1 BauGB **mit dem Bauantrag festzulegen** (BVerwG, Urteil vom 4.7.1980 – 4 C 99.77, BauR 1980, 543 = BRS 36 Nr. 158). Innerhalb der Grenzen, die einer Zusammenfassung oder Trennung von Vorhaben objektiv gesetzt sind, legt der Antragsteller durch den Bauantrag fest, ob bei einer technisch teilbaren Anlage die einzelnen Teile zur Genehmigung gestellt sind und daher jeder Teil für sich ein „Vorhaben“ ist, oder ob die gesamte Anlage als ein einziges „Vorhaben“ Gegenstand der Beurteilung zu sein hat (BVerwG, Beschluss vom 21.8.1991 – 4 B 20.91, BRS 52 Nr. 2 = DVBl 1992, 40 = ZfBR 1992, 41 zu sechs Gebäuden in einem Segelzentrum auf einem 40.000 qm großen Grundstück und Urteil vom 20.8.1992 – 4 C 57.89, BRS 54 Nr. 50 = DVBl 1993, 109 = ZfBR 1993, 35 = UPR 1993, 23 zu zwei selbständigen Spielhallen).

Der **Dispositionsfreiheit des Bauherrn** sind allerdings gewisse **Grenzen** gesetzt. Werden 5
mehrere selbständige bauliche Anlagen in einem Bauantrag zusammengefasst, die we-

der technisch-konstruktiv noch funktional in einem Zusammenhang stehen, der Veranlassung böte, sie als einheitliches Vorhaben zu behandeln, und fehlt auch eine ausdrückliche dahin gehende Erklärung des Bauherrn, so ist die Bauaufsichtsbehörde nicht gehindert, diese Anlagen unterschiedlich zu behandeln (OVG Saar, Urteil vom 29.10.1991 – 2 R 2/89, BRS 52 Nr. 143).

6 Es besteht **keine absolute Bindung der Bauaufsichtsbehörde an die Angaben im Bauantrag**. Ergibt sich aus den dem Bauantrag beizufügenden Bauvorlagen objektiv ein anderer als der angegebene Antragsinhalt, so ist darauf abzustellen (BVerwG, Urteil vom 29.4.1992 – 4 C 43.89, BVerwGE 90, 140 = BauR 1992, 586 = BRS 54 Nr. 53 = ZfBR 1992, 283 zu einem tatsächlich beabsichtigten Appartementwohnhaus, welches nach den Antragsangaben als Pensionsbetrieb bezeichnet war).

7 Da der Antragsteller selbst bestimmt, was Gegenstand des Baugenehmigungsverfahrens sein soll, obliegt es ihm, einen genehmigungsfähigen Antrag zu entwickeln und zur Genehmigung zu stellen, sowie hierzu klar und eindeutig alle für die Genehmigung notwendigen Angaben zu machen, von denen die Bauaufsichtsbehörde auszugehen hat.

**Der Bauantrag muss so klar sein, dass auf ihn ein verständlicher, inhaltlich genau abgegrenzter, eindeutig bestimmter Verwaltungsakt ergehen kann, der Umfang und Bindung der Baugenehmigung regelt** (OVG NRW, Urteil vom 22.7.1987 – 11 A 958/85, BRS 47 Nr. 139 und Urteil vom 11.12.1992 – 11 A 1823/90, BRS 55 Nr. 141).

8 Eine im Baugenehmigungsverfahren **nicht offenbarte Absicht** eines Antragstellers ist **für die Inhaltsbestimmung der Baugenehmigung unbeachtlich**. Hat der Antragsteller es unterlassen, seine Bauvorlagen so klar und eindeutig abzufassen, dass über das Gewollte kein Zweifel aufkommen kann, und ist daraufhin dennoch ein Verwaltungsakt ergangen, muss geprüft werden, ob dieser noch als hinreichend bestimmt im Sinne des § 37 Abs. 1 VwVfG. NRW. anzusehen ist. **Maßgeblich für die Auslegung des Antrages**, wie des darauf ergangenen Verwaltungsaktes, ist nicht das, was der Antragsteller gewollt oder gedacht hat, sondern der „**objektivierte Sinngehalt**", das heißt, wie der Adressat unter Berücksichtigung des Antrages bzw. des darauf ergehenden Bescheides und aller sonstigen ihm bekannten oder erkennbaren Umstände nach Treu und Glauben bei objektiver Auslegung die Erklärung oder das Verhalten verstehen durfte (OVG NRW, Urteil vom 26.9.1991 – 11 A 1604/89, BRS 52 Nr. 144 und Urteil vom 13.9.1994 – 11 A 3309/92, BRS 56 Nr. 137).

### 1.3 Bauantrag als Genehmigungsvoraussetzung

9 Nach § 69 Abs. 1 in Verbindung mit § 75 Abs. 1 BauO NRW ist der **Bauantrag Voraussetzung der Baugenehmigung**. Da das bauaufsichtliche Verfahren die **Mitwirkung des Antragstellers** voraussetzt, kann **ohne Bauantrag keine rechtswirksame Baugenehmigung** erteilt werden. Dies bedeutet, dass die Baugenehmigung von dem Bauantrag gedeckt sein muss. Eine über den Antragsinhalt hinausgehende Baugenehmigung kann unwirksam sein, wenn der Bauherr für das durch die Baugenehmigung veränderte Vorhaben nicht den Bauantrag gemäß § 45 Abs. 1 Nr. 1 VwVfG. NRW. nachholt (hierzu vgl. Kopp/Ramsauer, zu § 45 Rdn. 15–17; s. auch Stelkens, Der Antrag – Voraussetzung eines Verwaltungsverfahrens und eines Verwaltungsaktes?, NuR 1985, S. 213 ff.). Die **Bauaufsichtsbehörde** ist **verpflichtet, über einen vorgelegten Bauantrag zu entscheiden**, da ein Verwaltungsverfahren gemäß § 22 VwVfG. NRW. zwingend durchzuführen ist, wenn das Gesetz ein Tätigwerden auf Antrag verlangt.

Die **Vorlage eines Bauantrages** steht im Belieben des Bauherrn und **kann** von der Bauaufsichtsbehörde **nicht erzwungen werden**, da die Ausübung des Rechts zum Bauen als Ausfluss der grundsätzlich geschützten Eigentumsgarantie angesehen wird (zum Vorgehen bei einem Schwarzbau s. Rdn. 13). Vielmehr ist es umgekehrt so, dass der Antragsteller einen Rechtsanspruch auf Erteilung der Baugenehmigung hat, wenn dem Vorhaben zum Zeitpunkt der Entscheidung öffentlich-rechtliche Vorschriften nicht entgegenstehen (BVerwG, Urteil vom 15. 3. 1967 – IV C 205.65, BRS 18 Nr. 49). Zur Vorlage eines Bauantrags kann der Bauherr nur aus Anlass eines **Baugebots** gezwungen werden (s. Rdn. 14). Legt ein Bauherr nicht vollständige oder nicht prüffähige Bauvorlagen dem Bauantrag bei oder fehlen diese gänzlich, so kann die Bauaufsichtsbehörde die fehlenden Bauvorlagen bzw. deren Nachbesserung nicht durch Ordnungsverfügung anfordern (OVG NRW, Urteil vom 4. 9. 1970 – X A 870/66, BRS 23 Nr. 136); die verfahrensmäßige Behandlung eines solchen Antrages regelt vielmehr § 72 Abs. 1 Satz 2 BauO NRW (Vervollständigungsverlangen bzw. Zurückweisung). **10**

Die **Rücknahme eines Bauantrages** durch den Antragsteller hat gemäß § 22 VwVfG. NRW. die **Einstellung des Verfahrens** zur Folge. Für die Rücknahme bedarf es keiner besonderen Gründe, da diese – wie die Antragstellung selbst – im Belieben des Bauherrn steht. Die Rücknahme ist bis zur Unanfechtbarkeit der Entscheidung über den Bauantrag noch möglich (BVerwG, Urteil vom 3. 4. 1987 – 4 C 30.85, BRS 47 Nr. 91 = NJW 1988, 2754 zur Rücknahme eines Antrages auf Bodenverkehrsgenehmigung). Durch den ausdrücklichen schriftlichen **Verzicht auf die Ausnutzung einer bereits erteilten Baugenehmigung** wird diese durch „Erledigung auf andere Weise" gemäß § 43 Abs. 2 VwVfG. NRW. unwirksam (so Schlotterbeck/von Arnim/Hager, zu § 52 Rdn. 30). **11**

### 1.4 Nachtrag (Tektur), nachträglicher Bauantrag, Baugebot

In der Praxis ergibt sich bei sehr vielen Bauvorhaben das Erfordernis, kurz vor oder während der Bauausführung **Änderungen der genehmigten Bauausführung** vorzunehmen. Häufig handelt es sich um **Detailänderungen**, welche das ursprünglich genehmigte Vorhaben in seinen Grundzügen nur unwesentlich berühren (VGH B-W, Urteil vom 19. 10. 1995 – 3 S 2295/94, BRS 57 Nr. 191). Der **Nachtragsantrag (Tekturantrag**) führt dann zur Nachtragsgenehmigung (Tekturgenehmigung), die das Schicksal der Hauptgenehmigung teilt (s. die Anmerkungen zu § 75 Rdn. 45; zum Regelungsgehalt der Tekturgenehmigung s. auch BayVGH, Beschluss vom 13. 2. 2007 – 15 CS 06.3367, BauR 2007, 1562). Kein Nachtrag liegt vor, wenn das ursprünglich genehmigte Vorhaben **wesentlich geändert** wird, denn in diesem Fall handelt es sich um ein **„aliud**". Für das neue Vorhaben wird ein neuer Bauantrag erforderlich. Dieser führt – bei positiver Prüfung – zu einer **neuen Baugenehmigung** (vgl. Allgeier/von Lutzau, zu § 60 Anm. 60.1, S. 459 f.), deren Geltungsdauer nicht an die der Hauptbaugenehmigung gekoppelt ist (s. die Anmerkungen zu § 77 Rdn. 7 und VGH B-W, Urteil vom 19. 10. 1995, a. a. O.). **12**

Ein **Bauantrag zur nachträglichen Legalisierung** eines ohne Baugenehmigung bereits realisierten Vorhabens (Schwarzbau) **kann weder nach der BauO NRW noch nach allgemeinem Verwaltungsverfahrensrecht verlangt werden** (OVG NRW, Beschluss vom 27. 8. 2002 – 10 B 1233/02, BauR 2003, 677 = BRS 65 Nr. 174). Die Bauaufsichtsbehörde ist jedoch befugt, die **Beibringung von Bauvorlagen** zu verlangen, wenn ansonsten nicht beurteilt werden kann, ob das bereits ausgeführte Vorhaben mit dem öffentlichen Recht übereinstimmt (OVG NRW, Urteil vom 4. 9. 1970 – X A 870/66, BRS 23 Nr. 136; **13**

VGH B-W, Urteil vom 13.2.1980 – III 1998/79, BRS 36 Nr. 174; Hess. VGH, Beschluss vom 12.1.1982 – IV TH 92/81, BauR 1983, 241 = BRS 39 Nr. 233; OVG NRW, Beschluss vom 27.8.2002 – 10 B 1233/02, a.a.O.). Eine auf den Antrag des ordnungspflichtigen Bauherrn nach der Errichtung eines Schwarzbaus erteilte Baugenehmigung entfaltet lediglich **feststellende Wirkung** im Hinblick auf die Übereinstimmung des realisierten Vorhabens mit dem öffentlichen Baurecht (OVG NRW, Urteil vom 29.8.1989 – 10 A 1011/87, EildStNW 1991, 28).

**14** Nur in den gesetzlich besonders geregelten Fällen darf ein **Baugebot**, das den Grundstückseigentümer zu einer Baumaßnahme verpflichtet, **durch die Gemeinde** ausgesprochen werden. Ein Baugebot kann aus städtebaulichen Gründen gemäß § 176 BauGB notwendig sein; hiermit nicht gleichzusetzen, aber rechtlich verwandt ist die Möglichkeit eines Verlangens nach § 27 DSchG zur Wiederherstellung eines Baudenkmals. Durch ein (städtebauliches) Baugebot kann dem Eigentümer eines Grundstücks aufgegeben werden, innerhalb einer bestimmten Frist einen erforderlichen Bauantrag bei der zuständigen Bauaufsichtsbehörde zu stellen (BVerwG, Urteil vom 15.2.1990 – 4 C 41.87, BRS 50 Nr. 204 unter Aufhebung OVG NRW, Urteil vom 12.5.1987 – 7 A 1979/86, BRS 47 Nr. 188; vgl. Schlichter/Stich/Driehaus/Paetow, zu § 176 Rdn. 11–14).

### 1.5 Wiederholung und Wiederaufgreifen des Verfahrens

**15** Die **Wiederholung** eines früheren, von der Bauaufsichtsbehörde **abgelehnten Bauantrages** ist grundsätzlich zulässig (BVerwG, Beschluss vom 28.10.1974 – IV B 131.74, BRS 28 Nr. 105). Einem die Baugenehmigung **ablehnenden Bescheid erwächst keine materielle Rechtsbeständigkeit**, da er sich nur darauf beschränkt, den Antrag abzulehnen. Deshalb kann ein Bauantrag auf Zulassung eines Bauvorhabens aufgrund gleicher oder neuer Unterlagen und bei gleicher oder veränderter Sachlage jederzeit wiederholt werden (OVG Rh-Pf, Urteil vom 9.11.1972 – 1 A 92/71, BRS 25 Nr. 148; s. auch Ortloff, Inhalt und Bindungswirkungen der Baugenehmigung, NJW 1987, S. 1665 ff.). Ist dagegen ein **abschlägiger Bescheid Gegenstand eines verwaltungsgerichtlichen Klageverfahrens** gewesen, so erfasst die **Rechtskraft der Klageabweisung** auch die Frage der **materiellen Rechtswidrigkeit**. Der Kläger ist bei gleichbleibender Rechts- und Sachlage dann gehindert, in einem erneuten Bauantragsverfahren mit Erfolg geltend zu machen, dass sein Vorhaben – entgegen der vorausgegangenen rechtskräftigen Entscheidung – doch materiell baurechtsmäßig sei (BVerwG, Urteil vom 6.6.1975 – IV C 15.73, BRS 29 Nr. 168).

**16** Die Aufhebung oder Abänderung eines unanfechtbaren Verwaltungsaktes durch **Wiederaufgreifen des Verfahrens** ist in § 51 VwVfG. NRW. geregelt. Diese Vorschrift lehnt sich an §§ 580 und 581 ZPO an. Das Wiederaufgreifen des Verfahrens ist von einem **Antrag des Betroffenen** abhängig. Für das bauaufsichtliche Verfahren von Bedeutung ist vor allem § 51 Abs. 1 Nr. 1 VwVfG. NRW., wonach eine Wiederaufnahme statthaft ist, wenn sich die dem Verwaltungsakt zugrundeliegende Sach- oder Rechtslage nachträglich zugunsten des Betroffenen geändert hat. Eine solche Konstellation kann z.B. auftreten, wenn der die Ablehnung des Bauantrages stützende Bebauungsplan im Normenkontrollverfahren nach § 47 VwGO für nichtig erklärt wird. Liegen die gesetzlichen Voraussetzungen für das Wiederaufgreifen vor, hat der Antragsteller Anspruch auf einen **Zweitbescheid** (vgl. Jeromin, zu § 63 Rdn. 19). Die praktische Bedeutung des Wiederaufnahmeverfahrens ist gering, da der Bauherr bei geänderter Sach- und Rechtslage ohnehin nicht gehindert ist, einen neuen Bauantrag einzureichen.

### 1.6 Gebühren

17 Mit dem **Bauantrag** begehrt der Bauherr die Vornahme einer **Amtshandlung** im Sinne des § 1 Abs. 1 Nr. 1 GebG NRW, als deren **Folge Verwaltungsgebühren** erhoben werden und gegebenenfalls **Auslagenerstattung** verlangt wird (hierzu s. Rabe/Heintz, S. 401 ff. Rdn. 330–339). Bei der Bestimmung des Gebührenschuldners nach § 13 Abs. 1 GebG NRW sind das **Veranlasserprinzip** und das **Begünstigungsprinzip** zu beachten (vgl. Günther, Gebührenfragen in der Baugenehmigungspraxis, BauR 1994, S. 726 ff.). Die Gebühren für die Amtshandlung werden nach Maßgabe der AVwGebO NRW und dem einen Teil der Verordnung bildenden **Allgemeinen Gebührentarif** festgesetzt. Die baurechtlichen Amtshandlungen sind in der **Tarifstelle 2** des Allgemeinen Gebührentarifs zusammengefasst. Die Tarifstelle 7.5 regelt daneben die Erhebung von Gebühren durch die Brandschutzdienststelle für Stellungnahmen gegenüber dem staatlich anerkannten Sachverständigen für die Prüfung des Brandschutzes nach § 16 Abs. 2 SV-VO. Die in **§ 8 GebG NRW** aufgeführten Rechtspersonen sind in engen Grenzen von **Verwaltungsgebühren befreit**.

18 Die Bauaufsichtsbehörden dürfen gemäß § 7 Abs. 1 Nr. 1 GebG NRW **keine Verwaltungsgebühren** im bauaufsichtlichen Verfahren **für mündliche und einfache schriftliche Auskünfte** erheben, soweit die AVwGebO NRW nichts anderes bestimmt. Solche Bestimmungen enthalten die Tarifstellen 2.5.6.3 und 2.5.6.4 bezüglich **schriftlicher Auskünfte über Baulasten**. Die Tarifstelle 30.4 hat die Erteilung von schriftlichen Auskünften, die über § 7 Abs. 1 Nr. 1 GebG NRW hinaus gehen, und entsprechende mündliche Auskünfte sowie die Erteilung von Auskünften, die wirtschaftlichen Zwecken dienen, zum Gegenstand. Sie kommt nur außerhalb eines anhängigen Genehmigungsverfahrens zur Anwendung, da die „**Bauberatung**" ansonsten **mit der Baugenehmigungsgebühr bereits abgegolten** ist (so die oberste Bauaufsichtsbehörde in einem nicht veröffentlichten RdErl. vom 5. 12. 2000 – II A 2-66.2).

19 Hinsichtlich der **Gebührenbemessung** nach den Rahmensätzen des Allgemeinen Gebührentarifs wird das Gebührenrecht maßgeblich durch das **Kostendeckungs- und Äquivalenzprinzip** bestimmt (vgl. Hörstel, Kostendeckungs- und Äquivalenzprinzip als Schranken öffentlich-rechtlicher Gebühren- und Beitragssätze, BauR 1997, S. 14 ff.). Die Bemessung der Gebühren nach **landesdurchschnittlichen Rohbaukosten** stellt eine landesweite, gleichmäßige Gebührenerhebung bei gleichartigen Bauobjekten sicher und ist mit dem Äquivalenzprinzip sowie dem Verhältnismäßigkeitsgrundsatz vereinbar (OVG NRW, Urteil vom 5. 8. 1996 – 9 A 1749/94, n. v., bestätigt durch BVerwG, Beschluss vom 13. 11. 1996 – 8 B 212.96, n. v.; zur Ermessensbestätigung aus Billigkeitsgründen bei von den landesdurchschnittlichen Rohbaukosten **in besonderem Maße** abweichenden tatsächlichen Kosten vgl. OVG Bbg, Urteil vom 15. 11. 1995 – 6 L 36/95, NVwZ-RR 1997, 61 und Hess. VGH, Urteil vom 23. 1. 1996 – 5 UE 590/95, NVwZ-RR 1997, 438). Es kommt bei einer erheblichen Überschreitung der aufgrund landesdurchschnittlicher Rohbauwertsätze ermittelten Rohbausumme (s. Tarifstelle 2.1.2) gegenüber den tatsächlichen Baukosten nur darauf an, ob die aufgrund dieser Rohbausumme errechnete Genehmigungsgebühr (Tarifstelle 2.4.1) mit dem in § 3 Abs. 1 GebG NRW niedergelegten Äquivalenzprinzip vereinbar ist; dies ist jedenfalls dann gegeben, wenn die so errechnete Genehmigungsgebühr ca. 2 bis 2,5 vom Hundert des Gesamtinvestitionsvolumens des Bauvorhabens nicht überschreitet (OVG NRW, Urteil vom 5. 8. 1996, a. a. O.; s. auch Thür. OVG, Beschluss vom 18. 4. 2000 – 11 B 20/00, LKV 2000, 451).

Die nach Tarifstelle 2.8.1.1 zu erhebende **dreifache Gebühr** für die Prüfung von Bauvorlagen einschließlich der erforderlichen örtlichen Überprüfung **für ohne Baugenehmigung ausgeführte bauliche Anlagen** („Schwarzbauten“) **verstößt nicht gegen höherrangiges Recht** (BVerwG, Beschluss vom 21.9.2001 – 9 B 51.01, ZfBR 2002, 267 und OVG NRW, Urteil vom 19.4.2001 – 9 A 411/99, EildStNW 2001, 398).

**20** Die Bauaufsichtsbehörde kann **nach Ermessen** zur Gewährleistung der effektiven Aufgabenerfüllung einen **Prüfingenieur** mit der Prüfung der bautechnischen Nachweise **beauftragen** und die diesem zu erstattenden Gebühren und Auslagen dem Bauherrn in Rechnung stellen (vgl. Nr. 27 VV BauPrüfVO sowie OVG NRW, Urteil vom 15.7.1986 – 12 A 1593/84, BRS 46 Nr. 167 und Urteil vom 4.3.1996 – 9 A 672/94, NVwZ-RR 1997, 735). Dabei ist die zweijährige Verjährungsfrist in entsprechender Anwendung des § 196 Abs. 1 BGB zu beachten (OVG NRW, Urteil vom 30.8.2001 – 9 A 4451/98, BauR 2002, 76). Die **Beauftragung** von Prüfingenieuren kann nach § 27 BauPrüfVO **nur durch die Bauaufsichtsbehörde** erfolgen (OVG NRW, Urteil vom 23.4.1999 – 21 A 883/98, BauR 2000, 1320).

Die **Honorierung der staatlich anerkannten Sachverständigen** unmittelbar durch den Bauherrn ist in der SV-VO geregelt. Die **Kosten für Sachverständigengutachten nach § 61 Abs. 3 BauO NRW**, die von der Bauaufsichtsbehörde in besonderen Fällen verlangt werden, hat der Bauherr zu tragen, selbst dann, wenn die Vorlage eines solchen Gutachtens nach anfänglicher Ablehnung des Bauantrages erst im Widerspruchsverfahren gefordert wurde (OVG Lüneburg, Urteil vom 11.2.1985 – 6 A 127/83, BRS 44 Nr. 148 zu einem Sachverständigengutachten, durch das die planungsrechtliche Zulässigkeit der Ansiedlung einer Tischlereiwerkstatt im Widerspruchsverfahren geklärt wurde).

## 2 Zu Absatz 1 – Bauantrag und Bauvorlagen

### 2.1 Rechtsentwicklung, Aufbau der BauPrüfVO

**21** Die Verpflichtung zur **Vorlage von Bauzeichnungen** bei der Baubehörde hat in Deutschland eine **lange Tradition**. Die Anforderungen an die Baupläne wuchsen mit dem Erlass des Preußischen Fluchtliniengesetztes von 1875, da die Straßen- und Baufluchtlinien im Baugesuch zu berücksichtigen waren. Die in den „Vorschriften über die Aufstellung von Fluchtlinien- und Bebauungsplänen“ vom 28.5.1876 (MBl. S. 131) enthaltenen Anforderungen an die Verwendung **geometrisch genauer Unterlagen** und an die Planinhalte bzw. Plandarstellungen bestimmten jahrzehntelang die Abfassung der Fluchtlinien- und Bebauungspläne, aber auch die Darstellungen in den Bauzeichnungen für die Baugesuche. Die aus jener Zeit überlieferten Bauakten belegen, dass erstaunlich viel Wert auf die Ausarbeitung der Lagepläne und Bauzeichnungen gelegt wurde und selbst Anträge für relativ unbedeutende Vorhaben eine **saubere Ausarbeitung** und eine **genaue Darstellung** des Bauvorhabens aufwiesen, also Ziele, die auch dem heute geltenden Recht immanent sind. Daneben eignete sich das Lichtpauspapier – überwiegend verwendete man mit Leinengewebe verstärktes Material – ausgesprochen gut für die Archivierung.

**22** Die in die **Muster-BauVorlVO 1963** bzw. deren **Fortschreibung 1974** aufgenommenen Bestimmungen, die die Regelungen des § 2 PrEBO aufnahmen und fortentwickelten, sind von allen Bundesländern in entsprechendes Landesrecht umgesetzt worden, wobei es zum Teil zu Abweichungen vom Muster kam (zur Muster-BauVorlVO 1963 s. auch

Erläuterung der Musterentwürfe von Rechtsverordnungen zur Musterbauordnung, Schriftenreihe des Bundesministers für Wohnungswesen, Städtebau und Raumordnung, Band 21, S. 31–37). Beispielsweise hat Baden-Württemberg an der farbigen Darstellungstechnik festgehalten, weil es die Schwarzweiß-Mikroverfilmung von Bauakten nicht als zukunftsorientierte Lösung ansah (vgl. Rdn. 63 und 64). Andere Bundesländer, so z. B. Sachsen und Sachsen-Anhalt, folgten später diesem Beispiel. Auch hinsichtlich der Planinhalte und zu verwendenden Zeichen weichen die einzelnen Bauvorlagenverordnungen teilweise vom Muster ab, so dass sich für länderübergreifend tätige Entwurfsverfasser das Erfordernis ergibt, die zur Anwendung kommenden Regelungen über die Ausarbeitung der Bauvorlagen genau zu beachten. Es steht auch nicht zu erwarten, dass die Länder die Musterbauvorlagenverordnung – Fassung Februar 2007, die auf das neue Verfahrensrecht der MBO 2002 abgestimmt wurde, ohne Abweichungen in ihr Landesrecht übernehmen können. Dies ist schon deshalb ausgeschlossen, weil die jeweiligen Landesbauordnungen in ihren Verfahren unterschiedliche Regelungsinhalte vorsehen, auf die aber die Vorschriften über die Bauvorlagen abgestimmt sein müssen.

Insgesamt weisen die **Rechtsverordnungen der 16 Bundesländer** trotz unterschiedlicher Regelungen im Detail weitgehende **Übereinstimmung** auf, so dass die Umstellung von dem einen zum anderen Rechtsbereich dem Entwurfsverfasser keine unüberwindbaren Schwierigkeiten bereiten dürfte. Unterschiede in der Ausgestaltung der bauordnungsrechtlichen Verfahrensvorschriften müssen im Übrigen in einem föderativ gegliederten Staat auch bei der Anwendung von Bundesrecht hingenommen werden (zur Bedeutung der bauordnungsrechtlichen Vorgaben über Bauvorlagen bei der Darstellung von Vorhaben in vorhabenbezogenen Bebauungsplänen s. Heintz, Vorhaben- und Erschließungspläne als private Planungsinitiative, 1995, S. 41–61).

Die **Vorschriften über Bauvorlagen** sind in NRW seit 1984 in der BauPrüfVO enthalten. **23**
Die BauPrüfVO 1984 hatte die BauVorlVO 1975 und weitere Zuständigkeitsverordnungen abgelöst (vgl. die Einführung Rdn. 95).

Im **1. Teil der BauPrüfVO 1995** wurden im Zuge der Änderungsverordnung vom 20. 2. **2000** (GV. NRW. S. 226) die alten §§ 1 bis 14 durch die **neuen §§ 1 bis 20** ersetzt, wodurch sich die alten §§ 15 bis 25 des 2. bis 4. Teils zu den neuen §§ 21 bis 31 verschoben. Die **Aufstockung des Paragraphenbestandes** im 1. Teil erfolgte dabei im Wesentlichen, um die **Übersichtlichkeit** für den Rechtsanwender zu **verbessern**.

Der **2. Teil der BauPrüfVO** regelt die **bautechnische Prüfung von Bauvorhaben**, das heißt die Prüfung der bautechnischen Nachweise durch **Prüfämter** und **Prüfingenieure**.

Der **3. Teil der BauPrüfVO** regelt aufgrund der Ermächtigung des § 79 Abs. 4 BauO NRW die **Zuständigkeiten für die Ausführungsgenehmigung Fliegender Bauten**.

Der **4. Teil der BauPrüfVO** enthält die üblichen **Schlussvorschriften** zum Inkrafttreten und Außerkrafttreten.

Der **2. Teil der BauPrüfVO** hat **Übergangscharakter**, da die dort getroffenen Regelun- **24**
gen auf lange Sicht nicht mehr benötigt werden. Die Prüfung der bautechnischen Nachweise nach § 8 BauPrüfVO soll nach dem neuen Konzept der BauO NRW künftig von den staatlich anerkannten Sachverständigen vorgenommen werden, deren Anerkennung und Aufgaben in der SV-VO geregelt sind. Diese Sachverständigen werden nicht von der Bauaufsichtsbehörde, sondern direkt vom Bauherrn privatrechtlich beauftragt. Dies hat zur Folge, dass die Beauftragung der Prüfingenieure für Baustatik durch die

Bauaufsichtsbehörde nur noch in den Baugenehmigungsverfahren erfolgen wird, in denen der Bauherr keine Bescheinigungen staatlich anerkannter Sachverständiger gemäß § 72 Abs. 6 Satz 1 BauO NRW vorlegt oder die Bauaufsichtsbehörde kein entsprechendes Verlangen nach Satz 3 dieser Vorschrift ausspricht. Um aber zu gewährleisten, dass die in Nordrhein-Westfalen staatlich anerkannten Sachverständigen für die Prüfung der Standsicherheit auch in den anderen Bundesländern als Prüfingenieur tätig werden können, war die Beibehaltung des 2. Teils der BauPrüfVO, ergänzt um Regelungen bezüglich der staatlich anerkannten Sachverständigen, unumgänglich.

25 Die **Anforderungen** an die **Bauvorlagen** wurden mit der BauPrüfVO 2000 und der hierzu ergangenen VV BauPrüfVO 2000 **neu geregelt** (s. Rdn. 04). Die Vorschriften wurden nach den unterschiedlichen bauaufsichtlichen Verfahren übersichtlich gegliedert und berücksichtigen (das allerdings bereits schon seit der BauPrüfVO 1995) auch Verfahren zu **Grundstücksteilungen** und **Baulasten**. Hierfür zeigte sich in der bauaufsichtlichen Praxis ein dringendes Bedürfnis, insbesondere weil viele Rückfragen und Nachforderungen von Unterlagen bei den Antragstellern nur vermieden werden können, wenn Umfang, Inhalt und Anzahl der Bauvorlagen auch in diesen besonderen Verfahren vorhersehbar festgelegt sind. Neu aufgenommen wurde mit der BauPrüfVO 2000 eine **Vorschrift über Brandschutzkonzepte** (§ 9).

### 2.2 Bauvorlagen für unterschiedliche Antragsarten

26 Die **unterschiedlichen Antragsarten** nach der BauO NRW erfordern **unterschiedliche Regelungen über Bauvorlagen**. Es dürfte sofort einleuchten, dass für einen Bauantrag im vereinfachten Genehmigungsverfahren weniger Angaben benötigt werden, als für einen im normalen Genehmigungsverfahren. Auch bedarf die Antragsausgestaltung für eine im vereinfachten Genehmigungsverfahren zu prüfende Werbeanlage anderer Bauvorlagen als für ein im gleichen – vereinfachten – Genehmigungsverfahren zu prüfendes Wohnhaus. Wiederum andere Anforderungen sind an Voranfragen, Teilungs- oder Baulastenanträge zu richten. Mit ihren differenzierten Regelungen will die BauPrüfVO diesen Erfordernissen Rechnung tragen, um so die einzelnen Verfahren vorzustrukturieren.

27 Die **bauaufsichtlichen Verfahren** sind bewusst **einfach ausgestaltet** worden. Eine **förmliche Umweltverträglichkeitsprüfung** ist aufgrund europarechtlicher Vorgaben nur für **wenige umweltrelevante** Vorhaben **vorgesehen** (s. die Anmerkungen zu § 63 Rdn. 12–12 q). Über die wichtigsten fachrechtlichen Belange wird im Baugenehmigungsverfahren entschieden (vgl. Rdn. 3). Die nach § 69 BauO NRW in Verbindung mit den Vorschriften der BauPrüfVO geforderten Unterlagen – **Bauantrag** und **Bauvorlagen** – reichen im Regelfalle aus, um das Baurecht im engeren Sinne, das heißt das Bauplanungs- und das Bauordnungsrecht, prüfen zu können. Darüber hinaus können im Einzelfall **weitere Bauvorlagen** erforderlich werden, um baurechtlich relevante Bestimmungen im sonstigen öffentlichen Recht – dem „**Baunebenrecht**" – zu berücksichtigen.

28 Der **1. Abschnitt des 1. Teils** (§§ 1–6) betrifft die grundsätzlichen Anforderungen an die Bauvorlagen. In diesem Abschnitt kommt **§ 1 BauPrüfVO** besondere Bedeutung zu, da er die **Grundausstattung** eines Bauantrags mit Bauvorlagen sowie in Ergänzung des § 69 BauO NRW weitere **allgemeine Vorgaben** hinsichtlich Anzahl und Qualität der Bauvorlagen normiert. Die §§ 2 bis 6 erfassen im Einzelnen die Anforderungen an die Bauvorlagen.

Der **2. Abschnitt des 1. Teils** (§§ 7–8) regelt Anforderungen an die bautechnischen Nachweise, darunter auch das Brandschutzkonzept, wobei der vorangestellte § 7 insofern eine Ergänzung zu § 1 darstellt, als er eine Übereinstimmungserklärung des Entwurfsverfassers für zu unterschiedlichen Zeitpunkten eingereichte Bauvorlagen verlangt.

Der **3. Abschnitt des 1. Teils** (§§ 10–20) gibt für die unterschiedlichen Verfahren und für besondere Vorhaben an, welche Bauvorlagen im Einzelnen erforderlich sind.

Die angestrebte Verfahrensstraffung erforderte es, für den Regelfall **genaue Vorgaben über Anzahl, Umfang und Inhalt der Bauvorlagen** zu treffen. Es darf – auch im Hinblick auf § 72 Abs. 1 Satz 2 BauO NRW, wonach die Bauaufsichtsbehörde den Bauantrag zurückweisen soll, wenn die Bauvorlagen unvollständig sind oder erhebliche Mängel aufweisen – für Bauherren, Entwurfsverfasser und Fachplaner kein Zweifel über die mit dem Bauantrag vorzulegenden Unterlagen im Regelfall bestehen. Aus dem gleichen Grunde ermöglicht es § 1 Abs. 2 Satz 2 BauPrüfVO der Bauaufsichtsbehörde nur **in zu begründenden Einzelfällen**, weitere Unterlagen zu fordern. Vor dem Hintergrund der nach § 70 BauO NRW für die meisten Bauvorhaben bestehenden **Bauvorlageberechtigung** für Entwurfsverfasser muss es diesen abverlangt werden, sich in die Rechtsmaterie so einzuarbeiten, dass der unvollständige Bauantrag künftig eine Ausnahmeerscheinung darstellt. 29

### 2.3 Festlegung des Antragsgegenstandes

Der **Antragsteller bestimmt**, was genau **Gegenstand** der baurechtlichen Prüfung im Baugenehmigungsverfahren oder in einem vorgeschalteten Vorbescheidsverfahren sein soll (s. Rdn. 4–8). Diese **Dispositionsfreiheit** des Bauherrn **korrespondiert** mit einer **Pflicht zur Festlegung des Antragsgegenstandes** im Antrag und in den zugehörigen Bauvorlagen. Die mit dem **Zugehörigkeitsvermerk** der Bauaufsichtsbehörde versehenen **Bauvorlagen** sind **Bestandteil der Baugenehmigung** und **für die Ermittlung des Regelungsgehalts verbindlich** (OVG Bln, Beschluss vom 26. 1. 1995 – 2 S 35.94, BRS 57 Nr. 193). 30

Aus dem **Antragsvordruck** (s. die Anlagen I/1 bis I/6 der VV BauPrüfVO) und den zugehörigen **Bauvorlagen** muss sich das beantragte Vorhaben zweifelsfrei ergeben. Kann wegen Mängeln der Bauvorlagen der Gegenstand bzw. der Umfang der Baugenehmigung nicht völlig eindeutig festgestellt und aus diesem Grunde eine **Verletzung von Nachbarrechten** nicht ausgeschlossen werden, so muss der Bauherr dies gegen sich gelten lassen (BayVGH, Beschluss vom 28. 10. 1976 – Nr. 104 I 76, BayVBl. 1977, 565 und OVG NRW, Urteil vom 13. 5. 1994 – 10 A 1025/94, BRS 56 Nr. 139).

Der **Inhalt der Baugenehmigung bestimmt sich** bezüglich der grundlegenden Einzelheiten der Bauausführung **nach den genehmigten Bauzeichnungen** und nicht auch nach den bautechnischen Nachweisen. Hat die Bauaufsichtsbehörde bautechnische Nachweise nachträglich genehmigt, die in entscheidenden Punkten eine andere Bauausführung vorsehen als die zur Baugenehmigung gehörenden genehmigten Bauzeichnungen, fehlt es insoweit an der – notwendigen – Nachtragsbaugenehmigung für die abweichende Bauausführung nach Maßgabe der bautechnischen Nachweise (OVG NRW, Urteil vom 10. 3. 1977 – XI A 484/75, BRS 32 Nr. 130).

Der **Inhalt der Bauvorlagen** ist auch maßgebend für den **Genehmigungsgegenstand**. Beantragt ein Bauherr eine Baugenehmigung für den Bau und Betrieb einer Diskothek, ohne die nach § 12 Abs. 2 BauPrüfVO erforderlichen besonderen Bauvorlagen – insbesondere hinsichtlich der erhöhten Brandschutzanforderungen der VStättVO – einzureichen, ist Gegenstand des erteilten Bauscheines lediglich eine Diskothek für bis zu 200 Besucher (OVG NRW, Beschluss vom 12. 1. 2001 – 10 B 1827/00, BauR 2001, 755). Die Bauvorlagen bilden mit dem Bauantrag die Grundlage für das Baugenehmigungsverfahren und auch für das bei einer Versagung der Baugenehmigung sich gegebenenfalls anschließende Rechtsmittelverfahren (vgl. nachfolgende Rdn. 46).

31 Die **Pflicht zur Konkretisierung** des Antragsgegenstandes umfasst neben der zeichnerischen Darstellung in den Bauvorlagen auch die Angaben zur Nutzung und zum Nutzungsumfang in der Baubeschreibung und der Betriebsbeschreibung. Da **Baugenehmigungen nur für konkret funktionsbezogene Nutzungen** erteilt werden, ist ein Baugesuch **unvollständig**, das lediglich den Standort und die Abmessungen des beantragten Baukörpers festlegt, die **künftige Nutzung** aber **offen lässt** und gegebenenfalls einem weiteren Genehmigungsverfahren vorbehält (OVG NRW, Urteil vom 16. 3. 1984 – 11 A 302/84, BRS 42 Nr. 163). Die Pflicht zur Konkretisierung der Nutzung ist schon im Hinblick auf die notwendige Überprüfung nach dem Bauplanungsrecht gegeben und kann bei speziellen Nutzungstypen, wie z. B. Handelseinrichtungen, über allgemeine Angaben hinausgehen und genaue Angaben zum Anteil der Verkaufsfläche erfordern (OVG NRW, Urteil vom 22. 7. 1987 – 11 A 958/85, BRS 47 Nr. 139). Der VGH B-W vertritt im Urteil vom 27. 10. 2000 (– 8 S 445/00, BauR 2001, 616) dagegen scheinbar die Auffassung, dass mit einer Baugenehmigung nicht zwangsläufig sowohl über die Zulässigkeit der Errichtung eines Gebäudes als auch über dessen Nutzung entschieden werden muss. Die zugrunde liegende Baugenehmigung des Wiederaufbaus einer abgebrannten Werk- und Lagerhalle beinhaltete als Nutzungsangabe jedoch: „Lagerraum (bis jetzt noch ohne Nutzungsfestlegung)“, insoweit war also keineswegs eine „nutzungslose“ Hülle, sondern eine Lagernutzung genehmigt worden. Es spricht also nichts dagegen, zunächst eine allgemeine Nutzung, wie z. B. Lagernutzung oder Praxisräume, zum Inhalt des Bauantrages zu machen und später, wenn der Nutzer feststeht, eine weitere spezielle Nutzungsgenehmigung einzuholen, sofern hierfür wegen spezieller Anforderungen aus öffentlich-rechtlichen Vorschriften überhaupt noch ein Erfordernis besteht.

32 Die **Nutzungsangaben** haben nicht nur **Bedeutung** für die bauplanungsrechtliche Zulässigkeit des Vorhabens, sondern **auch für die Zulässigkeit nach sonstigen öffentlich-rechtlichen Vorschriften**, die im Baugenehmigungsverfahren mitzuprüfen sind (vgl. Rdn. 3). So wird mit der Baugenehmigung einer Gaststätte festgestellt, dass sich die von dieser Nutzung typischerweise ausgehenden Emissionen im Rahmen der Vorschriften zum Immissionsschutz des Gaststättenrechts halten (BVerwG, Urteil vom 4. 10. 1988 – 1 C 72.86, BRS 48 Nr. 140). Ist die Zulässigkeit der konkreten Nutzung neben der Baugenehmigung noch von einer weiteren Genehmigung abhängig, können Einzelheiten der Nutzungsausübung in dem weiteren Verfahren geregelt werden (BVerwG, Beschluss vom 20. 10. 1988 – 4 B 195.88, BRS 48 Nr. 141 zur Nutzung des Freisitzes eines Sporthallenrestaurants). Durch Nebenbestimmung zur Baugenehmigung dürfen nur dann zeitliche Einschränkungen der Öffnungszeiten verfügt werden, wenn das Vorhaben überhaupt erst dadurch genehmigungsfähig wird (OVG Bremen, Beschluss vom 31. 8. 1987 – 1 B 66/87, BRS 47 Nr. 206).

33 Es muss darauf geachtet werden, dass die **Bauvorlagen frei von widersprüchlichen Darstellungen** sind. Ein schwerwiegender Widerspruch kann dazu führen, dass die Baugenehmigung aus tatsächlichen Gründen von niemand ausgeführt werden kann – dies hat die Nichtigkeit des Verwaltungsaktes gemäß § 44 Abs. 2 Nr. 4 VwVfG. NRW. zur Folge (vgl. hierzu OVG Lüneburg, Beschluss vom 9. 10. 1973 – VI B 79/73, BRS 27 Nr. 147, in

dem entschiedenen Fall war eine Baugenehmigung für nichtig angesehen worden, weil der Lageplan einen anderen Baukörper darstellte als die Bauzeichnungen). Werden Bauzeichnungen mit unterschiedlichen Darstellungen einzelner Bauteile – hier: Dachgaube – genehmigt, so ist die Baugenehmigung als in sich widersprüchlich rechtswidrig und auf die Klage eines betroffenen Nachbarn hin aufzuheben, wenn auch nur eine der zugelassenen Bauausführungen gegen seinem Schutz dienende Vorschriften verstößt (OVG Saar, Urteil vom 3.5.1994 – 2 R 13/92, BRS 56 Nr. 104).

Enthalten die Bauvorlagen zwar keine Widersprüche, aber **falsche Angaben**, so kann **34**
dies ebenfalls zur Aufhebung der Baugenehmigung führen. Die Auffassung des OVG NRW (Urteil vom 23.2.1988 – 7 A 1261/86, BRS 48 Nr. 132), wonach eine Baugenehmigung, die auf ein Baugesuch zurückgeht, in dem die Größe des Baugrundstücks falsch angegeben ist, mit einem besonders schwerwiegenden Fehler im Sinne des § 44 Abs. 1 VwVfG. NRW. behaftet sei, wurde vom BVerwG nicht geteilt (Urteil vom 26.9.1991 – 4 C 36.88, BRS 52 Nr. 150). Gleichwohl hat das BVerwG in der Entscheidung deutlich gemacht, dass eine solche Genehmigung im Einzelfall rechtswidrig sein kann und bei Erfüllung der Voraussetzungen nach § 48 Abs. 1 und 2 VwVfG. NRW. zurückgenommen werden darf, wenn das Vorhaben bei zutreffender Berücksichtigung der tatsächlichen Verhältnisse nicht genehmigungsfähig wäre (zu den Anforderungen an den Bestimmtheitsgrundsatz bei unrichtiger Bezeichnung des Vorhabens in den Bauvorlagen vgl. OVG NRW, Urteil vom 11.12.1992 – 11 A 1823/90, BRS 55 Nr. 141).

Es gehört zu den **Amtspflichten der Bauaufsichtsbehörde**, auf eine eindeutige und **widerspruchsfreie Antragstellung** zu achten. Unbeschadet der Zurückweisungsmöglich- **35**
keit nach § 72 Abs. 1 Satz 2 BauO NRW ergibt sich aus **§ 25 VwVfG. NRW.** eine **Pflicht** der Bauaufsichtsbehörde **zur Beratung** von Bauherr und Entwurfsverfasser – vorausgesetzt, die vorgelegten Antragsunterlagen sind vollständig und prüffähig –, wenn die Bauaufsichtsbehörde Widersprüche in den Antragsunterlagen feststellt. Die Bauaufsichtsbehörde soll nämlich nach dieser Vorschrift die **Berichtigung von Anträgen** anregen, wenn diese unrichtig gestellt worden sind. Hierzu zählt auch die Herbeiführung ausreichend konkreter Nutzungsangaben. Die entsprechenden Berichtigungen des Antrages setzen eine eindeutige schriftliche Willenserklärung des Antragstellers voraus; auf Festsetzungen eines Bebauungsplanes oder Angaben im Grundbuch oder Liegenschaftskataster kann selbst hilfsweise nicht zurückgegriffen werden (Hess. VGH, Beschluss vom 20.9.1985 – 4 UE 2781/84, BRS 44 Nr. 146).

### 2.4 Mitenthaltene Entscheidungsbegehren

Über eine im Bebauungsplan vorgesehene **Ausnahmen nach § 31 Abs. 1 BauGB** – auch **36**
wenn diese in der BauNVO geregelt und als solche durch Festsetzung eines Baugebietes in den Bebauungsplan inkorporiert sind – ist ebenso von Amts wegen zu prüfen, wie die Erteilung einer **Befreiung nach § 31 Abs. 2 BauGB**. Nicht vorausgesetzt ist, dass der Bewerber neben dem Antrag auf Baugenehmigung einen ausdrücklichen, gerade hierauf zielenden gesonderten Antrag gestellt hat (BVerwG, Beschluss vom 28.5.1990 – 4 B 56.90, BRS 50 Nr. 171). Bereits früher hatte das BVerwG entschieden, dass das Wesen der Befreiung zwar einen **besonderen Antrag** voraussetzt, dieser aber bei sinngemäßer Auslegung **als mit dem Bauantrag verbunden anzusehen** ist (Urteil vom 7.2.1964 – 1 C 104.61 – Buchholz 406.11, zu § 31 Nr. 1). Hiervon zu trennen ist die Frage der **Begründung** für eine Ausnahme oder Befreiung. Da sowohl die Erteilung der Ausnahme als

auch die der Befreiung **im Ermessen der Behörde** steht, soweit nicht eine „Ermessensreduzierung auf Null" im Einzelfall eintritt, ist es **dringend anzuraten**, **dem Bauantrag eine Begründung** zur erbetenen Ausnahme oder Befreiung beizufügen. Es ist zulässig, über die Ausnahme oder Befreiung in einem **gesonderten Verfahren** neben dem Bauantragsverfahren zu entscheiden oder die **Befreiung nachzuholen** (BVerwG, Urteil vom 17.2.1971 – IV C 2.68, BRS 24 Nr. 168).

**37** Für eine bauordnungsrechtliche **Abweichung im Sinne des § 73 BauO NRW** bedarf es ebenfalls keines besonderen Antrages neben dem Bauantrag. Wohl aber ist auch hier eine **Begründung** anzuraten (vgl. Nr. 73.1 VV BauO NRW).

Ein **gesonderter Antrag** ist gemäß § 73 Abs. 2 BauO NRW allerdings für **freigestellte** Vorhaben (§§ 65–67 BauO NRW) ebenso erforderlich.

Bedürfen **freigestellte** Vorhaben einer **bauplanungsrechtlichen Ausnahme** oder **Befreiung**, so ist diese ebenfalls nach Maßgabe des **§ 74a BauO NRW** gesondert zu beantragen.

**38** Der Bauantrag beinhaltet das Ansinnen an die Bauaufsichtsbehörde, über **nach sonstigen öffentlich-rechtlichen Vorschriften berührte Belange** zu entscheiden, soweit hierfür dem Baugenehmigungsverfahren eine „Bündelungsfunktion" zukommt (vgl. Rdn. 3). Es bedarf in diesem Falle keiner besonderen Anträge, wohl aber **besonderer Bauvorlagen**, um eine ausreichende Beurteilung nach den in die Antragsprüfung einbezogenen Vorschriften, z.B. nach dem **Straßenrecht**, dem **Landschaftsrecht** oder dem **Denkmalrecht** zu ermöglichen. Ob die jeweilige Entscheidung auch gesondert beantragt werden kann, richtet sich nach dem jeweiligen Fachgesetz. So ist nach § 9 Abs. 3 Satz 2 DSchG die denkmalrechtliche Entscheidung auch auf gesonderten Antrag hin neben dem Bauantrag zulässig; anders jedoch § 6 Abs. 1 LG, wonach im Baugenehmigungsverfahren über Eingriffe in Natur und Landschaft zu entscheiden ist.

Die **Rechtslage** ist wegen der Vielzahl der öffentlich-rechtlichen Vorschriften nur **schwer zu überblicken** und kann nur als **anwenderfeindlich** bezeichnet werden. Die nicht ausreichende Verzahnung von Bau- und Baunebenrecht war Gegenstand besonderer Untersuchungen (vgl. die Vorlage 12/1097 des Ministeriums für Bauen und Wohnen des Landes NRW vom 29.11.1996 an den Landtag).

**39** Sind neben der Baugenehmigung **gesonderte Genehmigungen**, **Bewilligungen oder Erlaubnisse** nach öffentlich-rechtlichen Vorschriften erforderlich, wie z.B. die wasserrechtliche Erlaubnis im Falle der Einleitung von vorgeklärtem Abwasser in ein Gewässer, so sind diese **nicht zugleich mit beantragt**. Es bedarf hierzu vielmehr besonderer Anträge nach den einschlägigen Vorschriften. Die Bauaufsichtsbehörde ist aber nach § 72 Abs. 1 Nr. 2 BauO NRW verpflichtet, binnen einer Woche nach Antragseingang ein solches Erfordernis festzustellen.

### 2.5 Schriftform des Antrages, Vordrucke zum Verfahren

**40** Gemäß § 10 VwVfG. NRW. ist das Verwaltungsverfahren an bestimmte Formen nicht gebunden, soweit keine besonderen Rechtsvorschriften für die Form des Verfahrens bestehen. Einen **Vorbehalt zugunsten besonderer Formschriften** spricht § 69 Abs. 1 Satz 1 BauO NRW in doppelter Hinsicht aus, indem der **Bauantrag**

– **schriftlich und**

– **mit Bauvorlagen**

einzureichen ist. Da der Bauherr den Umfang seines Vorhabens festzulegen und für die nötige Klarheit im Verfahren zu sorgen hat (s. Rdn. 4–8), konnte die BauO NRW auf die schriftliche Fixierung des Antrages nicht verzichten.

Die Abwicklung des Baugenehmigungsverfahrens auf **elektronischem Wege** in allen Einzelphasen – also auch in der Phase der Antragstellung – ermöglichen die rechtlichen Rahmenbedingungen bereits heute. Begleitend hierzu ist noch eine Anpassung der bauordnungsrechtlichen Vorschriften erforderlich. Zum Zeitpunkt der grundlegenden Änderung der BauPrüfVO im Jahre 2000 bestanden noch nicht alle erforderlichen bundes- und landesrechtlichen Vorschriften, so dass eine ursprünglich mit der Änderungsverordnung beabsichtigte Ergänzung des § 1 unterblieb; der beabsichtigte Absatz 4 lautete:

*„Bauvorlagen können nach Absprache mit der Bauaufsichtsbehörde dieser auch mittels elektronischer Post eingereicht werden. Dabei tritt an die Stelle der nach § 69 Abs. 2 BauO NRW auf den Bauvorlagen vorgeschriebenen Unterschriften die digitalen Signaturen nach dem Signaturgesetz (SigG) vom 22. Juli 1997 (BGBl. I S. 1872).“*

Die im Anhörungsverfahren geäußerten Bedenken sind überholt, da der Bund zur elektronischen Signatur (hierzu s. Roßnagel, Die elektronische Signatur im Verwaltungsrecht, DÖV 2001, S. 221 ff.) neue Rechtsvorschriften unter Aufhebung der alten erlassen hat:

- Gesetz über Rahmenbedingungen für elektronische Signaturen – **Signaturgesetz** – **SigG** vom 16. 5. 2001 (BGBl. I S. 876), z. g. d. G vom 26. 2. 2007 (BGBl. I S. 179),
- Verordnung zur elektronischen **Signatur** – **Signaturverordnung** – **SigV** vom 16. 11. 2001 (BGBl. I S. 3074), z. g. d. G vom 4. 1. 2005 (BGBl. I S. 2),
- Gesetz zur Anpassung der Formvorschriften des Privatrechts und anderer Vorschriften an den modernen Rechtsgeschäftsverkehr vom 13. 7. 2001 (BGBl. I S. 1542).

Mit dem letztgenannten Gesetz wurde das Bundesrecht, darunter die ZPO, die GBO und die VwGO, auf die Möglichkeit umgestellt, die schriftliche durch die elektronische Form zu ersetzen. Die landesrechtlichen Voraussetzungen wurden mit dem

- Gesetz zur Änderung verwaltungsverfahrensrechtlicher Vorschriften zwecks Anpassung an die Erfordernisse der elektronischen Arbeitsweise der Verwaltung – **Elektronik-Anpassungsgesetz** vom 6. 7. 2004 (GV. NRW. S. 370)

geschaffen (vgl. Schmitz, Die Regelung der elektronischen Kommunikation im Verwaltungsverfahrensgesetz, DÖV 2005, S. 885 ff.). Mit dem Elektronik-Anpassungsgesetz wurde das VwVfG. NRW. geändert, um der Verwaltung die Möglichkeit zu eröffnen, vollelektronisch und ohne Medienbruch arbeiten zu können.

Nach § 3 a Abs. 1 VwVfG. NRW. ist die Übermittlung elektronischer Dokumente zulässig, soweit der Empfänger hierfür einen Zugang eröffnet. Bei Behörden erfolgt die Eröffnung des Zugangs durch Bekanntmachung über die Homepage, wobei die technischen und organisatorischen Rahmenbedingungen anzugeben sind. Grundsätzlich kann nach der **Generalklausel** des § 3 a Abs. 2 VwVfG. NRW. eine durch Rechtsvorschrift angeordnete Schriftform, soweit nicht durch Rechtsvorschrift etwas anderes bestimmt ist, durch die elektronische Form **mit qualifizierter elektronischer Signatur** ersetzt werden.

Dies hat zwar zur **Folge**, dass auch die Schriftformbestimmungen des § 69 BauO NRW von § 3 a VwVfG. NRW. erfasst sind, nicht jedoch die weitergehenden speziellen Vorgaben der BauPrüfVO hinsichtlich der Bauvorlagen. Eine Anpassung der BauPrüfVO an die moderne Technik steht noch aus.

**41** Die **Schriftform** ist nicht nur für die Antragstellung selbst, sondern auch für die **Änderung des Antrages** sowie für dessen **Rücknahme** erforderlich. Die Schriftform soll die Identität des Antragstellers und die Authentizität des Bauantrags sicherstellen. Was unter dem **Begriff Schriftform** zu verstehen ist, ergibt sich aus § 126 Abs. 1 BGB; danach muss der Antrag in einem **Schriftstück als verkörperte Urkunde** festgehalten und **vom Antragsteller eigenhändig unterzeichnet** werden (BayVGH, Urteil vom 29. 6. 1990 – 2 B 88.2629, BRS 50 Nr. 157). Eine Unterschrift setzt ein aus Buchstaben einer üblichen Schrift bestehendes Gebilde voraus, das nicht lesbar zu sein braucht. Erforderlich, aber auch genügend, ist das Vorliegen eines die Identität des Unterschreibenden ausreichend kennzeichnenden individuellen Schriftzuges, der einmalig ist, entsprechende charakteristische Merkmale aufweist, sich als Wiedergabe eines Namens darstellt und die Absicht einer vollen Unterschriftsleistung erkennen lässt. Handzeichen, die allenfalls einen Buchstaben verdeutlichen, sowie Unterzeichnungen mit einer Buchstabenfolge, die erkennbar als bewusste und gewollte Namensabkürzung erscheint, stellen demgegenüber keine formgültige Unterschrift dar (BGH, Urteil vom 22. 10. 1993 – V ZR 112/92, NJW 1994, 55).

**42** Über § 69 Abs. 1 Satz 1 BauO NRW hinaus verlangt § 1 Abs. 3 BauPrüfVO aufgrund der Ermächtigung des § 85 Abs. 3 Nr. 2 BauO NRW („die erforderlichen Anträge") die **Verwendung amtlich bekannt gemachter Vordrucke**. Für die verschiedenen Antragsarten wurden diese in den **Anlagen I/1 bis I/6** zu Nr. 1.3.1 VV BauPrüfVO amtlich bekannt gemacht (zur rechtlichen Bedeutung dieser Bekanntmachung s. Rdn. 47). Die Antragsvordrucke sind wie folgt den bauaufsichtlichen Verfahren zugeordnet:

**Anlage I/1** **Bauantrag** und **Antrag auf Vorbescheid** für Vorhaben, die der Prüfung im „**normalen**" Genehmigungsverfahren unterliegen („große" Sonderbauten),

**Anlage I/2** **Bauantrag** und **Antrag auf Vorbescheid** für Vorhaben, die der Prüfung im **vereinfachten** Genehmigungsverfahren unterliegen,

**Anlage I/3** **Vorlage bei der Gemeinde** für Vorhaben, die den Vorschriften über die **Genehmigungsfreistellung** nach § 67 BauO NRW unterliegen,

**Anlage I/4** **Bauantrag** und **Antrag auf Vorbescheid** für **Werbeanlagen**, die ausnahmslos im **vereinfachten** Genehmigungsverfahren geprüft werden,

**Anlage I/5** **Antrag auf Genehmigung der Teilung** eines bebauten Grundstücks und **Antrag auf Ausstellung eines Negativzeugnisses**,

**Anlage I/6** **Antrag auf Genehmigung des Abbruchs**.

Für das mit dem Bürokratieabbaugesetz I eingeführte Anzeigeverfahren für **Nutzungsänderungen** sowie für die **Errichtung von Kleingaragen** (s. die Anmerkungen zu § 63 Rdn. 11–11 a) ist nur die Einreichung von Bauvorlagen gesetzlich vorgeschrieben. Anders als bei der Genehmigungsfreistellung ist die **Verwendung eines Vordrucks** (noch) **nicht vorgeschrieben** (s. die Anmerkungen zu § 63 Rdn. 11 b–11 c). Der Antragsteller kann jedoch die Vordrucke nach den Anlagen I/1 oder I/2 hilfsweise verwenden, wobei dann allerdings im Kopf des jeweiligen Vordrucks das Wort „**Bauantrag**" zu **streichen** und durch das Wort „**Anzeige**" zu ersetzen ist.

**43** Ergänzend ist § 23 VwVfG. NRW. zu beachten. Nach § 23 Abs. 1 VwVfG. NRW. ist die **Amtssprache deutsch** (zur deutschen Sprache im gerichtlichen Verfahren s. § 184 GVG). Das bedeutet, dass sowohl der Antrag als auch die Bauvorlagen in **Schriftdeutsch** abgefasst sein müssen; selbstverständlich sind auch die Akten der Bauaufsichtsbehörde in deutscher Sprache zu führen, der Erlass von Verwaltungsakten hat zwingend in Deutsch zu erfolgen. Dagegen kann aus § 23 VwVfG. NRW. in Verbindung mit § 69 Abs. 1 Satz 1 BauO NRW nicht geschlossen werden, es müsse sich um eine maschinenschriftliche Ausführung handeln, vielmehr genügt auch eine handschriftliche Abfassung bzw. Ausfüllung der Antragsvordrucke. Im Übrigen kann auch ein **Bescheid handschriftlich** – selbstverständlich gut lesbar – ergehen, wenn wieder einmal die Datenverarbeitungsanlage der Behörde ausfällt und z. B. die Aushändigung einer Teilbaugenehmigung zur Fortführung wichtiger Arbeiten unumgänglich ist.

Geht der **Antrag im fremdsprachiger Ausführung** ein, so ist nach § 23 Abs. 2 VwVfG. NRW. unverzüglich eine **Übersetzung** zu verlangen. Grundsätzlich ist die Bauaufsichtsbehörde zur Entgegennahme verpflichtet. **Fristen** werden jedoch nach § 23 Abs. 3 VwVfG. NRW. erst **nach Vorlage der Übersetzung** in Lauf gesetzt (zum Eingangszeitpunktes des Bauantrages in einem solchen Fall s. § 23 Abs. 4 VwVfG. NRW). 44

Nach § 69 Abs. 1 Satz 1 BauO NRW ist der **Bauantrag mit** allen für seine Bearbeitung sowie für die Beurteilung des Bauvorhabens erforderlichen Unterlagen (**Bauvorlagen**) zu versehen. Dabei handelt es sich im Wesentlichen um 45

- **zeichnerische Darstellungen** (Lageplan, Auszug aus der Liegenschaftskarte / Flurkarte und der Deutschen Grundkarte, Grundriss-, Ansichts- und Schnittzeichnungen),
- **Berechnungen** (zum Maß der baulichen Nutzung in Ergänzung des Lageplanes und zum umbauten Raum als Grundlage für die Gebührenbemessung),
- **amtlich bekannt gemachte Vordrucke** (Bau- und Betriebsbeschreibung).

Die amtlich bekannt gemachten **Antragsvordrucke** nach der Anlage zur VV BauPrüfVO sind nicht in allen Fällen auch zugleich Bauvorlage. Die Vordrucke nach **Anlage I/1** und **I/2** für den Bauantrag, nach **Anlage I/3** für die Vorlage in der Genehmigungsfreistellung und nach **Anlage I/5** für die Anträge nach § 8 BauO NRW sind **keine Bauvorlage**, sondern lediglich **Muster für die Antragsform**.

Bei den **Vordrucken** nach Anlage **I/4** für Werbeanlagen und Warenautomaten und nach **Anlage I/6** für Abbrüche handelt es sich um eine **Kombination** aus **Antrag und Baubeschreibung**. Diese Vordrucke sind daher **zugleich** auch **Bauvorlage** (s. die Anmerkungen zu § 13 Rdn. 74).

Die amtlich bekannt gemachten Vordrucke für die Bau- und Betriebsbeschreibung sind dagegen reine **Bauvorlagen** im Sinne des § 69 Abs. 1 Satz 1 BauO NRW. Hierbei handelt es sich um:

**Anlage I/7 Baubeschreibung**,

**Anlage I/8 Betriebsbeschreibung für gewerbliche Anlagen** und

**Anlage I/9 Betriebsbeschreibung für land- und forstwirtschaftliche Vorhaben**.

Ein mit dem Antragsvordruck und den Bauvorlagen in vorgeschriebener Qualität ausgestatteter Bauantrag genügt in den meisten Fällen zur bauaufsichtlichen Prüfung. Die zur Beurteilung erforderlichen Angaben wurden in die Antrags-, Bau- und Betriebsbeschreibungsvordrucke eingearbeitet. Ein **sorgfältiges Ausfüllen dieser Vordrucke** erspart Rückfragen und **erleichtert die zügige Abwicklung des Verfahrens**. Die amtlich bekannt gemachten Vordrucke tragen nicht unwesentlich dazu bei, dass eine Baugeneh- 46 migung dem **Bestimmtheitsgrundsatz** des § 37 Abs. 1 VwVfG. NRW. genügt (VGH B-W, Urteil vom 9. 2. 1993 – 5 S 1650/92, BRS 55 Nr. 193; vgl. auch Rdn. 30–35).

47 **Form und Inhalt des Bauantrages** werden wesentlich durch die **Vorgaben der BauPrüfVO** und der hierzu ergangenen **VV BauPrüfVO** bestimmt. Die **BauPrüfVO bindet** als Rechtsvorschrift auf der Grundlage der Ermächtigung in § 85 Abs. 3 BauO NRW die **Antragsteller** und die **Bauaufsichtsbehörden**. Die VV BauPrüfVO richtet sich aber zu einem Teil auch an die Verfahrensbeteiligten, da einzelne Bestimmungen die Vorgaben des § 1 Abs. 3 BauPrüfVO umsetzen, insofern entfaltet Nr. 1.31 VV BauPrüfVO in Verbindung mit den **Anlagen I/1 bis I/9 verbindliche Wirkung für den Antragsteller** (zur rechtlichen Außenwirkung von Verwaltungsvorschriften in besonderen Fällen s. BVerwG, Urteil vom 25. 11. 2004 – 5 CN 1/03, DVBl. 2005, 766 = NVwZ 2005, 602). Danach ist die Verwendung der amtlich bekannt gemachten **Vordrucke** für

- die unterschiedlichen **Anträge** und die **Vorlage in der Genehmigungsfreistellung**,
- die **Baubeschreibung** und
- die **Betriebsbeschreibung**

**verbindlich** vorgeschrieben.

48 Der Antragsteller muss die **Vordrucke** verwenden, weil sie **auf die spezifischen Besonderheiten der BauO NRW abgestimmt** sind. **Vordrucke anderer Bundesländer** sind auf die jeweiligen Besonderheiten des dortigen Bauordnungsrechts abgestimmt, vermögen also nicht auf die formellen Verfahren und materiellen Besonderheiten nach BauO NRW einzugehen, so dass deren Verwendung **ausgeschlossen** ist, weil es hierdurch zu fehlerhaften Entscheidungen kommen kann. Auch ist zu berücksichtigen, dass die Prüfung im bauaufsichtlichen Verfahren, ähnlich wie in anderen öffentlich-rechtlichen Verfahren, eine Standardisierung voraussetzt, um ein routinemäßiges Abarbeiten durch die Bauaufsichtsbehörde zu ermöglichen. Der Zwang zur Verwendung amtlich bekannt gemachter Vordrucke dient damit der zügigen Abwicklung des Baugenehmigungsverfahrens, einer wesentlichen Zielsetzung der BauO NRW. Die **Vordrucke erleichtern** daneben aber auch die **Beachtung des materiellen Baurechts**, da sie die erforderlichen Angaben abfragen und so Bauherren, Entwurfsverfasser und Fachplaner leiten.

### 2.6 Bestimmung der erforderlichen Bauvorlagen

49 Neben dem eigentlichen Bauantrag in Form des amtlich bekannt gemachten Vordrucks sind generell Bauvorlagen erforderlich, um den Antragsgegenstand festzulegen. Indirekt stellt § 69 Abs. 1 Satz 1 BauO NRW den Grundsatz auf:

**„Kein Bauantrag ohne den Antragsgegenstand hinreichend genau konkretisierende Bauvorlagen.“**

Aus Satz 1 folgt, dass der Bauantrag mit allen Unterlagen zu versehen ist, die

- **für seine Bearbeitung** und
- **für die Beurteilung des Bauvorhabens**

**erforderlich** sind. Dieser **weit gefassten Begriffsbestimmung** der Bauvorlagen lässt sich also ein Erfordernis von Bauvorlagen in doppelter Hinsicht entnehmen. Das Erfordernis von Bauvorlagen ergibt sich indirekt aus dem Zusammenhang der Sätze 1 und 3 des Absatzes 1. Es kann nur gestattet werden, dass einzelne, nicht jedoch sämtliche Bauvorlagen nachgereicht werden (ebenso Boeddinghaus/Hahn/Schulte, zu § 69 Rdn. 27). Deshalb ist ein nur mit Antragsvordruck aber ohne Bauvorlagen eingereichter Bauantrag zwar wirksam gestellt, aber unvollständig, und zwar derart, dass nur die Zurückweisung nach § 72 Abs. 1 Satz 2 BauO NRW die Folge sein kann.

**Für die Bearbeitung des Bauantrages erforderlich** sind die für eine zügige Verfahrensabwicklung und die Erteilung der Baugenehmigung benötigten Unterlagen. Dies sind die nach den verschiedenen Antragsarten aufgefächerten **allgemeinen Bauvorlagen nach der BauPrüfVO**. Daneben sind die früher in den Sonderbauverordnungen und jetzt in **§ 12 BauPrüfVO** aufgeführten **besonderen Bauvorlagen zu erbringen** (s. Rdn. 04), wie z. B. „**Bestuhlungs- und Rettungswegpläne**" nach § 12 Abs. 2 BauPrüfVO. Weiter sind nach **sonstigen** öffentlich-rechtlichen Vorschriften, die gemäß § 75 Abs. 1 Satz 1 BauO NRW zum materiell-rechtlichen Prüfprogramm im Baugenehmigungsverfahren rechnen, **spezielle Bauvorlagen** zu nennen, wie z. B. „Arbeitsablaufpläne" oder „Maschinenaufstellpläne". Die Regelungen der BauPrüfVO über allgemeine Bauvorlagen sind **nicht abschließend**, so dass selbst für ein Vorhaben, welches keiner Sonderbauverordnung unterliegt, weitere Rechtsvorschriften beachtet werden müssen. 50

Bereits mit der BauPrüfVO 1995 wurde die bislang im Gebührenrecht – versteckt – enthaltene Pflicht zur Vorlage einer **nachprüfbaren Berechnung des Brutto-Rauminhalts** nach **DIN 277 Teil 1** (Ausgabe 1987) bzw. der Angabe der veranschlagten (geschätzten) Rohbau- oder Herstellungskosten in § 1 Abs. 6 BauPrüfVO 1995 übernommen. Die entsprechende Vorschrift enthält jetzt § 6 BauPrüfVO 2000. Die Verweisung m Klammerzusatz auf die Ausgabe 1987 ist nicht statisch, sondern lediglich klarstellend zu verstehen. Die **Ausgabe Juni 1987** wurde inzwischen **durch** die **Ausgabe Februar 2005 ersetzt**. 51

Zu den für die Bearbeitung erforderlichen Unterlagen rechnen auch die **Erhebungsbögen für die Hochbaustatistik** nach dem 52

- **Hochbaustatistikgesetz – HBauStatG** vom 5. 5. 1998 (BGBl. I S. 869), z. g. d. G vom 22. 8. 2006 (BGBl. I S. 1970).

Danach sind für den Zeitpunkt der Genehmigung bestimmte Daten zu erfassen (s. Rabe/ Heintz, S. 404 f. Rdn. 340–342). Das Landesamt für Datenverarbeitung und Statistik NRW hat **Erhebungsbögen** veröffentlicht, die mit dem Bauantrag einzureichen sind.

Schließlich ist auf das **Energieeinsparungsrecht** hinzuweisen (s. die Anmerkungen zu § 18 Rdn. 3–13). Nach § 2 Abs. 1 **EnEV-UVO** hat der Bauherr für ein in den Geltungsbereich der **EnEV** fallendes Gebäude einen staatlich anerkannten Sachverständigen für Schall- und Wärmeschutz zu beauftragen, der die **Nachweise** des Jahres-Primärenergiebedarfs und die Einhaltung des sommerlichen Wärmeschutzes nach § 3 EnEV sowie des Transmissionswärmeverlustes nach § 3 oder § 4 EnEV aufstellt oder prüft, wenn er nicht beabsichtigt, eine Prüfung dieser Nachweise durch die untere Bauaufsichtsbehörde zu beantragen. Die Nachweise sind nach § 2 Abs. 1 Satz 9 EnEV-UVO für genehmigungsbedürftige Gebäude spätestens bei Baubeginn – also nicht notwendigerweise bei Bauantragstellung – der unteren Bauaufsichtsbehörde vorzulegen. Gemäß § 2 Abs. 4 EnEV-UVO hat der Bauherr die Nachweise für genehmigungsfreie Gebäude aufzubewahren und auf Verlangen der unteren Bauaufsichtsbehörde vorzulegen. Über **Ausnahmen und Befreiungen nach §§ 16 und 17 EnEV** entscheidet gemäß § 1 Abs. 1 EnEV-UVO die untere Bauaufsichtsbehörde. Sie kann gemäß § 4 Abs. 1 EnEV-UVO verlangen, dass das Vorliegen der **Ausnahmevoraussetzungen** nach § 16 EnEV durch **Sachverständigengutachten** nachgewiesen wird. 53

54 **Für die Beurteilung des Vorhabens erforderlich** sind die in der BauPrüfVO aufgeführten Bauvorlagen, und zwar mit den **inhaltlichen Anforderungen** nach den Vorgaben der §§ 1–20 BauPrüfVO. Auch dieser Katalog ist nicht **abschließend**, weitere inhaltliche Anforderungen können sich aus sonstigem öffentlichen Recht ergeben (s. Rdn. 50), ferner aus einzelnen Bestimmungen der Bauordnung selbst oder von Sonderbauverordnungen, wenn über eine **Abweichung** entschieden werden muss und die hierfür erforderlichen kompensatorischen Maßnahmen zur **Gewährleistung der bauordnungsrechtlichen Schutzziele** darzustellen sind, welche die jeweilige Vorschrift bezweckt. Hinsichtlich der Abweichungen von Bestimmungen, die dem vorbeugenden Brandschutz dienen, steht mit dem Brandschutzkonzept gemäß § 9 BauPrüfVO eine besonders geregelte Bauvorlage zur Verfügung (s. Rdn. 58–59).

55 Eine wichtige **Ergänzung** zu § 69 Abs. 1 Satz 1 BauO NRW stellt in diesem Zusammenhang § 1 Abs. 2 Satz 1 BauPrüfVO dar; danach gilt:

„**Der Inhalt der Bauvorlagen beschränkt sich auf das zur Beurteilung des jeweiligen Bauvorhabens Erforderliche.**"

Die Bestimmung bezieht sich auf den **erforderlichen Inhalt der Bauvorlagen**. Die Vorschrift des § 1 Abs. 2 Satz 1 BauPrüfVO 1984, wonach sich Umfang, Inhalt und Zahl der Bauvorlagen im Einzelfall nach dem jeweiligen Bauvorhaben richteten, ist bereits in die BauPrüfVO 1995 nicht wieder aufgenommen worden; Umfang und Zahl der Bauvorlagen ergeben sich nämlich aus § 1 Abs. 1 in Verbindung mit §§ 2–20 BauPrüfVO. Die Einschränkung des § 1 Abs. 2 Satz 1 BauPrüfVO darf nicht einseitig verstanden werden. Hierbei handelt es sich nämlich keineswegs nur

- um ein **an die Bauaufsichtsbehörde gerichtetes Verbot zum Unterlassen unnötiger Vervollständigungen**, sondern auch
- um ein **an den Entwurfsverfasser gerichtetes Gebot zur Unterlassung überflüssiger Darstellungen**.

Letzteres trägt dazu bei, widersprüchliche Antragsinhalte zu vermeiden (s. Rdn. 33), und sorgt damit für die nötige **Klarheit des Antrages**. Über § 1 Abs. 2 **Satz 1** BauPrüfVO hinaus enthalten die Vorschriften über die Ausgestaltung der Bauvorlagen **weitere Einschränkungen** unter dem Gesichtspunkt der **Erforderlichkeit**; vgl. z. B. § 3 Abs. 1 Satz 2, § 4 Abs. 4 Satz 2, § 5 Abs. 1 Satz 3 BauPrüfVO. Damit sollen nicht nur dem Antragsteller unnötige Kosten erspart, sondern vielmehr auch Beschleunigungseffekte im Verfahren erreicht werden. Bauvorlagen, die auf die wirklich benötigten Angaben reduziert sind, diese aber auch vollständig enthalten, ermöglichen den im Verfahren zu beteiligenden Behörden und Dienststellen eine zügige Entscheidung. Nicht verkannt werden darf, dass gerade die **sorgfältige Ausarbeitung übersichtlicher und vollständiger Bauvorlagen einen erheblichen Arbeitsaufwand verursacht**.

56 Ob über die durch die BauPrüfVO festgelegte inhaltliche Ausgestaltung hinaus **weitere Unterlagen** erforderlich sind, richtet sich nach dem öffentlichen Recht, nicht aber nach der Auffassung der am Bau Beteiligten oder der Bauaufsichtsbehörde. Bei der Überprüfung der Frage, **ob** ein **Bauantrag vollständig** ist, hat die Bauaufsichtsbehörde **kein Ermessen** und **keinen Beurteilungsspielraum** (OVG M-V, Beschluss vom 28. 11. 1994 – 3b M 119/94, BRS 56 Nr. 138). § 1 Abs. 2 **Satz 2** BauPrüfVO, wonach die Bauaufsichtsbehörde in zu begründenden Einzelfällen weitere Unterlagen verlangen kann, wenn sie dies zur Beurteilung des Bauvorhabens für erforderlich hält, greift ein, soweit sich ein

solches Verlangen als notwendig erweist, weil ein bestimmter Aspekt des öffentlichen Rechts ohne diese weiteren Unterlagen nicht geprüft und beurteilt werden kann. Die Vorschrift ist nicht dazu bestimmt, lediglich der Bauaufsichtsbehörde die Arbeit zu erleichtern, wenn ansonsten die vorliegenden Bauvorlagen eine – möglicherweise auch zeitaufwendige – Prüfung und Beurteilung ermöglichen (ebenso Schalk, BauPrüfVO, 4. Auflage 1997, S. 36 Rdn. 19.)

Die durch § 1 Abs. 2 **Satz 3** BauPrüfVO der Bauaufsichtsbehörde eingeräumte Möglichkeit zum **Verzicht auf Bauvorlagen** steht unter dem **Vorbehalt der Nichterforderlichkeit**. Bedeutung erlangt diese Ermächtigung, wenn der Antragsteller vor Einreichung des Antrags eine Beratung in Anspruch nimmt, um den Antragsumfang mit der Behörde abzusprechen. So kann die Bauaufsichtsbehörde z. B. auf die Unterlagen nach § 2 BauPrüfVO (Liegenschaftskarte/Flurkarte, Deutsche Grundkarte 1 : 5000) verzichten, weil sie die Zulässigkeit des Vorhabens nach § 34 BauGB zweifelsfrei anhand des Lageplans beurteilen kann und andere Behörden oder Dienststellen nicht beteiligt werden müssen. Der Verzicht kann auch im Baugenehmigungsverfahren selbst ausgesprochen werden, z. B. im Zuge der Vorprüfung nach § 72 Abs. 1 Satz 1 Nr. 1 BauO NRW. Eines besonderen Bescheides bedarf es nicht, wohl aber ist die **Entscheidung in den Akten zu vermerken**, um später eine Nachvollziehbarkeit sicherzustellen. Ein völliger Verzicht auf Bauvorlagen ist nur schwer vorstellbar, da der Antragsgegenstand genau festgelegt werden muss und eine Beschreibung dies kaum leisten kann (s. Rdn. 30–35). 57

### 2.7 Brandschutzkonzept als Bauvorlage

Die Regelungen über das Brandschutzkonzept basieren auf **Empfehlungen der unabhängigen Sachverständigenkommission** zur Prüfung von Konsequenzen aus dem Flughafenbrand Düsseldorf. Nach den Erkenntnissen der Kommission ist es bei Sonderbauten wichtig, die der Baugenehmigung zugrunde liegende Brandschutzplanung nicht nur versteckt in den einzelnen Bauvorlagen, sondern zusammenfassend in einem Brandschutzkonzept als Bauvorlage zu dokumentieren. Das Brandschutzkonzept ist für die **Überwachung der ordnungsgemäßen Bauausführung** maßgebend und begleitet das Bauwerk während seiner gesamten Lebensdauer. Es muss **bei Änderungen fortgeschrieben** werden und dient als **Grundlage für** die in regelmäßigen Abständen von der Bauaufsichtsbehörde durchzuführenden **wiederkehrenden Prüfungen**. 58

Für „**große**" Sonderbauten ist nach § 69 Abs. 1 **Satz 2** BauO NRW mit den üblichen Bauvorlagen das **Brandschutzkonzept** einzureichen, das selbst wiederum eine **Bauvorlage** ist (vgl. § 1 Abs. 1 BauPrüfVO). Der erforderliche Inhalt des Brandschutzkonzepts ergibt sich aus § 9 BauPrüfVO. Das Brandschutzkonzept ist eine **zielorientierte Gesamtbewertung** des **baulichen** und **abwehrenden Brandschutzes** (s. die Anmerkungen zu § 54 Rdn. 8–9). Nach § 1 Abs. 2 Satz 4 BauPrüfVO darf auf die Vorlage des Brandschutzkonzepts bei „großen" Sonderbauten nicht verzichtet werden. Sein **Inhalt richtet sich nach dem konkreten Vorhaben**, so dass **im Einzelfall** auch einmal **nur wenige Angaben** aus dem Katalog des § 9 BauPrüfVO **ausreichend** sein können. Sofern die Bauaufsichtsbehörde von der Ermächtigung des § 54 Abs. 2 Nr. 19 BauO NRW Gebrauch macht, ist auch für „**kleine**" Sonderbauten ein Brandschutzkonzept vorzulegen (zu „großen" und „kleinen" Sonderbauten s. die Anmerkungen zu § 54 Rdn. 52). Das Brandschutzkonzept soll nach § 58 Abs. 3 BauO NRW von einem **staatlich anerkannten Sachverständigen für die Prüfung des Brandschutzes** aufgestellt werden (s. Nr. 58.3 VV BauO NRW und die Anmerkungen zu § 58 Rdn. 33–40). 59

### 2.8 Anforderungen an Bauvorlagen

60 Die Anforderungen der BauPrüfVO an die Ausgestaltung der Bauvorlagen sind sowohl auf die **Bearbeitung des Bauantrags** als auch auf die **Beurteilung des Bauvorhabens** ausgerichtet. Es lässt sich demnach zwischen **formellen**, das heißt verfahrensbedingten und **inhaltlichen Anforderungen** differenzieren. Dass die inhaltlichen Anforderungen ihre Berechtigung haben, bedarf angesichts der Rechtsprechung zum Antragsinhalt und Antragsgegenstand keiner weiteren Vertiefung. Aber auch die formellen Anforderungen haben für die zügige Abwicklung des Verfahrens große Bedeutung, was hin und wieder bei Bauherren oder Entwurfsverfassern auf Unverständnis stößt und als unnötiger Formalismus abgetan wird.

61 Darüber hinaus weisen die **Bauvorlagen außerordentliche Bedeutung für den Inhalt der Baugenehmigung** auf, da sich der Genehmigungsgegenstand in der Regel verbal nicht hinreichend genau beschreiben lässt. Hierfür sind vor allem der Lageplan, die Bauzeichnungen sowie die Bau- und Betriebsbeschreibung maßgebend. Soll der Grundstückseigentümer zu einem späteren Zeitpunkt die Legalität der baulichen Anlage beweisen, z.B. aus Anlass der Veräußerung seines Grundbesitzes gegenüber einem Käufer, so reicht der schriftliche Teil der Baugenehmigung – der „Bauschein" – hierfür allein nicht aus. Regelmäßig wird dann Einsicht in die zugehörigen Bauvorlagen erbeten. „Bauschein" und zugehörige Bauvorlagen bilden zusammen die **öffentlich-rechtliche Urkunde** über die erteilte Baugenehmigung (s. die Anmerkungen zu § 75 Rdn. 189). Wer nach Jahrzehnten in die bei der Bauaufsichtsbehörde geführte Bauakte Einsicht nehmen will, weil er es selbst an der nötigen Sorgfalt bei der Aufbewahrung seiner Bauvorlagen hat fehlen lassen, wird spätestens dann deren rechtliche Bedeutung erkennen.

#### 2.8.1 Ausreichende Anzahl

62 Der Bauantrag ist mit den Bauvorlagen in **ausreichender Anzahl** einzureichen. Die Zahl der **vorzulegenden Antragsausfertigungen** wird durch die §§ 10–20 BauPrüfVO für die unterschiedlichen Verfahren konkretisiert. Im normalen bzw. vereinfachten Baugenehmigungsverfahren sind mindestens **drei** Ausfertigungen erforderlich. Bei dieser Festlegung ist der Verordnungsgeber von einer einfachen Verfahrensausgestaltung ohne weitere Beteiligungserfordernisse ausgegangen.

63 Nach **§ 10 Abs. 1 Satz 3 BauPrüfVO** kann die Bauaufsichtsbehörde die **Einreichung weiterer Ausfertigungen** verlangen, wenn für die Prüfung des Bauantrages die Beteiligung anderer Behörden oder Dienststellen erforderlich ist. Dieses Verlangen ist unmittelbar nach Vorprüfung des Antrages gemäß § 72 Abs. 1 BauO NRW auszusprechen, da zu diesem Zeitpunkt bereits die Beteiligungserfordernisse festliegen. Es ist aber auch möglich, zu einem späteren Zeitpunkt weitere Ausfertigungen zu verlangen; so kann sich z.B. ein Beteiligungserfordernis erst nach Vervollständigung eines Antrages herausstellen, weil die Bauaufsichtsbehörde aufgrund der unvollständigen Unterlagen die Vorprüfung nicht in umfassender Weise vornehmen konnte.

64 **Bauherr** und **Entwurfsverfasser** sollten bei der Abfassung des Bauantrags bereits selbst **prüfen**, ob neben dem engeren Baurecht sonstige **öffentlich-rechtliche Belange** berührt sind. Sie können zu diesem Zwecke die Beratungshilfe der Bauaufsichtsbehörde in Anspruch nehmen und durch Beifügung weiterer Ausfertigungen wesentlich zum zügigen Ablauf des Verfahrens beitragen.

Für die nach § 72 Abs. 3 BauO NRW vorgesehene **gleichzeitige (sternförmige) Beteiligung** sind regelmäßig vier bis fünf Ausfertigungen geboten, da die Bauaufsichtsbehörde wegen der weiteren Arbeit am Bauantrag eine Ausfertigung zurückhalten muss und nicht für das Beteiligungsverfahren freigeben kann. Die Anzahl der Antragsausfertigungen lässt sich nach der Regel „**Beteiligungserfordernisse + 1**“ ermitteln. Sind z. B. drei Dienststellen gleichzeitig zu beteiligen – was keine Seltenheit darstellt –, so benötigt die Bauaufsichtsbehörde vier Ausfertigungen. Gut beratene Antragsteller sparen bei größeren Vorhaben ohnehin nicht an Papierkosten, reichen vorsorglich immer fünf Ausfertigungen ein und erbitten mit der Baugenehmigung neben der Erstausfertigung eine Zweitausfertigung für diverse Zwecke (vgl. Rdn. 62). 65

### 2.8.2 Papierqualität und Format

Die Forderung, dass Bauvorlagen **aus dauerhaftem Papier** bestehen müssen, ist mit der BauPrüfVO 2000 entfallen, da dies eine **Selbstverständlichkeit** darstellt. Die Forderung stand mit der Aufbewahrung der Akten in den Archiven der Bauaufsichtsbehörden, aber auch mit dem eigentlichen Baugenehmigungsverfahren im Zusammenhang, das mit sich daran anschließenden Rechtsmittelverfahren Jahre in Anspruch nehmen kann. Dabei „wandert“ die Akte durch viele Hände, so dass das Papier relativ reißfest und gegen Abnutzung widerstandsfähig sein muss. Recyclingpapier mit hoher Weiße für Xerographie, Laser- und Tintenstrahldrucker und einem Gewicht von 80 g/m$^2$ genügt der Anforderung nach Dauerhaftigkeit. Für **Lichtpausen**, die das Format DIN A4 überschreiten, empfiehlt sich die Wahl einer sehr guten Papierqualität mit mindestens 100 g/m$^2$, da die Bauzeichnungen normalerweise gefaltet werden (s. hierzu DIN 824). Dünne Lichtpausen neigen aber sehr leicht zum Einreißen der Faltzonen. 66

Die Forderung nach Einhaltung des **DIN A4-Formats** entfiel bereits mit der BauPrüfVO 1984, da dieses Format in Wirtschaft und Verwaltung **allgemein üblich** ist. Es kommt nur selten vor, dass Entwurfsverfasser großformartige Zeichnungen nicht auf dieses Format falten. Bei Nichteinhaltung des DIN A4-Formats muss die Behörde das Falten der Pläne selbst übernehmen, da eine ausdrückliche Rechtsvorschrift hierzu fehlt. Ob ein entsprechendes Verlangen direkt aus § 69 Abs. 1 Satz 1 BauO NRW hergeleitet werden kann, ist zweifelhaft, da dieser Rechtssatz nur verlangt, dass die für die Bearbeitung erforderlichen Unterlagen eingereicht werden. Eine Bearbeitung ist aber auch bei größeren als DIN A4-Formaten möglich, wenn auch unter erschwerten Bedingungen. 67

### 2.8.3 Schwarzweiße und farbige Darstellung

Nach § 1 Abs. 4 BauPrüfVO 1995 mussten die Bauvorlagen für eine Schwarzweiß-Mikroverfilmung geeignet sein. Mit diesen Vorgaben wollte der Verordnungsgeber die Mikroverfilmung von Bauakten mit daran anschließender Vernichtung der Originale erleichtern, um Archivraum und Personal einsparen zu können. Von dieser Möglichkeit haben aber in NRW nur wenige Bauaufsichtsbehörden Gebrauch gemacht. Daher entschloss sich der Verordnungsgeber, die Vorschrift aufzugeben und die **farbige Darstellung** in Bauvorlagen zu erlauben. § 1 Abs. 4 BauPrüfVO 2000 enthält eine bis zum 31. 12. 2004 befristete **Übergangsregelung** für die Bauaufsichtsbehörden, die bislang schon die Schwarzweiß-Mikroverfilmung praktizierten. Die Bestimmung ist mit Ablauf des 31. 12. 2004 gegenstandslos geworden, so dass im gesamten Landesgebiet **farbige Darstellungen** seitdem **ohne Einschränkung zulässig** sind. 68

69 Es kann davon ausgegangen werden, dass das Gebot zur Eignung von Bauvorlagen hinsichtlich der Schwarzweiß-Mikroverfilmung die **Schwarzweiß-Darstellungstechnik gefördert** und damit **Farbdarstellungen zurückgedrängt** hat. Ein Zwang zur Schwarzweiß-Darstellungstechnik hat indessen nie vollständig bestanden. Zum einen hielt die BauPrüfVO 1995 diese Zielsetzung selbst nicht in reiner Form durch, da sie mit den Planzeichen Nr. 1.9, 2.1 und 2.2 der Anlage hell- bzw. dunkelgraue oder einfach graue Darstellungen verlangt und damit Farben zulässt; Grau bereitet mit seinen Abstufungen bei ungünstiger Tönung die gleichen Probleme bei der Mikroverfilmung wie andere Farben. Zum anderen ließ § 4 Abs. 5 BauPrüfVO 1995 die Verwendung von farbigen Darstellungen zu, wenn in den Bauzeichnungen nur vorgesehene Bauteile dargestellt werden; einzelne Bauzeichnungen oder Teile hiervon dürfen durch besondere Zeichnungen, Zeichen oder Farben erläutert werden.

70 **Zeichnungen zur Darstellung von Werbeanlagen** mussten gemäß § 7 Abs. 2 BauPrüfVO 1995 farbig sein, für den **Lageplan zur Eintragung von Baulasten** verlangte § 12 BauPrüfVO 1995 die **grüne Schraffur** der Fläche, die von der **Baulasteintragung** betroffen ist. All dies bereitet bei der Schwarzweiß-Mikroverfilmung Probleme oder verursacht Verwaltungsaufwand, da die Farbdarstellungen mit Kennzeichnungen versehen werden mussten, so z. B. bei Baulasten – „diese Eintragung ist im Originallageplan grün" (vgl. Schalk, BauPrüfVO, 4. Auflage 1997, S. 149 Rdn. 04) – oder bei Zeichnungen für Werbeanlagen durch Kennzeichnung mit der Nummer und Hilfsbezeichnung aus dem RAL-Farbregister gemäß § 7 Abs. 2 Satz 1 BauPrüfVO 1995.

71 Die **Anlage zur BauPrüfVO 2000** enthält neben den Zeichen für die Schwarzweiß-Darstellung auch **Farben** für die **Darstellungen im Lageplan** und den **Bauzeichnungen**. Die Zeichen und Farben dürfen kombiniert werden, wie sich aus den identischen Formulierungen des § 3 Abs. 4 und des § 4 Abs. 5 BauPrüfVO ergibt (... sind die Zeichen und/oder Farben der Anlage zu dieser Verordnung ... zu verwenden ...). Die Farben der Anlage wurden auf die **Planzeichenverordnung** 1990 – **PlanzV 90** vom 18. 12. 1990 (BGBl. I 1991, S. 58) abgestimmt, die in § 3 Abs. 4 BauPrüfVO ausdrücklich auf diese bundesrechtliche Vorschrift verweist.

### 2.8.4 Zeichen, Darstellungen, Maßstab

72 Die **Zeichen der Anlage** zur BauPrüfVO erfassen nur einen Bruchteil möglicher **Darstellungen im Lageplan** und den **Bauzeichnungen**. Die Zeichen für Bauvorlagen sind erst mit der Fortschreibung durch die Muster-BauVorlVO 1974 eingeführt worden und haben sich seitdem in allen Bundesländern bewährt, da sie insbesondere für die wichtigen Darstellungen im Lageplan Klarheit geschaffen haben.

Für die **Darstellungen im Lageplan** sind neben den Zeichen der Anlage zur BauPrüfVO die „Vorschriften für das automatisierte Zeichnen der Liegenschaftskarte in Nordrhein-Westfalen – **Zeichenvorschrift** – **ZV-Aut**" (RdErl. vom 19. 3. 2004, SMBl. NRW. 71342) von Bedeutung. Müssen im **Lageplan** die **Festsetzungen** eines **Bebauungsplanes** oder einer **städtebaulichen Satzungen** dargestellt werden, sind nach § 3 Abs. 4 BauPrüfVO die Vorgaben der **BauNVO** und der **PlanzV 90** zu verwenden. Für die Übernahme von **Darstellungen** und **Festsetzungen** der **Landschaftspläne** im Lageplan sind die Zeichen der **Anlage 1 zu § 9** der Verordnung zur Durchführung des Landschaftsgesetzes – der **DVO-LG** vom 22. 10. 1986 (GV. NRW. S. 683), z. g. d. G vom 19. 6. 2007 (GV. NRW. S. 226) maßgebend.

Mit der Neufassung der Anlage zur BauPrüfVO wurden auch die **Zeichen für vorhandene und geplante bauliche Anlagen neu gefasst**. Obwohl die Neufassung kaum auffällt, stellt sie für die Praxis eine einschneidende Änderung dar. Die Zeichen der **Nr. 1.3** bis **1.5** der Anlage zur BauPrüfVO berücksichtigen bereits den Entwurf der Vorschriften für das automatisierte Zeichnen der Liegenschaftskarte in Nordrhein-Westfalen – Zeichenvorschrift-Aut NRW – ZV-Aut, herausgegeben vom Innenminister des Landes Nordrhein-Westfalen – III C 2-7118, 1994. 73

Für **Gebäudedarstellungen** werden **im Katasterkartenwerk** Schraffuren zur Unterscheidung von Haupt- und Nebengebäuden verwendet:

Wohn-, Büro- und Geschäftsgebäude usw.

**Schrägschraffur** 

Wirtschafts- und Werksgebäude, unbewohnte Nebengebäude, Garagen usw.

**Parallelschraffur** 

Die Schrägschraffur für Wohn-, Büro- und Geschäftsgebäude ist identisch mit dem bislang für geplante bauliche Anlagen zu verwendenden Zeichen nach Nr. 1.4 der Anlage zur BauPrüfVO 1995. Es war daher erforderlich, die Zeichen für vorhandene und geplante bauliche Anlagen auf die ZV-Aut abzustimmen, um zu ermöglichen, die **Liegenschaftskarte/Flurkarte** ohne aufwendige Korrekturen als Grundlage für den Lageplan verwenden zu können. Das Problem bestand früher schon in Bayern, da dort das Kartenwerk seit Jahrzehnten entsprechende Schraffuren enthält. Daher hat der nordrhein-westfälische Verordnungsgeber die bayerische Lösung übernommen und in Umkehrung der früheren Regelung für **geplante** bauliche Anlagen bei Anwendung der Schwarzweiß-Darstellung die **Kreuzschraffur** nach **Nr. 1.5** der **Anlage zur BauPrüfVO** vorgeschrieben.

Die Neuregelung hat den Vorteil, dass der Entwurfsverfasser bzw. Fachplaner die Liegenschaftskarte/Flurkarte verwenden kann, ohne die darin enthaltenen Schraffuren ändern zu müssen. Er muss lediglich den Umriss der geplanten baulichen Anlage eintragen und mit der Kreuzschraffur versehen. Damit erleichtert die neugefasste BauPrüfVO die Erarbeitung der Bauvorlagen vor allem für die vielen kleineren Bauvorhaben, wie z. B. Anbauten oder Garagen.

**Lagepläne** sind gemäß § 3 Abs. 1 Satz 1 BauPrüfVO im **Maßstab nicht kleiner als 1 : 500 aufzustellen** (zu Vergrößerungen der Liegenschaftskarte/Flurkarte als Grundlage des Lageplanes vgl. Nr. 3.11 VV BauPrüfVO). Unter den Voraussetzungen des § 3 Abs. 3 BauPrüfVO muss der Lageplan besonderen Anforderungen entsprechen und wird dann als **amtlicher Lageplan** bezeichnet (s. Nr. 3.3 VV BauPrüfVO). Es ist verfassungsrechtlich unbedenklich, wenn der Verordnungsgeber die Anfertigung amtlicher Lagepläne ausschließlich Öffentlich bestellten Vermessungsingenieuren und behördlichen Vermessungsstellen vorbehält (BbgVerfG, Beschluss vom 30. 6. 1999 – VfGBbg 50/98, LKV 2000, 71 zur Bauvorlagen-Verordnung Bbg vom 19. 12. 1997, GVBl. II 1998, 18). Die Öffentlich bestellten Vermessungsingenieure, die neben den in § 3 Abs. 3 BauPrüfVO genannten Behörden zur Anfertigung und Beurkundung mit öffentlichem Glauben befugt sind, müssen bei der Verwendung eines schon bestehenden Planes zur Herstellung eines (neuen) Lageplanes sämtliche Darstellungen auf Aktualität überprüfen. Werden die al- 74 ten Darstellungen, z. B. die über die NN-Höhen, ungeprüft übernommen und kommt es infolge einer tatsächlich anderen Geländehöhe durch diesen Fehler zu einem Schaden, so haftet hierfür der Öffentlich bestellte Vermessungsingenieur, da das Publikum seinen Angaben, deren Richtigkeit er bescheinigt hat, vertrauen darf (KG Berlin, Urteil vom 30. 4. 1996 – 21 U 8014/95, Forum 1996, 435).

**75** Für die **Bauzeichnungen** haben die **Zeichen der Anlage** zur BauPrüfVO nur untergeordnete Bedeutung; hier geht es nur um die **Unterscheidung zwischen vorhandenen, vorgesehenen und zu beseitigenden Bauteilen**. Bei der **Darstellung des vorhandenen Baubestandes** kommt es auf die tatsächlich vorhandene Substanz an, nicht auch darauf, ob diese auch baurechtlich genehmigt worden ist (OVG NRW, Beschluss vom 2. 7. 2002 – 7 B 1058/02, BRS 65 Nr. 162). Im Übrigen gehört die Darstellungstechnik für Bauzeichnungen zum Ausbildungsinhalt der bauvorlagenberechtigten Entwurfsverfasser. Die Materie wird an den Technischen Hochschulen und Fachhochschulen den Architekten und Ingenieuren vermittelt. Auch Bauhandwerker erhalten eine entsprechende Ausbildung, da sie ja die Bauzeichnungen „lesen“ müssen. Die **Darstellungen sind genormt**, da nur so **Missverständnisse bei der Bauausführung vermieden** werden, die **gefährliche Bauzustände zur Folge** haben können. Es handelt sich daher um **allgemein anerkannte Regeln der Technik** im Sinne des § 3 Abs. 1 Satz 2 BauO NRW, die auch ohne bauaufsichtliche Einführung zu beachten sind. Hier sind hervorzuheben:

– DIN 1356 Planzeichen und

– DIN 4172 Maßordnung im Hochbau.

Weitere Planzeichen und Sinnbilder enthalten u. a. die Normen DIN 1986 hinsichtlich der Entwässerungs- und Trinkwasseranlagen.

Für die **Bauzeichnungen** schreibt § 4 Abs. 1 BauPrüfVO den **Maßstab 1 : 100** vor. Eine Sonderregelung besteht nur für die Zeichnungen zur Darstellung von Werbeanlagen. Nach § 14 Abs. 2 BauPrüfVO ist ein **Maßstab nicht kleiner als 1 : 50** zu verwenden (s. die Anmerkungen zu § 13 Rdn. 75).

Für die **Darstellungen in den bautechnischen Nachweisen**, insbesondere in den **Konstruktionszeichnungen**, sind die die Standsicherheit von Bauwerken betreffenden bauaufsichtlich eingeführten technischen Baubestimmungen maßgebend. Abweichungen hiervon können fatale Folgen haben. Aus diesem Grunde konnte auf eine bauaufsichtliche Einführung nicht verzichtet werden.

### 2.9 Nachreichen einzelner Bauvorlagen

**76** Nach **§ 69 Abs. 1 Satz 3 BauO NRW** kann die Bauaufsichtsbehörde das **Nachreichen einzelner Bauvorlagen** gestatten. Dieses Nachreichen ist zu unterscheiden vom **Verlangen weiterer Unterlagen** und vom **Verzicht auf Bauvorlagen** (s. Rdn. 58–59). Die Möglichkeit des Nachreichens hängt von der **Entscheidung der Bauaufsichtsbehörde** ab und steht nicht im Belieben des Antragstellers. Die Bauaufsichtsbehörde kann das Nachreichen nur gestatten, wenn die vorgelegten Antragsunterlagen ausreichen, um das Prüfverfahren ohne Zeitverzögerung einleiten zu können; ihre Entscheidung ist an der **Zielsetzung des § 72 BauO NRW** auszurichten.

**77** Nachgereicht werden können zum einen nur **einzelne** Bauvorlagen, die die Bauaufsichtsbehörde nach der Vorprüfungs- und Beteiligungsphase erst für die **Phase der Haupt- und Schlussprüfung** des Bauantrages benötigt. Dabei handelt es sich um Bauvorlagen, die die allgemeinen Bauvorlagen ergänzen, um einzelnen Aspekten des zu prüfenden öffentlichen Rechts Rechnung zu tragen, wie z. B. eine zeichnerische Darstellung der Nichtvollgeschossigkeit des Dachraumes (s. die Anmerkungen zu § 2 Rdn. 207 und 208).

Ein Begehren zur **Nachreichung wesentlicher Bauvorlagen** für die Vorprüfungsphase, z. B. des Lageplanes ist **nicht statthaft**. Dies wird aber leider häufig mit der Bemerkung erbeten, dass der Lageplan noch beim Öffentlich bestellten Vermessungsingenieur in der Bearbeitung sei und sich deshalb die Bauaufsichtsbehörde vorerst mit einem Auszug aus der Liegenschaftskarte/Flurkarte (vgl. § 2 BauPrüfVO) begnügen möge. Andererseits kann unter dem Gesichtspunkt der **Verhältnismäßigkeit** ein **Nachreichen aufwendiger Bauvorlagen**, wie z. B. des Standsicherheitsnachweises oder anderer bautechnischer Nachweise, gestattet werden, wenn die grundsätzliche Zulässigkeit des Vorhabens noch von weiteren Prüfschritten abhängt (vgl. die Fallgestaltungen in Nr. 69.11 VV BauO NRW. **78**

Bezüglich der **Konstruktionszeichnungen, Bewehrungs- und Schalungspläne als Bestandteil des Standsicherheitsnachweises** beschreibt Nr. 75.13 VV BauO NRW eine Lösungsmöglichkeit, die nur bedingt das Nachreichen im Sinne des § 69 Abs. 1 Satz 2 BauO NRW betrifft, vielmehr im Zusammenhang mit der Auslegung des § 75 Abs. 1 Satz 1 BauO NRW gesehen werden muss. Steht die Zulässigkeit eines Vorhabens nach allen zu prüfenden Aspekten des öffentlichen Rechts fest, also auch unter dem Gesichtspunkt der Standsicherheit, kann die Bauaufsichtsbehörde durch **Nebenbestimmung im Bauschein** sichern, dass **komplizierte Details der Ausführung**, die einer Überwachung bedürfen, durch **besondere Zeichnungen** nachgewiesen werden. Die Zulässigkeit derartiger **Nebenbestimmungen** ist **nicht beschränkt auf Standsicherheitsfragen**. Die Bauaufsichtsbehörde kann sich z. B. zur Überprüfung der Einhaltung detaillierter Bebauungsplanvorgaben nach § 9 Abs. 1 Nr. 25 BauGB **Bepflanzungspläne** vorlegen lassen. Sie kann **Detailzeichnungen** der Bauausführung verlangen, um sicherzustellen, dass einzelne **Vorgaben einer örtlichen Bauvorschrift** nicht missachtet werden. Schließt die Baugenehmigung die denkmalrechtlichen Aspekte gemäß § 9 DSchG ein, so kann sich die Bauaufsichtsbehörde durch Detailzeichnungen nachweisen lassen, dass die Ausführung auch in den Einzelheiten den **denkmalrechtlichen Anforderungen** genügt. **79**

Eine „**zweigeteilte**" **Baugenehmigung**, wie sie §§ 58, 59 LBO B-W oder § 70 SächsBO kennen, ist dem nordrhein-westfälischen Recht fremd. Die baden-württembergischen bzw. sächsischen Vorschriften sehen vor, dass in einer **ersten Stufe** die Baugenehmigung erteilt wird, wenn zuvor die Übereinstimmung des Vorhabens mit dem öffentlichen Recht anhand der vorgelegten Bauvorlagen – ohne die bautechnischen Nachweise – festgestellt werden kann, und ermöglichen in der **zweiten Stufe**, die Vorlage weiterer Unterlagen zur Bedingung oder Auflage zu machen. Nach Erfüllung der Nebenbestimmung wird der „**Baufreigabeschein**" erteilt. Erst dieser Baufreigabeschein lässt den **Baubeginn** zu (s. Schlotterbeck/von Arnim/Hager, zu § 59 Rdn. 2–7). **80**

Der nordrhein-westfälische Gesetzgeber verfolgt einen anderen Weg, indem er Prüfeinschränkungen zur Entlastung der Bauaufsichtsbehörden vorsieht und die Beachtung des materiellen Baurechts in die Verantwortung des Bauherrn und seiner Erfüllungsgehilfen gibt. Dabei werden – wie im vereinfachten Genehmigungsverfahren nach § 68 Abs. 1 Satz 4 BauO NRW – Vorschriften nur noch eingeschränkt geprüft und besonders sicherheitsrelevante oder überwachungsbedürftige Aspekte über **Nachweise** in die **81**

Hand von staatlich anerkannten Sachverständigen gelegt. Diese Nachweise sind dann **keine Bauvorlagen** als Bestandteil eines Bauantrages im Sinne von § 69 Abs. 1 BauO NRW, sondern dienen allein der Aufrechterhaltung eines bestimmten Anforderungs- oder Sicherheitsniveaus ohne präventive Prüfung. Insoweit handelt es sich hierbei nicht um ein Nachreichen von Bauvorlagen, sondern um die Vorlage von Nachweisen.

82 Im normalen Baugenehmigungsverfahren besteht **keine Möglichkeit, die Vorlagepflicht erforderlicher Bauvorlagen in eine Nachweispflicht umzuwandeln**. Kann der Bauherr notwendige Bauvorlagen dem Bauantrag nicht beifügen und ist die Gestattung des Nachreichens nach § 69 Abs. 1 Satz 3 BauO NRW unzulässig, so handelt es sich um einen unvollständigen Bauantrag. Die Bauaufsichtsbehörde hat einen solchen Bauantrag nach § 72 Abs. 1 BauO NRW zu behandeln und gegebenenfalls zurückzuweisen. Nach § 11 Abs. 2 BauPrüfVO brauchen dem Bauantrag die bautechnischen Nachweise der Standsicherheit und des Schallschutzes nicht beigefügt zu werden, wenn der Bauherr sich **verpflichtet**, diese Nachweise zusammen mit entsprechenden **Bescheinigungen nach § 72 Abs. 6 BauO NRW** vor Erteilung der Baugenehmigung einzureichen. Der **Antragsvordruck** (Anlage I/1 zur VV BauPrüfVO) enthält eine entsprechend **vorbereitete Erklärung**. Wählt der Antragsteller diese Möglichkeit aus, muss er eine **Vorschusszahlung** auf die Baugenehmigungsgebühr einkalkulieren; legt er die Nachweise und Bescheinigungen nicht innerhalb von **drei Monaten** vor, droht eine gebührenpflichtige **Ablehnung** des Antrags (s. Nr. 11.21 VV BauPrüfVO).

83 Da ein solches Vorgehen bei den Betroffenen auf wenig Gegenliebe stößt, beschreibt **Nr. 69.11 VV BauO NRW** eine **Handlungsvariante**, die nur bei großzügiger Auslegung des Verfahrensrechts noch als gesetzeskonform bezeichnet werden kann. Die Vorgehensweise der Bauaufsicht soll darin bestehen, dass sie die unvollständigen Unterlagen als Vorbescheidsantrag „umdeutet". Eine solche **Umdeutung** setzt eine eindeutige Willenserklärung des Antragstellers voraus, da nur dieser den Antragsinhalt bestimmen kann (s. Rdn. 4–8). Nr. 69.11 VV BauO NRW muss daher so zu verstehen, dass die Bauaufsichtsbehörde den Antragsteller gemäß § 25 VwVfG. NRW. berät, seinen Bauantrag in einen Vorbescheidsantrag umzuwandeln, weil sie erkennt, dass entweder versehentlich oder aus Unkenntnis der gegebenen Rechtslage der Antrag unrichtig gestellt wurde. Erklärt sich daraufhin der Antragsteller **schriftlich mit der Bearbeitung als Voranfrage einverstanden**, sind alle Zweifel am Willen des Antragstellers beseitigt.

### 3 Zu Absatz 2 – Unterschriften, Zustimmung des Eigentümers

84 Auf die nach **Satz 1** erforderlichen **Unterschriften des Bauherrn und des Entwurfsverfassers** auf dem Bauantrag sowie des Entwurfsverfassers auf allen Bauvorlagen kann nicht verzichtet werden (zu den Anforderungen an die Unterschrift im Rechtsverkehr s. Rdn. 41). Gleiches gilt gemäß **Satz 2** für die Unterschriften der **Fachplaner** nach § 58 Abs. 2 BauO NRW auf von diesen bearbeiteten Unterlagen; die **Unterschrift der Fachplaner** ist **zusätzlich** zu der des Entwurfsverfassers erforderlich.

85 Bereits mit der BauO NW 1984 entfiel die Forderung, dass der Bauherr außer dem Bauantrag auch die Bauvorlagen unterschreiben muss (so noch § 83 Abs. 4 BauO NW 1970). Hiermit wäre dem Bauherrn weiterhin etwas abverlangt worden, was er mangels Fachkenntnissen meist nicht beurteilen kann. Die **Forderung der Unterschriften** dient der **Schaffung klarer Rechtsverhältnisse** und ist im Hinblick auf die **Verantwortlichkeiten** nach den §§ 56 ff. BauO NRW notwendig.

Die **Nachholung fehlender Unterschriften** ist deshalb stets zu verlangen. Entsprechend der Zielsetzung des § 72 Abs. 1 BauO NRW ist die Nachholung der Unterschriften **unmittelbar nach Antragseingang** geltend zu machen. **86**

Die Forderung nach § 83 BauO NW 1970, die Unterschrift mit **Tagesangabe** zu versehen, entfiel ebenfalls bereits mit der BauO NW 1984. Da die Bauvorlagen mit den Eintragungen des Prüfungsergebnisses durch die Bauaufsichtsbehörde (in grün) Bestandteil der Baugenehmigung werden, häufiger aber noch sog. Nachtragsunterlagen einer besonderen Genehmigung bedürfen, ist die **Klarstellung der Zusammengehörigkeit** der einzelnen Unterlagen durch die Tagesangabe aber weiterhin wichtig (zur Behandlung der bei der Bauaufsichtsbehörde eingehenden Unterlagen durch Stempel mit Tagesangabe vgl. Nr. 69.11 VV BauO NRW). **87**

Die Bauaufsichtsbehörde ist, von Sonderfällen abgesehen (vgl. PrOVG, Urteil vom 24. 3. 1902 – IV. C. 149/00, PrOVGE 41, 372), nicht verpflichtet zu prüfen, **ob der Antragsteller privatrechtlich berechtigt ist**, den Bau herzustellen, insbesondere ob ihm das Grundstück, auf dem der Bau errichtet werden soll, gehört oder für einen Umbau die Genehmigung des Hauseigentümers vorliegt. Die Baugenehmigung wird gemäß § 75 Abs. 3 Satz 1 BauO NRW **unbeschadet privater Rechte Dritter** erteilt. Die Bauaufsichtsbehörde hat das Vorhaben als solches dahin gehend zu prüfen, ob Hinderungsgründe im öffentlichen Recht gegen seine Durchführung bestehen. **88**

Das Verlangen nach Absatz 2 **Satz 3** zur **Einforderung der Zustimmung des Grundstückseigentümers** steht im **pflichtgemäßen Ermessen** der Bauaufsichtsbehörde (OVG Schl-H, Urteil vom 27. 6. 1995 – 1 L 89/94, BRS 57 Nr. 199). Die Vorschrift ist **nicht nachbarschützend** (BayVGH, Urteil vom 12. 5. 1986 – Nr. 14 B 85 A. 588, BRS 46 Nr. 156). Der Grundstückseigentümer hat gegenüber der Bauaufsichtsbehörde keinen Anspruch darauf, dass diese seine Zustimmung auch tatsächlich verlangt (Hamb. OVG, Urteil vom 15. 10. 1981 – Bf II 73/80, BRS 38 Nr. 176), insoweit verletzt die Bauaufsichtsbehörde auch keine ihr dem Eigentümer gegenüber obliegende Amtspflicht (BGH, Urteil vom 11. 11. 1982 – III ZR 68/81, BRS 39 Nr. 159). Von der Ermächtigung wird die Bauaufsichtsbehörde nur dann Gebrauch machen, wenn **begründete Zweifel** bestehen, dass der Antragsteller überhaupt ein berechtigtes Interesse an der ordnungsgemäßen Erledigung seines Bauantrages haben kann, oder wenn sie Grund hat anzunehmen, dass ohne Kenntnis und gegen den Willen des Grundstückseigentümers gebaut werden soll (VGH B-W, Urteil vom 23. 11. 1990 – 8 S 2244/90, BRS 50 Nr. 161 zur Antragstellung durch einen Miteigentümer, obwohl der andere Miteigentümer nicht mit dem Vorhaben einverstanden war). Ein **Sachbescheidungsinteresse fehlt**, wenn die **Baugenehmigung wegen rechtlicher oder tatsächlicher Hindernisse nicht ausnutzbar** ist (OVG NRW, Urteil vom 25. 9. 1996 – 11 A 3535/94, BRS 58 Nr. 132). **89**

Es ist der Bauaufsichtsbehörde nicht verwehrt, Vorsorge dafür zu treffen, dass der Grundstückseigentümer in seinem Besitz nicht durch eine widerrechtliche, durch eine öffentlichrechtliche Genehmigung ermöglichte Maßnahme gestört wird. Eine **Genehmigung kann versagt werden**, wenn sie **wegen bestehender privatrechtlicher Hindernisse** nutzlos, also nicht ausnutzbar wäre (BVerwG, Urteil vom 23. 3. 1973 – IV C 49.71, BRS 27 Nr. 130). Sie muss jedoch erteilt werden, wenn der Bauherr, der nicht Grundstückseigentümer ist, sein **Sachbescheidungsinteresse nachweist** und öffentlich-rechtliche Vorschriften nicht entgegenstehen (OVG NRW, Urteil vom 10. 3. 1982 – 11 A 783/81, BRS 39 Nr. 158 zum Antrag auf Anbringung einer Leuchtreklame des Teileigentümers eines Sportartikelgeschäfts im Erdgeschoss eines Wohn- und Geschäftshauses). **90**

### 4 Zu Absatz 3 – Personenmehrheit als Bauherren

91 Absatz 3 trägt einem in der Praxis häufiger auftretenden Bedürfnis der Bauaufsichtsbehörde Rechnung. Treten **mehrere natürliche oder juristische Personen** zusammen **als Bauherren** auf, so ist gegenüber der Bauaufsichtsbehörde **ein Vertreter** zu bestellen, dem die **Pflichten des Bauherrn** im Sinne der §§ 56 und 57 BauO NRW obliegen (wegen der Bedeutung dieser verfahrensrechtlichen Bestimmung im Verhältnis zu den §§ 11, 13 und 18 VwVfG. NRW. s. Stelkens, Neue allgemeine Verfahrensregeln durch die Landesbauordnung Nordrhein-Westfalen?, BauR 1986, S. 390 ff.). Dem Vertreter können wirksam Verwaltungsakte bekannt gegeben und zugestellt werden, da es gerade Sinn der Bestimmung ist, bei einer Mehrheit von Bauherren gegenüber nur einem baurechtliche Verpflichtungen zu begründen (anders noch Stelkens, a. a. O.).

92 Die praktische Bedeutung der Vorschrift war bislang gering, da die Bauaufsichtsbehörde von der „Kann-Bestimmung" des § 63 Abs. 4 BauO NW 1984 erst durch Erlass eines Verwaltungsaktes Gebrauch machen musste. Die Vorschrift ist jetzt **zwingend** und stellt die Verantwortlichkeit des Bauherrn heraus. Die Bauaufsichtsbehörde hat bei Antragseingang im Rahmen der Vorprüfung nach § 72 Abs. 1 BauO NRW die Erfüllung des § 69 Abs. 4 BauPrüfVO zu prüfen und die Nachholung einer unterlassenen Bestellung des Vertreters zu verlangen (vgl. auch vorausgehende Rdn. 86). Insbesondere ist bei aus mehreren Personen gebildeten **Bauherrengemeinschaften** auf die gesetzliche Verpflichtung zur Bestellung des Vertreters zu achten (vgl. OVG NRW, Urteil vom 5. 8. 1996 – 9 A 5293/93, BRS 58 Nr. 134 = NVwZ-RR 1998, 71 und OVG Bbg, Beschluss vom 2. 12. 1997 – 1 S 32/97, NVwZ 1998, 656 zur Gebührenzahlungspflicht der einzelnen beteiligten Personen und Hess. VGH, Beschluss vom 23. 1. 1997 – 4 TG 4829/96, BauR 1998, 1222 = BRS 59 Nr. 159 zur Beteiligungsfähigkeit im Streit um die Wirksamkeit einer ihr erteilten Baugenehmigung).

## § 70
## Bauvorlageberechtigung

**(1) [1]Bauvorlagen für die Errichtung und Änderung von Gebäuden müssen von einer Entwurfsverfasserin oder einem Entwurfsverfasser, welche oder welcher bauvorlageberechtigt ist, durch Unterschrift anerkannt sein (§ 69 Abs. 2 Satz 1). [2]§ 58 Abs. 1 bleibt unberührt.**

**(2) Absatz 1 gilt nicht für Bauvorlagen für**

**1. Garagen und überdachte Stellplätze bis zu 100 m² Nutzfläche sowie überdachte Fahrradabstellplätze,**

**2. Behelfsbauten und untergeordnete Gebäude (§ 53).**

**(3) [1]Bauvorlageberechtigt ist, wer**

**1. die Berufsbezeichnung „Architektin" oder „Architekt" führen darf,**

**2. als Angehörige oder Angehöriger der Fachrichtung Bauingenieurwesen Mitglied einer Ingenieurkammer ist und mindestens zwei Jahre in der Planung und Überwachung der Ausführung von Gebäuden praktisch tätig war,**

**3. aufgrund des Baukammerngesetzes die Berufsbezeichnung „Innenarchitektin" oder „Innenarchitekt" führen darf, durch eine ergänzende Hochschulprüfung seine Befähigung nachgewiesen hat, Gebäude gestaltend zu planen und mindestens zwei Jahre in der Planung und Überwachung der Ausführung von Gebäuden praktisch tätig war,**

**4. aufgrund des Baukammerngesetzes die Berufsbezeichnung „Innenarchitektin" oder „Innenarchitekt" führen darf, für die mit der Berufsaufgabe der Innenarchitektinnen und Innenarchitekten verbundene bauliche Änderung von Gebäuden,**

**5. aufgrund des Ingenieurgesetzes als Angehörige oder Angehöriger der Fachrichtung Architektur (Studiengang Innenarchitektur) die Berufsbezeichnung „Ingenieurin" oder „Ingenieur" führen darf, während eines Zeitraums von zwei Jahren vor dem 1. Januar 1990 wiederholt Bauvorlagen für die Errichtung oder Änderung von Gebäuden als Entwurfsverfasserin oder Entwurfsverfasser durch Unterschrift anerkannt hat und Mitglied der Architektenkammer oder der Ingenieurkammer-Bau ist,**

**6. die Befähigung zum höheren oder gehobenen bautechnischen Verwaltungsdienst besitzt, für ihre oder seine dienstliche Tätigkeit.**

**[2]Die in Satz 1 Nr. 2 geforderte Mitgliedschaft in einer Ingenieurkammer wird nicht von auswärtigen Ingenieurinnen oder Ingenieuren der Fachrichtung Bauingenieurwesen verlangt; dies gilt für Personen, die in der Bundesrepublik Deutschland ihre Hauptwohnung, ihre Niederlassung oder ihre überwiegende berufliche Beschäftigung haben, nur, solange in dem betreffenden Land eine Ingenieurkammer nicht besteht. [3]Die Bauvorlageberechtigung nach Absatz 3 Satz 1 Nr. 2 wird durch eine Bescheinigung der Ingenieurkammer-Bau Nordrhein-Westfalen nachgewiesen.**

**(4) [1]Juristische Personen des öffentlichen Rechts und Unternehmen dürfen Bauvorlagen als Entwurfsverfasser unterschreiben, wenn sie diese unter der Leitung einer bauvorlageberechtigten Person nach Absatz 3, die der juristischen Person oder dem**

**Unternehmen angehören muss, aufstellen. [2]Die bauvorlageberechtigte Person hat die Bauvorlagen durch Unterschrift anzuerkennen.**

***VV BauO NRW*** *(infolge Befristung mit Ablauf des 31.12.2005 ausgelaufen)*

***70 Bauvorlageberechtigung (§ 70)***

*70.1 Zu Absatz 1*

*70.11 Das Erfordernis der Bauvorlageberechtigung besteht nur für Entwurfsverfasserinnen oder Entwurfsverfasser von Bauvorlagen für die Errichtung und Änderung von Gebäuden – ausgenommen die in Absatz 2 genannten Gebäude –, also nicht für andere bauliche Anlagen sowie sonstige Anlagen und Einrichtungen innerhalb und außerhalb von Gebäuden. Es besteht auch nicht bei Bauvorlagen für die Nutzungsänderung oder den Abbruch von Gebäuden. Die Frage der Bauvorlageberechtigung stellt sich ferner nicht, wenn die Bauaufsichtsbehörde bei der Errichtung „technisch einfacher" Gebäude oder bei der „technisch einfachen" Änderung von Gebäuden darauf verzichtet, dass die Bauherrin oder der Bauherr eine Entwurfsverfasserin oder einen Entwurfsverfasser beauftragt (§ 57 Abs. 2). Auf Nr. 57 wird verwiesen.*

*70.12 Sind die Bauvorlagen nicht von einer Entwurfsverfasserin oder einem Entwurfsverfasser, welche oder welcher bauvorlageberechtigt ist, durch Unterschrift anerkannt, so liegt ein erheblicher Mangel vor (§ 72 Abs. 1 Satz 2). Die Bauaufsichtsbehörde hat den Bauantrag zurückzuweisen.*

*70.3 Zu Absatz 3*

*70.31 Uneingeschränkte Bauvorlageberechtigung für Architektinnen und Architekten (Nr. 1)*

*Der Nachweis der Berechtigung, die Berufsbezeichnung „Architektin" oder „Architekt" (§ 1 Abs. 1 BauKaG NRW) zu führen, wird durch eine von einer Architektenkammer ausgestellte Bescheinigung oder durch Vorlage des Mitgliedsausweises einer Architektenkammer erbracht.*

*70.32 Uneingeschränkte Bauvorlageberechtigung für Ingenieurinnen und Ingenieure der Fachrichtung Bauingenieurwesen (Nr. 2)*

*Es sind die folgenden Nachweise zu erbringen:*

1. *Vorlage des Mitgliedsausweises einer Ingenieurkammer oder einer von einer Ingenieurkammer ausgestellten Bescheinigung über die Mitgliedschaft;*
2. *Vorlage eines Hochschuldiploms, aus dem sich die Fachrichtung „Bauingenieurwesen" ergibt. Die Fachrichtung „Ingenieurbau" der früheren Staatlichen Ingenieurschulen entspricht der heutigen Fachrichtung „Bauingenieurwesen". Auch Ingenieurinnen oder Ingenieure im Sinne des § 3 IngG, die einen Studienabschluss nicht haben, können entsprechend ihrer Berufspraxis bei Inkrafttreten des IngG einer Fachrichtung angehören und bauvorlageberechtigt sein;*
3. *Vorlage von*

*– mindestens drei eigenen Entwürfen oder*

*– einer Bescheinigung der Arbeitgeberin oder des Arbeitgebers,*

*aus denen Art, Ziel und Umfang der praktischen Tätigkeit in der Planung von mindestens drei Gebäuden in der Weise eindeutig hervorgehen muss, dass eine Tätigkeit im Sinne von Grundleistungen der Leistungsphasen 1 bis 5 des § 15*

*Abs. 2 HOAI (Grundlagenermittlung Vorplanung, Entwurfsplanung, Genehmigungsplanung, Ausführungsplanung) nachgewiesen wird;*

*4. Vorlage von Bescheinigungen von Auftraggeberinnen bzw. Auftraggebern oder Arbeitgeberinnen bzw. Arbeitgebern, aus denen die Wahrnehmung der Objektüberwachung im Sinne der Grundleistung des Leistungsbildes Nr. 8 des § 15 Abs. 2 HOAI für mindestens drei eindeutig bestimmte Gebäude hervorgehen muss.*

*70.33 Uneingeschränkte Bauvorlageberechtigung für Innenarchitektinnen und Innenarchitekten (Nr. 3)*

*70.331 Der Nachweis der Bauvorlageberechtigung nach Nr. 3 wird geführt durch Vorlage:*
- *einer von einer Architektenkammer ausgestellten Bescheinigung oder des Mitgliedsausweises einer Architektenkammer und*
- *eines Zeugnisses über die ergänzende Hochschulprüfung über die Befähigung, Gebäude gestaltend zu planen.*

*70.332 Der Nachweis einer zweijährigen praktischen Tätigkeit in der Planung von Gebäuden kann geführt werden durch Vorlage*
- *eigener Entwürfe oder*
- *einer Bescheinigung der Arbeitgeberin oder des Arbeitgebers,*

*aus denen Art, Ziel und Umfang der praktischen Tätigkeit eindeutig hervorgehen muss.*

*Der Nachweis einer zweijährigen praktischen Tätigkeit bei der Überwachung der Ausführung von Gebäuden wird erbracht durch Vorlage von mindestens drei Bescheinigungen von Auftraggeberinnen bzw. Auftraggebern oder Arbeitgeberinnen oder Arbeitgebern, aus denen die Wahrnehmung einer Bauleitertätigkeit für eindeutig bestimmte Gebäude hervorgehen muss.*

*70.34 Eingeschränkte Bauvorlageberechtigung für Innenarchitektinnen oder Innenarchitekten (Nr. 4)*

*70.341 Den Nachweis ihrer Bauvorlageberechtigung führen Innenarchitektinnen oder Innenarchitekten (§ 1 Abs. 2 BauKaG NRW) gemäß Nr. 70.331, 1. Spiegelstrich.*

*70.342 Im Zusammenhang mit der Berufsaufgabe der Innenarchitektin und des Innenarchitekten (§ 1 Abs. 2 BauKaG NRW) umfasst die „bauliche Änderung von Gebäuden" die Umgestaltung von Innenräumen einschließlich der Änderung des konstruktiven Gefüges des Gebäudes. Die eingeschränkte Bauvorlageberechtigung umfasst auch Änderungen an Außenwänden und Dach des Gebäudes, wenn sie in unmittelbarem Zusammenhang mit einer Änderung von Innenräumen stehen und dieser untergeordnet sind. Dies ist z. B. dann der Fall, wenn*
- *Dachform und Dachneigung bei Um- und Ausbau des Dachgeschosses geändert werden, nicht jedoch dann, wenn das Dach um ein Geschoss aufgestockt werden soll;*
- *am Gebäude Bauteile oder Vorkehrungen angebracht werden sollen, damit Nutzungseinheiten erschlossen oder barrierefrei erreicht werden können, wie z. B. Treppen, Rampen oder Aufzüge, Letztere jedoch nur, wenn sie nicht über mehr als zwei Geschosse führen;*
- *untergeordnete Bauteile wie Erker, Balkone und vergleichbare Vorbauten sowie Dachgauben angebracht werden.*

70.35 *Besitzstandswahrung (Nr. 5)*

70.351 *Absatz 3 Nr. 5 erfasst alle Ingenieurinnen und Ingenieure der Fachrichtung Architektur (Studiengang Innenarchitektur), die nach § 83 a Abs. 3 Nr. 1 Buchstabe b der Landesbauordnung in der Fassung der Bekanntmachung vom 27. Januar 1970 (GV. NW. S. 96), zuletzt geändert durch Gesetz vom 18. Mai 1982 (GV. NW. S. 248), bauvorlageberechtigt waren. Sie bleiben uneingeschränkt bauvorlageberechtigt, wenn sie in der Zeit vom 1. 1. 1988 bis zum 31. 12. 1989 wiederholt Bauvorlagen für die Errichtung oder Änderung von Gebäuden als Entwurfsverfasserin oder Entwurfsverfasser durch Unterschrift anerkannt haben.*

*Das wiederholte Anerkennen von Bauvorlagen muss nach dieser Vorschrift während des Zeitraumes vom 1. 1. 1988 bis 31. 12. 1989 stattgefunden haben. Dies bedeutet jedoch nicht, dass Bauvorlagen während dieses Zeitraumes kontinuierlich eingereicht worden sein müssen. Es kommt vielmehr darauf an, dass Bauvorlagen nicht nur gelegentlich gefertigt wurden, sondern dass das Anerkennen von Bauvorlagen durch Unterschrift einen Schwerpunkt in der Berufsausübung der Entwurfsverfasserin oder des Entwurfsverfassers vor dem 1. 1. 1990 gebildet hat. Es genügt nicht, wenn die formalen Voraussetzungen für die Bauvorlageberechtigung nach der BauO NRW 1970 vorliegen, von dieser Berechtigung aber kein Gebrauch gemacht wurde.*

70.352 *Besitzstandswahrung für Handwerksmeister*

*Eine beschränkte Bauvorlageberechtigung für freistehende Wohngebäude mit nicht mehr als zwei Wohnungen („Einfamilienhaus einschließlich einer Einliegerwohnung") besteht aufgrund der Übergangsvorschriften in Artikel II Abs. 3 des Zweiten Gesetzes zur Änderung der Landesbauordnung vom 15. Juli 1976 (GV. NW. S. 264). Diese Vorschrift lautet:*

*„Wer als Meister des Maurer-, Beton- oder Stahlbetonbauerhandwerks oder des Zimmererhandwerks während der vergangenen fünf Jahre vor Inkrafttreten dieses Gesetzes regelmäßig Bauvorlagen für freistehende Einfamilienhäuser einschließlich einer Einliegerwohnung als Entwurfsverfasser durch Unterschrift anerkannt hat (§ 83 Abs. 4 Satz 1 BauO NRW), gilt für diese Gebäude auch weiterhin als bauvorlageberechtigt."*

*Das Gesetz ist am 1. 1. 1977 in Kraft getreten.*

70.37 *Nachweis der Bauvorlageberechtigung*

70.371 *Über das Vorliegen der Bauvorlageberechtigung nach Nr. 70.32 und Nr. 70.35 stellt die Ingenieurkammer-Bau NRW nach dem Muster der Anlage 1 zu Nr. 70.371, über das Vorliegen der Bauvorlageberechtigung nach den Nrn. 70.33 und 70.35 die Architektenkammer NRW eine Bescheinigung nach dem Muster der Anlage 2 zu Nr. 70.371 aus. Über das Vorliegen der Bauvorlageberechtigung nach Nr. 70.36 stellt die Bauaufsichtsbehörde eine Bescheinigung nach dem Muster der Anlage 3 zu Nr. 70.371 aus. Bescheinigungen von Bauaufsichtsbehörden über die Bauvorlageberechtigung nach den Nrn. 70.32, 70.33 und 70.35 bleiben gültig.*

70.372 *Die Bescheinigung ist auch zu erteilen, wenn die Antragstellerin oder der Antragsteller nachweist, dass sie oder er zu einem Zeitpunkt zwischen dem 1. 1. 1990 und dem 31. 12. 1995 nach § 65 Abs. 3 Nr. 2, 4 oder 5 BauO NRW 1984 bauvorlageberechtigt war und im Übrigen die Voraussetzungen von Nr. 70.32 Ziffer 1 erfüllt.*

***Anlage 1 zu Nr. 70.371 VV BauO NRW***

**Ingenieurkammer-Bau** **Muster**
Nordrhein-Westfalen

(Ort, Datum)

**Bescheinigung**

Frau / Herrn

(Vorname, Name, Anschrift)

Mitgliedsnummer IK Bau NRW

wird nach Feststellung der in Nr. 70.32/70.35*) VV BauO NRW genannten Voraussetzungen bescheinigt, dass sie/er*) bauvorlageberechtigt ist als Ingenieurin/Ingenieur*) der Fachrichtung Bauingenieurwesen nach § 70 Abs. 3 Satz 1 Nr. 2 BauO NRW/§ 70 Abs. 3 Satz 1 Nr. 5 BauO NRW*).

(Unterschrift)

***Anlage 2 zu Nr. 70.371 VV BauO NRW***

**Architektenkammer** **Muster**
Nordrhein-Westfalen

(Ort, Datum)

**Bescheinigung**

Frau /
Herrn

(Vorname, Name, Anschrift)

Mitgliedsnummer AK NRW

wird nach Feststellung der in Nr. 70.33/70.35*) VV BauO NRW genannten Voraussetzungen bescheinigt, dass sie/er*) bauvorlageberechtigt ist als Innenarchitektin/Innenarchitekt*) nach § 70 Abs. 3 Satz 1 Nr. 3 BauO NRW/§ 70 Abs. 3 Satz 1 Nr. 5 BauO NRW*).

(Unterschrift)

*) Unzutreffendes streichen

***Anlage 3 zu Nr. 70.371 VV BauO NRW***

**Untere Bauaufsichtsbehörde** ______________________ **Muster**
(Aktenzeichen / Bauscheinnummer) (Ort, Datum)

**Bescheinigung**

Für das
Bauvorhaben ______________________
(Art, z.B. Wohnhaus)

in ______________________
(Ort, Straße)

hat Frau/Herr ______________________
(Vorname, Name, Anschrift)

die Bauvorlagen als Entwurfsverfasserin/Entwurfsverfasser*) durch Unterschrift anerkannt.

Im Baugenehmigungsverfahren für dieses Bauvorhaben ist ihre / seine* Bauvorlageberechtigung geprüft und festgestellt worden. Sie / Er* ist als Meister des Maurer-, Beton- oder Stahlbetonbauerhandwerks oder des Zimmererhandwerks nach Artikel II, Abs. 3 des Zweiten Gesetzes zur Änderung der Landesbauordnung vom 15. Juli 1976 (GV. NRW. S. 264) bauvorlageberechtigt.

**Hinweis:**

Diese Bescheinigung dient ausschließlich der Erleichterung des Nachweises der Bauvorlageberechtigung. Bestehen Zweifel, ob die Entwurfsverfasserin oder der Entwurfsverfasser die Bauvorlageberechtigung besitzt oder noch besitzt, können die Bauaufsichtsbehörden entsprechend Nr. 70.3 VV BauO NRW die Bauvorlageberechtigung erneut prüfen.

______________________
(Unterschrift)

*) Unzutreffendes streichen

**Anmerkungen** (Autor: Heintz)

**Übersicht** Rdn.


| | | |
|---|---|---|
| 0 | Änderungen gegenüber der BauO NW 1984 und der BauO NW 1995 | 01–06 |
| 1 | Allgemeines | 1– 9 |
| 2 | Zu Absatz 1 – Erforderlichkeit der Bauvorlageberechtigung | 10–16 |
| 3 | Zu Absatz 2 – Ausnahmen vom Erfordernis der Bauvorlageberechtigung | 17–19 |
| 4 | Zu Absatz 3 – Bauvorlageberechtigung | |
| 4.1 | Uneingeschränkt bauvorlageberechtigte Architekten (Nr. 1) | 20–21 |
| 4.2 | Uneingeschränkt bauvorlageberechtigte Bauingenieure (Nr. 2) | 22–27 |
| 4.3 | Uneingeschränkt bauvorlageberechtigte Innenarchitekten (Nr. 3) | 28–29 |
| 4.4 | Eingeschränkt bauvorlageberechtigte Innenarchitekten (Nr. 4) | 30–31 |
| 4.5 | Besitzstand für Innenarchitekten (Nr. 5) | 32–33 |
| 4.6 | Befähigung zum bautechnischen Verwaltungsdienst (Nr. 6) | 34–35 |
| 4.7 | Prüfung und Nachweis der Bauvorlageberechtigung | 36–39 |
| 5 | Zu Absatz 4 – Juristische Personen öffentlichen Rechts und Unternehmen | 40–41 |


## 0 Änderungen gegenüber der BauO NW 1984 und der BauO NW 1995

**§ 70 BauO NW 1995** hat § 65 BauO NW 1984 mit redaktionellen Anpassungen bezüglich **gleichstellungsgerechter Formulierungen** und Verweisungen auf die geänderte Paragraphenfolge im Wesentlichen übernommen. 01

In **Absatz 2 Nr. 1** wurden in Anpassung an den Katalog der dem vereinfachten Genehmigungsverfahren unterliegenden Vorhaben nach § 68 Abs. 1 Nr. 5 und 6 BauO NW 1995 **überdachte Stellplätze** und **überdachte Fahrradabstellplätze** aufgenommen. Dieser Rechtsänderung kommt allerdings nur klarstellende Funktion zu, da überdachte Stellplätze (Carports) ohnehin nach § 2 Abs. 3 Satz 2 GarVO offene Garagen sind (s. die Anmerkungen zu § 2 Rdn. 88 und 240) und überdachte Fahrradabstellplätze als untergeordnete Gebäude bereits der Nr. 2 unterfallen. 02

**Absatz 3** erfuhr nach lebhaften Auseinandersetzungen schon im Vorfeld, aber auch noch während der Gesetzesberatungen insbesondere um die **uneingeschränkte Bauvorlageberechtigung der Bauingenieure** wesentliche Änderungen. Die Begründung (LT-Drucks. 11/7153 S. 189–191) führt zu den Argumenten aus: 03

*„Zu Absatz 3*

*Nr. 1 inhaltlich unverändert.*

*Nr. 2 ersetzt die bisherige Nr. 4 des § 65 Abs. 3 BauO NW 1984, wonach Ingenieure der Fachrichtung Bauingenieurwesen nur eingeschränkt, nämlich für Gebäude des Ingenieurbaus, bauvorlageberechtigt sind. Durch die neue Regelung in Nr. 2 sollen die Bauingenieure wie Architekten (Nr. 1) die uneingeschränkte Bauvorlageberechtigung, nämlich die für alle Gebäudearten, erhalten (1), wenn sie Mitglied einer Ingenieurkammer sind (2) und mindestens 2 Jahre in der Planung und Überwachung der Ausführung von Gebäuden praktisch tätig waren (3).*

*1) Das Bundesverfassungsgericht (s. vor allem E 28, 364, 375 f.) hat gesetzliche Anforderungen an die Bauvorlageberechtigung als zulässige Regelungen der Berufsausübung angesehen, die gerechtfertigt sind, wenn für sie vernünftige Erwägungen des Gemein-*

*wohls sprechen. Es bedürfe hinreichend ausgebildeter Fachleute für das Erstellen von Bauvorlagen, um Gefahren für die öffentliche Sicherheit und Ordnung auszuschließen. Dies sei vor allem deshalb erforderlich, weil die Bauaufsichtsbehörden, deren Personal nicht beliebig vermehrt werden könne, darauf angewiesen seien, dass Bauvorlagen von hinreichend qualifizierten Fachleuten sorgfältig erarbeitet werden. Bauvorlageberechtigte Personen müssen deshalb die für die Erstellung von Bauvorlagen erforderlichen Kenntnisse des öffentlichen Baurechts, der Bautechnik und der Baugestaltung einschließlich der städtebaulichen Einbindung von Gebäuden haben.*

*2) Die Ausübung der Bauvorlageberechtigung der Bauingenieure ist grundsätzlich abhängig von der Mitgliedschaft in einer Ingenieurkammer. Damit gelten für Bauingenieure dieselben Voraussetzungen wie für Architekten, die in der Regel diese Berufsbezeichnung nur führen dürfen, wenn sie Mitglied in einer Architektenkammer sind.*

*Das Bundesverfassungsgericht hat es in der zitierten Entscheidung für zulässig erachtet, die Bauvorlageberechtigung von einer Eintragung in die Architektenliste und damit gleichzeitig von der Mitgliedschaft in einer Architektenkammer abhängig zu machen. Hieran knüpft die vorgesehene Verpflichtung der Bauingenieure zur Mitgliedschaft in einer Ingenieurkammer an.*

*Die Kammermitglieder haben die festgelegten Berufspflichten zu beachten, die unter anderem neben der Pflicht, bei ihrer Tätigkeit fremde Rechtsgüter nicht zu verletzen, auch die Verpflichtung enthalten, sich beruflich fortzubilden und sich über die für die Berufsausübung geltenden Bestimmungen zu unterrichten. Die Einhaltung dieser Berufspflichten, die in nicht geringem Umfange im Interesse der öffentlichen Sicherheit aufgestellt wurden, wird durch die Ingenieurkammer überwacht. Vergleichbare Regelungen bestehen auch in den anderen Ländern, die bereits über entsprechende Kammern verfügen. Die Einhaltung der Berufspflichten könnte in vergleichbarer Weise durch die Bauaufsichtsbehörden nicht überwacht werden. Die Verpflichtung zur Mitgliedschaft in einer Ingenieurkammer trägt daher zu einem effektiven Schutz der öffentlichen Sicherheit im Bauwesen bei. Darüber hinaus gleicht sie die Situation der bauvorlageberechtigten Bauingenieure der der Architekten an.*

*Der neu eingefügte Absatz 3 Satz 2 berücksichtigt, dass es außerhalb der Bundesrepublik Deutschland häufig keine Ingenieurkammer gibt, die Anforderungen der Nummer 2 und der Nummer 4 daher von Ingenieuren, die im Ausland ihre Hauptwohnung, ihre Niederlassung und ihre überwiegende berufliche Beschäftigung haben, nicht erfüllt werden können. Dasselbe gilt auch für Ingenieure, die in einem der Länder der Bundesrepublik wohnen und tätig sind, in denen es eine Ingenieurkammer derzeit noch nicht gibt.*

*3) Letztlich ist die Ausübung der uneingeschränkten Bauvorlageberechtigung der Bauingenieure an die Voraussetzung geknüpft, dass diese Ingenieure zuvor 2 Jahre lang in der Planung und Überwachung der Ausführung von Gebäuden praktisch tätig gewesen sein müssen. Die im Gesetzentwurf enthaltene Regelung stellt zudem sicher, dass die Bauingenieure nicht unmittelbar nach Studienabschluss bauvorlageberechtigt sind, wenn sie weder aufgrund der Berufsausbildung noch aufgrund ihrer praktischen Tätigkeit insbesondere zur Planung von Gebäuden befähigt sind. Die Beschreibung der Berufspraxis ist erforderlich, um zu gewährleisten, dass erforderliche Kenntnisse, die nicht Bestandteile der Ausbildung waren, nachträglich vermittelt wurden.*

*Das Ingenieurdiplom der Fachrichtung Bauingenieurwesen wird erworben nach einem im wesentlichen einheitlichen Grundstudium, der ganz unterschiedliche Vertieferrichtungen, z. B. „konstruktiver Ingenieurbau“, „Baubetrieb“, „Verkehrsbau“ und „Siedlungswasserwirtschaft“, folgen.*

*Die praktische Tätigkeit in der Planung und Überwachung der Ausführung von Gebäuden muss sich mindestens auf folgende Grundleistungen des Leistungsbildes „Objektplanung für Gebäude“ nach § 15 HOAI erstreckt haben: Grundlagenermittlung, Vorplanung, (Projekt- und Planungsvorbereitung), Entwurfsplanung (System- und Interpretationsplanung), Genehmigungsplanung, Ausführungsplanung und Objektüberwachung (Bauüberwachung).*

*Nr. 3 entspricht einer Regelung des bisherigen § 65 Abs. 3 Nr. 2 BauO NW 1984.*

*Innenarchitektinnen und Innenarchitekten sind zwar zunächst nur für die mit ihrer Berufsaufgabe verbundene bauliche Änderung von Gebäuden bauvorlageberechtigt. Die bisher in Absatz 3 Nr. 2 geregelte Möglichkeit, über das Ablegen einer ergänzenden Hochschulprüfung die uneingeschränkte Bauvorlageberechtigung zu erreichen, bleibt jedoch für sie erhalten.*

*Nr. 4 entspricht inhaltlich dem bisherigen § 65 Abs. 3 Nr. 3 BauO NW 1984.*

*Nr. 5*

*Die Bestimmung stellt sicher, dass die bereits im bisherigen § 65 Abs. 3 Nr. 5 BauO NW 1984 enthaltene Besitzstandsregelung für Ingenieure der Fachrichtung Architektur (Studiengang Innenarchitektur) weiter gilt. Dies ist im Hinblick auf Art. 14 GG erforderlich. Die bisherige Besitzstandsregelung für die Ausübung der uneingeschränkten Bauvorlageberechtigung der Ingenieure der Fachrichtung Bauingenieurwesen ist entfallen, weil sie bei zumutbarer Mitgliedschaft in einer Ingenieurkammer bereits nach Nr. 2 uneingeschränkt bauvorlageberechtigt sind.*

*Nr. 6 entspricht dem bisherigen § 65 Abs. 3 Nr. 6 BauO NW 1984.“*

**Absatz 4** erfuhr eine Klarstellung, die sich aufgrund der Praxis mit dem bisherigen § 65 **04**
Abs. 4 BauO NW 1984 als notwendig erwies: Die bauvorlageberechtigte Person, die von der juristischen Person des öffentlichen Rechts oder dem Unternehmen eingeschaltet wird, muss dem Unternehmen angehören; sie darf nicht selbständig oder bei einem anderen Arbeitgeber tätig sein.

Die **Absätze 5** und **6** des § 65 BauO NW 1984 sind mit der BauO NW 1995 **entfallen**, da **05**
die Notwendigkeit einer **Berufshaftpflichtversicherung** nicht mehr im Rahmen des Bauordnungsrechts geregelt ist. Abgesehen davon, dass eine nur auf die Bauvorlageberechtigung bezogene Berufshaftpflichtversicherung nicht praxisgerecht ist, weil das gesamte Tätigkeitsspektrum eines Architekten bzw. Bauingenieurs bis hin zur Bauleitung von der üblichen Haftpflichtversicherung sowieso erfasst ist, hatte sich die bisherige Regelung auch – so die Begründung (LT-Drucks. 11/7153 S. 191–192) – nicht bewährt:

*„Zwar sah das Gesetz vor, dass das Bestehen des Versicherungsschutzes von der Architektenkammer überwacht wurde, gleichwohl musste in jedem Baugenehmigungsverfahren ein Versicherungsnachweis vorgelegt und zumindest, wenn diesbezügliche Zweifel bestanden, von der Bauaufsichtsbehörde geprüft werden. Dennoch traten immer wieder Fälle auf, in denen trotz vorgelegten Versicherungsnachweises der Versicherungsschutz nicht mehr bestand. Außerdem wurde die Vorschrift ohnehin einer großen Anzahl von Fällen nicht*

*gerecht, da baugewerblich tätige Unternehmer, die gleichzeitig Bauvorlagen durch Unterschrift anerkennen, aus versicherungsrechtlichen Gründen nicht versicherungsfähig sind.*

*Das Baukammerngesetz enthält in seinen §§ 15 und 35 für die Mitglieder der Architektenkammer und der Ingenieurkammer-Bau sowie für auswärtige Architekten, Stadtplaner und Beratende Ingenieure die Berufspflicht, sich (bei eigenverantwortlicher und unabhängiger Tätigkeit) ausreichend gegen Haftpflichtansprüche zu versichern. Auf diese Weise wird die Versicherungspflicht für die ganz überwiegende Zahl der Bauvorlageberechtigten beibehalten. Das Bestehen des Versicherungsschutzes wird im Baugenehmigungsverfahren nicht geprüft; ein Verstoß gegen die Versicherungspflicht würde jedoch von den Berufsgerichten geahndet werden können.*

*Den Bauherrinnen und Bauherren ist es im Übrigen zuzumuten, sich im eigenen Interesse zu vergewissern, dass die von ihnen beauftragten Personen für den Schadensfall ausreichend haftpflichtversichert sind.*"

Nach den Vorschriften des BauKaG NRW sind Architekten und Bauingenieure im Falle freiberuflicher Tätigkeit verpflichtet, sich ausreichend gegen Haftpflichtansprüche zu versichern.

**06** Die **BauO NRW 2000** hat § 70 BauO NW 1995 unverändert übernommen, jedoch Absatz 3 **Satz 3 angefügt**, wonach die Ingenieurkammer-Bau Nordrhein-Westfalen die Bauvorlageberechtigung nach Absatz 3 Satz 1 Nr. 2 prüft und bescheinigt. Hierdurch wird für die Bauingenieure der Nachweis der Bauvorlageberechtigung erleichtert und vereinheitlicht; ebenso werden die Bauaufsichtsbehörden vom Ausstellen der deklaratorischen Bescheinigung entlastet (s. LT-Drucks. 12/3738 S. 91 zu Art. I Nr. 45 – § 70).

## 1 Allgemeines

**1** Die Vorschrift über die Bauvorlageberechtigung, auch als „**Planvorlagemonopol**" bezeichnet (vgl. Hoppe/Bönker/Grotefels, S. 525 f. Rdn. 33), wurde erst durch das „Zweite Gesetz zur Änderung der Landesbauordnung" vom 15. 7. 1976 (GV. NRW. S. 264) in die BauO NW 1970 aufgenommen. Davor bestanden in Nordrhein-Westfalen, wie in den meisten anderen Bundesländern, keine Vorschriften über die Bauvorlageberechtigung. Die Länder haben die Regelungen zur Bauvorlageberechtigung weitgehend dem **Vorbild des § 64 MBO 1981** nachgebildet, wenn auch **zwischen den Landesbauordnungen** einige nicht unwesentliche **Unterschiede** festzustellen sind, so eine gerade unter dem Gesichtspunkt der Gefahrenabwehr nicht unbedenkliche – weil nicht auf kleine Vorhaben beschränkte – Privilegierung von Meistern des Maurer-, Beton-, Stahlbetonbauer- und Zimmerer-Handwerks oder von staatlich geprüften Technikern der Fachrichtung Bautechnik (vgl. z. B. § 58 Abs. 5 NBauO und die Kritik von Große-Suchsdorf/Lindorf/Schmaltz/Wiechert, zu § 58 Rdn. 36).

**2** Trotz der gegebenen Unterschiede ist vom Grundsatz her festzustellen, dass Personen mit einem Architekten- oder Bauingenieurdiplom, die nach den Rechtsvorschriften eines Bundeslandes bauvorlageberechtigt sind, auch in den anderen Bundesländern tätig werden können. Die **gegenseitige Anerkennung der Bauvorlageberechtigung** ist **für Architekten und Bauingenieure von größter Bedeutung**, da es traditionell zu deren Aufgaben gehört, Bauvorlagen zur Einholung der Baugenehmigung zu erstellen und das Baugenehmigungsverfahren als Sachwalter des Bauherrn zu begleiten.

Die Regelungen der 16 Bauordnungen wären allerdings insgesamt entbehrlich gewesen, wenn der Bund von der ihm zustehenden Gesetzgebungskompetenz nach Artikel 74 Nr. 11 GG (Recht der Wirtschaft) Gebrauch gemacht und das Architekten- und Ingenieurrecht **als Berufsrecht** insgesamt bundeseinheitlich geregelt hätte, wie er dies für die ganz überwiegende Zahl der Berufe getan hat. Nur weil der Bund dies unterlassen hat, ist überhaupt eine Gesetzgebungskompetenz des Landes gegeben (so BVerfG, Beschluss vom 27. 5. 1970 – 2 BvR 117/65, BRS 23 Nr. 137). Das **Planvorlagemonopol** ist nicht als Berufs**zugangs**beschränkung, sonder als Berufs**ausübungs**beschränkung anzusehen, die hinreichend begründet sein muss (BVerfG, Beschluss vom 28. 11. 1984 – 1 BvL 13/81, BVerfGE 68, 272 = DÖV 1985, 530 = NJW 1985, 964). **3**

Das **Bauordnungsrecht** regelt keine Berufe, sondern stellt nur **Anforderungen an Bauvorlagen und Entwurfsverfasser**. Der Begriff Entwurfsverfasser (s. die Anmerkungen zu § 58 Rdn. 1 und 2) ist als neutraler Begriff bewusst gewählt worden, da es einen Beruf des Entwurfsverfassers nicht gibt. Daher kann grundsätzlich jede Person, die über die in § 58 Abs. 1 Satz 1 geforderte **Sachkunde** und **Erfahrung** verfügt, einen Entwurf ausarbeiten (s. die Anmerkungen zu § 58 Rdn. 1 und 11). Diese **4**

– **materielle** Qualifikationsanforderung des § 58 Abs. 1 Satz 1 BauO NRW

wird ergänzt durch die

– **formelle** Qualifikationsanforderung des § 70 BauO NRW.

Die Beweggründe für die Einführung einer zusätzlichen Qualifikationsanforderung sind der Begründung zu § 83 a BauO NW 1970 (LT-Drucks. 8/769, S. 25 ff.) zu entnehmen: **5**

*„§ 83 a regelt die eigentliche Bauvorlageberechtigung.*

*Bestrebungen, ein Bauvorlagerecht zu schaffen, reichen bis in die Zeit der 50er Jahre und z. T. noch weiter zurück. Sie wurden vor allem von der Architektenschaft getragen. Lediglich das Saarland und das Land Baden-Württemberg haben seinerzeit eine – sachlich und persönlich beschränkte – Bauvorlageregelung in ihre Bauordnungen aufgenommen. Ansonsten blieben die Bemühungen der Architektenschaft ohne Erfolg. Außer auf allgemeine rechtspolitische Bedenken stießen sie vor allem auch auf Einwände verfassungsrechtlicher Art: So bestanden Zweifel, ob eine Bauvorlageregelung mit den Grundrechten aus Artikeln 2 Abs. 1, 3 Abs. 1, 12, 19 Abs. 1 des Grundgesetzes in Einklang stünde. Diese Bedenken hat das Bundesverfassungsgericht mit seinem Beschluss vom 27. 05. 1970 – 2 BvR 117/65 – (BVerfGE 28, 364 = BauR 1970, 155 = NJW 1970, 1591), mit dem es die Bestimmung des § 90 Abs. 5 der Landesbauordnung für Baden-Württemberg für verfassungsgemäß erklärt hat, ausgeräumt. Aus den Entscheidungsgründen geht hervor, dass dieses Gericht eine recht weitgehende Bauvorlageregelung verfassungsrechtlich für zulässig hält. Dies ergibt sich insbesondere aus seinen folgenden Überlegungen:*

*a) Unter Missachtung von Regeln der Baukunst, baupolizeilicher Vorschriften oder statischer Berechnungsrundsätze errichtete bauliche Anlagen bilden eine Gefahr für die öffentliche Sicherheit, der die Baugenehmigungsbehörden zwar entgegenzuwirken verpflichtet sind; im Hinblick auf den großen Arbeitsanfall kann aber nicht jeder Antrag bis ins Detail geprüft werden, zumal Personalvermehrung nicht beliebig möglich ist. Daher besteht ein hervorragendes Interesse daran, dass brauchbare und sachgerecht ausgearbeitete Bauvorlagen eingereicht werden.*

*b) Wegen der umfangreichen öffentlichen Mittel, die vor allem im Wohnungsbau zum Einsatz kommen, besteht ein erhebliches Gemeinschaftsinteresse, dass solche Mittel nur für technisch einwandfreie und rationell geplante bauliche Anlagen verwandt werden; hier spielt auch die Wirtschaftlichkeit eine große Rolle, zumal diese nicht Gegenstand des Baugenehmigungsverfahrens ist.*

*c) Für freifinanzierte Bauten gilt das zu b) Ausgeführte sinngemäß. Auch der mit eigenen Mitteln bauende Bauherr muss vor Fehlplanungen und unrationellen Bauvorhaben geschützt werden. Über private Interessen hinaus gebieten dies allgemeine volkswirtschaftliche Belange.*

*d) Das bauordnungsrechtlich niedergelegte Gebot einer einwandfreien Baugestaltung wird häufig durch nicht entsprechend vorgebildete Planverfasser verletzt. Auch um die Einhaltung dieser Gestaltungsvorschriften zu fördern, ist eine Bauvorlageregelung gerechtfertigt. Das Bauvorlagerecht dient nach Auffassung des Bundesverfassungsgerichts demnach sowohl der Aufrechterhaltung der öffentlichen Sicherheit und Ordnung als auch dem Schutz des Bauherrn.*

*Das Gericht hat weiter darauf hingewiesen, dass eine Bauvorlageberechtigung nicht in völlig unbeschränktem Umfang verfassungsrechtlich für zulässig angesehen werden kann; sie findet ihre Grenze vielmehr im Übermaßverbot. Es dürfen also keine Beschränkungen vorgenommen werden, die außer Verhältnis zu dem angestrebten Zweck stehen.*

*Der vorgelegte Entwurf geht von diesen gesamten Erwägungen des Bundesverfassungsgerichts aus. Er enthält demgemäß Vorschläge zur Ausgestaltung der Regelung im einzelnen. Bei der Prüfung, welche Regelungen im einzelnen in Betracht kommen, bieten sich folgende Möglichkeiten:*

*1. Zunächst wäre denkbar, dass die gesamte Bauvorlageberechtigung ohne Anknüpfung an die bereits vorhandenen berufsständischen Regelungen im Bereich des Architekten- und Ingenieurberufsrechts vorgenommen wird. Eine solche Lösung käme dem mit der Bauvorlageregelung verfolgten Zweck am nächsten. Es wäre nämlich dann ohne Rücksicht auf bereits bestehende berufliche Regelungen vor Erteilung der Bauvorlageberechtigung eine materielle Prüfung der Qualifikation der Bewerber vorzunehmen. Diese Überlegungen sind jedoch nicht weiterverfolgt worden, weil ihre Einführung nur mit einem erheblichen Verwaltungsaufwand möglich wäre. Es müsste dann nämlich ein eigenständiges neues Prüfsystem innerhalb der staatlichen Verwaltung eingerichtet werden.*

*2. Demgegenüber bietet sich als zweite Lösungsmöglichkeit an, die Erteilung der Bauvorlageberechtigung allein an die berufsrechtlichen Regelungen in der Weise anzuknüpfen, dass jeder, der zur Führung der Berufsbezeichnung „Architekt“ oder „Ingenieur“ berechtigt ist, die Befähigung zum höheren oder gehobenen bautechnischen Verwaltungsdienst oder die Befähigung zu einem Hochschullehramt bestimmter Fachrichtungen besitzt, zugleich als bauvorlageberechtigt gilt, d.h. Bauvorlagen als Entwurfsverfasser anerkennen darf.*

*Die automatische Anknüpfung an die Befugnis zur Führung der Berufsbezeichnung und an die gesamten Dienst- und Lehrbefähigungen erlaubt auf einfachste Art, den Kreis der Bauvorlageberechtigten abzugrenzen, ohne dass es eines Anerkennungsverfahrens bedarf.*

*Der Entwurf geht den zweiten Weg, an die bereits bestehenden berufsrechtlichen Vorschriften, die zur Führung einer geschützten Berufsbezeichnung berechtigen, und an die gleichfalls gesetzlich geregelten Dienst- und Lehrbefähigungen anzuknüpfen. Aus dem Gesichtspunkt der Gefahrenabwehr, vor allem aus Gründen der Standsicherheit der zu entwerfenden Gebäude, bleibt der berechtigte Personenkreis hierbei auf bestimmte, einschlägig ausgebildete Gruppen beschränkt.*

*Hinsichtlich der sachlichen Begrenzung muss eine Bauvorlageregelung ihre natürliche Grenze im Übermaßverbot finden. Diese Grenze ist auch vom Bundesverfassungsgericht aufgezeigt worden.*

*Im Übrigen geht der Entwurf – auch in Auswertung der Gründe des Beschlusses des Bundesverfassungsgerichts – davon aus, dass eine Bauvorlageregelung Teil des Bauordnungsrechts ist, und zwar des Rechts des Baugenehmigungsverfahrens.*"

Im Zuge der Beratungen zur BauO NW 1984 und zur BauO NW 1995 wurden die **Zielvorstellungen** der bisherigen Vorschriften über die Bauvorlageberechtigung bewusst **erweitert**. Unter dem Aspekt einer verfassungsrechtlichen Absicherung waren damals die in der Amtlichen Begründung unter a) bis d) genannten Punkte, insbesondere auch aus Gründen einer wirksamen Gefahrenabwehr, herausgehoben worden. Als gesetzgeberisches Ziel tritt auch deutlich der Gedanke in den Vordergrund, Aufgaben staatlicher Bauaufsicht zugunsten einer **verstärkten Verantwortlichkeit der am Bau Beteiligten** abzubauen (s. Bericht zur 2. Lesung der BauO NW 1984, LT-Drucks. 9/3341, S. 86 und 100) und die **Bauaufsichtsbehörden** so weit wie möglich **zu entlasten** (vgl. die Begründung zur BauO NW 1995, LT-Drucks. 11/7153 S. 137 ff.). 6

Neben § 70 BauO NW 1995 = 2000 entfalten die durch **§ 83 a Abs. 3 BauO NW 1970** und **§ 65 Abs. 3 BauO NW 1984** geschaffenen Regelungen insoweit **auch künftig Bedeutung**, als nach diesen Vorschriften des Vorgängerrechts als bauvorlageberechtigte Entwurfsverfasser anerkannte Personen ihre Bauvorlageberechtigung weiter behalten. Die von einer Person **nach dem Vorgängerrecht erworbene Bauvorlageberechtigung** ist also mit dem Inkrafttreten der BauO NRW 2000 **nicht erloschen** (s. Rdn. 39). 7

Ebenso zu beachten bleibt weiterhin die in **Artikel II Absatz 3 des Zweiten Gesetzes zur Änderung der Landesbauordnung vom 15. 7. 1976** getroffenen **Besitzstandsregelung** für diejenigen Personen, die „als Meister des Maurer-, Beton- oder Stahlbetonbauerhandwerks oder des Zimmererhandwerks während der vergangenen fünf Jahre vor Inkrafttreten dieses Gesetzes regelmäßig Bauvorlagen für freistehende Einfamilienhäuser einschließlich einer Einliegerwohnung als Entwurfsverfasser durch Unterschrift anerkannt" haben, für diese Gebäude. Hierbei handelt es sich nur um eine eingeschränkte Bauvorlageberechtigung, die während der vergangenen fünf Jahre vor Inkrafttreten des Änderungsgesetzes am 1. 1. 1977, also in der Zeit vom 1. 1. 1972 bis 31. 12. 1976, bestanden haben muss. Der Begriff **„regelmäßig"** ist erfüllt, wenn das Fertigen von Bauvorlagen für Gebäude und ihre Anerkennung durch Unterschrift zu den wesentlichen beruflichen Tätigkeiten des Entwurfsverfassers gezählt haben und nicht nur gelegentlich ausgeübt wurden. Das **Handwerkerprivileg** hat inzwischen **durch Zeitablauf** seine **ursprüngliche Bedeutung verloren**, da es nur noch wenige Personen gibt, die eine Bauvorlageberechtigung auf diese Regelung stützen können. Die Übergangsregelung berücksichtigt den Beschluss des BVerfG vom 28. 11. 1984 (a. a. O. Rdn. 3), das zu § 91 Abs. 4 HBO i. d. F. d. B. vom 16. 12. 1977 festgestellt hat, dass die Regelung zwar mit Art. 12 Abs. 1 GG vereinbar sei, soweit darin die Bauvorlageberechtigung für die in 8 jener Vorschrift genannten einfacheren Bauvorhaben mindestens vom Ablegen einer Handwerkerprüfung oder von einer gleichgestellten Qualifikation abhängig gemacht werde; dieses Grundrecht werde jedoch dadurch verletzt, dass der Gesetzgeber es unterlassen habe, eine Übergangsregelung zugunsten derjenigen zu treffen, die das Anfertigen derartiger Bauvorlagen bereits vor Inkrafttreten der Vorschrift geschäftsmäßig betrieben hätten.

**9** Die mit § 70 BauO NRW geschaffene Regelung über die Bauvorlageberechtigung will – unter Beachtung des verfassungsrechtlich gebotenen Besitzstands – erreichen, dass nur Personen mit ausreichender Vorbildung und Erfahrung im bauaufsichtlichen Verfahren tätig werden. Hierdurch stellt der Gesetzgeber bereits im Vorfeld des bauaufsichtlichen Verfahrens sicher, dass die wesentlichen Vorschriften des öffentlichen Baurechts, die der **Abwehr von Gefahren** für die öffentliche Sicherheit und insbesondere auch der **Abwehr von Verunstaltungen** dienen, genügend Beachtung finden. Diese Gesichtspunkte rechtfertigen es, dass nicht bauvorlageberechtigte Entwurfsverfasser von der Planvorlage ausgeschlossen sind (VGH B-W, Urteil vom 19.3.1980 – III S 42/80, BRS 36 Nr. 162). Darüber hinaus soll erreicht werden, dass nicht unzureichende oder mangelhafte Bauvorlagen den zügigen **Ablauf des bauaufsichtlichen Verfahrens** belasten.

## 2 Zu Absatz 1 – Erforderlichkeit der Bauvorlageberechtigung

**10** **Absatz 1** stellt den **Grundsatz** auf, dass die Bauvorlagen für die **Errichtung** und **Änderung** von **Gebäuden** von einem bauvorlageberechtigten Entwurfsverfasser durch Unterschrift **anerkannt** sein müssen. Aus **Absatz 2** ergeben sich **Einschränkungen dieses Grundsatzes** für bestimmte wenig gefahrenträchtige Gebäude, bei denen der Gesetzgeber eine über die materielle Qualifikationsanforderung hinausgehende zusätzliche formelle Qualifikationsanforderung nicht für geboten erachtete.

**11** Das Erfordernis der **Bauvorlageberechtigung** besteht **nur für Gebäude** (zu diesem Begriff s. die Anmerkungen zu § 2 Rdn. 104 ff.) und nicht schlechthin für bauliche Anlagen (zu diesem weitergehenden Begriff s. die Anmerkungen zu § 2 Rdn. 27 ff.). Handelt es sich um **bauliche Anlagen**, die keine Gebäude sind, braucht der Entwurfsverfasser nicht bauvorlageberechtigt zu sein. Schließlich muss es sich um einen Fall der **Errichtung** oder **Änderung** eines Gebäudes handeln (zu den Begriffen Errichtung und Änderung s. die Anmerkungen zu § 3 Rdn. 20–24). Wird lediglich die Genehmigung einer **Nutzungsänderung** (zu diesem Begriff s. die Anmerkungen zu § 3 Rdn. 91–92) beantragt, greift § 70 BauO NRW nicht ein. Ebenso wird von demjenigen, der Bauvorlagen für den **Abbruch** von Gebäuden einreicht, **keine Bauvorlageberechtigung** verlangt.

**12** Die Bauvorlageberechtigung des Entwurfsverfassers ist nur erforderlich, wenn das zu errichtende oder zu ändernde Gebäude nach § 63 BauO NRW **genehmigungsbedürftig** ist, da § 57 Abs. 1 Satz 1 BauO NRW vom Bauherrn die Bestellung eines Entwurfsverfassers nur für genehmigungsbedürftige Bauvorhaben verlangt (s. die Anmerkungen zu § 57 Rdn. 19). Die nach § 65 BauO NRW freigestellten Gebäude bedürfen keines Entwurfsverfassers und daher auch keines Bauvorlageberechtigten. Dagegen gilt nach § 57 Abs. 4 BauO NRW für den Bauherrn wiederum für Gebäude, die der **Freistellung nach § 67 BauO NRW** unterliegen, die Pflicht zur Beauftragung eines Entwurfsverfassers; das Erfordernis der Bauvorlageberechtigung des Entwurfsverfassers ergibt sich (versteckt) aus § 67 Abs. 5 Satz 7 BauO NRW, der die entsprechende Geltung des § 70 BauO NRW ausdrücklich anordnet (s. auch die Anmerkungen zu § 57 Rdn. 39–40).

Soweit es sich um **Gebäude** handelt, wird die Bauvorlageberechtigung auch gefordert für die Einreichung von Anträgen auf Erteilung eines **Vorbescheides** (s. § 71 Abs. 3 Satz 1 BauO NRW und Nr. 71.2 VV BauO NRW; wegen der Ausnahme bei Anträgen auf Erteilung eines planungsrechtlichen Vorbescheids, auch als Bebauungsgenehmigung bezeichnet, s. § 71 Abs. 3 Satz 2). Nicht eindeutig geregelt ist die Rechtslage hinsichtlich der Anträge auf Erteilung der **Typengenehmigung** (§ 78 BauO NRW) und der **Ausführungsgenehmigung für Fliegende Bauten** (§ 79 BauO NRW). Sowohl § 78 Abs. 4 als auch § 79 Abs. 10 BauO NRW enthalten – anders als die Vorbescheidsregelung – keine Verweisungen auf § 70 BauO NRW. Aus dem Antragserfordernis für diese Vorhaben und der Erwähnung der Bauvorlagen in § 78 Abs. 2 Satz 5 und § 79 Abs. 5 Satz 2 BauO NRW soll aber rückgeschlossen werden können, dass für Gebäude ein bauvorlageberechtigter Entwurfsverfasser vom Antragsteller zu beauftragen ist (so Boeddinghaus/Hahn/Schulte, zu § 70 Rdn. 7). Diese Auffassung lässt sich allein aus der Erwähnung der Bauvorlagen in den §§ 78 und 79 BauO NRW nicht herleiten, da Bauvorlagen auch für genehmigungsbedürftige Vorhaben verlangt werden, für die nach Absatz 2 keine Bauvorlageberechtigung vorgeschrieben ist. Hätte der Gesetzgeber eine Bauvorlageberechtigung im Rahmen der Typengenehmigung oder der Ausführungsgenehmigung für Fliegende Bauten erreichen wollen, hätte es schon wegen der verfassungsrechtlich gebotenen Eindeutigkeit einer Verweisung auf § 70 BauO NRW bedurft. Zu bedenken ist darüber hinaus, dass auch die Typengenehmigung noch nicht die Errichtung erlaubt, weil zusätzlich zur Typengenehmigung – z. B. für ein Fertighaus – noch das Verfahren nach den §§ 67 oder 68 BauO NRW durchgeführt werden muss und diese Bauvorlagen dann von einem bauvorlageberechtigten Entwurfsverfasser durch Unterschrift anzuerkennen sind. **13**

Der **Fachplaner**, den der Bauherr auf Anforderung des Entwurfsverfassers gemäß § 58 Abs. 2 BauO NRW hinzuziehen muss, braucht selbst **nicht bauvorlageberechtigt** zu sein. Dies folgt bereits aus den in § 58 BauO NRW enthaltenen **unterschiedlichen Begriffen** des **Entwurfsverfassers** und des **Fachplaners**. Der Gesetzgeber hat die formelle Qualifikationsanforderung jedoch nur für den Entwurfsverfasser verlangt. Da der **Entwurfsverfasser** gemäß § 58 Abs. 2 Satz 3 BauO NRW trotz Einschaltung von Fachplanern **für das ordnungsgemäße Ineinandergreifen** aller Fachentwürfe **verantwortlich** bleibt (s. die Anmerkungen zu § 58 Rdn. 32), würde es keinen Sinn ergeben, zusätzlich vom Fachplaner die Bauvorlageberechtigung zu verlangen. Dies gilt auch für den Fachplaner für das Brandschutzkonzept (§ 58 Abs. 3 BauO NRW). **14**

Die Formulierung in Satz 1 „**durch Unterschrift anerkannt**“ mit dem Hinweis auf § 69 Abs. 2 Satz 1 BauO NRW stellt klar, dass der Entwurfsverfasser die Bauvorlagen nicht unbedingt selbst fertigen muss, wenn dies auch in der Regel der Fall sein wird (s. die Anmerkungen zu § 69 Rdn. 84 ff.). Es genügt, dass der Entwurfsverfasser die Verantwortung für ihre Richtigkeit im Hinblick auf das öffentliche Baurecht durch seine Unterschrift übernimmt (so BayObLG – Landesberufsgericht für Architekten, Beschluss vom 8. 8. 1979 – LBG-Arch-3/78, DÖV 1979, 915 – nur Leitsatz: **15**

a) *Entwurfsverfasser kann auch sein, wer einen von fremder Hand gefertigten Entwurf mit Zustimmung des Urhebers nach eigener Überprüfung gegenüber den Bauaufsichtsbehörden verantwortet.*

b) *Das Bauvorlagerecht der Architekten ist nicht an die eigenhändige Ausarbeitung der Bauvorlagen geknüpft.*).

Die Regelung der Anerkennung durch Unterschrift trägt einem **praktischen Bedürfnis** Rechnung. In Architektur- und Ingenieurbüros sind auch Mitarbeiter beschäftigt, die selbst nicht über die Bauvorlageberechtigung verfügen, den Entwurf aber im Auftrag des Büroinhabers bearbeiten. Ferner kommt es vor, dass Entwürfe von nicht bauvorlageberechtigten Personen ausgearbeitet werden, die aber durchaus qualitativ geeignet sind, um als Bauvorlagen eingereicht werden zu können. In allen diesen Fällen hat der Bauvorlageberechtigte die ihm zur Anerkennung unterbreiteten Bauvorlagen auf Übereinstimmung mit dem materiellen und formellen öffentlichen Baurecht zu überprüfen und gegebenenfalls noch erforderliche Korrekturen und Ergänzungen zu veranlassen. Erst wenn der Bauvorlageberechtigte zu dem Ergebnis gelangt, dass die materiellen Anforderungen erfüllt und die formellen Vorschriften – insbesondere die der BauPrüfVO – beachtet sind, kann und darf er die Unterschrift leisten, übernimmt damit aber zugleich die volle **Verantwortung** (s. die Anmerkungen zu § 58 Rdn. 15–22).

16 **Satz 2** enthält mit der sich auf § 58 Abs. 1 BauO NRW beziehenden **Unberührtheitsklausel** eine **Klarstellung** darauf, dass auch bei formeller Qualifikation die materielle Qualifikation des Entwurfsverfassers gegeben sein muss (s. vorausgehende Rdn. 4). Unabhängig von der zu fordernden Bauvorlageberechtigung des Entwurfsverfassers muss dieser nämlich nach **Sachkunde und Erfahrung** zur Vorbereitung des jeweiligen Bauvorhabens geeignet sein (s. die Anmerkungen zu § 58 Rdn. 11–14). Erweist sich im bauaufsichtlichen Verfahren ein bauvorlageberechtigter Entwurfsverfasser als ungeeignet, so kann die Bauaufsichtsbehörde vom Bauherrn verlangen, dass dieser (trotz der gegebenen Bauvorlageberechtigung) durch einen geeigneten Entwurfsverfasser ersetzt wird (s. die Anmerkungen zu § 57 Rdn. 33–38 und zu § 58 Rdn. 25–26).

### 3 Zu Absatz 2 – Ausnahmen vom Erfordernis der Bauvorlageberechtigung

17 Absatz 2 enthält **zwei Ausnahmen** von der Grundforderung des Absatzes 1. Die Aufzählung ist **abschließend**. Der Verzicht auf die Bauvorlageberechtigung des Entwurfsverfassers für

1. **Garagen** und **überdachte Stellplätze** bis zu 100 m² Nutzfläche sowie **überdachte Fahrradstellplätze**,
2. **Behelfsbauten** und **untergeordnete Gebäude** (§ 53 BauO NRW)

ist sachlich vertretbar, da für diese in der Regel kleinen und einfachen Gebäude eine solche vom Sinn und Zweck der Vorschrift her nicht geboten ist.

18 Für Garagen und überdachte Stellplätze (Letztere sind offene Garagen s. Rdn. 02) gilt die **Begrenzung auf 100 m² Nutzfläche**. Die Regelung erfasst nur die **Kleingaragen** im Sinne des § 2 Abs. 1 GarVO. Hinsichtlich der überdachten Fahrradabstellplätze handelt es sich um solche mit mehr als 100 m² (Gesamtfläche), da überdachte Fahrradabstellplätze bis zu 100 m² (Gesamtfläche) bereits gemäß § 65 Abs. 1 Nr. 25 BauO NRW freigestellt sind. Die in Nr. 2 genannten Behelfsbauten und untergeordneten Gebäude (zu den Begriffen s. die Anmerkungen zu § 53 Rdn. 4 und 9–13) sind begrifflich nicht so klar und eindeutig wie die in Nr. 1 aufgeführten Gebäude, weshalb im Einzelfall durchaus Abgrenzungsprobleme entstehen können. Diese Gebäude können auch Gefährdungspotential aufweisen, weshalb eine flächenmäßige Begrenzung sinnvoll gewesen wäre, um tatsächlich nur einfache und unproblematische Gebäude vom Planvorlagemonopol auszunehmen (vgl. auch Boeddinghaus/Hahn/Schulte, zu § 70 Rdn. 12).

Die in Absatz 2 genannten Vorhaben unterliegen dem **vereinfachten Genehmigungsverfahren** nach § 68 BauO NRW. Sie werden nur beschränkt präventiv geprüft, und zwar – wegen § 70 Abs. 2 BauO NRW –, ohne dass der Entwurfsverfasser bauvorlageberechtigt sein muss. Die Erleichterung bedeutet jedoch nicht von vornherein, dass der Bauherr auch die Bestellung eines nicht bauvorlageberechtigten Entwurfsverfassers unterlassen darf. Dies ist nur unter den engen tatbestandlichen Voraussetzungen des § 57 Abs. 2 Satz 1 BauO NRW zulässig und bedarf einer **Ermessensentscheidung der Bauaufsichtsbehörde** (s. die Anmerkungen zu § 57 Rdn. 25–26). Aus dieser Vorschrift kann sich im Einzelfall eine Erweiterung des Katalogs des § 70 Abs. 2 BauO NRW ergeben, da die Bauaufsichtsbehörde bei **technisch einfachen Gebäuden** durch § 57 Abs. 2 Satz 1 BauO NRW ermächtigt wird, auf die Beauftragung eines Entwurfsverfassers überhaupt zu verzichten (s. die Anmerkungen zu § 57 Rdn. 27 und 28). 19

## 4 Zu Absatz 3 – Bauvorlageberechtigung

### 4.1 Uneingeschränkt bauvorlageberechtigte Architekten (Nr. 1)

Wenn Nr. 1 bestimmt, dass die Person, die aufgrund des BauKaG NRW die Berufsbezeichnung „Architekt" zu führen berechtigt ist, die – uneingeschränkte – Bauvorlageberechtigung besitzt, **knüpft diese Regelung**, wie auch die früheren Fassungen der Bauvorlageberechtigung, **an das geltende Berufsrecht an** (wegen der Vorteile, die diese Anknüpfung an die gesetzlichen Berufsregelungen aufweist, s. die Gesetzesbegründung, Rdn. 03). Der Begriff „**Architekt**" ist wegen der Anknüpfung des § 70 Abs. 3 BauO NRW an die gesetzlichen Berufsregelungen **im Sinne des § 2 Abs. 1 BauKaG NRW** zu verstehen und hat **keine eigenständige bauordnungsrechtliche Bedeutung**. Die Berufsaufgabe der Architekten ist gemäß § 1 Abs. 1 BauKaG NRW die gestaltende, technische, wirtschaftliche, ökologische und soziale Planung von Bauwerken. 20

Die **Berechtigung zur Führung der Berufsbezeichnung „Architekt"** – und damit die Bauvorlageberechtigung – ergibt sich aus: 21

- **§ 4 Abs. 1 Satz 1 Buchstabe a BauKaG NRW** für die Person, die aufgrund eines Studiums mit einer mindestens vierjährigen Regelstudienzeit für die Berufsaufgabe nach § 1 Abs. 1 BauKaG NRW an einer deutschen Hochschule mit Erfolg abgeschlossen und danach in ihrer Fachrichtung eine praktische Tätigkeit gemäß § 4 Abs. 4 BauKaG NRW ausgeübt hat und Eintragung in die Liste der „Architekten"; von diesen Architekten – im engeren Sinne – zu unterscheiden und von Nr. 1 nicht erfasst sind die „Innenarchitekten" und die „Landschaftsarchitekten",
- **§ 4 Abs. 1 Satz 1 Buchstabe b BauKaG NRW** für Lehrer der Fachrichtung Architektur an einer deutschen Hochschule,
- **§ 4 Abs. 1 Satz 1 Buchstabe c BauKaG NRW** für die Person, die die Befähigung zum höheren oder gehobenen bautechnischen Verwaltungsdienst der Fachrichtung Hochbau des Landes Nordrhein-Westfalen besitzt,
- **§ 67 ArchG NW (alt)**, für die Person, die zur Wahrung ihres Besitzstandes (zweijährige Berufstätigkeit unter der Bezeichnung „Architekt") auf bis zum 30. 9. 1978 zu stellenden Antrag in die Architektenliste eingetragen worden ist,

und zwar jeweils unter der Voraussetzung, dass sie ihre **Hauptwohnung**, ihre **Niederlassung** oder ihren **Beschäftigungsort** im Lande Nordrhein-Westfalen hat.

Die **Berechtigung** zur Führung der Berufsbezeichnung **Architekt** folgt weiter aus:

- **§ 4 Abs. 1 Satz 4 BauKaG NRW** für die Person, die eine Lehrtätigkeit an einer anerkannten deutschen oder ausländischen Lehranstalt ausübt oder die Abschlussprüfung einer solchen Lehranstalt besitzt und danach eine mindestens zweijährige praktische Tätigkeit als Architekt ausgeübt hat,
- **§ 4 Abs. 2** in Verbindung mit **§ 7 BauKaG NRW** für die Person, die in die **Architektenliste** eines **anderen Landes eingetragen** ist (**auswärtiger Architekt** mit Hauptwohnung, Niederlassung oder Beschäftigungsort außerhalb von Nordrhein-Westfalen),
- **§ 4 Abs. 3 BauKaG NRW** für die Person, die als Angehöriger eines Mitgliedstaates der Europäischen Union oder eines anderen Vertragsstaates des Abkommens über den europäischen Wirtschaftsraum ein § 4 Abs. 1 BauKaG NRW entsprechendes Diplom, Prüfungszeugnis, einen sonstigen Befähigungsnachweis oder einen nach europäischem Recht dem Diplom gleichzusetzenden Ausbildungsnachweis eines anderen Mitglied- oder Vertragsstaates und als Architekt eine Bescheinigung über eine § 4 Abs. 4 BauKaG NRW entsprechende zweijährige Berufserfahrung besitzt,
- **§ 4 Abs. 5 BauKaG NRW** für die Person, die keine der Voraussetzungen des § 4 Abs. 1 Satz 1 Buchstaben a bis c und Satz 4 oder des Absatzes 3 BauKaG NRW erfüllt, wenn sie nachweist, dass sie sich durch die Qualität ihrer Leistung auf dem Gebiet der Architektur besonders ausgezeichnet hat; hierüber entscheidet der Eintragungsausschuss der Architektenkammer auf der Grundlage eines Gutachtens des Sachverständigenausschusses. Staatsangehörige eines andern Mitgliedstaates der Europäischen Gemeinschaften führen den Nachweis durch ein Prüfungszeugnis ihres Heimat- oder Herkunftsmitgliedstaates.

Die Regelung des § 4 Abs. 5 BauKaG NRW beruht auf der **EG-Architektenrichtlinie**, die durch das Vierte Gesetz zur Änderung des Architektengesetzes vom 10. 1. 1989 (GV. NRW. S. 44) in Nordrhein-Westfalen in nationales Recht umgesetzt wurde. Die so genannte „**Eurogenie-Regelung**" löste die bis zum Inkrafttreten dieses Änderungsgesetzes geltende „**Genieregelung**" des § 4 Abs. 2 (alt) ArchG NW ab. Es wird davon auszugehen sein, dass die bisher aufgrund des § 4 Abs. 2 (alt) ArchG NW in die Architektenliste Eingetragenen die Voraussetzungen auch des § 4 Abs. 5 BauKaG NRW erfüllen und es eines neuen Anerkennungsverfahrens nicht bedarf, zumal sich das materielle „Genie-Recht" durch die anderweitige Formulierung der Vorschrift nicht geändert hat.

### 4.2 Uneingeschränkt bauvorlageberechtigte Bauingenieure (Nr. 2)

22 Ebenso wie Nr. 1 knüpft auch Nr. 2 **an das geltende Berufsrecht an**. Anders als bei den Architekten ist dieses Berufsrecht auf zwei Gesetze, nämlich das **BauKaG NRW** und das Gesetz zum Schutze der Berufsbezeichnung Ingenieur/Ingenieurin – **Ingenieurgesetz – IngG** vom 5. 5. 1970 (GV. NRW. S. 312), z. g. d. G vom 5. 4. 2005 (GV. NRW. S. 274) aufgeteilt, was nicht gerade zur Übersichtlichkeit beiträgt, zumal die Berufsaufgabe der Ingenieure, anders als die der Architekten, nicht einheitlich gesetzlich bestimmt ist. § 27 BauKaG NRW definiert lediglich die Berufsaufgaben der „Beratenden Ingenieure" und nicht die der „Ingenieure" schlechthin; im IngG findet sich keine Regelung der Berufsaufgaben. Trotz dieser unbefriedigenden Rechtslage, die auch im Interesse der Ingenieure einer Reform bedarf, wollte der Gesetzgeber, die Bauingenieure den Architekten gleichstellen (s. Nr. 3 der Begründung bei Rdn. 03).

Die **Verfassungsmäßigkeit** der **Gleichbehandlung** von **Bauingenieuren** und **Architekten** im Hinblick auf die uneingeschränkte Bauvorlageberechtigung wurde von der Rechtsprechung bejaht (vgl. BayVerfGH, Urteil vom 26.1.1978 – Vf-9-VII 75, BayVerfGHE 31, 1).

Die **Bauvorlageberechtigung** knüpft bei den **Ingenieuren** an **drei Voraussetzungen** an:

- Angehöriger der Fachrichtung Bauingenieurwesen,
- Mitgliedschaft in einer Ingenieurkammer, was jeweils auch die Berechtigung zur Führung der Berufsbezeichnung voraussetzt,
- mindestens zweijährige praktische Tätigkeit in der Planung und Überwachung der Ausführung von Gebäuden.

**Angehöriger der Fachrichtung Bauingenieurwesen** ist, wie die Begründung ausführt (LT-Drucks. 11/7153 S. 190 zu Nr. 2 Unterpunkt 3, s. Rdn. 03), wer das Ingenieur-Diplom der Fachrichtung Bauingenieurwesen erworben hat. Das Studium des Bauingenieurwesens beginnt mit einem im Wesentlichen einheitlichen Grundstudium, dem ganz unterschiedliche Vertieferrichtungen, z.B. „konstruktiver Ingenieurbau“, „Baubetrieb“, „Verkehrsbau“ und „Siedlungswasserwirtschaft“, folgen. Der Gesetzgeber ist der im Gesetzgebungsverfahren von der Architektenkammer gegebenen Anregung nicht gefolgt, die Bauvorlageberechtigung nur denjenigen Absolventen der Fachrichtung Bauingenieurwesen zuzuerkennen, die in der Vertieferrichtung „Konstruktiver Ingenieurbau“ ausgebildet worden sind. 23

Die **Unterschiede zwischen** den einzelnen **Vertieferrichtungen** sind im Hinblick auf die gegenüber einem Architekturstudium deutlich geringeren Lerninhalte „Städtebau“ und „Gestalten“ so **gering**, dass diese Regelung nur einen marginalen Qualifikationsvorteil versprochen hätte. Demgegenüber hätten in der Landesbauordnung dann Besitzstandsregelungen für die Bauingenieure vorgesehen werden müssen, die bisher für die so genannten „Ingenieurbauten“ bauvorlageberechtigt waren oder die ergänzende Hochschulprüfung abgelegt und nicht die Vertieferrichtung „Konstruktiver Ingenieurbau“ absolviert haben.

Die **Mitgliedschaft in einer Ingenieurkammer** erschien dem Gesetzgeber zumutbar und war aus seiner Sicht auch gewollt, um die Aufsicht über die ordnungsgemäße Berufsausübung durch die Ingenieurkammern, in Nordrhein-Westfalen durch die Ingenieurkammer- Bau, zu gewährleisten. Nach § 70 Abs. 3 Satz 2 BauO NRW wird die Mitgliedschaft in einer Ingenieurkammer jedoch **für auswärtige Ingenieure** nicht bzw. nur bedingt gefordert. 24

Der Begriff „**auswärtige**“ erfasst sowohl Ingenieure von außerhalb der Bundesrepublik Deutschland (**ausländische** Ingenieure), als auch Ingenieure aus einem anderen Land der Bundesrepublik Deutschland (**inländische** Ingenieure), wie sich unschwer aus den unterschiedlichen Regelungsgegenständen des durch ein Semikolon getrennten Satzes 2 ergibt. Für **ausländische Ingenieure** besteht nach dem ersten Halbsatz **generell kein Erfordernis** der Mitgliedschaft in einer Ingenieurkammer. Für inländische Ingenieure, die in der Bundesrepublik Deutschland ihre Hauptwohnung, ihre Niederlassung oder ihre überwiegende berufliche Beschäftigung haben, läuft die ursprünglich bedingte Ausnahme nach dem zweiten Halbsatz leer, da inzwischen in allen Bundesländern Ingenieurkammern eingerichtet wurden.

25 Die **Pflichtmitgliedschaft** in der **Ingenieurkammer-Bau Nordrhein-Westfalen** richtet sich nach § 38 Abs. 1 BauKaG NRW. Als **freiwilliges Mitglied** kann der Ingenieurkammer-Bau beitreten, wer als Ingenieur im Bauwesen tätig ist (§ 38 Abs. 2 BauKaG NRW), ohne in der Liste der Beratenden Ingenieure eingetragen zu sein, die Hauptwohnung oder die überwiegende berufliche Beschäftigung in Nordrhein-Westfalen und eine einschlägige Tätigkeit von mindestens zwei Jahren ausgeübt hat. Die freiwillige Mitgliedschaft setzt weiter voraus, dass die betreffende Person zur Führung der Berufsbezeichnung „**Ingenieur**" berechtigt ist.

Die **Berechtigung** zur Führung dieser Berufsbezeichnung ergibt sich aus:

- **§ 1 IngG** für die Person, die eine der in Nr. 1 angegebenen Ausbildungsgänge mit Erfolg abgeschlossen hat, oder der nach Nr. 2 das Recht verliehen wurde, die Bezeichnung „Ingenieur (grad.)" zu führen,
- **§ 2 IngG** für die Person, die aufgrund einer Ausbildung im Ausland die Genehmigung zur Führung der Berufsbezeichnung „Ingenieur" erhalten hat (Abs. 1 bis 3) oder die einen im Ausland erworbenen akademischen Grad des Ingenieurs im Inland führen darf; hierdurch wurde die Richtlinie 89/48/EWG des Rates vom 21. 12. 1988 über eine allgemeine Regelung zur Anerkennung der Hochschuldiplome, die eine mindestens dreijährige Berufsausbildung abschließen – Diplomrichtlinie (ABl. EG Nr. L 19 vom 24. 1. 1989 S. 16), in innerstaatliches Recht umgesetzt,
- **§ 3 IngG** für die Person, die einen geschützten Besitzstand geltend machen kann und die die für die Geltendmachung vorgeschriebene Anzeige an die zuständige Behörde (Bezirksregierung) spätestens innerhalb der Jahresfrist nach Inkrafttreten des IngG erstattet hat (zu dieser Besitzstandsregelung s. OVG NRW, Urteil vom 11. 12. 1980 – 10 A 2542/79, OVGE 35, 169),
- **§ 7 IngG** für die Person, die nach dem Recht eines anderen Bundeslandes die Berufsbezeichnung „Ingenieur" führen darf.

26 Bei allen zuvor genannten Gruppen muss es sich im Zusammenhang mit der Bauvorlageberechtigung gemäß § 70 Abs. 3 Nr. 2 BauO NRW um Ingenieure der **Fachrichtung Bauingenieurwesen** handeln. Das Tatbestandsmerkmal „**Fachrichtung**" ist weit auszulegen, so dass auch Ingenieure im Sinne des § 3 IngG, die einen Studienabschluss nicht haben aber einen geschützten Besitzstand geltend machen können, entsprechend ihrer Berufspraxis bei Inkrafttreten des IngG einer Fachrichtung angehören und bauvorlageberechtigt sein können (OVG NRW, Urteil vom 11. 12. 1980, a. a. O. Rdn. 25).

27 Auch aus verfassungsrechtlichen Gründen wird als Voraussetzung der Bauvorlageberechtigung für Ingenieure der Fachrichtung Bauingenieurwesen eine **mindestens zweijährige praktische Tätigkeit in der Planung und Überwachung der Ausführung von Gebäuden** gefordert. Dabei ist es unerheblich, ob diese Tätigkeit in abhängiger oder selbständiger Stellung ausgeübt wurde. Der BayVerfGH weist nämlich in seinem Urteil vom 26. 1. 1978 (a. a. O. Rdn. 22) zur Bauvorlageberechtigung der Bauingenieure auf das Nivellierungsverbot hin. Der Gleichheitssatz sei auch nicht unter dem Aspekt des Nivellierungsverbots verletzt, da wiederum entsprechende fachkompetenzielle Rechtfertigungen gegeben seien. Andererseits müsse aber wenigstens ein Bezug der praktischen Tätigkeit auf die Errichtung baulicher Anlagen gefordert werden; der Nachweis dieser praktischen Tätigkeit sei rechtsatzmäßig festzulegen.

### 4.3 Uneingeschränkt bauvorlageberechtigte Innenarchitekten (Nr. 3)

28 Innenarchitekten sind nach Nr. 4 zunächst nur für die mit ihrer Berufsaufgabe verbundene bauliche Änderung von Gebäuden eingeschränkt bauvorlageberechtigt (s. Rdn. 30–31). Der Gesetzgeber hat jedoch die mit § 65 Abs. 3 Nr. 2 BauO NW 1984 geschaffene Möglichkeit, durch eine **ergänzende Hochschulprüfung** die **uneingeschränkte Bauvorlageberechtigung** zu erhalten, für Innenarchitekten beibehalten. In der akademischen Prüfung, die im Einzelnen durch autonome Satzungen der (Fach-)Hochschulen geregelt wird, muss der Bewerber seine Fähigkeit nachweisen, Gebäude gestaltend zu planen. Der Gesetzgeber hat zweckmäßigerweise – wie schon in der BauO NW 1984 – darauf verzichtet, bestimmte Studiengänge und Studienzeiten vorzuschreiben. Es wird nur darauf abgestellt, dass die Hochschulprüfung bestanden ist.

29 Weitere Voraussetzung ist der Nachweis einer **mindestens zweijährigen Tätigkeit in der Planung und Überwachung der Ausführung von Gebäuden**. Diese Voraussetzung entspricht der für die Bauingenieure nach Nr. 2 (s. Rdn. 27).

### 4.4 Eingeschränkt bauvorlageberechtigte Innenarchitekten (Nr. 4)

30 Nach Nr. 4 sind **Innenarchitekten ohne ergänzende Hochschulprüfung**, wenn sie sich nicht nach Nr. 5 auf Besitzstandswahrung berufen können, im Gegensatz zu dem unter Nr. 3 genannten Personenkreis, **eingeschränkt** bauvorlageberechtigt. Der Gesetzgeber ist dem Begehren der Innenarchitekten, ebenfalls die uneingeschränkte Bauvorlageberechtigung zu erhalten, nicht gefolgt. Die Begründung war im Wesentlichen, dass die **Berufsaufgabe des Innenarchitekten** die gestaltende, technische und wirtschaftliche, ökologische und soziale **Planung von Innenräumen** ist (§ 1 Abs. 2 BauKaG NRW). Ausbildungsinhalt der Innenarchitekten ist also nicht die Errichtung und Änderung von Gebäuden. Trotz gegebener Studieninhalte in den Bereichen „Gestaltung" und „städtebauliche Einbindung" lassen sie sich insoweit – und Gleiches gilt für die Ausbildung in der konstruktiven Planung von Gebäuden – nicht mit den Ausbildungsinhalten der Architekten vergleichen. Auch der Vergleich der Ausbildungsgänge der Innenarchitekten und Bauingenieure rechtfertigt für Erstere nicht die volle Bauvorlageberechtigung.

31 Die Entscheidung des Gesetzgebers dürfte weiterhin durch die Tatsache begründet gewesen sein, dass die Innenarchitekten nach § 64 Abs. 2 Nr. 3 MBO wie auch nach den Bauordnungen der anderen Länder, soweit sie überhaupt entsprechende Regelungen für Innenarchitekten beinhalten, ebenfalls nur eingeschränkt bauvorlageberechtigt sind. Die mit der Berufsaufgabe der Innenarchitekten verbundenen Tätigkeiten unterliegen normalerweise nicht den Voraussetzungen des § 70 Abs. 1 BauO NRW (Errichtung und Änderung von Gebäuden). Es bedarf in der Regel keiner Bauvorlagen eines bauvorlageberechtigten Entwurfsverfassers, zumal viele dieser Vorgänge nach § 65 BauO NRW freigestellt sind. Gleichwohl können auch bei der Innenraumplanung im Sinne des § 1 Abs. 2 BauKaG NRW genehmigungsbedürftige Baumaßnahmen anfallen. Die Vorschrift ermöglicht es in diesen Fällen dem Innenarchitekten, die erforderlichen Bauvorlagen durch Unterschrift anzuerkennen. Die „**bauliche Änderung von Gebäuden**" umfasst nach Nr. 70.342 VV BauO NRW die Umgestaltung von Innenräumen einschließlich der Änderung des konstruktiven Gefüges sowie der Außenwände und des Dachs des Gebäudes, wenn sie in unmittelbarem Zusammenhang mit der Änderung von Innenräumen stehen und dieser Innenraumänderung untergeordnet sind; Nr. 70.342 VV BauO NRW nennt hierfür auch einige Beispiele.

### 4.5 Besitzstand für Innenarchitekten (Nr. 5)

32 Innenarchitekten mit einem Studienabschluss in der Fachrichtung „Architektur" (Studienrichtung Innenarchitektur) sind – bereits seit der Regelung des § 83 a Abs. 3 Satz 1 Nr. 1 Buchstabe b BauO NW 1970 – gemäß der in Nr. 5 enthaltenen **Besitzstandsregelung uneingeschränkt bauvorlageberechtigt**, ohne eine ergänzende Hochschulprüfung nachweisen zu müssen. Neben dem genannten Studienabschluss müssen folgende Voraussetzungen zusätzlich erfüllt sein:

- die Berechtigung zur Führung der Berufsbezeichnung „Ingenieur", was regelmäßig nach dem betreffenden Studienabschluss der Fall sein wird,
- der Betreffende muss während eines Zeitraums von zwei Jahren vor dem 1. 1. 1990 wiederholt Bauvorlagen für die Errichtung oder Änderung von Gebäuden als Entwurfsverfasser durch Unterschrift anerkannt haben,
- die Mitgliedschaft in der Architektenkammer oder der Ingenieurkammer-Bau.

33 Nr. 5 übernimmt für die genannte Gruppe der Innenarchitekten die Fassung, die seinerzeit erst im Laufe der Gesetzesberatungen der 2. Novelle der BauO NW 1984 gefunden wurde. Sie regelt die Besitzstandswahrung derjenigen Innenarchitekten, die während eines Zeitraums von zwei Jahren vor dem 1. 1. 1990 wiederholt Bauvorlagen im Sinne des § 65 Abs. 1 BauO NW 1984 – jetzt § 70 Abs. 1 BauO NRW 2000 – durch Unterschrift anerkannt haben. Der Begriff **„wiederholt"** ist vom Gesetzgeber anstelle des im Regierungsentwurfs enthaltenen Begriffs „regelmäßig" verwandt worden, um eine **großzügige Übergangsregelung** zu erreichen (s. Nr. 70.35 VV BauO NRW). Gerade weil vom Gesetzgeber eine großzügige Übergangsregelung beabsichtigt war, sollte in Fällen, in denen eine Bescheinigung nach dem Muster des Anhangs zu Nr. 70.371 VV BauO NRW vorgelegt wird, von den Bauaufsichtsbehörden nicht ohne zwingenden Anlass, sondern nur, wenn Tatsachen die Annahme rechtfertigen, dass die Bescheinigung zu Unrecht ausgestellt wurde, ein neuer Nachweis der Bauvorlageberechtigung gefordert werden.

### 4.6 Befähigung bautechnischen Verwaltungsdienst (Nr. 6)

34 Nr. 6 erkennt die Bauvorlageberechtigung auch denjenigen Personen zu, die die **Befähigung** zum **höheren** oder **gehobenen bautechnischen Verwaltungsdienst** besitzen, jedoch **beschränkt auf ihre dienstliche Tätigkeit**. Bei der dienstlichen Tätigkeit handelt es sich um die Entwurfsaufgaben des Dienstherrn, die dem bauvorlageberechtigte Bediensteten zur eigenen Erledigung oder zur Überwachung der ordnungsgemäßen Erledigung durch beauftragte Dritte übertragen worden sind. Es ist statthaft, dass der bauvorlageberechtigte Bedienstete den von einem beauftragten, nicht bauvorlageberechtigten Dritten erstellten Entwurf prüft, gegebenenfalls zur Ausräumung von Mängeln durch diesen abändern lässt, und abschließend durch seine Unterschrift gemäß § 70 Abs. 1 Satz 1 BauO NRW **anerkennt** (s. Rdn. 15).

Will dieser Personenkreis im Rahmen einer privaten Berufstätigkeit, welche die Bauvorlageberechtigung erfordert, Bauvorlagen für Gebäude einreichen, muss er wiederum die Voraussetzungen der Nr. 1 bis 5 erfüllen. Voraussetzung für die Erlangung der Befähigung ist gemäß § 26 ff. der Laufbahnverordnung i. d. F. d. B. vom 23. 11. 1995 (GV. NRW. 1996 S. 1), z. g. d. G vom 3. 5. 2005 (GV. NRW. S. 498), sowohl beim gehobenen als auch beim höheren bautechnischen Verwaltungsdienst die Ableistung einer **Ausbildung** (Vorbereitungsdienst) und das Bestehen der **Laufbahnprüfung**.

Es ist **nicht erforderlich**, dass die betreffende Person von der Anstellungskörperschaft in das **Beamtenverhältnis** übernommen wurde. Auch angestellte Personen sind nach Erlangung der Befähigung für ihre dienstliche Tätigkeit bauvorlageberechtigt. Aufgrund des eindeutigen Wortlauts, der keinen Zweifel zulässt, verschafft nur die **Befähigung zum gehobenen oder höheren bautechnischen Verwaltungsdienst** die Bauvorlageberechtigung für die dienstliche Tätigkeit. Personen, welche die Befähigung durch Ausbildung und Prüfung nicht erlangt haben, sondern lediglich aufgrund beamtenrechtlicher Vorschriften als Beamte in den gehobenen oder höheren bautechnischen Verwaltungsdienst **übernommen** wurden, sind nach Nr. 6 **nicht bauvorlageberechtigt**. 35

### 4.7 Prüfung und Nachweis der Bauvorlageberechtigung

Die **Bauaufsichtsbehörde** hat bei der Prüfung der Bauvorlagen für die Errichtung oder Änderung von Gebäuden darauf zu achten, dass auch die Bauvorlageberechtigung nachgewiesen ist, also die Bauvorlagen gemäß § 70 Abs. 1 Satz 1 BauO NRW von einem bauvorlageberechtigten Entwurfsverfasser durch Unterschrift anerkannt sind. Dabei kann sie davon ausgehen, dass die vom Entwurfsverfasser angegebene Berufsbezeichnung zu Recht geführt wird. Bestehen jedoch Zweifel an der Bauvorlageberechtigung, so hat die Bauaufsichtsbehörde entsprechende Nachweise zu verlangen. Dies ist dem Entwurfsverfasser schriftlich unter Fristsetzung für die Einreichung des Nachweises mitzuteilen. Hält dieser die Frist nicht ein oder ergibt die Prüfung der Nachweise, dass der Entwurfsverfasser die im Einzelfall erforderliche Bauvorlageberechtigung nicht besitzt, so ist der Bauantrag nach § 72 Abs. 1 Satz 2 BauO NRW zurückzuweisen (so Nr. 70.12 VV BauO NRW; s. auch die Anmerkungen zu § 72 Rdn. 61–73). 36

Der **Nachweis** der Bauvorlageberechtigung nach Absatz 3 Nrn. 1 bis 5 und aufgrund der besonderen gesetzlichen Regelung für Bauhandwerker (s. Rdn. 8 und Nr. 70.36 VV BauO NRW) bezieht sich auf **jeweils unterschiedlichen gesetzlichen Voraussetzungen**. Die VV BauO NRW hat für die einzelnen Gruppen die einzelnen Voraussetzungen noch einmal zusammengefasst, auf die sich die Nachweise beziehen müssen, und gibt auch an, in welcher Form die Erfüllung der einzelnen Voraussetzungen nachgewiesen werden kann. An dieser Stelle kann verwiesen werden auf 37

- Nr. 70.31 VV BauO NRW für uneingeschränkt bauvorlageberechtigte Architekten,
- Nr. 70.32 VV BauO NRW für uneingeschränkt bauvorlageberechtigte Bauingenieure,
- Nr. 70.33 VV BauO NRW für uneingeschränkt bauvorlageberechtigte Innenarchitekten,
- Nr. 70.34 VV BauO NRW für eingeschränkt bauvorlageberechtigte Innenarchitekten,
- Nr. 70.35 VV BauO NRW für uneingeschränkt bauvorlageberechtigte Innenarchitekten aufgrund der Besitzstandsregelung,
- Nr. 70.36 VV BauO NRW für eingeschränkt bauvorlageberechtigte Handwerksmeister aufgrund der Besitzstandsregelung.

Nr. 70.37 VV BauO NRW dient der Erleichterung der **Führung des Nachweises**. Durch Bescheinigungen **gemäß** dem **Muster der Anlagen 1 und 2 zu Nr. 70.371 VV BauO NRW**, die von einer der **Baukammern** (vgl. § 9 Abs. 1 Nr. 3 und § 29 Abs. 1 Nr. 3 BauKaG NRW) ausgestellt werden, kann das Bestehen der Bauvorlageberechtigung im Baugenehmigungsverfahren und in der Freistellung nach § 67 BauO NRW erleichtert nach- 38 gewiesen werden. Damit wird der Entwurfsverfasser davor bewahrt, gegebenenfalls wiederholt seine Bauvorlageberechtigung erneut nachweisen zu müssen. Die von den Baukammern ausgestellten **Bescheinigungen entfalten** für die Bauaufsichtsbehörden allerdings **keine Bindungswirkung**. Eine Nachprüfung durch die Bauaufsichtsbehörden wird aber nur dann angezeigt sein, wenn Fakten ernsthafte Bedenken in Bezug auf das Bestehen der Bauvorlageberechtigung begründen.

39 Zur **Entlastung der Bauaufsichtsbehörden** werden die **Bescheinigungen** über das Bestehen der Bauvorlageberechtigung nach § 70 Abs. 3 Nr. 1 bis 5 BauO NRW **von den Baukammern** ausgestellt. Die **Bauaufsichtsbehörden** sind nur noch im Falle **der Besitzstandsregelung der Handwerksmeister** für die Bescheinigung zuständig (s. Rdn. 06). Für diese Bescheinigung haben die Bauaufsichtsbehörden das **Muster der Anlage 3 zu Nr. 70.371 VV BauO NRW** zu verwenden.

**Ältere Bescheinigungen** von Bauaufsichtsbehörden über die Bauvorlageberechtigung nach Nr. 70.32, 70.33 und 70.35 bleiben **weiterhin gültig** (Nr. 70.371 VV BauO NRW letzter Satz).

### 5 Zu Absatz 4 – Juristische Personen öffentlichen Rechts und Unternehmen

40 Absatz 4 privilegiert juristische Personen des öffentlichen Rechts (Bund, Länder, Gemeinden, Gemeindeverbände, Anstalten, Stiftungen, Kirchen, Kammern) und Unternehmen (zu unterscheiden vom Unternehmer im Sinne des § 59 BauO NRW) mit eigener Bauabteilung, der mindestens eine bauvorlageberechtigte Person angehört. Nach Absatz 4 müssen juristische Personen des öffentlichen Rechts und Unternehmen, die sich mit der Erstellung von **Bauvorlagen** für ihre eigenen Zwecke oder für Dritte befassen, diese **unter Leitung einer bauvorlageberechtigten natürlichen Person** erarbeiten lassen, um als juristische Personen bzw. Unternehmen selbst bauvorlageberechtigt zu sein. Der Bauvorlageberechtigte, unter dessen Leitung die Bauvorlagen aufgestellt sind, muss die Bauvorlagen durch seine Unterschrift anerkennen. Die Regelung des Absatzes 4 stellt somit eine Ergänzung des § 69 Abs. 2 Satz 1 BauO NRW dar.

41 Wenn juristische Personen des öffentlichen Rechts oder Unternehmen als Entwurfsverfasser auftreten, bedarf es **neben der Unterschrift eines zeichnungsberechtigten Vertreters** der juristischen Person oder des Unternehmens unter dem Bauantrag und den Bauvorlagen nach Absatz 4 Satz 2 **zusätzlich auf den Bauvorlagen** der **Unterschrift des Bauvorlageberechtigten**, unter dessen Leitung die Bauvorlagen aufgestellt worden sind. Mit dieser Unterschrift erkennt die bauvorlageberechtigte Person die Bauvorlagen an und übernimmt die **Verantwortung** für die Richtigkeit der Bauvorlagen (s. die Anmerkungen zu § 58 Rdn. 15–22).

## § 71
## Vorbescheid

**(1) [1]Vor Einreichung des Bauantrages kann zu Fragen des Bauvorhabens ein Bescheid (Vorbescheid) beantragt werden. [2]Der Vorbescheid gilt zwei Jahre.**

**(2) § 69, § 72 Abs. 1 bis 3, §§ 73 und 74, § 75 Abs. 1 bis 3 und § 77 Abs. 2 gelten entsprechend.**

**(3) [1]Betreffen die Fragen nach Absatz 1 die Errichtung oder Änderung eines Gebäudes, müssen die dem Antrag auf Vorbescheid beizufügenden Bauvorlagen von einer Entwurfsverfasserin oder einem Entwurfsverfasser, die oder der bauvorlageberechtigt ist, unterschrieben sein; § 70 gilt entsprechend. [2]Dies gilt nicht für einen Antrag auf Vorbescheid, mit dem nur über die Vereinbarkeit mit den planungsrechtlichen Vorschriften über die Art der baulichen Nutzung, die Bauweise und die überbaubare Grundstücksfläche entschieden werden soll.**

***VV BauO NRW*** *(infolge Befristung mit Ablauf des 31. 12. 2005 ausgelaufen)*

***71 Vorbescheid (§ 71)***

*71.1 Zu Absatz 1*

*Ein Vorbescheid kommt nicht nur zur Klärung der bauplanungsrechtlichen Zulässigkeit eines Bauvorhabens in Betracht (sog. Bebauungsgenehmigung). Durch ihn kann auch über bauordnungsrechtliche und sonstige die Genehmigungsfähigkeit betreffende Fragen, insbesondere die Einhaltung bestimmter öffentlich-rechtlicher Vorschriften (§ 75 Abs. 1), entschieden werden.*

*71.2 Zu Absatz 2*

*In einem Verfahren zur Erlangung eines Vorbescheids können auch alle Bauvorlagen, z. B. mit Ausnahme der bautechnischen Nachweise geprüft und insoweit über die Zulässigkeit des Vorhabens befunden werden. In diesem Fall müssen die mit dem Antrag eingereichten Bauvorlagen von einer oder einem bauvorlageberechtigten Entwurfsverfasserin oder Entwurfsverfasser durch Unterschrift anerkannt sein (§ 70). Ein solcher Vorbescheid ist noch keine Baugenehmigung und berechtigt nicht zum Baubeginn. Wer gleichwohl mit den Bauarbeiten beginnen will, bedarf hierfür zumindest einer Teilbaugenehmigung (§ 76).*

### Anmerkungen (Autor: Heintz)

**Übersicht** Rdn.


0 Änderungen gegenüber der BauO NW 1984 und der BauO NW 1995 . . . . . . . 01–03

1 Allgemeines . . . . . . . . . . . . . . . . . . . . . . . . . . . . . . . 1– 5

2 Zu Absatz 1 – Voraussetzungen, Wirkungen, Geltungsdauer des Vorbescheids
2.1 Voraussetzungen des Vorbescheids . . . . . . . . . . . . . . . . . . . 6– 8a
2.2 Wirkungen des Vorbescheids . . . . . . . . . . . . . . . . . . . . . 9–18
2.3 Abgrenzung zu anderen Rechtsinstituten . . . . . . . . . . . . . . . 19–24
2.4 Geltungsdauer . . . . . . . . . . . . . . . . . . . . . . . . . . . . 25–27a

3 Zu Absatz 2 – Vorbescheidsverfahren . . . . . . . . . . . . . . . . . . 28–38b

4 Zu Absatz 3 – Erfordernis der Bauvorlageberechtigung . . . . . . . . . . 39–40

### 0 Änderungen gegenüber der BauO NW 1984 und der BauO NW 1995

01 Die Vorschrift des § 71 **BauO NW 1995** entsprach § 66 BauO NW 1984, jedoch wurde Absatz 3 hinzugefügt. Absatz 1 blieb unverändert, in Absatz 2 erfolgten verweisungsbedingte Änderungen aufgrund einer anderen Paragraphenfolge der BauO NW 1995.

02 Der mit der BauO NW 1995 angefügte **Absatz 3** regelt, wann Bauvorlagen für einen Vorbescheid von einem **Bauvorlageberechtigten** unterschrieben sein müssen, um sicherzustellen, dass infolge der Mitarbeit hinreichend ausgebildeter Fachleute Gefahren für die öffentliche Sicherheit und Ordnung ausgeschlossen werden (so die Begründung in LT-Drucks. 11/7153 S. 192).

03 Die **BauO NRW 2000** hat bis auf eine verweisungsbedingte Folgeänderung in Absatz 2 auf § 72 Absatz 3 (anstatt Absatz 4) die Vorschriften des § 71 BauO NW 1995 **unverändert übernommen**.

### 1 Allgemeines

1 Das **Rechtsinstitut des Vorbescheids** – in anderen Bauordnungen, z. B. in § 66 HBO und § 57 LBO B-W, auch als „**Bauvorbescheid**" bezeichnet – war im frühen preußischen Baupolizeirecht noch nicht enthalten, wurde später jedoch in § 2 Abs. 7 PrEBO geregelt (s. die Einleitung Rdn. 45–47) und von der Rechtsprechung anerkannt (PrOVG, Urteil vom 23. 3. 1939 – IV. C. 139/37, PROVGE 104, 206). Das Rechtsinstitut wurde mit § 89 MBO 1960 in das neugeschaffene Bauordnungsrecht mit folgender Begründung übernommen (Allgemeine Einführung in die Musterbauordnung, Band 17 der Schriftenreihe des Bundesministers für Wohnungsbau, 1960, S. 39 f. Anm. 13.41):

*„Durch einen Vorbescheid kann dem Bauantragsteller verbindliche Auskunft zu einzelnen Fragen des Bauvorhabens (z. B. Bebaubarkeit des Grundstücks) gegeben werden, ohne daß eine Prüfung in allen Einzelheiten erforderlich ist. Der Vorbescheid bietet in bestimmten Fällen eine Erleichterung bei Finanzierungsverhandlungen und bei der weiteren Bearbeitung der Bauvorlagen."*

Die Vorschrift über den Vorbescheid findet sich heute in allen 16 Landesbauordnungen, allerdings in einer teilweise von der MBO abweichenden Ausgestaltung. Das nordrhein-westfälische Recht hat zwar das Muster der Vorschrift (§ 65 MBO 1997 = § 75 MBO 2002) beibehalten, jedoch die Geltungsdauer des Vorbescheids auf **zwei** Jahre begrenzt (nach der **Mustervorschrift** sind es wie bei der Baugenehmigung **drei** Jahre) und noch Absatz 3 über die Bauvorlageberechtigung hinzugefügt. Für den Antrag auf Erteilung eines Vorbescheids hat sich allgemein die Bezeichnung **Voranfrage** durchgesetzt.

2 Das Rechtsinstitut des Vorbescheids trägt einem **praktischen Bedürfnis** Rechnung. Aufgrund der kaum noch zu überblickenden Regelungen des öffentlichen Baurechts besteht vielfach Unsicherheit darüber, ob eine vom Bauherrn beabsichtigte Baumaßnahme auch tatsächlich genehmigungsfähig ist. In diesen Fällen kann sich der Bauherr durch eine **Voranfrage** Rechtssicherheit verschaffen, da der auf die Voranfrage hin erteilte **Vorbescheid** die **Bauaufsichtsbehörde bindet**. Der Bauherr spart hierdurch Aufwand und Kosten, denn er braucht nicht erst einen Bauantrag mit sämtlichen Unterlagen, z. B. den kostenträchtigen bautechnischen Nachweisen, erstellen zu lassen, um zu erfahren, ob eine Genehmigung erteilt werden kann. Der Vorbescheid bildet eine „**besondere gesetzlich vorgesehene Form der baurechtlichen Genehmigung**" (so Jeromin, zu § 72 Rdn. 3), mit dem allerdings noch **keine Baufreigabe** verbunden ist.

Aufgrund der **Abspaltung des Umwelt- und Technikrechts** aus dem Baupolizeirecht und der damit verbundenen **Ausbildung eigenständiger Genehmigungsverfahren** (s. die Einleitung Rdn. 37–43) wurde das Rechtsinstitut des Vorbescheids auch in diese Rechtsbereiche übertragen (vgl. z. B. **§ 9 Abs. 1 BImSchG**, **§ 7a Abs. 1 AtomG**). Diese spezialgesetzlichen Vorschriften regeln das Verfahren unmittelbar und verweisen nicht etwa auf die Verfahrensbestimmungen der Landesbauordnung. Daher findet **§ 71 BauO NRW findet auf Voranfragen nach anderen Rechtsvorschriften keine Anwendung**. 2a

Da sich das „bodenrechtliche" **Zulässigkeitsrecht für Vorhaben** (§§ 29–38 BauGB) einer eigenständigen verfahrensrechtlichen Regelung enthält, kann ein Vorbescheid auch über die **bauplanungsrechtliche Zulässigkeit der Bebauung** eines Grundstücks mit einem Vorhaben ergehen, dessen Ausführung im Einzelnen der Prüfung in einem nachfolgenden Genehmigungsverfahren vorbehalten bleibt (BVerwG, Urteil vom 3. 4. 1987 – 4 C 41.84, BRS 47 Nr. 63). Ein Vorbescheid kann auch nur zur **bauplanungsrechtlichen Zulässigkeit der Art der baulichen Nutzung** ergehen (BayVGH, Urteil vom 22. 5. 2006 – 1 B 04.3531, BRS 70 Nr. 68 = NVwZ-RR 2007, 653). Der Bescheid, der auf eine Voranfrage hin ergeht, die sich auf das **Bauplanungsrecht** bezieht, ist nach der Rechtsprechung des BVerwG (Urteil vom 10. 5. 1968 – IV C 8.67, BRS 20 Nr. 142 = NJW 1969, 73 = DÖV 1969, 143) ein **vorweggenommener Teil der** landesrechtlich geregelten **Baugenehmigung** und wird als „**Bebauungsgenehmigung**" bezeichnet. 3

Gegen die **Versagung** des Vorbescheids kann der Antragsteller **Rechtsbehelfe** einlegen (s. die Anmerkungen zu § 75 Rdn. 51–62). Vorläufiger Rechtsschutz durch einen Antrag auf Erlass einer einstweiligen Anordnung gemäß **§ 123 VwGO scheidet aus** (OVG Bln, Beschluss vom 11. 3. 1991 – 2 S 1.91, BRS 52 Nr. 167), weil darin eine unzulässige Vorwegnahme der Hauptsache liegt und ein „**vorläufiger**" Vorbescheid gesetzlich **nicht vorgesehen** ist (so Boeddinghaus/Hahn/Schulte, zu § 71 Rdn. 71). Da der Vorbescheid nur das Baurecht feststellt, nicht jedoch zugleich den Bau freigibt, fehlt es dem Vorbescheid auch an der besonderen Eilbedürftigkeit, die mittels § 212 a BauGB gesichert werden soll (BayVGH, Beschluss vom 1. 4. 1999 – 2 CS 98.2646, BRS 62 Nr. 192). 3a

Wenn die **Genehmigungsfähigkeit** eines Vorhabens **nicht eindeutig** feststeht, darf der **Entwurfsverfasser** nicht einfach den Entwurf und die Bauvorlagen fertigen, sondern **muss** vielmehr zuvor den **Bauherrn über die kostensparende Möglichkeit einer Bauvoranfrage belehren** (OLG Köln, Urteil vom 21. 10. 1992 – 11 U 84/92, BauR 1993, 358). Der **Entwurfsverfasser schuldet** dem Bauherrn nämlich eine **Planung**, die zu einer **dauerhaften** und **nicht mehr rücknehmbaren Baugenehmigung** führt (OLG Düsseldorf, Urteil vom 31. 5. 1996 – 22 U 176/95, BauR 1997, 159; zur Verantwortlichkeit des Entwurfsverfassers s. die Anmerkungen zu § 58 Rdn. 15–22). Die Beauftragung des Entwurfsverfassers durch den Bauherrn mit der Stellung einer Bauvoranfrage umfasst regelmäßig die Beauftragung mit den Grundleistungen der Leistungsphasen 1 und 2 des § 15 HOAI (OLG Düsseldorf, Urteil vom 11. 12. 2001 – 21 U 30/01, BauR 2002, 658). 4

Für die Erteilung eines Vorbescheides erheben die Bauaufsichtsbehörden Gebühren nach **Tarifstelle 2.4.6** des **Allgemeinen Gebührentarifs** zur **AVwGebO NRW**. Die Gebühr beträgt mindestens 50 Euro und kann bis zur vollen Höhe der Baugenehmigungsgebühr ansteigen. Die **volle** Baugenehmigungsgebühr ist nur für einen Bauvorbescheid zu entrichten, der die **Prüfung sämtlicher Bauvorlagen** mit **Ausnahme der bautechnischen Nachweise** umfasst (s. Nr. 71.2 VV BauO NRW). Entsprechen die mit dem Bauantrag eingereichten Bauvorlagen im Wesentlichen einem vorausgegangenen Vorbescheid, so wird die Gebühr für den Vorbescheid gemäß Tarifstelle 2.3.4 **zur Hälfte** auf 5 die Baugenehmigungsgebühr **angerechnet**. Handelt es sich um einen Vorbescheid, dem bereits alle Bauvorlagen mit Ausnahme der bautechnischen Nachweise zugrunde liegen, so ist für die Erteilung der Baugenehmigung eine Gebühr von 1/10 der Gebühr für den Vorbescheid, mindestens 50 Euro und höchstens 500 Euro zu erheben.

## 2 Zu Absatz 1 – Voraussetzungen, Wirkungen, Geltungsdauer

### 2.1 Voraussetzungen des Vorbescheids

6 Unter welchen Voraussetzungen ein Vorbescheid überhaupt ergehen kann, lässt sich angesichts der komplizierten Rechtslage und der unübersehbaren Rechtsprechung nur negativ eingrenzen. Ein **Vorbescheid scheidet aus für Vorhaben**, die **dem Anwendungsbereich des Bauordnungsrechts entzogen** sind (s. die Anmerkungen zu § 1 Rdn. 42 ff.), ferner für Vorhaben, die **fachrechtliche Spezialvorschriften** bestehen (s. Rdn. 2). So ist z. B. Eisenbahngelände als öffentliche Verkehrsfläche sowohl vom Anwendungsbereich der BauO NRW als auch von der Anwendung der §§ 29–37 BauGB ausgeschlossen; ein Vorbescheid kann deshalb nicht unter dem Vorbehalt der Entwidmung des Bahngeländes erteilt werden (BVerwG, Beschluss vom 27. 4. 1998 – 4 B 33.98, BRS 60 Nr. 155 = UPR 1998, 356 = ZfBR 1998, 258). Ein Vorbescheid zu einzelnen bauplanungsrechtlichen Fragen kann aber auch dann erteilt werden, wenn noch offen ist, ob diese Fragen in einer Baugenehmigung zur Durchführung der Abgrabung oder in einer wasserrechtlichen Erlaubnis zu entscheiden wären (BayVGH, Urteil vom 19. 4. 2004 – 15 B 99.2605, BauR 2005, 63 = BRS 67 Nr. 176).

6 a Ein **Vorbescheid kann nicht erteilt werden**, wenn sich die Voranfrage auf ein **baugenehmigungsfreies Vorhaben** bezieht (OVG Saar, Urteil vom 8. 6. 1993 – 2 R 15/92, BRS 55 Nr. 142), jedenfalls gilt dies für die nach den **§§ 65 und 66 BauO NRW** freigestellten Vorhaben. Dies ergibt sich aus den Eingangsworten des Absatzes 1 Satz 1 „Vor Einreichung eines Bauantrages …“. Für **genehmigungsfreie** Vorhaben kann zur Klärung einer baurechtlichen Frage nur eine Zusicherung beantragt (s. Rdn. 19–20) oder – im Rahmen einer **Bauberatung** – eine **Rechtsauskunft** (s. Rdn. 21) eingeholt werden.

6 b In Bezug auf **genehmigungsfreie Wohnbauvorhaben** nach **§ 67 BauO NRW** besteht eine **Besonderheit**: nach Absatz 1 Satz 3 dieser Vorschrift kann der Bauherr **beantragen** das **Baugenehmigungsverfahren durchzuführen** (s. die Anmerkungen zu § 67 Rdn. Rdn. 24). Daher ist er auch befugt, für genehmigungsfreie Wohnbauvorhaben die Erteilung eines Vorbescheids beantragen zu können und hierfür einen Vorbescheid zu erhalten. Das Gleiche gilt für **Nutzungsänderungen** und die **Errichtung von Kleingaragen**, die dem **Anzeigeverfahren** nach **§ 2 Nr. 4 Buchstabe c Bürokratieabbaugesetz I** unterfallen, da auch hier **alternativ** vom Antragsteller das **Baugenehmigungsverfahren** gewählt werden kann (s. die Anmerkungen zu § 63 Rdn. 11 b und 11 f). In beiden Fällen liegt es allein am **Willen des Antragstellers** zu **bestimmen**, ob das Baugenehmigungsverfahren durchgeführt werden soll oder aber die speziellen Verfahrensvorschriften der Genehmigungsfreistellung bzw. des Anzeigeverfahrens zur Anwendung gelangen.

7 **Gegenstand eines Vorbescheids** können **Fragen** sein, die sich aus **öffentlich-rechtlichen Vorschriften** in Bezug auf ein bestimmtes Bauvorhaben ergeben, da eine Baugenehmigung gemäß § 75 Abs. 1 Satz 1 BauO NRW nur erteilt werden darf, wenn öffentlich-rechtliche Vorschriften nicht entgegenstehen (vgl. Schmaltz, Überlegungen zum Gegenstand des Bauvorbescheids, BauR 2007, S. 975 ff.; s. auch Rdn. 28). Ein Vorbescheid kann nicht nur zu einigen wenigen („einzelnen“) Fragen des Vorhabens, sondern vielmehr

auch darüber hinaus ergehen, wenn **sämtliche Unterlagen mit Ausnahme der bautechnischen Nachweise** vorliegen (s. Nr. 71.2 VV BauO NRW). Diese Möglichkeit wird gerne gewählt, wenn die Erstellung der bautechnischen Nachweise besonders kostenträchtig ist (vgl. Voß/Buntenbroich, Rdn. 893). Es treten dann aber leicht **Abgrenzungsprobleme zur Baugenehmigung** im **vereinfachten** Genehmigungsverfahren auf, da einerseits der präventive Prüfumfang gemäß § 68 Abs. 1 Satz 4 BauO NRW stark eingeschränkt ist und andererseits gerade in diesem Verfahren die bautechnischen Nachweise gemäß § 68 Abs. 2 BauO NRW erst bei Baubeginn vorliegen müssen. Legt der Bauherr für ein Vorhaben, das dem vereinfachten Genehmigungsverfahren unterfällt, sämtliche hierfür erforderlichen Bauvorlagen vor und beantragt dennoch die Erteilung eines Vorbescheids, kommt der Bauaufsichtsbehörde eine besondere **Beratungspflicht** in verfahrensmäßiger Hinsicht zu. Nach § 25 VwVfG. NRW. soll die Behörde unter anderem nämlich die **Berichtigung von Anträgen** anregen, wenn diese offensichtlich nur versehentlich oder aus Unkenntnis unrichtig abgegeben worden sind.

**Welche Fragen** überhaupt einer **Klärung durch Vorbescheid** zugänglich sind, beantwortet sich aus dem **materiell-rechtlichen Prüfprogramm** im Baugenehmigungsverfahren und der **Sachentscheidungskompetenz** der Bauaufsichtsbehörde (s. die Anmerkungen zu § 75 Rdn. 86 ff.). Die Baugenehmigung – und damit auch der Vorbescheid – kann sich nur auf solche öffentlich-rechtlichen Vorschriften erstrecken, die von der Bauaufsichtsbehörde zu prüfen sind und zu denen vom Bauherrn nicht nach anderen Rechtsvorschriften als denen der Bauordnung Genehmigungen, Bewilligungen oder Zustimmungen einzuholen oder Anzeigen zu erstatten sind (OVG NRW, Urteil vom 16. 11. 2001 – 7 A 3625/00, BauR 2002, 932 = BRS 64 Nr. 164). Hierzu rechnen **7 a**

- die bauplanungsrechtlichen Vorschriften über die Zulässigkeit von Vorhaben,
- die bauordnungsrechtlichen Vorschriften, soweit sie überhaupt im normalen bzw. vereinfachten Genehmigungsverfahren zu prüfen sind, und
- die zu prüfenden sonstigen öffentlich-rechtlichen Vorschriften.

Soweit auf das Vorhaben das **vereinfachte Genehmigungsverfahren** Anwendung findet, ist die Zulässigkeit der **bauordnungsrechtlichen Fragen** – stark – **eingeschränkt**, da der Antragsteller anderenfalls die **Zielsetzung dieses Verfahrens unterlaufen** kann. Diese Zielsetzung besteht gerade darin, dass der Bauherr selbst die Verantwortung für die Einhaltung der nicht geprüften bauordnungsrechtlichen Vorschriften zu übernehmen hat. Sie würde unterlaufen, wenn der Bauherr über eine Voranfrage nicht zu prüfende Vorschriften im vereinfachten Genehmigungsverfahren zur Prüfung stellen könnte (so Jeromin, zu § 72 Rdn. 6). **7b**

Die Beurteilung der Frage, welche Vorschriften des sonstigen öffentlichen Rechts im Baugenehmigungsverfahren zu prüfen sind, bereitet in der Praxis Schwierigkeiten, da hier die **neuere Rechtsprechung** zur „**Schlusspunkttheorie**" zu beachten ist (s. die Anmerkungen zu § 75 Rdn. 8 und 81–83 und OVG NRW, Urteil vom 16. 11. 2001, a. a. O. Rdn. 7 a, wonach eine Voranfrage auch allein zu einer fachrechtlichen Frage in Betracht kommt, die der behördeninternen Zustimmung der Fachbehörde bedarf, wie im Falle des § 9 Abs. 2 und Abs. 3 FStrG). Hält das Fachrecht ein spezielles Genehmigungsverfahren bereit, so entfällt nach § 75 Abs. 3 Satz 2 BauO NRW die Prüfung im Baugenehmigungsverfahren, was jedoch nicht bedeutet, dass die Baugenehmigung mit Blick auf die durch § 75 Abs. 5 BauO NRW bewirkte Baufreigabe sofort erteilt werden kann; vielmehr wird die Bauaufsichtsbehörde beim Ausstehen der fachgesetzlichen Genehmi- **7c** gung die Baugenehmigung mit einer Bedingung versehen, um zu verhindern, dass bereits vor der Erteilung der fachgesetzlichen Genehmigung mit Bauarbeiten begonnen wird (s. die Anmerkungen zu § 75 Rdn. 171 und Rdn. 34 und 35).

8 Da der **Vorbescheid** ein **vorweggenommener Teil der Baugenehmigung** ist, besteht auf ihn ein **Rechtsanspruch**, wenn sich aus der Prüfung ergibt, dass keine öffentlich-rechtlichen Vorschriften entgegenstehen. Die Bauaufsichtsbehörde ist deshalb auch nicht berechtigt, die Entscheidung über die angemessene Bearbeitungszeit hinaus zu verzögern, wenn das Vorhaben nach der gültigen Rechtslage zulässig ist, aber ein Beschluss über die Aufstellung eines Bebauungsplans mit anders gearteten Zielen noch nicht wirksam bekannt gemacht wurde (BGH, Urteil vom 12.7.2001 – III ZR 282/00, BauR 2001, 1884 = BRS 64 Nr. 157 = DVBl. 2001, 1619 = ZfBR 2001, 555).

8 a Umstritten war früher, ob eine **Voranfrage zur Klärung der bauplanungsrechtlichen Zulässigkeit**, die als „**Bebauungsgenehmigung**" bezeichnet wird, ablehnend beschieden werden kann oder muss, wenn zwar die zur Entscheidung gestellten Punkte aufgrund der Sach- und Rechtslage positiv beantwortet werden könnten, aber abzusehen ist, dass **der Verwirklichung** des Vorhabens **bauordnungsrechtliche** oder **sonstige öffentlich-rechtlichen Vorschriften entgegenstehen**, wie z.B. straßen- oder landschaftsrechtliche Bestimmungen. Das BVerwG hat klargestellt (Urteil vom 23. 5. 1975 – IV C 28.72, BVerwGE 48, 242 = BRS 29 Nr. 116 und Urteil vom 24. 10. 1980 – 4 C 3.78, BRS 36 Nr. 169 = DVBl. 1981, 401), dass eine solche Ablehnung unter Berufung auf landesrechtliche Hindernisse nur dann ergehen kann, wenn sich diese Hindernisse „schlechthin nicht ausräumen lassen" (s. auch Rdn. 34). Ein solcher Fall ist z.B. für die wegen Verstoß gegen § 3 LBO B-W unzulässige Errichtung eines Dirnenwohnheims (s. VGH B-W, Urteil vom 6. 10. 1982 – 3 S 626/82, BRS 39 Nr. 216) angenommen worden.

### 2.2 Wirkungen des Vorbescheids

9 Der Vorbescheid ist wie die Baugenehmigung im **Landesbauordnungsrecht** geregelt. Das **Landesrecht bestimmt** demzufolge die **rechtlichen Wirkungen**, die einem Vorbescheid zukommen, so wie es auch die rechtlichen Wirkungen der Baugenehmigung im Einzelnen festlegt (vgl. BVerwG, Beschluss vom 25. 10. 1995 – 4 B 216.95, BRS 57 Nr. 186; Beschluss vom 5. 3. 1999 – 4 B 62.98, BauR 1999, 1281 = BRS 62 Nr. 178 und Beschluss vom 27. 9. 2000 – 4 B 61.00, BRS 63 Nr. 175 zur „**Schlusspunkttheorie**"). Die MBO 1997 = 2002 und – mit einer Ausnahme – die Landesbauordnungen haben den Vorbescheid nicht als bloße Zusage, sondern als **Verwaltungsakt mit feststellender Wirkung** konzipiert. Dagegen lässt der hamburgische Gesetzgeber mit § 71 HBauO den Vorbescheid unwirksam werden, wenn nachfolgend eine Veränderungssperre oder ein Bebauungsplan in Kraft tritt.

9 a Aus dem reinen Wortlaut des der MBO nachgebildeten § 71 BauO NRW lässt sich die rechtliche Wirkung des Vorbescheids – und damit sein **Rechtscharakter** – nicht direkt ablesen. Die Vorschrift enthält keine Aussage darüber, dass auf den Vorbescheid hin die Baugenehmigung erteilt werden muss; auch in § 75 BauO NRW findet sich kein entsprechender Gesetzesbefehl. Es verwundert daher nicht, dass sich die Rechtsprechung anfänglich schwer tat das Verhältnis von Vorbescheid und Baugenehmigung richtig einzuordnen (s. hierzu Finkelnburg/Ortloff, Band II S. 161 f.). Erst das BVerwG hat im Urteil vom 23. 5. 1975 (– IV C 28.72, BVerwGE 48, 242 = BRS 29 Nr. 116) den Vorbescheid als **vorweggenommenen Teil der Baugenehmigung** charakterisiert.

Der sich auf das Bauplanungsrecht beziehende Vorbescheid, die „**Bebauungsgenehmigung**", stellt fest, dass dem Bauvorhaben hinsichtlich der entschiedenen Fragen zum Bauplanungsrecht öffentlich-rechtliche Hindernisse nicht entgegenstehen, ohne zugleich wie die Baugenehmigung oder die Teilbaugenehmigung den Bau zur Ausführung bereits freizugeben. Über die zur Entscheidung gestellten Fragen wird jedoch jeweils abschließend und bindend befunden mit der Rechtsfolge, „dass bei der abschließenden, den Bau freigebenden Genehmigung die **Genehmigungsfähigkeit der vorweg entschiedenen Punkte nicht neu zu prüfen** ist. Dies gilt auch für den Fall, dass zwischenzeitlich Rechtsänderungen eingetreten sind; eine Veränderungssperre erfasst deswegen ebenso wie ein Bebauungsplan eine zuvor erteilte Bebauungsgenehmigung nicht." Die entscheidende Begründung hierfür lautet (BVerwG, Urteil vom 3. 2. 1984 – 4 C 39.82, BRS 42 Nr. 170): **9b**

*„In § 14 Abs. 3 BBauG ist angeordnet, dass Vorhaben, die vor dem Inkrafttreten der Veränderungssperre baurechtlich genehmigt worden sind, . . . von der Veränderungssperre nicht berührt werden. Damit bestätigt der Bundesgesetzgeber, dass er die der Baugenehmigung nach Landesrecht zukommende Bindungswirkung nicht durchbrechen will, wenn eine Veränderungssperre das der Genehmigungserteilung zugrunde gelegte Bebauungsrecht ändert und eine weitere Rechtsänderung durch den in Aussicht stehenden Bebauungsplan anbahnt. Dieser auf dem Bebauungsrecht liegende Akzent der Vorschrift rechtfertigt die Folgerung, dass der Begriff baurechtlich genehmigt auch die Bebauungsgenehmigung erfasst. Dagegen spricht nicht, dass die Bebauungsgenehmigung dem Bauherrn noch nicht die Rechtsposition verschafft, die ihm die abschließende Baugenehmigung mit der Freigabe des Bauens gibt; denn die bebauungsrechtliche Situation des Bauherrn, der gegenüber die Veränderungssperre gerade von Bedeutung sein könnte, ist durch die Bebauungsgenehmigung nicht weniger gesichert als durch eine volle Baugenehmigung. Wenn der Landesgesetzgeber die Möglichkeit eröffnet, die Entscheidung über die bebauungsrechtliche Zulässigkeit von Vorhaben als Bebauungsgenehmigung in dem dargestellten Sinne zu regeln, ihr aber gleichwohl keine Durchsetzungsfähigkeit gegenüber einer Veränderungssperre verleihen wollte, hätte es nahe gelegen, für die Bebauungsgenehmigung eine dem § 21 Abs. 2 BBauG entsprechende Regelung zu treffen. Nichts anderes gilt, wenn sich die Rechtslage durch Inkrafttreten eines Bebauungsplans ändert."*

Dieses **Verständnis des bauplanungsrechtlichen Vorbescheids** – der „Bebauungsgenehmigung" –, wird von der **Rechtsprechung** der Oberverwaltungsgerichte **geteilt** (OVG NRW, Urteil vom 24. 8. 1979 – XI A 611/79, BRS 35 Nr. 150 und Urteil vom 1. 10. 1981 – 7 A 2283/79, BauR 1982, 50 = BRS 38 Nr. 110; BayVGH, Urteil vom 26. 9. 1972 – Nr. 148 II 71, BRS 25 Nr. 150; Hess. VGH, Urteil vom 13. 2. 1976 – IV OE 99/74, BRS 30 Nr. 44; OVG Lüneburg, Urteil vom 4. 9. 1980 – 6 A 39/79, BRS 36 Nr. 170; OVG Rh-Pf, Urteil vom 29. 5. 1980 – 1 A 23/79, BRS 36 Nr. 171; OVG Bln, Urteil vom 16. 7. 1990 – 2 B 48.87, BRS 50 Nr. 162), und zwar **auch hinsichtlich der Vorbescheide, die sich nur mit bauordnungsrechtlichen Fragen befassen** (Hess. VGH, a. a. O.; OVG Rh-Pf, a. a. O.; VGH B-W, a. a. O.; s. auch Goerlich, Zur Reichweite des Vorbescheids, NVwZ 1985, S. 90 ff. und Ortloff, Die Bindungswirkung des baurechtlichen Vorbescheids bei nachfolgender Änderung der Sach- oder Rechtslage, NVwZ 1983, S. 705 ff. mit weiteren Nachweisen). **10**

Der Antragsteller kann für ein Grundstück **mehrere** Voranfragen stellen und auch während der noch nicht abgeschlossenen Bearbeitung einer Voranfrage für das **gleiche Vor-** **10a**

**haben bereits einen Bauantrag** beantragen. Wird über den **Bauantrag zuerst entschieden**, **fehlt** für die **Voranfrage** das **Sachbescheidungsinteresse**, weil die Vollgenehmigung bereits den Teilaspekt der Voranfrage enthält. Aus dem gleichen Grund – und auch mit Blick auf den in § 17 Abs. 1 Satz 2 GVG zum Ausdruck kommenden Rechtsgedanken der Unzulässigkeit weiterer Verfahren in derselben Sache – wird eine Klage auf Erteilung eines Vorbescheids mit der Rechtshängigkeit der auf Erteilung einer Baugenehmigung für dasselbe Vorhaben gerichteten Klage unzulässig (VGH B-W, Urteil vom 12. 9. 1996 – 8 S 1634/96, BRS 58 Nr. 153 = UPR 1997, 155).

**11** Da der Vorbescheid einen **Ausschnitt aus dem feststellenden Teil der Baugenehmigung** darstellt, erzeugt er auch **Bindungswirkungen wie die Baugenehmigung** (s. die Anmerkungen zu § 75 Rdn. 45–50). Wegen dieser Wirkung ist ein Vorbescheid zu verschiedenen Fragen, von denen einige positiv, andere dagegen negativ beantwortet werden, problematisch. Ein entsprechender Antrag auf Erteilung der Baugenehmigung wäre abzulehnen, wenn das Vorhaben auch nur in einem Punkt den öffentlich-rechtlichen Vorschriften widerspricht und dieser Verstoß nicht durch Nebenbestimmung ausgeräumt werden kann (a. A. Boeddinghaus/Hahn/Schulte, zu § 71 Rdn. 13, die auch „gemischte" Bescheide für zulässig ansehen und dabei auf den Hess. VGH, Urteil vom 5. 5. 1978 – IV OE 10/77, BRS 33 Nr. 135 verweisen; in dem entschiedenen Fall hatte aber der Kläger selbst in der mündlichen Verhandlung seinen Antrag so weit zurückgenommen, dass eine insgesamt positive Entscheidung ergehen konnte). Zu bedenken ist, dass **nur der positive** Vorbescheid **Bindungswirkungen** entfaltet, nicht dagegen die Ablehnung des Antrags. Diese Bindungswirkungen bestehen nicht nur gegenüber der Bauaufsichtsbehörde, sondern auch gegenüber der im Verfahren beteiligten **Gemeinde**. So kann der Vorbescheid in Verbindung mit der Ablehnung eines Erschließungsangebots des Vorhabenträgers zu einer Verdichtung der gemeindlichen Erschließungslast führen, wenn sich der Bebauungsplan als rechtswirksam erweist (BVerwG, Beschluss vom 22. 3. 1999 – 4 B 10.99, BauR 2000, 247 = BRS 62 Nr. 173).

**12** Der **Umfang der Bindungswirkung** ergibt sich aus der Bauvoranfrage einschließlich der beigefügten Bauvorlagen im Zusammenhang mit dem **Tenor** des Vorbescheids. Es kommt also darauf an, welcher genaue Antragsgegenstand der Entscheidung der Bauaufsichtsbehörde zugrunde liegt. Dieser **Antragsgegenstand** ist im Tenor unter Bezug auf die zum Bestandteil des Vorbescheids erklärten Bauvorlagen anzugeben und damit **vorweg genehmigt**. Der Vorbescheid stellt fest, dass in Bezug auf die genaue Fragestellung das **Baurecht besteht**, er stellt die Erteilung der Baugenehmigung keineswegs lediglich „in Aussicht" (vgl. Jeromin, zu § 72 Rdn. 4). Von dieser oder einer ähnlichen Formulierung im Vorbescheid ist dringend abzuraten, da im Streitfall die Gefahr besteht, dass ein Gericht annehmen könnte, es sei überhaupt kein Vorbescheid zustande gekommen (vgl. Boeddinghaus/Hahn/Schulte, zu § 71 Rdn. 15 unter Bezug auf Hess. VGH, Urteil vom 25. 5. 1977 – IV OE 60/75, BRS 32 Nr. 135). Die in einem Vorbescheid verwendete Formulierung, dass von einer nicht eingehaltenen Festsetzung des Bebauungsplans „eine Befreiung in Aussicht gestellt wird", verkennt die Rechtsnatur des Vorbescheids als vorweggenommener Teil der Baugenehmigung (VGH B-W, Urteil vom 27. 10. 2000 – 8 S 1445/00, BauR 2001, 759 = BRS 63 Nr. 184).

**13** Der Vorbescheid ist **nur hinsichtlich der durch ihn entschiedenen Fragen** für den nachfolgenden Bauantrag **verbindlich**. Daraus folgt, dass seine **Bindungswirkung nicht greift**, wenn der nachfolgende **Bauantrag wesentlich** von den entschiedenen Punkten **abweicht** (BVerwG, Urteil vom 4. 3. 1983, BauR 1984, 343 = BRS 40 Nr. 71; Hess. VGH,

Urteil vom 13.2.1976 – IV OE 99/74, BRS 30 Nr. 44: unterschiedliche Geschosszahlen – 17 statt 12, andere Geschossflächenzahl – 3,3 statt 2,5 – und vergrößertes Volumen – 137.215 m$^3$ statt 119.006 m$^3$; BayVGH, Urteil vom 4.11.1996 – 1 B 94.2923, BRS 58 Nr. 151: unterschiedliche Grenzbebauungslänge – 28,50 m statt 28,00 m, zu dieser restriktiven Rechtsprechung s. jedoch die Kritik bei Jeromin, zu § 72 Rdn. 28). Aus dieser rechtlichen Wirkung des Vorbescheids ist auch **gebührenrechtlich** die Konsequenz gezogen worden. Entsprechen die mit dem Bauantrag eingereichten Bauvorlagen im Wesentlichen dem Inhalt eines Vorbescheids – sonst entfällt ja auch dessen Bindungswirkung –, so wird die Gebühr für den Vorbescheid mindestens zur Hälfte, gegebenenfalls abzüglich einer Mindestgebühr, voll auf die Baugenehmigungsgebühr angerechnet (s. Rdn. 5).

Als vorweggenommener Teil der Baugenehmigung ist der Vorbescheid als **Verwaltungsakt mit Doppelwirkung** zu qualifizieren (s. die Anmerkungen zu § 75 Rdn. 63–69). Die **Bindungswirkung** tritt auch **gegenüber dem Nachbarn** ein, der nach § 74 BauO NRW zu einer Abweichung von – auch – nachbarschützenden Vorschriften gehört worden ist oder in anderer Weise von der Erteilung eines Vorbescheids Kenntnis erlangt hat und nicht fristgerecht Rechtsbehelfe einlegt (BVerwG, Urteil vom 19.9.1969 – IV C 18.67, BRS 22 Nr. 184). Der Nachbar kann mit einem Rechtsbehelf nicht zuwarten, bis die den Vorbescheid „redaktionell" übernehmende Baugenehmigung erteilt ist, weil die Bindungswirkung sonst auch gegenüber ihm eintreten würde. Die Situation wird für ihn schwieriger, wenn die Bauaufsichtsbehörde die sofortige Vollziehung des Vorbescheids anordnet (auf den § 10 Abs. 2 Satz 1 BauGB-MaßnahmenG bzw. § 212 a BauGB keine Anwendung findet, so VGH B-W, Beschluss vom 24.10.1996 – 5 S 1959/96, BauR 1997, 285 = BRS 58 Nr. 154 und BayVGH, Beschluss vom 1.4.1999 – 2 CS 98.2646, BRS 62 Nr. 192), da einstweiliger Rechtsschutz nicht in Anspruch genommen werden kann, weil der Vorbescheid noch nicht den Beginn der Bauarbeiten ermöglicht (s. Rdn. 3; vgl. OVG Rh-Pf, Beschluss vom 19.9.1996 – 1 B 12692/96, NVwZ 1998, 651 und die Kritik von Redeker, Bauvorbescheid und aufschiebende Wirkung von Rechtsmitteln, NVwZ 1998, S. 589 ff.). Die durch den Vorbescheid rechtsbeständig entschiedenen Fragen sind im Anfechtungsprozess des Nachbarn gegen die Baugenehmigung nicht mehr zu prüfen (BVerwG, Urteil vom 9.12.1983 – 4 C 44.80, BRS 40 Nr. 176 = NJW 1984, 1474). Die getrennte Anfechtung des Vorbescheids durch den Nachbarn ist nur dann nicht notwendig, wenn der Nachbar eine vor Eintritt der Bestandskraft des Vorbescheids erteilte Baugenehmigung mit einer Anfechtungsklage angreift; denn in diesem Prozess des Nachbarn ist auch die im Vorbescheid bejahte bebauungsrechtliche Zulässigkeit des Vorhabens Gegenstand der gerichtlichen Kontrolle (BVerwG, Urteil vom 9.12.1983, a.a.O.; vgl. Große-Suchsdorf/Lindorf/Schmaltz/Wiechert, zu § 74 Rdn. 21). 14

Die **Bindungswirkung** des Vorbescheids besteht **auch**, **wenn** der **Vorbescheid wegen nachbarlicher Einwendungen noch nicht unanfechtbar** ist (OVG Lüneburg, Urteil vom 31.3.1989 – 1 A 5/88; BRS 49 Nr. 108). Durch die aufschiebende Wirkung eines Nachbarwiderspruchs gegen den Vorbescheid wird weder die Wirksamkeit der Entscheidung gehemmt noch die Bauaufsichtsbehörde gehindert, die Baugenehmigung zu erteilen (OVG NRW, Beschluss vom 9.12.1996 – 11 a B 1710/96. NE, BRS 58 Nr. 52 = NVwZ 1997, 1006 = UPR 1997, 379; s. auch die Anmerkungen zu § 75 Rdn. 100 und 101). Einem gerichtlichen Vergleich, durch den sich die Bauaufsichtsbehörde zur Erteilung eines Vorbescheids verpflichtet hat, kommt keine stärkere Bindungswirkung als einem Vorbescheid zu (OVG Schl-H, Urteil vom 4.9.1996 – 1 L 191/95, BRS 58 Nr. 152). 15

16 Die nach herrschender Meinung und Rechtsprechung bestehende Bindungswirkung hat zur Konsequenz, dass ein wirksamer Vorbescheid **nur unter den Voraussetzungen der §§ 48 und 49 VwVfG. NRW.** – und möglicherweise gegen Entschädigung – **zurückgenommen oder widerrufen** werden kann (vgl. Schneider, Die Bindungswirkung des Bauvorbescheids und der Vertrauensschutz des Bauherrn, BauR 1988, S. 13 ff.; im Einzelnen s. die Anmerkungen zu § 75 Rdn. 32–44). Eine Besonderheit besteht hinsichtlich der **Vollstreckung** eines rechtskräftig zuerkannten Anspruchs auf Erteilung eines Vorbescheids: dieser Anspruch ist **nicht gegenüber Rechtsänderungen gesichert** (Nds. OVG, Beschluss vom 14. 10. 1999 – 1 O 5699/98, BRS 62 Nr. 174 = NVwZ-RR 2000, 573 zu einer Vollstreckungsabwehrklage nach Änderung des Flächennutzungsplans).

17 **Mit** der Erteilung einer **Baugenehmigung** ist ein **zuvor erteilter Vorbescheid nicht etwa gegenstandslos** geworden (Schenke, Rechtsprobleme gestufter Verwaltungsverfahren am Beispiel von Bauvorbescheid und Baugenehmigung, DÖV 1990, S. 489 ff. nimmt unter Verweis auf BVerwG, Urteil vom 17. 3. 1989 – 4 C 14.85, BRS 49 Nr. 168 = NVwZ 1989, 863 das Gegenteil an). Unter Klarstellung des zitierten Urteils hat das BVerwG mit Urteil vom 9. 2. 1995 (– 4 C 23.94, BauR 1995, 523 = BRS 57 Nr. 206) ausdrücklich festgestellt:

„*Aus Bundesrecht folgt nicht, dass mit der Erteilung der Baugenehmigung ein zuvor (nach Landesbauordnungsrecht) erteilter Bauvorbescheid gegenstandslos wird.*"

Die Bindungswirkung geht jedoch verloren, wenn der nachfolgende Bauantrag aus **anderen** als den vorbeschiedenen Gründen abgelehnt wird (BayVGH, Urteil vom 30. 4. 1993 – 1 B 91.2198, BRS 55 Nr. 154). Bestätigt der Vorbescheid z. B. nur die bauplanungsrechtliche Zulässigkeit des Vorhabens, kann der nachfolgende Bauantrag wegen eines Verstoßes gegen die Anforderungen an den baulichen Brandschutz abschlägig beschieden werden.

18 **Die Bindungswirkung entfällt nach Ablauf der** Geltungsdauer des Vorbescheids, die gemäß Absatz 1 Satz 2 **zwei Jahre** beträgt. Etwas anderes gilt, wenn vor Ablauf einer gegebenenfalls gemäß § 71 Abs. 2 in Verbindung mit § 77 Abs. 2 BauO NRW verlängerten Geltungsdauer (s. Rdn. 38) ein Antrag auf Baugenehmigung gestellt ist. Es ergibt sich aus dem Sinn des Vorbescheids, dass über den Bauantrag nicht auch innerhalb der Geltungsdauer des Vorbescheids schon entschieden sein muss (so eindeutig OVG NRW, Urteil vom 16. 1. 1973 – VII A 889/70, BRS 27 Nr. 140). In Ausnahmefällen wird die Frist auch durch die Stellung einer erneuten Bauvoranfrage gewahrt, wenn mit dem Vorbescheid die Fragen des Antragstellers zu dem zuvor erteilten Vorbescheid weiter vertieft bzw. konkretisiert werden (a. A. Boeddinghaus/Hahn/Schulte, zu § 71 Rdn. 57 und 63). Dies hat das OVG NRW (Urteil vom 16. 1. 1973, a. a. O.) für einen erneuten Antrag auf Bebauungsgenehmigung entschieden, nachdem mit der zunächst erteilten Bebauungsgenehmigung unterschiedliche und nicht deutlich umrissene Ausführungsmöglichkeiten eines Bauvorhabens zugelassen waren, und dazu ausgeführt:

„*Der Vorbescheid bindet die Behörde bei der nachträglichen Erteilung der Baugenehmigung in dem Umfang, in dem er Regelungen enthält. Gemäß § 84 Abs. 1 Satz 2 BauO NW* (Anmerkung: entspricht inhaltlich weitgehend § 71 BauO NRW) *ist der Vorbescheid ein Jahr gültig, falls er nicht verlängert wird. Mit Ablauf seiner Gültigkeit fällt danach auch die Bindungswirkung weg. Etwas anderes gilt jedoch, wenn während der Gültigkeit des Vorbescheids ein Bauantrag gestellt wird. Hinsichtlich dieses Bauantrages ist die Behörde auch dann bis zur rechts- bzw. bestandskräftigen Bescheidung des Antrags an den Vorbe-*

*scheid gebunden, wenn die Jahresfrist des § 84 Abs. 1 Satz 2 BauO NW zum Zeitpunkt ihrer Entscheidung bereits abgelaufen ist. Die Bindungswirkung des Vorbescheids wie auch die faktische Verlängerung dieser Bindungswirkung durch einen rechtzeitig gestellten Bauantrag sind zwar im Gesetz nicht ausdrücklich erwähnt, ergeben sich aber zwingend aus der Rechtsnatur des Vorbescheids.*"

### 2.3 Abgrenzung zu anderen Rechtsinstituten

Mit der zuvor beschriebenen Inhaltsbestimmung eines Vorbescheids (s. Rdn. 9 und 10), die als herrschende Meinung bezeichnet werden kann, wird zugleich der **Unterschied zur Zusicherung** deutlich, die gemäß § 38 Abs. 1 Satz 1 VwVfG. NRW. lediglich eine „Zusage, einen **bestimmten Verwaltungsakt** später **zu erlassen** oder **zu unterlassen**" darstellt (zum Unterschied von Vorbescheid und Zusicherung s. OVG NRW, Urteil vom 12. 5. 1987 – 7 A 240/86, BauR 1988, 68 = BRS 47 Nr. 137; OVG Bln, Beschluss vom 27. 3. 1986 – 2 S 145.85, BRS 46 Nr. 139 und Urteil vom 16. 7. 1990 – 2 B 48.87, BRS 50 Nr. 162). Während der **Vorbescheid** rechtsdogmatisch als eine **besonders qualifizierte Form der Zusicherung** angesehen wird (so Hahn/Schulte, S. 880 Rdn. 141), stellt eine **Zusicherung** wiederum **mehr als eine einfache Zusage** dar. Die Zusicherung bezieht sich nämlich auf einen später zu erlassenden oder zu unterlassenden bestimmten Verwaltungsakt, woraus im Umkehrschluss folgt, dass sich die „**einfache**" **Zusage** nicht auf einen Verwaltungsakt oder nur auf einen unbestimmten künftigen Verwaltungsakt beziehen kann und daher **nicht § 38 VwVfG. NRW. unterfällt** (so Guckelberger, Behördliche Zusicherungen und Zusagen, DÖV 2004, S. 357 ff.). 19

Von einer **Zusicherung** ist **in baurechtlichen Verfahren** in der Regel **abzusehen** (so auch Boeddinghaus/Hahn/Schulte, zu § 71 Rdn. 28), da die BauO NRW das Rechtsinstitut des Vorbescheids enthält, um dem praktischen Bedürfnis nach einer „Vorerlaubnis" bzw. Vorabklärung einer Genehmigung durch die zuständigen Behörden gerecht zu werden. Eine Zusicherung entfaltet nämlich **keine Bindungswirkung wie ein Vorbescheid** und ist auch nicht geeignet, die Bindungswirkung eines baurechtlichen Vorbescheids zu verlängern (VG Köln, Urteil vom 30. 8. 1983 – 2 K 568/83, NVwZ 1984, 675). Die **Bindungswirkung** der Zusicherung **entfällt**, wenn sich **später** die **Sach- und Rechtslage** in rechtserheblicher Weise **ändert** (hierzu s. Baumeister, Die Zusicherung – ein Muster ohne Bindungswert, DÖV 1997, S. 229 ff.). Das OVG NRW hat im Urteil vom 12. 5. 1987 (a. a. O. Rdn. 19) die Frage offen gelassen, ob man für eine Zusicherung zu Fragen der Baugenehmigung neben der Bauvoranfrage überhaupt Raum sehen könne und nicht vielmehr die Bauvoranfrage wegen der in der BauO NRW geregelten Besonderheiten zum Verfahren ihrer Erteilung und zu ihrer zeitlich beschränkten Geltungsdauer im Baugenehmigungsverfahren als die Zusicherung verdrängendes spezialgesetzliches Institut betrachten müsse. 20

Auch der Unterschied zur **Rechtsauskunft** ist wesentlich. Fragt der Antragsteller nur nach den rechtlichen Möglichkeiten der Bebauung, ohne eine Bauabsicht zur Überprüfung zu stellen, so handelt es sich nicht um eine Bauvoranfrage, sondern um eine Bitte um Rechtsauskunft (OVG NRW, Urteil vom 20. 6. 1985 – 7 A 308/81, n. v.). Durch eine solche Rechtsauskunft – eventuell im Rahmen einer umfassenderen **Bauberatung** – wird in keiner Weise, auch nicht zum Teil, eine Baugenehmigung vorweggenommen. Aus einer rechtsfehlerhaften Auskunft können sich allenfalls Schadensersatzansprüche ergeben (s. BGH, Urteil vom 23. 2. 1978 – III ZR 97/76, BRS 33 Nr. 138 = NJW 1978, 21

1522). Dies gilt auch für Auskünfte einer bauaufsichtlich nicht privilegierten Gemeinde zur Baulandqualität von Grundstücken (BVerwG, Urteil vom 11.4.2002 – III ZR 97/01, BRS 65 Nr. 177 = DVBl. 2002, 1114). Der Bedienstete setzt sich einer Amtspflichtverletzung aus, wenn er den anfragenden Bürger nicht umfassend und wahrheitsgemäß aufklärt und die Absichten der Behörde verheimlicht (BGH, Urteil vom 5.4.1965 – III ZR 11/64, NJW 1965, 1226, in dem entschiedenen Fall hatte der Beamte erklärt, gegen die Eröffnung einer Spielhalle bestünden keine rechtlichen Bedenken, obwohl er bereits fest entschlossen war, ein Verbot der Spielhalle zu erwirken). Die im Rahmen eines förmlichen Verfahrens zur Erteilung eines Bauvorbescheids abgegebene Erklärung eines Sachbearbeiters, der zuständige Beamte des Bauamtes werde den beantragten Vorbescheid erlassen, begründet kein schutzwürdiges Vertrauen dahin, dass der Vorbescheid entsprechend erlassen werde; dies gilt auch dann, wenn dem Antragsteller der nicht unterzeichnete Entwurf des Vorbescheids von dem Sachbearbeiter bereits ausgehändigt worden ist (BGH, Urteil vom 16.1.1992 – III ZR 18/90, BauR 1992, 349).

**22** Die **Teilbaugenehmigung** erlaubt bereits, die Ausführung der in ihr bezeichneten Abschnitte und Teile eines Bauvorhabens auszuführen. Hierbei handelt es sich um eine echte Genehmigung mit einem **vorläufigem positivem Gesamturteil** über das Vorhaben (so Kopp/Ramsauer, zu § 38 Rdn. 14) und mit **baufreigebender Wirkung** in Bezug auf bestimmte Teile dieses Vorhabens. Der **Vorbescheid** erlaubt jedoch noch keinen Baubeginn, da er nämlich **keine Baufreigabe** bewirkt (vgl. Boeddinghaus/Hahn/Schulte, zu § 71 Rdn. 29). Im Übrigen kann ein Antrag auf Erteilung einer Teilbaugenehmigung **nur nach einem Bauantrag** (s. § 76 BauO NRW: „Ist ein Bauantrag eingereicht …"), der Antrag auf Erteilung eines Vorbescheids **nur vor einem Bauantrag** gestellt werden (s. die Anmerkungen zu § 76 Rdn. 2).

**23** Die **Teilungsgenehmigung** hatte als Instrument zur Sicherung der Bauleitplanung zwar auch wie der Vorbescheid eine Bindungswirkung, jedoch nur im Rahmen des § 21 BauGB 1986. Das heißt, soweit nach Prüfung der Versagungstatbestände des § 20 Abs. 1 BauGB 1986 eine Teilungsgenehmigung erteilt war, durfte ein Antrag auf Baugenehmigung, der innerhalb von drei Jahren nach Erteilung der Teilungsgenehmigung gestellt wurde, nicht aus Gründen abgelehnt werden, die nach § 20 Abs. 1 BauGB 1986 rechtserheblich waren. Die Baugenehmigung musste insgesamt noch erteilt werden, nur durfte sich hierbei die Bauaufsichtsbehörde wegen der Bindungswirkung des § 21 BauGB 1986 nicht mehr auf bestimmte bauplanungsrechtliche Versagungsgründe stützen. Im Unterschied zu dieser – eingeschränkten – Bindungswirkung der Teilungsgenehmigung nach §§ 19 ff. BauGB 1986 ist der Vorbescheid demgegenüber ein vorweggenommener Teil der Baugenehmigung, über den nicht noch einmal zu entscheiden ist (vgl. Rdn. 9). Das BauROG hat § 21 BauGB mit Wirkung zum 1.1.1998 ersatzlos aufgehoben.

**24** Ein **Vorbescheid** ist auch **hinsichtlich einer Teilungsabsicht** zulässig, wenn diese **in Verbindung mit einem Vorhaben** steht. Derartige Voranfragen sind relativ häufig, insbesondere wenn geklärt werden soll, ob ein Vorhaben auf einer noch abzuteilenden Grundstücksfläche zulässig ist. Die Voranfrage kann sich selbstverständlich auch auf die Aufteilung eines größeren Grundstücksareals zur Errichtung von z. B. Doppelhäusern oder Hausgruppen beziehen. Das BVerwG weist im Urteil vom 30.6.1964 (– I C 79.63, BRS 15 Nr. 56) allerdings darauf hin, dass von der Bauaufsichtsbehörde zunächst klarzustellen ist, ob der Bauherr wirklich nur einen Vorbescheid oder eine Teilungsgenehmigung beantragen will; die Bauaufsichtsbehörde muss im Übrigen unmissverständlich verdeutlichen, ob dementsprechend ihre Entscheidung einen Vorbescheid oder eine Teilungsgenehmigung darstellt.

### 2.4 Geltungsdauer

Die **Geltungsdauer** des Vorbescheids beträgt nach Absatz 1 **Satz 2 zwei Jahre**. Da der Vorbescheid einen vorweggenommenen Teil der Baugenehmigung darstellt, ist nicht recht einzusehen, dass seine Geltungsdauer **kürzer** als die der Baugenehmigung selbst bemessen ist (s. auch Rdn. 1). Die **Frist beginnt** mit dem Tag zu laufen, der auf die **Bekanntgabe** an den Antragsteller folgt (hierzu s. die Anmerkungen zu § 75 Rdn. 157–159, wegen der Berechnung der Frist s. die Anmerkungen zu § 77 Rdn. 5). Die Geltungsdauer ist **gehemmt**, wenn der Bauherr durch einen **hoheitlichen Eingriff**, z. B. durch eine Rücknahme unter Anordnung der sofortigen Vollziehung, daran gehindert wird, innerhalb der zweijährigen Frist von seinem Baurecht Gebrauch zu machen, im anschließenden verwaltungsgerichtlichen Verfahren sich aber die Rechtswidrigkeit dieses Eingriffs herausstellt (OVG NRW, Urteil vom 3. 12. 1975 – 10 A 1483/74, BRS 29 Nr. 122 und Beschluss vom 17. 3. 2006 – 8 B 1920/05, BauR 2006, 1124 = BRS 70 Nr. 152 = NVwZ-RR 2006, 597). Wird der Vorbescheid durch einen **Nachbarn** angefochten, ist der **Ablauf der Frist bis zur Unanfechtbarkeit** ebenfalls **gehemmt**, da es dem Bauherrn nicht zuzumuten ist, während eines laufenden Rechtsbehelfsverfahrens einen kostenträchtigen Bauantrag zu stellen (so Jeromin, zu § 72 Rdn. 29; vgl. Sächs. OVG, Beschluss vom 2. 10. 1997 – 1 S 639/96, BRS 59 Nr. 196). Gleichwohl hat die Anfechtung durch den Nachbarn keinen Einfluss auf die Bindungswirkung des Vorbescheids (s. Rdn. 15). 25

Über einen **innerhalb der Frist eingehenden Bauantrag**, der dem Inhalt des Vorbescheids entspricht, hat die **Bauaufsichtsbehörde** hinsichtlich der durch den Vorbescheid bereits vorweg entschiedenen Fragen des Vorhabens nicht erneut zu entscheiden und ist an die mit dem Vorbescheid vorgenommene **Beurteilung gebunden**. Der Bauantrag braucht nicht während der Geltungsdauer des Vorbescheids – also noch innerhalb der Frist – beschieden zu werden, um die Wirkung des Vorbescheids zu erhalten, da es ausreicht (OVG NRW, Urteil vom 16. 1. 1973 – VII A 889/70, BRS 27 Nr. 140; Urteil vom 1. 10. 1981 – 7 A 2283/79, BauR 1982, 50 = BRS 38 Nr. 110; Urteil vom 14. 1. 1992 – 10 A 111/88, BRS 54 Nr. 164; s. auch Rdn. 18). Wird nämlich vor Ablauf der Geltungsdauer ein Genehmigungsantrag gestellt, besteht die **Bindungswirkung** des Vorbescheids **aufgrund der rechtzeitigen Antragstellung** über den Ablauf der Frist hinaus fort (OVG NRW, Beschluss vom 17. 3. 2006, a. a. O. Rdn. 25). 26

Die **Geltungsdauer** des Vorbescheids kann wie die der Baugenehmigung **verlängert** bzw. **rückwirkend verlängert** werden, wie sich aus der Verweisung in Absatz 2 auf § 77 Abs. 2 BauO NRW ergibt (s. Rdn. 38). Erforderlich hierfür ist ein **schriftlicher Antrag**. Diese Verlängerung kann der Bauherr **wiederholt** – also **immer wieder** – beantragen, ohne dass der Gesetzgeber eine Beschränkung für das Wiederholen des Verlängerungsantrags verfügt hat. Der Bauherr darf somit eine Verlängerung des einmal erteilten Vorbescheids unendlich oft wiederholen. 27

Der Bauherrn hat darüber hinaus das Recht, die **rückwirkende Verlängerung** einer Voranfrage, deren Geltungsdauer bereits abgelaufen ist, zu beantragen. Es ist allerdings darauf zu achten, dass die jeweilige **rückwirkende** Verlängerung **lückenlos** an die vorangegangene anschließt. Die rückwirkende Verlängerung setzt die Beachtung der Einhaltung der **Jahresfrist** nach § 77 Abs. 2 Satz 1 BauO NRW voraus. Versäumt der Antragsteller die Jahresfrist für die rückwirkende Verlängerung, kommt nur ein Antrag auf **Neubescheidung** in Betracht. 27a

### 3 Zu Absatz 2 – Vorbescheidsverfahren

28 Das Verfahren für die Erteilung eines Vorbescheids wird im Wesentlichen durch die **Verweisung** in Absatz 2 **auf die Vorschriften für die Erteilung einer Baugenehmigung** geregelt. Diese Vorschriften sind daher entsprechend anzuwenden. Ohne dass dies (wie in § 74 Abs. 1 Satz 1 NBauO) ausdrücklich formuliert ist, gilt auch für § 71 BauO NRW, dass Inhalt einer Bauvoranfrage **nur solche Fragen** sein können, die einer **selbständigen Beurteilung zugänglich sind**. Die zur Entscheidung gestellte Frage in Bezug auf ein Bauvorhaben muss so gefasst werden, dass sie von der Baugenehmigungsbehörde als vorweggenommener Teil der Baugenehmigung auch tatsächlich mit Bindungswirkung entschieden werden kann. Zwar ist es – innerhalb der Grenzen, die einer Zusammenfassung oder Trennung objektiv gesetzt sind – Sache des jeweiligen Antragstellers, durch seinen Genehmigungsantrag festzulegen, was das Vorhaben und damit der zu beurteilende Verfahrensgegenstand sein soll (BVerwG, Urteil vom 4. 7. 1980 – 4 C 99.77, BRS 36 Nr. 158). Das entbindet den Antragsteller jedoch nicht davon, alle für die Prüfung erforderlichen Angaben klar und eindeutig zu machen, z. B. für ein gewerbliches Vorhaben eine genehmigungsfähige Art der Betriebsführung zu entwickeln (BVerwG, Beschluss vom 3. 1. 1973 – IV B 171.72, BRS 27 Nr. 123).

28 a Nichts anderes gilt auch für den Vorbescheid; auch hier muss der Antrag so klar sein, dass auf ihn, würde ihm stattgegeben, ein verständlicher, inhaltlich genau abgegrenzter, **eindeutig bestimmter** Verwaltungsakt ergehen kann, der in dem durch ihn entschiedenen Umfang die spätere Baugenehmigung bindet. Die Bauvorlagen und die in ihnen enthaltenen Angaben müssen vollständig und richtig sein, da deren Unrichtigkeit und Unvollständigkeit zu Fehlentscheidungen führen oder eine Entscheidung überhaupt unmöglich machen kann (OVG NRW, Urteil vom 22. 7. 1987 – 11 A 958/85, BRS 47 Nr. 139 zum Erfordernis der Angaben zum Anteil der Verkaufsfläche, zur Betriebsbeschreibung und zum Maschinenaufstellplan im Rahmen eines Antrags auf Erteilung einer Bebauungsgenehmigung für einen großflächigen Bau- und Heimwerkermarkt). Leidet die Voranfrage an **Mängeln in Bezug auf das Bestimmtheitsgebot**, haben sich aber dennoch im Verwaltungsverfahren die Bauaufsichtsbehörde und auch die Gemeinde sachlich auf sie eingelassen, ohne die fehlende Beurteilungsfähigkeit geltend zu machen, und hat der Antragsteller später die Bauvorlagen im Verwaltungsstreitverfahren so ergänzt, dass am Umfang der Bebauungsabsichten kein vernünftiger Zweifel mehr bestehen kann, scheidet eine Bescheidungsunfähigkeit wegen mangelnder Bestimmtheit aus (Nds. OVG, Urteil vom 10. 9. 2003 – 1 LB 269/02, BauR 2004, 482 = BRS 66 Nr. 155).

28 b Insbesondere muss die Bauaufsichtsbehörde aufgrund des Antrags und der Bauvorlagen das **Gesamtvorhaben beurteilen können**, auch wenn nur eine Detailfrage Gegenstand des Antrags ist; die Erteilung des Vorbescheids muss abgelehnt werden, wenn der zur Entscheidung beantragte Teil des Vorhabens nicht ohne Kenntnis des Gesamtvorhabens abschließend beurteilt werden kann (BayVGH, Urteil vom 26. 9. 1972 – Nr. 148 II 71, BRS 25 Nr. 150 zu unzureichenden Angaben, um die Zulässigkeit eines Gaststättenbetriebs hinreichend sicher beurteilen zu können; ebenso OVG NRW, Urteil vom 11. 7. 2002 – 10 A 5372/99, BauR 2003, 232 = BRS 65 Nr. 173 und Urteil vom 20. 2. 2004 – 10 A 558/02, BRS 67 Nr. 175 = NVwZ-RR 2004, 558 zu den Mindestanforderungen an Bauvoranfragen und zugehörige Bauvorlagen zur Klärung der bebauungsrechtlichen Zulässigkeit). Ein gleichwohl ergehender Vorbescheid kann wegen Rechtswidrigkeit widerrufen werden; der Inhaber kann sich auch nicht auf den Vertrauensschutz beru-

fen, wenn er im Antrag in wesentlicher Beziehung unvollständige Angaben gemacht hat (Hess. VGH, Beschluss vom 1.8.1985 – 3 TH 1267/85, BRS 44 Nr. 156).

Aus den vorstehend genannten Gründen sind der **Dispositionsbefugnis des Antragstellers** bei der Formulierung seiner Fragen insoweit **Grenzen gesetzt**, als er wichtige Einzelaspekte nicht einfach ausklammern kann (OVG NRW, Urteil vom 16.5.1995 – 11 A 4066/93, BRS 57 Nr. 195 zur Unzulässigkeit des Ausklammerns bauplanungsrechtlicher Aspekte bei einer Voranfrage zum Stellplatznachweis für ein Vorhaben); hierzu führt das Gericht aus: **28 c**

*„Mit dem zur Entscheidung des Gerichts gestellten Streitgegenstand begehrt der Kläger nicht den Erlaß eines bescheidungsfähigen Vorbescheides, sondern in Wahrheit die Beantwortung abstrakter Rechtsfragen, die der Kläger durch das gegenüber dem Gericht ausgesprochene Verbot, planungsrechtliche Fragen in die Beurteilung einzubeziehen, auf so nicht beurteilungsfähige Teilrechtsfragen beschränkt hat, die für die spätere Durchführung des Vorhabens, insbesondere für eine nachfolgende Baugenehmigung ohne Aussagewert sind. … Ein Vorbescheid, der die Frage, die gestellt wird, letztlich offen läßt und dem zu dem Vorhaben, soweit es zur Prüfung gestellt ist, für das Baugenehmigungsverfahren keine abschließende Bindungswirkung zukommt, ist der Bauordnung NW fremd (vgl. OVG NW, Urteil vom 28.5.1993 – 7 A 1112/90 –).“*

Weiterhin muss ein **Sachbescheidungsinteresse** gegeben sein (s. die Anmerkungen zu § 75 Rdn. 91). Ein solches ist selbst dann noch gegeben, und eine Voranfrage demnach **möglich**, wenn das **Bauvorhaben bereits** errichtet ist (so OVG Lüneburg, Urteil vom 8.6.1977 – VI A 225/75, BRS 32 Nr. 138; vgl. Große-Suchsdorf/Lindorf/Schmaltz/Wiechert, zu § 74 Rdn. 13). Der gegenteiligen Auffassung des OVG Saar (Urteil vom 5.10.1979 – II R2 u. 3/79, BRS 35 Nr. 171) kann nicht gefolgt werden, da auch bei einer nachträglichen Genehmigung eines Schwarzbaus ein berechtigtes Interesse des Bauherrn angenommen werden kann, durch Voranfrage die Genehmigungsfähigkeit verbindlich klären lassen zu können, ehe er umfangreiche Bauvorlagen für das Baugenehmigungsverfahren fertigen lässt (a. A. Boeddinghaus/Hahn/Schulte, zu § 71 Rdn. 11). An einem Sachbescheidungsinteresse fehlt es hingegen, wenn z.B. eine Bebauungsgenehmigung beantragt wird, dem Vorhaben aber andere – insbesondere bauordnungsrechtliche – Gründe entgegenstehen, die sich schlechthin nicht ausräumen lassen (BVerwG, Urteil vom 24.10.1980 – 4 C 3.78, BRS 36 Nr. 169 und Urteil vom 19.4.1985 – 4 C 25.84, BauR 1985, 544 = BRS 44 Nr. 80) oder wenn anstelle des in der Voranfrage dargestellten Vorhabens bereits ein anderes errichtet worden ist (OVG NRW, Urteil vom 25.9.1996 – 11 A 3535/94, BRS 58 Nr. 132). **29**

Der Vorbescheid ist gemäß **§ 69 Abs. 1 Satz 1 BauO NRW schriftlich zu beantragen**; der Antrag ist bei der Bauaufsichtsbehörde einzureichen. Der **Antrag** muss **klar und bestimmt** sein, so dass ein entsprechender Vorbescheid inhaltlich klar abgegrenzt eindeutig erkennen lässt, wie weit seine Bindungswirkung geht. Ein Vorbescheid kann deshalb nur ergehen, wenn so klar formulierte Fragen zur Prüfung gestellt worden sind, dass später bei der Vorlage der Baugenehmigungsunterlagen festgestellt werden kann, ob zu einem bestimmten Aspekt dieses Vorhabens eine positiv die Zulässigkeit feststellende Entscheidung bereits ergangen ist oder nicht (vgl. OVG Rh-Pf, Teilurteil vom 17.11.1999 – 8 A 10537/99, BauR 2000, 545 = BRS 62 Nr. 165). Diese Beurteilung setzt voraus, dass überprüft werden kann, ob es sich bei dem Vorhaben, für das die Baugenehmigung beantragt wird, und dem, auf das sich der Vorbescheid bezieht, um dasselbe Vorhaben handelt. Auch hieraus ergibt sich – unabhängig vom Wortlaut des § 71 Abs. 1 BauO **30**

NRW –, dass einer Bauvoranfrage eine bestimmte, inhaltlich artikulierte Bauabsicht zugrunde liegen muss (zur Bestimmung des Antragsgegenstands s. die Anmerkungen zu § 69 Rdn. 4–8). Ein Antrag auf Erteilung eines Bauvorbescheids bezieht sich grundsätzlich nur auf das von der Bauaufsichtsbehörde zu prüfende Baurecht und nicht daneben auch noch auf die Erteilung eventuell zusätzlich zur späteren Baugenehmigung erforderlicher selbständiger Genehmigungen oder Erlaubnisse (s. Rdn. 34 und 35). Er enthält insbesondere nicht zugleich einen an die Gemeinde gerichteten Antrag auf Erteilung einer sanierungsrechtlichen Genehmigung, selbst wenn Bauaufsichtsbehörde und Gemeinde identisch sind, weil mit dem sanierungsrechtlichen Verfahren besondere Fristen- und Fiktionsregeln verbunden sind und es deshalb erforderlich ist, dass die angerufene Behörde dies erkennt (BVerwG, Beschluss vom 8. 3. 2001 – 4 B 76.00, BauR 2001, 1723 = BRS 64 Nr. 166).

**31** Der Voranfrage sind nach **§ 16 Satz 1 BauPrüfVO** die **Bauvorlagen** beizufügen (s. § 69 Abs. 1 Satz 1 BauO NRW), die zur **Beurteilung** der durch den Vorbescheid zu **entscheidenden Fragen** des Bauvorhabens **erforderlich** sind. Die Übereinstimmung eines Baukörpers mit dem öffentlichen Baurecht kann ohne einen Lageplan des Baugrundstücks mit Eintragung des Standorts des Gebäudes nicht beurteilt werden (zur vergleichbaren brandenburgischen Rechtslage s. OVG Bbg, Beschluss vom 23. 4. 1999 – 3 A 191/97, BauR 2000, 549 = BRS 62 Nr. 172 = NVwZ-RR 2000, 271). Nur so ist prüfbar, ob die geplante bauliche Anlage den bauplanungs- und bauordnungsrechtlichen Vorgaben entspricht, z. B. Baugrenzen nicht überschreitet oder den erforderlichen Grenzabstand einhält. Der Vorbescheid muss deshalb abgelehnt werden, wenn der zur Entscheidung beantragte Teil des Vorhabens nicht ohne Kenntnis des Gesamtvorhabens abschließend beurteilt werden kann (so BayVGH, Urteil vom 26. 9. 1972, BRS 25 Nr. 150: im Antragsvordruck mit Lageplan war der Wiederaufbau einer durch Brand teilweise zerstörten Gaststätte beantragt worden, ohne dass weitere Bauvorlagen beigefügt waren).

**31a** Bei **Zweifelsfragen über das Erfordernis** einer bestimmten Bauvorlage ist immer auf die **Bindungswirkung** des Vorbescheids abzustellen. Kann die Bauaufsichtsbehörde diese Bindungswirkung nur akzeptieren, wenn sie bestimmte Details geprüft hat, darf sie auch zuvor die entsprechenden Bauvorlagen verlangen (§ 16 in Verbindung mit § 1 Abs. 2 Satz 2 BauPrüfVO; s. Rdn. 28). Allerdings ist darauf hinzuweisen, dass die **Anforderungen** an die Bauvorlagen **nicht überzogen** werden dürfen, wenn es nur darum geht, die bauplanungsrechtliche Zulässigkeit eines Vorhabens festzustellen (zur Kritik an einer in dieser Hinsicht exzessiven Rechtsprechung s. Groth/Graupeter, Steine statt Brot – Die Rechtsprechung der Brandenburgischen Verwaltungsgerichte zur Bescheidungsfähigkeit von Bauvorbescheidsanträgen, BauR 2000, S. 1691 ff.).

**32** Der Antrag auf Erteilung eines Vorbescheids ist nach § 69 **Abs. 2 Satz 1 und 2** BauO NRW vom Bauherrn und vom Entwurfsverfasser, die Bauvorlagen sind nur vom Entwurfsverfasser und den gegebenenfalls hinzugezogenen Fachplanern zu unterschreiben (s. die Anmerkungen zu § 69 Rdn. 84). Inwieweit Bauvoranfragen für die Errichtung von Gebäuden von einem nach § 70 BauO NRW bauvorlageberechtigten Entwurfsverfasser mit unterzeichnet werden müssen, ist in § 71 Abs. 3 BauO NRW geregelt (s. Rdn. 02 und Rdn. 39 und 40). Nach § 69 **Abs. 2 Satz 3** BauO NRW kann auch die Zustimmung des Grundstückseigentümers verlangt werden (s. die Anmerkungen zu § 69 Rdn. 88–90 sowie OVG Bln, Beschluss vom 29. 6. 1999 – 2 N 35/98, NVwZ-RR 2000, 61). Treten mehrere Personen als Antragsteller auf, ist gemäß § 69 **Abs. 3** BauO NRW ein Vertreter zu bestellen (s. die Anmerkungen zu § 69 Rdn. 91–92).

Die Verweisung auf § **72 Abs. 1 bis 3 BauO NRW** dient der Gleichstellung mit den Vorschriften über die Behandlung des Bauantrags. Die Bauaufsichtsbehörde 33

- hat gemäß **Absatz 1 Satz 1** den Vorbescheidsantrag **binnen einer Woche** nach Eingang der **Vorprüfung** zu unterziehen (s. die Anmerkungen zu § 72 Rdn. 51–73),
  - nach **Nr. 1**, ob die Voranfrage den Anforderungen des § 69 BauO NRW und des § 16 BauPrüfVO entspricht,
  - nach **Nr. 2**, ob die Erteilung des Vorbescheids von der Zustimmung, dem Einvernehmen, Benehmen oder der Erteilung einer weiteren Genehmigung oder Erlaubnis einer anderen Behörde abhängig ist,
  - nach **Nr. 3**, welche anderen Behörden oder Dienststellen zu beteiligen sind und
  - nach **Nr. 4**, welche Sachverständigen heranzuziehen sind;
- soll gemäß **Absatz 1 Satz 2** die Voranfrage zurückweisen, wenn die Bauvorlagen erhebliche Mängel aufweisen (s. die Anmerkungen zu § 72 Rdn. 61–73);
- hat gemäß **Absatz 1 Satz 3** die Voranfrage der Gemeinde zuzuleiten (s. die Anmerkungen zu § 72 Rdn. 74–76).

Kann eine Voranfrage nicht ohne **Beteiligung einer anderen Behörde** entschieden werden, so ist diese von der Bauaufsichtsbehörde gemäß § 72 **Abs. 1 Satz 1 Nr. 2 und 3** BauO NRW zu beteiligen. Die Verweisung auf § 72 **Abs. 2** BauO NRW hat wie im Baugenehmigungsverfahren zur Folge, dass nach Verstreichen der Beteiligungsfrist die Fiktions- und Unbeachtlichkeitsklauseln gelten (s. die Anmerkungen zu § 72 Rdn. 77–90). Durch die Verweisung auf § 72 **Abs. 3** BauO NRW wird auch für die Behandlung der Voranfrage das **„Sternverfahren"** gefordert, so dass Entscheidungen und Stellungnahmen zu beteiligender Behörden und Stellen gleichzeitig anzufordern sind (s. die Anmerkungen zu § 72 Rdn. 91–94).

Die Verweisung auf § 72 Abs. 1 Satz 1 **Nr. 2** BauO NRW in Bezug auf das **Erfordernis der Erteilung einer weiteren Genehmigung oder Erlaubnis einer anderen Behörde** muss im Zusammenhang mit § 75 Abs. 3 Satz 2 BauO NRW gesehen werden (s. die Anmerkungen zu § 72 Rdn. 79 sowie zu § 75 Rdn. 171). Diese Verweisung hat eigentlich nur für die baufreigebende Wirkung der Baugenehmigung Bedeutung (s. die Anmerkungen zu § 75 Rdn. 2 und 177–179). Im Vorbescheidsverfahren besteht (noch) keine Veranlassung darauf zu achten, dass sämtliche „vorgreiflichen" Genehmigungen nach öffentlichem Recht vorliegen, da diese Aufgabe erst im Baugenehmigungsverfahren ansteht. Es ist ja gerade **Sinn des Vorbescheids**, lediglich die aus dem materiell-rechtlichen Prüfprogramm „ausgeschnittenen" Fragen einer verbindlichen Klärung zuzuführen, um die weitere Bearbeitung des Bauantrags zu ermöglichen (s. Rdn. 2). Daher bestimmt der Antragsteller mit seiner Voranfrage auch den Prüfumfang. Will er z. B. nur die bauplanungsrechtliche Zulässigkeit eines im Landschaftsschutzgebiet gelegenen Vorhabens geklärt wissen, ist die Bauaufsichtsbehörde nach positivem Abschluss der bauplanungsrechtlichen Prüfung zur Erteilung des Vorbescheids verpflichtet, auch wenn die landschaftsrechtliche Befreiungsentscheidung nicht vorliegt, da das nordrhein-westfälische Landesrecht zwischen der Erteilung des Vorbescheids einerseits und der Zulassung der landschaftsrechtlichen Befreiung andererseits trennt (OVG NRW, Urteil vom 24. 7. 2000 – 10 A 5693/98, n.v., unter Bezug auf Hahn, Landschaftsrecht und Baufreiheit, DVBl. 1992, S. 1408 ff.). Hierzu führt das Gericht weiter aus: 34

*„Wegen dieser verfahrensrechtlichen Trennung ist bei der Entscheidung über eine Bauvoranfrage nicht im Einzelnen zu prüfen, ob die Voraussetzungen für eine Ausnahme oder eine Befreiung von dem Bauverbot der Landschaftsschutzverordnung vorliegen. Der Klägerin würde allerdings ein Sachbescheidungsinteresse für ihre Bauvoranfrage mit der Folge der Unzulässigkeit der Klage fehlen, wenn offensichtlich wäre, dass für das Vorhaben eine erforderliche landschaftsschutzrechtliche Ausnahme oder Befreiung schlechthin nicht erteilt werden kann (vgl. OVG NRW, Urteil vom 16. November 1989 – 7 A 503/88 – und Beschluss vom 03. September 1999 – 10 A 3691/97 –; Hahn, a. a. O.). Dass eine Ausnahme oder Befreiung schlechthin nicht erteilt werden kann, ist hier nicht in diesem Sinne offensichtlich, sondern bedarf vielmehr näherer Prüfung in dem dafür vorgesehenen Verfahren. Insoweit ist eine Prüfung der konkreten Umstände des Einzelfalls durch die zur Entscheidung berufenen Fachbehörden vorzunehmen, wobei insbesondere von Bedeutung ist, welchen Schutzzweck die Landschaftsschutzverordnung mit der Unterschutzstellung des klägerischen Grundstücks verfolgt und inwieweit das Vorhaben der Klägerin auf diese Schutzgründe einwirkt. Von Bedeutung ist auch die besondere Schutzbedürftigkeit des unmittelbar an das klägerische Grundstück angrenzenden Naturschutzgebietes, das möglicherweise ebenfalls durch das Vorhaben beeinträchtigt wird.“*

Das OVG NRW hatte bereits mit Urteil vom 12. 9. 1988 (– 10 A 882/85, n.v., zur Waldumwandlungsgenehmigung nach § 39 Landesforstgesetz) unter Berufung auf das BVerwG (Urteil vom 19. 4. 1985 – 4 C 25.84, BRS 44 Nr. 80 und Urteil vom 10. 5. 1985 – 4 C 9.84, BRS 44 Nr. 81 – jeweils zur Wirkung von Landschaftsschutzverordnungen) entschieden, dass sich der Entscheidungsgehalt einer Bebauungsgenehmigung auf das Planungsrecht beschränkt, wenn neben dem Baurecht noch eine verfahrensmäßig getrennte (selbständige) Genehmigung erforderlich ist.

**35** Der Antragsteller kann die Voranfrage ausdrücklich auch auf die **Frage** erstrecken, **ob** eine für die Ausnutzbarkeit der Baugenehmigung zwingend erforderliche **selbständige Genehmigung** und **Erlaubnis** nach sonstigen öffentlich-rechtlichen Vorschriften **erteilt wird**, obwohl diese Fragen nicht Teil des materiell-rechtlichen Prüfprogramms sind. Dies hängt mit der baufreigebenden Wirkung der Baugenehmigung nach § 75 Abs. 5 BauO NRW zusammen; die Bauaufsichtsbehörde ist insoweit befugt, die Baugenehmigung mit einer Bedingung zu versehen, um einen verfrühten Baubeginn auszuschließen (s. die Anmerkungen zu § 75 Rdn. 171; s. auch Sächs. OVG, Urteil vom 8. 6. 1995 – 1 S 154/95, BRS 57 Nr. 187). Macht der Antragsteller von dieser Möglichkeit Gebrauch, zieht er gleichsam das sonstige öffentliche Recht in die bauaufsichtliche Prüfung mit ein, ohne dass die Bauaufsichtsbehörde selbst prüfend tätig wird. Vielmehr ist die nach dem Fachrecht zuständige Behörde nach Maßgabe des § 72 Abs. 1 Satz 1 Nr. 2 BauO NRW im Verfahren zu beteiligen und deren Entscheidung abzuwarten. Dies gilt aber nur, wenn die **fachgesetzliche Frage in einem direkten Zusammenhang mit dem beabsichtigten Vorhaben** stehen (OVG NRW, Urteil vom 20. 6. 1985 – 7 A 308/81, NVwZ 1986, 580 und Urteil vom 22. 7. 1987 – 11 A 958/85, BRS 47 Nr. 139). So kann z. B. durch Vorbescheid verbindlich geklärt werden, ob zur Verwirklichung des Bauvorhabens eine landschaftsschutzrechtliche Ausnahmegenehmigung erforderlich ist (OVG NRW, Urteil vom 21. 11. 1980 – 10 A 848/77, NuR 1981, 140). Auch straßenrechtliche Anbaubeschränkungen können mit einer Voranfrage zur verbindlichen Prüfung durch die Fachbehörde gestellt werden (OVG Lüneburg, Urteil vom 4. 9. 1980 – 6 A 39/79, BRS 36 Nr. 170).

**36** Erfordert die Entscheidung über eine Voranfrage **Abweichungen** von materiellen Vorschriften, so ist über diese unter den Voraussetzungen des § 73 BauO NRW, gegebenenfalls nach **Beteiligung des Nachbarn** gemäß § 74 BauO NRW, im Rahmen des Vorbescheids zu entscheiden. Auf die Erteilung der Abweichung hat der Antragsteller jedoch keinen Anspruch, da diese grundsätzlich im **Ermessen** der Bauaufsichtsbehörde steht (BVerwG, Urteil vom 14.7.1972 – IV C 69.70, BVerwGE 40, 268 = BauR 1972, 358 = BRS 25 Nr. 163 = DÖV 1972, 824).

Die Verweisung auf **§ 75 Abs. 1 bis 3 BauO NRW** bedeutet im Einzelnen: 37

- Auf die Erteilung eines Vorbescheids besteht ein **Rechtsanspruch,** wenn öffentlich-rechtliche Vorschriften nicht entgegenstehen (Absatz 1 Satz 1; s. die Anmerkungen zu § 75 Rdn. 9–17).
- Einem Vorbescheid können **Nebenbestimmungen**, insbesondere Bedingungen und Auflagen, hinzugefügt werden (OVG NRW, Urteil vom 24.8.1979 – XI A 611/79, BRS 35 Nr. 150; s. die Anmerkungen zu § 75 Rdn. 145–154).
- Der Vorbescheid bedarf der **Schriftform** (Absatz 1 Satz 2; s. die Anmerkungen zu § 75 Rdn. 129–144).
- Der Vorbescheid ist dem Antragsteller **zuzustellen**, und zwar mit den mit einem Genehmigungsvermerk versehenen Bauvorlagen (Absatz 1 Satz 3; s. die Anmerkungen zu § 75 Rdn. 157–159).
- Der Vorbescheid gilt für und gegen **Rechtsnachfolger** (Absatz 2; s. die Anmerkungen zu § 75 Rdn. 160–164).
- Der Vorbescheid ergeht **unbeschadet der privaten Rechte Dritter**; er lässt aufgrund anderer Vorschriften bestehende **Verpflichtungen zum Einholen von Genehmigungen usw. unberührt** (Absatz 3; s. die Anmerkungen zu § 75 Rdn. 165–171).

Aufgrund der Verweisung auf **§ 77 Abs. 2 BauO NRW** kann die **Geltungsdauer eines** 38 **Vorbescheids verlängert** werden (s. die Anmerkungen zu § 77 Rdn. 12–16). Auf die Verlängerung der Geltungsdauer besteht ein **Rechtsanspruch**, wenn sich die **Sach- und Rechtslage nicht geändert** hat (Nds. OVG, Urteil vom 6.1.1995 – 1 L 457/93, BauR 1995, 674 = BRS 57 Nr. 194). Die Verlängerung der Geltungsdauer eines Vorbescheids bedeutet in der Sache nämlich nichts anderes als deren Neuerteilung unter erleichterten Verfahrensbedingungen. Der Bauherr hat demnach nur dann einen Rechtsanspruch auf Verlängerung der Geltungsdauer des Vorbescheids, wenn das Vorhaben im Zeitpunkt der Verlängerung dem geltenden Baurecht entspricht (OVG NRW, Urteil vom 2.12.1987 – 11 A 1942/76, BRS 47 Nr. 140).

Die Bauaufsichtsbehörde ist nicht gehindert, die **Verlängerung** der Geltungsdauer eines 38 a Vorbescheids **abzulehnen**, wenn sie bei der Prüfung des Verlängerungsantrags erkennt, dass der ursprünglich erteilte **Vorbescheid rechtswidrig** war (BGH, Urteil vom 30.6.1988 – III ZR 232/86, BRS 48 Nr. 136). Die Rechtsprechung verlangt sogar, dass die Bauaufsichtsbehörde in diesen Fällen den Vorbescheidsantrag **ablehnen muss** (BGH, Urteil vom 9.12.1982 – III ZR 56/81, BRS 45 Nr. 36; OVG NRW, Urteil vom 2.12.1987 – 11 A 1942/76, a.a.O. Rdn. 38). Ist **keine Änderung der Sach- und Rechtslage** eingetreten, wird die Verlängerung ermessensfehlerfrei nur bei gewichtigen gegenläufigen öffentlichen Interessen zu versagen sein (OVG NRW, Urteil vom 22.5.1987 – 10 A 632/85, n.v.; s. auch Boeddinghaus/Hahn/ Schulte, zu § 71 Rdn. 65). Dies kann beispielsweise eintreten, wenn die Bauaufsichtsbehörde ihre Rechtsauffassung zu einem bestimmten Zulässigkeitsaspekt aufgrund neuer Erkenntnisse grundsätzlich ändert.

38b Will die Bauaufsichtsbehörde einen Vorbescheid wegen laufender **städtebaulicher Planungen** nicht erteilen, dem im Zeitpunkt der fälligen Entscheidung öffentlich-rechtliche Vorschriften nicht entgegenstehen, so bleibt ihr zur Verhinderung der Bindungswirkung eines positiven Vorbescheids nur die Möglichkeit, die Entscheidung bei Vorliegen eines Aufstellungsbeschlusses für einen Bebauungsplan in Anwendung des **§ 15 BauGB zurückzustellen** (BVerwG, Urteil vom 11. 11. 1970 – IV C 79.68, BRS 23 Nr. 88 = DVBl. 1971, 468 = DÖV 1971, 425).

### 4 Zu Absatz 3 – Erfordernis der Bauvorlageberechtigung

39 Absatz 3 beantwortet die Frage, ob für den Antrag auf Erteilung eines Vorbescheids, durch den Fragen in Bezug auf die **Errichtung** oder **Änderung** eines **Gebäudes** entschieden werden sollen, die Bauvorlageberechtigung des Entwurfsverfassers erforderlich ist (s. die Anmerkungen zu § 70 Rdn. 10–19). **Satz 1** verlangt **in der Regel** bei Vorbescheiden, die die Errichtung oder Änderung von Gebäuden betreffen, die **Bauvorlageberechtigung** (s. die Anmerkungen zu § 70 Rdn. 20–41). Der Gesetzgeber geht davon aus, dass sich die Bauaufsichtsbehörde im Interesse einer wirksamen Gefahrenabwehr auch hinsichtlich der Bauvorlagen für einen Vorbescheid darauf verlassen können muss, dass diese von hinreichend qualifizierten Fachleuten aufgestellt worden sind.

40 **Satz 2** macht von diesem Grundsatz die **Ausnahme** für einen **Vorbescheid**, mit dem nur über die Vereinbarkeit des Vorhabens mit den planungsrechtlichen Vorschriften über die Art der baulichen Nutzung, die Bauweise und die überbaubare Grundstücksfläche entschieden wird. Soweit auch das Maß der baulichen Nutzung in die Bauvoranfrage einbezogen wird, ist die Einschaltung eines bauvorlageberechtigten Entwurfsverfassers erforderlich.

## § 72
## Behandlung des Bauantrages

**(1) [1]Die Bauaufsichtsbehörde hat innerhalb einer Woche nach Eingang des Bauantrages zu prüfen,**

**1. ob der Bauantrag und die Bauvorlagen den Anforderungen des § 69 und den Vorschriften der aufgrund des § 85 Abs. 3 erlassenen Rechtsverordnung entsprechen,**

**2. ob die Erteilung der Baugenehmigung von der Zustimmung, dem Einvernehmen, Benehmen oder von der Erteilung einer weiteren Genehmigung oder Erlaubnis einer anderen Behörde abhängig ist,**

**3. welche anderen Behörden oder Dienststellen zu beteiligen sind und**

**4. welche Sachverständigen heranzuziehen sind.**

**[2]Die Bauaufsichtsbehörde soll den Bauantrag zurückweisen, wenn die Bauvorlagen unvollständig sind oder erhebliche Mängel aufweisen. [3]Unmittelbar nach Abschluss der Prüfung nach Satz 1 hat die Bauaufsichtsbehörde den Bauantrag und die dazugehörenden Bauvorlagen mit Ausnahme der bautechnischen Nachweise der Gemeinde zuzuleiten.**

**(2) [1]Bedarf die Erteilung der Baugenehmigung nach landesrechtlichen Vorschriften der Zustimmung, des Einvernehmens oder des Benehmens einer anderen Körperschaft, Behörde oder Dienststelle, so gelten diese als erteilt, wenn sie nicht innerhalb von zwei Monaten nach Eingang des Ersuchens unter Angabe der Gründe verweigert werden. [2]Hat eine andere Behörde oder Dienststelle eine Stellungnahme nicht innerhalb eines Monats nach Aufforderung abgegeben, so kann die Bauaufsichtsbehörde ohne die Stellungnahme entscheiden. [3]Bearbeitungs- und Ausschlussfristen in anderen Rechtsvorschriften bleiben unberührt.**

**(3) [1]Entscheidungen und Stellungnahmen nach Absatz 2 sollen gleichzeitig eingeholt werden. [2]Eine gemeinsame Besprechung der nach Absatz 2 zu beteiligenden Stellen (Antragskonferenz) soll einberufen werden, wenn dies der beschleunigten Abwicklung des Baugenehmigungsverfahrens dienlich ist. [3]Förmlicher Erklärungen der Zustimmung, des Einvernehmens oder Benehmens nach Absatz 2 Satz 1 bedarf es nicht, wenn die dort genannten Behörden oder Dienststellen derselben Körperschaft wie die Bauaufsichtsbehörde angehören.**

**(4) Die Beachtung der technischen Regeln ist, soweit sie nach § 3 Abs. 3 eingeführt sind, zu prüfen.**

**(5) [1]Einer Prüfung bautechnischer Nachweise, die von einem Prüfamt für Baustatik allgemein geprüft sind (Typenprüfung), bedarf es nicht. [2]Typenprüfungen anderer Länder gelten auch im Land Nordrhein-Westfalen.**

**(6) [1]Legt die Bauherrin oder der Bauherr Bescheinigungen einer oder eines staatlich anerkannten Sachverständigen im Sinne des § 85 Abs. 2 Nr. 4 vor, so wird vermutet, dass die bauaufsichtlichen Anforderungen insoweit erfüllt sind. [2]Im Hinblick auf die Stand sicherheit und den Brandschutz einer baulichen Anlage sind Bescheinigungen über die Prüfung der entsprechenden Nachweise und Bauvorlagen erforderlich. [3]Die Bauaufsichtsbehörde kann die Vorlage solcher Bescheinigungen verlangen. [4]Die Bauaufsichtsbehörde ist zu einer Überprüfung des Inhalts der Bescheinigungen nicht verpflichtet. [5]Mit der Vor-**

**lage der Bescheinigungen sind der Bauaufsichtsbehörde die staatlich anerkannten Sachverständigen nach § 85 Abs. 2 Satz 1 Nr. 4 zu benennen, die mit den stichprobenhaften Kontrollen der Bauausführung beauftragt worden sind. [6]Die Sätze 1 bis 5 gelten im Hinblick auf den Brandschutz einer baulichen Anlage nicht für Sonderbauten (§ 54).**

*VV BauO NRW (infolge Befristung mit Ablauf des 31. 12. 2005 ausgelaufen)*

***72 Behandlung des Bauantrages (§ 72)***

*72.1 Zu Absatz 1*

*72.11 Bestimmungen über die Zusammenarbeit zwischen den Bauaufsichtsbehörden und anderen Behörden enthalten auch die in der Anlage zu Nr. 72.11 aufgeführten Erlasse.*

*72.12 § 72 Abs. 1 Satz 2 hat zur Folge, dass unvollständige oder erheblich mangelhafte Bauvorlagen nur in begründeten Ausnahmefällen nicht zurückgewiesen werden.*

*Die Zurückweisung von Bauanträgen nach Satz 2 unterliegt keiner Frist; Satz 1 bestimmt lediglich, dass die Bauaufsichtsbehörde die sog. Vorprüfung innerhalb einer Woche nach Eingang des Bauantrages durchzuführen hat. Auch nach Ablauf dieser Wochenfrist ist es nicht ausgeschlossen, den Bauantrag zurückzuweisen, wenn sich erst im Laufe der weiteren Prüfung herausstellt, dass Bauvorlagen unvollständig sind oder erhebliche Mängel aufweisen. Jedoch sollte in der Regel die Zurückweisung unmittelbar nach der sog. Vorprüfung vorgenommen werden. Eine Zurückweisung zu einem wesentlich späteren Zeitpunkt dürfte nur schwer vermittelbar sein.*

*Vor der Zurückweisung eines Bauantrages ist eine Anhörung gemäß § 28 VwVfG. NRW. in der Regel nicht erforderlich. Sie sollte ausnahmsweise dann erfolgen, wenn sie auf Gründe gestützt wird, von denen anzunehmen ist, dass die Antragstellerin oder der Antragsteller ihre Erheblichkeit für die Bearbeitung des Bauantrages verkannt hat (siehe auch OVG NRW, Urteil vom 1. 7. 1983 – 4 A 248/82 –, NVwZ 1983, 746; DÖV 83, 986). Die Nachforderung von Unterlagen gemäß § 1 Abs. 2 Satz 2 BauPrüfVO ist als Anhörung anzusehen.*

*72.13 Die Gemeinde erhält den Bauantrag und eine Ausfertigung der Bauvorlagen mit Ausnahme der bautechnischen Nachweise zur Stellungnahme. Die Stellungnahme hat sich auf Sach- und Rechtsfragen zu beschränken, an denen sie im Baugenehmigungsverfahren beteiligt ist, insbesondere auf Fragen*

- *des Bauplanungsrechts,*
- *der Erschließung,*
- *der Einhaltung örtlicher Bauvorschriften (§ 86).*

*In der Stellungnahme ist darzulegen, inwieweit gesetzlich vorgeschriebene Mitwirkungsakte der Gemeinde (z. B. Einvernehmen nach den Vorschriften des BauGB oder nach § 86 Abs. 5) vollzogen wurden. Ist die Baugenehmigung von der Erteilung besonderer gemeindlicher Genehmigungen, Erlaubnisse oder Prüfungen abhängig (z. B. §§ 145, 173 BauGB, § 9 DSchG), sind der Stellungnahme Durchschriften der entsprechenden Bescheide beizufügen und darzulegen, ob und inwieweit sich diese Genehmigungen auf das beantragte Bauvorhaben auswirken, insbesondere ob die Baugenehmigung aufgrund dieser Bestimmungen zu versagen oder mit Nebenbestimmungen zu versehen ist.*

*Die Gemeinde soll ihre Stellungnahme innerhalb von drei Wochen gegenüber der Bauaufsichtsbehörde abgeben. Ist dies nicht möglich, soll die Bauaufsichtsbehörde unter Darlegung der Verzögerungsgründe hiervon unterrichtet werden. Kann die Stellungnahme nicht rechtzeitig abgegeben werden, weil für die Erteilung gemeindlicher Genehmigungen die Beteiligung weiterer Behörden vorgeschrieben ist (z. B. § 9 in Verbindung mit § 21 Abs. 4 DSchG), soll die Gemeinde auch die Antragstellerin oder den Antragsteller unterrichten.*

*72.2 Zu Absatz 2*

*72.21 Zu den in § 72 Abs. 2 Satz 2 genannten Stellungnahmen zählen auch die, welche die für den Brandschutz zuständigen Dienststellen, das Staatliche Amt für Arbeitsschutz* und das Staatliche Umweltamt* nach Anhörung gemäß Nr. 54.3 VV BauO NRW abgeben; diese Behörden sind bei der Anhörung auf diese Vorschrift hinzuweisen.*

*§ 72 Abs. 2 dient der Beschleunigung des Baugenehmigungsverfahrens. Die Baugenehmigungsbehörde hat deshalb nach Ablauf der Fristen das Verfahren fortzusetzen und zu entscheiden. Erscheint ihr bei Anlegen strenger Maßstäbe die Stellungnahme einer Fachbehörde (z. B. der für den Brandschutz zuständigen Dienststelle) unentbehrlich, ist erforderlichenfalls über die Aufsichtsbehörde der Fachbehörde auf die alsbaldige Abgabe der Stellungnahme zu drängen.*

*72.22 Nach §§ 110 und 111 Abs. 6 BBergG kann der Bergbauberechtigte im Einwirkungsbereich untertägigen Bergbaus von der Bauherrin oder vom Bauherrn die Anpassung oder Sicherung eines zu errichtenden Bauvorhabens gegen zu erwartende Bergschäden, ggf. gegen Kostenersatz verlangen. Nach § 110 Abs. 6 BBergG erteilen die zuständigen Behörden dem Bergbauberechtigten für das von ihm bezeichnete Gebiet Auskunft über alle Anträge auf Erteilung einer baurechtlichen Genehmigung oder Zustimmung oder eine diese einschließende Genehmigung. Daher hat die Bauaufsichtsbehörde die Bauvorlagen an den Bergbauberechtigten weiterzuleiten, wenn das Bauvorhaben im Einwirkungsbereich untertägigen Bergbaus liegt. Der Bergbauberechtigte gibt eine Stellungnahme gemäß §§ 110 und 111 BBergG ab.*

*72.23 Bei der Genehmigung von Bauvorhaben im Sinne der §§ 34 und 35 BauGB, die in einem Abstand von weniger als 35 m zu Wäldern (§ 2 Bundeswaldgesetz in Verbindung mit § 1 LFoG) errichtet werden sollen, ist die zuständige Forstbehörde zu hören. Im Baugenehmigungsverfahren soll möglichst darauf hingewirkt werden, dass Bauvorhaben einen Abstand von mindestens 35 m zu Wäldern einhalten.*

*72.6 Zu Absatz 6*

*72.61 Unter Berücksichtigung der SV-VO ist die Vorlage von Sachverständigenbescheinigungen in den Fachbereichen Standsicherheit (einschließlich Erd- und Grundbau), Brandschutz, Schallschutz und Wärmeschutz vorgesehen.*

*Im Baugenehmigungsverfahren gemäß § 63 ist es der Bauherrin oder dem Bauherrn freigestellt, Sachverständigenbescheinigungen in den Bereichen Standsicherheit und Schallschutz vorzulegen; für den Wärmeschutznachweis gelten die besonderen Regelungen der WärmeschutzUVO (siehe auch Nr. 68.3).*

*72.62 Aufgabenerledigung der staatlich anerkannten Sachverständigen*

*Soweit § 72 Abs. 7 Satz 2 vorsieht, dass im Hinblick auf die Standsicherheit und den Brandschutz einer baulichen Anlage Bescheinigungen über die Prüfung der entsprechenden Nachweise und Bauvorlagen erforderlich sind, setzt dies voraus, dass die oder der staatlich anerkannte Sachverständige die Übereinstimmung von Bauvorlagen mit dem geltenden Recht bescheinigt, die von einer anderen Person aufgestellt worden sind. Es darf sich dabei auch nicht um Bauvorlagen handeln, die von der Person aufgestellt wurden, die zu der oder dem staatlich anerkannten Sachverständigen in einem fachlichen Abhängigkeitsverhältnis steht.*

*72.621 Die staatlich anerkannten Sachverständigen für die Prüfung der Standsicherheit haben*

*1. im Baugenehmigungsverfahren gemäß § 63*

*1.1 zu bescheinigen, dass der Standsicherheitsnachweis einschließlich des statisch-konstruktiven Brandschutzes (§ 12 Abs. 1 Satz 1 SV-VO) vollständig und richtig ist, sowie*

*1.2 zu bescheinigen, dass das Bauvorhaben nach Prüfung des (einzureichenden) Standsicherheitsnachweises den Anforderungen an die Standsicherheit entspricht (§ 72 Abs. 7 Satz 1 und 2).*

*Zur Bescheinigung gehören der Prüfbericht, in dem Umfang und Ergebnis der Prüfung niederzulegen sind, und eine Ausfertigung des geprüften Standsicherheitsnachweises (§ 12 Abs. 1 Satz 2 SV-VO);*

*2. im vereinfachten Genehmigungsverfahren (§ 68 Abs. 2 Nr. 2) die in Ziffern 1.1 und 1.2 genannten Bescheinigungen auszustellen,*

*3. in der Freistellungsregelung (§ 67 Abs. 4 Satz 1) die in Ziffern 1.1 und 1.2 genannten Bescheinigungen auszustellen.*

*72.622 Die staatlich anerkannten Sachverständigen für die Prüfung des Brandschutzes haben*

*1. im vereinfachten Genehmigungsverfahren – soweit es sich nicht um Sonderbauten (§ 54) handelt –*

*zu bescheinigen, dass das Bauvorhaben nach Prüfung der einzureichenden Bauvorlagen den Anforderungen an den baulichen Brandschutz entspricht (§ 72 Abs. 6 Sätze 1 und 2 BauO NRW in Verbindung mit § 16 Abs. 1 Satz 1 SV-VO). Zur Bescheinigung gehören der Prüfbericht und eine Ausfertigung der brandschutztechnisch geprüften Bauvorlagen (§ 16 Abs. 1 Satz 2 SV-VO). Die Sachverständigen haben den zur Wahrung des abwehrenden Brandschutzes erhobenen Forderungen der Brandschutzdienststelle zu entsprechen (§ 16 Abs. 2 SV-VO); dies ist in der Bescheinigung zum Ausdruck zu bringen;*

*2. in der Freistellungsregelung (§ 67 Abs. 4 Satz 2) die in Ziffer 1 genannte Bescheinigung auszustellen.*

*72.623 Die staatlich anerkannten Sachverständigen für Schall- und Wärmeschutz haben im Baugenehmigungsverfahren gemäß § 63, im vereinfachten Genehmigungsverfahren nach Maßgabe des § 68 Abs. 2 Nr. 1 sowie in der Freistellungsregelung nach Maßgabe des § 67 Abs. 4 Satz 1*

*1. zu bescheinigen, dass die von ihnen aufgestellten oder, sofern die Nachweise von anderen Personen aufgestellt sind, geprüften Nachweise über den Schallschutz (siehe § 8 Abs. 4 BauPrüfVO) die bauaufsichtlichen Anforderungen erfüllen (§ 72 Abs. 6 Satz 1) und*

*2. die Nachweise des Wärmeschutzes entsprechend den Vorschriften der WärmeschutzUVO aufzustellen oder, sofern die Nachweise von anderen Personen aufgestellt sind, zu prüfen.*

*Die Nachweise für Vorhaben, die dem üblichen Genehmigungsverfahren unterliegen, sind spätestens bei Baubeginn der unteren Bauaufsichtsbehörde vorzulegen.*

*72.63 Soweit in Satz 2 von „Prüfung" die Rede ist, ist eine Prüfung durch staatlich anerkannte Sachverständige gemeint, die Grundlage der Bescheinigung nach Satz 1 ist.*

*72.64 Werden mit dem Bauantrag Bauvorlagen ohne Sachverständigenbescheinigungen hinsichtlich Standsicherheit, Schallschutz oder Brandschutz vorgelegt, ist die Beachtung der entsprechenden Vorschriften von der Bauaufsichtsbehörde zu prüfen. Sie kann mit der Prüfung der Nachweise über die Standsicherheit, den Schallschutz sowie den statisch-konstruktiven Brandschutz eine Prüfingenieurin oder einen Prüfingenieur für Baustatik beauftragen (§ 27 BauPrüfVO). Sie kann aber auch von der Bauherrin oder vom Bauherrn die Vorlage entsprechender Bescheinigungen staatlich anerkannter Sachverständiger verlangen.*

*Auf Nr. 68.22 wird verwiesen.*

* **Hinweis:** Mit dem Gesetz zur Straffung der Behördenstruktur in Nordrhein-Westfalen vom 12.12.2006 (GV. NRW. S. 622) wurden die Staatlichen Umweltämter und Staatlichen Ämter für Arbeitsschutz aufgelöst und in die Bezirksregierungen eingegliedert. Mit dem Gesetz zur Kommunalisierung von Aufgaben des Umweltrechts vom 11.12.2007 (GV. NRW. S. 662) wurden entsprechend der in Artikel 15 dieses Gesetzes enthaltenen Zuständigkeitsverordnung Umweltschutz – **ZustVU** – Teile der den staatlichen Behörden obliegenden Aufgaben den Kreisen und kreisfreien Städten übertragen (s. Rdn. 9).

Die ***Anlage zu Nr. 72.11 VV BauO NRW*** wurde nicht mehr abgedruckt, da sie zu einem erheblichen Teil überholte Erlasse aufführt.

Auf folgende Bekanntmachung ist hinzuweisen:

***Abschluss der Bereinigung der Verwaltungsvorschriften 2002 bis 2004***

*Bekanntmachung des Innenministers vom 26.2.2004 (MBl. NRW. S. 244)*

*Auf Grund der mir durch § 9 der Verwaltungsverordnung über den Abschluss der Bereinigung der Verwaltungsvorschriften vom 29. August 1961 erteilten Ermächtigung bestimme ich hiermit:*

*Die bisher in die Loseblattsammlung „Sammlung des Ministerialblatts für das Land Nordrhein-Westfalen (SMBl. NRW.)" aufgenommenen Verwaltungsvorschriften (Erlasse) der Landesregierung oder der obersten Landesbehörden treten mit Ablauf des 15. März 2004 außer Kraft, soweit sie nicht in die aktuelle elektronische Version der Sammlung des Ministerialblattes für das Land Nordrhein-Westfalen (SMBl. NRW.) aufgenommen sind und nicht schon früher ihre Geltung verloren haben (Ausschlusswirkung). Maßgeblich für den Inhalt einer Verwaltungsvorschrift ist der Inhalt der elektronischen Version der Sammlung am 16. März 2004. Nachfolgende Änderungen werden im Ministerialblatt für das Land Nordrhein-Westfalen bekannt gemacht.*

**Parallel zu beachtende Vorschriften**

## BauGB

## § 15

## Zurückstellung von Baugesuchen

**(1)** [1]Wird eine Veränderungssperre nach § 14 nicht beschlossen, obwohl die Voraussetzungen gegeben sind, oder ist eine beschlossene Veränderungssperre noch nicht in Kraft getreten, hat die Baugenehmigungsbehörde auf Antrag der Gemeinde die Entscheidung über die Zulässigkeit von Vorhaben im Einzelfall für einen Zeitraum bis zu zwölf Monaten auszusetzen, wenn zu befürchten ist, dass die Durchführung der Planung durch das Vorhaben unmöglich gemacht oder wesentlich erschwert werden würde. [2]Wird kein Baugenehmigungsverfahren durchgeführt, wird auf Antrag der Gemeinde an Stelle der Aussetzung der Entscheidung über die Zulässigkeit eine vorläufige Untersagung innerhalb einer durch Landesrecht festgesetzten Frist ausgesprochen. [3]Die vorläufige Untersagung steht der Zurückstellung nach Satz 1 gleich.

**(2)** Soweit für Vorhaben im förmlich festgelegten Sanierungsgebiet oder im städtebaulichen Entwicklungsbereich eine Genehmigungspflicht nach § 144 Abs. 1 besteht, sind die Vorschriften über die Zurückstellung von Baugesuchen nicht anzuwenden; mit der förmlichen Festlegung des Sanierungsgebiets oder des städtebaulichen Entwicklungsbereichs wird ein Bescheid über die Zurückstellung des Baugesuchs nach Absatz 1 unwirksam.

**(3)** [1]Auf Antrag der Gemeinde hat die Baugenehmigungsbehörde die Entscheidung über die Zulässigkeit von Vorhaben nach § 35 Abs. 1 Nr. 2 bis 6 für einen Zeitraum bis zu längstens einem Jahr nach Zustellung der Zurückstellung des Baugesuchs auszusetzen, wenn die Gemeinde beschlossen hat, einen Flächennutzungsplan aufzustellen, zu ändern oder zu ergänzen, mit dem die Rechtswirkungen des § 35 Abs. 3 Satz 3 erreicht werden sollen, und zu befürchten ist, dass die Durchführung der Planung durch das Vorhaben unmöglich gemacht oder wesentlich erschwert werden würde. [2]Auf diesen Zeitraum ist die Zeit zwischen dem Eingang des Baugesuchs bei der zuständigen Behörde bis zur Zustellung der Zurückstellung des Baugesuchs nicht anzurechnen, soweit der Zeitraum für die Bearbeitung des Baugesuchs erforderlich ist. [3]Der Antrag der Gemeinde nach Satz 1 ist nur innerhalb von sechs Monaten, nachdem die Gemeinde in einem Verwaltungsverfahren von dem Bauvorhaben förmlich Kenntnis erhalten hat, zulässig.

## § 29

## Begriff des Vorhabens; Geltung von Rechtsvorschriften

**(1)** Für Vorhaben, die die Errichtung, Änderung oder Nutzungsänderung von baulichen Anlagen zum Inhalt haben, und für Aufschüttungen und Abgrabungen größeren Umfangs sowie für Ausschachtungen, Ablagerungen einschließlich Lagerstätten gelten die §§ 30 bis 37.

**(2)** Die Vorschriften des Bauordnungsrechts und andere öffentlich-rechtliche Vorschriften bleiben unberührt.

## § 36

## Beteiligung der Gemeinde und der höheren Verwaltungsbehörde

**(1)** [1]Über die Zulässigkeit von Vorhaben nach den §§ 31, 33 bis 35 wird im bauaufsichtlichen Verfahren von der Baugenehmigungsbehörde im Einvernehmen mit der Gemeinde entschieden. [2]Das Einvernehmen der Gemeinde ist auch erforderlich, wenn in einem anderen Verfahren über die Zulässigkeit nach den in Satz 1 bezeichneten Vorschriften entschieden wird; dies gilt nicht für Vorhaben der in § 29 Abs. 1 bezeichneten Art, die der Bergaufsicht unterliegen. [3]Richtet sich die Zulässigkeit von Vorhaben nach § 30 Abs. 1, stellen die Länder sicher, dass die Gemeinde rechtzeitig vor Ausführung des Vorhabens über Maßnahmen zur Sicherung der Bauleitplanung nach den §§ 14 und 15 entscheiden kann. [4]In den Fällen des § 35 Abs. 2 und 4 kann die Landesregierung durch Rechtsverordnung allgemein oder für bestimmte Fälle festlegen, dass die Zustimmung der höheren Verwaltungsbehörde erforderlich ist.

**(2)** [1]Das Einvernehmen der Gemeinde und die Zustimmung der höheren Verwaltungsbehörde dürfen nur aus den sich aus den §§ 31, 33, 34 und 35 ergebenden Gründen versagt werden. [2]Das Einvernehmen der Gemeinde und die Zustimmung der höheren Verwaltungsbehörde gelten als erteilt, wenn sie nicht binnen zwei Monaten nach Eingang des Ersuchens der Genehmigungsbehörde verweigert werden; dem Ersuchen gegenüber der Gemeinde steht die Einreichung des Antrags bei der Gemeinde gleich, wenn sie nach Landesrecht vorgeschrieben ist. [3]Die nach Landesrecht zuständige Behörde kann ein rechtswidrig versagtes Einvernehmen der Gemeinde ersetzen.

## Erstes Gesetz zum Bürokratieabbau (Bürokratieabbaugesetz I)

**vom 13. 3. 2007**
(GV. NRW. S. 133),
g. d. G vom 9. 10. 2007 (GV. NRW. S. 393)

**– Auszug –**

**§ 2**

Im Lande Nordrhein-Westfalen gelten die folgenden Vorschriften mit folgender Maßgabe:

**232**

4. **Bauordnung für das Land Nordrhein-Westfalen – Landesbauordnung – (BauO NRW)** in der Fassung der Bekanntmachung vom 1. März 2000 (GV. NRW. S. 256), zuletzt geändert durch Artikel I des Gesetzes vom 12. Dezember 2006 (GV. NRW. S. 615):

   a) Ergänzend zum 3. Abschnitt und abweichend von § 80 Abs. 2 gilt folgendes zur Ersetzung des gemeindlichen Einvernehmens:

   (1) Hat eine Gemeinde ihr nach § 36 Abs. 1 Sätze 1 und 2 BauGB erforderliches Einvernehmen rechtswidrig versagt, so hat die zuständige Bauaufsichtsbehörde das fehlende Einvernehmen nach Maßgabe der Absätze 2 bis 4 zu ersetzen.

   (2) § 122 der Gemeindeordnung findet keine Anwendung.

   (3) Die Genehmigung gilt zugleich als Ersatzvornahme im Sinne des § 123 Gemeindeordnung. Sie ist zu begründen. Eine Anfechtungsklage hat auch insoweit keine aufschiebende Wirkung, als die Genehmigung als Ersatzvornahme gilt. Die Baugenehmigung kann, soweit sie als Ersatzvornahme gilt, nicht gesondert nach § 126 der Gemeindeordnung angefochten werden.

   (4) Die Gemeinde ist vor Erlass der Genehmigung anzuhören. Dabei ist ihr Gelegenheit zu geben, binnen angemessener Frist erneut über das gemeindliche Einvernehmen zu entscheiden.

**Anmerkungen** (Autor: Heintz)

**Übersicht** Rdn.


| | | Rdn. |
|---|---|---|
| 0 | Änderungen gegenüber der BauO NW 1984 und der BauO NW 1995 | 01– 03 |
| 1 | Allgemeines | |
| 1.1 | Verfahrensbeschleunigungen und Prüfeinschränkungen | 1– 15 |
| 1.2 | Verhältnis zu sonstigen Verfahrensvorschriften | 16– 21 |
| 1.3 | Städtebauliche Verfahrensregeln | |
| 1.3.1 | Verzicht auf ein städtebauliches Vorhaben-Genehmigungsverfahren | 22– 25 |
| 1.3.2 | Funktion des § 29 BauGB | 26– 29 |
| 1.3.3 | Bezug zum Fachplanungsrecht | 30– 34 |
| 1.3.4 | Einvernehmen der Gemeinde | 35– 37 |
| 1.3.5 | Ersetzung des Einvernehmens | 38– 40 |
| 1.3.6 | Beteiligung der Gemeinde bei der Freistellung | 41– 42 |
| 1.3.7 | Fortfall der Zustimmung der höheren Verwaltungsbehörde | 43– 44 |
| 1.3.8 | Bundesrechtliche Fristen für das Einvernehmen | 45– 46 |
| 1.3.9 | Zurückstellung und vorläufige Untersagung | 47– 50 |
| 2 | Zu Absatz 1 – Vorprüfung des Bauantrages | |
| 2.1 | Gründe für die Einführung einer Vorgabe für die Vorprüfung | 51– 53 |
| 2.2 | Vorprüfung in der Wochenfrist | 54– 60 |
| 2.3 | Vervollständigung und Zurückweisung | 61– 73 |
| 2.4 | Beteiligung der Gemeinde | 74– 76 |
| 3 | Zu Absatz 2 – Fiktions- und Unbeachtlichkeitsregeln | 77– 90 |
| 4 | Zu Absatz 3 – Sternverfahren und Antragskonferenz | 91– 94 |
| 5 | Zu Absatz 4 – Prüfung technischer Regeln | 95– 99 |
| 6 | Zu Absatz 5 – Typenprüfung | 100–103 |
| 7 | Zu Absatz 6 – Bescheinigungen des staatlich anerkannten Sachverständigen | 104–114 |


## 0 Änderungen gegenüber der BauO NW 1984 und der BauO NW 1995

**01** Die **BauO NW 1995** hat § 67 BauO NW 1984 übernommen und **wesentlich erweitert**, um das **Baugenehmigungsverfahrens** zu straffen (s. die Anmerkungen zu § 69 Rdn. 01–02). Die Regelungen des **§ 72 BauO NW 1995** wiesen folgende Struktur auf:

- **Absatz 1** wurde **neu aufgenommen** und verpflichtet zur **Vorprüfung unmittelbar nach Antragseingang**, um unvollständige oder mit erheblichen Mängeln belastete Bauanträge aus dem Geschäftsgang durch **Zurückweisung** zu entfernen sowie eine **Festlegung des Verfahrensganges** zu erreichen. Absatz 2 des § 67 BauO NW 1984 wurde als Satz 2 unter Umgestaltung in eine „**Soll**-Vorschrift" übernommen.
- **Absatz 2** übernahm Absatz 1 des § 67 BauO NW 1984 und wurde um Satz 3 erweitert, der auf **Bearbeitungs- und Ausschlussfristen** anderer Rechtsvorschriften hinweist.
- **Absatz 3** wurde **neu aufgenommen**. Satz 1 verpflichtet die Bauaufsichtsbehörde zu einer gleichzeitigen Beteiligung anderer Dienststellen, dem sog. „**Sternverfahren**". Satz 2 dient der Klarstellung, dass es innerhalb derselben Körperschaft keiner förmlichen Mitwirkung anderer Dienststellen bedarf.
- **Absatz 4** stimmt mit Absatz 4 des § 67 BauO NW 1984 überein und ermöglicht die Darstellung geplanter baulicher Anlage auf dem Baugrundstück in geeigneter Weise.

- **Absatz 5** wurde **neu eingefügt** und sollte nach der Begründung zur **Entlastung der Bauaufsichtsbehörden** beitragen (s. LT-Drucks. 11/7153 S. 194), was angesichts der systematischen Einordnung und der mit § 3 Abs. 3 Satz 3 BauO NW 1995 identischen Formulierung leider als **missglückt** bezeichnet werden muss.
- **Absatz 6** übernahm die Regelung des Absatzes 3 des § 67 BauO NW 1984.
- Der **Absatz 7** wurde **neu angefügt** und sieht vor, dass **Sachverständige oder sachverständige Stellen mit staatlicher Anerkennung** für den Bereich, in dem sie tätig werden, **Bescheinigungen** ausstellen können, welche die widerlegbare Vermutung begründen, dass die öffentlich-rechtlichen Anforderungen erfüllt sind. Damit wurde eine **erweiterte Möglichkeit** geschaffen, auf den Sachverstand von Personen zurückzugreifen, die nicht selbst der Bauaufsichtsbehörde angehören. Da fachlich qualifizierte Personen bzw. Stellen bereits heute die Einhaltung bauaufsichtlicher Anforderungen fachlich zumindest ebenso gut beurteilen können wie die Bauaufsichtsbehörden, bedeutet eine behördliche Prüfung der von diesen Personen aufgestellten bzw. geprüften Nachweise und Bescheinigungen nur ein zusätzliches Verfahren mit entsprechendem Zeit- und Kostenaufwand, obwohl dies aus Gründen der öffentlichen Sicherheit nicht erforderlich wäre (so LT-Drucks. 11/7153 S. 195).

Die **BauO NRW 2000** hielt an der Struktur des § 72 BauO NW 1995 im Grundsatz fest, **02**
bewirkte jedoch folgende wichtige Änderungen:

- **Absatz 3** wurde um einen **neuen Satz 2** ergänzt, wodurch sich der alte Satz 2 zum neuen Satz 3 verschob. Der neu eingefügte Satz 2 als „Soll-Vorschrift" sieht vor, dass die Bauaufsichtsbehörde **Antragskonferenzen** einberuft, um die Verfahren zu beschleunigen (vgl. die Begründung in LT-Drucks. 12/3738 S. 91 zu Art. I Nr. 48 – § 72). Vergleichbare Bestimmungen enthalten § 71 d VwVfG und § 71 e VwVfG. NRW., so dass die Vorschrift eine **überflüssige Doppelregelung** darstellt (vgl. Ziekow, Die Wirkung von Beschleunigungsgeboten im Verfahrensrecht, DVBl. 1998, S. 1101 ff.).
- **Absatz 4** (alt) wurde **gestrichen**, da der Vorschrift nur geringe praktische Bedeutung zukam und durch Computersimulationen oder Fotomontagen vergleichbar gute, jedoch weniger kostenträchtige Darstellungsmethoden zur Verfügung stehen. Die **alten Absätze 5 bis 7** rückten infolge der Streichung zu den **neuen Absätzen 4 bis 6** auf.
- **Absatz 6** (neu) = Absatz 7 (alt) wurde um die **Sätze 5 und 6** ergänzt. **Satz 5** verpflichtet Bauherren die Sachverständigen zu benennen, die mit der stichprobenhaften Kontrolle der Bauausführung beauftragt sind, um eine **Regelungslücke** zu schließen (s. LT-Drucks. 12/4394 S. 76 f. Nr. 43). **Satz 6** bestimmt, dass die Sätze 1 bis 5 im Hinblick auf den **Brandschutz** nicht für Sonderbauten gelten. Für Sonderbauten werden nämlich regelmäßig Erleichterungen oder besondere Anforderungen im Sinne des § 54 BauO NRW erforderlich. Da staatlich anerkannte Sachverständige derartige Verwaltungsakte nicht erlassen können, sondern nur die Übereinstimmung mit dem geltenden Recht bestätigen, ist ihre Einschaltung insoweit überflüssig (so die Begründung in LT-Drucks. 12/3738 S. 91 zu Art. I Nr. 48 – § 72). Die staatlich anerkannten Sachverständigen sind jedoch eingebunden, da sie für Sonderbauten Brandschutzkonzepte erstellen (s. die Anmerkungen zu § 54 Rdn. 7–9 und zu § 58 Rdn. 02 und 36).

Die **Sachverständigenverordnung SV-VO** vom 14. 6. 1995 (GV. NRW. S. 592) wurde pa- **03**
rallel zur BauO NRW 2000 ebenfalls **novelliert** und als SV-VO vom 29. 4. 2000 (GV. NRW. S. 422) zum 1. 6. 2000 in Kraft gesetzt.

## 1 Allgemeines

### 1.1 Verfahrensbeschleunigungen und Prüfeinschränkungen

1 Im **Baugenehmigungsverfahren** ist eine ausgesprochen **komplexe Materie** zu bewältigen, da die **Interessen des Antragstellers** mit den unterschiedlichen **öffentlichen Belangen** und mit den **öffentlich-rechtlich geschützten nachbarlichen Belangen** zu **koordinieren** sind, bevor ein Verwaltungsakt ergehen kann. Diese **Koordinierungszielsetzung** bereitete in der Praxis immer schon erhebliche **Vollzugsprobleme**, wie die umfangreiche Rechtsprechung des PrOVG zum Baupolizeirecht belegt. Die oft gepriesene **Nachkriegsphase** war nur deshalb im Wiederaufbau der deutschen Städte so erfolgreich, weil die **großzügige Handhabung** oder sogar Missachtung öffentlichen Baurechts nach dem Motto „Not kennt kein Gebot" für ein rasches Baugenehmigungsverfahren sorgte. Die Akten aus jener Zeit belegen, dass der „Dispens" die Regel und der „normale" Bauschein die Ausnahme bildete. Wer sich die Mühe macht, den Bestand baurechtlicher Vorschriften im Gründungsjahr der Bundesrepublik Deutschland zu sichten, wird feststellen, dass im Ansatz schon all das vorhanden war, was heute für ein **lang andauerndes** und die Geduld jedes Antragstellers strapazierendes Baugenehmigungsverfahren sorgt. Der Unterschied liegt nur darin, dass durch **Verfeinerungen des materiellen Rechts** und **permanente Abspaltung von Rechtsbereichen** in Verbindung mit der **Schaffung neuer Zuständigkeiten** ein kaum noch überschaubares System öffentlichen Rechts geschaffen wurde (vgl. die Einleitung Rdn. 37 bis 43).

2 Diese **Entwicklung**, die **verstärkt ab 1970** begann (vgl. Feldhaus, Entwicklung des Immissionsschutzrechts, NVwZ 1995, S. 963 ff.), ist nicht etwa beendet, sondern setzt sich mit dem wachsenden **Einfluss der Europäischen Union** auf die nationale Gesetzgebung der Mitgliedsstaaten fort und wirkt ebenfalls auf die kommunale Bauleitplanung ein. Die Kompetenzordnung des GG sorgt dafür, dass nicht selten zur Umsetzung einer europäischen Richtlinie eine Bundesvorschrift und weitere 16 Landesvorschriften erforderlich werden, die zwar grundsätzlich aufeinander abgestimmt sind, jedoch im Detail voneinander abweichen, so dass von Land zu Land unterschiedliche Regelungen gelten (vgl. Hoppe, Der Einfluss des europäischen Binnenmarktes auf die kommunale Bauleitplanung und das Bauordnungsrecht, NVwZ 1990, 816 und Rengeling, Europäische Normgebung und ihre Umsetzung in nationales Recht, DVBl. 1995, S. 945 ff.).

3 Der **rasche technische Fortschritt** und die **unbeschränkte Verfügbarkeit von Bauprodukten** sorgt im Übrigen für zusätzliche Regulierungsbedürfnisse, da nahezu alles, was technisch möglich ist, auch tatsächlich ohne Rücksicht auf kulturelle, landschaftliche oder städtebauliche Besonderheiten zur Ausführung gelangt: das mit norddeutschen Vormauerziegeln verkleidete Gebäude in der Pfalz, das Reetdach in Thüringen, die Verschieferung in Bremen, das Hochhaus auf verfestigtem, morastigem Baugrund und das Terrassenhaus im abgesprengten Felshang – die „technische" und „wirtschaftliche" Baufreiheit ist längst Wirklichkeit geworden. Infolge dieser nahezu unbeschränkten Möglichkeiten zur Errichtung baulicher Anlagen kann nur durch Erlass verbindlicher Vorschriften die Bautätigkeit in geordnete Bahnen gelenkt werden.

4 Dazu gesellen sich **egoistische Verhaltensmuster** der Grundeigentümer und Bauwilligen. Keine Vorschrift soll ihren individuellen Bauwunsch behindern, das im Kampf gegen die Baubehörde eingeschaltete Ratsmitglied, der Landtags- oder sogar Bundestagsabgeordnete endlich zur Baugenehmigung verhelfen. Kein Mittel wird ausgelassen, um die Bauaufsichtsbehörde zu einer positiven Bescheidung zu veranlassen. Kaum einge-

zogen, wandelt sich schlagartig die innere Einstellung. Warum erhält der Nachbar ebenfalls eine Befreiung, liegen dort nicht die Verhältnisse völlig anders? Eine große Zahl von Beschwerden, Eingaben, Petitionen, Widersprüchen und Klagen sorgt deshalb auch bei schwacher Baukonjunktur für eine gute „Auslastung“ der Bauaufsichtsbehörden, Bezirksregierungen und Gerichte. Erschwert wird die Handhabung außerdem durch die **fehlende Harmonisierung des privaten und öffentlichen Baunachbarrechts** (hierzu s. Finkelnburg/Ortloff, Öffentliches Baurecht, Band II, S. 249–252).

Bund und Länder reagieren auf diese vielschichtigen Probleme nicht etwa mit der Änderung der **Kompetenzordnung**, die gerade für das Bauwesen dringend geboten wäre, um ein in sich schlüssiges und gestrafftes Normgefüge mit eindeutigen Vorgaben schaffen zu können, sondern verteidigen zäh ihre vorgegebenen Zuständigkeiten. Stattdessen setzt sich – vor allem auf Bundesebene – die Erweiterung und Verdichtung des unkoordinierten materiellen Rechts fort. Dabei kann noch nicht einmal bestritten werden, dass neue Regeln nötig sind, denn jede für sich ist durchaus begründet und verständlich, alle zusammen betrachtet bilden jedoch ein **Rechtssystem voller innerer Widersprüche**. Dies wird im Umweltrecht besonders deutlich, gelang es doch dem Bund bislang nicht, die verstreut im Immissionsschutz-, Naturschutz-, Wald- und Wasserrecht angeordneten materiellen Regelungen und die verfahrensrechtlichen Spezialgesetze zur Umsetzung der materiellen Vorschriften (UVPG, UIG, UAG) in einem auf das Baugesetzbuch abgestimmten Umweltgesetzbuch zusammenzufassen (vgl. Kloepfer, Zur Kodifikation des Umweltrechts in einem Umweltgesetzbuch, DÖV 1995, S. 745 ff. und Sendler, Stand der Überlegungen zum Umweltgesetzbuch, NVwZ 1996, S. 1145 ff.). 5

Notgedrungen haben sich die vollziehende und die rechtsprechende Gewalt mit dieser nicht aufeinander abgestimmten Vorschriftenflut, vor allem im Bereich des „**Baunebenrechts**“, abzufinden. Dabei kann ein **erstaunliches Phänomen** beobachtet werden. Die Rechtsprechung versucht nämlich, durch **richterliche Rechtsfortbildung** die fehlende innere Koordination des öffentlichen Rechts aufzufangen. So entstanden schwer verständliche und schwierig zu handhabende Regelungen als Auffangposition, wie z. B. das im Rahmen der „**Schutznormtheorie**“ entwickelte „**Gebot gegenseitiger Rücksichtnahme**“ im Baurecht. Darüber hinaus wird versucht, aus rechtlichen Zusammenhängen voneinander abgegrenzte **Sachentscheidungskompetenzen** der verschiedenen Behörden im Bau- und Umweltrecht abzuleiten (vgl. Gaentzsch, Konkurrenz paralleler Anlagengenehmigungen, NJW 1986, S. 2787 ff. und Ortloff, Zum Grundsatz der Trennung der Sachentscheidungskompetenzen ohne wechselseitige Überschneidungen, NJW 1987, S. 1665 ff.). Gerade dieses Verhalten der vollziehenden und rechtsprechenden Gewalt, das ja den Bauwilligen oder auch den Nachbarn an der Verfolgung seiner jeweiligen Interessen hindert, veranlasst sodann Gesetz- und Verordnungsgeber zu erneuten Änderungen von Rechtsvorschriften. Diese Spirale dreht sich immer schneller, so dass die **Novellierungsintervalle kürzer** werden. Als Ergebnis bleibt leider festzustellen, dass die eigentlich dem Bürger dienende Rechtsordnung von diesem nicht mehr verstanden wird und sich ein allgemeines Unbehagen breitgemacht hat. 6

Mit der Steigerung der materiellen Regelungsdichte seit Mitte der siebziger Jahre einher geht das **gesetzgeberische Streben** zur „**Vereinfachung**“ und „**Beschleunigung**“ baurechtlicher Verfahren. Es hat sich zu einer beachtlichen „**Spielwiese**“ **der Politik** entwickelt, so dass es mittlerweile unumgänglich geworden zu sein scheint, jede Steigerung der materiellen Regelungsdichte mit einer verfahrensrechtlichen Sonderlösung im Sinne einer „Verfahrensvereinfachung“ auszustatten, da ja jede weitere Kontrolle des Ver- 7 haltens der Bürger durch die Verwaltung vermieden werden muss (s. hierzu den entlarvenden Aufsatz von Broß, Aus der Steinzeit des Baurechts – oder: Vom Niedergang einer klassischen Verwaltungsrechtsmaterie, ZfBR 1991, S. 43 ff.). Mit dieser Problematik hat sich die von der Bundesregierung 1994 eingesetzte Unabhängige Expertenkommission befasst und Lösungsansätze vorgeschlagen (vgl. Schlichter, Investitionsförderung durch flexible Genehmigungsverfahren, DVBl. 1995, S. 173 ff. und Büllesbach, Möglichkeiten der Beschleunigung von parallelen Genehmigungsverfahren, der die Vor- und Nachteile von Vollbildungs-, Separations- und Fachbindungsmodell erörtert). Teilweise wurden die Vorschläge umgesetzt (vgl. Stüer, Die Beschleunigungsnovellen 1996, DVBl. 1997, S. 326 ff., s. auch Bonk, Strukturelle Änderungen des Verwaltungsverfahrens durch das Genehmigungsverfahrensbeschleunigungsgesetz, NVwZ 1997, S. 320 ff.).

8 In besonderem Maße hiervon betroffen ist das **Immissionsschutzrecht**, das erheblich umstrukturiert wurde (vgl. Schäfer, Die Beschleunigungsnovellen zum Immissionsschutzrecht, NVwZ 1997, S. 526 ff.). Ob hierdurch tatsächlich Vorteile erzielt werden können, ist umstritten (vgl. Hansmann, Beschleunigung und Vereinfachung immissionsschutzrechtlicher Genehmigungsverfahren?, NVwZ 1997, S. 105 ff.). Die Schwelle der nach BImSchG genehmigungsbedürftigen Vorgänge ist durch die mehrfache Neufassung der 4. BImSchV nach oben geschoben, so dass zahlreiche Vorhaben keines Zulassungsverfahrens nach diesem Gesetz mehr bedürfen. Dadurch tritt aber für den Antragsteller nur eine geringe Verfahrenserleichterung ein, denn diese Vorhaben sind nunmehr baugenehmigungsbedürftig (vgl. Jäde, Aktuelle „Nahtstellenprobleme“ des Bauordnungsrechts, ZfBR 1997, S. 171 ff.). Verfahrensrechtlich liegt ein Vorteil in der fortgefallenen Öffentlichkeitsbeteiligung, der jedoch durch die Unsicherheiten bei der Abgrenzung des Kreises von in ihren Rechten möglicherweise durch das Vorhaben betroffenen Nachbarn kompensiert wird. Insoweit dient das **Bauordnungsrecht als „Auffangbecken“** für Anlagenzulassungsverfahren, die von fachgesetzlichen Verfahrensordnungen freigegeben werden (vgl. Jäde, Aktuelle „Nahtstellenprobleme“ des Bauordnungsrechts, ZfBR 1997, S. 171 ff.).

9 Die **Vollzugsprobleme** mit der ohnehin kompliziert ausgestalteten Schnittstelle zwischen Immissionsschutzrecht und Bauordnungsrecht werden **durch landesrechtliche Regelungen vergrößert**. Die **Zuständigkeiten** sind aufgrund des Gesetzes zur Kommunalisierung von Aufgaben des Umweltrechts zwischen den Bezirksregierungen sowie den Kreisen und kreisfreien Städten **aufgeteilt** worden. Die in Artikel 15 dieses Gesetzes enthaltene **ZustVU ersetzt die ZustVOtU**. Die nach der ZustVU zuständige Behörde ist aufgrund des so genannten **Zaunprinzips** anlagenbezogen für alle Umweltbelange zuständig (s. LT-Drucks. 14/4973 S. 199). Aus **§ 1 ZustVU** ergibt sich, dass **grundsätzlich** die **Kreise** und **kreisfreien Städte als untere Umweltschutzbehörden zuständig** sind, soweit die ZustVU nichts anderes bestimmt. Aus **§ 2 Abs. 1** ZustVU in Verbindung mit dem **Anhang 1 zweiter Spiegelstrich** ergibt sich durch Bezugnahme auf bestimmte Nummern des Anhangs zur 4. BImSchV eine vom Grundsatz abweichende Zuständigkeit der **Bezirksregierung als obere Umweltschutzbehörde**. Danach ist die Bezirksregierung für die besonders umweltrelevanten Anlagen weiterhin zuständig. Die von Anhang 1 zweiter Spiegelstrich nicht erfassten immissionsschutzrechtlich genehmigungsbedürftigen Anlagen des Anhangs zur 4. BImSchV fallen in die Zuständigkeit der Kreise und kreisfreien Städte. Diese sind darüber hinaus auch für alle Anlagen zuständig, die zwar keiner immissionsschutzrechtlichen Genehmigung bedürfen, jedoch den Anforderungen des **§ 22 BImSchG** entsprechen müssen.

10 Die **unmittelbare Geltung des städtebaulichen Vorhabenbegriffs** sowie der Vorschriften der §§ 34 und 35 BauGB **für alle Vorhaben von städtebaulicher Relevanz** hat zur Folge, dass die Bauaufsichtsbehörden, denen grundsätzlich der Vollzug der städtebaulichen Zulässigkeitsvorschriften obliegt – trotz der Freistellung nach Bauordnungsrecht, insbesondere nach § 65 BauO NRW –, die Einhaltung der materiellen Vorgaben zu überwachen und gegebenenfalls durch repressive Maßnahmen durchzusetzen haben. Aufgrund der ab 1. 1. 1997 gegebenen konstitutiven Bedeutung der Streichung des Anknüpfungsvorbehalts in § 29 BauGB für die Fälle der §§ 34, 35 BauGB (vgl. Wagner, Das neue Bauplanungsrecht – zu seiner Verknüpfung mit dem Bauordnungs-, Fach- und Umweltplanungsrecht, UPR 1997, S. 387 ff.) verringert sich der vom Gesetzgeber der BauO NRW beabsichtigte Entlastungseffekt der Bauaufsichtsbehörden beträchtlich, da ein doch relativ großer Teil der bauordnungsrechtlich freigestellten Vorhaben städtebauliche Relevanz aufweist.

11 Die sich anbahnende Entwicklung konnte bei Erlass der BauO NW 1995 noch nicht vollständig überblickt werden. Wohl aber war absehbar, dass eine **Steigerung der Beteiligungserfordernisse** bei zunehmender Regelungsdichte im Bereich des Fachplanungs- und Umweltplanungsrechts drohte. Aus Untersuchungen und Geschäftsprüfungen der oberen Bauaufsichtsbehörden war ebenfalls die **unzureichende Qualität der von den Antragstellern eingereichten Bauvorlagen** und die zum Teil **inkonsequente Handhabung der Zurückweisung** unvollständiger oder mangelhafter Anträge durch die Bauaufsichtsbehörden bekannt. Der Gesetzgeber sah hier neben der Freistellung ein Bedürfnis zur Regulierung der Vorprüfungsphase des Baugenehmigungsverfahrens.

12 Aufgrund der **Subsidiaritätsklausel** des § 1 Abs. 1 VwVfG. NRW treten die allgemeinen verfahrensrechtlichen Vorschriften insoweit zurück, als die BauO NRW, bzw. die auf deren Grundlage erlassenen Rechtsverordnungen, inhaltsgleiche oder entgegenstehende Bestimmungen zum Baugenehmigungsverfahren enthalten (s. die Vorbemerkungen zu den §§ 69 bis 83). Trotz der Subsidiaritätsklausel des § 1 Abs. 1 VwVfG. NRW. sind zahlreiche Vorgaben des VwVfG. NRW. zum **Verhältnis Antragsteller** und **Bauaufsichtsbehörde** einschlägig, da die BauO NRW weitgehend an dem Grundsatz ausgerichtet ist, bereits in anderen Rechtsvorschriften zum Verfahren enthaltene Regelungen nicht zu wiederholen (s. jedoch Rdn. 02 zu Absatz 3) und auch nicht hierauf zu verweisen. Dies ist in rechtstechnischer Hinsicht nicht zu beanstanden und dient der Rechtsklarheit, belastet aber auch die am Bau Beteiligten und in einem gewissen Maße die technischen Sachbearbeiter der Bauaufsichtsbehörden, da die mitgeltenden allgemeinen Vorschriften des VwVfG. NRW. im „Hinterkopf" präsent sein müssen.

13 Was Juristen kaum Schwierigkeiten bereitet, überfordert mitunter das technische Personal der Bauaufsichtsbehörden und regelmäßig die bauvorlageberechtigten Entwurfsverfasser. Nur eine sehr geringe Zahl von Architekten, Stadtplanern und Ingenieuren besitzt die Befähigung zum gehobenen oder höheren bautechnischen Verwaltungsdienst oder konnte in den Genuss einer vergleichbaren Ausbildung gelangen. Hieran den Entwurfsverfassern die Schuld zuzuweisen und auf deren Fortbildungspflichten zu verweisen, geht an der Tatsache vorbei, dass die Bauminister nicht genügend Druck auf die Kultusminister ausgeübt haben und auch weiterhin nicht ausüben, um einen **Ausbildungsinhalt „Bauordnungsrecht"** an den Fachhochschulen und Technischen Hochschulen einzurichten. In einer weitgehend verrechtlichten Gesellschaft, die selbst einfachste Lebensvorgänge in ein Verwaltungsverfahren einbettet, obliegt dem **Staat** die **Verpflichtung zur Regelung der Ausbildung der Entwurfsverfasser** auch **in bauordnungsrecht-**

**licher** bzw. **verwaltungsverfahrensrechtlicher Hinsicht**, zumal die BauO NRW die Bauvorlageberechtigung regelt und den am Bau Beteiligten erhebliche Pflichten auferlegt (s. auch die Anmerkungen zu § 58).

14 Die gesetzgeberischen **Maßnahmen zur Verfahrensbeschleunigung auf dem Gebiet des Bauordnungsrechts** können nur vor dem Hintergrund der vorstehend beschriebenen Entwicklungen und Defizite betrachtet werden. Die Suche nach geeigneten Lösungen ist dabei nicht allein schon durch die ARGEBAU und die MBO vorgegeben, vielmehr herrscht unter den **Ländern** auch eine gewisse **Konkurrenzsituation**, so dass die von diesen eingeschlagenen Wege voneinander abweichen (vgl. Ortloff, Die Entwicklung des Bauordnungsrechts, NVwZ 1996, S. 647 ff. und NVwZ 1997, S. 333 ff.). Daher ist es nicht ausgeschlossen, dass der von einem einzelnen Bundesland erfolgreich eingeschlagene Weg später Eingang in die MBO findet. So hat sich z. B. das erstmals in Nordrhein-Westfalen geschaffene **vereinfachte** Baugenehmigungsverfahren anstelle der Bauanzeige neben dem normalen Baugenehmigungsverfahren durchsetzen können.

15 Aus den **negativen Erfahrungen** mit dem früheren **Bauanzeigeverfahren** sollten **keine Zulässigkeitsfiktionen** – auch nicht im vereinfachten Genehmigungsverfahren – in die BauO NRW eingeführt werden. Daher verblieben als **Möglichkeiten zur Beschleunigung** der Bearbeitung der Bauanträge **Vorgaben für die Behandlung in der Eingangsprüfung (Vorprüfung)** und **Vorgaben über das Beteiligungsverfahren**. Zusätzlich bot sich noch die Entlastung der Bauaufsichtsbehörden von einzelnen Prüfaufgaben an (Bescheinigung eines Sachverständigen als Ersatz der bauaufsichtlichen Prüfung; s. auch Böckenförde/Temme/Krebs, MBO, Einleitung S. XV f.). Diese Möglichkeiten schöpft das Gesetz mit § 72 aus:

- **Absatz 1** regelt die Durchführung der **Vorprüfung**,
- die **Absätze 2 und 3** regeln das **Beteiligungsverfahren**,
- **Absatz 6** betrifft die **Bescheinigung des staatlich anerkannten Sachverständigen**.

Die Vorschriften des **§ 72 BauO NRW** stehen im **Zusammenhang mit § 69 BauO NRW** (s. die Anmerkungen zu § 69 Rdn. 1–3). Auch besteht eine **enge Verbindung zu § 75 BauO NRW**, da die Durchführung des Baugenehmigungsverfahrens vom **materiellrechtlichen Prüfprogramm** und der damit in Verbindung stehenden **Sachentscheidungskompetenz** der Bauaufsichtsbehörde abhängt (s. die Anmerkungen zu § 75 Rdn. 81–99). Insoweit regelt § 72 BauO NRW nur – wichtige – **Einzelaspekte** des Verfahrens. Eine bis ins Detail gehende Strukturierung des Baugenehmigungsverfahrens sieht die BauO NRW nicht vor. Daher sind ergänzend die **allgemeinen Verfahrensgrundsätze des VwVfG. NRW.** anzuwenden. Der Gesetzgeber setzt voraus, dass die Bauaufsichtsbehörde das Verfahren nach den ihr zur Verfügung stehenden Möglichkeiten ständig verbessert und **moderne Arbeitstechniken** anwendet.

### 1.2 Verhältnis zu sonstigen Verfahrensvorschriften

16 Auch in der gegenüber § 67 BauO NW 1984 erweiterten Fassung regelt **§ 72 BauO NRW 2000** die Durchführung des Baugenehmigungsverfahrens im Verhältnis zu anderen Bau- und Fachgesetzen **nicht abschließend**. Dies wäre rechtstechnisch kaum machbar, da mit dem Inkrafttreten eines neuen Fachgesetzes auch stets eine Anpassung des § 72 BauO NRW erfolgen müsste; es wäre aber auch rechtlich im Verhältnis von Bundes- zu Landesrecht außerordentlich problematisch. Ob eine Beteiligung anderer Behörden erforderlich wird, muss nach § 62 und § 75 Abs. 1 Satz 1 BauO NRW in Ver-

bindung mit der einschlägigen Spezialvorschrift beurteilt werden. Damit ist das **materiell-rechtliche Prüfprogramm** der Bauaufsichtsbehörde und ihre **Sachentscheidungskompetenz** angesprochen (s. Rdn. 15). Die Sachentscheidungskompetenz ist durch Rechtsvorschrift (Gesetz oder Verordnung) den Behörden oftmals **in vollem Umfang zugewiesen**; sie kann auch durch Rechtsvorschrift **eingeschränkt** sein. Mit zunehmender Regelungsdichte werden die Fälle uneingeschränkter Sachentscheidungskompetenz der Bauaufsichtsbehörden immer seltener, so dass für die überwiegende Zahl der Bauanträge **Beteiligungserfordernisse** bestehen.

Die unterschiedlichen Beteiligungserfordernisse im Baugenehmigungsverfahren richten sich an der **Sachentscheidungskompetenz** der **Bauaufsichtsbehörde** aus. Diese besteht zunächst aufgrund der BauO NRW. **Baugenehmigungen** werden nur von den **unteren** Bauaufsichtsbehörden erteilt (§ 60 Abs. 1 in Verbindung mit § 61 Abs. 1, § 62 und 63 Abs. 1 BauO NRW). Nach § 62 BauO NRW ist die **untere** Bauaufsichtsbehörde allein für den **Vollzug des Bauordnungsrechts** im Baugenehmigungsverfahren zuständig, soweit nichts anderes bestimmt ist. Abweichend von diesem Grundsatz bestimmt die BauO NRW, dass die **Satzungen** nach § 45 Abs. 6, § 51 Abs. 4 und 5, § 86 BauO NRW von der **Gemeinde** erlassen werden, diese ist gemäß § 51 Abs. 5 und 6 BauO NRW auch zuständig für den Einzug und die **Verwendung der Stellplatzablösebeträge**. 17

Die **Sachentscheidungskompetenz** der unteren Bauaufsichtsbehörden wird durch die BauO NRW aber auch **eingeschränkt**, da diese im Baugenehmigungsverfahren über die Anwendung der Stellplatzablöseregel und über Abweichungen von örtlichen Bauvorschriften gemäß **§ 51 Abs. 5 Satz 1** bzw. **§ 86 Abs. 5 Satz 1 BauO NRW** nur im **Einvernehmen mit der Gemeinde** entscheiden darf. Andererseits ist die **Sachentscheidungskompetenz** durch die BauO NW **erweitert** worden. So erklärt **§ 23 Abs. 2 BauO NRW** die unteren Bauaufsichtsbehörden für die Zustimmung im Einzelfall für zuständig, wenn Bauprodukte, für die ansonsten eine Zustimmung nach § 23 Abs. 1 BauO NRW durch die oberste Bauaufsichtsbehörde erforderlich wäre, in Baudenkmälern verwendet werden sollen. Die Beachtung dieser Gesichtspunkte ist wichtig, um keinen rechtlichen Fehleinschätzungen zu erliegen. 18

Nach dem Prinzip der vollen, eingeschränkten oder erweiterten Sachentscheidungskompetenz kann nun das öffentliche Recht untersucht werden, das aufgrund des materiellrechtlichen Prüfprogramms nach § 75 Abs. 1 BauO NRW vor Erteilung einer Baugenehmigung abzuprüfen ist. Verschiedene Rechtsvorschriften weisen den Bauaufsichtsbehörden Sachentscheidungskompetenzen zu und erweitern damit deren Zuständigkeit für die Sachentscheidung über die BauO NRW hinaus. Diese Zuweisung ist jedoch **zumeist eingeschränkt**. Dies lässt sich am Beispiel des **Bauplanungsrechts** verdeutlichen. Gemäß § 36 Abs. 1 BauGB wird über die städtebauliche Zulässigkeit von Vorhaben nach den §§ 31, 33 bis 35 BauGB im bauaufsichtlichen Verfahren von der Baugenehmigungsbehörde im Einvernehmen mit der Gemeinde entschieden. Das BauGB enthält auch an anderen Stellen **eingeschränkte** Zuweisungen der **Sachentscheidungskompetenz**; so entscheidet die Baugenehmigungsbehörde im Baugenehmigungsverfahren 19

- auf **Antrag der Gemeinde** gemäß § 15 Abs. 1 BauGB,
- im **Einvernehmen mit der Gemeinde** gemäß § 14 Abs. 2, § 22 Abs. 5, § 36 Abs. 1 und § 173 BauGB.

Wegen der Bedeutung für das Baugenehmigungsverfahren wird nachfolgend auf die **städtebaulichen** Verfahrensregeln ausführlicher eingegangen (s. Rdn. 22 bis 50).

20 Neben dem Städtebaurecht enthalten **weitere Rechtsvorschriften** Aufgabenzuweisungen an die Bauaufsichtsbehörde, verbunden mit **Einschränkungen der Entscheidungsbefugnis**. Es ist unmöglich, diese Vorschriften im Einzelnen aufzulisten, so dass hier nur zur Verdeutlichung einige relativ häufig zur Anwendung gelangende **Beispiele** genannt werden können:

- nach **§ 9 Abs. 2 FStrG** und **§ 25 Abs. 1 StrWG NRW** bedürfen **Baugenehmigungen** in Anbaubeschränkungszonen klassifizierter Straßen für bauliche Anlagen im straßenrechtlichen Sinne (s. die Anmerkungen zu § 2 Rdn. 16 bis 19) der **Zustimmung der Straßenbaubehörde**,
- nach **§ 9 Abs. 3** in Verbindung mit **§ 21 Abs. 4 DSchG** dürfen Baugenehmigungen für bauliche Anlagen im denkmalrechtlichen Sinne (s. die Anmerkungen zu § 2 Rdn. 20 bis 22), die eine denkmalrechtliche Erlaubnis einschließen, nur im **Benehmen mit dem Landschaftsverband** ergehen,
- nach den **§§ 4 bis 6 LG** dürfen Baugenehmigungen für bauliche Anlagen im naturschutzrechtlichen Sinne (vgl. die Anmerkungen zu § 2 Rdn. 23 bis 26), die einen Eingriff in Natur und Landschaft darstellen, nur im **Benehmen mit der Landschaftsbehörde** erteilt werden.

21 Bei **uneingeschränkter Sachentscheidungskompetenz** braucht die Bauaufsichtsbehörde keine andere Behörde zu beteiligen und hat **eigenständig** den zugewiesenen Rechtsbereich **zu prüfen**. So sind z. B. gemäß **§ 22 BImSchG** auch im Falle der nicht nach BImSchG genehmigungsbedürftigen Anlagen die Regelungen des Immissionsschutzrechts zu beachten (vgl. die Anmerkungen zu § 2 Rdn. 6). Auch für den Vollzug des **Arbeitsschutzes** (hierzu s. die **ZustVO ArbtG**) besteht für bestimmte Arten von Arbeitsstätten eine uneingeschränkte Sachentscheidungskompetenz (s. Nr. 54.31 VV BauO NRW). In diesen Fällen darf die Bauaufsichtsbehörde die entsprechenden **Fachbehörden ausnahmsweise** zu schwierig zu beurteilenden Fragen beteiligen, um **fehlendes Fachwissen** zu **kompensieren**. Es gehört aber grundsätzlich zu den Aufgaben der Bauaufsichtsbehörden, sich die erforderliche Sachkenntnis auf den Gebieten anzueignen, die in ihre Zuständigkeit fallen. Den **Trägern der Bauaufsichtsbehörden obliegt** daher eine **Pflicht**, für die **nötige Sachausstattung** (Vorschriften- und Entscheidungssammlungen, Fachliteratur, Kommentierungen) und für **Fortbildungsmaßnahmen** der Bediensteten zu sorgen.

### 1.3 Städtebauliche Verfahrensregeln

#### 1.3.1 Verzicht auf ein städtebauliches Vorhaben-Genehmigungsverfahren

22 Die **Abspaltung des Städtebaurechts** als besondere bundesrechtlich geregelte Materie **aus dem Baupolizeirecht** bewog den Gesetzgeber bereits bei Erlass des BBauG im Jahre 1960 zu besonderen Überlegungen. Der Vollzug aller öffentlich-rechtlichen Vorschriften, die bei der Errichtung, der Änderung, der Nutzungsänderung oder dem Abbruch von baulichen Anlagen zu beachten sind, oblag seit jeher den Bauaufsichtsbehörden. Diese überprüften schon vor Erlass des BBauG die Einhaltung der Festsetzungen städtebaulicher Pläne, so z. B. der Fluchtlinienpläne nach dem Fluchtliniengesetz. Der Bundesgesetzgeber hat die **Prüfung der städtebaulichen Zulässigkeitsvorschriften** in die Hand der Genehmigungsbehörden gelegt und bewusst auf ein eigenständiges planungsrechtliches Verfahren verzichtet, wozu er kompetenzrechtlich in der Lage gewesen

wäre. Es sollte durch Verzicht auf eine verfahrensrechtliche Annexregelung ein **zweigeteiltes Genehmigungsverfahren** unter allen Umständen **vermieden** werden, um so die **Einheitlichkeit des Baugenehmigungsverfahrens** zu wahren (so die Begründung des Entwurfs eines Bundesbaugesetzes, BT-Drucksache 3/336, S. 69). Das städtebauliche Zulässigkeitsrecht überlässt die Prüfung planungsrechtlicher Vorgaben dem bauaufsichtlichen bzw. dem an seine Stelle tretenden öffentlich-rechtlichen Genehmigungsverfahren. Hierbei ist die **Gemeinde nach § 36 BauGB** beteiligt, um bei Abweichungen vom Bebauungsplan, aber auch im unbeplanten Innen- oder Außenbereich ihr **Einvernehmen** zu erteilen oder zu versagen.

Diese **starke rechtliche Stellung der Gemeinde** resultiert aus der ihr durch das Städtebaurecht übertragenen **Planungshoheit** und der damit verbundenen Verantwortung für die bauliche und sonstige Nutzung des Gemeindegebiets (vgl. Groß, Das gemeindliche Einvernehmen nach § 36 BauGB als Instrument zur Durchsetzung der Planungshoheit, BauR 1999, S. 560 ff.). Durch das BauROG wurde § 36 BauGB ergänzt, um der Freistellungspolitik der Länder Rechnung zu tragen und die rechtliche Stellung der Gemeinde zu verbessern (s. hierzu Jäde, Bauordnungsrecht und Bundesbaurecht – Lösungen und Probleme des BauGB 1998, ZfBR 1998, S. 129 ff.). Gegen die **Missachtung** ihrer gesetzlich geregelten **Mitwirkungsrechte** kann sich die Gemeinde durch Anfechtung der entsprechenden Genehmigung zur Wehr setzen (BVerwG, Urteil vom 19. 11. 1965 – IV C 184.65, BRS 16 Nr. 91 = DÖV 1966, 243 = DVBl. 1966, 177 = NJW 1966, 513) und einen Anspruch auf bauaufsichtliches Einschreiten geltend machen (Hess VGH, Beschluss vom 10. 11. 2004 – 9 ZU 1400/03, BRS 67 Nr. 201 = NVwZ-RR 2005, 275). Gibt das Verwaltungsgericht einer Anfechtungsklage des Bauherrn gegen eine Beseitigungsanordnung der Bauaufsichtsbehörde mit der Begründung statt, das Vorhaben verstoße nicht gegen das Bauplanungsrecht, so kann die beigeladene Gemeinde unter Hinweis auf ihre Planungshoheit gegen dieses Urteil Rechtsmittel einlegen (BVerwG, Urteil vom 14. 4. 2000 – 4 C 5.99, BauR 2000, 1312 = BRS 63 Nr. 115 = UPR 2001, 27). 23

Der Verzicht auf ein eigenständiges bauplanungsrechtliches Genehmigungsverfahren bedingt die Mitwirkung der Gemeinde in dem Verfahren, das die planungsrechtliche Prüfung einschließt. Nur so kann erreicht werden, dass die Gemeinde überhaupt die Möglichkeit erhält, ihrer **Planungshoheit** nachzukommen, um durch **Aufstellung eines Bebauungsplanes** und den damit im Zusammenhang stehenden Gebrauch der **Sicherungsinstrumente** nach §§ 14 und 15 BauGB städtebaulich unerwünschte Vorhaben zu unterbinden. Die Gemeinde kann ein **Vorhaben** zum **Anlass** für die **Aufstellung** oder **Änderung** eines Bebauungsplanes nehmen, um nach Bekanntmachung des Aufstellungsbeschlusses die **Zurückstellung** des Genehmigungsantrags gemäß **§ 15 Abs. 1 BauGB** herbeizuführen. Auf diese Weise erhält sie den notwendigen zeitlichen Spielraum, um eine **Veränderungssperre** gemäß §§ 14 ff. BauGB zu beschließen, die dann die eigentliche Versagungsgrundlage darstellt. Allerdings fallen auch freigestellte erhebliche oder wesentlich wertsteigernde Veränderungen von Grundstücken und baulichen Anlagen nach § 14 Abs. 1 Nr. 2 BauGB unter eine rechtsverbindliche Veränderungssperre, so dass es im Kern darum geht, der Gemeinde im Rahmen der präventiven Kontrolle zusätzliche Entscheidungsspielräume über § 15 Abs. 1 BauGB zu eröffnen. 24

**Zweck der Einvernehmensregelung** des § 36 BauGB ist die **Sicherung der Planungshoheit** der Gemeinde. Aus diesem Grunde ist sie zu beteiligen bei einer 25

– **Ausnahme** oder **Befreiung** von Bebauungsplan**festsetzungen** nach **§ 31 BauGB**,

– **Genehmigung** aufgrund **künftiger** Bebauungsplan**festsetzungen** nach **§ 33 BauGB**,
– **Genehmigung** im **Innenbereich** nach **§ 34 BauGB**,
– **Genehmigung** im **Außenbereich** nach **§ 35 BauGB**.

Diese **Fallgruppen** sind **unterschiedlich** zu **betrachten**.

In den Fällen des **§ 31 BauGB** soll die Gemeinde zu einer Ausnahme oder Befreiung Stellung nehmen können, weil von dem von ihr erlassenen Plan abgewichen werden soll.

Im Falle des **§ 33 BauGB** wird die Gemeinde beteiligt, weil der Bebauungsplan noch keine Rechtskraft erlangt hat und durch jede Genehmigung im Vorgriff auf den Plan nicht mehr umkehrbare Fakten geschaffen werden.

In den Fällen der **§§ 34 und 35 BauGB**, darin eingeschlossen sind auch die Fälle einfacher Bebauungsplan nach § 30 Abs. 3 BauGB, erfolgt die Beteiligung, weil die Gemeinde noch nicht bzw. noch nicht abschließend, wie beim qualifizierten Bebauungsplan, von ihrer Planungshoheit Gebrauch gemacht hat.

Neben diesem Einvernehmenszweck bildet die **Mitwirkung der Gemeinde bei der Ausübung des Ermessens** nach § 31, § 33 Abs. 2 BauGB und bei der **Ausfüllung unbestimmter Rechtsbegriffe** aus Anlass der Zulässigkeitsprüfung, z. B. nach § 34 Abs. 1 BauGB einen wesentlichen Aspekt unter dem Gesichtspunkt der Planungshoheit. Hierauf zielt die Vorgabe des § 36 Abs. 2 Satz 1 BauGB, wonach das Einvernehmen **nur** aus den sich aus den §§ 31, 33 bis 35 BauGB ergebenden – **städtebaulichen** – Gründen versagt werden darf, sonstige Gesichtspunkte, z. B. solche bauordnungsrechtlicher Art, müssen außer Ansatz bleiben. Die Gemeinde muss – wie die Genehmigungsbehörde – die gleichen rechtlichen Maßstäbe anwenden und hat insbesondere die bereits vorliegenden Ergebnisse der **höchstrichterlichen Rechtsprechung** zu **berücksichtigen** (BGH, Urteil vom 8. 10. 1992 – III ZR 220/90, DVBl. 1993, 105). Es bleibt der Gemeinde aber unbenommen, in ihrer Stellungnahme die Genehmigungsbehörde auf Verstöße gegen sonstige öffentlich-rechtliche Vorschriften hinzuweisen.

### 1.3.2 Funktion des § 29 BauGB

26 Den **Schlüssel** zur **Anwendung des städtebaulichen Zulässigkeitsrechts** bildet **§ 29 BauGB**, der die Maßnahmen aufführt, die einer bauplanungsrechtlichen Prüfung unterworfen sind. Hierzu definiert § 29 BauGB den **Begriff des Vorhabens** und verwendet hierbei einen eigenständigen bauplanungsrechtlichen **Begriff der baulichen Anlage** (vgl. die Anmerkungen zu § 2 Rdn. 9 bis 14). Vorhaben, die nicht die bauplanungsrechtliche Begriffsbestimmung der baulichen Anlage erfüllen, unterliegen auch keiner städtebaulichen Überprüfung. Für Vorhaben des Bundes und der Länder gelten gemäß § 37 BauGB materiell-rechtliche und verfahrensrechtliche Besonderheiten. Bauliche Maßnahmen aufgrund von anderen Gesetzen bleiben gemäß § 38 BauGB von den Vorschriften der §§ 29 bis 37 BauGB unberührt. Hierbei handelt es sich um Planfeststellungs- und Plangenehmigungsverfahren nach Bundes- oder Landesrecht.

27 Die Vorschrift des **§ 29 Absatz 1 BauGB unterwirft** in der seit dem 1. 1. 1998 geltenden Fassung **alle städtebaulich relevanten Vorhaben der bauplanungsrechtlichen Kontrolle**, gleichgültig ob für sie ein bauordnungsrechtliches oder ein sonstiges öffentlich-rechtliches Verfahren angeordnet ist, z. B. ein landschaftsrechtliches Zulassungsverfahren für ein bauordnungsrechtlich freigestelltes Vorhaben. Es kommt allein darauf an, ob die Begriffsbestimmung des städtebaulich relevanten Vorhabens erfüllt ist. Mit dieser Ände-

rung reagierte der Bund auf die „**Freistellungspolitik**" der Länder, um die materielle Beachtungspflicht der bauplanungsrechtlichen Vorgaben sicherzustellen. Hierzu führt die Begründung zum Entwurf des BauROG aus (BR-Drucks. 635/96 S. 55):

*„Die Landesbauordnungen haben in den vergangenen Jahren in einem beachtlichen Umfang Bauvorhaben von der Baugenehmigungspflicht freigestellt. Die – im Interesse der Verfahrensvereinfachung und Verfahrensbeschleunigung – durch die Landesgesetzgeber eingeleitete Entwicklung gibt Anlass, das System des § 29 in Verbindung mit den §§ 36, 14 bis 17 zu überdenken. Denn nach dem geltenden § 29 Satz 1 Halbsatz 1 werden die §§ 30 bis 37 (nur) für solche Vorhaben zur Anwendung kommen, die die Errichtung, Änderung oder Nutzungsänderung von baulichen Anlagen zum Inhalt haben und die zugleich einer bauaufsichtlichen Genehmigung oder Zustimmung bedürfen oder den Baubehörden angezeigt werden müssen.*

*Auch die Expertenkommission zur Novellierung des Baugesetzbuchs … hat sich mit der veränderten Situation auseinandergesetzt. Zwar weist die Kommission darauf hin, dass das Problem aus ihrer Sicht teilweise dadurch entschärft werde, weil überwiegend in den Landesbauordnungen, die für bestimmte Gebäude eine Freistellung von Genehmigungsverfahren normiert hätten, ein (nicht immer so bezeichnetes, sich aber tatsächlich so darstellendes) Anzeigeverfahren an die Stelle des Genehmigungsverfahrens getreten sei, so dass insoweit noch eine Verknüpfung mit § 29 bestehe. Unabhängig hiervon bestehe aber hinreichend Anlass, den Inhalt des § 29 zu überprüfen. Die Kommission ist in diesem Zusammenhang der Auffassung, dass § 29 in seiner heutigen Fassung einer landesrechtlichen Regelung entgegenstehe, die bodenrechtlich relevante bauliche Anlagen vom bauaufsichtlichen Genehmigungs-, Zustimmungs- oder Anzeigeverfahren befreie. Sie nimmt in diesem Zusammenhang auf ein Urteil des Bundesverwaltungsgerichts aus dem Jahr 1985 Bezug (BVerwGE 72, 300, 323 f.), welches darauf hingewiesen habe, dass die Länder die Anwendung der §§ 30 ff. nicht dadurch beliebig ausscheiden könnten, dass sie bauliche Anlagen von Genehmigungsverfahren (Zustimmungs- oder Anzeigeverfahren) freistellten. Demgemäß sei dem § 29 in Verbindung mit den §§ 30 ff. zu entnehmen, dass der Gesetzgeber, alle bodenrechtlich relevanten Fälle' habe erfassen wollen. Dies schließe es aus, den Ländern insoweit eine Dispositionsbefugnis zuzugestehen, bodenrechtlich relevante Vorhaben nach Belieben dem Bauplanungsrecht zu entziehen. Für die gebotene Neufassung des § 29 biete sich daher eine Lösung an, wie sie bereits in Satz 3 für größere Aufschüttungen und Abgrabungen, Ausschachtungen und Ablagerungen einschließlich der Lagerstätten getroffen sei.*

*Durch die Neufassung von § 29 Abs. 1 soll den aufgezeigten Überlegungen der Kommission gefolgt und damit das materielle Bauplanungsrecht von den Genehmigungs-, Zustimmungs- oder Anzeigeverfahren in den Landesbauordnungen abgekoppelt werden. …"*

Nach **§ 29 Abs. 2 BauGB** bleiben die **bauordnungsrechtlichen** und **sonstigen öffentlichrechtlichen Vorschriften unberührt**. Hiermit sind alle Rechtsbereiche gemeint, „die in einer dem Bauordnungsrecht vergleichbaren Weise dem Bauplanungsrecht gegenüberstehen" (BVerwG, Urteil vom 24. 2. 1978 – 4 C 12.76, BauR 1978, 378 = BRS 33 Nr. 57 = DVBl. 1978, 610 = NJW 1979, 327). Die Regelungen über Anlagen der Außenwerbung und Warenautomaten der Landesbauordnungen können hierfür als Beispiel dienen, da sie nicht als Bodenrecht, sondern als **Gestaltungsrecht** verstanden werden (BVerwG, Beschluss vom 29. 12. 1964 – I C 97.63, BBauBl. 1965, 363 = BRS 15 Nr. 78 = DÖV 1965, 343 = DVBl. 1965, 203 = NJW 1965, 879). Diese nicht-bodenrechtlichen Vorschriften 28 sind zusätzlich beachtlich und vermögen deshalb eine Nutzung einzuschränken oder auszuschließen. **Für ergänzendes Bodenrecht** des Landes besteht in Bezug auf **abschließende** bundesrechtliche Regelungen im BauGB **kein Raum.**

29 Ist durch die §§ 30ff. BauGB die bebauungsrechtliche Zulässigkeit eines Vorhabens geregelt, so vermögen **Vorschriften in Landesgesetzen** nur noch die **Einzelheiten der Ausführung** zu beeinflussen, nicht aber das Vorhaben gänzlich zu verhindern. Ein **landesrechtliches Bebauungsverbot** setzt sich **gegenüber dem bundesrechtlich begründeten Bebauungsanspruch** nur durch, wenn es in dieser Wirkung als Enteignungsrecht im Sinne von Artikel 74 Nr. 14 GG verstanden werden kann und eine **Enteignungsentschädigung** zusagt. Dem **Bundesgesetzgeber** ist natürlich nicht verwehrt **in anderen Gesetzen weitere Regelungen bodenrechtlicher Art** zu treffen und damit das Zulässigkeitsrecht für Vorhaben zu verändern. So wurde z.B. mit Artikel 1 des **Gesetzes** zur Verbesserung des vorbeugenden Hochwasserschutzes vom 3. 5. 2005 (BGBl. I S. 1224) **§ 31 b** in das **WHG** eingefügt, um unter anderem auch das Verhältnis des vorsorgenden Hochwasserschutzes zu den Vorschriften über die Zulässigkeit von Vorhaben zu regeln. Einschränkungen der Baufreiheit enthält z.B. auch **§ 9 FStrG** mit dem **Anbauverbot an Bundesfernstraßen**, das bis zur Novellierung des § 9 FStrG im Jahre 1990 von der Rechtsprechung **kritisch betrachtet** wurde, da die mit dem Anbauverbot im Innenbereich verbundene Entschädigungsproblematik nicht ausreichend gelöst war.

### 1.3.3 Bezug zum Fachplanungsrecht

30 **§ 38 BauGB privilegiert Fachplanungen überörtlicher Art** gegenüber der Bauleitplanung und den Zulässigkeitsvorschriften der §§ 29–37 BauGB. Daher ist § 36 BauGB auf immissionsschutzrechtliche Genehmigungen für öffentlich zugängliche Abfallbeseitigungsanlagen nicht anwendbar (VGH B-W, Beschluss vom 25. 11. 1996 – 10 S 2185/96, UPR 1997, 119 zu einer immissionsschutzrechtlichen Änderungsgenehmigung für eine planfestgestellte Müllverbrennungsanlage, die ohne das Einvernehmen der Gemeinde nach § 36 BauGB erteilt wurde). Bereits nach **§ 7 BauGB** können sich öffentliche Planungsträger durch Widerspruch von der **Anpassungspflicht an den Flächennutzungsplan** lösen, wenn die Fachplanungsbelange die städtebaulichen Belange, die sich aus dem Flächennutzungsplan ergeben, überwiegen. Derartige Situationen entstehen, wenn dem Fachplanungsträger durch Gesetz Aufgaben auferlegt werden, die bei Aufstellung des Flächennutzungsplanes nicht absehbar waren. Eine **überörtliche Planung** im Sinne des § 38 BauGB ist regelmäßig dann gegeben, wenn das planfestzustellende Vorhaben das Gebiet von zumindest **zwei** Gemeinden tatsächlich berührt (BVerwG, Urteil vom 4. 5. 1988 – 4 C 22.87, DÖV 1988, 835 = DVBl. 1988, 960 = NJW 1989, 242 = UPR 1988, 392 = ZfBR 1988, 231). Sie liegt auch dann ohne Rücksicht auf die räumliche Ausdehnung des Planvorhabens vor, wenn dem überörtlichen Träger der Planungshoheit nach Maßgabe des jeweils anwendbaren Planungsrechts Planungen von überörtlicher Bedeutung mit Verbindlichkeit auch für die Ortsplanung obliegen (BVerwG, Urteil vom 3. 4. 1981 – 4 C 11.79, BRS 38 Nr. 1 = DÖV 1981, 676 = DVBl. 1981, 930).

31 Die **Fachplanungsgesetze** sehen verfahrensrechtlich das Rechtsinstitut der **„Planfeststellung"** oder der **„Plangenehmigung"** vor. Das **Planfeststellungs- bzw. Plangenehmigungsverfahren** ist in **§§ 72ff. VwVfG. NRW.** geregelt, soweit nicht die Fachplanungsgesetze selbst Bestimmungen enthalten, die als Spezialvorschrift vorgehen. Nach § 75 Abs. 1 VwVfG. NRW. wird durch die **Planfeststellung** bzw. **Plangenehmigung** die Zulässigkeit des Vorhabens einschließlich der notwendigen Folgemaßnahmen an anderen

Anlagen im Hinblick auf alle von ihm berührten öffentlichen Belange **abschließend** festgestellt. Daneben sind im Regelfall keine anderen behördlichen Entscheidungen, wie z. B. Baugenehmigungen, erforderlich, wenn das Fachplanungsgesetz dies anordnet.

Im Bereich planfestgestellter Anlagen sind bis zur Entwidmung nur Vorhaben zulässig, die dem Planfeststellungsinhalt, wie er sich aus den Planfeststellungsunterlagen ergibt, entsprechen. Der **Vorbehalt des § 38 BauGB beschränkt die Gemeinde im Gebrauch ihrer Planungshoheit** in Bezug auf die vorhandenen Anlagen der Fachplanung. Erst nach „Entwidmung" der planfestgestellten Anlage, z. B. einer Bahnlinie, durch eindeutige und bekannt gemachte Erklärung, die für jedermann klare Verhältnisse schafft, kehrt das entsprechende Gelände in die Planungshoheit der Gemeinde zurück (BVerwG, Urteil vom 16. 12. 1988 – 4 C 48.86, DÖV 1989, 637 = DVBl. 1989, 458 = NVwZ 1989, 655 = UPR 1989, 264 = ZfBR 1989, 123). 32

Als **Folge des Verzichts auf ein eigenständiges städtebauliches Verfahren** zur Steuerung der Zulässigkeit von Vorhaben und der Einbeziehung der planungsrechtlichen Prüfung in das bauordnungsrechtliche oder an seiner Stelle durchzuführende sonstige öffentlich-rechtliche Genehmigungsverfahren sieht das BauGB eine **Beteiligung der Gemeinde** vor. Die **Gemeinde** nimmt nach § 2 Abs. 1 BauGB die Aufgabe der **Bauleitplanung in eigener Verantwortung** wahr. Bereits in dem 1960 in Kraft getretenen BBauG hatte sich der Bund zur Ausführung des Auftrags aus Artikel 28 Abs. 2 GG entschlossen, die Planungshoheit endgültig auf die Gemeinden zu übertragen (vgl. Begründung zum Entwurf eines Bundesbaugesetzes, BT-Drucks. 3/336 S. 62). Die **Planungshoheit** gehört, soweit nicht überörtliche Interessen greifen, zum **Kernbereich der Selbstverwaltungsgarantie**. Der Bundesgesetzgeber hat mit § 1 Abs. 3 und § 2 Abs. 1 Satz 1 BauGB von seiner Kompetenz zur Regelung der Trägerschaft der Bauleitplanung, wie sie sich aus Art. 74 Nr. 18 und Art. 84 Abs. 1 GG ergibt, umfassend Gebrauch gemacht und die **Gemeinde abschließend für zuständig erklärt**. Den Ländern ist es damit verwehrt, außerhalb der Ermächtigung des § 203 BauGB andere Trägerschaften für die Bauleitplanung festzulegen (BVerfG, Beschluss vom 9. 12. 1987 – 2 BvL 16/84, BVerfGE 77, 288 = DÖV 1988, 465 = DVBl. 1988, 482 = NVwZ 1988, 619 = UPR 1988, 223 = ZfBR 1988, 136 – sog. „Püttlingen-Beschluss" zur Übertragung der Zuständigkeit für die vorbereitende Bauleitplanung auf den Stadtverband Saarbrücken). 33

Die Planungshoheit der Gemeinde genießt, ihrem Verfassungsrang entsprechend, große Bedeutung bei sämtlichen hoheitlichen Planungsmaßnahmen. Wichtige **Fachplanungsgesetze** schreiben deshalb direkt die **Beteiligung der Gemeinde** vor oder verlagern sogar bestimmte Verfahrensschritte, wie die öffentliche Auslegung des Planentwurfs, in die Zuständigkeit der Gemeinde. So ist nach § 17 Abs. 3 a FStrG die Gemeinde zu beteiligen und nach Abs. 3 b der Plan durch die Gemeinde auszulegen. Nach § 14 Abs. 1 des PBefG ist vor Erteilung einer Genehmigung zur Beförderung von Personen mit Straßenbahnen, Obussen oder Kraftfahrzeugen im Linienverkehr die Stellungnahme der Gemeinde einzuholen. Auch zahlreiche andere bundesrechtliche Vorschriften, wie z. B. § 10 FlurbG und § 17 WaStrG oder § 7 Abs. 4 AtomG, um nur einige aufzuzählen, fordern die Beteiligung der Gemeinde. Selbst wenn Rechtsvorschriften eine Anhörung der Gemeinde nicht ausdrücklich vorsehen, ist eine Einschränkung der Planungshoheit nur aufgrund vorausgegangener Anhörung wirksam (BVerwG, Urteil vom 14. 2. 1969 – IV C 82.66, BRS 22 Nr. 29 = DVBl. 1969, 362 und Urteil vom 8. 9. 1972 – IV C 17.71, BRS 25 Nr. 14 = DVBl. 1973, 35). Das jeweils anzuwendende **Fachplanungsrecht** schreibt hinsichtlich der abzuwägenden Belange auch die **Prüfung städtebaulicher Gesichtspunkte** 34 vor, insofern besteht kein Rechtssatz, der generell überörtliche Planungen den örtlichen Planungen der Gemeinde vorzieht. Planfeststellungen nach dem Fachplanungsrecht des Bundes und der Länder müssen hinreichend konkretisierte Planungen der Gemeinde berücksichtigen und dürfen sie nicht nachhaltig stören (BVerwG, Beschluss vom 26. 2. 1990 – 4 B 31.90, BRS 50 Nr. 184 = DÖV 1991, 33 = NVwZ 1990, 657 = UPR 1990, 231 = ZfBR 1990, 308). Trotz des scheinbar gelösten Beteiligungserfordernisses der Gemeinde bereitet das Verhältnis der §§ 36 und 38 BauGB zueinander in der praktischen Anwendung immer wieder Probleme (vgl. Dippel, Alte und neue Anwendungsprobleme der §§ 36, 38 BauGB, NVwZ 1999, S. 921 ff.).

### 1.3.4 Einvernehmen der Gemeinde

35 Der Planungshoheit der Gemeinde trägt das Zulässigkeitsrecht des BauGB mit § 36 Rechnung. Danach ist die Gemeinde bei der Zulassung von Vorhaben durch die Genehmigungsbehörde, das ist entweder die Bauaufsichtsbehörde oder die Behörde, die für das Genehmigungsverfahren nach sonstigem öffentlichen Recht zuständig ist, zu beteiligen. Die Vorschrift zielte ursprünglich nur auf das **Baugenehmigungsverfahren** und wurde später auf **andere Genehmigungsverfahren** ausgedehnt, in denen über die **bauplanungsrechtliche** Zulässigkeit von Vorhaben entschieden wird, wie z. B. das immissionsschutzrechtliche Genehmigungsverfahren oder das wasserrechtliche Genehmigungsverfahren zur Auskiesung einer Fläche, woraus sich im Einzelfall schwierig zu beurteilende Rechtsfragen hinsichtlich des Einvernehmens ergeben (vgl. Jäde, Gemeindliches Einvernehmen in parallelen Anlagenzulassungsverfahren, UPR 2001, S. 10 ff.). **Genehmigungen** oder **Vorbescheide** darf die das Vorhaben zulassende Behörde **nur im Einvernehmen mit der Gemeinde** erteilen. Das Einvernehmen der Gemeinde im Baugenehmigungsverfahren ist selbst dann erforderlich, wenn für das Vorhaben bereits ein Vorbescheid erteilt wurde (OVG Bbg, Beschluss vom 4. 11. 1996 – 3 B 134/96, BauR 1997, 90 = BRS 58 Nr. 143). Sind in dem mit gemeindlichem Einvernehmen erteilten Vorbescheid einzelne von der Gemeinde zu prüfende bauplanungsrechtliche Fragen offen geblieben, bedarf die Baugenehmigung erneut des gemeindlichen Einvernehmens (VGH B-W, Beschluss vom 11. 5. 1998 – 5 S 465/98, NVwZ 1999, 442). Eine Beteiligung entfällt nur, wenn ein Bebauungsplan vorliegt und das Vorhaben dessen Festsetzungen entspricht, da in diesem Falle der planerische Wille der Gemeinde bereits fixiert ist (VGH B-W, Urteil vom 17. 11. 1998 – 5 S 2147/98, BauR 1999, 381 = BRS 60 Nr. 157). Weicht ein Vorhaben von den Festsetzungen ab, bedarf es aber des Einvernehmens der Gemeinde, um dieser eine eigene ermessensbezogene Entscheidung zu eröffnen (BVerwG, Beschluss vom 5. 3. 1999 – 4 B 62.98, BauR 1999, 1281 = BRS 62 Nr. 178).

Die **Versagung** eines Antrags kann **trotz vorliegender Einvernehmenserklärung** der Gemeinde durch die Genehmigungsbehörde erfolgen, wenn diese das Vorhaben aus planungsrechtlichen Gründen für unzulässig hält. Die Ablehnung des Antrages ist nämlich nicht wie die Genehmigung an das Einvernehmen gebunden (BVerwG, Beschluss vom 16. 12. 1969 – IV B 121.69, BRS 22 Nr. 156 = DÖV 1970, 349).

36 Bei **Identität von Gemeinde und Genehmigungsbehörde** ist **§ 36 BauGB nicht anwendbar**, da es in diesem Falle Aufgabe der Körperschaft selbst ist, ihre verschiedenen Dienststellen zu koordinieren und eine einheitliche Verwaltungsmeinung zwischen den für die Bauaufsicht und die Bauleitplanung zuständigen Dienstellen herbeizuführen (BVerwG, Beschluss vom 11. 11. 1968 – IV B 55.68, BRS 20 Nr. 75 = DÖV 1969, 146 und Urteil vom 19. 8. 2004 – 4 C 16.03, BauR 2005, 361 = BRS 67 Nr. 177 = DVBl. 2005, 192

= UPR 2005, 71 unter ausdrücklicher Aufgabe der bisherigen Rechtsprechung, zuletzt im Beschluss vom 30. 7. 2002 – 4 B 40.02, Buchholz 406.11 § 36 BauGB Nr. 55). Die **Zuständigkeit innerhalb der Gemeinde** für die Erteilung des Einvernehmens richtet sich nach dem **Kommunalverfassungsrecht und den Zuständigkeitsregelungen** der Kommune. Auch bei eventuell einzuschaltenden politischen Vertretungen der Gemeinde erfolgt die abschließende Stellungnahme an die Genehmigungsbehörde durch die Verwaltung, da diese die Beschlüsse der politischen Vertretung auszuführen hat.

Die **Erteilung oder Verweigerung des Einvernehmens ist kein anfechtbarer Verwaltungsakt**, sondern ein **Verwaltungsinternum** (BVerwG, Urteil vom 19. 11. 1965, a. a. O. Rdn. 22 und BGH, Urteil vom 17. 9. 1970 – III ZR 4/69, BauR 1970, 232 = BRS 23 Nr. 144 = DÖV 1970, 784). Verweigert die Gemeinde das Einvernehmen, so ist die **Genehmigungsbehörde** – soweit das Einvernehmen nicht ersetzt wird (s. Rdn. 39 a) – hieran **gebunden**, auch wenn die Gründe erkennbar nicht-städtebaulicher Natur sind (BVerwG, Urteil vom 7. 2. 1986 – 4 C 43.83, BauR 1986, 425 = BRS 46 Nr. 142 = NVwZ 1986, 556). Das verweigerte gemeindliche Einvernehmen darf sowohl im Falle eines Verpflichtungsurteils als auch im Falle eines Bescheidungsurteils dann ersetzt werden, wenn das Gericht zu dem Ergebnis gelangt, dass das Vorhaben mit den §§ 31 und 33 bis 35 BauGB vereinbar ist (BVerwG, Urteil vom 7. 2. 1986 – 4 C 43.83, BRS 46 Nr. 142 und Beschluss vom 17. 6. 2003 – 4 B 14.03, BauR 2003, 1704 = BRS 66 Nr. 157 = ZfBR 2003, 695). 37

Die Versagung des Einvernehmens ist eine **empfangsbedürftge Willenserklärung der Gemeinde**, die erst wirksam wird, wenn sie der Bauaufsichtsbehörde zugeht; im Zweifel hat die Gemeinde den Zugang zu beweisen (BayVGH, Beschluss vom 27. 10. 2000 – 1 ZS/CS 00.2727, BauR 2001, 926 = BRS 63 Nr. 119 = UPR 2001, 38).

Die **Gemeinde** kann ihr ausdrücklich **erteiltes** oder als erteilt geltendes Einvernehmen **nicht widerrufen** (BVerwG, Urteil vom 12. 12. 1996 – 4 C 24/95, BRS 58 Nr. 142 = DÖV 1997, 550 = DVBl. 1997, 827 = ZfBR 1997, 216 = UPR 1997, 252; die gegenteilige Auffassung des BGH im Urteil vom 11. 6. 1981 – III ZR 34/80, BauR 1981, 566 = BRS 38 Nr. 169 = DVBl. 1981, 825 = NJW 1982, 36 und im Beschluss vom 25. 10. 1990 – III ZR 249/89, BRS 53 Nr. 40 beruht auf älteren Fassungen des § 36 BBauG = BauGB, die keine „Beschleunigungsvorschriften" enthielten, so der BayVGH im Beschluss vom 26. 3. 1999 – 26 ZS 99.507, BRS 62 Nr. 119 = NVwZ-RR 2000, 84).

Hat die **Gemeinde** das **Einvernehmen nicht fristgerecht** (§ 36 Abs. 2 Satz 2 BauGB) **versagt**, steht ihr **kein Klagerecht** gegen die Baugenehmigung zu (Nds. OVG, Urteil vom 18. 3. 1999 – 1 L 6696/96, BauR 1999, 1150 = BRS 62 Nr. 112 = ZfBR 1999, 285).

### 1.3.5 Ersetzung des Einvernehmens

Die **nach Landesrecht zuständige Behörde kann** nach § 36 Abs. 2 Satz 3 BauGB ein **rechtswidrig versagtes Einvernehmen der Gemeinde ersetzen** (hierzu s. Horn, Das gemeindliche Einvernehmen unter städtebaulicher Aufsicht, NVwZ 2002, S. 406 ff.). Die Verwendung des Wortes „**kann**" in § 36 Abs. 2 Satz 3 BauGB ist nicht im Sinne der Einräumung eines (Ersetzungs-) Ermessens für die nach Landesrecht zuständige Behörde zu verstehen, sondern in dem Sinne, dass dieser Behörde – entgegen der bisherigen Rechtslage – auf bundesbaurechtlicher Grundlage die Befugnis eingeräumt wird, ein rechtswidrig verweigertes Einvernehmen zu ersetzen (OVG Rh-Pf, Beschluss vom 23. 9. 1998 – 1 B 11493/98, BRS 60 Nr. 91 = NVwZ-RR 2000, 85). 38

**39** Welche Behörde **zuständig** ist, ergibt sich aus dem Landesrecht. Mit § 69 a MBO 1993, der § 71 MBO 2002 entspricht, wurde ein stark verkürztes Beanstandungsverfahren vorgesehen, um die zügigere Abwicklung des Baugenehmigungsverfahrens sicherzustellen. Nach § 71 MBO 2002 finden die Vorschriften der Gemeindeordnung keine Anwendung; vielmehr gilt die **Genehmigung zugleich als Ersatzvornahme**. Diese Regelung wurde jedoch nicht in die BauO NRW übernommen, so dass die zeitaufwändigen Vorschriften der GO NRW Anwendung fanden. Erachtete die Bauaufsichtsbehörde die Gründe der Gemeinde zur Verweigerung des Einvernehmens für nicht stichhaltig, muss sie die **Kommunalaufsichtsbehörde** einschalten, um die Entscheidung beanstanden zu lassen (OVG NRW, Urteil vom 24. 6. 1970 – III A 28/68, BRS 23 Nr. 143).

**39 a** Mit dem **Bürokratieabbaugesetz I** (s. die Anmerkungen zu § 63 Rdn. 11–11 a) wurde die **Ersetzung des gemeindlichen Einvernehmens** im Sinne des § 71 MBO 2002 **neu geregelt**. Eine entsprechende Regelung für das **Zustimmungsverfahren** enthielt bislang schon § 80 Abs. 2 BauO NRW. **§ 2 Nr. 4 Buchstabe a Bürokratieabbaugesetz I**, der **vier Absätze** umfasst, gilt **anstelle** des § 80 Abs. 2 BauO NRW und **ergänzend** für **alle Verwaltungsverfahren** im **dritten Abschnitt des fünften Teils** der Landesbauordnung. Die insoweit leider **unpräzise** Eingangsformulierung lautet:

„Ergänzend zum **3. Abschnitt** und abweichend von § 80 Abs. 2 gilt folgendes zur Ersetzung des gemeindlichen Einvernehmens:“

Gemeint ist der dritte Abschnitt im **fünften Teil** der Landesbauordnung mit den §§ 69 bis 83. Einen dritten Abschnitt enthält auch der dritte Teil der BauO NRW, der aber nur materielle Anforderungen regelt. Im Übrigen ergibt sich aus der Begründung, dass die Neuregelung die **Ergänzung** der Vorschriften zum Verwaltungsverfahren bezweckt, denn das **Ziel** ist es, zu erproben, ob der Wechsel von der kommunalaufsichtlichen Ersetzung des gemeindlichen Einvernehmens durch eine bauaufsichtliche Ersetzung tatsächlich die **erwartete Verfahrensverkürzung** mit sich bringt (so LT-Drucks. 14/2242 S. 16).

**39 b** **Absatz 1** zwingt die Bauaufsichtsbehörde zur Ersetzung des Einvernehmens, wenn das Einvernehmen rechtswidrig versagt worden ist, was aus der Formulierung „so **hat** die zuständige Bauaufsichtsbehörde … zu ersetzen“ folgt. Im Gegensatz dazu ist § 80 Abs. 2 Satz 1 BauO NRW als „**Kann**-Bestimmung“ ausgestaltet. Es kommt nicht darauf an, ob der zuständige Bedienstete die Rechtswidrigkeit erkennt, sondern nur darauf, **ob** die **Entscheidung objektiv rechtswidrig** ist, weil sie nicht allein auf städtebauliche Vorschriften abstellt (s. Rdn. 25) oder weil ein eingeräumtes Ermessen fehlerhaft ausgeübt wurde. **Unterlässt** die Bauaufsichtsbehörde die Ersetzung des rechtswidrig versagten Einvernehmens, stellt dies eine **Amtspflichtverletzung** dar (s. Rdn. 40).

**39 c** Die Ersetzungs**befugnis** besteht **nur in Bezug auf** das rechtswidrig versagte Einvernehmen der Gemeinde nach **§ 36 Abs. 1 Sätze 1 und 2 BauGB**. Warum der Gesetzgeber andere Einvernehmensentscheidungen nach dem BauGB nicht einbezogen hat, bleibt unklar, zumal § 71 MBO 2002 als Mustervorschrift zur Verfügung stand. Da sich der Mangel nicht durch Auslegung überwinden lässt, hat dies zwangsläufig zur Folge, dass die Ersetzungsbefugnis nur **eingeschränkt Anwendung** findet, im Übrigen aber auf die – zeitaufwändigeren – Regelungen der GO NRW zurückgegriffen werden muss. Logisch ist das aufgrund der Zielsetzung des beabsichtigten Bürokratieabbaus gerade nicht. Man muss jedoch bedenken, dass die Hektik des Gesetzgebungsverfahrens kaum Gelegenheit bot, die zu erwartenden Auswirkungen der Neuregelung im Hinblick auf die Feinheiten des Bauplanungsrechts zu überdenken.

§ 36 Abs. 1 **Satz 1** BauGB betrifft **Entscheidungen** über die Zulässigkeit von Vorhaben **im bauaufsichtlichen Verfahren**, somit also Baugenehmigungen und Teilbaugenehmigungen sowie Zustimmungen und Vorbescheide. Durch die ausdrückliche Bezugnahme auf die §§ **31 und 33 bis 35 BauGB** erfasst § 36 Abs. 1 Satz 1 BauGB folgende Fälle: 39 d

- **Ausnahmen von Bebauungsplanfestsetzungen** gemäß § 31 Abs. 1 BauGB,
- **Befreiungen von Bebauungsplanfestsetzungen** gemäß § 31 Abs. 2 BauGB,
- **Genehmigungen während der Bebauungsplanaufstellung** gemäß § 33 BauGB,
- **Genehmigungen im unbeplanten Innenbereich** gemäß § 34 BauGB,
- **Genehmigungen im Außenbereich** gemäß § 35 BauGB.

**Nicht erfasst** von § 36 Abs. 1 Satz 1 BauGB sind dagegen:

- **Ausnahmen von einer Veränderungssperre** nach § 14 Abs. 2 Satz 2 BauGB,
- **Genehmigungen zur Begründung oder Teilung von Wohnungs- oder Teileigentum im Gebiet mit Fremdenverkehrsfunktionen** gemäß § 22 Abs. 5 Satz 1 BauGB,
- **Genehmigungen des Rückbaus, der Änderung oder der Nutzungsänderung baulicher Anlagen**, sofern der Vorgang einer baurechtlichen Genehmigung oder Zustimmung bedarf, **in einer Erhaltungssatzung** gemäß § 173 Abs. 1 Satz 2 BauGB.

§ 36 Abs. 1 **Satz 2** BauGB unterwirft **andere öffentlich-rechtliche Entscheidungen** über die Zulässigkeit von Vorhaben den Regelungen des Satzes 1. **Ausgenommen** sind nur **Vorhaben** im Sinne des § 29 Abs. 1 BauGB, **die der Bergaufsicht unterliegen**. Die **Bezugnahme auf** § 36 Abs. 1 **Satz 1** BauGB **bewirkt**, dass das rechtwidrig versagte Einvernehmen der Gemeinde von der Behörde ersetzt werden muss, die für die andere öffentlich-rechtliche Gestattung, welche die Baugenehmigung oder Zustimmung einschließt, zuständig ist. **Hauptanwendungsfall** dürfte die **immissionsschutzrechtliche Genehmigung** sein. 39 e

**Absatz 2** erklärt **§ 122 GO NRW**, der das Beanstandungs- und Aufhebungsrecht der Aufsichtsbehörde regelt, für **nicht anwendbar**. Der Gesetzentwurf enthielt noch den Verweis auf den inhaltsgleichen § 119 der Gemeindeordnung in der Vorgängerfassung. Mit dem Kommunalen Finanzmanagementgesetz NRW vom 16. 11. 2004 (GV. NRW. S. 644) wurden die alten §§ 116–125 zu den neuen §§ 119–128 GO NRW verschoben, die entsprechenden Verweise auf diese Bestimmungen in anderen landesrechtlichen Vorschriften, darunter auch § 80 Abs. 2 BauO NRW, jedoch nicht angepasst (vgl. LT-Drucks. 14/3863 S. 17, zu II. Ziffer 1.2). Da § 122 GO NRW keine Anwendung findet, bedarf es keiner gesonderten Beanstandung des rechtswidrig versagten Einvernehmens vor der Erteilung der Genehmigung gegenüber der Gemeinde, wodurch das Verfahren erheblich verkürzt wird. 39 f

**Absatz 3** enthält für die Praxis bedeutsame Regelungen zur **Reduzierung des Beanstandungsaufwands**: 39 g

- Nach **Satz 1** muss die Ersatzvornahme nicht in einem gesonderten Verwaltungsakt gegenüber der Gemeinde erfolgen. Die **Genehmigung** oder die sonstige baurechtliche Gestattung **gilt als Ersatzvornahme**.
- Nach **Satz 2** ist die Genehmigung insoweit zu **begründen**. In dieser Begründung ist darzulegen, **warum** das Einvernehmen **rechtswidrig verweigert** wurde (vgl. LT-Drucks. 14/2242 S. 16).

– **Satz 3** bestimmt, dass der **Klage der Gemeinde** gegen eine Baugenehmigung, die zugleich als Ersatzvornahme gilt, **keine aufschiebende Wirkung** zukommt.

– **Satz 4** wurde erst im Gesetzgebungsverfahren eingefügt, um negativen Erfahrungen in anderen Bundesländern Rechnung zu tragen. Danach ist die als **Ersatzvornahme** geltende Genehmigung von der Gemeinde **nicht isoliert** nach § 126 GO NRW **anfechtbar**. Nach § 126 GO NRW können Maßnahmen der Aufsichtsbehörde unmittelbar mit der Klage im Verwaltungsstreitverfahren angefochten werden. Die Anfechtung ist demnach nur gegen die Genehmigung selbst zulässig. Im Ergebnis wird damit vom Gesetzgeber einem Streit um die Frage vorgebeugt, ob die Gemeinde erst die Ersatzvornahme anfechten muss, um sodann auch gegen die Baugenehmigung vorgehen zu können (s. LT-Drucks. 14/3863 S. 17 f., zu II. Ziffer 1.3).

39 h **Absatz 4** regelt das **Anhörungsrecht der Gemeinde**. Die Bauaufsichtsbehörde hat die Gemeinde zu beteiligen, **bevor** die Ersatzvornahme erfolgt. Hierdurch wird ihr Gelegenheit geboten, die rechtswidrige Entscheidung selbst zu beseitigen, so dass sich die Ersetzung des Einvernehmens durch die Bauaufsichtsbehörde erübrigt.

– **Satz 1** gebietet die **Anhörung** der Gemeinde **vor Erteilung** der Genehmigung, mit der zugleich das Einvernehmen ersetzt werden soll. Die Bestimmung greift den Rechtsgedanken aus § 28 VwVfG. NRW. auf. Im Rahmen der Anhörung kann die Gemeinde sich zu rechtserheblichen Tatsachen äußern, die Einfluss auf die Entscheidung haben. Führt die **Anhörung** zu keinen neuen Erkenntnissen oder äußert sich die Gemeinde überhaupt nicht, wozu sie nicht gezwungen werden kann, hat die Bauaufsichtsbehörde das rechtswidrig versagte Einvernehmen **unverzüglich** durch die Erteilung der beantragten bauaufsichtlichen Gestattung zu **ersetzen**. Es ist nicht geboten – und darüber hinaus auch amtspflichtwidrig – in einen lang andauernden Schriftwechsel mit der Gemeinde einzutreten, um vielleicht doch noch die Erteilung des Einvernehmens herbeiführen zu können.

– **Satz 2** gebietet, der Gemeinde im Rahmen der Anhörung Gelegenheit zu geben, **innerhalb** einer **angemessenen Frist erneut** über das gemeindliche Einvernehmen **zu entscheiden**, um ihr so eine Korrektur der – rechtswidrigen – Entscheidung zu ermöglichen. Die Frist wird von der Bauaufsichtsbehörde festgelegt. Da der Vorgang der Gemeinde bereits aus der vorausgegangenen Beteiligung bekannt ist und sie durch die Bauaufsichtsbehörde über die Gründe für die Rechtswidrigkeit ihrer Entscheidung aufgeklärt wird, genügt grundsätzlich die **halbe Zeitspanne**, die § 36 Abs. 2 Satz 2 BauGB für den Eintritt der Fiktion einräumt. Somit reicht **ein Monat** für das Überdenken der Entscheidung in allen Fällen aus. Bei kleineren unkomplizierten Vorhaben, deren bauplanungsrechtliche Zulässigkeit sich ohne weitere Nachprüfungen beurteilen lässt, kann der Gemeinde auch eine kürzere Frist zugemutet werden.

39 i Die **zügige Abwicklung** der Anhörung ist ein wesentliches Anliegen des Gesetzgebers. Zu bedenken ist nämlich **der dem Bauherrn entstehende Schaden** infolge der rechtswidrigen **Vorenthaltung** des Baurechts. In einem **Rechtsstaat** ist deshalb nicht nur von der Bauaufsichtsbehörde, sondern auch von der Gemeinde zu verlangen, alle Anstrengungen zu unternehmen, um **rechtswidrige Amtshandlungen auszuschließen**. Dagegen sind organisatorische Probleme innerhalb der Gemeinde, die dadurch auftreten können, dass ein Beschlussorgan erst noch eingeladen werden muss, zu vernachlässigen. Die Beanstandung eines rechtswidrig verweigerten Einvernehmens ist ja nicht die Regel, sondern kommt in der Praxis relativ selten vor. Ein solcher Fall rechtfertigt gegebe-

nenfalls die Einberufung des Beschlussorgans mit verkürzter Ladungsfrist oder die Herbeiführung eine Dringlichkeitsentscheidung gemäß § 60 GO NRW.

40 Ein **rechtswidrig verweigertes Einvernehmen** stellt eine **Amtspflichtverletzung** gegenüber dem Antragsteller dar und kann Ansprüche gegen die Gemeinde auslösen (BGH, Urteil vom 14.6.1984 – III ZR 68/83, BauR 1984, 498 = BRS 42 Nr. 173 und Urteil vom 15.11.1984 – III ZR 70/83, BRS 44 Nr. 149), insofern wird eine Gemeinde bei Rechtsbedenken der Genehmigungsbehörde ihre Entscheidung sorgfältig prüfen müssen. Dies gilt besonders, wenn die Genehmigungsbehörde die Gemeinde ersucht, ihre negative Stellungnahme nochmals zu überdenken (s. auch die Anmerkungen zu § 75 Rdn. 70–80). Die unberechtigte Weigerung einer beigeladenen Gemeinde, ihr Einvernehmen gemäß § 36 Abs. 1 BauGB zu einer Baugenehmigung zu erteilen, ist schuldhaft, wenn die Gemeinde die gebotene und zumutbare Sorgfalt außer Acht lässt. Ein Verschulden (z. B. Fahrlässigkeit) kann darin bestehen, dass die Gemeinde eine offensichtlich fehlerhafte Entscheidung trifft, ohne sich vorher sachkundig zu machen, und Hinweise Dritter auf die Rechtslage nachhaltig ignoriert (VG Potsdam, Urteil vom 30.3.2000 – 5 K 1279/97, NVwZ-RR 2000, 763 – das VG verurteilte die beigeladene Gemeinde gemäß § 155 Abs. 5 VwGO, die Kosten des gesamten Verfahrens zu tragen, weil diese durch das Verschulden der beigeladenen Gemeinde entstanden und § 155 Abs. 5 VwGO als lex specialis allen sonstigen Kostenregelungen – auch der Vorschrift des § 154 Abs. 3 VwGO – vorgeht). Zu Amtshaftungsansprüchen kann es ebenso im Falle des **verweigerten** – jedoch **nicht erforderlichen** – Einvernehmens kommen, wenn sich später herausstellt, dass das Vorhaben den Festsetzungen des Bebauungsplans entspricht, ohne dass es einer Ausnahme bedurft hätte (BGH, Urteil vom 21.11.2002 – III ZR 278/01, BauR 2003, 364 = BRS 65 Nr. 76 = ZfBR 2003, 266).

### 1.3.6 Beteiligung der Gemeinde bei der Freistellung

41 Soweit das Landesbauordnungsrecht ein **Baugenehmigungsverfahren** oder ein **vergleichbares bauaufsichtliches Verfahren** vorsieht, erfolgt nach § 36 BauGB in diesem Verfahren durch die zu beteiligende Gemeinde eine Prüfung der Auswirkungen des Vorhabens auf die gemeindlichen Planungsabsichten. Findet aber **kein** bauaufsichtliches Verfahren statt, weil der Landesgesetzgeber das Vorhaben **freigestellt** hat, so ergibt sich im Hinblick auf die Planungshoheit der Gemeinde eine Regelungslücke. Diese Regelungslücke, die durch die Freistellungspolitik der Länder in Bezug auf Wohnbauvorhaben entstanden ist (vgl. Battis/Krautzberger/Löhr, Vorbemerkungen zu §§ 29–38 Rdn. 1–3 und zu § 36 Rdn. 4), soll § 36 Abs. 1 **Satz 3** BauGB schließen. Danach stellen die Länder sicher, dass die Gemeinde rechtzeitig vor Ausführung des Vorhabens über Maßnahmen zur Sicherung der Bauleitplanung nach den §§ 14 und 15 BauGB entscheiden kann. Allerdings zielt § 36 Abs. 1 Satz 3 BauGB nur auf Vorhaben im Geltungsbereich eines Bebauungsplans im Sinne des § 30 Abs. 1 BauGB. Mit § 67 BauO NRW ist für freigestellte Wohnbauvorhaben sichergestellt, dass die Gemeinde Kenntnis erhält, um von ihren Sicherungsmöglichkeiten (§§ 14, 15 BauGB) Gebrauch machen zu können.

42 Unklar bleibt, ob die Länder durch § 36 Abs. 1 Satz 3 BauGB auch gezwungen sind, für die **nach § 65 und § 66 BauO NRW freigestellten Vorhaben** – die ja ebenfalls im Geltungsbereich eines qualifizierten Bebauungsplans liegen können – ein Verfahren vorzusehen, dass eine Beteiligung der Gemeinde ermöglicht. Seit der MBO 1960 hat die permanente Fortentwicklung der Freistellungskataloge einen doch beträchtlichen Anteil

baulicher Vorgänge von der präventiven Prüfung ausgenommen. Dass sich darunter auch einige Vorhaben befinden, die durchaus städtebauliche Relevanz entfalten, kann wohl ernsthaft niemand bestreiten.

### 1.3.7 Fortfall der Zustimmung der höheren Verwaltungsbehörde

43 Das BauGB 1986 schrieb noch die **Zustimmung** der höheren Verwaltungsbehörde zu Genehmigungen während der Planaufstellung (§ 33), für einzelne Vorhaben im Innenbereich (§ 34 Abs. 3) und für sonstige Vorhaben im Außenbereich (§ 35 Abs. 2 und 4) vor, hatte aber das noch im BBauG enthaltene Zustimmungserfordernis zu Befreiungen nach § 31 aufgegeben. Durch das im Jahre 1993 erlassene ***Inv-WoBaulG*** erfuhr die **Beteiligung der höheren Verwaltungsbehörde weitere Einschränkungen**. Danach war die Zustimmung nur noch für Vorhaben nach § 35 Abs. 2 und 4 BauGB vorgesehen, sofern die Landesregierungen von der Ermächtigung des § 36 Abs. 1 BauGB Gebrauch machten und **durch Rechtsverordnung ein Zustimmungserfordernis** der höheren Verwaltungsbehörde **begründeten**. Die Verordnungsermächtigung stellte ein Zugeständnis an den Bundesrat dar, nachdem die Mehrheit der Länder am Zustimmungsvorbehalt festhalten wollte, um befürchteten Missbräuchen bei den Genehmigungstatbeständen durch die Bauaufsichtsbehörden entgegenzuwirken (BT-Drucks. 12/4614 S. 3). Diese Regelung übernahm das BauROG mit § 36 Abs. 1 Satz 4 BauGB.

44 Durch Änderungsverordnung vom 11. 5. 1993 (GV. NRW. S. 294) der **Verordnung zur Durchführung des Baugesetzbuches** vom 7. 7. 1987 (GV. NRW. S. 220) hat Nordrhein-Westfalen am Zustimmungsvorbehalt in eingeschränkter Form – für bestimmte von § 35 Abs. 2 und 4 BauGB erfasste Vorhaben – zunächst festgehalten. Der zu diesem Zweck eingefügte **§ 2 a – Zustimmungserfordernis** – wurde mit Verordnung vom 20. 10. 1998 (GV. NRW. S. 645) neu gefasst und schließlich mit Verordnung vom 27. 9. 2005 (GV. NRW. S. 818) **aufgehoben**. Das **Zustimmungserfordernis** der höheren Verwaltungsbehörde ist daher mit Wirkung zum 13. 10. 2005 **vollständig entfallen**.

### 1.3.8 Bundesrechtliche Fristen für das Einvernehmen

45 Nach **§ 36 Abs. 2 Satz 2 BauGB** gilt für die Erteilung des Einvernehmens der Gemeinde bzw. für die Zustimmung der höheren Verwaltungsbehörde eine **Frist von 2 Monaten**. Äußert sich die Gemeinde bzw. die höhere Verwaltungsbehörde gegenüber der Genehmigungsbehörde nicht innerhalb dieser Frist, gilt das Einvernehmen bzw. die Zustimmung als erteilt. Die Frist beginnt mit Eingang des Ersuchens der Bauaufsichtsbehörde bei der Gemeinde bzw. der höheren Verwaltungsbehörde zu laufen. Für die Berechnung der Frist sind gemäß § 31 VwVfG. NRW. die zivilrechtlichen Vorschriften der §§ 187 bis 193 BGB maßgebend. Die **Frist** ist **nicht verlängerbar**, selbst dann nicht, wenn sich der Antragsteller hiermit einverstanden erklärt. Eine Verlängerung steht nicht zur Disposition der Verfahrensbeteiligten, da hierdurch das Genehmigungsverfahren mit einer zeitlichen Unsicherheit belastet würde, die der Gesetzgeber gerade mit Einführung der Fristenregelung vermeiden wollte (BVerwG, Urteil vom 12. 12. 1996 – 4 C 24/95, BRS 58 Nr. 142 = DÖV 1997, 550 = DVBl. 1997, 827 = ZfBR 1997, 216 = UPR 1997, 252).

46 Die Bearbeitung nach Eingang des Antrages bei der Bauaufsichtsbehörde hängt davon ab, ob die Unterlagen erst noch vervollständigt werden müssen, bevor die Gemeinde zur Herbeiführung des Einvernehmens nach § 36 BauGB eingeschaltet werden kann. **Zeitlichen Druck** entfaltet die Fiktionsregelung des § 36 Abs. 2 Satz 2 BauGB somit nur

auf die **Prüfungsphase bei der Gemeinde**. Diese wird gezwungen, ihre gegebenenfalls negative Entscheidung der Genehmigungsbehörde vor Ablauf der Frist bekannt zu geben. Hält die Gemeinde die Bauvorlagen in Bezug auf das von ihr zu prüfende Bauplanungsrecht für unzureichend, muss sie den Bauherrn oder die Bauaufsichtsbehörde um Vervollständigung ersuchen; kommt sie dieser **Mitwirkungslast** nicht nach, gilt ihr Einvernehmen nach Ablauf der Frist als erteilt (BVerwG, Urteil vom 16. 9. 2004 – 4 C 7.03, BauR 2005, 509 = BRS 67 Nr. 113 = ZfBR 2005, 183 = UPR 2005, 69; Bay VGH, Urteil vom 2. 7. 2004 – M 1 K 01.4106, NVwZ-RR 2005, 787 = UPR 2005, 234). Die Genehmigungsbehörde hat nach Ablauf der Frist von **fingiertem** Einvernehmen auszugehen.

### 1.3.9 Zurückstellung und vorläufige Untersagung

Bei einem **bestehenden Baurechtsanspruch** kann die Erteilung der bauaufsichtlichen Zulassungsentscheidung von Vorhaben im Sinne des § 29 Abs. 1 BauGB rechtmäßig nur durch den Einsatz der dafür im BauGB vorgesehenen Instrumente (§§ **14 und 15 BauGB** – **Veränderungssperre** und **Zurückstellung**) aufgehalten werden (grundlegend hierzu BVerwG, Urteil vom 16. 10. 1987 – 4 C 35.85, BauR 1988, 188 = BRS 47 Nr. 90 = UPR 1988, 103 = ZfBR 1988, 93). Für den Fall, dass noch keine Veränderungssperre besteht, die Voraussetzungen zum Erlass einer solchen aber vorliegen, erlaubt **§ 15** BauGB die **Verzögerung** einer Baugenehmigung, einer die Baugenehmigung ersetzenden Zustimmung nach § 80 BauO NRW oder einer die Baugenehmigung einschließenden Gestattung nach sonstigem öffentlichem Recht. Die Vorschrift ist ferner auf Vorbescheide anwendbar, die sich auf die Erteilung einer Bebauungsgenehmigung richten (BVerwG, Urteil vom 11. 11. 1970 – IV C 79.68, BRS 23 Nr. 88 = DVBl. 1971, 468). Für die **Anwendung** der Zurückstellung müssen gegeben sein: 47

- die **Voraussetzungen für den Erlass einer Veränderungssperre**,
- die **Befürchtung**, dass die **Durchführung der Planung durch** das **Vorhaben unmöglich** gemacht oder **wesentlich erschwert** wird.

Für den Erlass einer Veränderungssperre sind wiederum erforderlich:

- ein **wirksam gefasster und öffentlich bekannt gemachter Beschluss zur Aufstellung eines Bebauungsplans** (hierzu s. Jäde/Dirnberger/Weiß, zu § 14 Rdn. 4–7),
- **konkretisierte Planungsziele**, aus denen sich der **Sicherungszweck** ableiten lässt (hierzu s. Schlichter/Stich/Driehaus/ Paetow, zu § 14 Rdn. 8–10).

Liegen die Voraussetzungen für den Erlass einer Veränderungssperre vor und ist zusätzlich zumindest eine Erschwerung der Durchführung der Planung bei Zulassung des Vorhabens zu befürchten, kann die Gemeinde die Bauaufsichtsbehörde nach **§ 15 Abs. 1 Satz 1** BauGB um die **Zurückstellung** der Entscheidung über den Bauantrag ersuchen und in der Jahresfrist die Rechtslage entweder durch **Inkraftsetzung eines Bebauungsplanes** oder einer **Veränderungssperre** verändern, um ihre von dem beantragten Bauvorhaben abweichende Planungskonzeption durchzusetzen. Bei Identität von Gemeinde und Bauaufsichtsbehörde entscheidet innerhalb der Gemeinde die für die Aufgaben der Bauaufsicht zuständige Organisationseinheit selbst, ohne dass es eines Antrags bedarf – der schon aus logischen Gründe nicht möglich ist (so treffend Jäde/Dirnberger/ Weiß, zu § 15 Rdn. 12). Innerhalb der Gemeinde können natürlich besondere Regelungen über die Beteiligung der für die Bauleitplanung zuständigen Organisationseinheit an der Zurückstellungsentscheidung bestehen.

**47 a** Für Vorhaben, die **keiner Baugenehmigung** bedürfen, besteht mit **§ 15 Abs. 1 Sätze 2 und 3** BauGB eine alternative Regelung. Die Sätze 2 und 3 wurden durch das BauROG in § 15 BauGB eingefügt, damit die Gemeinde die Möglichkeit erhält, auch genehmigungsfreie Vorhaben, wenn sie einer zukünftigen Bebauungsplanung zuwiderlaufen würden, zeitlich befristet zu verhindern (so BT-Drucks. 13/6392 S. 52 f. zu Nummer 14). Nach **Satz 2** kann die Gemeinde bei der Bauaufsichtsbehörde die **vorläufige Untersagung** des Vorhabens beantragen. Diese steht nach **Satz 3** der **Zurückstellung gleich**. Die vorläufige Untersagung wird von der Bauaufsichtsbehörde **innerhalb einer durch Landesrecht festgesetzten Frist** ausgesprochen. Die Bedeutung dieser Fristregelung hat zu erheblicher Verunsicherung bei den Gemeinden und den Bauaufsichtsbehörden beigetragen, da unklar ist, ob bei Fehlen einer entsprechenden landesrechtlichen Fristbestimmung eine vorläufige Untersagung überhaupt anwendbar ist (hierzu s. die ausführliche Darstellung bei Jäde/Dirnberger/Weiß, zu § 15 Rdn. 31–37). Man kann die Auffassung vertreten, dass sich Satz 2 auf alle freigestellten Vorhaben mit städtebaulicher Relevanz bezieht und der Landesgesetzgeber deshalb auch für die entsprechenden von § 65 BauO NRW erfassten Vorhaben eine Frist zu bestimmen hat. Von diesen freigestellten Vorhaben erhält indessen weder die Gemeinde, noch die Bauaufsichtsbehörde Kenntnis, so dass eine landesrechtliche Fristregelung keine Wirkung entfalten kann (vgl. Schlichter/Stich/Driehaus/Paetow, zu § 15 Rdn. 4). Wahrscheinlicher ist es daher, dass der Bundesgesetzgeber an die Vorschriften über die Genehmigungsfreistellung von Wohnbauvorhaben anknüpfen wollte, da bei diesen die Gemeinde Bauvorlagen erhält, um innerhalb einer Monatsfrist prüfen zu können, ob sie die Durchführung eines Baugenehmigungsverfahrens verlangen will (s. auch Uechtritz/Schladebach, Die vorläufige Untersagung nach § 15 Abs. 1 Satz 2 BauGB: Probleme bei der Harmonisierung von Planungsrecht und „deregulierten" Verfahren, BauR 2001, S. 37 ff.). Eine entsprechende Regelung besteht für das mit dem Bürokratieabbaugesetz I eingeführte Anzeigeverfahren. Da Satz 2 die **Beteiligung der Gemeinde** voraussetzt, kann die Regelung nur zum Tragen kommen für

- **genehmigungsfreie Vorhaben** nach **§ 67 BauO NRW** sowie
- die **anzeigepflichtige Nutzungsänderung** und die **anzeigepflichtige Errichtung von Kleingaragen** nach **§ 2 Nr. 4 Buchstabe c Bürokratieabbaugesetz I**.

Da die Gemeinde bei diesen Regelungen jedoch die Möglichkeit hat, die Durchführung des Baugenehmigungsverfahrens zu verlangen und dadurch auch den „Normalfall" des Gebrauchs der Zurückstellung nach Satz 1 herbeizuführen, wird angesichts der bestehenden Rechtsunsicherheiten wohl kaum eine Gemeinde von Satz 2 Gebrauch machen wollen, so dass der Vorschrift in der vom Bundesgesetzgeber vorgenommenen Ausgestaltung keine praktische Bedeutung zukommt.

**47 b** Nach § 15 **Abs. 2** BauGB ist die **Zurückstellung** eines genehmigungsbedürftigen Vorhabens oder die **vorläufige Untersagung** eines freigestellten Vorhabens **nicht möglich** im förmlich festgelegten **Sanierungsgebiet** oder im **städtebaulichen Entwicklungsbereich**, sofern eine Genehmigungspflicht nach § 144 Abs. 1 BauGB – als **sanierungsrechtliche Veränderungssperre** bezeichnet – durch die entsprechende Satzung begründet wurde. In diesen Gebieten werden Zurückstellungsbescheide **mit der förmlichen Festsetzung** kraft Gesetzes **unwirksam**. Der Grund dieser Regelung liegt in der **Wirkung** der sanierungsrechtlichen Verfügungsbeschränkung, die als Inhaltsbestimmung des Eigentumsrechts auch bei sehr langer Dauer keine Enteignung im Sinne des Art. 14 Abs. 3 Satz 1

GG darstellt (s. BVerwG, Beschluss vom 7. 6. 1996 – 4 B 91.96, BRS 58 Nr. 244). Begründet die Sanierungssatzung dagegen keine Genehmigungspflicht nach § 144 Abs. 1 BauGB kann wiederum vom Rechtsinstitut der Zurückstellung Gebrauch gemacht werden. Voraussetzung ist natürlich das Vorliegen eines bekannt gemachten Aufstellungsbeschlusses.

Durch das **EAG Bau** erhielt § 15 BauGB durch **Anfügung des Absatzes 3** eine weitere Zurückstellungsmöglichkeit in Bezug auf einen in Aufstellung, Änderung oder Ergänzung befindlichen **Flächennutzungsplan** (vgl. Krautzberger/Söfker, S. 503 f. Rdn. 245). Absatz 3 ist **nur auf Vorhaben nach § 35 Abs. 1 Nr. 2 bis 6 BauGB anwendbar**. Da zum Flächennutzungsplan keine Veränderungssperre möglich ist, erfordert Absatz 3 entweder einen sehr zügigen Planungsablauf oder die Anwendung der verbindlichen Bauleitplanung. Die Zurückstellung kann nämlich nur für **längstens ein Jahr** erfolgen, danach muss der Flächennutzungsplan wirksam sein, um die Genehmigung des Vorhabens wegen entgegenstehender Darstellungen versagen zu können. Im Regelfall kann in einem derart knappen Zeitrahmen das Flächennutzungsplanverfahren jedoch nicht zum Abschluss gebracht werden. Will die Gemeinde dennoch ihre Planungsziele durchsetzen, kann sie nur die Aufstellung eines Bebauungsplanes und zugleich eine Veränderungssperre beschließen. Die Vorschrift wurde insbesondere genutzt, um **Windkraftanlagen** zu verhindern, deren geplante Standorte planerischen Vorstellungen zuwiderlaufen (vgl. hierzu OVG Rh-Pf, Beschluss vom 18. 2. 2005 – 7 B 10012/05, BauR 2005, 1897 = BRS 69 Nr. 123 mit Anmerkungen von Lemmel, Zurückstellung eines Baugesuchs nach § 15 Abs. 3 BauGB, BauR 2005, S. 1878 ff.; OVG NRW, Beschluss vom 17. 3. 2006 – 8 B 1920/05, BauR 2006, 1124 = BRS 70 Nr. 152; OVG Rh-Pf, Beschluss vom 22. 11. 2006 – 8 B 11378/06, BauR 2007, 520 = BRS 70 Nr. 115). **47 c**

Die **Zurückstellungsmöglichkeit** nach § 15 Abs. 1 Satz 1 BauGB besteht wegen der Bezugnahme auf § 14 BauGB für alle von dieser Vorschrift erfassten Vorgänge; § 14 Abs. 1 Satz 1 Nr. 1 BauGB führt Vorhaben nach § 29 Abs. 1 BauGB auf (zum Begriff des Vorhabens s. die Anmerkungen zu § 2 Rdn. 9–13). Eine einschränkende Auslegung ist wegen der Zielsetzung nicht angebracht (BVerwG, Urteil vom 16. 10. 1987, a. a. O. Rdn. 47). Die Vorschrift findet gemäß § 172 Abs. 2 BauGB auch **entsprechende Anwendung** auf ortsüblich bekannt gemachte Beschlüsse über die Aufstellung einer **Erhaltungssatzung**. Eine wesentliche **Voraussetzung** für die Zurückstellung nach § 15 Abs. 1 Satz 1 BauGB ist weiterhin, dass hinreichend konkrete gemeindliche Vorstellungen über den Inhalt des künftigen Bebauungsplans vorliegen und darüber hinaus auch ein Bedürfnis zur Sicherung dieser Planung besteht (OVG Saar, Beschluss vom 2. 2. 2004 – 1 W 1/04, BauR 2005, 827 = BRS 67 Nr. 126). **48**

Ohne Vorliegen eines Aufstellungsbeschlusses ist weder der Erlass einer generell wirkenden Veränderungssperre, noch die einzelfallbezogene Zurückstellung eines Baugesuchs zulässig (BGH, Urteil vom 10. 2. 1972 – III ZR 188.69, BGHZ 58, 124 = NJW 1972, 727 und BVerwG, Beschluss vom 15. 4. 1988 – 4 N 4.87, BVerwGE 79, 200 = BRS 48 Nr. 21 = DVBl. 1988, 958). Welches Gemeindeorgan den Aufstellungsbeschluss zu fassen hat, ergibt sich nicht aus dem BauGB, sondern richtet sich nach der GO NRW in Verbindung mit dem Satzungsrecht der jeweiligen Gemeinde. Der **Aufstellungsbeschluss** muss gemäß § 2 Abs. 1 Satz 2 BauGB ordnungsgemäß **bekannt gemacht** worden sein (OVG Rh-Pf, Urteil vom 9. 10. 1980 – 10 C 3/80, BRS 36 Nr. 108). **49**

Die **Zurückstellung** ist **keine Ablehnung** des Antrages, sondern nur ein **Aufschub** der Entscheidung und **als Verwaltungsakt anfechtbar** (BVerwG, Urteil vom 10. 12. 1971 – IV **50**

C 33–35.69, DÖV 1972, 496). Eine **Anfechtungsklage** hat **aufschiebende Wirkung**, die bei **Anordnung der sofortigen Vollziehung** gemäß § 80 Abs. 2 Nr. 4 VwGO entfällt. Legt der Bauherr gegen die **Zurückstellung** seines Baugesuchs einen **Rechtsbehelf** ein, hat die Bauaufsichtsbehörde mit Rücksicht auf dessen aufschiebende Wirkung die Amtspflicht, die Bearbeitung des Bauantrages fortzusetzen, solange keine sofortige Vollziehung der Zurückstellung nach § 80 Abs. 2 Nr. 4 VwGO angeordnet wird (BGH, Beschluss vom 26. 7. 2001 – III ZR 206/00, BauR 2001, 1887 = BRS 64 Nr. 156 = ZfBR 2001, 557). Für eine isolierte Anfechtungsklage gegen einen Zurückstellungsbescheid besteht ein Rechtsschutzbedürfnis (OVG NRW, Urteil vom 11. 10. 2006 – 8 A 764/06, BauR 2007, 684 = BRS 70 Nr. 116; s. auch Rieger, Rechtsschutz gegen die Zurückstellung von Baugesuchen, BauR 2003, S. 1512 ff.). Gegen die Anordnung der sofortigen Vollziehung kann der Antragsteller **vorläufigen Rechtsschutz** nach § 80 Abs. 5 Satz 1 VwGO beantragen (OVG Lüneburg, Beschluss vom 7. 2. 1989 – 1 B 145 und 161/88, BRS 49 Nr. 156; Nds. OVG, Beschluss vom 28. 11. 2006 – 1 ME 147/06, BauR 2007, 522 = BRS 70 Nr. 117). Nach Inkrafttreten einer Veränderungssperre innerhalb der Zurückstellungsfrist ist unverzüglich zu entscheiden. Scheidet eine Ausnahme von der Veränderungssperre aus, muss der Bauantrag abgelehnt werden. Kommt bis zum Ablauf der Zurückstellungsfrist keine Veränderungssperre zustande, ist der Bauantrag zu genehmigen.

## 2 Zu Absatz 1 – Vorprüfung des Bauantrages

### 2.1 Gründe für die Einführung einer Vorgabe für die Vorprüfung

51 Mit Absatz 1 folgt der nordrhein-westfälische Gesetzgeber einer allgemeinen Tendenz zur **Beschleunigung von Genehmigungsverfahren** (vgl. Rdn. 7). Aus zahlreichen Geschäftsprüfungen unterer Bauaufsichtsbehörden war bekannt, dass mangelhafte Bauvorlagen und mangelnde organisatorische Vorsorge für die Beteiligungsphase mitverantwortlich für eine verzögerte Bearbeitung und Genehmigung der Bauanträge sind. Festgestellt wurden bei den verschiedenen Bauaufsichtsbehörden immer die gleichen Verzögerungsursachen, die zusammenfassend wie folgt dargestellt werden können:

- die Antragsteller reichten zum überwiegenden Teil unvollständige oder unbrauchbare Bauvorlagen ein, die weder eine Beteiligung noch eine baurechtliche Prüfung ermöglichten und eine Vervollständigung der Unterlagen erforderten,
- von der Möglichkeit der Zurückweisung nach § 67 Abs. 2 BauO NW 1984 machten nur wenige Bauaufsichtsbehörden Gebrauch, teils um den Bestand an anfechtbaren Verwaltungsakten gering zu halten, teils aber auch, weil sie durch Hauptverwaltungsbeamte über Dienstanweisungen hieran gehindert wurden,
- als Folge dieser mangelhaften Antragsunterlagen beschäftigten sich die Dienstkräfte der Bauaufsichtsbehörden mit Vervollständigungsaufgaben und blockierten dadurch sogar die Prüfung vollständiger Bauanträge zum Nachteil der korrekt einreichenden Antragsteller,
- in manchen Bauaufsichtsbehörden fehlten die erforderlichen Informationen über das geltende örtliche Baurecht der Gemeinde, so dass bei Eingang des Antrages die planungsrechtliche Qualität erst beim Planungsamt abgefragt werden musste,
- mangelnde Information konnte auch zu anderen wichtigen Sachverhalten festgestellt werden, wie z. B. fehlende Kenntnis über den Ausbaustand der Kanalisation,

- als Folge fehlender Kenntnisse über entscheidungserhebliche Tatsachen uferte das Beteiligungsverfahren aus, da behördenintern Abfragen erfolgen mussten, bevor die eigentliche Vorprüfung aufgenommen werden konnte,
- in mehreren Bauaufsichtsbehörden war es sogar noch üblich, den Bauantrag im behördeninternen „Umlaufverfahren“ auf den teils monatelangen Dienstweg zu schicken.

Diesen Mängeln galt es im Interesse einer **Verfahrensbeschleunigung durch Gesetzesvorgaben** entgegenzuwirken. Im Gesetzgebungsverfahren vereinzelt geäußerte Bedenken im Hinblick auf einen Eingriff in die Organisationshoheit der Kommunen sind unbegründet. Bei den **Aufgaben der Bauaufsicht** handelt es sich um **Pflichtaufgaben zur Erfüllung nach Weisung**. Die Weisung kann im Einzelfall durch Anordnung der Aufsichtsbehörde oder generell durch allgemeine Verwaltungsvorschrift erfolgen, sie ist erst recht durch ein Gesetz möglich, zumal der gleiche Gesetzgeber die Kompetenz zum Erlass der Gemeindeordnung, der Kreisordnung und der Bauordnung besitzt. Die gesetzgeberischen Maßnahmen nach § 72 Abs. 1 BauO NRW lassen darüber hinaus den Trägern der Bauaufsichtsverwaltung genügend Spielraum zur Realisierung von Strukturüberlegungen im Zuge einer Verwaltungsreform. Sie verhindern weder die Neuordnung von Verfahrensabläufen noch die Neuordnung der Organisationseinheiten innerhalb der Verwaltung. 52

In diesem Zusammenhang gilt es auch Bedenken verschiedener Gemeinden wegen vermeintlicher Beschneidung ihrer Planungshoheit zu entkräften. Bundesrecht bestimmt nicht, ob der Bauantrag zuerst bei der Gemeinde oder bei der Bauaufsichtsbehörde einzureichen ist. § 36 Abs. 2 Satz 2 zweiter Halbsatz BauGB regelt nur für den Fall einer nach Landesrecht eventuell vorgeschriebenen Einreichung des Antrages, dass die Frist für die Erteilung des Einvernehmens damit zu laufen beginnt (zur Frist s. Rdn. 45 und 46). Die bereits mit der BauO NW 1995 bewirkte Änderung der Vorschrift, wonach der **Bauantrag nicht mehr bei der Gemeinde**, sondern direkt bei der Bauaufsichtsbehörde einzureichen ist (vgl. § 69 Abs. 1 BauO NRW), dient erheblich der **Beschleunigung des Verfahrens**, da unvollständige Antragsunterlagen nicht erst nach Wochen erkannt werden, wenn die Gemeinde den Antrag an den Kreis weitergeleitet hat. Umgekehrt kann die Gemeinde sicher sein, nur mit **vollständigen** Antragsunterlagen beteiligt zu werden. Die Einreichungspflicht bei der Bauaufsichtsbehörde ist im Übrigen nicht neu, sondern war jahrzehntelang so nach dem früheren Baupolizeirecht vorgeschrieben (s. auch die Anmerkungen zu § 69 Rdn. 21). 53

## 2.2 Vorprüfung in der Wochenfrist

§ 72 Abs. 1 BauO NRW nimmt wegen der **Anforderungen an die Vollständigkeit** des Antrages und wegen der **knapp bemessenen Vorprüffrist** von einer Woche sowohl die Antragsteller und Entwurfsverfasser als auch die Bauaufsichtsbehörden in die Pflicht. Die Träger der Bauaufsichtsbehörden sind dafür verantwortlich, dass die mit der Prüfung der Baugesuche beauftragten Dienststellen mit **modernen technischen Arbeitsmitteln** ausgestattet werden, um den Gesetzesauftrag auch tatsächlich ausführen zu können. Mit überholten Arbeitstechniken wird sich das Ziel einer zügigen Abwicklung der bauaufsichtlichen Verfahren nicht erreichen lassen. Es ist Aufgabe der oberen Bauaufsichtsbehörden, dies im Rahmen von **Geschäftsprüfungen** zu **überwachen** und notfalls – auch unter Hinweis auf die nicht erbrachte Gegenleistung für die vereinnahmten Gebühren – aufsichtsbehördlich durchzugreifen, wie es auch Aufgabe der Baukammern sein wird, die **Fortbildung ihrer Mitglieder** wesentlich zu intensivieren. 54

55 Um überhaupt innerhalb der Wochenfrist entscheiden zu können, ob

- die Baugenehmigung von der Zustimmung, dem Einvernehmen, dem Benehmen oder von der Erteilung einer weiteren Genehmigung oder Erlaubnis einer anderen Behörde abhängt,
- andere und wenn ja, welche Behörden oder Dienststellen zu beteiligen sind oder
- Sachverständige oder sachverständige Stellen herangezogen werden sollen,

bedarf es einer **materiellen Vorprüfung** der Antragsunterlagen. Eine auf die formalen Aspekte beschränkte Vollständigkeitsprüfung der Bauvorlagen wird dem Ziel der Vorschrift nicht gerecht. Es ist auch ohne eine Vorprüfung des materiellen Rechts nicht möglich, die zuvor genannten Prüffeststellungen treffen zu können.

56 Die **Vorprüfung des materiellen Rechts** setzt voraus, dass die Bauaufsichtsbehörde über die das Grundstück betreffende bauplanungsrechtliche Situation und über eventuell gegebene öffentlich-rechtliche Baubeschränkungen ausreichend informiert ist und es keiner weiteren Rückfragen bedarf. Die Bauaufsichtsbehörde muss anhand der ihr vorliegenden **Übersichtskarten** und **Planwerke** im Zuge der Vorprüfung folgende Feststellungen treffen können:

- Einordnung des Vorhabens nach §§ 30 bis 35 BauGB,
- Grundaussage zum Erschließungszustand,
- Vorliegen einer Satzung nach § 22, § 34 Abs. 4, § 35 Abs. 6 und § 172 BauGB,
- Vorliegen einer Veränderungssperre nach § 14 BauGB,
- Lage des Grundstücks im Umlegungsgebiet nach §§ 50ff. BauGB,
- Lage des Grundstücks im Sanierungsgebiet nach §§ 142ff. BauGB,
- Lage des Grundstücks im städtebaulichen Entwicklungsbereich nach § 165 BauGB,
- Darstellungen des Flächennutzungsplans,
- Festsetzungen bzw. Darstellungen des Landschaftsplans,
- Bestehen einer denkmalrechtlichen Erlaubnispflicht (Denkmalverzeichnis),
- Vorliegen einer Gestaltungssatzung nach § 86 BauO NRW,
- Vorliegen einer sonstigen Satzung nach Bauordnungsrecht, z.B. nach § 45 Abs. 6 BauO NRW,
- Bestehen von Baulasten (Baulastenverzeichnis),
- Verdacht auf Altlasten (Altlastenkataster),
- sonstige öffentlich-rechtliche Baubeschränkungen, z.B. Anbaubeschränkungen nach Straßenrecht, Bauschutzbereich nach Luftverkehrsrecht, Wasserschutzgebiet usw.

Die **Prüffeststellungen** sind **aktenkundig** zu machen und werden zweckmäßigerweise in einem speziellen Bearbeitungsbogen für die Vorprüfung festgehalten.

57 Da es sich um eine Vorprüfung handelt, kann die Bauaufsichtsbehörde auch noch zu einem späteren Zeitpunkt andere Behörden oder Dienststellen beteiligen oder Sachverständige hinzuziehen. Dies wird sich sogar mitunter erst im Rahmen der intensiveren Hauptprüfung ergeben. **Ziel der Vorprüfung** ist es nur, **offenkundige Erfordernisse** zur Beteiligung von Behörden oder Dienststellen bzw. zur Heranziehung von Sachverständigen **herauszufiltern**. Durch die Vorprüfung wird der Bauaufsichtsbehörde keineswegs eine genaue Prüfung des Bauantrags nach Eingang der Stellungnahmen der

beteiligten Behörden und Dienststellen bzw. aufgrund von Sachverständigengutachten erspart. Hierfür gilt nach wie vor und ohne jede Einschränkung der **Untersuchungsgrundsatz des § 24 VwVfG. NRW.**, wonach die Behörde den **Sachverhalt** von Amts wegen **ermittelt** und **alle** für den Einzelfall **bedeutsamen**, auch für die Beteiligten günstigen **Umstände berücksichtigt**. Eine oberflächliche Sachverhaltsermittlung ist unter keinem Gesichtspunkt zu rechtfertigen, auch nicht mit dem gelegentlich benutzten Argument der nicht ausreichenden Personalausstattung.

Die Zielsetzung zum **Abschluss der Vorprüfung innerhalb einer Woche** dient einerseits 58
dazu, die Benachteiligung der Antragsteller auszuschließen, die vollständige und mängelfreie Bauvorlagen einreichen. Andererseits wird das Baugenehmigungsverfahren durch die Bekanntgabe seines weiteren Ablaufs für den Antragsteller überschaubarer (vgl. die Begründung des Gesetzentwurfs, LT-Drucks. 11/7153 S. 193). Zur Berechnung der Frist ist § 31 VwVfG. NRW. maßgebend; diese Vorschrift nimmt wiederum auf §§ 187 bis 193 BGB Bezug.

Ein **Verstoß** gegen die Fristvorgabe ist bauordnungsrechtlich **nicht sanktioniert** und 59
bleibt daher zunächst ohne Folge. Die Bauaufsichtsbehörde darf deshalb auch nach Ablauf der Wochenfrist noch eine Vervollständigung der Unterlagen betreiben oder einen unvollständigen bzw. mangelhaften Antrag zurückweisen. Der Antragsteller kann einer zögerlichen Bearbeitung auch nicht sofort mit der Untätigkeitsklage begegnen (zu den Voraussetzungen hierfür s. die Anmerkungen zu § 75 Rdn. 51). Er kann aber für hierdurch erlittene Schäden gegebenenfalls Amtshaftungsansprüche geltend machen, wenn durch Versäumnisse in der Vorprüfungsphase die zulässige Gesamtbearbeitungsdauer überschritten wird (vgl. die Anmerkungen zu § 75 Rdn. 73). Die Wochenfrist hat für sich allein jedoch nicht den Schutzzweck, den Bauherrn vor Vermögensdispositionen zu schützen, da sich der Schutzzweck in dem Ziel erschöpft, die öffentlich-rechtlichen Voraussetzungen für den Baubeginn durch eine zeitlich parallele Bündelung sämtlicher Genehmigungsverfahren so schnell wie möglich zu schaffen (so OLG Düsseldorf, Urteil vom 7. 3. 2007 – 18 U 148/06, BauR 2007).

Wie die Bauaufsichtsbehörde nach Ablauf der Frist weiter zu verfahren hat, regelt die 60
BauO NRW nicht; dies ergibt sich aus den Vorschriften des VwVfG. NRW. über die **Verfahrensgrundsätze**, der VV BauO NRW, der VV BauPrüfVO und den innerdienstlichen Vorgaben des Trägers der Bauaufsichtsbehörde. Es muss vor allem auf einen **rechtsstaatlichen Ablauf** und eine **vollständige Information der Verfahrensbeteiligten** geachtet werden, damit diese die Möglichkeit erhalten, aktiv am Zustandekommen der Baugenehmigung mitzuwirken. Deshalb hat die Bauaufsichtsbehörde unmittelbar nach **Ablauf der Wochenfrist** den **Antragsteller** über das Ergebnis der Vorprüfung zu **informieren**. Diese Information unterbleibt natürlich dann, wenn sofort eine Baugenehmigung, ein Versagungs- oder Zurückweisungsbescheid ergeht. Es ist zweckmäßig, die zu erteilende Eingangsbestätigung der Bauaufsichtsbehörde mit dem Vorprüfungsergebnis zu verbinden, da getrennte Mitteilungen die Portokosten der Behörde erhöhen. Dies setzt aber eine straffe Behördenorganisation voraus, die es zulässt, auch tatsächlich möglichst bereits am Ende der Woche die Mitteilung zur Post zu geben.

### 2.3 Vervollständigung und Zurückweisung

Die eingereichten Bauvorlagen sind in vielen Fällen unvollständig und nicht selten so- 61
gar unbrauchbar (s. Rdn. 51). Wenn in § 85 Abs. 3 Satz 1 Nr. 1 BauO NRW eine Ermäch-

tigung für die oberste Bauaufsichtsbehörde gegeben ist, durch Rechtsverordnung Vorschriften über Umfang, Inhalt und Zahl der Bauvorlagen zu erlassen (s. BauPrüfVO), so ist es nur folgerichtig, dass die Bauaufsichtsbehörde den Bauantrag zurückweisen soll, wenn die Bauvorlagen erhebliche Mängel aufweisen und insbesondere den in §§ 1–20 BauPrüfVO enthaltenen Vorschriften in Punkten, die nicht nur nebensächliche Bedeutung haben, nicht entsprechen.

62 Die mit der BauO NW 1995 bewirkte Änderung der „**Kann**-Bestimmung" in eine „**Soll**-Vorschrift" ist bewusst vorgenommen worden, um die Bauaufsichtsbehörden zu einer **konsequenteren Vorgehensweise** zu zwingen und damit Druck auf Antragsteller und Entwurfsverfasser auszuüben, sich (endlich) an Rechtsvorschriften zu halten. Um eindeutige Vorgaben zu schaffen, wurde die BauPrüfVO umgestaltet und hinsichtlich der Anforderungen an die Ausgestaltung der Bauvorlagen klarer gefasst (s. die Anmerkungen zu § 69 Rdn. 21–25). Damit das gesetzgeberische Vorhaben nicht konterkariert wird, hebt Nr. 72.12 VV BauO NRW unmissverständlich hervor:

„***§ 72 Abs. 1 Satz 2 hat zur Folge, dass unvollständige oder erheblich mangelhafte Bauvorlagen nur in begründeten Ausnahmefällen nicht zurückgewiesen werden.***"

Mit der vorgenommenen Rechtsänderung stellt der Gesetzgeber die Zurückweisung des Bauantrages nicht in das Belieben der Bauaufsichtsbehörden, sondern schreibt sie für den Regelfall vor (vgl. Große-Suchsdorf/Lindorf/Schmaltz/Wiechert, zu § 73 Rdn. 5).

63 Gelegentlich von Bauaufsichtsbehörden und Entwurfsverfassern geäußerter Unmut gegen diese „**harte**" Linie ist unbegründet. Dass unvollständige oder erheblich mangelhafte Bauvorlagen die Bauaufsichtsbehörden nachhaltig mit überflüssigen Tätigkeiten belasten, musste auch im Rahmen des Prognos-Gutachtens (Grenzen, Möglichkeiten und Auswirkungen innovativer Regelungen auf das Bauordnungsverfahren in Nordrhein-Westfalen, Köln 1994) festgestellt werden. Es handelt sich bei dem Gebot, **vollständige und prüffähige Antragsunterlagen** zu erstellen, nicht um eine unnötige Formalie, sondern um eine im gesamten Umwelt- und Technikrecht erforderliche **Grundvoraussetzung für rechtsstaatliches Handeln** der Behörden, auch und gerade unter nachbarschützenden Aspekten. Der Antragsteller hat dafür zu sorgen, dass sein Antrag inhaltlich vollständig, eindeutig, klar und technisch genau ist (OVG NRW, Urteil vom 16. 3. 1984 – 11 A 302/84, BRS 42 Nr. 163).

64 Der Sache nach ist zwischen einem mit Mängeln behafteten **Antrag** und den unvollständigen oder erhebliche Mängel aufweisenden **Bauvorlagen** zu unterscheiden. **§ 72 Abs. 1 Satz 2 BauO NRW** bezieht sich nur auf die **Bauvorlagen**. Die Behebung von Mängeln am **Antrag** selbst richtet sich nach **§ 25 VwVfG. NRW.**, wonach die Behörde die Abgabe von Erklärungen, die Stellung von Anträgen und die Berichtigung von Erklärungen oder Anträgen anregen **soll**, also in der Regel muss, wenn diese offensichtlich nur versehentlich oder aus Unkenntnis unterblieben oder unrichtig abgegeben oder gestellt worden sind. Diese Betreuungspflicht der Bauaufsichtsbehörde wiegt umso schwerer, weil sie als zentrale Dienststelle, die mit dem Vollzug einer besonders komplizierten Rechtsmaterie betraut ist, meist sofort bei Antragseingang erkennt, ob und wie durch kleinere Nachbesserungen Mängel am Antrag selbst zu beheben sind. Diese Pflicht besteht in besonderem Maße gegenüber hilfsbedürftigen Personen (zu den möglichen Mängeln am Antrag s. die Anmerkungen zu § 69 Rdn. 40 bis 44).

65 Satz 2 nennt **zwei unterschiedliche Tatbestände**; danach müssen die Bauvorlagen

- **unvollständig** sein oder
- **erhebliche Mängel** aufweisen,

um überhaupt eine Zurückweisung aussprechen zu können. Sofern keine dieser beiden tatbestandlichen Alternativen vorliegt, scheidet eine Zurückweisung aus. Diese Begriffe sind nicht ohne weiteres aus sich selbst heraus verständlich, sondern können nur unter Beachtung der Zielsetzung von § 72 Abs. 1 Satz 1 BauO NRW und unter Berücksichtigung der BauPrüfVO ausgelegt werden. Beide Begriffe müssen sauber voneinander abgegrenzt werden, um eine Vermengung der Inhalte auszuschließen, da sonst eine Berechenbarkeit des Verhaltens der Bauaufsichtsbehörde nicht mehr gegeben ist.

Der Begriff „**unvollständig**" zielt auf **formelle Mängel**. Ein Bauantrag ist unvollständig, 66
wenn auch nur eine der durch die BauPrüfVO bezeichneten Bauvorlagen dem Antrag nicht beigefügt ist, z. B. der Lageplan (§ 3 BauPrüfVO) oder die Baubeschreibung (§ 5 BauPrüfVO). Das allein für sich kann unter der oben genannten Zielsetzung noch nicht zur Zurückweisung führen.

Der **formelle Mangel** wird erst **grob** und damit der Antrag zurückweisungsfähig, wenn 67
die Bauaufsichtsbehörde in einem solchen Fall die Vorprüfung in der Wochenfrist nicht durchführen kann, **weil** ihr **wichtige Informationen fehlen**. Soweit die Vorprüfung weitergeführt und abgeschlossen werden kann, besteht im Falle einer „**einfachen**" Unvollständigkeit kein Grund zur Zurückweisung, da das Verfahren ohne Verzögerung seinen Fortgang findet. Aus Gründen der Verhältnismäßigkeit ist der Antragsteller aufzufordern, die noch fehlende Bauvorlage innerhalb einer bestimmten Frist nachzureichen. Kommt der Antragsteller diesem Verlangen nicht fristgerecht nach und stockt hierdurch das weitere Verfahren, so ist der Antrag ebenfalls zurückzuweisen, da die Hauptprüfung unmöglich gemacht wird. Dem Antrag beigefügte Bauvorlagen, die nur sehr wenige der ansonsten gebotenen Darstellungen oder Eintragungen enthalten, können so zu werten sein, als seien sie nicht beigefügt, z. B. ein beigelegtes Formular Betriebsbeschreibung, das nur mit dem Namen des Antragstellers beschriftet ist. In diesem Fall liegt ein unvollständiger Antrag vor.

Der Begriff „**erhebliche Mängel**" zielt auf **inhaltliche Mängel**. Ein inhaltlicher Mangel 68
liegt vor, wenn auch nur eine der inhaltlich erforderlichen Eintragungen in den jeweiligen Bauvorlagen fehlt, z. B. die Breite der angrenzenden öffentlichen Verkehrsfläche im Lageplan (§ 3 Abs. 1 Nr. 5 BauPrüfVO) oder die nutzbare Grundfläche der Fahrkörbe von Personenaufzügen in den Bauzeichnungen (§ 4 Abs. 2 Nr. 7 BauPrüfVO). Ein zur Zurückweisung berechtigender „**erheblicher**" Mangel liegt unter Zugrundelegung der zuvor genannten Zielsetzung erst vor, wenn die Vorprüfung nicht durchgeführt werden kann, oder nach einem Vervollständigungsverlangen die Hauptprüfung stockt. Verlangt die Bauaufsichtsbehörde ein die Bauvorlagen ergänzendes Gutachten und wird dieses nicht fristgerecht vorgelegt, so berechtigt dies ebenfalls zur Zurückweisung des Antrags (OVG NRW, Beschluss vom 5. 2. 2001 – 7 A 410/01, BauR 2001, 1088 = BRS 64 Nr. 155). Erhebliche inhaltliche Mängel liegen z. B. vor, wenn das Vorhaben hinsichtlich seiner Lage oder Höhe nicht eindeutig fixiert werden kann. Zu den inhaltlichen Mängeln rechnet auch die **fehlende Unterschrift eines bauvorlageberechtigten Entwurfsverfassers** (VGH B-W, Urteil vom 23. 11. 1990 – 8 S 2244/90, BauR 1991, 440 = BRS 50 Nr. 161).

Legt ein Bauherr im Baugenehmigungsverfahren prüfungsfähige Bauvorlagen nicht oder 69
nicht vollständig vor, so kann die Bauaufsichtsbehörde die Behandlung des Bauantra-

ges ablehnen (zurückweisen), nicht aber durch Ordnungsverfügung die Bauvorlagen anfordern (OVG NRW, Urteil vom 4. 9. 1970 – X A 870/66, BRS 23 Nr. 136). **Geringfügige Unklarheiten** in den Bauvorlagen müssen aber nicht stets zu einem Vervollständigungsverlangen führen; die Bauaufsichtsbehörde darf die Unklarheit, eventuell auch eine Widersprüchlichkeit, durch Nebenbestimmungen („Grüneintragungen“) ausräumen, soweit sie nicht modifizierend in den Antrag eingreift (s. die Anmerkungen zu § 75 Rdn. 149). Die Bauaufsichtsbehörden können Bauanträge nur insoweit rechtmäßig korrigieren, wie sie im Widerspruch zu baurechtlichen Bestimmungen stehen (OVG NRW, Urteil vom 12. 9. 1960 – VII A 157/59, DVBl. 1962, 231).

**70** Weist die Bauaufsichtsbehörde die Behandlung eines Bauantrages wegen erheblicher Mängel zurück, so hat sie diese Verfügung stets an den Bauherrn selbst zu richten. Dem Bescheid muss **keine Anhörung** gemäß **§ 28 VwVfG. NRW.** vorausgehen (s. Nr. 72.12 VV BauO NRW). § 28 VwVfG. NRW. verlangt eine solche nur für Verwaltungsakte, die in Rechte eines Beteiligten eingreifen (Umwandlung eines status quo in einen status quo minus). Ein solcher Eingriff liegt nicht vor, wenn der Erlass eines Verwaltungsaktes abgelehnt wird, der erst eine Rechtsposition gewähren soll (BVerwG, Urteil vom 14. 10. 1982 – 3 C 46.81, DÖV 1983, 337 = DVBl. 1983, 271; s. auch Stein, Die Anhörung im Verwaltungsverfahren nach § 28 VwVfG, VR 1997, S. 238 ff.). Die Zurückweisung greift als solche überhaupt nicht in Rechte des Antragstellers ein, da das eingeleitete Verwaltungsverfahren nur deshalb nicht weitergeführt werden kann, weil die notwendigen Unterlagen fehlen, um das Recht zum Bauen prüfen und bestätigen zu können, und daran nicht die Behörde, sondern allein der Antragsteller bzw. seine Erfüllungsgehilfen die Schuld tragen.

**71** Die **Zurückweisung** ist ein **anfechtbarer Verwaltungsakt** und muss die Ablehnungsgründe, das heißt die Mängel der Bauvorlagen, so bestimmt angeben, dass es einem Dritten möglich ist, diese Mängel auszuräumen. Mit der Zurückweisung ist noch keine Entscheidung über das Vorhaben getroffen, vielmehr hat diese Entscheidung Elemente einer Ablehnung wegen mangelnden Sachbescheidungsinteresses (vgl. Schlotterbeck/von Arnim/Hager, zu § 54 Rdn. 9).

**72** Die **Zurückweisung** von Anträgen wegen Unvollständigkeit oder erheblicher Mängel der Bauvorlagen ist eine **Amtshandlung im Sinne des Gebührenrechts**. Die Gebührenbemessung richtet sich nach Tarifstelle 2.5.2.1 des Allgemeinen Gebührentarifs zur AVwGebO NRW. Zu entrichten ist 1/4 der Gebühr, die für die Entscheidung über den Antrag (bei Vollständigkeit) zu erheben wäre.

**73** Der Antragsteller kann nach der Zurückweisung jederzeit einen neuen, dann hoffentlich vollständigen Antrag einreichen. Wiederholt sich jedoch die Mängelfeststellung bei dem gleichen Entwurfsverfasser mehrfach, so dass erneut Zurückweisungen erforderlich werden, sollte die Bauaufsichtsbehörde prüfen, ob nicht von dem **Verlangen nach § 57 Abs. 3 BauO NRW** zur Bestellung eines geeigneten anderen Entwurfsverfassers Gebrauch zu machen ist. Hat die Bauaufsichtsbehörde den Bauantrag wegen mangelhafter Bauvorlagen zurückgewiesen, so ist in einem eventuell sich anschließenden Klageverfahren eine Prüfung der materiellen Genehmigungsfähigkeit des Vorhabens regelmäßig ausgeschlossen (OVG Lüneburg, Beschluss vom 26. 2. 1980 – 6 A 86/79, BRS 36 Nr. 151); es wird also lediglich die Rechtmäßigkeit der Zurückweisung überprüft.

### 2.4 Beteiligung der Gemeinde

Die **Beteiligung der Gemeinde** erfolgt mit den vorgeprüften Antragsunterlagen, die den Eingangsstempel der Bauaufsichtsbehörde tragen (s. Nr. 69.11 VV BauO NRW). Dies garantiert der Gemeinde, dass sie Unterlagen erhält, die in baurechtlicher Hinsicht beurteilungsfähig sind (s. vorausgehende Rdn. 53). Die Beteiligung der Gemeinde erfolgt **primär wegen ihrer Planungshoheit** (hierzu s. Rdn. 22 bis 50). 74

Die **Gemeinde** ist über das Städtebaurecht hinaus **für weite Bereiche zuständig**, die Einfluss auf die Zulässigkeit von Vorhaben entfalten. Hier sind die bauordnungsrechtlichen Zuständigkeiten ebenso zu nennen (s. Rdn. 17 f.) wie die Funktion der Gemeinde als **untere Denkmalbehörde**. Schließlich ist die Gemeinde in ihrem Hoheitsgebiet **Träger der Straßenbaulast** für die **Gemeindestraßen** und für die **Koordinierung der Ver- und Entsorgung** der Baugebiete zuständig. 75

Das **Beteiligungsverfahren** im Einzelnen regelt Nr. **72.13 VV BauO NRW**. Darin ist eine **Regelfrist** von **drei Wochen** mit der Maßgabe geregelt, dass bei erforderlich werdenden **Überschreitungen** eine unmittelbare **Unterrichtung des Antragstellers** durch die Gemeinde zu erfolgen hat. 76

## 3 Zu Absatz 2 – Fiktions- und Unbeachtlichkeitsregeln

Absatz 2 regelt nur **Teilaspekte des Beteiligungsverfahrens**, und zwar mit spezifischen Rechtsfolgen, die nur eintreten, wenn die tatbestandlichen Voraussetzungen im Einzelnen erfüllt sind. Der Kreis der zu beachtenden Vorbehalte und Beteiligungserfordernisse geht wesentlich über die in Absatz 2 angesprochenen Regelungen hinaus (s. die Anmerkungen zu § 75 Rdn. 81–99). Aus den verschiedenen Rechtsvorschriften ergeben sich für das Baugenehmigungsverfahren folgende Auswirkungen: 77

1. die Erteilung der Baugenehmigung kann von einer **vorgeschalteten Gestattung** abhängig sein, z. B. einer wasserrechtlichen Erlaubnis,
2. im Verfahren können Teilentscheidungen einer anderen Behörde zugeordnet sein, z. B. die Zustimmung der Straßenbaubehörde, man spricht daher auch von einer **mehrstufigen Entscheidung**,
3. im Verfahren kann die Stellungnahme einer anderen Behörde gefragt sein, weil die Fachkenntnis der Bauaufsichtsbehörde nicht ausreicht, hierbei handelt es sich um **verfahrensinterne Anhörung**.

**Absatz 2** erfasst nur die **Fallgruppen 2** und **3**. Die inzwischen überholte **Anlage zu Nr. 72.11 VV BauO NRW** führt die sog. **Zusammenarbeitserlasse** auf, die getrennt für die einzelnen Rechtsbereiche regeln, wie sich die Zusammenarbeit der jeweiligen Fachbehörde mit der Bauaufsichtsbehörde gestalten soll.

Die Bauaufsichtsbehörde kann auch von sich aus die Baugenehmigung aus baurechtlichen Gründen ablehnen, ohne die Behörde zu beteiligen, die für eine positive Entscheidung mitwirken müsste; dies gilt auch dann, wenn die Beteiligungspflicht auf Bundesrecht beruht (BVerwG, Beschluss vom 16. 12. 1969 – IV B 121.69, BRS 22 Nr. 156 = DÖV 1970, 349). Der Bauaufsichtsbehörde kommt nämlich eine „**Vorprüfungskompetenz**“ zu (s. die Anmerkungen zu § 75 Rdn. 86). 78

79 Die **Fallgruppe 1** wird im Gesetz direkt nicht angesprochen. Der Gesetzgeber unterstellt, dass die Bauaufsichtsbehörde die **Baugenehmigung erst nach dem Vorliegen aller erforderlichen vorgeschalteten Gestattungen** erteilt; die Baugenehmigung bildet hinsichtlich des nach normalem und vereinfachtem Genehmigungsverfahren unterschiedlichen Prüfumfangs den „**Schlusspunkt**" (s. die Anmerkungen zu § 75 Rdn. 8 und 81 ff.). Vorsorglich hat er mit § 75 Abs. 3 Satz 2 BauO NRW für den Fall der Nichtbeachtung in gewisser Weise eine Auffangposition geschaffen, die dann eingreift und klarstellend den Bauherrn darauf hinweist, dass der Baubeginn erst nach Einholung der noch offenstehenden Gestattung erfolgen kann (s. die Anmerkungen zu § 75 Rdn. 171). Soweit Rechtsvorschriften selbständige Genehmigungen, Bewilligungen oder Erlaubnisse anderer Behörden zur Voraussetzung für die Erteilung der Baugenehmigung machen, ist die Bauaufsichtsbehörde nicht gehalten, eine im jeweiligen Einzelfall erforderlich werdende weitere Zulassungsentscheidung nach öffentlich-rechtlichen Vorschriften für den Bauherrn bei der anderen Behörde zu beantragen. Sie hat lediglich bei ihr eingehende Anträge, wie z. B. einen Antrag auf Erteilung der wasserrechtlichen Genehmigung, unverzüglich an die zuständige Behörde weiterzuleiten und den Antragsteller hierauf hinzuweisen. Dabei sollte die Bauaufsichtsbehörde klar zum Ausdruck bringen, dass die Bearbeitung des Bauantrags bis zur Entscheidung der anderen Behörde(n) ruht.

80 **Selbständige Genehmigungen, Bewilligungen** oder **Erlaubnisse** (einschließlich der Erteilung von Ausnahmen und Befreiungen) anderer Behörden sind z. B. durch folgende Vorschriften gefordert:

- der Straßenbaubehörde gemäß §§ 8, 8 a, § 9 Abs. 8 und § 9 a FStrG
- der Straßenbaubehörde gemäß §§ 18, 56 StrWG NRW
- der Wasserbehörde gemäß §§ 2, 3 WHG in Verbindung mit dem LWG
- der Wasserbehörde gemäß § 99 LWG
- der Landschaftsbehörde gemäß §§ 57, 62, 64, 69 LG
- der Forstbehörde gemäß § 43 LFoG
- der Denkmalbehörde gemäß § 9 Abs. 3 Satz 2 DSchG

81 Die **Fallgruppe 2** wird mit Absatz 2 **Satz 1** und **Satz 3** angesprochen. Der Landesgesetzgeber kann Anordnungen über den Rang von Rechtsvorschriften untereinander nicht umfassend regeln, da ihm nur die Kompetenz für das Landesrecht zusteht. **Satz 1** trifft eine Regelung über **fingierte Entscheidungen nach Landesrecht als Teil des mehrstufigen Baugenehmigungsverfahrens**. Unabhängig vom Landesrecht kennt auch das Bundesrecht aus Gründen der Verfahrensbeschleunigung Regelungen über Bearbeitungsfristen. **Satz 3** stellt klar, dass **bundesrechtliche Fiktionsregelungen unberührt** bleiben (vgl. LT-Drucksache 11/7153 S. 193; s. auch vorausgehende Rdn. 45 und 46). Zahlreiche Gesetze und Verordnungen binden die Baugenehmigung an die **Zustimmung** oder das **Einvernehmen** anderer bzw. das **Benehmen** mit anderen Körperschaften, Behörden oder Dienststellen. Die Bauaufsichtsbehörde hat die Abstimmung mit den in Frage kommenden anderen Körperschaften, Behörden oder Dienststellen von sich aus durchzuführen und die etwa erforderlichen Zustimmungen und Einvernehmenserklärungen einzuholen.

82 Die **Mitwirkung** anderer Körperschaften, Behörden oder Dienststellen ergibt sich beispielsweise aus folgenden Vorschriften:

**Zustimmung**
- der obersten Bauaufsichtsbehörde gemäß § 23 Abs. 1 BauO NRW,
- der zuständigen Straßenbaubehörde gemäß § 9 Abs. 2 FStrG,
- der Straßenbaubehörde gemäß § 25 Abs. 1 StrWG NRW,
- der zuständigen Luftfahrtbehörde gemäß § 12 Abs. 2 und 3, §§ 14, 15, 17 LuftVG,

**Einvernehmen**
- der Gemeinde gemäß § 14 Abs. 2, § 22 Abs. 5, § 36, § 173 Abs. 1 BauGB,

**Benehmen**
- mit der Landschaftsbehörde gemäß § 8 a BNatschG i. V. m. § 6 Abs. 1 LG,
- mit dem Landschaftsverband gemäß § 21 Abs. 4 DSchG.

Die **Fallgruppe 3** wird von Absatz 2 **Satz 2** erfasst. Hierbei handelt es sich um die **Sachverhaltsermittlung**, die gemäß § 24 VwVfG. NRW. von Amts wegen betrieben wird. Die Bauaufsichtsbehörde muss das gesamte öffentliche Recht prüfen und bedient sich des Fachwissens anderer öffentlicher Stellen. Sie ersucht die Fachbehörden oder Fachdienststellen um Abgabe einer Stellungnahme und wertet diese nach Eingang für die Schlussprüfung aus. Diese Fallgruppe kann hier in aller Kürze abgehandelt werden, da die gesetzlich verordnete Wirkung, wonach die nicht fristgerecht eingegangenen Stellungnahmen unberücksichtigt bleiben können, ohne größere praktische Bedeutung ist. Die Bauaufsichtsbehörde braucht die Stellungnahme, weil ihr selbst die Fachkenntnis fehlt, sonst hätte sie erst gar nicht die andere Stelle befragt. Sie muss aber nach § 75 Abs. 1 Satz 1 BauO NRW das öffentliche Recht beachten. Logische Folge ist, dass die Bauaufsichtsbehörde sich nun dazu aufrafft, das fehlende Wissen zu „erlernen". Bis sie das geschafft hat, liegt die ausstehende Stellungnahme längst vor. Beispiele für notwendige Stellungnahmen enthalten Nr. 54.33 bis 54.35 VV BauO NRW (Brandschutzdienststellen, die für Umwelt- und Arbeitsschutz zuständigen Behörden). 83

Die **Bauaufsichtsbehörde** hat in den **Fallgruppen 1** und **2**, ob es sich also um die Weiterleitung von bei ihr eingehenden Anträgen auf die Erteilung selbständiger Genehmigungen, Bewilligungen oder Erlaubnisse oder um Mitwirkungsakte an der Baugenehmigung handelt, den **Antragsteller** zu **unterrichten**, dass auch eine andere Behörde noch tätig werden muss. Diese Unterrichtung hat einen doppelten Zweck. Zum einen soll der Antragsteller Kenntnis von der notwendigen Mitwirkung einer anderen Behörde erhalten; er kann sich dann auch auf eine evtl. längere Zeit einrichten, bis er die Baugenehmigung erhält. Zum anderen wird er darauf hingewiesen, dass und ggf. wo er einen gesonderten Antrag stellen kann oder muss, um eine selbständige Genehmigung oder Erlaubnis zu erhalten; ein Bauantrag ersetzt nicht den nach den anderen Vorschriften evtl. notwendigen Antrag. Von der Unterrichtung kann abgesehen werden, wenn es offensichtlich ist, dass die Gestattung nach anderen öffentlich-rechtlichen Vorschriften nicht erteilt werden kann. Dies darf dann die Bauaufsichtsbehörde berücksichtigen und die Baugenehmigung versagen (OVG NRW, Urteil vom 20. 5. 1986 – 11 A 2364/83, DÖV 1986, 575). 84

Absatz 2 **Satz 1 fingiert** die **Zustimmung**, das **Einvernehmen** oder das **Benehmen** einer anderen Körperschaft, Behörde oder Dienststelle, **wenn nicht innerhalb von zwei Monaten** nach Eingang des Ersuchens der Bauaufsichtsbehörde die Zustimmung oder das Einvernehmen **verweigert** wird. 85

86 **Voraussetzungen** für den Eintritt der Fiktion nach Satz 1 sind ein **Ersuchen** der Bauaufsichtsbehörde und das ungenutzte **Verstreichen** der Zweimonatsfrist der Behörde. Nur eine Versagung unter Angabe der Gründe kann im Übrigen die Wirkung gemäß Satz 1 ausschließen. Es genügt weder die schlichte, unbegründete Mitteilung, die Zustimmung oder das Einvernehmen werde nicht erteilt, noch kann die Wirkung durch die Bitte der ersuchten Behörde, die Frist zu verlängern, ausgeschlossen werden. Auch eine verspätete begründete Ablehnung wird die fingierte positive Entscheidung nicht rückgängig machen können; die Ablehnung muss innerhalb der Frist bei der Bauaufsichtsbehörde eingegangen sein.

87 Die **Fiktionswirkung** des Satzes 1 **betrifft** nur die Zustimmung, das Einvernehmen oder das Benehmen, das in der jeweiligen Rechtsvorschrift für den **speziellen Fall** vorgesehen ist; nur hieran ist die Bauaufsichtsbehörde gebunden. Ob hiernach die Baugenehmigung erteilt werden kann bzw. muss, hängt davon ab, ob auch die übrigen öffentlichrechtlichen Vorschriften nicht (mehr) entgegenstehen (§ 75 Abs. 1 Satz 1 BauO NRW).

88 Die **Folge einer unterlassenen, aber gesetzlich** im Sinne des Absatzes 1 Satz 1 **vorgeschriebenen Beteiligung** einer anderen Stelle richtet sich nach § 44 Abs. 3 Nr. 4 in Verbindung mit § 45 Abs. 1 Nr. 5 VwVfG. NRW. Das heißt, die Baugenehmigung ist nicht nichtig, vielmehr kann die Beteiligung bis zum Abschluss eines Vorverfahrens (s. § 68 ff. VwGO) noch nachgeholt werden. Die Baugenehmigung ist demnach zwar anfechtbar, aber gültig, wenn sie nicht wirksam angefochten wird (s. auch § 46 VwVfG. NRW.). Handelt es sich allerdings nur um eine Anhörungspflicht oder die Notwendigkeit, das Benehmen herzustellen, ist eine ohne solche Beteiligung erteilte Baugenehmigung nicht rechtsfehlerhaft, da keine Bindung an die Äußerung der mitwirkenden Behörde besteht.

89 Wird eine gesetzlich erforderliche **Zustimmung versagt**, muss die Bauaufsichtsbehörde die Baugenehmigung ablehnen, auch wenn sonstige Vorschriften des Baurechts der Erteilung der Baugenehmigung nicht entgegenstehen. Die **Bauaufsichtsbehörde** ist an die Entscheidung der mitwirkenden Behörde **gebunden**. Die Bauaufsichtsbehörde hat auch den versagenden Bescheid, der auf der Ablehnung einer mitwirkungsberechtigten anderen Behörde beruht, vollständig als ihren eigenen Bescheid, nicht nur unter Berufung auf die Entscheidung der mitwirkungsberechtigten Behörde, zu erlassen, selbst dann, wenn sie selbst bereit gewesen wäre, eine für den Antragsteller günstige Entscheidung zu treffen. Der Grundsatz der Einheitlichkeit des Verwaltungshandelns muss gewahrt bleiben. Es würde diesem Grundsatz und damit der Ordnungsmäßigkeit der Verwaltung widersprechen, behördeninterne Meinungsverschiedenheiten nach außen in einem Verwaltungsakt in Erscheinung treten zu lassen. Die Formulierung eines Bescheides, bei der die eine Behörde als die dem Antragsteller wohlwollende, die andere jedoch als die uneinsichtige, bürokratische hingestellt wird, ist dem Ansehen der Verwaltung insgesamt abträglich und verursacht Ärger und vermeidbare Störungen des Verwaltungsbetriebes. Ein solches Verhalten ist auch nicht mit dem Grundsatz der Gesetzmäßigkeit der Verwaltung vereinbar und verkennt außerdem den Charakter der ordnungsbehördlichen Aufgaben als Pflichtaufgaben zur Erfüllung nach Weisung. Ist die Bauaufsichtsbehörde durch die Entscheidung einer mitwirkungsberechtigten Behörde gehindert, einen Antrag in ihrem eigenen Sinne zu bescheiden, steht es ihr frei, vor Erlass des Verwaltungsaktes die andere Behörde, gestützt auf weitere Argumente, zur Überprüfung ihrer Beurteilung aufzufordern. Bleibt es trotzdem bei der ablehnenden Haltung der anderen Behörde, ist die Bauaufsichtsbehörde im Falle der gesetzlichen Entscheidungs-

bindung verpflichtet, die Versagung ausschließlich auf die angegebenen sachlichen Hinderungsgründe zu stützen und diese im Verwaltungsstreitverfahren zu vertreten.

Von der Frage der Bindung der Bauaufsichtsbehörde an die Ablehnung der Zustimmung oder des Einvernehmens durch die mitwirkungsberechtigte Behörde ist die Frage der selbständigen Anfechtbarkeit der Versagung zu unterscheiden; eine solche Möglichkeit besteht nicht. Der Bauherr kann nur die Bauaufsichtsbehörde nach § 42 VwGO in allen Fällen der Versagung der Zustimmung oder des Einvernehmens verklagen, dagegen nicht die mitwirkende Behörde. Ausnahmsweise wird ein Klagerecht gegen die mitwirkende Behörde eingeräumt, wenn diese dem Bauherrn die ablehnende Stellungnahme ausdrücklich mitteilt oder sogar förmlich bekannt macht. Dann kann der Bauherr hiergegen zur Wahrung seines Rechtsschutzes nach Art. 19 Abs. 4 GG eine Anfechtungsklage gegen die mitwirkende Behörde erheben (vgl. Schneider, Die Bedeutung der Mitwirkung anderer Behörden im Baugenehmigungsverfahren, DÖV 1965, S. 513 ff.; Heinze, Zusammenwirken der Behörden beim Erlass von Verwaltungsakten, DÖV 1967, S. 33 ff.). **90**

### 4 Zu Absatz 3 – Sternverfahren und Antragskonferenz

Absatz 3 **Satz 1** übernimmt eine Regelung, die im immissionsschutzrechtlichen Verfahren schon seit langer Zeit mit Erfolg praktiziert wird. Die gleichzeitige Beteiligung ist seit langem schon in der 9. BImSchV geregelt und wird allgemein als „**Sternverfahren**" tituliert (s. § 71d VwVfG. NRW.). Die gleichzeitige Versendung des Bauantrages an die beteiligten Behörden und Dienststellen setzt jedoch grundsätzlich ein **positives Vorprüfergebnis** voraus, da es nicht sinnvoll ist, andere Verwaltungsstellen mit Arbeit zu belasten, wenn ohnehin feststeht, dass der Bauantrag abgelehnt werden muss. Um dem gesetzgeberischen Anliegen zu entsprechen, bedarf es regelmäßig mehr als drei Ausfertigungen des Antrags, da ansonsten kein Sternverfahren durchgeführt werden kann (zu dem Erfordernis einer **erhöhten Zahl von Ausfertigungen** zur erfolgreichen Durchführung des Sternverfahrens gegenüber dem Mindestwert der BauPrüfVO s. die Anmerkungen zu § 69 Rdn. 65). Die Bauaufsichtsbehörde hat dem Antragsteller unverzüglich nach Ablauf der Wochenfrist mitzuteilen, dass sie weitere Ausfertigungen zur gleichzeitigen Beteiligung benötigt. **91**

Auch ohne die Regelung des Satzes 1 wäre die Bauaufsichtsbehörde zu einer gleichzeitigen Beteiligung verpflichtet. Sind nämlich zu einem Baugesuch mehrere Träger öffentlicher Belange zu hören, hat dies **zur Verfahrensbeschleunigung grundsätzlich gleichzeitig** und nicht nacheinander zu geschehen, da eine **andere Handhabung** als **Amtspflichtverletzung** zu werten ist (BayObLG, Urteil vom 18. 1. 1991 - RReg. Z 330/90, NVwZ-RR 1992, 534). **92**

Der **Verfahrensbeschleunigung** dient auch der **neu eingefügte Satz 2** (s. Rdn. 02). Mitunter ergeben sich zu einzelnen Aspekten des Antrags zwischen den zu beteiligenden Behörden und Dienststellen und der Bauaufsichtsbehörde Meinungsverschiedenheiten. Es ist für den zügigen Verfahrensfortgang wichtig, diese Fragen durch gemeinsame Erörterung einer Lösung zuzuführen. Es ist fraglich, ob die Vorschrift wirklich erforderlich war, da bereits nach § 71 e VwVfG. NRW. die Behörde auf Verlangen des Antragstellers eine Besprechung mit allen beteiligten Stellen und dem Antragsteller einberufen soll. **93**

**Satz 3** enthält eine **Klarstellung**. Es bedarf keiner förmlichen Mitwirkungen, wenn die Behörde mehrere Funktionen gleichzeitig wahrnimmt, wie dies bei kreisfreien Städten der Fall ist; dies war so bereits zum Einvernehmen entschieden worden (vgl. Rdn. 36). **94**

### 5 Zu Absatz 4 – Prüfung technischer Regeln

95 Die Gesetzesbegründung (vgl. LT-Drucks. 11/7153 S. 194) trifft zu § 72 Abs. 5 BauO NW 1995 (entspricht § 72 Abs. 4 BauO NRW 2000) folgende Aussage:

*„Der neu eingefügte Absatz 5 steht im Zusammenhang mit der Regelung des § 3. Angesichts der Vielzahl der von den am Bau Beteiligten zu beachtenden allgemein anerkannten Regeln der Technik ist es zur Entlastung der Bauaufsichtsbehörden erforderlich, die technischen Regeln, die sie präventiv prüfen müssen, auf die aus Gründen der öffentlichen Sicherheit als Technische Baubestimmungen eingeführten zu beschränken. Selbstverständlich kann darüber hinaus auch die Beachtung weiterer allgemein anerkannter Regeln der Technik geprüft werden, wenn die Bauaufsichtsbehörden hierfür einen Anlass sehen.“*

Um die dieser Begründung zugrunde liegende **Zielsetzung** zu bewirken (**Entlastung der Bauaufsichtsbehörden von präventiven Prüfaufgaben**), hätte es anderer gesetzlicher Anordnungen bedurft. Denn § 72 Abs. 4 ist identisch mit § 3 Abs. 3 Satz 3 BauO NRW und wiederholt diese gesetzliche Anordnung. Die Vorschrift entlastet lediglich die oberste Bauaufsichtsbehörde bei der Formulierung des Einführungserlasses, weil sie sich aufgrund der gesetzlichen Anordnung des § 72 Abs. 4 BauO NRW jetzt die aufsichtsbehördliche Weisung nach § 9 OBG zur Beachtung der eingeführten technischen Regeln bei der Prüfung im Baugenehmigungsverfahren ersparen kann.

96 Ohnehin hätte eine gesetzliche Vorgabe zur **Nichtbeachtung allgemein anerkannter Regeln der Technik** in der Praxis **Probleme** vor dem Hintergrund der Anordnungen in anderen Rechtsvorschriften bereitet. Das gesamte Umwelt- und Technikrecht nutzt den Verweis auf allgemein anerkannte Regeln der Technik (s. die Anmerkungen zu § 3 Rdn. 55–57) und die Möglichkeit zur Einführung technischer Regeln, die dann als allgemein anerkannte Regeln der Technik gelten, um das Gesetz bzw. die Rechtsverordnung von ansonsten erforderlich werdenden umfangreichen Einzelregelungen zu entlasten. Um eine wirkliche Entlastung bewirken zu können, müssten sämtliche Rechtsvorschriften, die vom materiell-rechtlichen Prüfprogramm des § 75 Abs. 1 Satz 1 BauO NRW erfasst werden, auf die neue Konzeption des § 3 MBO umgestellt werden. Eine Harmonisierung sämtlicher Gesetze und Verordnungen im Hinblick auf die in diesem Zusammenhang verwendeten Begriffe und getroffenen Vorgaben ist wegen der großen Zahl zu ändernder Rechtsvorschriften aussichtslos.

97 Nach der neuen **Konzeption des § 3 MBO 1993**, der die **BauO NRW nicht gefolgt** ist, wären nur die von der obersten Bauaufsichtsbehörde durch öffentliche Bekanntmachung als technische Baubestimmung eingeführten technischen Regeln (nach Bauordnungsrecht) zu beachten gewesen. Die **Loslösung vom Begriff der allgemein anerkannten Regeln der Technik** hätte bewirkt, dass beim Vollzug des Bauordnungsrechts **allein eingeführte technische Regeln maßgebend** gewesen wären. Diese nachvollziehbare, weil in der grundsätzlichen Tendenz Bauherren und Bauaufsichtsbehörden von der Beachtungspflicht der unzähligen allgemein anerkannten Regeln der Technik entlastende Regelung beträfe aber nur wenige unbedeutende bauliche Vorgänge, da bereits beim Anschluss einer baulichen Anlage an Ver- und Entsorgungsleitungen über das Wasserrecht die Beachtungspflicht der allgemein anerkannten Regeln der Technik für die damit im Zusammenhang stehenden Teile der baulichen Anlage „zurückströmt“ (vgl. die Anmerkungen zu § 44 Rdn. 4 bis 8 und zu § 45 Rdn. 6–7). Zusätzlich entwertet den MBO-Ansatz, dass die allgemein anerkannten Regeln der Technik als Orientierungshilfe bei der Konkretisierung und Ausfüllung unbestimmter (bauordnungsrechtlicher)

Rechtsbegriffe unverzichtbar sind, was übrigens auch von den Befürwortern des Musters nicht bestritten wird. Die Konzeption des § 3 MBO 1993 hätte im Ergebnis lediglich die Sperrwirkung der gesetzlichen Beachtungspflicht bei der Ausgestaltung der Bauverträge beseitigt und dies auch nur für solche Regeln, denen keine Sicherheitsrelevanz zukommt. Denn die schuldhafte **Nichtbeachtung** der sicherheitsrelevanten allgemein anerkannten Regeln der Technik ist bei hierdurch ausgelösten **Personen- oder Umweltschäden strafbar** (§§ 323, 324 StGB; s. auch die Anmerkungen zu § 3 Rdn. 58–59 und zu § 45 Rdn. 25). Daher geht ein „bauordnungsrechtlicher Alleingang" bei der Abschaffung der Beachtungspflicht der allgemein anerkannten Regeln der Technik und eine Hinwendung zur bauordnungsrechtlichen Beachtungspflicht allein der eingeführten technischen Regeln weitgehend ins Leere, zumal auch bislang schon **nur sicherheitsrelevante Regeln beachtlich** waren. Dies waren im Wesentlichen die Gründe für die Nichtübernahme der MBO-Lösung durch den nordrhein-westfälischen Gesetzgeber.

Nach § 3 Abs. 3 Satz 1 BauO NRW **gelten** auch die von der obersten Bauaufsichtsbehörde durch öffentliche Bekanntmachung als Technische Baubestimmungen **eingeführten technischen Regeln als allgemein anerkannte Regeln der Technik** (s. die Anmerkungen zu § 3 Rdn. 85–90). Als solche sind die eingeführten **technischen Regeln** unmittelbar aufgrund der Anordnung des § 3 Abs. 1 Satz 2 BauO NRW **zu beachten**. Da nur solche Regeln eingeführt werden, die der Wahrung der Belange nach § 3 Abs. 1 Satz 1 BauO NRW dienen, besteht **kein Zweifel an deren Sicherheitsrelevanz**. Die eingeführten **technischen Regeln** sind gemäß **§ 3 Abs. 3 BauO NRW** auch **zu prüfen**. Es fragt sich, was § 72 Abs. 4 BauO NRW eigentlich gegenüber § 3 Abs. 3 Satz 3 BauO NRW anders oder zusätzlich regeln soll. Ein inhaltlicher Unterschied ist nicht festzustellen, so dass **§ 72 Abs. 5 BauO NRW** eine **überflüssige Doppelregelung** darstellt. 98

Die „**Prüfnormen**" unterscheiden sich von den „**Produktnormen**" der **Bauregelliste A**. Zwar gelten die in der Bauregelliste A vom DIBt bekannt gemachten technischen Regeln gemäß § 20 Abs. 2 Satz 2 BauO NRW als allgemein anerkannte Regeln der Technik im Sinne des § 3 Abs. 1 Satz 2 BauO NRW, die **technischen Regeln der Bauregelliste A gelten** jedoch **nicht als eingeführte technische Regeln** im Sinne des § 3 Abs. 3 Satz 1 BauO NRW und werden daher auch **nicht** von der Prüfpflicht des § 3 Abs. 3 Satz 3 BauO NRW bzw. des § 72 Abs. 4 BauO NRW **erfasst**. 99

## 6 Zu Absatz 5 – Typenprüfung

Die **Typenprüfung nach § 72 Abs. 5 BauO NRW** ist von der **Typengenehmigung nach § 78 BauO NRW** zu unterscheiden. Die Typenprüfung, die erstmals mit § 67 Abs. 3 BauO NW 1984 gesetzlich geregelt wurde, entspricht dem, was früher unter dem Stichwort „Typenberechnung" in den Durchführungsbestimmungen zur PrüfingVO geregelt war (s. den RdErl. vom 18. 6. 1963, MBl. NRW. S. 1237). Der **Begriff „Typenprüfung"** erschließt sich erst, wenn neben § 72 Abs. 5 BauO NRW auch § 29 Abs. 1 und 2 BauPrüfVO beachtet wird; insoweit handelt es sich hierbei um eine aus Gesetz und Verordnung zusammengesetzte Legaldefinition, die in dieser rechtstechnischen Umsetzung anwenderfeindlich ist und einer Rechtsbereinigung bedarf. Aus Gründen der Übersichtlichkeit würden die Vorschriften des § 72 Abs. 5 BauO NRW und des § 29 BauPrüfVO am besten mit § 78 BauO NRW unter der Überschrift „Typengenehmigung und Typenprüfung" zusammengefasst. 100

101 **Typenprüfungen** sind durch ein **Prüfamt für Baustatik allgemein geprüfte Nachweise** der Standsicherheit, des Brandverhaltens der Baustoffe und der Feuerwiderstandsdauer der tragenden Bauteile und des Schallschutzes für bauliche Anlagen und Bauteile, die in gleicher Ausführung an mehreren Stellen errichtet oder verwendet werden. Die Prüfämter für Baustatik werden gemäß § 21 BauPrüfVO von der obersten Bauaufsichtsbehörde bestimmt. Dies ist mit Nr. 21.11 VV BauPrüfVO erfolgt; danach hat sich die oberste Bauaufsichtsbehörde selbst zum Prüfamt für Baustatik bestimmt und die vormals gegebenen Zuständigkeiten des Landesprüfamts für Baustatik und der Kommunalen Prüfämter für Baustatik beseitigt.

102 Absatz 5 **Satz 1** bewirkt eine **Erleichterung für die technischen Prüfungen**, da für typengeprüfte bauliche Anlagen und Bauteile eine nochmalige Prüfung der bautechnischen Nachweise im Einzelfall entbehrlich ist. Beispiele der Praxis für Typenprüfungen sind Fertigbauten, wie z.B. vorgefertigte Garagen und Raumzellen für unterschiedlichste Zwecke. **Satz 2** legt fest, dass **Typenprüfungen anderer Bundesländer** – gemeint sind die zuständigen Behörden anderer Länder – auch im Lande NRW gelten.

103 Die **Typenprüfung ersetzt keine Baugenehmigung**, sondern lediglich die Prüfung der bautechnischen Nachweise, soweit diese von der **Typenprüfung** abgedeckt sind. Da Typenprüfungen gemäß § 29 Abs. 2 BauPrüfVO unter dem Vorbehalt des Widerrufs auf höchstens fünf Jahre Geltungsdauer **befristet** sind, muss von der unteren Bauaufsichtsbehörde im Baugenehmigungsverfahren überprüft werden, ob der jeweils vorgelegte Bescheid noch Gültigkeit besitzt, oder ob dieser zwischenzeitlich widerrufen wurde. Die Gültigkeitskontrolle entfällt allerdings in den Fällen des § 67 BauO NRW, ebenso für die durch § 68 Abs. 3 und 4 BauO NRW von der präventiven Prüfung bautechnischer Nachweise ausgeschlossenen baulichen Anlagen.

### 7 Zu Absatz 6 – Bescheinigungen staatlich anerkannter Sachverständiger

104 Bereits mit der **BauO NW 1995** wurde aufgrund der Ermächtigung des § 85 Abs. 2 Satz 1 Nr. 4 BauO NRW die **Rechtsfigur des staatlich anerkannten Sachverständigen eingeführt** (s. hierzu die Einleitung Rdn. 99). Der staatlich anerkannte Sachverständige ist eine **besondere Art des Sachverständigen**, der weniger zur Vereinfachung und Beschleunigung des bauaufsichtlichen Verfahrens, sondern vielmehr aus Gründen der **Entstaatlichung** eingeführt wurde (vgl. LT-Drucks. 11/7153 S. 137 ff.). Der staatlich anerkannte Sachverständige **prüft** und **bescheinigt** anstelle der Bauaufsichtsbehörde **bestimmte Sachverhalte**

- in der Freistellung nach § 67 BauO NRW,
- im vereinfachten Genehmigungsverfahren nach § 68 BauO NRW und
- bei technischen Anlagen und Einrichtungen in Sonderbauten nach § 54 BauO NRW.

Außer diesen Aufgaben hat der Gesetzgeber mit § 72 Abs. 6 BauO NRW, der § 66 Abs. 4 MBO in Landesrecht umsetzt, eine weitere Möglichkeit zur Entlastung der Bauaufsichtsbehörden schaffen wollen, die vornehmlich im „**normalen**“ **Baugenehmigungsverfahren** nach § 63 BauO NRW mit seiner umfassenden präventiven Prüfung zum Tragen kommt. Legt der Bauherr die **Bescheinigung** eines staatlich anerkannten Sachverständigen vor, so besteht die **widerlegbare Vermutung**, dass die **bauaufsichtlichen Anforderungen im Hinblick auf den geprüften und bescheinigten Sachverhalt erfüllt** sind. Damit zieht der Gesetzgeber die Konsequenz daraus, dass in der bauaufsichtlichen Praxis vielfach auf den Sachverstand von Personen zurückgegriffen wird, die nicht den Bauaufsichtsbehörden selbst angehören, das waren bislang vor allem die als öffentlich Beliehene tätig werdenden Prüfingenieure für Baustatik (so die Amtliche Begründung in LT-Drucks. 11/7153 S. 195).

Der staatlich anerkannte Sachverständige ist **privatrechtlich im Auftrage des Bauherrn** tätig, also **nicht hoheitlich** wie der aufgrund öffentlich-rechtlicher Beleihung handelnde Prüfingenieur (vgl. BVerwG, Urteil vom 25. 11. 1971 – I C 7.70, DÖV 1972, 500; zu diesem Unterschied s. Schulte, Schlanker Staat: Privatisierung der Bauaufsicht durch Indienstnahme von Bauingenieuren und Architekten als staatlich anerkannte Sachverständige, BauR 1998, S. 249 ff.). Dies ergibt sich aus der Ermächtigungsnorm des § 85 Abs. 2 Satz 1 Nr. 4 BauO NRW: „die staatliche Anerkennung von Sachverständigen ..., die von der Bauherrin oder dem Bauherrn mit der Erstellung von Nachweisen und Bescheinigungen beauftragt werden". Durch die Beauftragung kommt zwischen dem Bauherrn und dem staatlich anerkannten Sachverständigen ein **Werkvertrag** im Sinne der §§ 631 ff. BGB zustande (vgl. BGH, Urteil vom 10. 11. 1994 – III ZR 50/94, BB 1995, 170). Der Gesetzgeber wollte mit dem privatrechtlich strukturierten Verhältnis zwischen Bauherrn und staatlich anerkanntem Sachverständigen erreichen, dass dieser dem Bauherrn zivilrechtlich uneingeschränkt haftet und nicht nur eine Amtshaftung der beauftragenden Bauaufsichtsbehörde besteht, die in ihrem Umfang gegenüber der zivilrechtlichen Haftung eingeschränkt ist (zu den **Haftungsfragen** s. Werner/Reuber/Bruns, Der staatlich anerkannte Sachverständige und seine Einbindung in die Prüfung, DAB 1996, Teil I S. 193 ff. und Teil II S. 219 ff.). 105

Die Ermächtigung des § 85 Abs. 2 Satz 1 Nr. 4 BauO NRW hat die oberste Bauaufsichtsbehörde genutzt durch Erlass der 106

- **Verordnung über staatlich anerkannte Sachverständige nach der Landesbauordnung – SV-VO** und der
- **Verordnung über die Prüfung technischer Anlagen und Einrichtungen von Sonderbauten durch staatlich anerkannte Sachverständige und durch Sachkundige – Technische Prüfverordnung – TPrüfVO.**

Nach § 1 Abs. 2 **SV-VO** erkennen die **Architektenkammer Nordrhein-Westfalen** bzw. die **Ingenieurkammer-Bau Nordrhein-Westfalen** Sachverständige an in den **Fachbereichen**

- **Standsicherheit in den Fachrichtungen, Massivbau, Metallbau und Holzbau,**
- **baulicher Brandschutz,**
- **Erd- und Grundbau** sowie
- **Schall- und Wärmeschutz.**

Nach § 4 Abs. 1 **TPrüfVO** erkennt die **Bezirksregierung Düsseldorf** Sachverständige an in den **Fachrichtungen**

- **Elektrotechnik,**
- **Maschinenbau,**
- **Versorgungstechnik** oder
- **vergleichbare Fachrichtungen.**

**Nur** die **staatlich anerkannten Sachverständigen** sind **befugt**, gemäß § 72 Abs. 6 BauO NRW tätig zu werden, das heißt in ihren **jeweiligen Fachbereichen** bzw. **Fachrichtungen** bauaufsichtliche Anforderungen zu prüfen, entsprechende Bescheinigungen auszustellen und stichprobenhafte Kontrollen der Bauausführung vorzunehmen. Legt der Bauherr eine Bescheinigung eines anderen, nicht staatlich anerkannten Sachverständigen vor, greift die gesetzliche Vermutungsregel nach § 72 Abs. 6 Satz 1 BauO NRW **nicht** ein, so dass die Bauaufsichtsbehörde den entsprechenden Sachverhalt selbst prüfen muss.

**107** Die Vorschriften des § 72 Abs. 6 BauO NRW und des § 61 Abs. 3 BauO NRW dürfen nicht gleichgesetzt werden. Der auf § 59 Abs. 3 MBO basierende **§ 61 Abs. 3 BauO NRW ermächtigt** die **Bauaufsichtsbehörden** in allgemeiner Form, zur Erfüllung ihrer Aufgaben **Sachverständige** und **sachverständige Stellen „heranzuziehen“** (s. die Anmerkungen zu § 61 Abs. 3). Eine generelle Befugnis zur Einholung schriftlicher Äußerungen von Sachverständigen im Verwaltungsverfahren ergibt sich auch aus § 26 Abs. 1 Satz 2 Nr. 2 VwVfG. NRW., weshalb sich der niedersächsische Gesetzgeber dazu entschlossen hat, auf eine zusätzliche bauordnungsrechtliche Ermächtigung zu verzichten (vgl. Große-Suchsdorf/Lindorf/Schmaltz/Wiechert, zu § 73 Rdn. 31).

Die „**Heranziehung**“ von Sachverständigen ist im gesamten Technikrecht üblich, weil einzelne Sachverhalte oftmals sehr schwierig zu beurteilen sind und **Spezialkenntnisse** erfordern. Im Zivilprozess über Streitigkeiten im Bereich des Planens und Bauens übernimmt der **öffentlich bestellte und vereidigte Sachverständige** nach § 36 GewO bzw. der gerichtlich beeidigte Sachverständige nach § 404 ZPO eine bedeutende Rolle (vgl. Kurz, Der Sachverständige im Bauwesen, DAB 1996, S. 1296 ff.). Der **Begriff** des Sachverständigen ist **nicht gesetzlich geregelt**, sondern wird als bekannt vorausgesetzt. **Sachverständige** sind ganz allgemein Personen, die der Verwaltungsbehörde (oder dem Gericht) das fehlende Fachwissen zur **Beurteilung von Tatsachen** vermitteln (BVerwG, Urteil vom 27. 6. 1974 – I C 10.73, BVerwGE 45, 233 zum Begriff des Sachverständigen nach der GewO).

Als **Sachverständige zur Beurteilung bauordnungsrechtlicher Fragen** kommen neben den öffentlich bestellten und vereidigten Sachverständigen vor allem die **Prüfingenieure für Baustatik** in Betracht. Nicht üblich, wenn auch nicht ausgeschlossen ist die Heranziehung von **Ingenieuren der entsprechenden Fachrichtungen mit mindestens Fachhochschulabschluss und fünfjähriger Berufspraxis** (vgl. Nr. 61.31 VV BauO NRW). Das **Bundesrecht** enthält unter anderem Regelungen über

- Sachverständige nach § 29 a Abs. 1 BImSchG,
- Sachverständige nach § 14 GSG bzw. den Verordnungen nach § 2 Abs. 2 a GSG,
- Sachverständige nach § 91 Nr. 8 Handwerksordnung,

**108** Bereits die früheren Fassungen der Landesbauordnung schlossen es nicht aus, dass der Bauherr durch **Gutachten eines Sachverständigen** einen schwierig zu beurteilenden Aspekt des öffentlichen Baurechts einer Klärung zuführt, um so der Bauaufsichtsbehörde die rechtliche Beurteilung zu erleichtern. Die Beibringung von Sachverständigengutachten ist in den Fällen der Gefährdungsabschätzung nach der Asbest-Richtlinie, der PCB-Richtlinie und der PCP-Richtlinie sowie zur Ausräumung eines Altlastenverdachts zur Regel geworden, um die Bebaubarkeit des Grundstücks nachzuweisen (s. die Anmerkungen zu § 16 Rdn. 32 und 43–46). Sie war bislang ebenfalls üblich, um in den Genuss einer bauordnungsrechtlichen Erleichterung oder Abweichung im Hinblick auf den baulichen Brandschutz zu gelangen; der Gesetzgeber hat hierfür jedoch mit der BauO NRW eine gesetzliche Sonderregelung in Form des Brandschutzkonzepts als Bauvorlage geschaffen (s. die Anmerkungen zu § 54 Rdn. 8 und 9).

Die Bauaufsichtsbehörde muss den Sachverhalt vor ihrer Entscheidung aufgrund des Untersuchungsgrundsatzes nach § 24 VwVfG. NRW. vollständig aufklären. Daher kann die Heranziehung eines Sachverständigen sogar eine **Amtspflicht** sein, wenn **fehlendes Fachwissen** anders nicht kompensiert werden kann (vgl. BGH, Urteil vom 2. 7. 1987 – III ZR 79/86, NVwZ 1988, 283).

Bei der „Heranziehung" von Sachverständigen nach § 61 Abs. 3 BauO NRW bleibt die Bauaufsichtsbehörde gegenüber dem Antragsteller für die aufgrund des Sachverständigengutachtens getroffene Entscheidung voll verantwortlich (so Boeddinghaus/Hahn/Schulte, zu § 61 Rdn. 171), da sie sich über den Aussagewert der Ermittlungsergebnisse und Schlussfolgerungen des Sachverständigen entsprechend dem Untersuchungsgrundsatz des § 24 VwVfG. NRW. ein eigenes Bild machen muss; insoweit ist das **Gutachten des Sachverständigen** auf seine **sachliche Richtigkeit in vollem Umfang überprüfbar** (BVerwG, Urteil vom 27. 10. 1978 – 1 C 15/75, NJW 1979, 731 zur Befugnis der Bauaufsichtsbehörde zur Heranziehung von sonstigen Ingenieuren – „Zivilingenieuren" – anstelle von amtlich anerkannten Prüfingenieuren zur Prüfung von Standsicherheitsnachweisen im Baugenehmigungsverfahren).

Die Konstruktion des § 72 Abs. 6 BauO NRW unterscheidet sich in mehrfacher Hinsicht 109
grundlegend von der des § 61 Abs. 3 BauO NRW:

- Der **Bauherr** hat nach § 72 Abs. 6 **Satz 1** BauO NRW auch in den Fällen, in denen keine gesetzliche Verpflichtung besteht, das **Recht**, von sich aus **Bescheinigungen** eines staatlich anerkannten Sachverständigen vorzulegen. Es bedarf keiner Heranziehung des staatlich anerkannten Sachverständigen durch die Bauaufsichtsbehörde, auch nicht, wenn die Behörde von der Ermächtigung des § 72 Abs. 6 Satz 3 BauO NRW Gebrauch macht und die Vorlage einer Bescheinigung ausdrücklich verlangt.
- Der staatlich anerkannte Sachverständige wird ausschließlich **im Auftrag des Bauherrn** tätig, wenn es um den Nachweis der Erfüllung der bauaufsichtlichen Anforderungen geht, sei es im Baugenehmigungsverfahren selbst oder in einem Verfahren, das die Baugenehmigung einschließt bzw. ersetzt.
- Die **Bescheinigung** des staatlich anerkannten Sachverständigen entfaltet **öffentlich-rechtliche Wirkung**. Die in der Bescheinigung zum Ausdruck kommenden Feststellungen und Wertungen müssen nicht mehr durch die Bauaufsichtsbehörde aufgegriffen und von ihr „zu eigen gemacht" werden, wie dies bei Sachverständigengutachten erforderlich ist.

Nach § 72 Abs. 6 **Satz 2** BauO NRW gilt für Fragen der **Standsicherheit** und des **Brandschutzes** das **Vier-Augen-Prinzip**. Für diese Prüfbereiche wollte der Gesetzgeber wegen des **höheren Gefährdungspotentials** auf jeden Fall an dem Vier-Augen-Prinzip festhalten. Die Aufgabe dieser staatlich anerkannten Sachverständigen besteht deswegen darin, die **Prüfung** der durch eine andere Person aufgestellten Nachweise vorzunehmen (vgl. § 67 Abs. 4 und 7, § 68 Abs. 2 BauO NRW sowie § 72 Abs. 6 Satz 2 BauO NRW, wonach *„von solchen staatlich anerkannten Sachverständigen geprüfte"* Nachweise verlangt werden). Diese besondere Aufgabenstellung kommt auch in der Bezeichnung „staatlich anerkannter Sachverständiger für die *Prüfung* der Standsicherheit" bzw. „staatlich anerkannter Sachverständiger für die *Prüfung* des Brandschutzes" zum Ausdruck. 110

111 § 72 Abs. 6 **Satz 3** BauO NRW gibt der **Bauaufsichtsbehörde das Recht**, **vom Bauherrn** die Vorlage der **Bescheinigung** eines staatlich anerkannten Sachverständigen **zu verlangen**, wenn dieser im „normalen" Baugenehmigungsverfahren nicht vom Bauherrn herangezogen wird. Es liegt im **Ermessen** der Bauaufsichtsbehörde, ob sie von dieser Möglichkeit Gebrauch machen will. Sie wird dies etwa dann tun, wenn sie selbst keine geeigneten Dienstkräfte für die Prüfung bestimmter Nachweise hat oder diese für eine Prüfung nicht im geplanten Verfahrensablauf rechtzeitig zur Verfügung stehen (ebenso Jeromin, zu § 65 Rdn. 15). Nr. 72.64, Satz 2, VV BauO NRW weist darauf hin, dass die **Bauaufsichtsbehörde nach wie vor auch einen Prüfingenieur mit der Prüfung** der Nachweise über die Standsicherheit, den Schallschutz und den konstruktiven Brandschutz **beauftragen** kann. Die Beauftragung eines Prüfingenieurs kommt in Betracht, wenn der Bauherr dies ausdrücklich wünscht, vor allem wenn es sich dabei um einen Prüfingenieur handelt, der nach den Rechtsvorschriften eines anderen Landes anerkannt ist.

112 Nach § 72 Abs. 6 **Satz 4** BauO NRW ist die Bauaufsichtsbehörde nicht zu einer Überprüfung der Bescheinigung verpflichtet. Die hierdurch gegebene **widerlegbare Vermutung** hat zur Konsequenz, dass die Bauaufsichtsbehörde einerseits regelmäßig nicht zu einer Nachprüfung der durch die Bescheinigung belegten Tatsachen und Schlussfolgerungen verpflichtet ist, aber andererseits das Recht behält, in eine Prüfung einzutreten. Die Bauaufsichtsbehörde wird nur Anlass zu einer Nachprüfung der Bescheinigung haben,

- wenn **begründete Zweifel an der Richtigkeit** der Bescheinigung bestehen oder
- wenn **offensichtliche Tatsachen** darauf hindeuten, dass die **Bescheinigung objektiv falsch** ist.

113 Mit § 72 Abs. 6 **Satz 5** BauO NRW wurde eine **Regelungslücke** geschlossen (s. Rdn. 02). In allen gesetzlich geregelten Prüfbereichen muss der staatlich anerkannte Sachverständige (§ 67 Abs. 5 Satz 7, § 68 Abs. 2 Satz 2, § 72 Abs. 6 Satz 5 BauO NRW) während der Bauausführung eine **stichprobenhafte Kontrolle der Übereinstimmung von Nachweisen und Bauausführung** durchführen. Hierdurch wird sichergestellt, dass die zur Ausführung kommende Baumaßnahme auch tatsächlich mit den geprüften Bauvorlagen und Nachweisen übereinstimmt.

114 Eine wesentliche **Einschränkung** der Sachverständigentätigkeit wurde mit § 72 Abs. 6 **Satz 6** BauO NRW vorgenommen (s. Rdn. 02). Danach ist für die **Prüfung des Brandschutzes von Sonderbauten nach § 54 BauO NRW die Bauaufsichtsbehörde zuständig.** Die Beschränkung der Prüfbefugnis der staatlich anerkannten Sachverständigen in diesem Punkt wird durch die Regelung des § 58 Abs. 3 BauO NRW kompensiert (s. die Anmerkungen § 58 Rdn. 33 ff.).

## § 73
## Abweichungen

**(1) [1]Soweit in diesem Gesetz oder in aufgrund dieses Gesetzes erlassenen Vorschriften nichts anderes geregelt ist, kann die Genehmigungsbehörde Abweichungen von bauaufsichtlichen Anforderungen dieses Gesetzes und aufgrund dieses Gesetzes erlassener Vorschriften zulassen, wenn sie unter Berücksichtigung des Zweckes der jeweiligen Anforderungen und unter Würdigung der nachbarlichen Interessen mit den öffentlichen Belangen vereinbar sind. [2]Abweichungen von § 6 sind insbesondere zulässig, wenn durch das Vorhaben nachbarliche Interessen nicht stärker oder nur unwesentlich stärker beeinträchtigt werden als bei einer Bebauung des Grundstücks, die nach § 6 zulässig wäre. [3]Unter den Voraussetzungen des Satzes 1 sind Abweichungen zuzulassen, wenn sie der Verwirklichung von Vorhaben zur Einsparung von Wasser oder Energie dienen. [4]Soll von einer technischen Anforderung abgewichen werden, ist der Genehmigungsbehörde nachzuweisen, dass dem Zweck dieser Anforderung auf andere Weise entsprochen wird.**

**(2) Ist für bauliche Anlagen oder andere Anlagen und Einrichtungen im Sinne von § 1 Abs. 1 Satz 2, die keiner Baugenehmigung bedürfen, eine Abweichung erforderlich, so ist sie schriftlich zu beantragen.**

*VV **BauO** NW (infolge Befristung mit Ablauf des 31. 12. 2005 ausgelaufen)*

**73 Abweichungen (§ 73)**

*73.1 Zu Absatz 1*

*73.11 Die Abweichung soll – auch in den Fällen des § 68 Abs. 7 – möglichst zusammen mit der Baugenehmigung beantragt werden, damit aus Gründen der Verfahrensökonomie über ihre Zulassung zusammen mit dem Bauantrag entschieden werden kann. Die Vorschriften, von denen abgewichen werden soll, sollen genau bezeichnet werden. Außerdem soll dargelegt werden, dass dem Zweck der Vorschrift bei Nichterfüllung der jeweiligen Anforderung gleichwohl entsprochen wird.*

*73.13 Der Nachweis, dass bei Abweichen von einer technischen Anforderung deren Zweck auf andere Weise entsprochen wird, ist von der Bauherrin oder dem Bauherrn ggf. durch Vorlage eines Sachverständigengutachtens zu führen.*

*Bei Abweichungen von Vorschriften, die ausdrücklich unter der Voraussetzung gestattet werden können, dass Bedenken wegen des Brandschutzes nicht bestehen oder dass der Brandschutz auf andere Weise gesichert ist, sind die Brandschutzdienststellen zu hören. Nr. 54.33 VV BauO NRW gilt entsprechend. Dies gilt nicht, wenn die Abweichung der zu der jeweiligen gesetzlichen Regelung ergangenen Verwaltungsvorschrift entspricht. Bei allen anderen Abweichungen von Vorschriften des Brandschutzes ist die Brandschutzdienststelle zu hören, soweit die Durchführung von Löscharbeiten oder die Rettung von Menschen und Tieren berührt werden.*

*Bei Abweichungen, die für den Arbeitsschutz oder den Immissionsschutz von Bedeutung sind, ist das Staatliche Amt für Arbeitsschutz* oder das Staatliche Umweltamt* oder, sofern die baulichen Anlagen oder Räume der Bergaufsicht unterliegen, das Bergamt zu hören. Nrn. 54.34 und 54.35 VV BauO NRW gelten entsprechend.*

*Die Abweichungsvorschrift des § 73 betrifft nicht die Zulassung nicht geregelter Bauprodukte (§ 20 Abs. 3) und Bauarten (§ 24).*

* **Hinweis**: Mit dem Gesetz zur Straffung der Behördenstruktur in Nordrhein-Westfalen vom 12. 12. 2006 (GV. NRW. S. 622) wurden die Staatlichen Umweltämter und die Staatlichen Ämter für Arbeitsschutz aufgelöst und deren Aufgaben den Bezirksregierungen übertragen.

**Anmerkungen** (Autor: Heintz)

**Übersicht** Rdn.


| | | Rdn. |
|---|---|---|
| 0 | Änderungen gegenüber der BauO NW 1984 und der BauO NW 1995 | 01–03 |
| 1 | Allgemeines | 1– 5c |
| 2 | Zu Absatz 1 – Voraussetzungen für die Zulassung einer Abweichung | |
| 2.1 | Zu Satz 1 – Materielle Voraussetzungen | 6– 8 |
| 2.1.1 | Berücksichtigung des Zwecks der jeweiligen Anforderungen | 9–10 |
| 2.1.2 | Würdigung nachbarlicher Interessen | 11–13 |
| 2.1.3 | Vereinbarkeit mit den öffentlichen Belangen | 14–16 |
| 2.1.4 | Ermessensausübung | 17–18c |
| 2.2 | Zu Satz 2 – Abweichungen von § 6 | 19–19f |
| 2.3 | Zu Satz 3 – Erleichterung der Energie- und Wassereinsparung | 20–21 |
| 2.4 | Zu Satz 4 – Abweichungen von technischen Anforderungen | 22–23 |
| 2.5 | Formelle Aspekte unselbständiger Abweichungen | 24–28 |
| 3 | Zu Absatz 2 – Verfahren bei selbständigen Abweichungen | 29–32a |


### 0 Änderungen gegenüber der BauO NW 1984 und der BauO NW 1995

01 Die Vorschrift des § 73 **BauO NW 1995** hat § 68 BauO NW 1984 nicht übernommen, sondern wesentlich umgestaltet:

- Mit dem **Absatz 1** wurde die bisherige **Unterscheidung zwischen Ausnahmen und Befreiungen im Bauordnungsrecht aufgegeben** und stattdessen der einheitliche Begriff „**Abweichung**" eingeführt. Der Begriff „Abweichung" galt im Bauordnungsrecht schon immer als Oberbegriff für die beiden Rechtsinstrumente „Ausnahme" und „Befreiung" (vgl. die Anmerkungen der 8. Auflage, zu § 68 Rdn. 1). Die neue Regelung berührt schon aus Kompetenzgründen nicht die im Bauplanungsrecht weiterhin bestehende Unterscheidung von Ausnahmen und Befreiungen.
- Wegen des in **Absatz 1** des § 73 BauO NW 1995 geregelten einheitlichen Begriffs der Abweichung konnten die Absätze 1 bis 3 des § 68 BauO NW 1984, welche die Rechtsinstitute der Ausnahme und Befreiung näher ausformten, aufgehoben werden.
- Als **Absatz 2** des § 73 BauO NW 1995 erhalten blieb dagegen – in redaktionell angepasster Form – § 68 Abs. 4 BauO NW 1984.
- Die besondere **Zuständigkeitsregelung** in § 68 **Abs. 5** BauO NW **1984** entfiel im Hinblick auf die Regelungen der §§ 62, 63 und 80 BauO NW 1995.

02 Die **BauO NRW 2000** hat § 73 BauO NW 1995 übernommen, in **Absatz 1** jedoch folgende Änderungen und Ergänzungen vorgenommen:

- **Satz 1** wurde im **Satzbau umgestellt**, um den Vorrang spezieller Regelungen über Abweichungen in der BauO NRW oder in aufgrund dieses Gesetzes erlassenen Vorschriften (Rechtsverordnungen und Satzungen) deutlicher herauszustellen, ohne damit eine Rechtsänderung zu bewirken.

- **Satz 2** wurde **neu eingefügt**, wodurch sich der **alte Satz 2** zum **neuen Satz 3** verschob. Der neue Satz 2 dient der Erleichterung von Abweichungen zugunsten der Energie- und Wassereinsparung und begründet bei Erfüllung der tatbestandlichen Voraussetzungen einen Rechtsanspruch auf Erteilung einer entsprechenden Abweichung (so die Begründung, LT-Drucks. 12/3738 S. 91 zu Art. I Nr. 49 – § 73).

Mit dem „**Zweiten Gesetz zur Änderung der Landesbauordnung für das Land Nordrhein-Westfalen**" vom 12. 12. 2006 (GV. NRW. S. 615), das am 28. 12. 2006 in Kraft trat, wurde **§ 6 neu gefasst**. Durch **Artikel I Nr. 3** dieses Gesetzes erhielt auch **§ 73 Abs. 1** BauO NRW 2000 eine **Neufassung**. Satz 1 blieb unverändert. Neu eingefügt wurde **Satz 2**, um ausdrücklich zu regeln, dass auch Abweichungen von § 6 möglich sind. Hierdurch verschoben sich die alten Sätze 2 und 3 ohne inhaltliche Änderungen zu den neuen Sätzen 3 und 4. 03

## 1 Allgemeines

Die **bauordnungsrechtlichen Vorschriften** sind **allgemein gültig** gehalten und *„können daher bei der Vielgestaltigkeit des Baugeschehens unmöglich jeder in der Praxis möglichen Fallgestaltung vorausschauend und zutreffend gerecht werden"* (so Allgeier/von Lutzau, zu § 63 S. 478f. Anmerkung 63). Angesichts der Tatsache, dass bei der Realisierung von Vorhaben stets die örtlichen Verhältnisse und Besonderheiten von besonderer Bedeutung sind, kann das **strikte Festhalten** an einer Rechtsvorschrift im **Einzelfall unzweckmäßig** oder sogar **unsinnig** sein. Vergleichbares gilt für das Bauplanungsrecht, das Straßenrecht, das Naturschutzrecht und andere Rechtsgebiete, soweit diese die Zulässigkeit von Vorhaben regeln. Es bedarf daher eines Instruments zur **Korrektur unerwünschter Ergebnisse der Rechtsanwendung**, damit nicht die 1

***Wohltat des Gesetzes zur Plage des Unsinns***

wird (so treffend Ernst/Zinkahn/Bielenberg/Krautzberger, zu § 31 Rdn. 10).

Bereits § 5 PrEBO (s. die Einleitung Rdn. 47) formulierte:

*„Alle Bestimmungen dieser Bauordnung sind zwingend, soweit sie nicht eine Ausnahme zulassen. Von den zwingenden Vorschriften kann die Baugenehmigungsbehörde Befreiungen erteilen, wenn die Durchführung der Vorschriften im Einzelfall zu einer offenbar nicht beabsichtigten Härte führen würde und die Abweichung mit den öffentlichen Belangen vereinbar ist, oder wenn Gründe des Wohls der Allgemeinheit eine Abweichung erfordern."*

Die **Unterscheidung** nach **Ausnahme** und **Befreiung** (**Dispens**) übernahmen das BBauG 1960 (§ 31) und die MBO 1960 (§ 91). Im Bauplanungsrecht besteht die Unterscheidung bis heute mit § 31 BauGB 2004 fort. Dagegen griff § 67 MBO 2002 die von mehreren Bundesländern eingeführte Abweichungsregelung auf. Ab 1995 folgten gleich mehrere Länder dem bayerischen Vorbild und führten in ihren Bauordnungen eine dem Art. 77 BayBO 1994 nachgebildete Vorschrift über **Abweichungen** ein, die nicht mehr zwischen Ausnahmen und Befreiungen differenziert (hierzu s. Stollmann, Das Recht der Abweichungen nach den neuen Landesbauordnungen, ZfBR 1997, S. 16ff.). **Kompetenzrechtlich** war diese Rechtsänderung **möglich**, da sie das Bauplanungsrecht des Bundes nicht berührt. 1a

1b **Abweichungsentscheidungen** sind – wie zuvor bereits Ausnahmen und Befreiungen – **rechtsgestaltende Verwaltungsakte** (vgl. Wilke/Dageförde/Knuth/Meyer, zu § 61 Rdn. 2 und OVG Bln, Urteil vom 11. 3. 1966 – II B 18.65, BRS 17 Nr. 149). Erst die Gewährung der Abweichung bewirkt mit **konstitutiver Wirkung** die **materielle Legalität** des Vorhabens (Hess. VGH, Urteil vom 9. 6. 1983 – III OE 73/82; BRS 40 Nr. 184). An die Stelle der mehr oder weniger strikt formulierten gesetzlichen Anforderung tritt eine durch die Abweichung modifizierte Bestimmung. Die maßgebende materielle Anforderung wird durch einen Verwaltungsakt in Form der Abweichung für den entschiedenen **Einzelfall** im genau festgelegten Rahmen insoweit verdrängt, als sie nicht mehr in der „strengen" gesetzlichen Fassung vom Bauherrn befolgt zu werden braucht.

1c Diese Wirkung der Abweichung erzeugt nicht selten bei den am Bau Beteiligten den Eindruck, eine ihnen eigentlich nicht zustehende „Begünstigung" erhalten zu haben. Tatsächlich wird der Bauherr nicht ungerechtfertigt „begünstigt", sondern eine **unsachgemäße Rechtsfolge vermieden**. Denn erst das Rechtsinstitut der Abweichung rechtfertigt detaillierte materielle Anforderungen des Baurechts (s. Rdn. 2 a). Eine Abweichung trägt dazu bei, die durch die materielle Vorschrift nur allgemein erfassbare Situation, den so genannten **Regelfall**, unter **Berücksichtigung** des **grundrechtlichen Eigentumsschutzes** und des aus Art. 20 Abs. 2 GG ableitbaren **Verhältnismäßigkeitsgebots** im konkreten **Einzelfall** einer **angemessenen** und **sachgerechten Lösung** zuzuführen (vgl. Schlichter/Stich/Driehaus/Paetow, zu § 31 Rdn. 2 und Jeromin, zu § 69 Rdn. 3).

2 Der **Wegfall der Unterscheidung zwischen Ausnahme und Befreiung** ist durch die Rückbesinnung auf die grundlegenden Überlegungen, warum es überhaupt notwendig und zweckmäßig war, Abweichungen von Vorschriften gesetzlich zuzulassen, erleichtert worden (vgl. schon Sendler, Zulässigkeit von Bauvorhaben, BBauBl. 1968, S. 63 ff.). Der Unterscheidung der beiden Begriffe lag die – irrige – Vorstellung zugrunde, es handele sich einerseits um nicht zwingende und andererseits um zwingende Vorschriften. Auch die Vorschriften, die das ausnahmsweise Abweichen vom Regelfall ausdrücklich zulassen, was aus der Ausgestaltung der Vorschrift als Sollvorschrift oder durch die ausdrückliche Verwendung etwa der Formulierung „Ausnahmen können gestattet werden" ablesbar wird, sind nicht etwa disponibles Recht. Im Übrigen waren auch Abweichungen in Form der Befreiung von „zwingenden Vorschriften" möglich, was deutlich macht, dass auch hier das Recht selbst bei angeblich zwingendem Charakter nachgiebig war.

2a Die Bauordnung enthält überwiegend **Vorschriften unter dem Aspekt der Gefahrenabwehr** (vgl. die Anmerkungen zu § 1 Rdn. 10 ff.). Bei einem solchen Regelungsziel ist es unvermeidbar, dass Gebote und Verbote zur Vermeidung **abstrakter Gefahren** (zu den Begriffen der konkreten und der abstrakten Gefahr s. die Anmerkungen zu § 3 Rdn. 38–42) **generell formuliert** sind. Da Vorschriften unmöglich jede Fallgestaltung vorausschauend regeln können, ist es **verfassungsrechtlich geboten**, Abweichungsmöglichkeiten vorzusehen, wenn die strikte Einhaltung der Vorschriften zu Härten oder auch nur zu unzweckmäßigen Lösungen führt, die im Einzelfall durch ein übergeordnetes Gemeinschaftsinteresse nicht mehr gedeckt sind (grundlegend BVerwG, Urteil vom 16. 5. 1991 – 4 C 17.90, BRS 52 Nr. 157 zum rheinland-pfälzischen Abstandflächenrecht). Der Grund hierfür liegt in der sich aus **Art. 14 GG** ergebenden **Baufreiheit**, die nur im übergeordneten Gemeinschaftsinteresse eingeschränkt werden darf. Nicht zuletzt über Abweichungsregelungen vermag der Gesetzgeber eine **angemessene Verwertung des Privateigentums** sicherzustellen, die dessen Natur und sozialer Bedeutung entspricht (hierzu vgl. BVerfG, Beschluss vom 7. 7. 1971 – 1 BvR 765/66, BVerfGE 31, 229).

Für das Bauordnungsrecht kommt es vorrangig darauf an, dass die definierten **Schutzgüter nicht** oder nicht über einen bestimmten Grad hinaus **gefährdet** oder gar **verletzt** werden. Auf welche Weise diese Ziele erreichbar sind, gibt das Bauordnungsrecht nur in Form allgemeiner oder näher beschriebener Anforderungen vor. Den Anforderungen liegt gedanklich ein Regelfall zugrunde. Vor allem bei den **detaillierten bauwerksbezogenen** Anforderungen des Bauordnungsrechts ist es grundsätzlich denkbar, dass das Schutzziel auch anders als durch die vom Gesetzgeber ausgewählte Lösung erfüllt werden kann. Daher – und aufgrund der nicht selten von den gesetzlichen Vorgaben abweichenden früheren Befreiungspraxis – erschien ein Festhalten an der Unterscheidung zwischen Ausnahmen und Befreiungen nicht geboten. Ohnehin wurde bei dieser Prüfung häufig vernachlässigt, ob Gründe des Wohls der Allgemeinheit eine Abweichung erforderten oder die Durchführung der Vorschrift im Einzelfall zu einer offenbar nicht beabsichtigten Härte führte. Die Zahl der Fälle, in denen die erste Prämisse (Wohl der Allgemeinheit) zur Anwendung kam, war ohnehin selten. Die mit § 68 Abs. 3 Buchstabe b BauO NW 1984 geschaffene Möglichkeit, wonach „eine nicht beabsichtigte Härte auch dann vorliegt, wenn auf andere Weise dem Zweck einer technischen Anforderung in diesem Gesetz oder auf Grund dieses Gesetzes nachweislich entsprochen wird“, eröffnete bereits einen Lösungsweg, der im Regelfall das Vorliegen einer nicht beabsichtigten Härte überflüssig machte. Letztlich kam es nur darauf an, dass dem Zweck der Regelung durch die beabsichtigte Ausführungsart entsprochen wurde. 3

Die **Neuregelung** des § 73 BauO NW 1995 stellte damit nur die logische Konsequenz dar und **beseitigte** die **Rechtsunsicherheiten** in der Befreiungspraxis (vgl. die Begründung, LT-Drucks. 11/7153, S. 195 ff. und Böckenförde/Hindermann, Novellierung der Bauordnung NW, 1996, S. 103 ff. Rdn. 359–366). Gegen die Neufassung der Abweichungsregel erhobene Bedenken bestätigten sich nicht, da die „konturlose Vorschrift“ weniger Anwendungsprobleme in der Praxis bereitet als das noch nach Ausnahmen und Befreiungen differenzierende Vorgängerrecht.

§ 73 BauO NRW erfasst nur **Abweichungen** von **Anforderungen der BauO NRW** und von **aufgrund der BauO NRW erlassenen Vorschriften**. Hierzu rechnen: 4

- aufgrund des § 85 BauO NRW erlassene **Rechtsverordnungen** und
- aufgrund des § 86 BauO NRW als **Satzung** erlassene **örtliche Bauvorschriften**.

Aufgrund der Ermächtigung des § 9 Abs. 4 BauGB in Verbindung mit der des § 86 Abs. 4 BauO NRW können **örtliche Bauvorschriften** auch als **Festsetzungen** in einen **Bebauungsplan aufgenommen** werden. Abweichungen von derartigen – gestalterischen – Festsetzungen unterliegen nicht der Befreiung nach § 31 Abs. 2 BauGB, sondern der Abweichung nach § 73 BauO NRW (OVG NRW, Urteil vom 25. 8. 1999 – 7 A 4459/96, BRS 62 Nr. 155 = NVwZ-RR 2000, 412 = ZfBR 2000, 56).

Die mit Ablauf des 31. 12. 2005 ausgelaufene **VV BauO NRW** war **keine Rechtsvorschrift**, sondern lediglich eine allgemeine Handlungsanweisung nach § 9 Abs. 2 Buchstabe a OBG in Verbindung mit § 85 Abs. 9 BauO NRW der obersten Bauaufsichtsbehörde an die nachgeordneten Bauaufsichtsbehörden (s. die Anmerkungen zu § 85 Rdn. 27–29). Wollte eine nachgeordnete Bauaufsichtsbehörde von einzelnen Handlungsanweisungen der VV BauO NRW abweichen, musste sie sich mit der vorgesetzten Behörde in Verbindung setzen. Dieses Erfordernis ist mit dem Auslaufen entfallen, da nunmehr keine allgemeine Handlungsanweisung nach§ 9 Abs. 2 Buchstabe a OBG besteht.

4a **Abweichungen** im Sinne des § 73 BauO NRW kommen **nur von materiellen Anforderungen** des Bauordnungsrechts in Betracht, **nicht** jedoch

- **vom Anwendungsbereich** (§§ 1 und 13 Abs. 6),
- **von** den **Begriffsbestimmungen** (§ 2) und
- **von** den **bauordnungsrechtlichen Verfahrensvorschriften**.

Zu beachten ist, dass die BauO NRW, aber auch die Rechtsverordnungen und Satzungen aufgrund der BauO NRW können **weitere Regelungen über Abweichungen** enthalten, die dann als **spezielle** Bestimmungen den allgemeinen Bestimmungen des § 73 BauO NRW **vorgehen**. Dies ergibt sich deutlich aus dem in der Eingangsformulierung enthaltenen Vorbehalt:

„**Soweit** in diesem Gesetz oder in aufgrund dieses Gesetzes erlassenen Vorschriften **nichts anderes geregelt ist**, … . “

Dieser Vorbehalt bezieht sich sowohl auf **generelle Regelungen über Abweichungen** im Verhältnis zu § 73 BauO NRW an anderer Stelle im Gesetz als auch auf **spezielle Abweichungstatbestände** in den materiellen Vorschriften.

4b **Generelle Regelungen** über Abweichungen im Verhältnis zu § 73 BauO NRW finden sich

- in § **3 Abs. 1 Satz 3** über **Abweichungen von Regeln der Technik**, wenn eine andere Lösung in gleicher Weise die allgemeinen Anforderungen des § 3 Abs. 1 Satz 1 erfüllt (s. die Anmerkungen zu § 3 Rdn. 68 und 69),
- in § **20 Abs. 3** und § **24** über **Abweichungen von in der Bauregelliste A bekannt gemachten technischen Regeln**, die dann einer allgemeinen bauaufsichtlichen Zulassung, eines allgemeinen bauaufsichtlichen Prüfzeugnisses oder einer Zustimmung im Einzelfall bedürfen (s. die Anmerkungen zu § 3 Rdn. 70, zu § 20 Rdn. 35 und 36 und zu § 24 Rdn. 5) sowie
- in § **54 Abs. 1 Satz 2** über **Abweichungen von den materiellen Anforderungen**, soweit es deren Einhaltung **in Bezug auf Sonderbauten** nicht bedarf; diese spezielle Form der Abweichung bezeichnet das Gesetz als **Erleichterung** (s. die Anmerkungen zu § 54 Rdn. 18–24).

Die „**besonderen Abweichungsarten**“ **gehen** den Vorschriften des **§ 73 BauO NRW vor** und **verdrängen diese Bestimmung**. Das hat zur Folge, dass z. B. für die Gewährung einer Erleichterung allein § 54 BauO NRW maßgebend ist und es nicht noch zusätzlich einer Abweichung nach § 73 BauO NRW bedarf.

4c **Spezielle Abweichungstatbestände** im Sinne der früheren Ausnahmeregelung finden sich nur vereinzelt in der BauO NRW, da bereits im Zuge der Novelle 1995 zahlreiche Abweichungstatbestände in Zulässigkeitstatbestände umgewandelt wurden, um den Entwurfsverfassern klare Vorgaben zu machen und auch um zu vermeiden, dass die Freistellung nach § 67 BauO NRW infolge eventuell erforderlicher Abweichungsverfahren nicht optimal genutzt werden kann. Abweichungstatbestände enthalten noch:

§ **5** Abs. 3 und Abs. 5 Satz 2, § **6** Abs. 3 Nr. 3, Abs. 5 Satz 3, Abs. 13, Abs. 14 Satz 2, Abs. 15 Satz 2 und Abs. 16, § **9** Abs. 2 Satz 4, § **13** Abs. 4 Satz 3, § **32** Abs. 1 Satz 2 und Abs. 4, § **35** Abs. 4, § **36** Abs. 1 Satz 2 und Abs. 2 Satz 2, §**37** Abs. 5 Satz 3 und Abs. 12 Satz 4, § **39** Abs. 5, § **41** Abs. 5 Satz 4, § **44** Abs. 3, § **48** Abs. 1 Satz 2, § **49** Abs. 2 Satz 3, § **51** Abs. 1 Satz 3 und Abs. 5 Satz 1, § **52** Abs. 3 Satz 3 und § **55** Abs. 6 BauO NRW.

Das **Verhältnis der speziellen Abweichungstatbestände zur allgemeinen Abweichungsregel des § 73 BauO NRW** ist indessen **unklar**, weil nicht immer deutlich wird, ob neben den speziellen Abweichungsvoraussetzungen zusätzlich die Voraussetzungen des § 73 Abs. 1 Satz 1 BauO NRW erfüllt sein müssen. Auch darf nicht unter Berufung auf die Gleichmäßigkeit des Gesetzesvollzuges für die Zulässigkeit der Abweichung in jedem Einzelfall das Vorliegen einer **Atypik** gefordert werden. Bestimmt nämlich eine bauordnungsrechtliche Regelung selbst, wann und unter welchen Voraussetzungen von ihr abgewichen werden darf, was der **Ausnahme** nach früherem Recht entspricht, kann eine Abweichung auch dann in Betracht kommen, wenn keine atypische Situation gegeben ist (OVG NRW, Urteil vom 3. 5. 2007 – 7 A 2364/06, BauR 2007, 1560). So erweist sich z. B. der Abweichungstatbestand des § 41 Abs. 5 Satz 4 BauO NRW über geringere Brüstungshöhen für Fenster im Erdgeschoss als abschließende Regelung, weil das eingeengte Schutzziel der Vorschrift die in § 73 BauO NRW aufgeführten allgemeinen Abweichungsvoraussetzungen nicht tangiert (s. die Anmerkungen zu § 41 Rdn. 12). **4d**

Bei **detaillierten** materiellen Anforderungen mit darin eingeschlossenen **ergänzenden** Abweichungstatbeständen, wie dem **Abstandflächenrecht** (§ 6 BauO NRW) oder dem **Stellplatzrecht** (§ 51 BauO NRW), können sich Unsicherheiten in Bezug auf die **Anwendbarkeit** von Abweichungen nach § 73 Abs. 1 **Satz 1** BauO NRW ergeben. Diese Regelungskomplexe treffen insoweit **abschließende Festlegungen** innerhalb des Bauordnungsrechts, als sie bereits vom Regelfall abweichende Sonderfälle in den einzelnen Abweichungstatbeständen berücksichtigen. Für **Abweichungen** nach § 73 Abs. 1 Satz 1 BauO NRW **im Sinne der früheren Befreiung** bleibt dann nur noch Raum, wenn eine **atypische Grundstücks- oder Bausituation** vorliegt, die deutlich erkennbar vom Regelfall abweicht und auch nicht mehr von einem der Abweichungstatbestände des Regelungskomplexes abgedeckt wird (vgl. OVG NRW, Beschluss vom 12. 2. 1997 – 7 B 2608/96, BRS 59 Nr. 162). Liegt eine derartige **Atypik** dagegen **nicht vor**, ist eine **Abweichung nicht möglich**, da die zu berücksichtigenden Belange und Interessen regelmäßig bereits durch die bauordnungsrechtlichen Vorschriften in einen gerechten Ausgleich gebracht worden sind und die **Gleichmäßigkeit des Gesetzesvollzugs kein beliebiges Abweichen von Vorschriften gestattet** (OVG Rh-Pf, Urteil vom 3. 11. 1999 – 8 A 10951/99, BauR 2000, 551 = BRS 62 Nr. 143 = NVwZ-RR 2000, 580; Sächs. OVG, Urteil vom 28. 8. 2005 – 1 B 889/04, BRS 69 Nr. 127). **4e**

Die **Zuständigkeit** für Abweichungen ergibt sich aus **§ 62 BauO NRW**. Nach § 36 Abs. 1 Satz 1 BauGB wird über Ausnahmen und Befreiungen im **bauaufsichtlichen Verfahren** im Einvernehmen mit der Gemeinde entschieden. Somit obliegt der für die Genehmigung zuständigen Behörde auch die bauplanungsrechtliche Abweichungsentscheidung. Nach § 62 BauO NRW ist **grundsätzlich** die **untere Bauaufsichtsbehörde** für den Vollzug der BauO NRW sowie anderer öffentlich-rechtlicher Vorschriften für die Errichtung, die Änderung, die Nutzungsänderung, die Instandhaltung und den Abbruch baulicher Anlagen sowie anderer Anlagen und Einrichtungen im Sinne des § 1 Abs. 1 Satz 2 BauO NRW **zuständig**, soweit nichts anderes bestimmt ist (s. die Anmerkungen zu § 62 Rdn. 4–11). Besondere Zuständigkeiten ergeben sich nur in folgenden Fällen: **5**

Die in § 80 Abs. 1 BauO NRW aufgeführten Anlagen bedürfen unter den dort genannten Voraussetzungen keiner Baugenehmigung, sondern einer Zustimmung der Bezirksregierung (s. die Anmerkungen zu § 80 Rdn. 7–19). Nach § 80 Abs. 3 BauO NRW entscheidet die **Bezirksregierung** im **Zustimmungsverfahren** über Abweichungen. Für bauliche Anlagen des Bundes und der Länder besteht darüber hinaus mit § 37 BauGB **5a** eine besondere materiell-rechtliche und verfahrensrechtliche Abweichungsregelung (s. die Anmerkungen zu § 80 Rdn. 23–24). Für bauliche Anlagen, die unmittelbar der Landesverteidigung dienen, besteht mit § 80 Abs. 4 BauO NRW eine besondere Verfahrensregelung (s. die Anmerkungen zu § 80 Rdn. 25–27).

5b Die in § 63 Abs. 2 BauO NRW aufgeführten **Genehmigungen** nach anderen öffentlich-rechtlichen Vorschriften **schließen** die **Baugenehmigung ein**. Hierbei handelt es sich überwiegend um Bundesrecht. Die **Zuständigkeit** für die Erteilung der Genehmigung ergibt sich aus dem **Fachrecht** in Verbindung mit den Zuständigkeitsregelungen des Landes (s. die Anmerkungen zu § 63 Rdn. 13–19). Die zuständige Genehmigungsbehörde lässt nach interner Anhörung und im Regelfall auf Anregung der unteren Bauaufsichtsbehörde die Abweichung zu und ist hierbei an die materiell-rechtlichen Voraussetzungen des § 73 BauO NRW und der bauplanungsrechtlichen Vorschriften gebunden.

5c Für die Erteilung einer **Abweichung nach § 73 BauO NRW** oder einer **Befreiung** nach **§ 31 Abs. 2** oder **§ 34 Abs. 2** BauGB erhebt die Genehmigungsbehörde nach **Tarifstelle 2.5.3.1** des **Allgemeinen Gebührentarifs** zur **AVwGebO NRW** eine Gebühr von mindestens 50 und höchstens 500 Euro **je Abweichungstatbestand**. Für die Erteilung von **Ausnahmen** nach § 31 Abs. 1 BauGB besteht **kein Gebührentatbestand**.

Nach **Tarifstelle 2.5.3.2** ist für die bei Befreiungen durchgeführte **Anhörung Beteiligter** nach § 28 VwVfG. NRW. sowie für die bei Abweichungen durchgeführte Beteiligung von Angrenzern nach § 74 BauO NRW je Beteiligtem oder je Angrenzer eine Gebühr von 150 Euro zusätzlich zu der Gebühr nach Tarifstelle 2.5.3.1 zu erheben.

### 2 Zu Absatz 1 – Voraussetzungen für die Zulassung einer Abweichung

#### 2.1 Zu Satz 1 – materielle Voraussetzungen

6 **Satz 1** regelt die **materiellen Voraussetzungen**, unter denen die Bauaufsichtsbehörde eine Abweichung von bauaufsichtlichen Anforderungen der **BauO NRW** oder von **Rechtsverordnungen** und **Satzungen** aufgrund der BauO NRW zulassen kann. Der Begriff „**bauaufsichtliche Anforderungen**" ist allein für sich betrachtet unscharf, da es gerade Aufgabe der Bauaufsichtsbehörde ist, das Bauplanungsrecht (s. die Anmerkungen zu § 68 Rdn. 23–25) und andere öffentlich-rechtliche Anforderungen mit Bezug zum Bauen (s. die Anmerkungen zu § 68 Rdn. 33–34) in die Prüfung einzubeziehen. Die gewollte Beschränkung stellt aber der Zusatz „**dieses** Gesetzes und der aufgrund dieses Gesetzes erlassenen Vorschriften" klar. Demnach geht es lediglich um **bauordnungsrechtliche** Anforderungen. Zu den aufgrund der BauO NRW erlassenen Vorschriften gehören **örtliche Bauvorschriften nach § 86** BauO NRW. Abweichungen von örtlichen Bauvorschriften, auch wenn sie als Festsetzungen Bestandteil des Bebauungsplans geworden sind, ergehen nach **§ 86 Abs. 5 BauO NRW** nur im **Einvernehmen mit der Gemeinde** (s. die Anmerkungen zu § 86 Rdn. 68–70).

6a Das **Zulässigkeitsrecht für Vorhaben** im Sinne des § 29 Abs. 1 BauGB regelt Ausnahmen und Befreiungen von Festsetzungen des Bebauungsplans in **§ 31** und deren entsprechende Anwendung im unbeplanten Innenbereich in **§ 34 Abs. 2 BauGB**. Die Zulässigkeit dieser städtebaulichen Abweichungen ist aufgrund der ausdrücklichen Anordnung des **§ 36 Abs. 1 Satz 1** BauGB **im Baugenehmigungsverfahren zu prüfen**. Ist **kein Baugenehmigungsverfahren** erforderlich, besteht mit **§ 74 a** BauO NRW eine eigenständige Verfahrensvorschrift.

**Andere öffentlich-rechtliche** Vorschriften enthalten **eigene** Abweichungsvorschriften. In der Regel ist dabei eine **selbständige** Abweichungsentscheidung vorgesehen. Derartige Abweichungsentscheidungen regeln z. B. **6b**

- **§ 3 Abs. 3 ArbStättV** für Ausnahmen von arbeitsstättenrechtlichen Anforderungen,
- **§ 9 Abs. 8 FStrG** für **Ausnahmen** von den fernstraßenrechtlichen Anbauverboten,
- **§ 69 LG** für **Befreiungen** von den Geboten und Verboten des Landschaftsgesetzes und der aufgrund dieses Gesetzes erlassenen Verordnungen und Landschaftspläne.

Die Zulassung einer Abweichung steht unter dem **Vorbehalt**, dass sie unter **7**

- **Berücksichtigung des Zwecks der jeweiligen Anforderungen** und
- **Würdigung der nachbarlichen Interessen**
- **mit den öffentlichen Belangen vereinbar** sein muss.

Im Bauordnungsrecht dient der Begriff Abweichung lediglich als **Oberbegriff**. In welchem Maße eine Vorschrift einer Abweichung überhaupt zugänglich ist, hängt einerseits von dieser selbst, anderseits von den Umständen des konkreten Einzelfalls ab. Dabei ist der Formulierung der jeweiligen Anforderung als (zwingender) Muss- oder Sollvorschrift eine gesetzgeberische Wertung der mit der Norm verfolgten Interessen zu entnehmen. Noch deutlicher wird der Unterschied, wenn der Gesetzgeber in einer Vorschrift ausdrücklich Abweichungen unter bestimmten Bedingungen erlaubt. Es liegt auf der Hand, dass Abweichungen von „nicht zwingenden" Anforderungen leichter gewährt werden können als solche von „zwingenden" rechtlichen Vorgaben. Im Sinne der früheren Terminologie sind **Ausnahmen „leichter erlangbare Abweichungen"**, während **Befreiungen** als **„Abweichungen von zwingenden Anforderungen"** charakterisiert werden können. Die Rechtsprechung zum früheren Bauordnungsrecht ist also keineswegs überholt und für die Beurteilung im Einzelfall weiterhin heranzuziehen.

Eine **absolute Schranke für Abweichungen** ist erreicht, wenn durch die vorgesehene Bauausführung **Gefahren für Leben und Gesundheit oder die natürlichen Lebensgrundlagen** entstehen. Insofern sind Abweichungen von der Generalklausel des § 3 Abs. 1 Satz 1 BauO NRW und von den allgemeinen Anforderungen der §§ 12 bis 19 BauO NRW nicht oder allenfalls in Randbereichen denkbar. Sie sind auch erschwert, wenn nicht sogar unzulässig, wenn das Gesetz selbst bereits Abweichungsregelungen im Interesse der Einzelfallgerechtigkeit enthält. **8**

### 2.1.1 Berücksichtigung des Zwecks der jeweiligen Anforderungen

Die **„jeweiligen Anforderungen"** sind derjenige (Sicherheits-)Standard, den die betreffende Vorschrift gewährleisten will. Die Ermittlung des Zwecks der jeweiligen Anforderung setzt voraus, dass das von der Vorschrift geschützte Rechtsgut ermittelt worden ist; das von der Vorschrift erfasste Rechtsgut hat bei der Entscheidung im Vordergrund zu stehen (Schulte, S. 156 ff.). Die Zulassung ist, soweit es diese Prämisse anbetrifft, dann unproblematisch, wenn die abweichende Ausführung dieses Ziel ebenso gut oder gar besser erreicht, als die auf dem eigentlich durch das Gesetz vorgeschriebenen Weg. **9**

Im Übrigen ist aber nur die **„Berücksichtigung"** der jeweiligen Anforderung von Satz 1 verlangt. Berücksichtigen **bedeutet weniger als Beachten**. Es besteht keine strenge normative Bindung. Daher ist es auch zulässig, hinter dem der jeweiligen Norm imma- **10** nenten (Sicherheits-)Standard zurückzubleiben, wenn dessen Einhaltung aufgrund der besonderen Umstände des konkreten Einzelfalls auch im Hinblick auf die Vereinbarkeit mit den öffentlichen Belangen und den nachbarlichen Interessen nicht geboten ist. Ein solches Zurückbleiben hinter der gesetzlich vorgesehenen Anforderung ist – im Sinne ihrer Berücksichtigung – beispielsweise dann möglich, wenn die Abwägung zwischen dem Interesse des Bauherrn an der abweichenden Ausführung und den öffentlichen Belangen ergibt, dass die Anforderung zugunsten des Bauherrn gemindert oder gar ganz zurückgestellt werden kann.

### 2.1.2 Würdigung nachbarlicher Interessen

11 Soweit die beabsichtigte Abweichung nachbarliche Interessen **berührt**, sind diese in die Abwägung einzustellen und zu würdigen. In der Praxis wird es mitunter schwierig sein zu erkennen, ob eine Vorschrift nachbarliche Interessen berühren kann. Zwar ist nicht jede Norm des öffentlichen Baurechts potentiell drittschützend, die **Würdigung** nachbarlicher Interessen ist aber auch dann geboten, wenn die betreffende Bestimmung selbst nicht ausdrücklich dem Nachbarschutz dienen soll, was seinen Grund darin findet, dass durch die an die Stelle der gesetzlichen eine konkrete andere Regelung tritt und damit ein **anderer Interessenausgleich** erfolgt (vgl. BVerwG, Urteil vom 19. 9. 1986 – 4 C 8.84, BRS 46 Nr. 173 zur bauplanungsrechtlichen Befreiung). Die **nachbarlichen Interessen** beeinflussen also die **materielle Zulässigkeit** der Abweichung, so dass die „Würdigung" nicht als reiner Verfahrensvorgang verstanden werden darf (OVG NRW, Beschluss vom 28. 8. 1995 – 7 B 2117/95, BRS 57 Nr. 141).

12 Bei der Würdigung nachbarlicher Interessen kommt es auf die **konkreten Umstände des Einzelfalls** an. Welche **bauordnungsrechtlichen** Vorschriften drittschützende Wirkung entfalten, ist nicht immer einfach zu beantworten, da sich hierzu eine umfangreiche **Kasuistik** entwickelt hat (s. die Anmerkungen im Anhang zu § 74 Rdn. 54–89). Die Klärung ist im Bauordnungsrecht nicht ganz so schwierig wie im Bauplanungsrecht, da sich **bauwerksbezogene** Anforderungen von der Natur der Sache her in Bezug auf nachbarschützende Aspekte oft einfacher beurteilen lassen als bodenrechtliche Bestimmungen oder Festsetzungen. So kann eine Abweichung vom Gebot der barrierefreien Erreichbarkeit bestimmter Wohnungen nach § 49 Abs. 2 Satz 1 BauO NRW weder direkt noch indirekt nachbarschützende Aspekte berühren, weil sich diese Vorschrift in keiner Weise auf das nachbarliche Verhältnis bezieht, sondern nur der Deckung des Wohnungsbedarfs von Personen dient, für die Treppen unüberwindbare Hindernisse darstellen. Abweichungen von bauordnungsrechtlichen Vorschriften, die **nicht** dem Nachbarschutz dienen sollen, berühren in der Regel auch **keine** nachbarlichen Interessen.

12a Einer Abweichung von **nachbarschützenden** Vorschriften stehen nachbarliche Interessen dann nicht entgegenstehen, wenn der Nachbar durch diese **nicht spürbar nachteilig berührt** wird und **auch in Zukunft nicht** berührt werden könnte. Die Berücksichtigung berechtigter Belange des Nachbarn lässt sich im Bescheid auch durch eine Nebenbestimmung absichern (so Jeromin, zu § 69 Rdn. 26; zu Nebenbestimmungen s. Rdn. 27). Eine Abweichung von nachbarschützenden Vorschriften kommt grundsätzlich nur in Betracht, wenn der betroffene **Nachbar nicht schutzbedürftig** ist oder die **Gründe**, die für die Abweichung streiten, **objektiv derart gewichtig** sind, dass die **Interessen des Nachbarn** ausnahmsweise **zurücktreten** müssen (OVG Rh-Pf, Urteil vom 3. 11. 1999 – 8 A 10951/99, BauR 2000, 551 = BRS 62 Nr. 143 = NVwZ-RR 2000, 580).

Vor der Zulassung von Abweichungen sollen die Bauaufsichtsbehörden die **Eigentümer angrenzender Grundstücke** (**Angrenzer**) gemäß § 74 Abs. 2 BauO NRW **benachrichtigen**, wenn zu erwarten ist, dass öffentlich-rechtlich geschützte nachbarliche Belange berührt werden. Damit ist klargestellt, dass die Berücksichtigung nachbarlicher Belange zum Entscheidungsvorgang gehört und dass, „wenn **zu erwarten** ist, dass öffentlich-rechtlich geschützte nachbarliche Belange **berührt werden**" bei Abweichungen stets – also auch für Tatbestände, die früher als Ausnahmen bezeichnet wurden – eine verfahrensmäßige Beteiligung des Angrenzers erforderlich ist. Stimmt der Nachbar einer Abweichung ausdrücklich zu, so kann die Zulassung einer Abweichung zwar wegen Unvereinbarkeit mit den öffentlichen Belangen, jedoch nicht wegen Verletzung nachbarlicher Interessen abgelehnt werden. Gleichwohl ist die **Zustimmung des Nachbarn kein Ersatz für eine eventuell fehlende Abweichungsvoraussetzung**. 13

### 2.1.3 Vereinbarkeit mit den öffentlichen Belangen

Die **Vereinbarkeit mit den öffentlichen Belangen** unterliegt als unbestimmter Rechtsbegriff der uneingeschränkten verwaltungsgerichtlichen Kontrolle. Bei der Zulassung der Abweichung ist zunächst der **Zweck der Vorschrift** zu prüfen, um Klarheit darüber zu erhalten, welche öffentlichen Belange in erster Linie berührt sind. Da der **Kreis der öffentlichen Belange** aber **nicht begrenzt** ist (vgl. Jeromin, zu § 69 Rdn. 14), kommen auch **andere** Belange in Betracht, **insbesondere** natürlich die mit der **materiellen Grundnorm** verfolgten Ziele (s. auch die Anmerkungen zu § 3 Rdn. 3). Ferner fallen hierunter öffentliche Belange, die **nicht allein** nur im Bauordnungsrecht, sondern auch im **sonstigen** öffentlichen Recht von Bedeutung sind (vgl. Boeddinghaus/Hahn/Schulte, zu § 73 Rdn. 27). Zu den öffentlichen Belangen, welche einer Abweichung entgegenstehen können, gehört auch **die Gleichmäßigkeit des Gesetzesvollzugs**. Die Behörde kann aber nicht allein damit die Verletzung öffentlicher Belange begründen, sie habe als Bauaufsichtsbehörde ein berechtigtes Interesse daran, die bestehenden baurechtlichen Vorschriften beachtet zu sehen. Eine solche Rechtsansicht würde zu einer grundsätzlichen Verneinung der Zulassung von Abweichungen führen (s. aber Rdn. 4 e). 14

Wie nach dem früheren Recht ist es auch nach § 73 Abs. 1 Satz 1 BauO NRW denkbar, dass die Berücksichtigung öffentlicher Belange im Einzelfall – im Sinne der früheren Formulierung – unter Bezug auf das **Wohl der Allgemeinheit** die Zulassung einer Abweichung erfordert. Das wäre etwa der Fall, wenn es zur Erfüllung oder **Wahrnehmung öffentlicher Interessen** oder Aufgaben **vernünftigerweise geboten** ist, mit Hilfe einer Abweichung das Vorhaben zu verwirklichen (vgl. BVerwG, Urteil vom 9. 6. 1978 – 4 C 54.75, BVerwGE 56, 71 = BRS 33 Nr. 150 = NJW 1979, 939; das Urteil ist zwar zur Befreiung von bauplanungsrechtlichen Vorschriften ergangen, hat aber auch für das Bauordnungsrecht Gültigkeit). 15

Steht eine **Änderung** einer **materiellen Vorschrift**, von der abgewichen werden soll, unmittelbar bevor, wird eine Abweichung in Betracht kommen können (vgl. zur früheren Rechtslage OVG NRW, Urteil vom 10. 9. 1957 – VII A 475/57, BRS 7 V A 4 S. 135 = DVBl. 1958, 66 = MDR 1958, 368 = NJW 1958, 354). Dieser Aspekt kann Bedeutung haben, wenn im Landtag eine Änderung der Landesbauordnung zur Beratung eingebracht ist oder wenn die ARGEBAU eine neue Muster-Rechtsverordnung zur Umsetzung in Landesrecht verabschiedet hat und die oberste Bauaufsichtsbehörde bekannt gegeben hat, dieses Muster in Landesrecht umsetzen zu wollen. 16

### 2.1.4 Ermessensausübung

17 Sind die tatbestandlichen Voraussetzungen für die Erteilung einer Abweichung erfüllt, bedarf es zusätzlich einer **Ermessensausübung** durch die Bauaufsichtsbehörde. **Auf** die **Gewährung einer Abweichung** besteht nach herrschender Meinung (vgl. Ossenbühl, Tendenzen und Gefahren der neueren Ermessenslehre, DÖV 1968, S. 618 ff.) auch dann **kein Rechtsanspruch**, wenn die tatbestandlichen Voraussetzungen erfüllt sind. Die Verwendung des Wortes „**kann**" verdeutlich, dass die Gewährung einer Abweichung **im Ermessen der Behörde** steht (BVerwG, Beschluss vom 13. 11. 1968 – IV B 58.68, BRS 20 Nr. 24 = DVBl. 1969, 361; s. auch Große-Suchsdorf/Lindorf/Schmaltz/ Wiechert, zu § 85 Rdn. 9 und zu § 86 Rdn. 22). So ist die Versagung einer Abweichung auch dann nicht fehlerhaft, wenn die Tatbestandsvoraussetzungen – einer bereits nachgiebig formulierten Vorschrift – vorliegen und öffentliche Belange nicht entgegenstehen. Die herrschende Meinung geht davon aus, dass die Regelvorschrift wegen der vom Gesetzgeber verfolgten Schutzzwecke, gemessen an Art. 14 GG, eine zulässige Einschränkung der Eigentümerbefugnisse darstellt; Abweichungen von diesen Vorschriften gehören dann nicht mehr zum Eigentumsinhalt und können deswegen in das Ermessen der Bauaufsichtsbehörde gestellt werden (so BVerwG, Beschluss vom 13. 11. 1968, a. a. O.; hiergegen wenden sich jedoch Friauf, Das Verbot mit Erlaubnisvorbehalt, JuS 1962, S. 424 ff.; Rupp, Das Urteil des Bundesverfassungsgerichts zum Sammlungsgesetz – eine Wende in der Grundrechtsinterpretation des Art. 2 Abs. 1 GG, NJW 1966, S. 2037 ff. und Erichsen, Baudispens und Übermaßverbot, DVBl. 1967, S. 269 ff.).

18 In der Praxis werden die unterschiedlichen Meinungen kaum zu verschiedenen Ergebnissen führen können. Auch die herrschende Meinung geht davon aus, dass zumindest ein **Anspruch auf ermessensfehlerfreie Entscheidung** besteht (Hess. VGH, Urteil vom 9. 6. 1983 – III OE 73/82, BRS 40 Nr. 184), dass das Ermessen kein absolut freies, sondern ein **pflichtgemäßes** bedeutet. Die Entscheidung muss von sachlichen Beweggründen getragen sein, die aber bei Berücksichtigung der Baufreiheit einerseits und der Sozialpflichtigkeit des Eigentums andererseits Bindungen unterworfen ist (so BVerwG, Urteil vom 16. 5. 1991 – 4 C 17.90, BRS 52 Nr. 157). Auch § 40 VwVfG. NRW. bestimmt:

*„Ist die Behörde ermächtigt, nach ihrem Ermessen zu handeln, hat sie ihr Ermessen entsprechend dem Zweck der Ermächtigung auszuüben und die gesetzlichen Grenzen des Ermessens einzuhalten."*

18 a Bei der Ausübung des Ermessens darf die Bauaufsichtsbehörde keine Gesichtspunkte anführen, welche durch eine gesetzliche Regelung schon zu einem speziellen Belang des öffentlichen Baurechts geworden sind. Soweit dies nicht der Fall ist, darf die Bauaufsichtsbehörde auch außerhalb des öffentlichen Baurechts, namentlich auf dem Gebiet des Polizeirechts liegende Umstände anführen (Nds. OVG, Beschluss vom 11. 1. 2000 – 1 L 4588/99, BRS 63 Nr. 167 zur Würdigung des Belangs der Verkehrssicherheit):

*„Es wäre nicht zu erklären, dass die Bauaufsichtsbehörde ein und denselben Gesichtspunkt - hier also die Verkehrsgefährdung – bei seiner unmittelbaren Anwendung ohne Einschätzungspmärogative als striktes Recht zu handhaben hatte, im Rahmen der Ermessensausübung dagegen ohne diese strikte Gesetzesbindung anführen könnte. Ein Widerspruch zu den vorstehenden Ausführungen, die Bauaufsichtsbehörde dürfe auch Elemente des allgemeinen Polizeirechts bei der Ermessensausübung einfließen lassen, besteht nicht, wenn und soweit diese Gesichtspunkte nach den speziellen baurechtlichen Regelungen nicht erfasst sind."*

Durch **längere**, **gleichbleibende Ermessensausübung** bei der Bewilligung von Abweichungen wird die Behörde nur gebunden, wenn sich die Einzelfälle, für die Abweichungen zugelassen wurden, in den besonderen, für die Entscheidung wesentlichen Umständen gleichen (OVG NRW, Urteil vom 7.5.1954 – VII A 1094/52, BRS 4 V B 6 S. 304). **18b**

Sofern die **gesetzlichen Voraussetzungen** für eine Abweichung **vorliegen**, lässt sich kaum bestimmen, welcher „**Ermessensrest**" verbleiben soll (so Jäde/Dirnberger/Weiß, zu § 31 Rdn. 29 unter Bezug auf Erwe, Ausnahmen und Befreiungen im öffentlichen Baurecht, 1986, S. 122ff.). Im Einzelfall kann die Versagung einer Abweichung ermessensfehlerhaft sein, weil dieses **auf Null reduziert** ist und daher ein **Rechtsanspruch auf Gewährung** der Abweichung besteht (OVG NRW, Urteil vom 19.10.1967 – VII A 1400/66, BRS 18 Nr. 72 und Urteil vom 28.9.1967 – VII A 571/66, BRS 18 Nr. 78). **18c**

### 2.2 Zu Satz 2 – Abweichungen von § 6

Mit dem „Zweiten Gesetz zur Änderung der Landesbauordnung" vom 12.12.2006 (GV. NRW. S. 615) wurde begleitend zur Neufassung des § 6 BauO NRW **Satz 2** in § 73 Abs. 1 BauO NRW eingefügt (s. Rdn. 03). Danach sind Abweichungen von § 6 insbesondere zulässig, wenn durch das Vorhaben **nachbarliche Interessen nicht stärker** oder **nur unwesentlich stärker beeinträchtigt** werden **als bei einer nach § 6** BauO NRW – ohne Abweichung – **zulässigen Bebauung** des Grundstücks. Die Begründung (LT-Drucks. 14/2433 S. 19) führt hierzu aus: **19**

*„Damit soll klargestellt werden, dass Abweichungen von § 6 vor allem dann zugelassen werden können, wenn die von § 6 abweichende Bebauung den jeweiligen Angrenzer nicht stärker oder nur unwesentlich stärker beeinträchtigt als eine andere, § 6 entsprechende Bebauung des jeweiligen Grundstücks.*

*Mit der Formulierung ‚unwesentlich stärker' wird auf geringfügige Unterschreitungen der Abstandflächen abgestellt. Unterschreitungen im Zentimeterbereich können z. B. schon aufgrund üblicher Bautoleranzen entstehen. Mutwillige Unterschreitungen der Abstandflächen sollen dadurch aber nicht sanktioniert werden.*

*Satz 2 schließt nicht aus, dass Abweichungen von den Anforderungen des § 6 nach wie vor auch nach Satz 1 erteilt werden können."*

**Abweichungen** nach § 73 Abs. 1 **Satz 1** BauO NRW **im Sinne der früheren Befreiung** sind möglich, wenn eine **atypische Grundstücks- oder Bausituation** vorliegt, die vom Regelfall, von dem die Abstandflächenvorschriften ausgehen, derart abweicht, dass bei Anwendung des § 6 die Ziele der Vorschrift verfehlt würden (vgl. OVG NRW, Beschluss vom 12.2.1997 – 7 B 2608/96, BRS 59 Nr. 162; zu einer in der geschlossenen Bauweise im rückwärtigen Grundstücksbereich hinter den Gebäuden schräg abknickenden Grundstücksgrenze, wodurch die Abstandfläche der Gebäuderückwand dreieckförmig auf dem Nachbargrundstück lag; BayVGH, Urteil vom 22.11.2006 – 25 B 05.1714, BauR 2007, 1554 = BRS 70 Nr. 121 zum Wiederaufbau eines abgebrannten Gebäudes auf den Grundmauern am alten Standort mit unzureichendem Grenzabstand; vgl. Boeddinghaus, Abweichungen von den bauordnungsrechtlichen Abstandvorschriften, BauR 1999, S. 593ff.). **19a**

An der Voraussetzung, dass eine **atypische Grundstücks- oder Bausituation** vorliegen muss, um eine Abweichung – im Sinne der früheren Befreiung – erteilen zu können, hat die Einfügung von **Satz 2** in § 73 Abs. 1 BauO NRW nichts geändert, da ihm lediglich **klarstellende Funktion** zukommt (OVG NRW, Beschluss vom 2.3.2007 – 10 B 275/07, **19b**

In der zitierten, wie auch in zahlreichen anderen Entscheidungen, geht die Rechtsprechung bei den Vorschriften des **§ 6** BauO NRW von einem **in sich abgeschlossenen Regelungsbereich** aus. Dies trifft allerdings nur für den vom Gesetzgeber zugrunde gelegten „**Regelfall**" zu, da das Abstandflächenrecht in Bezug auf „**ungewöhnliche**" Gebäudeformen und Grundstückszuschnitte, gerade **keine in sich geschlossene Materie** darstellen kann (s. die Anmerkungen zu § 6 Rdn. 34), wodurch sich eine Abweichung erst rechtfertigen lässt. Bei der Würdigung nachbarlicher Interessen kann bei Bestehen nachbarlicher Abwehrrechte ein der gesetzlichen Regelung zuwiderlaufendes Ergebnis daher nur rechtens sein, wenn die Grundstücks- und Bausituation von dem den gesetzlichen Regelungen zugrunde liegenden Normalfall **in deutlichem Maße abweicht**. Die Möglichkeit einer Abweichung scheidet aus, wenn die Unterschreitung der notwendigen Abstandflächen nicht durch atypische Verhältnisse bedingt ist. Die Interessen des Bauherrn sind nämlich bereits in der gesetzlichen Regelung ausreichend berücksichtigt und können kein zweites Mal zur Überwindung der in § 73 Abs. 1 Satz 1 BauO NRW ausdrücklich zu würdigenden nachbarlichen Interessen bemüht werden (OVG NRW im Beschluss vom 28. 8. 1995 – 7 B 2117/95, BRS 57 Nr. 141).

**19 c** Bereits § 73 Abs. 1 **Satz 1** BauO NRW ermöglicht nach dem Ergebnis der Rechtsprechung (s. OVG NRW, Beschluss vom 12. 2. 1997 – 7 B 2608/96, BRS 59 Nr. 162) eine Abweichung, wenn ein vom **Regelfall** – dem **rechteckigen** Grundstück – abweichender **atypischer Grundstückszuschnitt** vorliegt (s. die Anmerkungen zu § 6 Rdn. 183 und Abbildung 6.21). Somit verbleibt für Satz 2, wenn man der Bestimmung – über ihre klarstellende Funktion in Bezug auf Satz 1 hinaus – einen Regelungsgehalt zubilligen will, nur die Fallgestaltung des **atypischen Gebäudes**. Das Abstandflächenrecht geht von einem Gebäude mit einem weitgehend rechtwinkligen Grundriss und Flachdach oder geneigter Dachform aus, dessen senkrechte Außenwände einen gleichmäßigen horizontalen oberen Abschluss aufweisen und parallel zu den Grundstücksgrenzen verlaufen (s. BayVGH, Beschluss vom 21. 4. 1986 – Nr. Gr. S 1/85, BRS 46 Nr. 103). Von diesem „Normalfall" **stark abweichende** Bauformen erfordern eine besondere Betrachtung (s. die Anmerkungen zu § 6 Rdn. 25 und Abbildung 6.2). Nur beim Vorliegen **atypischer Bauformen** ist daher eine **wertende Vergleichsbetrachtung** nach Satz 2 sachgerecht (s. die Anmerkungen zu § 6 Rdn. 34 und Abbildung 6.4).

**19 d** Die **Begründung** des Gesetzentwurfs lenkt den Blick in eine **falsche Richtung**, da sie auf geringfügige **Unterschreitungen** im **Zentimeterbereich** aufgrund von **Bautoleranzen** abstellt (s. LT-Drucks. 14/2433 S. 19). Hierbei handelt es sich bei genauer Betrachtung nicht um einen Abweichungsfall, sondern um eine Frage der **Rechtswirkungen** der **allgemein anerkannten Regeln der Technik** oder des **ordnungsbehördlichen Einschreitens** der Bauaufsichtsbehörde nach § 61 Abs. 1 BauO NRW. Der Gesetzgeber hat mit § 3 Abs. 1 Satz 2 BauO NRW die Beachtung der allgemein anerkannten Regeln der Technik, die der Wahrung der in § 3 Abs. 1 Satz 1 BauO NRW beschriebenen Belange dienen, als Rechtssatz vorgegeben. Ihm war bewusst, dass bei der **Bauausführung** die **technischen Regelwerke** unverzichtbar sind (s. die Anmerkungen zu § 3 Rdn. 58–61). **Maßtoleranzen** haben nicht nur wirtschaftliche Auswirkungen haben, sondern können auch **sicherheitsrelevant** sein.

**19 e** Für das **Vermessungswesen** ergeben sich die Anforderungen an die **Genauigkeit** der **Messwerte** aus dem **Vermessungspunkterlass** vom 12. 1. 1996 – III C 4-7136, n.v., der in Nr. 2.35 für **lokale Standardabweichungen** der Lage der **Grenzpunkte** – **GP** und der **Gebäudepunkte** – **GebP** als **Sollwert 3 cm** und als **Maximalwert 6 cm** festlegt.

Im Bauwesen ist **DIN 18202** (Fassung Oktober 2005) – **Toleranzen im Hochbau – Bauwerke** – als allgemein anerkannte Regel der Technik zu beachten. Diese Norm legt die zulässigen Grenzwerte für Maßabweichungen fest und bildet die Grundlage für ein **verbindliches Prüfschema** (vgl. Schöwer, Maßtoleranzen im Hochbau neu geregelt, DAB 2006, S. 51 f.). Nach **Nr. 6.1** sind die **Prüfungen** so früh wie möglich durchzuführen, spätestens jedoch bei der Übernahme der Bauteile oder des Bauwerks durch den Folgeauftragnehmer oder unmittelbar nach Fertigstellung des Bauwerks. Für einen üblichen Bauablauf ergibt sich daraus, dass bereits der Rohbau auf Einhaltung der vorgesehenen Maße zu prüfen ist. Werden dabei Maßtoleranzen festgestellt, bleibt immer noch Gelegenheit zur Änderung der Außenhaut des Bauwerks, um den einzuhaltenden Abstand einhalten zu können. Die Norm erlaubt nur geringe „Grenzabweichungen", das ist die Differenz zwischen Höchstmaß und Nennmaß oder Mindestmaß und Nennmaß (nicht zu verwechseln mit Maßen in Bezug auf eine Grundstücksgrenze). **Tabelle 1** der Norm beinhaltet im Grundriss, z. B. für Längen, Breiten, Achs- und Rastermaße, von über 6 m bis zu 15 m lediglich ein Grenzabweichungsmaß von **± 20 mm** und von über 15 m bis zu 30 m ein Grenzabweichungsmaß von **± 24 mm**.

Vermessungstechnische und bauausführungsbedingte **Maßtoleranzen** bewegen sich im **unteren einstelligen Zentimeterbereich** und sind mit dem Auge nicht wahrnehmbar.

Bei der Errichtung eines Gebäudes, dessen **Abstandfläche** den zur Verfügung stehen- **19 f**
den Raum **bis auf den letzten Zentimeter** ausnutzt, ist eine entsprechende **Sorgfalt** sowohl bei der Absteckung nach § 75 Abs. 6 Satz 1 BauO NRW (s. die Anmerkungen zu § 75 Rdn. 180–187) als auch bei der Bauausführung **zu verlangen**, denn die Abstandflächenregelung beinhaltet bereits eine vom Nachbarn zu erduldende Beeinträchtigung (s. die Anmerkungen zu § 6 Rdn. 39). Daher löst eine Unterschreitung der vorgeschriebenen Maße für die notwendigen Abstandflächen regelmäßig einen **Abwehranspruch** des Nachbarn aus, selbst wenn diese Unterschreitung **nur im Zentimeterbereich** liegt. Denn das Rechtsinstitut der **Abweichung** ist auch nach der Ergänzung des § 73 Abs. 1 BauO NRW **kein Instrument zur Legalisierung gewöhnlicher Rechtsverletzungen** (OVG NRW, Beschluss vom 5. 3. 2007 – 10 B 274/07, BauR 2007, 1031).

### 2.3 Zu Satz 3 – Erleichterung der Energie- und Wassereinsparung

Nach Satz 3 sind **Vorhaben zur Einsparung** von **Wasser** oder **Energie** im Wege der Ab- **20**
weichung zuzulassen, wenn die Voraussetzungen des Satzes 1 vorliegen. Die Vorschrift geht zurück auf einen im Auftrag der obersten Bauaufsichtsbehörde erarbeiteten Gutachtervorschlag (vgl. Groth/Sommer/Graupeter/Verdenhalven, Rechtliche Möglichkeiten und Grenzen der Aufnahme weiterer ökologischer Anforderungen in die Bauordnung des Landes Nordrhein-Westfalen, zur Neuregelung der Stellplatzverpflichtung und zur Vereinfachung der Abstandflächenregelung, 1997, S. 231 f. Nr. 16). Da auch die **Voraussetzungen des Satzes 1** erfüllt sein müssen, ist die **Würdigung nachbarlicher Belange** unverzichtbar. Bei Erfüllung dieser Voraussetzungen steht der Bauaufsichtsbehörde kein Ermessen zu (so die Begründung, LT-Drucks. 12/3738 S. 91, zu Art. I Nr. 49 – § 73). Die Begründung nennt als Anwendungsfälle vor allem Abweichungen von gemeindlichen Gestaltungssatzungen nach § 86 BauO NRW. Zu denken ist beispielsweise an die Anbringung von Sonnenkollektoren auf Dachflächen abweichend von gestalterischen Vorgaben über das Material und die Farbe der Dachdeckung. Bei Abweichungen von Gestaltungssatzungen muss jedoch gemäß § 86 Abs. 5 BauO NRW das **Einvernehmen** mit der Gemeinde vorliegen.

21 Die mit abstandrechtlichen Verstößen verbundene **nachträgliche** Bekleidung oder Verblendung von Außenwänden zur **Verbesserung des Wärmeschutzes** fällt nicht (mehr) unter § 73 Abs. 1 Satz 3 BauO NRW, da der Gesetzgeber mit **§ 6 Abs. 14** BauO NRW eine Regelung getroffen hat. Nach § 6 Abs. 14 **Satz 1** BauO NRW sind nachträgliche Bekleidungen oder Verblendungen zur Verbesserung des Wärmeschutzes **allgemein zulässig**, wenn die Stärke der Bekleidung oder Verblendung nicht mehr als 0,25 m und der verbleibende Abstand zur Nachbargrenze mindestens 2,50 m beträgt, so dass es keiner Abweichung bedarf (s. die Anmerkungen zu § 6 Rdn. 302–305). Bei einer Überschreitung der Stärke der Bekleidung oder Verblendung von mehr als 0,25 m oder einer Unterschreitung der Mindesttiefe des Abstands von 2,50 m zur Nachbargrenze, besteht mit § 6 Abs. 14 **Satz 2** BauO NRW ein **spezieller** Abweichungstatbestand, der § 73 Abs. 1 **Satz 3** BauO NRW **in Bezug auf Abstandflächenverstöße verdrängt** (s. die Anmerkungen zu § 6 Rdn. 306–309).

### 2.4 Zu Satz 4 – Abweichungen von technischen Anforderungen

22 Nach Satz 4 ist der Genehmigungsbehörde bei der Abweichung von einer **technischen** Anforderung **nachzuweisen**, dass deren **Zweck auf andere Weise entsprochen** wird. Der Begriff „technische Anforderung" ist nicht mit dem Begriff „Technische Baubestimmung" gleichzusetzen (so auch Schlotterbeck/von Arnim/Hager, zu § 56 Rdn. 6). Unter einer „**technischen Anforderung**" ist eine **Vorschrift** der Landesbauordnung oder einer aufgrund der BauO NRW erlassenen Rechtsverordnung oder Satzung gemeint, die einen konkretisierenden, technischen Inhalt hat, der sich gerade nicht nur in allgemeinen Anforderungen erschöpft (so VGH B-W, Beschluss vom 2. 11. 1998 – 5 S 1760/98, BRS 60 Nr. 137). Die Vorschrift des § 73 Abs. 1 **Satz 4** BauO NRW **darf nicht mit § 3 Abs. 1 Satz 3** BauO NRW **verwechselt werden**, der Abweichungen von allgemein anerkannten Regeln der Technik ermöglicht (s. Rdn. 4 b und die Anmerkungen zu § 3 Rdn. 68 und 69). Abweichungen von Technischen Baubestimmungen sind nicht nach § 73 Abs. 1 Satz 4 BauO NRW, sondern nur nach § 3 Abs. 1 Satz 3 BauO NRW möglich (VG Freiburg, Urteil vom 20. 3. 2001 – 7 K 521/00, BauR 2001, 1724).

22 a Satz 4 betrifft in erster Linie **brandschutztechnische** Anforderungen, da die Landesbauordnung als Vorschrift zum vorbeugenden baulichen Brandschutz überwiegend diese erfasst. Zu bedenken ist hierbei, dass die brandschutztechnischen Anforderungen an Wohngebäude oder Gebäude vergleichbaren Gefahrenpotenzials viele **Sonderfälle**, die eigentlich einer Abweichung bedurft hätten, **als Zulässigkeitstatbestände** regeln. Für **Sonderbauten** besteht ohnehin mit **§ 54 Abs. 1 Satz 2** BauO NRW das Rechtsinstitut der **Erleichterung** (s. Rdn. 4 b), so dass nur sehr wenige Einzelfälle im Bereich des Wohnungsbaus verbleiben dürften, bei denen überhaupt noch von einer technischen Anforderung nach § 73 Abs. 1 BauO NRW abgewichen werden kann und damit der Nachweis nach Satz 4 zu erbringen ist, dass deren Zweck auf andere Weise entsprochen wird (zu einer Abweichung von § 31 BauO NRW infolge Verwendung brennbarer Baustoffe in einer Gebäudeabschlusswand s. OVG NRW, Beschluss vom 1. 12. 1998 – 10 B 2304/98, BRS 60 Nr. 156, s. auch die Anmerkungen zu § 31 Rdn. 18–20).

22 b Wie nach der früheren Regelung des § 68 Abs. 3 Buchstabe b BauO NW 1984 zur Befreiung ist der **Nachweis nur bei Zweifeln erforderlich**. Ist offenkundig, dass die gewählte technische Lösung dem Zweck der technischen Anforderung entspricht, z. B. weil sie so bereits in der VV BauO NRW beschrieben ist, bedarf es keines weiteren Nachweises.

Die Regelung war geboten, um die Bauaufsichtsbehörde von Ermittlungen zu entlasten, da ihr nach dem **Untersuchungsgrundsatz** des **§ 24 VwVfG. NRW.** ansonsten die Pflicht obliegen würde, den Sachverhalt von Amts wegen vollständig aufzuklären. Satz 4 verdrängt insoweit diesen Untersuchungsgrundsatz, als dem Bauherrn die Nachweispflicht übertragen wird, dieser selbst also untersuchen und der Bauaufsichtsbehörde nachweisen muss, **ob** und **wie** dem Zweck der technischen Anforderung entsprochen werden kann. Hierzu kann der Bauherr ein **Sachverständigengutachten** vorlegen. Die Vorschrift bezweckt darüber hinaus eine **beschleunigte Verfahrensabwicklung**, die es der Bauaufsichtsbehörde nicht abverlangt, nach in den Bauvorlagen **versteckten** Abweichungen suchen zu müssen, ohne dass hierfür konkrete Anhaltspunkte vorliegen.

Kommt der Bauherr seiner Nachweispflicht nicht nach, verbleibt es bei der Anwendung **23** der technischen Anforderung, so dass gegebenenfalls der Antrag und Erteilung der Abweichung wegen nicht nachgewiesener Abweichungsvoraussetzungen zu versagen ist, sofern solche nicht offensichtlich vorliegen (s. Rdn. 22 b). Wird der **Nachweis erbracht** und fällt die **Prüfung des Nachweises** durch die Bauaufsichtsbehörde **positiv** aus, besteht – wie nach Satz 3 – ein **Rechtsanspruch** auf Erteilung der Abweichung. Dies entspricht gerade dem Zweck der Vorschrift, die nicht nur die Bauaufsichtsbehörde entlasten soll, sondern auch deshalb die Nachweispflicht des Bauherrn begründet, um **Zweifel an der Zulässigkeit** der Abweichung **von vornherein auszuschließen**.

## 2.5 Formelle Aspekte unselbständiger Abweichungen

Wird im **Rahmen eines Baugenehmigungs-, Zustimmungs- oder Vorbescheidsverfahrens** **24** die Zulassung einer Abweichung gewünscht, bedarf es keines **gesonderten Antrags** (so auch Buntenbroich/Voß, zu § 73 Rdn. 18). Eine **Begründung** für die gewünschte Abweichung ist in der Regel **nicht gefordert**, wenngleich es im **Interesse des Bauherrn** liegen dürfte, eine solche den Bauvorlagen beizufügen, um das **Verfahren** zu **beschleunigen** (vgl. Buntenbroich/Voß, zu § 73 Rdn. 19). Betrifft die Abweichung jedoch eine technische Anforderung, besteht nach § 73 Abs. 1 **Satz 4** BauO NRW eine ausdrückliche **Nachweispflicht**, dass dem Zweck der technischen Anforderung auf andere Weise entsprochen werden kann (s. Rdn. 22–23).

Eine von der Bauaufsichtsbehörde zugelassene **Abweichung bezieht sich** – wie die Bau- **24 a** genehmigung selbst – nur **auf ein bestimmtes Bauvorhaben**. Im Baugenehmigungs-, Zustimmungs- oder Vorbescheidsverfahren für ein Vorhaben wird die Entscheidung über die Abweichung nicht etwa nur in Form eines „Hinweises" im Tenor des Bescheids ausgesprochen, sondern es ergeht vielmehr die Baugenehmigung, die Zustimmung oder der Vorbescheid **in Gestalt der Abweichung**. Die Zulassung der Abweichung ist **wesentlicher Bestandteil des Verwaltungsakts** und kann daher auch nur zusammen mit der Baugenehmigung, der Zustimmung oder dem Vorbescheid angefochten werden, sofern nicht eine „isolierte" Antragstellung zulässig ist (s. Rdn. 24 b). Dies gilt auch dann, wenn eine Abweichung im Nachhinein zur Legalisierung eines baurechtswidrigen Zustandes zugelassen wird (BVerwG, Urteil vom 17. 2. 1971 – IV C 2.68, BRS 24 Nr. 168; s. auch OVG NRW, Beschluss vom 1. 12. 1998 – 10 B 2304/98, BRS 60 Nr. 156 = DVBl. 1999, 788).

Von einer Baugenehmigung oder Zustimmung, die unter Gestattung von Abweichun- **24 b** gen erteilt ist, kann ohne neue Abweichungsentscheidung der Bauaufsichtsbehörde nicht abgewichen werden. Wird ein mit einer Abweichung genehmigtes Bauwerk verändert ausgeführt, wird über eine wiederum erforderliche Abweichung, sei sie die gleiche wie zuvor oder eine andere, im Zusammenhang mit der Änderungsgenehmigung entschieden. Nur **wenn** eine **Abweichung „isoliert" beantragt** wird, etwa bei genehmigungsfreien Wohngebäuden gemäß § 67 Abs. 5 Satz 7 BauO NRW in Verbindung mit § 68 Abs. 7 BauO NRW, im vereinfachten Genehmigungsverfahren nach Antrag auf eine entsprechende Vorabentscheidung gemäß § 68 Abs. 7 BauO NRW sowie bei genehmigungsfreien Vorhaben nach § 73 Abs. 2 BauO NRW, ist die Versagung oder – aus der Sicht des Nachbarn – die Zulassung der **Abweichung** ein **selbständiger** und damit auch selbständig anfechtbarer **Verwaltungsakt**.

Einziger **Gegenstand** einer **Voranfrage** kann die Frage sein, **ob** eine **Abweichung zugelassen wird**. In diesem Fall hat der **Vorbescheid** den Charakter eines **„isolierten" Abweichungsbescheids**.

25 Ob eine **Baugenehmigung**, **Zustimmung** oder ein **Vorbescheid** auch **ohne** die **beantragte Abweichung** erteilt werden kann, hängt davon ab, ob das konkret beantragte Bauvorhaben auch ohne die vorgesehene Abweichung aufgrund der dann maßgeblichen gesetzlichen Voraussetzungen sinnvoll durchgeführt werden kann. Stellt sich heraus, dass bei Ablehnung der Abweichung gewissermaßen ein „**aliud**" genehmigt würde, so müsste der Antragsteller dahin gehend belehrt werden, dass mit der Ablehnung der Abweichung auch der Antrag insgesamt abgelehnt werden müsste. Ihm steht es dann frei, entweder entsprechend dem gesetzlichen „Normalfall" umzuplanen oder gegen die negative Entscheidung der Genehmigungsbehörde Rechtsmittel einzulegen. Wird eine Abweichung durch eine Grüneintragung in den Bauvorlagen abgelehnt, so ist darin die Ablehnung des Hauptantrags bei gleichzeitiger Genehmigung einer (nicht beantragten) Alternative zu sehen, die allerdings vom Bauherrn durch Ausführung der behördlich geänderten Vorlagen akzeptiert werden kann, wenn er keine Rechtsmittel ergreifen will.

26 **Übersieht** die **Bauaufsichtsbehörde** die **Erforderlichkeit einer notwendigen Abweichung**, so leidet die Baugenehmigung an einem rechtlichen Mangel, sie ist aber nicht in jedem Falle nichtig (§§ 44 Abs. 1, 45 VwVfG. NRW.). Die Rechtswidrigkeit eines aufgrund einer rechtswidrigen Baugenehmigung durchgeführten Bauvorhabens kann nachträglich nicht durch eine ebenso rechtswidrige Abweichung beseitigt werden, wie auch die rechtswidrige Baugenehmigung nicht durch eine rechtswidrige Abweichung geheilt werden kann. In solchen Fällen muss entschieden werden, ob der rechtswidrige Verwaltungsakt mit allen sich daraus ergebenden Konsequenzen nach § 48 VwVfG. NRW. zurückgenommen oder eingeschränkt werden muss und ob dies nach § 48 Abs. 4 VwVfG. NRW. noch möglich ist. Ferner kann die Bauaufsichtsbehörde fordern, dass das Vorhaben in Einklang mit den bestehenden Baurechtsvorschriften zu bringen ist. Von dieser Forderung könnte und müsste dann Abstand genommen werden, wenn die Bauaufsichtsbehörde von sich aus eine Abweichung rechtmäßig zulassen kann.

27 Weil auf die Zulassung einer **Abweichung** kein Rechtsanspruch besteht, **kann** sie **mit Nebenbestimmungen versehen werden**, erst recht, wenn sie die Zulassung aus öffentlicher Sicht erst vertretbar erscheinen lassen (§ 36 VwVfG. NRW.; s. auch BVerwG, Urteil vom 29. 3. 1968 – IV C 27.67, BRS 20 Nr. 139). Diese Nebenbestimmungen dürfen den Bauherrn allerdings nicht mehr belasten, als wenn die Zulassung einer Abweichung abgelehnt würde (so OVG NRW, Urteil vom 12. 9. 1960 – VII A 157/59, DÖV 1961, 629).

28 Wegen eines in der Regel fehlenden Anspruches auf Zulassung einer Abweichung kann diese davon abhängig gemacht werden, dass der Bauherr bestimmte Verpflichtungen übernimmt oder Leistungen erbringt, die dann wiederum aus der Sicht der Behörde

eine Abweichung erst ermöglicht (Große-Suchsdorf/Lindorf/Schmaltz/Wiechert, zu § 86 Rdn. 32–34). Solche „**Baudispensverträge**“ dürfen nicht mit den nach § 51 BauO NRW möglichen Ablöseverträgen verwechselt werden (s. die Anmerkungen zu § 51 Rdn. 108). Für die Zulässigkeit und Wirksamkeit von Baudispensverträgen sind die gesetzlichen **Beschränkungen** der § 54 ff. VwVfG. NRW. zu beachten:

- die **gesetzlichen Voraussetzungen** für eine Abweichung müssen **erfüllt** sein,
- der **Vertrag darf nicht baurechtlich Unzulässiges beinhalten**,
- die **Gegenleistung** muss im inneren **Zusammenhang mit der gesetzlichen Verpflichtung** stehen, von der abgewichen werden soll, und muss **angemessen** sein.

### 3 Zu Absatz 2 – Verfahren bei selbständigen Abweichungen

Absatz 2 stellt klar, dass die Vorschriften über die Zulassung von **bauordnungsrechtlichen Abweichungen** auf **baugenehmigungsfreie** bauliche Anlagen sowie andere Anlagen und Einrichtungen im Sinne des § 1 Abs. 1 Satz 2 BauO NRW anzuwenden sind. Auch die **genehmigungsfreien** Vorhaben dürfen nach **§ 65 Abs. 4** BauO NRW nur in Übereinstimmung mit den materiell-rechtlichen Vorschriften errichtet werden (s. die Anmerkungen zu § 65 Rdn. 185–190). Soll bei einem **genehmigungsfreien Vorhaben** von **bauordnungsrechtlichen** Vorschriften abgewichen werden, muss nach **Absatz 2** die Zulassung einer Abweichung **schriftlich** beantragt werden. 29

Eines ausdrücklichen Antrags auf Zulassung einer isolierten Abweichung bedarf es auch dann, wenn bei genehmigungsfreien Vorhaben eine **Ausnahme oder Befreiung nach bauplanungsrechtlichen Vorschriften** in Betracht kommt, da Bebauungspläne als materielles Recht gemäß § 65 Abs. 4 BauO NRW stets zu beachten sind. Hierfür hat der Gesetzgeber mit **§ 74 a** BauO NRW ein **spezielles Verfahren** geschaffen. Es kann vorkommen, dass ein genehmigungsfreies Vorhaben sowohl einer bauordnungsrechtlichen als auch einer bauplanungsrechtlichen Abweichungsentscheidung bedarf. In diesem Falle sind **zwei** Anträge nach § 73 Abs. 2 und § 74 a BauO NRW erforderlich, die jedoch in einem Antragsschreiben miteinander **verbunden** werden können. 29 a

Bei **freigestellten Wohnbauvorhaben nach § 67** BauO NRW wird die Einhaltung der **materiellen Anforderungen** des Bauordnungsrechts **nicht geprüft**. Über **bauordnungsrechtliche** Abweichungen entscheidet die Genehmigungsbehörde auf **besonderen Antrag**, da § 67 Abs. 5 Satz 8 die **entsprechende Geltung** des **§ 68 Abs. 7** BauO NRW anordnet (s. Nr. 67.11 VV BauO NRW letzter Satz). Hingegen haben **bauplanungsrechtliche Ausnahme- oder Befreiungserfordernisse** die **Nichtanwendbarkeit** des **§ 67** BauO NRW zur Folge (s. die Anmerkungen zu § 67 Rdn. 17). 29 b

Im **vereinfachten Genehmigungsverfahren nach § 68** BauO NRW werden nur einzelne bauordnungsrechtliche Vorschriften präventiv geprüft (s. die Anmerkungen zu § 68 Rdn. 26). Abweichungen von diesen Vorschriften sind in die Prüfung einbezogen (s. Rdn. 24 a). Wird in einem vereinfachten Genehmigungsverfahren dagegen eine **bauordnungsrechtliche** Abweichung von Vorschriften erforderlich, die nach § 68 Abs. 1 Satz 4 Nr. 2 BauO NRW **nicht zu prüfen** sind, entscheidet die Genehmigungsbehörde über diese Abweichung nach **§ 68 Abs. 7** BauO NRW auf **besonderen Antrag** (s. die Anmerkungen zu § 68 Rdn. 64–65). 29 c

Bei der Entscheidung über den Antrag auf Zulassung einer „**isolierten**“ Abweichung handelt es sich um ein – **eigenständiges**, besonders ausgestaltetes – **bauaufsichtliches** 30

**Verfahren**. Diesem Verfahren kommen der Baugenehmigung vergleichbare Wirkungen insoweit zu, als das Vorhaben durch die Abweichung legalisiert und damit zugelassen wird, so dass **Rechtsbehelfe eines Dritten** gegen diesen Bescheid keine aufschiebende Wirkung zukommt (VGH B-W, Beschluss vom 9.3.1995 – 3 S 3321/94, BRS 57 Nr. 211 und OVG Schl-H, Beschluss vom 30.10.1997 – 1 M 52/97, BauR 1998, 1223 = BRS 59 Nr. 197 zu § 10 Abs. 2 Satz 1 BauGB-MaßnahmenG, der durch **§ 212 a Abs. 1 BauGB** ersetzt wurde).

30 a Die Förmlichkeit ist bei der isolierten Abweichung auf das Erfordernis des **schriftlichen Antrags** reduziert. Weitere konkrete Anforderungen sind auch in der BauPrüfVO **nicht** enthalten. Es ist auf den konkreten Einzelfall abzustellen. Die Bauaufsichtsbehörde wird aufgrund des allgemeinen Untersuchungsgrundsatzes in sinngemäßer Anwendung des § 1 Abs. 2 BauPrüfVO das an Unterlagen fordern können und müssen, was ihr eine sachgerechte Entscheidung ermöglicht. Für den Antrag besteht **kein Begründungszwang**; es wird sich jedoch die Beifügung einer Begründung empfehlen. Nach üblichen Auslegungsgrundsätzen (Schluss „a maiore ad minus") – das heißt, wenn dies schon bei Abweichungen, die nicht besonders beantragt werden müssen, erforderlich ist, dann erst recht bei einem Antragserfordernis nach Absatz 2 –, ist **Absatz 1 Satz 4 zu beachten**. Es ist demnach bei Abweichungen von technischen Anforderungen nachzuweisen, dass dem Zweck dieser Anforderung auf andere Weise entsprochen wird (s. Rdn. 22–23).

31 Der **Prüfungsumfang** ist **auf die Reichweite der Abweichung reduziert**. Dabei ist es unerheblich, ob das Vorhaben, für das eine Abweichung beantragt wird, im Übrigen materielles Recht einhält, so wie es sich entweder aus § 65 Abs. 4 BauO NRW auch für genehmigungsfreie Vorhaben als gefordert ergibt oder aus der Überlegung abzuleiten ist, dass die isolierte Zulassung einer Abweichung einen Unterfall der Genehmigungspflicht darstelle. Wie auch immer die Notwendigkeit, das materielle Recht auf jeden Fall einhalten zu müssen, begründet wird, jedenfalls steht fest, dass bei bzw. wegen der Genehmigungsfreiheit des Vorhabens insgesamt die Verantwortung für und das Risiko der materiellen Rechtmäßigkeit derartiger Vorhaben vom Bauherrn allein getragen werden muss. Davon macht § 73 BauO NRW eine Ausnahme nur, soweit die Abweichung reicht, nicht jedoch darüber hinaus. Ergibt sich anlässlich des Antrags auf isolierte Abweichung ein Verstoß gegen von diesem beschränkten Prüfungsprogramm nicht erfasste Rechtsvorschriften, steht es im pflichtgemäßen Ermessen der Bauaufsichtsbehörde, ob und welche Maßnahmen sie ergreifen will. Darin eingeschlossen ist die Untersagung der Ausführung des Vorhabens.

32 Auch im Verfahren zur Entscheidung über eine **„isolierte" Abweichung von örtlichen Bauvorschriften** ist die **Gemeinde nach § 87 Abs. 5** BauO NRW **zu beteiligen** (s. die Anmerkungen zu § 86 Rdn. 68–70).

32 a **Zu beachten** ist ebenfalls ein sich aus **§ 74** BauO NRW ergebendes Erfordernis zur **Beteiligung der Angrenzer**. Liegen dem Abweichungsantrag nicht bereits die schriftlichen Erklärungen der von der Abweichung berührten Angrenzer bei, hat die Genehmigungsbehörde diese vor Zulassung einer Abweichung von Vorschriften, die – zumindest auch – nachbarschützende Wirkung haben, zu **benachrichtigen**. Wird den Einwendungen des Angrenzers nicht entsprochen, so ist die **Entscheidung** über die Abweichung dem Angrenzer **zuzustellen**. Bei Versagung des Antrages auf Erteilung einer Abweichung kann davon abgesehen werden.

## § 74
## Beteiligung der Angrenzer

**(1) [1]Die Eigentümerinnen und Eigentümer sowie die Erbbauberechtigten angrenzender Grundstücke (Angrenzer) sind nach den Absätzen 2 bis 4 zu beteiligen. [2]Die Vorschriften des Verwaltungsverfahrensgesetzes für das Land Nordrhein-Westfalen sind insoweit nicht anzuwenden.**

**(2) [1]Die Bauaufsichtsbehörden sollen die Angrenzer vor Zulassung von Abweichungen benachrichtigen, wenn zu erwarten ist, dass öffentlich-rechtlich geschützte nachbarliche Belange berührt werden. [2]Einwendungen sind innerhalb eines Monats nach Zugang der Benachrichtigung bei der Bauaufsichtsbehörde schriftlich oder zu Protokoll vorzubringen.**

**(3) Die Benachrichtigung entfällt, wenn die zu benachrichtigenden Angrenzer die Lagepläne und Bauzeichnungen unterschrieben oder der Zulassung von Abweichungen zugestimmt haben.**

**(4) [1]Wird den Einwendungen nicht entsprochen, so ist die Entscheidung über die Abweichung dem Angrenzer zuzustellen. [2]Wird den Einwendungen entsprochen, kann auf die Zustellung der Entscheidung verzichtet werden.**

***VV BauO NRW*** *(infolge Befristung mit Ablauf des 31.12.2005 ausgelaufen)*

***74 Beteiligung der Angrenzer (§ 74)***

*74.2 Zu Absatz 2*

*74.21 Nicht die Gewissheit, sondern schon die Möglichkeit, dass durch eine Abweichung öffentlich-rechtlich geschützte nachbarliche Belange berührt werden, macht die Beteiligung der Angrenzer erforderlich. Im Zweifelsfall sollte immer das Beteiligungsverfahren durchgeführt werden. Allerdings braucht nur der Angrenzer beteiligt zu werden, dessen Belange von der beantragten Abweichung berührt werden können. Aus Gründen des Datenschutzes sind die Angrenzer nur so weit zu beteiligen, dass sie ihre rechtlichen Interessen wahren können.*

*Die Sollvorschrift bedeutet, dass die Anhörung in aller Regel durchzuführen ist. Sind allerdings, etwa bei Erbengemeinschaften, einzelne (Mit-)Eigentümer nur unter Schwierigkeiten oder mit erheblichen Verzögerungen zu ermitteln oder zu erreichen, kann im Interesse eines zügigen Verfahrensablaufs – ausnahmsweise – insoweit von einer Anhörung abgesehen werden.*

*74.22 Bei Befreiungen gem. § 31 Abs. 2 BauGB sind die Beteiligungsvorschriften des VwVfG. NRW. uneingeschränkt anzuwenden.*

**Parallel zu beachtende Vorschriften des VwVfG. NRW.**

## § 13
## Beteiligte

**(1)** Beteiligte sind

1. Antragsteller und Antragsgegner,
2. diejenigen, an die die Behörde den Verwaltungsakt richten will oder gerichtet hat,
3. diejenigen, mit denen die Behörde einen öffentlich-rechtlichen Vertrag schließen will oder geschlossen hat,

4. diejenigen, die nach Absatz 2 von der Behörde zu dem Verfahren hinzugezogen worden sind.

**(2)** Die Behörde kann von Amts wegen oder auf Antrag diejenigen, deren rechtliche Interessen durch den Ausgang des Verfahrens berührt werden können, als Beteiligte hinzuziehen. Hat der Ausgang des Verfahrens rechtsgestaltende Wirkung für einen Dritten, so ist dieser auf Antrag als Beteiligter zu dem Verfahren hinzuzuziehen; soweit es der Behörde bekannt ist, hat diese ihn von der Einleitung des Verfahrens zu benachrichtigen.

**(3)** Wer anzuhören ist, ohne dass die Voraussetzungen des Absatzes 1 vorliegen, wird dadurch nicht Beteiligter.

## § 28
## Anhörung Beteiligter

**(1)** Bevor ein Verwaltungsakt erlassen wird, der in Rechte eines Beteiligten eingreift, ist diesem Gelegenheit zu geben, sich zu den für die Entscheidung erheblichen Tatsachen zu äußern.

**(2)** Von der Anhörung kann abgesehen werden, wenn sie nach den Umständen des Einzelfalles nicht geboten ist, insbesondere wenn

1. eine sofortige Entscheidung wegen Gefahr im Verzug oder im öffentlichen Interesse notwendig erscheint;
2. durch die Anhörung die Einhaltung einer für die Entscheidung maßgeblichen Frist in Frage gestellt würde;
3. von den tatsächlichen Angaben eines Beteiligten, die dieser in einem Antrag oder einer Erklärung gemacht hat, nicht zu seinen Ungunsten abgewichen werden soll;
4. die Behörde eine Allgemeinverfügung oder gleichartige Verwaltungsakte in größerer Zahl oder Verwaltungsakte mit Hilfe automatischer Einrichtungen erlassen will;
5. Maßnahmen in der Verwaltungsvollstreckung getroffen werden sollen.

**(3)** Eine Anhörung unterbleibt, wenn ihr ein zwingendes öffentliches Interesse entgegensteht.

**Anmerkungen** (Autor: Heintz)

**Übersicht** Rdn.


0 Änderungen gegenüber der BauO NW 1984 und der BauO NW 1995 . . . . . . 01–02

1 Allgemeines . . . . . . 1– 4

2 Zu Absatz 1 – Beteiligung der Angrenzer
2.1 Bedeutung der Vorschrift . . . . . . 5– 7
2.2 Begriff des Angrenzers . . . . . . 8–11

3 Zu Absatz 2 bis 4 – Beteiligungsverfahren, Rechtsfolgen
3.1 Voraussetzungen der Angrenzerbeteiligung . . . . . . 12–16
3.2 Art und Weise der Beteiligung des Angrenzers . . . . . . 17–23
3.3 Rechtsfolgen des ungenutzten Fristablaufs oder der Zustimmung . . . . . . 24–26
3.4 Zustellung der Entscheidung über die Abweichung . . . . . . 27–29

## 0 Änderungen gegenüber der BauO NW 1984 und der BauO NW 1995

Die Vorschrift des § 74 **BauO NW 1995** entspricht mit wenigen Änderungen und Ergänzungen § 69 BauO NW 1984: **01**

- In **Absatz 1** wurden neben den Eigentümern auch die **Erbbauberechtigten** der angrenzenden Grundstücke als zu beteiligende Personen aufgenommen, da das Erbbaurecht hinsichtlich der baulichen Nutzung dem Eigentum vergleichbar ist,
- in den **Absätzen 2 bis 4** wurde jeweils als Konsequenz aus der Neufassung des § 73 BauO NW 1995 der Begriff „Befreiung" durch den Begriff „Abweichung" ersetzt.

Die **BauO NRW 2000** hat § 74 BauO NW 1995 **unverändert** übernommen. **02**

## 1 Allgemeines

Älteste uns bekannte Bauvorschriften thematisierten bereits den **Konflikt zwischen Nachbareigentümern**, um zum Rechtsfrieden beizutragen. So schrieb das **Stadtrecht Bremens von 1303** die Rücksichtnahme auf die Nachbarschaft bei der Neubebauung vor (vgl. Eckardt, Das bremische Stadtrecht von 1303/08, 1931, S. 44). Damals bildete das „Baurecht" noch eine einheitliche Rechtsmaterie, die nicht zwischen öffentlichem und privatem Recht differenzierte; die Trennung der Materie setzte erst mit der Baurechtskodifikation im 19. Jahrhundert ein (s. die Einleitung Rdn. 22–25). **1**

Das **Zivilrecht** regelt den Nachbarschutz im **BGB** und den **Nachbarrechtsgesetzen** der Bundesländer. **Ansprüche** sind vor den **Zivilgerichten** geltend zu machen. Im zivilrechtlichen Streitverfahren besteht ein **zweipoliges Verhältnis von Nachbar als Kläger und Nachbar als Beklagtem**.

Der belastete Nachbar kann **Beseitigungs- und Unterlassungsansprüche** (§ 1004 in Verbindung mit §§ 903 bis 924 ff. BGB) oder gegebenenfalls **Schadensersatzansprüche** (§ 823 Abs. 1 oder Abs. 2 BGB) geltend machen (s. Schlichter/Stich, Vorbemerkung zu den §§ 29 bis 38, Rdn. 3). Erfasst werden auch Beeinträchtigungen durch Gase, Dämpfe, Erschütterungen, Geräusche und Lärm (vgl. Hagen, Privatrechtlicher Immissionsschutz, ZfBR 1995, S. 61 ff.). Anspruchsgrundlagen in Bezug auf Grenzabstände von Gebäuden, Fenster- und Lichtrechte, Anordnung von Nachbarwänden und Grenzwänden, Hammerschlags- und Leiterrecht, Höherführung von Schornsteinen und Lüftungsleitungen, Vermeidung des Übertritts von Niederschlags- und Abwasser, Bodenerhöhungen und Aufschichtungen, Einfriedungen und Grenzabstände für Pflanzen gewährt das **Nachbarrechtsgesetz (NachbarG NRW)**. **1a**

Sind die **Beeinträchtigungen zumutbar**, trifft den Nachbarn aus **§ 1004 Abs. 2 BGB** eine **Duldungspflicht**. Nach der „**Repräsentationstheorie**" schützen die §§ 906 und 1004 BGB nur den im Grundbuch vermerkten **Eigentümer** des Grundstücks. Die Zivilgerichte haben auch **eigentumsgleiche Rechte** als schutzwürdig anerkannt, die sich als „**quasinegatorische Ansprüche**" auf alle durch § 823 BGB geschützten absoluten Rechte und Rechtsgüter erstrecken.

Während das Zivilrecht den Nachbarschutz direkt regelt, sucht man im öffentlichen Recht vergeblich nach entsprechenden Vorschriften. Eine **normative Ausgestaltung des öffentlichen Nachbarrechts fehlt** bis heute. Die ursprünglich im Entwurf des BBauG vorgesehenen materiell-rechtlichen Regelungen des achten Teils mit den §§ 165–174 entfielen leider im Gesetzgebungsverfahren (s. BT-Drucks. 3/336). Später geäußerte **2**

Forderungen nach Kodifizierung blieben erfolglos (vgl. Bartlsperger, Das Dilemma des baulichen Nachbarrechts, VerwArch 1969, S. 2835 ff.; Schwerdtfeger, Grundrechtlicher Drittschutz im Baurecht, NVwZ 1982, S. 5 ff.).

Es blieb daher der **Rechtsprechung** überlassen, ein **System des Drittschutzes im öffentlichen Recht** in **jahrzehntelanger Rechtsprechung** zu entwickeln, um die fehlende gesetzliche Regelung aufzufangen. Nach der insoweit gefestigten Rechtsprechung können sich **materielle Abwehrrechte der Angrenzer** und **Nachbarn** ergeben aus

- **Rechtsvorschriften des einfachen Rechts** (s. Rdn. 37 ff.),
- dem von der Rechtsprechung entwickelten **Rücksichtnahmegebot** (s. Rdn. 43 ff.)
- oder unmittelbar aus **Grundrechten der Verfassung** (s. Rdn. 48 ff.).

Diese **materiellen Abwehrrechte** des Nachbarn sind bei der Realisierung eines Vorhabens – sei es **genehmigungsbedürftig** oder **genehmigungsfrei** – zu beachten.

Der **Bauherr** ist für die Einhaltung des öffentlichen Rechts **uneingeschränkt verantwortlich** (s. die Anmerkungen zu § 56 Rdn. 1–6). Auch im Falle **freigestellter** Vorhaben kann der Nachbar ein Einschreiten der Bauaufsichtsbehörde verlangen, wenn gegen nachbarschützende Vorschriften des öffentlichen Rechts verstoßen wird.

2 a Im **Baugenehmigungsverfahren** prüft die Bauaufsichtsbehörde die Einhaltung der nachbarschützenden Aspekte des öffentlichen Rechts, soweit dieses zum materiell-rechtlichen Prüfprogramm rechnet. Verstößt die Baugenehmigung gegen öffentlich-rechtlich geschützte **Nachbarrechte**, kann der Nachbar die Baugenehmigung mit Erfolg anfechten. Liegen Verstöße gegen Vorschriften vor, die nicht geprüft wurden, kann der Nachbar wie bei verfahrensfreien Vorhaben ein Einschreiten der Bauaufsichtsbehörde verlangen.

Anders als im Zivilrecht besteht im **öffentlichen Recht** aufgrund der Vorschriften der VwGO ein **dreipoliges Verhältnis** von **Bauaufsichtsbehörde**, **Bauherr** und **Nachbar**, wenn die Baugenehmigung – als Verwaltungsakt – belastende Wirkungen gegenüber Dritten (Nachbarn) erzeugt. Man spricht dann von Verwaltungsakten mit „**Drittwirkung**" oder mit „**Doppelwirkung**", weil die Baugenehmigung auf der Rechtsfolgenseite sowohl den **Bauherrn begünstigen**, als auch den **Nachbarn belasten** kann (s. hierzu Seibel, Verwaltungsakte mit Drittwirkung, BauR 2006, S. 1845 ff.).

Gegen die ihn in seinen öffentlich-rechtlich geschützten Rechten verletzende **Baugenehmigung** erhebt der Nachbar Anfechtungsklage. Der Bauherr wird in dem verwaltungsgerichtlichen Verfahren beigeladen. Obsiegt der Nachbar, kann der Bauherr bei Erfüllung der Voraussetzungen nach der VwGO Berufung bzw. Revision gegen das Urteil einlegen; in diesem Fall ist umgekehrt der Nachbar notwendig beizuladen (VGH B-W, Beschluss vom 19.9.2000 – 5 S 1843/00, BRS 63 Nr. 211).

Auf die Verpflichtung zum Einschreiten gegen ein **freigestelltes** Vorhaben, die ihn in seinen öffentlich-rechtlich geschützten Rechten verletzt, verklagt der Nachbar die Bauaufsichtsbehörde. Im Verfahren wird der Bauherr beigeladen, da ihn die gerichtliche Entscheidung ebenso bindet wie den Nachbarn und die Bauaufsichtsbehörde (s. die Anmerkungen zu § 75 Rdn. 63–69).

3 Im Baugenehmigungsverfahren besteht für die Bauaufsichtsbehörde die Pflicht zur Beachtung der Vorgaben des VwVfG. NRW. und der VwGO. Aus **§ 28 VwVfG. NRW.** ergibt sich eine Pflicht, vor Erlass der Baugenehmigung dem beteiligten **Nachbarn**, in dessen öffentlich-rechtlich geschützte Rechte eingegriffen werden soll, **Gelegenheit zur**

**Anhörung** zu geben. Der Nachbar ist im Baugenehmigungsverfahren gemäß § 13 Abs. 2 VwVfG. NRW. **Beteiligter** und hat unter den Voraussetzungen des § 29 VwVfG. NRW. auch das **Recht auf Akteneinsicht**.

Die Vorschrift des **§ 74 BauO NRW** stellt im Verhältnis zu § 28 VwVfG. NRW. lediglich eine **Spezialregel** zur Beteiligung der **Angrenzer** dar, das sind die **unmittelbar** an das zu bebauende Grundstück **angrenzenden Nachbarn**. Dadurch werden jedoch die **allgemeinen Verfahrensregeln für die Beteiligung sonstiger Nachbarn**, deren Grundstücke weiter entfernt liegen, **nicht verdrängt**. Dieser Umstand erlangt besondere Bedeutung bei der Anwendung des Bauplanungsrechts, da dieses das **Austauschverhältnis der Grundstücksnutzungen in einem Baugebiet** regelt oder sogar in Sonderfällen gebietsübergreifenden Nachbarschutz vermittelt (s. Rdn. 97). Vor allem der letztgenannte Gesichtspunkt berührt auch das Immissionsschutzrecht (s. Rdn. 105–111). Daraus ergibt sich die **eingeschränkte Bedeutung** des § 74 BauO NRW für das öffentliche Nachbarrecht, da die Bauaufsichtsbehörden die Vorschrift keineswegs als umfassende Beteiligungsvorschrift der Nachbarn verstehen dürfen (s. Rdn. 5 und 6).

Im Rahmen dieser Kommentierung kann das öffentliche Nachbarrecht nicht umfassend behandelt werden, ohne den möglichen Umfang des Werks zu sprengen. Der **Anhang** behandelt jedoch im **Überblick** das öffentliche Nachbarrecht (vgl. Rdn. 30 ff.) und geht dabei auch auf den nachbarschützenden Gehalt der wichtigsten baurechtlichen Vorschriften ein. Im Übrigen ist aus der Fülle der Literatur zu diesem Thema auf folgende Werke zu verweisen: 4

- Battis/Krautzberger/Löhr, zu § 31 Rdn. 51–104,
- Finkelnburg/Ortloff, Band II, S. 244–309 und S. 322–346,
- Hahn/Schulte, Rdn. 1–455,
- Hoppe/Bönker/Grotefels, S. 593–622,
- Jäde/Dirnberger/Weiß, zu § 29 Rdn. 41–99,
- Schlichter/Stich/Driehaus/Paetow, Vorbemerkungen zu den §§ 29 bis 38, Rdn. 1–71.

## 2 Zu Absatz 1 – Beteiligung der Angrenzer

### 2.1 Bedeutung der Vorschrift

**Absatz 1** beinhaltet eine Regelung hinsichtlich der anzuwendenden Vorschriften für die **Beteiligung der Angrenzer** im bauaufsichtlichen Verfahren. **Satz 1** stellt klar, dass sich die Beteiligung am Verfahren nach den in den Absätzen 2 bis 4 enthaltenen Bestimmungen richtet. **Satz 2** bestimmt, dass die Vorschriften des VwVfG. NRW. „insoweit nicht anzuwenden" sind. Die BauO NRW macht damit von der durch § 1 Abs. 1 VwVfG. NRW. eingeräumten Möglichkeit Gebrauch, abweichende Verfahrensbestimmungen zu treffen. Schon der gesetzessystematische Standort des § 74 BauO NRW im dritten Abschnitt des fünften Teils der BauO NRW „Verwaltungsverfahren" verdeutlicht, dass es sich um eine **Verfahrensbestimmung** handelt. Aber auch der Wortlaut des Absatzes 1 stellt deutlicher als noch § 87 BauO NW 1970 heraus, dass diese Vorschrift **nur** die **verfahrensmäßigen Rechte der Angrenzer** regelt. Die **materiellen** Rechte der Angrenzer, Einwendungen gegen ein Vorhaben auf dem angrenzenden Baugrundstück zu erheben, bleiben **unberührt**. 5

Die **Beteiligung** der Angrenzer ist **nicht umfassend**, sondern nur, wie sich aus den Absätzen 2 bis 4 ergibt, in stark eingeschränktem Umfang **vorgeschrieben**. Die Vorschrift, die den verfahrensrechtlichen Schutz desjenigen bezweckt, dessen materielle Rechte durch die positive Entscheidung über einen Abweichungsantrag gestaltet werden, hat **nachbarschützenden Charakter**. Eine Baugenehmigung, die ohne die erforderliche Beteiligung des Nachbarn ergangen ist, kann deshalb rechtswidrig sein. Es entscheidet sich dann allerdings nach den §§ 45 und 46 VwVfG. NRW., ob dieser Fehler beachtlich ist oder nicht (vgl. Finkelnburg/Ortloff, Band II S. 301). Aufgrund der erleichterten Heilungsmöglichkeiten gemäß § 45 Abs. 2 VwVfG. NRW. ist eine **praktische Bedeutung kaum gegeben** (vgl. im Einzelnen Hahn/Schulte, Rdn. 403–407).

6 Der Wortlaut des Absatzes 1, insbesondere des Satzes 2, lässt Zweifel über die rechtliche Bedeutung dieser Vorschrift aufkommen, wie das Wort „**insoweit**" rechtlich zu verstehen ist. Die Regelung schließt die Vorschriften des VwVfG. NRW. nicht gänzlich aus, sondern enthält hierzu nur eine Ergänzung bzw. Modifikation (vgl. Stelkens, Neue allgemeine Verfahrensregeln durch die Landesbauordnung NW, BauR 1986, 390 ff. sowie Boeddinghaus/Hahn/Schulte, zu § 74 Rdn. 8–12).

Die Klärung der Frage wird dadurch erschwert, dass die Landesbauordnung seit 1984 anstelle des Begriffs „**Nachbar**" den Begriff „**Angrenzer**" verwendet.

Dieser **Begriffswechsel zwingt** dazu, hinsichtlich der Beteiligung **zwischen dem Angrenzer und dem Nachbarn zu unterscheiden**. Die Einschränkungen der Beteiligung nach § 74 BauO NRW betreffen deshalb nur die **von Amts wegen** durchzuführenden Beteiligungsfälle der Angrenzer, nicht hingegen die Beteiligung sonstiger Nachbarn und sonstiger Dritter. Dies führt zu dem vom Gesetzgeber sicher so nicht gewollten Ergebnis, dass die **Angrenzer schlechter gestellt** werden **als nicht unmittelbar angrenzende Nachbarn** (vgl. Boeddinghaus/Hahn/Schulte, zu § 74 Rdn. 4).

7 Die Bauaufsichtsbehörde hat entsprechend dem im Verwaltungsverfahren zu beachtenden Untersuchungsgrundsatz nach § 24 VwVfG. NRW. im Rahmen pflichtgemäßen Ermessens von sich aus eine weitergehende **Beteiligung von „Nicht-Angrenzern"** vorzunehmen, **wenn deren öffentlich-rechtlich geschützte Belange berührt** werden. Das bietet sich in der Praxis immer dann an, wenn Nachbarn von nicht angrenzenden Grundstücken durch die Auswirkungen der zu errichtenden baulichen Anlagen in rechtlich erheblicher Weise beeinträchtigt sein können.

Der **Kreis** der **zu beteiligenden** Nachbarn hängt von der **Reichweite** der rechtlich relevanten **Auswirkungen** des Vorhabens ab und kann deshalb über die unmittelbar angrenzenden Grundstücke hinausgehen (OVG Lüneburg, Urteil vom 24. 10. 1974 – I A 107/73, DVBl. 1975, 915; OVG Rh-Pf, Beschluss vom 29. 10. 1981 – 1 B 59/81, BRS 39 Nr. 185). Angesichts der **Fülle** der nachbarschützenden öffentlich-rechtlichen Vorschriften und der **Unübersichtlichkeit** der Rechtslage kann man es keiner Bauaufsichtsbehörde verdenken, die Beteiligungsvorschriften des § 74 BauO NRW und des § 28 VwVfG. NRW. intensiv zu nutzen, auch wenn damit **Verfahrensverzögerungen** verbunden sein sollten.

Der **Bauherr** kann nur **Interesse an einer rechtsbeständigen Baugenehmigung** haben, die von Dritten nicht mit Erfolg angegriffen werden kann. Mit einer aufgrund oberflächlicher Prüfung rechtsfehlerhaften Baugenehmigung ist ihm im Falle des gerichtlich verfügten Baustopps ein Bärendienst erwiesen.

## 2.2 Begriff des Angrenzers

Die **Landesbauordnungen** weisen **unterschiedliche Regelungen zur Beteiligung der Nachbarn** auf; siehe z. B. Art. 71 BayBO, § 56 LBO B-W, § 72 NBauO (zur Typologie der bauordnungsrechtlichen Beteiligungsformen vgl. Ortloff, Nachbarschutz durch Nachbarbeteiligung am Baugenehmigungsverfahren, NJW 1983, S. 961 ff.). Der Gesetzgeber hatte sich schon mit § 69 BauO NW 1984 in Übereinstimmung mit der bis dahin in Nordrhein-Westfalen geltenden Rechtslage (das OVG NRW, Urteil vom 29. 9. 1981 – 11 A 2133/80, BRS 38 Nr. 133 hatte unentschieden gelassen, ob § 87 BauO NW 1970, der eine ähnliche Beteiligungsregelung wie § 69 BauO NW 1984 enthielt, die Anwendung des § 28 VwVfG. NRW. ausschloss) dazu entschieden, **nur die unmittelbaren Nachbarn**, eben die **Angrenzer**, zu beteiligen. Die Eigentümer angrenzender Grundstücke werden beteiligt, da die Baumaßnahme möglicherweise Auswirkungen auf deren Grundbesitz oder Erbbaurecht haben kann. 8

**Angrenzer** sind nach dem Wortlaut des **Satzes 1** die **Eigentümer und die Erbbauberechtigten der** an das Baugrundstück **angrenzenden Grundstücke**. Der bereits mit der BauO NW 1984 vollzogene Wechsel des Begriffs gegenüber der bis dahin in Übereinstimmung mit der MBO verwendeten Terminologie, der keine Rechtsänderung beinhalten sollte, ist jedoch missglückt (s. Rdn. 6).

**Angrenzende Grundstücke** sind diejenigen, die **unmittelbar an seitliche** oder **rückwärtige Grenzen** des Baugrundstücks angrenzen. Auf die Länge der gemeinsamen Grenze kommt es nicht an; auch das nur in einem **Punkt** angrenzende Grundstück gehört hierzu (so genannte „**Punktnachbarn**“; vgl. BayVGH, Urteil vom 9. 11. 1976 – Nr. 149 I 73, n.v.).

**Eigentümer** oder **Erbbauberechtigter** des Grundstücks ist derjenige, der **im Grundbuch** als Eigentümer oder Erbbauberechtigter **eingetragen ist**. Der Grund für die Beteiligung nur der Eigentümer und Erbbauberechtigten liegt in der „dinglichen Wirkung“, also der Grundstücksbezogenheit des öffentlichen Baurechts (BVerwG, Urteil vom 16. 9. 1993 – 4 C 28.91, BauR 1994, 223 = BRS 55 Nr. 167). Eigentümer und Erbbauberechtigte können sowohl natürliche als auch juristische Personen sein. 9

Sind **mehrere Personen** im Grundbuch als Eigentümer oder Erbbauberechtigte vermerkt, müssen nach Nr. 74.21, 2. Absatz VV BauO NRW zwar „in aller Regel“ alle eingetragenen Personen beteiligt werden; hiervon könne im Interesse eines zügigen Verwaltungsablaufs ausnahmsweise insoweit abgesehen werden, als etwa bei Erbengemeinschaften einzelne (Mit-)Eigentümer nur unter Schwierigkeiten oder mit erheblichen Verzögerungen zu ermitteln oder zu erreichen seien. Zu beachten ist, dass **jeder einzelne** Miteigentümer – unabhängig vom Verhalten der anderen Miteigentümer – Einwendungen erheben kann (OVG Saar, Urteil vom 6. 11. 1970 – II R 30/70, BRS 23 Nr. 161).

Im Rechtsverhältnis **zwischen Miteigentümern** besteht **kein öffentlich-rechtlicher Nachbarschutz**. Wendet sich ein Miteigentümer gegen die einem anderen Miteigentümer oder dinglich Wohnberechtigten erteilte Baugenehmigung, ist dies mangels Klagebefugnis unzulässig (OVG Bremen, Urteil vom 27. 3. 1984 – 1 BA 105/83, BRS 42 Nr. 159).

Eine **Besonderheit** gilt im **Beitrittsgebiet**: dort sind aufgrund des Art. 233 § 2 a EGBGB **Gebäudeeigentümer** den Grundstückseigentümern **gleichgestellt** (Sächs. OVG, Beschluss vom 11. 8. 1994 – 1 S 261/94, BRS 56 Nr. 153).

10 Den **Eigentümern angrenzender Grundstücke** sind bezüglich der grundstücksbezogenen Nutzungsmöglichkeiten, außer den im Gesetz genannten Erbbauberechtigten folgende weitere dinglich Berechtigte mit eigentümerähnlicher Stellung (OVG NRW, Urteil vom 23.4.1964 – VII A 1274/63, BRS 15 Nr. 100; BayVGH, Urteil vom 6.8.1974 – Nr. 49 I 73, BRS 28 Nr. 131 und Urteil vom 24.2.1978 – Nr. 302 II 75, BRS 33 Nr. 161; OVG Lüneburg, Urteil vom 17.1.1980 – 1 A 71/79, BRS 36 Nr. 187) **gleichgestellt**:

- **Nießbraucher** (BVerwG, Urteil vom 11.5.1989 – 4 C 1.88, BRS 49 Nr. 184 und Urteil vom 14.5.1992 – 4 C 9.89, NVwZ 1993, 477; BayVGH, Urteil vom 25.4.1969 – Nr. 28 I 69, BRS 22 Nr. 170; OVG Bln, Beschluss vom 1.11.1988 – 2 S 8.88, BRS 48 Nr. 157; OVG NRW, Urteil vom 15.10.1993 – 7 A 2994/91, BRS 55 Nr. 159); mit dem Tode des Nießbrauchers erlöschen dessen Nießbrauchsrechte und ein darauf gestützter nachbarlicher Abwehranspruch (OVG NRW, Beschluss vom 8.7.2003 – 22 A 1969/01, BauR 2003, 1709),
- **Käufer eines Grundstücks**, auf den Besitz, Nutzungen und Lasten übergegangen sind und zu dessen Gunsten auch eine Auflassungsvormerkung in das Grundbuch eingetragen ist (BVerwG, Urteil vom 29.10.1982 – 4 C 51.79, BRS 39 Nr. 176 = DVBl. 1983, 344 = NJW 1983, 1626),
- **Inhaber eines Sondereigentums** gegenüber dem Bauherrn auf dem angrenzenden Grundstück (OVG Bln, Urteil vom 3.10.1975 – II B 38.74, BRS 29 Nr. 143; OVG NRW, Urteil vom 12.12.1991 – 7 A 172/89, BRS 54 Nr. 180; BayVGH, Beschluss vom 2.10.2003 – 1 CS 03.1785, NVwZ-RR 2004, 248; a.A. BayVGH, Beschluss vom 12.9.2005 – 1 ZB 05.42, BauR 2006, 501 = BRS 69 Nr. 181), nicht aber gegenüber Beeinträchtigungen auf dem „eigenen" Grundstück, also im Innenverhältnis der einzelnen Sondereigentümer (VGH B-W, Beschluss vom 20.12.1984 – 5 S 2249/84, BRS 42 Nr. 194 = DVBl. 1985, 402; OVG NRW, Urteil vom 17.10.1985 – 7 A 704/84, BRS 44 Nr. 173; BVerwG, Beschluss vom 28.2.1990 – 4 B 32.90, BRS 50 Nr. 178),
- **Jagdausübungsberechtigte** (OVG Lüneburg, Urteil vom 26.2.1988 – 1 A 56/86, BRS 48 Nr. 156) und **Jagdgenossenschaften** (BVerwG, Urteil vom 18.3.1983 – 4 C 74.80, DVBl. 1983, 898); das BVerwG führt hierzu aus:

  *„Das Jagdausübungsrecht der Jagdgenossenschaften ist gleichsam ein Stück abgespaltenes Eigentum der einzelnen Genossen, das erst in der Hand der Genossenschaft als Trägerin zu einem Recht erstarkt (BGH, Urteil vom 14.6.1982 – III ZR 175/80, DVBl. 1982, 1090). Die Jagdgenossenschaft befindet sich, wenn in ihr Jagdausübungsrecht durch eine Straßenplanfeststellung eingegriffen wird, in der gleichen grundrechtstypischen Gefährdungslage wie der Inhaber eines Eigenjagdbezirks. Daraus folgt, dass die Jagdgenossenschaft eine Rechtsposition innehat, die sie berechtigt, im Falle einer Beeinträchtigung des Jagdausübungsrechts den Planfeststellungsbeschluß im Klagewege anzugreifen."*

Die **Rechtsstellung** der wie Eigentümer verfahrensmäßig zu beteiligenden dinglich Berechtigten muss sich aus dem **Grundbuch** ergeben (vgl. Boeddinghaus/Hahn/Schulte, zu § 74 Rdn. 6).

Wird der Bauaufsichtsbehörde von einem zunächst Benachrichtigten mitgeteilt, dass inzwischen eine **Rechtsnachfolge** stattgefunden hat, muss die Bauaufsichtsbehörde, sofern noch keine Zustimmung zu dem Vorhaben vorliegt, auch den **Rechtsnachfolger benachrichtigen**.

Der **Käufer** eines Grundstücks kann sich nicht mehr gegen eine Verletzung nachbarschützender Vorschriften zur Wehr setzen, die der Verkäufer durch Beantragung einer Baugenehmigung für das ihm ebenfalls gehörende Nachbargrundstück veranlasst hat, weil er **mit dem Kauf** zwangsläufig den **Nachteil in Kauf** nimmt (Hess. VGH, Beschluss vom 1. 9. 1981 – IV C TG 60/81, BRS 38 Nr. 178).

**Keine dem Eigentümer ähnliche Stellung**, was die grundstücksbezogenen Nutzungsmöglichkeiten und damit den Anspruch auf Berücksichtigung oder Schutz durch den bauenden Nachbarn angeht, und folglich auch **kein Recht auf Beteiligung** haben: **11**

- **Grundpfandberechtigte**, ebenso Jeromin, zu § 68 Rdn. 8 und Große-Suchsdorf/Lindorf/Schmaltz/Wiechert, zu § 72 Rdn. 6,
- **Inhaber von Grunddienstbarkeiten**, die nur eine eingeschränkte Nutzungsmöglichkeit einräumen (BVerwG, Urteil vom 16. 9. 1993 – 4 C 9.91, NJW 1994, 1233 = ZfBR 1994, 101 zum Wohnrecht, auch wenn dieses im Grundbuch eingetragen ist; ebenso Nds. OVG, Beschluss vom 20. 4. 1999 – 1 L 1347/99, BRS 62 Nr. 179 und OVG Saar, Beschluss vom 18. 3. 2003 – 1 W 7/03, BauR 2004, 821 = BRS 66 Nr. 188),
- **Vorkaufsberechtigte**, weil der Eigentumserwerb von Bedingungen abhängig und ungewiss ist (VGH B-W, Beschluss vom 12. 8. 1994 – 8 S 1198/94, BRS 56 Nr. 154),
- **obligatorisch Berechtigte** wie Pächter und Mieter (OVG Lüneburg vom 17. 1. 1980 – 1 A 71/79, BRS 36 Nr. 187; Nds. OVG, Urteil vom 22. 3. 1996 – 1 L 1201/95, BRS 58 Nr. 155; OVG NRW, Beschluss vom 11. 4. 1997 – 7 A 879/97, BRS 59 Nr. 194; BVerwG, Beschluss vom 20. 4. 1998 – 4 B 22.98, BauR 1998, 994 = BRS 60 Nr. 174 für das Baurecht; s. auch Jäde, Der Mieter als Nachbar, UPR 1993, S. 330 ff.; Mampel, Der Mieter ist nicht Nachbar, UPR 1994, S. 8 ff.; Thews, Der Eigentümer-Mieter im baurechtlichen Nachbarstreit, NVwZ 1995, S. 224 ff.; Seibel, Obligatorisch Berechtigte im öffentlichen Baunachbarrecht, BauR 2003, S. 1674 ff.); Mietern und Pächtern kann jedoch ein materielles Abwehrrecht hinsichtlich Immissionen zustehen (vgl. BVerwG, Urteil vom 28. 4. 1978 – 4 C 53.76, BRS 33 Nr. 66 = DVBl. 1979, 622 und Beschluss vom 26. 7. 1990 – 4 B 235.89, BRS 50 Nr. 179).
- **Jagdpächter** als obligatorisch Berechtigte (BVerwG, Urteil vom 4. 3. 1983 – 4 C 74.80, DVBl. 1983, 898; Nds. OVG, Urteil vom 14. 4. 1993 – 1 L 33/91, BRS 55 Nr. 157) sind wie sonstige Pächter zu behandeln, da ihnen die Jagdpacht wegen deren Nachrangigkeit gegenüber den Rechten der Jagdgenossenschaft keine eigentümerähnliche Rechtsposition vermittelt.

Hinsichtlich der **obligatorisch Berechtigten** vertritt die Rechtsprechung die Auffassung, dass dieser Personenkreis seine Rechtspositionen gegenüber dem Eigentümer durchsetzen und von diesem verlangen kann, seine Abwehrrechte geltend zu machen (BVerwG, Urteil vom 11. 5. 1989 – 4 C 1.88, DVBl. 1989, 1056 = NVwZ 1989, 1163; Urteil vom 11. 7. 1989 – 4 B 33.89, BRS 49 Nr. 185; Beschluss vom 20. 4. 1998 – 4 B 22.98, BauR 1998, 994 = BRS 60 Nr. 174). Umgekehrt kann der Eigentümer eines Grundstücks nicht geltend machen, durch eine seinem Mieter erteilte Baugenehmigung in subjektiv-öffentlichen Rechten verletzt zu sein, da er durch entsprechende Vertragsgestaltung privatautonom darüber entscheiden kann, welche Rechtsmacht er zur Durchsetzung seiner Interessen behalten will, und aufgrund seiner Eigentümerposition gegenüber dem obligatorisch Berechtigten zusätzlich gesichert ist (BayVGH, Beschluss vom 6. 6. 2005 – 25 ZB 04.924, BRS 69 Nr. 180 = NVwZ-RR 2006, 303 = UPR 2005, 393).

### 3 Zu Absatz 2 bis 4 – Beteiligungsverfahren, Rechtsfolgen

#### 3.1 Voraussetzungen der Angrenzerbeteiligung

12 Die **Beteiligung** der Angrenzer ist **nicht generell und umfassend**, sondern nur, wie sich aus den Absätzen 2 bis 4 ergibt, in stark **eingeschränktem Umfang** vorgeschrieben. Die Beteiligung geschieht in der Weise, dass die Angrenzer vor der Erteilung der Abweichung benachrichtigt werden. Die BauO NRW sieht die Beteiligung der Angrenzer am Baugenehmigungsverfahren **nur vor Erteilung von Abweichungen** und unter der weiteren Voraussetzung, „**wenn zu erwarten ist, dass öffentlich-rechtlich geschützte nachbarliche Belange berührt werden**“ vor. Eine generelle Beteiligung angrenzender Nachbarn im Baugenehmigungsverfahren gibt es nach der BauO NRW nicht. Die Beschränkung der Beteiligung auf diese Abweichungsfälle hat ihren Sinn darin, dass nur durch die im Ermessen der Bauaufsichtsbehörde stehende Zulassung von Abweichungen Rechte des Bauherrn begründet werden; insoweit hat die Baugenehmigung nicht nur feststellenden, sondern auch rechtsgestaltenden Charakter.

13 Seit jeher ist die Frage, was „**öffentlich-rechtlich geschützte nachbarliche Belange**“ sind, generell und vor allem im Einzelfall umstritten (vgl. Breuer, Baurechtlicher Nachbarschutz, DVBl. 1983, S. 431 ff.; Steinberg, Grundfragen des öffentlichen Nachbarrechts, NJW 1984, S. 457 ff.). Die verfahrensrechtliche Bestimmung des § 74 Abs. 2 Satz 1 BauO NRW stellt die Verknüpfung mit dem materiellen öffentlichen Nachbarrecht her. Die Grundzüge dieses Nachbarrechts sind im Anhang dargestellt (s. Rdn. 30 ff.).

14 Das Gesetz geht von der Beteiligungspflicht aus, „**wenn zu erwarten ist**“, dass öffentlich-rechtlich geschützte Belange des Angrenzers berührt werden. Ob diese Voraussetzung erfüllt ist, muss jedoch nicht mit letzter Sicherheit feststehen. Es entspricht dem Sinn des Gesetzes, bereits im Zweifelsfall eine Beteiligung durchzuführen, denn häufig wird gerade erst nach Äußerung des Angrenzers sein „Berührtsein“ voll zu beurteilen sein. Aus diesem Grunde verlangt Nr. 74. 21 VV BauO NRW auch, die Beteiligung der Angrenzer durch die Bauaufsichtsbehörde immer dann durchzuführen, wenn es zwar nicht gewiss, aber zumindest möglich ist, dass öffentlich-rechtlich geschützte nachbarliche Belange berührt sein können. Nicht erforderlich ist dagegen die Benachrichtigung des Angrenzers, wenn von einer Vorschrift abgewichen werden soll, die ersichtlich keinen nachbarschützenden Charakter aufweist.

15 Da § 74 BauO NRW als **Verfahrensvorschrift** generell gilt, greift die Anwendung von Absatz 2 unabhängig davon, ob es sich um eine Abweichung von **Bundes- oder Landesrecht** handelt (ebenso Boeddinghaus/Hahn/Schulte, zu § 74 Rdn. 15). Hinsichtlich einer Befreiung von Festsetzungen des Bebauungsplans ist neben § 74 BauO NRW das VwVfG. NRW. zu beachten, da von einer Befreiung auch relativ weit entfernte Nachbarn betroffen sein können (Nr. 74. 22 VV BauO NRW ist missverständlich formuliert, da der Eindruck vermittelt wird, als sei bei planungsrechtlichen Befreiungen § 74 BauO NRW unbeachtlich, was jedoch in Bezug auf die Beteiligung der Angrenzer nicht zutrifft).

16 Wird materielles Baurecht von anderen als den Bauaufsichtsbehörden in Verwaltungsverfahren angewendet, welche die Baugenehmigung oder Zustimmung gemäß § 63 Abs. 2 BauO NRW einschließen, gilt § 74 BauO NRW nicht. Ob und inwieweit z. B. ein Dritter, Nachbar oder Angrenzer, an den spezialgesetzlichen Verfahren zu beteiligen ist, richtet sich nach dem maßgeblichen **Fachrecht** (vgl. Stelkens, Neue allgemeine Verfahrensregeln durch die Landesbauordnung NW, BauR 1986, S. 390 ff.).

### 3.2 Art und Weise der Beteiligung des Angrenzers

Nach Absatz 2 **Satz 1 sollen** die **Angrenzer vor Erteilung von Abweichungen benachrichtigt** werden. Nicht erst die Gewissheit, sondern schon die Möglichkeit, dass durch die Abweichung öffentlich-rechtlich geschützte Belange berührt sein können, erfordert die Benachrichtigung der Angrenzer. Diese kann nur unterbleiben, wenn zweifelsfrei feststeht, dass Belange nicht berührt werden. Eine Benachrichtigung kann entfallen, wenn bei einer Mehrheit von Eigentümern einzelne (Mit-)Eigentümer nicht, nur schwer oder nicht zeitgerecht erreichbar sind (Nr. 74.21, Absatz 2 VV BauO NRW). **17**

Nach Absatz 2 Satz 1 **setzt** eine **Benachrichtigung** des Angrenzers **voraus,** dass die **Bauaufsichtsbehörde**, vorbehaltlich eventueller Einwendungen des Angrenzers, **zur positiven (Vor-) Entscheidung** über den Abweichungsantrag entschlossen ist. Liegen die Voraussetzungen für eine positive Entscheidung nicht vor, kann die Bauaufsichtsbehörde den Antrag selbstverständlich ablehnen, ohne den Angrenzer zuvor anzuhören. **18**

Was den **Inhalt der Benachrichtigung** angeht, so sollte die Bauaufsichtsbehörde dem Angrenzer den Umfang der beabsichtigten Abweichung, deren rechtliche und tatsächliche Voraussetzungen sowie die Ermessungserwägungen darlegen, die letztlich für eine Abweichung sprechen. Im Regelfall werden dem Angrenzer die Bauvorlagen übersandt oder zumindest zugänglich zu machen sein, die ihm eine rechtliche und tatsächliche Wertung der Abweichung und insbesondere deren Auswirkungen auf ihn und sein Grundstück ermöglichen. Dem Angrenzer ist auch mitzuteilen, dass er eventuelle Einwendungen gegen die beabsichtigte Abweichung gemäß Absatz 1 Satz 2 innerhalb eines Monats nach Zugang der Benachrichtigung bei der Bauaufsichtsbehörde schriftlich oder zur Niederschrift vorzubringen hat. **19**

Die BauO NRW enthält keine näheren Bestimmungen darüber, wie die Benachrichtigung formal durchzuführen ist. Da Absatz 2 **Satz 2** jedoch vom Zugang der Benachrichtigung spricht und an den Ablauf der Frist für den Angrenzer, der keine Einwendungen erhoben hat, Folgen geknüpft sind, wird **im Regelfall** schon aus Beweisgründen eine **schriftliche** Benachrichtigung ergehen müssen. Um eine Fristenkontrolle durchführen zu können, ist den Bauaufsichtsbehörden anzuraten, die Benachrichtigung zumindest mit eingeschriebenem Brief vorzunehmen. **20**

Die Bauaufsichtsbehörde braucht den Angrenzer nicht zu benachrichtigen, wenn der Angrenzer (**1. Alternative**) die **Lagepläne und Bauvorlagen unterschrieben** hat. Die Bauaufsichtsbehörde hat jedoch die Pflicht zu prüfen, ob die Unterschriften diejenigen der tatsächlich betroffenen Angrenzer, und zwar aller betroffenen Angrenzer sind (Vollzähligkeit insbesondere auch bei Miteigentümern, s. Rdn. 9). Die Beibringung der Angrenzerunterschriften entbindet die Bauaufsichtsbehörde nicht von der Pflicht nachzuprüfen, ob die Voraussetzungen für die beantragte Abweichung gemäß § 73 Abs. 1 BauO NRW überhaupt vorliegen. Liegen die Voraussetzungen nicht vor, kann die Abweichung trotz der Zustimmung der Angrenzer nicht erteilt werden (OVG Bremen, Beschluss vom 15. 6. 1976 – I B 16/76, BRS 30 Nr. 142). **21**

Die Benachrichtigungspflicht entfällt, wenn der Angrenzer (**2. Alternative**) der Abweichung **gegenüber der Bauaufsichtsbehörde zugestimmt** hat (vgl. BayVGH, Urteil vom 14. 4. 1972 – Nr. 192 I 70, BRS 25 Nr. 166 und Urteil vom 21. 12. 1971 – Nr. 188 I 71, BRS 25 Nr. 167). Die Zustimmung muss nicht schriftlich erklärt werden, sie kann auch **mündlich** ausgesprochen werden, und zwar nicht nur gegenüber der Bauaufsichtsbehörde, **22** sondern auch gegenüber dem Bauherrn (OVG NRW, Urteil vom 23.1.1995 – 7 A 3705/92, n.v.). Im Falle der mündlichen Erklärung gegenüber der Bauaufsichtsbehörde sollte aus Gründen der Beweissicherung mindestens ein **schriftlicher Vermerk zur Akte** genommen werden; besser ist jedoch eine **vom Nachbarn gegengezeichnete Niederschrift** über seine vorgebrachte mündliche Erklärung zum Vorhaben.

Eine Zustimmung wird nur in den seltensten Fällen als sich global auf alle in Betracht kommenden Abweichungen beziehend formuliert sein. Im Regelfall ist daher darauf zu achten, dass die Zustimmung zweifelsfrei erkennen lässt, auf welche Abweichung sie sich bezieht. Bestehen insoweit Zweifel, hat die Bauaufsichtsbehörde diese durch Rückfrage beim Angrenzer aufzuklären. Die **rechtliche Wirkung** der Nachbarzustimmung bleibt **auf das Verfahren beschränkt**, in dem sie erklärt wird, das heißt, sie kann sich nur auf einen im anhängigen Verfahren erteilten Bescheid beziehen, nicht aber auf die Bebaubarkeit des Grundstücks schlechthin (OVG Rh-Pf, Beschluss vom 22.5.1981 – 1 B 26/81, BRS 38 Nr. 180). Hat der Angrenzer zu einem abweichungsbedürftigen Vorhaben gegenüber der Bauaufsichtsbehörde Stellung genommen, muss er nach Einreichung des Abweichungsgesuchs nicht erneut angehört werden (OVG NRW, Urteil vom 17.10.1977 – X A 873/76, BRS 32 Nr. 148; zur Frage, inwieweit spätere Abweichungen des Vorhabens zum Erlöschen der zuvor für eine bestimmte Bauausführung erklärten nachbarlichen Zustimmung führen, s. OVG NRW, Beschluss vom 30.8.2000 – 10 B 1145/00, BauR 2001, 89 = BRS 63 Nr. 204).

**22 a** Häufig kommt es im Beteiligungsverfahren zu längeren Verhandlungen zwischen dem Nachbarn und dem Bauherrn, um gegenseitige Interessen abzuklären und hierüber im Wege einer Vereinbarung Einvernehmen zu erzielen. Das Ergebnis sind dann **wechselseitige Erklärungen** oder **Verträge** zur Bebauung auf den beiden benachbarten Grundstücken, beispielsweise zur gemeinsamen Grenzbebauung nach § 6 Abs. 1 Satz 2 BauO NRW (hierzu s. von und zu Franckenstein, Die richtige Nachbarschaftsvereinbarung, BauR 2002, S. 1041 ff. und Schröer/Dziallas, Öffentlich-rechtliche Nachbarvereinbarungen in der Praxis, NVwZ 2004, S. 134 ff.). Eine Einigung kann auch im verwaltungsgerichtlichen Streitverfahren durch **Vergleichsvertrag** erfolgen.

Derartige auf eine bestimmte Nutzung oder Baumaßnahme bezogene Vereinbarungen und Verträge weisen – wie die Baugenehmigung selbst – vorhabenbezogenen Charakter auf und **binden auch den Rechtsnachfolger** (VGH B-W, Urteil vom 26.1.2005 – 5 S 1662/03, BRS 69 Nr. 185 = NVwZ-RR 2006, 81), jedoch **nicht die Bauaufsichtsbehörde**, die nach wie vor zur Prüfung der Genehmigungsvoraussetzungen befugt bleibt (Hess. VGH, Beschluss vom 27.2.2006 – 3 UZ 2504/05, NVwZ-RR 2006, 772) und auch ein von einer Vergleichsabsprache abweichendes, aber mit den baurechtlichen Vorschriften zu vereinbarendes Bauvorhaben zu genehmigen hat (OVG Bln, Urteil vom 28.1.2003 – 2 B 18.99, BauR 2004, 823 = BRS 66 Nr. 178).

**23** Die **Zustimmung** wird **mit Eingang bei der Bauaufsichtsbehörde wirksam**. Der Nachbar kann die Zustimmung nur so lange noch frei widerrufen, bis der Bauantrag bei der Bauaufsichtsbehörde eingegangen ist (OVG NRW, Beschluss vom 20.1.2000 – 7 B 2103/99, BRS 63 Nr. 186; ebenso OVG Saar, Urteil vom 12.5.1978 – III R 124/77, BRS 33 Nr. 178 und BayVGH, Beschluss vom 3.11.2005 – 2 BV 04.1756 u. a., DÖV 2006, 303; das OVG NRW hatte die Frage nach dem Zeitpunkt der Unwiderruflichkeit in seinem früheren Beschluss vom 15.6.1984 – 7 B 1233/84, BauR 1984, 622 = BRS 42 Nr. 195 offen gelassen). Im seinem Beschluss vom 20.1.2000 führt das OVG NRW aus:

*„Die vorherige Zustimmung ist im Verständnis des Bürgerlichen Rechts die Erklärung des Einverständnisses mit einem von anderen Personen beabsichtigten Rechtsgeschäft. Sie ist dort bis zur Vornahme des Rechtsgeschäfts (frei) widerruflich, soweit sich nicht aus dem ihrer Erteilung zugrundeliegenden Rechtsverhältnis ein anderes ergibt (vgl. § 183 BGB). Die in dieser Regelung zum Ausdruck kommende Wertung kann auf die Zustimmung zum Bauvorhaben eines Dritten insoweit übertragen werden, als die Zustimmungserklärung bei der Bauaufsichtsbehörde noch nicht eingegangen ist. Während die Zustimmung dann als nur noch nach den entsprechend angewandten Vorschriften der §§ 119ff. BGB anfechtbar angesehen wird (vgl. OVG NRW, Urteil v. 23. 1. 1995 – 7 A 3705/92 –, m. w. N.), fehlt es zuvor an einer vergleichbaren Interessenlage, die es rechtfertigen könnte, den Nachbarn an seiner Zustimmung festzuhalten. Die Zustimmungserklärung hat ihren Sinn gerade darin, dass der Nachbar auf die Geltendmachung (vielleicht auch nur als möglich angesehener) Abwehrrechte gegenüber einem Bauvorhaben von vornherein verzichtet.“*

### 3.3 Rechtsfolgen des ungenutzten Fristablaufs bzw. der Zustimmung

Hat der Angrenzer den Abweichungen gemäß **Absatz 3** zugestimmt, so ist damit ein **Verzicht auf die subjektiv-öffentlichen Nachbarrechte** verbunden (BVerwG, Beschluss vom 2. 12. 1974 – IV B 145.74, BRS 28 Nr. 125; VGH B-W, Urteil vom 1. 4. 1982 – 5 S 278/82, BRS 39 Nr. 181; OVG Saar, Urteil vom 12. 5. 1978 – II R 124/77, BRS 33 Nr. 178). **Unterlässt** es der **Angrenzer**, trotz Unterrichtung durch die Bauaufsichtsbehörde **Einwendungen** gemäß Absatz 2 Satz 2 **fristgerecht vorzubringen**, so verzichtet er nur **auf seine Verfahrensrechte**. Die Abweichung kann zugelassen werden, ohne gegen diese Verfahrensrechte des Angrenzers zu verstoßen (so Boeddinghaus/Hahn/Schulte, zu § 74 Rdn. 30). Der nordrhein-westfälische Gesetzgeber hat eine **„materielle Präklusion“**, wie sie § 55 Abs. 2 Satz 2 LBO B-W enthält, leider **nicht vorgesehen** (hierzu s. VGH B-W, Beschluss vom 20. 10. 2004 – 8 S 2273/04, NVwZ-RR 2005, 160 und Schlotterbeck/von Arnim/Hager, zu § 55 Rdn. 30–31). Der Nachbar büßt infolge des insoweit fehlenden Regelungsgehalts der Vorschrift seine materiellen Rechte im Widerspruchs- und Klageverfahren **nicht** ein (vgl. Jeromin, zu § 68 Rdn. 62 und Boeddinghaus/Hahn/Schulte, zu § 74 Rdn. 31). Es ist daher anzuraten, die Abweichungsentscheidung auch den Angrenzern zuzustellen, die sich nicht geäußert haben. 24

Eine **Unterschrift** des Nachbarn unter die das Vorhaben verdeutlichenden Baupläne stellt regelmäßig die schlüssige Erklärung eines **umfassenden Verzichts auf nachbarliche Einwendungen** gegenüber dem in diesen Plänen konkretisierten Vorhaben dar (OVG NRW, Beschluss vom 30. 8. 2000 – 10 B 1145/00, BauR 2001, 89 = BRS 63 Nr. 204). An eine gemäß Absatz 2 **wirksame Einwilligung** des Angrenzers zur Erteilung einer Abweichung ist auch dessen **Rechtsnachfolger gebunden** (OVG NRW vom 15. 6. 1984 – 7 B 1233/84, BauR 1984, 622 = BRS 42 Nr. 195; VGH B-W, Urteil vom 16. 8. 1978 – III ZR 470/78, BRS 33 Nr. 176; Hess. VGH, Beschluss vom 7. 12. 1994 – 4 TH 3032/94, BRS 56 Nr. 180). Nicht selten werden derartige Zustimmungen zu Bauvorhaben gegen **Zahlung eines der Wertminderung entsprechenden Geldbetrags** vereinbart. Eine vergleichsweise getroffene Vereinbarung, durch die sich der Eigentümer eines Grundstücks verpflichtet, der Bebauung eines angrenzenden Grundstücks nicht weiter entgegenzutreten, ist nicht deshalb sittenwidrig, weil die hierfür vom Bauwilligen zu erbringende Zahlung weit über die Minderung des Wertes des beeinträchtigten Grundstücks hinausgeht (BGH, Urteil vom 2. 7. 1999 – V ZR 135/98, BRS 62 Nr. 195). 25

26 Nach überwiegender Auffassung entsteht durch die Zustimmung des Nachbarn zu dem geplanten Vorhaben eine **Bindungswirkung** (s. auch Rdn. 22 a), von der er sich nur noch unter engen Voraussetzungen lösen kann (s. hierzu Jäde, Die Bindungswirkung der Nachbarzustimmung – eine unendliche Geschichte?, UPR 2005, S. 161 ff.). So entfällt die **Bindung** an eine Zustimmung, wenn die Unterschriftsleistung oder die Zustimmungserklärung gemäß den analog anwendbaren Vorschriften des § 119 BGB wegen arglistiger Täuschung, Irrtums oder Drohung wirksam **angefochten** ist (OVG Saar, Urteil vom 24. 7. 1981 – 2 R 76/80, BRS 38 Nr. 179; VGH B-W, Urteil vom 15. 6. 1977 – VIII 90/76, BRS 32 Nr. 164). Die Bindung ist nicht mehr gegeben, wenn nach Abgabe der Erklärung **Änderungen an der Planung** vorgenommen werden (OVG Rh-Pf, Beschluss vom 22. 5. 1981 – 1 B 26/81, BRS 38 Nr. 180), auch wenn diese Änderungen nachbarliche Belange nicht berühren (OVG NRW, Beschluss vom 22. 6. 1990 – 7 B 740/90, BRS 50 Nr. 180; a. A. OVG NRW, Beschluss vom 21. 2. 1992 – 11 B 327 und 328/92, n.v., darauf abstellend, dass die Änderung den Nachbarn beschweren muss). Schließlich verliert die Zustimmung ihre Bindungswirkung, wenn die Baugenehmigung unanfechtbar versagt wurde oder wenn von der Baugenehmigung kein Gebrauch gemacht wurde (BayVGH, Urteil vom 9. 11. 1976 – Nr. 173 I 73, BRS 30 Nr. 143).

### 3.4 Zustellung der Entscheidung über die Abweichung

27 **Absatz 4 Satz 1** verlangt die **Zustellung der Entscheidung** über die Abweichung, wenn den **Einwendungen des Angrenzers nicht gefolgt** wird. Die Zustellung erfolgt nach dem Landeszustellungsgesetz – LZG NRW, das dem Verwaltungszustellungsgesetz – VwZG (des Bundes) entspricht. Die Zustellung kann durch die Post mit Zustellungsurkunde (s. § 3 LZG NRW) oder mittels eingeschriebenem Brief (§ 4 LZG NRW) geschehen oder durch die Behörde selbst vorgenommen werden, und zwar im Regelfall gegen Empfangsbekenntnis (§ 5 LZG NRW; zur Zustellung im Ausland und zur öffentlichen Zustellung s. §§ 9 und 10 LZG NRW). Es genügt nicht, dem Angrenzer lediglich eine Zweitausfertigung der Baugenehmigung zuzustellen. Übersendet die Bauaufsichtsbehörde die Entscheidung nur formlos, ist der darin liegende Fehler nicht nach § 8 LZG NRW heilbar (Hamb. OVG, Beschluss vom 8. 1. 1997 – Bs II 183/96, BRS 59 Nr. 198).

28 Auf die **Zustellung** der Entscheidung kann nach **Absatz 4 Satz 2** nur **verzichtet** werden, wenn den **Einwendungen** des Angrenzers „**in vollem Umfang**“ **entsprochen** wurde. Wird den Einwendungen nur zum Teil entsprochen, ist nach Satz 1 zu verfahren und die Entscheidung zuzustellen.

29 Die **Ablehnung der Einwendungen** des Angrenzers, die im Regelfall nicht gesondert ergeht, sondern Bestandteil der positiven Abweichungsentscheidung ist, stellt einen **anfechtbaren Verwaltungsakt** dar. Die Entscheidung ist zu begründen und mit einer Rechtsmittelbelehrung zu versehen, um die **Klagefrist** für den Angrenzer in Gang zu setzen. Diese muss so abgefasst sein, dass der Angrenzer eine der Entscheidung beigefügte Rechtsbehelfsbelehrung auch an sich gerichtet ansieht; dem Anschreiben, mit dem der an den Angrenzer adressierte Abweichungsbescheid „zur Kenntnisnahme und zum Verbleib“ übersandt worden ist, lässt sich in dieser Hinsicht nichts entnehmen (OVG NRW, Beschluss vom 19. 1. 2000 – 21 B 2148/99, BRS 63 Nr. 206).

## Anhang
## Öffentliches Nachbarrecht

### BauGB

### § 212 a
### Entfall der aufschiebenden Wirkung

**(1) Widerspruch und Anfechtungsklage eines Dritten gegen die bauaufsichtliche Zulassung eines Vorhabens haben keine aufschiebende Wirkung.**

**(2) …**

### VwGO

### § 80

(abgedruckt vor den Anmerkungen zu § 75 BauO NRW)

### § 80 a

**(1) Legt ein Dritter einen Rechtsbehelf gegen den an einen anderen gerichteten, diesen begünstigenden Verwaltungsakt ein, kann die Behörde**

**1. auf Antrag des Begünstigten nach § 80 Abs. 2 Nr. 4 die sofortige Vollziehung anordnen,**

**2. auf Antrag des Dritten nach § 80 Abs. 4 die Vollziehung aussetzen und einstweilige Maßnahmen zur Sicherung der Rechte des Dritten treffen.**

**(2) Legt ein Betroffener gegen einen an ihn gerichteten belastenden Verwaltungsakt, der einen Dritten begünstigt, einen Rechtsbehelf ein, kann die Behörde auf Antrag des Dritten nach § 80 Abs. 2 Nr. 4 die sofortige Vollziehung anordnen.**

**(3) [1]Das Gericht kann auf Antrag Maßnahmen nach den Absätzen 1 und 2 ändern oder aufheben oder solche Maßnahmen treffen. [2]§ 80 Abs. 5 bis 8 gilt entsprechend.**

### § 123

**(1) [1]Auf Antrag kann das Gericht, auch schon vor Klageerhebung, eine einstweilige Anordnung in bezug auf den Streitgegenstand treffen, wenn die Gefahr besteht, daß durch eine Veränderung des bestehenden Zustands die Verwirklichung eines Rechts des Antragstellers vereitelt oder wesentlich erschwert werden könnte. [2]Einstweilige Anordnungen sind auch zur Regelung eines vorläufigen Zustands in bezug auf ein streitiges Rechtsverhältnis zulässig, wenn diese Regelung, vor allem bei dauernden Rechtsverhältnissen, um wesentliche Nachteile abzuwenden oder drohende Gewalt zu verhindern oder aus anderen Gründen nötig erscheint.**

**(2) [1]Für den Erlaß einstweiliger Anordnungen ist das Gericht der Hauptsache zuständig. [2]Dies ist das Gericht des ersten Rechtszugs und, wenn die Hauptsache im Berufungsverfahren anhängig ist, das Berufungsgericht. [3]§ 80 Abs. 8 ist entsprechend anzuwenden.**

**(3) Für den Erlaß einstweiliger Anordnungen gelten §§ 920, 921, 923, 926, 928 bis 932, 938, 939, 941 und 945 der Zivilprozeßordnung entsprechend.**

**(4) Das Gericht entscheidet durch Beschluß.**

**(5) Die Vorschriften der Absätze 1 bis 3 gelten nicht für die Fälle der §§ 80 und 80 a.**

## Anmerkungen (Autor: Heintz)

**Übersicht** Rdn.

| | | Rdn. |
|---|---|---|
| 1 | Systematik des Drittschutzes im öffentlichen Baurecht | |
| 1.1 | Allgemeines | 30– 37 |
| 1.2 | Schutznormtheorie | 38– 42 |
| 1.3 | Rücksichtnahmegebot | 43–47c |
| 1.4 | Grundgesetz als Anspruchsgrundlage | 48– 53 |
| 2 | Nachbarschützende Vorschriften | |
| 2.1 | Bauordnungsrecht | 54– 89 |
| 2.2 | Bauplanungsrecht | 90–104 |
| 2.3 | Immissionsschutzrecht | 105–111 |
| 3 | Rechtsschutzverfahren des Nachbarn | |
| 3.1 | Rechtsschutz gegen rechtswidriges Bauen | 112–117 |
| 3.2 | Materielle Voraussetzungen | 118–120 |
| 3.3 | Verlust von Nachbarabwehrrechten | 121–125 |
| 3.4 | Verfahrensrechtliche Aspekte | 126–132 |
| 4 | Schadensersatz und Entschädigung | 133–135 |

### 1. Systematik des Drittschutzes im öffentlichen Baurecht

#### 1.1 Allgemeines

30 Ein Bauherr bedarf für Baumaßnahmen im Regelfall der **Baugenehmigung**. Diese trifft zum einen die Feststellung, dass das Vorhaben mit dem öffentlichen Recht – soweit es im Genehmigungsverfahren überhaupt zu prüfen war – in Übereinstimmung steht (zur Feststellungswirkung s. die Anmerkungen zu § 75 Rdn. 8, 81 ff. und 171). Sie beinhaltet zum anderen die Erklärung der Baufreigabe (Gestaltungswirkung; s. die Anmerkungen zu § 75 Rdn. 2 und 177 ff.). Solange die Baugenehmigung nicht zurückgenommen oder aufgehoben ist, entfaltet sie zugunsten des Bauherrn und gegebenenfalls zu Lasten von Dritten weiterhin ihre baufreigebende Wirkung. Die der **Baugenehmigung** entsprechende Bauausführung **kann im Einzelfall den Nachbarn** in seinen Interessen **beeinträchtigen**, auch wenn anzunehmen ist, dass die öffentlich-rechtlichen Vorschriften einen angemessenen Ausgleich sowohl der Interessen der Allgemeinheit als auch privater Dritter (= Angrenzer bzw. Nachbarn) generell bewirken wollen.

31 Eine **Beeinträchtigung Dritter** kann insbesondere dann gegeben sein, wenn die Baugenehmigung unter Verstoß gegen zu prüfende öffentlich-rechtliche Vorschriften und damit rechtswidrig erteilt worden ist. Schließlich kann ein Dritter durch ein Bauvorhaben beeinträchtigt sein,

- das ohne Beachtung der Genehmigungspflicht ausgeführt wurde,
- dessen Ausführung abweichend von der Baugenehmigung erfolgte,
- das zwar freigestellt ist, aber gegen materielles Baurecht verstößt.

32 Das **öffentliche Nachbarrecht klärt** folgende **Fragen**:

- Unter welchen materiellen Voraussetzungen können sich Dritte gegen eine rechtswidrige Baugenehmigung oder rechtswidriges Bauen wehren?
- Welche verfahrensmäßigen Schritte seitens Dritter sind möglich und notwendig, um Schutz gegen das rechtswidrig genehmigte Vorhaben zu erwirken?

– Wie sind diese Fragen für die Fälle zu beantworten, in denen das Vorhaben ohne Baugenehmigung oder abweichend von einer Baugenehmigung errichtet worden ist?

**Neben dem öffentlich-rechtlichen Nachbarschutz**, der gegenüber der Bauaufsichtsbehörde geltend zu machen ist, besteht der **zivilrechtliche Nachbarschutz** von Dritten gegen den Bauherrn. Das **Verhältnis** von öffentlichem und zivilrechtlichem Nachbarschutz war lange Zeit geprägt von dem Meinungsstreit über den **öffentlich-rechtlichen oder den zivilrechtlichen Vorrang** bzw. die „**Gleichrangigkeitsthese**" (vgl. Dolderer, Das Verhältnis des öffentlichen zum privaten Nachbarrecht, DVBl. 1998, S. 19ff.). **Öffentliches und zivilrechtliches Nachbarrecht** sind in doppelter Weise **miteinander verknüpft**. Einerseits hat der Zivilrichter die **Bindungswirkung** einer Baugenehmigung zu beachten (s. die Anmerkungen zu § 75 Rdn. 45–50) und muss, solange die Baugenehmigung Bestand hat, von der durch sie festgestellten Zulässigkeit des Vorhabens ausgehen (so das überwiegende Schrifttum vgl. z.B. Battis/Krautzberger/Löhr, zu § 31 Rdn. 54; Schlichter/Stich/Driehaus/Paetow, Vorbemerkung zu den §§ 29 bis 38 Rdn. 4 und das BVerwG im Urteil vom 26.3.1976 – IV C 7.74, BVerwGE 50, 282), während der BGH dies nur für die rechtskräftig bestätigte Baugenehmigung gelten lässt (BGH, Urteil vom 15.1.1971 – V ZR 110/68, DVBl. 1971, 744; vgl. Beaucamp, Überprüfung bestandskräftiger Verwaltungsakte durch die Zivilgerichte, DVBl. 2004, S. 352ff.). Andererseits ist für die „**Ortsüblichkeit**" im Sinne des § 906 BGB, also für die Frage, was vom Dritten mit Erfolg abgewehrt werden kann oder was er zu dulden hat, auch das öffentliche Recht bedeutsam (vgl. Gaentzsch, Ausbau des Individualschutzes gegen Umweltbelastungen als Aufgabe des bürgerlichen und des öffentlichen Rechts, NVwZ 1986, S. 601ff.). 33

Seit der **Neufassung des § 906 Abs. 1 BGB** (vgl. Kregel, Änderung von § 906 I BGB im Rahmen des Sachenrechtsänderungsgesetzes, NJW 1994, S. 2599ff.) zeigt sich eine **Tendenz der Zivilgerichte zur Anerkennung der in öffentlich-rechtlichen Vorschriften normierten Grenz- und Richtwerte** (hierzu s. BGH, Urteil vom 6.7.2001 – V ZR 246/00, BauR 2001, 1859 = BRS 64 Nr. 178 = DVBl. 2001, 1837; Johlen, Weitere Annäherung von privatem und öffentlich-rechtlichem Immissionsschutz, BauR 2001, S. 1848ff.; Bitzer, Die Bedeutung der Grenz- und Richtwerte im privaten Immissionsschutzrecht, BauR 2002, S. 1019ff.; Stühler, Harmoniert das öffentliche mit dem privaten Immissionsschutzrecht?, BauR 2004, S. 614ff.; Seibel, Die Harmonisierung von öffentlichem und privatem Nachbarrecht, BauR 2005, S. 1409ff.). Entscheidend für die **Wesentlichkeit der Beeinträchtigung** ist im Zivilrecht die Würdigung aller Umstände, ausgerichtet am **Empfinden eines „verständigen Durchschnittsmenschen"**, insbesondere unter Berücksichtigung der nach § 906 Abs. 1 Satz 2 und 3 BGB **maßgeblichen Grenz- und Richtwerte** (BGH, Urteil vom 21.10.2005 – V ZR 169/04, BRS 69 Nr. 179 = UPR 2006, 109). 33a

Für das Verhältnis von öffentlich-rechtlichem und zivilrechtlichem Nachbarschutz ist das vom BVerfG in seiner „**Nassauskiesungsentscheidung**" (Beschluss vom 15.7.1981 – 1 BvL 77/78, BVerfGE 58, 300 = DVBl. 1982, 340 = NJW 1982, 745) entwickelte Prinzip des „**Primärrechtsschutzes**" maßgebend. Das bedeutet, dass derjenige, der durch Hoheitsakte beeinträchtigt wird, zunächst hiergegen Rechtsschutz nachsuchen muss. Er darf den Verwaltungsakt nicht bestandskräftig werden lassen, um dann zivilrechtlich auf Abwehr oder Schadensersatz zu klagen. Schlichter/Stich/Driehaus/Paetow (Vorbemerkung zu den §§ 29 bis 38, Rdn. 6) weisen darauf hin, dass dies nicht nur für den Bauherrn gilt, dessen Baugenehmigung angeblich zu Unrecht abgelehnt wurde, sondern auch für den Dritten, der sich gegen Beeinträchtigungen aufgrund einer Baugenehmigung, Abweichung oder eines Vorbescheides wehren will. 34

35 Eine auf das Eigentum an einem Grundstück gestützte **Klagebefugnis fehlt**, wenn die Eigentümerstellung **rechtsmissbräuchlich begründet** worden ist. Dies ist anzunehmen, wenn das Eigentum nicht erworben wurde, um die mit ihm verbundene Gebrauchsmöglichkeit zu nutzen, sondern als Mittel dafür dient, die formalen Voraussetzungen für eine Prozessführung zu schaffen, die nach der Rechtsprechung dem Eigentümer vorbehalten ist. Derartige Umstände können sich daraus ergeben, dass dem Kläger auf Grund der vertraglichen Gestaltung lediglich eine Rechtsstellung übertragen wurde, die auf eine formale Hülle ohne substanziellen Inhalt hinausläuft. Ferner ist von Bedeutung, ob sich an der tatsächlichen Nutzung des Grundstücks etwas geändert hat und ob für die Eigentumsübertragung ein wirtschaftlicher Gegenwert geflossen ist. Ein weiteres Anzeichen kann sich aus den zeitlichen Abläufen ergeben (BVerwG, Urteil vom 27.10.2000 – 4 A 10/99, BauR 2001, 742 = BRS 63 Nr. 201 = NVwZ 2001, 427 zur Klage eines Naturschutzverbands, der lediglich ein Grundstück erworben hatte, um gegen den Planfeststellungsbeschluss für den Neubau einer Bundesfernstraße klagen zu können).

36 Wenn von öffentlich-rechtlichem Nachbarschutz die Rede ist, wird üblicherweise nur an den Rechtsschutz gedacht, den ein Dritter nachträglich vor Gerichten gegen eine rechtswidrige Baugenehmigung oder rechtswidrige bauliche Anlagen sucht. Darüber wird häufig vergessen, dass die **Behörden** aufgrund des Rechtsstaatsprinzips **verpflichtet** sind, **bei ihren Maßnahmen**, also im Vorhinein, auch den **Nachbarschutz im Auge zu behalten**. Der behördliche Nachbarrechtsschutz geht in den Fällen weiter, in denen Klagemöglichkeiten des Nachbarn mangels subjektiv-rechtlicher Wirkungen verletzter Normen nicht bestehen, weil nur Normen verletzt sind, die allein öffentlich-rechtliche Interessen schützen. **Aufgabe der Bauaufsichtsbehörden** ist es daher, **rechtmäßige Entscheidungen** zu treffen und nicht etwa objektiv-rechtswidrig Baugenehmigungen mit der nicht ausgesprochenen Begründung zu erteilen, es würden keine Nachbarrechte verletzt (VGH B-W, Beschluss vom 15.7.1985 – 3 S 1652/85, BRS 44 Nr. 189 und Urteil vom 15.9.1986 – 3 S 2547/85, BRS 46 Nr. 174). Dagegen ist es **keine Aufgabe des Nachbarn**, die Einhaltung des öffentlichen Baurechts allgemein zu „**überwachen**" und jegliche Realisierung rechtswidriger Bauvorhaben in seiner Nachbarschaft zu verhindern (OVG Saar, Beschluss vom 20.12.2005 – 2 W 33/05, BRS 69 Nr. 165).

37 Die **Rechtsprechung zum Baunachbarrecht** ist **kaum überschaubar** und **nicht widerspruchsfrei** (s. Breuer, Das baurechtliche Gebot der Rücksichtnahme – ein Irrgarten des Richterrechts, DVBl. 1982, S. 1065 ff. Fußnote 37–42 und die Nachweise bei Schulte, Die dogmatischen Grundlagen des Rücksichtnahmegebots im Baurecht, PR 1984, S. 212 ff.). Sie hat sich jedoch **auf der Linie des BVerwG auch bei den Instanzgerichten gefestigt** (vgl. OVG Bln, Urteil vom 18.5.1984 – 2 B 151.83, BRS 42 Nr. 160). Die Rechtsprechung der Oberverwaltungsgerichte und Verwaltungsgerichtshöfe der Länder, die prinzipiell der Rechtsprechung des Bundesverwaltungsgerichts folgt, führt in Detailpunkten gleichwohl bisweilen zu **unterschiedlichen Entscheidungen**. Dieses Ergebnis löste immer wieder Versuche aus, **objektiver** die Frage nach dem nachbarschützenden Charakter einer Norm zu beantworten (vgl. hierzu Mampel, Modell eines neuen bauleitplanerischen Drittschutzes, BauR 1998, S. 697 ff. und ders., Modell eines neuen Drittschutzes im unbeplanten Innenbereich, BauR 1999, S. 854 ff.). Die neuere Rechtsprechung des BVerwG scheint indessen weg vom Individualrechtsschutz hin zur objektiven Rechtsbeanstandung zu führen (vgl. Jäde, Terrorismus ist überall – oder: Die Auflösung des baurechtlichen Drittschutzes, ZfBR 2007, S. 751 ff.).

### 1.2 Schutznormtheorie

Nach allgemeiner Auffassung besteht im Baurecht auch eine **Pflicht des Staates zum Schutz der Rechtssphäre des Nachbarn**, die mit der vom BVerfG erkannten nachbarrechtlichen Dimension der Grundrechte gemäß Art. 14 Abs. 1 GG – Eigentum – und Art. 2 Abs. 2 GG – Leben und Gesundheit – begründet wird (s. Steinberg, Grundfragen des öffentlichen Nachbarrechts, NJW 1984, S. 457 ff., unter Hinweis auf die beiden Atomrechtsentscheidungen: Kalkar, BVerfG, Beschluss vom 8. 8. 1978 – 2 BvL 8/77, BVerfGE 49, 89 = NJW 1979, 359; Mülheim/Kärlich, Beschluss vom 20. 12. 1979 – 1 BvR 385/77, BVerfGE 53, 30 = NJW 1980, 759, sowie den Düsseldorfer Flughafenbeschluss vom 14. 1. 1981 – 1 BvR 612/72, BVerfGE 56, 54 = NJW 1981, 1655). Nach herrschender Meinung und nach der Rechtsprechung ergeben sich hieraus **subjektiv-öffentliche Rechte**, die der Nachbar prozessual durchsetzen kann. 38

Die „**Schutznormtheorie**“ verlangt, dass die **zugrunde liegende gesetzliche Vorschrift** dazu bestimmt ist, (auch) **den Individualinteressen der Betroffenen** zu dienen (BVerwG, Urteil vom 15. 7. 1987 – 4 C 56.83, BRS 47 Nr. 181; s. auch Schlichter/Stich/Driehaus/Paetow, Vorbemerkung zu den §§ 29 bis 38 Rdn. 8 und Große-Suchsdorf/Lindorf/Schmaltz/Wiechert, zu § 72 Rdn. 16). Für die Klärung der Frage, wann eine baurechtliche Vorschrift ausschließlich objektiv-rechtlichen Charakter hat oder ob sie (auch) dem Schutz individueller Interessen dient, also Rücksichtnahme auf Interessen Dritter gebietet, führt das BVerwG im Urteil vom 19. 9. 1986 (– 4 C 8.84, BRS 46 Nr. 173 = DVBl. 1987, 476 = NVwZ 1987, 409) aus:

*„Das kann sich unmittelbar aus dem Wortlaut der Norm ergeben, etwa dann, wenn sie Abwehrrechte Betroffener ausdrücklich begründet. In der Regel allerdings wird insoweit – da der Normgeber nur in Ausnahmefällen derartige Abwehrrechte ausdrücklich statuiert hat – eine Auslegung der Norm nach Sinn und Zweck in Betracht kommen; gelegentlich mag sich auch aus der Entstehungsgeschichte der Wille des historischen Gesetzgebers ermitteln lassen, die Interessen Dritter zu schützen.“*

Das OVG NRW (Urteil vom 10. 9. 1982 – 10 A 2296/79, BauR 1983, 235 = BRS 39 Nr. 174) hatte die Auffassung vertreten, **jede** Norm des materiellen Baurechts habe **potentiell** nachbarschützende Wirkung. Grenzen seien dem nachbarlichen Abwehrrecht aber dadurch gezogen, dass ein solches nur dann bestehe, wenn der Nachbar durch die Abweichung von einer solchen Norm mit der Folge einer Minderung des Wertes des Grundbesitzes in seinem Eigentum spürbar (nennenswert) betroffen sei. Für eine abstrakte Ermittlung der Nachbarschutzwirkung einer gesetzlichen Vorschrift sei die Frage nach der Individualisierbarkeit untauglich, weil sich das nur situationsgebunden, also nur einzelfallbezogen, beantworten lasse. Dem ist das **BVerwG** (Beschluss vom 16. 8. 1983 – 4 B 94.83, BauR 1983, 560 = BRS 40 Nr. 190 = NVwZ 1984, 38) mit der Begründung **entgegengetreten**, es gebe zahlreiche Normen des öffentlichen Rechts, die ausschließlich der Durchsetzung von Interessen der Allgemeinheit und nicht dem Schutz individueller Interessen dienten. Es müsse daher stets der nachbarschützende Charakter der Norm ermittelt werden, um eine Rechtsverletzung der Nachbarn feststellen zu können. 39

Die frühere Rechtsprechung, die neben dem nachbarschützenden Charakter einer Norm zusätzlich die **Abgrenzbarkeit des geschützten Personenkreises** verlangte (s. z. B. BVerwG, Urteil vom 28. 4. 1967 – IV C 10.65, BVerwGE 27, 29 = BRS 18 Nr. 86 und Urteil vom 20. 10. 1972 – IV C 107.67, BVerwGE 41, 5) wurde **aufgegeben**. Das BVerwG führt im Urteil vom 19. 9. 1986 (– 4 C 8.84, BRS 46 Nr. 173 = DVBl. 1987, 476) aus: 40

*„Es kommt weder darauf an, ob die Norm einen geschützten Personenkreis räumlich, etwa durch Bezeichnung eines Gebietes, abgrenzt, noch darauf, ob sie in ihrer vollen Reichweite auch dem Schutz individueller Interessen zu dienen bestimmt ist. … Worauf es ankommt, ist, dass sich aus individualisierenden Tatbestandsmerkmalen der Norm ein Personenkreis entnehmen lässt, der sich von der Allgemeinheit unterscheidet.“*

Die Rechtsprechung zum nachbarschützenden Charakter von Vorschriften orientiert sich pragmatisch am Ziel eines abgewogenen Interessenausgleichs und differenziert einzelfallbezogen in Bezug auf die konkrete Betroffenheit (vgl. Sendler, Der Nachbarschutz im Städtebaurecht Teil 1 – Nachbarschutz im Planbereich, BauR 1970, S. 4 ff., und Der Nachbarschutz im Städtebaurecht Teil 2 – Nachbarschutz im nicht beplanten Innenbereich, im Außenbereich und im Genehmigungsverfahren zum Bodenverkehr, BauR 1970, S. 74 ff. sowie Schlichter/Stich/Driehaus/Paetow, Vorbemerkung zu den §§ 29 bis 38, Rdn. 14).

**41** Aufmerksamkeit verdienen hinsichtlich der **Versuche**, die **Schutznormtheorie** und die mit ihr verbundenen Unsicherheiten und Wertungswidersprüche **zu überwinden**, die Formulierungen von Breuer (Baurechtlicher Nachbarschutz, DVBl. 1983, 431 ff.):

*„Subjektive öffentliche Nachbarrechte sind bei der Anwendung solcher Vorschriften des öffentlichen Bauplanungs- und Bauordnungsrechts oder ergänzender Vorschriften des Boden- und Umweltschutzrechts anzuerkennen, die den nachbarlichen Interessenkonflikt durch Postulate der Zuordnung, Verträglichkeit und Abstimmung benachbarter Nutzungen regeln und zu einem Ausgleich bringen. Es kommt somit auf den objektiven Regelungsgegenstand der anwendbaren Vorschriften an. Darin liegt – verglichen mit dem finalen und subjektiven, weithin spekulativen Ansatz der Schutznormtheorie – eine Erweiterung des öffentlich-rechtlichen Nachbarschutzes. Entgegen der bisherigen Kritik an der Schutznormtheorie bleibt es nach dem hier entwickelten Ansatz jedoch dabei, dass die konkrete Reichweite der subjektiven öffentlichen Nachbarrechte der gesetzlichen Ausprägung und Aktualisierung bedarf. Sie muss somit aus dem grundrechtskonkretisierenden Gesetzesrecht heraus entwickelt werden. Die subjektiven öffentlichen Nachbarrechte äußern sich in einem negatorischen, grundrechtlich fundierten Unterlassungs- und Störungsbeseitigungsanspruch, wenn die Bauaufsichtsbehörde gegen eine Vorschrift verstößt, die den nachbarlichen Interessenausgleich gebietet. Aus dem negatorischen Charakter dieses Anspruchs folgt indessen eine wichtige Begrenzung des öffentlich-rechtlichen Nachbarschutzes: Neben der Verletzung einer nachbarrelevanten Rechtsnorm, die den nachbarlichen Konflikt in der bezeichneten Weise regelt, setzt der negatorische Anspruch eine konkrete Beeinträchtigung des Nachbarn voraus. Der bloße Verstoß gegen eine nachbarrelevante Rechtsnorm reicht nicht aus.“*

Der **Schlüsselbegriff** der **Schutzwürdigkeit nachbarlicher Belange** durchzieht das Baunachbarrecht. Sie ist in Relation zur jeweiligen Störung zu bringen und gegen deren Notwendigkeit oder Berechtigung anhand der gesetzlichen Zielvorgabe abzuwägen (so Sarnighausen, Zur Schutzwürdigkeit im Baunachbarrecht, NVwZ 1996, S. 110 ff.).

**42** Die Rechtsprechung des **BVerwG** ist **an den Besonderheiten des Bauplanungsrechts ausgerichtet** und nicht ohne weiteres auf das Bauordnungsrecht übertragbar. Das BVerwG hat dem BImSchG nachbarschützenden Charakter zuerkannt (Urteil vom 24. 10. 1967 – I C 64.65, DVBl. 1968, 35 = NJW 1967, 2325 noch zur Genehmigung nach §§ 16 ff. GewO), ohne dass es im Einzelnen darauf ankommt, dass die einzelnen Normen den geschützten Personenkreis näher umschrieben, weil der Kreis der benachbarten Grundstücke vom Einwirkungsbereich der Anlage im Einzelfall abhängig sei. Im **Bauordnungsrecht** ist der nachbarschützende Charakter einer Norm anzunehmen, wenn sie im öffentlichen Interesse Maßnahmen verbietet, die den **Rechtsbereich des Nachbarn typischerweise schädigen oder gefährden** (so Große-Suchsdorf/Lindorf/Schmaltz/Wiechert, zu § 74 Rdn. 19). Bauordnungsrechtliche Bestimmungen, die ausdrücklich verlangen, dass eine bauliche Anlage keine Gefahren, erheblichen Nachteile oder Belästigungen hervorruft oder dass sie die Ruhe und Erholung in der Umgebung durch Lärm oder Gerüche nicht erheblich stört, sind nachbarschützend (so Jacob, Zur tatsächlichen Beeinträchtigung des Nachbarn im Baurecht oder: minima non curat praetor?, BauR 1984, S. 1 ff., der von **bauordnungsrechtlichen Vorschriften mit Immissionsschutzcharakter** spricht). Hierzu gehören z. B. § 18 Abs. 2 und 3 BauO NRW (Schallschutz und Erschütterungsschutz), § 51 Abs. 7 BauO NRW (Anordnung der Stellplätze), § 52 Abs. 1 und 5 BauO NRW (Ställe, Dungstätten, Gärfutterbehälter).

### 1.3 Rücksichtnahmegebot

43 Dritte können Rechtsschutz gegen Vorhaben auch dann erhalten, wenn ein Verstoß gegen das **von der Rechtsprechung entwickelte Gebot der Rücksichtnahme** vorliegt (s. grundsätzlich Weyreuther, Das bebauungsrechtliche Gebot der Rücksichtnahme und seine Bedeutung für den Nachbarschutz, BauR 1975, S. 1 ff.; **Leitentscheidung des BVerwG**, Urteil vom 25. 2. 1977 – IV C 22.75, BRS 32 Nr. 155, s. ferner Redeker, Das baurechtliche Gebot der Rücksichtnahme, DVBl. 1984, S. 875 ff. und Schlichter/Stich/Driehaus/Paetow, Vorbemerkung zu den §§ 29 bis 38, Rdn. 28–50; Alexy, Das Gebot der Rücksichtnahme im baurechtlichen Nachbarschutz, DÖV 1984, S. 953 ff.; Peine, Das Gebot der Rücksichtnahme im baurechtlichen Nachbarschutz, DÖV 1984, S. 963 ff.). Das als **Richterrecht** entwickelte **bauplanungsrechtliche** Gebot der Rücksichtnahme hat die Fachöffentlichkeit anfänglich und auch später noch erheblich verunsichert (vgl. Breuer, Das baurechtliche Gebot der Rücksichtnahme – ein Irrgarten des Richterrechts, DVBl. 1982, S. 1065 ff. und Hauth, Das Gebot der Rücksichtnahme – vom Irrgarten in die Sackgasse, BauR 1993, S. 673 ff.). Erst die spätere Rechtsprechung stellte klar, dass die Prüfung, ob ein Vorhaben die gebotene Rücksicht auf seine unmittelbare Umgebung nimmt, sich aus den **einfachrechtlichen bauplanungsrechtlichen** Vorgaben des BauGB bzw. der BauNVO ableitet, um beim **Vorliegen atypischer Sachverhalte** krasse städtebauliche Fehlentwicklungen in Bezug auf das nachbarschaftliche Verhältnis ausschließen zu können (zur neueren Entwicklung der Rechtsprechung s. Mampel, Drittschutz durch das bauplanungsrechtliche Gebot der Rücksichtnahme, DVBl. 2000, S. 1830 ff.). Das Rücksichtnahmegebot hat indessen „nie gänzlich klare und präzise Konturen gewonnen“ (so Jäde/Dirnberger/Weiß, zu § 29 Rdn. 75); es wurde **für die Fälle** nutzbar gemacht, **in denen** bis dahin der **nachbarschützende Charakter einer Norm nicht anerkannt** war, also **subjektiv-öffentliche Nachbarrechte** nicht bejaht werden konnten (vgl. Battis/Krautzberger/Löhr, zu § 31 Rdn. 78 und BVerwG, Urteil vom 13. 3. 1981 – 4 C 1.78, BRS 38 Nr. 186).

44 Das Gebot der Rücksichtnahme wurde ursprünglich vom BVerwG zu **Außenbereichsvorhaben nach § 35 BauGB** entwickelt. Dabei ging es um **immissionsschutzrechtliche** Probleme (vgl. BVerwG, Urteil vom 25. 2. 1977 – IV C 22.75, BRS 32 Nr. 155). Welche **Anforderungen** das **Gebot der Rücksichtnahme** objektiv-rechtlich begründet, hängt wesentlich von den jeweiligen Umständen des Einzelfalls ab. Nach der Rechtsprechung

des BVerwG (Urteil vom 13.3.1981 – 4 C 1.78, BRS 38 Nr. 186 und Urteil vom 5.8.1983 – 4 C 53.81, BRS 40 Nr. 198)

*„kann um so mehr an Rücksichtnahme verlangt werden, je empfindlicher und schutzwürdiger die Stellung derer ist, denen die Rücksichtnahme im gegebenen Zusammenhang zugute kommt; umgekehrt braucht derjenige, der das Vorhaben verwirklichen will, um so weniger Rücksicht zu nehmen, je verständlicher und unabweisbarer die von ihm mit seinem Vorhaben verfolgten Interessen ist.“*

Die auf dieser Grundlage **vorzunehmende Interessenabwägung** ist an dem **Kriterium der Unzumutbarkeit** in dem Sinne auszurichten, dass dem Betroffenen die nachteilige Einwirkung des umstrittenen Vorhabens billigerweise nicht mehr zugemutet werden soll. So kann eine Wohnbebauung, die an eine emittierende Anlage heranrückt, gegen das Rücksichtnahmegebot verstoßen, wenn sie sich dadurch unzumutbaren Immissionen aussetzt (OVG NRW, Beschluss vom 4.9.2001 – 10 B 332/01, BRS 64 Nr. 180; BayVGH, Beschluss vom 28.8.2001 – 26 ZS 01.1413, BRS 64 Nr. 185).

Bei der **Bemessung** dessen, was dem durch ein Vorhaben Belästigten **zuzumuten** ist, kann auf die immissionsschutzrechtlichen Bestimmungen, z.B. im Falle von Lärmbeeinträchtigungen auf die TA-Lärm, zurückgegriffen werden. Eine Baugenehmigung verstößt gegen das subjektiv-rechtliche Gebot der Rücksichtnahme, wenn von vornherein absehbar ist, dass im Bauschein festgesetzte notwendige Immissionsgrenzwerte nicht eingehalten werden können (OVG M-V, Beschluss vom 16.7.1999 – 3 M 79/99, BRS 63 Nr. 195 zu einer Diskothek neben einer Kurklinik). In einem vorbelasteten Gebiet trifft den Bauwilligen eine **Obliegenheit**, durch die **Anordnung** des Gebäudes auf dem Grundstück, durch die **Grundrissgestaltung** oder **andere ihm mögliche und zumutbare Maßnahmen** der **„architektonischen Selbsthilfe“** seinerseits die gebotene Rücksicht zu nehmen (BVerwG, Urteil vom 23.9.1999 – 4 C 6.98, BauR 2000, 234 = BRS 62 Nr. 86 = DÖV 2000, 463; BayVGH, Urteil vom 3.8.2001 – 1 B 99.2106, BauR 2002, 435 = BRS 64 Nr. 179; OVG Schl-H, Beschluss vom 22.3.2002 – 1 M 5/02, NVwZ-RR 2004, 19; s. hierzu auch Steffen, Gebot der Rücksichtnahme und Obliegenheit zur „architektonischen Selbsthilfe“, BauR 2002, S. 1343 ff.).

**44a** Das **Gebot der Rücksichtnahme** wurde auf **Vorhaben im Innenbereich** ausgedehnt und geht im **Begriff des Einfügens** auf (BVerwG, Beschluss vom 13.2.1981 – 4 B 14.81, BRS 38 Nr. 185; Urteil vom 13.3.1981 – 4 C 1.78, BauR 1981, 354 = BRS 38 Nr. 186 und Urteil vom 23.5.1986 – 4 C 34.85, BauR 1986, 542 = BRS 46 Nr. 176 = NVwZ 1987, 128). Anders als im Außenbereich geht es hier nicht nur um den Immissionsschutz, sondern vielmehr auch um **Konflikte zwischen nicht harmonisch aufeinander abgestimmten Baustrukturen**, so dass die vorhandene Bebauung von einem Vorhaben erdrückt zu werden scheint – man spricht daher auch von einer **„erdrückenden Wirkung“** rücksichtsloser Vorhaben. Dies ist der Fall, wenn ein Gebäude wegen seiner **Ausmaße** (Breite und/oder Höhe), wegen seiner **Baumasse** oder seiner **massiven Gestaltung** ein benachbartes Grundstück **unangemessen benachteiligt**, indem es ihm förmlich **„die Luft nimmt“** (OVG NRW, Beschluss vom 30.5.2000 – 7 B 749/00, n.v. und Beschluss vom 18.12.2001 – 11 L 2525/01, n.v.).

**44b** Im **beplanten Bereich** findet es seine normative Ausprägung in den Vorschriften des § 31 Abs. 2 BauGB und des § 15 BauNVO (BVerwG, Urteil vom 5.8.1983 – 4 C 96.79, BRS 40 Nr. 4 und Urteil vom 5.8.1983 – 4 C 53.81, BRS 40 Nr. 198). Im **Geltungsbereich eines** – qualifizierten, vorhabenbezogenen oder einfachen – **Bebauungsplans** (s. **§ 30 Abs. 1**

**bis 3 BauGB**) kann ein Vorhaben, das nach den Festsetzungen über die **Art der baulichen Nutzung** i.V.m. §§ 2 bis 14 BauNVO (sämtliche Fassungen) zulässig ist, im Einzelfall über **§ 15 BauNVO** (sämtliche Fassungen), der sich als **Ausprägung des baurechtlichen Rücksichtnahmegebots** darstellt (BVerwG, Urteil vom 5.8.1983 – 4 C 53.81, BRS 40 Nr. 198), **ausnahmsweise unzulässig** sein,

- wenn das **Vorhaben nach Anzahl**, **Lage**, **Umfang** oder **Zweckbestimmung** in **Widerspruch zu der Eigenart des Baugebiets** tritt,
- wenn das **Vorhaben Belästigungen oder Störungen hervorruft**, die **im Baugebiet unzumutbar** sind oder
- wenn das **Vorhaben selbst** solchen **Belästigungen oder Störungen ausgesetzt** würde.

Nach dem Wortlaut des § 15 BauNVO, der unter anderem auf die Zulässigkeitskriterien **Anzahl**, **Lage**, **Umfang** von Vorhaben abstellt, könnte geschlossen werden, die Vorschrift biete auch eine Handhabe, um z.B. eine bestimmte Gebäudeanordnung oder Gebäudegröße innerhalb einer großzügig dimensionierten überbaubaren Grundstücksfläche im Einzelfall unterbinden zu können. Jedenfalls hatte die Rechtsprechung eine derartige Auslegung bislang gestützt (vgl. z.B. BVerwG, Beschluss vom 22.11.1984 – 4 B 244.84, BRS 42 Nr. 206 und Beschluss vom 29.7.1991 – 4 B 40.91, BRS 52 Nr. 56). Inzwischen hat sich jedoch die Auffassung durchgesetzt, dass **§ 15 BauNVO** aufgrund seiner **Stellung im ersten Abschnitt** der BauNVO nur die Vorschriften über die **Art** der baulichen Nutzung erfasst (BVerwG, Urteil vom 16.3.1995 – 4 C 3.94, BauR 1995, 508 = BRS 57 Nr. 175 = ZfBR 1995, 212). Infolgedessen wirken sich die **Kriterien Anzahl**, **Lage** und **Umfang** nur in Bezug auf die Art der baulichen Nutzung aus. Im Einzelfall kann z.B. der „**Umfang**" eines Vorhabens der Eigenart des Baugebiets widersprechen, weil **Quantität** auch infolge der städtebaulichen Auswirkungen in **Qualität** umschlagen kann (vgl. Fickert/Fieseler, zu § 15 Rdn. 8.1). **44c**

Diese Betrachtung ist **nicht grundstücksbezogen**, sondern **stets baugebietsweit** vorzunehmen, da es darum geht, die „**gewachsene**" Eigenart des Baugebiets, wie diese aufgrund der festgesetzten Art der baulichen Nutzung entstanden ist, durch „**Nachsteuerung**" – bzw. „**Feinsteuerung**" – vor nachteiligen Veränderungen zu schützen (nur Nachsteuerung, nicht jedoch Korrektur der Festsetzung, so Fickert/Fieseler, Vorbemerkungen zu den §§ 2 bis 9, 12 bis 14, Rdn. 11.5). Ein in einem Baugebiet zulässiger Gewerbebetrieb kann wegen seines Umfangs, nämlich der „aus dem Rahmen fallenden Betriebsgröße" oder wegen des „regen Zu- und Abgangsverkehrs", im Einzelfall unzulässig sein (BVerwG, Urteil vom 4.5.1988 – 4 C 34.86, BauR 1988, 440 = BRS 48 Nr. 37 = NJW 1988, 3168). **44d**

Die Nachsteuerung über § 15 BauNVO greift nur ein, **soweit der Bebauungsplan noch keine abschließende planerische Entscheidung zur Zulässigkeit des speziellen Vorhabens enthält** (BVerwG, Beschluss vom 6.3.1989 – 4 NB 8.89, BauR 1989, 306 = BRS 49 Nr. 44 zur Unzulässigkeit der Nachsteuerung bei der Ausweisung eines Parkhauses, dessen Details bereits bei der Planaufstellung genau bekannt waren). Daraus wird deutlich, dass der **Spielraum zur Anwendung des § 15 BauNVO umso geringer** ist, **je konkreter die Festsetzung zur Art der baulichen Nutzung** getroffen wurde. Gründe, die bereits Gegenstand der planerischen Abwägung waren, können nicht mehr in die Prüfung nach § 15 BauNVO eingestellt werden (OVG NRW, Beschluss vom 9.7.1993 – 10 B 531/93, BRS 55 Nr. 180). **44e**

45 Nur eine bauaufsichtlich **genehmigte und tatsächlich ausgeübte Nutzung** kann eine **Rücksichtnahmepflicht** des Nachbarn auslösen (VGH B-W, Urteil vom 20.5.2003 – 5 S 2751/01, BauR 2003, 1539 = BRS 66 Nr. 179 zu einem nahezu zwei Jahre lang nicht mehr bewohnten Gebäude). Hinsichtlich dieses Zeitraums ist jedoch Vorsicht geboten, da nach anderer Auffassung auch noch nach vier Jahren des Leerstandes nicht von einem Erlöschen des Nutzungsrechts ausgegangen werden kann (OVG Bln, Beschluss vom 7.6.2004 – 2 S 27.04, BRS 67 Nr. 191).

46 Das **Rücksichtnahmegebot** ist **kein eigenständiges Rechtsinstitut** (vgl. Schlichter/Stich/Driehaus/Paetow, Vorbemerkung zu den § 29 bis 38, Rdn. 32), sondern eine zwar nicht generelle, wohl aber ausnahmsweise einzelfallbezogene Ausformung des nachbarschützenden Charakters einer Norm des **einfachen** Rechts (BVerwG im Beschluss vom 20.9.1984 – 4 B 181.84, BRS 42 Nr. 184). Das BVerwG versteht das subjektiv-rechtliche **Rücksichtnahmegebot als eine Einschränkung des Nachbarschutzes**, indem es der Norm, in der das Gebot objektiv-rechtlich verankert ist, keine generell drittschützende Wirkung zubilligt, sondern auf die „unzumutbare" Beeinträchtigung des Dritten nach den konkreten Umständen des Einzelfalles abstellt. Finkelnburg/Ortloff, Band II, S. 264, sprechen deswegen begrifflich klar von „**partiell nachbarschützenden Normen**" im Gegensatz zu „generell nachbarschützenden Normen".

Die geforderte „**Unzumutbarkeit**" richtet sich **nach den Kriterien der Norm** und ist nicht mit der Unzumutbarkeit im Sinne des Anspruchs aus Art. 14 Abs. 1 oder Art. 2 Abs. 1 GG zu verwechseln (so Finkelnburg/Ortloff, a. a. O.).

Anders als bei der Verletzung einer generell nachbarschützenden Norm setzt Nachbarschutz aus dem Gebot der Rücksichtnahme voraus, dass eine – **unzumutbare** – **Beeinträchtigung des Nachbarn** zusätzlich festgestellt wird. Die allein objektive Rechtswidrigkeit eines Vorhabens reicht im Zusammenhang mit der Verletzung des Gebots der Rücksichtnahme nicht aus, Nachbarrechtsschutz zu erlangen (BVerwG, Urteil vom 28.10.1993 – 4 C 5.93, BauR 1994, 354 = BRS 55 Nr. 168).

47 Das Rücksichtnahmegebot ist „**keine allgemeine Härteklausel**", die „über" den speziellen Vorschriften des Städtebaurechts oder gar denen des gesamten öffentlichen Baurechts steht, sondern ist lediglich „**Bestandteil einzelner bauplanungsrechtlicher Zulässigkeitskriterien**" (BVerwG, Urteil vom 11.1.1999 – 4 B 128.98, BRS 62 Nr. 102), um – anders als bei dem generell nachbarschützenden § 6 BauO NRW – eine nach den konkreten Umständen des Einzelfalls aus der Anwendung des Bauplanungsrechts sich **ausnahmsweise** ergebende „**unzumutbare**" **Beeinträchtigung des Nachbarn** abzuwehren (BVerwG, Beschluss vom 20.9.1984 – 4 B 181.84, BRS 42 Nr. 184).

47 a Die **bauplanungsrechtlichen Vorschriften** werden dabei **durch bauordnungsrechtliche nicht verdrängt**, so dass auch bei Einhaltung verwandter bauordnungsrechtlicher Vorschriften das Rücksichtnahmegebot aus bauplanungsrechtlichen Vorschriften verletzt sein kann (BVerwG, Urteil vom 11.1.1999 – 4 B 128.98, BRS 62 Nr. 102 zum Verhältnis von § 34 BauGB zu bauordnungsrechtlichen Abstandvorschriften und Urteil vom 7.12.2000 – 4 C 3.00, BRS 63 Nr. 160 zum Verhältnis von § 15 BauNVO zu den bauordnungsrechtlichen Vorschriften des § 51 Abs. 7 BauO NRW über die Anordnung der Stellplätze auf dem Grundstück).

47 b Da das Rücksichtnahmegebot stets eine **Ermittlung der konfliktträchtigen Positionen** und der **wechselseitigen Zumutbarkeit** voraussetzt (BVerwG, Beschluss vom 14.2.1994 – 4 B 152.93, BRS 56 Nr. 165), wird seine Anwendung in der Praxis auch weiterhin Pro-

bleme bereiten, unter anderem deshalb, weil im Einzelfall die erforderliche Rücksichtnahme aus unterschiedlichen Vorschriften resultieren kann. Hält z. B. ein Vorhaben die geforderten Abstandflächen ein, ist daneben grundsätzlich kein Raum mehr für eine Verletzung des Gebots der Rücksichtnahme hinsichtlich der durch § 6 BauO NRW geschützten Belange (BVerwG, Beschluss vom 22. 11. 1984 – 4 B 244.84, BRS 42 Nr. 206 und Urteil vom 23. 5. 1986 – 4 C 34.85, BRS 46 Nr. 176), was aber nicht ausschließt, dass eine Verletzung der Rücksichtnahmepflicht aus dem Einfügungsgrundsatz des § 34 Abs. 1 BauGB vorliegt (BVerwG, Urteil vom 16. 9. 1993 – 4 C 28.91, BRS 55 Nr. 110).

Das bauplanungsrechtliche Gebot der Rücksichtnahme erfährt **keine Konkretisierung** und **keine Einschränkung durch das Abstandflächenrecht** der Landesbauordnungen, soweit nachbarliche Belange in Rede stehen, die von diesem nicht erfasst werden, wie etwa die in § 34 Abs. 1 Satz 2 BauGB geforderten **gesunden Wohn- und Arbeitsverhältnisse** (VGH B-W, Beschluss vom 12. 10. 2004 – 8 S 1661/04, BRS 67 Nr. 179 = NVwZ-RR 2005, 89). Nach der generellen Reduzierung der Tiefe der Abstandflächen auf 0,4 H gewinnt dieser Aspekt an Bedeutung. **47c**

### 1.4 Grundgesetz als Anspruchsgrundlage

Die grundgesetzlichen Anspruchsgrundlagen stellen im Wesentlichen **Art. 14 Abs. 1 – Eigentumsschutz**, **Art. 2 Abs. 2 GG – Schutz auf Leben und körperliche Unversehrtheit**, **Art. 4 – Schutz der Totenruhe** und **Art. 5 Abs. 3 – Kunstfreiheit** dar (hierzu s. Jäde/Dirnberger/Weiß, zu § 29 Rdn. 92–99). Diese Grundrechtsartikel sind in Rechtsprechung und Literatur für nachbarliche Abwehransprüche herangezogen worden, um in Fällen einer nach einfachem Recht lediglich objektiv-rechtlichen, also nicht subjektivrechtlichen Beeinträchtigung durch eine rechtswidrige Baugenehmigung oder ein ohne Baugenehmigung rechtswidrig errichtetes Bauvorhaben, dem Nachbarn zumindest dann Rechte einzuräumen, wenn er durch die Baugenehmigung oder die Baumaßnahme besonders hart betroffen worden ist. Dabei kommt es nicht darauf an, ob eine Norm des Bauplanungsrechts oder des Bauordnungsrechts verletzt worden ist. **48**

Neben den Abwehrrechten aus nachbarschützenden, einfachrechtlichen Vorschriften und dem Gebot der Rücksichtnahme, das im Einzelfall aus einfachgesetzlichen Normen seine Begründung und Konkretisierung erfährt, wird nach der Rechtsprechung vor allem noch ein unmittelbar verfassungsrechtlich, aus **Art. 14 GG** abgeleiteter **Abwehranspruch des Nachbarn** gegen Vorhaben, die seine **Grundstückssituation nachhaltig verändern und den Nachbarn schwer und unerträglich treffen**, anerkannt (grundlegend BVerwG, Urteil vom 13. 6. 1969 – IV C 234.65, BRS 22 Nr. 181; Urteil vom 26. 3. 1976 – IV C 7.74, BRS 30 Nr. 140 = DVBl. 1977, 285 = DÖV 1976, 563; OVG NRW, Urteil vom 13. 2. 1970 – X A 1328/68, OVGE 25, 218; Battis/Krautzberger/Löhr, zu § 31 Rdn. 82 ff.; umfangreiche Rechtsprechungshinweise s. im Übrigen bei Schlichter/Stich/Driehaus/Paetow, Vorbemerkungen zu den §§ 29 bis 38, Rdn. 20). **49**

**Unerträglich ist ein Nachteil** dann **nicht**, wenn sich die Beeinträchtigung oder doch ihre Schwere aus **Besonderheiten** (auch) des betroffenen (Nachbar-)Grundstücks ergibt und es **für den Eigentümer** (Nachbar) **zumutbar** ist, für **Abhilfe auf dem eigenem Grundstück** zu sorgen (BVerwG, Urteil vom 14. 12. 1973 – IV C 71.71, BRS 27 Nr. 157). Ist die Eigentumsverletzung in dem Sinne **unmittelbar**, dass sie in die Substanz des von den §§ 903 und 905 BGB umschriebenen Eigentums eingreift, kommt es nicht auf die Voraussetzung des „schweren und unerträglichen“ Eingriffs an (BVerwG, Urteil vom 26. 3. 1976 – IV C 7.74, BRS 30 Nr. 140). **50**

51 Die **kritischen Stimmen** betonen die Entbehrlichkeit eines Abwehrrechts unmittelbar aus Art. 14 Abs. 1 GG im Hinblick auf die Rechtsprechung zum Rücksichtnahmegebot (so Finkelnburg/Ortloff, Band II S. 256f.; Große-Suchsdorf/Lindorf/Schmaltz/Wiechert, zu § 72 Rdn. 18). Der Abwehranspruch bei Verletzung des Gebots der Rücksichtnahme greife bereits im Vorfeld eines eventuellen Anspruchs aus Art. 14 Abs. 1 GG ein. Die für jenen maßgebliche Schwelle der Zumutbarkeit liege deutlich unter der enteignungsrechtlichen Zumutbarkeitsschwelle, die für den Nachbarschutz aus Art. 14 Abs. 1 vorausgesetzt werde. Das BVerwG hat im Urteil vom 26. 9. 1991 (– 4 C 5.87, BRS 52 Nr. 5 = DVBl. 1992, 564) offenbar in Reaktion auf die kritischen Stimmen in Abkehr von seiner früheren Rechtsprechung offen gelassen (vgl. auch BVerfG, Beschluss vom 30. 11. 1988 – 1 BvR 1301/84, NJW 1989, 1271 zum Schutz der Anlieger vor Verkehrslärm),

„*ob Abwehransprüche Dritter im öffentlichen Baurecht überhaupt unmittelbar auf Art. 14 Abs. 1 GG gestützt werden können*".

Soweit drittschützende einfachrechtliche Regelungen vorhanden sind (z. B. §§ 31, 34, 35 BauGB; § 15 BauNVO), besteht **kein weitergehender** unmittelbar auf Art. 14 Abs. 1 GG beruhender Anspruch (BVerwG, Urteil vom 26. 9. 1991 – 4 C 5.87, BRS 52 Nr. 182).

52 Auch aus **Art. 2 Abs. 2 GG** können sich für den Nachbarn Abwehrrechte gegen ein Vorhaben ergeben, da die **körperliche Unversehrtheit** (Gesundheit) zumindest den **gleichen Schutz** verdient **wie das Eigentum** (vgl. Schlichter/Stich, Vorbemerkung zu den §§ 29 bis 38 Rdn. 26); ein allgemeines Umweltgrundrecht lässt sich daraus allerdings nicht ableiten (BVerwG, Urteil vom 29. 7. 1977 – IV C 51.75, BRS 32 Nr. 17 = DVBl. 1977, 897 = NJW 1978, 554). Diese Anspruchsgrundlage können nicht nur Grundeigentümer geltend machen, sondern auch **Mieter**, **Pächter** und **obligatorisch Berechtigte** (s. Schlichter, Baurechtlicher Nachbarschutz, NVwZ 1983, S. 641 ff.; Battis/Krautzberger/Löhr, zu § 31 Rdn. 87; Finkelnburg/Ortloff, Band II S. 292f.; OVG NRW, Urteil vom 19. 9. 1983 – 13 A 1888/82, NVwZ 1984, 385 = UPR 1984, 131).

**Bloße Störungen** des **körperlichen** oder **seelischen Wohlbefindens** ohne gesundheitliche Relevanz **fallen** jedoch **nicht unter** den durch Art. 2 Abs. 2 GG gewährleisteten **Schutz der Gesundheit** (VGH B-W, Beschluss vom 9. 2. 1995 – 3 S 3407/94, BRS 57 Nr. 229).

52 a Auch kann ein Nachbar nicht unter Berufung auf die aus Art. 2 Abs. 2 Satz 1 GG abzuleitende staatliche Schutzpflicht die Aufhebung einer Baugenehmigung für ein Konsulat verlangen, weil bei diesem die **Gefahr terroristischer Anschläge** bestehe (VGH B-W, Urteil vom 17. 2. 2006 – 5 S 1848/05, BauR 2006, 1865), jedoch muss sich die Bauaufsichtsbehörde vergewissern, dass bei einer geänderten Einschätzung der Sicherheitslage die dann zu erwartenden Gefahren für die Einrichtung und die Umgebung unter Wahrung des **bauplanungsrechtlichen Rücksichtnahmegebots** durch zusätzliche Maßnahmen beherrscht werden können (BVerwG, Urteil vom 25. 1. 2007 – 4 C 1.06, DÖV 2007, 795; vgl. auch Wittinger, Die Gefahr terroristischer Anschläge auf völkerrechtliche Vertretungen und das baurechtliche Gebot der Rücksichtnahme, DÖV 2007, S. 786 ff.).

52 b Aus **Art. 4 GG** und dem daraus ableitbaren **Schutz der Totenruhe** wurde ein Abwehranspruch zugunsten eines Friedhofs anerkannt (VG Magdeburg, Beschluss vom 9. 1. 1996 – 4 B 88/95, LKV 1996, 341 zum Verlust der Zweckbestimmung eines früheren jüdischen Friedhofs: „*Der Schutz der Totenruhe umfasst nur diejenigen Teile eines Friedhofs, die tatsächlich als Begräbnisplatz genutzt werden*").

Unter Heranziehung des **Art. 5 Abs. 3 GG** hat das VG Berlin (Beschluss vom 26. 5. 1995 – 19 A 831.95, NJW 1995, 2650 = NVwZ 1995, 1243) den Künstlern Christo und Jeanne-Claude, die vom 17. 6. bis 6. 7. 1995 den Reichstag verhüllten, Nachbarschutz gegen eine vom Künstler Azizi zeitgleich beantragte Kunstveranstaltung in der unmittelbaren Nachbarschaft gewährt (vgl. hierzu Sendler, Der verhüllte Reichstag und die Smendsche Integrationslehre, NJW 1995, S. 2602 ff. sowie Uechtritz, Nachbarschutz durch Kunstfreiheit?, NJW 1995, S. 2606 ff.). Die Entscheidung ist allerdings kritisch vor dem Hintergrund zu betrachten, dass bereits aus dem Umgebungsschutz für Baudenkmäler und dem bauordnungsrechtlichen Verunstaltungsverbot einfachrechtliche Vorschriften zur Verfügung standen (so Jäde/Dirnberger/Weiß, zu § 29 Rdn. 98 unter Bezug auf VGH B-W, Urteil vom 6. 5. 1997 – 5 S 2394/96, NVwZ-RR 1998, 715 = VBlBW 1998, 20, wonach die Frage der Beeinträchtigung des Erscheinungsbilds eines Kulturdenkmals keine Frage des bauplanungsrechtlichen Rücksichtnahmegebots ist). Die Freiheit der Kunst hindert jedenfalls nicht grundsätzlich, die Aufstellung von Monumentalfiguren im Außenbereich wegen eines Widerspruchs zu Darstellungen des Flächennutzungsplans abzulehnen (BVerwG, Beschluss vom 13. 4. 1995 – 4 B 70.95, BRS 57 Nr. 109). 53

## 2 Nachbarschützende Vorschriften

### 2.1 Bauordnungsrecht

**§ 1 BauO NRW** – Anwendungsbereich und **§ 2 BauO NRW** – Begriffe 54

Diese Vorschriften vermitteln **keinen Nachbarschutz** (vgl. Boeddinghaus/Hahn/Schulte, zu § 74 Rdn. 197),

**§ 3 BauO NRW** – Allgemeine Anforderungen 54 a

Nach der obergerichtlichen Rechtsprechung einiger Bundesländer dient die Vorschrift **grundsätzlich nicht dem Nachbarschutz**, sondern dem Allgemeininteresse (Bay VGH, Urteil vom 27. 7. 1976 – Nr. 354 I 73, BRS 30 Nr. 125). Über § 3 Abs. 1 Satz 1 BauO NRW lässt sich danach auch nicht mit Erfolg einwenden, dass bei der Baugenehmigung für ein türkisches Konsulat die Gefahr terroristischer Anschläge bestehe (VGH B-W, Beschluss vom 22. 6. 2004 – 5 S 1263/04, BauR 2005, 1129 = BRS 67 Nr. 181 und Urteil vom 17. 2. 2006 – 5 S 1848/05, BauR 2006, 1865; s. jedoch Rdn. 52 a zu den Berücksichtigungspflichten aus dem bauplanungsrechtlichen Rücksichtnahmegebot nach BVerwG, Urteil vom 25. 1. 2007 – 4 C 1.06, DÖV 2007, 795).

Soweit die **bauordnungsrechtliche Generalklausel** des **§ 3 Abs. 1 Satz 1 BauO NRW** überhaupt unmittelbar gilt, also nicht durch speziellere Vorschriften der BauO NRW oder aufgrund der BauO NRW erlassener Vorschriften verdrängt wird, kommt ihr nach der obergerichtlichen Rechtsprechung in Nordrhein-Westfalen **nachbarschützender Charakter** zu (s. auch die Anmerkungen zu § 3 Rdn. 54). Obwohl die **praktische Bedeutung gering** ist, sind doch Fälle gegeben, in denen in Ermangelung spezieller Vorschriften auf die materielle Grundnorm zurückgegriffen werden muss, um Gefahren abzuwehren (vgl. z. B. OVG NRW, Beschluss vom 11. 2. 1982 – 11 B 874/81, BauR 1982, 353 = BRS 39 Nr. 48 zur Störung durch ein Glockenspiel). Einen nachbarschützenden Charakter der Vorschrift erachtet auch das OVG Bln im Beschluss vom 29. 10. 1991 (– 2 S 23.91, BRS 52 Nr. 233) für gegeben, wenn etwa Grund zu der Besorgnis bestanden hätte, das durch die Abbauarbeiten zur Beseitigung eines Lenin-Denkmals die Sicherheit des Nachbarn gefährdet werden könnte).

55 **§ 4 BauO NRW** – Bebauung der Grundstücke mit Gebäuden

**Absatz 1** ist **nicht nachbarschützend** (OVG NRW, Urteil vom 9.4.1969 – VII A 1037/67, BRS 22 Nr. 189 und VGH B-W, Urteil vom 28.5.1975 – VIII 312/74, BRS 29 Nr. 95 zur Zuwegung; BayVGH, Urteil vom 14.11.1969 – Nr. 165 I 69, BayVBl. 1970, 258 zur Trinkwasserversorgung). **Ausnahmsweise** ist eine **nachbarschützende Wirkung** anzunehmen, wenn ein Vorhaben unter Missachtung der Erschließungsanforderungen realisiert wird und der Nachbar ein Notwegerecht gemäß § 917 BGB dulden müsste (so Jeromin, zu § 68 Rdn. 21 unter Bezug auf BVerwG, Urteil vom 26.3.1976 – IV C 7.74, BRS 30 Nr. 140 sowie OVG Rh-Pf, Beschluss vom 9.2.1994 – 1 B 11634/94, n.v., Beschluss vom 29.3.1996 – 1 B 10261/96, n.v., und Urteil vom 23.9.1998 – 8 A 12474/98, n.v.) oder die Verlegung einer Abwasserleitung hinzunehmen hätte (BayVGH, Urteil vom 17.11.1999 – 26 B 96.1268, BRS 62 Nr. 188).

55 a **Absatz 2** dient – wie alle Baulastregelungen – öffentlichen Interessen; eine **nachbarschützende Wirkung** wird allerdings, beschränkt auf **Sonderfälle**, nicht völlig ausgeschlossen werden können (vgl. Boeddinghaus/Hahn/Schulte, zu § 74 Rdn. 208), wobei es nur darum gehen kann, die durch eine Vereinigung mittels Baulast für die Nachbarn entstehenden negativen Auswirkungen abzuwehren – das sind also im Einzelfall nur „nachbarschützende Nebeneffekte“ der Vereinigungsbaulast (s. die Anmerkungen zu § 4 Rdn. 113–115). Als Beispiel kann die Vereinigung zweier Grundstücke mit Garagen und Gerätehäusern an der Grundstücksgrenze genannt werden, wodurch die zulässige Länge der Grenzbebauungen das in § 6 Abs. 11 BauO NRW genannte Maß von 15 m übersteigen kann (s. das Beispiel bei den Anmerkungen zu § 8 Rdn. 30).

56 **§ 5 BauO NRW** – Zugänge und Zufahrten auf dem Grundstück

Die Vorschriften haben **keine nachbarschützende Wirkung** (OVG NRW, Urteil vom 9.4.1969 – VII A 1037/67, BRS 22 Nr. 189).

57 **§ 6 BauO NRW** – Abstandflächen

Die Vorschriften über die **Tiefe** und **Lage** der Abstandflächen und deren **Berechnung** nach der Wandhöhe unter Berücksichtigung der Giebel- und Dachflächen sowie über vor die Außenwand **vortretende Bauteile** (Absätze 2 bis 7) sind **nachbarschützend** (grundlegend OVG NRW, Urteil vom 14.1.1994 – 7 A 2002/92, BRS 56 Nr. 196). Die Abstandregeln gelten nicht nur für Gebäude, sondern nach **Absatz 10** auch für **bauliche Anlagen**, von denen **Wirkungen wie von Gebäuden** ausgehen. Daher ist **bei Erfüllung der Tatbestandsmerkmale** auch eine **nachbarschützende Wirkung** gegeben (OVG NRW, Beschluss vom 22.1.2001 – 7 E 547/99, BRS 64 Nr. 126, zu ca. 3 m hohen Terrassenanschüttungen im Grenzbereich zum Nachbarn). Nur einige wenige Bestimmungen dienen allein öffentlichen Belangen (s. die Anmerkungen zu § 6 Rdn. 39–48 a).

58 Das Abstandflächenrecht räumt mit den Absätzen 1 und 16 dem **Bauplanungsrecht** den **Vorrang** ein, so dass das bauplanungsrechtliche **Rücksichtnahmegebot** bei seiner Anwendung zu beachten ist (s. die Anmerkungen zu § 6 Rdn. 49–55).

59 **§ 8 BauO NRW** – Teilung von Grundstücken

Die Vorschrift betrifft nur die Teilung **bebauter** Grundstücke. Durch die Teilung dürfen keine Verhältnisse entstehen, die den bauordnungsrechtlichen – auch den **nachbarschützenden** – Vorschriften zuwiderlaufen (s. die Anmerkungen zu § 8 Rdn. 23). Damit kann § 8 BauO NRW auch nachbarschützende Funktion zukommen (Nds. OVG, Urteil vom 7. 3. 2005 – 1 LB 174/04, BRS 69 Nr. 172). Teilungen in Altbaugebieten sind unter Gewährung einer Abweichung möglich, wenn nachbarliche Belange nicht nachteilig berührt werden (s. die Anmerkungen zu § 8 Rdn. 28 und 29).

**§ 9 BauO NRW** – Nicht überbaute Flächen, Spielflächen, Geländeoberfläche **60**

**Absatz 1** enthält Versiegelungsverbote sowie Begrünungs- und Bepflanzungsgebote, die allein aus stadtökologischen Gründen erlassen worden und daher **nicht nachbarschützend** sind (s. die Anmerkungen zu § 9 Rdn. 4).

**Absatz 2** normiert die Pflicht des Bauherrn zur Schaffung von Kinderspielflächen und ist **nicht nachbarschützend**. Die von Kleinkinderspielflächen ausgehenden Beeinträchtigungen sind von den Nachbarn hinzunehmen (s. die Anmerkungen zu § 9 Rdn. 61). **60 a**

**Absatz 3** ist hinsichtlich der Auswirkungen bei Veränderung der Geländeoberfläche **nachbarschützend** (OVG Saar, Beschluss vom 17. 9. 1979 – II W 1.2047/79, BauR 1980, 158 = BRS 35 Nr. 99; OVG Lüneburg, Urteil vom 25. 3. 1980 – 1 A 29/79, BRS 36 Nr. 123; OVG NRW, Urteil vom 27. 11. 1989 – 11 A 195/88, BauR 1990, 341 = BRS 50 Nr. 185 und Urteil vom 29. 9. 1995 – 10 A 1025/90 = BRS 57 Nr. 230). Die Festlegung der Geländeoberfläche ist eine wertende Entscheidung, bei der auch die Belange des Nachbarn zu berücksichtigen sind und die im pflichtgemäßen Ermessen der Bauaufsichtsbehörde steht; eine Festlegung abweichend von der natürlichen Geländeoberfläche ist nur zulässig, wenn hierfür ein sachlicher Grund gegeben ist (Hess. VGH, Beschluss vom 17. 9. 2004 – 4 TG 2610/04, BRS 67 Nr. 193 = NVwZ-RR 2005, 228). **60 b**

**§ 11 BauO NRW** – Gemeinschaftsanlagen **61**

Die **nicht nachbarschützende** Vorschrift dient dem Vollzug des Bauplanungsrechts (s. die Anmerkungen zu § 11 Rdn. 3 und Boeddinghaus/Hahn/Schulte, zu § 74 Rdn. 315).

**§ 12 BauO NRW** – Gestaltung (= Verbot der Verunstaltung) **62**

**Absatz 1** dient der Verunstaltungsabwehr im allgemeinen Interesse und ist daher nach der herrschenden Meinung **nicht nachbarschützend.**(OVG NRW, Urteil vom 18. 2. 1965 – VII A 655/63, BRS 16 Nr. 74; VGH B-W, Urteil vom 4. 2. 1969 – II 347/68, BRS 22 Nr. 167; OVG Saar, Beschluss vom 26. 6. 1985 – 2 W 1331/85, BRS 44 Nr. 162; OVG Lüneburg, Urteil vom 5. 9. 1985 – 6 A 104/83, BRS 44 Nr. 162). Die Bestimmungen dienen grundsätzlich nicht dem Individualrechtsschutz, sondern dem öffentlichen Interesse an der Wahrung bestimmter gestalterischer Mindestanforderungen (OVG Bln, Beschluss vom 29. 10. 1991 – 2 S 23.91, BRS 52 Nr. 233).

**Absatz 2** verfolgt eine ähnliche Zielsetzung, nimmt jedoch die Wirkung der baulichen Anlage auf ihre Umgebung in den Blick. Im Falle einer besonders groben Rücksichtslosigkeit kann möglicherweise Nachbarschutz gegeben sein (s. die Anmerkungen zu § 12 Rdn. 16 und Große/Suchsdorf/Lindorf/Schmaltz/Wiechert, zu § 53 Rdn. 17; vgl. auch Boeddinghaus/Hahn/Schulte, zu § 74 Rdn. 316, die unter Bezug auf OVG NRW, Urteil vom 14. 1. 1994 – 7 A 2238/92, n. v., nachbarschützende Wirkung ausnahmsweise annehmen, wenn die Verunstaltung auf die Umgebung so gravierend ist, dass sie einem Eingriff in das Grundeigentum des Nachbarn gleichkommt). **62 a**

**§ 13 BauO NRW** – Anlagen der Außenwerbung und Warenautomaten **63**

Die Vorschrift dient wie § 12 BauO NRW der Verunstaltungsabwehr im allgemeinen Interesse und ist daher mit einer Ausnahme **nicht nachbarschützend**. Die Regelungen des **Absatzes 4** zur eingeschränkten Zulässigkeit von Werbeanlagen in Wohn- und Dorfgebieten sind **nachbarschützend**. Sie ergänzen die BauNVO in Bezug auf Werbeanlagen, die **keine** städtebauliche Relevanz aufweisen, wie z.B. Bemalungen auf Giebelflächen (s. die Anmerkungen zu § 13 Rdn. 6).

64 **§ 14 BauO NRW** – Baustellen

Die Vorschrift ist unter Gesichtspunkten des Immissionsschutzes **nachbarschützend**, da **vermeidbare Belästigungen** zu unterlassen sind, wird jedoch durch das Immissionsschutzrecht weitgehend verdrängt (s. die Anmerkungen zu § 14 Rdn. 22–25).

65 **§ 15 BauO NRW** – Standsicherheit

Die Vorschrift ist auch **nachbarschützend** (s. die Anmerkungen zu § 15 Rdn. 4–5 sowie BayVGH, Urteil vom 21. 8. 1973 – Nr. 140 I 72, BRS 27 Nr. 169; OVG Lüneburg, Urteil vom 23. 9. 1986 – 6 A 182/84, BRS 46 Nr. 184; OVG NRW, Beschluss vom 24. 1. 2000 – 7 B 2180/99, BRS 63 Nr. 149).

66 **§ 16 BauO NRW** – Schutz gegen schädliche Einflüsse

Die Vorschrift ist insoweit **nachbarschützend**, als durch eine ungeeignete Anordnung der baulichen Anlage schädliche Auswirkungen auf benachbarte bauliche Anlagen entstehen können (BayVGH, Urteil vom 11. 5. 1987 – Nr. 14 B 84 A.1412, BRS 47 Nr. 182 und Nds. OVG, Beschluss vom 12. 7. 1994 – 6 M 3522/94, BRS 56 Nr. 178).

67 **§ 17 BauO NRW** – Brandschutz

Die Bestimmungen des § 17 und die diese allgemeine Anforderung ausfüllenden speziellen Vorschriften sind insoweit **nachbarschützend**, als sie ein Übergreifen von Feuer auf angrenzende Grundstücke verhindern sollen (s. die Anmerkungen zu § 17 Rdn. 24–29 a und OVG NRW, Urteil vom 25. 4. 1973 – VII A 345/72, BRS 27 Nr. 103).

68 **§ 18 BauO NRW** – Wärmeschutz, Schallschutz, Erschütterungsschutz

**Absatz 1** dient allein dem öffentlichen Interesse an einem den Energieverbrauch senkenden **Wärmeschutz** der Gebäude und ist daher **nicht nachbarschützend**.

68 a **Absatz 2** betrifft den Schutz vor **Schall** und **Geräuschen**. Die Vorschrift ist insofern **nachbarschützend**, als Vorkehrungen gegen die Ausbreitung von Geräuschen verlangt werden, die von ortsfesten Anlagen oder Einrichtungen ausgehen. Die Anlagen sind so zu dämmen, dass weder Gefahren, noch **unzumutbare Belästigungen** entstehen dürfen (OVG Rh-Pf, Urteil vom 20. 3. 1980 – 1 A 51/78, DÖV 1981, 189 und Beschluss vom 24. 9. 1985 – 1 B 42/85, BRS 44 Nr. 184).

68 b **Absatz 3** erfasst **Erschütterungen** und **Schwingungen**, die von ortsfesten Anlagen oder Einrichtungen ausgehen. Die Anlagen sind so zu dämmen, dass weder Gefahren, noch **unzumutbare Belästigungen** entstehen dürfen. Daher ist die Vorschrift im gleichen Umfang wie Absatz 2 **nachbarschützend**.

69 **§ 19 BauO NRW** – Verkehrssicherheit

Die **nicht nachbarschützende** Vorschrift dient allein dem öffentlichen Interesse (VGH B-W, Urteil vom 18. 2. 1981 – 3 S 2325/80, BRS 38 Nr. 127 und OVG Saar, Urteil vom 28. 1. 1992 – 2 R 6/89, BRS 54 Nr. 195).

70 **§§ 20 bis 28 BauO NRW** – Bauprodukte und Bauarten

Diese Vorschriften dienen der Gewährleistung des freien Handels mit Bauprodukten (s. die Anmerkungen vor §§ 20 bis 28 Rdn. 17). Die Bestimmungen sind insgesamt **nicht**

**nachbarschützend** (s. auch BVerwG, Urteil vom 18.6.1997 – 4 C 8.95, BauR 1998, 107 = BRS 59 Nr. 141 = NVwZ 1998, 614 = UPR 1998, 146 und BayVGH, Beschluss vom 9.11.1988 – 1 CS 98.2821, NVwZ 1999, 446).

**§§ 29 bis 35 BauO NRW** – Wände, Decken und Stützen **71**

Diese Vorschriften sind **nachbarschützend**, soweit sie das **Übergreifen von Feuer auf Nachbargrundstücke** verhindern sollen. Dies gilt bezüglich der Bestimmungen über **Gebäudeabschlusswände** bzw. Brandwände (OVG NRW, Beschluss vom 15.7.1958 – VII B 612/58, BRS 8 V A 4 S. 109 sowie Urteil vom 9.4.1969 – VII A 1037/67, BRS 22 Nr. 189 und Urteil vom 25.4.1973 – VII A 345/72, BRS 27 Nr. 103; OVG Rh-Pf, Urteil vom 28.3.1974 – 1 A 116/73, BRS 28 Nr. 142; VGH B-W, Urteil vom 16.3.1976 – VIII 289/75, BRS 30 Nr. 135), der Anforderungen an die **Bedachung** (OVG Lüneburg, Urteil vom 12.11.1974 – I A 124/74, BRS 29 Nr. 82 und Hess. VGH, Urteil vom 22.2.1980 – IV OE 58/78, BRS 36 Nr. 153) und der **Abstände von Dachflächenfenstern** zur Nachbargrenze (OVG Bln, Urteil vom 29.5.1987 – 2 B 27.85, BRS 47 Nr. 147).

**§§ 36 bis 41 BauO NRW** – Treppen, Rettungswege, Aufzüge und Öffnungen **72**

Diese **nicht nachbarschützenden** Vorschriften dienen der Rettung der Nutzer eines Gebäudes im Brandfall (ebenso Boeddinghaus/Hahn/Schulte, zu § 74 Rdn. 333).

**§ 42 BauO NRW** – Lüftungsanlagen, Installationsschächte und Installationskanäle **73**

Die Vorschrift dient in erster Linie dem Brandschutz, **Absatz 3** insoweit auch dem **Nachbarschutz**, als die **Weiterleitung von Gerüchen, Staub und Schall in fremde Räume** unterbunden werden soll (so auch Jeromin, zu § 40 Rdn. 28 und 29).

**§ 43 BauO NRW** – Feuerungsanlagen, Wärme- und Brennstoffversorgungsanlagen **74**

Die Vorschriften sind insoweit **nachbarschützend**, als sie dem **Immissionsschutz** dienen (Hess. VGH, Beschluss vom 12.7.1966 – B IV 32/66, BRS 17 Nr. 131, OVG Rh-Pf, Urteil vom 25.10.1979 – 1 A 124/78, BRS 36 Nr. 202 und BayVGH, Urteil vom 19.11.1979 – Nr. 6 XIV 78, BRS 35 Nr. 181 zur Höhe der Schornsteinmündung; OVG Bremen, Beschluss vom 26.10.1982 – 1 BA 35/80, BRS 39 Nr. 205 und VGH B-W, Urteil vom 19.10.1982 – 8 S 1051/82, BRS 39 Nr. 121 zu Belästigungen durch offene Kamine).

**§ 44 BauO NRW** – Wasserversorgungsanlagen **75**

Die Vorschriften dienen dem allgemeinen Interesse an einer ausreichenden Versorgung mit Trink- und Löschwasser. Der **Nachbarschutz** greift nur ein, soweit **unzumutbare Belästigungen** vermieden werden sollen (s. die Anmerkungen zu § 44 Rdn. 8).

**§ 45 BauO NRW** – Abwasseranlagen – **inhaltlich in § 61 a LWG überführt** **76**

**Absätze 1 und 2** sind **nachbarschützend**, soweit sie der Entstehung von Gefahren und **unzumutbaren Belästigungen** vorbeugen (OVG Saar, Urteil vom 13.2.1976 – II R 87/75, BRS 30 Nr. 158). Die übrigen Bestimmungen dienen allein dem öffentlichen Interesse an der ordnungsgemäßen Abführung des Abwassers und des Niederschlagswassers und schützen daher nicht den Nachbarn.

**§ 46 BauO NRW** – Abfallschächte **77**

Durch das auf den 31.12.2003 ausgerichtete Gebot zur Stilllegung bestehender Abfallschächte ist die im Übrigen **nicht nachbarschützende** Vorschrift mit Ausnahme des Errichtungsverbots neuer Abfallschächte gegenstandslos geworden.

78 **§§ 48 bis 50 BauO NRW** – Aufenthaltsräume und Wohnungen

Diese Vorschriften begründen ausschließlich Anforderungen an die Aufenthaltsräume und Wohnungen und entfalten **keine nachbarschützende Wirkung** (OVG NRW, Beschluss vom 31.1.1991 – 7 B 241/91, BRS 52 Nr. 179).

79 **§ 51 BauO NRW** – Stellplätze und Garagen, Abstellplätze für Fahrräder

Die Vorschriften des § 51 BauO NRW dienen dem öffentlichen Interesse an der Erfüllung der Stellplatzpflicht und sind insoweit **nicht nachbarschützend**. Bei Nutzungen mit einem sehr hohen Stellplatzbedarf kann das Fehlen von Stellplätzen gegenüber einer angrenzenden Wohnbebauung **ausnahmsweise rücksichtslos** sein (OVG Bremen, Urteil vom 13.10.1995 – 1 BA 10/94, BRS 58 Nr. 168, zu einem Einzelhandelsbetrieb ohne ausreichende Stellplätze, wodurch sich im angrenzenden Wohnbebauung ein erheblicher motorisierter Kundenverkehr ergab; OVG NRW, Beschluss vom 15.11.2005 – 7 B 1823/05, BRS 69 Nr. 168 = DÖV 2006, 305 = ZfBR 2006, 178, zu einem Fußballstadion für 15.000 Zuschauer ohne ausreichende Stellplätze und einem dadurch ausgelösten starken Parksuchverkehr im angrenzenden Wohngebiet).

79 a **Absatz 7** enthält Anforderungen an die **Lage** und **Anordnung** von Stellplätzen und Garagen auf dem Baugrundstück unter **Berücksichtigung der Umgebung** und ist daher **nachbarschützend** (s. die Anmerkungen zu § 51 Rdn. 7 und 123–130).

80 **§ 52 BauO NRW** – Ställe, Dungstätten und Gärfutterbehälter

Die Vorschrift ist **nachbarschützend**, soweit sie die Vermeidung **unzumutbarer Belästigungen** gebietet (VGH B-W, Urteil vom 1.8.1983 – 8 S 2493/82, BRS 40 Nr. 207; OVG Saar, Urteil vom 6.12.1985 – 2 R 158/84, BRS 44 Nr. 165) oder die Einhaltung von **Abständen** zur Nachbargrenze verlangt (Hess. VGH, Urteil vom 9.6.1983 – III OE 73/82, BRS 40 Nr. 184 und Nds. OVG, Urteil vom 18.2.1993 – 1 L 246/89, BRS 55 Nr. 84).

81 **§ 53 BauO NRW** – Behelfsbauten und untergeordnete Gebäude

Die Vorschrift regelt brandschutztechnische Erleichterungen für **einfache Gebäude** und besondere Anforderungen, wenn diese aus brennbaren Baustoffen hergestellt werden und ist **nicht nachbarschützend** (ebenso Boeddinghaus/Hahn/Schulte, zu § 74 Rdn. 349).

82 **§ 54 BauO NRW** – Sonderbauten

Die Vorschrift ermöglicht besondere Anforderungen oder Erleichterungen für **Sonderbauten**. Absatz 2 belegt, dass sich diese Anforderungen oder Erleichterungen auch auf Vorschriften erstrecken können, die nachbarschützende Wirkung haben. Insoweit ist die Vorschrift auch **nachbarschützend** (s. die Anmerkungen zu § 54 Rdn. 28–30).

83 **§ 55 BauO NRW** – Bauliche Maßnahmen für besondere Personengruppen

Die Vorschrift hat **keinen nachbarschützenden Charakter**, da sie ersichtlich nur der Barrierefreiheit öffentlich zugänglicher baulicher Anlagen dient.

84 **§§ 56 bis 59 a BauO NRW** – Die am Bau Beteiligten

Diese Vorschriften begründen Rechte und Pflichten der am Bau Beteiligten und tangieren somit **keine nachbarschützenden Aspekte**.

85 **§§ 60 bis 62 BauO NRW** – Bauaufsichtsbehörden

Diese Vorschriften haben **keinen nachbarschützenden Charakter**. Allerdings gewährt **§ 61 Abs. 1 Satz 2 BauO NRW** dem **Nachbarn** einen **Anspruch auf Einschreiten** gegen ein Vorhaben, wenn das **Ermessen** der Bauaufsichtsbehörde **auf Null geschrumpft** ist (OVG NRW, Urteil vom 23. 4. 1982 – 10 A 645/80, BRS 39 Nr. 178). Jeder von einem Verwaltungsakt Betroffene – also auch der Nachbar – kann die Unzuständigkeit der erlassenden Behörde rügen, so dass die Zuständigkeitsregelungen im Einzelfall bei der Wahrnehmung nachbarlicher Abwehrrechte von Bedeutung sind (s. hierzu BayVGH, Beschluss vom 13. 8. 1996 – 20 CS 96.2369, BRS 58 Nr. 184).

**§§ 63 bis 68 BauO NRW** – Genehmigungsbedürftige und genehmigungsfreie Vorhaben **86**

Diese Vorschriften regeln verfahrensrechtliche Erfordernisse und sind daher **nicht nachbarschützend** (OVG Lüneburg, Urteil vom 14. 3. 1967 – VI A 110/66, BRS 18 Nr. 122).

**§§ 69 bis 83 BauO NRW** – Verwaltungsverfahren **87**

Diese Vorschriften sind mit Ausnahme einzelner Aspekte **nicht nachbarschützend** (vgl. BayVGH, Urteil vom 12. 5. 1986 – Nr. 14 B 85 A.588, BRS 46 Nr. 156; Hamb. OVG, Urteil vom 15. 10. 1981 – Bf II 73/80, BRS 38 Nr. 176; OVG NRW, Urteil vom 17. 11. 1986 – 7 A 2169/85, BRS 47 Nr. 149), auch nicht die Vorschriften über **Bauvorlagen** (VGH B-W, Beschluss vom 21. 6. 1993 – 5 S 874/92, BRS 55 Nr. 162 und Beschluss vom 12. 2. 2007 – 5 S 2826/06, BauR 2007, 1399; OVG Bln, Urteil vom 17. 10. 2003 – 2 B 8.01, BauR 2004, 987 = BRS 66 Nr. 189),

Eine Baugenehmigung ist jedoch im Regelfall aufzuheben, wenn Bauschein und genehmigte Bauvorlagen hinsichtlich nachbarrechtsrelevanter Umstände **unbestimmt** sind und infolgedessen bei der Ausführung des Bauvorhabens eine **Verletzung von Nachbarrechten nicht auszuschließen** ist (OVG NRW, Beschluss vom 30. 5. 2005 – 10 A 2017/03, BRS 69 Nr. 163). Die Vorschrift des § 79 BauO NRW über **Fliegende Bauten** ist **nicht nachbarschützend**; fühlt sich ein Angrenzer durch den zeitlich begrenzten Aufstellungsort eines Fliegenden Baus gestört, kann er Nachbarschutz nicht durch Anfechtung der Gebrauchsabnahme, sondern nur über einen Anspruch auf Einschreiten durch die Bauaufsichtsbehörde erlangen (Nds. OVG, Urteil vom 10. 5. 1996 – 1 L 1455/95, BRS 58 Nr. 182).

Die **Abweichungs- und Beteiligungsvorschriften** der §§ 73, 74 und 74 a BauO NRW bezwecken auch einen **verfahrensmäßigen Schutz** derjenigen, in deren materielle Rechte die Bauaufsichtsbehörde durch eine Befreiung oder Abweichung rechtsgestaltend eingreift. Unter den Voraussetzungen der §§ 45 und 46 VwVfG. NRW. sind Verfahrensfehler in dieser Hinsicht jedoch heilbar oder unbeachtlich (vgl. hierzu Finkelnburg/Ortloff, Band II S. 295 ff. und Hahn/Schulte, Rdn. 403–407). Für den Nachbarn liegt das **Problem** darin, dass er **trotz** einer **Verfahrensverletzung** einen durchsetzbaren **Rechtsschutz erst** dadurch erlangt, dass er gleichzeitig geltend machen kann, in eigenen **materiellen Rechten** verletzt worden zu sein (BVerwG, Urteil vom 29. 5. 1981 – 4 C 97.77, BVerwGE 62, 243 und Beschluss vom 3. 8. 1982 – 4 B 145.82, BRS 39 Nr. 193). Insoweit weist der Nachbarschutz aus Beteiligungsvorschriften keine praktische Bedeutung auf (vgl. Hoppe/Bönker/Grotefels, S. 607 Rdn. 71). **87 a**

**§§ 84 bis 87 BauO NRW** – Bußgeldvorschriften, Rechtsvorschriften, bestehende Anlagen **88**

Diese Vorschriften weisen regelmäßig **keinen nachbarschützenden Charakter** auf. **Einzelne Anforderungen** in örtlichen Bauvorschriften nach **§ 86 BauO NRW** können allerdings aufgrund ihrer Zielrichtung auch dem **Nachbarschutz** dienen (Bay VGH, Urteil vom 11. 8. 1988 – Nr. 2 B 87.02300, BRS 48 Nr. 171 zu Einfriedungen und OVG NRW, Urteil vom 3. 5. 2007 – 7 A 2364/06, BauR 2007, 1560 = NVwZ-RR 2007, 744).

89 **§§ 88 bis 90 BauO NRW** – Übergangs-, Änderungs- und Schlussvorschriften

Diese Vorschriften sind **nicht nachbarschützend** (ebenso Boeddinghaus/Hahn/Schulte, zu § 74 Rdn. 370). Im Rahmen einer Nachbarklage müssen vielmehr inzwischen ergangene **Rechtsänderungen zugunsten des Bauherrn** berücksichtigt werden (BVerwG, Beschluss vom 22.4.1996 – 4 B 54.96, BRS 58 Nr. 157).

### 2.2 Bauplanungsrecht

90 Inwieweit **Festsetzungen von Bebauungsplänen** nachbarschützend sind, ist nicht generell, sondern nur **dem jeweiligen Bebauungsplan** – seinen Festsetzungen oder seiner Begründung – **zu entnehmen** (vgl. BVerwG, Beschluss vom 12.9.1969 – IV B 113.69, BRS 22 Nr. 185: „*ein allgemeiner, auf Plangewährleistung gerichteter Anspruch wird durch Bundesrecht nicht eingeräumt*"). Es hängt davon ab, ob die einzelnen Festsetzungen ausschließlich der städtebaulichen Ordnung dienen oder ob sie auch Nachbarschutz bezwecken sollen (BVerwG, Urteil vom 9.6.1978 – 4 C 54.75, BauR 1978, 387 = BRS 33 Nr. 150 zum Befreiungsrecht). Auch die **Vorweggenehmigung nach § 33 BauGB** vermittelt regelmäßig Nachbarschutz nur in dem Umfang, in dem die antizipiert angewandten künftigen Festsetzungen des Bebauungsplans dem Drittschutz dienen (OVG NRW, Beschluss vom 15.2.1991 – 11 B 2659/90, BRS 52 Nr. 196).

91 **Für bestimmte Fallgruppen** hat sich allerdings in Rechtsprechung und Lehre eine **typisierende Betrachtungsweise** durchgesetzt (vgl. Knaup/Stange, Rdn. 18 und 19). Soweit nachfolgend zu einzelnen Festsetzungen Stellung genommen wird, erfolgt dies unter Berücksichtigung dieser typisierenden Betrachtungsweise, ohne dies stets zu wiederholen. Bei der Ermittlung, ob eine Festsetzung nachbarschützenden Charakter hat, wird die Formulierung von Breuer (s. Rdn. 42) hilfreich sein können, wonach eine nachbarschützende Funktion der Norm immer dann anzunehmen sei, wenn sie den nachbarlichen Interessenkonflikt durch Postulate der Zuordnung, Verträglichkeit und Abstimmung benachbarter Nutzungen regelt und zu einem Ausgleich bringt.

92 Alle **Festsetzungen** in einem Bebauungsplan sind hiernach **nachbarschützend**, die ein **bestimmtes Austauschverhältnis der Grundstücksnutzungen gewährleisten** (so Battis/Krautzberger/Löhr, zu § 31 Rdn. 62; Sendler, Der Nachbarschutz im Städtebaurecht Teil 1 – Nachbarschutz im Planbereich, BauR 1970, S. 4 ff.). So kann z. B. die gemäß § 9 Abs. 1 Nr. 6 BauGB festsetzbare höchstzulässige Zahl der Wohnungen – je nach Zielrichtung – nachbarschützend sein (OVG NRW, Urteil vom 18.4.1991 – 11 A 696/87, BRS 52 Nr. 180; BVerwG, Beschluss vom 9.3.1993 – 4 B 38.93, BRS 55 Nr. 170; Nds. OVG, Beschluss vom 2.11.1994 – 1 M 6032/94, BRS 56 Nr. 43 und Beschluss vom 2.2.2001 – 1 MA 1381/01, BauR 2002, 274 = BRS 64 Nr. 177; VGH B-W, Urteil vom 19.7.2007 – 3 S 1654/06, BauR 2007, 1865 zur Blendwirkung eines Daches). Das Problem des **geschützten Personenkreises** und der klagebefugten Nachbarn hat im Bauplanungsrecht nicht die durch § 74 BauO NRW eingeengte Bedeutung, weil nicht nur Angrenzer, sondern auch **weiter entfernt Nachbarn betroffen** sein können (s. Rdn. 3).

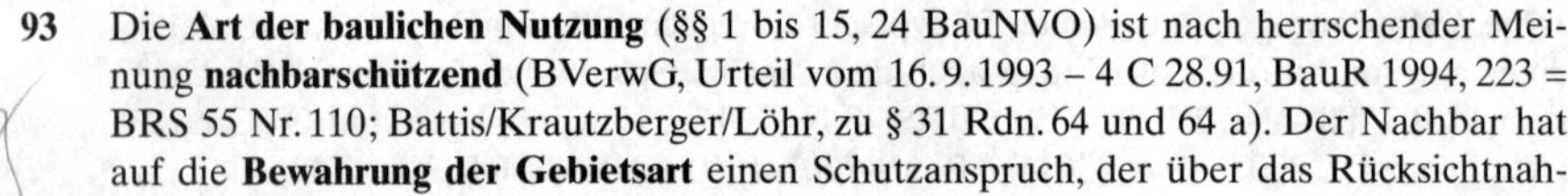

93 Die **Art der baulichen Nutzung** (§§ 1 bis 15, 24 BauNVO) ist nach herrschender Meinung **nachbarschützend** (BVerwG, Urteil vom 16.9.1993 – 4 C 28.91, BauR 1994, 223 = BRS 55 Nr. 110; Battis/Krautzberger/Löhr, zu § 31 Rdn. 64 und 64 a). Der Nachbar hat auf die **Bewahrung der Gebietsart** einen Schutzanspruch, der über das Rücksichtnah-

megebot hinausgeht (BVerwG, Urteil vom 16.9.1993 – 4 C 28.91, BauR 1994, 223 = BRS 55 Nr. 167). Dies gilt auch für nach § 173 Abs. 3 Satz 1 BBauG 1960 als Bebauungspläne **übergeleitete verbindliche städtebauliche Pläne**, auch wenn ihnen oder der zu ihnen ermächtigenden gesetzlichen Regelung seinerzeit kein nachbarschützender Gehalt zuerkannt wurde (BVerwG, Urteil vom 23.8.1996 – 4 C 13.94, BRS 58 Nr. 159)

**Auf die Zumutbarkeit** der von einem im Baugebiet gelegenen unzulässigen Vorhaben ausgehenden Belästigungen **kommt es** – anders als bei Abwehransprüchen von Betroffenen außerhalb des Gebiets – für den Schutz des Gebiets gegen „schleichende Umwandlung" **nicht an** (BVerwG, Beschluss vom 2.2.2000 – 4 B 87.99, BRS 63 Nr. 190 zum Abwehranspruch des Eigentümers eines Grundstücks in einem durch Bebauungsplan festgesetzten Gewerbegebiet gegen die Genehmigung einer nur im Industriegebiet zulässigen Bauschuttrecyclinganlage). Weitere Beispiele aus der Rechtsprechung: **93a**

- Glockenspiele, die ihrer Bauart nach über die Grenzen von Baugebieten hinweg schallen, sind im allgemeinen Wohngebiet unzulässig, da sie weder eine zulässige Hauptanlage noch eine zulässige Nebenanlage darstellen, wobei es mit Blick auf den Gebietserhaltungsanspruch unerheblich ist, ob von der Anlage unzumutbare Belästigungen oder Störungen ausgehen (VG Minden, Urteil vom 4.5.2006 – 9 K 108/06, BauR 2006, 1868 = BRS 70 Nr. 166).
- Die im öffentlichen Interesse liegende Nutzung eines Schulhofs außerhalb der Schulzeiten als Spielplatz ist von der Festsetzung Fläche für den Gemeinbedarf – Schule – gedeckt und ändert auch unmittelbar nicht den Charakter des Schulgrundstücks, so dass der Nachbar nicht die Unterbindung jeder außerschulischen Nutzung des Schulhofs, sondern allein die Durchführung geeigneter Lärmminderungsmaßnahmen verlangen kann (OVG NRW, Beschluss vom 8.7.2004 – 21 A 2435/02, BauR 2004, 1740 = BRS 67 Nr. 186).

Die einen **Gebietstyp modifizierenden Festsetzungen** gemäß § 1 Abs. 4 ff. BauNVO haben kraft Ortsrechts nur nachbarschützende Wirkung, wenn sie nach dem **Willen der Gemeinde** (auch) den Nachbarinteressen dienen sollen (BayVGH, Beschluss vom 17.10.2002 – 15 CS 02.2068, BauR 2003 = BRS 65 Nr. 179). **93b**

Zum **Maß der baulichen Nutzung** (§§ 16 bis 21a BauNVO) ist eine einheitliche Aussage nicht möglich; die Meinungen sind unterschiedlich (vgl. Schlichter/Stich/Driehaus/Paetow, Vorbemerkung zu den §§ 29 bis 38, Rdn. 57). Maßfestsetzungen, insbesondere über die GRZ, GFZ und BMZ, wird überwiegend keine nachbarschützende Funktion zuerkannt (so Knaup/Stange, S. 382, Rdn. 18; Nds. OVG, Beschluss vom 9.9.2004 – 1 ME 194/04, BRS 67 Nr. 188 = NVwZ-RR 2005, 17). Die Zahl der Vollgeschosse kann ausnahmsweise nachbarschützend sein (BVerwG, Urteil vom 2.3.1973 – IV C 35.70, BauR 1973, 238 = BRS 27 Nr. 178; OVG NRW, Urteil vom 4.3.1970 – VII A 401/68, BRS 23 Nr. 168 und Urteil vom 11.10.1977 – VII A 373/75, BRS 32 Nr. 156; letztgenanntes Urteil bestätigt durch BVerwG, Urteil vom 13.3.1981 – 4 C 1.78, BRS 38 Nr. 186). Ob eine Festsetzung zum Maß der baulichen Nutzung drittschützend ist, hängt vom **Willen der Gemeinde** ab und muss der **Begründung** oder den **Planaufstellungsunterlagen** zu entnehmen sein (BVerwG, Beschluss vom 19.10.1995 – 4 B 215.95, BRS 57 Nr. 219). **94**

Hinsichtlich der **Bauweise** (§ 22 BauNVO) wird der Festsetzung der **geschlossenen** Bauweise regelmäßig keine nachbarschützende Funktion zuerkannt (OVG NRW, Urteil vom 26.1.1979 – XI A 2251/77, BRS 35 Nr. 177), wohl aber der einer **offenen** Bauweise (OVG Rh-Pf, Urteil vom 15.1.1970 – 1 A 124/68, BRS 23 Nr. 182; vgl. Fickert/ **95**

Fieseler, Vorbemerkung zu den §§ 2 bis 9, 12 bis 14, Rdn. 39; Knaup/Stange, zu § 22, S. 382, Rdn. 46). Nachdem durch die Neufassung des § 6 BauO NRW klargestellt ist, dass hinsichtlich einzuhaltender Abstände das Bauplanungsrecht Vorrang genießt, hat der Nachbar einen Anspruch auf Einhaltung eines Grenzabstandes, wenn die offene Bauweise festgesetzt ist (vgl. Rdn. 57). Auch können Festsetzungen nach § 22 Abs. 2 Satz 3 BauNVO über **bestimmte Hausformen** Nachbarschutz vermitteln (BVerwG, Urteil vom 24. 2. 2000 – 4 C 12.98, BRS 63 Nr. 185 unter Aufhebung OVG NRW, Beschluss vom 6. 2. 1996 – 11 B 3046/95, BauR 1996, 684 = BRS 58 Nr. 170 zum Erfordernis der baulichen Einheit von Doppelhäusern, das nur erfüllt ist, wenn die beiden Gebäude in wechselseitig verträglicher und abgestimmter Weise aneinander gebaut werden; OVG Saar, Beschluss vom 9. 2. 2005 – 1 W 1/05, BRS 69 Nr. 166).

**96** Die Festsetzungen der **überbaubaren Grundstücksflächen** (Baulinien, Baugrenzen, Bebauungstiefen nach § 23 BauNVO) wurden in der älteren Rechtsprechung regelmäßig als nicht nachbarschützend angesehen (OVG NRW, Urteil vom 16. 11. 1973 – X A 306/71, BauR 1974, 114 = BRS 27 Nr. 177; VGH B-W, Urteil vom 7. 2. 1979 – III 1261/78, BRS 35 Nr. 178). In besonderen Einzelfällen wurde dennoch ein nachbarschützender Charakter anerkannt (OVG NRW, Urteil vom 14. 11. 1974 – XI A 319/74, BRS 28 Nr. 129 zu einer hinteren Baugrenze, die der Freihaltung einer durchgehenden Grünfläche zwischen Häuserreihen dienen sollte; s. aber OVG NRW, Beschluss vom 21. 7. 1994 – 10 B 10/94, BRS 56 Nr. 156, wonach einer hinteren Baugrenze regelmäßig keine nachbarschützende Wirkung zukommt – das Gegenteil nimmt das OVG Saar im Urteil vom 24. 9. 1996 – 2 R 5/96, BRS 58 Nr. 172 an). Jedenfalls wird eine mehr generalisierende Festsetzung, die auf die Besonderheiten der Grundstücksstruktur nicht eingeht, von allgemeinen städtebaulich-gestalterischen Überlegungen getragen sein.

**96 a** Werden dagegen die **Standorte** der Baukörper **genauer fixiert**, so können auch nachbarschützende Aspekte eine Rolle spielen. Ob Baugrenzen auch nachbarschützende Wirkung haben, kann daher weder generell bejaht oder verneint noch im Sinne eines in der einen oder anderen Weise ausgerichteten Regel-Ausnahme-Verhältnisses beantwortet werden, sondern bedarf in jedem Einzelfall der Auslegung (OVG NRW, Beschluss vom 24. 5. 1996 – 11 B 970/96, BauR 1997, 82 = BRS 58 Nr. 171; s. auch Knaup/Stange, zu § 23 Rdn. 48). Die Betrachtung muss auch im Zusammenhang mit § 15 Abs. 1 BauNVO vorgenommen werden; mit einer im rückwärtigen Gartenbereich außerhalb der überbaubaren Grundstücksfläche einer Reihenhauszeile errichteten Hütte, deren Grundfläche 19,25 $m^2$ und deren Höhe 2,3 m beträgt, wird eine Unruhe in die Gartenzone hineingetragen, die die gebotene Rücksichtnahme auf das hier wegen der beengten räumlichen Gegebenheiten besonders sensible Nachbarrechtsverhältnis vermissen lässt (VGH B-W, Urteil vom 20. 5. 2003 – 5 S 2750/01, BauR 2003, 1716 = BRS 66 Nr. 199).

**97** Eine schwierige Frage ist die nach dem **baugebietsüberschreitenden Nachbarschutz**, z. B. zwischen Wohnbebauung und Gewerbegebieten. Einen solchen wird man nicht von vornherein ausschließen können (vgl. Schlichter/Stich/Driehaus/Paetow, Vorbemerkung zu den §§ 29 bis 38, Rdn. 53 ff.). Die Gemeinde kann mit einer Baugebietsfestsetzung den Zweck verfolgen, auch „Gebietsnachbarn" einen Anspruch auf Gebietserhaltung zu geben (BayVGH, Urteil vom 14. 7. 2006 – 1 BV 03.2179, 1 BV 03.2180, 1 BV 03.2181, 1 B 04.1232, BauR 2007, 505 = BRS 70 Nr. 165 zum Gebietsbewahrungsanspruch eines Chemiewerks bei heranreichender Wohnbebauung im Abstandsbereich nach der Störfall-Verordnung – 12. BImSchV). Beim Zusammentreffen von Bereichen mit unterschiedlicher Qualität und unterschiedlicher Schutzwürdigkeit kann die Grundstücksnutzung mit einer spezifischen gegenseitigen Pflicht zur Rücksichtnahme belastet sein; das führt nicht nur zur Pflichtigkeit dessen, der Belästigungen verbreitet, sondern auch im Sinne der Bildung einer Art von „Mittelwert" zu einer Duldungspflicht derjenigen, die sich in der Nähe eines Betriebes oder zwar in einem Wohngebiet, jedoch an dessen Grenze zu einem Gewerbegebiet ansiedeln (vgl. BVerwG, Urteil vom 12.12.1975 – IV C 71.73, BRS 29 Nr. 135 = DVBl. 1976, 214). Der Anspruch auf Bewahrung der Gebietsart greift aber bereits ein, wenn ein störendes Vorhaben auch nur teilweise in dem zu schützenden Baugebiet liegt (Nds. OVG, Beschluss vom 19.7.2004 – 1 ME 116/04, NVwZ-RR 2005, 231, zu einem Discount-Markt, der nur teilweise mit 109 $m^2$ von 692 $m^2$ im allgemeinen Wohngebiet liegt, aber des Einzugsbereichs und der örtlichen Gegebenheiten nicht mehr der Gebietsversorgung im Sinne des § 4 Abs. 2 Nr. 2 BauNVO dient).

Nachbarn können verlangen, dass **Ausnahmen** gemäß **§ 31 Abs. 1 BauGB** von nachbar- **98**
schützenden Festsetzungen des Bebauungsplans rechtsfehlerfrei erteilt werden (VGH B-W, Beschluss vom 18.1.1995 – 3 S 3153/94, BRS 57 Nr. 215).

Die **Befreiungsvorschrift** des **§ 31 Abs. 2 BauGB** hat mit dem Gebot zur **Würdigung** **98 a**
**nachbarlicher Interessen** als Ausdruck des Rücksichtnahmegebots drittschützende Wirkung, und zwar auch dann, wenn die betreffende Festsetzung selbst nicht dem Schutz des Nachbarn zu dienen bestimmt ist (so unter Änderung der bisherigen Rechtsprechung BVerwG, Urteil vom 19.9.1986 – 4 C 8.84, BRS 46 Nr. 173 und Urteil vom 8.7.1998 – 4 C 8.84, BRS 60 Nr. 183; VGH B-W, Beschluss vom 8.3.1988 – 8 S 1021/88, BRS 48 Nr. 169). Bei der Würdigung der Interessen des Bauherrn an der Befreiung und der Interessen des Nachbarn an der Einhaltung einer nachbarschützenden Vorschrift des Bebauungsplans müssen die Belange des Nachbarn in besonderer Weise beachtet werden (Nds. OVG, Beschluss vom 20.6.2000 – 1 M 2011/00, BRS 63 Nr. 188).

**§ 15 Abs. 1 BauNVO** gibt Dritten die Möglichkeit, gegen Vorhaben, die nach den Fest- **99**
setzungen des Bebauungsplans eigentlich zulässig sind, im Einzelfall gleichwohl Nachbarschutz zu erlangen, wenn jene von unzumutbaren Belästigungen oder Störungen betroffen werden. Das BVerwG führt im Urteil vom 5.8.1983 (– 4 C 96.79, BRS 40 Nr. 4) hierzu aus:

*„§ 15 BauNVO stellt sich für den Fall der Anwendung von Bebauungsplänen als eine besondere Ausprägung des Rücksichtnahmegebotes dar … Die Schutzwürdigkeit des Betroffenen, die Intensität der Beeinträchtigung, die Interessen des Bauherrn und das, was beiden Seiten billigerweise zumutbar oder unzumutbar ist, sind dann gegeneinander abzuwägen. Ein solcher Drittschutz des Rücksichtnahmegebotes wird nur selten eintreten, wo die Baugenehmigung im Einklang mit den Festsetzungen des B-Plans erteilt wird. Er wird aber dort eher zum Zuge kommen, wo die Baugenehmigung von den Planfestsetzungen im Wege der Ausnahmeerteilung oder sogar unter Verstoß gegen sie abweicht."*

Verstößt eine Baugenehmigung gegen eine nicht nachbarschützende Festsetzung des Bebauungsplans, kann Nachbarrechtsschutz in analoger Anwendung des § 15 Abs. 1 BauNVO gewährt werden (BVerwG, Urteil vom 6.10.1989 – 4 C 14.87, BRS 49 Nr. 188):

*„Denn wenn schon gegenüber Baugenehmigungen, die in Übereinstimmung mit den Festsetzungen eines Bebauungsplans erteilt sind, eine Verletzung des in § 15 Abs. 1 BauNVO konkretisierten Rücksichtnahmegebotes geltend gemacht werden kann, so muss dies im Ergebnis erst recht im Hinblick auf Baugenehmigungen gelten, die diesen Festsetzungen widersprechen."*

100 Das **Einfügungsgebot** des **§ 34 Abs. 1** BauGB (zum Begriff des Einfügens s. BVerwG, Urteil vom 26. 5. 1978 – 4 C 9.76, BRS 33 Nr. 37) setzt auch die Rücksichtnahme auf die Belange des Nachbarn voraus (BVerwG, Urteil vom 13. 8. 1981 – 4 C 1.78, BauR 1981, 354 = BRS 38 Nr. 186). Daher vermittelt § 34 Abs. 1 BauGB als Ausprägung des Rücksichtnahmegebots (s. Rdn. 43 ff.) auch Drittschutz. So ist z. B. ein Vorhaben, mit dem der Dachfirst eines Mittelreihenhauses zur Vergrößerung des Dachgeschosses um 1,6 m angehoben werden soll, mit seiner unmittelbaren Umgebung, der bisher insoweit einheitlichen Reihenhauszeile, nicht verträglich und fügt sich deshalb nicht ein; das dem Einfügungserfordernis innewohnende Rücksichtnahmegebot vermittelt Nachbarschutz auch dann, wenn die Auswirkungen der Veränderung zwar nicht die Wohnqualität beeinträchtigen, aber Vorgaben für mögliche Veränderungen der übrigen Häuser der Zeile zur Folge haben (Hamb. OVG, Beschluss vom 29. 5. 2001 – 2 Bs 98/01, BRS 64 Nr. 184 = NVwZ 2002, 494). Zu beachten bleibt jedoch, dass der baurechtliche Nachbarschutz im nicht überplanten Innenbereich nicht denselben Grundsätzen folgen muss wie im Geltungsbereich eines Bebauungsplans (BVerwG, Beschluss vom 19. 10. 1995 – 4 B 215.95, BRS 57 Nr. 219). Das Gebot der Rücksichtnahme gilt auch für Vorhaben im unbeplanten Innenbereich gegenüber vorhandenen privilegierten Vorhaben im Außenbereich (BVerwG, Urteil vom 10. 12. 1982 – 4 C 28.81, BRS 39 Nr. 57).

101 **§ 34 Abs. 2** BauGB stellt hinsichtlich der **Art** der baulichen Nutzung auf das Einfügen ab, so dass insofern Drittschutz nur nach Maßgabe des § 15 BauNVO vermittelt wird; im Übrigen ergibt sich Drittschutz wegen der Voraussetzung des Einfügens wie nach § 34 Abs. 1 BauGB (Schlichter/Stich/Driehaus/Paetow, Vorbemerkung zu den §§ 29 bis 38, Rdn. 63). **Der Gebietserhaltungsanspruch** gilt selbst im Randbereich zweier verschiedener aneinandergrenzender unbeplanter Baugebiete, ohne dass dies zu einer „Aufweichung" der Art der baulichen Nutzung im Grenzbereich führt (OVG Bln, Beschluss vom 5. 12. 2003 – 2 S 30.03, BauR 2004, 801 = BRS 66 Nr. 170).

**§ 34 Abs. 3** BauGB will verhindern, dass von Vorhaben nach den Absätzen 1 oder 2 schädliche Auswirkungen auf zentrale Versorgungsbereiche in der Gemeinde oder in anderen Gemeinden ausgehen (hierzu s. OVG NRW, Urteil vom 11. 12. 2006 – 7 A 964/05, BRS 70 Nr. 90 = NVwZ 2007, 727). Die Vorschrift **dient nicht dem Konkurrentenschutz** (OVG NRW, Beschluss vom 9. 3. 2007 – 10 B 2675/06, NVwZ 2007, 735).

102 **§ 35 Abs. 1** BauGB – **privilegierte Vorhaben** – ist nicht generell nachbarschützend. Allerdings kann sich ein Grundstückseigentümer, der sein im Außenbereich gelegenes Grundstück privilegiert nutzt, gegen ein – privilegiertes oder nicht privilegiertes – Vorhaben, das die weitere Ausnutzung seiner Privilegierung und insbesondere seines privilegierten Bestandes faktisch in Frage stellt oder gewichtig beeinträchtigt, mit der Behauptung wenden, das Vorhaben beeinträchtige gemäß § 35 **Abs. 3** BauGB **öffentliche Belange** (BVerwG, Urteil vom 21. 10. 1968 – IV C 13.68, BRS 20 Nr. 158; Urteil vom 13. 3. 1981 – 4 C 1.78, BRS 38 Nr. 186; OVG NRW, Urteil vom 18. 8. 1972 – XI A 493/70, BRS 25 Nr. 200; Hess. VGH, Beschluss vom 2. 9. 1980 – IV TG 52/80, BRS 36 Nr. 83).

Zu den öffentlichen Belangen zählen nicht nur **schädliche Umwelteinwirkungen**, sondern auch **sonstige nachteilige Wirkungen** (BVerwG, Urteil vom 21. 1. 1983 – 4 C 1.04, BRS 40 Nr. 199 und Urteil vom 18. 11. 2004 – 4 C 1.04, BRS 67 Nr. 107 zur Beeinträchtigung des Flugbetriebs eines Segelfluggeländes durch eine Windanlage), auch wenn diese lediglich ein bewohntes Nachbargrundstück „**optisch bedrängen**" (BVerwG, Urteil vom 23. 5. 1986 – 4 C 34.85, BRS 46 Nr. 176 und Beschluss vom 11. 12. 2006 – 4 B 72.06, BauR 2007, 674 = BRS 70 Nr. 176 = ZfBR 2007, 275; OVG NRW, Urteil vom 9. 8. 2006 –

8 A 3726/05, BRS 70 Nr. 175 = DVBl. 2006, 1532). Ein Außenbereichsvorhaben muss nicht nur auf bewohnte Außenbereichsgrundstücke selbst, sondern auch auf eine benachbarte Wohnbebauung im unbeplanten Innenbereich oder im Bebauungsplanbereich Rücksicht nehmen (BVerwG, Urteil vom 21. 1. 1983 – 4 C 59.79, BRS 40 Nr. 199). Eine schikanierende Lagerung von Heuballen unmittelbar neben einem mit Wohnhäusern überplanten Bereich verstößt gegen das § 35 Abs. 3 BauGB innewohnende Gebot der Rücksichtnahme (Nds. OVG, Beschluss vom 8. 5. 2006 – 1 ME 7/06, BauR 2006, 1442). Der Nachbar hat jedoch keinen drittschützenden Anspruch auf die Bewahrung des Außenbereichs (BVerwG, Beschluss vom 3. 4. 1995 – 4 B 47.95, BRS 57 Nr. 224).

Die **Nachbargemeinde** kann sich zum Schutze ihrer Planungshoheit auf § 35 BauGB berufen, wenn sie die **überörtlichen Auswirkungen** eines Außenbereichsvorhabens treffen (VGH B-W, Beschluss vom 18. 6. 1976 – III 680/76, BRS 30 Nr. 145).

**§ 35 Abs. 2** BauGB – **sonstige Vorhaben** – galt nach älterer Rechtsprechung noch als nicht nachbarschützend (BVerwG, Urteil vom 6. 12. 1967 – IV C 94.66, BRS 18 Nr. 57 und BayVGH, Urteil vom 27. 7. 1976 – Nr. 354 I 73, BRS 30 Nr. 125). Inzwischen wird § 35 Abs. 2 BauGB als Ausdruck des Rücksichtnahmegebotes angesehen, das nach den dazu entwickelten Grundsätzen Drittschutz vermittelt (BVerwG, Urteil vom 25. 2. 1977 – IV C 45.75, BRS 32 Nr. 1 und Urteil vom 21. 1. 1983 – 4 C 59.79, BRS 40 Nr. 199). **103**

**§ 36 BauGB** ist nicht nachbarschützend, da sich auf das fehlende Einvernehmen ein Dritter nicht berufen kann (BVerwG, Urteil vom 6. 12. 1967 – IV C 94.66, BRS 18 Nr. 57). **104**

### 2.3 Immissionsschutzrecht

Im **Privatrecht** ergibt sich ein Schutz gegen Beeinträchtigungen aus dem **Eigentumsrecht**. Nach §§ 862 und 1004 BGB besteht ein **Unterlassungsanspruch** gegen Störungen durch Lärm, sofern nicht § 906 BGB eingreift. Der Eigentümer eines Grundstücks kann gemäß **§ 906 Abs. 1 BGB** die Zuführung von einem anderen Grundstück ausgehenden Geräuschen insoweit nicht verbieten, als die Einwirkung die Benutzung seines Grundstücks nur **unwesentlich** beeinträchtigt. Eine unwesentliche Beeinträchtigung liegt vor, wenn die in Rechtsvorschriften festgelegten Grenz- oder Richtwerte von den nach diesen ermittelten und bewerteten Einwirkungen nicht überschritten werden; Gleiches gilt für Werte in allgemeinen Verwaltungsvorschriften, die nach § 48 BImSchG erlassen worden sind und den Stand der Technik wiedergeben. Eine zusätzliche Duldungspflicht resultiert aus **§ 906 Abs. 2 BGB** in Bezug auf **wesentliche Geräusche**, die **ortsüblich und durch wirtschaftlich zumutbare Maßnahmen nicht vermeidbar** sind, wobei ein **Ausgleichsanspruch** in Geld eingeräumt wird. Infolge der Anknüpfung in § 906 Abs. 1 BGB an die Grenz- oder Richtwerte in Rechtsvorschriften besteht eine **Verbindung zum öffentlichen Recht**. Das BImSchG dient unter anderem dem Zweck, den Menschen vor schädlichen Umwelteinwirkungen zu schützen (s. die Anmerkungen zu § 18 Rdn. 20). **105**

Da das **Immissionsschutzrecht** gerade die Nachbarn einer Anlage vor unzumutbaren Einwirkungen schützen soll, ist es **nachbarschützend** (BVerwG, Urteil vom 24. 10. 1967 – I C 64.65, BRS 18 Nr. 137, zu §§ 16ff. GewO, die durch das BImSchG abgelöst wurden und Urteil vom 21. 6. 1974 – IV C 14.74, BRS 28 Nr. 138 = DVBl. 1974, 777).

**§ 5 Abs. 1 Satz 1 Nr. 1 BImSchG** ist als spezielle gesetzliche Ausprägung des **Gebots der Rücksichtnahme** nachbarschützend (BVerwG, Urteil vom 30. 9. 1983 – 4 C 18.80,

BRS 40 Nr. 205 und Urteil vom 30. 9. 1983 – 4 C 74.78, BRS 40 Nr. 206). Eine Anlage, deren Immissionen sich in den Grenzen des der Nachbarschaft gemäß § 5 Abs. 1 BImSchG Zumutbaren halten, ist auch in bauplanungsrechtlicher Hinsicht nicht rücksichtslos, da es kein bauplanungsrechtliches Rücksichtnahmegebot gibt, das etwa dem Verursacher von Umwelteinwirkungen mehr an Rücksichtnahme zugunsten von Nachbarn gebieten würde, als es das BImSchG gebietet (OVG NRW, Beschluss vom 26. 2. 2003 – 7 B 2434/02, BauR 2003, 1361 = BRS 66 Nr. 176).

**§ 22 BImSchG** dient auch dem Nachbarschutz (BVerwG, Urteil vom 30. 4. 1992 – 7 C 25.91, BRS 54 Nr. 188 zum Zeitschlagen einer Kirchturmsuhr während der Nachtzeit). Die drittschützende Wirkung erschöpft sich darin, die Nachbarschaft nach der Definition des § 3 Abs. 1 BImSchG vor schädlichen Umwelteinwirkungen zu bewahren, die nach dem Stand der Technik vermeidbar sind, was indessen nicht bedeutet, dass jede Beeinträchtigung, die sich nach dem Stand der Technik vermeiden lässt, als schädlich zu qualifizieren ist und vom Betroffenen abgewehrt werden kann (BVerwG, Beschluss vom 25. 8. 1999 – 4 B 55.99, BRS 62 Nr. 186 zu einem Schornstein eines offenen Kamins).

Der durch **§ 50 BImSchG** postulierte **planerische Trennungsgrundsatz** ist nicht nachbarschützend (BVerwG, Urteil vom 30. 9. 1983 (– 4 C 74.78, BRS 40 Nr. 206), kann aber indirekt für einen Gewerbebetrieb von Bedeutung sein, der sich im Wege der **Normenkontrolle** gegen einen Bebauungsplan zur Wehr setzt, der heranrückende Wohnbebauung ohne ausreichenden aktiven oder passiven Lärmschutz ermöglicht (s. hierzu Nds. OVG, Urteil vom 25. 6. 2001 – 1 K 1850/00, BauR 2001, 1862 = BRS 64 Nr. 15).

Besondere Rechtsunsicherheiten verursachen in diesem Zusammenhang die Vorgaben der **12. BImSchV – Störfall-Verordnung**, da die unter ihren Geltungsbereich fallenden Betriebsbereiche grundsätzlich zur Einhaltung von Sicherheitsabständen verpflichtet sind (hierzu s. BayVGH, Urteil vom 14. 7. 2006 – 1 BV 03.2179, 1 BV 03.2180, 1 BV 03.2181, 1 B 04.1232, BauR 2007, 505 = BRS 70 Nr. 165; s. auch Rdn. 97).

**106** Die für gewerbliche Betriebe geltende **TA-Lärm** findet auch auf die nicht nach BImSchG genehmigungsbedürftige Betriebe Anwendung (BVerwG, Urteil vom 24. 9. 1992 – 7 C 6.92, BRS 54 Nr. 187 zum Nachtbetrieb einer Tankstelle). Auch für die Ermittlung der Lärmimmissionen, die durch den gewerblich bedingten Zu- und Abgangsverkehr bedingt sind, ist nicht die Verkehrslärmschutzverordnung – 16. BImSchV, sondern die TA-Lärm heranzuziehen (OVG Bln, Beschluss vom 17. 3. 1999 – 2 S 6.98, BRS 62 Nr. 182 zu einem Multiplex-Kino mit 1800 Plätzen; s. auch OVG NRW, Beschluss vom 28. 8. 1998 – 10 B 1353/98, BRS 60 Nr. 202). Ob Beeinträchtigungen durch Geräusche die **Zumutbarkeitsschwelle** überschreiten, wird durch die Richtwerte für Schallpegel nach der **TA-Lärm nicht abschließend** bestimmt (BVerwG, Beschluss vom 20. 1. 1989 – 4 B 116.88, BRS 49 Nr. 201 zur Nachbarklage gegen einen Getränkemarkt). Die Zumutbarkeit von Lärmimmissionen durch nächtliche Ernteeinsätze in der Landwirtschaft für die Nachbarschaft ist anhand einer entsprechenden Anwendung der wesentlichen Grundsätze der TA-Lärm zu beurteilen, auch wenn diese nach Nr. 1 Abs. 2 Buchstabe c für landwirtschaftliche Anlagen nicht gilt (VGH B-W, Urteil vom 8. 11. 2000 – 10 S 2317/99, BRS 63 Nr. 193 = NVwZ 2001, 1184).

**107** Dagegen stellen die Immissionsrichtwerte der **Sportanlagenlärmschutzverordnung – 18. BImSchV** eine **normative Festlegung der Zumutbarkeitsschwelle** im Sinne des § 3 Abs. 1 BImSchG dar (BVerwG, Beschluss vom 08. 11. 1994 – 7 B 73.94, BauR 1995, 377 = BRS 56 Nr. 194). Diese Werte sind auch hoheitlich durchzusetzen, wenn die Anlage einer anderen als immissionsschutzrechtlichen, z. B. einer baurechtlichen Genehmigung bedarf und genehmigt wird oder, falls sie keiner Genehmigung bedarf, wenn nach Maßgabe der §§ 24 und 25 BImSchG über aufsichtsbehördliche Maßnahmen zu entscheiden ist (BVerwG, Urteil vom 12. 8. 1999 – 4 CN 4.98, BauR 2000, 229 = BRS 62 Nr. 1 = DVBl. 2000, 187 = DÖV 2000, 244 = NVwZ 2000, 550 = ZfBR 2000, 125).

Die Immissionsrichtwerte der 18. BImSchV sind auf Geräuschimissionen, die von der bestimmungsgemäßen Nutzung von **Ballspielplätzen und ähnlichen Anlagen für Kinder** ausgehen, nicht unmittelbar anwendbar (BVerwG, Beschluss vom 11. 2. 2003 – 7 B 88.02, BauR 2004, 471 = BRS 66 Nr. 171). Auch ein großzügig bemessener und mit einer überdurchschnittlichen Spielgeräteausstattung versehener **Spielplatz** ist mit dem Ruhebedürfnis der Bewohner eines unmittelbar angrenzenden Wohngebiets vereinbar (Nds. OVG, Beschluss vom 29. 6. 2006 – 9 LA 113/04, NVwZ 2006, 1199). **108**

Für **Freizeitanlagen**, wie Freilichtbühnen, Freizeitparks, Vergnügungsparks, Abenteuer-Spielplätze, Anlagen für Modellfahrzeuge und Modellflugzeuge, Wasserflächen für Schiffsmodelle, Sommerrodelbahnen oder Außengastronomie, die vom Anwendungsbereich der 18. BImSchV nicht erfasst werden, ist der RdErl. vom 23. 10. 2006 (MBl. NRW. S. 566) – Messung, Beurteilung und Verminderung von Geräuschimmissionen bei Freizeitanlagen – (auch als „**Freizeitlärm-Richtlinie**" bezeichnet) zu beachten, der auch Immissionsrichtwerte für die Baugebiete enthält. Zur Beurteilung von Geräuschimmissionen ist die Freizeitlärm-Richtlinie ein geeignetes technisches Regelwerk, das als **Orientierungshilfe** herangezogen werden kann (Hess. VGH, Urteil vom 25. 2. 2005 – 2 UE 2890/04, BRS 69 Nr. 170). Lärmimmissionen eines **Rockkonzertes**, die diese Richtwerte überschreiten, können unwesentlich im Sinne des § 906 Abs. 1 Satz 1 BGB sein, wenn es sich um eine kommunal bedeutsame Veranstaltung handelt, die an nur einem Tag des Jahres stattfindet, höchstens bis Mitternacht andauert und weitgehend die einzige in der Umgebung bleibt (BGH, Urteil vom 26. 9. 2003 – V ZR 41/03, BauR 2004, 300 = BRS 66 Nr. 175). **Volksfeste** sollten regelmäßig nach Mitternacht enden (BayVGH, Beschluss vom 22. 11. 2005 – 22 ZB 05.2679, BRS 69 Nr. 169). **109**

Die in der **TA-Luft** enthaltenen Mindestabstände zur Wohnbebauung konkretisieren zwar die Vorsorgepflicht nach § 5 Abs. 1 Nr. 2 BImSchG, stellen aber keine normativen Regelungen dar (zur Bildung eines Mittelwerts bei Geruchsbelästigungen s. BVerwG, Beschluss vom 28. 9. 1993 – 4 B 151.93, BRS 55 Nr. 165). **110**

Die **Verordnung über kleine und mittlere Feuerungsanlagen – 1. BImSchV** i. d. F. d. B. vom 14. 3. 1997 (BGBl. I S. 490) stellt keine abschließende Regelung zum Schutz des Nachbarn dar, weil nach § 19 dieser Verordnung die Befugnis der Behörde unberührt bleibt, weitergehende Anordnungen nach den §§ 22 und 24 BImSchG zu treffen (BVerwG, Beschluss vom 28. 7. 1999 – 4 B 38.99, BRS 62 Nr. 189).

Zur Ermittlung und Bewertung von **Gerüchen** bestehen keine normativen Vorgaben, so dass nur eine auf den Einzelfall ausgerichtete Beurteilung übrig bleibt (Hess. VGH, Urteil vom 8. 2. 2000 – 4 UE 3421/94, BRS 63 Nr. 197). Unzumutbare Geruchsbelästigungen sind bei einem Abstand von 300 m zwischen einem Wohnhaus im Außenbereich und Mastställen für 6500 Putenmasthähne ausgeschlossen (OVG Lüneburg, Urteil vom 14. 7. 1989 – 6 A 152/87, BRS 49 Nr. 210). Der Geruchsabstand zwischen Rinderhaltung und Wohnnutzung kann nach dem Entwurf der VDI-Richtlinie 3473 „Emissionsminderung Tierhaltung – Rinder" bestimmt werden (Hess. VGH, Beschluss vom 16. 3. 1995 – 3 TG 50/95, BRS 57 Nr. 216). Eine durch Tierhaltung bedingte Geruchswahrnehmungs-

häufigkeit von mehr als 50 % der Jahresstunden vermag eine Unzumutbarkeit für landwirtschaftsbezogenes Wohnen im Außenbereich nicht ohne weiteres zu begründen; bei einem Nebeneinander landwirtschaftlicher Betriebe im Außenbereich ist die im Rahmen des Rücksichtnahmegebotes zu beachtende Zumutbarkeitsschwelle erst überschritten, wenn sich die Immissionen, insbesondere soweit sie auf die zu den landwirtschaftlichen Anwesen gehörenden Wohngebäude einwirken, der Grenze des Erträglichen nähern (OVG NRW, Beschluss vom 19. 12. 2002 – 10 B 435/02, BauR 2004, 293 = BRS 66 Nr. 182). Gerüche, die von einer ausschließlich mit Festmist und Gülle aus Rinderhaltung sowie nachwachsenden Rohstoffen betriebenen, im Außenbereich liegenden **Biogasanlage** ausgehen, stellen dorfgebietstypische Emissionen dar (VGH B-W, Beschluss vom 3. 5. 2006 – 3 S 771/06, BauR 2006, 1870 = BRS 70 Nr. 171). Soweit von einem als Pferdekoppel eingezäunten Grundstück mit einer privilegierten Halle zum Abstellen von Maschinen und zum Unterstellen von Pferden Gerüche ausgehen, sind diese gemäß § 906 BGB von einem Wohnnachbarn im Außenbereich zu dulden, da sich die Bewirtschaftung des Grundstücks einschließlich der Halle in die ländliche Umgebung einfügt (LG Deggendorf, Urteil vom 19. 2. 2002 – 1 O 620/01, BauR 2003, 1879).

111 **Grenzwerte für elektromagnetische Felder**, wie sie durch Hochspannungsfreileitungen und Mobilfunksender erzeugt werden, sind durch die **Verordnung über elektromagnetische Felder – 26. BImSchV** vom 16. 12. 1996 (BGBl. I S. 1966) **normativ festgelegt** (s. die Anmerkungen zu § 16 Rdn. 24–27). Die Einhaltung der **Grenzwerte** wird mit der **Standortbescheinigung der Bundesnetzagentur** nachgewiesen (zu den Grenzwerten s. BVerfG, Beschluss vom 28. 2. 2002 – 1 BvR 1676/01, DVBl. 2002, 614 = NJW 2002, 1638; zur Schutzpflicht staatlicher Organe gegen Gesundheitsgefährdung durch elelektromagnetische Felder s. BVerfG, Beschluss vom 17. 2. 1997 – 1 BvR 1658/96, UPR 1997, 186 und Beschluss vom 24. 1. 2007 – 1 BvR 382/05, NVwZ 2007, 805). Die Anforderungen sollen die Allgemeinheit und die **Nachbarschaft** vor schädlichen Umwelteinwirkungen durch elektromagnetische Felder schützen. Bei einer durch die Standortbescheinigung nachgewiesenen Einhaltung der Grenzwerte, ist ein nachbarlicher Abwehranspruch ausgeschlossen (Hess. VGH, Beschluss vom 29. 7. 1999 – 4 TG 2118/99, BRS 62 Nr. 83; BayVGH, Urteil vom 13. 11. 2000 – 1 K 96.1078, BRS 63 Nr. 192; Nds. OVG, Beschluss vom 19. 1. 2001 – 1 O 2761/00, BauR 2001, 1250 = BRS 64 Nr. 136).

Greift ein Nachbar mit der Verfassungsbeschwerde die eine Baugenehmigung für eine Funkbasisstation bestätigende Entscheidung der Verwaltungsgerichte unter Hinweis auf die **Gefährdung seiner Gesundheit durch Mobilfunkstrahlen** an, so gehört es zu den Anforderungen der Begründung, dass er sich mit der in Einklang mit dem BVerfG stehenden Argumentation der Gerichte auseinander setzt, nach der dem Gesetz- und Verordnungsgeber ein weiter Einschätzungs-, Wertungs- und Gestaltungsspielraum zustehe, dass auch im Lichte des Art. 2 Abs. 2 GG **keine Pflicht des Staates zur Vorsorge gegen rein hypothetische Gefährdungen** bestehe und dass hinsichtlich der zahlreichen neuen Forschungsarbeiten zu den Gefährdungen durch Mobilfunkanlagen noch keine abschließenden Ergebnisse vorlägen (BVerfG, Beschluss vom 8. 12. 2004 – 1 BvR 1238/04, BRS 67 Nr. 184 = NVwZ-RR 2005, 227).

Bei **Einhaltung der Grenzwerte der 26. BImSchV** muss der Beeinträchtigte zur Erschütterung der Indizwirkung darlegen und gegebenenfalls beweisen, dass ein wissenschaftlich begründeter Zweifel an der Richtigkeit der festgelegten Grenzwerte und ein fundierter Verdacht einer Gesundheitsgefährdung besteht (BGH, Urteil vom 13. 2. 2004 – V ZR 217/03, BauR 2005, 74 = BRS 67 Nr. 183).

## 3 Rechtsschutzverfahren des Nachbarn

### 3.1 Rechtsschutz gegen rechtswidriges Bauen

Wie allgemein im Ordnungsrecht, so ist auch im Bauordnungsrecht **grundsätzlich kein Anspruch auf Einschreiten** gegen die Behörde gegeben; vielmehr gilt das **Opportunitätsprinzip**, das heißt, die Entscheidung, ob (und wie) die Behörde – hier die Bauaufsichtsbehörde – tätig wird, steht in ihrem pflichtgemäßen Ermessen (grundlegend BVerwG, Urteil vom 18. 8. 1960 – I C 42/59, BVerwGE 11, 95 = BRS 12 B 4 S. 174 = NJW 1961, 793; OVG NRW, Urteil vom 23. 4. 1982 – 10 A 645/80, BRS 39 Nr. 178; OVG Lüneburg, Urteil vom 27. 3. 1981 – 1 A 213/80, BauR 1982, 147 = BRS 38 Nr. 181). Dem **Nachbarn** wird (nur) ein **Anspruch auf fehlerfreie Ermessensausübung** eingeräumt. Daran ändert auch eine vorausgegangene, wegen eines nachbarlichen Abwehrrechts **erfolgreiche Nachbarklage** nichts, die zur **formellen Illegalität des Vorhabens** führt (BVerwG, Urteil vom 19. 6. 1991 – 4 C 52.89, BRS 52 Nr. 217). Die Möglichkeit des Nachbarn, seine Rechte unmittelbar gegenüber dem „Störer" **zivilrechtlich** (§§ 1004, 906, 823 Abs. 2 BGB) geltend zu machen, kann nach den Umständen des Einzelfalls ein beachtlicher **Ermessensgesichtspunkt** sein (BVerwG, Urteil vom 25. 2. 1969 – 1 C 7.68, DVBl. 1969, 586; Beschluss vom 10. 12. 1997 – 4 B 93.88, BRS 59 Nr. 188). 112

Indessen kann im Einzelfall der **Ermessensspielraum** derart **eingeengt** sein, dass ein Einschreiten, und dies sogar in bestimmter Weise, allein ermessensgerecht ist. Die Pflicht der Behörde zum Einschreiten verdichtet sich in diesen Fällen dann faktisch zu einem Anspruch des Nachbarn auf Einschreiten („... im praktischen Ergebnis einem strikten Rechtsanspruch auf ein bestimmtes Verwaltungshandeln gleichkommt", so BVerwG, Urteil vom 18. 8. 1960, a. a. O. Rdn. 112 und Beschluss vom 13. 7. 1994 – 4 B 129.94, BauR 1994, 740 = BRS 56 Nr. 203). Nach dem Urteil des OVG NRW vom 15. 12. 1972 (– XI A 764/71, BRS 25 Nr. 194) steht der Befugnis der Bauaufsichtsbehörde, einer Störung der öffentlichen Sicherheit oder Ordnung nach ihrem Ermessen zu begegnen, der Anspruch des Betroffenen auf ermessensfehlerfreie Ermessensausübung gegenüber; dabei könne das Ermessen auf Null reduziert sein. Voraussetzung für eine solche **Ermessensreduzierung auf Null** ist, dass zu der Rechtsverletzung des Nachbarn eine konkrete, erheblich ins Gewicht fallende **Beeinträchtigung** kommt (OVG NRW, Urteil vom 17. 5. 1983 – 7 A 330/81, BauR 1984, 160 = BRS 40 Nr. 191 = NJW 1984, 883; OVG Lüneburg vom 27. 3. 1981, a. a. O.; s. auch Mampel, Die tatsächliche Beeinträchtigung des Nachbarn im Baurecht – eine unendliche Geschichte, BauR 1993, S. 44 ff.). Verstößt das Verhalten des Betreibers nicht gegen nachbarschützende Vorschriften, ist die Behörde dem Nachbarn gegenüber nicht zum Einschreiten verpflichtet. Bei der Ermessensausübung kann neben anderen Umständen (z. B. Sinn und Zweck der verletzten Vorschrift, Grundsatz der Gleichbehandlung, Grundsatz der Verhältnismäßigkeit) das Ausmaß oder die Schwere der Störung oder Gefährdung eine maßgebende Bedeutung haben. In diesem Zusammenhang sind selbstverständlich die Belange des Nachbarn von besonderer Bedeutung. Diese können jedoch zurücktreten, wenn das Ansinnen des Nachbarn bereits zivilrechtlich abgewiesen wurde; die Bauaufsichtsbehörde ist jedenfalls dann aus Bundesrecht nicht zum Einschreiten verpflichtet (BVerwG, Urteil vom 4. 6. 1996 – 4 C 15.95, BRS 58 Nr. 206 = ZfBR 1997, 48 – in dem Fall war der Antrag auf Einschreiten gegen eine baurechtswidrige Nutzung eines Grundstücks und damit verbundener Inanspruchnahme des Grundstücks des klagenden Nachbarn als Zufahrt abgelehnt worden, weil die Zivilgerechte zuvor ein Notwegerecht anerkannt hatten). 113

114 Nach Auffassung des OVG NRW vom 17. 5. 1983 (– 7 A 330/81, BauR 1984, 160 = BRS 40 Nr. 191 = NJW 1984, 883; im Ergebnis übereinstimmend mit dem Urteil vom 23. 4. 1982 – 10 A 645/80, BRS 39 Nr. 178) kann, wenn der beschwerte Nachbar von der Bauaufsichtsbehörde verlangt, dass sie gegen ein formell und materiell rechtswidriges, öffentliche Nachbarrechte verletzendes Bauwerk vorgehe, bezüglich der von der Bauaufsichtsbehörde anzustellenden Ermessenserwägungen nicht danach unterschieden werden, ob es sich um einen den Nachbarn beeinträchtigenden Schwarzbau oder um einen Bau handelt, der aufgrund einer auf Rechtsmittel des Nachbarn aufgehobenen Baugenehmigung errichtet wurde. Für die letztgenannte Fallgruppe wird ein „**Folgenbeseitigungsanspruch**" aus rechtssystematischen Gründen ebenso abgelehnt wie eine „**Folgenbeseitigungslast**" (OVG NRW, Urteil vom 15. 12. 1972 – XI A 764/71, BRS 25 Nr. 194 sowie Urteil vom 17. 5. 1983, a. a. O. und Urteil vom 23. 4. 1982, a. a. O.; OVG Lüneburg, Urteil vom 27. 3. 1981 – 1 A 213/80, BRS 38 Nr. 181). Der Umfang des der Bauaufsichtsbehörde zustehenden Ermessens richtet sich vielmehr sowohl im Falle des Schwarzbaus wie in dem Fall der vorausgegangenen, nunmehr zufolge eines Nachbarwiderspruchs aufgehobenen Baugenehmigung ausschließlich nach dem Zweck der Ermächtigungsnorm (s. auch OVG Bln, Urteil vom 14. 5. 1982 – 2 B 57.79, BRS 39 Nr. 207: Verbietet eine drittschützende Vorschrift des Baurechts unzumutbare Belästigungen, so ist die Behörde zum Einschreiten gegen formell und materiell illegale bauliche Anlagen verpflichtet, wenn sie keine sachlichen Gründe für ihre Untätigkeit hat; zur Frage, ob und inwieweit einzelne Begründungselemente eines Kassationsurteils in materielle Rechtskraft erwachsen, s. BVerwG, Beschluss vom 9. 2. 2000 – 4 B 11.00, BRS 63 Nr. 210 = ZfBR 2000, 490). Zu beachten ist bei der Entscheidung über das Einschreiten auch, dass das **materielle Bauplanungsrecht nicht zur Disposition des Landesgesetzgebers** steht (BVerwG, Urteil vom 19. 12. 1985 – 7 C 65.82, BVerwGE 72, 300). Daraus kann sich ergeben, dass der Bauaufsichtsbehörde nur ein eingeschränktes Entscheidungsermessen zusteht, wenn es um die Wahrung der nach Bundesrecht zu beurteilenden bauplanungsrechtlichen Zustände geht (BVerwG, Beschluss vom 17. 4. 1998 – 4 B 144.97, BauR 1999, 735 = BRS 60 Nr. 169).

115 Die **bauaufsichtliche Maßnahme darf nicht zweck-, sitten- oder treuwidrig** sein, was insbesondere dann der Fall sein kann, wenn ein Einschreiten begehrt wird, um dem anderen Schaden zuzufügen (§ 226 BGB) oder sogar in einer gegen die guten Sitten verstoßenden Weise vorsätzlich Schaden zuzufügen (§ 826 BGB), denn auch im öffentlichen Nachbarrecht gilt der **Grundsatz von Treu und Glauben** (§ 242 BGB), so dass sich der Nachbar bestimmte eigene Verhaltensweisen entgegenhalten lassen muss (so Finkelnburg/Ortloff, Band II S. 327 f.). Für den Nachbarn besteht nach § 20 Abs. 1 VwVfG. NRW. ein **Mitwirkungsverbot** (OVG NRW, Beschluss vom 13. 4. 2004 – 10 B 2429/03, BRS 67 Nr. 192 – ein Nachbar wendet sich gegen Lärmbelästigungen einer Windkraftanlage, obwohl er selbst an der Erhebung der im Verwaltungsverfahren zu Grunde gelegten Daten mitgewirkt hatte). Das im Grundsatz von Treu und Glauben verankerte **Rechtsinstitut der unzulässigen Rechtsausübung** gilt auch im öffentlichen Recht und ist von Amts wegen zu berücksichtigen (OVG NRW, Beschluss vom 22. 6. 1990 – 7 B 740/90, BRS 50 Nr. 180 – ein ehemaliger Prokurist des Bauherrn erwirbt einen Miteigentumsanteil am Nachbargrundstück und macht Nachbarrechte gegen das von ihm selbst geplante Vorhaben geltend sowie OVG NRW, Beschluss vom 12. 5. 2003 – 10 B 145/03, BRS 66 Nr. 191 = ZfBR 2003, 588 – ein Nachbar verkauft für rund 1,5 Millionen € seine Abwehrrechte gegen ein rund 160 m hohes Verwaltungsgebäude und versucht anschließend die Beleuchtungsanlage mit Wechselfarben zu verhindern).

Eine Pflicht der Bauaufsichtsbehörde zum Einschreiten ist wegen des **Einwands des Rechtsmissbrauchs** ausgeschlossen, wenn der Nachbar Drittschutz zugunsten eines baurechtswidrigen Zustandes auf dem eigenen Grundstück anstrebt (BVerwG, Urteil vom 14.12.1973 – IV C 71.71, BRS 27 Nr. 157; OVG NRW, Urteil vom 3.10.1963 – VII A 175/63, BRS 14 B 5 S. 235; VGH B-W, Urteil vom 8.3.1976 – III 1030/75, BRS 30 Nr. 106; OVG Bln, Urteil vom 14.5.1982 – 2 B 57.79, BRS 39 Nr. 207; OVG Bremen, Urteil vom 8.4.1975 – I BA 23/74, BRS 29 Nr. 151; OVG Rh-Pf, Beschluss vom 29.10.1981 – 1 B 59/81, BRS 39 Nr. 185; OVG Saar, Urteil vom 24.1.1983 – 1 A 151/81, BRS 40 Nr. 208; OVG Lüneburg, Beschluss vom 26.5.1983 – 6 B 47/83, BRS 40 Nr. 113; OVG NRW, Beschluss vom 17.10.2000 – 10 B 1053/00, BRS 63 Nr. 198 zu Grenzabständen und Beschluss vom 7.8.1997 – 7 A 150/96, BRS 59 Nr. 193 zu Abständen aus Brandschutzgründen). Der Nachbar kann insoweit nur noch Abwehrrechte geltend machen, als der durch seine eigene bauliche Anlage ausgelöste Rechtsverstoß **geringer** als der durch das neu hinzutretende Vorhaben ist. Für die **Vergleichbarkeit** der die Nachbarn in diesem Sinne **wechselseitig beeinträchtigenden Rechtsverstöße** ist auch die **Qualität der Beeinträchtigung** von wesentlicher Bedeutung (Nds. OVG, Beschluss vom 30.3.1999 – 1 M 897/99, BRS 62 Nr. 190 und OVG NRW, Urteil vom 24.4.2001 – 10 A 1402/98, BauR 2002, 295 = BRS 64 Nr. 188; OVG Rh-Pf, Urteil vom 29.9.2004 – 8 A 10664/04, BauR 2005, 77 = BRS 67 Nr. 189). Eine **Ausnahme von der Pflicht zum Einschreiten** wird für den Fall angenommen, dass die durch das rechtswidrige Bauwerk bewirkte Beeinträchtigung des noch unbebauten Nachbargrundstücks in der Verschlechterung seiner Nutzungsmöglichkeiten liegt, jedoch noch nicht abzusehen ist, ob der Nachbar künftig eine Bebauung verwirklichen kann, bei der sich dies tatsächlich auswirkt (OVG NRW, Urteil vom 17.5.1983 – 7 A 330/81, BRS 40 Nr. 191; a.A. BayVGH, Urteil vom 12.11.1987 – Nr. 2 B 86.01596, BRS 48 Nr. 175). Die **Höhe der Kosten** zur Beseitigung der Nachbarbeeinträchtigung ist dagegen regelmäßig **kein sachgerechter Gesichtspunkt**, um ein Einschreiten zugunsten des Nachbarn abzulehnen (OVG NRW, Urteil vom 17.5.1983 – 7 A 330/81, BauR 1984, 160 = BRS 40 Nr. 191 = NJW 1984, 883). **116**

Ein Anspruch auf Einschreiten kann auch gegen nachbarrechtsverletzende Vorhaben **öffentlicher Bauherren** gegeben sein, die sich die privilegierte Gemeinde selbst gemäß § 75 BauO NRW genehmigt oder für die sich der Staat selbst eine **Zustimmung** gemäß § 80 BauO NRW erteilt hat. Hierunter fallen vor allem öffentliche Einrichtungen, wie Kinderspielplätze, Kindergärten, Heime, Krankenhäuser, Schulen, Hochschulen, Sportanlagen oder Kasernen, die zwangsläufig mit Beeinträchtigungen verbunden sind. Die Bereitschaft, derartige Anlagen als Nachbar zu akzeptieren, lässt spürbar nach und ist symptomatisch für die allgemein schwindende Bereitschaft, im Interesse des Gemeinwohls auch nur geringfügige Lasten hinzunehmen (so Dolderer, Abwehr- und Ausgleichsansprüche im öffentlich-rechtlichen Nachbarschaftsverhältnis, UPR 1999, S. 9ff.). Die Behörde muss mit der unter rechtsstaatlichen Gesichtspunkten gebotenen **Unabhängigkeit** und **Neutralität in Bezug auf nachbarliche Belange** entscheiden, da auch die Baugenehmigung, die die Gemeinde sich selbst erteilt, ein anfechtbarer Verwaltungsakt ist (OVG NRW, Beschluss vom 29.7.1991 – 10 B 1128/91, BRS 52 Nr. 208 = NVwZ 1992, 187; zum umstrittenen Rechtscharakter der Zustimmung und zu den Besonderheiten des Rechtsschutzes s. die Anmerkungen zu § 80 Rdn. 18). Der Nachbar kann bei einer Verletzung nachbarschützender Vorschriften durch öffentliche Vorhaben unmittelbar mit der **Leistungsklage** die Verurteilung des öffentlichen Vorhabenträgers zur **Beseitigung des Rechtsverstoßes** begehren (OVG NRW, Urteil vom 14.1.1994 – 7 A 2002/92, BRS 56 Nr. 196). **117**

### 3.2 Materielle Voraussetzungen

118 Der **Abwehranspruch des Nachbarn** ist als **Korrelat zum Anspruch des Bauherrn auf Genehmigung** zu sehen (so Steinberg, Grundfragen des öffentlichen Nachbarrechts, NJW 1984, S. 457 ff.; s. auch Rdn. 30). Eine **Baugenehmigung** ist **rechtswidrig** und auf Klage des Nachbarn hin aufzuheben, wenn die mit dem Zugehörigkeitsvermerk versehenen Bauvorlagen hinsichtlich **nachbarrelevanter Merkmale** des Vorhabens unbestimmt sind und diese **Unbestimmtheit** durch den Inhalt des Bauscheins selbst **nicht behebbar** ist (OVG NRW, Urteil vom 13. 5. 1994 – 10 A 1025/90, BRS 56 Nr. 139 zu fehlenden Angaben der Höhenlage). Da der Baugenehmigung nach der Rechtsprechung nicht in jedem Fall umfassende Feststellungswirkung zukommt (s. die Anmerkungen zu § 75 Rdn. 8, 81 ff. und 171), kann auch der Abwehranspruch des Nachbarn nicht weiter als die Feststellungswirkung der Baugenehmigung reichen (vgl. OVG NRW, Beschluss vom 15. 2. 2000 – 10 B 208/00, BRS 63 Nr. 177: Soll für eine gemeindliche Pumpstation ein Teil einer vorhandenen Straßenverkehrsfläche in Anspruch genommen werden und führt dies wegen der Verengung des Straßenraums zu Zufahrtserschwernissen für ein auf der anderen Seite der Straße gelegenes Grundstück, so kann dies vom Nachbarn nicht im Streit um die Baugenehmigung, sondern allenfalls straßen- oder eigentumsrechtlich abgewehrt werden). Wird der Inhalt der im vereinfachten Genehmigungsverfahren erteilten Baugenehmigung durch Landesrecht bestimmt, können auf Bauordnungsrecht beruhende Nachbarrechte durch die Baugenehmigung nicht verletzt sein, wenn über sie in der Genehmigung nicht entschieden worden ist. Macht der Nachbar geltend, durch nachbarschützende bauordnungsrechtliche Vorschriften in seinen Rechten verletzt zu sein, kommt nur eine Verletzung durch das Vorhaben selbst, nicht jedoch eine Verletzung durch die bauordnungsrechtliche Fragen ausklammernde Baugenehmigung in Betracht (BVerwG, Beschluss vom 16. 1. 1997 – 4 B 244/96, BRS 59 Nr. 185 = NVwZ 1998, 58; s. auch Uechtritz, Nachbarrechtsschutz bei der Errichtung von Wohngebäuden im Freistellungs-, Anzeige- und vereinfachten Verfahren, NVwZ 1996, S. 640 ff.).

Materiell ist eine Nachbarklage begründet, wenn

a) der **Nachbar in seinen subjektiv-öffentlichen Rechten verletzt wird** (s. Art. 19 Abs. 4 GG, § 42 Abs. 2 in Verbindung mit § 113 VwGO) und

b) **dieser Rechtsverstoß nicht durch eine rechtmäßige Befreiung oder Abweichung ausgeräumt werden kann.**

Seinen **Abwehranspruch** muss der Nachbar mit der Klage rechtzeitig **durchsetzen**, da er ansonsten den rechtswidrigen Bau erdulden muss (zu Drittanfechtungsklagen s. die Anmerkungen zu § 75 Rdn. 63–69).

119 Streitig war lange Zeit die Frage, ob neben der Rechtswidrigkeit und des Nachbarschutzcharakters der verletzten Norm für den Erfolg der Nachbarklage **zusätzlich** generell eine **tatsächliche Beeinträchtigung** gegeben sein muss, wenn diese **kein Tatbestandsmerkmal der verletzten Norm** ist (Hess. VGH, Urteil vom 26. 1. 1960 – OS IV 34/57, BRS 12 B 6 S. 191; OVG NRW, Urteil vom 10. 9. 1982 – 10 A 2296/79, BauR 1983, 235 = BRS 39 Nr. 174, aufgehoben durch BVerwG, Beschluss vom 16. 8. 1983 – 4 B 94.83, BauR 1983, 560 = BRS 40 Nr. 190; a. A. OVG Rh-Pf, Urteil vom 7. 12. 1978 – 1 A 103/78, BauR 1979, 410 = BRS 35 Nr. 200).

Im Bereich des **Bundesrechts** gibt es **keinen** allgemeinen Satz, durch eine unter Verstoß gegen – generell – nachbarschützende Vorschriften erteilte Baugenehmigung, sei in seinen Rechten nur verletzt, wer durch den Rechtsverstoß tatsächlich spürbar beeinträchtigt wird; unter welchen Voraussetzungen die Erteilung einer Baugenehmigung Rechte eines Dritten verletzt mit der Folge, dass dieser einen Abwehranspruch hat, regelt – allein – das **materielle** Baurecht (BVerwG, Beschluss vom 10. 9. 1984 – 4 B 147.84, BRS 42 Nr. 182 = DVBl. 1985, 121). Auch für den Bereich des **Landesrechts in Nordrhein-Westfalen** besteht **kein** allgemeiner, von der jeweils zur Anwendung kommenden materiellen Rechtsnorm unabhängiger Rechtsgrundsatz, dass ein nachbarliches Abwehrrecht eine tatsächlich spürbare Beeinträchtigung des Nachbarn voraussetzt; die spürbare Beeinträchtigung des Nachbarn ist nur dann Voraussetzung für den Erfolg der Nachbarklage, wenn sich dies aus der anzuwendenden materiell-rechtlichen Norm ergibt. Das wiederum ist im Bereich des Landesrechts bei solchen baurechtlichen Normen der Fall, deren Schutzzweck unmittelbar auf die Verhinderung von tatsächlichen Auswirkungen auf das Nachbargrundstück gerichtet ist, etwa bei solchen Schutzvorschriften, die aus sich heraus verlangen, dass eine bauliche Anlage keine Gefahren, erheblichen Nachteile oder Belästigungen hervorruft oder die Ruhe und Erholung durch Lärm oder Gerüche nicht unerheblich stört. Hier kann die Nachbarklage nur bei Vorliegen der jeweils zumindest mittelbar zum Tatbestandsmerkmal erhobenen tatsächlichen Beeinträchtigung Erfolg haben (OVG NRW, Urteil vom 4. 6. 1985 – 7 A 480/84, BRS 44 Nr. 161).

Streitig war auch, welche **Maßstäbe** gegebenenfalls **für die tatsächliche Betroffenheit** 120
(„Unzumutbarkeit" bzw. „nennenswerte, insbesondere den Wert des Grundstücks mindernde Betroffenheit") in Betracht zu ziehen sind. Eine wesentliche Klärung zu den vorstehenden Fragen brachte das Urteil des BVerwG vom 19. 9. 1986 (– 4 C 8.84, BRS 46 Nr. 173): hiernach kommt es auf qualifizierende Umstände der Betroffenheit dann nicht an, wenn die Vorschrift, gegen die verstoßen ist oder von der rechtswidrig befreit wurde, aus sich heraus als drittschützend anzusehen ist. Macht der Nachbar dagegen einen Verstoß gegen das Rücksichtnahmegebot geltend, muss er darlegen, dass er unzumutbar beeinträchtigt wird. Diese Unzumutbarkeit liegt allerdings vor dem „schweren und unerträglichen Eingriff" im Sinne eines Nachbaranspruchs unmittelbar aus Art. 14 GG.

### 3.3 Verlust von Nachbarabwehrrechten

Hat der **Angrenzer** nach einer gemäß § 74 Abs. 2 BauO NRW erfolgten Benachrichti- 121
gung seine **Einwendungen nicht innerhalb eines Monats** nach Zugang der Benachrichtigung bei der Bauaufsichtsbehörde **vorgebracht**, so ist darin ein **Verzicht auf** seine **Nachbarrechte** zu sehen (so OVG NRW, Beschluss vom 15. 6. 1984 – 7 B 1233/84, BRS 42 Nr. 195; BayVGH, Urteil vom 31. 10. 1979 – Nr. 38 und 39 XV 74, BauR 1980, 55 = BRS 35 Nr. 199; OVG Saar, Urteil vom 24. 7. 1981 – 2 R 76/80, BRS 38 Nr. 179). Das OVG Rh-Pf (Beschluss vom 22. 5. 1981 – 1 B 26/81, BRS 38 Nr. 180) und das OVG Saar (Beschluss vom 14. 3. 1983 – 2 R 14/82, BRS 40 Nr. 209) sprechen von einem Verzicht auf das Geltendmachen des nachbarlichen Abwehrrechts, während der VGH B-W (Urteil vom 1. 4. 1982 – 5 S 278/82, BRS 39 Nr. 181) in den entsprechenden Handlungen einen Verzicht sowohl auf materielle Abwehrrechte als auch auf das prozessuale Geltendmachen solcher Rechte sieht. Das Gleiche gilt, wenn der Angrenzer durch Unterzeichnung der Lagepläne und Bauzeichnungen ausdrücklich oder konkludent dem Vorhaben oder der Zulassung von Abweichungen **zugestimmt** hat (Hess. VGH, Beschluss vom 8. 5. 1990 – 3 TG 1291/90, BRS 50 Nr. 198). Die **Wirkungen einer Abstandflächenbaulast** kommen einem **Verzicht auf Nachbareinwendungen** gegen ein Vorhaben gleich (Nds. OVG, Urteil vom 27. 9. 2001 – 1 LB 1137/01, BauR 2002, 770 = BRS 64 Nr. 130).

**122** Mitunter wird es vorkommen, dass einem – vor allem einem nicht unmittelbar angrenzenden – Nachbarn, eine Baugenehmigung nicht bekannt gegeben worden ist. Es fragt sich dann, ob dieser zeitlich unbeschränkt oder nur binnen eines Jahres nach Erteilung der Baugenehmigung seine Abwehrrechte verfahrensrechtlich geltend machen kann. Es ist davon auszugehen, dass für den Nachbarn, dem die Baugenehmigung, durch die er sich beschwert fühlt, nicht amtlich bekannt gegeben worden ist, weder in unmittelbarer noch analoger Anwendung des § 58 Abs. 2 VwGO eine Frist zur Einlegung von Rechtsbehelfen besteht (BVerwG, Urteil vom 25.1.1974 – IV C 2.72, BRS 28 Nr. 133). Hat der Nachbar aber sichere Kenntnis von der Baugenehmigung erlangt oder hätte sie erlangen müssen, so kann ihm nach **Treu und Glauben** die Berufung darauf versagt sein, dass die Genehmigung ihm nicht amtlich mitgeteilt wurde (**Verwirkung**). Dann läuft die Frist nach § 58 Abs. 2 VwGO (**ein Jahr**) so, als sei ihm die Baugenehmigung mit dem Zeitpunkt amtlich bekannt gegeben worden, in dem er von ihr sichere Kenntnis erlangt hat oder hätte erlangen müssen (BVerwG, Beschluss vom 18.1.1988 – 4 B 257.87, BRS 48 Nr. 180; s. auch BVerwG, Urteil vom 10.8.2000 – 4 A 11.99, BRS 63 Nr. 202 zur Verwirkung der Klagebefugnis aufgrund unredlicher, Treu und Glauben zuwiderlaufender Verzögerung der Klageerhebung).

**123** Öffentlich-rechtliche Abwehrrechte eines Nachbarn können nicht **allein** durch Zeitablauf verwirkt werden (BVerwG, Beschluss vom 16.4.2002 – 4 B 8.02, BauR 2003, 1031 = BRS 65 Nr. 195). Jede **Verwirkung** setzt – erstens – das **Verstreichen eines längeren Zeitraums** seit der Möglichkeit der Geltendmachung eines Rechts und – zweitens – **besondere Umstände** voraus, die die verspätete Geltendmachung als **Verstoß gegen Treu und Glauben** erscheinen lassen (BVerwG, Urteil vom 16.5.1991 – 4 C 4.89, BRS 52 Nr. 218).

Die **Voraussetzungen** für eine materiell-rechtliche Verwirkung für den Fall einer öffentlich-rechtlichen Nachbarklage und der hiermit verbundenen Berücksichtigung der Interessen des Bauherrn bzw. der **Pflicht des Nachbarn zum alsbaldigen Handeln** stellen sich wie folgt dar (OVG NRW, Urteil vom 4.3.1970 – VII A 401/68, BRS 23 Nr. 168):

a) Eine ausreichende, aber begrenzte Zeit muss vergangen sein, während der der Nachbar untätig gewesen ist. Die maßgebliche Zeitspanne, innerhalb derer ein Abwehrrecht geltend zu machen ist, richtet sich nach dem Sachverhalt des Einzelfalles und besteht wegen des nachbarlichen Gemeinschaftsverhältnisses nur in einer begrenzten Entscheidungsfrist, die mit der Erkenntnis der Beeinträchtigung durch die Baumaßnahme zu laufen beginnt.

b) Für den Bauherrn muss der Schluss gerechtfertigt sein, dass der Nachbar sein Abwehrrecht nicht geltend machen wird.

c) Die Geltendmachung des Abwehrrechts muss nach den Umständen des Einzelfalls wider Treu und Glauben verstoßen, also illoyal sein (OVG NRW, Urteil vom 24.4.1970 – X A 1259/68, BRS 23 Nr. 169: Ein solcher Fall liegt z. B. vor, wenn der Nachbar bewusst so lange wartet, bis das genehmigte Bauwerk weitgehend fertiggestellt ist, um dem Bauherrn einen möglichst hohen Schaden zuzufügen; s. auch OVG NRW, Urteil vom 15.9.1980 – 11 A 2306/78, BRS 36 Nr. 188 und Urteil vom 25.10.1983 – 7 A 1803/83, BRS 40 Nr. 203).

Bei der Frage, ob davon ausgegangen werden kann, dass der Nachbar sein Abwehrrecht nicht mehr geltend machen wird, kommt es stets auf die besonderen **Umstände des Einzelfalls** an. Werden beispielsweise Abstandflächenverstöße, die darauf beruhen, dass im

Zuge der Bauausführung eine amtliche Vermessung unterblieben ist, erst relativ spät nach Errichtung eines Gebäudes festgestellt, so hindert das den Nachbarn nicht an der Geltendmachung seiner Rechte, sondern fällt in den **Risikobereich des Bauherrn** (OVG NRW, Beschluss vom 10. 6. 2005 – 10 A 3664/03, BauR 2005, 1766 = BRS 69 Nr. 178 = NVwZ-RR 2006, 236). Dagegen kann der Nachbar sein Abwehrrecht nicht mit der verschattenden Wirkung eines genehmigten, jedoch bereits weitgehend errichteten Gebäudes begründen, da insoweit ein Rechtsschutzbedürfnis fehlt (VGH B-W, Beschluss vom 12. 1. 2005 – 8 S 2720/04, BauR 2005, 1762 = BRS 69 Nr. 183).

Unter den zuvor genannten Voraussetzungen tritt eine **Verwirkung** gegebenenfalls auch **124**
**schon vor und unabhängig von der Erteilung einer Baugenehmigung** ein (BVerwG, Beschluss vom 18. 3. 1988 – 4 B 50.88, BauR 1988, 332 = BRS 48 Nr. 179). Entscheidend ist die **Kenntnis des Vorhabens und seiner Auswirkungen** bzw. deren **Erkennbarkeit** (so OVG NRW, Urteil vom 15. 9. 1980 – 7 a NE 20/77, BRS 36 Nr. 188). Im Übrigen setzt die Verwirkung voraus, dass der Betroffene die **Rechtsverletzung erkannt** hat oder **hätte erkennen müssen** (BVerwG, Beschluss vom 18. 1. 1988 – 4 B 257.87, BRS 48 Nr. 180).

Allein das **Zeigen der Baupläne** stellt keinen besonderen Grund dar, der das spätere Geltendmachen eines nachbarlichen Abwehranspruchs als Verstoß gegen Treu und Glauben erscheinen lässt (BVerwG, Beschluss vom 7. 8. 1996 – 4 B 147.96, BRS 58 Nr. 186). Nachbarn verwirken ihre Rechte auch nicht, wenn der **Architekt** des Bauherrn in Verhandlungen die Nachbarn **unzutreffend über die Rechtslage unterrichtet** und von einer die Rechte der Nachbarn verkürzenden Rechtslage ausgeht (Nds. OVG, Urteil vom 17. 5. 1995 – 1 L 4212/93, BRS 57 Nr. 235).

Materiell-rechtliche Abwehrrechte können **bereits** dann **verwirkt** sein, wenn ein **Rechtsmittel noch zulässig** eingelegt werden könnte, weil – wegen des nachbarlichen Gemeinschaftsverhältnisses – die **Zeitspanne mit der Erkenntnis der Beeinträchtigung** durch die Baumaßnahme **bereits zu laufen beginnt** (so OVG NRW, Urteil vom 4. 3. 1970 – VII A 401/68, BRS 23 Nr. 168). Stellt sich die Geltendmachung des nachbarlichen Abwehrrechts als **Rechtsmissbrauch**, also als eine **unzulässige Rechtsausübung** mit der Folge ihrer Unwirksamkeit dar und muss der Nachbar deshalb die dem Bauherrn erteilte Baugenehmigung hinnehmen, so entbehrt es für die Klage des Nachbarn auf Aufhebung des zu dieser Baugenehmigung nachträglich erteilten Dispenses der Klagebefugnis (OVG NRW, Urteil vom 24. 4. 1970 – X A 1264/69, BRS 23 Nr. 170).

Materielle **Abwehrrechte** des Nachbarn können auch gegenüber **ungenehmigten** Bau- **125**
vorhaben verwirken (BVerwG, Beschluss vom 18. 3. 1988 – 4 B 50.88, BauR 1988, 332 = BRS 48 Nr. 179 und Beschluss vom 13. 8. 1996 – 4 B 135.96, BauR 1997, 281 = BRS 58 Nr. 185). Diese Abwehrrechte leben bei nachträglicher Legalisierung nicht wieder auf; wird jedoch ein Vorhaben so kurzfristig fertiggestellt, dass durch die Untätigkeit des Abwehrberechtigten kein nennenswerter zusätzlicher Schaden des Bauherrn entsteht, erfüllt eine nachfolgende mehrmonatige Nichtgeltendmachung nachbarlicher Abwehransprüche den Verwirkungsbegriff nicht (OVG NRW, Urteil vom 2. 3. 1999 – 10 A 2343/97, BauR 2000, 381 = BRS 62 Nr. 194). Das Rechtsschutzinteresse des Nachbarn an einer Stilllegungsverfügung kann auch noch bei weitgehender Vollendung des Bauvorhabens gegeben sein (OVG NRW, Beschluss vom 11. 9. 2000 – 10 B 939/00, BRS 63 Nr. 205 zu einem Anbau mit einem unzulässigen Grenzabstand von lediglich 2,6 m, das abweichend von der gegebenen Nachbarzustimmung errichtet wurde).

### 3.4 Verfahrensrechtliche Aspekte

126 Die **Frist zur Erhebung der Klage** beträgt, wenn die **Entscheidung** nach § 74 Abs. 4 Satz 1 BauO NRW dem Angrenzer mit ordnungsgemäßer Rechtsbehelfsbelehrung **zugestellt** worden ist, **einen Monat**. Ist eine Rechtsbehelfsbelehrung unterblieben oder war sie unrichtig, kann die Klage noch bis zum Ablauf eines Jahres nach Zustellung eingelegt werden (§ 58 Abs. 2 VwGO).

Wird dem Angrenzer bzw. Nachbarn die Baugenehmigung **nicht amtlich bekannt gegeben**, dann läuft die regelmäßig anzunehmende Jahresfrist erst von dem Zeitpunkt an, an dem der Angrenzer von der Erteilung der Baugenehmigung Kenntnis erlangt hat oder hätte erhalten können. Nach **Treu und Glauben** kann er sich nämlich nicht darauf berufen, dass ihm die Baugenehmigung nicht zugestellt worden sei (BVerwG, Beschluss vom 28. 8. 1987 – 4 N 3.86, BRS 47 Nr. 185).

Die **Jahresfrist**, innerhalb welcher der Nachbar nach Kenntniserlangung von der Erteilung einer ihm nicht amtlich bekannt gegebenen Baugenehmigung seine Abwehrrechte gegen das Bauvorhaben geltend machen muss, **verlängert sich nicht dadurch**, **dass** die dem Bauherrn erteilte **Baugenehmigung** von der Bauaufsichtsbehörde um ein Jahr **verlängert wird** (OVG NRW, Beschluss vom 26. 9. 1979 – XI B 1528/78, BauR 1980, 56 = BRS 35 Nr. 202).

127 **Gegen** eine **bevorstehende Baugenehmigung** steht dem Nachbarn die **vorbeugende Unterlassungsklage** zu (grundlegend BVerwG, Urteil vom 16. 4. 1971 – IV C 66.67, BRS 24 Nr. 166).

Will sich der Nachbar **gegen ungenehmigte bauliche Anlagen oder Nutzungen** mit dem Ziel wehren, die Bauaufsichtsbehörde möge dagegen einschreiten, so muss er eine **Verpflichtungsklage** erheben (grundlegend BVerwG vom 18. 8. 1960 – 1 C 42.59, BVerwGE 11, 95; OVG Bln, Urteil vom 14. 5. 1982 – 2 B 57.79, BRS 39 Nr. 207 – Einschreiten gegen eine Taubenhaltung).

Verstößt ein Vorhaben gegen drittschützende **Vorschriften**, die im **vereinfachten** Genehmigungsverfahren **nicht geprüft** werden, muss der Nachbar eine **Verpflichtungsklage zum bauaufsichtlichen Einschreiten** erheben (OVG Rh-Pf, Beschluss vom 18. 11. 1991 – 8 B 11955/91, BRS 52 Nr. 148), weil **insoweit** eine **Anfechtung** der Baugenehmigung **ausgeschlossen** ist (Nds. OVG, Beschluss vom 17. 12. 1996 – 1 M 5481/96, BRS 58 Nr. 183).

128 Der **maßgebliche Zeitpunkt** für die Beurteilung der Rechtmäßigkeit oder der Rechtswidrigkeit einer Baugenehmigung bei einer **Anfechtungsklage** ist der **letzte behördliche Entscheidungsstand**, das war bis zur Abschaffung des Widerspruchsverfahrens gegebenenfalls der die Baugenehmigung abändernde Bescheid der Widerspruchsbehörde (BVerwG, Beschluss vom 11. 1. 1991 – 7 B 102/90, NVwZ-RR 1991, 236).

Eine Nachbarklage bleibt aber erfolglos, wenn sich die **Rechtslage** bis zur **letzten mündlichen Verhandlung zugunsten des Bauherrn geändert** hat (OVG Saar, Urteil vom 13. 2. 1976 – II R 87/75, BRS 30 Nr. 158). Dies gilt aus Gründen des Bestandsschutzes auch für den umgekehrten Fall, dass ein zunächst rechtmäßiges Vorhaben durch Änderung der Rechtslage zu Lasten des Bauherrn geändert wird (BVerwG, Urteil vom 19. 9. 1969 – IV C 18.67, BRS 22 Nr. 184; vgl. auch Schenke, Die Bedeutung einer nach Abschluss des Verwaltungsverfahrens eintretenden Veränderung der Rechts- oder Sachlage für die Anfechtung eines Verwaltungsakts, NVwZ 1986, S. 522 ff.).

Die **Verpflichtungsklage** kommt als richtige Klageart in Betracht, wenn der **Nachbar ein Einschreiten** der Bauaufsichtsbehörde gegen ein Vorhaben **erzwingen will**, weil der Bauherr ein genehmigungsbedürftiges, jedoch nicht genehmigtes Vorhaben oder ein freigestelltes Vorhaben, unter Verstoß gegen nachbarschützende Vorschriften ausführt (vgl. Finkelnburg/Ortloff, Band II S. 334f., und Battis/Krautzberger/Löhr, zu § 31 Rdn. 89 und 89a, jeweils auch zu anderen Fallgestaltungen). Diese Klageart gewinnt infolge der **Freistellungspolitik der Länder** an Bedeutung, denn der Nachbar kann bei Verletzung nachbarschützender Vorschriften durch freigestellte Wohnbauvorhaben nach § 67 BauO NRW einen Anspruch auf Einschreiten geltend machen (vgl. hierzu Borges, Der Nachbarrechtsschutz im Freistellungsverfahren, DÖV 1997, S. 900ff.; Mampel, Baurechtlicher Drittschutz nach der Deregulierung, UPR 1997, S. 267ff. und ders., Zum Anspruch Dritter auf bauaufsichtliches Einschreiten, DVBl. 1999, S. 1403ff.; Martini, Baurechtsvereinfachung und Nachbarschutz, DVBl. 2001, S. 1488ff.). 129

Der Frage, ob ein **Verpflichtungsurteil** die Bauaufsichtsbehörde zwingt, nicht nur eine dem Urteil entsprechende Maßnahme zu erlassen, sondern gegebenenfalls auch **Vollstreckungsmaßnahmen zur Durchsetzung ihrer Anordnung** zu ergreifen, ist umstritten. Während das OVG NRW (Beschluss vom 20.2.1992 – 10 E 1357/91, NVwZ-RR 1992, 518) entschieden hat, die Verpflichtung aus dem Urteil beziehe sich auch auf die Vollstreckung der Eingriffsverfügung, vertritt das OVG Saar (Beschluss vom 22.3.1985 – 2 W 419/85, BRS 44 Nr. 199) die Auffassung, dass die Bauaufsichtsbehörde nicht ohne weiteres verpflichtet sei, die betreffende Anordnung auch mit einer Zwangsmittelandrohung zu versehen oder Vollstreckungsmaßnahmen zu ergreifen. 130

Das **Rechtsschutzinteresse** für den Antrag auf vorläufigen Rechtsschutz nach §§ 80a, 80 Abs. 5 VwGO **entfällt nicht bei Fertigstellung des Vorhabens**, wenn die geltendgemachte Beeinträchtigung nicht (nur) in der Durchführung der Baumaßnahme, sondern (auch) in der Nutzung liegt und diese Nutzung fortdauert (OVG NRW, Beschluss vom 13.7.1995 – 11 B 1543/95, BauR 1996, 240 = BRS 57 Nr. 135). 131

Will der Nachbar gegen ein 132

- **nicht genehmigtes**, aber **genehmigungsbedürftiges** Vorhaben (Schwarzbau), oder
- **genehmigungsfreies**, aber **materiell baunachbarrechtswidriges Vorhaben**

vorgehen, so ist entsprechend der in Betracht kommenden Verpflichtungsklage **vorläufiger Rechtsschutz nach § 123 VwGO** zu suchen (VGH B-W, Beschluss vom 26.10.1994 – 8 S 2763/94, BauR 1995, 219; Hamb. OVG, Beschluss vom 21.11.1995 – Bs II 307/95, BauR 1996, 229 = BRS 57 Nr. 134). Das Gleiche gilt, wenn gegen drittschützende **Vorschriften** verstoßen wird, **die im vereinfachten Genehmigungsverfahren nicht zu prüfen** sind (OVG Rh-Pf, Beschluss vom 18.11.1991 – 8 B 11955/91, BRS 52 Nr. 148).

Aufgrund der Deregulierungen im Bauordnungsrecht treten im Falle freigestellter oder vereinfachend geprüfter Vorhaben Konstellationen auf, die möglicherweise auch über den **privaten Nachbarrechtsschutz** gelöst werden können (hierzu vgl. Seidel, Bauordnungsrechtliche Verfahrensprivatisierung und Rechtsschutz des Nachbarn, NVwZ 2004, S. 139ff.). Doch wird der zivilrechtliche Nachbarschutz den Verwaltungsrechtsschutz nicht ersetzen können, da im Zuge der Deregulierung die materiellen Anforderungen an die Bauausführung und die bauaufsichtlichen Eingriffsbefugnisse erhalten geblieben sind (vgl. hierzu Bock, Die Verfahrensbeschleunigung im Baurecht und der Nachbarschutz, DVBl. 2006, S. 12ff.).

**4 Schadensersatz und Entschädigung**

**133** Der Nachbar kann wegen einer dem Bauherrn rechtswidrig erteilten Baugenehmigung infolge **Wertminderung** seines Grundstücks einen **Schadensersatzanspruch wegen Amtspflichtverletzung** gemäß § 839 BGB in Verbindung mit Art. 34 GG gegen die Bauaufsichtsbehörde geltend machen (s. die Anmerkungen zu § 75 Rdn. 70–78).

**Voraussetzung** hierfür ist zunächst ein **schuldhaftes Handeln eines Bediensteten** der Bauaufsichtsbehörde (BGH, Urteil vom 12. 10. 1978 – III ZR 162/76, BauR 1979, 44 = BRS 34 Nr. 16 = DVBl. 1979, 112 = NJW 1979, 34). Weiter erforderlich ist, dass die Rechtswidrigkeit der Baugenehmigung auf der Verletzung von baurechtlichen Vorschriften mit **nachbarschützendem Charakter** beruht (BGH, Urteil vom 23. 1. 1986 – III ZR 134/84, BauR 1986, 428).

Dem Nachbarn kann nach erfolgreicher Nachbarklage oder bei materiell-rechtswidrigem Bauen ohne Baugenehmigung wegen Verletzung nachbarschützender Rechte auch ein **Schadensersatzanspruch nach § 823 Abs. 2 BGB unmittelbar gegen den Bauherrn** zustehen. Dieser Anspruch steht aber unter dem Vorbehalt des Verhältnismäßigkeitsgrundsatzes, wobei das Verschulden des Bauherrn eine besondere Bedeutung gewinnt (BGH, Urteil vom 24. 4. 1970 – V ZR 97/67, DVBl. 1971, 267).

**134** Neben dem Schadensersatzanspruch für schuldhaftes Handeln gibt **§ 39 Abs. 1 Buchstabe b OBG** einen **Ersatzanspruch**, wenn jemand durch rechtswidrige Maßnahmen, gleichgültig, ob die Ordnungsbehörde – hier die Bauaufsichtsbehörde – ein Verschulden trifft oder nicht, einen Schaden erlitten hat (s. die Anmerkungen zu § 75 Rdn. 79–80). Hierbei ist der Begriff „**Maßnahme**" bewusst **weit gefasst** worden (BGH, Urteil vom 23. 2. 1978 – III ZR 97/76, BRS 33 Nr. 138 = DVBl. 1978, 704 = NJW 1978, 1522). Auch für einen Anspruch aus § 39 Abs. 1 Buchstabe b OBG gilt die Voraussetzung, dass die Rechtswidrigkeit der Baugenehmigung auf der Verletzung **nachbarschützender** Bauvorschriften beruhen muss (BGH, Urteil vom 27. 1. 1983 – III ZR 131/81, BRS 40 Nr. 197 = DVBl. 1983, 628 = NJW 1983, 1795 – die Entscheidung erging noch zur entsprechenden früheren Vorschrift in § 41 Abs. 1 Buchstabe b OBG):

**135** Für einen **Entschädigungsanspruch nach OBG** gilt eine relativ **kurze Verjährungsfrist**. Ist die **dreijährige** Frist für Ansprüche nach § 39 Abs. 1 OBG abgelaufen, kann der geschädigte Nachbar keine Ansprüche mehr wegen (allgemeinen) enteignungsgleichen Eingriffs, die einer 30-jährigen Verjährung unterliegen, geltend machen (BGH, Urteil vom 2. 10. 1978 – III ZR 9/77, DVBl. 1979, 114). Es besteht kein Wahlrecht des betroffenen Nachbarn, den Eingriff abzuwehren oder ihn zu dulden und Entschädigung zu verlangen (BGH, Urteil vom 26. 1. 1984 (– III ZR 216/82, DVBl. 1984, 391).

Unterlässt es der Betroffene schuldhaft, den Eingriff mit den zulässigen Rechtsmitteln abzuwehren, kann er in entsprechender Anwendung des § 254 BGB regelmäßig eine **Entschädigung für solche Nachteile nicht verlangen, die durch den Gebrauch der Rechtsmittel hätten vermieden werden können**. Damit ist ein Entschädigungsanspruch nach erfolgreichem Rechtsstreit auf den bis zur Vollziehung des Urteils entstandenen Schaden beschränkt (vgl. Große-Suchsdorf/Lindorf/Schmaltz/Wiechert, zu § 72 Rdn. 189).

## § 74a
## Ausnahmen und Befreiungen nach dem Bauplanungsrecht

**[1]Ausnahmen und Befreiungen von den Festsetzungen eines Bebauungsplans, einer sonstigen städtebaulichen Satzung nach § 34 BauGB oder von Regelungen der Baunutzungsverordnung (BauNVO) über die zulässige Art der baulichen Nutzung nach § 34 Abs. 2 Halbsatz 2 BauGB, über die nicht in einem Baugenehmigungsverfahren entschieden wird, sind schriftlich zu beantragen. [2]Der Antrag ist zu begründen; ihm sind die zu seiner Beurteilung erforderlichen Unterlagen beizufügen. [3]Die Bauaufsichtsbehörde hat über den Antrag innerhalb von 6 Wochen nach Eingang des Antrags bei ihr zu entscheiden.**

**In Bezug genommene Vorschriften des BauGB**

### § 31
### Ausnahmen und Befreiungen

**(1)** Von den Festsetzungen des Bebauungsplans können solche Ausnahmen zugelassen werden, die in dem Bebauungsplan nach Art und Umfang ausdrücklich vorgesehen sind.

**(2)** Von den Festsetzungen des Bebauungsplans kann befreit werden, wenn die Grundzüge der Planung nicht berührt werden und

1. Gründe des Wohls der Allgemeinheit die Befreiung erfordern oder
2. die Abweichung städtebaulich vertretbar ist oder
3. die Durchführung des Bebauungsplans zu einer offenbar nicht beabsichtigten Härte führen würde

und wenn die Abweichung auch unter Würdigung nachbarlicher Interessen mit den öffentlichen Belangen vereinbar ist.

### § 34
### Zulässigkeit von Vorhaben innerhalb der im Zusammenhang bebauten Ortsteile

**(2)** Entspricht die Eigenart der näheren Umgebung einem der Baugebiete, die in der auf Grund des § 9 a erlassenen Verordnung bezeichnet sind, beurteilt sich die Zulässigkeit des Vorhabens nach seiner Art allein danach, ob es nach der Verordnung in dem Baugebiet allgemein zulässig wäre; auf die nach der Verordnung ausnahmsweise zulässigen Vorhaben ist **§ 31 Abs. 1**, im Übrigen ist **§ 31 Abs. 2** entsprechend anzuwenden.

**(4)** [1]Die Gemeinde kann durch Satzung

1. die Grenzen für im Zusammenhang bebaute Ortsteile festlegen,
2. bebaute Bereiche im Außenbereich als im Zusammenhang bebaute Ortsteile festlegen, wenn die Flächen im Flächennutzungsplan als Baufläche dargestellt sind,
3. einzelne Außenbereichsflächen in die im Zusammenhang bebauten Ortsteile einbeziehen, wenn die einbezogenen Flächen durch die bauliche Nutzung des angrenzenden Bereichs entsprechend geprägt sind.

[2]Die Satzungen können miteinander verbunden werden.

**(5)** [1]… [2]In den Satzungen nach Absatz 4 Satz 1 **Nr. 2** und **3** können einzelne **Festsetzungen** nach § 9 Abs. 1 und 3 Satz 1 sowie Abs. 4 getroffen werden. [3]…

**Anmerkungen** (Autor: Heintz)

**Übersicht**

| | | Rdn. |
|---|---|---|
| 0 | Änderungen gegenüber der BauO NRW 2000 | 01 |
| 1 | Allgemeines | 1– 4 |
| 2 | Zu Satz 1 – Anwendungsvoraussetzungen | 5– 9 |
| 3 | Zu Satz 2 – Begründung und erforderliche Unterlagen | 10–11 |
| 4 | Zu Satz 3 – Entscheidungsfrist | 12–13 |

### 0 Änderungen gegenüber der BauO NRW 2000

01 Die Vorschrift wurde durch Artikel 2 Nr. 2 des Gesetzes zur Änderung der Landesbauordnung vom 22. 7. 2003 (GV. NRW. S. 434) aus Anlass der Erweiterung der Freistellung in die BauO NRW neu aufgenommen (s. die Anmerkungen zu § 65 Rdn. 03 und 78). Inhaltlich stimmt § 74 a Satz 1 BauO NRW mit § 67 Abs. 2 MBO 2002 weitgehend überein.

### 1 Allgemeines

1 **Freigestellte** Vorhaben dürfen nur bei **Übereinstimmung mit dem öffentlich Recht** ausgeführt werden. Die entsprechende **Beachtungspflicht** stellt **§ 65 Abs. 4** BauO NRW klar, der wegen seiner hervorgehobenen Bedeutung die Freistellungsvorschrift eigentlich einleiten müsste (s. die Anmerkungen zu § 65 Rdn. 2 und 185–187). Soweit **Erlaubnisvorbehalte** nach **sonstigem öffentlichem Recht** bestehen, sind vor Ausführung eines freigestellten Vorhabens Anträge an die zuständigen Behörden zu richten (s. die Anmerkungen zu § 72 Rdn. 80). Für **Abweichungen** von **bauordnungsrechtlichen** Vorschriften besteht mit **§ 73 Abs. 2** BauO NRW eine **eigenständige Verfahrensregelung** (s. die Anmerkungen zu § 65 Rdn. 188–189 und zu § 73 Rdn. 29–32 a).

2 Im Zuge von „Deregulierungen" erfolgte – ohne Rücksicht auf das Bauplanungsrecht – eine starke Ausweitung der Freistellungskataloge unter Einbeziehung städtebaulich relevanter Vorhaben, bis schließlich das **BVerwG** in mehreren grundlegenden Entscheidungen **Einhalt gebot** (s. die Anmerkungen zu § 65 Rdn. 5–8). Hierauf reagierte der Bund mit der **Neufassung des Vorhabenbegriffs** in § 29 BauGB (s. die Einleitung Rdn. 85 und die Anmerkungen zu § 2 Rdn. 9). Für **Abweichungen** von **bauplanungsrechtlichen** Vorschriften im Falle freigestellter Vorhaben fehlte in der BauO NRW bislang eine Verfahrensausgestaltung. Die **Bereitstellung eines Verfahrens** zur Entscheidung über bauplanungsrechtliche Ausnahmen und Befreiung ist **geboten**, da das Bauplanungsrecht in **§ 31** und **§ 34 Abs. 2 Halbsatz 2 BauGB** hierfür zwar ein materiellrechtliches Entscheidungsprogramm, aber **kein Trägerverfahren** bereithält.

3 Die **rechtstechnische Platzierung** der Vorschrift **irritiert** zunächst und bot bereits Anlass zu Kritik (vgl. Buntenbroich/Voß, zu § 74 a Rdn. 3 und Boeddinghaus/Hahn/Schulte, zu § 74 a Rdn. 11). Ein Blick in die MBO belegt denn auch, dass die „isolierten" Abweichungsverfahren rechtssystematisch zusammengehören; § 67 Abs. 1 MBO 2002 behandelt die bauordnungsrechtliche Abweichung, in Absatz 2 findet sich die bauplanungsrechtliche Abweichung. Warum der nordrhein-westfälische Gesetzgeber nicht diese Anordnung gewählt hat, hängt wohl mit der Beteiligungsvorschrift des § 74 BauO NRW zusammen, die anders als § 70 Abs. 1 MBO 2002 nicht die Beteiligung der Eigentümer **benachbarter** Grundstücke, sondern – einengend – nur die Beteiligung der Eigentümer **„angrenzender"** Grundstücke vorsieht. Im Bauplanungsrecht lässt sich die Beteiligung

aber nicht auf die Angrenzer beschränken, vielmehr sind alle von der Ausnahme oder Befreiung berührten Nachbarn einzubeziehen (s. die Anmerkungen zu § 73 Rdn. 6 a und zu § 74 Rdn. 3 und 6–7). Die rechtstechnische Verortung des § 74 a BauO NRW hinter § 74 BauO NRW verdeutlicht insofern besser, dass für die von der Vorschrift erfassten bauplanungsrechtlichen Abweichungen § 28 VwVfG. NRW uneingeschränkt anzuwenden ist (s. auch Nr. 74.22 VV BauO NRW). Bei einer Einbeziehung des Regelungsgegenstands in § 73 BauO NRW hätte leicht der falsche Eindruck entstehen können, § 74 BauO NRW sei auch im Falle bauplanungsrechtlicher Abweichungen allein maßgebend.

Die Entscheidung über den Antrag ergeht **schriftlich** durch einen **Ausnahme- oder Befreiungsbescheid** bzw. einen **Versagungsbescheid** und ist mit einer **Rechtsbehelfsbelehrung** zu versehen. Nur im Falle der **Befreiung** kann aufgrund der Regelungen der AVwGebO NRW eine **Gebühr** erhoben werden (s. die Anmerkungen zu § 73 Rdn. 5 c). 4

## 2 Zu Satz 1 – Anwendungsvoraussetzungen

Die Vorschrift betrifft Vorhaben mit **städtebaulicher Relevanz**, die nach den §§ **65** und **66** BauO NRW **freigestellt** sind. Für nach § **67** BauO NRW **freigestellte** Wohngebäude, Stellplätze und Garagen ist § **74a** BauO NRW dagegen **nicht nutzbar**, da diese den Festsetzungen des Bebauungsplans nicht „widersprechen" dürfen. Vorhaben, die einer Ausnahme oder Befreiung bedürfen, widersprechen jedoch den Festsetzungen, so dass für diese § 67 BauO NRW nicht angewendet werden kann. Die Freistellung nach § 67 BauO NRW kommt auch dann nicht zum Tragen, wenn sich der Bauherr vorab einen Vorbescheid einholt, mit dem über die Gewährung einer bauplanungsrechtlichen Abweichung entschieden wurde (s. die Anmerkungen zu § 67 Rdn. 17 und zu § 71 Rdn. 3). 5

Für **genehmigungsbedürftige** Vorhaben hat § **74a** BauO NRW **keine Bedeutung**, da das Bauplanungsrecht im Baugenehmigungsverfahren uneingeschränkt geprüft wird. Daher ist im Baugenehmigungsverfahren auch über die Gewährung von Ausnahmen oder Befreiungen zu entscheiden (s. die Anmerkungen zu § 68 Rdn. 23–25). Das Gleiche gilt für das **Zustimmungsverfahren** nach § 80 BauO NRW, da die Zustimmung die Baugenehmigung ersetzt (s. die Anmerkungen zu § 80 Rdn. 2, 14 und 16). Ebenso wird in einem **Zulassungsverfahren mit Konzentrationswirkung** nach sonstigem öffentlichem Recht über die bauplanungsrechtliche Zulässigkeit entschieden, da eine derartige Gestattung gemäß § 63 Abs. 2 BauO NRW sowohl die Baugenehmigung als auch die Zustimmung nach § 80 BauO NRW einschließt (s. die Anmerkungen zu § 63 Rdn. 13–19). 6

Auf **anzeigepflichtige** Vorhaben nach § **2 Nr. 4 Buchstabe c Bürokratieabbaugesetz I ist** § **74a** BauO NRW zwar **anwendbar** (ebenso Buntenbroich/Voß, zu § 74 a Rdn. 1), dürfte aber **kaum praktische Bedeutung** erlangen. Das Anzeigeverfahren bietet nur bei uneingeschränkter Zulässigkeit des Vorhabens Zeitvorteile (s. die Anmerkungen zu § 63 Rdn. 11 c). Die Zeitspanne die nötig ist, um eine Ausnahme oder Befreiung nach § 74 a BauO NRW einzuholen und das Verstreichen der Frist im Anzeigeverfahren abzuwarten, wird regelmäßig länger sein, als die Dauer eines Baugenehmigungsverfahrens. 7

Erfasst werden von § 74 a BauO NRW nur **Ausnahmen** und **Befreiungen** von den 8

- **Festsetzungen eines Bebauungsplans**,
- **Festsetzungen einer Satzung nach § 34 Abs. 4 Satz 1 Nr. 2 und 3 BauGB**,
- **Regelungen der Baunutzungsverordnung** über die **zulässige Art der baulichen Nutzung nach § 34 Abs. 2 Halbsatz 2 BauGB**.

9 Auf den **Abweichungstatbestand** nach **§ 34 Abs. 3 a BauGB** ist § 74 a BauO NRW **nicht anwendbar**, da § 74 a BauO NRW die Vorschriften des BauGB im Einzelnen und damit – **abschließend** – aufführt und nicht in allgemeiner Form auf bauplanungsrechtliche Abweichungen Bezug nimmt. Für § 34 Abs. 3 a BauGB dürften daraus keine Verfahrensprobleme resultieren, da die entsprechenden Vorhaben einer Baugenehmigung bedürfen. Nicht erfasst sind jedoch die häufig auftretenden Fälle des **§ 23 Abs. 5 BauNVO**, wonach Nebenanlagen im Sinne des § 14 BauNVO und nach Landesrecht in den Abstandflächen privilegierte bauliche Anlagen auf den **nicht überbaubaren** Grundstücksflächen zugelassen werden können. Hierbei handelt es sich um keine Ausnahmeregelung, sondern um eine **Abweichungsermächtigung eigener Art** (s. die Anmerkungen zu § 6 Rdn. 98–101), für die nach wie vor kein landesrechtliches Trägerverfahren im Falle freigestellter Vorhaben zur Verfügung steht.

### 3 Zu Satz 2 – Begründung und erforderliche Unterlagen

10 Mit der Einreichung des nach Satz 1 vorgeschriebenen **schriftlichen Antrags** wird ein **eigenständiges**, besonders ausgestaltetes **bauaufsichtliches Verfahren** eröffnet (hierzu s. die Anmerkungen zu § 73 Rdn. 30). Anforderungen zur Verwendung eines bestimmten Vordrucks bestehen nicht, so dass ein an die Bauaufsichtsbehörde gerichtetes Schreiben ausreicht. Anders als bei der isolierten Abweichung nach § 73 Abs. 2 BauO NRW besteht **Begründungszwang**. Der Antragsteller muss demnach die Bestimmung, von der eine Ausnahme oder Befreiung begehrt wird, genau bezeichnen und zusätzlich darlegen, welche **inhaltlichen** Gründe im konkreten Fall hierfür vorliegen. Das Zitieren einer Ausnahme- oder Befreiungsvoraussetzung ist keine Begründung.

11 Dem Antrag sind die **erforderlichen** Unterlagen beizufügen. Was erforderlich ist, richtet sich nach dem jeweiligen Ausnahme- oder Befreiungstatbestand. Da es sich um eine freigestellte Anlage handelt, genügt regelmäßig ein **Auszug aus der Liegenschaftskarte/ Flurkarte** mit **Eintragung des Vorhabens** und der **Festsetzung**, von der abgewichen werden soll. Bei Abweichungen nach § 34 Abs. 2 Halbsatz 2 BauGB sind Angaben über die **Grundstücksnutzungen** der prägenden Umgebungsbebauung erforderlich.

### 4 Zu Satz 3 – Entscheidungsfrist

12 Die Bauaufsichtsbehörde **hat** über die Erteilung oder Versagung des Antrags innerhalb von **6 Wochen zu entscheiden**. Ist der Antrag unvollständig, kann er nach § 72 Abs. 1 Satz 2 BauO NRW nicht zurückgewiesen werden, da § 74 a BauO NRW keinen Verweis enthält. Bleibt die Behörde untätig, tritt **keine Genehmigungsfiktion** ein. Die Frist ist gesetzlich geregelt und anders als die des § 68 Abs. 8 BauO NRW **nicht verlängerbar**, so dass bei einer noch laufenden Beteiligung der **Gemeinde**, der nach § 36 Abs. 2 BauGB bis zu **zwei Monaten** Zeit für die Prüfung zur Verfügung stehen, der Antrag wegen **fehlenden Einvernehmens zu versagen** ist. Kann eine Nachbarbeteiligung nicht zum Abschluss gebracht werden und sind erkennbar **nachbarliche Belange nachteilig berührt**, liegt eine wesentliche Voraussetzung für die Gewährung der Ausnahme oder Befreiung **nicht** vor, so dass nur eine **Versagung** des Antrags in Betracht kommt.

13 Die Frist kann auch mit Einverständnis der Beteiligten grundsätzlich nicht verlängert werden. Erklärt sich der **Antragsteller** allerdings **ausdrücklich** damit **einverstanden**, dass die Bauaufsichtsbehörde noch **nicht entscheidet**, kann er später aus dieser Tatsache **keine Amtspflichtverletzung** der Bauaufsichtsbehörde ihm gegenüber rügen.

## § 75
## Baugenehmigung und Baubeginn

**(1) [1]Die Baugenehmigung ist zu erteilen, wenn dem Vorhaben öffentlich-rechtliche Vorschriften nicht entgegenstehen. [2]Die Baugenehmigung bedarf der Schriftform; sie braucht nicht begründet zu werden. [3]Eine Ausfertigung der mit einem Genehmigungsvermerk versehenen Bauvorlagen ist der Antragstellerin oder dem Antragsteller mit der Baugenehmigung zuzustellen.**

**(2) Die Baugenehmigung gilt auch für und gegen die Rechtsnachfolgerin oder den Rechtsnachfolger der Bauherrin oder des Bauherrn.**

**(3) [1]Die Baugenehmigung wird unbeschadet der privaten Rechte Dritter erteilt. [2]Sie lässt aufgrund anderer Vorschriften bestehende Verpflichtungen zum Einholen von Genehmigungen, Bewilligungen, Erlaubnissen und Zustimmungen oder zum Erstatten von Anzeigen unberührt.**

**(4) [1]Die Bauaufsichtsbehörde hat die Gemeinde von der Erteilung, Verlängerung, Ablehnung, Rücknahme und dem Widerruf einer Baugenehmigung, Teilbaugenehmigung, eines Vorbescheides, einer Zustimmung oder einer Abweichung zu unterrichten. [2]Eine Ausfertigung des Bescheides ist beizufügen.**

**(5) Vor Zugang der Baugenehmigung darf mit der Bauausführung nicht begonnen werden.**

**(6) [1]Vor Baubeginn muss die Grundrissfläche und die Höhenlage der genehmigten baulichen Anlage abgesteckt sein. [2]Baugenehmigungen und Bauvorlagen müssen an der Baustelle von Baubeginn an vorliegen.**

**(7) [1]Die Bauherrin oder der Bauherr oder die Bauleiterin oder der Bauleiter hat den Ausführungsbeginn genehmigungsbedürftiger Vorhaben nach § 63 Abs. 1 mindestens eine Woche vorher der Bauaufsichtsbehörde schriftlich anzuzeigen. [2]Die Bauaufsichtsbehörde unterrichtet das Staatliche Amt für Arbeitsschutz und das Staatliche Umweltamt, soweit es im Baugenehmigungsverfahren beteiligt wurde.**

**Hinweis zu Absatz 7 Satz 2**: Das Gesetz zur Straffung der Behördenstruktur in Nordrhein-Westfalen vom 12.12.2006 (GV. NRW. S. 622) hat die Staatlichen Umweltämter und Staatlichen Ämter für Arbeitsschutz aufgelöst und in die Bezirksregierungen eingegliedert. Mit dem Gesetz zur Kommunalisierung von Aufgaben des Umweltrechts vom 11.12.2007 (GV. NRW. S. 662) wurden nach Maßgabe der Zuständigkeitsverordnung Umweltschutz – **ZustVU** – Teile der Aufgaben den Kreisen und kreisfreien Städten übertragen.

*VV BauO NRW (infolge Befristung mit Ablauf des 31.12.2005 ausgelaufen)*

***75 Baugenehmigung und Baubeginn (§ 75)***

*75.1 Zu Absatz 1*

*75.11 Zu den öffentlich-rechtlichen Vorschriften zählen neben der Landesbauordnung und deren Durchführungsverordnungen insbesondere das Baugesetzbuch, die Vorschriften des Landschaftsrechts, des Denkmalrechts, die Vorschriften zum Bodenschutz, zum Immissionsschutz und zum Gewässerschutz, die Arbeitsstättenverordnung, die Bebauungspläne und die als kommunale Satzung erlassenen örtlichen Bauvorschriften.*

75.12 *Bei einer Reihe von Vorschriften über den Brandschutz ist die Erfüllung der Vorschrift auf andere Art und Weise als vom Gesetz im Regelfall vorgesehen zulässig, wenn besondere Brandschutzmaßnahmen getroffen werden oder Bedenken wegen des Brandschutzes nicht bestehen (z. B. § 33 Abs. 3, § 35 Abs. 1, § 37 Abs. 1 und 8). Die Zulässigkeit dieser anderweitigen Vorschriftenerfüllung ist im Baugenehmigungsverfahren unter Anhörung der Brandschutzdienststelle zu prüfen. Eine solche Prüfung unter Beteiligung der Brandschutzdienststelle entfällt bei Bauvorhaben, die keine Sonderbauten sind, wenn durch Bescheinigung einer oder eines staatlich anerkannten Sachverständigen für die Prüfung des Brandschutzes bestätigt wird, dass die bauaufsichtlichen Anforderungen hinsichtlich des Brandschutzes erfüllt sind.*

75.13 *Die Baugenehmigung berechtigt zum Baubeginn; sie kann erst erteilt werden, wenn die Bauaufsichtsbehörde nach Prüfung der erforderlichen Bauvorlagen festgestellt hat, dass dem Bauvorhaben öffentlich-rechtliche Vorschriften nicht entgegenstehen. Solange erforderliche Bauvorlagen nicht oder nur zum Teil vorliegen, kann diese Feststellung nicht getroffen werden. Auf besonderen schriftlichen Antrag kann dann gestattet werden, dass mit den Bauarbeiten für die Baugrube und für einzelne Bauteile oder Bauabschnitte begonnen werden darf (Teilbaugenehmigung nach § 76). Werden Bauvorlagen zu unterschiedlichen Zeitpunkten eingereicht, so muss eine Übereinstimmungserklärung der Entwurfsverfasserin oder des Entwurfsverfassers vorliegen (§ 7 BauPrüfVO). Dies gilt auch für Einzelnachweise zur Standsicherheit, die nach ihrem Inhalt erst vorgelegt werden können, wenn die Ausführungsplanung erstellt ist (§ 8 Abs. 3 BauPrüfVO).*

*Die Baugenehmigung ist mit dem Hinweis zu versehen, dass die Bauherrin oder der Bauherr verpflichtet ist, für jede der in § 2 Abs. 2 Nr. 1 oder Nr. 2 BaustellV genannten Baustellen dem hierfür zuständigen Staatlichen Amt für Arbeitsschutz die nach der BaustellV vorgeschriebene Vorankündigung zu übermitteln.*

75.4 *Zu Absatz 4*

*Von der Erteilung der Baugenehmigung für die Errichtung und Änderung baulicher Anlagen hat die Bauaufsichtsbehörde außer der Gemeinde auch zu unterrichten*

- *die untere Landschaftsbehörde, sofern sie im Baugenehmigungsverfahren beteiligt war,*
- *die untere Abfallwirtschaftsbehörde,*
- *das örtlich zuständige Finanzamt (§ 29 Abs. 3 BewG),*
- *die Katasterbehörde.*

*Gem. § 195 Abs. 3 des Siebten Buches des Sozialgesetzbuches (SGB VII) haben die für die Erteilung von Bauerlaubnissen zuständigen Behörden dem zuständigen Unfallversicherungsträger nach Erteilung einer Bauerlaubnis den Namen und die Anschrift des Bauherrn, den Ort und die Art der Bauarbeiten, den Baubeginn sowie die Höhe der in den baubehördlichen Verfahren angegebenen oder festgestellten Baukosten mitzuteilen. Bei nichtbauerlaubnispflichtigen Bauvorhaben trifft diese Verpflichtung die für die Entgegennahme von Bauunterlagen zuständigen Behörden. Danach sind in Nordrhein-Westfalen für die Erfüllung dieser Mitteilungspflicht bei baugenehmigungsbedürftigen Bauvorhaben die unteren Bauaufsichtsbehörden und bei nach § 67 BauO NRW freigestellten Bauvorhaben die Gemeinden zuständig.*

*Betroffen von der Mitteilungspflicht sind nicht nur die Errichtung, sondern auch die bauliche Änderung sowie der Abbruch von baulichen Anlagen.*

*Der Bau-Berufsgenossenschaft Rheinland und Westfalen, Viktoriastraße 21, 42115 Wuppertal, und der für den Regierungsbezirk Detmold zuständigen Bau-Berufsgenossenschaft Hannover, Hildesheimer Straße 309, 30519 Hannover, als Trägern der gesetzlichen Unfallversicherung sind mindestens einmal monatlich folgende Daten zu übermitteln:*

1. *Name und Anschrift des Bauherrn;*
2. *Ort der Bauarbeiten (Angaben entsprechend den Rubriken „Baugrundstück" und „Grundstück" in den als Anlagen I/1 bis I/3 und I/5 zur VV BauPrüfVO bekannt gemachten Vordrucken);*
3. *Art der Bauarbeiten (bei genehmigungsbedürftigen Vorhaben entsprechend der Baugenehmigung, bei nach § 67 BauO NRW freigestellten Bauvorhaben entsprechend der Rubrik „Genaue Bezeichnung des Vorhabens" in dem als Anlage I/1 zur VV BauPrüfVO bekannt gemachten Vordruck);*
4. *Anstelle des Datums des Baubeginns reicht es aus, bei genehmigungsbedürftigen Bauvorhaben das Datum der Baugenehmigung und bei nach § 67 BauO NRW freigestellten Bauvorhaben das Datum des Eingangs der Bauvorlagen bei den Gemeinden (§ 67 Abs. 2 BauO NRW) mitzuteilen;*
5. *Anstelle der Baukosten sind bei genehmigungsbedürftigen Gebäuden die Rohbausumme entsprechend Tarifstelle 2.1.2 des Allgemeinen Gebührentarifs der AVwGebO NRW und bei genehmigungsbedürftigen sonstigen baulichen Anlagen sowie anderen Anlagen und Einrichtungen im Sinne des § 1 Abs. 1 Satz 2 BauO NRW die Herstellungssumme entsprechend Tarifstelle 2.1.3 des Allgemeinen Gebührentarifs der AVwGebO NRW anzugeben; bei nach § 67 BauO NRW freigestellten Bauvorhaben sind derartige Angaben nicht möglich.*

*Die Gemeinde erhält neben einem Abdruck des Bauscheins eine Ausfertigung der mit Genehmigungsvermerk versehenen Bauvorlagen ausgenommen der bautechnischen Nachweise. Hinsichtlich der Unterrichtung über die Erteilung von Abbruchgenehmigungen wird auf Nr. 63.14 verwiesen.*

*75.6 Zu Absatz 6*

*Beabsichtigt die Bauaufsichtsbehörde, einen amtlichen Nachweis nach § 81 Abs. 2 Satz 2 zu verlangen, soll sie die Bauherrin oder den Bauherrn schon bei Erteilung der Baugenehmigung hierauf hinweisen und ihr oder ihm nahe legen, bei Absteckung der Grundrissfläche und der Höhenlage der baulichen Anlage eine Öffentlich bestellte Vermessungsingenieurin oder einen Öffentlich bestellten Vermessungsingenieur oder eine Behörde, die befugt ist, Vermessungen zur Einrichtung und Fortführung des Liegenschaftskatasters auszuführen, einzuschalten.*

**Parallel zu beachtende Vorschriften**

**VwGO**

**§ 80**

**(1)** [1]Widerspruch und Anfechtungsklage haben aufschiebende Wirkung. [2]Das gilt auch bei rechtsgestaltenden und feststellenden Verwaltungsakten sowie bei Verwaltungsakten mit Doppelwirkung (§ 80 a).

**(2)** [1]Die aufschiebende Wirkung entfällt nur

1. bei der Anforderung von öffentlichen Abgaben und Kosten,
2. bei unaufschiebbaren Anordnungen und Maßnahmen von Polizeivollzugsbeamten,
3. in anderen durch Bundesgesetz oder für Landesrecht durch Landesgesetz vorgeschriebenen Fällen, insbesondere für Widersprüche und Klagen Dritter gegen Verwaltungsakte, die Investitionen oder die Schaffung von Arbeitsplätzen betreffen,
4. in den Fällen, in denen die sofortige Vollziehung im öffentlichen Interesse oder im überwiegenden Interesse eines Beteiligten von der Behörde, die den Verwaltungsakt erlassen oder über den Widerspruch zu entscheiden hat, besonders angeordnet wird.

[2]Die Länder können auch bestimmen, daß Rechtsbehelfe keine aufschiebende Wirkung haben, soweit sie sich gegen Maßnahmen richten, die in der Verwaltungsvollstreckung durch die Länder nach Bundesrecht getroffen werden.

**(3)** [1]In den Fällen des Absatzes 2 Nr. 4 ist das besondere Interesse an der sofortigen Vollziehung des Verwaltungsakts schriftlich zu begründen. [2]Einer besonderen Begründung bedarf es nicht, wenn die Behörde bei Gefahr im Verzug, insbesondere bei drohenden Nachteilen für Leben, Gesundheit oder Eigentum vorsorglich eine als solche bezeichnete Notstandsmaßnahme im öffentlichen Interesse trifft.

**(4)** [1]Die Behörde, die den Verwaltungsakt erlassen oder über den Widerspruch zu entscheiden hat, kann in den Fällen des Absatzes 2 die Vollziehung aussetzen, soweit nicht bundesgesetzlich etwas anderes bestimmt ist. [2]Bei der Anforderung von öffentlichen Abgaben und Kosten kann sie die Vollziehung auch gegen Sicherheit aussetzen. [3]Die Aussetzung soll bei öffentlichen Abgaben und Kosten erfolgen, wenn ernstliche Zweifel an der Rechtmäßigkeit des angegriffenen Verwaltungsakts bestehen oder wenn die Vollziehung für den Abgaben- oder Kostenpflichtigen eine unbillige, nicht durch überwiegende öffentliche Interessen gebotene Härte zur Folge hätte.

**(5)** [1]Auf Antrag kann das Gericht der Hauptsache die aufschiebende Wirkung in den Fällen des Absatzes 2 Nr. 1 bis 3 ganz oder teilweise anordnen, im Falle des Absatzes 2 Nr. 4 ganz oder teilweise wiederherstellen. [2]Der Antrag ist schon vor Erhebung der Anfechtungsklage zulässig. [3]Ist der Verwaltungsakt im Zeitpunkt der Entscheidung schon vollzogen, so kann das Gericht die Aufhebung der Vollziehung anordnen. [4]Die Wiederherstellung der aufschiebenden Wirkung kann von der Leistung einer Sicherheit oder von anderen Auflagen abhängig gemacht werden. [5]Sie kann auch befristet werden.

**(6)** [1]In den Fällen des Absatzes 2 Nr. 1 ist der Antrag nach Absatz 5 nur zulässig, wenn die Behörde einen Antrag auf Aussetzung der Vollziehung ganz oder zum Teil abgelehnt hat. [2]Das gilt nicht, wenn

1. die Behörde über den Antrag ohne Mitteilung eines zureichenden Grundes in angemessener Frist sachlich nicht entschieden hat oder
2. eine Vollstreckung droht.

**(7)** [1]Das Gericht der Hauptsache kann Beschlüsse über Anträge nach Absatz 5 jederzeit ändern oder aufheben. [2]Jeder Beteiligte kann die Änderung oder Aufhebung wegen veränderter oder im ursprünglichen Verfahren ohne Verschulden nicht geltend gemachter Umstände beantragen.

**(8)** In dringenden Fällen kann der Vorsitzende entscheiden.

**Zweites Gesetz**
**zum Bürokratieabbau (Bürokratieabbaugesetz II)**
**vom 9.10.2007**
(GV. NRW S. 393)

**– Auszug –**

**Artikel 1**
**Dreizehntes Gesetz zur Änderung des Gesetzes zur Ausführung der Verwaltungsgerichtsordnung**

1. Das Gesetz erhält folgende neue Überschrift:

**„Ausführungsgesetz zur Verwaltungsgerichtsordnung (AG VwGO)“.**

2. § 6 wird wie folgt neu gefasst:

**„§ 6**

**(1)** [1]Vor Erhebung einer Anfechtungsklage bedarf es einer Nachprüfung in einem Vorverfahren abweichend von § 68 Abs. 1 Satz 1 der Verwaltungsgerichtsordnung nicht, wenn der Verwaltungsakt während des Zeitraums vom 1. November 2007 bis zum 31. Oktober 20012 bekannt gegeben worden ist. [2]Vor Erhebung einer Verpflichtungsklage bedarf es einer Nachprüfung in einem Vorverfahren abweichend von § 68 Abs. 2 Verwaltungsgerichtsordnung nicht, wenn die Ablehnung der Vornahme des Verwaltungsaktes innerhalb des in Satz 1 bezeichneten Zeitraumes bekannt gegeben worden ist.

**(2)** …

**(3)** [1]Absatz 1 Satz 1 findet keine Anwendung auf im Verwaltungsverfahren nicht beteiligte Dritte, die sich gegen den Erlass eines einen anderen begünstigenden Verwaltungsaktes wenden. Dies gilt nicht,

1. …

7. bei Entscheidungen der Bauaufsichtsbehörden und der Baugenehmigungsbehörden,

8. … .

**(4)** Soweit landesgesetzliche Bestimmungen die Durchführung eines Vorverfahrens in sonstigen Bereichen vorsehen, finden diese Regelungen innerhalb des in Absatz 1 bestimmten Zeitraumes keine Anwendung.“

3. …

**Artikel 2**
**Gesetz zur Änderung des Ersten Gesetzes zum Bürokratieabbau**

§ 2 Nr. 3 wird aufgehoben.

**Artikel 4**
**Übergangsvorschriften, In-Kraft-Treten**

**(1)** Auf Verwaltungsakte, die vor dem In-Kraft-Treten dieses Gesetzes bekannt gegeben worden sind, findet das bis zum 31. Oktober 2007 geltende Recht Anwendung.

**(2)** Dieses Gesetz tritt am 1. November 2007 in Kraft.

## **Anmerkungen** (Autor: Heintz)

**Übersicht**


| | | Rdn. |
|---|---|---|
| 0 | Änderungen gegenüber der BauO NW 1984 und der BauO NW 1995 | 01– 02 |
| 1 | Rechtsnatur der Baugenehmigung | |
| 1.1 | Feststellender und verfügender Teil | 1– 8 |
| 1.2 | Anspruchsgrundlage, Gegenleistungen | 9– 17 |
| 1.3 | Antragsgebundenheit | 18– 25 |
| 1.4 | Begünstigende und belastende Wirkung | 26– 31 |
| 1.5 | Bestandskraft | 32 |
| 1.6 | Rücknahme und Widerruf | 33– 44 |
| 1.7 | Bindungswirkungen | 45– 48 |
| 1.8 | Archivierung von Bauakten | 49– 50 |
| 2 | Rechtsschutz- und Haftungsaspekte | |
| 2.1 | Rechtsschutz ohne Widerspruchsverfahren | 51–51c |
| 2.1.1 | Rechtsschutz des Bauherrn | 52– 64 |
| 2.1.2 | Rechtsschutz des Nachbarn | 65– 68 |
| 2.2 | Haftung der Bauaufsichtsbehörde | 69 |
| 2.2.1 | Schadenersatzanspruch nach § 839 BGB | 70– 78 |
| 2.2.2 | Entschädigungsanspruch nach § 39 Abs. 1 Buchstabe b OBG | 79–79b |
| 2.2.3 | Richtigkeit von Auskünften | 80–80b |
| 3 | Zu Absatz 1 – Die Baugenehmigung | |
| 3.1 | Satz 1 – Materiell-rechtliches Prüfprogramm | |
| 3.1.1 | Vereinbarkeit mit öffentlichem Recht | 81– 99 |
| 3.1.2 | Vorausgegangene Entscheidungen | 100–104 |
| 3.1.3 | Auswirkungen des Bestandsschutzes | 105–108 |
| 3.1.4 | Passiver Bestandsschutz | 109–118 |
| 3.1.5 | Aktiver Bestandsschutz | 119–125 |
| 3.1.6 | Änderung der Rechtsprechung zum Bestandsschutz | 126–128 |
| 3.2 | Satz 2 – Form der Baugenehmigung | 129 |
| 3.2.1 | Der „Bauschein“ | 130–137 |
| 3.2.2 | Zugehörige Bauvorlagen und sonstige Bestandteile | 138–140 |
| 3.2.3 | Begründung | 141–144 |
| 3.2.4 | Nebenbestimmungen | 145–154 |
| 3.2.4 | Hinweise | 155–156 |
| 3.3 | Satz 3 – Zustellung der Baugenehmigung | 157–159 |
| 4 | Zu Absatz 2 – Dingliche Wirkung der Baugenehmigung | 160–164 |
| 5 | Zu Absatz 3 – Ausgeschlossene Prüfungsgegenstände | |
| 5.1 | Private Rechte Dritter | 165–167 |
| 5.2 | Vorbehalte nach sonstigem öffentlichem Recht | 168–171 |
| 6 | Zu Absatz 4 – Benachrichtigung der Gemeinde | 172–176 |
| 7 | Zu Absatz 5 – Baufreigebende Wirkung der Baugenehmigung | 177–179 |
| 8 | Zu Absatz 6 – Absteckungs- und Vorhaltepflichten des Bauherrn | |
| 8.1 | Festlegung der Grundrissfläche und der Höhenlage | 180–187 |
| 8.2 | Vorhalten von Unterlagen an der Baustelle | 188–190 |
| 9 | Zu Absatz 7 – Anzeige- und Unterrichtungspflichten | |
| 9.1 | Anzeige des Ausführungsbeginns | 191–195 |
| 9.2 | Unterrichtung der an der Überwachung beteiligten Behörden | 196–198 |

## 0 Änderungen gegenüber der BauO NW 1984 und der BauO NW 1995

Die Vorschrift des **§ 75 BauO NW 1995** entsprach § 70 BauO NW 1984 und erfuhr lediglich redaktionelle Ergänzungen um gleichstellungsgerechte Formulierungen. 01

Die **BauO NRW 2000** hat § 75 BauO NW 1995 übernommen. In Absatz 7 Satz 1 wurde zusätzlich zum Bauherrn der Bauleiter aufgrund der Rückgängigmachung der mit der BauO NW 1995 erfolgten Streichung der Bauleiterregelung wieder erwähnt. In Satz 2 erfolgte mit dem neuen Halbsatz 2 „soweit es im Baugenehmigungsverfahren beteiligt wurde" eine wichtige Klarstellung zur Verfahrensvereinfachung. Die Beteiligung des Staatlichen Umweltamtes (jetzt der Bezirksregierung) erfolgt nämlich nur in relativ wenigen Baugenehmigungsverfahren. Eine Unterrichtung über die Erteilung der Baugenehmigung macht nur Sinn, wenn die Behörde auch zuvor im Baugenehmigungsverfahren beteiligt wurde; eine regelmäßige Unterrichtung ist daher nicht erforderlich (vgl. LT-Drucks. 12/3738 S. 91 zu Art. I Nr. 50 – § 75). 02

## 1 Rechtsnatur der Baugenehmigung

### 1.1 Feststellender und verfügender Teil

Die **Baugenehmigung** ist nach der Rechtsprechung und herrschenden Lehre die **Erklärung der zuständigen Behörde** (Bauaufsichtsbehörde), **dass dem beabsichtigten** (Bau-) **Vorhaben öffentlich-rechtliche Vorschriften im Zeitpunkt der Entscheidung nicht entgegenstehen** (so im Anschluss an die ständige Rechtsprechung des PrOVG das BVerwG, Urteil vom 15. 3. 1967 - IV C 205.65, BRS 18 Nr. 49, und Urteil vom 10. 11. 1978 - 4 C 24.78, BRS 33 Nr. 64; s. auch Allgeier/von Lutzau, zu § 64 S. 490ff. Anm. 64.1 und Große-Suchsdorf/Lindorf/Schmaltz/Wiechert, zu § 75 Rdn. 2). Soweit ein Vorhaben nicht genehmigungsfrei errichtet, geändert, genutzt oder abgebrochen werden darf, ist diese **Erklärung** die Voraussetzung für die Ausübung des sich aus dem Eigentum ergebenden **Rechts zum Bauen** und übereinstimmend nach allen Landesbauordnungen erforderlich. Die **Vornahme dieser Handlungen ohne Einholung der Genehmigung** nach § 75 BauO NRW ist gemäß **§ 84 Abs. 1 Nr. 13 BauO NRW eine bußgeldbewehrte Ordnungswidrigkeit**. 1

Die **Baugenehmigung beseitigt das gesetzliche Verbot** des § 75 Abs. 5 BauO NRW, **nicht vor ihrem Zugang mit der Bauausführung beginnen zu dürfen** (BGH, Urteil vom 25. 1. 1973 – III ZR 256/68, BauR 1973, 104 = DÖV 1973, 350 = DVBl 1973, 918 = NJW 1973, 616). Dies wird als „**Baufreigabe**" bezeichnet und macht den „**verfügenden**" **Teil** der Baugenehmigung aus. Überlegungen zur **Abkoppelung der baufreigebenden Wirkung** der Baugenehmigung durch Einführung eines „**Baufreigabescheins**" nach baden-württembergischem bzw. sächsischem Vorbild hat der nordrhein-westfälische Gesetzgeber nicht aufgegriffen (zu den Regelungen des § 59 Abs. 6 LBO B-W bzw. § 70 Abs. 6 SächsBO s. die Anmerkungen zu § 69 Rdn. 80). Ein Verstoß gegen § 75 Abs. 5 BauO NRW stellt nach **§ 84 Abs. 1 Nr. 14 BauO NRW** eine **Ordnungswidrigkeit** dar und kann mit einer **Geldbuße** geahndet werden. 2

Die **Erklärung** der Übereinstimmung des Vorhabens mit dem zu prüfenden öffentlichen Recht ist nicht nur Voraussetzung für die Baufreigabe, sondern **sichert** bei genehmigungskonformer Ausführung und Beibehaltung der genehmigten Nutzung auch **den späteren Bestand des Bauwerks** gegen nachfolgende Rechtsänderungen. Die in der Erklärung enthaltene **Feststellung** der Vereinbarkeit des Vorhabens mit dem öffentlichen 3

Recht entfaltet nämlich „**materielle Schutzfunktion**" (BVerwG, Urteil vom 8.6.1979 – 4 C 23.77, BVerwGE 58, 124 = BRS 35 Nr. 82 = DVBl 1979, 626; vgl. auch Friauf, „Latente Störung" – Rechtswirkungen der Bauerlaubnis und vorbeugende Nachbarklage, DVBl 1971, S. 713 ff.). Die Rechtsprechung unterscheidet daher zwischen **feststellendem** und dem **verfügendem Teil** der Baugenehmigung (BVerwG, Urteil vom 23.5.1975 – IV C 28.72, BVerwGE 48, 242 = BRS 29 Nr. 116 und Urteil vom 3.2.1984 – 4 C 39.82, BVerwGE 69, 1 = BRS 42 Nr. 170).

4 Die **feststellende Wirkung** der Baugenehmigung bezieht sich nur auf das von der Bauaufsichtsbehörde **zu prüfende öffentliche Recht**. Die Rechtslage hat sich gegenüber der BauO NW 1962 durch mehrfache Erweiterung der **Freistellungen** (vgl. §§ 65 bis 67 BauO NRW) und der Einführung von **Prüfeinschränkungen** (vgl. § 68 Abs. 1 Satz 4 und § 72 Abs. 4 und 6 BauO NRW) entscheidend geändert (s. auch die Anmerkungen zu § 69 Rdn. 81). Im Falle der Freistellung von einem bauaufsichtlichen Verfahren entfällt die präventive Prüfung und damit das Erfordernis einer Baufreigabe vollständig; die Genehmigungsfreiheit entbindet jedoch nicht von der Verpflichtung zur Einhaltung der Anforderungen des öffentlichen Baurechts (vgl. § 65 Abs. 4 BauO NRW). Im Falle der Prüfeinschränkung entfällt die präventive Prüfung teilweise, so dass die feststellende und baufreigebende Wirkung der Baugenehmigung bereits nach Bescheidung des teilgeprüften öffentlichen Rechts eintritt.

5 Im **vereinfachten Genehmigungsverfahren** erfasst die Feststellung der Übereinstimmung mit dem öffentlichen Recht **nicht** die durch § 68 Abs. 1 Satz 4 BauO NRW **von der präventiven Prüfung ausgeschlossenen Vorschriften des Bauordnungsrechts**. Hierbei handelt es sich neben den bautechnischen Nachweisen, die erst bei Baubeginn vorliegen müssen (zum Teil geprüft durch staatlich anerkannte Sachverständige), auch um wichtige Teile des materiellen Bauordnungsrechts, z. B. die Anforderungen an die Verkehrssicherheit. Für die Einhaltung der öffentlich-rechtlichen Vorschriften sind bis zur abschließenden Fertigstellung gemäß § 56 BauO NRW der Bauherr und die übrigen am Bau Beteiligten verantwortlich (BayVGH, Urteil vom 10.1.1979 – Nr. 12 XV 76, BRS 35 Nr. 211). Dabei spielt es keine Rolle, ob die öffentlich-rechtlichen Vorschriften präventiv geprüft wurden oder ob diese wegen des gesetzlichen Prüfverzichts von der feststellenden Wirkung der Baugenehmigung nicht erfasst werden. Die Verantwortlichkeit des Bauherrn besteht unabhängig davon, ob er auch Eigentümer des Grundstücks ist (BVerwG, Urteil vom 23.3.1973 – IV C 49.71, BVerwGE 42, 115 = BRS 27 Nr. 130 = NJW 1973, 1518 und Hess. VGH, Beschluss vom 3.2.1984 – 4 TG 76/83, BRS 42 Nr. 166, zur Verantwortlichkeit der Bauherrengemeinschaft s. VGH B-W, Urteil vom 13.12.1989 – 3 S 2489/89, BRS 50 Nr. 158 = NVwZ-RR 1991, 60).

6 **Im normalen Genehmigungsverfahren** bestehen ebenfalls **gesetzliche Prüfeinschränkungen**. **Nicht präventiv zu prüfen** sind gemäß

- **§ 72 Abs. 4 BauO NRW** die **nicht nach § 3 Abs. 3 BauO NRW eingeführten technischen Regeln**,
- **§ 72 Abs. 6 BauO NRW** die **bauaufsichtlichen Anforderungen als Gegenstand der Bescheinigung eines staatlich anerkannten Sachverständigen** im Sinne des § 85 Abs. 2 Satz 1 Nr. 4 BauO NRW.

Im zuletzt genannten Falle tritt an die Stelle der präventiven Prüfung eine im Einzelfall **widerlegbare gesetzliche Vermutungsregel**. Die von dem staatlich anerkannten Sachverständigen bescheinigten Sachverhalte machen eine weitere präventive Prüfung durch die Bauaufsichtsbehörde entbehrlich. Lässt die Bauaufsichtsbehörde den bescheinigten Sachverhalt ungeprüft, wozu sie auch berechtigt ist (s. die Anmerkungen zu § 72 Rdn. 112), so bleibt dieser **von der feststellenden Wirkung der Baugenehmigung ausgeschlossen**.

Auf die Freistellungen der Länder reagierte der Bundesgesetzgeber mit der **Änderung des § 29 BauGB** durch das **BauROG**, um die Beachtung des Bauplanungsrechts im bauaufsichtlichen Verfahren sicherzustellen (vgl. die Anmerkungen zu § 69 Rdn. 3). Die bauplanungsrechtlichen Vorgaben gelten seitdem unabhängig davon, ob das Landesrecht Vorhaben vollständig oder teilweise von einer präventiven Prüfung freistellt. Neben den im vereinfachten und normalen Baugenehmigungsverfahren zu prüfenden bauordnungsrechtlichen Vorschriften beinhaltet die Baugenehmigung nach § 75 Abs. 1 Satz 1 BauO NRW die **Feststellung der Übereinstimmung des Vorhabens mit den bauplanungsrechtlichen Zulässigkeitsvorschriften der §§ 29 bis 37 BauGB**, vorausgesetzt, das Vorhaben weist eine **städtebauliche Relevanz** auf (vgl. die Anmerkungen zu § 2 Rdn. 9 bis 13). **7**

Die **feststellende Wirkung** der Baugenehmigung erfasst das „**Baunebenrecht**" (zu diesem Begriff s. die Anmerkungen der Einleitung Rdn. 4 und 19 bis 21), **soweit dieses** nach § 75 Abs. 1 Satz 1 BauO NRW im **Baugenehmigungsverfahren mit zu prüfen** ist und keine rechtlich selbständigen Entscheidungen mit Außenwirkung in Spezialgesetzen neben der Baugenehmigung vorgesehen sind (zum materiell-rechtlichen Prüfprogramm im Hinblick auf die wichtigsten das Bauen beeinflussenden baunebenrechtlichen Vorschriften s. die Anmerkungen zu § 69 Rdn. 3). Für nicht in das Baugenehmigungsverfahren eingeschlossenes Baunebenrecht entfällt nach § 75 Abs. 3 Satz 2 BauO NRW die feststellende Wirkung der Baugenehmigung. Dennoch darf nach klassischem Verständnis des § 75 Abs. 1 Satz 1 BauO NRW die Baugenehmigung nicht erteilt werden, sofern Entscheidungen nach sonstigen öffentlich-rechtlichen Vorschriften offen stehen (vgl. BVerwG, Beschluss vom 25. 10. 1995 – 4 B 216.95, BauR 1996, 225 = BRS 57 Nr. 186 = DÖV 1996, 172 = DVBl 1996, 57 und OVG NRW, Urteil vom 20. 3. 1992 – 11 A 610/90, BauR 1992, 610 = BRS 54 Nr. 135 zur „**Schlusspunkttheorie**"). Das „**klassische**" Verständnis der „Schlusspunkttheorie" erfordert, dass **vor** Erteilung der Baugenehmigung öffentlich-rechtliche Genehmigungen, Erlaubnisse oder Zustimmungen nach sonstigem öffentlichem Recht **unanfechtbar** vorliegen müssen (vgl. Boeddinghaus/Hahn/Schulte, zu § 75 Rdn. 76; Finkelnburg/Ortloff, Band II S. 116 ff. und Jäde, Diskussionsschwerpunkte einer neuen Musterbauordnung, ZfBR 2002, S. 21 ff.). **8**

Von diesem klassischen Verständnis ist der **7. Senat** des OVG NRW abgerückt (Urteil vom 14. 9. 2001 – 7 A 620/00, BauR 2002, 452 = BRS 64 Nr. 163). Dabei weist die Entscheidung auf den **Zusammenhang** der Vorschriften des § 75 Abs. 1 **Satz 1** und Absatz 3 **Satz 2** BauO NRW hin und leitet daraus ab, dass die Baugenehmigung neben den bauplanungs- und bauordnungsrechtlichen Vorschriften nur die **zu prüfenden baunebenrechtlichen** Vorschriften erfasst, **soweit** das jeweilige **Fachrecht keine eigenständige Entscheidung** der dafür zuständigen Fachbehörde **vorsieht**. Für das Baugenehmigungsverfahren ergeben sich aus dieser Rechtsprechung **Handhabungsprobleme** (s. Rdn. 81 ff. und 171). Diese Probleme, wie auch wohl die im Schrifttum geäußerte Kritik (vgl. z. B. Mampel, Baugenehmigung – Schluß mit der Schlußpunkttheorie?, BauR 2002, S. 719 ff. und Jeromin, zu § 70 Rdn. 46–47) bewogen dagegen den **10. Senat** des OVG NRW zur **Bestätigung der Schlusspunkttheorie**, ausdrücklich entgegen der Entscheidung des 7. Senats (Urteil vom 11. 9. 2003 – 10 A 4694/01, BauR 2003, 1870 = BRS 66 Nr. 159 = DÖV 2004, 302 = UPR 2004, 454). Die Leitsätze des Urteils lauten:

*„1. Nach nordrhein-westfälischem Landesrecht ist die Baugenehmigung der Schlußpunkt der für genehmigungsbedürftige Bauvorhaben durchzuführenden öffentlich-rechtlichen Zulässigkeitsprüfung und stellt die öffentlich-rechtliche Zulässigkeit eines Vorhabens umfassend fest.*

*2. Die Erteilung einer Baugenehmigung ohne Vorliegen der für ihre Erteilung vorausgesetzten weiteren öffentlich-rechtlichen Genehmigungen (z. B. nach dem Landschafts-, Straßen-, Sanierungs- und Wasserrecht) ist rechtswidrig. Ein Einschreiten gegen das rechtswidrig genehmigte Vorhaben setzt die vorherige Aufhebung der Baugenehmigung voraus."*

Die Auffassung des 10. Senats wird der Intention des Gesetzgebers gerecht, dem Bürger nach Erhalt der Baugenehmigung auch tatsächlich den Baubeginn zu ermöglichen und ihm nicht – anstelle der Bauaufsichtsbehörde – eine weitere Prüfung des öffentlichen Rechts aufzuerlegen (in gleichem Sinne auch OVG Rh-Pf, Beschluss vom 25. 7. 2007 – 8 A 10587/07, BauR 2007, 1857 zur Schlusspunkttheorie). Ansonsten ergäbe auch **§ 72 Abs. 1 Satz 1 Nr. 2** BauO NRW keinen Sinn, der im **Zusammenhang mit § 75 Abs. 1 Satz 1** BauO NRW betrachtet werden muss (vgl. Boeddinghaus/Hahn/Schulte, zu § 75 Rdn. 80). Danach hat die **Bauaufsichtsbehörde** innerhalb einer Woche nach Eingang des Bauantrages **zu prüfen**, ob die Erteilung der Baugenehmigung von der Zustimmung, dem Einvernehmen, Benehmen oder von der Erteilung einer weiteren Genehmigung oder Erlaubnis einer anderen Behörde abhängig ist. Der Gesetzgeber sieht diese öffentlich-rechtlichen Gestattungen als **Voraussetzung** für die Baugenehmigung an (s. die Begründung zur BauO NW 1995, LT-Drucks. 11/7153 S. 193).

*„Die Nr. 2 bis 4 halten die Bauaufsichtsbehörden dazu an, schon bei Antragseingang zu prüfen und festzulegen, welche förmlichen Entscheidungen anderer Behörden als Voraussetzung für die Erteilung der Baugenehmigung einzuholen, welche Behörden oder Dienststellen z. B. aufgrund aufsichtsbehördlicher Weisung (vgl. Nr. 50 VV BauO NW 1984) zu beteiligen und welche Sachverständigen aufgrund § 62 Abs. 2 heranzuziehen sind. Damit wird das Baugenehmigungsverfahren, dessen Dauer maßgeblich von der Einschaltung anderer Behörden, Dienststellen oder Sachverständiger geprägt wird, für den Bauherrn überschaubarer. Zudem ist die Vorprüfung nach Nr. 2 bis 4 dazu geeignet auszuschließen, daß erst während des Baugenehmigungsverfahrens die Notwendigkeit einer solchen Beteiligung erkannt wird, was zu einer erheblichen Verzögerung des Verfahrens führen könnte."*

### 1.2 Anspruchsgrundlage, Gegenleistungen

9 Mit dem **Inhalt des Eigentums** ist der **Grundsatz der „Baufreiheit"** eng verbunden (zum Eigentum und seiner Bestandsgarantie vgl. die Einleitung Rdn. 30 bis 36). Das Recht, bauliche Anlagen in Übereinstimmung mit der Rechtsordnung zu errichten, gehört zum Inhalt des Eigentums. Mit dem Grundeigentum ist seine **Sozialgebundenheit** verbunden, die eine **Beschränkung der „Baufreiheit"** zur Folge haben kann. Die bauliche Verwertung des Grundeigentums hat sich in dem **Rahmen** zu halten, den eine sinnvolle, dem Wohl der Allgemeinheit dienende Ordnung setzt. Diesen Rahmen bilden die **das Bauen regelnden Rechtsvorschriften** als Bestimmungen über **Inhalt** und **Schranken des Eigentums** im Sinne von Artikel 14 Abs. 1 Satz 2 GG (BVerwG, Urteil vom 28. 6. 1955 – I C 146/53, BVerwGE 2, 172 = BBauBl 1955, 583 = BRS 4 VB 2, S. 222; s. auch die Ein-

leitung Rdn. 10 bis 21). Die „**Baufreiheit**" hat demnach ihre **Grenze** dort, wo sie mit dem Wohl der Allgemeinheit kollidiert. Infolge der erheblich gestiegenen **Regelungsdichte des öffentlichen Baurechts** und der hierdurch gegebenen **zahllosen Ausnahme- bzw. Abweichungsvorbehalte** in Rechtsvorschriften, ergibt sich mittlerweile für die überwiegende Anzahl der Vorhaben zumindest in Teilbereichen das Erfordernis einer **konstitutiven Rechtsbegründung** durch die Baugenehmigung, so dass deren deklaratorische Bedeutung zunehmend bezweifelt wird (vgl. Schulte, Das Dogma Baufreiheit, DVBl 1979 S. 133ff.; Wahl, Genehmigung und Planungsentscheidung, DVBl 1982, S. 51 ff.; Gubelt, Fälle zum Bau- und Raumordnungsrecht, 4. Auflage, S. 127 f.).

Die **dem Wohl der Allgemeinheit dienenden Vorschriften**, zu denen unter anderem auch die die öffentliche Sicherheit und Ordnung gewährleistenden Bestimmungen gehören, sind die verfassungsrechtlich zulässigen **Schranken des Eigentums und der „Baufreiheit"** (s. die Anmerkungen zu § 1 Rdn. 5–9). Es kann daher auch nur von einer **„Baufreiheit im Rahmen der einfachen Rechtsvorschriften"** gesprochen werden (vgl. Boeddinghaus/Hahn/Schulte, zu § 75 Rdn. 6). Eine **Baugenehmigung unter unmittelbarem Rückgriff auf Artikel 14 Abs. 1 Satz 1 GG** aus Gründen des Bestandsschutzes **entgegen einfachrechtlichen Bestimmungen**, die von der Rechtsprechung früher für möglich erachtet wurde (s. Rdn. 119 und 125), ist aufgrund neuerer Entscheidungen des BVerwG nunmehr **ausgeschlossen** (vgl. Jäde/Dirnberger/Weiß, zu § 29 Rdn. 1; vgl. z. B. BVerwG, Urteil vom 12. 3. 1998 – 4 C 10/97, BauR 1998, 760 = BRS 60 Nr. 98 = NJW 1998, 3136 = NVwZ 1998, 842 = UPR 1998, 228 = ZfBR 1998, 427). Der für das Bauen durch das öffentliche Recht, insbesondere das Baurecht, gesetzte Rahmen muss eingehalten und – im Falle der Genehmigungsbedürftigkeit eines Vorhabens – präventiv geprüft und überwacht werden (zu dem Zusammenspiel von Baugenehmigung, Bauüberwachung und Bauzustandsbesichtigungen s. die Anmerkungen zu § 81 Rdn. 1–4). Das Baugenehmigungsverfahren dient dazu, die Einhaltung des vorgegebenen rechtlichen Rahmens sicherzustellen. Dem Recht zum Bauen ist im Interesse der öffentlichen Belange eine **vorläufige Sperre** durch ein **präventives Verbot mit Erlaubnisvorbehalt** gesetzt, die **mit der Genehmigung aufgehoben** wird (s. Hoppe/Bönker/Grotefels, S. 517 Rdn. 13 und Finkelnburg/Ortloff, Band. II, S. 140 f.). 10

Die **Baugenehmigung** verschafft **bei Übereinstimmung** des Vorhabens **mit den öffentlich-rechtlichen Vorschriften** materiell kein neues Recht und hat in diesem Falle **keine konstitutive, sondern deklaratorische Wirkung**, da sie das Recht zum Bauen voraussetzt. In einer (am Gesamtantragsvolumen gemessenen) kleineren Zahl von Fällen ist denn auch die Bauaufsichtsbehörde noch in der Lage, die Übereinstimmung des Vorhabens mit dem öffentlichen Recht zu bestätigen oder festgestellte Rechtsverstöße durch Beifügung von Nebenbestimmungen zu beseitigen. Die Baugenehmigung wird deshalb auch als **gebundene Erlaubnis** bezeichnet und **muss** wegen der grundsätzlich bestehenden „Baufreiheit" **erteilt werden, wenn das geplante Vorhaben dem öffentlichen Recht entspricht** oder wegen des **Verhältnismäßigkeitsgrundsatzes** durch **Nebenbestimmungen** in Übereinstimmung zu diesem gebracht werden kann (BayVGH, Urteil vom 14. 9. 1977 – Nr. 11 XV 73, BRS 32 Nr. 42). 11

Etwas anderes gilt nur, wenn die Baugenehmigung **Ausnahmen** oder **Befreiungen nach § 31 BauGB, Abweichungen nach § 73 BauO NRW** bzw. vergleichbare Entscheidungen über **Abweichungen vom Baunebenrecht** voraussetzt, um die notwendige Übereinstimmung mit dem öffentlichen Recht herzustellen. Auf die Erteilung von Ausnahmen, Befreiungen oder Abweichungen besteht nämlich **kein Rechtsanspruch**. Diese **Entschei-** 12

**dungen** liegen vielmehr auch bei Erfüllung der gesetzlichen Voraussetzungen (vgl. z.B. § 31 BauGB, § 73 BauO NRW, § 69 LG) **im pflichtgemäßen Ermessen** der Bauaufsichtsbehörde bzw. der beteiligten Fachbehörde. Das schließt nicht aus, dass im – seltenen – Einzelfall das Ermessen so eingeschränkt sein kann, dass eine andere als die positive Entscheidung nicht rechtmäßig wäre (**Ermessensreduzierung auf Null**). Auf jeden Fall hat der Antragsteller **Anspruch auf eine ermessensfehlerfreie Entscheidung**. Ausnahmen, Befreiungen und Abweichungen stellen **„repressive Verbote mit Befreiungsvorbehalt"** dar, da die Abweichung vom geltenden Recht grundsätzlich verboten ist; es wird lediglich ausnahmsweise und mit **konstitutiver Wirkung** genehmigt (so Battis, Öffentliches Baurecht und Raumordnungsrecht, 3. Auflage, S. 251). Es ist nur noch eine Frage der Zeit, bis bei weiter ansteigender Regelungsdichte der Grundsatz der Baufreiheit sich in sein Gegenteil verkehrt haben wird und nahezu jede Baugenehmigung einer staatlichen Baurechtsverleihung gleichkommt (vgl. Leisner, Baufreiheit oder staatliche Baurechtsverleihung?, DVBl. 1992, S. 1065 ff.).

13 Aus der Rechtsnatur der Baugenehmigung als gebundener Erlaubnis folgt, dass ihre **Erteilung nicht von Gegenleistungen abhängig** gemacht werden darf. Jedenfalls gilt dies dort, wo der Antragsteller uneingeschränkten Rechtsanspruch auf die Baugenehmigung hat. „Wo es nämlich an jedem Entscheidungsspielraum fehlt und dementsprechend nur die unverzügliche und uneingeschränkte Genehmigungserteilung der Rechtslage entspricht, sind notwendig alle Versuche, die Genehmigungserteilung dennoch von irgend etwas abhängig zu machen, rechtswidrig und die auf dieser Grundlage zustande kommenden Verträge nichtig" (so ausdrücklich das BVerwG, Beschluss vom 30. 10. 1973 – IV B 127.73, BRS 27 Nr. 142; zur Unzulässigkeit so genannter „Folgekostenverträge" bei uneingeschränktem Baurechtsanspruch s. auch BVerwG, Urteil vom 6. 7. 1973 – IV C 22.72, BauR 1973, 285 = BRS 27 Nr. 26, Beschluss vom 25. 11. 1980 – 4 B 140.80, BRS 36 Nr. 161 und BGH, Beschluss vom 13. 6. 1991 – III ZR 143/90, BRS 53 Nr. 70). Das gilt auch für das erforderliche Einvernehmen der Gemeinde gemäß § 36 BauGB als Voraussetzung für die Erteilung der Baugenehmigung (OVG Rh-Pf, Urteil vom 28. 11. 1991 – 1 A 10312/89, BRS 52 Nr. 160).

14 Mit dem BauROG wurden die Regelungen der §§ 6 und 7 BauGB-MaßnahmenG in die §§ 11 und 12 BauGB unter der Überschrift „Zusammenarbeit mit Privaten" als **Dauerrecht** übernommen (zur Rechtsentwicklung s. Schlichter/Stich/Driehaus/Paetow, zu § 11 Rdn. 1–23 und Battis/Krautzberger/Löhr, zu § 12 Rdn. 1). Im Gegensatz zur herkömmlichen „Angebotsplanung" ermöglichen der **„Städtebauliche Vertrag"** und der **„Vorhaben- und Erschließungsplan" mit dem „Durchführungsvertrag"** auf den Einzelfall zugeschnittene planerische Lösungen, um zum Vorteil beider Vertragspartner (Vorhabenträger und Gemeinde) Bauland auszuweisen (vgl. BT-Drucks. 13/6392 S. 38). Hierbei handelt es sich um **städtebauliche Sonderregelungen**, die als Ersatz für eine Angebotsplanung zur Anwendung gelangen und überhaupt erst eine bauplanungsrechtliche Zulässigkeitsgrundlage für Vorhaben herbeiführen. Daher ist es auch möglich und zulässig, vertragliche Regelungen über die Kostenübernahme durch den Vorhabenträger im Städtebaulichen Vertrag bzw. im Durchführungsvertrag zu vereinbaren.

15 Die **Kontrolle** der Einhaltung der **vertraglichen Bestimmungen obliegt** – was vielfach noch übersehen oder sogar vereinzelt bewusst nicht zur Kenntnis genommen wird – nicht der Bauaufsichtsbehörde, sondern **der Gemeinde**. Insbesondere die **Regelungen des Durchführungsvertrages nehmen an der bauaufsichtlichen Prüfung vor Erteilung der Baugenehmigung nicht teil**, da § 30 Abs. 2 BauGB, wie zuvor bereits § 7 Abs. 4

BauGB-MaßnahmenG, allein darauf abstellt, dass das Vorhaben dem vorhabenbezogenen Bebauungsplan bzw. der Satzung nicht widerspricht und die Erschließung gesichert ist. Als Zulässigkeitskriterium erwähnt § 30 Abs. 2 BauGB den Durchführungsvertrag bewusst nicht (zum Verhältnis von Bebauungsplan und Durchführungsvertrag s. Battis/Krautzberger/Löhr, zu § 12 Rdn. 17–18). Die Gemeinde sollte sich daher gegebenenfalls **im Durchführungsvertrag Sicherungen** einräumen lassen (vgl. Ernst/Zinkahn/Bielenberg/Krautzberger, zu § 12 Rdn. 100). Die gesetzlich festgelegte **Folge der Nichteinhaltung** des Durchführungsvertrags ist gemäß § 12 Abs. 6 BauGB die **Aufhebung** des vorhabenbezogenen Bebauungsplans (vgl. Schlichter/Stich/Driehaus/Paetow, zu § 12 Rdn. 34–42). Bereits **verwirklichte Bauvorhaben** bleiben von der Aufhebung der Satzung unberührt, da die **erteilte Baugenehmigung Bestandsschutz** vermittelt (s. Jäde/Dirnberger/Weiss, zu § 12 Rdn. 80).

Grundsätzlich hängt die Erteilung der Baugenehmigung nicht von der **Zahlung der Erschließungsbeiträge** nach dem BauGB ab. Es besteht aber die Möglichkeit, unter den in § 133 Abs. 3 BauGB aufgeführten Voraussetzungen aus Anlass einer Baugenehmigung **Vorausleistungen auf den Erschließungsbeitrag** verlangen zu können (hierzu s. Battis/Krautzberger/Löhr, BauGB, zu § 133 Rdn. 27–47). Die Gemeinde kann ihr erforderliches Einvernehmen gemäß § 36 BauGB (s. Rdn. 13) aber davon abhängig machen, dass die nach den Festsetzungen des Bebauungsplanes vorgesehenen Verkehrsflächen unter Anrechnung auf den Erschließungsbeitrag abgetreten werden (BVerwG, Urteil vom 16. 12. 1993 – 4 C 27.92, BRS 56 Nr. 241 = NVwZ 1994, 485). 16

Die Baugenehmigung darf nicht von der Zahlung der **Baugenehmigungsgebühren** abhängig gemacht werden (ebenso Boeddinghaus/Hahn/Schulte, zu § 75 Rdn. 18), denn die **Gebührenerhebung** ist lediglich **Folge** der in der Erteilung der Baugenehmigung liegenden **Amtshandlung** (zur Gebührenerhebung und -bemessung s. die Anmerkungen zu § 69 Rdn. 17–20). Hiervon unberührt bleibt die Befugnis der Bauaufsichtsbehörde – unter den Voraussetzungen des § 16 GebG NRW –, die Vornahme der Amtshandlung an die Zahlung eines angemessenen **Vorschusses** oder einer angemessenen **Sicherheitsleistung** bis zur voraussichtlichen Höhe der Kosten zu binden. 17

### 1.3 Antragsgebundenheit

Die **Baugenehmigung setzt** gemäß § 69 Abs. 1 Satz 1 BauO NRW einen **Antrag voraus,** insofern ist sie ein **mitwirkungsbedürftiger Verwaltungsakt**. Ohne die erforderliche Mitwirkung des Antragstellers kann keine Baugenehmigung erteilt werden (s. die Anmerkungen zu § 69 Rdn. 9–11). Die **Baugenehmigung muss vom Antrag gedeckt sein**, so dass z. B. die Bauaufsichtsbehörde nicht eigenmächtig die beantragte Nutzung abändern oder das zur Genehmigung gestellte Volumen verändern kann (so auch Große-Suchsdorf/Lindorf/Schmaltz/Wiechert, zu § 75 Rdn. 14). Noch vom Antrag gedeckt ist die Erteilung der Genehmigung unter Nebenbestimmungen, wonach bestimmte Bauteile nur in reduzierten Abmessungen ausgeführt werden dürfen (als „**minus**" gegenüber dem Antrag, so Boeddinghaus/Hahn/Schulte, zu § 75 Rdn. 24), weil diese in der beantragten Form gegen öffentlich-rechtliche Vorschriften verstoßen, z. B. die Balkone in der seitlichen Abstandfläche anstelle der beantragten 1,6 m nur mit der zulässigen Ausladungstiefe von 1,5 m vor der Außenwand. Die Reduzierung darf nicht zu einem „Teilvorhaben" führen, das – ohne die ausgenommenen Bauteile – nicht sinnvoll existenzfähig ist (OVG Saar, Beschluss vom 22. 10. 1996 – 2 W 30/96, BauR 1997, 283 = BRS 58 Nr. 146). 18

19 Die **Baugenehmigung** wird stets **für ein konkretes, funktionsbezogenes Vorhaben** erteilt. Die **Bausubstanz** und die **Nutzung** lassen sich nicht gedanklich voneinander trennen, da sie eine **Einheit** bilden. Gegenstand der baurechtlichen Prüfung ist die bauliche Anlage in ihrer durch die Nutzung bestimmten Funktion. Ein **wesentliches Abweichen** von der Baugenehmigung bei der Ausführung führt zu einem „**aliud**" (etwas anderes oder fremdes), das so nicht genehmigt ist (Hess. VGH, Beschluss vom 10.7.2003 – 4 TG 1296/03, BauR 2003, 1875 = BRS 66 Nr. 162; OVG NRW, Beschluss vom 4.5.2004 – 10 A 1476/04, BauR 2004, 1771 = BRS 67 Nr. 169 zu einem um 0,84 m verschobenen Baukörper). Ein anderes Vorhaben entsteht ebenso, wenn die Bauaufsichtsbehörde den Antragsgegenstand durch Nebenbestimmungen zur Baugenehmigung abändert und so modifiziert, dass der Bauherr eine Baugenehmigung für ein Vorhaben erhält, das er gar nicht beantragt hat. Wann eine derartige **Verfremdung des Antragsgegenstands** vorliegt, kann nicht allgemein beantwortet werden, sondern hängt von den Umständen des Einzelfalles ab. Wird z. B. ein Einfamilienhaus mit Satteldach und Dachgauben beantragt, ändert die Nebenbestimmung zur Baugenehmigung, anstelle der Dachgauben liegende Dachflächenfenster auszuführen, den Antragsgegenstand stark ab und verfremdet diesen. Derart „**modifizierende Auflagen**" verfremden das beantragte Vorhaben, so dass von einem „aliud" auszugehen ist, und machen die Baugenehmigung rechtswidrig (ebenso Boeddinghaus/Hahn/Schulte, zu § 75 Rdn. 27), sofern ihnen der Bauherr nicht ausdrücklich zustimmt und damit an der Abänderung des Antragsgegenstandes mitwirkt (s. auch die Anmerkungen zu § 69 Rdn. 4 und 9).

20 Wie die Bauaufsichtsbehörde im Falle geringfügiger Verstöße vorzugehen hat, die durch Modifizierungen des Antragsgegenstandes auf einfache Weise zu beheben sind, beantwortet sich **nach dem Grundsatz des geringst möglichen Eingriffs**. Dieser liegt nicht etwa in der eigenmächtigen Vornahme einer modifizierenden Nebenbestimmung, sondern darin, dass die Bauaufsichtsbehörde dem Bauherrn **Gelegenheit zur Korrektur des Antrages** einräumt (OVG Lüneburg, Urteil vom 28. 6. 1988 – 1 A 151/85, BRS 48 Nr. 89 zu einem Vorhaben mit „weicher" Bedachung, das den Mindestabstand von 12 m aus Brandschutzgründen geringfügig um 0.5 m unterschreitet). Hierzu führt das Gericht aus:

*„Das … bauordnungsrechtliche Hindernis erlaubte und erlaubt es dem Beklagten nicht, einen Ablehnungsbescheid zu erlassen. Vielmehr entspricht es dem Gebot des geringstmöglichen Eingriffs, dass die Klägerin Gelegenheit erhält, den Standort ihres Bauvorhabens so auf dem Baugrundstück anzuordnen, dass das Dach des Gebäudes … den erforderlichen Abstand von 12 m einhält. Zwar ist die Baugenehmigungsbehörde grundsätzlich nicht verpflichtet im einzelnen nach genehmigungsfähigen Alternativen zu suchen. Wenn sie aber ohne Schwierigkeiten erkennen kann, dass ein Bauantrag bei geringfügigen, für den Bauherrn unwesentlichen Veränderungen genehmigungsfähig wird, muss sie dem Antragsteller Gelegenheit zu einer derartigen Korrektur seines Antrages geben … Ein solcher Fall ist hier gegeben. Wie sich aus dem mit dem Bauantrag eingereichten Lageplan unschwer ersehen lässt …, lassen sich die erforderlichen Abstände bei einer Verschiebung des Standortes des Gebäudes um nicht mehr als 50 cm … einhalten."*

21 Die **Mitwirkung des Antragstellers bei der Ausräumung des Rechtsverstoßes** ist deshalb von so großer Bedeutung, weil die Bauaufsichtsbehörde unmöglich von sich aus wissen kann, welche Lösung des Problems der Antragsteller anstrebt. In dem zuvor geschilderten Falle hätte der Bauherr durch eine „harte" Bedachung den Rechtsverstoß unter Beibehaltung der Gebäudeanordnung ebenfalls beseitigen können. Die **Auswahl**

**einer aus mehreren denkbaren Lösungsmöglichkeiten** gehört wiederum nicht zu den Aufgaben der Bauaufsichtsbehörde; sie ist **Ausfluss der „Baufreiheit"** und steht allein **im Belieben des Antragstellers.** Die Pflicht der Bauaufsichtsbehörde zur Beachtung des Grundsatzes des geringst möglichen Eingriffs und zur Anhörung des Antragstellers endet aber dort, wo ein neuer Bauantrag erforderlich wird, um den oder die Rechtsverstöße auszuräumen, weil die Modifizierung des Antragsgegenstandes nicht nur geringfügig, sondern wesentlich ist (VGH B-W, Urteil vom 23.4.1969 – III 566/67, BRS 22 Nr. 34). Lassen sich die Hindernisse schlechthin nicht ausräumen, muss die Baugenehmigung versagt werden (BVerwG, Urteil vom 24.10.1980 – 4 C 3.78, BRS 36 Nr. 169).

Stellt sich im Baugenehmigungsverfahren heraus, dass nur ein Teil eines größeren Kom- 22
plexes mit dem öffentlichen Baurecht übereinstimmt, so kann der baurechtskonforme **Teil des Antragsgegenstands** nur positiv beschieden werden, wenn er unabhängig von dem Gesamtvorhaben einer **eigenständigen baurechtlichen Beurteilung zugänglich** ist. Das „Teilvorhaben" muss auch tatsächlich ohne die übrigen Teile ausgeführt werden können (zu den Rechtsfolgen einer Baugenehmigung, die unzulässigerweise nur einen unselbständigen Teil eines sonst nicht genehmigten Gebäudes betrifft s. BayVGH, Beschluss vom 18.2.1998 – 20 ZB 98.121, BauR 1998, 769 = BRS 60 Nr. 143). Da der Antragsteller den Antragsgegenstand bestimmt, muss er der Teilung des Antragsgegenstandes zustimmen, denn es ist – innerhalb der Grenzen, die einer Zusammenfassung oder Trennung objektiv gesetzt sind – seine Sache festzulegen, was das Vorhaben und damit der zu beurteilende Verfahrensgegenstand sein soll (BVerwG, Urteil vom 4.7. 1980 – 4 C 99.77, BRS 36 Nr. 158 = DÖV 1980, 921 = NJW 1981, 776). Die Teilbarkeit ist nicht gegeben, wenn durch die Aufteilung nicht ein „minus", sondern ein „aliud", also ein rechtlich anders zu qualifizierendes Vorhaben entsteht (OVG NRW, Urteil vom 9.8.1978 – VII A 981/76, BRS 33 Nr. 134).

Eine ohne Beachtung des Mitwirkungsgrundsatzes erteilte Baugenehmigung ist **rechts-** 23
**widrig**. Die **Verletzung von Verfahrens- und Formfehlern** ist jedoch in den Grenzen des § 45 VwVfG. NRW. **heilbar**. Insbesondere kann der Antragsteller nach **§ 45 Abs. 1 Nr. 1 VwVfG. NRW.** den erforderlichen **Antrag nachholen**. Stellt sich das Fehlen des zur erteilten Baugenehmigung „passenden" Antrags erst in einem laufenden verwaltungsgerichtlichen Verfahren heraus, z. B. weil der Anwalt des klagenden Nachbarn dies bei der Sichtung der Akten bemerkt, kann der Antrag auch dann noch nachgeholt werden, da § 45 Abs. 2 VwVfG. NRW. nur die Heilungshandlungen des Absatzes 1 Nr. 2 bis 5 bis zur Erhebung der verwaltungsgerichtlichen Klage zeitlich begrenzt.

**Bei Unklarheiten des Antragsgegenstandes** sollte die Bauaufsichtsbehörde auf eine ein- 24
deutige **Präzisierung hinwirken**. Insofern hat sie ihrer Beratungspflicht nach § 25 VwVfG. NRW. nachzukommen (ebenso Boeddinghaus/Hahn/Schulte, zu § 75 Rdn. 23). Der **Antrag muss** so **klar sein**, dass auf ihn ein verständlicher, inhaltlich genau abgegrenzter, eindeutig bestimmter Verwaltungsakt ergehen kann, der Umfang und Bindung der Baugenehmigung regelt (vgl. OVG NRW, Urteil vom 13.9.1994 – 11 A 3309/ 92, BRS 56 Nr. 137 unter Bezug auf die Urteile vom 22.7.1987 – 11 A 958/85, BRS 47 Nr. 139 und vom 26.9.1991 – 11 A 1604/89, BRS 52 Nr. 144). Bei Unklarheiten ist für die **Auslegung der Baugenehmigung** auf die mit dem Zugehörigkeitsvermerk versehenen **Bauvorlagen** und die **Angaben im Antragsvordruck** abzustellen. Mündliche Absprachen zwischen Behörde und Entwurfsverfasser sind regelmäßig ohne Bedeutung (OVG NRW, Urteil vom 10.12.1996 – 10 A 4248/92, BRS 58 Nr. 216 = NVwZ-RR 1998, 159 und Beschluss vom 12.1.2001 – 10 B 1827/00, BauR 2001, 755 = NVwZ-RR 2001, 430).

25 **Missachtet** die Bauaufsichtsbehörde das **Erfordernis der Antragsklarheit** und ergeht auf den **unklaren Bauantrag** hin eine in der Folge **unklare Baugenehmigung,** so finden für die **Auslegung des Inhalts der Baugenehmigung** die Vorschriften der §§ **133 und 242 BGB** Anwendung (VGH B-W, Urteil vom 11.12.1984 – 3 S 2507/84, BRS 44 Nr. 106). Danach ist der **erklärte Wille** maßgebend, wie ihn der Empfänger der Baugenehmigung bei objektiver Würdigung verstehen konnte. **Unklarheiten** der Baugenehmigung gehen hierbei gegebenenfalls **zu Lasten der Verwaltung** (BVerwG, Urteil vom 18.6.1980 – 6 C 55.79, BVerwGE 60, 223). Bei der Auslegung sind auch **vor der Genehmigungserteilung liegende Umstände** zu berücksichtigen, die in der Genehmigung ihren Niederschlag gefunden haben (VGH B-W, Urteil vom 18.9.1991 – 3 S 1644/91, BRS 52 Nr. 139). Geben Bauherr und Baubehörde in bewusster Abweichung von ihren wahren Absichten und Vorstellungen in den Bauvorlagen und in der Baugenehmigung eine andersartige Nutzung an, so ist diese Bezeichnung, nicht aber das tatsächlich Gewollte maßgebend (OVG NRW, Urteil vom 16.3.1984 – 11 A 302/84, BRS 42 Nr. 163; in dem Fall war Lagerhalle statt Produktionshalle angegeben worden).

### 1.4 Begünstigende und belastende Wirkung

26 Die **Baugenehmigung** ist ein **Verwaltungsakt** im Sinne des § 35 Satz 1 VwVfG. NRW., der aus einem **feststellenden** und einem **verfügenden Teil** besteht (so Finkelnburg/Ortloff, S. 140f.). Der **feststellende Teil** bestimmt, was Inhalt des jeweiligen Eigentums ist. Dieser **verbindlichen Feststellung der Rechtslage** kommt **Regelungscharakter** zu (Maurer, S. 216f. Rdn. 46). Der **verfügende Teil** beseitigt das gesetzliche Bauverbot des § 75 Abs. 5 BauO NRW und zielt ebenfalls auf **unmittelbare Rechtswirkung nach außen**. Auch eine Baugenehmigung, die eine Gemeinde in ihrer Funktion als untere Bauaufsichtsbehörde sich selbst erteilt, ist ein Verwaltungsakt (OVG NRW, Beschluss vom 29.7.1991 – 10 B 1128/91, BRS 52 Nr. 208 = NVwZ 1992, 187).

27 Die **Baugenehmigung** ist ein **begünstigender Verwaltungsakt**, da sie das **Recht** zum **Bauen inhaltlich bestätigt** und das **gesetzliche Bauverbot beseitigt** (s. die Legaldefinition des § 48 Abs. 1 Satz 2 VwVfG. NRW. und Kopp/Ramsauer, zu § 48 Rdn. 64–71). Die begünstigende Wirkung liegt für den Bauherrn scheinbar am greifbarsten in der **Aufhebung des gesetzlichen Bauverbots** und dem damit ermöglichten Baubeginn. Dies ist aber eigentlich nur eine **Sekundärwirkung**, da das Gesetz bereits im Umkehrschluss aus § 75 Abs. 5 BauO NRW diese Folge vorsieht. Nach nordrhein-westfälischem Recht ist die Bauaufsichtsbehörde regelmäßig gehindert, den Baubeginn wirksam zu unterbinden, wenn sie zuvor mit der Baugenehmigung die Übereinstimmung mit dem zu prüfenden öffentlichen Recht bestätigt hat (s. Rdn. 8). Etwas anderes gilt nur, wenn ein Rechtsverstoß gegen § 75 Abs. 3 Satz 2 BauO NRW festgestellt wird, also noch zusätzlich erforderliche Genehmigungen nach sonstigem öffentlichem Recht, das von der Prüfungspflicht ausgeschlossen ist, bei Baubeginn nicht vorliegen (s. Rdn. 171). Die begünstigende Wirkung der Baugenehmigung ist vor allem im **Schutz vor nachfolgenden Rechtsänderungen** zu sehen, auch wenn der Bauherr diese Rechtswirkung vielleicht nicht sofort erkennt. Die Begünstigung wird aber nachhaltig den Gemeinden bei Planungsmaßnahmen deutlich. Selbst die nicht ausgenutzte, aber immer noch wirksame Baugenehmigung kann bis zum Ablauf ihrer Geltungsdauer jederzeit realisiert werden und behindert damit die Umstellung einer Planungskonzeption in dem fraglichen Bereich. **Mit der Erteilung des Einvernehmens geht faktisch** zugunsten des Antragstellers auch stets ein Stück **Planungsfreiheit** der Gemeinde **verloren**.

Die **begünstigende Wirkung** der Baugenehmigung liegt **auch** grundsätzlich dann vor, **wenn Nebenbestimmungen** den Antrag inhaltlich nur **geringfügig beschneiden**, um einen vorliegenden Rechtsverstoß auszuräumen (vgl. Stelkens/Bonk/Sachs, Verwaltungsverfahrensgesetz, 4. Auflage 1993, zu § 48 Rdn. 83). Eine nicht nur geringfügig **hinter dem Antrag zurückbleibende Baugenehmigung** wirkt dagegen nicht nur begünstigend hinsichtlich des genehmigten Umfangs, sondern zugleich **belastend** hinsichtlich der hinter dem Bauantrag zurückbleibenden Teile des geplanten Bauvorhabens (vgl. Boeddinghaus/Hahn/Schulte, zu § 75 Rdn. 47). Auch einzelne **Nebenbestimmungen** können für sich **belastende Wirkung** entfalten, insbesondere wenn sie dem Bauherrn erhebliche Pflichten zu einem bestimmten Tun, Dulden oder Unterlassen auferlegen, z. B. die **„einfache" Auflage**, zur Kompensation einer Abweichung von brandschutzrechtlichen Bestimmungen, die in den Bauvorlagen dargestellten Rauchabzugsanlagen durch einen staatlich anerkannten Sachverständigen in regelmäßigen Zeitabständen wiederkehrend prüfen zu lassen und dessen Bescheinigung über das Ergebnis der Prüfung der Bauaufsichtsbehörde vorzulegen. 28

Eine den Antragsteller begünstigende Baugenehmigung kann **für den Nachbarn belastend** sein, wenn sie dessen **schutzwürdige öffentlich-rechtliche Interessen verletzt.** Die Baugenehmigung wird deswegen als ein **Verwaltungsakt mit Doppelwirkung** bezeichnet. Der baurechtliche Nachbarschutz bereitet in der Praxis außerordentliche Probleme, weil der Gesetzgeber eine umfassende Kodifizierung unterlassen hat und auch eine Harmonisierung von öffentlichem und privatem Nachbarrecht fehlt. Stattdessen kommt es hin und wieder zu gesetzlichen Einzelregelungen, um auf die nachhaltige Verunsicherung von Bauaufsichtsbehörden und Investoren beruhigend einzuwirken. 29

Gegen die **belastende Wirkung** kann sich der Antragsteller **rechtlich** zur Wehr setzen. Soweit es sich um eine Klage gegen belastende Nebenbestimmungen handelt, die einer **selbständigen Anfechtung** zugänglich sind, hemmt dies nicht die Ausnutzbarkeit der Baugenehmigung. **Bedingungen** und **„modifizierende" Auflagen** sind dagegen für sich **nicht selbständig anfechtbar**, da sie die Genehmigung nicht mit einem der Rechtsordnung entsprechenden Inhalt weiter bestehen lassen, so dass im Falle der Einlegung von Rechtsmitteln die gesamte Baugenehmigung bis zur Entscheidung nicht ausgenutzt werden darf (BVerwG, Urteil vom 29. 3. 1968 – IV C 27.67, BRS 20 Nr. 139 und Urteil vom 17. 2. 1984 – 4 C 70.80, BRS 42 Nr. 176). 30

Auch der **Nachbar** kann sich gegen die dem Antragsteller erteilte Baugenehmigung **öffentlich-rechtlich** zur Wehr setzen. (vgl. Rdn. 63 bis 69). Daneben kann er den Schutz der Zivilgerichte in Anspruch nehmen, um eine vermeintliche Beeinträchtigung seines Eigentums abzuwehren. Handhaben hierfür bieten § 823 Abs. 2 BGB und § 1004 BGB in Verbindung mit §§ 903–924 BGB. Der Nachbar kann **Auflagen** einer Baugenehmigung, **die seinem Schutz dienen**, auch **zivilrechtlich** durchsetzen (BGH, Urteil vom 26. 2. 1993 – V ZR 74/92, NJW 1993, 1580 und Urteil vom 27. 9. 1996 – V ZR 335/95, NJW 1997, 55). Das zivilrechtliche Verhältnis der Nachbarn untereinander wird ferner durch das **NachbG NRW** vor allem in Bezug auf grenzständige Bauweise (Nachbar- und Grenzwand), Hammerschlags- und Leiterrecht, Schornstein- und Abwasserführung, Bodenerhöhungen, Einfriedungen und Pflanzabstände relativ umfassend geregelt. Da die **Baugenehmigung** gemäß § 75 Abs. 3 Satz 1 BauO NRW **private Rechte Dritter unberührt** lässt, kann sich im Einzelfall ergeben, dass diese eben wegen entgegenstehender privater Rechte Dritter nicht ausgenutzt werden kann (s. Rdn. 165–167). 31

### 1.5 Bestandskraft

32 Die Baugenehmigung wird **mit der Bekanntgabe** an den Antragsteller **formell wirksam** (§ 43 Abs. 1 VwVfG. NRW.; vgl. Kopp/Ramsauer, zu § 43 Rdn. 34–39). Soweit sie an keinem **Nichtigkeitsgrund** leidet (§ 44 VwVfG. NRW.) und deshalb von Anfang an unwirksam ist (§ 43 Abs. 3 VwVfG. NRW.), bleibt sie wirksam, solange und soweit sie nicht **zurückgenommen**, **widerrufen**, **anderweitig aufgehoben** oder **durch Zeitablauf** oder **auf andere Weise erledigt** ist (§ 43 Abs. 2 VwVfG NRW). Wird die Baugenehmigung – als den Antragsteller begünstigender Verwaltungsakt – von einem Dritten (Nachbarn) angefochten, so gelten gemäß § 50 VwVfG. NRW. während des verwaltungsgerichtlichen Verfahrens für Rücknahme und Widerruf **erleichterte Voraussetzungen**, soweit dadurch der Klage abgeholfen wird. Eine – rechtswidrige – Baugenehmigung darf während des Verfahrens über einen Nachbarwiderspruch unter den erleichterten Voraussetzungen des § 50 VwVfG. NRW. nur dann zurückgenommen werden, wenn der Widerspruch des Nachbarn nicht unzulässig und auch nicht offensichtlich unbegründet ist (VGH B-W, Urteil vom 6. 5. 1996 – 8 S 270/96, BRS 58 Nr. 148 = NVwZ-RR 1997, 401).

### 1.6 Rücknahme und Widerruf

33 Für die **Rücknahme** einer **rechtswidrigen** und den **Widerruf** einer **rechtmäßigen Baugenehmigung** sind die §§ 48 und 49 VwVfG. NRW. einschlägig. Als **anderweitige Aufhebung** ist das **Urteil** im Verwaltungsstreitverfahren zu nennen. Durch **Zeitablauf** erledigt sich die Baugenehmigung nach Maßgabe des **§ 77 BauO NRW** über deren **Geltungsdauer** oder durch eine Nebenbestimmung nach § 36 Abs. 2 Nr. 1 VwVfG. NRW., nach der die Wirksamkeit zu einem bestimmten Zeitpunkt endet (**Befristung**). Auf **andere Weise** erledigt sich die Baugenehmigung z. B. durch **Rücknahme des Bauantrages**, was bis zur Unanfechtbarkeit noch möglich ist (BVerwG, Urteil vom 3. 4. 1987 – 4 C 30.85, BRS 47 Nr. 91), oder durch **Verzichtserklärung** über die nicht mehr beabsichtigte Ausnutzung. Mit dem Verzicht erlischt die Baugenehmigung, ohne dass es einer Rücknahmeverfügung der Bauaufsichtsbehörde bedarf (BVerwG, Urteil vom 15. 12. 1989 – 4 C 36.86, BRS 50 Nr. 193 = NVwZ 1990, 484). Die Bauaufsichtsbehörde kann die **Rückgabe der Genehmigungsurkunde** zur Kennzeichnung ihrer Ungültigkeit verlangen, muss aber die so **als ungültig gekennzeichnete** Urkunde dem Antragsteller auf dessen Bitte hin wieder aushändigen (§ 52 VwVfG. NRW.).

34 Die **formelle Wirksamkeit** der Baugenehmigung darf nicht mit der **Unanfechtbarkeit** (**Bestandskraft**) verwechselt werden (vgl. Finkelnburg/Ortloff, Band II, S. 152 f., insbesondere Fußnote 62). Die Baugenehmigung wird erst nach Ablauf der Klagefrist (§ 74 VwGO) unanfechtbar, wenn weder der Antragsteller noch eventuell belastete Nachbarn Klage erhoben haben. Die Unanfechtbarkeit tritt sofort ein, wenn der Antragsteller bzw. ein eventuell belasteter Nachbar gegenüber der Bauaufsichtsbehörde erklärt, vom Klagerecht keinen Gebrauch machen zu wollen (**Rechtsmittelverzicht**). Wird die Baugenehmigung durch Klage angefochten, tritt die Unanfechtbarkeit mit Rechtskraft des (letztinstanzlichen) Urteils ein.

35 Die **bestandskräftige Baugenehmigung** verschafft dem Bauherrn aufgrund ihrer feststellenden Legalisierungswirkung **Schutz vor nachfolgenden Rechtsänderungen**, welche die Rechtslage nachteilig verändern. Dieser Schutz besteht zunächst **während der gesetzlich geregelten Geltungsdauer** der Baugenehmigung, also nach § 77 BauO NRW für volle **drei Jahre nach Zustellung** (vgl. die Anmerkungen zu § 77 Rdn. 1 f.). In diesem

Zeitraum in Kraft tretende Bebauungspläne oder Veränderungssperren vermögen die Wirksamkeit der Baugenehmigung nicht aufzuheben (BVerwG, Urteil vom 3. 2. 1984 – 4 C 39.82, BVerwGE 69, 1 = BRS 42 Nr. 170; BGH, Urteil vom 20. 12. 1985 – V ZR 263/ 83, BRS 44 Nr. 94 = NJW 1986, 1605). Die Schutzfunktion gegen nachfolgende Rechtsänderungen geht jedoch verloren, wenn die aufgrund der erteilten Baugenehmigung aufgenommenen Bauarbeiten länger als ein Jahr unterbrochen werden (§ 77 Abs. 1 BauO NRW).

In dieser **Schutzfunktion** liegt ein **Vorteil der Baugenehmigung** gegenüber dem Bauen in der Freistellung nach § 67 BauO NRW. Diese Vorschrift kennt keine befristete Legalisierungswirkung, so dass der Bauherr in der Bauvorbereitungsphase zu seinem Nachteil eintretende Rechtsänderungen hinnehmen muss. Die zeitlich begrenzte Schutzfunktion ist als Inhaltsbestimmung des Eigentums mit Artikel 14 Abs. 1 Satz 2 GG vereinbar; ein **Rückgriff auf Bestandsschutzgesichtspunkte scheidet nach Ablauf der Geltungsdauer aus**, so dass die eventuell erneut beantragte Genehmigung nach der inzwischen möglicherweise veränderten neuen Rechtslage zu beurteilen ist (BVerwG, Beschluss vom 22. 2. 1965 – IV B 22.65, BRS 16 Nr. 128 und Beschluss vom 22. 2. 1991 – 4 CB 6.91, BRS 52 Nr. 152 = NVwZ 1991, 984; zum Verhältnis der Geltungsdauer zum Bestandsschutz s. Jäde, Föderalismusprobleme des bauplanungsrechtlichen Bestandsschutzes, UPR 1998, S. 206 ff.). 36

Bei **Realisierung** des genehmigten Vorhabens in Übereinstimmung mit der Baugenehmigung, wird nur deren **verfügender Teil verbraucht** (OVG Rh-Pf, Beschluss vom 31. 10. 1967 – 1 B 52/66, BRS 18 Nr. 145). **Der feststellende Teil** der Baugenehmigung **bleibt**, solange die Baugenehmigung formell fortbesteht, **bis zum Untergang des Bauwerks erhalten** und sichert dieses gegen ein behördliches Beseitigungsverlangen (OVG Lüneburg, Urteil vom 8. 12. 1978 – I A 24/78, BRS 35 Nr. 168). Voraussetzung hierfür ist die Übereinstimmung des realisierten Bauwerks mit der Baugenehmigung (OVG NRW, Urteil vom 13. 2. 1987 – 10 A 29/87, BRS 47 Nr. 193) und der durch diese bestätigte Nutzung (BVerwG, Urteil vom 15. 11. 1974 – IV C 32.71, BRS 28 Nr. 34). In Bezug auf den Schutz der **ursprünglich genehmigten Nutzung** kann sich jedoch im Falle weiterer genehmigter Nutzungsänderungen die Frage ergeben, ob die Rückkehr zu der ursprünglich genehmigten Nutzung aufgrund der Ursprungsgenehmigung noch möglich ist (hierzu s. Kment, Begrenzung der Legalisierungswirkung einer Baugenehmigung durch das Prinzip der Interessenabwägung im öffentlichen Baurecht, BauR 2000, S. 1675 ff.). Die Schutzfunktion gegen Durchgriff auf die später eventuell geänderte Rechtslage entfaltet nicht nur die rechtmäßige, sondern auch die **nicht zurückgenommene**, **rechtswidrige** Baugenehmigung (vgl. Hoppe/Bönker/Grotefels, S. 536 Rdn. 57 und Finkelnburg/ Ortloff, Band. II, S. 151 f.). 37

Eine **Beseitigungsanordnung** oder eine **Stilllegungsverfügung** darf nur ergehen, **wenn** der **Widerruf** oder **die Rücknahme** der Baugenehmigung **unanfechtbar oder sofort vollziehbar** ist (OVG Saar, Beschluss vom 19. 12. 1984 – 2 W 1304/84, BRS 42 Nr. 215 = NVwZ 1985, 430). Die gegen den Eigentümer ausgesprochene Widerrufs- bzw. Rücknahmeverfügung und die ihm gegenüber erlassene Beseitigungsverfügung wirken grundsätzlich – und insbesondere im Fall der Gesamtrechtsnachfolge – gegen den **Rechtsnachfolger** (BVerwG, Urteil vom 22. 1. 1971 – IV C 62.66, BRS 24 Nr. 193 = NJW 1971, 1624). 38

Die zum Zeitpunkt ihrer Erteilung in Übereinstimmung mit der geltenden Rechtslage **rechtmäßige Baugenehmigung** kann nicht mehr zurückgenommen, sondern nur noch in 39 den engen Grenzen des § 49 Abs. 2 VwVfG. NRW. **widerrufen** werden (hierzu s. Kopp/Ramsauer, zu § 49 Rdn. 25–61). Nach Maßgabe des § 49 Abs. 6 Satz 1 VwVfG. NRW. hat die Behörde **auf Antrag** den **Vermögensnachteil zu entschädigen**, den der Betroffene dadurch erleidet, dass er auf den Bestand des Verwaltungsaktes vertraut hat, soweit sein Vertrauen schutzwürdig ist. Es gelten die **Einschränkungen** des § 48 Abs. 3 Satz 3 bis 5 VwVfG. NRW., darunter vor allem die Maßgabe, dass der **Anspruch nur innerhalb eines Jahres** geltend gemacht werden kann (§ 49 Abs. 6 Satz 2 VwVfG. NRW.). Da der Widerruf in enteignungsgleicher Weise in die durch die Baugenehmigung eingeräumte Rechtsposition eingreift, hat der Gesetzgeber für **Streitigkeiten** den **ordentlichen Rechtsweg** vorgegeben (§ 49 Abs. 6 Satz 3 VwVfG. NRW.).

**40** Die zum Zeitpunkt ihrer Erteilung entgegen der geltenden Rechtslage **rechtswidrige Baugenehmigung** kann grundsätzlich ohne Einschränkung **zurückgenommen** werden; Gesichtspunkte des Vertrauensschutzes sind bei der Ermessensentscheidung nach § 48 Abs. 1 Satz 1 VwVfG. NRW. zu berücksichtigen (OVG Bln, Beschluss vom 8. 6. 2000 – 2 SN 15.00, BauR 2001, 618 = BRS 63 Nr. 183; zur Teilrücknahme s. OVG Bln, Beschluss vom 16. 1. 1998 – 2 S 15/97, NVwZ-RR 1999, 10). Die Rücknahme ist ermessenswidrig, wenn keine neuen tatsächlichen oder rechtlichen Erkenntnisse vorliegen (BVerwG, Urteil vom 28. 2. 2002 – 7 C 17.01, DVBl. 2002, 1045). Für Rücknahmen, die nicht den tatbestandlichen Voraussetzungen des § 48 Abs. 2 VwVfG. NRW. unterfallen, ist **auf Antrag** nach Maßgabe des § 48 Abs. 3 VwVfG. NRW. der **Vermögensnachteil auszugleichen**, den der Betroffene dadurch erleidet, dass er auf den Bestand des Verwaltungsaktes vertraut hat, soweit sein Vertrauen unter Abwägung mit dem öffentlichen Interesse schutzwürdig ist. Der Ausgleichsanspruch ist **keine Enteignungsentschädigung**, sondern ein **öffentlich-rechtlicher Anspruch eigener Art** (vgl. Große-Suchsdorf/Lindorf/Schmaltz/Wiechert, zu § 75 Rdn. 91).

**41** Baugenehmigungen können aus den unterschiedlichsten Gründen **rechtswidrig** sein, etwa weil die Bauaufsichtsbehörde eine falsche planungsrechtliche Beurteilungsgrundlage angenommen hat oder nachbarschützende Abstandflächenvorschriften nicht beachtet wurden. Aufgrund einer Änderung der Sachlage kann die Auflage zu einer Baugenehmigung rechtswidrig geworden sein (zu einem solchen Fall s. VGH B-W, Urteil vom 24. 9. 2001 – 8 S 641/01, BauR 2002, 933). Erkennt die Bauaufsichtsbehörde derartige Rechtsverstöße, kann sie, sofern kein Widerspruch eingelegt wurde, nur durch Rücknahme der rechtswidrigen Baugenehmigung gemäß § 48 VwVfG. NRW. deren formelle Wirksamkeit beseitigen. Eine Rücknahme kommt sowohl für noch nicht ausgenutzte als auch für bereits ausgenutzte Baugenehmigungen in Betracht. Eine Baugenehmigung ist in der Regel nicht teilbar, insofern sind einer **Teilrücknahme enge Grenzen** gesetzt. Eine unter Missachtung der Unteilbarkeit der Baugenehmigung ausgesprochene Teilrücknahme ist nichtig (OVG Saar, Beschluss vom 22. 10. 1996 – 2 W 30/96, BauR 1997, 283 = BRS 58 Nr. 146). Die **Rechtswidrigkeit kann auch Folge einer dienstlichen Anordnung sein**, die maßgeblich darauf beruht, dass der Vorgesetzte sich zuvor hat bestechen lassen; eine **solche Anordnung** ist in entsprechender Anwendung von § 43 Abs. 3 und § 44 Abs. 2 Nr. 6 VwVfG. NRW. **sittenwidrig**, **nichtig** und **unwirksam**. **Der Beamte darf die Ausführung einer solchen Anordnung verweigern, wenn die ihm angesonnene Amtshandlung offensichtlich rechtswidrig ist** (VG Berlin, Beschluss vom 10. 2. 1988 – VG Disz. 76/85, NVwZ 1988, 757).

**42** Zu beachten ist die **Frist** des § 48 Abs. 4 Satz 1 VwVfG. NRW., welche die Rücknahme **nur innerhalb eines Jahres** seit dem Zeitpunkt erlaubt, zu dem die Bauaufsichtsbehörde von den für die Entscheidung maßgebenden Tatsachen Kenntnis erhalten und die Rechtswidrigkeit erkannt hat. Die Vorschrift betrifft nicht nur die Fälle, in denen die Rücknehmbarkeit darauf beruht, dass der Behörde bei Erlass des Verwaltungsaktes nicht alle entscheidungserheblichen Tatsachen bekannt waren. Sie regelt vielmehr auch die Fälle, in denen eine Behörde **nachträglich** erkennt, dass sie den bei dem Erlass eines begünstigenden Verwaltungsaktes vollständig bekannten Sachverhalt rechtlich unrichtig gewürdigt und deswegen rechtswidrig entschieden hat (BVerwG, Beschluss vom 9.12.1984 – Gr. S. 1.84 und 2.84, BRS 42 Nr. 214 = DVBl 1985, 522 = NJW 1985, 819; vgl. auch OVG NRW, Beschluss vom 1.4.1999 – 10 A 3381/97, BauR 2000, 249 = BRS 62 Nr. 171). Die **Frist** ist jedoch **unbeachtlich**, wenn die Baugenehmigung durch arglistige **Täuschung**, **Drohung** oder **Bestechung** erwirkt wurde (§ 48 Abs. 4 Satz 2 VwVfG. NRW.; vgl. Kopp/Ramsauer, zu § 48 Rdn. 111–114).

Die Jahresfrist des § 48 Abs. 4 Satz 1 VwVfG. NRW. wird nicht schon dadurch in Lauf 43 gesetzt, dass die Tatsachen, auf denen die Rechtswidrigkeit beruht, bereits bei Erlass des begünstigenden Verwaltungsaktes vorlagen und der Behörde bekannt waren. In Lauf gesetzt wird die Frist erst, wenn die Bauaufsichtsbehörde die Rechtswidrigkeit der Entscheidung erkennt und sämtliche für die Rücknahmeentscheidung erheblichen **Tatsachen vollständig, uneingeschränkt und zweifelsfrei ermittelt** sind. Hierzu gehören auch alle Tatsachen, die im Falle des § 48 Abs. 2 VwVfG. NRW. ein Vertrauen des Begünstigten in den Bestand des Verwaltungsaktes entweder nicht rechtfertigen oder ein bestehendes Vertrauen als nicht schutzwürdig erscheinen lassen, sowie die **für die Ermessensausübung wesentlichen Umstände**. Die Frist beginnt demgemäß erst zu laufen, wenn die Behörde **ohne weitere Sachaufklärung** in der Lage ist, unter sachgerechter **Ausübung ihres Ermessens** über die Rücknahme des Verwaltungsaktes zu entscheiden. Für die Kenntnisnahme genügt es nicht, dass etwa die Tatsachen aktenkundig sind, welche die Rücknahme rechtfertigen. Die Behörde nimmt vielmehr die für den Fristlauf notwendige Kenntnis erst in dem Zeitpunkt, in dem der nach der innerbehördlichen Geschäftsverteilung zur Rücknahme des Verwaltungsaktes **berufene Amtswalter die rechtfertigenden Tatsachen feststellt** (BVerwG, Urteil vom 19.7.1985 – 4 C 23.82 und 24.82, BRS 44 Nr. 157 = NVwZ 1986, 119 und Urteil vom 24.1.2001 – 8 C 8.00, DVBl. 2001, 1221).

**Widerruf** und **Rücknahme** stehen nach dem Gesetzeswortlaut regelmäßig im **Ermessen** 44 der Bauaufsichtsbehörde (vgl. BVerwG, Urteil vom 22.01.1971, a.a.O. Rdn. 38). Es ist dabei zu differenzieren, ob der Bauherr die Baugenehmigung bereits ausgenutzt hat, ob die Phase der unmittelbaren Bauvorbereitung läuft oder ob der Bauherr noch keinerlei Anstalten zur Ausnutzung des durch die Baugenehmigung eingeräumten Baurechts getroffen hat. Weiter sind die Gesichtspunkte der Gesetzmäßigkeit und des Vertrauensschutzes gegeneinander abzuwägen. Bereits verwirklichte Vorhaben verschaffen ein verstärktes Vertrauensinteresse in den Fortbestand der Genehmigung (vgl. OVG Lüneburg, Urteil vom 10.6.1971 – I A 104/69, BRS 24 Nr. 153 und BayVGH, Urteil vom 16.10.1978 – Nr. 55 XIV 74, BRS 33 Nr. 153). Die durch die Rechtswidrigkeit einer Baugenehmigung beeinträchtigten Belange können unterschiedliches Gewicht haben (BVerwG, Urteil vom 28.2.1975 – IV C 77.74, BRS 29 Nr. 71 = DVBl 1975, 512 = NJW 1975, 1240). Das Ermessen der Bauaufsichtsbehörde, eine rechtswidrige Baugenehmigung zurückzunehmen, ist in den Fällen auf Null reduziert, in denen die Baugenehmigung auf der Verletzung zwingender nachbarschützender Vorschriften beruht (BVerwG, Urteil vom 8.11.2001 – 4 C 18.00, BauR 2002, 747) und der Nachbar deswegen ein nicht bereits verwirktes Abwehrrecht hat (OVG NRW, Urteil vom 13.7.1982 – 11 A 2432/81, BRS 39 Nr. 157).

### 1.7 Bindungswirkungen

45 Aufgrund ihrer feststellenden Wirkung (s. Rdn. 1–8) bestätigt die **Baugenehmigung** bezüglich der erfassten Prüfungsgegenstände die **öffentlich-rechtliche Unbedenklichkeit des Vorhabens** (vgl. Schlotterbeck/von Arnim/Hager, zu § 58 Rdn. 5). Die aus dieser Erklärung resultierende **Bindungswirkung** besteht in vielfacher Hinsicht und erfasst – auch wenn dies die davon betroffenen Behörden nicht immer wahrhaben wollen – alle mit der Realisierung des Vorhabens direkt und indirekt im Zusammenhang stehenden öffentlich-rechtlichen Vorgänge sowie nachfolgende Verwaltungsverfahren (hierzu s. Ortloff, Inhalt und Bindungswirkungen der Baugenehmigung, NJW 1987, S. 1665 ff.). So kommt der Baugenehmigung Bedeutung im **Beitragsrecht** zu, da sie bei bebauten Grundstücken für die Bestimmung der zulässigen Nutzung maßgebend ist (OVG NRW, Urteil vom 24.10.1995 – 15 A 3695/91, NVwZ-RR 1997, 62).

Die Baugenehmigung bindet zunächst die **Bauaufsichtsbehörde**, so dass ordnungsbehördliche Eingriffe in den genehmigten Bestand ausscheiden (vgl. Rdn. 37–38). Auch bindet die ursprünglich erteilte Baugenehmigung („**Ursprungsgenehmigung**") die Behörde bei der Prüfung geringfügig abweichender **Nachtragspläne (Tekturpläne)**, die das ursprüngliche Vorhaben nur in Details ändern, soweit kein „**aliud**" entsteht (s. Rdn. 19 und Kerkmann/Sattler, Tektur-, Nachtrags- und Änderungsgenehmigungen im Baurecht, BauR 2005, S. 47 ff.). Eine Nachtragsgenehmigung muss sich daher nicht auf alle bebauungsrechtlichen Voraussetzungen der Zulässigkeit des Gesamtvorhabens erstrecken (BVerwG, Beschluss vom 4.2.2000 – 4 B 106.99, BauR 2000, 1041 = BRS 63 Nr. 172 = UPR 2000, 350; zur Geltungsdauer s. die Anmerkungen zu § 77 Rdn. 7).

Die Bindungswirkung der Baugenehmigung erfasst sodann

- die **im Baugenehmigungsverfahren beteiligten Behörden**, deren Stellungnahmen in die Baugenehmigung eingeflossen sind, in Bezug auf Sachverhalte, die am Prüfprogramm teilnehmen (s. die Anmerkungen zu § 69 Rdn. 3); eine eigene Prüfungskompetenz steht anderen Behörden insoweit nicht zu, als die Baugenehmigung die materielle Legalität des Vorhabens feststellt (so Finkelnburg/Ortloff, Band II S. 153 f.),
- **die mit der Ausführung befassten Personen**, also den **Bauherrn** und die **an der Bauausführung Beteiligten**, für die sich aus dem Grundsatz des § 56 BauO NRW ohnehin besondere Pflichten ergeben (s. die Anmerkungen zu § 56 Rdn. 1),
- den **Grundstückseigentümer**, die **Bewohner** und **Benutzer** während der **Nutzungsphase** insoweit, als sie nach allgemeinen Ordnungsgrundsätzen als Zustands- oder Handlungsstörer bei Zuwiderhandlungen gegen **Festlegungen der Baugenehmigung** in Anspruch genommen werden können,
- den **Nachbarn** unter der Voraussetzung, dass dieser dem Vorhaben **zugestimmt** oder **erfolglos Rechtsmittel** eingelegt hat oder dass eine **Verwirkung** seiner Einspruchsrechte eingetreten ist; der Nachbar muss dann das Bauwerk bzw. die Nutzung respektieren und bei eigenen Baumaßnahmen die gebotene Rücksicht nehmen.

46 Die Baugenehmigung entfaltet im Hinblick auf **Entscheidungen** nach den aufgrund § 75 **Abs. 3 Satz 2** BauO NRW vom materiell-rechtlichen Prüfprogramm **ausgeschlossenen Rechtsvorschriften** dagegen **keine Bindungswirkung**. Grundsätzlich hat die Bauauf-

sichtsbehörde das gesamte öffentliche Recht zu beachten (s. Rdn. 8). Übersieht sie eine Anforderung, fängt § 75 Abs. 3 Satz 2 BauO NRW das Versäumnis insoweit auf, als der Bauherr verpflichtet bleibt, die erforderliche Gestattung einzuholen (s. Rdn. 171). Daher kann z. B. die Straßenbaubehörde nach § 22 Satz 1 StrWG NRW die Beseitigung einer ohne erforderliche Sondernutzungserlaubnis angebrachten Werbetafel trotz vorliegender Baugenehmigung anordnen (OVG NRW, Beschluss vom 23. 8. 2001 – 11 A 1084/96, BauR 2002, 457). Eine fachrechtliche Beseitigungsverfügung scheidet wegen des **Vertrauensschutzes** aus, wenn die Fachbehörde im Baugenehmigungsverfahren **beteiligt** wurde und zu dem Vorhaben **positiv Stellung genommen** hat (Bay VGH, Beschluss vom 14. 7. 2005 – 20 CS 05.1732, BayVBl. 2006, 220 mit Anmerkungen von Jäde).

**Genehmigungen** und **andere behördliche Entscheidungen**, die an die Baugenehmigung **anknüpfen**, sind ebenfalls in die Bindungswirkung einbezogen. Dies betrifft auch die **personengebundenen Betriebserlaubnisse** (s. Rdn. 170). So ist bezüglich der Prüfung zur Erteilung der Gaststättenerlaubnis durch die bestandskräftige Baugenehmigung für eine Trinkhalle nicht nur deren Vereinbarkeit mit den Immissionsanforderungen des § 15 Abs. 1 Satz 2 BauNVO bindend festgestellt, sondern auch, dass sich die von der Nutzung der Trinkhalle typischerweise ausgehenden Emissionen im Rahmen der Vorschriften zum Immissionsschutz des Gaststättengesetzes halten (BVerwG, Urteil vom 4. 10. 1988 – 1 C 72.86, BRS 48 Nr. 140 = DÖV 1989, 353 = DVBl 1989, 372 = NVwZ 1989, 258). Einzelheiten der Nutzungsausübung, wie z. B. die Öffnungszeiten, können in dem weiteren Erlaubnisverfahren geregelt werden (BVerwG, Beschluss vom 20. 10. 1988 – 4 B 195.88, BRS 48 Nr. 141; VGH B-W, Urteil vom 17. 12. 1999 – 5 S 50/97, BRS 62 Nr. 149 = NVwZ 2000, 1068). Ist das Vorhaben dagegen überhaupt erst bauplanungsrechtlich zulässig, wenn auch spezielle Details geregelt sind, hat die Baugenehmigung insoweit auch diese zu regeln (OVG Bremen, Beschluss vom 31. 8. 1987 – 1 B 66/87, BRS 47 Nr. 206 zur Einschränkung der Öffnungszeit einer Spielothek). Die Baugenehmigung darf im Hinblick auf Immissionen, die der Nachbar hinzunehmen hat, nicht durch Nebenbestimmungen zur Öffnungszeit in der Weise „**passend**" gemacht werden, dass unzumutbare Störungen nunmehr zumutbar sind, obwohl dies bei einem typischen Betriebsablauf gerade nicht erwartet werden kann und auch schwer kontrollierbar ist; derart „**maßgeschneiderte**" **Baugenehmigungen** sind **rechtswidrig** (OVG NRW, Beschluss vom 10. 8. 2007 – 10 B 401/07, DAB 2007, 16). 47

Die **Bindungswirkung** der Baugenehmigung besteht unabhängig von der materiellen Rechtmäßigkeit während des Fortbestandes **auch der schlicht rechtswidrigen** – jedoch nicht nichtigen – **Baugenehmigung** (hierzu s. Finkelnburg/Ortloff, Band II S. 152 f. und Schlotterbeck/von Arnim/Hager, zu § 58 Rdn. 5 unter Bezug auf BVerwG, Urteil vom 25. 10. 1967 – IV C 129.65, BRS 18 Nr. 114 = NJW 1968, 905). Solange die Baugenehmigung nicht von der Bauaufsichtsbehörde zurückgenommen oder widerrufen wird (s. Rdn. 32–44) entfaltet sie **Legalisierungswirkung** im Hinblick auf die geprüften Rechtsfragen **trotz** einer eventuell gegebenen **materiellen Rechtswidrigkeit** des Vorhabens (vgl. Boeddinghaus/Hahn/Schulte, zu § 75 Rdn. 38). Die **materielle Rechtswidrigkeit** kann z. B. eintreten, wenn ein der **Baugenehmigung** zugrunde liegender Bebauungsplan in der Normenkontrolle nach § 47 VwGO für **nichtig** erklärt wird, so dass dann eine andere Rechtslage zur Beurteilung der Zulässigkeit des Vorhabens besteht (zu dieser Problematik s. Jäde/Dirnberger/Weiß, zu § 30 Rdn. 65). Eine von Anfang an **nichtige Baugenehmigung** entfaltet **keine Bindungswirkung**, auch wenn sie formal noch fortbesteht. Eine Rücknahmeverfügung scheidet aus, da ein nichtiger Verwaltungsakt 48 nie bestanden hat und folgerichtig auch nicht zurückgenommen werden kann. Nach § 44 Abs. 5 Satz 1 VwVfG. NRW. kann die Bauaufsichtsbehörde die **Nichtigkeit** jederzeit von **Amts wegen** oder auf Antrag **feststellen**.

### 1.8 Archivierung von Bauakten

49 Die **Akten der Bauaufsichtsbehörde** über das Bauantragsverfahren und Baugenehmigung einschließlich zugehöriger Bauvorlagen, zur Bauüberwachung, zu den Bauzustandsbesichtigungen sowie zu wiederkehrenden Prüfungen und Brandschauen sind insgesamt **aufzubewahren**. Dies folgt daraus, dass mit der Realisierung des genehmigten Bauvorhabens nur der verfügende Teil der Baugenehmigung verbraucht wird, während der **feststellende** Teil der Baugenehmigung, solange die Baugenehmigung formell fortbesteht, **bis zum Untergang des Bauwerks erhalten bleibt** und dieses gegen ein behördliches Beseitigungsverlangen sichert (s. Rdn. 37). Die Pflicht zur Aufbewahrung sämtlicher Akten resultiert aus der jederzeit – auch nachträglich – **zu sichernden Kontrollmöglichkeit des gesetzmäßigen Verwaltungshandelns**. Das BVerwG führt im Beschluss vom 16. 3. 1988 (– 1 B 153/87, NVwZ 1988, 621) zur Aufbewahrungspflicht der Akten der Meldebehörde aus:

*„Die den Behörden nach dem Grundgesetz obliegende Vollziehung der Gesetze ist nicht ohne eine Dokumentation der einzelnen Verwaltungsvorgänge denkbar, die das bisherige sachbezogene Geschehen sowie mögliche Erkenntnisquellen für das künftig in Frage kommende behördliche Handeln enthält; dies macht die Führung von Akten erforderlich, ohne daß dies eines ausdrücklichen Ausspruchs im Gesetz bedürfte (BVerfG, Beschluss vom 6. 6. 1983 – 2 BvR 244, 310/83, NJW 1983, 2135) …*

*Die Pflicht zur Aktenführung soll den Geschehensablauf wahrheitsgetreu und vollständig dokumentieren und dient damit in zweifacher Weise der Sicherung gesetzmäßigen Verwaltungshandelns. Die Dokumentation soll den Geschehensablauf so, wie er sich ereignet hat, in jeder Hinsicht nachprüfbar festhalten. Sie soll hierbei nicht lediglich den Interessen der Beteiligten oder der entscheidenden Behörde dienen, sondern auch die Grundlage für die kontinuierliche Wahrnehmung der Rechts- und Fachaufsicht und für die parlamentarische Kontrolle des Verwaltungshandelns bilden. Damit wirkt die Pflicht zur wahrheitsgetreuen und vollständigen Aktenführung zugleich auch präventiv insofern auf das Verwaltungshandeln ein, als sie die Motivation zu allseits rechtmäßigem Verwaltungshandeln stärkt und rechtswidriges Verwaltungshandeln erschwert. Diese Sicherung gesetzmäßigen Verwaltungshandelns durch wahrheitsgetreue und vollständige Aktenführung dient auch dem Schutz derjenigen Beteiligten, deren persönliche Daten in den Akten festgehalten sind und über die die Akten gegebenenfalls Nachteiliges oder Belastendes enthalten; auch sie werden durch die wahrheitsgetreue und vollständige Dokumentation des Geschehensablaufs in der dargelegten Weise vor nicht rechtmäßigem Verwaltungshandeln geschützt.*

*Die Pflicht zur Führung wahrheitsgetreuer und vollständiger Akten kann ihre präventive und ihre nachträgliche Sicherungsfunktion nur entfalten, wenn die Akten so lange aufbewahrt werden, daß sie ihre Nachweisfunktion im Bedarfsfall tatsächlich erfüllen können. Es kann deshalb keine Rede davon sein, daß sie zur Vermeidung von Verletzungen des Rechts auf informationelle Selbstbestimmung schon dann vernichtet werden müßten, wenn kein Beteiligter mehr aktuelle Ansprüche gegen die Behörde erheben und diese die Akten nicht mehr zur Grundlage von aktuellen Maßnahmen gegen einen Beteiligten oder zugunsten eines Beteiligten machen könnte …*

*Eine Vernichtung von Akten kann deshalb nur für einen Zeitpunkt in Betracht gezogen werden, in dem mit Sicherheit feststeht, daß die Akten ihre die Gesetzmäßigkeit der Verwaltung sichernde Dokumentationsfunktion nicht mehr erfüllen …"*

Die Aufbewahrungspflicht führt bei den Bauaufsichtsbehörden zu sehr großen Aktenbeständen, darunter auch Pläne mit farbigem Inhalt. Die **Mikroverfilmung** dieser Pläne kann im Einzelfall erhebliche Probleme bereiteten, so dass eine anschließende Vernichtung des Originals unmöglich ist. Bei einer Speicherung der Unterlagen in **digitaler Form** ist auf jeden Fall gewährleistet, dass die Kopien mit dem Original übereinstimmen und auch **farbige Anmerkungen** oder **Prüfeintragungen dokumentieren**. Vor der **Vernichtung** von Originalunterlagen muss sichergestellt sein, dass eine **exakte Kopie der Originalakte** reproduziert werden kann. Auf die Anfrage einer unteren Bauaufsichtsbehörde zur Mikroverfilmung erteilte der Präsident des Verwaltungsgerichts Köln mit Schreiben vom 25.3.1997, Az.: – 1452 –, folgende Auskunft: **50**

*„Gegen die Mikroverfilmung von Verwaltungsvorgängen nach Verfahrensabschluß bestehen dann keine Bedenken, wenn sichergestellt ist, dass*

- *die Verfilmung vollständig (einschließlich der Blattrückseiten) erfolgt,*
- *bei Anforderung der Vorgänge durch das Gericht die Akte vollständig rückkopiert und in Papierform vorgelegt wird,*
- *beglaubigt wird, daß die Rückkopien vollständig mit der Mikroverfilmung übereinstimmen."*

## 2 Rechtsschutz- und Haftungsaspekte

### 2.1 Rechtsschutz ohne Widerspruchsverfahren

Nach **§ 68 Abs. 1 Satz 1** VwGO bedarf es **vor Erhebung einer Anfechtungsklage** der **Durchführung eines Vorverfahrens** (Widerspruchsverfahrens), um die Rechtmäßigkeit und die Zweckmäßigkeit des Verwaltungsakts nachzuprüfen. Nach **§ 68 Abs. 2** VwGO gilt dies entsprechend für die **Verpflichtungsklage**. Das **Vorverfahren** beginnt mit der Erhebung des Widerspruchs (§ 69 VwGO) und **endet** entweder mit einem **Abhilfebescheid** oder einem **Widerspruchsbescheid** nach (§§ 72, 73 VwGO). Zuständig für den Erlass von Widerspruchsbescheiden in baurechtlichen Angelegenheiten waren die **oberen Bauaufsichtsbehörden**. Erst nach Abschluss des Vorverfahrens steht der Weg zu den Verwaltungsgerichten offen (zum Vorverfahren s. Kopp/Schenke, Vorbemerkung vor § 68 S. 811 ff.). **51**

Nach **§ 68 Abs. 1 Satz 2** VwGO entfällt das Vorverfahren unter anderem, wenn ein Gesetz dies bestimmt. Der Ausschluss des Vorverfahrens kann durch Landesgesetz nur für solche Rechtsgebiete erfolgen, die nach der Kompetenzordnung des GG in die Gesetzgebungszuständigkeit des Landes fallen. Von dieser Ermächtigung hat das Land mit dem am 15. 4. 2007 in Kraft getretenen **Bürokratieabbaugesetzes I** Gebrauch gemacht (s. die Anmerkungen zu § 63 Rdn. 11–11 a). Zu diesem Zweck wurde mit **§ 2 Nr. 3** Bürokratieabbaugesetz I eine **Maßgabe zu § 6 Abs. 1 AG VwGO** getroffen, die bestimmt, dass das **Vorverfahren in bestimmten Fällen nicht gilt**. Nach § 2 Nr. 3 **Satz 1 Nr. 6** Bürokratieabbaugesetz I entfällt das Vorverfahren

**„bei Entscheidungen Bauaufsichtsbehörden und der Baugenehmigungsbehörden."**

Die Begründung des Gesetzentwurfs führt hierzu aus (LT-Drucks. 14/2242 S. 15):

„*Auch das Widerspruchsverfahren ist im Interesse eines möglichst effizienten Rechtsschutzes an Effizienzgesichtspunkten zu messen. Angesichts der hohen fachlichen Kompetenz der Ausgangsbehörden führt das Widerspruchsverfahren zu einer nur schwer zu rechtfertigenden Verfahrensverzögerung. Ein wesentlicher Nachteil des Widerspruchsverfahrens ist die zum Teil recht lange Verfahrensdauer, durch die Rechts- und Planungssicherheit und, soweit der Widerspruch eines Dritten beispielsweise aufschiebende Wirkung hat, auch die tatsächliche Verwirklichung eines Vorhabens verzögert werden können. Andererseits ist die Erfolgsquote im Widerspruchsverfahren in bestimmten Bereichen gering bis minimal. Die Rechtsschutzfunktion des Widerspruchs und die Funktion der Selbstkontrolle der Verwaltung werden dadurch stark relativiert beziehungsweise ganz in Frage gestellt.*“

**51 a** Das nur kurze Zeit später am 12. 12. 2006 in Kraft getretene **Bürokratieabbaugesetz II** beinhaltet eine **Änderung der AG VwGO**. Durch **Artikel 1** wurde **§ 6 AG VwGO neu gefasst** und mit **Artikel 2** die Maßgabe des **§ 2 Nr. 3 Bürokratieabbaugesetz I wieder aufgehoben**. Inhaltlich änderte sich dadurch nichts, da die Maßgabe vollständig in die Neufassung eingearbeitet wurde. Die Regelung gilt nach § 6 Abs. 1 Satz 1 AG VwGO, wenn der Verwaltungsakt während des Zeitraums vom 1. 11. 2007 bis zum 31. 10. 2012 bekannt gegeben worden ist. Für die Bauaufsichtsbehörde entsteht die rechtliche Folge, dass eine Heilung von Verfahrens- und Formfehlern im Widerspruchsverfahren nicht mehr möglich ist. Die Aufklärung des Sachverhalts sollte sorgfältig erfolgen, um alle Tatsachen, die für die Entscheidung von Bedeutung sind, lückenlos zu erfassen. Die **Anhörung Beteiligter** nach § 28 VwVfG. NRW. gewinnt dabei an Bedeutung. In schwierigen Fällen ist zu empfehlen, den Entwurf des Bescheids vorab zur Stellungnahme zuzuleiten.

**51 b** Infolge des Wegfalls des Vorverfahrens ist es dem Bauherrn nicht mehr möglich, gegen **Nebenbestimmungen** der Baugenehmigung Widerspruch einzulegen, vielmehr muss er innerhalb der Rechtsbehelfsfrist die **Klage** beim Verwaltungsgericht einreichen. Es ist dem Bauherrn natürlich unbenommen, nach Erhalt der Baugenehmigung Kontakt mit der Bauaufsichtsbehörde aufzunehmen, um diese zur **Aufhebung** oder **Abänderung** einer Nebenbestimmung zu bewegen. Falls der Bauherr bei der Bauaufsichtsbehörde nicht die Änderung des Bescheids erreichen kann, muss er innerhalb der in der Rechtsbehelfsbelehrung genannten Frist von einem Monat die Klage beim Verwaltungsgericht erheben. Ist nämlich die **Frist verstrichen**, so erlangt der Bescheid **Bestandskraft**. Will sich der **Nachbar** gegen einen **den Bauherrn begünstigenden** Verwaltungsakt wenden, muss auch er rechtzeitig **Klage** erheben.

**51 c** Bei größeren Bauvorhaben ist es regelmäßig erforderlich der Baugenehmigung **umfangreiche Nebenbestimmungen** beizufügen. Dieses Erfordernis resultiert zumeist aus den Ergebnissen des Beteiligungsverfahrens. Nicht immer werden dabei die Interessen des Bauherrn und die Erfordernisse des Bauablaufs ausreichend berücksichtigt. Das Widerspruchsverfahren bot die Möglichkeit rascher Abhilfe. Legte der Bauherr gegen eine Nebenbestimmung Widerspruch ein, konnte die mit dieser Nebenbestimmung verfolgte Zielsetzung mit dem Bauherrn erörtert und in aller Regel einvernehmlich eine Ersatzlösung gefunden werden. Das Ergebnis wurde im Abhilfebescheid fixiert. Um den Bauherrn nunmehr nicht sofort in die Klage „treiben“ zu müssen, empfiehlt sich die **Beifügung eines Hinweises** im Anschluss an die Rechtsbehelfsbelehrung, wonach bei Unstimmigkeiten oder Unrichtigkeiten eine sofortige Kontaktaufnahme mit dem Sachbearbeiter empfohlen wird, um die Änderung des Bescheids zu erwirken.

### 2.1.1 Rechtsschutz des Bauherrn

Der Antragsteller darf erwarten, dass die Bauaufsichtsbehörde seinen Bauantrag in angemessener Zeit, insbesondere unter Beachtung der **Frist** des § 68 Abs. 8 BauO NRW im **vereinfachten** Genehmigungsverfahren bearbeitet (s. Kopp/Schenke, zu § 75 Rdn. 8–12). Kommt eine abschließende Entscheidung der Bauaufsichtsbehörde nicht zustande, oder verzögert sie sich erheblich, so ist nach **§ 75** VwGO die **Untätigkeitsklage** zulässig. Die Untätigkeitsklage kann **bei Erfüllung der Voraussetzungen** des § 68 Abs. 8 Satz 1 BauO NRW im vereinfachten Genehmigungsverfahren bereits unmittelbar nach Ablauf der **6-Wochen-Frist** erhoben werden, sofern der Antrag **vollständig** ist und die Bauaufsichtsbehörde die Frist nicht entsprechend § 68 Abs. 8 Satz 2 und 3 BauO NRW aus wichtigen Gründen verlängert hat, was sie insbesondere wegen der notwendigen Beteiligung einer anderen Behörde bis zu weiteren 6 Wochen darf (s. die Anmerkungen zu § 68 Rdn. 66–71). **Spätestens nach 12 Wochen** besteht jedoch auch im vereinfachten Genehmigungsverfahren **Bescheidungsanspruch**. Im vereinfachten Genehmigungsverfahren ohne Erfüllung der Voraussetzungen nach § 68 Abs. 8 BauO NRW und im **normalen** Genehmigungsverfahren kann der Antragsteller gemäß **§ 75 Satz 2** VwGO die **Untätigkeitsklage nicht vor Ablauf von drei Monaten** nach Einreichung des vollständigen Bauantrages erheben (zur Zulässigkeit der Untätigkeitsklage s. BVerwG, Urteil vom 22. 5. 1987 - 4 C 30/86, NVwZ 1987, 969). 52

Die **Bedeutung** der Untätigkeitsklage ist **gering**, da die Bearbeitungsfristen der erstinstanzlich zuständigen Verwaltungsgerichte infolge deren hoher Belastung relativ lang sind, so dass bis zum Spruch das Klagebegehren meist längst durch die inzwischen erfolgte Bescheidung des Antrages erledigt ist. Der Antragsteller hat auch **keine Möglichkeit**, durch Erlass einer **einstweiligen Anordnung** nach **§ 123** VwGO die Behörde zur Bescheidung zu zwingen (OVG Bln, Beschluss vom 14. 3. 1989 - 2 S 35.88, BRS 49 Nr. 162 und vom Beschluss 11. 3. 1991 - 2 S 1.91, BRS 52 Nr. 167). **Für eine „vorläufige" Baugenehmigung** ist nach der Rechtslage **in Nordrhein-Westfalen kein Raum**; sie kann auch nicht durch Erlass einer einstweiligen Anordnung der Bauaufsichtsbehörde aufgegeben werden (OVG NRW, Beschluss vom 27. 11. 2003 - 10 B 2177/03, BauR 2004, 313 = BRS 66 Nr. 163). Daher bieten die vorgesehenen Bearbeitungsfristen auch keinen wirklichen Schutz vor nicht mehr vertretbaren Verzögerungen der Entscheidung. Ihnen kommt aber Bedeutung bei der Geltendmachung von **Amtshaftungsansprüchen** zu (s. Rdn. 73 und Kopp/Schenke, zu § 75 Rdn. 3). 53

Für den Bauherrn ergeben sich zwei unterschiedliche Fallgestaltungen: 54

- versagt die Bauaufsichtsbehörde die Erteilung der Baugenehmigung, ist sein Klageziel die **Aufhebung des Versagungsbescheids** und die **Verpflichtung der Bauaufsichtsbehörde zur Erteilung der beantragten Baugenehmigung**;
- erteilt die Bauaufsichtsbehörde die Baugenehmigung unter Beifügung einer vom Bauherrn nicht gewünschten Nebenbestimmung, richtet sich sein Klageziel auf die Aufhebung dieser Nebenbestimmung.

Die **Versagung der Baugenehmigung** durch schriftlichen Ablehnungsbescheid kann ebenso wie die **Beifügung von Nebenbestimmungen** zur Baugenehmigung mit der **Verpflichtungsklage** (Begehren einer Verurteilung zum Erlass eines abgelehnten oder unterlassenen Verwaltungsakts, s. § 42 Abs. 1 VwGO) bzw. der **Anfechtungsklage** (Begehren einer Aufhebung des Verwaltungsaktes) angefochten werden.

55 Mitunter treten **Antragsteller** auf, die **nicht zugleich Grundstückseigentümer** sind. In diesem Fall ist nur der Antragsteller, nicht jedoch der Grundstückseigentümer klagebefugt. Denn durch die Ablehnung des Bauantrags (Vorbescheids) und durch die Abweisung einer auf die Erteilung des Bauantrags (des Vorbescheids) gerichteten Klage des Antragstellers werden die Rechte des **beigeladenen Grundstückseigentümers** grundsätzlich nicht verletzt (BVerwG, Beschluss vom 5.3.1998 – 4 B 153.97, BauR 1998, 536 = BRS 60 Nr. 186 = UPR 1998, 309 zur Ablehnung einer Voranfrage für einen Lebensmittelmarkt auf einem Grundstück der Deutsche Bahn AG).

56 **Einfache** (isolierte) **Auflagen als abtrennbarer Bestandteil** der Baugenehmigung sind mit der Anfechtungsklage **isoliert anfechtbar** (BVerwG, Urteil vom 17. 2. 1984 – 4 C 70.80, BRS 42 Nr. 176). **Bedingungen** können dagegen nur im Zusammenhang mit der Baugenehmigung angefochten werden. Die Verpflichtungsklage zielt in diesem Fall auf die uneingeschränkte Baugenehmigung und richten sich zwangsläufig gegen die gesamte Baugenehmigung, die zwar infolge der Bekanntgabe an den Antragsteller wirksam ist, deren **Rechtsfolge** jedoch **bis zum Eintritt der Bedingung in der Schwebe** bleibt (BVerwG, Urteil vom 29. 3. 1968 – IV C 27.67, BRS 20 Nr. 139 = NJW 1968, 1842). Die **„modifizierende“ Auflage teilt** ebenso das **Schicksal der Baugenehmigung**, da sie infolge der Änderung des Antragsgegenstandes ein qualitativ verändertes Vorhaben bewirkt (BVerwG, Urteil vom 8. 2. 1974 – IV C 73.72, BRS 28 Nr. 111 = DÖV 1974, 380).

57 Für die **Frist der Klage** gilt **§ 74 Abs. 1 Satz 2** VwGO:

*„Ist nach § 68 ein Widerspruchsverfahren nicht erforderlich, so muß die Klage* ***innerhalb eines Monats nach Bekanntgabe*** *des Verwaltungsakts erhoben werden.“*

Ein aufgrund massiver behördlicher Einflussnahme, z. B. durch die **Drohung**, ansonsten eine Baugenehmigung nicht zu erteilen, **vor** Zugang der Baugenehmigung ausgesprochener **Rechtsmittelverzicht** des Bauherrn ist im Hinblick auf Art. 19 Abs. 4 GG **unwirksam** (BVerwG, Urteil vom 27. 7. 1964 – I C 91.61, BRS 15 Nr. 96 = DÖV 1964, 703).

58 Der **Klage** des Bauherrn gegen eine **Nebenbestimmung** der Baugenehmigung kommt nach § **80 Abs. 1** VwGO grundsätzlich **aufschiebende Wirkung** zu. Die aufschiebende Wirkung (**Suspensiveffekt**) der Anfechtung einer **Bedingung** oder **modifizierenden Auflage** hindert den Bauherrn an der Ausnutzung der Baugenehmigung bis zur rechtskräftigen Entscheidung (s. Rdn. 54). Der Versuch, die Bauaufsichtsbehörde mit dem Antrag auf **Erlass einer einstweiligen Anordnung** nach § 123 Abs. 1 Satz 2 VwGO zu einer uneingeschränkten Baugenehmigung zu zwingen, ist wegen der darin liegenden Vorwegnahme der Entscheidung in der Hauptsache **aussichtslos** (s. Rdn. 52 a).

59 Dagegen kann der Antragsteller gegen eine **isoliert anfechtbare** Nebenbestimmung getrost Klage erheben, ohne Gefahr zu laufen, an der Ausnutzung der Baugenehmigung gehindert zu sein. Es muss allerdings darauf hingewiesen werden, dass die **Unterscheidung**, ob es sich bei der Nebenbestimmung um eine isoliert anfechtbare oder um eine mit der Baugenehmigung inhaltlich in einem untrennbaren Zusammenhang stehende handelt, **im Einzelfall schwierig** sein kann. So hat die Rechtsprechung die Auflage, die mit Öffnungen geplante grenznahe Außenwand in der Qualität einer Brandwand öffnungslos auszuführen, bereits als modifizierende Auflage und daher als nicht isoliert anfechtbar angesehen (VGH B-W, Urteil vom 4. 2. 1975 – III 1115/73, BRS 29 Nr. 121).

60 Die **Entscheidung** des Verwaltungsgerichts richtet sich nach **§ 113** VwGO. Hält das Gericht die Klage gegen einen **Versagungsbescheid** für begründet, wird es diesen aufhe-

ben. Sind die zu beachtenden öffentlich-rechtlichen Vorschriften abschließend geklärt, gibt es zugleich der Verpflichtungsklage statt und verurteilt die Bauaufsichtsbehörde zur Erteilung der Baugenehmigung. Vielfach sind jedoch bei der Ablehnung eines Bauantrages, anders als bei der Versagung eines Vorbescheids, umfangreiche **bautechnische** Fragen, wie z.B. die Standsicherheit oder der Brandschutz, noch nicht abschließend beurteilungsfähig. Die Bauaufsichtsbehörde darf nämlich nicht den Bauherrn zur Erstellung von kostenträchtigen Bauvorlagen und Nachweisen veranlassen, wenn sie das Vorhaben z.B. bereits aus bauplanungsrechtlichen Gründen für unzulässig erachtet. Das Verwaltungsgericht kann dann nicht nach § 113 **Abs. 5 Satz 1** VwGO verfahren und die Bauaufsichtsbehörde sofort zur Erteilung der Baugenehmigung verpflichten, denn dies ist nur bei **Spruchreife** im Sinne dieser Vorschrift möglich. Vielmehr verpflichtet das Verwaltungsgericht die Bauaufsichtsbehörde gemäß § 113 **Abs. 5 Satz 2** VwGO unter **Beachtung seiner Rechtsauffassung** zur Erteilung der Baugenehmigung.

Eine begründete Anfechtungsklage führt gemäß § 113 **Abs. 1 Satz 1** VwGO zur Aufhebung der Nebenbestimmung. Die Auffassung, im Falle einer **nicht isoliert anfechtbaren** Nebenbestimmung sei die Verpflichtungsklage auf Erteilung der Baugenehmigung ohne die nicht abtrennbare Nebenbestimmung die richtige Klageart, ist überholt. Gegen **belastende** Nebenbestimmungen eines Verwaltungsakts ist die **Anfechtungsklage** gegeben. Ob diese zur isolierten **Aufhebung** der Nebenbestimmung führen kann, ist eine **Frage der Begründetheit** und **nicht der Zulässigkeit des Anfechtungsbegehrens**, sofern nicht eine isolierte Aufhebbarkeit offenkundig von vornherein ausscheidet (BVerwG, Urteil vom 22.11.2000 – 11 C 2.00, BVerwGE 112, 221). **61**

Die Entscheidung des Verwaltungsgerichts kann von der jeweils unterlegenen Partei angefochten werden. Bedingung hierfür ist, dass das Verwaltungsgericht die **Berufung gemäß § 124 Abs. 1 VwGO zugelassen** hat. Mit dem **6. Gesetz zur Änderung der VwGO – 6. VwGOÄndG** vom 1.11.1996 (BGBl. I S. 1626) wurde die **Zulassungsberufung** eingeführt, um die Oberverwaltungsgerichte der Länder vor nicht erfolgversprechenden Berufungen zu bewahren. Die VwGO wurde aufgrund der fortdauernden Kritik an den mit dem 6. VwGOÄndG eingeführten Zulassungsbestimmungen für die Berufung und die Beschwerde durch das **Gesetz zur Bereinigung des Rechtsmittelrechts im Verwaltungsprozess** (**RmBereinVpG**) vom 20.12.2001 (BGBl. I S. 3987) mit Wirkung zum 1.1.2002 erneut geändert (vgl. Kuhla/Hüttenbrink, Neuregelungen in der VwGO durch das Gesetz zur Bereinigung des Rechtsmittelrechts im Verwaltungsprozess [RmBereinVpG], DVBl. 2002, S. 85ff. und Seibert, Änderungen der VwGO durch das Gesetz zur Bereinigung des Rechtsmittelrechts im Verwaltungsprozess, NVwZ 2002, 265). Mit dem 6. VwGOÄndG wurde ein **Vertretungszwang vor dem OVG** eingeführt. Daher müssen sich vor dem OVG die mit den Aufgaben der Bauaufsicht betrauten Dienststellen der Kommunen und Landkreise von einem Beamten mit der Befähigung zum Richteramt vertreten lassen. **62**

Die **Zulassungsgründe** nennt § 124 **Abs. 2** VwGO:

1. erhebliche Zweifel an der Richtigkeit des Urteils,
2. besondere tatsächliche oder rechtliche Schwierigkeiten der Rechtssache,
3. grundsätzliche Bedeutung der Rechtssache,
4. Divergenz (Auseinanderstreben der Rechtsprechung),
5. Verfahrensrüge.

63 Aufgrund des RmBereinVpG muss das VG die **Berufung** im Urteil von Amts wegen zulassen, wenn die gesetzlichen Voraussetzungen erfüllt sind (§ 124 a Abs. 1 Satz 1 VwGO); an diese Vorentscheidung ist das OVG gebunden (§ 124 a Abs. 1 Satz 2 VwGO). Sofern die Berufung im Urteil nicht zugelassen wird, beträgt die **Frist** für den Antrag auf Zulassung der Berufung gemäß § 124 a Abs. 4 Satz 1 VwGO **einen Monat**, was sich in Verbindung mit dem **Darlegungserfordernis** (§ 124 a Abs. 4 Satz 4 VwGO) günstig auf die Verhinderung unsinniger Begehren auswirkt. Die **Anforderungen** an die Darlegung dürfen im Interesse effektiven Rechtsschutzes **nicht überspannt** werden (BVerfG, Beschluss vom 8. 3. 2001 – 1 BvR 1653/99, NVwZ 2001, 552).

Der **Antrag auf Zulassung der Berufung** ist beim VG einzureichen (§ 124 a Abs. 4 Satz 2 VwGO). Innerhalb von zwei Monaten nach Zustellung des vollständigen Urteils sind die Gründe darzulegen, aus denen die Berufung zuzulassen ist; auch diese Begründung ist beim VG einzureichen (§ 124 a Abs. 4 Satz 4 und 5 VwGO). Lässt das OVG die Berufung wegen nachträglicher Divergenz zu, so ist dem Formerfordernis der Berufungsbegründung (§ 124 a Abs. 3 VwGO) in der Regel genügt, wenn der Berufungsführer ohne weitere inhaltliche Ausführungen auf den Zulassungsbeschluss Bezug nimmt (BVerwG, Urteil vom 23. 4. 2001 – 1 C 33.00, DVBl. 2001, 1529).

Bei **Ablehnung des Antrags** durch das OVG erlangt sodann das **Urteil des VG Rechtskraft** (§ 124 a Abs. 5 Satz 4 VwGO).

64 Mit der **Zulassung der Berufung** schließt sich ein Berufungsverfahren an, in dem die **gesamte Ausgangsentscheidung überprüft** werden kann, also nicht nur die vorgetragenen Berufungsgründe Diese Rechtsänderung trägt der Stärkung der unteren Instanzen Rechnung. Damit erlangen erstinstanzliche Entscheidungen im Interesse des Rechtsfriedens den ihnen zustehenden Stellenwert und verkommen nicht länger als verfahrenstaktisches Element der streitenden Parteien.

Gegen das Berufungsurteil des OVG ist eine **Revision** an das BVerwG zulässig (§ 132 Abs. 1 VwGO), wenn das OVG diese nach § 132 Abs. 2 VwGO zugelassen hat oder wenn das BVerwG gemäß § 133 VwGO einer Beschwerde gegen die Nichtzulassung der Revision entspricht. Die Zulassungsgründe nennt § 132 Abs. 2 VwGO:

1. grundsätzliche Bedeutung der Rechtssache,
2. Divergenz (Auseinanderstreben der Rechtsprechung),
3. Verfahrensrüge.

Für das Verfahren vor dem BVerwG besteht nach § 67 Abs. 1 VwGO ebenfalls **Vertretungszwang**. Diesem Gebot wird nicht genügt, wenn die vom Kläger persönlich verfasste Beschwerdebegründungsschrift die Unterschrift eines Rechtsanwalts trägt, ohne von diesem erarbeitet worden zu sein (BVerwG, Beschluss vom 16. 12. 1996 – 4 B 218/96, NJW 1997, 1865).

### 1.2.2 Rechtsschutz des Nachbarn

65 Der Nachbar streitet im öffentlich-rechtlichen Verfahren nicht wie im zivilrechtlichen Verfahren direkt mit dem Antragsteller bzw. dem Bauherrn, sondern mit der Bauaufsichtsbehörde um die Rechtmäßigkeit der Baugenehmigung. Der **Bauherr** ist in diesem Verfahren „lediglich“ **Beigeladener**. Zu unterscheiden ist, ob der Nachbar gegen eine formell illegale bauliche Anlage oder gegen eine Baugenehmigung vorgehen will. Die

rechtlichen Möglichkeiten nach §§ **80 und 80 a VwGO** beziehen sich nur auf **genehmigte** Bauvorhaben. Will der Nachbar gegen **formell illegale Bauvorhaben** vorgehen, muss er zunächst die Bauaufsichtsbehörde ersuchen, nach **§ 61 Abs. 1 BauO NRW** die **Stilllegung** anzuordnen (s. die Anmerkungen im Anhang zu § 74 Rdn. 112–117). Entspricht die Bauaufsichtsbehörde dem Verlangen nach Stilllegung der Bauarbeiten nicht, kann der Nachbar beim VG nach **§ 123 VwGO** den **Erlass einer einstweiligen Anordnung** beantragen, um so die Bauaufsichtsbehörde zu zwingen, ihrer Rechtspflicht zum Einschreiten nachzukommen.

Der Nachbar muss im Verfahren belegen, dass aufgrund eines Verstoßes gegen eine **nachbarschützende** Vorschrift des öffentlichen Rechts seine **Schutzbedürftigkeit** und **Schutzwürdigkeit** gegeben ist, dass also die **materiellen Voraussetzungen** vorliegen (hierzu s. die Anmerkungen § 74 Rdn. 118–120). **Voraussetzung** des nachbarlichen Abwehrrechts ist weiterhin, dass diese nicht in **Verlust** geraten sind (s. die Anmerkungen zu § 74 Rdn. 121–125) und der Nachbar **fristgerecht** gegen die dem Bauherrn erteilte Baugenehmigung **vorgeht** (s. die Anmerkungen zu § 74 Rdn. 126–128).

Die **Klage** hat nach § 80 Abs. 1 VwGO grundsätzlich aufschiebende Wirkung; diese **entfällt** nach § 80 Abs. 2 Nr. 3 VwGO in durch **Bundesgesetz** vorgeschriebenen Fällen. 66
Nach § 212 a Abs. 1 BauGB hat die **Anfechtungsklage eines Dritten** gegen die bauaufsichtliche Zulassung eines Vorhabens **keine aufschiebende Wirkung**. Dies gilt auch für Rechtsbehelfe von Gemeinden (Nds. OVG, Beschluss vom 9. 3. 1999 – 1 M 405/99, BauR 1999, 884 = BRS 62 Nr. 177 = UPR 1999, 231 = ZfBR 1999, 226). Die Vorschrift erfasst **bauaufsichtliche Zulassungsentscheidungen** für Vorhaben im Sinne des § 29 Abs. 1 BauGB. Es kommt nicht darauf an, wie das jeweilige Landesrecht die Zulassungsentscheidung bezeichnet, entscheidend ist nur, dass die Entscheidung die **bauplanungsrechtliche Zulässigkeit** des Vorhabens einschließt, so dass neben der Baugenehmigung auch die **Teilbaugenehmigung**, die **Zustimmung** und der **Vorbescheid** erfasst werden (OVG Schl-H, Beschluss vom 30. 10. 1997 – 1 M 52/97, BauR 1998, 1223 = BRS 59 Nr. 197 zu einem bauplanungsrechtlichen Befreiungsbescheid, Nds. OVG, Beschluss vom 30. 3. 1999 – 1 M 897/99, BRS 62 Nr. 190 zu einem Vorbescheid; ebenso OVG NRW, Beschluss vom 1. 12. 1998 – 10 B 2304/98, BRS 60 Nr. 156 = DVBl. 1999, 788 zu Vorbescheid, Teilbaugenehmigung und Zustimmung, jedoch offen gelassen für einen isolierten bauordnungsrechtlichen Abweichungsbescheid). Mit der **Vorschrift** hat der Gesetzgeber **keine materielle Bewertung** der Interessen des Bauherrn und des die Baugenehmigung anfechtenden Nachbarn in dem Sinne vorgenommen, dass dem Interesse des Bauherrn an der sofortigen Vollziehung der Baugenehmigung regelmäßig ein höheres Gewicht zukommt (OVG NRW, Beschluss vom 13. 7. 1998 – 7 B 956/98, BauR 1998, 1212 = BRS 60 Nr. 193).

Der **Nachbar** kann gegen die ihn belastende Baugenehmigung bei der Bauaufsichtsbehörde die **Aussetzung der Vollziehung** und einstweilige Maßnahmen zur Sicherung seiner Rechte beantragen (§ 80 a Abs. 1 Nr. 2 und § 80 Abs. 4 VwGO) oder direkt die Hilfe des VG in Anspruch nehmen (§ 80 a Abs. 3 und § 80 Abs. 5 VwGO), um zu vermeiden, dass durch die Fortführung der Bauarbeiten Fakten geschaffen werden. **Voraussetzung** hierfür ist das **Vorliegen einer Anfechtungsklage** gegen die dem Bauherrn erteilte Baugenehmigung. Die Baugenehmigung muss also dem Bauherrn bereits zugestellt worden sein und darf nicht erst noch bevorstehen, um die Aussetzung der Vollziehung beantragen zu können. Ein vor der Erteilung der Baugenehmigung bereits eingelegter Rechtsbehelf ist als ins Leere gehend unzulässig und wird auch nicht etwa von selbst zulässig, 67 wenn in der Folgezeit tatsächlich eine angreifbare Entscheidung ergeht (OVG NRW, Beschluss vom 5.5.1995 – 10 B 894/95, BRS 57 Nr. 241 = DVBl. 1996, 115 noch zum Widerspruch).

Erhebt der Nachbar Anfechtungsklage gegen eine gemäß § 212a Abs. 1 BauGB sofort vollziehbare Baugenehmigung, kann die Bauaufsichtsbehörde auch ohne Antrag der Dritten nach § 80a Abs. 1 Nr. 2 VwGO **von Amts wegen** die **Vollziehung** der Baugenehmigung **im überwiegenden Drittinteresse** gemäß § 80 Abs. 4 Satz 1 VwGO **aussetzen** (OVG NRW, Beschluss vom 30.7.1999 – 10 B 961/99, BauR 2000, 80 = BRS 62 Nr. 191). Eine Aussetzung wird die Bauaufsichtsbehörde bzw. das VG nicht allein aufgrund der Anfechtungsklage anordnen. Vielmehr müssen **ernstliche Zweifel an der Rechtmäßigkeit** der Baugenehmigung bestehen. Solche wird man annehmen dürfen, wenn eine summarische Prüfung ergibt, dass der Erfolg des Rechtsmittels im Hauptverfahren mindestens ebenso wahrscheinlich ist wie der Misserfolg (vgl. Mampel, Teilweise Aussetzung der Vollziehung einer Baugenehmigung?, BauR 2000, S. 1817ff.).

**68** Der **Bauherr** kann **im Falle der Stattgabe des Antrags** versuchen, eine **Einigung mit dem Nachbarn außerhalb des Verfahrens** zu erreichen. Nicht selten werden in der Praxis Vereinbarungen getroffen, wonach der Nachbar gegen **Zahlung eines Entgelts** seinen Widerspruch gegen die Baugenehmigung zurückzieht. Derartige Vereinbarungen sind selbst dann **nicht sittenwidrig**, wenn die vom Bauwilligen zu erbringende Zahlung weit über die Minderung des Wertes des beeinträchtigten Grundstücks hinausgeht (BGH, Urteil vom 2.7.1999 – V ZR 135/98, BauR 2000, 252 = BRS 62 Nr. 195).

Der Bauherr hat aber auch die Möglichkeit, zur Wiederherstellung der vollen Wirksamkeit der Baugenehmigung die **Anordnung der sofortigen Vollziehung** nach § 80a Abs. 3 VwGO in Verbindung mit § 80 Abs. 2 Satz 1 Nr. 4 VwGO zu beantragen. Dabei wird die Rechtmäßigkeit der Baugenehmigung aufgrund der Klagebegründung geprüft und sodann eine Interessenabwägung zwischen denen des Bauherrn am Vollzug und denen des Klägers an der Vermeidung der Schaffung von Fakten vorgenommen. Ergibt sich, dass die Realisierung der Baugenehmigung wegen deren Rechtmäßigkeit und der Unbegründetheit der Klage **im öffentlichen Interesse** oder **im überwiegenden Interesse des Bauherrn** liegt, wird die sofortige Vollziehung angeordnet.

**Maßstab der Entscheidung** über einen Antrag des Bauherrn auf Anordnung der sofortigen Vollziehung der Baugenehmigung ist eine **Abwägung der widerstreitenden Interessen**. Dabei ist in erster Linie auf die **überschaubaren Erfolgsaussichten** des vom Nachbarn eingelegten, mit der Rechtsfolge des § 80 Abs. 1 Satz 2 VwGO ausgestatteten Rechtsbehelfs abzustellen, nicht jedoch darauf, ob sich die Baugenehmigung aufgrund summarischer Prüfung als objektiv rechtmäßig oder rechtswidrig erweist (OVG NRW, Beschluss vom 15.4.1994 – 10 B 1443/93, BauR 1995, 80 = BRS 56 Nr. 144).

Gegen den Beschluss des Verwaltungsgerichts kann gemäß § 146 VwGO **Beschwerde** beim OVG eingelegt werden. In diesem Verfahren sind entscheidungserhebliche Tatsachen durch das Beschwerdegericht auch dann zu berücksichtigen, wenn sie vom Beschwerdeführer erst nach Erlass der verwaltungsgerichtlichen Entscheidung selbst geschaffen worden sind (OVG NRW, Beschluss vom 21.12.2006 – 7 B 2193/06, BauR 2007, 861 = BRS 70 Nr. 181). Der **Beschluss** des OVG ist **nicht anfechtbar** (s. Kopp/Schenke, zu § 150 Rdn. 5), so dass die Entscheidung im Verfahren zur Hauptsache abzuwarten ist, sofern das Gericht die durch Beschluss angeordnete Maßnahme nicht später aufgrund neuer Erkenntnisse wieder ändert oder aufhebt.

### 2.2 Haftung der Bauaufsichtsbehörde

Mit der Feststellung der Unbedenklichkeit des Bauvorhabens unter öffentlich-rechtlichen Gesichtspunkten dient die **Baugenehmigung** auch dem Zweck, für den Bauherrn eine **Vertrauensgrundlage** zu schaffen (hierzu vgl. Lansnicker/Schwirtzek, Die Amtshaftung der Bauordnungs- und Bauplanungsbehörden in der Rechtsprechung des BGH, NVwZ 1996, S. 745 ff.). Vertrauen darf der Ratsuchende ebenso in die Richtigkeit von schriftlichen oder mündlichen **Auskünften** der Bauaufsichtsbehörde. Der aus schuldhaft rechtswidrigen Amtshandlungen resultierende **Schadenersatzanspruch** nach § 839 BGB in Verbindung mit Artikel 34 GG stellt eine bedeutsame **Garantie der Rechtsstaatlichkeit** im Bereich des polizei- und ordnungsbehördlichen Handelns dar (so Götz, Allgemeines Polizei- und Ordnungsrecht, 12. Auflage 1995, S. 162 Rdn. 441). Daneben kommt noch ein **Entschädigungsanspruch** nach **§ 39 Abs. 1 Buchstabe b OBG** in Betracht, wenn jemand durch eine Maßnahme der Bauaufsichtsbehörde einen Schaden erleidet. Beide Ansprüche bestehen nebeneinander. **69**

#### 2.2.1 Schadenersatzanspruch nach § 839 BGB

Aufgrund der erteilten **Baugenehmigung** muss der Bauherr das geplante Vorhaben genehmigungskonform ausführen können, ohne Gefahr zu laufen, dadurch zu öffentlich-rechtlichen Vorschriften in Widerstreit zu geraten. Hieraus ergibt sich für den zuständigen Bediensteten im Rahmen des Genehmigungsverfahrens eine dem Bauherrn gegenüber obliegende **Amtspflicht**, eine den baurechtlichen Bestimmungen widersprechende Baugenehmigung, die den Bauherrn in Gefahr bringt, einen vorschriftswidrigen Bau auszuführen und gegebenenfalls wieder beseitigen zu müssen, **nicht zu erteilen** (BGH, Urteil vom 25. 1. 1973 – III ZR 256/68, BGHZ 60, 112 = BauR 1973, 104 = DVBl. 1973, 918 = NJW 1973, 616; Urteil vom 19. 3. 1992 – III ZR 117/90, NVwZ 1992, 911; Urteil vom 16. 1. 1997 – III ZR 117/95 = UPR 1997, 187; Urteil vom 21. 6. 2001 – III ZR 313/99, BauR 2001, 1566 = DVBl. 2001, 1435 = ZfBR 2001, 552; s. auch Schlick, Die neuere Rechtsprechung des Bundesgerichtshofs zur Amtshaftung im Zusammenhang mit dem Baurecht, DVBl. 2007, S. 457 ff.). **70**

Das gilt ebenso in Bezug auf den **Vorbescheid** (BGH, Urteil vom 30. 6. 1988 – III ZR 232/86, BGHZ 105, 52 = BauR 1988, 712 = BRS 48 Nr. 136 = NJW 1988, 2884; vgl. auch Stüer, Amtshaftung bei rechtswidrigem Vorbescheid, BauR 2000, S. 1431 ff.). Denn der Vorbescheid bildet als vorweggenommener Teil der Baugenehmigung eine **Vertrauensgrundlage für Aufwendungen** im Vorfeld der Baugenehmigung (BGH, Urteil vom 23. 9. 1993 – III ZR 139/92, BauR 1994, 349 = BRS 55 Nr. 151 = NJW 1994, 130 und Urteil vom 10. 3. 1994 – III ZR 9/93, BRS 56 Nr. 148 = DVBl. 1994, 695). Eine derartige Vertrauensgrundlage besteht dagegen nicht, wenn der Vorbescheid durch **arglistige Täuschung** erwirkt wurde (vgl. BGH, Urteil vom 16. 1. 2003 – III ZR 269/01, BauR 2003, 672 = BRS 66 Nr. 165).

Die einem **Dritten**, **der nicht Grundstückseigentümer** ist, versagte Baugenehmigung greift nicht in dessen Grundeigentum ein (BGH, Beschluss vom 30. 10. 1986 – III ZR 10/86, NVwZ 1987, 356). Auch das mittelbare Interesse des Grundstückseigentümers an der Erteilung einer Baugenehmigung an einen Dritten reicht nicht aus, um eine Amtspflichtverletzung aus der rechtswidrigen Versagung geltend machen zu können (BGH, Urteil vom 6. 6. 1991 – III ZR 221/90, DVBl. 1991, 1140).

71 Grundsätzlich kann bei einer amtspflichtwidrig verzögerten Erteilung der Baugenehmigung nicht davon ausgegangen werden, dass bei rechtzeitiger Erteilung der **Baugenehmigung** diese **durch eine mögliche Anfechtung durch den Nachbarn nicht ausnutzbar** gewesen wäre (zur Kausalität zwischen rechtswidriger Versagung einer Baugenehmigung und entstandenem Schaden, wenn bei rechtmäßiger Erteilung der Baugenehmigung mit Nachbarwidersprüchen zu rechnen gewesen wäre, s. BGH, Beschluss vom 21.12.2000 – III ZR 119/00, BauR 2001, 932 = BRS 63 Nr. 181 = UPR 2001, 224). Muss der Bauherr aber damit rechnen, dass die **Klage des Nachbarn** gegen die ihm erteilte Baugenehmigung zu deren Aufhebung führen kann, so hat er den durch **voreiligen Baubeginn** oder das **Weiterbauen** entstandenen Schaden nach den Grundsätzen des § 254 BGB möglicherweise teilweise oder insgesamt selbst zu tragen (BGH, Urteil vom 25.10.1984 – III ZR 80/83, NJW 1985, 1692; zur Abgrenzung von objektiver Reichweite des Vertrauensschutzes und mitwirkendem Verschulden des Bauherrn s. BGH, Urteil vom 11.10.2001 – III ZR 63/00, BauR 2002, 292 = DÖV 2002, 203 = UPR 2002, 103). Daher hat die Bauaufsichtsbehörde auch die Amtspflicht, den Bauherrn unverzüglich zu unterrichten, wenn der Nachbar gegen die Baugenehmigung vorgeht (BGH, Urteil vom 9.10.2003 – III ZR 414/02, BauR 2004, 346 = BRS 66 Nr. 166). Kauft der Bauwillige dem Grundstücksnachbarn das Klagerecht ab, um so dennoch eine ihm erteilte rechtswidrige Baugenehmigung auszunutzen (s. Rdn. 66), so kann vom Träger der Bauaufsichtsbehörde nicht verlangt werden, diese Kosten erstattet zu bekommen, da kein nachweisbarer Vermögensschaden entstanden ist und, selbst wenn dies der Fall wäre, dieser nicht vom Schutzzweck der Vorschriften über Amtshaftungsansprüche erfasst ist (OLG Jena, Urteil vom 24.11.1998 – 3 U 294/98, NVwZ-RR 1999, 712).

72 Die Amtspflicht im Baugenehmigungsverfahren besteht in der Abwehr von Gefahren für die öffentliche Sicherheit und Ordnung. Hierbei sind die im Zusammenhang mit der **Altlastenproblematik** von der Rechtsprechung entwickelten **Haftungsgrundsätze** zu beachten (s. auch die Anmerkungen zu § 16 Rdn. 35; BGH, Urteil vom 13.7.1993 – III ZR 22/92, BRS 55 Nr. 152 = UPR 1993, 377 und Beschluss vom 25.9.1997 – III ZR 273/96, BauR 1998, 90 = BRS 59 Nr. 57). Bei Nichtberücksichtigung von Sicherheitsaspekten des Gesundheitsschutzes ist die Amtshaftung auf die mit der Unbewohnbarkeit oder Unbenutzbarkeit zusammenhängenden Vermögensschäden begrenzt (BGH, Urteil vom 21.12.1989 – III ZR 118/88, BGHZ 109, 380). Hinsichtlich bautechnischer Fragen ist die Amtshaftung insofern noch stärker eingeschränkt, als **kein Schutz des Bauherrn vor möglicherweise unnötigen Aufwendungen** besteht. So wird mit der Verpflichtung der Bauaufsichtsbehörde, die statische Berechnung für ein Bauvorhaben ordnungsgemäß zu prüfen, der Bauherr nicht als Dritter vor nutzlosen finanziellen Aufwendungen geschützt (BGH, Urteil vom 27.5.1963 – III ZR 48/62, BGHZ 39, 358; zu Amtspflichtverletzungen aus mangelnder Koordinierung von Bauvorlagen und statischen Berechnungen s. Rdn. 133). In den Schutzbereich der Amtspflicht fallen jedoch – bei vom Bauherrn nicht beherrschbaren **Berggefahren** – auch solche Schäden, die auf mangelnde Standsicherheit des Gebäudes infolge von Baugrundrisiken beruhen, wenn für die Bauaufsichtsbehörde **bei Anlegung eines objektiven Sorgfaltsmaßstabes Gefahren** für die Standsicherheit des Bauwerks **erkennbar** waren (BGH, Urteil vom 29.7.1999 – III ZR 234/97, BRS 62 Nr. 14 = ZfBR 2000, 49).

73 Ein Amtshaftungsanspruch kann auch gegeben sein, wenn die Bauaufsichtsbehörde einen Bauantrag rechtswidrig ablehnt, obwohl für den zugrunde liegenden Vorgang das **Bauordnungsrecht nicht einschlägig** ist (vgl. BGH, Urteil vom 7.12.2000 – III ZR 84/00,

BauR 2001, 1072 zur Versagung einer Verfüllungsgenehmigung für eine ausgebeutete Steingrube in der irrigen Annahme, das Abfallrecht sei einschlägig). Amtshaftungsansprüche können sich auch daraus ergeben, dass die Bauaufsichtsbehörde **nicht sorgfältig genug prüft** und – möglicherweise gedrängt durch den Bauherrn – zu rasch entscheidet und bei einer Teilbaugenehmigung wichtige öffentlich-rechtliche Vorschriften übersieht (zu einer solchen Fallgestaltung s. BGH, Urteil vom 5. 7. 2001 – III ZR 11/00, BauR 2001, 1570 = DVBl. 2001, 1439 = ZfBR 2001, 554).

Die Bauaufsichtsbehörde ist verpflichtet die **Baugenehmigung** oder den **Vorbescheid in angemessener Zeit** zu erteilen (BGH, Urteil vom 8. 5. 1980 – III ZR 27/78, BRS 36 Nr. 178 = DVBl. 1981, 93 = NJW 1980, 2578; s. auch Rohlfing, Amtshaftung bei rechtswidriger Versagung/Verzögerung von Genehmigungen, BauR 2006, S. 947 ff.). Wird die **Entscheidung bewusst verzögert**, um der Gemeinde die Möglichkeit zur Änderung der Rechtslage zu verschaffen, so dass danach der Antrag abgelehnt werden muss, haftet die Bauaufsichtsbehörde ebenfalls (BGH, Beschluss vom 23. 1. 1992 – III ZR 191/90, BRS 53 Nr. 66; Urteil vom 11. 06. 1992 – III ZR 210/90, BRS 53 Nr. 132 und Urteil vom 10. 3. 1994 – III ZR 9/93, BRS 56 Nr. 148 = DVBl. 1994, 695; zur Frage, wie lange die Bauaufsichtsbehörde die Entscheidung über eine Bauvoranfrage „verzögern" darf, um der Gemeinde die Möglichkeit von das Vorhaben verhindernden Umplanungen zu geben, s. OLG Schleswig, Urteil vom 15. 5. 1997 – 11 U 121/94, NVwZ-RR 1998, 6). Die Bauaufsichtsbehörde muss den Bauantrag im Falle der Zurückstellung nach § 15 BauGB weiterbearbeiten, wenn hiergegen ein Rechtsbehelf eingelegt wurde und dadurch die Wirksamkeit des Zurückstellungsbescheids gehemmt ist (s. die Anmerkungen zu § 72 Rdn. 50). Ihr obliegt ferner die Amtspflicht, die Wirksamkeit einer Veränderungssperre zu prüfen, um gegebenenfalls rechtswidrige Verzögerungen auszuschließen (BGH, Urteil vom 30. 11. 2006 – III ZR 352/04, BauR 2007, 864 = BRS 70 Nr. 158). 73 a

Für eine **schuldhafte Verletzung** der Amtspflicht durch Bedienstete der Bauaufsichtsbehörde ist die **Anstellungskörperschaft** gemäß § 839 BGB i. V. m. Art. 34 GG **schadensersatzpflichtig**. Dies gilt nicht nur im Hinblick auf eine unzulässig lang verschleppte Bearbeitung des Bauantrags, sondern auch für den Fall, dass die Prüfung nicht sorgfältig genug erfolgte und daher für den Bestand der daraufhin erteilten Baugenehmigung wichtige, insbesondere nachbarschützende Aspekte verkannt wurden (vgl. hierzu Johlen/Beutling, Schadenersatzanspruch des Bauherrn bei einer rechtswidrig erteilten und später aufgehobenen Baugenehmigung, BauR 2002, S. 263 ff. und Gallois, Sachlicher Schutzbereich der Amtspflicht und Verschulden des Bauherren bei einer rechtswidrig erteilten und später aufgehobenen Baugenehmigung, BauR 2002, S. 884 ff.). Die Amtspflichtverletzung kann nicht nur die untere Bauaufsichtsbehörde begehen, sondern auch die Aufsichtsbehörde, indem diese z. B. eine rechtswidrige Weisung erteilt (zu den **Folgen rechtswidriger Weisungen** zur Erteilung eines rechtswidrigen Vorbescheids s. BGH, Urteil vom 18. 10. 1990 – III ZR 260/88, BauR 1991, 69 = BRS 53 Nr. 69). Ein Amtshaftungsanspruch kann nach der neueren Rechtsprechung des BGH nunmehr auch gegen die im Baugenehmigungsverfahren **mitwirkende andere Behörde** gerichtet sein; aus diesem Grund ist den im Baugenehmigungsverfahren zu beteiligenden Behörden dringend anzuraten, ihre Stellungnahme zum Bauantrag nicht leichtfertig, sondern äußerst sorgfältig abzugeben. Die haftungsrechtliche Ordnung geht nämlich davon aus, dass die Aufklärung eines relevanten Sachverhalts tatsächlich **arbeitsteilig** erfolgt und die **Stellungnahme einer Fachbehörde** unter diesen Umständen die **Bedeutung eines Sachverständigengutachtens** gewinnt und dieses ersetzt. Indem die eingeschaltete Fach- 74 behörde auf der Grundlage arbeitsteiligen Zusammenwirkens ihr überlegenes Fachwissen in die zu treffende Entscheidung einbringt, gewinnt ihre Mitwirkung im Verhältnis zum Bürger eine über die innerbehördliche Beteiligung hinausgehende Qualität. Sie ist dann ebenso wie die nach außen tätig werdende Bauaufsichtsbehörde gehalten, bei der Ausübung des Amtsgeschäfts auch die Interessen des betroffenen Bürgers zu wahren. Wird beim **Zusammenwirken mehrerer Behörden** ein Dritter geschädigt, so ist die Drittgerichtetheit für jede der in Betracht kommenden Amtspflichten eigenständig zu bestimmen; dabei tritt die Haftung unabhängig davon ein, ob die nach außen tätig werdende Bauaufsichtsbehörde ihrerseits haftet (BGH, Urteil vom 1.2.2001 – III ZR 193/99, UPR 2001, 225 unter Aufgabe seiner bisherigen Rechtsauslegung im Urteil vom 5.7.1990 – III ZR 190/88, UPR 1990, 436 zum sog. „Gewerbeaufsichtsamts-Fall").

75 Die Anstellungskörperschaft kann ihrerseits gemäß § 84 LBG nur bei grober Fahrlässigkeit oder Vorsatz **Rückgriff auf** den jeweils **verantwortlichen Bediensteten** nehmen. Wirken **mehrere Bedienstete gleichzeitig** an der Amtspflichtverletzung mit, so **haften** diese dem Dienstherrn **als Gesamtschuldner**, wenn jeder den Schaden durch eine vorsätzliche oder grob fahrlässige Dienstpflichtverletzung adäquat verursacht haben kann, einer von ihnen den Schaden verursacht haben muss, aber nicht feststellbar ist, welcher von ihnen den Schaden tatsächlich verursacht hat (BGH, Urteil vom 11.3.1999 – 2 C 15.98, DÖV 1999, 645). Dabei spielt es auch eine Rolle, ob die einzelnen Bediensteten überhaupt ordnungsgemäß ausgestattet sind, um die Rechtslage zutreffend einschätzen zu können. Dazu ist es unbedingt erforderlich, dass jedem einzelnen Bediensteten die anzuwendenden Rechtsvorschriften am Arbeitsplatz zur Verfügung stehen und dass diese sich bei der Rechtsanwendung über die Auslegung der Rechtsvorschriften durch die Rechtsprechung anhand von Fachzeitschriften oder Kommentierungen informieren können. Mangelt es hieran, kann wegen eines **Verstoßes der Anstellungskörperschaft gegen ihre Fürsorgepflicht** im Schadensfalle kein Rückgriff genommen werden.

76 Den **Bediensteten** der Anstellungskörperschaft **obliegt** andererseits eine **Pflicht**, nicht „blindlings" zu handeln (BGH, Urteil vom 21.11.1985 – III ZR 94/84, BRS 45 Nr. 45) und das zur Verfügung gestellte Informationsmaterial bei der Rechtsanwendung auch tatsächlich zu benutzen und nicht unbeachtet zu lassen, denn **jeder staatliche Amtsträger muss** die zur **Führung seines Amtes notwendigen Rechts- und Verwaltungskenntnisse** besitzen oder sich verschaffen (BGH, Beschluss vom 28.9.1995 – III ZR 202/94, NVwZ-RR 1996, 65). Das trifft im Übrigen auch auf die **Mitglieder kommunaler Beschlussorgane** zu, die **mangels eigener fundierter Kenntnisse** in schwierig zu beurteilenden Baurechtsfragen dem **Rat der fachlich zuständigen Behörde folgen** müssen (BGH, Urteil vom 8.10.1992 – III ZR 220/90, DVBl. 1993, 105 zum Verschuldensmaßstab bei der Ablehnung eines Bauantrages für den unbeplanten Innenbereich).

77 Ein **Verschulden** des Beamten **scheidet** regelmäßig **aus, wenn ein Kollegialgericht das Verwaltungshandeln für rechtmäßig erachtet**. Diese **Regel gilt ausnahmsweise nicht**, wenn es sich bei dem beanstandeten Verhalten um eine grundsätzliche Maßnahme einer zentralen Dienststelle bei Anwendung eines ihr besonders anvertrauten Spezialgesetzes handelt, wenn das Gericht die Rechtslage trotz eindeutiger und klarer Vorschriften verkannt oder eine eindeutige Bestimmung handgreiflich falsch ausgelegt hat, oder wenn besondere Umstände dafür sprechen, dass der verantwortliche **Beamte kraft seiner Stellung oder seiner besonderen Einsichten es „besser" als das Kollegialgericht hätte wissen müssen**, z. B. weil das Gericht von einem falschen Sachverhalt ausgegangen ist (BVerwG, Urteil vom 15.12.1972 – IV C 18.71, DVBl. 1973, 365 und Beschluss vom

9.8.1990 – 1 B 94/90, NVwZ 1991, 270 sowie VGH B-W, Urteil vom 23.8.1996 – 8 S 269/96, NVwZ-RR 1997, 395 zum Verschulden des Beamten bei der Zurückstellung einer Bauvoranfrage).

Die **Entscheidung** über Schadenersatzansprüche aus Amtspflichtverletzungen und damit auch die rechtsverbindliche Feststellung der anspruchsbegründenden Tatbestandsmerkmale ist den **Zivilgerichten** vorbehalten (Art. 34 S. 3 GG). Es fehlt an dem erforderlichen Feststellungsinteresse für eine darauf gerichtete Feststellungsklage bzw. Fortsetzungsfeststellungsklage, wenn eine behauptete Verzögerung der Erteilung der Baugenehmigung im Rahmen des beabsichtigten Amtshaftungsprozesses geklärt werden kann (OVG NRW, Urteil vom 3.7.1996 – 11 A 2725/93, BRS 58 Nr. 145 = NVwZ-RR 1997, 400). **Verwaltungsgerichtliche Eilentscheidungen**, die im Aussetzungsverfahren nach § 80 Abs. 5 VwGO getroffen werden und vom Verwaltungsgericht nach § 80 Abs. 7 VwGO jederzeit geändert oder aufgehoben werden können, entfalten im Amtshaftungsprozess **keine Bindungswirkung**; dies gilt selbst dann, wenn das amtspflichtwidrige Verhalten nur in der Anordnung der sofortigen Vollziehung durch die Bauaufsichtsbehörde nach § 80 Abs. 2 Satz 1 Nr. 4 VwGO gesehen werden kann (BGH, Urteil vom 16.11.2000 – III ZR 265/99, BRS 63 Nr. 182). **78**

### 2.2.1 Entschädigungsanspruch nach § 39 Abs. 1 Buchstabe b OBG

Nach **§ 39 Abs. 1 Buchstabe b OBG** ist ein Schaden, den jemand durch **rechtswidrige Maßnahmen** der Bauaufsichtsbehörden erleidet, zu ersetzen. Dabei ist es gleichgültig, ob die Bauaufsichtsbehörde ein Verschulden trifft oder nicht. Der **Entschädigungsanspruch nach § 39 Abs. 1 Buchstabe b OBG** besteht **neben** dem **Anspruch aus § 839 BGB** (OLG Düsseldorf, Urteil vom 7.1.1987 – 18 U 122/86, BRS 53 Nr. 178 = NJW 1987, 1336). Nach § 43 OBG entscheiden hierüber im Streitfall die ordentlichen Gerichte. Der verschuldensunabhängige Anspruch verjährt gemäß § 41 OBG nach drei Jahren von dem Zeitpunkt an, in welchem der Geschädigte von dem Schaden und von der zur Entschädigung verpflichteten Körperschaft Kenntnis erlangt. Nach Ablauf der **dreijährigen Verjährungsfrist** für Entschädigungsansprüche wegen rechtswidriger ordnungsbehördlicher Maßnahmen nach § 41 OBG kann der Geschädigte keine Ansprüche mehr wegen (allgemeinen) enteignungsgleichen Eingriffs, die einer dreißigjährigen Verjährung unterliegen, geltend machen (BGH, Urteil vom 2.10.1978 – III ZR 9/77, BauR 1979, 40 = BRS 34 Nr. 19 und Urteil vom 17.12.1981 – III ZR 88/80, BauR 1982, 235 = BRS 45 Nr. 12). **79**

Ein maßgebliches Kriterium für den Schutzzweck der Baugenehmigung besteht in dem **Vertrauen**, das die bauaufsichtliche Entscheidung begründen soll (s. Rdn. 69–70). Das **wirtschaftliche Risiko**, dass das genehmigte und errichtete Bauvorhaben sich später im Hinblick auf **einzelne Schutzgüter** des Bauordnungsrechts, wie z. B. Standsicherheit, Brandschutz oder Wasserversorgung, als unzureichend erweist und **nachgebessert** werden muss, **hat der Bauherr** dagegen selbst **zu tragen** (BGH, Beschluss vom 9.7.1991 – III ZR 87/81, UPR 1992, 439 und BGH, Urteil vom 1.12.1994 – III ZR 33/94, BauR 1995, 381 = BRS 56 Nr. 145). Das **Baugenehmigungsverfahren ist nicht dazu bestimmt**, dem **Bauherrn die Verantwortung für die einwandfreie Durchführung und Durchführbarkeit seines Bauvorhabens abzunehmen** (BGH, Beschluss vom 30.7.1997 – III ZR 166/96, BauR 1998, 117 = BRS 59 Nr. 161 = NVwZ-RR 1997, 675 zu einer im Wege der Ersatzvornahme vollstreckten bauaufsichtlichen Forderung, nachträglich eine Feuerwehrzufahrt anzulegen). **79 a**

79 b **Mündliche Erklärungen** im Rahmen einer Bauvoranfrage, es werde ein Vorbescheid erteilt, begründen kein schutzwürdiges Vertrauen dahin, dass der Vorbescheid auch tatsächlich erlassen wird. In derartigen Erklärungen, wie in der Übergabe eines Bescheidentwurfs, liegt **keine Maßnahme im Sinne des § 39 Abs. 1 Buchstabe b OBG** (BGH, Urteil vom 16. 1. 1992 – III ZR 18/90, BauR 1992, 349 = BRS 53 Nr. 33). Unter den **Begriff Maßnahme** fallen **zu Unrecht erteilte** und **fehlerhafte Baugenehmigungen** (BGH, Beschluss vom 29. 6. 1989 – III ZR 274/88, BRS 53 Nr. 48 und OLG Düsseldorf, Urteil vom 26. 3. 1992 – 18 U 166/91, BRS 53 Nr. 49).

**2.2.3 Richtigkeit von Auskünften**

80 Bei **Auskünften** an Grundstückseigentümer, Bauherrn, Entwurfsverfasser oder andere am Bau Beteiligte ist stets der Grundsatz von **Treu und Glauben** zu beachten. Dabei ist es unerheblich, ob die begehrte Auskunft schriftlich oder nur mündlich erteilt wird, denn in beiden Fällen haben diese **richtig** zu sein. Die Bediensteten der Bauaufsichtsbehörde müssen sich deshalb auch der Tragweite **mündlicher Erklärungen** und **Zusagen** bewusst sein und ihre Äußerungen so bedenken, dass der Bürger **Vertrauen** zu ihnen haben kann (vgl. BGH, Urteil vom 5. 4. 1965 – III ZR 11/64, NJW 1965, 1226 und Urteil vom 3. 5. 2001 – III ZR 191/00, BauR 2001, 1404 = NVwZ 2002, 373 zur **Amtspflichtverletzung bei schuldhaft falschen Auskünften**; zur Frage der Verjährung s. BGH, Urteil vom 12. 10. 2000 – III ZR 121/99, BauR 2001, 376 = BRS 63 Nr. 180).

80 a Andererseits kann ein Bauherr nicht erwarten, aus **unter Vorbehalt** erteilten Auskünften bereits Ansprüche herleiten zu können. Eine amtliche Auskunft, in der ein Bauvorhaben fälschlicherweise grundsätzlich für zulässig erklärt, zugleich aber ausdrücklich auf die Erfordernisse einer Baugenehmigung und einer Beteiligung der Nachbarn hingewiesen wird, begründet für den Bauherrn noch kein schutzwürdiges Vertrauen dahin, mit den Bauarbeiten vor Erhalt der Baugenehmigung beginnen zu dürfen; dies gilt bei einem insgesamt genehmigungspflichtigen Vorhaben auch für solche Einzelmaßnahmen, die – isoliert betrachtet – keiner Genehmigung bedurft hätten (BGH, Urteil vom 24. 10. 2002 – III ZR 259/01, BauR 2003, 856 = BRS 65 Nr. 176 = ZfBR 2003, 161; s. auch von und zu Franckenstein, Die Haftung für baurechtliche Auskünfte, BauR 2003, S. 807 ff.).

80 b Eine **erhöhte Sorgfaltspflicht** besteht, wenn der Bedienstete erkennt, dass die **Rechtsauskunft** für den Rat suchenden Bürger **von erheblicher Bedeutung** und **wirtschaftlicher Tragweite** ist. Bei Auskünften zum Baugenehmigungsverfahren wird dies aufgrund der Höhe der hierbei in Rede stehenden Investitionen fast immer der Fall sein. Grundsätzlich besteht zwar nach **§ 25 VwVfG. NRW. nur eine verfahrensbezogene Hinweispflicht** der Verwaltungsbehörde auf eine zweckentsprechende Antragstellung oder Ergänzung des Vorbringens im Verwaltungsverfahren. Bei einer **schwierigen** Rechtslage kann der **Bedienstete verpflichtet** sein, auf die **Grenzen der Auskunfterteilung** hinzuweisen, wie sie durch das Rechtsdienstleistungsgesetz vom 12. 12. 2007 (BGBl. I S. 2840) gezogen sind, das das frühere Rechtsberatungsgesetz abgelöst hat. Kann der Bedienstete nach seiner eigenen Einschätzung keine zuverlässige rechtliche Beurteilung abgeben, muss er dies klar zum Ausdruck bringen und entweder an einen sachkundigen Beamten oder einen Rechtsanwalt verweisen (OLG Zweibrücken, Urteil vom 24. 6. 1999 – 6 U 24/98, NVwZ-RR 2001, 79 zu einer schuldhaft falschen Auskunfterteilung über die Zahlungspflicht des Anlieferers von Aushubmaterial einer Baustelle nach der Abfallgebührensatzung durch einen Nichtjuristen, welche die Hinweispflicht des § 25 VwVfG. NRW. überstieg und bereits als Rechtsberatung anzusehen war).

## 3 Zu Absatz 1 – Die Baugenehmigung

### 3.1 Satz 1 – Materiell-rechtliches Prüfprogramm

#### 3.1.1 Vereinbarkeit mit öffentlichem Recht

Die **Baugenehmigung** darf **nur bei Übereinstimmung des Bauvorhabens mit den öffentlich-rechtlichen Vorschriften** erteilt werden (§ 75 Abs. 1 Satz 1 BauO NRW), **soweit diese im Baugenehmigungsverfahren geprüft werden** (§ 75 Abs. 3 Satz 2 BauO NRW). Diese gesetzliche Vorgabe ist in einem **umfassenden Sinne** zu verstehen, da der nordrhein-westfälische Gesetzgeber (aus gutem Grund) davon abgesehen hat, die baufreigebende Wirkung der Baugenehmigung durch Einführung eines „Baufreigabescheins" nach baden-württembergischem bzw. sächsischem Recht zu beeinträchtigen. Eine Baugenehmigung darf daher in Nordrhein-Westfalen nur erteilt werden, wenn **zuvor** die Übereinstimmung des Vorhabens unter **allen zu prüfenden** öffentlich-rechtlichen Gesichtspunkten gegebenenfalls unter **Beteiligung der Fachbehörden** und nach **Vorliegen** einer eventuell erforderlichen **vorgreiflichen** fachgesetzlichen Zustimmung, dem Einvernehmen, Benehmen oder von der Erteilung einer weiteren Genehmigung oder Erlaubnis festgestellt werden kann (§ 72 Abs. 1 Satz 1 Nr. 2 BauO NRW). In diesem durch § 75 Abs. 3 Satz 2 BauO NRW eingeschränkten Sinne bildet die **Baugenehmigung** immer noch als umfassende und abschließende Entscheidung den (modifizierten) **Schlusspunkt der Prüfungsphase** (und Finkelnburg/Ortloff, Band II, S. 116 unter Bezug auf die „**Schlusspunkttheorie**"). Die neuere Rechtsprechung des OVG NRW kann noch nicht als gefestigt angesehen werden, da sich die Bausenate in dieser Frage nicht einig sind (s. Rdn. 8). Die hier vertretene Auffassung zur Auslegung der materiellen Prüfungspflicht wegen des bedeutsamen Zusammenhangs von § 75 **Abs. 1 Satz 1** und **Abs. 3 Satz 2** BauO NRW mit **§ 72 Abs. 1 Satz 1 Nr. 2** BauO NRW hat der 10. Senat des OVG gebilligt und wird auch in der Literatur herausgestellt (vgl. Boeddinghaus/Hahn/Schulte, zu § 75 Rdn. 76ff.). Die Schlusspunkttheorie gilt auch für die gleichlautende Vorschrift der LBauO Rh-Pf (vgl. Jeromin, zu § 70 Rdn. 46). 81

Die Rechtslage in Bezug auf den materiellen Prüfungsumfang ist indessen nicht in allen Bundesländern deckungsgleich (s. die umfassende Darstellung bei Finkelnburg/Ortloff, Band. II, S. 116ff.), so dass gerade zu diesem Punkt die Entscheidungen der Oberverwaltungsgerichte voneinander abweichen. Das BVerwG hat klargestellt, dass nur das jeweilige **Landesrecht bestimmt, was Gegenstand der Prüfung im bauordnungsrechtlichen Baugenehmigungsverfahren ist** (BVerwG, Beschluss vom 25. 10. 1995 – 4 B 216.95, BauR 1996, 225 = BRS 57 Nr. 186 = NVwZ-RR 1995, 66 zu der Frage, ob es nach § 70 SächsBO angeht, die Baugenehmigung unter der aufschiebenden Bedingung zu erteilen, die ausstehende sanierungsrechtliche Genehmigung gemäß §§ 144, 145 BauGB beizubringen, und ob dies mit Bundesrecht vereinbar ist). Mit dieser Entscheidung hat das BVerwG einen zuvor gefassten Beschluss zu der gleichen Frage korrigiert (BVerwG, Beschluss vom 15. 7. 1994 – 4 B 109.94, BRS 56 Nr. 59). Bei flüchtigem Lesen der Entscheidung vom 25. 10. 1995 könnte sich der Eindruck ergeben, dass das Vorliegen der sanierungsrechtlichen Genehmigung keine Voraussetzung für die Erteilung der Baugenehmigung bildet. Dies trifft aber keineswegs zu, da das BVerwG hierzu ausführt: 82

*„Die Beschwerde hält es für eine Frage von grundsätzlicher Bedeutung, ob es mit Bundesrecht vereinbar sei, die sanierungsrechtliche Genehmigung als eine aufschiebende Be-*

*dingung zur Baugenehmigung zu fassen. Die so gestellte Frage rechtfertigt ebenfalls keine Zulassung der Revision.*

*Wenn die zu erteilende Baugenehmigung sich als aufschiebend bedingt versteht, wird damit nicht gleichzeitig eine sanierungsrechtliche Genehmigung erteilt. Die gestellte Rechtsfrage der Beschwerde ist daher sinngemäß anders aufzufassen. Auch dann fehlt es indes an der Klärungsbedürftigkeit. Die Frage ist nämlich ohne weiteres dahin zu beantworten, dass Bundesrecht nur fordert, dass ein Bauvorhaben in einem förmlich festgelegten Sanierungsgebiet nicht ohne vorherige sanierungsrechtliche Genehmigung begonnen werden darf. Zu welchem Zeitpunkt diese Genehmigung vorliegen muss, entscheidet das Bundesrecht in § 144, 145 BauGB nicht. Es überlässt mithin dem Landesrecht, dafür zu sorgen, dass das Genehmigungserfordernis im Verwaltungsvollzug auch beachtet wird. Aus § 36 VwVfG, für den Revisibilität besteht (vgl. § 137 Abs. 1 Nr. 2 VwGO), lässt sich anderes nicht entnehmen.*

*Damit erübrigt sich auch für die zweite Frage, welche die Beschwerde wegen grundsätzlicher Bedeutung stellt, ein Revisionsverfahren durchzuführen. Das sanierungsrechtliche Genehmigungserfordernis besitzt eine der Veränderungssperre ähnliche Sicherungsfunktion. Hiervon gehen Berufungsgericht und Beschwerde zutreffend aus. Diese materiellrechtliche Funktion steht nicht zur Disposition des Landesgesetzgebers. Er darf das Regelungsinstrument der §§ 144, 145 BauGB durch die ihm obliegende Ausgestaltung des Genehmigungsverfahrens in seiner Effektivität nicht in Zweifel ziehen. Es ist nicht erkennbar, dass die vom Berufungsgericht befürwortete ‚Bedingungslösung' die Effektivität in einem Maße in Zweifel zieht, dass von der Bewahrung der gesetzlichen Ziele nicht mehr gesprochen werden kann. Ob die vom Berufungsgericht auf der Grundlage des sächsischen Bauordnungsrechts beurteilte Effektivität tatsächlich besteht, hat das Beschwerdegericht nicht zu beurteilen.*"

Die Auffassung, dass **dem Landesrecht in verfahrensrechtlicher Hinsicht Vorrang** zukommt, hat das BVerwG auch hinsichtlich des Verhältnisses von Zweckentfremdungsgenehmigung und Baugenehmigung bestätigt (Beschluss vom 6. 11. 1996 – 4 B 213.96, BauR 1997, 282 = BRS 58 Nr. 135). Die Rechtslage in Nordrhein-Westfalen hat sich zwar durch das Auslaufen der Zweckentfremdungsverordnung geändert, gleichwohl hat der Beschluss wegen seiner **allgemeinen Aussagen** zum Verhältnis von Bundes- und Landesrecht weiterhin Bedeutung. Danach kann das Landesrecht bestimmen, dass die Erteilung einer Baugenehmigung bei zweckentfremdungsrechtlicher Genehmigungsbedürftigkeit von der vorherigen wohnungswirtschaftlichen Ausnahmegenehmigung abhängig ist. Aus dieser Rechtsprechung des BVerwG ergibt sich für die von der Bauaufsichtsbehörde zu treffenden Entscheidung über die Baugenehmigung Folgendes:

- Die Beachtung des Bundesrechts kann dadurch erfolgen, dass die Bauaufsichtsbehörde gezwungen ist, eine vorgreifliche Genehmigung oder Erlaubnis abzuwarten, bevor die Baugenehmigung erteilt wird („klassische" Schlusspunkttheorie).
- Die Beachtung des Bundesrechts kann auch dadurch erfolgen, dass die baufreigebende Wirkung der Baugenehmigung an die Bedingung geknüpft wird, mit den Bauarbeiten erst beginnen zu dürfen, wenn die entsprechende andere Genehmigung oder Erlaubnis nach Bundesrecht vorliegt („modifizierte" Schlusspunkttheorie).
- Aus bundesrechtlicher Sicht ist es unzulässig, die Baugenehmigung ohne Absicherung der anderen bundesrechtlichen Genehmigungs- oder Erlaubnisvorbehalte auszusprechen (Verzicht auf die Schlusspunkttheorie), weil dann die materiell-rechtliche Funktion des anderen Genehmigungs- oder Erlaubnisvorbehalts unterlaufen würde.

Für die **bauaufsichtliche Praxis** bleibt aufgrund der divergierenden Rechtsprechung der Bausenate des OVG NRW fraglich, ob die Bauaufsichtsbehörde die andere Genehmigung oder Erlaubnis abwarten muss, oder ob sie eine entsprechende **Bedingung** in die Baugenehmigung aufnehmen kann, nach der mit Bauarbeiten erst begonnen werden darf, wenn die andere Genehmigung oder Erlaubnis vorliegt.

**Nach § 75 BauO NRW** ist dagegen eine „**Bedingungslösung**" im Hinblick auf die von der Bauaufsichtsbehörde selbst **zu prüfenden Sachverhalte nicht möglich**, da das Rechtsinstitut eines besonderen, an die Erfüllung von Auflagen und Bedingungen geknüpften „Baufreigabescheins" in Nordrhein-Westfalen nicht eingeführt wurde. Nach baden-württembergischem und dem diesem nachgebildeten sächsischen Bauordnungsrecht ist der Baufreigabeschein zu erteilen, wenn die in der Baugenehmigung für den Baubeginn enthaltenen Auflagen und Bedingungen erfüllt sind, so § 59 Abs. 1 Satz 2 LBO B-W (hierzu vgl. Schlotterbeck/von Arnim/Hager, zu § 59 Rdn. 2 bis 5). Allerdings hält auch diese gesetzliche Lösung an dem Grundsatz fest, dass **vor** Beginn der Bauarbeiten alle nach öffentlichem Baurecht erforderlichen Genehmigungen, Bewilligungen, Erlaubnisse usw. vorliegen müssen (Sächs. OVG, Urteil vom 8. 6. 1995 – 1 S 154/95, BRS 57 Nr. 187). Die andere Auffassung (BayVGH, Beschluss vom 18. 3. 1993 – Gr. S. 1/1992 1 B 90.3063, BRS 55 Nr. 146 = DVBl. 1993, 665), nach der dieser Grundsatz nicht generell gelte, wenn die Vereinbarkeit des Vorhabens mit bestimmten öffentlich-rechtlichen Vorschriften in einem **gesonderten Verfahren** zu prüfen sei, das durch eine rechtlich selbständige Entscheidung mit Außenwirkung abgeschlossen werde, basiert auf anderen landesrechtlichen Vorgaben der BayBO, wie der Große Senat des BayVGH in der Entscheidung selbst hervorhebt. 83

Aus § 75 Abs. 3 Satz 2 BauO NRW lässt sich die Entbehrlichkeit der vorgreiflichen Prüfung nicht herleiten. Diese Vorschrift zielt nämlich auf solche Verpflichtungen zum Einholen von Genehmigungen, Bewilligungen, Erlaubnissen und Zustimmungen oder zum Erstatten von Anzeigen, die **keine Voraussetzung für die Baugenehmigung** darstellen, sondern **zusätzlich erforderlich** werden, um das Bauvorhaben ausführen und bestimmungsgemäß nutzen zu können (s. Rdn. 168 bis 171). Ansonsten würde die Bestimmung des § 72 Abs. 1 Satz 1 Nr. 2 BauO NRW ins Leere laufen. Der nordrhein-westfälische Gesetzgeber bringt nämlich mit § 72 Abs. 1 Satz 1 Nr. 2 BauO NRW klar und unmissverständlich zum Ausdruck, dass es neben den Mitwirkungserfordernissen anderer Behörden auch noch Genehmigungen und Erlaubnisse gibt, **von denen die Baugenehmigung abhängig ist** (**vorgreifliche** Genehmigungen und Erlaubnisse).

Daraus folgt:

- die **feststellende Wirkung der Baugenehmigung** setzt voraus, dass die **Prüfung des materiellen Rechts** unter Beachtung der **Mitwirkungserfordernisse** anderer Behörden (Einvernehmen, Benehmen, Zustimmung) positiv **abgeschlossen** ist,
- die **baufreigebende Wirkung der Baugenehmigung** ist an die **Bedingung** zu knüpfen, dass alle erforderlichen **vorgreiflichen Genehmigungen** oder **Erlaubnisse im Sinne des § 72 Abs. 1 Satz 1 Nr. 2 BauO NRW nach den Fachgesetzen vorliegen**.

Für die bauaufsichtliche Vollzugspraxis ergibt sich aber gerade aus den **nebeneinander stehenden** Bestimmungen des § 72 Abs. 1 Satz 1 Nr. 2 und des § 75 Abs. 3 Satz 2 BauO NRW die **besondere Schwierigkeit**, aus der **Vielzahl der öffentlich-rechtlichen Vorschriften** diejenigen **herauszufinden**, die **vorgreifliche** oder **nachrangige** Genehmigungen oder Erlaubnisse enthalten.

84 Von der zuvor erörterten Frage ist das **Problem der sich nach unterschiedlichen Rechtsgrundlagen überlagernden bzw. überschneidenden Genehmigungen** zu unterscheiden. Es bietet sich für die Lösung der Konkurrenzprobleme das sog. „**Separationsmodell**" an (hierzu vgl. Gaentzsch, Konkurrenz paralleler Anlagengenehmigungen, NJW 1986, S. 2787 ff. und BVerwG, Urteil vom 4. 7. 1986 – 4 C 31.84, DVBl. 1986, 1273 = DÖV 1987, 293 = NJW 1987, 1713 = NVwZ 1987, 789 zur Befugnis von Bergbehörde und Bauaufsichtsbehörde im bergrechtlichen Betriebsplanverfahren). Hiernach werden Regelungsinhalte der Genehmigungen nach der **Sachnähe** und **Kompetenz** der beteiligten Behörden abgegrenzt. Die zuerst entscheidende Behörde hat die von der Fachbehörde zu entscheidenden Fragen grundsätzlich auszuklammern. **Für die Baugenehmigungsbehörde** heißt dies, die **Feststellung der Vereinbarkeit** mit dem öffentlichen Recht ist **auf die von ihr in eigener Kompetenz zu prüfenden Fragen begrenzt**.

85 Die Lösung der beschriebenen Konkurrenzprobleme lässt sich am **Beispiel von Baugenehmigung und gaststättenrechtlicher Erlaubnis** darstellen. Im Baugenehmigungsverfahren prüft die Bauaufsichtsbehörde die baurechtliche Zulässigkeit der Gaststätte und dabei auch die Frage, ob von einer bestimmungsgemäßen Nutzung des Vorhabens für die Nachbarschaft im Hinblick auf den Gebietscharakter und unter Berücksichtigung von **§ 22 BImSchG** unzumutbare Belästigungen ausgehen oder nicht. Im gaststättenrechtlichen Verfahren prüft die Erlaubnisbehörde nach § 4 Abs. 1 Nr. 3 GastG, ob der Betrieb der Gaststätte im Hinblick auf ihre örtliche Lage schädliche Umwelteinwirkungen im Sinne des BImSchG befürchten lässt – also den **gleichen Sachverhalt** wie bereits zuvor die Bauaufsichtsbehörde. Es besteht unverkennbar die **Gefahr unterschiedlicher Beurteilungen** durch die jeweils auf ihrem Rechtsgebiet entscheidungsbefugten Behörden. Daher muss eine der beiden Entscheidungen Bindungswirkung für die andere entfalten. Das kann sinnvollerweise nur die Entscheidung sein, die von der Behörde mit der größeren Sachnähe und Kompetenz getroffen wurde.

*„Zur **Vermeidung divergierender Entscheidungen** ist es deshalb geboten, der Bauerlaubnis im Rahmen des § 4 Abs. 1 Nr. 3 GastG jedenfalls insoweit Bindungswirkung zuzumessen, als durch sie baurechtsspezifische Fragen – und dazu gehört die Zumutbarkeit der typischen Auswirkungen des geplanten Vorhabens auf die Nachbarschaft – geklärt worden sind,"*

so das OVG NRW im Urteil vom 3. 6. 1986 (– 4 A 2516/84, GewArch 1986, 384; vgl. auch Ortloff, Inhalt und Bindungswirkungen der Baugenehmigung, NJW 1987, S. 1665 ff. sowie Große-Suchsdorf/Lindorf/Schmaltz/Wiechert, § 75 Rdn. 40–48).

86 Das **materiell-rechtliche Prüfprogramm** nach § 75 Abs. 1 Satz 1 BauO NRW ist **deckungsgleich** mit der **Sachentscheidungskompetenz der Bauaufsichtsbehörde**. Die Sachentscheidungskompetenz ergibt sich aus § 61 Abs. 1 Satz 1 BauO NRW scheinbar recht klar, da die Vorschrift eine umfassende Zuständigkeit der Bauaufsichtsbehörden begründet und sich in der Formulierung eng an die bauaufsichtliche Generalklausel anlehnt. Diese umfassende Zuständigkeit wird aber gleich wieder durch § 61 Abs. 1 Satz 3 BauO NRW eingeschränkt, wonach die **gesetzlich geregelten Zuständigkeiten und Befugnisse anderer Behörden unberührt** bleiben. Daraus folgt:

- Soweit in Fachgesetzen **keine** besonderen Genehmigungsvorbehalte anderer Behörden geregelt sind, obliegt der **Bauaufsichtsbehörde** die **Pflicht zur Prüfung**.
- Soweit das Fachrecht einen Genehmigungsvorbehalt zugunsten der Fachbehörde regelt, hat die Bauaufsichtsbehörde im Übrigen eine „**Vorprüfungskompetenz**".

Aufgrund der **Vorprüfungskompetenz** darf die Bauaufsichtsbehörde prüfen, ob der Realisierung des Vorhabens **offensichtliche Hinderungsgründe** aus dem gesamten öffentlichen Recht entgegenstehen, selbst wenn hierfür im Fachgesetz ein Erlaubnisvorbehalt zugunsten einer anderen Behörde begründet ist. Daher darf die Bauaufsichtsbehörde die Erteilung der Baugenehmigung bereits dann ablehnen, wenn sie erkennt, dass die Erlaubnis nach dem Fachrecht wegen fehlender gesetzlicher Voraussetzungen nicht erteilt werden kann (OVG NRW, Urteil vom 20. 5. 1986 – 11 A 2364/83, DÖV 1986, 575 und Urteil vom 20. 3. 1992 – 11 A 610/90, BauR 1992, 610 = BRS 54 Nr. 135).

Zusätzlich ist **§ 62 BauO NRW** zu beachten, der die **sachliche Zuständigkeit** regelt: „die Bauaufsichtsbehörden sind zuständig, soweit nichts anderes (in anderen Rechtsvorschriften) bestimmt ist". Eine für jedermann klare Rechtslage wird durch diese **negative Umschreibung** nicht bewirkt. Um die sachliche Zuständigkeit und damit die Sachentscheidungskompetenz festzustellen, ist es erforderlich, sämtliche öffentlich-rechtlichen Vorschriften mit Bezug zum Bauen nach **Zuständigkeitsregelungen** zu durchsuchen; eine Arbeit von wahrhaft gigantischen Ausmaßen, wenn man den Umfang des öffentlichen Rechts bedenkt. Es verwundert daher nicht, dass selbst Bauaufsichtsbeamte mit langer Berufserfahrung hin und wieder erstaunt feststellen, wofür sie alles zuständig sind, zumal es bislang noch niemandem gelungen ist, eine auch nur annähernd vollständige Auflistung baulicher Anforderungen in Fachgesetzen zu erstellen. Die für das Bauen wichtigsten Fachgesetze treffen jedoch klare Zuordnungen der Prüfungskompetenz zugunsten der Bauaufsichtsbehörde und drängen dieser die Prüfung auf, weshalb abkürzend von **„aufgedrängtem Recht"** gesprochen wird. Als **Beispiele** für aufgedrängtes Recht sind zu nennen: 87

- das **Landschaftsrecht** (§§ 4–6 LG) hinsichtlich des Vollzugs der naturschutzrechtlichen **Eingriffsregelung**,
- das **Immissionsschutzrecht** (§ 22 BImSchG), soweit aufgrund der 4. BImSchV kein gesondertes immissionsschutzrechtliches Verfahren durchgeführt wird,
- das **Arbeitsstättenrecht**, soweit auf Antrag des Arbeitgebers gemäß § 4 ArbStättV nicht gesondert über Ausnahmen zu entscheiden ist (s. den RdErl. vom 2. 6. 1998, MBl. NRW. S. 1026 – Baugenehmigung von Arbeitsstätten; hier: Gaststätten, Verkaufsstätten, Büros).

Diese „aufgedrängten" Rechtsvorschriften sind materiell-rechtlich in gleicher Weise wie das Bauplanungs- und Bauordnungsrecht von der Bauaufsichtsbehörde zu prüfen, wobei die im Baugenehmigungsverfahren zu beteiligenden **Fachbehörden** ihr **Spezialwissen einbringen.**

Das Problem der zutreffenden **Feststellung der Sachentscheidungskompetenz** der Bauaufsichtsbehörde wird dadurch **erschwert**, dass 88

- **in ein und demselben Fachgesetz unterschiedliche Entscheidungszuständigkeiten**, oder
- noch komplizierter, **von der Wahl des Antragstellers abhängige Zuständigkeitsregelungen**

begründet sein können. So obliegt z. B. der **Vollzug der naturschutzrechtlichen Eingriffsregelung** gemäß §§ 4 bis 6 LG als **originäre Aufgabe** den Bauaufsichtsbehörden im Baugenehmigungsverfahren, während für die Gewährung einer **Befreiung nach § 69 LG** die Landschaftsbehörde zuständig ist (OVG NRW, Urteil vom 14. 9. 2001 – 7 A 620/00, BauR 2002, 452 = BRS 64 Nr. 163). Nach § 9 Abs. 3 DSchG kann der Antragsteller **wählen**, ob er die Erteilung der **denkmalrechtliche Erlaubnis** bei der Gemeinde **gesondert** (isoliert) beantragt, oder ob er die **Belange** des Denkmalschutzes und der Denkmalpflege im Baugenehmigungsverfahren **mitgeprüft** sehen will (OVG NRW, Urteil vom 18. 5. 1984 – 11 A 1776/83, BRS 42 Nr. 137).

89 Was im Einzelnen zu den im Rahmen des § 75 Abs. 1 Satz 1 BauO NRW direkt zu prüfenden Vorschriften rechnet, lässt sich nur annähernd in diesem Zusammenhang aufzählen, da sich das öffentliche **Baurecht in einem permanenten Fortentwicklungsprozess** befindet (vgl. die Einleitung Rdn. 37 bis 43). Bei der Einschätzung des Problems wird häufig übersehen, dass der umfassende Prüfungsanspruch des nordrhein-westfälischen Bauordnungsrechts dazu führt, dass der Prüfungsaufwand zwischen dem normalen und dem vereinfachten Genehmigungsverfahren marginal ist, da die Vorschriften, die den eigentlichen **Prüf- und Zeitaufwand** erfordern, im **Bereich des Baunebenrechts** liegen. Im vereinfachten Genehmigungsverfahren werden nämlich nur wenig arbeitsintensive bauordnungsrechtliche Prüfvorgänge ausgeklammert. Die Unterschiede zwischen beiden Verfahren hat der Gesetzgeber durch Beschränkungen der Prüfpflicht nach § 72 Abs. 4 und 6 BauO NRW verwischt, so dass sich die Praktiker fragen, warum nicht vereinfachtes und normales Genehmigungsverfahren einheitlich ausgestaltet werden (zur Kritik s. Große-Suchsdorf/Lindorf/Schmaltz/Wiechert, zu § 75 Rdn. 26).

90 Der **Einstieg in das materiell-rechtliche Prüfprogramm** setzt voraus, dass die Bauaufsichtsbehörde zuvor ihre **sachliche**, **örtliche** und **instanzielle Zuständigkeit** am konkreten Fall überprüft hat. Dies ist deshalb von Bedeutung, weil sich durch Rechtsänderungen die Zuständigkeit unerwartet rasch ändern kann. So hat z. B. der Bund bereits mehrfach durch Änderung der 4. BImSchV die Grenze zwischen Verfahren nach dem BImSchG und Baugenehmigungsverfahren verschoben. Durch Privatisierungsmaßnahmen fallen zudem immer mehr Vorhaben vormals öffentlicher Bauherren aus dem Zustimmungsverfahren nach § 80 BauO NRW heraus und gelangen damit in die Zuständigkeit der unteren Bauaufsichtsbehörden.

91 Nach Klärung der Zuständigkeit ist zu prüfen, ob der Antragsteller überhaupt ein **Sachbescheidungsinteresse** hat. Ein solches fehlt, wenn die **Baugenehmigung nicht ausnutzbar** ist (BVerwG, Urteil vom 23. 3. 1973 – IV C 49.71, BRS 27 Nr. 130). Insbesondere fehlt das Sachbescheidungsinteresse, wenn eine **vorgreifliche Genehmigung** oder **Erlaubnis** nach Fachrecht **versagt** wurde und der Bescheid **unanfechtbar** ist (ebenso Jeromin, zu § 70 Rdn. 40). Neben den öffentlich-rechtlichen Vorschriften können in besonderen Fällen zivilrechtliche Vorschriften einem Sachbescheidungsinteresse entgegenstehen. **Typischer Anwendungsfall** ist das **spekulative Baugesuch für ein gemeindeeigenes Grundstück**, ohne dass die Gemeinde überhaupt zur Veräußerung an den Antragsteller bereit wäre, weil sie nämlich das ihr gehörende Grundstück für öffentliche Zwecke benötigt (vgl. auch die Anmerkungen zu § 69 Rdn. 84–90). In einem solchen Fall kann die Bauaufsichtsbehörde den Antrag **ohne Prüfung der materiellen Rechtslage** wegen mangelnden Sachbescheidungsinteresses **ablehnen**. Diese Möglichkeit hat sie auch, wenn erkennbar andere **zivilrechtliche Hindernisse** der Ausnutzbarkeit einer Bebauung entgegenstehen (BVerwG, Urteil vom 26. 3. 1976 – IV C 7.72, BRS 30 Nr. 140 und VGH B-W, Urteil vom 23. 11. 1990 – 8 S 2244/90, BRS 50 Nr. 161). Das Sachbescheidungsinteresse fehlt auch, wenn der Ausnutzung der erstrebten Genehmigung **tatsächliche Hindernisse** entgegenstehen (OVG NRW, Urteil vom 25. 9. 1996 – 11 A 3535/94, BRS 58 Nr. 132; in

dem entschiedenen Fall hatte der Kläger exakt dort, wo er nach den Bauvorlagen einen privilegierten Pferdestall im Außenbereich errichten wollte, bereits ohne Genehmigung ein Wohngebäude mit Pferdeboxen errichtet).

**Wichtigster Baustein der materiell-rechtlichen Prüfung** ist sodann die **Klärung der bauplanungsrechtlichen Zulässigkeit** des Vorhabens. Denn die Frage, ob ein Grundstück grundsätzlich bebaut werden darf, richtet sich nach dem Städtebaurecht, auch wenn das die Protagonisten des Umweltschutzes häufig nicht wahrhaben wollen. Von dieser Grundsatzentscheidung hängen wiederum zahlreiche Folgeentscheidungen nach den fachgesetzlichen Vorschriften ab, so z.B. die Anwendung oder Nichtanwendung der Eingriffsregelung nach dem Naturschutzrecht. Aber auch das Bauordnungsrecht knüpft in zahlreichen Einzelbestimmungen an das Bauplanungsrecht an. Der **Vollzug** der Regeln über die Zulässigkeit von Vorhaben **obliegt** nicht den Gemeinden, sondern **den Bauaufsichtsbehörden**; die Gemeinden wirken lediglich über das gemeindliche Einvernehmen mit (§ 36 BauGB). Die **Bauaufsichtsbehörde muss** daher gerade wegen der bundesrechtlichen Aufgabenzuweisung die planungsrechtliche Zulässigkeit des Vorhabens **eigenverantwortlich prüfen** und darf nicht der Gemeinde blindlings vertrauen. Probleme in dieser Hinsicht bereiten vor allem **Bebauungspläne**, von denen bekannt ist, dass sie **rechtserhebliche Mängel** aufweisen, die Gemeinde aber dennoch keine Anstalten macht, den Rechtsschein des rechtswidrigen Plans durch Aufhebung zu beseitigen. Ist in einem dem konkreten Baugenehmigungsverfahren vorausgegangenen Verwaltungsstreitverfahren bereits von einem Verwaltungsgericht die Nichtigkeit des Bebauungsplans festgestellt worden (**Inzidentverwerfung**), kann der Bauaufsichtsbehörde insoweit eine **behördliche Normverwerfungskompetenz** zustehen (BVerwG, Urteil vom 31.1.2001 – 6 CN 2.00, DVBl. 2001, 931). 92

In **enger Verbindung mit dem Bauplanungsrecht** steht die Prüfung der Zulässigkeit des Vorhabens im Hinblick auf **fachgesetzliche Einschränkungen**. Diese ergeben sich insbesondere aus Vorschriften 93

– des Denkmalschutz- und Denkmalpflegerechts,
– des Naturschutz- und Landschaftsrechts,
– des Wasserrechts,
– des Abfallrechts (Altlasten),
– des Straßen-, Wasserstraßen- und Luftverkehrsrechts und
– des Immissionsschutzrechts.

Die Bauaufsichtsbehörde hat ebenfalls eigenverantwortlich zu prüfen, ob diese Gesichtspunkte **berührt** werden, und gegebenenfalls die **Beteiligung** der entsprechenden Behörden zu **veranlassen**.

Besondere Bedeutung erlangen das **Straßenrecht** und das **Wasserrecht** für die **gesicherte Erschließung** des Vorhabens (s. die Anmerkungen zu § 4 Rdn. 4–13). Eine Baugenehmigung, welche die Sicherung der abwassermäßigen Erschließung ausdrücklich nicht trifft und einer gesonderten Entscheidung vorbehält, ist nichtig (Hess. VGH, Urteil vom 31.5.1985 – IV OE 55/82, BRS 44 Nr. 63) 94

Neben diesen mehr oder weniger häufig anzuwendenden Vorschriften sind noch zahlreiche **Spezialregelungen** im Baugenehmigungsverfahren zu beachten, von denen hier nur einige **beispielhaft** genannt werden können: 95

- nach **§ 51 BauGB** dürfen im **Umlegungsgebiet** bauliche Anlagen nur mit **Genehmigung der Umlegungsstelle** errichtet oder geändert werden,
- nach **§ 109 BauGB** bedürfen auf **zu enteignenden Grundstücken** ab der Bekanntmachung über die Einleitung des Enteignungsverfahrens die Errichtung und Änderung baulicher Anlagen der **Genehmigung der Enteignungsbehörde**,
- nach **§§ 144, 145 und 169** in Verbindung mit § 14 Abs. 1 **BauGB** dürfen im **förmlich festgelegten Sanierungsgebiet** sowie **im städtebaulichen Entwicklungsbereich** nur mit **Genehmigung der Gemeinde** Vorhaben im Sinne des § 29 BauGB durchgeführt oder bauliche Anlagen beseitigt werden,
- nach **§ 34 FlurbG** bedarf im **Flurbereinigungsgebiet** die Errichtung, die Änderung und die Beseitigung baulicher Anlagen der **Zustimmung der Flurbereinigungsbehörde**; diese „Zustimmung" ist kein interner Mitwirkungsakt, sondern ein selbständiger Verwaltungsakt (BVerwG, Urteil vom 25. 4. 1989 – 5 C 24.86, NVwZ 1989, 236),
- nach **§ 3 Schutzbereichsgesetz** bedarf im **militärischen Schutzbereich** die Errichtung, Änderung oder Beseitigung baulicher Anlagen der **Genehmigung der Schutzbereichsbehörde**.

**96** **Übersieht** die Bauaufsichtsbehörde ein **spezialgesetzliches Genehmigungs- oder Zustimmungserfordernis** und erteilt sie die Baugenehmigung ohne entsprechenden Vorbehalt, so ist diese lediglich **rechtswidrig**, jedoch nicht nichtig (s. Rdn. 171). Die rechtswidrige Baugenehmigung kann, sofern die Fachbehörde nicht nachträglich zustimmt oder genehmigt, nach den Regeln des **§ 48 VwVfG. NRW.** zurückgenommen werden (vgl. Rdn. 32–44).

**97** Die **bauordnungsrechtliche Prüfung** muss, **soweit keine Prüfeinschränkungen nach § 68 Abs. 1 Satz 4 BauO NRW** gesetzlich geregelt sind, **vorbehaltlos** erfolgen. Die Bauaufsichtsbehörde hat also das **gesamte Bauordnungsrecht** zu prüfen. Eine Prüfung kann gemäß **§ 72 Abs. 6 BauO NRW** lediglich für Bereiche entfallen, die durch Bescheinigung eines staatlich anerkannten Sachverständigen abgedeckt sind, sie muss es aber nicht. Hat die Bauaufsichtsbehörde Zweifel an der Richtigkeit der bescheinigten Übereinstimmung mit dem geprüften Rechtsbereich, kann sie selbstverständlich eigenverantwortlich in die Prüfung einsteigen (s. die Anmerkungen zu § 72 Rdn. 104–114). Leider ist es bislang schon mehrfach – auch im Bereich des Brandschutzes – vorgekommen, dass sich **Bescheinigungen** von staatlich anerkannten Sachverständigen als **fehlerhaft** erwiesen haben.

**98** Zu prüfen sind auch sämtliche **nach § 3 Abs. 3 BauO NRW eingeführten technischen Regeln**, wie dies **§ 72 Abs. 4 BauO NRW** anordnet (s. die Anmerkungen zu § 72 Rdn. 95–99). Die technischen Regeln wurden mit RdErl. vom 29. 12. 1999 (MBl. NRW S. 62), geändert durch RdErl. vom 28. 5. 2001 (MBl. NRW S. 924), bauaufsichtlich eingeführt und in der **Liste der Technischen Baubestimmungen** übersichtlich zusammengefasst.

**99** Entsprechend dem Grundsatz, dass die Baugenehmigung die Übereinstimmung des Vorhabens mit dem gesamten zu prüfenden öffentlichen Recht voraussetzt, darf die Bauaufsichtsbehörde **keine zu prüfenden bauordnungsrechtlichen Fragen ausklammern**. Ausdrücklich in die Prüfung **einbezogen** ist nach Nr. 54.33 73.13 und 75.12 VV BauO NRW der **abwehrende Brandschutz**, weil vorbeugender und abwehrender Brandschutz eine **untrennbare Einheit** bilden.

### 3.1.2 Vorausgegangene Entscheidungen

Der **Vorbescheid** zur **bodenrechtlichen Bebauungsfähigkeit** eines Grundstücks ist seinem Wesen nach ein Ausschnitt aus dem feststellenden Teil der Baugenehmigung und wird als **Bebauungsgenehmigung** bezeichnet (BVerwG, Urteil vom 23.5.1975 – IV C 28.72, BRS 29 Nr. 116 und Urteil vom 3.4.1987 – 4 C 41.84, BRS 47 Nr. 63; s. die Anmerkungen zu § 71 Rdn. 9b–10). Eine solche **Bebauungsgenehmigung** ist ein Vorbescheid besonderer Art und hinsichtlich seiner Rechtsqualität nicht bloße Zusage, sondern bereits **teilweise Genehmigung** (BVerwG, Urteil vom 10.5.1968 – IV C 8.67, BRS 20 Nr. 142), die sich gegenüber n Rechtsänderungen durchsetzt, z.B. dem Inkrafttreten einer Veränderungssperre oder eines Bebauungsplans (BVerwG, Urteil vom 3.2.1984 – 4 C 39.82, BRS 42 Nr. 170). Sonstige Vorbescheide – z.B. zu bauordnungsrechtlichen Fragen – nehmen die Baugenehmigung ebenfalls teilweise vorweg (vgl. Ortloff, Zur Bindungswirkung des baurechtlichen Vorbescheids bei nachfolgender Änderung der Sach- und Rechtslage, NVwZ 1983, S. 705ff. und Schneider, Die Bindungswirkung des Bauvorbescheids und der Vertrauensschutz des Bauherrn, BauR 1988, S. 13ff.). 100

Der Vorbescheid erzeugt **Bindungswirkung für das nachfolgende Baugenehmigungsverfahren**. Durch die aufschiebende Wirkung eines Nachbarwiderspruchs wird weder die Wirksamkeit des Vorbescheides gehemmt noch die Bauaufsichtsbehörde gehindert, die Baugenehmigung zu erteilen (OVG NRW, Beschluss vom 9.12.1996 – 11 a B 1710/96 NE, BRS 58 Nr. 52 = UPR 1997, 379). Diese **Bindungswirkung** besteht **nur für** einen mit dem Vorbescheid im Wesentlichen **deckungsgleichen Bauantrag**. Die Bauaufsichtsbehörde ist an die im Vorbescheid getroffenen Feststellungen gebunden. Um sich von der Bindungswirkung eines rechtswidrigen Vorbescheids zu lösen, bedarf es einer Rücknahme nach § 48 VwVfG. NRW. (s. Rdn. 32–44). 101

Auch die **bodenverkehrsrechtliche Teilungsgenehmigung** nach §§ 19ff. BauGB 1986 entfaltete insoweit Bindungswirkung für das nachfolgende Baugenehmigungsverfahren, als eine Baugenehmigung nicht aus den Gründen versagt werden durfte, die nach § 20 Abs. 1 BauGB 1986 rechtserheblich waren (§ 21 Abs. 1 BauGB 1986). Mit dem Inkrafttreten des BauROG **am 1.1.1998 entfiel § 21 BauGB** und damit auch die **gesetzliche Bindungswirkung** (vgl. Lüers, Die Änderungen des Baugesetzbuchs durch das Bau- und Raumordnungsgesetz 1998 – BauROG, ZfBR 1997, S. 231ff.). 102

Die **bauordnungsrechtliche Teilungsgenehmigung** nach § 8 BauO NRW entfaltet **keine Bindungswirkung für das nachfolgende Baugenehmigungsverfahren** (s. die Anmerkungen zu § 8 Rdn. 56). Vielmehr besteht umgekehrt auch nach Erteilung der Baugenehmigung für noch unbebaute Grundstücke ein Genehmigungserfordernis für Teilungsvorgänge nach § 8 Abs. 1 Satz 1 BauO NRW. 103

Ein Anspruch auf Baugenehmigung kann sich schließlich noch aus einer **schriftlichen Zusicherung nach § 38 VwVfG. NRW.** ergeben. Im Gegensatz zum Vorbescheid ist die Zusicherung **kein vorweggenommener Teil der Baugenehmigung**, sondern lediglich eine **Zusage, die Baugenehmigung zu erteilen** (zum Unterschied zwischen Vorbescheid und Zusicherung s. OVG NRW, Urteil vom 12.5.1987 – 7 A 240/86, BauR 1988, 68 = BRS 47 Nr. 137; vgl. auch Stelkens, Probleme der Zusicherung, NVwZ 1987, S. 471ff.). Im Gegensatz zum Vorbescheid können sich nach Erteilung der Zusicherung eintretende **Änderungen der Sach- oder Rechtslage** auswirken und die Bauaufsichtsbehörde von der Bindung an die Zusicherung befreien (§ 38 Abs. 3 VwVfG. NRW.). Dies ist der Grund für die praktische Bedeutungslosigkeit dieses Rechtsinstituts im Baurecht. 104

### 3.1.3 Auswirkungen des Bestandsschutzes

105 Als unmittelbar geltendes Recht wies Artikel 14 GG in der Rechtsprechung lange Zeit große Bedeutung für baurechtliche Sachverhalte auf. Das BVerwG zog diese Verfassungsbestimmung heran, um Bauwerke vor Folgen nachträglich eingetretener Rechtsänderungen zu bewahren und damit deren Bestand zu sichern. Hierfür verwendet die Rechtsprechung den gesetzlich nicht definierten, **gewohnheitsrechtlich üblichen Begriff „Bestandsschutz"**. Bereits ein Urteil vom 28.6.1956 des BVerwG zu § 4 WSG (– 1 C 93.54, BRS 6 IV 2 S. 78) enthält die Aussage, dass es der verfassungsmäßigen Eigentumsgarantie widerspricht, wenn bei der Prüfung der Frage, ob ein Bau materiell illegal ist, die Rechtslage im Zeitpunkt der Errichtung des Baues außer Betracht gelassen wird. Der Bestandsschutz spielte zunächst nur eine Rolle bei der Auslegung der Außenbereichsvorschriften, da § 35 BBauG 1960 keine besonderen Regelungen über die Behandlung bestehender baulicher Anlagen enthielt (zum Bestandsschutz s. Schlichter/Stich/Driehaus/Paetow, zu § 30 Rdn. 11–11 f).

106 In der Rechtspraxis wird zwischen

– **passivem** und

– **aktivem**

Bestandsschutz unterschieden; ohne die Sonderformen des aktiven Bestandsschutzes spricht man auch von einfachem Bestandsschutz. Während der passive Bestandsschutz nur auf die Erhaltung eines in rechtmäßiger Eigentumsausübung geschaffenen Bestandes an Grundstücks- bzw. Gebäudenutzungen zielt, beschreibt der aktive Bestandsschutz die Befugnis zur funktionsgerechten Nutzung eines bestandsgeschützten Gebäudes bzw. einer bestandsgeschützten Grundstücksnutzung in Verbindung mit Erweiterungen. Der **aktive** Bestandsschutz kennt noch als **Sonderformen**

– das **Überwirken** sowie

– die **eigentumskräftig verfestigte Anspruchsposition**.

107 Der Rechtsprechung zu diesen Sonderformen des aktiven Bestandsschutzes hat der Gesetzgeber durch **Ergänzung einfachrechtlicher Vorschriften** Rechnung getragen, so z.B. im Befreiungsrecht und in der Baunutzungsverordnung. **Bestandsschutz der Sonderformen** wird daher heute nicht mehr unmittelbar aus Artikel 14 Abs. 1 GG hergeleitet, sondern den **einfachgesetzlichen Bestimmungen** entnommen. Insofern hat sich die in der Literatur an der Bestandsschutzrechtsprechung geäußerte Kritik durchsetzen können, die darauf hinweist, dass es nach Artikel 14 Abs. 1 Satz 2 GG Sache des Gesetzgebers sei, Inhalt und Schranken des Eigentums zu bestimmen (s. Rdn. 128). Deshalb könne es neben den einfachrechtlichen Vorgaben des Gesetzgebers zum aktiven Bestandsschutz keinen direkt aus der Verfassung abgeleiteten Anspruch geben, der baurechtlich nicht zulässige Erneuerungen oder Erweiterungen ermögliche (vgl. Uechtritz, Grenzen des baurechtlichen Bestandsschutzes bei Nutzungsunterbrechungen, DVBl. 1997, S. 347 ff.; Sieckmann, Eigentumsgarantie und baurechtlicher Bestandsschutz, NVwZ 1997, S. 853 ff.; Boecker, Zur Reduktion des Bestandsschutzes in der baurechtlichen Rechtsprechung des Bundesverwaltungsgerichts, BauR 1998, S. 441 ff.; Gehrke/Brehsan, Genießt der baurechtliche Bestandsschutz noch Bestandsschutz?, NVwZ 1999, S. 932 ff. und Mampel, Verkehrte Eigentumsordnung – Das Unwesen des verfassungsunmittelbaren Bestandsschutzes, ZfBR 2002, S. 327 ff.).

Während das **Bauordnungsrecht** den **passiven Bestandsschutz mit § 87 BauO NRW ausdrücklich geregelt** hat, bleibt die Rechtslage im **Bauplanungsrecht unübersichtlich**, wenn auch nicht verkannt werden darf, dass der Bundesgesetzgeber das Problem des aktiven Bestandsschutzes gesehen und geregelt hat (vgl. § 31 Abs. 2, § 34 Abs. 2 durch Bezugnahme auf § 31 Abs. 2 und § 35 Abs. 4 BauGB). Es fehlt jedoch im Zulässigkeitsrecht für Vorhaben nach wie vor eine Bestimmung zum passiven Bestandsschutz und eine Zusammenfassung der verstreut angeordneten Einzelregelungen zum aktiven Bestandsschutz. Was das Planungsrecht unter passivem Bestandsschutz versteht, lässt sich aber indirekt den Vorschriften über Veränderungsverbote in §§ 14, 51 und 144 BauGB bzw. über die Entschädigung in §§ 39 bis 44 BauGB entnehmen. Eine abschließende Regelung wäre auch deshalb geboten, weil nur der Gesetzgeber zwischen den in Artikel 14 Abs. 1 und 2 GG vorgegebenen Leitlinien, also zwischen der Privatnützigkeit des Eigentums und seiner Sozialpflichtigkeit abwägen kann, um Möglichkeiten und Grenzen des Bestandsschutzes eindeutig aufzuzeigen. **108**

### 3.1.4 Passiver Bestandsschutz

Nach der Rechtsprechung des BVerfG, des BVerwG, aber auch der des BGH, wird der Bestandsschutz aus Artikel 14 Abs. 1 GG hergeleitet und findet seine Rechtfertigung in der verfassungsrechtlich gebotenen „**Sicherung des durch die Eigentumsausübung Geschaffenen**". Der Bestandsschutz verhindert, dass eine rechtmäßig errichtete bauliche Anlage rechtswidrig wird, auch wenn das öffentliche Recht sich später ändert und die bestehende Anlage nunmehr dem geänderten Recht widerspricht (BVerwG, Urteil vom 21. 1. 1972 – IV C 212.65, BauR 1972, 152 = BRS 25 Nr. 155 = DÖV 1972, 494 = DVBl. 1972, 219; BGH, Urteil vom 20. 9. 1984 – III ZR 58/83, BauR 1985, 287 = BRS 42 Nr. 164 = UPR 1985, 123). Das rechtmäßig bestehende Gebäude bzw. die rechtmäßig ausgeübte Grundstücksnutzung wird hinsichtlich der bisherigen Funktion, Nutzung und baulichen Beschaffenheit vor einem nachträglichen Beseitigungsverlangen geschützt. Der Bestandsschutz lässt regelmäßig ein bauordnungsrechtliches Anpassungsverlangen nur unter besonderen Voraussetzungen des § 87 Abs. 1 BauO NRW zu. Ein durch Artikel 14 Abs. 1 GG bewirkter Bestandsschutz liegt nur dann vor, wenn der Bestand zu irgendeinem Zeitpunkt genehmigt wurde oder jedenfalls genehmigungsfähig gewesen ist (BVerfG, Beschluss vom 24. 7. 2000 – 1 BvR 151/99, NVwZ 2001, 424). **109**

Mitunter werden genehmigungsbedürftige Vorhaben bereits vor Zugang der beantragten Baugenehmigung abweichend vom Inhalt der erteilten Baugenehmigung oder sogar völlig ohne Baugenehmigung (**Schwarzbauten**) ausgeführt. Sofern das ausgeführte Vorhaben nicht offensichtlich materiell rechtswidrig ist, hat die Bauaufsichtsbehörde den Sachverhalt von Amts wegen zu ermitteln und die notwendigen Verfahren einzuleiten (vgl. Mampel, Formelle und materielle Illegalität, BauR 1996, S. 13 ff.). In diesem Zusammenhang wird sie den Bauherrn auffordern, **nachträglich prüffähige Bauvorlagen** einzureichen, um die Übereinstimmung des Vorhabens mit dem öffentlichen Recht beurteilen zu können. Sie kann diese Prüfung wegen der **Komplexität** des öffentlichen Rechts in aller Regel nur anhand von **Bauvorlagen** vornehmen; ein derartiges Verlangen ist zulässig (BVerwG, Urteil vom 21. 1. 1972 – IV C 212.65, BauR 1972, 152 = BRS 25 Nr. 155 = DÖV 1972, 494 = DVBl. 1972, 219; BGH, Urteil vom 20. 9. 1984 – III ZR 58/83, BauR 1985, 287 = BRS 42 Nr. 164 = UPR 1985, 123). Die Behörde ist verpflichtet, anhand der Unterlagen die frühere Baurechtslage zu erforschen. Dabei sind möglicherweise auch alte Bebauungspläne von Bedeutung. Der Verlust eines Plandokuments ist **110** kein Grund, abstrakt die Möglichkeit von Mängeln im Rechtssetzungsverfahren dieses Planes zu unterstellen. Die Missachtung organisatorischer Vorsorge gegen den Verlust von Planunterlagen auf behördlicher Seite kann zugunsten des Bauwerbers zu berücksichtigen sein (BVerwG, Beschluss vom 1.4.1997 – 4 B 206/96, BRS 59 Nr. 34 = NVwZ 1997, 891).

**111** Die weitere bauaufsichtliche Behandlung des Vorgangs hängt auch von der Reaktion des Ordnungspflichtigen ab. Legt dieser einen **Bauantrag** vor – was er nicht muss – und entspricht das Vorhaben dem geltenden öffentlichen Recht, muss die **Baugenehmigung nachträglich** erteilt werden. Werden **nur Bauvorlagen**, aber kein Bauantrag eingereicht, kann von Amts wegen **keine Baugenehmigung** erteilt werden, da dies einen Antrag voraussetzt; der Erlass dieses Verwaltungsaktes bedingt nämlich die Mitwirkung des Bauherrn (mitwirkungsbedürftiger Verwaltungsakt; s. auch die Anmerkungen zu § 69 Rdn. 9–11). Die Prüfung der Bauvorlagen endet in diesem Fall mit der Feststellung, dass dem bereits ausgeführten Vorhaben keine öffentlich-rechtlichen Vorschriften entgegenstehen.

**112** Schwieriger gestaltet sich das Verfahren, wenn zwar ein nachträglicher Bauantrag oder nur Bauvorlagen eingereicht wurden, das Vorhaben aber nachträglich nicht wegen **entgegenstehender (aktueller) öffentlich-rechtlicher Vorschriften** genehmigt werden kann. Sofern der Schwarzbau schon lange Zeit bestanden hat, erfordert die Prüfung mitunter erheblichen Aufwand, da der Gesichtspunkt des baurechtlichen Bestandsschutzes Anwendung findet. Die Bauaufsichtsbehörde hat zur **Aufklärung des Sachverhalts** von Amts wegen gründlich und sorgfältig zu ermitteln. Sie kann dies dem Ordnungspflichtigen nicht einfach „aufdrücken", sondern muss das zur Verfügung stehende Archivmaterial auswerten und evtl. andere Dienststellen um Auskunft ersuchen. Erweist sich jedoch nach gründlicher Nachforschung als **unaufklärbar**, wann das Gebäude errichtet oder die Nutzung aufgenommen wurde und ob dementsprechend Bestandsschutz besteht, so geht dies zu **Lasten des Ordnungspflichtigen** (BVerwG, Urteil vom 23.2.1979 – 4 C 86.76, BauR 1979, 228 = BRS 35 Nr. 206 = NJW 1980, 252 und Beschluss vom 17.7.2003 – 4 B 55.03, BauR 2004, 657 = BRS 66 Nr. 167). Beweispflichtig für das Vorliegen einer Baugenehmigung ist der Bürger, wenn er sich gegenüber einer Beseitigungsanordnung darauf beruft, das Bauwerk sei genehmigt und deshalb formell baurechtmäßig (OVG NRW, Beschluss vom 18.1.2001 – 10 B 1898/00, BauR 2001, 758 = EildStNW 2001, 269 = ZfBR 2001, 354).

**113** Der Eigentümer einer seit langer Zeit schon bestehenden, jedoch formell und materiell rechtswidrigen baulichen Anlage kann **keinen Bestandsschutz** aus der Tatsache herleiten, dass der Bauaufsichtsbehörde der **ordnungswidrige Zustand erst später bekannt** wurde. Weder die stillschweigende **Duldung** eines illegalen Zustandes kann Bestandsschutz verschaffen, noch die bloße **Untätigkeit** der Behörde eine Baugenehmigung ersetzen (zur Duldung im Rahmen des ordnungsbehördlichen Einschreitens s. die Anmerkungen zu § 61, Rdn. 75–76). So hat die Rechtsprechung die Beseitigungsanordnung einer seit 30 Jahren geduldeten, jedoch formell und materiell illegalen Schweinemästerei bestätigt, weil zwischenzeitlich Wohnbebauung bis auf 120 m an den Betrieb herangewachsen war und die Immissionsbelästigungen die legale Wohnnutzung störten (BVerwG, Beschluss vom 19.8.1974 – IV B 2.74, BRS 28 Nr. 31).

**114** Ergeben die Nachforschungen der Behörde, dass eine bauliche Nutzung im Laufe ihrer Existenz während eines längeren Zeitraums materiell-rechtlich legal war, so genießt diese Bestandsschutz; das Verlangen des Bauherrn nach einer nachträglichen Legalisierung dürfte jedoch mitunter zu Problemen in der praktischen Handhabung führen. Der normale „**Bauschein**" kann nämlich deshalb **keine Verwendung** finden, weil das Gebäude zum Bescheidungszeitpunkt gegen zwischenzeitlich in Kraft getretene öffentlich-rechtliche Vorschriften verstößt. Es bleibt der Ausweg, dem Bauherrn die **schriftliche Feststellung** der Behörde zu übermitteln, **dass die Anlage zum Zeitpunkt der Errichtung oder während eines festgestellten Zeitraumes danach nicht gegen öffentlich-rechtliche Vorschriften verstoßen hat und deshalb Bestandsschutz genießt**. Ein Bauherr soll allerdings keinen Anspruch auf einen feststellenden Verwaltungsakt des Inhalts haben, dass ein ohne die erforderliche Baugenehmigung ausgeführtes Bauvorhaben Bestandsschutz genießt (so BayVGH, Urteil vom 6. 12. 2001 – 1 B 00.2488, UPR 2002, 152). Zweckmäßigerweise wird man den Bauherrn gleichzeitig darüber informieren, dass dieser Bestandsschutz verloren geht, wenn Funktion und Nutzung aufgegeben oder wesentlich geändert werden (BVerwG, Urteil vom 23. 1. 1981 – 4 C 83.77, BauR 1981, 246 = BRS 38 Nr. 89 = DÖV 1981, 457 = NJW 1981, 1224 zur Nutzungsänderung eines gewerblich genutzten Grundstücks im Außenbereich von Gemüse- und Spirituosenhandel in Betrieb zum Ausschlachten von Kraftfahrzeugen).

Die **praktische Bedeutung des passiven Bestandsschutzes** liegt darin begründet, dass 115
der Eigentümer einer baulichen Anlage einer bauaufsichtlichen Beseitigungsverfügung entgegentreten kann, weil die Anlage seinerzeit rechtmäßig errichtet wurde. Der **Abbruch** bestandsgeschützter baulicher Anlagen kann deshalb rechtmäßig **nur unter Gewährung einer angemessenen Entschädigung** im Umlegungs-, Enteignungs- oder Sanierungsverfahren bzw. durch Abbruchgebot nach § 179 BauGB verlangt werden. In folgenden **Fällen** ist passiver Bestandsschutz gegeben:

- die Anlage wurde zum Zeitpunkt ihrer Errichtung rechtmäßig genehmigt, stimmt jedoch mit dem geltenden öffentlichen Recht nicht mehr überein;
- die Anlage wurde ohne Genehmigung seinerzeit errichtet, stimmte aber zu diesem Zeitpunkt mit dem früher geltenden öffentlichen Recht überein, nunmehr widerspricht sie jedoch dem jetzt geltenden öffentlichen Recht;
- die Anlage wurde ohne Genehmigung seinerzeit errichtet, stimmte weder zu diesem Zeitpunkt noch jetzt mit dem früher geltenden und dem jetzt geltenden öffentlichen Recht überein, entsprach jedoch während eines längeren Zeitraumes dazwischen den öffentlich-rechtlichen Vorschriften;
- die Anlage wurde zum Zeitpunkt ihrer Errichtung rechtswidrig genehmigt, da sie dem seinerzeit gültigen öffentlichen Recht zuwiderlief (rechtswidrige Baugenehmigung), sie widerspricht auch dem geltenden öffentlichen Recht – eine Rücknahme nach § 48 VwVfG. NRW. scheidet jedoch aus.

Die **geschützte Eigentümerposition** ist an enge inhaltliche Voraussetzungen gebunden. 116
Geschützt wird **nur die funktionsgerechte Nutzung** des Bauwerks, nicht die nie fertig gestellte Konstruktion. Die ursprüngliche Nutzung darf nicht aufgegeben und durch eine andere Nutzung ersetzt werden, die nach dem öffentlichen Recht einer Genehmigung bedarf. Wird z. B. eine im Außenbereich gelegene **privilegierte** Jagdhütte für Freizeitzwecke **umgenutzt**, so liegt hierin nicht nur eine Nutzungs-, sondern zugleich eine Funktionsänderung, die zu einer **Entprivilegierung** und zum **Verlust des Bestandsschutzes** führt (BVerwG, Beschluss vom 21. 6. 1994 – 4 B 108.94, BauR 1994, 737 = BRS 56 Nr. 76). Aus dem Bestandsschutz, den eine bauliche Anlage wegen einer bestimmten Funktion genießt, lässt sich nichts zugunsten einer Änderung dieser Funktion herleiten

(BVerwG, Urteil vom 15.11.1974 – IV C 32.71, BauR 1975, 44 = BRS 28 Nr. 34 = DÖV 1975, 685 = DVBl. 1975, 498).

117 Innerhalb der öffentlich-rechtlich **„unschädlichen" Variationsbreite** einer gegebenen Nutzung besteht **nur geringer Spielraum** für vom passiven Bestandsschutz gedeckte Veränderungen. Vorgänge mit bodenrechtlicher Relevanz sind in dieser Hinsicht schädlich für den Bestandsschutz. **Vom Bestandsschutz nicht gedeckt** sind folgende **Fälle**:

- die Anlage ist in ihrer vorgesehenen Funktion nicht fertiggestellt worden, z. B. wurden nur die Fundamente errichtet (BVerwG, Urteil vom 22. 1. 1971 – IV C 62.66, BauR 1971, 188 = BRS 24 Nr. 193 = DÖV 1971, 641 = NJW 1971, 1624),
- die Anlage dient nicht mehr ihrer ursprünglich zugedachten Funktion, z. B. wurde eine völlig andere Nutzung aufgenommen (BVerwG, Beschluss vom 30. 6. 1969 – IV CB 18.69, BauR 1970, 96 = BRS 22 Nr. 148 und Urteil vom 25. 3. 1988 – 4 C 21.85, BRS 48 Nr. 138),
- die Anlage erfährt eine qualitativ oder quantitativ wesentliche Veränderung ihrer Nutzungsintensität, z. B. wurde die Anzahl der Nutzungseinheiten oder der Produktionsumfang stark erhöht (BVerwG, Urteil vom 11. 2. 1977 – IV C 8.75, BauR 1977, 253 = BRS 32 Nr. 140 = NJW 1977, 1932),
- die Anlage soll beseitigt und neu errichtet werden (BVerwG, Urteil vom 19. 10. 1966 – IV C 16.66, BBauBl 1968, 70 = BRS 17 Nr. 49 = DÖV 1967, 277),
- die Anlage soll neu errichtet werden, da bei Reparaturarbeiten die Notwendigkeit der Neuerrichtung offenkundig wird (BVerwG, Urteil vom 13. 3. 1981 – 4 C 2.78, BauR 1981, 360 = BRS 38 Nr. 98 = DÖV 1981, 675 = NJW 1981, 2143),
- die Anlage muss einer öffentlichen Maßnahme weichen, z. B. Deichbau, und am verschobenen Standort neu errichtet werden (BVerwG, Urteil vom 9. 10. 1981 – 4 C 66.80, BBauBl 1982, 214 = BauR 1982, 153 = BRS 38 Nr. 100 = DÖV 1982, 505 = NVwZ 1982, 374 = UPR 1982, 123).

Auch wird die Eigentumsposition durch **dauerhafte faktische Beendigung der Nutzung mit nachfolgendem Leerstand über einen längeren Zeitraum** aufgegeben, da danach wieder das öffentliche Interesse an der Durchsetzung des veränderten öffentlichen Rechts überwiegt. Hierzu hat die Rechtsprechung das zum Tatbestand des § 35 Abs. 4 Satz 1 Nr. 3 BauGB (alsbaldige Neuerrichtung eines zulässigerweise errichteten, durch Brand, Naturereignisse oder andere außergewöhnliche Ereignisse zerstörten, gleichartigen Gebäudes an gleicher Stelle) entwickelte **„Zeitmodell"** herangezogen, um die Fortdauer des Bestandsschutzes prüfen zu können (vgl. BVerwG, Urteil vom 18. 5. 1995 – 4 C 20.94, BRS 57 Nr. 67 und Beschluss vom 5. 6. 2007 – 4 B 20.07, BauR 2007, 1697 = ZfBR 2007, 696):

- Im **ersten Jahr** ist nach der Verkehrsauffassung stets mit einer **Wiederaufnahme der alten Nutzung** zu rechnen.
- Im **zweiten Jahr** besteht noch eine **„Regelvermutung"**, die im Einzelfall jedoch **von der Bauaufsichtsbehörde entkräftet** werden kann, wenn Umstände vorliegen, aus denen nach der Verkehrsauffassung geschlossen werden kann, dass mit der Wiederaufnahme der Nutzung nicht mehr zu rechnen ist.
- Im **dritten Jahr kehrt sich die Vermutung um**. Es ist davon auszugehen, dass die Grundstückssituation nach so langer Zeit für eine Wiedernutzung nicht mehr offen

ist. Der **Bauherr hat besondere Gründe darzulegen**, dass der Leerstand des Gebäudes noch keinen als endgültig erscheinenden Zustand herbeigeführt hat.

Dieses Zeitmodell kann indessen nicht vorbehaltlos auf alle denkbaren Fälle Anwendung finden. So führt die bloße Nichtnutzung eines über viele Jahre hinweg leerstehenden Wohngebäudes als solche nicht schon regelmäßig zum Erlöschen des durch die erteilte Baugenehmigung vermittelten Bestandsschutzes, wenn nicht zugleich auch der Verfall des Gebäudes nach außen hin deutlich in Erscheinung tritt (OVG NRW, Urteil vom 14.3.1997 – 7 A 5179/95, BRS 59 Nr. 149).

Demgegenüber werden **vom einfachen Bestandsschutz Unterhaltungs- und Instandsetzungsmaßnahmen gedeckt**, sofern bestehende Funktion und Nutzung des Bestandes erhalten bleiben (BVerwG, Urteil vom 18.10.1974 – IV C 75.71, BauR 1975, 114 = BRS 28 Nr. 114 = DVBl. 1975, 501). Da der Katalog der genehmigungsfreien Vorhaben sehr umfangreich ist (vgl. §§ 65 und 66 BauO NRW), kann praktisch eine bestandsgeschützte Anlage ohne das Erfordernis zur Einholung von Baugenehmigungen auf Dauer erhalten und den jeweiligen Bedürfnissen der Nutzer angepasst werden. Selbst die Änderung tragender oder aussteifender Bauteile sowie die Änderung der äußeren Gestaltung sind unter bestimmten Voraussetzungen freigestellt. **118**

### 3.1.5 Aktiver Bestandsschutz

In erster Linie ist der Bestandsschutz ein Schutz der Bestandsnutzung, so wie sie ursprünglich rechtmäßig war. Die Rechtsprechung hat darüber hinaus einen **aktiven Bestandsschutz** aus Artikel 14 Abs. 1 GG hergeleitet, **um erforderliche Anpassungen zur funktionsgerechten Erhaltung zu ermöglichen**. Hierbei handelt es sich um **genehmigungsbedürftige bauliche Maßnahmen**, die der Aufrechterhaltung der ausgeübten Eigentumsposition dienen und auf **begrenzte Erweiterungen** bzw. **Modernisierungen** zielen. Das BVerwG hat den aktiven Bestandsschutz zunächst nur zögernd angesprochen und die Entscheidung offen gelassen. Erst kurz vor Erlass des BauGB 1986 gelang dann der Durchbruch mit dem Urteil vom 17. 1. 1986 (– 4 C 80.82, BauR 1986, 302 = BRS 46 Nr. 148 = DÖV 1986, 697 = DVBl. 1986, 677 = NJW 1986, 2126 = ZfBR 1986, 143). So wurde einem durch Bebauungsplan mit einer Grünfläche überplanten Gebäude aus dem Jahre 1926 im Außenbereich und Landschaftsschutzgebiet der baurechtliche Bestandsschutz zuerkannt und deshalb für begrenzte Erweiterungsmaßnahmen, die zur zeitgemäß funktionsgerechten Nutzung erforderlich sind, ein Baurechtsanspruch bestätigt. Es mussten im vorliegenden Fall die Erneuerung des Dachstuhls, die Herstellung von Verblendmauerwerk, die Erweiterung des Obergeschosses um zwei Wohnräume, der Einbau einer Stahlbetontreppe, die Erneuerung der Fenster und Türen sowie die Errichtung eines Nebengebäudes für drei Garagen und zwei Geräteräume zugelassen werden. Diese Rechtsprechung bot dann Veranlassung zu gesetzlichen Neuregelungen der Innen- und Außenbereichsvorschriften des BauGB 1986. **119**

Die **Erweiterung** eines geschützten Bestandes kann für den Eigentümer dann eine **Existenzfrage** sein, wenn die vorhandene Substanz anders nicht mehr zeitgemäß nutzbar ist. Es leuchtet ohne weiteres ein, dass z. B. die heutigen Wohnbedürfnisse die Vermietbarkeit von Wohnungen ohne Bad und WC nahezu unmöglich machen. Fehlt einem alten Wohngebäude die Bad- bzw. WC-Ausstattung, wird man dem Eigentümer schwerlich verwehren können, durch Baumaßnahmen diese Einrichtungen zusätzlich zu schaffen. Im gewerblichen Bereich kann der Ersatz alter Anlagen, verbunden mit Rationalisie- **120** rungsmaßnahmen, für die Fortführung des Betriebes von entscheidender Bedeutung sein.

121 Der **aktive Bestandsschutz** findet seine **Grenzen** in solchen **qualitativen und quantitativen Änderungen**, wie sie das BVerwG in der „**Tunnelofenentscheidung**" festgestellt hat (BVerwG, Urteil vom 12.12.1975 – IV C 71.73, BauR 1976, 100 = BRS 29 Nr. 135 = DÖV 1976, 387 = DVBl. 1976, 214). In diesem Fall war der Ersatz eines Ringofens durch einen Tunnelofen in einer bestehenden Produktionshalle einer Ziegelei deshalb nicht mehr vom Bestandsschutz gedeckt, weil die damit verbundene Steigerung der Kapazität von 11 auf 20 Millionen Ziegel jährlich – also fast eine Verdoppelung – eine erhebliche Betriebserweiterung darstellt.

122 Im Gegensatz zum einfachen aktiven Bestandsschutz, der die Modernisierung und geringfügige Erweiterung eines Gebäudes gestattet, zielt der **überwirkende Bestandsschutz** auf das Hinzufügen weiterer Anlagen, die in einem engen Funktionszusammenhang mit den vorhandenen Anlagen stehen. Der Bestandsschutz wirkt von der bestehenden auf die neue Anlage über, um den Bestand vor wirtschaftlicher Entwertung zu schützen. **Gewerblichen Anlagen** hat das BVerwG dann einen überwirkenden Bestandsschutz zuerkannt, wenn die Fortführung des Betriebes davon abhängt, ihn jedoch für den Fall der erheblichen Produktionsausweitung abgelehnt (BVerwG, Urteil vom 11.2.1977 – IV C 8.75, BauR 1977, 253 = BRS 32 Nr. 140 = NJW 1977, 1932). So ist die Nutzungsänderung eines gewerblich genutzten Hofplatzes mit Lagerhalle von Kraftwagenspedition (Nahverkehr mit 2 Lkw) nebst Kohlenhandlung in Schwertransport und Kranbetrieb (Abstellen und Reparieren von 7 mobilen Telekränen) wegen der Vergrößerung der vorhandenen Nutzungsintensität nicht mehr vom Bestandsschutz gedeckt.

123 Ein Bestandsschutz kann in diesen Fällen nur überwirken, wenn zwischen dem vorhandenen Bestand und den seinem Schutz dienenden Maßnahmen ein **untrennbarer Funktionszusammenhang** besteht, infolge dieses Funktionszusammenhangs der Schutz des gegebenen Bestandes ohne die Zubilligung der Änderungs- oder gar Erweiterungsmaßnahmen schlechterdings gegenstandslos würde. Ein derartiger Funktionszusammenhang kann beim Austausch von Anlagen nur dann begründet werden, wenn mit ihm keine oder allenfalls untergeordnete Erweiterungen verbunden sind (BVerwG, Urteil vom 25.11.1970 – IV C 119.68, BauR 1971, 38 = BRS 23 Nr. 149).

124 Sofern diese Gesichtspunkte eingehalten werden, kann aber eine für die Betriebserhaltung notwendige untergeordnete Erweiterung mit dem überwirkenden Bestandsschutz begründet werden. Dies auch, wenn die von dem Betrieb ausgehenden Belästigungen im Rahmen dessen bleiben, was sich die Eigentümer der den Betrieb umgebenden Grundstücke (z.B. einer Wohnbebauung) aus eigentumsrechtlichen Gründen zumuten lassen müssen. Der Bestandsschutz, den ein Grundstück genießt, ist Bestandteil der „**Situation**", in die dieses Grundstück und seine Umgebung hineingestellt sind; sie erweist sich nach der einen Seite als **Situations-Berechtigung**, nach der anderen hingegen als **Situations-Belastung** (BVerwG, Urteil vom 13.6.1969 – IV C 234.65, BRS 22 Nr. 181 = DÖV 1969, 753 = DVBl. 1970, 57 = NJW 1969, 1787). Soweit die Situations-Belastung reicht, sind etwaige Belästigungen eigentumsrechtlich gerechtfertigt. Sie liegen aus diesem Grund innerhalb des Zumutbaren und sind deshalb nach § 5 Nr. 1 BImSchG nicht „erheblich".

125 Aus Artikel 14 Abs. 1 GG hat das Bundesverwaltungsgericht auch den **Schutz einer nicht ausgenutzten Grundstücksqualität** abgeleitet (BVerwG, Urteil vom 27.1.1967 –

IV C 33.65, BRS 18 Nr. 44 = DÖV 1967, 714 = NJW 1967, 1099). Sofern für ein Grundstück einmal ein Anspruch auf Zulassung der Bebauung bestanden hat und sich nach der Situationsgebundenheit und der Verkehrsauffassung die Bebauung geradezu „aufdrängt", ist das Eigentum gegen eine entschädigungslose Entziehung ebenfalls geschützt (BVerwG, Urteil vom 13. 4. 1983 – 4 C 21.79, BauR 1984, 54 = BRS 40 Nr. 242 = DVBl. 1983, 895 = UPR 1983, 335). Dieser Gesichtspunkt sollte überwiegend zum Tragen kommen, wenn ein Gebäude durch Brand oder eine Katastrophe zerstört wird. Ergibt sich dann, dass das geltende Recht dem Wiederaufbau entgegensteht, drängt sich aber dieser Wiederaufbau aufgrund der örtlichen Situation und der Verkehrsauffassung geradezu auf, soll ein Anspruch auf Erteilung der Baugenehmigung aus Artikel 14 Abs. 1 GG bestehen. Die Bejahung einer **eigentumskräftig verfestigten Anspruchsposition**, welche die entgegenstehenden öffentlich-rechtlichen Vorschriften wegen des Eigentumsrechts aus Artikel 14 Abs. 1 GG verdrängt, setzt verschiedene Aspekte voraus:

- die Zerstörung des Bauwerks muss vorzeitig erfolgen, eine freiwillige Beseitigung somit nach der Verkehrsauffassung unvernünftig erscheinen, weil noch ein erheblicher Restwert und damit eine Restlebensdauer gegeben ist;
- die Beschaffenheit der Umgebung muss so sein, dass die sich aus öffentlichem Recht ergebende Unzulässigkeit nicht vorgezeichnet ist und der Wiederaufbau nach der Verkehrsauffassung sich deshalb aufdrängt.

### 3.1.6 Änderung der Rechtsprechung zum Bestandsschutz

In der Literatur wurde an dieser Rechtsprechung des BVerwG Kritik geäußert, da **die Rechtsprechung des BVerfG** die **Sozialgebundenheit des Eigentums** herausstellt. Mit einer Entscheidung aus dem Jahre 1984 trug das Bundesverwaltungsgericht diesen geäußerten Bedenken Rechnung (BVerwG, Urteil vom 17. 2. 1984 – 4 C 56.79, BBauBl 1984, 438 = BauR 1984, 493 = BRS 42 Nr. 80 = DÖV 1985, 37 = NVwZ 1984, 434 = UPR 1984, 303 = ZfBR 1984, 151). In diesem Fall hatte es die vormals gegebene Genehmigungsfähigkeit eines Außenbereichsvorhabens gegenüber späteren Darstellungen eines Flächennutzungsplanes als nicht eigentumsrechtlich geschützt angesehen. In einer weiteren Entscheidung verneint das BVerwG schon wenige Jahre nach Nutzungsaufgabe eine eigentumsrechtlich geschützte Position (BVerwG, Beschluss vom 24. 5. 1988 – 4 C B 12.88, BBauBl 1989, 535 = BauR 1988, 574 = BRS 48 Nr. 137). **126**

Der **überwirkende Bestandsschutz** betrifft vorrangig gewerblich genutzte bauliche Anlagen, um letztlich Fehlinvestitionen als Folge ökonomischer Entwertung der Substanz zu verhindern. Da das **Zulässigkeitsrecht für Vorhaben nach §§ 29 bis 37 BauGB** den Gesichtspunkt des aktiven Bestandsschutzes **einfachrechtlich** regelt, sind heute keine Fälle mehr denkbar, die zu einem Rückgriff auf Artikel 14 Abs. 1 GG nötigen. Die mit Inkrafttreten des BauROG am 1. 1. 1998 bewirkten Änderungen der Vorschriften über die sonstigen „begünstigten" Vorhaben nach § 35 Abs. 4 BauGB gewährleisten den Erhalt bestehender baulicher Anlagen im Außenbereich und deren zeitgemäße Anpassung. Die erweiterten Befreiungsvoraussetzungen des § 31 Abs. 2 BauGB und des § 34 Abs. 2 BauGB, wie auch die heute gegebene Interpretation des „Einfügens" im Sinne des § 34 Abs. 1 BauGB ermöglichen einen wirksamen aktiven Bestandsschutz. Auch kann nach § 1 Abs. 10 BauNVO 1990 im Bebauungsplan, wenn bei der Festsetzung eines Baugebiets nach den §§ 2 bis 9 BauNVO in überwiegend bebauten Gebieten bestimmte vorhandene bauliche und sonstige Anlagen unzulässig wären, festgesetzt wer- **127** den, dass Erweiterungen, Änderungen, Nutzungsänderungen und Erneuerungen dieser Anlagen allgemein zulässig sind oder ausnahmsweise zugelassen werden können. Der **„erweiterte Bestandsschutz“ durch Beplanung** dient auch der erleichterten Bewältigung vorhandener Gemengelagen (vgl. Jäde/Dirnberger/Weiß, zu § 1 BauNVO Rdn. 65–73).

**128** Die **Rechtsprechung des BVerwG**, die sich unmittelbar auf Artikel 14 Abs. 1 GG stützt, hat einen **Wandel** vollzogen (BVerwG, Urteil vom 10. 8. 1990 – 4 C 3.90, BauR 1991, 51 = BRS 50 Nr. 2 = DVBl. 1990, 1182 = UPR 1991, 68 = ZfBR 1990, 290). Die teilweise überholten Entscheidungen zu kennen, ist aber wichtig, um die einfachrechtlichen Vorgaben des Gesetzgebers in der täglichen Rechtsanwendung **richtig verstehen** und **auslegen** zu können. Es muss davor gewarnt werden, aus dem Fehlen einer einfachrechtlichen, tatbestandlichen Voraussetzung des Zulässigkeitsrechts für Vorhaben, sofern solche Fälle angesichts der Regelungsdichte der §§ 29 ff. BauGB überhaupt noch denkbar sind, künftig noch einen aktiven Bestandsschutzanspruch unmittelbar aus Artikel 14 Abs. 1 GG herzuleiten. Das BVerwG führt im Beschluss vom 11. 12. 1996 (– 4 B 231/96, BRS 58 Nr. 93 = UPR 1997, 521) aus:

*„Ob eine im Außenbereich aufgegebene Bebauung weiterhin genutzt werden kann, entscheidet § 35 Abs. 4 BauGB; daneben kommt ein Bestandsschutz nicht in Betracht*“.

Auch zu Vorhaben im Innenbereich verneint das BVerwG im Urteil vom 27. 8. 1998 (– 4 C 5.98, BauR 1999, 152 = BRS 60 Nr. 83 = NVwZ 1999, 523 = UPR 1999, 68) einen baurechtlichen Anspruch aus Bestandsschutzaspekten:

*„Erfüllt die bauliche Erweiterung und teilweise Änderung der Nutzung einer Anlage innerhalb eines im Zusammenhang bebauten Ortsteils den Vorhabenbegriff des § 29 BauGB, so darf die erforderliche Baugenehmigung nur erteilt werden, wenn alle tatbestandlichen Voraussetzungen des § 34 Abs. 1 oder Abs. 2 BauGB erfüllt sind; für eine – erleichterte – Zulässigkeit des Vorhabens unter dem Gesichtspunkt des Bestandsschutzes ist kein Raum.*“

Das gilt ebenso für das Bauordnungsrecht. Eine Baugenehmigung aus „Bestandsschutzgründen“ kommt nicht in Betracht, wenn bauordnungsrechtliche Regelungen im Sinne des Art. 14 Abs. 1 Satz 2 GG vorhanden sind (BVerwG, Urteil vom 7. 11. 1997 – 4 C 7.97, BauR 1998, 533 = BRS 59 Nr. 109 = DVBl. 1998, 587 = NVwZ 1998, 735 = ZfBR 1998, 158 und OVG Bln, Beschluss vom 31. 1. 1997 – 2 S 25.96, UPR 1997, 380).

### 3.2 Satz 2 – Form der Baugenehmigung

**129** Verwaltungsakte können nach § 37 Abs. 2 Satz 1 VwVfG. NRW. schriftlich, mündlich oder in anderer Weise ergehen. Aus **Gründen der Rechtssicherheit** bestimmt § 75 Abs. 1 Satz 2 BauO NRW, dass die **Baugenehmigung** der **Schriftform** bedarf. Mündliche Äußerungen sind unverbindlich. Die e Schriftlichkeit der Bauerlaubnis bezweckt die unentbehrliche und einwandfreie Sicherstellung und Festlegung ihres genauen Inhalts und etwa hinzugefügter Nebenbestimmungen im Interesse der Rechtssicherheit zur Vermeidung von Meinungsverschiedenheiten, die sich sonst fast zwangsläufig aus mündlichen Erklärungen ergeben würden. So vermag auch bei mündlichen Zusagen des zuständigen Beamten der Grundsatz von Treu und Glauben die Beachtung der Schriftform nicht zu ersetzen und die Bauaufsichtsbehörde nicht zu zwingen, einer mündlich ausgesprochenen Bauerlaubnis die schriftliche folgen zu lassen (vgl. Scheerbarth, S. 88; s. auch OVG NRW, Beschluss vom 9. 10. 1953 – II B 990/53, OVGE 8, 34).

### 3.2.1 Der „Bauschein“

Die **Schriftform** der Baugenehmigung ist grundsätzlich **Wirksamkeitsvoraussetzung** und dient daneben auch dazu, die verantwortlichen Bediensteten der Bauaufsichtsbehörde vor unbedachten Folgen einer „mündlichen“ Baugenehmigung zu schützen (so Schlotterbeck/von Arnim/Hager, zu § 58, Rdn. 64). Wegen des Formerfordernisses kann eine Baugenehmigung auch nicht wirksam allein durch eine Erklärung zu Protokoll des Gerichts erteilt oder geändert werden (BayVGH, Urteil vom 30.8.1984 – 2 B 83 A 1265, BRS 42 Nr. 165 und Urteil vom 29.6.1990 – 2 B 88.2629, BRS 50 Nr. 157). Keine Baugenehmigung ist in der stillschweigenden Duldung einer Bauausführung und in der ohne Beanstandungen durchgeführten Bauzustandsbesichtigung nach endgültiger Fertigstellung eines von der genehmigten Bauvorlage abweichenden Baues zu sehen (so schon zur vergleichbaren früheren Rechtslage PrOVG, Urteil vom 14.10.1926 – IV. A. 71/25, PrOVGE 81, 417). 130

Die Schriftform der Baugenehmigung ist der „**Bauschein**“. Der Bauschein ist in erster Linie für den Inhalt der Baugenehmigung maßgebend. Die mit Zugehörigkeitsvermerk der Bauaufsichtsbehörde versehenen Bauvorlagen sind Bestandteil der Baugenehmigung und für die Ermittlung des Regelungsgehalts verbindlich (OVG Bln, Beschluss vom 26.1.1995 – 2 S 35.94, BRS 57 Nr. 193). Bei einem **Widerspruch zwischen Bauschein und Bauvorlagen** ist die im **Bauschein** getroffene Regelung **maßgebend** (OVG NRW, Urteil vom 6.10.1982 – 11 A 1018/80, BRS 39 Nr. 152). Die Bauvorlagen haben keine selbständige Bedeutung, sind vielmehr **erläuternde** und **konkretisierende Bestandteile** der mit dem Bauschein erteilten Baugenehmigung (OVG NRW, Bescheid vom 25.3.1958 – VII A 182/57, OVGE 13, 247; Urteil vom 26.7.1995 – 7 A 2179/93, n.v., und Urteil vom 10.12.1996 – 10 A 4248/92, n.v.). Wurden **Bauvorlagen** zwar eingereicht, aber **nicht mit dem Zugehörigkeitsvermerk** versehen, so sind sie **nicht Bestandteil der Baugenehmigung** geworden und können schon daher an ihrer Regelungswirkung nicht teilnehmen (OVG NRW, Urteil vom 18.1.1999 – 7 A 5288/97, n.v., zu Bau- und Betriebsbeschreibungen, die sich in den Verwaltungsvorgängen befanden, jedoch nicht zum Bestandteil der Baugenehmigung erklärt wurden). 131

Bei einem **Widerspruch zwischen den genehmigten Bauzeichnungen und den bautechnischen Nachweisen** sind die **Bauzeichnungen maßgebend**. „Der Inhalt der Baugenehmigung bestimmt sich jedenfalls bezüglich der grundlegenden Einzelheiten der Bauausführung (hier: Sockelhöhe über Gelände und Geschosshöhen) nach den genehmigten Bauzeichnungen und nicht auch nach den genehmigten bautechnischen Nachweisen. Hat die Bauaufsichtsbehörde – versehentlich – bautechnische Nachweise nachträglich genehmigt, die in entscheidenden Punkten (Geschoss- und Sockelhöhen) eine andere Bauausführung vorsehen als die zur Baugenehmigung gehörenden genehmigten Bauzeichnungen, dann fehlt es insoweit an der – notwendigen – Nachtragsbaugenehmigung für die abweichende Bauausführung nach Maßgabe der bautechnischen Nachweise“ (OVG NRW, Urteil vom 10.3.1977 – XI A 484/75, BRS 32 Nr. 130). 132

Die **Koordinierung** von **Bauschein** und **Bauvorlagen**, das heißt von **Lageplan**, **Bauzeichnungen**, **Baubeschreibung**, **Berechnungen** und **bautechnischen Nachweisen** gehört zu den wesentlichen Aufgaben der Bauaufsichtsbehörde. Die Baugenehmigung muss nämlich in sich widerspruchsfrei und bestimmt sein, da sonst die Gefahr der Nichtigkeit droht (OVG NRW, Beschluss vom 20.11.1987 – 7 B 2871/87, BauR 1988, 709). Sind dennoch Widersprüche infolge mangelnder Koordination der Unterlagen festzustellen, 133 müssen diese noch durch Auslegung behoben werden können (OVG NRW, Urteil vom 11.12.1992 – 11 A 1823/90, BRS 55 Nr. 141). Die mangelhafte Koordinierung von Bauzeichnungen und statischen Berechnungen bzw. Konstruktionszeichnungen kann schwere Folgen nach sich ziehen; für derartige Amtspflichtverletzungen haftet unter Umständen die Bauaufsichtsbehörde bzw. der verantwortliche Bedienstete. Als Fachmann muss der prüfende Statiker die möglichen schweren Folgen unvollständiger statischer Berechnungen und Bauzeichnungen im Baugewerbe voraussehen (BGH, Urteil vom 24.9.1958 – V ZR 59/57, NJW 1958, 1969).

**134** **Nicht jeder Mangel bzw. Widerspruch** der Baugenehmigung **muss** zwangsläufig **zur Nichtigkeit** führen. Die Nichtigkeitsgründe zählt § 44 VwVfG. NRW. abschließend auf. Eine **zu kleinliche Auslegung**, wie sie das OVG NRW im Urteil vom 23.2.1988 (– 7 A 1261/86, BRS 48 Nr. 132) aufgrund einer fehlerhaften Angabe zur Grundstücksgröße in den Bauvorlagen vorgenommen hat, **würde die Bauaufsichtsbehörde überfordern**, da diese unmöglich sämtliche Angaben im Detail überprüfen kann. Zudem erlaubt Nr. 3.2 VV BauPrüfVO, dass die Bauaufsichtsbehörde die Berechnungen nach § 3 Abs. 2 BauPrüfVO nicht auf ihre Richtigkeit überprüft, wenn diese Bestandteil eines amtlichen Lageplanes gemäß § 3 Abs. 3 BauPrüfVO sind. Das BVerwG ist denn auch der Auffassung des OVG NRW nicht gefolgt und hat dessen Urteil mit beachtenswerten Gründen aufgehoben (Urteil vom 26.9.1991 – 4 C 36.88, BRS 52 Nr. 150). Das darf nun aber nicht als Ermunterung zu „schlampiger" Prüftätigkeit gewertet werden.

Die **Baugenehmigung muss hinreichend bestimmt sein** und **klare Regelungen** enthalten (OVG NRW, Urteil vom 9.5.1989 – 10 A 2580/86, BRS 49 Nr. 167 zu einem unbestimmten Vorbescheid, der die Anforderungen des Gesetzes, nämlich dass sich das Vorhaben in die vorhandene Bebauung einfügen muss, als Nebenbestimmung formuliert). Die Baugenehmigung ist **unbestimmt**, wenn sich weder dem Bauschein selbst noch den mit Zugehörigkeitsvermerk versehenen Bauvorlagen Inhalt, Reichweite und Umfang des genehmigten Vorhabens entnehmen lässt (OVG NRW, Beschluss vom 30.5.2005 – 10 A 2017/03, BauR 2005, 1459 = BRS 69 Nr. 163). Nicht hinnehmbar sind auch unpräzise Angaben zur Höhenlage der Geländeoberfläche bzw. der Höhenlage der baulichen Anlage in Bezug zur Geländeoberfläche, so dass eine Ermittlung der Abstandflächen zwangsläufig scheitern muss (OVG NRW, Urteil vom 13.5.1994 – 10 A 1025/90, BauR 1994, 750 = BRS 56 Nr. 139 und Beschluss vom 29.9.1995 – 11 B 1258/95, BauR 1996, 230 = BRS 57 Nr. 162).

**135** Für die **Ausgestaltung der Baugenehmigung** (des **Bauscheins**) bestehen neben der Anordnung der Schriftform durch § 75 Abs. 1 Satz 2 BauO NRW nur wenige Vorgaben. Nach § 37 Abs. 3 VwVfG. NRW. muss ein schriftlicher Verwaltungsakt die erlassende Behörde erkennen lassen und die Unterschrift oder Namenswiedergabe des Behördenleiters, seines Vertreters oder seines Beauftragten enthalten. Zur Rechtsgültigkeit der Baugenehmigung genügt die Wiedergabe der Unterschrift des Bediensteten, auf dessen Anordnung oder Entschließung sie beruht, in Maschinenschrift oder durch Faksimilestempel; ein **Beglaubigungsvermerk** ist **nicht erforderlich** (VGH B-W, Beschluss vom 20.3.1997 – 4 S 2774/96, DÖV 1997, 602). Notwendig ist nur, dass der Adressat Gewissheit über den Urheber der Baugenehmigung innerhalb der Bauaufsichtsbehörde erlangt. Bei mit Datenverarbeitungsanlagen gefertigten Baugenehmigungen können dagegen sowohl die Unterschrift als auch die Namenswiedergabe entfallen (§ 37 Abs. 4 VwVfG. NRW.). Zur Rechtsgültigkeit ist die Datumsangabe des Tages der Ausfertigung bzw. Postabgangs, jedoch nicht die Anbringung des Dienstsiegels erforderlich.

Wegen der **Bedeutung des Bauscheins** als öffentlich-rechtlicher **Urkunde über die erteilte Baugenehmigung** (s. Rdn. 112) und im Hinblick auf das Bestimmtheitsgebot sind folgende Angaben geboten: **136**

- Bezeichnung der erlassenden Behörde,
- Aktenzeichen, unter dem der Antrag bearbeitet wurde,
- Datum der Ausfertigung, wenn davon abweichend, auch das Postabgangsdatum,
- Bezeichnung des Baugrundstücks nach Gemeinde, Straße, Hausnummer und Katasterangaben,
- Bezeichnung des Antragsgegenstandes unter Verwendung gesetzlicher Begriffe der BauO NRW,
- Genehmigungsformel unter Aufführung der Rechtsgrundlage,
- Bezeichnung sämtlicher Bauvorlagen als Bestandteil der Baugenehmigung,
- Bezeichnung sonstiger Unterlagen (z. B. Sachverständigengutachten) zur Baugenehmigung,
- Belehrung über die Rechtswirkung der Prüfeintragungen (Grüneintragungen) in den Bauvorlagen,
- Begründung, soweit gesetzlich vorgeschrieben,
- Nebenbestimmungen nur, soweit diese überhaupt erforderlich sind, unter Bezeichnung ihrer Art,
- Hinweis auf die Geltungsdauer der Baugenehmigung,
- Hinweis auf die mit der Bauausführung verbundenen Pflichten des Bauherrn,
- Rechtsbehelfsbelehrung, soweit nicht entbehrlich (s. Rdn. 143),
- Unterschrift oder Namenswiedergabe, soweit nicht mit Datenverarbeitungsanlage erstellt.

Es bedarf keiner besonderen Vertiefung, dass wegen der Bedeutung des Bauscheins und der regelmäßig sehr langen Aufbewahrungszeit dokumententaugliche Papierqualität für den Bescheid erforderlich ist. Soweit die Bescheide mit Unterschrift versehen werden, ist schwarze Tinte oder schwarzer Farbstift zu verwenden, da andere Farben nach den Erfahrungen der Archive mit der Zeit verblassen.

**Nur die dem Bauherrn zugestellte Bescheidausfertigung** (Bauherrenexemplar) **beweist** als öffentlich-rechtliche Urkunde **das Bestehen der Baugenehmigung**. Bei der bei der Bauaufsichtsbehörde verbleibenden Ausfertigung (**Behördenexemplar**) handelt es sich nicht um eine Urkunde, sondern lediglich um eine **Durchschrift**. Es ist sorgfältig darauf zu achten, dass Bauherren- und Behördenexemplar übereinstimmen, da anderenfalls die Behörde selbst hinsichtlich des tatsächlichen Inhalts der Baugenehmigung in die Irre geführt wird. Auch wird in einem eventuell anstehenden (meist durch den Nachbarn ausgelösten) Verwaltungsstreitverfahren die Beiziehung der Verwaltungsvorgänge durch das Verwaltungsgericht angeordnet. Dabei nimmt das Gericht regelmäßig an, dass die im Verwaltungsvorgang befindliche Durchschrift mit dem Bauherrenexemplar im Detail übereinstimmt, ohne sich die Urkunde vom Bauherrn vorlegen zu lassen. **137**

### 3.2.2 Zugehörige Bauvorlagen und sonstige Bestandteile

138 Der Bauschein und die zugehörigen Unterlagen lassen erst zusammen den Umfang des genehmigten Vorhabens erkennen. Die **Zeichnungen, Beschreibungen** und **Berechnungen** haben eine ebensolche **Bedeutung wie der Bauschein** selbst. Sie werden von den Verwaltungsgerichten im Zweifel herangezogen, um Mängel der Baugenehmigung überwinden zu können (vgl. Nds. OVG, Urteil vom 29.8.1995 – 1 L 3462/94, BauR 1996, 79 = BRS 57 Nr. 72 zur Konkretisierung einer genehmigten „Nutzungsänderung", deren genauer Inhalt sich erst aus der Betriebsbeschreibung ergab). Verhandeln Bauaufsichtsbehörde und Bauherr im Zuge des Baugenehmigungsverfahrens über erforderliche Planänderungen oder Planergänzungen und erklärt sich der Bauherr bzw. sein beauftragter Entwurfsverfasser mit einer solchen Änderung oder Ergänzung ausdrücklich schriftlich einverstanden, so ist dieses Schriftstück ebenfalls Bauvorlage und mit dem Zugehörigkeitsvermerk zur Baugenehmigung zu versehen. Die so gegenüber der Bauaufsichtsbehörde abgegebene Erklärung ist damit **Inhalt der Baugenehmigung** und von einer Nebenbestimmung abzugrenzen; sie kann deshalb nicht angefochten werden (OVG NRW, Beschluss vom 27.1.2000 – 10 B 100/00, BauR 2000, 1470 = BRS 63 Nr. 178 = NVwZ 2000, 1319 zu einem zum Bestandteil der Baugenehmigung gemachten Schreiben des Entwurfsverfassers, mit dem dieser bestätigt, dass in das Bauvorhaben eine Rauchabzugsanlage nach DIN 18232 eingebaut wird).

139 Die zum Bauschein gehörenden Bauvorlagen sind gemäß § 75 Abs. 1 Satz 3 BauO NRW mit einem Genehmigungsvermerk zu versehen. Der Begriff „Bauvorlagen" darf hierbei nicht zu eng verstanden werden. Die gesetzliche Formulierung entstammt noch der MBO 1960, die wiederum die Formulierung des § 3 PrEBO übernommen hat (vgl. Baltz/Fischer, S. 277 f.), als tatsächlich den Baugenehmigungen nur eine kurze Beschreibung, ein Lageplan und die Bauzeichnungen beigefügt waren. Damals konnte niemand ahnen, wie sich das öffentliche Baurecht weiterentwickeln würde. Nach heute geltendem Bauordnungsrecht sind häufig neben diesen Bauvorlagen im engeren Sinne weitere Unterlagen erforderlich, wie z. B. Sachverständigenbescheinigungen oder Sachverständigengutachten, Verpflichtungserklärungen, öffentlich-rechtliche Verträge usw., um einen Baurechtsanspruch mit der Baugenehmigung bestätigen zu können. Alle diese Unterlagen sind notwendigerweise Bestandteil der Baugenehmigung, obwohl sie im Wortsinne nicht „genehmigt" werden. Dies gibt Anlass zu einer Interpretation des Wortes „Genehmigungsvermerk". Auch diese Bezeichnung ist nur aus der Baurechtsgeschichte heraus zu verstehen, als tatsächlich der Genehmigungsstempel der Baupolizeibehörde auf den Bauzeichnungen zusammen mit einem handgeschriebenen halbseitigen Formular die Baugenehmigung bildete. Die Bezeichnung **„Genehmigungsvermerk"** will nicht mehr ausdrücken, als dass die **Zugehörigkeit der mit Prüfeintragungen versehenen Unterlagen zum Bauschein** gesichert sein muss.

140 Die **Form des „Genehmigungsvermerks"** ist nicht (mehr) vorgeschrieben, war jedoch früher in Anlehnung an die Kennzeichnungspraxis nach der PrEBO (vgl. Baltz/Fischer, S. 278 Rdn. 139) durch Nr. 1.4.3 des aufgehobenen RdErl. vom 21.6.1977 (MBl. NRW S. 710) geregelt. Dieser Erlass verlangte eine ziemlich arbeitsaufwendige Form des Genehmigungsvermerks, die bei genauer Betrachtung unnötige, weil rechtlich nicht erforderliche Angaben enthielt. Es reicht nämlich aus, wenn der Vermerk die **Verbindung** von bezeichneter Unterlage und Bauschein **zweifelsfrei kennzeichnet**. Bedenkt man weiterhin, dass der Vermerk auf meist zahlreichen Unterlagen in doppelter Ausferti-

gung anzubringen ist, so liegt es bereits aus Gründen der Arbeitserleichterung nahe, den Aufwand so gering wie möglich zu halten. Eine **zweifelsfreie Kennzeichnung** der Zugehörigkeit ist über die bei allen Bauaufsichtsbehörden übliche **Geschäftszeichenvergabe** für jeden neu eingehenden Antrag auf einfache Weise möglich. Es empfiehlt sich folgende Fassung:

**Gehört zum Bescheid vom …**
**Geschäftszeichen**
**Genehmigungsbehörde**

Weitere Angaben sind nicht geboten, da sich diese aus dem Bauschein unmittelbar ergeben. Bei Nachtragsgesuchen, die möglicherweise unter dem gleichen Aktenzeichen bearbeitet werden, sollte – um Verwechslungen mit dem „Hauptbauschein" auszuschließen – ein zusätzliches Kennzeichnungsmerkmal angebracht werden, z. B. „1. Nachtrag". Diesem Problem kann aber dadurch begegnet werden, dass für das Nachtragsgesuch ein neues Aktenzeichen vergeben wird, so dass eine Verwechslungsgefahr von vornherein ausscheidet.

### 3.2.3 Begründung

Wenn Absatz § 75 Abs. 1 Satz 2 zweiter Halbsatz BauO NRW bestimmt, dass die **Baugenehmigung keiner Begründung bedarf**, wird damit ausdrücklich eine **Ausnahme von § 39 Abs. 1 VwVfG. NRW.** festgelegt; dies ist nach § 1 Abs. 1 VwVfG. NRW. zulässig. Diese Ausnahme wäre schon nach § 39 Abs. 2 Nr. 1 VwVfG. NRW. nicht erforderlich, wenn die Behörde einem Antrag entspricht. Baugenehmigungen werden jedoch in sehr großer Zahl abweichend vom Bauantrag und mit belastenden Nebenbestimmungen erteilt, so dass insoweit eine Begründungspflicht einträte. Zur Vermeidung des damit verbundenen erheblichen Arbeits- und Zeitaufwandes sieht die BauO NRW im Interesse eines beschleunigten Genehmigungsverfahrens den Wegfall der Begründungspflicht für Baugenehmigungen vor. **141**

Diese **Regelung gilt nicht für Abweichungen** von Vorschriften, die auch zum Schutze des Nachbarn zu dienen bestimmt sind, sofern dieser im Beteiligungsverfahren Einwendungen erhoben hat. Die Begründungspflicht gegenüber dem Nachbarn richtet sich in diesem Fall nach § 39 VwVfG. NRW., weil die BauO NRW insoweit keine abweichende Regelung enthält (vgl. Boeddinghaus/Hahn/Schulte, zu § 75 Rdn. 145). **142**

Eine **antragsgemäß erteilte Baugenehmigung** (ohne Abänderungen, Einschränkungen, Auflagen, Bedingungen, Widerrufsvorbehalte oder Befristung) ist keine Ordnungsverfügung und braucht nicht begründet zu werden. Auch eine Rechtsbehelfsbelehrung ist entbehrlich. **143**

Die **Versagung der Baugenehmigung** muss ebenfalls begründet werden. Der **Versagung gleich** stehen solche **Nebenbestimmungen, die modifizierend in den Antrag eingreifen**, falls sich der Antragsteller nicht zuvor ausdrücklich mit der Vorgehensweise einverstanden erklärt hat. Es sind nämlich die Besonderheiten des Baugenehmigungsverfahrens hierbei zu berücksichtigen. Sowohl Bauherren als auch deren Entwurfsverfasser verlangen häufig geradezu die Ausräumung von Rechtsverstößen durch Grüneintragungen von der Bauaufsichtsbehörde, um zu vermeiden, dass durch die eigentlich fällige Überarbeitung der Bauzeichnungen eine Zeitverzögerung eintritt, wie der VGH B-W im Urteil vom 27. 10. 2000 (– 8 S 1445/00, BRS 63 Nr. 184) ausführt: **144**

*„Grüneinträge sind ein gesetzlich nicht geregeltes, aber in der Praxis übliches Instrument der Baurechtsbehörde, um aus Gründen der Arbeitsökonomie und der Beschleunigung des Verfahrens ohne Rückgabe der Pläne eine Baugenehmigung erteilen zu können*".

In einem solchen Fall greift die Bauaufsichtsbehörde nicht in Rechte eines Betroffenen ein, sondern erfüllt gerade umgekehrt dessen Wünsche, so dass dann ebenfalls eine Begründung entbehrlich ist.

### 3.2.4 Nebenbestimmungen

**145** Aus der Rechtsnatur der Baugenehmigung als einer gebundenen Erlaubnis (s. Rdn. 11) folgt, dass mit einer Baugenehmigung **Nebenbestimmungen nur unter den Voraussetzungen des § 36 Abs. 1 VwVfG. NRW.** verbunden werden dürfen. Eine ausdrückliche Bestimmung über die Zulässigkeit von Nebenbestimmungen, wie sie noch § 88 BauO NW 1970 enthielt, wurde wegen der Regelung des § 36 VwVfG. NRW. bereits nicht mehr in die BauO NW 1984 aufgenommen. Nach § 36 Abs. 1 VwVfG. NRW. dürfen Nebenbestimmungen dann hinzugefügt werden, wenn sie durch Rechtsvorschrift ausdrücklich zugelassen worden sind (**1. Alternative**) oder wenn sie sicherstellen sollen, dass die gesetzlichen Voraussetzungen des Verwaltungsakts erfüllt werden (**2. Alternative**). Die zulässigen Nebenbestimmungen nennt abschließend im Einzelnen § 36 Abs. 2 VwVfG. NRW.; von praktischer Bedeutung sind vor allem Auflagen. Trotz scheinbar klarer Regelungen sind die dogmatischen Fragen sehr umstritten (vgl. hierzu Störmer, Rechtsschutz gegen Inhalts- und Nebenbestimmungen, DVBl. 1996, S. 81 ff.; Schmehl, Die Abgrenzung zwischen echter Auflage und Inhaltsbestimmung der Genehmigung, UPR 1998, S. 334 ff. und Sieckmann, Die Anfechtbarkeit von Nebenbestimmungen zu begünstigenden Verwaltungsakten, DÖV 1998, S. 525 ff.).

**146** **Beispiele** für die **1. Alternative** sind § 11 Abs. 3 BauO NRW (Bedingung einer Sicherheitsleistung), § 21 Abs. 4 BauO NRW (Widerrufsvorbehalt und Befristung der allgemeinen bauaufsichtlichen Zulassung), § 78 Abs. 2 Satz 2 BauO NRW (Widerrufsvorbehalt und Befristung der Typengenehmigung) und § 79 Abs. 5 Satz 1 BauO NRW (Befristung der Ausführungsgenehmigung für Fliegende Bauten). Ein weiteres Beispiel bildet § 29 Abs. 1 BauPrüfVO (Widerrufsvorbehalt und Befristung der Typenprüfung). In den genannten **Beispielen verlangt das Gesetz** bzw. die **Rechtsverordnung ausdrücklich die Beifügung** der entsprechenden Nebenbestimmung.

**147** Die **2. Alternative** ist gegeben, wenn die Bauaufsichtsbehörde berechtigt wäre, die Baugenehmigung zu versagen, und die Beifügung der Nebenbestimmung erst die Erteilung der Baugenehmigung ermöglicht. In diesen Fällen wird erst durch die entsprechende **Nebenbestimmung** die **Einhaltung des öffentlichen Rechts sichergestellt**. Nach der Rechtsprechung ist die Bauaufsichtsbehörde zumindest bei geringen Verstößen gegen öffentliches Baurecht verpflichtet, die Baugenehmigung unter entsprechenden Nebenbestimmungen zu erteilen, anstatt sie zu versagen (OVG NRW, Urteil vom 2. 2. 1983 – 11 A 2515/80, BRS 40 Nr. 148 = NJW 1983, 2834). Ausdrücklich führt der BayVGH im Urteil vom 14. 9. 1977 (– Nr. 11 XV 73, BRS 32 Nr. 42) aus:

*„Es widerspricht dem Grundsatz der Verhältnismäßigkeit, die Baugenehmigung zu versagen, wenn durch Anordnung von Auflagen die von dem Vorhaben ausgehenden vermeidbaren Emissionen verhindert und die unvermeidbaren auf ein zumutbares Mindestmaß beschränkt werden können.*"

Die **rechtswidrige Beifügung** einer Auflage kann aber zu einem **Schadensersatzanspruch** führen (hier Brandschutzauflage: BGH, Urteil vom 21.11.1985 – III ZR 94/84, BRS 45 Nr. 45). In diesem Fall hatte die beklagte Bauaufsichtsbehörde die Anlegung eines Löschteiches verlangt, obwohl die Löschwasserversorgung über das öffentliche Trinkwassernetz ausreichend sichergestellt war. Zu der Sorgfaltspflicht des Bediensteten führt der BGH aus:

*„Grundsätzlich sind die Bediensteten der Bauaufsichtsbehörde dem Bauwilligen gegenüber verpflichtet, sein Baugesuch im Einklang mit dem geltenden Recht gewissenhaft, förderlich und sachdienlich zu behandeln und zu bescheiden und dabei jede vermeidbare Schädigung des Antragstellers zu unterlassen (BGHZ 39, 358, 364; Senatsurteile vom 11.7.1963 – III ZR 13/67, WM 1970, 1252, 1254 f.). Dieser Amtspflicht können die jeweiligen Sachbearbeiter nur genügen, wenn sie sich hinreichende Kenntnisse über die tatsächlichen Gegebenheiten verschaffen, von denen die rechtliche Beurteilung des Vorhabens abhängt. Amtspflichtwidrig handelt, wer sozusagen ‚blindlings' zu Lasten des Gesuchsstellers Auflagen verfügt, deren Entbehrlichkeit er bei möglicher, zumutbarer und erkennbar gebotener Sachaufklärung im Verlauf des Genehmigungsverfahrens hätte feststellen können."*

Besteht auf die Baugenehmigung kein Anspruch, weil sie z.B. nur unter Gewährung einer Abweichung bzw. Ausnahme oder Befreiung erteilt werden kann, steht die Hinzufügung von **Nebenbestimmungen im pflichtgemäßen Ermessen** der Bauaufsichtsbehörde (§ 36 Abs. 2 VwVfG. NRW.). Es muss aber auch dann zumindest ein sachlicher innerer Zusammenhang zwischen den Nebenbestimmungen und der Baugenehmigung bestehen (s. Große-Suchsdorf/Lindorf/Schmaltz/Wiechert, zu § 75 Rdn. 63). **148**

Nach § 36 Abs. 3 VwVfG. NRW. darf eine Nebenbestimmung **nicht dem Zweck des Verwaltungsaktes zuwiderlaufen**. Wird der Baugenehmigung für ein Gebäude mit Satteldach der als „Auflage" bezeichnete Zusatz beigefügt, das Bauwerk sei mit einem Flachdach zu versehen, so wird damit der Bauantrag für ein Gebäude mit Satteldach abgelehnt und die (nicht beantragte) Baugenehmigung für ein Haus mit Flachdach erteilt (VGH B-W, Urteil vom 23.1 1974 – III 925/71, BRS 28 Nr. 113). Die rechtliche Einordnung derartiger Nebenbestimmungen ist jedoch äußerst schwierig. So hat das OVG NRW mit Urteil vom 13.1.1972 (– X A 188/71, BRS. 25 Nr. 152) Auflagen zur Lärmbegrenzung aufgehoben, deren Erfüllung verhindert hätte, das genehmigte Transportbetonwerk unter den baulichen sowie technischen Gegebenheiten seiner Zweckbestimmung gemäß zu nutzen. Diese Entscheidung hob das BVerwG mit Urteil vom 8.2.1974 (– IV C 73.72, BRS 28 Nr. 111) wiederum mit der Begründung auf, dass eine „**modifizierende**" **Auflage**, die eine qualitative Änderung des Antragsgegenstandes bewirkt, nicht isoliert angefochten und daher auch nicht isoliert aufgehoben werden kann. **149**

Auf die **Bezeichnung der Nebenbestimmung im Bauschein** kommt es nicht an, es muss vielmehr das jeweils **Gewollte** ermittelt werden (vgl. Weyreuther, Über Baubedingungen, DVBl. 1969, 232 ff.; vgl. auch Große-Suchsdorf/Lindorf/Schmaltz/Wiechert, zu § 75 Rdn. 58, die darauf hinweisen, dass in Bauscheinen selten richtig differenziert wird). In der Praxis werden häufig die Begriffe Auflage und Bedingung verwechselt. Die Unterscheidung ist für den Bauherrn jedoch wegen der aufschiebenden Wirkung eines eventuell einzulegenden Widerspruchs von erheblicher Bedeutung. **150**

Eine besondere Bedeutung kommt im Baurecht der **Auflage** zu, das heißt einer Bestimmung, durch die dem Begünstigten ein Tun, Dulden oder Unterlassen aufgegeben wird **151**

(s. § 36 Abs. 2 Nr. 4 VwVfG. NRW.), ohne dass die Wirksamkeit der Baugenehmigung von der Erfüllung abhängt (VGH B-W, Urteil vom 23. 1. 1974, a. a. O. Rdn. 149). Die notwendigen Anforderungen (echte Auflagen) müssen durchsetzbar sein, so dass die grundsätzlich begehrte und genehmigte Zweckbestimmung des Vorhabens nicht in Frage gestellt wird (vgl. BVerwG, Urteil vom 8. 2. 1974, a. a. O. Rdn. 149). Bestandskräftige Auflagen können gemäß § 55 VwVG. NRW selbständig durchgesetzt werden (s. BVerwG, Urteil vom 12. 3. 1982 – 8 C 23.80, DVBl. 1982, 637; OVG Lüneburg, Urteil vom 20. 2. 1984 – 6 A 110/83, BRS 42 Nr. 177). Ob es sich um eine selbständig anfechtbare einfache Auflage oder eine nur mit der Baugenehmigung zusammen anfechtbare modifizierende Auflage handelt, richtet sich nach dem „**Empfängerhorizont**" (Sächs. OVG, Urteil vom 16. 3. 2006 – 1 B 735/05, BRS 70 Nr. 154 = UPR 2006, 452).

152 Von der Auflage ist die **Bedingung** zu unterscheiden, von deren Eintritt die Wirksamkeit eines Verwaltungsaktes abhängig gemacht werden kann (vgl. § 36 Abs. 2 Nr. 2 VwVfG. NRW.). Durch die Bedingung wird der Eintritt (oder der Wegfall) der in der Baugenehmigung zu sehenden Begünstigung davon abhängig gemacht, dass ein bestimmtes Ereignis eintritt (zur Frage, wann bei Erteilung einer Baugenehmigung Genehmigungsvoraussetzungen durch Hinzufügen einer aufschiebenden Bedingung ausgeklammert werden können, s. BayVGH, Beschluss vom 15. 9. 1998 – 20 ZB 98.2402, BauR 1998, 1221 = BRS 60 Nr. 144). Die Baugenehmigung wird zwar mit der Bekanntgabe an den Bauherrn wirksam, die **Rechtsfolge bleibt** aber **bis zum Eintritt des Ereignisses in der Schwebe** (BVerwG, Urteil vom 29. 3. 1968 – IV C 27.67, BRS 20 Nr. 139). Die Bedingung kann sowohl **aufschiebend** sein (Wirkung der Baufreigabe erst mit Eintritt des Ereignisses) als auch **auflösend** (Fortfall der Baugenehmigung bei Eintritt des Ereignisses). Die **aufschiebende Bedingung** kann in Betracht kommen, wenn die baurechtliche Prüfung positiv abgeschlossen ist und eine vorgreifliche Genehmigung oder Erlaubnis nach sonstigem öffentlichem Recht noch aussteht (s. Rdn. 81 ff.), die zuständige Fachbehörde aber der Bauaufsichtsbehörde mitgeteilt hat, sie werde diese antragsgemäß erteilen (s. auch Nr. 4.13 VV BauO NRW, wonach zur Annahme der gesicherten Erschließung die wasserrechtliche Erlaubnis zur Einleitung des Niederschlagswassers nicht abgewartet werden muss). Eine **Besonderheit der auflösenden Bedingung** liegt darin, dass die Beseitigung des errichteten Bauwerks nach Eintritt des Ereignisses gefordert werden kann, obwohl die bauliche Anlage während der Dauer der Wirksamkeit der Baugenehmigung materiell legal war (BVerwG, Urteil vom 10. 12. 1982 – 4 C 52.78, BRS 39 Nr. 80 zu einer Abbruchanordnung für eine Jagdhütte nach Fortfall der Privilegierung).

153 Schließlich kann der Fall gegeben sein, dass statt der beantragten eine andere Genehmigung erteilt wird. Häufig wird in diesem Fall von einer **modifizierenden Auflage** gesprochen (vgl. Rdn. 149). Das BVerwG (Urteil v. 17. 2. 1984 – 4 C 70.80, BauR 1984, 388 = BRS 42 Nr. 176) gibt der gegen die Bezeichnung „modifizierende" Auflage gerichteten Kritik Recht und weist darauf hin, dass durch eine modifizierte Genehmigung im Verhältnis zum Genehmigungsantrag der eigentliche Genehmigungsgegenstand verändert, also eine andere als die beantragte Genehmigung erteilt wird. In einem solchen Fall entfaltet deshalb ein Rechtsbehelf des Antragstellers aufschiebende Wirkung im Hinblick auf die gesamte Baugenehmigung, da diese ohne Erfüllung der Auflage nicht mit einem Inhalt weiterbestehen kann, der der Rechtsordnung nicht entspricht.

154 Die **Befristung** nach § 36 Abs. 2 Nr. 1 VwVfG. NRW. oder der **Vorbehalt des Widerrufs** nach § 36 Abs. 2 Nr. 3 VwVfG. NRW. ist mit der Rechtsnatur der Baugenehmigung als einer gebundenen Entscheidung, welche die materielle Rechtmäßigkeit des Vorhabens

im Zeitpunkt der Entscheidung feststellt und die Bauausführung und die besondere Nutzung freigibt, nur vereinbar, wenn dies gesetzliche Vorschriften besonders vorsehen oder zulassen (Hess. VGH, Beschluss vom 7.12.1984 – 3 TG 2896/84, NVwZ 1985, 429). Die Befristung ist angemessen, wenn die begrenzte Dauer des Bestandes der baulichen Anlage bei der Erteilung der Baugenehmigung absehbar ist (OVG Rh-Pf, Urteil vom 3.6.1965 – 1 A 66/64, BRS 16 Nr. 76). Der Widerruf ist sachgerecht, wenn der Bauherr im Zeitpunkt des Widerrufs keinen Anspruch auf die Erteilung der Baugenehmigung hatte (Hess. VGH, Urteil vom 26.4.1989 – 11 UE 219/84, NVwZ 1989, 165). Der Vorbehalt des Widerrufs bzw. die Befristung sind für die Typengenehmigung, die Typenprüfung und die Ausführungsgenehmigung Fliegender Bauten gesetzlich vorgesehen (vgl. Rdn. 146). Ausgeschlossen ist die Befristung auch nicht zur Sicherung planungsrechtlicher Voraussetzungen (z. B. befristete Baugenehmigung für ein Spätaussiedlerheim unter Gewährung einer Befreiung auf einer im Bebauungsplan als nicht überbaubar festgesetzten Fläche; zu weiteren Fallgestaltungen s. BVerwG, Beschluss vom 23.11.1995 – 4 B 209.95, BRS 57 Nr. 189 zur Bindung der Nutzung einer Jagdhütte an den Jagdpächter).

### 3.2.5 Hinweise

**Vorsorgliche Hinweise** auf die Beachtung bestehender gesetzlicher Vorschriften, deren Außerachtlassung befürchtet wird, sind keine Auflagen, da sie nicht zusätzlich zur Baugenehmigung ein Tun, Dulden oder Unterlassen fordern; es handelt sich hierbei also nicht um Nebenbestimmungen im Sinne des § 36 VwVfG. NRW. Dennoch haben sie bei richtigem Einsatz eine außerordentlich fördernde Wirkung auf den ordnungsgemäßen Bauablauf. Es kann nämlich in der Regel nicht erwartet werden, dass der Bauherr „die Bauordnung unter dem Arm tragend" seine Baustelle inspiziert, um zu sehen, ob er hier oder dort noch einer Rechtspflicht genügen muss. Auch trägt die verstreute Anordnung der unterschiedlichen Pflichten in der Bauordnung nicht gerade zur Übersichtlichkeit bei. **155**

Wegen der naheliegenden Irrtümer bei den Bauherren und den anderen am Bau Beteiligten, die in der Baugenehmigung nicht erwähnten Vorschriften oder eingeführten technischen Baubestimmungen seien nicht zu beachten oder zumindest weniger wichtig, sollte auf die fast schon Unsitte zu nennende Gewohnheit – erleichtert durch die Verwendung von Textverarbeitungssystemen –, umfangreiche Hinweise in die Baugenehmigung aufzunehmen, verzichtet werden. **156**

### 3.3 Satz 3 – Zustellung der Baugenehmigung

Die **Baugenehmigung ist** mit den Bauvorlagen – sie bilden mit dem Bauschein eine Einheit – **dem Antragsteller** nach Maßgabe des **LZG NRW**, das dem VwZG (des Bundes) entspricht, **zuzustellen** (s. auch die Anmerkungen zu § 74 Rdn. 27). Zugestellt wird das Bauherrenexemplar als Urschrift an den Antragsteller oder an den bei Personenmehrheit nach § 69 Abs. 3 BauO NRW zwingend zu bestellenden Vertreter (vgl. die Anmerkungen zu § 69 Rdn. 91–92). Diese Vorschrift verdrängt in Verbindung mit § 75 Abs. 1 Satz 3 BauO NRW die Bestimmung des § 41 Abs. 1 VwVfG. NRW. (a. A. Boeddinghaus/Hahn/Schulte, zu § 75 Rdn. 150). Es ist jedoch zuzugestehen, dass der Gesetzgeber diese Zielsetzung nicht zweifelsfrei zum Ausdruck gebracht hat. Aus diesem Grunde ist eine Klarstellung des Gewollten in § 75 Abs. 1 Satz 3 BauO NRW anzuraten. Gemäß § 7 Abs. 1 Satz 3 LZG NRW genügt es für die Zustellung, wenn diese an den Vertreter für alle Beteiligten erfolgt (zu den Einzelheiten vgl. Engelhardt/App, VwVG – VwZG, zu **157**

§ 8 VwZG Rdn. 8). Ab dem Tage des Zugangs beim Antragsteller beginnt die Frist zur Erhebung einer Klage zu laufen. Die Vermutung des § 41 Abs. 2 VwVfG. NRW., dass ein durch die Post übermittelter schriftlicher Verwaltungsakt mit dem dritten Tag nach der Aufgabe zur Post als bekannt gegeben gilt, greift auch dann, wenn der dritte Tag auf einen Samstag, Sonntag oder Feiertag fällt; bei Rechtsanwälten kann erwartet werden, dass sie ihr Postfach auch an Samstagen leeren, sofern eine Abholmöglichkeit besteht (OVG NRW, Beschluss vom 7. 3. 2001 – 19 A 4216/99, NVwZ 2001, 1171).

**158** Die Baugenehmigung darf **nicht an einen Antragsteller erteilt werden, der** vor der Aushändigung seine **Stellung als Bauherr**, der eine bauliche Anlage vorbereitet oder ausführt oder vorbereiten oder ausführen lässt, erkennbar **aufgegeben hat** (Hess. VGH, Beschluss vom 3. 2. 1984 – 4 TG 76/83, BRS 42 Nr. 166). Der bauwillige Antragsteller muss aber nicht stets Grundstückseigentümer sein (vgl. die Anmerkungen zu § 69 Rdn. 88–90). Es reicht aus, wenn der Antragsteller aufgrund vertraglicher Regelungen mit dem Grundstückseigentümer zur Ausführung der Baugenehmigung berechtigt ist. Allerdings unterliegt die privatrechtliche Befugnis des Bauantragstellers, ein Bauvorhaben auf einem Grundstück durchzuführen, das nicht in seinem Eigentum steht, nicht dem Prüfungsumfang der Bauaufsichtsbehörde, denn ihre Prüfungsbefugnis ist grundsätzlich darauf beschränkt zu überprüfen, ob das Bauvorhaben mit öffentlich-rechtlichen Vorschriften übereinstimmt (OVG Schl-H, Urteil vom 27. 6. 1995 – 1 L 89/94, BRS 57 Nr. 199). Die Bauaufsichtsbehörde wird deshalb im Regelfall die Berechtigung des Antragstellers zur Ausführung des Vorhabens unterstellen können.

**159** Die **Zustellung ist Wirksamkeitsvoraussetzung**. Eine zwar **vorbereitete**, aber noch bei der Bauaufsichtsbehörde befindliche **Baugenehmigung** ist **nicht wirksam** (OVG NRW, Beschluss vom 27. 10. 1995 – 10 B 2720/95, BRS 57 Nr. 256). Die Benachrichtigung durch eine Postkarte, dass die Baugenehmigung bei der Bauaufsichtsbehörde zur Abholung bereitliegt, ersetzt keine formgültige Zustellung (BayVGH, Beschluss vom 14. 2. 2001 – 26 B 97.462, BauR 2002, 67 = BRS 64 Nr. 167). Die Behörde hat das Risiko des Verlustes des Schriftstücks zu tragen, das sich aus der von ihr gewählten Bekanntgabeform ergibt (OVG Schl-H, Beschluss vom 28. 3. 2001 – 1 M 24/00, NVwZ 2002, 358).

## 4 Zu Absatz 2 – Dingliche Wirkung der Baugenehmigung

**160** Die Baugenehmigung ist **nicht personenbezogen**, sondern auf ein bestimmtes Vorhaben ausgerichtet; sie hat **dingliche Wirkung**. Bei ihr handelt es sich um einen „**sachbezogenen**" **Verwaltungsakt** (vgl. Fluck, Die Sachgenehmigung, DVBl. 1999, S. 496 ff.), während z. B. die Gaststättenerlaubnis personenbezogen ist. Nach Absatz 2 kommt es nicht darauf an, wer von der Genehmigung Gebrauch macht, da sie ihre **Rechtswirkung** auch für einen **Rechtsnachfolger** innerhalb ihrer Geltungsdauer nach § 77 BauO NRW entfaltet (OVG NRW, Beschluss vom 1. 8. 2003 – 7 B 968/03, BauR 2003, 1877 = BRS 66 Nr. 111; s. auch Boeddinghaus/Hahn/Schulte, zu § 75 Rdn. 51).

**161** Die **Übertragung des Eigentums am Baugrundstück** hat gleichzeitig den **Übergang der Rechte und Pflichten aus der** dem bisherigen Eigentümer erteilten **Baugenehmigung** zur Folge, ohne dass es einer besonderen Übertragungshandlung bedarf. Etwas anderes gilt, wenn sich der bisherige Eigentümer und Bauherr die Inhaberschaft an der Baugenehmigung durch eine besondere Vereinbarung vorbehält (VGH B-W, Urteil vom 30. 3. 1995 – 3 S 1106/94, BauR 1995, 671 = BRS 57 Nr. 190 = NVwZ-RR 1995, 562 zu den Besonderheiten des WEG). Schwierig zu beurteilende Fragen im Hinblick auf die aus der Baugenehmigung resultierenden Rechte und Pflichten ergeben sich ferner, wenn größere Gebäudekomplexe von einem Bauträger oder Generalunternehmer errichtet werden und die Einholung spezieller Nutzungsgenehmigungen für Ladenlokale, Praxen oder Büros den künftigen Nutzern vorbehalten bleibt oder wenn bestehende bauliche Anlagen im „Betreibermodell" umgenutzt werden sollen (vgl. hierzu Malmendier, Die Baugenehmigung im Mehrpersonenverhältnis, BauR 2001, S. 565 ff.). Zunehmend ergeben sich im bauaufsichtlichen Vollzug auch Probleme infolge der gesetzlichen Umwandlung staatlicher Einrichtungen in privatrechtliche Unternehmen. So hat die gesetzlich bedingte Umwandlung einer öffentlich-rechtlichen Bauträgerschaft (Deutsche Bundespost TELEKOM in Deutsche Telekom AG) zur Folge, dass die dem öffentlichen Bauherrn erteilte Zustimmung nach § 80 BauO NRW nur noch als Teilbaugenehmigung nach § 76 BauO NRW fort gilt (s. Hess. VGH, Beschluss vom 17. 8. 1995 – 3 TH 798/94, BRS 57 Nr. 192 = NVwZ 1996, 924).

Der **verfügende Teil** der Baugenehmigung ist mit der Vollendung des Baus und einer Bauzustandsbesichtigung nach abschließender Fertigstellung des Baus, für den sie erteilt ist, **verbraucht** (vgl. Rdn. 37). Die Baugenehmigung ist nicht erloschen, kann aber zur nochmaligen Bauausführung der gleichen baulichen Anlage, etwa nach Abriss, Verfall oder nach Vernichtung durch Brand oder sonstige Ereignisse, nicht mehr verwendet werden, da ihr rechtlicher Fortbestand von dem tatsächlichen Fortbestand der genehmigten baulichen Anlage abhängt. Mit dem Untergang des Bauwerks verliert die Baugenehmigung ihre rechtliche Wirkung in vollem Umfang (OVG Berlin, Urteil vom 7. 6. 1968 – II B 32.67, BRS 20 Nr. 193 = DVBl. 1969, 755). Die Baugenehmigung kann nach Vollendung des Baus auch nicht mehr abgeändert werden. Allerdings sind nachträglich – gestützt auf § 61 Abs. 2 BauO NRW – Anforderungen zur Gefahrenabwehr zulässig. Verbrauch der Baugenehmigung heißt nicht, dass eine Nachbarklage nicht mehr möglich sei, denn unbestritten entfaltet eine Baugenehmigung, auch wenn sie rechtswidrig erteilt ist, bis zu einer Aufhebung durch Rücknahme oder Widerruf seitens der Behörde oder durch verwaltungsgerichtliche Entscheidung eine materielle Schutzfunktion (s. Rdn. 3), auf die sich auch ein Rechtsnachfolger berufen kann. **162**

Sofern mit der Baugenehmigung **Nebenbestimmungen mit Dauerwirkung** verbunden sind, z. B. aus Anlass von Abweichungen, Ausnahmen oder Befreiungen, behalten diese ihre Geltung, so dass auch der **Rechtsnachfolger des Bauherrn hiervon betroffen** wird. Enthält eine Baugenehmigung Beschränkungen, so hat der Rechtsnachfolger des Bauherrn diese zu beachten (Hess. VGH, Beschluss vom 5. 7. 1982 – IV TH 14/82, BRS 39 Nr. 221 zu einer Auflage, bis zur Rohbaufertigstellung des neuen Gebäudes eine bestimmte Garage abzubrechen). **163**

Die **Sachbezogenheit der Baugenehmigung verliert** allerdings etwas **an Kontur bei den privilegierten Nutzungen**. Bei diesen steht die Bauerlaubnis in einem engen Zusammenhang mit der Person des Nutzers, z. B. dem privilegierten Landwirt, der ein landwirtschaftliches Vorhaben im Außenbereich errichten will, oder dem Betriebsinhaber, der seine Wohnung auf seinem Betriebsgrundstück im Gewerbegebiet errichtet. Die Baugenehmigung für eine Jagdhütte im Außenbereich kann (zumindest nach Bauplanungsrecht) auf die Person des Jagdpächters, der nicht im Jagdbezirk wohnt, so beschränkt werden, dass das Nutzungsrecht nicht auf einen Dritten übergeht, der die für die Beschränkung maßgeblichen Voraussetzungen nicht erfüllt (BVerwG, Beschluss vom 23. 11. 1995 – 4 B 209.95, BRS 57 Nr. 189). **164**

## 5 Zu Absatz 3 – Ausgeschlossene Prüfungsgegenstände

### 5.1 Private Rechte Dritter

165 Die etwaige **Verletzung privater Rechte Dritter** durch eine Baugenehmigung kann nur vor den ordentlichen Gerichten geltend gemacht werden (BayVGH, Urteil vom 8. 9. 1998 – 27 B 96.1407, BauR 1999, 617 = BRS 60 Nr. 93 zu einem **Überbau** im Sinne des § 912 BGB; s. auch die Anmerkungen zu § 15 Rdn. 4). Bei **streitigem Grenzverlauf** ist die Behörde nicht gehalten die Eigentums- bzw. Grundstücksverhältnisse zu klären (OVG Saar, Beschluss vom 4. 4. 1973 – II W 22/73, BRS 27 Nr. 132). Die Bestimmungen des **NachbG NRW** sind als Teil der Privatrechtsordnung **kein öffentliches Recht**. Die landesrechtliche Regelung, dass Baugenehmigungen unbeschadet der Rechte Dritter erteilt werden, ist verfassungsrechtlich unbedenklich (BVerwG, Beschluss vom 16. 12. 1996 – 4 B 218/96, NJW 1997, 1865). Es fehlt einer Klage auf Feststellung der Nichtigkeit einer Baugenehmigung das Feststellungsinteresse, das mit der Verfolgung zivilrechtlicher Nachbarrechte dargelegt wird; denn die Feststellung der Nichtigkeit der Baugenehmigung ist für den Bestand und die Durchsetzung dieser Rechte ohne Bedeutung (OVG NRW, Urteil vom 25. 10. 1983 – 7 A 1803/83, BRS 40 Nr. 203).

Darüber, **ob** eine Rechtsfrage **öffentlich-rechtlicher oder privatrechtlicher Natur** ist, können mitunter erhebliche Meinungsunterschiede bestehen. Fehlt eine ausdrückliche Rechtszuweisung, richtet sich die Beurteilung nach der Natur des Rechtsverhältnisses, aus dem der im Rechtsstreit geltend gemachte Anspruch hergeleitet wird (BVerwG, Urteil vom 6. 11. 1996 – 3 C 72.84, BVerwGE 75, 109). Öffentlich-rechtlich sind Streitigkeiten, wenn sie sich als Folge eines Sachverhalts darstellen, der nach öffentlichem Recht zu beurteilen ist (OVG NRW, Beschluss vom 30. 6. 2000 – 21 E 472/00, EildStNW 2001, 81 zum Streit um die Vergabe eines gemeindeeigenen Grundstücks aufgrund eines vorausgegangenen Auswahlverfahrens nach Vergabekriterien, die im öffentlichen Interesse unter anderem die Förderung eines bestimmten Personenkreises durch die Gewährung eines nach der Kinderzahl gestaffelten Nachlasses auf den Kaufpreis vorsahen).

166 **Private Rechte Dritter** können dazu führen, dass eine **Baugenehmigung nicht ausnutzbar** ist. Von dem Schutzzweck der bei der Erteilung der Baugenehmigung wahrzunehmenden Amtspflichten der Bauaufsichtsbehörde werden von vornherein solche Nachteile nicht erfasst, die sich daraus ergeben, dass das Bauvorhaben private Rechte der Nachbarn beeinträchtigt und deshalb nicht verwirklicht werden kann (BGH, Urteil vom 6. 7. 2000 – III ZR 340/98, BRS 63 Nr. 179). Es ist nicht Aufgabe der Bauaufsichtsbehörde, im öffentlich-rechtlichen Baugenehmigungsverfahren über private Rechtsverhältnisse Dritter zu entscheiden (BayVGH, Beschluss vom 6. 12. 2000 – 25 ZS/CS 00.279, BRS 63 Nr. 163). Die Bauaufsichtsbehörde darf eine Baugenehmigung deshalb **nur dann wegen fehlenden Sachbescheidungsinteresses ablehnen, wenn** die der Verwirklichung des Vorhabens **entgegenstehenden privaten Rechte Dritter offensichtlich** sind (VGH B-W, Urteil vom 17. 11. 1994 – 8 S 1470/94, NVwZ-RR 1995, 563).

167 Die Baugenehmigungsbehörde darf den **Bauantrag ohne Prüfung der öffentlich-rechtlichen Zulässigkeit** des Vorhabens **mangels Sachbescheidungsinteresses ablehnen**, wenn rechtskräftig entschieden ist, dass aus zivilrechtlichen Gründen das Grundstück nicht bebaut werden kann (BVerwG, Urteil vom 17. 12. 1964 – I C 130.63, BRS 15 Nr. 92 = NJW 1965, 551). Eine Baugenehmigung darf versagt werden, wenn sie wegen bestehender privatrechtlicher Hindernisse nutzlos wäre (BVerwG, Urteil vom 23. 3. 1973 – IV C 49.71, BRS 27 Nr. 130).

### 5.2 Vorbehalte nach sonstigem öffentlichem Recht

Die **Baugenehmigung ersetzt** nach § 75 Abs. 3 Satz 2 BauO NRW **keine anderen öffentlich-rechtlichen Erlaubnisse, Bewilligungen, Genehmigungen oder Zustimmungen** und **macht sie auch nicht überflüssig**. Diese Klarstellung ist notwendig, damit aus der Begriffsbestimmung der Baugenehmigung nicht der Schluss gezogen werden kann, die Baugenehmigung umfasse auch alle öffentlich-rechtlichen Entscheidungen außerhalb des Bauordnungsrechts. Damit soll jedoch keineswegs die sog. „Schlusspunkttheorie" im Sinne des nordrhein-westfälischen Bauordnungsrechts mit einem je nach Fallgestaltung durchaus unterschiedlichen materiell-rechtlichen Prüfprogramm zur Disposition gestellt werden (vgl. Rdn. 8 und 81 ff.). 168

Absatz 3 Satz 2 bezieht sich nur auf **rechtlich selbständige** Genehmigungen, Bewilligungen, Erlaubnisse, Zustimmungen oder Anzeigen, nicht aber auf Mitwirkungsrechte anderer Behörden. Die Vorschrift zielt vorrangig auf „**Folgegenehmigungen**" (**nachrangige** Genehmigungen oder Erlaubnisse, s. Rdn. 83), die nicht Voraussetzung für die Erteilung der Baugenehmigung sind, sondern gewöhnlich auf die Baugenehmigung folgend erteilt werden. Hierunter fallen z. B. die im Zuge der Bauausführung erforderlich werdenden öffentlich-rechtlichen Erlaubnisse, Bewilligungen, Gestattungen, wie die zur zeitlich befristeten Einbeziehung eines Teils der Straßenfläche in die Baustelle, die Erlaubnis zum Aufbruch des Straßenkörpers, um die Ver- und Entsorgungsleitungen anschließen zu können oder die Festsetzung der Gemeinde über die anzubringende Hausnummer. Ferner rechnet hierzu auch die Anordnung verkehrslenkender Maßnahmen durch die Straßenverkehrsbehörde, die eventuell aufgrund der konkreten Auswirkungen eines Bauvorhabens auf den Straßenverkehr erforderlich werden (vgl. hierzu OVG NRW, Beschluss vom 15. 2. 2000 – 10 B 208/00, BauR 2000, 1042 = BRS 63 Nr. 177 = NVwZ-RR 2001, 299 zu einer Pumpstation auf einer Straßenfläche). 169

Weiter sind die Genehmigungen, Erlaubnisse usw. zu nennen, welche für die endgültige ordnungsgemäße Nutzungsausübung des fertig gestellten Bauwerks neben der Baugenehmigung noch erforderlich sind, wie z. B. die **personenbezogenen Betriebserlaubnisse** 170

- nach **§ 2 GastG** (Erlaubnis zum Betrieb einer Gaststätte),
- nach **§ 33 GewO** (Erlaubnis zum Betrieb einer Spielhalle),
- nach **§ 2 ApothekenG** (Erlaubnis zum Betrieb einer Apotheke),
- nach **§ 3 RöV** (Genehmigung zum Betrieb einer Röntgenanlage),
- nach **§ 6 HeimG** (Erlaubnis zum Betrieb eines Heimes),

um nur einige wichtige Rechtsbereiche anzusprechen (vgl. BVerwG, Beschluss vom 20. 10. 1988 – 4 B 195.88, BRS 48 Nr. 141 zur Gaststättenerlaubnis und OVG NRW, Urteil vom 13. 9. 1994 – 11 A 3309/92, BRS 56 Nr. 137 zur Spielhallenerlaubnis).

Die Vorschrift stellt **keine Einschränkung des umfassenden Prüfungsauftrages** im Hinblick auf das **materiell-rechtliche Prüfprogramm** nach § 75 Abs. 1 Satz 1 BauO NRW dar (OVG NRW, Urteil vom 20. 3. 1992 – 11 A 610/90, BauR 1992, 610 = BRS 54 Nr. 135; s. auch Rdn. 8). In gewisser Weise ist Satz 2 jedoch eine „**Angstklausel**", da bei der Unübersehbarkeit des „Baunebenrechts" schnell einmal von der Bauaufsichtsbehörde die Notwendigkeit einer Genehmigung, Bewilligung oder Erlaubnis nach anderen Rechtsvorschriften als Voraussetzung der Baugenehmigung unbeachtet bleiben kann (zum 171

Umfang der Prüfung vgl. Rdn. 81 bis 99). Übersieht die Bauaufsichtsbehörde die für das Vorhaben erforderliche Genehmigung anderer Behörden, führt dies für sich allein noch nicht zur Rechtswidrigkeit der Baugenehmigung, weil die anderweitige Genehmigung weiterhin erforderlich bleibt, obwohl die Baugenehmigung erteilt worden ist (OVG NRW, Beschluss vom 23. 8. 2001 – 11 A 1084/96, BauR 2002, 457 zur Befugnis der Straßenbaubehörde, trotz vorliegender Baugenehmigung die Beseitigung einer ohne die erforderliche Sondernutzungserlaubnis angebrachten Werbetafel anordnen zu können). Diese Entscheidungen befassen sich mit dem **Verhältnis der Baugenehmigung zu anderen öffentlich-rechtlichen Gestattungen**, besagen aber nicht, dass die Bauaufsichtsbehörde die anderen Genehmigungen oder Erlaubnisse unberücksichtigt lassen kann. Dazu führt das OVG NRW im Beschluss vom 23. 8. 2001, a. a. O. aus:

*„Prüfungsmaßstab bei Erteilung der Baugenehmigung ist das gesamte öffentliche Recht, soweit die Bauaufsichtsbehörde im Baugenehmigungsverfahren über das Vorhaben entscheiden muß. Dieser Prüfungsmaßstab steht der Bauaufsichtsbehörde allerdings nur insoweit zu, als sie überhaupt für die Entscheidung zuständig ist, soweit also im Baugenehmigungsverfahren über das Vorhaben entschieden werden darf und muß. Zwar mag die Baugenehmigungsbehörde auf Grund einer sog. ‚Vorprüfungskompetenz' eine Baugenehmigung versagen können, wenn sie erkennt, daß eine anderweitige Genehmigung oder Erlaubnis schlechthin nicht erteilt werden kann (vgl. etwa Schulte in: Boeddinghaus/Hahn/Schulte, BauO NRW, Kommentar, Loseblatt-Ausgabe [Stand: 1. 1. 2001], § 75 BauO NRW Rdnr. 75 m. w. N. aus der Rechtsprechung).*

*Ebenfalls wird die Baugenehmigungsbehörde eine Baugenehmigung wegen des Erfordernisses, daß ‚dem Vorhaben öffentlich-rechtliche Vorschriften nicht entgegenstehen', und infolge der durch Erteilung des Bauscheines bewirkten Baufreigabe eine Baugenehmigung (noch) nicht erteilen dürfen, wenn eine weitere Gestattung o. ä. nach dem jeweils einschlägigen Recht erforderlich ist, aber noch fehlt (zur sog. Schlußpunkttheorie Schulte a. a. O., § 75 BauO NRW Rdnr. 76 ff. [mit umfangreichen Nachweisen zum Meinungsstand]).“*

Die Bauaufsichtsbehörde sollte sich immer der Tatsache bewusst sein, dass die **Baugenehmigung im Hinblick auf die erfassten Prüfgegenstände den Schlusspunkt bildet** (s. Rdn. 8). Fehlt bei Abschluss der Prüfung eine noch erforderliche **vorgreifliche** Gestattung nach sonstigem öffentlichem Recht, steht aber durch eine im Beteiligungsverfahren abgegebene **schriftliche Erklärung** der dafür zuständigen Fachbehörde unzweifelhaft fest, dass diese Gestattung in Kürze erteilt wird, kann – in diesem Sonderfall – die Baugenehmigung bereits erteilt und durch eine **Bedingung im Bauschein** die **verfrühte Baufreigabe** insoweit **ausgeschlossen** werden (s. Rdn. 81 ff. und Nr. 4.13 VV BauO NRW zum Vorliegen der wasserrechtlichen Erlaubnis).

### 6 Zu Absatz 4 – Benachrichtigung der Gemeinde

**172** Die Unterrichtung der Gemeinde ist in erster Linie mit Rücksicht auf ihre **Planungshoheit** erforderlich. Sie wird, wenn sie nicht selbst Bauaufsichtsbehörde ist, nach Maßgabe des § 36 BauGB im Baugenehmigungsverfahren beteiligt. Diese Beteiligung ist bei Identität von Gemeinde und Bauaufsichtsbehörde, infolge des Zusammenfallens beider Funktionen (Planung und Bauaufsicht) in einer Körperschaft, nicht vorgeschrieben. Nur ein kleiner Teil der Gemeinden hat weniger als 25 000 Einwohner und übernimmt daher keine bauaufsichtlichen Funktionen (s. § 60 Abs. 1 Nr. 3 Buchstabe a BauO NRW).

Diese Gemeinden haben natürlich ein Interesse zu erfahren, wie der Kreis als untere Bauaufsichtsbehörde über den Bauantrag entschieden hat. Dieses Interesse haben im Übrigen auch die kreisfreien Städte und die kreisangehörigen Städte und Gemeinden, wenn die Bezirksregierung im Zustimmungsverfahren (§ 80 BauO NRW) entscheidet.

**Satz 1** enthält deshalb eine umfassende **Unterrichtungspflicht über alle planungsrelevanten bauaufsichtlichen Entscheidungen** der Bauaufsichtsbehörden aus Anlass der Erteilung, Verlängerung, Ablehnung, Rücknahme und des Widerrufs von Baugenehmigungen, Teilbaugenehmigungen, Vorbescheiden, Zustimmungen oder Abweichungen. Wegen der primär aus planungsrechtlichen Gründen gegebenen Unterrichtungspflicht ist der Begriff „**Abweichung**" in einem umfassenden Sinne zu verstehen. Er darf keineswegs nur im Sinne des § 73 BauO NRW verstanden werden, denn das hätte die fatale Folge, dass die Gemeinden gerade nicht über die bauplanungsrechtlich besonders interessierenden Ausnahmen und Befreiungen nach § 31 BauGB informiert würden, über die auch gesondert entschieden wird (z.B. für freigestellte Vorhaben nach § 65 BauO NRW). 173

Die Baugenehmigung, die Teilbaugenehmigung, der Vorbescheid, die Zustimmung und auch die Abweichungsentscheidung (im umfassenden Sinne) verschaffen dem Bauherrn Schutz vor nachfolgenden Rechtsänderungen. Dies kann die Gemeinde bei der Bauleitplanung nur berücksichtigen, wenn sie den Inhalt des Bescheides genau kennt, der sich (im Fall der Baugenehmigung) erst aus den Bauvorlagen erschließt. Daher bestimmt **Satz 2**, dass zur Unterrichtung eine **Ausfertigung des Bescheides beizufügen** ist, also die Baugenehmigung, die Teilbaugenehmigung, der Vorbescheid, die Zustimmung oder die Abweichung (Ausnahme und Befreiung) zusammen **mit den zugehörigen Bauvorlagen**. 174

Absatz 4 ist selbstverständlich nur anwendbar, wenn die **Gemeinde nicht selbst Bauaufsichtsbehörde** ist (s. § 57 BauO NRW). Dies war in § 88 Abs. 7 BauO NW 1970 ausdrücklich gesagt; die Wiederaufnahme dieser einschränkenden Formulierung erschien jedoch entbehrlich. 175

Die **Mitteilungspflicht bezüglich Abweichungen** (Ausnahmen und Befreiungen) hat nur praktische Auswirkungen, wenn ein **gesonderter Bescheid** ergeht (s. § 74 Abs. 4 BauO NRW). Ansonsten werden diese Entscheidungen in die Baugenehmigung, die Teilbaugenehmigung, den Vorbescheid oder die Zustimmung einbezogen, was weder das BauGB noch die BauO NRW ausschließen. 176

## 7 Zu Absatz 5 – Baufreigebende Wirkung der Baugenehmigung

Die dem Bauherrn **zugegangene Baugenehmigung beseitigt das gesetzliche Bauverbot**, wie es § 75 Abs. 5 BauO NRW formuliert (vgl. Rdn. 2). Die Vorschrift enthält im Umkehrschluss jedoch **keine unbeschränkte „Baufreigabe"** da sie weitere bauordnungsrechtliche Regelungen und sonstige öffentlich-rechtliche Vorschriften unberührt lässt. Insofern kann der Regelungsgehalt missverstanden werden (s. hierzu Rdn. 171). Zudem ist die „Baufreigabe" mit der gesetzlichen Verpflichtung zur **Erstattung der Anzeige über den Ausführungsbeginn** „mindestens eine Woche vorher" verbunden (§ 75 Abs. 7 BauO NRW; vgl. Rdn. 191). 177

Die baufreigebende Wirkung der Baugenehmigung setzt gemäß § 75 Abs. 5 BauO NRW erst nach deren **Zugang** ein. Hierunter ist, wie sich direkt aus § 75 Abs. 1 Satz 3 BauO NRW ergibt, die Zustellung der Baugenehmigung einschließlich einer Ausfertigung der 178 mit einem Genehmigungsvermerk versehenen Bauvorlagen beim Antragsteller zu verstehen. Für die Zustellung genügt der einfache Brief oder die persönliche Entgegennahme durch den Antragsteller, sofern dieser die Baugenehmigung bei der Bauaufsichtsbehörde abholt. Dagegen liegt noch kein Zugang im Sinne des § 75 Abs. 5 BauO NRW vor, wenn die Baugenehmigung zwar ausgefertigt, aber noch nicht abgesandt wurde. Eine **Baugenehmigung** kann als Verwaltungsakt nämlich **erst durch die Bekanntgabe wirksam** werden (§§ 41, 43 VwVfG. NRW.; OVG NRW, Beschluss vom 27. 10. 1995 – 10 B 2720/95, BRS 57 Nr. 256 = NWVBl 1996, 222).

**179** Auch nach Zugang der Baugenehmigung und Erstattung der Anzeige über den Ausführungsbeginn kann der Bauherr nicht einfach mit dem Bau beginnen, da § 75 Abs. 5 BauO NRW nur **baufreigebende Wirkung hinsichtlich des präventiven Prüfumfangs** entfaltet. Der Gesetzgeber hat für das vereinfachte Genehmigungsverfahren als teilweisen Ersatz der präventiven Prüfung bestimmte Nachweise vorgesehen und den Baubeginn von deren Vorlage abhängig gemacht (vgl. Rdn. 4–5). So sind nach **§ 68 Abs. 2 BauO NRW** im **vereinfachten Genehmigungsverfahren** bei Baubeginn **bautechnische Nachweise** in vorgeschriebener Qualität der Bauaufsichtsbehörde vorzulegen. **Fehlen diese**, können noch **keine Bauarbeiten** aufgenommen werden.

## 8 Zu Absatz 6 – Absteckungs- und Vorhaltepflichten des Bauherrn

### 8.1 Festlegung der Grundrissfläche und der Höhenlage

**180** Absatz 6 **Satz 1** enthält eine Regelung, die **für die ordnungsgemäße Ausführung** eines Vorhabens **von größter Bedeutung** ist und die erheblich dazu beiträgt, dass die am Bau Beteiligten und die Bauaufsichtsbehörden jederzeit die **Einhaltung wesentlicher Bestimmungspunkte** für die Grundrissfläche und die Höhenlage überprüfen können. Die **Absteckungspflicht** besteht bereits vor **Baubeginn**, also nicht erst nach Durchführung des Erdaushubs. Denn es ist bereits für die Erdaushubarbeiten erforderlich, dass die genaue Lage des zu errichtenden Baukörpers vermessungstechnisch festliegt. Gewöhnlich erfolgt die Absteckung zusammen mit den Arbeiten zur Einrichtung der Baustelle unmittelbar vor dem Erdaushub (angesichts des hohen Kostendrucks oft am gleichen Tag), so dass eine Differenzierung zwischen „Baubeginn" und „Ausführungsbeginn" (vgl. die unterschiedlichen Formulierungen in Absatz 5 bzw. 7 und Absatz 6) theoretischer Natur ist.

**181** Bei den in den Verdichtungsgebieten gegebenen hohen Grundstückspreisen und den hierdurch bedingten kleinen Grundstücken bzw. verdichteten Bauformen mit minimalen Grenzabständen sind die Einhaltung der genehmigten Anordnung des Baukörpers in Beziehung zu den Grundstücksgrenzen und die Einhaltung der genehmigten höhenmäßigen Anordnung des Baukörpers in Beziehung zur Geländeoberfläche von größter Bedeutung für die ordnungsgemäße Bauausführung, auch und gerade unter **nachbarrechtlichen Gesichtspunkten**. Sind erst Bauarbeiten fehlerhaft durchgeführt, führen die nicht selten aufgrund nachbarlicher Beschwerden erforderlich werdenden „Rückbaumaßnahmen" zu einer erheblichen wirtschaftlichen Belastung des Bauherrn. Dabei spielt dann der von ordnungswidrig handelnden Bauherren immer wieder gern bemühte „Verhältnismäßigkeitsgrundsatz" keine Rolle mehr, denn ein **eigenmächtiger Eingriff in öffentlich-rechtlich geschützte nachbarliche Belange ist unter keinem Gesichtspunkt zu rechtfertigen**.

Eine **eigenmächtige Abweichung** von der genehmigten Grundrissfläche und Höhenlage ist in der Regel auch **unter städtebaulichen Gesichtspunkten nicht hinnehmbar.** Sinn und Zweck des Baugenehmigungsverfahrens ist es, wegen der Einbeziehung der planungsrechtlichen Zulässigkeitsvorschriften für Vorhaben der §§ 29 bis 37 BauGB in die bauaufsichtliche Überprüfung, auch die Bauwünsche des Bauherrn mit den städtebaulichen Zielvorgaben zu koordinieren. Das städtebaulich angestrebte Straßen-, Orts- oder Landschaftsbild kann durch falsch angeordnete Baukörper erheblich beeinträchtigt werden. Angesichts des aufwendigen Verfahrens zur Aufstellung der Bebauungspläne bzw. städtebaulichen Satzungen verwundert es nicht, dass eigenmächtige Abweichungen von den Bauaufsichtsbehörden ordnungsbehördlich verfolgt werden (müssen). Wegen des gewichtigen **Gesetzmäßigkeitsprinzips** verstößt es regelmäßig nicht gegen den Grundsatz der Verhältnismäßigkeit, wenn die Bauaufsichtsbehörde die Beseitigung des ungesetzlichen Zustandes verlangt (BVerwG, Beschluss vom 30. 8. 1996 – 4 B 117.96, BauR 1996, 828 = BRS 58 Nr. 90). Für die ordnungsgemäße Bauausführung ist der Bauherr grundsätzlich ohne Rücksicht auf seine wirtschaftliche Leistungsfähigkeit verantwortlich (BVerwG, Beschluss vom 11. 4. 1989 – 4 B 65.89, BRS 49 Nr. 143). 182

Wird eine bauliche Anlage nicht genau an der genehmigten Stelle des Grundstücks errichtet, gilt sie als nicht genehmigt (formell-illegal). Jede Verschiebung des Baues an eine andere Stelle des Grundstücks macht den Bau zu einem anderen, nicht genehmigten und folglich einer besonderen Genehmigung bedürfenden (Baltz/Fischer, S. 143). Dies gilt natürlich auch für eine von der Baugenehmigung abweichende Höhenlage der baulichen Anlage (ebenso Boeddinghaus/Hahn/Schulte, zu § 75 Rdn. 168). Bereits die **formelle Illegalität** stellt einen Verstoß gegen die öffentliche Ordnung dar und berechtigt die Bauaufsichtsbehörde, die **Einstellung der Bauarbeiten** anzuordnen (OVG NRW, Urteil vom 13. 2. 1987 – 10 A 29/87, BRS 47 Nr. 193 = NVwZ 1988, 369 und Urteil vom 20. 8. 1992 – 7 A 2702/91, BRS 54 Nr. 203 zu Abweichungen von der Baugenehmigung trotz vorliegendem Schlussabnahmeschein, der die Baugenehmigung nicht abändern und demzufolge eventuellen Abweichungen keine Legalität verschaffen kann). 183

Die **Festlegung der Höhenlage** in der Baugenehmigung ist **besonders wichtig**, da dieser in ihrem Bezug zur Geländeoberfläche nach der Rechtslage entscheidende Bedeutung zukommt (zur Festlegung der Geländeoberfläche s. die Anmerkungen zu § 2 Rdn. 172–176 und zu § 9 Rdn. 71–83). Die gesetzliche Regelung des § 75 Abs. 6 Satz 1 BauO NRW verlangt lediglich die Absteckung der **Höhenlage der** genehmigten **baulichen Anlagen**, nicht jedoch die Absteckung der Höhenlage einer eventuell genehmigten, zu verändernden Geländeoberfläche. Hält die Bauaufsichtsbehörde hierfür ebenfalls eine Kontrolle für erforderlich, so muss sie von der Ermächtigung des § 82 Abs. 2 Satz 2 BauO NRW Gebrauch machen und die Anzeige des Beginns der Arbeiten zur Veränderung der Geländeoberfläche verlangen. 184

Ohne dass dies im Gesetz so klar zum Ausdruck kommt, erfasst die gesetzliche Absteckungspflicht nur bauliche Vorgänge der Errichtung von Gebäuden oder vergleichbarer baulicher Anlagen mit einem gewissen Schwierigkeitsgrad, nicht jedoch einfachste Vorgänge, bei denen die Absteckung keinen Sinn macht, wie z. B. bei der Montage einer über 2 m hohen und daher genehmigungsbedürftigen Zaunanlage. **Sinn der Absteckung** bei Baubeginn ist es nämlich, die **Bestimmungspunkte für die endgültige lage- und höhenmäßige Ausrichtung** des Bauwerks außerhalb des engeren Baufeldes, dessen natürliche Oberfläche infolge Erdaushub und anderer Bautätigkeiten zerstört wird, durch Markierungen so zu sichern, dass nicht nur die Bauaufsichtsbehörden, sondern vor al- 185 lem auch die ausführenden Personen in jedem Stadium der Bauausführung Kontrollmessungen durchführen können.

186 Der Begriff **Höhenlage** im Sinne des § 75 Abs. 6 Satz 1 BauO NRW stellt auf die im Bauwesen übliche Methode ab, sämtliche Ebenen eines Bauwerks an der Höhenlage des **Erdgeschossfußbodens** (der Nullebene) auszurichten. Deshalb ist auch im **Lageplan** gemäß **§ 3 Abs. 1 Satz 2 Nr. 12 BauPrüfVO** und in den **Schnittzeichnungen** gemäß **§ 4 Abs. 3 Nr. 1 BauPrüfVO** die **Höhenlage des Erdgeschossfußbodens über NN** anzugeben. Die so in den Bauvorlagen als Bestandteil der Baugenehmigung festgelegte Höhenlage des Erdgeschossfußbodens ist am Schnurgerüst dauerhaft zu markieren. Die Einhaltung der Grundrissfläche und der Höhenlage muss gemäß § 81 Abs. 2 BauO NRW der Bauaufsichtsbehörde nachgewiesen werden.

187 Beabsichtigt die Bauaufsichtsbehörde bei besonderen Grundstücksverhältnissen, einen **amtlichen Nachweis** über die Einhaltung der Grundrissflächen und Höhenlagen der baulichen Anlagen gemäß **§ 81 Abs. 2 Satz 2 BauO NRW** zu verlangen, sollte dies dem Bauherrn frühzeitig mitgeteilt werden, damit dieser sich bei der Auftragserteilung an Unternehmer bzw. Fachunternehmer hierauf einstellen kann. Nach **Nr. 75.6 VV BauO NRW** soll die Bauaufsichtsbehörde den Bauherrn schon **bei Erteilung der Baugenehmigung** hierauf hinweisen und ihm nahe legen, bei Absteckung der Grundrissfläche und der Höhenlage der baulichen Anlage einen öffentlich bestellten Vermessungsingenieur oder eine Behörde, die befugt ist, Vermessungen zur Errichtung und Fortführung des Liegenschaftskatasters auszuführen, einzuschalten.

### 8.2 Vorhalten von Unterlagen an der Baustelle

188 Die Vorschrift des § 75 Abs. 6 **Satz 2** BauO NRW begründet eine **Pflicht zur Vorhaltung** der **Baugenehmigung** und der **Bauvorlagen an der Baustelle von Baubeginn an**. Zu den **Bauvorlagen** gehören im Einzelnen die im Ersten Teil der BauPrüfVO genannten Unterlagen. Die Möglichkeit zur Einsichtnahme in diese Unterlagen soll unter anderem eine ordnungsgemäße Bauüberwachung ermöglichen (§ 81 Abs. 4 BauO NRW: „Den mit der Überwachung beauftragten Personen ist Einblick zu gewähren"). Daneben ist es aber auch für die bauausführenden Personen wichtig zu wissen, ob sie die Ausführung in Übereinstimmung mit der Baugenehmigung vornehmen. Allein anhand der Ausführungszeichnungen lässt sich die Übereinstimmung mit der Genehmigungslage nicht feststellen.

189 Die Regelung verlangt keineswegs, die **Originale** an der Baustelle bereitzuhalten. Nur die dem Antragsteller zugestellte Baugenehmigung – das ist der **„Bauschein" zusammen mit den genehmigten Bauvorlagen** – beweist **als öffentlich-rechtliche Urkunde** über die erteilte Baugenehmigung später die Rechtmäßigkeit der vorgenommenen Baumaßnahme. Sie sollte nicht auf der Baustelle „herumliegen", wozu aber die Formulierung des § 75 Abs. 6 Satz 2 BauO NRW verleiten könnte, der verlangt, dass die Baugenehmigung und die Bauvorlagen an der Baustelle von Baubeginn an vorliegen müssen. Der Bauherr kann sich zu diesem Zwecke eine weitere Ausfertigung erteilen oder aber Ablichtungen des Originals fertigen lassen. Es genügt, **Fotokopien** an der Baustelle vorzuhalten, um die Originale vor Beschädigungen, Verschmutzungen oder Verlust zu schützen (ebenso Boeddinghaus/Hahn/Schulte, zu § 75 Rdn. 169). Die Fotokopien müssen natürlich mit den Originalen übereinstimmen und dürfen keine Veränderungen (Verfälschungen) aufweisen; einer Beglaubigung bedarf es jedoch nicht.

„**An**" der Baustelle bedeutet, dass die Unterlagen **während des Baustellenbetriebs** für die am Bau Beteiligten und die Bauaufsichtsbehörde **zur Einsichtnahme bereit** sind. Es reicht aus, die Unterlagen im Baustellenbüro oder in einer Baustellenunterkunft bereitzuhalten. Da Verstöße gegen diese Vorhaltepflicht in der Vergangenheit nicht die Ausnahme, sondern eher die Regel bildeten, hat der Gesetzgeber mit **§ 84 Abs. 1 Nr. 15 BauO NRW** einen **Bußgeldtatbestand** geschaffen. 190

## 9 Zu Absatz 7 – Mitteilungs- und Unterrichtungspflichten

### 9.1 Anzeige des Ausführungsbeginns

Die **Anzeige des Ausführungsbeginns**, auch als „**Baubeginnanzeige**" bezeichnet, obliegt nach § 75 Abs. 7 **Satz 1** BauO NRW **dem Bauherrn** (zu den Anzeige- und Nachweispflichten s. § 57 Abs. 1 Satz 2 BauO NRW) und ist indirekt mit einer Wartepflicht von einer Woche verbunden. Die Anzeige muss mindestens eine Woche vor Ausführungsbeginn erfolgen. Wer die Anzeige erstattet, aber vor Ablauf der Woche mit den Bauarbeiten beginnt, begeht nach **§ 84 Abs. 1 Nr. 16 BauO NRW** eine **Ordnungswidrigkeit**, die mit **Bußgeld** geahndet werden kann, weil die Anzeige **nicht rechtzeitig** erfolgte. Das vollständige Unterlassen der Anzeige stellt ebenfalls eine bußgeldbewehrte Ordnungswidrigkeit dar. 191

Der **Ausführungsbeginn** hat vorrangig **Bedeutung** für die **Geltungsdauer** der Baugenehmigung. Ob der Bauherr von der Baugenehmigung Gebrauch macht, oder diese verfallen lässt, obliegt allein seiner Entscheidung. So wie niemand gezwungen werden kann, einen Bauantrag einzureichen, so kann auch niemand gezwungen werden, eine erteilte Baugenehmigung auszunutzen, die Besonderheiten des städtebaulichen Baugebots einmal unberücksichtigt lassend. Diese Auffassung von „Baufreiheit" liegt in der Privatnützigkeit des Eigentums begründet (hierzu vgl. BVerfG, Beschluss vom 23. 4. 1974 – 1 BvR 6/74 und 2270/73, BVerfGE 37, 132 = NJW 1974, 1499). 192

Das Wissen um den **Ausführungsbeginn** ist für die Bauaufsichtsbehörde von Bedeutung wegen der daraufhin einsetzenden **Bauüberwachung** nach § 81 BauO NRW. Ohne die Anzeigepflicht wäre die Bauaufsichtsbehörde gezwungen, die Grundstücke, für die eine Baugenehmigung erteilt worden ist, ständig im Rahmen der allgemeinen Überwachung nach § 61 BauO NRW zu kontrollieren, um keinesfalls den einsetzenden „Ausführungsbeginn" zu verpassen, da erst ab diesem Zeitpunkt die Phase der Bauüberwachung im Sinne des § 81 BauO NRW beginnt (zu den unterschiedlichen Überwachungsfunktionen vgl. die Anmerkungen zu § 81 Rdn. 1–4). Abgesehen davon, dass für eine derart verdichtete Kontrolle kein Bedürfnis besteht, würde ein erheblicher, nicht finanzierbarer Personalbedarf für Überwachungspersonal ausgelöst. 193

Die **Anzeige über den Ausführungsbeginn** darf nicht mit dem **tatsächlichen Beginn ernsthafter Bauarbeiten** gleichgesetzt werden (so Buntenbroich/Voß, zu § 75 Rdn. 42). Ob bzw. wann mit der Bauausführung begonnen worden ist, mag zuweilen umstritten sein. Es kommt dabei auf eine **ernsthafte Absicht** des Bauherrn **zur Umsetzung der erteilten Baugenehmigung** an. Diese ist bei Bauvorhaben mit Unterkellerung jedenfalls dann gegeben, wenn nach der Humusabtragung mit dem Ausheben der Baugrube begonnen wurde (so BayVGH, Urteil vom 15. 1. 1979 – Nr. 67 XIV 75, BRS 35 Nr. 165). Diese Auslegung wird nicht immer zutreffen, da es entscheidend auf die jeweiligen Umstände des Einzelfalles ankommt. Für das Aufstellen einer Fertiggarage z. B. genügt deshalb als Baubeginn auch schon das Abschieben des Mutterbodens. 194

195 Der tatsächliche Ausführungsbeginn hat Bedeutung für den Zeitpunkt, zu dem die Anzeige der Bauaufsichtsbehörde zugegangen sein muss; diesen legt das Gesetz mit **mindestens einer Woche** fest. Die Gründe hierfür sind die gleichen wie die für die Anzeige nach § 82 Abs. 2 Satz 1 BauO NRW. Anders als dort schreibt § 75 Abs. 7 Satz 1 BauO NRW für die Anzeige die **Schriftform** vor. Wegen der erheblichen Bedeutung des Ausführungsbeginns für die Ausnutzung bzw. für den Verbrauch der Baugenehmigung (hierzu vgl. OVG NRW, Urteil vom 20. 3. 1992 – 11 A 610/90, BRS 54 Nr. 135) konnte hierauf nicht verzichtet werden. Die schriftliche Anzeige erleichtert auch die Information anderer Behörden durch die Bauaufsichtsbehörde, denn diese kann zur Unterrichtung über den Baubeginn Kopien der Anzeige an die entsprechenden Stellen weiterleiten.

### 9.2 Unterrichtung der an der Überwachung beteiligten Behörden

196 Die Regelung in **Satz 2** wurde bereits mit der BauO NW 1984 als Pflicht zur **Unterrichtung** des Staatlichen Gewerbeaufsichtsamtes durch die Bauaufsichtsbehörde eingeführt. An die Stelle dieser Behörde sind das **Staatliche Amt für Arbeitsschutz** und das **Staatliche Umweltamt** getreten. Beide Behörden wurden mit dem „Gesetz zur Straffung der Behördenstruktur in Nordrhein-Westfalen“ vom 12. 12. 2006 (GV. NRW S. 622) **aufgelöst**. Die **Aufgaben** werden von der **Bezirksregierung** bzw. den **Kreisen** und **kreisfreien Städten** wahrgenommen (s. die Anmerkungen zu § 72 Rdn. 9). Die Unterrichtung hat den Sinn, der für den Arbeits- bzw. Umweltschutz zuständigen Behörde von dem Bauvorhaben und dessen Inangriffnahme Kenntnis und damit Gelegenheit zu geben, die Bauarbeiten unter Arbeitsschutz- bzw. Unfallverhütungsaspekten und den Gesichtspunkten des Immissionsschutzes (unter anderem Baumaschinenlärm) zu überwachen.

197 Soweit von der Ausführung des Bauvorhabens **andere öffentliche Belange** berührt sind (z. B. Denkmalschutz, Landschaftsschutz oder Wasserrecht), ist es zweckmäßig, wenn die Bauaufsichtsbehörde auch die dafür zuständigen Behörden oder Dienststellen informiert. Insofern kann die Regelung des § 75 Abs. 7 BauO NRW nur als lückenhaft bezeichnet werden. Es liegt nämlich im Interesse einer sachgerechten Überwachung, dass die beteiligten Behörden Gelegenheit erhalten, ihr Fachwissen einzubringen und die Bauaufsichtsbehörde fachlich zu unterstützen bzw. ihren spezialgesetzlichen Kontrollpflichten zu genügen.

198 Im Baugenehmigungsverfahren nicht beteiligte Behörden haben nach den **datenschutzrechtlichen Bestimmungen** regelmäßig keinen Anspruch auf Information über personenbezogene Daten, die mit dem Antragsvordruck erhoben werden. Dies gilt auch im Hinblick auf die Übermittlung von Daten (z. B. in Listenform) über Baugenehmigungen und Baubeginnanzeigen zum Zwecke der **Bekämpfung der Schwarzarbeit**. Nur ausnahmsweise kann im **Einzelfall** bei **Vorliegen der Voraussetzungen** nach § 13 Abs. 2 Buchstabe d) DSG NRW eine Weiterverarbeitung in Betracht kommen, wenn dies zur

- Abwehr **erheblicher** Nachteile für das Gemeinwohl
- oder einer sonst **unmittelbar drohenden** Gefahr für die öffentliche Sicherheit
- oder zur Abwehr einer **schwerwiegenden** Beeinträchtigung der Rechte einer anderen Person

**erforderlich** ist (so der RdErl. der obersten Bauaufsichtsbehörde vom 23. 9. 1999 und vom 17. 2. 2000 – II A 2–325.4, n. v.).

## § 76
## Teilbaugenehmigung

**(1) [1]Ist ein Bauantrag eingereicht, so kann der Beginn der Bauarbeiten für die Baugrube und für einzelne Bauteile oder Bauabschnitte auf schriftlichen Antrag schon vor Erteilung der Baugenehmigung schriftlich gestattet werden (Teilbaugenehmigung). [2]§ 75 gilt entsprechend.**

**(2) In der Baugenehmigung können für die bereits begonnenen Teile des Bauvorhabens zusätzliche Anforderungen gestellt werden, wenn sich bei der weiteren Prüfung der Bauvorlagen ergibt, dass die zusätzlichen Anforderungen wegen der öffentlichen Sicherheit oder Ordnung erforderlich sind.**

***VV BauO NRW*** *(infolge Befristung mit Ablauf des 31.12.2005 ausgelaufen)*

***76 Teilbaugenehmigung (§ 76)***

*76.1 Zu Absatz 1*

*Die Bauvorlagen für eine Teilbaugenehmigung müssen die Feststellung der grundsätzlichen baurechtlichen Zulässigkeit des Vorhabens als Ganzes sowie die abschließende Prüfung der bautechnischen Unbedenklichkeit der jeweils zu erfassenden Teile oder Abschnitte des Vorhabens ermöglichen. Liegt eine 1. Teilbaugenehmigung bereits vor, braucht bei weiteren Teilbaugenehmigungen die grundsätzliche Zulässigkeit des Vorhabens nicht mehr geprüft zu werden. Im Übrigen kann die Zulässigkeit des Vorhabens auch durch Vorbescheid (§ 71) festgestellt werden.*

**Anmerkungen** (Autor: Heintz)

**Übersicht**

| | | Rdn. |
|---|---|---|
| 0 | Änderungen gegenüber der BauO NW 1984 und der BauO NW 1995 | 01–02 |
| 1 | Allgemeines | 1–6a |
| 2 | Zu Absatz 1 – Teilbaugenehmigung | 7–14 |
| 3 | Zu Absatz 2 – Zusätzliche Anforderungen | 15–16 |

### 0 Änderungen gegenüber der BauO NW 1984 und der BauO NW 1995

Mit der **BauO NW 1995** wurde § 71 BauO NW 1984 bis auf die redaktionell bedingte Änderung der Verweisung in Absatz 1 Satz 2 (§ 75 anstelle § 70) übernommen. **01**

Die **BauO NRW 2000** hat § 76 BauO NW 1995 unverändert beibehalten. **02**

### 1 Allgemeines

Die Teilbaugenehmigung hat den **Zweck**, dem Bauherrn bei einem besonders dringenden Baubedürfnis den **Beginn der Bauarbeiten** schon **vor** Erteilung **der endgültigen Baugenehmigung** zu ermöglichen. Die Vorschrift **beseitigt** – wie die endgültige Baugenehmigung – das **gesetzliche Verbot** des § 75 **Abs. 5** BauO NRW, vor Zugang der Baugenehmigung nicht mit der **Bauausführung** beginnen zu dürfen (s. die Anmerkungen zu **1**

§ 75 Rdn. 177–179). Allerdings erstreckt sich die **baufreigebende Wirkung der Teilbaugenehmigung** nicht auf das gesamte Vorhaben, sondern – wie der Name dieses Rechtsinstituts bereits deutlich macht – nur auf den von der Teilbaugenehmigung erfassten **Teil des Gesamtvorhabens**. Da bei umfangreichen oder schwierigen Bauvorhaben die Bearbeitung des Bauantrags oft längere Zeit in Anspruch nimmt, erweist sich die Teilbaugenehmigung in der Praxis als **wesentliche Erleichterung des Baugeschehens**. Nicht ausgeschlossen ist ein **abschnittsweises** Bauen mit gleich mehreren zeitlich aufeinander folgenden Teilbaugenehmigungen entsprechend dem Baufortschritt.

**2** Die Teilbaugenehmigung ist an verschiedene **Voraussetzungen** geknüpft. Zunächst muss **bereits** der **Bauantrag für das Vorhaben als Ganzes** bei der Bauaufsichtsbehörde zur Genehmigung **eingereicht** sein. Dies ergibt sich unmissverständlich aus der Formulierung des Absatzes 1 Satz 1. Insoweit kann Nr. 76.1 Satz 3 VV BauO NRW zu dem Missverständnis führen, eine Teilbaugenehmigung sei bereits möglich, wenn ein Vorbescheid erteilt sei, was jedoch nicht der Fall ist. Im Gegensatz zum Vorbescheid, der lediglich Klarheit über die mit der Voranfrage beantragte Klärung bestimmter Zulässigkeitsaspekte des Bauvorhabens schafft, hat die Teilbaugenehmigung wie die Baugenehmigung baufreigebende Wirkung (vgl. Hoppe/Bönker/Grotefels, S. 541 f. Rdn. 70). Wenn § 76 Abs. 1 Satz 1 BauO NRW einleitend formuliert „Ist ein Bauantrag eingereicht", so zielt dies auf den **vollständigen** Bauantrag **mit allen erforderlichen** Bauvorlagen, um die materiell-rechtliche Prüfung der grundsätzlichen Zulässigkeit des Vorhabens entsprechend § 75 Abs. 1 Satz 1 BauO NRW durchführen zu können.

**3** Als **notwendige Voraussetzung der Teilbaugenehmigung** hat die Bauaufsichtsbehörde zu ermitteln, ob die **baurechtliche Zulässigkeit des Vorhabens als Ganzes** positiv beurteilt werden kann (Nr. 76.1 VV BauO NRW). Dazu gehört stets die Feststellung der

– **bauplanungsrechtlichen Zulässigkeit** des Vorhabens,

und in **Abhängigkeit** vom vorgesehenen **Prüfprogramm**, dass sich wiederum aus dem in § 68 Abs. 1 BauO NRW festgelegten Verfahren ergibt (s. die Anmerkungen zu § 68 Rdn. 11–12 und zu § 75 Rdn. 81–99) die Feststellung der **Übereinstimmung mit** den

– **bauordnungsrechtlichen Vorschriften** und den

– **sonstigen öffentlich-rechtlichen Vorschriften**.

Demnach muss nach dem bauaufsichtlichen Prüfprogramm die **grundsätzliche Zulässigkeit des Gesamtbauvorhabens** feststehen (so auch Große-Suchsdorf/Lindorf/ Schmaltz/ Wiechert, zu § 76 Rdn. 3). Das gilt auch für die **Art der Nutzung**.

**3 a** Schon aus **bauplanungsrechtlicher** Sicht wird mit der Telbaugenehmigung auch über die **Art der baulichen Nutzung** des Vorhabens entschieden. Eine Teilbaugenehmigung kommt daher nicht in Betracht, wenn die Bauvorlagen nur einen Baukörper darstellen, jedoch dessen beabsichtigte Nutzung nicht offenbaren (OVG NRW, Urteil vom 16. 3. 1984 – 11 A 302/84, BRS 42 Nr. 163). Die gegenteilige Auffassung des VGH B-W im Urteil vom 27. 10. 2000 (– 8 S 445/00, BRS 63 Nr. 176) verkennt, dass ohne jede Nutzungsangabe weder eine Prüfung des Bauplanungsrechts, noch die Prüfung wichtiger bauordnungsrechtlicher Schutzziele, wie Standsicherheit und Brandschutz, möglich ist, da gerade die materiellen bauordnungsrechtlichen Anforderungen zumindest an allgemeine Nutzungsangaben, wie z. B. Wohngebäude oder gewerblich genutztes Gebäude, anknüpfen. Im Übrigen ging es in dem entschiedenen Fall um den Wiederaufbau eines durch Brand zerstörten Lagergebäudes, ohne dass der Bauherr bereits die Nachfolgenutzung konkret angeben konnte; dabei hat das Gericht übersehen, dass die Bauaufsichtsbehörde keine nutzungslose Hülle, sondern ein Lagergebäude – und damit auch eine Nutzung – genehmigt hatte.

In der bauaufsichtlichen Praxis ist es üblich, dass sich der Bauherr z.B. für ein Geschäftshaus lediglich Ladenlokale für den Einzelhandel oder für Praxen genehmigen lässt, wenn die konkreten Nutzer bei Beginn der Baumaßnahme noch nicht feststehen. Es wird dann nach Verkauf oder Vermietung des Ladenlokals gegebenenfalls eine weitere (**Nutzungs-**)**Genehmigung** erforderlich, sofern für die **konkretisierte** Nutzungsabsicht **spezielle** öffentlich-rechtliche Anforderungen **zusätzlich zu beachten** sind, die von der bereits vorliegenden Baugenehmigung, die ja nur eine allgemeine Nutzungsart abdeckt, nicht mit umfasst sind. Das ist z.B. bei einer **Apotheke** der Fall, die zwar dem Einzelhandel mit Arzneimitteln dient und damit grundsätzlich der durch die Baugenehmigung erfassten Einzelhandelsnutzung entspricht, jedoch den **speziellen baulichen** Anforderungen des **§ 4** der **Apothekenbetriebsordnung** i.d.F.d.B. vom 26.9.1995 (BGBl. I S. 1195), z.g.d. G vom 20.7.2007 (BGBl. I S. 1574) an die **Beschaffenheit**, **Größe** und **Einrichtung** der **Apothekenbetriebsräume** genügen muss. **3b**

Mit der **Teilbaugenehmigung** wird nach herrschender Auffassung über die **grundsätzliche Vereinbarkeit des gesamten Vorhabens** mit dem öffentlichen Baurecht **entschieden** (BGH, Urteil vom 10.2.1983 – III ZR 105/81, BauR 1983, 451 = BRS 40 Nr. 178 = NVwZ 1983, 500; BayObLG, Urteil vom 29.10.1979 – RReg. 2 Z 84/78, BRS 35 Nr. 151; s. auch Finkelnburg/Ortloff, Bd. II S. 167 f.). In der Regel kann die endgültige Baugenehmigung nur versagt werden, wenn ein Grund vorliegt, der zur Rücknahme oder zum Widerruf der Teilbaugenehmigung berechtigt (so BGH, a.a.O.; OVG NRW, Urteil vom 24.8.1979 – XI A 611/79, BRS 35 Nr. 150; s. auch Hess. VGH, Urteil vom 26.4.1990 – 4 UE 1256/86, BRS 50 Nr. 167). Es dürfen insgesamt für die Erteilung der Teilbaugenehmigung **keine grundsätzlichen öffentlich-rechtlichen Hindernisse erkennbar** sein, die der Erteilung einer abschließenden Baugenehmigung entgegenstehen würden (OVG Bln, Beschluss vom 20.12.1991 – 2 S 21.91, BRS 52 Nr. 166 und Beschluss vom 30.4.1992 – 2 S 7.92, BRS 54 Nr. 55). Die Teilbaugenehmigung wäre nämlich sinnwidrig, wenn feststünde, dass das Gesamtvorhaben anschließend nicht genehmigt werden könnte (OVG NRW, Urteil vom 24.8.1979 – XI A 611/79, BRS 35 Nr. 150). **4**

Die Feststellung der grundsätzlichen Zulässigkeit des Gesamtvorhabens kann sich naturgemäß noch nicht auf sämtliche **Einzelheiten der geplanten Bauausführung** beziehen (so Boeddinghaus/Hahn/Schulte, zu § 76 Rdn. 14). Es ist eine **differenzierte Betrachtungsweise** geboten, die vom **Umfang** der beantragten Teilbaugenehmigung abhängt (vgl. Hess. VGH, Beschluss vom 7.12.1990 – 1 B 1250/90, BRS 50 Nr. 168). Das mit der Teilbaugenehmigung verbundene „**positive Gesamturteil**" wird daher bei der Gestattung der Rohbauarbeiten umfassender sein, als bei der Zulassung lediglich des Baugrubenaushubs (OVG NRW, Beschluss vom 3.4.1996 – 11 B 523/96, BRS 58 Nr. 150 = NVwZ-RR 1997, 401). Der Auffassung des OVG Rh-Pf im Beschluss vom 7.12.1990 (– 1 B 12509/90, BRS 50 Nr. 168), eine Teilbaugenehmigung, die sich nur auf **unterirdische** Bauteile beziehe, entfalte in der Regel **keine Bindungswirkung** in Bezug auf die **für das Gesamtbauvorhaben geltenden Abstandflächen**, trifft nur dann zu, wenn die Fundamente und das Kellermauerwerk so zu den Grundstücksgrenzen liegen, dass **Unterschreitungen** gesetzlicher **Mindest**abstände durch das **aufgehende** Mauerwerk **ausgeschlossen** sind. Denn der Realisierung eines Kellers im ersten Bauabschnitt folgt die Ausführung der oberirdischen – abstandrelevanten – Außenwände des Gesamtvorha- **5** bens. Die Höhe der Außenwände kann der Bauherr dann zwar immer noch so begrenzen, dass die Abstandflächen auf dem eigenen Grundstück liegen, eine Unterschreitung der Mindestabstände würde die Realisierung der – oberirdischen – Außenwände in Fortführung des Kellermauerwerk – wie geplant und in den Bauvorlagen dargestellt – aber unmöglich machen oder aus statischen Gründen bautechnisch sehr erschweren. Bei Erteilung der Teilbaugenehmigung muss aber bereits feststehen, dass dem **geplanten** Gesamtvorhaben **keine grundsätzlichen** Hindernisse entgegenstehen (s. Rdn. 4 und 9), und dazu rechnen auch die gesetzlichen Mindestabstände.

**6** Die Teilbaugenehmigung entfaltet mit ihrer grundsätzlichen Feststellung der Zulässigkeit des Gesamtvorhabens eine dem Vorbescheid vergleichbare **Bindungswirkung** (was Nr. 76.1 Satz 3 VV BauO NRW zum Ausdruck bringen will); sie setzt sich gegen zwischenzeitliche Änderungen der Sach- und Rechtslage durch. Dies folgt, wie bei einer endgültigen Baugenehmigung aus dem Grundsatz des Bestandsschutzes. Auch eine **rechtswidrige** Teilbaugenehmigung entfaltet Bindungswirkung, die nur durch deren Rücknahme aufzuheben ist (Große-Suchsdorf/Lindorf/Schmaltz/Wiechert, zu § 76 Rdn. 7; s. auch BGH, Urteil vom 10. 2. 1983, a. a. O. Rdn. 4). Diese Bindungswirkung vermittelt einen **Anspruch auf die endgültige Baugenehmigung** und schützt somit den Bauherrn davor, dass sich die bereits getätigten Investitionen später als nutzlos erweisen. Die **Teilbaugenehmigung wird durch die endgültige Baugenehmigung nicht gegenstandslos**, sondern durch diese **lediglich ergänzt**.

**6 a** Die Bindungswirkung und Funktion der Teilbaugenehmigung hat Auswirkungen im Hinblick auf den **Nachbarschutz**. Da die Teilbaugenehmigung bereits die grundsätzliche Zulässigkeit des Gesamtvorhabens beinhaltet, muss der Nachbar seine Bedenken auch unmittelbar gegen diese vorbringen. Lässt er die Teilbaugenehmigung bestandskräftig werden und greift lediglich die endgültige Baugenehmigung an, ist er mit seinen Einwänden insoweit ausgeschlossen (Hess. VGH, Beschluss vom 11. 12. 1995 – 4 TG 1337/95, BRS 58 Nr. 192 = NVwZ-RR 1997, 107; s. auch Schlotterbeck/von Arnim/Hager, zu § 61 Rdn. 13). Die Bindungswirkung des feststellenden Teils einer Teilbaugenehmigung ist nicht erst nach deren Unanfechtbarkeit, sondern bereits ab ihrer sofortigen Vollziehbarkeit im nachfolgenden Baugenehmigungsverfahren zu beachten, auch soweit die Bindung sich auf einen durch die Teilbaugenehmigung belasteten Dritten erstreckt (OVG Bbg, Beschluss vom 19. 2. 1997 – 3 B 137/96, BRS 59 Nr. 156 = NVwZ-RR 1998, 484).

## 2 Zu Absatz 1 – Teilbaugenehmigung

**7** Für den **Antrag** auf Erteilung einer Teilbaugenehmigung verlangt Absatz 1 **Satz 1** nur die **Schriftform**. Die Vorschrift verweist nicht auf die §§ 69 ff. BauO NRW. Auch die BauPrüfVO enthält keine Vorgaben über den Antrag auf Erteilung der Teilbaugenehmigung. Das war auch nicht erforderlich, da bereits der **vollständige Bauantrag** der Bauaufsichtsbehörde **vorliegen** muss (s. Rdn. 2). Es reicht daher aus, wenn der Bauherr die Erteilung der Teilbaugenehmigung **formlos schriftlich** beantragt und in diesem Schreiben den **gewünschten Genehmigungsumfang** mit Worten **beschreibt**, wie z. B. „Aushub der Baugrube und Herstellung der Fundamente". Bei größeren Vorhaben hat es sich als zweckmäßig erwiesen, dem Antragsschreiben Pläne beizufügen, und in diesen die entsprechenden Bauteile deutlich, z. B. mit farblichen Hervorhebungen, zu kennzeichnen. Selbstverständlich kann der Antrag auf Erteilung der Teilbaugenehmigung zusammen mit dem Bauantrag eingereicht werden.

Das **Verfahren zur Erlangung einer Teilbaugenehmigung** ist nicht gesondert geregelt. Absatz 1 **Satz 2** verweist auf **§ 75** BauO NRW und damit auf die Vorschriften für die Baugenehmigung. Da auch § 75 Absatz 1 Satz 1 BauO NRW zu beachten ist, müssen alle Vorschriften geprüft werden, die nach den Vorgaben des **§ 68** BauO NRW entweder für das „**vereinfachte**" Genehmigungsverfahren oder im Falle von „großen" Sonderbauten für das „**normale**" Genehmigungsverfahren einschlägig sind (s. Rdn. 3). **7 a**

Die Teilbaugenehmigung kann sich auf die „Baugrube" oder auf weitere „einzelne Bauteile oder Bauabschnitte" beziehen. Der Bauherr hat die zur Erteilung der Teilbaugenehmigung dazu jeweils erforderlichen Nachweise zu erbringen, also **zumindest die für die Beurteilung des Baugenehmigungsantrags bezüglich seiner grundsätzlichen Genehmigungsfähigkeit notwendigen Bauvorlagen**. Es kann dagegen nicht verlangt werden, dass bereits sämtliche für die Baugenehmigung erforderlichen Bauvorlagen eingereicht sein müssen, denn das würde den Anwendungsbereich der Teilbaugenehmigung praktisch sehr stark einschränken. **8**

Der erforderliche **Grad an Übereinstimmung** mit dem öffentlichen Recht hängt vom **Antragsgegenstand der Teilbaugenehmigung** ab. Ergibt sich, dass dem Vorhaben hinsichtlich seiner **Nutzungsart**, seines **Umfangs** und seiner **Anordnung** auf dem Grundstück keine öffentlich-rechtlichen Vorschriften entgegenstehen, bestehen gegen die Ausführung des Baugrubenaushubs in der Regel keine Bedenken. Sollen dagegen die Fundamente, das Kellermauerwerk und die Kellerdecke vor Abschluss des Genehmigungsverfahrens ausgeführt werden, muss auch schon der Standsicherheitsnachweis erbracht und geprüft sein, da sich die auftretenden Belastungen des Gesamtbaus bis in diese Bauteile auswirken (s. aber Nr. 75.13 VV BauO NRW, wonach Konstruktionszeichnungen, Bewehrungs- und Schalungspläne als Bestandteile des Standsicherheitsnachweises nachträglich eingereicht werden können). **9**

Im Gegensatz zur Baugenehmigung (s. § 75 Abs. 1 Satz 1 BauO NRW: „Die Baugenehmigung ist zu erteilen …"), steht die **Erteilung der Teilbaugenehmigung im Ermessen der Bauaufsichtsbehörde** (§ 76 Abs. 1 Satz 1 BauO NRW: „…, so **kann** der Beginn der Bauarbeiten … **gestattet werden** [Teilbaugenehmigung]"; so auch Große-Suchsdorf/Lindorf/Schmaltz/Wiechert, zu § 76 Rdn. 5). Die Ermessensausübung ist allerdings durch § 61 Abs. 1 Satz 2 BauO NRW nicht frei, sondern eingeschränkt auf das „**pflichtgemäße Ermessen**" (ebenso Allgeier/von Lutzau, zu § 67 S. 520 f. Anm. 67.1). Die Bauaufsichtsbehörde soll lediglich nicht gezwungen sein, ohne dass auf Seiten des Bauherrn anerkennenswerte Gründe bestehen, wie z. B. Eilbedürftigkeit oder Hindernisse, die eine alsbaldige Baugenehmigung nicht erwarten lassen, die mit einer Teilbaugenehmigung verbundene zusätzliche Arbeit zu erbringen (ebenso Jeromin, zu § 73 Rdn. 6 und Wilke/Dageförde/Knuth/Meyer, zu § 63 Rdn. 5). **10**

Erfordert die endgültige Baugenehmigung bauplanungsrechtliche **Befreiungen oder Ausnahmen nach § 31 BauGB** bzw. **Abweichungen nach § 73 BauO NRW**, so kann die Bauaufsichtsbehörde die Teilbaugenehmigung erst aussprechen, wenn sie **positiv** über die entsprechende Befreiung, Ausnahme oder Abweichung **entschieden** hat. Bei der Prüfung der bauplanungsrechtlichen Konformität muss die Bauaufsichtsbehörde in Übereinstimmung mit der eventuell zu beteiligenden Gemeinde handeln, da sie ansonsten die durch das BauGB geschützten **Mitwirkungsrechte** verletzen würde. Insoweit unterscheidet sich die Teilbaugenehmigung nicht von der endgültigen Baugenehmigung (s. die Anmerkungen zu § 72 Rdn. 35–37). **11**

12 Auch die **nach sonstigen öffentlich-rechtlichen Vorschriften** erforderliche **Zustimmung** anderer **Behörden** oder **Dienststellen** ist notwendig, weil die Teilbaugenehmigung die Bauaufsichtsbehörde für das weitere Baugenehmigungsverfahren bindet. Die mitwirkungsberechtigten anderen Behörden oder Dienststellen dürfen in ihrem eigenen Entscheidungsbereich nicht durch eigenmächtige Entscheidungen der Bauaufsichtsbehörde, in diesem Falle durch deren Teilbaugenehmigung und die daraufhin geschaffenen Tatsachen, beschränkt werden. (s. die Anmerkungen zu § 72 Rdn. 20). Im Falle von neben der Baugenehmigung erforderlichen **selbständigen Genehmigungen**, **Bewilligungen** oder **Erlaubnissen nach sonstigem öffentlichem Recht** (s. die Anmerkungen zu § 72 Rdn. 80) muss zumindest aufgrund einer bindenden **schriftlichen** Äußerung der dafür **zuständigen Behörde** feststehen, dass diese Gestattung erteilt werden wird.

13 Vor Aushändigung oder Zustellung der Teilbaugenehmigung, die gemäß Absatz 1 **Satz 1 schriftlich** ergehen muss, darf mit Bauarbeiten nicht begonnen werden. Eine nur mündliche Inaussichtstellung der Teilbaugenehmigung oder der Baugenehmigung gibt dem Bauherrn noch nicht das Recht, mit den Bauarbeiten zu beginnen. Die Teilbaugenehmigung besitzt nach **§ 77 Abs. 1** BauO NRW – wie die Baugenehmigung – eine **Gültigkeitsdauer von drei Jahren**. Sie erlischt wie die Baugenehmigung, wenn die fristgerecht begonnenen **Bauarbeiten ein Jahr unterbrochen** worden sind.

14 **Mit der Ausführung der** durch die Teilbaugenehmigung gestatteten **Bauarbeiten** für die Baugrube und gegebenenfalls für einzelne Bauteile oder Bauabschnitte ist die **Teilbaugenehmigung verbraucht** (vgl. die Anmerkungen zu § 75 Rdn. 162). Eine Weiterführung der Arbeiten über den genehmigten Teil hinaus ist unzulässig, da die Teilbaugenehmigung nur zur Ausführung der genehmigten Teile des Vorhabens berechtigt. Allerdings darf ein weiterer schriftlicher Antrag gestellt werden, der wie der vorausgegangene Antrag zu behandeln ist und zu einer weiteren Teilbaugenehmigung führen kann. Bei weiteren Teilbaugenehmigungen ist die grundsätzliche Zulässigkeit des Vorhabens nicht mehr erneut zu prüfen (s. Rdn. 1 und 3 sowie Nr. 76.1 Satz 2 VV BauO NRW).

### 3 Zu Absatz 2 – Zusätzliche Anforderungen

15 Für die Teilbaugenehmigung muss eine **nachträgliche Modifikationsmöglichkeit** gegeben sein, da sie **vor** der abschließenden Prüfung des Gesamtbauvorhabens erteilt wird. Aus der abschließenden Prüfung können sich Anforderungen ergeben, die sich auch auf die vorab genehmigten und bereits begonnenen Teile des Vorhabens auswirken. Die Anforderungen dürfen nur auf **Gesichtspunkte** gestützt werden, **die nicht bereits bei Erteilung der Teilbaugenehmigung erkennbar** waren (so Wilke/Dageförde/Knuth/Meyer, zu § 63 Rdn. 9).

16 Eine **Abänderung ausgeführter Bauteile** kann nur gefordert werden, soweit dies aus Gründen der öffentlichen Sicherheit oder Ordnung erforderlich ist. Die zusätzlichen Anforderungen müssen **unmittelbar der Gefahrenabwehr** dienen, das heißt, dass ohne die Durchführung der notwendigen zusätzlichen Anforderungen die bauliche Anlage mit einer latenten, unter Umständen jederzeit konkret werden könnenden Gefahr behaftet wäre. Der Bauherr kann insoweit nicht darauf vertrauen, dass er die vorab genehmigten Bauteile unverändert belassen kann (so Jeromin, zu § 73 Rdn. 13).

## § 77
## Geltungsdauer der Genehmigung

**(1) Die Baugenehmigung und die Teilbaugenehmigung erlöschen, wenn innerhalb von drei Jahren nach Erteilung der Genehmigung mit der Ausführung des Bauvorhabens nicht begonnen oder die Bauausführung ein Jahr unterbrochen worden ist.**

**(2) [1]Die Frist nach Absatz 1 kann auf schriftlichen Antrag jeweils bis zu einem Jahr verlängert werden. [2]Sie kann auch rückwirkend verlängert werden.**

**Anmerkungen** (Autor: Heintz)

**Übersicht**


| | | Rdn. |
|---|---|---|
| 0 | Änderungen gegenüber der BauO NW 1984 und der BauO NW 1995 . . . . . . . | 01–02 |
| 1 | Allgemeines . . . . . . . . . . . . . . . . . . . . . . . . . . . . . . . . | 1– 3c |
| 2 | Zu Absatz 1 – Geltungsdauer der Baugenehmigung . . . . . . . . . . . . . . . | 4–11a |
| 3 | Zu Absatz 2 – Verlängerung der Geltungsdauer . . . . . . . . . . . . . . . . . | 12–16 |


### 0 Änderungen gegenüber der BauO NW 1984 und der BauO NW 1995

Die Bestimmungen des § 77 **BauO NW 1995** stimmen im Wortlaut mit § 72 BauO NW 1984 überein. **01**

Die **BauO NRW 2000** hat § 77 BauO NW 1995 mit einer Änderung übernommen. Die Geltungsdauer der Baugenehmigung und der Teilbaugenehmigung wurde **von zwei auf drei Jahre angehoben**. Diese Änderung erfolgte in Anpassung an § 71 Abs. 1 MBO 1997 (entspricht § 73 MBO 2002) und auch, um die Zahl der Verlängerungsbescheide zu verringern (so die Begründung in LT-Drucks. 12/3738, S. 91 zu Art. I Nr. 51 – § 77). **02**

### 1 Allgemeines

Da sich baurechtliche Verhältnisse unter Umständen relativ kurzfristig ändern, z. B. nach dem Inkrafttreten eines Bebauungsplans oder einer Gestaltungssatzung, konnte der Gesetzgeber der **Baugenehmigung** als der Erklärung, dass dem Bauvorhaben zum Zeitpunkt der Genehmigung keine Hinderungsgründe im öffentlichen Recht entgegenstehen (s. die Anmerkungen zu § 75 Rdn. 1), **keinen zeitlich unbegrenzten rechtlichen Bestand** beimessen. Gegen diese zeitliche Begrenzung der Geltungsdauer bestehen keine verfassungsrechtlichen Bedenken. Eine Bauordnung, die einräumt, dass eine Baugenehmigung außer Wirkung gesetzt werden kann, falls sie innerhalb einer bestimmten Frist nicht ausgenutzt wird, steht mit Sinn und Zweck einer Baugenehmigung und damit mit der Grundauffassung des Baurechts im Einklang und verstößt nicht gegen Art. 14 GG (BVerwG vom 22. 2. 1965 – IV B 22.65, BRS 16 Nr. 128 = NJW 1965, 1195; s. auch BVerwG, Beschluss vom 22. 2. 1991 – 4 CB 6.91, BauR 1991, 319 = BRS 52 Nr. 152 zu einem Gebäudetorso). Die Möglichkeit zur **Verlängerung** der Geltungsdauer wurde aus Gründen der **Verwaltungsvereinfachung** schon mit der BauO NW 1984 eröffnet; sie gewährt dem Bauherrn eine erhöhte Flexibilität bei der Bestimmung des Baubeginns. **1**

Es besteht grundsätzlich **keine Verpflichtung**, von einer **Baugenehmigung** tatsächlich **Gebrauch zu machen**. Die Baugenehmigung gewährt vielmehr das **Recht zum Bauen** und beinhaltet **kein Baugebot** (s. die Anmerkungen zu § 69 Rdn. 14). **2**

2 a Die Baugenehmigung kann ihre **Wirksamkeit aus anderen** – als den in § 77 BauO NRW genannten – **Gründen verlieren**. Der Bauherr kann freiwillig **auf die Baugenehmigung verzichten**, da er auch durch Nichtausnutzung das Erlöschen zu bewirken vermag (BVerwG, Beschluss vom 11. 1. 2006 – 4 B 81.05, BRS 70 Nr. 159). Der **Verzicht** ist unmissverständlich auszusprechen und **nicht widerrufbar** (VGH B-W, Urteil vom 10. 11. 1993 – 3 S 1120/92, NVwZ 1995, 280). Ein Verzicht ist jedoch nicht schon darin zu sehen, dass für dasselbe Baugrundstück ein neuer Bauantrag gestellt wird, weil z. B. über die Genehmigungsfähigkeit des ersten Bauantrags noch gestritten wird (vgl. Große-Suchsdorf/Lindorf/ Schmaltz/Wiechert, zu § 77 Rdn. 19).

2 b Von der Frage der Geltungsdauer der Baugenehmigung zu trennen ist die Frage, wann der **Bestandsschutz** eines bereits ausgeführten Vorhabens **untergeht**. Dieser bleibt je nur so lange erhalten, wie auch die funktionsgerechte Nutzung und das konstruktive Gefüge des Bauwerks fortbestehen (s. die Anmerkungen zu § 75 Rdn. 109 und 115–118). Eine **nicht ausgenutzte** Baugenehmigung **vermittelt keinen Bestandsschutz**, da nur bei genehmigungskonformer Realisierung die Schutzfunktion des feststellenden Teils der Baugenehmigung Wirkung entfaltet (s. die Anmerkungen zu § 75 Rdn. 36–37); die frühere Rechtsprechung zum Schutz einer nicht ausgenutzten Grundstücksqualität aufgrund einer erteilten Baugenehmigung ist vom BVerwG aufgegeben worden (s. die Anmerkungen zu § 75 Rdn. 125–126). Die **Wiederaufnahme der Nutzung nach mehrjähriger Unterbrechung** erfordert eine neue Baugenehmigung (Thür. OVG, Beschluss vom 29. 11. 1999 – 1 EO 658/99, BRS 62 Nr. 203 = DVBl. 2000, 826; VGH B-W, Urteil vom 20. 5. 2003 – 5 S 275/01, BauR 2003 = BRS 66 Nr. 179).

3 Die BauO NRW trifft keine Aussage zur **Geltungsdauer** eines Bescheids, mit dem über eine **Ausnahme** oder **Befreiung** nach **§ 31 BauGB** oder **eines Abweichungsbescheids** nach **§ 73 BauO NRW** entschieden wird. Auch für die Teilungsgenehmigung nach § 8 BauO NRW enthält die BauO NRW keine Begrenzung der Geltungsdauer (s. die Anmerkungen zu § 8 Rdn. 55). Diese fehlende Regelung der Geltungsdauer ist seit jeher ein Systemfehler, der auch durch die MBP 2002 nicht behoben wurde. Aus dem Fehlen einer Vorschrift zur Begrenzung der Geltungsdauer ergeben sich für die bauaufsichtliche Vollzugspraxis immer wieder Probleme, da die hieraus resultierenden **Rechtsfolgen** für **freigestellt** oder **genehmigungsbedürftige** Vorhaben **unterschiedlich** sind.

3 a Für **freigestellte** Vorhaben sehen **§ 73 Abs. 2** und **§ 74 a** BauO NRW Verfahren für bauordnungsrechtliche Abweichungen und bauplanungsrechtliche Ausnahmen oder Befreiungen vor, die als „**isolierte**“ Abweichungen bezeichnet werden, weil sie nicht im Zusammenhang mit einer Baugenehmigung stehen. Die Vorschriften der §§ 73 Abs. 2 und 74 a BauO NRW **verweisen nicht auf § 77** BauO NRW. „**Isolierte**“ Abweichungen **gelten** somit **unbefristet**. Der Bauherr eines freigestellten Vorhabens muss indessen nach **§ 65 Abs. 4** BauO NRW bei der Ausführung des freigestellten Vorhabens das **öffentliche Recht beachten**. Nutzt der Bauherr eine ihm erteilte „isolierte“ Abweichung nicht sofort aus, läuft er Gefahr, dass sich die Rechtslage später zu seinen Ungunsten wieder ändert. Das kann z. B. gegeben sein, wenn eine Bebauungsplanänderung in Kraft tritt und die Festsetzung ändert, von der ihm das Recht zur Abweichung eingeräumt wurde. Der Abweichungsbescheid verliert infolge **geänderter Rechtslage** seine **Geltung**.

3 b Das **Bauplanungsrecht** wird im **Baugenehmigungsverfahren uneingeschränkt geprüft**, so dass mit der Baugenehmigung zugleich über die Ausnahme oder Befreiung nach § 31 BauGB entschieden wird. Auch im vereinfachten Genehmigungsverfahren ist das Bauplanungsrecht uneingeschränkt in die Prüfung einbezogen (s. die Anmerkungen zu § 68

Rdn. 23–25). Unerheblich ist, ob die Bauaufsichtsbehörde die Zulassung der Ausnahme oder Befreiung in der Baugenehmigung selbst oder in einen gesonderten, zum Bestandteil der Baugenehmigung erklärten Bescheid ausspricht. Da die Entscheidung über die Erteilung der Ausnahme oder Befreiung im Baugenehmigungsverfahren ergeht, teilt sie das **Schicksal der Baugenehmigung**, auch was deren Geltungsdauer anbetrifft. Mit dem **Erlöschen** der **Baugenehmigung verliert** auch die Entscheidung über die Erteilung der **Ausnahme** oder **Befreiung ihre Geltung**.

Im **vereinfachten** Genehmigungsverfahren ist das Bauordnungsrecht nach § 68 Abs. 1 Satz 4 BauO NRW nur **eingeschränkt zu prüfen** (s. die Anmerkungen zu § 68 Rdn. 26–30). Für Abweichungen von nicht zu prüfenden Vorschriften schreibt **§ 68 Abs. 7** BauO NRW daher die **Beantragung** einer **gesonderten Abweichungsentscheidung** vor (s. die Anmerkungen zu § 68 Rdn. 64–65). Die Abweichung ist nicht in die Baugenehmigung einbezogen, sondern wird als „**isolierte**" Abweichung, vergleichbar der für freigestellte Vorhaben nach § 73 Abs. 2 BauO NRW erteilt. Auch die „isolierte" Abweichung nach § 68 Abs. 7 BauO NRW wird **gleichzeitig** mit der Baugenehmigung erteilt und erlangt nur **zusammen** mit dieser **Wirksamkeit** (ebenso Jeromin, zu § 74 Rdn. 12). Geht die **Baugenehmigung** nach § 75 Abs. 2 BauO NRW auf den **Rechtsnachfolger** über, gilt auch die zugehörige „isolierte" Abweichung für diesen weiter. Wird jedoch **nach Erlöschen** der Baugenehmigung für das gleiche Grundstück ein **neuer Bauantrag** gestellt, handelt es sich um ein **neues Vorhaben**, gleichgültig, ob das frühere Bauvorhaben unverändert Gegenstand des Bauantrages ist oder nicht, so dass die **Entscheidung** einschließlich notwendiger Abweichungen von Grund auf **neu zu treffen** ist. 3c

## 2 Zu Absatz 1 – Geltungsdauer der Baugenehmigung

**Satz 1** begrenzt die Geltungsdauer der Baugenehmigung und der Teilbaugenehmigung auf **drei Jahre** mit der Maßgabe, dass innerhalb dieser Geltungsdauer **mit der Ausführung des Bauvorhabens begonnen** sein muss. Ändert sich in der Laufzeit der Baugenehmigung die gesetzliche Fristregelung, hat dies keinen Einfluss auf ihre Geltungsdauer, da sich diese grundsätzlich nach dem Recht bestimmt, dass im Zeitpunkt der Erteilung gilt (OVG NRW, Beschluss vom 28. 8. 2002 – 10 B 1641/02, BauR 2003, 679 = BRS 65 Nr. 163). Wird vor Ablauf der Geltungsdauer **tatsächlich** mit Bauarbeiten begonnen, behalten die Baugenehmigung und die Teilbaugenehmigung ihre Gültigkeit bis zur Baufertigstellung und damit bis zum Verbrauch der Genehmigung, ohne dass es dabei auf die Dauer der Bauausführung ankommt. Allerdings dürfen die Bauarbeiten **auch nicht länger als ein Jahr unterbrochen** werden. Kürzere Unterbrechungen sind **zulässig**. 4

Die Frist gemäß Absatz 1 **beginnt** nach § 43 Abs. 1 Satz 1 in Verbindung mit § 31 Abs. 2 VwVfG. NRW. **mit dem Tag, der auf die Bekanntgabe folgt**. Dies ergibt sich nach den analog anzuwendenden Vorschriften der §§ 187 und 188 Abs. 2 BGB. Die Zustellung der Baugenehmigung schreibt § 75 Abs. 1 Satz 3 BauO NRW vor (s. die Anmerkungen zu § 75 Rdn. 157–159). Das **Ende der Frist** bemisst sich nach § 188 Abs. 2 BGB, das heißt, die Baugenehmigung erlischt regelmäßig mit dem Ablauf des Tages, der durch seine Zahl und Monatsbezeichnung dem Tag der Bekanntgabe entspricht. Fällt das Fristende hiernach jedoch auf einen Samstag, Sonntag oder Feiertag, so endet die Frist gemäß § 31 Abs. 3 VwVfG. NRW. erst mit dem Ablauf des nächstfolgenden Werktags. Ist allerdings die Baugenehmigung mit einer **aufschiebenden Bedingung** versehen oder darf von ihr erst nach Ablauf einer bestimmten Frist Gebrauch gemacht werden, so beginnt die Frist 5 erst mit dem Eintritt der Bedingung bzw. dem Ablauf der Frist (vgl. Boeddinghaus/Hahn/Schulte, zu § 72 Rdn. 5).

6 Von einem **Erlöschen der Baugenehmigung** ist auch auszugehen, wenn ein Bauherr bei der Bauausführung von den genehmigten Bauvorlagen so erheblich abweicht, dass das errichtete Bauwerk im Verhältnis zum genehmigten als ein „**aliud**“ anzusehen ist (s. die Anmerkungen zu § 75 Rdn. 19). Dem Gebäude fehlt dann eine Genehmigung, während die Genehmigung für das ursprünglich genehmigte, aber tatsächlich nicht durchgeführte Bauvorhaben nach Fristablauf erloschen ist (OVG NRW, Urteil vom 22. 3. 1982 – 7 A 1634/79, BRS 39 Nr. 126; Hess. VGH, Beschluss vom 10. 7. 2003 – 4 TG 1296/03, BauR 2003, 1875 = BRS 66 Nr. 162). Aus der Legalisierungswirkung der erloschenen Baugenehmigung lassen sich keine Elemente herauslösen und auf ein neues Vorhaben übertragen (VG Arnsberg, Urteil vom 8. 7. 2005 – 12 K 2926/04, BauR 2005, 1907).

7 Mit einer „**Nachtragsbaugenehmigung**“ oder „**Tekturgenehmigung**“ können Änderungen eines bereits genehmigten, aber noch nicht oder nicht vollständig ausgeführten Vorhabens, die das Gesamtvorhaben in seinen Grundzügen nur **unwesentlich berühren**, genehmigt werden (s. auch die Anmerkungen zu § 75 Rdn. 19 und 48). Die Geltungsdauer einer Nachtragsgenehmigung ist **beschränkt auf die Geltungsdauer der Ursprungsgenehmigung**, da beide in einer **wechselseitigen Beziehung** stehen (BayVGH, Urteil vom 22. 3. 1984 – Nr. 2 B 82 A.301, BRS 42 Nr. 167). Unter den gesetzlichen Voraussetzungen, die für die Verlängerung der Geltungsdauer der Baugenehmigung gelten, ist auch die Verlängerung der Nachtragsgenehmigung möglich.

8 **Mit der Ausführung** des Vorhabens ist wirksam **begonnen**, wenn bereits die Baugrube ausgehoben wurde (BayVGH, Urteil vom 15. 1. 1979 – Nr. 67 XIV 75, BRS 35 Nr. 165; OVG Lüneburg, Beschluss vom 7. 7. 1981 – 1 B 64/81, BRS 38 Nr. 157), jedoch nicht, wenn die Baumaßnahmen so zögerlich und stückwerkhaft durchgeführt werden, dass allein schon dieser Umstand zum Verfall der Baugrube führt und objektive Anhaltspunkte dafür bestehen, dass subjektiv Arbeiten zur Sicherung der Baugrube nur in der Hoffnung auf Realisierung eines anderen Bauprojekts erfolgen (OVG Bln-Bbg, Beschluss vom 21. 10. 2005 – 2 S 104.05, BauR 2006 = BRS 69 Nr. 155). Selbst wenn man den Baubeginn nicht auf eine bestimmte bauliche Tätigkeit fixieren kann, so muss die bauliche Tätigkeit doch in einem unmittelbaren, **objektiven** und nicht lediglich aus der Sicht des Bauherrn bestehenden **Zusammenhang mit dem** genehmigten **Bauvorhaben** stehen; es müssen Bauarbeiten stattfinden, die in Ausübung der erteilten Baugenehmigung erfolgen (so OVG NRW, Urteil vom 6. 3. 1979 – VII A 240/77, BRS 35 Nr. 166). **Kein Baubeginn** ist das **Abstecken der Grundrissfläche** der genehmigten baulichen Anlage; dies ergibt der Wortlaut von § 75 Abs. 6 Satz 1 BauO NRW („**Vor Baubeginn** muss …“). Auch das **Aufstellen eines Bauschildes** und das **Einrichten einer Baustelle**, etwa durch Errichten einer Baubude und Lagerung von Baumaterialien, ist noch nicht als Baubeginn zu werten (OVG Saar, Urteil vom 3. 12. 1982 – 2 R 182/81, BRS 39 Nr. 220).

9 Neben dem Ablauf der Dreijahresfrist nach Erteilung der Baugenehmigung sieht **Satz 2** ein Erlöschen der Baugenehmigung auch dann vor, wenn die **Bauausführung ein Jahr unterbrochen** worden ist. Die Wortwahl „**ein Jahr**“ unterbrochen entspricht zwar § 71 Abs. 1 MBO 1997 könnte missverstanden werden. Gemeint ist „**länger als ein Jahr**“ unterbrochen, wie dies nunmehr § 73 Abs. 1 MBO 2002 deutlich zum Ausdruck bringt. Für die unterschiedlichen gesetzlichen Fristen

– Dauer der Baugenehmigung generell drei Jahre

– Erlöschen nach Unterbrechung der Bauarbeiten bereits nach einem Jahr

sprechen vor allem **technische Gründe**.

Eine Baugenehmigung erlischt nicht, wenn der Bauherr **durch hoheitlichen Eingriff oder durch höhere Gewalt an der Ausnutzung der Baugenehmigung gehindert** ist (OVG NRW, Urteil vom 3.12.1975 – X A 1483/74, BRS 29 Nr. 122 = DÖV 1976, 394, und Urteil vom 6. 3. 1979 – VII A 240/77, BRS 35 Nr. 166; Hess. VGH, Urteil vom 22. 12. 1971 – IV OE 82/69, BRS 24 Nr. 138). Der Ablauf der Geltungsfrist kann nur durch solche **Ereignisse und Umstände** gehemmt werden, die **außerhalb der Risikosphäre des Bauherrn** liegen (OVG NRW, Urteil vom 6. 3. 1979 – VII A 240/77, BRS 35 Nr. 166 und OVG Saar, Urteil vom 11. 11. 1985 – 2 R 146/84, BRS 44 Nr. 150 = DÖV 1986, 442). Hiernach verliert eine Baugenehmigung nicht ihre Gültigkeit, wenn sie **widerrufen** ist und der Bauherr aus diesem Grunde die Bauarbeiten nicht aufgenommen oder unterbrochen, aber den Widerruf angefochten hat, so dass er nicht wirksam werden konnte. 10

Dem Widerruf einer Baugenehmigung ist gleichzusetzen die Mitteilung der Bauaufsichtsbehörde an den Bauherrn, dass ein **Nachbar** die **Baugenehmigung angefochten** hat (VGH B-W, Beschluss vom 2. 8. 1980 – 3 S 1398/80, BRS 36 Nr. 172), erst recht die Anordnung der Einstellung genehmigter Bauarbeiten im Hinblick auf einen durch Nachbarn anhängig gemachten Rechtsstreit über die Rechtmäßigkeit der Baugenehmigung (OVG NRW, Urteil vom 22. 5. 1980 – 10 A 1046/77, n. v.). In den vorgenannten Fällen wird der **Ablauf der Frist gehemmt**. Die Frist wird durch die Anfechtungsklage des Nachbarn auch dann unterbrochen, wenn die Baugenehmigung sofort vollziehbar ist (VGH B-W, Urteil vom 25. 3. 1999 – 8 S 218/99, BauR 2000, 714 = BRS 62 Nr. 169 = NVwZ-RR 2000, 485). Die Zeit, während der der Ablauf der Frist gehemmt ist, wird hiernach nicht auf die Frist angerechnet (so OVG NRW, Urteil vom 6. 3. 1979, a. a. O. Rdn. 10; Hess. VGH, Urteil vom 30. 5. 1975 – IV OE 19/74, BRS 29 Nr. 123; a. A. VGH B-W, Beschluss vom 2. 8. 1980 – 3 S 1398/80, BRS 36 Nr. 172, der in diesen Fällen eine „Unterbrechung" annimmt, mit der Folge, dass nach ihrem Ende die dreijährige Geltungsdauer der Baugenehmigung neu in Lauf gesetzt wird). 11

Bezieht sich der Nachbarrechtsstreit auf einen **abtrennbaren Teil** der Baugenehmigung oder ficht der Bauherr eine mit der Baugenehmigung verbundene **selbständige Auflage** isoliert an, so läuft die Frist weiter, da es dem Bauherrn unbenommen ist, den unumstrittenen Teil der Baugenehmigung auszunutzen (so Große-Suchsdorf/Lindorf/Schmaltz/Wiechert, zu § 77 Rdn. 7). Ist der hoheitliche Eingriff und damit die Unterbrechung der Bauarbeiten auf **Umstände** zurückzuführen, die der **Bauherr zu vertreten** hat und die dieser ändern kann, ist das Erlöschen der Baugenehmigung jedoch nicht ausgeschlossen (vgl. OVG Lüneburg, Urteil vom 18. 4. 1985 – 1 A 114/82, BRS 44 Nr. 151). 11 a

## 3 Zu Absatz 2 – Verlängerung der Geltungsdauer

Ist der Bauherr – aus welchem Grunde auch immer – nicht in der Lage, sein Bauvorhaben innerhalb der Dreijahresfrist nach Erteilung der Baugenehmigung zu beginnen, und will er die Genehmigung dennoch rechtswirksam erhalten, so kann er mit **schriftlichem Antrag** um die **Verlängerung** der Geltungsdauer nachsuchen. Eine solche Verlängerung ist **höchstens bis zu einem Jahr möglich**, sie kann jedoch **wiederholt** beantragt werden. Die Anzahl der Wiederholungsanträge ist gesetzlich nicht begrenzt. Für jede weitere Verlängerung gilt dann, was für die erstmalige Verlängerung gilt. Die **Prüfung** des Verlängerungsantrages hat **nach dem öffentlichen Recht zum Zeitpunkt der** 12

**Entscheidung** zu erfolgen (OVG NRW, Urteil vom 2.12.1987 – 11 A 1942/87, BRS 47 Nr. 140 und OVG Bremen, Urteil vom 14.3.1989 – 1 BA 39/88, BRS 49 Nr. 112).

**13** Auf die Verlängerung hat der Bauherr trotz des Wortlauts des Satzes 1 („Die Frist … kann … verlängert werden.“) einen **Rechtsanspruch**, **wenn das Vorhaben** im Entscheidungszeitpunkt **dem öffentlichen Recht weiterhin entspricht** (vgl. auch Boeddinghaus/Hahn/Schulte, zu § 75 Rdn. 15; Nds. OVG, Beschluss vom 6.1.1995 – 1 L 457/93, NVwZ-RR 1995, 246). Steht das Vorhaben nicht (mehr) in Übereinstimmung mit den öffentlichen Vorschriften, so muss die Bauaufsichtsbehörde den Verlängerungsantrag ablehnen (OVG NRW, Urteil vom 2.12.1987 – 11 A 1942/76, BRS 47 Nr. 140). Die Bauaufsichtsbehörde ist jedoch nicht gehindert, die **Sach- und Rechtslage** bei der Prüfung des Verlängerungsantrags **anders zu beurteilen** als bei der ersten Entscheidung (vgl. Große-Suchsdorf/Lindorf/Schmaltz/Wiechert, zu § 77 Rdn. 15, unter Bezug auf BVerwG, Urteil vom 10.5.1968 – IV C 186.65, BRS 20 Nr. 86.).

**14** Für die Verlängerung der Geltungsdauer gelten die **gleichen verfahrensrechtlichen und materiellen Anforderungen wie für die Neuerteilung** der Baugenehmigung (BayVGH, Urteil vom 9.4.1975 – Nr. 181 II 71, BRS 29 Nr. 125; OVG NRW, Urteil vom 28.4.1986 – 7 A 287/84, n.v.). Allerdings ist das Verfahren dadurch erleichtert, dass der Bauherr nicht erneut einen Bauantrag mit allen sonst erforderlichen Bauvorlagen einreichen muss; es genügt der schriftliche Antrag auf Verlängerung. Die **Gemeinde** ist auch dann, wenn es eines Einvernehmens gemäß § 36 BauGB nicht bedarf, **erneut zu beteiligen**, wie sich aus § 72 Abs. 1 Satz 3 BauO NRW ergibt. Eine Beteiligung anderer Behörden und die Benachrichtigung des Nachbarn wird nur dann erforderlich, wenn eine Änderung der Sach- und Rechtslage eingetreten ist oder sich nachbarrelevante Gesichtspunkte geändert haben könnten (vgl. OVG NRW, Beschluss vom 26.9.1979 – XI B 1528/78, BRS 35 Nr. 202). Haben sich die Straßenausbauabsichten geändert, kann die Straßenbaubehörde der Verlängerung widersprechen, selbst wenn sie zuvor dem Hauptantrag zugestimmt hat (OVG NRW, Urteil vom 26.9.1991 – 11 A 1604/89, BRS 52 Nr. 144).

**15** Die **Rückwirkung einer Verlängerung nach Satz 2** bedeutet, dass der Antrag nicht mehr wie nach früherem Recht während der – eventuell bereits verlängerten – Geltungsdauer der Baugenehmigung gestellt werden muss; er kann vielmehr auch nachträglich gestellt werden. Der **Verlängerungsantrag hemmt den Ablauf der Frist** (ebenso Jeromin, zu § 74 Rdn. 18). Die Entscheidung über den Verlängerungsantrag kann daher auch noch nach dem zeitlichen Endpunkt des Ablaufs der Baugenehmigung getroffen werden. Die weitere Geltungsdauer der Baugenehmigung beginnt wegen der vorgeschriebenen Rückwirkung immer mit dem zeitlichen Endpunkt der Gültigkeit der Baugenehmigung, deren Geltungsdauer weiter verlängert werden soll. Endete z.B. die Gültigkeit der Baugenehmigung am 31.7.2006 und wurde der Antrag auf Verlängerung der Geltungsdauer am 15.7.2007 gestellt, so wird eine Verlängerung für die Zeit vom 1.8.2006 bis höchstens zum 31.7.2007 ausgesprochen.

**16** Wegen der vorgeschriebenen Rückwirkung der höchstens bis zu einem Jahr möglichen Verlängerung kann ein **Antrag nach einem Jahr nach Ablauf der Baugenehmigung keinen Erfolg** mehr haben. In dem in Rdn. 15 genannten Beispiel muss der Verlängerungsantrag also spätestens am 31.7.2007 gestellt sein. Satz 2 gilt auch für den Fall, dass die Geltungsdauer der Baugenehmigung bereits verlängert ist, der Antrag auf erneute Verlängerung muss dann innerhalb eines Jahres nach Ablaufdatum der verlängerten Baugenehmigung gestellt werden.

## § 78
## Typengenehmigung

**(1) [1]Für bauliche Anlagen, die in derselben Ausführung an mehreren Stellen errichtet werden sollen, kann die oberste Bauaufsichtsbehörde eine allgemeine Genehmigung (Typengenehmigung) erteilen, wenn die baulichen Anlagen den bauaufsichtlichen Vorschriften entsprechen, ihre Brauchbarkeit für den jeweiligen Verwendungszweck nachgewiesen ist und ein öffentliches Interesse vorliegt. [2]Eine Typengenehmigung kann auch erteilt werden für bauliche Anlagen, die in unterschiedlicher Ausführung, aber nach einem bestimmten System und aus bestimmten Bauteilen an mehreren Stellen errichtet werden sollen; in der Typengenehmigung ist die zulässige Veränderbarkeit festzulegen. [3]Für Fliegende Bauten wird eine Typengenehmigung nicht erteilt.**

**(2) [1]Die Typengenehmigung bedarf der Schriftform. [2]Sie darf nur unter dem Vorbehalt des Widerrufs und nur für eine bestimmte Frist erteilt werden, die fünf Jahre nicht überschreiten soll. [3]Sie kann auf schriftlichen Antrag jeweils bis zu fünf Jahren verlängert werden. [4]§ 77 Abs. 2 Satz 2 gilt entsprechend. [5]Eine Ausfertigung der mit dem Genehmigungsvermerk zu versehenden Bauvorlagen ist der Antragstellerin oder dem Antragsteller mit der Typengenehmigung zuzustellen.**

**(3) Typengenehmigungen anderer Länder gelten auch im Land Nordrhein-Westfalen.**

**(4) § 69 Abs. 1 und 2, § 72 Abs. 1 Satz 2 und Abs. 4 sowie § 73 gelten entsprechend.**

**(5) Eine Typengenehmigung entbindet nicht von der Verpflichtung, eine Baugenehmigung (§ 75) oder eine Zustimmung (§ 80) einzuholen.**

**(6) [1]Die in der Typengenehmigung entschiedenen Sachverhalte brauchen von der Bauaufsichtsbehörde nicht geprüft zu werden. [2]Soweit es aufgrund örtlicher Verhältnisse im Einzelfall erforderlich ist, kann die Bauaufsichtsbehörde weitere Auflagen machen oder genehmigte Typen ausschließen.**

***VV BauO NRW*** *(infolge der Befristung mit Ablauf des 31. 12. 2005 ausgelaufen)*

***78 Typengenehmigung (§ 78)***

*78.1 Zu Absatz 1*

*Der Antrag auf Erteilung einer Typengenehmigung soll an das Deutsche Institut für Bautechnik, Kolonnenstr. 30, 10829 Berlin, gerichtet werden; dem Antrag sind die in § 13 BauPrüfVO genannten Bauvorlagen beizufügen.*

*Für bauliche Anlagen oder Teile von baulichen Anlagen, bei denen sich die Prüfung nur auf die Standsicherheit erstrecken soll, kommt eine Typenprüfung (§ 72 Abs. 5) in Betracht; auf die näheren Bestimmungen in § 29 Abs. 1 u. 2 BauPrüfVO wird verwiesen.*

**Anmerkungen** (Autor: Czepuck)

**Übersicht** Rdn.


| | | |
|---|---|---|
| 0 | Änderungen gegenüber der BauO NW 1984 und der BauO NW 1995 | 01–02 |
| 1 | Allgemeines | 1– 5 |
| 2 | Zu Absatz 1 – Voraussetzungen | 6–13 |
| 3 | Zu Absatz 2 – Formvorschriften | 14–18 |
| 4 | Zu Absatz 3 – Geltung der Typengenehmigungen anderer Länder | 19–20 |
| 5 | Zu Absatz 4 – Anwendbarkeit anderer Verfahrensvorschriften | 21–27 |
| 6 | Zu Absatz 5 – Erfordernis einer Baugenehmigung oder Zustimmung | 28–29 |
| 7 | Zu Absatz 6 – Wirkung der Typengenehmigung | 30–31 |


## 0 Änderungen gegenüber der BauO NW 1984 und der BauO NW 1995

01 Die **BauO NRW 2000** hat § 78 BauO NW 1995 unverändert übernommen, welcher bis auf eine Änderung in Absatz 3 als Folge der Herstellung der deutschen Einheit und verweisungsbedingter Anpassungen in den Absätzen 2 bis 5 aufgrund der geänderten Paragraphenfolge § 73 BauO NW 1984 unverändert entsprach.

02 In § 78 **BauO NRW 2000** wurde lediglich in Absatz 4 die Verweisung auf bestimmte Vorschriften des § 72 der geänderten Fassung dieses Paragraphen angepasst.

## 1 Allgemeines

1 Die Vorschrift basiert auf § 97 MBO 1960 = § 72 MBO 1997 und erfasst **serienmäßig hergestellte Typen**- und **Systembauten**, die **baugleich auf unterschiedlichen Grundstücken** und auch zu **verschiedenen Zeitpunkten** errichtet werden sollen, wie z. B. Fertighäuser, Fertiggaragen, Fertighallen, Gewächshäuser, Gartenlauben, Traglufthallen oder Silos. Die **MBO 2002** sieht dieses Rechtsinstitut allerdings nicht mehr vor. **Ziel** der Typengenehmigung ist die **Verfahrensvereinfachung**, weil die **vom Standort weitgehend unabhängigen bauordnungsrechtliche Anforderungen**, wie Standsicherheit, Schutz gegen schädliche Einflüsse, Brandschutz, Schallschutz, Wärmeschutz, Erschütterungsschutz und Verkehrssicherheit sowie die damit verbundenen Anforderungen an die einzelnen Bauteile, nicht neu geprüft werden müssen. Eine Typengenehmigung ist auch für Sonderbauten möglich, wobei es keine Rolle spielt, ob diese baulichen Anlagen „kleine" oder „große" Sonderbauten darstellen (s. die Anmerkungen zu § 54 Rdn. 7). So sind z. B. übliche Fertiggaragen „kleine" Sonderbauten. Es wurden auch Systembauten für Kindergärten mit mehr als zwei Gruppen von der Bauindustrie entwickelt, die als „große" Sonderbauten nach § 68 Abs. 1 Satz 3 Nr. 10 BauO NRW einzustufen sind. Systembauten sind darüber hinaus für gewerbliche Nutzungen anzutreffen.

2 Gerade wegen der Unabhängigkeit vom konkreten Standort macht nach Absatz 5 die Typengenehmigung eine **Baugenehmigung nicht überflüssig**. Im Baugenehmigungsverfahren brauchen gemäß Absatz 6 die in der Typengenehmigung bereits allgemein entschiedenen Sachverhalte nicht erneut geprüft zu werden. Insoweit erweist sich die Typengenehmigung – wie der Vorbescheid – als **vorweggenommener Teil der Baugenehmigung**, ohne dass damit bereits eine Baufreigabe bewirkt wäre. Die Vorschrift

führt zu einer **Aufteilung der bauaufsichtlichen Prüfung** in einen **standortunabhängigen Teil** (Typengenehmigung) und einen **standortabhängigen Teil** (Baugenehmigung). Der **reduzierte Prüfaufwand** im Baugenehmigungsverfahren rechtfertigt eine **ermäßigte Baugenehmigungsgebühr** nach Tarifstelle 2.3.3 des Allgemeinen Gebührentarifs zur AVerwGebO NRW, da bereits zuvor für die Typengenehmigung eine Gebühr nach Tarifstelle 2.9.4 des Allgemeinen Gebührentarifs zur AVerwGebO NRW entrichtet wurde.

Die **Typengenehmigung** ist **nicht zu verwechseln** mit der **Typenprüfung** nach § 66 Abs. 3 3
MBO 1997 = § 72 Abs. 5 BauO NRW (s. hierzu § 29 Abs. 1 und 2 BauPrüfVO). Die Typenprüfung betrifft nur die Prüfung der bautechnischen Nachweise (Standsicherheitsprüfung einschließlich des konstruktiven Brandschutzes und des Schallschutzes) von ansonsten auch der Typengenehmigung zugänglichen baulichen Anlagen (s. Nr. 78.1 VV BauO NRW). Die Typenprüfung regelt nur einen – wenn auch wesentlichen – Teil der Typengenehmigung (zur Kritik an dieser Konstruktion von Gesetz und Verordnung s. die Anmerkungen zu § 72 Rdn. 100). Soweit eine Typenprüfung in Betracht kommt, scheidet eine Typengenehmigung wegen der **Spezialität des § 72 Abs. 5 BauO NRW** aus. Die **Gebühren für Typenprüfungen** sind in Tarifstelle 2.9.5 des Allgemeinen Gebührentarifs zur AVerwGebO NRW geregelt. Im Falle der Typenprüfung entfällt im Baugenehmigungsverfahren die Prüfung der bautechnischen Nachweise und damit die Gebühr nach Tarifstelle 2.4.8 des Allgemeinen Gebührentarifs zur AVerwGebO NRW.

**Keine Typengenehmigung** liegt vor, wenn für mehrere gleiche oder weitgehend ver- 4
gleichbare bauliche Anlagen, wie z. B. **baugleiche Reihenhäuser** oder **baugleiche Mehrfamilienhäuser in einer einheitlich durchgeführten Siedlung**, **gleichzeitig eine** oder **mehrere Baugenehmigungen** erteilt werden. In der Praxis tritt häufig der Fall auf, dass für Reihenhäuser vom Bauträger gleiche oder weitgehend vergleichbare Bauvorlagen zur Prüfung vorgelegt werden. Tarifstelle 2.3.1 des Allgemeinen Gebührentarifs zur AVerwGebO NRW sieht auch für diese Vorhaben eine Gebührenermäßigung vor.

Die Typengenehmigung kommt nur für **selbständig nutzbare bauliche Anlagen als Gan- 5
zes** in Betracht, nicht jedoch für einzelne Bauteile, wie vorgefertigte Treppen, Dachgauben, oder Lüftungsanlagen (so auch Jeromin, zu § 75 Rdn. 2). Die **praktische Bedeutung** der Typengenehmigung ist **eingeschränkt**, da Fertigprodukte **auch Bauprodukte** sind und die Regelungen der §§ 20 bis 28 BauO NRW Anwendung finden. Zudem entfaltet die Typengenehmigung insbesondere für Fertighäuser und Fertiggaragen keinen spezifisch verfahrensrechtlichen Vorteil mehr, da diese baulichen Anlagen dem **vereinfachten** Genehmigungsverfahren nach § 68 BauO NRW unterliegen, in dem ohnehin die nicht grundstücksbezogenen bauordnungsrechtlichen Anforderungen vom materiellrechtlichen Prüfprogramm ausgeschlossen sind. Ein Vorteil liegt unabhängig vom Verfahrensrecht noch darin, dass die oberste Bauaufsichtsbehörde mit ihrer Typengenehmigung dem Hersteller die Einhaltung der bauaufsichtlichen Anforderungen bestätigt. Das mag **für den Hersteller** derartiger Bauprodukte im Hinblick auf die mit der Typengenehmigung erlangte **Rechtssicherheit** beruhigend wirken, zumal seine Erzeugnisse im gesamten Bundesgebiet Verbreitung finden und ein (serienmäßig eingebauter) Verstoß gegen das Bauordnungsrecht erhebliche Auswirkungen haben kann.

## 2 Zu Absatz 1 – Voraussetzungen

Absatz 1 nennt **zwei Gruppen** von baulichen Anlagen, für die eine Typengenehmigung 6
in Betracht kommen kann:

– **Satz 1** erfasst **Typenbauten**, das sind **völlig gleichartige bauliche Anlagen**, die sich nicht voneinander unterscheiden (… in derselben Ausführung …).

– **Satz 2** erfasst **Systembauten**, das sind bauliche Anlagen **in unterschiedlicher Ausführung**, die aber **nach einem bestimmten System** konstruiert sind.

7 **Satz 1** nennt **drei Voraussetzungen** für eine positive, im Ermessen der Bauaufsichtsbehörde stehende („… kann … erteilen.“) Entscheidung über den Antrag auf Erteilung einer Typengenehmigung:

– die Anlage muss den **bauaufsichtlichen Vorschriften entsprechen**,

– die **Brauchbarkeit** für den jeweiligen Verwendungszweck muss **nachgewiesen** sein,

– für die Typengenehmigung muss ein **öffentliches Interesse** bestehen.

8 Die Forderung nach **Übereinstimmung mit den bauaufsichtlichen Vorschriften** kann sich von der Natur der Sache her unmöglich auf das gesamte öffentliche Recht erstrecken, das normalerweise Gegenstand der bauaufsichtlichen Prüfung ist. Außen vor bleiben müssen alle die Vorschriften, die nur im Zusammenhang mit dem Standort der baulichen Anlage geprüft werden können. Da die Typengenehmigung gemäß Absatz 5 weder die Baugenehmigung (§ 75) noch die Zustimmung (§ 80) ersetzt, ist eine umfassende Prüfung des öffentlichen Rechts nicht Voraussetzung für deren Erteilung. Insbesondere ergibt sich aus der Definition der Typengenehmigung, dass die bauplanungsrechtliche Zulässigkeit des Vorhabens, die an einen bestimmten Standort gebunden ist, nicht im Vorhinein beurteilt werden kann. Gleiches gilt für die grundstücksbezogenen Anforderungen des Bauordnungsrechts, wie Zuwegung, Abstandflächen, Begrünung oder Stellplatzpflicht. Demnach werden von der Typengenehmigung nur die **bauwerksbezogenen Anforderungen** des Bauordnungsrechts erfasst.

9 Die Forderung nach **Brauchbarkeit für den jeweiligen Verwendungszweck** ist in § 3 Abs. 2 BauO NRW ausdrücklich gefordert (s. die Anmerkungen zu § 3 Rdn. 80–84). Diese Voraussetzung ergibt sich als etwas Selbstverständliches, da eine baurechtliche Genehmigung die Nutzung immer mit einschließt und somit die Genehmigung einer für den Verwendungszweck nicht brauchbaren baulichen Anlage ausscheidet. Die Brauchbarkeit kann nur am Maßstab des jeweiligen Verwendungszwecks beurteilt werden. So sind z. B. an eine Fertiggarage andere bauphysikalische Anforderungen an den Schutz vor Durchfeuchtung zu stellen, als an ein dauernd bewohntes Fertighaus.

10 Dass für die Erteilung der Typengenehmigung ein **öffentliches Interesse** bestehen muss, dient der **Verhinderung des Missbrauchs** dieses Rechtsinstituts. Ein nur privatwirtschaftliches Interesse, etwa zur Verbesserung der Wettbewerbschancen, reicht nicht aus. Der Gesichtspunkt der Vereinfachung und Beschleunigung der bauaufsichtlichen Verfahren wird als öffentliches Interesse ebenso anerkannt werden können wie wirtschaftspolitische oder arbeitsmarktbezogene Aspekte (so Boeddinghaus/Hahn/Schulte, zu § 78 Rdn. 8). In die Betrachtung einzubeziehen ist der mit der Erteilung einer Typengenehmigung verbundene hohe Prüfaufwand für die oberste Bauaufsichtsbehörde.

11 Seit der BauO NW 1984 ist eine Typengenehmigung gemäß **Satz 2** auch für den Fall möglich, dass die bauliche Anlage zwar **in unterschiedlicher Ausführung**, aber **nach bestimmten Systemen** und aus bestimmten Bauteilen gefertigt werden soll. In der Typengenehmigung ist die **zugelassene Veränderbarkeit** festzulegen. Die geprüften und zugelassenen Variationen sind, wenn auch nicht einzeln, so doch **in unmissverständlicher**

**Weise** erkennbar darzustellen. Diese Ergänzung des Gesetzes dient insbesondere Fertighausherstellern, die ihren Kunden **variable Hausformen** anbieten.

Nach **Satz 3** ist die Typengenehmigung **für Fliegende Bauten ausgeschlossen**. Mit **§ 79 BauO NRW** steht für diese baulichen Anlagen eine **Sonderregelung** bereit (zum Begriff „Fliegende Bauten" s. die Legaldefinition in 79 Abs. 1 BauO NRW). **12**

Die Typengenehmigung wird wegen ihrer allgemeinen Geltung **von der obersten Bauaufsichtsbehörde** erteilt. Der **Antrag** soll an das Deutsche Institut für Bautechnik – **DIBt** gerichtet werden (s. Nr. 78.1 VV BauO NRW), dem nach dem DIBt-Abkommen unter anderem auch die Aufgabe zufällt, die **Entscheidung** über Anträge auf Erteilung der Typengenehmigung für die obersten Bauaufsichtsbehörden der Länder **vorzubereiten**, und somit die Bauvorlagen zu prüfen. **13**

### 3 Zu Absatz 2 – Formvorschriften

Für die Typengenehmigung gilt nach **Satz 1** aus den gleichen Gründen wie für die Baugenehmigung das Erfordernis der **Schriftform** (s. die Anmerkungen zu § 75 Rdn. 129 ff.). **14**

Da die Typengenehmigung auf eine unbegrenzte Zahl von Bauvorhaben anzuwenden ist, neue technische Erkenntnisse unter Umständen aber die Weiterverwendung genehmigter Typen verbieten, kann die Typengenehmigung gemäß **Satz 2** **15**

– **nur unter dem Vorbehalt des Widerrufs**

**und (kumulativ)**

– **nur für eine bestimmte Frist**

erteilt werden. Die **Geltungsdauer soll fünf Jahre nicht überschreiten**. Der obersten Bauaufsichtsbehörde ist insofern ein **Ermessensspielraum** eingeräumt. Da auf die Typengenehmigung kein Anspruch besteht, können mit ihr außer dem Widerrufsvorbehalt und der Befristung **weitere sachgerechte Nebenbestimmungen** verbunden werden, die sich insbesondere auf die Herstellung, Baustoffeigenschaften, Kennzeichnung, Verwendung oder Überwachung beziehen.

Die Geltungsdauer der Typengenehmigung kann gemäß **Satz 3** auf schriftlichen Antrag **verlängert** werden, und zwar wiederholt („jeweils"). Die Geltungsdauer der Verlängerung darf fünf Jahre nicht überschreiten. Auch eine Verlängerung kann nur unter dem Vorbehalt eines Widerrufs ergehen. **16**

Wegen des durch **Satz 4** für entsprechend anwendbar erklärten § 77 Abs. 2 Satz 2 BauO NRW kann der **Verlängerungsantrag noch nach Ablauf der Geltungsdauer der Typengenehmigung** gestellt werden (s. die Anmerkungen zu § 77 Rdn. 15 und 16). **17**

**Satz 5** gebietet, dem Antragsteller eine **Ausfertigung** der Typengenehmigung mit den genehmigten Bauvorlagen analog der Regelung für Baugenehmigungen **zuzustellen** (s. die Anmerkungen zu § 77 Rdn. 157–159). Der Antragsteller benötigt die Typengenehmigung, um sie der örtlich zuständigen Bauaufsichtsbehörde vorlegen zu können. **18**

### 3 Zu Absatz 3 – Geltung der Typengenehmigungen anderer Länder

Gemäß **Absatz 3** gelten **Typengenehmigungen anderer Länder** auch in Nordrhein-Westfalen. Dies gilt selbst dann, wenn vom nordrhein-westfälischen Landesbauordnungsrecht abweichende materielle Vorschriften Grundlage für die Typengenehmigung anderer **19**

Länder sind. Eine **besondere Anerkennung** der Typengenehmigungen anderer Länder durch die oberste Bauaufsichtsbehörde ist **nicht vorgeschrieben.**

20 Wenn in anderen Ländern die Landesbauordnungen die **Typengenehmigung** nicht vorsehen, entfaltet eine Typengenehmigung nach nordrhein-westfälischem Recht dann dort keine Rechtswirkung.

### 4 Zu Absatz 4 – Anwendbarkeit anderer Verfahrensvorschriften

21 Absatz 4 ordnet die **„entsprechende" Anwendbarkeit bestimmter Verfahrensvorschriften** an. Die in Bezug genommenen Vorschriften sind nur **„entsprechend"** anzuwenden. Das **Regelungsziel** der Typengenehmigung, die bauwerks- und nicht grundstücksbezogen ist, muss hierbei beachtet werden. Daher scheidet z.B. die Anwendung des § 69 Abs. 2 Satz 3 BauO NRW, wonach die Zustimmung des Grundstückseigentümers verlangt werden kann, von vornherein aus. An die Stelle des Bauherrn tritt der Hersteller der baulichen Anlage. Die Verweisungen sind wie folgt zu lesen:

- der **Antrag ist schriftlich mit den erforderlichen Bauvorlagen** vorzulegen (§ 69 Abs. 1 Satz 1),
- für „**große**" **Sonderbauten** ist ein Brandschutzkonzept vorzulegen (§ 69 Abs. 1 Satz 2),
- das **Nachreichen einzelner Bauvorlagen** kann gestattet werden (§ 69 Abs. 1 Satz 3),
- **Antragsteller** und **Entwurfsverfasser** haben den **Antrag** zu **unterschreiben** (§ 69 Abs. 2 Satz 1 erster Halbsatz),
- der **Entwurfsverfasser hat** die **Bauvorlagen** zu **unterschreiben** (§ 69 Abs. 2 Satz 1 zweiter Halbsatz),
- der **Fachplaner** hat die von ihm **bearbeiteten Unterlagen** zu **unterschreiben** (§ 69 Abs. 2 Satz 2),
- die oberste Bauaufsichtsbehörde soll den **Antrag zurückweisen**, wenn die **Bauvorlagen unvollständig** sind oder **erhebliche Mängel** aufweisen (§ 72 Abs. 1 Satz 2),
- die **Beachtung** der **eingeführten technischen Regeln** ist zu **prüfen** (§ 72 Abs. 4),
- über **Abweichungen von bauaufsichtlichen Anforderungen** entscheidet die oberste Bauaufsichtsbehörde (§ 73).

22 Für die Beantragung der Typengenehmigung wurde **kein amtlicher Antragsvordruck** bekannt gemacht. Der Antrag kann mit einem formlosen Schreiben gestellt werden, dem **alle für die Beurteilung erforderlichen Unterlagen** beizufügen sind. Welche Bauvorlagen dies sind, ergibt sich aus § 19 **Abs. 1** BauPrüfVO:

- die Bauzeichnungen (§ 4 BauPrüfVO),
- die Baubeschreibung (§ 5 Abs. 1 BauPrüfVO),
- die Nachweise der Standsicherheit und des Schallschutzes (§ 8 BauPrüfVO),
- die Berechnungen und Angaben zur Kostenermittlung (§ 6 BauPrüfVO).

Werden Typengenehmigungen für „große" Sonderbauten beantragt, z.B. für Hallenbauten mit einer Grundfläche von mehr als 1600 m² (§ 68 Abs. 1 Satz 3 Nr. 3 BauO NRW), so ist zusätzlich ein Brandschutzkonzept vorzulegen. Dies ergibt sich bereits aus § 69 Abs. 1 Satz 2 BauO NRW in Verbindung mit § 11 BauPrüfVO. Die in § 19 Abs. 1 Bau-

PrüfVO aufgeführten Bauvorlagen, können nur die **bauwerksbezogenen**, nicht jedoch die grundstücksbezogenen **Angaben** enthalten. Deshalb stößt z. B. die Verwendung des für die Baubeschreibung eingeführten Vordrucks (s. Anlage I/7 zur VV BauPrüfVO) auf Probleme. Es ist daher sinnvoll, wenn der Antragsteller unter Verwendung des amtlichen Musters eine eigene Baubeschreibung entwickelt und in diese lediglich die bauwerksbezogenen Angaben aufnimmt.

Die Bauvorlagen sind gemäß § 19 Abs. 2 **Satz 1** BauPrüfVO **in dreifacher Ausfertigung** **23**
einzureichen. § 19 Abs. 2 **Satz 2** BauPrüfVO verweist auf § 10 Abs. 1 Satz 3 BauPrüfVO; nach dieser Vorschrift kann die (im Fall des § 78 BauO NRW die oberste Bauaufsichtsbehörde als genehmigende Behörde) Bauaufsichtsbehörde die **Einreichung weiterer Ausfertigungen** verlangen. Erforderlich ist dies z. B., wenn Sachverständige zur Beurteilung einzelner Fragen in entsprechender Anwendung des § 61 Abs. 3 BauO NRW herangezogen werden.

Die oberste Bauaufsichtsbehörde ist verpflichtet, Anträge auf Typengenehmigung zu- **24**
rückzuweisen, wenn die gemäß § 19 BauPrüfVO erforderlichen **Bauvorlagen unvollständig** sind oder **erhebliche Mängel** aufweisen. Dies ergibt sich aus der Soll-Vorschrift des § 72 Abs. 1 Satz 2 BauO NRW (s. Nr. 72.12 VV BauO NRW und die Anmerkungen zu § 72 Rdn. 61–73). Da der Antrag beim DIBt eingereicht werden soll (s. Nr. 78.1 VV BauO NRW), hat dieses die oberste Bauaufsichtsbehörde unverzüglich darüber zu unterrichten, ob die Bauvorlagen unvollständig sind oder erhebliche Mängel aufweisen. Als **Ordnungsbehörde** tätig werden kann nur die **oberste Bauaufsichtsbehörde**.

Im Verfahren zur Erteilung einer Typengenehmigung ist die **Beachtung der nach § 3** **25**
**Abs. 3 BauO NRW bauaufsichtlich eingeführten technischen Regeln** zu **prüfen**. Welche dies in Nordrhein-Westfalen sind, ergibt sich aus der Liste der Technischen Baubestimmungen (s. hierzu die Anmerkungen zu § 3 Rdn. 85–90).

Typengenehmigungen können zwar auch unter Gestattung einer **Abweichung** erteilt **26**
werden. Es ist allerdings kaum ersichtlich, von welcher bauwerksbezogenen Anforderung eine solche Abweichung erteilt werden kann. Der Sinn der Typengenehmigung liegt ja gerade darin, die Einhaltung der materiellen Anforderungen des Bauordnungsrechts sicherzustellen, weil die entsprechenden baulichen Anlagen in relativ großer Zahl zur Anwendung kommen.

Soweit es sich um einen Sonderbau handelt, für den keine Sonderbauverordnung besteht, ist ohnehin nicht die Abweichung nach § 73 BauO NRW, sondern die Erleichterung nach § 54 BauO NRW einschlägig (s. die Anmerkungen zu § 54 Rdn. 21). Sind derartige Erleichterungen für „kleine“ Sonderbauten beantragt, kann zur Beurteilung die Vorlage eines Brandschutzkonzepts erforderlich werden. Bei **Abweichungen von den allgemein anerkannten Regeln der Technik** im Sinne des § 3 Abs. 1 BauO NRW handelt es sich **nicht** um Abweichungen im Sinne des § 73 BauO NRW (s. die Anmerkungen zu § 3 Rdn. 68–72).

**Abweichungen von grundstücksbezogenen Vorschriften**, z. B. von den Abstandflächen- **27**
vorschriften des § 6 BauO NRW oder den Vorschriften über Gebäudeabschlusswände nach § 31 Abs. 1 Nr. 1 BauO NRW, sind durch die Typengenehmigung nicht regelbar. Sie können im nachfolgenden **Baugenehmigungsverfahren** oder in der **Genehmigungsfreistellung** nach § 67 BauO NRW nur **von der unteren Bauaufsichtsbehörde** bzw. im **Zustimmungsverfahren** (§ 80 BauO NRW) nur **von der oberen Bauaufsichtsbehörde**, gegebenenfalls nach Beteiligung der Angrenzer, erteilt werden.

### 5 Zu Absatz 5 – Erfordernis einer Baugenehmigung oder Zustimmung

**28** Die Typengenehmigung entfaltet **nur feststellende Wirkung** in Bezug auf die **geprüften Sachverhalte**; sie stellt fest, dass sich der **geprüfte Typ in Übereinstimmung mit den bauwerksbezogenen Anforderungen des Bauordnungsrechts** befindet. Ihr kommt **keine baufreigebende Wirkung** zu. Daher ersetzt die Typengenehmigung keine im Einzelfall für ein bestimmtes Bauvorhaben erforderliche Baugenehmigung (§ 75 BauO NRW) oder Zustimmung (§ 80 BauO NRW).

**29** Obwohl § 78 Abs. 5 nicht auch ausdrücklich auf **§ 67 BauO NRW** verweist, dürfte dennoch klar sein, dass die Typengenehmigung die nach Absatz 1 in Verbindung mit Absatz 2 dieser Vorschrift vorgeschriebene Einreichung von Bauvorlagen an die Gemeinde nicht entbehrlich macht. Denn die Typengenehmigung sagt nichts über die Anordnung der baulichen Anlage auf dem Grundstück und damit über die Einhaltung der Festsetzungen des Bebauungsplans aus. Im Übrigen wirkt § 67 BauO NRW mit der Verpflichtung zur Einreichung von Bauvorlagen aus sich heraus, da § 78 BauO NRW die Geltung dieser Vorschrift nicht ausschließt.

### 6 Zu Absatz 6 – Wirkung der Typengenehmigung

**30** Die Typengenehmigung dient der **Verwaltungsvereinfachung** und der Erlangung von **Rechtssicherheit**. Die untere Bauaufsichtsbehörde wird durch sie im Regelfall der Verpflichtung enthoben, die Baukonstruktion des genehmigten Typs nachzuprüfen, soweit diese Prüfung überhaupt noch zum bauaufsichtlichen Prüfprogramm rechnet. Im nachfolgenden Baugenehmigungs- oder Zustimmungsverfahren sind dann nur noch die **grundstücksbezogenen Anforderungen** zu prüfen. Der Vereinfachungseffekt der Typengenehmigung wirkt sich aufgrund des durch § 68 Abs. 1 Satz 4 BauO NRW stark eingeschränkten Prüfprogramms nur im „normalen" Genehmigungsverfahren aus, das die „großen" Sonderbauten erfasst. Da für „große" Sonderbauten die Typengenehmigung nur selten zur Anwendung gelangt, tritt der Vereinfachungseffekt dieses Rechtsinstituts in den Hintergrund. Nach wie vor verschafft aber die Typengenehmigung dem Hersteller der baulichen Anlage **Rechtssicherheit** (s. vorausgehende Rdn. 5).

**31** Die **untere** bzw. die **obere Bauaufsichtsbehörde** ist durch die Typengenehmigung in ihrer Entscheidungsbefugnis **für den Einzelfall nicht gebunden**. Absatz 6 enthält **kein Verbot**, die von der Typengenehmigung erfassten Sachverhalte im Einzelfall erneut zu prüfen, was aus der Formulierung in Satz 1 folgt: „brauchen … nicht geprüft zu werden" (ebenso Boeddinghaus/Hahn/Schulte, zu § 78 Rdn. 15; a. A. Jeromin, zu § 75 Rdn. 14). Die Nachprüfung kann im konkreten Fall geboten sein, um die Auswirkungen einer beantragten Abweichung von grundstücksbezogenen Anforderungen richtig einordnen zu können, weil bauwerks- und grundstücksbezogene bauordnungsrechtliche Anforderungen mitunter in Verbindung stehen. **Besonderen örtlichen Verhältnissen**, wie der Bebaubarkeit des Grundstücks, besonderen Baugrundverhältnissen, Erfordernissen der störungsfreien Einordnung in die Umgebung, trägt die Ermächtigung von **Satz 2** Rechnung. Sie können trotz des Vorhandenseins der Typengenehmigung **Rechtsgrund für die Versagung** der erforderlichen Baugenehmigung oder für die **Erteilung von Auflagen** im Einzelfall sein. So kann eine typengenehmigte Kleingarage mit Flachdach unzulässig sein, weil eine Gestaltungssatzung Satteldach vorschreibt.

## § 79
## Fliegende Bauten

**(1) [1]Fliegende Bauten sind bauliche Anlagen, die geeignet und bestimmt sind, an verschiedenen Orten wiederholt aufgestellt und zerlegt zu werden. [2]Baustelleneinrichtungen und Baugerüste gelten nicht als Fliegende Bauten.**

**(2) [1]Fliegende Bauten bedürfen, bevor sie erstmals aufgestellt und in Gebrauch genommen werden, einer Ausführungsgenehmigung. [2]§ 54 Abs. 2 Nr. 4 bis 12, 21 und 23 gilt entsprechend. [3]Dies gilt nicht für Fliegende Bauten bis zu 5 m Höhe, die nicht dazu bestimmt sind, von Besucherinnen und Besuchern betreten zu werden, sowie für Zelte bis zu einer Grundfläche von 75 m².**

**(3) [1]Die Ausführungsgenehmigung wird von der Bauaufsichtsbehörde erteilt, in deren Bereich die Antragstellerin oder der Antragsteller ihre oder seine Hauptwohnung oder ihre oder seine gewerbliche Niederlassung hat. [2]Hat die Antragstellerin oder der Antragsteller ihre oder seine Hauptwohnung oder ihre oder seine gewerbliche Niederlassung außerhalb der Bundesrepublik Deutschland, so ist die Bauaufsichtsbehörde zuständig, in deren Bereich der Fliegende Bau erstmals aufgestellt und in Gebrauch genommen werden soll. [3]Ausführungsgenehmigungen anderer Länder gelten auch im Land Nordrhein-Westfalen.**

**(4) Die oberste Bauaufsichtsbehörde kann bestimmen, dass Ausführungsgenehmigungen für Fliegende Bauten nur durch bestimmte Bauaufsichtsbehörden erteilt werden dürfen.**

**(5) [1]Die Ausführungsgenehmigung wird für eine bestimmte Frist erteilt, die höchstens fünf Jahre betragen soll; sie kann auf schriftlichen Antrag jeweils bis zu fünf Jahren verlängert werden; § 77 Abs. 2 Satz 2 gilt entsprechend. [2]Die Ausführungsgenehmigung wird in ein Prüfbuch eingetragen, dem eine Ausfertigung der mit einem Genehmigungsvermerk zu versehenden Bauvorlagen beizufügen ist. [3]In der Ausführungsgenehmigung kann bestimmt werden, dass Anzeigen nach Absatz 7 nicht erforderlich sind, wenn eine Gefährdung im Sinne des § 3 Abs. 1 nicht zu erwarten ist.**

**(6) [1]Die Inhaberin oder der Inhaber der Ausführungsgenehmigung hat den Wechsel ihrer oder seiner Hauptwohnung oder ihrer oder seiner gewerblichen Niederlassung oder die Übertragung eines Fliegenden Baues an Dritte der Bauaufsichtsbehörde anzuzeigen, die die Ausführungsgenehmigung erteilt hat. [2]Die Behörde hat die Änderungen in das Prüfbuch einzutragen und sie, wenn mit den Änderungen ein Wechsel der Zuständigkeit verbunden ist, der nunmehr zuständigen Behörde mitzuteilen.**

**(7) [1]Fliegende Bauten, die nach Absatz 2 Satz 1 einer Ausführungsgenehmigung bedürfen, dürfen unbeschadet anderer Vorschriften nur in Gebrauch genommen werden, wenn ihre Aufstellung der Bauaufsichtsbehörde des Aufstellungsortes unter Vorlage des Prüfbuches angezeigt ist. [2]Die Bauaufsichtsbehörde kann die Inbetriebnahme dieser Fliegenden Bauten von einer Gebrauchsabnahme abhängig machen, wenn dies aus Gründen der Standsicherheit oder Betriebssicherheit erforderlich ist. [3]Technisch schwierige Fliegende Bauten sowie Zelte und Tribünen, die in wechselnden Größen aufgestellt werden können, sind immer einer Gebrauchsabnahme zu unterziehen. [4]Das Ergebnis der Abnahme ist in das Prüfbuch einzutragen.**

**(8) [1]Die für die Erteilung der Gebrauchsabnahme zuständige Bauaufsichtsbehörde kann Auflagen machen oder die Aufstellung oder den Gebrauch Fliegender Bauten untersagen, soweit dies nach den örtlichen Verhältnissen oder zur Abwehr von Gefahren erforderlich ist, insbesondere weil die Betriebssicherheit oder Standsicherheit nicht oder nicht mehr gewährleistet ist oder weil von der Ausführungsgenehmigung abgewichen wird. [2]Wird die Aufstellung oder der Gebrauch aufgrund von Mängeln am Fliegenden Bau untersagt, so ist dies in das Prüfbuch einzutragen. [3]Die für die Ausführungsgenehmigung zuständige Behörde ist zu benachrichtigen, das Prüfbuch ist einzuziehen und ihr zuzuleiten, wenn die Herstellung ordnungsgemäßer Zustände innerhalb angemessener Frist nicht zu erwarten ist.**

**(9) [1]Bei Fliegenden Bauten, die von Besucherinnen und Besuchern betreten und längere Zeit an einem Aufstellungsort betrieben werden, kann die für die Gebrauchsabnahme zuständige Bauaufsichtsbehörde aus Gründen der Sicherheit Nachabnahmen durchführen. [2]Das Ergebnis der Nachabnahme ist in das Prüfbuch einzutragen.**

**(10) § 69, § 72 Abs. 1 Satz 2 und § 81 Abs. 1, 3 und 4 gelten entsprechend.**

**(11) Absätze 2 bis 10 finden auf Fliegende Bauten, die der Landesverteidigung dienen, keine Anwendung.**

### *Verwaltungsvorschriften über Ausführungsgenehmigungen für Fliegende Bauten und deren Gebrauchsabnahmen – FlBauVV*

*RdErl. v. 8. 9. 2000 (MBl. NRW. S. 1128), g. d. RdErl. v. 6. 8. 2007 (MBl. NRW. S. 563)*

***1 Allgemeines***

*1.1 Fliegende Bauten sind nach § 79 Abs. 1 der Landesbauordnung (BauO NRW) bauliche Anlagen, die geeignet und bestimmt sind, an verschiedenen Orten wiederholt aufgestellt und zerlegt zu werden.*

*Wesentliches Merkmal eines Fliegenden Baus ist hiernach das Fehlen einer festen Beziehung der Anlage zu einem Grundstück.*

*1.2 Werden Fliegende Bauten länger als drei Monate an einem Ort aufgestellt, so ist im Einzelfall zu prüfen, ob es sich um die Errichtung einer genehmigungsbedürftigen oder anzeigebedürftigen Anlage handelt.*

***2 Ausführungsgenehmigung, Prüfbuch***

*2.1 Fliegende Bauten bedürfen, bevor sie aufgestellt und in Gebrauch genommen werden, nach § 79 Abs. 2 BauO NRW einer Ausführungsgenehmigung. Dies gilt nicht für Anlagen bis 5 m Höhe, die nicht dazu bestimmt sind, von Besuchern betreten zu werden, und nicht für Fahrgeschäfte bis 5 m Höhe, die mit einer Geschwindigkeit von höchstens 1 m/s betrieben werden, und Bühnen einschließlich Überdachungen und sonstigen Aufbauten bis 5 m Höhe mit einer Grundfläche bis 100 m² und einer Fußbodenhöhe bis 1,5 m. Dies gilt ebenso nicht für Zelte bis zu einer Grundfläche von 75 m², soweit sie eingeschossig sind.*

*2.2 Dem Antrag auf Erteilung einer Ausführungsgenehmigung sind die Bauvorlagen gemäß § 20 BauPrüfVO beizufügen. Zu den dort in Abs. 1 Nr. 3 genannten Nachweisen der Standsicherheit gehören die Sicherheitsnachweise über die maschinentechnischen Teile, zu den in Nr. 4 genannten Schaltplänen gehören auch die Sicherheitsnachweise über die elektrischen Anlagen. Die Bauvorlagen sind in deutscher Sprache vorzulegen.*

2.3 *Die als Anlage 1 bekannt gemachte „Richtlinie über den Bau und Betrieb Fliegender Bauten, Fassung: Dezember 1997“ ist zu beachten.*

(Anmerkung: Anlage 1 ist hier wegen des Umfangs nicht mit abgedruckt)

2.4 *Vor Erteilung der Ausführungsgenehmigung ist der Fliegende Bau zur Probe aufzustellen. Auf die probeweise Aufstellung kann verzichtet werden, wenn sie zur Beurteilung der Stand- und Betriebssicherheit des Fliegenden Baus nicht erforderlich ist. In der Regel sind Zelte mit mehr als 1500 Besucherplätzen oder mit mehr als 750 m² Grundfläche sowie Fahr-, Schau- und Belustigungsgeschäfte, Tribünen mit mehr als 500 Besucherplätzen und Bühnen vor der Inbetriebnahme probeweise aufzustellen. Bei allen Anlagen vorwiegend maschineller Art ist ein Probebetrieb mit den der Berechnung zugrunde gelegten Belastungen vorzunehmen.*

2.5 *Die Ausführungsgenehmigung wird in ein Prüfbuch eingetragen. Eine Ausfertigung der für die Verlängerungsprüfung und die Gebrauchsabnahme erforderlichen und mit Prüfvermerk versehenen Original-Bauvorlagen ist dem Prüfbuch beizufügen. Das Prüfbuch ist dauerhaft zu binden und mit fortlaufenden Seitenzahlen zu versehen.*

2.6 *Bei Fliegenden Bauten, die mehrfach hergestellt werden und in ihren wesentlichen tragenden Bauteilen übereinstimmen, ausgenommen Zelte, kann eine dauerhafte Kennzeichnung verlangt werden. Das Kennzeichen ist so an dem Fliegenden Bau anzubringen, dass zweifelsfrei festgestellt werden kann, ob Prüfbuch und Fliegender Bau zusammen gehören. Das Kennzeichen ist im Prüfbuch einzutragen.*

2.7 *Für Fliegende Bauten, die auch in selbständigen räumlichen Abschnitten (z. B. Binderfelder von Zelten und Tribünen) errichtet oder abschnittsweise in anderer Anordnung (z. B. Zelte aus Seitenschiffen) zusammengesetzt werden können, braucht nur eine Ausführungsgenehmigung erteilt zu werden, wenn alle vorgesehenen Möglichkeiten der Errichtung oder Zusammensetzung darin berücksichtigt sind.*

*Sollen selbständige räumliche Abschnitte zur gleichen Zeit an verschiedenen Orten aufgestellt werden, so können auch mehrere Ausfertigungen einer Ausführungsgenehmigung erteilt werden. In der Ausführungsgenehmigung muss auch die größte Zahl der räumlichen Abschnitte festgelegt werden. Die Geltungsdauer der Ausführungsgenehmigung muss in allen Prüfbüchern einheitlich angegeben sein. Verlängerungen der Geltungsdauer von Ausführungsgenehmigungen dürfen nur für den ganzen Fliegenden Bau erteilt werden.*

2.8 *Falls sich nach Abschluss der Prüfung die Ausstellung des Prüfbuchs verzögert, genügt eine Ausführungsgenehmigung in Form eines vorläufigen Prüfbuchs, dessen Seiten zu heften und fortlaufend zu nummerieren sind. In der Regel genügt es, dem vorläufigen Prüfbuch die mit Genehmigungsvermerk versehenen Bauvorlagen gemäß § 20 Abs. 1 Nrn. 1 und 2 BauPrüfVO beizufügen. Die Ausführungsgenehmigung in dem vorläufigen Prüfbuch ist bis zur Ausstellung des Prüfbuchs, längstens jedoch auf neun Monate, zu befristen.*

3 ***Verlängerung der Geltungsdauer der Ausführungsgenehmigung***

*Die Geltungsdauer einer Ausführungsgenehmigung darf nur verlängert werden, wenn der Fliegende Bau noch mit den geprüften und mit Genehmigungsvermerk versehenen Bauvorlagen übereinstimmt sowie die notwendigen Prüfungen durchgeführt worden sind.*

*Bei älteren Fahrgeschäften mit hohen dynamischen Beanspruchungen, insbesondere Fahrgeschäften nach Anlage 2, lfd. Nr. 6.1, 6.2, 6.6.3 und 6.6.4, ist eine Sonderprüfung durch Sachverständige (siehe Nummer 5.2) Voraussetzung für die Verlängerung der Geltungsdauer der Ausführungsgenehmigung. Diese Prüfung ist erstmals 12 Jahre nach Inbetriebnahme und danach, bei schienengebundenen Hochgeschäften im Abstand von höchstens 4 Jahren, bei anderen betroffenen Fahrgeschäften im Abstand von höchstens 6 Jahren durchzuführen und erstreckt sich auf Sonderuntersuchungen mit Materialprüfungen der dynamisch hochbeanspruchten Teile.*

*Entstehen durch geänderte bauaufsichtliche Anforderungen unbillige Härten, kann von der Einhaltung dieser Anforderungen abgesehen werden, soweit dies nicht zu erheblichen Gefahren für Leben oder Gesundheit führt.*

4 ***Anzeige, Gebrauchsabnahme***

4.1 *Die Anzeige der Aufstellung und die Gebrauchsabnahme der Fliegenden Bauten richtet sich nach § 79 Abs. 7 BauO NRW. Technisch schwierige Fliegende Bauten (Satz 3) sind folgende Fahrgeschäfte:*

*a) Hochgeschäfte (Anlage 2, lfd. Nr. 6.1),*

*b) schnell laufende Karusselle (Anlage 2, lfd. Nr. 6.6.3),*

*c) Karusselle neuartiger und komplizierter Bauart (Anlage 2, lfd. Nr. 6.7, 3. und 4. Zeile),*

*d) Riesenräder mit mehr als 14 Gondeln (Anlage 2, lfd. Nr. 6.8, 2. Zeile).*

4.2 *Bei der Gebrauchsabnahme ist insbesondere zu prüfen*

*a) die Übereinstimmung des Fliegenden Baus mit den Bauvorlagen,*

*b) die Einhaltung der Nebenbestimmungen in der Ausführungsgenehmigung,*

*c) die Standsicherheit des Fliegenden Baus im Hinblick auf die örtlichen Bodenverhältnisse.*

*Die Gebrauchsabnahme kann sich auf Stichproben beschränken.*

5 ***Sachverständige***

5.1 *§ 29 Abs. 3 BauPrüfVO regelt, wer den Nachweis der Standsicherheit Fliegender Bauten, die einer Ausführungsgenehmigung bedürfen, prüfen darf.*

5.2 *Die für die Ausführungsgenehmigung oder die Verlängerung der Geltungsdauer einer Ausführungsgenehmigung zuständige Bauaufsichtsbehörde hat aufgrund der Bauvorlagen festzustellen, ob zur Prüfung der Anlage Sachverständige hinzugezogen werden müssen (§ 61 Abs. 3 BauO NRW). Sind für die Benutzer Gesundheitsschäden infolge besonderer Flieh- und Druckkräfte zu befürchten, müssen auch medizinische Sachverständige hinzugezogen werden.*

5.3 *Sachverständige, denen die Prüfung Fliegender Bauten vorwiegend maschineller Art übertragen wird, sollen auch mit der Prüfung der nicht maschinellen Teile und mit der Überwachung und Beurteilung des Probebetriebs beauftragt werden.*

5.4 *Medizinische Sachverständige sind Sachverständige von Instituten oder Stellen, die Erfahrungen über Auswirkungen von Flieh- und Druckkräften auf Personen, z. B. durch Versuche in der Verkehrs- und Luftfahrttechnik, haben.*

***6 Fristen für Ausführungsgenehmigungen von Fliegenden Bauten***

*Nach § 79 Abs. 5 BauO NRW sind Ausführungsgenehmigungen für eine bestimmte Frist zu erteilen oder zu verlängern, die höchstens fünf Jahre betragen soll. In der Anlage 2 sind die für die Ausführungsgenehmigungen und Verlängerungen ihrer Geltungsdauer angemessenen Fristen unter Berücksichtigung der Besonderheiten Fliegender Bauten enthalten.*

(Anmerkung: Anlage 2 ist hier nicht mit abgedruckt)

***7 Berichte über Unfälle***

*Die unteren Bauaufsichtsbehörden haben die oberste Bauaufsichtsbehörde unverzüglich über Unfälle, die durch den Betrieb Fliegender Bauten entstanden sind, zu unterrichten.*

***8 Schlussbestimmungen***

*Der RdErl. v. 8. 11. 1990 (MBl. NRW. S. 1644) wird aufgehoben.*

**Anmerkungen** (Autor: Czepuck)

**Übersicht**

| | | Rdn. |
|---|---|---|
| 0 | Änderungen gegenüber der BauO NW 1984 und der BauO NW 1995 | 01 |
| 1 | Allgemeines | 1– 7 |
| 2 | Zu Absatz 1 – Begriff des Fliegenden Baus | 8–14 |
| 3 | Zu Absatz 2 – Erfordernis der Ausführungsgenehmigung | 15–19 |
| 4 | Zu Absatz 3 und 4 – Zuständigkeit für die Ausführungsgenehmigung | 20–22 |
| 5 | Zu Absatz 5 und 6 – Befristung, Übertragung auf Dritte | 23–27 |
| 6 | Zu Absatz 7 – Anzeige der Aufstellung und Gebrauchsabnahme | 28–33 |
| 7 | Zu Absatz 8 und 9 – Maßnahmen bei Mängeln, Nachabnahmen | 34–37 |
| 8 | Zu Absatz 10 und 11 – Verfahrensvorschriften | 38–39 |

## 0 Änderungen gegenüber der BauO NW 1984 und der BauO NW 1995

Die **BauO NRW 2000** hat § 79 BauO NW 1995 unverändert übernommen, ergänzend wurde dabei in Absatz 2 mit eingefügtem Satz (jetzt Satz 2) angeordnet, dass einzelne Bestimmungen des § 54 BauO NRW entsprechend gelten. Damit wird für bestimmte Bereiche das Stellen von besonderen Anforderungen oder das Gestatten von Erleichterungen auch bei fliegenden Bauten ermöglicht (s. Rdn. 18). **01**

Die beibehaltenen, bereits in § 79 **BauO NW 1995** gegenüber § 74 BauO NW 1984 erfolgten Änderungen und Ergänzungen waren:

- Die **Absätze 1** und **4** blieben unverändert.
- **Absatz 2** Satz 2 übernahm § 2 der aufgehobenen Freistellungs-Verordnung.
- Die **Absätze 3** und **6** wurden an die Terminologie des Meldegesetzes angepasst.
- **Absatz 5** wurde um Satz 3 erweitert, um bereits in der Ausführungsgenehmigung den Verzicht auf die Anzeige der Aufstellung festlegen zu können.
- **Absatz 7** wurde um die Sätze 2 und 3 ergänzt, um es der örtlichen unteren Bauaufsichtsbehörde zu überlassen, ob sie eine Gebrauchsabnahme vornehmen will. Für das auszuübende Ermessen wurden Kriterien aufgeführt. Wegen der möglicherweise von technisch schwierigen Fliegenden Bauten ausgehenden größeren Gefahren wurde für diese weiterhin eine Pflicht zur Gebrauchsabnahme begründet; dasselbe gilt für Zelte und Tribünen, die in wechselnden Größen aufgestellt werden können.
- Die Verweisungen in **Absatz 10** wurden an die neue Paragraphenfolge angepasst.
- Der angefügte **Absatz 11** nimmt Fliegende Bauten der Landesverteidigung aus.

### 1 Allgemeines

1 Fliegende Bauten sind **Sonderbauten** im Sinne des § 54 BauO NRW. Sie nehmen seit jeher in **materiell-rechtlicher** und in **verfahrensrechtlicher Hinsicht** eine **Sonderstellung**. Hierunter fallen vor allem Tribünen, Schaustellergeschäfte, Zelte und Tragluftbauten. Fliegende Bauten passen eigentlich nicht recht in das Vorschriftensystem des Bauordnungsrechts, da sie nicht dazu bestimmt sind, dauerhaft auf einem bestimmten Grundstück zu verbleiben. Mit § 79 BauO NRW, der auf § 98 MBO 1960 zurückgeht, steht ein besonderes Verfahrensrecht zur Verfügung, da Fliegende Bauten in kurzen Abständen in einer großen Anzahl von Fällen auf- und abgebaut werden, was eine besondere **Gefahr für die Standsicherheit** und **Betriebssicherheit** bzw. die **Gefahr starker Abnutzung ergibt**, so dass eine **besondere Form der Überwachung** (Ausführungsgenehmigung und Gebrauchsabnahme) wenigstens im Regelfall unumgänglich ist (so VGH B-W, Urteil vom 29. 1. 1982 – 8 S 1291/81, BRS 39 Nr. 146).

2 Die **FlBauVV** mit der Anlage 1 „**Richtlinien über den Bau und Betrieb Fliegender Bauten – FlBauR** – Fassung Dezember 1997“ entsprechen Mustern der ARGEBAU. Die FlBauVV regelt die Handhabung der Ausführungsgenehmigung und der Gebrauchsabnahme. Die FlBauVV verpflichtet die Bauaufsichtsbehörden zur Beachtung der FlBauR. Im Regelfall sind die in der FlBauR zu den verschiedenen Arten von Fliegenden Bauten aufgeführten zusätzlichen Anforderungen im Sinne des § 54 Abs. 1 Satz 1 BauO NRW zu stellen bzw. Erleichterungen im Sinne des § 54 Abs. 1 Satz 2 BauO NRW zu gestatten.

3 Darüber hinaus sind insbesondere folgende **eingeführte Technischen Baubestimmungen** zu beachten (vgl. Liste der Technischen Baubestimmungen):

- **DIN 4112** „Fliegende Bauten; Richtlinien für Bemessung und Ausführung – Ausgabe Februar 1983“,
- **DIN 4134** „Tragluftbauten; Berechnung, Ausführung und Betrieb – Ausgabe Februar 1983“.

Ferner hat die Vereinigung der Technischen Überwachungsvereine e.V. (VdTÜV), Essen, das Merkblatt Fördertechnik 1507, Ausgabe 6/97 „**Grundsätze für die Prüfung von Fliegenden Bauten**“ herausgegeben.

Zirkuszelte oder Festzelte als Fliegende Bauten sind bei Erfüllung der Bestimmungen der §§ 1 und 2 VStättVO zugleich auch **Versammlungsstätten**, jedoch gemäß § 1 Abs. 3 Nr. 4 VStättVO vom Anwendungsbereich dieser Verordnung ausgenommen. 4

Fliegende Bauten bedürfen **keiner Baugenehmigung**. An deren Stelle tritt eine **Mischform aus präventiver und repressiver Kontrolle**. Nach § 79 Abs. 2 BauO NRW muss eine **Ausführungsgenehmigung** vorliegen, bevor der Fliegende Bau erstmals aufgestellt und in Gebrauch genommen werden darf; **zuständig** hierfür sind ausschließlich die in **§ 30 BauPrüfVO** genannten unteren Bauaufsichtsbehörden. Von der Verpflichtung zur Einholung der Ausführungsgenehmigung ausgenommen sind die in § 79 Abs. 2 Satz 3 BauO NRW aufgeführten Fliegenden Bauten. Neben der **einmaligen** Ausführungsgenehmigung ist zusätzlich gemäß § 79 Abs. 7 BauO NRW **vor jeder Ingebrauchnahme am jeweiligen Aufstellungsort** eine **Anzeige** an die örtlich zuständige untere Bauaufsichtsbehörde zu erstatten. Diese Bauaufsichtsbehörde **kann** die Inbetriebnahme von einer **Gebrauchsabnahme** abhängig machen; für **technisch schwierige** Fliegende Bauten schreibt § 79 Abs. 7 Satz 3 BauO NRW die **Gebrauchsabnahme zwingend** vor. Die **Gebühren** ergeben sich aus **Tarifstelle 2.5.5** des Allgemeinen Gebührentarifs zur AVerwGebO NRW. Wer Fliegende Bauten ohne Ausführungsgenehmigung oder ohne Gebrauchsabnahme in Gebrauch nimmt, begeht gemäß § 84 Abs. 1 Nr. 16 BauO NRW eine **Ordnungswidrigkeit**, die mit **Bußgeld** geahndet werden kann (s. Rdn. 29). 5

Die für die **Ausführungsgenehmigung** Fliegender Bauten erforderlichen **Bauvorlagen** sind durch **§ 20 BauPrüfVO** festgelegt. Für jeden Fliegenden Bau wird im Zuge der Ausführungsgenehmigung gemäß § 79 Abs. 5 Satz 2 BauO NRW ein **Prüfbuch** angelegt, das ein besonders wichtiges Dokument ist, weil in ihm für die „Lebenszeit" des Fliegenden Baus alle Genehmigungen und wichtigen Fakten verzeichnet werden. Da im Bundesgebiet nur wenige Behörden für die Erteilung von Ausführungsgenehmigungen zuständig sind, besteht kein Bedürfnis für eine erlassmäßige Festlegung eines Musters des Prüfbuchs. Die erforderlichen Einzelheiten legt Nr. 2 FlBauVV fest. 6

Fliegende Bauten unterliegen in ganz besonderem Maße einem **Wandel der Technik**. Der Landesgesetzgeber muss daher durch Fortschreibung der Rechtsvorschriften und Richtlinien rasch reagieren, um aufgrund von immer wieder vorkommenden **Unfällen** festgestellte **Regelungslücken** zu **schließen**. Die Koordinierung dieser Tätigkeit der Länder erfolgt in den Gremien der **ARGEBAU** und dort insbesondere im „**Arbeitskreis Fliegende Bauten**" der „**Fachkommission Bauaufsicht**". 7

## 2 Zu Absatz 1 – Begriff des Fliegenden Baus

**Satz 1** enthält die **Legaldefinition** des Fliegenden Baus. Die Begriffsbestimmung wird durch **drei Wesenselemente** geprägt: 8

- es muss sich um eine **bauliche Anlage** handeln,
- die bauliche Anlage muss **objektiv geeignet** sein, um wiederholt aufgestellt und zerlegt (also mehrfacher Auf- und Abbau) zu werden,
- die bauliche Anlage muss zur Verwendung an verschiedenen Orten **subjektiv bestimmt** sein, wobei die **zeitliche Begrenzung der Verweildauer** von Bedeutung ist.

Die einzelnen **Wesenselemente** der Begriffsbestimmung müssen **kumulativ** erfüllt sein. Fehlt nur eines der Elemente, so liegt kein Fliegender Bau vor.

9 Zunächst muss es sich um eine **bauliche Anlage** im Sinne des § 2 Abs. 1 BauO NRW handeln (s. die Anmerkungen zu § 2 Rdn. 27 ff.). Für die klassischen Fliegenden Bauten, wie Zelte, Schaubuden, Karusselle, Riesenräder, Achterbahnen oder Schießstände, ist dies ohne weiteres gegeben, da diese **aus Bauprodukten hergestellt** sind und **durch eigene Schwere auf dem Erdboden ruhen**. Zunehmend werden neue Formen unterhaltender Tätigkeiten entwickelt, wie z. B. Bungeejumping, Rocket-Bungee oder House-Running, die schwer einzuordnen sind. Die hierfür erforderlichen Systeme erfüllen nicht immer die Begriffsbestimmung der baulichen Anlage und sind dann auch **keine** Fliegenden Bauten. Am Beispiel des Bungeejumping lässt sich die Problematik verdeutlichen, da hier folgende Fälle unterschieden werden können:

– Befestigung des Sprungseils an einem **Autokran**, somit **keine bauliche Anlage**.
– Befestigung des Sprungseils an einer **Straßenbrücke**, somit **keine dem Anwendungsbereich der BauO NRW unterliegende bauliche Anlage**.
– Befestigung des Sprungseils an einem **zerlegbaren Mast**, somit **bauliche Anlage**.

In allen Fällen unterfällt das **Sprungseil** einschließlich Befestigungsgeschirr nicht dem Bauordnungsrecht, da es als **Sportgerät** anzusehen ist. Auch für die nicht als Fliegender Bau einzuordnenden Systeme sind im Einzelfall ordnungsbehördliche Maßnahmen zur Gefahrenabwehr möglich. Für unterhaltende Tätigkeiten im Sinne des § 55 Abs. 1 Nr. 2 GewO, die mit besonderen Gefahren für Arbeitnehmer (Personal), Anwender (Kunden) und Dritte (Zuschauer) verbunden sind, kann die **Gewerbekarte des Gewerbetreibenden** zum Schutz der Allgemeinheit gemäß § 55 Abs. 3 GewO mit **Auflagen** versehen werden (z. B. Beibringung eines Gutachtens einer amtlich anerkannten Sachverständigenorganisation). Zuständig hierfür sind die allgemeinen Ordnungsbehörden bzw. die Bezirksregierung.

10 Die bauliche Anlage muss **objektiv geeignet** sein, um wiederholt zerlegt und aufgestellt werden zu können. Die objektive Eignung der baulichen Anlage als Fliegender Bau für einen wiederholten Ortswechsel erfordert eine **besondere bautechnische Konstruktion** im Hinblick auf eine **Zerlegbarkeit**. Diese muss so beschaffen sein, dass auch bei ständig sich wiederholendem Auf- und Abbau der baulichen Anlage während der Geltungsdauer der Ausführungsgenehmigung die **Sicherheitsaspekte gewahrt** bleiben. Insbesondere die Standsicherheit der Konstruktion darf durch die mechanischen Auf- und Abbauvorgänge nicht beeinträchtigt werden. Ob diese Anforderung erfüllt ist, muss nach DIN 4112 „Fliegende Bauten; Richtlinien für Bemessung und Ausführung – Ausgabe Februar 1983“ geprüft und beurteilt werden (s. Rdn. 3).

11 Die **subjektive Bestimmung** der baulichen Anlage als Fliegender Bau zielt darauf, dass auch der Wille des Aufstellers vorliegt, den für die Begriffserfüllung erforderlichen **regelmäßigen Ortswechsel** vorzunehmen. Dabei sind wiederum **zwei Aspekte** zu beachten:

– die bauliche Anlage muss an **verschiedenen** Orten aufgestellt werden,
– der Wechsel des Standortes muss **wiederholt** stattfinden.

Besonders über das Kriterium der subjektiven Bestimmung können einige Beispiele aus der Rechtsprechung zur Verdeutlichung beitragen:

– Ein Verkaufsstand, der täglich auf demselben Platz morgens aufgestellt und abends abgebaut wird, ist kein Fliegender Bau (VGH B-W, Urteil vom 10. 4. 1973 – III 2/72, BRS 27 Nr. 124).

- Ein Verkaufszelt, das in jährlichem Zeitabstand immer wieder auf ein und demselben Grundstück auf- und abgebaut wird, ist kein Fliegender Bau (OVG Saar, Beschluss vom 9.7.1986 – 2 W 911/86, BRS 46 Nr. 202).
- Eine bauliche Anlage ist nicht dazu bestimmt, wiederholt auf- und abgebaut zu werden, wenn der Bauherr eine nach ihrer Konstruktionsweise durchaus als Fliegender Bau anzusprechende bauliche Anlage (Hallenkonstruktion in Leichtbauweise) längerfristig auf ein und demselben Platz aufstellt (VGH B-W, Urteil vom 29.1.1982 – 8 S 1291/81, BRS 39 Nr. 146 und Hess. VGH, Beschluss vom 27.1.1984 – 4 TH 277/84, BRS 42 Nr. 151).

Wesentliches Merkmal eines Fliegenden Baus ist das **Fehlen einer festen Beziehung der Anlage zu einem Grundstück** und der Charakter einer nicht ortsgebundenen Anlage (VGH B-W, Urteil vom 29.1.1982, a.a.O. Rdn. 11; Thür. OVG, Beschluss vom 27.6.1996 – 1 EO 425/95, BRS 58 Nr. 208 zu einem Verkaufscontainer für Kfz-Kennzeichen). Als Anhaltspunkt ist davon auszugehen, dass eine feste Beziehung zum Grundstück eintritt, wenn der Fliegende Bau **länger als drei Monate** an einem Ort verbleibt. Dann muss geprüft werden, ob ein unter § 63 BauO NRW fallender Tatbestand gegeben ist und ein Genehmigungserfordernis besteht (s. Nr. 1.2 FlBauVV). Eine schematische Anwendung der Nr. 1.2 FlBauVV verbietet sich, da es immer auf die **Umstände des Einzelfalls** ankommt. Wird z.B. eine Zirkusveranstaltung wegen des großen Erfolgs verlängert, so muss damit noch nicht eine feste Beziehung zum Grundstück entstehen; gegebenenfalls werden nach Absatz 9 Nachabnahmen erforderlich (s. Rdn. 37). Anders kann die Beurteilung ausfallen, wenn ein Kaufhausbetreiber die Aufstellung eines Verkaufszelts zunächst mit einem Frühjahrsangebot begründet, nach dessen Abwicklung im Sommer und Herbst auf Sportgeräte umstellt und schließlich im Winter Weihnachtsartikel anbietet. Da (echte) **Fliegende Bauten** nur vorübergehend und nicht auf Dauer am jeweiligen Aufstellungsort aufgestellt werden, sind sie **keine baulichen Anlagen im Sinne des § 29 Abs. 1 BauGB**, weisen also **keine bauplanungsrechtliche Relevanz** auf (BVerwG, Urteil vom 17.12.1976 – IV C 6.75, BRS 30 Nr. 117 – in dieser Entscheidung hatte das BVerwG die bauplanungsrechtliche Relevanz für eine Traglufschwimmhalle bejaht, weil diese zwar jeweils für kurze Zeit besteht, sich dieser Zustand aber ständig am gleichen Ort wiederholt). Werden Fliegende Bauten dauerhaft auf einem Grundstück aufgestellt, wie z.B. in **Vergnügungsparks**, unterliegen sie uneingeschränkt den bauplanungsrechtlichen Vorschriften (vgl. Große-Suchsdorf/Lindorf/Schmaltz/Wiechert, zu § 84 Rdn. 4). Sie bedürfen dann gegebenenfalls einer Baugenehmigung. 12

Ist zwar das Merkmal der objektiven Eignung erfüllt, nicht aber auch das der subjektiven Bestimmung, unterfallen derartige bauliche Anlagen dem **Baugenehmigungsverfahren**, soweit nicht einer der Freistellungstatbestände des § 65 Abs. 1 BauO NRW einschlägig ist; so sind z.B. nach § 65 Abs. 1 Nr. 39 BauO NRW Behelfsbauten, die dem Katastrophenschutz oder der Unfallhilfe für kurze Zeit dienen, vom Baugenehmigungserfordernis freigestellt. Regelmäßig wird das vereinfachte Baugenehmigungsverfahren nach § 68 BauO NRW zur Anwendung kommen. Nur Zelte, die nicht Fliegende Bauten sind, unterliegen gemäß § 68 Abs. 1 Satz 3 BauO NRW als „große" Sonderbauten dem normalen Genehmigungsverfahren (s. die Anmerkungen zu § 54 Rdn. 71). 13

**Satz 2** regelt, dass **Baustelleneinrichtungen** und **Baugerüste** keine Fliegenden Bauten sind. Die Regelung war erforderlich, weil diese zwar von der Begriffsbestimmung her Fliegende Bauten sind, aber die Erschwernisse, die eine Anwendung des § 79 BauO NRW gebracht hätte, nicht gewollt und erforderlich waren. Immerhin unterliegen Baustellen- 14 einrichtungen einschließlich der Lagerhallen und Schutzhallen sowie der zum vorübergehenden Aufenthalt dienenden Unterkünfte (s. die Anmerkungen zu § 14 Rdn. 4–6) und Baugerüste (s. die Anmerkungen zu § 2 Rdn. 94–97) der Überwachung durch die Bezirksregierungen und die Berufsgenossenschaften. Auch von dem Erfordernis einer Baugenehmigung sind sie daher nach § 65 Abs. 1 Nr. 37 und 38 BauO NRW freigestellt.

### 3 Zu Absatz 2 – Erfordernis der Ausführungsgenehmigung

15 Im Unterschied zu anderen baulichen Anlagen erfordern Fliegende Bauten keine Baugenehmigung, sondern nach **Satz 1** eine Ausführungsgenehmigung (s. Rdn. 5). Die Rechtfertigung für dieses **Sonderverfahren** liegt darin begründet, dass Fliegende Bauten dazu bestimmt sind, häufig den Standort zu wechseln. Die Erteilung einer Baugenehmigung für den jeweiligen Aufstellungsort würde in den meisten Fällen bereits aufgrund der hierfür erforderlichen Verfahrensdauer unpraktikabel sein. Die Ausführungsgenehmigung ist noch am ehesten der Typengenehmigung vergleichbar (vgl. die Anmerkungen zu § 78 Rdn. 1), weil auch diese nur – wie die Ausführungsgenehmigung – die **Beschaffenheit der baulichen Anlage**, nicht jedoch deren Beziehung zum Grundstück erfasst. **Typengenehmigungen für Fliegende Bauten scheiden** jedoch wegen des ausdrücklichen Verbots in § 78 Abs. 1 Satz 3 BauO NRW **aus**.

16 Das Sonderverfahren ist **zweistufig** angelegt (s. Rdn. 5). Die **Ausführungsgenehmigung** kann als „**Grundgenehmigung**" naturgemäß im Wesentlichen nur die Anforderungen an die Standsicherheit, den Brandschutz und die Verkehrssicherheit erfassen, wie sie in den FlBauR konkretisiert sind. Die Standsicherheitsnachweise für Fliegende Bauten dürfen gemäß § 29 Abs. 3 BauPrüfVO nur durch ein Prüfamt geprüft werden. Die **Berücksichtigung besonderer örtlicher Sicherheitsanforderungen** bleibt gegebenenfalls **der Gebrauchsabnahme** im Einzelfall **vorbehalten**. Sowohl die Ausführungsgenehmigung als auch die Gebrauchsabnahme dienen allein öffentlichen Interessen. Daher kann der Nachbar am Aufstellungsort eines Fliegenden Baus Nachbarschutz nicht durch Anfechtung der Ausführungsgenehmigung oder der Gebrauchsabnahme erlangen. Vielmehr ist der Nachbar darauf angewiesen, **Nachbarschutz** über einen **Anspruch auf Einschreiten** der Bauaufsichtsbehörde zu erlangen (Nds. OVG, Urteil vom 10. 5. 1996 – 1 L 1455/95, BRS 58 Nr. 182 = NVwZ-RR 1997, 13).

17 Die Ausführungsgenehmigung ist **keine Herstellungsgenehmigung**. Vor Erteilung einer erforderlichen Ausführungsgenehmigung dürfen Fliegende Bauten nämlich lediglich nicht erstmals aufgestellt und – vor allen Dingen – nicht in Benutzung genommen werden. Die Herstellung eines Fliegenden Baus bereits vor Erteilung der Ausführungsgenehmigung kann dagegen nicht untersagt werden. Das Risiko einer möglicherweise fehlenden Übereinstimmung des bereits hergestellten Fliegenden Baus mit der (später erteilten) Ausführungsgenehmigung trägt der Hersteller.

18 Der mit der BauO NRW **neu eingefügte Satz 2** (die Begründung in LT-Drucks. 12/3738 enthält hierzu keine Aussage) ordnet die entsprechende Geltung einzelner Nummern des § 54 Abs. 2 BauO NRW an. Die Verweisung findet in § 73 Abs. 2 MBO kein Vorbild. Sie wurde aber wegen der Anpassungen des § 54 Abs. 3 BauO NRW erforderlich. Fliegende Bauten waren nach § 54 Abs. 3 **Nr. 10** BauO NW **1995** Sonderbauten; deshalb wurde bisher von der für die Ausführungsgenehmigung zuständigen Bauaufsichtsbehörde von den Vorschriften des § 54 BauO NRW in Verbindung mit den FlBauR Gebrauch gemacht, was bislang stets unstrittig war (vgl. Boeddinghaus/Hahn/Schulte, zu

§ 79 Rdn. 1 und Buntenbroich/Voß, zu § 79 Rdn. 3). Mit den Änderungen in § 54 Abs. 3 BauO NRW, in dem auf die Liste der Sonderbauten nach § 68 Abs. 1 Nr. 1–19 BauO NRW verwiesen wird, war diese Ergänzung in § 79 Abs. 2 BauO NRW zur Klarstellung erforderlich.

Das **Sonderverfahren** der Ausführungsgenehmigung **gilt nach Satz 3 nicht** für **19**

- Fliegende Bauten bis zu 5 m Höhe, die nicht dazu bestimmt sind, von Besuchern betreten zu werden und
- Zelte bis zu einer Grundfläche von 75 $m^2$.

Die Bestimmung macht diese **unter Sicherheitsaspekten unbedeutenden Bauten** nicht etwa zu normalen baulichen Anlagen, wenn ansonsten die Begriffsbestimmung des Fliegenden Baus zutrifft. Gleichwohl werden solche Bauten vielfach auch nach § 65 Abs. 1 Nr. 1 BauO NRW baugenehmigungsfrei sein, wenn sie für längere Zeit am gleichen Ort aufgestellt werden sollen. Satz 3 stellt nur eine **Verfahrenserleichterung** dar, weil es für diese relativ kleinen Fliegenden Bauten, wie z. B. Verkaufsstände oder Campingzelte, nicht erforderlich ist, eine Ausführungsgenehmigung zu erteilen. Die Pflicht zur Anzeige der Aufstellung und die Gebrauchsabnahme entfallen ebenfalls, da Absatz 7 an das Erfordernis der Ausführungsgenehmigung anknüpft.

### 4 Zu Absatz 3 und 4 – Zuständigkeit für die Ausführungsgenehmigung

Nach **Absatz 3 Satz 1** wird die Ausführungsgenehmigung von der Bauaufsichtsbehörde **20**
erteilt, in deren Bereich der Antragsteller seine Hauptwohnung im Sinne des Meldegesetzes oder seine gewerbliche Niederlassung hat. Insoweit besteht für ihn ein Wahlrecht. Die **Ausführungsgenehmigung** wird zwar an den Antragsteller erteilt, ist jedoch **nicht personenbezogen**. Anders als die grundstücks- und objektbezogene Baugenehmigung ist die Ausführungsgenehmigung – wie die Typengenehmigung – **objektbezogen**.

Absatz 3 Satz 1 muss zusammen mit **Absatz 4** betrachtet werden. Die oberste Bauauf- **21**
sichtsbehörde hat von der ihr durch Absatz 4 eingeräumten Ermächtigung mit **§ 30 BauPrüfVO** Gebrauch gemacht, eine **Zuständigkeit bestimmter Behörden für die Ausführungsgenehmigung** festzulegen. Für die bauaufsichtliche Beurteilung der Fliegenden Bauten sind besondere Fachkenntnisse erforderlich. Es ist deshalb vorteilhaft, wenn nur bestimmte Bauaufsichtsbehörden für die Erteilung der Ausführungsgenehmigungen zuständig sind, da sich bei diesen dann die Spezialkenntnisse sammeln können. Nach § 30 BauPrüfVO sind nur **fünf untere Bauaufsichtsbehörden** für die Erteilung, Änderung und Verlängerung der Ausführungsgenehmigung zuständig:

1. die Stadt Dortmund für den Regierungsbezirk Münster sowie für die kreisfreien Städte Bochum, Dortmund, Hagen, Hamm, Herne und für den Ennepe-Ruhr-Kreis und den Kreis Unna des Regierungsbezirks Arnsberg,
2. die Stadt Essen für den Regierungsbezirk Düsseldorf,
3. die Stadt Köln für den Regierungsbezirk Köln,
4. die Stadt Soest für den Regierungsbezirk Arnsberg, soweit nach Nr. 1 nicht die Stadt Dortmund zuständig ist,
5. die Stadt Bielefeld für den Regierungsbezirk Detmold.

Die Zuständigkeit für **ausländische Inhaber** von Fliegenden Bauten regelt **Absatz 3** **22**
**Satz 2**. Danach ist die für die Ausführungsgenehmigung nach § 30 BauPrüfVO bestimm-

te Bauaufsichtsbehörde zuständig (s. Rdn. 21), in deren Zuständigkeitsbereich der Fliegende Bau zuerst aufgestellt werden soll. Im Übrigen gelten nach **Absatz 3 Satz 3** Ausführungsgenehmigungen anderer Länder auch im Land Nordrhein-Westfalen (s. auch die Anmerkungen zu § 78 Rdn. 19–20). Dies gilt selbst dann, wenn die Rechtsvorschriften des anderen Landes von denen in Nordrhein-Westfalen abweichen.

### 5 Zu Absatz 5 und 6 – Befristung, Übertragung auf Dritte

**23** Wegen der besonderen Gefährlichkeit Fliegender Bauten und des hohen Verschleißes, dem sie infolge ihrer Benutzung und ihres häufigen Auf- und Abbaus unterliegen, darf die Ausführungsgenehmigung gemäß **Absatz 5 Satz 1** nur **befristet**, in der Regel für eine Laufzeit von **fünf Jahren** erteilt werden. Auf schriftlichen Antrag des Betreibers kann die Geltungsdauer der Genehmigung sinngemäß wie bei der Bau- und Typengenehmigung jeweils – auch mehrfach – um höchstens fünf Jahre **verlängert** werden. Die Verlängerung ist aufgrund Absatz 5 Satz 1, Halbsatz 2 in Verbindung mit § 77 Abs. 2 Satz 2 BauO NRW **auch rückwirkend** möglich (s. die Anmerkungen zu § 77 Rdn. 15 und 16). Die Verlängerung kann mit **Nebenbestimmungen** verbunden werden, die sich z. B. auf die Auswechselung schadhaft gewordener Einzelteile erstrecken können.

**24** Die **Ausführungsgenehmigung** einschließlich der **genehmigten Bauvorlagen** und das **Prüfbuch** (s. Rdn. 6) bilden nach **Absatz 5 Satz 2** eine **untrennbare Einheit**. Das Prüfbuch wird nach abgeschlossener Prüfung der Bauvorlagen **von der Genehmigungsbehörde** angelegt. Es ist **dauerhaft zu binden** und mit **fortlaufenden Seitenzahlen** zu versehen (Nr. 2.5 FlBauVV).

Die **Kosten** für die Ausstellung eines Prüfbuchs können als Auslagen nicht (§ 10 Abs. 1 GebG NRW) dem Antragsteller auferlegt werden.

**25** Durch **Absatz 5 Satz 3** ist die **Möglichkeit eröffnet** worden, bereits in der Ausführungsgenehmigung zu bestimmen, dass die **obligatorische Anzeige nach Absatz 7 Satz 1 nicht erforderlich** ist. Das hat zur Konsequenz, dass grundsätzlich und nicht nur „in der Regel" eine Gebrauchsabnahme entfällt. Voraussetzung für einen solchen Verzicht ist die Einschätzung der für die Erteilung der Ausführungsgenehmigung zuständigen Bauaufsichtsbehörde, dass eine Gefährdung im Sinne des § 3 Abs. 1 BauO NRW nicht zu erwarten ist. Als Beispiel sind fahrbare Tribünen zu nennen, die nur sehr kurzfristig an wechselnden Orten aufgestellt werden.

**26** Gemäß **Absatz 6 Satz 1** hat der **Inhaber** der Ausführungsgenehmigung den **Wechsel** seiner **Hauptwohnung** oder seiner **gewerblichen Niederlassung** der Bauaufsichtsbehörde mitzuteilen, die die Ausführungsgenehmigung erteilt hat. Die Ausführungsgenehmigung gilt nur für den Antragsteller, sie **kann** aber nach **Absatz 6 Satz 1 übertragen werden**. Die Übertragung bedarf ebenfalls der Anzeige bei der Bauaufsichtsbehörde, welche die Ausführungsgenehmigung erteilt hat. Die Anzeige ist schriftlich bei der bislang zuständigen Bauaufsichtsbehörde unter Beifügung des Prüfbuchs einzureichen.

**27** Nach **Absatz 6 Satz 2** hat die für die Ausführungsgenehmigung zuständige Bauaufsichtsbehörde die **Änderung** der Hauptwohnung oder der gewerblichen Niederlassung des Inhabers oder die **Übertragung** der Ausführungsgenehmigung auf einen Dritten **in das Prüfbuch einzutragen**. Ist mit der Übertragung ein Wechsel der Zuständigkeit verbunden, muss die bislang zuständige Bauaufsichtsbehörde der **neuen zuständigen Behörde** hiervon **Mitteilung erstatten**.

### 6 Zu Absatz 7 – Anzeige der Aufstellung und Gebrauchsabnahme

Die Aufstellung eines Fliegenden Baus bedarf nach **Satz 1** der **Anzeige** unter Vorlage des zugehörigen Prüfbuchs bei der für den jeweiligen Aufstellungsort zuständigen **unteren Bauaufsichtsbehörde**. Die Anzeigepflicht ist einerseits davon abhängig, dass der Fliegende Bau überhaupt einer Ausführungsgenehmigung bedarf. Zum anderen entfällt die Anzeigepflicht auch dann, wenn in einer Ausführungsgenehmigung ausdrücklich gemäß Absatz 5 Satz 3 auf die Notwendigkeit der jeweiligen Anzeige verzichtet worden ist (s. Rdn. 25). In beiden Fällen kann die Ingebrauchnahme ohne Mitwirkung der örtlich zuständigen unteren Bauaufsichtsbehörde erfolgen. **28**

Die **Anzeige ist vom Betreiber zu erstatten** und grundsätzlich **formlos** möglich. Die Schriftform ist nicht vorgeschrieben, wohl aber die **Vorlage des Prüfbuchs**. Es reicht aus, wenn der Betreiber des Fliegenden Baus sich bei der Bauaufsichtsbehörde persönlich meldet, das Prüfbuch vorlegt und Zeit und Ort der beabsichtigten Ingebrauchnahme angibt. Einen Mindestzeitraum zwischen der Anzeige und der Ingebrauchnahme schreibt Absatz 7 nicht vor. Der **Zeitraum zwischen der Anzeige und der Ingebrauchnahme** muss so bemessen sein, dass die Bauaufsichtsbehörde ihrer gesetzlichen Prüfpflicht auch tatsächlich nachkommen kann. Er sollte mindestens **drei Tage** betragen (ebenso Buntenbroich/Voß, zu § 79 Rdn. 17). Die Pflicht zur Erstattung der Anzeige besteht auch dann, wenn die örtlich zuständige untere Bauaufsichtsbehörde anderweitig Kenntnis von der beabsichtigten Aufstellung erhält (BayObLG, Beschluss vom 12. 2. 1990 – 3 ObOWi 167/89, BRS 50 Nr. 153); hierzu führt das Gericht aus: **29**

*„Die Aufstellung des Zeltes hat ein Bediensteter der Baubehörde zufällig wahrgenommen. Dadurch wurde die Pflicht des Betroffenen zur Anzeige der beabsichtigten Aufstellung schon deshalb nicht gegenstandslos, weil die Meldung unter Vorlage des Prüfbuchs über die Ausführungsgenehmigung (Art. 85 Abs. 5 Satz 2 BayBO) zu erfolgen hat (Art. 85 Abs. 8 Satz 1 BayBO). Diese für die notwendige präventive Verwaltungskontrolle wesentliche Voraussetzung hat der Betroffene nicht erfüllt; das Prüfbuch wurde nicht vorgelegt.*

*Durch die rechtzeitig vor der beabsichtigten Inbetriebnahme zu erstattende Anzeige soll die Bauaufsichtsbehörde in die Lage versetzt werden zu prüfen, ob die Nutzung nach den sachlichen und den örtlichen Gegebenheiten zulässig und möglich ist. Die dafür erforderliche Entscheidungsgrundlage war hier in sachlicher Hinsicht insbesondere wegen der unterlassenen Vorlage des Prüfbuchs nicht gegeben. Im Übrigen ließen auch die festgestellten örtlichen Gegebenheiten eine Inbetriebnahme des Zeltes nicht zu. Eine – billigende Abnahme ist nicht erfolgt. Die Verwaltungsbehörde hat durch ihr – persönliches und fernmündliches – Einschreiten den Betroffenen lediglich besonders eindringlich auf seine Anzeige- und Antragspflicht sowie auf die baurechtlichen Bedenken gegen sein Vorhaben hingewiesen. Ihre Maßnahmen sind insbesondere nicht als Verzicht auf eine vorschriftsmäßige Anzeige als Voraussetzung für ihre präventive Kontrolle über die Unbedenklichkeit der Inbetriebnahme des Zeltes zu werten. Bei seiner persönlichen Vorsprache hat der Vertreter der Bauaufsichtsbehörde den Betroffenen auf die formellen und materiellen (Nichteinhaltung von Abstandsflächen, Behinderung vorgeschriebener Rettungswege u. a.) Gesichtspunkte für die Unzulässigkeit seines Vorhabens hingewiesen. Eine Billigung irgendwelcher Art kann daraus nicht abgeleitet werden.“*

Aufgrund der Anzeige entscheidet die Bauaufsichtsbehörde zunächst darüber, **ob** die Aufstellung des Fliegenden Baus auf dem hierzu vorgesehenen Grundstück nach den **örtlichen Verhältnissen** überhaupt zugelassen werden kann. Denn Fliegende Bauten **30** dürfen nach Absatz 7 Satz 1 unter anderem nur „**unbeschadet anderer Vorschriften**" in Gebrauch genommen werden. Hierunter fallen

- die grundstücksbezogenen Vorschriften des Bauordnungsrechts, insbesondere die über Abstandflächen (§ 6 BauO NRW) sowie die über die Zuwegung sowie über Zugänge und Zufahrten für die Feuerwehr (§§ 4 und 5 BauO NRW),
- die Festsetzungen der Bebauungspläne, die aus sich heraus wirken, weil sie keiner Geltungsvermittlung durch § 29 BauGB bedürfen (BVerwG, Urteil vom 4.11.1966 – IV C 36.65, BVerwGE 25, 243 = BRS 17 Nr. 1 = DVBl. 1967, 283 und Beschluss vom 4.3.1997 – 4 B 233.96, BauR 1997, 611 = BRS 59 Nr. 127 = UPR 1997, 326 = ZfBR 1997, 218), demnach auch bei der Aufstellung Fliegender Bauten zu beachten sind,
- die Vorschriften des Immissionsschutzrechts, soweit sie Anforderungen an nicht nach BImSchG genehmigungsbedürftige Anlagen enthalten, wie z.B. § 22 BImSchG und das LImSchG.

In Anbetracht der besonderen wirtschaftlichen Betriebsbedingungen bei Fliegenden Bauten muss die Bauaufsichtsbehörde dem Betreiber der Anlage unverzüglich ihre entsprechende Entscheidung mitteilen. Ist eine **Untersagung der Aufstellung** geboten, ergeht diese als **Ordnungsverfügung** nach den Vorschriften des VwVfG NRW. (ebenso Boeddinghaus/Hahn/Schulte, zu § 79 Rdn. 13).

31 Die Bauaufsichtsbehörde muss gemäß **Satz 2** – quasi in einem zweiten Schritt – entscheiden, ob die Durchführung einer Gebrauchsabnahme „aus Gründen der Standsicherheit oder Betriebssicherheit erforderlich ist". Die **Gebrauchsabnahme** ist nach Ihrem Regelungszweck lediglich die Erklärung der Behörde, dass sie keine Mängel festgestellt habe, die der Inbetriebnahme entgegenstehen könnten. Dementsprechend dienen Abnahmen allein dem öffentlichen Interesse und nicht dem Interesse von Bauherren und Nachbarn (s. Rdn. 16).

32 Nach **Satz 3** sind insofern **zweierlei verbindliche Vorgaben** zu beachten:

- „**Technisch schwierige Fliegende Bauten**" bedürfen stets einer Gebrauchsabnahme. Nr. 4.1 FlBauVV bezeichnet bestimmte Fahrgeschäfte als technisch schwierige Fliegende Bauten. Bei neuartigen Fahrgeschäften mit großen Abmessungen, konstruktiven Besonderheiten oder komplizierten Belastungen muss die für die Ausführungsgenehmigung zuständige Bauaufsichtsbehörde im Einzelfall festlegen, ob der Fliegende Bau als technisch schwierig anzusehen ist. Kommt sie zu einem positiven Ergebnis, trägt sie diese Wertung in das Prüfbuch ein und bindet damit die Bauaufsichtsbehörden des jeweiligen Aufstellungsortes.
- **Zelte** (soweit sie nach Absatz 2 Satz 3 überhaupt eine Ausführungsgenehmigung haben müssen) **und Tribünen** müssen ebenfalls jeweils einer Gebrauchsabnahme unterzogen werden, **wenn sie in wechselnden Größen aufgestellt** werden.

Ist nach Entscheidung der Bauaufsichtsbehörde oder im Hinblick auf Satz 3 eine Gebrauchsabnahme durchzuführen, darf der Fliegende Bau erst in Benutzung genommen werden, wenn die örtlich zuständige Bauaufsichtsbehörde anhand des Prüfbuchs den Bau abgenommen, das **Ergebnis der Abnahme gemäß Satz 4 in das Prüfbuch** eingetragen und das Prüfbuch dem Betreiber wieder ausgehändigt hat.

33 Der mit der Kontrolle der Aufstellung beauftragte Bedienstete der Bauaufsichtsbehörde sollte zu seiner eigenen Absicherung einen **Vermerk über die Durchführung der**

**Gebrauchsabnahme** fertigen, in welchem er festhält, welche Einzelheiten des Fliegenden Baus er stichprobenweise auf Übereinstimmung mit den Bauvorlagen überprüft hat. In einem Strafprozess hat die Frage eine erhebliche Rolle gespielt, ob das Fehlen einer Diagonalverbindung als Ursache für den Einsturz eines Fliegenden Baus in Verbindung mit Verschleißmängeln anderer Bauteile und der Benutzung durch eine unzulässig hohe Zahl von Besuchern bei der Gebrauchsabnahme hätte bemerkt werden müssen.

### 7 Zu Absatz 8 und 9 – Maßnahmen bei Mängeln, Nachabnahmen

**Absatz 8 Satz 1** ermächtigt die Bauaufsichtsbehörde des Aufstellungsortes, die Aufstellung oder den Betrieb des Fliegenden Baus von **Auflagen** abhängig zu machen. Sie hat auch die Befugnis, die Aufstellung oder den **Betrieb zu untersagen**, wenn dies 34

– nach den örtlichen Verhältnissen oder

– aus Gründen der Gefahrenabwehr

erforderlich ist.

Letzteres ist nach dem Gesetz jedenfalls dann gegeben, wenn die **Betriebssicherheit** oder **Standsicherheit** nicht mehr gewährleistet ist oder von der Ausführungsgenehmigung abgewichen worden ist. Die Voraussetzungen für eine Untersagung werden auch gegeben sein, wenn die Gebrauchsabnahme ergeben hat, dass der Fliegende Bau nicht oder nicht mehr den konstruktiven und materialmäßigen Qualitätsverhältnissen entspricht, die zur Ausführungsgenehmigung geführt haben. Die abnehmende Bauaufsichtsbehörde trägt insoweit eine erhebliche Verantwortung. Gerade bei Fliegenden Bauten führen oft auf den ersten Blick geringfügig erscheinende Mängel zu erheblichen Unglücksfällen. Das Fehlen eines einzigen aussteifenden Konstruktionsteils in Verbindung mit verminderter Materialfestigkeit anderer Teile, lockere oder geschwächte Bolzenverbindungen und andere zum Teil leicht übersehbare Mängel haben schon schwere Folgen gezeitigt. Mit der Gebrauchsabnahme Fliegender Bauten dürfen deshalb nur erfahrene, **technisch entsprechend vorgebildete Dienstkräfte** betraut werden, um die **Sicherheit der Benutzer** zu gewährleisten.

**Mängel**, die bei der Gebrauchsabnahme festgestellt sind, müssen **vor der Ingebrauchnahme** des Fliegenden Baus **beseitigt** werden. **Wirtschaftliche Gesichtspunkte** des Betreibers sind in diesem Zusammenhang gegenüber den zu wahrenden Schutzgütern Leben und Gesundheit der Benutzer **nachrangig**. Gegebenenfalls ist eine **zusätzliche Kontrolle** über die erfolgreiche Mängelbeseitigung erforderlich (s. jedoch nachfolgende Rdn. 37). Bei festgestellten Mängeln muss die Bauaufsichtsbehörde gemäß **Absatz 8 Satz 2** die Gebrauchsabnahmebescheinigung im Prüfbuch mit dem Vermerk versehen, dass der Bau vor Beseitigung der festgestellten Mängel nicht in Benutzung genommen werden darf. Die durchgeführte Mängelbeseitigung ist nach der von der Bauaufsichtsbehörde durchgeführten zusätzlichen Kontrolle in das Prüfbuch einzutragen. 35

Wird die Benutzung eines aufgestellten Fliegenden Baus gemäß Satz 1 untersagt, sollte die Bauaufsichtsbehörde die örtliche Ordnungsbehörde, welche die Überwachung z. B. der Jahrmarkts- oder Kirmesveranstaltung ausübt, entsprechend verständigen. Es kann im Einzelfall zweckmäßig sein, auch die Polizeibehörde in Kenntnis zu setzen, damit eine widerrechtliche Benutzung zur präventiven Gefahrenabwehr zuverlässig unterbunden wird. Die durch **Absatz 8 Satz 3** vorgeschriebene **Einziehung des Prüfbuchs** (Originals) und dessen Rückgabe an die Bauaufsichtsbehörde, die das Prüfbuch ausge- 36 stellt hat, dienen der Verhinderung erneuter Aufstellung und Benutzung des beanstandeten Fliegenden Baus. Da die Einziehung des Prüfbuchs dem Widerruf einer noch gültigen Ausführungsgenehmigung gleichkommt, ist die entsprechende Ordnungsverfügung der Bauaufsichtsbehörde an den Betreiber und den Inhaber der Ausführungsgenehmigung zu begründen und mit Rechtsmittelbelehrung zu versehen.

37 Die in **Absatz 9 Satz 1** genannte **Nachabnahme** ist nicht mit der zusätzlichen Kontrolle zu verwechseln, die in Bezug auf eine verfügte Beseitigung von Mängeln erforderlich sein kann, welche bei der Gebrauchsabnahme festgestellt worden sind. Das Erfordernis von Nachabnahmen im Sinne des Absatzes 9 ist auf **Fliegende Bauten, die von Besuchern betreten werden**, beschränkt. Sie ist eine **wiederholte Gebrauchsabnahme** für den Fall, dass ein Fliegender Bau längere Zeit an ein und demselben Platz betrieben wird. Die Zerlegbarkeit eines Fliegenden Baus bringt es mit sich, dass sich bei längerem Betrieb konstruktive Verbindungen lockern, dass Bauteile verschleißen oder ihre Festigkeit durch Korrosion oder ähnliche Einflüsse verlieren. Der Zeitraum für die Nachabnahme wird von der für die Gebrauchsabnahme zuständigen Behörde nach pflichtgemäßem Ermessen bestimmt, sollte aber unter Berücksichtigung der jeweiligen Betriebsart des Fliegenden Baus, seiner materialmäßigen Beschaffenheit und seiner Konstruktion im Hinblick auf die Gefahrenlage in der Regel nicht länger als höchstens ein halbes Jahr bemessen werden. Der Betreiber ist selbstverständlich verpflichtet, seinerseits durch ständige Kontrolle des Fliegenden Baus dessen Betriebssicherheit zu gewährleisten. Er darf sich dabei nicht auf die Abnahmen durch die Bauaufsichtsbehörde verlassen. Auf die Betriebsvorschriften in Nr. 6 und 7 FlBauR wird hingewiesen. Wie jeder behördliche Vorgang, sind auch die Nachabnahmen und ihr Ergebnis gemäß Satz 2 in das Prüfbuch einzutragen.

### 8 Zu Absatz 10 und 11 – Verfahrensvorschriften

38 **Absatz 10** erklärt mehrere **Verfahrensvorschriften** für **entsprechend anwendbar**:

- Nach **§ 69 BauO NRW** sind dem **schriftlichen Antrag** auf Erteilung einer Ausführungsgenehmigung die nach **§ 20 BauPrüfVO** und **Nr. 2.2 FlBauVV** erforderlichen **Bauvorlagen** in **zweifacher Ausfertigung** beizufügen. Es kann gestattet werden, dass einzelne Bauvorlagen nachgereicht werden. Der Antrag muss vom Antragsteller und vom Entwurfsverfasser, die Bauvorlagen vom Entwurfsverfasser und, soweit Fachplaner hinzugezogen wurden, auch von diesen unterschrieben werden.
- Nach **§ 72 Abs. 1 Satz 2 BauO NRW** soll die Bauaufsichtsbehörde den Antrag zurückweisen, wenn die Bauvorlagen unvollständig sind oder erhebliche Mängel aufweisen.
- Nach **§ 81 Abs. 1, 3 und 4 BauO NRW** werden wesentliche Bestimmungen der Vorschrift über die Bauüberwachung sowohl für die Bauaufsichtsbehörde, die die Ausführungsgenehmigung erteilt, als auch für die am jeweiligen Aufstellungsort zuständige Bauaufsichtsbehörde für anwendbar erklärt.

39 **Absatz 11** nimmt Fliegende Bauten, die der Landesverteidigung dienen, von den Vorschriften der Absätze 2 bis 10 aus. Weil die Unmittelbarkeit des Dienens – anders als bei § 80 Abs. 4 BauO NRW – nicht verlangt wird, gilt die Ausnahmevorschrift des Absatzes 11 im weitesten Sinne. Es ist weder eine Ausführungsgenehmigung erforderlich, noch besteht eine Anzeigepflicht und ein Gebrauchsabnahmeerfordernis.

## § 80
## Öffentliche Bauherren

**(1) [1]Bauliche Anlagen sowie andere Anlagen und Einrichtungen bedürfen keiner Baugenehmigung, Bauüberwachung und Bauzustandsbesichtigung, wenn**

**1. der öffentliche Bauherr die Leitung der Entwurfsarbeiten und die Bauüberwachung einer Baudienststelle des Bundes, eines Landes oder eines Landschaftsverbandes übertragen hat und**

**2. die Baudienststelle mindestens mit einer Person, die aufgrund eines Hochschulabschlusses der Fachrichtung Architektur oder Bauingenieurwesen die Berufsbezeichnung „Ingenieurin" oder „Ingenieur" führen darf und die insbesondere die erforderlichen Kenntnisse des öffentlichen Baurechts, der Bautechnik und der Baugestaltung hat, und mit sonstigen geeigneten Fachkräften ausreichend besetzt ist.**

**[2]Solche Anlagen und Einrichtungen bedürfen der Zustimmung der oberen Bauaufsichtsbehörde, wenn sie nach § 63 Abs. 1 genehmigungsbedürftig wären (Zustimmungsverfahren). [3]§§ 68 Abs. 1 Satz 4, 69 Abs. 1 und 2 und 71 bis 77 gelten entsprechend. [4]Die Gemeinde ist zu dem Vorhaben zu hören.**

**(2) [1]Hat eine Gemeinde ihr nach § 36 Abs. 1 Satz 1 und 2 des Baugesetzbuches erforderliches Einvernehmen rechtswidrig versagt, so kann die obere Bauaufsichtbehörde das fehlende Einvernehmen nach Maßgabe der Sätze 2 bis 4 ersetzen. [2]§§ 119 und 120 der Gemeindeordnung finden keine Anwendung. [3]Die Zustimmung gilt zugleich als Ersatzvornahme im Sinne des § 36 Abs. 2 des Baugesetzbuches. [4]Sie ist insoweit zu begründen. [5]Der Gemeinde ist vor Erlass der Zustimmung Gelegenheit zu geben, binnen angemessener Frist erneut über das gemeindliche Einvernehmen zu entscheiden. [6]Gegen die Entscheidung der oberen Bauaufsichtsbehörde ist unmittelbar der Rechtsweg zu den Verwaltungsgerichten eröffnet.**

**(3) Über Abweichungen entscheidet die obere Bauaufsichtsbehörde im Zustimmungsverfahren.**

**(4) [1]Bauliche Anlagen sowie andere Anlagen und Einrichtungen, die unmittelbar der Landesverteidigung dienen, sind abweichend von den Absätzen 1 und 2 der oberen Bauaufsichtsbehörde in geeigneter Weise zur Kenntnis zu bringen. [2]Im Übrigen wirken die Bauaufsichtsbehörden nicht mit.**

**(5) Der öffentliche Bauherr trägt die Verantwortung, dass Entwurf und Ausführung der baulichen Anlagen sowie anderer Anlagen und Einrichtungen im Sinne des § 1 Abs. 1 Satz 2 den öffentlich-rechtlichen Vorschriften entsprechen.**

***VV BauO NRW** (infolge der Befristung mit Ablauf des 31. 12. 2005 ausgelaufen)*

***80 Öffentliche Bauherren (§ 80)***

*80.1 Zu Absatz 1*

*Der Verweis auf § 68 Abs. 1 Satz 4 in § 80 Abs. 1 Satz 3 bedeutet, dass in einem Zustimmungsverfahren weder der Standsicherheitsnachweis noch die Nachweise über den Schall- und Wärmeschutz geprüft werden. Soweit das Zustimmungsverfahren Sonderbauten betrifft, ist der Brandschutz zu prüfen. Eine Prüfung baurechtlicher Vorschriften über den im vereinfachten Genehmigungsverfahren vorgesehenen Umfang hinaus findet nicht statt.*

*80.4 Zu Absatz 4*

*Zu den baulichen Anlagen, die unmittelbar der Landesverteidigung dienen, gehören alle Anlagen innerhalb von abgeschlossenen Bereichen, wie Kasernengelände und Truppenübungsplätze, die im Allgemeinen der Öffentlichkeit nicht zugänglich sind. Dies gilt auch z. B. für Sporthallen, Casinos und Supermärkte in diesen Bereichen.*

*Nicht unmittelbar der Landesverteidigung dienen insbesondere bauliche Anlagen außerhalb solcher Bereiche wie:*

- *Verwaltungsgebäude,*
- *Wohngebäude,*
- *Schulen und Hochschulen aller Art,*
- *Sport- und Freizeiteinrichtungen,*
- *Einrichtungen für die Seelsorge und Sozialbetreuung,*
- *Stellplatzanlagen.*

**Parallel zu beachtende Vorschriften**

**Bürokratieabbaugesetz I**

**§ 2 Nr. 4 Buchstabe a Bürokratieabbaugesetz I**
(abgedruckt vor den Anmerkungen zu § 72 BauO NRW)

**Anmerkungen** (Autor: Czepuck)

**Übersicht** Rdn.

0 Änderungen gegenüber der BauO NW 1984 und der BauO NW 1995 . . . . . . . . 01–02
1 Allgemeines . . . . . . . . . . . . . . . . . . . . . . . . . . . . . . . . . . 1– 6
2 Zu Absatz 1 – Zustimmungsverfahren . . . . . . . . . . . . . . . . . . . . . 7–19
3 Zu Absatz 2 – Ersetzung des gemeindlichen Einvernehmens . . . . . . . . . . 20–22
4 Zu Absatz 3 – Abweichungen im Rahmen des Zustimmungsverfahrens . . . . . . 23–24
5 Zu Absatz 4 – Der Landesverteidigung dienende bauliche Anlagen . . . . . . . . 25–27
6 Zu Absatz 5 – Eigenverantwortlichkeit des öffentlichen Bauherrn . . . . . . . . . 28–29

## 0 Änderungen gegenüber der BauO NW 1984 und der BauO NW 1995

**01** § 80 **BauO NW 1995** übernahm § 75 BauO NW 1984 mit geändertem Aufbau:

- **Absatz 1** blieb inhaltlich unverändert. In Satz 1 **Nr. 2** wurde das Wort „Bediensteter“ durch die Worte „Beamtin oder Beamter des höheren bautechnischen Verwaltungsdienstes“ ersetzt. Die **alten Absätze 3** und **4** wurden **aufgelöst** und der Regelungsinhalt als **neue Sätze 3** und **4** dem Absatz 1 angefügt.
- **Absatz 2** blieb, abgesehen vom Austausch der alten Begriffe Ausnahmen und Befreiungen durch den neuen Begriff Abweichung, unverändert.
- Die **Absätze 3 und 4** entsprachen unverändert den alten Absätzen 5 und 6.

**02** Die **BauO NRW 2000** übernahm § 80 BauO NW 1995 mit folgenden Änderungen:

- In **Absatz 1** Satz 1 **Nr. 2** wurden die Worte „Beamtin oder Beamter des höheren bautechnischen Verwaltungsdienstes" durch die Worte „Person, die aufgrund eines Hochschulabschlusses der Fachrichtungen Architektur oder Bauingenieurwesen die Berufsbezeichnung Ingenieurin oder Ingenieur führen darf" ersetzt. In Satz 3 wurde die Verweisung auf § 68 (Abs. 1 Satz 4 anstelle Abs. 2) angepasst.
- Durch Einfügung des **neuen Absatzes 2** verschoben sich die alten Absätze 2 bis 4 zu den neuen Absätzen 3 bis 5. Der neue Absatz 2 regelt die **Ersetzung des rechtswidrig versagten gemeindlichen Einvernehmens**.

## 1 Allgemeines

Die **verfahrensrechtliche Sonderregelung** des § 80 BauO NRW besteht schon seit der Verordnung über die baupolizeiliche Behandlung von öffentlichen Bauten vom 20. 11. 1938 (RGBl. I S. 1677). Sie entspricht der verfahrensrechtlichen **Sonderstellung**, die **§ 37 BauGB** im Zusammenhang mit der planungsrechtlichen Zulässigkeit von Vorhaben für bauliche Maßnahmen des Bundes und der Länder einräumt. Der **Begriff „Zustimmung"** wird im öffentlichen Baurecht auch noch in einem anderen Sinne benutzt, nämlich als besondere Form der Mitwirkung im Verwaltungsverfahren, z. B. die Zustimmung der höheren Verwaltungsbehörde nach § 36 BauGB (s. die Anmerkungen zu § 72 Rdn. 43 und 44). Die Rechtsprechung hat vereinzelt die Zustimmung im Verfahren nach § 80 BauO NRW als behördeninternen Mitwirkungsakt angesehen und ihr deshalb die Rechtsqualität eines Verwaltungsakts abgesprochen (vgl. OVG Hamburg, Beschluss vom 25. 6. 1981 – Bs II 10 und 11/81, BRS 38 Nr. 194 und Beschluss vom 15. 12. 1981 – Bs II 32/81, BauR 1982, 259 = BRS 38 Nr. 174; s. auch Rdn. 18). Insofern ist die Bezeichnung für das Verfahren nach § 80 BauO NRW unglücklich gewählt, handelt es sich doch bei dieser Zustimmung nicht um eine Mitwirkung im Verfahren, sondern um eine **abschließende Entscheidung** über die Zulässigkeit des beantragten Vorhabens. 1

Das **Zustimmungsverfahren tritt** unter den Voraussetzungen des Absatzes 1 **an die Stelle des Baugenehmigungsverfahrens**. Zuständig ist gemäß § 60 Abs. 1 Nr. 2 BauO NRW die Bezirksregierung. Im Zustimmungsverfahren entfallen die formelle Bauüberwachung (§ 81 BauO NRW) und die Bauzustandsbesichtigungen (§ 82 BauO NRW), weil an deren Stelle die eigene Überwachungspflicht des öffentlichen Bauherrn tritt. Die Fassung des Absatzes 1 macht die früher zum Teil schwierigen Unterscheidungen, was bauliche Anlagen „des Bundes" oder „der Länder" sind, ob das z. B. auch Bauvorhaben rechtlich unselbständiger Einrichtungen des Bundes oder eines Landes sind, überflüssig (zur Rechtslage nach § 97 BauO NW 1970 vgl. OVG NRW, Beschluss vom 30. 6. 1976 – X B 666/76, BRS 30 Nr. 121). Das Land war befugt, auch Vorhaben des Bundes diesem Verfahren zu unterwerfen (BVerwG, Urteil vom 30. 7. 1976 – IV A 1.75, DÖV 1976, 749; OVG NRW, Beschluss vom 24. 11. 1967 – X B 627/67, BRS 18 Nr. 116 = DVB. 1968, 526). Aus dem **Grundsatz der Gesetzesbindung der Verwaltung** folgt, dass auch Bundesbehörden beim Vollzug von Bundesgesetzen gültiges Landesrecht zu beachten haben (BVerwG, Urteil vom 9. 5. 2001 – 6 C 4/00, NVwZ 2001, 1152 zum Erfordernis des Bundes, für forstwirtschaftliche Maßnahmen im Staatswald eine naturschutzrechtliche Befreiung der zuständigen Landesbehörde einholen zu müssen). 2

Die **praktische Bedeutung** des Zustimmungsverfahrens ist **rückläufig**, nachdem **Bundesbahn** und **Bundespost privatisiert** wurden und sich ihre Bauvorhaben nunmehr von der zuständigen unteren Bauaufsichtsbehörde genehmigen lassen müssen. Vorhaben 3 kommunaler Bauherren unterliegen, wenn nicht – was äußerst selten der Fall sein dürfte – eine staatliche Baudienststelle oder die eines Landschaftsverbandes beauftragt wird, dem Baugenehmigungsverfahren. **Gemeinden**, die zugleich untere Bauaufsichtsbehörde sind, erteilen sich für eigene Vorhaben selbst die Baugenehmigung, wenn sie für das Vorhaben örtlich und sachlich zuständig sind. Das gilt auch für eigene Vorhaben der **Kreise**, wenn das zu bebauende Grundstück im Gebiet einer **nicht** bauaufsichtlich privilegierten, kreisangehörigen Gemeinde liegt, ansonsten muss sich auch der Kreis sein Vorhaben von der bauaufsichtlich privilegierten, kreisangehörigen Gemeinde genehmigen lassen. Der öffentliche Bauherr ist nicht zur Durchführung des Zustimmungsverfahrens verpflichtet, selbst wenn er die Voraussetzungen nach Absatz 1 Satz 1 Nr. 1 und 2 erfüllt. Dazu bedarf es lediglich des **Willens** des öffentlichen Bauherrn, die Verantwortung für das Vorhaben nicht allein tragen zu wollen (s. Rdn. 10 und 11); in diesem Fall kann er die Erteilung der Baugenehmigung bei der zuständigen unteren Bauaufsichtsbehörde beantragen. Diese muss dann das Baugenehmigungsverfahren durchführen und kann den öffentlichen Bauherrn nicht auf das Zustimmungsverfahren verweisen.

4 Die Sonderregelung des Zustimmungsverfahrens kann durchaus **kritisch** gesehen werden, weil beim Zusammentreffen der Eigenschaft des Landes als Bauherr und zugleich als Zustimmungsbehörde, der allgemeine Rechtsgrundsatz, dass eine Behörde gegenüber jedermann jenes Maß an **innerer Unabhängigkeit** und **Neutralität** wahren muss, das ihr ein abgewogenes Urteil ermöglicht, nachteilig tangiert werden kann. Das sind aber die gleichen Probleme, die auftreten, wenn die Gemeinde sich selbst die Baugenehmigung erteilt. Aus verfassungsrechtlicher Sicht bestehen hiergegen keine Bedenken, weil Rechte Dritter dadurch nicht verkürzt oder vereitelt werden (BVerwG, Beschluss vom 17. 3. 1998 – 4 B 25.98, BauR 1998, 768 = BRS 60 Nr. 142 = NVwZ 1998, 737 = UPR 1998, 311 = ZfBR 1999, 53).

5 Die **Rechtfertigung** für die **Sonderregelung** ergibt sich aus **Absatz 5** (s. Rdn. 28–29). Danach trägt der **öffentliche Bauherr** allein die **Verantwortung** dafür, dass **Entwurf** und **Ausführung** den öffentlich-rechtlichen **Vorschriften entsprechen**. Die innere Begründung findet daneben auch in der Regelung des Absatzes 1 Satz 3 durch die Verweisung auf § 68 Abs. 1 Satz 4 BauO NRW Ausdruck. Danach sind im Zustimmungsverfahren die Bauvorlagen wie im **vereinfachten Genehmigungsverfahren** zu prüfen, so dass **keine umfassende bauordnungsrechtliche Prüfung.** Aus dem fehlenden Verweis auf § 68 Abs. 2 BauO NRW folgt, dass **keine bautechnischen Nachweise** geprüft werden (zu den Problemen, die sich durch die Verweisung ergeben s. Rdn. 17–18).

6 Die **Hervorhebung der Eigenverantwortlichkeit** des öffentlichen Bauherrn liegt darin begründet, dass juristische Personen des öffentlichen Rechts zwar grundsätzlich **an materielles Recht gebunden** sind, **ordnungsbehördliche Verfügungen gegen juristische Personen des öffentlichen Rechts** sich aber **nicht zwangsweise durchsetzen lassen** (vgl. BVerwG, Urteil vom 16. 1. 1968 – I A 1.67, DVBl. 1968, 749 zu forstpolizeilichen Maßnahmen gegen die Bundesrepublik Deutschland als Waldbesitzer). Im Übrigen fehlt es an der Zuständigkeit für ein ordnungsrechtliches Einschreiten, wenn eine Bauaufsichtsbehörde gegen das hoheitliche Handeln einer anderen Behörde vorgehen will (OVG NRW, Urteil vom 21. 4. 1983 – 11 A 424/82, BRS 40 Nr. 186). Erst recht ausgeschlossen sind ordnungsbehördliche Maßnahmen der Bezirksregierung als Zustimmungsbehörde gegen eine andere Landesbehörde, da jeweils dieselbe juristische Person des öffentlichen Rechts, nämlich das Land NRW, Rechtsträger dieser Behörden ist. Bei Konflikten ist jeweils die nächsthöhere gemeinsame Instanz einzuschalten.

## 2 Zu Absatz 1 – Zustimmungsverfahren

Nach Absatz 1 **Satz 1** wird die **Sonderstellung** des öffentlichen Bauherrn im Zustimmungsverfahren unter **zwei Voraussetzungen** eingeräumt: 7

- nach **Nr. 1** muss der **öffentliche Bauherr** die **Leitung der Entwurfsarbeiten** und die **Bauüberwachung** einer **Baudienststelle des Bundes**, eines **Landes oder** eines **Landschaftsverbandes übertragen** haben,
- nach **Nr. 2** muss die **Baudienststelle** mindestens mit einer **qualifizierten Person** und mit **sonstigen geeigneten Fachkräften ausreichend besetzt** sein.

Wenn auch nur **eine** dieser Voraussetzungen **nicht erfüllt** ist, kommt das Baugenehmigungsverfahren zur Anwendung.

Nach Satz 1 **Nr. 1** findet das Zustimmungsverfahren nur Anwendung, wenn ein **öffentlicher Bauherr** tätig wird. Der öffentliche Bauherr hat im Zustimmungsverfahren – wie der private Bauherr im Baugenehmigungsverfahren – die §§ 56ff. BauO NRW zu beachten. Das Wortpaar „öffentlicher Bauherr" beinhaltet die Begriffe „**Bauherr**" und „**öffentlich**". 8

Der Begriff „**Bauherr**" wird im Sinne des § 57 BauO NRW benutzt (ebenso Boeddinghaus/Hahn/Schulte, zu § 80 Rdn. 2). Der „Bauherr" ist danach die Person, durch deren **Willen** der **Ablauf des Bauvorhabens letztlich beherrscht** wird (s. die Anmerkungen zu § 57 Rdn. 4–13).

„**Öffentlich**" ist der Bauherr, wenn er die Eigenschaft einer **juristischen Person des öffentlichen Rechts** besitzt. Hierunter fallen der Bund, die Länder, die Gemeindeverbände und die Gemeinden sowie die Körperschaften, Anstalten und Stiftungen des öffentlichen Rechts, wie z. B. die Industrie- und Handelskammern, die Handwerkskammern, die Baukammern, die öffentlich-rechtlichen Sparkassen und die öffentlich-rechtlichen Rundfunkanstalten sowie die öffentlich-rechtlichen Religionsgesellschaften (Kirchen). Auch das mit Gesetz vom 12. 12. 2000 (GV. NRW.) errichtete Sondervermögen „**Bau- und Liegenschaftsbetrieb Nordrhein-Westfalen**" ist ein öffentlicher Bauherr.

Der öffentliche Bauherr muss die Leitung der Entwurfsarbeiten und die Bauüberwachung einer **Baudienststelle** des **Bundes**, eines **Landes** oder eines **Landschaftsverbandes** übertragen haben. Die **Landschaftsverbände** sind nicht Teil der Landesverwaltung, sondern **Gemeindeverbände** im Sinne des Art. 78 Abs. 1 LVerf NRW (VerfGH NRW, Urteil vom 26. 6. 2001 – VerfGH 28/00 und 30/00, DVBl. 2001, 1595). Der Begriff „**Baudienststelle**" zielt auf eine mit der Planung und Durchführung von Bauaufgaben des jeweiligen öffentlichen Bauherrn befasste Organisationseinheit. In Betracht kommen: 9

- das **Bundesamt für Bauwesen und Raumordnung**,
- der **Bau- und Liegenschaftsbetrieb Nordrhein-Westfalen**,
- die **Hochbauämter der Landschaftsverbände**.

Da die Vorschrift auf die Baudienststelle **eines** Landes abstellt, können auch **Baudienststellen anderer Bundesländer** beauftragt werden. Denkbar ist ein solches Vorgehen, wenn bauliche Anlagen öffentlicher Bauherren im Grenzbereich zu einem benachbarten Bundesland liegen oder wenn Vorhaben von öffentlichen Bauherren zur Ausführung kommen sollen, die länderübergreifende Einrichtungen betreffen, die Baudienststelle eines bestimmten Landes aber zentral für alle Einrichtungen zuständig ist.

10 Absatz 1 Nr. 1 verlangt weiterhin, dass

– sowohl die „**Leitung der Entwurfsarbeiten**"

– als auch die „**Bauüberwachung**"

bei der Baudienststelle liegen. Die Baudienststelle muss im Zustimmungsverfahren durch einen ihr angehörenden Entwurfsverfasser die Verantwortung übernehmen. Dieser Entwurfsverfasser muss in den Fällen des § 70 Abs. 1 Satz 1 BauO NRW **bauvorlageberechtigt** sein (s. die Anmerkungen zu § 70 Rdn. 10–16).

Die Dienstkraft muss durch ihre **Unterschrift** unter dem Zustimmungsantrag und auf den Bauvorlagen die **Übernahme der Verantwortung bekunden** (vgl. § 69 Abs. 2 BauO NRW und § 70 Abs. 4 in Verbindung mit § 80 Abs. 1 Satz 3 BauO NRW; s. die Anmerkungen zu § 70 Rdn. 40 und 41). Nach Erteilung der Zustimmung ist von der Baudienststelle auch die „**Bauüberwachung**" als **untrennbarer Bestandteil des Zustimmungsverfahrens** durchzuführen. Die Bauüberwachung im Zustimmungsverfahren hat sich an den Bestimmungen der §§ 81 und 82 BauO NRW zu orientieren.

11 Erklärt die Baudienststelle **nach** Erteilung der Zustimmung, die Bauüberwachung nicht durchführen zu wollen oder zu können, darf von der Zustimmung **kein Gebrauch** gemacht werden, da der Gesetzgeber die Sonderstellung, die unter anderem darin liegt, dass Bauüberwachung und Bauzustandsbesichtigungen im Sinne der §§ 81 und 82 BauO NRW entfallen, ausdrücklich daran bindet, dass die Baudienststelle an deren Stelle eine **eigenverantwortliche** „Bauüberwachung" durchführt. Es ist dann ein Baugenehmigungsverfahren erforderlich. Das gilt ebenso, wenn der Entwurf von einem freien Architekten erarbeitet und allein von diesem als Entwurfsverfasser unterzeichnet wird, die Baudienststelle aber nicht „**leitend**" mitwirkt, selbst wenn die Bauüberwachung einer Baudienststelle übertragen ist.

Hieraus wird deutlich, dass **allein** dem **öffentlichen Bauherrn** durch Erfüllung oder Nichterfüllung der Voraussetzungen die **Verfahrenswahl** zusteht.

Die einem öffentlichen Bauherrn (Deutsche Bundespost Telekom) erteilte Zustimmung gilt nach dem **Verlust der Eigenschaft** als öffentlicher Bauherr aufgrund der Umwandlung durch das Postumwandlungsgesetz in eine Aktiengesellschaft (Deutsche Telekom AG) nur noch als **Teilbaugenehmigung** weiter. Der – nunmehr private – Bauherr muss hinsichtlich der **nicht geprüften** Vorschriften **ergänzend** eine **Baugenehmigung** einholen (Hess. VGH, Beschluss vom 17. 8. 1995 – 3 TH 798/94, BRS 57 Nr. 192 = NVwZ 1996, 924).

12 Satz 1 **Nr. 2** verlangt zusätzlich, dass die Baudienststelle „mindestens mit einer **Person**, die aufgrund eines **Hochschulabschlusses** der **Fachrichtung Architektur** oder **Bauingenieurwesen** die Berufsbezeichnung ‚**Ingenieurin**' oder ‚**Ingenieur**' führen darf und die insbesondere die erforderlichen Kenntnisse des öffentlichen Baurechts, der Bautechnik und der Baugestaltung hat, und **mit sonstigen geeigneten Fachkräften besetzt** ist". Hieraus resultieren **zwei Anforderungen**:

Die **Baudienststelle** muss

– mit einer **qualifizierten Person** und darüber hinaus auch

– mit **sonstigen geeigneten Fachkräften**

**besetzt** sein.

Diese doppelte Anforderung trägt dem Umstand Rechnung, dass eine Person mit dem gesetzlich geforderten Qualifikationsniveau allein wohl kaum in der Lage sein dürfte, ein größeres Bauvorhaben ausreichend zu betreuen. Aus diesem Grunde muss die qualifizierte Person über **Hilfspersonal** verfügen können. Bei den in Nordrhein-Westfalen tätig werdenden Baudienststellen (s. Rdn. 9) ist das Vorhandensein geeigneter Fachkräfte gewährleistet (so auch Buntenbroich/Voß, zu § 80 Rdn. 13).

Die **Verantwortung** für **Entwurf** und **Bauüberwachung** braucht nicht in der Hand ein und derselben Person zu liegen. Rechtlich ist es zulässig und aufgrund unterschiedlicher Tätigkeitsbereiche mitunter sinnvoll, wenn die Planungsarbeiten durch die eine Person geleitet und die Bauüberwachung durch eine oder mehrere andere vorgenommen wird.

Hinsichtlich des **Qualifikationsniveaus** hat der Gesetzgeber in relativ kurzer Zeit die Vorschrift erneut geändert (s. Rdn. 01 und 02). Der **Verzicht auf die Qualifikation „Beamter** des höheren bautechnischen Verwaltungsdienstes" trägt vor allem dem Umstand Rechnung, dass im Bau- und Liegenschaftsbetrieb Nordrhein-Westfalen künftig nur noch **Angestellte** neu eingestellt werden sollen. 13

Im Übrigen hat das Land Nordrhein-Westfalen die Ausbildung von Beamten des höheren bautechnischen Verwaltungsdienstes in der **Fachrichtung Hochbau** aufgegeben.

Die Neuregelung kommt allen Baudienststellen zugute, die **nicht beamtete** Fachkräfte mit den Aufgaben nach § 80 BauO NRW betrauen möchten. Die erforderliche Qualifikation ist bewusst der Regelung des § 60 **Abs. 3** BauO NRW angepasst worden (vgl. LT-Drucks. 12/4394 S. 77 zu Nr. 44; s. auch die Anmerkungen zu § 60 Rdn. 19–20).

Das Zustimmungsverfahren kommt nach Absatz 1 **Satz 2** nur zur Anwendung, wenn die bauliche Anlage sowie die sonstige Anlage oder Einrichtung **„nach § 63 Abs. 1 Satz 1** BauO NRW **genehmigungsbedürftig**" wäre (s. die Anmerkungen zu § 63 Rdn. 4–5). 14

Ein **Zustimmungsverfahren entfällt** bei den **öffentlichen Vorhaben**, für welche die BauO NRW gemäß **§ 1 Abs. 2** BauO NRW nicht gilt (s. die Anmerkungen zu § 1 Rdn. 42–43). Für **Gebäude** besteht dabei eine **Rückausnahme**, die sich fast immer nur materiellrechtlich, jedoch nicht verfahrensrechtlich auswirkt, da für die vom Anwendungsbereich ausgeschlossenen öffentlichen Vorhaben ohnehin Planfeststellungs- oder Plangenehmigungsverfahren nach dem jeweiligen Fachrecht durchzuführen sind, in denen auch über die Gebäude entschieden wird (s. die Anmerkungen zu § 1 Rdn. 117–119).

Eine **Zustimmung scheidet aus**, wenn

- ein **Planfeststellungsverfahren** durchgeführt wird, da die Planfeststellung nach § 75 VwVfG. NRW. alle andere Gestattungen nach öffentlichem Recht einschließt (s. die Anmerkungen zu § 63 Rdn. 20–22) oder
- das **Vorhaben genehmigungsfrei** ist (§§ 65 und 66 BauO NRW).

Für **Wohnbauvorhaben** nach **§ 67** BauO NRW ist ein Zustimmungsverfahren nicht erforderlich, weil diese bei Erfüllung der Tatbestandsmerkmale des § 67 Abs. 1 Satz 1 BauO NRW **keiner Baugenehmigung** bedürfen. Der öffentliche Bauherr hat hier – wie jeder andere Bauherr auch – die Verfahrensregeln des § 67 BauO NRW zu beachten. Er kann aber nach § 67 Abs. 1 **Satz 3** BauO NRW die Durchführung des **Baugenehmigungsverfahrens verlangen** (s. die Anmerkungen zu § 67 Rdn. 24). In diesem Fall wird das Vorhaben **durch das Verlangen** des Bauherrn wieder **genehmigungsbedürftig**, mit der Folge, dass dann an die Stelle der Baugenehmigung die **Zustimmung** tritt. 14 a

**14b** Durch **§ 2 Nr. 4 Buchstabe c Bürokratieabbaugesetz I** (s. die Anmerkungen zu § 63 Rdn. 11–11 a) sind abweichend von § 63 Abs. 1 Satz 1 BauO NRW die **Nutzungsänderung** und die **Errichtung von Kleingaragen** nur **anzeigepflichtig**. Der Bauherr kann jedoch – wie in der Freistellung nach § 67 BauO NRW – die Durchführung des **Baugenehmigungsverfahrens verlangen** (s. die Anmerkungen zu § 63 Rdn. 11b). Macht der öffentliche Bauherr von seinem Wahlrecht Gebrauch, wird das Vorhaben wieder **genehmigungsbedürftig** und damit das **Zustimmungsverfahren** anwendbar. Diese Rechtsfolge entspricht der bei der Wahlmöglichkeit nach § 67 BauO NRW (s. Rdn. 14 a).

**15** Im Verhältnis zu den Genehmigungen nach § 4 und § 15 Abs. 1 BImSchG, auch wenn sie im vereinfachten Verfahren nach § 19 BImSchG ergehen, zu der Erlaubnis nach Verordnungen aufgrund des § 14 Abs. 1 Nr. 2 GPSG (früher § 11 GSG), der Anlagengenehmigung nach § 8 GenTG und der Genehmigung nach § 31 Abs. 3 KrW-/AbfG (früher § 7 Abs. 3 AbfG) gilt es eine Besonderheit zu beachten. Diese **Genehmigungen** und **Erlaubnisse schließen** gemäß § 63 Abs. 2 BauO NRW sowohl die Baugenehmigung als auch die **Zustimmung ein** (s. die Anmerkungen zu § 63 Rdn. 20–24). Die Bezirksregierung arbeitet in diesen Fällen der anderen Genehmigungs- bzw. Erlaubnisbehörde zu. Die Antragsunterlagen sind zu prüfen ohne eine abschließende Entscheidung zu treffen, vielmehr übermittelt die Bezirksregierung das Ergebnis der präventiven Prüfung der zuständigen Genehmigungs- oder Erlaubnisbehörde, die dann mit ihrer – die Zustimmung konzentrierenden – Genehmigung oder Erlaubnis erst Außenwirkung herstellen kann.

**16** Absatz 1 **Satz 3** regelt die näheren Einzelheiten des Zustimmungsverfahrens durch **Verweisung** auf andere Verfahrensvorschriften, die **entsprechend anzuwenden sind**:

- **§ 68 Abs. 1 Satz 4 BauO NRW** bestimmt den **Umfang der Prüfung** im Zustimmungsverfahren, der sich nach dem des vereinfachten Genehmigungsverfahrens richtet, auch wenn es sich um einen „großen“ Sonderbau handelt, für den bei Durchführung des Baugenehmigungsverfahrens eine Vollprüfung erforderlich wäre. Die **präventive Prüfung** ist insoweit gegenüber dem normalen Baugenehmigungsverfahren **stark eingeschränkt**.
- **§ 69 Abs. 1 und 2 BauO NRW** bestimmen, dass dem Antrag auf Zustimmung die nach den Vorschriften der BauPrüfVO erforderlichen **Bauvorlagen** beizufügen sind und dass einzelne Bauvorlagen nachgereicht werden können.
- **§ 71 BauO NRW** behandelt die **Voranfrage**. Die Bezirksregierung kann im Zustimmungsverfahren ebenfalls einen **Vorbescheid** erteilen.
- **§ 72 BauO NRW** regelt die **Behandlung des Antrags**, der bei **Unvollständig** der Antragsunterlagen – wie ein unvollständiger Bauantrag – **zurückgewiesen** werden kann, sowie das **Beteiligungsverfahren**.
- **§§ 73 und 74 BauO NRW** regeln die **Abweichungen** und die Beteiligung der Angrenzer im Zustimmungsverfahren.
- **§ 75 BauO NRW** hat Bedeutung für die **feststellende** und **baufreigebende Wirkung** der Zustimmung.
- **§ 76 BauO NRW** ermöglicht Teilbaugenehmigungen, so dass im Zustimmungsverfahren eine **Teilzustimmungen** erteilt werden können.
- **§ 77 BauO NRW** regelt die **Geltungsdauer** der Zustimmung, die wie bei der Baugenehmigung **drei Jahre** beträgt, und die **Verlängerungsmöglichkeit**.

Die **Zustimmung** und das **Zustimmungsverfahren** unterliegen aufgrund der Verweisungen den **gleichen Rechtsgrundsätzen**, wie sie für die **Baugenehmigung** und das **Baugenehmigungsverfahren** gelten (um Wiederholungen zu vermeiden, wird auf die Anmerkungen zu den einzelnen Vorschriften verwiesen).

Die Verweisungen können in Bezug auf den Prüfungsumfang leicht zu Missverständnis- **17**
sen führen, so dass es der Rechtsklarheit gedient hätte, anstelle bestimmter Verweisungen einen Volltext zu wählen. Das gilt insbesondere hinsichtlich des **präventiven Prüfumfangs**. Die zur Ausführung kommenden Bauten öffentlicher Bauherren, darunter Verwaltungsgebäude, Gerichte, Hochschulen, Kliniken, Kasernen oder Vollzugsanstalten, sind vielfach **„große" Sonderbauten** im Sinne des § 68 Abs. 1 Satz 3 BauO NRW, für die nicht das vereinfachte, sondern das **normale Genehmigungsverfahren** einschlägig ist. Dennoch wollte der Gesetzgeber mit dem Verweis auf § 68 Abs. 1 Satz 4 BauO NRW erreichen, dass auch hierbei nur eine **eingeschränkte** Prüfung erfolgt; andererseits verweist er auf § 69 Abs. 1 BauO NRW und damit auch auf dessen Satz 2, wonach für Sonderbauten gemäß § 68 Abs. 1 Satz 3 ein **Brandschutzkonzept** einzureichen ist. Daraus darf nicht der Schluss gezogen werden, dass für „große" Sonderbauten im Zustimmungsverfahren eine Vollprüfung erforderlich wird. Das Brandschutzkonzept dient der Erleichterung der **Prüfung des Brandschutzes**; diese Prüfung erfolgt auch im vereinfachten Genehmigungsverfahren bei Sonderbauten, wie sich aus § 68 Abs. 1 Satz 4 BauO NRW ergibt (s. auch Nr. 80.1 VV BauO NRW). Die Bezirksregierung hat diese Prüfung im Zustimmungsverfahren vorzunehmen und muss mit **qualifiziertem Personal besetzt** sein (vgl. § 60 Abs. 3 BauO NRW). Hinsichtlich der **Prüfung des „Baunebenrechts"** im Zustimmungsverfahren ergeben sich durch die Verweisung auf § 75 BauO NRW die gleichen **Handhabungsprobleme** wie im Baugenehmigungsverfahren (zur **„Schlusspunkttheorie"** s. die Anmerkungen zu § 75 Rdn. 8, 81 ff. und 171).

Wenn auch die Zustimmung in vielerlei Hinsicht der Baugenehmigung gleicht, so sind **18**
doch bezüglich ihrer **Rechtswirkungen** einige **Besonderheiten** zu beachten. Die Zustimmung ist immer dann **Verwaltungsakt** im Sinne des § 35 VwVfG. NRW., wenn sie von der Bezirksregierung einer anderen Person des öffentlichen Rechts erteilt wird. Zweifelhaft kann dies sein, wenn die Bezirksregierung dem Land selbst die Zustimmung erteilt, weil es insoweit an der für einen Verwaltungsakt erforderlichen Außenwirkung fehlen soll (so Boeddinghaus/Hahn/Schulte, zu § 80 Rdn. 16; s. auch OVG Hamburg, Beschluss vom 25. 6. 1981 und Beschluss vom 15. 12. 1981, a. a. O. Rdn. 1, und Krist, Der Rechtscharakter der bauordnungsrechtlichen Zustimmung unter besonderer Berücksichtigung der neueren Rechtsprechung, BauR 1993, S. 516 ff.). Dagegen spricht, dass auch die Zustimmung wegen des Verweises auf § 75 die Feststellung trifft, dass dem Vorhaben öffentlich-rechtliche Vorschriften nicht entgegenstehen und dass er demzufolge mit der Bauausführung beginnen kann (Hess. VGH, Beschluss vom 11. 3. 1993 – 3 TH 768/92, BRS 55 Nr. 185). Insoweit ist die Zustimmung **kein Verwaltungsinternum**, sondern eine **hoheitliche behördliche Einzelfallregelung** auf öffentlich-rechtlichem Gebiet (so Jeromin, zu § 83 Rdn. 9).

Wird durch einen Zustimmungsbescheid zum Nachteil in eine öffentlich-rechtlich geschützte Position des **Nachbarn** eingegriffen, so kann dieser die Zustimmung nach der Abschaffung des Widerspruchsverfahrens nur noch mit der Anfechtungsklage angreifen, um die Aufhebung zu erreichen (zum Rechtsschutz des Nachbarn s. die Anmerkungen zu § 75 Rdn. 65–68) Das gilt zumindest, wenn der Regierungspräsident die Zustimmung einem öffentlichen Bauherrn erteilt, der nicht zugleich Teil der Landesverwaltung ist. Die Anfechtungsklage ist auch zulässig, wenn der öffentliche Bauherr Teil der Landesverwaltung ist und mit der Zustimmung zugleich eine Befreiung oder Abweichung von nachbarschützenden Vorschriften ergeht (vgl. Boeddinghaus/Hahn/Schulte, zu § 80 Rdn. 19 unter Bezug auf OVG NRW, Beschluss vom 7. 7. 1989 – 11 B 170/89, n. v.). Im Übrigen kann der Nachbar vom öffentlichen Bauherrn unmittelbar die Unterlassung verlangen und gegebenenfalls **Unterlassungsklage** erheben (OVG NRW, Beschluss vom 30. 6. 1976, a. a. O. Rdn. 2, und Urteil vom 21. 4. 1983, a. a. O. Rdn. 6).

19 **Satz 4** schreibt die **Anhörung der Gemeinde** zu dem Bauvorhaben im Zustimmungsverfahren generell vor, um damit deren **Planungshoheit** Rechnung zu tragen. Die Beteiligung der Gemeinde ist allerdings bereits durch den Verweis auf § 72 BauO NRW sichergestellt; nach § 72 Abs. 1 Satz 3 BauO NRW hat die Bauaufsichtsbehörde die Gemeinde unmittelbar nach Abschluss der Vorprüfung zu beteiligen (s. die Anmerkungen zu § 72 Rdn. 74–76). Satz 4 hebt die Anhörungsverpflichtung nochmals besonders hervor. Die Gemeinde ist zu Vorhaben stets, also auch in den Fällen des § 30 BauGB, bei denen das Einvernehmen der Gemeinde gemäß § 36 BauGB nicht erforderlich ist, zu beteiligen. Sie wird dadurch in die Lage versetzt, ihre **Planungsvorstellungen**, aber auch ihre **Verpflichtungen** und **Rechte aus dem Erschließungsrecht**, **Anforderungen nach örtlichen Bauvorschriften** (§ 86 BauO NRW), nach **sonstigen Ortssatzungen** über die Entwässerung der Grundstücke und den Anschluss an die gemeindliche Abwasseranlage, die Müllabfuhr und andere Gemeindeanstalten gegenüber dem öffentlichen Bauherrn geltend zu machen. Bedenken der Gemeinde ist – die Fälle des Absatzes 4 ausgeklammert – möglichst Rechnung zu tragen, sofern nicht überwiegende Interessen des öffentlichen Bauherrn entgegenstehen. Dies sollte auch gelten, wenn die obere Bauaufsichtsbehörde gemäß § 37 Abs. 1 BauGB bei bauplanungsrechtlichen Ausnahmen und Befreiungen an das Einvernehmen mit der Gemeinde nicht gebunden ist.

### 3 Zu Absatz 2 – Ersetzung des gemeindlichen Einvernehmens

20 Absatz 2 übernimmt den für das Baugenehmigungsverfahren konzipierten und der Verfahrensvereinfachung dienenden § 69 a MBO 1997. Die Vorschrift stützt sich auf die Vorgabe des **§ 36 Abs. 2 Satz 3 BauGB**, wonach die nach Landesrecht zuständige Behörde ein rechtswidrig versagtes Einvernehmen der Gemeinde ersetzen kann.

21 Der Landesgesetzgeber hat eine dem § 69 a MBO 1997 nachgebildete Regelung nur im Zustimmungsverfahren für geboten erachtet, weil die **Bezirksregierung zugleich die Funktion der Zustimmungs- und der Widerspruchsbehörde** wahrnimmt (s. die Begründung in LT-Drucks. 12/3738 S. 92 zu Art. I Nr. 54 – § 80).

22 **Absatz 2** ist zur Zeit **nicht anwendbar**, da an seine Stelle die zeitlich befristeten Vorschriften des **§ 2 Nr. 4 Buchstabe a Bürokratieabbaugesetz I** getreten sind (s. die Anmerkungen zu § 63 Rdn. 11–11 a). Die Anwendung dieser Bestimmungen ist gegenüber § 80 Abs. 2 BauO NRW nicht in das Ermessen der Bezirksregierung gestellt (hierzu und zu den Einzelheiten s. die Anmerkungen zu § 72 Rdn. 39 a–39 i).

### 4 Zu Absatz 3 – Abweichungen im Rahmen des Zustimmungsverfahrens

23 Absatz 3 ist eigentlich überflüssig, da Absatz 1 Satz 3 auf § 73 BauO NRW verweist. Er stellt aber klar, dass die Baudienststelle diese Aufgabe einer Bauaufsichtsbehörde nicht wahrnehmen darf (s. Rdn. 17). Über **Abweichungen** (im Sinne des § 73 BauO NRW) entscheidet die Bezirksregierung. Letzteres ist eigentlich selbstverständlich, da auch die untere Bauaufsichtsbehörde im Baugenehmigungsverfahren über Abweichungen ent-

scheidet. Ist eine erforderliche Abweichung im Zustimmungsantrag nicht erläutert, sollte die Bezirksregierung die Baudienststelle zur Ergänzung des Antrags auffordern, bevor sie die Abweichung erteilen kann, soweit sich die Begründetheit nicht ohnehin ergibt, z. B. aus dem Brandschutzkonzept. Auch bei Bauten öffentlicher Bauherren sind **fiskalische Gesichtspunkte** für sich allein **keine ausreichende Begründung für eine Abweichung** von materiellen Bauvorschriften. Der öffentliche Bauherr muss eine Abweichung nur dann gesondert und förmlich beantragen, wenn das Vorhaben genehmigungsfrei realisiert werden darf (§ 73 Abs. 2 BauO NRW).

Die **Zuständigkeit** für die Entscheidung über **bauplanungsrechtliche Ausnahmen und Befreiungen** ergibt sich aus § 36 BauGB. Nach § 36 Abs. 1 Satz 1 BauGB entscheidet die Baugenehmigungsbehörde im Einvernehmen mit der Gemeinde über die Zulässigkeit von Vorhaben nach den §§ 31 und 33 bis 35 BauGB im bauaufsichtlichen Verfahren. Der Begriff „bauaufsichtliches Verfahren" ist im umfassenden Sinne zu verstehen und erfasst auch das Zustimmungsverfahren. Die Zuständigkeit für **Abweichungen von bauplanungsrechtlichen Vorschriften** im Falle baulicher Anlagen des Bundes und der Länder ist durch § 37 Abs. 1 BauGB geregelt; höhere Verwaltungsbehörde im Sinne dieser Vorschrift ist nach § 1 DVO BauGB die Bezirksregierung. 24

## 5 Zu Absatz 4 – Der Landesverteidigung dienende bauliche Anlagen

Absatz 4 schließt ein Zustimmungsverfahren für bauliche Anlagen aus, die **unmittelbar** der Landesverteidigung dienen. Die Bestimmung steht im Zusammenhang mit § 37 Abs. 2 BauGB. Hierdurch wird die bauplanungsrechtliche Zustimmung der höheren Verwaltungsbehörde auch für solche Bauten ausdrücklich gefordert, die in Abweichung von Vorschriften des BauGB oder den aufgrund des BauGB erlassenen Vorschriften ausgeführt werden sollen. Da der Zustimmungsbehörde die Errichtung von Verteidigungsbauten nur „**in geeigneter Weise zur Kenntnis zu bringen**" ist, steht die Anhörung der Gemeinde (§ 37 Abs. 2 Satz 2 BauGB) wegen der Geheimhaltungsbedürftigkeit unter starken Einschränkungen. Das ist im Regelfall auch unproblematisch, da in den der Errichtung solcher Bauten vorausgehenden Verhandlungen, außerdem im Raumordnungsverfahren nach dem Landbeschaffungsgesetz oder nach dem Schutzbereichsgesetz meistens die streitigen Fragen mit der Gemeinde geklärt werden können. Widerspricht die höhere Verwaltungsbehörde oder die Gemeinde einem Vorhaben nach § 80 Abs. 4 BauO NRW, so geht gemäß § 37 Abs. 2 Satz 3 BauGB die Zuständigkeit für die zu treffende Entscheidung auf den zuständigen Bundesminister über, der hierzu das Einvernehmen mit eventuell beteiligten Bundesministern und das Benehmen mit der zuständigen obersten Landesbehörde herzustellen hat. 25

Die Sonderregelung des Absatzes 3 gilt nur für bauliche Anlagen usw., die **unmittelbar der Landesverteidigung dienen**. Als Ausnahmebestimmung ist diese Vorschrift **eng** auszulegen. Angesprochen sind solche Vorhaben, die für den Einsatz der Streitkräfte bedeutsam sind und für die daher eine besondere Geheimhaltung geboten ist (BVerwG, Urteil vom 30. 7. 1976 – IV A 1.75, a. a. O. Rdn. 2). Zu bejahen ist die Unmittelbarkeit bei Raketenstellungen, Munitionsdepots, Flugwarneinrichtungen. Stellplätze für private Kraftfahrzeuge von Soldaten dienen weder unmittelbar noch überhaupt der Landesverteidigung (Hess. VGH, Beschluss vom 9. 9. 1985 – 3 TG 1640/85, BRS 44 Nr. 225 = NVwZ 1986, 675; s. auch Nr. 80.4 VV BauO NRW. Die Sonderstellung nach § 37 BauGB in Verbindung mit § 80 Abs. 4 BauO NRW entfällt, wenn die militärische Nutzung auf- 26 gegeben wird. Eine für militärische Zwecke im Außenbereich errichtete bauliche Anlage genießt nach der endgültigen Aufgabe der Nutzung keinen Bestandsschutz mehr (BVerwG, Beschluss vom 21. 11. 2000 – 4 B 36.00, BauR 2001, 610 = BRS 63 Nr. 121).

27 Im Verwaltungsverfahren für **Bauvorhaben von NATO-Streitkräften** sind nach Art. 47 Abs. 5 Buchstabe b des „Zusatzabkommens zu dem Abkommen zwischen den Parteien des Nordatlantikvertrages über die Rechtsstellung ihrer Truppen hinsichtlich der in der Bundesrepublik Deutschland stationierten ausländischen Truppen“ (ZA-NTS) vom 3. 8. 1959 (BGBl. 1961 II S. 1183), geändert durch Abkommen vom 21. 10. 1971 (BGBl. 1973 II S. 1021), die **deutschen** Rechts- und Verwaltungsvorschriften und die **internationalen** Vereinbarungen zu beachten. Grundsätzlich werden die Bauvorhaben nach Art. 49 Abs. 2 ZA-NTS von den zuständigen deutschen Behörden durchgeführt (**Auftragsbauverfahren**). Daneben können die Streitkräfte nach Art. 49 Abs. 3 ZA-NTS ausnahmsweise Bauvorhaben mit eigenen Kräften ausführen oder an Unternehmer unmittelbar vergeben. Auch bei diesen „**Truppenbauverfahren**“ sind die NATO-Streitkräfte an das deutsche Baurecht gebunden. Für die deutschen Behörden ergibt sich daraus ein gewisses Kontroll- und Inspektionsrecht.

### 6 Zu Absatz 5 – Eigenverantwortlichkeit des öffentlichen Bauherrn

28 Die **Bedeutung** des § 80 Abs. 5 BauO NRW hat das OVG NRW folgendermaßen charakterisiert (Beschluss vom 24. 11. 1967 – X B 627/67, a. a. O. Rdn. 2): „*Die Vorschrift … schließt, in dem sie den öffentlichen Bauherrn für allein verantwortlich erklärt, bauaufsichtliche oder ordnungsbehördliche Maßnahmen anderer Hoheitsträger aus. Es bedarf deshalb keiner weiteren Erörterung der Frage, ob ein Hoheitsträger überhaupt in den hoheitlichen Bereich eines anderen eingreifen kann (vgl. OVG Lüneburg vom 18. 6. 1957, OVGE 12, 340; Schack, Anmerkung zu BVerwG v. 22. 4. 1966, DVBl. 1967, 293 m. w. N.).*“ Die alleinige Verantwortung des öffentlichen Bauherrn für die Einhaltung des öffentlichen Rechts bedeutet, dass der **öffentliche Bauherr** trotz der Zustimmung der oberen Bauaufsichtsbehörde **verantwortlich bleibt für die Rechtmäßigkeit** des Vorhabens. Er muss erforderliche Genehmigungen oder Erlaubnisse einholen und auch die Einhaltung der im Zustimmungsverfahren nicht geprüften Vorschriften sicherstellen (vgl. die Verweisung in Absatz 1 Satz 3 auf § 68 Abs. 1 Satz 4 BauO NRW; s. auch Rdn. 13). Insofern hat er die Aufgaben, die sonst einer Baugenehmigungsbehörde obliegen, in **eigener Verantwortung** selbst durchzuführen. Daneben bleibt die Verantwortung, die ein privater Bauherr hat, für den öffentlichen Bauherrn in gleicher Weise bestehen. Er ist daher auch verpflichtet, Unternehmer und Bauleiter zu bestellen.

29 Absatz 5 hat als **Ausdruck eines generellen Rechtsgedankens** nicht nur für den Zeitraum des Bauens, sondern auch noch danach in der **Nutzungsphase** bis zum Untergang des Bauwerks Gültigkeit (ebenso Boeddinghaus/Hahn/Schulte, zu § 80 Rdn. 32 unter Bezug auf OVG NRW, Beschluss vom 7. 3. 1988 – 11 B 3790/87, n. v.). In den Fällen, in denen bei privaten Eigentümern (= Ordnungspflichtigen nach § 18 OBG) die Bauaufsichtsbehörde wegen baulicher Mängel gemäß § 61 oder § 87 BauO NRW bauaufsichtliche Forderungen erheben könnte, ist hier auch bei bestehenden Bauten der **öffentliche Bauherr für deren ordnungsgemäßen Zustand allein verantwortlich**. Eine Zuständigkeit der unteren Bauaufsichtsbehörde oder der Zustimmungsbehörde besteht nicht. Das gilt auch dann, wenn aufgrund einer **wiederkehrenden Prüfung** oder einer **Brandschau** Mängel festgestellt werden. Der **öffentliche Bauherr** hat für deren **Beseitigung selbst Sorge** zu **tragen**.

## § 81
## Bauüberwachung

**(1) [1]Während der Ausführung eines genehmigten Bauvorhabens überprüft die Bauaufsichtsbehörde die Einhaltung der öffentlich-rechtlichen Vorschriften und Anforderungen und die ordnungsgemäße Erfüllung der Pflichten der am Bau Beteiligten (Bauüberwachung). [2]Die Bauüberwachung kann auf Stichproben beschränkt werden. [3]Sie entfällt, soweit Bescheinigungen staatlich anerkannter Sachverständiger nach § 85 Abs. 2 Satz 1 Nr. 4 gemäß § 68 Abs. 2 oder § 72 Abs. 6 vorliegen; in diesem Fall kontrollieren staatlich anerkannte Sachverständige stichprobenhaft, ob das Bauvorhaben entsprechend den Bescheinigungen ausgeführt wird. [4]Bei Vorhaben, die im vereinfachten Genehmigungsverfahren (§ 68) genehmigt werden, kann die Bauaufsichtsbehörde auf die Bauüberwachung verzichten.**

**(2) [1]Der Bauaufsichtsbehörde ist die Einhaltung der Grundrissflächen und Höhenlagen der baulichen Anlagen nachzuweisen. [2]Wenn es die besonderen Grundstücksverhältnisse erfordern, kann sie die Vorlage eines amtlichen Nachweises verlangen.**

**(3) Die Bauaufsichtsbehörde und die von ihr Beauftragten können Proben von Bauprodukten und, soweit erforderlich, auch aus fertigen Bauteilen entnehmen und prüfen lassen.**

**(4) Den mit der Überwachung beauftragten Personen ist jederzeit Einblick in die Genehmigungen, Zulassungen, Prüfzeugnisse, Übereinstimmungserklärungen, Übereinstimmungszertifikate, Überwachungsnachweise, Zeugnisse und Aufzeichnungen über die Prüfungen von Bauprodukten, in die Bautagebücher und andere vorgeschriebene Aufzeichnungen zu gewähren.**

***VV BauO NRW*** *(infolge der Befristung mit Ablauf des 31.12.2005 ausgelaufen)*

***81 Bauüberwachung (§ 81)***

*81.1 Zu Absatz 1*

*81.11 Soweit eine Bauüberwachung durchgeführt wird, soll sie sich auch auf die Ausbauphase in Gebäuden erstrecken; außerdem soll darauf geachtet werden, dass die Bauherrin oder der Bauherr der Pflicht nachkommt, ein Baustellenschild anzubringen (siehe Nr. 14.3).*

*81.12 Die Bauüberwachung enthält weiterhin die Prüfung, ob das Vorhaben entsprechend den genehmigten Bauvorlagen ausgeführt wird. Bemerkt die Bauaufsichtsbehörde Verstöße gegen die BaustellV, z. B., dass die Vorankündigung bei großen Bauvorhaben nicht ausgehängt wurde, so unterrichtet sie das Staatliche Amt für Arbeitsschutz* (Anmerkung: jetzt Bezirksregierung).

*81.13 Europäische technische Zulassungen nach § 6 BauPG, allgemeine bauaufsichtliche Zulassungen und Prüfzeugnisse (§§ 21 und 22) und Zustimmungen im Einzelfall (§ 23) für Bauprodukte sowie allgemeine bauaufsichtliche Zulassungen und Zustimmungen im Einzelfall für Bauarten (§ 24) gehören zu den Nachweisen, die von der Unternehmerin oder vom Unternehmer nach § 59 Abs. 1 Satz 2 auf der Baustelle bereitzuhalten sind und in die im Rahmen der Bauüberwachung nach § 81 Abs. 4 Einblick zu gewähren ist.*

*Im Rahmen der Bauüberwachung nach § 81 und der Bauzustandsbesichtigung nach § 82 braucht die Überprüfung der Verwendbarkeit der Bauprodukte und der*

*Anwendbarkeit der Bauarten nur stichprobenartig zu erfolgen, es sei denn, es gibt konkrete Hinweise, dass unrechtmäßig oder entgegen den Bestimmungen der §§ 20ff. nicht gekennzeichnete Bauprodukte verwendet oder Bauarten ohne die nach § 24 erforderliche Zulassung oder Zustimmung angewendet werden.*

*Grundsätzlich kann davon ausgegangen werden, dass Bauprodukte, die die CE-Kennzeichnung tragen oder die mit dem Ü-Zeichen gekennzeichnet sind, verwendbar sind und dass bei Vorhandensein der nach § 24 erforderlichen Nachweise die entsprechenden Bauarten anwendbar sind. Die Verwendbarkeit von Bauprodukten kann nur in Frage gestellt werden, wenn die CE-Kennzeichnung oder das Ü-Zeichen offensichtlich zu Unrecht aufgebracht sind.*

*Bei CE-gekennzeichneten Bauprodukten kann die Verwendbarkeit auch ausgeschlossen sein, wenn die CE-Kennzeichnung eine andere Klasse oder Leistungsstufe ausweist als sie für den Verwendungszweck des Bauproduktes in der Bauregelliste B vorgesehen ist. In bestimmten Fällen ist es möglich, dass eine CE-Kennzeichnung nach Bauregelliste B nur Teilanforderungen an das Bauprodukt abdeckt. Die nicht gedeckten Anforderungen, die von der Bauproduktenrichtlinie nicht erfasst werden, sind durch Ü-Zeichen zu belegen. Fehlt dieses Ü-Zeichen, ist der Verwendbarkeitsnachweis nicht erbracht.*

*Nur in besonderen Einzelfällen kann die Verwendbarkeit von Bauprodukten und die Anwendbarkeit von Bauarten trotz Vorhandenseins von rechtmäßigen Kennzeichnungen bzw. von Übereinstimmungsbestätigungen ausgeschlossen sein, wenn nämlich die besonderen Umstände, z. B. am Verwendungs- oder Anwendungsort, vermuten lassen, dass diese bei der Feststellung der grundsätzlichen Verwend- oder Anwendbarkeit nicht berücksichtigt wurden.*

*Die Verwendbarkeit Sonstiger Bauprodukte oder von Bauprodukten nach der Liste C sollte nur in Ausnahmefällen – bei konkreten Hinweisen, dass die Bauprodukte tatsächlich den Anforderungen der BauO NRW oder aufgrund der BauO NRW nicht entsprechen – überprüft werden.*

*81.2 Zu Absatz 2*

*Der amtliche Nachweis darf nur in begründeten Fällen verlangt werden, z. B. bei Grundstücken in Hanglage oder bei sehr ungewöhnlichen oder beengten Grundstücksverhältnissen. Der amtliche Nachweis darüber, dass die Grundrissflächen und Höhenlagen der baulichen Anlagen eingehalten sind, kann nur durch eine Öffentlich bestellte Vermessungsingenieurin oder einen Öffentlich bestellten Vermessungsingenieur oder Behörden geführt werden, die befugt sind, Vermessungen zur Einrichtung und Fortführung des Liegenschaftskatasters auszuführen.*

## **Anmerkungen** (Autor: Heintz)

**Übersicht** Rdn.

0 Änderungen gegenüber der BauO NW 1984 und der BauO NW 1995 . . . . . . . 01–02
1 Allgemeines . . . . . 1–15
2 Zu Absatz 1 – Umfang der Bauüberwachung . . . . . 16–17
2.1 Zu Absatz 1 Satz 1 – Überwachungsgrundsatz . . . . . 18–19
2.1.1 Genehmigungskonforme Bauausführung . . . . . 20–23
2.1.2 Einhaltung der Vorschriften über Bauprodukte und Bauarten . . . . . 24–25

| | | |
|---|---|---|
| 2.1.3 | Pflichten der am Bau Beteiligten | 26–27 |
| 2.2 | Zu Absatz 1 Satz 2 – Beschränkung auf Stichproben | 28–31 |
| 2.3 | Zu Absatz 1 Satz 3 – Kontrollen staatlich anerkannter Sachverständiger | 32–37 |
| 2.4 | Zu Absatz 1 Satz 4 – Verzicht auf Bauüberwachung | 38–39 |
| 3 | Zu Absatz 2 – Nachweise der Grundrissflächen und Höhenlage | 40–43 |
| 4 | Zu Absatz 3 – Probenentnahmen | 44–45 |
| 5 | Zu Absatz 4 – Recht auf Einsichtnahme der beauftragten Personen | 46–50 |

## 0 Änderungen gegenüber der BauO NW 1984 und der BauO NW 1995

Die Vorschrift des § 81 **BauO NW 1995** entsprach bis auf redaktionelle Anpassungen an die Vorschriften über Bauprodukte und Bauarten § 76 BauO NW 1984. Absatz 2 Nr. 2 wurden um die **CE-Kennzeichnung** nach den Vorschriften des BauPG erweitert. 01

Die **BauO NRW 2000**hat § 81 BauO NW 1995 wesentlich umgestaltet: 02

- **Absatz 1 Satz 1**begründet eine **grundsätzliche Pflicht zur Überwachung** der ordnungsgemäßen Bauausführung und unter Übernahme des alten Absatzes 2 Nr. 3 auch der Einhaltung der Pflichten der am Bau Beteiligten. Satz 2 entspricht dem alten Satz 2. Der **neue Satz 3** regelt, dass die Bauüberwachung in Bezug auf die von den staatlich anerkannten Sachverständigen wahrgenommenen Prüfbereiche entfällt. Der **neue Satz 4** steht im Zusammenhang mit Satz 1 und erlaubt zur Entlastung der Bauaufsichtsbehörden den vollständigen Verzicht auf die Bauüberwachung im vereinfachten Genehmigungsverfahren (s. LT-Drucks. 12/3738 S. 92 zu Art. I Nr. 55 – § 81).
- Der **alte Absatz 2 entfiel** in Bezug auf die bauproduktenrechtlichen Überwachungspflichten (Nr. 1 und 2), weil sich diese Anordnungen allein an die Bauaufsichtsbehörde richteten und in Nr. 81.13 VV BauO NRW übernommen werden konnten.
- Der **Satz 1 des alten Absatzes 3 entfiel** als überflüssige Doppelregelung zu § 82 Abs. 1 Satz 2 1995 = § 82 Abs. 2 Satz 2 BauO NRW 2000.
- Der **neue Absatz 2** und begründet mit dem **neuen Satz 1** eine grundsätzliche Pflicht, der Bauaufsichtsbehörde die Einhaltung der Grundrissfläche und Höhenlage nachzuweisen. Satz 2 übernimmt Satz 2 des alten Absatzes 3.
- Der **neue Absatz 3** entspricht Satz 3 des alten Absatzes 3.
- **Absatz 4** blieb als einziger **unverändert**.

## 1 Allgemeines

Seit jeher besteht die Aufgabe der Bauaufsicht nicht nur in der präventiven Prüfung von Baugesuchen, sondern auch in der **begleitenden Kontrolle der Bauausführung**; § 4 PrEBO „Baupolizeiliche Abnahmen“ sah vor, dass der Bauherr den Baubeginn der Ortspolizeibehörde anzuzeigen hatte, damit die Bauausführung überwacht und mit den Abnahmen (Rohbau- bzw. Gebrauchsabnahme) abgeschlossen werden konnte. Diese **Kontrollfunktion** wurde mit den §§ 102–104 MBO 1960 in die **Bauüberwachung** und die **Bauabnahmen** klarer aufgeteilt und schließlich in die §§ 77 und 78 MBO 1981 übernommen. Dabei entschloss sich die ARGEBA, nicht mehr von „Bauabnahmen“, sondern von **Bauzustandsbesichtigungen** zu sprechen, um Verwechslungen mit der zivilrechtlichen Abnahme nach der VOB auszuschließen. Der Begriff Überwachung besitzt 1 ebenfalls für das private Baurecht Bedeutung. Nach § 4 Nr. 1 Abs. 2 VOB Teil B gilt: „Der Auftraggeber ist berechtigt, die vertragsgemäße Ausführung der Leistung zu **überwachen**“ (zu dieser zivilrechtlichen Überwachungsfunktion s. Locher, Rdn. 203).

2 Den Begriff **Überwachung** verwendet die BauO NRW gleich mehrfach in:

- **§ 20 Abs. 6** und **§§ 25–28** zur Umschreibung spezieller Kontrollpflichten aus Anlass der Verwendung von Bauprodukten (**Eigen- und Fremdüberwachung**),
- **§ 61** zur Umschreibung allgemeiner Kontrollbefugnisse der Bauaufsichtsbehörden aus Anlass der Errichtung, Änderung, Nutzung, Nutzungsänderung und Instandhaltung baulicher Anlagen (**allgemeine Überwachung**),
- **§ 80** zur Umschreibung der **Kontrollpflichten des öffentlichen Bauherrn**, die diesem im Zustimmungsverfahren in Anlehnung an die formelle Bauüberwachung nach § 81 obliegen,
- **§ 81** zur Umschreibung der **Kontrollpflichten der Bauaufsichtsbehörde** aus Anlass der Ausführung genehmigungsbedürftiger baulicher Anlagen sowie anderer Anlagen und Einrichtungen (**Bauüberwachung**).

3 Gefahren für die öffentliche Sicherheit und Ordnung können sowohl von genehmigungsbedürftigen als auch von genehmigungsfreien Vorhaben ausgehen. Aus diesem Grunde hat der Gesetzgeber die Bauaufsichtsbehörden mit § 61 BauO NRW generell zur Überwachung der Einhaltung baurechtlich relevanter Vorschriften ermächtigt. Die **Überwachung im weiteren Sinne nach § 61 BauO NRW** führt die Bauaufsichtsbehörde nach den Regeln der BauO NRW, des OBG, des VwVG. NW. und des OWiG durch, um insbesondere ordnungsbehördlich einzuschreiten. Hiervon zu unterscheiden ist die **Überwachung des Inverkehrbringens und der Verwendung von Bauprodukten nach den Regelungen des BauPG und denen der §§ 20–28 BauO NRW** (vgl. die Anmerkungen zu § 20 Rdn. 45–49 und zu §§ 25–28) sowie die **Bauüberwachung im engeren Sinne nach § 81 BauO NRW** als ein an die Baugenehmigung anschließender Überprüfungsvorgang. Die Bauüberwachung nach § 81 BauO NRW stellt eine **Konkretisierung der allgemeinen Überwachung** nach § 61 BauO NRW in Bezug auf genehmigungsbedürftige bauliche Vorgänge **für die Phase der Bauausführung** dar (vgl. Schlotterbeck/von Arnim/Hager, zu § 66 Rdn. 2). Sie dauert so lange an, bis das Bauvorhaben in Übereinstimmung mit den genehmigten Bauvorlagen eventuell unter Berücksichtigung erforderlich werdender Nachträge und unter Beachtung der Nebenbestimmungen zur Baugenehmigung restlos fertiggestellt ist. Danach setzt wiederum die Phase der allgemeinen Überwachung nach § 61 BauO NRW ein. Sowohl die allgemeine Überwachung nach § 61 BauO NRW als auch die Bauüberwachung nach § 81 BauO NRW erfolgen **im öffentlichen Interesse**, um Gefahren für die Allgemeinheit, die Bewohner und Benutzer und die mit den Bauarbeiten betrauten Personen abzuwehren (vgl. § 3 Abs. 1 und § 61 Abs. 1 Satz 1 BauO NRW). Sie dienen nicht dazu, den Bauherrn vor unnötigen finanziellen Aufwendungen zu schützen (BGH, Urteil vom 27. 5. 1963 – III ZR 48/62, BGHZ 39, 358 = NJW 1963, 1821) oder dem Bauherrn das wirtschaftliche Risiko abzunehmen (BGH, Beschluss vom 30. 7. 1997 – III ZR 166/96, NVwZ-RR 1997, 675). Stellt die Bauaufsichtsbehörde bei einer Baukontrolle einen **gefährlichen Bauzustand** fest, z. B. ein nicht unterfangenes Nachbarfundament, besteht nach § 61 Abs. 1 Satz 2 BauO NRW eine **Pflicht zum Einschreiten**. Der **Personenschutz** als höchstes Schutzgut des Bauordnungsrechts **genießt absoluten Vorrang** vor allen sonstigen Gesichtspunkten.

Die **Baugenehmigung** (§ 75), die **Bauüberwachung** (§ 81) und die **Bauzustandsbesichtigungen** (§ 82) sowie die sich evtl. während der späteren Nutzungsphase hieran anschließenden **wiederkehrenden Prüfungen** (§ 54 Abs. 2 Nr. 18 BauO NRW) und indirekt auch die **Brandschauen** (§ 6 FSHG) sind Teile eines **Gesamtsicherheitssystems** für das Bauen. Insoweit verfolgen die vom gleichen Gesetzgeber erlassene BauO NRW und das FSHG trotz unterschiedlicher Gesetzeszwecke **gemeinsame Ziele** in Bezug auf die Sicherheit von baulichen Anlagen; dies drückt sich auch in dem engen Zusammenwirken der Bauaufsichtsbehörden bzw. der staatlich anerkannten Sachverständigen für die Prüfung des Brandschutzes mit den Brandschutzdienststellen bei der Beurteilung der Baugesuche aus (vgl. Nr. 54.33, Nr. 72.622 und Nr. 73.12 VV BauO NRW). Um das erreichte **Sicherheitsniveau** nicht zu senken – dies wünscht sicherlich niemand –, war bereits bei der Neufassung der BauO NW 1984 davon ausgegangen worden, dass Abzüge im Überwachungsbereich zu Aufschlägen bei der Bemessung der baulichen Konstruktion und diese wiederum zu erhöhten Baukosten führen. Auch die weitere Überlegung, dass die Baugenehmigung in ihrer Wirksamkeit weitgehend eingeschränkt wäre, wenn ihre Beachtung bei der Errichtung der baulichen Anlage nicht kontrolliert würde (vgl. die Begründung zur BauO NW 1984, LT-Drucks. 9/2721 S. 73 Nr. 5). 4

Die **Durchführung der Bauüberwachung** erfordert eine Besetzung **jeder** Bauaufsichtsbehörde mit für diese Aufgabe **geeigneten Fachkräften**. Die **Beurteilung** der **ordnungsgemäßen Bauausführung** setzt nämlich gerade im Interesse der Sicherheit **besondere technische Fachkenntnisse** voraus. Es ist daher **unverantwortlich**, nicht ausreichend vorgebildete Personen mit Bauüberwachungsaufgaben zu betrauen, nur um Personalkosten einzusparen, insbesondere wenn es sich bei den zu überwachenden Objekten um **Sonderbauten** handelt, für die **„wiederkehrende Prüfungen**" und „**Brandschauen**" vorgesehen sind (vgl. hierzu die Anmerkungen zu § 54 Rdn. 49). Bedauerlicherweise wird die unzureichende Wahrnehmung originärer bauaufsichtlicher Sicherheitsaufgaben im Rahmen der Überwachung infolge verstärkten Personaleinsatzes zur Verkürzung der Dauer des eigentlichen Baugenehmigungsverfahrens immer erst nach Brandkatastrophen in der Öffentlichkeit diskutiert (vgl. hierzu den Bericht der Unabhängigen Sachverständigenkommission zur Prüfung der Konsequenzen aus dem Brand auf dem Rhein-Ruhr-Flughafen Düsseldorf – Teil 1 – vom 14. 4. 1997, Kapitel 4 S. 24 und 25). 5

Die Bauüberwachung nach § 81 BauO NRW kommt **nur für genehmigungsbedürftige Vorhaben** in Betracht. Dies ergibt sich aus den Worten **„genehmigten** Bauvorhabens" in § 81 Abs. 1 Satz 1, so dass für freigestellte Vorhaben – auch solche nach § 67 BauO NRW – schon rein begrifflich eine Bauüberwachung im engeren Sinne ausscheidet. **Freigestellte Vorhaben** unterliegen jedoch der **allgemeinen Überwachung nach § 61 BauO NRW** (s. vorausgehende Rdn. 3). Auch **Fliegende Bauten** unterliegen einer Bauüberwachung, da § 79 Abs. 10 BauO NRW die entsprechende Anwendung des § 81 Abs. 1, 3 und 4 BauO NRW anordnet. Für Vorhaben öffentlicher Bauherren im **Zustimmungsverfahren** findet gemäß § 80 Abs. 1 Satz 1 BauO NRW **keine formelle Bauüberwachung** durch die Zustimmungsbehörde statt, jedoch hat der öffentliche Bauherr selbst – anstelle der Zustimmungsbehörde – die Bauarbeiten zu überwachen. 6

Vorhaben, deren **Baugenehmigung** gemäß § 63 Abs. 2 BauO NRW von einer Genehmigung nach § 4, § 15 Abs. 1 bzw. § 19 BImSchG, einer Erlaubnis nach Verordnungen aufgrund des § 14 Abs. 1 Nr. 2 GPSG (früher § 11 GSG), einer Anlagengenehmigung nach § 8 GenTG oder einer Genehmigung nach § 31 Abs. 3 KrW-/AbfG (früher § 7 Abs. 3 AbfG) **eingeschlossen** wird, bedürfen dennoch einer **Bauüberwachung** durch die Bau- 7 aufsichtsbehörde. Diese Rechtslage kann im praktischen Vollzug zu Koordinationsproblemen führen (vgl. Gaentzsch, Konkurrenz paralleler Anlagengenehmigungen, NJW 1986, S. 2787 ff. und Fluck, Die Konzentrationswirkung der immissionsschutzrechtlichen Genehmigung und ihre Grenzen, NVwZ 1992, S. 114 ff.). Das Erlöschen der immissionsschutzrechtlichen Genehmigung infolge der **Aufhebung des Genehmigungserfordernisses** durch Änderung der 4. BImSchV hat nicht gleichzeitig auch das Erlöschen der eingeschlossenen Baugenehmigung zur Folge. Die erteilte Genehmigung bleibt insoweit **partiell** einschließlich hierauf zu beziehender Nebenbestimmungen **bestehen** (OVG NRW, Urteil vom 15. 3. 1993 – 21 A 1691/89, BRS 55 Nr. 153 = NVwZ 1994, 184).

8 Die Bauüberwachung nach § 81 BauO NRW kommt nur bei der **Ausführung** baulicher Anlagen zum Tragen. Der **Begriff „Ausführung“** zielt auf **bauliche Vorgänge**, wie die **Errichtung**, die **Änderung** und den **Abbruch** baulicher Anlagen.

Eine **Nutzungsänderung ohne bauliche Änderungen** und damit ohne genehmigungsbedürftige „Bauarbeiten“ ist **kein baulicher Vorgang** in diesem Sinne und **bedarf keiner Bauüberwachung** nach § 81 BauO NRW, so dass die Bauaufsichtsbehörde deren Realisierung nur nach **§ 61** BauO NRW allgemein „überwachen“ kann (s. Rdn. 6). Die allgemeine Überwachung nach § 61 BauO NRW kann im Einzelfall aus Gründen der Gefahrenabwehr durchaus die Kontrollintensität einer Bauüberwachung nach § 81 BauO NRW aufweisen, so dass der Verordnungsgeber hierfür einen besonderen Gebührentatbestand geschaffen hat (s. Rdn. 9 a).

9 Die **Bauüberwachung** baulicher Vorgänge nach § 81 BauO NRW stellt eine **Amtshandlung im Sinne des Gebührenrechts** dar. Um zu erreichen, dass die Bauaufsichtsbehörden ihr Augenmerk verstärkt der Phase der Bauausführung zuwenden, hat der Verordnungsgeber die Gebührenerhebung an die **tatsächliche Durchführung** der Bauüberwachung und deren **Intensität** gekoppelt. Dies dient daneben auch der Erhöhung der **Transparenz** und der **Gerechtigkeit** bei der Gebührenbemessung (hierzu s. Dietlein, Rechtsprobleme der Bauüberwachungsgebühr, BauR 1998, S. 1178 ff.). Die leistungsorientierte Gebührenbemessung bezweckt zusätzlich als **Anreiz**, dass der jeweilige **Träger** der Bauaufsichtsbehörde **ausreichend qualifiziertes Personal** für die im Gesamtsicherheitssystem (s. Rdn. 4) wichtige Bauüberwachung bereitstellt. Aus § 60 Abs. 3 BauO NRW ergibt sich allerdings ohnehin die Rechtspflicht zur Besetzung der Bauaufsichtsbehörde mit ausreichend qualifiziertem technischen Personal (s. die Anmerkungen zu § 60 Rdn. 15–19). Wird die Bauüberwachung nicht nach § 60 Abs. 3 BauO NRW qualifizierten Personen sondern anderem Personal übertragen, um ein „Haushaltsloch“ zu schließen, so liegt darin – über den reinen Rechtsbruch hinaus – auch eine Amtspflichtverletzung, wenn es hierdurch zu Schäden kommt. Es versteht sich von selbst, dass für die Bauüberwachung **nur Gebühren** erhoben werden können, wenn diese **Amtshandlung** von einer dafür **qualifizierten technischen Person durchgeführt** wird, da ansonsten das **Äquivalenzprinzip verletzt** wird (s. die Anmerkungen zu § 69 Rdn. 19). Um überhaupt Gebühren erheben zu können, müssen die Grundanforderungen an die Bauüberwachung eingehalten sein (vgl. Rdn. 27 und 32).

9 a Für die Überwachung einer **Nutzungsänderung ohne bauliche Änderungen**, die keine Bauüberwachung nach § 81 BauO NRW darstellt (s. Rdn. 8), gilt **Tarifstelle 2. 4. 10.8**. Danach ist für die Überprüfung, ob bei einer **genehmigungsbedürftigen** Nutzungsänderung im Sinne der Tarifstelle 2.4.3 Buchstabe a) die mit der Genehmigung verbundenen **Nebenbestimmungen eingehalten** wurden, eine **Überwachungsgebühr nach Zeitaufwand** zu erheben, und zwar je angefangene Stunde **eine volle** Gebühr nach Tarifstelle 2.1.4.

Hierbei handelt es sich um eine **Gebühr nach dem Zeitaufwand**. Bei der Berechnung der Gebühr ist die Zeit anzusetzen, die unter regelmäßigen Verhältnissen von einer entsprechend ausgebildeten Fachkraft benötigt wird. Für jede angefangene Arbeitsstunde wird ein Betrag von **1,35 %** des **Monatsgrundgehalts** eines Landesbeamten in der **Endstufe** der Besoldungsgruppe **A 15** berechnet. Der Betrag wird jährlich im Ministerialblatt bekannt gegeben. In der Bekanntmachung vom 27. 7. 2007 (MBl. NRW. S. 510) wurde der Stundensatz für die **Jahre 2007 und 2008 mit 66,00 €** beziffert.

Für nach **§ 2 Nr. 4 Buchstabe c Bürokratieabbaugesetz I** (hierzu s. die Anmerkungen zu § 63 Rdn. 11–11 a) **anzeigepflichtige** Nutzungsänderungen besteht **keine spezielle** Gebührentarifstelle, so dass auf die „**Auffangtarifstelle**" **30.5** zurückgegriffen werden muss. Die Einführung ist jedoch beabsichtigt (s. die Anmerkungen zu § 63 Rdn. 11 e).

Für die Gebührenbemessung im Rahmen der Bauüberwachung nach **§ 81** BauO NRW **9 b** enthält der **Allgemeine Gebührentarif zur AVerwGebO NRW** die **Tarifstellen 2.4.10.1** und **2.4.10.2**. Die Bauüberwachungsgebühr steht in **Abhängigkeit** von der Gebühr für die Erteilung der Baugenehmigung („**Grundgebühr**"). Die Gebühren werden für die – stichprobenhafte – Bauüberwachung erhoben, ob entsprechend den genehmigten Bauvorlagen unter Beachtung der Nebenbestimmungen der Baugenehmigung gebaut wird. Zu beachten ist, dass die Bauüberwachungsgebühr auch **dann zu erheben** ist, wenn das **Vorhaben anderen Rechtsvorschriften unterfällt** und nach **§ 63 Abs. 2** BauO NRW in diese Genehmigung die **Baugenehmigung eingeschlossen** ist.

Tarifstelle **2.4.10.1** mit den **Buchstaben a)** und **b)** gilt für Vorhaben nach **§ 68 Abs. 1** **10** **Satz 1** BauO NRW, die im **vereinfachten Genehmigungsverfahren** geprüft werden. Danach kann **maximal 50 % der Grundgebühr** für **alle Termine** der durchgeführten Bauüberwachungen erhoben werden. Dies gilt auch dann, wenn zusätzlich zu Buchstabe a) Gebühren nach Buchstabe b) anfallen.

**Buchstabe a)** behandelt die **in allen Fällen** zu erhebende Bauüberwachungsgebühr und ermöglicht **für jeden Termin** der Bauüberwachung die Erhebung einer Gebühr von **bis zu 7 % der Grundgebühr**. Demnach kommt rein rechnerisch die Höchstgebühr erst bei mindestens 8 durchgeführten Bauüberwachungen in Betracht (7 × 7 % = 49 %, so dass ein Rest von 1 % für die 8. Überwachung verbleibt), wobei zu berücksichtigen ist, dass der Bauaufsichtsbehörde hier ein Beurteilungsspielraum zusteht, wonach die Gebühr für eine Bauüberwachung auch niedriger als 7 % der „Grundgebühr" sein kann. Bei der Bemessung der Gebühr ist der **entstandene Verwaltungsaufwand** zur Durchführung der Bauüberwachung zu berücksichtigen. Der wirtschaftliche Vorteil für den Bauherrn ist zu vernachlässigen, da dieser bereits in die Grundgebühr eingeflossen ist.

**Buchstabe b)** kommt zur Anwendung, wenn die Bauaufsichtsbehörde **auf Antrag** des Bauherrn nach **§ 68 Abs. 5** BauO NRW die Anforderungen an den baulichen **Brandschutz im Genehmigungsverfahren geprüft** hat, und ermöglicht **zusätzlich** zu der Gebühr nach Buchstabe a) Bauüberwachungsgebühren bis zu **20 %** der für die **Prüfung des baulichen Brandschutzes** nach den Tarifstellen 2.4.1.5 Buchstabe c) oder 2.4.2.5 Buchstabe c) erhobenen Grundgebühr.

Tarifstelle **2.4.10.2** gilt für Vorhaben nach § 68 Abs. 1 **Satz 3** BauO NRW, die dem **nor-** **11** **malen Genehmigungsverfahren** als „**große**" Sonderbauten unterfallen. Danach kann für jeden Termin der Bauüberwachung eine Gebühr von bis zu **17 % der Grundgebühr** erhoben werden. Als **Höchstgrenze** für alle Termine der Bauüberwachung zusammen gilt **eine volle** „Grundgebühr".

12 Nach **Tarifstelle 2.4.10.7** werden **neben** den Gebühren nach Tarifstelle 2.4.10.1 bis 2.4.10.3 für die Prüfung bei Bauüberwachungen von baulichen Anlagen,

- ob entsprechend den genehmigten bautechnischen Nachweisen (§ 8 BauPrüfVO) gebaut wurde und
- ob die Nachweise der Verwendbarkeit der Bauprodukte vorliegen sowie die für ihre Verwendung oder Anwendung getroffenen Nebenbestimmungen eingehalten werden,

**Gebühren** nach dem **Zeitaufwand** erhoben (s. Rdn. 9 a). **Voraussetzung** ist jedoch, dass die Bauaufsichtsbehörde gemäß **§ 82 Abs. 2 Satz 2** BauO NRW verlangt hat, ihr oder einem Beauftragten Beginn und Ende bestimmter Bauarbeiten anzuzeigen.

13 Neben den Bauüberwachungsgebühren werden nach Tarifstelle 2.2.1 und 2.2.2 als **Auslagen** zusätzlich erhoben:

- **Kosten** für die Inanspruchnahme **von nach § 61 Abs. 3 BauO NRW herangezogenen Sachverständigen oder sachverständigen Stellen** bzw.
- **Vergütungen** für die Inanspruchnahme **eines Prüfamtes oder eines Prüfingenieurs**.

Zu den **Nebenkosten** der Prüfämter und Prüfingenieure gehören insbesondere die Reisekosten (s. Nr. 27.13 VV BauPrüfVO). **Kosten** für **Dienstreisen** oder **Dienstgänge** der **Bediensteten** der Bauaufsichtsbehörde aus Anlass der Bauüberwachung sind dagegen nach Tarifstelle 2.2.3 bereits durch die Bauüberwachungsgebühren **abgegolten**.

14 **Ermäßigungen** der Bauüberwachungsgebühren um 50 % bis 80 % sind anzusetzen, wenn hinzugezogene Sachverständige oder sachverständige Stellen die Bauüberwachung überwiegend selbst ausüben, da die Gebühren nach Tarifstelle 2.4.10 von der Bauaufsichtsbehörde nur im Rahmen der von ihr wahrgenommenen Tätigkeiten erhoben werden können (Tarifstelle 2.3.2). „Überwiegend selbst ausüben" bezieht sich dabei auf den Aufgabenbereich des Sachverständigen bzw. der sachverständigen Stelle.

15 Die Gebühren können mit jeweils **gesonderten Bescheiden** festgesetzt werden. Aus Gründen der Verwaltungsvereinfachung ist es aber auch zulässig, die Gebühren für die einzelnen Amtshandlungen in **einem** Bescheid **zusammenzufassen** (Tarifstelle 2.4.10). Es ist zweckmäßig die Bauüberwachungsgebühren zusammen mit denen über die Bauzustandsbesichtigungen zu erheben, wodurch sich in der Regel nur zwei Gebührenbescheide ergeben. Die **Ansätze** müssen **nachprüfbar** sein; auf die Gebührentarife ist deshalb Bezug zu nehmen. **Vermerke über** die **einzelnen Termine**, den **Prüfumfang** und die **Prüffeststellungen** sind in die **Bauakten** aufzunehmen, da sonst im Streitfalle die Rechtmäßigkeit der Gebührenfestsetzung nicht festgestellt werden kann.

## 2 Zu Absatz 1 – Umfang der Bauüberwachung

16 Während § 77 Abs. 1 Satz 1 MBO 1997 (= § 81 Abs. 1 MBO 2002) die Bauüberwachung nicht zwingend vorsieht (kann … überprüfen), bildete § 81 BauO NW 1995 – entsprechend dem Vorgängerrecht – die **Bauüberwachung als Rechtspflicht** aus (**hat** … zu überwachen). Andere Bauordnungen halten wegen der Bedeutung der Bauüberwachung für die spätere Sicherheit der Bewohner und Benutzer von Gebäuden ebenso an einer verschärften Fassung der Vorschrift fest, so z. B. auch § 79 NBauO. Schließlich vertrauen die Bewohner und Benutzer darauf, dass Bauwerke nach bauaufsichtlicher Prüfung und Überwachung gefahrlos genutzt werden können. Dies gilt besonders für öffentlichen Zwecken dienende Gebäude, wie z. B. Krankenhäuser, Schulen, Theater, Sporthallen

oder vergleichbare Einrichtungen. Aber auch im Wirtschaftsleben besteht die Erwartung, dass Industrie- und Gewerbebauten, Banken, Kaufhäuser, Läden, Gaststätten oder Hotels für die Nutzer keine Gefahren aufweisen.

Nach § 81 Abs. 1 **Satz 1** BauO NRW ist die **Bauüberwachung** „großer" Sonderbauten im **normalen** Genehmigungsverfahren (§ 68 Abs. 1 Satz 3 BauO NRW) **grundsätzlich geboten**. Die Bauüberwachung kann nach § 81 Abs. 1 **Satz 2** BauO NRW 2000 **auf Stichproben beschränkt werden** und **entfällt** nach **Satz 3**, soweit **staatlich anerkannte Sachverständige** tätig werden. **17**

Nach § 81 Abs. 1 **Satz 4** BauO NRW 2000 kann die Bauaufsichtsbehörde dagegen im **vereinfachten** Genehmigungsverfahren (§ 68 Abs. 1 Satz 1 BauO NRW) überhaupt auf die Bauüberwachung **verzichten**.

Die **Intensität der Bauüberwachung** genehmigungsbedürftiger Vorhaben hängt von der Art des Vorhabens ab. Hierbei ist zu differenzieren zwischen dem grundsätzlichen Erfordernis der Bauüberwachung (**ob überhaupt** erforderlich nach **Satz 4**) und der Intensität einer grundsätzlich für erforderlich angesehenen Bauüberwachungsmaßnahme (**inwieweit** erforderlich nach **Satz 2**). Dies kann nicht schematisch, sondern nur anhand der konkreten **Umstände des Einzelfalles** beurteilt werden. Das Gesetz erlaubt es nicht, personalwirtschaftliche, fiskalische oder organisatorische Gesichtspunkte zur Beurteilung der Erforderlichkeit von Bauüberwachungsmaßnahmen heranzuziehen. Ergibt sich aus den konkreten Umständen des Einzelfalls, dass eine Bauüberwachung aus Sicherheitsaspekten erforderlich ist, **muss** die Bauaufsichtsbehörde diese durchführen.

### 2.1 Zu Absatz 1 Satz 1 – Überwachungsgrundsatz

Satz 1 nennt als **Gegenstände der Bauüberwachung** **18**
– die **Einhaltung der öffentlich-rechtlichen Vorschriften** und **Anforderungen** sowie
– die **ordnungsgemäße Erfüllung der Pflichten der am Bau Beteiligten**.

Das materiell-rechtliche Prüfprogramm ist im **normalen** und **vereinfachten** Genehmigungsverfahren unterschiedlich. Da die Bauüberwachung an das Genehmigungsverfahren anschließt, weist auch die Bauüberwachung im normalen und vereinfachten Genehmigungsverfahren **unterschiedliche Überwachungsgegenstände** auf; sie erfasst bei Vorhaben im normalen Genehmigungsverfahren weit mehr Überwachungsgegenstände als bei Vorhaben im vereinfachten Genehmigungsverfahren.

Welche **öffentlich-rechtlichen Vorschriften** einzuhalten sind, ergibt sich aus der **Baugenehmigung** und deren **Nebenbestimmungen**. Die Einhaltung öffentlich-rechtlicher Vorschriften ist nur insoweit Gegenstand der Bauüberwachung, als entsprechende Vorschriften nach § 75 Abs. 1 Satz 1 BauO NRW überhaupt zu prüfen waren. Damit ist die „**Schlusspunkttheorie**" angesprochen (s. die Anmerkungen zu § 75 Rdn. 8, 81 ff. und 171): was nicht Gegenstand der feststellenden Wirkung der Baugenehmigung ist, kann auch nicht Gegenstand der Bauüberwachung durch die Bauaufsichtsbehörde sein, da hierfür **andere Behörden** in eigener Verantwortung **zuständig** sind. Diese Behörden sind gegebenenfalls von der Bauaufsichtsbehörde über den Baubeginn zu unterrichten, damit sie ihrer eigenen Überwachungspflicht aufgrund der fachgesetzlichen Vorschriften nachkommen können. Hinzu kommen die **Anforderungen des öffentlichen Baurechts**, die sich generell einer präventiven Prüfung entziehen, weil sie an die Bauausführung direkt anknüpfen, das sind in erster Linie die Anforderungen des **Bauproduktenrechts**. **19**

### 2.1.1 Genehmigungskonforme Bauausführung

20 Die Prüfung der **Übereinstimmung der Ausführung mit der Baugenehmigung** (s. Nr. 81.12 VV BauO NRW) ist deswegen sehr wichtig, weil gerade bei abweichender Bauausführung eine präventive Kontrolle nicht stattgefunden hat und von daher die Wahrscheinlichkeit größer ist, dass nicht hinzunehmende Mängel auftreten. Die mit Zugehörigkeitsvermerk der Bauaufsichtsbehörde versehenen **Bauvorlagen** sind Bestandteil der Baugenehmigung und **für die Ermittlung des Regelungsgehalts verbindlich** (OVG Bln, Beschluss vom 26. 1. 1995 – 2 S 35/94, BRS 57 Nr. 193 = NVwZ 1995, 1009). Die Hauptaufgabe der Bauaufsichtsbehörde, rechtmäßige Baugenehmigungen zu erteilen (so VGH B-W, Urteil vom 15. 9. 1986 – 3 S 2547/85, BauR 1987, 67 = BRS 46 Nr. 174), **korrespondiert** mit der **Pflicht zu überwachen**, ob den genehmigten Bauvorlagen entsprechend gebaut wird. Die Überwachung sollte bereits früh mit der **Überprüfung der Einhaltung der Grundrissflächen und der festgelegten Höhenlage** einsetzen, da Fehler in dieser Ausführungsphase später kaum noch korrigiert werden können.

21 Die Kontrolle der Übereinstimmung der Ausführung mit den genehmigten Bauvorlagen ist sowohl für das Bauordnungsrecht, als auch für das **Bauplanungsrecht** von großer Bedeutung. Bereits durch geringfügige Volumenvergrößerungen können z. B. die Festsetzungen des Bebauungsplanes zur zulässigen Zahl der Vollgeschosse oder zu den überbaubaren Grundstücksflächen nachteilig berührt sein. Für Vorhaben im Außenbereich sieht § 35 BauGB besonders enge Zulässigkeitsgrenzen vor. Wird in deutlicher Abweichung von genehmigten Bauvorlagen gebaut, ist das Bauwerk auch dann insgesamt illegal, wenn einzelne Bauteile auf der Grundlage der Baugenehmigung errichtet werden dürfen (OVG NRW, Urteil vom 13. 2. 1987 – 10 A 29/87, BRS 47 Nr. 193, zur Instandsetzung und geringfügigen Erweiterung eines Altbaus im Außenbereich).

22 Die Abweichung von den genehmigten Bauvorlagen stellt eine genehmigungsbedürftige, aber ungenehmigte Baumaßnahme dar, die allein im Hinblick auf deren **formelle Illegalität** untersagt werden kann; die Grundsätze, die ausnahmsweise für formell illegale, materiell aber offensichtlich genehmigungsfähige Nutzungen oder Nutzungsänderungen gelten, greifen nicht ein. Anders als bei Nutzungsänderungen (ohne genehmigungsbedürftige bauliche Vorgänge) müssen bauüberwachungsbedürftige Vorhaben bautechnischen Anforderungen genügen, deren Einhaltung nur aufgrund entsprechender Nachweise und Berechnungen insbesondere im Hinblick auf die Standsicherheit geprüft werden kann. Erst wenn die Überprüfung unter Mitwirkung von Fachleuten ergeben hat, dass die Baumaßnahme **bautechnisch einwandfrei** ist, kann die Baugenehmigung erteilt werden. Es liegt auf der Hand, dass diese bautechnische Unbedenklichkeit nur in dem dafür vorgesehenen Verfahren unter Mitwirkung von Experten, insbesondere von Statikern, nicht aber durch eine überschlägige Bewertung von bautechnischen Laien, z. B. von Spruchkörpern der Verwaltungsgerichte, festgestellt werden kann (so ausdrücklich das OVG NRW, Beschluss vom 2. 10. 1987 – 11 B 1594/87, BRS 47 Nr. 197).

23 Diese zum normalen Genehmigungsverfahren ergangene Rechtsprechung ist auch auf das **vereinfachte Genehmigungsverfahren** übertragbar. Bei diesem besteht in Abweichung vom normalen Genehmigungsverfahren die Besonderheit, dass die **bautechnischen Nachweise** gemäß § 68 Abs. 2 BauO NRW erst **bei Baubeginn** vorliegen müssen. Ausgenommen von dieser Vorlagepflicht sind aufgrund der leicht beherrschbaren bautechnischen Risiken lediglich Vorhaben nach § 68 Abs. 4 BauO NRW.

### 2.1.2 Einhaltung der Vorschriften über Bauprodukte und Bauarten

Die Regelungen in **Nr. 81.13 VV BauO NRW** stehen in direkter **Verbindung mit** den Ermächtigungen des **§ 61 Abs. 4 und 5 BauO NRW** zur Untersagung der Verwendung nicht ordnungsgemäß gekennzeichneter Bauprodukte bzw. zur Einstellung der Bauarbeiten (wegen der Übereinstimmungsnachweise und Kennzeichnungspflichten wird auf die §§ 20ff. BauO NRW in Verbindung mit Nr. 20 VV BauO NRW, § 7 PÜZÜVO, die Vorbemerkungen zu §§ 20–28 Rdn. 55–59 und die Anmerkungen zu § 25 verwiesen). Für die Bereithaltung der Nachweise an der Baustelle ist nach § 57 Abs. 1 Satz 2 BauO NRW der Bauherr und nach § 59 Abs. 1 Satz 2 BauO NRW der Unternehmer verantwortlich. Letzterer darf – unbeschadet des § 75 Abs. 5 BauO NRW – Arbeiten nicht ausführen oder ausführen lassen, bevor nicht die dafür erforderlichen Unterlagen an der Baustelle vorliegen, so ausdrücklich § 59 Abs. 1 Satz 3 BauO NRW. Die Bauaufsichtsbehörde kann ihr Verlangen demnach **wahlweise** an den **Bauherrn** oder den **Unternehmer** richten, was sich auch aus § 56 BauO NRW ergibt, wonach zunächst der Bauherr und neben ihm die anderen am Bau Beteiligten im Rahmen ihres jeweiligen Wirkungskreises für die Einhaltung der öffentlich-rechtlichen Vorschriften verantwortlich (ordnungspflichtig) sind. 24

Für **Baudenkmäler** besteht mit § 23 Abs. 2 BauO NRW eine **Sonderregelung** (vgl. die Anmerkungen zu § 23 Rdn. 10 und 11). 25

### 2.1.3 Pflichten der am Bau Beteiligten

Es liegt auf der Generallinie der Landesbauordnung, die **Verantwortlichkeit der am Bau Beteiligten** stärker als bisher zu betonen, so dass wiederum den Bauaufsichtsbehörden die Kontrolle der ordnungsmäßigen Erledigung der Pflichten der am Bau Beteiligten obliegt. Durch eine sinnvolle, zielgerechte Prüfung, ob die nach § 56–59 a BauO NRW Verantwortlichen ihren Pflichten auch effektiv nachkommen, kann die Wirkung der Bauüberwachung insgesamt wesentlich erhöht werden. 26

Vornehmlich geht es um die **Pflichten** des **Bauherrn**, des **Unternehmers** und der **Fachunternehmer** und des **Bauleiters** bzw. der **Fachbauleiter**. Aber auch der **Entwurfsverfasser** hat für die Phase der Bauausführung noch Pflichten zu erfüllen; er hat nämlich die **für die Ausführung des Entwurfs notwendigen Einzelzeichnungen**, **Einzelberechnungen und Anweisungen** zu liefern (s. die Anmerkungen zu § 58 Rdn. 23 und 24). Der Entwurfsverfasser kann demnach ebenfalls von Bauüberwachungsmaßnahmen betroffen sein (a. A. Boeddinghaus/Hahn/Schulte, zu § 81 Rdn. 10). 27

## 2.2 Zu Absatz 1 Satz 2 – Beschränkung auf Stichproben

Die Regelung nach Satz 2 drückt eine Selbstverständlichkeit aus. Eine **lückenlose Bauüberwachung** ist den Bauaufsichtsbehörden ohnehin aus personellen Gründen **nicht möglich**, sie ist aber vom Gesetzgeber auch nicht gewollt, da er in erster Linie die am Bau Beteiligten zur Einhaltung der öffentlich-rechtlichen Vorschriften verpflichtet (vgl. § 56 BauO NRW). Um Missverständnisse auszuschließen, wäre es daher besser gewesen die Vorschrift anders zu formulieren, etwa: „Die Überwachung soll sich auf Stichproben beschränken.“ Bei einer solchen Fassung wäre die Bauaufsichtsbehörde im Regelfall zur Durchführung von Stichproben verpflichtet, könnte aber beim Vorliegen atypischer Sachverhalte die Kontrollen intensivieren. In der geltenden Fassung kann § 81 Abs. 1 28

Satz 2 BauO NRW zu dem Fehlschluss verleiten, dass das Überwachungserfordernis mit der Stichprobenregelung kausal in Zusammenhang steht, was jedoch angesichts der engen Vorgaben des Satzes 1 nicht angenommen werden darf.

29 Der Bauaufsichtsbehörde steht bei der Klärung der Frage, ob sie nach **Satz 2** die Bauüberwachung auf Stichproben beschränken soll, **ein Ermessensspielraum** zu. Hierbei geht es nicht um formale, sondern um **bautechnische Gesichtspunkte**, die nur von entsprechend vorgebildetem Personal richtig eingeschätzt werden können. Schließlich soll das **fertige Bauwerk sicher benutzbar** sein. Auch relativ kleine Bauvorhaben können bei unsachgemäßer Ausführung erhebliche Gefahren in sich bergen; z.B. kann der erste Rettungsweg im Brandfalle leicht verraucht werden, wenn auch nur eine der Anforderungen des § 37 BauO NRW fehlerhaft umgesetzt wird. Die Bedeutung der Bauüberwachung ergibt sich darüber hinaus für den Bauvorgang selbst; in der täglichen Praxis zeigen sich nämlich immer wieder Verstöße gegen einfachste Sicherheitsvorschriften, die ohne ordnungsbehördliches Eingreifen nicht beseitigt würden.

30 **Inwieweit** bei genehmigten baulichen Anlagen im Einzelfall die **Bauüberwachung** durchgeführt wird, richtet sich **vornehmlich nach der technischen Schwierigkeit** des Bauvorhabens unter Berücksichtigung möglicher Folgen, die sich aus der Nichtbeachtung von **Bauvorschriften** – auch solchen des „**Baunebenrechts**" – einschließlich der **allgemein anerkannten Regeln der Technik** (vgl. § 3 Abs. 1 Satz 2 und Abs. 3, § 20 Abs. 2 Satz 2 BauO NRW) für die bauliche Anlage und ihre Bewohner bzw. Benutzer ergeben können. Dabei sind auch die nach § 72 Abs. 4 BauO NRW im Baugenehmigungsverfahren zu prüfenden, nach § 3 Abs. 3 BauO NRW **eingeführten technischen Regeln** zu beachten. Die **Berechtigung von Bauüberwachungsmaßnahmen** im Einzelfall wird von den am Bau Beteiligten umso eher eingesehen werden, je mehr sich die Bauaufsichtsbehörde auf Gefahrenpunkte der konkreten baulichen Anlage konzentriert. Für die Beurteilung, inwieweit die Bauüberwachung erforderlich ist, kommen in Betracht:

- **Lage** der Baustelle und **Gefährdung** Dritter,
- **Beschaffenheit** des Baugrundes,
- **Schutzmaßnahmen** für Bäume und sonstige Bepflanzungen,
- **Bauart** und **Bauverfahren**,
- **Besondere Gefahrenpunkte** einzelner Gebäudeteile oder Bauteile,
- **Besondere Nebenstimmungen** zur Baugenehmigung,
- **Zuverlässigkeit** und **Sachkunde** der mit der Ausführung beauftragten Unternehmer.

31 Die Stichprobenregelung erlaubt der Bauaufsichtsbehörde die **Ausrichtung** der **Kontrollen auf bestimmte Gesichtspunkte**, z.B. bei Baubeginn auf die Absicherung der Baustelle und die Anordnung der Baugrube und des Schnurgerüstes, im Zuge der Rohbauerstellung auf die lage- und höhenmäßige Ausrichtung des Baukörpers und die Erfüllung der Anforderungen an die Feuerwiderstandsdauer bzw. Nichtbrennbarkeit der jeweiligen Bauteile, im Zuge der Ausbauarbeiten auf die Ausführung besonders sicherheitsrelevanter Bauteile, wie z.B. von Umwehrungen, Treppenläufen und -geländern, Fensteröffnungen als 2. Rettungsweg, Nichtbrennbarkeit oder Schwerentflammbarkeit von Bekleidungen und Fußbodenbelägen in Rettungswegen, Anforderungen an Öffnungen in Treppenräumen, Fluren und Trennwänden.

### 2.3 Zu Absatz 1 Satz 3 – Kontrollen staatlich anerkannter Sachverständiger

Die **Bauüberwachungsaufgaben liegen bei den Bauaufsichtsbehörden** und sind **nicht vollständig** auf Prüfämter, Prüfingenieure, sachverständige Stellen oder Sachverständige **übertragbar**, selbst wenn es sich bei Letzteren um staatlich anerkannte Sachverständige nach der SV-VO oder TPrüfVO handelt. Dies ergibt sich daraus, dass Gesetz- und Verordnungsgeber bislang darauf verzichtet haben, die Prüfaufgaben der Bauaufsichtsbehörde entsprechend der Ermächtigung des § 85 Abs. 2 Satz 1 Nr. 3 BauO NRW vollständig auf Sachverständige oder sachverständige Stellen zu übertragen. Mit der Neufassung des § 72 Abs. 6 BauO NRW 2000 hat der Gesetzgeber einen Systemfehler beseitigt. Nach § 72 Abs. 7 BauO NW 1995 entfiel die präventive Prüfung von Teilaspekten des materiell-rechtlichen Prüfprogramms nach § 75 Abs. 1 Satz 1 BauO NRW insoweit, als dies die der Bauaufsichtsbehörde vorzulegende Bescheinigung zum Ausdruck brachte, nicht dagegen die Bauüberwachung und die Bauzustandsbesichtigungen. § 72 Abs. 6 Satz 5 BauO NRW 2000 verlangt, dass der Bauherr den staatlich anerkannten Sachverständigen auch mit der stichprobenhaften Kontrolle der Bauausführung beauftragen muss (s. die Anmerkungen zu § 72 Rdn. 02 und 113). Dieser Ergänzung trägt § 81 Abs. 1 **Satz 3** Rechnung: soweit staatlich anerkannte Sachverständige die Bauausführung kontrollieren, entfällt die Bauüberwachung. 32

Die **übertragbaren Bauüberwachungsaufgaben** liegen vor allem im Bereich der **bautechnischen Nachweise**. Bereits 1926 schuf die preußische Verwaltung die Institution des „**Prüfingenieurs für Baustatik**“, um die Baupolizeibehörden bei der Prüfung der technisch immer komplizierter werdenden Konstruktionen zu unterstützen. Nach § 27 BauPrüfVO kann die Bauaufsichtsbehörde nicht nur die Prüfung der Standsicherheitsnachweise, der Nachweise des Brandverhaltens der Baustoffe und der Feuerwiderstandsdauer der tragenden Bauteile und der Nachweise des Schallschutzes, sondern auch die hierauf bezogenen **Teile der Bauüberwachung** und der **Bauzustandsbesichtigungen** auf **Prüfämter** oder **Prüfingenieure** übertragen, die von der obersten Bauaufsichtsbehörde bestimmt bzw. anerkannt werden. 33

Im Zuge der Reform des Bauordnungsrechts im Jahre 1995 wurde mit der **SV-VO** die Rechtsfigur des **staatlich anerkannten Sachverständigen** geschaffen, die für die Fachbereiche Standsicherheit in den Fachrichtungen Massivbau, Metallbau und Holzbau, Brandschutz, Erd- und Grundbau sowie Schall- und Wärmeschutz von den Baukammern anerkannt werden. Diese staatlich anerkannten Sachverständigen übernehmen entweder bereits kraft ausdrücklicher gesetzlicher Anordnung Überwachungsaufgaben (s. § 68 Abs. 2 BauO NRW) oder können gemäß § 61 Abs. 3 BauO NRW von der Bauaufsichtsbehörde zur Erfüllung einzelner – schwieriger – Überwachungsaufgaben herangezogen werden (s. Nr. 61.3 VV BauO NRW). 34

Zur **Überwachung** der Einhaltung der **Wärmeschutzanforderungen** hat sich der staatlich anerkannte Sachverständige für Schall- und Wärmeschutz nach § 2 Abs. 2 EnEV-UVO durch stichprobenhafte Kontrollen davon zu überzeugen, dass die baulichen Anlagen entsprechend den Nachweisen nach § 2 Abs. 1 Satz 2 EnEV-UVO errichtet wurden. Hierüber ist eine Bescheinigung auszustellen und der Bauaufsichtsbehörde zusammen mit den Nachweisen vorzulegen (vgl. die Anmerkungen zu § 18 Rdn. 7–13). 35

In bauliche Anlagen besonderer Art oder Nutzung (Sonderbauten) gelangen häufig **genehmigungsbedürftige Lüftungsanlagen** zum Einbau, die vor der ersten Inbetriebnahme und danach im Zeitabstand von 1 bis 3 Jahren wiederkehrend zu prüfen sind 36

(s. Nr. 1.1 des Anhangs zu § 2 **TPrüfVO**). Bereits während der **Einbauphase** sind diese Lüftungsanlagen auf **ordnungsgemäße Ausführung** hin zu überwachen, da sie sich im endgültigen Einbauzustand häufig nur über Kontrollöffnungen begutachten lassen. Die TPrüfVO regelt dagegen nur die Durchführung der erstmaligen und der wiederkehrenden Prüfungen durch staatlich anerkannte Sachverständige bzw. Sachkundige. Die nach der TPrüfVO staatlich anerkannten Sachverständigen der Fachrichtungen Elektrotechnik, Maschinenbau, Versorgungstechnik oder vergleichbarer Fachrichtungen können von der Bauaufsichtsbehörde gemäß § 61 Abs. 3 BauO NRW mit diesen speziellen, besondere Fachkenntnisse erfordernden Überwachungsaufgaben betraut werden.

37 Die Ermächtigung des § 61 Abs. 3 BauO NRW kann auch genutzt werden, um die **Einhaltung** der neu in die BauO NRW aufgenommenen **ökologischen Vorschriften** bzw. anderer öffentlich-rechtlicher **Vorschriften des „Baunebenrechts"**, die vom materiellrechtlichen Prüfprogramm erfasst werden (s. die Anmerkungen zu § 69 Rdn. 3), durch Sachverständige überwachen zu lassen. Dies ist immer dann geboten, wenn auf die Bauüberwachung wegen deren Erforderlichkeit nicht verzichtet werden darf, jedoch den Bediensteten der Bauaufsichtsbehörde spezielle Fachkenntnisse fehlen, wie z. B. für die Beurteilung eines nach § 16 Satz 2 BauO NRW aufgrund von Bodenverunreinigungen durchzuführenden Bodenaustauschs oder die Ausführung von im Bebauungsplan festgesetzten umfangreichen Ausgleichsmaßnahmen für Eingriffe in Natur und Landschaft.

### 2.4 Zu Absatz 1 Satz 4 – Verzicht auf Bauüberwachung

38 Die Bauaufsichtsbehörde kann nunmehr nach **Satz 4** im **vereinfachten** Genehmigungsverfahren auf die Bauüberwachung **verzichten**. Hierdurch ist noch kein genereller Verzicht durch den Gesetzgeber ausgesprochen. Vielmehr muss die Bauaufsichtsbehörde in jedem Einzelfall prüfen, **ob** ein **Verzicht vertretbar** ist. Da im vereinfachten Genehmigungsverfahren auch **„kleine"** Sonderbauten zu prüfen sind, wird zumindest in diesen Fällen auf die Bauüberwachung nicht verzichtet werden können.

39 **Ob** eine **Bauüberwachung** erforderlich ist, richtet sich in erster Linie nach der **Dauer und Intensität des Bauvorgangs**. Bei der Montage eines Werbeschildes oder einer Einfriedung ist keine Bauüberwachung erforderlich. Das Überwachungserfordernis bezieht sich vorrangig auf Gebäude, die gewöhnlich einen längeren Zeitraum zu ihrer Errichtung benötigen. Aber auch hier ist eine differenzierende Betrachtung geboten. Erfolgt z. B. das Aufstellen eines Fertigbaus für eine Kiosknutzung auf bereits vorhandenem befestigtem Gelände in kürzester Zeit, kann von einem Bauvorgang nicht gesprochen werden; demzufolge ist auch keine Überwachung eines solchen möglich. Bedarf das Aufstellen dieses Fertigbaus dagegen wegen des stark hängigen Geländes komplizierter Gründungen und Stützmauern, besteht infolge der technischen Schwierigkeit ein Überwachungserfordernis. Als **Faustformel** gilt: Bauvorgänge, die in kurzer Zeit abgeschlossen sind, erfordern keine Bauüberwachung, wenn die Einhaltung des öffentlichen Rechts mit der abschließenden Bauzustandsbesichtigung festgestellt werden kann und keine Gefährdung der Bauarbeiter oder Dritter durch den Bauvorgang zu befürchten ist.

## 3 Zu Absatz 2 – Nachweis der Grundrissfläche und der Höhenlage

40 Die **Rechtspflicht** nach **Satz 1** wurde mit der BauO NRW 2000 neu eingeführt. Danach ist der Bauaufsichtsbehörde die Einhaltung der Grundrissflächen und der Höhenlage der baulichen Anlage stets nachzuweisen; die Verpflichtung ist also ohne Ausnahme

**zwingend** (so die Begründung, LT-Drucks. 12/3738 S. 92 zu Art. I Nr. 55 zu § 81). Die **Nachweispflicht** ist nur im Zusammenhang mit § 75 Abs. 6 Satz 1 BauO NRW verständlich. Nach dieser Vorschrift muss die Grundrissfläche und die Höhenlage der genehmigten baulichen Anlage abgesteckt sein (s. die Anmerkungen zu § 75 Rdn. 180–187). Über den **Zeitpunkt** der Vorlage enthält das Gesetz keine Angabe. Aus dem Regelungszusammenhang der §§ 81 und 82 BauO NRW ergibt sich aber, dass der Nachweis **spätestens mit der Anzeige der Fertigstellung des Rohbaus** vorzulegen ist.

Die nach **Satz 2** der Bauaufsichtsbehörde eingeräumte Befugnis zum Verlangen eines 41 **„amtlichen Vermessungsnachweises"** ist vom Vorliegen besonderer Grundstücksverhältnisse abhängig und darf nicht mit der Gebäudeeinmessungspflicht nach § 14 Abs. 2 VermKatG NRW verwechselt werden. Die Bauaufsichtsbehörde ist nicht verpflichtet, sondern lediglich unter **engen Voraussetzungen** ermächtigt, eine amtliche Einmessungsbescheinigung zu verlangen. Die Forderung ist von der Bauaufsichtsbehörde an den Bauherrn zu richten und muss im Zusammenhang mit § 75 Abs. 6 Satz 1 BauO NRW gesehen werden; es ist daher geboten, eine entsprechende Nebenbestimmung in die Baugenehmigung aufzunehmen (vgl. Nr. 75.6 VV BauO NRW). Die Ermächtigung dient nicht dazu, der Gemeinde zu vermessungstechnischen Unterlagen zu verhelfen, die sie in einem anderen Zusammenhang braucht.

Der **amtliche Vermessungsnachweis** kann **nur in Sonderfällen** verlangt werden, nämlich 42 wenn es die besonderen Grundstücksverhältnisse **erfordern**, z. B. bei Grundstücken in Hanglage, bei sehr ungewöhnlichen oder beengten Grundstücksverhältnissen, oder wenn der Grenzabstand gerade noch eingehalten wird und nach dem Vorbringen des Angrenzers im Genehmigungsverfahren eine Unterschreitung des berechneten Abstandes auf jeden Fall vermieden werden muss. Nach Ausstellung einer keine Mängel aufführenden Bescheinigung über die Bauzustandsbesichtigung nach abschließender Fertigstellung des Bauwerks kann der amtliche Vermessungsnachweis nicht mehr gefordert werden, da diese Bescheinigung bestätigt, dass das Bauvorhaben entsprechend der Baugenehmigung und den genehmigten Bauvorlagen ausgeführt ist.

Ein **amtlicher Nachweis** über die Einhaltung der Grundrissflächen und Höhenlagen 43 kann **nur durch Öffentlich bestellte Vermessungsingenieure oder Behörden** ausgeführt werden, die befugt sind, Vermessungen zur Einrichtung und Fortführung des Liegenschaftskatasters auszuführen (vgl. Nr. 81.2 VV BauO NRW). Über Namen und Anschriften der in Nordrhein-Westfalen tätigen Öffentlich bestellten Vermessungsingenieure erteilt Auskunft der „Bund der Öffentlich bestellten Vermessungsingenieure Landesgruppe Nordrhein-Westfalen", Neuenhöfer Allee 49–51, 50935 Köln (www.bdvi-nrw.de).

### 4 Zu Absatz 3 – Probenentnahmen

Die **Art der Probenentnahmen** und die **Prüfstellen** sind nicht vorgeschrieben. Bei der 44 Entnahme von Proben braucht der Baustofflieferant nicht anwesend zu sein. Auch kann die Bauaufsichtsbehörde gegen den Willen des Bauherrn Proben entnehmen und prüfen lassen, ob eine Gefahr tatsächlich besteht, die nach den Gegebenheiten zunächst angenommen werden kann (s. die Anmerkungen zu § 3 Rdn. 36).

Wegen der **Kostentragungspflicht des Bauherrn** für Probenentnahmen und deren Prü- 45 fung besteht mit § 57 Abs. 6 Nr. 1 BauO NRW eine eindeutige gesetzliche Regelung (s. die Anmerkungen zu § 57 Rdn. 45 und 46).

## 5 Zu Absatz 4 – Recht auf Einsichtnahme der beauftragten Personen

46 Die in Absatz 4 aufgezählten „**Einblickrechte**“ stehen im Zusammenhang mit den „**Betretungsrechten**“ nach § 61 Abs. 6 BauO NRW, im Übrigen mit den **Befugnissen der Sonderordnungsbehörden** nach dem OBG. In diesen Rechten und Befugnissen der Bauaufsichtsbehörden drückt sich die Ordnungsgewalt in besonderem Maße aus. Die **mit Überwachungsaufgaben betrauten Bediensteten** der Bauaufsichtsbehörde **müssen** einen behördlichen Ausweis (**Dienstausweis**) bei sich führen und ihn bei Ausübung ihrer Kontrollen und bei der Anwendung unmittelbaren Zwanges **auf Verlangen vorweisen** (§ 13 Satz 2 OBG und § 68 Abs. 2 VwVG NRW). Es sollte jedoch eine **Selbstverständlichkeit** sein, den Dienstausweis **unaufgefordert vorzuzeigen**.

47 **Während der Bauausführung** sind die Bediensteten nach § 61 Abs. 6 BauO NRW in Ausübung ihres Amtes berechtigt zur **Betretung des Baugrundstücks** (Baustelle), **der** in Ausführung befindlichen **baulichen Anlagen** und **der Wohnungen**, soweit letztere von Bauarbeiten betroffen sind. Ist die Baustelle nach Ende der täglichen Arbeitszeit abgesperrt, muss der Bauherr auf Verlangen die Baustelle öffnen und Zutritt gewähren. Das Betreten einer Baustelle nach dem Ende der Arbeitszeit kann in der Regel nur dann gefordert werden, wenn die begründete Vermutung besteht, dass eine akute Gefahr vorliegt, deren objektives Vorhandensein unverzüglich festgestellt werden muss, um die erforderlichen Maßnahmen zu bestimmen. Die Dienstkräfte können an der Ausübung ihrer Aufgaben durch den Bauherrn oder seine Beauftragten grundsätzlich nicht gehindert werden; notfalls können sie polizeilichen Schutz in Anspruch nehmen.

48 Was für den Zutritt zur Baustelle gilt, hat gleichermaßen für den **Zutritt zu Betriebsstätten** Bedeutung, in denen Bauteile für einen genehmigungsbedürftigen Bau vorgefertigt werden, die einer Überwachung während der Herstellung bedürfen. Die Anmeldung bei dem Leiter der Betriebsstätte ist jedoch angebracht, sofern keine Überraschungskontrollen erforderlich sind.

49 Der **Einblick** ist den Bediensteten in alle in § 81 Abs. 4 BauO NRW aufgeführten Unterlagen zu gewähren, was unter Berücksichtigung von Sinn und Zweck der Vorschrift auf eine **Aushändigung der Unterlagen zu Prüfzwecken** hinausläuft (vgl. Boeddinghaus/Hahn/Schulte, zu § 81 Rdn. 13). Zu den Unterlagen rechnet auch die Baugenehmigung mit den zugehörigen Bauvorlagen, die nach § 75 Abs. 6 Satz 2 BauO NRW ab Baubeginn an der Baustelle vorliegen muss. Dies soll es unter anderem den Bauaufsichtsbehörden erleichtern, ihre Überwachungsfunktion wahrzunehmen, da die Bediensteten in der Regel an einem bestimmten Tag mehrere Baustellen kontrollieren und ansonsten gezwungen wären, „Aktenberge“ zu transportieren. Ein **Verstoß gegen die Vorhaltepflicht** an der Baustelle ab Baubeginn stellt gemäß § 84 Abs. 1 Nr. 14 BauO NRW eine **bußgeldbewehrte Ordnungswidrigkeit** dar.

50 Die Führung von **Bautagebüchern** ist in der BauO NRW nicht vorgesehen. Diese zählen nur dann zu den nach § 81 Abs. 4 BauO NRW „vorgeschriebenen Aufzeichnungen“, wenn die Baugenehmigung aus besonderen Gründen eine entsprechende **Nebenbestimmung** zur Führung eines Bautagebuchs enthält. Dies kann z. B. der Fall sein, wenn auf ein Bauvorhaben gleichzeitig mehrere Sonderbauverordnungen anzuwenden sind, oder wenn in besonders großem Umfang Abweichungen zugelassen wurden und die Kompensationsmaßnahmen aufgrund ihrer technischen Schwierigkeit und Bedeutung für die spätere Sicherheit des Bauwerks eine eingehende Kontrolle erfordern.

## § 82
## Bauzustandsbesichtigung

**(1) [1]Die Bauzustandsbesichtigung zur Fertigstellung des Rohbaus und der abschließenden Fertigstellung genehmigter baulicher Anlagen sowie anderer Anlagen und Einrichtungen (§ 63) wird von der Bauaufsichtsbehörde durchgeführt. [2]Die Bauzustandsbesichtigung kann auf Stichproben beschränkt werden und entfällt, soweit Bescheinigungen staatlich anerkannter Sachverständiger nach § 85 Abs. 2 Satz 1 Nr. 4 gemäß § 72 Abs. 6 vorliegen. [3]Bei Vorhaben, die im vereinfachten Genehmigungsverfahren (§ 68) genehmigt werden, kann die Bauaufsichtsbehörde auf die Bauzustandsbesichtigung verzichten.**

**(2) [1]Die Fertigstellung des Rohbaues und die abschließende Fertigstellung genehmigter baulicher Anlagen sowie anderer Anlagen und Einrichtungen (§ 63 Abs. 1) sind der Bauaufsichtsbehörde von der Bauherrin oder dem Bauherrn oder der Bauleiterin oder dem Bauleiter jeweils eine Woche vorher anzuzeigen, um der Bauaufsichtsbehörde eine Besichtigung des Bauzustandes zu ermöglichen. [2]Die Bauaufsichtsbehörde kann darüber hinaus verlangen, dass ihr oder von ihr Beauftragten Beginn und Beendigung bestimmter Bauarbeiten von der Bauherrin oder dem Bauherrn oder der Bauleiterin oder dem Bauleiter angezeigt werden.**

**(3) [1]Der Rohbau ist fertiggestellt, wenn die tragenden Teile, Schornsteine, Brandwände und die Dachkonstruktion vollendet sind. [2]Zur Besichtigung des Rohbaues sind die Bauteile, die für die Standsicherheit und, soweit möglich, die Bauteile, die für den Brand- und Schallschutz wesentlich sind, derart offen zu halten, dass Maße und Ausführungsart geprüft werden können. [3]Die abschließende Fertigstellung umfasst die Fertigstellung auch der Wasserversorgungsanlagen und Abwasseranlagen.**

**(4) [1]Mit der Anzeige der abschließenden Fertigstellung von Bauvorhaben, für die der Bauaufsichtsbehörde Bescheinigungen von staatlich anerkannten Sachverständigen nach § 85 Abs. 2 Satz 1 Nr. 4 gemäß § 68 Abs. 2 und § 72 Abs. 6 vorliegen, sind von den Sachverständigen Bescheinigungen einzureichen, wonach sie sich durch stichprobenhafte Kontrollen während der Bauausführung davon überzeugt haben, dass die baulichen Anlagen entsprechend den erstellten Nachweisen errichtet oder geändert worden sind. [2]Bauzustandsbesichtigungen finden insoweit nicht statt.**

**(5) [1]Die Bauherrin oder der Bauherr hat für die Besichtigung und die damit verbundenen möglichen Prüfungen die erforderlichen Arbeitskräfte und Geräte bereitzustellen. [2]Über das Ergebnis der Besichtigung ist auf Verlangen der Bauherrin oder des Bauherrn eine Bescheinigung auszustellen.**

**(6) Mit der Fortsetzung der Bauarbeiten darf erst einen Tag nach dem in der Anzeige nach Absatz 1 genannten Zeitpunkt der Fertigstellung des Rohbaues begonnen werden, soweit die Bauaufsichtsbehörde nicht einem früheren Beginn zugestimmt hat.**

**(7) Die Bauaufsichtsbehörde kann verlangen, dass bei Bauausführungen die Arbeiten erst fortgesetzt oder die Anlagen erst benutzt werden, wenn sie von ihr oder einer oder einem beauftragten Sachverständigen geprüft worden sind.**

**(8) [1]Bauliche Anlagen sowie andere Anlagen und Einrichtungen im Sinne des Absatzes 1* dürfen erst benutzt werden, wenn sie ordnungsgemäß fertiggestellt und sicher**

**benutzbar sind, frühestens jedoch eine Woche nach dem in der Anzeige nach Absatz 1* genannten Zeitpunkt der Fertigstellung. ²Die Bauaufsichtsbehörde soll auf Antrag gestatten, dass die Anlage oder Einrichtung ganz oder teilweise schon früher genutzt wird, wenn wegen der öffentlichen Sicherheit oder Ordnung Bedenken nicht bestehen.**

* Hinweis: Es handelt sich um ein redaktionelles Versehen, da nicht Absatz 1, sondern Absatz 2 gemeint ist. Der Fehler entstand durch die Einfügung des neuen Absatzes 1 im Gesetzgebungsverfahren und blieb auch im Zuge der Neubekanntmachung des Gesetzestextes unbemerkt.

**Anmerkungen** (Autor: Heintz)

**Übersicht** Rdn.

0 Änderungen gegenüber der BauO NW 1984 und der BauO NW 1995 . . . . . . . 01–04
1 Allgemeines . . . . . . . . . . . . . . . . . . . . . . . . . . . . . . . . . . . . . . . 1–13
2 Zu Absatz 1 – Bauzustandsbesichtigungen . . . . . . . . . . . . . . . . . . . . . . 14–17a
3 Zu Absatz 2 – Anzeigepflicht und Anzeigeverlangen . . . . . . . . . . . . . . . . 18–23
4 Zu Absatz 3 – Rohbaufertigstellung und abschließende Fertigstellung . . . . . . . 24–34
5 Zu Absatz 4 – Kontrollen staatlich anerkannter Sachverständiger . . . . . . . . . 35–36
6 Zu Absatz 5 – Mitwirkung des Bauherrn, Feststellung des Ergebnisses . . . . . . 37–39
7 Zu Absatz 6 – Fortsetzung der Bauarbeiten nach Rohbaufertigstellung . . . . . . 40–44
8 Zu Absatz 7 – Besondere Maßgaben, Prüfung durch Sachverständige . . . . . . . 45–48
9 Zu Absatz 8 – Benutzbarkeit der baulichen Anlagen . . . . . . . . . . . . . . . . 49–54

## 0 Änderungen gegenüber der BauO NW 1984 und der BauO NW 1995

01 Die Vorschrift des § 82 **BauO NW 1995** übernahm bis auf redaktionelle Anpassungen und wenige Änderungen § 77 BauO NW 1984. In Absatz 2 wurde die **Offenhaltepflicht der wesentlichen Bauteile für die Abwasserführung** zur Bauzustandsbesichtigung des Rohbaus im Hinblick auf die mit der BauO NW 1995 neu eingeführten Vorschriften über die Dichtheitsprüfung **gestrichen** (s. die Anmerkungen zu § 45 Rdn. 02). Die noch in § 77 Abs. 4 BauO NW 1984 enthaltene Verpflichtung zur Beibringung einer **Bescheinigung des Bezirksschornsteinfegermeisters** wurde wegen des Sachzusammenhangs nach § 43 Abs. 7 BauO NW 1995 übernommen (s. die Anmerkungen zu § 43 Rdn. 57–60). Die alten Absätze 4 bis 6 verschoben sich zu den neuen Absätzen 5 bis 7.

02 Die **BauO NRW 2000** hat § 82 BauO NW 1995 übernommen, jedoch **um zwei Absätze erweitert**. Vorangestellt wurde ein **neuer Absatz 1**, der weitgehend dem neuen Absatz 1 des § 81 BauO NRW entspricht (s. die Anmerkungen zu § 81 Rdn. 02), wodurch sich die alten Absätze 1 und 2 zu den neuen Absätzen 2 und 3 verschoben. Nach dem neuen Absatz 3 wurde ein **neuer Absatz 4** eingefügt, der die Kontrolltätigkeit der staatlich anerkannten Sachverständigen regelt, wodurch sich die alten Absätze 3–6 zu den neuen Absätzen 5–8 verschoben. Satz 1 des alten Absatzes 3 wurde gestrichen, weil die entsprechenden Regelungen im neuen Absatz 1 enthalten sind.

In den **neuen Absatz 2**, der die Verpflichtung begründet, die Fertigstellung des Rohbaus, die abschließende Fertigstellung und den Abschluss bestimmter Bauarbeiten anzuzeigen, wurde neben dem Bauherrn zusätzlich der **Bauleiter** aufgenommen. **03**

Die in § 82 Abs. 2 Satz 2 BauO NW 1995 enthaltene Befugnis der Bauaufsichtsbehörde, die Anzeige des Beginns und der Beendigung bestimmter Bauarbeiten verlangen zu können, bereitete bislang zu der ähnlich formulierten Ermächtigung des § 81 Abs. 3 Satz 1 BauO NW 1995 **Abgrenzungsschwierigkeiten**. Durch die Streichung der Parallelvorschrift des § 81 Abs. 3 Satz 1 BauO NW 1995 wurden diese Abgrenzungsprobleme beseitigt (s. die Anmerkungen zu § 81 Rdn. 02). **04**

## 1 Allgemeines

Der **Begriff Bauzustandsbesichtigung** wurde mit der BauO NW 1984 anstelle des in § 96 BauO NW 1970 verwendeten Begriffs Abnahme gewählt, da in der Vergangenheit der **Begriff Abnahme** gelegentlich **als** eine Art **Qualitätsgarantie** der Bauaufsichtsbehörde für die vom Unternehmer durchgeführten Bauarbeiten **missverstanden** wurde (so die Begründung zu § 77 BauO NW 1984, LT-Drucks. 9/2721). Dem **Begriff Abnahme** kommt Bedeutung im **Bauvertragsrecht** zu, da der Auftraggeber mit der Abnahme die vertragsgemäße Erbringung der beauftragten Bauleistung bestätigt (hierzu s. Locher, Rdn. 81–98). Eine Änderung der Rechtswirkungen in öffentlich-rechtlicher Hinsicht war mit dem Wechsel der Begriffe allerdings nicht beabsichtigt. **1**

Trotz dieser Begriffsänderung besitzt die **Bauzustandsbesichtigung**, insbesondere die zur abschließenden Fertigstellung, sowohl öffentlich-rechtlich als auch zivilrechtlich **große praktische Bedeutung für die am Bau Beteiligten und die Kreditwirtschaft**. Während die Bauüberwachung als routinemäßig ablaufende Kontrolltätigkeit kaum Aufmerksamkeit erregt, weil es zur Durchführung normalerweise keiner Anzeigen des Bauherrn bedarf, die Bauaufsichtsbehörden mit den vom Bauherrn zur Realisierung seines Bauvorhabens beauftragten Personen mehr oder weniger eng zusammenarbeiten und festgestellte Mängel meist freiwillig beseitigt werden, so dass die ordnungsbehördliche Funktion nur selten zum Tragen kommt, stellen die **Bauzustandsbesichtigungen besondere Eckpunkte des Bauablaufs** dar. Sie sind für jedes Bauvorhaben hervorgehobene, zusammenfassende **Schlusskontrollen der Rohbau- bzw. Ausbauphase**, bei Großbauvorhaben darüber hinaus **Schlusskontrollen von Teilfertigstellungen**. **2**

Die Bauzustandsbesichtigungen zur Fertigstellung des Rohbaus wie auch die Teil-Bauzustandsbesichtigungen aufgrund eines besonderen Verlangens der Bauaufsichtsbehörde oder zur vorzeitigen Benutzung baulicher Anlagen dienen in besonderem Maße der **Gefahrenabwehr**, da Einzelheiten der Bauausführung am fertigen Bauwerk später oft nicht mehr kontrollierbar sind (vgl. Schlotterbeck/von Arnim/Hager, zu § 67 Rdn. 5). Hierbei nehmen die Bauaufsichtsbehörden ihre Aufgaben im öffentlichen Interesse wahr. Der Bauherr wird ebenso wie andere Nutzer der baulichen Anlage als Teil der Allgemeinheit geschützt, soweit es sich um durch § 3 BauO NRW geschützte Rechtsgüter, also insbesondere Leben und Gesundheit handelt. **Amtshaftungsansprüche** können sich demnach ergeben, wenn Bauzustandsbesichtigungen pflichtwidrig und schuldhaft durchgeführt wurden und jemand als Folge dieser Fehler Verletzungen oder Schädigungen erleidet (BGH, Urteil vom 27. 5. 1963 – III ZR 48/62, BGHZ 39, 358 = NJW 1963, 1821). Zweierlei ist allerdings zu bedenken: Die Bauzustandsbesichtigungen haben nicht den Zweck, den Bauherrn vor Vermögensnachteilen zu bewahren, da dies aus- **3** schließlich in seinen Verantwortlichkeits- und Risikobereich fällt (BGH, Beschluss vom 30. 7. 1997 – III ZR 166/96, NVwZ-RR 1997, 675). Im Übrigen werden Ansprüche gemäß § 839 Abs. 1 Satz 2 BGB häufig daran scheitern, dass wegen der Verantwortlichkeit der am Bau Beteiligten eine anderweitige Ersatzmöglichkeit besteht.

4 Die **Schlusskontrollfunktion** der abschließenden Bauzustandsbesichtigung wirkt sowohl für die Bauaufsichtsbehörde als auch für den Bauherrn erleichternd. Die Bauaufsichtsbehörde kann „endlich" den Vorgang abschließen, die vorgeschriebenen Fertigstellungsmitteilungen an andere Behörden und Dienststellen versenden und die Akte archivieren, der Bauherr kann die Nutzung seiner ordnungsgemäß fertig gestellten baulichen Anlage aufnehmen. Der Bauherr erlangt mit den aufgrund dieser Kontrollen zu erteilenden **Bescheinigungen** erst Gewissheit, dass die Bauaufsichtsbehörde die ausgeführte Anlage bzw. Einrichtung hinsichtlich der überprüften öffentlich-rechtlichen Tatbestände für ordnungsgemäß erachtet. Auch wenn diese **Überprüfung nicht umfassend** sein kann und auch nicht dazu dient, Abweichungen von den genehmigten Bauvorlagen „auf dem kleinen Dienstweg abzusegnen" (vgl. Allgeier/von Lutzau, zu § 74 S. 557 Anm. 74.3; Große-Suchsdorf/Lindorf/Schmaltz/Wiechert, zu § 80 Rdn. 13; s. auch OVG NRW, Urteil vom 20. 8. 1992 – 7A 2702/91, BRS 54 Nr. 203, wonach die Erteilung eines „Schlussabnahmescheins" die Baugenehmigung nicht abändert und auch nicht unbeanstandet gebliebenen Abweichungen von der Baugenehmigung Legalität verleiht), so darf sich der Bauherr dennoch darauf verlassen, dass die Bauaufsichtsbehörde keine von ihr zu prüfenden, **für die Sicherheit** seines Bauvorhabens **bedeutsamen Tatbestände** übersehen hat. Denn auch bei Bauvorhaben, die im vereinfachten Genehmigungsverfahren nur eingeschränkt überprüft werden, „springen" in der Regel den mit der Bauüberwachung beauftragten Bediensteten der Bauaufsichtsbehörden grob fehlerhaft ausgeführte Umwehrungen, mangelnde Rettungswegsituationen, unzulässige Öffnungen in Brandwänden und ähnliche Dinge mehr sozusagen automatisch „ins Auge". Dies ist auch einer der Gründe, weshalb die **Kreditwirtschaft** bei beliehenen Objekten – auch im vereinfachten Genehmigungsverfahren die Vorlage entsprechender Bescheinigungen vom Bauherrn verlangt.

5 Die Vorschrift differenziert zwischen der **Besichtigung des Bauzustandes nach Fertigstellung des Rohbaus** und der **Besichtigung des Bauzustandes nach abschließender Fertigstellung** und regelt die **Pflicht des Bauherrn**, jeweils **eine Woche**

– **vor Fertigstellung des Rohbaus** und erneut

– **vor abschließender Fertigstellung**

der baulichen Anlage der Bauaufsichtsbehörde hiervon **durch** eine **Anzeige Kenntnis zu geben**, um sie in die Lage zu versetzen, den Bauzustand zu besichtigen. Diese „Bauzustandsbesichtigung" hat den Zweck, die Feststellung zu ermöglichen, ob die bauliche Anlage oder die andere Anlage und Einrichtung im Sinne des § 1 Abs. 1 Satz 2 BauO NRW entsprechend der Baugenehmigung und in Übereinstimmung mit dem öffentlichen Recht ordnungsgemäß errichtet worden ist (zur **Bauzustandsbesichtigung** als Teil des **Gesamtsicherheitssystems** s. die Anmerkungen zu § 81 Rdn. 4).

6 Neben diesen „Haupttatbeständen" ermächtigt § 82 Abs. 2 Satz 2 BauO NRW die Bauaufsichtsbehörde, die **Anzeige des Beginns und der Beendigung bestimmter Bauarbeiten** verlangen zu können. Weiterhin kann die Bauaufsichtsbehörde nach § 82 Abs. 7 BauO NRW verlangen, dass erst nach **bestimmten Prüfungen Arbeiten fortgesetzt** oder **Anlagen benutzt** werden. Die Bauaufsichtsbehörde soll nach § 82 Abs. 8 Satz 2 BauO

NRW die **vorzeitige Benutzung** von Anlagen oder Einrichtungen trotz einer ausstehenden Bauzustandsbesichtigung zur abschließenden Fertigstellung gestatten, wenn keine Bedenken wegen der öffentlichen Sicherheit oder Ordnung bestehen.

Aus der Zweckbestimmung der Vorschrift ergibt sich, worauf auch der Wortlaut (genehmigter baulicher Anlagen) und der Klammerzusatz (§ 63) hinweisen, dass die Notwendigkeit von **Bauzustandsbesichtigungen auf genehmigungsbedürftige Vorgänge beschränkt** ist. Für **genehmigungsfreie Anlagen** kann die Bauaufsichtsbehörde keine Anzeige des Bauherrn verlangen; dies gilt auch für die Anzeige von Beginn und Ende bestimmter Bauarbeiten; vom Baugenehmigungsverfahren freigestellte Vorhaben unterliegen jedoch der **allgemeinen Überwachung** nach § 61 BauO NRW (s. die Anmerkungen zu § 81 Rdn. 2, 3 und 6). Für Vorhaben in der Freistellung nach § 67 BauO NRW und in gewissem Maße auch für Vorhaben, die dem vereinfachten Genehmigungsverfahren gemäß § 68 BauO NRW unterliegen, hat der Gesetzgeber als Ersatz für die besonders sicherheitsrelevanten Elemente (Standsicherheit und Brandschutz) der Kontrollen nach §§ 81 und 82 BauO NRW eine Überwachung durch staatlich anerkannte Sachverständige vorgeschrieben. 7

**Bauzustandsbesichtigungen** kommen **nur zu baulichen Vorgängen** in Betracht, die auch einer Bauüberwachung im Sinne des § 81 BauO NRW zugänglich sind. **Nutzungsänderungen** (ohne genehmigungsbedürftige „Bauarbeiten") scheiden damit aus, so dass reine Nutzungsänderungen lediglich nach § 61 BauO NRW „überwacht" werden können (s. die Anmerkungen zu § 81 Rdn. 8 und 9 a). Wegen der Bezugnahme auf die Fertigstellung des Rohbaus bzw. auf die abschließende Fertigstellung zielt die Bauzustandsbesichtigung auf **Errichtungs- und Änderungsvorgänge**, nicht aber auf den **vollständigen Abbruch**. **Teilabbrüche** sind jedoch regelmäßig **mit genehmigungsbedürftigen Änderungen am Restbauwerk verbunden**, so dass in einem solchen Falle Bauzustandsbesichtigungen durchzuführen sind. 8

Für Vorhaben, die einer **Genehmigung nach anderen Rechtsvorschriften** bedürfen, **welche die Baugenehmigung** gemäß § 63 Absatz 2 BauO NRW **einschließt**, sind sowohl Kontrollen im Rahmen der Bauüberwachung als auch der **Bauzustandsbesichtigungen** durch die Bauaufsichtsbehörde durchzuführen (s. die Anmerkungen zu § 81 Rdn. 7). Der **Umfang** ist dabei jedoch **auf die Prüfung der bauplanungs- und bauordnungsrechtlichen Vorschriften beschränkt**. 9

**Auf Fliegende Bauten** ist **§ 82 BauO NRW nicht anwendbar**, da die für diese geltenden Kontrollmaßgaben abschließend in § 79 BauO NRW geregelt sind. § 79 Abs. 10 BauO NRW ordnet nur die entsprechende Anwendung des § 81 BauO NRW zur Bauüberwachung an; § 79 Abs. 7 BauO NRW sieht eine **Gebrauchsabnahme anstelle von Bauzustandsbesichtigungen** vor (s. die Anmerkungen zu § 79 Rdn. 28–33). 10

Für Vorhaben, die dem **Zustimmungsverfahren** nach § 80 BauO NRW unterliegen, sind **keine Bauzustandsbesichtigungen** möglich. Dies ergibt sich aus § 80 Abs. 1 Satz 1 BauO NRW (bedürfen keiner … Bauzustandsbesichtigung) und aus dem Klammerzusatz in § 82 Abs. 2 Satz 1 BauO NRW (der allein auf § 63 BauO NRW, nicht jedoch auch auf § 80 BauO NRW hinweist). 11

Die Vornahme einer **Bauzustandsbesichtigung** ist, wie die Bauüberwachung, eine **Amtshandlung** im Sinne des Gebührenrechts (s. die Anmerkungen zu § 81 Rdn. 9–15). Die Gebühr richtet sich nach dem **Allgemeinen Gebührentarif** zur **AVwGebO NRW**, **Tarifstellen 2.4.10.3** bis **2.4.11**. Die Gebühr für die Durchführung einer Bauzustandsbesich- 12 tigung steht in **Abhängigkeit** von der Gebühr für die Erteilung der Baugenehmigung, der „**Grundgebühr**" (s. die Anmerkungen zu § 81 Rdn. 10). Die unterschiedlichen Tarifstellen sehen für jede Amtshandlung die Erhebung einer **Mindestgebühr** von **50 €** vor. Die **Höchstbeträge** hängen vom **Schwierigkeitsgrad** des jeweiligen Vorhabens ab.

12 a Die Gebühren können durch **gesonderten Bescheid** festgesetzt werden. Sie können **unmittelbar nach** jeder Amtshandlung **festgesetzt** werden, was bei Bauzustandsbesichtigungen auch sinnvoll ist. Zwischen der Fertigstellung des Rohbaus und der abschließenden Fertigstellung liegen nämlich regelmäßig viele Monate. Die Gebühr für die Bauzustandsbesichtigung kann mit den Gebühren für die bis dahin angefallenen Bauüberwachungen in einem Gebührenbescheid **zusammengefasst** werden (zur Zweckmäßigkeit von getrennten oder zusammenfassenden Gebührenbescheiden s. die Anmerkungen zu § 81 Rdn. 15). In diesem Gebührenbescheid sind die **einzelnen Gebührentatbestände** natürlich aus Gründen der Nachvollziehbarkeit **getrennt** aufzuführen.

12 b **Tarifstelle 2.4.10.3** gliedert sich in die **Buchstabena)**, **b)** und **c)** und gilt für alle Bauzustandsbesichtigungen von Vorhaben, die im vereinfachten und normalen Genehmigungsverfahren geprüft werden, ferner für Vorhaben, die nach anderen Rechtsvorschriften genehmigt werden, wenn diese Genehmigung die Baugenehmigung einschließt.

**Buchstabe a)** gilt für Vorhaben nach **§ 68 Abs. 1 Satz 1** BauO NRW, die im **vereinfachten** Genehmigungsverfahren geprüft werden, und ermöglicht eine Gebühr **für jede** Bauzustandsbesichtigung von **bis zu 15 % der Grundgebühr**.

**Buchstabe b)** kommt zur Anwendung, wenn die Bauaufsichtsbehörde **auf Antrag** des Bauherrn nach **§ 68 Abs. 5** BauO NRW die Anforderungen an den baulichen **Brandschutz im Genehmigungsverfahren geprüft** hat, und ermöglicht **zusätzlich** zu der Gebühr nach Buchstabe a) eine Gebühr **je Bauzustandsbesichtigung** von bis zu **50 %** der für die **Prüfung des baulichen Brandschutzes** nach den Tarifstellen 2.4.1.5 Buchstabe c) oder 2.4.2.5 Buchstabe c) erhobenen Grundgebühr.

**Buchstabe c)** gilt für Vorhaben nach **§ 68 Abs. 1 Satz 3** BauO NRW, die im **normalen** Genehmigungsverfahren geprüft werden, und ermöglicht eine Gebühr **für jede** Bauzustandsbesichtigung von **bis zu 20 % der Grundgebühr**.

12 c Die Gebühr kann bei den **Buchstaben a) bis c)** jeweils bis zum **Höchstbetragssatz** erhoben werden. Aus den Worten „**bis zu**" wird der den Bauaufsichtsbehörden eingeräumte **Beurteilungsspielraum** deutlich. Anders als bei der Gebühr für die Bauüberwachung (s. die Anmerkungen zu § 81 Rdn. 10) ist bei der Bemessung der Gebühr für die Bauzustandsbesichtigung außer auf den entstandenen Verwaltungsaufwand auch auf den **wirtschaftlichen Vorteil** für den Bauherrn abzustellen. Der **Verwaltungsaufwand** entsteht grundsätzlich nur für **höchstens zwei Bauzustandsbesichtungen**. Für eventuell erforderliche Nachkontrollen steht eine eigene Tarifstelle zur Verfügung (s. Rdn. 13 a). Der **Verwaltungsaufwand** richtet sich in erster Linie nach der **Schwierigkeit** der zu besichtigenden baulichen Anlage. Für einen Sonderbau mit hohem Gefahrenpotenzial kann die Bauzustandsbesichtigung wesentlich mehr Zeit erfordern, als für ein gleich großes Wohngebäude. Der **wirtschaftliche Vorteil** richtet sich vorrangig nach **Art und Umfang des Vorhabens**. Es ist wirtschaftlich ein Unterschied, ob ein Einfamilienhaus, ein Mehrfamilienhaus oder ein Wohn- und Geschäftshaus zur Ausführung gelangt, da bei vergleichbar großem Grundstück hierbei unterschiedlich hohe Mieteinnahmen oder Verkaufserlöse zu erzielen sind.

Die Gebühr für die Bauzustandsbesichtigung erfährt **Abschläge**, wenn die Bauaufsichtsbehörde nur in geringem Umfang tätig wird, weil die Einhaltung bestimmter Vorschriften **nicht von der Bauaufsichtsbehörde** selbst, sondern von **Sachverständigen** oder **sachverständigen Stellen** geprüft wird. Die Gebühren stehen der Bauaufsichtsbehörde nämlich nur im Rahmen der von ihr wahrgenommenen – also tatsächlich ausgeübten – Tätigkeit zu. Auf die in diesem Falle nach **Tarifstelle 2. 3. 2** zu gewährende **Gebührenermäßigung** (s. die Anmerkungen zu § 81 Rdn. 14) **hat der Bauherr** einen **Rechtsanspruch**. 12 d

Für die **Gestattung der vorzeitigen Benutzung** bzw. **Prüfung von Teilausführungen** bestehen besondere Vorschriften zur Gebührenbemessung. In beiden Fällen können Gebühren je Amtshandlung von **bis zu 10 % der Grundgebühr** erhoben werden: 13

- **Tarifstelle 2. 4. 10.4** erfasst die Erhebung von Gebühren im Falle der Gestattung einer **vorzeitigen Benutzung** der baulichen Anlage nach **§ 82 Abs. 8 Satz 2** BauO NRW (hierzu s. Rdn. 54).
- **Tarifstelle 2. 4. 10.5** gilt für die **Prüfung einer Teilausführung**, früher als „Zwischenabnahme" bezeichnet, wenn die Bauaufsichtsbehörde die Anzeige des Beginns oder der Beendigung bestimmter Bauarbeiten gemäß § 82 Abs. 2 Satz 2 BauO NRW verlangt hat (s. Rdn. 21–23). Die Gebühr kann nicht für die Entgegennahme der Anzeige, sondern nur für eine Prüfung der Teilausführung auf der Baustelle erhoben werden.

**Tarifstelle 2.4.10.6** regelt die Gebührenerhebung für die Überprüfung der **Beseitigung von Mängeln**, die bei der Bauzustandsbesichtigung festgestellt wurden. Der Verordnungsgeber geht davon aus, dass die Bauzustandsbesichtigung vom Bauherrn und seinen Erfüllungsgehilfen gut vorbereitet ist, da dieser es nämlich selbst in der Hand hat, die erforderlichen Anzeigen erst dann zu erstatten, wenn auch tatsächlich der zu besichtigende Bauzustand abgeschlossen ist. Ist dieser noch nicht abgeschlossen, muss der Bauherr auch keine Anzeige erstatten. Reicht er die Anzeige dennoch ein, nimmt er eine fruchtlos verlaufende Bauzustandsbesichtigung billigend in Kauf. Die Bauaufsichtsbehörde kann nur die Mängel auflisten und deren Behebung abwarten. Zur Nachkontrolle muss sie **erneut** die **Baustelle aufsuchen**. Die Höhe der hierfür zu erhebenden Gebühr bemisst sich nach dem entstandenen **Zeitaufwand**. Für jede angefangene Stunde fällt eine **volle Gebühr** nach Tarifstelle 2. 1. 4 an (s. die Anmerkungen zu § 81 Rdn. 9 a). 13 a

**Tarifstelle 2.4.10.7** gilt für die **Kontrolle**, ob entsprechend den genehmigten **bautechnischen Nachweisen** im Sinne von § 8 BauPrüfVO gebaut wurde, ob die Nachweise der Verwendbarkeit der Bauprodukte vorliegen und darüber hinaus die für ihre Verwendung oder Anwendung getroffenen Nebenbestimmungen eingehalten wurden. Diese Gebühren werden ebenfalls nach dem **Zeitaufwand** berechnet (s. die Anmerkungen zu § 81 Rdn. 9 a). 13 b

Neben den Gebühren für die Bauzustandsbesichtigungen und die Prüfung von Teilausführungen erhebt die Bauaufsichtsbehörde die ihr entstandenen Auslagen, sofern diese vom Bauherrn nicht unmittelbar beglichen wurden. Nach den Tarifstellen 2.2.1 und 2.2.2 ist die **Erstattung** 13 c

- der **Kosten von Sachverständigen oder sachverständigen Stellen** und
- der **Vergütungen eines Prüfamtes oder Prüfingenieurs für Baustatik**

zu verlangen. (s. die Anmerkungen zu § 81 Rdn. 13).

**2 Zu Absatz 1 – Bauzustandsbesichtigungen**

14 Rechtstechnisch werden die **Bauzustandsbesichtigungen von der Bauüberwachung getrennt** behandelt, wie schon die Hervorhebung in einem jeweils eigenen Paragraphen deutlich macht. Dies ändert aber nichts daran, dass **im praktischen Vollzug** Bauüberwachung und Bauzustandsbesichtigungen **einheitlich** gesehen werden. Allein schon vom Bauablauf her gehen diese bauaufsichtlichen Aufgaben ineinander über, so dass sie als **Ganzes** zu betrachten sind. Moderne Baumethoden erfordern nicht mehr ein Austrocknen des Rohbaus vor Beginn der Ausbauphase, vielmehr sind heute selbst bei kleineren Vorhaben die unterschiedlichen Bauphasen nicht mehr klar voneinander abzugrenzen. Der Zeitfaktor bestimmt maßgebend den gesamten Bauablauf; bei Großbauvorhaben mit engen Terminen kann der Bau keinen einzigen Tag stillstehen. Der Bezug des Bauwerks läuft bereits an, während in Teilbereichen noch die Handwerker arbeiten, so dass für Wartefristen kein Raum ist. Während die Bauaufsichtsbehörden sich längst hierauf eingestellt haben, trägt die rechtliche Ausformulierung in getrennten Vorschriften, die zudem – so wie gesetzlich fixiert – im praktischen Vollzug nicht angewendet werden (können), den wirtschaftlichen Zwängen nur unzureichend Rechnung.

15 **Absatz 1** des § 82 BauO NRW wurde erst im Gesetzgebungsverfahren auf Anregung des Städtetages Nordrhein-Westfalen eingefügt, um eindeutig festzulegen, dass auf die Bauzustandsbesichtigungen im normalen Genehmigungsverfahren nicht verzichtet werden darf und damit die Überwachungstätigkeit der Bauaufsichtsbehörden auf die im Sinne der öffentlichen Sicherheit wichtigen Bauvorhaben zu konzentrieren (vgl. LT-Drucks. 12/4394 S. 77f. Nr. 46). Ebenso wie die Bauüberwachung sind **Bauzustandsbesichtigungen nach Satz 1 grundsätzlich geboten**. Dies folgt aus der Formulierung: „Die Bauzustandsbesichtigung **wird** … durchgeführt". Jedenfalls gilt dieser Grundsatz für alle Vorhaben, die dem **normalen** Genehmigungsverfahren unterliegen. **Satz 3** erlaubt es jedoch, auf die Bauzustandsbesichtigungen bei Vorhaben im **vereinfachten** Genehmigungsverfahren **ganz zu verzichten** (s. die Anmerkungen zu § 81 Rdn. 16, 17, 38 und 39). Da dem vereinfachten Genehmigungsverfahren auch „kleine" Sonderbauten unterfallen, konnte kein genereller Verzicht auf die Bauzustandsbesichtigungen gesetzlich vorgesehen werden. Insoweit ist der Bauaufsichtsbehörde ein Ermessen eingeräumt, ob sie von dieser Ermächtigung Gebrauch machen möchte. Bei der Beurteilung der Erforderlichkeit nach **Satz 3** ist allein auf die konkreten **Umstände des Einzelfalls** abzustellen. So ist z.B. beim Aufstellen einer Fertiggarage ein Rohbauzustand nicht gegeben und daher eine Bauzustandsbesichtigung zur Fertigstellung des Rohbaus nicht möglich; bei der Errichtung (genehmigungsbedürftiger) Einfriedungsmauern kann z.B. auf sie verzichtet werden, weil es sich um bautechnisch einfache Errichtungsvorgänge handelt.

16 Der **Umfang** der Bauzustandsbesichtigung kann nach Absatz 1 **Satz 2 Halbsatz 1** auf **Stichproben** beschränkt werden. Die Vorschrift stellt den **Umfang** der Bauzustandsbesichtigung in das (**pflichtgemäße**) **Ermessen** der Bauaufsichtsbehörde (s. auch die Anmerkungen zu § 81 Rdn. 28–31). Die Bauaufsichtsbehörde kann z.B. bei einem Lagergebäude geringer Höhe die Bauzustandsbesichtigung zur abschließenden Fertigstellung auf die Übereinstimmung mit den genehmigten Bauvorlagen und den ordnungsgemäßen Ausbauzustand der Zufahrt und der Anlagen zur Niederschlagswasserbeseitigung beschränken, weil keine Nutzung als Aufenthaltsraum vorliegt und das vorgesehene Lagergut (Marmorplatten) keine Brandlast darstellt. Eine vom Volumen her vergleichbare Lagerhalle mit Dauerarbeitsplätzen und brennbarem Lagergut (Schreib- und

Kopierpapier) wird dagegen wegen der arbeitsstätten- und brandschutzrechtlichen Vorgaben einen hohen Kontrollaufwand erfordern.

Nach Absatz 1 **Satz 2 Halbsatz 2** entfallen die Bauzustandsbesichtigungen, soweit **Bescheinigungen staatlich anerkannter Sachverständiger** nach § 85 Abs. 2 Satz 1 Nr. 4 gemäß § 72 Abs. 6 BauO NRW vorliegen. Offensichtlich wurde verabsäumt § 68 Abs. 2 BauO NRW zu erwähnen, da Bauzustandsbesichtigungen auch insoweit entfallen. Es handelt sich um ein **redaktionelles Versehen**, da eine entsprechende Ergänzung in Absatz 4 im Gesetzgebungsverfahren erfolgte (s. LT-Drucks. 12/4394 S. 78 Nr. 47). Absatz 1 Satz 2 Halbsatz 2 korrespondiert mit § 81 Abs. 1 Satz 3 BauO NRW und dem nachfolgenden **Absatz 4**. Im Gesetzgebungsverfahren unterblieb es leider, die jeweiligen Absätze 1 der §§ 81 und 82 BauO NRW identisch zu formulieren; dadurch hätte sich einerseits Absatz 4 des § 82 BauO NRW erübrigt und andererseits der Eindruck vermeiden lassen, dass § 82 BauO NRW einen von § 81 BauO NRW abweichenden Regelungszweck hätte, was tatsächlich jedoch nicht der Fall ist. 17

Sowohl im Rahmen der Bauüberwachung als auch im Rahmen der Bauzustandsbesichtigungen werden die Bauaufsichtsbehörden **nicht** in den Sachbereichen tätig, die von **staatlich anerkannten Sachverständigen** wahrgenommen werden. Diese prüfen eigenverantwortlich anstelle der Bauaufsichtsbehörde, ob die öffentlich-rechtlichen Vorschriften insoweit eingehalten wurden und stellen über das Ergebnis der stichprobenhaften Kontrollen **Bescheinigungen** aus, die mit der Anzeige der abschließenden Fertigstellung der Bauaufsichtsbehörde gemäß § 82 Abs. 4 Satz 1 BauO NRW einzureichen sind (s. auch die Anmerkungen zu § 81 Rdn. 32 ff.). 17 a

### 3 Zu Absatz 2 – Anzeigepflicht und Anzeigeverlangen

**Satz 1** begründet eine **Rechtspflicht des Bauherrn gegenüber der Bauaufsichtsbehörde zur Erstattung der vorgeschriebenen Anzeigen** zur Fertigstellung des Rohbaus bzw. zur abschließenden Fertigstellung. Um der Bauaufsichtsbehörde eine zeitliche Dispositionsmöglichkeit über den Einsatz der Dienstkräfte zu verschaffen (um … zu ermöglichen), schreibt Satz 1 vor, dass jeweils **eine Woche vor Fertigstellung** die **Anzeige** zu erfolgen hat (sind … anzuzeigen). Es reicht nicht aus, die Anzeige eine Woche vor Fertigstellung auf den Postweg zu geben, vielmehr muss diese eine Woche vor Fertigstellung der Bauaufsichtsbehörde zugegangen sein, da es sich bei der Bestimmung um eine **Mindestfrist** handelt, was so allerdings aus dem Wortlaut nicht deutlich wird. Diese Auslegung ergibt sich jedoch aus Sinn und Zweck der Vorschrift, nämlich es der Bauaufsichtsbehörde zu ermöglichen, auch tatsächlich die Bauzustandsbesichtigung durchführen zu können. Zur Koordination der verschiedenen Termine der zur Kontrolle jeweils anstehenden Baumaßnahmen benötigt die Bauaufsichtsbehörde die ohnehin knapp bemessene Wochenfrist. 18

Eine **Form** für die Anzeige nach Satz 1 ist nicht bestimmt. Der Bauherr kann die Anzeige mündlich, schriftlich, per Telefax oder telefonisch erstatten. Zu Beweiszwecken empfiehlt sich allerdings, die Fertigstellung schriftlich anzuzeigen oder sich den fristgerechten Eingang der (z. B. telefonisch) erstatteten Anzeige von der Bauaufsichtsbehörde bestätigen zu lassen. Es sollten die der Baugenehmigung beigefügten **Anzeigevordrucke** verwendet werden, um hierdurch den Ablauf innerhalb der Bauaufsichtsbehörde zu erleichtern, weil diese bereits die verwendeten **Zuordnungsmerkmale** (z. B. Aktenzeichen) der jeweiligen Bauaufsichtsbehörde enthalten. 19

20 Hinsichtlich der **Fristberechnung** ist **§ 31 VwVfG. NRW.** maßgebend. Die Frist hat Bedeutung für die Fortsetzung der Bauarbeiten nach Fertigstellung des Rohbaus (§ 82 Abs. 6 BauO NRW), für die Fortführung der Arbeiten oder die Nutzungsaufnahme nach Teilfertigstellungen (§ 82 Abs. 7 BauO NRW) bzw. für die Aufnahme der Nutzung nach abschließender Fertigstellung (§ 82 Abs. 8 Satz 1 BauO NRW). Bei der Angabe des **Bereitschaftszeitpunktes** für die Bauzustandsbesichtigung in der Anzeige nach Absatz 2 Satz 1 muss sich der Bauherr bewusst sein, dass gemäß Tarifstelle 2.4.10.6 des Allgemeinen Gebührentarifs zur AVwGebO NRW für jede **Wiederholung** einer **Bauzustandsbesichtigung**, bei der Mängel festgestellt wurden, **besondere Gebühren** erhoben werden. Zur Bauzustandsbesichtigung sind die Baugenehmigung mit den zugehörigen genehmigten Bauvorlagen, Zulassungen, Prüfzeugnissen, Übereinstimmungserklärungen, Übereinstimmungszertifikaten, Überwachungsnachweisen, Zeugnissen und Aufzeichnungen über die Prüfungen von Bauprodukten, Bautagebücher und vorgeschriebene Aufzeichnungen bereitzuhalten (s. die Anmerkungen zu § 81 Rdn. 46 ff.). Fehlen diese, kann der Termin eventuell nicht ordnungsgemäß durchgeführt werden.

21 **Satz 2** ermächtigt die Bauaufsichtsbehörde, die **Anzeige** des **Beginns** und der **Beendigung von Teilfertigstellungen** zu verlangen. Hierbei geht es um die nach früherem Recht so bezeichneten „Zwischenabnahmen“, die erforderlich sein können, weil beim Weiterbau eine Beurteilung der Ordnungsgemäßheit nicht mehr möglich ist, z. B. im Falle der Verdeckung sicherheitsrelevanter Bauteile durch andere. Von Bedeutung ist diese Ermächtigung vor allem für die Ausbauphase von „Sonderbauten“. So kann die Bauaufsichtsbehörde z. B. die Anzeige der Fertigstellung der Installationen verlangen, bevor diese durch untergehängte Decken oder Doppelböden verdeckt werden, um die Einhaltung der Vorschriften über Abschottungen kontrollieren zu können. Die Verpflichtung des Bauherrn zur Anzeigeerstattung von Teilfertigstellungen kann mit dem Verlangen nach Absatz 7 verbunden werden (s. Rdn. 45–48).

22 Eine **Frist** wie in Satz 1 – „eine Woche vorher“ – ist für die **nach Satz 2** geforderte Anzeige **nicht vorgeschrieben**. Es ist aber sowohl für die Bauaufsichtsbehörde als auch für den Bauherrn oder die anderen am Bau Beteiligten sicher von Interesse, sich rechtzeitig auf eine geforderte Besichtigung einstellen zu können. Daher empfiehlt es sich, **mit dem Verlangen eine Zeitspanne zu bestimmen**, die zwischen Anzeige und Beginn bzw. Ende der bestimmten Arbeiten liegen muss.

23 Die **Unterlassung der Anzeige** nach Absatz 2 Satz 1 und Satz 2 ist nach § 84 Abs. 1 Nr. 17 BauO NRW eine **Ordnungswidrigkeit**, die mit einer Geldbuße geahndet werden kann. Zu beachten ist, dass sowohl die Fortsetzung der Bauarbeiten entgegen § 82 Abs. 6 und 7 BauO NRW (s. Rdn. 40 ff.) als auch die vorzeitige Benutzung baulicher Anlagen entgegen § 82 Abs. 8 Satz 1 BauO NRW (s. Rdn. 49 ff.) bußgeldbewehrte Ordnungswidrigkeiten darstellen (s. § 84 Abs. 1 Nr. 18 und 19 BauO NRW).

### 4 Zu Absatz 3 – Rohbaufertigstellung und abschließende Fertigstellung

24 Über den Inhalt der **Begriffe** „Fertigstellung des Rohbaus“ und „abschließende Fertigstellung“ können **unterschiedliche Auffassungen** bestehen. Um zu vermeiden, dass es hinsichtlich der zu erstattenden Anzeigen zu Meinungsverschiedenheiten kommt, enthält **Absatz 2** wichtige **Begriffsklärungen**. Diese gesetzlichen Regelungen sind am Schutzziel des Bauordnungsrechts ausgerichtet und stimmen deshalb nicht (vollständig) mit dem überein, was von den am Bau Beteiligten gewöhnlich unter Rohbaufertigstel-

lung bzw. Bezugsfertigstellung verstanden werden mag. Bei größeren Bauvorhaben kommt es regelmäßig zu fließenden Bauzuständen, so dass die Bauaufsichtsbehörde von der Möglichkeit des Absatzes 7 Gebrauch machen kann (vgl. Buntenbroich/Voß, zu § 82 Rdn. 15). Neben den gesetzlichen **Begriffsklärungen** in **Satz 1** (**Fertigstellung des Rohbaus**) und **Satz 3** (**abschließende Fertigstellung**) verpflichtet **Satz 2** den Bauherrn dazu, bestimmte Bauteile für die Besichtigung des Rohbaus offen zu halten (**Offenhaltepflicht**).

Die **Bauzustandsbesichtigung des Rohbaus** stellt eine bauaufsichtliche Überprüfung **25**
des in seinem **konstruktiven Gefüge** fertig gestellten Baus dar. Dabei liegt unter Berücksichtigung der Ziele des Satzes 2 der Schwerpunkt der Kontrolle auf den für die Standsicherheit sowie den Brand- und Schallschutz wesentlichen Bauteilen. Da eine Beurteilung der Standsicherheits-, Brandschutz- und Schallschutzaspekte durch „unwichtige" Bauteile erschwert oder sogar unmöglich gemacht werden kann, definiert **Satz 1** einen „**frühen**" **Rohbauzustand ohne nichttragende Wände** oder **Ausmauerungen**. Das Gesetz fingiert den abgeschlossenen Rohbauzustand im öffentlich-rechtlichen Sinne bereits mit Fertigstellung der **tragenden Teile**, **Schornsteine**, **Brandwände** und der **Dachkonstruktion**. Dabei orientierte sich der Gesetzgeber an hergebrachten Baumethoden, so dass von dieser traditionellen Vorstellung stark abweichende Bauwerke einer besonderen Betrachtung bedürfen, um eine (noch) sinnvolle Anwendung der Verfahrensvorschriften über die Bauzustandsbesichtigung zu ermöglichen. Für derart ungewöhnliche bauliche Anlagen ermächtigt § 54 Abs. 2 Nr. 20 BauO NRW die Bauaufsichtsbehörden dazu, besondere Anforderungen stellen zu können (vgl. die Anmerkungen zu § 54 Rdn. 47). Soweit **Fertighäuser** oder **Fertiggaragen** lediglich aufgestellt (montiert) werden, ist **kein Rohbauzustand** gegeben, so dass nur eine Bauzustandsbesichtigung zur abschließenden Fertigstellung vorgenommen werden kann.

**Tragende Bauteile** sind alle solchen, die dazu bestimmt sind, vertikale oder horizontale **26**
Lasteinwirkungen der unterschiedlichsten Art (Eigen- und Nutzlasten, Schnee- und Windlasten) sicher abzutragen; deshalb rechnen **aussteifende Bauteile** mit hierzu (vgl. § 29 Abs. 1 Tabelle, Zeile 1 a BauO NRW). Ohne ausreichende Aussteifung sind bauliche Anlagen nämlich nicht standsicher. Die in der Aufzählung des § 96 Abs. 2 Satz 1 BauO NW 1970 noch enthaltenen Treppen entfielen, da es sich hierbei ebenfalls um tragende Bauteile handelt.

**Schornsteine** sind in der BauO NRW nicht (mehr) definiert; § 48 BauO NW 1970 ent- **27**
hielt noch Anforderungen an „Rauchschornsteine". Es ist nach § 7 Abs. 2 FeuVO NW begrifflich zu unterscheiden zwischen Schornsteinen, das sind rußbrandbeständige Schächte zur Ableitung der Abgase von Feuerstätten für feste Brennstoffe über Dach ins Freie, und Abgasleitungen, das sind Leitungen oder Schächte zur Ableitung der Abgase von Feuerstätten für flüssige oder gasförmige Brennstoffe. Die Einbeziehung der Schornsteine in die Bauzustandsbesichtigung zur Fertigstellung des Rohbaus erfolgt, um die sichere Rauchgasableitung prüfen zu können. Diese **Prüfung obliegt** nach § 43 Abs. 7 BauO NRW nicht der Bauaufsichtsbehörde, sondern dem **Bezirksschornsteinfegermeister** (vgl. die Anmerkungen zu § 43 Rdn. 57 bis 60).

**Brandwände** übernehmen in der Regel aufgrund ihrer Dimensionierung eine tragende **28**
Funktion. Sie können aber auch – in seltenen Fällen – in die tragende Konstruktion eingefügt sein, ohne selbst zur Standsicherheit beizutragen. Der Begriff Brandwand steht für eine **Qualitätsbeschreibung** bestimmter Wände. So sind nach § 29 Abs. 1 Tabelle, Zeile 5 und 6 die Gebäudeabschlusswände bzw. Gebäudetrennwände und nach § 37

Abs. 7 BauO NRW die Treppenraumwände bestimmter Gebäudetypen in der Qualität von Brandwänden auszuführen (s. die Anmerkungen zu § 33 Rdn. 1 bis 6).

**29** **Dachkonstruktionen** sind regelmäßig tragende Bauteile zur Aufnahme der Bedachung; so besteht z. B. beim klassischen Satteldach die Dachkonstruktion aus dem „Dachstuhl" mit den die Dachhaut tragenden Pfetten und Sparren. Die Dachhaut wird aus Unterspannbahn, Dachlatten und Dachziegeln gebildet. Flachdächer können so ausgeführt werden, dass die oberste Betondecke die Dachhaut einschließlich der Wärmedämmung trägt; üblich sind aber auch zum Teil aufwendige Konstruktionen aus Holz oder Stahl. Bei Seilnetztragwerken (z. B. Dach des Olympiastadions München) oder textilen Bauten (z. B. Großzelten) bilden Dachkonstruktion und Dachhaut eine untrennbare Einheit.

**30** Der Bauherr hat gemäß **Satz 2** den Bau so weit zugänglich zu machen und die zu prüfenden Bauteile so weit offen zuhalten, dass Maße und Ausführungsart der Bauteile nach den bautechnischen Vorschriften (Standsicherheit, Brand- und Schallschutz) kontrolliert werden können. Die **Offenhaltepflicht** der für die **Standsicherheit** bedeutsamen **Bauteile** besteht **uneingeschränkt**. Soweit **Bauteile** allein dem **Brand- und Schallschutz** dienen, sind diese nur „**soweit möglich**" offen zuhalten. Für den Rohbauzustand ist diese Differenzierung im Gesetz akademischer Natur und daher wenig praxisgerecht. Soweit Bauteile standsicher sein müssen, ist der statisch-konstruktive Brandschutz berührt, bei Trennwänden (§ 30 BauO NRW), Gebäudeabschlusswänden (§ 31 BauO NRW) und Gebäudetrennwänden (§ 32 BauO NRW) sowie Decken (§ 34 BauO NRW) darüber hinaus regelmäßig auch der Schallschutz. Es empfiehlt sich daher, den „frühen" Rohbauzustand (vgl. Rdn. 25) insgesamt offen zuhalten, was bis auf wenige Ausnahmefälle keine Schwierigkeiten bereiten dürfte. Bei erforderlichen Abweichungen vom Offenhaltegrundsatz, z. B. beim Einbau einzelner Fertigteile mit bereits aufgebrachter Oberflächenstruktur für den Endzustand, ist eine frühzeitige Abstimmung mit der Bauaufsichtsbehörde empfehlenswert.

**31** Eine direkte Umschreibung der **abschließenden Fertigstellung** fehlt. Was unter „abschließender Fertigstellung" zu verstehen ist, ergibt sich nach dem Sprachsinn und unter verständiger Würdigung der Verhältnisse der Baupraxis. Aus der Erwähnung der Wasserversorgungs- und Abwasseranlagen (zu diesen Begriffen s. die Anmerkungen zu § 4 Rdn. 48 und 56) folgt, dass der Gesetzgeber sämtliche zur ordnungsgemäßen Nutzung erforderlichen Anlagen bzw. Einrichtungen fertiggestellt wissen will. Es muss daher neben dem eigentlichen Bauwerk auch das „Zubehör", also die notwendigen Zugänge, Zufahrten, Stellplätze, Kinderspielflächen, Abfallbehälterstandplätze, Einfriedungen (soweit diese nach den öffentlich-rechtlichen Vorschriften gefordert sind) entsprechend den Bauvorlagen und den Nebenbestimmungen der Baugenehmigung fertiggestellt sein.

**32** Fehlt nur noch die Ausführung von Arbeiten, die bauaufsichtlich, also für die öffentliche Sicherheit und Ordnung ohne Belang sind, so steht dies einer erfolgreichen abschließenden Bauzustandsbesichtigung nicht entgegen. Hierunter können allerdings nur solche **Arbeiten** fallen, **die nicht Gegenstand der präventiven Prüfung im bauaufsichtlichen Verfahren sind**. Angesichts der in den letzten Jahren erheblich gestiegenen Regelungsdichte des öffentlichen Baurechts, insbesondere des „Baunebenrechts", werden die vernachlässigbaren Fertigstellungsaspekte immer seltener. So ist die **äußere Gestaltung** der baulichen Anlage vielfach durch **gestalterische Vorgaben** der Gemeinde geregelt, sie kann auch unter **denkmalrechtlichen** oder **naturschutzrechtlichen Gesichtspunkten** bedeutsam sein. Die **Begrünung und Bepflanzung** der nichtüberbauten Grundstücksflächen ist mit der Neufassung des **§ 9 BauO NRW** eine ernst zu nehmende bauordnungsrechtliche Zielvorgabe und dient der Erhaltung der natürlichen Lebensgrundlagen; darüber hinaus sind Begrünungen oder Bepflanzungen in Bebauungsplänen als **naturschutzrechtliche Ausgleichsmaßnahmen** festgeschrieben bzw. (im Außenbereich) Gegenstand von **Festsetzungen der Landschaftspläne**. Aus vorgenannten Gründen kann auf die Fertigstellung der Begrünung und Bepflanzung (vgl. auch Rdn. 54) überhaupt nicht und auf die Fertigstellung der äußeren Gestaltung nur in (seltenen) Ausnahmefällen verzichtet werden.

Satz 3 stellt klar, dass auch **Wasserversorgungs- und Abwasseranlagen** fertiggestellt sein 33
müssen, ehe die Bauaufsichtsbehörde Feststellungen über die abschließende Fertigstellung des Gebäudes (um etwas anderes wird es sich in diesem Zusammenhang wohl selten handeln) treffen kann. Da Wasserversorgungs- und Abwasseranlagen gemäß § 66 BauO NRW (bedingt) freigestellt sind, kann § 82 Abs. 3 Satz 3 BauO NRW nur bedeuten, dass der Bauherr vor Nutzungsaufnahme der baulichen Anlage über die entsprechenden Bescheinigungen nach § 66 Satz 2 BauO NRW (s. die **Vordrucke WV** und **A** der Anlage zu Nr. 66 VV BauO NRW) verfügen muss, welche die Erfüllung der materiellen Anforderungen des § 4 Abs. 1 Nr. 2 und 3 BauO NRW belegen.

Dem **Sinn dieser Vorschriften** – § 4 Abs. 1 Nr. 2 und 3 in Verbindung mit § 82 Abs. 3 34
Satz 3 BauO NRW –, insbesondere im Hinblick auf die Freigabe der Nutzung nach abschließender Bauzustandsbesichtigung oder nach ungenutztem Fristablauf (s. § 82 Abs. 8 Satz 1 BauO NRW), kann nur dann Rechnung getragen werden, wenn zum Zeitpunkt der abschließenden Bauzustandsbesichtigung die genannten Anlagen nicht nur **tatsächlich fertiggestellt** sind, sondern deren Nutzung gemäß § 66 BauO NRW auch **rechtlich zulässig** ist. In rechtlicher Hinsicht begründet § 66 Abs. 2 BauO NRW eine Pflicht des Bauherrn zur Beschaffung einer Bescheinigung des Unternehmers oder Sachverständigen, wonach die (ausgeführten) Wasserversorgungs- bzw. Abwasseranlagen den öffentlich-rechtlichen Vorschriften entsprechen (s. Nr. 66 VV BauO NRW).

## 5 Zu Absatz 4 – Kontrollen staatlich anerkannter Sachverständiger

**Absatz 4** trägt dem Umstand Rechnung, dass bezüglich der von staatlich anerkannten 35
Sachverständigen geprüften öffentlich-rechtlichen Vorschriften gemäß § 72 Abs. 6 BauO NRW die gesetzliche Vermutung besteht, dass die bauaufsichtlichen Anforderungen insoweit erfüllt sind (s. die Anmerkungen zu § 72 Rdn. 104 ff.). Der Bauherr ist nach § 72 Abs. 6 Satz 5 BauO NRW auch verpflichtet, die staatlich anerkannten Sachverständigen zu benennen, die mit den stichprobenhaften Kontrollen der Bauausführung beauftragt sind. Eine identisch formulierte Rechtspflicht besteht auch nach § 68 Abs. 2 Satz 2 BauO NRW. Absatz 4 **Satz 1** ergänzt Absatz 1 Satz 2 Halbsatz 2; Absatz 4 **Satz 2** wiederholt nur, was sich bereits aus Absatz 1 Satz 2 Halbsatz 2 ergibt, nämlich dass Bauzustandsbesichtigungen entfallen, soweit staatlich anerkannte Sachverständige prüfend tätig werden (s. Rdn. 17).

Absatz 4 **Satz 1** bestimmt ergänzend zu Absatz 1 Satz 2 Halbsatz 2, dass zur abschließen- 36
den Bauzustandsbesichtigung **Bescheinigungen** der staatlich anerkannten Sachverständigen vorzulegen sind. Aus der jeweiligen Bescheinigung muss hervorgehen, dass der staatlich anerkannte Sachverständige **stichprobenhafte Kontrollen der Bauausführung** durchgeführt hat. Ferner hat der staatlich anerkannte Sachverständige die **Übereinstimmung der Bauausführung mit den erstellten Nachweisen** zu bestätigen.

### 6 Zu Absatz 5 - Mitwirkung des Bauherrn, Feststellung des Ergebnisses

37 Die Bauzustandsbesichtigung erfolgt nicht nur im öffentlichen Interesse, sondern auch im Interesse des Bauherrn. Daher verlangt **Satz 1** eine **aktive Mitwirkung des Bauherrn** bei der Durchführung der Bauzustandsbesichtigung. Er hat die Bauaufsichtsbehörde in jeder Hinsicht zu unterstützen und muss die für die durchzuführenden Prüfungen erforderlichen Arbeitskräfte und Geräte bereithalten. Dies liegt auch deshalb in seinem ureigensten Interesse, da die **Bescheinigungen** über die ordnungsgemäße Fertigstellung des Rohbaus oder über die abschließende Fertigstellung erst erteilt werden können, wenn die Ordnungsgemäßheit des Bauzustandes festgestellt worden ist. Bevor diese aber nicht festgestellt ist (oder aber die Frist nach Anzeige der Fertigstellung ungenutzt verstrichen ist), darf der Bauherr nicht weiterbauen bzw. die Nutzung der baulichen Anlage aufnehmen.

38 Nach **Satz 2** wird **über das Ergebnis** der Bauzustandsbesichtigungen eine **Bescheinigung** nur **auf Verlangen** des Bauherrn ausgestellt. Diese Bestimmung gibt dem Bauherrn nicht das Recht, eine Bauzustandsbesichtigung zu verlangen, wenn diese nicht erforderlich ist. Die Bauaufsichtsbehörde kann nicht verpflichtet werden, den Umfang der Bauzustandsbesichtigung auf bestimmte Gesichtspunkte auszudehnen, die der Bauherr gerne bescheinigt hätte.

Die **mängelfreie** Bescheinigung darf nur ausgestellt werden, wenn tatsächlich **keine Mängel** festgestellt wurden. Eine so genannte **„bedingte" Bescheinigung** zu erteilen, z.B. mit dem Zusatz: „Die Bauzustandsbesichtigung gilt als erfolgreich durchgeführt, wenn die Stellplätze noch bis zum … hergerichtet werden", ist **nicht möglich**. Für diese Vorgehensweise bietet das Gesetz keine Handhabe, da es nur die Beschreibung des Ergebnisses der vorgenommenen Bauzustandsbesichtigung in der Bescheinigung erlaubt (zum Vorgehen bei festgestellten Mängeln s. Rdn. 43).

39 Die **Bescheinigung** ist **kein Verwaltungsakt**, da sie keine Verfügung, Entscheidung oder andere hoheitliche Maßnahme zur Regelung eines Einzelfalles beinhaltet (vgl. Boeddinghaus/Hahn/Schulte, zu § 82 Rdn. 10 unter Bezug auf OVG NRW, Urteil vom 19. 12. 1988 – 10 A 1951/85, n. v.). Sie ersetzt keine Baugenehmigung, wenn die Ausführung von der Baugenehmigung abweicht (s. Rdn. 4). Wurde eine Abweichung von der Baugenehmigung übersehen und eine mängelfreie Bescheinigung ausgestellt, kann später dennoch ordnungsbehördlich eingeschritten werden (OVG Rh-Pf, Urteil vom 17. 12. 1970 – 1 A 5/70, BRS 23 Nr. 147; VGH B-W, Urteil vom 15. 12. 1982 – 3 S 1592/82, BRS 40 Nr. 228; OVG NRW, Urteil vom 20. 8. 1992 – 7 A 2702/91, BRS 54 Nr. 203). Die Bescheinigung ist keine Garantieerklärung, dass die besichtigte Anlage dem öffentlichen Recht entspricht (OVG Lüneburg, Urteil vom 20. 2. 1984 – 6 A 110/83, BRS 42 Nr. 177 und OVG NRW, Urteil vom 20. 8. 1992, a. a. O.).

### 7 Zu Absatz 6 – Fortsetzung der Bauarbeiten nach Rohbaufertigstellung

40 Hat der Bauherr pflichtgemäß die Fertigstellung des Rohbaus eine Woche zuvor gemäß Absatz 2 Satz 1 angezeigt, kann er **einen Tag nach Ablauf dieser Woche** (genauer: einen Tag nach dem in der Anzeige nach Absatz 2 genannten Zeitpunkt der Fertigstellung des Rohbaus) die **Bauarbeiten fortsetzen**. Eine („Abnahme-")Bescheinigung ist nicht erforderlich, so dass der **Fristablauf genügt**. Der Gesetzeswortlaut lässt es zu, die Anzeige bereits früher als eine Woche vorher zu erstatten.

Der Bauaufsichtsbehörde steht es frei, einem **Verlangen des Bauherrn** zuzustimmen, schon **zu einem früheren Zeitpunkt weiterbauen** zu dürfen. Sie kann auch schon vorab in der Baugenehmigung erklären, dass eine Bauzustandsbesichtigung zur Fertigstellung des Rohbaus nicht erforderlich ist oder deren Umfang einschränken; dies kann sie selbst noch nach Eingang einer Anzeige nach Absatz 2 erklären. Soweit die Bauaufsichtsbehörde bereits in der Baugenehmigung die Bauzustandsbesichtigung zur Fertigstellung des Rohbaus für nicht erforderlich erklärt, entfällt die Pflicht zu einer Anzeige der Fertigstellung des Rohbaus. Erfolgt die Feststellung der Nichterforderlichkeit erst nach Eingang der Anzeige, dürfen die Bauarbeiten sofort weitergeführt werden. **41**

Bei **größeren Bauvorhaben** kommt eine **abschnittsweise Bauausführung** in Betracht. **42** Teile des Gesamtvorhabens sind möglicherweise bereits benutzbar, während sich andere noch im Anfangsstadium der Ausführung befinden. Bauzustandsbesichtigungen des Rohbaus von Gebäudeteilen oder einzelnen Bauteilen sind deshalb zulässig, ohne dass dies wie nach § 96 Abs. 1 Satz 2 BauO NW 1970 ausdrücklich bestimmt werden muss. Dies ergibt sich aus § 82 Abs. 2 Satz 2 BauO NRW, denn das Verlangen, der Bauaufsichtsbehörde Beginn und Ende bestimmter Bauarbeiten anzuzeigen, hat nur dann Sinn, wenn nach Ende dieser Bauarbeiten eine Teil-Bauzustandsbesichtigung erfolgt; im Übrigen folgt dies mittelbar auch aus Absatz 8 Satz 2, wonach die Bauaufsichtsbehörde auf Antrag unter bestimmten Voraussetzungen gestatten soll, dass die Anlage oder Einrichtung ganz oder teilweise schon früher benutzt wird.

Werden **keine Mängel** festgestellt, ist damit – auch wenn keine Bescheinigung verlangt **43** und ausgestellt wird – die **Bauzustandsbesichtigung zur Fertigstellung des Rohbaus beendet**. Kann **bei Feststellung von Mängeln** die Bauzustandsbesichtigung nach Fertigstellung des Rohbaus nicht abgeschlossen werden, **dauert die Nachweispflicht des Bauherrn fort**, bis die Mängelfreiheit eintritt. Über die aufgedeckten Mängel erhält der Bauherr eine Mitteilung, die gleichzeitig mit der Aufforderung zur Beseitigung der Mängel bis zu einem bestimmten Zeitpunkt zu verbinden ist. Hierbei handelt es sich um eine Ordnungsverfügung, also um einen anfechtbaren Verwaltungsakt. Eine Nachkontrolle durch die Bauaufsichtsbehörde ist erforderlich, soweit nicht staatlich anerkannte Sachverständige, Prüfämter oder Prüfingenieure für Baustatik damit beauftragt sind.

Eine gegenüber den genehmigten Bauvorlagen **eigenmächtig geänderte Bauausführung** **44** ist **formell-illegal**. Die Bauaufsichtsbehörde hat dann zu prüfen, ob diese mit dem materiellen Baurecht in Einklang steht. Zu diesem Zwecke kann sie die Einreichung von Bauvorlagen verlangen, sofern die Unzulässigkeit der ohne Genehmigung durchgeführten Maßnahmen nicht offensichtlich ist. Nur wenn die Änderung dem materiellen Baurecht widerspricht und eine Ausnahme oder Befreiung (§ 31 BauGB) bzw. Abweichung (§ 73 BauO NRW) nicht in Betracht kommt, kann die Beseitigung oder Änderung und verlangt werden.

Bei **Genehmigungsfähigkeit** der ohne Genehmigung vorgenommenen Änderungen ist der Bauherr stets zur **Vorlage entsprechender Nachtragsunterlagen** aufzufordern, da der Bauherr insoweit Rechtsanspruch auf die Erteilung der Baugenehmigung hat.

Die ohne Änderungsgenehmigung durchgeführte Baumaßnahme ist eine **Ordnungswidrigkeit** nach § 84 Abs. 1 Nr. 13 BauO NRW, die mit **Bußgeld** geahndet werden kann, da der Bauherr bezüglich der formell-illegalen Teile entgegen § 75 Abs. 5 BauO NRW vor Zugang der Baugenehmigung mit Bauarbeiten begonnen hat.

## 8 Zu Absatz 7 – Besondere Maßgaben, Prüfung durch Sachverständige

**45** Im Hinblick auf die Regelungen in Absatz 6 (Fortsetzung der Arbeiten nach Rohbaufertigstellung; s. vorausgehende Rdn. 40 bis 44) und in Absatz 8 (Benutzbarkeit der baulichen Anlagen, s. nachfolgend Rdn. 49–54) kann Absatz 7 nur in der Weise verstanden werden, dass die Bauaufsichtsbehörde das Recht hat, für **jeden** Bauzustand vorher – zweckmäßigerweise schon in der Baugenehmigung – zu bestimmen, dass die Fortführung der Bauarbeiten oder die Benutzung des fertig gestellten Bauwerks **erst in Betracht kommt, wenn zuvor eine Prüfung** durch die Bauaufsichtsbehörde selbst oder durch einen von ihr beauftragten Sachverständigen **tatsächlich stattgefunden hat**. Wird ein solches Verlangen geäußert, gelten die Regelungen in den Absätzen 6 und 8 nicht, denen zufolge die Bauarbeiten fortgesetzt werden dürfen bzw. das Bauwerk genutzt werden darf, wenn nach ordnungsgemäßer Anzeige gemäß Absatz 2 Satz 1 oder Satz 2 (ein Verlangen nach Absatz 2 Satz 2 wird in der Regel wohl stets mit dem Verlangen nach Absatz 7 kombiniert sein) die jeweils maßgebliche Frist abgelaufen ist, ohne dass die Bauaufsichtsbehörde eine Bauzustandsbesichtigung durchgeführt hat. Der Bauherr muss also in diesem Falle warten, bis die angekündigte Prüfung erledigt ist.

**46** Die Bauaufsichtsbehörde ist nach § 61 Abs. 3 BauO NRW berechtigt, **Sachverständige auf Kosten des Bauherrn heranzuziehen** (s. § 57 Abs. 6 Nr. 2 BauO NRW bzw. Tarifstelle 2.2.1 des Allgemeinen Gebührentarifs zur AVwGebO NRW). Ebenso trägt der Bauherr die Kosten besonderer Prüfungen und die damit im Zusammenhang stehenden Maßnahmen. Zu denken ist z. B. an etwa notwendige Probebelastungen von Bauteilen zur Prüfung ihrer Tragfähigkeit, wenn Zweifel an der ordnungsgemäßen, dem geprüften Standsicherheitsnachweis entsprechenden Ausführung bestehen. Die **Heranziehung von Sachverständigen** zu den Bauzustandsbesichtigungen ist, soweit möglich, bereits **in der Baugenehmigung** zu **regeln**, damit sich der Bauherr hierauf einstellen kann.

**47** **Anwendungsfälle** für ein Verlangen nach Absatz 7 sind die so genannten **„Sockelabnahmen"**, die z. B. angebracht sein können, wenn die genaue Einhaltung der festgelegten Höhenlage des Bauwerks (vgl. § 75 Abs. 6 BauO NRW) von besonderer Wichtigkeit ist, oder wenn wegen der Standsicherheit eine Kontrolle der Fundamentierungsarbeiten vor Weiterführung der übrigen Bauarbeiten notwendig erscheint. Zusätzliche Bauzustandsbesichtigungen sind in der Regel bei größeren Stahlbaukonstruktionen (z. B. Stahlskelettbauten), bei schwierigen Stahlbetonbauten, bei Anwendung von Spannbeton, beim Einbau unterirdischer Lagerbehälter für flüssige Brennstoffe und unter Umständen auch für die Lage der Grundleitungen der Entwässerungsanlagen erforderlich.

**48** Vorgeschrieben ist die **Prüfung technischer Anlagen und Einrichtungen** für die in § 1 Abs. 1 TPrüfVO aufgeführten baulichen Anlagen **durch staatlich anerkannte Sachverständige** vor der ersten Inbetriebnahme, nach wesentlichen Änderungen und wiederkehrend innerhalb bestimmter Zeiträume (s. den Anhang zu den §§ 1 und 2 TPrüfVO). Die erste Inbetriebnahme fällt regelmäßig mit der Bauzustandsbesichtigung zur abschließenden Fertigstellung zusammen. Die staatlich anerkannten Sachverständigen haben nach § 6 Abs. 1 Nr. 4 bis 6 TPrüfVO festgestellte Mängel dem Auftraggeber mitzuteilen, einen Bericht über das Ergebnis der Prüfung anzufertigen und dem Auftraggeber auszuhändigen und die Bauaufsichtsbehörde zu unterrichten, wenn festgestellte Mängel nicht fristgerecht beseitigt werden. Die Berichte über die Prüfungen vor der ersten Inbetriebnahme und nach wesentlichen Änderungen vor der Wiederinbetriebnahme sind nach § 2 Abs. 2 Nr. 5 TPrüfVO der Bauaufsichtsbehörde zu übersenden.

## 9 Zu Absatz 8 – Benutzbarkeit der baulichen Anlagen

**Voraussetzung für die Zulässigkeit der Benutzung** des Bauwerks ist dessen ordnungsgemäße Herstellung und sichere Benutzbarkeit, und zwar unabhängig davon, ob eine besondere Maßgabe oder Prüfung durch Sachverständige im Rahmen einer Bauzustandsbesichtigung angeordnet (s. Absatz 7), eine Besichtigung durchgeführt oder die Frist des Absatzes 8 Satz 1 abgelaufen ist. **49**

**Ob** ein **Bauvorhaben** im Sinne von Absatz 8 **ordnungsgemäß fertiggestellt** ist, hängt vom **Inhalt der Baugenehmigung** ab, deren Feststellungswirkung im vereinfachten Genehmigungsverfahren nach § 68 BauO NRW beschränkt ist (OVG NRW, Beschluss vom 3.5.2001 – 10 B 311/01, BauR 2001, 1575).

Die **abschließende Bauzustandsbesichtigung** dient unter anderem auch der Prüfung und Feststellung, **ob** für den vollendeten Bau die **Ingebrauchnahme zulässig** ist. Durch die eventuelle Erteilung einer entsprechenden Bescheinigung gemäß Absatz 8 Satz 2 erkennt die Bauaufsichtsbehörde an, dass die bauliche Anlage der Genehmigung entsprechend ausgeführt wurde, jedenfalls Beanstandungen in dieser Beziehung nicht erhoben werden. Die Ausstellung dieser Bescheinigung kann daher nicht erfolgen, wenn sich bei der abschließenden Bauzustandsbesichtigung des Bauwerks Abweichungen von den genehmigten Bauvorlagen oder sogar Mängel, die in Beziehung zum öffentlichen Baurecht stehen, herausstellen (s. Rdn. 31–34 und 43–44).

Eine **Ausnahme** hiervon kann **aus Gründen der Verhältnismäßigkeit** dann gelten, wenn es sich nur um unwesentliche Abweichungen handelt. Dies beurteilt sich nach Sinn und Zweck des bauaufsichtlichen Verfahrens. Wird bei der abschließenden Bauzustandsbesichtigung eine geringfügige Abweichung festgestellt, deren **baurechtliche Unbedenklichkeit offensichtlich** ist und deretwegen die Durchführung eines Nachtragsgenehmigungsverfahrens nicht in Betracht zu ziehen ist, wird es gerechtfertigt sein, diese Abweichung als unwesentlich anzusehen. Die **Bescheinigung** kann unter **Angabe der unwesentlichen Abweichung** von der Baugenehmigung ausgestellt werden **50**

Die Erteilung der mängelfreien **Bescheinigung ersetzt nicht die Baugenehmigung, ändert sie nicht ab** und verleiht nicht etwaigen unbeanstandet (unentdeckt) gebliebenen Abweichungen die Legitimation der Rechtmäßigkeit (VGH B-W, Urteil vom 15.12.1982 – 3 S 1592/82, BRS 40 Nr. 228). Trotz dieses – bescheinigten – Ergebnisses einer Bauzustandsbesichtigung können von der Bauaufsichtsbehörde in Wahrnehmung der ihr gesetzlich obliegenden Pflichten weiterhin Maßnahmen gefordert werden, um übersehene oder aus sonstigen Gründen nicht beanstandete Verstöße gegen das materielle Recht zu beseitigen (OVG NRW, Urteil vom 20.8.1992 – 7 A 2702/91, BRS 54 Nr. 203). Die Bauaufsichtsbehörde wird nach Fertigstellung des Bauwerks aufgrund ihres allgemeinen Überwachungsauftrags aus § 61 Abs. 1 BauO NRW tätig. **51**

Die **Bauzustandsbesichtigung zur abschließenden Fertigstellung dient** auch **gemeindlichen Interessen**, da durch sie die Wertfortschreibung und Festsetzung des Einheitswertes sichergestellt ist. Die Bauaufsichtsbehörde hat nach den Grundsteuerrichtlinien die abschließende Bauzustandsbesichtigung ohne Verzögerung dem Finanzamt mitzuteilen, damit Ausfälle an Grundsteuern vermieden werden. Mit der abschließenden Bauzustandsbesichtigung bzw. der Ausstellung der mängelfreien Bescheinigung hierüber ist das Baugenehmigungsverfahren regelmäßig beendet (vgl. OVG NRW, Beschluss vom 27.10.1959 – VII A 1784/56, BRS 9 VB5 S. 189 = BBauBl. 1960, 268). **52**

53 Die **Aufnahme der Nutzung** ist **frühestens erst eine Woche nach Ablauf des in der Anzeige nach Absatz 2 genannten Zeitpunkts** zulässig. Das Gesetz räumt diesen relativ langen Zeitraum ein, um der Bauaufsichtsbehörde ausreichend Zeit zu geben, diese wichtige Bauzustandsbesichtigung nach abschließender Fertigstellung auch durchzuführen. Die Vorschrift, bauliche Anlagen erst nach Verstreichen der Frist nutzen zu dürfen, gehört dem formellen Baurecht an. Ein Verstoß berechtigt für sich allein noch nicht zu dem Verlangen auf Räumung bzw. zur Untersagung der weiteren Nutzung, vielmehr muss daneben das bestehende materielle Recht verletzt sein (so schon PrOVG, Urteil vom 15. 10. 1907 – VIII. C. 55/06, PrOVGE 51, 391; und Urteil vom 2. 3. 1915 – IX. A. 176/13, PrOVGE 69, 391). Liegen materielle Rechtsverstöße vor, kann unter Beachtung des Verhältnismäßigkeitsgrundsatzes die Weiternutzung unterbunden werden. Die vorzeitige Ingebrauchnahme entgegen § 82 Abs. 8 Satz 1 BauO NRW kann als Ordnungswidrigkeit (s. § 84 Abs. 1 Nr. 19 BauO NRW) mit einer Geldbuße geahndet werden.

54 Absatz 8 **Satz 2** verpflichtet die Bauaufsichtsbehörde, einem Antrag des Bauherrn, die bauliche Anlage schon ganz oder zumindest teilweise **früher benutzen** zu können, zu entsprechen, wenn keine Bedenken wegen der öffentlichen Sicherheit oder Ordnung bestehen. Bei Vorliegen dieser Voraussetzungen ist dem Antrag stattzugeben, sofern nicht außergewöhnliche Gesichtspunkte eingreifen. Viele größere Vorhaben könnten ohne diese Vorschrift nicht wirtschaftlich abgewickelt werden (s. auch Rdn. 3). Angesichts der zunehmenden Bedeutung ökologischer Aspekte kommt sie auch immer dann zur Anwendung, wenn Baumaßnahmen außerhalb der Pflanzperiode bezugsfertig werden, Begrünungsmaßnahmen aber noch ausstehen.

## § 83
## Baulast und Baulastenverzeichnis

**(1) [1]Durch Erklärung gegenüber der Bauaufsichtsbehörde kann die Grundstückseigentümerin oder der Grundstückseigentümer öffentlich-rechtliche Verpflichtungen zu einem ihr oder sein Grundstück betreffenden Tun, Dulden oder Unterlassen übernehmen, die sich nicht schon aus öffentlich-rechtlichen Vorschriften ergeben (Baulast). [2]Besteht an dem Grundstück ein Erbbaurecht, so ist auch die Erklärung der oder des Erbbauberechtigten erforderlich. [3]Baulasten werden unbeschadet der Rechte Dritter mit der Eintragung in das Baulastenverzeichnis wirksam und wirken auch gegenüber der Rechtsnachfolgerin oder dem Rechtsnachfolger.**

**(2) Die Erklärung nach Absatz 1 bedarf der Schriftform; die Unterschrift muss öffentlich beglaubigt oder vor der Bauaufsichtsbehörde geleistet oder vor ihr anerkannt werden.**

**(3) [1]Die Baulast geht nur durch schriftlichen, im Baulastenverzeichnis zu vermerkenden Verzicht der Bauaufsichtsbehörde unter. [2]Auf Antrag der Grundstückseigentümerin oder des Grundstückseigentümers ist der Verzicht zu erklären, wenn ein öffentliches Interesse an der Baulast nicht mehr besteht.**

**(4) Das Baulastenverzeichnis wird von der Bauaufsichtsbehörde geführt. In das Baulastenverzeichnis können auch Auflagen, Bedingungen, Befristungen und Widerrufsvorbehalte eingetragen werden.**

**(5) Wer ein berechtigtes Interesse darlegt, kann in das Baulastenverzeichnis Einsicht nehmen oder sich Abschriften erteilen lassen.**

***VV BauO NRW*** *(infolge Befristung mit Ablauf des 31.12.2005 ausgelaufen)*

***83 Baulast und Baulastenverzeichnis (§ 83):***

*83.1 Einteilung und Form des Baulastenverzeichnisses*

*83.11 Das Baulastenverzeichnis wird von der unteren Bauaufsichtsbehörde jeweils für das Gebiet einer Gemeinde geführt. Ist die Gemeinde in mehrere Bauaufsichtsbezirke unterteilt, so kann das Baulastenverzeichnis entsprechend untergliedert werden. Es kann in festen Bänden, in Loseblattheftern oder als Kartei, die das Format DIN A 4 (hoch oder quer) haben, geführt werden. Wird das Baulastenverzeichnis in festen Bänden geführt, erhält es ein Titelblatt entsprechend dem anliegenden Muster 1.*

*83.12 Das Baulastenverzeichnis besteht aus den einzelnen Baulastenblättern im Format DIN A 4 (hoch oder quer) nach dem anliegenden Muster 2. Jedes Grundstück erhält ein eigenes Baulastenblatt, das mehrere Seiten umfassen kann. Die Baulastenblätter dürfen nur einseitig beschrieben werden.*

*Reicht die erste Seite des Baulastenblattes für weitere Eintragungen nicht mehr aus, so sind nach Bedarf weitere Seiten nachzuheften oder weitere Karteikarten einzustellen. Das Baulastenblatt für jedes Grundstück ist mit fortlaufenden Seitenzahlen zu versehen. Umfasst ein Baulastenblatt mehr als eine Seite, so ist die Nummer der folgenden Seite unten rechts anzugeben.*

*Die Bezeichnung des belasteten Grundstücks ist in den Baulastenblättern laufend zu halten. Soweit die Grundstücke nach Straße und Hausnummer bezeichnet sind, können Änderungen der Katasterbezeichnung unberücksichtigt bleiben.*

*83.2 Führung des Baulastenverzeichnisses*

*Mit der Führung des Baulastenverzeichnisses sind von der unteren Bauaufsichtsbehörde geeignete Bedienstete zu beauftragen; für diese sind Vertreter zu bestellen. Auftrag und Bestellung sind aktenkundig zu machen.*

*83.3 Eintragungen*

*83.31 Eintragungen in das Baulastenverzeichnis dürfen nur aufgrund einer Eintragungsverfügung vorgenommen werden.*

*Die Eintragungsverfügung ist auf die Urschrift der Verpflichtungserklärung (§ 83 Abs. 1 u. 2) zu setzen oder mit ihr zu verbinden. Die Verpflichtungserklärung und die Eintragungsverfügung sind nach Eintragung in das Baulastenverzeichnis zu den Bauakten des belasteten Grundstücks zu nehmen.*

*83.32 Jede Eintragung ist unter Angabe des Tages, an dem sie erfolgt, zu unterschreiben. Als Tag der Eintragung ist der Tag anzugeben, an dem die Eintragung unterschrieben wird. Beim Einschreiben der Eintragung ist deshalb der Eintragungstag zunächst offen zu lassen.*

*83.33 Die Eintragungen sind mit fortlaufenden Nummern zu versehen, die in Spalte 1 einzutragen sind. Bezieht sich die neue Eintragung auf eine frühere Eintragung, so ist dies in Spalte 3 bei der früheren Eintragung zu vermerken. Gelöschte oder geänderte Eintragungen sind rot durchzustreichen (vgl. Muster 2).*

*83.34 In Spalte 2 (Inhalt der Eintragung) kann bei Baulasten der Wortlaut der Verpflichtungserklärung eingetragen werden. Es genügt jedoch auch, wenn nur der wesentliche Inhalt der übernommenen Verpflichtung eingetragen wird (vgl. Muster 2).*

*83.35 In Spalte 3 können neben den Vermerken der Änderungen (vgl. Nr. 83.33), die stets eingetragen werden müssen, noch Hinweise auf die Bauakten oder auf andere Grundstücke eingetragen werden.*

*83.4 Besondere Eintragungen*

*83.41 Wird in der Verpflichtungserklärung für Baulasten nach § 4 Abs. 1 oder 2 und § 7 Abs. 1 sowie andere Baulasten, die sich flächenmäßig auf Grundstücke oder Teile von Grundstücken beziehen, auf einen Lageplan Bezug genommen, ist dieser für die Eintragung beizufügen. Der Lageplan muss den Anforderungen des § 18 BauPrüfVO entsprechen.*

*83.42 Nach § 83 Abs. 4 Satz 2 können – neben freiwilligen Verpflichtungen – auch Auflagen, Bedingungen, Befristungen und Widerrufsvorbehalte in das Baulastenverzeichnis eingetragen werden. Auflagen sind jedoch im Baulastenverzeichnis nur zu vermerken, wenn es sich um solche Auflagen handelt, die nicht nur ein einmaliges Tun, Dulden oder Unterlassen betreffen. Die Eintragung darf erst vorgenommen werden, wenn die Auflagen, Bedingungen, Befristungen oder Widerrufsvorbehalte unanfechtbar geworden sind.*

*83.43 Soweit z. B. bei Prüfung der Nachweisung festgestellt wird, dass die Bezeichnung belasteter Flurstücke sich geändert hat, erteilt das Katasteramt der Bauaufsichtsbehörde als Unterlage für die Berichtigung der Baulastenblätter:*

*a) bei Formveränderungen einen beglaubigten Auszug aus der Flurkarte, in dem die neuen Grenzen und Flurstücksnummern rot gekennzeichnet sind;*

*b) bei sonstigen Umnummerierungen und für Grundstücke, die erstmalig eine Hausnummer erhalten haben, eine Identitätsbescheinigung.*

*Solche Änderungen kann auch eine Öffentlich bestellte Vermessungsingenieurin oder ein Öffentlich bestellter Vermessungsingenieur der Bauaufsichtsbehörde mitteilen, wenn ihr oder ihm diese Änderungen bei ihrer oder seiner Tätigkeit bekannt geworden sind.*

*Die Änderungen sind auf dem Baulastenblatt zu vermerken.*

*Werden durch Teilung oder Grenzänderung des Grundstücks eingetragene Baulasten betroffen, so ist für die neugebildeten Grundstücksteile ein neues Baulastenblatt anzulegen, wenn sich die Baulast auch auf den neugebildeten Grundstücksteil erstreckt.*

*Eintragungen aufgrund einer Mitteilung des Katasteramtes oder einer Öffentlich bestellten Vermessungsingenieurin oder eines Öffentlich bestellten Vermessungsingenieurs bedürfen gleichfalls einer besonderen Eintragungsverfügung.*

*83.5 Schließungen*

*Ist ein Baulastenblatt infolge vieler Änderungen oder Löschungen unübersichtlich geworden, so ist das Blatt zu schließen und umzuschreiben. Die Schließung erfolgt durch den Vermerk „Geschlossen am …" am Schluss des Baulastenblattes. Der Vermerk ist von dem zuständigen Bediensteten zu unterschreiben. Bei der Umschreibung ist in dem neuen Baulastenblatt auf das geschlossene und in dem geschlossenen auf das neue Baulastenblatt zu verweisen. Der Inhalt gelöschter Eintragungen ist in das neue Baulastenblatt nicht zu übertragen, vielmehr sind nur die Nummern der gelöschten Eintragungen und in Spalte 3 der Vermerk „gelöscht" einzutragen. Am Schluss des umgeschriebenen Inhalts des neuen Baulastenblattes ist in Spalte 3 von dem zuständigen Bediensteten zu bescheinigen, dass der Inhalt des neuen mit dem des geschlossenen Baulastenblattes übereinstimmt. Die geschlossenen Blätter sind zu den Akten zu nehmen.*

*83.6 Mitteilungen*

*Je eine beglaubigte Abschrift der Eintragung erhalten:*

- *die oder der verpflichtete Grundstückseigentümerin oder Grundstückseigentümer,*
- *die Eigentümerin oder der Eigentümer des begünstigten Grundstücks; falls die Baulast mit Rücksicht auf ein anhängiges Baugenehmigungsverfahren eingeräumt worden ist, wird die beglaubigte Abschrift der Eigentümerin oder dem Eigentümer des begünstigten Grundstücks als Anlage zum Bauschein mitübersandt,*
- *die Gemeinde, sofern sie nicht selbst das Baulastenverzeichnis führt.*

*83.7 Nachweis der Eintragung*

*Neben dem Baulastenverzeichnis ist ein Nachweis zu führen, aus dem jederzeit ersichtlich ist, ob für ein bestimmtes Grundstück ein Baulastenblatt besteht. Die Form des Nachweises ist freigestellt. Jedes Grundstück, für das ein Baulastenblatt angelegt wird, ist in den Nachweis aufzunehmen.*

*Wird nach Absprache mit dem Katasteramt bei automatisierter Führung des Katasterbuchwerks ein entsprechender Nachweis im Katasterbuchwerk geführt, kann auf die Einrichtung des Nachweises durch die Bauaufsichtsbehörde verzichtet werden.*

83.8 *Einsichtnahme in das Baulastenverzeichnis und den Nachweis*

*Die Einsicht in das Baulastenverzeichnis und den Nachweis nach Nr. 83.7 ist jeder Person gestattet, die ein berechtigtes Interesse darlegt. Das Gleiche gilt für die Einsicht in die Baulastakte (Nr. 83.31, 2. Absatz), soweit dies zur Feststellung des Inhalts und Umfangs der Baulast erforderlich ist. Ein berechtigtes Interesse kann unter anderem bei den dinglich Berechtigten am Grundstück sowie bei kaufinteressierten Personen und künftigen Hypotheken- und Grundschuldgläubigerinnen und -gläubigern angenommen werden. Bei Notarinnen und Notaren sowie für die Anfertigung von Lageplänen bei Entwurfsverfasserinnen und Entwurfsverfassern, Fachplanerinnen und Fachplanern und Öffentlich bestellten Vermessungsingenieurinnen und Öffentlich bestellten Vermessungsingenieuren ist allgemein von einem berechtigten Interesse auszugehen. Soweit die Einsicht gestattet ist, können Abschriften oder Auszüge gefordert werden.*

*Für die Erteilung von Auskünften aus dem Baulastenverzeichnis und dem Nachweis gelten die Regelungen für die Einsicht entsprechend.*

***Muster 1***

.....................................................................................................................

*(untere Bauaufsichtsbehörde)*

*Band .........*
*des Baulastenverzeichnisses*
*von*

.....................................................................................................................

*(Gemeinde/Amt)*

.....................................................................................................................

*(Bezirk)*

**Muster 2**

| *Baulastenverzeichnis von Langenburg<br>Grundstück: Bankstraße 32<br>Gemarkung Langenburg Flur 3 Flurstück 114, 115* | *Baulastenblatt Nr. 8* | *Seite 1* |
|---|---|---|
| *Lfd. Nr.* | *Inhalt der Eintragung* | *Bemerkungen* |
| *1* | *2* | *3* |
| *1* | *Verpflichtung, eine Fläche von 100 qm, für die im Lageplan näher bezeichnet ist, für die Schaffung von vier Stellplätzen für das Grundstück Bankstraße Nr. 34 freizuhalten.*<br>*eingetragen am 7. Oktober 1962*<br>*Müller* | |
| *2* | *Übernahme der Abstandfläche des Nachbargrundstücks Bankstraße Nr. 30 mit einer Breite von 1,00 m.*<br>*eingetragen am 9. Oktober 1962*<br>*Müller* | *gelöscht, s. lfd. Nr. 4* |
| *3* | *Die Genehmigung zum Bau eines Lagerschuppens an der hinteren Grundstücksgrenze (Bauschein Nr. 1387/62) wurde bis zum 31. Mai1965 befristet.*<br>*eingetragen am 15. Mai 1963*<br>*Müller* | *geändert, s. lfd. Nr. 5* |
| *4* | *Auf die Baulast zu lfd. Nr. 2 wurde am 10. Juni 1963 verzichtet.*<br>*eingetragen am 12. Juni 1963*<br>*Müller* | *Folgende Seite 2* |

**Anmerkungen** (Autor: Heintz)

**Übersicht** Rdn.


| | | |
|---|---|---|
| 0 | Änderungen gegenüber der BauO NW 1984 und der BauO NW 1995 | 01–02 |
| 1 | Allgemeines | |
| 1.1 | Entstehungsgeschichte | 1–5 |
| 1.2 | Verhältnis von Dienstbarkeiten und Baulasten | 6–14 |
| 1.3 | Baulastregelungen im Überblick | 15–19 |
| 2 | Zu Absatz 1 – Zulässiger Inhalt, Entstehung und Wirkung der Baulast | |
| 2.1 | Zulässiger Inhalt | 20–22 |
| 2.1.1 | Öffentlich-rechtlicher Charakter der übernommenen Verpflichtung | 23–24 |
| 2.1.2 | Grundstücksbezogenheit | 25–26 |
| 2.1.3 | Baurechtsrelevanz | 27–30 |
| 2.1.4 | Subsidiarität der Baulast | 31–32 |
| 2.1.5 | Bauordnungsrechtliche Anwendungsfälle | 33–34 |
| 2.1.6 | Sonstige öffentlich-rechtliche Anwendungsfälle | 35–37 |
| 2.2 | Entstehung der Baulast | 38–47 |
| 2.3 | Wirkung der Baulast | 48–53 |
| 3 | Zu Absatz 2 – Verpflichtungserklärung | 54–56 |
| 4 | Zu Absatz 3 – Verzicht auf die Baulast | 57–63 |
| 5 | Zu Absatz 4 – Baulastenverzeichnis | 64–67 |
| 6 | Zu Absatz 5 – Recht auf Einsicht in das Baulastenverzeichnis | 68–70 |
| 7 | Zu § 18 BauPrüfVO – Darstellung im Lageplan | 71–82 |


## 0 Änderungen gegenüber der BauO NW 1984 und der BauO NW 1995

01 Die Vorschrift des § 83 **BauO NW 1995** entsprach § 78 BauO NW 1984. Es wurden nur wenige Änderungen und Ergänzungen vorgenommen:

- In **Absatz 1** wurde ein **neuer Satz 2** eingefügt, nach dem im Falle des Bestehens eines Erbbaurechts neben der Baulasterklärung des Eigentümers auch die entsprechende Erklärung des Erbbauberechtigten erforderlich ist, um der Rechtsprechung des OVG NRW (Urteil vom 22. 9. 1987 – 7 A 33/82, BauR 1988, 702 = BRS 48 Nr. 148) Rechnung zu tragen.
- In **Absatz 2** wurde ein Redaktionsversehen beseitigt: § 78 BauO NW 1984 formulierte „**von** ihr anerkannt“, obwohl „**vor** ihr anerkannt“ gemeint war (so die Begründung in LT-Drucks. 11/7153 S. 200).
- In **Absatz 3 Satz 1** erfolgte durch die Einfügung des Wortes „**nur**“ eine Klarstellung, dass der Bestand der Baulast von außerhalb der Bauordnung liegenden rechtlichen Vorgängen nicht berührt werden soll.
- Die **Absätze 4 und 5** blieben unverändert.
- Die Anforderungen an die **Darstellung von Flächenbaulasten** im Lageplan wurden erstmals in der **BauPrüfVO 1995** geregelt.

02 Die **BauO NRW 2000** hat § 83 BauO NW 1995 unverändert übernommen.

## 1 Allgemeines

### 1.1 Entstehungsgeschichte

Das Bedürfnis nach Absicherung von Dispensen bezüglich der Vorschriften über Grenzabstände hat schon früh bestanden und bot der Baupolizei ausreichend Anlass, das öffentliche Interesse an der Einhaltung des erforderlichen Abstandes zwischen den Gebäuden mit Hilfe der zivilrechtlichen Instrumente abzusichern (vgl. Bartels, Öffentlichrechtliche dingliche Rechte und dingliche öffentliche Lasten, 1970, S. 19 f.). Die Absicherung öffentlich-rechtlich gebotener Abstände oder Zuwegungen über Dienstbarkeiten war jedoch umständlich und zwang die Baupolizei im Streitfall zur Beschreitung des Zivilrechtsweges. Hinzu trat ein Bedürfnis zur Absicherung öffentlich-rechtlicher Lasten in Bezug auf Anliegerbeiträge für die Herstellung der Erschließungseinrichtungen, so dass vor allem in Sachsen mehrere Gemeinden „**Oblasten- und Vorschussbücher**" einrichteten, um das Bestehen öffentlich-rechtlicher Verpflichtungen der Grundstückseigentümer festzuhalten. Die gesetzliche Regelung dieser kommunalen Praxis erfolgte erstmals in **Sachsen** mit den §§ 2–4 des Allgemeinen Baugesetzes für das Königreich Sachsen vom 1. 7. 1900 (GVBl. S. 381), wonach die Grundstückseigentümer in baupolizeilichen Angelegenheiten Verpflichtungen übernehmen konnten, die als öffentlich-rechtliche Lasten auf ihren Grundstücken ruhten und gegenüber dem Rechtsnachfolger wirkten. 1

Die Einsicht in das **Erfordernis öffentlich-rechtlicher Baulastregelungen** wuchs, als das Reichsgericht die von den Baupolizeibehörden bzw. Gemeinden praktizierte Sicherung öffentlich-rechtlicher Forderungen über Dienstbarkeiten nach bürgerlichem Recht mit der Begründung monierte, dass Vorschriften des Privatrechts nicht dazu bestimmt seien, den Vollzug öffentlichen Rechts zu erleichtern (Beschluss vom 11. 10. 1905 – V. B 256/05, RGZ 61, 338). In der Folge erließen **Bremen** mit § 2 des Gesetzes betreffend die öffentlichen Grundlasten vom 23. 6. 1907 (GBl. S. 122), **Baden** mit § 27 des Ortsstraßengesetzes vom 15. 10. 1908 (GVBl. S. 605) und **Württemberg** mit Art. 99 der Bauordnung vom 28. 7. 1910 (RegBl. S. 333) vergleichbare Regelungen.

**Preußen beabsichtigte** die **Einführung** und leitete mehrfach Gesetzesvorhaben ein:

- Entwurf eines preußischen Wohnungsgesetzes von 1913, PrVBl. 1916, S. 273 ff.,
- Regierungsentwurf eines Gesetzes betreffend die Baulastenbücher von 1917, Preußisches Abgeordnetenhaus, 22. Legislaturperiode, III. Session 1916/18, Drucksache Nr. 508 S. 3522 ff.,
- Regierungsentwurf eines Gesetzes über die Baulastenbücher von 1923, Preußischer Landtag, 1. Wahlperiode, 1. Tagung 1921/23, Drucksache Nr. 6404, S. 6968 ff.,
- Regierungsentwurf eines Städtebaugesetzes von 1926, Preußischer Landtag, 2. Wahlperiode, 1. Tagung 1925/26, Drucksache Nr. 4360, S. 5606 ff.,
- Regierungsentwurf eines Städtebaugesetzes von 1929, Preußischer Landtag, 3. Wahlperiode, 1. Tagung 1928/29, Drucksache Nr. 3015, S. 2573 ff.

Diese **preußischen Gesetzesvorhaben scheiterten** an grundsätzlichen Bedenken der Abgeordneten, obwohl die Zweckmäßigkeit der Einführung außer Frage stand (vgl. Baltz/Fischer, S. 166). Schließlich ließ der Druck auf die Länder zur Schaffung von Vorschriften über Baulasten nach, weil das Reichsgericht in einer weiteren Entscheidung seine ursprünglichen Bedenken gegen die Praxis der Nutzung der zivilrechtlichen Sicherungsinstrumente aufgab (Beschluss vom 14. 10. 1925 – V B 22/25, RGZ 111, 384).

2 Von 1934 bis 1942 erarbeitete das Reichsarbeitsministerium den „Entwurf eines Deutschen Baugesetzbuches“ (s. die Einleitung Rdn. 51), der das gesamte Baurecht erfassen sollte und auch Regelungen über Baulasten enthielt, jedoch aufgrund der Kriegsereignisse nicht weiterverfolgt wurde. Dieser Entwurf fand größtenteils Verwendung bei dem 1950 vorgestellten „Entwurf des Baugesetzes für die Bundesrepublik Deutschland“ (hierzu s. Wambsganz, Stand der Baugesetzgebung, BBauBl. 1952, S. 99 ff.). Auch der „**Kommissionsentwurf für ein Baugesetz von 1956**“ sah in den §§ **236–239** die **bundesrechtliche Regelung der Baulast als Teil des Bodenrechts** vor. Dennoch unterblieb eine Regelung im BBauG 1960, da die bundesrechtliche Bedeutung seinerzeit nicht sehr hoch eingeschätzt wurde (hierzu vgl. Ernst/Zinkahn/Bielenberg/Krautzberger, Einleitung Rdn. 47 ff.) und man die Baulastenregelung seinerzeit eher als dem „Einzelbauwerk“ zugehörend einordnete (vgl. Dittus, Zum Erscheinen des Bundesbaugesetzes, DVBl. 1960, S. 537 ff.).

Daher nahm die **Musterbauordnungskommission** die Baulastmaterie entsprechend dem Kommissionsentwurf von 1956 für ein Baugesetz in gestraffter Form in die §§ **107 und 108 MBO 1960** auf (vgl. Allgemeine Einführung in die Musterbauordnung, aufgestellt vom Begründungsausschuss der Musterbauordnungskommission, Band 17 der Schriftenreihe des Bundesministers für Wohnungsbau, S. 45 ff.). Bedauerlicherweise entfiel bei dieser Straffung ein Teil der beabsichtigten bundesrechtlichen Regelungen, wodurch sich bis heute manche Anwendungsprobleme dieses Rechtsinstituts ergeben. Die **Umsetzung der Mustervorschriften in Landesrecht** nahm erhebliche Zeit in Anspruch, da nicht sofort alle Landesbauordnungen dieses Rechtsinstitut übernommen haben (zur Entwicklung s. Peus, Das Rechtsinstitut der Baulast, 1969, S. 3 ff.; David, Die Baulast als bauaufsichtliches Instrument, 1970, S. 18 ff.; Hagedorn, Die privatrechtlichen Auswirkungen der öffentlich-rechtlichen Baulast, 1985, S. 7 ff.; Döring, Die öffentlich-rechtliche Baulast und das nachbarliche Grundverhältnis, 1994, S. 4 ff. und Schwarz, Baulasten im öffentlichen Recht und im Privatrecht, 1995, Rdn. 6–14 und 382–392).

3 Mit den §§ **99 und 100 BauO NW 1962** wurde das **Rechtsinstitut der Baulast** in Nordrhein-Westfalen als **erstem** Bundesland entsprechend der MBO 1960 gesetzlich eingeführt (hierzu s. Fechtrup, Baulasten und Baulastenverzeichnis, DVBl. 1963, S. 613 ff.; Füsslein, Zur rechtlichen Bedeutung der Baulasten, DVBl. 1965, S. 270 ff. und Krawietz, Die Baulast als Rechtsinstitut, DVBl. 1973, S. 605 ff.). Nach und nach folgten die anderen Bundesländer mit dem Erlass ihrer Bauordnungen dem Vorbild der MBO 1960 (s. die Einleitung Rdn. 71). Als einziges der alten Bundesländer übernahm dagegen **Bayern** das Rechtsinstitut nicht. Auch in den **neuen Bundesländern** wurden die Regelungen über die Baulast mit der BauO (DDR) 1990 eingeführt. **Brandenburg** hat diese Bestimmungen mit der BbgBO 1994 wieder abgeschafft. In Bayern und Brandenburg wird auf das zivilrechtliche Rechtsinstitut der **Dienstbarkeit** zurückgegriffen, um bauaufsichtliche Anforderungen abzusichern. In **Sachsen** wurden mit der SächsBO 1994 beide Rechtsinstitute **nebeneinander** zugelassen, so dass den Beteiligten dort ein Wahlrecht zusteht, ob eine Dienstbarkeit oder eine Baulast zur Anwendung kommen soll.

4 **Bestehende Baulasten** können im Einzelfall bei der **Aufstellung der Bauleitpläne abwägungserheblich** sein (BVerwG, Beschluss vom 24. 8. 1993 – 4 NB 12. 93, BRS 55 Nr. 119). Obwohl der Bund auf eine Regelung des Rechtsinstituts verzichtete, erwähnt das Städtebaurecht die Baulast in § 35 Abs. 5 Satz 2 und 3 BauGB zur **Sicherung der Einhaltung der bauplanungsrechtlichen Vorgaben nach § 35 Abs. 4 BauGB**. Der Bund hatte im Städtebaurecht mit § 51 Abs. 1, § 61 Abs. 1, § 68 Abs. 1 und § 80 Abs. 2 BauGB 1986 auch

Vorschriften über die **Behandlung von Baulasten im Umlegungs- oder Grenzregelungsverfahren** erlassen, die allerdings unvollständig waren und Regelungslücken ließen (vgl. Stich, Baulasten in der Umlegung, Grenzregelung, Sanierung und städtebaulichen Entwicklung, Rechtsgutachten zur Vorbereitung der Städtebaurechtsnovelle 1997, veröffentlicht vom Bundesministerium für Raumordnung, Bauwesen und Städtebau, 1996, S. 1–4). Das am 1. 1. 1998 in Kraft getretene **BauROG** regelt in seinem Artikel 1 **Ergänzungen** von Einzelvorschriften des BauGB im Zusammenhang mit **Bodenordnungs-** sowie **Sanierungs-** und **Entwicklungsmaßnahmen**. Aufgrund dieser Vorschriften dürfen im Umlegungsgebiet, im Sanierungsgebiet und im städtebaulichen Entwicklungsbereich Baulasten nur mit entsprechender Genehmigung der zuständigen Stellen begründet, geändert oder aufgehoben werden. Darüber hinaus können die zuständigen Stellen **im Einvernehmen mit der Baugenehmigungsbehörde** im Umlegungsgebiet **Baulasten neu begründen**, **ändern** oder **aufheben**. Diese bundesrechtlichen Vorschriften verdrängen als Bodenrecht insoweit das Bauordnungsrecht.

**Für das Umlegungsverfahren** enthält § 61 Abs. 1 Satz 3 BauGB eine mit § 79 MBO 1993 übereinstimmende **Legaldefinition der Baulast**, die unabhängig davon, ob das Landesrecht eine entsprechende Regelung enthält, auch eingreift, wenn es der Sache nach um entsprechende Regelungen geht, so dass z. B. auch Abstandflächensicherungen durch zivilrechtliche Dienstbarkeit nach bayerischem, brandenburgischem oder sächsischem Recht hiervon erfasst werden (so Jäde/Dirnberger/Weiß, zu § 61 Rdn. 7).

Die Entstehungsgeschichte des Rechtsinstituts verdeutlicht, dass die Länder nur deshalb **5**
befugt waren, die Baulastmaterie in ihre Landesbauordnungen zu übernehmen, weil der **Bund** insoweit seine **Gesetzgebungskompetenz nach Art. 74 Nr. 18 GG nicht genutzt** hat. Dass es sich bei der Materie nicht allein um „Baupolizeirecht im bisher gebräuchlichen Sinne“ (s. die Einleitung Rdn. 62), sondern in der überwiegenden Anzahl der Anwendungsfälle „im wahrsten Sinne des Wortes“ um **Bodenrecht** handelt, kann angesichts der **baurechtsbeschränkenden Wirkungen** nicht bestritten werden (vgl. Ziegler, Ein formulierter Vorschlag zur Aufnahme des Bauordnungsrechts in ein [Bundes-]Baugesetzbuch, DVBl. 1984, S. 378 ff.).

Angesichts des Verzichts des Bundes zur Regelung des Rechtsinstituts kann an der Gesetzgebungszuständigkeit der Länder kein Zweifel bestehen. Mit der Baulast sollen die tatbestandlichen Voraussetzungen für die Erteilung einer Baugenehmigung, die sonst nicht vorliegen würden, geschaffen und auf Dauer gesichert werden. Dieser inhaltliche Zusammenhang mit einem konkreten Baugesuch weist die Baulast als Instrument des Bauordnungsrechts aus (Hamb. OVG, Urteil vom 28. 2. 1985 – Bf. II 29/83, NJW 1987, 915 = NVwZ 1987, 428). **Bedenken** zur Gesetzgebungskompetenz der Länder im Hinblick auf das Sachenrecht des BGB sind **unbegründet** (BVerwG, Beschluss vom 27. 9. 1990 – 4 B 34 und 35.90, BauR 1991, 62 = BRS 50 Nr. 109 = NJW 1991, 713 = UPR 1991, 72 = ZfBR 1991, 31 und Beschluss vom 29. 10. 1992 – 4 B 218.92, BRS 54 Nr. 157). Nicht zu übersehen ist, dass das Verhältnis zwischen öffentlich-rechtlicher Baulast und dem Zivilrecht gesetzlich nicht geregelt ist und viele Streitigkeiten aus diesem unbefriedigenden Rechtszustand resultieren (vgl. hierzu Masloh, Zivilrechtliche Aspekte der öffentlich-rechtlichen Baulasten, NJW 1995, S. 1993 ff.), weshalb die **Forderung nach einer bundesrechtlichen Regelung** erhoben wird (vgl. Schwarz, Die Entwicklung des Baulastenrechts seit 1994, BauR 1998, S. 446 ff., Döring, a. a. O. Rdn. 2, S. 143 f. und Lorenz, Zu den privatrechtlichen Folgen der nachbarrelevanten Baulast, NJW 1996, S. 2612 ff.).

### 1.2 Verhältnis von Dienstbarkeiten und Baulasten

6 Das öffentlich-rechtliche Institut der **Baulast** weist Ähnlichkeiten mit dem zivilrechtlichen Institut der **Dienstbarkeit** auf. Das **Baulastenverzeichnis** ist dem **Grundbuch** angenähert. Diese **Ähnlichkeiten** sind **nicht zufällig**, sondern darauf zurückzuführen, dass die zivilrechtlichen Sicherungsinstrumente als erste vorhanden waren und daher das öffentliche Recht an diesem Vorbild ausgerichtet wurde. Eine **Dienstbarkeit** nach bürgerlichem Recht ist eine auf ein bestimmtes **Dulden** oder **Unterlassen** gerichtetes beschränktes dingliches Recht an einer Sache oder an einem Recht. Es handelt sich hierbei um vom Eigentumsvollrecht abgeleitete Teilrechte. Das **Sachenrecht des BGB** kennt drei Dienstbarkeitstypen:

- die **Grunddienstbarkeit** nach den §§ 1018 bis 1029 BGB, die darauf zielt, dem Eigentümer des begünstigten Grundstücks beschränkte dingliche Rechte an dem belasteten Grundstück einzuräumen,
- das **Nießbrauchsrecht** nach den §§ 1030 bis 1089 BGB, das ein Recht auf die Gesamtnutzung einer Sache einräumt, und
- die **beschränkte persönliche Dienstbarkeit** nach den §§ 1090 bis 1093 BGB, die darauf zielt, einer bestimmten natürlichen oder juristischen Person beschränkte dingliche Rechte an dem belasteten Grundstück einzuräumen.

Die Nießbrauchsrechte können sowohl an Grundstücken als auch an Rechten und Vermögen eingeräumt werden. Dagegen können sich **Grunddienstbarkeiten** und **beschränkte persönliche Dienstbarkeiten** nur auf **Grundstücke** beziehen. In dem hier interessierenden Zusammenhang kommt den Nießbrauchsrechten keine Bedeutung zu.

7 Eine **Dienstbarkeit am Grundstück** wird in aller Regel **durch schuldrechtlichen Vertrag begründet**, den im Falle der Grunddienstbarkeit der Eigentümer des belasteten Grundstücks mit dem Eigentümer des begünstigten Grundstücks oder im Falle der beschränkten persönlichen Dienstbarkeit mit der begünstigten natürlichen oder juristischen Person abschließt. Zulässig sind auch so genannte „**Eigentümerdienstbarkeiten**", sofern dafür ein eigenes schutzwürdiges wirtschaftliches oder ideelles Interesse des Berechtigten oder ein entsprechendes fremdes Interesse, das gefördert werden soll, bei der Bestellung aus Anlass einer beabsichtigten Veräußerung besteht (BGH, Urteil vom 11. 3. 1964 – V ZR 78/62, NJW 1964, 1226). Eine Grunddienstbarkeit mit Ausübungsbeschränkung auf einen **Teil** des Grundstücks ist selbst dann zulässig, wenn sie eine Art der Nutzung gestattet, die den Grundstückseigentümer von jeglicher Mitbenutzung ausschließt (BGH, Urteil vom 25. 10. 1991 – V ZR 196/90, NJW 1992, 1101; s. jedoch Rdn. 9). **Voraussetzung** für die **Eintragung im Grundbuch** ist nach § 873 Abs. 1 BGB der **übereinstimmende Wille der Beteiligten** und nach den grundbuchrechtlichen Bestimmungen der **Eintragungsbewilligung** des Eigentümers des belasteten Grundstücks in Form der **Beurkundung** oder **öffentlichen Beglaubigung** nach §§ 19 und 29 GBO.

8 Die Dienstbarkeiten werden in **Abteilung II** des Grundbuchblattes des **dienenden** (belasteten) Grundstücks eingetragen. **Grunddienstbarkeiten** gelten nach § 96 BGB als **rechtlicher Bestandteil des herrschenden** (begünstigten) **Grundstücks** und können gemäß § 9 Abs. 1 GBO als „**Aktivvermerk**" auch in das Bestandsverzeichnis des herrschenden (begünstigten) Grundstücks aufgenommen werden. Es genügt, wenn das **Recht im Wesenskern schlagwortartig umschrieben** ist (BGH, Beschluss vom 22. 9. 1961 – V ZB 16/61, NJW 1961, 2157), wie dies z. B. mittels der Bezeichnungen „Wegerecht"

oder „Baubeschränkung" häufig geschieht. Erforderlich ist dabei die Bezeichnung des Berechtigten und gemäß § 874 BGB die Bezugnahme auf die Eintragungsbewilligung, die dadurch Eintragungsinhalt wird, um den genauen Inhalt des Rechts jederzeit anhand der Grundakten feststellen zu können. Bezieht sich die Dienstbarkeit nur auf einen **bestimmten Grundstücksteil**, wie dies z.B. häufig bei Geh-, Fahr- und Leitungsrechten der Fall ist, so ist die **Fläche entweder genau textlich zu beschreiben**, soweit dies überhaupt möglich ist, **oder zeichnerisch in einem Lageplan darzustellen**, auf den gemäß § 13 Abs. 1 Satz 1 Beurkundungsgesetz die Eintragungsbewilligung Bezug nehmen muss und der mit dieser zu verbinden ist (BGH, Beschluss vom 6.3.1981 – V ZB 2/81, NJW 1981, 1781). Die Bestimmung der genauen **Ausübungsstelle einer Dienstbarkeit**, die zur Anlegung einer unterirdischen **Leitung** auf dem Grundstück berechtigt, ist entbehrlich, wenn als weiterer Inhalt der Dienstbarkeit ein Bauverbot für eine **im Ausmaß festgelegte Schutzzone** der Leitung vereinbart ist (BGH, Beschluss vom 16.2.1984 – V ZB 8/83, NJW 1984, 2210). Es spielt dann keine Rolle, wo genau die Leitung innerhalb dieser Fläche liegt.

Für die hier zunächst besonders interessierende **Grunddienstbarkeit** ist die **Begriffsbestimmung** des **§ 1018 BGB** von besonderer Bedeutung: 9

*„Ein Grundstück kann zugunsten des jeweiligen Eigentümers eines anderen Grundstücks in der Weise belastet werden, daß dieser das Grundstück in einzelnen Beziehungen benutzen darf oder daß auf dem Grundstück gewisse Handlungen nicht vorgenommen werden dürfen oder daß die Ausübung eines Rechts ausgeschlossen ist, das sich aus dem Eigentum an dem belasteten Grundstück dem anderen Grundstück gegenüber ergibt."*

Hieraus ergeben sich folgende zulässige Formen der Grunddienstbarkeit:

- **Nutzungsdienstbarkeit** in einzelnen Beziehungen, wie z.B. Wegerecht, Leitungsrecht oder Stellplatzrecht. Die Grunddienstbarkeit darf jedoch den Grundstückseigentümer nicht vollständig von der Nutzung des Gesamtgrundstücks ausschließen (BHG, Urteil vom 25.10.1991 – V ZR 196/90, NJW 1992, 1101).
- **Unterlassungsdienstbarkeit** bezüglich bestimmter Handlungen, wie z.B. Freihalten von der Bebauung oder Verzicht auf Ausübung gewerblicher Betätigung.
- **Duldungsdienstbarkeit** in Bezug auf Vorgänge auf dem herrschenden (begünstigten) Grundstück, die normalerweise nach §§ 903 ff. in Verbindung mit § 1004 BGB abgewehrt werden können, wie z.B. zu geringe Grenzabstände der Nachbarbebauung oder Lärm-, Staub-, Erschütterungs- und Geruchsbeeinträchtigungen.

Die Grunddienstbarkeit kann sich stets nur auf Nutzungsberechtigungen bzw. Duldungs- oder Unterlassungspflichten beziehen. **Aktives Handeln** (Tun) kann dagegen **nicht** Gegenstand einer Grunddienstbarkeit sein.

Mittels Grunddienstbarkeit können die Grundstückseigentümer gegenseitig auch solche Rechte absichern, wie sie gewöhnlich Gegenstand einer Baulast sind. So kann sich der Eigentümer des herrschenden (begünstigten) Grundstücks von dem Eigentümer des dienenden (belasteten) Grundstücks eine Zuwegungsfläche, eine Abstandfläche, eine Kleinkinderspielfläche oder eine Stellplatzfläche absichern lassen. Auch eine Baubeschränkung, z.B. hinsichtlich der Höhe der Bebauung, kann Inhalt einer Grunddienstbarkeit sein (BGH, Urteil vom 8.2.2002 – V ZR 252/00, NJW 2002, 1797), ebenso die Verpflichtung zur Einhaltung der Festsetzungen eines noch nicht bestandskräftigen Bebauungsplans (BGH, Urteil vom 7.2.1985 – III ZR 179/83, NJW 1985, 1892). 10

Die Problematik einer **Grunddienstbarkeit** liegt aus bauaufsichtlicher Sicht in ihrer **mangelnden Rechtsbeständigkeit**. Denn Grunddienstbarkeiten können – anders als Baulasten – durch die beteiligten Eigentümer jederzeit geändert oder aufgehoben werden. Es genügt, dass der Eigentümer des herrschenden Grundstücks nach § 875 Abs. 1 BGB das Recht aufgibt und die Löschung im Grundbuch bewilligt. Wegen dieser Unsicherheiten muss in den Ländern, die das Rechtsinstitut der Baulast nicht kennen oder neben der Baulast auch Dienstbarkeiten zulassen, eine zusätzliche Absicherung hinzutreten, weil auch dort das Bauordnungsrecht von einer dauerhaften Absicherung ausgeht, um zu vermeiden, dass baurechtswidrige Zustände eintreten. Die dauerhafte rechtliche Sicherung setzt voraus, dass durch dingliche Bindung ein dem Grundeigentum vergleichbar sicherer und vergleichbar offenkundiger Rechtszustand geschaffen und so auch eine den Bedürfnissen der Praxis genügende Rechtsklarheit hergestellt wird; sie ist deshalb, sofern sie mit Mitteln des Zivilrechts bewerkstelligt werden soll, im Regelfall erst bei Bestellung einer Grunddienstbarkeit zugunsten des jeweiligen Eigentümers des Baugrundstücks und einer **inhaltsgleichen beschränkten persönlichen Dienstbarkeit zugunsten des Trägers der Bauaufsichtsbehörde** (Gemeinde oder Land) gewährleistet (so BayVGH, Beschluss vom 14. 12. 1993 – 20 B 93.2760, NVwZ 1995, 281). Dass die Bauaufsichtsbehörde nicht ausreichend gegen eine Aufhebung der Dienstbarkeit abgesichert sei, wird zwar von Befürwortern der Baulast gelegentlich verkürzend vorgetragen, entspricht aufgrund der gegebenen zivilrechtlichen Möglichkeiten aber nicht der Rechtslage (vgl. Meendermann/Lassek, Rechtsfortbildung der Baulast, NJW 1993, S. 424 ff.).

11 Zur **Bestimmung** der **beschränkten persönlichen Dienstbarkeit** regelt **§ 1090 BGB**:

*„Das Grundstück kann in der Weise belastet werden, daß derjenige, zu dessen Gunsten die Belastung erfolgt, berechtigt ist, das Grundstück in einzelnen Beziehungen zu benutzen, oder daß ihm eine sonstige Befugnis zusteht, die den Inhalt einer Grunddienstbarkeit bilden kann.“*

Hieraus ergeben sich die **möglichen Inhalte** einer beschränkten persönlichen Dienstbarkeit **weitgehend deckungsgleich** mit denen der **Grunddienstbarkeit**. Der Unterschied zur Grunddienstbarkeit ist darin zu sehen, dass das eingeräumte Recht nicht dem Eigentümer des herrschenden Grundstücks, sondern einer **bestimmten natürlichen** oder **juristischen Person** zusteht. Beschränkte persönliche Dienstbarkeiten sind vor allem üblich, um Wohnungs- und Mitbenutzungsrechte, Ausbeutungsrechte an Bodenschätzen und Wettbewerbsbeschränkungen abzusichern. Im öffentlichen Recht haben sie für Wohnungsbelegungsrechte und für baulastersetzende Sicherungen Bedeutung erlangt. So kann sich eine Gemeinde im Rahmen des Grundstücksverkaufvertrags eine beschränkte persönliche Dienstbarkeit einräumen lassen, dass auf dem Grundstück, welches in einem durch Bebauungsplan als Gewerbegebiet ausgewiesenen Ortsteil liegt, eine bestimmte Art des Gewerbes nicht ausgeübt werden darf (BGH, Urteil vom 24. 6. 1983 – V ZR 167/82, NJW 1984, 924). Zwar erlöschen beschränkte persönliche Dienstbarkeiten mit dem Tod der natürlichen oder dem Untergang der juristischen Person, die Gefahr des Untergangs besteht aber bei Gebietskörperschaften des öffentlichen Rechts nicht, da stets eine Rechtsnachfolge gewährleistet ist.

12 Die in Bayern, Brandenburg und Sachsen erforderliche Praxis, **zivilrechtliche Vereinbarungen** zwischen den beteiligten Grundstückseigentümern und zusätzlich zwischen dem belasteten Grundstückseigentümer und der Bauaufsichtsbehörde herbeizuführen, erfordert stets die **Beteiligung des Notars**. Dagegen können Baulasten vor der Bauaufsichts-

behörde abgeschlossen werden, was zu einer **Vereinfachung des baurechtlichen Verfahrens** und nicht zuletzt auch zu einer **Kostenentlastung des Bauherrn** führt. Der Kostenvorteil tritt jedoch nur ein, wenn die Baulast alleine ausreicht, und keine ergänzende Grunddienstbarkeit, z. B. zur Sicherstellung von Benutzungsrechten, bestellt werden muss.

Für die Bauaufsichtsbehörde bieten Baulasten gegenüber Grunddienstbarkeiten den 13
entscheidenden Vorteil, dass der verpflichtete Grundstückseigentümer unmittelbar aus der Baulast durch **Ordnungsverfügung** in Anspruch genommen werden kann (s. auch Große-Suchsdorf/Lindorf/Schmaltz/Wiechert, zu § 92 Rdn. 50–51). Dagegen können die Bauaufsichtsbehörden ihre Rechte aus einer beschränkten persönlichen Dienstbarkeit nur auf dem Zivilrechtsweg geltend machen. Was sich für die Bauaufsichtsbehörde als Nachteil erweist, kann für den Inhaber einer Grunddienstbarkeit jedoch einen Vorteil bedeuten, da er sein Recht unmittelbar durchsetzen kann (vgl. Wenzel, S. 34 Rdn. 7). Bei dem Vergleich beider Rechtsinstitute kann auch nicht übersehen werden, dass die Baulast dem Eigentümer des begünstigten Grundstücks kein Recht verschafft, sondern lediglich **Reflexwirkungen in Bezug auf ihren Inhalt** entfaltet (vgl. Weirich, Rdn. 751). Die Baulast ersetzt grundsätzlich keine daneben erforderlichen zivilrechtlichen Regelungen (BGH, Urteil vom 8. 7. 1983 – V ZR 204/82, BGHZ 88, 97 = BRS 40 Nr. 180 = DÖV 1983, 982 = DVBl. 1983, 1149 = NJW 1984, 124). Bezweckt eine Grunddienstbarkeit aber die Sicherstellung der Bebaubarkeit eines Grundstücks, so kann der Eigentümer dieses belasteten Grundstücks zur Bewilligung einer inhaltsgleichen Baulast verpflichtet sein (hierzu s. nachfolgende Rdn. 38; zum Verhältnis der Baulasten zu dinglichen Privatrechten vgl. Prahl, Zur Privatrechtsrelevanz der Baulast, ZfBR 1997, S. 12 ff.).

Für die Praxis als hinderlich erweist sich schließlich die **Trennung von Grundbuch und** 14
**Baulastenverzeichnis**, so dass in beide Einblick zu nehmen ist, um sich über das Vorhandensein von Belastungen Gewissheit zu verschaffen (vgl. Sachse, Das Spannungsverhältnis zwischen Baulastenverzeichnis und Grundbuch, NJW 1979, S. 195 ff.). Die **Baulast** ist als öffentlich-rechtliche Baubeschränkung **kein Recht eines Dritten im Sinne des § 434 BGB** (BGH, Urteil vom 10. 3. 1978 – V ZR 69/76, BauR 1978, 397 = BRS 33 Nr. 157 = MDR 1978, 913 = NJW 1978, 1429), so dass der Käufer keine Gewährleistungsansprüche gegenüber dem Verkäufer geltend machen kann, wenn er erst später von dem Bestehen einer Baulast erfährt. Daher kommt der **Belehrungspflicht des Notars** besondere Bedeutung zu. Diese besteht unter dem Gesichtspunkt der Aufklärung der Beteiligten über die rechtliche Bedeutung ihrer Erklärungen und die unmittelbaren rechtlichen Voraussetzungen für den Eintritt des beabsichtigten Rechtserfolgs und erfasst regelmäßig **Belastungen des Grundstücks und deren Bedeutung** (BGH, Urteil vom 24. 6. 1993 – IX ZR 84/92, NJW 1993, 2741; zur weitreichenden Bedeutung dieser Entscheidung vgl. Stich, a. a. O. Rdn. 4, S. 55 ff. und Masloh, a. a. O. Rdn. 5).

### 1.3 Baulastregelungen im Überblick

Die **aktuellen Bestimmungen des § 83 BauO NRW 2000**, die weitgehend § 78 BauO NW 15
1984 entsprechen, basieren auf der grundlegenden Überarbeitung der Mustervorschriften der MBO durch die ARGEBAU im Jahre 1981 (vgl. **§ 79 MBO 1981** = § 79 MBO 1997 = § 83 MBO 2002; s. auch die Einleitung Rdn. 90). Nach § 83 Abs. 1 **Satz 1** BauO NRW und den damit weitgehend übereinstimmenden Vorschriften der anderen Landesbauordnungen ist eine Baulast im Sinne des Bauordnungsrechts „eine sich nicht schon aus öffentlich-rechtlichen Vorschriften ergebende öffentlich-rechtliche **Verpflichtung des**

**Grundstückseigentümers** zu einem **sein Grundstück betreffenden Tun**, **Dulden** oder **Unterlassen**, die dieser durch **Erklärung gegenüber der Bauaufsichtsbehörde** übernimmt". Die Zustimmung eines **Erbbauberechtigten** ist neben der des Eigentümers aufgrund des § 83 Abs. 1 **Satz 2** BauO NRW erforderlich (s. Wenzel, S. 23 f.). Die Baulast wird gemäß § 83 Abs. 1 **Satz 3** BauO NRW **erst mit der Eintragung in das Baulastenverzeichnis rechtswirksam**. Eine Baulast bedarf daher zu ihrem rechtswirksamen Zustandekommen

– der **Verpflichtungserklärung** (**1. Schritt**) und

– deren **Eintragung in das Baulastenverzeichnis** (**2. Schritt**).

Nach § 71 LBO B-W ist die Eintragung der Baulasterklärung in das Baulastenverzeichnis keine Wirksamkeitsvoraussetzung (s. Schlotterbeck/von Arnim/Hager, zu § 71 Rdn. 17).

16 Nach dem das Bauaufsichtsrecht beherrschenden Grundsatz hat jeder Grundstückseigentümer selbst für den ordnungsgemäßen Zustand seines Grundstücks zu sorgen (z. B. Zuwegung, Stellplätze, Kinderspielfläche). Ist ihm dies wegen der ungünstigen Beschaffenheit oder Lage seines Grundstücks nicht möglich, müsste die Baugenehmigung versagt werden, weil die beantragte Bebauung dem öffentlichen Recht widerspräche. Um diese oft unerwünschte und im Einzelfall harte Rechtsfolge zu vermeiden, soll mit Hilfe der Baulast die Möglichkeit geschaffen werden, einen ordnungsgemäßen Zustand dadurch herzustellen, dass **ein anderer Grundstückseigentümer diese öffentlich-rechtlichen Verpflichtungen** ganz oder teilweise **auf sein Grundstück übernimmt**.

17 Die **Baulasterklärung** bedarf nach § 83 **Abs. 2** BauO NRW der **Schriftform**. Die Unterschrift muss öffentlich beglaubigt sein oder **vor** der Bauaufsichtsbehörde geleistet oder **vor** ihr anerkannt werden. Der Eintragung im Baulastenverzeichnis als Wirksamkeitsvoraussetzung entspricht es umgekehrt, dass die Baulast nach § 83 **Abs. 3** BauO NRW nur durch **schriftlichen Verzicht der Bauaufsichtsbehörde** untergehen kann, der **im Baulastenverzeichnis zu vermerken** ist. Das **Baulastenverzeichnis** wird nach § 83 **Abs. 4** BauO NRW von der **Bauaufsichtsbehörde** geführt, besitzt aber **keinen öffentlichen Glauben**. In das Baulastenverzeichnis können Auflagen, Bedingungen, Befristungen und Widerrufsvorbehalte eingetragen werden. Nach § 83 **Abs. 5** BauO NRW besteht bei Glaubhaftmachung eines berechtigten Interesses ein **Einsichtnahmerecht**.

18 Der Verpflichtungserklärung können **zeichnerische Darstellungen** beigefügt werden, um die Flächen oder Bauteile **geometrisch eindeutig** zu fixieren (hierzu s. Wenzel, Voraussetzungen für die Eintragung von Baulasten, BauR 2002, S. 569 ff.). Für **Lagepläne**, die **Flächenbaulasten** darstellen, enthält **§ 18 BauPrüfVO** besondere Vorgaben (s. Rdn. 71–80). Diese Lagepläne müssen bestimmte Angaben und Darstellungen enthalten und entweder von einem **Katasteramt** oder von einem **Öffentlich bestellten Vermessungsingenieur** angefertigt und mit öffentlichem Glauben beurkundet sein.

19 Die Begründung, Änderung und Löschung der Baulasten und die Führung des Baulastenverzeichnisses verursachen einen erheblichen **Verwaltungsaufwand**. Um diesen abzudecken, erheben die Bauaufsichtsbehörden **Gebühren** nach Tarifstelle 2. 5. 6 des **Allgemeinen Gebührentarifs** zur **AVerwGebO NRW**. Nach Tarifstelle 2.5.6.1 besteht für die Entscheidung über die Baulasteintragung ein Gebührenrahmen von 50 bis 250 Euro. Auch **schriftliche** Auskünfte aus dem Baulastenverzeichnis, wie z. B. Abschriften oder Auszüge, sind nach Tarifstelle 2.5.6.3 **gebührenpflichtig**. Nach Tarifstelle 2.5.6.3 besteht für die Erteilung schriftlicher Auskünfte aus dem Baulastenverzeichnis ein Gebührenrahmen von 50 bis 150 Euro. **Mündliche** Auskünfte sind dagegen **gebührenfrei**.

## 2 Zu Absatz 1 – Zulässiger Inhalt, Entstehung und Wirkung der Baulast

### 2.1 Zulässiger Inhalt

Bereits der Gesetzeswortlaut lässt die **einzelnen Elemente** erkennen, die für den zulässigen Inhalt einer Baulast wesentlich sind: **20**

- **Öffentlich-rechtlicher Charakter** der übernommenen Verpflichtung (Rdn. 23–24)
- **Grundstücksbezogenheit** (Rdn. 25–26)
- **Baurechtsrelevanz** (Rdn. 27–30) und
- **Subsidiarität** gegenüber bereits gesetzlich geregelten Verpflichtungen (Rdn. 31–32).

**Gegenstand der Baulast** können insbesondere **bauordnungsrechtliche Verpflichtungen** sein. Die Baulast erübrigt Abweichungen nach § 73 BauO NRW und dient zur Veränderung der bauordnungsrechtlichen Genehmigungsvoraussetzungen. Im Unterschied hierzu darf eine Baulast im Bereich des **Bauplanungsrechts** nur zur **Sicherung der bauplanungsrechtlichen Voraussetzungen**, nicht jedoch zu deren Modifizierung eingesetzt werden (s. die Anmerkungen zu § 4 Rdn. 106–110; BVerwG, Urteil vom 14. 2. 1991 – 4 C 51.87, BVerwGE 88, 24 = BBauBl. 1992, 197 = BauR 1991, 582 = BRS 52 Nr. 161 = DVBl. 1991, 812 = NJW 1992, 2783; Nds. OVG, Urteil vom 31. 3. 1995 – 1 L 4063/93, BRS 57 Nr. 92). Schließlich kann die Baulast bezüglich **sonstiger öffentlich-rechtlicher Vorschriften** angewendet werden, die bauaufsichtlich relevant sind. **21**

Dabei geht der **Anwendungsbereich der Baulast so weit wie der Aufgabenbereich der Bauaufsichtsbehörde**. Selbst wenn eine unmittelbare Zuständigkeit der Bauaufsichtsbehörde nicht gegeben ist, weil die Genehmigung eines Vorhabens nach einer anderen öffentlich-rechtlichen Vorschrift die Baugenehmigung einschließt, kommt die Baulast in Betracht (so Schwarz, Baulasten im öffentlichen Recht und im Privatrecht, 1995, Rdn. 183 zum Immissionsschutzrecht). Die **Grenze für den Einsatz** ist dort zu ziehen, wo der **Anwendungsbereich der Bauordnung** selbst endet und keine **baurechtliche Bedeutsamkeit** mehr besteht (vgl. Boeddinghaus/Hahn/Schulte, zu § 83 Rdn. 3–7). **22**

#### 2.1.1 Öffentlich-rechtlicher Charakter der übernommenen Verpflichtung

**Zweck** der Baulast ist es, **auf Dauer** und **mit Wirkung für Rechtsnachfolger** öffentlich-rechtliche Hindernisse einer Bebauung auszuräumen, damit die Erteilung einer Baugenehmigung möglich wird (s. auch Große-Suchsdorf/Lindorf/Schmaltz/Wiechert, zu § 92 Rdn. 9). Bei dieser Zweckbestimmung ist es folgerichtig, dass Baulasten **nicht zum Schutze privater Verpflichtungen** übernommen werden können, z. B. zur Freihaltung der Aussicht zugunsten des Nachbarn (a. A. Schwarz, Baulasten im öffentlichen Recht und im Privatrecht, 1995, Rdn. 137–141, der übersieht, dass die Baulast als Instrument des Bauordnungsrechts nicht dessen Anwendungsbereich überschreiten kann). **23**

Das **Vorliegen eines öffentlichen Interesses** ist **keine Voraussetzung** für das Entstehen einer Baulast (so auch Boeddinghaus/Hahn/Schulte, zu § 83 Rdn. 63 unter Bezug auf OVG NRW, Urteil vom 13. 3. 1990 – 11 A 1587/88, n. v.). Vielmehr ist das **Fehlen eines öffentlichen Interesses** gemäß § 83 Abs. 3 BauO NRW Voraussetzung für den von der Bauaufsichtsbehörde gegebenenfalls zu erklärenden Verzicht auf eine Baulast (ebenso Schwarz, Baulasten im öffentlichen Recht und im Privatrecht, 1995, Rdn. 185–187, der sich mit der in der Literatur geäußerten Gegenmeinung auseinander setzt). **24**

### 2.1.2 Grundstücksbezogenheit

25 Die Verpflichtung des Grundstückseigentümers bezieht sich auf ein **„sein Grundstück betreffendes Tun, Dulden oder Unterlassen"**. Als Beispiele sind zu nennen:

- für ein „Tun" die Verpflichtung zum Bauen an der gemeinsamen Grundstücksgrenze,
- für ein „Dulden" die Nutzung eines Stellplatzes durch den Begünstigten und
- für ein „Unterlassen" das Freihalten einer Abstandfläche von Bebauung.

Da die Vorschrift dem Grundstücksrecht des BGB nachgebildet ist und mit den zivilrechtlichen Bestimmungen in enger Verbindung steht (s. Rdn. 6–14), zielt die Baulastregelung auf den **Grundstücksbegriff im bürgerlich-rechtlichen Sinne** (zu diesem Begriff s. die Anmerkungen zu § 1 Rdn. 29 und 30). Der Begriff **Grundstück** ist dabei weit auszulegen, so dass nicht nur dieses selbst oder einzelne **Grundstücksteile**, sondern auch dessen **wesentliche Bestandteile** Gegenstand von Baulastregelungen sein können (so auch Allgeier/von Lutzau, zu § 75 S. 561 ff. Anm. 75.1; zu den Bestandteilen s. die Anmerkungen zu § 2 Rdn. 100). Auch das Sondereigentum nach dem WEG (s. Wenzel, S. 14 f. Rdn. 8) oder das Erbbaurecht sind baulastfähig.

26 Durch Baulast können nur solche öffentlich-rechtlichen Verpflichtungen abgesichert werden, die sich auf ein **konkretes Grundstück** beziehen oder – anders ausgedrückt – die den **Grundstückseigentümer wie bei einer Grunddienstbarkeit** nach § 1018 BGB gerade in seiner Eigentümerposition **einschränken** (Große-Suchsdorf/Lindorf/Schmaltz/Wiechert, zu § 92 Rdn. 10). Während Grunddienstbarkeiten jedoch nur auf ein das Grundstück betreffendes Dulden oder Unterlassen gerichtet werden können, ermöglichen Baulasten auch ein das Grundstück betreffendes **Tun**.

### 2.1.3 Baurechtsrelevanz

27 Zweck der Baulast ist es, die Voraussetzungen dafür zu schaffen, dass ein Vorhaben zulässig werden kann, das ohne sie nicht zulässig wäre. Die Baulast muss daher eine **Beziehung zur Frage der Zulässigkeit eines Vorhabens** haben. Diese **Baurechtsrelevanz** ist **nicht vom Verfahren abhängig**, so dass es nicht darauf ankommt, ob das Vorhaben genehmigungsbedürftig oder freigestellt ist. Eine bauaufsichtliche Erheblichkeit besteht ferner, wenn bei baurechtswidrigen Zuständen durch eine Baulasterklärung nachträglich die Rechtmäßigkeit hergestellt werden kann, wobei es unerheblich ist, ob die Baurechtswidrigkeit wie bei Schwarzbauten von Anfang an gegeben war oder erst später durch Änderung der Rechts- bzw. Sachlage eingetreten ist. Es ist jedoch nicht möglich, im verwaltungsgerichtlichen Verfahren durch Baulast ein geändertes (verkleinertes) Vorhaben zur Disposition zu stellen, wenn für den Kläger nach vorausgegangenem Baustopp erkennbar wird, dass das streitige (größere) Vorhaben unzulässig ist, da die Zulässigkeit des geänderten Vorhabens erst in einem neuen Baugenehmigungsverfahren geprüft werden muss (vgl. OVG NRW, Beschluss vom 19. 1. 1987 – 11 B 2968/86, DVBl. 1987, 699). Die Baulast kann auch im Vorfeld einer beabsichtigten Baumaßnahme zum Zuge kommen (VGH B-W, Urteil vom 1. 10. 2004 – 3 S 1743/03, BauR 2005, 1908 und Urteil vom 1. 10. 2004 – 3 S 1743/03, BRS 69 Nr. 138). Es ist zulässig, eine Baulast auf einer Teilfläche eines Grundstücks zugunsten des nach einer beabsichtigten Teilung verbleibenden Restgrundstücks zu bestellen, um die bessere Verkäuflichkeit der abzuteilenden Fläche zu erreichen (OVG NW, Urteil vom 30. 11. 1989 – 7 A 772/88, BRS 49 Nr. 130). Man spricht hier von einer **„Eigentümerbaulast"**.

Die **bauaufsichtliche Erheblichkeit** ergibt sich nicht nur aus den Vorschriften des Baurechts im engeren Sinne. Da bei der Erteilung der Baugenehmigung bzw. im Rahmen der allgemeinen Überwachung des Baugeschehens nach § 61 BauO NRW die Einhaltung **auch sonstiger öffentlich-rechtlicher Vorschriften** geprüft werden muss, kommt die Baulast insoweit in Betracht. Es kann sich nämlich in dem anderen Rechtsbereich die Möglichkeit ergeben, durch eine Baulast die Zulässigkeit des Vorhabens herbeizuführen, um einen Versagungsbescheid oder eine Beseitigungsverfügung zu vermeiden. Die bauaufsichtliche Erheblichkeit ergibt sich daraus, dass die Bauaufsichtsbehörde gegebenenfalls Nebenbestimmungen, von denen die andere Behörde ihre Zustimmung, ihr Einvernehmen oder das Benehmen abhängig macht, in die Baugenehmigung aufnehmen muss. Eine Baulast ist daher immer dann zulässig, wenn die **Rechtsmaterie** zum **Aufgabenbereich der Bauaufsichtsbehörde** gehört. Das ist ebenfalls gegeben, wenn die Genehmigung nach sonstigem öffentlichem Recht gemäß § 63 Abs. 2 BauO NRW die Baugenehmigung einschließt (hierzu s. die Anmerkungen zu § 63 Rdn. 13–19), da die Bauaufsichtsbehörde die Übereinstimmung der Ausführung des Vorhabens mit den baurechtlichen Anforderungen zu überwachen hat (vgl. Jeromin, zu § 86 Rdn. 22 und Große-Suchsdorf/Lindorf/Schmaltz/Wiechert, zu § 92 Rdn. 15). 28

Aus der Funktion der Baulast, Hindernisse für die Zulässigkeit auszuräumen, ergibt sich aber zugleich auch eine **Beschränkung der Anwendbarkeit**: Die Baulast kann nicht für Zulassungsverfahren anderer Behörden zur Anwendung kommen, die in einem besonderen Verwaltungsverfahren als Verwaltungsakt ohne Beteiligung der Bauaufsichtsbehörde ergehen, da dann der **Aufgabenbereich der Bauaufsicht nicht berührt** wird. Dies sind insbesondere die vom Anwendungsbereich des Bauordnungsrechts ausgenommenen Rechtsbereiche nach § 1 Abs. 2 BauO NRW. So können im Rahmen eines Planfeststellungs- oder Plangenehmigungsverfahrens zum Ausbau einer Straße keine Baulasten begründet werden. Eine Ausnahme von diesem Grundsatz gilt nur für die der **Rückausnahme** unterworfenen **Gebäude** der Anlagen des öffentlichen Verkehrs und der Anlagen, die der Bergaufsicht unterliegen (s. die Anmerkungen zu § 1 Rdn. 117–119 und 129), da für diese das Bauordnungsrecht weiter Anwendung findet. 29

Die baurechtliche Bedeutung der Baulast bewirkt, dass nur **(bau-)rechtlich zulässige Verpflichtungen** abgesichert werden können. So darf eine Baulast nicht bauplanungsrechtlichen Festsetzungen zuwiderlaufen (VGH B-W, Urteil vom 25. 4. 1974 – III 1343/72, BRS 28 Nr. 123 und Hamb. OVG, Urteil vom 4. 4. 1991 – Bf II 33/88, BRS 52 Nr. 88). Die Eintragungsfähigkeit ist nicht für jeden beliebigen Inhalt gegeben, wenn diesem keine oder nur äußerst geringe baurechtliche Relevanz zukommt. Die Verpflichtung muss **tatsächlich möglich** sein, das heißt, das belastete Grundstück muss die Baulast auch aufnehmen können. Beispielsweise muss bei Übernahme einer Abstandfläche die entsprechende Grundstücksfläche tatsächlich frei von einer Bebauung sein. Stellt sich später heraus, dass die tatsächliche Möglichkeit eingeschränkt ist, kann eine Wirksamkeit der Baulast weiterhin gegeben sein, nämlich wenn der **Sicherungszweck** gleichwohl gegeben ist, z. B. bei einer Baulast für eine Zufahrt in einer bestimmten Breite, die trotz baulicher Einengungen das ordnungsgemäße Befahren mit Fahrzeugen ermöglicht. 30

### 2.1.4 Subsidiarität der Baulast

Die Subsidiarität der Baulast bedeutet, dass lediglich solche Verpflichtungen abgedeckt werden können, „**die sich nicht schon aus öffentlich-rechtlichen Vorschriften ergeben**". Dabei geht es um solche gesetzlichen Verpflichtungen, die gerade denjenigen treffen, 31 der die Baulast übernimmt; auf etwaige Verpflichtungen Dritter kommt es nicht an (VGH B-W, Urteil vom 14. 5. 1991 – 5 S 101/90, BRS 52 Nr. 162). So kann die nach § 5 Abs. 6 Satz 1 BauO NRW bestehende Pflicht, Zu- und Durchfahrten zur Rückseite eines Gebäudes auf dem **eigenen** Grundstück freizuhalten, nicht durch Baulast gesichert werden. Das Gleiche gilt hinsichtlich der nach § 3 Abs. 1 Satz 1 BauO NRW bestehenden Pflicht zur ordnungsgemäßen Instandhaltung. Die Schranke wird in den Fällen sichtbar, in denen ein Grundstückseigentümer eine Verpflichtung übernimmt, auf die sofort wieder verzichtet werden könnte, weil sie ohnehin gesetzlich geregelt ist (vgl. Boeddinghaus/Hahn/Schulte, zu § 83 Rdn. 44 und Schlotterbeck/von Arnim/Hager, zu § 71 Rdn. 15).

32 Für die Subsidiaritätsthese sprechen neben dem Gesetzeswortlaut ein **zu befürchtender Missbrauch** des Rechtsinstituts der Baulast und seine **drohende Entwertung**. Die Begehrlichkeit der im Baugenehmigungsverfahren beteiligten Behörden und Dienststellen zur Baulastsicherung unterschiedlichster, das öffentliche Baurecht nur am Rande tangierender Tatbestände war von jeher gegeben. Insofern zielt die Vorschrift auch darauf, eine Anfüllung des Baulastenverzeichnisses mit Baulasten ohne eigenständigen Regelungsgehalt zu unterbinden.

### 2.1.5 Bauordnungsrechtliche Anwendungsfälle

33 Neben der in § 83 Abs. 1 Satz 1 BauO NRW enthaltenen **Generalermächtigung** nennt die BauO NRW in Einzelvorschriften besondere Anwendungsfälle, die wegen ihrer zahlenmäßigen Bedeutung im bauaufsichtlichen Vollzug nachfolgend als **Hauptanwendungsfälle** bezeichnet werden:

- **§ 4 Abs. 1 Nr. 1** BauO NRW
  **Zufahrtsbaulast** – öffentlich-rechtlich gesicherte Zufahrt zu einer befahrbaren öffentlichen Verkehrsfläche, wenn das Grundstück nicht in angemessener Breite an einer befahrbaren öffentlichen Verkehrsfläche liegt (s. die Anmerkungen zu § 4 Rdn. 33–40; vgl. auch Wenzel, S. 53–58 und BGH, Urteil vom 6. 7. 2000 – III ZR 340/98, BRS 63 Nr. 179 zur Amtspflicht der Bauaufsichtsbehörde zur Beachtung des Baulasterfordernisses). Fehlt es für ein Vorhaben an der bauordnungsrechtlichen Erschließung, ist die Baugenehmigung zu versagen; sie kann nicht mit der Auflage erteilt werden, die Erschließung durch Eintragung einer Baulast auf einem fremden Grundstück zu sichern (Hess. VGH, Urteil vom 19. 7. 1988 – 4 UE 1943/86, BauR 1989, 314 = BRS 48 Nr. 95). Ein Anspruch auf Übernahme einer Baulast (hierzu s. Rdn. 38) ist noch nicht geeignet, die nach § 4 Abs. 1 Nr. 1 BauO NRW erforderliche öffentlich-rechtliche Sicherung zu ersetzen (OVG NRW, Beschluss vom 10. 8. 1989 – 7 A 1312/89, n. v.).
- **§ 4 Abs. 2** BauO NRW
  **Vereinigungsbaulast** – Zulässigkeit der Errichtung eines Gebäudes auf mehreren Grundstücken (s. die Anmerkungen zu § 4 Rdn. 88–115; s. auch Wenzel, S. 63–80). Nachbarliche Abwehransprüche im Hinblick auf § 15 BauNVO können durch eine Vereinigungsbaulast nicht ausgeschlossen werden (BVerwG, Urteil vom 7. 12. 2000 – 4 C 3/00, BauR 2001, 914 = BRS 63 Nr. 160).
- **§ 6 Abs. 1 Satz 2 Buchstabe b** BauO NRW
  **Grenzbebauungsverpflichtung** – öffentlich-rechtliche Sicherung, dass auf dem Nachbargrundstück ebenfalls an der Grenze gebaut wird, wenn zwar nach planungsrechtlichen Vorschriften nicht an die Grenze gebaut werden muss, aber ohne Abstandfläche an der Grenze gebaut werden darf (s. die Anmerkungen zu § 6 Abs. 1 Satz 2; vgl.

auch Wenzel, S. 106–117). Auf die Einhaltung eines Abstands darf dann nicht verzichtet werden, wenn der Nachbar des Bauherrn ein Gebäude mit Grenzabstand errichtet und sich lediglich für den Fall der Erweiterung des Gebäudes bzw. der Errichtung eines Neubaus durch Baulast zur Grenzbebauung verpflichtet (OVG NRW, Urteil vom 28. 10. 1985 – 11 A 2586/82, BRS 44 Nr. 99).

– **§ 6 Abs. 2 Satz 3** BauO NRW
**Abstandflächenbaulast** – abweichend von § 6 Abs. 2 Satz 1 BauO NRW dürfen sich Abstandflächen ganz oder zum Teil auf das Nachbargrundstück erstrecken, wenn durch Baulast gesichert ist, dass sie nicht überbaut und auf die auf diesen Grundstücken erforderlichen Abstandflächen nicht angerechnet werden; diese Anforderung besteht auch bei nachträglichen Grenzänderungen und Grundstücksteilungen (s. die Anmerkungen zu § 7 Rdn. 8–30; vgl. auch Wenzel, Rdn. 80–106). In der Abstandfläche zulässige Garagen dürfen regelmäßig auch auf Flächen genehmigt werden, deren Überbauung durch Baulast grundsätzlich ausgeschlossen ist (OVG NRW, Urteil vom 29. 9. 1981 – 11 A 2133/80, BauR 1982, 255 = BRS 38 Nr. 133). Übernimmt der Grundstückseigentümer zugunsten des nachbarlichen Bauvorhabens eine Abstandflächenbaulast, so sind seine Abwehrrechte gegen solche Merkmale des Vorhabens ausgeschlossen, die sich aus den der Baulastübernahme zugrunde liegenden Plänen ergeben (OVG NRW, Beschluss vom 19. 1. 1990 – 7 B 89/90, n. v.).

– **§ 9 Abs. 2 Satz 2 Buchstabe a** BauO NRW
**Kleinkinderspielflächenbaulast** – zur Sicherung der Erfüllung der Verpflichtung hinsichtlich der Bereitstellung von Spielflächen auf einem anderen als dem Baugrundstück (s. die Anmerkungen zu § 9 Rdn. 51–54; vgl. auch Wenzel, S. 152–164).

– **§ 15 Abs. 2** BauO NRW
**Bauteilerhaltungsverpflichtung** – zur Sicherung, dass gemeinsame Bauteile mehrerer Anlagen beim Abbruch einer der Anlagen zur Gewährleistung der Standsicherheit der verbleibenden Anlagen bestehen bleiben (s. die Anmerkungen zu § 15 Rdn. 25–29; vgl. auch Wenzel, Rdn. S. 117–123).

– **§ 31 Abs. 1 Nr. 1** BauO NRW
**Flächenbaulast aus Brandschutzgründen** – zur Sicherung des erforderlichen Mindestabstands zur Grundstücksgrenze, wenn die Außenwände nicht den Anforderungen an Gebäudeabschlusswände entsprechen (s. die Anmerkungen zu § 31 Rdn. 15–17; vgl. auch Wenzel, S. 124–134).

– **§ 51 Abs. 3 Satz 1** BauO NRW
**Stellplatzflächenbaulast** – zur Sicherung der Erfüllung der Stellplatzverpflichtung auf einem anderen als dem Baugrundstück (s. die Anmerkungen zu § 51 Rdn. 64–68, s. auch Wenzel, S. 134–152). Zu beachten ist, dass die Voraussetzungen, die § 51 Abs. 3 Satz 1 BauO NRW an die Herrichtung von Stellplätzen auf einem fremden Grundstück knüpft (nähere Umgebung, Geeignetheit, öffentlich-rechtliche Sicherung), **kumulativ** vorliegen müssen und somit die Eintragung einer Baulast alleine nicht ausreicht, um die Stellplatzpflicht zu erfüllen (OVG NRW, Urteil vom 11. 8. 1989 – 11 A 980/88, BRS 49 Nr. 141).

Neben diesen ausdrücklich bezeichneten bauordnungsrechtlichen Hauptanwendungsfällen sind – **gestützt auf die Generalermächtigung** – in der bauaufsichtlichen Praxis darüber hinaus **weitere Anwendungsfälle** üblich: 34

– **§ 4 Abs. 1 Nr. 2 und 3** BauO NRW
**Leitungsbaulast** – zur Sicherung der Wasserversorgungs- und Abwasserleitungen auf Fremdgrundstücken (s. die Anmerkungen zu § 4 Rdn. 46 und 62; s. auch Wenzel, S. 59–62) sowie VGH B-W, Urteil vom 30. 3. 1990 – 1 S 619/87, DÖV 1990, 1030 = NVwZ-RR 1990, 502 und OVG Bln, Urteil vom 8. 9. 1995 – 2 B 4.94, BRS 57 Nr. 203).

– **§ 5** BauO NRW
**Flächenbaulast** – zur Sicherung der Zugänge und Zufahrten für die Feuerwehr auf Fremdgrundstücken (s. die Anmerkungen zu § 5 Rdn. 9).

– **§ 11** BauO NRW
**Flächenbaulast** – zur Sicherung der Gemeinschaftsanlagen für mehrere Grundstücke (s. die Anmerkungen zu § 11 Rdn. 12; vgl. auch Nds. OVG, Beschluss vom 22. 7. 1999 – 1 L 4957/98, BauR 2000, 521 = BRS 62 Nr. 28).

– **§ 35 Abs. 2** BauO NRW
**Abstandbaulast** – zur Sicherung der Abstände für Gebäude mit weicher Bedachung (s. die Anmerkungen zu § 35 Rdn. 9).

Selbst die zur Erfüllung allgemeiner Anforderungen nötigen haustechnischen Anlagen können, wenn z. B. die Heizungsanlage eines Gebäudes das Nachbargebäude mitbeheizen soll, über Baulast gesichert werden (OVG Bln, Urteil vom 29. 10. 1993 – 2 B 35/92, MDR 1994, 481 = NJW 1994, 2971).

#### 2.1.6 Sonstige öffentlich-rechtliche Anwendungsfälle

35 Die allgemein gehaltene Formulierung des § 83 Abs. 1 BauO NRW lässt **keine Beschränkung auf Gegenstände des Bauordnungsrechts** erkennen. Daher können Baulasten auch **sonstige öffentlich-rechtliche Anforderungen** betreffen, soweit diese einen Bezug zum Bauen bzw. zu einem konkreten Vorhaben aufweisen. Baulasten können grundsätzlich auch **bauplanungsrechtliche Anforderungen** zum Gegenstand haben (vgl. Große-Suchsdorf/Lindorf/Schmaltz/Wiechert, zu § 92 Rdn. 56–60; OVG NRW, Urteil vom 27. 11. 1969 – X A 842/69, BRS 22 Nr. 144; BVerwG, Urteil vom 5. 2. 1971 – IV C 1.68, BRS 24 Nr. 57; OVG Lüneburg, Urteil vom 4. 10. 1984 – 6 A 131/82, BauR 1984, 285 = BRS 42 Nr. 178 = NJW 1985, 1796; Hamb. OVG, Urteil vom 28. 2. 1985 – Bf. II 29/83, NJW 1987, 915).

35a Im **Bauplanungsrecht** kommen Baulasten in allen Fällen in Betracht, in denen das Gesetz oder die Rechtsprechung eine **rechtliche Sicherung der Nutzung als Voraussetzung der Baugenehmigung** verlangt oder empfiehlt (BVerwG, Urteil vom 14. 2. 1991 – 4 C 51.87, BRS 52 Nr. 161). Die Anwendung findet eine **Grenze**, wo die Baulast an die Stelle der bauplanungsrechtlichen Festsetzungen treten soll (VGH B-W, Urteil vom 25. 4. 1974 – III 1343/72, BRS 28 Nr. 123). Die Voraussetzung des § 13 BauNVO, wonach in einem reinen Wohngebiet höchstens die Hälfte der Wohnungen eines Wohngebäudes freiberuflich oder ähnlich genutzt werden darf, kann nicht dadurch geschaffen werden, dass sich der Bauherr unter Übernahme einer Baulast verpflichtet, zum Ausgleich in einem benachbarten Wohngebäude auf eine nach § 13 BauNVO zulässige Nutzung ganz zu verzichten (VGH B-W, Urteil vom 21. 10. 1987 – 3 S 2206/87, BRS 47 Nr. 275). Durch Übernahme einer Baulast, nach der die Nutzung eines reinen Bürogebäudes untrennbar mit der Nutzung eines auf dem gleichen Grundstück weiter vorhandenen Wohngebäudes verbunden werden soll, wird aus dem Bürogebäude kein Wohngebäude im Sinne des § 4 Abs. 2 Nr. 1 BauNVO (VGH B-W, Urteil vom 6. 7. 2005 – 3 S 141/05, BRS 69 Nr. 81). Auch die **Verpflichtung, ein Grundstück** ganz oder teilweise **nicht zu bebauen**, um eine höhere Nutzung auf einem benachbarten Grundstück zu ermöglichen, ist vom Bauplanungsrecht nicht gedeckt. Eine solche Baulast würde die **Grundstücksbezogenheit der Festsetzungen über die höchstzulässige Grund- und Geschossfläche** bzw. **Baumasse** unterlaufen (vgl. Fickert/Fieseler, zu § 19 Rdn. 3). Teile der Literatur nehmen allerdings an, dass die Baulast bei **aneinander grenzenden** Grundstücken mit **atypischen Zuschnitten** die tatsächlichen **Voraussetzungen für eine Befreiung** schaffen kann (so Schlotterbeck/von Arnim/Hager, zu § 71 Rdn. 10). Eine Baulast in Bezug auf das Maß der baulichen Nutzung auf weit voneinander getrennt liegenden Grundstücken, ist jedoch nicht zu akzeptieren, da die mit GRZ- und GFZ-Festsetzungen verfolgten städtebaulichen Ziele verfehlt werden, wenn der hierfür notwendige **örtliche Zusammenhang nicht gewahrt** ist (VGH B-W, Urteil vom 31. 10. 2002 – 8 S 1560/02, BauR 2003, 1554 = BRS 65 Nr. 141).

Als **Anwendungsfälle** in Bezug auf das **Bauplanungsrecht** sind zu nennen: **36**

- **§§ 30 und 33 bis 35 BauGB**
  **Flächenbaulast** – zur Sicherung der Erschließung im Sinne des Bauplanungsrechts als Alternative zur Grunddienstbarkeit (BVerwG, Beschluss vom 27. 9. 1990 – 4 B 34 und 35.90, BauR 1991, 62 = BRS 50 Nr. 109 = NJW 1991, 713 = UPR 1991, 72 = ZfBR 1991, 31 und Urteil vom 31. 10. 1990 – 4 C 45.88, BRS 50 Nr. 86 und BGH, Urteil vom 21. 5. 1992 – III ZR 14/91, BRS 53 Nr. 44). Der Begriff der gesicherten Erschließung in den §§ 30 und 33 bis 35 BauGB ist ein **bundesrechtlicher Begriff**, der nicht durch Landesrecht konkretisiert wird; daher reicht aus bundesrechtlicher Sicht auch eine dingliche Sicherung der Zufahrt des Grundstücks zur öffentlichen Verkehrsfläche durch Grunddienstbarkeit (BVerwG, Urteil vom 3. 5. 1988 – 4 C 54.85, BauR 1988, 576 = BRS 48 Nr. 92 = NJW 1989, 1942 = NVwZ 1989, 353).

- **§ 32 BauGB**
  Als Baulast eintragungsfähig ist die **Mehrwertverzichtserklärung** als einseitig empfangsbedürftige Willenserklärung öffentlich-rechtlicher Art (ebenso Boeddinghaus/Hahn/Schulte, zu § 83 Rdn. 34; Schwarz, Baulasten im öffentlichen Recht und im Privatrecht, 1995, Rdn. 109). Geschieht dies, braucht die Baugenehmigung selbst nicht mehr mit der einschränkenden Bedingung des Mehrwertverzichts verbunden zu werden; die Baulast bindet dann auch die Rechtsnachfolger.

- **§ 33 Abs. 1 Nr. 3 BauGB**
  Als Baulast eintragungsfähig kann auch das schriftliche **Festsetzungsanerkenntnis** sein (vgl. OVG Schl-H, Urteil vom 19. 6. 1996 – 1 L 262/95, BRS 58 Nr. 42). Hierbei handelt es sich um eine einseitige empfangsbedürftige Unterwerfungserklärung des Antragstellers hinsichtlich künftiger Bebauungsplanfestsetzungen, um noch vor Rechtskraft des Bebauungsplanes die vorzeitige Genehmigung eines Vorhabens zu erlangen. Das Anerkenntnis bindet auch den Rechtsnachfolger. Da der Grundstückseigentümer nicht mit dem Bauantragsteller identisch sein muss, sollte in einem solchen Fall die Zustimmung des Grundstückseigentümers verlangt werden (so Bielenberg, Das Anerkenntnis nach § 33 Bundesbaugesetz, DVBl. 1965, S. 265 ff.; vgl. auch die Ermächtigung des § 69 Abs. 2 Satz 3 BauO NRW), um zu vermeiden, dass es zu einer Belastung des Grundstücks gegen seinen Willen kommt.

– **§ 35 Abs. 1 Nr. 1 BauGB**
Auch nach der Neufassung des BauGB durch das BauROG spielt die rechtliche **Sicherung der Zuordnung des Altenteilerhauses** (im Süddeutschen auch als Austragshaus bezeichnet) zum landwirtschaftlichen Betrieb eine wichtige Rolle, wenn dieses auf einem vom Betriebsgrundstück abzutrennenden Buchgrundstück errichtet werden soll (vgl. BVerwG. Urteil vom 5. 2. 1971 – IV C 1.68, BauR 1972, 90 = BRS 24 Nr. 57; OVG Lüneburg, Urteil vom 11. 2. 1985 – 6 A 64/83, BRS 44 Nr. 77). Trotz des Wegfalls der bundesrechtlichen Teilungsgenehmigung im Außenbereich kann die Bauaufsichtsbehörde verlangen, dass die materielle Rechtmäßigkeit einer solchen Teilung durch eine rechtliche Sicherung nachgewiesen wird, wenn Anhaltspunkte für einen Missbrauch vorliegen (so Jäde/Dirnberger/Weiß, zu § 35 Rdn. 40; zur früheren Rechtslage s. Stollmann, Die Sicherung der Privilegierung bei einem vom Betriebsgrundstück abzuteilenden Altenteilergrundstück, DÖV 1993, S. 706 ff.).

– **§ 35 Abs. 4 Satz 1 in Verbindung mit Abs. 5 Satz 2 und 3 BauGB**
Über eine **durch Baulast bewirkte Nutzungsbindung** soll die Genehmigungsbehörde darauf hinwirken, dass die sonstigen „begünstigten" Vorhaben im Sinne des § 35 Abs. 4 BauGB nach Durchführung nur in der vorgesehenen und genehmigten Art künftig genutzt werden. Hierdurch sollen die tatsächlichen Verhältnisse, unter denen das Vorhaben in bauplanungsrechtlicher Hinsicht genehmigungsfähig ist, auf dem Grundstück auf Dauer und unabhängig von einem etwaigen Eigentümerwechsel gesichert werden (Hamb. OVG, Urteil vom 28. 2. 1985 – Bf. II 29/83, NJW 1987, 915).

– **§ 8 Abs. 3 Nr. 1 und § 9 Abs. 3 Nr. 1 BauNVO** (sämtliche Fassungen)
Nach diesen Vorschriften müssen Wohnungen für Aufsichts- und Bereitschaftspersonen sowie für Betriebsinhaber und Betriebsleiter dem Gewerbebetrieb räumlich-funktional zugeordnet sein, um eine Ausnahme von dem generellen Verbot für Wohnungen im Gewerbe- oder Industriegebiet gewähren zu können (vgl. Fickert/Fieseler, zu § 8 Rdn. 14 ff.). Die **durch Baulast bewirkte Nutzungsbindung** soll vermeiden, dass der geschaffene Wohnraum von nicht privilegierten Personen genutzt wird. Ist eine Wohnung aufgrund einer solchen Baulast als Betriebsinhaberwohnung einem Gewerbebetrieb zugeordnet, so muss der Betriebsinhaber sich diese als vorhandene Wohnung zurechnen lassen, auch wenn er selbst keine rechtlichen Möglichkeiten zur Nutzung hat (Nds. OVG, Urteil vom 22. 10. 1992 – 1 L 176/91, BRS 54 Nr. 159).

**37** Baulasten sind nicht auf Gegenstände des Bauordnungsrechts oder einzelne Gegenstände des Bauplanungsrechts beschränkt (OVG NRW, Urteil vom 27. 11. 1969 – X A 842/69, BRS 22 Nr. 144). Als **weitere Anwendungsfälle** für Baulasten sind zu nennen:

– **Baulast zur Verhinderung künftiger baurechtswidriger Nutzungen** (OVG Lüneburg, Urteil vom 12. 12. 1986 – 1 A 172/86, BRS 46 Nr. 164, zur Verpflichtung, kein Wohnungseigentum in einem Sondergebiet für den gewerblichen Fremdenverkehr zu begründen; im Beschluss vom 1. 2. 1991 – 1 M 153/90, BRS 52 Nr. 92, stellt das Nds. OVG jedoch heraus, dass dem Sicherungszweck des Genehmigungsvorbehalts nach § 22 BauGB durch die Bestellung einer Baulast nicht genügt werden kann). Ist die Nutzung eines Gebäudes durch Baulast in bestimmter Weise gebunden, so erweist sich eine hiervon abweichende Nutzungsänderung als unzulässig (OVG NRW, Urteil vom 7. 4. 1989 – 11 A 1718/87, n. v.).

– Nicht ausgeschlossen ist auch die Übernahme von Verpflichtungen im sonstigen Bereich des öffentlichen Baurechts. Hier ist von allem an das **Wasser**-, **Landschafts**-,

**Denkmal**- und **Straßenrecht** zu denken, soweit es um die **Sicherung** der Einhaltung bestimmter **rechtlicher Voraussetzungen für die Zulassung von Vorhaben** geht.

- Eine – allerdings sehr eingeschränkte – Einsatzmöglichkeit der Baulast ergibt sich auch für das **Immissionsschutzrecht** (vgl. Boecker, Zur Lösung von Umweltkonflikten durch Grunddienstbarkeiten und Baulasten, BauR 1985, S. 149ff., und Finkelnburg/Ortloff, Band II S. 85). Auf die Einhaltung öffentlicher Belange können private Betroffene aber **nicht** durch „Zustimmung" zu einem Bauvorhaben **wirksam verzichten** (BVerwG, Urteil vom 28.4.1978 – 4 C 53.76, BRS 33 Nr. 66). Ein durch Baulast gesicherter nachbarlicher Verzicht auf Abwehransprüche gegen Emissionen eines landwirtschaftlichen Betriebes stellt grundsätzlich kein taugliches Mittel zur Konfliktbewältigung dar (Hess. VGH, Beschluss vom 16.3.1995 – 3 TG 50/95, BRS 57 Nr. 216 = NVwZ-RR 1995, 633 und OVG M-V, Beschluss vom 9.2.1999 – 3 M 133/98, BRS 62 Nr. 106).

### 2.2 Entstehung der Baulast

Die **Baulasterklärung** des Eigentümers ist **stets freiwillig**. Der Regelung einer öffentlich-rechtlichen Verpflichtung durch Baulast wird meist eine Vereinbarung der Beteiligten vorausgehen. Die Bauaufsichtsbehörde kann von einem Grundstückseigentümer die Übernahme einer Baulast **nicht verlangen** oder **erzwingen**. Eine Ausnahme von diesem Grundsatz besteht nur, wenn sich der Eigentümer des zu belastenden Grundstücks hierzu **vertraglich verpflichtet** hat (VGH B-W, Urteil vom 25.3.1981 – 3 S 2346/80, BRS 38 Nr. 160 und BGH, Urteil vom 18.3.1994 – V ZR 159/92, NJW 1994, 2757). 38

Eine **Grunddienstbarkeit kann** allerdings für den Berechtigten das **Recht begründen**, vom Grundstückseigentümer die Bewilligung einer **Baulast zu verlangen**, das er sich notfalls zivilrechtlich erstreiten kann (BGH, Urteil vom 3.2.1989 – V ZR 224/87, BRS 49 Nr. 129 = NJW 1989, 1607, Urteil vom 6.10.1989 – V ZR 127/88, MDR 1990, 424 = NVwZ 1990, 192 und Urteil vom 3.7.1992 – V ZR 218/91, NJW 1992, 2885; s. auch Griwotz, Zur „Doppelsicherung" baurechtlicher Genehmigungsvoraussetzungen, BauR 1990, S. 20ff. und Serong, Anspruch auf Bewilligung einer Baulast?, BauR 2004, S. 433ff.). Ein **Anspruch auf Zustimmung** zu einer Baulasteintragung aus einem im Grundbuch eingetragenen **Wegerecht** kann sich ergeben, wenn die Abwägung der beiderseitigen Interessen einen Vorrang zugunsten des Eigentümers des herrschenden Grundstücks ergibt (LG Bochum, Urteil vom 28.11.2001 – 10 S 89/01, BauR 2002, 610 = UPR 2002, 120). Auch eine **Benutzergemeinschaft** an einer Zufahrt, deren Fläche jeweils zur Hälfte im Alleineigentum der Nachbarn steht, kann einen Anspruch auf Abgabe einer Verpflichtungserklärung für eine Zuwegungsbaulast rechtfertigen (LG Wuppertal, Urteil vom 11.3.2003 – 1 O 356/02, BauR 2004, 485). Aus einem **Notwegerecht** lässt sich jedoch **kein Anspruch** auf Zustimmung zu einer Baulasteintragung herleiten (VGH B-W, Urteil vom 25.3.1981 – 3 S 2346/80, BRS 38 Nr. 160). 38 a

Die **Umlegungsstelle** (§ 46 Abs. 1 BauGB) kann im **Umlegungsverfahren** gemäß § 61 Abs. 1 Satz 3 BauGB **Baulasten im Einvernehmen mit der Baugenehmigungsbehörde aufheben**, **ändern** oder **neu begründen**. An die Stelle der – freiwilligen – Verpflichtungserklärung des Grundstückseigentümers tritt in diesem Falle der **hoheitliche Verwaltungsakt**. Gegen die Entscheidung der Umlegungsstelle steht gemäß § 217 BauGB der Rechtsweg zu den Kammern bzw. Senaten für Baulandsachen offen. 39

Die Baulast ist eine „gegenüber der Bauaufsichtsbehörde" empfangsbedürftige **Willenserklärung des Eigentümers** des Grundstücks, auf das sich die öffentlich-rechtliche 40

Verpflichtung zu einem dieses Grundstück betreffenden Tun, Dulden oder Unterlassen bezieht (Absatz 1 Satz 1). Ein Anspruch auf Erteilung der Baugenehmigung besteht noch nicht, wenn mit den Bauvorlagen lediglich der Lageplan gemäß § 18 BauPrüfVO mit Eintragung der zu belastenden Fläche vorgelegt wurde, die Verpflichtungserklärung des Grundstückseigentümers aber noch aussteht (OVG NRW, Urteil vom 2. 3. 2001 – 7 A 2983/98, BauR 2001, 1388 = NVwZ 2001, 1423). Da es sich bei der Baulast um eine öffentlich-rechtliche Grundstücksbelastung handelt, die mit zivilrechtlichen Grundstücksverfügungen vergleichbar ist, ist bei der Begründung einer Baulast neben der formellen Eigentümerstellung des Baulastübernehmers auch dessen **Verfügungsberechtigung** hinsichtlich des Grundstücks von Bedeutung (so Masloh, a. a. O. Rdn. 5). Bei **Miteigentum** am Grundstück müssen **alle Miteigentümer** die entsprechende Verpflichtungserklärung abgeben (OVG NRW, Urteil vom 9. 5. 1995 – 11 A 4010/92, BRS 57 Nr. 204 = NJW 1996, 275). Hierauf ist insbesondere bei Eigentümergemeinschaften nach dem WEG zu achten, deren einzelne Mitglieder über das Sondereigentum an Räumen eines Gebäudes verbunden mit dem Miteigentum am Grundstück verfügen (s. die Anmerkungen zu § 49 Rdn. 34), sofern Gemeinschaftseigentum belastet werden soll (vgl. OLG Hamm, Beschluss vom 13. 11. 1990 – 15 W 330/90, MDR 1991, 350). Wird dagegen nur **Sondereigentum** ohne das Miteigentum belastet, genügt die Willenserklärung des Sondereigentümers (BGH, Urteil vom 26. 10. 1990 – V ZR 105/89, MDR 1991, 421). Besteht an dem Grundstück ein Erbbaurecht, ist **neben der Erklärung des Eigentümers** auch die Erklärung des **Erbbauberechtigten** erforderlich (Absatz 1 Satz 2). Umgekehrt kann der Erbbauberechtigte eine Verpflichtungserklärung nicht gegen den Willen des Grundstückseigentümers abgeben (OVG Lüneburg, Urteil vom 26. 5. 1989 – 6 A 147/87, BRS 49 Nr. 177 = NJW 1990, 1499 = NVwZ 1990, 686). Eine vom **nicht befreiten Vorerben** (§ 2136 BGB) übernommene Verpflichtung bedarf aufgrund § 2113 BGB der **Zustimmung des Nacherben**, wenn sie dessen Recht vereitelt oder beeinträchtigt (VGH B-W, Urteil vom 27. 2. 1989 – 5 S 3256/88, NJW 1990, 268).

41 Voraussetzung für eine wirksame Baulasterklärung ist die **Geschäftsfähigkeit des Grundstückseigentümers** (§§ 104, 105 BGB i. V. m. § 12 VwVfG. NRW.). Bei minderjährigen Grundstückseigentümern müssen die Personen tätig werden, denen das Sorgerecht zusteht; das sind nach § 1626 BGB im Regelfall die Eltern. Gemäß § 1643 Abs. 1 in Verbindung mit § 1821 Abs. 1 Nr. 1 BGB bedürfen die Eltern zu einer **Baulasterklärung für das Kind** der **Genehmigung des Vormundschaftsgerichts** (OVG NRW, Urteil vom 9. 5. 1995 – 11 A 4010/92, BRS 57 Nr. 204 = NJW 1996, 275).

42 Ist der Eigentümer eine **juristische Person**, so muss die Verpflichtungserklärung von den jeweils **vertretungsberechtigten Personen** abgegeben werden. Welche Personen vertretungsberechtigt sind, kann sich unterschiedlich aus dem Gesetz, dem Gesellschaftsvertrag oder der Satzung ergeben. Die Bauaufsichtsbehörde hat sich daher die **Vertretungsberechtigung nachweisen** zu lassen, z. B. bei Handelsgesellschaften durch Vorlage eines Handelsregisterauszugs, und in den Akten zu vermerken.

43 Die **Zustimmung oder Beteiligung** der anderen am Grundstück **dinglich Berechtigten** (Grundpfandgläubiger, Nießbraucher, Grunddienstbarkeitsberechtigte) zu der Bestellung der Baulast ist **nicht verlangt**. Absatz 1 Satz 3 regelt, dass die Eintragung „**unbeschadet der Rechte Dritter**“ erfolgt. Dinglich Berechtigte können wegen der Beeinträchtigung, die möglicherweise in der Baulast zu sehen ist, gegen den berechtigten Grundstückseigentümer zivilrechtlich vorgehen. Dieses Ergebnis ist nicht immer befriedigend. Es ist daher zweckmäßig, wenn die Bauaufsichtsbehörden die dinglich Berech-

tigten mit eigentümerähnlicher Stellung vor Eintragung einer Baulast beteiligen, auch um zu verhindern, dass Baulasten später gegenüber diesen nicht wirken (vgl. Sächs. OVG, Beschluss vom 9. 9. 1994 – 1 S 259/94, BRS 56 Nr. 115, und OVG NRW, Urteil vom 18. 7. 1995 – 11 A 11/94, BauR 1996, 242 = BRS 57 Nr. 205). Eine Beteiligung ist angeraten, wenn durch die beabsichtigte Nutzung dem dinglich Berechtigten die Nutzungsmöglichkeit genommen wird (vgl. Große-Suchsdorf/Lindorf/Schmaltz/Wiechert, zu § 92 Rdn. 33).

Die Bestellung einer Baulast ist entsprechend § 883 Abs. 2 Satz 1 BGB gegenüber demjenigen unwirksam, zu dessen Gunsten bereits eine **Auflassungsvormerkung** in das Grundbuch eingetragen wurde, da sie die Rechte am Grundstück einschränkt (VGH B-W, Urteil vom 13. 7. 1992 – 8 S 566/92, BRS 54 Nr. 162 und Sächs. OVG, Beschluss vom 9. 9. 1994 – 1 S 259/94, BRS 56 Nr. 115). Das gilt jedoch nur, wenn zum Zeitpunkt der Eintragung der Baulast die Auflassungsvormerkung im Grundbuch eingetragen war (Nds. OVG, Urteil vom 12. 9. 1997 – 1 L 5585/96, BRS 59 Nr. 192). Der Eigentümer eines in der **Zwangsversteigerung** beschlagnahmten Grundstücks kann eine Baulast nur mit Zustimmung des Gläubigers, der die Beschlagnahme erwirkt hat, begründen (Hess. VGH, Urteil vom 19. 6. 1981 – IV OE 70/80, BauR 1982, 257 = BRS 38 Nr. 135; s. auch nachfolgende Rdn. 62). 44

**Kenntnis darüber**, **wer Grundstückseigentümer** oder **Inhaber eines dinglichen Rechts ist** oder **ob eine Auflassungsvormerkung besteht**, vermittelt nur das **Grundbuch**. Aus verwaltungsökonomischen Gründen begnügen sich die Bauaufsichtsbehörden in der Vielzahl der Fälle mit der **Vorlage eines Grundbuchauszugs**, der nicht älter als drei Monate ist, oder einer **Notarbescheinigung** (zu den Aspekten des Eigentumsnachweises s. Wenzel, S. 35–37). In seltenen Zweifelsfällen kann es jedoch erforderlich werden, dass ein Bediensteter der Bauaufsichtsbehörde das Grundbuch einsieht, um sich Gewissheit über den aktuellen Eintragungsstand zu verschaffen (vgl. Große-Suchsdorf/Lindorf/Schmaltz/Wiechert, zu § 92 Rdn. 35). 45

Nach **Absatz 1 Satz 3** kann es nicht zweifelhaft sein, dass die geforderte **Eintragung** der Baulast in das Baulastenverzeichnis, anders als noch nach § 99 BauO NW 1970, **konstitutiv** ist (ebenso Allgeier/von Lutzau, zu § 75 S. 571 Anm. 75.1; Boeddinghaus/Hahn/Schulte, zu § 83 Rdn. 64; Jeromin zu § 86 Rdn. 35; Wilke/Dageförde/Knuth/Meyer, zu § 73 Rdn. 22). Ohne Eintragung kann die Baulast nicht geltend gemacht werden. Hat ein Grundstückseigentümer sich verpflichtet, dem Nachbarn eine Stellplatzbaulast einzuräumen, kann der Nachbar eine Bebauung der als Stellplatz vorgesehenen Fläche öffentlich-rechtlich nicht abwehren, wenn die Baulast nicht eingetragen worden ist (Nds. OVG, Beschluss vom 29. 11. 1995 – 1 M 7198/95, BRS 57 Nr. 240 = NVwZ 1996, 1237). Auch für den **Entstehungszeitpunkt** der Baulast ist auf den **Eintragungszeitpunkt** abzustellen. Verweigert die Bauaufsichtsbehörde die Eintragung, so ist auch dann, wenn dem Betroffenen ein Anspruch auf Eintragung zusteht, die öffentlich-rechtliche Sicherung erst dann gegeben, wenn dieser Anspruch durchgesetzt und die Eintragung erfolgt ist (OVG NRW, Urteil vom 14. 5. 1991 – 10 A 1891/88, n. v.). Die Eintragung ist entsprechend Nr. 83.3 VV BauO NRW vorzunehmen und keine bloße Formsache, sondern wegen der rechtsbegründenden Wirkung ein (beurkundender) **Verwaltungsakt** (OVG NRW, Urteil vom 29. 9. 1978 – XI A 112/78, BRS 33 Nr. 156, noch zu § 99 BauO NW 1970, wonach der Eintragung lediglich deklaratorische Bedeutung zukam; OVG Bremen, Urteil vom 21. 10. 1997 – 1 BA 23/97, BRS 60 Nr. 120 = NVwZ 1998, 1322). Grundlage jeder Eintragung im Baulastenverzeichnis ist die auf die Verpflichtungserklärung zu setzende oder mit dieser zu verbindende **Eintragungsverfügung**. Der Eintragungs- 46 verfügung hat die **Prüfung** vorauszugehen, **ob** die **Eintragung** der Baulast **zulässig** ist. Die Verpflichtungserklärung kann unwirksam sein, weil diese nicht vom Eigentümer oder einem Vertretungsberechtigten abgegeben wurde, inhaltlich nicht bestimmt ist (OVG NRW, Urteil vom 29. 9. 1978, a. a. O.) oder keinen baulastfähigen Inhalt hat (vgl. Lohre, a. a. O. Rdn. 24). Die Eintragung kann auch wegen der Subsidiarität der Baulast unzulässig sein (s. Rdn. 31 und 32 sowie Hilgers, Nochmals: Fehler und Fehlerfolgen bei der Baulasteintragung – Zugleich ein Beitrag zur Rechtsnatur der Baulast, NJW 1988, S. 1366 ff.).

**47** Immer wieder wird in der Praxis die Frage gestellt, ob die Bauaufsichtsbehörde bei Vorliegen der Eintragungsvoraussetzungen die Baulast entgegennehmen und eintragen muss oder ob sie die Eintragung dennoch ablehnen darf, weil das Vorhaben aus anderen Gründen baurechtlich als unzulässig erscheint. Der Gesetzeswortlaut des § 83 BauO NRW ist nicht eindeutig. Ein **Rechtsanspruch** des durch die Baulast Begünstigten wird angenommen werden können, wenn das Gesetz selbst die Bestellung einer Baulast als Alternative zu der Regelvoraussetzung nennt (s. § 4 Abs. 1 Nr. 1 BauO NRW – Zuwegung). Darüber hinaus ist aber auch eine rechtmäßig angebotene Baulast, die die tatsächlichen Voraussetzungen der Baugenehmigung sichert, zu bestellen, da es sich bei der Eintragung um eine **gebundene Entscheidung** handelt (vgl. Kluth/Neuhäuser, Der Anspruch auf Baulasteintragung, NVwZ 1996, S. 738 ff.). Folgt man der gegenteiligen Auffassung, der Bauaufsichtsbehörde stünde grundsätzlich ein Ermessen zu (David, a. a. O. Rdn. 2, S. 86), ergibt sich kein anderes Ergebnis. In der Praxis wird nämlich bei den bedeutsamen Fallgruppen überwiegend eine **Ermessensreduzierung auf Null** anzunehmen sein (vgl. Wenzel, S. 27 f.). Die **Eintragung** darf jedoch **verweigert** werden, wenn die Baulast als öffentlich-rechtliche Sicherung funktionslos wäre, weil eine Bebauung des Grundstücks aus anderen Gründen, insbesondere solchen planungsrechtlicher Art, nicht in Betracht kommt (BVerwG, Beschluss vom 4. 10. 1994 – 4 B 175.94, BauR 1995, 224 = BRS 56 Nr. 114). Der Eigentümer des begünstigten Grundstücks hat in einem solchen Fall kein subjektiv-öffentliches Recht auf Eintragung der Baulast, da es auf eventuell vorhandene privatrechtliche Interessen nicht ankommt (OVG NRW, Urteil vom 28. 1. 1997 – 10 A 3465/95, BRS 59 Nr. 229).

### 2.3 Wirkung der Baulast

**48** Durch die Eintragung einer Baulast werden **für den** hierdurch **begünstigten Bauherrn** im Verhältnis zur Bauaufsichtsbehörde die **tatsächlichen Voraussetzungen für die Genehmigungsfähigkeit eines sonst nicht genehmigungsfähigen Vorhabens geschaffen**, wenn das Gesetz die Baulast ausdrücklich zulässt. Einer zusätzlichen Abweichungsentscheidung bedarf es dann nicht. Eine übernommene Baulast kann weder durch einseitige Erklärung des Verpflichteten oder des Begünstigten noch durch nachträgliche Vereinbarung zwischen Verpflichtetem und Begünstigtem wieder aufgehoben werden, sondern nach § 83 Abs. 3 BauO NRW nur durch **Verzichtserklärung** der Bauaufsichtsbehörde. Sieht das Gesetz aber nicht ausdrücklich eine „öffentlich-rechtliche Sicherung“ vor, so ist zu unterscheiden, ob die baurechtliche Verpflichtung auf dem Baugrundstück selbst zu erfüllen ist (z. B. Einhaltung des zulässigen Maßes der Nutzung nach §§ 19 ff. BauNVO) oder nicht (z. B. Sicherung der Erschließung nach §§ 30 und 33 bis 35 BauGB). Im ersteren Fall muss, weil eine Abweichung vom Gesetz vorliegt, das eine Erfüllung der Voraussetzung auf dem Grundstück fordert, **neben die Baulast eine Befreiung** treten. Die Baulast schafft zunächst die tatsächliche Voraussetzung für eine Befreiung; darüber hinaus müssen die Befreiungsvoraussetzungen erfüllt sein. Kann die

Voraussetzung nach dem Gesetz auch durch die Baulast auf einem anderen Grundstück erfüllt werden, ist eine Befreiung nicht zusätzlich notwendig.

Im **Verhältnis Baulastverpflichteter zur Bauaufsichtsbehörde** wird durch die Verpflichtungserklärung des Grundstückseigentümers und eine entsprechende Eintragung im Baulastenverzeichnis die Baulast begründet, ohne dass es einer irgendwie gearteten Zustimmung oder dergleichen durch die Bauaufsichtsbehörde bedarf. Die öffentlich-rechtliche Verpflichtungserklärung setzt nicht das Bestehen entsprechender zivilrechtlicher Regelungen voraus (Hess. VGH, Beschluss vom 4. 6. 1992 – 4 TG 2815/91, BRS 54 Nr. 161) und ist auch **kein öffentlich-rechtlicher Vertrag** (OVG Schl-H, Urteil vom 19. 6. 1996 – 1 L 262/95, BRS 58 Nr. 42). Die Bauaufsichtsbehörde hat allerdings die Pflicht, die Zulässigkeit der Baulast zu prüfen (s. vorausgehende Rdn. 46). Wurde die Unzulässigkeit der Baulast nicht bemerkt, kann die Bauaufsichtsbehörde die Baugenehmigung dennoch ablehnen, wenn das Vorhaben gegen öffentlich-rechtliche Vorschriften verstößt, auf deren Schutz durch Baulast nicht wirksam verzichtet werden kann (vgl. VGH B-W, Urteil vom 25. 7. 1995 – 3 S 2123/93, BRS 57 Nr. 74 zum Verzicht auf Immissionsschutz; s. auch Rdn. 37). 49

Der die Baulast übernehmende **Eigentümer**, der sich über Bedeutung und Umfang seiner Baulasterklärung geirrt hat, **kann** seine Erklärung **nicht gemäß §§ 119 ff. BGB anfechten** (VGH B-W, Urteil vom 13. 6. 1984 – 3 S 696/84, NJW 1985, 1723 = NVwZ 1985, 592; s. auch OVG NRW vom 3. 2. 1986 – 11 A 742/84, n. v.). Das vorher genannte Urteil hat ausdrücklich die Frage einer Anfechtungsmöglichkeit gemäß § 123 BGB wegen Täuschung oder Drohung offen gelassen (unklar OVG NRW, Beschluss vom 9. 4. 1987 – 7 A 2686/86, BauR 1987, 551 = BRS 47 Nr. 148: Eine Baulast, die durch arglistige Täuschung der durch die Baulast begünstigten Behörde zustande gekommen ist, kann angefochten werden). Dies muss aber auch verneint werden, wenn die Baulasterklärung zur Erteilung einer Baugenehmigung geführt hat und diese vom Bauherrn gleichsam „ins Werk gesetzt" wurde (s. BGH, Urteil vom 10. 3. 1978 – V ZR 69/76, BRS 33 Nr. 157 = NJW 1978, 1429). Die **Grundsätze des Wegfalls der Geschäftsgrundlage sind auf Baulasterklärungen nicht anwendbar** (OVG Schl-H, Urteil vom 19. 6. 1996 - 1 L 262/95, BRS 58 Nr. 42, bestätigt durch BVerwG, Beschluss vom 30. 1. 1997 – 4 B 172.96, BRS 59 Nr. 81). 50

Die Baulast gibt der Bauaufsichtsbehörde das Recht, die übernommene **Verpflichtung** gegebenenfalls durch eine auf § 61 BauO NRW gestützte Verfügung **durchzusetzen**. Dabei kann nicht nur gegen den Grundstückseigentümer, sondern auch gegen **Dritte als Störer** vorgegangen werden (VGH B-W, Urteil vom 19. 6. 1968 – III 402/67, BRS 20 Nr. 98). Eine gesetzliche Eingriffsermächtigung ohne Rekurs auf die bauordnungsrechtliche Generalermächtigung fehlt leider (vgl. hierzu Di Fabio, Freiwillige Baulastübernahme und hoheitliche Durchsetzung, BauR 1990, S. 25 ff.). Das auf § 61 BauO NRW gestützte Recht zur Durchsetzung hat die Bauaufsichtsbehörde unabhängig von den im Regelfall bestehenden privatrechtlichen Beziehungen zwischen Baulastverpflichtetem und begünstigtem Bauherrn. Denn nur bei dieser Unabhängigkeit besteht die vom Gesetz gewollte auf Dauer angelegte Sicherung der tatsächlichen Verhältnisse, die der Bauaufsichtsbehörde eine Baugenehmigung erst ermöglicht. In der Nichterfüllung der Baulastverpflichtung läge gewissermaßen der Fortfall einer gesetzlichen Genehmigungsvoraussetzung; die erwähnte Ordnungsverfügung der Bauaufsichtsbehörde zur Durchsetzung der Baulast beseitigt den vom Gesetz nicht gedeckten Zustand und bedarf zu ihrer Rechtfertigung nicht des Nachweises einer konkreten Gefahr (OVG Lü- 51 neburg, Beschluss vom 2. 9. 1983 – 1 A 72/82, BRS 40 Nr. 223 = NJW 1984, 380). Eine wegen **fehlenden öffentlichen Interesses** zu löschende Baulast darf nicht mehr durch eine Bauordnungsverfügung durchgesetzt werden (OVG NRW, Beschluss vom 10. 10. 1997 – 7 B 1974/97, BRS 59 Nr. 228).

52 Im **Verhältnis zwischen Baulastverpflichtetem und Baulastbegünstigtem** werden durch eine Baulast keine unmittelbaren Rechtsbeziehungen begründet (Hess. VGH, Beschluss vom 4. 6. 1992 – 4 TG 2815/91, BRS 54 Nr. 161 = NVwZ-RR 1993, 236). Die **öffentlich-rechtliche Baulast**, die allein durch Erklärung des sich verpflichtenden Grundstückseigentümers gegenüber der Bauaufsichtsbehörde – ohne Mitwirkung des Begünstigten – entsteht, **schafft keine privaten Rechte** des einen gegen den anderen (BGH, Urteil vom 8. 7. 1983 – V ZR 204/82, BGHZ 88, 97 = BRS 40 Nr. 180 = DÖV 1983, 982 = DVBl. 1983, 1149 = NJW 1984, 124):

*„Die von einem Grundstückseigentümer zugunsten eines anderen Grundstücks übernommene Baulast, Kraftfahrzeugeinstellplätze anlegen und nutzen zu lassen, bewirkt nur eine öffentlich-rechtliche Verpflichtung, die weder dem Eigentümer des begünstigten Grundstücks einen Nutzungsanspruch gewährt, noch grundsätzlich dem Baulastverpflichteten auferlegt, die Nutzung zu dulden.“*

Die durch Baulast gesicherte Verpflichtung gegenüber der Bauaufsichtsbehörde, eine Zufahrtsstraße auszubauen und für den Anliegerverkehr zur Verfügung zu stellen, ist allein öffentlich-rechtlicher Natur und gewährt weder dem Eigentümer des begünstigten Grundstücks einen privatrechtlichen Nutzungsanspruch noch verpflichtet sie den Eigentümer des belasteten Grundstücks, privatrechtlich die Nutzung zu dulden; sie kann auch nicht Inhalt eines Notwegeanspruchs nach § 917 BGB sein (OLG Düsseldorf, Urteil vom 12. 4. 1989 – 9 U 252/88, MDR 1989, 819 = NVwZ-RR 1989, 607). Der Eigentümer eines Grundstücks, der öffentlich-rechtlich durch Baulast gebunden ist, kann gegen den Baulastbegünstigten, der das Grundstück zwar baulastgemäß, aber ohne zivilrechtlichen Rechtsgrund nutzt, einen Bereicherungsanspruch wegen unbefugter Inanspruchnahme seines Eigentums haben (BGH, Urteil vom 19. 4. 1985 – V ZR 152/83, DVBl. 1985, 1131 = NJW 1985, 1952 und Urteil vom 7. 10. 1994 – V ZR 4/94, NJW 1995, 53). Im Übrigen hatte der BGH schon zuvor (Urteil vom 9. 1. 1981 – V ZR 58/79, BGHZ 79, 201 = DÖV 1981, 467 = DVBl. 1981, 922) entschieden – und dies ist durch die zuerst zitierte spätere Entscheidung ausdrücklich nicht zurückgenommen worden –, dass falls „ein Grundstückseigentümer aufgrund einer Baulast zur Duldung einer Garage zugunsten des jeweiligen Eigentümers eines Nachbargrundstücks verpflichtet ist, jener rechtsmissbräuchlich handelt, wenn er klageweise vom Baulastbegünstigten Herausgabe und Räumung der Garage verlangt, solange die Baulast besteht und keine Anhaltspunkte dafür vorhanden sind, dass die Bauaufsichtsbehörde sie nicht durchsetzen oder auf sie verzichten werde“. Auf einen Verstoß gegen eine durch Baulast übernommene Verpflichtung kann sich der Nachbar berufen, wenn sich der Inhalt der Baulast auf eine **Regelung mit nachbarschützendem Charakter** bezieht (VGH B-W, Beschluss vom 9. 12. 1997 – 5 S 2568/97, BRS 59 Nr. 112 = NVwZ 1998, 535). Soweit eine Baulast **nachbarrelevante Aspekte** beinhaltet, entstehen privatrechtliche Wirkungen; ebenso hat die bauaufsichtliche Durchsetzung einer Baulast privatrechtliche Folgen (vgl. Döring, a. a. O. Rdn. 2 und Lorenz, a. a. O. Rdn. 5 und Ziegler, Die Baulast, insbesondere die Stellplatzbaulast, im öffentlichen Baurecht und im Zivilrecht, BauR 1988, S. 18 ff.).

53 Eine **Baulast vermittelt** dem **Eigentümer des durch die Baulast begünstigten Grundstücks** regelmäßig **keine subjektiv-öffentlichen Rechte**, die durch einen Verzicht der Be-

hörde auf die Baulast verletzt werden könnten – kein Recht eines Dritten im Sinne des § 434 BGB (BGH, Urteil vom 10.3.1978 – V ZR 69/76, BRS 33 Nr. 157 = NJW 1978, 1429 und Urteil vom 8.7.1983 – V ZR 204/82, a.a.O. Rdn. 52). Ob dies auch gilt, wenn durch Baulasten Grundstücke wechselseitig belastet und begünstigt werden, etwa bei Vereinigungsbaulasten nach § 4 Abs. 2 BauO NRW, ist in der Entscheidung des OVG NRW, Urteil vom 17.11.1986 (– 7 A 2169/85, BauR 1987, 550 = BRS 47 Nr. 149 = NJW 1988, 278) offen gelassen worden, jedoch zu bejahen. Daher ist die Bestellung von Grunddienstbarkeiten neben der Baulast immer dann zu empfehlen, wenn ein auch zivilrechtlich durchsetzbarer Anspruch auf Nutzung zugunsten des Baulastbegünstigten geschaffen werden soll (so auch Große-Suchsdorf/Lindorf/Schmaltz/Wiechert, zu § 92 Rdn. 49; s. auch Grziwotz, Zur „Doppelsicherung" baurechtlicher Genehmigungsvoraussetzungen, BauR 1990, S. 20ff.). Beeinträchtigt die Nichterfüllung der durch Baulast übernommenen Pflicht den Begünstigten in anderweitig bestehenden subjektiven Rechten (z.B. Recht auf Leben und Gesundheit), so steht ihm ein Anspruch gegen die Bauaufsichtsbehörde auf ermessensfehlerfreie Entscheidung über die Durchsetzung der Baulast und eventuell sogar ein unmittelbarer Anspruch auf Einschreiten zu (Hess. VGH, Beschluss vom 4.6.1992 – 4 TG 2815/91, BRS 54 Nr. 161).

### 3 Zu Absatz 2 – Verpflichtungserklärung

Für die **Baulasterklärung** des Eigentümers ist die **Schriftform** (vgl. § 126 BGB) vorgeschrieben. Dieses **Formerfordernis** der Baulasterklärung beinhaltet eine **Warnfunktion** und besteht wegen der weitreichenden Bedeutung der Baulast sowie aus Gründen der Rechtsklarheit und Rechtssicherheit; es **erstreckt sich auch auf den zivilrechtlich einzuordnenden Vorvertrag** (AG Aachen, Urteil vom 12.12.2000 – 84 C 560/00, BauR 2002, 75). Die Baulast muss **hinreichend bestimmt** beschrieben sein, da sie sonst von Anfang an ungültig ist (OVG NRW, Urteil vom 29.9.1978 – XI A 112/78, BRS 33 Nr. 156 und Urteil vom 23.11.1988 – 7 A 2361/86, n.v.). Das ist der Fall, wenn sie so klar und unzweideutig formuliert ist, dass sie mittels Ordnungsverfügung durchgesetzt werden kann (OVG Bln, Urteil vom 8.9.1995 – 2 B 4.94, BRS 57 Nr. 203). Zu den Bestimmtheitsanforderungen gehören die in **§ 18 BauPrüfVO** normierten Anforderungen an die Eintragung von Baulasten, die sich flächenmäßig auswirken, wie z.B. Abstandflächenbaulasten. Eine Pflicht zum Handeln oder Dulden muss in der Baulasterklärung regelmäßig genauer umschrieben werden als eine Unterlassungspflicht (OVG NRW, Urteil vom 15.5.1992 – 11 A 890/91, BRS 54 Nr. 158). 54

**Baulasten** sind **vorhabenbezogen** (OVG NRW, Beschluss vom 10.10.1997 – 7 B 1974/97, BRS 59 Nr. 228), so dass eine Baulasterklärung zur Sicherung der Zufahrt zu einem bestimmten Vorhaben regelmäßig dahin auszulegen ist, dass nur der durch die typische Nutzung des Vorhabens entstehende Verkehr gesichert werden soll (OVG NRW, Urteil vom 15.5.1992 – 11 A 890/91, BRS 54 Nr. 158 = NJW 1993, 1284; zur hiervon abweichenden Rechtslage bei Duldung eines Notwegerechts nach § 917 Abs. 1 BGB aufgrund rechtswidriger Baugenehmigung s. VGH B-W, Beschluss vom 21.12.2001 – 8 S 2749/01, BauR 2002, 931 = BRS 64 Nr. 193; a.A. offensichtlich VGH B-W, Urteil vom 27.10.2000 – 8 S 1445/00, BRS 63 Nr. 184, wonach die Wirkung einer Baulast nicht auf ein bestimmtes Vorhaben beschränkt ist). Allerdings kann eine Baulast eine **Änderung des Vorhabens** abdecken, wenn und soweit diese Änderung mit dem Inhalt der übernommenen Verpflichtung vereinbar ist (OVG NRW, Beschluss vom 8.9.2004 – 7 B 1494/04, NVwZ-RR 2005, 459). 54a

54b Die Baulasterklärung muss das **Vorhaben**, zu dessen Vorteil eine Baulast erklärt wird, **unmissverständlich** und **eindeutig** bezeichnen. Die Willenserklärung muss so formuliert sein, dass sich **Inhalt** und **Tragweite objektiv hinreichend ermitteln lassen**, ohne unterschiedlichen subjektiven Bewertungen zugänglich zu sein (Nds. OVG, Urteil vom 27. 9. 2001 – 1 LB 1137/01, BauR 2002, 770 = BRS 64 Nr. 130). Eine Baulast, die zur Ausräumung eines Genehmigungshindernisses für ein konkretes Vorhaben in einem Genehmigungsverfahren übernommen wird, ist **unwirksam**, wenn die Verpflichtungserklärung mit einer **aufschiebenden Bedingung** versehen ist, da es dem Sicherungszweck der Baulast und dem **Grundsatz der Rechtssicherheit** widerspricht, wenn bei der Entscheidung über die Zulassung des Vorhabens dessen Genehmigungsfähigkeit mit Rücksicht auf diese Bedingung ungewiss bleibt (VGH B-W, Urteil vom 29. 5. 1979 – III 353/79, BRS 35 Nr. 164).

55 Die **Leistung der Unterschrift** oder die Anerkennung einer bereits geleisteten Unterschrift **vor** der Bauaufsichtsbehörde (nicht von ihr) muss auf der Erklärung durch die Bauaufsichtsbehörde **aktenkundig** gemacht werden. Ebenfalls ist die Feststellung der **Identität** der unterschriftsberechtigten Person in den Akten festzuhalten. Dies erfolgt zweckmäßigerweise durch einen Vermerk über die erfolgte **Vorlage des amtlichen Lichtbildausweises** (Personalausweises) und dessen **Nummer**. Es ist zu bedenken, dass mit der Baulasterklärung öffentliche Rechtsverhältnisse von großer Tragweite geregelt werden. Wird die Unterschrift des Grundstückseigentümers nicht vor der Bauaufsichtsbehörde geleistet oder wird die bereits geleistete Unterschrift nicht **vom Baulastgeber vor** der Bauaufsichtsbehörde als **seine** Unterschrift persönlich anerkannt, so muss sie öffentlich beglaubigt sein.

56 Die **öffentliche Beglaubigung der Unterschrift** richtet sich nach **§ 129 BGB**. Die öffentliche Beglaubigung darf nicht mit der amtlichen Beglaubigung nach § 34 VwVfG. NRW. verwechselt werden (vgl. Hess. VGH, Urteil vom 5. 2. 1982 – IV OE 136/81, BauR 1983, 355 = BRS 39 Nr. 171 und OVG NRW, Urteil vom 13. 3. 1990 – 11 A 1587/88, n. v.). Nach § 129 Abs. 1 BGB muss die Erklärung schriftlich abgefasst und die Unterschrift des Erklärenden von einem **Notar** beglaubigt werden; wird die Erklärung von dem Aussteller mittels Handzeichen unterzeichnet, so ist die in § 126 Abs. 1 BGB vorgeschriebene Beglaubigung des Handzeichens erforderlich und ausreichend. Die öffentliche Beglaubigung wird gemäß § 129 Abs. 2 BGB durch die **notarielle Beurkundung** nach § 128 BGB der Erklärung ersetzt. Bei einem **gerichtlichen Vergleich** wird die notarielle Beurkundung gemäß § 127 a BGB durch die Aufnahme der Erklärenden in ein **Protokoll** ersetzt, das **nach den Vorschriften der ZPO** errichtet wurde.

### 4 Zu Absatz 3 – Verzicht auf die Baulast

57 Absatz 3 regelt **zwei unterschiedliche Fallgestaltungen** über den Verzicht der Bauaufsichtsbehörde auf das weitere Fortbestehen der Baulast:

- **Satz 1** betrifft den **Verzicht von Amts wegen**,
- **Satz 2** betrifft den **Verzicht auf Antrag des Grundstückseigentümers**.

Die Eintragungspflicht des Verzichts hat den Zweck, die Rechtssicherheit zu verstärken und die baurechtlichen Verhältnisse der einzelnen Grundstücke klarzustellen. Obwohl im Gesetz nicht erwähnt, hat sich für den gesamten Vorgang, bestehend aus dem formellen Verzicht, der entsprechenden Eintragungsverfügung und der Vornahme der Eintragung im Baulastenverzeichnis, in der Verwaltungspraxis die Kurzbezeichnung „**Löschung**“ herausgebildet (s. auch Nr. 83.33 und 83.5 VV BauO NRW sowie das Muster 2 hierzu für die Vornahme von Eintragungen). Andererseits wird der Begriff Löschung in der Literatur nur für die Beseitigung **unwirksamer** Baulasten benutzt (vgl. Boeddinghaus/Hahn/Schulte, zu § 83 Rdn. 85 und Große-Suchsdorf/Lindorf/Schmaltz/Wiechert, zu § 92 Rdn. 66 und 70). Nachfolgend wird dieser gesetzlich nicht definierte Begriff jedoch entsprechend der Verwaltungspraxis im umfassenden Sinne benutzt, also sowohl für die Beseitigung wirksamer, aber verzichtbarer Baulasten als auch für die Beseitigung unwirksamer, zu Unrecht eingetragener Baulasten.

Die Löschung einer Baulast darf nicht mit der bloßen „**Berichtigung**“ des Baulastenverzeichnisses aus Anlass der Fortschreibung des Liegenschaftskatasters oder aus Anlass der Änderung des Straßennamens bzw. der Hausnummer verwechselt werden (s. hierzu Nr. 83.43 VV BauO NRW). Bei der Berichtigung bleibt die **Baulast inhaltlich unverändert** bestehen, da sich nur die Grundstücks- bzw. Straßenbezeichnung geändert hat. **57 a**

Von der Löschung und Berichtigung wiederum zu unterscheiden ist die **Änderung** einer Baulast. Dieser Vorgang ist in § 83 BauO NRW nicht ausdrücklich geregelt. Die **inhaltliche Änderung** einer Baulast darf erfolgen, wenn sich die materiellen rechtlichen Anforderungen geändert haben. So kann sich z. B. die Tiefe der erforderlichen Abstandfläche, die ein Grundstückseigentümer zugunsten des Nachbarn nach einer früheren Fassung der Landesbauordnung übernommen hat, durch Änderung der Abstandflächenvorschriften reduzieren. Die Änderung der Baulast kann dann rechtstechnisch als Unterfall des Verzichts, nämlich als **Teilverzicht** auf die Baulast angesehen werden. **57 b**

Nur die Bauaufsichtsbehörde kann auf das Fortbestehen einer Baulast förmlich verzichten, selbst wenn diese fehlerhaft ist. **Erst die Eintragung des Verzichts** in das Baulastenverzeichnis, die ausdrücklich durch Satz 1 gefordert ist und somit **konstitutive Wirkung** entfaltet, **lässt die Baulast untergehen**. Hierbei handelt es sich um einen **Verwaltungsakt** (s. Rdn. 46). Hiervon ist selbst dann auszugehen, wenn der Löschung keine konstitutive Wirkung zukommt, weil die eingetragene Baulast unwirksam ist (OVG NRW, Urteil vom 9. 5. 1995 – 11 A 4010/92, BRS 57 Nr. 204 = NJW 1996, 275). Legt der Eigentümer des belasteten Grundstücks gegen die Eintragung einer Baulast nicht rechtzeitig einen Rechtsbehelf ein, hat er wegen der konstitutiven Wirkung der Eintragung nur unter den Voraussetzungen des § 83 Abs. 3 BauO NRW oder im Falle ihrer Nichtigkeit einen Anspruch auf Löschung (Nds. OVG, Urteil vom 8. 7. 2004 – 1 LB 48/04, BauR 2004, 1924 = BRS 67 Nr. 151 = NVwZ-RR 2005, 791). **58**

Ist das **Baulastenverzeichnis unrichtig**, so hat derjenige, der durch die Eintragung in seinen Rechten verletzt wird, einen **Anspruch auf Löschung** (OVG NRW, Urteil vom 22. 9. 1987 – 7 A 33/82, BauR 1988, 702 = BRS 48 Nr. 148; s. auch Weisemann, Anspruch des Grundeigentümers auf Löschung von Baulasten, NJW 1997, S. 2857 ff.). An einer offenbar unwirksamen Verpflichtungserklärung darf die Bauaufsichtsbehörde einen Bürger nicht festhalten (VGH B-W, Urteil vom 1. 6. 1990 – 8 S 637/90, VBlBW 1991, 59 und Urteil vom 10. 1. 2007 – 3 S 1251/06, NVwZ-RR 2007, 662). Gegen eine unrichtige oder zu Unrecht eingetragene Baulast kann sich der Verpflichtete mit der Klage vor den Verwaltungsgerichten zur Wehr setzen (OVG NRW, Urteil vom 29. 9. 1978 – XI A 112/78, BRS 33 Nr. 156; zur richtigen Klageart s. OVG NRW, Urteil vom 9. 5. 1995, a. a. O. Rdn. 58). **58 a**

Der **Verzicht** nach **Satz 1** ist **von Amts wegen** zulässig (Nds. OVG, Urteil vom 2. 7. 1991 – 6 L 132/89, BRS 52 Nr. 164 zum vergleichbaren § 92 Abs. 3 Satz 1 NBauO). Ob die **59**

Bauaufsichtsbehörde auf eine Baulast nach Satz 1 verzichtet, steht in ihrem **Ermessen** (Hess. VGH, Beschluss vom 4. 6. 1992 – 4 TG 2815/91, BRS 54 Nr. 161). Hierbei ist nicht das frühere Recht, sondern das **aktuelle Recht** maßgebend (ebenso Boeddinghaus/ Hahn/Schulte, zu § 83 Rdn. 91). So kann die Bauaufsichtsbehörde das Inkrafttreten einer neuen Landesbauordnung mit erleichterten materiellen Anforderungen zum Anlass nehmen, das Erfordernis des Fortbestandes von Baulasten zu überprüfen, um so zu einer Bereinigung des Baulastenverzeichnisses zu kommen. Der Verzicht ist ebenso auszusprechen, wenn sich die **Rechtsauslegung durch die höchstrichterlichte Rechtsprechung geändert** hat. So ist eine Baulast zu löschen, deren Zweck nicht in der Sicherung, sondern der Änderung der bauplanungsrechtlichen Zulässigkeitsvoraussetzungen besteht (s. Rdn 35).

60 Nach **Satz 2** muss der Verzicht auf **Antrag des Betroffenen** erklärt werden, wenn an dem Bestand der Baulast **kein öffentliches Interesse** mehr besteht. Ein solches besteht nicht mehr, wenn die Sicherung bestimmter öffentlich-rechtlicher Notwendigkeiten nicht länger erforderlich ist, z. B.

- bei entsprechender Änderung des Baurechts (s. Hamb. OVG, Urteil vom 3. 6. 1982 – Bf II 8/81, BRS 39 Nr. 100 und VGH B-W, Beschluss vom 9. 2. 1994 – 8 S 2988/93, BauR 1994, 484 = BRS 56 Nr. 125) oder
- bei Änderung der tatsächlichen Verhältnisse, die baulastauslösend waren (Hamb. OVG, Urteil vom 12. 11. 1992 – Bf II 29/91, BRS 54 Nr. 160 und OVG Lüneburg, Urteil vom 28. 2. 1983 – 6 A 39/82, BRS 40 Nr. 179).

Mit dem unbestimmten Rechtsbegriff des öffentlichen Interesses ist **kein Beurteilungsspielraum** verbunden (so Schlotterbeck/von Arnim/Hager, zu § 71 Rdn. 24). Der Eigentümer des belasteten Grundstücks hat daher einen **Rechtsanspruch auf Verzicht**, wenn an der Baulast **kein öffentliches Interesse** mehr besteht (BGH, Urteil vom 7. 10. 1994 – V ZR 4/94, NJW 1995, 53).

61 Die **Verzichtserklärung** der Bauaufsichtsbehörde hängt grundsätzlich nur von **öffentlich-rechtlichen Gesichtspunkten** ab. Ein rein **privatrechtliches Interesse** ist **unerheblich**. Die Baulast muss so lange bestehen bleiben, wie ein öffentliches Interesse hieran besteht (OVG Lüneburg, Urteil vom 28. 2. 1983 – 6 A 39/82, BRS 40 Nr. 179). Hat die Behörde den Verzicht auf eine Baulast **rechtswidrig** erklärt, kann sie den Verwaltungsakt unter den Voraussetzungen des § 48 Abs. 3 VwVfG. NRW. **zurücknehmen** (vgl. VGH B-W, Urteil vom 22. 12. 1982 – 3 S 1595/82, VBlBW 1983, 336). Der Verzicht kann nicht erklärt werden, wenn dadurch die Schaffung baurechtswidriger Verhältnisse ermöglicht würde (OVG NRW, Urteil vom 13. 8. 1990 – 7 A 941/88, n. v.). Dem von der Baulast begünstigten Grundstückseigentümer, dem erst die Baulast die Genehmigungsfähigkeit eines Bauvorhabens auf dem begünstigten Grundstück eröffnet hat, kommt ein **Abwehrrecht** gegenüber dem nachträglichen Verzicht der Bauaufsichtsbehörde auf die Baulast zu (Nds. OVG, Urteil vom 2. 7. 1991 – 6 L 132/89, BRS 52 Nr. 164).

62 Erhebliche Irritationen bereitete früher die Frage, ob eine Baulast in der **Zwangsversteigerung** untergeht, was von Teilen der Literatur bejaht wurde (vgl. Drischler, Baulasten und Zwangsversteigerung, NVwZ 1985, S. 726 ff.). Die Verwaltungsrechtsprechung ist dieser Auffassung nicht gefolgt. Durch die Zwangsversteigerung des Grundstücks geht eine Baulast **nicht** unter (s. BVerwG, Beschluss vom 27. 9. 1990 – 4 B 34 und 35.90, BRS 50 Nr. 109 sowie Beschluss vom 29. 10. 1992 – 4 B 218.92, BRS 54 Nr. 157; Hamb. OVG, Urteil vom 12. 11. 1992 – Bf II 29/91, BRS 54 Nr. 160). Es ergibt sich auch zwei-

felsfrei aus der mit der BauO NW 1995 geänderten Formulierung des Absatzes 3, mit der das Wort „**nur**" eingefügt wurde (s. Rdn. 01). Dies war nach der BauO NW 1984 nicht zweifelsfrei, weil der Ersteher in der Zwangsversteigerung nicht Rechtsnachfolger des Grundstückseigentümers ist (vgl. die Begründung in LT-Drucks. 11/7153 S. 200f.). Anderes gilt nur, wenn schon vor der Bewilligung der Baulast der Zwangsversteigerungsvermerk im Grundbuch eingetragen war (OVG NRW, Urteil vom 18. 7. 1995 – 11 A 11/94, BauR 1996, 242 = BRS 57 Nr. 205). Das Erlöschen der Grunddienstbarkeit als privatrechtlicher Titel zur Benutzung einer Zuwegung in der Zwangsversteigerung hindert die Bauaufsichtsbehörde nicht, die von der Zwangsversteigerung unberührte Zuwegungsbaulast durchzusetzen (Nds. OVG, Beschluss vom 8. 12. 1995 – 1 M 7201/95, BRS 57 Nr. 129 = NJW 1996, 1363).

**Verfahrensrechtlich** trifft Absatz 3 keine abschließenden Regelungen, so dass daneben die Vorschriften des VwVfG. NRW. zu beachten sind. Insbesondere darf das **Anhörungsrecht der Beteiligten** nach **§ 28 VwVfG. NRW.** nicht unberücksichtigt bleiben. Über den eingetragenen **Verzicht** erhalten nach Nr. 83.6 VV BauO NRW **63**

- der verpflichtete Grundstückseigentümer,
- der Eigentümer des begünstigten Grundstücks und
- die Gemeinde, sofern sie nicht selbst Bauaufsichtsbehörde ist und somit selbst das Baulastenverzeichnis führt,

eine **Mitteilung**. Diese Mitteilung hat **keine Rechtsbedeutung**, sondern ist lediglich als Maßnahme einer ordnungsgemäßen Verwaltung zu betrachten, wozu auch eine ausreichende Unterrichtung der von der Verwaltungstätigkeit Betroffenen gehört.

### 5 Zu Absatz 4 – Baulastenverzeichnis

Die **Führung des Baulastenverzeichnisses** durch die Bauaufsichtsbehörde ist zwingend vorgeschrieben, ebenso die Eintragung jeder von der Bauaufsichtsbehörde angenommenen Baulast. Welche Dienststelle innerhalb der Körperschaft, der die Bauaufsichtsbehörde angehört, das Baulastenverzeichnis führt, ist nicht vorgeschrieben. In kreisfreien Städten kann dies z. B. auch das Katasteramt sein. Mit der **Führung** des Baulastenverzeichnisses sind nach Nr. 83.2 VV BauO NRW nur **geeignete Bedienstete** zu beauftragen, die über die speziellen Rechts- und Verwaltungskenntnisse verfügen. Diese Bediensteten müssen neben dem Baurecht auch über das Grundstücksrecht informiert sein. Die **Bestellung** ist aktenkundig zu machen, so dass jederzeit festgestellt werden kann, welche Personen für die Eintragungen verantwortlich waren. Die Bestimmungen zur einheitlichen Einrichtung und Führung des Baulastenverzeichnisses durch Nr. 83 VV BauO NRW sind dem Grundbuchrecht nachgebildet. **64**

Die **Eintragung** der Baulasten im Baulastenverzeichnis ist **erforderlich, um** die bestehenden **öffentlich-rechtlichen Rechtsverhältnisse offen zu legen**. Es würde eine erhebliche Erschwernis für die Verwaltung und für die durch die Baulast Betroffenen bedeuten, wenn die bestehenden Baulasten nur in den einzelnen Bauakten nachgewiesen wären. Neben dem eigentlichen Baulastenverzeichnis ist gemäß Nr. 83.7 VV BauO NRW ein **Nachweis der Eintragungen** zu führen. Der Eintragungsnachweis hat lediglich den Zweck, auf einen Blick erkennbar zu machen, ob für ein bestimmtes Grundstück (im Rechtssinne) ein Baulastenblatt besteht. Bei automatisierter Führung des Katasterbuchwerks bietet es sich an, dieses als Eintragungsnachweis zu benutzen. **65**

66 Das **Baulastenverzeichnis** genießt **keinen öffentlichen Glauben** wie das Grundbuch (OVG M-V, Urteil vom 26. 10. 2005 – 3 L 156/01, BRS 69 Nr. 131). Es besteht nur eine faktische Vermutung für die Existenz der in ihm verzeichneten Baulasten. Weil die Eintragung einer Baulast nach früherem Recht keine Wirksamkeitsvoraussetzung der Baulast war, besteht keine Garantie für die Vollständigkeit der im Verzeichnis enthaltenen Baulasten, zumal § 83 BauO NRW nicht dazu zwingt, rechtmäßig bestehende Baulasten, die bislang nicht eingetragen sind, nachträglich einzutragen.

67 **Satz 2** stellt eine fakultativ ausgestellte **Ausweitung** des Baulastenverzeichnisses zu einem **allgemeinen Bauregister** dar (vgl. Scheerbarth, S. 419), allerdings mit dem Nachteil oder Mangel, dass eine Garantie für die Vollständigkeit nicht gegeben ist. Die Aufnahme von Auflagen, Bedingungen, Befristungen und Widerrufsvorbehalten in das Verzeichnis ist aus Gründen der Rechtssicherheit und Offenkundigkeit der baurechtlichen Verhältnisse angezeigt. Die Bauaufsichtsbehörden sollten im eigenen Interesse, aber auch im Interesse der Grundstückseigentümer und der Bürger, die ein Interesse an der Offenkundigkeit bestehender öffentlich-rechtlicher Rechtsverhältnisse haben, für die Vollständigkeit des Baulastenverzeichnisses sorgen und diese gewährleisten. Auflagen sind im Baulastenverzeichnis jedoch **nur** zu verzeichnen, wenn es sich um solche Auflagen handelt, die **nicht nur ein einmaliges** Tun, Dulden oder Unterlassen betreffen. Die Eintragung darf erst erfolgen, wenn die Auflagen, Bedingungen, Befristungen oder Widerrufsvorbehalte **unanfechtbar** geworden sind (s. Nr. 83.42 VV BauO NRW).

### 6 Zu Absatz 5 – Recht auf Einsicht in das Baulastenverzeichnis

68 Die Einsichtnahme in das Baulastenverzeichnis ist jedem zu empfehlen, der ein Grundstück erwerben will, weil etwa bestehende Baulasten auch ihm gegenüber als Rechtsnachfolger wirksam sind und bleiben (s. Abs. 1 Satz 2). Das Recht auf Einsicht hat aber nicht nur ein Kaufinteressent, sondern jeder, der darlegen kann, dass das Bestehen oder Nichtbestehen einer Baulast für ihn **im Rechtsverkehr von Bedeutung** ist.

69 Es reicht aus, wenn die Person **glaubhaft vorträgt**, das Grundstück erwerben, bebauen oder anderweitig nutzen zu wollen (so Wilke/Dageförde/Knuth/Meyer, zu § 73 Rdn. 25 und Jeromin, zu § 86 Rdn. 50). Neben den Kaufinteressenten wird das Einsichtnahmerecht auch den Hypotheken- und Grundschuldgläubigern zuzugestehen sein (so Nr. 83.8 VV BauO NRW; s. auch Wenzel, S. 185 f.). Insofern geht das Recht auf Einsichtnahme weit über das Akteneinsichtsrecht nach § 29 VwVfG. NRW. hinaus (so Boeddinghaus/Hahn/Schulte, zu § 83 Rdn. 108, und Große-Suchsdorf/Lindorf/Schmaltz/Wiechert, zu § 93 Rdn. 4).

70 Soweit die Einsichtnahme gestattet ist, können die Berechtigten auch **Abschriften** oder Auszüge verlangen (so Nr. 83.8 VV BauO NRW), weil sie diese im Rechtsverkehr benötigen. Die **Einsichtnahme** selbst ist **gebührenfrei**. Dagegen sind **schriftliche Auskünfte gebührenpflichtig** (s. Rdn. 19).

### 7 Zu § 18 BauPrüfVO – Darstellung im Lageplan

71 Nach § 83 Abs. 2 BauO NRW bedarf eine **Baulasterklärung** der **Schriftform**. Soweit die zu belastende Fläche mit einem Flurstück identisch ist, kann durch Inbezugnahme der Flurstücksnummer in der Verpflichtungserklärung der räumliche Umfang ausreichend genau beschrieben werden. In einem solchen Falle, z. B. wenn ein Flurstück in seiner Gesamtheit als Zuwegungsfläche in Anspruch genommen wird, genügt also eine rein

schriftlich abgefasste Verpflichtungserklärung. Bei einer Vereinigungsbaulast, mit der vollständige Flurstücke (nicht nur Teilflächen) zusammengefasst werden, ist ein Lageplan nicht erforderlich, weil die Verpflichtungserklärung allein durch Angabe der Flurstücksnummern vollständig und verständlich ist (Nds. OVG, Urteil vom 21. 1. 1999 – 1 L 5580/96, BauR 1999, 894 = BRS 62 Nr. 146 = NVwZ 1999, 1013). Das Schriftformerfordernis ist ebenso auszulegen und zu handhaben wie das des **§ 126 BGB** und die dazu ergangene „**Auflockerungsrechtsprechung**" (vgl. BGH, Urteil vom 24. 9. 1997 – XII ZR 234/95, NJW 1998, 58); danach erfordert die notwendige Einheitlichkeit der Urkunde nicht, dass die Verpflichtungserklärung und ein eventuell zugehöriger Lageplan körperlich verbunden werden. Es reicht vielmehr aus, dass sich die Einheit der verschiedenen Bestandteile durch den inhaltlichen Zusammenhang des Textes oder durch vergleichbare Merkmale zweifelsfrei ergibt. Dabei muss die Verpflichtungserklärung als Haupturkunde auf den Lageplan oder sonstige Zeichnungen und Pläne als Ergänzungen in hinreichend deutlicher Weise Bezug nehmen. Damit werden die Anlagen in die Haupturkunde inkorporiert und die „Unter"-schrift erfasst auch diesen Teil (Nds. OVG, Urteil vom 26. 3. 1999 – 1 L 215/97, BauR 2000, 373 = BRS 62 Nr. 145). Eine **zweifelsfreie Kennzeichnung** der Zugehörigkeit des Lageplans oder sonstiger Pläne ist über die bei allen Bauaufsichtsbehörden üblichen **Geschäftszeichen** möglich. Es hat sich bewährt, die Lagepläne oder sonstigen Pläne mit einem Stempelaufdruck zu versehen:

**Gehört zur Verpflichtungserklärung vom …**
**Geschäftszeichen**
**Bauaufsichtsbehörde**

Unbeschadet des Ausreichens einer schriftlichen Verpflichtung sollte den Unterlagen ein **Auszug aus der Liegenschaftskarte/Flurkarte** im Sinne des § 2 Abs. 1 BauPrüfVO beigefügt werden, um bei **späteren Flurstücksumbenennungen** oder bei **Änderungen des Flurstücksbestandes aus Anlass einer Grundstücksteilung** ohne Schwierigkeiten zurückverfolgen zu können, auf welchen Bereich sich die Baulast erstreckt. Zwar regelt Nr. 83.43 VV BauO NRW das Zusammenwirken von Katasterämtern und Bauaufsichtsbehörden bei der Berichtigung der Baulastblätter aus Anlass von Formänderungen oder Umnummerierungen, die Erfahrung zeigt aber, dass diese Zusammenarbeit nicht immer zeitnah abläuft oder aber die Berichtigung vereinzelt unterbleibt. 72

Wird mit einer **Baulast** nur eine **Teilfläche eines Flurstücks** belastet, so kann auch hierfür eine rein schriftlich fixierte Verpflichtungserklärung ausreichend sein, nämlich immer dann, wenn es gelingt, die räumliche Ausdehnung der **belasteten Fläche** in Bezug zu den Flurstücksgrenzen **geometrisch eindeutig durch Beschreibung** zu **erfassen**. Dieses Verfahren ist jedoch äußerst umständlich und wird in der Praxis auch nur selten angewandt; häufig entzieht sich auch die geometrisch eindeutige Festlegung infolge stark verspringenden Verlaufs der Begrenzung der zu belastenden Fläche einer rein schriftlichen Fixierung. Es hat sich deshalb bereits kurz nach dem Inkrafttreten der BauO NW 1962 die Verwaltungspraxis ergeben, insbesondere bei der Sicherung von Zuwegungen oder von Abstandflächen, die Darstellung der Baulastfläche in einem **Lageplan** vorzunehmen. Bereits zum früheren Recht, das die verordnungsrechtlichen Anforderungen an den Lageplan zu einer Baulast noch nicht enthielt (diese wurden erstmals mit § 12 BauPrüfVO 1995 begründet), hatte die Rechtsprechung verlangt, dass der Lageplan die **örtlichen Verhältnisse richtig** und **genau**, jedenfalls **bestimmbar** wiedergeben muss (OVG NRW, Urteil vom 29. 9. 1978 – XI A 112/78, BRS 33 Nr. 156 und Urteil vom 15. 5. 1992 – 11 A 890/91, BRS 54 Nr. 158). 73

74 Die erstmals mit RdErl. vom 15.7.1963 (MBl. NRW. S.1293) geregelten **Modalitäten für die Darstellung „flächenbezogener Baulasten"** wurden in Nr. 78.41 VV BauO NW 1984 übernommen. Die Verwaltungsvorschrift richtet sich jedoch als allgemeine Weisung nach § 9 Abs. 2 Buchstabe a OBG primär an die unteren Bauaufsichtsbehörden und entfaltet nur mittelbar Wirkungen gegenüber dem Antragsteller. Da die oberste Bauaufsichtsbehörde in Nr. 78.41 VV BauO NW 1984 bestimmte **Anforderungen** hinsichtlich der **Qualität des Lageplans** und der **Art der Darstellung** der zu belastenden Fläche für die unteren Bauaufsichtsbehörden verbindlich vorgegeben hatte, bereitete es zunehmend Schwierigkeiten, ausreichend qualifizierte Lagepläne als Ergänzung der Verpflichtungserklärung zu erlangen. Damit verbunden war eine Verzögerung des Verfahrens auf Eintragung der Baulast und letztlich auch eine Verzögerung der Baugenehmigungsverfahren, sofern die Eintragung der Baulast eine Voraussetzung für die Erteilung der Baugenehmigung darstellte. Hinzu kam, dass die Bundesländer die Darstellungsart nicht einheitlich regelten, so dass es bei der Erstellung der Bauvorlagen durch nicht in Nordrhein-Westfalen ansässige Entwurfsverfasser häufig zu von Nr. 78.41 VV BauO NW 1984 abweichenden Darstellungsarten kam; beispielsweise verlangt **Nr. 80.431 VwV SächsBO**, dass die zu belastenden Flächen **braun schraffiert** angelegt werden, wohingegen in **Nordrhein-Westfalen** seit 1963 die **grüne Schraffur** praktiziert wird. Um klare Verhältnisse zu schaffen, hat sich der Verordnungsgeber dazu entschlossen, mit **§ 18 BauPrüfVO** diesen Umständen Rechnung zu tragen, indem die **Rechtsvorschrift** für alle davon Betroffenen rechtsverbindlich die Beibringung eines sog. amtlichen Lageplanes mit genau festgelegtem Inhalt fordert.

75 Ein **Verstoß gegen § 18 BauPrüfVO** hat zur Folge, dass die **Baulast nicht eintragungsfähig** ist. Die Gefahr einer nicht widerspruchsfreien Darstellung wäre zu groß (vgl. hierzu die Anmerkungen zu § 69 Rdn. 33–35). Die Eintragung darf nicht von der Bauaufsichtsbehörde vorgenommen werden, wenn die Anforderungen des § 18 BauPrüfVO nicht vollinhaltlich erfüllt sind.

76 Nimmt die **Verpflichtungserklärung Bezug auf** einen **Lageplan**, so sind die Bestimmungen des **§ 18 BauPrüfVO zwingend**. Sie sind auch einzuhalten, wenn ein Lageplan eigentlich nicht erforderlich wäre, weil die Verpflichtung hinreichend genau schriftlich formuliert werden kann. Hieran kann angesichts der eindeutigen Formulierung „ist beizufügen, sofern in der Verpflichtungserklärung auf einen Lageplan Bezug genommen wird" kein Zweifel bestehen. Es liegt also an den Beteiligten und auch an der diese beratenden Bauaufsichtsbehörde, zur Kostenminderung der Baulasteintragung zunächst nach einer Möglichkeit zu suchen – selbstverständlich unter Beachtung der Anforderungen an die Bestimmtheit der Baulast –, die Verpflichtungserklärung so zu formulieren, dass nicht auf einen Lageplan Bezug genommen werden muss.

77 Die **Anforderungen an die Eintragung von Baulasten** fasst § 18 Satz 2 BauPrüfVO wie folgt zusammen:

- der **Lageplan muss von einer der in § 3 Abs. 3 BauPrüfVO genannten Behörden** (Katasterämter der Kreise und kreisfreien Städte) **oder Personen** (Öffentlich bestellte Vermessungsingenieure) **hergestellt** sein – so genannter **„amtlicher Lageplan"**,
- der **Lageplan** muss einen **Mindestinhalt** aufweisen, und zwar die Angaben nach § 3 Abs. 1 Nr. 1 bis 3, 6, 8 und 12 BauPrüfVO,
- der **Lageplan** muss die **Baulastflächen**, auf die die Verpflichtungserklärung abstellt, in **grüner Schraffur** darstellen.

Zum **Mindestinhalt des Lageplans** gehören nach § 18 Satz 2 BauPrüfVO unter anderem Flächen auf dem Baugrundstück, die von Baulasten betroffen sind, sowie Flächen auf den angrenzenden Grundstücken, die von Baulasten zugunsten des Baugrundstücks betroffen sind. Es handelt sich hierbei um **bereits bestehende Baulasten**, die mit dem Zeichen nach Nr. 1.11 der Anlage zur BauPrüfVO zu kennzeichnen sind (zu den Darstellungen im Lageplan vgl. auch die Anmerkungen zu § 69 Rdn. 70 und 73). **78**

Die **Darstellung bestehender Baulasten** und **noch einzutragender Baulasten** darf nicht verwechselt werden. Aus diesem Grund regeln § 3 Abs. 1 Nr. 8 BauPrüfVO in Verbindung mit Nr. 1.11 der Anlage zur VV BauPrüfVO und § 18 Satz 2 Nr. 2 BauPrüfVO i.V.m. Nr. 1.12 der Anlage zur VV BauPrüfVO die **Darstellung unterschiedlich**. Im Lageplan zum Baugesuch sind sowohl bestehende als auch geplante Baulasten einzutragen, damit für die Bauaufsichtsbehörde die Zulässigkeit der Neueintragung erkennbar wird. So kann z.B. eine geplante Abstandflächenbaulast unzulässig sein, weil es entgegen § 6 Abs. 3 BauO NRW zu einer Überdeckung mit einer bereits bestehenden Abstandflächenbaulast kommt. **79**

Für die **noch einzutragende Baulast** darf im Lageplan gemäß § 18 BauPrüfVO i.V.m. **Nr. 1.11** der Anlage zur BauPrüfVO **nur grüne Umgrenzung und Schraffur** Anwendung finden. Die Kennzeichnung mit grüner Schraffur verdeutlicht den Rechtsstatus als noch einzutragende Baulast. Neben dieser vorgeschriebenen Kennzeichnung der noch zu belastenden Fläche ist deren **Vermaßung erforderlich**, um Größe und Platzierung (Standort) der von der Baulast betroffenen Fläche mit der gebotenen Eindeutigkeit ermitteln zu können (OVG NRW, Urteil vom 29. 9. 1978 – XI A 112/78, BRS 33 Nr. 156). **80**

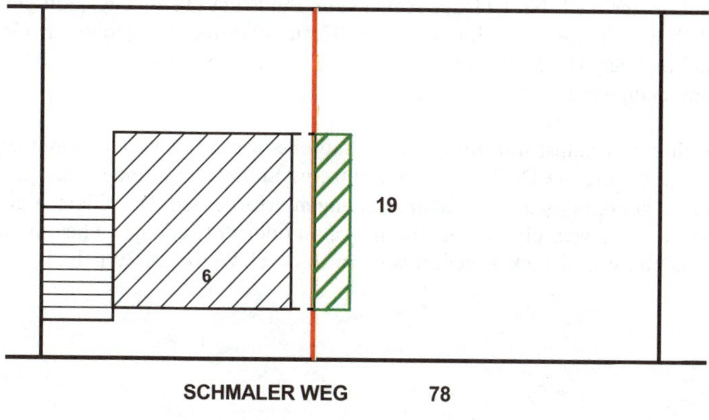


**Abbildung 83.1** Darstellung der aufgrund einer **geplanten** Grundstücksteilung (**rote** Linie nach **Nr. 1.13** der Anlage zur BauPrüfVO) **geplanten** Abstandflächenbaulast (**grüne Umgrenzung und Schraffur** nach **Nr. 1.12** der Anlage zur BauPrüfVO) des vorhandenen Wohngebäudes im **Lageplan gemäß § 18 BauPrüfVO** zum Teilungsantrag – die erforderliche Vermaßung wurde aus Vereinfachungsgründen nicht dargestellt

Mit der Eintragung im Baulastenverzeichnis entsteht erst die Baulast. Die **bestehende Baulast** ist in einem Lageplan für ein weiteres Vorhaben auf dem begünstigten Grund- **81** stück oder für ein solches auf dem belasteten Grundstück dann nicht mehr nach § 18 Satz 2 Nr. 2 BauPrüfVO, sondern **nach § 3 Abs. 1 Nr. 8 BauPrüfVO** in Verbindung mit **Nr. 1.11** der Anlage zur BauPrüfVO als **feines**, **enges Punktraster** zu kennzeichnen – diese Kennzeichnung verdeutlicht den Rechtsstatus als **bestehende** Baulast.

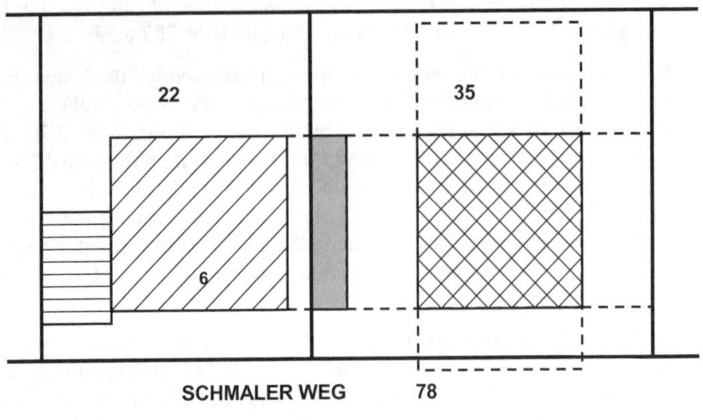


**Abbildung 83.2** Darstellung der in Abbildung 83.1 mit grüner Schraffur gekennzeichneten Baulastfläche nach der Eintragung der Baulast im Baulastenverzeichnis und nach Realisierung der Grundstücksteilung als **bestehende** Abstandflächenbaulast (**feines**, **enges Punktraster** nach **Nr. 1.11** der Anlage zur BauPrüfVO) im **Lageplan gemäß § 3 BauPrüfVO** für ein weiteres Bauvorhaben (Kreuzschraffur des geplanten Gebäudes mit Darstellung der Abstandflächenumgrenzung) – die erforderliche Vermaßung wurde aus Vereinfachungsgründen nicht dargestellt

**82** Bezieht sich eine Baulast nur auf einzelne Bauteile, wie z. B. eine Gebäudetrennwand oder eine durchlaufende Decke, oder auf einzelne Stellplätze in einer Garage, so sind außer dem Lageplan ergänzende **Bauzeichnungen** erforderlich. Das Gleiche gilt, wenn der zweite Rettungsweg über einen Treppenraum oder notwendigen Flur im Gebäude auf dem Nachbargrundstück gesichert werden soll (vgl. Wenzel, S. 39 Rdn. 19).

# Sechster Teil
# Bußgeldverfahren, Rechtsvorschriften, bestehende Anlagen und Einrichtungen

## Vor §§ 84 bis 87

**Anmerkungen** (Autor: Heintz)

Im sechsten Teil der Landesbauordnung finden sich **für die Praxis außerordentlich bedeutsame** Vorschriften. Ohne diese Vorschriften, die erstmals mit der BauO NW 1962 eingeführt wurden, wäre der bauaufsichtliche Vollzug sehr erschwert. 1

Die **Bußgeldvorschriften** des **§ 84 BauO NRW** ergänzen das Ordnungswidrigkeitengesetz des Bundes und bezeichnen bestimmte Verstöße gegen Verfahrensvorschriften als **Ordnungswidrigkeiten**, die der Gesetzgeber als **Verwaltungsunrecht** mit einer Geldbuße geahndet sehen möchte. Unberührt hiervon bleibt die Befugnis der Bauaufsichtsbehörde, bauaufsichtliche Maßnahmen einzuleiten, um die durch das ordnungswidrige Handeln eines am Bau Beteiligten herbeigeführten rechtswidrigen Bauzustände zu beseitigen. Mit der Zahlung der Geldbuße hat es demnach nicht immer sein Bewenden, mitunter folgen kostenträchtige Rückbaumaßnahmen. 2

Die Landesbauordnung enthält nur die wichtigsten materiellen und verfahrensrechtlichen Regelungen zum Bauen. Diese sind auf die am häufigsten vorkommenden, üblichen Bauwerke, nämlich Wohngebäude oder Gebäude mit vergleichbarem Gefahrenrisiko ausgerichtet (s. die Anmerkungen zu § 54 Rdn. 1). Es war daher schon immer erforderlich, neben der Bauordnung **spezielle Vorschriften** für **Sonderbauten** bereitzuhalten (s. die Einleitung Rdn. 48). Die Rechtsverordnungsermächtigungen des **§ 85 BauO NRW** decken diese Erfordernisse ab und sind darüber hinaus darauf ausgerichtet, das **Bauproduktenrecht** und das **Verfahrensrecht** zu **ergänzen**. 3

**Örtliche Bauvorschriften** werden nach **§ 86 BauO NRW** von der **Gemeinde** erlassen. Die Bestimmung ist eine Folge der unterschiedlichen Gesetzgebungskompetenz von Bund und Ländern (s. die Einleitung Rdn. 59–64). Vor allem **gestalterische Festsetzungen** finden aufgrund der Ermächtigung Aufnahme in die Bebauungspläne und ergänzen die nur aufgrund des BauGB und der BauNVO möglichen bodenrechtlichen Festsetzungen. Örtliche Bauvorschriften können auch als selbständige Satzung erlassen werden. Die Festsetzungsbefugnis dient anders als die Regelungen des § 12 BauO NRW nicht nur der **Verunstaltungsabwehr**, sondern vielmehr der **positiven Gestaltungspflege** (s. die Anmerkungen zu § 12 Rdn. 1–6). 4

Die BauO NRW enthält in erster Linie Vorschriften für die **Errichtung neuer** baulicher Anlagen. Aus diesem Grund war es erforderlich, mit **§ 87 BauO NRW** eine Vorschrift zu schaffen, die **nachträgliche** Anpassungsverlangen im Falle **rechtmäßig bestehender** baulicher Anlagen aus Gründen der **Gefahrenabwehr** ermöglicht. Die rechtmäßige Ausnutzung des Eigentums verleiht der Anlage einen sich aus Art. 14 Abs. 1 **Satz 1** GG als Ausfluss der Baufreiheit ergebenden **Bestandsschutz**, der nur aufgrund einer besonderen Vorschrift durchbrochen bzw. eingeschränkt werden kann, die Inhalt und Schranken des Eigentums im Sinne des Art. 14 Abs. 1 **Satz 2** GG konkretisiert. 5

## § 84
## Bußgeldvorschriften

**(1) Ordnungswidrig handelt, wer vorsätzlich oder fahrlässig**

**1. entgegen § 5 Abs. 6 Zu- und Durchfahrten sowie befahrbare Flächen durch Einbauten einengt, nicht ständig freihält oder Fahrzeuge dort abstellt,**

**2. es entgegen § 14 Abs. 3 unterlässt, ein Baustellenschild aufzustellen,**

**3. Bauprodukte mit dem Ü-Zeichen kennzeichnet, ohne dass dafür die Voraussetzungen nach § 25 Abs. 4 vorliegen,**

**4. Bauprodukte entgegen § 20 Abs. 1 Nr. 1 ohne das Ü-Zeichen verwendet,**

**5. Bauarten entgegen § 24 ohne allgemeine bauaufsichtliche Zulassung, allgemeines bauaufsichtliches Prüfzeugnis oder Zustimmung im Einzelfall anwendet,**

**6. entgegen § 57 Abs. 1 Satz 1 zur Ausführung eines genehmigungsbedürftigen Bauvorhabens oder eines Bauvorhabens nach § 67 eine Unternehmerin oder einen Unternehmer oder eine Bauleiterin oder einen Bauleiter nicht beauftragt,**

**7. entgegen § 57 Abs. 2 Satz 3 genehmigungsbedürftige Abbrucharbeiten in Selbst- oder Nachbarschaftshilfe ausführt,**

**8. entgegen § 57 Abs. 5 Satz 1 oder § 67 Abs. 5 Satz 1 vor Beginn der Bauarbeiten die Namen der Bauleiterin oder des Bauleiters und der Fachbauleiterinnen oder Fachbauleiter oder während der Bauausführung einen Wechsel dieser Personen oder entgegen § 57 Abs. 5 Satz 3 einen Wechsel in der Person der Bauherrin oder des Bauherrn nicht oder nicht rechtzeitig mitteilt,**

**9. entgegen § 66 Satz 2 eine Anlage benutzt, ohne eine Bescheinigung der Unternehmerinnen oder Unternehmer oder Sachverständiger vorliegen zu haben,**

**10. entgegen § 67 Abs. 2 ohne Einreichen von Bauvorlagen bei der Gemeinde oder vor Ablauf eines Monats nach Eingang der Bauvorlagen bei der Gemeinde bauliche Anlagen nach § 67 Abs. 1 oder 7 errichtet, ändert oder nutzt,**

**11. entgegen § 67 Abs. 4 oder 5 die dort genannten Nachweise und Bescheinigungen nicht vorliegen hat,**

**12. entgegen § 68 Abs. 2, § 81 Abs. 2 oder § 82 Abs. 4 Satz 1 die dort genannten Nachweise oder Bescheinigungen nicht einreicht,**

**13. eine bauliche Anlage oder andere Anlagen und Einrichtungen im Sinne des § 1 Abs. 1 Satz 2 ohne Baugenehmigung nach § 75 oder Teilbaugenehmigung nach § 76 oder abweichend davon errichtet, ändert, nutzt, abbricht oder ihre Nutzung ändert,**

**14. entgegen § 75 Abs. 6 Satz 2 Baugenehmigungen und Bauvorlagen an der Baustelle nicht vorliegen hat,**

**15. entgegen § 75 Abs. 7 den Ausführungsbeginn genehmigungsbedürftiger Vorhaben oder solcher nach § 67 Abs. 1 nicht oder nicht rechtzeitig mitteilt,**

**16. Fliegende Bauten ohne Ausführungsgenehmigung nach § 79 Abs. 2 Satz 1 erstmals aufstellt oder in Gebrauch nimmt oder ohne Gebrauchsabnahme nach § 79 Abs. 7 Satz 2 oder 3 in Gebrauch nimmt,**

**17. die nach § 81 Abs. 2 vorgeschriebenen oder verlangten Anzeigen nicht erstattet,**

**18. entgegen § 82 Abs. 6 oder 7 mit der Fortsetzung der Bauarbeiten beginnt,**

**19. entgegen § 82 Abs. 8 Satz 1 bauliche Anlagen oder andere Anlagen oder Einrichtungen vorzeitig benutzt,**

**20. einer aufgrund dieses Gesetzes ergangenen Rechtsverordnung oder örtlichen Bauvorschrift zuwiderhandelt, sofern die Rechtsverordnung oder die örtliche Bauvorschrift für einen bestimmten Tatbestand auf diese Bußgeldvorschrift verweist.**

**(2) Ordnungswidrig handelt auch, wer wider besseres Wissen unrichtige Angaben macht oder unrichtige Pläne oder Unterlagen vorlegt, um einen nach diesem Gesetz vorgesehenen Verwaltungsakt zu erwirken oder zu verhindern.**

**(3) Die Ordnungswidrigkeit kann mit einer Geldbuße bis zu 100 000 DM oder 50 000 EURO, in den Fällen des Absatzes 1 Nr. 13 mit einer Geldbuße bis zu 500 000 DM oder 250 000 EURO geahndet werden.**

**(4) Ist eine Ordnungswidrigkeit nach Absatz 1 Nummern 3 bis 5 begangen worden, so können Gegenstände, auf die sich die Ordnungswidrigkeit bezieht, eingezogen werden. § 23 des Gesetzes über Ordnungswidrigkeiten ist anzuwenden.**

**(5) Verwaltungsbehörde im Sinne des § 36 Abs. 1 Nr. 1 des Gesetzes über Ordnungswidrigkeiten ist die untere Bauaufsichtsbehörde, in den Fällen des Absatzes 1 Nr. 1 hinsichtlich des Abstellens von Fahrzeugen die örtliche Ordnungsbehörde.**

**(6) Soweit in Bußgeldvorschriften, die aufgrund der Landesbauordnung (BauO NW) in der Fassung der Bekanntmachung vom 27. Januar 1970 (GV. NRW. S. 96), zuletzt geändert durch Gesetz vom 18. Mai 1982 (GV. NRW. S. 248), erlassen sind, auf § 101 Abs. 1 Nr. 1 jenes Gesetzes verwiesen wird und in Bußgeldvorschriften, die aufgrund der Landesbauordnung (BauO NW) vom 26. Januar 1984 (GV. NRW. S. 419), zuletzt geändert durch Gesetz vom 24. November 1992 (GV. NRW. S. 467), erlassen sind, auf § 79 Abs. 1 Nr. 14 jenes Gesetzes verwiesen wird, gelten solche Verweisungen als Verweisungen auf § 84 Abs. 1 Nr. 20.**

**Anmerkungen** (Autor: Heintz)

**Übersicht**


| | | Rdn. |
|---|---|---|
| 0 | Änderungen gegenüber der BauO NW 1984 und der BauO NW 1995 | 01–02 |
| 1 | Allgemeines | |
| 1.1 | Zwangsgeld nach VwVG NW und Geldbuße nach OWiG | 1– 5 |
| 1.2 | Grundstruktur des Ordnungswidrigkeitenrechts | 6– 8 |
| 1.3 | Bußgeldverfahren und Bußgeldbescheid | 9–24 |
| 2 | Materielle Anforderungen des Ordnungswidrigkeitenrechts | 25–31 |
| 3 | Zu Absatz 1 – Einzelne Ordnungswidrigkeitentatbestände | 32–55 |
| 4 | Zu Absatz 2 – Unrichtige Angaben, Pläne und Unterlagen | 56–57 |
| 5 | Zu Absatz 3 – Höhe der Geldbuße | 58–59 |
| 6 | Zu Absatz 4 – Einziehung von Gegenständen | 60–61 |
| 7 | Zu Absatz 5 – Zuständigkeiten | 62–63 |
| 8 | Zu Absatz 6 – Überleitung älterer Bußgeldvorschriften | 64–65 |

## 0 Änderungen gegenüber der BauO NW 1984 und der BauO NW 1995

01 § 84 **BauO NW 1995** entsprach im Wesentlichen § 79 BauO NW 1984; jedoch erfolgten außer der redaktionellen Umstellung auf die geänderte Paragraphenfolge und der Verwendung gleichstellungsgerechter Formulierungen folgende Änderungen:

In **Absatz 1** wurden die **Nrn. 1 und 2** neu aufgenommen, wodurch sich die alten Nummern verschoben. Der geänderte Absatz 1 enthielt folgende Ordnungswidrigkeiten:

- **Nr. 1** betrifft die Freihaltepflicht von Flächen für die Feuerwehr.
- **Nr. 2** betrifft die Pflicht zur Aufstellung des Baustellenschilds.
- **Nr. 3 bis 5** ersetzten die bisherigen Nr. 1 bis 3 und wurden auf das geänderte Bauproduktenrecht umgestellt.
- **Nr. 6 bis 8** entsprachen inhaltlich unverändert den bisher in den Nr. 4 bis 6 geregelten bußgeldbewehrten Bauherrenpflichten.
- **Nr. 9** wurde neu eingefügt und bezweckte als Ersatz für den Fortfall der Benutzungsgenehmigung nach § 60 Abs. 2 BauO NW 1984, die Nichtvorlage der Unternehmbescheinigung ahnden zu können.
- **Nr. 10, 11 und 12** wurde neu eingefügt, um die Nichtbefolgung der sich aus §§ 67 und 68 BauO NW 1995 ergebenden Vorlage- und Nachweispflichten mit Bußgeld ahnden zu können.
- **Nr. 13** übernahm die bisherige Nr. 7 und wurde durch das Wort „nutzt" ergänzt, um auch die ungenehmigte Nutzungsänderung als bußgeldbewehrten Ordnungswidrigkeitentatbestand zu erfassen.
- **Nr. 14** entsprach inhaltlich unverändert der bisherigen Nr. 8.
- **Nr. 15** wurde neu eingefügt, um der nicht eingehaltenen Verpflichtung, Baugenehmigung und Bauvorlagen auf der Baustelle bereitzuhalten, Nachdruck zu verleihen.
- **Nr. 16 und 17** entsprachen inhaltlich unverändert den bisherigen Nrn. 9 und 10.
- **Nr. 18** wurde neu eingefügt, um ein Bußgeld verhängen zu können, wenn die für die Durchführung von Bauüberwachung und Bauzustandsbesichtigungen vorgesehenen Anzeigen nicht erstattet werden.
- **Nr. 19 und 20** entsprachen inhaltlich unverändert den bisherigen Nr. 12 und 13.
- **Nr. 21** übernahm die bisherige Nr. 14, wurde jedoch klarstellend so formuliert, dass Bußgeldtatbestände in allen aufgrund der Landesbauordnung erlassenen Rechtsverordnungen und örtlichen Bauvorschriften der Gemeinden festgelegt werden können.

Die **Absätze 2 bis 4** blieben inhaltlich unverändert.

In **Absatz 5** wurde die Zuständigkeitsregelung durch einen Halbsatz 2 ergänzt, um zu verhindern, dass die Bauaufsichtsbehörden mit der Verfolgung unberechtigt Parkender auf Bewegungs- und Aufstellflächen für die Feuerwehr beschäftigt werden; danach werden Verstöße gegen das Verbot von den örtlichen Ordnungsbehörden verfolgt.

**Absatz 6** wurde ergänzt, um sicherzustellen, dass die aufgrund der BauO NW 1970 und 1984 erlassenen Bußgeldvorschriften nicht mit Inkrafttreten der BauO NW 1995 entfallen, sondern als Verweisungen auf § 84 Abs. 1 Nr. 21 BauO NW 1995 gelten.

Die **BauO NRW 2000** hat § 84 BauO NW 1995 mit folgenden Änderungen übernommen: 02

In **Absatz 1** wurden folgende Ordnungswidrigkeitentatbestände geändert:

- **Nr. 5** wurde an den geänderten § 24 BauO NRW angepasst.
- **Nr. 6** wurde um die Rechtspflicht zur Beauftragung des Bauleiters ergänzt.
- **Nr. 8** wurde um die Rechtspflichten nach § 67 Abs. 5 Satz 1 BauO NRW und um die Pflicht zur Benennung des Bauleiters ergänzt.
- **Nr. 9** wurde an die geänderte Fassung des § 66 BauO NRW angepasst.
- **Nr. 12** wurde an die geänderte Fassung der §§ 68, 81 und 82 BauO NRW angepasst.
- **Nr. 13** fasst die bisherigen Nr. 13 und 14 zusammen und berücksichtigt jetzt auch den Tatbestand der ungenehmigten Nutzungsänderung.
- **Nr. 14 bis 16** übernehmen unverändert die bisherigen Nr. 15 bis 17.
- **Nr. 17** entspricht der alten Nummer 18, wurde an die geänderte Fassung des § 82 BauO NRW angepasst und berücksichtigt die nicht rechtzeitige Erstattung der Anzeige.
- **Nr. 18 und 19** entsprechen den bisherigen Nr. 19 und 20 unter redaktioneller Anpassung an die geänderte Fassung des § 82 BauO NRW.
- **Nr. 20** übernimmt unverändert die bisherige Nr. 21.

Die **Absätze 2, 4 und 5** blieben unverändert.

In **Absatz 3** wurde der Euro berücksichtigt, darüber hinaus die Verhängung einer Geldbuße in den Fällen des Absatzes 1 **Nr. 13** bis zu 250000 Euro ermöglicht.

In **Absatz 6** wurden die Worte „Nr. 21" durch die Worte „Nr. 20" ersetzt.

## 1 Allgemeines

### 1.1 Zwangsgeld nach VwVG NW und Geldbuße nach OWiG

Nach § 56 BauO NRW sind die Bestimmungen des materiellen und formellen Baurechts vom Bauherrn und im Rahmen ihres Wirkungskreises von den am Bau Beteiligten einzuhalten. Die Erfahrung lehrt jedoch, dass diese Vorschriften nicht selten unbeachtet bleiben. Grundsätzlich ist es dann gemäß § 61 BauO NRW Aufgabe der Bauaufsichtsbehörde, für ordnungsgemäße Zustände zu sorgen. Den Bauaufsichtsbehörden stehen hierzu vielfältige Möglichkeiten zur Verfügung, um notfalls die Einhaltung der baurechtlichen Bestimmungen zu erzwingen. Die **Vollstreckung von Verwaltungsakten** richtet sich allgemein nach den Vorschriften des Verwaltungsvollstreckungsgesetzes für das Land Nordrhein-Westfalen (VwVG NW). Verwaltungsakte, die ein Tun, Dulden oder Unterlassen anordnen, können mit den im Zweiten Abschnitt des VwVG NW angegebenen **Zwangsmitteln** durchgesetzt werden. Hierzu rechnet gemäß § 60 VwVG NW auch das **Zwangsgeld.** Wie sich aus der Bezeichnung bereits ergibt, dient das Zwangsgeld der Erzwingung von Handlungen, Unterlassungen oder Duldungen. Zwangsgeld ist **allgemein als Zwangsmittel anwendbar**, da die Subsidiarität gegenüber der Ersatzvornahme aufgrund der früher geltenden Fassung des VwVG NW entfallen ist. Da es von den betroffenen ordnungspflichtigen Personen gegenüber der Ersatzvornahme oder dem unmittelbaren Zwang sogar als das „**mildere**" Mittel empfunden wird, stellen in der bauaufsichtlichen Praxis die meisten Ordnungsverfügungen verständlicherweise hierauf ab. 1

2 Daneben besteht aber schon seit langem die Möglichkeit zur **Sanktionierung von Rechtsverstößen**. Vor Verkündung des Grundgesetzes war die **Baupolizei** noch zum Erlass **polizeilicher Strafverfügungen** in Form von **Ordnungsstrafen** ermächtigt. Die Baupolizeibehörden übten damit auch **strafrichterliche Funktionen** aus. Mit Verkündung des Grundgesetzes änderte sich dies, da fortan das **Rechtsprechungsmonopol** des **Art. 92 GG** galt; danach ist die **Anwendung von Strafrecht** den **Richtern vorbehalten**. Bestehende Strafverfügungsvorschriften zugunsten der Verwaltungsbehörden wurden in der Folge vom BVerfG für unvereinbar mit Art. 92 GG erklärt. Nach Art. 74 Nr. 1 GG steht dem **Bund** unter den Voraussetzungen des Art. 72 Abs. 2 GG die **Gesetzgebungskompetenz für das Strafrecht** zu. Parallel zur Entpolizeilichung der Verwaltungsbehörden auf Landesebene durch das Ordnungsbehördengesetz – OBG vom 16. 10. 1956 (GV. NRW. S. 216) gelang auf Bundesebene mit dem **Ordnungswidrigkeitengesetz – OWiG** vom 25. 3. 1952 (BGBl. I S. 177) die **Differenzierung zwischen kriminellem Unrecht und Verwaltungsunrecht**.

3 Die Strafrechtsreform von 1974 brachte dann die **strikte Trennung** zwischen **Straftat** und **Strafe** sowie zwischen **Ordnungswidrigkeit** und **Geldbuße**. Spätere Änderungen des OWiG hielten hieran fest und dienten lediglich der Entlastung der Gerichte durch Verbesserung des Bußgeldverfahrens und Straffung des gerichtlichen Verfahrens (vgl. Göhler, Einleitung Rdn. 18–20). Die Strafe unterscheidet sich von der Ordnungswidrigkeit allein durch die **rechtspolitische Wertung des Unrechtsgehalts** des jeweiligen Tatbestands (vgl. Große-Suchsdorf/Lindorf/Schmaltz/Wiechert, zu § 91 Rdn. 1). Die **Höhe der Geldstrafe** bzw. der **Geldbuße** ist **kein Indiz**. Auch an den Nebenfolgen lässt sich der Unterschied nicht festmachen. Allein entscheidend ist die **angedrohte Folge** des zu missbilligenden Verhaltens:

- **droht** die Vorschrift eine **Strafe** an, handelt es sich um eine **Straftat**,
- **droht** die Vorschrift eine **Geldbuße** an, handelt es sich um eine **Ordnungswidrigkeit**.

4 Das **OWiG erfasst keine strafwürdigen Rechtsverletzungen**, so dass der **Täter** als **nicht vorbestraft** gilt, auch wenn die Höhe der Geldbuße im Einzelfall extrem hoch sein kann. Der Geldbuße fehlt der Ernst der Strafe, aus diesem Grund kann sie bei Zahlungsunfähigkeit des Täters auch nicht in Freiheitsstrafe umgewandelt werden. Sie darf auch nicht in das beim BGH geführte Bundeszentralregister eingetragen werden. Da der Kernbereich des Strafrechts nicht ausgehöhlt werden darf, kann das **Ordnungswidrigkeitenrecht nur Tatbestände mit geringem Unrechtsgehalt** erfassen, was allerdings in Grenzbereichen durchaus Probleme bereitet, so dass der Gesetzgeber **Mischtatbestände** geschaffen hat (vgl. Göhler, vor § 1 Rdn. 33–36). Mischtatbestände sind Rechtsverletzungen, die entsprechend gesetzlich definierter Umstände entweder als Straftat oder als Ordnungswidrigkeit eingestuft werden können.

5 Aufgrund der **unterschiedlichen Zielsetzungen** ist genau zu differenzieren zwischen dem Zwangsgeld nach dem VwVG NW und der Geldbuße nach dem OWiG:

- das **Zwangsgeld** dient der **Erzwingung eines ordnungsgemäßen Verhaltens des Ordnungspflichtigen in der Zukunft**, während
- das **Bußgeld** die **Ahndung eines in der Vergangenheit abgeschlossenen ordnungswidrigen Verhaltens des Täters** bezweckt.

Das **Bußgeld** darf **nie den Charakter eines Zwangsmittels** erhalten. Allerdings können Zwangsmittel und Geldbußen **nebeneinander** verhängt werden, um sowohl ordnungsgemäßes Verhalten zu erzwingen als auch ordnungswidriges Verhalten zu ahnden, ohne dass es hierdurch zu einer unzulässigen Doppelbestrafung kommt. Der Unterschied zwischen Buße und Beugemittel sollte in einem solchen Fall für den Betroffenen deutlich gemacht werden, da die unterschiedlichen Funktionen der beiden Rechtsinstitute durch die für den Adressaten sich gleichenden Folgen – nämlich in beiden Fällen die Zahlung eines Geldbetrags – verwischt sind. Gerade nach dem gemäß § 47 Abs. 1 Satz 1 OWiG zu beachtenden **Opportunitätsprinzip** ist stets prüfen, ob im Falle der Anwendung des Zwangsgeldes nach § 60 VwVG NW überhaupt noch eine begangene Ordnungswidrigkeit mit Geldbuße geahndet werden soll (so auch Voß/Buntenbroich, Rdn. 984). Die Bauaufsichtsbehörde kann nämlich anstelle der Verhängung von Bußgeld auch nur eine **Verwarnung** aussprechen, während im **Strafrecht** das **Legalitätsprinzip** gilt.

### 1.2 Grundstruktur des Ordnungswidrigkeitenrechts

Das **OWiG** enthält **Kern- und Rahmenvorschriften** und gilt nach seinem § 2 **für alle Ordnungswidrigkeiten nach Bundes- oder Landesrecht**. Es enthält in Bezug auf die Verfolgung und Ahndung von Ordnungswidrigkeiten **Kernvorschriften für das Verfahren**, daneben auch noch **einzelne Ordnungswidrigkeiten**. Dabei handelt es sich um Tatbestände, die früher im StGB als **Übertretungen** eingestuft wurden, wie z. B. die falsche Namensangabe (§ 111 OWiG), deren Verortung in anderen Rechtsvorschriften als unzweckmäßig erschien. Das OWiG enthält vier Teile: 6

1. Teil Allgemeine Vorschriften (§§ 1–34),

2. Teil Bußgeldverfahren (§§ 35–110),

3. Teil Einzelne Ordnungswidrigkeiten (§§ 111–131),

4. Teil Schlussvorschriften (§§ 132–135).

Da das **OWiG** lediglich als materiell- und verfahrensrechtliche **Rahmenvorschrift** konzipiert ist, stellt es in seinem § 1 Abs. 1 allgemein auf den **„Tatbestand eines Gesetzes“** ab. Der Gesetzesbegriff ist hier nicht im formellen, sondern im materiellen Sinne gemeint, so dass auch Rechtsverordnungen, ordnungsbehördliche Verordnungen und Satzungen erfasst werden. Die **Ordnungswidrigkeitentatbestände** sind in **Rechtsvorschriften** des **Bundes** und der **Länder** aufgrund des **durch das OWiG gesetzten Rahmens** festgelegt. Fast jedes Gesetz enthält Bußgeldandrohungen, oft ohne die bußgeldauslösende Handlung genau zu beschreiben. Dabei wird auf eine Verordnung, Satzung oder eine das Gesetz ausführende Verwaltungsentscheidung abgestellt. Diese Regelungen werden **Blankettvorschriften** genannt (vgl. Göhler, vor § 1 Rdn. 17–19 a). 7

**Blankettvorschriften** enthalten die Bußgeldandrohung, ohne den Verbotsinhalt im Einzelnen zu beschreiben. Sie behalten die Ausfüllung des Bußgeldtatbestandes einer Verordnung, einer Satzung oder auch lediglich einem Verwaltungsakt vor. Weil der Bußgeldtatbestand bis zur Ausfüllung noch „offen“ ist, bezeichnet man dies als „**Blankett**“ (französierende Bildung zum deutschen blank; in der Wirtschaft ist ein Blankett ein Schriftstück mit Blankounterschrift, das der Empfänger absprachegemäß ausfüllen soll). Blankettvorschriften sind im Hinblick auf die Vorgaben des Art. 103 Abs. 2 GG (**Gesetzlichkeitsprinzip**) problematisch. Dem trägt § 3 OWiG Rechnung, wonach eine Handlung als Ordnungswidrigkeit nur geahndet werden kann, wenn die Möglichkeit der Ahndung gesetzlich bestimmt war, bevor die Handlung begangen wurde. Nach Art. 103 Abs. 2 in Verbindung mit Art. 80 Abs. 1 Satz 2 GG muss durch Gesetz bestimmt 8 werden, was mit Geldbuße zu ahnden ist, wenn das Blankett durch untergesetzliche Normen oder Verwaltungsakte ausgefüllt werden soll (BVerfG, Beschluss vom 25.7.1961 – 2 BvL 4/62, BVerfGE 14, 251). Die Blankettnorm muss **wirksam ausgefüllt** sein. Enthält das Gesetz eine „**Rückverweisungsklausel**", ist diese in der untergesetzlichen Vorschrift zu **zitieren**. Eine solche Rückverweisungsklausel enthält auch **§ 84 Abs. 1 Nr. 20** BauO NRW:

… *„sofern die Rechtsverordnung oder die örtliche Bauvorschrift für einen bestimmten Tatbestand* ***auf diese Bußgeldvorschrift verweist****"*.

**Fehlt** der Verordnung oder Satzung die **Verweisung** auf § 84 Abs. 1 Nr. 20 BauO NRW, wie z. B. in § 25 SV-VO vom 29.4.2000 (GV. NRW. S. 422), ist die Blankettvorschrift nicht wirksam ausgefüllt (vgl. Rosenkötter, Das Recht der Ordnungswidrigkeiten, 5. Aufl. 2000, Rdn. 8). Selbst bei Erfüllung der tatbestandlichen Voraussetzungen ist dann die Verhängung eines Bußgelds unmöglich, da **keine wirksame** Bußgeldvorschrift besteht.

### 1.3 Bußgeldverfahren und Bußgeldbescheid

9 Die Durchführung des **Bußgeldverfahrens** richtet sich im Wesentlichen nach den Bestimmungen des OWiG, zu denen die (wenigen) baurechtlichen Bußgeldvorschriften lediglich ergänzend hinzutreten (allgemein zum Bußgeldverfahren im Bereich der Bauaufsicht s. Rabe/Heintz, S. 468 ff. Rdn. 197–239, s. dort auch das Vereinfachte Ablaufschema S. 482). Dieses Verfahren ist der Strafprozessordnung nachgebildet. Es handelt sich um ein **eigenständiges, mehrstufig angelegtes Verfahren**, das wie das Strafverfahren dazu dient, die Feststellung treffen zu können, **ob** eine Person eine Ordnungswidrigkeit begangen hat und **welche** Rechtsfolge daraus verwirkt ist. Schließlich dient das Bußgeldverfahren auch der **Durchsetzung** der Geldbuße und der Nebenfolgen. Die **verfahrensrechtlichen Regelungen** des OWiG sind **nicht abschließend**, vielmehr verweist § 46 Abs. 1 OWiG auf die Vorschriften über das Strafverfahren, insbesondere die Strafprozessordnung – StPO, das Gerichtsverfassungsgesetz – GVG und das Jugendgerichtsgesetz – JGG. Die in Bezug genommenen Bestimmungen sind nachrangig, das heißt, sie finden nur Anwendung, soweit das OWiG selbst keine entsprechende Verfahrensregelung trifft. Nach § 46 Abs. 2 OWiG hat die **Verfolgungsbehörde** grundsätzlich die **Rechte und Pflichten, wie die Staatsanwaltschaft im Strafverfahren**.

10 Das **Bußgeldverfahren** gliedert sich in folgende **Schritte**:

Das **Vorverfahren** dient der **Sachaufklärung** und der **Entscheidung** darüber,

- **ob** die **Sache an die Staatsanwaltschaft abzugeben** ist, weil der **Verdacht einer Straftat** vorliegt (§ 41 Abs. 1 OWiG),
- **ob** das **Verfahren eingestellt** wird, weil **Verfolgungshindernisse** bestehen (§ 46 Abs. 1 und 2 OWiG i. V. m. § 170 Abs. 2 Satz 1 StPO),
- **ob** das **Verfahren eingestellt** wird, weil eine **Ahndung mit Geldbuße nicht erforderlich** ist (§ 47 Abs. 1 OWiG),
- **ob** eine **Verwarnung** als **ausreichend** angesehen wird (§ 56 Abs. 1 OWiG),

und findet sein Ende nach **Anhörung des Betroffenen** (§ 55 Abs. 1 OWiG) mit der Entscheidung über die Höhe der Geldbuße und dem **Erlass des Bußgeldbescheids durch die Verwaltungsbehörde** (§ 65 OWiG). Legt der Betroffene keinen Einspruch ein, wird der Bußgeldbescheid gemäß § 89 OWiG unanfechtbar und kann vollstreckt werden. Die Frist für den Einspruch beträgt gemäß § 67 OWiG nur zwei Wochen. Der Einspruch kann auch telefonisch zur Niederschrift bei der Verwaltungsbehörde, die den Bußgeldbescheid erlassen hat, eingelegt werden (BGH, Beschluss vom 20.12.1979 – 1 StR 164/79, BGH 29, 173). Art. 19 Abs. 4 und Art. 103 Abs. 1 GG verbieten, § 43 StPO dahin auszulegen, dass die Frist für die Einlegung des Einspruchs gegen einen Bußgeldbescheid an ihrem letzten Tag vor 24 Uhr, etwa mit dem Ende der Dienstzeit der Behörde endet (BVerfG, Beschluss vom 11.2.1976 – 2 BvR 652/75, BVerfGE 41, 323; zur Rechtzeitigkeit des Einspruchs bei Einwurf in den Hausbriefkasten der Verwaltungsbehörde s. BVerfG, Beschluss vom 7.4.1976 – 2 BvR 847/75, BVerfGE 42, 128).

Das **Zwischenverfahren** schließt sich an, wenn der Betroffene gegen den Bußgeldbescheid gemäß § 67 Abs. 1 OWiG **Einspruch** bei der Verwaltungsbehörde einlegt. Die Verwaltungsbehörde prüft,

- **ob** der **Einspruch rechtzeitig** eingelegt wurde und verwirft diesen gegebenenfalls als unzulässig (§ 69 Abs. 1 Satz 1 OWiG),
- **ob** der **Einspruch begründet** ist und stellt gegebenenfalls nach Rücknahme des Bußgeldbescheids das Verfahren ein (§ 47 Abs. 1 OWiG).

Hält die Verwaltungsbehörde am Bußgeldbescheid trotz des Einspruchs fest, ist die **Bußgeldakte** an die **Staatsanwaltschaft** abzugeben (§ 69 Abs. 3 Satz 1 OWiG). Hält die Staatsanwaltschaft aufgrund einer Nachprüfung einen hinreichenden Tatverdacht für gegeben und eine Ahndung für erforderlich, endet das Zwischenverfahren mit der **Vorlage der Bußgeldakte beim Richter des Amtsgerichts** (§ 69 Abs. 4 Satz 2 OWiG).

Im **gerichtlichen Verfahren** prüft der Richter unabhängig von den Vorermittlungen und kann die Sache bei offensichtlich ungenügender Sachaufklärung an die Verwaltungsbehörde zurückgeben (§ 69 Abs. 5 Satz 1 OWiG). Ein unzulässiger Einspruch wird verworfen (§ 70 Abs. 1 OWiG). Das **Amtsgericht entscheidet** bei zulässigem Einspruch entweder **im schriftlichen Verfahren** durch **Beschluss**, sofern es eine Hauptverhandlung nicht für erforderlich hält und sowohl die Staatsanwaltschaft als auch der Betroffene zustimmen, oder **im mündlichen Verfahren** durch **Urteil** aufgrund der Hauptverhandlung

- über die **Festsetzung der Geldbuße** und die **Anordnung von Nebenfolgen** oder
- über den **Freispruch des Betroffenen** oder
- über die **Einstellung des Verfahrens** wegen eines **Verfahrenshindernisses**.

Das Gericht kann auch die **Einstellung des Verfahrens** gemäß § 47 Abs. 2 OWiG anordnen. Gegen den Beschluss oder das Urteil ist als einziges Rechtsmittel die **Rechtsbeschwerde** möglich, über die das **Oberlandesgericht** entscheidet (§ 79 OWiG).

Das **Vollstreckungsverfahren** nach §§ 89ff. OWiG dient der Durchsetzung der Entscheidung, wenn der Betroffene dieser nicht nachkommt. Vollstreckbar sind nur rechtskräftige Bußgeldentscheidungen, wenn **kein Vollstreckungshindernis** besteht, wie z. B. die **Vollstreckungsverjährung** (§ 34 Abs. 1 OWiG). **Vollstreckungsbehörde** ist

- für den **Bußgeldbescheid** die diesen erlassende **Verwaltungsbehörde** (§ 92 OWiG),
- für die **gerichtliche Bußgeldentscheidung** die **Staatsanwaltschaft** bzw. im Verfahren gegen Jugendliche und Heranwachsende der **Jugendrichter als Vollstreckungsleiter** (§ 91 OWiG).

Für die **Verfolgungsverjährung** ist § 31 OWiG maßgebend. Die **Verjährungsfrist** richtet **11**
sich gemäß § 31 Abs. 2 OWiG, sofern die jeweilige Bußgeldnorm keine abweichenden

Bestimmungen trifft (was im Baurecht nicht gegeben ist), nach der **Höhe der gesetzlichen Bußgelddrohung**, nicht etwa nach dem tatsächlich festgesetzten Bußgeld. Die Verfolgung von Ordnungswidrigkeiten nach der BauO NRW verjährt in **drei Jahren** (**Verfolgungsverjährung**), da der Bußgeldrahmen über 15.000 Euro liegt. Die **Frist läuft** gemäß § 31 Abs. 3 OWiG **mit** der **Beendigung der Handlung** bzw. mit dem **Eintritt des Erfolgs an**. Auf den Zeitpunkt des Bekanntwerdens der Ordnungswidrigkeit bei der Bauaufsichtsbehörde kommt es **nicht** an (zum Ruhen und zur Unterbrechung der Verjährung s. §§ 32 und 33 OWiG; § 33 Abs. 1 OWiG zählt insgesamt 15 Unterbrechungsmöglichkeiten auf). Die Verfolgungsverjährung wird bereits gemäß § 33 Abs. 1 Nr. 1 OWiG durch die erste Vernehmung des Betroffenen, die Bekanntgabe über die Einleitung des Ermittlungsverfahrens oder die Anordnung der Vernehmung bzw. Bekanntgabe unterbrochen. Nach jeder Unterbrechung beginnt die Verjährungsfrist für die Verfolgung erneut zu laufen, ohne dass der bereits verstrichene Zeitraum berücksichtigt wird, jedoch besteht nach § 31 Abs. 3 OWiG eine **äußerste Grenze von sechs Jahren**. Wird ein Bußgeldbescheid aus sachlichen Gründen aufgehoben, so unterbricht ein daraufhin erlassener neuer Bußgeldbescheid erneut die Frist für die Verfolgungsverjährung (OLG Frankfurt, Beschluss vom 23. 1. 1979 – 3 Ws[B]177/78, NJW 1979, 2161).

12 Die **sachliche Zuständigkeit** für die Verfolgung von Ordnungswidrigkeiten ergibt sich nach § 36 Abs. 1 Nr. 1 OWiG aus dem einschlägigen Gesetz oder einer Rechtsverordnung, sofern das (formelle) Gesetz hierzu ermächtigt. Fehlt eine sachliche Zuständigkeitsregelung in dem jeweiligen Gesetz, so ist zuständig

– die fachlich zuständige oberste Landesbehörde (§ 36 Abs. 1 Nr. 2 Buchstabe a OWiG)

– oder das fachlich zuständige Bundesministerium, soweit das Bundesgesetz von Bundesbehörden ausgeführt wird (§ 36 Abs. 1 Nr. 2 Buchstabe b OWiG).

Die Landesregierung ist durch § 36 Abs. 2 Satz 1 OWiG ermächtigt, die sachliche Zuständigkeit allgemein oder für einzelne Bereiche auf andere Behörden oder sonstige Stellen zu übertragen. Hiervon hat sie mehrfach Gebrauch gemacht. In **baurechtlichen Angelegenheiten** sind die **unteren Bauaufsichtsbehörden** sachlich **zuständig**:

– nach § 2 Abs. 2 DVO BauGB für Ordnungswidrigkeiten nach **§ 213 Abs. 1 BauGB**,

– nach § 84 Abs. 5 BauO NRW für Ordnungswidrigkeiten nach **§ 84 Abs. 1 BauO NRW**,

– nach § 1 der Verordnung über Zuständigkeiten nach dem Energieeinsparungsgesetz vom 24. 11. 1982 (GV. NRW. S. 755) in Verbindung mit § 1 Abs. 2 EnEV-UVO für **Ordnungswidrigkeiten nach § 18 EnEV und nach § 6 der EnEV-UVO**.

13 Die **örtliche Zuständigkeit** richtet sich nach § 37 Abs. 1 OWiG. Örtlich zuständig ist die **Verwaltungsbehörde**, in deren Bezirk

– die **Ordnungswidrigkeit begangen** wurde bzw. **entdeckt** worden ist (Nr. 1) oder

– der **Betroffene** bei Einleitung des Bußgeldverfahrens seinen **Wohnsitz** hat (Nr. 2).

Diese Bestimmungen stehen **gleichrangig** nebeneinander, ohne dass eine Vorzugszuständigkeit für den Begehungs- oder Entdeckungsort angenommen werden kann.

14 Nicht selten ergeben sich **mehrfache sachliche Zuständigkeiten**, da Rechtsverstöße gegen gleich mehrere Gesetze vorliegen, so z. B. bei der ungenehmigten Aufstellung einer Werbetafel im Außenbereich an der freien Strecke einer Bundesstraße (Ordnungswidrigkeiten nach § 84 Abs. 1 Nr. 13 BauO NRW und § 23 Abs. 1 Nr. 8 FStrG). Nach dem

sich aus § 39 Abs. 1 Satz 1 OWiG ergebenden **Grundsatz des ersten Zugriffs** können dann sowohl die Bauaufsichtsbehörde als auch die Straßenbaubehörde Bußgeldverfahren einleiten (vgl. Göhler, zu § 39 Rdn. 1–4). Dieser Grundsatz findet ebenfalls Anwendung, wenn eine Ordnungswidrigkeit in Bezug auf eine bauliche Anlage verfolgt werden soll, welche die Zuständigkeitsgrenze zweier benachbarter Bauaufsichtsbehörden überschreitet, wie z. B. ein Mühlengebäude über einem Bachlauf, dessen Mitte die Grenze bildet. Auch bei **mehrfacher örtlicher Zuständigkeit** ist § 39 Abs. 1 Satz 1 OWiG einschlägig, da § 3 VwVfG NRW im Bußgeldverfahren keine Anwendung findet.

Für die Verfolgung und Ahndung der unter Rdn. 12 aufgeführten Ordnungswidrigkeiten **15**
ist die untere Bauaufsichtsbehörde zuständig. Stellt sie dabei fest, dass die begangene Tat auch **strafrechtliche Vorschriften** berührt, wie dies z. B. bei der Fortführung illegaler Ausbauarbeiten an von der Bauaufsichtsbehörde versiegelten Räumen vorkommen kann. Es besteht dann der **Tatverdacht des Siegelbruchs** nach **§ 136 StGB**.

Ist die **Tat gleichzeitig Straftat und Ordnungswidrigkeit**, so tritt die Ordnungswidrigkeit gemäß § 21 OWiG hinter den Straftatbestand zurück. In einem solchen Fall ergibt sich nach § 40 OWiG eine **Verfolgungszuständigkeit der Staatsanwaltschaft**. Die Verwaltungsbehörde hat die Sache gemäß § 41 Abs. 1 OWiG an die Staatsanwaltschaft abzugeben, die im Strafverfahren die Ordnungswidrigkeit in die Anklage einbezieht. Stellt die Staatsanwaltschaft das Strafverfahren ein, gibt sie die Sache zur weiteren Verfolgung der Ordnungswidrigkeit gemäß § 43 Abs. 1 OWiG wieder an die Verwaltungsbehörde zurück. Die Entscheidung der Staatsanwaltschaft bindet gemäß § 44 OWiG die Verwaltungsbehörde.

Im Vorverfahren hat die Bauaufsichtsbehörde den Sachverhalt vollständig entsprechend **16**
dem **Untersuchungsgrundsatz** des § 46 OWiG in Verbindung mit § 160 StPO aufzuklären. Es ist in baurechtlichen Angelegenheiten unumgänglich den Tatort zu besichtigen (**Augenscheinsbeweis**) und – soweit vorhanden – Zeugen zu befragen (**Zeugenbeweis**; zum Behördenvertreter als Beweismittel s. OLG Hamm, Beschluss vom 19. 9. 1977 – 1 Ss OWi 1034/77, MDR 1978, 427). Im Bußgeldverfahren gilt die **Unschuldsvermutung**. Verbleiben trotz gründlicher Ermittlungen Zweifel, ist das Bußgeldverfahren einzustellen, da ein Bußgeldbescheid nur erlassen werden darf, wenn der Täter als überführt anzusehen ist (vgl. Rosenkötter, Das Recht der Ordnungswidrigkeiten, 5. Aufl. 2000, Rdn. 273).

**Unverzichtbarer Verfahrensbestandteil** ist nach § 55 Abs. 1 OWiG in Verbindung mit **17**
§ 163 a Abs. 1 StPO die **Anhörung des Betroffenen** (zur Verletzung des rechtlichen Gehörs s. OLG Köln, Beschluss vom 22. 9. 1995 – Ss 485/95 [B], NJW 1996, 535). Dies kann durch Übersendung eines Anhörungsschreibens erfolgen, aus dem sich der Vorwurf unter genauer Bezeichnung der Bußgeldvorschrift ergeben muss (**schriftliche Anhörung**). Der Beschuldigte muss sich – wie im Strafverfahren – nicht äußern, woraus keinesfalls eine positive oder negative Vermutung der Schuld abgeleitet werden darf. Der Betroffene ist nur verpflichtet, die **Angaben zur Person** zu machen; verweigert er auch dies, begeht er eine mit Geldbuße bedrohte Ordnungswidrigkeit nach § 111 OWiG. Das Unterlassen der Rücksendung des Anhörungsbogens stellt eine Verweigerung der Angaben zur Person dar (OLG Hamm, Beschluss vom 28. 9. 1987 – 4 Ss OWi 725/87, NJW 1988, 274). Die Bauaufsichtsbehörde hat die Ermittlungen getrennt von sonstigen Verwaltungsverfahren zu führen und darf keinerlei Druck auf den Betroffenen ausüben. Insbesondere darf sie den Betroffenen nicht durch Androhung einer nachteiligen Verwaltungshandlung zur Bußgeldzahlung bewegen, da dies den Tatbestand des § 240 Abs. 2 StGB erfüllt (OLG Düsseldorf, Beschluss vom 30. 9. 1983 – 3 Ws 237/83, n. v.).

18 Angesichts der teilweise nur schwer verständlichen Ordnungswidrigkeiten des Baurechts kommt dem **Opportunitätsgrundsatz** des § 47 Abs. 1 Satz 1 OWiG besondere Bedeutung zu. Danach **kann** die Bauaufsichtsbehörde ein Bußgeldverfahren einleiten, sie muss es aber nicht. Die Verfolgung von Ordnungswidrigkeiten steht im **Ermessen** der Bauaufsichtsbehörde, das von sachlichen Gesichtspunkten getragen sein muss. Stellt sich in der Anhörung glaubhaft heraus, dass der Betroffene überhaupt keine Absicht hatte, gegen die entsprechende Vorschrift zu verstoßen, dass ihn bereits der Tatvorwurf hart trifft, dass keine Wiederholungsgefahr besteht und dass der Betroffene den baurechtlichen Verstoß beseitigen möchte, kann unter **Zweckmäßigkeitsgesichtspunkten** von einem Bußgeld abgesehen werden, weil die baurechtliche Bestimmung erfüllt wird; als sachlicher Grund kann auch der geringe Unrechtsgehalt einer Ordnungswidrigkeit zu berücksichtigen sein (vgl. Göhler, zu § 47 Rdn. 3). Die Bauaufsichtsbehörde kann es daher nach § 56 OWiG auch bei einer **Verwarnung** belassen.

19 Nach Abschluss der Ermittlungen hat der mit der Bearbeitung der Bußgeldsache betraute Bedienstete gemäß § 61 OWiG den „**Abschlussvermerk**" in der Bußgeldakte anzubringen. Der Vermerk ist gemäß Nr. 109 Abs. 3 Satz 1 der **Richtlinien für das Strafverfahren und das Bußgeldverfahren – RiStBV**, RdErl. vom 25. 11. 1976 (JMBl. NRW. 1977, S. 2) mit Datum und Unterschrift der für die Entscheidung zuständigen Dienstkraft zu versehen. **Ab diesem Tage** hat ein eventuell nach § 60 OWiG bestellter Verteidiger gemäß § 46 Abs. 1 OWiG in Verbindung mit § 147 Abs. 2 StPO das **Recht auf uneingeschränkte Akteneinsicht**. Wer die Entscheidung über die Verhängung des Bußgeldes trifft, richtet sich nach den **innerdienstlichen Vorgaben**. Die **Höhe der Geldbuße** ist nach Maßgabe des § 17 OWiG zu bemessen; eventuell vorhandene **Bußgeldkataloge der Bauaufsichtsbehörde** sind, anders als die aufgrund des § 26 a StVG erlassene Bußgeldkatalog-Verordnung, **keine Rechtsnormen**, sondern lediglich **Richtlinie** für eine **gleichmäßige Ermessensausübung** (vgl. Göhler, zu § 17 Rdn. 32).

20 Der **Inhalt des Bußgeldbescheids** muss den **Anforderungen des § 66 OWiG** genügen, während zur **Form** des Bescheids **keine Vorgaben** bestehen. Der Bußgeldbescheid muss folgende Mindestangaben enthalten:

- Angaben zur Person des Betroffenen, des eventuell bestellten Verteidigers und etwaiger Nebenbeteiligter,
- Bezeichnung der Tat nach Ort und Zeit, der gesetzlichen Merkmale der Ordnungswidrigkeit und der angewandten Bußgeldvorschrift,
- die Beweismittel,
- die Höhe der Geldbuße und der eventuell angeordneten Nebenfolgen,
- die Hinweise, Aufforderungen und Belehrungen nach § 66 Abs. 2 OWiG.

Eine **Begründung** ist **nicht vorgeschrieben**, wohl aber ein näheres Eingehen auf die Bezeichnung der Tat und die Beweismittel (vgl. Göhler, zu § 66 Rdn. 11–18; s. auch OLG Hamm, Urteil vom 23. 12. 1969 – 2 Ws OWi 292/69, NJW 1970, 579 und AG Weilburg, Urteil vom 28. 2. 1990 – 3 OWi – 4 Js 51614/80, NJW 1991, 1071 zur Kennzeichnungspflicht und zur Bestimmtheit des Tatvorwurfs sowie OLG Celle, Beschluss vom 6. 1. 1970 – 2 Ss(B) 245/69, NJW 1970, 580 zum Erfordernis der genauen Bezeichnung der Beweismittel). Der Bußgeldbescheid ist mit einer **Rechtsbehelfsbelehrung** zu versehen (zu einem Vorbehalt im Rechtsbehelf s. OLG Hamm, Beschluss vom 5. 4. 1974 – 5 Ss OWi 235/74, MDR 1974, 777).

Der **Aufbau** des Bescheids ist an den Vorgaben des § 66 OWiG auszurichten, um mögliche **Fehler auszuschließen**. Die **fehlende Angabe der Bußgeldvorschrift** ist nur dann unerheblich, wenn der Mangel noch in der Hauptverhandlung in entsprechender Anwendung des § 265 StPO geheilt werden kann (OLG Koblenz, Beschluss vom 4. 4. 1975 – 1 Ws[a] 189/75 und Beschluss vom 22. 4. 1975 – 1 Ws[a] 237/75, NJW 1975, 2306). Ein **Verstoß gegen die inhaltlich zu § 44 VwVfG. NRW. entwickelten Grundsätze** macht den Bescheid rechtlich **unwirksam** (OLG Oldenburg, Beschluss vom 28. 1. 1992 – Ss 492/91, NVwZ 1992, 607). Auch ein durch Computer gefertigter Bußgeldbescheid muss den Anforderungen an eine klare und verständliche Sprache genügen, anderenfalls ist er unwirksam (AG Hersbruck, Urteil vom 10. 7. 1984 – OWi 474 Js 62272/84, NJW 1984, 2426). Das **Fehlen der Unterschrift** macht den Bescheid nur dann unwirksam, wenn es sich erkennbar um einen bloßen Entwurf der Behörde handelt (OLG Düsseldorf, Beschluss vom 22. 9. 1988 – 5 Ss[OWi] 280/88 u. a., NJW 1989, 600). Unerheblich ist, ob der Bedienstete, der den Bußgeldbescheid unterzeichnet, auch innerdienstlich zuständig war (OLG Saarbrücken, Beschluss vom 8. 5. 1973 – Ss[B] 47/73, NJW 1973, 2041; s. auch OLG Stuttgart, Beschluss vom 14. 1. 1976 – 3 Ss 744/75, NJW 1976, 1905). 21

Nach § 105 Abs. 1 OWiG muss der Bußgeldbescheid eine Entscheidung über die **Kosten des Verfahrens** enthalten (zur Erstattung von Rechtsanwaltskosten s. BVerfG, Beschluss vom 11. 2. 1994 – 2 BvR 1883/93, NJW 1994, 1855). Die Entscheidung über die Kostentragungspflicht lässt sich nicht nachholen, so dass die Kosten dann der Behörde zur Last fallen (OLG Frankfurt, Beschluss vom 8. 1. 1970 – 2 Ws 193/69, NJW 1970, 1432 zur nachträglichen Ergänzung der Kostenentscheidung eines Strafurteils und seiner Anfechtbarkeit). Zu erhebenden **Gebühren und Auslagen** ergeben sich aus § 107 OWiG. Hierzu rechnen auch die Postzustellungsgebühren (vgl. Göhler, zu § 107 Rdn. 9). 22

Die **Bekanntmachung des Bußgeldbescheids** durch **Zustellung** richtet sich nach den §§ 50 und 51 OWiG und den Vorschriften des LZG NRW. Die Zustellung ist an den Betroffenen vorzunehmen, soweit nicht der Verteidiger eine Zustellung ausschließlich an sich erbeten hat (vgl. Göhler, zu § 51 Rdn. 44 d). Die Zustellungsarten regeln die §§ 3–10 LZG NRW (s. die Anmerkungen zu § 74 Rdn. 27). Nach § 2 Abs. 3 LZG NRW steht der Behörde die Auswahl der Zustellungsart frei (vgl. Engelhardt/App, zu § 2 Rdn. 7). 23

Zu den **Aufbewahrungsfristen für Bußgeldakten** der Verwaltungsbehörden wird auf den RdErl. vom 5. 7. 1973 (MBl. NRW. S. 1237) verwiesen. Diese Aufbewahrungspflicht darf nicht mit der (zeitlich unbegrenzten) Archivierungspflicht der Bauakten verwechselt werden (s. die Anmerkungen zu § 75 Rdn. 49–50). 24

## 2 Materielle Anforderungen des Ordnungswidrigkeitenrechts

**Rechtswidrig** ist grundsätzlich **jede Verletzung einer ordnungsrechtlichen Vorschrift**. Nicht jede dieser Rechtsverletzungen sieht der Gesetzgeber aber auch als so gravierend an, dass sie als **Ordnungswidrigkeit** die Verhängung einer Geldbuße rechtfertigt. Maßgebend ist die **Begriffsbestimmung** des **§ 1 OWiG**: 25

*(1) Eine Ordnungswidrigkeit ist eine rechtswidrige und vorwerfbare Handlung, die den Tatbestand eines Gesetzes verwirklicht, das die Ahndung mit einer Geldbuße zulässt.*

*(2) Eine mit Geldbuße bedrohte Handlung ist eine rechtswidrige Handlung, die den Tatbestand eines Gesetzes im Sinne des Absatzes 1 verwirklicht, auch wenn sie nicht vorwerfbar begangen ist.*

26 **Absatz 1** enthält in Anlehnung an das Strafrecht unter Verwendung **abstrakter Tatbestandsmerkmale** die **Legaldefinition der Ordnungswidrigkeit**:

- Es muss zunächst eine konkrete **Handlung** vorliegen, die vom menschlichen Willen beherrscht wird, weshalb unbewusst ablaufende Vorgänge nicht erfasst werden. Der Begriff Handlung entspricht dem Begriff der Tat im Strafrecht und zielt auf ein **Tun** oder **Unterlassen**.
- Die Handlung muss insoweit **rechtwidrig** sein, als sie den **Tatbestand eines Gesetzes** verwirklicht, der mit Geldbuße bedroht ist. Der Begriff **Tatbestand** zielt auf ein in einer Rechtsnorm mittels abstrakter Merkmale umschriebenes Verhalten, das dem Bestimmtheitsgebot des § 3 OWiG genügt und deshalb aus Sicht des Bürgers vorhersehbar ist. Gerade diese rechtliche Anforderung ist im Baurecht infolge der im Interesse knapp gefasster Vorschriften gewählten Verweistechnik nicht unproblematisch, weshalb die genaue Betrachtung der Tatbestandsmerkmale erforderlich ist. Die Bauaufsichtsbehörde muss nämlich die Verkürzung der Formulierung dadurch wieder aufheben, dass sie den zu untersuchenden Verstoß wieder in die Bußgeldnorm hineinformuliert, um den vollen Gehalt der Tatbestandsmerkmale unter Berücksichtigung des Wortsinns mit den Ermittlungsergebnissen vergleichen zu können. Es kommt im Hinblick auf § 3 OWiG und die verfassungsrechtlichen Schranken entscheidend auf die **Feinheiten der Formulierungen** des Gesetzes an.
- Schließlich muss die Handlung auch **vorwerfbar** sein. Dieser Begriff ist sachlich dem **Schuldbegriff** im Strafrecht verwandt. Vorwerfbarkeit erfordert immer folgende Elemente:
  - Verantwortlichkeit für die Handlung (§ 12 OWiG),
  - Vorsatz oder Fahrlässigkeit (§ 10 und 11 Abs. 1 Satz 1 OWiG),
  - Möglichkeit des Unrechtsbewusstseins (§ 11 Abs. 2 OWiG),
  - Fehlen von Entschuldigungsgründen (§§ 15 und 16 OWiG).

Handelt eine Person **nicht vorwerfbar**, liegt **keine Ordnungswidrigkeit** vor. Das ist z. B. der Fall bei Personen, die bei Begehung der Handlung noch nicht 14 Jahre alt und damit nach § 12 Abs. 1 Satz 1 OWiG nicht verantwortlich sind oder die einem **Verbotsirrtum** unterlagen (zum Verbotsirrtum s. OLG Düsseldorf, Beschluss vom 30. 1. 1995 – 5 Ss [OWi] 323/94 – [OWi] 8/95 I, NVwZ 1995, 727).

27 **Absatz 2** enthält die **Legaldefinition der mit Geldbuße bedrohten Handlung**. Diese Begriffsbestimmung wird benötigt, um nicht vorwerfbare Handlungen dennoch ahnden zu können. Weiterhin werden hierdurch Fälle erfasst, in denen der Täter nicht unmittelbar Adressat der Norm ist (vgl. hierzu Göhler, vor § 1 Rdn. 8 und zu § 130 Rdn. 3). Ein Beispiel hierfür bildet die nach § 130 OWiG mit Geldbuße bedrohte Vernachlässigung der Aufsichtspflicht in Betrieben.

28 **Täter** einer Ordnungswidrigkeit kann nur eine **natürliche Person** sein. Es war daher erforderlich, in Bezug auf **juristische Personen** und **Personenvereinigungen** eine Auffangregelung zu schaffen, um eine Rechtslücke zu vermeiden. Nach § 9 OWiG ist für das ordnungswidrige Handeln einer juristischen Person oder Personenvereinigung die verantwortlich handelnde natürliche Person als Täter heranzuziehen. Darüber hinaus kann gemäß § 30 OWiG auch die juristische Person mit einem Bußgeld als Nebenfolge belegt werden.

Anders als das Strafrecht kennt § 14 OwiG nur einen **einheitlichen Täterbegriff**. Eine Differenzierung nach Täter- oder Mittäterschaft, Beihilfe oder Anstiftung ist entbehrlich, was sehr zur Vereinfachung beiträgt. Auch diejenige Person, die nur einen Tatbeitrag liefert, handelt ordnungswidrig.

Die Vorschrift des **§ 84 BauO NRW** regelt die **Ahndungsmöglichkeit von schuldhaft rechtswidrigen Verstößen gegen Vorschriften des Bauordnungsrechts** (Ordnungswidrigkeiten im Sinne des § 1 Abs. 1 OWiG), indem gemäß § 3 OWiG (keine Ahndung ohne Gesetz!) vor allem die Tatbestände normiert werden, die im Interesse einer wirksamen Durchführung des Bauordnungsrechts gegebenenfalls einer Ahndung durch eine Geldbuße unterliegen können. Zu unterscheiden ist deswegen zwischen Verletzung einer Ordnungspflicht schlechthin und einer ahndungsfähigen Ordnungswidrigkeit im Sinne des § 84 BauO NRW. **29**

Voraussetzung für die Ahndung einer Ordnungswidrigkeit im Sinne des § 84 BauO NRW durch Geldbuße ist ein **Verschulden** – Vorsatz oder Fahrlässigkeit (§ 10 OWiG ist beachtet, da § 84 BauO NRW ausdrücklich auch die Fahrlässigkeit als Schuldform nennt) – bei der Begehung einer als Ordnungswidrigkeit normierten Handlung. Vorsatz oder Fahrlässigkeit als Voraussetzung zur Ahndung müssen nachgewiesen werden. **30**

Auf **Verbotsirrtum** kann sich niemand berufen, der ein genehmigungsbedürftiges Vorhaben als Schwarzbau durchführt, denn die **Genehmigungspflicht** kann als **allgemein bekannt** vorausgesetzt werden. Der **Versuch** einer Ordnungswidrigkeit **kann** mangels der in § 13 Abs. 3 OWiG geforderten ausdrücklichen Regelung **nicht geahndet** werden.

**Vorsatz** ist bewusstes Zuwiderhandeln gegen eine Vorschrift, gleichgültig, ob es sich um ein Gebot oder Verbot handelt, setzt also die Kenntnis oder die Vorwerfbarkeit der Unkenntnis der Rechtsvorschrift, deren Verletzung als ahndungsfähige Ordnungswidrigkeit normiert ist, voraus. Vorsatz ist eindeutig, wenn von dem Ordnungspflichtigen durch eine an ihn persönlich gerichtete Ordnungsverfügung unter Angabe der in Frage kommenden Rechtsvorschrift ein bestimmtes Handeln, Dulden oder Unterlassen verlangt wird und der Pflichtige trotzdem die Zuwiderhandlung begeht.

**Fahrlässigkeit** liegt vor, wenn der Betroffene die Ordnungswidrigkeit seines Verhaltens kennen musste, das heißt, wenn er bei Anwendung der im Verkehr erforderlichen Sorgfalt, zu der er nach den Umständen und seinen persönlichen Verhältnissen verpflichtet und imstande ist, diese Kenntnis erlangen konnte.

Grundlage für die mit der BauO NW 1984 vorgenommene wesentliche Umgestaltung des § 101 BauO NW 1970 waren die von einer Arbeitsgruppe der Landesjustizverwaltungen unter Beteiligung des Bundesjustizministeriums erarbeiteten **Leitsätze zur Erforderlichkeit bußgeldrechtlicher Sanktionen, insbesondere im Verhältnis zu Maßnahmen des Verwaltungszwanges** vom Frühjahr 1983, die auch als **Auslegungshilfe** herangezogen werden können: **31**

„*1 Allgemeiner Grundsatz*

*Die Mittel des Ordnungswidrigkeitenrechts sollten nur bei solchen Rechtspflichten als Sanktion eingesetzt werden, aus deren nicht rechtzeitiger oder nicht vollständiger Erfüllung sich erhebliche Nachteile für wichtige Gemeinschaftsinteressen ergäben.*

*Soweit Pflichtverstöße weniger wichtige Gemeinschaftsinteressen betreffen, ist eine Bußgeldbewehrung entbehrlich.*

*2 Durchsetzung besonderer Leistungspflichten durch Bußgelddrohungen*

*2.1 Handlungspflichten*

*Vorschriften zur Durchsetzung von Handlungspflichten bedürfen keiner Bußgeldbewehrung, wenn die Vorschriften vorwiegend dem Schutz oder Interesse des Normadressaten dienen oder wenn bei Nichtbeachtung der jeweiligen Handlungspflichten keine erheblichen Nachteile für wichtige Gemeinschaftsinteressen drohen.*

*2.2 Auskunfts-, Melde- oder Mitteilungspflichten*

*Vorschriften zur Durchsetzung von Auskunfts-, Melde- oder Mitteilungspflichten bedürfen nur dann einer Bußgeldbewehrung, wenn erst die Erfüllung dieser Pflichten ein Tätigwerden der zuständigen Behörde zur Wahrung wichtiger Gemeinschaftsinteressen möglich macht.*

*2.3 Duldungspflichten*

*Vorschriften zur Durchsetzung von Duldungspflichten bedürfen nur dann einer Bußgeldbewehrung, wenn die Nichterfüllung der Duldungspflicht andere verwaltungsrechtliche Maßnahmen verhindert, die nur unter erheblichen Nachteilen für wichtige Gemeinschaftsinteressen verschiebbar sind. In anderen Fällen reicht die Durchsetzung mit Mitteln des Verwaltungszwangs aus.*

*2.4 Zahlungspflichten*

*Vorschriften, die zur Zahlung einer Geldforderung verpflichten, bedürfen keiner Bußgeldbewehrung.*

*2.5 Sonstige Mitwirkungspflichten*

*Vorschriften zur Durchsetzung von sonstigen Mitwirkungspflichten, wie z. B. die Verwendung von Formblättern bei Meldungen, bedürfen nur dann einer Bußgeldbewehrung, wenn bereits die Nichtbeachtung der jeweiligen Mitwirkungspflicht erhebliche Nachteile für wichtige Gemeinschaftsinteressen befürchten lässt. Ist die Mitwirkung ohne erhebliche Nachteile nachholbar, so muss sie mit Mitteln des Verwaltungszwangs durchgesetzt werden.*

*3 Verweigerung oder Entzug einer Verwaltungsleistung*

*3.1 Verweigerung einer Verwaltungsleistung*

*Eine Bußgeldbewehrung ist entbehrlich, wenn das Verhalten des Betroffenen durch Verweigerung einer Verwaltungsleistung gesteuert werden kann.*

*3.2 Entzug einer Verwaltungsleistung*

*Eine Bußgeldbewehrung ist auch dann entbehrlich, wenn das Verhalten des Betroffenen durch Androhung des Entzugs oder Entzug einer Verwaltungsleistung, Konzession oder Vergünstigung gesteuert werden kann.*

*4 Durchsetzung vollziehbarer Verwaltungsakte durch Bußgelddrohungen*

*Vollziehbare Verwaltungsakte (Anordnungen und Auflagen), deren Zweck bereits durch ihren Vollzug erreicht werden kann, bedürfen keiner Bußgeldbewehrung.*

*5 Unvereinbarkeit einer Bußgelddrohung mit dem Wesen einer Pflicht*

*Eine Bußgeldbewehrung sollte dort entfallen, wo das Wesen einer Pflicht die freiwillige Bereitschaft zu ihrer Übernahme voraussetzt.*

6 *Bußgeldbewehrung fahrlässiger Zuwiderhandlungen*

*Grundsätzlich sollen nur vorsätzliche Zuwiderhandlungen mit Geldbuße bedroht werden. Fahrlässige Zuwiderhandlungen sollen nur dann mit Geldbuße bedroht werden, wenn dies zur Durchsetzung einer Rechtspflicht erforderlich ist.*

7 *Bußgeldbewehrung von Pflichten, die nur für bestimmte Personengruppen gelten*

*Einer Bußgeldbewehrung bedarf es nicht, wenn das Gebot oder Verbot durch arbeitsrechtliche, disziplinarrechtliche oder berufsrechtliche Maßnahmen ausreichend abgesichert werden kann.*"

## 3 Zu Absatz 1 – Einzelne Ordnungswidrigkeitentatbestände

Die einzelnen Bußgeldtatbestände des Absatzes 1 orientieren sich an den **allgemeinen** 32
**Gefahren**, die bei der Realisierung von Bauvorhaben und der Durchführung von Bauarbeiten auftreten können, wenn die entsprechenden Vorschriften von den am Bau Beteiligten missachtet werden. Die Vorschriften bestimmen nicht im Einzelnen, **wer** von den am Bau Beteiligten jeweils **Täter** sein kann. Dies ist für jeden Tatbestand **getrennt zu ermitteln**, und zwar unter Zugrundelegung der durch die §§ 56–59 a BauO NRW festgelegten Verantwortungsbereiche der einzelnen am Bau Beteiligten. Die Bußgeldtatbestände tragen vor allem dem Umstand Rechnung, dass die Bauaufsichtsbehörden schon aufgrund ihrer personellen Ausstattung nicht vollständig und lückenlos sämtliche Baustellen überwachen können (s. die Anmerkungen zu § 81 Rdn. 16 und 17).

Über § 81 Abs. 1 MBO 1997 hinaus enthält § 84 Abs. 1 BauO NRW **zusätzliche Bußgeldtatbestände** (Nr. 1, 2, 9, 10–12, 14 und 18). Diese zusätzlichen Tatbestände sind einerseits in einer **anderen Auffassung über die Ahndungswürdigkeit** von Verstößen begründet und andererseits durch die **verfahrensrechtliche Konzeption** mit dem Rechtsinstitut der Genehmigungsfreistellung von Wohngebäuden nach § 67 BauO NRW bedingt. Dagegen **fehlt** eine dem Muster des § 81 Abs. 1 Nr. 2 MBO 1997 entsprechende Vorschrift, wonach Zuwiderhandlungen gegen eine vollziehbare schriftliche Anordnung der Bauaufsichtsbehörde geahndet werden können. Auf diesen Tatbestand wurde verzichtet, da er ohnehin nur dort unterstützend gewirkt hätte, wo der Einsatz von Zwangsmitteln keinen Erfolg versprochen hätte.

**Zu Nr. 1** 33
Die Vorschrift trifft jede Person, die entgegen den Verboten des § 5 Abs. 6 BauO NRW Zu- und Durchfahrten sowie befahrbare Flächen **durch Einbauten einengt**, **nicht ständig freihält** oder **Fahrzeuge dort abstellt**. Die Zuwiderhandlung ist mit Behinderungen für die Feuerwehr im Brandfall verbunden, wodurch die Rettung von Menschen verzögert werden kann (s. die Anmerkungen zu § 5 Rdn. 17). Während Einbauten in aller Regel vom Bauherrn, Pächter oder Mieter ausgehen, kommen für das Abstellen von Fahrzeugen auch die Benutzer und Besucher der Anlage in Betracht. Das nicht ständige Freihalten betrifft das zeitweise Abstellen oder Lagern von Gegenständen auf diesen Flächen. Als Täter kommen neben dem zuvor genannten Personenkreis auch sonstige Personen in Betracht, denen die Flächen lediglich zum Abstellen der Gegenstände überlassen wurden. Im Hinblick auf das **verbotswidrige Abstellen von Kraftfahrzeugen und Gegenständen** ist die **Kennzeichnung** der Zu- und Durchfahrten bzw. befahrbaren Flächen **Voraussetzung für die Verwirkung**, weil ansonsten für die betreffende Person

**kein Abstellverbot erkennbar** ist. Dagegen kann bei **verbotswidrigen Einbauten** erwartet werden, dass die handelnde Person die in der **Baugenehmigung** enthaltenen Festlegungen und Darstellungen in den zugehörigen Bauvorlagen **beachtet**. Unverständlich ist angesichts der Gefahrenlage, dass der Gesetzgeber das Unterlassen der Kennzeichnung der Flächen nicht mit Bußgeld bedroht.

34 **Zu Nr. 2**
Das Gebot, ein **Baustellenschild** aufzustellen, trifft den Bauherrn. Dem Gebot ist nur entsprochen, wenn das Baustellenschild auch die von § 14 Abs. 3 BauO NRW **geforderten Mindestangaben** enthält und nicht versteckt, sondern vielmehr **von der Verkehrsfläche aus sichtbar** angebracht ist (s. die Anmerkungen zu § 14 Rdn. 28–31).

35 **Zu Nr. 3**
Bauprodukte dürfen nur bei Erfüllung der in § 25 Abs. 4 BauO NRW genannten Voraussetzungen mit dem **Ü-Zeichen gekennzeichnet** werden (s. die Anmerkungen zu § 25 Rdn. 19 und 20). Für die ordnungsgemäße Kennzeichnung trägt der Hersteller die Verantwortung. Hiervon zu unterscheiden ist ein Verstoß gegen die Kennzeichnungsberechtigung nach § 8 Abs. 6 BauPG mit dem CE-Zeichen, für die mit § 14 Abs. 1 Satz 2 BauPG eine eigene Bußgeldvorschrift zur Verfügung steht (zu den unterschiedlichen Kennzeichnungsberechtigungen nach dem BauPG und der BauO NRW s. die Anmerkungen vor §§ 20 bis 28 Rdn. 55–59).

36 **Zu Nr. 4**
Nach § 20 Abs. 1 Nr. 1 BauO NRW dürfen **„national geregelte" Bauprodukte** nur bei Erfüllung bestimmter Voraussetzungen verwendet werden (s. die Anmerkungen zu § 20 Rdn. 13–15). Die Verpflichtung haben alle am Bau Beteiligten. Täter ist jedoch im Regelfall der Unternehmer; der Bauherr kommt in Betracht, wenn die Verwendung mit seiner Billigung oder sogar auf sein Betreiben hin geschieht und ihn ein Verschulden trifft.

37 **Zu Nr. 5**
Nach § 24 dürfen **„nicht geregelte" Bauarten** nur unter den Voraussetzungen des § 24 BauO NRW angewendet werden (s. die Anmerkungen zu § 24 Rdn. 1–4). Wie bei Nr. 4 können grundsätzlich alle am Bau Beteiligten Täter sein. Im Regelfall wird es sich um den Unternehmer handeln, dem § 59 Abs. 1 Satz 2 BauO NRW besondere Pflichten in dieser Hinsicht auferlegt (s. die Anmerkungen zu § 59 Rdn. 26). Der Bauherr kommt in Betracht, wenn die Anwendung mit seiner Billigung oder sogar auf sein Betreiben hin geschieht und ihn ein Verschulden trifft.

38 **Zu Nr. 6**
Nach § 57 Abs. 1 Satz 1 BauO NRW hat der Bauherr einen **Unternehmer** und einen **Bauleiter** zu **beauftragen**; nach Absatz 4 findet Satz 1 auch auf nach § 67 BauO NRW freigestellte Vorhaben Anwendung. Die Pflicht zur Beauftragung besteht nicht bzw. nur eingeschränkt in den Fällen des § 57 Abs. 2 BauO NRW (s. die Anmerkungen zu § 57 Rdn. 16–21, 25–28 und 39–40). Nur der Bauherr kann hier belangt werden.

39 **Zu Nr. 7**
**Genehmigungsbedürftige Abbrucharbeiten** dürfen gemäß § 57 Abs. 2 Satz 3 BauO NRW nicht in **Selbst- oder Nachbarschaftshilfe** ausgeführt werden (s. die Anmerkungen zu § 57 Rdn. 29–32). Hier kommen neben dem Bauherrn noch diejenigen Personen in Betracht, die bei den Abbrucharbeiten mit tätig werden. Das Verschulden der helfenden Personen wird aber genau zu prüfen sein.

**Zu Nr. 8** 40

Die Vorschrift betrifft die **Mitteilungspflichten** nach § 57 Abs. 5 Satz 1 und 3 sowie nach § 67 Abs. 5 Satz 1 BauO NRW bezüglich der **Namen des Bauleiters** bzw. **Fachbauleiters** einschließlich des **Wechsels** dieser Personen und den **Wechsel der Person des Bauherrn** selbst (s. die Anmerkungen zu § 57 Rdn. 41 und 43–44). Normadressat ist in Bezug auf Bauleiter und Fachbauleiter der Bauherr, in Bezug auf den Wechsel der Person des Bauherrn der neue Bauherr.

**Zu Nr. 9** 41

Nach § 66 Satz 2 BauO NRW hat sich der Bauherr von einem Unternehmer oder Sachverständigen im Falle der Errichtung oder Änderung der in Satz 1 aufgeführten **haustechnischen Anlagen** die Übereinstimmung mit dem öffentlichen Recht bescheinigen zu lassen. Die **Bescheinigung** muss entsprechend den in der Anlage zu Nr. 66 VV BauO NRW bekannt gemachten Mustern ausgestellt sein. Als Täter kommt nur der Bauherr in Betracht, und zwar auch dann, wenn nicht er selbst die bauliche Anlage, sondern ein Dritter sie als Mieter oder Pächter nutzt.

**Zu Nr. 10** 42

Nach § 67 Abs. 2 BauO NRW setzt die **freigestellte Errichtung**, **Änderung** oder **Nutzungsänderung** der in § 67 Abs. 1 und 7 BauO NRW aufgeführten **Wohnbauvorhaben** voraus, dass der Gemeinde die in § 13 BauPrüfVO bezeichneten **Bauvorlagen eingereicht** werden und die **Monatsfrist abgewartet** wird. Als Täter kommt hinsichtlich der in § 67 Abs. 2 BauO NRW begründeten Pflichten nur der Bauherr in Betracht; eine Verpflichtung etwa des Entwurfsverfassers (Einreichen der Bauvorlagen) oder des Unternehmers (Ausführung von Bauarbeiten) besteht in diesem Zusammenhang nicht. Die den Unternehmer betreffende Vorschrift des § 59 Abs. 2 Satz 3 BauO NRW trifft nicht zu, da im Verfahren nach § 67 BauO NRW keine Baugenehmigung erteilt wird.

**Zu Nr. 11** 43

Nach § 67 Abs. 4 und 5 BauO NRW müssen bei der Realisierung bestimmter freigestellter Wohnbauvorhaben **Nachweise** und **Bescheinigungen bei Baubeginn** beim Bauherrn vorliegen. Normadressat ist nur der Bauherr; ihn allein trifft die Verpflichtung, dass die in § 67 Abs. 4 und 5 BauO NRW genannten Nachweise und Bescheinigungen „**vorliegen**" (sie müssen angefertigt/aufgestellt und zu seiner Verfügung sein).

**Zu Nr. 12** 44

Im **vereinfachten Genehmigungsverfahren** müssen die in § 68 Abs. 2, § 81 Abs. 2 oder § 82 Abs. 4 Satz 1 BauO NRW genannten **Nachweise** und **Bescheinigungen** bei der Bauaufsichtsbehörde **eingereicht** werden. Normadressat ist der Bauherr.

**Zu Nr. 13** 45

Diese Vorschrift betrifft den **Haupttatbestand** der Bußgeldvorschrift, die Realisierung von Vorhaben **ohne Baugenehmigung** nach § 75 BauO NRW oder ohne **Teilbaugenehmigung** nach § 76 BauO NRW. Die Ahndung sog. „**Schwarzbautätigkeit**" mittels Bußgeld ist verfassungsrechtlich unbedenklich (BVerfG, Beschluss vom 30. 5. 1972 – 2 BvL 41/71, DÖV 1972, 832 zu § 101 BauO NW 1970). Erfasst werden von Nr. 13 alle **bauaufsichtlich relevanten Vorgänge**, ausgenommen die Instandhaltung (zu diesem Begriff s. die Anmerkungen zu § 3 Rdn. 25–30), im Hinblick auf **bauliche Anlagen** (s. die Anmerkungen zu § 2 Rdn. 27–99) sowie **andere Anlagen und Einrichtungen** im Sinne des § 1 Abs. 1 Satz 2 (s. die Anmerkungen zu § 1 Rdn. 37 und 38). Als bauaufsichtlich relevante Vorgänge sind zu nennen:

- die **Errichtung** (s. die Anmerkungen zu § 3 Rdn. 20–22),
- die **Änderung** (s. die Anmerkungen zu § 3 Rdn. 23–24),
- der **Abbruch** (s. die Anmerkungen zu § 3 Rdn. 93–96),
- die **Nutzungsänderung** (s. die Anmerkungen zu § 3 Rdn. 97–105) sowie
- die **Nutzung**, ohne dass diese von der Baugenehmigung abgedeckt ist, somit die **ungenehmigte Nutzung**.

Hierzu rechnet auch das Bauen über die vorliegende Teilbaugenehmigung hinaus und das Bauen in – nicht nur geringfügiger – Abweichung von der Baugenehmigung. Das Bauordnungsrecht wird nämlich von dem **Grundsatz** beherrscht, dass die **Aufspaltung eines genehmigungsbedürftigen Vorhabens in genehmigungspflichtige und genehmigungsfreie Teile unzulässig** ist. Will der Bauherr von einer Baugenehmigung in Teilen abweichen, die als selbständige Vorgänge nach Fertigstellung des Gebäudes wiederum gemäß §§ 65 und 66 BauO NRW genehmigungsfrei sind, wie z. B. die Änderung der äußeren Gestaltung, bedarf er in Nordrhein-Westfalen der Änderungsgenehmigung und handelt anderenfalls ordnungswidrig (OLG Düsseldorf, Beschluss vom 28. 2. 1992 – 5 Ss [OWi] 43/92 – [OWi] 30/92 I, n. v., zu einer abweichend von der Baugenehmigung ausgeführten Bemalung eines Hausgiebels als Reklame). Insoweit hat der nordrhein-westfälische Gesetzgeber (noch) keine dem bayerischen Recht entsprechende Sonderregelung getroffen (vgl. BayVGH, Beschluss vom 16. 7. 1997 – 3 Ob OWi 63/97, NVwZ-RR 1998, 622 zu Art. 69 Abs. 3 Satz 1 Nr. 1 BayBO).

**46** Die Ahndung in Bezug auf die **ungenehmigte Nutzung** bzw. **Nutzungsänderung** wurde in Nordrhein-Westfalen erstmalig mit der BauO NRW 1995 durch Aufnahme des Wortes „**nutzt**“ ermöglicht und ist seit deren Inkrafttreten am 1. 1. 1996 verfolgbar (vgl. OLG Düsseldorf, Beschluss vom 21. 9. 1999 – 2 b Ss [OWi] 223/99 – [OWi] 84/99 I, BauR 2000, 429 = ZfBR 2000, 184; zur Beurteilung der bis dahin geltenden Rechtslage s. OLG Hamm, Beschluss vom 17. 8. 1978 – 1 Ss Owi 1667/77, BRS 33 Nr. 130). Die Ergänzung entsprach einem dringenden praktischen Bedürfnis, da die bislang bestehende alleinige Möglichkeit, eine ungenehmigte Nutzungsänderung unter Anordnung der sofortigen Vollziehung zu untersagen, sich als untaugliches Mittel erwiesen hatte, solchen Rechtsverstößen wirksam zu begegnen. Als **Täter** kommen neben dem Bauherrn auch der Eigentümer und der Nutzer in Betracht. Zu bedenken ist nämlich, dass ungenehmigte Nutzungen auch noch Jahrzehnte nach Fertigstellung der eigentlichen Bauarbeiten festgestellt werden und dass ungenehmigte Nutzungsänderungen nicht selten überhaupt keine genehmigungsbedürftigen Bauarbeiten erfordern (z. B. Einrichtung eines Einzelhandelsbetriebs in einem Lagergebäude oder Umwandlung einer Wohnung in eine Arztpraxis).

**47** Die Ordnungswidrigkeiten nach Nr. 13 können begangen werden:

- vom **Bauherrn** (OLG Düsseldorf, Beschluss vom 30. 1. 1995 – 5 Ss [OWi] 323/94 – [OWi] 8/95 I, NVwZ 1995, 727,
- vom **Bauunternehmer** (OLG Düsseldorf, Beschluss vom 18. 3. 1983 – 2 Ss [OWi] 53–76/82, BRS 40 Nr. 236 und OLG Zweibrücken – Beschluss vom 23. 12. 1985 – 1 Ss 232/84, MDR 1986, 782),
- vom **Bauleiter** (dafür: OLG Düsseldorf, Beschluss vom 31. 1. 1992 – 5 Ss [OWi] 491/91 – [OWi] 5/92 I, weil ihm die Rechtspflicht obliegt, die Einhaltung der Bauausführung im Einklang mit dem öffentlichen Recht zu überwachen; dagegen: OLG Köln, Be-

schluss vom 17.11.1992 – Ss 466/92 [B], NJW 1993, 1216, weil das Tatbestandsmerkmal „Errichten“ nach dem Wortsinn eng auszulegen ist und der Bauleiter die Baumaßnahme weder selbst unmittelbar ausführt noch einen Auftrag zur Bauausführung erteilt),

- vom **Entwurfsverfasser** (OLG Hamm, Beschluss vom 18.8.1976 – IV Ss OWi 976/76, BauR 1976, 424 = BRS 30 Nr. 188 zumindest als Beteiligter im Sinne des § 14 OWiG, wenn er durch seine Tätigkeit die rechtswidrige Handlung unterstützt).

Die angehörten Personen tragen zu ihrer Entschuldigung oft vor, ihnen sei die Genehmigungsbedürftigkeit nicht bekannt gewesen (s. Rathjen, Bauen ohne Baugenehmigung bei Irrtum über die Genehmigungspflicht, ZfBR 2000, S. 389 ff.). Die Rechtsprechung sieht dies **nicht als Verbotsirrtum** an, sondern als **Tatbestandsirrtum**, der Vorsatz ausschließt, aber eine Ahndung wegen fahrlässiger Tatbegehung in Betracht kommen lässt (OLG Düsseldorf, Beschluss vom 6.8.1999 – 2 b Ss [OWi] 69/99 – [OWi] 41/99 I). Was das **Erfordernis einer Baugenehmigung** anbetrifft, so kann sich der Bauherr nicht darauf berufen, dass der Bauunternehmer ihm gegenüber die Notwendigkeit einer solchen in Abrede gestellt hat; der Bauherr muss bei der n Bauaufsichtsbehörde selbst eine Erkundigung einholen (OLG Hamm, Beschluss vom 14.6.1963 – 4 Ws 220/63, n.v. und OLG Düsseldorf, Beschluss vom 30.1.1995, a.a.O., Rdn. 47). Gleiches gilt für die fehlerhafte Unterrichtung des Bauherrn durch seinen Architekten oder einen Baustofflieferanten (BayObLG, Beschluss vom 29.6.1994 – 3 Ob OWi 56/94, BayVBl. 1994, 760). **48**

**Zu Nr. 14** **49**

Die Verpflichtung zur **Vorhaltung der Baugenehmigung und der Bauvorlagen an der Baustelle** dient der Information aller am Bau Beteiligten und der überwachenden Behörden über das genehmigte Vorhaben. Die Verpflichtung trifft den Bauherrn, da nur er im Besitz der Unterlagen ist. Es genügt, wenn Kopien der Originalurkunden vorliegen (s. die Anmerkungen zu § 75 Rdn. 188–190). Im Verfahren nach § 67 BauO NRW erstreckt sich die Verpflichtung nur auf die Bauvorlagen, da es keine Baugenehmigung gibt.

**Zu Nr. 15** **50**

Erst die **rechtzeitige Anzeige des Baubeginns** nach § 75 Abs. 7 **Satz 1** BauO NRW ermöglicht den überwachenden Behörden eine ordnungsgemäße Kontrolle der Einhaltung der öffentlichen-rechtlichen Vorschriften im Zuge der Bauausführung (s. die Anmerkungen zu § 75 Rdn. 191–195). Nur aufgrund der Anzeige nach Satz 1 ist die Bauaufsichtsbehörde in der Lage, wiederum ihrer Rechtspflicht aus **Satz 2** zu genügen (s. die Anmerkungen zu § 75 Rdn. 196–198). Da der Bauherr hier allein Ordnungspflichtiger ist, kann auch nur er als Adressat der Vorschrift in Betracht kommen.

**Zu Nr. 16** **51**

Diese Vorschrift erfasst zwei unterschiedliche Tatbestände: **Fliegende Bauten** erfordern vor der erstmaligen Aufstellung eine **Ausführungsgenehmigung** und am jeweiligen Aufstellungsort vor der Inbetriebnahme eine **Gebrauchsabnahme** (s. die Anmerkungen zu § 79 Rdn. 5, 15–19 und 28–33). Täter kann nur der Betreiber eines Fliegenden Baus sein; im Regelfall ist dies der Inhaber der Ausführungsgenehmigung.

**Zu Nr. 17** **52**

Die Vorschrift betrifft die **Anzeigepflicht** nach § 82 Abs. 2 **Satz 1** BauO NRW in Bezug auf die **Fertigstellung des Rohbaus** und die **abschließende Fertigstellung** (s. die Anmerkungen zu § 82 Rdn. 18–20) sowie nach **Satz 2** in Bezug auf **Beginn und Beendigung bestimmter Bauarbeiten** („Zwischenabnahmen“), für Letztere nur, wenn dies von der

Bauaufsichtsbehörde **verlangt** wurde (s. die Anmerkungen zu § 82 Rdn. 21–23). Die Anzeigepflicht trifft den Bauherrn und den Bauleiter.

53 **Zu Nr. 18**

Die Vorschrift betrifft die **Einhaltung der Wartefrist** nach der Erstattung der Anzeige über die **Fertigstellung des Rohbaus** (s. die Anmerkungen zu § 82 Rdn. 40–44) und im Falle eines **besonderen Verlangens** der Behörde (s. die Anmerkungen zu § 82 Rdn. 45–48). Täter können sowohl der Bauherr, der Unternehmer und der Bauleiter sein.

54 **Zu Nr. 19**

Die Vorschrift betrifft zwei unterschiedliche Tatbestände: die **Nutzungsaufnahme** im Falle der **nicht ordnungsgemäßen Fertigstellung** (s. die Anmerkungen zu § 82 Rdn. 49–50) und die **Nichteinhaltung** der **Wartefrist** nach Erstattung der Anzeige über die **abschließende Fertigstellung** (s. die Anmerkungen zu § 82 Rdn. 53–54). Als Täter kommen der Bauherr und der Nutzer in Betracht.

55 **Zu Nr. 20**

Hierbei handelt es sich um eine **Blankettvorschrift**, die erst noch der inhaltlichen Ausfüllung bedarf. Voraussetzung ist für eine Ahndung eines Verstoßes gegen Bestimmungen einer auf die BauO NRW gestützten Rechtsverordnung oder Satzung, dass die jeweilige Rechtsverordnung oder Satzung eine ausdrückliche **Rückverweisung** auf die Ermächtigung nach § 84 Abs. 1 **Nr. 20** BauO NRW enthält (s. Rdn. 7 und 8).

### 4 Zu Absatz 2 – Unrichtige Angaben, Pläne und Unterlagen

56 Die Vorschrift, die dem § 213 Abs. 1 Nr. 1 BauGB nahezu im Wortlaut entspricht, betrifft keineswegs nur die Baugenehmigung, sondern **alle** nach der BauO NRW **vorgesehenen Verwaltungsakte**. Die Tat kann nur vorsätzlich begangen werden, wie sich aus der Formulierung „wider besseres Wissen" ergibt (so Jeromin, zu § 89 Rdn. 22). Wer lediglich fahrlässig unrichtige Angaben macht, weil er z. B. als Entwurfsverfasser die Bauvorlagen nicht sorgfältig genug bearbeitet, kann nicht nach dieser Bestimmung mit Bußgeld belangt werden. Bei der Prüfung der Frage, ob ein Schriftstück falsche Angaben enthält, ist darauf abzustellen, wie jeder objektive, im Empfängerhorizont befindliche Dritte den Inhalt verstehen würde (OLG Celle, Beschluss vom 24. 9. 1997 – 22 Ss 204/97 [OWi], BRS 60 Nr. 160 zu einer im Freistellungsverfahren abgegebenen Erklärung des Entwurfsverfassers, wonach das geplante Vorhaben das öffentliche Baurecht einhalte).

57 Die Vorschrift hat kaum praktische Bedeutung, da das Tatbestandsmerkmal **„wider besseres Wissen"** in der Praxis selten nachzuweisen ist. Als Täter kommen der Bauherr, der Entwurfsverfasser und der Fachplaner in Betracht. Das können aber auch die Nachbarn sein, um z. B. die Bauaufsichtsbehörde zum Einschreiten zu bewegen (so Große-Suchsdorf/Lindorf/Schmaltz/Wiechert, zu § 91 Rdn. 25). Neben der Einleitung des Ordnungswidrigkeitenverfahrens ist dann zu prüfen, ob der Verwaltungsakt nach § 48 VwVfG. NRW. zurückgenommen werden muss.

### 5 Zu Absatz 3 – Höhe der Geldbuße

58 Absatz 3 geht als spezielle Norm der allgemeinen Vorschrift des § 17 Abs. 1 OWiG vor. Der in Absatz 3 genannte Betrag von **50.000 Euro** ist mit einer Ausnahme der Höchstbetrag für Geldbußen nach den **Absätzen 1 und 2**. Im Falle des **Absatzes 1 Nr. 13** (Schwarzbau) beträgt die Höchstgrenze sogar **250.000 Euro**. Die Festsetzung der Geld-

buße der Höhe nach ist in das pflichtgemäße Ermessen der Bauaufsichtsbehörde gestellt. Eine Geldbuße muss aber den Umständen entsprechend immer so bemessen werden, dass sie auch als Buße noch fühlbar und wirksam bleibt, sie muss also angemessen sein. Wichtig sind § 17 Absatz 2–4 OWiG, die wie folgt lauten:

*(2) Droht das Gesetz für vorsätzliches und fahrlässiges Handeln Geldbuße an, ohne im Höchstmaß zu unterscheiden, so kann fahrlässiges Handeln im Höchstmaß nur mit der Hälfte des angedrohten Höchstbetrages der Geldbuße geahndet werden.*

*(3) Grundlage für die Zumessung der Geldbuße sind die Bedeutung der Ordnungswidrigkeit und der Vorwurf, der den Täter trifft. Auch die wirtschaftlichen Verhältnisse des Täters kommen in Betracht; bei geringfügigen Ordnungswidrigkeiten bleiben sie jedoch unberücksichtigt.*

*(4) Die Geldbuße soll den wirtschaftlichen Vorteil, den der Täter aus der Ordnungswidrigkeit gezogen hat, übersteigen. Reicht das gesetzliche Höchstmaß hierzu nicht aus, so kann es überschritten werden.*

Nach der Regelung des **§ 17 Abs. 2 OWiG** kann im Falle einer **fahrlässigen Handlung** die Geldbuße lediglich bis zur Hälfte des Höchstbetrages bemessen werden. Das Bauordnungsrecht differenziert nämlich in den Bußgeldvorschriften nicht nach vorsätzlichen oder fahrlässigen Handlungen. Daher dürfen für fahrlässig begangene Ordnungswidrigkeiten nur bis zu **25.000 Euro** bzw. im Falle des Absatzes 1 Nr. 13 bis zu **125.000 Euro** verhängt werden. Eine **Untergrenze** enthält § 84 Abs. 3 BauO NRW nicht, so dass § 17 Abs. 2 OWiG gilt. In Bezug auf die Untergrenze muss jedoch § 17 Abs. 4 **Satz 1** OWiG beachtet werden, wonach die Geldbuße den wirtschaftlichen Vorteil **übersteigen** soll. Die Soll-Vorschrift zielt auf den Regelfall, so dass die Bauaufsichtsbehörde in der Regel erheblich über der gesetzlichen Untergrenze zu bemessen hat. Die Anwendung der Vorschrift kann bei größeren Schwarzbauten dazu führen, dass die Höchstsätze des § 84 Abs. 3 BauO NRW nicht ausreichen und sodann von § 17 Abs. 4 **Satz 2** OWiG Gebrauch gemacht werden muss (zur Bemessung des Bußgelds nach dem wirtschaftlichen Vorteil s. OLG Karlsruhe, Beschluss vom 30. 12. 1974 – 3 Ss [B] 177/74, NJW 1975, 793). Satz 2 findet auch Anwendung auf nur fahrlässig begangene Ordnungswidrigkeiten (OLG Hamm, Beschluss vom 12. 4. 1979 – 6 Ss OWi 334/79, MDR 1979, 870). **59**

### 6 Zu Absatz 4 – Einziehung von Gegenständen

**Absatz 4 Satz 1** regelt die Einziehung von Gegenständen als **Nebenfolge** (vgl. §§ 22–29 OWiG). Die Einziehungsmöglichkeit besteht nur für die Ordnungswidrigkeiten nach Absatz 1 Nr. 3–5, wobei es von der Natur der Sache her unmöglich ist, Nr. 5 anzuwenden. Dieser Tatbestand betrifft keinen Gegenstand, sondern die Bauart, also die Art des Zusammenfügens von Bauprodukten (s. die Anmerkungen zu § 2 Rdn. 258). Allenfalls nicht ordnungsgemäß gekennzeichnete Bauprodukte können eingezogen werden. Der Tatbestand nach § 84 Abs. 1 Nr. 5 BauO NRW ist erst nach der Anwendung einer nicht zugelassenen Bauart erfüllt, so dass dann die bereits zusammengefügten Bauprodukte nicht mehr zerstörungsfrei dem Bauwerk entnommen werden können. Die §§ 22–29 OWiG bieten für eine zerstörende Entnahme jedoch keine rechtliche Handhabe. **60**

Die Verweisung in **Satz 2** auf § 23 OWiG bedeutet, dass Gegenstände unter den tatbestandlichen Voraussetzungen des Satzes 1 auch dann eingezogen werden dürfen, wenn sie zur Zeit der Tat **nicht dem Täter gehören oder zustehen**. Diese Vorschrift kann z. B. **61**

Bedeutung erlangen, wenn die Bauaufsichtsbehörde auf der Baustelle nicht ordnungsgemäß gekennzeichnete Bauprodukte vorfindet, die noch dem Lieferanten gehören, weil die Rechnung vom Bauherrn noch nicht beglichen wurde. Die Einziehung darf nur unter den in § 23 OWiG genannten Voraussetzungen erfolgen und steht unter dem Vorbehalt der **Verhältnismäßigkeit** (§ 24 OWiG).

### 7 Zu Absatz 5 – Zuständigkeiten

62 Die in **Absatz 5** festgelegte Zuständigkeit der **unteren Bauaufsichtsbehörde** als Verwaltungsbehörde im Sinne des § 36 Abs. 1 Nr. 1 OWiG betrifft die Ordnungswidrigkeiten gemäß § 84 **Abs. 1 Nr. 1–20** und **Abs. 2** BauO NRW (zu der eingeschränkten Zuständigkeit für Absatz 1 **Nr. 1** s. Rdn. 63). Die Zuständigkeitsregelung gilt auch für die in **Absatz 6** angesprochenen älteren Rechtsvorschriften, deren Bußgeldbestimmungen noch auf die Ermächtigung des § 101 Abs. 1 Nr. 1 BauO NW 1970 oder des § 79 Abs. 1 Nr. 14 BauO NW 1984 verweisen. Welche Gebietskörperschaften die Funktion der unteren Bauaufsichtsbehörde wahrnehmen, ergibt sich aus § 60 Abs. 1 Nr. 3 BauO NRW.

63 Absatz 1 **Nr. 1** erfasst Verstöße gegen die Verbote des § 5 Abs. 6 BauO NRW (s. vorausgehende Rdn. 33). Die Zuständigkeit für die Verfolgung und Ahndung von Verstößen hinsichtlich des **Verbots des Abstellens von Fahrzeugen** auf den gekennzeichneten Flächen liegt bei den **örtlichen Ordnungsbehörden**, das sind nach **§ 3 OBG** die **Gemeinden** (s. auch die Anmerkungen zu § 5 Rdn. 18). Hinsichtlich des **Verbots der Einengung durch Einbauten** und des **Abstellens von Gegenständen** („nicht ständig freihält“) sind nicht die Gemeinden als örtliche Ordnungsbehörden, sondern die **unteren Bauaufsichtsbehörden** zuständig.

### 8 Zu Absatz 6 – Überleitung älterer Bußgeldvorschriften

64 Diese **Überleitungsvorschrift stellt klar**, dass eine Verweisung in **älteren** untergesetzlichen **Rechtsvorschriften** (Verordnungen und Satzungen) auf § 101 Abs. 1 Nr. 1 BauO NW 1970 bzw. § 79 Abs. 1 Nr. 14 BauO NW 1984 als Verweisung auf § 84 Abs. 1 Nr. 20 BauO NRW gilt. Eine entsprechende Verweisung findet sich nur noch in **§ 15 CW VO** auf § 101 Abs. 1 Nr. 1 BauO NW 1970, nachdem andere ältere Verordnungen bereits auf das neue Recht umgestellt bzw. deren Bußgeldvorschriften ersatzlos aufgehoben wurden. Dagegen hat die Überleitungsregelung noch **große praktische Bedeutung** für eine Vielzahl **älterer Satzungen** der Gemeinden. Im Rahmen der **in diesen Vorschriften jeweils tatbestandsmäßig** beschriebenen Ordnungswidrigkeiten ergibt sich daher, gestützt auf § 84 Abs. 1 Nr. 20 in Verbindung mit Absatz 6 BauO NRW, die Möglichkeit einer Ahndung durch Bußgeld.

65 Leider enthält Absatz 6 **keine Überleitungsvorschrift** im Hinblick auf den **Wechsel von** § 84 Abs. 1 **Nr. 21** BauO NW **1995** auf § 84 Abs. 1 **Nr. 20** BauO NRW **2000**. Da es sich nur um eine **redaktionell bedingte Verschiebung im Rahmen der Neubekanntmachung** handelt (s. Rdn. 02) und die BauO NW 1995 nicht aufgehoben wurde, sondern lediglich in geänderter Fassung aufgrund der Neubekanntmachung fortbesteht, steht zu erwarten, dass die Amtsrichter und die Senate für Ordnungswidrigkeiten diesen redaktionellen Wechsel nicht beanstanden werden.

## § 85
## Rechtsverordnungen und Verwaltungsvorschriften

**(1) Zur Verwirklichung der in § 3 bezeichneten allgemeinen Anforderungen wird die oberste Bauaufsichtsbehörde ermächtigt, durch Rechtsverordnung Vorschriften zu erlassen über**

**1. die nähere Bestimmung allgemeiner Anforderungen in den §§ 4 bis 53,**

**2. den Nachweis der Befähigung der in § 20 Abs. 5 genannten Personen; dabei können Mindestanforderungen an die Ausbildung, die durch Prüfung nachzuweisende Befähigung und die Ausbildungsstätten einschließlich der Anerkennungsvoraussetzungen gestellt werden,**

**3. die Überwachung von Tätigkeiten mit einzelnen Bauprodukten nach § 20 Abs. 6; dabei können für die Überwachungsstellen über die in § 28 festgelegten Mindestanforderungen hinaus weitere Anforderungen im Hinblick auf die besonderen Eigenschaften und die besondere Verwendung der Bauprodukte gestellt werden,**

**4. die nähere Bestimmung allgemeiner Anforderungen in § 43, insbesondere über Feuerungsanlagen und Anlagen zur Verteilung von Wärme oder zur Warmwasserversorgung sowie über deren Betrieb, über Brennstoffleitungsanlagen, über Aufstellungsräume für Feuerstätten, Verbrennungsmotore und Verdichter sowie über die Lagerung von Brennstoffen,**

**5. besondere Anforderungen oder Erleichterungen, die sich aus der besonderen Art oder Nutzung der baulichen Anlagen und Räume für Errichtung, Änderung, Instandhaltung, Betrieb und Benutzung ergeben (§§ 54 und 55), sowie über die Anwendung solcher Anforderungen auf bestehende bauliche Anlagen dieser Art,**

**6. wiederkehrende Prüfung von Anlagen oder Einrichtungen, die zur Verhütung erheblicher Gefahren ständig ordnungsgemäß instandgehalten werden müssen, und die Erstreckung dieser Nachprüfungspflicht auf bestehende Anlagen oder Einrichtungen,**

**7. die Vergütung der Sachverständigen, denen nach diesem Gesetz oder nach Vorschriften aufgrund dieses Gesetzes Aufgaben übertragen werden; die Vergütung ist nach den Grundsätzen des Gebührengesetzes für das Land Nordrhein-Westfalen (GebG NRW) in der Fassung der Bekanntmachung vom 23. August 1999 (GV. NRW. S. 524) festzusetzen,**

**8. die Anwesenheit von Fachleuten beim Betrieb technisch schwieriger Anlagen und Einrichtungen, wie Bühnenbetriebe und technisch schwierige Fliegende Bauten,**

**9. den Nachweis der Befähigung der in Nummer 8 genannten Fachleute.**

**(2) [1]Die oberste Bauaufsichtsbehörde wird ermächtigt, zur Vereinfachung oder Beschleunigung des Baugenehmigungsverfahrens oder zur Entlastung der Bauaufsichtsbehörden durch Rechtsverordnung Vorschriften zu erlassen über**

**1. weitere und weitergehende Ausnahmen von der Genehmigungspflicht,**

**2. den vollständigen oder teilweisen Wegfall der bautechnischen Prüfung bei bestimmten Arten von Bauvorhaben,**

**3. die Übertragung von Prüfaufgaben der Bauaufsichtsbehörde im Rahmen des bauaufsichtlichen Verfahrens einschließlich der Bauüberwachung und Bauzustandsbesichtigung auf Sachverständige oder sachverständige Stellen,**

**4. die staatliche Anerkennung von Sachverständigen, die von der Bauherrin oder dem Bauherrn mit der Erstellung von Nachweisen und Bescheinigungen beauftragt werden,**

**5. die Verpflichtung der Betreiberinnen oder Betreiber, mit der wiederkehrenden Prüfung bestimmter Anlagen und Einrichtungen nach Absatz 1 Nr. 6 Sachverständige oder Sachkundige zu beauftragen.**

**[2]Sie kann dafür bestimmte Voraussetzungen festlegen, die die Verantwortlichen nach den §§ 57 bis 59 a oder die Sachverständigen oder sachverständigen Stellen zu erfüllen haben; sie muss dies in den Fällen des Satzes 1 Nummern 2 bis 5 tun. [3]Dabei können insbesondere die Fachbereiche, in denen Sachverständige tätig werden, sowie Mindestanforderungen an die Fachkenntnisse sowie in zeitlicher und sachlicher Hinsicht an die Berufserfahrung festgelegt, eine laufende Fortbildung vorgeschrieben, durch Prüfungen nachzuweisende Befähigung bestimmt, der Nachweis der persönlichen Zuverlässigkeit und einer ausreichenden Haftpflichtversicherung gefordert und Altersgrenzen festgelegt werden. [4]Sie kann darüber hinaus auch eine besondere Anerkennung der Sachverständigen vorschreiben, das Verfahren und die Voraussetzungen für die Anerkennung, ihren Widerruf, ihre Rücknahme und ihr Erlöschen und die Vergütung der Sachverständigen sowie für Prüfungen, die Bestellung und Zusammensetzung der Prüfungsorgane und das Prüfverfahren regeln.**

**(3) [1]Die oberste Bauaufsichtsbehörde wird ermächtigt, zum bauaufsichtlichen Verfahren und für die Fälle des § 67 durch Rechtsverordnung Vorschriften zu erlassen über**

**1. Umfang, Inhalt und Zahl der Bauvorlagen,**

**2. die erforderlichen Anträge, Anzeigen, Nachweise und Bescheinigungen,**

**3. das Verfahren im Einzelnen.**

**[2]Sie kann dabei für verschiedene Arten von Bauvorhaben unterschiedliche Anforderungen und Verfahren festlegen.**

**(4) Die oberste Bauaufsichtsbehörde wird ermächtigt, durch Rechtsverordnung vorzuschreiben, dass die am Bau Beteiligten (§§ 57 bis 59 a) zum Nachweis der ordnungsgemäßen Bauausführung Bescheinigungen, Bestätigungen oder Nachweise dieser Personen, von Sachverständigen, Fachleuten oder Behörden über die Einhaltung bauaufsichtlicher Anforderungen vorzulegen haben.**

**(5) [1]Die oberste Bauaufsichtsbehörde wird ermächtigt, durch Rechtsverordnung die Befugnisse auf andere als in diesen Vorschriften aufgeführte Behörden zu übertragen für:**

**1. die Anerkennung von Prüf-, Zertifizierungs- und Überwachungsstellen (§ 28 Abs. 1 und 3),**

**2. die Erteilung von Typengenehmigungen (§ 78).**

**[2]Die Befugnis nach Nummern 1 und 2 kann auch auf eine Behörde eines anderen Landes übertragen werden, die der Aufsicht einer obersten Bauaufsichtsbehörde untersteht**

**oder an deren Willensbildung die oberste Bauaufsichtsbehörde mitwirkt. [3]Die Befugnis nach Nummern 1 und 2 darf nur im Einvernehmen mit der obersten Bauaufsichtsbehörde ausgeübt werden.**

**(6) Die oberste Bauaufsichtsbehörde kann durch Rechtsverordnung**

**1. das Ü-Zeichen festlegen und zu diesem Zeichen zusätzliche Angaben verlangen,**

**2. das Anerkennungsverfahren nach § 28 Abs. 1, die Voraussetzungen für die Anerkennung, ihren Widerruf und ihr Erlöschen regeln, insbesondere auch Altersgrenzen festlegen, sowie eine ausreichende Haftpflichtversicherung fordern,**

**3. die Vergütung der nach § 28 Abs. 1 dieses Gesetzes und § 11 Abs. 1 Bauproduktengesetz anerkannten Prüf-, Zertifizierungs- und Überwachungsstellen festsetzen.**

**(7) [1]Die oberste Bauaufsichtsbehörde wird ermächtigt, durch Rechtsverordnung zu bestimmen, dass die Anforderungen der aufgrund des § 11 des Gerätesicherheitsgesetzes erlassenen Rechtsverordnungen entsprechend für Anlagen gelten, die weder gewerblichen noch wirtschaftlichen Zwecken dienen und in deren Gefahrenbereich auch keine Arbeitnehmer beschäftigt werden. [2]Sie kann auch die Verfahrensvorschriften dieser Verordnungen für anwendbar erklären oder selbst das Verfahren bestimmen sowie Zuständigkeiten und Gebühren regeln. [3]Dabei kann sie auch vorschreiben, dass danach zu erteilende Erlaubnisse die Baugenehmigung oder Zustimmung nach § 80 einschließlich etwaiger Abweichungen (§ 73) einschließen sowie, dass § 12 Abs. 2 des Gerätesicherheitsgesetzes insoweit Anwendung findet.**

**(8) Die Rechtsverordnungen werden nach Anhörung des zuständigen Ausschusses des Landtages erlassen.**

**(9) Das für die Bauaufsicht zuständige Ministerium erlässt die zur Durchführung dieses Gesetzes oder der Rechtsvorschriften aufgrund dieses Gesetzes erforderlichen Verwaltungsvorschriften.**

**Anmerkungen** (Autor: Czepuck)

**Übersicht** Rdn.

0 Änderungen gegenüber der BauO NW 1984 und der BauO NW 1995 . . . . . . . 01–02
1 Allgemeines . . . . . . . . . . . . . . . . . . . . . . . . . . . . . . . . . . . 1– 4
2 Zu Absatz 1 – Verwirklichung allgemeiner Anforderungen . . . . . . . . . . . . 5–13
3 Zu Absatz 2 – Verfahrenserleichterung . . . . . . . . . . . . . . . . . . . . 14–18
4 Zu Absatz 3 und 4 – Bauvorlagen und Nachweise . . . . . . . . . . . . . . . 19–20
5 Zu Absatz 5 – Übertragung von Zuständigkeiten . . . . . . . . . . . . . . . . 21–23
6 Zu Absatz 6 – Bauproduktenrechtliche Ergänzungen . . . . . . . . . . . . . . 24
7 Zu Absatz 7 – Anwendung des Gerätesicherheitsrechts . . . . . . . . . . . . . 25
8 Zu Absatz 8 – Mitwirkung des zuständigen Landtagsausschusses . . . . . . . . . 26
9 Zu Absatz 9 – Verwaltungsvorschriften . . . . . . . . . . . . . . . . . . . . 27–29

### 0 Änderungen gegenüber der BauO NW 1984 und der BauO NW 1995

01 Die **BauO NRW 2000** hat § 85 BauO NW 1995, der bis auf Ergänzungen hinsichtlich bauproduktenrechtlicher Vorschriften und der Rechtsfigur des staatlich anerkannten Sachverständigen § 80 BauO NW 1984 entsprach, inhaltlich weitgehend unverändert mit redaktionellen Anpassungen übernommen.

**Absatz 2** erfuhr geringe Änderungen:

- **in Satz 1** wurde **die 1995 angefügte Nr. 4** auf die staatliche Anerkennung von Sachverständigen begrenzt,
- **in Satz 1** wurde **die 1995 angefügte Nr. 5** ebenfalls begrenzt und betrifft die wiederkehrenden Prüfungen durch Sachverständige und Sachkundige,
- **Satz 3** wurde im Hinblick auf die Änderungen in Satz 1 angepasst und auf die staatlich anerkannten Sachverständigen begrenzt.

In **Absatz 4** wurde der Klammerhinweis um den neuen § 59 a BauO NW ergänzt.

In **Absatz 7** entfiel die Bezugnahme auf § 13 Energiewirtschaftsgesetz.

### 1 Allgemeines

1 Die Landesbauordnung enthält vielfach unbestimmte Rechtsbegriffe, die einer Konkretisierung durch ergänzende Vorschriften bedürfen und ist von vornherein darauf angelegt, durch **Rechtsverordnungen**, **Verwaltungsvorschriften** und durch **bauaufsichtlich eingeführte Technische Baubestimmungen** ergänzt zu werden. Da die BauO NRW als Gesetz nur durch Gesetz geändert oder ergänzt werden kann, sind ihre Vorschriften so gefasst, dass sie auch **neuen technischen Entwicklungen** und **wissenschaftlichen Erkenntnissen** ohne Änderung des Gesetzes selbst gerecht werden kann. Soweit wie möglich wurden insbesondere Angaben von Maßen oder Zahlen sowie sonstige technische Einzelvorschriften vermieden, da diese bei der **rasch fortschreitenden Entwicklung der Bautechnik** häufig Veränderungen unterworfen sind.

2 Die Ermächtigungen zum Erlass von Rechtsverordnungen sind in § 85 BauO NRW **weitgehend konzentriert**. Dennoch enthält die BauO NRW **weitere Rechtsverordnungsermächtigungen an anderer Stelle** in:

- § 20 Abs. 4 BauO NRW: Anwendung von Bauproduktvorschriften der BauO NRW auch auf Bauprodukte, die Anforderungen nach anderen Rechtsbereichen unterliegen, wenn diese anderen Vorschriften dies verlangen oder zulassen;
- § 20 Abs. 5 BauO NRW: Verlangen nach besonderer Sachkunde oder nach dem Vorhandenseins besonderer Vorrichtungen bei der Herstellung von Bauprodukten, die dies erfordern;
- § 20 Abs. 6 BauO NRW: Festlegung der Überwachungspflicht bestimmter Tätigkeiten;
- § 24 Abs. 2 BauO NRW: Festlegung der Prüfzeichenpflicht für Bauarten.

Von den Ermächtigungen nach § 20 Abs. 4 und § 24 Abs. 2 BauO NRW wurde mit der

- **Verordnung zur Feststellung der wasserrechtlichen Eignung von Bauprodukten und Bauarten durch Nachweise nach der Landesbauordnung – WasBauPVO** vom 6. 3. 2000 (GV. NRW. S. 251), g. d. G. vom 5. 4. 2005 (GV. NRW. S. 332).

Gebrauch gemacht. Da die vorstehenden Ermächtigungen in direkter Verbindung mit denen nach § 85 Abs. 1 Satz 1 Nr. 2 und 3 BauO NRW stehen, trägt die getrennte Anordnung im Gesetz nicht gerade zur Übersichtlichkeit bei, was bereinigt werden sollte.

Die rechtssystematisch bedingte Aufteilung in **einzelne** Ermächtigungstatbestände hindert nicht, **in einer Rechtsverordnung** Vorschriften **zusammenzufassen**, die sich auf **mehrere** Ermächtigungsgrundlagen stützen. Ein Beispiel hierfür ist die BauPrüfVO, wie schon aus deren Präambel hervorgeht. Beim Erlass der Rechtsverordnung muss jedoch stets der **genaue Umfang der Ermächtigung** beachtet werden, da der Gesetzgeber aufgrund der verfassungsrechtlich verankerten Trennung der Gewalten seine Gesetzgebungsbefugnisse nur in eingeschränktem Umfang auf die Exekutive übertragen kann (s. die Einleitung Rdn. 51–54). Der **Inhalt der Ermächtigung** kann auch **Bedeutung** bei **Zweifeln über den Regelungsgehalt** einer Rechtsverordnung erlangen (BVerwG, Urteil vom 30. 3. 1993 – 1 C 16.91, GewArch 1993, 323 zur Auslegung der Verordnung über Spielgeräte und andere Spiele mit Gewinnmöglichkeit). 3

Die **Rechtsverordnungen** nach der BauO NRW sind **nicht mit ordnungsbehördlichen Verordnungen** nach §§ 25 ff. OBG zu **verwechseln**, die gemäß § 32 OBG nur befristet gelten und nach Ablauf dieser Frist automatisch außer Kraft treten. Soweit die Rechtsverordnungen aufgrund der BauO NRW nicht selbst eine Befristung enthalten, **gelten** sie **bis zu ihrer Aufhebung** weiter, auch wenn die inhaltlichen Anforderungen aufgrund geänderter gesetzlicher Bestimmungen nur noch schwer vollziehbar sind, wie dies z. B. bei § 5 KhBauVO der Fall ist, der eine Sonderregelung über die Berechnung der Abstandflächen für Krankenhäuser noch unter Bezug auf das Abstandflächensystem der BauO NW 1970 enthält. Eine nach altem Recht erlassene Rechtsverordnung tritt jedoch außer Kraft, soweit sie mit **neuen gesetzlichen Bestimmungen** unvereinbar ist oder allein keine sinnvolle Regelung darstellt (BVerwG, Urteil vom 6. 10. 1989 – 4 C 11.86, NJW 1990, 849 zu § 144 BBauG und Urteil vom 31. 1. 1997 – 1 C 20.95, DÖV 1997, 739 zur Arbeitsstättenverordnung). Probleme hinsichtlich des **Fortfalls der Ermächtigungsgrundlage** sind dagegen nicht gegeben (hierzu s. Kotulla, Fortgeltung von Rechtsverordnungen nach Wegfall ihrer gesetzlichen Grundlage?, NVwZ 2000, S. 1263 ff.), da die verschiedenen Fassungen der Landesbauordnungen stets dem § 85 BauO NRW entsprechende Vorschriften zum Erlass von Rechtsverordnungen enthielten. Es muss vielmehr festgestellt werden, dass seit der BauO NW 1962 die **Anzahl der Ermächtigungstatbestände erheblich gesteigert** worden ist. 4

## 2 Zu Absatz 1 – Verwirklichung allgemeiner Anforderungen

Eine **einschränkende Voraussetzung** für alle Rechtsverordnungen, die **auf Absatz 1 gestützt** werden, ist durch die Eingangsformulierung dieser Vorschrift – „**Zur Verwirklichung der in § 3 bezeichneten allgemeinen Anforderungen** …“ – festgeschrieben worden. Das bedeutet, dass die Rechtsverordnungen nur zur Abwehr von Gefahren für die öffentliche Sicherheit und Ordnung, insbesondere zum Schutz für Leben und Gesundheit oder die natürlichen Lebensgrundlagen, zulässig sind und sich die Einzelanforderungen in diesem Rahmen halten müssen. Für den Erlass einer Rechtsverordnung genügt das **Vorliegen einer abstrakten Gefahr** (s. die Anmerkungen zu § 3 Rdn. 39). 5

Auf die **Nr. 1** entsprechende Nr. 1 des § 102 Abs. 1 BauO NW 1970 war die AVO BauO NW vom 16. 6. 1975 (GV. NRW. S. 482) gestützt, deren Vorschriften in die BauO NW 6

1984 selbst eingebaut wurden. Durch die Integration der Vorschriften in das Gesetz sollten eine Straffung des bauordnungsrechtlichen Vorschriftenbestands erreicht und Doppelregelungen vermieden werden. Die AVO BauO NW wurde daher durch § 83 BauO NW 1984 aufgehoben. Auf Nr. 1 stützt sich derzeit nur noch die FeuVO NW (s. Rdn. 9).

7 **Nr. 2** steht mit der Rechtsverordnungsermächtigung des § 20 Abs. 5 und des § 24 Abs. 1 Satz 4 BauO NRW in enger Verbindung. Gestützt auf diese Ermächtigungen wurde die

– **Verordnung über Anforderungen an Hersteller von Bauprodukten und Anwender von Bauarten – Hersteller- und AnwenderVO – HAVO** vom 7. 3. 2000 (GV. NRW. S. 251), z. g. d. VO vom 27. 4. 2005 (GV. NRW. S. 487)

erlassen (s. die Anmerkungen zu § 20 Rdn. 43 und 44 sowie zu § 24 Rdn. 6).

8 **Nr. 3** steht mit der Rechtsverordnungsermächtigung des § 20 Abs. 6 BauO NRW in enger Verbindung. Gestützt auf diese Ermächtigungen wurde die

– **Verordnung über die Überwachung von Tätigkeiten mit Bauprodukten und bei Bauarten – ÜTVO** vom 8. 3. 2000 (GV. NRW. S. 252), z. g. d. VO vom 27. 4. 2005 (GV. NRW. S. 488)

erlassen (s. die Anmerkungen zu § 20 Rdn. 45–49 und zu § 24 Rdn. 7).

9 **Nr. 4** bildet die eigentliche Rechtsgrundlage für die

– **Feuerungsverordnung – FeuVO NW** vom 21. 7. 1998 (GV. NRW. S. 481), z. g. d. G vom 5. 4. 2005 (GV. NRW. S. 332),

die daneben aber auch auf die Nr. 1 und die Nr. 5 gestützt wurde, da sie die Anforderungen des § 43 BauO NRW konkretisiert und mehrere der in der Verordnung geregelten Anforderungen, wie z. B. an Räume zum Aufstellen von Blockheizkraftwerken, zweifelsohne § 54 BauO NRW tangieren. Darüber hinaus wurde auch die Ermächtigung nach Absatz 7 genutzt (s. Rdn. 25).

10 **Nr. 5** bezieht sich ganz oder überwiegend auf bauliche Anlagen und Räume besonderer Art oder Nutzung – **Sonderbauten** (§ 54 BauO NRW) – und ermöglicht zu bestimmen, dass die besonderen Anforderungen auch auf **bestehende Anlagen** anzuwenden sind. Soweit in hiernach erlassenen Verordnungen Pflichten zu **wiederkehrenden Prüfungen des Sonderbaus** in mehrjährigen Abständen **durch die Bauaufsichtsbehörde** begründet sind, stützen sie sich auch auf Nr. 5, da Nr. 6 nur die wiederkehrenden Prüfungen technischer Anlagen und Einrichtungen erfasst. Aufgrund der Ermächtigung wurden zahlreiche **Sonderbauverordnungen** erlassen, die zum Teil noch auf den entsprechenden Rechtsgrundlagen älterer Fassungen der Landesbauordnung basieren:

– **Verordnung über den Bau und Betrieb von Garagen – Garagenverordnung – GarVO** vom 2. 11. 1990 (GV. NRW. S. 600), z. g. d. G vom 5. 4. 2005 (GV. NRW. S. 306),

– **Verordnung über den Bau und Betrieb von Betriebsräumen für elektrische Anlagen – EltBauVO** vom 15. 2. 1974 (GV. NRW. S. 81), g. d. G vom 5. 4. 2005 (GV. NRW. S. 274),

– **Verordnung über den Bau und Betrieb von Hochhäusern – Hochhausverordnung – HochhVO** vom 11. 6. 1986 (GV. NRW. S. 522), z. g. d. G vom 5. 4. 2005 (GV. NRW. S. 274),

- **Verordnung über den Bau und Betrieb von Verkaufsstätten – Verkaufsstättenverordnung – VkVO** vom 8. 9. 2000 (GV. NRW. S. 639), g. d. G vom 5. 4. 2005 (GV. NRW. S. 332),
- **Verordnung über den Bau und Betrieb von Versammlungsstätten – Versammlungsstättenverordnung – VStättVO** vom 20. 9. 2002 (GV. NRW. S. 454), z. g. d. VO vom 14. 11. 2006 (GV. NRW. S. 567),
- **Verordnung über den Bau und Betrieb von Beherbergungsstätten – Beherbergungsstättenverordnung – BeVO** vom 20. 9. 2002 (GV. NRW. S. 454), g. d. G vom 5. 4. 2005 (GV. NRW. S. 351),
- **Verordnung über den Bau und Betrieb von Krankenhäusern – Krankenhausbauverordnung – KhBauVO** vom 21. 2. 1978 (GV. NRW. S. 154), z. g. d. G vom 5. 4. 2005 (GV. NRW. S. 274),
- **Verordnung über Camping- und Wochenendplätze – Camping- und Wochenendplatzverordnung – CW VO** vom 10. 11. 1982 (GV. NRW. S. 731), g. d. G vom 5. 4. 2005 (GV. NRW. S. 274).

Die VStättVO 1969 und die TFaVO 1983 (s. Rdn. 13) wurden durch die im Umfang stark reduzierte **VStättVO 2002** entsprechend der neuen Muster-Versammlungsstättenverordnung der ARGEBAU abgelöst. Zeitgleich wurde die GastBauVO 1983 durch die **Beherbergungsstättenverordnung – BeVO** ersetzt, die der Muster-Beherbergungsstättenverordnung der ARGEBAU entspricht. Anforderungen an Schank- und Speisewirtschaften für mehr als 200 Gäste sind in der VStättVO enthalten; für den Bau und Betrieb von Schank- und Speisewirtschaften unterhalb dieses Schwellenwertes wird auf eine verordnungsrechtliche Regelung verzichtet. Die BeVO ihrerseits gilt erst für Beherbergungsstätten mit mehr als 12 Gastbetten. Für Schank- und Speisewirtschaften und Beherbergungsstätten unterhalb dieser Schwellenwerte ist allein § 54 BauO NRW maßgebend.

**Nr. 6** betrifft **erstmalige** und **wiederkehrende Prüfungen** von **technischen Anlagen** und **Einrichtungen**, die zur Verhütung erheblicher Gefahren ständig ordnungsgemäß instandgehalten werden müssen, und die Erstreckung dieser Nachprüfungspflicht auf bestehende Anlagen und Einrichtungen. Derartige Anlagen und Einrichtungen sind überwiegend in baulichen Anlagen nach den vorstehend aufgeführten Sonderbauverordnungen anzutreffen. Nicht ausgeschlossen ist aber auch ein Einbau in einem Sonderbau, für den keine Rechtsverordnung besteht, wie z. B. in einem Verwaltungsgebäude. Die Ermächtigung wurde mit der **11**

- **Verordnung über die Prüfung technischer Anlagen und Einrichtungen von Sonderbauten durch staatlich anerkannte Sachverständige und durch Sachkundige – Technische Prüfverordnung – TPrüfVO – sowie zur Änderung von Sonderbauverordnungen** vom 5. 12. 1995 (GV. NRW. S. 1236), z. g. d. G vom 5. 4. 2005 (GV. NRW. S. 306)

genutzt. Mit dieser Verordnung wurden die erstmaligen und wiederkehrenden Prüfungspflichten für technische Anlagen und Einrichtungen aus den Sonderbauverordnungen ausgegliedert und in der TPrüfVO zusammengefasst. Die Verordnung nutzt zugleich die **Ermächtigungen** nach **Absatz 2 Nr. 4 und 5**, um die **staatliche Anerkennung** der mit der Prüfung betrauten **Sachverständigen** und die Pflichten der Betreiber zu deren Beauftragung zu regeln (s. auch Rdn. 18).

12 **Nr. 7** betrifft die **Gebühren der Sachverständigen**, denen Aufgaben nach der BauO NRW oder aufgrund von Rechtsverordnungen **übertragen** werden. Die Ermächtigung verpflichtet die oberste Bauaufsichtsbehörde dazu, die Gebühren nach den **Grundsätzen des GebG NRW** zu regeln, ist aber weitgehend bedeutungslos geworden, weil die staatlich anerkannten Sachverständigen aufgrund der SV-VO (s. Rdn. 18) und der TPrüfVO vom Bauherrn direkt beauftragt werden, also keine Aufgaben mehr von der Bauaufsichtsbehörde übertragen bekommen, wie dies noch bei den Prüfingenieuren für Baustatik der Fall ist (s. die Anmerkungen zu § 69 Rdn. 20 und zu § 72 Rdn. 105).

13 **Nr. 8 und 9** betreffen die **Anwesenheit von Fachleuten** beim Betrieb technisch schwieriger Anlagen und Einrichtungen und technisch schwieriger Fliegender Bauten sowie die **Befähigungsnachweise dieser Fachleute**. Nr. 8 wurde mit § 115 VStättVO 1969 genutzt. Auf Nr. 9 stützte sich die

- **Verordnung über technische Bühnen- und Studiofachkräfte – Verordnung über technische Fachkräfte – TFaVO** vom 9. 12. 1983 (GV. NRW. 1984 S. 14), g. d. VO vom 17. 6. 1999 (GV. NRW. S. 410).

Die Vorschriften der TFaVO sind in der neuen VStättVO 2002 aufgegangen (s. Rdn. 10), so dass diese Verordnung zugleich **aufgehoben** werden konnte.

### 3 Zu Absatz 2 – Verfahrenserleichterung

14 Absatz 2 fasst **unterschiedliche Ermächtigungstatbestände** zusammen, die teilweise keine Gemeinsamkeiten aufweisen. Zumindest hätten Satz 1 Nrn. 3 und 4 zusammen mit den Sätzen 2 bis 4 besser in einem eigenen Absatz geregelt werden sollen. Diese Bestimmungen betreffen die staatliche Anerkennung von Sachverständigen und sachverständigen Stellen.

15 Satz 1 **Nr. 1** enthält eine Ermächtigung zur **weiteren** und **weitergehenden Freistellung von der Genehmigungsbedürftigkeit**. Die Freistellungsverordnung vom 18. 11. 1988 (GV. NRW. S. 455), geändert durch VO vom 26. 4. 1990 (GV. NRW. S. 268), wurde durch § 90 BauO NW 1995 aufgehoben, da deren Tatbestände seinerzeit in die Landesbauordnung aufgenommen wurden. Ob zukünftig ein „Bedarf“ für weitere Freistellungen besteht, ist angesichts der weit gefassten Freistellungskataloge der §§ 65 und 66 BauO NRW eher unwahrscheinlich.

16 Satz 1 **Nr. 2** ermöglicht den **vollständigen** oder **teilweisen Wegfall bautechnischer Prüfungen** für bestimmte Arten von Bauvorhaben. Hierauf gestützt, besteht zurzeit keine Regelung, da der vollständige bzw. teilweise Wegfall der bautechnischen Prüfung in § 68 Abs. 1 Satz 4 in Verbindung mit Abs. 3 und 4 sowie in § 80 Abs. 1 Satz 3 BauO NRW bereits geregelt ist.

17 Satz 1 **Nr. 3** ermöglicht die **Übertragung von Prüfaufgaben** der Bauaufsichtsbehörde auf Sachverständige oder sachverständige Stellen. Nr. 3 bildet die Ermächtigungsgrundlage für die Regelungen in §§ 27 ff. BauPrüfVO. Im Übrigen regelt § 68 Abs. 2 BauO NRW die Übertragung von Prüfaufgaben auf Sachverständige. Nr. 3 ist auch im Zusammenhang mit Satz 1 Nr. 4 zu sehen.

18 Satz 1 **Nr. 4** und **5** sowie die **Sätze 2 bis 4** betreffen Regelungen über die **staatlich anerkannten Sachverständigen**, die vom Bauherrn mit der Erstellung von Nachweisen und Bescheinigungen beauftragt werden (s. die Anmerkungen zu § 72 Rdn. 104–114). Als hierzu bedeutsamste Vorschrift wurde neben der **TPrüfVO** (s. Rdn. 11) die

- **Verordnung über staatlich anerkannte Sachverständige nach der Landesbauordnung – SV-VO** vom 29.4.2000 (GV. NRW. S.422), z.g.d. G vom 5.4.2005 (GV. NRW. S.332)

erlassen. Die staatliche Anerkennung von Prüfämtern und Prüfingenieuren ist daneben durch §§ 21ff. **BauPrüfVO** geregelt (s. Rdn. 19ff.). Eine Überleitungsregelung für die Prüfämter und Prüfingenieure, die auf der Grundlage früherer Bestimmungen von der obersten Bauaufsichtsbehörde anerkannt worden sind, enthält § 22 Abs.6 BauPrüfVO.

### 4 Zu Absatz 3 und 4 – Bauvorlagen und Nachweise

**Absatz 3** enthält die verfahrensrechtlich bedeutsamsten Ermächtigungen, die § 69 und **19**
§ 72 BauO NRW ergänzen, und die im Wesentlichen die Anforderungen an die Bauvorlagen betreffen. Hiervon wurde mit der

- **Verordnung über bautechnische Prüfungen – BauPrüfVO** vom 6.12.1995 (GV. NRW. S.1241), grundlegend geändert durch VO vom 20.2.2000 (GV. NRW. S.226), z.g.d. G vom 5.4.2005 (GV. NRW. S.306)

Gebrauch gemacht (zum Aufbau der BauPrüfVO s. die Anmerkungen zu § 69 Rdn. 21–25). Die Anforderungen an die Bauvorlagen berücksichtigen den **unterschiedlichen Prüfungsumfang** im normalen und vereinfachten Baugenehmigungsverfahren (§§ 63 und 68 BauO NRW) sowie die Minimalanforderungen an die Darstellung des Vorhabens in der Freistellung nach § 67 BauO NRW. Im Jahr 2000 wurden die Vorschriften über besondere Bauvorlagen in der GarVO, der VStättVO, der GhVO (jetzt VkVO) und der GastBauVO (jetzt BeVO) aufgehoben und in § 12 BauPrüfVO konzentriert. Die BauPrüfVO berücksichtigt die **verschiedene Arten** von baulichen Anlagen und die **unterschiedlichen Verfahren**, indem sie auf diese Erfordernisse abgestimmt jeweils spezielle Anforderungen an die Bauvorlagen festlegt.

Die in **Absatz 4** angesprochenen **zum Nachweis der ordnungsgemäßen Bauausführung** **20**
vorzulegenden **Bescheinigungen**, **Bestätigungen** und **Nachweise** betreffen einerseits die ordnungsgemäße Aufstellung bautechnischer Nachweise (z.B. nach §§ 67 und 68 BauO NRW: Standsicherheitsnachweis, Nachweis der Einhaltung der brandschutztechnischen Anforderungen, Schall- und Wärmeschutznachweis). Andererseits beziehen sie sich auf die Feststellung der ordnungsgemäßen Bauausführung und der Einhaltung bauaufsichtlicher Anforderungen. Beispiele hierfür finden sich in der BauO NRW, so in § 66 Satz 2 BauO NRW „Unternehmer- bzw. Sachverständigenbescheinigung", in § 43 Abs.7 BauO NRW „Bescheinigung des Bezirksschornsteinfegermeisters" und in § 82 Abs.4 BauO NRW „Bescheinigungen von Sachverständigen (generell)", darüber hinaus aber auch vielfältig in den Sonderbauverordnungen. Die BauPrüfVO ist auf diese Ermächtigungsnorm gestützt, da sie entsprechende Nachweispflichten regelt.

### 5 Zu Absatz 5 – Übertragung von Zuständigkeiten

Absatz 5 betrifft nur **zwei Übertragungsermächtigungen** für Zuständigkeiten, nämlich **21**

- nach § 28 Abs.1 und 3 BauO NRW für die Anerkennung von Prüf-, Zertifizierungs- und Überwachungsstellen und
- nach § 78 BauO NRW für die Erteilung von Typengenehmigungen.

Daneben findet sich in § 79 Abs.4 BauO NRW eine Ermächtigung zur **Bestimmung** der zuständigen Bauaufsichtsbehörden für die Erteilung von Ausführungsgenehmigungen für Fliegende Bauten. Zwar fehlt eine ausdrückliche Bindung, wonach die Bestimmung der Zuständigkeit durch Rechtsverordnung erfolgen muss, gleichwohl wurde hiervon mit § 30 BauPrüfVO Gebrauch gemacht (s. die Anmerkungen zu § 79 Rdn. 21).

**22** Bereits die §§ 20ff. BauO NRW begründen die verschiedensten Zuständigkeiten für das Deutsche Institut für Bautechnik. Das Gesetz wiederholt damit nur, was durch Art. 2 des zwischen dem Bund und den sechzehn Bundesländern abgeschlossenen **Abkommens über das Deutsche Institut für Bautechnik – DIBt-Abkommen** (Bekanntmachung vom 26. 10. 1993 – GV. NRW. S. 886) bereits verbindlich festgelegt war. Eine dem § 26 BauPrüfVO 1984 entsprechende Vorschrift, die noch die Übertragung von Zuständigkeiten für die Erteilung allgemeiner bauaufsichtlicher Zulassungen für neue Baustoffe, Bauteile und Bauarten, die Erteilung von Prüfzeichen und die Anerkennung von Überwachungsgemeinschaften sowie die Zustimmung zu Überwachungsverträgen bestimmte, ist damit nicht mehr erforderlich. Für die **Anerkennung** von Prüf-, Zertifizierungs- und Überwachungsstellen ist gemäß § 1 der Verordnung zur Übertragung von Befugnissen auf das Deutsche Institut für Bautechnik (DIBt-Übertragungsverordnung – DIBt-ÜtVO) vom 29. 10. 2004 das DIBt zuständig.

**23** Für die Erteilung der **Typengenehmigung** ist gemäß § 78 Abs. 1 Satz 1 BauO NRW die oberste Bauaufsichtsbehörde zuständig (vgl. die Anmerkungen zu § 78 Rdn. 13). Die Typengenehmigung darf nicht mit der Typenprüfung verwechselt werden (s. die Anmerkungen zu § 72 Rdn. 100–103). Eine Übertragung der Zuständigkeit für die Erteilung von Typengenehmigungen erfolgte bislang nicht.

### 6 Zu Absatz 6 – Bauproduktenrechtliche Ergänzungen

**24** Absatz 6 enthält Ergänzungen zu den in § 20ff. BauO NRW bereits enthaltenen Verordnungsermächtigungen (s. Rdn. 2). Diese betreffen im Wesentlichen das Übereinstimmungszeichen – Ü-Zeichen (s. die Anmerkungen zu § 20 Rdn. 20) und das Verfahren und die Voraussetzungen für die Anerkennung als Prüf-, Überwachungs- oder Zertifizierungsstelle (s. die Anmerkungen zu § 28 Rdn. 13–17). Hierauf gestützt erging die

- **Verordnung über die Anerkennung als Prüf-, Überwachungs- oder Zertifizierungsstelle und über das Übereinstimmungszeichen – PÜZÜVO** vom 6. 12. 1996 (GV. NRW. S. 505), z. g. d. G vom 5. 4. 2005 (GV. NRW. S. 332).

### 7 Zu Absatz 7 – Anwendung des Gerätesicherheitsrechts

**25** Absatz 7 ermächtigt dazu, die Anwendung von Vorschriften, die als Rechtsverordnungen zu § 11 GSG ergangen sind (abgelöst durch § 14 GPSG, s. die Anmerkungen zu § 63 Rdn. 15 a–15 b), auch auf solche Anlagen ausdehnen zu können, die zwar nicht dem Bundesrecht unterfallen, auf die aber der **Regelungsinhalt unter den Gesichtspunkten des Bauordnungsrechts in gleicher Weise zutrifft**. Eine derartige „**Transformation**" bundesrechtlicher Vorschriften zum eingeschränkt anwendbaren Landesrecht sieht **§ 39 Abs. 1 BauO NRW** für **Aufzugsanlagen** vor (s. die Anmerkungen zu § 39 Rdn. 5–7). Auch **§ 14 FeuVO NW** nutzt die Ermächtigung, um für **Flüssiggasanlagen** und **Dampfkesselanlagen**, die weder gewerblichen noch wirtschaftlichen Zwecken dienen und in deren Gefahrenbereich keine Arbeitnehmer beschäftigt werden, die Beachtung der gerätesicherheitsrechtlichen Anforderungen anzuordnen, in diesem Falle die der BetrSichV (s. die Anmerkungen zu § 63 Rdn. 15 b–15 c).

### 8 Zu Absatz 8 – Mitwirkung des zuständigen Landtagsausschusses

Diese Regelung gebietet, **vor Erlass** von Rechtsverordnungen immer den zuständigen Landtagsausschuss **anzuhören**. In der Präambel ist auf die Einhaltung dieser Vorschrift hinzuweisen. Eine **Zustimmung** ist **nicht verlangt**; sie wäre verfassungsrechtlich auch problematisch. In der Praxis wird aber kaum eine Rechtsverordnung gegen den Willen der die Landesregierung tragenden Fraktionen erlassen werden. Die Anhörung ist **Wirksamkeitsvoraussetzung** für die Rechtsverordnung. 26

### 9 Zu Absatz 9 – Verwaltungsvorschriften

Absatz 9 enthält die Ermächtigungsgrundlage zum Erlass von Verwaltungsvorschriften für das für die Bauaufsicht zuständige Ministerium, das ist nunmehr das Ministerium für Bauen und Verkehr – MBV. Diese Ermächtigung bezieht sich – seit der BauO NW 1984 – auch auf Verwaltungsvorschriften zu den Rechtsverordnungen. Gestützt auf § 80 Absatz 8 BauO NW 1984 erging erstmals die Verwaltungsvorschrift zur Landesbauordnung vom 29. 11. 1984 (MBl. NRW. S. 1954), die eine Vielzahl von zum Teil unveröffentlichten Einzelerlassen aus früheren Jahren zusammenfasste. Durch die Veröffentlichung im Ministerialblatt wurde die Verwaltungsvorschrift auch für die am Bau Beteiligten und interessierte Bürger zugänglich und überschaubar. Diesem Konzept folgend erging aufgrund von § 85 Abs. 9 BauO NW 1995 die Verwaltungsvorschrift zur Landesbauordnung vom 24. 1. 1997 (MBl. NRW. S. 190). Aufgrund des § 85 Abs. 9 BauO NRW 2000 löste die 27

- **Verwaltungsvorschrift zur Landesbauordnung – VV BauO NRW** vom 12. 10. 2000 (MBl. NRW. S. 1432)

die Vorgängervorschrift ab. Die VV BauO NRW ist zwar infolge der Befristung mit Ablauf des 31. 12. 2005 ausgelaufen, ihre Regelungen werden gleichwohl von den Bauaufsichtsbehörden und den am Bau Beteiligten beachtet, da sie für die Praxis bedeutsame und unverzichtbare Regelungen enthält, so z. B. zu § 5, § 37, § 66 und § 83 BauO NRW. Nr. 72.11 VV BauO NRW verweist auf zusätzlich im bauaufsichtlichen Verfahren zu beachtende **Runderlasse**. Gestützt auf § 85 Abs. 9 BauO NRW erging auch die

- **Verwaltungsvorschrift zur Verordnung über bautechnische Prüfungen – VV BauPrüfVO** vom 8. 3. 2000 (MBl. NRW. S. 478), z. g. d. RdErl. vom 23. 1. 2006 (MBl. NRW. S. 57).

Eigentlich bedürfen Verwaltungsvorschriften keiner besonderen spezialgesetzlichen Ermächtigung, da bereits **§ 9 Abs. 2 Buchstabe a OBG** die Aufsichtsbehörden zu **allgemeinen Weisungen** ermächtigt, um die **gleichmäßige Durchführung der Aufgaben** zu sichern. Gerade auf diese Ermächtigung stützen sich auch die zur Landesbauordnung ergangenen Verwaltungsvorschriften. Von den Rechtsvorschriften (Gesetze, Verordnungen, Satzungen) unterscheiden sie sich dadurch, dass ihnen keine allgemein gültige Rechtswirkung zukommt. Sie sind dazu bestimmt, als Verhaltensvorschriften das Handeln der Verwaltung in geordnete Bahnen zu lenken, um einerseits **norminterpretierend** Hilfe bei der Rechtsauslegung zu bieten und andererseits als **Ermessensrichtlinie** zu dienen. Es handelt sich um „Vorschriften der Verwaltung für die Verwaltung" (so Weyreuther, Über die Rechtsnatur und die Rechtswirkung von Verwaltungsvorschriften, DVBl. 1976, S. 853 ff.). Die Gerichte sind bei ihrer Kontrolltätigkeit gegenüber der Verwaltung grundsätzlich nicht an Verwaltungsvorschriften gebunden (vgl. OVG NRW, Beschluss vom 10. 2. 1999 – 7 B 974/98, BRS 62 Nr. 133 zur Beurteilung der abstand- 28 rechtlichen Wirkungen eines Stahlgittermastes entgegen einer auf Landesministerebene abgestimmten Anweisung für die Behandlung von Fernmeldetürmen). Sie sind jedoch befugt, sich einer Gesetzesauslegung, die in einer Verwaltungsvorschrift vertreten wird, aus eigener Überzeugung anzuschließen (BVerfG, Beschluss vom 31. 5. 1988 – 1 BvR 520/83, DVBl. 1989, 94 = NJW 1989, 666). Als Richtlinie, die das Ermessen bindet, kann einer Verwaltungsvorschrift über den **Gleichheitssatz nach Art. 3 Abs. 1 GG** (zur Bedeutung vgl. BVerwG, Urteil vom 2. 3. 1972 – IV C 40.71, DVBl. 1973, 636; OVG NRW, Urteil vom 25. 7. 1974 – VII A 753/73, BRS 28 Nr. 165 und Urteil vom 19. 12. 1990 – 10 A 2077/87, UPR 1991, 393; Hess. VGH, Urteil vom 4. 7. 1991 – 4 UE 721/87, BRS 52 Nr. 221; Nds. OVG, Urteil vom 29. 10. 1993 – 6 L 72/92, BauR 1994, 92 = BRS 55 Nr. 200 – sämtliche Entscheidungen zum Vorgehen gegen illegale Bauten) auch **Außenwirkung** zukommen. Der Gleichheitssatz verbietet es, ohne zureichenden Grund von der bisherigen rechtmäßigen Ermessenspraxis abzuweichen (vgl. BVerwG, Urteil vom 13. 7. 1973 – VII C 6.72, BVerwGE 44, 1 zur Wirkung der Verwaltungsanweisungen zu § 1 der Fernsprechordnung über die Bildung von Ortsnetzen).

**29** Die Ermächtigung ist aber insoweit gerechtfertigt, als Verwaltungsvorschriften auch **normkonkretisierend** sein können (vgl. Faßbender, Neues zur Bindungswirkung normkonkretisierender Verwaltungsvorschriften, UPR 2002, S. 15 ff.). Zwar haben auch im Umwelt- und Technikrecht die Gerichte grundsätzlich materielles Recht anzuwenden; von diesem Grundsatz gibt es aber Ausnahmen. Normkonkretisierenden kann im Gegensatz zu norminterpretierenden Verwaltungsvorschriften für die Verwaltungsgerichte innerhalb der von der Norm gesetzten Grenzen verbindliche Wirkung zukommen; sie sind von den Verwaltungsgerichten allerdings daraufhin zu überprüfen, ob sie auf willkürfreien Ermittlungen beruhen (BVerwG, Urteil vom 19. 12. 1985 – 7 C 65.82, BVerwGE 72, 300 zu Verwaltungsvorschriften im atomrechtlichen Genehmigungsverfahren). So wird in ständiger Rechtsprechung eine normkonkretisierende Wirkung für die nach § 48 BImSchG erlassene TA Luft bejaht (vgl. BVerwG, Urteil vom 20. 12. 1999 – 7 C 15.98, DVBl. 2000, 810), weil mit ihnen die Ausübung eines der Verwaltung eingeräumten Ermessensspielraums von der Einzelentscheidung im jeweiligen Verwaltungsverfahren in eine abstrakt generalisierende Regelung **vorverlagert** wird, um so die **Einheitlichkeit** des Verwaltungshandelns sicherzustellen (BVerwG, Urteil vom 28. 10. 1998 – 8 C 16.96, DÖV 1999, S. 469). Eine derartige Wirkung kommt insbesondere den als **bauaufsichtliche Richtlinie** erlassenen **besonderen** Verwaltungsvorschriften zu, wie z. B. der

- **Richtlinie über bauaufsichtliche Anforderungen an Schulen – Schulbaurichtlinie – SchulBauR** vom 29. 11. 2000 (MBl. NRW. S. 1608), g. d. RdErl. vom 15. 11. 2005 (MBl. NRW. S. 1310).

Auch die **VV BauO NRW** enthält einzelne **normkonkretisierende Elemente**, wie z. B. die als Anlage zu Nr. 51.11 bekannt gemachten „**Richtzahlen für den Stellplatzbedarf**" (zu ihrer Anwendung s. die Anmerkungen zu § 51 Rdn. 31 ff.).

## 86
## Örtliche Bauvorschriften

**(1) Die Gemeinden können örtliche Bauvorschriften als Satzung erlassen über:**

**1. die äußere Gestaltung baulicher Anlagen sowie von Werbeanlagen und Warenautomaten zur Durchführung baugestalterischer Absichten in bestimmten, genau abgegrenzten bebauten oder unbebauten Teilen des Gemeindegebietes; dabei können sich die Vorschriften über Werbeanlagen auch auf deren Art, Größe und Anbringungsort erstrecken;**

**2. besondere Anforderungen an bauliche Anlagen, Werbeanlagen und Warenautomaten zum Schutz bestimmter Bauten, Straßen, Plätze oder Ortsteile von städtebaulicher, künstlerischer oder geschichtlicher Bedeutung sowie von Denkmälern und Naturdenkmälern; dabei können nach den örtlichen Gegebenheiten insbesondere bestimmte Arten von Werbeanlagen und Warenautomaten ausgeschlossen oder auf Teile baulicher Anlagen und auf bestimmte Farben beschränkt werden;**

**3. die Lage, Größe, Beschaffenheit, Ausstattung und Unterhaltung von Kinderspielflächen (§ 9 Abs. 2);**

**4. die Gestaltung, Begrünung und Bepflanzung der Gemeinschaftsanlagen, der Lagerplätze, der Stellplätze, der Standplätze für Abfallbehälter und der unbebauten Flächen der bebauten Grundstücke, der Campingplätze und Wochenendplätze sowie die Begrünung baulicher Anlagen; dabei kann bestimmt werden, dass Vorgärten nicht als Stellplätze, als Abstell- oder als Lagerplatz oder als Arbeitsfläche hergerichtet oder benutzt werden dürfen;**

**5. die Verpflichtung zur Herstellung, das Verbot der Herstellung sowie über Art, Höhe und Gestaltung von Einfriedungen;**

**6. geringere als die in § 6 Abs. 5 und 6 vorgeschriebenen Maße zur Wahrung der bauhistorischen Bedeutung oder der sonstigen erhaltenswerten Eigenart eines Ortsteiles; dabei sind die Ortsteile in der Satzung genau zu bezeichnen.**

**(2) Durch örtliche Bauvorschriften als Satzung kann ferner bestimmt werden, dass**

**1. für besondere schutzwürdige Gebiete für genehmigungsfreie Werbeanlagen eine Genehmigung eingeführt wird,**

**2. im Gemeindegebiet oder in Teilen davon bei bestehenden baulichen Anlagen Kinderspielflächen nach § 9 Abs. 2 Satz 5 herzustellen sind.**

**(3) [1]Anforderungen nach den Absätzen 1 und 2 können innerhalb der örtlichen Bauvorschrift auch in Form zeichnerischer Darstellungen gestellt werden. [2]Ihre Bekanntgabe kann dadurch ersetzt werden, dass dieser Teil der örtlichen Bauvorschriften bei der Gemeinde zur Einsicht ausgelegt wird; hierauf ist in den örtlichen Bauvorschriften hinzuweisen.**

**(4) Örtliche Bauvorschriften können auch als Festsetzungen in den Bebauungsplan im Sinne von § 8 oder § 12 des Baugesetzbuches aufgenommen werden; in diesem Fall sind die Vorschriften des Baugesetzbuches über die Aufstellung, Änderung, Ergänzung und Aufhebung der Bebauungspläne einschließlich ihrer Genehmigung und ihrer Sicherung (§§ 1 bis 18 Baugesetzbuch) sowie über die Wirksamkeitsvoraussetzungen (§§ 214 bis 216 Baugesetzbuch) anzuwenden.**

**(5) [1]Abweichungen (§ 73) von örtlichen Bauvorschriften werden im Einvernehmen mit der Gemeinde von der Bauaufsichtsbehörde zugelassen. [2]§ 36 Abs. 2 Satz 2 des Baugesetzbuches gilt entsprechend.**

**Anmerkungen** (Autor: Heintz)

**Übersicht** Rdn.


| | | Rdn. |
|---|---|---|
| 0 | Änderungen gegenüber der BauO NW 1984 und der BauO NW 1995 | 01–02 |
| 1 | Allgemeines | |
| 1.1 | „Positive“ Gestaltungspflege als Selbstverwaltungsaufgabe | 1– 5 |
| 1.2 | Planerische Gestaltungsziele und Grenzen der Satzungsbefugnis | 6–13 |
| 1.2 | Inhaltliche und räumliche Bestimmtheit der Satzung | 14–17 |
| 1.3 | Verfahrens- und Rechtsschutzaspekte | 18–24 |
| 2 | Zu Absatz 1 – Ermächtigungen zum Erlass örtlicher Bauvorschriften | 25–27 |
| 2.2 | Nr. 1 – Gestaltungssatzungen | 28–36 |
| 2.3 | Nr. 2 – Schutzsatzungen | 37–41 a |
| 2.4 | Nr. 3 – Kleinkinderspielflächen | 42–48 |
| 2.5 | Nr. 4 – Gestaltung, Begrünung, Bepflanzungen bestimmter Anlagen | 49–51 |
| 2.6 | Nr. 5 – Einfriedungen | 52–53 |
| 2.7 | Nr. 6 – Tiefe der Abstandflächen | 54–56 |
| 3 | Zu Absatz 2 – Genehmigungspflicht, nachträgliche Herstellungspflicht | 57–61 |
| 4 | Zu Absatz 3 – Zulässigkeit zeichnerischer Darstellungen | 62–63 |
| 5 | Zu Absatz 4 – Örtliche Bauvorschriften in Bebauungsplänen | 64–67 |
| 6 | Zu Absatz 5 – Einvernehmen mit der Gemeinde bei Abweichungen | 68–70 |


## 0 Änderungen gegenüber der BauO NW 1984 und der BauO NW 1995

01 Die Vorschrift des § 86 **BauO NW 1995** entsprach weitgehend § 81 BauO NW 1984:

In **Absatz 1** erfolgten folgende Änderungen:

- **Nr. 1 bis 3** blieben unverändert.
- **Nr. 4** wurde um die Worte „Begrünung und Bepflanzung“ ergänzt. Die Satzungsermächtigung bezüglich Einfriedungen, die bislang in Nr. 4 mitgeregelt war, wurde zur Verbesserung der Übersichtlichkeit in die **neue Nr. 5** aufgenommen.
- **Nr. 6** wurde redaktionell angepasst („Abstellplätze“ statt „Abstellmöglichkeiten“).
- **Nr. 7** übernahm unverändert die bisherige Nr. 5.

**Absätze 2 und 3** blieben unverändert.

**Absatz 4** wurde um Verweisungen auf Vorschriften des BauGB-MaßnahmenG ergänzt, um zu ermöglichen, dass gestalterische Festsetzungen auch in Vorhaben- und Erschließungspläne aufgenommen werden können.

**Absatz 5** wurde neu gefasst, um das Rechtsinstitut der Abweichung nach § 73 BauO NW 1995 zu berücksichtigen. Darüber hinaus wurde das kommunale Selbstverwaltungsrecht dadurch gestärkt, dass anstelle der bisherigen Anhörung der Gemeinde eine Entscheidung der Bauaufsichtsbehörde mit ihrem Einvernehmen zu erfolgen hat. Folgerichtig wurden Verweisungen auf die entsprechenden bauplanungsrechtlichen Regelungen über die Fiktion des Einvernehmens aufgenommen.

Die **BauO NRW 2000** hat § 86 BauO NW 1995 mit folgenden Änderungen übernommen: **02**
In **Absatz 1** entfiel **Nr. 6** im Hinblick auf die Neufassung des § 51 BauO NRW.
In **Absatz 2 Nr. 1** wurden **Warenautomaten** aufgenommen.
In den **Absätzen 4 und 5** entfielen die Verweisungen auf das durch das BauROG aufgehobene BauGB-MaßnahmenG. Darüber hinaus wurden in Absatz 4 die Sicherungsmöglichkeiten nach den §§ 14 bis 18 BauGB aufgenommen, um der Gemeinde auch die Anwendung der **Zurückstellung** und der **Veränderungssperre** auf in Bebauungsplänen vorgesehene örtliche Bauvorschriften zu ermöglichen, was bislang aufgrund der fehlenden Verweisung scheiterte.

## 1 Allgemeines

### 1.1 „Positive" Gestaltungspflege als Selbstverwaltungsaufgabe

Das **Baugestaltungsrecht** ist seit jeher Teil uralten Stadtrechts und fand erst nach der Französischen Revolution Eingang in die Landesgesetzgebung. Nachdem das PrOVG in seiner berühmt gewordenen „**Kreuzberg-Erkenntnis**" vom 14. 6. 1882 (PrOVGE 9, 353 = DVBl. 1985, 219) die Befugnisse der Baupolizei auf die Gefahrenabwehr und damit auf die bloße „**Verunstaltungsabwehr**" beschränkt hatte, entschloss sich der preußische Staat zum Erlass der „**Verunstaltungsgesetze**", um Verunstaltungen durch Reklame und unschöne Bauten besser unterbinden zu können. Erst die **Baugestaltungsverordnung** vom 10. 11. 1936 (RGBl. I S. 938) ermächtigte mit ihrem § 2 die Gemeinden zum Erlass von **Ortssatzungen**, um über die Verunstaltungsabwehr hinaus auch „**positive**" **Gestaltungspflege** betreiben zu können. Diese Vorschrift wurde dann von der Musterbauordnungskommission als § 112 MBO 1960 übernommen (zur Rechtsentwicklung s. die Anmerkungen zu § 12 Rdn. 1–6). Der Regelungsgehalt wurde nahezu unverändert mit § 82 MBO 1997 (= § 86 MBO 2002) beibehalten, dem § 86 BauO NRW 2000 im Wesentlichen entspricht. **1**

Das Instrument der Gestaltungssatzung darf nicht mit dem **städtebaulichen** Gestaltungskonzept oder Gestaltungsplan verwechselt werden, der regelmäßig den bauplanungsrechtlichen Festsetzungen des Bebauungsplans zugrunde liegt (hierzu s. Hangarter, Grundlagen der Bauleitplanung, 3. Aufl. 1996, S. 186 ff.).

Der Gemeinde bietet sich aufgrund des § 86 BauO NRW die **Möglichkeit** zur **Schaffung von Ortsbaurecht**, damit unter **baugestalterischen Gesichtspunkten örtlichen Verhältnissen** Rechnung getragen werden kann. Der Erlass örtlicher Bauvorschriften als **Satzung** – nicht als Rechtsverordnung – fällt in den eigenen Wirkungskreis der Gemeinden (Art. 28 GG) und ist eine kommunale **Selbstverwaltungsaufgabe**. Die Ermächtigungen zum Erlass von Satzungen sind in § 86 BauO NRW **weitgehend konzentriert**. Ähnlich wie bei den Rechtsverordnungsermächtigungen (s. die Anmerkungen zu § 85 Rdn. 2) ist es dem Gesetzgeber aber nicht gelungen, diese vollständig in § 86 BauO NRW zu erfassen. **2**

**Weitere Satzungsermächtigungen** finden sich in

**§ 51 Abs. 4** (Herstellungspflicht von Stellplätzen bei bestehenden baulichen Anlagen sowie Untersagung oder Einschränkung der Herstellungspflicht, s. die Anmerkungen zu § 51 Rdn. 74–85) und

**§ 51 Abs. 5** (Festlegung der Höhe des Geldbetrages im Falle der Ablösung der Stellplatzpflicht, s. die Anmerkungen zu § 51 Rdn. 104–106).

3 Die **Form der Satzung** für kommunales Ortsbaurecht ist **keineswegs zwingend**. So wurden die auf dem Muster einer Bauordnung für Städte und stadtähnliche Landgemeinden („**Einheitsbauordnung für Städte**", veröffentlicht vom preußischen Staatskommissar für das Wohnungswesen vom 25. 4. 1919, MBl. S. 236) basierenden, über 300 Bauordnungen in Preußen als **Polizeiverordnung** erlassen (vgl. Baltz/Fischer, S. 273). Nach der Entpolizeilichung der Verwaltungsbehörden auf Landesebene durch das OBG vom 16. 10. 1956 (GV. NRW. S. 216) ergingen baurechtliche Vorschriften noch bis zum Inkrafttreten des BBauG vom 23. 6. 1960 (BGBl. I S. 341) als **ordnungsbehördliche Verordnung**. Zuvor das nordrhein-westfälische Aufbaugesetz vom 29. 4. 1950 (GV. NRW. S. 78), das neben dem Baupolizeirecht galt (vgl. Ernst/Friede, Kommentar zum **Aufbaugesetz** von Nordrhein-Westfalen, 4. Aufl. 1958, S. 14 und S. 66), **für Durchführungspläne** die **Satzungsform** vorgesehen. Die Form der Satzung für bodenrechtliche Bauvorschriften der Gemeinden übernahmen das BBauG und die MBO 1960, der die Landesbauordnungen gefolgt sind. Besonderheiten ergeben sich in den Ländern Berlin, Bremen und Hamburg aufgrund der Stadtstaatenklausel des § 246 BauGB und der entsprechenden Regelungen zu den örtlichen Bauvorschriften in deren Bauordnungen.

4 Mit § 60 Abs. 2 **Satz 2** BauO NRW bringt der Gesetzgeber zum Ausdruck, dass **§ 86** BauO NRW „**von den Aufgaben der Bauaufsichtsbehörden als solche der Gefahrenabwehr unberührt**" bleibt. Insoweit unterscheidet sich das nordrhein-westfälische Bauordnungsrecht von dem anderer Länder, die an der Möglichkeit zur staatlichen Einflussnahme durch die obere Bauaufsichtsbehörde bei der Kontrolle der Aufgabenerfüllung durch die Gemeinden festhalten (vgl. z. B. Jeromin, zu § 88 Rdn. 2). Die nordrhein-westfälische Lösung ist zu begrüßen, weil der Bundesgesetzgeber den Gemeinden die bauplanungsrechtlichen Befugnisse übertragen hat und weil das Baugestaltungsrecht in einer **engen Verbindung zum Bauplanungsrecht** steht, was **§ 9 Abs. 4 BauGB** verdeutlicht. Von der Natur der Sache her handelt es sich bei der **positiven Gestaltungspflege** um den **Teil einer ganzheitlichen Planungsmaterie**, die nur aufgrund der nach Art. 74 Nr. 18 GG gegebenen unterschiedlichen Gesetzgebungskompetenz von Bund und Ländern in die „**bodenrechtliche**" **Bauleitplanung** und die „**bauordnungsrechtliche**" **Gestaltungsplanung** zerfällt (s. Rdn. 8 und die Einleitung Rdn. 59–64).

5 Aus der Einordnung der Schaffung von **Ortsbaurecht als Selbstverwaltungsangelegenheit** der Gemeinden ergeben sich mehrere Konsequenzen:

- An die Ermächtigungsvorschriften sind **nicht** die in Art. 80 GG oder Art. 70 Abs. 1 LVerf NRW geregelten Anforderungen zu stellen (vgl. BVerfG, Beschluss vom 21. 12. 1966 – 1 BvR 33/64, BVerfGE 21, 54; OVG NRW, Urteil vom 30. 6. 1978 – XI A 627/76, BRS 33 Nr. 115).
- Die **Verfahrensvorschriften** für den Satzungserlass ergeben sich – soweit nicht § 86 BauO NRW als Spezialregel vorgeht – aus § 7 GO NRW und aus der auf § 7 Abs. 5 GO NRW gestützten Bekanntmachungsverordnung – BekanntmVO. Die Satzungen müssen diese Ermächtigungsgrundlagen angeben (**Zitiergebot**; s. hierzu OVG Lüneburg, Urteil vom 27. 6. 1988 – 1 A 228/86, BRS 48 Nr. 113).
- Die **Gemeinde** ist zwar zum Erlass örtlicher Bauvorschriften **ermächtigt**, sie ist jedoch hierzu **nicht verpflichtet** und kann auch nicht im Wege der Sonderaufsicht hierzu veranlasst werden (vgl. Boeddinghaus/Hahn/Schulte, zu § 86 Rdn. 2).

- Der **Inhalt** der örtlichen Bauvorschriften muss sich an den **Schutzzielen der BauO NRW** orientieren, darf **keine bodenrechtlichen Aspekte** erfassen und ist **auf die Ermächtigungstatbestände beschränkt** (vgl. Boeddinghaus/Hahn/Schulte, zu § 86 Rdn. 7–11).

- Die **Gemeinde** kann gegenüber einem Bauvorhaben, das mit einer Satzungsbestimmung nicht vereinbar ist, **Abwehrrechte** geltend machen, die sie allerdings verwirkt, wenn sie im Baugenehmigungsverfahren zu dem Bauvorhaben positiv Stellung nimmt und von der Baugenehmigung Gebrauch gemacht wird (OVG Rh-Pf, Urteil vom 5.8. 1993 – 1 A 11772/92, BRS 55 Nr. 130).

Die **Bindung an bauordnungsrechtliche Schutzziele** steht nicht im Widerspruch zur Selbstverwaltungsgarantie. Der Landesgesetzgeber hätte, gestützt auf seine **Gesetzgebungskompetenz**, außer den Vorschriften über die Verunstaltungsabwehr (§§ 12 und 13 BauO NRW) auch **Vorschriften über die positive Gestaltungspflege** erlassen können. Er hat dies nur im Hinblick auf die **Schwierigkeit der landesweiten Handhabung** unterlassen und wegen der engen Verbindung zum Bauplanungsrecht den Gemeinden überantwortet.

### 1.2 Planerische Gestaltungsziele und Grenzen der Satzungsbefugnis

Die in § 86 BauO NRW enthaltenen Satzungsermächtigungen sind **unterschiedlicher Natur**. Sie können genutzt werden, um allgemein formulierte materielle Anforderungen der BauO NRW zu **konkretisieren**, wie dies bei Vorschriften über Kinderspielflächen nach § 86 Abs. 1 Nr. 3 BauO NRW der Fall ist. Die Satzung gilt dann **allgemein im Gebiet der Gemeinde** und **wirkt wie eine Rechtsverordnung** zur Konkretisierung materieller Anforderungen. Anders liegt es, wenn die Satzung für einen **Teil des Gemeindegebietes** erlassen wird. Hier ist zu differenzieren, ob lediglich bestimmte **Einzelziele**, oder ob **umfassende baugestalterische Planungsziele** verfolgt werden sollen. Als Beispiel für die Verfolgung von Einzelzielen ist die Wahrung der bauhistorischen Bedeutung durch Regelung geringerer Tiefen der Abstandflächen nach § 86 Abs. 1 Nr. 6 BauO NRW zu nennen, als Beispiel für die Verfolgung umfassender baugestalterischer Planungsziele kann die Regelung baugestalterischer Vorgaben für ein Neubaugebiet nach § 86 Abs. 1 Nr. 1 BauO NRW dienen. Dadurch wird deutlich, dass der **Umfang der Schutzziele** örtlicher Bauvorschriften sehr unterschiedlich sein kann. Im einfachsten Fall wird die Satzung lediglich von dem Bestreben getragen, für erforderlich erachtete normative Ergänzungen des allgemeinen Bauordnungsrechts zu bewirken, während in anspruchsvolleren Situationen planerische Ziele für ein Baugebiet in Ergänzung des Bauplanungsrechts umgesetzt werden sollen. Trotz dieser Unterschiede haben die örtlichen Bauvorschriften eines gemeinsam: die **Beschränkung der Verfügungsgewalt des Grundeigentümers** im Interesse der positiven Gestaltungspflege und damit im Interesse des Allgemeinwohls. 6

**Inhalt und Schranken des Eigentums** werden nach Art. 14 Abs. 1 Satz 2 GG durch die Gesetze bestimmt. Gesetz in diesem Sinne ist jede Rechtsnorm (BVerfG, Beschluss vom 10.7.1958 – 1 BvR 1/58, BVerfGE 8, 71). Auch die **als Satzung (= Ortsgesetz) erlassenen örtlichen Bauvorschriften entfalten inhaltsbestimmende Wirkung für das Eigentumsrecht**. Das Bauordnungsrecht darf im Rahmen der Bestimmung von Inhalt und Schranken des Grundeigentums im Sinne von Art. 14 Abs. 1 Satz 2 GG durch Aufnahme 7 von auf Landesrecht beruhenden gestalterischen Festsetzungen in einen Bebauungsplan auch zur Wahrung ästhetischer Belange nutzbar gemacht werden; einer solchen positiven Gestaltungspflege ist auch eine gewisse **planerische Gestaltungsfreiheit** immanent (OVG NRW, Urteil vom 9.2.2000 – 7 A 2386/98, BRS 63 Nr. 166 = ZfBR 2001, 55 zu gestalterischen Festsetzungen über rote Dacheindeckungen).

**8** Nun lässt sich trefflich über die Frage streiten, ob Materialanforderungen und vergleichbar „geringfügige" Maßgaben zum Bauen überhaupt nennenswert in das Grundeigentum eingreifen (s. die Nachweise bei Boeddinghaus/Hahn/Schulte, zu § 86 Rdn. 6). Dass eine **grundeigentumsbeschränkende Wirkung** aber auch baugestalterischen Bestimmungen zukommen kann, ergibt sich bereits daraus, dass die Gemeinde **im Rahmen der gesetzlichen Ermächtigung** unter **baugestalterischen** Gesichtspunkten **Nutzungsmöglichkeiten** des Grundstücks **ausschließen** und damit die Verfügungsgewalt des Grundstückseigentümers zum Teil gravierend beschränken kann. Wegen dieser einschränkenden Wirkung müssen auch baugestalterische Anforderungen **aus Gründen des Wohls der Allgemeinheit sachlich geboten** sein (BayVGH, Urteil vom 25.6.1990 – 15 N 88.629, BRS 50 Nr. 133 zur Unzulässigkeit einer Gestaltungssatzung, die im gesamten Gemeindegebiet nur rechteckige Gebäudegrundrisse erlaubte). Dabei darf es sich nicht um **unzulässige „bodenrechtliche Regelungen im Gewande von Baugestaltungsvorschriften"** handeln (vgl. BVerwG, Beschluss vom 10.7.1997 – 4 NB 15.97, BauR 1997, 999 = BRS 59 Nr. 19 = DÖV 1998, 77 = NVwZ-RR 1998, 486 = UPR 1998, 63 = ZfBR 1997, 327 zur Zulässigkeit einer gestalterischen Regelung, wonach Kellergaragen wegen der unerwünschten optischen Freilegung von Teilen der Kelleraußenwand und der erforderlichen Rampen im Vorgarten ausgeschlossen wurden). Will die Gemeinde Regelungen mit **bodenrechtlichem Inhalt** erlassen, hat sie sich der hierfür zur Verfügung stehenden **planerischen Instrumente des BauGB** zu bedienen (s. BVerwG, Beschluss vom 31.5.2005 – 4 B 14.05, BauR 2005, 1768 = BRS 69 Nr. 148 = ZfBR 2005, 559 und BayVGH, Urteil vom 20.12.2004 – 25 B 98.1862, BauR 69 Nr. 142 = NVwZ-RR 2005, 785 = ZfBR 2005, 560). Die Abgrenzung kann im Einzelfall durchaus Probleme bereiten und ist für die Auslegung der Ermächtigungsgrundlage von Bedeutung (vgl. Jäde, Wie verfassungswidrig ist das Bauordnungsrecht?, ZfBR 2006, S. 9 ff.).

**9** Da Landesrecht dem Satzungsrecht vorgeht (**Grundsatz des Vorrangs des Gesetzes**), ist **für** besondere **Anforderungen in den örtlichen Bauvorschriften kein Raum, wenn** schon die **Anforderungen der BauO NRW**, z.B. die des § 13 an Werbeanlagen, zur Regelung der örtlichen Verhältnisse **ausreichen**; die Satzung darf sich nicht auf den bereits gesetzlich geregelten Verunstaltungsschutz beschränken, sondern muss die positive Gestaltungspflege zum Ziel haben (OVG Schl-H, Urteil vom 21.12.1994 – 1 L 64/94, BRS 57 Nr. 172; vgl. auch Schmidt-Tophoff, Ortsrechtliche Vorschriften für die Außenwerbung im Geltungsbereich der neuen Landesbauordnungen von Rheinland-Pfalz, Nordrhein-Westfalen und Bayern, DÖV 1964, S. 482 ff.). So verbietet bereits § 12 Abs. 1 BauO NRW ein verunstaltendes Verhältnis der Baumassen und Bauteile zueinander, z.B. zu voluminöse Dachgauben als „Kastenaufbau" (s. die Anmerkungen zu § 12 Rdn. 27 und 28). Für gestalterische Vorschriften ist daher nur noch insoweit Raum, als diese über die Verunstaltungsabwehr hinausgehen und im Sinne positiver Gestaltungspflege mehr leisten als die ohnehin bestehenden Vorschriften zur Verunstaltungsabwehr. Bei der Konzeption von Gestaltungsvorschriften ist daher die **Kenntnis des Rechts der Verunstaltungsabwehr** unverzichtbar, vor allem aber der hierzu ergangenen Rechtsprechung. Wer nicht weiß, was Verunstaltung im Rechtssinne bedeutet, kann auch keine rechtlich fundierte Gestaltungspflege betreiben. Schließlich dürfen positive Gestaltungsvorschriften nichts verlangen, was rechtlich unzulässig ist. Die gestalterischen Vorgaben können insoweit das Bauplanungsrecht, das Bauordnungsrecht und das „Baunebenrecht“ nur noch **ergänzen**. Bestehen z.B. zwingende Bebauungsplanfestsetzungen der überbaubaren Flächen sowie der Trauf- und Firsthöhen, so ergibt sich aus diesen Festsetzungen bereits rechnerisch eine ganz bestimmte Dachneigung. Gestalterische Vorgaben über die Dachneigung müssen diesen durch das Bauplanungsrecht gesetzten Rahmen beachten. Setzt der Bebauungsplan nur einen Rahmen für die Bebauung fest (Baugrenzen, Bauhöhen), so können durch gestalterische Bestimmungen zusätzliche Beschränkungen verfügt werden, da dann kein Widerspruch zu den Bebauungsplanfestsetzungen eintritt (vgl. Nds. OVG, Urteil vom 27.8.1991 – 1 L 254/89, BRS 52 Nr. 121 zu einer Gestaltungssatzung über die Einzelheiten der Ausbildung von Flachdächern im Bereich eines Bebauungsplans, der eingeschossige Bebauung mit Flachdach festsetzt, und OVG NRW, Urteil vom 25.4.1991 – 11 A 1708/88, BRS 52 Nr. 122 zu einer Gestaltungssatzung, die den nach dem Bebauungsplan zulässigen Rahmen für die Dachneigung aus gestalterischen Gründen einengt).

Die **Satzungsbestimmungen** dürfen sowohl hinsichtlich der materiellen Anforderungen als auch der Verfahrensvorschriften **nicht im Widerspruch zur BauO NRW** und zu **Rechtsverordnungen** aufgrund der BauO NRW stehen. So steht eine Satzung, die dem Ziel dient, Werbeanlagen entgegen § 13 BauO NRW im gesamten Gemeindegebiet zu untersagen, im Widerspruch zu höherrangigem Recht (OVG Rh-Pf, Urteil vom 22.9. 1988 – 1 A 82/86, BRS 48 Nr. 111). Enthält eine Gestaltungssatzung Anforderungen über die Gestaltung von Rampenbauwerken als Zufahrt zu Garagen, dürfen diese nicht die Einhaltung der Vorgaben des § 4 GarVO unmöglich machen. **10**

Die Anforderungen von **Gestaltungssatzungen** nach § 86 Abs. 1 **Nr. 1** BauO NRW, dem Hauptanwendungsfall für örtliche Bauvorschriften zur positiven Gestaltungspflege, müssen darüber hinaus von einer „**baugestalterischen Absicht**“ getragen sein. Eine solche erfordert ein **nachvollziehbares planerisches Konzept** für die Ausgestaltung eines bestimmten Bereichs, z.B. einer Straße, eines Platzes, eines Altstadtbereichs oder eines Neubaugebiets. **Schlagwortartige Zielsetzungen reichen nicht aus** (OVG Lüneburg, Urteil vom 29.4.1986 – 6 A 147/84, BRS 46 Nr. 120 zu einem weitgehenden Verbot der Werbung an Ausfallstraßen mit der Begründung, diese seien die „Visitenkarten der Stadt“). Nur weil Gestaltungssatzungen an die **Besonderheiten** eines Gebiets anknüpfen, ist eine positive Gestaltungspflege gerechtfertigt (OVG Lüneburg, Urteil vom 9.1. 1987 – 6 A 148/84, BRS 47 Nr. 122). Eine Gestaltungssatzung ist nur wirksam, wenn mit ihr eine **gebietsspezifische gestalterische Absicht** verfolgt wird, die dem Geltungsbereich der Satzung ein besonderes Gepräge gibt; demgegenüber kann ein Gestaltungsziel, welches gleichermaßen für alle Ortsteile verfolgt werden könnte, den Erlass einer Gestaltungssatzung nicht rechtfertigen (OVG Rh-Pf, Urteil vom 22.9.1988 – 1 A 82/86, BRS 47 Nr. 111). **11**

Der Gemeinde ist mit dem **Merkmal „zur Durchführung baugestalterischer Absichten“** in § 86 Abs. 1 Nr. 1 BauO NRW eine planerische Gestaltungsfreiheit zum Ausgleich der widerstreitenden Interessen im Wege einer planerischen Abwägung eingeräumt (offen gelassen im Urteil des OVG NRW vom 30.6.1983 – 11 A 329/82, BRS 40 Nr. 152); jedenfalls tritt das Abwägungsgebot als bundesrechtliche Ergänzung – aus dem Rechtsstaatsprinzip folgend – neben diese Bestimmung. Die BauO NRW enthält keine nähe- **12** ren materiellen Vorschriften über diese **Abwägung** außer der genannten allgemeinen Zielvorgabe. Die **Ermächtigung** findet ihre **Grenze** insbesondere an dem mit Verfassungsrang ausgestalteten **Übermaßverbot sowie** am Wesen des durch **Art. 14 GG** geschützten Eigentums (OVG NRW, Urteil vom 6.2.1992 – 11 A 2232/89, BRS 54 Nr. 112). Sie setz voraus, dass die baugestalterischen Absichten der Gemeinde auf **sachgerechten Erwägungen** beruhen und eine **angemessene Abwägung der Belange des Einzelnen und der Allgemeinheit** erkennen lassen (s. auch BayVGH, Urteil vom 12.9.1988 – Nr. 1 N 84 A.94, A.555 und A.1657, BRS 48 Nr. 110 und OVG NRW, Urteil vom 6.2.1992, a.a.O.).

13 Wegen des Eingriffs in das Eigentumsrecht muss das **Verhältnismäßigkeitsprinzip** gewahrt bleiben. Die mit der Satzung bewirkten Erschwernisse, Mehrkosten und Einschränkungen müssen in einem abgewogenen Verhältnis zu den erstrebten Gestaltungszielen stehen (OVG NRW, Urteil vom 30.6.1978 – XI A 627/76, BRS 33 Nr. 115). Dieser Grundsatz spielt eine Rolle, wenn den Grundeigentümern die Verwendung kostenträchtigen Materials abverlangt wird (BayVGH, Urteil vom 12.9.1988, a.a.O. Rdn. 12: es ist unzulässig, in einem Neubaugebiet die Verwendung von Tonziegeln vorzuschreiben; Hess. VGH, Beschluss vom 2.4.1992 – 3 N 2241/89, BRS 54 Nr. 116 und Nds. OVG, Urteil vom 12.5.1993 – 1 K 67/91, BRS 55 Nr. 129: es ist nicht zu beanstanden, in einer historischen Altstadt die Verwendung von Tonziegeln vorzuschreiben).

### 1.2 Inhaltliche und räumliche Bestimmtheit der Satzung

14 Aus dem **Rechtsstaatsprinzip** und dem **Grundsatz der Gesetzmäßigkeit der Verwaltung** folgt, dass die Satzung hinsichtlich ihres Inhalts, vor allem wegen der Einzelbefugnisse der Gemeinden und der für den Bürger im Einzelnen bestehenden Pflichten, **hinreichend bestimmt sein muss** (BVerfG vom 3.2.1959 – 2 BvL 10/56, BVerfGE 9, 137; BVerwG, Urteil vom 20.5.1955 – V C 14.55, BVerwGE 2, 114; OVG NRW, Urteil vom 21.4.1983 – 11 A 765/81, BRS 40 Nr. 153; Nds. OVG, Urteil vom 25.6.2001 – 1 L 4874/99, BauR 2002, 302 BRS 64 Nr. 144 = UPR 2001, 452). Der Satzungsgeber muss daher die den Inhalt des Eigentums ausmachenden **Einzelbefugnisse und -pflichten der Grundstückseigentümer** inhaltlich bestimmen (BVerfG, Beschluss vom 12.1.1967 – 1 BvR 169/63, BVerfGE 21, 73).

15 Das **inhaltliche Bestimmtheitsgebot** lässt die **Verwendung unbestimmter Rechtsbegriffe** als Tatbestandsvoraussetzung zu, wenn sie so gefasst sind, dass sie als Voraussetzungen für die angeordnete Rechtsfolge von den Betroffenen hinreichend erkannt und von den Gerichten angewendet werden können (BVerfG, Beschluss vom 12.11.1958 – 2 BvL 4, 26, 40/56, 1, 7/57, BVerfGE 8, 274). Es ist jedoch verletzt, wenn der Sinngehalt des Begriffs unter Zuhilfenahme der anerkannten Auslegungsregeln nicht eindeutig zu ermitteln ist (VGH B-W, Urteil vom 29.4.1981 – 5 S 1909/80, BRS 38 Nr. 147 zum Begriff „Großflächenwerbung") oder die inhaltliche Konkretisierung der Anforderungen im Einzelfall der Gemeinde oder anderen öffentlichen Stellen überlassen bleibt (OVG NRW, Urteil vom 21.4.1983, a.a.O. Rdn. 14: die schutzbedürftigen Anlagen sollten durch nachfolgende Bekanntmachung benannt werden) oder wenn die Anforderungen nicht zweifelsfrei der Satzung entnehmbar sind (OVG NRW, Urteil vom 6.2.1992 – 11 A 2232/89, BRS 54 Nr. 112 zur Einschränkung der Werbung, ohne dass der Vorschrift entnommen werden konnte, ob sie nur für die Eigen- oder auch für die Fremdwerbung galt).

16 Örtliche Bauvorschriften können nach der Ermächtigung entweder für das **ganze Gemeindegebiet** erlassen werden (Absatz 1 Nr. 3, 4, 5) oder dürfen sich nur beziehen auf

- **bestimmte, genau abgegrenzte Teile des Gemeindegebiets** (Nr. 1),
- **bestimmte Bauten, Straßen, Plätze oder Ortsteile** (Nr. 2) oder
- **Ortsteile mit bauhistorischer Bedeutung** oder **sonstiger erhaltenswerter Eigenart** (Nr. 6).

Soweit nach Nr. 1, 2 und 6 nur Satzungen für Teilbereiche der Gemeinde erlassen werden dürfen, ist im Hinblick auf das **räumliche Bestimmtheitsgebot** eine genaue Beschreibung des Geltungsbereichs unverzichtbar. Es sind daher die gleichen Anforderungen zu beachten, die auch an die genaue Festlegung des räumlichen Geltungsbereichs von Bebauungsplänen gestellt werden. Es kann nicht davon ausgegangen werden, dass sich die Rechtsprechung zum Landschaftsrecht einfach übertragen lässt (s. BVerwG, Beschluss vom 16. 7. 1997 – 4 B 110.97, BRS 59 Nr. 243 zu einer Baumschutzsatzung, die „innerhalb der im Zusammenhang bebauten Ortsteile und des Geltungsbereichs der Bebauungspläne" gilt). Das **Landschaftsrecht** enthält insoweit nämlich **keine** den Ermächtigungstatbeständen des § 86 BauO NRW vergleichbaren **speziellen Anforderungen**, sondern verwendet selbst in der Ermächtigung des § 45 LG für Baumschutzsatzungen die vom BVerwG nicht beanstandete Formulierung. Im Gegensatz dazu darf der Geltungsbereich eines Bebauungsplans gerade nicht durch Verweisung auf veränderbare Größen bestimmt werden (BVerwG, Urteil vom 30. 1. 1976 – IV C 26.74, BRS 30 Nr. 17 und Beschluss vom 16. 1. 1981 – 4 B 251.80, BauR 1981, 350 = BRS 38 Nr. 4). Es ist grundsätzlich mit einer Gestaltungssatzung unvereinbar, in ihr den Bereich so zu umschreiben, dass er sich automatisch um neue Baugebiete erweitern kann – sog. dynamische Verweisungen (BayVGH, Beschluss vom 28. 11. 1969 – 93 I 69, BayVBl. 1970, 102 und OVG Lüneburg, Urteil vom 27. 6. 1988 – 1 A 228/86, BRS 48 Nr. 113 zu Verweisungen auf Darstellungen des Flächennutzungsplans).

17 Um **Mängel der räumlichen Bestimmtheit** von vornherein zu **vermeiden**, ist zu empfehlen, den **Geltungsbereich**

- entweder **textlich** unter Aufführung der einbezogenen Grundstücke durch **Katasterangaben** (Gemarkung, Flur, Flurstücke) oder
- **zeichnerisch** in einer **Karte auf der Grundlage des Liegenschaftskatasters** mit dem **Planzeichen Nr. 15.13** der Anlage zur **Planzeichenverordnung 1990 – PlanzV 90**, das auch für die Umgrenzung des räumlichen Geltungsbereichs des Bebauungsplans Anwendung findet,

**eindeutig zu kennzeichnen** (hierzu s. Sächs, OVG, Urteil vom 7. 9. 2005 – 1 B 300/03, BRS 69 Nr. 149, wonach eine eindeutige textliche Beschreibung des räumlichen Geltungsbereichs ebenso ausreicht). Werden die örtlichen Bauvorschriften in den Bebauungsplan einbezogen, so werden regelmäßig keine Zweifel am räumlichen Geltungsbereich auftreten, wenn die bauordnungsrechtlichen Festsetzungen im gesamten Bebauungsplangebiet gelten sollen. Sollen diese dagegen nur in räumlichen Teilbereichen des Bebauungsplans gelten, muss wiederum eine hinreichend genaue zeichnerische Abgrenzung vorgenommen werden. Dies kann dann – um Verwechslungen auszuschließen – nicht das Planzeichen Nr. 15.13 der PlanzV 90 sein, so dass ein eigenes Planzeichen in Anwendung des § 2 Abs. 2 Satz 2 PlanzV 90 zu entwickeln ist (vgl. hierzu Mainczyk, Die neue Planzeichenverordnung – PlanzV 90, 2. Aufl. 1991, S. 66f. Rdn. 10).

### 1.3 Verfahrens- und Rechtsschutzaspekte

18 **Verfahrensregelungen** über die **Aufstellung, Änderung, Ergänzung** oder **Aufhebung** örtlicher Bauvorschriften sind in § 86 BauO NRW **nur teilweise** vorhanden. Es ist verfahrensrechtlich danach zu unterscheiden, ob die örtlichen Bauvorschriften

- **als isolierte Satzung** nach der BauO NRW erlassen werden oder
- **Aufnahme in den Bebauungsplan** finden.

Für isolierte Satzungen gelten die Vorschriften der GO NRW und der BekanntmVO. Danach werden die isolierten Satzungen ohne vorlaufende Verfahrensschritte unmittelbar vom Rat beschlossen und anschließend bekannt gemacht. Da dem § 86 BauO NRW ein entsprechender Vorbehalt fehlt, bedarf die isolierte Satzung **keiner Genehmigung der oberen Bauaufsichtsbehörde**.

19 Für **isolierte Satzungen** nach § 86 Abs. 1 BauO NRW besteht **keine Begründungspflicht**. Ob und in welchem Umfang die Satzungsunterlagen Aufschluss über die Überlegungen der Gemeinde geben müssen, ist eine Frage des Einzelfalles (BVerwG, Beschluss vom 3. 11. 1992 – 4 NB 28.92, BRS 54 Nr. 111). Das OVG NRW (Urteil vom 30. 6. 1983 – 11 A 329/82, BRS 40 Nr. 152, in Fortführung des Urteils vom 30. 6. 1981 – 11 A 392/80, BRS 38 Nr. 138) sieht es als **Obliegenheit der Gemeinde** an, **ihre planerische Abwägung nachzuweisen**, da sie anderenfalls Gefahr laufe, dass das Gericht, wenn und weil es aus den Akten über das Verfahren keine Abwägung relevanter Belange positiv vornehmen könne, die Satzung für ungültig erkläre. Wörtlich heißt es hierzu:

*„Zu verlangen ist daher, dass die Satzung, und zwar mangels gesetzlicher Formbedürftigkeit der einzelnen Stufen des Satzungsgebungsverfahrens und der dabei gefassten Beschlüsse der zuständigen Gremien, grundsätzlich die Satzung selbst, die Gründe ihres Entstehens überhaupt, ihrer räumlichen Erstreckung und der Grundzüge ihrer inhaltlichen Festsetzungen zum Ausdruck bringt. Der Satzung müssen die sie legitimierenden baugestalterischen Absichten der Gemeinde zu entnehmen sein; in ihr muss sich niedergeschlagen haben, dass und welche planerischen Überlegungen den Rat bewogen haben. Der räumliche Geltungsbereich und die einzelnen Festsetzungen müssen in Dokumentation der planerischen Abwägung ein Mindestmaß an Plausibilität im Verhältnis zum Satzungszweck aufweisen.“*

20 Daher empfiehlt sich auch für **isolierte** Satzungen, die **tragenden Gesichtspunkte** in einer Begründung zusammenzufassen, zumal die Bauverwaltungen der Gemeinden in aller Regel schon aufgrund innergemeindlicher Bestimmungen die Beschlussvorlagen für den Rat erläutern müssen. Es bereitet dann keinen nennenswerten Aufwand, die Vorlage gleich mit einer ordentlichen Begründung zur Satzung auszustatten, zumal die **Akzeptanz** zur Beschlussfassung bei den Ratsmitgliedern **erhöht** sein dürfte, wenn sie die vorgesehenen Satzungsbestimmungen in der Begründung nachvollziehen können.

21 Eine **weitgehende Verfahrensregelung** besteht mit **Absatz 4** nur für **in Bebauungspläne aufzunehmende örtliche Bauvorschriften**. Danach finden die für die Aufstellung, Änderung, Ergänzung und Aufhebung geltenden Vorschriften des BauGB Anwendung mit der Folge, dass sowohl die **vorgeschriebenen Verfahrensschritte** (Bürger- und Behördenbeteiligung), als auch das für bestimmte Bebauungspläne vorgeschriebene **bundesrechtliche Genehmigungserfordernis** beachtet werden müssen (hierzu s. Battis/Krautzberger/Löhr, zu § 10 Rdn. 26–30). Auch gelten die **Wirksamkeitsvoraussetzungen** der

§§ 214–216 BauGB. Da der Landesgesetzgeber entsprechend der bundesrechtlichen Ermächtigung des § 9 Abs. 4 BauGB die **§§ 1 bis 18 BauGB** für **anwendbar** erklärt hat, findet auch das **Abwägungsgebot** des § 1 Abs. 7 BauGB Anwendung (BVerwG, Beschluss vom 18.5.2005 – 4 B 23.05, BRS 69 Nr. 12 = ZfBR 2005, 562). Denn ob beim Erlass örtlicher Bauvorschriften das Abwägungsgebot zu beachten ist, richtet sich nach den landesrechtlichen Vorgaben (BVerwG, Urteil vom 16.3.1995 – 4 C 3.94, BauR 1995, 508 = BRS 57 Nr. 175 = DVBl. 1995, 754). Wegen der uneingeschränkten Einbeziehung des § 9 BauGB durch § 86 Abs. 4 BauGB hat die **Begründung zum Bebauungsplan** auf die baugestalterischen Festsetzungen einzugehen.

**Trotz Aufnahme in den Bebauungsplan** bleiben die örtlichen Bauvorschriften **Baugestaltungsrecht** und werden **kein Bauplanungsrecht**. Dies bewirkt, dass über **Abweichungen von gestalterischen Festsetzungen** des Bebauungsplans nicht nach § 31 BauGB, sondern **nach § 73 BauO NRW** entschieden wird (OVG NRW, Urteil vom 25.8.1999 – 7 A 4459/96, BauR 2000, 250 = BRS 62 Nr. 155 = NVwZ-RR 2000, 412 = ZfBR 2000, 56). **22**

Örtliche Bauvorschriften sind aufgrund ihrer eigentumsbeschränkenden Wirkung (s. Rdn. 9 und 10) grundsätzlich geeignet, Grundrechte zu verletzen. Eine **Verfassungsbeschwerde** ist gemäß § 90 Abs. 2 Satz 1 des Gesetzes über das Bundesverfassungsgericht **erst nach Ausschöpfung des Rechtswegs** zulässig. Der Bürger muss also auch gegen Vorschriften einer örtlichen Bauvorschrift **zuerst Rechtsschutz vor den Verwaltungsgerichten** in Anspruch nehmen, z. B. indem er auf Erteilung der Baugenehmigung, die ihm wegen Verstoßes gegen eine satzungsrechtliche Anforderung versagt wurde, oder gegen die Ablehnung einer isolierten Abweichung von Satzungsbestimmungen im Falle freigestellter Vorhaben klagt. Im Rahmen der **Überprüfung der Einzelentscheidung** überprüft das Verwaltungsgericht dann die zugrunde liegende Satzung und stellt gegebenenfalls fest, dass die Norm wegen Verstoßes gegen formelles oder materielles Bauordnungsrecht nicht anwendbar ist (**Inzidentverwerfung**). Bei **örtlichen Bauvorschriften als Bestandteil eines Bebauungsplans** kann die verwaltungsgerichtliche Überprüfung darüber hinaus im Wege der Normenkontrolle nach § 47 VwGO erfolgen (OVG NRW, Urteil vom 29.8.1983 – 10 a NE 1/81, NVwZ 1984, 595 und BayVGH, Urteil vom 12.9.1988 – Nr. 1 N 84 A.94, A.555 und A.1657, BRS 48 Nr. 110; a. A. OVG Saar, Urteil vom 4.12.1981 – 2 N 12/80, BRS 38 Nr. 48 = NVwZ 1983, 42). **23**

Die gestalterischen Vorgaben örtlicher Bauvorschriften werden im öffentlichen Interesse getroffen. Daher vermitteln sie in aller Regel **keine nachbarschützende Wirkung** (OVG NRW, Urteil vom 18.2.1965 – III A 655/63, BRS 16 Nr. 74 zu Anforderungen an Einfriedungen; Hess. VGH, Beschluss vom 4.1.1983 – III TG 57/82, BRS 40 Nr. 215 zu Anforderungen an Freiflächen). Im Einzelfall ist **ausnahmsweise** eine **nachbarschützende Wirkung** aus der **speziellen Zielsetzung** der gestalterischen Anforderung hergeleitet worden (BayVGH, Urteil vom 11.8.1988 – 2 B 87.02300, BRS 48 Nr. 171 zu Anforderungen an die Höhe von Einfriedungen). Eine solche Zielsetzung als Nebeneffekt kann aus dem **gestalterischen Umgebungsschutz** resultieren (s. die Anmerkungen zu § 12 Rdn. 16 sowie Finkelnburg/Ortloff, Band II S. 287). Nicht ausgeschlossen ist z. B., dass die Gemeinde **Vorschriften über die Dachform** auch mit nachbarschützender Funktion ausstatten will (so Boeddinghaus/Hahn/Schulte, zu § 86 Rdn. 127 unter Bezug auf OVG NRW, Beschluss vom 16.7.1986 – 10 B 1200/86, n. v.; vgl. auch Bosch, Die Aufstockung von Flachdachgebäuden, Nachbarschutz, gestalterische Vorschriften und Bebauungsplan, ZfBR 1987, S. 182 ff.). **24**

## 2 Zu Absatz 1 – Ermächtigungen zum Erlass örtlicher Bauvorschriften

25 **Gestaltungssatzungen** nach **Absatz 1** sind **nicht an die engeren Voraussetzungen der §§ 12 und 13 BauO NRW gebunden**, das heißt, sie haben nicht nur den Zweck, Verunstaltungen zu verhindern, sondern umfassen **zulässigerweise auch die positive Gestaltungspflege**, das Festlegen strengerer ästhetischer Maßstäbe (so OVG NRW, Urteil vom 30. 6. 1981 – 11 A 392/80, BRS 38 Nr. 138 = NJW 1982, 845 und OVG Lüneburg, Urteil vom 12. 2. 1982 – 1 A 231/80, BauR 1982, 368 = BRS 39 Nr. 132). Örtliche Bauvorschriften bilden eine wichtige **Ergänzung zur Bauleitplanung**, da diese als Bodenrecht nur die **städtebauliche Gestaltung** erfassen kann. Die Gestaltung der baulichen Anlagen selbst ist für das städtebauliche Erscheinungsbild eines Ortes von ebenso großer Bedeutung. Es verwundert daher nicht, dass die Gemeinden in dem wieder stärker aufkommenden Grundbedürfnis nach Harmonie von dem Instrumentarium rege Gebrauch machen, um **ästhetisch befriedigende Orts- und Straßenbilder** zu erzielen und so dem in der Nachkriegsphase mit ihrem Bauboom gepflegten „Betonbrutalismus“ entgegenzuwirken (so Simon, Ortsbildgestaltung durch Satzung, Heft 29 der Reihe Kommunalforschung für die Praxis, 1992, S. 11).

26 Durch örtliche Bauvorschrift auf der Grundlage des § 86 Abs. 1 Nrn. 1 und 2 BauO NRW kann insbesondere den **Auswüchsen der Werbewirtschaft** begegnet werden. Nr. 2 bietet die Rechtsgrundlage zum Schutz vorhandener baukünstlerischer Werte oder von Bauten, Straßen und Plätzen mit städtebaulicher oder geschichtlicher Bedeutung durch „**Schutzsatzungen**“ (zu dieser Bezeichnung s. OVG NRW, Urteil vom 6. 2. 1992 – 11 A 2232/89, BRS 54 Nr. 112). Die Bestimmungen der §§ 12 und 13 BauO NRW sowie die auf § 86 Abs. 1 BauO NRW gestützten örtlichen Bauvorschriften bieten brauchbare Handhaben, die bei verständiger Anwendung und zähem Bemühen Erfolge zugunsten einer ästhetisch befriedigenden Stadtgestaltung und die Abwehr unsinniger, übertriebener Werbemaßnahmen ermöglichen (vgl. die Anmerkungen zu § 13 Rdn. 7 und 8).

27 Der Einsatz der Baugestaltungssatzung als spezielle Form der örtlichen Bauvorschrift nach Bauordnungsrecht und als Planungsinstrument im weitesten Sinne kann im Einzelfall **Abgrenzungsprobleme** zu anderen Satzungsinstrumenten nach Bundes- oder Landesrecht bereiten. Dies gilt insbesondere für die Ziele einer **baugestalterischen „Schutzsatzung“** nach § 86 Abs. 1 Nr. 2 BauO NRW, die sich mit denen einer

- **Erhaltungssatzung** nach § 172 Abs. 1 Satz 1 Nr. 2 BauGB oder einer
- **Denkmalbereichssatzung** nach § 5 DSchG

durchaus überschneiden können, zumal auch diese speziellen Satzungsinhalte nach § 9 Abs. 4 BauGB in Verbindung mit § 172 Abs. 1 Satz 1 BauGB und § 6 Abs. 4 DSchG Aufnahme in einen Bebauungsplan finden können (zur Problematik der Überschneidung s. Stüer, Denkmalschutz vor Bauleitplanung?, BauR 1989, S. 251 ff.).

### 2.1 Nr. 1 – Gestaltungssatzungen

28 **Nr. 1** enthält die Ermächtigungsgrundlage für Satzungsvorschriften über die **äußere Gestaltung** von

- **baulichen Anlagen** (§ 2 Abs. 1 BauO NRW; s. die Anmerkungen zu § 2 Rdn. 27–99),
- **Werbeanlagen** (§ 13 Abs. 1 BauO NRW; s. die Anmerkungen zu § 13 Rdn. 77 f.) und

- **Warenautomaten** (§ 13 Abs. 5 BauO NRW; s. die Anmerkungen zu § 13 Rdn. 3 und 132–134)

zur **Durchführung baugestalterischer Absichten** (s. Rdn. 11–13) in **bestimmten**, **genau abgegrenzten Teilen des Gemeindegebiets** (s. Rdn. 16 und 17). Diese örtlichen Bauvorschriften werden in der Kurzform als „**Gestaltungssatzungen**" bezeichnet. Bei den baulichen Anlagen kann es sich nur um die „echten" baulichen Anlagen, nicht dagegen um die fingierten nach § 2 Abs. 1 Satz 3 BauO NRW handeln, weil sonst die Ermächtigungen nach § 86 Abs. 1 Nr. 3 und 4 keinen Sinn machen würden (so Boeddinghaus/Hahn/Schulte, zu § 86 Rdn. 32). Die Ermächtigung erstreckt sich **nicht** auf andere Anlagen und Einrichtungen im Sinne des § 1 Abs. 1 Satz 2 BauO NRW (s. die Anmerkungen zu § 1 Rdn. 37 und 38). Die Formulierung „**äußere Gestaltung** baulicher Anlagen" bedeutet, dass die Regelung sich auf Gegenstände beziehenen muss, die **optisch in Erscheinung** treten.

Da die Ermächtigungsnorm Gestaltungssatzungen nur **zur Durchführung baugestalterischer Absichten** zulässt, können auf sie **keine bauplanungsrechtlichen Regelungen** gestützt werden. **Überschneidungen** der bauplanungsrechtlichen Festsetzungsmöglichkeiten aufgrund des § 9 BauGB mit der Ermächtigung zum Erlass örtlicher Bauvorschriften nach § 86 Abs. 1 Nr. 1 BauO NRW können durchaus gegeben sein. Die Regelung baurechtlich relevanter Vorgänge unter bauplanungsrechtlichen Gesichtspunkten durch den Bundesgesetzgeber schließt deren Regelung unter bauordnungsrechtlichen Gesichtspunkten durch den Landesgesetzgeber nicht aus (BVerwG, Urteil vom 28. 4. 1972 - IV C 11.69, BRS 25 Nr. 127 und Urteil vom 3. 12. 1992 – 4 C 27.91, BauR 1993, 315 = BRS 54 Nr. 126). Es darf sich nicht um „**bauplanungsrechtliche Anforderungen im Gewande des Baugestaltungsrechts**" handeln (BVerwG, Beschluss vom 10. 7. 1997 – 4 NB 15.97, BauR 1997, 999 = BRS 59 Nr. 19 = DÖV 1998, 77 = NVwZ-RR 1998, 486 = UPR 1998, 63 = ZfBR 1997, 327); hierzu führt das BVerwG aus: 29

*„Dem Landesgesetzgeber ist die Regelung des Bauordnungsrechts vorbehalten. Hierzu zählt nicht mehr bloß die Abwehr von Gefahren, die der Allgemeinheit oder dem einzelnen von baulichen Anlagen drohen. Das Bauordnungsrecht darf, soweit dies im Rahmen einer Inhalts- und Schrankenbestimmung i. S. des Art. 14 Abs. 1 Satz 2 GG zulässig ist, auch zur Wahrung ästhetischer Belange nutzbar gemacht werden. Dies schließt neben der Abwehr von Verunstaltungen eine positive Gestaltungspflege ein. Den Gemeinden ist es auf landesrechtlicher Grundlage unbenommen, über die äußere Gestaltung einzelner baulicher Anlagen auf das örtliche Gesamterscheinungsbild Einfluß zu nehmen. Hierzu gehören Vorschriften, die dazu bestimmt sind, das Orts- oder Straßenbild je nach ihren gestalterischen Vorstellungen zu erhalten oder umzugestalten. Gegenstand örtlicher Bauvorschriften können dagegen nicht Regelungen sein, die der Gesetzgebungskompetenz der Länder entzogen sind, so im Bereich der konkurrierenden Gesetzgebung, soweit der Bund von seiner Kompetenz verfassungsgemäß Gebrauch gemacht hat (Art. 72 GG). Hierzu gehört das Bodenrecht i. S. des Art. 74 Abs. 1 Nr. 18 GG, das der Bundesgesetzgeber insbesondere im BauGB kodifiziert hat. Dieses Gesetz regelt die rechtlichen Beziehungen zum Grund und Boden und trifft Bestimmungen darüber, in welcher Weise der Eigentümer sein Grundstück nutzen darf. Nicht zuletzt über die Vorschriften, die die Art und das Maß der baulichen Nutzung, die Bauweise und die überbaubare Grundstücksfläche betreffen, leistet auch das Städtebaurecht einen Beitrag zur Gestaltung des Ortsbildes (vgl. § 1 Abs. 5 Satz 2, § 34 Abs. 1 Satz 2 und § 35 Abs. 3 BauGB). Das städtebauliche Instrumentarium reicht unter diesem Blickwinkel indes nur soweit, wie das BauGB*

*entsprechende Gestaltungsmöglichkeiten eröffnet. Zur bodenrechtlichen Ortsbildgestaltung steht der Gemeinde der in § 9 Abs. 1 BauGB abschließend umschriebene Festsetzungskatalog zur Verfügung. Gestaltungsvorschriften, die hierüber hinausgehen, ohne den Grund und Boden unmittelbar zum Gegenstand rechtlicher Ordnung zu haben, stehen dem landesrechtlichen Bauordnungsrecht offen (vgl. BVerwG, Urteile vom 28. 4. 1972 – 4 C 11.69 –, BVerwGE 40, 94, und vom 16. 12. 1993 – 4 C 22.92 –, Buchholz 406.11 § 29 BauGB Nr. 52; vgl. auch BVerwG, Urteil vom 3. 12. 1992 – 4 C 27.91 –, BVerwGE 91, 234).“*

**30** Ortsrechtliche Gestaltungsvorschriften für bauliche Anlagen können sich lediglich auf die **äußere Erscheinung baulicher Anlagen** beziehen. Hierunter fallen unzweifelhaft Vorschriften über die

- die **Fassadengestaltung** (OVG Lüneburg, Urteil vom 17. 4. 1985 – 1 A 119/83, BRS 44 Nr. 116),
- das **Material der Außenhaut** (OVG Lüneburg, Urteil vom 4. 5. 1979 – I A 66/78, BRS 35 Nr. 132),
- die **Farbgebung** (OVG NRW, Urteil vom 7. 11. 1995 – 11 A 293/94, BRS 57 Nr. 171 und Urteil vom 9. 2. 2000 – 7 A 2386/98, BRS 63 Nr. 166 = ZfBR 2001, 55),
- die **Dacheindeckung** (Nds. OVG, Urteil vom 12. 5. 1993 – 1 K 67/91, BRS 55 Nr. 129 und Urteil vom 25. 6. 2001 – 1 L 4874/99, BauR 2002, 302 BRS 64 Nr. 144 = UPR 2001, 452; VGH B-W, Normenkontrollbeschluss vom 4. 5. 1998 – 8 S 159/98, BRS 60 Nr. 128; Hess. VGH, Urteil vom 28. 4. 2005 – 9 UE 372/04, BRS 69 Nr. 150),
- die **Dachaufbauten** (BayVGH, Beschluss vom 9. 3. 1976 – Nr. 164 I 73, BRS 30 Nr. 109),

da diese Festlegungen einer bundesrechtlichen Fixierung mangels Gesetzgebungskompetenz entzogen sind. Dagegen können Vorschriften über **Länge**, **Breite** und **Höhe** der baulichen Anlagen, über ihre **Körperform** einschließlich der **Dachform**, **Dachneigung** und der **Firstrichtung** (Stellung) auch Gegenstand bauplanungsrechtlicher Festsetzungen sein. In Gestaltungsvorschriften dürfen daher hierzu erlassene Bestimmungen **nicht im Widerspruch zu Bebauungsplanfestsetzungen** stehen. Bei der **Festlegung von Dachformen** und **Dachneigungen** wird die Eigentumsbefugnis besonders eingeschränkt, so dass eine **sorgfältige Abwägung** unumgänglich ist (VGH B-W, Beschluss vom 30. 7. 1987 – 5 S 2906/86, BRS 47 Nr. 11 zur Abwägung in Bezug auf die Erhaltung der freien Aussicht; vgl. auch OVG NRW, Urteil vom 25. 8. 1999 – 7 A 4459/96, BauR 2000, 250 = BRS 62 Nr. 155 = NVwZ-RR 2000, 412 = ZfBR 2000, 56 zur Funktionslosigkeit einer Flachdachfestsetzung).

**31** Die **genaue Abgrenzung des örtlichen Geltungsbereichs**, der nur **„Teile des Gemeindegebietes“**, damit tendenziell kleine Teile, umfassen darf, ist die **wesentliche Beschränkung der Ermächtigung** und genau zu beachten (OVG NRW, Urteil vom 30. 6. 1983 – 11 A 329/82, BRS 40 Nr. 152). Generelle Vorschriften nach Nr. 1 für das ganze Gemeindegebiet sind unzulässig. Der Umfang des jeweiligen Teilgebiets richtet sich nach der sachlichen Berechtigung der örtlichen Bauvorschriften, die sich wiederum aus der Art der Bebauung ergibt, die gestalterisch geschützt oder gelenkt werden soll. Bebauungspläne im Sinne von § 30 BauGB haben in der Regel einen derart begrenzten Geltungsbereich, wie ihn die Ermächtigung der Nr. 1 fordert.

Da die auf Nr. 1 gestützten Satzungen die Gestaltung noch zu errichtender baulicher Anlagen und Einrichtungen beeinflussen wollen (vgl. die andersartige Zielrichtung der Nr. 2), **ermächtigt Nr. 1 nicht** dazu, die **Errichtung bestimmter Anlagen**, wie z. B. von **Antennen** und **Solarenergieanlagen** auf Dächern, **generell zu untersagen**. Der Untersagung von Antennen steht ohnehin das Grundrecht nach **Art. 5 Abs. 1 Satz 1 GG** auf **ungehinderten Zugang zu Informationen** entgegen (vgl. Boeddinghaus/Hahn/Schulte, zu § 86 Rdn. 44; s. auch die Anmerkungen zu § 12 Rdn. 43). Außerdem hat der Gesetzgeber mit § 73 Abs. 1 Satz 2 BauO NRW eine grundsätzlich positive Entscheidung zu Anlagen getroffen, die dem Sparen von Wasser und Energie dienen (s. die Anmerkungen zu § 73 Rdn. 20 und 21), die der Satzungsgeber bei seiner Abwägung ebenso zu berücksichtigen hat. 32

Nach § 86 Abs. 1 Nr. 1, Halbsatz 2 BauO NRW darf die Gemeinde in Bezug auf **Werbeanlagen** weitergehend Vorschriften über deren **Art**, **Größe** und **Anbringungsort** erlassen, jedoch nur im Zusammenhang mit gestalterischen Anforderungen, also als alleiniger Gegenstand einer Gestaltungssatzung, was aus dem einleitenden Wort „**dabei**" zwingend folgt. Da Warenautomaten mit Werbeanlagen **nicht identisch** sind, sondern als Anlagen eigener Art (sui generis) gelten, kommt die erweiterte Ermächtigung **für Warenautomaten nicht in Betracht** (vgl. insoweit die anderweitige Ermächtigung unter Nr. 2; s. auch die Anmerkungen zu § 13 Rdn. 132–134). 33

In Bezug auf **Werbeanlagen**, deren Zulässigkeit in den verschiedenen Baugebieten und im Außenbereich nicht bereits durch § 13 Abs. 3 und 4 BauO NRW ausdrücklich positiv geregelt ist (s. auch die Anmerkungen zu § 13 Rdn. 107–131 über Zulässigkeitsbeschränkungen im Außenbereich und in den Wohngebieten), erstreckt sich die Ermächtigung auch auf den **Ausschluss bestimmter Arten von Werbeanlagen**. Streng genommen gibt es keine unterschiedlichen Arten von Werbeanlagen, wenn man von der Unterscheidung als selbständige bauliche Anlagen und Werbeanlagen, die keine selbständigen baulichen Anlagen sind, sowie von der Unterscheidung nach ihrem Inhalt (Ankündigungs-, Anpreisungs- und Hinweiswerbung) absieht. Gemeint sind hier bestimmte **Formen der Werbung**, z. B. Anlagen der Lichtreklame, insbesondere der sog. laufenden und der sich periodisch ein- und ausschaltenden Lichtreklame, vorstehende Anlagen oder Flachschilder, „Brandgiebel"-Reklame, frei stehende oder an baulichen Anlagen angebrachte so genannte Ganztafeln. Bundesrechtlich bestehen keine grundsätzlichen Bedenken gegen eine örtliche Bauvorschrift, die an die äußere Gestaltung von Werbeanlagen in reinen und allgemeinen Wohngebieten strengere Anforderungen stellt als in anderen Gebieten und gewisse Anlagen der Außenwerbung dort überhaupt verbietet (BVerwG, Beschluss vom 23. 1. 1967 – IV B 244.65, BRS 18 Nr. 95). Ein generelles Verbot von Großflächenwerbetafeln in Mischgebieten ist dagegen unzulässig (BVerwG, Urteil vom 28. 4. 1972 – IV C 11.69, BRS 25 Nr. 127 und VGH B-W, Urteil vom 29. 4. 1981 – 5 S 1909/80, BRS 38 Nr. 147), ebenso ein generelles Verbot von großflächigen Werbeanlagen auf Bahngelände (OVG NRW, Urteil vom 3. 7. 1997 – 11 A 1566/94, BRS 59 Nr. 134 = NVwZ-RR 1999, 12). 34

Die Bestimmungen über die **Größe** von Werbeanlagen können sich auf deren **Fläche** beziehen. Es ist aber ebenso zulässig, **Höchstmaße für Werbeanlagen**, die senkrecht zur Häuserwand angebracht werden, in Bezug auf deren Höhe und Ausladung festzusetzen (OVG NRW, Beschluss vom 21. 1. 1958 – VII A 802/55, BBauBl. 1959, 25 = BRS 8 V B 2 S. 124 = DÖV 1958, 825 zu § 2 der Verordnung über Baugestaltung vom 10. 11. 1936, RGBl. I S. 938). 35

36 Zulässig ist auch die Regelung des **Orts der Anbringung**. Es kann z.B. ein **Verbot von Werbeanlagen an Einfriedungen** ausgesprochen werden (OVG NRW, Urteil vom 28.1. 1964 – VII A 536/63, BRS 15 Nr. 81 = DÖV 1964, 789). Ortsrechtliche Vorschriften, nach denen die Anbringung von Plakattafeln und Schaukästen in Vorgärten grundsätzlich verboten ist, verstoßen nicht gegen die Vorschriften des Grundgesetzes (BVerwG, Beschluss vom 6.10.1954 – I B 131, 53, BBauBl. 1955, 27 = BRS 4 V B 4 S. 256).

### 2.2 Nr. 2 – Schutzsatzungen

37 Die Vorschriften des Absatzes 1 Nr. 2 beziehen sich auf den Schutz vorhandener baukünstlerischer Werte („**Schutzsatzungen**"), auf bereits vorhandene Straßen- und Platzräume von **besonderer Bedeutung**, während Absatz 1 Nr. 1 gerade die Sicherung bestimmter baugestalterischer Absichten, also die Normierung von Anforderungen an etwas noch Entstehendes, die Gestaltung in der Entwicklung begriffener Baugebiete, zum Ziele hat (s. OVG NRW vom 4.11.1985 – 11 A 1504/84, n.v.). In Nr. 2 ist die Ermächtigung zum Erlass örtlicher Bauvorschriften besonders deutlich auf **engbegrenzte Bereiche**, nämlich auf bestimmte Bauten, bestimmte Straßen, Plätze oder Ortsteile sowie auf bestimmte **Bau**- und **Naturdenkmäler** bezogen. Eine Ortssatzung zur Erhaltung und Pflege des Straßenbildes, die die zu schützenden baulichen Anlagen nur durch unbestimmte Rechtsbegriffe definiert und die Aufzählung der schutzwürdigen Objekte weiteren Bekanntmachungen überlässt, kann wegen Verstoßes gegen das Bestimmtheitsgebot nichtig sein (OVG NRW, Urteil vom 21.4.1983 – 11 A 765/81, BRS 40 Nr. 153).

38 Den bestimmten Bauten, Straßen, Plätzen oder Ortsteilen muss außerdem noch eine besondere schützenswerte **städtebauliche**, **künstlerische** oder **geschichtliche** Bedeutung zu eigen sein. Ob dies der Fall ist, unterliegt der verwaltungsgerichtlichen Prüfung (so schon PrOVG, Urteil vom 20.6.1916 – IX. B. 66/14, PrOVGE 71, 432 und Urteil vom 3.7.1924 – IV. A. 36/23, PrOVGE 79, 380). Ob der angegebene Schutzzweck den Erlass der örtlichen Bauvorschrift nach § 81 Abs. 1 Nr. 2 BauO NRW rechtfertigt, lässt sich im allgemeinen nur auf Grund einer **Bestandsaufnahme** und einer damit verbundenen **Prüfung der Schutzwürdigkeit** der unter Schutz gestellten Bauten und Bereiche beurteilen (OVG NRW, Urteil vom 29.1.1999 – 11 A 4952/97, BauR 2000, 92 = BRS 62 Nr. 156 = NVwZ-RR 2000, 577). Nicht erforderlich ist, dass der räumliche Geltungsbereich der Satzung hinter dem letzten schützenswerten Einzelobjekt endet, wenn der angestrebte Schutz einem gesamten Ortsteil zugute kommt (OVG NRW, Urteil vom 30.6. 1978 – XI A 627/76, BRS 33 Nr. 115). Die Schwierigkeiten, Rechtsvorschriften für die Verwirklichung baugestalterischer Absichten und zum Schutz vorhandener Bauten, Straßen und Plätze von städtebaulicher, künstlerischer oder geschichtlicher Bedeutung innerhalb des Ermächtigungsrahmens mit der rechtlich notwendigen Bestimmtheit zu formulieren, dürfen nicht verkannt werden. Eine gewisse Zurückhaltung beim Erlass örtlicher Bauvorschriften ist deshalb angebracht. Die Baufreiheit darf nicht unnötig weiter eingeschränkt werden, als sie es durch die baurechtlichen Gesetze ohnehin schon ist.

39 Bauliche Anlagen haben dann eine **städtebauliche Bedeutung**, wenn ihnen eine stadtbildprägende Wirkung zukommt oder sie sonst in irgendeiner Weise für die städtebauliche Ordnung prägend sind. Der Erlass einer Baugestaltungssatzung nach Nr. 2 ist nicht nur zur Erhaltung historisch bedeutsamer Stadtbilder, sondern auch zum **Schutz des kleinstädtischen Gepräges eines Stadtkerns** zulässig (so OVG Lüneburg, Urteil vom 11.3.1983 – 6 A 47/81, BRS 40 Nr. 151). Von **künstlerischer Bedeutung** kann bei solchen

baulichen Anlagen gesprochen werden, die das ästhetische Empfinden in besonderem Maße ansprechen oder mindestens den Eindruck vermitteln, dass sie etwas nicht Alltägliches darstellen oder ihnen Symbolgehalt zukommt. Als Bauten, Straßen, Plätze oder Ortsteile von **geschichtlicher Bedeutung** werden solche anzusehen sein, die als Einzelbauwerke oder im Zusammenwirken mehrerer Gebäude den **charakteristischen Ausdruck einer historischen Epoche** aufweisen. Bereiche sind zweifelsohne schützenswert, wenn sie dem **Denkmalrecht** unterfallen. Bei der Prüfung der Schutzwürdigkeit wird man nicht selten eine **Überschneidung mit städtebaulichen und denkmalrechtlichen Schutzsatzungen** feststellen (s. Rdn. 27).

**Denkmäler** und **Naturdenkmäler** können Anlass für den Erlass einer Schutzsatzung sein. Als Denkmäler kommen nur **optisch sichtbare Bauten** in Betracht, das sind **Baudenkmäler** im Sinne des § 2 Abs. 2 DSchG oder **Denkmalbereiche** im Sinne des § 2 Abs. 3 DSchG, dagegen **keine** Bodendenkmäler. **Naturdenkmäler** sind nach § 22 LG geschützte Einzelschöpfungen der Natur. Bei Denkmälern, Denkmalbereichen und Naturdenkmälern besteht ausreichender **fachgesetzlicher Umgebungsschutz**, so dass die Ermächtigung in der Praxis keine Rolle spielt und eigentlich ersatzlos entfallen kann. **40**

Innerhalb der nach Nr. 2 zu schützenden Bereiche, können **nach den örtlichen Gegebenheiten** insbesondere bestimmende Arten von **Werbeanlagen**, z. B. so genannte Schürzentransparente, senkrecht zur Gebäudefront angebrachte Werbeanlagen oder Leuchtreklamen, ausgeschlossen und damit **verboten** oder auf bestimmte **Aufstellungs-** oder **Anbringungsbereiche beschränkt** werden. Das Gleiche gilt für **Warenautomaten**. Ebenso kann die **Farbgebung** der Werbeanlagen und Warenautomaten **beschränkt** werden. Die örtlichen Gegebenheiten haben entscheidenden Einfluss auf das Verbot bzw. die Beschränkung. Das in einer Schutzsatzung enthaltene generelle Fremdwerbungsverbot ist nichtig, wenn es Gebiete eines historischen Stadtkerns betrifft, in denen keine erkennbare einheitliche historische Prägung mehr vorliegt und der historische Bebauungszusammenhang durch so genannte „Bausünden" unterbrochen ist (OVG NRW, Urteil vom 6. 2. 1992 – 11 A 2232/89, BRS 54 Nr. 112). **41**

Da der zweite Halbsatz dieser Ermächtigung mit den Worten einleitet: „**dabei** können" scheidet eine Satzung mit dem alleinigen Inhalt eines Verbots bestimmter Arten von Werbeanlagen und Warenautomaten aus. Die Schutzsatzung muss in erster Linie besondere Anforderungen für den Schutzbereich treffen und darf im Zusammenhang damit zusätzlich auch bestimmte Anlagen ausschließen oder beschränken. Aus dem Wort „**insbesondere**" folgt, dass es sich nicht nur um Werbeanlagen und Warenautomaten, sondern auch um andere Anlagen, wie z. B. Antennen, handeln kann. Bei Antennen ist jedoch ein vollständiger Ausschluss nicht möglich (s. Rdn. 32). **41 a**

### 2.3 Nr. 3 – Kleinkinderspielflächen

Die Ermächtigung bezieht sich auf **Spielflächen im Sinne des § 9 Abs. 2** BauO NRW, was sich zweifelsfrei aus dem Klammerzusatz ergibt. Daher ist es nicht möglich, Anforderungen durch Satzung nach Nr. 3 an öffentliche Spielplätze zu stellen. Die Verpflichtung, bei der Errichtung von Gebäuden mit Wohnungen auf dem Grundstück ausreichende Spielflächen für **Kleinkinder** zu schaffen, ist in § 9 Abs. 2 BauO NRW normiert (vgl. die Anmerkungen zu § 9 Rdn. 42–56). Anforderungen an die **Lage**, **Größe**, **Beschaffenheit**, **Ausstattung** und **Unterhaltung** der zu schaffenden Spielflächen sind in der Landesbauordnung nicht näher bestimmt. Der Gesetzgeber hat es den Gemeinden **42** überlassen, unter Berücksichtigung der örtlichen Gegebenheiten die erforderlich erscheinenden konkreten Vorschriften zu erlassen, und mit § 86 Abs. 1 Nr. 3 BauO NRW dazu die gesetzliche Ermächtigung gegeben. Einheitliche Vorschriften für das ganze Land Nordrhein-Westfalen hat der Gesetzgeber nicht für erforderlich gehalten.

**43** Die **Lage** der Spielfläche auf dem Grundstück sollte so geregelt werden, dass keine Gefahren durch unmittelbar benachbarte Stellplätze für Kraftfahrzeuge, Müllbehälterstandorte und Abluftöffnungen mechanisch betriebener Lüftungsanlagen auftreten können. Gestützt auf die Ermächtigung können aus Gründen des Wohnfriedens und des Nachbarschutzes auch Abstände größerer Spielflächen für zahlreiche Kleinkinder zu Fenstern von Aufenthaltsräumen und zu Nachbargrenzen geregelt werden. Spielflächen sollten von den Wohnungen aus gut einsehbar, besonnt und windgeschützt liegen, was ein Verbot der Anordnung in verdunkelten und zugigen Ecken des Grundstücks rechtfertigt. Eine Satzungsanforderung an die Lage darf **nicht im Widerspruch zu Festsetzungen** des Bebauungsplans stehen.

**44** Die **Größe** der Spielfläche ist gemäß § 9 Abs. 2 Satz 3 BauO NRW in Abhängigkeit von der Zahl und Art der Wohnungen zu bemessen. Um eine ausreichende zum Spielen geeignete Fläche zu gewährleisten, kann bei der Bemessung auf die Schaffung eines Flächenanteils je Wohnung abgestellt und darüber hinaus auch eine Mindestfläche vorgeschrieben werden. Als Orientierung bietet sich § 3 des Niedersächsischen Gesetzes über Spielplätze vom 6. 2. 1973 (GVBl. S. 29), geändert durch Gesetz vom 19. 9. 1989 (GVBl. S. 345) an, wonach die nutzbare Fläche mindestens 30 $m^2$ und mindestens 3 vom Hundert der Wohnfläche der Wohnungen betragen muss.

**45** Die **Beschaffenheit** muss auf die Spielbedürfnisse von Kleinkindern abgestimmt sein, bei denen kein umsichtiges Verhalten erwartet werden kann. Gefahren für Kleinkinder können sich aus scharfen Steinkanten, splitternden Hölzern, Stacheldraht oder dornigen Bepflanzungen ergeben, die es insgesamt zu vermeiden gilt. Darüber hinaus ist eine Benutzbarkeit der Spielflächen nach Regenfällen möglichst zu gewährleisten. Sandspielflächen und andere Oberflächen müssen daher Regenwasser in den Untergrund aufnehmen und rasch abführen können.

**46** Die **Ausstattung** der Spielflächen mit Spielmöglichkeiten ist kleinkindgerecht vorzusehen. Es ist gerechtfertigt, in der Satzung eine Mindestausstattung mit Spielmöglichkeiten zu verlangen. Zur Mindestausstattung der Spielfläche für Kleinkinder sollte eine mindestens 10 $m^2$ große Sandspielmöglichkeit gehören, da das Spielen mit Sand für die Entwicklung von Kleinkindern außerordentlich wichtig ist. Zur Ausstattung sollten selbstverständlich auch Sitzgelegenheiten für die Eltern oder andere Aufsichtspersonen gehören.

**47** Die **Unterhaltung** der Spielflächen ist von erheblicher Bedeutung für Sicherheit und Gesundheit. Die Pflege der Ausstattung und der Oberfläche muss regelmäßig erfolgen, damit die gesamte Anlage bestimmungsgemäß und gefahrlos nutzbar bleibt. Selbst bei sorgfältiger Pflege ist nicht zu vermeiden, dass sowohl der Spielsand als auch der Sand als Fallschutz unter Spielgeräten im Laufe eines Jahres verschmutzt. Daher sollte ein jährlicher Austausch in der Satzung vorgeschrieben werden.

**48** Die Arbeitsgemeinschaft der kommunalen Spitzenverbände Nordrhein-Westfalen hat bereits 1971 eine **Mustersatzung** erarbeitet, die von der obersten Bauaufsichtsbehörde mit RdErl. vom 26. 11. 1971 (– V A 2 – 2.000.10 – 2.295/71, MBl. NRW. 1972 S. 3) zur Anwendung empfohlen wurde. Das Muster stellt noch auf die Ermächtigung des § 103 Abs. 1 Nr. 3 BauO NW 1970 ab und bedarf entsprechender Anpassungen.

### 2.4 Nr. 4 – Gestaltung, Begrünung, Bepflanzungen bestimmter Anlagen

Nr. 4 bildet nicht nur eine Ermächtigungsgrundlage für Satzungen über die **Gestaltung** von Gemeinschaftsanlagen, der Lagerplätze, der Stellplätze, der Standplätze für Abfallbehälter und der unbebauten Flächen der bebauten Grundstücke, der Camping- und Wochenendplätze, sondern auch über deren **Begrünung und Bepflanzung**. Die Ermächtigung bezieht sich nur auf die Standplätze für Abfallbehälter, nicht jedoch auf die Behälter selbst (OVG NRW, Beschluss vom 24. 7. 2000 – 7 a D 179/98.NE, BauR 2001, 62 = BRS 63 Nr. 18). 49

In Satzungen, die auf Nr. 4 gestützt werden, kann auch die **Begrünung baulicher Anlagen** verlangt werden. Diese Ermächtigung zielt vorrangig auf bauliche Anlagen mit **großen ungegliederten Wandflächen**, z. B. solche von Produktions- und Lagerhallen oder Ställe und Scheunen, die das Orts- und Landschaftsbild gestalterisch beeinträchtigen können. Ziel entsprechender Satzungen wird es sein, **die gestalterische Einbindung** der genannten Anlagen in das **Ortsbild** und in den **Landschaftsraum** zu erreichen, indem sie durch Bepflanzungsmaßnahmen ästhetisch befriedigend gestaltet werden.

**Bepflanzungsfestsetzungen** können gemäß **§ 9 Abs. 1 Nr. 25 BauGB** auch in einen Bebauungsplan aufgenommen werden. Für im **Außenbereich** gelegene Vorhaben besteht eine Verpflichtung für **Ausgleichsmaßnahmen** aus den §§ **4–6 LG** zur **Vermeidung** oder zur **Minderung der Eingriffsfolgen**.

Die Vorschrift des § 9 Abs. 1 BauO NRW bestimmt lediglich, dass die **unbebauten Flächen der bebauten Grundstücke** zu begrünen, zu bepflanzen und auch so zu unterhalten sind, soweit diese Flächen nicht für eine andere zulässige Verwendung benötigt werden (vgl. die Anmerkungen zu § 9 Rdn. 5–10 und 14–25). Daher können **keine Regelungen für unbebaute Grundstücke** getroffen werden (BayVGH, Beschluss vom 9. 3. 1976 – Nr. 164 I 73, BRS 30 Nr. 109). Durch Ortssatzungen kann aufgrund der Ermächtigung in Nr. 4 auch die **Ausführung der gärtnerischen Anlage näher bestimmt** werden, wobei es ratsam erscheint, eine weitgehende Differenzierung nach Gebieten vorzunehmen, wenngleich der Geltungsbereich von Satzungen auf der Grundlage der Nr. 4 das gesamte Gemeindegebiet erfassen kann. 50

In den auf Nr. 4 gestützten Satzungen kann auch bestimmt werden, dass **Vorgärten** nicht als Stellplätze, als Abstell- oder Lagerplatz oder als Arbeitsfläche hergerichtet oder benutzt werden dürfen. Da der zweite Halbsatz dieser Ermächtigung mit den Worten einleitet: „**dabei** kann bestimmt werden“ scheidet eine Satzung mit dem alleinigen Inhalt eines derartigen Verbots aus. Vielmehr muss Hauptgegenstand der Satzung die Gestaltung, Begrünung und Bepflanzung der genannten Flächen sein. Eine **positive Standortzuweisung** der genannten Flächen ist **der Bauleitplanung vorbehalten** (s. Rdn. 8), so dass nur ein **reines Verbot** unter **gestalterischen** Gesichtspunkten ausgesprochen werden darf. Dabei muss im Übrigen zweifelsfrei feststehen, dass dieses gestalterische Verbot nicht dem Bauplanungsrecht widerspricht. Setzt nämlich der Bebauungsplan im Vorgartenbereich z. B. nach **§ 9 Abs. 1 Nr. 4 BauGB** Flächen für Stellplätze fest oder sind diese aufgrund der prägenden Umgebungsbebauung nach § 34 Abs. 1 BauGB im Vorgarten zulässig, weil derartige Anlagen auf nahezu allen oder zumindest vielen Grundstücken befinden, so kann eine auf Nr. 4 gestützte Satzung diese nicht aus gestalterischen Gründen verbieten. Zur Durchsetzung dieses Ziels bedarf es dann der Änderung bzw. der Aufstellung eines Bebauungsplans. 51

## 2.5 Nr. 5 – Einfriedungen

52 Für Einfriedungen gibt Nr. 5 eine **sehr weitgehende** Ermächtigung zum Erlass örtlicher Bauvorschriften, die unter anderem auch deshalb an Bedeutung gewinnt, weil der Gesetzgeber § 10 BauO NW 1995 mit der BauO NRW 2000 ersatzlos aufgehoben hat (zum **Begriff** der „Einfriedung" s. die Anmerkungen zum aufgehobenen § 10). Örtliche Bauvorschriften für Einfriedungen sind dringend anzuraten, da wegen des **Fehlens materieller Anforderungen** in der BauO NRW keine ausreichende Lenkungsmöglichkeit im bauaufsichtlichen Vollzug besteht. Ferner ergeben sich zwischen den Nachbarn oft Streitigkeiten über die Art und Höhe von Grundstückseinfriedungen. Die Ermächtigung der Nr. 5 erstreckt sich **nicht nur** auf die **vom öffentlichen Verkehrsraum aus sichtbaren**, sondern auf **alle** Einfriedungen schlechthin (VGH B-W, Beschluss vom 29. 11. 1979 – III 2380/77, BauR 2007, 356 = ZfBR 2007, 166 unter ausdrücklicher Aufgabe der bisherigen Rechtsprechung).

Durch Satzung kann sowohl die **Herstellung von Einfriedungen generell verlangt**, als auch umgekehrt ein **Verbot der Herstellung von Einfriedungen** ausgesprochen werden (ebenso Boeddinghaus/Hahn/Schulte, zu § 86 Rdn. 89). Damit ist die Möglichkeit gegeben, z. B. Vorgartenflächen von Einfriedungen ganz freizuhalten. Zur Erzielung einheitlicher Straßenbilder ist das Verbot von Vorgarteneinfriedungen vielfach notwendig. Das Ziel kann aber auch dadurch erreicht werden, dass in bestimmten Straßenzügen nur bestimmte Einfriedungen, z. B. in Form von 10 cm hohen Rasenkantensteinen, zugelassen werden, da auch **Art**, **Gestaltung und Höhe von Einfriedungen** geregelt werden können. Entsprechendes gilt sinngemäß für Einfriedungen auf seitlichen und rückwärtigen Grundstücksgrenzen. Es wurde als zulässig angesehen, ein **Zurücksetzen der Einfriedung** von der Begrenzungslinie der öffentlichen Verkehrsfläche zu regeln (VGH B-W, Beschluss vom 26. 8. 1982 – 5 S 858/82, BRS 39 Nr. 133). Allein mit dem bauordnungsrechtlichen Verunstaltungsschutz nach § 12 BauO NRW lässt sich die einheitliche Gestaltung von Einfriedungen nicht durchsetzen (OVG Bln, Urteil vom 3. 7. 1981 – 2 B 56.80, BRS 38 Nr. 71).

53 Unter **Art der Einfriedung** ist ihre Bauart oder ihre Beschaffenheit zu verstehen, z. B. Einfriedungsmauer, Spiegelzaun, Lattenzaun oder Maschendrahtzaun zwischen Pfosten. Auch Hecken sind eine Art von Einfriedungen (ebenso Boeddinghaus/Hahn/Schulte, zu § 86 Rdn. 90), wenngleich es sich nicht um bauliche Anlagen handelt (OVG Rh-Pf, Urteil vom 15. 6. 2004 – 8 A 10464/04, BauR 2004, 1600 = BRS 67 Nr. 164; s. auch die Anmerkungen zu § 2 Rdn. 28).

Stellt eine Satzung nach Nr. 5 Anforderungen an die Art der Einfriedung, als sie nur **Hecken** zulässt, so werden diese Pflanzen zu **anderen Anlagen und Einrichtungen** im Sinne des **§ 1 Abs. 1 Satz 2** BauO NRW (s. die Anmerkungen zu § 1 Rdn. 37–38). Die Anforderungen der Satzung an die Gestaltung von Einfriedungen können sich auf die Verwendung bestimmter Werkstoffe wie auf deren formale Zusammenfügung, z. B. die Oberflächenbehandlung und die Farbgebung erstrecken.

Zur Gestaltung gehört auch die Bestimmung der **Höhe** von Einfriedungen. Die abstandrechtlich unschädliche Höhe von 2 m (s. die Anmerkungen zu § 6 Rdn. 272) kann nicht ausnutzbar sein, weil eine Satzung nach Nr. 5 nur eine geringere Höhe zulässt. Die besondere Erwähnung der Höhe als zulässiger Gegenstand der Regelung ist wohl nur der Deutlichkeit halber erfolgt.

### 2.6 Nr. 6 – Tiefe der Abstandflächen

Die Ermächtigung ist von besonderer Bedeutung für **ältere, dicht bebaute Bereiche**. Sie besagt, dass für genau zu bezeichnende **Ortsteile** mit 54

– **bauhistorischer Bedeutung** oder
– **sonstiger erhaltenswerter Eigenart**

die sonst zwingenden landesrechtlichen Vorschriften über die Abstände und Abstandflächen durch ortsrechtliche Vorschriften **verringert** werden können. Die nach § 6 Abs. 5 und 6 BauO NRW einzuhaltenden Abstände dürfen jedoch nach dem insofern unmissverständlichen Text der Vorschrift **nicht vergrößert** werden. **Nr. 7 erlaubt nicht**, in Satzungen nach Nr. 6 das **System der Berechnung** von Abstandflächen **zu ändern** (vgl. Boeddinghaus/Hahn/Schulte, zu § 86 Rdn. 96).

Von einer **bauhistorischen Bedeutung eines Ortsteils** kann ausgegangen werden, wenn die überwiegende Baustruktur des gesamten Ortsteils bauhistorische Bedeutung aufweist. Das kann ein altes Gründerzeitviertel einer Großstadt, aber auch der Stadtkern einer Kleinstadt oder ein altes Dorf sein. Bauhistorische Bedeutung liegt vor, wenn der betreffende Ortsteil für die städtebauliche Entwicklungsgeschichte der Gemeinde bedeutsam ist. Erst recht ist von bauhistorischer Bedeutung im Falle eines Denkmalbereichs im Sinne des § 2 Abs. 3 DSchG auszugehen. Eine **erhaltenswerte Eigenart** liegt vor, wenn die Gemeinde eine **Erhaltungssatzung** gemäß § 172 Abs. 1 Satz 1 Nr. 1 BauGB erlassen hat. Hiervon ist aber auch auszugehen, wenn ein Ortsteil durch bestimmte erhaltenswerte Baustrukturen, wie z. B. enge Traufgassen, geprägt ist. 55

Die Ermächtigung sollte immer dann genutzt werden, wenn die Gemeinde erkennt, dass mehrere Baumaßnahmen anstehen, wie z. B. im Rahmen einer geplanten Sanierung bauhistorisch wertvoller Altstadtbereiche, und die Durchführung der Sanierung oder Bebauung und die Schließung von Baulücken **wesentlich erleichtert** wird, weil sie Schwierigkeiten einzelfallbezogener Abweichungen nach § 6 Abs. 16 BauO NRW vermeidet (s. die Anmerkungen zu § 6 Rdn. 320–325). Allerdings muss bei der Anwendung bedacht werden, dass die Vorschriften des § 6 BauO NRW unter dem **Gesichtspunkt von Mindestanforderungen** festgelegt sind und daher nicht willkürlich unterschritten werden dürfen (s. die Anmerkungen zu § 6 Rdn. 15–20 sowie 237–238). 56

Die maßgeblichen Gesichtspunkte der **Gefahrenabwehr** und der **Städtebauhygiene** müssen auch bei Anwendung der Ermächtigung nach Nr. 6 gewahrt bleiben, wenn auch das kulturelle Ziel gewisse Zugeständnisse zu rechtfertigen vermag.

## 3 Zu Absatz 2 – Genehmigungspflicht, nachträgliche Herstellungspflicht

Absatz 2 regelt **zwei völlig verschiedene Tatbestände**: 57

- **Nr. 1** hat allein **verfahrensrechtliche Bedeutung** für nach § 65 Abs. 1 Nr. 33 bis 35 BauO NRW genehmigungsfreie Werbeanlagen hat,
- **Nr. 2** legt es in die Satzungsbefugnis der Gemeinden, **nachträglich** für bestehende bauliche Anlagen die **Herstellung von Kleinkinderspielflächen** nach § 9 Abs. 2 Satz 4 BauO NRW verlangen zu können.

Von der **Einführung der Genehmigungspflicht** auf der Grundlage der **Nr. 1** für nach der BauO NRW genehmigungsfreie Werbeanlagen sollte nur in besonderen Fällen Gebrauch gemacht werden. Tatbestandliche Voraussetzung ist ohnehin das Vorliegen eines 58

**besonders schutzwürdigen Gebiets**. Ob ein bestimmt zu begrenzendes Gebiet tatsächlich in dem vorausgesetzten Maße schutzbedürftig ist, erfordert eine sorgfältige **Bestandsaufnahme** (OVG NRW, Urteil vom 29. 1. 1999 – 11 A 4952/97, BauR 2000, 92 = BRS 62 Nr. 156 = NVwZ-RR 2000, 577). Von der Ermächtigung der Nr. 1 wird z. B. dann Gebrauch gemacht werden, und zwar regelmäßig in einer einheitlichen Satzung, wenn durch eine Gestaltungssatzung nach Absatz 1 Nr. 2 besondere Anforderungen an Werbeanlagen gestellt werden.

**59** Die Einführung der Genehmigungspflicht braucht nicht grundsätzlich und für alle Werbeanlagen allgemein bestimmt zu werden. Es ist zulässig, die entsprechenden Bestimmungen **nur für bestimmte** Arten von Werbeanlagen zu treffen. Folge der Begründung der Genehmigungspflicht ansonsten genehmigungsfreier Werbeanlangen ist das **vereinfachte Genehmigungsverfahren** gemäß § 68 BauO NRW. Die Satzung hat also **rein verfahrensrechtliche Folgen**, materielle Anforderungen an die Werbeanlagen, die der Genehmigungspflicht unterworfen werden, können nach Nr. 1 nicht begründet werden.

**60** **Nr. 2** ermöglicht durch Satzung generell für das gesamte Gemeindegebiet oder für Teile des Gemeindegebietes **bei bestehenden baulichen Anlagen** die **Herstellung von Kinderspielflächen** nach § 9 Abs. 2 Satz 5 BauO NRW zu fordern. Die Bauaufsichtsbehörde ist ansonsten nach § 9 Abs. 2 Satz 5 BauO NRW nur im Einzelfall zu einem solchen Verlangen ermächtigt (s. die Anmerkungen zu § 9 Rdn. 67–70). Die Regelung durch Satzung hat den Vorteil, dass die bei einer Einzelfallentscheidung häufig auftretenden Unsicherheiten über die Rechtmäßigkeit vermieden werden.

**61** Auch der Erlass einer Satzung setzt schon aus Gründen des **Übermaßverbotes** voraus, dass die in § 9 Abs. 2 Satz 2 BauO NRW genannten Voraussetzungen erfüllt sind, das heißt **keine geeigneten Spielflächen vorhanden** sind oder geschaffen werden sollen und – dies ergibt die Bezugnahme auf § 9 Abs. 2 Satz 5 BauO NRW in Nr. 2 – wenn die **Gesundheit** und der **Schutz der Kinder** die Bereitstellung von Spielflächen **erfordert**. Von der Satzungsermächtigung wird im Übrigen **sinnvoll** nur Gebrauch gemacht werden können, wenn im Geltungsbereich der Satzung aufgrund der örtlichen Gegebenheiten Spielflächen auf den Grundstücken auch tatsächlich geschaffen werden können.

### 4 Zu Absatz 3 – Zulässigkeit zeichnerischer Darstellungen

**62** Zeichnerische Darstellungen im Sinne des **Satzes 1** sind das geeignete Mittel, Gestaltungsanforderungen festzusetzen, die sich **mit Worten nicht** oder **nur schwer** eindeutig **inhaltlich bestimmen** lassen. In der Praxis werden gestalterische Anforderungen textlich formuliert und **durch zeichnerische Darstellungen erläutert**, um das Gewollte zu verdeutlichen. In den zeichnerischen Darstellungen kann nicht mehr festgesetzt werden, als die Ermächtigungen der Absätze 1 und 2 hergeben. Sie sind im Gegensatz zum Bebauungsplan nicht selber Satzung („… innerhalb der örtlichen Bauvorschrift …“), sondern **nur Bestandteil einer textlich formulierten Satzung** (vgl. OVG Rh-Pf, Urteil vom 7. 11. 1996 – 1 A 13500/95, NVwZ-RR 1998, 95).

Werden Gestaltungsfestsetzungen in den Bebauungsplan aufgenommen, so finden sich hierfür in der **PlanzV 90 keine speziellen Planzeichen**. Die PlanzV 90 enthält nämlich nur Planzeichen in Bezug auf das Städtebaurecht, die sich aufgrund der Erfahrungen als notwendig erwiesen haben (vgl. Mainczyk, Die neue Planzeichenverordnung – PlanzV 90, 2. Aufl. 1991, S. 54 Rdn. 8). Es ist also gegebenenfalls erforderlich für den zeichnerischen Teil der Satzung Planzeichen zu entwickeln und in der Legende zu erläutern.

Die zeichnerischen Darstellungen brauchen nicht in der Weise wie die Satzung selbst bekannt gemacht zu werden. Ihre Bekanntmachung kann gemäß **Satz 2** durch **Auslegung** bei der Gemeinde **zu jedermanns Einsicht** ersetzt werden (**Ersatzbekanntmachung**). Die Vorschrift ist § 10 BauGB nachgebildet. Selbstverständlich muss dann hierauf in der Satzung selbst hingewiesen werden, um den rechtsstaatlichen Regeln über die Bekanntmachung zu entsprechen. **63**

### 5 Zu Absatz 4 – Örtliche Bauvorschriften in Bebauungsplänen

Absatz 4, **1. Halbsatz**, enthält die durch § 9 Abs. 4 BauGB eröffnete Möglichkeit, zu bestimmen, dass örtliche Bauvorschriften **als Festsetzungen** in den **Bebauungsplan nach § 8** oder **§ 12** BauGB aufgenommen werden können. Durch die Bezugnahme auf die §§ 8 und 12 BauGB kommen alle Formen des Bebauungsplans in Betracht: der **qualifizierte** (§ 30 Abs. 1 BauGB), der **vorhabenbezogene** (§ 30 Abs. 2 BauGB) und der **einfache Bebauungsplan** (§ 30 Abs. 3 BauGB). Die baugestalterische Festsetzung wird Bestandteil des Bebauungsplans. **64**

Absatz 4 lässt der Gemeinde ein **Wahlrecht**, ob sie eine isolierte Satzung erlassen oder die örtlichen Bauvorschriften in den Bebauungsplan als Festsetzungen aufnehmen will. Wählt die Gemeinde die Form der Einbeziehung, so muss zumindest aus den Bebauungsplanaufstellungsakten ersichtlich sein, dass sich die Gemeindevertreter darüber klar waren, nicht nur einen Bebauungsplan, sondern zugleich eine Gestaltungssatzung zu beschließen (Hess. VGH, Urteil vom 19. 7. 1988 – 4 UE 2766/86, BauR 1989, 178 = BRS 48 Nr. 112). Eine „isolierte" örtliche Bauvorschrift ist zweckmäßig, wenn der Geltungsbereich des Bebauungsplans nicht mit dem der örtlichen Bauvorschrift übereinstimmt. **65**

Absatz 4, **2. Halbsatz**, legt abschließend fest, welche verfahrensrechtlichen Bestimmungen des BauGB gelten, wenn örtliche Bauvorschriften als Festsetzungen in den Bebauungsplan aufgenommen werden. Die Verweisung besteht aufgrund der Novelle vom 21. 6. 1988 (GV. NW. S. 319) zur BauO NW 1984 in abstrakter Form, in der die „über die Aufstellung, Änderung, Ergänzung und Aufhebung der Bebauungspläne einschließlich ihrer Genehmigung oder Anzeige" geltenden §§ 1 bis 18 BauGB sowie die §§ 214 bis 216 BauGB „über die Wirksamkeitsvoraussetzungen" für anwendbar erklärt werden. Von den in Bezug genommenen Vorschriften des BauGB sind hier hervorzuheben: **66**

- § 1 Abs. 6 BauGB: **Abwägungsgebot**,
- § 2 Abs. 1 BauGB: **Aufstellungsbeschluss**,
- § 3 BauGB: **Beteiligung der Bürger**,
- § 4 BauGB: **Beteiligung der Träger öffentlicher Belange**,
- § 9 Abs. 8 BauGB: **Begründungspflicht**,
- § 10 BauGB: **Satzungsbeschluss**, **Genehmigungspflicht**, **Bekanntmachung**,
- § 13 BauGB: **Änderung** und **Ergänzung im vereinfachten Verfahren**,
- §§ 14–18 BauGB: **Zurückstellung** und **Veränderungssperre**,
- §§ 214 und 215 BauGB: **Verletzungen der Verfahrens- und Formvorschriften**.

Die Anwendbarkeit der Regeln der §§ 214 und 215 BauGB besteht auch in Bezug auf **Abwägungsmängel** (vgl. OVG NRW, Urteil vom 9. 2. 2000 – 7 A 2386/98, BRS 63 Nr. 166 = ZfBR 2001, 55).

67 Das Bundesbaurecht erlaubt in § 34 Abs. 4 Satz 3 BauGB auch, örtliche Bauvorschriften in eine **Entwicklungssatzung** oder eine **Ergänzungssatzung** nach § 34 Abs. 4 Satz 1 Nr. 2 und Nr. 3 BauGB aufzunehmen. In § 86 Abs. 4 BauO NRW fehlt eine Bezugnahme auf diese Satzungen, so dass wegen mangelnder landesrechtlicher Ermächtigung eine Aufnahme als Festsetzung ausscheiden dürfte (Schlichter/Stich/Driehaus/Paetow, zu § 9 Rdn. 72 nehmen das Gegenteil an und erachten die bundesrechtliche Ermächtigung für ausreichend). Es bietet sich für die Gemeinden der Ausweg an, in einer Entwicklungs- oder einer Ergänzungssatzung sauber nach bauplanungsrechtlichen und bauordnungsrechtlichen Vorschriften zu trennen und sodann den Satzungsbeschluss sowohl auf die bundesrechtliche als auch auf die landesrechtliche Ermächtigung zu stützen. Jedenfalls ist nicht ersichtlich, dass eine derartige **kombinierte Satzung** gegen Bundes- oder Landesrecht verstößt, weil ja auch die Gemeinde ermächtigt wäre, zwei räumlich identische Satzungen mit jeweils bundes- und landesrechtlichem Inhalt zeitgleich zu beschließen. Dieses Verfahren kann und sollte auch angewendet werden, wenn die Gemeinde örtliche Bauvorschriften parallel zu einer **Klarstellungssatzung** nach § 34 Abs. 4 Satz 1 Nr. 1 BauGB oder einer **Außenbereichssatzung** nach § 35 Abs. 6 BauGB erlassen möchte, da es insoweit an einer zumindest bundesrechtlichen Ermächtigung fehlt.

### 6 Zu Absatz 5 – Einvernehmen mit der Gemeinde bei Abweichungen

68 Die Durchführung der durch Satzung geregelten örtlichen Bauvorschriften obliegt den Bauaufsichtsbehörden. Der Erlass der Satzungen ist Selbstverwaltungsangelegenheit, der Vollzug der Satzungsvorschriften Pflichtaufgabe zur Erfüllung nach Weisung (s. § 60 Abs. 2 Satz 2 BauO NRW). Von zwingenden Vorschriften der Satzungen können aufgrund des § 86 Abs. 5 Satz 1 in Verbindung mit § 73 BauO NRW **Abweichungen** zugelassen werden. Eine besondere Abweichungsklausel in den Satzungen nach § 86 BauO NRW erübrigt sich daher. Absatz 5 gilt unabhängig davon, ob die örtlichen Bauvorschriften isoliert oder als Festsetzungen in einem Bebauungsplan erlassen wurden.

69 Soweit Festsetzungen über die äußere Gestaltung baulicher Anlagen in Bebauungspläne aufgenommen sind, haben sie deshalb doch **keinen planungsrechtlichen Charakter** gewonnen. Derartige Festsetzungen stellen vielmehr ein Element des Bauordnungsrechts und damit des Landesrechts innerhalb der städtebaulichen Pläne nach Bundesrecht dar. Sie unterliegen daher nicht den Vorschriften des § 31 BauGB. **Über Abweichungen entscheidet die Bauaufsichtsbehörde nach den in § 73 BauO NRW festgelegten Rechtsgrundsätzen** (OVG NRW, Urteil vom 25. 8. 1999 – 7 A 4459/96, BauR 2000, 250 = BRS 62 Nr. 155 = NVwZ-RR 2000, 412 = ZfBR 2000, 56).

70 Da es sich bei den in Betracht stehenden Satzungen um gemeindliches Ortsrecht handelt, muss die Bauaufsichtsbehörde vor der Entscheidung über Abweichungen das **Einvernehmen der Gemeinde** einholen. Erteilt die Gemeinde das Einvernehmen nicht, muss die Bauaufsichtsbehörde die beantragte Abweichung ablehnen (zum Einvernehmen der Gemeinde s. die Anmerkungen zu § 72 Rdn. 35–42). Eine Gemeinde wird in ihrem Selbstverwaltungsrecht verletzt, wenn die Bauaufsichtsbehörde eine Baugenehmigung erteilt, obwohl das Vorhaben der gemeindlichen Bauvorschrift widerspricht und die Gemeinde das Einvernehmen zu einer Abweichung rechtmäßig versagt hat (BayVGH, Urteil vom 16. 12. 1996 – 14 B 93.2981, BRS 59 Nr. 132 = NVwZ 1998, 205). Nach **Satz 2**, der auf § 36 Abs. 2 Satz 2 BauGB verweist, gilt das Einvernehmen der Gemeinde als erteilt, wenn es nicht binnen zwei Monaten nach Eingang des Ersuchens der Bauaufsichtsbehörde bei ihr verweigert wird.

## § 87
## Bestehende Anlagen und Einrichtungen

**(1) Entsprechen rechtmäßig bestehende bauliche Anlagen sowie andere Anlagen und Einrichtungen im Sinne von § 1 Abs. 1 Satz 2 nicht den Vorschriften dieses Gesetzes oder Vorschriften aufgrund dieses Gesetzes, so kann verlangt werden, dass die Anlagen diesen Vorschriften angepasst werden, wenn dies im Einzelfall wegen der Sicherheit für Leben oder Gesundheit erforderlich ist.**

**(2) Sollen bauliche Anlagen wesentlich geändert werden, so kann gefordert werden, dass auch die nicht unmittelbar berührten Teile der Anlage mit diesem Gesetz oder den aufgrund dieses Gesetzes erlassenen Vorschriften in Einklang gebracht werden, wenn**

**1. die Bauteile, die diesen Vorschriften nicht mehr entsprechen, mit den Änderungen in einem konstruktiven Zusammenhang stehen und**

**2. die Durchführung dieser Vorschriften bei den von den Änderungen nicht berührten Teilen der baulichen Anlage keine unzumutbaren Mehrkosten verursacht.**

**Anmerkungen** (Autor: Heintz)

**Übersicht**


| | | Rdn. |
|---|---|---|
| 0 | Änderungen gegenüber der BauO NW 1984 und der BauO NW 1995 | 01–02 |
| 1 | Allgemeines | 1– 9 |
| 2 | Zu Absatz 1 – Anpassung an geltendes Baurecht bei konkreter Gefahr | 10–19 |
| 3 | Zu Absatz 2 – Anpassung bei wesentlichen Änderungen | 20–24 |


### 0 Änderungen gegenüber der BauO NW 1984 und der BauO NW 1995

Die Vorschrift des § 87 **BauO NW 1995** entsprach im Wesentlichen § 82 BauO NW 1984. Die Umformulierung des **Absatzes 1** wurde aufgrund der Rechtsprechung erforderlich (OVG NRW, Beschluss vom 13.7.1990 – 7 B 855/90, BRS 50 Nr. 203 = NWVBl. 1991, 11), die den Wortlaut so auslegte, dass nur Änderungen erfasst wurden, die gegenüber der aufgehobenen BauO NW 1970 eingetreten waren. Nach früherem Recht genehmigte Anlagen, z.B. nach der BauO NW 1962, konnten nicht den jeweils geltenden Bauvorschriften angepasst werden, auch wenn dies wegen der Sicherheit von Leben und Gesundheit erforderlich war. Die mit der BauO NW 1995 bewirkte Neufassung ermöglicht eine Anpassung bestehender Anlagen an neues Bauordnungsrecht, ohne dass es rechtserheblich ist, nach welchem Vorgängerrecht die Anlage Bestandsschutz genießt (s. die Begründung, LT-Drucks. 11/7153 S. 205). **Absatz 2** blieb **unverändert**. 01

Die **BauO NRW 2000** hat § 87 BauO NW 1995 **unverändert** übernommen. 02

### 1 Allgemeines

Die BauO NRW enthält in erster Linie Vorschriften für die **Errichtung neuer** baulicher Anlagen. Mit § 87 BauO NRW wurde eine Vorschrift geschaffen, um ein **nachträgliches Anpassungsverlangen** im Falle einer **rechtmäßig bestehenden** baulichen Anlage aus Gründen der Gefahrenabwehr zu ermöglichen. Die Vorschrift entspricht der Rechts- 1 lage, die bereits durch § 35 PrEBO festgelegt wurde. Es besteht der **Grundsatz**, dass die Bauaufsichtsbehörden in Bezug auf **vorhandene Bauten nur ausnahmsweise Änderungen verlangen** dürfen, die sich aus einer **geänderten Rechtslage** ergeben (s. PrOVG, Endurteil vom 18.4.1893 – IV. B. 75/92, PrOVGE 24, 362). Wurde nämlich eine Anlage in Übereinstimmung mit dem materiellen Baurecht errichtet oder bestand zu einem späteren Zeitpunkt Übereinstimmung mit dem materiellen Baurecht, wird sie durch eine nachfolgende Änderung des maßgeblichen materiellen Rechts nicht zu einer illegalen Anlage (OVG Lüneburg, Urteil vom 28.3.1966 – I A 198/63 u.a., BRS 17 Nr. 150 und BVerwG, Urteil vom 21.1.1972 – IV C 212.65, BauR 1972, 152 = BRS 25 Nr. 155 = DÖV 1972, 494 = DVBl. 1972, 219; BGH, Urteil vom 20.9.1984 – III ZR 58/83, BauR 1985, 287 = BRS 42 Nr. 164 = UPR 1985, 123).

Die rechtmäßige Ausnutzung des Eigentums verleiht der Anlage einen sich aus **Art. 14 Abs. 1 Satz 1 GG** als Ausfluss der Baufreiheit ergebenden **Bestandsschutz** (s. die Anmerkungen zu § 75 Rdn. 11 und 105 ff.). Eine Bestandsgarantie ergibt sich zusätzlich und teilweise deckungsgleich aus dem **Vertrauensschutz**, den ein rechtmäßiger, begünstigender Verwaltungsakt begründet (**§ 49 VwVfG. NRW.**). Die **Bestandsgarantie gegenüber Rechtsänderungen** gilt nicht uneingeschränkt, da § 87 BauO NRW als einfachgesetzliche Regelung entsprechend Art. 14 Abs. 1 Satz 2 GG die **Einschränkungen** regelt, die als Ausfluss der Sozialpflichtigkeit des Eigentums verfassungsgemäß sind (s. BVerwG, Urteil vom 7.11.1997 – 4 C 7.97, BauR 1998, 533 = BRS 59 Nr. 109 = DVBl. 1998, 587 = NVwZ 1998, 735 = ZfBR 1998, 158 und die Anmerkungen zu § 75 Rdn. 128). Da das Anpassungsverlangen **entschädigungslos** in den legalen Bestand eingreift, sind an die **Notwendigkeit der Maßnahmen hohe Anforderungen** zu stellen (Hamb. OVG, Beschluss vom 4.1.1996 – Bs II 61/95, BRS 58 Nr. 112 = NVwZ-RR 1997, 466).

2 Von § 87 BauO NRW erfasst werden **Anpassungsverlangen** der Bauaufsichtsbehörde für **rechtmäßig bestehende** Anlagen an **gewandelte materiell – rechtliche Anforderungen** des Bauordnungsrechts im weitesten Sinne, z. B. an Bestimmungen hinsichtlich des baulichen Brandschutzes. Die Formulierung des § 82 BauO NW 1984 stellte noch auf „andere" Anforderungen ab, während nunmehr verlangt wird, dass die Anlage den aktuellen bauordnungsrechtlichen Vorschriften „nicht entspricht". Aus diesem Wechsel der Formulierung ist eine inhaltliche Rechtsänderung wohl schwerlich herzuleiten, zumal der Gesetzgeber die Einengungen aus der Rechtsprechung hinsichtlich des Vergleichs mit dem „früheren Recht" beseitigen wollte (s. Rdn. 01). Es kann daher nach wie vor angenommen werden, dass sich die jeweilige Anforderung gegenüber dem Rechtszustand, der zum Zeitpunkt der Errichtung der baulichen Anlage galt, **verschärfend** auswirken muss (vgl. OVG NRW, Beschluss vom 28.12.1994 – 7 B 2890/94, BRS 57 Nr. 245).

Zu den bestehenden Anlagen gehören solche, die unter der Geltung **früherer Fassungen der BauO NRW** oder deren **Vorgängervorschriften** (s. die Aufhebungsvorschrift des § 108 BauO NW 1962) errichtet worden sind. Die Vorschrift greift auch dann ein, wenn die Bauaufsichtsbehörde eine Anpassung an **neu hinzugetretene materiell-rechtliche Anforderungen** verlangt, die so zum Zeitpunkt der Errichtung der betreffenden Anlage überhaupt noch nicht bestanden haben. Bei den gewandelten materiell-rechtlichen Anforderungen muss es sich um **Rechtsvorschriften** handeln, also um Rechtsverordnungen der obersten Bauaufsichtsbehörde nach § 85 BauO NRW oder um bauordnungsrechtliche Satzungen der Gemeinde nach § 86 BauO NRW. Runderlasse oder bauaufsichtliche Richtlinien, ausgenommen solche, die als Technische Baubestimmungen nach § 3 Abs. 3 BauO NRW eingeführt wurden (zu deren besonderem Rechtscharakter s. die

Anmerkungen zu § 3 Rdn. 85–90), sind keine Rechtsvorschriften, sondern Verwaltungsvorschriften, die eine gleichmäßige Durchführung der bauaufsichtlichen Aufgaben im ganzen Land sicherstellen sollen; auf sie allein kann ein Anpassungsverlangen daher nicht gestützt werden, selbst wenn ihnen normkonkretisierende Wirkung zukommt (s. die Anmerkungen zu § 85 Rdn. 27–29).

**Nicht anwendbar** ist § 87 BauO NRW, wenn sich herausstellt, dass eine **bauliche Anlage im Wesentlichen abweichend von der Baugenehmigung** oder der **Zustimmung** ausgeführt wurde, wenn sie also nicht rechtmäßig ist. Mit „**bestehenden baulichen Anlagen**" sind alle diejenigen gemeint, die Bestandsschutz genießen; das sind bauliche Anlagen, die entweder 3

- materiell und formell legal oder
- materiell illegal und formell legal (rechtswidrige Baugenehmigungen) oder
- materiell legal und formell illegal sind.

Der zuletzt genannte Fall wurde in der Literatur teilweise anders beurteilt und damit die Anwendbarkeit des § 104 BauO NW 1970 (entspricht § 87 BauO NRW) verneint. Hierzu ist aber Folgendes zu bedenken: **Maßgebender Zeitpunkt für die Feststellung der formellen Illegalität** ist die **Rechtslage bei der Errichtung oder Änderung der Anlage** (so schon das PrOVG, Urteil vom 29. 10. 1936 – IV. C. 133/35, PrOVGE 99, 212 und Urteil vom 12. 5. 1938 – IV. C. 187/36, PrOVGE 102, 253). Wird eine ohne Baugenehmigung errichtete, also formell illegale Anlage, im Zeitpunkt der Errichtung jedoch materiell legale Anlage durch eine Rechtsänderung nunmehr materiell illegal, so kann im Hinblick auf die Eigentumsgarantie des Art. 14 GG die materielle Rechtslage bei der Errichtung nicht außer Betracht gelassen werden (BVerwG, Urteil vom 28. 6. 1956 – I C 93/54, BVerwGE 3, 351 = BRS 6 IV 2 S. 78). Zwar fehlt in solchen Fällen der sich aus einer Baugenehmigung ergebende Vertrauensschutz, jedoch ist der auf die Eigentumsgarantie gestützte **Bestandsschutz** als schwerwiegender anzusehen. Der durch die materielle Legalität begründete Bestandsschutz setzt nicht voraus, dass die Anlage zur Zeit ihrer Errichtung materiell legal war; es genüge, wenn sie zu **irgendeiner Zeit ihres Bestehens** dem materiellen Recht entsprochen hat (OVG Lüneburg, Urteil vom 28. 3. 1966 – I A 198/63 u. a., BRS 17 Nr. 150). Ein durch Art. 14 Abs. 1 GG bewirkter Bestandsschutz liegt nur vor, wenn der Bestand zu irgendeinem Zeitpunkt genehmigt wurde oder jedenfalls genehmigungsfähig war (BVerfG, Beschluss vom 24. 7. 2000 – 1 BvR 151/99, NVwZ 2001, 424). **Beweispflichtig** für das Vorliegen einer Baugenehmigung ist der **Bürger**, wenn er sich gegenüber einer Beseitigungsanordnung darauf beruft, das Bauwerk sei genehmigt und deshalb formell baurechtmäßig (OVG NRW, Beschluss vom 18. 1. 2001 – 10 B 1898/00, BauR 2001, 758 = EildStNW 2001, 269 = ZfBR 2001, 354).

**Nicht anwendbar** ist § 87 BauO NRW, wenn die Bauausführung begonnen hat, aber der 4
**Bau noch nicht fertiggestellt** ist, weil für diesen Fall mit **§ 61 Abs. 2** BauO NRW eine spezielle Regel zur Verfügung steht (s. die Anmerkungen zu § 61 Rdn. 103–106; wegen des Sonderfalls, dass die Baugenehmigung widerrufen und der Bauherr nur aus diesem Grunde die Bauarbeiten nicht aufgenommen oder unterbrochen hat, s. Hess. VGH, Urteil vom 22. 12. 1971 – IV OE 82/69, BRS 24 Nr. 138). Auch nach Erteilung der Baugenehmigung oder der Zustimmung kann die Bauaufsichtsbehörde nach § 61 Abs. 2 BauO NRW Anforderungen stellen, um dabei nicht voraussehbare Gefahren oder bestimmte unzumutbare Belästigungen abzuwehren. Hierbei handelt es sich nicht um einen Eingriff in den Bestandsschutz, da dieser erst eintritt, wenn die bauliche Anlage im Wesent-

lichen fertiggestellt und nutzbar ist (BVerwG, Urteil vom 22. 1. 1971 – IV C 62.66, BRS 24 Nr. 29). Stellt sich heraus, dass eine bauliche Anlage zwar der Baugenehmigung oder der Zustimmung entspricht, im Verfahren aber materielle Anforderungen des Bauordnungsrechts außer Acht gelassen wurden, liegt eine **rechtswidrige Baugenehmigung** oder Zustimmung vor. Die Bauaufsichtsbehörde wendet nicht § 87 BauO NRW an, sondern prüft, ob die **Rücknahme** der Baugenehmigung oder der Zustimmung nach **§ 48 VwVfG. NRW.** auszusprechen ist (s. die Anmerkungen zu § 75 Rdn. 42–44). Eine Rücknahme kann bei erfolgreicher Nachbarklage erforderlich werden. Dass § 87 BauO NRW in besonderen Fällen auch nachbarschützende Funktion zukommen kann, weil die Vorschrift, an die angepasst werden soll, nachbarschützende Wirkung entfaltet, dürfte kaum gegeben sein (so aber Schlotterbeck/von Arnim/Hager, zu § 76 Rdn. 22–23). Immerhin bestand das Bauwerk nach den baurechtlichen Bestimmungen bis dahin rechtmäßig, hat also zuvor keine nachbarschützenden Vorschriften verletzt. Insofern wird die Ermessensreduzierung zum Einschreiten, wie sie bei einer rechtswidrigen, weil nachbarrechtsverletzenden Baugenehmigung gegeben sein kann (vgl. BVerwG, Beschluss vom 13. 7. 1994 – 4 B 129.94, BRS 56 Nr. 203 und OVG NRW, Urteil vom 19. 5. 1983 – 11 A 1128/82, BRS 40 Nr. 122), nicht zum Tragen kommen.

5 **Nicht anwendbar** ist § 87 BauO NRW, wenn zwar die Rechtslage unverändert fortbesteht, aber die bauliche Anlage wegen **geänderter tatsächlicher Verhältnisse** nicht mehr dem Baurecht entspricht und dadurch eine Gefahr droht, wie z. B. bei eintretender Baufälligkeit eines Hauses. Auf derartige Gefahrenlagen ist nicht § 87, sondern **§ 61 Abs. 1 Satz 2 BauO NRW** anwendbar (OVG NRW, Beschluss vom 13. 7. 1990 – 7 B 855/90, BRS 50 Nr. 203 = NWVBl. 1991, 11). Im Übrigen ist der Bauherr bzw. nach erfolgreicher Beendigung der Bauarbeiten der Grundstückseigentümer dafür verantwortlich, dass sein Bauvorhaben den Sicherheitsanforderungen entspricht (s. die Anmerkungen zu § 56 insbesondere Rdn. 7 und 8 sowie 19–21). Dies gilt selbst dann, wenn die Bauaufsichtsbehörde einen wichtigen Aspekt übersehen hat (vgl. BGH, Beschluss vom 30. 7. 1997 – III ZR 166/96, BRS 59 Nr. 161). Werden Sicherheitsmängel festgestellt, kann der Grundstückseigentümer von der Bauaufsichtsbehörde als **Zustandsstörer** in Anspruch genommen werden. Dessen Inanspruchnahme kann, gestützt auf **§ 61 Abs. 1 Satz 2** BauO NRW, auch für **Mängel am Grundstück** erfolgen, die **von § 87 BauO NRW nicht erfasst** werden, weil sich die Vorschrift nur auf bauliche Anlagen sowie andere Anlagen und Einrichtungen im Sinne des § 1 Abs. 1 Satz 2 BauO NRW bezieht. Hierzu rechnet auch eine erst lange nach Fertigstellung der baulichen Anlage entdeckte **Altlast**, deren Beseitigung nach §§ 4 und 24 BBodSchG vom Grundstückseigentümer aufgrund dessen Zustandshaftung verlangt werden kann (BVerfG, Beschluss vom 16. 2. 2000 – 1 BvR 242/91 und 1 BvR 315/99, BRS 63 Nr. 212).

6 **Nicht anwendbar** ist § 87 BauO NRW auf **Änderungen sonstiger öffentlich-rechtlicher Vorschriften** mit Bezug auf bauliche Anlagen und sonstige Anlagen und Einrichtungen im Sinne des § 1 Abs. 1 Satz 2 BauO NRW. Es sind dann die jeweiligen **spezialgesetzlichen Bestimmungen** zu beachten, die Bestandsanpassungen zum Gegenstand haben, wie z. B. **§§ 17 und 24 BImSchG** oder **§ 10 EnEV 2007**. Die Ermächtigungsgrundlage zum Einschreiten der Bauaufsichtsbehörde bildet § 61 Abs. 1 BauO NRW in Verbindung mit der Spezialregel des sonstigen öffentlichen Rechts.

7 Insbesondere hinsichtlich von Änderungen der **bauplanungsrechtlichen Rechtslage** sind Anpassungsverlangen, gestützt auf § 87 BauO NRW **nicht durchsetzbar**. Derartige Rechtsänderungen treten in aller Regel ein, wenn ein Bebauungsplan in Kraft tritt, der

bestehende bauliche Anlagen ganz oder teilweise überplant. Um die Anpassung derartiger Anlagen an das geänderte Bauplanungsrecht zu erzwingen, stehen der Gemeinde die **städtebaulichen Gebote** der **§§ 175 bis 179 BauGB** zur Verfügung. Für die Bauaufsichtsbehörde zu beachten bleibt daneben **§ 32 BauGB**, der Nutzungsbeschränkungen für Vorhaben auf künftigen Gemeinbedarfs-, Verkehrs-, Versorgungs- und Grünflächen zum Gegenstand hat und eingreift, wenn rechtmäßig bestehende bauliche Anlagen **wertsteigernde Änderungen** erfahren sollen (vgl. Jäde/Dirnberger/Weiß, zu § 32 Rdn. 5–6 und Schlichter/Stich/Driehaus/Paetow, zu § 32 Rdn. 3–4). Im Übrigen genießen im Außenbereich gelegene privilegierte bauliche Anlagen nur Bestandsschutz, soweit die Privilegierung fortbesteht; bei deren Fortfall kann die Bauaufsichtsbehörde deren Beseitigung anordnen (vgl. Nds. OVG, Urteil vom 21.1.2000 – 1 L 4202/99, BRS 63 Nr. 120 = ZfBR 2000, 349, bestätigt durch BVerwG, Beschluss vom 21.11.2000 – 4 B 36.00, BRS 63 Nr. 121 zum Fortfall der Privilegierung einer militärischen Nachrichtenstation), soweit nicht eine zulässige Nachfolgenutzung aufgrund eines der Begünstigungstatbestände des **§ 35 Abs. 4 BauGB** beantragt wird.

Die Vorschrift des § 87 BauO NRW stellt eine **generelle, nicht abschließende** Regelung dar. Die BauO NRW enthält **spezielle Anpassungsregeln** für nachträgliche Anforderungen: 8

- nach **§ 9 Abs. 2 Satz 5** kann die Bauaufsichtsbehörde bei bestehenden Gebäuden mit Wohnungen die nachträgliche Bereitstellung von Kinderspielflächen für Kleinkinder verlangen (s. die Anmerkungen zu § 9 Rdn. 67–70) – diese Regelung wird ergänzt durch **§ 86 Abs. 2 Nr. 2**, wonach die Gemeinde durch Satzung die nachträgliche Herstellung vorschreiben kann (s. die Anmerkungen zu § 86 Rdn. 60–61),
- nach **§ 45 Abs. 5** müssen bestehende, unzugänglich verlegte Abwasserleitungen in bestimmten Fristen auf Dichtheit geprüft werden (s. die Anmerkungen zu § 45 Rdn. 28–31) – ergänzend kann die Gemeinde nach **§ 45 Abs. 6** kürzere Fristen regeln und bestimmen, dass diese Prüfungen nur durch bestimmte Fachkundige durchzuführen sind (s. die Anmerkungen zu § 45 Rdn. 32–35),
- nach **§ 46 Abs. 1 Satz 2** sind bestehende Abfallschächte bis zum 31.12.2003 außer Betrieb zu nehmen (s. die Anmerkungen zu § 46 Rdn. 6–11),
- nach **§ 51 Abs. 2** greift bei der wesentlichen Änderung einer baulichen Anlage die Stellplatzpflicht, da dieser Vorgang der Errichtung gleichsteht (s. die Anmerkungen zu § 51 Rdn. 42–52),
- nach **§ 51 Abs. 4 Nr. 1** kann die Gemeinde durch Satzung bei bestehenden baulichen Anlagen die nachträgliche Herstellung von Stellplätzen oder Garagen und Abstellplätzen für Fahrräder vorschreiben (s. die Anmerkungen zu § 51 Rdn. 77–82).

Einige **Sonderbauverordnungen** enthalten ebenfalls Anpassungsregelungen, die auf rechtmäßig bestehende bauliche Anlagen Anwendung finden (vgl. z. B. § 12 BeVO, § 24 GarVO, § 12 Abs. 5 CW VO, § 39 KhBauVO, § 29 VkVO, § 45 VStättVO).

Ein **Anpassungsverfahren** ist in § 87 BauO NRW **nicht geregelt**, sondern richtet sich nach allgemeinen Verfahrensgrundsätzen. Das Anpassungsverlangen bei genehmigten Anlagen setzt nicht den Widerruf der bestehenden Baugenehmigung voraus, da § 87 BauO NRW insofern eine spezialgesetzliche Regelung darstellt. In den Fällen des **Absatzes 2** wird die Forderung nach Anpassung zumeist aufgrund eines eingereichten Bauantrags für ausgelöst. Erst in der Phase der Hauptprüfung wird von der Bauauf- 9 sichtsbehörde festgestellt werden können, dass Bauteile anzupassen sind. Ob das Anpassungsverlangen auch als Nebenbestimmung in die Baugenehmigung aufgenommen werden kann, ist nicht eindeutig geklärt (grundsätzliche Bedenken gegen die Nebenbestimmungslösung hat das Hamb. OVG im Urteil vom 24. 9. 1998 – Bf II 47/96, BRS 60 Nr. 141 nicht erhoben, sondern nur die materiellen Voraussetzungen im zugrunde liegenden Fall verneint und deshalb die entsprechenden Nebenbestimmungen aufgehoben – s. auch Rdn. 11; Boeddinghaus/Hahn/Schulte, zu § 87 Rdn. 41 halten die Zulässigkeit von Nebenbestimmungen für fraglich). Besser erfolgt eine **Abstimmung zwischen Bauaufsichtsbehörde**, **Bauherr** und **Entwurfsverfasser** bzw. **Fachplaner über die erforderlichen Maßnahmen** und eine entsprechende **Änderung** oder **Ergänzung der Bauvorlagen**. In aller Regel laufen derartige Vorgänge unproblematisch ab, weil die Regelung des Absatzes 2 auf der Erwägung beruht, dass eine ohnehin vorzunehmende Änderung einer baulichen Anlage genügend Anlass auch für eine Erstreckung der Bauarbeiten auf die berührten Bauteile ist (so Wilke/Dageförde/Knuth/Meyer, zu § 77 Rdn. 51); darüber hinaus besteht bei größeren Bauvorhaben fast immer Einsicht in das Anpassungserfordernis, zumal der Bauherr ein eigenes Interesse an einem ausreichenden Sicherheitsniveau hat, weil dies auch die Vermarktbarkeit der Immobilie positiv beeinflusst. Dagegen bereiten **Anpassungsverlangen** nach **Absatz 1** deshalb **Vollzugsprobleme**, weil die Maßnahme nicht in einen finanziellen Gesamtrahmen eingepasst werden kann – sie trifft den Eigentümer überraschend außerhalb einer ohnehin beabsichtigten Baumaßnahme und schmälert den aus der Immobilie fließenden Ertrag. Das Verlangen der Bauaufsichtsbehörde wird in diesen Fällen durch **Anhörung** nach § 28 VwVfG. NRW. und **Ordnungsverfügung** ausgesprochen. Das Anpassungsverlangen muss **bestimmt** und **inhaltlich präzise formuliert** sein, so dass einem Dritten die Ausführung möglich ist.

### 2 Zu Absatz 1 – Anpassung an geltendes Baurecht bei konkreter Gefahr

10 Die **Anpassung** kann bei bestehenden Bauten nach Absatz 1 nur verlangt werden, wenn dies **im Einzelfall wegen der Sicherheit für Leben oder Gesundheit erforderlich** ist. Der Bestandsschutz steht dann einem Anpassungsverlangen nicht entgegen (OVG Lüneburg, Beschluss vom 14. 12. 1971 – I B 88/71, BRS 24 Nr. 202 zur Anpassung einer „uralten" Dungstätte mit einem wasserdichten Boden zum Schutz des Grundwassers). Die Formulierung „**im Einzelfall**" bedeutet, es muss sich um eine **konkrete Gefahr** handeln; diese ist dann anzunehmen, wenn im konkreten Einzelfall in überschaubarer Zukunft mit dem Schadeneintritt hinreichend wahrscheinlich gerechnet werden muss (s. auch die Anmerkungen zu § 3 Rdn. 38). Die Abweichung des vorhandenen Zustands vom neuen Bauordnungsrecht allein – also das Vorliegen einer abstrakten Gefahr – reicht für ein Anpassungsverlangen nicht aus, hinzutreten muss eine konkrete Gefahr (OVG Lüneburg, Urteil vom 23. 9. 1976 – I A 94/74, BRS 30 Nr. 163). Anpassungen an örtliche Bauvorschriften werden nur selten verlangt werden können, weil dies am Nachweis einer konkreten Gefahr scheitert (so auch Boeddinghaus/Hahn/Schulte, zu § 87 Rdn. 19).

11 Die **konkrete Gefahr** muss nicht nur **objektiv gegeben** sein, sondern auch von der Bauaufsichtsbehörde zur **Grundlage ihrer Ermessensentscheidung** zum Einschreiten gemacht werden (OVG NRW vom 18. 5. 1994 – 7 A 2533/91, n. v.). Das OVG NRW bemerkt im Urteil vom 28. 12. 1994 (– 7 B 2890/94, BauR 1995, 528 = BRS 57 Nr. 245):

*„Dabei gibt es allerdings Sachverhalte, in denen die vom Gesetzgeber zum Anlass normativer Regelungen genommene allgemeine Gefährlichkeit bestimmter Sachverhalte ohne*

*weiteres das Vorliegen auch einer konkreten Gefahr im Einzelfall indiziert. In diesen Fällen kann häufig schon aus der ohne weiteres feststellbaren Nichteinhaltung einer Norm, die generelle Anforderungen an die Abwehr von Gefahren durch bestimmte, normativ vorgeschriebene Sicherheitsstandards stellt, zugleich der Schluss gezogen werden, dass bei einem Fehlen solcher Standards im jeweiligen Einzelfall auch mit hinreichender Wahrscheinlichkeit in überschaubarer Zukunft mit einem Schadenseintritt gerechnet werden muss und deshalb auch die für das Einschreiten im Einzelfall erforderliche konkrete Gefahr gegeben ist.*"

Liegen die materiellen Voraussetzungen für ein Anpassungsverlangen vor, so kann eine entsprechende Ordnungsverfügung dennoch rechtsfehlerhaft erlassen worden sein, weil die Bauaufsichtsbehörde **von dem ihr eingeräumten Ermessen keinen Gebrauch** gemacht hat. Zu einer korrekten Ermessensausübung gehört nicht nur die Erwägung der **für** ein Anpassungsverlangen sprechenden Gründe. Vielmehr sind auch **dagegen** sprechende Gesichtspunkte in die Prüfung einzubeziehen, sofern solche erkennbar sind (Hamb. OVG, Urteil vom 24.9.1998 – Bf II 47/96, BRS 60 Nr. 141 – in dem entschiedenen Fall hatte die Bauaufsichtsbehörde aus Anlass der Genehmigung des Um- und Ausbaus einer bestehenden Dachgeschosswohnung in einem im Jahre 1908 im Jugendstil errichteten Gebäude die Herrichtung der sehr schönen, mit Glasausschnitten versehenen Eingangstüren der bestehenden Wohnungen zum Treppenhaus als T-30-Türen nach DIN 4102 entsprechend den Vorgaben der von der obersten Bauaufsichtsbehörde erlassenen – Fachlichen Weisung zum Dachraumausbau – BOA 3/1990 – verlangt, war dabei nicht auf die von den Klägern vorgetragenen nachteiligen gestalterischen Auswirkungen eingegangen). Fehlt es bei einem im Ermessen der Bauaufsichtsbehörde stehenden Einschreiten an den erforderlichen tatsächlichen Feststellungen und fachlichen Prüfungen, können diese Defizite nicht vom Gericht nachgebessert werden (OVG NRW, Beschluss vom 28.12.1994, a.a.O.).

**Einzelfälle,** bei denen eine **konkrete Gefahr** angenommen wurde:

- **Aufzug ohne Fahrkorbtür** (BVerwG, Urteil vom 12.7.1973 – I C 23.72, DVBl. 1973, 857),
- **zu steile Treppe** (OVG Lüneburg, Urteil vom 23.9.1976 – I A 94/74, BRS 30 Nr. 163),
- **unsichere Wendeltreppe** (BayVGH, Urteil vom 1.2.1980 – Nr. 53 II 77, BRS 36 Nr. 211),
- **funktionsuntüchtiges Treppenhaus** eines Hotels (OVG NRW, Urteil vom 29.3.1983 – 7 A 1549/82, n.v.),
- **Einbau einer Rauchabzugsöffnung** in den Treppenraum eines achtgeschossigen Wohnhauses (OVG Lüneburg, Beschluss vom 17.1.1986 – 6 B 1/86, BauR 1986, 684 = BRS 46 Nr. 166),
- **Anbringung einer Nottreppe** infolge fehlendem zweiten Rettungsweg (OVG NRW, Urteil vom 28.8.2001 – 10 A 3051/99, BauR 2002, 763 = BRS 64 Nr. 201, Beschluss vom 22.7.2002 – 7 B 508/01, BRS 65 Nr. 140 = NVwZ-RR 2003, 722, Beschluss vom 15.12.2004 – 7 B 2142/04, BauR 2005, 845 = BRS 67 Nr. 152 = NVwZ-RR 2006, 10).

**Abstrakte** und **konkrete** Gefahr decken sich, wenn die Anlage in ihrer Gefahrenträchtigkeit nicht von dem typischen Zustand abweicht, den der Normgeber mit sicherheitsrechtlichen Anforderungen in den Griff zu bekommen sucht (z.B. Pflicht zum Einbau einer Fahrkorbtür in Aufzügen). Dem einzelnen Betroffenen bleibt es überlassen, be- **12**

sondere Tatsachen für die Ungefährlichkeit seiner Anlage im Anhörungsverfahren nach § 28 VwVfG. NRW. geltend zu machen, die die Bauaufsichtsbehörde bei ihrer Entscheidung gegebenenfalls zu berücksichtigen hat. Eine **erhöhte Gefahr** im Sinne einer gesteigerten Wahrscheinlichkeit des Schadeneintritts oder der Gefährdung nur bestimmter Rechtsgüter **setzt Absatz 1 nicht voraus** (BVerwG, Urteil vom 12. 7. 1973 – I C 23.72, DVBl. 1973, 857 und OVG Lüneburg, Urteil vom 23. 9. 1976 – I A 94/74, BRS 30 Nr. 163).

**13** Hinter der Regelung des Absatzes 1 verbirgt sich auch die Erfahrung, dass sich die **Maßstäbe** dafür, wann eine bauliche Anlage die Sicherheit für Leben und Gesundheit gefährdet bzw. welche Maßnahmen erforderlich sind, um eine solche Gefährdung zu vermeiden, aus verschiedenen Gründen **wandeln** können. Das OVG Lüneburg führt im Urteil vom 23. 9. 1976 (– I A 94/74, BRS 30 Nr. 163) hierzu aus:

*„Die Anforderungen an bauliche Anlagen steigen mit fortschreitender technischer Entwicklung, wenn z. B. neue Gefahrenherde erkennbar werden; sie sinken, wenn sich etwa das Material als stärker belastbar erweist. Auch kann eine allgemein verbreitete Ausstattung oder Ausführung baulicher Anlagen dazu führen, dass sich die Benutzer baulicher Anlagen an diesen Standard so gewöhnen, dass die Benutzung von Anlagen, die hinter diesem Standard zurückbleiben, mit Gefahren verbunden ist. Die Anforderungen zur Gewährleistung der öffentlichen Sicherheit sind auf dem Gebiet des Baurechts keine statischen Größen, sondern abhängig von den Erkenntnissen und Wertungen der Zeit.“*

**14** Bei der hinreichenden **Wahrscheinlichkeit eines Schadeneintritts** (als Voraussetzung einer abstrakten wie auch einer konkreten Gefahr) muss hinsichtlich des Grades der Wahrscheinlichkeit differenziert werden, welches **Schutzgut** auf dem Spiel steht. Ist der möglicherweise eintretende **Schaden sehr groß**, sind an die Wahrscheinlichkeit des Schadeneintritts **keine übermäßig hohen Anforderungen** zu stellen; unter Umständen reicht auch die **entfernte Möglichkeit** eines Schadeneintritts aus (BVerwG, Urteil vom 26. 6. 1970 – IV C 99/67, NJW 1970, 1890 zur Lagerung von Heizöl im engeren Schutzbereich eines Wasserschutzgebiets). Im Hinblick darauf, dass **brandschutzrechtliche Vorschriften** vorsorgliche Schutzbestimmungen für Leben und Gesundheit treffen und dass es nach Ausbruch eines Brandes für die Anordnung von Schutzmaßnahmen zu spät ist, kann die nachträgliche Forderung von Maßnahmen des Brandschutzes nicht davon abhängig gemacht werden, dass eine konkrete Gefahr im Sinne der herkömmlichen allgemeinen polizeirechtlichen Definition vorhanden ist, das heißt, ein Schadeneintritt in überschaubarer Zukunft hinreichend wahrscheinlich ist; es genügt die **fachkundige Feststellung**, dass nach den örtlichen Gegebenheiten der Eintritt eines erheblichen Schadens nicht ganz unwahrscheinlich ist (Hess. OVG, Beschluss vom 18. 10. 1999 – 4 TG 3007/97, BauR 2000, 553 = BRS 62 Nr. 144 = DÖV 2000, 338 = NVwZ-RR 2000, 581 = ZfBR 2000 S. 570; OVG NRW, Urteil vom 28. 8. 2001 – 10 A 3051/99, BauR 2002, 763 = BRS 64 Nr. 201). Der Hess. VGH stellt in seinem Beschluss, mit dem er eine Ordnungsverfügung zur Anbringung von Feuerleitern nach DIN 14094 wegen fehlenden zweiten Rettungswegs rückwärtiger Wohnungen eines im Jahre 1952 errichteten Wohnhauses aufhob, folgende **Anforderungen an die Erforschung der Gefahrenlage**:

*„Wegen der in Rede stehenden wichtigen Rechtsgüter muß es der Bauaufsichtsbehörde jedoch möglich sein, bei Feststellung einer erheblichen Gefahrensituation im Einzelfall, die dadurch gekennzeichnet ist, daß Gefahrbekämpfungs- oder Rettungsmöglichkeiten nach heutiger Kenntnis typischer Schadensabläufe unzugänglich sind, auch dann zusätzliche Schutzvorkehrungen bei rechtmäßig bestehenden Gebäuden zu verlangen, wenn keine*

*hohe Wahrscheinlichkeit für einen Schadeneintritt in absehbarer Zeit vorliegt, dieser andererseits aber auch nicht ganz unwahrscheinlich ist. Um festzustellen, ob im vorliegenden Fall eine erhebliche Gefahrensituation gegeben ist, müßte die Antragstellerin die Brandlasten im Kellergeschoß der streitigen Liegenschaft, im Treppenhaus und in den Wohneinheiten, die Gefährdungspotentiale durch die Heizungseinrichtung sowie das Maß der Rauchdichtigkeit der Kellerabschlußtür sowie der Wohnungstüren ermitteln. Ferner müßte die konkrete Tauglichkeit des ersten Rettungsweges und die Möglichkeit der Rettung der Bewohner der rückwärtigen Wohnungen im 3. und 4. Obergeschoß durch die straßenseitigen Wohnungen hindurch näher geprüft werden, zumal die Wohnungstüren nach den vorliegenden Bauzeichnungen einander gegenüber und in einem vom Treppenhaus etwas abgesetzten kleinen Seitenflur liegen. Diese noch näher zu ermittelnden Tatsachen müßten einer fachkundigen brandschutztechnischen Bewertung unterzogen werden. Ergibt sich dabei, daß zur Wahrung von Leben und Gesundheit die Einrichtung eines zweiten Rettungsweges notwendig ist, so sind die Voraussetzungen für ein Einschreiten gemäß § 61 Abs. 3 HBO 1993* (Anmerkung: entspricht im Wesentlichen § 87 Abs. 1 BauO NRW) *gegeben.*

*In diesem Fall wäre im Hinblick auf den gebotenen Schutz der in Rede stehenden hohen Rechtsgüter der Gleichheitssatz auch dann noch ausreichend gewahrt, wenn die Antragsgegnerin konkret darlegen kann, daß sie immer, wenn ihr Bauakten zur Genehmigung eines Um- oder Ausbaus oder einer Nutzungsänderung vorliegen, zugleich individuell örtlich überprüft, ob hinsichtlich der brandschutzrechtlichen Situation des Altbestandes zum Schutz von Leben und Gesundheit erhöhte Anforderungen notwendig sind, und daß sie solche Maßnahmen im erforderlichen Umfang trifft und durchsetzt.*"

Eine konkrete Gefahr kann nicht schon allein wegen eines **bislang schadenfreien Zeitablaufs** ausgeschlossen werden (OVG NRW, Urteil vom 29. 3. 1983 – 7 A 1549/82, n. v.). Das OVG Lüneburg führt im Urteil vom 23. 9. 1976 (– I A 94/74, BRS 30 Nr. 163), das zum Verlangen der Bauaufsichtsbehörde erging, eine zu steile Treppe mit einem Steigungsverhältnis von 19/12 cm als Zugang zu Aufenthaltsräumen an neues Bauordnungsrecht anzupassen, aus: 15

„*Eine solche Treppe birgt besonders beim Abwärtsgehen eine hohe Stolpergefahr. Weil nur ein Bruchteil des Fußes – bei Schuhgröße 43 (30 cm Länge) weniger als ½ – auf der Stufe Platz hat, ist ein sicheres Auftreten nur bei vorsichtigem Gehen möglich. Damit verliert die Treppe auch ihre Eignung als Fluchtweg im Brandfall. Der Hinweis der Klägerin, daß seit der Errichtung des Hauses noch nichts passiert ist, entkräftet diese Argumentation nicht. Ebenso wenig wie der tatsächliche Eintritt des befürchteten Schadens zur konkreten Gefahr gehört, vielmehr der Schadenseintritt in Zukunft nur wahrscheinlich sein muß, beweist ein schadensfreier Zeitablauf, daß keine Gefahr besteht. Die Klägerin hat lediglich bisher Glück gehabt, daß nichts passiert ist. Da die Entstehung eines Brandes nicht außerhalb der allgemeinen Erfahrungen liegt – bei großem Schaden ist der vorauszusetzende Wahrscheinlichkeitsgrad geringer (BVerwG, Urteil vom 26. 6. 1970 – IV C 99.67, NJW 1970, 1890) – besteht eine konkrete Gefahr.*"

Selbst wenn die Voraussetzungen für eine Anpassung grundsätzlich gegeben sind, besteht **keine Verpflichtung** für die Bauaufsichtsbehörde, diese auch zu verlangen; das ergibt sich unzweifelhaft aus der Gesetzesfassung („kann"). Das Anpassungsverlangen steht im **pflichtgemäßen Ermessen** der Bauaufsichtsbehörde; für die Ermessensausübung gelten die gleichen Grundsätze, wie sie für eine auf die Beseitigung einer Gefahrensituation gerichtete bauaufsichtliche Verfügung nach § 61 Abs. 1 Sätze 1 und 2 in 16

Verbindung mit Abs. 2 BauO NRW Anwendung finden. Bei ihrer Entscheidung hat die Bauaufsichtsbehörde die **gesamten Umstände des Einzelfalls** zu beachten. Hierbei werden vor allem zu berücksichtigen sein:

- das Alter und die Beschaffenheit der baulichen Anlage,
- die Schwere der Gefahr und
- die Folgen für den Anpassungsverpflichteten.

**17** Das Anpassungsverlangen muss **nicht unbedingt zur vollständigen Übereinstimmung mit der geltenden Bestimmung** führen und dem **Grundsatz der Verhältnismäßigkeit** (§ 15 OBG) entsprechen. Von besonderer Bedeutung wird in diesen Fällen das Recht des Anpassungsverpflichteten sein, gemäß **§ 21 OBG ein anderes** als das angeordnete **Mittel** zur Gefahrenabwehr anzubieten. Im Rahmen der Ermessensentscheidung hat die Bauaufsichtsbehörde zu berücksichtigen, ob es weniger belastende Möglichkeiten zur Erreichung des Ziels gibt, als die vollständige Anpassung an neues Bauordnungsrecht (Hamb. OVG, Beschluss vom 4. 1. 1996 – Bs II 61/95, BRS 58 Nr. 112, NVwZ-RR 1997, 466). Ein Anpassungsverlangen erfordert eine Ermessensentscheidung, bei der neben den für die Anpassung sprechenden Gründen auch die **Kosten** und **andere** aus Sicht des Bauherren **gegen die Anpassung sprechenden Gründe** zu berücksichtigen sind. Die Abwägung kann insbesondere das **Auswahlermessen** berühren und dazu führen, dass aus Gründen der **Verhältnismäßigkeit** auch **weniger kostenträchtige Lösungen**, die nicht dem Maßnahmeniveau des neuen Rechts entsprechen, in Betracht zu ziehen sind; **Voraussetzung** ist ihre **funktionelle Gleichwertigkeit** (OVG Bremen, Beschluss vom 28. 6. 2004 – 1 B 130/04, BauR 2005, 1151 = BRS 67 Nr. 153 = NVwZ-RR 2005, 314).

**18** Umfang und Grenzen des Anpassungsverlangens werden maßgeblich durch das Ausmaß der konkreten Gefahr bestimmt. Da die Anpassung baulicher Anlagen nach Absatz 1 ein Mittel zur Vermeidung einer konkreten Gefährdung der Sicherheit darstellt, kommt es im Wesentlichen auf die Wahrung des Schutzzwecks für das berührte Schutzgut an. Ein Anpassungsverlangen ist jedenfalls durch Absatz 1 gedeckt, wenn es lediglich in der **Zielrichtung** der Anpassung an Vorschriften des Baurechts dient und die Vermeidung einer konkreten Gefährdung des bedrohten Schutzgutes dieser Vorschrift bezweckt (so OVG NRW, Urteil vom 29. 3. 1983 – 7 A 1549/82, n. v.). Die **generelle Eignung** der Maßnahme in dieser Zielrichtung muss selbstverständlich entsprechend dem **Schutzziel der Vorschrift** gegeben sein. So erachtet das OVG NRW im Urteil vom 28. 8. 2001 (– 10 A 3051/99, BauR 2002, 763 = BRS 64 Nr. 201) an der Hauswand montierte Notleitern als zweiten Rettungsweg für ungeeignet, weil gemäß § 17 Abs. 3 Satz 2 BauO NRW im Falle einer nicht vorhandenen Anleitermöglichkeit für Rettungsgeräte der Feuerwehr ein zweiter **baulicher** Rettungsweg (weitere notwendige Treppe) grundsätzlich so beschaffen sein muss, dass er auch von älteren, gebrechlichen Personen und Kindern **ohne Schaffung neuer zusätzlicher Gefahrenquellen** genutzt werden kann.

**19** In regelmäßigen Abständen führt die Bekanntmachung neuer bauaufsichtlicher Richtlinien zu Irritationen, weil die Brandschutzdienststellen und die Bauaufsichtsbehörden im Rahmen von **wiederkehrenden Prüfungen** und **Brandschauen** (s. die Anmerkungen zu § 54 Rdn. 49) den Rechtscharakter dieser nicht an den Bürger, sondern an die Verwaltung gerichteten „Vorschriften" (s. Rdn. 2) verkennen. Jüngstes Beispiel hierfür ist die mit RdErl. vom 29. 11. 2000 (MBl. NRW. S. 1608) bekannt gemachte **Richtlinie über bauaufsichtliche Anforderungen an Schulen – Schulbaurichtlinie – SchulBauR** (s. die Anmerkungen zu § 54 Rdn. 64). Diese Richtlinie, die keine Technische Baubestimmung im Sinne des § 3 Abs. 3 BauO NRW darstellt (zu Technischen Baubestimmungen, die ebenfalls häufig als „Richtlinie“ bezeichnet werden, s. die Anmerkungen zu § 3 Rdn. 85–90), ist als besondere Verwaltungsvorschrift zu § 54 BauO NRW ergangen und gilt **vorrangig** für Schul**neu**bauten. Sie konkretisiert lediglich, welche besonderen Anforderungen gestellt oder welche Erleichterungen im Sinne des § 54 Abs. 1 BauO NRW gestattet werden können. Wird bei wiederkehrenden Prüfungen und Brandschauen festgestellt, dass rechtmäßig bestehende Schulbauten nicht der SchulBauR entsprechen, kann ein Anpassungsverlangen nur gemäß § 87 Abs. 1 BauO NRW bei Vorliegen einer konkreten Gefahr gestellt werden. Der neuen SchulBauR liegt ein anderes Sicherheitskonzept zugrunde, als der Vorgängerregelung. Sie erlaubt größere Brandabschnitte und stellt geringere Anforderungen an die Beschaffenheit der Bauteile, kompensiert dies jedoch durch den zwingend erforderlichen **zweiten baulichen** Rettungsweg. Daraus war verschiedentlich der Fehlschluss gezogen worden, dass bei allen Schulen ohne zweiten baulichen Rettungsweg eine Anpassung verlangt werden müsse, so dass sich die oberste Bauaufsichtsbehörde zur Klarstellung veranlasst sah (RdErl. vom 26. 1. 2001 – II A 5 – 170, n. v.). Es ist demnach in jedem Einzelfall erforderlich, zunächst das dem jeweiligen Schulbau zugrunde liegende Sicherheitskonzept nach den seinerzeit gültigen Vorschriften zu ermitteln, um sodann unter Berücksichtigung der Anforderungen der Rechtsprechung an die Tatsachenermittlung (s. Rdn. 11) eine fachlich untermauerte Gefahrenprognose erstellen und eine Ermessensentscheidung treffen zu können.

## 3 Zu Absatz 2 – Anpassung bei wesentlichen Änderungen

Absatz 2 trifft **zwei verschiedene Regelungen** und steht im **pflichtgemäßen Ermessen der Bauaufsichtsbehörde** (s. Rdn. 16–18). Zunächst enthält die Vorschrift die Aussage, dass bei Änderungen, die an einer bestehenden baulichen Anlage vorgenommen werden, von der Bauaufsichtsbehörde verlangt werden kann, dass sie einem gegebenenfalls geänderten Recht entsprechen müssen. Dies gilt jedoch ohne Einschränkung nur für die durch die **bauliche Änderung unmittelbar berührten Teile**. Darüber hinaus enthält Absatz 2 **bei wesentlichen Änderungen** der baulichen Anlage die Regelung, dass auch für **diejenigen durch die Änderung nicht unmittelbar berührten Teile** der Anlage die Anpassung an das geänderte Recht verlangt werden kann, wenn **zwei Voraussetzungen** erfüllt sind: 20

- nach **Nr. 1** müssen die Bauteile, für die geänderte Vorschriften gelten, mit den ohnehin zu ändernden Teilen **„in einem konstruktiven Zusammenhang“** stehen,
- nach **Nr. 2** dürfen durch das – auf die durch die geplante Änderung eigentlich nicht berührten Teile bezogene – Änderungsverlangen **keine unzumutbaren Mehrkosten** verursacht werden.

Eine **konkrete Gefährdung** wichtiger Rechtsgüter wird dabei **nicht vorausgesetzt**. Ein solches Verlangen wird jedoch regelmäßig nur zu stellen sein, wenn der Zustand der von der Veränderung selbst nicht berührten Bauteile eine Umgestaltung aus Gründen der öffentlichen Sicherheit dringend erforderlich macht.

Was **„wesentliche“ Änderung** im Sinne des Absatzes 2 ist, lässt sich nur im Einzelfall aufgrund der konkreten Verhältnisse entscheiden. Eine wesentliche, umgestaltende Änderung eines Gebäudes liegt nicht nur dann vor, wenn die äußere Form des Gebäudes geändert wird, sondern auch dann, wenn das Material des Gebäudes zu wesentlichen 21

Teilen durch ein anderes ersetzt wird (PrOVG, Urteil vom 22. 6. 1939 – IV. C. 100/38, PrOVGE 104, 223). Wesentlich ist eine Änderung, wenn es sich um eine **eingreifende, das Bauwerk umgestaltende Bauausführung** handelt, wie z. B. die Umgestaltung der Grundrisse eines Gebäudes. **Instandsetzungsarbeiten**, die den alten Zustand nicht umgestalten, sondern nur erhalten, sind nicht als wesentliche Änderung anzusehen (OVG NRW, Beschluss vom 13. 7. 1990 – 7 B 855/90, BRS 50 Nr. 203 = NWVBl. 1991, 11; ebenso Jeromin, zu § 85 Rdn. 16).

**22** **Ob** eine **Änderung genehmigungsbedürftig** ist oder nicht, mag ein **Indiz** für eine wesentliche oder nicht wesentliche Änderung sein, obwohl dieser Unterschied nicht rechtlich ausschlaggebend ist. Die Änderungsarbeiten an einer baulichen Anlage dürfen nicht in einzelne Teile zerlegt werden, um die Merkmale einer wesentlichen Änderung zu umgehen. Führen die Änderungsarbeiten zusammengenommen im Ergebnis zu einer wesentlich umgestaltenden Veränderung der baulichen Anlage, sind sie als eine Einheit zu behandeln (so bereits PrOVG, Urteil vom 7. 11. 1935 – IV. C. 102/34, PrOVGE 97, 207).

**23** Die in einem „**konstruktiven Zusammenhang**" stehenden Teile, die durch die geplante Änderung nicht unmittelbar berührt wären, können in das Anpassungsverlangen einbezogen werden. Das ist anzunehmen, wenn die nach dem neuen Bauordnungsrecht nicht mehr genehmigungsfähigen Bauteile in ihrer statisch-technischen Konstruktion von den geänderten Bauteilen abhängig oder beide aufeinander angewiesen sind (OVG Bln, Urteil vom 10. 8. 1979 – II B 47.78, BRS 35 Nr. 111 zur Genehmigung der Umstellung einer Koksheizung in eine Ölheizung, verbunden mit der Auflage, die Decke des Heizraums zu putzen und undurchlässig für Gas herzustellen). Beim **nachträglichen Dachgeschossausbau** sollten keine überzogenen **brandschutztechnischen Anforderungen** an die **Decke** gestellt werden, sondern nur soviel wie zum Erreichen der Schutzziele des § 17 BauO NRW erforderlich ist, da die punktuelle Anpassung des Brandschutzes einer einzelnen Decke nicht insgesamt das Sicherheitsniveau des bestehenden Gebäudes verbessert (vgl. den RdErl. vom 31. 5. 2007 – VI A4–100/34, n. v.).

**24** Die Erstreckung des Anpassungsverlangens auf die durch die geplante Änderung nicht unmittelbar berührten Teile der baulichen Anlage ist nur zulässig, wenn die dadurch verursachten **Mehrkosten zumutbar** sind. Die Zumutbarkeit der Mehrkosten, das heißt der Kosten, die bei Ausdehnung der Änderungsmaßnahmen auf die durch die zunächst geplante Änderung nicht berührten Teile zusätzlich entstehen, ist in Nordrhein-Westfalen nicht, wie durch § 99 Abs. 3 NBauO festgelegt, auf 20 % der ohnehin entstehenden Kosten begrenzt; gleichwohl ist dieser Wert ein brauchbarer Anhaltspunkt. Der Begriff der Zumutbarkeit enthält neben dem objektiven Gesichtspunkt der Mehrkosten eine **subjektive Seite**. Die Mehrkosten müssen **für den Anpassungsverpflichteten wirtschaftlich tragbar** sein. Diesem Gesichtspunkt kommt im Hinblick auf Art. 14 Abs. 1 GG besondere Bedeutung zu (BVerfG, Beschluss vom 14. 2. 1967 – 1 BvL 17/63, BVerfGE 21, 150).

# Siebenter Teil
# Übergangs-, Änderungs- und Schlussvorschriften

## Vor §§ 88 bis 91

**Anmerkungen** (Autor: Heintz)

Der siebente Teil enthält – wie schon bereits die früheren Bauordnungen – wichtige Vorschriften, die einen **Übergang vom alten auf das neue Recht** sicherstellen sollen. Denn grundsätzlich endet mit dem Inkrafttreten einer neuen Landesbauordnung die formelle und materielle Rechtswirkung des Vorgängerrechts. Dass ein derart plötzlicher Wechsel von einem auf den anderen Tag zu außerordentlichen Problemen führen würde, liegt auf der Hand. Aus diesem Grunde ermöglichen die Übergangs-, Änderungs- und Schlussvorschriften einen „**sanften**" Übergang. 1

Die Vorschriften des siebenten Teils wurden mit der **BauO NW 1995** erlassen und haben zum größten Teil ihre **Rechtswirkung bereits erfüllt**, weil seit dem Inkrafttreten dieses Gesetzes am 1.1.1996 bereits über zehn Jahre verstrichen sind. Daher sind diese Bestimmungen zum größten Teil **durch Zeitablauf gegenstandslos**. 2

Mit **Artikel III** des **Zweiten Gesetzes zur Änderung der Landesbauordnung** vom 9.11. 1999 (GV. NRW. S.622) hat der Gesetzgeber eine **neue Schlussvorschrift** erlassen, um einen problemlosen Übergang von den Vorschriften der BauO NW 1995 auf die der neu gefassten BauO NRW 2000 zu gewährleisten (hierzu s. die Anmerkungen der 10. Auflage). Auch diese Bestimmungen sind **durch Zeitablauf gegenstandslos**. 3

## § 88
## Übergangsvorschriften

**(1) Die für nicht geregelte Bauprodukte nach bisherigem Recht erteilten allgemeinen bauaufsichtlichen Zulassungen und Prüfzeichen gelten als allgemeine bauaufsichtliche Zulassungen nach § 21.**

**(2) [1]Personen, Stellen, Überwachungsgemeinschaften oder Behörden, die bisher zu Prüfstellen bestimmt oder als Überwachungsstellen anerkannt waren, gelten für ihren bisherigen Aufgabenbereich weiterhin als Prüf- oder Überwachungsstellen nach § 28 Abs. 1 Nr. 2 oder Nr. 4. [2]Prüfstellen nach Satz 1 gelten bis zum 31. Dezember 1996 auch als Prüfstellen nach § 28 Abs. 1 Satz 1 Nr. 1. Personen, Stellen, Überwachungsgemeinschaften oder Behörden, die nach bisherigem Recht für die Fremdüberwachung anerkannt waren, gelten für ihren bisherigen Aufgabenbereich bis zum 31. Dezember 1996 auch als anerkannte Zertifizierungsstellen nach § 28 Abs. 1 Nr. 3.**

**(3) Überwachungszeichen, mit denen Bauprodukte vor Inkrafttreten dieses Gesetzes gekennzeichnet wurden, gelten als Ü-Zeichen nach § 25 Abs. 4.**

**(4) Prüfzeichen und Überwachungszeichen aus anderen Ländern, in denen die Prüfzeichen- und Überwachungspflichten nach bisherigem Recht noch bestehen, gelten als Ü-Zeichen nach § 25 Abs. 4.**

**(5) Ü-Zeichen nach § 25 Abs. 4 gelten für Bauprodukte, für die nach bisherigem Recht ein Prüfzeichen oder der Nachweis der Überwachung erforderlich waren, als Prüfzeichen und Überwachungszeichen nach bisherigem Recht, solange in anderen Ländern die Prüfzeichen- und Überwachungspflicht nach bisherigem Recht noch besteht.**

**(6) Bauprodukte, die nach bisherigem Recht weder prüfzeichen- noch überwachungspflichtig waren, bedürfen bis zum 31. 12. 1995 keines Übereinstimmungsnachweises nach § 25 Abs. 1.**

**Anmerkungen** (Autor: Heintz)

**1** Die Vorschrift ist **Teil der Bauproduktenregelungen** der BauO NW 1995. Vergleichbare Vorschriften sind in allen Landesbauordnungen **entsprechend dem deutschen Umsetzungskonzept zur Bauproduktenrichtlinie** enthalten (s. die Anmerkungen vor §§ 20 bis 28 Rdn. 17–21 sowie Achelis, Übergangsregelungen für Nachweise, die nach alten Bauordnungen erfolgten: Prüfzeichen – Bauaufsichtliche Zulassungen – Anerkannte Stellen, Mitteilungen DIBt-Mitteilungen 1994, S. 166 ff.).

**2** Die Übergangsvorschriften hatten, soweit sie nicht ohnehin – wie Absatz 2 Satz 2 und Absatz 6 – nur kurze Zeit gültig waren, noch einige Jahre nach dem Inkrafttreten der BauO NW 1995 ihre Berechtigung (hierzu s. die Anmerkungen der 10. Auflage). Da die Hersteller inzwischen auf das neue Recht umgestellt haben, sind sie **durch Zeitablauf gegenstandslos**.

## § 89
## Änderung des Baukammerngesetzes

**Das Gesetz über den Schutz der Berufsbezeichnungen „Architekt", „Architektin", „Stadtplaner" und „Stadtplanerin" sowie über die Architektenkammer, über den Schutz der Berufsbezeichnung „Beratender Ingenieur" und „Beratende Ingenieurin" sowie über die Ingenieurkammer-Bau – Baukammerngesetz (BauKaG NW) – vom 15. Dezember 1992 (GV. NW. S. 534) wird wie folgt geändert:**

**1. In den §§ 9 und 29 wird jeweils in Absatz 1 nach der Nr. 8 folgende Nr. 9 aufgenommen:**

**„9. Sachverständige nach § 85 Abs. 2 Nr. 4 der Landesbauordnung und der hierzu erlassenen Rechtsverordnung staatlich anzuerkennen."**

**2. § 90 Abs. 1 Nr. 2 erhält folgende Fassung:**

**„2. die Zusammensetzung und die Bestellung der Mitglieder des Sachverständigenausschusses (§ 4 Abs. 4) sowie das Verfahren"**

**3. In § 90 Abs. 1 Nr. 2 wird folgende Nr. 3 angefügt:**

**„3. die nähere Ausgestaltung der in §§ 15 Abs. 2 Nr. 5 und 35 enthaltenen Haftpflichtversicherungspflicht, in denen die Festsetzung einer Mindestversicherungssumme, die Möglichkeit der Ersetzung der Berufshaftpflichtversicherung durch gleichsam geeignete Mittel sowie die für die Überwachung des Versicherungsschutzes und die nach § 158 c des Gesetzes über den Versicherungsvertrag vom 30. Mai 1908 (RGBl. S. 263), zuletzt geändert durch Gesetz vom 5. Oktober 1994 (BGBl. I S. 2911), zuständigen Stellen aufgeführt sind."**

**Anmerkungen** (Autor: Heintz)

Die Vorschrift betrifft **Änderungen des Baukammerngesetzes** vom 15. 12. 1992 (GV. NRW. S. 534), das durch das **BauKaG NRW vom 16. 12. 2003** (GV. NRW. S. 786), g. d. G v. 3. 5. 2005 (GV. NRW. S. 498) **ersetzt** worden ist. 1

Mit **Nr. 3** wurde eine **Rechtsverordnungsermächtigung** in Bezug auf die nähere **Ausgestaltung** der **Berufshaftpflichtversicherung** im BauKaG NRW geschaffen (s. die Anmerkungen zu § 70 Rdn. 05 und die Begründung in LT-Drucks. 11/7153 S. 206). Die **Einzelheiten** zur Berufshaftpflichtversicherung sind in **§ 19 DVO BauKaG NRW** geregelt und betreffen **Entwurfsverfasser**, die **Bauvorlagen** für die **Errichtung oder Änderung von Gebäuden** gemäß § 70 BauO NRW **durch Unterschrift anerkennen**. Für **staatlich anerkannte Sachverständige nach der SV-VO** ordnet § 20 DVO BauKaG NRW die entsprechende Geltung des § 19 DVO BauKaG NRW an. 2

Die Überwachung des Versicherungsschutzes obliegt gemäß § 21 DVO BauKaG NRW den Baukammern. Daher besteht **keine Pflicht der Bauaufsichtsbehörde zur Überprüfung des Bestehens eines Versicherungsvertragsverhältnisses**. Sowohl Entwurfsverfasser als auch staatlich anerkannte Sachverständige brauchen das Bestehen des Vertragsverhältnisses gegenüber der Bauaufsichtsbehörde **nicht** nachzuweisen. 3

## § 90
## Inkrafttreten, Außerkrafttreten, eingeleitete Verfahren

**(1) [1]Dieses Gesetzes tritt am 1. Januar 1996 in Kraft. [2]Die §§ 20 bis 28 und § 88 sowie die Vorschriften über die Ermächtigung zum Erlass von Rechtsverordnungen, Verwaltungsvorschriften und von örtlichen Bauvorschriften treten am Tage nach der Verkündung in Kraft.**

**(2) [1]Am 1. Januar 1996 treten außer Kraft**

**1. die Landesbauordnung (BauO NW) vom 26. Juni 1984 (GV. NW. S. 419), zuletzt geändert durch Gesetz vom 24. November 1992 (GV. NW. S. 467), mit Ausnahme der §§ 20 bis 24, die am Tage nach der Verkündung außer Kraft treten,**

**2. die Verordnung über genehmigungsfreie Vorhaben nach der Landesbauordnung – Freistellungsverordnung – vom 18. November 1988 (GV. NW. S. 455), geändert durch Verordnung vom 26. April 1990 (GV. NW. S. 268).**

**[2]Die §§ 22 bis 26 der Verordnung über bautechnische Prüfungen (BauPrüfVO) vom 6. Dezember 1984 (GV. NW. S. 774), geändert durch Verordnung vom 15. November 1989 (GV. NW. S. 632), treten am Tage nach der Verkündung außer Kraft.**

**(3) Auf die vor dem Inkrafttreten dieses Gesetzes eingeleiteten Verfahren sind die Vorschriften dieses Gesetzes nur insoweit anzuwenden, als sie für die Antragstellerin oder den Antragsteller eine günstigere Regelung enthalten als das bisher geltende Recht.**

**(4) Wird nach der Verkündung, jedoch vor dem Inkrafttreten dieses Gesetzes über einen Bauantrag entschieden, so kann die Bauherrin oder der Bauherr verlangen, dass der Entscheidung die Vorschriften dieses Gesetzes zugrunde gelegt werden.**

**Anmerkungen** (Autor: Heintz)

1 Die Vorschrift betrifft das **Inkrafttreten der BauO NW 1995** und das **Außerkrafttreten der BauO NW 1984** und der dazu ergangenen **Freistellungsverordnung**. Insoweit sind die **Absätze 1** und **2** durch Zeitablauf **gegenstandslos** geworden (zu den Absätzen 1 und 2 s. die Anmerkungen der 9. Auflage zu § 90 Rdn. 1–5). Der Gesetzgeber der BauO NW 1995 hat den rechtstechnischen Weg der **Verkündung eines neuen Gesetzes unter gleichzeitiger Aufhebung des Vorgängerrechts** gewählt, weil das neue Bauordnungsrecht in vielfacher Hinsicht mit dem älteren Recht nicht mehr übereinstimmte und auch eine neue Paragraphenfolge erforderlich wurde.

2 Die Vorschriften der **Absätze 3** und **4** betreffen den **Übergang von der BauO NW 1984 zur BauO NW 1995** und sind durch Zeitablauf **gegenstandslos** geworden. Sie entfalteten ihre Rechtswirkung nur in Bezug auf ältere, nicht abgeschlossene Verfahren (s. die Anmerkungen der 9. Auflage zu § 90 Rdn. 6–10), die inzwischen beendet sind.

3 Im **Verhältnis zwischen** den älteren Regelungen der **BauO NW 1995** und den neuen der **BauO NRW 2000** waren auf **eingeleitete Verfahren** die Vorschriften des **§ 90 Abs. 3 und 4 BauO NW 1995 nicht anzuwenden.** Über entsprechende Anträge war nach **Artikel III Abs. 2 und 3** des **Zweiten Gesetzes zur Änderung der Landesbauordnung** vom 9. 11. 1999 (GV. NRW. S. 622) zu entscheiden (s. die Anmerkungen der 10. Auflage zu Artikel III). Auch diese Verfahren dürften inzwischen abgeschlossen sein.

# § 91
## Berichtspflicht

**Die Landesregierung berichtet dem Landtag bis Ende 2009 über die Notwendigkeit und Zweckmäßigkeit der Regelungen der Bauordnung.**

**Anmerkungen** (Autor: Heintz)

Die Vorschrift geht auf das **Vierte Gesetz zur Befristung des Landesrechts Nordrhein-Westfalen** (Viertes Befristungsgesetz – Zeitraum 1996 bis Ende 2000) vom **5. 4. 2005** (GV. NRW. S. 332) zurück. Durch **Artikel 91** dieses Gesetzes wurde ein neuer **§ 91 – Berichtspflicht** der BauO NRW angefügt, nach dem die Landesregierung dem Landtag bis Ende 2009 über die Notwendigkeit und Zweckmäßigkeit der Regelungen der Bauordnung zu berichten hat. 1

Mit den Befristungsgesetzen wurde das gesamte Landesrecht entweder zeitlich begrenzt oder aber mit einer Berichtspflicht der Landesregierung versehen. Da die Landesbauordnung zu den Rechtsvorschriften gehört, die **auf Dauer benötigt** werden, kam nur eine **Berichtspflicht** in Betracht. 2

## Stichwortverzeichnis

Die **fett** gedruckten **Zahlen** beziehen sich auf die **Paragraphen** der BauO NRW, der **fett** gedruckte Buchstabe **E** steht für Einleitung, die mager gedruckten Zahlen auf die jeweilige Randnummer der Kommentierung.


**A**

Abbau präventiver Prüfungen **E**/2
Abbruch- und Beseitigungsmaßnahmen **65**/167 ff.
Abbruch **3**/93–96
Abbruchgebot **E**/74, 76
Abfallbehälter (bewegliche) **47**/6–8
Abfallbeseitigung **2**/62; **47**/1–8
Abfallsammelräume **46**/20–24
Abfallschächte **46**/1 ff.
– Anforderungen an vorhandene **46**/12–19
– Verbot der Neuerrichtung **46**/6–11
Abfertigungsgebäude (von Flughäfen und Bahnhöfen) **54**/13
Abgasanlagen **43**/8
Abgasleitungen **43**/14
Abgeschlossenheitsbescheinigung **49**/51–52, 57–59
Abgeschlossenheitsgebot
– bauordnungsrechtliches **49**/7–9
– wohnungseigentumsrechtliches **49**/41–46
Abgrabung
– als bauliche Anlage **2**/56, 58
– als freigestelltes Vorhaben **65**/134 ff.
– im Abstandflächenrecht **6**/206–208
Ablösung der Stellplatzpflicht
– als Surrogat (Ersatz) der Herstellung **51**/86–90
– Festlegung der Höhe (durch Satzung) **51**/104–106
– Form und Durchführung **51**/99–103
– Frist zur Mittelverwendung **51**/118–119
– gruppennützige Verwendung **51**/115–117
– Rückforderung **51**/120–122
– Vertrag **E**/26; **51**/99
– Verwendung **51**/107–119
– Voraussetzungen **51**/91–98
– Zweckbindung **51**/109–114
Abnahme (im Bauvertragsrecht) **82**/2
Abrundung (im Zusammenhang bebauter Ortsteile) **E**/76, 88
Abschottung **17**/12
Abschreibung (als zivilrechtlicher Teilungsvorgang **8**/12, 15
Absperreinrichtungen **45**/16
Absperrvorrichtungen **42**/6
Abstände **6**/35–37
– aus Brandschutzgründen **6**/36

– aus Gründen des Gesundheits- und Nachbarschutzes **6**/36
– aus Gründen des Immissionsschutzes **6**/27
– nach dem Landschaftsrecht (zu Gewässern) **6**/37
– nach dem Straßenrecht (zu klassifizierten Straßen) **6**/37
Abstandflächen (Legaldefinition) **6**/70
– Anordnung der (vor der Außenwand) **6**/76
– aus wohnhygienischen Gründen **6**/78
– bei nachträglichen Grenzänderungen **8**/25
– Darstellung (zeichnerische) **6**/62–68
– Erfordernis **6**/69–76
– Grundforderung/Grundregel **6**/26, 69–70
– Grundzüge des Systems **6**/25–34
– Lage der **6**/76, 170–184, 193
– Mindestanforderungen **6**/24, 32
– nachbarschützender Charakter **6**/39 48 a; **74**/57–58
– Tiefe der **6**/85, 230–245
– Überdeckungsverbot **6**/185–190
– von Sonderbauten **6**/35
– Vorrang des Bauplanungsrechts **6**/29, 52, 77–81,
– zentimeterscharfe Konzeption **6**/34, 42
Abstandflächenbaulast **6**/182; **83**/33, 79–81
Abstandflächenrecht (Entwicklung und Systematik) **6**/1–68
– im Bundes- und Landesrecht **6**/9–14,
– im preußischen Baupolizeirecht **6**/2–8
– im sonstigen öffentlichen Recht **6**/35–37
– im Verhältnis zum Nachbarrechtsgesetz NRW **6**/56–61
– nachbarschützende Funktion **6**/39 ff.
– nach der BauO NW 1962/1970 **6**/14
– nach der BauO NW 1984 **6**/19
– nach der BauO NW 1995 **6**/01, 20
– nach der BauO NRW 2000 **6**/02, 20
– nach der MBO 1960 **6**/11–13
– nach der MBO 1981 **6**/19
– nach der MBO 2002 **6**/21–24
Abstandflächensatzung (als örtliche Bauvorschrift) **6**/32; **86**/37–38
Abstandflächensystem (nach der BauO NRW) **6**/25–34
Abstandflächenübernahme (durch Baulast) **6**/179–184
Abstandflächenverordnung (von 1970) **E**/94; **6**/14–15
Abstandserlass **6**/27; **18**/27
abstandrechtlich begünstigte Gebäude (an Nachbargrenzen) **6**/275–298
abstandrelevante Anlagen **6**/74, 270–274
Absteckungspflicht (vor Baubeginn) **75**/180–187
Abstellplätze **2**/65; **65**/92–94
Abstellräume **6**/285; **49**/23–24
Abstellverbote für Kraftfahrzeuge **5**/17–18
Abwasser (Definition) **45**/3-5
Abwasseranlagen **45**/1 ff.; **66**/11
Abwasserbehandlungsanlagen **65**/52

Abwasserbeseitigung **4**/54 ff.; **45**/1 ff.
– als Erschließungsvoraussetzung **4**/55–59
– über Abwassergruben **4**/73–75
– über Kleinkläranlagen **4**/68–72
– über Sammelkanalisation **4**/60–63
Abwasserbeseitigungskonzept **4**/62
Abwasserbeseitigungspflicht **4**/60, 76–80
Abwasserbeseitigungsplan **4**/61
Abwassereinleitung **4**/69, 76, 81
Abwassergrube **4**/73–75; **45**/12
Abwasserleitungen **45**/14 ff.
– Anforderungen an **45**/14–17
– Dichtheitsprüfung **45**/18–27
abwehrender Brandschutz **17**/8–9
Abwehrrechte des Angrenzers **74**/4–5
abweichende Bauweise **6**/10, 126–131
Abweichung **73**/1 ff.
– bei atypischem Grundstückszuschnitt **6**/183
– im vereinfachten Genehmigungsverfahren **68**/64–65; **73**/44
– im Zustimmungsverfahren **80**/23–24
– materielle Voraussetzungen **73**/6–19
– selbständige **73**/29–32
– unselbständige **73**/24–28
– von Abstandflächenvorschriften generell **6**/34
– von allgemein anerkannten Regeln der Technik **3**/68–72
– von der geschlossenen Bauweise **6**/124–125
– von der offenen Bauweise **6**/117–118
– von nachbarschützenden Vorschriften **74**/3
– von Ortssatzungen **86**/68–70
Adressat (der Ordnungsverfügung) **61**/30–33
Altan **6**/267
ändern/Änderung **3**/23–24
– baulicher Anlagen im Abstandflächenrecht **6**/315
– der äußeren Gestaltung **65**/157
– der Benutzung (Nutzungsänderung) **3**/97–107
– der Geländeoberfläche **9**/71–83
Ahndung von Ordnungswidrigkeiten **84**/4, 6–8, 35–37
allgemein anerkannte Regeln der Technik **3**/55–72
allgemeine Anforderungen **3**/1–4
Allgemeine bauaufsichtliche Zulassung **21**/1 ff.
– Geltungsbereich **21**/23–24
– materielle Voraussetzungen **21**/9–10
– Rechte Dritter **21**/21–22
– Rechtsschutz bei Ablehnung **21**/19–20
– Verfahren **21**/13–18
– Wirkungen **21**/11–12
– Zuständigkeit **21**/8
Allgemeine Verordnung zur Landesbauordnung (frühere) **E**/94

Allgemeines bauaufsichtliches Prüfzeugnis **22**/1 ff.
– Anwendungsbereich **22**/6–9
– materielle Voraussetzungen **22**/11
– Rechtsnatur und Wirkung **22**/12
– Verfahren **22**/13–19
– Zuständigkeit **22**/10
allgemein zugänglicher Flur **38**/1
Altablagerungen **16**/48
Altenheime **55**/24
Altenpflegeheime **55**/24
Altenteilerhäuser **E**/76
Altenwohnheime **55**/24
Altenwohnungen **55**/24
Altlasten **16**/48
Altlastenkataster **16**/45
Altlastenproblematik **16**/43
Altlasten-Verdachtsflächen **16**/48
am Bau Beteiligte **56**/1 ff.
amtlicher Vermessungsnachweis **81**/42
Amtshaftungsansprüche **75**/70–80
Amtspflichtverletzungen **E**/29; **75**/70 ff.
Anbauten **35**/27–29
Anbauverpflichtung **6**/163
andere Anlagen und Einrichtungen **1**/37–38
Anfechtungsklage **75**/53, 59
Angrenzer (Begriff) **74**/8–11
Angrenzerbeteiligung **74**/1 ff.
– Art und Weise der Beteiligung **74**/17–23
– Bedeutung der Vorschrift **74**/5–7
– Rechtsfolgen **74**/24–26
– Voraussetzungen **74**/12–16
– Zustellung der Abweichungsentscheidung **74**/27–29
Anlagen
– abstandrelevante **6**/74, 270–274
– bauliche **1**/25–26
– bestehende **87**/1 ff.
– betretbare (abstandrechtlich) **6**/273
– der Außenwerbung (Definition) **13**/1 ff.; **13**/77–87
– des öffentlichen Verkehrs **1**/45 ff.
– die der Bergaufsicht unterliegen **1**/120 ff.
– für feste Abfälle **47**/2
– immissionsschutzrechtliche **2**/6
– nicht betretbare, höher als 2 m (abstandrechtlich) **6**/272
– wasserrechtliche **2**/7
– zur Gewinnung von Solarenergie (abstandrechtlich) **6**/293
– zur Verteilung von Wärme **43**/15
– zur Warmwasserversorgung **43**/16
Anordnen/Anordnung (baulicher Anlagen) **3**/15–19

Anpassung an geltendes Recht **87**/10–24
Anrechnung (abstandrechtlich von Giebeln, Dachflächen) **6**/209–226
Ansiedlungsgenehmigung (nach preußischem Recht) **E**/46
Antennenanlagen
– als freigestellte Anlagen **65**/78
– auf Grenzgaragen (abstandrechtlich) **6**/293
Antennenträger (ortsveränderliche) **65**/81
Antragskonferenz **72**/93
Anwendungsbereich (des Bauordnungsrechts) **1**/21 ff.
andere Anlagen und Einrichtungen **1**/37–38
Anzeige
– bei Schädlingsbefall **16**/56–57
– bestimmter Bauarbeiten **82**/18–23
– der Errichtung einer Kleingarage **63**/11 b, 11 f–11 g
– des Baubeginns **75**/191–195
– einer Nutzungsänderung **63**/11 b–11 d
von Teilfertigstellungen **82**/20–21
Anzeigeverfahren nach dem Bürokratieabbaugesetz I **63**/11–11 g
Architekten **70**/20–21
Archivierung (von Bauakten) **75**/199–201
Asbest **14**/18; **16**/30
Asbestfaserstäube **14**/18
asbesthaltige Bauprodukte **14**/18
Asbest-Richtlinie **14**/18; **16**/32
Atomanlagen **65**/55–56
Aufbaugesetz **E**/55–57
Aufenthaltsräume **2**/219 ff.; **48**/1 ff.
– Beispiele für **2**/228–234
– Eignung **2**/223–227
– im Planungsrecht **2**/220
– in Kellergeschossen **48**/20–26
– ohne Fenster **48**/16–19
– Zweckbestimmung **2**/222
Aufgabenbereiche der Bauaufsicht **1**/10–17
Aufschüttung **2**/56–57; **65**/134; **68**/58
Aufstell- und Bewegungsflächen für die Feuerwehr **5**/11
Aufstellräume für Feuerstätten **43**/25, 46 ff.
Aufteilungsplan (nach Wohnungseigentumsrecht) **49**/51–56
Aufzüge **39**/1 ff.; **55**/28
Aufzugsschächte **39**/14–20
Aufzugsverordnung **39**/8
Ausführungsbeginn (Baubeginn) **75**/177 ff.
Ausführungsgenehmigung für Fliegende Bauten **79**/15–27
Ausgang ins Freie **37**/23 ff.
Ausnahmen vom Anwendungsbereich der BauO NRW **1**/42 ff.
– Anlagen, die der Bergaufsicht unterliegen **1**/120 ff.
– Kräne **1**/158–160
– Leitungen für die öffentliche Ver- und Entsorgung **1**/130–153

– öffentliche Verkehrsanlagen **1**/45 ff.
– Rohrleitungen für den Ferntransport von Stoffen **1**/154–157
Ausnahmen **73**/3–5
Außenbereich **E**/76, **6**/156
Außenbereichssatzung **E**/81–82; **E**/88
Außentreppe **37**/6
Außenwand
– abstandflächenauslösend **6**/73,
– aus Wandteilen unterschiedlicher Höhe **6**/202–203
brandschutztechnische Anforderungen **29**/10–15; **37**/7 ff.
des Treppenraums **37**/7 ff.
– gegliedert **6**/194
gestaffelt **6**/202
Außenwand-Gasfeuerstätten **43**/7
Ausstellungsbauten **54**/57
Ausstellungsplätze **2**/65; **65**/92–94
Austritt **40**/9
Auswahlermessen **61**/44–47
Auswechseln (gleichartiger Teile haustechnischer Anlagen) **65**/162
Auswechseln (von Belägen auf Sport- und Spielflächen) **65**/164

**B**
Bäder **50**/1 ff.
Bahnhöfe **54**/13
Balkon **6**/267; **29**/6
Bau- und Raumordnungsgesetz **E**/86–89
Bauantrag **69**/1 ff.
– als Genehmigungsvoraussetzung **69**/9–11
– Behandlung **72**/1 ff.
– Bestimmung des Inhalts **69**/4–8
– Gebühren **69**/17–20
– mitenthaltene Entscheidungsbegehren **69**/36–39
– nachträglicher **69**/12–14
– Schriftform **69**/40–48
– Unterschriften **69**/84–87
– Vervollständigung **72**/61–67
– Vordrucke zum Verfahren **69**/40–48
– Vorprüfung **72**/51–53
– Wiederholung **69**/15–16
– Zurückweisung **72**/64–73
– Zustimmung des Grundstückseigentümers **69**/88–90
Bauanzeigeverordnung (frühere) **E**/94
Bauarten **2**/258–260; **24**/1 ff.
Bauaufsichtsbehörde **60**/1 ff.
– Aufgaben der **60**/11–14; **61**/9–14
– Befugnisse der **61**/15 ff.
– Bestimmung der zuständigen **60**/3–10
– personelle Besetzung der **60**/15–21

Bauaufsichtsrecht **E**/11
Baubeginn (Ausführungsbeginn) **75**/177 ff.
– Anzeigepflicht im Genehmigungsverfahren **75**/191–195
– im Anzeigeverfahren nach dem Bürokratieabbaugesetz I **63**/11 b, 11 d
– in der Genehmigungsfreistellung **67**/26–27
Baubeschreibung **69**/47
Baubude (als untergeordnetes Gebäude) **53**/12
Baudienststelle **80**/3–4
Bauen ohne oder mit geringem Grenzabstand **6**/80, 157–161
baufälliges Gebäude (abstandrechtlich) **6**/28
Baufenster (als überbaubare Grundstücksfläche) **6**/88–89
Baufluchtlinie **6**/2
Baufreigabeschein (in Baden-Württemberg/Sachsen) **75**/83
baufreigebende Wirkung der Baugenehmigung **75**/177–179
Baufreiheit (als Ausfluss der Eigentumsgarantie) **1**/5–9, **75**/9–10
Baugebot **E**/74–76; **69**/14
Baugenehmigungsbedürftigkeit **63**/1–2
Baugenehmigung **75**/1 ff.
– Anspruchsgrundlage **75**/9–12
– Antragsgebundenheit **75**/18–25
– Archivierung **75**/199–201
– baufreigebende Wirkung **75**/177–179
– begünstigende und belastende Wirkung **75**/26–31, 177–179
– Benachrichtigungspflichten **75**/172–176; **75**/196–197
– Bestandskraft **75**/32–44
– Bindungswirkungen **75**/45–50
– dingliche Wirkung **75**/160–164
– Erlöschen **77**/4–11
– feststellender Teil **75**/1–8
– verfügender Teil **75**/37
– Gegenleistungen **75**/13–17
– Geltungsdauer **77**/4–11
– Rechtsnatur **75**/1–50
– rechtwidrige **75**/41
– Rücknahme **75**/33; **75**/40
– Sachbezogenheit **75**/160–164
– Verlängerung der Geltungsdauer **77**/12–16
– Vorbehalte **75**/168–171
– Widerruf **75**/33; **75**/39
Baugesetzbuch **E**/77
Baugestaltungsrecht **12**/1–4
Baugrenze **6**/86–97
Baugrundstück **4**/88
Bauhandwerkermeister **70**/8
Bauherr **57**/1 ff.
– Kostentragungspflicht **57**/45–48
– Pflichten im Baugenehmigungsverfahren **57**/14–24, 41–44
– Pflichten in der Genehmigungsfreistellung **57**/39–40; **67**/45–58

Bauingenieure **70**/22–34
Baukammerngesetz (Änderung) **89**/1 ff.
Baulast **83**/1 ff.
– Entstehung **83**/1–5
– Hauptanwendungsfälle **83**/33–34
– für Abstandflächen **6**/11, 179–184
– Lageplan zur Verpflichtungserklärung **83**/71–81
– Verzicht **83**/57–63
– Wirkung **83**/48–53
– zulässiger Inhalt **83**/20–32
Baulastenverzeichnis **83**/64–67
Baulasterklärung **83**/54–56
Bauleiter **59 a**/1 ff.
– Überwachungspflicht **59 a**/10–13
– Weisungsrecht **59 a**/14–15
Bauleitplanung, zweistufige **E**/66
bauliche Änderung (abstandrechtlich) **6**/315
bauliche Anlagen **2**/4 ff.
– Abgrenzung zur Maschine **2**/37–41
– Anforderungen an bestehende **87**/1 ff.
– auf Messe- und Ausstellungsgeländen **65**/132
– für Straßenfeste, Märkte **65**/129
– Herstellung aus Bauprodukten **2**/31–34
– im Bauordnungsrecht **2**/27 ff.
– im Baurecht **2**/4–8
– im Denkmalrecht **2**/20–22
– im Naturschutz- und Landschaftsrecht **2**/23–26
– im Planungsrecht **2**/9–14
– im Straßenrecht **2**/16–19
– Ortsfestigkeit **2**/43–54
– unbedeutende **65**/149
– Verbindung mit dem Erdboden **2**/29–30
bauliche Anlagen und Räume besonderer Art oder Nutzung **54**/1
bauliche Anlagen und Räume von großer Ausdehnung **54**/49
Baulinie **6**/86–97
Baulinienzwang (nach preußischem Baurecht) **6**/6
Baulückenschließung (abstandrechtlich) **6**/323
Baumaschinenlärm-Verordnung **14**/24
Baumschutzsatzung **9**/24–25; **12**/12; **14**/35
Baunebenrecht **E**/4; **69**/38; **75**/8
Baunutzungsverordnung **E**/65, 79
Bauordnungsrecht **E**/20–21, 39
Bauplanungsrecht **E**/20–21, 65–68
Baupolizeirecht **E**/38, 44–48, 62
Baupolizeiverordnung **E**/47, 58; **6**/3
Bauprodukte **2**/253–257
– allgemeine Anforderungen an **20**/10–12
– Anforderungen an Hersteller **20**/43, 44

– besondere **20**/45–49
– harmonisierte **20**/19–26
– national geregelte **20**/13–15
– nicht geregelte **20**/35
– Sanktionen **20**/54
– sonstige **20**/16–18
– unberechtigte Kennzeichnung **61**/118–120
Bauproduktengesetz **2**/246–248
Bauproduktenrecht **E**/20
Bauprodukten-Richtlinie **2**/246–248
Baurecht **E**/22–25
– Spezialisierungstendenz **E**/40–43
– als Einheit (in früheren Rechtsordnungen) **E**/22
Bauregelliste A **vor 20–28**/44; **20**/30–34
Bauregelliste B **vor 20–28**/45; **20**/50–53
Bauschein **75**/129–137
Baustelle **14**/1 ff.
– Abwehr von Gefahren **14**/13–21
– Schutz der Allgemeinheit **14**/26–27
– Schutz von Bepflanzungen **14**/32–37
– Vermeidung von Belästigungen **14**/22–25
Baustelleneinrichtung **14**/6; **65**/126
Baustellenschild **14**/28–31
Baustellensicherheitsrichtlinie **14**/9
Baustoffe **2**/32
– brennbare **17**/37
– brennend abtropfende **17**/38
– leicht entflammbare **17**/37, 46
– nicht brennbare **17**/36
– normal entflammbare **17**/37
– schwer entflammbare **17**/37
Bautagebuch **81**/58
bautechnischer Verwaltungsdienst **70**/34
bautechnische Nachweise **68**/37 ff.
– im vereinfachten Genehmigungsverfahren **68**/37–59
– in der Genehmigungsfreistellung **67**/34–39
– Koordinierung mit den Bauzeichnungen **75**/132–134
Bauteile **2**/120–126
– gemeinsame **15**/25–29
– nicht tragende **65**/39
– tragende **65**/154
Bauüberwachung **81**/1 ff.
– Begriff der **81**/1–3
– Beschränkung auf Stichproben **81**/28–31
– durch staatlich anerkannte Sachverständige **81**/32–37
– Gebühren für **81**/10–15
– Umfang der **81**/16–27
– Verzicht auf **81**/38–39

Bauvorlageberechtigung **70**/1 ff.
– der Architekten **70**/20–21
– der Bauingenieure **70**/22–27
– der Innenarchitekten **70**/28–33
– der juristischen Personen des öffentlichen Rechts **70**/40–41
– des bautechnischen Verwaltungsdienstes **70**/34–35
– Nachweis und Prüfung **70**/36–39
Bauvorlagen **69**/49 ff.
– Anforderungen an **69**/60–71
– erforderliche **69**/49–59
– für unterschiedliche Antragsarten **69**/26–29
– in der Genehmigungsfreistellung **67**/10
– Nachreichen einzelner **69**/76–83
– Papierqualität und Format **69**/66–67
– Zeichen, Darstellungen, Maßstab **69**/72–75
– zum Teilungsantrag **8**/51–54
– zur Verpflichtungserklärung **83**/71–82
Bauwerksrecht **E**/20
Bauweise **6**/108–111
– abweichende **6**/10, 126–131
– geschlossene **6**/7, 119–125
– halboffene **6**/128
– offene **6**/7, 30, 111–118
– prägende (nach § 34 BauGB) **6**/153–154
Bauwich (nach früherem Abstandflächenrecht) **6**/7, 9–12
Bauzeichnungen
– als Inhaltsbestimmung der Baugenehmigung **69**/30
– Paperqualität und Format **69**/66–67
– schwarzweiße und farbige Darstellung **69**/68–71
– Zeichen, Darstellungen, Maßstab **69**/72–75
– zu einer Verpflichtungserklärung **83**/82
Bauzustandsbesichtigung **82**/1 ff.
– als Teil der Bauüberwachung **82**/14–17
– Bescheinigung über die **82**/39, 53
– Ergebnis **82**/38
– Kontrollen staatlich anerkannter Sachverständiger **82**/35–36
– Prüfung durch Sachverständige **82**/45–48
– zur Fertigstellung des Rohbaus **82**/25–30
– zur abschließenden Fertigstellung **82**/31–34
Beamtensiedlungsverordnung **E**/49
Bebauungsplan
– als Element der zweistufigen Bauleitplanung **E**/66
– qualifizierter **6**/9
Bebauungstiefe **6**/86–97
Bedachung **35**/2
Befreiungen **73**/3–5
Befugnisse
– anderer Behörden **61**/99 ff.

| | |
|---|---|
| – der Bauaufsichtsbehörden | **61**/9 ff. |
| Begriffe (Definitionen) | **2**/1 ff. |
| Begründung (der Baugenehmigung) | **75**/141–144 |
| Begrünung | **9**/14–16 |
| Behälter | **65**/49; **66**/9 |
| Behelfsbauten | **53**/4 ff.; **65**/30; **68**/54; **70**/17 |
| Beherbergungsbetriebe | **54**/63 |
| Beherbergungsstättenverordnung | **54**/63 |
| behinderte Menschen | **55**/6 |
| Behindertenaufzug | **39**/10, 22 |
| Bekleidungen | **6**/309–310; **17**/44 ff.; **37**/23 ff.; **38**/22 |
| Belästigungen | **3**/9, 32 |
| Belichtung (als Schutzziel des Abstandflächenrechts) | **6**/16 |
| Beleuchtung (von Treppenräumen) | **37**/49 |
| Belüftung | |
| – als Schutzziel des Abstandflächenrechts) | **6**/17 |
| – künstliche | **42**/1 ff. |
| Benachrichtigung der Angrenzer | **74**/17–20 |
| Benutzbarkeit baulicher Anlagen | **82**/49–54 |
| Benutzungsgenehmigung | **E**/94 |
| Bepflanzung | **9**/17–25 |
| Bergaufsicht | **1**/120 ff. |
| Berichtspflicht der Landesregierung | **91**/1–2 |
| Berufshaftpflichtversicherung | **70**/05 |
| Berufung | **75**/60–61 |
| Beschattung (abstandrechtlich) | **6**/48 |
| – Bescheinigungen | |
| – des Bezirksschornsteinfegermeisters | **66**/16–17 |
| – des Sachverständigen oder Unternehmers | **66**/13–15 |
| – des staatlich anerkannten Sachverständigen | **72**/104–114 |
| Beseitigung | **61**/67–76 |
| besondere Anforderungen (bei Sonderbauten) | **54**/15–17 |
| besondere Personengruppen | **55**/1 ff. |
| Besonnung (abstandrechtlich) | **6**/48 |
| Bestandsgarantie | **E**/35 |
| Bestandsschutz | **E**/36; **75**/105 ff. |
| – aktiver | **75**/119–128 |
| – aus eigentumsrechtlich verfestigte Anspruchspositionen | **75**/106–107 |
| – im Abstandflächenrecht | **6**/28, 44–46 |
| – passiver | **75**/109–118 |
| – überwirkender | **75**/122–128 |
| Bestandsverzeichnis (der Grundstücke im Grundbuch) | **1**/30 |
| bestehende Anlagen und Einrichtungen | **87**/1 ff. |
| – Anpassung an geltendes Recht | **87**/10–24 |
| – Anpassung bei konkreter Gefahr | **87**/10–19 |
| – Anpassung bei wesentlicher Änderung | **87**/20–24 |

Beteiligung
- der Angrenzer in der Genehmigungsfreistellung **67**/41
- der Gemeinde in der Genehmigungsfreistellung **67**/25–30
- der Gemeinde im Baugenehmigungsverfahren **72**/74–76
- von Behörden im Genehmigungsverfahren **72**/91–94

betretbare Anlage (abstandrechtlich) **6**/273
Betretbarkeit (als Gebäudemerkmal) **2**/116
Betretungsrecht der Bauaufsichtsbehörden **61**/123–133
Betriebsbeschreibung **69**/47
Bewehrungs- und Schalungspläne **15**/13
Bewertungsgesetz **1**/28, 31
Bezirksschornsteinfegermeister **43**/57
Bezugslinie / Bezugspunkte für die Wandhöhe
- bei Gebäuden 6/195–205
- bei Garagen **6**/289–291

Bienenwagen (als bauliche Anlage) **2**/49
Bindungswirkung
- der Teilungsgenehmigung **75**/102–103
- der Zusicherung **75**/104
- des Vorbescheids **71**/5–14; **75**/100–101

Blitzschutzanlagen **17**/58–60; **65**/82
Blockkraftheizwerke **43**/18
Bodenbelastungsproblematik **16**/43; 50 ff.
Bodenverkehr **E**/51
Bolzplätze **2**/84
Brandschau **54**/49
Brandabschnitte **17**/13; **32**/2
Brandabschnittsfläche **32**/2
Brandabschottungseinheiten **17**/13
Brandbekämpfung
- als Schutzziel des Abstandflächenrechts **6**/18
- im abwehrenden Brandschutz **17**/8–9
- mit Löschwasser **17**/23; **44**/16–19

Brandbekämpfungsabschnitt **17**/13; **30**/4 a; **32**/4; **33**/12
Brandschau **81**/4
Brandschutz **17**/4 ff.
- vorbeugender **17**/5–7
- abwehrender **17**/8–9
- als Schutzziel des Abstandflächenrechts **6**/18, 26

Brandschutzbeauftragter **54**/45
Brandschutzklassen **32**/4
Brandschutzkonzept **54**/8, 46; **58**/33–40; **69**/58–59
Brandmauer (Vermeidung freistehender im Baupolizeirecht) **6**/8
Brandwand **vor 29–35**/9; **33**/1 ff.
- durchgehende **33**/7
- Führung der **33**/12–17

– „über Eck“ **33**/23–24
– versetzte **33**/8–10
Brauchwasser **4**/44
Brauchwasserversorgungsanlagen **44**/5
Brennbarkeit der Baustoffe **17**/31–39
Brennstoffbehälter **43**/22
Brennstoffe **43**/21
Brennstofflagerräume **43**/23
Brennstofflagerung **43**/63 ff.
Brennwert-Feuerstätten **43**/4
Brücken **65**/73
Brunnenanlagen **65**/143
Brunnen **65**/146
Brüstungen **38**/13
Buchgrundstück **1**/29–30
Bundesbaugesetz **E**/65
Bundes-Bodenschutzgesetz **16**/43
Bundes-Immissionsschutzgesetz **E**/41
Bundesvorhaben **80**/3–4
Bürogebäude **54**/58
Bürokratieabbaugesetz I **63**/11–11 a; **72**/39 a–39 i
Bürokratieabbaugesetz II **75**/51–51 a
Bußgeldtatbestände **84**/32 ff.
Bußgeldhöhe **84**/58–59
Bußgeldverfahren **84**/9–15

**C**

Camping- und Wochenendplätze **2**/69–75; **54**/69; **65**/28
Camping- und Wochenendplatzverordnung **54**/69
Carport **2**/240; **6**/283
CE-Kennzeichnung **2**/252; **vor 20–28**/55–59; **20**/27–29

**D**

Dachaufbau **35**/24–26
Dachgaube **6**/214–217; **40**/10
Dachfläche (im Abstandflächenrecht) **6**/209–211
Dachgeschoss **2**/205–215
Dachraum **29**/1 ff.
Dachterrasse (im Abstandflächenrecht) **6**/200, 215, 265, 277
Dachtragwerk **35**/2
Dachvorsprünge **35**/23
Dächer **35**/1 ff.
– Anforderungen an die Feuerwiderstandsdauer **35**/15–21
– an Verkehrsflächen **35**/32–33
– von Anbauten **35**/27–31
Dämmstoffe **38**/22
Darstellung
– im Lageplan **69**/72

– in den bautechnischen Nachweisen **69**/75
– in den Bauzeichnungen **69**/74
– von Abstandflächen **6**/62–68
Dauerhaftigkeit baulicher Anlagen **16**/1
Decken **34**/1 ff.
– im Dachraum **34**/6
– Öffnungen in **34**/9–14
– über Kellergeschossen **34**/4–5
Denkmäler **65**/143
Deregulierung **E**/4
Deutsches Institut für Bautechnik (DIBt) **2**/250
DIBt-Abkommen **vor 20–28**/42
Dichtheitsprüfung von Abwasserleitungen **45**/18–27
dichtschließende Türen **17**/16; **37**/44
Dispensvertrag **E**/26
Doppelhaus (in der offenen Bauweise) **2**/127–138; **6**/113–115
Doppelparker/Doppelstockgarage **6**/291
Drittwidersprüche (-klagen) **75**/63–69
Duldung (baurechtswidriger Zustände) **61**/75–76
Duldungsverfügung **61**/75
Dungstätten **52**/16–21
Durchführungsvertrag **E**/26
Durchlässe **65**/73

**E**

EG-Architektenrichtlinie **E**/96; **2**/246–248
EG-Bauproduktenrichtlinie **E**/96; **2**/246–248
EG-Baustellensicherheitsrichtlinie **14**/9
Eigentum **E**/30
– Bestandsgarantie **E**/31, 35
– Institutsgarantie **E**/31
– Inhalts- und Schrankenbestimmung **E**/33
– Schutzumfang **E**/32
Eigenverantwortlichkeit des öffentlichen Bauherrn **80**/28–29
Eigenversorgungsanlage (für Wasser) **4**/51
Eignung von Baugrundstücken **16**/34–55
Einbauten **37**/27 f.
Einfamilienhaus **2**/134
Einfriedungen **6**/299–300; **10**/1 ff.; **65**/61, 70, 99, 177
Einfügung (in die Eigenart der näheren Umgebung) **6**/51
Eingriffsbefugnisse der Bauaufsichtsbehörden **61**/1 ff.
– Adressaten von Ordnungsverfügungen **61**/30–33
– Beseitigungsanordnung **61**/67–76
– Einstellung der Bauarbeiten **61**/56–61
– Nutzungsuntersagung **61**/62–66
Eingriffsregelung (naturschutzrechtliche) **E**/40, 84; **9**/22
Einheitsbauordnung für Städte (preußische) **E**/47–48

Einigungsvertrag **E**/83
Einrichtungen (bestehende) **87**/1 ff.
einschiebbare Treppen **36**/15 f.
Einsicht ins Baulastenverzeichnis **83**/68–70
Einsichtnahmerechte der Bauaufsichtsbehörden **81**/46–50
Einstellung der Bauarbeiten **61**/56–61
Einvernehmen der Gemeinde **72**/35–42; **80**/20–22; **86**/68–70
Einzelhaus (in der offenen Bauweise) **2**/127–138; **6**/111–114
Eisenbahnen **1**/72–85
Elektrosmog **16**/26
Emporen **36**/11
Energieeinsparungsgesetz **18**/5
Energieeinsparungsrecht **E**/20; **18**/3–13
Energieeinsparverordnung **18**/5–6; **43**/36
Energieleitungen **65**/47
Enteignung **E**/34
Entprivilegierung (als Nutzungs- und Funktionsänderung) **2**/116
Entschließungsermessen **61**/38–43
Entwässerungsanlagen **45**/1 ff.
Entwurf eines Deutschen Baugesetzbuches **E**/51
Entwurf eines Reichsstädtebaugesetzes **E**/50
Entwurf eines Wiederaufbaugesetzes **E**/55
Entwurfsverfasser **58**/1 ff.
– Eignung **58**/11–14
– Verantwortlichkeit **58**/15–22
Erdgeschoss
– als Unterbegriff des Geschosses **2**/104
– im Abstandflächenrechtlich **6**/262
– in der Umgangssprache **2**/186
Erdgeschossfußboden
– als Bezugspunkt der Höhenlage **2**/175
– als Bezugspunkt der Vollgeschossigkeit **2**/194–199
erdgeschossige Behelfsbauten **53**/16
Erhaltungssatzung **12**/46
erhöhte Brand-, Explosions- oder Verkehrsgefahr **54**/49
Erker **6**/260
Erleichterungen (bei Sonderbauten) **54**/18–24
Ermächtigung zum Erlass von Rechtsverordnungen **85**/1 ff.
Ermessen **61**/34–47
Ermessensentscheidung bei Abweichungen **73**/17–19
errichten/Errichtung **3**/20–22
Errichtung von Kleingaragen im Anzeigeverfahren **63**/11 b, 11 f–11 g
Ersatzstromversorgungsanlage **37**/51
Ersatzvornahme **61**/87–89
Erschließung **4**/4–13
– ausreichende **4**/12
– bauordnungsrechtliche **4**/5

– funktionsgerechte Nutzbarkeit **4**/28
– gesicherte **4**/8–10
– ortsübliche **4**/11
– bauplanungsrechtliche **4**/5
– verkehrsmäßige **4**/4, 18–43
– wasserrechtliche **4**/44 ff.
Erschließungspflicht **4**/16–17
Erschließungsvertrag **E**/26; **4**/7
Erschütterungsschutz **18**/42–45
Ersetzung des gemeindlichen Einvernehmens **72**/39 a–39 i; **80**/20–22

**F**

Fachbauleiter **59 a**/18–22
Fachleute **59**/31–34
Fachplaner **58**/27–32
Fachplanungen **72**/30–34
Fachunternehmer **59**/31–34
Fahnenmasten **65**/84
Fahrgastunterstände **65**/33
Fahrradabstellplätze **51**/38–39, 71–73; **65**/90, 182
Fahrschachttüren **39**/17
Fahrzeugwaagen **65**/147
Fauna-Flora-Habitat-Richtlinie **E**/87
Fensterbrüstungen **41**/9 ff.
Fenster **40**/1 ff.
– als zweiter Rettungsweg **40**/5–11
– Reinigung **40**/2
Fernmeldeturm (im Abstandflächenrecht) **6**/229
Festsetzung (zur Abstandflächentiefe) **6**/31
Feuerlösch- und Rettungsgeräte **5**/1
Feuerschutztüren **17**/16, 18
Feuerstätte
– Begriff **43**/3
– in Abstellräumen (abstandrechtlich) **6**/298
Feuerungsanlagen **43**/1 ff.; **66**/4, 16
Feuerwiderstandsdauer der Bauteile **17**/40–43
Fiktions- und Unbeachtlichkeitsregeln **72**/77–90
Flächenbaulast **6**/68; **83**/01, 18
Flächen mit belasteten Böden **16**/49
Flächennutzungsplan **E**/66
Flachsilos **65**/49
Fliegende Bauten **79**/1 ff.
– Ausführungsgenehmigung **79**/15–27
– Gebrauchsabnahme **79**/28–33
– Mängelbeseitigung **79**/34–36
– Nachabnahmen **79**/37
– Prüfbuch **79**/6

– Verfahrensvorschriften **79**/38–39
Fluchtliniengesetz (preußisches) **6**/2
Flughäfen **54**/65
Flurkarte **69**/73
Flurstück **1**/29
Flurtrennwände **38**/8 ff.
Flüssigmistbehälter **52**/16–21
Flutlichtanlagen **65**/85
Formaldehyd **16**/29
Fortschreibung (als zivilrechtlicher Teilungsvorgang) **8**/12
Freiberufliche Tätigkeit **2**/144–146
Freisportanlagen **54**/60
Freistellung (von präventiver Prüfung) **E**/3
Freistellungsverordnung **E**/94
Fremdenverkehrssatzung **E**/78
Fristen für die Rücknahme der Genehmigung **75**/41–44
Fristen für die Vorprüfung **72**/54–60
Fristen für Einvernehmen und Zustimmung **72**/45–46
im vereinfachten Genehmigungsverfahren **68**/66–71
Fugen **17**/44 f.
Führung der Abgase **43**/48 ff.
funktionsgerechte Nutzung (im Bestandsschutz) **75**/116
Fußbodenbeläge **17**/38; **37**/23 ff.

**G**
Galerie (Empore) **2**/190; **36**/11
Garage (Begriff) **2**/239
– als abstandrechtlich begünstigtes Vorhaben **6**/75, 276, 282
– als Gegenstand von Anforderungen und Erleichterungen **54**/40, 68
– als Vorhaben in der Genehmigungsfreistellung **67**/59–61
– als von der Bauvorlageberechtigung ausgenommen **70**/17
– auf im Bebauungsplan festgesetzten Flächen **6**/102–103
– außerhalb überbaubarer Flächen **6**/101–102, 116
– Großgarage (Begriff) **2**/242
– Kleingarage (Begriff) **2**/242
– Mittelgarage (Begriff) **2**/242
– offene (Begriff) **2**/241–242
– oberirdische (Begriff) **2**/242
Garagenverordnung **51**/8; **54**/68
Gärfutterbehälter **52**/16–21
Gartengestaltung **65**/98
Gartenhofhaus (in der abweichenden Bauweise) **6**/129
Gartenlaube **65**/23
Gasaußenwandfeuerstätten **43**/52
Gasfeuerstätten **43**/53 ff.
Gaststätten **54**/63
Gebäude (im Baurecht) **2**/100–103
– als bauliche Anlage **2**/105

– als wesentlicher Bestandteil des Grundstücks **2**/100
– auf mehreren Grundstücken (grenzüberschreitend) **4**/88–90
– ausgedehnte (mit Gebäudetrennwänden) **32**/2–6
– Bauvorlageberechtigung für **70**/5
– eingeschossige (unter Brandschutzaspekten) **34**/8; **53**/9
– erdgeschossige (unter Brandschutzaspekten) **53**/9
– geringer Höhe (Begriff) **2**/151, 154–158
– im Bauordnungsrecht **2**/104–117
– im Bauplanungsrecht **2**/118–119
– in den Abstandflächen begünstigtes **6**/75, 116
– mittlerer Höhe (Begriff) **2**/151, 163
– mit Abstellraum (im Abstandflächenrecht) **6**/285
– mit versetzten Geschossen **2**/216
– mit weicher Bedachung **35**/6–10
– oberirdisches (Abstandflächen auslösend) **6**/70
– rechtmäßig bestehendes (im Abstandflächenrecht) **6**/313
– untergeordnete (unter Brandschutzaspekten) **53**/8–11
Gebäudeabschlusswand **29**/17–19; **31**/1 ff.
– Anordnung der **31**/4–9
– gemeinsame **31**/10–11
– Öffnungen in **31**/14–17
– zur Verhinderung der Brandausbreitung **6**/18
Gebäudeteil (Begriff) **2**/120–126
Gebäudetrennwand **29**/20; **32**/1 ff.
– Anordnung der **32**/2–6
– Öffnungen in **32**/8–10
Gebäudetypen **2**/150–153; **29**/2
Gebot der Rücksichtnahme **6**/24, 49–55; **74**/43–47
Gebrauchsabnahme Fliegender Bauten **79**/28–33
Gebrauchstauglichkeit **3**/44, 45, 48
Gebühren
– im Anzeigeverfahren nach dem Bürokratieabbaugesetz I **63**/11e
– im Baugenehmigungsverfahren **69**/17–20
– für die Bauüberwachung **81**/9–15
– für die Bauzustandsbesichtigung **82**/12–13c
Gefährdung des öffentlichen Verkehrs **19**/6–10
Gefahrenabwehr **3**/31–32
Gefahr **3**/33–42
gegliederte Außenwand **6**/194
geistig behinderte Menschen **55**/4
Geländeoberfläche (im Baurecht) **2**/164–166
– Bestimmung der **2**/167–168
– Festsetzung durch Bebauungsplan **2**/169–170
– Festlegung im Baugenehmigungsverfahren **2**/172–176
– im Abstandflächenrecht **6**/72, 195–205
– natürliche **2**/168
– Veränderung der **2**/171; **9**/71–83
Geltungsdauer der Baugenehmigung **77**/4–11

Geltungsdauer des Vorbescheids **71**/25–27
gemeinsame Bauteile **15**/25–29
Gemeinschaftsanlagen **11**/1 ff.
– Herstellungspflicht von **11**/11–16
– Sicherung der Herstellung **11**/19–20
– Zeitpunkt der Herstellung **11**/17–18
genehmigungsbedürftige Vorhaben **63**/4 ff.
genehmigungsfreie haustechnische Anlagen **66**/1 ff.
genehmigungsfreie Vorhaben **65**/1 ff.
– Abbruch, Beseitigung **65**/167–184
– Beachtung materiellen Rechts **65**/185–189
Genehmigungsfreistellung **67**/1 ff.
– Aufbewahrungspflichten des Bauherrn **67**/57–58
– Baubeginn **67**/28–30
– bautechnische Nachweise **67**/34–39
– Beteiligung der Gemeinde **67**/25–27
– Folgen der Nichtigkeit des Bebauungsplans **67**/62–67
– gemeindliche Erklärung **67**/31–33
– Unterrichtung der Angrenzer **67**/40–44
– Voraussetzungen der **67**/12–24
Genehmigungsvermerk (auf Bauvorlagen) **75**/139–140
Genehmigungsvorbehalt **63**/4–12
Generalklausel **3**/1 ff.
Gerätesicherheitsgesetz **E**/42; **39**/4; **43**/29 ff.
Geräuschschutz **18**/39–41
Gerüste **2**/94–97; **14**/16; **65**/123
Gesamtnennwärmeleistung **43**/10
geschlossene Bauweise **6**/7, 119–125
Geschoss **2**/185–190
– über der Geländeoberfläche **2**/185; **2**/217
– versetztes **2**/216
Geschossigkeit (von Gebäuden) **2**/177–218
Gesetzgebungskompetenz nach dem Grundgesetz **E**/59–64, **1**/1–4
gesicherte Erschließung (im Bauplanungsrecht) **4**/8–13
gestalterische Festsetzungen **86**/29–30
Gestaltung **12**/1 ff.
Gestaltungsbeiräte **12**/47
Gestaltungssatzungen **86**/11, 25
Gewächshaus **6**/284; **53**/10; **65**/31
Gewerbegebiet (im Abstandflächenrecht) **6**/240–269
Gewohnheitsrecht **E**/10
Giebelseite (im Abstandflächenrecht) **6**/201, 218–220
Glasabdeckungen **41**/4
Glasdächer **35**/24
Golfplätze **2**/79
Grabdenkmale, Grabsteine **65**/143
Grenzabstand
– als Gegenstand von Festsetzungen über die Bauweise **6**/109

– Bauen ohne oder mit geringem 6/80, 157–161
– in der abweichenden Bauweise 6/126–131
– in der offenen Bauweise 6/111
– in der geschlossenen Bauweise 6/119–120
– rückwärtiger 6/109, 129
– seitlicher 6/7, 109, 111
– vorderer 6/109, 129
Grenzänderung (nachträgliche) 6/25
Grenzbebauung 6/80
– maximale (mit abstandrechtlich begünstigten Gebäuden) 6/294
– mögliche 6/162–167
– Sicherung der wechselseitigen 6/163
– vorhandenes Gebäude als Sicherung wechselseitiger 6/166
– zwingende 6/158
Grenzgarage 6/101, 282
große Menschenansammlungen 54/49
Großgarage 2/242
Grünfläche
– als Festsetzung im Bebauungsplan 2/82, 86
– öffentliche 6/47 a, 175
Grundbuch 1/29–30
Grundgesetz (als Anspruchsgrundlage) 74/48–53
Grundstück (im Baurecht) 1/27–28
– buchungsfreies (im Grundbuch) 1/30
– im bauordnungsrechtlichen Sinne 1/35
– im bauplanungsrechtlichen Sinne 1/32–32
– im bürgerlich-rechtlichen Sinne (Buchgrundstück) 1/29–30
– im wirtschaftlichen Sinne 1/31
Grundstücksfläche
– die nach § 34 Abs. 1 BauGB überbaut werden soll 6/151
– maßgebende nach § 19 Abs. 3 Satz 1 BauNVO 1/33
– nicht überbaubare nach § 23 Abs. 5 BauNVO 6/98–101
– nicht überbaute nach § 9 Abs. 1 BauO NRW 9/6
– überbaubare nach § 23 BauNVO 6/86–97
Grundstücksteilung (Begriff) 8/11–17
Grundwasserschutz 52/13
Gruppenhaus (nach preußischem Baupolizeirecht) 6/8

**H**

Halbierungsregel (im Abstandflächenrecht) 6/246–256
– auf einer Länge von nicht mehr als 16 m 6/246, 250–251
– bei hintereinander liegenden Wänden 6/248–249
– bei versetzten Gebäuden und Gebäudeteilen 6/249, 254
– gegenüber jeder Grundstücksgrenze 6/252–255
halboffene Bauweise 6/128
Handläufe 36/21–23
Hauptanlage 6/98, 116
harte Bedachung 35/3 ff.

Hausbock **16**/18
Hauseingangstreppe (das Erdgeschoss erschließend) **6**/262
Hauseingangsüberdachung **6**/263
Hausformen (Begriffe) **2**/127; **6**/111–113
Hausgruppe **2**/127–138, **6**/112–115
Hausschwamm **16**/17
haustechnische Anlagen **65**/164
Heimmindestbauverordnung **54**/61
Heizräume **43**/24
Heizungs-Betriebsverordnung **18**/5
Heizungsanlagen-Verordnung **18**/5
Hilfseinrichtungen zur statischen Sicherung **2**/98–99; **14**/16
Hinweise (zur Baugenehmigung) **75**/155–156
Hochfrequenzanlagen **16**/27
Hochhäuser **2**/159–162; **54**/53
Hochhausverordnung **54**/53
Hochschulen **54**/64
Hochsitze **65**/148
Höhe baulicher Anlagen (als Maßbestimmungsfaktor) **6**/136–141
Höhe des Bußgeldes **84**/58–59
Höhenlage (im Bebauungsplan festgesetzte) **6**/132–135
Hohlräume **2**/218
Holzschutz **16**/19
Holzschutzmittel **16**/20–21
Horte **54**/62
Hubrettungsfahrzeuge **5**/2; **17**/57
Hügel- oder Nurdachhaus **6**/227

**I**

Immissionskonflikte/Immissionsschutz **6**/27; **74**/105–111
Industriebaurichtlinie **32**/4; **54**/67
Industriegebiet (im Abstandflächenrecht) **6**/240–269
Ingenieure (bauvorlageberechtigte) **70**/22 ff.
Innenarchitekten **70**/28 ff.
Innenbereich **E**/82
innenliegende Treppenräume **37**/10
Installationskanäle **42**/10, 23 ff.
Installationsschächte **42**/9, 23 ff.
instand halten/Instandhaltung **3**/25–30
Instandsetzungsgebot **E**/76
Investitionserleichterungs- und Wohnbaulandgesetz **E**/83–85

**J**

Jauchebehälter **52**/16–21
Justizvollzugsanstalten **54**/66
juristische Personen des öffentlichen Rechts **70**/40

## K


Kabelschott **17**/20
Kaltställe **52**/15
Kampfmittelbeseitigung (-freiheit) **16**/39
Kellergeschoss **37**/31 f.; **48**/20 ff.
Kellerlichtschacht **40**/4
Kellerschwamm **16**/17
Kennzeichnung der Bauprodukte
– falsche **vor 20–28**/58
– ordnungsgemäße **vor 20–28**/57
– Übereinstimmungszeichen **25**/18 ff.
– Ü-Zeichen anderer Länder und Staaten **25**/22
Kerngebiet (im Abstandflächenrecht) **6**/240
Kettenbauweise **6**/130
Kindergärten **54**/62
Kinderheime **54**/61
Kleingarage **2**/242
Kleingebäude **65**/26
Kleinkinderspielfläche **9**/42 ff.
– Anordnung und Lage der **9**/58–61
– Beschaffenheit und Ausstattung **9**/62
– Darstellung im Lageplan **9**/63
– Ersatzlösungen **9**/51–56
– Größe der **9**/57
– nachträgliche Forderung **9**/67–70
– unmittelbare Nähe zur Wohnung **9**/49–50
– Verpflichtung zur Bereitstellung **9**/45–48
– Verzicht auf Bereitstellung **9**/64–66
Kleinkläranlagen **45**/11–13
Kleintierställe **65**/148
Kochnischen **49**/21
Kompetenzordnung **E**/8
Konformitäts-/Übereinstimmungsnachweis **vor 20–28**/47–49
Konkrete Gefahr **87**/10–19
Kontaktfenster **48**/18
Konzentrationswirkung anderer Gestattungen **63**/13–19
körperlich behinderte Menschen **55**/4
Kostentragungspflicht (des Bauherrn) **57**/45–48
Kräne **1**/158–160
Kraftfahrdrehleitern **5**/2
Kraftfahrzeuge **2**/243
Krankenhausbauverordnung **54**/61
Krankenhäuser **54**/61
Krankentragen **39**/27
Krüppelwalm **6**/224
Küchen **49**/20–22
Kunststofflager-Richtlinie **54**/67

**L**
Lage (der Abstandflächen) **6**/76, 170, 193
– auf eigenem Grundstück **6**/171
– auf fremdem durch Baulast gesicherten Grundstück **6**/179–184
– auf öffentlichen Verkehrs-, Grün- und Wasserflächen **6**/172–178
Lageplan
– amtlicher **6**/64, 182
– im Baugenehmigungsverfahren **69**/72–74
– zur Verpflichtungserklärung **83**/71–81
Lagerplätze (Abstellplätze) **2**/65–68; **65**/92, 162;
land- und forstwirtschaftliche Betriebe **52**/2
Landesbauordnung (als Gesetz) **1**/12–17
Landesplanungsrecht **E**/20
Landesverteidigung **80**/18–21
Landschaftspläne **9**/23
Landungssteg **65**/37
landwirtschaftliche Betriebsgebäude **32**/6; **34**/7; **68**/49
Laube (als untergeordnetes Gebäude) **53**/10
Laufstall **52**/15
Legionellen **44**/6
leichtentflammbare Baustoffe **17**/46
Leitungen
– für die öffentliche Ver- und Entsorgung **1**/130 ff.
– unter Brandschutzaspekten **17**/20
Leitungsdurchführungen **33**/14
Lemgoer Entwurf (eines Aufbaugesetzes) **E**/55
lichte Höhe **48**/4 ff.
Lichtöffnungen **38**/9
Liegenschaftsbuch **1**/30
Liegenschaftskataster/Liegenschaftskarte **1**/29; **69**/73
Liste C **vor 20–28**/40; **20**/40
Löschangriffsweg **37**/1
Löscharbeiten **17**/23
Löschwasserbehälter **44**/29
Löschwasserbrunnen **44**/27
Löschwasserrückhaltung **44**/7; **54**/43
Löschwasserteich **44**/28
Löschwasserversorgung **4**/52; **44**/16–29
Loggia **6**/261
Lüftung **37**/48
Lüftungsanlagen **34**/14; **37**/14; **42**/1 ff.; **65**/163
Lüftungsleitungen **42**/15–17, 21–22

**M**
Mansarddach **6**/84, 136
Markisen **65**/150
Maschinen **2**/38–41

Massentierhaltung **52**/4
Maß der baulichen Nutzung **6**/84
maßgebende Grundstücksfläche **1**/33
Maßnahmengesetz zum Baugesetzbuch **E**/81
Maßtoleranzen (im Abstandflächenrecht) **6**/195
Messebauten **54**/57
Mindestabstand
– bei baulichen Änderungen bestehender Gebäude **6**/317
– bei nachträglicher Verbesserung des Wärmeschutzes **6**/305
– bei Nutzungsänderungen bestehender Gebäude **6**/316
– nach dem Nachbarrechtsgesetz **6**/59–59 a
– von Außenwänden mit Öffnungen zur Nachbargrenze **31**/4–7
– von Hauseingangstreppen zur Nachbargrenze **6**/262
– von Vorbauten zur Nachbargrenze **6**/267; **31**/12–13
– zur Nachbargrenze (im Regelfall) **6**/7, 22, 245
– zwischen Gebäuden (im Regelfall) **6**/23
Mindestanforderungen (des Abstandflächenrechts) **6**/24, 32
Mindesttiefe der Abstandfläche **6**/7, 22–23, 245
Missstände **3**/29, 32, 84
Mitteilungspflicht (des Ausführungsbeginns) **75**/191–195
Mittelgarage **2**/242
Mitte öffentlicher Verkehrs-, Grün- und Wasserflächen **6**/177–178
mittlere Wandhöhe **6**/204–205
Mitwirkungsformen (im Genehmigungsverfahren) **72**/81
Modernisierungsgebot **E**/74; **E**/76
Mündungen von Schornsteinen **43**/41 f.
Musterbauordnung **E**/69–70
Musterentwürfe von Rechtsverordnungen **E**/70

## N

Nachbarbeteiligung bei Abweichungen **74**/5–6
Nachbargrenze **6**/7, 252–253, 295
Nachbarliche Belange **74**/12–16
Nachbarrecht (öffentliches) **74**/30 ff.
– GG als Anspruchsgrundlage **74**/48–53
– Rechtsschutz gegen rechtswidriges Bauen **74**/112–135
– Rücksichtnahmegebot **74**/43–47
– Schutznormtheorie **74**/38–42
Nachbarrechtsgesetz NW **74**/1
nachbarschützende Vorschriften **74**/54 ff.
– im Bauplanungsrecht **74**/90–104
– im Bauordnungsrecht **74**/54–89
– im Immissionsschutzrecht **74**/105–111
nachträgliche Anforderungen **61**/103–106; **87**/1–9
nachträgliche Wärmedämmung von Gebäuden **6**/302–309
Nachtragsgenehmigung (Tekturgenehmigung) **75**/48
Nachtragspläne (Tekturpläne) **75**/48
Nachweis der Grundrissflächen und Höhenlage **81**/40–43

Nato-Streitkräfte (Bauvorhaben der) **80**/27
Nebenanlage **2**/148–149; **6**/98–100
Nebenbestimmungen (zur Baugenehmigung) **75**/145–156
– Auflage **75**/151
– Bedingung **75**/152
– Befristung **75**/153
– modifizierende Auflage **75**/153
– Vorbehalt des Widerrufs **75**/154
Nebenbetriebe öffentlicher Verkehrsanlagen **1**/113 ff.
Nebengebäude **2**/147–149; **6**/75, 275; **67**/13
Nennwärmeleistung **43**/9
nicht betretbare abstandrelevante Anlage **6**/272
nicht überbaubare Grundstücksflächen **6**/98–104
nicht überbaute Flächen (bebauter Grundstücke) **9**/5–10
Niederschlagswasser **45**/17
NN (Normalnull als Bezugsebene für Höhenangaben) **6**/63–68
Nordlage (der Wohnung) **49**/19
Normalfall des Abstandflächenrechts **6**/25
Normalgeschoss **2**/191–192
Notverordnungsrecht **E**/50
Notwegerecht **4**/40
notwendige
– Fenster **48**/9 ff.
– Flure **38**/1 ff.
– Treppen **36**/1 ff.
Nurdachhaus **6**/227
Nutzung
– funktionsgerechte **6**/28; **75**/116
– ordnungsgemäße **61**/11
– unschädliche Variationsbreite **75**/117
Nutzungsänderung (Begriff) **3**/97–107
– Anzeigeverfahren nach dem Bürokratieabbaugesetz I **63**/11–11e
– im Abstandflächenrecht **6**/277, 316
Nutzungseinheit **17**/47; **30**/2, 4–4 a
Nutzungsgebot **E**/76
Nutzungsunterbrechung **6**/28; **75**/117
Nutzungsuntersagung **61**/62–66
Nutzungsverbot **61**/31

**O**

obere Blende **37**/49
oberer Abschluss **37**/39
Oberfläche **17**/44 f.; **29**/1 ff.
oberirdische Gebäude (Abstandflächen auslösend) **6**/70
Oberlicht **35**/24; **41**/4
offene Bauweise **6**/7, 30, 111–118
offener Gang **38**/13 f.

Offenstall **52**/15
öffentliche
– Bauherren **80**/1 ff.
– Belange **73**/16–19
– Eisenbahnen **1**/72 ff.
– Flugplätze **1**/107 ff.
– Grünfläche **6**/47 a, 175
– Interesse **3**/52–54
– Ordnung **3**/48–51
– Sicherheit **3**/43–47
– Straßen **1**/56 ff.
– Straßenbahnen **1**/86 ff.
– Verkehrsfläche **4**/20–21; **6**/47 a, 173–174
– Wasserfläche **6**/47 a, 176
– Wasserstraßen **1**/95 ff.
öffentliches Recht **E**/11; **E**/23
Öffnungen
– in Decken **34**/9–15
– in Gebäudeabschlusswänden **6**/155, 316; **31**/14–17
– in Gebäudetrennwänden **32**/8–10
– in Trennwänden **30**/9–10
Ökologisierung (des Bauordnungsrechts) **E**/37
Ordnungsverfügungen **61**/25 ff.
Ordnungswidrigkeiten **84**/1–5, 25–31
Örtliche Bauvorschriften **86**/1 ff.
– Abweichungen von **86**/68–70
– als Festsetzungen in Bebauungsplänen **86**/64–67
– Ermächtigungstatbestände **86**/25–61
– zeichnerische Darstellungen **86**/62–63
– zulässiger Inhalt **86**/6–13
örtliche Zuständigkeit **62**/12; **84**/13
ortsfeste Bahnen **2**/43, 48
ortsfeste Benutzung **2**/49
ortsfeste Verbrennungsmotoren **43**/17
Ortsfestigkeit **2**/47
Ortssatzungen **86**/1–4

**P**

Parabolantennen **65**/78
Parkettkäfer **16**/18
Parkhäuser (Parkpaletten) **2**/245
Parkplätze **2**/244
PCB-belastete Bauprodukte **14**/19; **16**/31–32
PCB-Richtlinie NRW **14**/19; **16**/32
PCP-belastete Bauprodukte **14**/19; **16**/31–32
PCP-Richtlinie **14**/9; **16**/32
Pentachlorphenol (PCP) **14**/19
Pergolen **65**/98

Personenmehrheit als Bauherren **69**/91–92
Personenschutz **17**/26
Pfeiler **29**/1 ff.
Pflanzgebot **E**/76; **9**/22–23
Pflegeheime **54**/61
Pflichten des Bauherrn **57**/14 ff.
– Anzeige- und Nachweispflichten **57**/22 ff.
– Beauftragung der anderen am Bau Beteiligten **57**/16 ff.
– bei Vorhaben in der Genehmigungsfreistellung **57**/39
– Kostentragung **57**/37
– Mitteilungen **57**/22 ff.
Planersatzvorschriften **E**/67, 75–76, 78; **6**/149–156
Planfeststellungsverfahren **63**/20–24
Planzeichen für Baulinien und Baugrenzen **6**/104
Planzeichenverordnung **E**/65, 79; **69**/71
Pochkäfer **16**/18
Polychlorierte Biphenyle (PCB) **14**/19
polygonale Grundrisse (im Abstandflächenrecht) **6**/228
Porenhausschwamm **16**/17
Positives Recht **E**/10
prägende Bauweise (nach § 34 BauGB) **6**/153–154
Preußisches
– Allgemeines Landrecht **E**/45
– Ansiedlungsgesetz **E**/46
– Fluchtliniengesetz **E**/46
Prinzip der Vertikalteilung (im Grundstücksrecht) **2**/100, 127
private
– Freifläche **6**/172
– Wasserfläche **6**/47 c
– Wegeparzelle **6**/47 c, 174
privates Recht **E**/11; **E**/24
Private Rechte Dritter **75**/165–167
Privatheit (im Abstandflächenrecht) **6**/16, 27
Probeentnahmen **81**/44–45
Prüf-, Überwachungs- und Zertifizierungsstellen **vor 20–28**/50–54; **28**/1–4
– Anerkennungsverfahren **28**/20
– Anerkennungsvoraussetzungen **28**/5–16
Prüfbuch für Fliegende Bauten **79**/6
Prüfeinschränkungen **75**/5–6
Prüfingenieur **15**/21 f.
Prüfprogramm (materiell-rechtliches) **75**/81–108
Prüfumfang im vereinfachten Genehmigungsverfahren **68**/17–22
Prüfung technischer Regeln **72**/95–99
Pultdach **6**/222

**Q**

qualifizierter Bebauungsplan **6**/9
quasinegatorische Ansprüche **74**/1

**R**

Rampen **36**/14; **55**/26
Rauchabschnitte **38**/7
Rauchabschottungseinheiten **17**/14
Rauchabzugsvorrichtungen **37**/52 ff.; **39**/18
rauchdichte Türen **17**/19
Rauch **37**/7
Rauchschutztüren **17**/16; **37**/46
raumluftabhängige Gasfeuerstätten **43**/6
raumlufttechnische Anlagen **42**/7, 23 ff.; **65**/43
raumluftunabhängige Gasfeuerstätten **43**/5
Raumordnungsrecht **E**/20
Raumplanungsrecht **E**/11; **E**/20–21
Rechtsnachfolger
– des Ordnungspflichtigen **61**/32
– des Bauherrn **61**/160–164
Rechtsauskunft **71**/21
Rechtsentwicklung **E**/1–9; **E**/37–43
Rechtsfolgen der Angrenzerbeteiligung **74**/24–26
Rechtsschutz
– des Bauherrn **75**/51–62
– des Nachbarn **74**/112–135; **75**/63–69
– des Nachbarn in der Genehmigungsfreistellung **67**/8
Rechtssystem **E**/10–21
Rechtsverordnungen **85**/1 ff.
Regale **54**/70; **65**/138, 179
Regeln der Technik **E**/17
Reichsgaragenordnung **6**/275; **51**/3
Reichsheimstättengesetz **E**/49
Reichssiedlungsgesetz **E**/49
Reihenhausbau (nach preußischem Baupolizeirecht) **6**/8
Rettungsfenster **40**/6 ff.
Rettungsgeräte der Feuerwehr **17**/54–57
Rettungswege **17**/22, 47 ff.; **37**/1; **48**/27 ff.
Rohrabschottungen **17**/20
Rollstühle **39**/28, 30
Rolltreppen **36**/15 f.
Rücksichtnahmegebot **6**/24, 49–55; **74**/43–47
runde Grundrisse (im Abstandflächenrecht) **6**/228

**S**

Sachbescheidungsinteresse **75**/91
Sachentscheidungskompetenz (der Bauaufsichtsbehörden) **72**/17–21

Sachgüterschutz **17**/27
Sachkundige **54**/49; **65**/151
Sachliche Zuständigkeit der Bauaufsichtsbehörden **62**/4–11
Sachverständige **61**/107 ff.; **72**/104 ff.
Sachverständigenbescheinigungen **72**/108–114
– für haustechnische Anlagen **66**/13–15
– im vereinfachten Genehmigungsverfahren **68**/37–45
– in der Genehmigungsfreistellung **67**/34–39
Säuglingsheime **54**/61
Sammelkanalisation **4**/60–63
Sanitärausstattungsgegenstände **45**/9
Schädlingsbefall **16**/56–57
Schadenersatz bei rechtswidriger Baugenehmigung **74**/133–135
Schallschutz **18**/14–41; **42**/19; **43**/42
Scheddach **6**/223
Schießstand **2**/81
Schließung von Baulücken (abstandrechtlich) **6**/323
Schlüsselkastenurteil **37**/27
Schlusskontrollfunktion (der Bauzustandsbesichtigung) **82**/4
Schlusspunkttheorie **72**/79; **75**/8, 81 ff.
Schmalseitenprivileg (früheres) **6**/14, 239, 247
Schmutzwasser **4**/58
Schmutzwinkel **3**/51; **6**/161, 292
Schornsteine **42**/21; **43**/13
Schornsteinfegerbescheinigung **43**/57–60; **66**/16–17
Schulen **54**/64
Schulbaurichtlinie **54**/64
Schutz
– gegen chemische Einflüsse **16**/22
– gegen elektromagnetische Felder **16**/25–27
– gegen Feuchtigkeit **16**/11–12
– gegen Grund- und Druckwasser **16**/13–14
– gegen pflanzliche und tierische Schädlinge **16**/16
– gegen physikalische Einflüsse **16**/23
– gegen schädliche Einflüsse **16**/1 ff.
– gegen Strahlen **16**/24
– von Bepflanzungen (auf Baustellen) **14**/32–40
– von Menschen, Tieren, Sachen (als Gebäudemerkmal) **2**/117
Schutzhütten für Wanderer **65**/35
Schutznormtheorie **74**/38–42
Schutzsatzungen **86**/37–41
Schutzziele des Abstandflächenrechts **6**/16–18
seelisch behinderte Menschen **55**/4
Seitenteile **37**/46
seitlicher Grenzabstand **6**/7, 109, 111
selbständige
– Abweichungen **73**/29–32
– Benutzbarkeit (als Gebäudemerkmal) **2**/110–113

Selbst- oder Nachbarschaftshilfe **57**/29–32
Selbstüberwachung (nach Wasserrecht) **45**/36–37
Selbstverwaltungsgarantie (der Gemeinden) **E**/13
Sicherheitstreppenräume **17**/53; **37**/22–24
Sicherung
– der Erschließung (im Bauplanungsrecht) **4**/8–13
– der Versorgung mit Löschwasser **4**/52; **44**/16–29
– der Versorgung mit Trinkwasser **4**/48–49
– der wechselseitigen Grenzbebauung **6**/163
– der Zuwegung über fremdes Grundstück **4**/35–40
– von Abstandflächen auf fremdem Grundstück **6**/179–184
Siedlungsordnungsgesetz **E**/52
Signalhochbauten **65**/83
Sitzgruppen **65**/98
Skulpturen **65**/143
Sockelabnahme **82**/47
sofortige Vollziehung (nach § 80 Abs. 2 Nr. 4 VwGO) **61**/79–81
Sofortvollzug (nach § 55 Abs. 2 VwVG NW) **61**/82–83
Solarenergieanlagen **6**/293; **65**/141
Sonderbauten (Begriff) **54**/1–3
– Differenzierung nach „großen“ und „kleinen“ **54**/7
– im Abstandflächenrecht **6**/35
– Katalog der „großen“ **54**/51–71
Sonderbauvorschriften **E**/103
Sondergebiet (im Abstandflächenrecht) **6**/243
Sozial- oder Wohlfahrtsabstand **6**/16, 27
Spezialisierungstendenz (im öffentlichen Recht) **E**/39–43
Spielflächen **2**/76–84; **65**/100
Sportanlagenlärmschutzverordnung **2**/85–87
Sportflächen **2**/76–87; **65**/100
Sportstätten **54**/60
Sprengstofflager **65**/57–58
Sprungschanzen, -türme **65**/105
Städtebauförderungsgesetz **E**/73
städtebauliche
– Verfahrensregeln **72**/22–50
– Vertrag **E**/87
Städtebaurecht **E**/38; **E**/44–48
Staffelgeschoss **2**/200–204
Ställe **52**/1 ff.
Stalllüftung **52**/9
Stalltüren **52**/10–11
Standsicherheit **15**/1 ff.
Standsicherheitsnachweis **15**/7–15
Steckleiter **17**/55
Stellplatzablösesatzung **51**/104–106
Stellplatzablösungsvertrag **51**/100
Stellplätze für Kraftfahrzeuge (Begriff) **2**/237–238

– als bauliche Anlage **2**/88–93
– als freigestellte Vorhaben **65**/99
– auf im Bebauungsplan festgesetzten Flächen **6**/103
– außerhalb überbaubarer Flächen **6**/101–102
– bauordnungsrechtliche Anforderungen an **2**/93
– beim Dachgeschossausbau **51**/137–140
– Eignung **51**/59–61
– Erfordernis **51**/13–25
– Lage und Anordnung **51**/123
– Nachweis in der näheren Umgebung **51**/57
– Nachweis auf dem Baugrundstück **51**/55
– nicht überdachte **2**/90; **65**/86
– notwendige **51**/26
– Sicherung durch Baulast **51**/65 ff.
– überdachte **2**/88, 240–241; **6**/101, 283
– überdachte in der Genehmigungsfreistellung **67**/59–61
– Verfügbarkeit **51**/59
– Zahl notwendiger **51**/33
– Zweckentfremdung **51**/131–136
Stellplatzpflicht **51**/13–25
Stellplatzsatzungen **51**/74–85
Stellung baulicher Anlagen **6**/105–106
Sternverfahren **72**/91
Stilllegung der Bauarbeiten **61**/56–61
strafrechtliche Verantwortung (der am Bau Beteiligten) **56**/21
Straßenfluchtlinie **6**/2
Strömungssicherung **43**/11
Stützen **29**/1 ff.
Stützmauern **6**/299–300; **65**/75
Stufengiebel **6**/203
Subjektionstheorie **E**/26
Subordinationsprinzip **E**/26
Systematik des Abstandflächenrechts **6**/33

**T**

Technische Baubestimmungen **E**/17; **3**/85–90
– bauaufsichtliche Einführung **3**/88
– Pflicht zur Prüfung **3**/52
technisch einfache Bauvorhaben **57**/25 ff.
Teilbaugenehmigung **76**/1 ff.
Teil-Bauzustandsbesichtigung **82**/42
Teilung von Grundstücken **E**/89; **8**/1 ff.
– Begriff der Teilung **8**/11–17
– Darstellung der Teilungsabsicht **8**/52–53
– Frist für die Teilungsgenehmigung **8**/34–42
– genehmigungsbedürftige Vorgänge **8**/6–10
– materielle Genehmigungsvoraussetzungen **8**/22–33
– Negativattest **8**/43–45

Teilungsantrag **8**/46 ff.
Teppichstangen **65**/150
Terrassen **65**/150
Terrassenüberdachung **6**/265
Tiefe (der Abstandflächen) **6**/230–238
– abstandrelevanter Vorbauten **6**/268
– durch Festsetzung nach § 9 Abs. 1 Nr. 2 a BauGB **6**/31, 85
– bei Anwendung der Halbierungsregel **6**/241
– durch Satzung nach § 86 BauO NRW) **6**/32
– in Gemengelagen nach § 34 BauGB **6**/242
– in Gewerbe- und Industriegebieten **6**/240, 256
– in Kerngebieten **6**/240
– in Sondergebieten **6**/243
– mindestens **6**/245
– zu öffentlichen Verkehrs-, Grün- und Wasserflächen **6**/240
Tiefgaragenzufahrt **6**/208
Toilettenräume **50**/5–8
Tonnendach **6**/225
tragbare Leitern **5**/2
tragende und aussteifende Wände **29**/4 ff.
Traufseite **6**/201, 212–217
Trennwand **29**/16; **30**/1 ff.
– Anordnung der **30**/3–8
– Führung der **30**/13–14
– im Dachraum **30**/11–12
– Öffnungen in **30**/9–10
Treppen **36**/1 ff.; **55**/27
Treppengeländer **36**/21–23
Treppenräume **37**/1 ff.
Treppenraumwände **37**/33 ff.
Trinkwasser **4**/49
Trinkwasserversorgung **44**/4–9
Trockenräume **49**/25–29
Türen **40**/1 ff.
Türöffnungen **37**/40
Typengenehmigung **78**/1 ff.
Typenprüfung **72**/100–103

U
Überbau nach § 912 BGB **6**/56
überbaubare Grundstücksfläche nach § 23 BauNVO **6**/86–97
überbaute Flächen **9**/8
Überdachung
– als Gebäudemerkmal **2**/114–115
– luftgetragene **65**/176
– über erdgeschossigen Hauseingängen **6**/263
– von Stellplätzen **6**/283
– von Terrassen **6**/265

Überdeckungsverbot (der Abstandflächen) **6**/185–190
Übereinstimmungserklärung des Herstellers **26**/1 ff.
Übereinstimmungsnachweis **25**/1 ff.
Übereinstimmungszertifikat **27**/1 ff.
Übergangsvorschrift für Bauprodukte **88**/1 ff.
Überwachungsformen **81**/2–3
Umgebungsschutz für Baudenkmäler **12**/34
Umwehrung **41**/1 ff.; **6**/200
Umweltverträglichkeitsprüfung **E**/40; **16**/47; **63**/12–12 q
unbestimmte Rechtsbegriffe **3**/21
uneingeschränkte Bauvorlageberechtigung **70**/20–29
Unfallverhütungsvorschriften **14**/14–15
ungewöhnliche Baukörper (im Abstandflächenrecht) **6**/25, 227–229
unmittelbarer Zwang **61**/94–98
Untätigkeitsklage **75**/51–52
Unterdecken **38**/22
untere Bauaufsichtsbehörde **60**/5
– örtliche Zuständigkeit **62**/12
– sachliche Zuständigkeit **62**/4–11
untergeordnete
– Gebäude **53**/8 ff.; **68**/54; **70**/17
– Gebäudeteile und Vorbauten **6**/257–268
Untergeschoss **2**/193–199
Unterkellerung (im Abstandflächenrecht) **6**/287
Unterkunftshütte (als untergeordnetes Gebäude) **53**/11
Unterlassen nachbarlicher Abwehrrechte **6**/43; **74**/121–125
Unternehmer **59**/1–2
– Verantwortlichkeit **59**/14–28
– Verhältnis zum Bauherrn **59**/9–13
Unternehmerbescheinigung (für haustechnische Anlagen) **66**/13–15
Unterschriften (zum Bauantrag) **69**/84–86
Unterstützungen von Seilbahnen **65**/77
Ursprungsgenehmigung **75**/48
Ü-Zeichen **2**/252

**V**

Veränderung der Geländeoberfläche **9**/71–83
Verbindung mit dem Erdboden (der baulichen Anlage) **2**/29–30
Verbindungsstücke **43**/12
Verdichter **43**/19
vereinfachtes Genehmigungsverfahren **E**/94, 99; **68**/1 ff.
– Anwendungsbereich **68**/1–12
– bautechnische Nachweise **68**/37–59
– Fristen **68**/66–71
– Prüfumfang **68**/17–34
Vereinigungsbaulast **4**/93
– Ausgestaltung der **4**/101–103
– bauordnungsrechtliche Anwendungsbeschränkungen **4**/111–114

– bei Grundstücksteilung **4**/104–106
– planungsrechtliche Auswirkungen **4**/107–110
Vereinigung von Grundstücken nach § 890 Abs. 1 BGB **8**/13, 15
Verfahrensbeschleunigungen (-vereinfachungen) **72**/1–15
Verglasungen **32**/8; **38**/9
Vergnügungsstätten **54**/63
Verkaufsstände **68**/56
Verkaufsstätten **54**/56
Verkaufsstättenverordnung **54**/56
Verkaufswagen **2**/52
Verkehrsfläche **4**/20–21
– angemessene Breite **4**/30
– befahrbare **4**/24
– gewidmete **4**/22–23
– öffentliche **4**/20–21; **6**/47 a, 173–174
Verkehrssicherheit **19**/1 ff.; **36**/1; **41**/1
Verlängerung der Geltungsdauer (der Baugenehmigung) **77**/12–16
Verlust von Nachbarabwehrrechten **6**/43; **74**/121–125
Verordnung
– über bautechnische Prüfungen **E**/95; **69**/21–25
– über elektromagnetische Felder **16**/26
– über Heizkostenabrechnung **18**/5; **43**/36
Verpflichtungserklärung (zur Entstehung einer Baulast) **83**/54–56
Verpflichtungsklage **75**/53; **75**/59
Versammlungsstätten **54**/59
Versammlungsstättenverordnung **54**/59
Verschulden (des Beamten) **75**/77
Versiegelung **61**/56, 95
Versorgung mit Tageslicht (im Abstandflächenrecht) **6**/16
Verstoß gegen Treu und Glauben **6**/43; **74**/115, 122–126
Vertikalteilungsprinzip **2**/100, 127
Verunstaltungsschutz **12**/1 ff.
– für bauliche Anlagen **12**/22–31
– im Hinblick auf die Umgebung **12**/32–51
Vervollständigung (von Bauvorlagen) **72**/61–67
Verwaltungsgebäude **54**/58
Verwaltungsvorschriften **E**/16, 95; **85**/27–29
Verwaltungszwang **61**/84–86
Verwendbarkeit von Bauprodukten **vor 20–28**/31 ff.
– harmonisierter Bauprodukte **20**/19–29
– national geregelter Bauprodukte **20**/13–15
– sonstiger Bauprodukte **20**/16–18
Verwendbarkeitsnachweis **23**/1 ff.
Verwendung gemeinsamer Bauteile **15**/25–29
Verzicht auf Baulast **83**/57–63
Vier-Augen-Prinzip **15**/8
Vollgeschoss **2**/177–181
Vorbauten **6**/257–268

Vorbescheid **71**/1 ff.
– Abgrenzung zu anderen Rechtsinstituten **71**/19–24
– Bauvorlageberechtigung **71**/39–40
– Bedeutung **71**/1–4
– Geltungsdauer **71**/18
– rechtliche Wirkung **71**/9–17
– Verfahren **71**/28–38
vorbeugender Brandschutz **17**/5–7
Vordrucke zum Verfahren **69**/40–48
Vorhaben (Begriff) **72**/26–29
– des Bundes **80**/1 ff.
– des Landes **80**/1 ff.
– der Landesverteidigung **80**/25–27
– der Nato-Streitkräfte **80**/27
– genehmigungsbedürftige **63**/4–12
– genehmigungsfreie **65**/1 ff., **66**/1 ff., **67**/1 ff.
vorhabenbezogener Bebauungsplan **E**/1, 84, 87–88
Vorhaltepflicht (von Unterlagen) **75**/188–190
Vorkehrungen
– gegen Brandentstehung **17**/11
– gegen Feuer- und Rauchausbreitung **17**/12–21
Vorprüfung (des Bauantrags) **72**/ 51–53
Vorprüfungskompetenz **72**/78; **75**/86
Vorrang des Bauplanungsrechts **6**/29, 52, 77–81
Vorverfahren (verwaltungsgerichtliches) **75**/55–58
Vor- und Zurücktreten von Gebäudeteilen **6**/93–96

**W**

Walm- oder Zeltdächer **6**/223
Wände **29**/1 ff.
– nichttragende **29**/11–12
– tragende und aussteifende **29**/4–9
Wandhöhe (im Abstandflächenrecht) **6**/195–201
Warenautomaten **13**/132–134; **65**/108, 122, 184
Wärmebedarfsausweis **18**/15
Wärmedämmung (nachträgliche) **6**/302–309
Wärmeerzeuger **66**/4
Wärmepumpen **43**/20; **66**/4
Wärmerückgewinnungseinrichtungen **66**/12
Wärmeschutz **18**/3–13
Wärmeschutzverordnung **18**/5
Wärmeverteilungsanlagen **66**/4
Warmluftheizungen **42**/8, 23 ff.; **65**/43; **66**/12
Warmwasserversorgungsanlagen **66**/10
Wasseraufnahmefähigkeit **9**/39
Wasserbauten **65**/37–38
Wasserbecken **65**/102, 178

Wasserfläche
– öffentliche **6**/47 a, 176
– private **6**/47 c
Wasserheizungsanlagen **66**/4
Wassersicherstellungsverordnung **4**/49
Wasserversorgung **4**/46 ff.
– als Erschließungsvoraussetzung **4**/46–47
– öffentliche **4**/48
– über Eigenversorgungsanlage **4**/51
Wasserversorgungsanlagen **4**/48; **44**/1 ff.; **66**/10
Wasserzähler **44**/9–15
Wegeparzelle (private) **6**/47 c, 174
weiche Bedachung **35**/10 ff.
Werbeanlagen **13**/1 ff.; **68**/59
– Anforderungen an **13**/88–106
– Bauvorlagen für **13**/66–76
– Satzung über Genehmigungspflicht **86**/58–59
– störende Häufung **13**/100–102
– Verunstaltung architektonischer Gliederung **13**/97–99
– Verunstaltung begrünter Flächen **13**/95–96
– Zulässigkeit in Wohngebieten **13**/116–131
– Zulässigkeit im Außenbereich **13**/107–115
Wertermittlungsverordnung **E**/65; 79
wesentliche Änderung **87**/20–24
Widerspruchsverfahren (früheres) **75**/51–51 a
Wiederaufgreifen des Verfahrens **69**/16
wiederkehrende Prüfungen **54**/49
Windenergieanlagen **2**/42; **6**/272, 274
Windlast **33**/4
Wintergarten **6**/284; **35**/30
Wirkungen wie von Gebäuden (abstandrechtlich) **6**/272
Wochenendhaus **53**/11, 13; **65**/27
Wochenendplatz **2**/69–75
Wohnfloß (Wohnboot) **2**/53–54
Wohngebäude **2**/139–140
Wohnnutzung **2**/141–142
Wohnsiedlungsgesetz **E**/51
Wohnungen **2**/143; **49**/1 ff.
Wohnungsbau-Erleichterungsgesetz **E**/80
Wohnungsbetretungsrecht **61**/123–133
Wohnungseigentum **49**/30–40
Wohnwagen **2**/50–51
Wohnweg **4**/41–43

**Z**

Zähler für Energie und Wasser (in Abstellräumen) **6**/298
Zelte **54**/71
Zeichen für Bauvorlagen **4**/43, 81; **8**/52; **69**/72–75

zeichnerische Darstellungen in Ortssatzungen **86**/62–63
Zeitmodell für Nutzungsunterbrechungen **75**/117
zivilrechtliche Haftung (der am Bau Beteiligten) **54**/19–20
Zu- und Durchfahrten **5**/8
Zu- und Durchgänge **5**/7
Zufahrt **4**/33 ff.
Zufahrtsrampe **6**/271
Zugang zum Hauptgebäude (bei Grenzgaragen) **6**/286
Zurückstellung (der Entscheidung) **72**/47–50
Zurückweisung (des Bauantrags) **72**/64–73
Zuschreibung von Grundstücken nach § 890 Abs. 2 BGB **8**/13, 15
Zusicherung **71**/19
Zuständigkeit der Bauaufsichtsbehörden **62**/1 ff.
– für die Verfolgung von Ordnungswidrigkeiten **84**/62–63
– im Zustimmungsverfahren **80**/7–8
– örtliche **62**/12–13
– sachliche **62**/4–11
Zustellung
– der Baugenehmigung **75**/157–159
– der Abweichungsentscheidung **74**/27–29
– der Ordnungsverfügung **61**/30–33
Zustimmung
– der höheren Verwaltungsbehörde **72**/43–44
– des Angrenzers **74**/21–23
– im Einzelfall **23**/1 ff.
– des Grundstückseigentümers (zum Bauantrag) **69**/88–90
Zustimmungsverfahren für Vorhaben öffentlicher Bauherren **80**/1 ff.
Zwangsgeld **61**/90–93
Zweck einer Anforderung **73**/9–10
Zwerchgiebel **6**/215
zwingende bauplanungsrechtliche Vorgaben **6**/79, 326